W0201833

KOMPAKTWÖRTERBUCH

FRANZÖSISCH

Französisch – Deutsch

Deutsch – Französisch

Neubearbeitung 2017

PONS GmbH
Stuttgart

Das intelligente Online-Wörterbuch: 1x intelligent nachschlagen – 6-fach Wissen sammeln

Mit intelligentem Online-Wörterbuch

Schlagen Sie im intelligenten Online-Wörterbuch nach und erfahren Sie alles zu dem von Ihnen gesuchten Begriff:

Schlagen Sie die richtige Übersetzung in der PONS Wörterbuchdatenbank nach. Lassen Sie sich alle Stichwörter und Beispielsätze vorlesen und trainieren Sie die französische Aussprache.

Mit ergänzenden Informationen aus Wikipedia® – so lernen Sie mit einem Klick alles über die Herkunft und die Bedeutung des Wortes und erhalten alle relevanten Hintergrundinformationen.

Mit veranschaulichenden Bildern zum gesuchten Begriff – so bleibt der Wortschatz besser haften.

Mit ergänzenden Videos aus Youtube® – so erfahren Sie in bewegten Bilder alles über das von Ihnen gesuchte Wort.

Mit Übersetzerfunktion für ganze Texte – so sparen Sie Zeit bei der Übertragung vom Deutschen ins Französische und vom Französischen ins Deutsche.

Mit Beispielsätzen aus französischen Originaltexten – so erfahren Sie, wie Muttersprachler den von Ihnen gesuchten Begriff verwenden.

Viel Erfolg beim Nachschlagen wünscht Ihnen

Ihre
PONS-Redaktion

ONLINE-WÖRTERBUCH

So einfach können Sie jetzt zusätzlich online nachschlagen:

1. Gehen Sie auf die Seite **www.pons.de/meinpons**
2. Geben Sie Ihren persönlichen Code ein: **56j-9z3-5az-7zb** und registrieren Sie sich mit Ihrer E-Mail-Adresse und dem von Ihnen gewählten Passwort.
3. Danach erhalten Sie eine E-Mail mit dem Link für die Freischaltung Ihres persönlichen Zugangs zum Online-Wörterbuch.
4. Der Zugang ist jetzt für Sie freigeschaltet. Mit Ihrem Benutzernamen und Ihrem Passwort können Sie nun online nachschlagen: **wann Sie wollen und von wo Sie wollen**.

Unsere Nutzungsbedingungen finden Sie im Impressum.

Structure des articles français–allemand

anormalement [anɔʀmalmɑ̃] *adv* ungewöhnlich **ANPE** [ɑɛnpeø] *f abr de* **Agence nationale pour l'emploi** …	Toutes les entrées sont présentées dans l'ordre alphabétique et imprimées en caractères gras.
adresse[1] [adʀɛs] *f* ① (*domicile*) Adresse *f,* Anschrift *f;* **changer d'~** umziehen ② INFORM Adresse *f;* **~ électronique** [*o* **de messagerie**] E-Mail-Adresse **adresse**[2] [adʀɛs] *f sans pl* ① (*habileté*) Geschick *nt,* Geschicklichkeit *f* ② (*tact*) Feingefühl *nt*	Les exposants en chiffre arabe indiquent qu'il s'agit de mots identiques avec des sens différents (homonymes, homographes).
roller [ʀɔlœʀ] *m* [**paire de**] **~s** Rollerblades *Pl,* Inlineskates *Pl;* **faire du ~** inlineskaten	Le tilde remplace l'entrée dans les exemples et tournures idiomatiques.
cheval [ʃ(ə)val, -o] <-aux> **œil** [œj, jø] <yeux> **beau**, **bel**, **belle** [bo, bɛl] <x>	Les formes irrégulières au pluriel des substantifs et des adjectifs sont indiquées entre chevrons.
chanter [ʃɑ̃te] <1> **boire** [bwaʀ] <*irr*>	Un numéro suivant l'infinitif du verbe ou la marque *irr* renvoie aux tableaux de conjugaison qui se trouvent en annexe.
voyant(**e**) [vwajɑ̃, jɑ̃t] **I.** *part prés de* **voir II.** *adj* (*qui se remarque*) auffallend **III.** *m(f)* ① (*devin*) Hellseher(in) *m(f)* ② (*opp: aveugle*) Sehende(r) *f(m)*	Les chiffres romains subdivisent une entrée en différentes catégories grammaticales. Les chiffres arabes subdivisent une entrée en ses différents sens.
look [luk] *m d'une personne* Look *m* ►**avoir un ~ d'enfer** *fam* irre toll aussehen	Le signe ► introduit le bloc des expressions figées. Les mots soulignés permettent une meilleure orientation.
	De nombreuses balises sémantiques permettent de trouver la bonne traduction:
prunelle [pʀynɛl] *f* ① BOT Schlehe *f* ② (*liqueur*) Schlehenlikör *m* ③ ANAT Pupille *f* ►**tenir à qc comme à la ~ de ses yeux** etw wie seinen Augapfel hüten	• indication du domaine
fertilité [fɛʀtilite] *f* ① *d'une région, terre* Fruchtbarkeit *f* ② (*créativité*) **~ d'esprit/d'imagination** Einfallsreichtum *m*	• définitions et synonymes, sujets et objets typiques et autres explications
bordier [bɔʀdje] *m* CH (*riverain*) Anlieger *m,* Anstößer *m* (CH)	• indication des régionalismes
bosseur, -euse [bɔsœʀ, -øz] *m, f fam* Arbeitstier *nt*	• indication du niveau de langue

PONS

Kompaktwörterbuch
Französisch

Bearbeitet von: Dr. Nathalie Karanfilovic und Dr. Christiane Wirth

Entwickelt auf der Basis des
PONS Kompaktwörterbuchs Französisch,
ISBN 978-3-12-517374-3,
in der Bearbeitung von Dr. Nathalie Karanfilovic
und Dr. Birgit Klausmann.

Landkarten
Klett-Perthes, Justus Perthes Verlag, Leipzig

Online-Angebot
PONS verpflichtet sich, den Zugriff auf das Online-Angebot, das zu diesem Buch gehört, mindestens bis Ende 2020 kostenlos zu gewährleisten. Einen Anspruch auf Nutzung, der darüber hinausgeht, gibt es nicht.
Weitere Informationen entnehmen Sie bitte unseren AGBs.

1. Auflage 2017 (1,01 - 2017)

www.pons.de
E-Mail: info@pons.de

Projektleitung: Barbara Krüger
Online-Angebot: Anika Gebhardt
Gestaltung: Petra Michel, Essen
Sprachdatenverarbeitung: Andreas Lang conTEXT AG
für Informatik und Kommunikation, Zürich
Umschlaggestaltung: Anne Helbich
Logoentwurf: Erwin Poell, Heidelberg
Logoüberarbeitung: Sabine Redlin, Ludwigsburg
Satz: Dörr + Schiller GmbH, Stuttgart
Druck: CPI - Clausen & Bosse, Leck
Printed in Germany

ISBN 978-3-12-516087-3

Inhalt

Table des matières

Infokästen mit Formulierungshilfen
Aperçu des encadrés pour aider à formuler

Im französisch-deutschen Wörterbuchteil
dans la partie français-allemand

Im deutsch-französischen Wörterbuchteil
dans la partie allemand-français

Hinweise zur Benutzung des Wörterbuchs

Notes explicatives

1. Die Stichwörter

1. Les entrées

Alle **Stichwörter** sind alphabetisch geordnet und farbig hervorgehoben.

Toutes les **entrées** sont présentées dans l'ordre alphabétique et imprimées en couleur.

anormalement [anɔʀmalmɑ̃] *adv* ungewöhnlich
ANPE [ɑɛnpeø] *f abr de* **Agence nationale pour l'emploi** (*organisme national*) nationale Arbeitsvermittlung *f* (*entspricht der Bundesagentur für Arbeit*); (*agence locale*) Arbeitsagentur *f*

m. E. *Abk von* **meines Erachtens** à mon avis
Mechanik [me'ça:nɪk] <-> *f* mécanique *f*

Substantive mit Ausnahme der Wörter, die nur im Plural gebraucht werden, werden im Singular aufgeführt, Verben in der Infinitivform.

Les substantifs sont mentionnés au singulier, à l'exception des mots qui ne sont employés qu'au pluriel, les verbes sont présentés à l'infinitif.

citation [sitasjɔ̃] *f*…
abats [aba] *mpl* Innereien *Pl*
chanter [ʃɑ̃te] <1> …

Reise ['raizə] <-, -n> *f* …
Bauchschmerzen *Pl* mal *m* au ventre
tanzen [tantsən] *vt, vi* danser; ~ **gehen** aller danser

Unterscheiden sich zwei Stichwörter nur durch Klein- und Großschreibung, so steht das kleingeschriebene Wort vor dem großgeschriebenen.

Si deux mots se distinguent l'un de l'autre par l'écriture minuscule ou majuscule, le mot commençant par une minuscule apparaît avant celui commençant par une majuscule.

académie [akademi] *f* ❶ (*société savante*) Akademie *f* ❷ (*école*) ~ **de danse** Tanzschule *f* ❸ (*circonscription*) ≈ Schulaufsichtsbezirk *m* ❹ (*service administratif d'une académie*) ≈ Oberschulamt *nt*
Académie [akademi] *f* Akademie *f;* **l'~ française** die Académie française

grün [gry:n] *adj* ❶ *Farbe, Hemd* vert(e) ❷ *Politiker, Wähler* vert(e); *Politik* écologiste ▶ **jdn ~ und blau schlagen** *fam* rouer qn de coups
Grün [gry:n] <-s, - *o fam* -s> *nt* ❶ vert *m;* **die Ampel steht auf ~** le feu est vert ❷ (*Grünfläche*) espace *m* vert; *eines Golfplatzes* green *m* ❸ (*Grünpflanzen*) verdure *f* ▶ **das ist dasselbe in ~** *fam* c'est kif-kif

Die deutschen Umlaute **ä, ö, ü** werden wie die entsprechenden nicht umgelauteten Vokale behandelt, **ß** wie ss. Bei ansonsten gleicher Schreibung folgt das Wort mit Umlaut dem ohne Umlaut, das Wort mit ß dem mit ss.

Les voyelles avec un **accent** ou un **tréma** sont traitées comme les voyelles normales, la lettre **ß** est traitée comme ss. La voyelle simple apparaît sinon avant la voyelle avec un accent ou un tréma, le ß se situe après le double s.

ne [nə] <*devant voyelle ou h muet* n'> *adv* ❶ (*avec autre mot négatif*) ~ **... pas** nicht; **il ~ mange pas le midi** er isst nicht zu Mittag; **elle n'a guère d'argent** sie hat kaum Geld; ...
né(e) [ne] **I.** *part passé de* **naître II.** *adj souvent écrit avec un trait d'union* (*de naissance*) geboren; **Madame X, ~e Y** Frau X, geborene Y

Bar [baːɐ̯] <-, -s> *f* ❶ (*Nachtlokal*) boîte *f* de nuit ❷ (*Theke*) bar *m*
Bär [bɛːɐ̯] <-en, -en> *m* ours *m*
flossRR, **floß**ALT [flɔs] *Imp von* **fließen**
Floß [floːs, *Pl:* ˈfløːsə] <-es, Flöße> *nt* radeau *m*

Bindestriche, Kommas und Wortzwischenräume werden bei der alphabetischen Einordnung ignoriert. In eckigen Klammern stehende, fakultative Buchstaben werden dagegen berücksichtigt.

Les traits d'union, virgules et espaces ne sont pas pris en compte dans le classement alphabétique. Les lettres facultatives entre crochets sont par contre prises en compte dans le classement alphabétique.

quelque [kɛlk] **I.** *adj indéf, antéposé* ❶ *pl* (*plusieurs*) einige, ein paar; **à ~s pas d'ici** ein paar Schritte von hier entfernt ❷ *pl* (*petit nombre*) **les ~s fois où ...** die wenigen Male, die ...
quelque chose [kɛlkəʃoz] *pron* etwas, was (*fam*); **~ de beau** etwas Schönes; **c'est déjà ~!** das ist doch immerhin etwas!

Lastkraftwagen *s.* **Lastwagen**
Last-Minute-Flug [ˈlaːstˈmɪnɪt-] *m* vol *m* de dernière minute **Last-Minute-Reise** *f* voyage *m* de dernière minute
Lastschrift *f* avis *m* de débit
Lastwagen *m* camion *m*
sabotieren* [zaboˈtiːrən] **I.** *vt* saboter *Produktion* **II.** *vi* faire du sabotage
Sa[c]charin [zaxaˈriːn] <-s> *nt* saccharine® *f*
Sachbearbeiter(in) *m(f)* personne *f* chargée du dossier

Für alle Substantive, die ein natürliches Geschlecht haben und Personen bezeichnen, wird die **feminine neben der maskulinen Form** angegeben.

Pour tous les substantifs qui ont un genre naturel et qui désignent des personnes, la **forme féminine** est donnée **après la forme masculine**.

accompagnateur, -trice [akɔ̃paɲatœʀ, -tʀis] *m, f* ❶ (*guide*) Begleiter(in) *m(f)* ❷ MUS Begleiter(in) *m(f)*
fier, fière [fjɛʀ] **I.** *adj* ~ **de qn/qc** stolz auf jdn/etw **II.** *m, f* ▶ **faire le ~ avec qn** (*crâner*) sich jdm gegenüber aufspielen; (*être méprisant*) überheblich jdm gegenüber tun

Abgeordnete(r) *f(m) dekl wie adj* député(e) *m(f)*
Abiturient(in) [abituˈri̯ɛnt] <-en, -en> *m(f)* bachelier(-ière) *m(f)*
Arzt [aːɐ̯tst, *Pl:* ˈɛːɐ̯tstə] <-es, Ärzte> *m*, **Ärztin** *f* …

Französische Wörter mit Bindestrich und deutsche zusammengesetzte Stichwörter, deren erster Wortteil gleich ist und die alphabetisch aufeinanderfolgen, werden in **einem Absatz** zusammengefasst.

Les mots à trait d'union en français et les mots composés allemands commençant par un même élément et qui se suivent alphabétiquement, sont regroupés au sein d'un même **bloc**.

porte-à-porte [pɔʀtapɔʀt] *m inv* Hausieren *nt;* **faire du ~** *quêteur:* von Haus zu Haus gehen; *démarcheur:* Haustürgeschäfte machen; *marchand ambulant:* hausieren **porte-avions** [pɔʀtavjɔ̃] *m inv* Flugzeugträger *m* **porte-bagages** [pɔʀt(ə)bagaʒ] *m inv* ❶ (*sur un deux-roues*) Gepäckträger *m* ❷ (*dans un train*) Gepäckablage *f* **porte-bébé** [pɔʀ(ə)tbebe] <porte-bébés> *m* (*sur le dos*) Babytragegestell *nt;* (*sur le ventre*) Babytrage[tasche] *f* **porte-bonheur** [pɔʀt(ə)bɔnœʀ] *m inv* Glücksbringer *m*

Kaffeeautomat *m* distributeur *m* [automatique] de café **Kaffeebar** *f* café *m* **Kaffeebohne** *f* grain *m* de café **Kaffeefilter** *m* filtre *m* à café **Kaffeehaus** [kaˈfeːhau̯s] *nt* A salon *m* de thé **Kaffeekanne** *f* cafetière *f* **Kaffeekapsel** *f* capsule *f* de café **Kaffeeklatsch** *m kein Pl fam* **sich zum ~ treffen** se retrouver pour papoter devant une tasse de café **Kaffeelöffel** *m* cuillère *f* à café **Kaffeemaschine** *f* cafetière *f* [électrique] **Kaffeemühle** *f* moulin *m* à café **Kaffeepad** [-pɛt] *nt* dosette *f* de café **Kaffeepause** *f* pause *f* café **Kaffeeplantage** *f* plantation *f* de café, caféière *f* **Kaffeesahne** *f* *crème légère fluide que l'on met dans le café à la place du lait* **Kaffeesatz** *m* marc *m* de café **Kaffeeservice** [-zɛrviːs] *nt* service *m* à café **Kaffeetasse** *f* tasse *f* à café

Hochgestellte arabische Ziffern machen gleich geschriebene Wörter mit unterschiedlicher Bedeutung (Homonyme, Homographe) kenntlich.

Les **exposants en chiffre arabe** indiquent qu'il s'agit de mots identiques avec des sens différents (homonymes, homographes).

adresse[1] [adʀɛs] *f* ❶ (*domicile*) Adresse *f*, Anschrift *f*; **changer d'~** umziehen ❷ INFORM Adresse *f*; ~ **électronique** [*o* **de messagerie**] E-Mail-Adresse
adresse[2] [adʀɛs] *f sans pl* ❶ (*habileté*) Geschick *nt*, Geschicklichkeit *f* ❷ (*tact*) Feingefühl *nt*

grauen[1] ['graṷən] *vi geh Morgen, Tag:* poindre
grauen[2] ['graṷən] *vi unpers* **mir graut vor jdm/etw** qn/qc m'épouvante

2. Besondere Zeichen in und an den Stichwörtern

2. Des signes particuliers dans les entrées

2.1. Betonungszeichen

Der tiefgestellte Strich zeigt an, dass die Betonung auf einem Diphthong (Zwielaut: ai, ei, eu, au, äu) oder einem langen Vokal (Selbstlaut) liegt, während der tiefgestellte Punkt einen kurzen betonten Vokal kennzeichnet.

2.1. Signes d'accentuation

Le trait signale une diphtongue (voyelle double accentuée: ai, ei, eu, au, äu) ou une voyelle longue (voyelle simple), le point signale une voyelle brève.

Taucher(in) ['taṷxɐ] <-s, -> *m(f)* plongeur(-euse) *m(f)*
Fassade [fa'saːdə] <-, -n> *f a. fig* façade *f*
Faktor ['faktoːɐ̯] <-s, -toren> *m* facteur *m*

2.2. Grammatische Zeichen

Der feine Strich kennzeichnet die abtrennbare Vorsilbe bei unfest zusammengesetzten deutschen Verben.

2.2. Signes grammaticaux

Le trait fin indique la particule séparable pour les verbes allemands.

durch|halten ['dʊrçhaltən] *irr* **I.** *vt* ❶ (*ertragen*) supporter ❷ (*weiterhin durchführen*) poursuivre *Streik* ❸ (*beibehalten*) tenir *Tempo;* aller jusqu'au bout de *Strecke* ❹ (*aushalten*) résister à *Beanspruchung* **II.** *vi* (*standhalten, funktionieren*) tenir bon

Das hochgestellte Sternchen zeigt an, dass das Partizip Perfekt des deutschen Verbs ohne *ge-* gebildet wird.

L'astérisque signale qu'un verbe allemand ne forme pas son participe passé avec *ge-*.

verkraften* *vt* **etw ~** *Person:* faire face à qc; *Stromnetz:* supporter qc

3. Aufbau der Einträge

3. Composition des articles

3.1. Römische Ziffern

Römische Ziffern untergliedern einen Eintrag in verschiedene Wortarten und Verben in transitiven, intransitiven und reflexiven Gebrauch.

3.1. Les chiffres romains

Les chiffres romains subdivisent une entrée en différentes catégories grammaticales et les verbes en leur emploi transitif, intransitif et pronominal (ou réfléchi).

3.2. Arabische Ziffern

Arabische Ziffern kennzeichnen die unterschiedlichen Bedeutungen eines Stichworts innerhalb einer Wortart.

3.2. Les chiffres arabes

Les chiffres arabes subdivisent une entrée en ses différents sens au sein d'une même catégorie grammaticale.

voûter [vute] <1> **I.** *vt* ① ARCHIT mit einem Gewölbe versehen ② (*courber*) krümmen; **l'âge avait voûté son dos** sein Rücken war vom Alter [ganz] gekrümmt **II.** *vpr* **se ~** sich krümmen

kurzsichtig **I.** *adj* ① MED myope ② *fig Mensch* myope; *Haltung, Politik* à courte vue **II.** *adv handeln* à la petite semaine

3.3. Wendungsblock

Das Zeichen ▸ leitet den Block der festen Wendungen ein, der nach den einzelnen Bedeutungen des Stichworts kommt. Es handelt sich hier in der Regel um bildhafte Redewendungen, die sich nur schwer oder gar nicht auf die Grundbedeutung(en) des Stichworts zurückführen lassen. Die Unterstreichung hebt zur besseren Orientierung im Wendungsblock **Ordnungswörter** hervor, deren Wortart das wichtigste Kriterium für die Sortierung der Wendungen ist. Dabei gilt folgendes System:

Stichwort + Substantiv

Stichwort + Adjektiv/Adverb

Stichwort + Verb

Stichwort + Präposition

Rest

genre [ʒɑ̃ʀ] *m* ① (*sorte*) Art *f*, Sorte *f*; **elle n'est pas mon ~** sie ist nicht mein Typ (*fam*); **dans le ~** in der Art ② (*allure*) Art *f* ③ ART Gattung *f*; **~ dramatique** Drama *nt*; **~ comique** Komödie *f*; **~ littéraire** literarische Gattung ④ (*espèce*) **~ humain** Menschengeschlecht *nt* ⑤ GRAM Genus *nt* ▸ **c'est pas le ~ de la maison** *hum fam* das ist hier nicht so üblich; **ça fait mauvais ~** das macht sich schlecht; **unique en son ~** einzig in seiner Art; **se donner un ~** unbedingt auffallen wollen; **ce n'est pas mon ~** das liegt mir nicht; **ce n'est pas son ~** (*c'est inhabituel*) das ist doch gar nicht seine Art!; **de ce/du même ~** in dieser Art/von derselben Art; **des trucs de ce ~** solche Dinge; **être du ~** Fachmann auf dem Gebiet sein; **en tout ~** [*o* **tous ~s**] jeder Art

3.3. Bloc phraséologique

Le signe ▶ introduit le bloc des expressions figées. Ce bloc vient après les différentes significations de l'entrée. Il s'agit en règle générale de locutions et de tournures idiomatiques dont le sens n'a que peu ou aucun rapport avec le sens premier (ou les sens premiers) de l'entrée. Les **mots soulignés** permettent une meilleure orientation dans le bloc. Ils sont classés par catégorie grammaticale comme suit:

entrée + substantif

entrée + adjectif/adverbe

entrée + verbe

entrée + préposition

reste

Knie [kniː] <-s, -> *nt* ❶ genou *m;* **ihm zittern die ~** il [en] a les jambes qui flageolent ❷ (*Krümmung*) *eines Wasserlaufs, Rohrs* coude *m* ▶ **in die ~ gehen** (*die Kniegelenke beugen*) plier les genoux; (*aufgeben*) jeter l'éponge; **der Boxer geht in die ~** le boxeur ploie les genoux; **jdn übers ~ legen** *fam* ficher une fessée à qn

4. Grammatische Informationen

4. Indications grammaticales

4.1. Geschlecht oder Zahl bei Substantiven

Bei Substantiven wird grundsätzlich das Geschlecht (Genus) oder die Zahl (Numerus) angegeben; nur bei Wiederholung des gleichen Substantivs innerhalb einer arabisch nummerierten Bedeutungsposition wird darauf verzichtet.

4.1. Genre et nombre des substantifs

Le genre ou le nombre est systématiquement indiqué, sauf si le terme revient plusieurs fois au sein d'une même catégorie numérotée par un chiffre arabe.

prof [pʀɔf] *mf fam abr de* **professeur**
professeur [pʀɔfesœʀ] *mf* ❶ SCOL Lehrer(in) *m(f);* **~ de lycée** Gymnasiallehrer(in); **~ des écoles** Grundschullehrer(in); **~ d'allemand/de piano** Deutsch-/Klavierlehrer(in) ❷ (*avec chaire*) Professor(in) *m(f);* (*sans chaire*) Dozent(in) *m(f)*

Unterricht [ˈʊntɐrɪçt] <-[e]s> *m* ❶ (*Unterrichtsstunde*) cours *m;* (*Schultag*) cours *mpl;* (*in der Grundschule*) classe *f;* **in den ~ müssen** devoir aller en cours; **jdm ~ in etw** (*dat*) **geben** donner des cours de qc à qn; **bei jdm ~ haben** avoir cours avec qn ❷ (*Unterrichtswesen, Tätigkeit*) enseignement *m* ❸ (*Fahrschulunterricht*) **theoretischer ~** code *m;* **praktischer ~** conduite *f*

Bei Substantiven werden **unregelmäßige Pluralformen** in Spitzklammern angegeben.

La **terminaison irrégulière au pluriel** des substantifs est indiquée entre chevrons.

cheval [ʃ(ə)val, -o] <-aux> **I.** *m* …
œil [œj, jø] <yeux> *m* …

Epos [ˈeːpɔs] <-, Epen> *nt* épopée *f*

Der Zusatz *inv* bei französischen Substantiven bedeutet, dass die Singularform unverändert auch im Plural verwendet wird.

La mention *inv* après les substantifs français signifie que la forme du singulier est aussi utilisée au pluriel.

copyright [kɔpiʀajt] *m inv* Copyright *nt,* Urheberrecht *nt*

Die Angabe *sans pl* bzw. *kein Pl* bedeutet, dass das Wort nicht im Plural gebraucht wird.

La mention *sans pl* ou *kein Pl* indique que le mot n'est pas employé au pluriel.

criminalité [kʀiminalite] *f sans pl* Kriminalität *f*

Orientierungssinn *m kein Pl* sens *m* de l'orientation

4.2. Verben

Bei den französischen Verben verweist eine Zahl in Spitzklammern auf ein **Musterverb** im Anhang, das demselben Konjugationstyp entspricht. Die Hauptformen unregelmäßiger Verben werden im Französischen mit *irr* markiert und sind ebenfalls im Anhang aufgeführt. Bei den deutschen unregelmäßigen Verben werden **die 3. Person Präsens, Imperfekt** und das **Partizip Perfekt** bei den Hauptformen in Spitzklammern aufgeführt. Die zusammengesetzten unregelmäßigen Verben sind mit *irr* markiert.

4.2. Verbes

Le numéro entre chevrons qui suit l'infinitif du verbe renvoie à un tableau de conjugaison à utiliser comme **modèle** qui se trouve en annexe. Les tableaux de conjugaison des verbes irréguliers, marqués *irr*, se trouvent également en annexe. Pour les verbes irréguliers allemands, **la 3e personne du présent**, **l'imparfait** et **le participe passé** sont marquées entre chevrons. Les verbes composés irréguliers sont suivis de la mention *irr*.

boiser [bwaze] <1> …
boire [bwaʀ] <*irr*> …

fallen ['falən] <fällt, fiel, gefallen> *vi + sein …*
rein|fallen *vi irr + sein fam …*

Bildet das französische Verb die zusammengesetzten Zeiten nicht mit *avoir* und das deutsche Verb sie nicht ausschließlich mit *haben*, so wird das **Hilfsverb** angegeben.

L'**auxiliaire** est indiqué si les temps composés du verbe français ne sont pas formés avec *avoir* et si ceux du verbe allemand ne sont pas formés avec *haben*.

descendre [desɑ̃dʀ] <14> **I.** *vi + être* …

fallen ['falən] <fällt, fiel, gefallen> *vi + sein …*

4.3. Adjektive

Unregelmäßige Steigerungsformen werden in Spitzklammern angegeben.

4.3. Adjectifs

Les formes irrégulières de degrés de comparaison sont indiquées entre chevrons.

bon(ne) [bɔ̃, bɔn] <meilleur> …

gut [gu:t] **I.** <besser, beste> *adj* …

Unveränderliche Adjektive werden mit *inv* markiert.

Les adjectifs invariables sont suivis de la mention *inv*.

canari [kanaʀi] **I.** *adj inv* **jaune ~** gelbgrün **II.** *m* Kanarienvogel *m*

orange [o'rã:ʒə, o'raŋʒə] *adj inv* orange *inv*

5. Wie finde ich die richtige Übersetzung?

5. Comment trouver la bonne traduction?

Übersetzungen, die – nur durch Kommas getrennt – nebeneinanderstehen, sind gleichbedeutend und somit austauschbar. Nicht austauschbare Übersetzungen sind mit entsprechenden Hinweisen versehen, die bei der Auswahl der jeweils korrekten Übersetzung helfen. Die folgenden **„Wegweiser“** können einzeln oder kombiniert vorkommen:

Les traductions séparées par des virgules sont interchangeables. Les traductions non interchangeables sont précédées d'éléments d'indication d'emploi afin que l'utilisateur trouve la traduction appropriée pour un contexte donné. Ces **balises sémantiques** peuvent apparaître seules ou en combinaison avec d'autres:

5.1. Sachgebietsangaben

Sachgebietsangaben in Kapitälchen (z. B.: INFORM, MED, PHYS) geben einen Hinweis darauf, auf welchen Wissensbereich sich eine bestimmte Übersetzung bezieht.

5.1. Indications de domaines

Les indications de domaines en petites majuscules (ex.: INFORM, MED, PHYS) signalent à quel domaine appartient une traduction.

capitaine [kapitɛn] *m* ❶ MIL Hauptmann *m;* **“mon ~ ”** „Herr Hauptmann“; **~ des pompiers** Brandmeister *m* ❷ NAUT, AVIAT, SPORT Kapitän *m*

Kolumne [ko'lʊmnə] <-, -n> *f* ❶ PRESSE chronique *f* ❷ TYP colonne *f*

5.2. Bedeutungshinweise

Kursive Bedeutungshinweise **in runden Klammern** sind bei Stichwörtern erforderlich, die mehrere Bedeutungen mit jeweils unterschiedlichen Übersetzungen haben. Sie geben an, für welche Bedeutung die jeweilige Übersetzung gilt.

5.2. Significations

Les indications sémantiques sont indispensables dans les articles des entrées qui ont plusieurs sens, chaque sens nécessitant une traduction différente. Ces indications figurent **en italiques** et **entre parenthèses** pour signaler à quelle signification de l'entrée correspond la traduction.

machin [maʃɛ̃] *m fam* ❶ (*truc*) Dings *nt* ❷ (*untel*) **c'est Machin!** das ist der Dings!

zwar [tsvaːɐ̯] *adv* ❶ (*einschränkend*) certes ❷ (*präzisierend*) **und ~** à savoir

5.3. Kontextpartner

In der Regel ist die Übersetzung eines Stichworts vom jeweiligen Kontext abhängig. Das Stichwort steht nämlich oft in einer engen, typischen Verbindung mit anderen Wörtern, die man als Kontextpartner oder Kollokatoren bezeichnet; diese sind kursiv dargestellt.

5.3. Partenaires dans le texte

La traduction d'une entrée dépend du contexte dans lequel elle se trouve. L'entrée est souvent en relation étroite avec d'autres mots appelés partenaires ou collocateurs. Ces mots sont indiqués en italique.

5.3.1. Typische Subjekte des Verbs oder der verbalen Ausdrücke

Die typischen Subjekte des Verbs oder des verbalen Ausdrucks stehen *vor* der Übersetzung und enden mit einem Doppelpunkt.

5.3.1. Sujets typiques du verbe ou d'une locution verbale

Les sujets typiques du verbe sont placés *avant* la traduction et se terminent par deux points.

manger [mɑ̃ʒe] <2a> **I.** *vt* ❶ (*se nourrir de*) essen; *animal:* fressen ❷ (*ronger*) *mites, rouille, lèpre:* zerfressen …

gabeln ['gaːbəln] *vr* **sich ~** *Straße:* bifurquer

5.3.2. Typische direkte Objekte des Verbs

Die typischen direkten Objekte des Stichworts stehen *nach* der Übersetzung.

5.3.2. Compléments d'objet direct typiques du verbe

Les compléments d'objet direct typiques sont placés *après* la traduction.

piéger [pjeʒe] <2a, 5> *vt* ❶ (*attraper*) mit der Falle fangen *animal* …

flicken ['flɪkən] *vt* rapiécer *Kleidung;* réparer *Fahrradschlauch, Schuhe*

5.3.3. Typische Substantive beim Adjektiv

Die typischen Substantive, die sich mit einem Adjektiv verbinden können, stehen *vor* der Übersetzung.

5.3.3. Substantifs typiques de l'adjectif

Les substantifs typiques fréquemment associés à un adjectif sont placés *avant* la traduction.

ambiant(e) [ɑ̃bjɑ̃, jɑ̃t] *adj idées, atmosphère* herrschend; *enthousiasme* allgemein; ...

ehrlich I. *adj* 1 (*aufrichtig*) sincère; *Absicht, Angebot* honnête 2 (*verlässlich*) *Mitarbeiter, Finder* honnête II. *adv* 1 *teilen, verdienen, spielen* honnêtement 2 (*aufrichtig, offen*) **~ gesagt, ...** franchement ...; **um ~ zu sein, ...** pour parler franchement, ... 3 *fam* (*wirklich*) **ich kann nichts dafür, ~!** je n'y peux rien, vraiment!

5.3.4. Typische Adjektive und Verben beim Adverb

5.3.4. Adjectifs et verbes typiques de l'adverbe

très [tʀɛ] *adv* sehr; *nécessaire* dringend; ...

amèrement [amɛʀmɑ̃] *adv* bitter; *critiquer* scharf

riesig ['ri:zɪç] I. *adj* ... II. *adv sich freuen* énormément; *sich irren* complètement

5.3.5. Typische Genitivanschlüsse bei Substantiven

5.3.5. Compléments du nom typiques des substantifs

trésorier, -ière [tʀezɔʀje, -jɛʀ] *m, f* Kassenführer(in) *m(f); d'une association, d'un club* Kassenwart *m; d'un parti, syndicat* Schatzmeister(in) *m(f)*

Größe ['grø:sə] <-, -n> *f* 1 *einer Fläche* superficie *f; eines Raums* taille *f; einer Zahl* importance *f* 2 (*Körpergröße, Höhe, Länge*) taille *f;* **in voller ~** dans toute sa grandeur 3 (*Kleidergröße*) taille *f;* (*Schuhgröße*) pointure *f* 4 *kein Pl* (*Erheblichkeit*) *eines Erfolgs* importance *f* 5 MATH, PHYS (*Wert*) grandeur *f;* **unbekannte ~** inconnue *f* 6 *kein Pl* (*Bedeutsamkeit*) *einer Person* grandeur *f* 7 (*bedeutender Mensch*) personnalité *f*

6. Beschreibende Angaben zu Quell- und Zielsprache
6. Éléments descriptifs de la langue source et de la langue cible

6.1 Stilangaben

Weicht ein französisches Wort oder ein französischer Ausdruck von der neutralen Standardsprache ab, so wird die Stilebene für das Wort oder den Ausdruck und seine Übersetzung angegeben. Stilangaben zu Beginn eines Eintrages oder direkt nach einer römischen Ziffer beziehen sich auf alle Bedeutungen und Wendungen innerhalb dieses Eintrages oder auf die, die sich nach dieser römischen Ziffer befinden.

6.1 Niveaux de langue

Si un mot ou une expression française n'appartient pas à la langue standard, le niveau de langue est alors indiqué pour l'expression ou le mot français et pour sa traduction allemande. Les niveaux de langue indiqués en tête d'article ou directement après un chiffre romain s'appliquent à l'ensemble des acceptions et des expressions contenus dans l'article ou se trouvant après le chiffre romain en question.

littér	bezeichnet den **literarischen Sprachgebrauch** von Romanen.	désigne un **langage littéraire**, utilisé seulement en littérature.
soutenu *geh*	bezeichnet einen **gehobenen Sprachgebrauch**, wie er sowohl in der gesprochenen als auch in der geschriebenen Sprache gepflegt wird, wenn Menschen sich gewählt ausdrücken.	désigne un **langage soutenu**, tel qu'il est utilisé, tant dans la langue écrite que dans la langue parlée, par les personnes s'exprimant en termes choisis.
form	bezeichnet einen **förmlichen Sprachgebrauch**, wie er im amtlichen Schriftverkehr, auf Formularen oder in formellen Ansprachen verwendet wird.	désigne un **langage administratif**, utilisé seulement dans la correspondance administrative, sur des formulaires ou lors d'allocutions officielles.
fam	bezeichnet **umgangssprachlichen Sprachgebrauch**, wie er zwischen Familienmitgliedern und Freunden in zwangloser Unterhaltung und in privaten Briefen verwendet wird. In formelleren Situationen und förmlichem Schriftverkehr wäre dieser Stil unangebracht.	désigne un **langage familier**, utilisé seulement entre membres d'une même famille et entre amis au cours d'une conversation détendue et dans une correspondance privée. Dans les situations plus strictes et dans la correspondance formelle, ce style serait déplacé.
pop	bezeichnet ein **sehr umgangssprachliches Französisch**, das nur unter Menschen verwendet wird, die einen familiären Umgangston miteinander pflegen.	désigne un **français populaire**, utilisé uniquement par des personnes ayant l'habitude de se parler sur un ton très familier.
arg *sl*	bezeichnet einen **sehr saloppen Sprachgebrauch**, der nur von meist jüngeren Sprechern untereinander verwendet wird. Dieser Stil wirkt leicht flapsig und kann daher Anstoß erregen.	désigne un **langage très familier**, employé seulement entre locuteurs généralement jeunes. Ce style peut paraître cavalier et donc choquer.
vulg	bezeichnet Wörter, die allgemein als **vulgär** gelten und daher tabu sind. Ihr Gebrauch erregt meist Anstoß.	désigne des **termes** considérés généralement comme **vulgaires** et donc tabous. Leur emploi choque généralement.

6.2 Altersangaben

Es wird in beiden Sprachen grundsätzlich angegeben, wenn ein Wort oder Ausdruck nicht mehr dem heutigen Sprachgebrauch entspricht.

6.2 Délimitation de l'emploi dans le temps

Le dictionnaire signale systématiquement dans les deux langues si un mot ou une expression ne s'utilisent plus dans le langage actuel.

vieilli *veraltet*	bezeichnet ein Wort oder einen Ausdruck, der heutzutage nicht benutzt, aber durchaus noch verstanden wird.	désigne un mot ou une expression qui ne s'emploient plus de nos jours, mais qui sont encore compréhensibles.

6.3 Rhetorische Angaben

Viele Wörter und Wendungen können in einer bestimmten Sprechabsicht verwendet werden. Dies wird bei der Quellsprache vermerkt. Wenn die Übersetzung eine andere rhetorische Absicht widerspiegelt, wird dies ebenfalls kenntlich gemacht.

6.3 Indications rhétoriques

Il est souvent possible d'attribuer à un mot ou une expression une connotation rhétorique qui les éloigne de leur sens premier. Si ce type de connotation existe, elle sera signalée dans la langue source par une marque correspondante. Au cas où le terme allemand reflète une autre intention rhétorique, celle-ci sera également signalée.

euph	bezeichnet einen **verhüllenden Sprachgebrauch**; statt des eigentlichen Worts wird stellvertretend dieser beschönigende Ausdruck gebraucht.	désigne un **emploi euphémique** destiné à remplacer un terme plus cru.
fig	bezeichnet einen **übertragenen Sprachgebrauch**. Das Wort oder die Wendung dient (in einem übertragenen Sinn) als Bild für das, was man ausdrücken will.	désigne un **emploi figuré**. Ce mot ou cette expression permettent de s'exprimer de façon imagée.
hum	bezeichnet einen **scherzhaften Sprachgebrauch**.	désigne un **emploi humoristique**.
iron	bezeichnet einen **ironischen Sprachgebrauch**. Der Sprecher meint eigentlich das Gegenteil dessen, was er sagt.	désigne un **emploi ironique**. Le locuteur pense et veut laisser entendre le contraire de ce qu'il dit.
pej	bezeichnet einen **abwertenden Sprachgebrauch**. Der Sprecher drückt damit seine abschätzige Haltung aus.	désigne un **emploi péjoratif**. Le locuteur exprime ainsi son mépris.

6.4 Sonstige Angaben

Weitere Angaben werden zu beiden Sprachen gemacht, wenn der Gebrauch eines Wortes auf eine bestimmte Region oder Altersgruppe beschränkt ist oder wenn das Wort ein Fachausdruck ist.

6.4 Autres indications

Le dictionnaire précise également pour les deux langues si l'emploi d'un mot est restreint à une certaine région ou à un certain groupe d'âge ou si le mot est un terme de spécialiste.

A	nur in **Österreich** gebrauchter Ausdruck.	terme utilisé uniquement en **Autriche**.
CH	deutscher bzw. französischer Ausdruck, der in der **Schweiz** gebraucht wird.	expression allemande ou française utilisée en **Suisse**.
NDEUTSCH	im **Norden Deutschlands** gebrauchter Ausdruck.	expression employée dans le **nord de l'Allemagne**.
SDEUTSCH	im **Süden Deutschlands** gebrauchter Ausdruck.	expression employée dans le **sud de l'Allemagne**.
DIAL	**regional** begrenzt gebrauchter Ausdruck.	expression dont l'emploi est restreint à une **région** précise.
BELG	nur in **Belgien** üblicher französischer Ausdruck.	terme français utilisé uniquement en **Belgique**.
CAN	nur in **Kanada** üblicher französischer Ausdruck.	terme français uniquement utilisé au **Canada**.
MIDI	im **Süden Frankreichs** gebrauchter Ausdruck.	expression employée dans le **sud de la France**.
NORD	im **Norden Frankreichs** gebrauchter Ausdruck.	expression employée dans le **nord de la France**.
Fachspr.	bezeichnet einen **Fachausdruck**.	désigne un terme de **spécialiste**.
enfantin *Kinderspr.*	bezeichnet einen Ausdruck, der nur im Gespräch mit **kleinen Kindern** benutzt wird.	désigne une expression issue du langage des **jeunes enfants** que des adultes peuvent également employer en s'adressant à eux.

7. Berücksichtigung der deutschen Rechtschreibreform

7. Prise en considération de la réforme de l'orthographe allemande

Dieses Wörterbuch berücksichtigt die im Juli 1996 in Wien beschlossene und 1998 in Kraft getretene Neuregelung der deutschen Rechtschreibung, einschließlich der vom Rat der deutschen Rechtschreibung vorgeschlagenen Änderungen von 2006.

Nach einer Übergangsfrist wurde die neue amtliche Rechtschreibregelung zum 1. August 2006 allein verbindlich.

Dennoch werden bis auf weiteres die alten und die neuen Schreibungen nebeneinander existieren, denn die Buch- und Zeitungsverlage werden sich unterschiedlich schnell umstellen. Aus diesem Grund führt

Ce dictionnaire prend en compte la nouvelle réglementation de la réforme de l'orthographe allemande, adoptée à Vienne en juillet 1996 et entrée en vigueur en 1998, ainsi que les changements du conseil pour la réforme de l'orthographe allemande de 2006.

Après une période transitoire de sept ans, les nouvelles règles d'orthographe officielles doivent obligatoirement être appliquées depuis le 1er août 2006.

Cependant, l'ancienne et la nouvelle orthographe allemande vont coexister encore un certain temps. Les maisons das Wörterbuch die von der Rechtschreibreform betroffenen Wörter sowohl in der alten als auch in der neuen Schreibung auf. Die Benutzer haben somit die Möglichkeit, die ihnen jeweils vorliegende Form eines Worts nachzuschlagen.

Um zu vermeiden, dass sich das Wörterbuch durch diese notwendigen doppelten Nennungen zu sehr aufbläht, wurde ein umfassendes Verweissystem eingearbeitet, das die Benutzer von der alten zur neuen Schreibung führt (sofern alt und neu alphabetisch nicht unmittelbar aufeinander folgen). Bei der neuen Schreibung findet sich dann die gesuchte Übersetzung.

d'édition vont devoir s'adapter plus ou moins rapidement à cette nouvelle réglementation. Pour cette raison, le dictionnaire présente aussi bien les nouvelles que les anciennes orthographes des mots concernés par la réforme. L'utilisateur a ainsi la possibilité de se reporter à la forme appropriée.

Afin d'éviter toute surcharge dans la présentation des deux orthographes, un système de renvoi a été mis au point. Il conduit l'utilisateur de l'ancienne à la nouvelle orthographe d'un mot (dans la mesure où les deux orthographes ne se suivent pas directement dans l'alphabet). La traduction recherchée se trouve alors sous l'entrée nouvellement orthographiée.

Die alte Schreibung wird durch das hochgestellte Zeichen ^{ALT} kenntlich gemacht, die neue durch das Zeichen ^{RR} für Rechtschreibreform.

L'ancienne orthographe est marquée par le signe ^{ALT}, la nouvelle par le signe ^{RR} (Rechtschreibreform = réforme de l'orthographe).

Stẹngel^{ALT} *s.* **Stängel**
Stạ̈ngel^{RR} ['ʃtɛŋəl] <-s, -> *m* tige *f*

Alte Schreibungen werden nur bei einfachen, nicht bei zusammengesetzten Wörtern (Komposita) gekennzeichnet.

Das „alte“ Kompositum *Flußbett* wird nicht mehr als Stichwort aufgeführt, sondern nur die neue Schreibung *Flussbett*.

Seuls les mots simples de l'ancienne orthographe seront marqués. Les mots composés n'ont aucune marque de reconnaissance.

L'“ancien” mot composé *Flußbett* n'apparaîtra plus. Seule sa nouvelle orthographe *Flussbett* figurera dorénavant.

Flụss^{RR} [flʊs, *Pl:* 'flʏsə] <-es, Flụ̈sse>, **Flụß**^{ALT} <-sses, Flụ̈sse> *m* (*Strom*) fleuve *m;* (*Nebenfluss*) rivière *f*

Flụssbett^{RR} *nt* lit *m* du fleuve/de la rivière

Wenn die Benutzer Schwierigkeiten haben, ein zusammengesetztes Wort in seiner neuen Schreibung aufzufinden, können sie auf die alte Schreibweise seiner Bestandteile zurückgreifen. Ist ihnen beispielsweise die neue Schreibung „Gräueltat“ nicht bekannt, finden sie bei „Greuel“ alle nötigen Informationen:

Greuel^{ALT} *s.* **Gräuel**

Si les utilisateurs ont des difficultés à trouver un mot composé dans sa nouvelle orthographe, ils peuvent se reporter au mot de base (par ex *Greuel*) dans son ancienne orthographe, et ainsi trouver toutes les indications concernant la nouvelle et l'ancienne orthographe.

Eine der wichtigsten Veränderungen, die die Rechtschreibreform im Hinblick auf ein Wörterbuch bringt, betrifft die Zusammen- und Getrenntschreibung. In zahlreichen Fällen kann ein bisher zusammengeschriebenes Wort – also ein Stichwort, das einen Wörterbucheintrag einleitet – jetzt auch getrennt geschrieben werden, also zu einem kleinen Syntagma werden, d.h. zu einer Fügung aus mehreren Wörtern, die in dem Eintrag steht. Das Auffinden solch einer Fügung wird dadurch erleichtert, dass bei dem zusammengeschriebenen Stichwort ein präziser Verweis die genaue Position der Fügung angibt.

L'une des modifications les plus importantes que la réforme apporte à ce dictionnaire concerne la décomposition des mots jusqu'alors composés. Dans de nombreux cas, une entrée peut également devenir une courte expression qui apparaît sous l'entrée d'un des éléments qui le composaient. Afin de faciliter la recherche, l'utilisateur trouvera sous l'entrée écrite en un mot une indication exacte de renvoi à la locution nouvellement orthographiée.

allgemeinbildend *s.* **allgemein II.1.**
allgemein ['algə'main] **I.** *adj* ❶ (*nicht speziell*) général(e); **im Allgemeinen** en général ❷ *Wahlrecht* universel(le); *Wehrpflicht* obligatoire ❸ (*allen gemeinsam*) général(e) **II.** *adv* ❶ *formulieren* de façon générale; **~ bildend** *Schule* d'enseignement général ❷ *gültig* généralement; *verbreitet* communément; **~ gültige Aussage** déclaration *f* universelle; **es ist ~ bekannt, dass ...** tout le monde sait que ... ❸ **~ zugänglich** *Informationen* accessible au public; **~ verständlich** accessible à tous; *darstellen, sich ausdrücken* de manière intelligible

Umgekehrt werden durch die Rechtschreibreform bisherige Syntagmen, also getrennt geschriebene Fügungen, in neue Stichwörter umgewandelt. Hier findet eine Verschmelzung statt. Die „alte" Fügung wird nicht durch ALT gekennzeichnet, weil diese Markierung, wie bereits gesagt, nur auf der Ebene der Stichwörter verwendet wird.

Inversement, du fait de la réforme de l'orthographe, les anciennes locutions – c'est-à-dire les expressions composées de mots séparés – deviennent des entrées. Il s'agit donc ici d'une fusion. L'"ancienne" expression ne sera pas marquée par ALT, car comme nous l'avons vu plus haut, cette signalisation n'apparaît que dans les entrées mêmes.

gesund|schreibenRR *vt* **jdn ~** faire un certificat médical de reprise du travail à qn ...

leid|tunRR *vt irr, unpers* ❶ (*als Ausdruck des Bedauerns*) **es tut jdm leid, dass** qn regrette que + *subj;* **es tut mir leid, aber ...** je regrette, mais ..., je suis désolé, mais ...; **tut mir leid!** *fam* désolé!; **das wird dir noch ~!** tu t'en mordras les doigts! ❷ (*als Ausdruck des Mitleids*) **jdm ~** faire pitié à qn; **es tut mir leid für dich** je suis désolé pour toi

Verwendete Lautschriftzeichen

Signes utilisés pour la transcription phonétique

Die deutsche Phonetik

La phonétique allemande

Vokale

Voyelles

Laut/Son	Beispiel/Exemple
[a]	Mechanik
[ɐ]	Hafer
[ɐ̯]	Herd
[e]	Gremium
[ɛ]	Tabelle
[ə]	Tempel
[i]	Hindi
[ɪ]	Brille
[i̯]	Emission
[o]	Abo
[ɔ]	Rolle
[o̯]	Foyer
[ø]	Amöbe
[œ]	Töpfer
[u]	Bluse
[ʊ]	Runde
[u̯]	aktuell
[y]	Büro
[ʏ]	Hütte
[y̆]	Etui

Diphthonge

Diphtongues

Laut/Son	Beispiel/Exemple
[a͜i]	Bein
[a͜u]	Maus
[ɔ͜y]	Freude

Nasale

Nasales

Laut/Son	Beispiel/Exemple
[ã]	Branche
[ɛ̃]	Bulletin
[õ]	Bronze

Konsonanten

Consonnes

Laut/Son	Beispiel/Exemple
[b]	Getriebe
[ç]	Teich
[x]	Sprache
[d]	Duft
[d͜ʒ]	Teenager
[f]	Hafen
[g]	Hagebutte
[h]	Hagel
[ʒ]	Etage
[j]	Injektion
[k]	Insekt
[l]	Luft
[m]	Macht
[n]	Abnahme
[ŋ]	Gedanke
[p]	Abstinenz
[p͜f]	Gipfel
[r]	Reise
[s]	Respekt
[ʃ]	Flasche
[t]	Tier
[θ]	Thriller
[t͜s]	Ziel
[t͜ʃ]	Kitsch
[v]	Vase
[w]	World Wide Web
[z]	Rose

Zeichen

Signes

[ː]	Längezeichen
[ˈ]	Betonungszeichen
[ʔ]	Knacklaut

Die französische Phonetik
La phonétique française

Vokale
Voyelles

Son/Laut	Exemple/Beispiel
[a]	bac
[ɑ]	classe
[e]	état
[ɛ]	caisse
[ə]	menace
[i]	diplôme
[o]	auto
[ɔ]	obtenir
[ø]	Europe
[œ]	cœur
[u]	coup
[y]	nature

Halbvokale
Semi-voyelles

Son/Laut	Exemple/Beispiel
[j]	pièce
[w]	boîte
[ɥ]	huile

Nasale
Nasales

Son/Laut	Exemple/Beispiel
[ɑ̃]	chanter
[ɛ̃]	afin
[ɔ̃]	bonbon
[œ̃]	aucun

Konsonanten
Consonnes

Son/Laut	Exemple/Beispiel
[b]	beau
[d]	du
[f]	feu
[g]	gant
[ʒ]	jour
[k]	cœur
[l]	loup
[m]	marché
[n]	nature
[ɲ]	digne
[ŋ]	camping
[p]	page
[ʀ]	règle
[s]	sel
[ʃ]	chef
[t]	timbre
[v]	vapeur
[z]	zèbre

Zeichen
Signe

[ˊ]	héros (h aspiré)

Zeichen und Abkürzungen

Symboles et abréviations

▶	phraseologischer Block	bloc phraséologique
|	zusammengesetztes, trennbares Verb	verbe composé séparable
=	Kontraktion	contraction
*	Partizip ohne *ge-*	pas de *ge-* au participe passé
≈	entspricht etwa	correspond
–	Sprecherwechsel	changement d'interlocuteur
®	Warenzeichen	marque déposée
RR	neue Schreibung (Rechtschreibreform)	nouvelle orthographe
ALT	alte Schreibung	ancienne orthographe
a.	auch	aussi
A	österreichisch	autrichien
Abk, abr	Abkürzung	abréviation
adj	Adjektiv	adjectif
ADMIN	Verwaltung	administration
adv	Adverb	adverbe
AGR	Landwirtschaft	agriculture
akk	Akkusativ	accusatif
ANAT	Anatomie	anatomie
app	Apposition	apposition
ARCHÄOL, ARCHEOL	Archäologie	archéologie
ARCHIT	Architektur	architecture
arg	frz. Argot	argotique
Art, art	Artikel	article
ART	Kunst	beaux-arts
ASTROL	Astrologie	astrologie
ASTRON	Astronomie	astronomie
attr	attributiv	épithète
AUT	Auto	automobile
aux	Hilfsverb	auxiliaire
AVIAT	Luftfahrt	aviation
BELG	belgisch	belge
bes.	besonders	surtout
BIBL	biblisch	biblique
BIO	Biologie	biologie
BOT	Botanik	botanique
BOXEN, BOXE	Boxen	boxe

CAN	kanadisch	canadien
CH	schweizerisch	suisse
CHASSE	Jagd	chasse
CHEMDFER	Eisenbahn	chemin de fer
CHEM, CHIM	Chemie	chimie
CINE	Film, Kino	cinéma
COM	Handel	commerce
comp	Komparativ	comparatif
compl	Ergänzung, Objekt	complément
cond	Konditional	conditionnel
conj	Konjunktion	conjonction
CONSTR	Bauwesen	construction
COUT	Mode	couture
dat	Dativ	datif
def, déf	bestimmt	défini
défec	unvollständiges Verb	verbe défectif
dekl	dekliniert	décliné
dem, dém	demonstrativ	démonstratif
dét	Begleiter des Substantivs	déterminant
DIAL	dialektal	dialecte
Dim, dim	Verkleinerungsform	diminutif
ECCL	kirchlich	ecclésiastique
ECOL	Ökologie	écologie
ECON	Wirtschaft	économie
EISENBAHN	Eisenbahn	chemin de fer
ELEC	Elektrizität	électricité
Fachspr.	Fachausdruck	langage de spécialiste
enfantin	Kindersprache	langage enfantin
ESPACE	Raumfahrt	espace
etw	etwas	quelque chose
euph	verhüllend	euphémisme
f	Femininum	féminin
fam	umgangssprachlich	familier
FBALL	Fußball	football
fig	figurativ, übertragen	figuré
FIN	Finanzen, Börse	finances, bourse
form	förmlicher Sprachgebrauch	langage formel
fut	Futur	futur
GASTR	Gastronomie	gastronomie
geh	gehobener Sprachgebrauch	soutenu
gen	Genitiv	génitif
gén	meist	généralement
GEOG	Geographie	géographie

GEOL	Geologie	géologie
GEOM	Geometrie	géométrie
GRAM	Grammatik	grammaire
HIST	Geschichte	histoire
HORT	Gartenbau	horticulture
hum	scherzhaft	humoristique
Imp, imparf	Imperfekt	imparfait
impers	unpersönlich	impersonnel
IND	Industrie	industrie
indef, indéf	unbestimmt	indéfini
indic	Indikativ	indicatif
INET	Internet	Internet
Infin, infin	Infinitiv	infinitif
INFORM	Informatik	informatique
interj	Interjektion	interjection
interrog	fragend	interrogatif
inv	unveränderlich	invariable
iron	ironisch	ironique
JAGD	Jagd	chasse
irr	unregelmäßig	irrégulier
jd	jemand	qn (nominatif)
jdm	jemandem	qn (datif)
jdn	jemanden	qn (accusatif)
jds	jemandes	qn (génitif)
JEUX	Spiele	jeux
JUR	Jura, Recht	juridique
Kinderspr.	Kindersprache	langage enfantin
Komp	Komparativ	comparatif
KUNST	Kunst	beaux-arts
LING	Linguistik	linguistique
littér	literarisch	littéraire
LITER	Literatur	littérature
loc	Wendung	locution
m	Maskulinum	masculin
MATH	Mathematik	mathématiques
MED	Medizin, Pharmazie	médecine, pharmacie
MEDIA	(audiovisuelle) Medien	médias, audiovisuel
METAL	Hüttenwesen	métallurgie
METEO	Meteorologie	météorologie
MIDI	südfranzösisch	du Midi
MIL	Militär	militaire
MIN	Bergbau	industrie minière

MINER	Mineralogie	minéralogie
MUS	Musik	musique
MYTH	Mythologie	mythologie
NAUT	Seefahrt	navigation
NDEUTSCH	norddeutsch	allemand du Nord
nég	Verneinung	négation
nom	Nominativ	nominatif
NORD	nordfranzösisch	du Nord
NS	nationalsozialistisch	national-socialiste
nt	Neutrum	neutre
num	Zahlwort	numéral
o	oder	ou
ÖKOL	Ökologie	écologie
ÖKON	Wirtschaft	économie
opp	Gegenteil	opposé, antonyme
OPT	Optik	optique
ORN	Vogelkunde	ornithologie
PARL	parlamentarisch	parlementaire
PECHE	Angeln	pêche
pej, péj	abwertend	péjoratif
pers	persönlich	personnel
Pers, pers.	Person	personne
PHARM	Pharmazie	pharmacie
PHILOS	Philosophie	philosophie
PHON	Phonetik	phonétique
PHOT	Fotografie	photographie
PHYS	Physik	physique
Pl, pl	Plural	pluriel
POL	Politik	politique
pop	sehr umgangssprachlich	populaire
poss	possessiv	possessif
POST	Post	poste
PP, part passé	Partizip Perfekt	participe passé
part prés	Partizip Präsens	participe présent
präd	prädikativ	attribut
präp, prép	Präposition	préposition
Präs, prés	Präsens	présent
PRESSE	Presse	presse
pron	Pronomen	pronom
prov	sprichwörtlich	proverbe
PSYCH	Psychologie	psychologie
qc	etwas	quelque chose
qn	jemand	quelqu'un

RADIO	Rundfunk	radio
RAUM	Raumfahrt	espace
refl	reflexiv	réfléchi
reg	regelmäßig	régulier
rel	relativ	relatif
REL	Religion	religion
s.	siehe	voir
S.	Sache	chose
SCI	Naturwissenschaften	sciences naturelles
SCHULE, SCOL	Schulwesen	école
SDEUTSCH	süddeutsch	allemand du Sud
selten	selten	rare
Sing, sing	Singular	singulier
sl	salopp	argot allemand
SOZIOL	Soziologie	sociologie
soutenu	gehoben	soutenu
SPIEL	Spiele	jeux
SPORT	Sport	sport
subj	Subjonctif	subjonctif
subst	Substantiv	substantif
Superl, superl	Superlativ	superlatif
TECH	Technik	technique
TELEC	Nachrichtentechnik	télécommunications
TEXTIL	Textilien	textile
THEAT	Theater	théâtre
TOUR	Tourismus	tourisme
TRANSP	Transport und Verkehr	moyens de transport
TV	Fernsehen	télévision
TYP	Buchdruck	typographie
UNIV	Universität	université
unpers	unpersönlich	impersonnel
v.	siehe	voir
veraltet, vieilli	veralteter Sprachgebrauch	emploi vieilli
vi	intransitives Verb	verbe intransitif
vr, vpr	reflexives Verb	verbe pronominal
vt	transitives Verb	verbe transitif
vulg	vulgär	vulgaire
ZOOL	Zoologie	zoologie

Aa

A, a [ɑ] *m inv* A *nt,* a *nt*

a¹ [a] *indic prés de* **avoir**

a² [a] *m* INFORM **a commercial** at-Zeichen *nt,* at *nt*

à [a] <à + le = au, à la, à + les = aux> *prép* ① (*introduit un complément de temps*) **à 8 heures** um acht [Uhr]; **à Noël** an Weihnachten; **à l'arrivée** bei der Ankunft; **à quelle heure?** um wie viel Uhr?; **le cinq juin au matin** am fünften Juni morgens ② (*indique une époque*) in (+ *dat*); **au printemps** im Frühling; **aux premiers beaux jours** an den ersten schönen Tagen ③ (*indique une date ultérieure*) in (+ *dat*); **on se verra aux prochaines vacances** wir sehen uns in den nächsten Ferien; **à mon retour** bei meiner Rückkehr ④ (*pour prendre date*) bis; **à demain!** bis morgen! ⑤ (*jusque: temps*) bis; (*mesure*) bis zu (+ *dat*), bis an (+ *akk*); **de 2 à 8 heures** von 2 bis 8 Uhr ⑥ (*introduit un complément de lieu; pour indiquer une direction*) in (+ *akk*); **aller à l'école** in die Schule gehen; **aller à la poste** auf die Post gehen; **aller à Paris** nach Paris fahren; **aller à la mer/montagne** ans Meer/ins Gebirge fahren; **aller au Japon/aux États-Unis** nach Japan/in die Vereinigten Staaten fliegen; **s'asseoir à son bureau** sich an seinen Schreibtisch setzen ⑦ (*indique le lieu où l'on est*) in (+ *dat*); **être à la piscine** im Schwimmbad sein; **être à la poste** auf der Post sein; **habiter à Paris** in Paris leben; **habiter aux États-Unis** in den Vereinigten Staaten leben; **habiter au troisième étage** im dritten Stock wohnen; **être assis à son bureau** an seinem Schreibtisch sitzen; **au coin de la rue** an der Straßenecke; **à la page 36** auf Seite 36; **à cinq minutes/trois kilomètres d'ici** fünf Minuten/drei Kilometer von hier [entfernt]; **à la télévision** im Fernsehen; **avoir mal à la tête** Kopfschmerzen haben; **à l'épaule** an der Schulter; **les larmes aux yeux** mit Tränen in den Augen ⑧ (*indique le nombre de personnes*) **à 2/3/12** zu zweit/dritt/zwölft; **on peut tenir à 50 dans cette salle** dieser Saal fasst bis zu 50 Personen ⑨ (*par*) **à l'heure** in der Stunde; **à la journée** am Tag; **7 litres aux 100** 7 Liter auf 100; **acheter au poids/à la douzaine** nach Gewicht/im Dutzend [ein]kaufen; **vendre au mètre** meterweise verkaufen ⑩ (*cause*) bei; **à cette nouvelle, ...** bei dieser Nachricht ... ⑪ (*conséquence*) zu; **à ma plus grande surprise** zu meiner größten Überraschung ⑫ (*d'après*) **à la demande de qn** auf jds Wunsch (*akk*) ⑬ (*indique une appartenance*) **c'est à moi/lui** das gehört mir/ihm; **un ami à eux** ein Freund von ihnen; **avoir une maison à soi** ein eigenes Haus haben ⑭ (*indique le moyen*) **coudre/écrire qc à la machine** etw auf der Maschine nähen/schreiben; **cuisiner au beurre** mit Butter kochen; **à la loupe/au microscope** durch die Lupe/unter dem Mikroskop; **boire à la bouteille** aus der Flasche trinken ⑮ (*introduit un superlatif*) **elle est au plus mal** es geht ihr sehr schlecht; **venir au plus tôt** möglichst bald kommen ⑯ (*au point de*) **s'ennuyer à mourir** sich zu Tode langweilen; **c'est à devenir fou/mourir de rire** das ist zum Verrücktwerden/Totlachen ⑰ (*complément indirect*) **donner qc à qn** jdm etw geben; **jouer aux cartes** Karten spielen; **jouer au tennis** Tennis spielen; **penser à qn/qc** an jdn/etw denken; **parler/téléphoner à qn** mit jdm sprechen/jdn anrufen; **participer à qc** an etw (*dat*) teilnehmen ⑱ (*locution verbale*) **elle prend plaisir à faire qc** es macht ihr Spaß etw zu tun; **il se met à pleuvoir** es fängt an zu regnen; **c'est facile à faire** das ist leicht [zu machen]; **rien à faire!** nichts zu machen!; **maison à vendre** Haus zu verkaufen

à + [aplys] *prép fam* bis dann!

abaissant(e) [abɛsɑ̃, ɑ̃t] *adj* erniedrigend; *rôle, tâche, travail* entwürdigend

abaissement [abɛsmɑ̃] *m* ① *d'une vitre, persienne, d'un volet* Herunterlassen *nt; d'un niveau, siège* Niedrigerstellen *nt* ② *de l'âge de la retraite* Herabsetzen *nt*

abaisser [abese] <1> **I.** *vt* ① (*faire descendre*) herunterlassen *rideau;* niedriger stellen *niveau;* herunterdrücken *manette* ② (*faire diminuer*) senken *température, prix;* herabsetzen *âge de la retraite* ③ (*avilir*) erniedrigen **II.** *vpr* **s'~** ① (*descendre*) *vitre:* sich senken ② (*s'humilier*) sich erniedrigen

abajoue [abaʒu] *f d'un hamster, singe* Backentasche *f*

abandon [abɑ̃dɔ̃] *m* ① *d'une maison, d'un village* Verlassen *nt; d'un lieu* Aufgabe *f* ② *d'une personne* Verlassen *nt; d'un nou-*

veau-né, animal Aussetzen *nt; d'un véhicule* Stehenlassen *nt;* ~ **de famille** Vernachlässigung *f* der Unterhaltspflicht; **laisser qc à l'~** etw verkommen lassen ❸ *de déchets, d'un objet* Zurücklassen *nt* ❹ *des études, d'une piste* Aufgabe *f; des recherches* Einstellung *f; d'une méthode* Verzicht *m* auf ❺ *du pouvoir* Verzicht *m* auf; *de ses biens* Abtretung *f* ❻ SPORT Aufgabe *f*

abandonné(e) [abɑ̃dɔne] *adj maison* verlassen; *enfant* ausgesetzt; *chat* herrenlos

abandonner [abɑ̃dɔne] <1> **I.** *vt* ❶ (*déserter*) verlassen *maison, poste;* aufgeben *lieu stratégique* ❷ (*quitter*) verlassen, im Stich lassen *femme, famille;* aussetzen *nouveau-né, animal;* stehen lassen *véhicule;* leer stehen lassen *maison;* **se sentir abandonné** sich allein gelassen fühlen ❸ (*laisser derrière soi*) zurücklassen *déchets* ❹ (*renoncer à*) aufgeben *combat, études, hypothèse;* abkommen von *méthode;* verzichten auf (+ *akk*) *pouvoir, fonction;* nicht mehr [weiter] verfolgen *piste;* abtreten *biens, fortune* ❺ (*laisser*) ~ **qn à son sort** jdn seinem Schicksal überlassen **II.** *vi* aufgeben **III.** *vpr* ❶ (*se détendre*) **s'~** sich gehen lassen; (*couché*) entspannt daliegen ❷ (*se laisser aller à*) **s'~ aux larmes** seinen Tränen freien Lauf lassen; **s'~ au désespoir** sich der Verzweiflung hingeben

abasourdir [abazuʀdiʀ] <8> *vt* ❶ (*stupéfier*) sprachlos machen; **être abasourdi** verblüfft sein ❷ (*consterner*) bestürzen ❸ (*assourdir*) benommen machen

abat-jour [abaʒuʀ] *m inv* Lampenschirm *m*

abats [aba] *mpl* Innereien *Pl*

abattage [abataʒ] *m d'un mur, d'une maison* Abreißen *nt; d'une cloison* Einreißen *nt*

abattant [abatɑ̃] *m* Klappe *f*

abattement [abatmɑ̃] *m* ❶ (*lassitude*) Mattigkeit *f* ❷ (*découragement*) Niedergeschlagenheit *f*

abattis [abati] *mpl* GASTR Klein *nt; d'une poule* Hühnerklein *nt*

abattoir [abatwaʀ] *m* Schlachthof *m*

abattre [abatʀ] <*irr*> **I.** *vt* ❶ (*faire tomber*) abreißen *mur, maison;* einreißen *cloison;* fällen *arbre;* abholzen *forêt;* abschießen *avion;* umwerfen *quille* ❷ *a. fig* ~ **son jeu** seine Karten auf den Tisch legen ❸ (*tuer*) schlachten *animal de boucherie;* töten *animal blessé;* erlegen *gibier* ❹ (*assassiner*) ermorden ❺ (*affaiblir*) ~ **qn** *fièvre, maladie:* jdn schwächen; *temps:* jdn matt machen ❻ (*décourager*) ~ **qn** *souci:* jdn erdrücken; *tâche, travail:* jdn verzagen lassen ❼ (*travailler vite et beaucoup*) ~ **de la besogne** seine Arbeit flott erledigen ❽ (*rabattre*) ~ **qc** *vent, tornade:* etw niederfegen **II.** *vpr* **s'~** ❶ (*tomber*) umstürzen; **s'~ sur le sol** zu Boden fallen ❷ (*tomber brutalement*) *pluie:* niederprasseln; *vagues:* sich brechen; *rafales de vent:* fegen ❸ (*fondre sur*) *aigle, personne:* sich stürzen auf (+ *akk*); *criquets, fourmis:* herfallen über (+ *akk*); *injures:* niederprasseln auf (+ *akk*); *malheur:* hereinbrechen über (+ *akk*)

abattu(e) [abaty] **I.** *part passé de* **abattre** **II.** *adj* ❶ (*physiquement*) geschwächt ❷ (*moralement*) niedergeschlagen

abbaye [abei] *f* Abtei *f*

abbé [abe] *m* ❶ (*prêtre*) Priester *m* ❷ (*supérieur d'une abbaye*) Abt *m*

abbesse [abɛs] *f* Äbtissin *f*

a b c [ɑbese] *m inv* Abc *nt,* Einmaleins *nt;* **l'~ de la pédagogie** das Einmaleins der Pädagogik; **l'~ du métier** die Grundlagen *Pl* des Berufs

abcès [apsɛ] *m* Abszess *m*

abdication [abdikasjɔ̃] *f* Abdankung *f*

abdiquer [abdike] <1> *vi* ❶ (*démissionner*) *roi, souverain:* abdanken ❷ (*renoncer*) aufgeben

abdomen [abdɔmɛn] *m* ❶ ANAT Bauch *m* ❷ ZOOL Hinterleib *m*

abdominal(e) [abdɔminal, -o] <-aux> *adj* Bauch-

abdominaux [abdɔmino] *mpl* Bauchmuskeln *Pl*

abécédaire [ɑbesedɛʀ] *m* Fibel *f*

abeille [abɛj] *f* Biene *f*

aberrant(e) [abeʀɑ̃, ɑ̃t] *adj* widersinnig; *idée* abwegig; *prix* irrsinnig

aberration [abeʀasjɔ̃] *f* Widersinnigkeit *f*

abêtir [abetiʀ] <8> *vt* verdummen

abêtissant(e) [abetisɑ̃, ɑ̃t] *adj travail, activité* stumpfsinnig; *émission* verdummend

abîme [abim] *m* (*divergence*) Abgrund *m,* [tiefe] Kluft *f*

abîmer [abime] <1> **I.** *vt* (*détériorer*) beschädigen **II.** *vpr* ❶ (*se détériorer*) **s'~** sich abnutzen; *fruits, légumes:* verderben ❷ (*détériorer*) **s'~ les yeux** sich (*dat*) die Augen verderben; **s'~ la santé** seine Gesundheit ruinieren

abject(e) [abʒɛkt] *adj* niederträchtig, gemein

abjurer [abʒyʀe] <1> *vi* abschwören

ablation [ablasjɔ̃] *f d'une tumeur* operative Entfernung

ablette [ablɛt] *f* Ukelei *m*

ablution [ablysjɔ̃] *f* REL [rituelle] Waschung

abnégation [abnegasjɔ̃] *f* Selbstverleugnung *f*

aboiement [abwamɑ̃] *m* Bellen *nt*

abois [abwa] *mpl* ►**être aux** ~ in Bedrängnis sein

abolir [abɔliʀ] <8> *vt* abschaffen *esclavage, loi;* aufheben *frontières*

abolition [abɔlisjɔ̃] *f de l'esclavage, d'une loi* Abschaffung *f; des frontières* Aufhebung *f*

abolitionnisme [abɔlisjɔnism] *m* (*contre l'esclavage*) *Bewegung der Gegner der Sklaverei;* (*contre la peine de mort*) *Bewegung zur Abschaffung der Todesstrafe*

abolitionniste [abɔlisjɔnist] *mf* ① (*contre l'esclavage*) Gegner(in) *m(f)* der Sklaverei ② (*contre la peine de mort*) Gegner(in) der Todesstrafe *m*

abominable [abɔminabl] *adj* ① (*horrible*) abscheulich ② (*très mauvais, insupportable*) scheußlich

abominablement [abɔminabləmɑ̃] *adv* + *verbe* miserabel, schauderhaft

abomination [abɔminasjɔ̃] *f* ① (*dégoût*) Abscheu *m o f;* **avoir qn/qc en** ~ jdn/etw verabscheuen ② (*fait horrible*) abscheuliche Tat; (*acte particulièrement répugnant*) Gräueltat *f*

abondamment [abɔ̃damɑ̃] *adv* reichlich

abondance [abɔ̃dɑ̃s] *f* (*profusion*) Fülle *f* ►**en** ~ in Hülle und Fülle

abondant(e) [abɔ̃dɑ̃, ɑ̃t] *adj nourriture* reichhaltig; *erreurs* zahlreich; **des pluies** ~**es** ergiebige Regenfälle *Pl*

abonder [abɔ̃de] <1> *vi* ① (*exister en grande quantité*) reichlich vorhanden sein ② (*être de même avis*) ~ **dans le sens de qn** mit jdm [völlig] übereinstimmen

abonné(e) [abɔne] **I.** *adj* (*qui a un abonnement*) **être** ~ **à un journal** eine Zeitung abonniert haben, auf eine Zeitung abonniert werden (CH); **être** ~ **à un club** Mitglied eines Klubs sein **II.** *m(f) d'un théâtre, journal* Abonnent(in) *m(f); d'un club* Mitglied *nt;* ~ **au téléphone** Fernsprechteilnehmer(in) *m(f)*

abonnement [abɔnmɑ̃] *m* Abonnement *nt;* (*au téléphone*) Anschluss *m;* (*à un club*) Mitgliedschaft *f;* ~ **hebdomadaire/mensuel** Wochen-/Monatskarte *f;* **prendre un** ~ **à un journal/au théâtre** eine Zeitung im Abonnement/ein Theaterabonnement bestellen

abonner [abɔne] <1> **I.** *vpr* **s'**~ **à un journal/au théâtre** eine Zeitung/einen Theaterplatz abonnieren; **s'**~ **à un club** einem Klub beitreten **II.** *vt* ~ **qn à un journal** jdn für ein Zeitungsabonnement werben; ~ **qn à un club** jdn als neues Mitglied werben

abord [abɔʀ] *m* ① (*alentours*) **les** ~**s d'une ville** die unmittelbare Umgebung einer Stadt ② (*attitude*) **être d'un** ~ **facile/difficile** umgänglich/schwer zugänglich sein; **être d'un** ~ **agréable/froid** warmherzig/kühl wirken ►**au premier** ~ (*dès la première rencontre*) gleich zu Beginn [schon]; (*à première vue*) auf den ersten Blick; [**tout**] **d'**~ (*temporel*) zu[aller]erst; (*avant tout*) in [aller]erster Linie; **d'**~ *fam* **d'**~ **tu n'avais qu'à le lui dire, toi!** also, du hättest es ihm/ihr einfach nur sagen müssen!; **et d'**~, **qui est-ce qui t'a dit ça?** und überhaupt, wer hat dir das gesagt?

abordable [abɔʀdabl] *adj* (*bon marché*) erschwinglich

abordage [abɔʀdaʒ] *m* (*assaut*) Entern *nt*

aborder [abɔʀde] <1> **I.** *vt* ① (*accoster, évoquer*) ansprechen ② (*appréhender*) herangehen an (+ *akk*) *vie, auteur, texte;* anpacken *épreuve* ③ (*amorcer*) ~ **un carrefour** sich einer Kreuzung nähern ④ (*donner l'assaut*) *pirates:* entern; *navire:* festmachen an (+ *dat*); (*heurter*) kollidieren mit **II.** *vi* anlegen **III.** *vpr* **s'**~ ① (*se rencontrer*) *personnes:* aufeinander zugehen ② (*heurter*) kollidieren

aborigène [abɔʀiʒɛn] *adj peuple* eingeboren

abortif, -ive [abɔʀtif, -iv] *adj* Abtreibungs-; **risque** ~ *Risiko, das zu einer Fehlgeburt führen kann*

abouler [abule] <1> *vt arg* rausrücken (*fam*); **allez, aboule le fric!** los, her mit der Kohle!

aboutir [abutiʀ] <8> *vi* ① (*réussir*) Erfolg haben; *projet:* erfolgreich abgeschlossen werden; **ne pas** ~ erfolglos [geblieben] sein ② (*conduire à*) ~ **à/dans qc** *rue:* zu etw führen ③ (*se terminer par*) *démarche:* führen zu

aboutissement [abutismɑ̃] *m* Ergebnis *nt*

aboyer [abwaje] <6> *vi chien:* bellen

abracadabra [abʀakadabʀa] *m* Abrakadabra *nt*

abracadabrant(e) [abʀakadabʀɑ̃, ɑ̃t] *adj* ungewöhnlich

abrasif [abʀɑzif] *m* Schleifmittel *nt*

abrasion [abʀɑzjɔ̃] *f* [Ab]schleifen *nt;* **le détartrage des dents par** ~ das Entfernen von Zahnstein durch Polieren

abrégé [abʀeʒe] *m* ① (*texte réduit*) gekürzte Fassung; **mot en** ~ abgekürztes Wort ② (*ouvrage*) Abriss *m*

A

abrégement, **abrègement** [abʀɛʒmɑ̃] *m d'un mot* Abkürzung *f; d'un texte, travail* Kürzung *f; d'une entrevue* Verkürzung *f*

abréger [abʀeʒe] <2a, 5> *vt* verkürzen *souffrances;* abkürzen *rencontre, mot;* kürzen *texte*

abreuver [abʀœve] <1> I. *vt* ① (*donner à boire*) tränken *animal* ② (*couvrir de*) ~ **qn de compliments** jdn mit Komplimenten überhäufen II. *vpr* ① (*boire*) **s'~** *animal:* trinken ② (*se nourrir*) **s'~ de romans** in Romanen schwelgen

abreuvoir [abʀœvwaʀ] *m* ① (*lieu*) Tränke *f* ② (*auge*) Wassertrog *m* ③ (*dans l'étable, le poulailler*) Tränkrinne *f* ④ (*dans une cage*) [kleiner] Trinknapf *m*

abréviation [abʀevjasjɔ̃] *f* ① (*mot abrégé*) Abkürzung *f* ② (*action d'abréger*) Abkürzen *nt*

abri [abʀi] *m* ① (*protection naturelle*) Schutz *m;* **être à l'~ de qc** vor etw (*dat*) sicher sein; **être à l'~ des gelées/intempéries** vor Frost/schlechtem Wetter geschützt sein; **être à l'~ des balles** an einem kugelsicheren Ort sein; **se mettre à l'~ du vent** sich gegen den Wind schützen; **mettre qc à l'~** etw in Sicherheit bringen ② (*souterrain*) Unterstand *m* ③ (*lieu aménagé*) Hütte *f;* (*en montagne*) Schutzhütte; (*pour le bétail*) Unterstand *m;* ~ **de jardin** kleiner [Geräte]schuppen; **être à l'~** *personne:* in Sicherheit sein; *vélo, voiture:* untergestellt sein; **mettre des papiers à l'~** Papiere sicher aufbewahren ▶ **être à l'~ du besoin** keine finanziellen Sorgen [mehr] haben

abribus® [abʀibys] *m* Wartehäuschen *nt,* überdachte Bushaltestelle *f*

abricot [abʀiko] I. *m* Aprikose *f,* Marille *f* (A) II. *adj inv* aprikosenfarben

abricotier [abʀikɔtje] *m* Aprikosenbaum *m*

abrité(e) [abʀite] *adj* windgeschützt

abriter [abʀite] <1> I. *vt* ① (*protéger*) schützen vor (+ *dat*) ② (*héberger*) beherbergen II. *vpr* ① **s'~** (*se protéger du danger*) in Deckung gehen; *population:* Schutz suchen; (*se protéger des intempéries*) sich unterstellen ② (*se protéger des critiques, reproches*) **s'~ derrière qn/qc** sich hinter jdm/etw verstecken

abrogation [abʀɔgasjɔ̃] *f d'une loi* Aufhebung *f*

abroger [abʀɔʒe] <2a> *vt* aufheben

abrupt [abʀypt] *m* Steilwand *f*

abrupt(e) [abʀypt] *adj* ① (*raide*) steil ② *ton* schroff

abruti(e) [abʀyti] I. *adj* ① *fig* **être ~ de travail** von der Arbeit [ganz] benommen sein ② *fam* (*idiot*) blöd II. *m(f) fam* Idiot(in) *m(f)*

abrutir [abʀytiʀ] <8> *vt bruit, soleil:* [ganz] benommen machen; ~ **qn de travail** jdn mit Arbeit überhäufen

abrutissant(e) [abʀytisɑ̃, ɑ̃t] *adj travail* stumpfsinnig; *musique* [ohren]betäubend

abrutissement [abʀytismɑ̃] *m* Benommenheit *f;* **travailler jusqu'à l'~** arbeiten, bis man nicht mehr klar denken kann

A.B.S. [ɑbeɛs] *m abr de* **Anti-lock Brake System** ABS *nt*

abscisse [apsis] *f* Abszisse *f*

absence [apsɑ̃s] *f* ① (*opp: présence*) Abwesenheit *f;* **en l'~ de qn** in jds Abwesenheit ② (*fait de manquer*) Abwesenheit *f;* **les ~s de cet élève sont rares** dieser Schüler fehlt selten ③ (*manque*) **l'~ de qc** das Fehlen einer S. (*gen*); ~ **d'humour** Humorlosigkeit *f;* **en l'~ de preuves** aus Mangel an Beweisen ④ (*inattention*) Geistesabwesenheit *f*

absent(e) [apsɑ̃, ɑ̃t] I. *adj* ① (*opp: présent*) abwesend; **les élèves ~s** die fehlenden Schüler; **être ~ à une réunion/au cours** bei einer Besprechung/im Unterricht fehlen; **être ~ du bureau** nicht im Büro sein ② (*qui manque*) **être ~ de qc** bei etw fehlen ③ (*distrait*) [geistes]abwesend II. *m(f)* Abwesende(r) *f(m)*

absentéisme [apsɑ̃teism] *m d'un élève* häufiges Fernbleiben vom Unterricht

absentéiste [apsɑ̃teist] *mf* Arbeitnehmer, der/Arbeitnehmerin, die häufig fehlt

absenter [apsɑ̃te] <1> *vpr* **s'~** weggehen; **je ne me suis absenté que deux minutes** ich war nur zwei Minuten nicht da

abside [apsid] *f* Apsis *f*

absinthe [apsɛ̃t] *f* Absinth *m*

absolu [apsɔly] *m* **l'~** das Absolute

absolu(e) [apsɔly] *adj* ① (*total*) absolut; *confiance* uneingeschränkt; *amour* bedingungslos ② (*sans concession*) kategorisch ③ (*opp: constitutionnel*) absolut ④ GRAM absolut

absolument [apsɔlymɑ̃] *adv* ① (*à tout prix*) unbedingt ② (*totalement*) ganz; *nécessaire* unbedingt; *vrai* vollkommen; *faux* völlig; ~ **pas** überhaupt nicht; ~ **rien** absolut nichts ▶ ~**!** genau!; **mais ~!** aber sicher!

absolution [apsɔlysjɔ̃] *f* REL Absolution *f*

absolutisme [apsɔlytism] *m* Absolutismus *m*
absolutiste [apsɔlytist] **I.** *adj* absolutistisch **II.** *mf* Absolutist(in) *m(f)*
absorbant(e) [apsɔʀbɑ̃, ɑ̃t] *adj* ① (*hydrophile*) saugfähig ② (*prenant*) **travail ~** Arbeit, die einen sehr in Anspruch nimmt
absorber [apsɔʀbe] <1> **I.** *vt* ① (*consommer*) zu sich nehmen; einnehmen *médicament* ② (*s'imbiber*) aufsaugen; absorbieren *odeur* ③ (*faire disparaître*) aufbrauchen *économies;* absorbieren *rayonnements* ④ ECON übernehmen *concurrent* ⑤ (*accaparer*) *travail:* in Anspruch nehmen; *observation de qc:* gefangen nehmen; **être absorbé par une lecture** in eine Lektüre völlig vertieft sein **II.** *vpr* **s'~ dans un travail** in einer Arbeit aufgehen
absorption [apsɔʀpsjɔ̃] *f* ① (*action de boire*) Trinken *nt* ② (*action de manger*) Verzehr *m* ③ (*action d'avaler un médicament*) Einnahme *f* ④ (*pénétration*) Absorption *f; de l'eau* Aufsaugen *nt* ⑤ ECON Übernahme *f*
absoudre [apsudʀ] <irr> *vt* REL **~ qn** jdm [die] Absolution erteilen
abstenir [apstəniʀ] <9> *vpr* ① (*se refuser*) **s'~ de qc** auf etw (*akk*) verzichten ② (*ne pas voter*) **s'~** sich der Stimme (*gen*) enthalten
abstention [apstɑ̃sjɔ̃] *f* [Stimm]enthaltung *f*
abstentionnisme [apstɑ̃sjɔnism] *m* Wahlmüdigkeit *f*
abstentionniste [apstɑ̃sjɔnist] **I.** *adj électorat* wahlmüde **II.** *mf* Nichtwähler(in) *m(f)*
abstinence [apstinɑ̃s] *f* ① (*chasteté*) Enthaltsamkeit *f* ② (*sobriété*) Abstinenz *f*
abstinent(e) [apstinɑ̃, ɑ̃t] **I.** *adj* abstinent **II.** *m(f)* Abstinenzler(in) *m(f)*
abstraction [apstʀaksjɔ̃] *f* ① (*action d'abstraire*) Abstraktion *f;* **faire ~ de qc** etw außer Acht lassen ② (*idée*) abstrakte Vorstellung
abstraire [apstʀɛʀ] <irr> *vt* ① (*schématiser*) abstrahieren ② (*isoler par la pensée*) absehen von (+ *dat*)
abstrait [apstʀɛ] *m* ① (*abstraction*) Abstrakte *nt* ② ART abstrakte Kunst ③ (*peintre*) Abstrakte(r) *f(m)*
abstrait(e) [apstʀɛ, ɛt] *adj* abstrakt
absurde [apsyʀd] **I.** *adj* absurd, sinnfrei (*iron*) **II.** *m* **l'~** das Absurde
absurdité [apsyʀdite] *f* ① (*caractère absurde*) Absurdität *f* ② (*bêtise*) Unsinn *m kein Pl*
abus [aby] *m* ① (*consommation excessive*) übermäßiger Genuss; **~ de tabac/d'alcool** übermäßiger Tabak-/Alkoholgenuss ② (*usage abusif*) Missbrauch *m;* **~ de pouvoir** Amtsmissbrauch; **~ sexuels sur les enfants** sexueller Missbrauch von Kindern; **~ de biens sociaux** Unterschlagung *f;* **~ de confiance** Vertrauensbruch *m*
abuser [abyze] <1> **I.** *vi* ① (*consommer avec excès*) übertreiben; **~ de l'alcool/du tabac** zu viel trinken/rauchen ② (*faire un usage excessif*) **~ de son pouvoir** seine Macht missbrauchen ③ (*exploiter*) **~ de la confiance de qn** jds Vertrauen ausnutzen ④ (*violer*) missbrauchen (*geh*) **II.** *vpr* **si je ne m'abuse** wenn ich [mich] nicht irre
abusif, -ive [abyzif, -iv] *adj* ① (*exagéré*) übermäßig; **consommation abusive d'alcool** Alkoholmissbrauch *m* ② (*emploi d'un mot*) falsch ③ *licenciement* ungerechtfertigt
abusivement [abyzivmɑ̃] *adv* ① (*incorrectement*) *employer* falsch ② (*exagérément*) übermäßig
abysse [abis] *m* Tiefseegraben *m*
acabit [akabi] *m* ▸ **des gens de cet ~** *péj* Leute *Pl* dieses Schlags
acacia [akasja] *m* Akazie *f*
académicien(ne) [akademisjɛ̃, jɛn] *m(f)* Mitglied *nt* der Académie française
académie [akademi] *f* ① (*société savante*) Akademie *f* ② (*école*) **~ de danse** Tanzschule *f* ③ (*circonscription*) ≈ Schulaufsichtsbezirk *m* ④ (*service administratif d'une académie*) ≈ Oberschulamt *nt*
Académie [akademi] *f* Akademie *f;* **l'~ française** die Académie française
académique [akademik] *adj* ① (*d'une société savante*) Akademie- ② (*de l'Académie française*) der Académie française
Acadie [akadi] *f* HIST **l'~** Akadien *nt*
acajou [akaʒu] *m* (*bois*) Mahagoni *nt*
a cap[p]ella [akapela, akapɛlla] *adv* MUS a cappella
acariâtre [akaʀjɑtʀ] *adj* mürrisch
acariens [akaʀjɛ̃] *mpl* Milben *Pl*
accablant(e) [akablɑ̃, ɑ̃t] *adj* ① (*physiquement pénible*) drückend; *douleur* unerträglich ② (*psychiquement pénible*) deprimierend; *reproche* sehr schwer; *travail* erschöpfend ③ (*accusateur*) belastend
accabler [akɑble] <1> *vt* ① (*abattre*) *douleur:* quälen; *nouvelle:* deprimieren; *dettes:* lasten auf (+ *dat*); *reproches:* bedrücken; **être accablé de travail** mit Arbeit überhäuft sein ② (*imposer*) **~ qn de reproches** jdn mit Vorwürfen überschütten;

~ **le peuple d'impôts** dem Volk [viel zu] hohe Steuern aufbürden ❸ (*confondre*) *témoignage:* belasten

accalmie [akalmi] *f* ❶ METEO *de la pluie* [vorübergehendes] Nachlassen; *du vent* [kurze] Beruhigung ❷ (*trêve*) etwas ruhigere Phase

accaparer [akapaʀe] <1> *vt* ❶ (*monopoliser*) [völlig] in Beschlag nehmen; an sich (*akk*) reißen *conversation;* mit Beschlag belegen *poste-clé;* auf sich (*akk*) ziehen *attention* ❷ (*occuper complètement*) *travail:* völlig in Anspruch nehmen

accéder [aksede] <5> *vi* ❶ (*parvenir à*) gelangen zu ❷ (*atteindre*) ~ **à un poste** eine Stelle erlangen; ~ **en finale** ins Finale kommen ❸ (*mener à*) führen zu ❹ (*consentir à*) bewilligen

accélérateur [akseleʀatœʀ] *m* ❶ AUT Gaspedal *nt;* **donner un coup d'~** aufs Gaspedal treten; **appuyer sur l'~** beschleunigen; **lâcher l'~** vom Gaspedal [herunter]gehen ❷ CHIM, PHYS Beschleuniger *m*

accélération [akseleʀasjɔ̃] *f* Beschleunigung *f*

accéléré [akseleʀe] *m* Zeitraffer *m*

accélérer [akseleʀe] <5> **I.** *vi* beschleunigen; **vas-y, accélère!** mach schon, gib Gas! **II.** *vt* beschleunigen; ~ **l'allure/la cadence/le mouvement** das Tempo beschleunigen **III.** *vpr* **s'~** *pouls:* sich beschleunigen; *travaux:* schneller gehen

accent [aksɑ̃] *m* ❶ (*signe sur les voyelles*) **e ~ aigu/grave/circonflexe** e Akut *m*/Gravis *m*/Zirkumflex *m* ❷ (*manière de prononcer*) Akzent *m* ❸ (*accentuation*) Akzent *m,* Betonung *f* ❹ (*intonation expressive*) Ton *m;* (*plus faible*) Unterton ▸ **mettre l'~ sur qc** etw [besonders] hervorheben

accentuation [aksɑ̃tɥasjɔ̃] *f* ❶ *du chômage* Zunahme *f; des symptômes* Verschlimmerung *f* ❷ GRAM Setzen *nt* der Akzente ❸ LING Betonung *f*

accentué(e) [aksɑ̃tɥe] *adj* ❶ *voyelle* betont ❷ *traits* markant

accentuer [aksɑ̃tɥe] <1> **I.** *vt* ❶ (*tracer un accent*) einen Akzent setzen auf (+ *akk*) ❷ (*prononcer un accent*) betonen ❸ (*intensifier*) betonen *effet;* verstärken *efforts;* vorantreiben *action;* unterstreichen *force, ressemblance;* erhöhen *risque* **II.** *vpr* **s'~** sich verstärken; *froid:* sich verschärfen; *risque:* sich erhöhen

acceptable [aksɛptabl] *adj* akzeptabel

acceptation [aksɛptasjɔ̃] *f* ❶ (*le fait d'accepter un traité*) Annahme *f* ❷ (*approbation d'une proposition*) Akzeptieren *nt* ❸ (*consentement*) Zustimmung *f*

accepter [aksɛpte] <1> **I.** *vt* ❶ (*prendre*) annehmen *cadeau;* akzeptieren *excuses;* übernehmen *responsabilité* ❷ (*accueillir favorablement*) akzeptieren; ~ **une thèse/une théorie** einer These/Theorie zustimmen ❸ (*se soumettre à*) annehmen *échec, destin;* eingehen *risque* ❹ (*supporter*) akzeptieren; dulden *contradiction* **II.** *vi* ❶ (*être d'accord*) akzeptieren; ~ **de faire qc** damit einverstanden sein etw zu tun ❷ (*tolérer*) dulden ❸ (*permettre*) zulassen

acception [aksɛpsjɔ̃] *f* Bedeutung *f*

accès [aksɛ] *m* ❶ (*entrée*) Eingang *m;* (*pour piétons*) Zugang *m;* (*pour véhicules*) Zufahrt *f;* ~ **interdit** kein Zutritt ❷ (*action d'accéder à une position*) ~ **à un poste** Zugang *m* zu einer Stelle ❸ (*crise*) Anfall *m;* ~ **d'humeur** Launenhaftigkeit *f* ❹ INFORM Zugang *m,* Zugriff *m;* ~ **à Internet** Internetzugang

accessibilité [aksesibilite] *f* Erreichbarkeit *f;* (*à un emploi, une profession*) Zugänglichkeit *f*

accessible [aksesibl] *adj* ❶ (*où l'on peut accéder*) zugänglich; **être ~ à qn** für jdn erreichbar sein ❷ (*compréhensible*) verständlich ❸ (*abordable*) erschwinglich

accession [aksesjɔ̃] *f* ~ **à qc** Erlangen *nt* einer S. (*gen*); ~ **à la propriété** Erwerb *m* von [Wohnungs]eigentum

accessoire [akseswaʀ] **I.** *adj* nebensächlich; *avantage* zusätzlich; *frais* Neben- **II.** *m* ❶ (*pièce complémentaire*) Zubehörteil *nt;* **les ~s** das Zubehör ❷ COUT Accessoire *nt* ❸ THEAT, CINE Requisit *nt*

accessoirement [akseswaʀmɑ̃] *adv* nebenbei

accessoiriste [akseswaʀist] *mf* Requisiteur(in) *m(f)*

accident [aksidɑ̃] *m* Unfall *m;* ~ **du travail** Arbeitsunfall; ~ **de parcours** Missgeschick *nt;* **avoir un ~** verunglücken

accidenté(e) [aksidɑ̃te] **I.** *adj* ❶ (*inégal*) uneben; *région* hügelig; *relief* zerklüftet ❷ (*qui a eu un accident*) verunglückt; *voiture* Unfall- **II.** *m(f)* Verunglückte(r) *f(m);* ~ **de la circulation** Opfer *nt* eines Verkehrsunfalls

accidentel(le) [aksidɑ̃tɛl] *adj* ❶ (*dû à un accident*) Unfall- ❷ (*dû au hasard*) zufällig

accidentellement [aksidɑ̃tɛlmɑ̃] *adv* ❶ (*dans un accident*) **mourir ~** tödlich verunglücken ❷ (*par hasard*) zufällig

acclamation [aklamasjɔ̃] *f* Jubel *m kein*

Pl, Beifall *m kein Pl;* **les ~s du public** die Beifall[s]rufe des Publikums

acclamer [aklame] <1> *vt* **~ qn** jdm zujubeln

acclimatation [aklimatasjɔ̃] *f* Akklimatisierung *f*

acclimater [aklimate] <1> **I.** *vt* gewöhnen an (+ *akk*); heimisch machen *plante;* **~ un animal dans un zoo** ein Tier in einem Zoo eingewöhnen **II.** *vpr* ① (*s'adapter*) **s'~** sich gewöhnen an (+ *akk*); *plante:* heimisch werden ② (*s'habituer*) **s'~ à une maison** sich in einem Haus eingewöhnen

accointances [akwɛ̃tɑ̃s] *fpl* **avoir des ~ avec des voyous/dans le Milieu** Beziehungen zu Strolchen/zur Unterwelt haben

accolade[1] [akɔlad] *f* feierliche Umarmung

accolade[2] [akɔlad] *f* TYP geschweifte Klammer

accoler [akɔle] <1> *vt* anhängen an (+ *akk*)

accommodant(e) [akɔmɔdɑ̃, ɑ̃t] *adj camarade* umgänglich

accommodation [akɔmɔdasjɔ̃] *f* ① (*adaptation*) **~ à une nouvelle vie** Anpassung *f* an ein neues Leben ② GASTR [Art *f* der] Zubereitung *f*

accommodement [akɔmɔdmɑ̃] *m* gütliche Einigung

accommoder [akɔmɔde] <1> **I.** *vt* GASTR zubereiten; verwerten *restes* **II.** *vpr* ① (*s'arranger*) **s'~ avec qn** mit jdm auskommen ② (*se contenter de*) **s'~ de qc** mit etw zufrieden sein ③ (*supporter*) **s'~ de qc** sich mit etw abfinden

accompagnateur, -trice [akɔ̃paɲatœʀ, -tʀis] *m, f* ① (*guide*) Begleiter(in) *m(f)* ② MUS Begleiter(in) *m(f)*

accompagnement [akɔ̃paɲmɑ̃] *m* ① GASTR Beilage *f* ② MUS Begleitung *f* ③ *d'un groupe* Begleitung *f*

accompagner [akɔ̃paɲe] <1> **I.** *vt* ① (*aller avec*) begleiten ② MUS begleiten ③ (*être joint à*) *notice explicative:* beiliegen ④ GASTR **un vin accompagne un plat** ein Wein wird zu einem Gericht getrunken ⑤ (*survenir en même temps*) einhergehen mit **II.** *vpr* ① MUS **s'~ à la guitare** sich auf der Gitarre begleiten ② (*aller avec*) **s'~ de qc** mit etw einhergehen

accompli [akɔ̃pli] *m* LING **l'~** das vollendete Geschehen

accompli(e) [akɔ̃pli] *adj* perfekt

accomplir [akɔ̃pliʀ] <8> **I.** *vt* ① (*s'acquitter de*) erledigen *travail;* erfüllen *tâche;* tun *devoir* ② (*exécuter*) ausführen *ordre;* vollbringen *miracle* ③ (*réaliser*) erfüllen *vœu;* einlösen *promesse;* ausführen *projet* **II.** *vpr* ① (*s'épanouir*) **s'~ dans qc** in etw (*dat*) Erfüllung finden ② (*se produire*) **s'~** *prophétie:* sich erfüllen; *miracle:* geschehen

accomplissement [akɔ̃plismɑ̃] *m d'un travail, d'une tâche* Erledigung *f*

accord [akɔʀ] *m* ① (*consentement*) Einverständnis *nt;* **faire qc d'un commun ~**

accord

être d'accord, approuver	*zustimmen, beipflichten*
Oui, je le pense aussi.	*Ja, das denke ich auch.*
Je suis tout à fait de ton avis.	*Da bin ich ganz deiner Meinung.*
Je suis d'accord.	*Dem schließe ich mich an.*
Je suis entièrement de votre avis.	*Ich stimme Ihnen voll und ganz zu.*
Oui, je le vois (tout à fait) comme ça.	*Ja, das sehe ich (ganz) genauso.*
Je ne le vois pas autrement.	*Ich sehe es nicht anders.*
Je vous donne entièrement raison.	*Ich gebe Ihnen da vollkommen Recht.*
Je ne peux que vous donner raison.	*Da kann ich Ihnen nur Recht geben.*
C'est ce que j'ai dit (aussi).	*(Das) habe ich ja (auch) gesagt.*
Je trouve aussi.	*Finde ich auch.*
Absolument !/C'est juste !	*Genau!/Stimmt! (fam)*
donner son accord	*einwilligen*
D'accord !/O.k. !/Marché conclu !	*Einverstanden!/Okay!/Abgemacht!*
Pas de problème !	*Kein Problem!*
D'accord !/Ça marche !	*Geht in Ordnung!*
Ça sera fait !/Je m'en occupe !	*Wird gemacht!/Mach ich!*

A

etw einmütig tun; **donner son ~ à qn** jdm seine Zustimmung geben ❷ (*convention*) Vereinbarung *f;* **~ à l'amiable** gütliche Einigung ❸ (*bonne intelligence*) [gutes] Einvernehmen; **faire qc en ~ avec qn** etw in Übereinstimmung mit jdm tun ❹ MUS Akkord *m;* (*sur une guitare*) Griff *m* ❺ LING **faute d'~** Kongruenzfehler *m* ▸ **entre eux c'est l'~ parfait** zwischen ihnen herrscht völlige Übereinstimmung; **faire qc en parfait ~ avec qn** etw im besten Einvernehmen mit jdm tun; **être d'~** einverstanden sein; **être d'~ avec qn sur qc** [sich (*dat*)] mit jdm über etw (*akk*) einig sein; **être en ~ avec soi-même** mit sich selbst im Einklang sein; **se mettre d'~ avec qn** sich mit jdm einigen; **tomber d'~ avec qn** sich mit jdm einigen; **tomber d'~ sur qc** sich auf etw (*akk*) einigen; **[c'est] d'~!** gut!

accordéon [akɔʀdeɔ̃] *m* Akkordeon *nt*

accordéoniste [akɔʀdeɔnist] *mf* Akkordeonspieler(in) *m(f)*

accorder [akɔʀde] <1> **I.** *vt* ❶ (*donner*) gewähren *crédit;* gewähren *délai;* erteilen *permission;* erweisen *faveur;* zubilligen *circonstances atténuantes;* schenken *confiance;* **voulez-vous m'~ cette danse?** darf ich Sie um diesen Tanz bitten? ❷ (*attribuer*) **~ de la valeur à qc** einer S. (*dat*) Wert beimessen; **~ de l'importance à qc** einer S. (*dat*) Gewicht beilegen, etw wichtig nehmen ❸ MUS stimmen ❹ GRAM angleichen an (+ *akk*) *verbe, adjectif* **II.** *vpr* ❶ (*se mettre d'accord*) **s'~ avec qn sur une solution** sich mit jdm über eine Lösung einig werden ❷ (*s'entendre*) **s'~ avec qn** sich [gut] mit jdm verstehen ❸ (*s'octroyer*) **s'~ une pause** sich (*dat*) eine Pause gönnen ❹ GRAM **s'~ avec qc** *verbe, adjectif:* sich nach etw richten

accordeur [akɔʀdœʀ] *m* Stimmer(in) *m(f)*

accostage [akɔstaʒ] *m* ❶ NAUT Anlegen *nt* ❷ ESPACE Andocken *nt*

accoster [akɔste] <1> **I.** *vi* anlegen **II.** *vt* ❶ (*aborder*) ansprechen ❷ NAUT anlegen an (+ *dat*) *quai* ❸ ESPACE andocken an (+ *dat*)

accotement [akɔtmɑ̃] *m d'une route* Bankett *nt*

accouchement [akuʃmɑ̃] *m* ❶ MED Entbindung *f* ❷ (*élaboration difficile*) schwere Geburt (*fam*)

accoucher [akuʃe] <1> **I.** *vi* ❶ MED entbinden; **~ d'une fille** ein Mädchen zur Welt bringen ❷ *fam* (*parler*) mit der Sprache herausrücken; **allez, accouche!** los, raus damit! **II.** *vt* **~ qn** jdn entbinden

accoucheur, -euse [akuʃœʀ, -øz] *m, f* Hebamme *f*

accouder [akude] <1> *vpr* **s'~ à qc** sich mit den Ellbogen auf etw (*akk*) stützen

accoudoir [akudwaʀ] *m* Armlehne *f*

accouplement [akupləmɑ̃] *m* ❶ ZOOL Paarung *f* ❷ *péj* (*sexe*) Nummer *f* (*fam*) ❸ (*fait d'accoupler*) Ankuppeln *nt* ❹ (*dispositif*) Kupplung *f*

accoupler [akuple] <1> **I.** *vpr* ❶ ZOOL **s'~** sich paaren ❷ *péj* **s'~** *personnes:* es miteinander treiben (*fam*) **II.** *vt* ❶ ZOOL paaren mit ❷ (*mettre par deux*) paarweise anspannen *chevaux* ❸ TECH koppeln *générateurs;* kuppeln *locomotives*

accourir [akuʀiʀ] <*irr*> *vi + avoir o être personne:* herbeieilen; *animal:* angelaufen kommen

accoutrement [akutʀəmɑ̃] *m* Aufmachung *f*

accoutrer [akutʀe] <1> *vpr* **s'~** sich ausstaffieren

accoutumance [akutymɑ̃s] *f* Gewöhnung *f*

accoutumé(e) [akutyme] *adj* gewohnt

accoutumer [akutyme] <1> *vt* **~ son mari à qc/à faire qc** (*habituer*) ihren Mann an etw (*akk*) gewöhnen/daran gewöhnen etw zu tun

accréditer [akʀedite] <1> *vt* ❶ (*rendre crédible*) bestätigen *thèse* ❷ (*conférer une autorité*) akkreditieren *ambassadeur;* bevollmächtigen *médiateur*

accro [akʀo] *abr de* **accroché I.** *adj fam* ❶ (*dépendant d'une drogue*) süchtig ❷ (*passionné*) **~ de jazz** [ganz] verrückt auf Jazz (*akk*) **II.** *mf fam* ❶ (*drogué*) Junkie *m* ❷ (*passionné*) Fan *m*

accroc [akʀo] *m* ❶ (*déchirure*) Riss *m;* **faire un ~ à sa chemise** sich (*dat*) ein Loch ins Hemd reißen ❷ (*incident*) [unangenehmer] Zwischenfall; (*querelle*) Reiberei *f*

accrochage [akʀɔʃaʒ] *m* ❶ *d'un tableau* Aufhängen *nt; d'un wagon* Ankoppeln *nt* ❷ (*collision*) [leichter] Zusammenstoß ❸ (*altercation*) Auseinandersetzung *f* ❹ MIL Zusammenstoß *m*

accroche [akʀɔʃ] *f* MEDIA Blickfang *m*

accrocher [akʀɔʃe] <1> **I.** *vt* ❶ (*suspendre*) aufhängen; **~ son manteau dans une penderie** seinen Mantel an die Garderobe hängen ❷ (*déchirer*) hängen bleiben mit ❸ (*entrer en collision*) streifen ❹ (*attirer*) auf sich ziehen *regards;* anziehen *client* ❺ (*aborder*) ansprechen ❻ (*intéresser*) *film:* fesseln **II.** *vpr* ❶ (*se retenir*)

s'~ à qc sich an etw (*dat*) festklammern ② (*se faire un accroc*) **s'~ à qc** an etw (*dat*) hängen bleiben ③ (*persévérer*) **s'~** durchhalten ④ *fam* (*mettre ses espoirs dans*) **s'~ à qc** sich an etw (*akk*) klammern ⑤ *fam* (*se disputer*) **s'~ avec qn** sich mit jdm in die Haare kriegen **III.** *vi* ① *fam* (*bien établir le contact*) ~ **avec qn** mit jdm warmwerden ② (*plaire*) [gut] ankommen

accrocheur, -euse [akʀɔʃœʀ, -øz] *adj* **titre ~/publicité accrocheuse** Titel, der/Werbung, die Aufmerksamkeit erregt

accroissement [akʀwasmɑ̃] *m du chômage* Anstieg *m; du chiffre d'affaires* Steigerung *f;* ~ **de la population** Bevölkerungszunahme *f*

accroître [akʀwɑtʀ] <*irr*> **I.** *vt* erhöhen; vermehren *patrimoine;* verstärken *pouvoir;* vergrößern *chances* **II.** *vpr* **s'~** *chômage, mécontentement:* zunehmen; *risque:* größer werden; *chances de succès:* steigen

accroupir [akʀupiʀ] <8> *vpr* **s'~** in die Hocke gehen; **être accroupi** kauern

accru(e) [akʀy] *adj* höher

accu [aky] *m souvent pl fam abr de* **accumulateur** Akku *m*

accueil [akœj] *m* ① (*fait de recevoir*) Empfang *m;* **faire bon/mauvais ~ à qn** jdn freundlich/unfreundlich empfangen ② (*lieu*) Rezeption *f* ③ INET (*badge*) Home *nt;* **page d'~** Startseite *f,* Homepage *f*

accueillant(e) [akœjɑ̃, ɑ̃t] *adj personne* freundlich; *pièce* gastlich; *jardin* einladend

accueillir [akœjiʀ] <*irr*> *vt* ① (*recevoir*) empfangen ② (*héberger*) *hôte:* aufnehmen ③ (*réagir à*) aufnehmen *nouvelle;* reagieren auf (+ *akk*) *idée;* begrüßen *projet*

acculer [akyle] <1> *vt* drängen

acculturation [akyltyʀasjɔ̃] *f* SOCIOL Akkulturation *f*

accumulateur [akymylatœʀ] *m* ① (*pile rechargeable*) Akku *m* ② AUT Batterie *f*

accumulation [akymylasjɔ̃] *f* Anhäufung *f; de marchandises* Horten *nt; de preuves* Sammeln *nt; d'énergie* Speicherung *f*

accumuler [akymyle] <1> **I.** *vt* anhäufen; sammeln *preuves;* horten *marchandises;* speichern *énergie;* ~ **des erreurs** einen Fehler nach dem anderen begehen **II.** *vpr* **s'~** sich sammeln; *difficultés:* sich häufen; *vaisselle:* sich stapeln; *déchets:* sich auftürmen

accusateur, -trice [akyzatœʀ, -tʀis] **I.** *adj regard* anklagend; *document* belastend **II.** *m, f* Ankläger(in) *m(f)*

accusatif [akyzatif] *m* GRAM Akkusativ *m*

accusation [akyzasjɔ̃] *f* ① (*reproche*) Anschuldigung *f* ② JUR Klage *f,* Anklage *f;* **mise en ~** Anklageerhebung *f*

accusé [akyze] *m* ~ **de réception** Empfangsbestätigung *f*

accusé(e) [akyze] **I.** *m(f)* JUR Angeklagte(r) *f(m)* **II.** *adj visage, traits* markant

accuser [akyze] <1> **I.** *vt* ① (*déclarer coupable*) anklagen; ~ **qn d'un crime** jdn beschuldigen, ein Verbrechen begangen zu haben; ~ **qn d'un vol** jdn des Diebstahls beschuldigen ② (*souligner*) unterstreichen ③ (*montrer*) **elle accuse la fatigue des jours passés** man sieht ihr die Anstrengung der vergangenen Tage an **II.** *vpr* **s'~ de qc** ① (*se déclarer coupable*) sich einer S. (*gen*) bezichtigen ② (*se rendre responsable de*) sich (*dat*) die Schuld an etw (*dat*) geben, sich (*dat*) wegen etw Vorwürfe machen

ace [ɛs] *m* SPORT Ass *nt*

acerbe [asɛʀb] *adj ton, paroles* scharf, hart

acéré(e) [aseʀe] *adj griffes, couteau* scharf

acétate [asetat] *m* CHIM Azetat *nt*

acétique [asetik] *adj acide* Essig-

acétone [asetɔn] *f* CHIM Azeton *nt*

acétylène [asetilɛn] *m* CHIM Azetylen *nt*

achalandé(e) [aʃalɑ̃de] *adj* **être bien ~** *magasin:* eine große Auswahl haben

acharné(e) [aʃaʀne] *adj* fanatisch; *travailleur* verbissen; *joueur* leidenschaftlich; *combat* erbittert; **être ~** hartnäckig sein

acharnement [aʃaʀnəmɑ̃] *m* ① Hartnäckigkeit; *d'un combattant* Verbissenheit *f; d'un joueur* Leidenschaft *f* ② MED ~ **thérapeutique** Lebensverlängerung *f* mit allen Mitteln, lebensverlängernde Maßnahmen *Pl*

acharner [aʃaʀne] <1> *vpr* ① (*persévérer*) **s'~** sich abmühen ② (*s'obstiner à résoudre, à comprendre*) **s'~ sur un devoir** sich an einer Aufgabe festbeißen; **s'~ à faire qc** sich darauf versteifen etw zu tun ③ (*ne pas lâcher prise*) **s'~ sur une victime** von einem Opfer nicht ablassen ④ (*poursuivre*) **le sort/le destin s'acharne contre elle** das Schicksal verfolgt sie ⑤ (*détruire*) **s'~ sur un objet** einen Gegenstand blindwütig zerstören

achat [aʃa] *m* ① (*action*) Kauf *m; de biens durables* Anschaffung *f* ② (*chose achetée*) Kauf *m;* **faire des ~s** einkaufen

acheminement [aʃ(ə)minmɑ̃] *m* ① (*transport*) *du courrier, des voyageurs* Beförde-

A

rung *f; des marchandises, troupes* Transport *m* ② (*avancement*) Voranschreiten *nt*

acheminer [aʃ(ə)mine] <1> **I.** *vt* ① (*transporter*) befördern *courrier, voyageurs;* befördern *marchandises;* weiterleiten *réfugiés* ② (*conduire*) umleiten *convoi* **II.** *vpr* (*aller en direction de*) **s'~ vers le bois** auf den Wald zugehen; **s'~ vers Paris/le centre-ville** *personne:* sich auf den Weg nach Paris/in die Innenstadt machen

acheter [aʃ(ə)te] <4> **I.** *vt* ① (*acquérir*) kaufen; **~ qc à qn** jdm etw kaufen; **~ qc chez qn** etw bei jdm [ein]kaufen ② *péj* kaufen *personne, votes;* sich (*dat*) erkaufen *silence, complicité de qn* **II.** *vpr* **s'~ qc** sich (*dat*) etw kaufen

acheteur, **-euse** [aʃtœʀ, -øz] *m, f* ① (*individuel*) Käufer(in) *m(f);* **~ en ligne** INFORM Onlinekunde *m,* Internetkunde *m* ② (*de profession*) Einkäufer(in) *m(f)* ►**être ~** [am Kauf] interessiert sein

achèvement [aʃɛvmɑ̃] *m* ① *d'un immeuble* Fertigstellung *f; d'une œuvre* Vollendung *f; des travaux* Abschluss *m* ② (*perfection*) Vollendung *f*

achever [aʃ(ə)ve] <4> *vt* ① (*accomplir*) beenden, abschließen *discours;* vollenden *œuvre;* austrinken *bouteille;* aufbrauchen *provisions;* beschließen *sa vie;* **~ de faire qc** etw zu Ende tun ② (*tuer*) töten ③ (*épuiser*) **ça m'a achevé!** das hat mir den Rest gegeben ! (*fam*)

acide [asid] **I.** *adj* ① *fruit, saveur* sauer; *critique* scharf; *remarque* bissig ② CHIM *solution* sauer **II.** *m* CHIM Säure *f;* **~ aminé** Aminosäure *f*

acidité [asidite] *f* ① *d'un fruit* saurer Geschmack; *d'une critique, remarque* Schärfe *f* ② CHIM Säuregehalt *m*

acidulé(e) [asidyle] *adj goût, bonbon* säuerlich

acier [asje] *m* ① (*métal*) Stahl *m* ② (*industrie*) **l'~** die Stahlindustrie

aciérie [asjeʀi] *f* Stahlwerk *nt*

acné [akne] *f* Akne *f*

acolyte [akɔlit] *m péj* Komplize *m*

acompte [akɔ̃t] *m* ① (*engagement d'achat*) Anzahlung *f* ② (*avance*) Vorschuss *m* ③ *fam* (*avant-goût*) Vorgeschmack *m*

acoquiner [akɔkine] <1> *vpr péj* **s'~ avec qn** sich mit jdm einlassen

Açores [asɔʀ] *fpl* **les ~** die Azoren

à-côté [akote] <à-côtés> *m* ① (*détail*) Nebensächlichkeit *f* ② (*gain occasionnel*) Zubrot *nt kein Pl*

à-coup [aku] <à-coups> *m* ① *d'un moteur* Ruck *m,* Stoß *m;* **par ~s** stoßweise ② (*fluctuation*) Schwankung *f*

acousticien(ne) [akustisjɛ̃, jɛn] *m(f)* Akustiker(in) *m(f)*

acoustique [akustik] **I.** *adj* akustisch; **isolation ~** Schalldämmung *f* **II.** *f sans pl* ① (*science*) Akustik *f* ② *d'une salle* Akustik *f*

acquéreur [akeʀœʀ] *m* Käufer *m;* **trouver [un] ~ pour qc** einen Käufer für etw finden; **se porter ~ de qc** etw kaufen

acquérir [akeʀiʀ] <irr> **I.** *vt* ① (*devenir propriétaire*) erwerben ② (*obtenir*) sich (*dat*) aneignen *compétence;* erlangen *faveur;* erwerben *habileté;* sammeln *expérience* ③ (*gagner*) **~ de l'importance** an Wichtigkeit gewinnen **II.** *vpr* (*s'obtenir*) **les connaissances s'acquièrent peu à peu** das Know-how bekommt man nach und nach

acquiescement [akjɛsmɑ̃] *m* Zustimmung *f,* Einwilligung *f*

acquiescer [akjese] <2> *vi* zustimmen

acquis [aki] *mpl* (*avantages sociaux*) Errungenschaften *Pl*

acquis(e) [aki, iz] **I.** *part passé de* **acquérir** **II.** *adj* ① (*obtenu*) erworben; *droit* wohlerworben; *habitude* angenommen; *richesse* erlangt; *expériences* gewonnen; *avantages* erkämpft ② (*reconnu*) feststehend; **considérer qc comme ~** etw als gesichert betrachten

acquisition [akizisjɔ̃] *f* ① (*action*) Erwerb *m;* **faire l'~ de qc** [sich (*dat*)] etw anschaffen ② (*objet acquis*) Kauf *m,* Anschaffung *f*

acquit [aki] *m* Quittung *f*

acquittement [akitmɑ̃] *m* ① JUR *d'un accusé* Freispruch *m* ② *d'une dette* Tilgung *f; d'une facture* Bezahlung *f; d'une taxe* Entrichtung *f* ③ *d'une promesse* Einlösung *f; d'une tâche* Erfüllung; *d'une fonction* Ausübung *f; d'une mission* Ausführung *f*

acquitter [akite] <1> **I.** *vt* ① (*relaxer*) freisprechen *personne* ② (*payer*) bezahlen; begleichen *dette;* entrichten *taxe* ③ (*signer*) quittieren *livraison* **II.** *vpr* **s'~ d'une dette** eine Schuld begleichen; **s'~ d'une dette morale** eine moralische Verpflichtung erfüllen; **s'~ d'une fonction** eine Funktion ausüben

acre [akʀ] *f* HIST Morgen *m*

âcre [ɑkʀ] *adj* ① *vin, saveur* herb; *fumée* beißend; *odeur* streng ② *fig* bitter

âcreté [ɑkʀəte] *f d'une odeur* Schärfe *f;*

d'une saveur Herbheit *f;* *de la fumée* beißender Geruch

acrimonie [akʀimɔni] *f* Groll *m*

acrobate [akʀɔbat] *mf* Akrobat(in) *m(f)*

acrobatie [akʀɔbasi] *f* ❶ *(tour)* Akrobatenstück *nt;* ~ **aérienne** *(discipline)* Kunstfliegen *nt;* *(figure)* Kunstflug *m* ❷ *pl* *(prouesses)* akrobatische Kunststücke *Pl* ❸ *(ruse)* Akrobatik *f*

acrobatique [akʀɔbatik] *adj* akrobatisch

acronyme [akʀɔnim] *m* Akronym *nt*

acrylique [akʀilik] CHIM **I.** *adj* acrylhaltig **II.** *m* Acryl *nt*

acte [akt] *m* ❶ *(action)* Tat *f,* Handlung *f;* ~ **d'agression** aggressiver Akt; ~ **de bravoure** mutige Tat; ~ **de charité** Akt *m* der Nächstenliebe; ~ **de terrorisme** Terrorakt *m;* ~ **de vandalisme** Akt *m* blinder Zerstörungswut; ~ **désespéré** Verzweiflungstat; ~ **gratuit** unmotivierte Handlung; ~ **héroïque** Heldentat; ~ **sexuel** Geschlechtsakt *m;* **faire ~ de candidature à qc** für etw kandidieren; **faire ~ de présence** sich kurz blicken lassen; **passer à l'~** zur Tat schreiten; **traduire qc en ~** etw in die Tat umsetzen ❷ *(manifestation de volonté)* Rechtsgeschäft *nt;* *(document)* Urkunde *f;* *(contrat)* Vertrag *m;* **l'Acte Unique Européen** die Einheitliche Europäische Akte; ~ **d'accusation** Anklageschrift *f;* ~ **de décès** Sterbeurkunde; ~ **de l'état civil** standesamtliche Urkunde; ~ **de mariage** Heiratsurkunde; ~ **de naissance** Geburtsurkunde; ~ **de succession/vente** Erb-/Kaufvertrag; ~ **d'origine** CH Heimatschein (CH); **prendre ~ de qc** *(écrire)* etw zu Protokoll nehmen; *(prendre connaissance de)* etw zur Kenntnis nehmen ❸ THEAT Akt *m*

acteur, -trice [aktœʀ, -tʀis] *m, f* ❶ THEAT, CINE Schauspieler(in) *m(f)* ❷ *(auteur)* Akteur(in) *m(f);* *d'un événement* Täter *m*

actif [aktif] *m* ❶ FIN Aktiva *Pl* ❷ LING Aktiv *nt;* **à l'~** im Aktiv

actif, -ive [aktif, -iv] **I.** *adj* ❶ *a.* PHYS, MIL *(dynamique)* aktiv ❷ FIN *marché* lebhaft ❸ ECON *population* erwerbstätig; **vie active** *(vie productive)* Lebensabschnitt der Erwerbsfähigkeit; *(vie mouvementée)* abwechslungsreiches Leben ❹ *(efficace)* wirksam; *poison* schnell wirkend ❺ LING aktivisch; **la voix active** das Aktiv **II.** *m, f* *(travailleur)* Erwerbstätige(r) *f(m)*

action [aksjɔ̃] *f* ❶ *(acte)* Tat *f* ❷ *sans pl* *(fait d'agir)* Handeln *nt,* Handlung *f;* *(démarche)* Vorgehen *nt,* Aktion *f;* *du gouvernement* Maßnahmen *Pl;* **passer à l'~** etwas unternehmen ❸ *(effet)* Wirkung *f;* *d'une loi* Auswirkung *f;* *du gouvernement* Eingreifen *nt;* **sous l'~ du soleil** durch die Sonneneinstrahlung ❹ *(péripéties, intrigue)* Handlung *f;* **ce film manque d'~** dieser Film hat zu wenig Action *(fam)* ❺ *(lutte sociale)* Kampf *m;* *(mesure ponctuelle)* Aktion *f;* ~ **syndicale** Kampf der Gewerkschaft/Gewerkschaften ❻ JUR Verfahren *nt;* ~ **judiciaire** Gerichtsverfahren *nt;* **entraver l'~ de la justice** das Gerichtsverfahren behindern; **intenter une ~ contre qn** Klage gegen jdn erheben ❼ FIN Aktie *f*

actionnaire [aksjɔnɛʀ] *mf* Aktionär(in) *m(f)*

actionnariat [aksjɔnaʀja] *m* ❶ *(le fait d'être actionnaire)* Aktienbesitz *m* ❷ *(l'ensemble des actionnaires)* Aktionäre *Pl*

actionnement [aksjɔnmɑ̃] *m* *d'un levier* Betätigen *nt;* *d'une machine* Ingangsetzen *nt*

actionner [aksjɔne] <1> *vt* ❶ *(mettre en mouvement)* betätigen *levier;* in Gang setzen *moteur* ❷ JUR verklagen *personne*

activation [aktivasjɔ̃] *f* Aktivierung *f*

active [aktiv] *v.* **aktif, -ive**

activement [aktivmɑ̃] *adv* aktiv

activer [aktive] <1> **I.** *vt* ❶ *(accélérer)* anregen *circulation sanguine;* anfachen *feu;* beschleunigen *processus;* vorantreiben *travaux* ❷ CHIM, INFORM aktivieren **II.** *vi fam* ein bisschen schneller machen; **faire ~ qn** jdn antreiben **III.** *vpr* **s'~** ❶ *(s'affairer)* geschäftig hin und her sausen ❷ *fam* *(se dépêcher)* voranmachen ❸ *(bouger)* sich bewegen

activisme [aktivism] *m* PHILOS, POL Aktivismus *m*

activiste [aktivist] **I.** *adj* aktivistisch **II.** *mf* Aktivist(in) *m(f)*

activité [aktivite] *f* ❶ *sans pl* *(fait d'être actif)* Aktivität *f;* *d'un volcan* Tätigkeit *f;* *(agitation dans un lieu)* geschäftiges Treiben; *(dynamisme d'une personne)* Tätigkeitsdrang *m;* *(animation physique, intellectuelle)* Betätigung *f;* **entrer en ~** in Betrieb genommen werden; *volcan:* ausbrechen ❷ *(occupation)* Betätigung *f;* *(profession)* berufliche Tätigkeit; **exercer une ~ commerciale** *(être commerçant)* ein Handelsgewerbe betreiben; *(travailler dans une société)* eine kaufmännische Tätigkeit ausüben; **avoir plusieurs ~s** verschiedenen Beschäftigungen nachgehen; **pratiquer une ~ sportive** Sport treiben ❸ *sans pl* *(ensemble d'actes)* Tätigkeit *f;* *politique*

A

Aktivität *f;* ~ **industrielle/commerciale** produzierendes Gewerbe/Handelsgewerbe *nt;* ~ **syndicale** gewerkschaftliche Aktivitäten; **relancer l'~ économique** die Wirtschaft ankurbeln

actrice [aktʀis] *f v.* **acteur**

actu [akty] *f fam abr de* **actualité** News *Pl;* **toute l'~ sportive, toutes les ~s sportives** sämtliche News vom Sport

actualisation [aktɥalizasjɔ̃] *f* Aktualisierung *f*

actualiser [aktɥalize] <1> *vt* (*mettre à jour*) aktualisieren

actualité [aktɥalite] *f* ❶ *sans pl d'un sujet* Aktualität *f;* **être d'~** aktuell sein ❷ *sans pl* (*événements*) Zeitgeschehen *nt;* **l'~ économique** das Neueste aus der Wirtschaft; **l'~ sociale** das Zeitgeschehen; **l'~ quotidienne** das Tagesgeschehen; **l'~ sportive** die Sportnachrichten ❸ *pl* TV, RADIO Nachrichten *Pl;* CINE Wochenschau *f*

actuel(le) [aktɥɛl] *adj* ❶ *régime* herrschend; *directeur* jetzig; *monde* von heute; *état, circonstances* gegenwärtig ❷ (*d'actualité*) aktuell

actuellement [aktɥɛlmɑ̃] *adv* im Moment

acuité [akɥite] *f* ❶ *de la douleur* Heftigkeit *f; du son* Intensität *f* ❷ (*sensibilité*) Schärfe *f*

acuponcteur, -trice [akypɔ̃ktœʀ, -tʀis] *m, f* Akupunkteur(in) *m(f)*

acuponcture [akypɔ̃ktyʀ] *f* Akupunktur *f*

acupuncteur, -trice [akypɔ̃ktœʀ, -tʀis] *m, f v.* **acuponcteur**

acupuncture [akypɔ̃ktyʀ] *f v.* **acuponcture**

acyclique [asiklik] *adj* BOT, CHIM azyklisch

adage [adaʒ] *m* geflügeltes Wort

adagio [ada(d)ʒjo] MUS **I.** *adv* adagio **II.** *m* Adagio *nt*

adaptable [adaptabl] *adj* passend

adaptateur [adaptatœʀ] *m* TECH Adapter *m*

adaptation [adaptasjɔ̃] *f* ❶ *sans pl* (*action de s'adapter*) Anpassung *f* ❷ CINE, THEAT Bearbeitung *f,* Adapt[at]ion *f*

adapter [adapte] <1> **I.** *vt* ❶ (*ajuster*) anbringen *embout;* ~ **une pièce à une autre** ein Stück mit einem anderen verbinden ❷ (*accorder*) anpassen ❸ CINE, THEAT bearbeiten **II.** *vpr* ❶ (*s'habituer à*) **s'~ à qn/qc** sich jdm/einer S. anpassen; **s'~ à un nouveau travail** sich an eine neue Arbeit gewöhnen; **s'~ à un nouveau pays** sich in einem Land einleben ❷ (*s'ajuster à*) **s'~ à qc** *tuyau:* auf etw (*akk*) passen; *clé:* in etw (*akk*) passen

addictif, -ive [adiktif, -iv] *adj* Sucht-; **comportement ~** Suchtverhalten *nt;* **substance addictive** Suchtmittel *nt*

addiction [adiksjɔ̃] *f* Sucht *f;* ~ **à la nicotine** Nikotinsucht

addictologie [adiktolɔʒi] *f* MED Suchtmedizin *f*

additif [aditif] *m* (*supplément*) Zusatz *m*

addition [adisjɔ̃] *f* ❶ (*somme*) Addition *f; de problèmes* Anhäufung *f* ❷ (*facture*) Rechnung *f* ❸ (*ajout*) Hinzufügen *nt*

additionnel(le) [adisjɔnɛl] *adj* Zusatz-, zusätzlich

additionner [adisjɔne] <1> **I.** *vt* ❶ (*faire l'addition de*) zusammenzählen ❷ (*ajouter*) ~ **qc à qc** einer S. (*dat*) etw zusetzen **II.** *vpr* **s'~** *erreurs:* sich summieren; *chiffres:* sich im Kopf addieren lassen; *problèmes:* hinzukommen

adducteur [adyktœʀ] *m* ❶ ANAT, MED Adduktor *m* (*Fachspr.*) ❷ (*canal*) Zuflusskanal *m*

adduction [adyksjɔ̃] *f* TECH Zuleitung *f*

adepte [adɛpt] *mf d'une secte* Anhänger(in) *m(f); d'un sport* Fan *m*

adéquat(e) [adekwa, at] *adj* passend; *tenue* angemessen; *endroit* geeignet

adhérence [adeʀɑ̃s] *f* Haftung *f; d'une colle* Klebekraft *f; d'une voiture* Straßenlage *f; d'une semelle* Halt *m*

adhérent(e) [adeʀɑ̃, ɑ̃t] **I.** *adj* **être ~ à qc** auf etw (*dat*) haften **II.** *m(f)* Mitglied *nt*

adhérer [adeʀe] <5> *vi* ❶ (*coller*) ~ **à qc** an etw (*dat*) festkleben; *pneu:* auf etw (*dat*) haften ❷ (*approuver*) ~ **à une proposition** einem Vorschlag zustimmen ❸ (*reconnaître*) ~ **à un idéal** Anhänger(in) *m(f)* eines Ideals sein ❹ (*devenir membre de*) ~ **à un parti** einer Partei beitreten

adhésif [adezif] *m* ❶ (*substance*) Klebstoff *m* ❷ (*pansement*) Heftpflaster *nt* ❸ (*papier collant*) Klebeband *nt*

adhésif, -ive [adezif, -iv] *adj* haftend; **ruban ~** Klebestreifen *m*

adhésion [adezjɔ̃] *f* ❶ (*approbation*) ~ **à qc** Zustimmung *f* zu etw ❷ (*inscription*) ~ **à l'Union européenne** Beitritt *m* in die Europäische Union ❸ (*fait d'être membre*) Mitgliedschaft *f*

ad hoc [adɔk] *adv* ad hoc

adieu [adjø] <x> **I.** *m* ❶ (*prise de congé*) ~ **à qn/qc** Abschied *m* von jdm/etw; **dire ~ à qn** sich von jdm verabschieden; **faire ses ~x à qn** von jdm Abschied nehmen ❷ *pl* (*séparation*) Abschied *m* **II.** *interj* lebe wohl!/leben Sie wohl!; **~, la**

belle vie/les beaux jours ade, du schönes Leben/du schöne Zeit

adipeux, -euse [adipø, -øz] *adj* fettig

adiposité [adipozite] *f* Fettpolster *nt,* Fettablagerung *f*

adjacent(e) [adʒasɑ̃, ɑ̃t] *adj maison, pays* benachbart

adjectif [adʒɛktif] *m* Adjektiv *nt;* ~ **épithète** Attribut *nt*

adjectival(e) [adʒɛktival, -o] <-aux> *adj* adjektivisch

adjectivé(e) [adʒɛktive] *adj* als Adjektiv gebraucht

adjoindre [adʒwɛ̃dʀ] <*irr*> *vt* (*ajouter*) ~ **qc à une chose** etw zu einer S. hinzufügen, einer S. (*akk*) etw hinzufügen

adjoint(e) [adʒwɛ̃, wɛ̃t] **I.** *adj* stellvertretend **II.** *m(f)* Assistent(in) *m(f);* (*remplaçant*) Stellvertreter(in) *m(f)*

adjonction [adʒɔ̃ksjɔ̃] *f* TECH **l'~ à qc** (*à l'extérieur*) das Anbringen an etw; (*à l'intérieur*) der Einbau in etw

adjudant [adʒydɑ̃] *m* MIL Hauptfeldwebel *m*

adjudant-chef [adʒydɑ̃ʃɛf] <adjudants-chefs> *m* MIL Oberfeldwebel *m*

adjudication [adʒydikasjɔ̃] *f* ① (*vente aux enchères*) Versteigerung *f* ② (*appel d'offres, attribution*) [öffentliche] Ausschreibung ③ (*attribution*) Zuschlag *m; d'un contrat* Vergabe *f*

adjuger [adʒyʒe] <2a> **I.** *vt* ① (*attribuer aux enchères*) ~ **un objet d'art à qn** jdm einen Kunstgegenstand zusprechen; **une fois, deux fois, trois fois, adjugé!** zum Ersten, zum Zweiten, zum Dritten! ② (*décerner*) ~ **une prime à qn** jdm eine Prämie zusagen ③ (*confier à*) ~ **un marché à une entreprise** ein Geschäft an eine Firma vergeben **II.** *vpr* ① (*obtenir*) **s'~ des parts de marché** sich (*dat*) Marktanteile sichern ② (*s'approprier*) **s'~ qc** sich (*dat*) etw aneignen

adjuration [adʒyʀasjɔ̃] *f* Beschwörung *f*

adjuvant [adʒyvɑ̃] *m* (*médicament*) unterstützendes Mittel

admettre [admɛtʀ] <*irr*> *vt* ① (*laisser entrer*) hineinlassen *personne, animal;* erlauben *visites* ② (*recevoir*) empfangen ③ (*accueillir*) aufnehmen; *salle:* fassen ④ (*inscrire*) zulassen; **être admis quatrième à un examen** eine Prüfung als Viertbeste(r) bestanden haben ⑤ (*reconnaître*) zugeben; **il est admis que ...** es ist bekannt, dass ... ⑥ (*accepter*) dulden; gelten lassen *excuse* ⑦ (*supposer*) annehmen; **admettons que ...** angenommen, dass ...; **en admettant que ...** vorausgesetzt, dass ... ⑧ (*permettre*) zulassen *plusieurs interprétations*

administrateur, -trice [administʀatœʀ, -tʀis] *m, f* ① (*gestionnaire*) Verwalter(in) *m(f),* Geschäftsführer(in) *m(f)* ② (*légal*) Nachlassverwalter(in) *m(f)* ③ THEAT [General]intendant(in) *m(f)* ④ (*membre d'un conseil d'administration*) Mitglied *nt* des Verwaltungsrats ⑤ INFORM Administrator(in) *m(f);* ~ **de site** Webmaster *m*

administratif, -ive [administʀatif, -iv] *adj démarche* administrativ; **services ~s** Verwaltung *f*

administration [administʀasjɔ̃] *f* ① *sans pl* (*gestion*) Verwaltung *f; d'une entreprise* Leitung *f;* ~ **publique/privée** öffentliche Verwaltung/privater Träger ② *sans pl* (*service public*) **l'Administration** die Verwaltung ③ (*secteur du service public*) [Verwaltungs]behörde *f;* ~ **des Douanes** Zollbehörde *f;* ~ **des impôts** Steuerbehörde *f;* ~ **pénitentiaire** Gefängnisverwaltung *f* ④ *sans pl d'un médicament* Verabreichung *f*

administrativement [administʀativmɑ̃] *adv* ① (*vu sous un angle administratif*) verwaltungstechnisch gesehen ② (*par la voie administrative*) auf dem Verwaltungsweg; (*sur un chemin prescrit*) auf dem Dienstweg

administré(e) [administʀe] *m(f)* **chers ~s!** liebe Mitbürger!

administrer [administʀe] <1> *vt* ① (*gérer*) verwalten; führen *affaires, entreprise;* regieren *pays* ② (*donner*) ~ **un remède à qn** jdm eine Medizin verabreichen

admirable [admiʀabl] *adj* bewundernswert

admirablement [admiʀabləmɑ̃] *adv* bewundernswert; *se conduire* vorbildlich; *parler* sehr gut

admirateur, -trice [admiʀatœʀ, -tʀis] *m, f* Bewunderer *m*/Bewund[r]erin *f; d'une vedette* Verehrer(in) *m(f)*

admiratif, -ive [admiʀatif, -iv] *adj regard* bewundernd; *murmure* der Bewunderung

admiration [admiʀasjɔ̃] *f sans pl* Bewunderung *f;* **avec ~** voller Bewunderung; **être/rester/tomber en ~ devant qc** etw voller Bewunderung betrachten; **être/rester/tomber en ~ devant qn** jdn sehr bewundern

admirer [admiʀe] <1> *vt* ① (*apprécier*) bewundern ② *iron soutenu* (*s'étonner de*) erstaunt sein

admissibilité [admisibilite] *f* (*à un concours, examen*) Zulassungsanspruch *m*

admissible [admisibl] **I.** *adj* ① (*tolérable*) akzeptabel; *à un examen* zugelassen ② (*concevable*) vorstellbar **II.** *mf* [zur Abschlussprüfung] zugelassener Kandidat *m*/ zugelassene Kandidatin *f*

admission [admisjɔ̃] *f* ① *sans pl* (*accès*) **~ dans un club/à l'Union européenne** Aufnahme *f* in einem Klub/der Europäischen Union; **~ dans une discothèque** Zutritt *m* zu einer Diskothek ② SCOL, UNIV Zulassung *f* ③ AUT Einsaugen *nt; d'un gaz, de la vapeur* Einlass *m*

admonestation [admɔnɛstasjɔ̃] *f* JUR Verwarnung *f*

ADN [ɑdeɛn] *m abr de* **acide désoxyribonucléique** MED, BIO DNA *f*, DNS *f*; **test ~** DNA-Analyse *f*

ado [ado] *mf fam abr de* **adolescent**

adolescence [adɔlesɑ̃s] *f* Jugend *f*

adolescent(e) [adɔlesɑ̃, ɑ̃t] **I.** *adj* jugendlich; **être ~** jung sein **II.** *m(f)* Jugendliche(r) *f(m)*

à donf [adɔ̃f] *adv fam* volle Kanne (*fam*)

adonner [adɔne] <1> *vpr* **s'~ à la boisson/au jeu** dem Alkohol/dem Spiel verfallen

adopter [adɔpte] <1> *vt* ① (*prendre comme son enfant*) adoptieren; (*accepter*) annehmen ② (*s'approprier*) annehmen *coutumes;* einnehmen *point de vue;* ergreifen *mesure;* einführen *procédé;* sich einsetzen für *cause;* sich entscheiden für *projet* ③ POL annehmen *motion;* verabschieden *loi*

adoptif, -ive [adɔptif, -iv] *adj* **enfants/parents ~s** Adoptivkinder/-eltern *Pl*

adoption [adɔpsjɔ̃] *f* ① JUR *d'un enfant* Adoption *f* ② (*approbation*) Annahme *f; d'une religion* Annehmen *nt; d'une cause* Verfechtung *f; d'une mesure* Ergreifen *nt; d'un procédé* Einführung *f*

adorable [adɔʀabl] *adj* ① (*joli*) *enfant* süß; *personne* äußerst hübsch; *endroit, objet* wundervoll ② (*gentil*) *enfant* [sehr] lieb; *personne* sehr nett; *sourire* reizend

adorateur, -trice [adɔʀatœʀ, -tʀis] *m, f d'une divinité* Anbeter(in) *m(f); d'une divinité, femme* Verehrer(in) *m(f); d'un objet* Liebhaber(in) *m(f)*

adoration [adɔʀasjɔ̃] *f sans pl* Verehrung *f;* REL Anbetung *f;* **être en ~ devant qn** jdn anbeten

adorer [adɔʀe] <1> *vt* ① (*aimer*) sehr mögen; schwärmen für *musique, chanteur;* gern gehen in (+ *akk*) *cinéma;* **~ faire qc** etw sehr gern tun ② REL anbeten

adosser [adose] <1> **I.** *vt* **~ qc contre un mur** etw gegen eine Wand stellen; **~ une échelle contre le mur** eine Leiter gegen die Wand lehnen; **être adossé au mur** *meuble:* an der Wand stehen; *échelle:* gegen die Wand lehnen **II.** *vpr* **s'~ à qc** *personne:* sich [mit dem Rücken] an etw (*akk*) lehnen; *bâtiment:* an etw (*akk*) gebaut sein

adoucir [adusiʀ] <8> **I.** *vt* mildern *saveur, dureté;* weich machen *linge;* enthärten *eau;* weich machen *peau;* dämpfen *voix;* abschwächen *contraste;* lindern *chagrin, peine;* erleichtern *épreuve;* versüßen *vie;* besänftigen *personne* **II.** *vpr* **s'~** *personne, saveur:* milder werden; *voix:* sanfter werden; *couleur:* gedämpfter werden; *peau:* weich werden; *pente:* abnehmen; **la température s'est adoucie** es ist milder geworden

adoucissant [adusisɑ̃] *m* Weichspüler *m*

adoucissement [adusismɑ̃] *m d'une saveur, acidité* Mildern *nt; de la peau* Weichermachen *nt*

adoucisseur [adusisœʀ] *m* **~ [d'eau]** (*pour cuisiner*) Wasserfilter *m*

adrénaline [adʀenalin] *f* Adrenalin *nt*

adresse¹ [adʀɛs] *f* ① (*domicile*) Adresse *f*, Anschrift *f*; **changer d'~** umziehen ② INFORM Adresse *f*; **~ électronique** [*o* **de messagerie**] E-Mail-Adresse

adresse² [adʀɛs] *f sans pl* ① (*habileté*) Geschick *nt*, Geschicklichkeit *f* ② (*tact*) Feingefühl *nt*

adresser [adʀese] <1> **I.** *vt* ① (*envoyer*) **~ qc à qn** etw an jdn schicken ② (*émettre*) **~ un compliment à qn** jdm ein Kompliment machen; **~ la parole à qn** jdn ansprechen ③ (*diriger*) **~ qn à un spécialiste** jdn zu einem Spezialisten schicken **II.** *vpr* ① (*demander, parler à*) **s'~ à qn** sich an jdn wenden ② (*être destiné à*) **s'~ à qn** *remarque:* jdm gelten; *publicité:* sich an jdn richten; *littérature:* für jdn bestimmt sein

Adriatique [adʀijatik] *f* **l'~** die Adria

adroit(e) [adʀwa, wat] *adj* ① (*habile*) geschickt ② (*subtil*) geschickt

adroitement [adʀwatmɑ̃] *adv* geschickt

ADSL [adeɛsɛl] *m abr de* **asymmetric digital subscriber line** INFORM ADSL *nt*

adsorption [atsɔʀpsjɔ̃] *f* CHIM, PHYS Adsorption *f*

adulte [adylt] **I.** *adj personne* erwachsen; *animal* ausgewachsen **II.** *mf* Erwachsene(r) *f(m);* **réservé aux ~s** nur für Erwachsene

adultère [adyltɛʀ] **I.** *adj* ehebrecherisch;

femme ~ Ehebrecherin *f* **II.** *m* Ehebruch *m*
adultérin(e) [adylterɛ̃, in] *adj* außerehelich; *enfant* unehelich
advenir [advəniʀ] <9> **I.** *vi* geschehen **II.** *vi impers* ❶ (*arriver*) **quoi qu'il advienne** was auch geschehen mag ❷ (*devenir, résulter de*) **que va-t-il ~ de moi?** was wird aus mir?
adverbe [advɛʀb] *m* Adverb *nt*
adverbial(e) [advɛʀbjal, -jo] <-aux> *adj* adverbial
adversaire [advɛʀsɛʀ] *mf a.* SPORT, POL Gegner(in) *m(f)*
adverse [advɛʀs] *adj forces, camp* feindlich; *parti* oppositionell; *équipe* gegnerisch; **partie** ~ Gegenpartei *f*
adversité [advɛʀsite] *f sans pl, soutenu* (*détresse*) Unglück *nt,* Not *f*
ad vitam æternam [advitametɛʀnam] *fam* bis in alle Ewigkeit, endlos
aérateur [aeʀatœʀ] *m* Lüftungsanlage *f*
aération [aeʀasjɔ̃] *f sans pl* ❶ *d'une pièce* Lüften *nt* ❷ (*circulation d'air*) Belüftung *f* ❸ (*système*) Lüftung *f*
aéré(e) [aeʀe] *adj pièce* gelüftet; (*clair*) luftig
aérer [aeʀe] <5> **I.** *vt* ❶ (*ventiler*) [aus]lüften *literie;* [durch]lüften *pièce;* belüften *terre* ❷ (*alléger*) auflockern **II.** *vpr* **s'~** frische Luft schnappen (*fam*)
aérien(ne) [aeʀjɛ̃, jɛn] *adj* ❶ AVIAT Luft-; **transport** ~ Lufttransport *m;* **ligne/compagnie ~ne** Fluglinie/-gesellschaft *f* ❷ (*en surface*) in der Luft; **métro** ~ Hochbahn *f*
aérobic [aeʀɔbik] *f* Aerobic *nt kein Art*
aéroclub, aéro-club [aeʀoklœb] <aéroclubs> *m* Aeroklub *m*
aérodrome [aeʀodʀom] *m* Flugplatz *m*
aérodynamique [aeʀodinamik] **I.** *adj véhicule* aerodynamisch; **ligne** ~ Stromlinienform *f* **II.** *f* Aerodynamik *f*
aérodynamisme [aeʀodinamism] *m* Aerodynamik *f*
aérofrein [aeʀofʀɛ̃] *m* TECH Druckluftbremse *f*
aérogare [aeʀogaʀ] *f* Flughafen[gebäude *nt*] *m;* (*terminal*) Terminal *nt o m*
aéroglisseur [aeʀoglisœʀ] *m* Luftkissenfahrzeug *nt*
aérogramme [aeʀɔgʀam] *m* Aerogramm *nt*
aérolithe [aeʀɔlit] *m* Aerolith *m,* Meteorstein *m*
aéromodélisme [aeʀomɔdelism] *m* Modellflugzeugbau *m*
aéronautique [aeʀonotik] **I.** *adj* [von] der Luftfahrt; **secteur/industrie** ~ Flugzeugbau *m* **II.** *f sans pl* Luftfahrt *f*
aéronaval(e) [aeʀonaval] <s> *adj* zur Marine und zur Luftfahrt zugehörig
Aéronavale [aeʀonaval] *f* **l'~** *die Luftwaffe der französischen Marine*
aérophagie [aeʀofaʒi] *f* MED [krankhaftes] Luftschlucken *nt;* **avoir de l'~** Luft schlucken
aéroport [aeʀopɔʀ] *m* Flughafen *m*
aéroporté(e) [aeʀopɔʀte] *adj* MIL auf dem Luftweg befördert
Aéropostale [aeʀopɔstal] *f ehemalige französische Luftpostgesellschaft* (*1927 – 1933*)
aérosol [aeʀosɔl] *m* ❶ (*pulvérisateur*) Spray *nt o m* ❷ MED Inhalationsapparat *m*
aérospatial(e) [aeʀospasjal, -jo] <-aux> *adj* **recherche ~e** [Welt]raumforschung *f;* **industrie ~e** Luft- und Raumfahrtindustrie *f*
aérospatiale [aeʀospasjal] *f* Luft- und Raumfahrtindustrie *f*
aérotrain [aeʀotʀɛ̃] *m* Schwebebahn *f*
affabilité [afabilite] *f* Freundlichkeit *f*
affable [afabl] *adj* freundlich
affabulation [afabylasjɔ̃] *f* Lügenmärchen *nt*
affabuler [afabyle] <1> **I.** *vt* erdichten **II.** *vi* fabulieren, träumen
affadir [afadiʀ] <8> **I.** *vt a. fig* [den Geschmack] entkräften **II.** *vpr* **s'~** an Geschmack verlieren
affaiblir [afebliʀ] <8> **I.** *vt* ❶ *a.* POL, MIL schwächen ❷ (*diminuer l'intensité*) dämpfen *bruit* **II.** *vpr* **s'~** nachlassen; *vent, personne:* schwächer werden; *sens d'un mot:* sich abschwächen; *autorité, pouvoir:* schwinden; *économie:* geschwächt werden; *monnaie:* fallen
affaiblissement [afeblismɑ̃] *m* Schwächung *f; d'un bruit* Abnahme *f; d'une monnaie* Abschwächung *f; de la conjoncture* Rückgang *m; de l'autorité* Schwund *m; des valeurs morales* Verfall *m; des sens* Verblassen *nt; de l'intérêt* Nachlassen *nt*
affaire [afɛʀ] *f* ❶ (*préoccupation*) Angelegenheit *f;* **c'est mon/ton ~** das ist meine/deine Sache; **ce n'est pas mon/ton ~** das geht mich/dich nichts an; **faire son ~ de qc** sich um etw kümmern ❷ *sans pl* (*problème*) Sache *f,* Angelegenheit *f;* **embarquer qn dans une ~** jdn in eine Sache verwickeln; **se tirer d'~** sich aus der Affäre ziehen; **tirer qn d'~** jdm aus der Klemme helfen (*fam*) ❸ (*scandale*) Affäre *f;* **sale ~** schmutzige Sache; **~ de pots-de-vin** Be-

A

A

stechungsaffäre *f;* **étouffer une ~** eine Angelegenheit vertuschen; **tremper dans une ~** in eine Sache verwickelt sein ④ JUR Fall *m;* **classer une ~** eine Sache zu den Akten legen; **plaider une ~** eine Sache vor Gericht vertreten; **résoudre une ~** einen Fall lösen ⑤ (*transaction*) Geschäft *nt* ⑥ *sans pl* (*entreprise*) Geschäft *nt,* Betrieb *m* ⑦ *pl* (*commerce*) Geschäft *nt,* Geschäfte *Pl;* **être dans les ~s** Geschäftsmann/-frau sein; **parler ~s** über das Geschäftliche reden; **repas/relations d'~s** Geschäftsessen *nt*/-beziehungen *Pl;* **rendez-vous d'~s** geschäftliche Verabredung ⑧ *pl* POL Staatsgeschäfte *Pl;* **~ d'État** *a. iron* Staatsangelegenheit *f;* **les Affaires étrangères** die auswärtigen Angelegenheiten; (*ministère*) das Außenministerium ⑨ *pl* (*effets personnels*) **prendre toutes ses ~s** alle seine Sachen *Pl* mitnehmen ▶**la belle ~!** was soll's! (*fam*); **c'est une ~ classée!** *fam* vergessen wir die Sache!; **avoir ~ à qn/qc** es mit jdm/etw zu tun haben; **en voilà une ~!** *fam* das ist doch kein Beinbruch!; **hors d'~** außer Gefahr

affairement [afɛʀmɑ̃] *m* Geschäftigkeit *f; d'un départ* Hektik *f*

affairer [afeʀe] <1> *vpr* **s'~** geschäftig hin und her eilen

affairisme [afeʀism] *m péj* Geschäftemacherei *f*

affairiste [afeʀist] *mf péj* [gewissenloser] Geschäftemacher *m*/[gewissenlose] Geschäftemacherin *f*

affaissement [afɛsmɑ̃] *m* Senkung *f*

affaisser [afese] <1> *vpr* **s'~** ① (*baisser de niveau*) sich senken; *poutre:* durchhängen; *colonne vertébrale:* krumm werden ② (*s'écrouler*) *personne:* zusammenbrechen

affaler [afale] <1> *vpr* **s'~ dans un fauteuil** sich in einen Sessel fallen lassen; **être affalé dans un fauteuil** in einem Sessel zusammengesunken sein

affamé(e) [afame] *adj* hungrig; *population* hungernd

affamer [afame] <1> *vt* ① hungern lassen; MIL aushungern *population* ② (*donner faim*) hungrig machen

affect [afɛkt] *m* Affekt *m*

affectation [afɛktasjɔ̃] *f* ① *sans pl* (*mise à disposition*) **l'~ d'une somme à qc** die Verwendung einer Summe für etw ② (*nomination*) Einstellungsbescheid *m;* MIL Einberufungsbescheid *m;* **l'~ de qn dans une région/un pays** (*en parlant d'un fonctionnaire*) jds Versetzung *f* in eine Gegend/ein Land ③ (*manque de naturel*) Affektiertheit *f*

affecté(e) [afɛkte] *adj* ① *sentiment* geheuchelt ② *personne, style* affektiert; *comportement* unnatürlich

affecter [afɛkte] <1> *vt* ① (*feindre*) vortäuschen, heucheln *sentiment, attitude* ② (*nommer*) **~ qn à un poste** (*en parlant d'un fonctionnaire*) jdn in eine Position stellen; (*en parlant d'un professeur d'université*) jdn auf einen Lehrstuhl berufen; (*en parlant d'un militaire*) jdm eine Stelle zuteilen; **~ qn dans une région** jdn in einer Gegend einsetzen; (*en parlant d'un militaire*) jdn in eine Gegend abkommandieren ③ (*émouvoir*) **~ qn** jdm nahegehen ④ (*concerner*) treffen; *épidémie:* befallen; *événement:* sich auswirken auf (+ *akk*) ⑤ (*mettre à disposition*) **~ une somme à qc** eine Summe für etw bereitstellen; **~ un bâtiment à qc** ein Gebäude zu etw gebrauchen

affectif, -ive [afɛktif, -iv] *adj* emotional; *réaction* gefühlsbetont; **vie affective** Gefühlsleben *nt;* **traumatisme ~** seelischer Schock; **sur le plan ~** gefühlsmäßig

affection [afɛksjɔ̃] *f* ① (*tendresse*) Zuneigung *f;* **prendre qn en ~** jdn lieb gewinnen ② MED Erkrankung *f* ③ PSYCH Gefühlsregung *f*

affectionner [afɛksjɔne] <1> *vt* bevorzugen, eine Vorliebe haben für

affectivité [afɛktivite] *f sans pl* Emotionalität *f,* Gefühle *Pl*

affectueusement [afɛktɥøzmɑ̃] *adv* liebevoll; **je vous embrasse ~** liebe Grüße [und Küsse]

affectueux, -euse [afɛktɥø, -øz] *adj* liebevoll

afférent(e) [afeʀɑ̃, ɑ̃t] *adj* ADMIN *form* zusammenhängend; **y ~** dazugehörig, diesbezüglich

affermir [afɛʀmiʀ] <8> *vt* ① (*consolider*) festigen, stärken; sichern *paix;* ausbauen *pouvoir;* **~ son autorité** seiner Autorität Nachdruck verleihen; **~ qn dans son opinion** jdn in seiner Meinung bestärken ② (*poser*) **~ la voix** seiner Stimme einen festen Klang geben

affichage [afiʃaʒ] *m* ① *sans pl* (*action de poser des affiches*) Anschlagen *nt;* **~ électoral** Wahlplakate *Pl;* **~ publicitaire** Plakatwerbung *f* ② (*moyen de renseigner*) Bekanntmachung *f* durch Aushang; **~ des départs** (*pour les avions*) Anzeigetafel *f* für die Abflüge; (*pour les trains*) Anzeigetafel der [Zug]abfahrtszeiten; ~ **des prix** Preisauszeichnung *f* ③ INFORM Anzeige *f;* ~ **électronique** elektronische Anzeigetafel; ~ **à cristaux liquides** LCD-Anzeige

affiche [afiʃ] *f* ① *(feuille imprimée)* Plakat *nt;* *(poster)* Poster *nt;* ADMIN Aushang *m;* *(avis officiel)* [amtliche] Bekanntmachung; ~ **électorale** Wahlplakat *nt* ② *sans pl* *(programme théâtral)* [Theater]programm *nt;* *(distribution)* Besetzung *f;* **être à l'~** auf dem Spielplan stehen

afficher [afiʃe] <1> **I.** *vt* ① *(placarder)* aufhängen; aushängen *résultat d'un examen* ② THEAT aufführen ③ INFORM, TECH anzeigen; *écran:* sichtbar machen; **être affiché sur l'écran** auf dem Bildschirm zu sehen sein ④ *(montrer publiquement)* bekannt geben *opinions politiques* **II.** *vi* **défense d'~!** Plakate ankleben verboten! **III.** *vpr* *(s'exhiber)* **s'~** *quelque chose:* angezeigt werden; *personne:* sich zur Schau stellen; **s'~ avec qn** sich in aller Öffentlichkeit mit jdm zeigen

affichette [afiʃɛt] *f* kleines Plakat *nt*

afficheur [afiʃœʀ] *m* Plakatkleber *m*

affilée [afile] ▶ **d'~** ununterbrochen, ohne Pause

affiler [afile] <1> *vt* schärfen, schleifen *couteau*

affiliation [afiljasjɔ̃] *f* ① *(adhésion)* ~ **à un parti** Eintritt *m* in eine Partei; ~ **à une fédération** Beitritt *m* zu einer Föderation ② *(admission)* ~ **à un parti/club** Aufnahme *f* in einer Partei/einem Klub; ~ **à une fédération** Anschluss *m* an eine Föderation ③ *(fait d'être membre)* ~ **à qc** Mitgliedschaft *f* in etw *(dat)*, Zugehörigkeit *f* zu etw *(dat)*

affilié(e) [afilje] **I.** *adj* **être ~ à un syndicat** Mitglied *nt* in einer Vereinigung sein; **être ~ à un parti** einer Partei angehören; **être ~ à la Sécurité sociale** in der gesetzlichen Krankenkasse sein **II.** *m(f)* Mitglied *nt*

affilier [afilje] <1a> **I.** *vt* ~ **qn à une association** jdn als Mitglied in einer Vereinigung aufnehmen **II.** *vpr* **s'~ à un club/un syndicat** Mitglied in einem Klub/einer Vereinigung werden

affinage [afinaʒ] *m* ① *d'un métal* Raffination *f;* *du verre* Läuterung *f* ② *d'un fromage* Reife[prozess *m*] *f*

affinement [afinmɑ̃] *m* *d'un fromage* Reifen *nt*

affiner [afine] <1> **I.** *vt* ① *(purifier)* reinigen, raffinieren *métal;* läutern *verre* ② *(achever la maturation)* reifen lassen *fromage* ③ *(rendre plus fin)* ausbilden *odorat, ouïe;* verfeinern *style* **II.** *vpr* **s'~** *style, goût:* sich verfeinern; *odorat, ouïe:* sich ausbilden

affinité [afinite] *f* Gemeinsamkeit *f*

affirmatif, -ive [afiʀmatif, -iv] **I.** *adj* ① *(opp: négatif)* positiv; *geste, sourire* zustimmend; *ton* bestimmt; **être ~** sich sicher sein ② LING *proposition* affirmativ **II.** *interj fam* ja[wohl]; TELEC positiv

affirmation [afiʀmasjɔ̃] *f* ① *(déclaration)* Behauptung *f* ② *(opp: négation)* bejahende Aussage; GRAM affirmativer [Aussage]satz *m* ③ *sans pl* *(manifestation)* ~ **de qc** Bekräftigung *f* einer S.

affirmative [afiʀmativ] *f sans pl* **répondre par l'~** bejahen

affirmativement [afiʀmativmɑ̃] *adv* mit ja

affirmer [afiʀme] <1> **I.** *vt* ① *(soutenir)* behaupten; ~ **sur l'honneur que ...** bei seiner/ihrer Ehre [be]schwören, dass ... ② *(manifester)* beweisen *originalité, autorité;* festigen *position* ③ *soutenu* *(proclamer)* betonen **II.** *vpr* **s'~** *autorité, personnalité:* sich festigen; *originalité, talent:* [deutlich] erkennbar werden

affleurer [aflœʀe] <1> *vi a. fig* zum Vorschein kommen

affliction [afliksjɔ̃] *f* Betrübnis *f*

affligé(e) [afliʒe] *adj* **être ~ de qn/qc** unter jdm/etw *(akk)* leiden

affligeant(e) [afliʒɑ̃, ʒɑ̃t] *adj* traurig, betrüblich

affliger [afliʒe] <2a> *vt* *(désoler)* *nouvelle, événement:* betrüben, bekümmern; ~ **qn** jdm das Herz schwer machen, jdm Kummer bereiten

affluence [aflyɑ̃s] *f sans pl* Andrang *m;* *de visiteurs* Strom *m*

affluent [aflyɑ̃] *m* Zufluss *m*

affluer [aflye] <1> *vi* ① *(arriver en grand nombre)* [zusammen]strömen ② *(couler en abondance)* *sang:* strömen ③ *(apparaître en abondance)* *argent:* fließen

afflux [afly] *m sans pl* *de clients* Ansturm *m;* *de capitaux* Zustrom *m;* *de produits étrangers* Zufuhr *f;* ~ **de visiteurs** Besucherstrom *m*

affolant(e) [afɔlɑ̃, ɑ̃t] *adj* beängstigend, erschreckend; *fam* *(incroyable)* verrückt

affolé(e) [afɔle] *adj* *personne, foule* von panischer Angst ergriffen; *animal* zu Tode erschrocken; **être ~** in Panik sein *(fam)*

affolement [afɔlmɑ̃] *m sans pl* Panik *f*

affoler [afɔle] <1> **I.** *vt* *(effrayer)* ~ **qn** *nouvelle:* jdn sehr erschrecken; *cris, bruit:*

A

jdm Angst einjagen; (*inquiéter*) jdn beunruhigen **II.** *vpr* **s'~** in Panik geraten

affranchi(e) [afʀɑ̃ʃi] *adj esclave, serf* freigelassen

affranchir [afʀɑ̃ʃiʀ] <8> *vt* ❶ (*avec des timbres*) frankieren ❷ HIST freilassen *esclave*

affranchissement [afʀɑ̃ʃismɑ̃] *m* ❶ (*action*) Frankieren *nt;* (*frais de port*) Porto *nt;* **tarifs d'~** Postgebühren *Pl* ❷ *d'un pays* Befreiung *f; d'un esclave* Freilassung *f*

affres [afʀ] *fpl* Qualen *Pl*

affrètement [afʀɛtmɑ̃] *m* ❶ (*mise en location*) Vermietung *f* ❷ (*prise en location*) Mieten *nt; d'un bateau, avion* Chartern *nt*

affréter [afʀete] <5> *vt* ❶ (*donner en location*) vermieten ❷ (*prendre en location*) mieten

affreusement [afʀøzmɑ̃] *adv* ❶ (*horriblement*) furchtbar; *blessé* sehr ❷ (*extrêmement*) furchtbar; *vexé* zutiefst; *inquiet* äußerst

affreux, -euse [afʀø, -øz] *adj* ❶ (*laid*) furchtbar hässlich ❷ (*horrible*) schrecklich; *mort* grauenvoll ❸ (*désagréable*) furchtbar; *temps* scheußlich

affriolant(e) [afʀijolɑ̃, ɑ̃t] *adj* ❶ *robe* erregend ❷ *occupation* verlockend

affrioler [afʀijɔle] <1> *vt rare* verlocken

affront [afʀɔ̃] *m soutenu* Beleidigung *f*

affrontement [afʀɔ̃tmɑ̃] *m* ❶ MIL Auseinandersetzung *f* ❷ POL Konfrontation *f*

affronter [afʀɔ̃te] <1> **I.** *vt* ❶ *a.* SPORT (*combattre*) **~ qn** jdm gegenübertreten ❷ (*faire face à*) konfrontiert werden mit *situation difficile;* gerüstet sein für *hiver* **II.** *vpr* **s'~** aufeinandertreffen

affubler [afyble] <1> *vt péj* (*habiller*) **~ qn de qc** jdn mit etw ausstaffieren

affût [afy] *m* ❶ CHASSE (*endroit*) Hochsitz *m,* Ansitz *m;* **chasser à l'~** auf den Hochsitz gehen ❷ (*attente*) Warten *nt*

affûtage [afytaʒ] *m d'un couteau* Schleifen *nt*

affûter [afyte] <1> *vt* schärfen; anspitzen *crayon*

afghan [afgɑ̃] *m* Afghanisch *nt; v. a.* **allemand**

afghan(e) [afgɑ̃, an] *adj* afghanisch

Afghan(e) [afgɑ̃, an] *m(f)* Afghane *m*/Afghanin *f*

Afghanistan [afganistɑ̃] *m* **l'~** Afghanistan *nt*

afin [afɛ̃] *prép* **~ de gagner la course** um das Rennen zu gewinnen; **~ qu'on puisse vous prévenir** damit wir Ihnen Bescheid geben können

a fortiori [afɔʀsjɔʀi] *adv soutenu* um so mehr; **il n'aura jamais terminé, ~ si ...** er wird nie zum Ende kommen, und erst recht nicht, wenn ...

AFP [aɛfpe] *f abr de* **Agence France Presse** *französische Nachrichtenagentur*

africain(e) [afʀikɛ̃, ɛn] *adj* afrikanisch

Africain(e) [afʀikɛ̃, ɛn] *m(f)* Afrikaner(in) *m(f)*

africanisation [afʀikanizasjɔ̃] *f* Afrikanisierung *f*

afrika[a]ns [afʀikɑ̃s] *m* **l'~** Afrikaans *nt; v. a.* **allemand**

Afrikan[d]er [afʀikanɛʀ, afʀikɑ̃dɛʀ] *mf* Afrik[a]ander(in) *m(f)*

Afrique [afʀik] *f* **l'~** Afrika *nt;* **l'~ du Nord/Sud** Nord-/Südafrika; **l'~ noire** Schwarzafrika

afro [afʀo] *adj* Afro-

afro-américain(e) [afʀoameʀikɛ̃, ɛn] <afro-américains> *adj* afroamerikanisch

Afro-Américain(e) [afʀoameʀikɛ̃, ɛn] <Afro-Américains> *m(f)* Afroamerikaner(in) *m(f)*

after [aftœʀ] *m o f inv* After-Hour-Party *f;* **aller en ~** zu einer After-Hour-Party gehen

after-shave [aftœʀʃɛv] *m inv* Aftershave *nt*

afterwork [aftœʀwœʀk] *m* [**soirée**] **~** After-Work-Party *f,* Afterworkparty *f*

A.G. [ɑʒe] *f fam abr de* **Assemblée générale** Hauptversammlung *f,* Generalversammlung *f*

agaçant(e) [agasɑ̃, ɑ̃t] *adj* äußerst ärgerlich

agacement [agasmɑ̃] *m* Ärger *m*

agacer [agase] <2> *vt* ❶ (*énerver*) **~ qn** jdm auf die Nerven gehen (*fam*) ❷ (*taquiner*) ärgern

agate [agat] *f* ❶ (*minéral*) Achat *m* ❷ (*verre*) *achatähnlich marmoriertes Glas*

agave [agav] *m* BOT Agave *f*

âge [ɑʒ] *m* ❶ (*temps de vie*) Alter *nt;* **arriver à l'~ adulte** erwachsen werden; **~ mental** geistige Reife; **avoir l'~ de faire qc** alt genug sein etw zu tun; **faire plus vieux que son ~** älter aussehen, als man ist; **elle a passé l'~ de voyager** sie ist zu alt zum [Ver]reisen; **prendre de l'~** älter werden; **à l'~ de 8 ans** im Alter von 8 Jahren; **quel ~ as-tu/a-t-il?** wie alt bist du/ist er? ❷ (*ère*) Zeitalter *nt* ▶ **le troisième ~** (*la vieillesse*) das Pensionsalter; (*les personnes*) die Senioren; **~ de la retraite** Pensionsalter *nt*

âgé(e) [ɑʒe] *adj* alt; **les personnes ~es**

die alten Leute; **être ~ de 10 ans** 10 Jahre alt sein; **avoir trois enfants ~s de 10, 7 et 2 ans** drei Kinder im Alter von 10, 7 und 2 Jahren haben

agence [aʒɑ̃s] *f* ① (*succursale bancaire*) [Bank]niederlassung *f* ② (*représentation commerciale*) [Handels]vertretung *f;* (*pour les services*) Geschäftsstelle *f;* **~ de presse** Presseagentur *f;* **~ de publicité** Werbeagentur *f;* **~ de pub** eine Werbeagentur; **~ de voyages** Reisebüro *nt* ③ (*bureau de placement*) Vermittlungsbüro *nt;* (*pour les photos, les voyages*) Agentur *f;* **~ de mannequins** Modelagentur ④ (*organisme administratif*) **l'Agence nationale pour l'emploi** Arbeitsamt *nt,* ≈ Bundesanstalt *f* für Arbeit

agencement [aʒɑ̃smɑ̃] *m* ① *d'éléments* Zusammenfügen *nt,* Zusammensetzen *nt; de faits* Aneinanderreihung *f* ② LITTER *d'un roman, d'une phrase* Aufbau *m*

agencer [aʒɑ̃se] <2> **I.** *vt* ① (*ordonner*) zusammensetzen, zusammenfügen *éléments* ② (*structurer, combiner*) [auf]bauen, konstruieren *phrase;* aufbauen *roman;* aneinanderreihen *mots;* [aufeinander] abstimmen *couleurs* ③ (*aménager*) aufteilen, einrichten *local;* **être bien agencé** gut angelegt sein ④ (*équiper*) einrichten *cuisine* **II.** *vpr* **s'~** *pièces d'un puzzle:* zusammenpassen; *mots:* sich zusammensetzen

agenda [aʒɛ̃da] *m* [Taschen]kalender *m;* **~ de bureau** Terminkalender *m;* **~ électronique** Organizer *m*

agenouiller [aʒ(ə)nuje] <1> *vpr* **s'~** sich hinknien; (*pour prier*) niederknien; **être agenouillé sur qc** auf etw (*dat*) knien

agent [aʒɑ̃] *m* ① (*policier*) Polizist(in) *m(f);* **~ de la circulation** Verkehrspolizist; **~ de la force publique** Polizeibeamte(r) *m/*-beamtin *f;* **~ de police** Polizist ② (*représentant*) Vertreter(in) *m(f);* **~ commercial** Handelsvertreter; **~ immobilier** [Immobilien]makler(in) *m(f);* **~ du littoral** *Spezialist(in) für den [ökologischen] Küstenschutz;* **~ technique** Techniker(in) *m(f);* **~ d'assurances** Versicherungsvertreter ③ ART, LITTER **~ artistique** Agent(in) *m(f)* ④ (*espion*) Agent(in) *m(f);* **~ secret** Geheimagent ⑤ ADMIN Bedienstete(r) *f(m);* **~ administratif** Verwaltungsangestellte(r) *f(m)* ⑥ CHIM [Wirk]stoff *m*

agglomérat [aglɔmeʀa] *m* ① Ansammlung *f* ② GEOL Agglomerat *nt*

agglomération [aglɔmeʀasjɔ̃] *f* ① (*localité*) Ortschaft *f,* [An]siedlung *f* ② (*zone urbaine*) Ballungsraum *m,* Agglomeration *f* (CH) ③ (*ville et banlieue*) Großraum *m* ④ *de matériaux* Agglomeration *f,* Verdichten *nt*

aggloméré [aglɔmeʀe] *m* CONSTR Pressmasse *f;* (*bois*) Pressholz *nt;* (*briquette*) Pressling *m*

agglomérer [aglɔmeʀe] <5> *vt* ① anhäufen *neige, sable* ② TECH pressen *bois*

agglutiner [aglytine] <1> **I.** *vt* ① (*agglomérer*) zusammenkleben *matériaux* ② (*rassembler*) **des gens sont agglutinés sur la place** auf dem Platz haben sich Leute angesammelt **II.** *vpr* ① (*s'agglomérer*) **s'~** *globules, molécules:* verklumpen ② (*se rassembler*) **s'~ sur une place** sich auf einem Platz sammeln

aggravant(e) [agʀavɑ̃, ɑ̃t] *adj* erschwerend

aggravation [agʀavasjɔ̃] *f d'une crise* Zuspitzung *f; d'une situation* Verschlechterung *f; du chômage* Zunahme *f*

aggraver [agʀave] <1> **I.** *vt* ① (*faire empirer*) verschlimmern; erschweren *situation;* verschärfen *crise;* vergrößern *difficultés;* ansteigen lassen *chômage* ② (*renforcer*) vergrößern *peine;* **cela aggrave le mécontentement** das steigert die Unzufriedenheit **II.** *vpr* **s'~** schlimmer werden; *pollution:* zunehmen; *conflit:* sich zuspitzen; *conditions sociales:* schlechter werden; *difficultés:* größer werden; *chômage:* ansteigen

agile [aʒil] *adj* geschickt

agilité [aʒilite] *f sans pl* ① (*aisance*) Beweglichkeit *f* ② *fig de l'esprit* Regheit *f*

agio [aʒjo] *m* FIN Überziehungszinsen *Pl*

agir [aʒiʀ] <8> **I.** *vi* ① (*faire, être actif*) handeln; **~ bien** sich gut verhalten ② (*exercer une influence*) **~ sur qn/qc** jdn/etw beeinflussen ③ (*opérer*) *médicament, poison:* wirken **II.** *vpr impers* ① (*il est question de*) **il s'agit de qn/qc** es handelt sich um jdn/etw; **de quoi s'agit-il?** worum handelt es sich? ② (*il faut*) **il s'agit de faire qc** es geht darum etw zu tun

agissant(e) [aʒisɑ̃, ɑ̃t] *adj personne* aktiv; *médicament* wirksam

agissements [aʒismɑ̃] *mpl péj* ① (*machinations*) Machenschaften *Pl* ② (*menées*) Umtriebe *Pl*

agitateur, -trice [aʒitatœʀ, -tʀis] *m, f* Agitator(in) *m(f)*

agitation [aʒitasjɔ̃] *f* ① (*animation*) geschäftiges Treiben ② (*excitation*) Aufregung *f* ③ (*troubles*) Unruhe *f* ④ (*mécontentement*) Unzufriedenheit *f*

agité(e) [aʒite] *adj* ① (*animé de mouvements*) bewegt ② (*nerveux*) unruhig

A

③ (*excité*) aufgeregt ④ (*troublé*) unsicher; *époque* bewegt

agiter [aʒite] <1> **I.** *vt* (*secouer*) schwenken *drapeau;* schütteln *bouteille;* ~ **son mouchoir** mit dem Taschentuch winken; ~ **la main** winken **II.** *vpr* **s'**~ ① (*bouger*) sich bewegen ② (*s'exciter*) sich aufregen ③ (*s'énerver*) unruhig sein/werden ④ (*s'affairer*) [geschäftig] hin und her eilen; **arrête de t'**~ **comme ça!** hör auf so herumzurennen!

agneau, agnelle [aɲo, aɲɛl] <x> **I.** *m, f* Lamm *nt* **II.** *m* (*viande*) Lammfleisch *nt*

agnelet [aɲ(ə)lɛ] *m* Lämmchen *nt*

agnostique [agnɔstik] **I.** *adj* agnostizistisch **II.** *mf* Agnostiker(in) *m(f)*

agonie [agɔni] *f* Todeskampf *m*

agonir [agɔniʀ] <8> *vt* ~ **qn** *rare* jdn beschimpfen

agonisant(e) [agɔnizɑ̃, ɑ̃t] *adj* ① sterbend; **être** ~ im Sterben liegen ② *fig* dem Untergang geweiht (*geh*)

agoniser [agɔnize] <1> *vi* im Sterben liegen

agoraphobie [agɔʀafɔbi] *f* Platzangst *f*

agrafage [agʀafaʒ] *m* ① *de feuilles* Zusammenheften *nt* ② MED Klammern *nt*

agrafe [agʀaf] *f* ① COUT Haken *m* ② (*pour papiers*) Heftklammer *f* ③ MED Klammer *f*

agrafer [agʀafe] <1> *vt* ① (*attacher*) zusammenheften *feuilles* ② (*fermer*) ~ **une jupe** einen Rock zuhaken

agrafeuse [agʀaføz] *f* ① (*pour papiers*) Heftgerät *nt* ② (*pour clouer*) Tacker *m*

agraire [agʀɛʀ] *adj* **politique** ~ Agrarpolitik *f;* **réforme** ~ Bodenreform *f*

agrandir [agʀɑ̃diʀ] <8> **I.** *vt* ① (*rendre plus grand*) größer machen ② (*rendre plus large*) erweitern ③ (*développer*) vergrößern *entreprise* ④ PHOT vergrößern **II.** *vpr* **s'**~ ① (*se creuser, s'élargir*) größer werden; *passage:* breiter werden; *écart:* sich vergrößern ② (*se développer*) *entreprise:* sich vergrößern; *ville:* sich ausdehnen ③ (*devenir plus nombreux*) *famille:* Zuwachs bekommen ④ *fam* (*se loger plus spacieusement*) sich vergrößern

agrandissement [agʀɑ̃dismɑ̃] *m* ① (*élargissement*) Vergrößerung *f* ② (*action d'agrandir*) Vergrößern *nt* ③ (*résultat*) Vergrößerung *f*

agréable [agʀeabl] *adj* ① *personne* sympathisch; **il est** ~ **à vivre** er ist umgänglich ② (*qui plaît, agrée*) angenehm; *situation* erfreulich; *sourire* gewinnend

agréablement [agʀeabləmɑ̃] *adv* angenehm

agréé(e) [agʀee] *adj expert* zugelassen

agréer [agʀee] <1> *vt soutenu* annehmen *remerciements;* **veuillez** ~, **Madame/Monsieur, mes salutations distinguées** ≈ mit freundlichen Grüßen

agrégat [agʀega] *m* GEOL Aggregat *nt*

agrégation [agʀegasjɔ̃] *f Staatsprüfung für Gymnasiallehrer*

agrégé(e) [agʀeʒe] **I.** *adj* **être** ~ die „Agrégation" haben **II.** *m(f)* ① (*au lycée*) Gymnasiallehrer(in) *m(f)* mit „Agrégation" ② (*à l'université*) Dozent(in) *m(f)* mit „Agrégation"

agrément [agʀemɑ̃] *m* (*approbation*) Zustimmung *f*

agrémenter [agʀemɑ̃te] <1> *vt* verschönern *pièce*

agrès [agʀɛ] *mpl* SPORT [Turn]geräte *Pl*

agresser [agʀese] <1> **I.** *vt* ① (*attaquer*) überfallen; **se faire** ~ überfallen werden ② (*insulter*) angreifen ③ (*irriter*) belästigen ④ (*menacer*) bedrohen **II.** *vi couleur:* aggressiv sein/wirken; *style:* provozieren

agresseur, -euse [agʀɛsœʀ, -øz] **I.** *m, f* ① (*personne*) Angreifer(in) *m(f)* ② (*État*) Aggressor *m* **II.** *app* **État/pays** ~ Aggressor *m*

agressif, -ive [agʀesif, -iv] *adj personne, comportement* aggressiv; *couleur* grell

agression [agʀesjɔ̃] *f* ① (*attaque, coups*) Überfall *m;* **être victime d'une** ~ überfallen werden; ~ **verbale** Beleidigung *f* ② (*nuisance*) ~ **sonore** Lärmbelästigung *f* ③ MIL **acte d'**~ Angriff *m*

agressivité [agʀesivite] *f* Aggressivität *f*

agricole [agʀikɔl] *adj* landwirtschaftlich; **ouvrier** ~ Landarbeiter *m;* **machine** ~ Landmaschine *f;* **région** ~ Agrarregion *f;* **ingénieur** ~ Diplomlandwirt(in) *m(f)*

agriculteur, -trice [agʀikyltœʀ, -tʀis] *m, f* Landwirt(in) *m(f)*

agriculture [agʀikyltyʀ] *f* Landwirtschaft *f*

agripper [agʀipe] <1> **I.** *vt* packen **II.** *vpr* **s'**~ **à qn/qc** sich an jdn/etw klammern

agroalimentaire [agʀoalimɑ̃tɛʀ] **I.** *adj* **société** ~ Nahrungsmittelfirma *f;* **industrie** ~ Nahrungsgüterindustrie *f* **II.** *m* Lebensmittelsektor *m*

agro-industrie [agʀoɛ̃dystʀi] <agro-industries> *f* Agrarindustrie *f*

agronome [agʀɔnɔm] *adj* **ingénieur** ~ Diplomlandwirt(in) *m(f)*

agronomie [agʀɔnɔmi] *f* Agrarwissenschaft *f*

agrotourisme [agʀotuʀism] *m* Agrotourismus *m*

agrume [agʀym] *m* Zitrusfrucht *f*

A

aguerrir [ageʀiʀ] <8> *vt* ~ **au froid** gegen Kälte abhärten
aguets [agɛ] **être aux** ~ auf der Lauer liegen
aguichant(e) [agiʃɑ̃, ɑ̃t] *adj* aufreizend
aguicher [agiʃe] <1> *vt* aufreizen
ah [ˊɑ] *interj* ❶ (*de joie, d'admiration*) ~! ah! ❷ (*de sympathie, de déception*) ~! ach! ❸ *iron* ~ ~! ach ja? ❹ (*rire*) ~! ~! haha! ❺ *interrog* (*étonnement*) ~? ach ja? ▶ ~ **bon** (*résignation*) na ja; (*polémique*) aha; (*étonnement*) ach ja; ~ **non** ach nein; ~ **non alors!** o nein!; ~ **oui** (*confirmation*) doch, doch; (*polémique*) soso; (*évidence*) ach ja!; (*compréhension*) ach ja; ~ **oui, je vois...** Ach ja, ich verstehe
ahuri(e) [ayʀi] **I.** *adj* ❶ (*stupéfait*) verblüfft ❷ (*stupide*) begriffsstutzig **II.** *m(f) péj fam* Blödmann *m*/blöde Kuh
ahurissant(e) [ayʀisɑ̃, ɑ̃t] *adj* ❶ (*stupéfiant*) verblüffend ❷ (*scandaleux*) unverschämt
ahurissement [ayʀismɑ̃] *m* Verblüffung *f*
ai [e] *indic prés de* **avoir**
aï [ai] *m* ZOOL Ai *nt*
aide [ɛd] *f* ❶ (*assistance*) Hilfe *f;* ~ **médicale** medizinische Versorgung; **à l'~!** [zu] Hilfe!; **appeler à l'~** um Hilfe rufen; **appeler qn à l'~** jdn zu Hilfe rufen; **demander de l'~** um Hilfe bitten ❷ *fig* **à l'~ d'un couteau** mit Hilfe eines Messers ❸ (*secours financier*) [finanzielle] Unterstützung; ~ **sociale** Sozialhilfe *f* ❹ TECH, AUT **système d'~ au stationnement** Einparkhilfe *f* ❺ (*aidant*) Aushilfe *f;* ~ **familiale** Haushalt[s]hilfe *f;* ~ **maternelle** Tagesmutter *f*
aide-comptable [ɛdkɔ̃tabl] <aides-comptables> *mf* Buchhaltungsgehilfe *m*/-gehilfin *f* **aide-mémoire** [ɛdmemwaʀ] *m inv* ❶ (*mémento*) kurzer Abriss ❷ (*feuille*) Merkzettel *m* **aide-ménagère** [ɛdmenaʒɛʀ] <aides-ménagères> *f* Haushalt[s]hilfe *f*
aider [ede] <1> **I.** *vt* ❶ (*seconder*) ~ **qn** jdm helfen ❷ (*donner de l'argent*) ~ **qn** jdn [finanziell] unterstützen ❸ (*prêter assistance*) beistehen (+ *dat*) **II.** *vi* ❶ (*être utile*) *personne:* [mit]helfen; *conseil:* erleichtern ❷ (*contribuer*) ~ **à qc** etw fördern; **le temps aidant** mit der Zeit **III.** *vpr* ❶ (*utiliser*) **s'~ de qc** etw zu Hilfe nehmen ❷ (*s'entraider*) **s'~** sich (*dat*) [gegenseitig] helfen
aide-soignant(e) [ɛdswaɲɑ̃, ɑ̃t] <aides-soignants> *m(f)* Pflegehelfer(in) *m(f)*
aïe [aj] *interj* ❶ (*douleur*) ~! au! ❷ (*problème, imprévu*) ~! oje! ▶ ~ ~ ~! *fam* auwei[a]!
aie [ɛ] *subj prés de* **avoir**
aïeul(e) [ajœl] *m(f)* Ahn *m*/Ahne *f*
aigle [ɛgl] **I.** *mf* ZOOL Adler *m*/Adlerweibchen *f* **II.** *f* MIL Adler *m*
aiglefin [egləfɛ̃] *m* Schellfisch *m*
aiglon(ne) [ɛglɔ̃, ɔn] *m(f)* ZOOL Adlerjunge(s) *nt*
aigre [ɛgʀ] *adj* ❶ (*acide*) sauer; *odeur* säuerlich ❷ *lait* sauer ❸ *son* schrill ❹ *critique, ton* scharf ❺ *froid, vent* schneidend
aigre-doux, aigre-douce [ɛgʀədu, ɛgʀədus] <aigres-doux> *adj* süßsauer
aigrelet(te) [ɛgʀəlɛ, ɛt] *adj* säuerlich
aigrement [ɛgʀəmɑ̃] *adv* bissig
aigrette [ɛgʀɛt] *f* ❶ (*oiseau*) Silberreiher *m* ❷ (*plumes*) Federbusch *m*
aigreur [ɛgʀœʀ] *f* ❶ (*acidité*) Säure *f* ❷ (*saveur aigre*) saurer Geschmack
aigri(e) [egʀi] *adj* verbittert
aigrir [egʀiʀ] <8> **I.** *vt* ~ **le caractère de qn** jdn verbittern **II.** *vpr* **s'~** ❶ (*devenir acide*) *lait, vin:* sauer werden ❷ (*devenir amer*) *personne:* verbittern
aigu, aiguë [egy] **I.** *adj* ❶ (*pointu*) spitz; *pointe* scharf ❷ (*coupant*) scharf ❸ *voix* schrill; *note* hoch ❹ *intelligence, perception* scharf ❺ (*violent*) heftig; (*pénétrant*) stechend; **avoir un sens ~ de qc** einen ausgeprägten Sinn für etw haben ❻ *crise* akut **II.** *mpl* **~s** hohe Töne *Pl,* Höhen *Pl*
aigue-marine [ɛgmaʀin] <aigues-marines> *f* Aquamarin *m*
aiguillage [egɥijaʒ] *m* ❶ (*dispositif*) Weiche *f* ❷ (*manœuvre*) Weichenstellen *nt* ❸ (*orientation*) Weiterleitung *f*
aiguille [egɥij] *f* ❶ COUT Nadel *f;* ~ **à coudre/tricoter** Näh-/Stricknadel ❷ *d'une montre* Zeiger *m; d'une boussole* Nadel *f;* ~ **de pin** Kiefernnadel ❸ MED *d'une seringue* [Injektions]nadel *f; de l'acupuncteur* Nadel *f* ❹ GEOG [spitzer Berg]gipfel ❺ ARCHIT [Turm]spitze *f* ❻ (*aiguillage*) Weiche *f*
aiguillée [egɥije] *f* Nähfaden *m*
aiguiller [egɥije] <1> *vt* ❶ CHEMDFER umsetzen ❷ (*orienter*) **mal ~ qn** jdn in die falsche Richtung schicken; ~ **qn vers/sur qc** jdn zu etw hinführen
aiguilleur, -euse [egɥijœʀ, -øz] *m, f* Stellwerksleiter(in) *m(f)*
aiguillon [egɥijɔ̃] *m d'une abeille, guêpe* Stachel *m*
aiguillonner [egɥijɔne] <1> *vt* [mit dem Treibstock] antreiben
aiguiser [egize] <1> *vt* ❶ (*affiler*) schär-

fen *outil;* schleifen *couteau* ❷ (*stimuler*) anregen *appétit, sens;* verstärken *désir, sentiment;* schärfen *ouïe, toucher* ❸ (*affiner*) schärfen *intelligence*

aïkido [aikido] *m* Aikido *nt*

ail [aj] *m* Knoblauch *m*

aile [ɛl] *f* ❶ (*organe*) Flügel *m* ❷ *d'un véhicule* Kotflügel *m; d'un avion, aéronef* Tragfläche *f* ❸ ARCHIT [Seiten]flügel *m* ▶ **voler de ses propres ~s** auf eigenen Füßen stehen

ailé(e) [ele] *adj* geflügelt; *a. fig démarche* leicht

aileron [ɛlʀɔ̃] *m* ❶ ANAT *de l'oiseau* Flügelspitze *f; du requin* [Rücken]flosse *f* ❷ GASTR *de dinde* Flügelstück *nt; de requin* Flosse *f* ❸ AVIAT *d'un avion, aéronef* Querruder *nt* ❹ AUT Heckflosse *f* ❺ NAUT Hilfsruder *nt*

ailier [elje] *m* Flügelstürmer(in) *m(f);* **~ droit** Rechtsaußen *m*

aille [aj] *subj prés de* **aller**

ailleurs [ajœʀ] *adv* ❶ (*autre part*) woanders; **regarder ~** woandershin schauen; **nulle part ~** nirgendwo anders; **partout ~** überall sonst ❷ *en loc adv* **d'~, ...** übrigens; **par ~** (*sinon*) sonst; (*en outre*) außerdem ▶ **être ~** geistesabwesend sein; **va voir ~ si j'y suis** *fam* du kannst mich mal

ailloli [ajɔli] *m* Knoblauchmajonäse *f*

aimable [ɛmabl] *adj* ❶ (*attentionné*) zuvorkommend; **trop ~!** *iron* tausend Dank! (*fam*) ❷ (*agréable, souriant*) nett

aimablement [ɛmabləmɑ̃] *adv* ❶ (*avec politesse*) höflich ❷ (*avec cordialité*) freundlich

aimant [ɛmɑ̃] *m* Magnet *m* ▶ **attirer qn comme un ~** auf jdn wie ein Magnet wirken

aimantation [ɛmɑ̃tasjɔ̃] *f* ❶ (*dans un champ magnétique*) Anziehungskraft *f* ❷ *d'un morceau en fer* Magnetisierung *f*

aimanter [ɛmɑ̃te] <1> *vt* magnetisieren; **corps aimanté** Magnet *m*

aimer [eme] <1> **I.** *vi* (*apprécier*) **tu aimes?** gefällt es dir?; **moi, j'aime** mir gefällt's **II.** *vt* ❶ (*éprouver de l'amour*) lieben; **je t'aime** ich liebe dich ❷ (*éprouver de l'affection*) [gern] mögen ❸ (*apprécier*) mögen ❹ (*prendre plaisir à*) lieben *nature;* **bien ~** [*o* **~ assez**] **qc** etw mögen ❺ (*trouver bon*) mögen; gern essen *nourriture;* gern trinken *boisson* ❻ (*désirer, souhaiter*) **j'aimerais faire qc** ich würde gern etw tun ❼ (*préférer*) **~ autant** [*o* **mieux**] **qc** etw lieber mögen; **j'aimerais mieux du fromage** ich hätte lieber [etwas] Käse; **ah bon! j'aime autant cela!** aha! [das ist] schon besser!; **j'aime mieux le football que le tennis** mir gefällt Fußball besser als Tennis; **j'aime autant m'en aller** ich gehe lieber weg; **j'aimerais mieux que** + *subj* mir wäre es lieber, wenn **III.** *vpr* ❶ (*d'amour*) **s'~** sich lieben ❷ (*d'amitié*) **s'~** sich mögen ❸ (*se plaire*) **s'~ dans une robe** sich (*dat*) in einem Kleid gefallen

aine [ɛn] *f* ANAT Leiste *f*

aîné(e) [ene] **I.** *adj* ❶ (*plus âgé de deux*) ältere(r, s) ❷ (*plus âgé de plusieurs*) älteste(r, s) ❸ (*premier-né*) älteste(r, s) **II.** *m(f)* ❶ (*plus âgé de deux*) Ältere(r, s) ❷ (*plus âgé parmi plusieurs*) Älteste(r, s); **elle est mon ~e de trois ans** sie ist drei Jahre älter als ich ❸ (*premier-né*) Älteste(r) *f(m)* **III.** *mpl* CAN **les ~s** (*le troisième âge*) die Senioren *Pl*

ainsi [ɛ̃si] *adv* ❶ (*de cette manière*) so; **c'est mieux ~** so ist es besser; **et ~ de suite** und so weiter; **pour ~ dire** sozusagen ❷ REL **~ soit-il!** amen! ❸ (*par exemple*) so [zum Beispiel] ▶ **~ donc** dann ... also; **~ que** (*comparaison*) [so] wie; (*énumération*) und [auch]

aïoli [ajɔli] *v.* **ailloli**

air¹ [ɛʀ] *m* ❶ *sans pl* (*gaz*) Luft *f;* **~ conditionné** Klimaanlage *f;* **en plein ~** im Freien ❷ *sans pl* (*brise*) Lüftchen *nt* ❸ *pl* (*ciel*) **les ~s** Luft *f* ❹ AVIAT Luft *f* ❺ (*haut*) **les mains en l'~!** Hände hoch! ❻ (*atmosphère, ambiance*) **être dans l'~** in der Luft liegen; **avoir besoin de changer d'~** einen Klimawechsel brauchen ▶ **être libre comme l'~** frei wie ein Vogel in der Luft sein; **des paroles en l'~** leere Worte

air² [ɛʀ] *m* ❶ (*allure*) Aussehen *nt;* **avoir l'~ distingué/d'une reine** vornehm/wie eine Königin aussehen ❷ (*ressemblance*) **un faux ~ de qn** eine entfernte Ähnlichkeit mit jdm (*dat*) ❸ (*expression*) Miene *f;* **d'un ~ décidé** mit Entschiedenheit ❹ (*apparence*) **avoir l'~** [**d'être**] **triste** einen traurigen Eindruck machen; **le gâteau a l'~ délicieux** der Kuchen sieht appetitlich aus; **cette proposition m'a l'~ idiote** dieser Vorschlag kommt mir dumm vor; **ça m'en a tout l'~** es sieht mir ganz danach aus; **il a l'~ de faire froid** es scheint kalt zu werden ▶ **sans en avoir l'~** obwohl man es [gar] nicht vermuten würde; **prendre de grands ~s** sich aufspielen; **de quoi ai/aurais-je l'~?** wie stehe/stünde ich denn da?

air³ [ɛʀ] *m* ❶ (*mélodie*) Melodie *f;* **~ populaire** Volksweise *f* ❷ (*aria*) Arie *f* ❸ *péj* (*discours*) Leier *f* (*fam*)

A

airbag® [ɛʀbag] *m* Airbag *m*
airbus® [ɛʀbys] *m* Airbus® *m*
aire [ɛʀ] *f* ❶ (*emplacement*) Platz *m;* ~ **de repos** Rastplatz *m* ❷ (*domaine*) ~ **d'influence** Einflussbereich *m* ❸ ANAT Bereich *m* ❹ MATH Flächeninhalt *m* ❺ (*nid*) Horst *m*
airelle [ɛʀɛl] *f* BOT Heidelbeere *f*, Blaubeere *f*
aisance [ɛzɑ̃s] *f* ❶ (*richesse*) Wohlstand *m* ❷ (*facilité, naturel*) Leichtigkeit *f*
aise [ɛz] *f* **se sentir à l'~** sich wohl fühlen; **se mettre à l'~** (*s'installer confortablement*) es sich (*dat*) bequem machen; (*enlever sa veste*) ablegen ▶ **prendre ses ~s** ganz ungeniert sein; *iron* sich ganz wie zu Hause fühlen
aisé(e) [eze] *adj* ❶ *soutenu* (*facile*) einfach ❷ (*fortuné*) wohlhabend ❸ *style* flüssig; *ton* ungezwungen
aisément [ezemɑ̃] *adv* (*sans peine*) ohne weiteres
aisselle [ɛsɛl] *f* Achselhöhle *f*
Aix-la-Chapelle [ɛkslaʃapɛl] Aachen *nt*
ajonc [aʒɔ̃] *m* Stechginster *m*
ajouré(e) [aʒuʀe] *adj* durchbrochen
ajournement [aʒuʀnəmɑ̃] *m d'un examen, d'une élection* Verschiebung *f*
ajourner [aʒuʀne] <1> *vt* verschieben *voyage, rendez-vous;* aufschieben *décision*
ajout [aʒu] *m* Zusatz *m*
ajouter [aʒute] <1> **I.** *vt* ❶ (*mettre en plus*) hinzufügen; **ajoute deux assiettes!** stell noch zwei Teller auf den Tisch! ❷ (*additionner*) ~ **qc à qc** etw zu etw dazurechnen ❸ (*dire en plus*) hinzufügen; **sans ~ un mot** ohne ein weiteres Wort; **je n'ai rien à ~** dem habe ich nichts hinzuzufügen **II.** *vpr* **s'~ à qc** zu etw [noch] hinzukommen
ajustage [aʒystaʒ] *m* Justierung *f*
ajusté(e) [aʒyste] *adj vêtement* tailliert
ajustement [aʒystəmɑ̃] *m* ❶ *d'un texte* [Ab]änderung *f; d'une jupe* Änderung ❷ TECH Passung *f* ❸ ECON Anpassung *f*
ajuster [aʒyste] <1> **I.** *vt* ❶ (*régler, adapter*) passend machen; TECH anpassen; richtig einstellen *ceinture de sécurité* ❷ (*viser*) zielen auf (+ *akk*) **II.** *vpr* ❶ (*s'emboîter*) **s'~ sur qc** auf etw (*akk*) passen ❷ (*s'adapter*) **s'~ à qc** für etw passend sein
ajusteur, -euse [aʒystœʀ, -øz] *m, f* Einrichter(in) *m(f)*
alaise *v.* **alèse**
alambic [alɑ̃bik] *m* Destillierkolben *m*
alambiqué(e) [alɑ̃bike] *adj discours* kompliziert
alanguir [alɑ̃giʀ] <8> *vpr* **s'~** (*moralement*) träge werden; (*physiquement*) schwach [*o* kraftlos] werden
alarmant(e) [alaʀmɑ̃, ɑ̃t] *adj* alarmierend
alarme [alaʀm] *f* ❶ (*signal*) Alarm *m;* **donner** [*o* **sonner**] **l'~** Alarm auslösen (*a. fig*); **c'est une fausse ~** das ist blinder Alarm ❷ (*dispositif*) Alarmanlage *f* ❸ (*trouble, agitation*) Aufregung *f*
alarmer [alaʀme] <1> **I.** *vt* alarmieren **II.** *vpr* **s'~ de qc** sich wegen etw ängstigen
alarmiste [alaʀmist] *adj* dramatisierend
à la va comme je te pousse [alavakɔmʒətəpus] *adv fam* schlampig (*fam*)
albanais [albanɛ] *m* Albanisch *nt; v. a.* **allemand**
albanais(e) [albanɛ, ɛz] *adj* albanisch
Albanais(e) [albanɛ, ɛz] *m(f)* Albaner(in) *m(f)*
Albanie [albani] *f* **l'~** Albanien *nt*
albâtre [albɑtʀ] *m* Alabaster *m*
albatros [albatʀos] *m* Albatros *m*
albinos [albinos] *mf* Albino *m*
album [albɔm] *m* ❶ (*cahier*) Album *nt* ❷ (*volume illustré*) Bildband *m* ❸ (*illustré pour enfants*) Bilderbuch *nt* ❹ (*bande dessinée*) Comic[band *m*] *m* ❺ (*disque*) Album *nt*
albumine [albymin] *f* BIO Albumin *nt;* **avoir de l'~** Eiweiß im Urin haben
alcali [alkali] *m* CHIM Alkali *nt*
alcalin(e) [alkalɛ̃, in] *adj* alkalisch
alchimie [alʃimi] *f* Alchimie *f*
alchimiste [alʃimist] *mf* Alchimist(in) *m(f)*
alcool [alkɔl] *m* ❶ CHIM Alkohol *m;* ~ **à 90°** 90-prozentiger Alkohol; ~ **à brûler** [Brenn]spiritus *m* ❷ (*spiritueux*) Spirituose *f meist Pl;* **tenir l'~** trinkfest sein; **ne pas supporter l'~** keinen Alkohol vertragen
alcoolémie [alkɔlemi] *f* Blutalkohol[spiegel] *m*
alcoolier [alkɔlje] *m* Alkoholhersteller *m*
alcoolique [alkɔlik] **I.** *adj boisson* alkoholisch; *personne* alkoholabhängig **II.** *mf* Alkoholiker(in) *m(f)*
alcoolisé(e) [alkɔlize] *adj* alkoholhaltig
alcooliser [alkɔlize] <1> *vt* ❶ (*convertir en alcool*) in Alkohol verwandeln ❷ (*additionner d'alcool*) mit Alkohol versetzen *vin*
alcoolisme [alkɔlism] *m* Alkoholismus *m*
alcoolo [alkɔlo] *fam* **I.** *adj pas de forme féminine personne* alkoholabhängig **II.** *mf* Alki *m*
alcoologue [alkɔlɔg] *mf* Facharzt *m*/-ärztin *f* für Alkoholismus
alcootest® [alkɔtɛst] *m* ❶ (*appareil*) Alkomat *m* ❷ (*test*) Alkoholtest *m*

A

alcopops [alkopɔp] *mpl* Alcopops *Pl*
alcôve [alkov] *f* Alkoven *m*
al dente [aldɛnte] *adv, adj inv* al dente
aléa [alea] *m souvent pl* **~s** [unangenehme] Zufälle *Pl*, Zufälligkeiten *Pl*
aléatoire [aleatwaʀ] *adj* ❶ (*incertain*) [rein] zufällig ❷ MATH, INFORM **variable ~** Zufallsvariable *f*; **grandeur ~** Zufallsgröße *f*
alémanique [alemanik] **I.** *adj* alemannisch; **la Suisse ~** die deutschsprachige Schweiz **II.** *m* Alemannisch *nt*; *v. a.* **allemand**
alentour [alɑ̃tuʀ] *adv* ringsumher; **les fermes d'~** die umliegenden Gehöfte
alentours [alɑ̃tuʀ] *mpl* ❶ (*abords*) Umgebung *f*; **dans les ~** in der Umgebung ❷ *fig* **aux ~ de minuit** gegen Mitternacht; **aux ~ de 500 gens** ungefähr 500 Leute
alerte [alɛʀt] **I.** *adj* schwungvoll; *vieillard* rüstig; *style* lebendig **II.** *f* ❶ (*alarme*) Alarm *m*; **~ à la bombe** Bombenalarm; **donner l'~** Alarm geben; **être en [état d']~** in Alarmbereitschaft sein ❷ (*signes inquiétants*) Alarmsignal *nt*
alerter [alɛʀte] <1> *vt* ❶ (*donner l'alarme*) alarmieren ❷ (*informer*) in Kenntnis setzen ❸ (*attirer l'attention*) **c'est ce qui m'a alerté** genau dies hat mich aufmerksam gemacht
alèse [alɛz] *f* (*pour le lit*) Matratzenschoner *m*, Bettunterlage *f*
alevin [alvɛ̃] *m* PECHE Setzling *m*
alexandrin [alɛksɑ̃dʀɛ̃] *m* Alexandriner *m*
alezan [alzɑ̃] *m* (*cheval*) [Rot]fuchs *m*
algèbre [alʒɛbʀ] *f* Algebra *f*
algébrique [alʒebʀik] *adj* algebraisch
Alger [alʒe] Algier *nt*
Algérie [alʒeʀi] *f* **l'~** Algerien *nt*
algérien [alʒeʀjɛ̃] *m* Algerisch *nt*; *v. a.* **allemand**
algérien(ne) [alʒeʀjɛ̃, jɛn] *adj* algerisch
Algérien(ne) [alʒeʀjɛ̃, jɛn] *m(f)* Algerier(in) *m(f)*
algérois(e) [alʒeʀwa, waz] *adj* aus Algier [stammend]
Algérois(e) [alʒeʀwa, waz] *m(f)* Einwohner(in) *m(f)* von Algier
algorithme [algɔʀitm] *m* MATH Algorithmus *m*
algue [alg] *f* Alge *f*
alias [aljas] *adv* alias
alibi [alibi] *m* ❶ JUR Alibi *nt* ❷ (*prétexte*) Alibi *nt*, Ausrede *f*
alicament [alikamɑ̃] *m mit gesundheitsfördernden Stoffen angereichertes Lebensmittel*
aliénation [aljenasjɔ̃] *f* ❶ PHILOS Entfremdung *f* ❷ (*perte*) Verlust *m* ❸ JUR Übertragung *f* ❹ MED **~ mentale** Geistesgestörtheit *f*
aliéné(e) [aljene] *m(f)* Geisteskranke(r) *f(m)*
aliéner [aljene] <5> *vt* JUR (*donner*) übertragen
aligné(e) [aliɲe] *adj* (*disposé en ligne droite*) gerade; **être ~** in einer Reihe stehen
alignement [aliɲ(ə)mɑ̃] *m* ❶ (*action d'aligner*) Aufstellen *nt* in einer Reihe ❷ (*rangée*) [schnurgerade] Reihe ❸ ARCHIT Flucht[linie] *f* ❹ (*mise en conformité*) Anpassung *f*; **~ monétaire** Währungsangleichung *f*, Wechselkursangleichung *f*
aligner [aliɲe] <1> **I.** *vt* ❶ (*mettre en ligne*) in einer Reihe aufstellen; aufreihen *objets;* in Reih und Glied antreten lassen *soldats;* untereinanderschreiben *chiffres* ❷ *péj* (*énoncer mécaniquement*) herunterleiern (*fam*) *mots* ❸ (*rendre conforme*) **~ une monnaie sur qc** eine Währung an etw (*akk*) angleichen; **~ une politique sur qc** eine Politik an etw (*akk*) anpassen **II.** *vpr* ❶ (*se mettre en ligne*) **s'~** sich [in einer Reihe] aufstellen ❷ (*être en ligne*) in einer Reihe stehen ❸ (*se conformer*) **s'~ sur qn/qc** sich nach jdm/etw richten ❹ POL **s'~ sur qn/qc** sich jdm/etw anpassen
aliment [alimɑ̃] *m* ❶ (*pour une personne*) Lebensmittel *nt*; **des ~s** Nahrung *f* ❷ (*pour un animal*) Futter[mittel *nt*] *nt*
alimentaire [alimɑ̃tɛʀ] *adj* **industrie ~** Nahrungsmittelindustrie *f*; **régime ~** Diät *f*
alimentation [alimɑ̃tasjɔ̃] *f* ❶ *d'une personne* Ernährung *f*; *d'un animal* Fütterung *f* ❷ (*produits pour une personne*) Nahrung *f* ❸ (*produits pour un animal*) Futter *nt* ❹ (*commerce*) Lebensmittelhandel *m*; **magasin d'~** Lebensmittelgeschäft *nt*; **~ animale** Futtermittelhandel *m* ❺ (*industrie*) Nahrungsmittelindustrie *f*; **~ animale** Futtermittelindustrie *f* ❻ (*approvisionnement*) **l'~ d'une usine en charbon** die Versorgung einer Fabrik mit Kohle; **l'~ de la ville en eau** die Wasserversorgung einer Stadt
alimenter [alimɑ̃te] <1> **I.** *vt* ❶ (*nourrir*) ernähren *personne;* füttern *animal* ❷ (*approvisionner*) **~ une ville en eau** eine Stadt mit Wasser versorgen ❸ (*entretenir*) **~ la conversation** *personne:* das Gespräch in Gang halten; *événement:* für Gesprächsstoff sorgen **II.** *vpr* **s'~** *personne, animal:* Nahrung zu sich nehmen

alinéa [alinea] *m* ① *(renfoncement)* Einzug *m* ② *(paragraphe)* Absatz *m*

aliter [alite] <1> *vt* **être alité** das Bett hüten müssen

alizé [alize] *m* Passat[wind *m*] *m*

Allah [a(l)la] *m* Allah *m*

allaitement [alɛtmɑ̃] *m* ~ **maternel** *d'un bébé* Stillen *nt; d'un animal* Säugen *nt;* ~ **au biberon** Füttern *nt* mit der Flasche

allaiter [alete] <1> **I.** *vi* stillen **II.** *vt* **la femme allaite son bébé** die Frau stillt ihr Baby; **la femelle allaite ses petits** das Weibchen säugt seine Jungen

allant [alɑ̃] *m* Schwung *m*

alléchant(e) [aleʃɑ̃, ɑ̃t] *adj odeur, plat* verlockend

allécher [aleʃe] <5> *vt* ① *(mettre en appétit)* anlocken ② *(tenter en faisant miroiter qc)* ködern *personne*

allée [ale] *f* ① *(chemin dans une forêt, un jardin)* Weg *m* ② *(chemin bordé d'arbres)* Allee *f* ③ *(passage)* ~ **centrale** [Mittel]gang *m*

allégation [a(l)legasjɔ̃] *f* *(affirmation)* Angabe *f*

allégé(e) [aleʒe] *adj* fettarm; **produits ~s** Lightprodukte *Pl*

allégement, allègement [alɛʒmɑ̃] *m des charges* Verringerung *f;* ~ **des impôts** steuerliche Entlastung

alléger [aleʒe] <2a, 5> *vt* ① *(rendre moins lourd)* leichter machen ② *(réduire)* senken *impôts;* entlasten *programmes scolaires*

allégorie [al(l)egɔʀi] *f* Allegorie *f*

allègre [a(l)lɛgʀ] *adj* munter

allégrement, allègrement [a(l)lɛgʀəmɑ̃] *adv* ① *(avec entrain)* beschwingt ② *péj* *(avec légèreté, inconscience)* frisch-fröhlich

allégresse [a(l)legʀɛs] *f* ausgelassene Freude

allegro, allégro [al(l)egʀo] **I.** *adv* allegro **II.** *m* Allegro *nt*

alléguer [a(l)lege] <5> *vt* *(prétexter)* vorschützen

alléluia [al(l)eluja] **I.** *m* Halleluja *nt* **II.** *interj* halleluja

Allemagne [almaɲ] *f* **l'~** Deutschland *nt;* **l'~ de l'Est/de l'Ouest** Ost-/Westdeutschland; **l'~ fédérale** die Bundesrepublik Deutschland; **la réunification des deux ~s** die [Wieder]vereinigung Deutschlands; **aller en ~** nach Deutschland fahren

allemand [almɑ̃] *m* **l'~** Deutsch *nt,* das Deutsche; **parler [l']~** Deutsch sprechen; **parler couramment [l']~** fließend Deutsch sprechen; **écrire en ~** auf Deutsch schreiben; **traduire en ~** ins Deutsche übersetzen

allemand(e) [almɑ̃, ɑ̃d] *adj* deutsch; **ces légumes sont ~s** dieses Gemüse kommt aus Deutschland

Allemand(e) [almɑ̃, ɑ̃d] *m(f)* Deutsche(r) *f(m)*

aller[1] [ale] <*irr*> **I.** *vi + être* ① *(se déplacer à pied)* [zu Fuß] gehen; **on a sonné; peux-tu y ~?** es hat geklingelt; kannst du mal hingehen?; **y ~ en courant/en nageant** hinlaufen/hinschwimmen; ~ **et venir** hin und her laufen; **pour ~ à l'hôtel de ville?** wie komme ich zum Rathaus? ② *(se déplacer à cheval)* reiten ③ *(pour faire quelque chose)* ~ **à la boulangerie** zum Bäcker gehen; ~ **se coucher/se promener** schlafen gehen/spazieren gehen; ~ **voir qn** jdn besuchen gehen; **je vais voir ce qui se passe** ich gehe [mal] nachsehen, was los ist; ~ **chercher les enfants à l'école** die Kinder von der Schule abholen gehen ④ *(rouler/voler)* fahren/fliegen ⑤ *(faire un voyage)* reisen ⑥ *(être acheminé)* ~ **à Paris** *marchandise:* nach Paris geliefert werden; *courrier:* nach Paris gehen ⑦ *(mener)* führen ⑧ *(s'étendre, atteindre)* ~ **de ... à ...** *étendue:* von ... bis ... gehen; ~ **jusqu'à la mer** bis ans Meer gehen ⑨ *(avoir sa place quelque part)* ~ **à la cave** in den Keller kommen ⑩ *(être conçu pour)* **ce plat ne va pas au micro-ondes** diese Schüssel ist nicht mikrowellenfest ⑪ *(oser)* ~ **jusqu'à faire qc** so weit gehen etw zu tun ⑫ *(progresser)* ~ **vite** *personne:* schnell vorankommen; *chose:* schnell vorangehen; *nouvelles:* sich schnell herumsprechen ⑬ *(se porter)* **il va bien/mal/mieux** ihm geht es gut/schlecht/besser; **comment ça va/vas-tu/allez-vous?** wie geht's?/wie geht es dir?/Ihnen?; **comment va la santé?** was macht die Gesundheit?; **ça va pas[, la tête]?** *fam* sonst geht's dir [noch] gut! ⑭ *(fonctionner, évoluer)* gehen; **ça va les études ?** was macht das Studium?; **tout va bien/mal** alles geht gut/schief; **quelque chose ne va pas** da stimmt etwas nicht ⑮ *(connaître bientôt)* ~ **au-devant de difficultés** sich auf Schwierigkeiten gefasst machen müssen ⑯ *(prévenir)* ~ **au-devant des désirs de qn** jdm jeden Wunsch von den Augen ablesen ⑰ *(pour donner un âge approximatif)* ~ **sur ses 3 ans** bald drei [Jahre alt] sein ⑱ *(convenir à qn)* **ça va** das ist gut; **ça ira** das passt schon; **ça peut ~** es geht schon; ~ **à qn** jdm zusagen; **ça [te] va?** [bist du da-

A

mit] einverstanden?; **ça me va!** einverstanden! ⑲ (*être seyant*) ~ **bien/mal à qn** jdm gut/nicht stehen ⑳ (*être coordonné, assorti*) ~ **avec qc** zu etw gehören; ~ **ensemble** zusammengehören; ~ **bien avec qc** gut zu etw passen ㉑ (*convenir, être adapté à*) **cet outil va en toute circonstance** dieses Werkzeug eignet sich für jeden Zweck ㉒ (*se dérouler*) **ne pas ~ sans difficulté** nicht ohne Schwierigkeiten ablaufen; **laisser ~ les affaires** die Sache laufen lassen (*fam*) ㉓ (*pour commencer, démarrer*) **on y va?** packen wir's an? ㉔ *impers* (*être en jeu*) **il y va de notre vie** es geht um unser Leben ㉕ (*ne rien faire*) **se laisser ~** (*se négliger*) sich gehen lassen; (*abandonner*) aufgeben; (*se décontracter*) sich entspannen ㉖ (*être*) **il en va de même pour toi** dasselbe gilt auch für dich ▶ **cela/il va sans dire que qn a bien fait qc** das/es versteht sich von selbst, dass jd etw wirklich gemacht hat; **cela va de soi** [das ist doch] selbstverständlich; **ça va [comme ça]!** *fam* das reicht!; **où allons-nous?** wo soll/wird das [noch] enden?
II. *aux + être* ① (*pour exprimer le futur proche*) ~ **faire qc** gleich etw tun; **le train va partir** der Zug fährt gleich ab; **elle allait faire qc** sie wollte gerade etw tun ② (*pour exprimer la crainte*) **et s'il allait tout raconter?** und wenn er nun alles erzählt?; **ne va pas croire/imaginer que ...** glaub bloß nicht, dass ... (*fam*)
III. *vpr + être* **s'en ~** ① (*partir à pied*) [weg]gehen; (*en voiture, à vélo, en bateau*) [weg]fahren; (*en avion*) [weg]fliegen; **s'en ~ en vacances/à l'étranger** in Urlaub fahren/ins Ausland gehen ② (*disparaître*) *années:* verrinnen; *héritage:* zerrinnen; *fatigue:* verschwinden; *tache:* herausgehen; *cicatrice:* weggehen **IV.** *interj* ① (*invitation à agir*) **vas-y/allons-y/allez-y!** (*en route!*) los geht's! (*fam*); (*au travail!*) [na] dann wollen wir mal! (*fam*); **vas-y/allez-y!** (*pour encourager*) los! (*fam*), mach/macht schon! (*fam*); **allons!** nur Mut!; **allons debout!** auf geht's! (*fam*); **allez, presse-toi un peu!** komm, beeil dich ein bisschen!; **allez, allez, circulez!** los, weitergehen/weiterfahren!; **allez, au revoir!** also dann, auf Wiedersehen!; **allons/allez donc!** *iron fam* (*vraiment?*) ach komm/kommen Sie! ② (*voyons!*) **un peu de calme, allons!** etwas Ruhe, bitte! ③ (*pour exprimer la résignation, la conciliation*) **je le sais bien, va!** schon gut, ich weiß es ja! (*fam*); **allez, allez, ça ne sera rien!** schon gut, es wird nicht so schlimm! (*fam*); **va/allez savoir!** tja! (*fam*) ④ (*non!?*) **allez!** *fam* [ach] komm! ⑤ (*d'accord!*) **alors, va pour le ciné!** also gut, dann gehen wir eben ins Kino!

aller² [ale] *m* ① (*trajet à pied*) Hinweg *m* ② (*trajet en voiture, train*) Hinfahrt *f;* **après deux ~s et retours** nach zweimaligem Hin- und Herfahren ③ (*trajet en avion*) Hinflug *m* ④ (*voyage*) Hinreise *f;* **à l'~** hinwärts ⑤ (*billet*) ~ **[simple]** [einfache] Hinfahrt; **un ~ pour Grenoble, s'il vous plaît** bitte einmal Grenoble [Hinfahrt]; ~ **retour** [Fahrkarte *f* für] Hin- und Rückfahrt *f* ⑥ *fam* (*gifle*) **un ~ retour** ein paar hinter die Löffel

allergie [alɛʀʒi] *f* Allergie *f;* ~ **alimentaire** Lebensmittelallergie; ~ **médicamenteuse** [*o* **aux médicaments**] Arzneimittelallergie; ~ **au nickel** Nickelallergie; ~ **solaire** Sonnenallergie; **faire une ~ aux fraises** auf Erdbeeren (*akk*) allergisch reagieren

allergique [alɛʀʒik] *adj* ① MED allergisch; **être ~ aux pollens** gegen Pollen allergisch sein ② *fig* **être ~ au travail** gegen Arbeit allergisch sein

allergologiste [alɛʀgɔlɔʒist], **allergologue** [alɛʀgɔlɔg] *mf* Allergologe *m*/Allergologin *f*

alliage [aljaʒ] *m* Legierung *f*

alliance [aljɑ̃s] *f* ① (*engagement mutuel*) Bündnis *nt;* **faire ~** sich verbünden ② (*union*) ~ **entre deux personnes** Verbindung *f* zwischen zwei Personen; **par ~** angeheiratet; **être [des] parents par ~** verschwägert sein ③ (*combinaison*) Verbindung *f* ④ (*anneau*) Ehering *m* ⑤ REL Bund *m*

allié(e) [alje] **I.** *adj* ① POL verbündet ② JUR **être ~ à qn** mit jdm verschwägert sein **II.** *m(f)* ① POL Bündnispartner(in) *m(f)* ② (*ami*) Verbündete(r) *f(m)* ③ *pl* HIST **les Alliés** die Alliierten

allier [alje] <1> **I.** *vt* ① (*associer*) ~ **la grâce à la force** Anmut mit Kraft vereinen (*geh*); ~ **la bêtise à l'orgueil** dumm und überheblich zugleich sein ② CHIM ~ **l'or à l'argent** Gold mit Silber legieren **II.** *vpr* ① POL **s'~ à qn** sich mit jdm verbünden ② (*conclure une alliance avec*) **s'~ à qn** ein Bündnis mit jdm schließen ③ (*s'associer*) **la grâce s'allie à la force** die Anmut verbindet sich mit Kraft

alligator [aligatɔʀ] *m* Alligator *m*

allitération [a(l)liteʀasjɔ̃] *f* Alliteration *f*

allô [alo] *interj* hallo

alloc [alɔk] *f fam abr de* **allocation** (*somme*) Beihilfe *f,* Unterstützung *f;* (~*s* *familiales*) ≈ Kindergeld *nt;* **toucher les ~s** ≈ Kindergeld kriegen

allocation [alɔkasjɔ̃] *f* (*somme*) Beihilfe *f;* **~ chômage/logement** Arbeitslosen-/Wohngeld *nt;* **~ vieillesse** Altersbeihilfe *f;* **~s familiales** Kindergeld *nt,* Familienbeihilfe *f* (A)

allocution [alɔkysjɔ̃] *f* Ansprache *f*

allongement [alɔ̃ʒmɑ̃] *m* ① (*fait de s'allonger*) Verlängerung *f; d'un muscle* Streckung *f; des métaux* [Längs]dehnung *f; d'une voyelle* Längung *f* ② (*action d'allonger*) Verlängerung *f; d'un réseau de transport* Ausbau *m*

allonger [alɔ̃ʒe] <2a> **I.** *vi* (*devenir plus long*) **les jours allongent à partir du 21 décembre** ab dem 21. Dezember werden die Tage [wieder] länger **II.** *vt* ① (*rendre plus long*) verlängern ② (*étendre*) recken *cou;* [aus]strecken *bras* ③ (*coucher*) [ausgestreckt] hinlegen *blessé;* **être allongé** [ausgestreckt] liegen ④ (*diluer*) strecken, verlängern *sauce* **III.** *vpr* **s'~** ① (*devenir plus long*) *personne:* in die Höhe schießen; *ombres, taille:* länger werden; *métaux:* sich dehnen ② (*se prolonger*) *jours:* [wieder] länger werden; *durée moyenne de la vie:* zunehmen ③ (*s'éterniser*) sich in die Länge ziehen ④ (*s'étendre*) *route:* sich [dahin]ziehen ⑤ (*se coucher*) sich hinlegen

allouer [alwe] <1> *vt* (*attribuer*) gewähren

allumage [alymaʒ] *m* AUT Zündung *f*

allumé(e) [alyme] *adj fam* abgefahren (*sl*)

allume-cigare [alymsigaʀ] <allume-cigares> *m* Zigarettenanzünder *m* **allume-gaz** [alymgaz] *m inv* Gasanzünder *m*

allumer [alyme] <1> **I.** *vt* ① (*faire brûler*) anzünden *feu;* anzünden *cigarette;* **être allumé** *feu, cigarette:* brennen ② (*mettre en marche*) anmachen *briquet;* einschalten *four;* anheizen *poêle* ③ (*faire de la lumière*) anzünden *bougie;* anmachen *lampe;* einschalten *projecteur;* **~ le couloir** im Flur [das] Licht [an]machen; **la cuisine est allumé** in der Küche brennt [das] Licht **II.** *vi* [das] Licht [an]machen **III.** *vpr* **s'~** ① (*s'enflammer*) *bûche, bois, papier:* [an]brennen; *briquet:* zünden ② (*devenir lumineux*) *lumière:* angehen; *yeux:* aufleuchten; *regard:* sich aufhellen ③ (*se mettre en marche automatiquement*) *appareil:* sich einschalten ④ (*être mis en marche*) *moteur:* eingeschaltet werden (*fam*) ⑤ (*prendre naissance*) *sentiment:* aufflammen; *querelle:* sich entzünden

allumette [alymɛt] *f* Streichholz *nt;* **gratter une ~** ein Streichholz anzünden

allumeur [alymœʀ] *m* ① AUT [Zünd]verteiler *m* ② TECH Zündvorrichtung *f*

allumeuse [alymøz] *f péj fam* Vamp *m*

allure [alyʀ] *f* ① *sans pl* (*vitesse*) Geschwindigkeit *f;* **à toute ~** mit voller Geschwindigkeit ② *sans pl* (*apparence*) Aussehen *nt;* **avoir de l'~** *personne:* Stil haben; *chose:* elegant wirken ③ *pl* (*airs*) Gebaren *nt,* Verhalten *nt*

allusif, -ive [a(l)lyzif, -iv] *adj* vielsagend, voller Anspielungen; **parole** [*o* **phrase**] **allusive** Anspielung *f*

allusion [a(l)lyzjɔ̃] *f* (*sous-entendu*) Anspielung *f;* **faire ~ à qn/qc** eine Anspielung auf jdn/etw machen

alluvial(e) [a(l)lyvjal, -jo] <-aux> *adj* angeschwemmt

alluvions [a(l)lyvjɔ̃] *fpl* Schwemmland *nt kein Pl*

almanach [almana] *m* Kalender *m*

aloès [alɔɛs] *m* BOT Aloe *f*

aloi [alwa] ►**de bon ~** gut; **succès de bon ~** verdienter Erfolg

alors [alɔʀ] **I.** *adv* ① (*à ce moment-là*) damals; **jusqu'~** bis dahin ② (*par conséquent*) da; **ma voiture était en panne, ~ j'ai pris l'autobus** mein Auto war kaputt, da habe ich den Bus genommen ③ (*dans ce cas*) ja dann; **~, je comprends!** ja dann verstehe ich das!; **~, qu'est-ce qu'on fait?** ja, was machen wir denn da? ④ *fam* (*impatience, indignation*) **~, tu viens?** also, kommst du jetzt [endlich]? ►**ça ~!** Na, so was!; **et ~?** (*suspense*) und dann?; **~ là!** ja, dann!; **non, mais ~!** nein, also wirklich! (*fam*) **II.** *conj* **~ que** + *indic* ① (*pendant que*) während ② (*tandis que*) wohingegen ③ (*bien que*) obwohl

alouette [alwɛt] *f* Lerche *f*

alourdir [aluʀdiʀ] <8> **I.** *vt* ① (*rendre plus lourd*) schwer[er] machen ② (*rendre pesant*) schwerfällig machen *démarche;* schwer machen *paupières, tête* ③ (*augmenter*) erhöhen *impôts, charges* **II.** *vpr* **s'~** *paupières:* schwer werden; *démarche:* schwer[fällig] werden

alourdissement [aluʀdismɑ̃] *m* ① (*action*) Schwerermachen *nt* ② (*lourdeur*) Schwere *f*

aloyau [alwajo] *m* GASTR Rinderlende *f,* Rindslende (SDEUTSCH, A)

alpaga [alpaga] *m* ① (*animal*) Alpaka *nt* ② (*tissu*) Alpaka *m*

alpage [alpaʒ] *m* Alm *f*

Alpes [alp] *fpl* **les ~** die Alpen

alpestre [alpɛstʀ] *adj* alpin

alpha [alfa] *m* Alpha *nt*

A

alphabet [alfabɛ] *m* Alphabet *nt,* Abc *nt*
alphabétique [alfabetik] *adj* alphabetisch; **par ordre ~** in alphabetischer Reihenfolge
alphabétisation [alfabetizasjɔ̃] *f* Alphabetisierung *f*
alphabétiser [alfabetize] <1> *vt* alphabetisieren *personne*
alphanumérique [alfanymeʀik] *adj* INFORM alphanumerisch
alphapage [alfapaʒ] *m* Organizer *m*
alpin(e) [alpɛ̃, in] *adj* GEOG **chaîne ~e** Alpenkette *f*
alpinisme [alpinism] *m* Bergsteigen *nt*
alpiniste [alpinist] *mf* Bergsteiger(in) *m(f)*
Al-Qaïda [alkaida] *f* die al-Qaida, die El Kaida
Alsace [alzas] *f* **l'~** das Elsass
alsacien [alzasjɛ̃] *m* Elsässisch *nt; v. a.* **allemand**
alsacien(ne) [alzasjɛ̃, jɛn] *adj* elsässisch
Alsacien(ne) [alzasjɛ̃, jɛn] *m(f)* Elsässer(in) *m(f)*
altération [alteʀasjɔ̃] *f* ❶ *d'un aliment* Verderben *nt; de la qualité* Minderung *f;* **~ de la santé** Verschlechterung *f* des Gesundheitszustandes ❷ *des traits* Entstellung *f*
altercation [altɛʀkasjɔ̃] *f* [heftiger] Wortwechsel
alter ego [altɛʀego] *m inv* Alter Ego *nt*
altérer [alteʀe] <5> *vt* ❶ beeinträchtigen *amitié, relation, santé;* verändern *couleur, métal;* mindern *qualité;* **~ le caractère** den Charakter nachteilig verändern ❷ entstellen *visage, traits*
altermondialisation [altɛʀmɔ̃djalizasjɔ̃] *f* Antiglobalisierung *f*
altermondialiste [altɛʀmɔ̃djalist] **I.** *adj* Antiglobalisierungs- **II.** *mf* Globalisierungsgegner(in) *m(f)*
altermondialo [altɛʀmɔ̃djalo] *fam abr de* **altermondialiste**
alternance [altɛʀnɑ̃s] *f* ❶ *(succession)* Abfolge *f;* **en ~ avec** im Wechsel mit ❷ POL Regierungswechsel *m*
alternant(e) [altɛʀnɑ̃, ɑ̃t] *adj* abwechselnd
alternateur [altɛʀnatœʀ] *m* Wechselstromgenerator *m;* AUT Lichtmaschine *f*
alternatif, -ive [altɛʀnatif, -iv] *adj* ❶ TECH **mouvement ~** Hin-und-her-Bewegung *f* ❷ ELEC **courant ~** Wechselstrom *m* ❸ *a.* POL *(qui offre un choix)* alternativ
alternative [altɛʀnativ] *f* Alternative *f*
alternativement [altɛʀnativmɑ̃] *adv* abwechselnd
alterné(e) [altɛʀne] *adj* wechselnd
alterner [altɛʀne] <1> **I.** *vi* abwechseln **II.** *vt* AGR **~ les cultures** Fruchtwechsel durchführen
altesse [altɛs] *f* Hoheit *f;* **Son Altesse Royale** *form* Seine Königliche Hoheit
altier, -ière [altje, -jɛʀ] *adj* hochmütig, stolz
altimètre [altimɛtʀ] *m* Höhenmesser *m*
altitude [altityd] *f* ❶ GEOG Höhe *f* [über dem Meeresspiegel], sich in 400 m Höhe befinden; *village:* in 400 m Höhe liegen; **l'~ de ce mont est de 400 m** dieser Berg ist 400 m hoch; **avoir une faible ~** *ville:* niedrig liegen; **en ~** *(en montagne)* im Gebirge; METEO in höheren Lagen ❷ AVIAT **~ de vol de 9.000 m** Flughöhe *f* von 9.000 m; **voler à basse/haute ~** in geringer/großer Höhe fliegen; **prendre de l'~** an Höhe gewinnen
alto [alto] *m* ❶ *(instrument)* Bratsche *f* ❷ *(musicien)* Bratschist(in) *m(f)*
altruisme [altʀɥism] *m* Altruismus *m*
altruiste [altʀɥist] **I.** *adj* altruistisch **II.** *mf* Altruist(in) *m(f)*
alu [aly] *m fam abr de* **aluminium** Alu *nt*
aluminium [alyminjɔm] *m* Aluminium *nt*
alunir [alyniʀ] <8> *vi* auf dem Mond landen
alunissage [alynisaʒ] *m* Mondlandung *f*
alvéolaire [alveɔlɛʀ] *adj* ANAT *(ayant la forme d'une alvéole)* alveolär
alvéole [alveɔl] *f* ❶ *(cellule de cire)* Wabe[nzelle] *f* ❷ *(cavité)* **en forme d'~** wabenförmig ❸ ANAT **~ dentaire/pulmonaire** Zahnfach *nt*/Lungenbläschen *nt*
alvéolé(e) [alveɔle] *adj* **texture ~e** Porenstruktur *f*
alzheimer [alzajmɛʀ] *m* MED Alzheimer *m*
amabilité [amabilite] *f* ❶ *(gentillesse)* Liebenswürdigkeit *f;* **ayez l'~ de m'apporter un café** wären Sie so freundlich, mir einen Kaffee zu bringen? ❷ *pl (politesses)* Höflichkeiten *Pl*
amadouer [amadwe] <1> *vt* umstimmen; **~ qn pour qu'il fasse qc** jdn dazu bringen etw zu tun
amaigrir [amegʀiʀ] <8> *vt* **être amaigri par qc** durch etw abgemagert sein; *joues:* durch etw eingefallen sein
amaigrissant(e) [amegʀisɑ̃, ɑ̃t] *adj* gewichtsreduzierend
amaigrissement [amegʀismɑ̃] *m* Gewichtsverlust *m*
amalgame [amalgam] *m* ❶ *a.* MED *(alliage de métaux)* Amalgam *nt; (matière obturatrice)* Amalgamfüllung *f* ❷ *de matériaux* Gemisch *nt; de gens, de choses* Mischung *f; d'idées* Amalgam *nt*
amalgamer [amalgame] <1> *vt* amalgamieren *métal;* vermischen *éléments*

amande [amɑ̃d] *f* ❶ (*fruit*) Mandel *f;* **en ~** mandelförmig ❷ (*graine*) Kern *m*
amandier [amɑ̃dje] *m* Mandelbaum *m*
amanite [amanit] *f* BIO Wulstling *m*
amant [amɑ̃] *m* Liebhaber *m;* (*seulement extraconjugal*) Geliebter *m;* **les ~s** die Liebenden
amarrage [amaʀaʒ] *m d'un navire* Ankern *nt*
amarre [amaʀ] *f d'une barque* Halteleine *f; d'un ballon* Seil *nt; d'un cerf-volant* Schnur *f;* **larguez les ~s!** Leinen los!
amarrer [amaʀe] <1> *vt* vertäuen *bateau*
amaryllis [amaʀilis] *f* Amaryllis *f*
amas [amɑ] *m de pierres* Haufen *m; de papiers* Berg *m; de souvenirs* Flut *f*
amasser [amɑse] <1> **I.** *vt* anhäufen *objets, fortune;* horten *nourriture, argent;* sammeln *preuves, documents* **II.** *vi* ❶ (*thésauriser*) [Geld] horten ❷ (*accumuler*) ansammeln **III.** *vpr* **s'~** *personnes:* sich drängen; *problèmes:* sich häufen
amateur, -trice [amatœʀ, -tʀis] *rare au féminin* **I.** *adj* **équipe ~** Amateurmannschaft *f;* **peintre ~** Hobbymaler *m* **II.** *m, f* ❶ (*opp: professionnel*) Amateur(in) *m(f);* **en ~** als Hobby ❷ *sans art* (*connaisseur*) **~ d'art** Kunstliebhaber(in) *m(f);* **être ~ de films/de bons vins** gerne Filme sehen/gute Weine trinken; **en ~** aus Liebhaberei ❸ *péj* (*dilettante*) Stümper(in) *m(f)* ❹ (*acheteur*) Interessent(in) *m(f);* **ne pas être ~** *fam* nicht interessiert sein
amateurisme [amatœʀism] *m* SPORT Amateursport *m*
amazone [amazon] *f* ❶ (*cavalière*) Reiterin *f;* **en ~** im Damensitz ❷ (*guerrière*) Amazone *f*
ambages [ɑ̃baʒ] *fpl* ▶ **sans ~** ohne Umschweife *Pl*
ambassade [ɑ̃basad] *f* ❶ (*institution, bâtiment*) Botschaft *f;* **l'~ de France** die französische Botschaft ❷ (*personnel*) Botschaftspersonal *nt*
ambassadeur, -drice [ɑ̃basadœʀ, -dʀis] *m, f* ❶ (*diplomate*) Botschafter(in) *m(f)* ❷ (*représentant*) Vertreter(in) *m(f)*
ambiance [ɑ̃bjɑ̃s] *f* ❶ (*climat*) Atmosphäre *f;* (*entre personnes*) Stimmung *f;* **d'~** *lumière, musique* gedämpft ❷ (*gaieté*) Stimmung *f*
ambianceur, -euse [ɑ̃bjɑ̃sœʀ, -øz] *m, f* (*qui met de l'animation*) Stimmungsmacher(in) *m(f);* (*qui fait beaucoup la fête*) Partygänger(in) *m(f)*
ambiant(e) [ɑ̃bjɑ̃, jɑ̃t] *adj idées, atmosphère* herrschend; *enthousiasme* allgemein; **se boire à [la] température ~e** bei Zimmertemperatur getrunken werden
ambidextre [ɑ̃bidɛkstʀ] *adj* **être ~** beidhändig sein
ambigu, ambiguë [ɑ̃bigy] *adj* ❶ (*à double sens*) zweideutig; (*permettant plusieurs interprétations*) mehrdeutig; (*contradictoire*) widersprüchlich ❷ *personnage* undurchsichtig
ambiguïté [ɑ̃bigɥite] *f* (*double sens*) Zweideutigkeit *f;* (*permettant plusieurs interprétations*) Mehrdeutigkeit *f;* (*contradiction*) Widersprüchlichkeit *f;* **sans ~** *comportement, parler* unmissverständlich
ambitieux, -euse [ɑ̃bisjø, -jøz] **I.** *adj* ehrgeizig **II.** *m, f* ehrgeiziger Mensch
ambition [ɑ̃bisjɔ̃] *f* ❶ (*désir de réussite*) Ehrgeiz *m* ❷ *euph* (*désir*) Wunsch *m*
ambitionner [ɑ̃bisjɔne] <1> *vt* anstreben *poste, prix*
ambivalence [ɑ̃bivalɑ̃s] *f* ❶ (*deux aspects cumulatifs*) Ambivalenz *f,* Mehrdeutigkeit *f* ❷ (*deux aspects contradictoires*) Zwiespältigkeit *f*
ambivalent(e) [ɑ̃bivalɑ̃, ɑ̃t] *adj* ambivalent
amble [ɑ̃bl] *m d'un cheval* Passgang *m*
ambre [ɑ̃bʀ] *m* **~ [jaune]** Bernstein *m*
ambré(e) [ɑ̃bʀe] *adj* ❶ (*jaune, doré*) bernsteinfarben; *teint* gebräunt ❷ (*parfumé*) nach Ambra duftend
ambulance [ɑ̃bylɑ̃s] *f* Krankenwagen *m*
ambulancier, -ière [ɑ̃bylɑ̃sje, -jɛʀ] *m, f* (*conducteur*) Krankenwagenfahrer(in) *m(f)*
ambulant(e) [ɑ̃bylɑ̃, ɑ̃t] *adj marchand* fliegend
ambulatoire [ɑ̃bylatwaʀ] *adj* ambulant
âme [ɑm] *f* ❶ REL Seele *f* ❷ (*qualité morale*) Wesen *nt* ❸ (*sensibilité*) Seele *f,* Herz *nt;* **mettre toute son ~ à faire qc** sein ganzes Herz daran hängen etw zu tun ❹ (*esprit, conscience*) Seele *f,* Psyche *f* ❺ (*personne*) Seele *f* ❻ TECH *d'un conducteur électrique* Seele *f; d'un violon* Stimmstock *m,* Seele ▶ **vendre son ~ au diable** dem Teufel seine Seele verkaufen; **être violoniste dans l'~** mit Leib und Seele Geiger sein
amélioration [ameljɔʀasjɔ̃] *f* ❶ *pl* (*travaux*) Verbesserungen *Pl,* Verbesserungsmaßnahmen *Pl;* (*pour embellir*) Verschönerungen *Pl,* Verschönerungsarbeiten *Pl* ❷ (*progrès*) Verbesserung *f;* METEO [Wetter]besserung; *de la santé* Besserung *f;* **apporter une ~ à qc** eine Verbesserung an etw (*dat*) vornehmen

A

améliorer [ameljɔʀe] <1> **I.** *vt* ❶ ARCHIT sanieren; (*embellir*) verschönern ❷ (*rendre meilleur*) verbessern *conditions de travail, vie;* steigern *qualité, production;* aufbessern *budget* **II.** *vpr* **s'~** besser werden; (*dans son comportement*) sich bessern; *santé, temps:* sich bessern; **tu ne t'améliores pas!** *hum* du wirst auch nicht besser!

amen [amɛn] *interj* amen

aménagement [amenaʒmɑ̃] *m* ❶ (*équipement*) Einrichtung *f* ❷ (*modification*) Umbau *m;* (*extension*) Ausbau *m* ❸ *d'un quartier, d'une usine* Errichtung *f; d'un jardin* Anlegen *nt* ❹ (*adaptation*) Anpassung *f* ❺ (*réorganisation*) Umstellung *f;* **~ du temps de travail** Arbeitszeitregelung *f* ❻ ADMIN Planung *f;* **~ du territoire** Raumordnung *f* ❼ POL *d'un texte de loi, décret* [Ab]änderung *f*

aménager [amenaʒe] <2a> *vt* ❶ (*équiper*) einrichten *pièce;* anbringen *étagère;* einbauen *placard* ❷ (*modifier par des travaux*) umbauen ❸ (*créer*) anlegen *parc;* errichten *quartier* ❹ (*adapter*) anpassen *finances;* umstellen *horaire* ❺ ADMIN **~ une ville/le territoire** Stadtplanungs-/Raumordnungsmaßnahmen durchführen ❻ POL [ab]ändern *texte de loi, décret*

amende [amɑ̃d] *f* Geldstrafe *f;* (*p.-v.*) gebührenpflichtige Verwarnung

amendement [amɑ̃dmɑ̃] *m d'une loi* [Ab]änderungsantrag *m*

amender [amɑ̃de] <1> *vt* ❶ POL [ab]ändern ❷ AGR verbessern

amener [am(ə)ne] <4> **I.** *vt* ❶ *fam* (*apporter*) mitbringen ❷ (*mener*) **~ qn à/chez qn** jdn zu jdm bringen; **qu'est-ce qui t'amène ici?** was führt dich hierher? ❸ (*acheminer*) bringen *gaz, liquide* ❹ (*provoquer*) **~ qc** etw verursachen ❺ (*entraîner à*) **~ qn à faire qc** jdn dazu bringen etw zu tun ❻ (*introduire*) bringen *thème;* anbringen *citation, plaisanterie* ❼ (*diriger*) **~ la conversation sur un sujet** das Gespräch auf ein Thema bringen **II.** *vpr fam* (*se rappliquer*) **amène-toi!** komm [schon] her!

amenuisement [amənɥizmɑ̃] *m des chances* Verringerung *f; des forces* Nachlassen *nt; des ressources* Abnahme *f*

amenuiser [amənɥize] <1> **I.** *vt* ❶ (*affaiblir*) schwächen ❷ (*réduire*) verringern *chances, espoir* **II.** *vpr* **s'~** *forces:* nachlassen; *ressources:* abnehmen; *valeur:* sich verringern

amer, -ère [amɛʀ] *adj* ❶ (*aigre*) bitter ❷ *fig parole* bitter; *déception, critique* herb; *souvenir* schmerzlich

amèrement [amɛʀmɑ̃] *adv* bitter; *critiquer* scharf

américain [ameʀikɛ̃] *m* amerikanisches Englisch *nt; v. a.* **allemand**

américain(e) [ameʀikɛ̃, ɛn] *adj* amerikanisch

Américain(e) [ameʀikɛ̃, ɛn] *m(f)* Amerikaner(in) *m(f)*

américanisation [ameʀikanizasjɔ̃] *f* (*action, résultat*) Amerikanisierung *f*

américaniser [ameʀikanize] <1> **I.** *vt* amerikanisieren **II.** *vpr* **s'~** zunehmend amerikanisch geprägt sein

américanisme [ameʀikanism] *m* (*idiotisme, emprunt*) Amerikanismus *m;* (*études*) Amerikanistik *f*

amérindien(ne) [ameʀɛ̃djɛ̃, jɛn] *adj* indianisch

Amérindien(ne) [ameʀɛ̃djɛ̃, jɛn] *m(f)* Indianer(in) *m(f)* [aus Nordamerika]

Amérique [ameʀik] *f* **l'~** Amerika *nt;* **l'~ centrale/latine/du Nord/du Sud** Mittel-/Latein-/Nord-/Südamerika

Amerloque [amɛʀlɔk] *m péj fam* Ami *m*

amerrir [ameʀiʀ] <8> *vi* wassern

amertume [amɛʀtym] *f* ❶ (*tristesse*) Bitterkeit *f;* **être plein d'~** [ganz] verbittert sein ❷ (*goût amer*) Bitterkeit *f,* bitterer Geschmack

améthyste [ametist] *f* Amethyst *m*

ameublement [amœbləmɑ̃] *m* (*meubles*) Möblierung *f;* (*avec tapis, rideaux*) Einrichtung *f*

ameuter [amøte] <1> *vt* alarmieren

ami(e) [ami] **I.** *m(f)* ❶ (*opp: ennemi*) Freund(in) *m(f);* **~ des bêtes** Tierfreund; **mon cher ~/ma chère amie** mein Lieber/meine Liebe; **se faire des ~s** Freunde finden ❷ (*amant*) Freund(in) *m(f);* **petit ~** [fester] Freund *m*/[feste] Freundin *f* **II.** *adj regard, parole* freundschaftlich; *pays* befreundet; **être très ~ avec qn** mit jdm eng befreundet sein

amiable [amjabl] *adj décision, constat* einvernehmlich; **divorcer/s'arranger à l'~** sich gütlich trennen/einigen

amiante [amjɑ̃t] *m* Asbest *m*

amibe [amib] *f* Amöbe *f*

amical(e) [amikal, -o] <-aux> *adj* ❶ *rencontre, conseil* freundschaftlich; *attitude* freundlich; *sourire* herzlich ❷ SPORT **match ~** Freundschaftsspiel *nt*

amicale [amikal] *f* (*association*) Vereinigung *f*

amicalement [amikalmɑ̃] *adv* ❶ (*chaleu-

reusement) freundschaftlich; *recevoir* herzlich ② (*formule de fin de lettre*) herzliche Grüße

amidon [amidɔ̃] *m* Stärke *f*

amidonner [amidɔne] <1> *vt* stärken

amincir [amɛ̃siʀ] <8> **I.** *vt* schlank[er] machen; schlanker erscheinen lassen *hanches, taille* **II.** *vi fam* abnehmen **III.** *vpr* **s'~** *personne:* schlanker werden; *tissu, couche:* dünner werden

amincissant(e) [amɛ̃sisɑ̃, ɑ̃t] *adj* **être ~** *robe:* schlank machen

aminé(e) [amine] *adj v.* **acide**

amiral [amiʀal, -o] <-aux> *m* Admiral *m*

amirauté [amiʀote] *f* Admiralität *f*

amitié [amitje] *f* ① (*affection*) Freundschaft *f;* (*sympathie*) Zuneigung *f;* **se lier d'~ avec qn** sich mit jdm anfreunden; **avoir de l'~ pour qn** jdn mögen ② (*entente entre pays*) Freundschaft *f* ③ *pl* (*formule de fin de lettre*) **~s de Bernadette** alles Liebe, Bernadette; **faire toutes ses ~s à qn** jdn herzlich grüßen lassen

ammoniac [amɔnjak] *m* Ammoniak *nt*

ammoniaque [amɔnjak] *f* (*liquide*) Salmiakgeist *m*

amnésie [amnezi] *f* Gedächtnisschwund *m*

amnésique [amnezik] **I.** *adj* an Gedächtnisschwund leidend **II.** *mf* an Gedächtnisschwund Leidende(r) *f(m)*

amniocentèse [amnjosɛ̃tɛz] *f* Fruchtwasseruntersuchung *f*

amnistie [amnisti] *f* Amnestie *f*

amnistier [amnistje] <1> *vt* amnestieren

amocher [amɔʃe] <1> **I.** *vt fam* ① (*abîmer*) ramponieren ② (*blesser*) [übel] zurichten **II.** *vpr fam* **il s'est bien amoché** (*il s'est blessé*) es hat ihn schwer erwischt

amoindrir [amwɛ̃dʀiʀ] <8> **I.** *vt* schwächen *autorité, confiance;* schmälern *mérite* **II.** *vpr* **s'~** *forces, facultés:* abnehmen; *fortune:* sich verringern

amollir [amɔliʀ] <8> *vt* ① (*rendre mou*) weich machen; schmelzen lassen *cire, beurre* ② (*rendre moins énergique*) (*physiquement*) träge machen; (*moralement*) verweichlichen

amonceler [amɔ̃s(ə)le] <3> *vt* aufhäufen, auftürmen

amoncellement [amɔ̃sɛlmɑ̃] *m* Haufen *m*

amont [amɔ̃] *m d'un cours d'eau* Oberlauf *m;* **aller vers l'~** flussaufwärts gehen/fahren ▶**en ~ de Valence** oberhalb von Valence; **décision en ~** Vorentscheidung *f*

amoral(e) [amɔʀal, -o] <-aux> *adj* amoralisch

amorçage [amɔʀsaʒ] *m* ① (*action*) *d'un explosif* Scharfmachen *nt* ② (*dispositif*) Zünder *m*

amorce [amɔʀs] *f* ① *d'une cartouche* Zündhütchen *nt; d'une mine* Zünder *m;* **pistolet à ~s** Knallpistole *f* ② (*appât*) Köder *m* ③ INFORM Ladeprogramm *nt*

amorcer [amɔʀse] <2> **I.** *vt* ① (*garnir d'une amorce*) scharf machen *explosif* ② PECHE beködern ③ (*mettre en état de fonctionner*) betriebsbereit machen *siphon* ④ (*commencer à percer*) vorbohren *trou* ⑤ (*ébaucher un mouvement*) **~ un virage** in eine Kurve gehen ⑥ (*engager*) aufnehmen *conversation;* einleiten *réforme* **II.** *vpr* **s'~** *dialogue:* in Gang kommen; *baisse:* sich abzeichnen

amorphe [amɔʀf] *adj personne* energielos

amorti [amɔʀti] *m* SPORT Stoppen *nt,* Stoppball *m*

amortir [amɔʀtiʀ] <8> *vt* ① (*affaiblir*) dämpfen *bruit, choc;* bremsen *chute* ② (*rembourser*) tilgen *dette* ③ (*rentabiliser*) amortisieren *équipement, voiture;* (*inscrire au bilan*) abschreiben *équipement, voiture*

amortissement [amɔʀtismɑ̃] *m d'un choc, bruit* Dämpfung *f*

amortisseur [amɔʀtisœʀ] *m* AUT Stoßdämpfer *m*

amour [amuʀ] **I.** *m* ① (*sentiment*) Liebe *f;* **l'~ maternel** die Mutterliebe; **~ fissionnel** [*Liebes-*]*Beziehung zwischen zwei getrennt lebenden Personen* ② (*acte*) Liebe *f;* **pendant l'~** während des Geschlechtsverkehrs; **ils font l'~** sie schlafen miteinander ③ (*personne*) Liebe *f* ④ (*attachement, altruisme*) **~ du prochain/de la justice** Nächsten-/Gerechtigkeitsliebe ⑤ (*goût pour*) **~ de la nature** Liebe *f* zur Natur; **~ du sport** Sportbegeisterung *f* ⑥ (*terme d'affection*) **mon ~** [mein] Liebling; **être un ~** *fam* ein [richtiger] Schatz sein ▶**pour l'~ de Dieu** um Gottes willen; **vivre d'~ et d'eau fraîche** von Luft und Liebe leben **II.** *mpl f si poétique* Liebschaften *Pl;* **comment vont tes ~s?** was macht die Liebe? ▶**à tes/vos ~s!** *hum* Gesundheit!

amouracher [amuʀaʃe] <1> *vpr péj* **s'~ de qn** sich in jdn vernarren

amoureusement [amuʀøzmɑ̃] *adv* (*avec amour, soin*) liebevoll

amoureux, -euse [amuʀø, -øz] **I.** *adj personne, regard* verliebt; **la vie amoureuse de qn** jds Liebesleben *nt;* **être ~ de qn** in jdn verliebt sein; **tomber ~ de**

qn sich in jdn verlieben **II.** *m, f* ① (*personne qui est tombée amoureuse*) Verliebte(r) *f(m);* (*personne qui éprouve un sentiment plus profond*) Liebende(r) *f(m);* (*soupirant*) Verehrer(in) *m(f);* **en ~** in trauter Zweisamkeit ② (*passionné*) Liebhaber(in) *m(f);* **~ de la musique** Musikliebhaber; **~ de la nature** Naturfreund *m*

amour-propre [amuʀpʀɔpʀ] <amours-propres> *m* Selbstachtung *f*

amovible [amɔvibl] *adj* abnehmbar; (*par boutons*) ausknöpfbar

ampère [ɑ̃pɛʀ] *m* Ampere *nt*

amphétamine [ɑ̃fetamin] *f* Amphetamin *nt*

amphi [ɑ̃fi] *m* UNIV *fam abr de* **amphithéâtre** Hörsaal

amphibie [ɑ̃fibi] BIO **I.** *adj* amphibisch **II.** *m* Amphibie *f*

amphibiens [ɑ̃fibjɛ̃] *mpl* ZOOL Amphibien *Pl*

amphithéâtre [ɑ̃fiteɑtʀ] *m* ① ARCHIT Amphitheater *nt* ② UNIV Hörsaal *m* ③ THEAT Rang *m*

amphore [ɑ̃fɔʀ] *f* Amphore *f*

ample [ɑ̃pl] *adj* ① (*large*) weit ② *mouvement* weit ausholend; *voix* weithin hörbar ③ *projet, sujet* umfangreich; *récit, information* ausführlich; **de plus ~s informations** nähere Informationen

amplement [ɑ̃pləmɑ̃] *adv* ausführlich; **être ~ suffisant** völlig ausreichen

ampleur [ɑ̃plœʀ] *f* ① *d'un vêtement* Weite *f; d'une voix* Reichweite *f* ② *d'un récit* Ausführlichkeit *f; d'un sujet* Umfang *m; d'une catastrophe* Ausmaß *nt;* **prendre de l'~** *événement:* an Bedeutung gewinnen; *manifestation:* sich ausweiten

ampli *fam,* **amplificateur** [ɑ̃plifikatœʀ] *m* ① PHYS, RADIO Verstärker *m* ② PHOT Vergrößerungsapparat *m*

amplification [ɑ̃plifikasjɔ̃] *f* ① (*action*) *d'un mouvement* Ausweitung *f; d'un son* Verstärken *nt; d'une image* Vergrößern *nt* ② (*résultat*) *d'un son* Verstärkung *f; d'un texte, discours* Weitschweifigkeit *f* ③ (*exagération*) *d'un scandale* Aufbauschen *nt*

amplifier [ɑ̃plifje] <1> **I.** *vt* ① (*augmenter*) verstärken; vergrößern *image* ② (*développer*) verstärken *échanges, coopération;* verbreiten *idée* ③ (*exagérer*) aufblähen **II.** *vpr* **s'~** *bruit:* anschwellen; *échange:* sich intensivieren; *mouvement, scandale:* sich ausweiten; *tendance:* zunehmen; *idée:* sich ausbreiten

amplitude [ɑ̃plityd] *f* ① SCI Amplitude *f* ② (*ampleur*) Ausmaß *nt*

ampoule [ɑ̃pul] *f* ① ELEC [Glüh]birne *f* ② MED Ampulle *f* ③ (*cloque*) Blase *f*

ampoulé(e) [ɑ̃pule] *adj style* aufgeblasen

amputation [ɑ̃pytasjɔ̃] *f* ① ANAT Amputation *f* ② (*diminution*) *d'un texte, budget* Kürzung *f; du territoire national* Verkleinerung *f;* (*mutilation*) *d'un texte* Verstümmelung *f*

amputer [ɑ̃pyte] <1> *vt* ANAT amputieren; **être amputé d'un bras** armamputiert sein

amulette [amylɛt] *f* Amulett *nt*

amusant(e) [amyzɑ̃, ɑ̃t] *adj* ① (*divertissant*) unterhaltsam; *travail, vacances* abwechslungsreich ② (*drôle*) amüsant ③ (*curieux*) witzig (*fam*)

amuse-gueule [amyzgœl] <amuse-gueule[s]> *m fam* Knabbereien *Pl*

amusement [amyzmɑ̃] *m* ① (*divertissement*) Zeitvertreib *m* ② (*plaisir*) Vergnügen *nt* ③ (*moquerie*) Belustigung *f*

amuser [amyze] <1> **I.** *vt* ① (*divertir*) unterhalten; *activité:* Spaß machen ② (*faire rire*) amüsieren ③ (*détourner l'attention*) ablenken **II.** *vpr* **s'~** ① (*jouer*) spielen; **s'~ avec qn/qc** mit jdm/etw spielen ② (*se divertir*) **bien s'~** sich gut amüsieren; (*à une soirée*) sich gut unterhalten; **amuse-toi/amusez-vous bien!** viel Spaß!; **qn s'amuse à faire qc** es macht jdm Spaß etw zu tun ③ (*batifoler*) sich amüsieren ④ (*traîner*) [herum]trödeln (*fam*)

amuseur, -euse [amyzœʀ, -øz] *m, f* **~ public** Alleinunterhalter(in) *m(f);* (*à la télé*) Entertainer(in) *m(f)*

amygdale [amidal] *f* Mandel *f*

an [ɑ̃] *m* ① (*durée*) Jahr *nt;* **après cinq ~s de vie commune** nach fünfjährigem Zusammenleben ② (*âge*) Jahr *nt;* **avoir cinq ~s** fünf [Jahre alt] sein; **à quarante ~s** mit vierzig [Jahren]; **homme de cinquante ~s** fünfzigjähriger Mann; **fêter ses vingt ~s** seinen/ihren zwanzigsten Geburtstag feiern ③ (*point du temps*) Jahr *nt;* **l'~ dernier/prochain** letztes/nächstes Jahr; **tous les ~s** jedes Jahr; **par ~** jährlich; **en l'~ 200 avant Jésus-Christ** [im Jahr] 200 vor Christus; **le nouvel ~, le premier de l'~** Neujahr *nt,* der Neujahrstag; **au nouvel ~** an Neujahr

anabolisant [anabɔlizɑ̃] *m* MED Anabolikum *nt meist Pl*

anachronique [anakʀɔnik] *adj* anachronistisch (*geh*)

anagramme [anagʀam] *f* Anagramm *nt*

anal(e) [anal, -o] <-aux> *adj* anal
analeptique [analɛptik] *adj* MED stärkend
analgésique [analʒezik] *m* Schmerzmittel *nt*
analogie [analɔʒi] *f* Analogie *f;* **par ~** analog
analogique [analɔʒik] *adj* analog
analogue [analɔg] *adj* analog, ähnlich
analphabète [analfabɛt] **I.** *adj* des Lesens und Schreibens unkundig **II.** *mf* Analphabet(in) *m(f)*
analphabétisme [analfabetism] *m* Analphabetismus *m*
analysable [analizabl] *adj* analysierbar, [genauer] bestimmbar; **être ~** sich bestimmen [*o* analysieren] lassen
analyse [analiz] *f* ① (*opp: synthèse*) Analyse *f;* **faire l'~ de qc** etw analysieren ② MED Untersuchung *f* ③ MATH Analysis *f*
analyser [analize] <1> *vt* analysieren; GRAM bestimmen *mot;* MATH, MED untersuchen; **se faire ~** PSYCH eine Analyse machen
analyste [analist] *mf* ① (*technicien*) Analytiker(in) *m(f)* ② PSYCH [Psycho]analytiker(in) *m(f)*
analyste-programmeur, -euse [analist(ə)pʀɔgʀamœʀ, -øz] <analystes-programmeurs> *m, f* Systemanalytiker(in) *m(f)*
analytique [analitik] *adj* analytisch
ananas [anana(s)] *m* Ananas *f*
anaphore [anafɔʀ] *f* LING Anapher *f*
anarchie [anaʀʃi] *f* ① POL Anarchie *f* ② (*pagaïe*) Chaos *nt* ③ (*anarchisme*) Anarchismus *m*
anarchique [anaʀʃik] *adj* chaotisch
anarchisme [anaʀʃism] *m* ① (*anarchie*) Anarchie *f* ② PHILOS, POL Anarchismus *m*
anarchiste [anaʀʃist] **I.** *adj* anarchistisch **II.** *mf* Anarchist(in) *m(f)*
anathème [anatɛm] *m* Exkommunikation *f*
anatomie [anatɔmi] *f* ① (*science*) Anatomie *f* ② *fam* (*corps*) Körperbau *m*
anatomique [anatɔmik] *adj* anatomisch
ancestral(e) [ɑ̃sɛstʀal, -o] <-aux> *adj* alt[überliefert]
ancêtre [ɑ̃sɛtʀ] **I.** *mf* ① (*aïeul*) Vorfahr(in) *m(f);* (*à l'origine d'une famille*) Urahn(in) *m(f)* ② *d'un genre artistique* Vorläufer(in) *m(f)* ③ *fam* (*vieillard*) alter Mann *m*/alte Frau *f* **II.** *mpl* HIST Vorfahren *Pl*
anchois [ɑ̃ʃwa] *m* Sardelle *f*
ancien [ɑ̃sjɛ̃] *m* ① **l'~** (*objets, meubles*) die Antiquitäten *Pl,* die alten Dinge *Pl* ② (*personne*) **être un ~ dans l'entreprise** schon lange zum Unternehmen gehören; **les ~s** die Alten; HIST die Menschen [*o* Völker] des Altertums
ancien(ne) [ɑ̃sjɛ̃, jɛn] *adj* ① (*vieux*) alt; *objet d'art* antik; *livre* antiquarisch ② *antéposé* (*ex-*) ehemalig ③ (*antique*) antik ④ (*qui a de l'ancienneté*) **être ~ dans le métier** schon lange im Beruf sein ⑤ GASTR (*d'autrefois*) **à l'~ne** nach altem Rezept
anciennement [ɑ̃sjɛnmɑ̃] *adv* früher
ancienneté [ɑ̃sjɛnte] *f* (*dans la fonction publique*) Dienstalter *nt;* (*dans une entreprise*) Betriebszugehörigkeit *f*
ancrage [ɑ̃kʀaʒ] *m* ① NAUT Ankerplatz *m* ② (*action, manière d'ancrer*) Verankerung *f*
ancre [ɑ̃kʀ] *f* Anker *m* ► **jeter l'~** vor Anker gehen; *fig* sich niederlassen
ancrer [ɑ̃kʀe] <1> *vt* ① verankern; **être ancré dans la rade** auf der Reede liegen ② (*enraciner*) **être ancré dans qc** in etw (*dat*) [fest] verankert sein
Andalousie [ɑ̃daluzi] *f* **l'~** Andalusien *nt*
Andes [ɑ̃d] *fpl* **les ~** die Anden
Andorre [ɑ̃dɔʀ] *f* **l'~** Andorra *nt*
andouille [ɑ̃duj] *f Wurst aus Innereien von Schwein oder Kalb*
andouillette [ɑ̃dujɛt] *f Würstchen aus Innereien*
androgène [ɑ̃dʀɔʒɛn] BIO **I.** *adj* androgen **II.** *m* Androgen *nt*
androgyne [ɑ̃dʀɔʒin] BIO **I.** *adj* androgyn **II.** *mf* Zwitter *m*
âne [ɑn] *m* ① ZOOL Esel *m; v. a.* **ânesse** ② (*imbécile*) **quel ~!** so ein Esel! ► **être têtu comme un ~** störrisch wie ein Esel sein
anéantir [aneɑ̃tiʀ] <8> **I.** *vt* ① (*détruire*) vernichten *ennemi;* aufreiben *armée;* dem Erdboden gleichmachen *ville;* zunichtemachen *effort, espoir* ② (*déprimer, accabler*) niederdrücken; *mauvaise nouvelle:* niederschmettern **II.** *vpr* **s'~** *volonté:* ins Wanken geraten
anéantissement [aneɑ̃tismɑ̃] *m* ① (*disparition*) Zerstörung *f* ② (*fatigue*) Erschöpfung *f;* (*abattement*) Niedergeschlagenheit *f*
anecdote [anɛkdɔt] *f* Anekdote *f*
anecdotique [anɛkdɔtik] *adj* anekdotisch
anémie [anemi] *f* ① MED Blutarmut *f* ② (*crise*) Flaute *f*
anémier [anemje] <1a> *vt a. fig* schwächen
anémique [anemik] *adj* MED *a. fig* anämisch

anémone [anemɔn] *f* Anemone *f*
ânerie [ɑnʀi] *f* Dummheit *f*
ânesse [ɑnɛs] *f* Eselin *f; v. a.* **âne**
anesthésie [anɛstezi] *f* Narkose *f*
anesthésier [anɛstezje] <1> *vt* betäuben
anesthésique [anɛstezik] MED **I.** *adj* anästhetisch **II.** *m* Anästhetikum *nt*
anesthésiste [anɛstezist] *mf* Narkosearzt *m/*-ärztin *f*
aneth [anɛt] *m* BOT Dill *m*
ange [ɑ̃ʒ] *m* ① REL Engel *m* ② (*personne*) Engel *m* ▶~ **gardien** Schutzengel *m;* (*garde du corps*) Leibwächter *m*
angélique[1] [ɑ̃ʒelik] *adj* engelhaft
angélique[2] [ɑ̃ʒelik] *f* BOT Engelwurz *f*
angelot [ɑ̃ʒ(ə)lo] *m* Putte *f,* Engelchen *nt*
angélus [ɑ̃ʒelys] *m* Angelusläuten *nt*
angine [ɑ̃ʒin] *f* MED Angina *f*
anglais [ɑ̃glɛ] *m* Englisch *nt; v. a.* **allemand**
anglais(e) [ɑ̃glɛ, ɛz] *adj* englisch ▶**filer à l'~e** sich [auf] französisch verabschieden
Anglais(e) [ɑ̃glɛ, ɛz] *m(f)* Engländer(in) *m(f)*
angle [ɑ̃gl] *m* ① (*coin*) Ecke *f* ② GEOM Winkel *m* ③ PHOT, OPT **grand-~** Weitwinkelobjektiv *nt;* ~ **mort** toter Winkel ④ (*point de vue*) Blickwinkel *m*
Angleterre [ɑ̃glətɛʀ] *f* **l'~** England *nt*
anglican [ɑ̃glikɑ̃] *adj* anglikanisch
anglicanisme [ɑ̃glikanism] *m* Anglikanismus *m*
angliciser [ɑ̃glisize] <1> *vt* anglisieren
anglicisme [ɑ̃glisism] *m* (*emprunt*) Anglizismus *m*
angliciste [ɑ̃glisist] *mf* Anglist(in) *m(f)*
anglo-américain [ɑ̃gloameʀikɛ̃] *m* amerikanisches Englisch *nt* **anglo-canadien(ne)** [ɑ̃glokanadjɛ̃, jɛn] <anglo-canadiens> *adj* anglokanadisch **Anglo-Canadien(ne)** [ɑ̃glokanadjɛ̃, jɛn] <Anglo-Canadiens> *m(f)* Anglokanadier(in) *m(f)*
anglomanie [ɑ̃glɔmani] *f* Anglomanie *f*
anglo-normand [ɑ̃glonɔʀmɑ̃] *m* **l'~** (*dialecte*) Anglonormannisch *nt,* das Anglonormannische; *v. a.* **allemand** **anglo-normand(e)** [ɑ̃glonɔʀmɑ̃, ɑ̃d] <anglo-normands> *adj* GEOG **îles Anglo-Normandes** Kanalinseln *Pl,* Normannische Inseln *Pl*
anglophile [ɑ̃glɔfil] **I.** *adj* anglophil; *politique* proenglisch **II.** *mf* Anglophile(r) *f(m)*
anglophobe [ɑ̃glɔfɔb] **I.** *adj* anglophob; *politique* antienglisch **II.** *mf* Englandgegner(in) *m(f)*
anglophone [ɑ̃glɔfɔn] **I.** *adj* englischsprechend; (*dont l'anglais est la langue maternelle*) englischsprachig **II.** *mf* Englischsprechende(r) *f(m);* (*dont l'anglais est la langue maternelle*) Englischsprachige(r) *f(m)*
anglo-saxon(ne) [ɑ̃glosaksɔ̃, ɔn] <anglo-saxons> *adj* angelsächsisch **Anglo-Saxon(ne)** [ɑ̃glosaksɔ̃, ɔn] <Anglo-Saxons> *m(f)* Angelsachse *m/*-sächsin *f*
angoissant(e) [ɑ̃gwasɑ̃, ɑ̃t] *adj* beängstigend
angoisse [ɑ̃gwas] *f* ① (*peur*) Angst *f;* (*malaise*) Angstzustand *m* ② PHILOS Angst *f*
angoissé(e) [ɑ̃gwase] **I.** *adj visage, voix* angsterfüllt; *geste* angstvoll; (*craintif*) ängstlich; *personne* verängstigt **II.** *m(f)* ängstlicher Mensch
angoisser [ɑ̃gwase] <1> *vt* (*inquiéter*) ~ **qn** jdm Angst einjagen; *situation, nouvelle, silence:* jdn ängstigen
Angola [ɑ̃gɔla] *m* **l'~** Angola *nt*
angora [ɑ̃gɔʀa] **I.** *adj* **laine ~** Angorawolle *f* **II.** *m* (*chat*) Angorakatze *f;* (*lapin*) Angorahase *m;* (*laine*) Angorawolle *f*
anguille [ɑ̃gij] *f* Aal *m*
angulaire [ɑ̃gylɛʀ] *adj* eckig
anguleux, -euse [ɑ̃gylø, -øz] *adj menton* eckig
anicroche [anikʀɔʃ] *f* [kleiner] Zwischenfall
animal [animal, -o] <-aux> *m* ① (*bête*) Tier *nt;* ~ **domestique** Haustier; **animaux sauvages** wilde Tiere ② (*être humain*) [Lebe]wesen *nt* ③ (*personne stupide*) Rindvieh *nt;* (*personne brutale*) Rohling *m*
animal(e) [animal, -o] <-aux> *adj* ① ZOOL, BIO *matières* tierisch; *fonctions* animalisch; **règne ~** Tierreich *nt* ② (*rapporté à l'homme*) tierhaft; *confiance* instinktiv ③ *péj* (*bestial*) animalisch
animalerie [animalʀi] *f* (*magasin*) Tierhandlung *f*
animalier, -ière [animalje, -jɛʀ] **I.** *adj* Tier-; **documentaire ~** Tierfilm *m* **II.** *m, f* (*peintre*) Tiermaler(in) *m(f);* (*sculpteur*) Tierbildhauer(in) *m(f);* (*dans un laboratoire*) [Versuchs]tierpfleger(in) *m(f)* **III.** *app* **peintre ~** Tiermaler *m*
animalité [animalite] *f* ① (*le règne animal*) Tierreich *nt* ② (*de l'homme*) tierisches Wesen *nt*
animateur, -trice [animatœʀ, -tʀis] *m, f* ① *d'un groupe* Betreuer(in) *m(f); d'un club de vacances* Animateur(in) *m(f); d'un club de sport* Leiter(in) *m(f)* ② *d'un débat, jeu* Leiter(in) *m(f);* RADIO, TV Moderator(in)

m(f) ③ *d'un projet* Motor *m* ④ CINE Animator(in) *m(f)*

animation [animasjɔ̃] *f* ① *d'un bureau* [rege] Betriebsamkeit; *d'un quartier* lebhaftes Treiben ② *d'une discussion* Lebhaftigkeit *f*; **mettre de l'~** für Stimmung sorgen ③ (*excitation*) Aufregung *f* ④ (*conduite de groupe*) Leitung *f* ⑤ CINE Animation *f*

animé(e) [anime] *adj discussion* lebhaft; *rue* belebt; **dessin ~** Zeichentrickfilm *m*; **être ~** Lebewesen *nt*

animer [anime] <1> **I.** *vt* ① (*mener*) leiten *entreprise, débat;* betreuen *groupe;* führen durch *émission* ② (*mouvoir*) bewegen ③ (*égayer*) beleben **II.** *vpr* **s'~** *rue, yeux:* sich beleben; *conversation:* lebhaft werden; *statue:* lebendig werden

animisme [animism] *m* Animismus *m*

animosité [animozite] *f* Feindseligkeit *f*

anis [anis] *m* BOT, GASTR Anis *m*

aniser [anise] <1> *vt* mit Anis aromatisieren

anisette [anizɛt] *f* Anisette *m*

ankyloser [ɑ̃kiloze] <1> *vt a. fig* steif werden lassen

annales [anal] *fpl* Annalen *Pl;* (*titre de périodiques*) Jahrbücher *Pl*

anneau [ano] <x> *m* ① (*cercle, bague*) Ring *m* ② (*maillon*) Glied *nt* ③ ZOOL *d'un ver* Segment *nt* ④ *pl* SPORT Ringe *Pl* ⑤ ASTRON Ring *m*

année [ane] *f* ① (*durée*) Jahr *nt;* **~ civile/bissextile** Kalender-/Schaltjahr; **au cours des dernières ~s** in den letzten Jahren; **bien des ~s après** Jahre später; **dans les ~s à venir** in den kommenden Jahren; **pour de longues ~s** auf Jahre hinaus; **tout au long de l'~** das ganze Jahr [über] ② (*âge*) Lebensjahr *nt* ③ (*période d'activité*) **~ scolaire** [Schul]jahr *nt;* **~ universitaire** akademisches Jahr ④ (*date*) Jahr *nt;* **l'~ prochaine/dernière/passée** nächstes/letztes/vergangenes Jahr; **~ de naissance** Geburtsjahr; **en début/en fin d'~** [am] Anfang/Ende des Jahres; **d'une ~ à l'autre** von einem Jahr zum anderen; **l'~ 1789** [das Jahr] 1789; **les ~s trente** die dreißiger Jahre; **1985, c'est une bonne ~ pour le Bordeaux** 1985 ist beim Bordeaux ein guter Jahrgang; **bonne ~!** ein gutes neues Jahr!; **bonne ~, bonne santé!** ein gesundes neues Jahr!; **souhaiter la bonne ~ à qn** jdm ein gutes neues Jahr wünschen ▶ **les ~s folles** die Goldenen Zwanzigerjahre

année-lumière [anelymjɛʀ] <années-lumière> *f* Lichtjahr *nt*

annexe [anɛks] *f d'un livre* Anhang *m;* **~ d'un contrat/traité** Zusatz *m* zu einem Vertrag; **nous joignons en ~ de la présente ...** als Anlage [zum vorliegenden Brief] fügen wir ... bei

annexer [anɛkse] <1> *vt* annektieren *territoire, pays*

annexion [anɛksjɔ̃] *f d'un pays, territoire* Annexion *f*

annihiler [aniile] <1> *vt* zunichtemachen *efforts, espoir*

anniversaire [anivɛʀsɛʀ] **I.** *adj* **jour ~** Jahrestag *m;* **cérémonie ~** Gedenkfeier *f; d'une association, entreprise* Jubiläumsfeier *f;* **le jour ~ de leurs 50 ans de mariage** ihr fünfzigster Hochzeitstag; **la cérémonie ~ de l'armistice** die Feier[lichkeiten] zum Jahrestag des Waffenstillstands **II.** *m d'une personne* Geburtstag *m; d'un événement* Jahrestag *m;* (*dans une association/entreprise*) Jubiläum *nt;* **bon ~!** alles Gute zum Geburtstag!

annonce [anɔ̃s] *f* ① *d'un événement imminent* Ankündigung *f;* (*information officielle*) **~ de qc** Bekanntgabe *f* einer S. (*gen*); (*transmise par les médias*) Meldung *f* einer S. (*gen*) ② (*texte*) Anzeige *f;* (*petite annonce*) Annonce *f*, Anzeige; **les petites ~s** (*rubrique*) die Kleinanzeigen; **passer une ~ dans un journal** eine Annonce in einer Zeitung aufgeben ③ (*présage*) Vorbote *m;* (*indice*) Anzeichen *nt* ④ JEUX Ansage *f*

annoncer [anɔ̃se] <2> **I.** *vt* ① (*communiquer*) bekannt geben, mitteilen *fait, décision;* (*à la radio, la TV*) melden *fait, décision;* ankündigen *événement imminent* ② (*signaler l'arrivée de qn*) **~ qn** jdn melden ③ (*prédire*) ankündigen ④ (*être le signe de*) Vorbote sein für *printemps; signal:* verkünden ⑤ JEUX ansagen **II.** *vpr* ① (*arriver*) **s'~** sich ankündigen; *été:* vor der Tür stehen ② (*se présenter*) **bien/mal s'~** gut/schlecht anfangen; **ça s'annonce bien** es sieht gut aus

annonceur, -euse [anɔ̃sœʀ, -øz] *m, f* ① (*speaker*) Sprecher(in) *m(f)* ② (*qui passe une petite annonce*) Inserent(in) *m(f)* ③ (*bénéficiaire d'une publicité*) Werbetreibende(r) *f(m)* ④ PRESSE Anzeigenkunde *m/*-kundin *f* ⑤ (*sponsor*) Sponsor(in) *m(f)*

annonciateur, -trice [anɔ̃sjatœʀ, -tʀis] *adj* **signe ~ de qc** Vorzeichen für etw

Annonciation [anɔ̃sjasjɔ̃] *f* **l'~** Mariä Verkündigung

annotation [anɔtasjɔ̃] *f* Anmerkung *f*

A

annoter [anɔte] <1> *vt* mit Anmerkungen versehen
annuaire [anɥɛʀ] *m* Jahrbuch *nt;* ~ **téléphonique** [*o* **des téléphones**] Telefonbuch
annuel(le) [anɥɛl] *adj* ❶ (*périodique*) jährlich; **congé** ~ Jahresurlaub *m;* **rente** ~**le** Jahresrente *f* ❷ (*qui dure un an*) einjährig
annuellement [anɥɛlmɑ̃] *adv* jährlich
annuité [anɥite] *f d'une dette* Jahresrate *f*
annulaire [anylɛʀ] **I.** *m* Ringfinger *m* **II.** *adj* ringförmig
annulation [anylasjɔ̃] *f* ❶ *d'une commande* Stornierung *f; d'un rendez-vous* Absage *f* ❷ JUR *d'un examen, contrat* Annullierung *f; d'un jugement* Aufhebung *f*
annuler [anyle] <1> **I.** *vt* ❶ (*supprimer*) rückgängig machen; bereinigen *dette;* stornieren *voyage, commande;* absagen *rendez-vous* ❷ JUR aufheben *jugement;* annullieren *mariage* ❸ INFORM abbrechen **II.** *vpr* **s'**~ sich [gegenseitig] aufheben
anoblir [anɔbliʀ] <8> *vt* adeln
anode [anɔd] *f* Anode *f*
anodin(e) [anɔdɛ̃, in] *adj personne, détail* unbedeutend
anomalie [anɔmali] *f* ❶ GRAM Unregelmäßigkeit *f* ❷ (*singularité*) Anomalie *f;* (*caractère inhabituel*) Ungewöhnliche(s) *nt;* (*caractère déviant*) Abnormität *f* ❸ BIO Anomalie *f* ❹ TECH Defekt *m*
ânon [anɔ̃] *m* (*très jeune âne*) Eselsfohlen *nt*
ânonner [anɔne] <1> *vi* stockend sprechen
anonymat [anɔnima] *m* Anonymität *f;* **rester dans l'**~ anonym bleiben
anonyme [anɔnim] *adj* anonym; *décor, vêtement* nichts sagend
anonymiser [anɔnimize] <1> *vt* anonymisieren
anorak [anɔʀak] *m* Anorak *m*
anorexie [anɔʀɛksi] *f* ❶ (*perte d'appétit*) Appetitlosigkeit *f* ❷ (*refus de s'alimenter*) ~ **mentale** Magersucht *f*
anorexique [anɔʀɛksik] **I.** *adj personne* magersüchtig **II.** *mf* Magersüchtige(r) *f(m)*
anormal(e) [anɔʀmal, -o] <-aux> **I.** *adj* ❶ (*inhabituel*) ungewöhnlich ❷ (*non conforme à la règle*) anormal; *comportement* seltsam ❸ (*injuste*) nicht normal **II.** *m(f)* ❶ (*déséquilibré*) [psychisch] Gestörte(r) *f(m)* ❷ (*enfant arriéré*) entwicklungsgestörtes Kind
anormalement [anɔʀmalmɑ̃] *adv* ungewöhnlich
ANPE [ɑɛnpeø] *f abr de* **Agence nationale pour l'emploi** (*organisme national*) nationale Arbeitsvermittlung *f* (*entspricht der Bundesagentur für Arbeit*); (*agence locale*) Arbeitsagentur *f*
anse [ɑ̃s] *f* Henkel *m*
antagonisme [ɑ̃tagɔnism] *m* Gegensatz *m*
antagoniste [ɑ̃tagɔnist] *mf* Gegner(in) *m(f)*
antalgique [ɑ̃talʒik] *adj* MED schmerzstillend
antan [ɑ̃tɑ̃] *adj littér* **d'**~ früher
antarctique [ɑ̃taʀktik] *adj* antarktisch
Antarctique [ɑ̃taʀktik] *m* **l'**~ die Antarktis
antécédent [ɑ̃tesedɑ̃] *m* ❶ GRAM Bezugswort *nt* ❷ PHILOS Ursache *f* ❸ *pl* MED Vorgeschichte *f* ❹ *pl d'une personne* Vorleben *nt; d'une affaire* Vorgeschichte *f*
antécédent(e) [ɑ̃tesedɑ̃, ɑ̃t] *adj* ~ **à qc** einer S. (*dat*) vorausgehend
antédiluvien(ne) [ɑ̃tedilyvjɛ̃, jɛn] *adj fig* vorsintflutlich (*fam*)
antenne [ɑ̃tɛn] *f* ❶ (*pour capter*) Antenne *f;* ~ **relais** TELEC Mobilfunkantenne *f;* ~ **télescopique** Teleskopantenne *f* ❷ RADIO, TV Sender *m;* **une heure d'**~ eine Stunde Sendezeit; **à l'**~ am Mikrofon; *invité:* im Studio; *correspondant:* auf Sendung ❸ ZOOL Fühler *m* ❹ (*poste avancé*) Vorposten *m*
antéposé(e) [ɑ̃tepoze] *adj* GRAM vorangestellt
antérieur(e) [ɑ̃teʀjœʀ] *adj* ❶ (*précédent*) frühere(r, s); **être** ~ **à qc** vor etw (*dat*) liegen ❷ ANAT **patte/membre** ~ Vorderpfote *f*/-bein *nt* ❸ LING palatal
antérieurement [ɑ̃teʀjœʀmɑ̃] *adv* früher
antériorité [ɑ̃teʀjɔʀite] *f* ❶ (*dans le temps*) [zeitlich] früheres Vorhandensein ❷ GRAM Vorzeitigkeit *f*
anthologie [ɑ̃tɔlɔʒi] *f* Anthologie *f*
anthracite [ɑ̃tʀasit] *m* Anthrazit *m*
anthrax [ɑ̃tʀaks] *m* Milzbrand *m*
anthropologie [ɑ̃tʀɔpɔlɔʒi] *f* Anthropologie *f*
anthropologue [ɑ̃tʀɔpɔlɔg] *mf* Anthropologe *m*/Anthropologin *f*
anthropomorphisme [ɑ̃tʀɔpɔmɔʀfism] *m* Anthropomorphismus *m*
anthropophage [ɑ̃tʀɔpɔfaʒ] **I.** *adj* kannibalisch; **être** ~ Kannibale sein **II.** *mf* Kannibale *m*/Kannibalin *f*
antiacnéique [ɑ̃tiakneik] **I.** *adj* gegen Akne; **crème** ~ [Anti-]Aknecreme *f* **II.** *m* Aknemittel *nt*
antiadhésif, -ive [ɑ̃tiadezif, -iv] *adj* antihaftbeschichtet

antiaérien(ne) [ɑ̃tiaeʀjɛ̃, jɛn] *adj* **canon/missile ~** Flugabwehrkanone *f*/-rakete *f*

anti-âge [ɑ̃tiɑʒ] *adj inv* Antifalten-, Anti-Aging-; **crème ~** Antifaltencreme *f*, Anti-Aging-Creme

antialcoolique [ɑ̃tialkɔlik] *adj* **campagne ~** Antialkoholkampagne *f*

antiallergique [ɑ̃tialɛʀʒik] *adj médicament* antiallergisch

antiaméricanisme [ɑ̃tiameʀikanism] *m* Antiamerikanismus *m*

antiatomique [ɑ̃tiatɔmik] *adj* **abri ~** Strahlenschutzbunker *m*

antibactérien(ne) [ɑ̃tibakteʀjɛ̃, jɛn] *adj* antibakteriell

antibiotique [ɑ̃tibjɔtik] MED **I.** *adj* antibiotisch **II.** *m* Antibiotikum *nt*

antiblocage [ɑ̃tiblɔkaʒ] *adj inv* AUT Antiblockier-

antibrouillard [ɑ̃tibʀujaʀ] *m* Nebelscheinwerfer *m*

antibruit [ɑ̃tibʀɥi] *adj inv* Lärmschutz-

anti-casse [ɑ̃tikas] *adj inv shampoing, masque* gegen brüchiges Haar

anticerne[s] [ɑ̃tisɛʀn] *m* (*crème*) Augencreme *f* (*gegen Schwellungen und Augenringe*); (*stick*) Abdeckstift *m*

antichambre [ɑ̃tiʃɑ̃bʀ] *f* Vorzimmer *nt*

antichar [ɑ̃tiʃaʀ] *adj* panzerbrechend

antichoc [ɑ̃tiʃɔk] *adj* stoßfest, stoßsicher

anticipation [ɑ̃tisipasjɔ̃] *f* ❶ (*prévision*) [gedankliche] Vorwegnahme ❷ LITTER, CINE Sciencefiction *f* ❸ FIN **~ de paiement** Vorauszahlung *f*; **par ~** im Voraus

anticiper [ɑ̃tisipe] <1> **I.** *vi* ❶ (*devancer les faits*) vorgreifen ❷ (*se représenter à l'avance*) sich in die Zukunft versetzen; (*prévoir*) gedanklich vorwegnehmen **II.** *vt* ❶ (*prévoir*) vorhersehen *avenir, événement;* SPORT abschätzen *trajectoire* ❷ FIN im Voraus leisten

anticlérical(e) [ɑ̃tikleʀikal, -o] <-aux> **I.** *adj* antiklerikal **II.** *m(f)* Antiklerikale(r) *f(m)*

anticoagulant [ɑ̃tikɔagylɑ̃] *m* Mittel *nt* gegen die Blutgerinnung

anticolonialisme [ɑ̃tikɔlɔnjalism] *m* Antikolonialismus *m*

anticolonialiste [ɑ̃tikɔlɔnjalist] *adj* antikolonialistisch

anticommunisme [ɑ̃tikɔmynism] *m* Antikommunismus *m*

anticommuniste [ɑ̃tikɔmynist] **I.** *adj* antikommunistisch **II.** *mf* Antikommunist(in) *m(f)*

anticonceptionnel(le) [ɑ̃tikɔ̃sɛpsjɔnɛl] *adj produit* empfängnisverhütend; **moyen ~** Verhütungsmittel *nt*

anticonformisme [ɑ̃tikɔ̃fɔʀmism] *m* Nonkonformismus *m*

anticonformiste [ɑ̃tikɔ̃fɔʀmist] *adj* nonkonformistisch

anticonstitutionnel(le) [ɑ̃tikɔ̃stitysjɔnɛl] *adj* verfassungswidrig

anticonstitutionnellement [ɑ̃tikɔ̃stitysjɔnɛlmɑ̃] *adv* verfassungswidrig

anticorps [ɑ̃tikɔʀ] *m* Antikörper *m*

anticorrosion [ɑ̃tikɔʀozjɔ̃] *adj inv* Rostschutz-

anticyclone [ɑ̃tisiklon] *m* (*phénomène*) Hoch *nt;* (*zone*) Hochdruckgebiet *nt*

antidater [ɑ̃tidate] <1> *vt* zurückdatieren

antidémocratique [ɑ̃tidemɔkʀatik] *adj* ❶ (*peu démocratique*) undemokratisch ❷ (*opposé à la démocratie*) antidemokratisch

anti-dép [ɑ̃tidɛp] <anti-déps> *m fam abr de* **antidépresseur**

antidépresseur [ɑ̃tidepʀesœʀ] *m* Antidepressivum *nt*

antidérapant(e) [ɑ̃tideʀapɑ̃, ɑ̃t] *adj* rutschfest

antidopage [ɑ̃tidɔpaʒ], **antidoping** [ɑ̃tidɔpiŋ] *adj contrôle* Doping-; *lutte* gegen das Doping

antidote [ɑ̃tidɔt] *m* MED Gegenmittel *nt*

antidouleur [ɑ̃tidulœʀ] *adj inv* schmerzstillend

anti-effraction [ɑ̃tiefʀaksjɔ̃] *adj inv porte, fenêtre* einbruchsicher

anti-émeute [ɑ̃tiemøt] *adj inv* Antikonflikt-; **police ~** Antikonflikt-Team *nt* der Polizei

antifasciste [ɑ̃tifaʃist, ɑ̃tifasist] *adj* antifaschistisch

anti-fourches [ɑ̃tifuʀʃ] *adj inv* Antispliss-; **shampoing /masque ~** Pflegeshampoo *nt*/Pflegepackung *f* gegen Spliss

antigang [ɑ̃tigɑ̃g] **I.** *adj* Bandenkriminalität bekämpfend **II.** *m Polizist einer Einheit gegen Bandenkriminalität*

antigel [ɑ̃tiʒɛl] *m* Frostschutzmittel *nt*

antigouvernemental(e) [ɑ̃tiguvɛʀnəmɑ̃tal, -o] <-aux> *adj* regierungsfeindlich

anti-inflammatoire [ɑ̃tiɛ̃flamatwaʀ] <anti-inflammatoires> *adj* MED entzündungshemmend **anti-jeune[s]** [ɑ̃tiʒœn] <anti-jeune[s]> **I.** *adj politique, loi* jugendfeindlich **II.** *mf* Jugendgegner *m*

antillais(e) [ɑ̃tijɛ, jɛz] *adj* antillisch

Antillais(e) [ɑ̃tijɛ, ɛz] *m(f)* Bewohner(in) *m(f)* der Antillen

Antilles [ɑ̃tij] *fpl* **les ~** die Antillen

A

antilope [ɑ̃tilɔp] *f* Antilope *f*

antimilitarisme [ɑ̃timilitaʀism] *m* Antimilitarismus *m*

antimilitariste [ɑ̃timilitaʀist] *adj* antimilitaristisch

antimissile [ɑ̃timisil] *adj* Raketenabwehr-

antimite [ɑ̃timit] **I.** *adj* gegen Motten **II.** *m* Mottenschutzmittel *nt*

antimoine [ɑ̃timwan] *m* CHIM Antimon *nt*

antimondialiste [ɑ̃timɔ̃djalist] *mf* Globalisierungsgegner(in) *m(f)*

antinucléaire [ɑ̃tinykleɛʀ] **I.** *adj* Anti-Atomkraft- **II.** *mf* Atomkraftgegner(in) *m(f)*

antioxydant [ɑ̃tiɔksidɑ̃] *m* CHIM Antioxidans *nt*, Antioxydans *nt*

antipape [ɑ̃tipap] *m* HIST Gegenpapst *m*

antiparasite [ɑ̃tipaʀazit] **I.** *adj* zur Entstörung **II.** *m* Entstörungssystem *nt*

antipathie [ɑ̃tipati] *f* ~ **pour qn/qc** Abneigung *f* gegen jdn/etw

antipathique [ɑ̃tipatik] *adj* unsympathisch; *comportement* unfreundlich

antipatriotique [ɑ̃tipatʀijɔtik] *adj* unpatriotisch; *acte, parole* vaterlandsfeindlich

antipelliculaire [ɑ̃tipelikylɛʀ] *adj* gegen Schuppen

anti-piratage [ɑ̃tipiʀataʒ] *adj inv* INFORM *document, fichier* kopiergeschützt; **protection** ~ Kopierschutz *m*

antipode [ɑ̃tipɔd] *m* GEOG Ort *m* auf der anderen Seite der Erdkugel

antipoison [ɑ̃tipwazɔ̃] *adj inv* **centre** ~ *Spezialklinik für Vergiftungen*

antipolio [ɑ̃tipɔljo] *adj inv abr de* **antipoliomyélitique** gegen Kinderlähmung

antipollution [ɑ̃tipɔlysjɔ̃] *adj inv* Umweltschutz-

antipub [ɑ̃tipyb] **I.** *adj* werbefeindlich; **mouvement** ~ *Bewegung der Werbegegner, die meist in Gruppen Werbeplakate beschmieren oder abreißen* **II.** *mf* [militanter] Werbegegner *m*/[militante] Werbegegnerin *f*

antiquaire [ɑ̃tikɛʀ] *mf* Antiquitätenhändler(in) *m(f)*

antique [ɑ̃tik] *adj* ❶ (*de l'Antiquité*) antik; *lieu* der Antike ❷ *a. iron* (*très ancien*) uralt

antiquité [ɑ̃tikite] **I.** *f sans pl* ❶ HIST **l'Antiquité** (*ancienne civilisation*) das Altertum; (*civilisation gréco-romaine*) die Antike ❷ (*période très reculée*) Vorzeit *f* **II.** *fpl* ❶ (*œuvres d'art antiques*) Altertümer *Pl* ❷ (*objets, meubles anciens*) Antiquitäten *Pl*

antiraciste [ɑ̃tiʀasist] *adj* antirassistisch

antireflet [ɑ̃tiʀəflɛ] *adj verre* entspiegelt

antirides [ɑ̃tiʀid] *adj* gegen Falten

antirouille [ɑ̃tiʀuj] **I.** *adj inv* Rostschutz- **II.** *m* Rostschutzmittel *nt*

antisèche [ɑ̃tisɛʃ] *f fam* Spickzettel *m*

antisémite [ɑ̃tisemit] *adj* antisemitisch

antisémitisme [ɑ̃tisemitism] *m* Antisemitismus *m*

antiseptique [ɑ̃tisɛptik] **I.** *adj* antiseptisch **II.** *m* Antiseptikum *nt*

antisismique [ɑ̃tisismik] *adj* erdbebenfest, erdbebensicher

antisocial(e) [ɑ̃tisɔsjal, -jo] <-aux> *adj* unsozial

anti-spam [ɑ̃tispam] <anti-spams> **I.** *adj* Spam-; **filtre** ~ Spamfilter *m* **II.** *m* Spamschutz *m*

antispasmodique [ɑ̃tispasmɔdik] MED **I.** *adj* krampflösend **II.** *m* krampflösendes Mittel *nt*

antisportif, -ive [ɑ̃tispɔʀtif, -iv] *adj personne, esprit* unsportlich

antistatique [ɑ̃tistatik] *adj* antistatisch

antitabac [ɑ̃titaba] *adj inv* gegen das Rauchen

anti-terne [ɑ̃titɛʀn] *adj inv* Pflegeglanz-; **shampoing** ~ Pflegeglanzshampoo *nt*

antiterroriste [ɑ̃titeʀɔʀist] *adj* antiterroristisch

antitétanique [ɑ̃titetanik] *adj* gegen Tetanus

antithèse [ɑ̃titɛz] *f* PHILOS Antithese *f*

antithétique [ɑ̃titetik] *adj* gegensätzlich

antitrust [ɑ̃titʀœst] *adj* gegen die Monopolisierung

antituberculeux, -euse [ɑ̃titybɛʀkylø, -øz] *adj* MED gegen Tuberkulose

antitussif [ɑ̃titysif] *m* MED Hustenmittel *nt*

antivariolique [ɑ̃tivaʀjɔlik] *adj* MED gegen Pocken

antiviral(e) [ɑ̃tiviʀal, -o] <-aux> *adj* MED Antivirus-, gegen Viren gerichtet

antivirus [ɑ̃tiviʀys] *inv* INFORM **I.** *adj* Antiviren- **II.** *m* Antivirenprogramm *nt*

antivol [ɑ̃tivɔl] **I.** *adj inv* gegen Diebstahl **II.** *m d'une voiture* Lenkradschloss *nt; d'un vélo* [Fahrrad]schloss *nt*

antonyme [ɑ̃tɔnim] *m* LING Antonym *nt*

antre [ɑ̃tʀ] *m d'un animal* Höhle *f*

anus [anys] *m* After *m*

Anvers [ɑ̃vɛʀ] Antwerpen *nt*

anxiété [ɑ̃ksjete] *f a.* MED, PSYCH Angst *f*; (*trait de caractère*) Ängstlichkeit *f*

anxieusement [ɑ̃ksjøzmɑ̃] *adv* ängstlich

anxieux, -euse [ɑ̃ksjø, -jøz] **I.** *adj* ängstlich; *attente* bang **II.** *m, f* ängstlicher Mensch

anxiolytique [ɑ̃ksjɔlitik] I. *adj* angstlösend II. *m* angstlösendes Mittel *nt*

A.O.C. [ɑose] *abr de* **appellation d'origine contrôlée** kontrollierte Herkunftsbezeichnung (*Qualitätssiegel für Lebensmittel*)

aorte [aɔʀt] *f* Aorta *f*

août [u(t)] *m* ① August *m;* ~ **est un mois d'été** der August ist ein Sommermonat ② (*pour indiquer la date, un laps de temps*) **en** ~ im August; **début/fin** ~ Anfang/Ende August; **pendant tout le mois d'**~ den ganzen August über; **le 15** ~**, c'est l'Assomption** der 15. August ist Mariä Himmelfahrt

aoûtien(ne) [ausjɛ̃, jɛn] *m(f)* Augusturlauber(in) *m(f)*

apaisant(e) [apɛzɑ̃, ɑ̃t] *adj* ① (*qui calme*) beruhigend ② (*qui ramène la paix*) beschwichtigend

apaisement [apɛzmɑ̃] *m* Beruhigung *f*

apaiser [apeze] <1> I. *vt* beruhigen; lindern *douleur;* stillen *faim, désir, soif;* zum Erliegen bringen *protestations;* dämpfen *colère;* zerstreuen *scrupules, craintes;* versöhnlich stimmen *dieux* II. *vpr* **s'**~ *personne:* sich beruhigen; *douleur:* nachlassen; *colère, tempête:* sich legen

apanage [apanaʒ] *m* Vorrecht *nt*

aparté [apaʀte] *m* (*entretien*) vertrauliches Gespräch

apartheid [apaʀtɛd] *m* Apartheid *f*

apathie [apati] *f* Apathie *f*

apathique [apatik] *adj* apathisch

apatride [apatʀid] *mf* Staatenlose(r) *f(m)*

apercevoir [apɛʀsəvwaʀ] <12> I. *vt* ① (*entrevoir*) flüchtig wahrnehmen ② (*remarquer*) bemerken ③ (*distinguer*) erkennen II. *vpr* ① (*se voir*) **s'**~ sich sehen ② (*se rendre compte*) **s'**~ **d'une erreur/des manigances de qn** einen Fehler bemerken/jds Machenschaften durchschauen; **s'**~ **de la présence de qn** jdn bemerken; **sans s'en** ~ ohne es zu merken

aperçu [apɛʀsy] *m* ① (*idée générale*) kurzer Überblick ② INFORM Seitenansicht *f*

apéritif [apeʀitif] *m* Aperitif *m*

apéro [apeʀo] *m fam abr de* **apéritif**

apesanteur [apəzɑ̃tœʀ] *f* Schwerelosigkeit *f*

à-peu-près [apøpʀɛ] *m inv* (*approximation*) vage Angabe; **c'est de l'**~ das ist alles nur so ungefähr

apeuré(e) [apœʀe] *adj* verängstigt; *regard* ängstlich

aphone [afɔn, afon] *adj* ohne Stimme

aphorisme [afɔʀism] *m* Aphorismus *m*

aphrodisiaque [afʀɔdizjak] *m* Aphrodisiakum *nt*

aphte [aft] *m* MED Aphthe *f*

à-pic [apik] <à-pics> *m* Steilhang *m;* (*en bord de mer*) Kliff *nt*

apiculteur, -trice [apikyltœʀ, -tʀis] *m, f* Imker(in) *m(f)*

apiculture [apikyltyʀ] *f* Bienenzucht *f*

apitoiement [apitwamɑ̃] *m* ~ **sur qn** Mitleid *nt* mit jdm

apitoyer [apitwaje] <6> *vpr* **s'**~ **sur qn/qc** jdn/etw bemitleiden

aplanir [aplaniʀ] <8> *vt* (*niveler*) einebnen

aplati(e) [aplati] *adj* platt [gedrückt]

aplatir [aplatiʀ] <8> I. *vt* platt drücken; abflachen *voûte;* glatt streichen *pli* II. *vpr* ① (*se plaquer*) **s'**~ **sur la table** sich flach auf den Tisch legen; **s'**~ **contre le mur** sich gegen die Wand drücken ② (*devenir plat*) **s'**~ flach werden ③ (*être rendu plat*) **s'**~ flach gedrückt werden ④ (*s'écraser*) **s'**~ **contre qc** gegen etw prallen

aplomb [aplɔ̃] *m* ① (*équilibre*) Gleichgewicht *nt;* (*verticalité*) Lot *nt;* **à l'**~ im Lot; **d'**~ senkrecht ② (*assurance*) Selbstsicherheit *f*

à plus [aplys] *interj fam* bis dann

apnée [apne] *f* MED Atemstillstand *m;* SPORT Tauchen *nt* ohne Sauerstoffgerät

apnéiste [apneist] *mf* Apnoetaucher(in) *m(f)*

apocalypse [apɔkalips] *f* ① REL **l'Apocalypse** die Apokalypse ② (*désastre*) Apokalypse *f*

apocalyptique [apɔkaliptik] *adj* apokalyptisch

apogée [apɔʒe] *m* Höhepunkt *m*

apolitique [apɔlitik] *adj* unpolitisch

apologie [apɔlɔʒi] *f* (*éloge*) Verherrlichung *f;* (*justification*) Verteidigung *f*

apologiste [apɔlɔʒist] *mf* Apologet(in) *m(f)*

apophyse [apɔfiz] *f* ANAT Apophyse *f*

apoplectique [apɔplɛktik] *adj* MED apoplektisch

apoplexie [apɔplɛksi] *f* MED Gehirnschlag *m;* **crise d'**~ Schlaganfall *m*

a posteriori [a pɔsteʀjɔʀi] *adv* im Nachhinein, nachträglich

apostolat [apɔstɔla] *m* Berufung *f*

apostolique [apɔstɔlik] *adj* apostolisch

apostrophe [apɔstʀɔf] *f* ① (*signe*) Apostroph *m* ② (*interpellation*) barscher Zuruf ③ (*figure de style*) Anrede *f,* Apostrophe *f*

apostropher [apɔstʀɔfe] <1> *vt* (*houspiller*) anfahren

apothéose [apɔteoz] *f* ① (*consécration*)

Krönung *f;* (*sommet*) Höhepunkt *m* ❷ (*partie finale*) krönender Abschluss

apôtre [apotʀ] *m* ❶ REL, HIST Jünger *m,* Apostel *m* ❷ (*propagateur d'une idée*) Verfechter(in) *m(f)*

apparaître [apaʀɛtʀ] <*irr*> *vi + être* ❶ (*se montrer*) erscheinen; *maison, animal:* auftauchen; *acteur:* auftreten ❷ (*surgir*) *idée:* aufkommen; *difficulté, fièvre:* auftreten; *obstacle:* auftauchen; *vérité:* zutage treten ❸ (*se révéler*) ~ **à qn** *vérité:* jdm bewusst werden; **laisser** ~ erkennen lassen ❹ (*sembler*) ~ **grand à qn** jdm groß scheinen ❺ (*se présenter*) ~ **comme qc à qn** jdm wie etw erscheinen

apparat [apaʀa] *m* Pomp *m*

appareil [apaʀɛj] *m* ❶ (*machine, instrument*) Gerät *nt,* Apparat *m;* (*radio*) Radio[gerät *nt*] *nt;* (*télévision*) Fernsehapparat *m;* ~ **téléphonique** Telefon *nt;* **à l'**~ am Apparat; ~ **photo[graphique]** Fotoapparat *m;* ~**s ménagers** Haushaltsgeräte *Pl;* ~ **de mesure** Messgerät ❷ (*prothèse*) Prothese *f;* (*dentaire*) Zahnspange *f;* (*dentier*) Gebiss *nt;* ~ **auditif** Hörgerät *nt* ❸ (*avion*) Maschine *f* ❹ ANAT ~ **digestif** Verdauungsapparat *m;* ~ **circulatoire** Kreislaufsystem *nt;* ~ **respiratoire** Atmungsorgane *Pl* ❺ POL Apparat *m* ❻ *pl* SPORT Geräte *Pl*

appareillage [apaʀɛjaʒ] *m* NAUT Auslaufen *nt*

appareiller [apaʀeje] <1> **I.** *vi* ablegen **II.** *vt* ❶ NAUT klarmachen ❷ (*assortir*) passend zusammenstellen

apparemment [apaʀamɑ̃] *adv* anscheinend; (*vraisemblablement*) offensichtlich

apparence [apaʀɑ̃s] *f* ❶ (*aspect*) Anblick *m;* ~ **physique** äußeres Erscheinungsbild ❷ (*ce qui semble être*) [An]schein *m* ► **sauver les** ~**s** den Schein wahren

apparent(e) [apaʀɑ̃, ɑ̃t] *adj* ❶ (*visible*) sichtbar; **être** ~ zu erkennen sein ❷ (*évident, manifeste*) offensichtlich; *ruse* plump ❸ (*supposé, trompeur*) scheinbar

apparenté(e) [apaʀɑ̃te] *adj* ❶ (*ressemblant*) ~ **à qc** einer S. (*dat*) ähnlich ❷ (*parent*) verwandt; ~ **à qn/qc** mit jdm/etw verwandt

apparenter [apaʀɑ̃te] <1> *vpr* **s'**~ **à qc** ❶ (*ressembler*) einer S. (*dat*) ähneln ❷ (*se lier par mariage*) in etw (*akk*) einheiraten

appariteur [apaʀitœʀ] *m* (*huissier de faculté*) Pedell *m*

apparition [apaʀisjɔ̃] *f* ❶ *d'une personne* Erscheinen *nt; d'un acteur* Auftritt *m* ❷ *sans pl d'un phénomène* Auftreten *nt; d'une étoile* Erscheinen *nt* ❸ *d'un être surnaturel* Erscheinung *f* ❹ (*fantôme*) Gespenst *nt,* Geist *m*

appart [apaʀt] *m fam abr de* **appartement**

appartement [apaʀtəmɑ̃] *m* ❶ (*habitation*) Wohnung *f* ❷ (*dans un hôtel*) Suite *f*

appartenance [apaʀtənɑ̃s] *f* ❶ (*dépendance*) **l'**~ **à un parti/une famille** die Mitgliedschaft in einer Partei/Zugehörigkeit zu einer Familie ❷ MATH **l'**~ **à qc** das Enthaltensein in etw (*dat*)

appartenir [apaʀtəniʀ] <9> **I.** *vi* ❶ (*être la propriété de*) ~ **à qn** jdm gehören ❷ (*faire partie de*) ~ **à qc** einer S. (*dat*) angehören ❸ MATH ~ **à qc** in etw (*dat*) enthalten sein **II.** *vi impers* **il appartient à qn de faire qc** es ist jds Sache, etw zu tun

appât [apɑ] *m* Köder *m;* **l'**~ **du gain** die Verlockung des Geldes

appâter [apɑte] <1> *vt* ❶ CHASSE, PECHE ködern *poisson;* anlocken *oiseau, gibier* ❷ (*allécher*) locken

appauvrir [apovʀiʀ] <8> **I.** *vt* arm machen *personne;* verarmen lassen *pays;* verkümmern lassen *intelligence* **II.** *vpr* **s'**~ verarmen; *intelligence:* verkümmern; *terre:* ausgelaugt werden

appauvrissement [apovʀismɑ̃] *m* Verarmung *f*

appeau [apo] *m* (*instrument*) Vogelpfeife *f;* (*oiseau*) Lockvogel *m*

appel [apɛl] *m* ❶ (*cri*) Ruf *m* ❷ (*signal*) Zeichen *nt* ❸ (*demande*) Appell *m;* **faire** ~ **à qn/qc** an jdn/etw appellieren; **faire** ~ **à son courage/ses souvenirs** seinen Mut zusammennehmen/sich zu erinnern versuchen ❹ (*exhortation*) ~ **à qc** Aufforderung *f* zu etw; **lancer un** ~ **à qn** einen Appell an jdn richten ❺ (*vérification de présence*) namentlicher Aufruf; MIL Appell *m;* **faire l'**~ die Namen aufrufen; **il faut que je me paie l'**~ ich muss den Appell über mich ergehen lassen; MIL den Appell abhalten ❻ TELEC ~ **[téléphonique]** [Telefon]anruf *m* ❼ (*élan*) Absprung *m* ❽ INFORM Aufruf *m* ► **faire** ~ Berufung einlegen; **sans** ~ endgültig; *juger* gnadenlos; ~ **d'offres** Ausschreibung *f*

appelé(e) [aple] *m(f)* ❶ MIL Einberufene(r) *m* ❷ REL Berufene(r) *f(m)*

appeler [aple] <4> **I.** *vt* ❶ (*interpeller*) rufen; aufrufen *nom* ❷ (*faire venir*) [herbei]rufen; **faire** ~ **qn** jdn rufen lassen ❸ (*téléphoner à*) anrufen ❹ (*nommer*) ~ **qn Pierre/par son prénom** jdn Pierre nennen/mit seinem Vornamen anreden ❺ (*réclamer*) *situation, conduite:* erforderlich machen; *affaires, devoir:* rufen ⑥ (*désigner*) ~ **qn à une charge/un poste/une fonction** jdm einen Auftrag erteilen/eine Stelle zuteilen/ jdn in ein Amt berufen ⑦ (*se référer à*) **en ~ à qc** an etw (*akk*) appellieren ⑧ INFORM aufrufen **II.** *vi* (*héler*) rufen; (*téléphoner*) anrufen **III.** *vpr* ① (*porter comme nom*) **s'~** heißen; **comment t'appelles-tu/s'appelle cette plante?** wie heißt du/diese Pflanze?; **je m'appelle** ich heiße ② (*être équivalent à*) **cela s'appelle faire qc** *fam* das nennt man etw tun

appellation [apelasjɔ̃, apɛllasjɔ̃] *f* Bezeichnung *f;* ~ **d'origine** Herkunftsbezeichnung

appendice [apɛ̃dis] *m* Anhang *m*

appendicite [apɛ̃disit] *f* MED Blinddarmentzündung *f*

appesantir [apəzɑ̃tiʀ] <8> **I.** *vt* schwerer machen **II.** *vpr* **s'~** (*devenir lourd*) *tête:* schwer werden; *esprit:* träge werden; *geste, pas:* schwerfällig werden

appétissant(e) [apetisɑ̃, ɑ̃t] *adj* ① (*alléchant*) appetitanregend; *nom* verlockend ② *fam* (*attirant*) knackig

appétit [apeti] *m* ① (*faim*) Appetit *m;* **avoir de l'~/bon ~** Appetit/einen guten Appetit haben; **bon ~!** guten Appetit!; **donner de/couper l'~ à qn** jdm Appetit machen/den Appetit verderben ② *fig* ~ **de richesses/vengeance** Geld-/Rachgier *f;* ~ **de gloire/pouvoir** Ruhmsucht *f*/Machtgelüste *Pl;* ~ **de savoir** Wissensdurst *m*

applaudimètre [aplodimɛtʀ] *m* Applausmesser *m*

applaudir [aplodiʀ] <8> **I.** *vi* [Beifall] klatschen **II.** *vt* ~ **qn/qc** jdm applaudieren

applaudissements [aplodismɑ̃] *mpl* Applaus *m*

appli [apli] *f fam* INET App *f o nt*

applicable [aplikabl] *adj* ~ **à qn/qc** anwendbar auf jdn/etw

application [aplikasjɔ̃] *f* ① (*pose*) Auftragen *nt,* Anbringen *nt* ② (*utilisation*) Anwendung *f* ③ *d'une idée* Umsetzung *f; d'une décision* Ausführung *f; d'une mesure* Ergreifung *f;* **mettre qc en ~** etw praktisch anwenden ④ TELEC, INET Anwendung *f; d'un portable* App *f o nt*

appliqué(e) [aplike] *adj* ① (*attentif et studieux*) fleißig ② (*soigné*) sorgfältig ③ (*mis en pratique*) angewandt ④ (*assené*) **bien ~** gut gezielt

applique [aplik] *f* Wandleuchte *f*

appliquer [aplike] <1> **I.** *vt* ① (*poser*) ~ **de la peinture sur qc** Farbe auf etw (*akk*) auftragen; ~ **son oreille sur qc** sein Ohr an etw (*akk*) halten; ~ **une échelle contre le mur** eine Leiter an die Wand lehnen ② (*mettre en pratique*) [praktisch] anwenden; verabreichen *remède;* ausführen *décision;* befolgen *mode d'emploi, règlement* **II.** *vpr* ① (*se poser*) **s'~ sur qc** sich auf etw (*akk*) auftragen lassen ② (*correspondre à*) **s'~ à qn/qc** *remarque:* für jdn/etw gelten; *nom, titre:* zu jdm/etw passen ③ (*s'efforcer*) **s'~ à faire qc** sich (*dat*) Mühe geben etw zu tun

appoint [apwɛ̃] *m* ① (*petite monnaie*) passendes Kleingeld; **faire l'~** es passend haben ② (*complément*) **salaire d'~** Zubrot *nt*

appointements [apwɛ̃tmɑ̃] *mpl* Bezüge *Pl*

appointer [apwɛ̃te] <1> *vt* ① (*donner des appointements*) Gehalt [*o* Bezüge] auszahlen ② (*tailler en pointe*) zuspitzen *instrument*

appontage [apɔ̃taʒ] *m* Landung *f* (*auf einem Flugzeugträger*)

appontement [apɔ̃tmɑ̃] *m* Landungsbrücke *f*

apponter [apɔ̃te] <1> *vi* auf dem Flugdeck [eines Flugzeugträgers] landen

apport [apɔʀ] *m* ① (*contribution*) **l'~ de qn/qc à qc** jds Beitrag/der Beitrag einer S. (*gen*) zu etw ② (*source*) ~ **de vitamines/chaleur** Vitamin-/Wärmezufuhr *f* ③ FIN Einlage *f*

apporter [apɔʀte] <1> *vt* ① (*porter*) *personne:* bringen ② (*porter avec soi en un lieu*) *personne:* mitbringen; *vent, automne:* bringen ③ (*fournir*) ~ **une preuve à qc** einen Beweis für etw liefern; ~ **son concours/sa contribution à qc** bei etw mitwirken/seinen Beitrag leisten zu etw ④ (*procurer*) geben; spenden *consolation;* bereiten *ennuis;* bringen *soulagement* ⑤ (*produire*) ~ **une modification/un changement à qc** eine Veränderung an etw (*dat*) vornehmen/für etw mit sich bringen ⑥ (*mettre*) ~ **du soin/beaucoup de précaution à qc** bei etw Sorgfalt/große Vorsicht walten lassen ⑦ (*profiter à*) ~ **beaucoup à qn/qc** *chose:* jdm/einer S. viel geben; *personne:* jdm viel geben

apposer [apoze] <1> *vt* (*appliquer*) anbringen *plaque, affiche;* ~ **un timbre sur qc** eine Briefmarke auf etw (*akk*) kleben; ~ **une signature sur qc** eine Unterschrift unter etw (*akk*) setzen

apposition [apozisjɔ̃] *f* ① GRAM Apposition *f* ② (*application*) Anbringen *nt; d'un timbre* Aufkleben *nt;* ~ **d'une signature**

sur un document Unterzeichnen *nt* eines Dokumentes

appréciable [apʀesjabl] *adj* beachtlich; *changement* spürbar

appréciation [apʀesjasjɔ̃] *f* ❶ *sans pl d'une distance* Abschätzen *nt; d'une situation* Beurteilung *f,* Einschätzung *f; d'un objet de valeur* Schätzung *f* ❷ (*commentaire*) Bemerkung *f;* (*jugement*) Beurteilung *f*

apprécier [apʀesje] <1> **I.** *vt* ❶ (*évaluer*) abschätzen *distance, vitesse;* schätzen *objet, valeur;* einschätzen *importance* ❷ (*aimer*) schätzen **II.** *vi fam* **il n'a pas apprécié!** das hat ihm gar nicht gefallen!; **je vous laisse ~** ich lasse Sie selbst urteilen **III.** *vpr* **s'~** sich schätzen

appréhender [apʀeɑ̃de] <1> *vt* ❶ (*redouter*) **~ de faire qc** Angst haben, etw zu tun ❷ (*arrêter*) fassen

appréhension [apʀeɑ̃sjɔ̃] *f* Befürchtung *f;* **avec ~** ängstlich

apprenant(e) [apʀənɑ̃, ɑ̃t] *m(f)* Lernende(r) *f(m);* Lerner(in) *m(f)*

apprendre [apʀɑ̃dʀ] <13> **I.** *vt* ❶ (*être informé de*) erfahren; erfahren von *événement* ❷ (*annoncer*) **qn/qc apprend une chose à qn** jd teilt jdm eine S. mit/jd erfährt durch etw von einer S. ❸ (*étudier*) lernen *leçon, langue;* erlernen *science, art, métier, technique* ❹ (*devenir capable de*) **~ à faire qc** lernen etw zu tun ❺ (*enseigner*) **~ qc à qn** jdm etw beibringen **II.** *vi* lernen **III.** *vpr* **s'~** sich erlernen lassen

apprenti(e) [apʀɑ̃ti] *m(f)* ❶ (*élève*) Lehrling *m,* Auszubildende(r) *f(m);* **elle est ~e couturière** sie macht eine Schneiderlehre ❷ (*débutant*) Anfänger(in) *m(f)*

apprentissage [apʀɑ̃tisaʒ] *m* (*formation*) Lehre *f;* **être en ~ chez qn** bei jdm in der Lehre sein; **il fait son ~ de menuisier** er macht eine Tischlerlehre

apprêt [apʀɛ] *m* TECH Appretur *f*

apprêté(e) [apʀete] *adj* affektiert

apprêter [apʀete] <1> **I.** *vt* TECH appretieren **II.** *vpr* **s'~ à faire qc** (*se préparer*) Vorbereitungen treffen um etw zu tun; (*être sur le point de*) im Begriff sein etw zu tun

apprivoisable [apʀivwazabl] *adj* zähmbar

apprivoiser [apʀivwaze] <1> *vt* ❶ (*dresser*) zähmen *animal* ❷ (*rendre plus doux*) zähmen *personne* ❸ (*vaincre*) bezwingen

approbateur, -trice [apʀɔbatœʀ, -tʀis] *adj* zustimmend

approbation [apʀɔbasjɔ̃] *f* ❶ (*accord*) Zustimmung *f* ❷ (*jugement favorable*) Anerkennung *f; du public* Beifall *m*

approche [apʀɔʃ] *f* ❶ *d'une personne, d'un véhicule* Näherkommen *nt;* **à l'~ de la ville** wenn man sich der Stadt nähert; (*dans le passé*) als man sich der Stadt näherte ❷ *d'un événement, danger* [Heran]nahen *nt;* **à l'~ du printemps** wenn der Frühling naht; (*dans le passé*) als der Frühling nahte ❸ (*manière d'aborder un sujet*) Vorgehensweise *f;* **l'~ du problème** der Problemansatz; **une ~** eine Einführung ❹ *pl* (*parages*) Umgebung *f*

approcher [apʀɔʃe] <1> **I.** *vi personne:* näher kommen; *moment, date, jour:* näher rücken; *saison:* nahen; *nuit:* hereinbrechen; *orage:* [her]aufziehen **II.** *vt* ❶ (*mettre plus près*) **~ une chose de qn/qc** eine S. an jdn/etw näher heranschieben; **elle approche son visage du sien** sie nähert ihr Gesicht dem seinen/ihren ❷ (*venir plus près*) **~ qn** sich jdm nähern; **ne m'approche pas!** komm mir nicht zu nahe! **III.** *vpr* **s'~ de qn/qc** sich jdm/einer S. nähern

approfondi(e) [apʀɔfɔ̃di] *adj* gründlich; *connaissance* fundiert

approfondir [apʀɔfɔ̃diʀ] <8> *vt* ❶ (*creuser*) vertiefen ❷ (*étudier*) sich näher beschäftigen mit; erweitern *connaissances*

approfondissement [apʀɔfɔ̃dismɑ̃] *m* ❶ (*creusement*) Vertiefen *nt* ❷ (*étude*) nähere Betrachtung *f*

appropriation [apʀɔpʀijasjɔ̃] *f* JUR Aneignung *f*

approprié(e) [apʀɔpʀije] *adj* **~ [à qc]** [für etw] geeignet; *réponse, style* [zu etw] passend

approprier [apʀɔpʀije] <1> **I.** *vt* **~ à qc** einer S. (*dat*) anpassen **II.** *vpr* **s'~ un bien** sich (*dat*) einen Besitz aneignen; **s'~ un droit** sich (*dat*) einen Recht anmaßen

approuver [apʀuve] <1> *vt* ❶ (*agréer*) **~ qn/qc** jdm zustimmen/etw gutheißen; **~ que** + *subj* es begrüßen, dass ❷ JUR gegenzeichnen *contrat;* annehmen *projet de loi;* bestätigen *nomination;* genehmigen *procès-verbal*

approvisionnement [apʀɔvizjɔnmɑ̃] *m* ❶ (*ravitaillement*) **~ en qc** Versorgung *f* mit etw ❷ (*réserve*) **~ en qc** Vorrat *m* an etw (*dat*)

approvisionner [apʀɔvizjɔne] <1> **I.** *vt* **~ une ville en qc** eine Stadt mit etw versorgen; **~ un magasin en qc** ein Geschäft mit etw beliefern; **~ un compte en qc** ein Konto mit etw auffüllen **II.** *vpr* **s'~ en qc** sich mit etw versorgen

approximatif, -ive [apʀɔksimatif, -iv] *adj* ungefähr

approximation [apʀɔksimasjɔ̃] *f* [ungefähre] Schätzung; MATH Näherungswert *m*

approximativement [apʀɔksimativmɑ̃] *adv* ungefähr

appui [apɥi] *m* ❶ (*support*) Stütze *f* ❷ (*aide*) Unterstützung *f* ❸ ARCHIT ~ **de fenêtre** Fensterbank *f* ❹ (*justification*) **à l'~ de qc** zum Beweis einer S. (*gen*)

appuie-tête [apɥitɛt] <appuie-tête[s]> *m* Kopfstütze *f*

appuyé(e) [apɥije] *adj* betont; *regard* eindringlich

appuyer [apɥije] <6> **I.** *vi* ❶ (*presser*) drücken; ~ **sur qc** (*avec la main/le pied*) drücken/treten auf etw (*akk*) ❷ (*insister sur*) ~ **sur qc** (*prononciation*) etw betonen; (*argumentation*) etw hervorheben **II.** *vt* ❶ (*poser*) ~ **qc contre/sur qc** etw gegen etw lehnen/auf etw (*akk*) stützen ❷ (*presser*) ~ **sa main/son pied sur qc** mit der Hand auf etw (*akk*) drücken/mit dem Fuß auf etw (*akk*) treten ❸ (*soutenir*) unterstützen **III.** *vpr* ❶ (*prendre appui*) **s'~ contre qn/qc** sich an jdn/etw [an]lehnen; **s'~ sur qn/sur qc** sich auf jdn/etw stützen ❷ (*compter sur*) **s'~ sur qn/qc** sich auf jdn/etw verlassen ❸ (*se fonder sur*) **s'~ sur qc** *preuves:* sich auf etw (*akk*) stützen

âpre [ɑpʀ] *adj* (*qui racle la gorge*) herb

après [apʀɛ] **I.** *prép* ❶ (*temporel*) nach (+ *dat*); **bien/peu ~ qc** lange/kurz nach etw; ~ **avoir fait qc** nachdem jd etw getan hat ❷ (*plus loin que*) nach (+ *dat*) ❸ (*derrière*) hinter (+ *dat*); **courir ~ l'autobus** dem Bus hinterherrennen; ~ **toi/vous!** [bitte] nach dir/nach Ihnen! ❹ *fam* (*contre*) **être furieux/en avoir ~ qn** auf jdn wütend sein/sich mit jdm anlegen ❺ (*chaque*) **semaine ~ semaine, jour ~ jour** Woche für Woche, Tag für Tag; **page ~ page** Seite für Seite ❻ (*selon*) **d'~ qn/qc** nach jdm/etw; **d'~ moi** meiner Meinung nach **II.** *adv* ❶ (*plus tard, ensuite*) danach; (*par la suite*) nachher; **aussitôt ~** gleich danach; **longtemps/peu ~** viel später/bald darauf ❷ (*plus loin, derrière*) dahinter ❸ (*dans un classement*) danach ❹ (*à part ça*) ansonsten ❺ *fam* (*à la suite de*) hinterher ❻ (*qui suit*) **d'~** danach ►**et ~?** *fam* [na] und?; ~ **tout** schließlich **III.** *conj* ~ **que ...** + *indic o subj* nachdem ...

après-demain [apʀɛdmɛ̃] *adv* übermorgen **après-guerre** [apʀɛgɛʀ] <après-guerres> *m* Nachkriegszeit *f* **après-midi** [apʀɛmidi] **I.** *m o f inv* Nachmittag *m;* **cet[te]** ~ heute Nachmittag; [**dans**] **l'~** am Nachmittag; **4 heures de l'~** 4 Uhr nachmittags **II.** *adv* **mardi ~** [am] Dienstagnachmittag; **demain ~** morgen Nachmittag; **tou[te]s les lundis ~** jeden Montagnachmittag **après-mur** [apʀɛmyʀ] *m inv* **l'~** [**de Berlin**] die Zeit nach der Wende **après-11-septembre** [apʀɛɔ̃zsɛptɑ̃bʀ] *sans pl m* **l'~** die Zeit nach dem 11. September 2001 (*an dem die Anschläge auf das World Trade Center in New York und auf das Pentagon in Washington verübt wurden*) **après-rasage** [apʀɛʀɑzaʒ] **I.** *m inv* Rasierwasser *nt* **II.** *adj inv lotion* Aftershave- **après-ski** [apʀɛski] *m inv* Schneestiefel *m* **après-vente** [apʀɛvɑ̃t] *m inv* Kundendienst *m*

âpreté [ɑpʀəte] *f* ❶ *d'un vin* Herbheit *f* ❷ *du vent, paysage, d'une voix* Rauheit *f*

a priori [apʀijɔʀi] **I.** *adj inv* apriorisch **II.** *adv* (*au premier abord*) von vornherein; (*en principe*) a priori **III.** *m inv* Apriori *nt*

apr. J.-C. *abr de* **après Jésus-Christ** n. Chr.

à-propos [apʀɔpo] *m* **esprit d'~** Schlagfertigkeit *f*

apte [apt] *adj* ❶ (*capable*) geeignet ❷ MIL **être ~ au service** wehrdiensttauglich sein

aptitude [aptityd] *f* Eignung *f*

aquabonisme [akwabɔnism] *m fam* Wurstigkeit *f*

aquaculture [akwakyltyʀ] *f* Aquakultur *f*

aquagym [akwaʒim] *f* Aquagymnastik *f,* Wassergymnastik *f*

aquaplaning [akwaplaniŋ] *m* Aquaplaning *nt*

aquarelle [akwaʀɛl] *f* ❶ *sans pl* (*technique*) Aquarellmalerei *f* ❷ (*tableau*) Aquarell *nt*

aquarelliste [akwaʀelist] *mf* Aquarellmaler(in) *m(f)*

aquarium [akwaʀjɔm] *m* Aquarium *nt*

aquatique [akwatik] *adj* Wasser-

aqueduc [akdyk] *m* Aquädukt *m o nt*

aqueux, -euse [akø, -øz] *adj* wasserhaltig; *solution* wässrig

aquilin [akilɛ̃] *adj* **un nez ~** eine Adlernase

Aquitaine [akitɛn] *f* **l'~** Aquitanien *nt*

ara [aʀa] *m* Ara *m*

arabe [aʀab] **I.** *adj* arabisch **II.** *m* Arabisch *nt; v. a.* **allemand**

Arabe [aʀab] *mf* Araber(in) *m(f)*

arabesque [aʀabɛsk] *f* Arabeske *f*

Arabie [aʀabi] *f* **l'~** [**Saoudite**] [Saudi-]Arabien *nt*

arable [aʀabl] *adj terre* Acker-

arabophone [aʀabɔfɔn] *adj* arabischsprachig

A

arachide [aʀaʃid] *f* ① (*plante*) Erdnuss *f* ② (*fruit*) **des ~s salées** CAN gesalzene Erdnüsse *Pl*
araignée [aʀeɲe] *f* Spinne *f*
araser [aʀaze] <1> *vt* CONSTR abgleichen *mur*
arbalète [aʀbalɛt] *f* Armbrust *f*
arbitrage [aʀbitʀaʒ] *m* ① (*fonction*) Schiedsrichteramt *nt;* (*acte*) Ausübung *f* des Schiedsrichteramtes ② (*juridiction*) Schiedsgerichtsbarkeit *f;* (*médiation*) Schlichtung *f* ③ (*sentence*) Schiedsspruch *m* ④ FIN Arbitrage *f*
arbitraire [aʀbitʀɛʀ] **I.** *adj* ① (*non motivé*) willkürlich; *valeur* beliebig ② (*tyrannique*) willkürlich; *autorité, pouvoir* auf Willkür beruhend **II.** *m* Willkür *f*
arbitrairement [aʀbitʀɛʀmɑ̃] *adv* willkürlich
arbitre [aʀbitʀ] *mf* ① SPORT Schiedsrichter(in) *m(f)* ② (*conciliateur*) Vermittler(in) *m(f)*
arbitrer [aʀbitʀe] <1> *vt* ① (*servir de conciliateur*) ~ **qc** bei etw schlichten ② SPORT ~ **qc** bei etw Schiedsrichter(in) sein
arborer [aʀbɔʀe] <1> *vt* hissen *drapeau*
arborescence [aʀbɔʀesɑ̃s] *f* INFORM Baumstruktur *f*
arborescent(e) [aʀbɔʀesɑ̃, ɑ̃t] *adj* (*qui prend la forme d'un arbre*) baumartig; (*qui rappelle la forme d'un arbre*) baumförmig
arboriculteur, -trice [aʀbɔʀikyltœʀ, -tʀis] *m, f* Baumpfleger(in) *m(f)*
arboriculture [aʀbɔʀikyltyʀ] *f* Baumzucht *f*
arborisation [aʀbɔʀizasjɔ̃] *f baum- bzw. pflanzenförmiges Muster auf Steinen*
arbre [aʀbʀ] *m* ① BOT Baum *m* ② TECH Welle *f*
arbrisseau [aʀbʀiso] <x> *m* Busch *m*
arbuste [aʀbyst] *m* Strauch *m*
arc [aʀk] *m* ① (*arme*) Bogen *m* ② GEOM, ARCHIT Bogen *m;* ~ **de cercle** Kreisbogen; ~ **de triomphe** Triumphbogen
arcade [aʀkad] *f* ① ARCHIT Arkade *f* ② ANAT ~ **sourcilière** Augenbrauenbogen *m*
arcane [aʀkan] *m* ① (*dans l'alchimie*) Arkanum *nt* (*geh*) ② *fig* **les ~s** die Geheimnisse *nt*
arc-boutant [aʀkbutɑ̃] <arcs-boutants> *m* ARCHIT Strebebogen *m* **arc-bouter** [aʀkbute] <1> *vpr* **s'~ contre qc** sich gegen etw stemmen
arceau [aʀso] <x> *m* kleiner Bogen
arc-en-ciel [aʀkɑ̃sjɛl] <arcs-en-ciel> *m* Regenbogen *m*
archaïque [aʀkaik] *adj* archaisch; *mot, tournure* veraltet
archaïsant(e) [aʀkaizɑ̃, ɑ̃t] *adj style, langue* archaisierend
archaïsme [aʀkaism] *m* ① (*caractère désuet*) Veraltetsein *nt* ② LING Archaismus *m*
archange [aʀkɑ̃ʒ] *m* Erzengel *m*
arche [aʀʃ] *f* ① (*forme*) Bogen *m* ② REL ~ **de Noé** Arche *f* Noah
archéologie [aʀkeɔlɔʒi] *f* Archäologie *f*
archéologique [aʀkeɔlɔʒik] *adj* archäologisch
archéologue [aʀkeɔlɔg] *mf* Archäologe *m*/Archäologin *f*
archéoptéryx [aʀkeɔpteʀiks] *m* Archäopterix *m o f*
archer, -ère [aʀʃe, -ɛʀ] *m, f* Bogenschütze *m*/-schützin *f*
archet [aʀʃɛ] *m* Bogen *m*
archétype [aʀketip] *m* Archetyp[us] *m*
archevêché [aʀʃəveʃe] *m* Erzbistum *nt*
archevêque [aʀʃəvɛk] *m* Erzbischof *m*
archi [aʀʃi] *f fam abr de* **architecture**
archibondé(e) [aʀʃibɔ̃de] *adj,* **archicomble** [aʀʃikɔ̃bl] *adj* brechend voll
archiconnu(e) [aʀʃikɔny] *adj* überall bekannt
archidiacre [aʀʃidjakʀ] *m* REL Archidiakon *m*
archiduc, archiduchesse [aʀʃidyk, aʀʃidyʃɛs] *m, f* Erzherzog(in) *m(f)*
archifaux, archifausse [aʀʃifo, aʀʃifos] *adj* grundfalsch
archipel [aʀʃipɛl] *m* Archipel *m,* Inselgruppe *f*
archiplein(e) [aʀʃiplɛ̃, ɛn] *adj fam* brechend voll
archiprêtre [aʀʃipʀɛtʀ] *m* REL Erzpriester *m*
architecte [aʀʃitɛkt] *mf* ① ARCHIT Architekt(in) *m(f)* ② (*créateur*) Schöpfer *m*
architectural(e) [aʀʃitɛktyʀal, -o] <-aux> *adj* architektonisch
architecture [aʀʃitɛktyʀ] *f* ① ARCHIT Architektur *f,* Baukunst *f;* (*style*) Baustil *m* ② *d'un texte* Aufbau *m* ③ INFORM Struktur *f*
archivage [aʀʃivaʒ] *m* Archivierung *f*
archive [aʀʃiv] *f* INFORM Archiv *nt*
archiver [aʀʃive] <1> *vt* archivieren
archives [aʀʃiv] *fpl* ① (*documents publics*) Archiv *nt;* (*personnels*) Privatarchiv *nt* ② (*lieu*) Archiv *nt;* **les Archives nationales** das Nationalarchiv
archiviste [aʀʃivist] *mf* Archivar(in) *m(f)*
arçon [aʀsɔ̃] *m* Sattelbogen *m*
arctique [aʀktik] *adj* arktisch; *pôle* Nord-; *expédition* Nordpol-; *front* Polar-
Arctique [aʀktik] *m* **l'~** die Arktis

ardemment [aʀdamɑ̃] *adv* sehnlichst
Ardennes [aʀdɛn] *fpl* **les ~** die Ardennen *Pl*
ardent(e) [aʀdɑ̃, ɑ̃t] *adj* ❶ (*brûlant*) glühend ❷ (*violent*) brennend; *amour, lutte* heiß; *haine* wild; *vœu* sehnlichst; *imagination* lebhaft ❸ (*bouillant*) leidenschaftlich; *jeunesse* ungestüm; *amant, tempérament* feurig
ardeur [aʀdœʀ] *f* ❶ (*chaleur*) glühende Hitze ❷ (*force vive*) Heftigkeit *f; de la foi, conviction* Inbrunst *f; de la jeunesse, d'une passion* Feuer *nt* ❸ (*zèle*) Begeisterung *f;* **~ à qc** Eifer *m* bei etw
ardoise [aʀdwaz] **I.** *f sans pl* Schiefer *m* **II.** *adj inv* (*couleur*) schieferfarben; *bleu, gris* schiefer-
ardu(e) [aʀdy] *adj problème, question* schwierig
are [aʀ] *m* Ar *nt*
arène [aʀɛn] *f* ❶ (*piste*) Arena *f* ❷ *pl* (*lieu de corrida*) Stierkampfarena *f;* (*amphithéâtre romain*) Amphitheater *nt* ❸ GEOL Sand *m*
arête [aʀɛt] *f* ❶ ZOOL *d'un poisson* Gräte *f* ❷ (*bord saillant*) Kante *f; du nez* Rücken *m*
argent [aʀʒɑ̃] **I.** *m* ❶ FIN Geld *nt;* **~ de poche** Taschengeld; **payer en ~ comptant** bar bezahlen ❷ (*métal*) Silber *nt* **II.** *adj inv* (*couleur*) Silber-
argenté(e) [aʀʒɑ̃te] *adj* ❶ (*ton*) silberfarben; *couleur, reflets* silbern; *cheveux* silbergrau ❷ (*recouvert d'argent*) versilbert
argenter [aʀʒɑ̃te] <1> *vt* ❶ (*couvrir d'argent*) versilbern ❷ *fig* silbrig schimmern lassen
argenterie [aʀʒɑ̃tʀi] *f sans pl* Tafelsilber *nt;* (*vaisselle*) Silbergeschirr *nt;* (*couverts*) Silberbesteck *nt*
argentin(e) [aʀʒɑ̃tɛ̃, in] *adj* argentinisch
Argentin(e) [aʀʒɑ̃tɛ̃, in] *m(f)* Argentinier(in) *m(f)*
Argentine [aʀʒɑ̃tin] *f* **l'~** Argentinien *nt*
argile [aʀʒil] *f* Ton *m*
argileux, -euse [aʀʒilø, -øz] *adj* tonhaltig
argot [aʀgo] *m* ❶ *sans pl* (*langue verte*) Argot *m o nt* ❷ (*langage particulier*) Jargon *m*
argotique [aʀgɔtik] *adj* **expression ~** Argotausdruck *m*
Argovie [aʀgɔvi] *f* **l'~** der Aargau
argument [aʀgymɑ̃] *m* (*raisonnement, preuve*) Argument *nt*
argumentaire [aʀgymɑ̃tɛʀ] *m* Argumentationshilfe *f*
argumentation [aʀgymɑ̃tasjɔ̃] *f* Argumentation *f*
argumenter [aʀgymɑ̃te] <1> *vi* **~ contre qn/qc** gegen jdn/etw argumentieren
Argus [aʀgys] *m* AUT ≈ Schwackeliste *f*
aria [aʀja] *f* Arie *f*
aride [aʀid] *adj* trocken; *climat* regenarm; *sol* trocken
aridité [aʀidite] *f sans pl* Trockenheit *f*
aristo [aʀisto] *mf fam abr de* **aristocrate** Blaublütige(r) *f(m)*
aristocrate [aʀistɔkʀat] *mf* Aristokrat(in) *m(f)*
aristocratie [aʀistɔkʀasi] *f* ❶ (*caste*) Aristokratie *f* ❷ (*régime*) Aristokratie *f*
aristocratique [aʀistɔkʀatik] *adj* aristokratisch
Aristote [aʀistɔt] *m* Aristoteles *m*
aristotélicien(ne) [aʀistɔtelisjɛ̃, jɛn] *adj* aristotelisch
arithmétique [aʀitmetik] **I.** *f* ❶ SCOL Rechnen *nt;* **exercice d'~** Rechenaufgabe *f* ❷ (*science*) Arithmetik *f* **II.** *adj* arithmetisch
arlequin [aʀləkɛ̃] *m* Harlekin *m*
armada [aʀmada] *f* Heer *nt*
armagnac [aʀmaɲak] *m* Armagnac *m*
armateur [aʀmatœʀ] *m* Reeder(in) *m(f)*
armature [aʀmatyʀ] *f* Gerüst *nt; d'une tente* Gestänge *nt*
arme [aʀm] *f* ❶ (*instrument*) Waffe *f;* **~s de destruction massive** Massenvernichtungswaffen ❷ (*corps de l'armée*) Waffengattung *f*
armé(e) [aʀme] *adj* bewaffnet
armée [aʀme] *f* ❶ (*institution*) **l'~** die Armee; **être à l'~** seinen Militärdienst absolvieren; **~ de libération** Befreiungstruppen *Pl;* **~ du Salut** Heilsarmee ❷ (*troupes*) Armee *f;* **~ de terre** Heer ❸ (*foule*) Heer *nt*
armement [aʀməmɑ̃] *m* ❶ *sans pl d'un pays, d'une armée* Aufrüstung *f; d'un soldat* Bewaffnung *f; d'un navire* Ausrüstung *f; d'un fusil* Laden *nt; d'un appareil photo* Spannen *nt* ❷ *d'un soldat, d'une troupe* Bewaffnung *f; d'un pays* Rüstung *f; d'un avion, bateau* Bordwaffen *Pl*
Arménie [aʀmeni] *f* **l'~** Armenien *nt*
arménien [aʀmenjɛ̃] *m* Armenisch *nt; v. a.* **allemand**
arménien(ne) [aʀmenjɛ̃, jɛn] *adj* armenisch
Arménien(ne) [aʀmenjɛ̃, jɛn] *m(f)* Armenier(in) *m(f)*
armer [aʀme] <1> **I.** *vt* ❶ (*munir d'armes*) bewaffnen *soldat, pays* ❷ (*équiper*) ausrüsten *soldat;* bestücken *bateau* ❸ (*aguerrir*) **~ qn contre qc** jdn gegen etw wappnen ❹ (*charger*) laden *fusil;* spannen *appareil*

A

A

photo ⑤ (*renforcer*) armieren *béton* **II.** *vpr* ① (*se munir d'armes*) **s'~ contre qn/qc** *soldat:* sich gegen jdn/etw bewaffnen; *pays, peuple:* gegen jdn/etw aufrüsten ② (*se munir de*) **s'~ de patience** sich mit Geduld wappnen

armistice [aʀmistis] *m* Waffenstillstand *m*

armoire [aʀmwaʀ] *f* Schrank *m*

armoiries [aʀmwaʀi] *fpl* Wappen *nt*

armoricain(e) [aʀmɔʀikɛ̃, kɛn] *adj* armorikanisch

Armorique [aʀmɔʀik] *f* **l'~** Armorika *nt* (*keltischer Name für die Bretagne*)

armure [aʀmyʀ] *f* ① MIL Rüstung *f* ② *fig* Panzer *m*

armurerie [aʀmyʀʀi] *f* (*commerce*) Waffenhandlung *f*

armurier [aʀmyʀje] *m* ① (*marchand*) Waffenhändler(in) *m(f)* ② (*fabricant*) Waffenhersteller(in) *m(f);* HIST Waffenschmied(in) *m(f)* ③ MIL Waffenmeister *m*

arnaque [aʀnak] *f fam* Betrug *m*

arnaquer [aʀnake] <1> *vt fam* (*escroquer*) übers Ohr hauen

arnaqueur, -euse [aʀnakœʀ, -øz] *m, f fam* Betrüger(in) *m(f)*

arnica [aʀnika] *f* BOT, PHARM Arnika *f*

arobas [aʀɔbas] *m,* **arobase** [aʀɔbɑz] *f* INFORM at *nt*

aromacologie [aʀɔmakɔlɔʒi] *f* Aromaforschung *f*

aromate [aʀɔmat] *m* Gewürzkraut *nt*

aromathérapie [aʀomateʀapi] *f* Aromatherapie *f*

aromatique [aʀɔmatik] *adj huile* aromatisch; *saveur, goût* würzig; **plante ~** Gewürzpflanze

aromatisant [aʀɔmatisɑ̃] *m* Geschmacksstoff *m,* Aroma *nt*

aromatiser [aʀɔmatize] <1> *vt* würzen *aliment;* parfümieren *savon*

arome, arôme [aʀom] *m* ① *du café* Aroma *nt; d'un vin* Bouquet *nt* ② (*additif alimentaire*) Aroma *nt*

arpège [aʀpɛʒ] *m* MUS Arpeggio *nt*

arpent [aʀpɑ̃] *m* ① *ehemaliges Flächenmaß zwischen 20 und 50 Ar* ② CAN *Längenmaß (58,47 m); (mesure de superficie) Flächenmaß (34,20 Ar)*

arpentage [aʀpɑ̃taʒ] *m* Vermessung *f*

arpenter [aʀpɑ̃te] <1> *vt* ① (*parcourir*) durchmessen *pièce* ② (*mesurer*) vermessen

arpenteur [aʀpɑ̃tœʀ] *m* Vermesser(in) *m(f)*

arpion [aʀpjɔ̃] *m pop* (*pied*) Flosse *f* (*fam*)

arqué(e) [aʀke] *adj sourcils* geschwungen; *dos* gekrümmt; **avoir les jambes ~es** krumme Beine [*o* O-Beine *fam*] haben

arquer [aʀke] <1> **I.** *vt* biegen, krümmen **II.** *vpr* **s'~** sich krümmen

arrachage [aʀaʃaʒ] *m* Herausreißen *nt; des mauvaises herbes* Jäten *nt; d'un arbre* Entwurzeln *nt; des carottes, pommes de terre* Hacken *nt; d'une dent* Ziehen *nt*

arrache-clou [aʀaʃklu] <arrache-clous> *m* BOT Geißfuß *m,* Nagelklaue *f*

arrachement [aʀaʃmɑ̃] *m* (*douleur*) Abschiedsschmerz *m*

arrache-pied [aʀaʃpje] *adv* **d'~** *lutter, travailler* unermüdlich

arracher [aʀaʃe] <1> **I.** *vt* ① (*extraire*) herausreißen *page, herbes, poil;* entwurzeln *arbre;* herausmachen *légumes;* herausziehen *clou;* ziehen *dent* ② (*déchirer*) abreißen *affiche;* **~ un bras à qn** *personne:* jdm den/einen Arm ausreißen; *chien:* jdm einen Arm abbeißen ③ (*prendre*) **~ qn à qn** jdm jdn wegreißen; **~ qn des mains/de l'emprise de qn** jdn jds Händen entreißen/jds Einfluss entziehen; **~ qc des mains de qn** jdm etw aus den Händen reißen ④ (*obtenir*) **~ de l'argent à qn** jdm Geld abringen; **~ une larme à qn** jdm eine Träne entlocken ⑤ (*soustraire*) **~ qn à son travail** jdn aus seiner Arbeit herausreißen; **~ qn à la mort** jdn vor dem sicheren Tod bewahren **II.** *vi fam voix, sauce:* es in sich haben **III.** *vpr* ① (*se déchirer*) **s'~ les cheveux** sich (*dat*) die Haare ausreißen ② (*se disputer*) **s'~ qn/qc** sich um jdn/etw reißen ③ *fam* (*partir*) **s'~** abhauen

arracheur [aʀaʃœʀ] ▶**mentir comme un ~ de dents** lügen, dass sich die Balken biegen (*fam*)

arraisonner [aʀɛzɔne] <1> *vt* (*perquisitionner*) durchsuchen *navire*

arrangeant(e) [aʀɑ̃ʒɑ̃, ʒɑ̃t] *adj* umgänglich

arrangement [aʀɑ̃ʒmɑ̃] *m* ① (*agencement*) Zusammenstellung *f* ② *de fleurs* Zusammenstellen *nt; d'une coiffure* Zurechtmachen *nt; d'une entrevue* Organisation *f* ③ (*accord*) Einigung *f* ④ MUS Arrangement *nt*

arranger [aʀɑ̃ʒe] <2a> **I.** *vt* ① (*disposer*) ordnen; arrangieren *fleurs;* einrichten *pièce, appartement;* zurechtmachen *coiffure;* in Ordnung bringen *vêtement* ② (*organiser*) organisieren *voyage, réunion;* arrangieren *rencontre;* regeln *affaires* ③ (*régler*) regeln ④ (*contenter*) **~ qn** jdm gelegen kommen; **si ça vous arrange** wenn es Ihnen recht ist; **ça l'arrange que** + *subj* es passt ihm/ihr gut, dass ❺ (*réparer*) in Ordnung bringen ❻ *fam* (*malmener*) übel zurichten **II.** *vpr* ❶ (*se mettre d'accord*) **s'~ avec qn pour faire qc** sich mit jdm einigen etw zu tun ❷ (*s'améliorer*) **s'~** *problème:* sich regeln; *situation, état de santé:* sich bessern ❸ (*se débrouiller*) **s'~ pour que** + *subj* es sich (*dat*) so einrichten, dass ❹ (*ajuster sa toilette*) **s'~** sich zurechtmachen; **s'~ les cheveux/le maquillage** sich (*dat*) die Frisur wiederherrichten/das Make-up erneuern

arrérages [aʀeʀaʒ] *mpl* fällige Rente *f*

arrestation [aʀɛstasjɔ̃] *f* ❶ (*action*) Verhaftung *f* ❷ (*état*) Haft *f*

arrêt [aʀɛ] *m* ❶ *d'une machine, d'un moteur* Abstellen *nt; d'une centrale, d'un réacteur* Abschalten *nt; d'un véhicule* Anhalten *nt; des négociations, hostilités* Einstellen *nt; de la production* Einstellung *f;* **~ cardiaque** Herzstillstand *m;* **~ des essais nucléaires** Atomteststopp *m;* **sans ~** (*sans interruption*) unaufhörlich; (*fréquemment*) ständig ❷ *d'un train, automobiliste* Halt *m;* **dix minutes d'~ à Nancy** zehn Minuten Aufenthalt in Nancy; **le train est sans ~ de Paris à Lyon** der Zug fährt von Paris nach Lyon durch; **être à l'~** *véhicule, chauffeur:* stehen; **rester** [*o* **tomber**] **en ~** stehen bleiben ❸ (*station*) Haltestelle *f;* **~ d'autobus** Bushaltestelle *f* ❹ (*jugement*) Entscheid *m* ❺ (*sanction*) **mettre qn aux ~s** jdn unter Arrest stellen ►**~ de jeu** SPORT [Spiel]unterbrechung *f;* **~ de maladie** (*congé*) Beurlaubung *f* wegen Krankheit; (*certificat*) Arbeitsunfähigkeitsbescheinigung *f;* **être en ~ de maladie** krankgeschrieben sein; **prescrire un ~ de maladie de 15 jours à qn** jdn für zwei Wochen krankschreiben; **~ de travail** (*grève*) Arbeitsniederlegung *f;* (*congé*) Beurlaubung *f* wegen Krankheit; (*certificat*) Arbeitsunfähigkeitsbescheinigung *f;* **être en ~ de travail** krankgeschrieben sein

arrêté [aʀete] *m* Erlass *m;* **~ d'expulsion** *d'un étranger* Ausweisungsverfügung *f; d'un locataire* Räumungsbefehl *m*

arrêté(e) [aʀete] *adj décision, idée* fest; *péj* festgefahren

arrêter [aʀete] <1> **I.** *vi* ❶ (*stopper*) aufhören; **~ de faire qc** aufhören etw zu tun; **arrête, je ne te crois pas!** hör auf, ich glaub' dir nicht! ❷ (*s'interrompre*) **~ de parler** aufhören zu reden **II.** *vt* ❶ (*stopper*) anhalten; ausmachen *télé, machine;* **au voleur, arrêtez-le!** haltet den Dieb! ❷ (*déposer*) absetzen ❸ (*terminer*) aufhören mit ❹ (*interrompre*) unterbrechen ❺ (*bloquer*) aufhalten ❻ (*abandonner*) aufhören mit ❼ (*faire prisonnier*) verhaften ❽ (*fixer*) festlegen *détails, date* **III.** *vpr* ❶ (*s'immobiliser*) **s'~** *personne, moteur, montre:* stehen bleiben; *véhicule, chauffeur:* [an]halten ❷ (*séjourner*) Station machen ❸ (*s'interrompre*) **s'~ de faire qc** aufhören etw zu tun ❹ (*cesser*) **s'~** aufhören; *épidémie, inflation:* zum Stillstand kommen; *pluie, hémorragie, travail:* zum Erliegen kommen; **s'~ de fumer** aufhören zu rauchen

arrêt-maladie [aʀɛmaladi] <arrêts-maladie> *m* (*congé*) Beurlaubung *f* wegen Krankheit; (*certificat*) Arbeitsunfähigkeitsbescheinigung *f;* **être en ~** krank geschrieben sein

arrhes [aʀ] *fpl* Anzahlung *f*

arriération [aʀjeʀasjɔ̃] *f* PSYCH Zurückgebliebensein *nt*

arrière [aʀjɛʀ] **I.** *m* ❶ *sans pl d'un train* hinteres Teil; *d'une voiture, d'un bateau, avion* Heck *nt;* **à l'~ de la voiture** auf dem Rücksitz des Wagens ❷ (*pour une indication spatiale, temporelle*) **être en ~ de qn/qc** hinter jdm/etw sein; **se pencher en ~** sich zurückbeugen; **regarder en ~** (*derrière soi/vers le passé*) nach hinten sehen/zurücksehen; **rester en ~** hinten bleiben; **aller en ~** rückwärtsgehen ❸ SPORT Verteidiger(in) *m(f);* SPORT Schluss[spieler] *m;* **jouer ~ centre/droit** als Vorstopper/rechter Verteidiger spielen ❹ MIL **l'~** das Hinterland **II.** *adj inv* **roue ~** Hinterrad *nt;* **siège ~** Rücksitz *m*

arriéré [aʀjeʀe] *m* FIN Rückstand *m*

arrière-boutique [aʀjɛʀbutik] <arrière-boutiques> *f* Hinterzimmer *nt* [des Ladens] **arrière-cour** [aʀjɛʀkuʀ] <arrière-cours> *f* Hinterhof *m* **arrière-garde** [aʀjɛʀgaʀd] <arrière-gardes> *f* Nachhut *f* **arrière-goût** [aʀjɛʀgu] <arrière-goûts> *m* Nachgeschmack *m* **arrière-grand-mère** [aʀjɛʀgʀɑ̃mɛʀ] <arrière-grands-mères> *f* Urgroßmutter *f* **arrière-grand-père** [aʀjɛʀgʀɑ̃pɛʀ] <arrière-grands-pères> *m* Urgroßvater *m* **arrière-grands-parents** [aʀjɛʀgʀɑ̃paʀɑ̃] *mpl* Urgroßeltern *Pl* **arrière-pays** [aʀjɛʀpei] *m inv* Hinterland *nt* **arrière-pensée** [aʀjɛʀpɑ̃se] <arrière-pensées> *f* Hintergedanke *m* **arrière-petite-fille** [aʀjɛʀpətitfij] <arrière-petites-filles> *f* Urenkelin *f* **arrière-petit-fils** [aʀjɛʀpətifis] <arrière-petits-fils> *m* Urenkel *m* **arrière-pe-**

tits-enfants [aʀjɛʀpətizɑ̃fɑ̃] *mpl* Urenkel *Pl* **arrière-plan** [aʀjɛʀplɑ̃] <arrière-plans> *m a. fig* Hintergrund *m;* **être à l'~** im Hintergrund stehen **arrière-saison** [aʀjɛʀsɛzɔ̃] <arrière-saisons> *f* Nachsaison *f* **arrière-salle** [aʀjɛʀsal] <arrière-salles> *f* Hinterzimmer *nt* **arrière-train** [aʀjɛʀtʀɛ̃] <arrière-trains> *m* ① ZOOL Hinterteil *nt* ② (*fesses*) Hintern *m* (*fam*)

arrimage [aʀimaʒ] *m* NAUT *des marchandises* Verstauen *nt*

arrimer [aʀime] <1> *vt* festzurren *colis*

arrivage [aʀivaʒ] *m* ① *de marchandises* [eintreffende] Lieferung *f* ② (*marchandises*) [frische] Lieferung *f*

arrivant(e) [aʀivɑ̃, ɑ̃t] *m(f)* Ankommende(r) *f(m)*

arrivée [aʀive] *f* ① (*action*) Ankunft *f* ② *d'une course* Ziel *nt* ③ *d'une gare, d'un aéroport* Ankunftshalle *f* ④ (*robinet*) Anschluss *m*

arriver [aʀive] <1> **I.** *vi + être* ① (*venir*) ankommen; *produit:* auf den Markt kommen; **comment arrive-t-on chez eux?** wie kommt man zu ihnen? ② (*approcher*) kommen; *nuit:* hereinbrechen ③ (*être acheminé*) **~ par un tuyau** durch ein Rohr kommen ④ (*terminer une compétition*) **~ [le] premier** als Erster ankommen; **~ avant/après qn, ~ devant/derrière qn** vor/nach jdm ins Ziel kommen ⑤ (*aller jusque*) **~ aux mollets** *robe:* bis an die Waden gehen; **~ jusqu'à la maison** *conduite, câble:* bis zum Haus gehen; **il m'arrive à l'épaule** er reicht mir bis zur Schulter; **~ jusqu'aux oreilles de qn** *bruit, nouvelle:* bis zu jdm dringen ⑥ (*atteindre*) **~ à qc** *personne:* etw erreichen; **~ au terme de son existence** am Ende seines Lebens anlangen ⑦ (*réussir*) **qn arrive à faire qc** es gelingt jdm etw zu tun ⑧ (*réussir socialement*) **être arrivé** es zu etwas gebracht haben ⑨ (*survenir*) **qu'est-ce qui est arrivé?** was ist passiert? ⑩ (*aboutir*) **en ~ à faire qc** schließlich etw tun **II.** *vi impers + être* ① (*survenir*) **qu'est-ce qu'il t'est arrivé?** was ist dir denn passiert? ② (*se produire de temps en temps*) **il m'arrive de faire qc** es kommt vor, dass ich etw tue

arrivisme [aʀivism] *m* Strebertum *nt*

arriviste [aʀivist] *mf* Karrierist(in) *m(f)*

arrobas [aʀɔbas] *m,* **arrobase** [aʀɔbaz] *f v.* **arobas**

arrogance [aʀɔgɑ̃s] *f* Arroganz *f*

arrogant(e) [aʀɔgɑ̃, ɑ̃t] *adj* arrogant

arroger [aʀɔʒe] <2a> *vpr* **s'~ un droit** sich (*akk*) ein Recht anmaßen

arrondir [aʀɔ̃diʀ] <8> **I.** *vt* ① (*rendre rond*) rund machen ② (*accroître*) aufbessern *fortune* ③ (*simplifier*) **~ qc à qc** (*vers le haut/le bas*) etw auf etw (*akk*) aufrunden/abrunden **II.** *vpr* **s'~** ① (*grossir*) [immer] runder werden ② (*devenir moins anguleux*) *relief:* sanfter werden; *paysage:* lieblicher werden ③ (*augmenter*) *fortune:* sich vermehren

arrondissement [aʀɔ̃dismɑ̃] *m* Arrondissement *nt*

arrosage [aʀozaʒ] *m* ① *des rues, d'un jardin* Sprengen *nt* ② (*à l'arrosoir*) Gießen *nt*

arroser [aʀoze] <1> *vt* ① (*à l'arrosoir*) gießen ② (*au jet*) sprengen ③ (*avec un produit*) besprühen ④ (*mouiller*) *pluie:* nass machen ⑤ (*couler à travers*) *fleuve:* fließen durch ⑥ GASTR begießen *rôti, gâteau* ⑦ *fam* (*fêter*) begießen ⑧ (*accompagner d'alcool*) **ça a été un repas bien arrosé** bei diesem Essen wurde reichlich getrunken

arroseur [aʀozœʀ] *m* (*appareil*) Rasensprenger *m*

arrosoir [aʀozwaʀ] *m* Gießkanne *f*

arsenal [aʀsənal, -o] <-aux> *m* ① (*lieu*) Waffenlager *nt* ② *fam* (*matériel*) Arsenal *nt*

arsenic [aʀsənik] *m* Arsen *nt*

art [aʀ] *m* ① ART Kunst *f;* **l'~ moderne** die moderne Kunst; **les ~s décoratifs** das Kunstgewerbe; **les ~s premiers** die ursprüngliche [*o* ethnologische] Kunst; **~ de vivre** Lebenskunst; **~ déco** Art deco *m o nt;* **~ visuel** visuelle Kunst ② *sans pl* (*style*) Kunst *f;* **l'~ nouveau** der Jugendstil ③ *sans pl* (*technique, talent*) Kunst *f;* **avoir l'~ du compromis** es meisterhaft verstehen, Kompromisse zu schließen ▶ **le septième ~** die Filmkunst

artère [aʀtɛʀ] *f* ① ANAT Arterie *f* ② (*voie de communication en ville*) Hauptverkehrsstraße *f;* (*dans un pays*) [Haupt]verkehrsader *f*

artériel(le) [aʀteʀjɛl] *adj* arteriell

artériosclérose [aʀteʀjoskleʀoz] *f* MED Arteriosklerose *f*

artérite [aʀteʀit] *f* MED Arterienentzündung *f*

artésien(ne) [aʀtesjɛ̃, jɛn] *adj* aus dem Artois

arthrite [aʀtʀit] *f* MED Arthritis *f*

arthropodes [aʀtʀɔpɔd] *mpl* ZOOL Gliederfüß[l]er *Pl*

arthrose [aʀtʀoz] *f* MED Arthrose *f*

artichaut [aʀtiʃo] *m* Artischocke *f*

article [aʀtikl] *m* ① (*marchandise*) Artikel *m* ② (*écrit*) Artikel *m;* ~ **de journal** Zeitungsartikel ③ JUR Paragraph *m* ④ GRAM Artikel *m;* ~ **défini/indéfini** bestimmter/unbestimmter Artikel; ~ **partitif** Teilungsartikel

articulaire [aʀtikylɛʀ] *adj* Gelenk-

articulation [aʀtikylasjɔ̃] *f* ① ANAT, TECH Gelenk *nt* ② (*enchaînement*) logischer Übergang ③ (*combinaison*) Zusammenspiel *nt* ④ (*prononciation*) Artikulieren *nt*

articulatoire [aʀtikylatwaʀ] *adj* artikulatorisch, Artikulations-

articulé(e) [aʀtikyle] *adj* ① (*opp: rigide*) **une poupée ~e** eine Gliederpuppe; **un bus** ~ ein Gelenkbus ② (*opp: inarticulé*) artikuliert

articuler [aʀtikyle] <1> **I.** *vt* (*prononcer*) artikulieren *son;* hervorbringen *mot, phrase;* **bien/mal** ~ deutlich/undeutlich sprechen **II.** *vpr* ① ANAT, TECH **s'~ sur qc** beweglich auf etw (*dat*) sitzen; **s'~ à qc** *os:* durch ein Gelenk mit etw verbunden sein ② (*s'organiser*) **bien s'~** *parties d'un texte:* gut gegliedert sein

artifice [aʀtifis] *m* ① (*moyen ingénieux*) Trick *m* ② *souvent pl* (*tromperie*) List *f*

artificiel(le) [aʀtifisjɛl] *adj* ① (*fabriqué*) künstlich; *diamant* unecht; *parfum* synthetisch ② (*factice*) künstlich; *sourire, style* gekünstelt; *enthousiasme, gaieté* gespielt; *raisonnement* willkürlich

artificiellement [aʀtifisjɛlmɑ̃] *adv* künstlich

artificier [aʀtifisje] *m* ① (*fabricant, organisateur*) Feuerwerker(in) *m(f)* ② (*spécialiste du désamorçage*) [Bomben]entschärfer(in) *m(f)*

artillerie [aʀtijʀi] *f* Artillerie *f*

artilleur [aʀtijœʀ] *m* Artillerist *m*

artisan(e) [aʀtizɑ̃, an] *m(f)* Handwerker(in) *m(f);* ~ **boulanger** Bäckermeister(in) *m(f)*

artisanal(e) [aʀtizanal, -o] <-aux> *adj* handwerklich; *produit* handgearbeitet

artisanat [aʀtizana] *m* ① (*métier*) Handwerk *nt* ② (*les artisans*) Handwerker *Pl*

artiste [aʀtist] **I.** *mf* Künstler(in) *m(f);* (*au cirque*) Artist(in) *m(f);* (*personne non-conformiste*) Lebenskünstler **II.** *adj* **milieu** ~ Künstlermilieu *nt*

artistement [aʀtistəmɑ̃] *adv* kunstvoll

artistique [aʀtistik] *adj* künstlerisch; *arrangement* kunstvoll; **directeur(-trice)** ~ *d'une agence publicitaire* Artdirector(in) *m(f)*

arum [aʀɔm] *m* BOT Calla *f*

aryen(ne) [aʀjɛ̃, jɛn] *adj* arisch

Aryen(ne) [aʀjɛ̃, jɛn] *m(f)* Arier(in) *m(f)*

arythmie [aʀitmi] *f* MED Arrhythmie *f*

as[1] [a] *indic prés de* **avoir**

as[2] [ɑs] *m* ① JEUX Ass *nt;* (*aux autres jeux*) Eins *f;* ~ **de cœur** Herz-Ass ② (*champion*) Ass *nt;* ~ **du volant** Ass im Fahren; **l'~ des ~** das Spitzenass

ascaride [askaʀid] *m* Spulwurm *m*

ascendance [asɑ̃dɑ̃s] *f sans pl* ① (*origine*) Abstammung *f* ② ASTRON Aufgang *m;* METEO Aufwind *m*

ascendant [asɑ̃dɑ̃] *m sans pl* ~ **sur qn/qc** [starker] Einfluss auf jdn/etw

ascenseur [asɑ̃sœʀ] *m* Aufzug *m*

ascension [asɑ̃sjɔ̃] *f* ① (*montée*) Aufsteigen *nt; d'une montgolfière* Aufstieg *m; d'une monnaie* Anstieg *m;* ~ **sociale** sozialer Aufstieg ② SPORT Aufstieg *m;* **faire l'~ d'une montagne** einen Berg besteigen ③ *sans pl* REL **l'Ascension** Christi Himmelfahrt

ascensionnel(le) [asɑ̃sjɔnɛl] *adj* ① aufsteigend, Steig- ② (*ayant tendance à faire monter dans les airs*) emporsteigend

ascèse [asɛz] *f* Askese *f*

ascète [asɛt] *mf* Asket(in) *m(f)*

ascétique [asetik] *adj* asketisch

ascorbique [askɔʀbik] *adj acide* Ascorbin-

asepsie [asɛpsi] *f* MED Keimfreiheit *f*

aseptique [asɛptik] *adj* MED aseptisch, keimfrei

aseptisé(e) [asɛptize] *adj* ① *instrument* sterilisiert; *pansement* keimfrei; *chambre, plaie* desinfiziert ② *fig* steril

aseptiser [asɛptize] <1> *vt* sterilisieren *instrument;* keimfrei machen *pansement;* desinfizieren *chambre, plaie*

asexué(e) [asɛksɥe] *adj* ungeschlechtlich

asiatique [azjatik] *adj* asiatisch

Asiatique [azjatik] *mf* Asiat(in) *m(f)*

Asie [azi] *f* **l'~** Asien *nt;* **l'~ centrale/Mineure** Zentral-/Kleinasien

asile [azil] *m* ① REL, JUR, POL Asyl *nt* ② (*refuge*) Zufluchtsort *m;* **offrir un ~ à qn** jdm Unterschlupf gewähren

asocial(e) [asɔsjal, -jo] <-aux> **I.** *adj* unsozial; *enfant* verhaltensgestört **II.** *m(f)* Asoziale(r) *f(m)*

aspartam(e) [aspaʀtam] *m* Süßstoff *m*

aspect [aspɛ] *m* ① *sans pl d'une personne* Aussehen *nt; d'un objet, paysage* Anblick *m* ② (*trait de caractère*) Seite *f* ③ (*point de vue*) Aspekt *m*

asperge [aspɛʀʒ] *f* ① (*légume*) Spargel *m* ② *fam* (*personne*) Bohnenstange *f* (*hum*)

asperger [aspɛʀʒe] <2a> **I.** *vt* ~ **qn/qc d'eau** jdn/etw mit Wasser bespritzen **II.** *vpr* **s'~ de parfum/d'eau** sich mit Par-

A

füm besprühen/mit Wasser bespritzen; **s'~ le visage d'eau froide** sich (*dat*) kaltes Wasser ins Gesicht spritzen

aspérité [aspeʀite] *f* ① *gén pl* Unebenheit *f* ② (*rugosité*) Rauigkeit *f*

aspersion [aspɛʀsjɔ̃] *f* ① AGR Besprengen *nt* ② REL Besprühen *nt* [mit Weihwasser]

asphaltage [asfaltaʒ] *m* Asphaltierung *nt*

asphalte [asfalt] *m* Asphalt *m*

asphalter [asfalte] <1> *vt* asphaltieren

asphyxiant(e) [asfiksjɑ̃, jɑ̃t] *adj* ① *air, fumée* erstickend; *chaleur* drückend ② *fig ambiance* erdrückend

asphyxie [asfiksi] *f sans pl* ① (*suffocation*) Ersticken *nt;* **mourir par ~** ersticken ② *fig* Lähmung *f*

asphyxier [asfiksje] <1> **I.** *vt* ersticken **II.** *vpr* **s'~** ersticken; (*ne plus pouvoir respirer*) keine Luft mehr bekommen

aspic [aspik] *m* GASTR Sülze *f*

aspirant [aspiʀɑ̃] *m* MIL Offiziersanwärter(in) *m(f)*

aspirateur [aspiʀatœʀ] *m* Staubsauger *m;* **passer l'~** [*o* **un coup d'~**] staubsaugen

aspiration [aspiʀasjɔ̃] *f* ① *sans pl* (*inspiration*) Einatmen *nt* ② TECH Saugen *nt,* Ansaugen; *d'un liquide, de poussières* Absaugen *nt* ③ (*avec la bouche*) Saugen *nt,* Ziehen *nt* ④ LING Aspiration *f* ⑤ MED Absaugen *nt* ⑥ *sans pl* (*élan*) Streben *nt;* **~ à la liberté** Streben *nt* nach Freiheit ⑦ *pl* (*désirs*) Sehnsüchte *Pl*

aspiré(e) [aspiʀe] *adj* LING aspiriert

aspirée [aspiʀe] *f* LING aspirierter Konsonant

aspirer [aspiʀe] <1> **I.** *vt* ① (*inspirer*) einatmen; **~ à pleins poumons** tief durchatmen ② (*inhaler*) einatmen *air, gaz;* einsaugen *odeur* ③ (*avec la bouche*) [ein]saugen ④ LING aspirieren ⑤ TECH absaugen **II.** *vi* ① (*désirer*) **~ à qc** sich nach etw sehnen ② (*chercher à obtenir*) **~ à qc** nach etw streben

aspirine [aspiʀin] *f* Aspirin® *nt*

assagir [asaʒiʀ] <8> **I.** *vt* ruhiger machen *personne;* zähmen *passions* **II.** *vpr* **s'~** *personne:* ruhiger werden; *passion:* sich legen

assaillant(e) [asajɑ̃, jɑ̃t] *m(f)* Angreifer(in) *m(f)*

assaillir [asajiʀ] <*irr*> *vt* angreifen

assainir [aseniʀ] <8> *vt* ARCHIT, FIN sanieren

assainissement [asenismɑ̃] *m* ARCHIT Sanierung *f; d'un marécage* Trockenlegung *f*

assainisseur [asɛnisœʀ] *m* Luftreiniger *m*

assaisonnement [asɛzɔnmɑ̃] *m* ① *sans pl* (*action, résultat*) Würzen *nt; d'une salade* Anmachen *nt* ② (*ingrédient*) Würze *f*

assaisonner [asɛzɔne] <1> *vt* ① (*épicer*) **~ qc avec qc** etw mit etw würzen; **être trop assaisonné** zu stark gewürzt sein; **~ la salade** den Salat anmachen ② (*relever*) schmackhaft machen ③ (*agrémenter*) **~ qc de qc** etw mit etw würzen

assassin [asasɛ̃] *m* Mörder(in) *m(f)*

assassin(e) [asasɛ̃, in] *adj* ① (*séducteur*) unwiderstehlich ② (*qui tue*) mörderisch; *regard* vernichtend

assassinat [asasina] *m* ① (*action*) Ermordung *f* ② (*résultat*) Mord *m*

assassiner [asasine] <1> *vt* ermorden

assaut [aso] *m* ① MIL **~ d'une forteresse** Sturm *m* auf eine Festung; **aller à l'~ de qc** zum Sturm auf etw (*akk*) ansetzen; **à l'~!** Attacke! ② *fig* Stürmen *nt* ③ (*ruée*) Ansturm *m*

assèchement [asɛʃmɑ̃] *m* Trockenlegung *f*

assécher [aseʃe] <5> *vt* ① (*mettre à sec*) trockenlegen ② (*vider*) leerlaufen lassen *réservoir;* entleeren *citerne*

ASSEDIC [asedik] *fpl abr de* **Association pour l'emploi dans l'industrie et le commerce** ① (*organisme*) *für die Zahlung der Arbeitslosenversicherung in Frankreich zuständige Organisation* ② (*régime d'assurance*) ≈ Arbeitslosenversicherung *f* ③ (*cotisation*) ≈ Beitrag *m* für die Arbeitslosenversicherung ④ (*indemnités*) ≈ Arbeitslosengeld *nt;* **toucher les ~** Arbeitslosengeld bekommen

assemblage [asɑ̃blaʒ] *m* ① (*action*) Montage *f;* COUT Zusammennähen *nt; d'une charpente* Aufbau *m; de pièces mécaniques* Zusammenbauen *nt; de pièces de bois* Zusammenfügen *nt; de feuilles* Zusammenheften *nt* ② *de couleurs, formes* Zusammenstellung *f; de charpente* Verbindung *f*

assemblée [asɑ̃ble] *f* ① (*réunion*) Versammlung *f* ② POL **l'Assemblée nationale** die Nationalversammlung; **l'Assemblée fédérale** CH Rat *m* (CH)

assembler [asɑ̃ble] <1> **I.** *vt* ① (*monter*) zusammensetzen *pièces d'une machine, d'un puzzle;* zusammenbauen *meuble, moteur* ② (*réunir*) zusammenstellen *couleurs;* zusammennähen *vêtement, pièces d'étoffe;* zusammenheften *feuilles volantes* ③ (*recueillir*) sammeln *pièces;* zusammentragen *idées, données* **II.** *vpr* **s'~** sich versammeln

assembleur [asɑ̃blœʀ] *m* INFORM Assembler *m*

assener [asene] <4> *vt,* **asséner** [asene] <5> *vt* verabreichen; versetzen *coup;* ~ **des injures à qn** jdm beleidigen; **être assené par qn/qc** *propagande, vérités:* von jdm/etw verbreitet werden

assentiment [asɑ̃timɑ̃] *m* Zustimmung *f*

asseoir [aswaʀ] <*irr*> **I.** *vt* ~ **qn sur/dans/contre qc** jdn auf/in/an etw (*akk*) setzen; **faire ~ qn** jdn bitten sich zu setzen; **être/rester assis** sitzen/sitzen bleiben; **assis!** (*à une personne/un chien*) hingesetzt!/sitz! **II.** *vpr* **s'~** sich [hin]setzen; **asseyez-vous!** setzt euch!/setzen Sie sich!

assermenté(e) [asɛʀmɑ̃te] *adj* vereidigt

assertion [asɛʀsjɔ̃] *f* Behauptung *f*

asservir [asɛʀviʀ] <8> *vt* unterwerfen; unterdrücken *peuple, presse*

assesseur [asesœʀ] *mf* Beisitzer(in) *m(f)*

assez [ase] *adv* ① (*suffisamment*) genug; **il y a ~ de place** es ist genug Platz da; **être ~ riche** reich genug sein; **~ parlé!** genug der Worte! ② (*plutôt*) ziemlich; **aimer ~ les films de Bergman** die Filme von Bergman ganz gerne sehen ③ (*quantité suffisante*) **c'est/ce n'est pas ~** das reicht/reicht nicht ④ (*de préférence, dans l'ensemble*) **être ~ content de soi** [eigentlich] ganz zufrieden mit sich sein ⑤ SCOL **~ bien** ≈ befriedigend ⑥ (*exprimant la lassitude*) **~!** genug!; **c'est ~!, c'en est ~!** genug jetzt!; **en voilà ~!** jetzt ist es aber genug!; **en avoir ~ de qn/qc** von jdm/etw genug haben; **j'en ai ~ de toi/de tes bêtises!** jetzt reicht's mir aber mit dir/mit deinen Dummheiten!; **en avoir plus qu'~ de qn/qc** von jdm/etw endgültig genug haben

assidu(e) [asidy] *adj* ① *présence* regelmäßig; *élève, employé* immer anwesend; *lecteur* eifrig; *travail, soins* ständig ② (*empressé*) eifrig

assiduité [asidɥite] *f sans pl d'un élève* regelmäßige Anwesenheit; *d'un employé* regelmäßiges Erscheinen; **son ~ dans le travail** seine/ihre Beharrlichkeit bei der Arbeit; **son ~ au travail** sein/ihr regelmäßiges Erscheinen bei der Arbeit

assidûment [asidymɑ̃] *adv fréquenter* regelmäßig, eifrig

assiéger [asjeʒe] <2a, 5> *vt* ① MIL belagern *place, population;* einschließen *armée* ② (*prendre d'assaut*) belagern *guichet;* umlagern *personne, hôtel*

assiette [asjɛt] *f* ① GASTR Teller *m;* **~ plate/creuse** flacher/tiefer Teller; **~ à soupe/à dessert** Suppen-/Dessertteller; **~ de soupe/de crudités** Teller Suppe/Rohkost ② (*base de calcul*) Bemessungsgrundlage *f*

assiettée [asjete] *f* **une ~ de soupe** ein Teller [voll] Suppe

assignation [asiɲasjɔ̃] *f* Vorladung *f*

assigner [asiɲe] <1> *vt* ① (*attribuer*) zuteilen ② (*fixer*) beimessen; **~ une cause à qc** einer S. (*dat*) eine Ursache zuschreiben ③ JUR **~ qn à résidence** jdm einen Aufenthaltsort zuweisen; **~ qn en justice** jdn vor Gericht zitieren; **~ un témoin à comparaître** einen Zeugen vorladen

assimilable [asimilabl] *adj* ① (*comparable*) **~ à qn/qc** vergleichbar mit jdm/etw ② BIO *nourriture* verwertbar ③ *fig connaissances* erwerbbar

assimilation [asimilasjɔ̃] *f* ① **~ à qc** (*comparaison*) Vergleich *m* mit etw; (*amalgame*) Gleichsetzung *f* mit etw ② BIO Assimilation *f* ③ *fig de connaissances* Aneignen *nt* ④ (*intégration*) **~ à qc** Eingliederung *f* in etw (*akk*)

assimiler [asimile] <1> **I.** *vt* ① (*confondre*) **~ qn/qc à qn/qc** jdn/etw mit jdm/etw gleichsetzen; **~ qn à qc** jdn mit etw vergleichen ② BIO assimilieren ③ (*apprendre*) sich (*dat*) aneignen, aufnehmen *connaissances* ④ (*intégrer*) eingliedern **II.** *vpr* ① (*s'identifier*) **s'~ à qn** sich mit jdm identifizieren ② (*s'apprendre*) **cela s'assimile** das kann man sich (*dat*) aneignen ③ (*s'intégrer*) **s'~ à qc** sich in etw (*akk*) integrieren

assis(e) [asi, iz] **I.** *part passé de* **asseoir** **II.** *adj* ① (*position*) sitzend; **être/rester ~** sitzen/sitzen bleiben ② (*affermi*) **être bien ~** gefestigt sein

assise [asiz] *f* ① (*rangée*) Schicht *f* ② *souvent pl* (*fondement*) Grundlage *f* ③ *pl* (*strates*) Schicht *f*

assises [asiz] *fpl* JUR (*cour*) Schwurgericht *nt,* Geschworenengericht *nt*

assistanat [asistana] *m* ① UNIV, SCOL Assistenz *f* ② (*prise en charge*) Unterstützung *f*

assistance [asistɑ̃s] *f* ① (*public*) Publikum *nt* ② (*secours*) Hilfe *f;* **demander ~ à qn** jdn um Hilfe bitten; **prêter ~ à qn** jdm Hilfe leisten ③ (*dons*) **prêter ~ à qn** jdm helfen; *mécène:* jdn fördern ④ (*aide organisée*) **~ médicale** medizinische Betreuung *f;* **~ technique** Entwicklungshilfe *f* ⑤ (*type d'assurance*) [Versicherungs]schutz *m*

assistant(e) [asistɑ̃, ɑ̃t] *m(f)* ① (*aide*)

A

Assistent(in) *m(f);* MED [Arzt]helfer(in) *m(f);* ~ **social** Sozialarbeiter(in) *m(f)* ❷ (*public*) **les ~s** die Anwesenden *Pl* ❸ INFORM ~ **personnel** [*o* **électronique**] Organizer *m*

assisté(e) [asiste] **I.** *adj* ❶ SOCIOL **personne ~e** Sozialhilfeempfänger(in) *m(f);* **famille ~e** Familie, die von der Sozialhilfe lebt; **pays ~** Land, das Wirtschaftshilfe bekommt ❷ AUT **direction ~e** Servolenkung *f* ❸ INFORM **dessin ~ par ordinateur** Computer Aided Design *nt;* **traduction ~e par ordinateur** computergestützte Übersetzung **II.** *m(f) péj* (*entreprise*) Subventionsempfänger(in) *m(f)*

assister [asiste] <1> **I.** *vi* ❶ (*être présent*) ~ **à qc** bei etw anwesend sein ❷ (*regarder*) ~ **à qc** sich (*dat*) etw ansehen ❸ (*être témoin de*) ~ **à qc** etw miterleben ❹ (*participer*) ~ **à qc** an etw (*dat*) teilnehmen **II.** *vt* ❶ (*aider*) ~ **qn dans qc** jdm bei etw helfen ❷ (*en chirurgie*) ~ **qn dans qc** jdn [bei etw] assistieren ❸ (*être aux côtés de*) beistehen ❹ JUR *curateur:* rechtlich vertreten

associatif, -ive [asɔsjatif, -iv] *adj* ❶ PSYCH, MATH assoziativ ❷ (*relatif à une association*) **vie associative** Vereinsleben *nt*

association [asɔsjasjɔ̃] *f* ❶ (*action d'associer*) Vereinigung *f* ❷ (*action de s'associer*) Zusammenschluss *m;* **en ~ avec un ami** gemeinsam mit einem Freund ❸ (*groupement*) Organisation *f;* (*opp: société*) Verein *m;* ~ **économique/sportive** Wirtschaftsverband *m*/Sportverein *m;* ~ **politique** politische Vereinigung ❹ (*assemblage*) ~ **de qc à qc** Verbindung *f* von etw mit etw

associé(e) [asɔsje] **I.** *m(f)* Gesellschafter(in) *m(f)* **II.** *adj gérant* teilhabend

associer [asɔsje] <1> **I.** *vt* ❶ (*faire participer*) ~ **qn à sa joie** jdn an seiner Freude teilhaben lassen; ~ **qn à un travail** jdn mitarbeiten lassen; ~ **les travailleurs aux bénéfices** die Arbeitnehmer am Gewinn beteiligen ❷ (*unir, lier*) [miteinander] verbinden *choses, personnes;* miteinander kombinieren *couleurs;* ~ **qc avec qc** etw mit etw verbinden **II.** *vpr* ❶ (*s'allier*) **s'~** sich zusammenschließen ❷ (*s'adjoindre*) **s'~ un collaborateur** einen Mitarbeiter hinzuziehen ❸ (*s'accorder*) **s'~** *choses:* sich zusammenfügen ❹ (*participer à*) **s'~ à la joie de qn** jds Freude teilen; **s'~ au projet de qn** sich an jds Vorhaben beteiligen

assoiffé(e) [aswafe] *adj* ❶ (*qui a soif*) [sehr] durstig ❷ (*avide*) ~ **de lectures** lesehungrig; ~ **de vengeance** rachsüchtig

assolement [asɔlmɑ̃] *m* AGR Fruchtfolge *f,* Fruchtwechsel *m*

assombri(e) [asɔ̃bʀi] *adj* ❶ (*obscurci*) dunkel ❷ (*triste, grave*) finster; *futur, avenir* düster; *jours* dunkel

assombrir [asɔ̃bʀiʀ] <8> **I.** *vt* ❶ (*obscurcir*) verdunkeln ❷ (*rembrunir, peser sur*) trübsinnig machen *personne;* verschlechtern *situation* **II.** *vpr* **s'~** sich verdunkeln; *couloir:* dunkel werden; *horizon, visage:* sich verfinstern; *personne:* trübsinnig werden; *situation:* sich verschlechtern

assombrissement [asɔ̃bʀismɑ̃] *m* ❶ (*fait d'assombrir*) *d'une pièce, du ciel* Verdunk[e]lung *f* ❷ (*fait de s'assombrir*) Verfinsterung *f; d'une personne* Trübsinnigwerden *nt; de l'humeur, d'une situation* Verschlechterung *f*

assommant(e) [asɔmɑ̃, ɑ̃t] *adj fam* nervtötend

assommer [asɔme] <1> **I.** *vt* ❶ (*étourdir*) bewusstlos schlagen; betäuben *animal* ❷ (*abasourdir*) **cette nouvelle m'a assommé** diese Nachricht hat mich sprachlos gemacht ❸ (*abrutir*) **le soleil m'a assommé** die Sonne machte mich benommen ❹ *fam* (*ennuyer*) zu Tode langweilen **II.** *vpr* **s'~** ❶ (*se cogner*) sich (*dat*) eine Gehirnerschütterung holen ❷ *fam* (*se battre*) sich halbtot schlagen

Assomption [asɔ̃psjɔ̃] *f* Mariä Himmelfahrt *f*

assorti(e) [asɔʀti] *adj couleurs, vêtements* passend; **être ~ aux rideaux** zu den Vorhängen passen, auf die Vorhänge abgestimmt sein; **ces objets sont bien/mal ~s** diese Gegenstände sind gut/schlecht aufeinander abgestimmt, diese Gegenstände passen gut/schlecht zueinander; **tenue de couple ~e** Partnerlook *m*

assortiment [asɔʀtimɑ̃] *m* ❶ (*mélange*) Sortiment *nt;* ~ **de charcuterie** Wurstplatte *f;* ~ **de gâteaux** Gebäckmischung *f* ❷ (*arrangement*) ~ **de couleurs** Farbkombination *f*

assortir [asɔʀtiʀ] <8> **I.** *vt* ❶ (*harmoniser*) zusammenstellen *couleurs, fleurs;* ~ **les rideaux au tapis** die Vorhänge auf den Teppich abstimmen ❷ (*réunir*) zusammenbringen *personnes* ❸ (*accompagner*) ~ **son exposé d'anecdotes** seinem Bericht Anekdoten (*akk*) hinzufügen **II.** *vpr* **s'~** zueinander passen

assoupi(e) [asupi] *adj* ❶ (*somnolent*) dösend ❷ (*affaibli*) abgekühlt; *douleur* gelindert

assoupir [asupiʀ] <8> **I.** *vt* ❶ (*endormir*) schläfrig machen ❷ (*affaiblir*) trüben, schwächen *sens, sensualité;* lindern *douleur;* abbauen *haine* **II.** *vpr* **s'~** dösen

assoupissement [asupismɑ̃] *m* Schläfrigkeit *f*

assouplir [asupliʀ] <8> **I.** *vt* ① *(rendre plus souple)* geschmeidig machen *cheveux, cuir;* weich machen *linge;* lockern *muscles* ② *(rendre moins rigoureux)* lockern *règlement* **II.** *vpr* **s'~** ① *(devenir plus souple) chaussures:* weich[er] werden; *cuir:* geschmeidig[er] werden; *personne:* gelenkig[er] werden ② *(devenir moins rigide)* umgänglich[er] werden

assouplissant(e) [asuplisɑ̃, ɑ̃t] *m(f)* Weichspüler *m*

assouplissement [asuplismɑ̃] *m du linge* Weichmachen *nt*

assourdir [asuʀdiʀ] <8> **I.** *vt (abasourdir)* betäuben **II.** *vpr* **s'~** *bruit:* schwächer werden

assourdissant(e) [asuʀdisɑ̃, ɑ̃t] *adj* [ohren]betäubend

assouvir [asuviʀ] <8> *vt* stillen *faim, vengeance*

assujetti(e) [asyʒeti] **I.** *adj (soumis)* **être ~ à qn** jdm unterworfen sein; **être ~ à l'impôt** steuerpflichtig sein **II.** *m(f)* ADMIN ① *(à l'impôt)* Steuerpflichtige(r) *f(m)* ② *(à la sécurité sociale)* Beitragspflichtige(r) *f(m)*

assujettir [asyʒetiʀ] <8> *vt (astreindre)* **~ qn à l'impôt** jdm eine Steuer auferlegen; **son métier l'assujettit à une présence constante** sein Beruf verpflichtet ihn zu ständiger Anwesenheit

assujettissement [asyʒetismɑ̃] *m soutenu* ① *(état de servitude)* Unterwerfung *f;* **maintenir le peuple dans l'~** das Volk unterdrücken ② *(état de soumission)* Anpassung *f;* **~ à la mode** Modezwang *m;* **~ à l'impôt** Steuerpflicht *f*

assumer [asyme] <1> **I.** *vt* ① *(exercer, supporter)* auf sich *(akk)* nehmen *risque;* übernehmen *tâche, responsabilité;* bekleiden *fonction;* ausfüllen *poste;* ertragen *douleur* ② *(accepter)* akzeptieren *condition;* stehen zu *instincts* **II.** *vpr* ① *(s'accepter)* **s'~** sich akzeptieren ② *(se supporter)* **une amputation s'assume difficilement** mit einer Amputation wird man schwer fertig **III.** *vi* dazu stehen

assurance [asyʀɑ̃s] *f* ① *sans pl (aplomb)* Selbstbewusstsein *nt;* **avec ~** selbstsicher ② *(garantie)* Zusicherung *f* ③ *(contrat)* Versicherung *f* ④ *(société)* Versicherung[sgesellschaft] *f* ⑤ SPORT Sicherung *f*

assurance-dépendance [asyʀɑ̃sdepɑ̃dɑ̃s] *f* Pflegeversicherung *f*

assurance-vie [asyʀɑ̃svi] <assurances-vie> *f* Lebensversicherung *f*

assuré(e) [asyʀe] **I.** *adj* ① *démarche* sicher; *regard* fest ② *(garanti)* sicher **II.** *m(f)* Versicherte(r) *f(m)*

assurément [asyʀemɑ̃] *adv soutenu* gewiss

assurer [asyʀe] <1> **I.** *vt* ① *(affirmer, garantir, par un contrat d'assurance)* versichern ② *(se charger de)* gewährleisten *protection* ③ *(rendre sûr)* sichern *avenir, fortune* ④ *(accorder)* **~ une retraite à qn** jdm eine Rente zusichern ⑤ SPORT sichern **II.** *vpr* ① *(contracter une assurance)* **s'~ à la compagnie X contre qc** sich bei der Gesellschaft X gegen etw versichern ② *(vérifier)* **s'~ de qc** sich von etw überzeugen ③ *(gagner)* **s'~ l'appui de qn** sich jds Unterstützung *(akk)* sichern **III.** *vi fam* wissen, wo's langgeht

assureur [asyʀœʀ] *m* Versicherungsträger *m*

aster [astɛʀ] *m* BOT Aster *f*

astérisque [asteʀisk] *m* Sternchen *nt*

astéroïde [asteʀɔid] *m* Asteroid *m*

asthénie [asteni] *f* MED Kraftlosigkeit *f,* Asthenie *f (Fachspr.)*

asthénique [astenik] MED **I.** *adj* asthenisch *(Fachspr.)* **II.** *mf* Astheniker(in) *m(f) (Fachspr.)*

asthmatique [asmatik] **I.** *adj* asthmatisch **II.** *mf* Asthmatiker(in) *m(f)*

asthme [asm] *m* Asthma *nt*

asticot [astiko] *m fam (ver)* Made *f*

asticoter [astikɔte] <1> *vt fam* nerven

astigmate [astigmat] *adj* astigmatisch

astigmatisme [astigmatism] *m* MED Astigmatismus *m*

astiquer [astike] <1> *vt* putzen; polieren *meubles, pomme*

astragale [astʀagal] *m* ① *(os)* Sprungbein *nt* ② *(partie d'une colonne)* Rundstab *m*

astrakan [astʀakɑ̃] *m* Persianer *m*

astral(e) [astʀal, -o] <-aux> *adj* **signe ~** Sternzeichen *nt*

astre [astʀ] *m* ① ASTRON Gestirn *nt* ② ASTROL Stern *m*

astreignant(e) [astʀɛɲɑ̃, ɑ̃t] *adj* anstrengend; *horaire, règle* wenig Freiraum lassend

astreindre [astʀɛ̃dʀ] <*irr*> *vt* **~ qn à un travail** jdn zu einer Arbeit zwingen

astreinte [astʀɛ̃t] *f* ① *(contrainte)* Zwang *m* ② JUR Zwangsgeld *nt*

astringent [astʀɛ̃ʒɑ̃] *m* adstringierendes Mittel *nt*

A

astrologie [astʀɔlɔʒi] *f* Astrologie *f*
astrologique [astʀɔlɔʒik] *adj* astrologisch
astrologue [astʀɔlɔg] *mf* Astrologe *m*/Astrologin *f*
astronaute [astʀonot] *mf* Astronaut(in) *m(f)*
astronautique [astʀonotik] *f* Raumfahrt *f*
astronome [astʀɔnɔm] *mf* Astronom(in) *m(f)*
astronomie [astʀɔnɔmi] *f* Astronomie *f*
astronomique [astʀɔnɔmik] *adj* 1 ASTRON astronomisch 2 *nombre, prix* astronomisch [hoch] (*fam*)
astrophysique [astʀofizik] *f* Astrophysik *f*
astuce [astys] *f* 1 *sans pl* (*qualité*) Raffiniertheit *f* 2 *souvent pl* (*truc*) Trick *m* 3 *gén pl, fam* (*plaisanterie*) Witz *m*
astucieux, -euse [astysjø, -jøz] *adj* schlau
asymétrie [asimetʀi] *f* Asymmetrie *f*
asymétrique [asimetʀik] *adj* asymmetrisch; *jambes* ungleich
asynchrone [asɛ̃kʀon] *adj a.* INFORM asynchron
atavique [atawik] *adj* atavistisch
atavisme [atawism] *m* Atavismus *m*
atchoum [atʃum] *interj* hatschi
atelier [atəlje] *m* 1 (*lieu de travail*) Werkstatt *f*; *d'un artiste* Atelier *nt* 2 IND *d'une usine* Produktionsanlage *f*; ~ **de fabrication** Produktionsstätte *f*; ~ **de montage** Montagehalle *f* 3 (*ensemble des ouvriers*) Belegschaft *f* 4 (*groupe de réflexion*) Arbeitsgruppe *f*
atermoiement [atɛʀmwamɑ̃] *m gén pl* **des ~s** Ausflüchte *Pl*
atermoyer [atɛʀmwaje] <6> *vt* (*remettre à plus tard*) hinauszögern, Zeit zu gewinnen suchen
athée [ate] **I.** *adj* atheistisch **II.** *mf* Atheist(in) *m(f)*
athéisme [ateism] *m* Atheismus *m*
Athènes [atɛn] Athen *nt*
athlète [atlɛt] *mf* 1 SPORT Leichtathlet(in)

s'assurer

s'assurer	*sich vergewissern*
Tout va bien?	*Alles in Ordnung?*
Est-ce que je l'ai fait comme il fallait?	*Habe ich das so richtig gemacht?*
Est-ce que c'était bon?	*Hat es Ihnen geschmeckt?*
Est-ce que c'est le bus pour Francfort?	*Ist das der Bus nach Frankfurt?*
***(au téléphone)* Je suis bien à l'office de protection de la jeunesse?**	*(am Telefon) Bin ich hier richtig beim Jugendamt?*
C'est bien le film que tu as tant adoré?	*Ist das der Film, von dem du so geschwärmt hast?*
Es-tu sûr(e) que c'est le bon numéro?	*Bist du dir sicher, dass die Nummer stimmt?*
assurer, affirmer quelque chose à quelqu'un	*jemanden etwas versichern, beteuern*
Le train avait vraiment eu du retard.	*Der Zug hatte wirklich Verspätung gehabt.*
Vraiment! Je n'en ai rien su.	*Wirklich! Ich habe nichts davon gewusst.*
Que tu le croies ou non, ils se sont vraiment séparés.	*Ob du es nun glaubst oder nicht, sie haben sich tatsächlich getrennt.*
Je peux vous assurer que cette voiture roulera encore quelques années.	*Ich kann Ihnen versichern, dass das Auto noch einige Jahre fahren wird.*
Crois-moi, ce concert aura un grand succès.	*Glaub mir, das Konzert wird ein Riesenerfolg.*
Tu peux être sûr(e) qu'il/qu'elle n'a rien remarqué.	*Du kannst ganz sicher sein, er/sie hat nichts gemerkt.*
Je vous garantis que la majorité votera contre.	*Ich garantiere Ihnen, dass die Mehrheit dagegen stimmen wird.*
Les recettes ont été déclarées en bonne et due forme, j'en mets ma main au feu.	*Die Einnahmen sind ordnungsgemäß versteuert, dafür lege ich meine Hand ins Feuer.*

m(f) ② (*dans une compétition*) Wettkämpfer(in) *m(f)* ③ (*dans l'Antiquité*) Athlet(in) *m(f)* ④ (*personne musclée*) Kraftmensch *m*

athlétique [atletik] *adj* ① (*musclé*) athletisch ② SPORT *discipline* Leichtathletikwettkämpfe *Pl*

athlétisme [atletism] *m* Leichtathletik *f*

atlantique [atlɑ̃tik] *adj* atlantisch; **côte ~** Atlantikküste *f*

Atlantique [atlɑ̃tik] *m* **l'~** der Atlantik

atlantiste [atlɑ̃tist] *adj* POL proatlantisch

atlas [atlɑs] *m* GEOG, ANAT Atlas *m*

atmosphère [atmɔsfɛʀ] *f* ① *a.* METEO Atmosphäre *f* ② (*air*) Luft *f* ③ (*ambiance*) Stimmung *f*

atmosphérique [atmɔsfeʀik] *adj* atmosphärisch; *phénomène* meteorologisch; **pression ~** Luftdruck *m*

atoll [atɔl] *m* Atoll *nt*

atome [atom] *m* PHYS Atom *nt*

atomique [atɔmik] *adj* ① PHYS atomar; **énergie ~** Kernenergie *f*, Atomenergie *f*; **bombe ~** Atombombe *f* ② CHIM atomisch

atomisation [atɔmizasjɔ̃] *f* Aufsplitterung *f*, Atomisierung *f*

atomisé(e) [atɔmize] *adj survivant* strahlengeschädigt

atomiser [atɔmize] <1> *vt* (*pulvériser*) zerstäuben

atomiseur [atɔmizœʀ] *m* Zerstäuber *m*

atomiste [atɔmist] **I.** *adj* **physicien ~** Atomphysiker *m* **II.** *mf* Atomwissenschaftler(in) *m(f)*

atonal(e) [atɔnal, -o] <-aux> *adj* MUS atonal

atone [aton] *adj regard, œil* ausdruckslos

atonie [atɔni] *f* ① MED Atonie *f* ② *fig* Schlaffheit *f*, Erschlaffung *f*

atours [atuʀ] *mpl* **se parer de ses plus beaux ~** *hum* seinen Sonntagsstaat anziehen

atout [atu] *m* ① *a.* JEUX Trumpf *m* ② (*qualité*) Pluspunkt *m*

atoxique [atɔksik] *adj* ungiftig

âtre [ɑtʀ] *m* Feuerstelle *f*

atrium [atʀijɔm] *m* HIST Atrium *nt*

atroce [atʀɔs] *adj* ① *crime, image* grauenhaft; *vengeance, peur* furchtbar ② *fam personne* [ganz] schrecklich; *musique, film* [ganz] fürchterlich, unterirdisch (*fam*); *temps, repas* [ganz] scheußlich, unterirdisch (*fam*)

atrocement [atʀɔsmɑ̃] *adv* ① (*horriblement*) furchtbar ② *fam* (*affreusement*) [ganz] fürchterlich

atrocité [atʀɔsite] *f* ① *d'une action* Scheußlichkeit *f*, Abscheulichkeit *f*; *d'un crime* Grauenhaftigkeit *f* ② *pl* (*action*) Gräuel[taten *Pl*] *Pl* ③ (*calomnie*) **dire des ~s** Gräuelmärchen erzählen

atrophie [atʀɔfi] *f* MED Rückbildung *f*

atrophié(e) [atʀɔfje] *adj a. fig* verkümmert

atrophier [atʀɔfje] <1> **I.** *vpr* (*diminuer*) **s'~** verkümmern **II.** *vt* (*faire dépérir*) verkümmern lassen *muscle*

attabler [atable] <1> *vpr* **s'~** sich zu Tisch setzen

attachant(e) [ataʃɑ̃, ɑ̃t] *adj personne, personnalité* fesselnd; *enfant* reizend

attache [ataʃ] *f* ① (*lien*) Befestigung *f* ② (*pour attacher des animaux*) Kette *f* ③ (*pour attacher des plantes, des arbres*) Schnur *f* ④ (*pour attacher un cadre*) Aufhänger *m* ⑤ *gén pl* (*relations*) Verbindungen *Pl* ⑥ BOT Ranke *f* ⑦ ANAT Handgelenk *nt*; *d'un pied* Fußgelenk *nt*

attaché(e) [ataʃe] **I.** *adj* ① (*ligoté*) **être ~ à qc** an etw (*akk*) gefesselt sein ② (*lié par l'affection, l'habitude*) **être ~ à qn/qc** an jdm/etw hängen ③ (*associé*) **être ~ à qc** *avantage, rétribution:* mit etw verbunden sein; *bonheur:* von etw abhängig sein **II.** *m(f)* Attaché *m*; **~ d'ambassade** Botschaftsrat *m*/-rätin *f*; **~(e) de presse** Pressesprecher(in) *m(f)*

attaché-case [ataʃekɛz] <attachés-cases> *m* Aktenkoffer *m*

attachement¹ [ataʃmɑ̃] *m* (*affection*) Anhänglichkeit *f*

attachement² [ataʃmɑ̃] *m* INFORM Anlage *f*

attacher [ataʃe] <1> **I.** *vt* ① (*fixer*) **~ qn/qc à qc** jdn/etw an etw (*dat*) festmachen ② (*fixer avec une corde, ficelle*) jdn/etw an etw (*akk*) anbinden; **~ qn sur qc** jdn an etw (*akk*) fesseln ③ (*fixer avec des clous*) **~ qn sur qc** jdn an etw (*akk*) nageln ④ (*mettre ensemble*) zusammenbringen; heften *feuilles de papier*; **~ les mains à qn** jdm die Hände [zusammen]binden ⑤ (*fermer*) binden *lacets, tablier*; zumachen *montre, collier*; **~ sa ceinture de sécurité** sich anschnallen ⑥ (*faire tenir*) **~ ses cheveux avec un élastique** seine Haare mit einem Gummiband zusammenbinden; **~ un paquet avec de la ficelle/du ruban adhésif** ein Paket mit einer Kordel zubinden/mit Klebeband zukleben ⑦ (*maintenir*) **des pinces à linge attachent les dessins à la ficelle** die Zeichnungen werden mit Wäscheklammern an der Schnur befestigt ⑧ (*lier affectivement*) **~ qn à qn/qc** jdn mit jdm/etw verbinden ⑨ (*enchaîner*) **~ qn à qn/qc** jdn an jdn/etw binden ⑩ (*attribuer*) **~ de l'impor-**

tance à qc** einer S. (*dat*) Bedeutung beimessen; **~ de la valeur à qc** Wert auf etw (*akk*) legen; **quel sens attaches-tu à ce mot?** was verbindest du mit diesem Wort? **II.** *vi fam aliment, gâteau:* anbrennen **III.** *vpr* ① (*mettre sa ceinture de sécurité*) **s'~** sich anschnallen ② (*être attaché*) **s'~ à qc** mit etw [fest] verbunden sein ③ (*s'encorder*) **s'~ à une corde** sich anseilen ④ (*se fermer*) **s'~ avec/par qc** mit etw zugemacht werden ⑤ (*se lier d'affection*) **s'~ à qn/qc** jdn/etw lieb gewinnen

attaquant(e) [atakɑ̃, ɑ̃t] *m(f)* Angreifer(in) *m(f)*

attaque [atak] *f* ① MIL Angriff *m* ② (*acte de violence*) **~ de qc** Überfall *m* auf etw (*akk*) ③ (*critique acerbe*) **~ contre qn/qc** Angriff *m* auf jdn/etw ④ (*crise*) Anfall *m* ⑤ SPORT Angriff *m;* (*joueurs*) Sturm *m* ⑥ MUS Einsetzen *nt;* (*jazz*) Attacke *f* ⑦ LING Ansatz *m*

attaquer [atake] <1> **I.** *vt* ① (*assaillir*) angreifen ② (*pour voler*) überfallen *personne, banque* ③ SPORT angreifen ④ (*critiquer*) **~ qn sur qc** jdn wegen etw angreifen ⑤ JUR anfechten *jugement, testament;* **~ une loi** sich gegen ein Gesetz wenden; **~ qn en justice** jdn verklagen ⑥ (*ronger*) angreifen *organe, fer;* auswaschen *falaise* ⑦ (*commencer*) beginnen; anschneiden *sujet;* in Angriff nehmen *travail* ⑧ MUS **~ un morceau** beginnen ein Stück zu spielen ⑨ *fam* (*commencer à manger*) **~ un plat** über ein Essen herfallen ⑩ (*chercher à surmonter*) angehen *difficulté;* **~ le mal à sa racine** das Übel an der Wurzel packen **II.** *vpr* ① (*affronter*) **s'~ à qn/qc** jdn/etw angreifen ② (*chercher à résoudre*) **s'~ à une difficulté** ein Problem angehen ③ (*commencer*) **s'~ à qc** etw in Angriff nehmen

attardé(e) [ataʀde] *adj* (*en retard*) verspätet

attarder [ataʀde] <1> **I.** *vt* aufhalten **II.** *vpr* **s'~** sich verspäten

atteindre [atɛ̃dʀ] <*irr*> *vt* ① (*toucher*) treffen *personne, cible* ② (*parvenir à, gagner, s'élever à, joindre par téléphone*) erreichen ③ (*rattraper*) einholen ④ (*avoir un effet nuisible sur*) **la gelée a atteint les plantes** der Frost hat die Pflanzen angegriffen ⑤ (*blesser moralement*) treffen ⑥ (*troubler intellectuellement*) irritieren ⑦ (*émouvoir*) berühren; **ça ne m'atteint pas!** das trifft mich nicht!

atteint(e) [atɛ̃, ɛ̃t] *adj* ① (*malade*) **être très ~** *personne:* schwer krank sein; *organe:* stark angegriffen sein; **le malade ~ du cancer** der Krebspatient *m* ② *fam* (*fou*) übergeschnappt

atteinte [atɛ̃t] *f* ① (*dommage causé*) **~ à un droit** Einschränkung *f* eines Rechts; **c'est une ~ à ma réputation** das schadet meinem Ansehen; **~ à la sûreté de l'État** Hochverrat *m* ② *pl de l'âge* Spuren *Pl; du froid* Beeinträchtigung *f* ③ (*portée*) **réputation hors d'~** unantastbares Ansehen; **se mettre hors d'~** sich in Sicherheit bringen

attelage [at(ə)laʒ] *m* ① *de chevaux* Geschirr *nt; d'un véhicule de chemin de fer* Kupplung *f* ② *d'un cheval* Anspannen *nt; d'un bœuf* Einspannen *nt; d'un wagon* Anhängen *nt*

atteler [at(ə)le] <3> **I.** *vt* (*attacher*) anspannen *voiture, animal;* einspannen *bœuf* **II.** *vpr* **s'~ à un travail** sich an eine Arbeit machen (*fam*)

attelle [atɛl] *f* Schiene *f*

attenant(e) [at(ə)nɑ̃, ɑ̃t] *adj* angrenzend

attendre [atɑ̃dʀ] <14> **I.** *vt* ① (*patienter*) **~ qn/qc** auf jdn/etw warten ② (*ne rien faire avant de*) abwarten *moment favorable;* **~ qn/qc pour faire qc** auf jdn/etw warten um etw zu tun ③ (*compter sur*) erwarten; **~ un enfant** ein Kind erwarten; **n'~ que ça** nur darauf warten; **en attendant mieux** in Erwartung eines Besseren ④ (*être préparé*) **~ qn** *voiture, surprise:* auf jdn warten; *sort, déception:* jdm bevorstehen ⑤ *fam* (*se montrer impatient avec*) **~ après qn** auf jdn warten ⑥ *fam* (*avoir besoin de*) **~ après qc** auf etw (*akk*) warten ⑦ (*jusqu'à*) **mais en attendant** doch bis dahin; **en attendant que** + *subj* [so lange] bis ⑧ (*toujours est-il*) **en attendant** immerhin **II.** *vi* ① (*patienter*) warten; **faire ~ qn** jdn warten lassen; **tu peux toujours ~!** da kannst du lange warten! ② (*retarder*) **sans ~** sofort ③ (*interjection*) **attends!** (*pour interrompre, pour réfléchir*) warte mal!; (*pour menacer*) na, warte! **III.** *vpr* **s'~ à qc** etw erwarten; (*en cas de chose désagréable*) auf etw (*akk*) gefasst sein; **comme il fallait s'y ~** wie zu erwarten war

attendri(e) [atɑ̃dʀi] *adj* gerührt

attendrir [atɑ̃dʀiʀ] <8> **I.** *vt* ① (*émouvoir*) rühren ② (*apitoyer*) Mitleid erregen; erweichen *cœur* ③ GASTR weich machen **II.** *vpr* ① (*s'émouvoir*) **se laisser ~** sich erweichen lassen; **il s'~ sur [le sort de] sa voisine** das Schicksal seiner Nachbarin rührt ihn ② (*s'apitoyer*) **s'~ sur soi-**

-même sich selbst bemitleiden; **il s'~ sur sa voisine** er hat Mitleid mit seiner Nachbarin

attendrissant(e) [atɑ̃dʀisɑ̃, ɑ̃t] *adj* rührend

attendrissement [atɑ̃dʀismɑ̃] *m* Rührung *f*

attendrisseur [atɑ̃dʀisœʀ] *m* Fleischklopfer *m*

attendu(e) [atɑ̃dy] **I.** *part passé de* **attendre** **II.** *adj* (*espéré*) erwartet

attentat [atɑ̃ta] *m* **~ contre qn/qc** Attentat *nt* auf jdn/etw

attente [atɑ̃t] *f* ① (*expectative*) **l'~ de qn/qc** das Warten auf jdn/etw; **mise en ~** Warteschleife *f*; **salle d'~** Wartesaal *m* ② (*espoir*) **contre toute ~** wider Erwarten; **dans l'~ de qc** in Erwartung einer S. (*gen*)

attenter [atɑ̃te] <1> *vi* **~ à sa vie** Selbstmord verüben; **~ à la vie de qn** jdm nach dem Leben trachten (*geh*)

attentif, -ive [atɑ̃tif, -iv] *adj* ① (*vigilant, prévenant*) aufmerksam ② (*veillant soigneusement*) **être ~ aux différences** auf Unterschiede (*akk*) achten

attention [atɑ̃sjɔ̃] *f* ① (*concentration*) Aufmerksamkeit *f*; **avec ~** aufmerksam ② (*intérêt*) Aufmerksamkeit *f*; **à l'~ de qn** zu jds Händen; **prêter ~ à qn/qc** jdm/einer S. Beachtung schenken ③ *souvent pl* (*prévenance*) Aufmerksamkeit *f* ④ (*soin*) **faire ~ à qn/qc** auf jdn/etw aufpassen; **fais ~!** pass [doch] auf! ⑤ (*avertissement*) **~!** Vorsicht!; **~ à la marche!** Vorsicht Stufe!; **mais ~! vous en êtes responsable!** aber ich warne Sie/euch! Sie sind/Ihr seid dafür verantwortlich!; **alors là, ~ [les yeux]!** *fam* aber hallo!

attentionné(e) [atɑ̃sjɔne] *adj* **~ envers qn** aufmerksam jdm gegenüber

attentisme [atɑ̃tism] *m* POL Attentismus *m*

attentivement [atɑ̃tivmɑ̃] *adv* aufmerksam

atténuant(e) [atenɥɑ̃, ɑ̃t] *adj* mildernd; **circonstances ~es** mildernde Umstände

atténuation [atenɥasjɔ̃] *f d'un sentiment* Milderung *f*

atténuer [atenɥe] <1> **I.** *vt* lindern *douleur;* dämpfen *passion, bruit;* abschwächen *amertume, couleur;* verharmlosen *faute* **II.** *vpr* **s'~** sich mildern; *bruit, douleur:* nachlassen; *amertume:* sich abschwächen; *secousse sismique:* schwächer werden

atterré(e) [ateʀe] *adj* erschüttert

atterrer [ateʀe] <1> *vt nouvelle:* sehr betroffen machen

atterrir [ateʀiʀ] <8> *vi* ① AVIAT, NAUT *avion:* landen; *bateau:* anlegen ② *fam* (*se retrouver*) landen ③ *fam* (*revenir sur terre*) **atterris!** wach auf!

atterrissage [ateʀisaʒ] *m* Landen *nt;* **~ en catastrophe** Bruchlandung *f;* **page d'~** INET Landingpage *f*, Landing Page

attestation [atɛstasjɔ̃] *f* Bescheinigung *f;* **~ d'assurance** Versicherungsnachweis *m*

attester [atɛste] <1> *vt* ① (*certifier*) **~ qc/que ...** etw bestätigen/bestätigen, dass ... ② (*certifier par écrit*) **~ qc/que ...** etw bescheinigen/bescheinigen, dass ... ③ (*être la preuve*) **~ qc/que ...** ein Beweis für etw sein/dafür sein, dass

attifer [atife] <1> *vt fam* ausstaffieren, herausputzen

attique [atik] **I.** *adj* attisch **II.** *m* ARCHIT [aufgesetztes] Dachgeschoss *nt*

attirail [atiʀaj] *m fam* Zeug *nt*

attirance [atiʀɑ̃s] *f* Anziehungskraft *f;* **éprouver une certaine/de l'~ pour qn** sich zu jdm hingezogen fühlen

attirant(e) [atiʀɑ̃, ɑ̃t] *adj personne, physionomie* anziehend; *proposition* verlockend; *publicité* ansprechend

attirer [atiʀe] <1> **I.** *vt* ① PHYS anziehen ② (*tirer à soi*) zu sich [her]ziehen ③ (*faire venir*) anziehen *personne;* anlocken *animal* ④ (*allécher*) ködern ⑤ (*intéresser*) *projet, pays:* ansprechen ⑥ (*retenir*) **~ le regard/l'attention** Aufsehen/Aufmerksamkeit erregen ⑦ (*procurer*) **~ des ennuis à qn** jdn in Schwierigkeiten bringen ⑧ (*susciter*) **~ sur soi la colère de toute la ville** sich (*dat*) den Zorn der ganzen Stadt zuziehen **II.** *vpr* ① PHYS **s'~** sich anziehen ② (*se plaire*) **s'~** sich anziehen ③ (*obtenir, susciter*) **s'~ qn** jdn gewinnen; **s'~ de nombreux ennemis/amis** sich (*dat*) viele Feinde/Freunde schaffen

attiser [atize] <1> *vt* schüren, anfachen

attitré(e) [atitʀe] *adj promoteur* beauftragt

attitude [atityd] *f* ① (*du corps*) Haltung *f* ② (*disposition*) [innere] Haltung ③ *souvent pl péj* (*affectation*) Getue *nt* (*fam*)

attouchement [atuʃmɑ̃] *m* ① (*toucher*) Berührung *f* ② (*caresse légère*) Streicheln *nt* ③ *souvent pl euph* (*caresse sexuelle*) unsittliche Berührung

attractif, -ive [atʀaktif, -iv] *adj* (*séduisant*) ansprechend; *épargne, programme* interessant

attraction [atʀaksjɔ̃] *f* ① (*séduction*) Anziehungskraft *f* ② (*divertissement*) Attrak-

A

tion *f* ❸ *souvent pl d'une boîte de nuit* Darbietungen *Pl* ❹ PHYS Anziehungskraft *f* ❺ GRAM Angleichung *f*

attrait [atʀɛ] *m* Reiz *m*

attrape [atʀap] *f* Scherzartikel *m*

attrape-nigaud [atʀapnigo] <attrape--nigauds> *m* Bauernfängerei *f*

attraper [atʀape] <1> **I.** *vt* ❶ (*capturer, saisir*) fangen *animal, personne;* ~ **qn/un animal par qc** jdn/ein Tier an etw (*dat*) packen ❷ (*saisir au vol*) [auf]fangen; **attrape!** fang! ❸ (*atteindre*) ~ **qc** an etw (*akk*) herankommen ❹ (*prendre sur le fait*) ~ **qn à faire qc** jdn dabei ertappen, wie er etw tut (*fam*) ❺ (*tromper*) reinlegen (*fam*); **être bien attrapé** schön reingefallen sein (*fam*) ❻ (*prendre à temps*) erreichen *bus, train* ❼ (*comprendre*) verstehen *bribes, paroles* ❽ (*savoir reproduire*) sich (*dat*) zu eigen machen *comportement, style;* annehmen *accent* ❾ (*avoir*) sich (*dat*) holen *maladie* ❿ (*recevoir*) bekommen *punition, amende* **II.** *vpr* **s'~** ❶ (*se transmettre*) *maladie contagieuse:* sich übertragen ❷ (*s'assimiler*) **l'accent anglais, ça ne s'attrape qu'en Angleterre!** den englischen Akzent bekommt man nur in England!

attrayant(e) [atʀɛjɑ̃, jɑ̃t] *adj paysage* reizvoll; *travail* interessant; *personne* anziehend

attribuable [atʀibɥabl] *adj* **être ~ à qn/à qc** jdm/einer S. (*dat*) zuzuschreiben sein

attribuer [atʀibɥe] <1> **I.** *vt* ❶ (*donner*) ~ **un prix à qn** jdm einen Preis verleihen; ~ **une bourse d'études à qn** jdm ein Stipendium geben ❷ (*considérer comme propre à*) ~ **un mérite à qn** jdm ein Verdienst zuschreiben (*geh*); ~ **de l'importance à qc** einer S. (*dat*) Bedeutung *f* beimessen **II.** *vpr* ❶ (*s'approprier*) **s'~ qc** sich (*dat*) etw nehmen ❷ (*s'adjuger, revendiquer*) **s'~ qc** etw für sich in Anspruch nehmen

attribut [atʀiby] **I.** *m* ❶ (*propriété, symbole*) Attribut *nt,* Eigenschaft *f* ❷ LING ~ **du sujet** prädikative Ergänzung zum Subjekt **II.** *adj* LING *adjectif* prädikativ

attribution [atʀibysjɔ̃] *f* ❶ (*action*) Zuweisung *f; d'une indemnité* Gewährung *f; d'un prix* Verleihung *f* ❷ *pl* (*compétences*) Zuständigkeit[sbereich *m*] *f*

attristant(e) [atʀistɑ̃] *adj* ❶ (*affligeant, désolant*) schlecht ❷ (*pénible, triste*) traurig ❸ (*déplorable*) beklagenswert

attrister [atʀiste] <1> **I.** *vt* traurig machen **II.** *vpr* **s'~ devant qc** angesichts einer S. (*gen*) traurig sein

attroupement [atʀupmɑ̃] *m* Menschenansammlung *f*

attrouper [atʀupe] <1> *vpr* **s'~ sur la place** auf dem Platz zusammenströmen

atypique [atipik] *adj* atypisch

au [o] = **à le** *v.* **à**

aubade [obad] *f* Morgenständchen *nt*

aubaine [obɛn] *f* Geschenk *nt* des Himmels

aube [ob] *f* (*point du jour*) Morgendämmerung *f;* **à l'~** im Morgengrauen

aubépine [obepin] *f* [eingriffeliger] Weißdorn *m*

auberge [obɛʀʒ] *f* [Land]gasthaus *nt;* ~ **de jeunesse** Jugendherberge *f* ►**être sorti de l'~** über den Berg sein

aubergine [obɛʀʒin] **I.** *f* (*légume*) Aubergine *f,* Melanzani *f* (A) **II.** *adj inv* (*couleur*) aubergine[farben]

aubergiste [obɛʀʒist] *mf* [Gast]wirt(in) *m(f)*

aubette [obɛt] *f v.* **abribus**

auburn [obœʀn] *adj inv* kastanienbraun

aucun(e) [okœ̃, yn] **I.** *adj antéposé* ❶ ~ **... ne ..., ne ... ~ ...** kein(e); **n'avoir ~e preuve** gar keinen Beweis haben; **en ~e façon** keineswegs; **sans faire ~ bruit** ohne jeden Lärm ❷ (*dans une question*) irgendein(e) **II.** *pron* ~ **ne ..., ne ... ~** keine(r, s); **n'aimer ~ de ces romans** keinen dieser Romane mögen

aucunement [okynmɑ̃] *adv* keineswegs; **n'avoir ~ envie** überhaupt keine Lust haben; **êtes-vous d'accord? – ~!** sind Sie einverstanden? – nie und nimmer!

audace [odas] *f* ❶ (*témérité*) Kühnheit *f;* **avoir de l'~** kühn sein ❷ (*effronterie*) Dreistigkeit *f*

audacieux, -euse [odasjø, -jøz] **I.** *adj* ❶ (*hardi*) kühn ❷ (*effronté*) dreist ❸ *projet, mode* gewagt **II.** *m, f* Kühne(r) *f(m)*

au-dedans [odədɑ̃] **I.** *adv* (*intérieurement*) drinnen **II.** *prép* ❶ (*à l'intérieur de, sans mouvement*) ~ **de qc** innerhalb einer S. (*gen*) ❷ (*à l'intérieur de, avec mouvement*) ~ **de qc** in etw (*akk*) [hinein] **au--dehors** [odəɔʀ] **I.** *adv* ❶ (*à l'extérieur*) draußen; *sortir, se répandre* nach [dr]außen ❷ (*dans l'apparence extérieure*) äußerlich **II.** *prép* ❶ (*à l'extérieur de, sans mouvement*) ~ **de qc** außerhalb einer S. (*gen*) ❷ (*à l'extérieur de, avec mouvement*) ~ **de qc** aus etw [heraus] **au-delà** [od(ə)la] **I.** *adv être* weiter [hinten]; *aller, voir* weiter [nach hinten] **II.** *prép* ❶ (*de l'autre côté de, sans mouvement*) ~ **de qc** jenseits einer S. (*gen*) ❷ (*de l'autre côté* *de, avec mouvement*) ~ **de qc** auf die andere Seite einer S. (*gen*) ❸ (*dépassant*) ~ **de qc** über etw (*akk*) hinaus **III.** *m* Jenseits *nt* **au-dessous** [od(ə)su] **I.** *adv* darunter **II.** *prép* ❶ (*plus bas*) ~ **de qn/qc** unter jdm/etw ❷ (*au sud de*) ~ **de Lyon** unterhalb von Lyon ❸ (*inférieur, subordonné*) **être ~ de qn** unter jdm stehen ▶ **être ~ de tout** *personne:* ein Nichtsnutz sein; *concert:* das Letzte sein **au-dessus** [od(ə)sy] **I.** *adv* ❶ (*plus haut*) darüber ❷ (*mieux*) **il n'y a rien ~** das ist das Beste **II.** *prép* ❶ (*sans mouvement*) ~ **de qn/qc** über jdm/etw ❷ (*avec mouvement*) ~ **de qn/qc** über jdn/etw ❸ (*au nord de*) ~ **de Lyon** oberhalb von Lyon ❹ (*supérieur*) **être ~ de qn** über jdm stehen; **être ~ de qc** über etw (*dat*) stehen **au-devant** [od(ə)vɑ̃] *prép* **aller ~ des désirs de qn** jds Wünschen entgegenkommen

audible [odibl] *adj* (*qu'on peut entendre*) hörbar

audience [odjɑ̃s] *f* ❶ (*entretien*) Audienz *f;* **tenir ~** eine Sitzung abhalten ❷ JUR Gerichtsverhandlung *f;* **tenir ~** tagen ❸ (*indice d'écoute*) Einschaltquote *f*

audimat® [odimat] *m* ❶ (*appareil*) Messgerät *nt* für die Einschaltquote ❷ (*taux d'écoute*) Einschaltquote *f*

audio [odjo] *adj inv* Audio-; **cassette ~** Audiokassette *f;* **fichier ~** Audiodatei *f*

audioguide [odjogid] *m* Audioguide *m*

audiomètre [odjomɛtʀ] *m* Audiometer *nt*

audionaute [odjonot] *mf* INFORM Musik-Downloader(in) *m(f)*

audionumérique [odjonymeʀik] *adj* digital

audiophile [odjofil] *m* Hi-Fi-Liebhaber *m*

audioprothésiste [odjopʀɔtezist] *mf* Hörgeräteakustiker(in) *m(f)*

audiovisuel [odjovisɥɛl] *m* ❶ (*procédés*) Audio-Video-Technik *f* ❷ (*chaînes de télévision*) audiovisuelle Medien *Pl*

audiovisuel(le) [odjovisɥɛl] *adj* audiovisuell

audit [odit] *m* Revision *f*

auditeur, -trice [oditœʀ, -tʀis] *m, f* ❶ MEDIA Zuhörer(in) *m(f); d'une radio* Hörer(in) *m(f); d'une télévision* Zuschauer(in) *m(f)* ❷ (*métier*) Rechnungsprüfer(in) *m(f)* ❸ UNIV **~ libre** Gasthörer(in) *m(f)* ❹ POL **~ au Conseil d'État** *untere Charge im französischen Staatsrat*

auditif, -ive [oditif, -iv] **I.** *adj mémoire* auditiv; **appareil ~** Hörgerät *nt* **II.** *m, f* auditiver Typ *m*

audition [odisjɔ̃] *f* ❶ (*sens*) Hören *nt;* **test d'~** Hörtest *m* ❷ (*écoute*) Hören *nt* ❸ JUR *d'un témoin* Anhörung *f,* Vernehmung *f* ❹ THEAT, CINE *d'un acteur* Vorsprechen *nt; d'un chanteur* Vorsingen *nt; d'un musicien* Vorspielen *nt*

auditionner [odisjɔne] <1> **I.** *vt* vorsprechen lassen *acteur;* vorspielen lassen *musicien;* vorsingen lassen *chanteur* **II.** *vi acteur:* vorsprechen; *musicien:* vorspielen; *chanteur:* vorsingen

auditoire [oditwaʀ] *m* Zuhörerschaft *f*

auditorium [oditɔʀjɔm] *m* ❶ RADIO, TV Sendesaal *m* ❷ (*salle de concert*) Konzertsaal *m*

auge [oʒ] *f* ❶ (*abreuvoir*) Tränke *f* ❷ (*mangeoire*) Futtertrog *m*

augmentation [ɔgmɑ̃tasjɔ̃] *f* Erhöhung *f; d'une production* Steigerung *f; du chômage, de l'inflation* Zunahme *f*

augmenter [ɔgmɑ̃te] <1> **I.** *vt* ❶ (*accroître*) erhöhen; aufbessern *revenus;* verstärken *intensité de la lumière;* vergrößern *misère* ❷ (*accroître le salaire*) ~ **qn de qc** jds Gehalt/Lohn um etw erhöhen **II.** *vi* ❶ (*s'accroître*) wachsen; *nombre:* sich erhöhen; *salaire:* steigen; *douleur:* stärker werden ❷ (*devenir plus cher*) *impôts:* erhöht werden; *prix, loyer:* [an]steigen; *marchandise, vie:* teurer werden

augure¹ [ogyʀ] *m* **être de bon/mauvais ~** Gutes/nichts Gutes verheißen

augure² [ogyʀ] *m* HIST Augur *m*

augurer [ogyʀe] <1> *vt* ~ **qc d'un signe** etw aus einem Zeichen (*akk*) schließen

auguste [ogyst(ə)] *m* dummer August *m*

aujourd'hui [oʒuʀdɥi] *adv* ❶ (*opp: hier, demain*) heute; **quel jour sommes-nous ~?** den Wievielten haben wir heute?; **à compter/dater/partir d'~** ab heute; **dès ~** gleich heute; **il y a ~ huit jours/un an que ...** heute vor acht Tagen/einem Jahr ... ❷ (*actuellement*) heute; **au jour d'~** *fam* (*actuellement*) heutzutage; (*jusqu'à maintenant*) bis heute ▶ **c'est pour ~ ou pour demain?** *fam* wird's bald?

aulne [o(l)n] *m* Erle *f*

aumône [omon] *f* (*don*) Almosen *nt*

aumônerie [omonʀi] *f* Seelsorge *f;* (*lieu*) Andachtsraum *m*

aumônier [omonje] *m* ~ **d'un lycée** Religionsunterricht erteilender Geistlicher; ~ **d'une prison/d'un hôpital** Gefängnis-/Krankenhauspfarrer *m*

aune [on] *m v.* **aulne**

auparavant [opaʀavɑ̃] *adv* vorher

auprès de [opʀɛ də] *prép* ❶ (*tout près, à côté de*) **être ~ qn** bei jdm sein; **viens**

A

t'asseoir ~ moi komm, setz dich zu mir ❷ (*en comparaison de*) ~ **qn/qc** im Vergleich zu jdm/etw ❸ (*aux yeux de*) bei ❹ ADMIN *fig* bei

auquel [okɛl] = **à lequel** *v.* **lequel**

aura [ɔʀa] *f* Aura *f* (*geh*)

aurai [ɔʀɛ] *fut de* **avoir**

auréole [ɔʀeɔl] *f* ❶ (*tache*) Rand *m* ❷ *d'un astre* Hof *m* ❸ *d'un saint* Heiligenschein *m*

auréoler [ɔʀeɔle] <1> *vt* ❶ (*parer de*) ~ **qn de gloire** jdn mit einem Glorienschein umgeben ❷ (*entourer*) einrahmen

auriculaire [ɔʀikylɛʀ] *m* kleiner Finger

aurifère [ɔʀifɛʀ] *adj* goldhaltig

aurochs [ɔʀɔk] *m* Auerochse *m*

aurons [oʀɔ̃] *fut de* **avoir**

aurore [ɔʀɔʀ] *f* ❶ (*aube*) Morgenröte *f;* (*heure du jour*) Morgengrauen *nt* ❷ ASTRON ~ **australe/boréale/polaire** Süd-/Nord-/Polarlicht *nt*

auscultation [ɔskyltasjɔ̃] *f* Abhören *nt*

ausculter [ɔskylte] <1> *vt* abhören

auspices [ɔspis] *mpl* ❶ (*augure*) **sous de bons/mauvais** ~ unter guten/schlechten Vorzeichen ❷ (*appui*) **sous les ~ de qn** unter jds Schutz (*dat*)

aussi [osi] **I.** *adv* ❶ (*élément de comparaison*) ~ **... que** so ... wie; **elle est ~ grande que moi** sie ist [genau]so groß wie ich; **il est ~ grand qu'il est bête** er ist so dumm wie er lang ist (*fam*) ❷ (*également*) auch; **c'est ~ mon avis** das ist auch meine Meinung; **bon appétit! – merci, vous ~!** guten Appetit! – danke, gleichfalls!; **ça peut tout ~ bien être faux!** das kann genauso gut falsch sein! ❸ (*en plus*) auch noch; **non seulement ..., mais ~** nicht nur ..., sondern auch [noch] ❹ *fam* (*non plus*) **moi ~, je ne suis pas d'accord** ich bin auch nicht einverstanden ❺ (*bien que*) ~ **riche soit-il** so reich er auch sein mag ❻ (*autant [que]*) **Paul ~ bien que son frère** Paul [eben]so wie sein Bruder ❼ (*d'ailleurs*) **mais ~ ...?** aber auch ...? **II.** *conj* ~ [**bien**] daher

aussitôt [osito] **I.** *adv* ❶ (*tout de suite*) sofort; ~ **après** gleich danach ❷ (*sitôt*) gleich nach[dem]; ~ **dit, ~ fait** gesagt, getan **II.** *conj* ~ **que ...** sobald ...

austère [ostɛʀ] *adj* streng; *vie* asketisch

austérité [osteʀite] *f* ❶ (*caractère*) Strenge *f* ❷ (*rigueur*) **mesure d'~** Sparmaßnahmen *Pl;* **période d'~** harte Zeiten

austral(e) [ɔstʀal] <s> *adj hémisphère* südlich

Australie [ostʀali] *f* **l'~** Australien *nt*

australien(ne) [ostʀaljɛ̃, jɛn] *adj* australisch

Australien(ne) [ɔstʀaljɛ̃, jɛn] *m(f)* Australier(in) *m(f)*

austro-hongrois(e) [ɔstʀoɔ̃gʀwa, waz] *adj* österreichisch-ungarisch

autant [otɑ̃] *adv* ❶ (*tant*) so viel; **comment peut-il dormir ~?** wie kann er nur so viel schlafen?; ~ **d'argent** so viel Geld ❷ (*relation d'égalité*) ~ **que** *surprendre, valoir, aimer* ebenso [sehr] wie; *donner, travailler* ebenso viel wie; **en faire ~** dasselbe tun; **d'~** ebenso viel; **la Bible ~ que le Coran** die Bibel ebenso wie der Koran; ~ **de beurre que de farine** genauso viel Butter wie Mehl; **il n'y a pas ~ de neige que l'année dernière** es liegt nicht so viel Schnee wie im letzten Jahr ❸ (*cela revient à*) ebenso gut; ~ **dire** so gut wie ❹ (*sans exception*) **ces personnes sont ~ de chômeurs** diese Menschen sind alle arbeitslos; **tous ~ que vous êtes** alle, die ihr da seid ❺ (*pour comparer*) ~ **j'aime la mer, ~ je déteste la montagne** so sehr ich das Meer liebe, so sehr hasse ich die Berge ❻ (*dans la mesure où*) [**pour**] ~ **que** + *subj* vorausgesetzt, dass; [**pour**] ~ **que** + *subj* soviel; ~ **que possible** so weit wie möglich ❼ (*encore plus/moins [pour la raison que]*) **d'~ moins ... que ...** umso weniger ... als ...; **d'~** [**plus**] **que ...** zumal ...; **d'~ mieux/moins/plus** umso besser/weniger/mehr ▸**pour** ~ trotzdem; **il va mieux; il n'est pas remis pour ~** es geht ihm besser; deswegen ist er aber noch lange nicht wieder gesund

autarcie [otaʀsi] *f* Autarkie *f*

autarcique [otaʀsik] *adj régime, vie* autark; *politique* autarkisch

autel [otɛl] *m* Altar *m*

auteur [otœʀ] *m* ❶ (*écrivain*) Autor(in) *m(f)* ❷ (*créateur*) Schöpfer(in) *m(f)* ❸ (*responsable*) Verursacher(in) *m(f);* ~ **du crime** Täter(in) *m(f);* ~ **de l'attentat** Attentäter

auteur-compositeur [otœʀkɔ̃pozitœʀ] <auteurs-compositeurs> *m* Texter(in) *m(f)* und Komponist(in) *m(f)*

authenticité [otɑ̃tisite] *f* ❶ *d'un document, d'une œuvre* Echtheit *f* ❷ *d'une interprétation* Glaubwürdigkeit *f*

authentification [otɑ̃tifikasjɔ̃] *f* Beurkundung *f*

authentifier [otɑ̃tifje] <1> *vt* beglaubigen *document, signature;* für echt befinden *tableau*

authentique [otɑ̃tik] *adj* ❶ (*véritable*) echt ❷ (*sincère*) unverfälscht; *émotion* echt

autisme [otism] *m* Autismus *m*

autiste [otist] **I.** *adj* autistisch **II.** *mf* Autist(in) *m(f)*

auto [oto] *f abr de* **automobile** Auto *nt;* ~ **tamponneuse** Autoskooter *m*

autoadhésif, -ive [otoadezif, -iv] *adj* selbstklebend, selbsthaftend

autoallumage [otoalymaʒ] *m* Selbstzündung *f*

auto-amnistier [otoamnistje] <1> *vpr* **s'~** sich selbst amnestieren

autobiographe [otobjɔgʀaf] *mf* Autobiograf(in) *m(f)*

autobiographie [otobjɔgʀafi] *f* Autobiografie *f*

autobiographique [otobjɔgʀafik] *adj* autobiografisch

autobloquant(e) [otoblɔkɑ̃, ɑ̃t] *adj porte* selbstverriegelnd

autobus [otobys] *m* [Auto]bus *m*

autocar [otokaʀ] *m* Reisebus *m*

autocensure [otosɑ̃syʀ] *f* Selbstzensur *f*

autochenille [otoʃ(ə)nij] *f* Raupenfahrzeug *nt*

autochtone [otokton] **I.** *adj* einheimisch; (*indigène*) eingeboren **II.** *mf* Einheimische(r) *f(m)*

autocollant [otokɔlɑ̃] *m* Aufkleber *m*

autocollant(e) [otokɔlɑ̃, ɑ̃t] *adj* selbstklebend

autocouchettes *v.* **autos-couchettes**

autocrate [otokʀat] *mf* Autokrat(in) *m(f)* (*geh*), Alleinherrscher(in) *m(f)* ▶ **en** ~ *se comporter, régner* selbstherrlich

autocritique [otokʀitik] *f* Selbstkritik *f*

autocuiseur [otokɥizœʀ] *m* Schnellkochtopf *m*

autodafé [otodafe] *m* HIST ~ **de livres** Bücherverbrennung *f*

autodéfense [otodefɑ̃s] *f* Selbstverteidigung *f;* (*prévention*) Selbstschutz *m*

autodérision [otodeʀizjɔ̃] *f* Selbstironie *f*

autodestruction [otodɛstʀyksjɔ̃] *f* Selbstzerstörung *f*

autodétermination [otodetɛʀminasjɔ̃] *f* Selbstbestimmung *f*

autodétruire [otodetʀɥiʀ] <*irr*> *vpr* **s'~** *machine, cassette:* sich selbst vernichten; *personne:* sich [selbst] zugrunde richten

autodidacte [otodidakt] **I.** *adj* autodidaktisch **II.** *mf* Autodidakt(in) *m(f)*

autodiscipline [otodisiplin] *f* Selbstdisziplin *f*

autodrome [otodʀom] *m* Autorennbahn *f,* Rennstrecke *f*

autoécole, auto-école [otoekɔl] <auto-écoles> *f* Fahrschule *f*

autofiction [otofiksjɔ̃] *f* LITTER Autofiktion *f*

autofinancement [otofinɑ̃smɑ̃] *m* Eigenfinanzierung *f*

autofocus [otofɔkys] **I.** *adj* mit Autofokus **II.** *m* Automatikkamera *f*

autogène [otoʒɛn] *adj* PSYCH *Training* autogen

autogérer [otoʒeʀe] <5> *vpr* **s'~** sich selbst verwalten

autogestion [otoʒɛstjɔ̃] *f* Selbstverwaltung *f*

autographe [otogʀaf] *m* Autogramm *nt*

autoguidage [otogidaʒ] *m* TECH Selbststeuerung *f*

autoguidé(e) [otogide] *adj* selbst gesteuert, selbst gelenkt

auto-intoxication [otoɛ̃tɔksikasjɔ̃] <auto-intoxications> *f* Selbstvergiftung *f*

automate [otomat] *m* Automat *m;* ~ **bancaire** Geldautomat, Bankomat® *m*

automatique [otomatik] **I.** *adj* automatisch **II.** *m* ❶ TELEC Selbstwählverkehr *m* ❷ (*pistolet*) Selbstladepistole *f* **III.** *f* AUT Auto *nt* mit Automatik[getriebe]

automatiquement [otomatikmɑ̃] *adv* automatisch

automatisation [otomatizasjɔ̃] *f* ❶ (*action*) Automatisierung *f* ❷ (*résultat*) Automation *f*

automatiser [otomatize] <1> *vt* automatisieren

automatisme [otomatism] *m* Automatismus *m*

automédication [otomedikasjɔ̃] *f* Selbstmedikation *f*

automitrailleuse [otomitʀɑjøz] *f* Radpanzer[fahrzeug *nt*] *m*

automnal(e) [otɔnal, -o] <-aux> *adj* herbstlich; *brume, fleurs* Herbst-

automne [otɔn] *m* Herbst *m;* **cet** ~ diesen Herbst; **en** ~ im Herbst; **l'~, ...** im Herbst ...; **l'~ dernier** [im] letzten Herbst

automobile [otomɔbil] **I.** *adj* ❶ TECH **voiture/véhicule** ~ Kraftwagen *m*/Kraftfahrzeug *nt* ❷ (*relatif à la voiture*) Auto-; *industrie, salon* Automobil-; *assurance* Kraftfahrzeug-; **sport** ~ Motorsport- *m* **II.** *f* ❶ (*voiture*) Auto *nt* ❷ (*sport*) Motorsport *m* ❸ (*industrie*) Auto[mobil]industrie *f*

automobilisme [ɔtɔmɔbilism, otomɔbilism] *m* (*sport*) Autosport *m*

automobiliste [otomɔbilist] *mf* Autofahrer(in) *m(f)*

A

automoteur [otomɔtœʀ] *m* motorisierter Lastkahn *m*
automutilation [otomytilasjɔ̃] *f* Selbstverstümmelung *f*
autonettoyant(e) [otonetwajɑ̃, ɑ̃t] *adj* selbstreinigend
autonome [otonom] *adj* ❶ (*indépendant*) unabhängig; *état, province* autonom; *gestion* selb[st]ständig; **travailleur** ~ CAN (*free-lance*) Freiberufler *m* ❷ *vie* eigenständig; *personne* selb[st]ständig; *existence* eigen ❸ INFORM offline
autonomie [otonomi] *f* ❶ (*indépendance*) Autonomie *f;* (*sur le plan financier*) Unabhängigkeit *f; d'une personne* finanzielle Unabhängigkeit; ~ **administrative** Selbstverwaltung *f;* ~ **financière** *d'une administration* Finanzhoheit *f; d'une entreprise* finanzielle Selbständigkeit ❷ TECH *d'un moyen de transport* Reichweite *f; d'une machine, d'une pile* Betriebsdauer *f*
autonomisme [ɔtɔnɔmism, otonomism] *m* Autonomiebestrebungen *Pl*
autonomiste [otonomist] *mf* Anhänger(in) *m(f)* einer Autonomiebewegung
autopartage [otopaʀtaʒ] *m* Carsharing *nt*
autophoto [otofɔto] *f* CAN Selfie *nt*
autopompe [otopɔ̃p] *f* [Feuer]löschfahrzeug *nt*
autoportrait [otopɔʀtʀɛ] *m* Selbstporträt *nt*
autopropulsé(e) [otopʀɔpylse] *adj* mit Eigenantrieb
autopropulsion [otopʀɔpylsjɔ̃] *f* Eigenantrieb *m*
autopsie [otɔpsi] *f* MED Autopsie *f;* (*ordonnée par un tribunal*) Obduktion *f*
autopsier [otɔpsje] <1a> *vt* ~ **qn** *médecin légiste:* jdn obduzieren
autopunition [otopynisjɔ̃] *f* Selbstbestrafung *f*
autoradio [otoʀadjo] *m* Autoradio *nt*
autorail [otoʀaj] *m* Schienenbus *m*
autoreverse [otoʀivœʀs] *adj inv* mit Autoreverse
autorisation [otoʀizasjɔ̃] *f* ❶ (*permission*) Erlaubnis *f;* (*de caractère officiel*) Genehmigung *f;* JUR Ermächtigung *f* (*form*) ❷ (*permis*) schriftliche Genehmigung *f;* ~ **de sortie du territoire** Ausreisegenehmigung (*für Minderjährige*)
autorisé(e) [otoʀize] *adj* ❶ *milieux, source, avis* maßgeblich ❷ *service, personne* befugt ❸ *stationnement* erlaubt; *tournure* zulässig
autoriser [otoʀize] <1> *vt* ❶ (*permettre*) erlauben; ~ **qn à faire qc** jdm erlauben, etw zu tun; (*habiliter*) *titre, décret:* jdn berechtigen, etw zu tun; *personne:* jdn ermächtigen, etw zu tun ❷ (*rendre licite*) zulassen *stationnement;* genehmigen *manifestation, sortie* ❸ (*donner lieu à*) erlauben *abus, excès;* Anlass geben zu *espoir*
autoritaire [otoʀitɛʀ] *adj* autoritär; *personne, ton a.* herrisch
autoritarisme [otoʀitaʀism] *m d'un gouvernement* Autoritarismus *m*
autorité [otoʀite] *f* ❶ (*pouvoir*) Autorität *f,* Macht *f;* **agir avec** ~ bestimmt handeln; **faire preuve d'**~ ein Machtwort sprechen; ~ **de la loi** gesetzliche Gewalt; ~ **parentale** elterliche Gewalt; **avoir de l'**~ **sur qn** Macht über jdn haben; **être sous l'**~ **de qn** *employé:* jdm unterstehen; *enfant:* unter jds Aufsicht (*dat*) stehen ❷ (*capacité de se faire obéir*) Autorität *f* ❸ (*influence, considération*) Ansehen *nt;* **jouir d'une grande** ~ großes Ansehen genießen; **faire** ~ *ouvrage:* als maßgebend gelten; *personne:* als Autorität gelten ❹ (*personne influente*) Autorität *f* ❺ *souvent pl* (*organisme*) Behörde *f;* ~ **législative** gesetzgebendes Organ; **l'**~ **politique/les** ~**s politiques** die politischen Organe; **l'**~ **religieuse/les** ~**s religieuses** die geistliche Obrigkeit ►**sous l'**~ **de qn** *travailler* unter jds Regie (*dat*)
autoroute [otoʀut] *f* Autobahn *f;* ~ **à péage** gebührenpflichtige Autobahn; ~ **du Soleil** *Autobahn Paris-Marseille*
autoroutier, -ière [otoʀutje, -jɛʀ] *adj* Autobahn-
autosatisfaction [otosatisfaksjɔ̃] *f* Selbstzufriedenheit *f*
autos-couchettes [otokuʃɛt] *adj inv* **train** ~ Autoreisezug *m*
autostop, auto-stop [otostɔp] *m sans pl* Trampen *nt;* **faire de l'**~ trampen; **prendre qn en** ~ jdn [als Anhalter/Anhalterin] mitnehmen
autostoppeur, -euse, auto-stoppeur, -euse [otostɔpœʀ, -øz] <auto-stoppeurs> *m, f* Tramper(in) *m(f)*
autosuggestion [otosygʒɛstjɔ̃] *f* Autosuggestion *f*
autour [otuʀ] **I.** *adv* darum [herum]; **tout** ~ rundherum **II.** *prép* ❶ (*entourant*) ~ **de qn/qc** um jdn/etw herum; **tout** ~ **de qn/qc** ringsherum um jdn/etw ❷ (*à proximité de*) ~ **de qn/qc** in der Umgebung von jdm/etw ❸ (*environ*) ~ **des 1000 euros** um die 1000 Euro [herum]; ~ **des 15 heures** [so] gegen 15 Uhr
autre [otʀ] **I.** *adj antéposé* ❶ (*différent*) andere(r, s); ~ **chose** etwas anderes;

d'une ~ manière anders; **son avis est tout ~** er/sie ist völlig anderer Meinung ② (*supplémentaire*) weitere(r, s) ③ (*second des deux*) **l'~ ...** der/die/das andere ... ▶ **nous ~s ...**, **vous ~s ...** wir ..., ihr [dagegen] .. **II.** *pron indéf* ① andere(r); **un ~/une ~ que** ein anderer/eine andere als; **tout ~ ... que** ein ganz anderer/eine ganz andere ... als; **quelqu'un d'~** jemand anders; **qui d'~?** wer sonst? ② (*chose différente*) andere(r, s); **d'~s** andere; **quelques ~s** ein paar andere; **quelque chose d'~** etwas anderes; **rien d'~** nichts anderes; **quoi d'~?** was sonst? ③ (*personne supplémentaire*) weitere(r, s); **tu es une menteuse! – j'en connais une ~!** du bist eine Lügnerin! – du ebenfalls! ④ (*chose supplémentaire*) weitere(r, s) ⑤ (*opp: l'un*) **l'un l'~/l'une l'~/les uns les ~s** einander ▶ **entre ~s** unter anderem; **une ~!** Zugabe!

autrefois [otʀəfwa] *adv* früher

autrement [otʀəmɑ̃] *adv* ① (*différemment*) anders; **tout ~** ganz anders; **faire ~** es anders machen; **on ne peut pas faire ~** es geht nicht anders; **je ne pouvais pas faire ~** mir blieb nichts anderes übrig ② (*sinon, sans quoi*) sonst ③ (*à part cela*) sonst ▶ **~ dit** mit anderen Worten

autrice [otʀis] *f rare v.* **auteur 1**

Autriche [otʀiʃ] *f* **l'~** Österreich *nt*

autrichien(ne) [otʀiʃjɛ̃, jɛn] *adj* österreichisch

Autrichien(ne) [otʀiʃjɛ̃, jɛn] *m(f)* Österreicher(in) *m(f)*

autruche [otʀyʃ] *f* ORN Strauß *m*

autrui [otʀɥi] *pron inv* ein anderer *m*/eine andere *f;* (*les autres*) andere; **pour le compte d'~** auf fremde Rechnung; **le bien d'~** fremdes [Hab und] Gut

auvent [ovɑ̃] *m* Vordach *nt*

auvergnat(e) [ovɛʀɲa, at] *adj* aus der Auvergne

Auvergnat(e) [ovɛʀɲa, at] *m(f)* Bewohner(in) *m(f)* der Auvergne

Auvergne [ovɛʀɲ] *f* **l'~** die Auvergne

aux [o] = **à les** *v.* **à**

auxiliaire [ɔksiljɛʀ] **I.** *adj* ① (*annexe*) Hilfs-; *troupe* Hilfs-; *verbe, moteur* Hilfs-; *armée, service* Ersatz- ② (*non titulaire*) Hilfs-; **personnel ~** Hilfspersonal *nt;* (*temporaire*) Aushilfspersonal *nt* **II.** *mf* Hilfskraft *f* **III.** *m* GRAM Hilfsverb *nt;* **~ de mode** Modalverb

auxquels, auxquelles [okɛl] *pron pl de* **auquel**

avachi(e) [avaʃi] *adj* ① *personne* schlaff; *attitude* lasch; *air* lustlos ② *chaussures* ausgetreten; *sac, vêtement* ausgebeult

avachir [avaʃiʀ] <8> *vpr* ① (*s'affaisser*) **s'~** *muscles, traits:* erschlaffen; *silhouette:* zusammenfallen; *chaussures:* ausleiern ② *fam* (*devenir amorphe*) träge werden

avachissement [avaʃismɑ̃] *m* ① (*action*) *des muscles* Erschlaffen *nt,* Erschlaffung *f* ② (*état*) *d'une personne* Schlaffheit *f,* Energielosigkeit *f*

avais [avɛ] *imparf de* **avoir**

aval [aval] *m* ① *d'un cours d'eau* Unterlauf *m* ② (*soutien*) Unterstützung *f* ▶ **en ~ du pont** unterhalb der Brücke (*gen*)

avalanche [avalɑ̃ʃ] *f* ① (*masse de neige*) Lawine *f* ② (*accumulation*) **une ~ d'injures** ein Hagel von Schimpfwortern; **une ~ de dossiers** ein Berg von Akten

avaler [avale] <1> **I.** *vt* ① (*absorber*) [hinunter]schlucken; (*par accident*) verschlucken ② (*manger*) zu sich nehmen ③ (*dévorer*) hinunterschlingen *repas;* hinunterstürzen *liquide* ④ *fig* verschlingen *roman, livre* ⑤ (*encaisser*) einstecken *affront, injure;* hinnehmen *remarque* ⑥ (*croire*) **on peut lui faire ~ n'importe quoi** er kauft einem alles ab (*fam*) **II.** *vi* schlucken

avance [avɑ̃s] *f* ① (*progression*) Vormarsch *m;* **~ rapide** Schnellvorlauf *m* ② (*opp: retard*) **être en ~** *personne, train:* zu früh da sein; **arriver en ~ de cinq minutes** fünf Minuten früher ankommen; **être en ~ dans son programme** weiter in seinem Programm sein als vorgesehen ③ (*précocité*) **être en ~ pour son âge** seinem Alter voraussein; **être en ~ sur qn** jdm voraussein ④ (*distance*) **avoir de l'~ sur qn/qc** einen Vorsprung vor jdm/etw haben ⑤ (*somme sur un achat*) Anzahlung *f;* (*sur le salaire*) Vorschuss *m;* **faire une ~ sur le loyer** einen Teil der Miete im Voraus bezahlen ⑥ *pl* (*approche amoureuse*) **faire des ~s à qn** bei jdm Annäherungsversuche machen ▶ **à l'~**, **d'~** im Voraus

avancé(e) [avɑ̃se] *adj* ① (*en avant dans l'espace*) vorspringend ② (*en avance dans le temps*) vorgeschritten; *travail, végétation, nuit* fortgeschritten; *âge* fortgeschritten; *civilisation, technique* hoch entwickelt; *idées, opinions* fortschrittlich; **un enfant ~ pour son âge** ein für sein Alter weit entwickeltes Kind; **être ~ dans son travail** in seiner Arbeit vorangekommen sein ▶ **ne pas être plus ~** nicht viel weiter als vorher sein

avancée [avɑ̃se] *f* ① (*saillie*) Vorsprung *m*

A

A

② *de l'ennemi* Vormarsch *m; des salaires* Anhebung *f*

avancement [avɑ̃smɑ̃] *m* ① *des travaux, des négociations* Vorankommen *nt; des sciences, technologies* Fortschreiten *nt* ② (*promotion*) Beförderung *f;* **avoir de l'~** befördert werden

avancer [avɑ̃se] <2> **I.** *vt* ① (*opp: retarder*) vorstellen *montre;* vorverlegen *rendez-vous, départ;* **~ la date du départ d'un jour** den Abreisetermin um einen Tag vorverlegen ② (*pousser en avant*) vorrücken *chaise, table;* vorfahren *voiture;* **~ de huit cases** JEUX acht Felder vorrücken ③ (*affirmer*) behaupten; vorbringen *idée, thèse* ④ (*faire progresser*) vorantreiben *travail* ⑤ (*payer par avance*) im Voraus zahlen *argent;* (*prêter*) vorstrecken *argent* ►**ça t'avance/nous avance à quoi?** [und] was hast du/haben wir davon?; **ça ne t'avance/nous avance à rien!** das bringt dir/uns gar nichts [ein]! **II.** *vi* ① (*approcher*) *conducteur, voiture:* [weiter] vorfahren; *personne:* vorwärtskommen; **avance vers moi!** komm näher her! ② MIL *ennemi, armée:* vorrücken ③ (*être en avance*) **~ de 5 minutes** *montre:* 5 Minuten vorgehen ④ (*former une avancée, une saillie*) *rocher, balcon:* vorspringen ⑤ (*progresser*) *personne:* vorankommen; *travail:* vorangehen; *nuit, jour:* voranschreiten; **à mesure que l'on avance en âge** mit zunehmendem Alter **III.** *vpr* ① **s'~** (*pour sortir d'un rang*) vortreten; (*pour continuer sa route*) weitergehen; (*en s'approchant*) näher kommen; **s'~ vers qn/qc** auf jdn/etw zugehen ② (*prendre de l'avance*) **s'~ dans son travail** mit der Arbeit vorankommen ③ (*se risquer, anticiper*) **s'~ trop** sich zu weit vorwagen; **là, tu t'avances trop!** da bist du etwas zu voreilig!

avant [avɑ̃] **I.** *prép* ① (*temporel*) vor (+ *dat*); **bien/peu ~ qc** lange/kurz vor etw (*dat*); **~ de faire qc** bevor jd etw tut ② (*devant*) vor (+ *dat*); **en ~ de qn/qc** vor jdm/etw; **passer ~ qc** vor etw kommen ►**~ tout** vor allem **II.** *adv* ① (*devant*) vorher; **passer ~** vorgehen; **en ~** nach vorne ② *après compl* (*plus tôt*) vorher; **plus/trop ~** weiter vor/zu weit vor; **le jour/l'année d'~** am Tag[e]/das Jahr davor ►**en ~ [marche]!** nun los!; MIL vorwärts [marsch]! **III.** *conj* **~ que** + *subj* bevor; **bien/juste ~ que** + *subj* lange/kurz bevor **IV.** *m* ① (*partie antérieure*) Vorderteil *nt o m;* **à l'~** vorn[e]; **à l'~ du train** im vorderen Teil des Zugs; **à l'~ du bateau** auf dem Vorschiff; **à l'~ du peloton** im vorderen Feld; **vers l'~** nach vorn ② (*joueur*) Stürmer(in) *m(f)* ►**jouer à l'~** SPORT im Sturm spielen **V.** *adj inv* (*opp: arrière*) Vorder-; **traction ~** Frontantrieb *m;* **le clignotant ~ droit** der Blinker vorne rechts

avantage [avɑ̃taʒ] *m* ① (*intérêt*) Vorteil *m;* **à son ~** zu seinem/ihrem Vorteil; **être à son ~** vorteilhaft aussehen; **tirer ~ de qc** Vorteil aus etw ziehen; **tourner à l'~ de qn** sich zu jds Gunsten wenden; **qc présente l'~ de faire qc** etw bietet den Vorteil, etw zu tun ② *souvent pl* (*gain*) Vorteil *m;* **~ en nature** Sachleistung *f* ③ (*supériorité*) Überlegenheit *f;* **avoir l'~ sur qn** jdm gegenüber im Vorteil sein ④ SPORT Vorteil *m;* **avoir l'~** führen; **prendre/perdre l'~ sur son adversaire** *Boxer:* die Oberhand über seinen Gegner gewinnen/verlieren ⑤ *soutenu* (*plaisir*) Vergnügen *nt*

avantager [avɑ̃taʒe] <2a> *vt* ① (*favoriser*) begünstigen; **~ qn par rapport à qn/au détriment de qn** jdn [jdm gegenüber/zu jds Nachteil] begünstigen ② (*mettre en valeur*) **~ qn** *vêtement, coiffure:* für jdn vorteilhaft sein

avantageusement [avɑ̃taʒøzmɑ̃] *adv* günstig

avantageux, -euse [avɑ̃taʒø, -ʒøz] *adj* ① (*intéressant*) günstig ② (*favorable*) vorteilhaft; *termes* schmeichelhaft; *opinion, idée* positiv

avant-bras [avɑ̃bʀɑ] <avant-bras> *m* Unterarm *m* **avant-centre** [avɑ̃sɑ̃tʀ] <avants-centres> *m* Mittelstürmer(in) *m(f)* **avant-coureur** [avɑ̃kuʀœʀ] <avant-coureurs> *adj bruit* vorauseilend **avant-dernier, -ière** [avɑ̃dɛʀnje, -jɛʀ] <avant-derniers> **I.** *adj* vorletzte(r, s) **II.** *m, f* Vorletzte(r) *f(m)* **avant-garde** [avɑ̃gaʀd] <avant-gardes> *f* ART, LITTER Avantgarde *f* **avant-gardisme** [avɑ̃gaʀdism] <avant-gardismes> *m* Avantgardismus *m* **avant-goût** [avɑ̃gu] <avant-goûts> *m* **~ de qc** Vorgeschmack *m* auf etw **avant-guerre** [avɑ̃gɛʀ] <avant-guerres> *f* Vorkriegszeit *f* **avant-hier** [avɑ̃tjɛʀ] *adv* vorgestern **avant-midi** [avɑ̃midi] *m o f inv* CAN (*matinée*) Vormittag *m* **avant-poste** [avɑ̃pɔst] <avant-postes> *m* Vorposten *m* **avant-première** [avɑ̃pʀəmjɛʀ] <avant-premières> *f* Voraufführung *f* **avant-projet** [avɑ̃pʀɔʒɛ] <avant-projets> *m* Vorentwurf *m* **avant-propos**

[avɑ̃pʀɔpo] <avant-propos> *m* Vorwort *nt* **avant-scène** [avɑ̃sɛn] <avant-scènes> *f* THEAT Proszenium *nt;* (*loge*) Proszeniumsloge *f* **avant-veille** [avɑ̃vɛj] <avant-veilles> *f* zwei Tage zuvor

avare [avaʀ] **I.** *adj* geizig; **être ~ de qc** geizig sein; **être ~ de paroles** wortkarg sein **II.** *mf* Geizhals *m*

avarice [avaʀis] *f* Geiz *m*

avarie [avaʀi] *f* Schaden *m*

avarié(e) [avaʀje] *adj* ① (*en panne*) beschädigt ② (*pourri*) verdorben

avarier [avaʀje] <1a> *vpr* **s'~** verderben

avatar [avataʀ] *m* ① *gén pl* Unannehmlichkeit *f* ② INFORM Avatar *m*

AVC [avese] *m abr de* **accident vasculaire cérébral** MED Schlaganfall *m*

Ave [ave] *m inv abr de* **Ave Maria** Ave *nt*

avec [avɛk] **I.** *prép* ① (*ainsi que*) mit (+ *dat*); **j'emporte trois valises ~ moi** ich nehme drei Koffer mit ② (*contre*) mit (+ *dat*) ③ (*à cause de*) durch (+ *gen*), wegen (+ *gen*); **~ la pluie, les routes sont glissantes** bei dem Regen sind die Straßen rutschig; **~ toutes ces histoires, j'ai oublié de faire les courses** wegen all dieser Geschichten habe ich vergessen einzukaufen ④ (*au moyen de, grâce à*) mit (+ *dat*) ⑤ (*manière*) mit (+ *dat*); **agir ~ précaution** vorsichtig handeln ⑥ (*envers, à l'égard de*) mit (+ *dat*), zu (+ *dat*); **être gentil/poli ~ qn** nett/höflich zu jdm sein ⑦ (*en ce qui concerne*) **~ moi, vous pouvez avoir confiance** auf mich können Sie vertrauen; **~ ces gens on n'est jamais sûr de rien** bei diesen Leuten ist man nie sicher ⑧ (*d'après*) **~ ma sœur, il faudrait ...** nach dem, was meine Schwester sagt, müsste man ... ⑨ (*en même temps que*) bei (+ *dat*), mit (+ *dat*); **arriver ~ la nuit** bei Nacht ankommen; **se lever ~ le jour/soleil** bei Tagesanbruch/mit der Sonne aufstehen ⑩ (*malgré*) trotz (+ *dat o gen*); **~ la meilleure bonne volonté du monde ...** beim besten Willen ... ⑪ (*qui possède*) mit (+ *dat*) ▶ **et ~ ça ...** *fam* **il est insolent et ~ ça paresseux** er ist frech und dazu noch faul; **~ tout ça** *fam* bei all[e]dem; **et ~ cela [Madame/Monsieur]?** darf's sonst noch etwas sein? **II.** *adv fam* damit; **tu viens ~?** BELG kommst du mit? ▶ **il faut faire ~** damit muss man sich [eben] abfinden; (*en quantité*) es muss eben reichen

avenant(e) [av(ə)nɑ̃, ɑ̃t] *adj* ansprechend

avènement [avɛnmɑ̃] *m d'un roi* Thronbesteigung *f*

avenir [av(ə)niʀ] *m* ① (*futur*) Zukunft *f;* **à l'~** in Zukunft; **dans un proche ~** in naher Zukunft ② (*situation future, perspective*) **l'~ de qn/qc** jds Zukunft/die Zukunft einer S. (*gen*); **avoir un bel ~ devant soi** schöne Zukunftsaussichten haben; **prédire l'~** die Zukunft vorhersagen; **d'~** mit Zukunft

avent [avɑ̃] *m* Advent *m*

aventure [avɑ̃tyʀ] *f* ① (*histoire*) Abenteuer *nt;* **il m'est arrivé une ~** mir ist etwas Unerwartetes passiert; **j'ai eu une drôle d'~/une fâcheuse ~** mir ist [da] etwas Merkwürdiges/Ärgerliches passiert; **avoir l'esprit d'~** abenteuerlustig sein; **chercher [l']~** auf Abenteuer aus sein; **courir l'~** auf der Jagd nach Abenteuer sein ② (*liaison*) [Liebes]abenteuer *nt* ▶ **dire la bonne ~ à qn** jdm die Zukunft voraussagen; **à l'~** aufs Geratewohl; **partir à l'~** ins Blaue [hinein] fahren (*fam*)

aventurer [avɑ̃tyʀe] <1> **I.** *vt* aufs Spiel setzen *argent, réputation* **II.** *vpr* **s'~ sur la route** sich auf die Straße wagen; **s'~ dans une affaire risquée** sich auf eine riskante Sache einlassen; **s'~ sur un terrain glissant** *fig* sich auf schwankenden Boden begeben

aventureusement [avɑ̃tyʀøzmɑ̃] *adv* in waghalsiger Weise

aventureux, -euse [avɑ̃tyʀø, -øz] *adj* ① *personne* abenteuerlustig; *vie* abenteuerlich ② *entreprise, projet* abenteuerlich

aventurier, -ière [avɑ̃tyʀje, -jɛʀ] *m, f* ① (*bourlingueur*) Abenteurer(in) *m(f)* ② (*intrigant*) skrupellose Person

aventurisme [avɑ̃tyʀism] *m* Abenteuertum *nt*

avenu(e) [av(ə)ny] *adj* JUR **nul et non ~** null und nichtig

avenue [av(ə)ny] *f* Avenue *f*

avéré(e) [aveʀe] *adj* erwiesen

avérer [aveʀe] <5> *vpr* **s'~ être qn/qc** sich als jd/etw erweisen; **s'~ exact** sich als richtig herausstellen [*o* erweisen]; **il s'avère que ...** es stellt sich heraus, dass ...

averse [avɛʀs] *f* ① (*pluie*) [Regen]schauer *m;* **~ de grêle** Hagelschauer *m* ② *fig* **~ d'injures** Flut *f* von Beschimpfungen

aversion [avɛʀsjɔ̃] *f* Abneigung *f*

averti(e) [avɛʀti] *adj* kompetent

avertir [avɛʀtiʀ] <8> *vt* ① (*informer*) **~ qn** jdn benachrichtigen; **~ qn de qc** jdn von etw in Kenntnis setzen ② (*mettre en garde*) warnen

avertissement [avɛʀtismɑ̃] *m* ① (*mise en

garde) Warnung *f* ❷ (*signal*) Warnsignal *nt* ❸ (*sanction*) Verwarnung *f*

avertisseur [avɛʀtisœʀ] *m* Hupe *f*

aveu [avø] <x> *m* ❶ (*confession*) Geständnis *nt;* **faire l'~ de qc à qn** jdm etw [ein]gestehen ❷ JUR *souvent pl* Geständnis *nt;* **arracher des ~x à qn** von jdm ein Geständnis erpressen; **faire des ~x complets** ein volles Geständnis ablegen; **passer aux ~x** geständig werden

aveuglant(e) [avœglɑ̃, ɑ̃t] *adj* ❶ *lumière, soleil* grell; **être ~** *lumière:* blenden ❷ (*évident*) in die Augen springend

aveugle [avœgl] **I.** *adj* ❶ (*privé de la vue*) blind; **être ~ d'un œil/des deux yeux** auf einem Auge/beiden Augen blind sein; **~ de naissance** von Geburt an blind ❷ (*privé de discernement, de raison*) blind; *personne* verblendet ❸ ARCHIT *fenêtre* blind; *façade, mur* ohne Fenster **II.** *mf* Blinde(r) *f(m);* **~ de naissance** Blindgebor[e]ne(r) *f(m)* ►**en ~** unüberlegt

aveuglement [avœgləmɑ̃] *m* Blindheit *f*

aveuglément [avœglemɑ̃] *adv* ❶ (*en toute confiance*) blind[lings] ❷ (*sans discernement*) unüberlegt

aveugler [avœgle] <1> *vt* ❶ (*éblouir*) blenden ❷ (*priver de discernement*) blind machen

aveuglette [avœglɛt] ►**à l'~** wie ein Blinder [tastend]

avez [ave] *indic prés de* **avoir**

aviateur, -trice [avjatœʀ, -tʀis] *m, f* Flieger(in) *m(f)*

aviation [avjasjɔ̃] *f* ❶ TRANSP Luftfahrt *f;* (*sport*) Flugsport *m;* **compagnie d'~** Fluggesellschaft *f;* **~ civile** zivile Luftfahrt; **~ militaire** Militärluftfahrt *f* ❷ MIL Luftwaffe *f*

aviculteur, -trice [avikyltœʀ, -tʀis] *m, f* Vogelzüchter(in) *m(f);* (*éleveur de volailles*) Geflügelzüchter(in) *m(f)*

aviculture [avikyltyʀ] *f* Vogelzucht *f;* (*élevage de volailles*) Geflügelzucht *f*

avide [avid] *adj personne, regard, yeux* gierig; *curiosité* brennend; *lèvres* sinnlich; **être ~ de qc** gierig nach etw (*dat*) sein; **~ d'argent/de pouvoir** geldgierig/machthungrig; **~ de connaissances** wissbegierig; **~ de vengeance** rachsüchtig; **être ~ d'apprendre** lernbegierig sein

avidement [avidmɑ̃] *adv* gierig

avidité [avidite] *f* Gier *f*, Begierde *f;* (*cupidité*) Geldgier *f*

avilir [aviliʀ] <8> *vt* erniedrigen

aviné(e) [avine] *adj* betrunken

avion [avjɔ̃] *m* Flugzeug *nt;* **~ commercial** Transportflugzeug; **~ militaire** Militärflugzeug; **~ postal** Flugzeug für Luftposttransporte; **~ sanitaire** Flugzeug für Krankentransporte; **~ supersonique** Überschallflugzeug; **~ à hélice** Propellerflugzeug; **~ à réaction** Düsenflugzeug; **~ de chasse** Jagdflugzeug; **~ de combat** Kampfflugzeug; **~ de ligne** Linienmaschine *f;* **~ de tourisme** Privatflugzeug; **~ de transport** Transportflugzeug; **aller/voyager en ~** fliegen/mit dem Flugzeug reisen; **voyage en ~** Flugreise *f;* **il est malade en ~** ihm wird beim Fliegen übel; **par ~** POST mit Luftpost

avion-cargo [avjɔ̃kaʀgo] <avions-cargos> *m* Frachtflugzeug *nt*

aviron [aviʀɔ̃] *m* ❶ (*rame*) Ruder *nt* ❷ (*sport*) Rudern *nt;* **course d'~** Ruderregatta *f;* **faire de l'~** rudern

avis [avi] *m* ❶ (*opinion*) Ansicht *f;* **donner son ~** seine Meinung abgeben; **donne-moi ton ~** sag mir deine Meinung; **dire son ~ sur qc** seine Meinung über etw (*akk*) äußern; **changer d'~** seine Meinung ändern; (*se raviser*) es sich (*dat*) anders überlegen; **être d'~ de faire qc** es für gut halten, etw zu tun; **je suis d'~ qu'il vienne** ich bin dafür, dass er kommt; **être de l'~ de qn** jds Meinung sein; **si tu veux mon ~** wenn du mich fragst; **à mon/son humble ~** meiner/seiner/ihrer bescheidenen Meinung nach; **de l'~ de qn** nach jds Meinung; **de l'~ de tous** nach allgemeiner Auffassung ❷ (*notification*) Mitteilung *f;* (*affiche officielle*) Bekanntmachung *f;* **~ au lecteur** Hinweis *m* für den Leser; **~ à la population** (*titre d'une affiche*) öffentliche Bekanntmachung; (*au haut-parleur*) allgemeine Durchsage; **~ de décès/mariage** Todes-/Heiratsanzeige *f;* **~ de recherche** (*écrit*) Suchanzeige *f;* (*radiodiffusé/télédiffusé*) Suchmeldung *f;* **sauf ~ contraire** sofern keine gegenteilige Mitteilung ergeht (*form*) ►**~ aux amateurs!** falls es jdn interessiert

avisé(e) [avize] *adj* klug

aviser [avize] <1> *vt* benachrichtigen; **~ qn de qc** jdm etw mitteilen, jdn von etw benachrichtigen

aviver [avive] <1> *vt* auffrischen *couleurs, teint*

av. J.-C. *abr de* **avant Jésus-Christ** v. Chr.

avocat [avɔka] *m* Avocado *f*

avocat(e) [avɔka, at] *m(f)* [Rechts]anwalt *m*/-anwältin *f*, Advokat(in) *m(f)* (A, CH); **~ général** [Ober]staatsanwalt; **~ de la défense** Anwalt der Verteidigung; **~ de la**

partie civile Zivilverteidiger(in) *m(f)* ▶ ~ **marron** *péj* Winkeladvokat(in) *m(f)*

avoine [avwan] *f* Hafer *m*

avoir [avwaʀ] <irr> **I.** *vt* ① (*devoir*) haben; ~ **qc à faire** etw zu tun haben; **j'ai des cachets à prendre** ich muss Tabletten [ein]nehmen; **ne pas ~ à faire qc** (*ne pas devoir*) etw nicht tun sollen; (*ne pas avoir besoin*) etw nicht zu machen brauchen; **tu n'as pas à t'occuper de ça** darum hast du dich nicht zu kümmern; **tu n'auras pas à prendre le taxi, je viendrai te chercher** du brauchst kein Taxi zu nehmen, ich hole dich ab ② (*obtenir, attraper*) bekommen *renseignement, train;* bestehen *examen;* bekommen *logement, aide;* **pouvez-vous m'~ ce livre?** können Sie mir dieses Buch besorgen? ③ (*souffrir de*) haben *crise, maladie;* **j'ai eu des vertiges** mir wurde ganz schwindlig; ~ **une syncope** ohnmächtig werden/sein ④ (*porter sur ou avec soi*) haben *canne, pipe;* aufhaben *chapeau;* anhaben *vêtement* ⑤ (*être doté de*) haben; **quel âge as-tu?** wie alt bist du?; ~ **15 ans** 15 Jahre alt sein; ~ **2 mètres de haut/large** 2 Meter hoch/breit sein ⑥ (*éprouver*) haben *faim, soif, peur* ⑦ (*recevoir [chez soi]*) ~ **des amis chez soi** Freunde bei sich haben; ~ **de la visite** Besuch haben ⑧ (*assister, participer à*) ~ **cours/sport** Unterricht/Sport haben ⑨ *fam* (*rouler*) **vous m'avez bien eu!** Sie haben mich ganz schön reingelegt! ⑩ *fam* (*attraper, vaincre*) **on les aura!** wir kriegen sie schon noch! ▶ **en ~ après** *fam* **qn** etwas gegen jdn haben; **en ~ jusque-là de qc** *fam* die Nase voll von etw haben; **en ~ pour deux minutes/100 euros** zwei Minuten brauchen/es kostet jdn 100 Euro; **j'ai!** JEUX es kann losgehen!; SPORT lasst mich spielen!; **qu'est-ce qu'il/elle a?** was hat er/sie denn? **II.** *aux* **il n'a rien dit** er hat nichts gesagt; **elle a couru/marché deux heures** sie ist zwei Stunden gelaufen/gegangen; **l'Italie a été battue par le Brésil** Italien ist von Brasilien geschlagen worden **III.** *vt impers* ① (*exister*) **il y a ...** es gibt ...; **en France, il y a 57 millions d'habitants** Frankreich hat 57 Millionen Einwohner; **il y a une plume à son chapeau** an seinem Hut steckt eine Feder; **il y a des jours où ...** es gibt Tage, an denen ...; **il y a 300 km de Nancy à Paris** von Nancy nach Paris sind es 300 km; **il y a champagne et champagne** Champagner ist nicht gleich Champagner; **il n'y a pas que l'argent dans la vie** Geld ist nicht alles im Leben; **qu'y a-t-il?** [*o* **qu'est-ce qu'il y a?**] – **il y a que j'ai faim!** was ist [denn] los? – na was wohl, ich habe Hunger!; **il y a la vaisselle à faire** das Geschirr muss gespült werden; **il n'y a pas à discuter** jetzt wird nicht diskutiert; **il n'y a qu'à partir plus tôt** wir müssen/ihr müsst nur früher losfahren; **il n'y a que toi pour faire cela!** das bringst nur du fertig! ② (*temporel*) **il y a 3 jours/4 ans** vor 3 Tagen/4 Jahren; (*durée*) [schon] seit 3 Tagen/4 Jahren ▶ **il n'y a plus rien à faire** da ist nichts mehr zu machen; **il n'y en a que pour lui/elle** alles dreht sich nur [noch] um ihn/sie; **il n'y a pas de quoi!** keine Ursache! **IV.** *m* ① (*crédit*) Guthaben *nt* ② (*bon d'achat*) Gutschein *m*

avoisinant(e) [avwazinɑ̃, ɑ̃t] *adj* benachbart; *rue* Nachbar-

avoisiner [avwazine] <1> *vt a. fig* ~ **qc** an etw (*akk*) grenzen

avons [avɔ̃] *indic prés de* **avoir**

avortement [avɔʀtəmɑ̃] *m* Schwangerschaftsabbruch *m;* (*provoqué*) Abtreibung *f;* (*spontané*) Fehlgeburt *f*

avorter [avɔʀte] <1> **I.** *vi* ① (*de façon volontaire*) abtreiben; (*de façon spontanée*) eine Fehlgeburt haben; **se faire ~** abtreiben [lassen] ② (*échouer*) fehlschlagen; **faire ~ qc** etw zu Fall bringen **II.** *vt* ~ **qn** eine Abtreibung bei jdm vornehmen

avorteur, -euse [avɔʀtœʀ, -øz] *m, f péj* [illegaler] Abtreiber *m*/[illegale] Abtreiberin *f*

avorton [avɔʀtɔ̃] *m péj* **espèce d'~!** elende Missgeburt!

avouable [avwabl] *adj* redlich

avouer [avwe] <1> **I.** *vt* gestehen; eingestehen *erreur, méprise;* ~ **faire qc** zugeben, etw zu tun; **je dois vous ~ que ...** ich muss Ihnen gestehen, dass ... **II.** *vi* ① (*confesser*) gestehen ② (*admettre*) zugeben **III.** *vpr* **s'~ coupable** sich schuldig bekennen; **s'~ vaincu** sich geschlagen geben

avril [avʀil] *m* April *m* ▶ **poisson d'~** Aprilscherz *m;* **poisson d'~!** April, April!; *v. a.* **août**

axe [aks] *m* ① *a.* GEOM Achse *f;* ~ **de symétrie** Symmetrieachse; **dans l'~ de qc** auf der Verlängerungsachse einer S. (*gen*) ② *d'une roue, pédale* Achse *f; d'un engrenage, d'une aiguille* Welle *f; de ciseaux* Bolzen *m* ③ *d'un discours, d'une politique* all-

B

gemeine Richtung ④ (*voie de circulation*) [Verkehrs]achse *f;* ~ **ferroviaire** Hauptverkehrsstrecke *f* [der Bahn]; **grand** ~ Hauptverkehrsachse *f,* Hauptverkehrsstrecke *f;* ~ **routier** Verkehrsader *f*

axer [akse] <1> *vt* ~ **qc sur qc** etw auf etw (*akk*) ausrichten

axial(e) [aksjal, -o] <-aux> *adj* axial, Achsen-

axiome [aksjom] *m* Grundsatz *m*

ayant [ɛjɑ̃] *part prés de* **avoir**

ayant droit [ɛjɑ̃dʀwa] <ayants droit> *m* Anspruchsberechtigte(r) *f(m)*

ayons [ɛjɔ̃] *subj prés de* **avoir**

azalée [azale] *f* BOT Azalee *f*

azimut [azimyt] *m* ASTRON Azimut *m o nt*

azote [azɔt] *m* Stickstoff *m*

azoté(e) [azɔte] *adj* stickstoffhaltig, Stickstoff-

aztèque [astɛk] *adj* aztekisch

Aztèque [astɛk] *mf* Azteke *m/*Aztekin *f*

azur [azyʀ] *m littér* **ciel d'~** azurblauer Himmel

azyme [azim] *adj pain* ungesäuert

Bb

B, b [be] *m inv* B *nt,* b *nt*

B.A. [beɑ] *f sans pl abr de* **bonne action** gute Tat *f*

baba¹ [baba] *m* GASTR ≈ Savarin *m;* ~ **au rhum** ≈ Rum-Savarin *m* (*mit Rum und Sirup getränkter Hefekuchen*)

baba² [baba] *m* ▶ **l'avoir dans le** ~ *fam* (*être bien roulé*) der/die Gelackmeierte sein

b.a.-ba [beaba] *m sans pl* Einmaleins *nt*

baba [cool] [baba(kul)] <babas [cool]> *m fam* Alternative(r) *f(m)*

babeurre [babœʀ] *m* Buttermilch *f*

babil [babil] *m* Plappern *nt*

babiller [babije] <1> *vi bébé, enfant:* plappern

babines [babin] *fpl d'un animal* Lefzen *Pl*

babiole [babjɔl] *f a. fig* Kleinigkeit *f*

bâbord [bɑbɔʀ] *m* Backbord *nt*

babouche [babuʃ] *f* Schnabelschuh *m*

babouin [babwɛ̃] *m* ZOOL Pavian *m*

baby-boom [babibum, bebibum] <baby-booms> *m* Babyboom *m* **baby-boomer, -euse** [bebibumœʀ, -øz] <baby-boomers> *m, f* Babyboomer *m* **baby-boum** [babibum, bebibum] <baby-boums> *v.* **baby-boom** **baby-foot®** [babifut] *m inv* Tischfußballspiel *nt,* Tischfußball *m*

Babylone [babilɔn] Babylon *nt*

baby-sitter [babisitœʀ, bebisitœʀ] <baby-sitters> *mf* Babysitter *m*

baby-sitting [babisitiŋ, bebisitiŋ] <baby-sittings> *m* Babysitting *nt*

bac¹ [bak] *m* ① (*récipient*) Behälter *m; d'un évier* [Spül]becken *nt* ② (*bateau*) Fähre *f*

bac² [bak] *m fam abr de* **baccalauréat** ≈ Abi *nt*

baccalauréat [bakalɔʀea] *m* ≈ Abitur *nt,* Matura *f* (A, CH)

baccara [bakaʀa] *m* (*jeu*) Bakkarat *nt*

baccarat [bakaʀat] *m Kristallglas aus der Manufaktur von Baccarat*

bacchantes [bakɑ̃t] *fpl fam* Schnurrbart *m*

bâche [bɑʃ] *f* Plane *f*

bachelier, -ière [baʃəlje, -jɛʀ] *m, f* Abiturient(in) *m(f)*

bachelor [baʃ(ə)lɔʀ] *m* Bachelor *m;* **passer un ~ en communication** den [*o* einen] Bachelor in Kommunikationswissenschaften machen

bâcher [bɑʃe] <1> *vt* [mit einer Plane] abdecken

bachot [baʃo] *m* (*barque*) Fährkahn *m*

bachotage [baʃɔtaʒ] *m* Paukerei *f* (*fam*)

bachoter [baʃɔte] <1> *vi* pauken (*fam*)

bacillaire [basilɛʀ] **I.** *adj maladie* von Bazillen übertragen **II.** *mf* Bazillenträger *m*

bacille [basil] *m* Bazillus *m*

background [bakgʀaund] *m* Background *m*

bâcler [bɑkle] <1> *vt fam* hinschludern *devoir, travail*

bacon [bekɔn] *m* Lachsschinken *m*

bactéricide [bakteʀisid] **I.** *adj* bakterizid **II.** *m* Bakterizid *nt*

bactérie [bakteʀi] *f* Bakterie *f*

bactériologique [bakteʀjɔlɔʒik] *adj* bakteriologisch

badaboum [badabum] *interj* bums (*fam*)

badaud(e) [bado, od] *m(f)* Schaulustige(r) *f(m)*

Bade-Wurtemberg [badvyʀtɑ̃bɛʀg] *m* **le ~** Baden-Württemberg *nt*
badge [badʒ] *m* Button *m*
badigeon [badiʒɔ̃] *m* Tünche *f*
badigeonnage [badiʒɔnaʒ] *m* (*action de badigeonner*) Tünchen *nt*
badigeonner [badiʒɔne] <1> *vt* ① (*mettre du badigeon*) tünchen ② MED einpinseln
badin(e) [badɛ̃, in] *adj* scherzhaft
badinage [badinaʒ] *m* Scherzen *nt*
badiner [badine] <1> *vi* scherzen
badminton [badmintɔn] *m* Badminton *nt*
BAFA [bafa] *m inv abr de* **Brevet d'aptitude aux fonctions d'animateur** *Befähigung als Betreuer(in) von Kindern und Jugendlichen [in Ferienzentren]*
baffe [baf] *f fam* Ohrfeige *f*
baffle [bafl] *m* Lautsprecherbox *f*
bafouer [bafwe] <1> *vt* verhöhnen
bafouillage [bafujaʒ] *m fam* Gestammel *nt*
bafouille [bafuj] *f fam* (*lettre*) Schrieb *m*
bafouiller [bafuje] <1> *vt, vi fam* stammeln
bâfrer [bɑfʀe] <1> *vt fam* verschlingen
bagage [bagaʒ] *m* ① *pl* Gepäck *nt* ② (*connaissances*) Kenntnisse *Pl;* (*pour assumer une tâche*) Rüstzeug *nt*
bagagiste [bagaʒist] *mf* Kofferträger(in) *m(f)*
bagarre [bagaʀ] *f* ① (*pugilat*) Schlägerei *f* ② (*lutte*) Streit *m;* (*compétition*) Konkurrenzkampf *m*
bagarrer [bagaʀe] <1> **I.** *vi fam* kämpfen **II.** *vpr fam* ① **se ~ avec qn** sich mit jdm prügeln; (*se quereller*) sich mit jdm streiten ② (*s'opposer*) **se ~ contre qn/qc** sich jdm/einer S. widersetzen
bagarreur, -euse [bagaʀœʀ, -øz] *m, f fam* Raufbold *m*
bagatelle [bagatɛl] *f* ① (*somme*) Kleinigkeit *f* ② (*vétille*) Bagatelle *f*
baggy [bagi] <s *o* baggies> **I.** *adj* **pantalon ~** Baggyhose *f* **II.** *m* Baggyhose *f*
bagnard [baɲaʀ] *m* Sträfling *m*
bagne [baɲ] *m* ▶ **quel ~!** die reinste Sklavenarbeit!
bagnole [baɲɔl] *f fam* Karre *f*
bagou[t] [bagu] *m fam* Mundwerk *nt;* **avoir du ~** ein großes Mundwerk haben
bague [bag] *f a.* TECH Ring *m*
baguenauder [bagnode] <1> *vi* (*se promener*) bummeln, [umher]schlendern
baguer [bage] <1> *vt* beringen *animal*
baguette [bagɛt] *f* ① (*pain*) Baguette *f o nt* ② (*bâton*) Stab *m; d'un tambour* Schlegel *m; d'un chef d'orchestre* Taktstock *m* ③ (*couvert chinois*) Stäbchen *nt* ④ TECH [Profil]leiste *f*
bah [bɑ] *interj* pah
bahut [bay] *m* ① (*buffet*) Anrichte *f* ② (*coffre*) Truhe *f* ③ *fam* (*lycée*) Penne *f* ④ *fam* (*camion*) Brummi *m*
bai(e) [bɛ] *adj cheval* [rot]braun
baie [bɛ] *f* ① GEOG Bucht *f* ② (*fenêtre*) **~ vitrée** großes Glasfenster ③ BOT Beere *f*
baignade [bɛɲad] *f* ① (*action*) Baden *nt* ② (*lieu*) Badeplatz *m*
baigner [beɲe] <1> **I.** *vt* baden **II.** *vi* **~ dans qc** in etw (*dat*) schwimmen **III.** *vpr* **se ~** baden; (*dans une piscine*) schwimmen
baigneur [bɛɲœʀ] *m* (*poupée*) Babypuppe *f*
baigneur, -euse [bɛɲœʀ, -øz] *m, f* Badende(r) *f(m)*
baignoire [bɛɲwaʀ] *f* ① (*pour se baigner*) Badewanne *f* ② THEAT Parterreloge *f*
bail [baj, bo] <-aux> *m d'un local commercial* Pachtvertrag *m; d'une maison* Mietvertrag *m*
bâillement [bɑjmɑ̃] *m* Gähnen *nt*
bâiller [bɑje] <1> *vi* ① (*action*) *personne:* gähnen ② (*être entrouvert*) *porte:* offen stehen; *col:* abstehen
bailleur, bailleresse [bajœʀ, bajʀɛs] *m, f* Verpächter(in) *m(f)*
bâillon [bɑjɔ̃] *m* Knebel *m*
bâillonner [bɑjɔne] <1> *vt* ① (*action*) knebeln ② *fig* mundtot machen *opposition, presse*
bain [bɛ̃] *m* ① (*action*) Bad *nt* ② (*eau*) [Bade]wasser *nt* ③ (*baignoire*) [Bade]wanne *f* ④ (*préparation*) Bad *nt* ⑤ (*établissement*) Bad *nt* ⑥ (*bassin*) **grand/petit ~** Schwimmer-/Nichtschwimmerbecken *nt* ⑦ (*exposition volontaire au soleil*) **~ de soleil** Sonnenbad
bain-marie [bɛ̃maʀi] <bains-marie> *m* Wasserbad *nt*
baïonnette [bajɔnɛt] *f* Bajonett *nt*
baise [bɛz] *f* ① *fam* Bumsen *nt* (*sl*) ② BELG (*bise*) Kuss *m*
baisemain [bɛzmɛ̃] *m* Handkuss *m*
baiser¹ [beze] *m* ① (*bise*) Kuss *m* ② (*en formule*) **bons ~s** liebe Grüße
baiser² [beze] <1> **I.** *vt* ① *soutenu* küssen ② *fam* (*coucher avec*) bumsen (*vulg*) ③ *fam* (*tromper*) [he]reinlegen **II.** *vi fam* bumsen (*vulg*)
baisodrome [bɛzodʀom] *m hum fam* Liebesnest *nt*
baisse [bɛs] *f* ① (*le fait de baisser*) Rückgang *m; de pouvoir, d'influence* Schwin-

B

den *nt; de popularité* Einbuße *f; de pression* Abfall *m* ② FIN Baisse *f* ▶ ~ **de tension** ELEC Spannungsabfall *m;* MED Blutdruckabfall *m*
baisser [bese] <1> **I.** *vt* ① *(faire descendre)* herunterlassen *store, rideau;* herunterkurbeln *vitre de voiture;* herunterschlagen *col* ② *(fixer plus bas)* tiefer hängen ③ *(orienter vers le bas)* senken *tête;* niederschlagen *yeux* ④ *(rendre moins fort)* leiser machen *son* ⑤ *(réviser à la baisse)* senken *prix* **II.** *vi* ① *(diminuer de niveau, d'intensité) forces, mémoire, vue:* nachlassen; *vent:* abflauen; *niveau, rivière:* sinken; *baromètre:* fallen; *température:* zurückgehen ② ECON, FIN fallen; *prix:* sinken ③ *(s'affaiblir) personne:* nachlassen **III.** *vpr* **se ~** sich bücken; *(pour esquiver)* sich ducken
bajoue [baʒu] *f d'une personne* Hängebacke *f; d'un animal* Backe *f*
bakchich [bakʃiʃ] *m* Bakschisch *nt*
bakélite [bakelit] *f* Bakelit *nt*
bal [bal] <s> *m* ① *(réunion populaire/d'apparat)* Ball *m* ② *(lieu)* Tanzlokal *nt*
balade [balad] *f fam* ① *(promenade à pied)* Spaziergang *m; (en voiture)* Spazierfahrt *f* ② *(excursion)* Ausflug *m*
balader [balade] <1> **I.** *vt fam* spazieren führen *animal;* spazieren gehen mit *personne* **II.** *vpr* **se ~** *fam (se promener à pied)* spazieren gehen; *(en voiture)* spazieren fahren
baladeur [baladœʀ] *m* Walkman® *m;* **~ MP3** [*o* **numérique**] MP3-Player *m*
baladeuse [baladøz] *f* Handlampe *f*
baladodiffusion [baladodifyzjɔ̃] *f* INFORM Podcasting *nt*
balafre [balɑfʀ] *f (blessure)* Schmiss *m*
balafrer [balɑfʀe] *vt* mit Hiebwunden verletzen
balai [balɛ] *m* ① *(ustensile)* Besen *m* ② ELEC *d'une dynamo* Bürste *f* ③ AUT **~ d'essuie-glace** Scheibenwischerblatt *nt*
balai-brosse [balɛbʀɔs] <balais-brosses> *m* Schrubber *m*
balance [balɑ̃s] *f* ① *(instrument)* Waage *f* ② *(état d'équilibre)* **~ des forces** Gleichgewicht *nt* der Kräfte ③ *(bilan)* **~ commerciale** Handelsbilanz *f*
Balance [balɑ̃s] *f* Waage *f;* **être** [**du signe de la**] **~** Waage sein
balancé(e) [balɑ̃se] *adj* ① *(équilibré)* ausgewogen ② *fam (bien bâti)* **bien ~** gut gebaut
balancelle [balɑ̃sɛl] *f* Hollywoodschaukel *f*
balancement [balɑ̃smɑ̃] *m* Hin-und-her-Schwanken *nt*
balancer [balɑ̃se] <2> **I.** *vt* ① *(ballotter)* schaukeln *personne;* **~ les bras/ses jambes** mit den Armen schlenkern/den Beinen baumeln ② *(tenir en agitant)* schwenken *sac, encensoir;* hin und her bewegen *branche, lustre, bateau* ③ *fam (envoyer)* schmeißen *objet* ④ *fam (se débarrasser)* wegschmeißen *objet;* feuern *employé* **II.** *vpr* **se ~** ① *bateau:* [hin und her] schaukeln; *branches:* sich hin und her bewegen ② *(sur une balançoire)* schaukeln
balancier [balɑ̃sje] *m d'une horloge* Pendel *nt; d'un funambule* Balancierstange *f*
balançoire [balɑ̃swaʀ] *f* Schaukel *f*
balayage [balɛjaʒ] *m* ① *(action)* Kehren *nt* ② INFORM Scannen *nt*
balayer [baleje] <7> *vt* ① *(ramasser)* zusammenkehren ② *(nettoyer)* fegen ③ *(passer sur)* **~ qc** *faisceau lumineux:* über etw *(akk)* hingleiten; *vent:* über etw *(akk)* (hinweg)fegen ④ INFORM scannen ⑤ *(chasser) vent:* vor sich *(dat)* hertreiben *feuilles;* aus dem Weg räumen *obstacle;* ausräumen *doute*
balayette [balɛjɛt] *f* Handfeger *m,* Bartwisch *m* (A)
balayeur, -euse [balɛjœʀ, -jøz] *m, f* Straßenfeger(in) *m(f)*
balayeuse [balɛjøz] *f* [Straßen]kehrmaschine *f*
balayures [balejyʀ] *fpl* Kehricht *m*
balbutiement [balbysimɑ̃] *m* ① *(action)* Stammeln *nt; d'un bébé* Brabbeln *nt* ② *pl (débuts)* Anfänge *Pl*
balbutier [balbysje] <1> **I.** *vi (bredouiller)* stammeln; *bébé:* brabbeln **II.** *vt (bredouiller)* stammeln *excuses; bébé:* brabbeln *mots*
balcon [balkɔ̃] *m* ① ARCHIT Balkon *m; (balustrade)* [Balkon]brüstung *f* ② THEAT Balkon *m,* Rang *m*
balconnet [balkɔnɛ] *m* ① *(soutien-gorge)* Formbügel-BH *m* ② *d'un réfrigérateur* Türfach *nt*
baldaquin [baldakɛ̃] *m* Baldachin *m*
Bâle [bɑl] Basel *nt*
Baléares [baleɑʀ] *fpl* **les** [**îles**] **~** die Balearen
baleine [balɛn] *f* ① ZOOL Wal *m* ② *(renfort)* **~ de corset** Korsettstange
baleinier [balenje] *m* Walfänger *m*
baleinière [balenjɛʀ] *f* ① Beiboot *nt* ② *(autrefois)* Walfangboot *nt*
balèze [balɛz] *adj fam* kräftig, stämmig
balisage [balizaʒ] *m* ① *(action)* Markieren *nt; d'une piste d'atterrissage* Befeuern *nt* ② *d'un chemin, d'une piste de ski* Markierung *f; d'une route* Leitpfosten *Pl*

balise [baliz] *f* ❶ AVIAT, NAUT Bake *f;* (*signal lumineux*) Leuchtfeuer *nt* ❷ AUT Leitpfosten *m* ❸ INFORM Tag *m*
baliser¹ [balize] <1> *vt* ❶ (*signaliser*) markieren ❷ AVIAT, NAUT mit Baken markieren; (*avec des signaux lumineux*) befeuern
baliser² [balize] <1> *vi fam* Bammel haben
balistique [balistik] **I.** *adj* ballistisch **II.** *f* Ballistik *f*
baliverne [balivɛʀn] *f* Unsinn *m kein Pl*
balkanique [balkanik] *adj* Balkan-
Balkans [balkɑ̃] *mpl* **les ~** der Balkan
ballade [balad] *f* Ballade *f*
ballant(e) [balɑ̃, ɑ̃t] *adj jambes* baumelnd; *bras* schlenkernd; **rester les bras ~s** *fig* untätig herumstehen
ballast [balast] *m* Schotter[bett *nt*] *m*
balle [bal] *f* ❶ JEUX, SPORT Ball *m;* **jouer à la ~** Ball spielen ❷ (*projectile*) Kugel *f* ❸ (*ballot*) Ballen *m* ❹ *pl* HIST *fam* (*francs*) **100 ~s** 100 Kröten ▶ **se tirer une ~ dans le pied** *fam* sich (*dat*) ins [eigene] Knie schießen; **à deux ~s** *fam* nullachtfünfzehn; *fête, musique* lahm
ballerine [balʀin] *f* ❶ (*danseuse*) Ballerina *f* ❷ (*chaussure*) Ballerinaschuh *m*
ballet [balɛ] *m* Ballett *nt*
ballon [balɔ̃] *m* ❶ JEUX, SPORT Ball *m;* **jouer au ~** Ball spielen ❷ (*baudruche*) Luftballon *m* ❸ (*aérostat*) Ballon *m* ❹ GEOG Belchen *m* ❺ (*verre*) bauchiges Weinglas; (*contenu*) Glas *nt* ❻ (*appareil de production d'eau chaude*) **~ d'eau chaude** [Warmwasser]boiler *m* ❼ (*test*) **~ d'essai** Versuchsballon *m* ❽ MED **~ d'oxygène** Sauerstoffflasche *f*
ballonnement [balɔnmɑ̃] *m du ventre* Aufgeblähtsein *nt*
ballonner [balɔne] <1> *vt* aufblähen *ventre, estomac*
ballon-sonde [balɔ̃sɔ̃d] <ballons-sondes> *m* Wetterballon *m*
ballot [balo] *m* [kleiner] Ballen *m*
ballottage [balɔtaʒ] *m* **être en ~** in die Stichwahl kommen
ballotter [balɔte] <1> **I.** *vi* hin- und herrutschen **II.** *vt voiture:* durchschütteln
ball-trap [baltʀap] <ball-traps> *m* Tontaubenschießen *nt*
balluchon [balyʃɔ̃] *m* Bündel *nt*
balnéaire [balneɛʀ] *adj* **station ~** Seebad *nt*
balnéothérapie [balneoteʀapi] *f* MED Balneotherapie *f,* Bäderkur *f*
balourd [baluʀ] *m* ❶ (*maladroit*) Tollpatsch *m* ❷ TECH Unwucht *f*
balourd(e) [baluʀ, uʀd] *adj* unbeholfen
balourdise [baluʀdiz] *f* ❶ (*caractère*) Unbeholfenheit *f* ❷ (*acte ou propos*) Dummheit *f*
balsamique [balsamik] *adj* balsamisch; *vinaigre* Balsam-
balte [balt] *adj* **les États ~s** die Baltischen Staaten
Balte [balt] *mf* Balte *m*/Baltin *f*
baltique [baltik] *adj langues* baltisch
Baltique [baltik] *f* **la [mer] ~** die Ostsee
baluchon [balyʃɔ̃] *m v.* **balluchon**
balustrade [balystʀad] *f* (*en bois, métal*) Geländer *nt;* (*en maçonnerie*) Brüstung *f*
balustre [balystʀ] *m* ARCHIT Baluster *m,* Stützsäule *f* [in einem Geländer]
bambin(e) [bɑ̃bɛ̃] *m(f)* kleiner Junge *m*/kleines Mädchen *f*
bambou [bɑ̃bu] *m* Bambus *m*
bambouseraie [bɑ̃buzʀɛ] *f* Bambusgarten *m* (*Park mit Bambus und exotischen Pflanzen*)
ban [bɑ̃] *m* ❶ *pl de mariage* Aufgebot *nt* ❷ *fam* (*applaudissements*) rhythmischer Beifall
banal(e) [banal] <s> *adj* banal; *choses, idée, affaire* alltäglich; *propos* abgedroschen; *personne* durchschnittlich
banalisation [banalizasjɔ̃] *f* Banalisierung *f*
banaliser [banalize] <1> *vt* banalisieren
banalité [banalite] *f* ❶ (*platitude*) Banalität *f; de la vie* Stumpfsinnigkeit *f; d'un propos* Abgedroschenheit *f* ❷ (*propos*) Gemeinplatz *m*
banana split [bananasplit] *m inv* Bananensplit *nt*
banane [banan] *f* ❶ (*fruit*) Banane *f* ❷ (*pochette*) Gürteltasche *f*
bananeraie [bananʀɛ] *f* Bananenplantage *f*
bananier [bananje] *m* ❶ (*plante*) Bananenstaude *f* ❷ (*bateau*) Bananendampfer *m*
banc [bɑ̃] *m* ❶ (*meuble*) Bank *f* ❷ GEOL Schicht *f* ❸ *de poissons* Schwarm *m;* **~ d'huîtres** Austernbank ❹ TECH **~ de menuisier** Werkbank ❺ (*amas*) **~ de sable** Sandbank ❻ JUR **~ des accusés** Anklagebank
bancaire [bɑ̃kɛʀ] *adj* Bank-
bancal(e) [bɑ̃kal] <s> *adj* ❶ *meuble* wack[e]lig; *personne* hinkend ❷ *fig raisonnement* nicht stichhaltig
banco [bɑ̃ko] *m* JEUX **faire ~** allein gegen die Bank spielen
bandage [bɑ̃daʒ] *m* Verband *m*

B

bandant(e) [bɑ̃dɑ̃, ɑ̃t] *adj fam* (*excitant*) aufregend; (*sexuellement excitant*) anmachend

bande¹ [bɑ̃d] *f* ❶ (*long morceau étroit*) Streifen *m; de métal* Band *nt; d'un magnétophone* [Ton]band; CINE Film[streifen] *m* ❷ MED Binde *f* ▶ ~ **dessinée** Comic[strip] *m*

bande² [bɑ̃d] *f* ❶ *de personnes* Gruppe *f; de loups, chiens* Rudel *nt; d'oiseaux* Schar *f* ❷ (*groupe constitué*) Bande *f;* ~ **d'amis** Clique *f*

bande-annonce [bɑ̃danɔ̃s] <bandes-annonces> *f* Vorschau *f*, Trailer *m*

bandeau [bɑ̃do] <x> *m* ❶ (*dans les cheveux*) [Haar]band *nt* ❷ (*serre-tête*) Stirnband *nt* ❸ (*sur les yeux*) Binde *f*

bandelette [bɑ̃dlɛt] *f* schmaler Stoffstreifen *m*

bander [bɑ̃de] <1> **I.** *vt* ❶ (*panser*) verbinden ❷ (*tendre*) spannen **II.** *vi fam* einen Ständer haben

banderole [bɑ̃dʀɔl] *f* ❶ (*petite bannière*) Wimpel *m* ❷ (*bande avec inscription*) Spruchband *nt*

bande-son [bɑ̃dsɔ̃] <bandes-son> *f* ❶ (*sur la pellicule*) Tonspur *f* ❷ (*son*) Ton *m* **bande-vidéo** [bɑ̃dvideo] <bandes-vidéo> *f* Videoband *nt*

bandit [bɑ̃di] *m* ❶ (*malfaiteur*) Bandit *m* ❷ (*personne malhonnête*) Gauner *m*

banditisme [bɑ̃ditism] *m* Verbrechertum *nt*

bandonéon [bɑ̃dɔneɔ̃] *m* MUS Bandoneon *nt*

bandoulière [bɑ̃duljɛʀ] *f* Schulterriemen *m*

bang [bɑ̃g] **I.** *interj* peng! **II.** *m inv* Knall *m*

Bangladesh [bɑ̃gladɛʃ, bɛ̃gladɛʃ] *m* Banglades[c]h *nt*

banjo [bɑ̃(d)ʒo] *m* Banjo *nt*

banlieue [bɑ̃ljø] *f d'une ville* Vorstädte *Pl*, Vororte *Pl;* **train de** ~ Nahverkehrszug *m*

banlieusard(e) [bɑ̃ljøzaʀ, aʀd] *m(f)* Vorstädter(in) *m(f)*

banni(e) [bani] **I.** *adj personne* verbannt **II.** *m(f)* ❶ (*exilé*) Verbannte(r) *f(m)* ❷ (*exclu*) Ausgestoßene(r) *f(m)*

bannière [banjɛʀ] *f* ❶ Banner *nt;* REL Prozessionsfahne *f* ❷ INFORM ~ **publicitaire** Werbebanner *nt*

bannir [baniʀ] <8> *vt* ❶ (*mettre au ban*) ~ **qn d'un pays** jdn aus einem Land verbannen ❷ (*supprimer*) ächten; ~ **qc de qc** etw aus etw verbannen

banque [bɑ̃k] *f* ❶ FIN Bank *f;* **la Banque de France** die Bank von Frankreich; **Banque centrale** Zentralbank; **Banque centrale européenne** Europäische Zentralbank; **Banque européenne d'investissement** Europäische Investitionsbank ❷ (*service qui conserve des informations*) ~ **de données** Datenbank *f;* ~ **d'informations génétiques** Genbank

banquer [bɑ̃ke] <1> *vi fam* blechen

banqueroute [bɑ̃kʀut] *f* Bankrott *m*

banquet [bɑ̃kɛ] *m* Bankett *nt* (*geh*)

banquette [bɑ̃kɛt] *f* ❶ (*siège*) [Sitz]bank *f;* ~ **avant/arrière** AUT Vordersitz *m*/Rückbank *f* ❷ ARCHIT [Fenster]bank *f* ❸ (*chemin*) schmaler Gehweg; *d'une voie* Bankette *f*, Bankett *nt*

banquier, -ière [bɑ̃kje, -jɛʀ] *m, f* ❶ FIN Bankier *m* ❷ JEUX Bankhalter(in) *m(f)*

banquise [bɑ̃kiz] *f* Packeis *nt*

baobab [baɔbab] *m* BOT Affenbrotbaum *m*

baptême [batɛm] *m* Taufe *f*

baptiser [batize] <1> *vt* ❶ (*appeler*) ~ **qn Pierre** jdn auf den Namen Pierre taufen ❷ (*surnommer*) ~ **qn "l'asperge"** jdm den Spitznamen „Bohnenstange" geben

baptismal(e) [batismal, -o] <-aux> *adj* Tauf-

baptisme [batism] *m* REL Baptismus *m*

baptistère [batistɛʀ] *m* Taufkapelle *f*

baquet [bakɛ] *m* Bottich *m*

bar¹ [baʀ] *m* (*café, comptoir, meuble*) Bar *f*

bar² [baʀ] *m* ZOOL Seebarsch *m*

bar³ [baʀ] *m* PHYS Bar *nt*

baragouin [baʀagwɛ̃] *m fam*, **baragouinage** [baʀagwinaʒ] *m péj fam* Kauderwelsch *nt*

baragouiner [baʀagwine] <1> **I.** *vt fam* (*parler mal*) radebrechen *langue* **II.** *vi péj fam* Kauderwelsch reden

baraka [baʀaka] *f inv fam* Glück *nt*

baraque [baʀak] *f* ❶ (*cabane*) [Holz]baracke *f;* (*pour les outils de jardinage*) Schuppen *m* ❷ *fam* (*maison*) Bude *f;* (*maison délabrée*) Bruchbude *f*

baraqué(e) [baʀake] *adj fam* breitschultrig

baraquement [baʀakmɑ̃] *m* Barackenlager *nt*

baratin [baʀatɛ̃] *m fam* Geschwätz *nt*

baratiner [baʀatine] <1> **I.** *vt fam* ❶ (*bonimenter*) ~ **qn** auf jdn einreden ❷ (*essayer de persuader*) bequatschen ❸ (*draguer*) anmachen **II.** *vi fam* dummes Zeug reden

baratineur, -euse [baʀatinœʀ, -øz] *fam* **I.** *adj* geschwätzig **II.** *m, f* Schwätzer(in) *m(f);* (*flatteur*) Süßholzraspler(in) *m(f)*

baratte [baʀat] *f* HIST Butterfass *nt*

barbant(e) [baʀbɑ̃, ɑ̃t] *adj fam* öde

barbaque [baʀbak] *f fam* [mieses] Fleisch *nt*

barbare [baʀbaʀ] I. *adj* ❶ (*cruel*) barbarisch ❷ (*grossier*) unkultiviert II. *m* ❶ (*brute*) Barbar *m* ❷ (*inculte*) [Kultur]banause *m*

barbarie [baʀbaʀi] *f* ❶ (*opp: civilisation*) Barbarei *f* ❷ (*cruauté*) Barbarei *f*

barbarisme [baʀbaʀism] *m* Barbarismus *m*

barbe [baʀb] *f* ❶ (*poils*) Bart *m* ❷ ZOOL Bart *m*; *d'un chat* Schnurrhaare *Pl* ❸ BOT Granne *f* ❹ GASTR ~ **à papa** Zuckerwatte *f* ❺ *pl* TECH Widerhaken *Pl*

barbeau [baʀbo] <x> *m* ❶ ZOOL Barbe *f* ❷ BOT Kornblume *f*

barbecue [baʀbəkju] *m* ❶ (*gril*) Holzkohlengrill *m* ❷ (*repas*) **faire un** ~ grillen

barbelé(e) [baʀbəle] *adj* mit Stacheln [bewehrt]; **fil de fer** ~ Stacheldraht *m*

barber [baʀbe] <1> I. *vt fam* anöden II. *vpr fam* **se** ~ sich langweilen

barbiche [baʀbiʃ] *f* Spitzbart *m*

barbichette [baʀbiʃɛt] *f fam* Spitzbärtchen *nt*

barbier [baʀbje] *m* Barbier *m*; CAN Herrenfriseur *m*

barbiturique [baʀbityʀik] *m* BIO Barbiturat *nt*

barbon [baʀbɔ̃] *m hum* Graubart *m* (*fam*); **vieux** ~ alter Knacker (*pej fam*)

barbotage [baʀbɔtaʒ] *m des canards* Plan[t]schen *nt*

barboter [baʀbɔte] <1> I. *vi* ~ **dans qc** in etw (*dat*) [herum]planschen, in etw (*dat*) [herum]plantschen II. *vt fam* klauen

barboteuse [baʀbɔtøz] *f* Strampelhöschen *nt*

barbouillage [baʀbujaʒ] *m* Geschmier[e] *nt*

barbouiller [baʀbuje] <1> I. *vt* ❶ (*enduire*) ~ **qn/qc de qc** jdn/etw mit etw beschmieren ❷ (*peindre*) beklecksen ❸ *péj* (*écrire*) vollkritzeln *papier, page* ❹ *fam* (*donner la nausée*) **avoir l'estomac barbouillé** einen verdorbenen Magen haben II. *vpr* **se** ~ **le visage de confiture** sich (*dat*) das Gesicht mit Marmelade vollschmieren

barbouilleur, -euse [baʀbujœʀ, -øz] *fam m, f* Schmierfink *m*; ~ **de papier** *fig, péj* Schreiberling *nt*

barbouze [baʀbuz] *f fam* Geheimagent *m*

barbu [baʀby] *m* Bärtige(r) *m*

barbu(e) [baʀby] *adj* bärtig

barbue [baʀby] *f* ZOOL Glattbutt *m*

barda [baʀda] *m fam* (*affaires*) Kram *m*

bardane [baʀdan] *f* BOT Klette *f*

barde[1] [baʀd] *f* GASTR Speckscheibe *f*

barde[2] [baʀd] *m* (*personne*) Barde *m*

bardeau [baʀdo] <x> *m* Dachschindel *f*

barder [baʀde] <1> I. *vt* ❶ GASTR mit Speck[scheiben] umwickeln ❷ (*garnir*) ~ **qn de décorations** jdn mit Orden dekorieren II. *vi fam* ▶ **ça barde** es ist dicke Luft

bardot [baʀdo] *m* Maulesel *m*

barème [baʀɛm] *m* Tabelle *f*; SCOL Bewertungsmaßstab *m*

barge[1] [baʀʒ] *f* ORN Uferschnepfe *f*

barge[2] [baʀʒ] *f* NAUT Jolle *f*

baril [baʀil] *m* ❶ (*récipient*) Fass *nt* ❷ (*unité de mesure*) Barrel *nt*

barillet [baʀijɛ] *m d'une montre* Federgehäuse *nt*

bariolé(e) [baʀjɔle] *adj* bunt bemalt

barioler [baʀjɔle] <1> *vt* bunt bemalen

barista [baʀista] *m* Barista *m*

barjo [baʀʒo] *adj pas de forme féminine fam* total verrückt

barmaid [baʀmɛd] *f* Bardame *f*

barman [baʀman, -mɛn] <s *o* -men> *m* Barkeeper *m*

baromètre [baʀɔmɛtʀ] *m* Barometer *nt*

baron(ne) [baʀɔ̃, ɔn] *m(f)* Baron(in) *m(f)*

baroque [baʀɔk] I. *adj* ❶ ARCHIT barock; *église, musique, style* Barock- ❷ (*bizarre*) eigenartig II. *m* Barock *m o nt*

baroudeur [baʀudœʀ] *m fam* Haudegen *m*

barouf [baʀuf] *m fam* Heidenlärm *m*

barque [baʀk] *f* Kahn *m* ▶ **charger la** ~ seine Möglichkeiten in einer Sache überschätzen

barquette [baʀkɛt] *f* ❶ (*tartelette*) *kleines Gebäck in Form eines Schiffchens* ❷ (*récipient*) Schale *f*

barracuda [baʀakyda, baʀakuda] *m* ZOOL Pfeilhecht *m*, Barrakuda *m*

barrage [baʀaʒ] *m* ❶ (*barrière*) Sperre *f* ❷ ELEC [Stau]damm *m*

barre [baʀ] *f* ❶ (*pièce*) Stange *f*; ~ **de chocolat** Schokoladenriegel *m* ❷ (*au tribunal*) ~ **des témoins** Zeugenstand *m* ❸ (*trait*) Strich *m* ❹ (*pour la danse*) Stange *f*; (*en athlétisme*) [Sprung]latte *f* ❺ MUS ~ **de mesure** Taktstrich *m* ❻ NAUT [Ruder]pinne *f* ❼ INFORM ~ **de défilement** Bildlaufleiste *f*; ~ **de menu** Menüleiste *f*; ~ **d'espacement** Leertaste *f*; ~ **des tâches** Taskleiste *f*; ~ **de titre** Titelleiste *f* ❽ (*vague*) Brandung *f* ❾ (*douleur*) [schmerzender] Druck

barré [baʀe] *m* MUS Barré *nt*

B

barré(e) [baʀe] *adj rue* gesperrt; *porte* verriegelt

barreau [baʀo] <x> *m* ① *d'une échelle* Sprosse *f; d'une grille* [Gitter]stab *m* ② JUR Anwaltschaft *f*

barrer [baʀe] <1> **I.** *vt* ① (*bloquer*) versperren *chemin;* sperren *route;* verriegeln *porte* ② (*biffer*) durchstreichen ③ NAUT steuern ④ CAN (*fermer à clé*) abschließen **II.** *vi* steuern **III.** *vpr fam* **se ~** abhauen

barrette [baʀɛt] *f* ① (*pince*) [Haar]spange *f* ② (*bijou*) Anstecknadel *f* ③ (*décoration*) Ordensspange *f*

barreur, -euse [baʀœʀ, -øz] *m, f* Steuermann *m/*-frau *f*

barricade [baʀikad] *f* Barrikade *f*

barricader [baʀikade] <1> **I.** *vt* verbarrikadieren *porte;* versperren *rue* **II.** *vpr* **se ~** ① (*derrière une barricade*) sich verbarrikadieren ② (*s'enfermer*) sich einschließen

barrière [baʀjɛʀ] *f* ① (*fermeture*) Absperrung *f; d'une clôture* Gatter *nt;* CHEMDFER Schranke *f* ② (*clôture*) Zaun *m* ③ SPORT Hindernis *nt* ④ (*séparation*) Barriere *f;* **~ de rœsti[s]** CH Röstigraben *m* (CH)

barrique [baʀik] *f* Fass *nt*

barrir [baʀiʀ] <8> *vi éléphant:* trompeten

barrissement [baʀismɑ̃] *m de l'éléphant* Trompeten *nt*

bar-tabac [baʀtaba] <bars-tabac> *m Bistro mit Tabakwarenverkauf*

baryton [baʀitɔ̃] *m* Bariton *m*

bas¹ [bɑ] *m* ① (*partie inférieure*) unterer Teil; *d'une maison* Erdgeschoss *nt* ② (*trivial*) Niedrige(s) *nt*

bas² [bɑ] *m* Strumpf *m*

bas(se) [bɑ, bɑs] **I.** *adj* ① (*de peu de hauteur*) niedrig; *stature* klein ② *branche, ciel* tief hängend; *plafond* niedrig ③ *antéposé* (*inférieur*) niedrig; **être ~** *fleuve:* wenig Wasser führen ④ (*opp: aigu*) tief ⑤ (*peu intense*) leise ⑥ *antéposé* (*dans une échelle*) niedrig ⑦ (*dans la hiérarchie sociale*) niedrig; *peuple* einfach ⑧ (*au moral*) niedrig; *sentiment* erbärmlich; *attaques* niederträchtig; *besogne* schmutzig **II.** *adv* ① *voler* tief; **tomber très ~** *thermomètre:* stark fallen ② (*au-dessous*) **en ~** *loger* unten ③ (*ci-dessous*) **voir plus ~** siehe unten ④ (*au pied de*) **en ~ de la colline** am Fuße des Hügels ⑤ (*opp: aigu*) tief ⑥ (*doucement*) leise

basal(e) [bazal, -o] <-aux> *adj organe, os* basal

basalte [bazalt] *m* GEOL Basalt *m*

basaltique [bazaltik] *adj* basaltisch

basané(e) [bazane] *adj* ① (*bronzé*) braun gebrannt ② (*de couleur*) dunkel[häutig]

bas-côté [bɑkote] <bas-côtés> *m* ① *d'une route* [Straßen]rand *m; d'une autoroute* Seitenstreifen *m* ② ARCHIT *d'une église* Seitenschiff *nt*

bascule [baskyl] *f* ① (*balançoire*) Wippe *f* ② (*balance*) Waage *f*

basculer [baskyle] <1> **I.** *vi* ① (*tomber*) umkippen ② *fig* **~ dans qc** (*sombrer*) in etw (*akk*) abgleiten **II.** *vt* ① (*faire pivoter*) [um]kippen ② (*faire tomber*) **~ qc dans qc** etw in etw (*akk*) kippen ③ ELEC umlegen

base [bɑz] *f* ① *d'une montagne* Fuß *m; d'une statue* Sockel *m; d'un monument* Fundament *nt* ② (*principe*) Grundlage *f;* **~ de discussion** Diskussionsgrundlage ③ *souvent pl* (*connaissances élémentaires*) Grundlagen *Pl* ④ (*composant principal*) Basis *f* ⑤ MIL [Militär]basis *f;* **~ aérienne/navale** Luftwaffen-/Flottenstützpunkt *m* ⑥ MATH, GEOM, PHILOS Basis *f* ⑦ LING [Wort]stamm *m* ⑧ CHIM Base *f* ⑨ INFORM **~ de données** Datenbank *f*

base-ball [bɛzbol] *m* Baseball *m*

baser [bɑze] <1> **I.** *vt* ① (*fonder*) **~ qc sur qc** etw auf etw (*akk*) stützen; **être basé sur qc** sich auf etw (*akk*) stützen ② MIL **être basé à Strasbourg** in Straßburg stationiert sein **II.** *vpr* **se ~ sur qc** sich auf etw (*akk*) stützen

bas-fond [bɑfɔ̃] <bas-fonds> *m* ① (*endroit*) Untiefe *f* ② *pl d'une ville* Elendsviertel *Pl*

basilic [bazilik] *m* Basilikum *nt*

basilique [bazilik] *f* Basilika *f*

basique [bazik] *adj* CHIM basisch

basket [baskɛt] *f* Basketballschuh *m*

basket[-ball] [baskɛt(bol)] *m* Basketball *m*

basketteur, -euse [basketœʀ, -øz] *m, f* Basketballspieler(in) *m(f)*

basmati [basmati] *m* Basmatireis *m*

Basquaise [baskɛz] *f v.* **Basque**

basque¹ [bask] **I.** *adj* baskisch; **Pays ~** Baskenland *nt* **II.** *m* Baskisch *nt; v. a.* **allemand**

basque² [bask] *f a. fig* [Rock]schoß *m*

Basque [bask] *mf* Baske *m/*Baskin *f*

bas-relief [bɑʀəljɛf] <bas-reliefs> *m* ART Basrelief *nt*

Bas-Rhin [bɑʀɛ̃] *m* **le ~** Niederrhein *m*

basse [bɑs] *f* ① (*voix*) Bass *m* ② (*chanteur*) Bass *m*

Basse-Autriche [bɑsotʀiʃ] *f* **la ~** Niederösterreich *nt*

basse-cour [bɑskuʀ] <basses-cours> *f* ① (*lieu*) Hühnerhof *m* ② (*animaux*) Kleinvieh *nt*

bassement [basmɑ̃] *adv se venger* niederträchtig; *penser* auf gemeine Weise
Basse-Saxe [bɑsaks] *f* **la** ~ Niedersachsen *nt*
bassesse [bɑsɛs] *f* Niederträchtigkeit *f*; *d'un sentiment* Erbärmlichkeit *f*
basset [basɛ] *m* (*chien*) Basset *m*
bassin [basɛ̃] *m* ① (*récipient*) Becken *nt* ② *d'une fontaine, piscine* Becken *nt*; *d'un jardin* [Garten]teich *m* ③ (*dans un port*) Hafenbecken *nt* ④ ANAT, GEOL, GEOG Becken *nt*
bassinant(e) [basinɑ̃, ɑ̃t] *adj fam* anödend, stinklangweilig
bassine [basin] *f* Wanne *f*
bassiner [basine] <1> *vt* besprühen *plante*
bassiste [bɑsist] *mf* Bassist(in) *m(f)*
basson [bɑsɔ̃] *m* ① (*instrument*) Fagott *nt* ② (*musicien*) Fagottist(in) *m(f)*
bastille [bastij] *f* (*château-fort*) Zwingburg *f*; **la Bastille** die Bastille
bastingage [bastɛ̃gaʒ] *m* Reling *f*
bastion [bastjɔ̃] *m* ① (*fortification*) Bastion *f* ② (*haut lieu*) Bollwerk *nt*
baston [bastɔ̃] *f o m arg* Prügelei *f*, Keilerei *f* (*fam*)
bastonnade [bastɔnad] *f* Bastonade *f*, Stockschläge *Pl*; **la peine de la** ~ die Prügelstrafe
bastonner [bastɔne] <1> *arg* **I.** *vt* prügeln **II.** *vpr* **se** ~ sich prügeln
bastringue [bastʀɛ̃g] *m fam* Krempel *m*
bas-ventre [bɑvɑ̃tʀ] <bas-ventres> *m* Unterleib *m*
bât [bɑ] *m* Packsattel *m*
bataclan [bataklɑ̃] *m fam* Krempel *m*
bataille [bataj] *f* ① (*pendant une guerre*) Schlacht *f* ② (*épreuve de force*) Kampf *m* ③ (*bagarre*) Schlägerei *f* ④ (*jeu*) *Kartenspiel, bei dem der gewinnt, der zuletzt alle Karten hat*
batailler [bataje] <1> *vi* ① (*se battre*) ~ **pour qc** um etw kämpfen ② (*argumenter*) streiten ③ *fam* (*faire des efforts*) sich abmühen
batailleur, -euse [batajœʀ, -jøz] **I.** *adj* **être** ~ ein Raufbold sein **II.** *m, f* Kämpfer(in) *m(f)*
bataillon [batajɔ̃] *m* ① MIL Bataillon *nt* ② (*grand nombre*) Heer *nt*
bâtard [bɑtaʀ] *m* ① (*enfant*) uneheliches Kind ② (*chien*) Promenadenmischung *f* ③ (*pain*) Stangenbrot *nt* (*250 g schwer*)
bâtard(e) [bɑtaʀ, aʀd] *adj* ① *enfant* unehelich; *chien* nicht reinrassig ② (*de fantaisie*) **pain** ~ Stangenbrot *nt* (*250 g schwer*)
batavia [batavja] *f* Batavia *m*
bateau [bato] <x> **I.** *adj fam* abgedroschen **II.** *m* (*embarcation*) Schiff *nt*
bateau-citerne [batositɛʀn] <bateaux-citernes> *m* Tanker *m* **bateau-mouche** [batomuʃ] <bateaux-mouches> *m kleines Vergnügungsschiff auf der Seine* **bateau-pilote** [batopilɔt] <bateaux-pilotes> *m* Lotsenboot *nt*
batelier, -ière [batəlje, -jɛʀ] *m, f* [Fluss]schiffer(in) *m(f)*
batellerie [batɛlʀi] *f* Binnenschifffahrt *f*
bâter [bɑte] *vt* (*mettre un bât à*) einen Packsattel aufsetzen
bâti [bɑti] *m* ① COUT Heftstiche *Pl* ② TECH Gestell *nt*
bâti(e) [bɑti] *adj* bebaut; **être bien/mal** ~ eine gute/schlechte Figur haben
batifoler [batifɔle] <1> *vi fam* herumtollen
bâtiment [bɑtimɑ̃] *m* ① (*édifice*) Gebäude *nt* ② ECON Baugewerbe *nt* ③ NAUT [großes] Schiff
bâtir [bɑtiʀ] <8> *vt* ① (*construire*) bauen ② (*fonder*) ~ **une théorie sur qc** eine Theorie auf etw (*akk*) stützen ③ COUT heften
bâtisse [bɑtis] *f* Kasten *m* (*fam*)
bâtisseur, -euse [bɑtisœʀ, -øz] *m, f* Erbauer(in) *m(f)*; *fig* Gründer(in) *m(f)*
batiste [batist] *f* TEXTIL Batist *m*
bâton [bɑtɔ̃] *m* ① (*canne*) Stock *m* ② (*bâtonnet*) Stiel *m* ③ (*stick*) Stift *m* ④ (*trait vertical*) [senkrechter] Strich
bâtonnet [bɑtɔnɛ] *m* Stöckchen *nt*; (*pour examiner la gorge*) Spatel *m*
bâtonnier [bɑtɔnje] *m* Präsident(in) *m(f)* der Anwaltskammer
batracien [batʀasjɛ̃] *m* ZOOL Lurch *m*
battage [bataʒ] *m* (*publicité*) Rummel *m* (*fam*)
battant [batɑ̃] *m* ① *d'une cloche* Klöppel *m* ② *d'une fenêtre, porte* Flügel *m*
battant(e) [batɑ̃, ɑ̃t] **I.** *adj personne* einsatzfreudig **II.** *m(f)* Kämpfernatur *f*
batte [bat] *f* Schläger *m*
battement [batmɑ̃] *m* ① (*bruit*) Schlagen *nt*; *de la pluie* Prasseln *nt* ② (*mouvement*) ~ **des cils** Lidschlag *m*; (*dû à un éblouissement*) Blinzeln *nt* ③ *du pouls, cœur* Schlagen *nt* ④ (*intervalle de temps*) [verfügbare] Zeit; (*entre deux cours*) Pause *f*
batterie [batʀi] *f* ① AUT, MIL Batterie *f* ② ELEC *d'un portable* Akku *m*; **je n'ai plus de** ~ mein Akku ist leer ③ MUS Schlagzeug *nt* ④ (*groupe*) ~ **de tests** Testreihe *f*

❺ (*ensemble d'ustensiles*) ~ **de cuisine** Topf- und Pfannenset *nt*

batteur [batœʀ] *m* ❶ (*mixeur*) [Hand]rührgerät *nt* ❷ MUS Schlagzeuger(in) *m(f)*

batteuse [batøz] *f* Dreschmaschine *f*

battoir [batwaʀ] *m* ❶ (*instrument qui sert à battre*) Schlegel *m* ❷ *fam* (*main*) Pranke *f*, Flosse *f*

battre [batʀ] <*irr*> **I.** *vt* ❶ (*frapper*) schlagen ❷ (*vaincre*) schlagen ❸ (*travailler en tapant*) dreschen *blé;* schmieden *fer;* [aus]klopfen *tapis, matelas* ❹ (*mélanger, mixer*) schlagen *blanc d'œuf, crème;* verquirlen *œuf entier* ❺ (*frapper*) *vent, tempête:* peitschen ❻ (*parcourir en cherchant*) durchkämmen *campagne, région* ❼ MUS schlagen *mesure, tambour* **II.** *vi* ❶ (*cogner*) schlagen; *porte, volet:* klappern ❷ (*frapper*) ~ **contre qc** gegen etw schlagen; *pluie:* gegen etw (*akk*) trommeln ❸ (*agiter*) ~ **des ailes** mit den Flügeln schlagen; ~ **des cils** blinzeln; ~ **des mains** [in die Hände] klatschen **III.** *vpr* ❶ (*se bagarrer*) **se** ~ kämpfen; **se** ~ **contre qn** mit jdm kämpfen ❷ (*se disputer*) **se** ~ **avec qn pour qc** sich mit jdm um etw streiten ❸ (*militer*) **se** ~ **pour qc** für etw streiten (*geh*) ❹ (*avoir des difficultés*) **se** ~ **avec un problème** sich mit einem Problem herumschlagen

battu(e) [baty] **I.** *part passé de* **battre** **II.** *adj* (*vaincu*) geschlagen

battue [baty] *f* Suchaktion *f;* CHASSE Treibjagd *f*

baudet [bodɛ] *m fam* Esel *m*

baudroie [bodʀwa] *f* ZOOL Seeteufel *m*

baudruche [bodʀyʃ] *f* **ballon de** ~ Luftballon *m*

bauge [boʒ] *f* Schweinekoben *m;* (*taudis*) Schweinestall *m*

baume [bom] *m* Balsam *m*

baux [bo] *v.* **bail**

bauxite [boksit] *f* Bauxit *m*

bavard(e) [bavaʀ, aʀd] **I.** *adj* ❶ (*loquace*) redselig ❷ (*indiscret*) geschwätzig (*pej*) **II.** *m(f)* ❶ (*qui parle beaucoup*) Schwätzer(in) *m(f)* ❷ (*indiscret*) Klatschbase *f* (*fam*)

bavardage [bavaʀdaʒ] *m* ❶ (*papotage*) Plauderei *f* ❷ (*propos vides*) Geschwätz *nt* (*fam*) ❸ (*commérages*) Klatsch *m* (*fam*)

bavarder [bavaʀde] <1> *vi* ❶ (*papoter*) ~ **avec qn** mit jdm plaudern ❷ (*divulguer un secret*) plaudern

bavarois [bavaʀwa] *m* ❶ (*dialecte*) Bairisch *nt; v. a.* **allemand** ❷ GASTR Bayerische Creme

bavarois(e) [bavaʀwa, waz] *adj* bay[e]risch; *dialecte* bairisch

Bavarois(e) [bavaʀwa, waz] *m(f)* Bayer(in) *m(f)*

bave [bav] *f* ❶ (*salive*) Speichel *m; d'un animal enragé* Geifer *m* ❷ *des gastéropodes* Schleim *m*

baver [bave] <1> *vi* ❶ (*saliver*) geifern; *escargot, limace:* Schleim absondern ❷ (*couler*) *stylo, porte-plume:* auslaufen ❸ (*médire*) ~ **sur qn/qc** gegen jdn/etw geifern ❹ (*être ahuri de*) **en** ~ **d'envie** Stielaugen machen (*fam*)

bavette [bavɛt] *f* ❶ (*bavoir*) Lätzchen *nt; d'un vêtement* Latz *m* ❷ (*viande*) *Steakfleisch aus dem oberen Teil des Bauchlappens*

baveux, -euse [bavø, -øz] *adj* ❶ *personne, animal* speichelnd; *escargot, limace* schleimig ❷ GASTR **omelette baveuse** nicht ganz gares Omelett

Bavière [bavjɛʀ] *f* **la** ~ Bayern *nt*

bavoir [bavwaʀ] *m* Latz *m*

bavure [bavyʀ] *f* ❶ (*tache*) Klecks *m* ❷ (*erreur*) Irrtum *m*

bayer [baje] <7> *vi* ▶ ~ **aux corneilles** Maulaffen feilhalten (*fam*)

bazar [bazaʀ] *m* ❶ (*magasin*) Kaufhalle *f* ❷ (*souk*) Basar *m* ❸ *fam* (*désordre*) Kuddelmuddel *nt;* (*amas d'objets hétéroclites*) Sammelsurium *nt*

bazarder [bazaʀde] <1> *vt fam* wegschmeißen; (*vendre*) verscherbeln

bazooka [bazuka] *m* Panzerfaust *f*

B.C.B.G. [besebeʒe] *adj abr de* **bon chic bon genre** super adrett (*fam*), schnieke (*fam*)

BCE [beseø] *f abr de* **Banque centrale européenne** EZB *f*

B.C.G.® [beseʒe] *m abr de* **bacille Bilié de Calmette et Guérin** (*vaccin*) BCG-Impfstoff *m;* (*vaccination*) BCG-[Schutz]impfung *f*

bd *abr de* **boulevard**

B.D. [bede] *f fam abr de* **Bande dessinée** Comic *m*

beach-volley [bitʃvɔlɛ] *m inv* Beachvolleyball *m*

béant(e) [beɑ̃, ɑ̃t] *adj yeux* [weit] aufgerissen; *blessure* klaffend; *gouffre, trou* gähnend

béarnais(e) [beaʀnɛ, ɛz] *adj* aus dem Béarn; **sauce ~e** GASTR Béarner Soße *f*, Sauce *f* béarnaise

Béarnais(e) [beaʀnɛ, ɛz] *m(f)* Bewohner(in) *m(f)* des Béarn

béarnaise [beaʀnɛz] *f* GASTR Sauce *f* béarnaise

béat(e) [bea, at] *adj air, sourire* (*heureux*) [glück]selig; (*content de soi*) selbstgefällig; (*niais*) dümmlich; *admiration, optimisme* naiv
béatement [beatmɑ̃] *adv* [glücks]selig
béatification [beatifikasjɔ̃] *f* Seligsprechung *f*
béatifier [beatifje] <1> *vt* selig sprechen
béatitude [beatityd] *f* Glücksgefühl *nt*
beatnik [bitnik] *mf* Aussteiger(in) *m(f)*
beau [bo] <x> *m* ① (*beauté*) **le ~** das Schöne ② METEO **le temps se met au ~** das Wetter wird schön ▶**être au ~ fixe** *baromètre:* auf Schön stehen; *temps:* beständig [schön] sein
beau, bel, belle [bo, bɛl] <x> *adj antéposé* ① (*opp: laid*) schön; *homme* gut aussehend ② (*qui plaît à l'esprit*) schön; *travail* gut ③ (*agréable*) schön; *voyage* angenehm; **la mer est belle** das Meer ist ruhig ④ (*intensif*) ordentlich ⑤ (*sacré*) schön ▶**qn a ~ faire qc** jd kann etw tun, so viel er/sie will; (*plusieurs fois*) jd kann etw tun, sooft er will; **il fait ~** es ist schön[es Wetter]; **se faire ~** sich schön machen; **de plus belle** umso schlimmer
beaucoup [boku] *adv* ① (*en grande quantité*) **boire ~** viel trinken; (*intensément*) **ce film m'a ~ plu** dieser Film hat mir sehr gut gefallen; (*fréquemment*) **aller ~ au cinéma** [sehr] oft ins Kino gehen ② (*plein de*) **~ de neige** viel Schnee; (*de nombreux*) **~ de voitures** viele Autos ③ (*beaucoup de personnes*) **~ pensent la même chose** viele glauben dasselbe; (*beaucoup de choses*) **il y a encore ~ à faire** es gibt noch viel zu tun ④ *avec un comparatif* **~ plus rapide/petit** viel schneller/kleiner ⑤ *avec un adverbe* **c'est ~ trop** das ist viel zu viel
beauf [bof] *m fam* Schwager *m*
beau-fils [bofis] <beaux-fils> *m* ① (*gendre*) Schwiegersohn *m* ② (*fils du conjoint*) Stiefsohn *m* **beau-frère** [bofʀɛʀ] <beaux-frères> *m* Schwager *m*
beaujolais [boʒɔlɛ] *m* (*vin*) Beaujolais *m*
beau-papa [bopapa] <beaux-papas> *m fam* Schwiegerpapa *m* **beau-père** [bopɛʀ] <beaux-pères> *m* ① (*père du conjoint*) Schwiegervater *m* ② (*conjoint de la mère*) Stiefvater *m*
beauté [bote] *f* (*a. personne*) Schönheit *f*
beaux-arts [bozaʀ] *mpl* **les ~** die schönen Künste **beaux-enfants** [bozɑ̃fɑ̃] *mpl* Stiefkinder *Pl* **beaux-parents** [bopaʀɑ̃] *mpl* Schwiegereltern *Pl*
bébé [bebe] *m* Baby *nt*
bébé-éprouvette [bebeepʀuvɛt] <bébés-éprouvettes> *m* Retortenbaby *nt* **bébé-médicament** [bebemedikamɑ̃] <bébés-médicaments> *m* Designerbaby *nt*
bébête [bebɛt] *adj fam* bisschen doof
bec [bɛk] *m* ① ORN *d'un oiseau* Schnabel *m* ② *fam* (*bouche*) Schnabel *m* ③ *d'une plume* Spitze *f*; *d'une clarinette, flûte* Mundstück *nt*
bécane [bekan] *f fam* [Fahr]rad *nt*
bécarre [bekaʀ] *m* MUS Auflösungszeichen *nt*
bécasse [bekas] *f* ① ORN [Wald]schnepfe *f* ② *fam* (*sotte*) dumme Gans
bécasseau [bekaso] <x> *m* ORN Strandläufer *m*
bécassine [bekasin] *f* ① ORN Sumpfschnepfe *f* ② *fam* (*fille*) Gänschen *nt*
bec-de-cane [bɛkdəkan] <becs-de-cane> *m* [Tür]klinke *f*; (*bouton*) Türknauf *m* **bec-de-lièvre** [bɛkdəljɛvʀ] <becs-de-lièvre> *m* Hasenscharte *f*
bêchage [bɛʃaʒ] *m* AGR [Um]graben *nt*
béchamel [beʃamɛl] *f* Béchamelsoße *f*
bêche [bɛʃ] *f* Spaten *m*
bêcher [beʃe] <1> **I.** *vt* AGR umgraben **II.** *vi* ① AGR umgraben ② *fam* (*être fier*) hochnäsig sein
bêcheur, -euse [bɛʃœʀ, -øz] *m, f péj* (*homme*) eingebildeter Schnösel; (*femme*) eingebildete Pute
bécoter [bekɔte] <1> **I.** *vt fam* abknutschen **II.** *vpr fam* **se ~** knutschen
becquée [beke] *f* **donner la ~ à qn** jdn füttern
becquerel [bɛkʀɛl] *m* Becquerel *nt*
becquet [bekɛ] *m* AUT Spoiler *m*
becqueter [bɛkte] <3> ORN **I.** *vt* aufpicken **II.** *vi* picken
becter [bɛkte] <1> *vi fam* futtern
bedaine [bədɛn] *f fam* Wampe *f*
bédé [bede] *f fam* Comic *m*
bedeau [bədo] <x> *m* Kirchendiener *m*
bédo [bedo] *m fam* Tüte *f* (*fam*), Trompete *f* (*fam*); **fumer le ~** eine Tüte [*o* Trompete] rauchen; (*habituellement*) kiffen (*fam*)
bedon [bədɔ̃] *m fam* Schmerbauch *m*, Wampe *f*
bedonnant(e) [bədɔnɑ̃, ɑ̃t] *adj fam* dick[bäuchig]
bédouin(e) [bedwɛ̃, in] *adj* beduinisch; *tente* Beduinen-
Bédouin(e) [bedwɛ̃, in] *m(f)* Beduine *m*/Beduinin *f*
bée [be] *adj v.* **bouche**

B

B

beefsteak [biftɛk] *v.* **bifteck**
beffroi [befʀwa] *m* Wach[t]turm *m; d'une église* Turm *m*
bégaiement [begɛmɑ̃] *m* Stottern *nt*
bégayer [begeje] <7> **I.** *vi* stottern **II.** *vt* stammeln
bégonia [begɔnja] *m* Begonie *f*
bègue [bɛg] **I.** *adj* stotternd **II.** *mf* Stotterer *m*/Stotterin *f*
bégueule [begœl] *adj* prüde
béguin [begɛ̃] *m* Haube *f*
beige [bɛʒ] **I.** *adj* beige **II.** *m* Beige *nt*
beigne [bɛɲ] *f* ① *fam* (*claque*) Ohrfeige *f;* **filer une ~ à qn** jdm eine langen ② CAN *v.* **beignet**
beignet [bɛɲɛ] *m* Krapfen *m,* Buchtel *f* (A)
bel [bɛl] *v.* **beau**
bêlement [bɛlmɑ̃] *m* (*cri des moutons*) Blöken *nt*
bêler [bele] <1> *vi mouton:* blöken; *chèvre:* meckern
belette [bəlɛt] *f* ZOOL Wiesel *nt*
belge [bɛlʒ] *adj* belgisch
Belge [bɛlʒ] *mf* Belgier(in) *m(f)*
belgicisme [bɛlʒisism] *m* belgischer Ausdruck
Belgique [bɛlʒik] *f* **la ~** Belgien *nt*
Belgrade [bɛlgʀad] Belgrad *nt*
bélier [belje] *m* ① ZOOL Widder *m* ② MIL Rammbock *m*
Bélier [belje] *m* Widder *m; v. a.* **Balance**
bellâtre [bɛlɑtʀ] *m* Beau *m,* Schönling *m* (*pej*)
belle [bɛl] *f* ① (*conquête*) Schöne *f;* (*petite amie*) Freundin *f* ② SPORT Entscheidungsspiel *nt* ▶ **la Belle au bois dormant** Dornröschen *nt*
belle-de-jour [bɛldəʒuʀ] <belles-de-jour> *f* ① BOT Winde *f* ② (*prostituée*) Straßenmädchen *nt* **belle-doche** [bɛldɔʃ] <belles-doches> *f péj fam* (*mère du conjoint*) Schwiegermutter *f;* (*nouvelle épouse du père*) Stiefmutter *f* **belle-famille** [bɛlfamij] <belles-familles> *f* angeheiratete Familie *f* **belle-fille** [bɛlfij] <belles-filles> *f* ① (*bru*) Schwiegertochter *f* ② (*fille du conjoint*) Stieftochter *f* **belle-mère** [bɛlmɛʀ] <belles-mères> *f* ① (*mère du conjoint*) Schwiegermutter *f* ② (*conjointe du père*) Stiefmutter *f* **belle-sœur** [bɛlsœʀ] <belles-sœurs> *f* Schwägerin *f*
bellicisme [belisism, bɛllisism] *m* kriegerische Gesinnung *f*
belliciste [belisist, bɛllisist] *adj* kriegstreiberisch
belligérant(e) [beliʒeʀɑ̃, ɑ̃t] **I.** *adj* Krieg führend **II.** *mpl* Krieg führende Mächte *Pl*
belliqueux, -euse [belikø, -øz] *adj* ① (*guerrier*) kriegerisch; *discours* aggressiv ② (*querelleur*) streitlustig; *tempérament* hitzig; *personne* streitsüchtig
belote [bəlɔt] *f dem Schafkopf ähnliches französisches Kartenspiel*
belvédère [bɛlvedɛʀ] *m* ① (*édifice*) Belvedere *nt* ② (*point de vue*) Aussichtspunkt *m*
bémol [bemɔl] *m* MUS b *nt*
ben [bɛ̃] *adv fam* **eh ~!** Mensch [Meier]!
bénédicité [benedisite] *m* Tischgebet *nt*
bénédictin(e) [benediktɛ̃, in] **I.** *adj* Benediktiner- **II.** *m(f)* Benediktiner(in) *m(f)*
Bénédictine [benediktin] *f* (*liqueur*) **la ~** der Benediktiner
bénédiction [benediksjɔ̃] *f* ① (*grâce*) Segen *m* ② *d'un(e) fidèle* Segnung *f; d'une cloche, d'un navire* Weihe *f;* **~ nuptiale** kirchliche Trauung ③ (*assentiment*) Segen *m*
bénef [benɛf] *m fam abr de* **bénéfice** Profit *m*
bénéfice [benefis] *m* ① COM Profit *m* ② (*avantage*) Vorteil *m*
bénéficiaire [benefisjɛʀ] **I.** *mf* Empfänger(in) *m(f); d'une mesure, réforme* Nutznießer(in) *m(f);* CH *d'une retraite* Bezieher(in) *m(f),* Bezüger(in) *m(f)* (CH) **II.** *adj entreprise* mit Gewinn arbeitend; *opération* einträglich
bénéficier [benefisje] <1> *vi* **~ de qc** von etw profitieren
bénéfique [benefik] *adj* günstig
Benelux [benelyks] *m* **le ~** die Benelux[staaten]
benêt [bənɛ] *m* Dummkopf *m*
bénévolat [benevɔla] *m* Freiwilligkeit *f;* (*activité*) ehrenamtliche Tätigkeit
bénévole [benevɔl] **I.** *adj* ① (*volontaire*) freiwillig ② (*gratuit*) kostenlos; *fonction* ehrenamtlich **II.** *mf* Freiwillige(r) *f(m);* (*dans une fonction*) Ehrenamtliche(r) *f(m)*
bénévolement [benevɔlmɑ̃] *adv* freiwillig; (*gratuitement*) unentgeltlich; (*dans une fonction*) ehrenamtlich
bengali [bɛ̃gali] *m* ORN Prachtfink *m*
Bengladesh [bɑ̃gladɛʃ] *v.* **Bangladesh**
bénignité [beniɲite] *f d'une maladie* Gutartigkeit *f,* Harmlosigkeit *f*
bénin, bénigne [benɛ̃, beniɲ] *adj* harmlos; *tumeur* gutartig; *punition* mild[e]
Bénin [benɛ̃] *m* **le ~** Benin *nt*
bénir [beniʀ] <8> *vt* ① REL segnen; weihen *cloche;* **~ le mariage de qn** jdn trauen ② (*remercier*) **~ qn/qc** jdn/etw preisen

bénit(e) [beni, it] *adj* geweiht
bénitier [benitje] *m* Weihwasserbecken *nt*
benjamin(e) [bɛ̃ʒamɛ̃, in] *m(f)* Jüngste(r) *f(m)*
benji [bɛnʒi] *m* Bungeejumping *nt*
benne [bɛn] *f* ❶ TECH *de charbon, minerai* Lore *f* ❷ (*container*) Kübel *m; d'un camion* Mulde *f* ❸ *d'un téléphérique* Kabine *f*
Benoît [bənwa] *m* Benedikt *m*
benzine [bɛ̃zin] *f* Reinigungsbenzin *nt*
béotien(ne) [beɔsjɛ̃, jɛn] *m(f)* [Kultur]banause *m*
B.E.P. [beəpe] *m abr de* **brevet d'études professionnelles** ≈ Berufsschulabschluss *m*
B.E.P.C. [beøpese] *m abr de* **brevet d'études du premier cycle** ≈ Mittlere Reife
béquée [beke] *v.* **becquée**
béquet [bekɛ] *v.* **becquet**
béqueter [bekte] <3> *v.* **becqueter**
béquille [bekij] *f* ❶ (*canne*) Krücke *f* ❷ *d'une moto, d'un vélo* Ständer *m*
berbère [bɛʀbɛʀ] **I.** *adj* berberisch **II.** *m* Berberisch *nt; v. a.* **allemand**
Berbère [bɛʀbɛʀ] *mf* Berber(in) *m(f)*
bercail [bɛʀkaj] *m* **rentrer au ~** *hum* in den Schoß der Familie zurückkehren; REL in den Schoß der Kirche zurückkehren
berce [bɛʀs] *f* BELG (*berceau d'enfant*) Wiege *f*
berceau [bɛʀso] <x> *m* ❶ (*couffin*) Wiege *f;* (*à roues*) Stubenwagen *m* ❷ *d'une idée, technique* Geburtsstätte *f; d'une personne* Geburtsstätte *f* ❸ ARCHIT Rundbogen *m* ❹ HORT Pergola *f*
bercement [bɛʀsəmɑ̃] *m* Wiegen *nt*
bercer [bɛʀse] <2> **I.** *vt* wiegen *personne;* [hin und her] wiegen *canot, navire* **II.** *vpr* **se ~ d'illusions sur le compte de qn/qc** sich in Illusionen über jdn/etw wiegen
berceuse [bɛʀsøz] *f* ❶ (*chanson*) Wiegenlied *nt* ❷ (*fauteuil*) Schaukelstuhl *m*
béret [beʀɛ] *m* **~ basque** Baskenmütze *f*
bérézina [beʀezina] *f fam* **la ~** der Wahnsinn
bergamote [bɛʀgamɔt] *f* BOT Bergamotte *f*
berge [bɛʀʒ] *f* ❶ (*rive*) Ufer *nt* ❷ *pl, fam* (*années*) Jahre *Pl*
berger [bɛʀʒe] *m* (*chien*) Hirtenhund *m;* **~ allemand** Deutscher Schäferhund *m*
berger, -ère [bɛʀʒe, -ɛʀ] *m, f* Hirte *m/* Hirtin *f*
bergère [bɛʀʒɛʀ] *f* (*fauteuil*) Ohrensessel *m*
bergerie [bɛʀʒəʀi] *f* Schafstall *m*
bergeronnette [bɛʀʒəʀɔnɛt] *f* ORN Bachstelze *f*
berk [bɛʀk] *interj fam* bäh
Berlin [bɛʀlɛ̃] Berlin *nt*
berline [bɛʀlin] *f* ❶ AUT Limousine *f* ❷ MIN Lore *f*
berlingot [bɛʀlɛ̃go] *m* ❶ (*bonbon*) *tetraederförmiges, weiß gestreiftes Frucht-/Gewürzbonbon* ❷ (*emballage*) Tetrapak® *m*
berlinois [bɛʀlinwa] *m* Berliner Mundart *f,* Berlinerisch *nt; v. a.* **allemand**
berlinois(e) [bɛʀlinwa, az] *adj* aus Berlin
Berlinois(e) [bɛʀlinwa, az] *m(f)* Berliner(in) *m(f)*
berlue [bɛʀly] *f fam* **dis donc, j'ai la ~** ich seh' wohl nicht richtig
bermuda [bɛʀmyda] *m* Bermudashorts *Pl*
bernard-l'[h]ermite [bɛʀnaʀlɛʀmit] *m inv* Einsiedlerkrebs *m*
berne [bɛʀn] ▶ **être en ~** auf halbmast [gesetzt] sein
Berne [bɛʀn] Bern *nt*
berner [bɛʀne] <1> *vt* an der Nase herumführen
berrichon(e) [bɛʀiʃɔ̃, ɔn] *adj* aus dem Berry
Berrichon(e) [bɛʀiʃɔ̃, ɔn] *m(f)* Bewohner(in) *m(f)* des Berry
besace [bəzas] *f* Umhängetasche *f*
bésef [bezɛf] *fam* ▶ **ça fait pas ~** das ist lausig wenig
bésicles [bezikl] *fpl hum* Brille *f*
besogne [bəzɔɲ] *f* Aufgabe *f;* (*travail*) Arbeit *f*
besogneux, -euse [bəzɔɲø, -øz] *adj* ❶ (*nécessiteux*) bedürftig ❷ (*affecté à de petits travaux*) bescheiden
besoin [bəzwɛ̃] *m* ❶ (*nécessité*) **le ~ de sommeil de qn** (*constant*) jds Bedarf *m* an Schlaf; (*momentané*) jds Bedürfnis *nt* nach Schlaf ❷ *pl* (*nécessités*) **les ~s financiers de qn** jds finanzielle Bedürfnisse *Pl* ❸ *euph* (*nécessité d'uriner*) **~ naturel** Notdurft *f* (*geh*) ▶ **avoir ~ de qc/de faire qc** etw brauchen/etw machen müssen; **au ~** bei Bedarf; **dans le ~** Not leidend
bestiaire [bɛstjɛʀ] *m* ❶ (*recueil*) Bestiarium *nt* ❷ (*gladiateur*) Tierkämpfer *m*
bestial(e) [bɛstjal, -jo] <-aux> *adj* brutal; *instinct, avidité* tierisch
bestialité [bɛstjalite] *f* Bestialität *f*
bestiaux [bɛstjo] *mpl* Vieh *nt*
bestiole [bɛstjɔl] *f fam* Tier[chen] *nt*
best of [bɛstɔf] *m inv* Sampler *m*
best-seller [bɛstsɛlœʀ] <best-sellers> *m* Bestseller *m*
bêta [beta] *app* INFORM **version ~ d'un**

B

programme Betaversion *f* eines Programms
bêtabloquant [bɛtablɔkɑ̃] *m* MED Beta[rezeptoren]blocker *m*
bétail [betaj] *m sans pl* Vieh *nt*
bétaillère [betajɛʀ] *f* Viehtransporter *m*
bête [bɛt] **I.** *f* ❶ (*animal*) Tier *nt;* **les ~s** (*bétail*) Vieh *nt* ❷ (*vermine*) Ungeziefer *nt* ❸ (*être humain*) Bestie *f* ❹ (*animalité*) **la ~** das Animalische **II.** *adj personne, histoire, question* dumm ▶ **c'est tout ~** es ist ganz einfach
bêtement [bɛtmɑ̃] *adv* ❶ (*stupidement*) dumm ❷ (*malencontreusement*) dummerweise ▶ **tout ~** ganz einfach
bêtifier [betifje] <1a> **I.** *vi* albern tun **II.** *vpr* **se ~** verblöden
bêtise [betiz] *f* ❶ (*a. acte*) Dummheit *f* ❷ (*parole*) Unsinn *m kein Pl* ❸ (*peccadille*) Lappalie *f*
bêtisier [bɛtizje] *m* Stilblütensammlung *f*
béton [betɔ̃] **I.** *adj inv fam excuse* wasserdicht **II.** *m* Beton *m*
bétonisation [betonizasjɔ̃] *f* Betonierung *f*
bétonnage [betɔnaʒ] *m* (*action de bétonner*) Betonieren *nt*
bétonner [betɔne] <1> **I.** *vt* betonieren **II.** *vi* SPORT mauern
bétonneur [betɔnœʀ] *m péj Baufirma, die keine Rücksicht auf die Umwelt nimmt*
bétonneur, -euse [betɔnœʀ, -øz] *m, f* Betonmischer(in) *m(f)*
bétonnière [betɔnjɛʀ] *f* ❶ (*machine*) Betonmischmaschine *f* ❷ (*camion*) Transportmischer *m*
bette [bɛt] *f* Mangold *m*
betterave [bɛtʀav] *f* Rübe *f*
beuglante [bøglɑ̃t] *f fam* gegrölte(s) Lied *nt*
beuglement [bøgləmɑ̃] *m* ❶ *de la vache, du veau* Muhen *nt; du taureau, bœuf* Brüllen *nt* ❷ *fig de la radio, télé* Dröhnen *nt*
beugler [bøgle] <1> *vi* ❶ (*meugler*) *vache, veau:* muhen; *taureau, bœuf:* brüllen ❷ *fig radio, télé:* dröhnen
beur [bœʀ] *m,* **beur(e), beurette** [bœʀ, bœʀɛt] *f fam in Frankreich geborenes Kind maghrebinischer Einwanderer*
beurk [bœʀk] *v.* **berk**
beurre [bœʀ] *m* Butter *f*
beurré(e) [bœʀe] *adj fam* blau
beurrer [bœʀe] <1> *vt* mit Butter bestreichen *tartine, toast;* einfetten *moule*
beurrier [bœʀje] *m* Butterdose *f*
beurrier, -ière [bœʀje, -jɛʀ] *adj* Butter-
beuverie [bœvʀi] *f* Trinkgelage *nt*
bévue [bevy] *f* Fehler *m*
bézef [bezɛf] *v.* **bésef**
bi [bi] *fam abr de* **bisexuel(le) I.** *adj inv* **être ~** bi sein **II.** *mf* Bisexuelle(r) *f(m)*
biais [bjɛ] *m* Umweg *m;* (*échappatoire*) Ausweg *m* ▶ **de ~** schräg
biaiser [bjeze] <1> *vi* ausweichen
biathlon [biatlɔ̃] *m* Biathlon *nt*
bibelot [biblo] *m* Nippfigur *f*
biberon [bibʀɔ̃] *m* Flasche *f*
biberonner [bibʀɔne] <1> *vi fam* picheln
bibi [bibi] *pron pers fam* ich
bibine [bibin] *f fam* übles Gesöff
bible [bibl] *f* Bibel *f*
biblio [biblijo] *f fam abr de* **bibliothèque**
bibliobus [biblijobys] *m* Bücherbus *m*
bibliographie [biblijɔgʀafi] *f* Bibliografie *f*
bibliographique [biblijɔgʀafik] *adj* bibliografisch
bibliophile [biblijɔfil] *mf* Bücherliebhaber(in) *m(f)*
bibliothécaire [biblijɔtekɛʀ] *mf* Bibliothekar(in) *m(f)*
bibliothèque [biblijɔtɛk] *f* ❶ (*salle*) Bibliothek *f;* (*bibliothèque publique*) Bücherei *f;* **~ en ligne** Onlinebibliothek ❷ (*étagère*) Bücherregal *nt;* (*armoire*) Bücherschrank *m* ❸ (*collection*) Büchersammlung *f*
biblique [biblik] *adj* biblisch; *auteur* Bibel-
bic® [bik] *m fam* (*stylo à bille*) ≈ Kuli *m*
bicarbonate [bikaʀbɔnat] *m* Hydrogenkarbonat *nt*
bicentenaire [bisɑ̃tnɛʀ] *m* zweihundertster Jahrestag; (*festivités*) Zweihundertjahrfeier *f*
bicéphale [bisefal] *adj* ❶ (*à deux têtes*) zweiköpfig, doppelköpfig; **l'aigle ~** der Doppeladler ❷ (*à deux chefs*) mit einer Doppelspitze [versehen]
biceps [bisɛps] *m* Bizeps *m*
biche [biʃ] *f* Hirschkuh *f*
bicher [biʃe] <1> *vi fam* (*se réjouir*) happy sein
bichette [biʃɛt] *f* **ma ~** mein Schätzchen
bichon(ne) [biʃɔ̃, ɔn] *m(f)* (*chien*) Malteser *m*
bichonner [biʃɔne] <1> **I.** *vt* herausputzen; (*prendre bien soin de*) [ver]hätscheln **II.** *vpr* **se ~** sich fein machen
bicolore [bikɔlɔʀ] *adj* zweifarbig
bicoque [bikɔk] *f péj fam* Bruchbude *f*
bicorne [bikɔʀn] *m* Zweispitz *m*
bicross® [bikʀɔs] *m* ❶ (*bicyclette*) BMX[-Rad] *nt;* (*V.T.T.*) Mountainbike *nt* ❷ (*sport*) Mountainbiking *nt*

bicyclette [bisiklɛt] *f* [Fahr]rad *nt;* **faire de la ~** Rad fahren
bidasse [bidas] *m fam* [einfacher] Soldat
bide [bid] *m fam* Wampe *f*
bidet [bidɛ] *m* ① (*cuvette*) Bidet *nt* ② *fam* (*cheval*) Pferdchen *nt*
bidoche [bidɔʃ] *f fam* Fleisch *nt*
bidon [bidɔ̃] I. *m* ① (*récipient*) Kanister *m; de lait* Kanne *f;* (*gourde*) [Trink]flasche *f;* MIL Feldflasche *f* ② *fam* (*ventre*) Wampe *f* II. *adj inv fam attentat, attaque* Schein-
bidonnage [bidɔnaʒ] *m fam* Verfälschung *f*
bidonnant(e) [bidɔnɑ̃, ɑ̃t] *adj fam* spaßig
bidonner [bidɔne] <1> *vpr fam* **se ~** sich schieflachen
bidonville [bidɔ̃vil] *m* Slum *m*
bidouille [biduj] *f* Bastelei *f*
bidouiller [biduje] <1> *vt fam* **~ qc** an etw (*dat*) herumbasteln
bidule [bidyl] *m fam* Dings[bums] *nt*
bief [bjɛf] *m* ① (*portion d'un cours d'eau*) Abschnitt *m* ② (*canal*) Mühlbach *m*
bielle [bjɛl] *f de voiture* Pleuel[stange *f*] *m; de locomotive* Pleuelgestänge *nt*
Biélorussie [bjelɔʀysi] *f* **la ~** Weißrussland *nt*
bien [bjɛ̃] I. *adv* ① (*beaucoup*) **~ des gens** viele Leute; **il a ~ du mal à faire qc** ihm fällt es sehr schwer, etw zu tun ② (*très*) sehr ③ (*au moins*) mindestens ④ (*plus*) **c'est ~ mieux** das ist viel besser; **~ assez** mehr als genug ⑤ (*de manière satisfaisante*) gut; **tu ferais ~ de me le dire** du sagst es mir wohl besser ⑥ (*comme il se doit*) richtig; *s'asseoir* anständig ⑦ (*vraiment*) sehr; *vouloir* gerne; *rire* viel; *boire* eine Menge; *imaginer, voir* gut; *avoir l'intention* sehr wohl; *compter sur* ganz bestimmt; **aimer ~ qn/qc** jdn/etw gernhaben; **je veux ~, merci!** gern, danke! ⑧ (*à la rigueur*) schon; **il a ~ voulu nous recevoir** er war so nett, uns zu empfangen; **je vous prie de ~ vouloir faire qc** ich bitte Sie, etw zu tun; **j'espère ~!** das will ich hoffen! ⑨ (*pourtant*) doch ⑩ (*en effet*) ja ⑪ (*aussi*) [doch] auch ⑫ (*effectivement*) wirklich ⑬ (*sans le moindre doute*) [sehr] wohl ⑭ (*typiquement*) **c'est ~ toi** das ist typisch für dich ⑮ (*probablement*) wohl; (*sûrement*) bestimmt ▶**qn va ~** jdm geht es gut; **comment allez-vous? – ~ merci** wie geht es Ihnen? – danke, gut; **ou ~** oder [lieber]; **~ plus** schlimmer noch; **~ que tu sois trop jeune** obwohl du zu jung bist; **tant ~ que mal** mehr schlecht als recht II. *adj inv* ① (*satisfaisant*) **être ~** gut sein ② (*en forme*) **qn est ~** jdm geht es gut; **se sentir ~** sich wohl fühlen ③ (*à l'aise*) **être ~** es bequem haben; **être ~ avec qn** sich gut mit jdm verstehen ④ (*joli*) schön; *homme* gut aussehend ⑤ (*sympathique*) nett ⑥ (*comme il faut*) anständig ⑦ (*qui présente bien*) vornehm III. *m* ① (*capital physique ou moral*) Gut *nt;* **le ~ général** das [All]gemeinwohl ② (*capital matériel*) Eigentum *nt;* **avoir du ~** Vermögen haben ③ ECON **~s de consommation** Konsumgüter *Pl* ④ (*qualité morale*) **le ~ et le mal** das Gute und das Böse ⑤ JUR **~s collectifs** Kollektivgüter *Pl*
bien-aimé(e) [bjɛ̃neme] <bien-aimés> *adj* geliebt **bien-être** [bjɛ̃nɛtʀ] *m sans pl* Wohlbefinden *nt;* (*remise en forme, soins*) Wellness *f*
bienfaisance [bjɛ̃fəzɑ̃s] *f* Wohltätigkeit *f*
bienfaisant(e) [bjɛ̃fəzɑ̃, ɑ̃t] *adj personne* wohltätig; *climat, pluie* wohltuend
bienfait [bjɛ̃fɛ] *m* ① (*action généreuse*) Wohltat *f; du ciel, des dieux* Geschenk *nt* ② *pl de la science, civilisation* Errungenschaften *Pl; d'un traitement, de la paix* wohltuende Wirkung
bienfaiteur, -trice [bjɛ̃fɛtœʀ, -tʀis] *m, f* ① (*sauveur*) Wohltäter(in) *m(f)* ② (*mécène*) Gönner(in) *m(f)*
bien-fondé [bjɛ̃fɔ̃de] <bien-fondés> *m* Richtigkeit *f*
bienheureux, -euse [bjɛ̃nœʀø, -øz] I. *adj* REL *personne* selig II. *m, f* Selige(r) *f(m)*
biennal(e) [bjɛnal, -o] <-aux> *adj* zweijährlich
bien-pensance [bjɛ̃pɑ̃sɑ̃s] <bien-pensances> *f* konformistische Denkweise *f,* Mainstream-Denken *nt* **bien-pensant(e)** [bjɛ̃pɑ̃sɑ̃, ɑ̃t] *adj* konformistisch
bienséance [bjɛ̃seɑ̃s] *f* Anstand *m*
bientôt [bjɛ̃to] *adv* ① (*prochainement*) bald; **à ~!** bis bald! ② (*rapidement*) bald
bienveillance [bjɛ̃vɛjɑ̃s] *f* Wohlwollen *nt*
bienveillant(e) [bjɛ̃vɛjɑ̃, jɑ̃t] *adj* wohlwollend
bienvenu(e) [bjɛ̃v(ə)ny] I. *adj* willkommen II. *m(f)* **être le ~ pour qn/qc** jdm/einer S. gelegen kommen III. *interj* CAN *fam* **~e!** (*je vous en prie*) gern geschehen!
bienvenue [bjɛ̃v(ə)ny] *f* **souhaiter la ~ à qn** jdn [herzlich] willkommen heißen
bière[1] [bjɛʀ] *f* (*boisson*) Bier *nt;* **~ blonde/brune** helles/dunkles Bier; **~ [à la] pression** Bier vom Fass
bière[2] [bjɛʀ] *f* (*cercueil*) Sarg *m*

B

biffer [bife] <1> *vt* streichen
bifidobactéries [bifidobakteʀi] *fpl* MED Bifidobakterien *Pl*
bifidus [bifidys] *m* BIO Bifidusbakterium *nt*
bifocal(e) [bifɔkal, -o] <-aux> *adj* OPT Bifokal-
bifteck [biftɛk] *m* [Beef]steak *nt*
bifurcation [bifyʀkasjɔ̃] *f* ① (*embranchement*) Gabelung *f* ② BOT, ANAT Verzweigung *f*
bifurquer [bifyʀke] <1> *vi* ① (*se diviser*) sich gabeln ② (*changer de direction*) abbiegen
bigame [bigam] **I.** *adj* bigamistisch **II.** *mf* Bigamist(in) *m(f)*
bigamie [bigami] *f* Bigamie *f*
bigarade [bigaʀad] *f* Pomeranze *f*, Bitterorange *f*
bigarré(e) [bigaʀe] *adj tissu* bunt[gemustert]; *foule, langue, société* bunt gemischt
bigarreau [bigaʀo] <x> *m* BOT Knorpelkirsche *f*
big-bang [bigbɑ̃g] *m sans pl* Urknall *m*
bigler [bigle] <1> *vi fam* (*loucher*) schielen
bigleux, -euse [biglø, -øz] *adj fam* **être ~** (*loucher*) schielen
bigophone [bigɔfɔn] *m fam* Telefon *m*
bigorneau [bigɔʀno] <x> *m* ZOOL Strandschnecke *f*
bigot(e) [bigo, ɔt] **I.** *adj* bigott **II.** *m(f)* Frömmler(in) *m(f)*
bigoterie [bigɔtʀi] *f* Bigotterie *f*
bigoudi [bigudi] *m* Lockenwickler *m*
bigrement [bigʀəmɑ̃] *adv fam* verdammt
bihebdomadaire [biɛbdɔmadɛʀ] *adj* **être ~** *journal, revue:* zweimal wöchentlich erscheinen
bijou [biʒu] <x> *m* ① (*joyau*) Schmuckstück *nt;* **des ~x** Schmuck *m* ② (*chef-d'œuvre*) Kleinod *nt*
bijouterie [biʒutʀi] *f* ① (*boutique*) Juweliergeschäft *nt* ② (*art*) Goldschmiedekunst *f* ③ (*commerce*) Schmuckgeschäft *nt* ④ (*objets*) Schmuck[waren *Pl*] *m*
bijoutier, -ière [biʒutje, -jɛʀ] *m, f* Juwelier(in) *m(f)*
bilame [bilam] *m* TECH Bimetall[streifen *m*] *nt*
bilan [bilɑ̃] *m* ① FIN [Geschäfts]bilanz *f* ② (*résultat*) Bilanz *f* ③ MED Untersuchung *f* ④ COM, ECON **déposer le ~** Konkurs anmelden
bilatéral(e) [bilateʀal, -o] <-aux> *adj* ① (*des deux côtés*) beidseitig; *stationnement* auf beiden Seiten ② MED doppelseitig ③ JUR, POL bilateral
bile [bil] *f* ① ANAT Galle *f* ② (*amertume*) Verbitterung *f*
biler [bile] <1> *vpr fam* **se ~** sich beunruhigen, sich Sorgen machen
bileux, -euse [bilø, -øz] *adj fam* besorgt
biliaire [biljɛʀ] *adj* Gallen-; **calculs ~s** Gallensteine *Pl*
bilingue [bilɛ̃g] **I.** *adj* zweisprachig **II.** *mf* Zweisprachige(r) *f(m)*
bilinguisme [bilɛ̃gɥism] *m* Zweisprachigkeit *f*
billard [bijaʀ] *m* ① (*jeu*) Billard[spiel *nt*] *nt* ② (*lieu*) Billardzimmer *nt;* (*table*) Billardtisch *m*
bille[1] [bij] *f* ① (*petite boule*) Murmel *f* ② (*au billard*) [Billard]kugel *f* ③ TECH **crayon** [*o* **stylo**] **à ~** Kugelschreiber *m;* **roulement à ~s** Kugellager *nt*
bille[2] [bij] *f* [Holz]klotz *m*
billet [bijɛ] *m* ① (*entrée*) Eintrittskarte *f* ② *d'autobus* Fahrschein *m; de train* Fahrkarte *f; d'avion* Flugticket *nt;* **~ aller/aller-retour** Einzel-/Rückfahrkarte *f* ③ (*numéro*) Los *nt* ④ (*argent*) [Geld]schein *m* ⑤ FIN **~ à ordre** Eigenwechsel *m* ⑥ (*message*) Zettel *m*
billetterie [bijɛtʀi] *f* ① (*caisse*) Kasse *f* ② (*distributeur de billets*) Geldautomat *m;* **~ automatique** Fahrkartenautomat *m*
billion [biljɔ̃] *m* (*million de millions*) Billion *f*
billot [bijo] *m* (*tronçon de bois*) Holzblock *m;* (*pour couper du bois*) Hackblock *m*
bimbo [bimbo] *f fam* Modetussi *f*
bimensuel(le) [bimɑ̃sɥɛl] *adj* **être ~** *journal, revue:* zweimal im Monat erscheinen
bimestriel(le) [bimɛstʀijɛl] *adj* **être ~** *journal, revue:* alle zwei Monate erscheinen
bimillénaire [bimi(l)lenɛʀ] **I.** *adj* zweitausendjährig **II.** *m* zweitausendster Jahrestag *m*
bimoteur [bimɔtœʀ] **I.** *adj inv avion, bateau* zweimotorig **II.** *m* (*avion*) zweimotoriges Flugzeug
binage [binaʒ] *m* AGR [Um]hacken *nt*
binaire [binɛʀ] **I.** *adj* binär **II.** *m* Binärdatei *f*
biner [bine] <1> *vt* [durch]hacken
binette [binɛt] *f* Hacke *f*
bineuse [binøz] *f* AGR Hackmaschine *f*
bing [biŋ] *interj* peng
bingo [biŋgo] **I.** *m* JEUX Bingo *nt* **II.** *interj* bingo
biniou [binju] *m* [bretonischer] Dudelsack
binocle [binɔkl] *m* (*lunettes sans branches*) Kneifer *m;* **mes ~s** *fam* meine Brille

B

binôme [binom] *m* MATH Binom *nt*

bin's, binz [bins] *m fam* (*désordre*) Chaos *nt;* (*affaire compliquée*) Zirkus *m*

bio [bjo] *adj fam abr de* **biologique** *agriculture, produit* biologisch, Bio-; **aliments ~s** Biokost *f;* **supermarché ~** Biosupermarkt *m*

biocarburant [bjokaʀbyʀɑ̃] *m* Biokraftstoff *m*

biochimie [bjoʃimi] *f* Biochemie *f*

biochimiste [bjoʃimist] *mf* Biochemiker(in) *m(f)*

biocombustible [bjɔkɔ̃bystibl] *m* Biotreibstoff *m*

biocompatibilité [bjokɔ̃patibilite] *f* ECOL Biokompatibilität *f,* biologische Verträglichkeit *f*

biocompatible [bjokɔ̃patibl] *adj* ECOL biologisch unbedenklich [*o* verträglich]

biodégradable [bjodegʀadabl] *adj* ECOL *détergents* biologisch abbaubar; *sachet, matière plastique* kompostierbar

biodégrader [bjodegʀade] *vpr* ECOL **se ~** sich biologisch abbauen

biodesign [bjodizajn] *m* Biodesign *nt*

biodiesel [bjodjezɛl] *m* Biodiesel *m*

biodiversité [bjodivɛʀsite] *f* Artenvielfalt *f*

bioénergétique [bjoenɛʀʒetik] *f* PHYS Bioenergetik *f*

bioénergie [bjoenɛʀʒi] *f* PSYCH Bioenergetik *f*

bioéthanol [bjoetanɔl] *m* Bioethanol *nt*

bioéthique [bjoetik] *f* Bioethik *f*

biographie [bjɔgʀafi] *f* Biografie *f*

biographique [bjɔgʀafik] *adj* biografisch

bio-industrie [bjɔɛ̃dystʀi] <bio-industries> *f Industrie* (*chemische, Pharma-*), *die sich der Umwandlung von organischen Substanzen durch Mikroorganismen bedient*

biologie [bjɔlɔʒi] *f* Biologie *f*

biologique [bjɔlɔʒik] *adj conditions, agriculture* biologisch; **aliments ~s** Biokost *f;* **label d'agriculture ~** Biosiegel *nt*

biologiser [bjɔlɔʒize] <1> *vt fam* streng biologisch deuten/erklären

biologiste [bjɔlɔʒist] *mf* Biologe *m*/Biologin *f*

biomasse [bjomas] *f* Biomasse *f*

biométrie [bjometʀi] *f* Biometrie *f,* Biometrik *f*

biométrique [bjometʀik] *adj* biometrisch; **passeport ~** biometrischer Pass *m*

bionique [bjɔnik] *f* Bionik *f*

biophysicien(ne) [bjofizisjɛ̃, jɛn] *m(f)* Biophysiker(in) *m(f)*

biophysique [bjofizik] *f* Biophysik *f*

biopic [bjopik] *m* TV, CINE Biopic *nt*

biopsie [bjɔpsi] *f* Biopsie *f*

biorythme [bjɔʀitm] *m* Biorhythmus *m*

biosphère [bjosfɛʀ] *f* Biosphäre *f*

biosynthèse [bjosɛ̃tɛz] *f* Biosynthese *f*

biotechnique [bjotɛknik] *f* Biotechnik *f*

biotechnologie [bjotɛknɔlɔʒi] *f* Biotechnologie *f*

bioterrorisme [bjoteʀɔʀism] *m* Bioterrorismus *m*

bioterroriste [bjoteʀɔʀist] **I.** *adj* bioterroristisch **II.** *mf* Bioterrorist(in) *m(f)*

biotope [bjɔtɔp] *m* Biotop *nt*

biovigilance [bjoviʒilɑ̃s] *f Überwachung der Auswirkungen gentechnisch veränderter Lebensmittel*

bioxyde [bijɔksid] *m* CHIM Dioxid *nt*

bip [bip] *m* Tonzeichen *nt; fam* (*appareil*) Piepser *m;* **~ sonore** Pfeifton *m*

biparti(e) [bipaʀti] *adj v.* **bipartite**

bipartisme [bipaʀtism] *m* POL Zweiparteiensystem *nt*

bipartite [bipaʀtit] *adj gouvernement, système* Zweiparteien-; *accord* bilateral

bipartition [bipaʀtisjɔ̃] *f* Zweiteilung *f*

bipède [bipɛd] **I.** *adj* zweifüßig **II.** *m* Zweifüßer *m; hum* (*homme*) Zweibeiner *m*

biper [bipe] <1> *vt fam* anpiepsen

biphasé(e) [bifaze] *adj* zweiphasig

biplace [biplas] **I.** *adj* zweisitzig **II.** *m* Zweisitzer *m*

biplan [biplɑ̃] *m* Doppeldecker *m*

bipolaire [bipɔlɛʀ] *adj* PHYS *a. fig* bipolar

bique [bik] *f fam* Ziege *f*

biquet(te) [bikɛ, ɛt] *m(f) fam* ▶ **mon ~** mein Schätzchen

biréacteur [biʀeaktœʀ] *m* zweistrahliges Flugzeug *nt*

bis [bis] **I.** *adv* ① MUS da capo ② **n° 12 ~** Nr. 12a ▶ **~!** Zugabe! **II.** *m* Dacapo *nt*

bis(e) [bi, biz] *adj* graubraun; **pain ~** Mischbrot *nt*

bisaïeul(e) [bizajœl] *m(f)* Urgroßvater *m*/-mutter *f*

bisannuel(le) [bizanɥɛl] *adj plante* zweijährig; (*biennal*) zweijährlich

bisbille [bizbij] *f fam* Kabbelei *f*

biscornu(e) [biskɔʀny] *adj forme* bizarr; *idée, esprit* verschroben

biscoteau [biskɔto] <x> *m fam* Bizeps *m*

biscotte [biskɔt] *f* Zwieback *m*

biscuit [biskɥi] *m* ① (*gâteau sec*) Keks *m* ② (*pâtisserie*) Biskuit *m* ③ (*céramique*) Biskuitporzellan *nt*

biscuiterie [biskɥitʀi] *f* (*fabrication*) Keksherstellung *f;* (*entreprise*) Keksfabrik *f*

B

bise[1] [biz] *f* (*vent du Nord*) kalter Nordwind

bise[2] [biz] *f fam* Küsschen *nt;* **se faire la ~** sich (*dat*) Küsschen geben; **claquer la ~ à qn** jdm ein [dickes] Küsschen geben; **grosses ~s!** viele Grüße und Küsse!

biseau [bizo] <x> *m* [abgeschrägte] Kante

biseauter [bizote] <1> *vt* ❶ TECH abschrägen; facettieren *miroir, diamant* ❷ JEUX zinken

bisexualité [bisɛksɥalite] *f* ❶ BOT, ZOOL Zweigeschlechtigkeit *f* ❷ PSYCH *d'une personne* Bisexualität *f*

bisexuel(le) [bisɛksɥɛl] *adj* bisexuell

bismuth [bismyt] *m* Wismut *nt*

bison [bizɔ̃] *m* Bison *m;* (*d'Europe*) Wisent *m* ▶**Bison futé** *Informationssystem zum Vermeiden und Umfahren von Staus*

bisou [bizu] *m fam* Küsschen *nt*

bisque [bisk] *f* **~ de homard** feine Hummersuppe

bisquer [biske] <1> *vi fam* fuchsig werden; **faire ~ qn** jdn auf die Palme bringen

bissectrice [bisɛktʀis] *f* MATH Winkelhalbierende *f*

bisser [bise] <1> *vt* wiederholen *vers, chanson;* **~ un musicien** eine Zugabe von einem Musiker fordern

bissextile [bisɛkstil] *adj* **année ~** Schaltjahr *nt*

bistouri [bistuʀi] *m* Skalpell *nt*

bistre [bistʀ] *m* (*couleur*) Schwarzbraun *nt;* (*matière*) Bister *m o nt*

bistro[t] [bistʀo] *m fam* Kneipe *f*

bistrotier, -ière [bistʀɔtje, -jɛʀ] *m, f* Bistrobetreiber(in) *m(f)*

bit [bit] *m* INFORM Bit *nt*

bite [bit] *f vulg* Schwanz *m*

bitte [bit] *f* NAUT Poller *m*

bitume [bitym] *m* ❶ (*asphalte*) Asphalt *m* ❷ *fam* (*trottoir*) Trottoir *m*

bitumer [bityme] <1> *vt* asphaltieren

biture [bityʀ] *f fam* **~ express** Komatrinken *nt,* Komasaufen *nt* (*sl*) ▶**prendre une ~** sich (*dat*) einen antrinken

biturer [bityʀe] <1> *vpr fam* **se ~** sich volllaufen lassen

bivouac [bivwak] *m* Biwak *nt*

bivouaquer [bivwake] <1> *vi* biwakieren

bizarre [bizaʀ] **I.** *adj* seltsam **II.** *m* Bizarre(s) *nt*

bizarrement [bizaʀmɑ̃] *adv* seltsam

bizarrerie [bizaʀʀi] *f d'une personne* seltsame Art; *d'une idée, initiative* Eigenartigkeit *f*

bizarroïde [bizaʀɔid] *adj fam* komisch

bizness *v.* **business**

biznessman *v.* **businessman**

bizutage [bizytaʒ] *m Brauch an den „grandes écoles", die Neulinge zu schikanieren*

bizut[h] [bizy(t)] *m Student im ersten Studienjahr einer „grande école"*

biz[z] [biz] *m fam abr de* **bizness** Business *nt*

blablabla [blablabla] *m fam* Blabla *nt*

blablater [blablate] <1> *vi péj fam* labern

black [blak] *fam* **I.** *adj musique, mode* schwarz **II.** *m, f* Schwarze(r) *f(m)*

blackbouler [blakbule] <1> *vt* POL **se faire ~** eine Niederlage erleiden

blacklister [blakliste] <1> *vt* INFORM auf die/eine schwarze Liste setzen, schwarzlisten

black-out [blakaut] *m inv* ❶ MIL Verdunkelung *f* ❷ *fig* Nachrichtensperre *f*

blafard(e) [blafaʀ, aʀd] *adj teint, visage* bleich

blague [blag] *f fam* ❶ (*histoire drôle*) Witz *m* ❷ (*farce*) Streich *m* ❸ (*tabatière*) Tabaksbeutel *m* ▶**sans ~!** im Ernst!

blaguer [blage] <1> *vi* Witze machen

blagueur, -euse [blagœʀ, -øz] **I.** *adj sourire, air* spöttisch; **être ~** immer Witze machen **II.** *m, f* Spaßvogel *m*

blaireau [blɛʀo] <x> *m* ❶ ZOOL Dachs *m* ❷ (*pour la barbe*) Rasierpinsel *m* ❸ *fam* dummer Spießer *m* (*pej*)

blairer [bleʀe] <1> *vt fam* riechen

blâmable [blɑmabl] *adj* tadelnswert

blâme [blɑm] *m* ❶ (*désapprobation*) Tadel *m* ❷ (*sanction*) Verweis *m*

blâmer [blɑme] <1> *vt* ❶ (*désapprouver*) tadeln, rügen *personne;* verurteilen *attitude, conduite* ❷ (*condamner moralement*) **~ qn** jdm die Schuld geben ❸ (*sanctionner*) **~ un élève** einem Schüler einen Verweis erteilen

blanc [blɑ̃] **I.** *m* ❶ (*couleur*) Weiß *nt;* **se marier en ~** in Weiß heiraten ❷ TYP, INFORM Leerstelle *f* ❸ (*espace vide dans une traduction, un devoir*) Lücke *f* ❹ (*espace vide sur une cassette*) unbespielte Stelle *f* ❺ (*vin*) Weißwein *m* ❻ (*linge*) Weißwäsche *f* ❼ (*fard blanc*) weiße Schminke *f* ❽ GASTR **~ d'œuf** Eiweiß *nt;* **~ de poulet** Hähnchenbrust *f* ❾ ANAT **le ~ de l'œil** das Weiße im Auge ❿ TYP Tipp-Ex® *nt* ⓫ (*maladie*) Mehltau *m* **II.** *adv* **laver plus ~** weißer waschen; **voter ~** einen leeren Stimmzettel abgeben

blanc, blanche [blɑ̃, blɑ̃ʃ] *adj* ❶ (*de couleur blanche, pâle, non bronzé*) weiß ❷ (*non écrit*) leer; *feuille* unbeschrieben ❸ (*propre*) sauber; **salle blanche** [*o* **pro-**

pre] Reinraum *m* ❹ (*innocent*) unschuldig ❺ (*fictif*) **mariage** ~ Scheinheirat *f*, Scheinehe *f*; **examen** ~ Probeklausur *f*

Blanc, Blanche [blɑ̃, blɑ̃ʃ] *m, f* Weiße(r) *f(m)*

blanc-bec [blɑ̃bɛk] <blancs-becs> *m fam* Grünschnabel *m*

blanchâtre [blɑ̃ʃɑtʀ] *adj* weißlich

blanche [blɑ̃ʃ] *f* ❶ MUS halbe Note ❷ (*boule de billard*) weiße Kugel

Blanche-Neige [blɑ̃ʃnɛʒ] *f* Schneewittchen *nt*

blancheur [blɑ̃ʃœʀ] *f* Weiß *nt*; *du visage, teint* Blässe *f*

blanchiment [blɑ̃ʃimɑ̃] *m d'un mur, d'une façade* Weißen *nt*; ~ **de l'argent** Geldwäsche *f*

blanchir [blɑ̃ʃiʀ] <8> **I.** *vt* ❶ (*rendre blanc*) weiß machen; weißen *mur*; bleichen *linge, draps*; weiß werden lassen *cheveux* ❷ (*nettoyer*) waschen *linge* ❸ (*disculper*) ~ **qn** jdn reinwaschen ❹ (*légaliser*) waschen *argent* ❺ GASTR blanchieren *légumes* **II.** *vi* weiße Haare bekommen; ~ **sous l'effet de la lumière/au lavage** durch das Licht/das Waschen bleichen **III.** *vpr* **se** ~ sich reinwaschen

blanchissage [blɑ̃ʃisaʒ] *m du linge* Waschen *nt*

blanchissement [blɑ̃ʃismɑ̃] *m des cheveux* Weißwerden *nt*

blanchisserie [blɑ̃ʃisʀi] *f* Wäscherei *f*

blanchisseur, -euse [blɑ̃ʃisœʀ, -øz] *m, f* Wäscher(in) *m(f)*

blanc-seing [blɑ̃sɛ̃] <blancs-seings> *m* Blankounterschrift *f*

blanquette [blɑ̃kɛt] *f* Frikassee *nt*

blasé(e) [blɑze] **I.** *adj* blasiert, gelangweilt-überheblich **II.** *m(f)* blasierter Mensch *m*

blason [blɑzɔ̃] *m* Wappen *nt*

blasphématoire [blasfematwaʀ] *adj* blasphemisch

blasphème [blasfɛm] *m* Blasphemie *f*

blasphémer [blasfeme] <5> **I.** *vi* Gott lästern **II.** *vt* verfluchen; *soutenu* (*porter préjudice à qc*) verhöhnen

blatte [blat] *f* Schabe *f*

blazer [blazɛʀ, blazœʀ] *m* Blazer *m*

blé [ble] *m* ❶ (*plante*) Weizen *m*; (*grain*) Getreide *nt* ❷ *fam* (*argent*) Knete *f*

bled [blɛd] *m péj fam* Kaff *nt*

blême [blɛm] *adj visage* bleich

blêmir [blemiʀ] <8> *vi personne:* bleich werden; *horizon:* hell werden

blennorragie [blenɔʀaʒi] *f* MED Gonorrhö[e] *f*

blessant(e) [blesɑ̃, ɑ̃t] *adj* verletzend

blessé(e) [blese] **I.** *adj* ❶ MED verletzt; *soldat* verwundet ❷ (*offensé*) verletzt **II.** *m(f)* Verletzte(r) *f(m)*; MIL Verwundete(r) *f(m)*

blesser [blese] <1> **I.** *vt* ❶ MED verletzen; MIL verwunden ❷ (*meurtrir*) *chaussures:* drücken ❸ (*offenser*) verletzen; beleidigen *oreille, vue* **II.** *vpr* **se** ~ sich verletzen

blessure [blesyʀ] *f* ❶ (*lésion*) Verletzung *f*; MIL Verwundung *f*; (*plaie*) Wunde *f* ❷ *soutenu* (*offense*) Wunde *f*; ~ **d'amour-propre** verletzte Eitelkeit *kein Pl*

blet(te) [blɛ, blɛt] *adj poire, nèfle* überreif

blette [blɛt] *f* Mangold *m*

bleu [blø] *m* ❶ (*couleur*) Blau *nt*; ~ **ciel** Himmelblau; ~ **clair/foncé** Hell-/Dunkelblau ❷ (*marque*) blauer Fleck ❸ (*vêtement*) blauer Arbeitsanzug ❹ (*fromage*) Blauschimmelkäse *m* ❺ CHIM ~ **de méthylène** Methylenblau *nt* ❻ *pl* SPORT **les** ~**s** *die französische Fußballnationalmannschaft*

bleu(e) [blø] *adj* ❶ (*de couleur bleue*) blau ❷ GASTR *steak* englisch

bleuâtre [bløɑtʀ] *adj* bläulich

bleue [blø] *f* **la grande** ~ das Mittelmeer

bleuet [bløɛ] *m* Kornblume *f*

bleuir [bløiʀ] <8> **I.** *vt* **avoir les mains/les lèvres toutes bleuies par le froid** von der Kälte ganz blaue Hände/Lippen haben **II.** *vi* blau werden; *visage:* blau anlaufen

bleuté(e) [bløte] *adj* bläulich

blindage [blɛ̃daʒ] *m* Panzerung *f*

blindé [blɛ̃de] *m* Panzer *m*

blindé(e) [blɛ̃de] *adj* ❶ *porte, voiture* gepanzert ❷ *fam* (*endurci*) **être** ~ **contre qc** gegen etw abgehärtet sein ❸ *fam* (*ivre*) breit

blinder [blɛ̃de] <1> *vt* ❶ (*renforcer*) panzern *véhicule, porte* ❷ *fam* (*endurcir*) ~ **qn contre qc** jdn gegen etw abhärten

blister [blistɛʀ] *m* Blisterpackung *f* (*Klarsichtpackung, speziell für kleinere Gegenstände*)

blizzard [blizaʀ] *m* Blizzard *m*

bloc [blɔk] *m* ❶ (*masse de matière*) Block *m* ❷ (*cahier, carnet*) Block *m* ❸ (*ensemble*) Gruppe *f*; (*pâté de maisons*) [Häuser]block *m*; (*immeuble*) [Wohn]block *m* ❹ ELEC ~ **multiprise** Steckdosenleiste *f* ❺ (*union*) Block *m*; ~ **monétaire** Währungsblock ▸ **en** ~ im Ganzen, en bloc

blocage [blɔkaʒ] *m* ❶ *des roues, freins* Blockieren *nt*; *d'une pièce mobile, d'un boulon* Feststellen *nt*; *d'un écrou* Anziehen *nt*; *d'une vis* Festdrehen *nt*; *de la porte* Versperren *nt*; (*avec une cale*) Verkeilen *nt* ❷ ECON

B

B

des prix, salaires Stopp *m; d'un crédit, des commandes* Sperre *f* ③ PSYCH innerer Widerstand

bloc-cuisine [blɔkkɥizin] <blocs-cuisines> *m* Küchenzeile *f* **bloc-cylindres** [blɔksilɛ̃dʀ] <blocs-cylindres> *m* Zylinderblock *m* **bloc-évier** [blɔkevje] <blocs-éviers> *m* Spülzeile *f*

blockbuster [blɔkbœstœʀ] *m* Blockbuster *m*, Kassenschlager *m*

blockhaus [blɔkos] *m* Bunker *m*

bloc-moteur [blɔkmɔtœʀ] <blocs-moteurs> *m* TECH Motorgetriebeblock *m; de la voiture* Motorblock *m* **bloc-notes** [blɔknɔt] <blocs-notes> *m* Notizblock *m*

blocus [blɔkys] *m* Blockade *f*

blog [blɔg] *m* INET Blog *m o nt*, Weblog *nt*

blogeoisie [blojwazi] *f* INET Blog-Elite *f*

blogosphère [blɔgɔsfɛʀ] *f* INET Blogosphäre *f*, Welt *f* der Blogs

bloguer [blɔge] <1> *vi* INET bloggen

blogueur, -euse [blɔgœʀ, -øz] *m, f* INET Blogger(in) *m(f)*

blond [blɔ̃] *m* ① (*couleur*) Blond *nt;* ~ **cendré** Aschblond; ~ **foncé** Dunkelblond ② (*personne*) Blonde(r) *m*

blond(e) [blɔ̃, blɔ̃d] *adj* blond; *tabac, bière, cigarette* hell

blondasse [blɔ̃ndas] *adj péj* strohblond

blonde [blɔ̃d] *f* ① (*bière*) helles Bier ② (*cigarette*) Zigarette *f* aus hellem Tabak ③ (*femme*) Blondine *f*

blondeur [blɔ̃ndœʀ] *f d'une personne* Blondheit *f*

blondin(e) [blɔ̃dɛ̃, in] *m(f)* Blondschopf *m*

blondinet(te) [blɔ̃dinɛ, ɛt] *m(f)* Blondschopf *m*

blondir [blɔ̃diʀ] <8> *vi cheveux:* blond werden

bloquer [blɔke] <1> **I.** *vt* ① (*immobiliser*) blockieren; versperren *passage, route, porte;* festdrehen *vis;* fest anziehen *écrou;* feststellen *pièce mobile, boulon;* **être bloqué dans l'ascenseur** im Fahrstuhl festsitzen ② ECON sperren; zum Stocken bringen *négociations* ③ (*regrouper*) zusammenlegen *jours de congés;* zusammenfassen *paragraphes* ④ SPORT stoppen *balle* **II.** *vpr* **se** ~ ① (*s'immobiliser*) klemmen; *roues, freins:* blockieren ② PSYCH sich innerlich sperren ③ INFORM *programme:* abstürzen **III.** *vi* PSYCH *fam* abblocken

blottir [blɔtiʀ] <8> *vpr* **se** ~ **contre qn** sich an jdn kuscheln; **se** ~ **dans un coin** sich in eine Ecke kauern

blouse [bluz] *f* ① (*tablier*) [Arbeits]kittel *m* ② (*corsage*) Bluse *f*

blouser [bluse] <1> **I.** *vi vêtement, tissu* sich bauschen **II.** *vt fam* (*tromper*) hereinlegen

blouson [bluzɔ̃] *m* Blouson *m o nt* ▶ ~ **noir** Rocker *m*

blue-jean [bludʒin] <blue-jeans> *m* [Blue]jeans *f*

blues [blus] *m inv* ① (*musique*) Blues *m* ② (*cafard*) **avoir un coup de** ~ schwermütig sein

bluff [blœf] *m* Bluff *m*

bluffer [blœfe] <1> *vt, vi* bluffen

bluffeur, -euse [blœfœʀ, -øz] *m, f* Bluffer(in) *m(f)*

bluter [blyte] <1> *vt* sieben *farine*

boa [bɔa] *m* Boa *f*

bob [bɔb] *m* ① SPORT Bob *m* ② (*chapeau*) Stoffhut *m*

bobard [bɔbaʀ] *m fam* [Lügen]märchen *nt*

bobeur, -euse [bɔbœʀ, -øz] *m, f* SPORT Bobfahrer *m*

bobine [bɔbin] *f* ① (*cylindre*) Spule *f; de fil* Rolle *f* ② ELEC ~ **d'allumage** Zündspule ③ *fam* (*mine*) Flunsch *m*

bobiner [bɔbine] <1> *vt* ~ **qc sur qc** etw auf etw (*akk*) spulen

bobo¹ [bobo] *m fam* Wehwehchen *nt*

bobo² [bobo] *inv abr de* **bourgeois bohème** **I.** *adj* Bobo- **II.** *mf* Bobo *mf meist Pl*

bobsleigh [bɔbslɛg] *m v.* **bob**

bocage [bɔkaʒ] *m* Bocage *m* (*Landschaftstyp im Westen Frankreichs*)

bocal [bɔkal, -o] <-aux> *m* Glas *nt*

Boche [bɔʃ] *mf péj fam* Boche *mf* (*abwertende Bezeichnung für Deutsche aus dem 2. Weltkrieg*)

bock [bɔk] *m* (*verre d'1/8 litre*) Bierglas *nt;* (*contenu*) Glas *nt* Bier

body [bɔdi] *m* Body *m*

bodybuilding [bɔdibildiŋ] *m* Bodybuilding *nt*

bœuf [bœf, bø] *m* ① ZOOL Rind *nt* ② (*opp: taureau, vache*) Ochse *m* ③ (*viande*) Rindfleisch *nt;* ~ **bourguignon** GASTR Bœuf Bourgignon *nt* (*Rinderschmorbraten in Rotweinsoße*)

bof [bɔf] *interj* na ja

bogue [bɔg] *m o f* INFORM Programmfehler *m*, Bug *m*

bohème [bɔɛm] **I.** *adj* unkonventionell **II.** *mf* Bohemien *m* **III.** *f* Boheme *f*

Bohême [bɔɛm] *f* **la** ~ Böhmen *nt*

bohémien(ne) [bɔemjɛ̃, jɛn] *m(f)* Zigeuner(in) *m(f)* (*pej*)

boire [bwaʀ] <irr> **I.** *vt* ① (*avaler un liquide*) trinken; (*finir de boire*) austrinken; ~ **à la bouteille** aus der Flasche trinken ② (*s'imprégner de*) aufsaugen **II.** *vi* ① (*se désaltérer*) trinken; ~ **à la santé de qn** auf jds Wohl trinken ② (*être alcoolique*) trinken **III.** *vpr* **se** ~ sich trinken lassen; **se** ~ **à l'apéritif** als Aperitif getrunken werden

bois [bwa] **I.** *m* ① (*forêt*) [kleiner] Wald ② (*matériau*) Holz *nt* ③ (*gravure*) Holzschnitt *m* ▶ **toucher du** ~ [dreimal] auf Holz klopfen **II.** *mpl* ① MUS Holzblasinstrumente *Pl* ② *des cervidés* Geweih *nt*

boisé(e) [bwaze] *adj* bewaldet

boiser [bwaze] <1> *vt* aufforsten, bewalden *région*

boiserie [bwazʀi] *f* [Holz]täfelung *f*

boisson [bwasɔ̃] *f* ① (*liquide buvable*) Getränk *nt* ② (*alcoolisme*) Alkoholismus *m*

boîte [bwat] *f* ① (*récipient*) Schachtel *f;* (*en carton*) Karton *m,* (*en bois*) Kiste *f;* ~ **à outils** Werkzeugkasten *m;* ~ **en plastique** Plastikdose *f* ② (*conserve*) Dose *f;* ~ **de conserves** Konservendose; **en** ~ aus der Dose ③ *fam* (*discothèque*) Disko *f;* ~ **de nuit** Nachtklub *m* ④ *fam* (*entreprise*) Laden *m* ⑤ MED ~ **crânienne** Schädel *m* ⑥ AVIAT ~ **noire** Flugschreiber *m* ⑦ AUT ~ **de vitesses** [Schalt]getriebe *nt* ⑧ INFORM ~ **de dialogue** Dialogfeld *nt;* ~ **aux lettres [électronique]** Mailbox *f;* ~ **à rythmes** Drumcomputer *m* ⑨ (*contenu d'une boîte*) ~ **à** [*o* **aux**] **lettres** Briefkasten *m* ⑩ (*casier*) ~ **postale** Postfach *nt*

boitement [bwatmɑ̃] *m* Humpeln *nt*

boiter [bwate] <1> *vi* ① (*clopiner*) hinken; (*temporairement*) humpeln ② *fig raisonnement:* nicht stichhaltig sein; *comparaison:* hinken

boiteux, -euse [bwatø, -øz] *adj* ① (*bancal*) wack[e]lig; *personne* hinkend; (*temporairement*) humpelnd ② *fig explication, raisonnement* wenig überzeugend; *paix* unsicher

boîtier [bwatje] *m* ① (*boîte*) Gehäuse *nt;* (*pour des instruments*) Kasten *m;* (*pour des cassettes*) Plastikkassette *f* ② ELEC ~ **de mixage** kleines Mischpult; ~ **de télécommande** Fernbedienung *f*

boitiller [bwatije] <1> *vi* leicht hinken; (*temporairement*) leicht humpeln

boit-sans-soif [bwasɑ̃swaf] *mf inv fam* **des** ~ Trunkenbolde *Pl*

bol [bɔl] *m* ① (*récipient*) Schale *f;* **un ~ de lait** eine Schale Milch ② *fam* (*chance*) Schwein *nt;* **avoir du** ~ Schwein haben ③ CAN (*cuvette*) ~ **de toilette** Toilettenschüssel *f* ▶ **en avoir ras le** ~ *fam* die Nase voll haben

boléro [bɔleʀo] *m* (*danse, gilet*) Bolero *m*

bolet [bɔlɛ] *m* BOT Röhrling *m*

bolide [bɔlid] *m* Rennwagen *m*

Bolivie [bɔlivi] *f* **la** ~ Bolivien *nt*

bolosser [bolose] <1> *vt fam* prügeln; **se faire** ~ verprügelt werden

bombance [bɔ̃bɑ̃s] *f* **faire** ~ *fam* ein großes Eß- und Trinkgelage machen

bombardement [bɔ̃baʀdəmɑ̃] *m* ① MIL ~ **de qc** Bombardierung *f* einer S. (*gen*), Bombenangriff *m* auf etw (*akk*); ~ **aérien** Luftangriff ② *fig* **cela s'est terminé par un ~ de projectiles** es flogen Wurfgeschosse durch die Gegend ③ PHYS Beschuss *m* [des Atomkerns mit Elementarteilchen]

bombarder [bɔ̃baʀde] <1> *vt* ① MIL bombardieren; ~ **qn de tomates** jdn mit Tomaten bewerfen ② PHYS ~ **qc de qc** etw mit etw beschießen ③ *fam* (*nommer à un poste*) ~ **qn directeur** jdn auf den Posten des Direktors katapultieren

bombardier [bɔ̃baʀdje] *m* Bomber *m*

bombe [bɔ̃b] *f* ① MIL Bombe *f;* ~ **atomique** Atombombe; ~ **humaine** menschliche Bombe; ~ **lacrymogène** Tränengas *nt* ② (*atomiseur*) Spraydose *f* ③ (*casquette*) Reitkappe *f* ④ GASTR ~ **glacée** Eisbombe *f*

bombé(e) [bɔ̃be] *adj* gewölbt

bombement [bɔ̃bmɑ̃] *m d'un mur* Wölbung *f* [nach außen]

bomber [bɔ̃be] <1> **I.** *vt* ① (*gonfler*) [he]rausstrecken (*fam*) *poitrine, torse* ② *fam* (*peindre*) ~ **qc sur qc** etw auf etw (*akk*) sprühen ③ (*passer un insecticide*) versprühen **II.** *vi bois:* sich verziehen; *mur, planche:* sich wölben

bombonne [bɔ̃bɔn] *v.* **bonbonne**

bon [bɔ̃] **I.** *m* ① (*coupon d'échange*) Gutschein *m;* (*formulaire*) Schein *m;* ~ **de caisse** Kassenzettel ② FIN ~ **du Trésor** Schatzanweisung *f* ③ (*ce qui est bon*) Gute(s) *nt* ④ (*personne*) Gute(r) *f(m)* ▶ **avoir du** ~ seine Vorzüge haben **II.** *adv* **sentir** ~ duften ▶ **il fait** ~ es ist mild

bon(ne) [bɔ̃, bɔn] <meilleur> *adj antéposé* ① (*opp: mauvais*) gut; **être ~ en latin/maths** gut in Latein/Mathe sein ② (*adéquat, correct*) richtig; *remède, conseil* gut; **tous les moyens sont ~s** alle Mittel sind recht ③ (*valable*) gültig ④ (*agréable*) gut; *soirée, surprise, moment, vacances, week-end* schön; *eau* sehr angenehm ⑤ (*délicieux*) gut; (*comestible*) gut; **être très** ~ sehr gut schmecken ⑥ (*intensif de quan-

B

tité) gut ❼ (*être fait pour*) **c'est ~ à savoir** das ist gut zu wissen ❽ (*être destiné à*) **être ~ pour qc** reif für etw sein (*fam*) ❾ (*moralement*) gut; **il n'a pas de ~nes lectures/fréquentations** er liest nichts Anständiges/er hat keine anständigen Freunde ▶**c'est ~** (*a bon goût*) das schmeckt gut; (*fait du bien*) das tut gut; (*ça ira comme ça*) das reicht; (*tant pis*) macht nichts; **n'être ~ à rien** zu nichts zu gebrauchen sein; **à quoi ~?** wozu?; **pour de ~?** wirklich?

bonapartiste [bɔnapaʀtist] **I.** *adj* bonapartistisch **II.** *mf* Bonapartist(in) *m(f)*

bonasse [bɔnas] *adj* [all]zu gutmütig

bonbon [bɔ̃bɔ̃] *m* Bonbon *m o nt;* **~ acidulé** saurer Drops; **~ à la menthe** Pfefferminzbonbon

bonbonne [bɔ̃bɔn] *f* [bauchige] Korbflasche *f*

bonbonnière [bɔ̃bɔnjɛʀ] *f* Bonbonniere *f*

bond [bɔ̃] *m* ❶ *d'une personne, d'un animal* Satz *m;* SPORT Sprung *m;* **~ en avant** ECON Sprung *m* nach vorn ❷ (*rebond*) **faire plusieurs ~s** mehrmals hochspringen

bonde [bɔ̃d] *f* ❶ *du tonneau* Spundloch *nt; de l'évier, de la baignoire* Abflussloch *nt* ❷ *du tonneau* Spund *m; de l'évier, de la baignoire* Stöpsel *m*

bondé(e) [bɔ̃de] *adj* überfüllt

bondir [bɔ̃diʀ] <8> *vi* ❶ (*sauter*) [hoch]springen; **~ hors du lit** aus dem Bett springen; **~ à la porte** an die Tür stürzen ❷ (*sursauter*) empört sein; **~ de joie** Freudensprünge machen (*fam*); **faire ~ qn** jdn rasend machen

bonheur [bɔnœʀ] *m* ❶ (*état*) Glück *nt* ❷ (*chance*) Glück *nt;* **le ~ de vivre** die Lebensfreude; **porter ~ à qn** jdm Glück bringen ▶**ne pas connaître son ~** nicht wissen, wie gut man es hat; **par ~** zum Glück

bonhomie [bɔnɔmi] *f* Herzlichkeit *f*

bonhomme [bɔnɔm, bɔ̃zɔm] <bonshommes> *m* ❶ *fam* (*homme*) Mann *m;* (*plutôt négatif*) Kerl *m;* **~ de neige** Schneemann *m* ❷ (*petit garçon*) **petit ~** kleiner Mann ❸ (*dessin*) Männchen *nt*

boni [bɔni] *m* Gewinn *m*

boniche [bɔniʃ] *f péj fam* Dienstmädchen *nt*

bonification [bɔnifikasjɔ̃] *f* ❶ *d'un vin* Verbesserung *f* ❷ (*bonus*) Bonus *m;* SPORT Zeitgutschrift *f*

bonifier [bɔnifje] <1> **I.** *vt* verbessern *terres* **II.** *vpr* **se ~** *vin:* besser werden

boniment [bɔnimɑ̃] *m* ❶ *d'un vendeur, camelot* Anpreisen *nt* der Ware ❷ (*mensonges*) Lügengeschichte *f*

bonjour [bɔ̃ʒuʀ] **I.** *interj* ❶ (*salutation*) guten Tag/Morgen; **dire ~ à qn** jdm guten Tag sagen ❷ CAN (*bonne journée*) einen schönen Tag noch **II.** *m* **donner bien le ~ à qn de la part de qn** jdm von jdm einen schönen Gruß bestellen

bonne [bɔn] *f* Dienstmädchen *nt;* **~ d'enfants** Kindermädchen *nt; v. a.* **bon**

bonne-maman [bɔnmamɑ̃] <bonnes-mamans> *f fam* Großmama *f,* Großmutti *f*

bonnement [bɔnmɑ̃] *adv* ▶**tout ~** ganz einfach

bonnet [bɔnɛ] *m* ❶ (*coiffure*) Mütze *f; du nourrisson* Häubchen *nt; du bébé* Mützchen *nt;* **~ de bain** Badekappe *f* ❷ *du soutien-gorge* Körbchen *nt*

bonneterie [bɔnɛtʀi, bɔn(ə)tʀi] *f* Wirk- und Strickwaren *Pl;* (*fabrication*) Wirk- und Strickwarenindustrie *f*

bonnetier, -ière [bɔntje, -jɛʀ] *m, f* (*fabricant*) Strickwarenhersteller(in) *m(f);* (*vendeur*) Strickwarenhändler(in) *m(f)*

bonniche [bɔniʃ] *f v.* **boniche**

bon-papa [bɔ̃papa] <bons-papas> *m fam* Großpapa *m,* Großpapi *m*

bonsaï [bɔ̃(d)zaj] *m* Bonsai *m*

bonshommes [bɔ̃zɔm] *pl de* **bonhomme**

bonsoir [bɔ̃swaʀ] *interj* (*en arrivant*) guten Abend; (*en partant*) auf Wiedersehen; (*avant le coucher*) gute Nacht

bonté [bɔ̃te] *f* Güte *f;* **avec ~** gütig

bonus [bɔnys] *m* Schadenfreiheitsrabatt *m*

bonze [bɔ̃z] *m* Bonze *m*

boogie-woogie [bugiwugi] <boogie-woogies> *m* MUS Boogie-Woogie *m*

bookmaker [bukmɛkœʀ] *m* Buchmacher *m*

boom [bum] *m* Boom *m;* **~ démographique** Bevölkerungsexplosion *f*

boomerang [bumʀɑ̃g] *m* Bumerang *m*

booster[1] [bustœʀ] *m* **~ de trafic** INFORM Powermodem *nt*

booster[2] [buste] <1> *vt* entscheidend verbessern *article de journal, critique;* pushen *ventes, audimat;* **~ une équipe** ein Team nach vorne bringen

bootcut [butkœt] *adj inv* **un jean forme ~** eine Bootcut-Jeans

booter [bute] <1> *vi* INFORM [hoch]booten

bord [bɔʀ] *m* Rand *m; d'une table, d'un trottoir* Kante *f; d'un lac, d'une rivière* Ufer *nt; de la mer* Küste *f; d'un chapeau* Krempe *f;* **au ~ de [la] mer** am Meer ▶**passer pardessus ~** über Bord gehen; **virer de ~**

wenden; *fig* umschwenken; **à** ~ an Bord; **au** ~ **du lac** am Seeufer

bordeaux [bɔʀdo] **I.** *m* Bordeaux[wein] *m* **II.** *app inv* weinrot

bordée [bɔʀde] *f* Breitseite *f*

bordel [bɔʀdɛl] **I.** *m* ❶ *vulg* (*maison close*) Puff *m* (*fam*) ❷ *fam* (*désordre*) Saustall *m* **II.** *interj fam* verdammt noch mal!

bordelais(e) [bɔʀd(ə)lɛ, ɛz] *adj* aus Bordeaux

bordélique [bɔʀdelik] *adj fam* chaotisch

border [bɔʀde] <1> *vt* ❶ (*longer*) säumen (*geh*) *rivière, route;* **être bordé de qc** *route, rivière:* von etw gesäumt sein (*geh*); *place:* von etw eingesäumt sein (*geh*) ❷ COUT ~ **un mouchoir de dentelle** ein Taschentuch mit Spitze besetzen ❸ (*couvrir*) zudecken *enfant, malade;* machen *lit* (*indem man die Laken und die Zudecke unter der Matratze feststeckt*) ❹ NAUT einholen *voile*

bordereau [bɔʀdəʀo] <x> *m* (*formulaire*) Schein *m;* ~ **d'achat** [Kauf]beleg *m;* ~ **de livraison** Lieferschein; (*liste*) Liste *f;* (*facture*) Rechnung *f*

bordier [bɔʀdje] *m* CH (*riverain*) Anlieger *m,* Anstößer *m* (CH)

bordure [bɔʀdyʀ] *f* ❶ (*bord*) Rand *m; d'un quai, trottoir* Kante *f;* (*empiècement*) Bordüre *f* ❷ (*rangée*) Reihe *f* ❸ (*rangée de pavés*) Einfassung *f*

boréal(e) [bɔʀeal, -o] <s *o* -aux> *adj* nördlich

borgne [bɔʀɲ] *adj* ❶ (*éborgné*) einäugig ❷ ARCHIT *pièce* ohne Fenster; *fenêtre* ohne Ausblick ❸ (*mal famé*) anrüchig

borne [bɔʀn] *f* ❶ (*pierre*) Grenzstein *m;* ~ **kilométrique** Kilometerstein ❷ (*protection*) Steinpfosten *m* ❸ *pl* (*limite*) Grenzen *Pl;* **dépasser les ~s** *personne:* zu weit gehen; *ignorance, bêtise:* grenzenlos sein ❹ *fam* (*distance de 1 km*) Kilometer *m* ❺ ELEC [Anschluss]klemme *f*

borné(e) [bɔʀne] *adj* beschränkt; *personne* borniert

borner [bɔʀne] <1> **I.** *vt* ❶ (*limiter*) begrenzen, die Grenze bilden zu *terrain* ❷ *fig* ~ **son ambition à qc** seinen Ehrgeiz auf etw (*akk*) beschränken **II.** *vpr* **se** ~ **à qc** (*se limiter à*) sich auf etw (*akk*) beschränken; (*se contenter de*) sich mit etw begnügen

bortsch [bɔʀtʃ] *m* GASTR Borschtsch *m*

bosniaque [bɔsnjak] *adj* bosnisch

Bosnie [bɔsni] *f* **la** ~ Bosnien *nt*

Bosnie-Herzégovine [bɔsniɛʀzegɔvin] *f* **la** ~ Bosnien-Herzegowina *nt*

bosquet [bɔskɛ] *m* Baumgruppe *f*

boss [bɔs] *m fam* Boss *m*

bossa-nova [bɔsanɔva] <bossas-novas> *m* MUS Bossa nova *m*

bosse [bɔs] *f* ❶ (*déformation*) Beule *f* ❷ *du chameau* Höcker *m* ❸ (*difformité*) Buckel *m* ❹ (*accident de terrain*) [leichte] Erhebung ❺ (*don*) **avoir la ~ de la musique** *fam* ein kleines Musikgenie sein

bosseler [bɔsle] <3> *vt* einbeulen, verbeulen

bosser [bɔse] <1> **I.** *vi fam* (*travailler dur*) schuften; (*bûcher*) büffeln **II.** *vt fam* büffeln *matière*

bosseur, -euse [bɔsœʀ, -øz] *m, f fam* Arbeitstier *nt*

bossu(e) [bɔsy] **I.** *adj* buck[e]lig; (*voûté*) krumm **II.** *m(f)* Buck[e]lige(r) *f(m)*

bot(e) [bo, bɔt] *adj* **pied** ~ Klumpfuß *m*

botanique [bɔtanik] **I.** *adj* botanisch **II.** *f* Botanik *f*

botaniste [bɔtanist] *mf* Botaniker(in) *m(f)*

botte [bɔt] *f* ❶ (*chaussure*) Stiefel *m* ❷ *de légumes, fleurs* Bund *nt; de foin, paille* (*en gerbe*) Bündel *nt;* (*au carré*) Ballen *m* ❸ (*en escrime*) Stoß *m*

botté(e) [bɔte] *adj* gestiefelt

botter [bɔte] <1> *vt* ~ **le derrière/les fesses à qn** jdn in den Hintern treten (*fam*)

bottier [bɔtje] *m* Maßschuhmacher(in) *m(f)*

bottillon [bɔtijɔ̃] *m* Halbstiefel *m*

bottin® [bɔtɛ̃] *m* Telefonbuch *nt*

bottine [bɔtin] *f* Stiefelette *f*

bouc [buk] *m* ❶ ZOOL Ziegenbock *m* ❷ (*barbe*) Spitzbart *m* ▶ ~ **émissaire** Sündenbock *m*

boucan [bukɑ̃] *m fam* Radau *m*

boucaner [bukane] <1> *vt* räuchern *poisson, viande*

bouche [buʃ] *f* ❶ ANAT Mund *m; d'un animal* Maul *nt;* **parler la ~ pleine** mit vollem Mund sprechen ❷ *d'un volcan* Kraterloch *nt; d'un tuyau* Öffnung *f; d'un canon* Mündung *f;* ~ **de métro** Metroeingang *m* ❸ *pl* GEOG **les ~s du Rhône** die Mündung der Rhone ▶ ~ **bée** bass erstaunt; **être une fine ~** ein Feinschmecker sein; **faire la fine ~** wählerisch sein

bouché(e) [buʃe] *adj* ❶ METEO *temps* trüb[e]; *ciel* verhangen ❷ (*sans avenir*) ohne Zukunft ❸ *fam personne* beschränkt

bouche-à-bouche [buʃabuʃ] *m sans pl* Mund-zu-Mund-Beatmung *f*

bouchée [buʃe] *f* ❶ (*petit morceau*) Bissen *m;* (*ce qui est dans la bouche*) Mundvoll *m* ❷ GASTR ~ **au chocolat** Praline *f*

B

▶**pour une ~ de pain** für ein Butterbrot (*fam*)

boucher [buʃe] <1> **I.** *vt* zukorken *bouteille;* zumachen *trou;* zuschütten *trous de la route;* zuschmieren *fente;* verstopfen *toilettes, évier;* **avoir le nez bouché** eine verstopfte Nase haben **II.** *vpr* **se ~** *évier:* verstopfen; **se ~ le nez/les oreilles** sich (*dat*) die Nase/Ohren zuhalten; **se ~ les yeux** *fig* die Augen verschließen

boucher, -ère [buʃe, -ɛʀ] *m, f* ① (*commerçant*) Fleischer(in) *m(f),* Metzger(in) *m(f)* (SDEUTSCH), Schlachter(in) *m(f)* (NDEUTSCH) ② *péj* (*chirurgien*) Metzger *m*

bouchère [buʃɛʀ] *f* (*femme du boucher*) Fleischersfrau *f,* Metzgersfrau *f* (SDEUTSCH)

boucherie [buʃʀi] *f* ① (*magasin*) Metzgerei *f* ② (*métier*) Metzgerhandwerk *nt* ③ (*massacre*) Gemetzel *nt*

boucherie-charcuterie [buʃʀiʃaʀkytʀi] <boucheries-charcuteries> *f* Fleisch- und Wurstwarengeschäft *nt*

bouche-trou [buʃtʀu] <bouche-trous> *m* ① (*personne*) Lückenbüßer(in) *m(f)* ② MEDIA [Lücken]füller *m*

bouchon [buʃɔ̃] *m* ① *d'une bouteille* Korken *m;* **~ de liège** [echter] Korken; *d'une carafe, d'un évier* Stöpsel *m; d'un bidon, tube, radiateur* Verschluss *m; d'un réservoir* Deckel *m;* **sentir le ~** *vin:* nach Korken schmecken ② PECHE Schwimmer *m* ③ (*embouteillage*) [Verkehrs]stau *m*

bouchonné(e) [buʃɔne] *adj* **un vin ~** ein korkig [*o* nach Kork] schmeckender Wein

bouchonner [buʃɔne] <1> *vi fam* stauen

bouclage [buklaʒ] *m* ① *fam* Einschließen *nt* ② POL, MIL Abriegelung *f* ③ PRESSE Redaktionsschluss *m*

boucle [bukl] *f* ① *de soulier, ceinture, d'un harnais* Schnalle *f;* **~ d'oreille** Ohrring *m* ② (*qui s'enroule*) **~ de cheveux** Haarlocke *f* ③ (*forme géométrique*) Schleife *f; d'une rivière* Windung *f* ④ INFORM Schleife *f* ⑤ AVIAT Looping *m o nt* ⑥ (*en voiture, à pied*) Rundstrecke *f*

bouclé(e) [bukle] *adj cheveux, poils* lockig

boucler [bukle] <1> **I.** *vt* ① (*attacher*) zumachen *ceinture;* **~ la ceinture de sécurité** den Sicherheitsgurt anlegen ② *fam* (*fermer*) schließen *magasin, porte, bagages* ③ (*terminer*) beenden *affaire, enquête;* abschließen *recherches, dossier;* fertig stellen *travail* ④ (*équilibrer*) ausgleichen *budget* ⑤ (*encercler*) abriegeln *quartier* ⑥ *fam* (*enfermer*) einsperren ⑦ (*friser, onduler*) **~ ses cheveux** sich (*dat*) Locken in die Haare machen **II.** *vi* ① (*friser*) **ses cheveux bouclent naturellement** er/sie hat Naturlocken ② INFORM eine Schleife machen **III.** *vpr* ① (*se faire des boucles*) **se ~** sich (*dat*) die Haare eindrehen ② (*s'enfermer*) **se ~ dans sa chambre** sich in seinem Zimmer einschließen

bouclette [buklɛt] *f* [Ringel]löckchen *nt*

bouclier [buklije] *m* ① MIL Schild *m* ② (*protection, défense*) Schutzschild *m,* Schutz *m;* **~ fiscal** FIN Deckelung *f* der Steuerquote

Bouddha [buda] *m* Buddha *m*

bouddhisme [budism] *m* Buddhismus *m*

bouddhiste [budist] **I.** *adj* buddhistisch **II.** *mf* Buddhist *m*

bouder [bude] <1> **I.** *vi* schmollen **II.** *vt* ① (*montrer du mécontentement à qn*) **~ qn** jdm schmollend begegnen ② (*ne plus rechercher qc*) **~ un produit** ein Produkt unbeachtet lassen

bouderie [budʀi] *f* Schmollen *nt*

boudeur, -euse [budœʀ, -øz] **I.** *adj* beleidigt **II.** *m, f* jd, der schmollt

boudin [budɛ̃] *m* ① (*charcuterie*) **~ noir** ≈ Blutwurst *f,* ≈ Blunze[n] *f* (SDEUTSCH, A *fam*); **~ blanc** *aus Geflügelfleisch, Milch, Ei und Brotkrume hergestellte Wurst* ② *fam* (*fille grosse et disgracieuse*) Pummel *m*

boudiné(e) [budine] *adj* ① *doigt* Wurst- (*fam*) ② (*serré dans un vêtement étriqué*) beengt

boudiner [budine] <1> *vt fam* beengen

boudoir [budwaʀ] *m* (*gâteau*) Löffelbiskuit *m*

boue [bu] *f* Schlamm *m,* Gatsch *m* (A)

bouée [bwe] *f* ① (*balise*) Boje *f* ② (*protection gonflable*) Schwimmreifen *m;* **~ de sauvetage** Rettungsring *m; fig* Rettungsanker *m*

boueux, -euse [bwø, -øz] *adj chaussures, chemin, eau* schlammig

bouffant(e) [bufɑ̃, ɑ̃t] *adj* **des manches ~es** Puffärmel *Pl*

bouffarde [bufaʀd] *f fam* Stummelpfeife *f*

bouffe [buf] *f fam* Essen *nt*

bouffée [bufe] *f* ① (*souffle*) **tirer des ~s de sa pipe** seine Pfeife paffen (*fam*); **~ d'air frais/chaud** frische Brise/Schwall *m* heißer Luft ② (*haleine*) **des ~s d'ail** Knoblauchfahne *f* ③ (*poussée*) **~ de chaleur/fièvre** [Hitze]wallung *f*/Fieberanfall *m*

bouffer [bufe] <1> **I.** *vi* ① *fam* (*manger*) fressen ② (*se gonfler*) sich bauschen **II.** *vt fam* ① (*manger*) futtern ② (*consommer*) schlucken *essence, huile;* fressen *kilomètres*

bouffetance [buftɑ̃s] *f fam* Fressalien *Pl*

bouffi(e) [bufi] *adj* ① *visage* aufgedunsen; *yeux* verquollen; *mains* angeschwollen ② *péj* **être ~ d'orgueil** aufgeblasen sein (*fam*)

bouffir [bufiʀ] <8> **I.** *vt* aufquellen lassen *visage* **II.** *vi corps:* sich aufblähen; *yeux:* aufquellen

bouffon(ne) [bufɔ̃, ɔn] **I.** *adj* spaßig **II.** *m(f)* Narr *m,* Kasper *m*

bouffonnerie [bufɔnʀi] *f* Drolligkeit *f; d'une scène, pièce* [derbe] Komik

bouge [buʒ] *m* ① (*bar mal famé*) Spelunke *f* (*pej*) ② (*taudis*) Loch *nt* (*pej fam*)

bougeoir [buʒwaʀ] *m* Kerzenleuchter *m* (*mit Griff*)

bougeotte [buʒɔt] *f* **avoir la ~** *fam* (*ne pas tenir en place*) kein Sitzfleisch haben

bouger [buʒe] <2a> **I.** *vi* ① (*remuer*) sich bewegen ② (*protester*) **~ devant qn/qc** gegen jdn/etw aufbegehren ③ *fam* **faire ~ qc** etw ins Rollen bringen ④ (*se déplacer, voyager*) **je ne bouge pas d'ici!** ich rühre mich nicht vom Fleck! **II.** *vt* ① (*déplacer*) umstellen *meuble, objet* ② (*remuer*) bewegen *bras, doigt, tête* **III.** *vpr fam* **se ~** ① (*se remuer*) sich bewegen ② (*faire un effort*) sich anstrengen

bougie [buʒi] *f* ① (*chandelle*) Kerze *f* ② AUT Zündkerze *f*

bougnoul(e) [buɲul] *m(f) péj fam* Kameltreiber(in) *m(f);* (*Maghrébin*) Araber *m* (*rassistische Beleidigung*)

bougon [bugɔ̃] *m* Miesepeter *m* (*fam*)

bougon(ne) [bugɔ̃, ɔn] *adj* mürrisch

bougonner [bugɔne] <1> *vi* **~ contre qn/qc** über jdn/etw murren

bougre, bougresse [bugʀ, bugʀɛs] *m, f a. péj fam* Kerl *m*/Weib *nt*

boui-boui [bwibwi] <bouis-bouis> *m péj fam* Spelunke *f*

bouillabaisse [bujabɛs] *f* GASTR Bouillabaisse *f*

bouillant(e) [bujɑ̃, jɑ̃t] *adj* ① (*qui bout*) kochend ② (*très chaud*) kochend heiß ③ (*fougueux*) ungestüm

bouille [buj] *f fam* Gesicht *nt*

bouilleur [bujœʀ] *m* (*personne*) Destillateur *m;* **~ de cru** *Person, die Obstwasser für den Eigenbedarf brennt*

bouilli(e) [buji] **I.** *part passé de* **bouillir** **II.** *adj légumes, viande, poisson* gekocht; *eau* abgekocht; *lait* aufgekocht

bouillie [buji] *f* Brei *m*

bouillir [bujiʀ] <*irr*> **I.** *vi* ① (*être en ébullition*) kochen ② (*porter à ébullition*) zum Kochen bringen ③ (*laver à l'eau bouillante, stériliser*) [aus]kochen ④ (*s'emporter*) **~ de colère/de rage** vor Wut kochen **II.** *vt* ① (*porter à ébullition*) zum Kochen bringen *lait, eau;* [aus]kochen *linge* ② (*cuire à l'eau*) kochen *viande, légumes*

bouilloire [bujwaʀ] *f* [Wasser]kessel *m*

bouillon [bujɔ̃] *m* ① (*soupe*) Brühe *f* ② (*bouillonnement*) Aufkochen *nt* ③ BIO **~ de culture** Nährbrühe *f; fig* Nährboden *m*

bouillon-cube [bujɔ̃kyb] <bouillon-cubes> *m* Brühwürfel *m*

bouillonnement [bujɔnmɑ̃] *m* ① (*ébullition*) Sprudeln *nt* ② *fig des idées* Überschäumen *nt*

bouillonner [bujɔne] <1> *vi* ① (*produire des bouillons*) brodeln ② (*être énervé*) **~ de rage/colère** vor Wut schäumen (*geh*) ③ (*être imaginatif*) **~ d'idées** vor Ideen überschäumen

bouillotte [bujɔt] *f* Wärmflasche *f*

boulanger, -ère [bulɑ̃ʒe, -ɛʀ] **I.** *m, f* Bäcker(in) *m(f)* **II.** *app* Bäcker-

boulangère [bulɑ̃ʒɛʀ] *f* (*femme d'un boulanger*) Bäckersfrau *f*

boulangerie [bulɑ̃ʒʀi] *f* ① (*magasin*) Bäckerei *f* ② (*usine*) **~ industrielle** Brotfabrik *f* ③ (*métier*) Bäckerei *f*

boulangerie-pâtisserie [bulɑ̃ʒʀipɑtisʀi] <boulangeries-pâtisseries> *f* Bäckerei-Konditorei *f*

boulanger-pâtissier [bulɑ̃ʒepɑtisje] <boulangers-pâtissiers> *m* Bäcker und Konditor *m*

boule [bul] *f* ① (*sphère*) Kugel *f* ② (*objet de forme ronde*) **~ de glace** Eiskugel; **~ de neige** Schneeball *m;* **~ de laine** Wollknäuel *m;* **~ de coton** Wattebausch *m;* **~ à thé** Teeei *nt* ③ *pl, fam* (*testicules*) Eier *Pl* ④ *pl* JEUX **jeu de ~s** Boule[spiel] *nt;* **jouer aux ~s** Boule spielen ⑤ (*tête*) **perdre la ~** *fam* (*devenir fou*) überschnappen; (*s'affoler*) durchdrehen

bouleau [bulo] <x> *m* BOT Birke *f*

bouledogue [buldɔg] *m* ZOOL Bulldogge *f*

bouler [bule] <1> *vi* **envoyer qn/qc ~** *fam* jdn/etw rausschmeißen

boulet [bulɛ] *m* ① (*boule de métal pour charger les canons*) [Kanonen]kugel *f;* (*boule de métal attachée aux pieds des condamnés*) [Eisen]kugel *f* ② (*fardeau*) Last *f* ③ (*charbon*) Eierbrikett *nt* ④ *fam* (*casse-pieds*) Plagegeist *m*

boulette [bulɛt] *f* ① (*petite boule*) Kügelchen *nt;* **~ de pétrole** Ölklumpen *m* ② GASTR Frikadelle *f*

boulevard [bulvaʀ] *m* Boulevard *m*

B

B

bouleversant(e) [bulvɛʀsɑ̃, ɑ̃t] *adj spectacle, récit* erschütternd
bouleversement [bulvɛʀsəmɑ̃] *m* grundlegende Veränderung; (*dans la vie d'une personne*) Erschütterung *f*
bouleverser [bulvɛʀse] <1> *vt* ❶ (*causer une émotion violente*) [zutiefst] erschüttern *personne* ❷ (*apporter des changements brutaux*) völlig verändern *carrière, vie;* umstoßen *emploi du temps, programme* ❸ (*mettre sens dessus dessous*) völlig durcheinanderbringen (*fam*) *maison, pièce*
boulier [bulje] *m* Rechenmaschine *f*
boulimie [bulimi] *f* ❶ MED Bulimie *f* ❷ (*désir intense*) **avoir une ~ de voyage** große Reiselust verspüren
boulimique [bulimik] **I.** *adj* ❶ (*vorace*) gefräßig ❷ (*insatiable*) unersättlich **II.** *mf* an Bulimie Leidende(r) *f(m)*
bouliste [bulist] *mf* Boulespieler(in) *m(f)*
boulodrome [bulodʀom] *m* Bouleplatz *m*
boulon [bulɔ̃] *m* Schraubenbolzen *m* [mit Mutter]
boulonner [bulɔne] <1> **I.** *vt* zusammenschrauben **II.** *vi fam* (*travailler*) schuften
boulot [bulo] *m fam* (*travail*) Arbeit *f;* (*emploi*) Job *m*
boulotte [bulɔt] *f* (*femme rondelette*) Pummel *m* (*fam*)
boulotter [bulɔte] <1> *vi fam* futtern
boum[1] [bum] **I.** *interj* bum[s] **II.** *m* (*bruit sonore*) Bums *m* (*fam*)
boum[2] [bum] *f fam* Fete *f*
boumer [bume] <1> *vi pop* **alors, ça boume?** na, alles klar? (*fam*)
bouquet [bukɛ] *m* ❶ *de fleurs* Strauß *m; de persil, thym* Bund *nt* ❷ *d'un feu d'artifice* krönende Schlussgarbe ❸ *d'un vin* Blume *f* ❹ (*grosse crevette*) Riesengarnele *f* ❺ TV **~ de programmes** *alle von einem Provider angebotenen Sender, Programme und Pay-TV-Kanäle*
bouquetin [buktɛ̃] *m* ZOOL Steinbock *m*
bouquin [bukɛ̃] *m fam* Schmöker *m*
bouquiner [bukine] <1> *vi fam* schmökern
bouquiniste [bukinist] *mf* Bouquinist *m*
bourbe [buʀb] *f* Morast *m,* Schlamm *m*
bourbeux, -euse [buʀbø, -øz] *adj* morastig
bourbier [buʀbje] *m* Schlammloch *nt*
bourbon [buʀbɔ̃] *m* Bourbon *m*
bourde [buʀd] *f fam* (*bévue*) Schnitzer *m*
bourdon [buʀdɔ̃] *m* ❶ ZOOL Hummel *f* ❷ MUS *große Glocke, die dunkel klingt; d'un orgue* Bordun *m*
bourdonnement [buʀdɔnmɑ̃] *m d'un insecte* Summen *nt; d'un moteur* Brummen *nt; des voix* Gemurmel *nt*
bourdonner [buʀdɔne] <1> *vi moteur:* brummen; *insecte:* summen; *hélice:* surren
bourg [buʀ] *m* Marktflecken *m*
bourgade [buʀgad] *f* kleiner Marktflecken *m*
bourge [buʀʒ] *mf péj fam abr de* **bourgeois II.2** Spießer(in) *m(f)*
bourgeois(e) [buʀʒwa, waz] **I.** *adj* ❶ (*relatif à la bourgeoisie*) bürgerlich; **classe ~e** Bürgertum *nt* ❷ *péj* (*étroitement conservateur*) spießbürgerlich **II.** *m(f)* ❶ (*qui appartient à la bourgeoisie*) Bürgerliche(r) *f(m)* ❷ *péj* Spießbürger(in) *m(f);* **petit ~** Kleinbürger, Spießbürger ❸ (*citoyen*) Bürger(in) *m(f)*
bourgeoisie [buʀʒwazi] *f* ❶ (*classe sociale*) Bürgertum *nt* ❷ HIST Bourgeoisie *f*
bourgeon [buʀʒɔ̃] *m d'un arbre, d'une plante* Knospe *f*
bourgeonnement [buʀʒɔnmɑ̃] *m des arbres* Knospung *f*
bourgeonner [buʀʒɔne] <1> *vi* ❶ BOT *arbre:* Knospen treiben ❷ *fig* **son visage bourgeonne** er/sie bekommt Pickel im Gesicht
bourgmestre [buʀgmɛstʀ] *m* BELG (*maire*) Bürgermeister *m*
bourgogne [buʀgɔɲ] *m* Burgunder[wein] *m*
Bourgogne [buʀgɔɲ] *f* **la ~** Burgund *nt*
bourguignon(ne) [buʀgiɲɔ̃, ɔn] *adj* burgundisch; GASTR Burgunder-
Bourguignon(ne) [buʀgiɲɔ̃, ɔn] *m(f)* Burgunder(in) *m(f)*
bourlinguer [buʀlɛ̃ge] <1> *vi fig fam* [viel] herumreisen
bourlingueur, -euse [buʀlɛ̃gœʀ, -øz] **I.** *adj* Globetrotter- **II.** *m, f* Globetrotter(in) *m(f)*
bourrache [buʀaʃ] *f* BOT Borretsch *m*
bourrade [buʀad] *f* Stoß *m*
bourrage [buʀaʒ] *m* ❶ *d'un coussin, matelas* Füllen *nt; d'une pipe* Stopfen *nt* ❷ *fig fam* (*gavage intellectuel*) stures [Ein]pauken (*pej*) ❸ TECH **~ de papier** Papierstau *m*
bourrasque [buʀask] *f* ❶ METEO *de vent* Bö *f; de neige* Gestöber *nt* ❷ *fig d'injures, de mots, paroles* Hagel *m*
bourratif, -ive [buʀatif, -iv] *adj fam aliment* sättigend
bourre [buʀ] *f* ❶ (*matière de remplissage*) Füllung *f* ❷ (*duvet des bourgeons*) Flaum *m* ❸ *d'une arme, cartouche* Pfropfen *m*

bourré(e) [buʀe] *adj* ① (*plein à craquer*) randvoll; *portefeuille* prall; **être ~ de fautes/préjugés/complexes** voller Fehler/Vorurteile/Komplexe sein ② (*trop plein*) **une valise ~e** ein vollgestopfter Koffer (*fam*) ③ *fam* (*ivre*) besoffen

bourreau [buʀo] <x> *m* ① (*exécuteur*) Henker *m* ② (*tortionnaire*) Peiniger *m;* **~ d'enfants** *jd, der Kinder misshandelt;* **~ des cœurs** *iron* Herzensbrecher *m;* **~ de travail** Arbeitstier *nt*

bourrée [buʀe] *f* Bourrée *f alter franz. Volkstanz*

bourrelet [buʀlɛ] *m* ① (*pour isoler*) Abdichtung *f* ② ANAT *de chair, graisse* Wulst *m o f*

bourrelier, -ière [buʀəlje, -jɛʀ] *m, f* Sattler(in) *m(f)*

bourrer [buʀe] <1> **I.** *vt* ① (*remplir*) vollstopfen; stopfen *pipe* ② (*gaver*) **~ qn de nourriture** jdn mit Essen vollstopfen **II.** *vpr* **se ~ de qc** sich mit etw vollstopfen **III.** *vi* sättigen

bourriche [buʀiʃ] *f* Korb *m* (*ohne Henkel, mit Deckel*)

bourrichon [buʀiʃɔ̃] *m fam* **monter le ~ à qn** jdn aufhetzen

bourricot [buʀiko] *m fam* Esel *m*

bourrin [buʀɛ̃] *m pop* Gaul *m* (*fam*)

bourrique [buʀik] *f fam* Esel(in) *m(f)* ▸ **faire tourner qn en ~** jdn wahnsinnig machen

bourru(e) [buʀy] *adj* (*peu aimable*) mürrisch

bourse [buʀs] *f* ① (*porte-monnaie*) Geldbeutel *m* ② (*allocation*) **~ d'études** Stipendium *nt* ③ *pl* ANAT Hodensack *m*

Bourse [buʀs] *f* ① (*lieu*) Börse *f;* (*ensemble des cours*) [Börsen]kurse *Pl;* **jouer à la ~** [an der Börse] spekulieren ② (*ensemble des opérations*) Börsenhandel *m*

boursiconaute [buʀsikɔnot] *mf* [Online]börsenspekulant(in) *m(f)*

boursicoter [buʀsikɔte] <1> *vi fam* kleine Börsengeschäfte machen

boursier, -ière[1] [buʀsje, -jɛʀ] **I.** *adj* **étudiant ~/étudiante boursière** Stipendiat(in) *m(f)* **II.** *m, f* Stipendiat(in) *m(f)*

boursier, -ière[2] [buʀsje, -jɛʀ] **I.** *adj* (*relatif à la Bourse*) Börsen- **II.** *m, f* (*professionnel de la Bourse*) Börsenmakler(in) *m(f)*

boursouflé(e) [buʀsufle] *adj* ① *peau, main* [an]geschwollen; *visage* aufgedunsen ② *style, discours* schwülstig

boursoufler [buʀsufle] <1> *vt* anschwellen

boursouflure [buʀsuflyʀ] *f de la peau, du visage* Schwellung *f; d'une surface, peinture* Blase *f*

bousculade [buskylad] *f* ① (*remous de foule*) Gedränge *nt* ② (*précipitation*) Eile *f*

bousculer [buskyle] <1> **I.** *vt* ① (*heurter*) anstoßen *personne;* umwerfen *livres, chaises* ② (*mettre sens dessus dessous*) völlig durcheinanderbringen ③ (*modifier brutalement*) von Grund auf ändern *conception, traditions;* umstoßen *projet* ④ (*exercer une pression sur qn*) jdn drängen **II.** *vpr* **se ~** ① (*se pousser mutuellement*) sich drängeln ② (*être en confusion*) *sentiments:* hin- und hergerissen sein

bouse [buz] *f* Kuhfladen *m*

bouseux [buzø] *m pej fam* Bauer *m*

bousillage [buzijaʒ] *m fam* ① (*travail mal fait*) Pfusch *m* (*pej*) ② (*mise hors d'usage*) Kaputtmachen *nt*

bousiller [buzije] <1> *vt fam* kaputt machen

boussole [busɔl] *f* [Magnet]kompass *m*

boustifaille [bustifaj] *f pop* Fressen *nt* (*pej vulg*)

bout [bu] *m* ① *du doigt, nez* Spitze *f; d'un objet* Ende *nt;* **de ~ en ~** ganz; **~ à ~** aneinander; **jusqu'au ~** bis zum Schluss; **tenir jusqu'au ~** durchhalten ② (*limite*) Ende *nt;* **tout au ~** ganz hinten ③ (*morceau*) Stück[chen *nt*] *nt;* **~ d'essai** CINE Probeaufnahmen *Pl* ④ (*terme*) nach (+ *dat*); **au ~ d'un moment/d'une année** nach einer Weile/einem Jahr ▸ **savoir qc sur le ~ des doigts** etw im Schlaf können; **tenir le bon ~** es bald geschafft haben; **joindre les deux ~s** mit seinem Geld auskommen; **à ~ de bras** mit gestreckten Armen; **à tout ~ de champ** alle naselang (*fam*); **être à ~ de nerfs/forces** mit seinen Nerven/Kräften am Ende sein (*fam*); **être à ~ de souffle** außer Atem sein; **mettre qn à ~** jdm zusetzen; **venir à ~ de qc/qn** mit etw/jdm fertig werden; **au ~ du compte** letzten Endes

boutade [butad] *f* Bonmot *nt*

boute-en-train [butɑ̃tʀɛ̃] *m inv* Stimmungskanone *f* (*fam*)

bouteille [butɛj] *f* ① (*récipient*) Flasche *f;* **~ consignée/non consignée** Pfand-/Einwegflasche; **~ de lait** Milchflasche; **boire à la ~** aus der Flasche trinken ② (*contenu*) Flasche *f;* **~ de vin** Flasche Wein; **une bonne ~** ein guter Tropfen

boutique [butik] *f* ① (*magasin*) Laden *m* ② (*magasin de prêt-à-porter*) [Mode]boutique *f* ③ *fam* (*entreprise*) Geschäft *nt*

B

B

boutiquier, -ière [butikje, -jɛʀ] *m, f* Ladenbesitzer(in) *m(f)*
bouton [butɔ̃] *m* ❶ COUT *de vêtement* Knopf *m* ❷ *de la radio, télé, sonnette* Knopf *m; de porte* Knauf *m; d'un interrupteur* Schalter *m* ❸ MED ~ **de fièvre** Fieberbläschen *nt;* ~ **d'acné** Aknepickel *m* ❹ BOT Knospe *f* ❺ INFORM Schaltfläche *f;* ~ **droit/gauche de la souris** rechte/linke Maustaste
bouton-d'or [butɔ̃dɔʀ] <boutons-d'or> *m* BOT Butterblume *f*
boutonné(e) [butɔne] *adj* COUT zugeknöpft
boutonner [butɔne] <1> **I.** *vt* zuknöpfen **II.** *vi* pick[e]lig werden **III.** *vpr* **se** ~ *vêtement:* zugeknöpft werden; *personne:* seine Knöpfe zumachen
boutonneux, -euse [butɔnø, -øz] *adj* pick[e]lig
boutonnière [butɔnjɛʀ] *f* Knopfloch *nt*
bouton-poussoir [butɔ̃puswaʀ] <boutons-poussoirs> *m* Druckschalter *m*
bouton-pression [butɔ̃pʀesjɔ̃] <boutons-pression> *m* Druckknopf *m*
bouture [butyʀ] *f* Steckling *m*
bouvier, -ière [buvje, -jɛʀ] *m, f* Rinderhirt(in) *m(f)*
bouvreuil [buvʀœj] *m* ORN Dompfaff *m*
bovidés [bɔvide] *mpl* wiederkäuende Paarhufer *Pl*
bovin(e) [bɔvɛ̃, in] **I.** *adj (qui concerne le bœuf)* Rinder- **II.** *mpl* Rinder *Pl*
bowling [buliŋ] *m* Bowling *nt*
box [bɔks] <es> *m* ❶ *(dans une écurie)* Box *f; (dans un garage)* Stellplatz *m* ❷ JUR ~ **des accusés** Anklagebank *f*
boxe [bɔks] *f* Boxen *nt*
boxer [bɔkse] <1> *vt, vi* boxen
boxeur, -euse [bɔksœʀ, -øz] *m, f* Boxer(in) *m(f);* ~ **amateur/professionnel** Amateur-/Berufsboxer
box-office [bɔksɔfis] <box-offices> *m* Kassenschlager *(fam)*
boxon [bɔksɔ̃] *m fam* Durcheinander *nt*
boy [bɔj] *m (jeune domestique)* Boy *m*
boyau [bwajo] <x> *m* ❶ ANAT Darm *m* ❷ *(tranchée)* Verbindungsgraben *m* ❸ *(chambre à air)* Schlauch *m* ❹ *d'une raquette, d'un violon* Saite *f*
boycott [bɔjkɔt] *m,* **boycottage** [bɔjkɔtaʒ] *m* Boykott *m*
boycotter [bɔjkɔte] <1> *vt* boykottieren
boy-scout [bɔjskut] <boy-scouts> *m* Pfadfinder *m*
B.P. [bepe] *abr de* **Boîte postale** Postfach *nt*
Brabant [bʀabɑ̃] *m* **le** ~ Brabant
bracelet [bʀaslɛ] *m* Armband *nt; (rigide)* Armreif *m*
bracelet-montre [bʀaslɛmɔ̃tʀ] <bracelets-montres> *m* Armbanduhr *f*
braconnage [bʀakɔnaʒ] *m* CHASSE Wilderei *f*
braconner [bʀakɔne] <1> *vi* CHASSE wildern; PECHE ohne Angelschein angeln
braconnier, -ière [bʀakɔnje, -ijɛʀ] *m, f* CHASSE Wilderer *m;* PECHE Angler(in) *m(f)* ohne Angelschein
brader [bʀade] <1> *vt* ❶ COM verschleudern ❷ *(se débarrasser de)* verscherbeln *(fam)*
braderie [bʀadʀi] *f (foire)* Trödelmarkt *m; (liquidation)* [Straßen]verkauf *m* zu Schleuderpreisen; *(soldes)* Ausverkauf *m*
braguette [bʀagɛt] *f* Hosenschlitz *m*
braillard(e) [bʀɑjaʀ, -jaʀd] **I.** *adj fam bébé, enfant* plärrend **II.** *m(f) fam* Schreihals *m*
braille [bʀɑj] *m* Blindenschrift *f*
braillement [bʀɑjmɑ̃] *m* Brüllen *nt*
brailler [bʀɑje] <1> **I.** *vi* brüllen **II.** *vt* brüllen; *ivrogne, foule:* grölen
braiment [bʀɛmɑ̃] *m de l'âne* Iahen *nt*
brainstorming [bʀɛnstɔʀmiŋ] *m* Brainstorming *nt*
braire [bʀɛʀ] <*irr*> *vt âne:* iahen
braise [bʀɛz] *f* Glut *f*
braiser [bʀeze] <1> *vt* schmoren
brame [bʀɑm] *m,* **bramement** [bʀɑmmɑ̃] *m* Röhren *nt*
bramer [bʀɑme] <1> *vi* ❶ ZOOL *cerf, daim:* röhren ❷ *(se plaindre)* jammern
brancard [bʀɑ̃kaʀ] *m* ❶ *(civière)* Tragbahre *f* ❷ *(bras d'une civière, d'une brouette)* Holm *m* ❸ *(pour attacher un cheval)* Deichselstange *f*
brancardier, -ière [bʀɑ̃kaʀdje, -jɛʀ] *m, f* Träger(in) *m(f)*
branchage [bʀɑ̃ʃaʒ] *m* Geäst *nt*
branche [bʀɑ̃ʃ] *f* ❶ BOT *d'un arbre* Ast *m* ❷ *d'une paire de lunettes* Bügel *m; d'un chandelier* Arm *m; de ciseaux* Schneide *f; d'un compas* Nadel *f* ❸ *(famille)* Linie *f* ❹ *d'enseignement, d'une science* Zweig *m; de l'économie, de profession* Branche *f*
branché(e) [bʀɑ̃ʃe] *adj fam* up to date; **être ~ cinéma/moto** *(adorer)* auf Kino/Motorräder abfahren
branchement [bʀɑ̃ʃmɑ̃] *m* ❶ *(action)* Verbindung *f* ❷ *(circuit)* Anschluss *m;* ~ **électrique/téléphonique** Strom-/Telefonanschluss; ~ **Internet** Internetanschluss
brancher [bʀɑ̃ʃe] <1> **I.** *vt* ❶ *(raccorder)*

~ **le téléphone sur le réseau** das Telefon an das Netz anschließen ② (*faire parler*) ~ **la conversation sur un autre sujet** die Unterhaltung auf ein anderes Thema lenken **II.** *vpr* **se ~ sur qc** etw einschalten

branchies [bʀɑ̃ʃi] *fpl* Kiemen *Pl*

branchitude [bʀɑ̃ʃityd] *f fam* angesagte Leute [*o* Kreise] *Pl*

brandade [bʀɑ̃dad] *f* GASTR *provenzalisches Gericht aus zerkleinertem Stockfisch, Knoblauch, Olivenöl und Sahne*

Brandebourg [bʀɑ̃dbuʀ] *m* **le ~** Brandenburg *nt;* **la porte de ~** das Brandenburger Tor

brandir [bʀɑ̃diʀ] <8> *vt* drohend schwingen *arme;* schwenken *drapeau*

brandy [bʀɑ̃di] *m* Brandy *m*

branlant(e) [bʀɑ̃lɑ̃, ɑ̃t] *adj* wack[e]lig

branle [bʀɑ̃l] *m* Schwingen *nt*

branle-bas [bʀɑ̃lbɑ] *m inv fig* Trubel *m*

branler [bʀɑ̃le] <1> **I.** *vi* wackeln **II.** *vpr vulg* **se ~** sich (*dat*) einen runterholen

branlette [bʀɑ̃lɛt] *f vulg* Wichsen *nt;* **se faire une ~** sich einen runterholen

branleur, -euse [bʀɑ̃lœʀ, -øz] *m fam* ① Wichser *m* (*vulg*) ② (*paresseux*) Faulpelz *m*

braquage [bʀakaʒ] *m des roues* Einschlagen *nt*

braque [bʀak] **I.** *adj fam* ein bisschen verrückt **II.** *m* (*chien*) Bracke *m o f*

braquer [bʀake] <1> **I.** *vt* ① AUT ~ **le volant à droite** nach rechts einschlagen ② (*diriger*) ~ **le regard/l'arme sur qn** den Blick/die Waffe auf jdn richten ③ *fam* (*attaquer*) überfallen *banque, magasin* ④ (*provoquer l'hostilité*) ~ **le collègue contre le chef/projet** den Kollegen gegen den Chef/das Projekt aufbringen **II.** *vi* ~ **bien/mal** *voiture:* einen kleinen/großen Wendekreis haben **III.** *vpr* **se ~** auf stur schalten (*fam*)

braquet [bʀakɛ] *m* SPORT Übersetzung *f;* **changer de ~** einen anderen Gang nehmen

braqueur, -euse [bʀakœʀ, -øz] *m, f arg* Räuber(in) *m(f)* (*bei einem bewaffneten Überfall*)

bras [bʀa] *m* ① (*membre*) Arm *m;* **se donner le ~** sich unterhaken; ~ **dessus ~ dessous** untergehakt ② (*main-d'œuvre*) Arbeitskraft *f* ③ TECH *d'un levier* Arm *m; d'un électrophone* Tonarm; *d'un fauteuil* Armlehne *f; d'un brancard* Holm *m* ④ GEOG Arm *m;* ~ **de mer** Meeresarm ▶ **rester les ~ ballants** untätig herumsitzen/-stehen; **baisser les ~** das Handtuch werfen

brasero [bʀazeʀo] *m* Kohlenbecken *nt*

brasier [bʀɑzje] *m fig* Inferno *nt*

bras-le-corps [bʀalәkɔʀ] ▶ **prendre à ~** in die Arme schließen *enfant;* anpacken *problème*

brassage [bʀasaʒ] *m de la bière* Brauen *nt*

brassard [bʀasaʀ] *m* Armbinde *f*

brasse [bʀas] *f* Brustschwimmen *nt;* ~ **papillon** Delphinschwimmen *nt*

brassée [bʀase] *f* einen Arm voll[er]

brasser [bʀase] <1> *vt* ① (*mélanger*) mischen; durchkneten *pâte* ② *fig* ~ **de l'argent/des affaires** mit großen Summen umgehen/große Geschäfte machen ③ (*fabriquer*) brauen *bière*

brasserie [bʀasʀi] *f* ① (*restaurant*) *Café-Restaurant* ② (*industrie*) Braugewerbe *nt;* (*entreprise*) Brauerei *f*

brasseur [bʀasœʀ] *m* [Bier]brauer *m*

brassière [bʀasjɛʀ] *f* ① (*sous-vêtement*) Hemdchen *nt* ② (*chandail*) Jäckchen *nt* ③ CAN *fam* (*soutien-gorge*) BH *m* ④ NAUT ~ **de sauvetage** Schwimmweste *f*

bravache [bʀavaʃ] *m péj* Großmaul *nt* (*fam*)

bravade [bʀavad] *f* ① (*ostentation de bravoure*) Imponiergehabe *nt* ② (*attitude de défi insolent*) dreiste Herausforderung

brave [bʀav] *adj* ① (*courageux*) mutig; *soldat* tapfer ② *antéposé* (*honnête*) anständig ③ (*naïf*) [lieb und] gut

braver [bʀave] <1> *vt* ① (*défier*) ~ **un adversaire** einem Gegner die Stirn bieten; ~ **le danger/la mort** der Gefahr/dem Tod ins Auge sehen ② (*ne pas respecter*) sich hinwegsetzen über (+ *akk*) *convenances, loi*

bravo [bʀavo] **I.** *interj* bravo **II.** *m* Bravo[ruf *m*] *nt*

bravoure [bʀavuʀ] *f* Mut *m*

break [bʀɛk] *m* ① AUT Kombi[wagen *m*] *m* ② SPORT Break *m o nt* ③ *fam* (*pause*) Pause *f*

brebis [bʀәbi] *f* [Mutter]schaf *nt* ▶ ~ **galeuse** schwarzes Schaf

brèche [bʀɛʃ] *f* (*dans une clôture, une haie, un mur*) Öffnung *f;* (*dans une coque*) Loch *nt;* (*sur une lame*) Scharte *f;* (*sur le front*) Bresche *f*

bredouille [bʀәduj] *adj* (*sans rien*) mit leeren Händen; (*sans succès*) unverrichteter Dinge

bredouiller [bʀәduje] <1> **I.** *vi* stottern; (*parler confusément*) wirres Zeug brabbeln (*fam*) **II.** *vt* murmeln

bref [bʀɛf] *m* Briefing *nt*

bref, brève [bʀɛf, bʀɛv] **I.** *adj* kurz;

B

(*concis*) knapp; **soyez ~!** fassen Sie sich kurz!; **d'un ton ~** in scharfem Ton **II.** *adv* **en ~** kurz; **enfin ~** kurz und gut

brelan [bʀəlɑ̃] *m* JEUX Dreier *m*

breloque [bʀəlɔk] *f* [Armband]anhänger *m*

brème [bʀɛm] *f* ZOOL Brasse *f*

Brême [bʀɛm] Bremen

Brésil [bʀezil] *m* **le ~** Brasilien

brésilien(ne) [bʀeziljɛ̃, jɛn] *adj* brasilianisch

Brésilien(ne) [bʀeziljɛ̃, jɛn] *m(f)* Brasilianer(in) *m(f)*

Bretagne [bʀətaɲ] *f* **la ~** die Bretagne

bretelle [bʀətɛl] *f* ❶ COUT *de pantalon* Hosenträger *m; de soutien-gorge* Träger *m; de sac* Trageriemen *m* ❷ (*bifurcation d'autoroute*) Auffahrt *f*/Abfahrt *f;* **~ d'accès** Auffahrt *f;* **~ de contournement** Umgehung *f;* **~ de raccordement** Zubringer *m*

breton [bʀətɔ̃] *m* Bretonisch *nt; v. a.* **allemand**

breton(ne) [bʀətɔ̃, ɔn] *adj* bretonisch

Breton(ne) [bʀətɔ̃, ɔn] *m(f)* Bretone *m*/Bretonin *f*

breuvage [bʀœvaʒ] *m* ❶ *péj* (*boisson d'une composition spéciale*) Gebräu *nt* ❷ CAN (*boisson non alcoolisée*) nichtalkoholisches Getränk

brève [bʀɛv] *adj v.* **bref**

brevet [bʀəvɛ] *m* ❶ (*diplôme*) Diplom *nt* ❷ (*certificat*) [Abschluss]zeugnis *nt;* **~ d'invention** Patent *nt;* MIL, NAUT, AVIAT Schein *m*

brevetable [bʀəvətabl] *adj* patentierbar

breveté(e) [bʀəv(ə)te] *adj* ❶ *invention* patentiert ❷ *ingénieur, interprète* Diplom-

breveter [bʀəv(ə)te] <3> *vt* patentieren; **faire ~ qc** etw patentieren lassen

bréviaire [bʀevjɛʀ] *m* Brevier *nt*

brévité [bʀevite] *f* PHON Kürze *f*

bribe [bʀib] *f souvent pl fig de conversation* Wortfetzen *m; d'une langue* Brocken *m; d'une fortune, d'un héritage* kümmerlicher Rest

bric-à-brac [bʀikabʀak] *m inv* Durcheinander *nt*

bric et de broc [dəbʀikedəbʀɔk] **de ~** von da und dort

brick® [bʀik] *v.* **brique²**

bricolage [bʀikɔlaʒ] *m* ❶ (*travail d'amateur*) Heimwerken *nt;* (*travail manuel*) Basteln *nt* ❷ (*mauvais travail*) Pfusch *m* (*pej fam*)

bricole [bʀikɔl] *f* ❶ (*objet de peu de valeur*) Plunder *m* (*pej fam*) ❷ (*petit événement*) Lappalie *f* (*fam*)

bricoler [bʀikɔle] <1> **I.** *vi* ❶ (*effectuer des petits travaux*) basteln; **savoir ~** [handwerklich] geschickt sein ❷ *péj* (*faire du mauvais travail*) pfuschen (*fam*) ❸ (*ne pas avoir de travail fixe*) Gelegenheitsarbeiten verrichten **II.** *vt* ❶ (*construire, installer*) [zusammen]basteln ❷ (*réparer tant bien que mal*) herumbasteln an (+ *dat*)

bricoleur, -euse [bʀikɔlœʀ, -øz] **I.** *adj* [handwerklich] geschickt **II.** *m, f* Heimwerker(in) *m(f)*

bride [bʀid] *f* ❶ (*pièce de harnais*) Zügel *m* ❷ *d'un bonnet, d'une cape* Band *nt;* TECH Flansch *m*

bridé(e) [bʀide] *adj* **des yeux ~s** Schlitzaugen *Pl*

brider [bʀide] <1> *vt* ❶ (*mettre la bride*) [auf]zäumen *cheval* ❷ (*réprimer*) zügeln; bremsen *passion, enthousiasme;* kurzhalten *personne* ❸ TECH flanschen *tuyau*

bridge [bʀidʒ] *m* ❶ (*jeu de cartes*) Bridge *nt* ❷ (*prothèse dentaire*) Brücke *f*

brie [bʀi] *m* Brie[käse *m*] *m*

briefer [bʀife] <1> *vt* instruieren

briefing [bʀifiŋ] *m* Instruktion *f,* Information *f*

brièvement [bʀijɛvmɑ̃] *adv* (*de manière succincte*) kurz und bündig; (*pour peu de temps*) kurz

brièveté [bʀijɛvte] *f* (*courte longueur*) Kürze *f;* (*courte durée*) kurze Dauer *f*

brigade [bʀigad] *f* ❶ MIL Brigade *f;* **~ antidrogue** Abteilung *f* zur Drogenbekämpfung; **~ des stupéfiants** Rauschgiftdezernat ❷ (*équipe*) **~ du matin** Frühschicht *f* ❸ POL **les ~s rouges** die Roten Brigaden

brigadier [bʀigadje] *m de gendarmerie* Brigadeführer *m; d'artillerie, de cavalerie* Gefreite(r) *m*

brigadier-chef [bʀigadjeʃɛf] <brigadiers-chefs> *m* Obergefreite(r) *m*

brigand [bʀigɑ̃] *m péj* Betrüger *m*

brigandage [bʀigɑ̃daʒ] *m* schwerer Raub *m*

briguer [bʀige] <1> *vt* (*solliciter*) sich bemühen um *emploi*

brillamment [bʀijamɑ̃] *adv* glänzend

brillance [bʀijɑ̃s] *f* Glanz *m*

brillant [bʀijɑ̃] *m* ❶ (*diamant*) Brillant *m* ❷ (*aspect brillant*) **le ~** *d'un objet* der Glanz; *d'un propos, du langage* die Brillanz

brillant(e) [bʀijɑ̃, jɑ̃t] *adj* ❶ (*étincelant*) glänzend; *couleurs* leuchtend; *plan d'eau* glitzernd ❷ (*qui a de l'allure*) glänzend; *discours, candidat* brillant; *élève* glänzend; *cérémonie, représentation* glanzvoll; *victoire* glorreich

briller [bʀije] <1> *vi* ❶ (*rayonner*) *soleil,*

étoile: scheinen; *diamant:* funkeln; *éclair, yeux, visage:* leuchten; *chaussures, cheveux:* glänzen ❷ (*se mettre en valeur*) **~ par qc** durch etw glänzen ❸ (*vanter*) **faire ~ un voyage à qn** jdm eine Reise in den leuchtendsten Farben ausmalen

brimade [bʀimad] *f* Schikane *f*

brimer [bʀime] <1> *vt* (*faire subir des vexations*) schikanieren; (*désavantager*) benachteiligen

brin [bʀɛ̃] *m* ❶ (*mince tige*) Stiel *m;* **~ de paille** Strohhalm *m;* **~ de muguet** Maiglöckchen *nt* ❷ (*filament*) **~ de laine** [kurzer] Wollfaden ❸ (*petite quantité*) **un ~ d'espoir** ein Funke *m* Hoffnung

brindille [bʀɛ̃dij] *f* Reis *nt* (*geh*)

bringue¹ [bʀɛ̃g] *f péj fam* (*grande fille*) **grande ~** Bohnenstange *f*

bringue² [bʀɛ̃g] *f fam* (*fête*) Party *f,* Fete *f*

bringuebaler [bʀɛ̃g(ə)bale], **brinquebaler** [bʀɛ̃k(ə)bale] <1> *vi fam* hin- und herwanken, hin- und herschwanken; **une bagnole brinquebalante** eine klapprige Kiste [*o* Klapperkiste]

brio [bʀijo] *m* Bravour *f*

brioche [bʀijɔʃ] *f* Brioche *f*

brioché(e) [bʀijɔʃe] *adj pâte, pain* Hefe-

brique¹ [bʀik] **I.** *f* ❶ (*matériau*) Ziegelstein *m;* **maison de ~** Backsteinhaus *nt* ❷ (*matière ayant cette forme*) **~ de savon/tourbe** Stück *nt* Seife/Torfballen *m* ❸ *fam* (*francs*) 10.000 Francs **II.** *app inv* (*couleur*) ziegelrot

brique®² [bʀik] *f* (*emballage*) Tetra Pak® *m*

briquer [bʀike] <1> *vt* [auf Hochglanz] polieren

briquet [bʀikɛ] *m* Feuerzeug *nt*

briqueterie [bʀik(ə)tʀi, bʀikɛtʀi] *f* Ziegelei *f*

bris [bʀi] *m* Bruch *m*

brisant [bʀizɑ̃] *m* ❶ (*rocher*) [Felsen]klippe *f* ❷ (*écume*) Gischt *m o f*

brise [bʀiz] *f* Brise *f*

brisées [bʀize] *fpl* ▶ **aller sur les ~ de qn** jdm ins Gehege kommen

brise-fer [bʀizfɛʀ] *m, f inv fam* Tollpatsch *m* **brise-glace** [bʀizglas] *m inv* Eisbrecher *m* **brise-jet** [bʀizʒɛ] *m inv* Wasserstrahlregler *m* **brise-lames** [bʀizlam] *m inv* Wellenbrecher *m* **brise-mottes** [bʀizmɔt] *m inv* Schollenbrecher *m*

briser [bʀize] <1> **I.** *vt* ❶ (*casser*) zerbrechen *vaisselle, vase;* zerreißen *collier, chaîne;* einschlagen *vitre, carreau* ❷ (*mater*) brechen *grève, révolte, blocus* ❸ (*anéantir*) zerstören *espoir, illusions, amitié;* brechen *forces, volonté, silence;* **~ le cœur à qn** *fig* jdm das Herz brechen ❹ (*fatiguer*) *voyage:* ermüden ❺ (*interrompre*) durchbrechen *monotonie, ennui;* unterbrechen *conversation;* brechen *silence* ▶ **être brisé** CAN (*être en panne*) defekt sein **II.** *vpr* ❶ (*se casser*) **se ~** *vitre, porcelaine:* zerbrechen; **mon cœur se brise** mir bricht das Herz ❷ (*échouer*) **se ~ contre/sur qn/qc** *résistance, assauts:* an jdm/etw scheitern; *vagues:* sich an etw (*dat*) brechen

brise-tout [bʀiztu] *m inv* Tollpatsch *m*

briseur, -euse [bʀizœʀ, -øz] *m, f* **~ de grève** Streikbrecher *m*

bristol [bʀistɔl] *m* Bristolkarton *m*

brisure [bʀizyʀ] *f* (*cassure*) Bruch *m,* Bruchstelle *f*

britannique [bʀitanik] *adj* britisch

Britannique [bʀitanik] *mf* Brite *m*/Britin *f*

broc [bʀo] *m* Krug *m*

brocante [bʀɔkɑ̃t] *f* (*foire*) Trödelmarkt *m*

brocanteur, -euse [bʀɔkɑ̃tœʀ, -øz] *m, f* Trödler(in) *m(f)*

brocart [bʀɔkaʀ] *m* TEXTIL Brokat *nt*

brochage [bʀɔʃaʒ] *m* ❶ *des feuilles* Broschierung *f* ❷ *du brocart* Weben *nt*

broche [bʀɔʃ] *f* ❶ (*bijou*) Brosche *f,* Anstecknadel *f* ❷ GASTR [Brat]spieß *m* ❸ MED Stift *m*

brochet [bʀɔʃɛ] *m* Hecht *m*

brochette [bʀɔʃɛt] *f* ❶ GASTR Spieß *m,* Schaschlik *m o nt* ❷ *iron* (*groupe de personnes*) [ganzer] Schwung *m* (*fam*) ❸ (*petite broche*) **~ de décorations** Ordensspange *f*

brochure [bʀɔʃyʀ] *f* Broschüre *f*

brocoli [bʀɔkɔli] *m* Brokkoli *Pl*

brodequin [bʀɔd(ə)kɛ̃] *m* Bergschuh *m*

broder [bʀɔde] <1> **I.** *vt* besticken *étoffe;* sticken *motif* **II.** *vi* ❶ COUT sticken ❷ (*affabuler*) fabulieren

broderie [bʀɔdʀi] *f* Stickerei *f*

brodeuse [bʀɔdøz] *f* ❶ Stickerin *f* ❷ (*machine*) Stickmaschine *f*

brome [bʀom] *m* CHIM Brom *nt*

bromure [bʀɔmyʀ] *m* CHIM Bromid *nt*

bronche [bʀɔ̃ʃ] *f* ANAT Bronchie *f*

broncher [bʀɔ̃ʃe] <1> *vi* aufmucken (*fam*)

bronchite [bʀɔ̃ʃit] *f* MED Bronchitis *f*

brontosaure [bʀɔ̃tɔsɔʀ] *m* Brontosaurus *m*

bronzage [bʀɔ̃zaʒ] *m* [Sonnen]bräune *f*

bronzant(e) [bʀɔ̃zɑ̃, ɑ̃t] *adj* bräunend; **crème ~e** [Selbst]bräunungscreme *f*

bronze [bʀɔ̃z] *m* Bronze *f*

B

bronzé(e) [bʀɔ̃ze] *adj* braun gebrannt
bronzer [bʀɔ̃ze] <1> **I.** *vt* ART, TECH mit Bronze überziehen **II.** *vi* bräunen **III.** *vpr* sich bräunen
bronzette [bʀɔ̃zɛt] *f fam* **faire ~** sich sonnen
brossage [bʀɔsaʒ] *m des cheveux* Bürsten *nt; des vêtements* Abbürsten *nt;* **~ des dents** Zähneputzen *nt*
brosse [bʀɔs] *f* ❶ *(ustensile)* Bürste *f;* **~ à cheveux** Haarbürste; **~ à dents** Zahnbürste ❷ *(pinceau)* Quast *m* ❸ *(coupe de cheveux)* Bürsten[haar]schnitt *m*
brosser [bʀɔse] <1> **I.** *vt* ❶ *(épousseter)* abbürsten ❷ *(esquisser)* schildern *situation;* zeichnen *portrait* **II.** *vpr* **se ~** sich abbürsten; **se ~ les cheveux** sich *(dat)* die Haare bürsten; **se ~ les dents** sich *(dat)* die Zähne putzen
brou [bʀu] *m de la noix* grüne Außenschale
brouet [bʀuɛ] *m* Schleimsuppe *f*
brouette [bʀuɛt] *f* Schubkarre *f*
brouhaha [bʀuaa] *m* Lärm *m*
brouillage [bʀujaʒ] *m* Störung *f;* **~ sonore/visuel** Ton-/Bildstörung *f*
brouillard [bʀujaʀ] *m (épais)* Nebel *m; (léger)* Dunst *m*
brouille [bʀuj] *f* Streit *m*
brouillé(e) [bʀuje] *adj* ❶ *(fâché)* **être ~ avec qn** mit jdm zerstritten sein ❷ *(nul)* **être ~ avec les chiffres** *fam* mit Zahlen auf Kriegsfuß stehen *(hum)* ❸ *(atteint)* **avoir le teint ~** mitgenommen aussehen; **avoir les idées ~es** keine klaren Gedanken fassen können
brouiller [bʀuje] <1> **I.** *vt* ❶ *(rendre trouble)* trüben ❷ *(embrouiller)* **~ les idées/l'esprit à qn** jdn verwirren ❸ *(mettre en désordre)* durcheinanderbringen *dossiers, papiers;* mischen *cartes;* verwischen *pistes* ❹ *(rendre inintelligible)* stören *émission, émetteur;* verstellen *combinaison d'un coffre* ❺ *(fâcher)* **des querelles d'héritage ont brouillé les deux frères** Streitereien um das Erbe haben die beiden Brüder entzweit **II.** *vpr* ❶ *(se fâcher)* **se ~ avec qn** sich mit jdm zerstreiten ❷ *(se troubler)* **ma vue se brouille** ich sehe alles ganz verschwommen; **mes idées se brouillent** ich kann keine klaren Gedanken fassen ❸ *(se couvrir)* **se ~** *ciel:* sich bedecken
brouilleur [bʀujœʀ] *m* Störsender *m*
brouillon [bʀujɔ̃] *m* [erster] Entwurf *m; (pour une lettre, un discours)* Konzept *nt*
brouillon(ne) [bʀujɔ̃, jɔn] *adj* ❶ *(désordonné)* schlampig *(pej fam)* ❷ *(peu clair)* wirr
broum [bʀum] *interj (imitation d'un moteur)* brumm
broussaille [bʀusɑj] *f* Gestrüpp *nt*
broussailleux, -euse [bʀusɑjø, -jøz] *adj* voller Gestrüpp; *jardin* verwildert
brousse [bʀus] *f (contrée tropicale)* Busch *m*
brouter [bʀute] <1> **I.** *vt* abweiden; *cervidés:* abäsen **II.** *vi* weiden; *cervidé:* äsen
broutille [bʀutij] *f fig* Lappalie *f*
brownie [bʀoni] *m* Brownie *m*
broyer [bʀwaje] <6> *vt* ❶ *(écraser)* zerkleinern *aliments;* [zer]mahlen *céréales* ❷ *(détruire)* zerkleinern *ordures*
broyeur [bʀwajœʀ] *m* Zerkleinerungsmaschine *f*
broyeur, -euse [bʀwajœʀ, -jøz] *adj insecte, mandibules* beißend-kauend
brrr [bʀʀ] *interj* brr
brucellose [bʀyseloz] *f* MED Maltafieber *nt*
Bruges [bʀyʒ] Brügge
brugnon [bʀyɲɔ̃] *m* Nektarine *f*
bruine [bʀɥin] *f* Nieselregen *m*
bruiner [bʀɥine] <1> *vi impers* **il bruine** es nieselt
bruire [bʀɥiʀ] <irr, défec> *vi vent:* säuseln
bruissement [bʀɥismɑ̃] *m des feuilles, du vent* Säuseln *nt; d'un ruisseau* [leises] Plätschern *nt; du tissu, papier* Rascheln *nt; des insectes* Summen *nt*
bruit [bʀɥi] *m* ❶ *(son)* Geräusch *nt; de vaisselle* Klappern *nt; de ferraille* Scheppern *nt* ❷ *(vacarme)* Lärm *m* ❸ *(rumeur)* Gerücht *nt;* **le ~ court que ...** es geht das Gerücht um, dass ... ▶ **faire du ~** Aufsehen erregen
bruitage [bʀɥitaʒ] *m* Geräuschkulisse *f;* **~ des films** akustische Untermalung von Filmen
bruiteur, -euse [bʀɥitœʀ, -øz] *m, f* Geräuschtechniker(in) *m(f)*
brûlage [bʀylaʒ] *m* Verbrennen *nt,* Abbrennen *nt*
brûlant(e) [bʀylɑ̃, ɑ̃t] *adj* ❶ *(très chaud)* glühend heiß; *plat, liquide* kochend heiß ❷ *(passionné)* leidenschaftlich; *regard* feurig ❸ *(délicat)* heiß
brûlé [bʀyle] *m* ❶ *(résultat)* Verbrannte(s) *nt;* GASTR Angebrannte(s) *nt* ❷ *(blessé)* **grand ~** Verletzter mit schweren Verbrennungen
brûlé(e) [bʀyle] *adj* verbrannt; *plat* angebrannt
brûle-gueule [bʀylgœl] *m inv* Stummelpfeife *f* **brûle-parfum** [bʀylpaʀfœ̃] *m*

inv Räuchergefäß *nt* **brûle-pourpoint** [bʀylpuʀpwɛ̃] ▶**à** ~ ohne Umschweife

brûler [bʀyle] <1> **I.** *vi* ❶ (*se consumer*) brennen ❷ GASTR anbrennen ❸ (*être très chaud*) heiß sein ❹ (*être irrité*) *bouche, yeux, gorge:* brennen ❺ (*être dévoré*) ~ **de soif** vor Durst umkommen; ~ **de faire qc** darauf brennen, etw zu tun ❻ (*être proche du but*) **tu brûles!** du bist ganz nah dran! **II.** *vt* ❶ (*détruire par le feu*) verbrennen; niederbrennen *forêt, maison* ❷ (*pour chauffer, éclairer*) verfeuern *bois, charbon;* abbrennen *allumette;* verbrauchen *électricité* ❸ (*endommager*) *bougie, cigarette, fer à repasser:* ansengen; *liquide bouillant:* verbrühen; *gel:* erfrieren lassen; *soleil:* verbrennen; *acide:* angreifen ❹ (*irriter*) **le sable brûle les pieds** man verbrennt sich die Füße im heißen Sand ❺ (*ne pas respecter*) überfahren *stop, signal;* überspringen *étape;* ~ **un feu rouge** bei Rot über die Ampel fahren ❻ (*consommer*) verbrauchen *calories* ❼ GASTR anbrennen lassen **III.** *vpr* **se** ~ sich verbrennen; **se** ~ **qc** sich (*dat*) etw verbrennen

brûleur [bʀylœʀ] *m* Brenner *m*

brûlis [bʀyli] *m* Brandrodung *f*

brûlure [bʀylyʀ] *f* ❶ (*blessure*) Verbrennung *f;* (*plaie*) Brandwunde *f* ❷ (*tache*) Brandfleck *m;* (*trou*) Brandloch *nt* ❸ (*irritation*) ~**s d'estomac** Sodbrennen *nt*

brumaire [bʀymɛʀ] *m* HIST *zweiter Monat des Kalenders, der nach der französischen Revolution eingeführt wurde* (*22. Oktober bis 21. November*)

brume [bʀym] *f* ❶ (*brouillard*) [leichter] Nebel ❷ (*en mer*) Nebel *m* ❸ *pl fig* **les** ~**s de l'alcool** der Alkoholnebel

brumeux, -euse [bʀymø, -øz] *adj* ❶ METEO diesig ❷ (*confus*) unklar

brumisateur® [bʀymizatœʀ] *m* Zerstäuber *m*

brun [bʀœ̃] *m* ❶ (*couleur*) Braun *nt* ❷ (*personne*) Dunkelhaarige(r) *m*

brun(e) [bʀœ̃, bʀyn] *adj* ❶ (*opp: blond*) braun; *cheveux, peau, tabac, bière* dunkel; **cheveux** ~ **clair/foncé** hell-/dunkelbraunes Haar; **être** ~ dunkelhaarig sein ❷ (*bronzé*) braun [gebrannt]

brunante [bʀynɑ̃t] *f* CAN (*crépuscule*) [Abend]dämmerung *f*

brunâtre [bʀynɑtʀ] *adj* bräunlich

brunch [bʀœnʃ] <[e]s> *m* Brunch *m*

brune [bʀyn] *f* ❶ (*cigarette*) Zigarette *f* aus dunklem Tabak ❷ (*bière*) dunkles Bier ❸ (*personne*) Dunkelhaarige *f,* Brünette *f*

brunir [bʀyniʀ] <8> **I.** *vi* braun werden; *cheveux:* dunkler werden **II.** *vt* bräunen; dunkel beizen *boiserie*

Brunswick [bʀœ̃svik] Braunschweig *nt*

bruschetta [bʀusketa, bʀuskɛtta] *f* GASTR Bruschetta *f*

brushing® [bʀœʃiŋ] *m* Föhnfrisur *f,* Föhnwelle *f*

brusque [bʀysk] *adj* ❶ (*soudain*) plötzlich ❷ *personne, ton* barsch; *manières* ungehobelt; *geste* heftig

brusquement [bʀyskəmɑ̃] *adv* plötzlich

brusquer [bʀyske] <1> *vt* ❶ (*précipiter*) überstürzen; voreilig angehen *affaire* ❷ (*bousculer*) brüsk behandeln; (*parler durement*) anfahren

brusquerie [bʀyskəʀi] *f* Barschheit *f*

brut(e) [bʀyt] **I.** *adj* ❶ (*naturel*) Roh-; *champagne* brut; *diamant* ungeschliffen; *toile* ungebleicht ❷ *fig fait* nackt; *idée* unausgereift ❸ ECON Brutto- **II.** *adv* brutto

brutal(e) [bʀytal, -o] <-aux> *adj* ❶ (*violent*) brutal; *manières* ungehobelt; *instinct* tierisch ❷ *langage, réponse* unverblümt; *franchise, réalisme* schonungslos; *vérité* nackt ❸ *choc* schwer; *coup* hart; *mort* plötzlich; *décision* [unerwartet] streng

brutalement [bʀytalmɑ̃] *adv* ❶ (*violemment*) brutal ❷ (*sans ménagement*) unverblümt ❸ (*soudainement*) [ur]plötzlich

brutaliser [bʀytalize] <1> *vt* brutal behandeln

brutalité [bʀytalite] *f* ❶ *sans pl* (*violence*) Brutalität *f; de paroles, d'un jeu* Härte *f* ❷ *pl* (*actes violents*) **être victime de** ~**s** ein Opfer der Gewalt sein ❸ *sans pl* (*soudaineté*) Plötzlichkeit *f*

brute [bʀyt] *f* ❶ (*violent*) brutaler Kerl ❷ (*rustre*) Rüpel *m*

Bruxelles [bʀy(k)sɛl] Brüssel *nt*

bruxellois(e) [bʀyksɛlwa, waz] *adj* aus Brüssel

bruyamment [bʀyjamɑ̃, bʀɥijamɑ̃] *adv* ❶ (*avec bruit*) laut ❷ (*avec insistance*) lautstark

bruyant(e) [bʀyjɑ̃, bʀɥijɑ̃, jɑ̃t] *adj* laut; *réunion, foule* lärmend

bruyère [bʀyjɛʀ, bʀɥijɛʀ] *f* Heidekraut *nt*

B.T.S. [beteɛs] *m abr de* **Brevet de Technicien Supérieur** Ingenieurdiplom *nt*

bu(e) [by] *part passé de* **boire**

buanderie [bɥɑ̃dʀi] *f* Waschküche *f*

bubble tea [bœbəl ti] <- -s> *m* Bubbletea *m*

Bucarest [bykaʀɛst] Bukarest *nt*

buccal(e) [bykal, -o] <-aux> *adj* Mund-

buccodentaire [bykodɑ̃tɛʀ] *adj hygiène* Mund- und Zahn-

bûche [byʃ] *f* ① (*bois*) [Holz]scheit *nt* ② GASTR ~ **de Noël** *Weihnachtscremerolle*

bûcher[1] [byʃe] *m* ① (*amas de bois*) Scheiterhaufen *m* ② (*local*) Holzschuppen *m*

bûcher[2] [byʃe] <1> *vi, vt fam* büffeln, pauken

bûcheron(ne) [byʃʀɔ̃, ɔn] *m(f)* Holzfäller(in) *m(f)*

bûchette [byʃɛt] *f* (*petite bûche*) kleines Holzscheit *nt*

bûcheur, -euse [byʃœʀ, -øz] **I.** *adj fam* fleißig **II.** *m, f fam* Arbeitstier *nt*

bucolique [bykɔlik] *adj* bukolisch; *existence* naturverbunden; *paysage* idyllisch

Budapest [bydapɛst] Budapest *nt*

budget [bydʒɛ] *m* FIN Budget *nt;* **le ~ de l'État** der Staatshaushalt

budgétaire [bydʒetɛʀ] *adj* Haushalts-

budgétisation [bydʒetizasjɔ̃] *f* Budgetierung *f,* Veranschlagung *f* im Haushalt

budgétiser [bydʒetize] <1> *vt* budgetieren

buée [bɥe] *f* **se couvrir de ~** beschlagen

buffet [byfɛ] *m* ① GASTR Büfett *nt* ② (*meuble*) **~ de cuisine** Küchenbüfett *nt;* **~ de la gare** (*lieu de restauration*) Bahnhofsgaststätte *f*

buffle [byfl] *m* Büffel *m*

bug [bœg] *m* INFORM Programmfehler *m*

buggy [bygi, bœge] <s o buggies> *m* Buggy *m*

building [b(y)ildiŋ] *m* Hochhaus *nt*

buis [bɥi] *m* BOT Buchs *m;* (*arbuste*) Buchs[baum] *m*

buisson [bɥisɔ̃] *m* Busch *m*

buissonneux, -euse [bɥisɔnø, -øz] *adj* mit Büschen bewachsen

buissonnière [bɥisɔnjɛʀ] *adj v.* **école**

bulbe [bylb] *m* ① BOT Zwiebel *f* ② ARCHIT Zwiebel *f* ③ ANAT **~ pileux/rachidien** Haarzwiebel *f*/verlängertes Rückenmark

bulgare [bylgaʀ] **I.** *adj* bulgarisch **II.** *m* Bulgarisch *nt; v. a.* **allemand**

Bulgare [bylgaʀ] *mf* Bulgare *m*/Bulgarin *f*

Bulgarie [bylgaʀi] *f* **la ~** Bulgarien *nt*

bulldozer [byldɔzɛʀ, buldozœʀ] *m* Bulldozer *m*

bulle [byl] *f* ① PHYS, MED Blase *f* ② (*dans une bande dessinée*) Sprechblase *f* ③ (*décret*) Bulle *f*

bulletin [byltɛ̃] *m* ① (*communiqué*) Bericht *m* ② (*journal*) Bulletin *nt;* (*rubrique*) Bericht *m;* **~ d'information** Nachrichten *Pl* ③ POL **~ de vote** Stimmzettel *m* ④ SCOL **~ scolaire** Schulzeugnis *nt* ⑤ (*certificat*) Schein *m;* **~ de paye** *d'un ouvrier* Lohnzettel *m; d'un employé* Gehaltszettel *m*

bulletin-réponse [byltɛ̃ʀepɔ̃s] <bulletins-réponses> *m* Teilnahmekarte *f*

bull-terrier [bultɛʀje] <bull-terriers> *m* Bullterrier *m*

bungalow [bœ̃galo] *m* Bungalow *m*

bunker [bunkœʀ, bunkɛʀ] *m* Bunker *m*

bunkérisation [bunkeʀizasjɔ̃] *f fam* ① (*mise à l'abri, isolement*) Abschottung *f* [von der Außenwelt] ② *fig* (*repli sur soi*) Abschottung *nt* nach außen

bunkériser [bunkeʀize] <1> *vpr* **se ~** sich [von der Außenwelt] abschotten

buraliste [byʀalist] *mf* Tabak[waren]händler(in) *m(f)*

bure [byʀ] *f* TEXTIL *grober, brauner Stoff aus Wolle*

bureau [byʀo] <x> *m* ① (*meuble*) Schreibtisch *m* ② (*pièce*) Büro *nt,* Arbeitszimmer *nt* ③ (*lieu de travail*) Büro *nt* ④ (*service*) Büro *nt;* **~ de renseignements** Auskunftsbüro; **~ des objets trouvés** Fundbüro ⑤ (*comité*) **~ exécutif** Exekutivausschuss *m* ⑥ (*établissement réservé au public*) **~ de change** Wechselstube *f;* **~ de poste** Postamt *nt;* **~ de tabac** Tabak[waren]laden *m;* **~ de vote** Wahllokal *nt* ⑦ MIL Abteilung *f* ⑧ INFORM Arbeitsoberfläche *f,* Desktop *m*

bureaucrate [byʀokʀat] *mf* Bürokrat(in) *m(f)*

bureaucratie [byʀokʀasi] *f* Bürokratie *f*

bureaucratique [byʀokʀatik] *adj* bürokratisch

bureautique® [byʀotik] *f* Bürokommunikation *f*

burette [byʀɛt] *f* ① TECH Ölkanne *f* ② CHIM Bürette *f* ③ REL Messkännchen *nt*

burgrave [byʀgʀav] *m* HIST Burggraf *m*

burin [byʀɛ̃] *m* ① (*outil*) [Gravier]nadel *f* ② (*gravure*) [Stahl]stich *m* ③ (*ciseau*) Meißel *m*

buriné(e) [byʀine] *adj visage* zerfurcht; *traits* scharf

burka [buʀka] *f* Burka *f*

Burkina-Faso [byʀkinafaso] *m* **le ~** Burkina Faso *nt*

burkini [buʀkini] *m* Burkini *m*

burlesque [byʀlɛsk] **I.** *adj* ① THEAT, CINE burlesk ② (*extravagant*) grotesk **II.** *m* Burleske *nt;* CINE Slapstick *m*

burlingue [byʀlɛ̃g] *m arg* [kleines] Büro *nt*

burnous [byʀnu(s)] *m* Burnus *m*

burn[-]out [bœʀnaut] <burn[-]outs> *m* MED Burn-out-Syndrom *nt*

burqa [buʀka] *f* Burka *f*

bus[1] [bys] *m abr de* **autobus** Bus *m*

bus[2] [bys] *m* INFORM **~ de données** Datenbus *m*

bus[3] [by] *passé simple de* **boire**
busard [byzaʀ] *m* ORN Weihe *f*
buse[1] [byz] *f* ORN Bussard *m*
buse[2] [byz] *f* TECH Düse *f*
business [biznɛs] *m* Geschäft *nt*
businessman [biznɛsman, -mɛn] <s *o* -men> *m* Geschäftsmann *m*
busqué(e) [byske] *adj nez* Haken-
buste [byst] *m* ❶ (*torse*) Oberkörper *m* ❷ (*poitrine de femme*) Brust *f* ❸ (*sculpture*) Büste *f*
bustier [bystje] *m* ❶ (*sous-vêtement*) Bustier *nt* ❷ (*vêtement*) Korsage *f*
but [by(t)] *m* ❶ (*destination, objectif*) Ziel *nt* ❷ SPORT Tor *nt;* ~ **en or** Golden Goal *nt;* **les ~s** (*cage*) das Tor
butane [bytan] *m* Butan[gas] *nt*
buté(e) [byte] *adj* trotzig
butée [byte] *f* TECH Anschlag *m*
buter [byte] <1> **I.** *vi* ❶ (*heurter*) ~ **contre qc** gegen etw stoßen ❷ (*faire face à une difficulté*) ~ **contre qc** über etw (*akk*) stolpern **II.** *vt* ❶ (*énerver*) verärgern ❷ *fam* (*tuer*) umlegen **III.** *vpr* **se ~ sur qc** sich auf etw (*akk*) versteifen
buteur [bytœʀ] *m* Torjäger *m*
butin [bytɛ̃] *m* Beute *f; d'une fouille* Fund *m*
butiner [bytine] <1> *vi* Nektar sammeln
butoir [bytwaʀ] *m* ❶ CHEMDFER Prellbock *m* ❷ TECH Anschlag *m*
butor [bytɔʀ] *m* ❶ ORN Rohrdommel *f* ❷ *hum* (*rustre*) Flegel *m,* Rüpel *m*
butte [byt] *f* [Erd]hügel *m;* (*colline*) [An]höhe *f;* **la ~ Montmartre** der Hügel, auf dem Montmartre liegt
butter [byte] <1> *vt* AGR [an]häufeln
butyrique [bytiʀik] *adj* CHIM *acide* Butter-
buvable [byvabl] *adj* ❶ (*potable*) trinkbar; **ne pas être ~** ungenießbar sein ❷ *fig fam* entsetzlich sein
buvais [byvɛ] *imparf de* **boire**
buvant [byvɑ̃] *part prés de* **boire**
buvard [byvaʀ] *m* Löschblatt *nt*
buvette [byvɛt] *f* ❶ (*local*) Bar *f;* (*en plein air*) Getränkekiosk *m* ❷ (*thermale*) Trinkhalle *f*
buveur, -euse [byvœʀ, -øz] *m, f* ❶ (*alcoolique*) Trinker(in) *m(f)* ❷ *d'un restaurant* Gast *m*
buvez [byve], **buvons** [byvɔ̃] *indic prés et impératif de* **boire**
buzz [bœz] *m* INFORM Buzz *m*
byte [bajt] *m* INFORM Byte *nt*
byzantin(e) [bizɑ̃tɛ̃, in] *adj* byzantinisch

Cc

C, c [se] *m inv* C *nt,* c; **c cédille** C [mit] Cedille
c' <devant "a" ç> *pron dém v.* **ce**
ça [sa] *pron dém* ❶ *fam* (*pour désigner ou renforcer*) das; **qu'est-ce que c'est que ~?** was ist denn das?; **ah ~ non!** das auf gar keinen Fall!; *v. a.* **cela** ❷ *fam* (*répétitif*) **les haricots? si, j'aime ~** Bohnen? doch, die esse ich gern; **le fer, ~ rouille** Eisen rostet nun eben mal ❸ *péj* (*personne*) **et ~ vote!** und so etwas wählt! (*fam*) ▶ ~ **par exemple!**, ~ **alors!** na, so was!; **c'est toujours ~** immerhin etwas; **c'est ~** [ganz] genau; **c'est comme ~** so ist es nun [ein]mal; ~ **va?** wie geht's?; **dire comme ~** nur so sagen; **pas de ~!** ausgeschlossen!; **pour ~ oui** das kann man wohl sagen; *v. a.* **cela**
çà [sa] ~ **et là** hier und da; **courir ~ et là** hierhin und dorthin laufen
cabale [kabal] *f* Intrige *f;* **former une ~ contre qn** gegen jdn intrigieren
cabalistique [kabalistik] *adj* kabbalistisch
caban [kabɑ̃] *m* Caban *m* (*modischer kurzer Herrenmantel*)
cabane [kaban] *f* ❶ Hütte *f; péj* [Bruch]bude *f* ❷ *fam* (*prison*) Kittchen *nt,* Knast *m*
cabanon [kabanɔ̃] *m* Schuppen *m*
cabaret [kabaʀɛ] *m* ❶ Nachtlokal *nt* ❷ CAN (*plateau*) Tablett *nt*
cabas [kabɑ] *m* Einkaufstasche *f*
cabernet [kabɛʀnɛ] *m rote Rebsorte, die im Loiretal und in der Gironde angebaut wird*
cabestan [kabɛstɑ̃] *m* Winde *f;* NAUT Spill *nt*
cabillaud [kabijo] *m* Kabeljau *m*
cabine [kabin] *f* ❶ *d'un camion* Fahrerhaus *nt; d'un avion, véhicule spatial* Cockpit *nt;* ~ **spatiale** Raumkapsel *f* ❷ (*petit local*) Kabine *f;* ~ **téléphonique** Telefonzelle *f;* ~ **d'essayage** Umkleidekabine
cabinet [kabinɛ] *m* ❶ *pl* (*toilettes*) Toilette *f;* **être aux ~s** auf der Toilette sein

❷ *d'un médecin* Praxis *f; d'un avocat* Kanzlei *f* ❸ POL Kabinett *nt* ❹ (*endroit isolé*) ~ **particulier** [kleines] Nebenzimmer; ~ **de toilette** [kleiner] Waschraum; ~ **de travail** Arbeitszimmer

câblage [kɑblaʒ] *m* ❶ TV, ELEC Verkabelung *f* ❷ (*fabrication d'un câble*) Kabelherstellung *f* ❸ (*envoi*) *d'une dépêche* Kabeln *nt*

câble [kɑbl] *m* ❶ (*faisceau de fils tressés*) Seil *nt;* MAR Tau *nt;* ~ **métallique** Drahtseil ❷ ELEC Kabel *nt;* **poser un** ~ ein Kabel legen; ~ **du téléphone** Telefonkabel; ~ **de charge** Ladekabel ❸ TV Kabelfernsehen *nt;* **avoir le** ~ verkabelt sein

câblé(e) [kɑble] *adj fil* gezwirnt; *ville, maison* verkabelt

câbler [kɑble] <1> *vt* ❶ (*transmettre*) nach Übersee telegrafieren ❷ TV verkabeln

câblodistribution [kablodistʀibysjɔ̃] *f* Kabelfernsehen *nt*

cabochard(e) [kabɔʃaʀ, aʀd] *adj fam* dickköpfig

caboche [kabɔʃ] *f fam* Schädel *m*

cabosser [kabɔse] <1> *vt* verbeulen

cabot [kabo] *m péj fam* (*chien*) Köter *m*

cabotage [kabɔtaʒ] *m* Küstenschifffahrt *f*

caboteur [kabɔtœʀ] *m* Küstenschiff *nt*

cabotin(e) [kabɔtɛ̃, in] *m(f) fam* Wichtigtuer *m*

cabotinage [kabɔtinaʒ] *m fam* Schmierentheater *nt* (*pej*)

cabrer [kɑbʀe] <1> *vt* steigen lassen *cheval;* hochziehen *avion*

cabri [kabʀi] *m* Zicklein *nt;* **sauter comme un** ~ Luftsprünge machen

cabriole [kabʀijɔl] *f* Luftsprung *m; d'un danseur, cheval* Kapriole *f*

cabriolet [kabʀijɔlɛ] *m* Cabrio[let] *nt,* Kabrio[lett] *nt*

caca [kaka] *m enfantin fam* **faire** ~ Aa machen ▶ ~ **d'oie** gelbgrün

cacahouète, cacahuète [kakawɛt] *f* Erdnuss *f*

cacao [kakao] *m* Kakao *m*

cacatoès [kakatɔɛs] *m* Kakadu *m*

cachalot [kaʃalo] *m* Pottwal *m*

cache [kaʃ] *m* ❶ PHOT, CINE Maske *f;* **mettre un** ~ **sur qc** etw abdecken ❷ INFORM Cache *m;* **sauvegarder qc en** ~ etw im Cache speichern

caché(e) [kaʃe] *adj lieu, refuge* abgeschieden

cache-cache [kaʃkaʃ] *m inv* Versteckspiel *nt* **cache-col** [kaʃkɔl] *m inv* Halstuch *nt*

cachemire [kaʃmiʀ] **I.** *m* Kaschmir *m* **II.** *app* persisch-indisch

cache-misère [kaʃmizɛʀ] *m inv* Übermantel *m* (*zum Verdecken schlechter Kleider*) **cache-nez** [kaʃne] *m inv* Schal *m* **cache-pot** [kaʃpo] <cache-pots> *m* Übertopf *m;* (*en papier*) Manschette *f* [für Blumentöpfe] **cache-prise** [kaʃpʀiz] <cache-prise[s]> *m* Kindersicherung *f* [für Steckdosen]

cacher [kaʃe] <1> **I.** *vt* ❶ (*dissimuler*) verstecken ❷ (*masquer*) verdecken ❸ (*ne pas laisser voir*) verbergen ❹ (*garder secret*) ~ **qc à qn** jdm etw verheimlichen **II.** *vpr* ❶ (*se dissimuler*) **se** ~ sich verstecken; *chose:* sich verbergen; **va te ~!** verschwinde! ❷ (*être introuvable*) **mais où se cache le directeur?** wo steckt denn der Direktor? ❸ (*tenir secret*) **ne pas se** ~ **de qc** kein[en] Hehl aus etw machen

cache-radiateur [kaʃʀadjatœʀ] <cache-radiateurs> *m* Heizkörperverkleidung *f* **cache-sexe** [kaʃsɛks] <cache-sexe[s]> *m* Minislip *m*

cachet [kaʃɛ] *m* ❶ MED Tablette *f* ❷ (*tampon*) Stempel *m;* ~ **officiel** Amtssiegel *nt* ❸ (*rétribution*) Honorar *nt; d'un acteur* Gage *f* ▶ **avoir du** ~ eine besondere Note haben

cacheter [kaʃte] <3> *vt* versiegeln

cachette [kaʃɛt] *f* Versteck *nt* ▶ **en** ~ heimlich; **en** ~ **de qn** ohne jds Wissen; (*en cas d'action répréhensible*) hinter jds Rücken (*dat*)

cachot [kaʃo] *m* (*cellule*) Kerker *m*

cachotterie [kaʃɔtʀi] *f gén pl* Geheimniskrämerei *f;* **faire des ~s à qn** jdm gegenüber heimlichtun

cachottier, -ière [kaʃɔtje, -jɛʀ] **I.** *adj* heimlichtuend **II.** *m, f* Heimlichtuer(in) *m(f)*

cacophonie [kakɔfɔni] *f* Missklang *m*

cactus [kaktys] *m* Kaktus *m*

c.-à-d. *abr de* **c'est-à-dire** d.h.

cadastre [kadastʀ] *m* ❶ (*registre*) Kataster *m o nt* ❷ (*service*) Katasteramt *nt*

cadavérique [kadaveʀik] *adj teint* [asch]fahl, blass

cadavre [kadɑvʀ] *m d'une personne* Leiche *f; d'un animal* Kadaver *m* ▶ **être un** ~ **ambulant** *fam* aussehen wie der Tod [auf Latschen]

caddie [kadi] <s> *m* (*chariot*) Einkaufswagen *m*

cadeau [kado] <x> *m* Geschenk *nt;* ~ **de Noël/d'anniversaire** Weihnachts-/Geburtstagsgeschenk; **faire** ~ **de qc à qn** jdm etw schenken; **en** ~ als Zugabe

cadenas [kadnɑ] *m* Vorhängeschloss *nt*

cadenasser [kadnɑse] <1> *vt* mit einem Vorhängeschloss verschließen
cadence [kadɑ̃s] *f* ① (*rythme*) Rhythmus *m;* **marquer la ~** den Takt schlagen; **en ~** im Takt ② (*vitesse*) Tempo *nt; du travail à la chaîne* Takt *m*
cadencé(e) [kadɑ̃se] *adj* rhythmisch
cadencer [kadɑ̃se] <2> *vt* rhythmisch gestalten; **~ son pas** Schritt halten
cadet(te) [kadɛ, ɛt] **I.** *adj* ① (*le plus jeune*) jüngste(r, s) ② (*le plus jeune de deux*) jüngere(r, s) ③ (*plus jeune que qn*) jüngere(r, s) **II.** *m(f)* ① (*dernier-né*) Jüngste(r) *f(m);* **le ~ des garçons** der jüngste Junge ② (*plus jeune que qn*) Jüngere(r) *f(m);* **c'est ma ~te** das ist meine jüngere Schwester; **elle est ma ~te de trois mois** sie ist drei Monate jünger als ich ③ SPORT Nachwuchsspieler(in) *m(f)* ④ MIL, HIST Kadett *m* ▶ **c'est le ~ de mes soucis** das ist meine geringste Sorge
cadrage [kɑdʀaʒ] *m* Bildeinstellung *f*
cadran [kadʀɑ̃] *m* ① Zifferblatt *nt; d'un baromètre, compteur* Skala *f; d'un téléphone* Wählscheibe *f;* **~ solaire** Sonnenuhr *f* ② CAN *fam* (*réveil*) Wecker *m*
cadre [kɑdʀ] *m* ① (*encadrement*) Rahmen *m;* **mettre un tableau dans un ~** ein Gemälde [ein]rahmen ② (*environnement*) Umgebung *f;* **dans un ~ de verdure** im Grünen ③ (*limites*) Rahmen *m;* **cela entre bien dans le ~ de ses fonctions** das fällt genau in seinen Aufgabenbereich; **dans le ~ de qc** im Rahmen einer S. (*gen*) ④ (*responsable hiérarchique*) leitende(r) Angestellte(r) *f(m);* **~ moyen/supérieur** mittlere/obere Führungskraft
cadrer [kɑdʀe] <1> *vi* **~ avec qc** mit etw übereinstimmen
cadreur [kɑdʀœʀ] *m* Kameramann *m*/Kamerafrau *f*
caduc, caduque [kadyk] *adj* ① (*périmé*) überholt ② BOT abwerfbar; **à feuilles ~s** im Winter die Blätter verlierend
cafard [kafaʀ] *m* ① (*insecte*) [Küchen]schabe *f* ② (*spleen*) Depressionen *Pl;* **avoir le ~** trübsinnig sein; **donner le ~ à qn** jdn trübsinnig machen
cafarder [kafaʀde] <1> *vt fam* (*dénoncer*) petzen (*pej*); **~ qn** jdn verpetzen (*pej*)
cafardeur, -euse [kafaʀdœʀ, -øz] *m, f* Petzer(in) *m(f)* (*pej*)
cafardeux, -euse [kafaʀdø, -øz] *adj* schwermütig
café [kafe] *m* ① (*boisson*) Kaffee *m;* **~ crème/filtre** Milch-/Filterkaffee; **~ liégeois** *Mokkaeis, Mokkasoße und Schlagsahne;* **~ décaféiné/serré** koffeinfreier/starker Kaffee; **~ au lait** Milchkaffee ② (*établissement*) Bar *f,* Café *nt;* (*coffeeshop*) Coffeeshop *m;* **~ avec terrasse** Straßencafé; **~ électronique** Internetcafé ③ (*plante*) Kaffee *m;* **~ en grains** ungemahlener Kaffee ④ (*arôme*) **au ~** Mokka- ⑤ (*moment du repas*) **au ~** beim Kaffee ⑥ CH (*dîner*) **un ~ complet** ein leichtes Nachtessen (CH)
café-concert [kafekɔ̃sɛʀ] <cafés-concerts> *m* Bar *f* mit Varietee-Darbietungen
caféier [kafeje] *m* BOT Kaffeepflanze *f*
caféine [kafein] *f* Koffein *nt*
café-restaurant [kafeʀɛstɔʀɑ̃] <cafés-restaurants> *m* Bar *f* mit Restaurationsbetrieb **café-tabac** [kafetaba] <cafés-tabacs> *m* Bar *f* mit Tabakladen
cafeter [kafte] <1> *v.* **cafter**
cafétéria [kafeteʀja] *f* Cafeteria *f*
café-théâtre [kafeteɑtʀ] <cafés-théâtres> *m* Kleinkunstbühne *f*
cafetière [kaftjɛʀ] *f* Kaffeekanne *f;* **~ électrique** Kaffeemaschine *f*
cafouillage [kafujaʒ] *m fam* totales Chaos *nt*
cafouiller [kafuje] <1> *vi fam* ① (*agir avec confusion*) Murks machen ② (*s'embrouiller*) chaotisch werden
cafouillis [kafuji] *m v.* **cafouillage**
cafter [kafte] *vt fam* verpetzen (*pej*)
cage [kaʒ] *f* ① (*pour enfermer*) Käfig *m; d'un chien* Zwinger *m;* **~ à lapin** Kaninchenstall *m; péj fam* (*H.L.M.*) Hasenstall ② SPORT Tor *nt* ③ ANAT **~ thoracique** Brustkorb *m* ④ TECH **~ d'ascenseur** Aufzugschacht *m;* **~ d'escalier** Treppenhaus *nt*
cageot [kaʒo] *m* ① (*emballage*) [Obst]kiste *f* ② *fam* (*fille*) hässliches Entlein
cagette [kaʒɛt] *f* [Obst]kiste *f*
cagibi [kaʒibi] *m* Abstellkammer *f*
cagne [kaɲ] *f v.* **khâgne**
cagneux, -euse [kaɲø, -øz] *adj genoux* nach innen gerichtet
cagnotte [kaɲɔt] *f* ① (*caisse*) gemeinsame Kasse ② *fam* (*économies*) Notgroschen *m*
cagoule [kagul] *f* ① (*couvre-chef*) Kapuzenmütze *f* ② (*masque*) Maske *f* ③ (*capuchon*) Kapuze *f*
cagoulé(e) [kagule] *adj* maskiert; (*encagoulé*) vermummt
cahier [kaje] *m* ① SCOL [Schreib]heft *nt;* **~ de brouillon** Schmierheft; **~ d'exercices** Übungsheft; **~ de textes** Aufgabenheft ② TYP gefalzter Druckbogen ③ *pl* (*publication*) Zeitschrift *f,* Heft *nt*

C

cahin-caha [kaɛ̃kaa] *adv fam* so lala
cahot [kao] *m* Stoß *m*
cahotant(e) [kaɔtɑ̃, ɑ̃t] *adj route* holp[e]rig
cahoter [kaɔte] <1> *vi* holpern
cahoteux, -euse [kaɔtø, -øz] *adj chemin* uneben, holprig
cahute [kayt] *f* Hütte *f*
caïd [kaid] *m* ❶ (*malfaiteur*) [Gangster]boss *m* ❷ *fam* (*meneur*) Anführer(in) *m(f)* ❸ *fam* (*ponte*) hohes Tier
caillassage [kajasaʒ] *m fam* Steinewerfen *nt*
caillasse [kajas] *f fam* (*cailloux*) Kies *m*
caillasser [kajase] <1> *vt fam* Steine schmeißen auf (+ *akk*), Steine schmeißen nach
caille [kaj] *f* (*oiseau*) Wachtel *f*
caillé(e) [kaje] *adj sang* geronnen
cailler [kaje] <1> **I.** *vi* ❶ gerinnen ❷ *fam* (*avoir froid*) sich (*dat*) einen abfrieren **II.** *vt* gerinnen lassen **III.** *vpr* **se ~** ❶ gerinnen ❷ *fam* (*avoir froid*) *personne:* sich (*dat*) einen abfrieren
caillot [kajo] *m* Gerinnsel *nt*
caillou [kaju] <x> *m* (*pierre*) Kiesel[stein *m*] *m*
caillouteux, -euse [kajutø, -øz] *adj* steinig
caïman [kaimɑ̃] *m* ZOOL Kaiman *m*
Caïn [kaɛ̃] *m* Kain *m*
Caire [kɛʀ] *m* **le ~** Kairo *nt*
caisse [kɛs] *f* ❶ (*boîte*) Kiste *f*, Kasten *m;* **~ à outils** Werkzeugkasten ❷ (*dépôt d'argent, guichet*) Kasse *f;* **~ enregistreuse** Registrierkasse; **~ noire** Geheimfonds *m;* **faire la** [*o* **sa**] **~** Kasse[nsturz] machen; **tenir la ~** die Kasse führen; **passer à la ~** zur Kasse gehen; **~ d'épargne** Sparkasse ❸ (*organisme de gestion*) Kasse *f;* **~ d'assurance maladie** Krankenkasse ❹ *d'une horloge* Gehäuse *nt; d'un tambour* Resonanzkörper *m; d'une voiture* Karosserie *f;* **grosse ~** große Trommel ❺ *fam* (*voiture*) Karre *f*, Kiste *f;* **tourner en ~** cruisen ►**à fond la ~** *fam* volle Kanne, mit Karacho
caissette [kɛsɛt] *f* Kistchen *nt*
caissier, -ière [kesje, -jɛʀ] *m, f* Kassierer(in) *m(f)*
caisson [kɛsɔ̃] *m* Kiste *f*
cajoler [kaʒɔle] <1> *vt* liebkosen; (*pour obtenir qc*) umschmeicheln
cajolerie [kaʒɔlʀi] *f gén pl* Zärtlichkeiten *Pl*
cajoleur, -euse [kaʒɔlœʀ, -øz] *adj* zärtlich; *voix* sanft
cajou [kaʒu] *m* Cashewnuss *f*
cake [kɛk] *m* englischer [Tee]kuchen

cal [kal] *m* Schwiele *f*
calamar [kalamaʀ] *m* Tintenfisch *m*
calamité [kalamite] *f* Katastrophe *f*
calandre [kalɑ̃dʀ] *f* AUT Kühlergrill *m*
calanque [kalɑ̃k] *f* [kleine] Felsbucht
calcaire [kalkɛʀ] **I.** *adj* kalkhaltig; *dépôt, roche* Kalk-; *relief* Kalkstein- **II.** *m* GEOL Kalk[stein] *m*
calcification [kalsifikasjɔ̃] *f* Verkalkung *f*
calciné(e) [kalsine] *adj* verkohlt
calciner [kalsine] <1> *vt* CHIM kalzinieren
calcium [kalsjɔm] *m* Kalzium *nt*
calcul[1] [kalkyl] *m* ❶ (*opération*) Berechnung *f;* **~ des bénéfices/du chiffre d'affaires** Gewinn-/Umsatzermittlung *f;* **faire le ~ de** berechnen; **faire une erreur de ~** [*o* **un mauvais ~**] sich verrechnen; **~ mental** Kopfrechnen *nt* ❷ (*arithmétique*) **~ algébrique** algebraisches Rechnen; **~ différentiel/intégral** Differenzial-/Integralrechnung *f* ❸ *pl* (*estimation*) Berechnung *f;* **d'après mes ~s** nach meiner Schätzung *f;* **faire rentrer qc dans ses ~s** etw [mit] einkalkulieren
calcul[2] [kalkyl] *m* MED Stein *m*
calculable [kalkylabl] *adj* berechenbar
calculateur [kalkylatœʀ] *m* Rechner *m*
calculatrice [kalkylatʀis] *f* Rechner *m;* **~ de poche** Taschenrechner
calculer [kalkyle] <1> **I.** *vi* ❶ **~ mentalement** im Kopf rechnen ❷ (*compter ses sous*) mit dem Geld rechnen; **~ au plus juste** sehr knapp kalkulieren **II.** *vt* ❶ (*déterminer par le calcul*) ausrechnen ❷ (*évaluer, prévoir*) einkalkulieren *risque;* ausrechnen *chances;* **tout bien calculé** alles in allem ❸ (*étudier*) genau durchdenken *attitude;* wohl überlegen *geste*
calculette [kalkylɛt] *f* Taschenrechner *m*
cale[1] [kal] *f* NAUT Laderaum *m*
cale[2] [kal] *f* (*coin*) Keil *m*
calé(e) [kale] *adj fam* (*fort*) **être ~ en qc** in etw (*dat*) etwas draufhaben
calèche [kalɛʃ] *f* Kalesche *f*
caleçon [kalsɔ̃] *m* ❶ (*pour homme*) Unterhose *f;* **~ de bain** Badehose; **des ~s longs** lange Unterhosen *Pl* ❷ (*pour femme*) Leggin[g]s *Pl*
calembour [kalɑ̃buʀ] *m* Kalauer *m;* **faire un ~** kalauern
calendes [kalɑ̃d] *fpl* Kalenden *Pl* (*erster Tag des altrömischen Monats*)
calendrier [kalɑ̃dʀije] *m* ❶ Kalender *m;* **consulter le ~** im Kalender nachsehen; **~ de l'avent** Adventskalender ❷ (*programme*) Zeitplan *m*, Programm *nt;* **~ des examens** Prüfungstermine *Pl*

cale-pied [kalpje] <cale-pieds> *m* Rennbügel *m*
calepin [kalpɛ̃] *m* Notizbuch *nt*
caler [kale] <1> **I.** *vi* ① *(s'arrêter) moteur:* absterben ② *fam (être rassasié)* bis obenhin voll sein **II.** *vt* ① *(fixer avec une cale)* mit einem Keil fixieren; aufbocken *véhicule;* unterlegen *meuble* ② *(rendre stable)* **~ un malade** einen Kranken stützen; **~ qc contre qc** etw gegen etw lehnen ③ *(arrêter)* abwürgen *moteur;* **III.** *vpr* **se ~** sich zurechtsetzen
calfeutrage [kalføtʀaʒ] *m* Abdichten *nt*
calfeutrer [kalføtʀe] <1> **I.** *vt* abdichten **II.** *vpr* **se ~** sich verkriechen, *(rester au chaud)* in der warmen Stube bleiben
calibre [kalibʀ] *m* ① *(diamètre)* Durchmesser *m; d'un projectile* Kaliber *nt; des fruits, œufs* Größe *f* ② *d'une personne* Format *nt;* **de gros ~** bedeutend; **un escroc de ce ~** ein Betrüger seines Schlages
calibrer [kalibʀe] <1> *vt* kalibrieren
calice [kalis] *m* BOT [Blüten]kelch *m*
calicot [kaliko] *m* TEXTIL Kaliko *m*
calife [kalif] *m* Kalif *m*
Californie [kalifɔʀni] *f* **la ~** Kalifornien *nt*
califourchon [kalifuʀʃɔ̃] **à ~** rittlings; **monter à ~** im Herrensitz reiten
câlin [kɑlɛ̃] *m* Zärtlichkeit *f;* **faire un ~ à qn/au chat** *fam* mit jdm schmusen/die Katze streicheln
câlin(e) [kɑlɛ̃, in] *adj* ① *(qui aime les caresses)* anschmiegsam ② *(caressant)* zärtlich
câliner [kɑline] <1> *vt* **~ qn** zu jdm zärtlich sein
calisson [kalisɔ̃] *m kandierte Mandelspezialität aus der Provence*
calleux, -euse [kalø, -øz] *adj* schwielig
call-girl [kolgœʀl] <call-girls> *f* Callgirl *nt*
calligraphie [ka(l)liɡʀafi] *f* ① *(technique)* Kalligraphie *f* ② *(écriture élégante)* Schönschrift *f*
calligraphier [ka(l)liɡʀafje] <1> *vt* in Schönschrift schreiben
callosité [kalozite] *f* Hornhaut *f*
calmant [kalmɑ̃] *m* ① *(tranquillisant)* Beruhigungsmittel *nt* ② *(antidouleur)* Schmerzmittel *nt*
calmant(e) [kalmɑ̃, ɑ̃t] *adj* ① *(tranquillisant)* beruhigend; **tisane ~e** Beruhigungstee *m* ② *(antidouleur)* schmerzstillend
calmar [kalmaʀ] *m v.* **calamar**
calme [kalm] **I.** *adj* ① ruhig; *temps* windstill; *lieu* still ② *(réfléchi)* besonnen **II.** *m* ① *(sérénité)* Ruhe *f,* Gelassenheit *f;* **rester ~** sich nicht aufregen; **du ~!** Ruhe bewahren! ② *(tranquillité)* Ruhe *f;* **du ~!** Ruhe bitte! ③ METEO Windstille *f* ▶**le ~ avant la tempête** die Ruhe vor dem Sturm; **~ plat** *a.* ECON Flaute *f*
calmement [kalməmɑ̃] *adv* ruhig
calmer [kalme] <1> **I.** *vt* ① *(apaiser)* beruhigen *personne, esprits;* entschärfen *discussion* ② *(soulager)* lindern *douleur;* dämpfen *colère;* senken *fièvre;* zügeln *impatience;* beruhigen *nerfs;* stillen *faim* **II.** *vpr* **se ~** sich beruhigen; *discussion:* an Schärfe verlieren; *tempête:* nachlassen; *crainte:* sich verflüchtigen
calomniateur, -trice [kalɔmnjatœʀ, -tʀis] *adj* verleumderisch
calomnie [kalɔmni] *f* Verleumdung *f*
calomnier [kalɔmnje] <1a> *vt* verleumden
calomnieux, -euse [kalɔmnjø, -jøz] *adj* verleumderisch
calorie [kalɔʀi] *f* Kalorie *f*
calorifique [kalɔʀifik] *adj* wärmeerzeugend
calorifuge [kalɔʀifyʒ] *adj* wärmeisolierend
calorique [kalɔʀik] *adj* Kalorien-; **valeur ~** Kaloriengehalt *m*
calot [kalo] *m (coiffure)* Feldmütze *f*
calotte [kalɔt] *f* ① *fam (gifle)* Ohrfeige *f* ② ANAT **~ crânienne** Schädeldecke *f* ③ GEOG **~ glaciaire** Eiskappe *f*
calque [kalk] *m* ① *(copie)* Pause *f* ② *(papier)* Pauspapier *nt*
calquer [kalke] <1> *vt* durchpausen; *(imiter)* nachahmen
calumet [kalymɛ] *m* Kalumet *nt* ▶**fumer le ~ de la paix** die Friedenspfeife rauchen
calva [kalva] *m fam abr de* **calvados**
calvados [kalvados] *m* Calvados *m*
calvaire [kalvɛʀ] *m* ① *(épreuve)* Martyrium *nt* ② *(croix)* Bildstock *m* ③ *(peinture)* Kreuzigungsgruppe *f*
calvinisme [kalvinism] *m* Kalvinismus *m*
calviniste [kalvinist] *adj* kalvinistisch
calvitie [kalvisi] *f* ① *(tonsure)* Glatze *f* ② *(phénomène)* Kahlköpfigkeit *f*
camaïeu [kamajø] <x> *m* Farbschattierungen *Pl (der gleichen Grundfarbe)*
camarade [kamaʀad] *mf* ① *(collègue)* Kamerad(in) *m(f);* **~ d'études** Kommilitone *m*/Kommilitonin *f* ② POL Genosse *m*/Genossin *f*
camaraderie [kamaʀadʀi] *f* Kameradschaft *f*
camarguais(e) [kamaʀɡɛ, ɛz] *adj* aus der Camargue
Camargue [kamaʀɡ] *f* **la ~** die Camargue
Cambodge [kɑ̃bɔdʒ] *m* **le ~** Kambodscha *nt*

cambouis [kɑ̃bwi] *m* [gebrauchtes] Schmieröl; **couvert de ~** ölverschmiert
cambré(e) [kɑ̃bʀe] *adj* **être très ~** *personne:* ein starkes Hohlkreuz haben
cambrer [kɑ̃bʀe] <1> *vt* wölben *pied*
cambriolage [kɑ̃bʀijɔlaʒ] *m* Einbruch *m,* Einbruchsdiebstahl *m*
cambrioler [kɑ̃bʀijɔle] <1> *vt* **~ qc** in etw (*akk*) einbrechen; **qn se fait ~** bei jdm wird eingebrochen
cambrioleur, -euse [kɑ̃bʀijɔlœʀ, -øz] *m, f* Einbrecher(in) *m(f)*
cambrousse [kɑ̃bʀus] *f fam* **en pleine ~** mitten in der Pampa; **débarquer de sa ~** gerade aus seinem Kuhdorf kommen
cambrure [kɑ̃bʀyʀ] *f* ANAT **~ de la taille** Hohlkreuz *nt*
cambuse [kɑ̃byz] *f* ① NAUT *kleiner Lebensmittelstore an Bord größere Schiffe* ② *péj* (*logis*) Bude *f* (*fam*)
came [kam] *f fam* (*drogue*) Stoff *m*
camé(e) [kame] *m(f) fam* Fixer(in) *m(f)*
camée [kame] *m* (*pierre*) Kamee *f*
caméléon [kameleɔ̃] *m* ZOOL Chamäleon *nt*
camélia [kamelja] *m* BOT Kamelie *f*
camelot [kamlo] *m* Straßenhändler *m*
camelote [kamlɔt] *f fam* Ramsch *m*
camembert [kamɑ̃bɛʀ] *m* ① (*fromage*) Camembert *m* ② ECON Tortengrafik *f*
camer [kame] <1> *vpr fam* **se ~** fixen
caméra [kameʀa] *f* Kamera *f;* **~ de télévision** Fernsehkamera
caméraman [kameʀaman, -mɛn] <s o -men> *m* Kameramann *m*/-frau *f*
Cameroun [kamʀun] *m* **le ~** Kamerun *nt*
caméscope [kameskɔp] *m* Camcorder *m*
camion [kamjɔ̃] *m* Lastwagen *m,* Lkw *m*
camion-citerne [kamjɔ̃sitɛʀn] <camions-citernes> *m* Tankwagen *m*
camionnage [kamjɔnaʒ] *m* ① (*transport par camion*) Lkw-Transport *m* ② (*coût de transport*) Transportkosten *Pl* (*bei einem Lkw-Transport*)
camionnette [kamjɔnɛt] *f* Lieferwagen *m*
camionneur [kamjɔnœʀ] *m* Lastwagenfahrer(in) *m(f)*
camisole [kamizɔl] *f* Mieder *nt*
camomille [kamɔmij] *f* ① (*fleur*) Kamille *f* ② (*tisane*) Kamillentee *m*
camouflage [kamuflaʒ] *m* MIL Tarnung *f*
camoufler [kamufle] <1> *vt* ① MIL tarnen ② (*tenir secret*) verheimlichen; vertuschen *faute*
camouflet [kamuflɛ] *m* Schmach *f*
camp [kɑ̃] *m* ① (*campement*) [Zelt]lager *nt;* **~ de nudistes** FKK-Anlage *f* ② MIL [Truppen]lager *nt;* **lever le ~** abziehen; **~ de concentration** Konzentrationslager ③ SPORT Seite *f* ④ POL Lager *nt* ▶**ficher** [*o* **foutre**] **le ~** *fam* abhauen; **fiche-moi le ~!** *fam* lass mich in Ruhe!
campagnard(e) [kɑ̃paɲaʀ, aʀd] **I.** *adj* ländlich **II.** *m(f)* Landbewohner(in) *m(f)*
campagne [kɑ̃paɲ] *f* ① (*opp: ville*) Land *nt;* **à la ~** auf dem Land[e]; **en pleine ~** weit draußen auf dem Land[e] ② (*paysage*) ländliche Gegend; **dans nos ~s** in unsere(r) Gegend; **en rase ~** auf freiem Feld ③ MIL Feldzug *m,* Kampf *m* ④ (*action de communication*) **~ électorale** Wahlkampagne *f;* **~ publicitaire** Werbekampagne
campanile [kɑ̃panil] *m* Kampanile *m*
campanule [kɑ̃panyl] *f* Glockenblume *f*
campé(e) [kɑ̃pe] *adj* breitbeinig dastehend
campement [kɑ̃pmɑ̃] *m* ① (*ensemble de tentes*) Lager *nt* ② (*lieu*) Lagerplatz *m*
camper [kɑ̃pe] <1> **I.** *vi* ① (*monter une tente*) campen ② (*être installé provisoirement*) kampieren (*fam*) **II.** *vpr* **se ~ devant qn/qc** sich vor jdm/etw aufstellen
campeur, -euse [kɑ̃pœʀ, -øz] *m, f* Camper *m*
camphre [kɑ̃fʀ] *m* Kampfer *m*
camping [kɑ̃piŋ] *m* ① (*action de camper*) Zelten *nt,* Camping *nt;* **faire du ~** zelten ② (*lieu*) [**terrain de**] **~** Campingplatz *m*
camping-car [kɑ̃piŋkaʀ] <camping-cars> *m* Wohnmobil *nt*
camping-gaz® [kɑ̃piŋgɑz] *m inv* Gaskocher *m*
campus [kɑ̃pys] *m* Universitätsgelände *nt;* **~ virtuel** virtuelle Universität
camus(e) [kamy, yz] *adj péj nez* breit [und kurz]; *face, visage* platt gedrückt
Canada [kanada] *m* **le ~** Kanada *nt*
canadair® [kanadɛʀ] *m* Löschflugzeug *nt*
canadien(ne) [kanadjɛ̃, jɛn] *adj* kanadisch
Canadien(ne) [kanadjɛ̃, jɛn] *m(f)* Kanadier(in) *m(f)*
canadienne [kanadjɛn] *f* ① (*veste*) lammfellgefütterte Jacke *f* (*aus Stoff oder Leder*) ② (*tente*) kleines [Zweimann]zelt *nt*
canaille [kanɑj] **I.** *adj air, manière* pöbelhaft **II.** *f* ① (*fripon*) Halunke *m* ② *hum* (*enfant*) Schlingel *m*
canal [kanal, -o] <-aux> *m* Kanal *m*
canalisation [kanalizasjɔ̃] *f* ① (*tuyauterie*) Rohrleitung *f;* **~ d'eau/de gaz** Wasser-/Gasleitung ② (*égouts*) Kanalisation *f*
canaliser [kanalize] <1> *vt* ① (*rendre

navigable) kanalisieren ❷ (*centraliser*) kanalisieren *énergie;* dirigieren *foule*

canapé [kanape] *m* ❶ (*meuble*) Sofa *nt,* Couch *f;* ~ **convertible** Schlafcouch ❷ GASTR Häppchen *nt*

canapé-lit [kanapeli] <canapés-lits> *m* Schlafcouch *f*

Canaque [kanak] *mf* (*Néo-Calédonien*) Kanake *m*/Kanakin *f*

canard [kanaʀ] *m* ❶ (*oiseau*) Ente *f* ❷ (*opp: cane*) Erpel *m* ❸ *fam* (*journal*) Blatt *nt; péj* Käseblatt ❹ MUS **faire un** ~ falsch spielen

canarder [kanaʀde] <1> *vt fam* unter Beschuss nehmen

canari [kanaʀi] **I.** *adj inv* **jaune** ~ gelbgrün **II.** *m* Kanarienvogel *m*

Canaries [kanaʀi] *fpl* **les** [**îles**] ~ die Kanaren *Pl,* die kanarischen Inseln *Pl*

canasson [kanasɔ̃] *m péj* Gaul *m*

cancan [kɑ̃kɑ̃] *m* ❶ *pl* (*racontars*) Klatsch *m kein Pl* ❷ (*danse*) **french** ~ French-Cancan *m*

cancaner [kɑ̃kane] <1> *vi* klatschen (*fam*), tratschen (*fam*)

cancanier, -ière [kɑ̃kanje, -jɛʀ] *adj* klatschhaft

cancer [kɑ̃sɛʀ] *m* Krebs *m;* ~ **généralisé** Krebs, der Metastasen gebildet hat; **avoir un** ~ **du sang/du sein** Blut-/Brustkrebs haben

Cancer [kɑ̃sɛʀ] *m* ASTROL Krebs *m; v. a.* **Balance**

cancéreux, -euse [kɑ̃seʀø, -øz] **I.** *adj* Krebs- **II.** *m, f* Krebskranke(r) *f(m)*

cancérigène [kɑ̃seʀiʒɛn] *adj,* **cancérogène** [kɑ̃seʀɔʒɛn] *adj* Krebs erregend

cancérologie [kɑ̃seʀɔlɔʒi] *f* Krebsforschung *f*

cancérologue [kɑ̃seʀɔlɔg] *mf* Krebsspezialist(in) *m(f)*

cancre [kɑ̃kʀ] *m fam* fauler Schüler *m*/faule Schülerin *f*

cancrelat [kɑ̃kʀəla] *m* Kakerlak *m*

candélabre [kɑ̃delabʀ] *m* [mehrarmiger] Kerzenständer *m*

candeur [kɑ̃dœʀ] *f* Arglosigkeit *f*

candi [kɑ̃di] *adj v.* **sucre**

candidat(e) [kɑ̃dida, at] *m(f)* ❶ (*à un examen, un jeu, aux élections*) Kandidat(in) *m(f)* ❷ (*au baccalauréat*) Abiturient(in) *m(f)* ❸ (*à un poste*) Bewerber(in) *m(f);* **être** ~ **à un poste** sich um eine Stelle bewerben

candidature [kɑ̃didatyʀ] *f* ❶ (*aux élections*) Kandidatur *f;* **poser sa** ~ **aux élections** bei den Wahlen kandidieren ❷ (*à un poste, un jeu*) Bewerbung *f;* ~ **spontanée** Blindbewerbung; **poser sa** ~ **à un poste** sich um eine Stelle bewerben; **retenir une** ~ eine Bewerbung berücksichtigen

candide [kɑ̃did] *adj* ❶ (*ingénu*) unverdorben ❷ *péj* (*crédule*) gutgläubig

cane [kan] *f* (*opp: mâle*) Entenweibchen *nt*

caner [kane] <1> *vi* ❶ + *avoir fam* (*flancher*) schlapp machen; (*psychiquement*) kneifen ❷ + *être arg* (*mourir*) verrecken (*vulg*), krepieren (*vulg*)

caneton [kantɔ̃] *m* Entenküken *nt*

canette [kanɛt] *f* [Bier]dose *f*

canevas [kanva] *m* ❶ (*toile*) Kanevas *m* ❷ (*esquisse*) Grundgerüst *nt,* [grober] Rahmen

caniche [kaniʃ] *m* Pudel *m*

caniculaire [kanikylɛʀ] *adj chaleur* unerträglich

canicule [kanikyl] *f* ❶ (*période*) Hundstage *Pl* ❷ (*chaleur*) Hitze *f*

canif [kanif] *m* Taschenmesser *nt,* Feitel *m* (A)

canin(e) [kanɛ̃, in] *adj* **races** ~**es** Hunderassen *Pl*

canine [kanin] *f* Eckzahn *m*

caniveau [kanivo] <x> *m* Rinnstein *m*

cannabis [kanabis] *m* Cannabis *m*

canne [kan] *f* ❶ (*bâton*) [Spazier]stock *m* ❷ (*tige*) ~ **à sucre** Zuckerrohr *nt* ❸ (*gaule*) ~ **à pêche** Angelrute *f*

canné(e) [kane] *adj* [rohr]geflochten

cannelé(e) [kanle] *adj* kanneliert

cannelle [kanɛl] *f* Zimt *m*

cannelure [kanlyʀ] *f d'une colonne, d'un meuble* Kannelur *f*

cannibale [kanibal] **I.** *adj* kannibalisch **II.** *mf* Kannibale *m*/Kannibalin *f*

cannibalisme [kanibalism] *m* Kannibalismus *m*

canoë [kanɔe] *m* ❶ (*embarcation*) Kanu *nt* ❷ (*sport*) Kanufahren *nt*

canoéiste [kanɔeist] *mf* Kanufahrer(in) *m(f)*

canoë-kayak [kanɔekajak] <canoës-kayaks> *m* Kajak *m o nt;* **faire du** ~ Kajak fahren

canon [kanɔ̃] **I.** *adj inv fam* super; **super** ~ echt stark **II.** *m* ❶ (*arme*) Kanone *f* ❷ *d'un fusil* Lauf *m* ❸ (*machine*) ~ **à neige** Schneekanone *f*

canonique [kanɔnik] *adj* kanonisch

canonisation [kanɔnizasjɔ̃] *f* Heiligsprechung *f,* Kanonisierung *f*

canoniser [kanɔnize] <1> *vt* heiligsprechen

canonnade [kanɔnad] *f* Kanonenfeuer *nt*
canot [kano] *m* Boot *nt;* ~ **pneumatique/à moteur/de sauvetage** Schlauch-/Motor-/Rettungsboot
canotage [kanɔtaʒ] *m* Bootfahren *nt*
canoter [kanɔte] <1> *vi* Boot fahren; CAN Kanusport betreiben, Kanu fahren
canotier [kanɔtje] *m* (*chapeau*) [flacher] Strohhut *m*
cantal [kɑ̃tal] <s> *m* Cantal *m* (*Schnittkäse aus Vollmilch*)
cantatrice [kɑ̃tatʀis] *f* [Opern]sängerin *f*
cantine [kɑ̃tin] *f* Kantine *f*
cantinière [kɑ̃tinjɛʀ] *f* HIST Marketenderin *f*
cantique [kɑ̃tik] *m* ① (*chant religieux*) [Kirchen]lied *nt* ② (*chant d'action de grâce*) Loblied *nt*
canton [kɑ̃tɔ̃] *m* ① (*en France*) ≈ Land-/Stadtkreis *m* ② (*en Suisse*) Kanton *m*
cantonade [kɑ̃tɔnad] *f* **crier qc à la ~** etw in den Raum rufen
cantonal(e) [kɑ̃tɔnal, -o] <-aux> **I.** *adj* ① (*en France*) **élections ~es** ≈ Kreiswahlen *Pl* ② (*en Suisse*) kantonal; **autorités ~es** Kantonsbehörden *Pl* **II.** *fpl* ≈ Kreiswahlen *Pl*
cantonnement [kɑ̃tɔnmɑ̃] *m* Einquartierung *f*
cantonner [kɑ̃tɔne] <1> **I.** *vt* (*reléguer*) ~ **qn dans qc** jdn auf etw (*akk*) beschränken **II.** *vpr* ① (*s'isoler*) **se ~ dans le silence** sich in Schweigen hüllen ② (*se limiter*) **se ~ dans qc** sich auf etw (*akk*) beschränken
cantonnier [kɑ̃tɔnje] *m* Straßenarbeiter *m*
canular [kanylaʀ] *m fam* Scherz *m*
canule [kanyl] *f* Kanüle *f*
cañon [kaɲɔn], **canyon** [kanjɔn] *m* Cañon *m*
canyoning [kanjɔniŋ] *m* SPORT Canyoning *nt*
C.A.O. [seao] *abr de* **conception assistée par ordinateur** CAD *nt*
caoua [kawa] *m fam* Käffchen *nt*
caoutchouc [kautʃu] *m* ① (*matière*) Gummi *m o nt,* Kautschuk *m* ② (*élastique*) Gummi[ring] *m* ③ (*plante*) Gummibaum *m*
caoutchouteux, -euse [kautʃutø, -øz] *adj* gummiartig, kautschukartig
cap [kap] *m* ① (*pointe de terre*) Kap *nt* ② (*direction*) Kurs *m;* **mettre le ~ sur qc** Kurs auf etw (*akk*) nehmen
C.A.P. [seape] *m inv abr de* **certificat d'aptitude professionnelle** *Zeugnis für eine abgeschlossene Berufsausbildung* (*z.B. Gesellenbrief*)

capable [kapabl] *adj* fähig; **être ~ de faire qc** *personne:* fähig sein etw zu tun; *chose:* etw tun können
capacité [kapasite] *f* ① (*contenance*) Fassungsvermögen *nt* ② INFORM Kapazität *f;* ~ **d'une mémoire** Speicherkapazität ③ (*faculté*) Fähigkeit *f;* **~s intellectuelles** geistige Fähigkeiten *Pl;* **posséder une grande ~ de travail** sehr leistungsfähig sein ④ (*puissance*) ~ **de production** Produktionskapazität *f* ⑤ SCOL ~ **en droit** *Abschlusszeugnis eines vereinfachten Jurastudiums für Nichtabiturienten*
cape [kap] *f* (*vêtement*) Umhang *m,* Cape *nt* ▶ **rire sous ~** sich (*dat*) [eins] ins Fäustchen lachen
capeline [kaplin] *f Damenhut mit breiter Krempe*
C.A.P.E.S. [kapɛs] *m abr de* **certificat d'aptitude au professorat de l'enseignement secondaire** ≈ *Staatsexamen für das Lehramt an höheren Schulen*
capésien(ne) [kapesjɛ̃, jɛn] *m(f) Student, der/Studentin, die sich auf das C.A.P.E.S. vorbereitet*
capharnaüm [kafaʀnaɔm] *m fam* Rumpelkammer *f*
capillaire [kapilɛʀ] **I.** *adj* ① (*pour les cheveux*) **lotion ~** Haarwasser *nt* ② ANAT **vaisseau ~** Kapillargefäß *nt* **II.** *m* Kapillargefäß *nt*
capillarité [kapilaʀite] *f* PHYS Kapillarität *f*
capitaine [kapitɛn] *m* ① MIL Hauptmann *m;* **"mon ~"** „Herr Hauptmann"; ~ **des pompiers** Brandmeister *m* ② NAUT, AVIAT, SPORT Kapitän *m*
capitainerie [kapitɛnʀi] *f* NAUT Büro *nt* des Hafenkapitäns
capital [kapital, -o] <-aux> *m* ① (*somme d'argent*) Kapital *nt;* **société anonyme au ~ de 55 millions** Aktiengesellschaft mit 55 Millionen Grundkapital ② *pl* FIN Gelder *Pl* ③ (*richesse*) ~ **artistique/intellectuel** Kunstschatz *m*/geistiges Kapital
capital(e) [kapital, -o] <-aux> *adj* wesentlich; **attacher une importance ~e à qc** etw für überaus wichtig halten
capitale [kapital] *f* ① (*ville*) Hauptstadt *f* ② (*lettre*) Großbuchstabe *m;* **en ~s d'imprimerie** in großen Druckbuchstaben
capitalisable [kapitalizabl] *adj* ECON, FIN in Kapital umwandelbar, kapitalisierbar
capitaliser [kapitalize] <1> *vt* FIN kapitalisieren
capitalisme [kapitalism] *m* Kapitalismus *m*

capitaliste [kapitalist] *mf* Kapitalist(in) *m(f)*
capital-risque [kapitalʀisk] *m* ECON Risikokapital *nt*
capiteux, -euse [kapitø, -øz] *adj parfum, vin* berauschend
capitonnage [kapitɔnaʒ] *m* ❶ (*action*) Polstern *nt* ❷ (*résultat*) Polsterung *f*
capitonner [kapitɔne] <1> *vt* polstern
capitulation [kapitylasjɔ̃] *f* ❶ Kapitulation *f* ❷ *fig* Nachgeben *nt*
capitule [kapityl] *m* BOT Blütenköpfchen *nt*
capituler [kapityle] <1> *vi* kapitulieren
caporal [kapɔʀal, -o] <-aux> *m* Gefreite(r) *m*
caporal-chef [kapɔʀalʃɛf] <caporaux-chefs> *m* Obergefreite(r) *m*
capot [kapo] *m* AUT Motorhaube *f*
capote [kapɔt] *f* ❶ AUT *d'une voiture* Verdeck *nt* ❷ (*manteau*) Kapuzenmantel *m* ❸ *fam* (*préservatif*) ~ **[anglaise]** Pariser *m*
capoter [kapɔte] <1> **I.** *vt* **faire ~ un projet de loi** *fam* ein Gesetzesvorhaben kippen **II.** *vi fam auto, avion:* sich überschlagen
cappuccino [kaputʃino] *m* Cappuccino *m*
câpre [kɑpʀ] *f* Kaper *f*
caprice [kapʀis] *m* ❶ (*fantaisie*) Laune *f* ❷ (*amourette*) Liebschaft *f* ❸ *pl* (*changement*) Launen *Pl* ❹ (*exigence d'un enfant*) Quengelei *f;* **faire un ~** einen Wutanfall haben; **passer à qn tous ses ~s** jdm alles durchgehen lassen
capricieux, -euse [kapʀisjø, -jøz] *adj* ❶ *personne* launisch ❷ *chose* unzuverlässig; *temps* unbeständig
Capricorne [kapʀikɔʀn] *m* Steinbock *m; v. a.* **Balance**
capsule [kapsyl] *f* ❶ *d'une bouteille* Kron[en]korken *m* ❷ *a.* MED Kapsel *f;* **~ de café** Kaffeekapsel ❸ ESPACE **~ spatiale** Raumkapsel *f*
captcha [kaptʃa] *m* INET Captcha *m*
capter [kapte] <1> *vt* ❶ (*canaliser*) fassen *source;* einfangen *énergie* ❷ (*recevoir*) empfangen *émission* ❸ (*chercher à obtenir*) gewinnen; **~ l'attention de qn** jdn fesseln ❹ *fam* (*comprendre*) kapieren, checken
capteur [kaptœʀ] *m* Sensor *m;* **~ solaire** Sonnenkollektor *m*
captif, -ive [kaptif, -iv] *adj personne, animal* gefangen [gehalten]
captivant(e) [kaptivɑ̃, ɑ̃t] *adj* fesselnd
captiver [kaptive] <1> *vt* fesseln
captivité [kaptivite] *f* Gefangenschaft *f*
capture [kaptyʀ] *f* ❶ *d'un animal* [Ein]fangen *nt* ❷ INFORM **~ d'écran** Screenshot *m*, Bildschirmfoto *nt*
capturer [kaptyʀe] <1> *vt* fassen *personne;* einfangen *animal*
capuche [kapyʃ] *f* Kapuze *f*
capuchon [kapyʃɔ̃] *m* ❶ (*capuche*) Kapuze *f* ❷ (*bouchon*) [Verschluss]kappe *f*
capucin [kapysɛ̃] *m* Kapuziner[mönch] *m*
capucine [kapysin] *f* Kapuzinernonne *f*
caquet [kakɛ] *m* Geschwätz *nt*
caqueter [kakte] <3> *vi poule:* gackern
car¹ [kaʀ] *m* Bus *m;* **~ de ramassage scolaire** Schulbus
car² [kaʀ] *conj* denn
carabine [kaʀabin] *f* Karabiner *m;* **~ à air comprimé** Luftgewehr *nt*
carabiné(e) [kaʀabine] *adj fam grippe, migraine* gewaltig
carabinier [kaʀabinje] *m* (*en Italie*) Karabiniere *m;* (*en Espagne*) Zollbeamter *m*
caraco [kaʀako] *m* (*sous-vêtement*) Trägerhemdchen *nt*
caracoler [kaʀakɔle] <1> *vi cheval:* tänzeln
caractère [kaʀaktɛʀ] *m* ❶ (*tempérament*) Charakter *m*, Wesen *nt;* **avoir un ~ de cochon** *fam* unausstehlich sein; **ce n'est pas dans son ~ de faire qc** es ist nicht seine/ihre Art etw zu tun ❷ (*fermeté*) Charakter[stärke *f*] *m;* **de ~** *homme, femme* mit Charakter; **avoir beaucoup de ~** willensstark sein ❸ (*personne*) [starke] Persönlichkeit ❹ (*nature*) Eigenheit *f;* **présenter tous les ~s de qc** alle Merkmale einer S. (*gen*) aufweisen ❺ (*cachet*) **sans ~** farblos ❻ (*symbole*) [Schrift]zeichen *nt;* **écrire en gros/petits ~s** mit großer/kleiner Schrift schreiben; **~s d'imprimerie** Druckschrift *f;* **en ~s gras/italiques** fett/kursiv
caractériel(le) [kaʀakteʀjɛl] **I.** *adj personne* verhaltensgestört; **des troubles ~s** Verhaltensstörungen *Pl* **II.** *m(f)* Verhaltensgestörte(r) *f(m)*
caractérisation [kaʀakteʀizasjɔ̃] *f* Charakterisierung *f;* (*manière dont une chose est caractérisée*) Charakteristik *f*
caractérisé(e) [kaʀakteʀize] *adj maladie* ausgeprägt
caractériser [kaʀakteʀize] <1> **I.** *vt* ❶ (*être typique de*) kennzeichnen; **avec la franchise qui le caractérise** mit der für ihn charakteristischen Offenheit ❷ (*définir*) charakterisieren *personnage, œuvre* **II.** *vpr* **se ~ par qc** sich durch etw auszeichnen

C

C

caractéristique [kaʀakteʀistik] **I.** *adj* **être ~ de qn/qc** charakteristisch für jdn/etw sein **II.** *f* typisches Merkmal; **~s techniques** technische Daten *Pl*

carafe [kaʀaf] *f* Karaffe *f*

carafon [kaʀafɔ̃] *m* kleine Karaffe *f*

caraïbe [kaʀaib] *adj* karibisch

Caraïbes [kaʀaib] *fpl* **les ~** die Karibik

carambolage [kaʀɑ̃bɔlaʒ] *m* [Massen]karambolage *f*

caramel [kaʀamɛl] *m* ① (*bonbon*) Karamellbonbon *m o nt* ② (*substance*) Karamell *m*

caraméliser [kaʀamelize] <1> **I.** *vt* karamellisieren **II.** *vi, vpr* karamellieren

carapace [kaʀapas] *f d'un crabe, d'une tortue* Panzer *m*

carapater [kaʀapate] <1> *vpr fam* **se ~** verduften, abhauen

carat [kaʀa] *m* Karat *nt*

caravane [kaʀavan] *f* ① (*nomades*) Karawane *f* ② (*véhicule*) Wohnwagen *m* ③ (*groupe*) Kolonne *f*

caravanier, -ière [kaʀavanje, -jɛʀ] **I.** *adj* **chemin ~** Karawanenstraße *f*; **tourisme ~** Wohnwagentourismus *m* **II.** *m, f* (*touriste*) Wohnwagentourist(in) *m(f)*

caravaning [kaʀavaniŋ] *m* Wohnwagentourismus *m*

caravelle [kaʀavɛl] *f* Karavelle *f*

carbonate [kaʀbɔnat] *m* Karbonat *nt*

carbone [kaʀbɔn] *m* Kohlenstoff *m*

carbonique [kaʀbɔnik] *adj* CHIM *acide* Kohlen-

carbonisation [kaʀbɔnizasjɔ̃] *f* CHIM Karbonisation *f*; *des bois* Verkohlen *nt*

carbonisé(e) [kaʀbɔnize] *adj* verkohlt

carboniser [kaʀbɔnize] <1> *vt* verkohlen

carburant [kaʀbyʀɑ̃] *m* Treibstoff *m*

carburateur [kaʀbyʀatœʀ] *m* Vergaser *m*

carburation [kaʀbyʀasjɔ̃] *f* Vergasung *f*

carbure [kaʀbyʀ] *m* **~ métallique** Karbid *nt*

carburer [kaʀbyʀe] <1> *vi moteur:* vergasen

carcan [kaʀkɑ̃] *m* HIST Halseisen *nt*

carcasse [kaʀkas] *f* ① (*squelette*) Gerippe *nt* ② *fam* (*corps*) **ma vieille ~** meine alten Knochen ③ *d'un bateau* Gerippe *nt*; *d'un édifice* Skelett *nt*

carcéral(e) [kaʀseʀal, -o] <-aux> *adj* Gefängnis-

cardan [kaʀdɑ̃] *m* Kardanantrieb *m*

carder [kaʀde] <1> *vt* karden

cardiaque [kaʀdjak] **I.** *adj* **malaise ~** Herzanfall *m* **II.** *mf* Herzkranke(r) *f(m)*

cardigan [kaʀdigɑ̃] *m* Strickjacke *f*

cardinal [kaʀdinal, -o] <-aux> *m* Kardinal *m*

cardinal(e) [kaʀdinal, -o] <-aux> *adj* MATH Kardinal-

cardiogramme [kaʀdjɔgʀam] *m* Kardiogramm *nt*

cardiologie [kaʀdjɔlɔʒi] *f* Kardiologie *f*

cardiologue [kaʀdjɔlɔg] *mf* Herzspezialist(in) *m(f)*

cardiovasculaire [kaʀdjovaskylɛʀ] *adj* Herz und Gefäße betreffend

cardon [kaʀdɔ̃] *m* BOT Kardone *f*

carême [kaʀɛm] *m* ① (*jeûne*) Fasten *nt* ② (*période*) Fastenzeit *f*

carence [kaʀɑ̃s] *f* MED Mangel *m*; **~ alimentaire** einseitige Ernährung

carène [kaʀɛn] *f* [Schiffs]kiel *m*

caréner [kaʀene] <5> *vt* kielholen *bateau*

caressant(e) [kaʀesɑ̃, ɑ̃t] *adj personne* anschmiegsam; *voix* zärtlich

caresse [kaʀɛs] *f* Streicheln *nt*; **faire des ~s à qn/un animal** jdn/ein Tier streicheln

caresser [kaʀese] <1> *vt* ① (*faire des caresses*) streicheln; **~ qc** zärtlich über etw (*akk*) streichen ② (*effleurer*) **~ qc** etw sanft berühren ③ (*nourrir*) hegen

car-ferry [kaʀfeʀi] <car-ferrys *o* car-ferries> *m* Autofähre *f*

cargaison [kaʀgɛzɔ̃] *f* ① (*chargement*) Ladung *f* ② *fam* (*grande quantité*) **des ~s d'histoires drôles** Unmengen von lustigen Geschichten

cargo [kaʀgo] *m* Frachtschiff *nt*

cariatide [kaʀjatid] *f* ARCHIT Karyatide *f*

caribou [kaʀibu] *m* ZOOL Karibu *nt*

caricatural(e) [kaʀikatyʀal, -o] <-aux> *adj* grotesk

caricature [kaʀikatyʀ] *f* Karikatur *f*; **faire la ~ de qn/qc** jdn/etw karikieren

caricaturer [kaʀikatyʀe] <1> *vt* karikieren

caricaturiste [kaʀikatyʀist] *mf* Karikaturist(in) *m(f)*

carie [kaʀi] *f* Karies *f*

carier [kaʀje] <1a> **I.** *vt* **~ une dent** Karies auf einen Zahn übertragen; **être carié** von Karies befallen sein **II.** *vpr* **se ~** Kariesbefall haben

carillon [kaʀijɔ̃] *m* ① *d'une église* Glockenspiel *nt* ② *d'une porte d'entrée* Türglocke *f*

carillonner [kaʀijɔne] <1> *vi cloche, horloge:* läuten, schlagen

carillonneur [kaʀijɔnœʀ] *m* Glöckner *m*

cariste [kaʀist] *m* Gabelstaplerfahrer(in) *m(f)*

caritatif, -ive [kaʀitatif, -iv] *adj* karitativ

carlin [kaʀlɛ̃] *m* ZOOL Mops *m*
carlingue [kaʀlɛ̃g] *f* AVIAT [Piloten]kanzel *f*
carme [kaʀm] *m* Karmeliter *m*
carmélite [kaʀmelit] *f* Karmelit[er]in *f*
carmin [kaʀmɛ̃] **I.** *adj inv* karm[es]in[rot] **II.** *m* ① (*colorant*) Karm[es]in *nt* ② (*couleur*) Karm[es]inrot *nt*
carnage [kaʀnaʒ] *m* ① (*tuerie*) Blutbad *nt* ② *fam* (*dévastation*) Verwüstung *f*
carnassier [kaʀnasje] *m* Fleischfresser *m*
carnassier, -ière [kaʀnasje, -jɛʀ] *adj* Fleisch fressend
carnaval [kaʀnaval] <s> *m* Karneval *m*, Fasching *m* (SDEUTSCH)
carnavalesque [kaʀnavalɛsk] *adj* ① (*de carnaval*) *tenue* Karnevals- ② (*grotesque*) närrisch
carne [kaʀn] *f péj fam* (*viande*) **c'est de la ~!** das ist zäh wie Leder!
carné(e) [kaʀne] *adj produits* Fleisch-
carnet [kaʀnɛ] *m* ① (*calepin*) Heft *nt*; **~ d'adresses** Adressbuch *nt*; **~ de notes** Zeugnisheft; **~ d'épargne** CH (*livret*) Sparbuch *nt*, Sparheft (CH); **~ de santé** Gesundheitspass *m* ② (*paquet*) **~ de tickets** Fahrscheinheft *nt*; **~ de timbres** Briefmarkenheftchen *nt*; **~ de chèques** Scheckheft
carnier [kaʀnje] *m* kleine Jagdtasche *f*
carnivore [kaʀnivɔʀ] **I.** *adj* Fleisch fressend; **animal ~** Fleischfresser *m* **II.** *m* Fleischfresser *m*
carolingien(ne) [kaʀɔlɛ̃ʒjɛ̃, jɛn] *adj* karolingisch
carotène [kaʀɔtɛn] *m* Karotin *nt*
carotide [kaʀɔtid] *f* Halsschlagader *f*
carotte [kaʀɔt] **I.** *f* Karotte *f*, Möhre *f*; **~ rouge** CH (*betterave*) rote Rübe, Rande *f* (CH) **II.** *adj inv* **avoir les cheveux ~** fuchsrote Haare haben
carotter [kaʀɔte] <1> *vt fam* klauen
caroubier [kaʀubje] *f* Johannisbrotbaum *m*
carpe [kaʀp] *f* Karpfen *m* ▶ **muet comme une ~** stumm wie ein Fisch
carpette [kaʀpɛt] *f* (*tapis*) Läufer *m*
carquois [kaʀkwa] *m* [Pfeil]köcher *m*
carre [kaʀ] *f d'un ski* [Stahl]kante *f*
carré [kaʀe] *m* ① MATH Quadrat *nt*; **élever un nombre au ~** eine Zahl ins Quadrat erheben; **quatre/six au ~** vier/sechs im Quadrat ② JEUX **un ~ d'as** vier Asse ③ (*parcelle*) **~ de terre** Stück *nt* Land
carré(e) [kaʀe] *adj* ① (*rectangulaire*) quadratisch ② *épaules* breit ③ MATH **mètre/kilomètre ~** Quadratmeter *m*/-kilometer *m*
carreau [kaʀo] <x> *m* ① (*vitre*) [Fenster]scheibe *f*; **faire les ~x** die Fenster putzen ② (*carrelage*) Fliese *f* ③ (*motif sur tissu*) Karo *nt*; (*sur papier*) Kästchen *nt*; **à grands/petits ~x** groß/klein kariert ④ JEUX Karo *nt*; **as de ~** Karoass *nt* ▶ **se tenir à ~** vorsichtig sein
carrefour [kaʀfuʀ] *m* ① *de routes* Kreuzung *f* ② (*point de rencontre*) Treffpunkt *m*; **Strasbourg, ~ de l'Europe** Straßburg, die Drehscheibe Europas ③ (*situation décisive*) Scheideweg *m*
carrelage [kaʀlaʒ] *m* ① (*action*) Fliesen *nt* ② (*revêtement*) Fliesen *Pl*
carreler [kaʀle] <3> *vt* fliesen
carrelet [kaʀlɛ] *m* Scholle *f*
carreleur, -euse [kaʀlœʀ, -øz] *m, f* Fliesenleger(in) *m(f)*
carrément [kaʀemɑ̃] *adv fam* ① (*franchement*) **y aller ~** drauflosgehen ② (*complètement*) geradezu
carrer [kaʀe] <1> *vpr* **se ~ dans un fauteuil** sich [bequem] in einem Sessel zurechtsetzen
carrière¹ [kaʀjɛʀ] *f* Laufbahn *f*; **faire ~** Karriere machen
carrière² [kaʀjɛʀ] *f* **~ de pierres** Steinbruch *m*; **~ de sable** Sandgrube *f*
carriériste [kaʀjeʀist] *mf péj* Karrieremacher(in) *m(f)*
carriole [kaʀjɔl] *f* Karren *m*
carrossable [kaʀɔsabl] *adj* befahrbar
carrosse [kaʀɔs] *m* Karosse *f*
carrosser [kaʀɔse] <1> *vt* (*munir d'une carrosserie*) karossieren; (*dessiner*) die Karosserie entwerfen
carrosserie [kaʀɔsʀi] *f* ① AUT Karosserie *f* ② (*métier*) Karosseriebau *m*
carrossier [kaʀɔsje] *m* Karosseriebauer(in) *m(f)*
carrousel [kaʀuzɛl] *m* TECH kreisförmiges Förderband
carrure [kaʀyʀ] *f* ① (*largeur du dos*) Schulterbreite *f*; **être trop étroit/large de ~** *veste:* an den Schultern zu eng/weit sein ② (*envergure*) Format *nt*
cartable [kaʀtabl] *m* ① SCOL Schultasche *f* ② CAN (*classeur à anneaux*) Ringordner *m*
carte [kaʀt] *f* ① GEOG [Land]karte *f*; **~ au 1/25 000** Karte im Maßstab 1:25 000; **~ routière** Straßenkarte; **~ en relief** Reliefkarte ② JEUX **~ à jouer** Spielkarte *f*; **jouer aux ~s** Karten spielen; **tirer les ~s à qn** jdm die Karten legen ③ POST **~ postale** Ansichtskarte *f*, [Post]karte ④ GASTR [Speise]karte *f* ⑤ (*bristol*) **~ de visite** Visitenkarte *f* ⑥ (*moyen de paiement*) **~ à mémoire/à puce** Magnet-/Chipkarte *f*; **~ bancaire/**

C

C

de crédit Kreditkarte; ~ **de téléphone** Telefonkarte 7 (*document*) ~ **d'électeur** Wahlschein *m;* ~ **d'étudiant** Studentenausweis *m;* ~ [**nationale**] **d'identité** Personalausweis; ~ **de sécurité sociale** Sozialversicherungskarte *f;* ~ **de séjour** Aufenthaltserlaubnis *f;* ~ **grise** Kraftfahrzeugschein 8 INFORM, TELEC Karte *f;* ~ **SIM** SIM-Karte; ~ **son** Soundkarte; ~ **mère** Motherboard *nt* ▶ **jouer** ~**s sur table** mit offenen Karten spielen; **donner** [*o* **laisser**] ~ **blanche à qn** jdm freie Hand lassen; **jouer sa dernière** ~ seine letzte Karte ausspielen; **brouiller les** ~**s** [bewusst] Verwirrung stiften

cartel [kaʀtɛl] *m* Kartell *nt*

carte-lettre [kaʀtəlɛtʀ] <cartes-lettres> *f* Kartenbrief *m*

carter [kaʀtɛʀ] *m d'une machine* Gehäuse *nt*

carte-réponse [kaʀt(ə)ʀepɔ̃s] <cartes-réponses> *f* Antwortkarte *f*

carterie [kaʀtəʀi] *f* Kartengeschäft *nt*

cartésianisme [kaʀtezjanism] *m* PHILOS Kartesianismus *m*

cartésien(ne) [kaʀtezjɛ̃, jɛn] *adj* 1 PHILOS kartesianisch 2 *esprit* rational; *personne* verstandesbetont

cartilage [kaʀtilaʒ] *m* Knorpel *m*

cartilagineux, -euse [kaʀtilaʒinø, -øz] *adj viande* knorp[e]lig

cartographe [kaʀtɔgʀaf] *mf* Kartograph(in) *m(f)*

cartographie [kaʀtɔgʀafi] *f* Kartographie *f*

cartographique [kaʀtɔgʀafik] *adj* kartographisch

cartomancien(ne) [kaʀtɔmɑ̃sjɛ̃, jɛn] *m(f)* Kartenleger(in) *m(f)*

carton [kaʀtɔ̃] *m* 1 (*matière*) Pappe *f,* Karton *m* 2 (*emballage*) Karton *m;* **un** ~ **de lait** eine Packung Milch 3 ~ **à dessin** Zeichenmappe *f* ▶ ~ **jaune/rouge** gelbe/rote Karte; **faire un** ~ *fam* (*avoir du succès*) einen Bombenerfolg haben; (*gagner*) haushoch gewinnen; **taper le** ~ *fam* Karten spielen

cartonnage [kaʀtɔnaʒ] *m* (*emballage*) Verpackung *f,* Verpackungsmaterial *nt*

cartonner [kaʀtɔne] <1> **I.** *vt* mit Pappe überziehen; kartonieren *livre;* **être cartonné** kartoniert sein **II.** *vi fam* (*réussir*) ein Knüller sein

carton-pâte [kaʀtɔ̃pɑt] <cartons-pâtes> *m* Pappmaschee *nt*

cartouche [kaʀtuʃ] *f* 1 *d'un fusil* Patrone *f;* ~ **à blanc** Platzpatrone 2 ~ **de cigarettes** Stange *f* Zigaretten 3 ~ **d'encre** Tintenpatrone *f*

cartouchière [kaʀtuʃjɛʀ] *f* 1 (*ceinture*) Patronengürtel *m* 2 (*sac*) Patronentasche *f*

cas [kɑ] *m* 1 (*circonstance*) Fall *m;* ~ **difficile** schwierige Angelegenheit; ~ **d'urgence** Notfall; ~ **limite** Grenzfall; **c'est bien le** ~ das ist tatsächlich der Fall; **dans ce** ~ in diesem Fall; **dans le** ~ **contraire** andernfalls; **dans le** ~ **présent** im vorliegenden Fall; **dans tous les** ~ auf jeden Fall; **en tout** ~ auf jeden Fall; **en aucun** ~ auf keinen Fall 2 (*hypothèse*) **au** ~/**dans le** ~/**pour le** ~ **où qn ferait qc** für den Fall, dass jd etw tut; **en** ~ **de** im Falle von; **en** ~ **d'absence** bei Abwesenheit; **en** ~ **de besoin** wenn nötig; **en** ~ **de pluie** falls es regnen sollte 3 MED, JUR, LING Fall *m*

casanier, -ière [kazanje, -jɛʀ] *adj personne* häuslich

casaque [kazak] *f* Jockeydress *m*

casbah [kazba] *f* Kasba[h] *f*

cascade [kaskad] *f* 1 (*chute d'eau*) Wasserfall *m* 2 *fig* ~ **d'applaudissements** Beifallssturm *m;* ~ **de rires** Lachsalve *f* 3 CINE Stunt *m*

cascadeur, -euse [kaskadœʀ, -øz] *m, f* CINE Stuntman *m*/-girl *f*

case [kɑz] *f* 1 *d'un formulaire, damier* Feld *nt;* **avancer de huit** ~**s** acht Felder vorrücken; ~ **spéciale** Spezialfeld; ~ **départ** Start *m* 2 (*casier*) Fach *nt* 3 (*hutte*) Hütte *f* ▶ **il lui manque une** ~ *fam* er hat nicht alle Tassen im Schrank

casemate [kazmat] *f* Bunker *m*

caser [kɑze] <1> **I.** *vt* 1 (*loger*) unterbringen 2 (*marier*) unter die Haube bringen **II.** *vpr* **se** ~ 1 (*se loger*) unterkommen 2 (*se marier*) heiraten

caserne [kazɛʀn] *f* Kaserne *f*

cash [kaʃ] *adv fam* cash

casher [kaʃɛʀ] *adj* koscher

cashmere [kaʃmiʀ] *v.* **cachemire**

casier [kɑzje] *m* 1 (*case*) Fach *nt;* ~ **à bouteilles** Flaschenregal *nt* 2 JUR ~ **judiciaire** Strafregister *nt;* **avoir un** ~ **judiciaire vierge** nicht vorbestraft sein 3 PECHE Korb *m*

casino [kazino] *m* [Spiel]kasino *nt*

casoar [kasoaʀ] *m* ZOOL Kasuar *m*

casque [kask] *m* 1 (*protection*) Helm *m; d'un motocycliste* Sturzhelm 2 (*séchoir*) [Trocken]haube *f* 3 MUS Kopfhörer *m* ▶ ~ **bleu** Blauhelm *m*

casqué(e) [kaske] *adj* behelmt

casquer [kaske] <1> *vi fam* blechen

casquette [kaskɛt] *f* Schirmmütze *f*

cassable [kasabl] *adj* zerbrechlich

cassant(e) [kasɑ̃, ɑ̃t] *adj* ① (*fragile*) bruchempfindlich ② *ton* scharf

cassation [kasasjɔ̃] *f* JUR *d'un testament, d'un acte* Ungültigkeitserklärung *f*

casse [kɑs] **I.** *f* ① (*dégât*) Schaden *m;* (*pendant un transport*) Bruchschaden; **payer la ~** für den Schaden aufkommen ② (*bagarre*) **il va y avoir de la ~** *fam* gleich wird es eine Schlägerei geben ③ (*commerce du ferrailleur*) Schrottplatz *m* **II.** *m fam* Bruch *m;* **faire un ~** einen Bruch machen

cassé(e) [kɑse] *adj* *vieillard* gekrümmt; *voix* rau

casse-cou [kɑsku] *m inv fam* Draufgänger(in) *m(f)* **casse-croûte** [kɑskʀut] *m inv fam* Imbiss *m* **casse-dalle** [kɑsdal] <casse-dalle[s]> *m fam* (*repas*) Imbiss *m;* (*sandwich*) belegtes Brot *nt*, Stulle *f* (NDEUTSCH) **casse-gueule** [kɑsgœl] *m inv fam* **c'est un vrai ~!** (*endroit glissant*) das ist die reinste Rutschbahn! **casse-noisettes** [kɑsnwazɛt] *m inv* Nussknacker *m* **casse-noix** [kɑsnwɑ] *m inv* Nussknacker *m* **casse-pieds** [kɑspje] *inv fam* **I.** *adj* ① (*importun*) nervig; **ce que tu peux être ~, bon sang!** Mensch, du kannst einen vielleicht nerven! ② (*ennuyeux*) langweilig **II.** *mf* Nervensäge *f* **casse-pipe** [kɑspip] *m sans pl fam* ►**c'est le ~ assuré!** das geht garantiert daneben!

casser [kɑse] <1> **I.** *vt* ① (*briser*) zerbrechen, kaputtmachen *objet;* abbrechen *branche;* knacken *noix;* **~ qc en deux** etw in zwei Teile brechen ② (*troubler*) stören *ambiance;* **~ le moral à qn** *fam* jds Moral untergraben ③ ECON zum Stillstand bringen *croissance;* **~ les prix** die Preise radikal senken ④ POL, SOCIOL brechen *grève* ⑤ JUR kassieren, aufheben *jugement;* für ungültig erklären *mariage* ⑥ MIL degradieren ► **~ les pieds à qn** *fam* jdm auf die Nerven gehen; **à tout ~** *fam* (*extraordinaire*) toll; **ça ne casse rien** *fam* das ist nichts Besonderes **II.** *vi* *objet:* kaputtgehen; *branche:* abbrechen; *fil:* [ab]reißen **III.** *vpr* ① (*se rompre*) **se ~** zerbrechen; *branche:* abbrechen; **se ~ en mille morceaux** in tausend Stücke zerspringen ② (*être fragile*) **se ~/ne pas se ~** zerbrechlich/unzerbrechlich sein ③ (*se briser*) **se ~ un bras** sich (*dat*) einen Arm brechen; **se ~ une dent** sich (*dat*) einen Zahn abbrechen ④ *fam* (*se fatiguer*) **ne pas se ~** sich (*dat*) keinen abbrechen; **se ~ la tête** sich den Kopf zerbrechen ⑤ *fam* (*s'en aller*) abhauen

casserole [kasʀɔl] *f* [Stiel]kasserolle *f*

casse-tête [kɑstɛt] *m inv* ① (*problème*) knifflige Aufgabe; **être un vrai ~ pour qn** für jdn eine harte Nuss sein; **~ chinois** kniffliges Problem ② (*jeu*) Geduld[s]spiel *nt*

cassette [kasɛt] *f* Kassette *f;* **~ vidéo** Videokassette; **~ D.A.T.** DAT-Kassette

casseur, -euse [kɑsœʀ, -øz] *m, f* Schrotthändler(in) *m(f)*

cassis [kasis] *m* (*fruit*) schwarze Johannisbeere

cassolette [kasɔlɛt] *f* (*réchaud*) Räucherpfanne *f;* (*récipient*) Pfännchen *nt*

cassonade [kasɔnad] *f* brauner Zucker *m*

cassoulet [kasulɛ] *m weißer Bohneneintopf mit Würstchen und Fleisch aus Südwestfrankreich*

cassure [kɑsyʀ] *f* ① (*brisure*) Bruch *m*, Bruchstelle *f* ② *d'une amitié* Bruch *m*

castagne [kastaɲ] *f arg* Prügelei *f*, Klopperei *f*

castagnettes [kastaɲɛt] *fpl* Kastagnetten *Pl*

caste [kast] *f* Kaste *f*

caster [kaste] <1> *vt* casten

casteur, -euse [kastœʀ, -øz] *m, f* Caster(in) *m(f)*

casting [kastiŋ] *m* CINE, THEAT Casting *nt*

castor [kastɔʀ] *m* ① (*animal*) Biber *m* ② (*fourrure*) Biberpelz *m*

castrat [kastʀa] *m* Kastrat *m*

castration [kastʀasjɔ̃] *f* Kastration *f*

castrer [kastʀe] <1> *vt* kastrieren

cataclysme [kataklism] *m* ① (*catastrophe naturelle*) [Natur]katastrophe *f* ② (*calamité*) Katastrophe *f*

catacombes [katakɔ̃b] *fpl* Katakomben *Pl*

catadioptre [katadjɔptʀ] *m* Rückstrahler *m*

catalan [katalɑ̃] *m* **le ~** Katalanisch *nt*, das Katalanische; *v. a.* **allemand**

catalan(e) [katalɑ̃, an] *adj* aus Katalonien, katalanisch

Catalogne [katalɔɲ] *f* **la ~** Katalonien *nt*

catalogue [katalɔg] *m* Katalog *m*

cataloguer [katalɔge] <1> *vt* ① (*classer*) katalogisieren ② *péj* abstempeln

catalyse [kataliz] *f* CHIM Katalyse *f*

catalyser [katalize] <1> *vt* ① CHIM katalysieren ② (*déclencher*) wachrufen *haine*

catalyseur [katalizœʀ] *m* CHIM Katalysator *m*

catalytique [katalitik] *adj* mit Katalysator

catamaran [katamaʀɑ̃] *m* Katamaran *m*

C

cataphote® [katafɔt] *m d'une bicyclette* Rückstrahler *m*

cataplasme [kataplasm] *m* MED Breiumschlag *m*

catapulte [katapylt] *f* AVIAT, HIST Katapult *nt*

catapulter [katapylte] <1> *vt a.* AVIAT katapultieren

cataracte [kataʀakt] *f* MED grauer Star *m*

catarrhe [kataʀ] *m* MED Katarr[h] *m*

catastrophe [katastʀɔf] *f* Katastrophe *f;* **~ ferroviaire** schweres Eisenbahnunglück; **faire qc en ~** etw überstürzt tun; **atterrir en ~** notlanden

catastrophé(e) [katastʀɔfe] *adj fam* entsetzt

catastropher [katastʀɔfe] <1> *vt fam* in Katastrophenstimmung versetzen

catastrophique [katastʀɔfik] *adj* katastrophal

catch [katʃ] *m* Catchen *nt*

catcheur, -euse [katʃœʀ, -øz] *m, f* Catcher(in) *m(f)*

catéchèse [kateʃɛz] *f* REL Katechese *f*

catéchiser [kateʃize] <1> *vt* **~ qn** (*enseigner le catéchisme*) jdm Religionsunterricht erteilen

catéchisme [kateʃism] *m* ① (*enseignement*) Religionsunterricht *m* ② (*livre*) Katechismus *m* ③ (*dogme*) Lehre *f*

catéchiste [kateʃist] *mf* REL Katechet(in) *m(f)*

catégorie [kategɔʀi] *f* ① (*groupe*) Kategorie *f;* **~ grammaticale** Wortart *f;* **~ socio-professionnelle** Berufsstand *m;* **~ d'âge** Altersklasse *f* ② SPORT Klasse *f* ③ (*qualité*) **de 1ère ~** *produit alimentaire* Güteklasse *f* 1; *hôtel* erster Klasse

catégorique [kategɔʀik] *adj* kategorisch; **être ~ sur qc** auf etw (*dat*) bestehen

catégoriquement [kategɔʀikmɑ̃] *adv* kategorisch

caténaire [katenɛʀ] *f* Oberleitung *f*

cathédrale [katedʀal] *f* Kathedrale *f;* **~ de Cologne/de Strasbourg** Kölner Dom *m/* Straßburger Münster *nt*

catherinette [katʀinɛt] *f junge Frau, die 25 Jahre alt und nicht verheiratet ist*

cathéter [katetɛʀ] *m* MED Katheter *m*

catho [kato] *adj, mf fam abr de* **catholique**

cathode [katɔd] *f* PHYS Kathode *f*

cathodique [katɔdik] *adj* **génération ~** Fernsehgeneration *f*

catholicisme [katɔlisism] *m* Katholizismus *m*

catholique [katɔlik] **I.** *adj* ① REL katholisch ② *fig fam* **ne pas être très ~** etwas zwielichtig sein **II.** *mf* Katholik(in) *m(f)*

catimini [katimini] ►**en ~** [klamm]heimlich; **partir en ~** sich davonstehlen

cauchemar [koʃmaʀ] *m a. fig* Alptraum *m;* **faire un ~** einen Alptraum haben

cauchemardesque [koʃmaʀdɛsk] *adj* alptraumhaft

caudal(e) [kodal, -o] <-aux> *adj* **appendice ~** Schwanz *m*

causal(e) [kozal, -o] <s o -aux> *adj* kausal

causalité [kozalite] *f* Kausalität *f*

causant(e) [kozɑ̃, ɑ̃t] *adj* gesprächig

cause [koz] **I.** *f* ① (*raison*) Ursache *f,* Grund *m;* **fermé pour ~ de maladie** wegen Krankheit geschlossen; **et pour ~!** und zwar aus gutem Grund ② JUR Fall *m,* [Rechts]sache *f;* **plaider une ~** einen Fall vertreten; **en tout état de ~** in jedem Fall ③ (*ensemble d'intérêts*) Sache *f,* Angelegenheit *f;* **pour la bonne ~** für einen guten Zweck; **défendre une ~** sich für eine Sache einsetzen ►**mettre qc en ~** etw (*akk*) in Frage stellen; **mettre qn en ~** jdn beschuldigen **II.** *prép* **à ~ de** wegen (+ *gen*)

causer¹ [koze] <1> *vt* (*provoquer*) verursachen; **~ de la joie à qn** jdm Freude bereiten

causer² [koze] <1> *vt, vi* ① (*parler*) reden; (*s'entretenir*) sich unterhalten; (*sans façon*) plaudern; **assez causé!** *fam* genug geredet!; **je te/vous cause!** *fam* ich rede mit dir/euch!; **cause toujours!** *fam* red' du nur! ② *fam* (*médire*) **faire ~** für Gesprächsstoff sorgen

causerie [kozʀi] *f* Unterhaltung *f*

causette [kozɛt] *f* **faire la ~** *fam* einen [kleinen] Schwatz halten

causeur, -euse [kozœʀ, -øz] *m, f* [sehr] gesprächige Person

causeuse [kozøz] *f* kleines Sofa *nt* (*für zwei Personen*)

causse [kos] *m* Kalk[stein]plateau *nt;* **les Causses** *Kalkplateau südlich des Zentralmassivs*

causticité [kostisite] *f* CHIM Ätzkraft *f*

caustique [kostik] *adj* CHIM ätzend

cautère [kotɛʀ] ►**c'est un ~ sur une jambe de bois** das ist ein sinnloses Unterfangen *nt*

cautériser [koteʀize] <1> *vt* ausbrennen *blessure*

caution [kosjɔ̃] *f* ① (*garantie*) Bürgschaft *f;* **se porter ~ pour qn** für jdn bürgen ② (*somme*) Kaution *f;* **être libéré sous ~** gegen Kaution freigelassen werden ③ (*ap-*

pui) Rückhalt *m;* **apporter sa ~ à qn/qc** jdm/einer S. Rückendeckung *f* geben

cautionnement [kosjɔnmɑ̃] *m* ❶ (*garantie*) Sicherheit *f;* JUR Bürgschaft *f* ❷ (*action de payer*) Sicherheitsleistung *f;* (*pour une location*) Kautionszahlung *f* ❸ (*acte*) Bürgschaftsurkunde *f* ❹ (*somme d'argent*) Kaution *f*

cautionner [kosjɔne] <1> *vt* JUR bürgen für *personne*

cavalcade [kavalkad] *f* (*défilé*) [Um]-zug *m*

cavale [kaval] *f arg* [Gefängnis]ausbruch *m*

cavaler [kavale] <1> *vi fam* (*courir*) Gas geben

cavalerie [kavalʀi] *f* MIL Kavallerie *f*

cavaleur, -euse [kavalœʀ, -øz] **I.** *adj fam* **être ~** *homme:* ein Schürzenjäger sein; *femme:* scharf auf Männer sein **II.** *m, f fam* ❶ (*homme*) Schürzenjäger *m* ❷ (*femme*) scharfe Frau

cavalier [kavalje] *m* ❶ MIL Kavallerist *m* ❷ JEUX Pferd *nt* ❸ (*titre de politesse*) Kavalier *m*

cavalier, -ière [kavalje, -jɛʀ] **I.** *adj* ❶ *péj* (*impertinent*) unverschämt ❷ (*réservé aux cavaliers*) **piste cavalière** Reitweg *m* **II.** *m, f* ❶ SPORT Reiter(in) *m(f)* ❷ (*au bal*) Tanzpartner(in) *m(f)*

cavalièrement [kavaljɛʀmɑ̃] *adv* unverschämt

cave [kav] *f* ❶ (*local souterrain*) Keller *m;* **~ voûtée** Gewölbekeller ❷ (*provision de vins*) Weinkeller *m* ❸ *pl* (*propriété*) **~s viticoles** Weinkellerei *f* ❹ (*cabaret*) Kellerbar *f* ►**de la ~ au grenier** in allen Ecken

caveau [kavo] <x> *m* (*tombeau*) Gruft *f*

caverne [kavɛʀn] *f* Höhle *f*

caverneux, -euse [kavɛʀnø, -øz] *adj* ausgehöhlt

caviar [kavjaʀ] *m* GASTR Kaviar *m*

caviarder [kavjaʀde] <1> *vt* zensieren

caviste [kavist] *mf* Kellermeister(in) *m(f)*

cavité [kavite] *f* (*caverne*) Höhle *f*

C.B.[1] [sebe] *f abr de* **Carte Bancaire** Bankkarte *f;* (*en Allemagne*) ≈ EC-Karte

C.B.[2] [sibi] *f abr de* **Citizen's band** CB-Funk *m*

C.C.P. [sesepe] *m abr de* **compte chèques postal** ≈ Postgirokonto *nt*

CD [sede] *m abr de* **Compact-Disc** CD *f*

C.D.D. [sedede] *m abr de* **contrat à durée déterminée** Zeitvertrag *m*

C.D.I.[1] [sedei] *m abr de* **centre de documentation et d'information** *Dokumentations- und Informationsstelle einer Schule*

C.D.I.[2] [sedei] *m abr de* **contrat à durée indéterminée** unbefristeter Vertrag *m*

C.D.-I.® [sedei] *m inv abr de* **Compact Disc Interactive** CD-I *f,* CD-Interaktiv *f*

CD-ROM [sedeʀɔm] *m inv abr de* **Compact Disc Read Only Memory** CD-ROM *f;* **introduire un ~ dans le lecteur** eine CD-ROM in das Laufwerk einlegen

ce[1] [sə] <*devant "en" et formes de "être" commençant par une voyelle* c', *devant "a"* ç'> *pron dém* ❶ (*pour désigner*) **c'est un beau garçon** das ist ein hübscher Junge; **~ sont de bons souvenirs** das sind schöne Erinnerungen; **c'est beau, la vie** das Leben ist schön; **c'est moi/lui/nous** ich/er/wir; **qui est-~? – C'est moi** wer ist da? – Ich [bin es]; **à qui est ~ livre? – C'est à lui** wem gehört das Buch? – [Es gehört] ihm ❷ (*dans une question*) **qui est-~?, c'est qui?** *fam* wer ist das?; (*au téléphone*) wer ist da?; **qui est-~ qui/que** wer/wen; **qu'est-~ [que c'est]?, c'est quoi?** *fam* was ist das?; **qu'est-~ qui/que** was; **c'est qui** [*o* **qui c'est**] **~ Monsieur?** *fam* wer ist dieser Mann?; **est-~ vous?, c'est vous?** *fam* sind Sie es? ❸ (*pour insister*) **c'est plus tard qu'elle y songea** erst später fiel es ihr ein; **c'est maintenant qu'on en a besoin** gerade jetzt braucht man es; **c'est en tombant que l'objet a explosé** [in dem Moment,] als es fiel, explodierte das Ding; **c'est vous qui le dites!** das sagen Sie!; **c'est un scandale de voir cela** es ist ein Skandal, das mit ansehen zu müssen; **c'est à elle de faire qc** (*c'est à son tour*) sie ist dran [etw zu tun]; (*c'est son rôle*) sie soll etw tun; **c'est à vous de prendre cette décision** diese Entscheidung müssen Sie selbst treffen ❹ (*pour expliquer*) **c'est que ...** nämlich ...; (*dans une réponse*) eigentlich ...; (*pour préciser la raison*) das heißt ... ❺ (*devant une relative*) **voilà tout ~ que je sais** das ist alles, was ich weiß; **dis-moi ~ dont tu as besoin** sag mir, was du brauchst; **~ à quoi je ne m'attendais pas** worauf ich nicht gefasst war; **~ à quoi j'ai pensé** woran ich gedacht habe; **~ que c'est idiot!** das ist vielleicht idiotisch! (*fam*); **~ que** [*o* **qu'est-~ que**] **~ paysage est beau!** was für eine schöne Landschaft!; **qu'est-~ qu'on s'amuse!** *fam* so eine Gaudi!; **~ qu'il parle bien** *fam* er spricht aber gut ►**et ~** und zwar; **à ~ qu'on dit, qn a fait qc** [wie] es heißt, hat jd etw getan; **sur ~** daraufhin; **sur ~, je**

vous dis au revoir damit verabschiede ich mich

ce² [sə] *adj dém* ① (*pour désigner*) diese(r, s); ~ **vase/tableau/cet homme** diese Vase/dieses Bild/dieser Mann; *v. a.* **cette** ② (*intensif, péjoratif*) ~ **garçon-là** der Junge da; **comment peut-il raconter ~ mensonge!** wie kann er nur so eine Lüge erzählen! ③ (*avec étonnement*) so ein(e); ~ **toupet!** was für eine Frechheit! ④ (*en opposition*) ~ **livre-ci ...** ~ **livre-là** dieses Buch hier ... jenes Buch dort ⑤ (*temporel*) heute; ~ **jour-là** an jenem Tag; ~ **mois-ci** diesen/in diesem Monat

CE [seø] *f abr de* **Communauté européenne** EG *f*

CE1 [seøœ̃] *m abr de* **cours élémentaire première année** *zweite Grundschulklasse*

CE2 [seødø] *m abr de* **cours élémentaire deuxième année** *dritte Grundschulklasse*

ceci [səsi] *pron dém* dieses [hier]; ~ **explique cela** das eine erklärt das andere; **il a ~ d'agréable qu'il est gai** das Sympathische an ihm ist, dass er [so] fröhlich ist; **à ~ près qu'il ment** außer, dass er lügt; *v. a.* **cela**

cécité [sesite] *f* Blindheit *f*

céder [sede] <5> **I.** *vt* ① (*abandonner au profit de qn*) ~ **qc à qn** jdm etw überlassen; ~ **son tour à qn** jdm den Vorrang lassen ② (*vendre*) veräußern; übertragen *créance* **II.** *vi* ① (*renoncer*) nachgeben ② (*capituler*) aufgeben; *troupes:* zurückweichen ③ (*succomber*) nachgeben; ~ **à la tentation** der Versuchung erliegen ④ (*se rompre*) nachgeben; *chaise:* zusammenbrechen; *corde:* reißen

cédérom [sederɔm] *m* CD-ROM *f*

CEDEX [sedɛks] *m abr de* **courrier d'entreprise à distribution exceptionnelle** *Sammelpostamt für gesondert zugestellte Firmen- und Behördenpost*

cédille [sedij] *f* Cedille *f* (*kommaähnliches Häkchen unter einem c oder C*)

cèdre [sɛdʀ] *m* ① (*arbre*) Zeder *f* ② (*bois*) Zedernholz *nt*

CEE [seəə] *f* HIST *abr de* **Communauté économique européenne** EWG *f*

cégétiste [seʒetist] *mf* C.G.T.-Mitglied *nt*

CEI [seøi] *f* HIST *abr de* **Communauté des États indépendants** GUS *f*

ceindre [sɛ̃dʀ] <*irr*> *vt* (*entourer*) ~ **une ville de murailles** eine Stadt mit einer Stadtmauer umgeben

ceint(e) [sə, ɛ̃t] *part passé de* **ceindre**

ceinture [sɛ̃tyʀ] *f* ① (*pour la taille*) Gürtel *m* ② (*partie d'un vêtement*) Bund *m; d'une robe* Taille *f* ③ AUT, AVIAT [Sicherheits]gurt *m;* **attacher sa ~ de sécurité** sich anschnallen ④ (*écharpe*) Gürtel *m;* (*personne*) Träger(in) *m(f)* eines Gürtels ⑤ (*zone environnante*) Gürtel *m* ⑥ (*route périphérique*) Ring[straße *f*] *m*

ceinturer [sɛ̃tyʀe] <1> *vt* umklammern *personne*

ceinturon [sɛ̃tyʀɔ̃] *m* MIL Koppel *nt*

cela [s(ə)la] *pron dém* ① (*pour désigner*) das; ~ **te plaît?** gefällt dir das?; **pour ~** deshalb; **après ~** danach; **je ne pense qu'à ~** ich denke an nichts anderes ② (*pour renforcer*) **qui/quand/où ~?** wer/wann/wo [sagst du/sagen Sie]?; **comment ~?** wie [das]?; ~ **fait dix jours que j'attends** ich warte jetzt schon seit zehn Tagen ▶ **c'est ~ même** ganz genau; **si ce n'est que ~** wenn es weiter nichts ist; **et avec ~?** was darf es sonst noch sein?; **sans ~** ansonsten; *v. a.* **ça, ceci**

célébration [selebʀasjɔ̃] *f* ① (*fête*) Feier[lichkeiten *Pl*] *f;* ~ **du mariage** Trauung *f;* ~ **du bicentenaire de la Révolution** Zweihundertjahrfeier der Revolution ② REL *d'un office* Zelebration *f;* **pendant la ~ de la messe** während der Messe

célèbre [selɛbʀ] *adj* berühmt; ~ **dans le monde entier** weltberühmt; **se rendre ~ par qc** durch etw berühmt werden

célébrer [selebʀe] <5> *vt* ① (*fêter*) feiern ② (*vanter*) rühmen *exploit* ③ REL ~ **un office** eine Messe halten

célébrissime [selebʀisim] *adj* (*très célèbre*) hochberühmt

célébrité [selebʀite] *f* Berühmtheit *f*

céleri [sɛlʀi] *m* Sellerie *m o f*

céleri-rave [sɛlʀiʀav] <céleris-raves> *m* Sellerie[knolle *f*] *m o f*

célérité [seleʀite] *f* Schnelligkeit *f*

céleste [selɛst] *adj* ① (*relatif au ciel*) **corps ~** Himmelskörper *m* ② (*divin*) himmlisch; *colère* göttlich ③ (*merveilleux*) himmlisch

célibat [seliba] *m* Ehelosigkeit *f; d'un prêtre* Zölibat *nt o m*

célibataire [selibatɛʀ] **I.** *adj* ledig; *mère, père* allein erziehend **II.** *mf* Junggeselle *m*/-gesellin *f*, Single *m*

celle, celui [sɛl] <s> *pron dém* ① + *prép* ~ **de Paul est plus jolie** der[jenige]/die[jenige]/das[jenige] von Paul ist schöner ② + *pron rel* ~ **que tu as achetée est moins chère** der, den/das, das/die, die du gekauft hast, ist billiger ③ + *adj/part* *passé/part prés/inf* (*en opposition*) der/die/das + *rel;* **cette marchandise est meilleure que ~ que vous vendez** diese Ware ist besser als die, die Sie verkaufen

celle-ci, celui-ci [sɛlsi] <celles-ci> *pron dém* ❶ (*en désignant*) *chose:* diese(r, s) [hier]; *personne:* diese [hier] ❷ (*référence à un antécédent*) diese; **il écrit à sa sœur – ~ ne répond pas** er schreibt seiner Schwester – diese antwortet nicht ❸ (*en opposition*) **~ est moins chère que celle-là** diese(r,s) ist billiger als jene(r,s); (*avec un geste*) diese(r,s) [hier] ist billiger als diese(r, s) [da]; *v. a.* **celle-là**

celle-là, celui-là [sɛlla] <celles-là> *pron dém* ❶ (*en désignant*) *chose:* diese(r, s) [da]; *personne:* diese [da] ❷ (*référence à un antécédent*) **ah! je la retiens ~ alors!** *fam* das verzeihe ich ihr nie!; **elle est bien bonne ~!** das ist ein bisschen dick aufgetragen! ❸ (*en opposition*) *v.* **celle-ci**

celles, ceux [sɛl] *pl pron dém* ❶ + *prép* die[jenigen] + *präp;* **~ d'entre vous** diejenigen von Ihnen ❷ + *pron rel* **~ qui ont fini peuvent sortir** die[jenigen], die fertig sind, können gehen ❸ + *adj/part passé/part prés/inf* die; *v. a.* **celle**

celles-ci, ceux-ci [sɛlsi] *pl pron dém* ❶ (*pour distinguer*) diese [hier] ❷ (*référence à un antécédent*) diese; *v. a.* **celle-ci** ❸ (*en opposition*) **~ sont moins chères que celles-là** diese sind billiger als jene; (*avec un geste*) diese hier sind billiger als diese da; *v. a.* **celles-là**

celles-là, ceux-là [sɛlla] *pl pron dém* ❶ (*en désignant*) diese [da] ❷ (*référence à un antécédent*) **ah! je les retiens ~ alors!** *fam* das verzeihe ich ihnen nie! ❸ (*en opposition*) diese da; *v. a.* **celles-ci**

cellier [selje] *m* Vorratsraum *m*

cellophane® [selɔfan] *f* Zellophan *nt,* Cellophan® *nt;* (*emballage*) Frischhaltefolie *f*

cellulaire [selylɛʀ] **I.** *adj* ❶ BIO **division ~** Zellteilung *f* ❷ (*relatif à la prison*) **régime ~** [Einzel]haft *f;* **fourgon ~** Gefangenentransporter *m* **II.** *m* CAN (*téléphone portable*) Handy *nt*

cellular [selylaʀ] *m* **chemise en ~** Netzhemd *nt*

cellule [selyl] *f* Zelle *f;* **~ photoélectrique** Fotozelle; **~ souche** MED Stammzelle

cellulite [selylit] *f* MED Zellulitis *f*

celluloïd [selylɔid] *m* Zelluloid *nt*

cellulose [selyloz] *f* Zellulose *f*

celte [sɛlt] *adj* keltisch

Celte [sɛlt] *mf* Kelte *m*/Keltin *f*

celtique [sɛltik] **I.** *adj* keltisch **II.** *m* Keltisch *nt; v. a.* **allemand**

celui, celle [səlɥi] <ceux> *pron dém* der[jenige]/die[jenige]/das[jenige]; *v. a.* **celle**

celui-ci, celle-ci [səlɥisi] <ceux-ci> *pron dém chose:* diese(r, s) [hier]; *personne:* dieser [hier]; *v. a.* **celle-ci, celui-là**

celui-là, celle-là [səlɥila] <ceux-là> *pron dém* ❶ (*en désignant*) *chose:* diese(r, s) [da]; *personne:* dieser [da]; (*avec un geste*) **~ est meilleur** diese(r, s) [da/dort] ist besser ❷ (*référence à un antécédent*) *v.* **celle-là** ❸ (*en opposition*) *v.* **celui-ci, celle-ci**

cendre [sɑ̃dʀ] *f* Asche *f*

cendré(e) [sɑ̃dʀe] *adj cheveux* aschblond

cendrée [sɑ̃dʀe] *f* SPORT Aschenbahn *f*

cendrier [sɑ̃dʀije] *m* Aschenbecher *m*

Cendrillon [sɑ̃dʀijɔ̃] *f* Aschenputtel *nt*

Cène [sɛn] *f* REL **la ~** das [letzte] Abendmahl

censé(e) [sɑ̃se] *adj* ❶ (*présumé en train de faire qc*) **être ~ faire qc** [eigentlich] etw tun wollen ❷ (*présumé capable de faire qc*) **je suis ~ connaître la réponse** ich bin der/die Einzige, der/die die Antwort kennt ❸ (*présumé devoir faire qc*) **je te le dis, mais tu n'es pas ~ le savoir** ich sage es dir, aber eigentlich darfst du es gar nicht wissen

censeur [sɑ̃sœʀ] *mf* ❶ MEDIA Kritiker(in) *m(f)* ❷ POL Zensor(in) *m(f)* ❸ SCOL *Beamter/Beamtin, der/die an Gymnasien für die Schulordnung zuständig ist*

censure [sɑ̃syʀ] *f* ❶ Zensur *f* ❷ POL Misstrauensvotum *nt;* **déposer une motion de ~** einen Misstrauensantrag stellen

censurer [sɑ̃syʀe] <1> *vt* zensieren; **être censuré** auf dem Index stehen

cent¹ [sɑ̃] **I.** *num* [ein]hundert; **cinq ~s** fünfhundert; **~ un** hundert[und]eins/-einer ▶ **avoir ~ fois raison** absolut Recht haben; **pour ~** Prozent *nt;* **~ pour ~** hundertprozentig **II.** *m inv* Hundert *f; v. a.* **cinq, cinquante**

cent² [sɛnt] *m* FIN Cent *m*

centaine [sɑ̃tɛn] *f* ❶ (*environ cent*) **une ~ de personnes** etwa hundert Personen; **des ~s de personnes** Hunderte *Pl* von Personen; **plusieurs ~s de manifestants** mehrere Hundert Demonstranten; **par ~s** zu Hunderten ❷ (*cent unités*) Hunderter *m*

centaure [sɑ̃tɔʀ] *m* HIST Zentaur *m*

centenaire [sɑ̃tnɛʀ] **I.** *adj* hundertjährig; **être ~** hundert Jahre alt sein **II.** *mf* Hun-

C

C

dertjährige(r) *f(m)* **III.** *m* ① *d'une personne* hundertster Geburtstag; *d'un événement* hundertster Jahrestag ② (*cérémonie*) Hundertjahrfeier *f*

centésimal(e) [sɑ̃tezimal, -o] <-aux> *adj* hundertteilig

centième [sɑ̃tjɛm] **I.** *adj antéposé* hundertste(r, s) **II.** *mf* **le/la ~** der/die/das Hundertste **III.** *m* (*fraction*) Hundertstel *nt* **IV.** *f* THEAT hundertste Aufführung; *v. a.* **cinquième**

centigramme [sɑ̃tigʀam] *m* Zentigramm *nt*

centilitre [sɑ̃tilitʀ] *m* Zentiliter *m o nt;* **25 ~s** ein viertel Liter

centime [sɑ̃tim] *m* ① HIST Centime *m* ② **~ [d'euro]** Cent *m;* **une pièce de 50 ~s** eine Fünfzigcentmünze ▶ **ne pas avoir un ~ sur soi** keinen Pfennig [bei sich] haben

centimètre [sɑ̃timɛtʀ] *m* ① (*unité*) Zentimeter *m o nt* ② (*ruban*) Zentimetermaß *nt*

centrafricain(e) [sɑ̃tʀafʀikɛ̃, ɛn] *adj* zentralafrikanisch

central [sɑ̃tʀal, -o] <-aux> *m* TELEC [Telefon]zentrale *f*

central(e) [sɑ̃tʀal, -o] <-aux> *adj* ① (*situé au centre*) zentral; **partie ~e** Mittelstück *nt* ② (*important*) zentral; **le personnage ~** die Hauptperson

centrale [sɑ̃tʀal] *f* ① ELEC Kraftwerk *nt;* **~ électrique** Elektrizitätswerk ② POL Arbeitnehmerorganisation *f;* **~ syndicale** Gewerkschaft *f* ③ COM Zentrale *f* ④ (*prison*) Strafvollzugsanstalt *f* ⑤ SCOL **la Centrale** *Hochschule für die Ingenieurausbildung*

centralisateur, -trice [sɑ̃tʀalizatœʀ, -tʀis] *adj* zentralistisch

centralisation [sɑ̃tʀalizasjɔ̃] *f* ① *de la politique* Zentralisierung *f; des secours* zentrale Koordination; *des renseignements* zentrale Erfassung ② (*résultat*) Zentralisation *f*

centraliser [sɑ̃tʀalize] <1> *vt* zentralisieren *pouvoir;* sammeln *information;* koordinieren *secours*

centralisme [sɑ̃tʀalism] *m* Zentralismus *m;* **~ de l'État** staatlicher Zentralismus

centre [sɑ̃tʀ] *m* ① *d'un cercle* Mittelpunkt *m; d'une ville* Mitte *f,* Zentrum *nt;* **le ~ de la ville** die Innenstadt; **~ de gravité** PHYS Schwerpunkt *m* ② POL Mitte; **~ gauche/droit** gemäßigte Linke/Rechte ③ (*lieu d'activités*) Zentrum *nt;* **~ ferroviaire** Eisenbahnknotenpunkt *m* ④ (*organisme*) Zentrum *nt;* **~ aéré** Ferien- und Freizeitzentrum; **~ commercial/culturel** Einkaufs-/Kulturzentrum; **~ équestre/sportif** Reit-/Sportzentrum; **~ hospitalier régional/universitaire** Landes/Universitätsklinik *f;* **~ d'achats** CAN (*centre commercial*) Einkaufszentrum; **~ d'appels** Callcenter *nt;* **~ de détention pour jeunes** Jugendstrafanstalt *f;* **~ d'entraînement** Trainingszentrum; **~ de vacances** Ferienlager *nt* ⑤ (*terrain*) Mittelfeld *nt;* (*joueur*) Mittelstürmer *m;* (*passe*) Flanke *f* ⑥ (*point essentiel*) Mittelpunkt *m;* **être au ~ des préoccupations de qn** jds Hauptsorge sein; **~ d'intérêt** [Themen]schwerpunkt

centrer [sɑ̃tʀe] <1> *vt* ① *a. fig* (*placer au centre*) zentrieren; **~ son discours sur un sujet** ein Thema in den Mittelpunkt seiner Rede stellen ② SPORT [zur Mitte] flanken

centre[-]ville [sɑ̃tʀəvil] <centres-villes> *m* Stadtzentrum *nt*

centrifuge [sɑ̃tʀifyʒ] *adj* zentrifugal; **force ~** Zentrifugalkraft *f*

centrifugeuse [sɑ̃tʀifyʒøz] *f* Zentrifuge *f*

centripète [sɑ̃tʀipɛt] *adj* PHYS zentripetal

centrisme [sɑ̃tʀism] *m* Politik *f* der Mitte

centriste [sɑ̃tʀist] *adj convictions politiques* gemäßigt, in der politischen Mitte angesiedelt

centuple [sɑ̃typl] **I.** *adj* hundertfach; **mille est un nombre ~ de dix** tausend ist das Hundertfache von zehn **II.** *m a. fig* Hundertfache(s) *nt;* **rendre une dette à qn au ~** jdm eine Schuld mit Zins und Zinseszins zurückzahlen

centupler [sɑ̃typle] <1> *vi* sich verhundertfachen

cep [sɛp] *m* Rebstock *m*

cépage [sepaʒ] *m* Rebsorte *f*

cèpe [sɛp] *m* Steinpilz *m,* Herrenpilz (A)

cependant [s(ə)pɑ̃dɑ̃] *adv* doch

céramique [seʀamik] **I.** *adj* keramisch **II.** *f* ① (*objet*) Keramik *f* ② (*art*) Töpferei *f* ③ MED **~ dentaire** Zahnkeramik *f*

cerbère [sɛʀbɛʀ] *m fig* Zerberus *m* (*hum*)

cerceau [sɛʀso] <x> *m* Reifen *m*

cercle [sɛʀkl] *m* ① (*forme géométrique, groupe*) Kreis *m* ② (*groupe sportif*) Club *m,* Klub *m* ③ MIL **~ des officiers** Offizierskasino *nt* ▶ **~ vicieux** Teufelskreis *m*

cercler [sɛʀkle] <1> *vt* (*munir de cercles*) binden, bereifen; (*entourer*) einfassen, umranden

cercueil [sɛʀkœj] *m* Sarg *m*

céréale [seʀeal] *f* ① AGR Getreide *nt;* **les ~s** das Getreide ② (*petit-déjeuner*) *Haferflocken, Cornflakes, Müsli etc.*

céréalier [seʀealje] *m* (*producteur de céréales*) Getreideanbauer(in) *m(f)*

cérébral(e) [seʀebʀal, -o] <-aux> **I.** *adj* ❶ ANAT **les hémisphères cérébraux** die Großhirnhälften; **hémorragie ~e** [Ge]hirnblutung *f;* **congestion ~e** Schlaganfall *m* ❷ (*intellectuel*) geistig **II.** *mf* **être un pur ~** ein reiner Verstandesmensch sein

cérémonial [seʀemɔnjal] <s> *m* Zeremoniell *nt*

cérémonie [seʀemɔni] *f* Zeremonie *f,* Feier[lichkeiten *Pl*] *f*

cérémonieux, -euse [seʀemɔnjø, -jøz] *adj* zeremoniell

cerf [sɛʀ] *m* ZOOL Hirsch *m*

cerfeuil [sɛʀfœj] *m* Kerbel *m*

cerf-volant [sɛʀvɔlɑ̃] <cerfs-volants> *m* ❶ (*jouet*) Drachen *m;* **faire voler un ~** einen Drachen steigen lassen ❷ ZOOL Hirschkäfer *m*

cerise [s(ə)ʀiz] **I.** *f* Kirsche *f* **II.** *adj inv* [**rouge**] ~ kirschrot

cerisier [s(ə)ʀizje] *m* ❶ (*arbre*) Kirschbaum *m* ❷ (*bois*) Kirschbaumholz *nt,* Kirsche *f*

cerne [sɛʀn] *m* ❶ ANAT Ringe *Pl* unter den Augen ❷ BOT *d'un arbre* Jahresring *m*

cerné(e) [sɛʀne] *adj* **avoir les yeux ~s** Ringe *Pl* unter den Augen haben

cerneau [sɛʀno] <x> *m* Nusskern *m*

cerner [sɛʀne] <1> *vt* ❶ *a. fig* (*entourer d'un trait*) umreißen ❷ (*encercler*) umstellen *ennemi* ❸ (*évaluer*) erfassen *problème;* einschätzen *difficulté; fam* einordnen *personne*

certain(e) [sɛʀtɛ̃, ɛn] **I.** *adj* sicher; **être sûr et ~** hundertprozentig sicher sein; **j'en suis sûr et ~!** davon bin ich überzeugt!; **un plaisir ~** ein sicheres Vergnügen **II.** *adj indéf* ❶ *pl antéposé* (*quelques*) gewisse *Pl,* bestimmte *Pl* ❷ (*bien déterminé*) **un ~ endroit** eine bestimmte Stelle **III.** *pron pl* manche *Pl,* einige *Pl;* **~s d'entre vous** manche unter Ihnen/euch; **aux yeux de ~s** in den Augen einiger Leute

certainement [sɛʀtɛnmɑ̃] *adv* ❶ (*selon toute apparence*) sicher[lich] ❷ (*sans aucun doute*) zweifellos

certes [sɛʀt] *adv* (*pour exprimer une réserve: en début de phrase*) zugegeben ...; (*au milieu de la phrase*) sicher; (*dans une négation*) bestimmt; **c'est le plus doué, ~! mais ...** er ist zwar der Begabteste, aber ...

certificat [sɛʀtifika] *m* ❶ (*attestation*) Bescheinigung *f;* **~ médical** ärztliches Attest; **~ de naissance** Geburtsurkunde *f;* **~ de scolarité** Schulbescheinigung ❷ (*diplôme*) Zeugnis *nt;* (*d'études universitaires*) Diplom *nt;* **délivrer un ~ à qn** jdm ein Zeugnis ausstellen

certification [sɛʀtifikasjɔ̃] *f* JUR Gültigkeitsvermerk *m*

certifier [sɛʀtifje] <1> *vt* ❶ versichern ❷ JUR beglaubigen; **cette copie est certifiée conforme à l'original** diese Kopie ist beglaubigt; (*mention sur le tampon*) Kopie entspricht dem Original

certitude [sɛʀtityd] *f* Sicherheit *f,* Gewissheit *f*

cérumen [seʀymɛn] *m* Ohrenschmalz *nt*

cerveau [sɛʀvo] <x> *m* ❶ ANAT Gehirn *nt* ❷ (*esprit*) Kopf *m,* Verstand *m* ❸ *d'une organisation* [Schalt]zentrale *f* ❹ (*personne*) kluger Kopf; (*célébrité*) großer Geist ❺ (*organisateur*) Kopf *m*

cervelas [sɛʀvəlɑ] *m* Zervelatwurst *f*

cervelet [sɛʀvəlɛ] *m* ANAT Kleinhirn *nt*

cervelle [sɛʀvɛl] *f* ❶ *fam* (*esprit*) Verstand *m;* **ne rien avoir dans la ~** nichts im Kopf *m* haben ❷ GASTR Hirn *nt*

cervical(e) [sɛʀvikal, -o] <-aux> **I.** *adj* ANAT **vertèbres ~es** Halswirbel *Pl* **II.** *fpl* **les ~es** die Halswirbel *Pl*

cervidés [sɛʀvide] *m pl* ZOOL [die Familie der] Hirsche *Pl*

Cervin [sɛʀvɛ̃] *m* **le ~** das Matterhorn

ces [se] *adj dém pl* ❶ (*pour désigner*) diese; **~ tableaux/dames** diese Bilder/Damen; *v. a.* **cette** ❷ *fam* (*intensif, péjoratif*) **il a de ~ idées!** er hat vielleicht Ideen!; **comment peut-il raconter ~ mensonges** wie kann er nur solche Lügen auftischen! ❸ (*avec étonnement*) diese; **~ mensonges!** diese Lügen! ❹ (*en opposition*) diese; **~ gens-ci ... ~ gens-là** die Leute hier ... die Leute dort ❺ (*temporel*) **~ nuits-ci** diese Nächte; **~ jours-ci** zur Zeit; **dans ~ années-là** in jenen Jahren

CES [sɛs] *m abr de* **Contrat emploi solidarité** (*emploi*) ≈ ABM-Stelle *f*

C.E.S. [seøɛs] *m abr de* **Collège d'enseignement secondaire** ≈ Schule *f* der Sekundarstufe I

César [sezaʀ] *m* HIST **Jules ~** Julius Cäsar

césarienne [sezaʀjɛn] *f* MED Kaiserschnitt *m*

cessation [sesasjɔ̃] *f* Einstellen *nt*

cesse [sɛs] ▶ **sans ~** (*sans interruption*) ständig

cesser [sese] <1> **I.** *vt* einstellen; **cessez ces cris!** hört mit dem Geschrei auf! (*fam*); **faire ~ qc** etw beenden; **~ de fumer** das Rauchen aufgeben **II.** *vi* aufhö-

C

ren; *combat, travail:* eingestellt werden; *conflit:* ein Ende finden; *fièvre:* fallen

cessez-le-feu [sesel(e)fø] *m inv* (*prolongé*) Waffenruhe *f;* (*momentané*) Waffenpause *f*

cession [sesjɔ̃] *f* Übertragung *f*

c'est-à-dire [sɛtadiʀ] *conj* ❶ (*à savoir*) das bedeutet [also] ❷ (*justification*) eigentlich ❸ (*rectification*) besser gesagt

césure [sezyʀ] *f a. fig* (*en poésie*) Zäsur *f*

cet [sɛt] *adj dém v.* **ce**

CET [seøte] *m abr de* **collège d'enseignement technique** ≈ Berufsfachschule *f*

cétacé [setase] *m* ZOOL Wal *m*

cette [sɛt] *adj dém* ❶ (*pour désigner*) diese(r, s); ~ **chaise/dame** dieser Stuhl/diese Dame; **en ~ dernière semaine de l'avent** in dieser letzten Adventswoche; **alors, ~ grippe, comment ça va?** na, wie geht's [mit] deiner/Ihrer Grippe? ❷ (*intensif, péjoratif*) ~ **fille-là** das Mädchen da; **comment peut-il raconter ~ histoire!** wie kann er nur so eine Geschichte erzählen! ❸ (*avec étonnement*) so ein(e); ~ **chance!** was für ein Glück! ❹ (*en opposition*) ~ **version-ci ... ~ version-là** diese Fassung hier ... jene Fassung dort ❺ (*temporel*) ~ **nuit** heute Nacht; ~ **semaine** diese Woche; ~ **semaine-là** in der Woche

ceux, celles [sø] *pl pron dém* die[jenigen]; *v. a.* **celles**

ceux-ci, celles-ci [søsi] *pl pron dém* ❶ (*pour distinguer*) diese [hier] ❷ (*référence à un antécédent*) diese; *v. a.* **celle-ci** ❸ (*en opposition*) *v.* **ceux-là, celles-ci**

ceux-là, celles-là [søla] *pl pron dém* ❶ (*en désignant*) diese da ❷ (*référence à un antécédent*) *v.* **celle-là** ❸ (*en opposition*) diese da; *v. a.* **ceux-ci, celles-ci**

Cévennes [sevɛn] *fpl* **les ~** die Cevennen

Ceylan [sɛlɑ̃] *f* HIST Ceylon *nt*

cf., Cf. [kɔ̃fɛʀ] *abr de* **confer** vgl.

C.F.A. [seɛfɑ] *adj, abr de* **communauté financière africaine: franc ~** CFA-Franc *m*

C.F.C. [seɛfse] *m inv abr de* **chlorofluorocarbone** FCKW *m*

C.F.D.T. [seɛfdete] *f abr de* **Confédération française et démocratique du travail** *französische Gewerkschaft, die der sozialistischen Partei nahesteht*

C.F.T.C. [seɛftese] *f abr de* **Confédération française des travailleurs chrétiens** *christliche französische Gewerkschaft*

C.G.T. [seʒete] *f abr de* **Confédération générale du travail** *kommunistische französische Gewerkschaft*

Ch [ʃ(ə)valvapœʀ] *abr de* **cheval-vapeur** PS *f*

chacal [ʃakal] <s> *m* ZOOL Schakal *m*

chacun(e) [ʃakœ̃, ʃakyn] *pron* ❶ (*chose ou personne dans un ensemble défini*) jede(r, s) [Einzelne]; (*de deux personnes*) jede(r) von beiden; **~/~e de nous** jeder/jede [Einzelne] von uns; **~ à sa façon** jeder auf seine Weise; **~ [à] son tour** einer nach dem anderen ❷ (*toute personne*) jede(r) ▶ **~ ses goûts** *prov* über Geschmack lässt sich [nicht] streiten

chafouin(e) [ʃafwɛ̃, in] *adj mine, visage* hinterhältig, verschlagen

chagrin [ʃagʀɛ̃] *m* (*peine*) Kummer *m*

chagriner [ʃagʀine] <1> *vt* **~ qn** jdm Kummer machen

chah [ʃa] *m v.* **schah**

chahut [ʃay] *m* Aufruhr *m;* (*bruit*) Krach *m;* **faire du ~** ein Spektakel veranstalten

chahuter [ʃayte] <1> **I.** *vi élèves:* ein Spektakel veranstalten; *enfants:* herumtoben; (*faire du bruit*) Radau machen (*fam*) **II.** *vt* ❶ (*bousculer par plaisir*) fertigmachen (*fam*) ❷ (*troubler par du chahut*) **~ un professeur** den Unterricht eines Lehrers stören

chahuteur, -euse [ʃaytœʀ, -øz] *adj* aufsässig

chai [ʃɛ] *m* [Wein]lager *nt*

chaîne [ʃɛn] *f* ❶ (*bijou*) Kette *f* ❷ (*dispositif métallique*) Kette *f;* **~ de bicyclette/sûreté** Fahrrad-/Sicherheitskette ❸ *pl* AUT Schneeketten *Pl* ❹ *de personnes* Kette *f;* **faire la ~** eine Kette bilden; **réaction en ~** Kettenreaktion *f* ❺ IND [Fließ]band *nt* ❻ (*émetteur*) Sender *m;* (*programme*) Programm *nt;* **~ câblée** Kabelkanal *m;* **sur la 3ᵉ ~** im dritten Programm ❼ (*appareil stéréo*) Anlage *f;* **~ haute-fidélité** [*o* **hi-fi**] [*o* **stéréo**] Hi-Fi-Anlage ❽ (*groupement*) **~ de magasins** Ladenkette *f*

chaînette [ʃɛnɛt] *f* Kettchen *nt*

chaînon [ʃɛnɔ̃] *m a. fig* [Ketten]glied *nt*

chair [ʃɛʀ] **I.** *f* ❶ (*viande*) Fleisch *nt;* **~ à pâté** [*o* **saucisse**] Hackepeter *m* (*fam*) ❷ (*pulpe*) [Frucht]fleisch *nt* ❸ (*corps opposé à esprit*) Fleisch *nt,* Leib *m* ❹ (*instinct sexuel*) Fleischeslust *f;* **les plaisirs de la ~** die sinnlichen Freuden **II.** *adj inv* hautfarben

chaire [ʃɛʀ] *f* ❶ (*tribune*) Rednerpult *nt; du prêtre* Kanzel *f* ❷ UNIV Lehrstuhl *m*

chaise [ʃɛz] *f* Stuhl *m*

chakra [ʃakʀa] *m* Chakra *nt*

chaland [ʃalɑ̃] *m* (*péniche*) Lastkahn *m*

châle [ʃɑl] *m* [Schulter]tuch *nt*

chalet [ʃalɛ] *m* Chalet *nt* (CH)

chaleur [ʃalœʀ] *f* ① (*température élevée*) Wärme *f;* (*très élevée*) Hitze *f;* **vague de ~** Hitzewelle *f;* **sous l'effet de la ~** unter der Wärme-/Hitzeeinwirkung; **il fait une ~ accablante** es ist drückend heiß ② ANAT Körperwärme *f* ③ *fig* Wärme *f; d'un accueil* Herzlichkeit *f;* **avec ~** herzlich

chaleureusement [ʃalœʀøzmɑ̃] *adv* warm

chaleureux, -euse [ʃalœʀø, -øz] *adj* warm; *accueil* herzlich; *soirée* gemütlich

challenge [ʃalɑ̃nʒ, tʃalɛndʒ] *m* Pokalwettbewerb *m*

challenger [tʃalɛndʒœʀ] *m,* **challengeur** [ʃalɑ̃ʒœʀ] *m* SPORT, POL Herausforderer *m*

chaloupe [ʃalup] *f* Beiboot *nt*

chaloupé(e) [ʃalupe] *adj danse, démarche* wiegend

chalumeau [ʃalymo] <x> *m* (*pour souder*) Schweißbrenner *m;* (*pour découper*) Schneidbrenner *m*

chalut [ʃaly] *m* PECHE [Grund]schleppnetz *nt*

chalutier [ʃalytje] *m* Fischkutter *m*

chamade [ʃamad] ▶ **qn a le cœur qui bat la ~** jds Herz schlägt bis zum Hals[e]

chamailler [ʃamɑje] <1> *vpr* **se ~** *enfants:* sich zanken

chamailleur, -euse [ʃamɑjœʀ, -jøz] *adj* zänkisch

chamarré(e) [ʃamaʀe] *adj* geschmückt, überladen (*pej*)

chambard [ʃɑ̃baʀ] *m* Krawall *m*

chambardement [ʃɑ̃baʀdəmɑ̃] *m fam* Durcheinander *nt*

chambarder [ʃɑ̃baʀde] <1> *vt fam* über den Haufen werfen *projets, habitudes*

chambouler [ʃɑ̃bule] <1> *vt fam* über den Haufen werfen *projets, programme*

chambranle [ʃɑ̃bʀɑ̃l] *m d'une porte, fenêtre* Rahmen *m*

chambre [ʃɑ̃bʀ] *f* ① (*pièce où l'on couche*) Schlafzimmer *nt;* **~ individuelle/double** Einzel-/Doppelzimmer; **~ d'amis** Gästezimmer; **faire ~ à part** getrennte Schlafzimmer haben ② (*pièce spéciale*) **~ forte** Tresorraum *m;* **~ froide** Kühlraum ③ POL, JUR Kammer *f* ④ COM **~ syndicale** Arbeitgeberverband *m;* **~ de commerce et d'industrie** Industrie- und Handelskammer *f* ⑤ (*tuyau*) **~ à air** Schlauch *m*

chambrée [ʃɑ̃bʀe] *f* MIL Stube *f*

chambrer [ʃɑ̃bʀe] <1> *vt* ① (*tempérer*) auf Zimmertemperatur bringen ② *fam* (*se moquer de*) aufziehen

chambrette [ʃɑ̃bʀɛt] *f* Zimmerchen *nt*

chameau [ʃamo] <x> *m* ① ZOOL Kamel *nt* ② *fam* (*femme*) Biest *nt;* (*homme*) Schuft *m*

chamelier [ʃaməlje] *m* Kameltreiber(in) *m(f)*

chamelle [ʃamɛl] *f* Kamelstute *f*

chamois [ʃamwa] **I.** *adj inv* chamois **II.** *m* ① ZOOL Gämse *f* ② (*cuir*) Gamsleder *nt;* **peau de ~** Ledertuch *nt*

champ [ʃɑ̃] *m* ① AGR *de céréales, fleurs* Feld *nt; de pommes de terre, betteraves* Acker *m;* **travailler dans les** [*o* **aux**] **~s** auf dem Feld arbeiten ② *pl* (*campagne*) Land *nt;* **vie des ~s** Landleben *nt;* **couper à travers ~s** querfeldein gehen; **vivre en pleins ~s** auf dem flachen Land leben; **fleurs des ~s** Wiesenblumen *Pl* ③ MIL **~ de bataille** Schlachtfeld *nt;* **~ de Mars** *früher: Exerzier- und Paradeplatz, heute: Park am Fuß des Eiffelturms in Paris* ④ PHYS Feld *nt* ▶ **laisser du ~ libre à qn** jdm freie Hand lassen; **laisser le ~ libre à qn** jdm das Feld überlassen; **sur le ~** sofort

champagne [ʃɑ̃paɲ] *m* Champagner *m*

Champagne [ʃɑ̃paɲ] *f* **la ~** die Champagne

champenois(e) [ʃɑ̃pənwa, waz] *adj* [aus] der Champagne; **méthode ~e** Champagnerverfahren *nt*

Champenois(e) [ʃɑ̃pənwa, waz] *m(f)* Bewohner(in) *m(f)* der Champagne

champêtre [ʃɑ̃pɛtʀ] *adj* ländlich

champignon [ʃɑ̃piɲɔ̃] *m* ① BOT, GASTR Pilz *m* ② (*moisissure*) Schimmel[pilz *m*] *m* ③ MED Pilz[erkrankung *f*] *m* ④ *fam* (*accélérateur*) Gaspedal *nt*

champignonnière [ʃɑ̃piɲɔnjɛʀ] *f* Pilzkultur *f*

champion(ne) [ʃɑ̃pjɔ̃, -jɔn] **I.** *adj fam* **être ~** [einsame] Spitze sein **II.** *m(f) a. fig* (*vainqueur*) Meister(in) *m(f),* Champion *m;* (*sportif éminent*) Ass *nt;* **~ du monde de boxe** Boxweltmeister

championnat [ʃɑ̃pjɔna] *m* Meisterschaft *f;* **~ du monde** Weltmeisterschaft

chance [ʃɑ̃s] *f* ① (*bonne fortune*) Glück *nt;* **coup de ~** Glücksfall *m;* **avoir de la ~** Glück haben; (*toujours*) ein Glückskind sein; **avoir de la ~ de faire qc** Glück haben, dass man etw tut; **porter ~ à qn** jdm Glück bringen; **la ~ a tourné** das Glück hat sich gewendet; **par ~** glücklicherweise; **bonne ~!** viel Glück!; **pas de ~!** *fam* [so ein] Pech!;

quelle ~! ein Glück! ❷ (*hasard*) Glück *nt;* **par ~** [rein] zufällig ❸ (*probabilité, possibilité de succès*) Chance *f;* **tenter sa ~** sein Glück versuchen; **mettre toutes les ~s de son côté** nichts dem Zufall überlassen; **rater une ~** eine Gelegenheit verpassen

chancelant(e) [ʃɑ̃slɑ̃, ɑ̃t] *adj a. fig objet* wack[e]lig; *pas, démarche* schwankend

chanceler [ʃɑ̃s(ə)le] <3> *vi* schwanken, taumeln

chancelier [ʃɑ̃səlje] *m* ❶ (*garde des Sceaux en France*) ≈ Justizminister(in) *m(f)* ❷ (*Premier ministre en Allemagne/Autriche*) [Bundes]kanzler(in) *m(f)*

chancellerie [ʃɑ̃sɛlʀi] *f* ❶ (*ministère de la Justice en France*) Justizministerium *nt* ❷ (*service du Premier ministre en Allemagne/Autriche*) [Bundes]kanzleramt *nt*

chanceux, -euse [ʃɑ̃sø, -øz] *adj* **être ~** Glück haben

chancre [ʃɑ̃kʀ] *m* MED Schanker *m* ▶ **bouffer comme un ~** *fam* wie ein Scheunendrescher essen (*sl*)

chandail [ʃɑ̃daj] *m* Pullover *m*

Chandeleur [ʃɑ̃d(ə)lœʀ] *f* REL **la ~** [Mariä] Lichtmess

chandelier [ʃɑ̃dəlje] *m* Leuchter *m;* (*bougeoir*) Kerzenständer *m*

chandelle [ʃɑ̃dɛl] *f* ❶ (*bougie*) Kerze *f;* **dîner aux ~s** bei Kerzenlicht essen ❷ SPORT **faire la ~** eine Kerze machen ❸ (*montée*) **faire une ~** einen hohen Ball spielen; SPORT eine Kerze schießen; **monter en ~** AVIAT steil nach oben ziehen ▶ **devoir une fière ~ à qn** jdm zu großem Dank verpflichtet sein (*form*); **voir trente-six ~s** Sterne sehen (*fam*); **tenir la ~ à qn** *hum* das fünfte Rad am Wagen sein

chanfrein [ʃɑ̃fʀɛ̃] *m* ARCHIT Schrägkante *f*

change [ʃɑ̃ʒ] *m* ❶ (*échange d'une monnaie*) [Geld]wechsel *m;* **bureau de ~** Wechselstube *f* ❷ (*taux du change*) [Wechsel]kurs *m*

changeant(e) [ʃɑ̃ʒɑ̃, ɑ̃t] *adj temps, humeur* wechselhaft

changement [ʃɑ̃ʒmɑ̃] *m* ❶ (*modification*) Veränderung *f;* **~ en bien/mal** Veränderung zum Guten/Schlechten; **~ de temps** Wetteränderung; **avoir besoin de ~** Abwechslung brauchen ❷ (*substitution*) **~ de gouvernement** Regierungswechsel *m;* **~ d'adresse** Adressenänderung *f;* **~ de direction** Richtungswechsel; **un ~ d'attitude** eine veränderte Haltung ❸ TRANSP **il n'y a aucun ~** man muss kein einziges Mal umsteigen; **~ de file** Spurwechsel *m* ❹ TECH **~ de vitesse** Gangschaltung *f*

changer [ʃɑ̃ʒe] <2a> **I.** *vt* ❶ (*modifier*) verändern *personne, société, comportement;* ändern *date;* **ne ~ en rien qc** an etw (*dat*) nichts ändern ❷ (*déplacer*) **~ qc de place** etw umstellen; **~ qn de poste** jdn versetzen ❸ (*remplacer*) ersetzen *personne;* [aus]wechseln *chose, joueur de football;* **~ les draps** die Betten frisch beziehen ❹ (*échanger*) **~ pour** [*o* **contre**] **qc** gegen etw [aus]tauschen ❺ (*convertir*) **~ contre qc** in etw umtauschen ❻ (*divertir*) **~ qn de qc** für jdn Abwechslung von etw sein; **cela m'a changé les idées** das hat mich auf andere Gedanken gebracht ▶ **pour** [**pas**] **~** *fam* wie üblich **II.** *vi* ❶ (*se transformer*) sich verändern ❷ (*évoluer*) *temps, personne:* sich ändern ❸ (*se modifier*) **~ de qc** etw ändern; **~ de forme** eine andere Form annehmen; **~ de caractère** seinen Charakter verändern ❹ (*substituer*) **~ de voiture** sich (*dat*) einen neuen Wagen anschaffen; **~ de chemise** das Hemd wechseln; **~ de métier** den Beruf wechseln ❺ (*déménager*) **~ d'adresse** umziehen; **~ de ville** [in eine andere Stadt] [um]ziehen ❻ AUT **~ de vitesse** einen anderen Gang einlegen; **~ à Paris** in Paris umsteigen; **~ de train/bus/d'avion à Berlin** in Berlin den Zug/Bus/das Flugzeug wechseln ❼ (*faire un échange*) **~ avec qn** mit jdm tauschen; **~ de place avec qn** [den Platz] mit jdm tauschen ❽ (*pour exprimer le franchissement*) **~ de trottoir** auf die andere [Straßen]seite [über]wechseln; **~ de file** [*o* **voie**] die [Fahr]spur wechseln **III.** *vpr* **se ~** sich umziehen

changeur [ʃɑ̃ʒœʀ] *m* **~ de monnaie** Wechselautomat *m*

chanoine [ʃanwan] *m* Domherr *m*

chanson [ʃɑ̃sɔ̃] *f* ❶ MUS Lied *nt;* **~ à la mode, ~ populaire** Schlager *m;* **la ~ française** das französische Chanson ❷ *fam* (*rengaine*) Leier *f* ▶ **ça, c'est une autre ~!** das steht auf einem anderen Blatt!; **c'est toujours la même ~!** *fam* es ist immer das gleiche Lied!; **connaître la ~** *fam* die Leier schon kennen

chansonnette [ʃɑ̃sɔnɛt] *f* Liedchen *nt*

chansonnier [ʃɑ̃sɔnje] *m* Kabarettist(in) *m(f)*

chant [ʃɑ̃] *m* ❶ (*action de chanter, musique vocale*) Gesang *m;* **apprendre le ~** Gesangsunterricht nehmen ❷ (*chanson*) Lied *nt;* **~ populaire** Volkslied; **~ de Noël**

Weihnachtslied ❸ *du coq* Krähen *nt; du grillon* Zirpen *nt; des oiseaux* Zwitschern *nt*

chantage [ʃɑ̃taʒ] *m* Erpressung *f;* **faire du ~ à qn** jdn erpressen; **faire du ~ à qc** etw als Erpressungsmittel benutzen

chantant(e) [ʃɑ̃tɑ̃, ɑ̃t] *adj accent* singend

chanter [ʃɑ̃te] <1> **I.** *vi* ❶ (*produire des sons*) singen; *oiseau:* singen; *coq:* krähen; *poule:* gackern; *insecte:* zirpen; **faire ~ son violon** seine Geige zum Klingen bringen ❷ (*menacer*) **faire ~** erpressen ►**comme ça te/vous chante** *fam* wie du lustig bist/Sie lustig sind/ihr lustig seid; **si ça te/vous chante** wenn du Lust hast/Sie Lust haben/ihr Lust habt **II.** *vt* ❶ (*interpréter*) singen; **~ à qn** jdm [vor]singen ❷ (*célébrer*) besingen *mérites, printemps* ❸ (*raconter*) **qu'est-ce que tu me/nous chantes là?** was willst du mir/uns da weismachen?

chanterelle [ʃɑ̃tʀɛl] *f* Pfifferling *m,* Eierschwamm *m* (A)

chanteur, -euse [ʃɑ̃tœʀ, -øz] **I.** *adj oiseau* Sing- **II.** *m, f* Sänger(in) *m(f)*

chantier [ʃɑ̃tje] *m* ❶ (*lieu*) Baustelle *f;* (*travaux*) Bauarbeiten *Pl;* **~ interdit [au public]** Betreten der Baustelle verboten; **être en ~** im Bau sein ❷ *fam* (*désordre*) Durcheinander *nt;* **quel ~!** *fam* was für ein Chaos! ►**avoir en ~** in Arbeit haben; **être en ~** *roman, enquête:* in Arbeit sein

chantilly [ʃɑ̃tiji] *f* geschlagene süße Sahne

chantonner [ʃɑ̃tɔne] <1> *vi* leise singen, summen

chantourner [ʃɑ̃tuʀne] <1> *vt* (*découper*) aussägen; (*évider*) ausbohren

chantre [ʃɑ̃tʀ] *m* REL Vorsänger(in) *m(f)*

chanvre [ʃɑ̃vʀ] *m* Hanf *m*

chaos [kao] *m* Chaos *nt*

chaotique [kaɔtik] *adj* chaotisch

chapardage [ʃapaʀdaʒ] *m fam* [kleiner] Diebstahl *m*

chaparder [ʃapaʀde] <1> *vt, vi fam* stibitzen

chape [ʃap] *f* (*de béton*) Estrich *m;* (*d'asphalte*) Asphaltdecke *f*

chapeau [ʃapo] <x> *m* (*couvre-chef*) Hut *m;* **~ haut-de-forme** Zylinder *m;* **~ melon** Melone *f;* **~ de sécurité** CAN (*casque*) Schutzhelm *m* ►**~!** *fam* Hut ab!; **partir sur les ~x de roues** *fam* mit quietschenden Reifen anfahren; *fig* losdüsen

chapeauté(e) [ʃapote] *adj* mit Hut

chapeauter [ʃapote] <1> *vt fam* **~ qn** jds Vorgesetzter sein; **~ un parti** einer Partei (*dat*) vorstehen

chapelain [ʃaplɛ̃] *m* [Haus]kaplan *m*

chapelet [ʃaplɛ] *m* ❶ REL (*objet*) Rosenkranz *m* ❷ (*prières*) Rosenkranz[gebete *Pl*] *m*

chapelier, -ière [ʃapəlje, -jɛʀ] *m, f* (*fabricant*) Hutmacher(in) *m(f);* (*vendeur*) Hutverkäufer(in) *m(f)*

chapelle [ʃapɛl] *f* ❶ (*lieu de culte*) Kapelle *f* ❷ (*partie d'une église*) Seitenkapelle *f* ❸ (*catafalque déposé*) **~ ardente** Leichenhalle *f*

chapelure [ʃaplyʀ] *f* Paniermehl *nt*

chaperon [ʃapʀɔ̃] *m* Begleiter *m*

chaperonner [ʃapʀɔne] <1> *vt hum* **~ qn** für jdn den Anstandswauwau spielen (*fam*)

chapiteau [ʃapito] <x> *m* ❶ (*tente de cirque*) Zirkuszelt *nt* ❷ (*tente pour une manifestation*) Festzelt *nt* ❸ (*le cirque*) Zirkus[welt *f*] *m* ❹ (*couronnement*) Kapitell *nt*

chapitre [ʃapitʀ] *m* Kapitel *nt*

chapitrer [ʃapitʀe] <1> *vt soutenu* **~ qn** jdm die Leviten lesen

chapon [ʃapɔ̃] *m* Kapaun *m*

chaque [ʃak] *adj inv* ❶ (*qui est pris séparément*) jede(r, s); **~ élève** jeder Schüler/jede Schülerin ❷ *fam* (*chacun*) je[weils]; **un peu de ~** ein bisschen von allem ❸ *abusif* (*tous/toutes les*) alle; **~ été** jeden Sommer; **~ fois** jedes Mal; **à ~ fois que …** jedes Mal wenn …

char [ʃaʀ] *m* ❶ MIL Panzer *m* ❷ (*voiture décorée*) Wagen *m* ►**arrête ton ~!** *fam* nun mach aber mal einen Punkt!

charabia [ʃaʀabja] *m fam* Kauderwelsch *nt*

charade [ʃaʀad] *f* Scharade *f*

charançon [ʃaʀɑ̃sɔ̃] *m* Rüsselkäfer *m;* (*du blé*) Kornkäfer *m;* (*du riz*) Reiskäfer *m*

charbon [ʃaʀbɔ̃] *m* ❶ (*combustible*) Kohle *f;* **~ de bois** Holzkohle ❷ MED Kohle[tabletten *Pl*] ❸ (*fusain*) [Zeichen]kohle *f* ►**au ~!** *fam* an die Arbeit!

charbonnier, -ière [ʃaʀbɔnje, -jɛʀ] *adj* Kohlen-

charcuter [ʃaʀkyte] <1> *vt péj fam* übel zurichten

charcuterie [ʃaʀkytʀi] *f* ❶ (*boutique*) Fleischerei *f,* Metzgerei *f* (SDEUTSCH) (*für Fleisch und Wurst vom Schwein*) ❷ (*spécialité*) Wurst[waren *Pl*] *f* (*aus Schweinefleisch*)

charcutier, -ière [ʃaʀkytje, -jɛʀ] *m, f* Fleischer(in) *m(f),* Metzger(in) *m(f)* (SDEUTSCH), Schlachter(in) *m(f)* (NDEUTSCH)

charcutière [ʃaʀkytjɛʀ] *f* ❶ *v.* **charcutier, -ière** ❷ (*femme du charcutier*) Fleischersfrau *f,* Metzgersfrau *f* (SDEUTSCH)

C

chardon [ʃaʀdɔ̃] *m* Distel *f*
chardonneret [ʃaʀdɔnʀɛ] *m* Distelfink *m*
charentais(e) [ʃaʀɑ̃tɛ, ɛz] *adj* [aus] der Charente
Charentais(e) [ʃaʀɑ̃tɛ, ɛz] *m(f)* Bewohner(in) *m(f)* der Charente
charentaise [ʃaʀɑ̃tɛz] *f* Filzhausschuh *m*
Charentes [ʃaʀɑ̃t] *fpl* **les ~** *die Départements, die zur Region Poitou-Charentes gehören*
charge [ʃaʀʒ] *f* ❶ (*fardeau*) Last *f; d'un camion* Ladung *f;* **~ utile** Nutzlast; **~ maximale** zulässiges Gesamtgewicht; *d'un camion* [Höchst]nutzlast ❷ (*responsabilité*) Belastung *f;* **avoir la ~ de faire qc** die Aufgabe haben etw zu tun; **avoir la ~ de qn/qc** für jdn/etw verantwortlich sein; **être à [la] ~ de qn** jdm gegenüber unterhaltsberechtigt sein; **personnes à ~** unterhaltsberechtigte Angehörige; **prendre qn en ~** für jdn sorgen; **prendre qc en ~** etw übernehmen; **à ~ pour qn de faire qc** mit der Auflage für jdn, etw zu tun ❸ (*fonction*) Amt *nt;* **occuper une ~** ein Amt bekleiden ❹ *souvent pl* (*obligations financières*) Kosten *Pl* ❺ JUR Anklagepunkt *m;* **les ~s** das Belastungsmaterial ❻ MIL Angriff *m,* Attacke *f*
chargé(e) [ʃaʀʒe] **I.** *adj* ❶ (*qui porte une charge*) **~ de qc** mit etw beladen; **voyageur très ~** Reisende(r) *m* mit schwerem Gepäck ❷ (*plein*) voll; *journée* [gut] ausgefüllt; *classe* überfüllt ❸ (*responsable*) **~ de qn/qc** zuständig für jdn/etw; **~ de faire qc** damit beauftragt, etw zu tun ❹ *fusil* geladen; *batterie* [auf]geladen; **mon appareil photo n'est pas ~** in meinem Fotoapparat ist kein Film ❺ *conscience* belastet; *casier judiciaire* lang ❻ MED *estomac* [über]voll; *langue* belegt ❼ (*rempli*) **le ciel restera ~** es bleibt bewölkt ❽ *style* überladen ❾ (*riche*) **être ~ de qc** reich an etw (*dat*) sein; **~ d'histoire** geschichtsträchtig; **~ de sens** bedeutungsvoll ❿ *fam* (*drogué, dopé*) vollgedröhnt (*sl*), vollgepumpt (*sl*) **II.** *m(f)* **~(e) de cours** Dozent(in) *m(f);* **~(e) de clientèle** Kundenbetreuer(in) *m(f)*
chargement [ʃaʀʒəmɑ̃] *m* ❶ (*action*) Beladen *nt; d'une arme* Laden *nt; d'une marchandise* Einladen; *d'un film* Einlegen *nt* ❷ (*marchandises*) Ladung *f* ❸ (*fret*) Fracht *f* ❹ INFORM Laden *nt*
charger [ʃaʀʒe] <2a> **I.** *vt* ❶ (*faire porter une charge*) verladen *marchandise;* **~ qn/qc de qc** jdn/etw mit etw beladen; **~ sur/dans qc** auf etw (*akk*) [auf]laden/in etw (*akk*) [ein]laden ❷ (*attribuer une mission à*) **~ qn de qc** jdn mit etw beauftragen; **être chargé de qc** für etw verantwortlich sein; **il m'a chargé de vous saluer** er hat mir Grüße für Sie aufgetragen ❸ (*accuser*) **~ qn de qc** jdn mit etw belasten ❹ (*attaquer*) angreifen ❺ TECH laden *arme;* [auf]laden *batterie;* **~ un appareil photo** einen Film in einen Fotoapparat einlegen ❻ INFORM laden **II.** *vi* (*attaquer*) zum Angriff übergehen **III.** *vpr* ❶ (*s'occuper de*) **se ~ de qn/qc** sich um jdn/etw kümmern; **se ~ de faire qc** es übernehmen etw zu tun ❷ (*s'alourdir*) **se ~** viel Gepäck mitnehmen
chargeur [ʃaʀʒœʀ] *m* Docker *m*
chariot [ʃaʀjo] *m* ❶ (*plate-forme tractée*) Wagen *m* ❷ AGR Fuhrwerk *nt* ❸ (*petit engin de transport*) Wagen *m;* **~ élévateur** Gabelstapler *m* ❹ (*caddy à bagages*) Kofferkuli *m* ❺ COM Einkaufswagen *m* ❻ GASTR Servierwagen *m*
charismatique [kaʀismatik] *adj* charismatisch
charisme [kaʀism] *m* Charisma *nt*
charitable [ʃaʀitabl] *adj* wohltätig; **œuvre ~** karitative Einrichtung
charitablement [ʃaʀitabləmɑ̃] *adv* freundlicherweise
charité [ʃaʀite] *f* ❶ (*amour du prochain*) Nächstenliebe *f* ❷ (*action*) Wohltätigkeit *f;* **demander la ~** um eine milde Gabe bitten; **vivre de la ~ publique** von der Fürsorge leben ❸ (*bonté*) **avoir la ~ de faire qc** die Güte besitzen etw zu tun
charivari [ʃaʀivaʀi] *m* Krach *m*
charlatan [ʃaʀlatɑ̃] *m* ❶ (*escroc*) Scharlatan *m* ❷ (*guérisseur*) Quacksalber *m* ❸ (*mauvais médecin*) Kurpfuscher *m*
Charlemagne [ʃaʀləmaɲ(ə)] *m* Karl der Große
Charles [ʃaʀl(ə)] *m* Karl *m*
charlot [ʃaʀlo] *m fam* Clown *m,* Kasper *m*
charlotte [ʃaʀlɔt] *f* ❶ GASTR Charlotte *f* ❷ (*bonnet de plastique*) Duschhaube *f*
charmant(e) [ʃaʀmɑ̃, ɑ̃t] *adj* ❶ (*agréable*) reizend ❷ (*ravissant*) charmant ❸ *antéposé iron* entzückend
charme [ʃaʀm] *m* ❶ *d'une personne* Charme *m; d'un lieu* Zauber *m;* **avoir son ~** auch seinen Reiz haben; **faire du ~ à qn** jdn zu bezirzen versuchen ❷ *souvent pl* (*beauté*) Reize *Pl* ❸ (*envoûtement*) Zauber *m,* Bann *m;* **être sous le ~ de qn/qc** jds Charme erliegen/unter dem Bann einer S. (*gen*) stehen
charmé(e) [ʃaʀme] *adj* **être ~ de qc** sich [sehr] über etw (*akk*) freuen

charmer [ʃaʀme] <1> *vt* ❶ (*enchanter*) bezaubern ❷ (*envoûter*) verzaubern

charmeur, -euse [ʃaʀmœʀ, -øz] **I.** *adj sourire, manières* bezaubernd; *air* einschmeichelnd **II.** *m, f* ❶ (*séducteur*) Charmeur *m*/Circe *f* ❷ (*magicien*) Magier(in) *m(f)*; ~ **de serpents** Schlangenbeschwörer(in) *m(f)*

charnel(le) [ʃaʀnɛl] *adj* ❶ (*corporel*) fleischlich ❷ (*sexuel*) körperlich

charnier [ʃaʀnje] *m* Massengrab *nt*

charnière [ʃaʀnjɛʀ] **I.** *f* ❶ (*gond*) Scharnier *nt* ❷ (*point de jonction*) Angelpunkt *m*; **être à la ~ de deux époques** sich am Übergang von einer Epoche zur anderen befinden **II.** *adj* ❶ (*de transition*) Übergangs- ❷ (*décisif*) entscheidend; **date ~** bedeutendes Datum

charnu(e) [ʃaʀny] *adj lèvre* wulstig; *fruit* fleischig

charognard [ʃaʀɔɲaʀ] *m* ❶ (*animal*) Aasfresser *m* ❷ (*vautour*) [Aas]geier *m* ❸ (*personne*) Aasgeier *m* (*fam*)

charogne [ʃaʀɔɲ] *f* ❶ (*cadavre*) Aas *nt* ❷ *péj fam* gemeines Aas

charpente [ʃaʀpɑ̃t] *f* ❶ (*bâti*) Gerüst *nt*; *d'un bateau* Gerippe *nt*; *d'une maison* Balkenwerk *nt*; ~ **du toit** Dachstuhl *m* ❷ *d'une personne* Körperbau *m*

charpenté(e) [ʃaʀpɑ̃te] *adj personne* kräftig [gebaut]

charpentier [ʃaʀpɑ̃tje] *m* Zimmermann *m*

charpie [ʃaʀpi] *f* **faire de la ~ avec qc** etw zerfetzen

charretée [ʃaʀte] *f* Wagenladung *f*

charretier [ʃaʀtje] *m* Fuhrmann *m*

charrette [ʃaʀɛt] *f* Karren *m*

charrier [ʃaʀje] <1> **I.** *vt* ❶ (*transporter*) ~ **qc** etw fahren; *rivière:* etw mit sich führen ❷ *fam* auf den Arm nehmen **II.** *vi fam* übertreiben; [**il ne**] **faut pas ~!** *fam* das geht echt zu weit!

charrue [ʃaʀy] *f* Pflug *m* ▶ **mettre la ~ avant** [*o* **devant**] **les bœufs** das Pferd beim Schwanz aufzäumen

charte [ʃaʀt] *f* Charta *f*, Urkunde *f*; **Charte des Nations Unies** Charta der Vereinten Nationen

charter [ʃaʀtɛʀ] **I.** *m* ❶ (*vol*) Charter[flug *m*] *m* ❷ (*avion*) Chartermaschine *f* **II.** *app inv* Charter-

chartreuse [ʃaʀtʀøz] *f* Kartäuserin *f*

chas [ʃɑ] *m* Öhr *nt*

chasse¹ [ʃas] *f* ❶ (*action*) Jagd *f*; ~ **à courre** Hetzjagd; ~ **au trésor** Schnitzeljagd; **la ~ est ouverte/fermée** die Jagdsaison ist eröffnet/beendet; **aller à la ~** auf die Jagd gehen; **faire la ~ à un criminel/aux souris** Jagd auf einen Verbrecher/Mäuse machen ❷ (*poursuite*) ~ **aux sorcières** Hexenjagd *f*; **prendre qn/qc en ~** jds Verfolgung/die Verfolgung einer S. (*gen*) aufnehmen ❸ (*lieu*) Jagdrevier *nt*; ~ **gardée** privates Jagdrevier ❹ AVIAT Jagdverbände *Pl*; **pilote de ~** Jagdflieger *m* ❺ **qui va à la ~ perd sa place** *prov* weggegangen – Platz vergangen

chasse² [ʃas] *f fam* (*chasse d'eau*) [Wasser]spülung *f*; **tirer la ~** spülen

châsse [ʃɑs] *f* REL Reliquienschrein *m*

chassé-croisé [ʃasekʀwaze] <chassés--croisés> *m* Hin und Her *nt*

chasse-neige [ʃasnɛʒ] *m inv* ❶ (*véhicule*) Schneepflug *m* ❷ (*en ski*) **descendre en ~** [im] [Schnee]pflug hinunterfahren

chasser [ʃase] <1> **I.** *vi* ❶ (*aller à la chasse*) jagen ❷ (*déraper*) wegrutschen **II.** *vt* ❶ (*aller à la chasse*) jagen ❷ (*faire partir*) ~ **qn/qc de qc** jdn/etw aus etw vertreiben ❸ *fig* vertreiben *idées noires*

chasseur [ʃasœʀ] *m* ❶ MIL Jäger *m* ❷ (*avion*) Jagdflugzeug *nt* ❸ (*groom*) Hotelboy *m* ❹ *fig* ~ **de têtes** Headhunter *m*

chasseur, -euse [ʃasœʀ, -øz] *m, f* Jäger(in) *m(f)*

chassieux, -euse [ʃasjø, -jøz] *adj yeux* verklebt

châssis [ʃɑsi] *m* ❶ TECH, AUT Chassis *nt* ❷ *d'une fenêtre* Rahmen *m*; *d'une toile* Blendrahmen

chaste [ʃast] *adj a. antéposé* keusch

chasteté [ʃastəte] *f* Keuschheit *f*

chasuble [ʃazybl] *f* REL Messgewand *nt*

chat¹ [ʃa] *m* (*animal*) Katze *f*; (*mâle*) Kater *m*; ~ **de gouttière** gewöhnliche Katze; *v. a.* **chatte** ▶ ~ **échaudé craint l'eau froide** *prov* ein gebranntes Kind scheut das Feuer; **avoir un ~ dans la gorge** einen Frosch im Hals haben; **quand le ~ n'est pas là, les souris dansent** *prov* wenn die Katze aus dem Haus ist, tanzen die Mäuse; **il n'y a pas un ~ dans la rue** es ist keine Menschenseele auf der Straße

chat² [tʃat] *m* INFORM Chat *m*

châtaigne [ʃɑtɛɲ] *f* ❶ (*fruit*) Esskastanie *f* ❷ *fam* **je lui ai flanqué une de ces ~s!** ich hab ihm/ihr vielleicht eine verpasst!

châtaignier [ʃɑteɲe] *m* ❶ (*arbre*) Kastanie[nbaum *m*] *f* ❷ (*bois*) Kastanie[nholz *nt*] *f*

châtain [ʃɑtɛ̃] *adj pas de forme féminine* [kastanien]braun; **être ~ clair** hellbraunes Haar haben

C

château [ʃɑto] <x> *m* ❶ (*palais*) Schloss *nt* ❷ (*forteresse*) ~ [**fort**] Burg *f* ❸ (*belle maison*) Herrensitz *m* ❹ *fig* ~ **d'eau** Wasserturm *m;* ~ **de cartes** Kartenhaus *nt;* ~ **de sable** Sandburg *f*

chateaubriand, châteaubriant [ʃatobʀijɑ̃] *m* Rinderfilet *nt* Chateaubriand

châtelain(e) [ʃɑt(ə)lɛ̃, ɛn] *m(f)* HIST Schlossherr(in) *m(f)*

chat-huant [ʃayɑ̃] <chats-huants> *m* Waldkauz *m*

châtier [ʃɑtje] <1> *vt* ❶ *soutenu* (*punir*) bestrafen ❷ REL ~ **son corps** sich kasteien ❸ (*soigner*) verfeinern *style, langage;* **s'exprimer dans un langage châtié** sich sehr gewählt ausdrücken

chatière [ʃatjɛʀ] *f* (*pour chat*) Katzenklappe *f*

châtiment [ʃɑtimɑ̃] *m* Strafe *f*

chatoiement [ʃatwamɑ̃] *m* Schillern *nt*

chaton [ʃatɔ̃] *m a.* BOT Kätzchen *nt*

chatouille [ʃatuj] *f* Kitzeln *nt kein Pl;* **faire des ~s à qn** jdn kitzeln

chatouillement [ʃatujmɑ̃] *m* (*action de chatouiller*) Kitzeln *nt kein Pl*

chatouiller [ʃatuje] <1> *vt* ❶ (*faire des chatouilles*) kitzeln; **elle lui chatouille le bras** sie kitzelt ihn am Arm ❷ (*flatter*) kitzeln; reizen *curiosité;* **ça chatouille le palais** das ist ein Gaumenkitzel

chatouilleux, -euse [ʃatujø, -jøz] *adj* ❶ kitz[e]lig; **être ~ de qc** an etw (*dat*) kitz[e]lig sein ❷ (*susceptible*) empfindlich

chatoyant(e) [ʃatwajɑ̃, ɑ̃t] *adj* schillernd

chatoyer [ʃatwaje] <6> *vi* schillern

châtrer [ʃɑtʀe] <1> *vt* kastrieren

chatroom [tʃatʀum] *m* INET Chatroom *m*

chatte [ʃat] *f* Katze *f; v. a.* **chat**

chatter [tʃate] <1> *vi* INET chatten

chatterton [ʃatɛʀtɔn] *m* Isolierband *nt*

chaud [ʃo] **I.** *m* (*chaleur*) Wärme *f;* (*chaleur extrême*) Hitze *f;* **il/elle a ~** ihm/ihr ist [es] warm/heiß; **il fait ~** es ist warm/heiß; **tenir ~ à qn** jdn warm halten; **crever de ~** *fam* vor Hitze umkommen; **au ~** im Warmen; **garder** [*o* **tenir**] **qc au ~** etw warm halten ▸ **ne faire ni ~ ni <u>froid</u> à qn** jdn kaltlassen; **il/elle a <u>eu</u> ~** *fam* er/sie ist mit dem Schrecken davongekommen **II.** *adv* ▸ **reportage <u>à</u> ~** brandaktuelle Reportage; **faire qc <u>à</u> ~** etw unverzüglich tun

chaud(e) [ʃo, ʃod] *adj* ❶ (*opp: froid*) warm; (*très chaud*) heiß; **repas ~** warme Mahlzeit; **vin ~** Glühwein *m;* **chocolat ~** heiße Schokolade ❷ *antéposé discussion* hitzig; **avec les plus ~es recommandations** mit den wärmsten Empfehlungen; **l'alerte a été ~e** es wurde brenzlig (*fam*) ❸ *couleur, ton* warm ❹ *fam* (*sensuel*) heiß

chaudement [ʃodmɑ̃] *adv* ❶ (*contre le froid*) warm ❷ *féliciter* herzlich; *recommander* wärmstens

chaud-froid [ʃofʀwa] <chauds-froids> *m kalt serviertes Fleisch in Gelee oder mit Majonäse*

chaudière [ʃodjɛʀ] *f* Kessel *m*

chaudron [ʃodʀɔ̃] *m* [Koch]kessel *m*

chaudronnerie [ʃodʀɔnʀi] *f* ❶ (*industrie, corporation*) Eisen-, Blech- und Metallwarenindustrie *f;* ~ **industrielle** Kesselbau *m* ❷ (*usine*) Eisen-, Blech- und Metallwarenfabrik *f;* ~ **d'art** Kupferschmiede *f;* (*objets*) [kunstgewerbliche] Kupferwaren *Pl;* (*artisanat*) Kupferschmiedekunst *f*

chaudronnier [ʃodʀɔnje] *m* (*artisan*) Kupferschmied *m*

chauffage [ʃofaʒ] *m* ❶ (*installation*) Heizung *f;* ~ **central** Zentralheizung; ~ **compris** einschließlich Heizkosten *Pl* ❷ (*action*) Heizen *nt*

chauffagiste [ʃofaʒist] *mf* Heizungsmonteur(in) *m(f)*

chauffant(e) [ʃofɑ̃, ɑ̃t] *adj* Heiz-; **brosse ~e** Lockenstab *m*

chauffard [ʃofaʀ] *m* Verkehrsrowdy *m*

chauffe-biberon [ʃofbibʀɔ̃] <chauffe-biberons> *m* Flaschenwärmer *m* **chauffe-eau** [ʃofo] *m inv* Durchlauferhitzer *m* **chauffe-plat** [ʃofpla] <chauffe-plats> *m* Warmhalteplatte *f*

chauffer [ʃofe] <1> **I.** *vi* ❶ (*être sur le feu*) warm werden; (*très chaud*) heiß werden ❷ (*devenir chaud*) warm werden; (*très chaud*) heiß werden; *moteur:* warm laufen ❸ (*mettre du chauffage*) heizen ▸ **ça <u>va</u> ~** *fam* es wird was setzen **II.** *vt* ❶ wärmen *personne;* erwärmen *pièce;* heizen *maison;* heiß machen *eau;* **faire ~** [auf]wärmen; **mettre à ~** warm stellen; **faire ~ le four** den Backofen vorheizen ❷ TECH zum Glühen bringen; ~ **à blanc** weiß glühen ❸ (*mettre dans l'ambiance*) aufheizen **III.** *vpr* **se ~ au soleil** sich in der Sonne [auf]wärmen; **se ~ au gaz/charbon** mit Gas/Kohle heizen

chaufferette [ʃofʀɛt] *f* (*boîte à couvercle*) Fußwärmer *m*

chaufferie [ʃofʀi] *f* Heiz[ungs]raum *m*

chauffeur [ʃofœʀ] *m* ❶ (*conducteur*) Fahrer(in) *m(f);* ~ **routier** Fernfahrer; ~ **de taxi** Taxifahrer ❷ (*personnel*) Fahrer *m,* Chauffeur *m* ▸ ~ **du <u>dimanche</u>** *fam* Sonntagsfahrer *m* (*pej*)

chauffeuse [ʃoføz] *f* Sessel *m*

C

chauler [ʃole] <1> *vt* kalken
chaume [ʃom] *m* Stroh *nt*
chaumière [ʃomjɛʀ] *f* strohgedeckte Hütte
chaussée [ʃose] *f* Fahrbahn *f,* Straße *f* ►**"~ déformée"** „Fahrbahnschäden" *Pl;* **~ glissante** Straßenglätte *f*
chausse-pied [ʃospje] <chausse-pieds> *m* Schuhlöffel *m*
chausser [ʃose] <1> **I.** *vt* ① (*mettre*) anziehen *chaussures;* anschnallen *skis;* **être chaussé de bottes** Stiefel tragen ② (*mettre une chaussure*) **~ un enfant** einem Kind Schuhe anziehen ③ (*aller*) **bien/mal ~** *chaussure:* gut/schlecht sitzen **II.** *vi* **~ du 38/42** Schuhgröße 38/42 haben; **du combien chaussez-vous?** welche Schuhgröße haben Sie? **III.** *vpr* **se ~** [sich [*dat*]] Schuhe anziehen; **se ~ chez qn** seine Schuhe bei jdm kaufen
chaussette [ʃosɛt] *f* ① (*socquette*) Socke *f,* Socken *m* (SDEUTSCH); **en ~s** in Socken ② (*mi-bas*) Kniestrumpf *m*
chausseur [ʃosœʀ] *m* ① (*marchand*) Schuh[waren]händler(in) *m(f)* ② (*fabricant*) Schuhfabrikant(in) *m(f),* Schuhhersteller(in) *m(f)*
chausson [ʃosɔ̃] *m* ① (*chaussure*) Hausschuh *m;* **des ~s pour bébés** Babyschuhe; **~ de danse** Ballettschuh ② GASTR **~ aux pommes** Apfeltasche *f*
chaussure [ʃosyʀ] *f* ① (*soulier*) Schuh *m;* **~s à talons** Schuhe mit hohen Absätzen; **~s à crampons** Spikes *Pl* ② (*industrie*) Schuhfabrikation *f* ③ (*commerce*) Schuhhandel *m* ►**trouver ~ à son pied** den Richtigen/die Richtige finden
chauve [ʃov] **I.** *adj* kahl[köpfig]; **être ~** eine Glatze haben **II.** *m* Mann *m* mit einer Glatze
chauve-souris [ʃovsuʀi] <chauves-souris> *f* Fledermaus *f*
chauvin(e) [ʃovɛ̃, in] **I.** *adj* chauvinistisch **II.** *m(f)* Chauvinist(in) *m(f)*
chauvinisme [ʃovinism] *m* Chauvinismus *m*
chaux [ʃo] *f* Kalk *m*
chavirer [ʃaviʀe] <1> **I.** *vi* ① (*se retourner*) kentern; **faire ~** zum Kentern bringen ② (*s'émouvoir*) **~ de bonheur/douleur** von Glück/Schmerz überwältigt sein **II.** *vt* ① (*renverser*) zum Kentern bringen ② (*bouleverser*) **être tout chaviré** ganz außer sich sein
check-up [(t)ʃɛkœp] *m inv* MED, TECH Checkup *m*
chef [ʃɛf] *m* ① (*responsable*) Chef(in) *m(f),* Vorgesetzte(r) *f(m); d'une tribu* Häuptling *m;* **rédacteur/ingénieur en ~** Chefredakteur(in) *m(f)*/-ingenieur(in) *m(f);* **~ d'État** Staatsoberhaupt *nt;* **~ d'entreprise** Firmenchef; **~ d'orchestre** Dirigent(in) *m(f);* **jouer au petit ~** *fam* sich als Chef aufspielen ② (*meneur*) [An]führer(in) *m(f)* ③ *fam* Ass *nt;* **se débrouiller comme un ~** das fabelhaft machen ④ (*sergent-chef*) Feldwebel *m;* **oui ~!** zu Befehl! ⑤ (*cuisinier*) Chefkoch *m*/-köchin *f*
chef-d'œuvre [ʃɛdœvʀ] <chefs-d'œuvre> *m* Meisterwerk *nt*
chef-lieu [ʃɛfljø] <chefs-lieux> *m* Hauptstadt *f,* Hauptort *m*
cheftaine [ʃɛftɛn] *f* Führerin *f*
cheik [ʃɛk] *m* Scheich *m*
chelem [ʃlɛm] *m* Schlemm *m*
chemin [ʃ(ə)mɛ̃] *m* ① (*voie*) Weg *m;* **demander son ~ à qn** jdn nach dem Weg fragen; **prendre le ~ de la gare** in Richtung Bahnhof gehen; **rebrousser ~** umkehren; **~ faisant, en ~** unterwegs; **se tromper de ~** (*à pied*) sich verlaufen; (*en voiture*) sich verfahren ② (*distance à parcourir*) Strecke *f,* Weg[strecke]; **un bon bout de ~** eine ganz nette Strecke (*fam*); **faire le ~ à pied/bicyclette/en voiture** die Strecke zu Fuß zurücklegen/mit dem Rad/Auto fahren ③ (*méthode, voie*) Weg *m;* **le ~ de la réussite** der Weg zum Erfolg; **en prendre/ne pas en prendre le ~** auf dem besten Weg dahin sein/nichts dergleichen tun; **ça en prend/n'en prend pas le ~** es sieht ganz/nicht danach aus ►**tous les ~s mènent à Rome** *prov* alle Wege führen nach Rom; **le droit ~** der rechte Weg; **ne pas y aller par quatre ~s** (*en parlant*) keine Umschweife machen
chemin de fer [ʃ(ə)mɛ̃dəfɛʀ] <chemins de fer> *m* Eisenbahn *f*
cheminée [ʃ(ə)mine] *f* ① (*à l'extérieur*) Schornstein *m,* Kamin *m* (SDEUTSCH) ② (*dans une pièce*) [offener] Kamin ③ (*encadrement*) Kamin[einfassung *f*] *m;* **sur la ~** auf dem/den Kaminsims ④ (*conduit*) Kamin[schacht] *m* ⑤ GEOL *d'un volcan* Schlot *m*
cheminement [ʃ(ə)minmɑ̃] *m* Dahinwandern *nt*
cheminer [ʃ(ə)mine] <1> *vi* ① seines Weges ziehen ② *fig pensée:* sich entwickeln
cheminot [ʃ(ə)mino] *m* Eisenbahner *m*
chemise [ʃ(ə)miz] *f* ① (*vêtement*) Hemd *nt;* **~ de nuit** Nachthemd ② (*dossier*) [Akten]mappe *f,* Aktendeckel *m* ►**y laisser jusqu'à sa dernière ~** bei etw

[noch] sein letztes Hemd verlieren; **qn se fiche de qc comme de sa première ~** *fam* etw kümmert jdn nicht im Geringsten

chemiserie [ʃ(ə)mizʀi] *f* Hemdengeschäft *nt*

chemisette [ʃ(ə)mizɛt] *f* kurzärmeliges Hemd

chemisier [ʃ(ə)mizje] *m* Bluse *f*

chenal [ʃənal, -o] <-aux> *m* Fahrrinne *f*

chenapan [ʃ(ə)napɑ̃] *m hum* (*enfant*) Frechdachs *m,* Strolch *m*

chêne [ʃɛn] *m* ① (*arbre*) Eiche *f* ② (*bois*) Eiche[nholz *nt*] *f*

chéneau [ʃeno] <x> *m* Dachrinne *f*

chêne-liège [ʃɛnljɛʒ] <chênes-lièges> *m* Korkeiche *f*

chenet [ʃ(ə)nɛ] *m* Kaminbock *m*

chenil [ʃ(ə)nil] *m* ① (*lieu d'élevage*) Zwinger *m* ② (*lieu de garde*) Hundeheim *nt*

chenille [ʃ(ə)nij] *f* ① ZOOL Raupe *f* ② (*attraction foraine*) Berg-und-Tal-Bahn *f* ③ TECH Raupe[nkette *f*] *f*

cheptel [ʃɛptɛl] *m* Viehbestand *m*

chèque [ʃɛk] *m* ① (*pièce bancaire*) Scheck *m;* **~ sans provision** ungedeckter Scheck; **~ bancaire/postal** Bank-/Postscheck; **faire un ~ de 100 euros à qn** jdm einen Scheck über 100 Euro ausstellen ② (*bon*) Gutschein *m*

chèque-restaurant [ʃɛkʀɛstɔʀɑ̃] <chèques-restaurant> *m* Essensgutschein *m* (*für bestimmte Restaurants*) **chèque-vacances** [ʃɛkvakɑ̃s] <chèques-vacances> *m Berechtigungsgutschein für verbilligten Urlaub, zu dem der Arbeitgeber einen Zuschuss als freiwillige Sozialleistung zahlt*

chéquier [ʃekje] *m* Scheckheft *nt*

cher, chère [ʃɛʀ] **I.** *adj* ① (*coûteux*) teuer; **moins ~** billiger; **être trop ~ pour ce que c'est** seinen Preis nicht wert sein ② (*aimé*) lieb; **c'est mon plus ~ désir** das ist mein innigster Wunsch ③ *antéposé* liebe(r, s); **~ Monsieur** lieber Herr X; **chère Madame** liebe Frau X; **~s tous** Ihr Lieben **II.** *m, f appellatif* **mon ~/ma chère** mein Lieber/meine Liebe **III.** *adv* ① (*opp: bon marché*) teuer; **acheter qc trop ~** für etw zu viel bezahlen; **avoir pour pas ~** *fam* billig erstehen; **coûter ~** teuer sein; **revenir ~ à qn** jdn viel kosten; **valoir ~** viel [Geld] wert sein ② *fig* **coûter ~ à qn** jdn teuer zu stehen kommen; **payer ~ qc** sich (*dat*) etw teuer erkaufen; **payer** [*o* **donner**] **~ pour connaître la clef de l'énigme** viel dafür geben des Rätsels Lösung zu kennen

chercher [ʃɛʀʃe] <1> **I.** *vt* ① suchen, suchen nach *personne, objet, compromis;* **~ qn des yeux** nach jdm Ausschau halten; **~ qc dans qc** etw in etw (*dat*) suchen ② (*ramener, rapporter*) **aller** [*o* **passer**] **~** [ab]holen; **venir ~** [ab]holen; **envoyer un enfant ~ qn/qc** ein Kind jdn/etw holen schicken ▶**~ qn** *fam* mit jdm Streit suchen; **tu l'as** [**bien**] **cherché!** du hast es ja so gewollt!; **qu'est-ce que tu vas ~** [**là**]! wie kommst du denn darauf! **II.** *vi* ① **~ à faire qc** versuchen etw zu tun; **~ à ce que** + *subj* bestrebt sein, dass ② (*fouiller*) **~ dans qc** in etw (*dat*) herumstöbern ③ (*réfléchir*) nachdenken ▶**ça peut aller ~ loin!** *fam* das kann teuer werden!

chercheur, -euse [ʃɛʀʃœʀ, -øz] *m, f* ① (*savant*) Forscher(in) *m(f)* ② (*aventurier*) **~ d'or** Goldgräber(in) *m(f)*

chère [ʃɛʀ] *f soutenu* Speise *f* ▶**faire bonne ~** gut speisen

chèrement [ʃɛʀmɑ̃] *adv payer, vendre* teuer

chéri(e) [ʃeʀi] **I.** *adj* geliebt **II.** *m(f)* ① (*personne aimée*) Liebling *m,* Schatz *m* ② *péj* (*favori*) **le ~/la ~e de qn** jds Liebling *m*

chérir [ʃeʀiʀ] <8> *vt* (*aimer*) [zärtlich] lieben

chérot [ʃeʀo] *adj fam* **ça fait ~** das ist happig

chérubin [ʃeʀybɛ̃] *m* REL Cherub *m*

chétif, -ive [ʃetif, -iv] *adj arbre* kümmerlich; *personne* schmächtig

cheval [ʃ(ə)val, -o] <-aux> **I.** *m* ① ZOOL Pferd *nt* ② SPORT **faire du/monter à ~** reiten; **promenade à ~** Ausritt *m* ③ AUT, FIN **~ fiscal** *Kfz-Steuereinheit;* **elle fait combien de chevaux, votre voiture?** wie viel PS hat Ihr Wagen? ④ JEUX Pferd *nt* ⑤ (*figure*) **chevaux de bois** Pferdekarussell *nt;* **~ à bascule** Schaukelpferd *nt* **II.** *adv* ▶**être à ~ sur la chaise** rittlings auf dem Stuhl sitzen; **être à ~ sur les principes** ein Prinzipienreiter sein; **le paiement de la facture est à ~ sur deux mois** die Zahlung der Rechnung erstreckt sich über zwei Monate

chevaleresque [ʃ(ə)valʀɛsk] *adj* ritterlich

chevalerie [ʃ(ə)valʀi] *f* Rittertum *nt*

chevalet [ʃ(ə)valɛ] *m de peintre* Staffelei *f; d'un violon* Steg *m*

chevalier [ʃ(ə)valje] *m* Ritter *m*

chevalière [ʃ(ə)valjɛʀ] *f* Siegelring *m*

chevalin(e) [ʃ(ə)valɛ̃, in] *adj* Pferde-

cheval-vapeur [ʃ(ə)valvapœʀ] <chevaux-vapeur> *m* Pferdestärke *f*

chevauchée [ʃ(ə)voʃe] *f* Ausritt *m*

chevauchement [ʃ(ə)voʃmɑ̃] *m* Überschneidung *f,* Überlappung *f*
chevaucher [ʃ(ə)voʃe] <1> **I.** *vt* ~ **qc** auf etw (*dat*) reiten **II.** *vpr* **se** ~ *dents:* übereinanderstehen; *emplois du temps:* sich überschneiden **III.** *vi* reiten
chevêche [ʃ(ə)vɛʃ] *f* ZOOL Steinkauz *m*
chevelu(e) [ʃəvly] **I.** *adj* mit langen Haaren **II.** *m(f) péj* Langhaarige(r) *f(m)*
chevelure [ʃəvlyʀ] *f* ① (*cheveux*) Haare *Pl,* Haar *nt* ② *d'une comète* Schweif *m*
chevet [ʃ(ə)vɛ] *m* Kopfende *nt;* **table de** ~ Nachttisch *m;* **être au** ~ **de qn** an jds Bett (*dat*) sitzen
cheveu [ʃ(ə)vø] <x> *m* [Kopf]haar *nt;* **avoir les** ~**x courts/longs** kurze/lange Haare haben; **n'avoir plus un** ~ **sur la tête** eine Platte haben (*fam*) ▶**avoir un** ~ **sur la langue** lispeln; **comme un** ~ **sur la soupe** völlig ungelegen; **couper les** ~**x en quatre** Haarspalterei betreiben; **c'était à un** ~ **près, il s'en est fallu d'un** ~ es ging um Haaresbreite daneben; **être tiré par les** ~**x** an den Haaren herbeigezogen sein
cheville [ʃ(ə)vij] *f* ① ANAT Knöchel *m* ② (*tige pour assembler*) Zapfen *m* ③ (*tige pour boucher*) Dübel *m* ▶**ne pas arriver à la** ~ **de qn** jdm nicht das Wasser reichen können (*fam*)
cheviller [ʃ(ə)vije] <1> *vt* verzapfen
chèvre [ʃɛvʀ] **I.** *f* ① (*animal*) Ziege *f* ② (*femelle*) Geiß *f* **II.** *m* (*fromage*) Ziegenkäse *m*
chevreau [ʃəvʀo] <x> *m* ① (*animal*) Zicklein *nt* ② (*cuir*) Ziegenleder *nt*
chèvrefeuille [ʃɛvʀəfœj] *m* BOT Jelängerjelieber *nt*
chevrette [ʃəvʀɛt] *f* ① (*petite chèvre*) Kitz *nt,* Zicklein *nt* ② (*femelle du chevreuil*) Reh[geiß *f*] *nt,* Ricke *f*
chevreuil [ʃəvʀœj] *m* ① (*animal*) Reh *nt* ② (*mâle*) Rehbock *m* ③ GASTR Reh *nt*
chevrier, -ière [ʃəvʀije, -jɛʀ] *m, f* Ziegenhirt(in) *m(f)*
chevron [ʃəvʀɔ̃] *m* ① (*poutre*) [Dach]sparren *m* ② (*galon*) Chevron *m*
chevronné(e) [ʃəvʀɔne] *adj* versiert
chevrotant(e) [ʃəvʀɔtɑ̃, ɑ̃t] *adj* zitt[e]rig
chevrotement [ʃəvʀɔtmɑ̃] *m* Zittern *nt*
chevroter [ʃəvʀɔte] <1> *vi voix:* zittern, zitt[e]rig sein; *vieillard, chanteur:* eine zitternde Stimme haben; *chèvre:* meckern
chevrotine [ʃəvʀɔtin] *f* [Reh]posten *m*
chewing-gum [ʃwiŋgɔm] <chewing-gums> *m* Kaugummi *m o nt*
chez [ʃe] *prép* ① (*au logis de qn*) ~ **qn** bei jdm [zu Hause]; ~ **nous** bei uns; **je vais/rentre** ~ **moi** ich gehe nach Hause; **tu es/restes** ~ **toi** du bist/bleibst zu Hause; **je viens** ~ **toi** ich komme zu dir; **passer** ~ **qn** bei jdm vorbeigehen; **aller** ~ **le coiffeur** zum Frisör gehen; **faites comme** ~ **vous!** fühlt euch/fühlen Sie sich wie zu Hause!; **à côté** [*o* **près**] **de** ~ **moi** in meiner Nähe ② (*dans le pays de qn*) **ils rentrent** ~ **eux, en Italie** sie kehren nach Italien zurück; **bien de** ~ **nous** *fam* ganz wie bei uns; ~ **qn** bei jdm ③ (*dans la personne*) ~ **les Durand** in der Familie Durand; ~ **Corneille** bei Corneille; **c'est une habitude** ~ **lui** das ist eine Gewohnheit von ihm ▶**... de** ~ **...** *fam* ... ohne Ende, so was von ...; **grave de** ~ **grave** krass ohne Ende, so was von krass
chez-moi [ʃemwa] *m inv,* **chez-soi** [ʃeswa] *m inv* eigene vier Wände *Pl*
chiadé(e) [ʃjade] *adj fam problème* verzwickt
chialer [ʃjale] <1> *vi fam* heulen
chialeur, -euse [ʃjalœʀ, -øz] *fam* **I.** *adj* **des gosses** ~**s** Heulsusen *Pl* (*pej*) **II.** *m, f* Heulpeter *m*/Heulsuse *f* (*pej*)
chiant(e) [ʃjɑ̃, ʃjɑ̃t] *adj fam* nervtötend, beschissen (*sl*)
chiasse [ʃjas] *f vulg* Dünnschiss *m*
chic [ʃik] **I.** *m sans pl* Schick *m* ▶**avoir le** ~ **pour faire qc** ein Händchen für etw haben *fam*/die seltene Begabung haben etw zu tun **II.** *adj inv* ① (*élégant*) schick; *allure* vornehm ② (*sélect*) vornehm ③ *fam* (*gentil*) ~ **type** feiner Kerl; **ce n'est pas très** ~ **de sa part** das ist nicht gerade nett von ihm/ihr ④ *antéposé fam* (*agréable*) toll ▶**bon** ~ **bon genre** *iron* geschniegelt und gebügelt; **quartier bon** ~ **bon genre** Schickimicki-Viertel *nt* **III.** *interj fam* ~ [**alors**]! klasse!
chicane [ʃikan] *f* ① (*obstacle*) Straßenhindernis *nt* in Zickzackform ② (*querelle*) Streiterei *f*
chicaner [ʃikane] <1> **I.** *vi* ~ **sur qc** wegen etw streiten **II.** *vt* ~ **qn sur qc** jdn wegen etw maßregeln **III.** *vpr fam* **se** ~ sich kabbeln
chicaneur, -euse [ʃikanœʀ, -øz] **I.** *adj personne* streitsüchtig **II.** *m, f* Streithahn *m,* streitsüchtige Person *f*
chiche [ʃiʃ] **I.** *adj* ① (*avare de*) **être** ~ **d'explications** mit Erklärungen geizen ② (*pas grand-chose*) **c'est un peu** ~ das ist kümmerlich ③ (*capable*) **t'es pas** ~ **de faire qc!** *fam* du traust dich doch nie etw zu tun! **II.** *interj fam* ~ **que ...?** (*capable*) wet-

C

C

ten, dass ...?; ~! (*pari accepté*) die Wette gilt!

chichement [ʃiʃmɑ̃] *adv* **vivre** ~ kümmerlich leben

chichi [ʃiʃi] *m gén pl* **en voilà un ~!** das ist vielleicht ein Getue!

chichiteux, -euse [ʃiʃitø, -øz] *adj fam* geziert

chichon [ʃiʃɔ̃] *m arg* Gras *nt,* Haschisch *nt*

chicorée [ʃikɔʀe] *f* ① (*plante*) Endivie *f* ② (*café*) Kaffeeersatz *m*

chicot [ʃiko] *m* [Zahn]stumpf *m*

chié(e) [ʃje] *adj fam* ① (*super*) super ② (*incroyable*) **être** ~ unverschämt sein

chiée [ʃje] *f fam* **une ~ d'amis** ein Haufen *m* Freunde

chien [ʃjɛ̃] **I.** *m* ① (*animal*) Hund *m;* ~ **bâtard** Promenadenmischung *f;* ~ **de race** Rassehund; [**attention**] ~ **méchant!** Vorsicht! Bissiger Hund!; *v. a.* **chienne** ② *d'un fusil* Hahn *m* ▶ **s'entendre** [*o* **vivre**] **comme ~ et chat avec qn** mit jdm wie Hund und Katze leben; **entre ~ et loup** in der Abenddämmerung; **vie de** ~ Hundeleben *nt* (*fam*); **temps de** ~ Sauwetter *nt* (*fam*); **métier de** ~ Saujob *m* (*fam*); **avoir un caractère de** ~ ein schwieriger Mensch sein; **il a un mal de ~ pour finir son travail** ihn kostet es wahnsinnige Mühe seine Arbeit zu beenden **II.** *adj inv* (*avare*) geizig; **ne pas être ~ avec qn** jdm gegenüber recht großzügig sein

chien-assis [ʃjɛ̃asi] *m* ARCHIT Dachgaube *f*

chiendent [ʃjɛ̃dɑ̃] *m* Quecke *f*

chienlit [ʃjɑ̃li] *f* Chaos *nt*

chien-loup [ʃjɛ̃lu] <chiens-loups> *m* Wolfshund *m*

chienne [ʃjɛn] *f* Hündin *f; v. a.* **chien** ▶ ~ **de vie** Hundeleben *nt* (*fam*)

chier [ʃje] <1a> *vt, vi vulg* scheißen, kacken ▶ **être à** ~ *fam* zum Kotzen sein (*sl*); **se faire** ~ *fam* sich total anöden (*sl*)

chiffe [ʃif] *f* Waschlappen *m* (*fam*); **c'est une ~ molle** er/sie ist eine Memme (*fam*)

chiffon [ʃifɔ̃] *m* ① (*tissu*) Lappen *m,* Fetzen *m* ② (*document sans valeur*) **ce devoir est un vrai** ~ diese Hausaufgabe ist hingeschmiert (*fam*) ③ (*vêtement de femme*) **parler** [*o* **causer**] **~s** *fam* über Mode reden

chiffonné(e) [ʃifɔne] *adj* ① (*froissé*) zerknittert; *papier* zerknüllt ② *fig* **avoir la mine ~e** angegriffen aussehen

chiffonner [ʃifɔne] <1> **I.** *vt* ① (*froisser*) zerknittern; zerknüllen *papier* ② (*chagriner*) bedrücken **II.** *vpr* **se** ~ knittern

chiffonnier, -ière [ʃifɔnje, -jɛʀ] *m, f* ▶ **se battre** [*o* **se disputer**] **comme des ~s** sich heftig schlagen

chiffrable [ʃifʀabl] *adj* **être difficilement** ~ sich nur schwer in Zahlen ausdrücken lassen

chiffrage [ʃifʀaʒ] *m* Berechnung *f,* Bezifferung *nt*

chiffre [ʃifʀ] *m* ① Ziffer *f,* Zahl *f;* ~ **romain** römische Zahl; **à/de trois ~s** dreistellig ② (*montant*) Summe *f,* Betrag *m;* ~ **d'affaires** Umsatz *m* ③ *des naissances* [An]zahl *f* ④ (*statistiques*) **les ~s** die Zahlen; **en ~s ronds** in runden Zahlen; **les ~s du chômage** die Arbeitslosenzahl ⑤ *d'un coffre-fort* [Zahlen]kombination *f; d'un message* Code *m,* Kode *m*

chiffrement [ʃifʀəmɑ̃] *m* (*codage*) Kodierung *f*

chiffrer [ʃifʀe] <1> **I.** *vt* ① (*numéroter*) beziffern ② (*évaluer*) beziffern ③ (*coder*) verschlüsseln **II.** *vi fam* **ça chiffre** das läppert sich **III.** *vpr* **se ~ à qc** sich auf etw (*akk*) belaufen

chignole [ʃiɲɔl] *f* ① (*perceuse*) Handbohrmaschine *f* ② *péj fam* (*voiture*) [Klapper]kiste *f*

chignon [ʃiɲɔ̃] *m* Hochfrisur *f;* (*en boule*) [Haar]knoten *m*

chiite [ʃiit] *adj* schiitisch

Chiite [ʃiit] *mf* Schiite *m*/Schiitin *f*

chikungunya [ʃikungunja] *m* MED Chikungunya-Virus *nt*

Chili [ʃili] *m* **le** ~ Chile *nt*

chilien(ne) [ʃiljɛ̃, jɛn] *adj* chilenisch

Chilien(ne) [ʃiljɛ̃, jɛn] *m(f)* Chilene *m*/Chilenin *f*

chimère [ʃimɛʀ] *f* ① MYTH **la Chimère** die Chimära ② (*utopie*) Hirngespinst *nt*

chimérique [ʃimeʀik] *adj* **c'est un esprit** ~ er ist ein Fantast

chimie [ʃimi] *f* Chemie *f*

chimio [ʃimjo] *f fam,* **chimiothérapie** [ʃimjoteʀapi] *f* Chemotherapie *f*

chimique [ʃimik] *adj* chemisch; **produits ~s** Chemikalien *Pl*

chimiquement [ʃimikmɑ̃] *adv* chemisch

chimiste [ʃimist] *mf* Chemiker(in) *m(f)*

chimpanzé [ʃɛ̃pɑ̃ze] *m* Schimpanse *m*

chinchilla [ʃɛ̃ʃila] *m* Chinchilla *f o nt*

Chine [ʃin] *f* **la** ~ China *nt*

chiné(e) [ʃine] *adj* meliert

chiner [ʃine] <1> *vt* TEXTIL ~ **qc** ein buntes Muster in etw (*akk*) weben

Chinetoque [ʃintɔk] *mf péj fam* Schlitzauge *nt*

chinois [ʃinwa] *m* ① (*langue*) Chinesisch *nt; v. a.* **allemand** ② (*chose incompréhensible*) **pour moi c'est du ~** das ist chinesisch für mich (*fam*) ③ GASTR trichterförmiges Sieb *nt*

chinois(e) [ʃinwa, waz] *adj* chinesisch

Chinois(e) [ʃinwa, waz] *m(f)* Chinese *m*/Chinesin *f*

chinoiser [ʃinwaze] <1> *vi* pingelig sein (*fam*)

chinoiserie [ʃinwazʀi] *f* ① (*bibelot*) **des ~s** chinesische Kunstgegenstände ② *pl* (*complication*) Spitzfindigkeiten *Pl*

chiot [ʃjo] *m* Welpe *m*

chiotte [ʃjɔt] *f fam* ① *pl* Klo *nt* ② (*voiture*) Schlitten *m* ▸ **aux ~s, l'arbitre!** Schiedsrichter, raus!

chiper [ʃipe] <1> *vt fam* klauen

chipie [ʃipi] *f* ① (*mégère*) zänkisches Weib; **vieille ~** alte Hexe (*fam*) ② (*petite fille*) Luder *nt*

chipotage [ʃipɔtaʒ] *m* (*marchandage*) Feilschen *nt*

chipoter [ʃipɔte] <1> *vi* ① (*ergoter*) **~ sur qc** wegen etw nörgeln ② (*marchander*) **~ sur le prix** um den Preis einer S. (*gen*) feilschen

chips [ʃips] *f gén pl* [Kartoffel]chip *m*

chique [ʃik] *f* (*tabac*) Kautabak *m*

chiqué [ʃike] *m fam* ① (*affectation*) Affentheater *nt;* **faire du ~** [*o* **tout au ~**] nur so tun, als ob ② (*bluff*) Schau *f;* **c'est du ~** das ist reine Angabe

chiquenaude [ʃiknod] *f* Schubs *m*

chiquer [ʃike] <1> *vi* Tabak kauen

chiraquien(ne) [ʃiʀakjɛ̃, jɛn] **I.** *adj* Chirac-; **parti/projet ~** Chirac-Partei *f*/Chirac-Plan *m* **II.** *m(f)* Chirac-Anhänger(in) *m(f)*

chiromancie [kiʀɔmɑ̃si] *f* Handlesekunst *f*

chiromancien(ne) [kiʀɔmɑ̃sjɛ̃, jɛn] *m(f)* Chiromant(in) *m(f)*

chiropracteur [kiʀɔpʀaktœʀ] *m,* **chiropraticien(ne)** [kiʀɔpʀatisjɛ̃, jɛn] *m(f)* Chiropraktiker(in) *m(f)*

chirurgical(e) [ʃiʀyʀʒikal, -o] <-aux> *adj* chirurgisch

chirurgie [ʃiʀyʀʒi] *f* Chirurgie *f;* **~ esthétique** Schönheitschirurgie

chirurgien(ne) [ʃiʀyʀʒjɛ̃, jɛn] *m(f)* Chirurg(in) *m(f);* **~ dentiste** Zahnarzt *m*/-ärztin

chiure [ʃjyʀ] *f souvent pl* **~[s] de mouches** Fliegendreck *m*

chleuh [ʃlø] *adj péj fam* **les avions ~s** die Flugzeuge der „Chleus"

Chleuh [ʃlø] *mf péj fam abwertende Bezeichnung für Deutsche aus dem 2. Weltkrieg*

chlinguer [ʃlɛ̃ge] <1> *vi v.* **schlinguer**

chlore [klɔʀ] *m* Chlor *nt*

chloré(e) [klɔʀe] *adj eau* chlorhaltig; (*après ajout de chlore*) gechlort

chlorhydrique [klɔʀidʀik] *adj* **acide ~** Salzsäure *f*

chlorofluorocarbone [klɔʀoflyɔʀokaʀbɔn] *m* Fluorchlorkohlenwasserstoff *m*

chloroforme [klɔʀɔfɔʀm] *m* Chloroform *nt*

chloroformer [klɔʀɔfɔʀme] <1> *vt* [mit Chloroform] betäuben

chlorophylle [klɔʀɔfil] *f* Chlorophyll *nt*

chlorure [klɔʀyʀ] *m* **~ de sodium** Natriumchlorid *nt,* Kochsalz *nt*

chnoque [ʃnɔk] *fam v.* **schnock**

chnouf [ʃnuf] *arg v.* **schnouf**

choc [ʃɔk] **I.** *m* ① (*émotion brutale*) Schock *m;* **être en état de ~** unter Schock stehen ② *fig des idées* Aufeinanderprallen *nt;* **~ culturel** Kulturschock *m* ③ (*coup*) Stoß *m;* **ce matériau ne résiste pas aux ~s** dieses Material ist nicht stoßfest ④ (*heurt*) Aufprall *m* ⑤ (*collision*) Zusammenstoß *m* ▸ **traitement de ~** Schocktherapie *f* **II.** *app* **argument-~** stichhaltiges Argument; **mode-~** Supermode *f;* **prix-~** Preisknüller *m* (*fam*)

chochotte [ʃɔʃɔt] **I.** *adj fam* (*snob*) **être ~** sich zieren (*pej*) **II.** *f fam* ▸ **faire la** [*o* **sa**] **~** herumdrucksen

chocolat [ʃɔkɔla] **I.** *m* ① (*produit*) Schokolade *f;* **barre de ~** Schokoladenriegel *m;* **en ~** aus Schokolade; **~ en poudre** Kakaopulver *nt* ② (*boisson*) Kakao *m;* **~ liégeois** *Schokoladeneis, Schokoladensoße mit Schlagsahne* ③ (*friandise*) Praline *f* **II.** *adj inv* (*couleur*) schokoladenfarben

chocolaté(e) [ʃɔkɔlate] *adj* **crème ~e** Schokoladencreme *f*

chocolaterie [ʃɔkɔlatʀi] *f* Schokoladenfabrik *f*

chocolatier, -ière [ʃɔkɔlatje, -jɛʀ] **I.** *adj* **industrie chocolatière** Schokoladenindustrie *f* **II.** *m, f* ① (*producteur*) Schokoladenfabrikant(in) *m(f)* ② (*commerçant*) Schokoladen[groß]händler(in) *m(f)*

chocottes [ʃɔkɔt] *fpl fam* **avoir les ~** Manschetten haben

chœur [kœʀ] *m* ① (*chanteurs*) Chor *m* ② (*groupe*) Schar *f;* **s'écrier en ~** im Chor rufen; **déclarer en ~** einstimmig erklären

choir [ʃwaʀ] <*irr*> *vi* **laisser ~ qn** *fam* jdn stehen lassen

choisi(e) [ʃwazi] *adj* ❶ *morceau* ausgewählt ❷ *langage* gewählt

choisir [ʃwaziʀ] <8> **I.** *vi* ❶ (*faire son choix*) ~ **entre qn et qn/qc et qc** zwischen jdm und jdm/etw und etw wählen ❷ (*trancher*) sich entscheiden **II.** *vt* ❶ (*faire le choix de*) [aus]wählen; wählen *métier;* ~ **qn/qc pour faire qc** jdn/etw wählen um etw zu tun; ~ **qc plutôt qu'autre chose** etw einer S. (*dat*) vorziehen; ~ **qn entre deux personnes/parmi plusieurs personnes** sich zwischen zwei Menschen für jdn entscheiden/ jdn unter mehreren Menschen auswählen ❷ (*se décider à*) ~ **de faire qc** sich entscheiden etw zu tun ❸ (*élire*) wählen; (*désigner*) bestimmen; ~ **qc comme point de départ** etw als Ausgangspunkt wählen **III.** *vpr* **se** ~ **qn/qc** sich für jdn/etw entscheiden

choix [ʃwa] *m* ❶ *d'un ami, cadeau* Wahl *f;* **faire un bon/mauvais** ~ eine gute/ schlechte Wahl treffen; **de mon/son** ~ [nach] meiner/seiner/ihrer Wahl; **à ton/ leur** ~ wie du willst/wie sie wollen; **un dessert au** ~ ein Dessert nach Wahl; **sans** ~ wahllos; **laisser le** ~ **à qn** jdm die Wahl lassen ❷ (*décision*) **c'est un** ~ **à faire** das ist eine Entscheidung, die getroffen werden muss; **arrêter** [*o* **fixer**] [*o* **porter**] **son** ~ **sur qc** sich für etw entscheiden ❸ (*variété*) Auswahl *f;* **au** ~ zur Auswahl ❹ (*qualité*) **de** ~ bester Qualität; **premier/second** ~ erste/zweite Wahl

choléra [kɔleʀa] *m* Cholera *f*

cholestérol [kɔlɛsteʀɔl] *m* Cholesterin *nt*

chômage [ʃomaʒ] *m* Arbeitslosigkeit *f;* ~ **temporaire** zeitweilige Arbeitslosigkeit; **être au** ~ arbeitslos sein; **s'inscrire au** ~ sich arbeitslos melden; **toucher le** ~ *fam* Arbeitslosengeld kriegen

chômé(e) [ʃome] *adj* **jour** ~ arbeitsfreier Tag *m*

chômer [ʃome] <1> *vi* ❶ (*être sans travail*) arbeitslos sein ❷ (*ne pas travailler*) nicht arbeiten

chômeur, -euse [ʃomœʀ, -øz] *m, f* Arbeitslose(r) *f(m)*

chope [ʃɔp] *f* ❶ (*verre*) Humpen *m* ❷ (*contenu*) Humpen *m*

choper [ʃɔpe] <1> *vt fam* (*attraper*) sich (*dat*) holen *grippe*

chopine [ʃɔpin] *f fam* Halbliterflasche *f* Wein

choquant(e) [ʃɔkɑ̃, ɑ̃t] *adj* schockierend

choquer [ʃɔke] <1> **I.** *vi* Aufsehen erregen **II.** *vt* ❶ (*scandaliser*) schockieren; **être choqué de voir que ...** schockiert sein, zu sehen, dass ... ❷ (*offusquer*) verletzen *pudeur;* ~ **le bon goût** gegen den guten Geschmack verstoßen ❸ (*commotionner*) ~ **qn** jdn zutiefst erschüttern **III.** *vpr* **se** ~ **facilement** schnell schockiert sein; **je ne me choque plus de rien** mich kann nichts mehr erschüttern

choral [kɔʀal] <s> *m* Choral *m*

choral(e) [kɔʀal] <-aux *o* s> *adj* Chor-

chorale [kɔʀal] *f* Chor *m*

chorégraphe [kɔʀegʀaf] *mf* Choreograph(in) *m(f)*

chorégraphie [kɔʀegʀafi] *f* Choreographie *f*

chorégraphique [kɔʀegʀafik] *adj* choreographisch

choriste [kɔʀist] *mf* Chormitglied *nt*

chorus [kɔʀys] *m* MUS Chorus *m*

chose [ʃoz] **I.** *f* ❶ (*objet abstrait*) Sache *f;* (*objet matériel*) Ding *nt,* Sache; **appeler les** ~**s par leur nom** die Dinge beim [rechten] Namen nennen; **ne pas faire les** ~**s à moitié** keine halben Sachen machen; **chaque** ~ **en son temps** alles zu seiner Zeit; **les meilleures** ~**s ont une fin** alles hat einmal ein Ende; **c'est la moindre des** ~**s** das ist das wenigste ❷ (*ensemble d'événements, de circonstances*) **les** ~**s** die Dinge; **comment les** ~**s se sont-elles passées?** wie haben sich die Dinge zugetragen?; **voyons où en sont les** ~**s!** lasst uns mal sehen, wie es [so] steht; **les** ~**s étant ce qu'elles sont** [so] wie die Dinge [nun einmal] liegen; **au point où en sont les** ~**s** [so] wie die Dinge im Moment liegen; **les** ~**s se gâtent** die Sache läuft schief ❸ (*ce dont il s'agit*) Sache *f;* **comment a-t-il pris la** ~**?** wie hat er es aufgenommen?; **encore une** ~ eine Sache noch; **c'est** ~ **faite** das ist erledigt; **mettre les** ~**s au point** die Dinge auf den Punkt bringen; **c'est tout autre** ~ das ist etwas ganz anderes ❹ (*paroles*) **j'ai deux/plusieurs** ~**s à vous dire** ich habe Ihnen Verschiedenes zu sagen; **vous lui direz bien des** ~**s de ma part** richten Sie ihm/ihr [bitte] viele Grüße von mir aus; **parler de** ~**s et d'autres** von diesem und jenem reden; **passer à autre** ~ zu etwas anderem übergehen ▶**voilà autre** ~**!** *fam* auch das noch!; **faire bien les** ~**s** großzügig sein; **pas grand-**~ nicht viel; **avant toute** ~ vor allem; ~ **promise,** ~ **due** *prov* was man versprochen hat, muss man auch halten; **être porté sur la** ~ nur an das eine denken; **la** ~ **publique** das Gemeinwesen; **à peu de** ~**s**

près so ungefähr **II.** *m fam* (*truc*) Dingsda *nt,* Dingsbums *nt;* **monsieur Chose** Herr Dings[da] **III.** *adj inv fam* **avoir l'air tout ~** [ganz] verwirrt aussehen; **être** [*o* **se sentir**] **tout ~** sich nicht ganz auf dem Damm fühlen

chou [ʃu] <x> *m* ❶ (*légume*) Kohl *m;* **~ de Bruxelles** Rosenkohl ❷ GASTR **~ à la crème** Windbeutel *m* ▶**faire ~ blanc** Pech haben; **rentrer dans le ~ à qn** über jdn herfallen

chouan [ʃwɑ̃] *m königstreuer Republikgegner zur Zeit der Französischen Revolution*

choucas [ʃukɑ] *m* Dohle *f*

chouchou [ʃuʃu] *m* (*élastique*) Haargummi *nt*

chouchou(te) [ʃuʃu, ut] *m(f) fam* Herzchen *nt;* **~ de qn** jds Liebling *m*

chouchouter [ʃuʃute] <1> *vt fam* verhätscheln *enfant*

choucroute [ʃukʀut] *f* Sauerkraut *nt;* **~ garnie** *Sauerkraut mit Speck und Wurst* ▶**pédaler dans la ~** *fam* auf dem Schlauch stehen

chouette[1] [ʃwɛt] *adj fam* klasse

chouette[2] [ʃwɛt] *f* (*oiseau*) Eule *f*

chou-fleur [ʃuflœʀ] <choux-fleurs> *m* Blumenkohl *m*

chouille [ʃuj] *f fam* Party *f;* **faire la ~** Party machen

chou-navet [ʃunavɛ] <choux-navets> *m* Kohlrübe *f,* Steckrübe *f* **chou-rave** [ʃuʀav] <choux-raves> *m* Kohlrabi *m*

chouraver [ʃuʀave] <1>, **chourer** [ʃuʀe] <1> *vt fam* klauen

choyer [ʃwaje] <6> *vt* **~ qn** für jdn liebevoll sorgen

chrême [kʀɛm] *m* REL Salböl *nt*

chrétien(ne) [kʀetjɛ̃, jɛn] **I.** *adj* christlich; **être ~** Christ sein **II.** *m(f)* Christ(in) *m(f)*

chrétiennement [kʀetjɛnmɑ̃] *adv* christlich; *élever* im christlichen Glauben; *vivre* als [guter] Christ

chrétienté [kʀetjɛ̃te] *f* Christenheit *f*

christ [kʀist] *m* ❶ **le Christ** Christus *m* ❷ (*crucifix*) Christus[figur *f*] *m*

christianisation [kʀistjanizasjɔ̃] *f* Christianisierung *f*

christianiser [kʀistjanize] <1> *vt* christianisieren

christianisme [kʀistjanism] *m* Christentum *nt*

chromatique [kʀɔmatik] *adj* MUS, OPT chromatisch

chrome [kʀom] *m* (*métal*) Chrom *nt*

chromé(e) [kʀome] *adj* verchromt

chromer [kʀome] <1> *vt* verchromen

chromo [kʀomo] *m péj* Kitschbild *nt*

chromosome [kʀomozom] *m* Chromosom *nt*

chromosomique [kʀomozomik] *adj* Chromosomen-

chronique [kʀɔnik] **I.** *adj* ❶ *maladie* chronisch ❷ *problème* andauernd **II.** *f* ❶ LITTER Chronik *f* ❷ MEDIA Kolumne *f;* RADIO Kommentar *m;* **~ littéraire** Feuilleton *nt* ▶**défrayer la ~** von sich reden machen

chroniqueur, -euse [kʀɔnikœʀ, -øz] *m, f* ❶ LITTER Chronist(in) *m(f)* ❷ MEDIA **~ littéraire** Feuilletonist(in) *m(f);* **~ financier/sportif** Wirtschafts-/Sportredakteur

chrono [kʀɔno] *m fam abr de* **chronomètre** Stoppuhr *f*

chronologie [kʀɔnɔlɔʒi] *f* Chronologie *f*

chronologique [kʀɔnɔlɔʒik] *adj* chronologisch

chronologiquement [kʀɔnɔlɔʒikmɑ̃] *adv* chronologisch

chronométrage [kʀɔnɔmetʀaʒ] *m* Zeitmessung *f*

chronomètre [kʀɔnɔmɛtʀ] *m* Stoppuhr *f*

chronométrer [kʀɔnɔmetʀe] <5> *vt* stoppen

chronométreur, -euse [kʀɔnɔmetʀœʀ, -øz] *m, f* Zeitnehmer(in) *m(f)*

chrysalide [kʀizalid] *f* Puppe *f*

chrysanthème [kʀizɑ̃tɛm] *m* Chrysantheme *f*

chtarbé(e) [ʃtaʀbe] *adj arg* durchgeknallt (*fam*)

chti [ʃti], **chtimi**, **ch'timi** [ʃtimi] *fam* **I.** *adj pas de forme féminine* aus Nordfrankreich; **elle est ~** sie kommt aus Nordfrankreich **II.** *mf* Nordfranzose *m*/-französin *f*

C.H.U. [seaʃy] *m inv abr de* **centre hospitalier universitaire** Universitätsklinik[um *nt*] *f*

chu(e) [ʃy] *part passé de* **choir**

chuchotement [ʃyʃɔtmɑ̃] *m* Flüstern *nt;* (*en cachette*) Tuscheln *nt*

chuchoter [ʃyʃɔte] <1> *vt, vi* flüstern

chuintement [ʃɥɛ̃tmɑ̃] *m* ❶ (*défaut de prononciation*) *fehlerhafte Aussprache, bei der „s" wie „sch" gesprochen wird* ❷ (*sifflement*) Zischen *nt*

chuinter [ʃɥɛ̃te] <1> *vi* „s" wie „sch" aussprechen

chus [ʃy] *passé simple de* **choir**

chut [ʃyt] *interj* pst

chute [ʃyt] *f* ❶ *d'une personne* Fall *m,* Sturz *m; des feuilles* [Ab]fallen *nt;* **~ des cheveux** Haarausfall; **faire une ~ de 5 m** 5 m in die Tiefe stürzen; **en ~ libre** im freien Fall ② *d'un gouvernement* Fall *m,* Sturz *m; du dollar* Sturz ③ GEOG ~ **d'eau** Wasserfall *m;* **les ~s du Niagara** die Niagarafälle ④ METEO ~ **de neige** Schneefall *m* ⑤ (*baisse rapide*) ~ **de pression** Druckabfall *m;* ~ **de température** Temperatursturz *m* ⑥ (*déchets*) Fetzen *m* ⑦ (*pente*) Neigung *f* ⑧ *d'une histoire* Schluss *m;* ~ **du rideau** Ende *nt* der Vorstellung

chuter [ʃyte] <1> *vi* ① *fam* (*tomber*) stürzen ② *fam* (*échouer*) *candidat:* durchfallen; *joueur:* verlieren ③ (*baisser*) sinken

Chypre [ʃipʀ] *f* [**l'île de**] ~ Zypern *nt*

chypriote [ʃipʀijɔt] *adj v.* **cypriote**

Chypriote [ʃipʀijɔt] *mf v.* **Cypriote**

ci [si] *adv* **comme ~ comme ça** *fam* so lala; ~ **et ça** dies und das; **à cette heure-~** zu dieser Zeit; *v. a.* **ceci, celui**

ci-après [siapʀɛ] *adv* nachstehend

cibiste [sibist] *mf* CB-Funker(in) *m(f)*

cible [sibl] **I.** *f* ① SPORT Zielscheibe *f;* **atteindre la ~** das Ziel treffen ② COM, MEDIA Zielgruppe *f* ③ *fig* **servir de ~ aux quolibets** Zielscheibe *f* für spöttische Bemerkungen sein **II.** *adj* **langue ~** Zielsprache *f*

cibler [sible] <1> *vt* ① (*circonscrire*) ~ **des personnes** Menschen gezielt ansprechen ② (*définir*) bestimmen; **émission ciblée** auf ein bestimmtes Publikum ausgerichtete Sendung

ciboire [sibwaʀ] *m* Messkelch *m*

ciboulette [sibulɛt] *f* Schnittlauch *m*

ciboulot [sibulo] *m pop* Hirn *nt*

cicatrice [sikatʀis] *f* Narbe *f*

cicatrisation [sikatʀizasjɔ̃] *f* Vernarbung *f*

cicatriser [sikatʀize] <1> **I.** *vt* ① vernarben lassen ② *fig* **être cicatrisé** überwunden sein **II.** *vi, vpr* vernarben

ci-contre [sikɔ̃tʀ] *adv* nebenstehend **ci--dessous** [sid(ə)su] *adv* [weiter] unten **ci-dessus** [sid(ə)sy] *adv* [weiter] oben **ci-devant** [sid(ə)vɑ̃] *adv* ehemals, einstmals (*bei Titeln aus der Zeit vor der Französischen Revolution*)

cidre [sidʀ] *m* Cidre *m*

cidrerie [sidʀəʀi] *f* Apfelweinkellerei *f*

Cie *abr de* **compagnie** Co

ciel [sjɛl, sjø] <cieux *o* s> *m* ① <s> Himmel *m* ② REL Himmel *m;* **grâce au ~** Gott sei Dank ▶**au nom du ~!** um Himmels willen!; **remuer ~ et terre** Himmel und Hölle/Erde in Bewegung setzen; **à ~ ouvert** unter freiem Himmel; **aide-toi, le ~ t'aidera** *prov* hilf dir selbst, so hilft dir Gott; **tomber du ~ à qn** jdm wie gerufen kommen

cierge [sjɛʀʒ] *m* (*chandelle*) Kerze *f* ▶**se tenir droit comme un ~** sich kerzengerade halten

cieux [sjø] *pl de* **ciel**

cigale [sigal] *f* Zikade *f*

cigare [sigaʀ] *m* Zigarre *f* ▶**ne rien avoir dans le ~** *fam* nur Stroh in der Birne haben

cigarette [sigaʀɛt] *f* Zigarette *f*

cigarillo [sigaʀijo] *m* Zigarillo *nt o m*

ci-gît [siʒi] hier ruht

cigogne [sigɔɲ] *f* Storch *m*

ciguë [sigy] *f* Schierling *m*

ci-inclus [siɛ̃kly] in der Anlage; **la copie ~e** die beiliegende Kopie **ci-joint** [siʒwɛ̃] anbei; **les documents ~s** die beiliegenden Dokumente

cil [sil] *m* Wimper *f*

cilice [silis] *m* Büßergewand *nt,* Büßerhemd *nt*

ciller [sije] <1> *vi* ~ **des yeux** mit den Augen zwinkern

cime [sim] *f d'un arbre* Wipfel *m; d'une montagne* Gipfel *m*

ciment [simɑ̃] *m* Zement *m*

cimenter [simɑ̃te] <1> *vt* ① zementieren ② *fig* festigen

cimenterie [simɑ̃tʀi] *f* Zementfabrik *f,* Zementwerk *nt*

cimetière [simtjɛʀ] *m* Friedhof *m*

cimier [simje] *m* ① (*viande*) Lendenstück *nt* ② (*ornement d'un casque*) Helmbusch *m*

ciné [sine] *m fam abr de* **cinéma**

cinéaste [sineast] *m* Filmemacher(in) *m(f)*

ciné-club [sineklœb] <ciné-clubs> *m* Filmclub *m*

cinéma [sinema] *m* ① (*art*) Kino *nt;* ~ **muet/parlant** Stumm-/Tonfilm *m;* **faire du ~** in der Filmbranche arbeiten ② (*salle*) Kino *nt* ▶**arrête ton ~** *fam* hör auf mit dem Theater; **faire tout un ~** *fam* ein Affentheater veranstalten

cinémascope® [sinemaskɔp] *m* Cinemascope® *nt*

cinémathèque [sinematɛk] *f* Filmarchiv *nt*

cinématique [sinematik] *f* Kinematik *f*

cinématographique [sinematɔgʀafik] *adj* Film-

cinéphile [sinefil] *mf* Kinofreund(in) *m(f)*

cinéraire [sineʀɛʀ] *f* BOT Zinerarie *f*

cinétique [sinetik] *adj* kinetisch

cinglant(e) [sɛ̃glɑ̃, ɑ̃t] *adj pluie* peitschend

cinglé(e) [sɛ̃gle] **I.** *adj fam* bekloppt **II.** *m(f) fam* **quel ~/quelle ~e!** was für ein Spinner/eine blöde Ziege!

cingler [sɛ̃gle] <1> *vt* ① (*frapper*) ~ **le visage à qn** jdm ins Gesicht schlagen ② (*fouetter*) ins Gesicht peitschen

cinoche [sinɔʃ] *m fam* Kintopp *m*

cinq [sɛ̃k, *devant une consonne* sɛ̃] **I.** *num* ① fünf; **en ~ exemplaires** in fünffacher Ausfertigung; **dans ~ jours** heute in fünf Tagen; **de ~ heures/jours** fünfstündig/-tägig; **faire qc un jour sur ~** alle fünf Tage etw tun; **un Français/foyer sur ~** jeder fünfte Franzose/Haushalt; **vendre qc par ~** etw im Fünferpack verkaufen; **rentrer ~ par ~** [jeweils] zu fünft hineingehen; **à ~** zu fünft ② (*dans l'indication de l'âge, la durée*) **avoir/avoir bientôt ~ ans** fünf [Jahre alt] sein/werden; **à ~ ans** mit fünf [Jahren]; **personne/période de ~ ans** Fünfjährige(r)/Zeitraum von fünf Jahren ③ (*dans l'indication de l'heure*) **il est ~ heures** es ist fünf [Uhr]; **il est dix heures ~/moins ~** es ist fünf [Minuten] nach/vor zehn; **toutes les ~ heures** alle fünf Stunden ④ (*dans l'indication de la date*) **le ~ mars** der fünfte März; **arriver le ~ mars** am fünften März kommen; **arriver le ~** am Fünften kommen; **nous sommes** [*o* **on est**] **le ~ mars** wir haben den fünften März; **nous sommes** [*o* **on est**] **le ~** wir haben den Fünften; **le vendredi ~ mars** am Freitag, den fünften März; **Aix, le ~ mars** Aix, den fünften März; **tous les ~ du mois** jeweils am 5. des Monats ⑤ (*dans l'indication de l'ordre*) **arriver ~ ou sixième** als Fünfte(r) oder Sechste(r) kommen ⑥ (*dans les noms de personnages*) **Charles V** Karl der Fünfte ▶ **c'était moins ~!** *fam* das war knapp!; **en ~ sec** in null Komma nichts (*fam*) **II.** *m inv* ① Fünf *f;* **deux et trois font ~** zwei und drei macht fünf; **compter de ~ en ~** in Fünferschritten zählen ② (*numéro*) Nummer *f* fünf, Fünf *f;* **habiter** [**au**] **5, rue de l'église** [in der] Kirchstraße [Nummer] 5 wohnen ③ TRANSP **le ~** die Linie fünf ④ JEUX Fünf *f;* **le ~ de cœur** die Herzfünf ⑤ SCOL **avoir ~ sur dix/sur vingt** ≈ eine Vier/eine Sechs haben ▶ **~ sur ~** einwandfrei **III.** *f* (*table/chambre/... numéro cinq*) Fünf *f* **IV.** *adv* (*dans une énumération*) fünftens; (*dans un ordre du jour*) Punkt fünf

cinquantaine [sɛ̃kɑ̃tɛn] *f* ① (*environ cinquante*) **une ~ de personnes/pages** etwa fünfzig Personen/Seiten ② (*âge approximatif*) **avoir la ~** [*o* **une ~ d'années**] ungefähr fünfzig [Jahre alt] sein; **approcher de la ~** auf die Fünfzig zugehen; **avoir largement dépassé la ~** weit über fünfzig [Jahre alt] sein

cinquante [sɛ̃kɑ̃t] **I.** *num* ① fünfzig; **à ~ à l'heure** [*o* **kilomètres à l'heure**] mit fünfzig Stundenkilometern ② (*dans l'indication des époques*) **les années ~** die fünfziger Jahre ▶ **je ne répéterai pas ~ fois la même chose!** ich sage nicht hundertmal das Gleiche! **II.** *m inv* ① (*cardinal*) Fünfzig *f* ② (*taille de confection*) **faire du ~** ≈ Größe 48 tragen; *v. a.* **cinq**

cinquantenaire [sɛ̃kɑ̃tnɛʀ] *m* fünfzigjähriges Jubiläum

cinquantième [sɛ̃kɑ̃tjɛm] **I.** *adj antéposé* fünfzigste(r, s) **II.** *mf* **le/la ~** der/die/das Fünfzigste **III.** *m* (*fraction*) Fünfzigstel *nt; v. a.* **cinquième**

cinquième [sɛ̃kjɛm] **I.** *adj antéposé* fünfte(r, s); **la ~ page avant la fin** die fünftletzte Seite; **arriver ~/obtenir la ~ place** Fünfte(r) werden; **le ~ centenaire** das fünfhundertjährige Jubiläum **II.** *mf* **le/la ~** der/die/das Fünfte; **être le/la ~ de la classe** der/die Fünftbeste [in] der Klasse sein **III.** *m* ① (*fraction*) Fünftel *nt;* **les trois ~s du gâteau** drei Fünftel des Kuchens ② (*étage*) fünfter Stock; **habiter au ~** im fünften Stock wohnen ③ (*arrondissement*) **habiter dans le ~** im fünften Arrondissement wohnen ④ (*dans une charade*) fünfte Silbe **IV.** *f* ① (*vitesse*) fünfter Gang; **passer en ~** den fünften Gang einlegen ② SCOL ≈ siebte Klasse; **élève de ~** ≈ Siebtklässler(in) *m(f);* **professeur de ~** ≈ Lehrer(in) *m(f)* einer siebten Klasse

cinquièmement [sɛ̃kjɛmmɑ̃] *adv* fünftens

cintre [sɛ̃tʀ] *m* ① (*portemanteau*) [Kleider]bügel *m* ② ARCHIT Bogen *m;* **plein ~** Rundbogen

cintrer [sɛ̃tʀe] <1> *vt* ① TECH biegen ② ARCHIT mit Rundbogen konstruieren ③ (*ajuster à la taille*) taillieren; **cintré** tailliert

cirage [siʀaʒ] *m* ① (*produit*) Schuhcreme *f* ② *des chaussures* Putzen *nt; d'un parquet* Bohnern *nt* ▶ **être dans le ~** *fam* (*être inconscient*) ganz weg sein; (*ne rien comprendre*) nicht mehr durchblicken

circoncire [siʀkɔ̃siʀ] <*irr*> *vt* beschneiden *enfant*

circoncis(e) [siʀkɔ̃si, iz] *adj* beschnitten

circoncision [siʀkɔ̃sizjɔ̃] *f* Beschneidung *f*

circonférence [siʀkɔ̃feʀɑ̃s] *f* [Kreis]umfang *m;* (*pourtour*) Peripherie *f*

circonflexe [siʀkɔ̃flɛks] *adj v.* **accent**

circonscription [siʀkɔ̃skʀipsjɔ̃] *f* ① ADMIN

[Verwaltungs]bezirk *m* ❷ POL Wahlkreis *m* ❸ TELEC ~ **tarifaire** Tarifzone *f*

circonscrire [siʀkɔ̃skʀiʀ] <irr> *vt* ❶ (*délimiter*) abgrenzen ❷ (*borner*) ~ **les recherches à un secteur** die Nachforschungen auf ein Gebiet beschränken ❸ (*empêcher l'extension de*) eindämmen *incendie* ❹ (*cerner*) umreißen *sujet*

circonspect(e) [siʀkɔ̃spɛ(kt), ɛkt] *adj termes* besonnen

circonspection [siʀkɔ̃spɛksjɔ̃] *f* Umsichtigkeit *f*

circonstance [siʀkɔ̃stɑ̃s] *f* ❶ *souvent pl* (*conditions*) Umstand *m;* **les ~s d'un accident** die Einzelheiten eines Unfalls; **en toutes ~s** unter allen Umständen; **~s indépendantes de notre volonté** unvorhergesehene Umstände ❷ (*occasion*) Gelegenheit *f;* **air de ~** dem Anlass entsprechend

circonstancié(e) [siʀkɔ̃stɑ̃sje] *adj* ausführlich

circonstanciel(le) [siʀkɔ̃stɑ̃sjɛl] *adj* GRAM **subordonnée ~le** Adverbialsatz *m;* **complément ~ de temps/lieu/manière** Umstandsbestimmung *f* der Zeit/des Ortes/der Art und Weise

circonvenir [siʀkɔ̃vniʀ] <irr> *vt* umgarnen

circuit [siʀkɥi] *m* ❶ (*itinéraire touristique*) Rundfahrt *f* ❷ (*parcours*) Strecke *f,* Weg *m* ❸ SPORT Rennstrecke *f* ❹ (*jeu*) Spielzeugautorennbahn *f* ❺ ELEC Stromkreis *m* ❻ ECON Kreislauf *m;* ~ **de distribution** Verkaufsnetz *nt*

circulaire [siʀkylɛʀ] **I.** *adj fenêtre* kreisrund; *mouvement, scie* Kreis- **II.** *f* Rundschreiben *nt*

circulation [siʀkylasjɔ̃] *f* ❶ (*trafic*) Verkehr *m;* ~ **interdite** (*aux piétons*) kein Durchgang; (*aux voitures*) keine Durchfahrt; **faire la ~** den Verkehr regeln; **la ~ est difficile** die Verkehrsbedingungen sind schlecht ❷ ECON Umlauf *m,* Verkehr *m;* **mettre en ~** in Umlauf bringen; **retirer de la ~** aus dem Verkehr ziehen ❸ MED Blutkreislauf *m;* **bonne/mauvaise ~** gute/schlechte Durchblutung

circulatoire [siʀkylatwaʀ] *adj* **appareil ~** Kreislaufsystem *nt*

circuler [siʀkyle] <1> *vi* ❶ (*aller et venir*) herumgehen; ~ **en voiture** mit dem Auto unterwegs sein; **circulez!** weiterfahren[, nicht stehen bleiben]!/weitergehen[, nicht stehen bleiben]! ❷ (*passer de main en main*) in Umlauf sein ❸ (*couler*) fließen ❹ (*se renouveler*) **l'air circule dans la pièce** die Luft zirkuliert im Zimmer ❺ (*se répandre*) *nouvelle:* kursieren; **faire ~ qc** etw in Umlauf bringen

cire [siʀ] *f* Wachs *nt*

ciré [siʀe] *m* Ölzeug *nt*

cirer [siʀe] <1> *vt* polieren *chaussures, meuble;* [wachsen und] bohnern *parquet* ▶**j'en ai rien à ~, moi, de toutes tes histoires!** *fam* mit deinen Geschichten habe ich nichts am Hut

cireur, -euse [siʀœʀ, -øz] *m, f* ~ **de chaussures** Schuhputzer *m*

cireuse [siʀøz] *f* Bohnermaschine *f*

cireux, -euse [siʀø, -øz] *adj* wächsern

cirque [siʀk] *m* Zirkus *m*

cirrhose [siʀoz] *f* Zirrhose *f*

cirrus [siʀys] *m* Zirrus[wolke *f*] *m*

cisaille [sizɑj] *f* Schere *f*

cisaillement [sizajmɑ̃] *m* (*action*) Abscheren *nt*

cisailler [sizaje] <1> *vt* ❶ (*couper*) [zer]schneiden ❷ (*élaguer*) [be]schneiden

cisalpin(e) [sizalpɛ̃, in] *adj* diesseits der Alpen

ciseau [sizo] <x> *m* ❶ *pl* (*instrument*) Schere *f;* **une paire de ~x** eine Schere ❷ (*outil*) Meißel *m;* ~ **à bois** [Stech]beitel *m*

ciseler [sizle] <4> *vt* ziselieren

ciselure [sizlyʀ] *f* (*art*) Ziselieren *nt*

Cisjordanie [sisʒɔʀdani] *f* **la ~** Westjordanland *nt*

cistercien(ne) [sistɛʀsjɛ̃, jɛn] **I.** *adj* zisterziensisch **II.** *m(f)* Zisterzienser(in) *m(f)*

citadelle [sitadɛl] *f* Festung *f,* Zitadelle *f*

citadin(e) [sitadɛ̃, in] **I.** *adj* städtisch; **la vie ~e** das Leben in der Stadt **II.** *m(f)* Städter(in) *m(f)*

citation [sitasjɔ̃] *f* ❶ (*extrait*) Zitat *nt* ❷ JUR [Vor]ladung *f* ❸ MIL Belobigung *f*

cité [site] *f* ❶ (*ville*) Stadt *f* ❷ (*vieux quartier*) Altstadt *f* ❸ (*immeubles*) Siedlung *f;* ~ **universitaire** Studenten[wohn]heim *nt* ❹ HIST Stadtstaat *m*

cité-dortoir [sitedɔʀtwaʀ] <cités-dortoirs> *f* Schlafstadt *f* (*fam*)

citer [site] <1> *vt* ❶ (*rapporter*) zitieren ❷ (*énumérer*) nennen ❸ (*reconnaître les mérites*) lobend erwähnen; ~ **en exemple** als Beispiel nehmen ❹ JUR vorladen

citerne [sitɛʀn] *f* ❶ (*réservoir*) Tank *m* ❷ (*pour l'eau de pluie*) Zisterne *f*

cithare [sitaʀ] *f* MUS Zither *f*

citoyen(ne) [sitwajɛ̃, jɛn] **I.** *m(f)* [Staats]bürger(in) *m(f);* ~**(ne) d'honneur** Ehrenbürger(in); ~**(ne) en colère** Wutbürger(in) **II.** *adj* bürgernah, mit Bürgersinn;

entreprise ~**ne** *sozial engagiertes, gesellschaftlich relevantes Unternehmen*

citoyenneté [sitwajɛnte] *f* Staatsbürgerschaft *f*

citron [sitʀɔ̃] **I.** *m* ❶ (*fruit*) Zitrone *f;* ~ **pressé** *frisch gepresster Zitronensaft mit Wasser* ❷ *fam* (*tête*) Birne *f* **II.** *adj inv* [**jaune**] ~ zitronengelb

citronnade [sitʀɔnad] *f* Zitronenwasser *nt*

citronné(e) [sitʀɔne] *adj* Zitronen-; **être** ~ nach Zitrone schmecken/riechen

citronnelle [sitʀɔnɛl] *f* BOT Zitronenmelisse *f*

citronnier [sitʀɔnje] *m* ❶ (*arbre*) Zitronenbaum *m* ❷ (*bois*) Zitronenholz *nt*

citrouille [sitʀuj] *f* BOT Kürbis *m* ▶ **ne rien avoir dans la** ~ *fam* nichts in der Birne haben

civet [sivɛ] *m in Wein geschmortes Wildragout*

civette [sivɛt] *f* ZOOL Zibetkatze *f*

civière [sivjɛʀ] *f* [Trag]bahre *f*

civil [sivil] *m* ❶ (*personne*) Zivilist *m* ❷ (*vie civile*) **dans le** ~ im Zivilleben

civil(e) [sivil] *adj* ❶ (*relatif au citoyen*) Zivil-; **année** ~**e** Kalenderjahr *nt;* **guerre** ~**e** Bürgerkrieg *m* ❷ (*opp: religieux*) **mariage** ~ standesamtliche Trauung ❸ JUR bürgerlich; **procédure** ~**e** Zivilverfahren *nt;* **responsabilité** ~**e** zivilrechtliche Haftung; **se porter partie** ~**e** als Nebenkläger auftreten

civilement [sivilmɑ̃] *adv* ❶ JUR zivilrechtlich ❷ (*opp: religieusement*) standesamtlich

civilisation [sivilizasjɔ̃] *f* ❶ (*culture*) Kultur *f* ❷ (*action*) Zivilisierung *f* ❸ (*état*) Zivilisation *f*

civilisé(e) [sivilize] *adj société, pays* zivilisiert

civiliser [sivilize] <1> **I.** *vt* ❶ (*policer*) zivilisieren ❷ *fam* (*rendre plus sociable*) Umgangsformen beibringen **II.** *vpr fam* **se** ~ zivilisierter werden

civique [sivik] *adj* [staats]bürgerlich; **droits** ~**s** bürgerliche Ehrenrechte; **instruction** ~ Gemeinschaftskunde *f*

civisme [sivism] *m* staatsbürgerliches Pflichtgefühl *nt*

cl *abr de* **centilitre** cl

clac [klak] *interj* klapp

clafoutis [klafuti] *m Süßspeise, die aus einem Eierkuchenteig und Kirschen besteht*

claie [klɛ] *f* [Stroh-/Weiden-]geflecht *nt*

clair [klɛʀ] **I.** *adv* ❶ (*distinctement*) klar; **tu ne vois pas** ~ du siehst wohl schlecht (*fam*); **voir** ~ **dans qc** *fig* etw durchschauen ❷ (*sans ambiguïté*) deutlich; **parler** ~ **et net** ganz offen sprechen **II.** *m* (*clarté*) Schein *m;* ~ **de lune** Mondschein ▶ **le plus** ~ **de son/mon temps** die meiste Zeit; **tirer au** ~ [auf]klären; **en** ~ im Klartext; **émission en** ~ unverschlüsselte Sendung

clair(e) [klɛʀ] *adj* ❶ (*lumineux*) klar; *flamme, pièce* hell ❷ (*opp: foncé*) hell; *bleu* hell- ❸ (*peu consistant*) dünn ❹ (*intelligible, transparent*) klar; *explication* einleuchtend; **avoir les idées** ~**es** logisch denken ❺ (*évident*) deutlich; **c'est** ~**!** das ist [ganz] klar! ▶ **ne pas être** ~ *fam* (*être saoul*) beschwipst sein; (*être suspect*) nicht ganz koscher sein; (*être fou*) nicht mehr [ganz] richtig ticken

claire [klɛʀ] *f* ❶ (*bassin*) Austernpark *m* ❷ (*huître*) Auster *f* aus einem Austernpark

clairement [klɛʀmɑ̃] *adv* deutlich

claire-voie [klɛʀvwa] <claires-voies> *f* Lattenzaun *m*

clairière [klɛʀjɛʀ] *f* Lichtung *f*

clair-obscur [klɛʀɔpskyʀ] <clairs-obscurs> *m* ❶ ART Helldunkel *nt* ❷ (*lumière tamisée*) Halbdunkel *nt*

clairon [klɛʀɔ̃] *m* ❶ (*instrument*) Bügelhorn *nt* ❷ (*personne*) Hornist(in) *m(f)*

claironnant(e) [klɛʀɔnɑ̃, ɑ̃t] *adj* schmetternd

claironner [klɛʀɔne] <1> **I.** *vt iron* ausposaunen **II.** *vi* Bügelhorn spielen

clairsemé(e) [klɛʀsəme] *adj* ❶ (*dispersé*) vereinzelt ❷ (*peu dense*) spärlich

clairvoyance [klɛʀvwajɑ̃s] *f* Weitblick *m*

clairvoyant(e) [klɛʀvwajɑ̃, jɑ̃t] *adj* weit blickend

clamecer [klamse] <2> *pop v.* **clamser**

clamer [klame] <1> *vt* hinausschreien

clameur [klamœʀ] *f* Geschrei *nt*

clamser [klamse] <1> *vi pop* krepieren (*sl*)

clan [klɑ̃] *m* ❶ *péj* Clique *f* ❷ HIST Klan *m*

clandestin(e) [klɑ̃dɛstɛ̃, in] **I.** *adj* geheim; *commerce* illegal; **passager** ~ blinder Passagier; **mouvement** ~ Untergrundbewegung *f* **II.** *m(f)* illegaler Einwanderer *m*/illegale Einwanderin *f*

clandestinement [klɑ̃dɛstinmɑ̃] *adv* heimlich

clandestinité [klɑ̃dɛstinite] *f* ❶ (*fait de ne pas être déclaré*) Heimlichkeit *f* ❷ (*vie cachée*) Untergrund *m;* **entrer dans la** ~ in den Untergrund gehen

clapet [klapɛ] *m* ❶ TECH [Klappen]ventil *nt* ❷ *fam* (*bouche*) Klappe *f*

C

clapier [klapje] *m* ① (*cage*) Kaninchenstall *m* ② *péj* (*logement*) Loch *nt*
clapotement [klapɔtmɑ̃] *m* Plätschern *nt*
clapoter [klapɔte] <1> *vi* plätschern
clapotis [klapɔti] *m v.* **clapotement**
clapper [klape] <1> *vi* schnalzen; ~ **de la langue** mit der Zunge schnalzen
claquage [klakaʒ] *m* MED Muskel[faser]riss *m*
claquant(e) [klakɑ̃, ɑ̃t] *adj fam* total anstrengend
claque[1] [klak] *f* ① (*tape: sur la joue*) Ohrfeige *f;* (*sur l'épaule*) Klaps *m* ② THEAT Claque *f* ▶ **j'en ai/il en a sa** ~ *fam* mir/ihm reicht's; **prendre une de ces ~s** *fam* [ordentlich] eins draufkriegen
claque[2] [klak] *m* Chapeau claque *m*
claqué(e) [klake] *adj fam* fix und fertig
claquement [klakmɑ̃] *m d'un volet* [Zu]schlagen *nt; d'une porte* Zuschlagen; ~ **du fouet** Knallen *nt* mit der Peitsche
claquemurer [klakmyʀe] <1> *vpr* **se** ~ sich einigeln
claquer [klake] <1> **I.** *vt* ① (*jeter violemment*) knallen ② *fam* (*dépenser*) verpulvern ③ *fam* (*fatiguer*) [fix und] fertig machen **II.** *vi* ① (*produire un bruit sec*) *drapeau:* schlagen; *porte, volet:* [zu]schlagen; *fouet:* knallen; ~ **des dents** mit den Zähnen klappern; ~ **des mains** in die Hände klatschen ② *fam* (*mourir*) abkratzen ③ *fam* (*se casser*) *élastique:* reißen; *verre:* zerspringen **III.** *vpr* ① MED *fam* **se** ~ **un muscle** sich (*dat*) einen Muskel[faser]riss zuziehen ② *fam* (*se fatiguer*) **se** ~ sich total verausgaben
claquette [klakɛt] *f* ① CINE Klappe *f* ② *pl* (*danse*) Stepptanz *m;* **danseur à ~s** Stepptänzer *m;* **faire des ~s** steppen
clarification [klaʀifikasjɔ̃] *f d'une question* Klärung *f*
clarifier [klaʀifje] <1> **I.** *vt* ① (*rendre intelligible*) ~ **un fait** Licht in eine Sache bringen ② (*rendre transparent*) klären *liquide* **II.** *vpr* **se** ~ *fait:* sich klären
clarinette [klaʀinɛt] *f* MUS Klarinette *f*
clarinettiste [klaʀinetist] *mf* Klarinettist(in) *m(f)*
clarté [klaʀte] *f* ① *d'une étoile* Helligkeit *f; d'une bougie* Schein *m; du ciel* Helle *f* ② (*transparence*) Reinheit *f* ③ (*éclat*) Frische *f* ④ (*opp: confusion*) Klarheit *f;* **s'exprimer avec** ~ sich klar ausdrücken
clash [klaʃ] <s> *m* Konflikt *m*
classe [klɑs] *f* ① (*groupe*) Klasse *f;* ~**s moyennes** Mittelstand *m;* ~ **ouvrière/dirigeante** Arbeiterklasse/Oberschicht *f;* ~ **d'âge** Altersklasse ② (*rang*) **de grande/première** ~ erstklassig; **billet de première/deuxième** ~ Fahrschein *m* erster/zweiter Klasse ③ *fam* (*élégance*) **être** ~ Klasse sein; **c'est** ~**!** das ist todschick! ④ (*niveau*) Klasse *f;* (*élèves*) [Schul]klasse; (*cours*) Unterricht *m;* (*salle*) Klasse[nzimmer *nt*]; **en** ~ in der Klasse; ~ **de cinquième/seconde** ≈ 8./11. Klasse; ~ **terminale** ≈ Abiturklasse, ≈ 12./13. Klasse; **passer dans la** ~ **supérieure** versetzt werden; **faire [la]** ~ unterrichten; **être en** ~, **avoir** ~ Unterricht haben; **aller en** ~ zur Schule gehen; **demain, il n'y a pas** ~ morgen ist keine Schule; ~ **verte** (*séjour*) *Schullandheim mit Unterricht in Biologie;* ~ **préparatoire** Vorbereitungsklasse [auf eine der „grandes écoles"] ⑤ MIL Jahrgang *m;* **faire ses ~s** die Grundausbildung machen; *fig* lernen
classé(e) [klɑse] *adj* ① (*protégé*) unter Denkmalschutz stehend ② (*réglé*) abgeschlossen ③ (*de valeur*) klassifiziert
classement [klɑsmɑ̃] *m* ① (*rangement*) Einordnen *nt,* Einteilung *f* ② *d'un élève* Einstufung *f; d'un joueur* Ranglistenplatz *m; d'un hôtel* Kategorie *f* ③ (*place sur une liste*) Rangfolge *f* ④ (*liste par ordre de mérite*) Wertung *f*
classer [klɑse] <1> **I.** *vt* ① (*ordonner*) ordnen; *timbres* sortieren ② (*répartir*) ~ **parmi qn/qc** zu jdm/etw zählen ③ (*ranger selon la performance*) einstufen ④ (*régler*) ad acta legen ⑤ (*mettre dans le patrimoine national*) unter Denkmalschutz stellen *monument;* zum Landschaftsschutzgebiet erklären *site* ⑥ *péj* (*juger définitivement*) einordnen **II.** *vpr* (*obtenir un certain rang*) **se** ~ **premier** sich als Erster platzieren
classeur [klɑsœʀ] *m* (*dossier*) [Akten]ordner *m*
classicisme [klasisism] *m* ART Klassik *f*
classification [klasifikasjɔ̃] *f* Klassifizierung *f;* ~ **périodique des éléments** Periodensystem *nt*
classifier [klasifje] <1> *vt* klassifizieren
classique [klasik] **I.** *adj* ① ART klassisch ② (*habituel*) typisch; *produit* herkömmlich; **c'est [le coup]** ~**!** *fam* das ist [ganz] typisch! ③ SCOL humanistisch; **filière** ~ humanistischer Zweig **II.** *m* ① (*auteur, œuvre*) Klassiker *m;* **connaître ses ~s** *hum* in der Schule aufgepasst haben ② (*musique*) Klassik *f*
clause [kloz] *f* Klausel *f*
claustrophobe [klostʀɔfɔb] **I.** *adj* **être** ~

unter Klaustrophobie leiden **II.** *mf* unter Klaustrophobie Leidende(r) *f(m)*

claustrophobie [klostʀɔfɔbi] *f* Klaustrophobie *f*

clavardage [klavaʀdaʒ] *m* INFORM Chat *m*

clavecin [klavsɛ̃] *m* MUS Cembalo *nt*

clavicule [klavikyl] *f* ANAT Schlüsselbein *nt*

clavier [klavje] *m* Tastatur *f*

claviste [klavist] *mf* Schriftsetzer(in) *m(f)*

clayère [klɛjɛʀ] *f* Austernpark *m*

clayette [klɛjɛt] *f* ❶ *(emballage)* Klarsichtverpackung *f (für Lebensmittel)* ❷ *(d'un réfrigérateur)* Abstellrost *nt*

clé [kle] *f* ❶ *(instrument)* Schlüssel *m;* **~ de contact** Zündschlüssel; **fermer à ~** abschließen ❷ *a. fig (outil)* Schlüssel *m;* **la ~ du succès** der Schlüssel zum Erfolg; **la ~ de l'énigme** des Rätsels Lösung *f* ❸ *(signe)* Schlüssel *m; (pièce)* Klappe *f* ❹ SPORT Hebel *m* ❺ INFORM **~ USB** USB-Stick *m;* **~ Internet** Surfstick *m*

clean [klin] *adj fam* ❶ *(propre)* proper ❷ *(bien)* schwer in Ordnung ❸ *(opp: speedé)* clean

clébard [klebaʀ] *m,* **clebs** [klɛps] *m fam* Köter *m*

clef [kle] *f v.* **clé**

clématite [klematit] *f* BOT Klematis *f*

clémence [klemɑ̃s] *f* Milde *f*

clément(e) [klemɑ̃, ɑ̃t] *adj* mild

clémentine [klemɑ̃tin] *f* Klementine *f*

cleptomane [klɛptɔman] *mf* Kleptomane *m*/Kleptomanin *f*

cleptomanie [klɛptɔmani] *f* Kleptomanie *f*

clerc [klɛʀ] *m* ❶ *de notaire* Schreiber *m* ❷ *(clergé)* Geistliche(r) *m,* Kleriker *m*

clergé [klɛʀʒe] *m* Klerus *m*

clérical(e) [kleʀikal, -o] <-aux> *adj* geistlich

cléricalisme [kleʀikalism] *m* Klerikalismus *m*

clic [klik] **I.** *interj* klick **II.** *m* Klick *m;* **~ sur la souris** INFORM Mausklick; **[être] à portée de ~** INFORM per Mausklick [zu haben/zu erreichen sein]

clic-clac [klikklak] *m inv* Klappsofa *nt*

cliché [kliʃe] *m* ❶ *(banalité)* Klischee *nt* ❷ *(photo)* Abzug *m*

client(e) [klijɑ̃, jɑ̃t] *m(f)* ❶ *(acheteur)* Kunde *m*/Kundin *f* ❷ *d'un restaurant* Gast *m; d'un avocat* Klient(in) *m(f); d'un médecin* Patient(in) *m(f)* ❸ ECON Abnehmer(in) *m(f)*

clientèle [klijɑ̃tɛl] *f* Kundschaft *f,* Kunden *Pl; d'un avocat* Klientel *f; d'un médecin* Patienten *Pl; d'un restaurant* Gäste *Pl*

clignement [kliɲ(ə)mɑ̃] *m* Blinzeln *nt*

cligner [kliɲe] <1> **I.** *vt* ❶ *(fermer à moitié)* zusammenkneifen ❷ *(ciller)* **~ des yeux** blinzeln; **~ de l'œil** zwinkern **II.** *vi* zucken

clignotant [kliɲɔtɑ̃] *m* AUT Blinker *m;* **mettre le/son ~** blinken

clignotant(e) [kliɲɔtɑ̃, ɑ̃t] *adj* Blink-

clignotement [kliɲɔtmɑ̃] *m des yeux* Blinzeln *nt; d'une lampe* Blinken *nt; d'une ampoule* Flackern *nt*

clignoter [kliɲɔte] <1> *vi* ❶ *(ciller)* **ses yeux** [*o* **paupières**] **clignotaient** er/sie blinzelte ❷ *(éclairer)* blinken; *lampe:* flackern

clim [klim] *f fam abr de* **climatisation** Klimaanlage *f*

climat [klima] *m* ❶ METEO Klima *nt* ❷ *(ambiance)* Atmosphäre *f*

climatique [klimatik] *adj* klimatisch

climatisation [klimatizasjɔ̃] *f* ❶ *(action)* Klimatisierung *f* ❷ *(dispositif)* Klimaanlage *f*

climatiser [klimatize] <1> *vt* klimatisieren

climatiseur [klimatizœʀ] *m* Klimaanlage *f*

climatologie [klimatɔlɔʒi] *f* Klimatologie *f,* Klimaforschung *f*

clin d'œil [klɛ̃dœj] <clins d'œil *o* clins d'yeux> *m* Augenzwinkern *nt;* **faire un ~** zwinkern; **faire un ~ à qn** jdm zuzwinkern ▶ **en un ~** im Nu

clinicien(ne) [klinisjɛ̃, jɛn] *m(f)* praktizierender Arzt *m*/praktizierende Ärztin *f*

clinique [klinik] **I.** *adj* klinisch **II.** *f (établissement)* [Privat]klinik *f*

clip [klip] *m* ❶ TV Clip *m* ❷ *(bijou)* Klipp *m,* Clip *m*

clipper [klipœʀ] *m (voilier)* Klipper *m*

clippeur [klipœʀ] *m* Videoclip-Filmer *m*

clipser [klipse] <1> *vpr* **se ~ sur qc** an etw *(dat)* befestigt werden, in etw *(akk)* gesteckt werden

cliquable [klikabl] *adj* INFORM *lien* anklickbar

clique [klik] *f fam péj* Clique *f* ▶ **prendre ses ~s et ses claques** seine Siebensachen packen und gehen

cliquer [klike] <1> *vi* INFORM klicken; **~ sur un symbole avec la souris** ein Symbol mit der Maus anklicken

cliquet [klikɛ] *m* Sperrklinke *f*

cliqueter [klik(ə)te] <3> *vi monnaie, clés:* klimpern; *verre:* klirren

cliquetis [klik(ə)ti] *m de la monnaie, clés* Klimpern *nt; de verres* Klirren *nt*

clitoridien(ne) [klitɔʀidjɛ̃, jɛn] *adj* klitoral

clitoris [klitɔʀis] *m* ANAT Klitoris *f*
clivage [klivaʒ] *m* *des groupes* Spaltung *f*
cloaque [klɔak] *m* Kloake *f*
clochard(e) [klɔʃaʀ, aʀd] *m(f)* Stadtstreicher(in) *m(f)*

C

clochardisation [klɔʃaʀdizasjɔ̃] *f* Verelendung *f*
cloche¹ [klɔʃ] *f* Glocke *f*
cloche² [klɔʃ] **I.** *adj fam* ❶ (*maladroit*) tollpatschig ❷ (*stupide*) dämlich **II.** *f fam* ❶ (*maladroit*) Tollpatsch *m* ❷ (*idiot*) Dussel *m* ❸ (*clochards*) Pennerleben *nt* (*pej*)
cloche-pied [klɔʃpje] **à ~** auf einem Bein
clocher¹ [klɔʃe] *m* Kirchturm *m*
clocher² [klɔʃe] <1> *vi fam* nicht stimmen
clocheton [klɔʃtɔ̃] *m* Türmchen *nt*
clochette [klɔʃɛt] *f* Glöckchen *nt*
clodo [klodo] *m fam abr de* **clochard**
cloison [klwazɔ̃] *f* [Zwischen]wand *f*
cloisonné(e) [klwazɔne] *adj espace, lieu, volume* [ab]getrennt
cloisonnement [klwazɔnmɑ̃] *m* (*séparation idéologique, sociale*) Abgrenzung *f*
cloisonner [klwazɔne] <1> *vt* durch Zwischenwände abtrennen
cloître [klwatʀ] *m* ❶ ARCHIT Kreuzgang *m* ❷ (*monastère*) Kloster *nt*
cloîtrer [klwatʀe] <1> **I.** *vt* ❶ REL in ein Kloster stecken ❷ *fig* einsperren **II.** *vpr* **se ~ dans une maison** sich in einem Haus einschließen
clonage [klɔnaʒ] *m* Klonen *nt*
clone [klon] *m* BIO, INFORM Klon *m;* **être le ~ de qn** *fig* der Klon [*o* das Ebenbild] von jemandem sein (*geh*)
cloner [klone] <1> *vt* klonen
clope [klɔp] *m o f fam* ❶ (*cigarette*) Glimmstängel *m* ❷ (*mégot*) Kippe *f*
cloper [klɔpe] <1> *vi fam* qualmen
clopeur, -euse [klɔpœʀ, -øz] *m, f fam* Qualmer(in) *m(f)*
clopin-clopant [klɔpɛ̃klɔpɑ̃] *adv fam* humpelnd
clopiner [klɔpine] <1> *vi* humpeln
clopinettes [klɔpinɛt] *fpl fam* **manger des ~** [fast] nichts essen
cloporte [klɔpɔʀt] *m* ZOOL [Keller]assel *f*
cloque [klɔk] *f* Blase *f*
cloqué(e) [klɔke] *adj peau* voller Blasen; *peinture* blasig
cloquer [klɔke] <1> *vi* Blasen bilden; *peau:* Brandblasen bilden
clore [klɔʀ] <*irr*> *vt* schließen, [be]enden
clos [klo] *m* (*vignoble*) [eingefriedeter] Weinberg
clos(e) [klo, kloz] **I.** *part passé de* **clore** **II.** *adj* ❶ (*fermé*) geschlossen; **trouver porte ~e** vor verschlossenen Türen stehen ❷ (*achevé*) erledigt
clôture [klotyʀ] *f* ❶ (*enceinte*) Zaun *m; d'arbustes* Hecke *f;* (*en ciment*) [Umfassungs]mauer *f* ❷ *d'un festival* Ende *nt; d'un débat* Beendigung *f;* **~ d'un compte** Kontoabschluss *m*
clôturer [klotyʀe] <1> *vt* ❶ (*entourer*) einfrieden ❷ (*finir*) [be]schließen
clou [klu] *m* ❶ (*pointe*) Nagel *m* ❷ (*attraction*) Höhepunkt *m* ❸ *pl fam* (*passage*) Zebrastreifen *m* ❹ GASTR **~ de girofle** Gewürznelke *f* ▶**ne pas valoir un ~** *fam* keinen Pfifferling wert sein; **des ~s!** *fam* nichts da!
cloud [klod] *m* INET Cloud *f*
clouer [klue] <1> *vt* ❶ (*fixer*) annageln; zusammennageln *planches;* vernageln *caisse;* **~ le tableau sur le mur** das Bild an die Wand nageln ❷ *fam* (*immobiliser*) **~ qn au lit** jdn ans Bett fesseln
clouté(e) [klute] *adj* mit Nägeln beschlagen; **pneus ~s** Spikesreifen *Pl*
clown [klun] *m* Clown *m*
clownerie [klunʀi] *f* Alberei *f;* **faire des ~s** herumalbern
club [klœb] *m* ❶ (*association*) Klub *m;* **~ de théâtre** Theater-AG *f;* **~ d'écriture** Schreibklub; **~ de volley** Volleyballverein *m* ❷ SPORT Golfschläger *m*
cluse [klyz] *f* Schlucht *f*
cm *abr de* **centimètre** cm
CM1 [seɛmœ̃] *m abr de* **cours moyen première année** *vierte Grundschulklasse*
CM2 [seɛmdø] *m abr de* **cours moyen deuxième année** *fünfte Grundschulklasse*
CMU [seɛmy] *f abr de* **couverture maladie universelle** *Krankenfürsorgekasse, die bei Menschen mit sehr geringem Einkommen sämtliche Kosten für die medizinische Versorgung übernimmt*
CNRS [seɛnɛʀɛs] *m abr de* **Centre national de la recherche scientifique** *nationales Forschungszentrum für Wissenschaft und Technik*
coaccusé(e) [koakyze] *m(f)* Mitangeklagte(r) *f(m)*
coagulant(e) [kɔagylɑ̃, ɑ̃t] *adj* MED [blut]gerinnungsfördernd
coagulation [kɔagylasjɔ̃] *f* Gerinnung *nt*
coaguler [kɔagyle] <1> **I.** *vt* zum Gerinnen bringen **II.** *vi, vpr* gerinnen
coaliser [kɔalize] <1> *vt* verbünden
coalition [kɔalisjɔ̃] *f* Bündnis *nt,* Koalition *f*
coassement [kɔasmɑ̃] *m* Quaken *nt*

coasser [kɔase] <1> *vi* quaken
coauteur [kootœʀ] *m* LITTER Koautor(in) *m(f)*
coaxial(e) [koaksjal, -jo] <-aux> *adj roues* koaxial
cobalt [kɔbalt] *m* CHIM Kobalt *nt*
cobaye [kɔbaj] *m* ❶ (*animal*) Meerschweinchen *nt* ❷ *fig* Versuchskaninchen *nt* (*fam*)
Coblence [kɔblɑ̃s] Koblenz *nt*
cobra [kɔbʀa] *m* ZOOL Kobra *f*
coca[-cola]® [kɔkakɔla] *m* [Coca-]Cola® *f*
cocaïne [kɔkain] *f* Kokain *nt*
cocaïnomane [kɔkainɔman] *mf* Kokainsüchtige(r) *f(m)*
cocarde [kɔkaʀd] *f* Kokarde *f*
cocardier, -ière [kɔkaʀdje, -jɛʀ] *adj* hurrapatriotisch
cocasse [kɔkas] *adj fam* drollig
coccinelle [kɔksinɛl] *f* ❶ ZOOL Marienkäfer *m* ❷ AUT Käfer *m*
coccyx [kɔksis] *m* ANAT Steißbein *nt*
coche [kɔʃ] *m* ▶ **rater le ~** *fam* die Gelegenheit verpassen
cocher[1] [kɔʃe] <1> *vt* ankreuzen
cocher[2] [kɔʃe] *m d'une voiture à cheval* Kutscher *m*
cochère [kɔʃɛʀ] *adj v.* **porte**
cochon [kɔʃɔ̃] *m* ❶ (*animal*) Schwein *nt* ❷ GASTR Schweinefleisch *nt* ❸ (*cobaye*) **~ d'Inde** Meerschweinchen *nt*
cochon(ne) [kɔʃɔ̃, ɔn] **I.** *adj fam* ❶ (*sale*) schmuddelig ❷ (*obscène*) schweinisch; **histoires ~nes** Zoten *Pl;* **film ~** Porno *m* **II.** *m(f) péj fam* ❶ (*personne sale*) Ferkel *nt* ❷ (*personne vicieuse*) Schwein *nt;* **vieux ~** Lustmolch *m*
cochonnaille [kɔʃɔnaj] *f souvent pl fam* Fleisch- und Wurstwaren *Pl* (*aus Schweinefleisch*)
cochonner [kɔʃɔne] <1> *vt fam* ❶ (*bâcler*) hinpfuschen ❷ (*salir*) dreckig machen
cochonnerie [kɔʃɔnʀi] *f fam* ❶ (*nourriture*) Dreckszeug *nt* ❷ (*toc*) Schund *m* ❸ *souvent pl fam* (*obscénités*) Schweinereien *Pl* ❹ *pl* (*saletés*) Dreck *m;* **ne fais pas de ~s sur la table** ferkle nicht auf dem Tisch rum
cochonnet [kɔʃɔnɛ] *m* ❶ ZOOL Ferkel *nt* ❷ (*aux boules*) Zielkugel *f*
cocker [kɔkɛʀ] *m* Cockerspaniel *m*
cockpit [kɔkpit] *m* Cockpit *nt*
cocktail [kɔktɛl] *m* ❶ (*boisson*) Cocktail *m;* **~ de bienvenue** Begrüßungscocktail ❷ (*réunion*) Cocktailparty *f* ❸ (*mélange*) Mischung *f;* **~ Molotov** Molotowcocktail *m*
coco [koko] *m* ❶ (*terme affectueux*) **mon [petit] ~** mein Schatz *m* ❷ *péj* (*type*) Früchtchen *nt* (*fam*)
cocon [kɔkɔ̃] *m* ZOOL Kokon *m*
cocooning [kɔkuniŋ] *m* Cocooning *nt,* starkes Bedürfnis nach Häuslichkeit
cocorico [kɔkɔʀiko] *m* Kikeriki *nt*
cocoter [kɔkɔte] <1> *vi fam* stinken
cocotier [kɔkɔtje] *m* Kokospalme *f*
cocotte [kɔkɔt] *f* ❶ (*marmite*) Topf *m* ❷ *enfantin* Putput *nt;* **~ en papier** gefalteter Papiervogel ❸ *fam* (*terme affectueux*) **ma ~** mein Schatz *m*
cocotte-minute® [kɔkɔtminyt] <cocottes-minute> *f* ≈ Sicomatic® *m*
cocotter [kɔkɔte] *v.* **cocoter**
cocu(e) [kɔky] **I.** *adj fam* betrogen; **faire ~** betrügen **II.** *m(f) fam* betrogener Ehemann *m*/betrogene Ehefrau *f*
cocufier [kɔkyfje] <1a> *vt fam* betrügen *époux, épouse*
codage [kɔdaʒ] *m* Kodieren *nt*
code [kɔd] *m* ❶ (*chiffrage*) Code *m,* Kode *m;* **~ d'accès** INFORM Login-Daten *Pl;* **~ postal** Postleitzahl *f;* **faites votre ~** geben Sie Ihre Geheimzahl ein ❷ (*permis*) theoretische Fahrprüfung ❸ (*feux*) Abblendlicht *nt;* **mettre ses ~s, se mettre en ~[s]** abblenden ❹ JUR Gesetzbuch *nt;* **~ de la route** Straßenverkehrsordnung *f*
code-barres [kɔdbaʀ] <codes-barres> *m* Strichcode *m*
codécision [kodesizjɔ̃] *f* POL *de l'Union européenne* gemeinsamer Entschluss *m*
coder [kɔde] <1> *vt* verschlüsseln
codétenu(e) [kodet(ə)ny] *m(f)* Mithäftling *m*
codex [kɔdɛks] *m* [*französisches*] *Arzneibuch*
codification [kɔdifikasjɔ̃] *f* JUR Kodifikation *f* (*Fachspr.*)
codifier [kɔdifje] <1> *vt* kodifizieren
coédition [koedisjɔ̃] *f* gemeinsame Ausgabe *f*
coefficient [kɔefisjɑ̃] *m* ❶ MATH, PHYS Koeffizient *m* ❷ (*facteur*) **~ d'erreur** Fehlerquote *f;* **~ annuel** CH Steuersatz *m,* Steuerfuß *m* (CH)
coéquipier, -ière [koekipje, -jɛʀ] *m, f* Mannschaftskamerad(in) *m(f)*
coercition [koɛʀsisjɔ̃] *f* JUR Zwang *m*
cœur [kœʀ] *m* ❶ ANAT Herz *nt;* **mon ~ bat** mein Herz klopft ❷ *d'un débat* Kernpunkt *m;* **le ~ d'une salade** die Herzblätter eines Salatkopfs; **au ~ de la forêt** mit-

C

ten im Wald; **en plein ~ de l'hiver** im tiefsten Winter; **au ~ de l'Europe** in Herzen Europas ▶**avoir le ~ sur la main** sehr freigiebig sein; **avoir un ~ d'or/de pierre** ein Herz aus Gold/Stein haben; **faire qc de bon ~** etw [von Herzen] gern tun; **qn a le ~ gros** jdm ist das Herz schwer; **qn a mal au ~** jdm ist schlecht; **si le ~ lui/vous en dit** *fam* wenn er/sie Lust [dazu] hat/Sie Lust [dazu] haben; **fendre le ~** das Herz brechen; **prendre à ~** sich (*dat*) etw zu Herzen nehmen; **soulever le ~** den Magen umdrehen; **tenir à ~** sehr am Herzen liegen; **par ~** *apprendre* auswendig; *connaître* [in- und] auswendig; *réciter* aus dem Kopf; **sans ~** herzlos

coexistence [kɔɛgzistɑ̃s] *f* Nebeneinanderbestehen *nt*

coexister [kɔegziste] <1> *vi* nebeneinander bestehen

coffrage [kɔfʀaʒ] *m* Verschalen *nt*

coffre [kɔfʀ] *m* ❶ (*meuble*) Truhe *f;* **~ à jouets** Spielzeugkiste *f;* **~ à outils** Werkzeugkasten *m* ❷ AUT Kofferraum *m* ❸ (*coffre-fort*) Safe *m,* Tresor *m*

coffre-fort [kɔfʀəfɔʀ] <coffres-forts> *m* Safe *m,* Tresor *m*

coffrer [kɔfʀe] <1> *vt fam* ins Kittchen bringen

coffret [kɔfʀɛ] *m* Schatulle *f;* **~ à bijoux** Schmuckkästchen *nt*

cogestion [koʒɛstjɔ̃] *f* Mitbestimmung *f*

cogiter [kɔʒite] <1> *vi iron* scharf nachdenken

cognac [kɔɲak] *m* Cognac *m*

cognassier [kɔɲasje] *m* Quitte[nbaum *m*] *f*

cogne [kɔɲ] *m pop* (*policier*) Bulle *m* (*pej fam*)

cognée [kɔɲe] *f* [Holzfäller]axt *f*

cogner [kɔɲe] <1> **I.** *vt* (*heurter*) **~ qn/qc** an jdn/etw [an]stoßen **II.** *vi* ❶ (*taper*) zuschlagen; **~ à/sur/contre qc** an/auf/gegen etw (*akk*) schlagen ❷ (*heurter*) **~ contre qc** *volet, caillou:* gegen etw schlagen ❸ *fam soleil:* brennen **III.** *vpr* **se ~ qc contre qc** sich etw (*akk*) an etw (*dat*) stoßen

cohabitation [koabitasjɔ̃] *f* Zusammenleben *nt;* POL Kohabitation *f*

cohabiter [koabite] <1> *vi* (*vivre ensemble*) zusammen unter einem Dach leben; POL kohabitieren

cohérence [koeʀɑ̃s] *f d'un propos* Zusammenhang *m; d'un raisonnement* Kohärenz *f*

cohérent(e) [koeʀɑ̃, ɑ̃t] *adj ensemble* kohärent; *conduite* konsequent; *texte* [logisch] zusammenhängend

cohésion [koezjɔ̃] *f* (*solidarité*) Zusammenhalt *m,* Geschlossenheit *f;* **~ sociale** sozialer Zusammenhalt

cohorte [koɔʀt] *f de touristes, fans* Schar *f*

cohue [kɔy] *f* ❶ (*foule*) [Menschen]menge *f* ❷ (*bousculade*) Gedränge *nt*

coi(te) [kwa, kwat] *adj* **rester ~** völlig sprachlos sein

coiffe [kwaf] *f* [Trachten]haube *f*

coiffé(e) [kwafe] *adj* ❶ (*peigné*) frisiert ❷ (*chapeauté*) mit Kopfbedeckung; **être ~ de qc** etw tragen

coiffer [kwafe] <1> **I.** *vt* ❶ (*peigner*) frisieren ❷ (*mettre un chapeau*) aufsetzen ❸ (*dépasser*) überholen **II.** *vpr* ❶ (*se peigner*) **se ~** sich frisieren ❷ (*mettre un chapeau*) **se ~ de qc** [sich (*dat*)] etw aufsetzen

coiffeur, -euse [kwafœʀ, -øz] *m, f* Friseur(in) *m(f)*

coiffeuse [kwaføz] *f* Frisierkommode *f*

coiffure [kwafyʀ] *f* ❶ (*façon d'être peigné*) Frisur *f* ❷ (*chapeau*) Kopfbedeckung *f* ❸ (*métier*) Frisörhandwerk *nt*

coin [kwɛ̃] *m* ❶ (*angle*) Ecke *f; de l'œil, de la bouche* Winkel *m;* **mettre au ~** in die Ecke stellen; **au ~ de la rue** an der [Straßen]ecke; **regard/sourire en ~** verschlagener Blick/hämisches Lächeln ❷ (*petit espace*) **~ cuisine/repas** Koch-/Essecke *f;* **un ~ à l'ombre** ein Plätzchen *nt* im Schatten; **un ~ perdu** ein entlegener Winkel ▶**aux quatre ~s du monde** in allen Ecken [und Enden] der Welt; **ça t'en/vous en bouche un ~!** *fam* da staunste/staunt ihr[, was]?

coincé(e) [kwɛ̃se] *adj fam* verklemmt

coincer [kwɛ̃se] <2> **I.** *vt* ❶ (*caler*) **~ entre deux chaises** zwischen zwei Stühle (*akk*) klemmen ❷ (*immobiliser*) **~ qc** *personne:* etw einklemmen; *grain de sable, panne:* etw blockieren ❸ (*acculer*) **~ qn contre un mur** jdn gegen eine Mauer/Wand drücken ❹ *fam* (*attraper*) schnappen ❺ *fam* (*coller*) in Verlegenheit bringen **II.** *vi* (*poser problème*) klemmen **III.** *vpr* **se ~ le doigt** sich (*dat*) den Finger einklemmen

coïncidence [kɔɛ̃sidɑ̃s] *f* Zufall *m*

coïncident(e) [kɔɛ̃sidɑ̃, ɑ̃t] *adj* ❶ (*concomitant*) zeitgleich ❷ GEOM kongruent

coïncider [kɔɛ̃side] <1> *vi* ❶ (*être concomitant*) [zeitlich] zusammenfallen ❷ (*correspondre*) übereinstimmen

coin-coin [kwɛ̃kwɛ̃] *m inv* Quakquak *nt*

coing [kwɛ̃] *m* Quitte *f*
coït [kɔit] *m* Koitus *m*
coite [kwat] *adj v.* **coi(te)**
coke [kɔk] *f fam abr de* **cocaïne** Koks *m*
cokerie [kɔkʀi] *f* (*usine*) Kokerei *f*
col [kɔl] *m* ❶ *d'un vêtement* Kragen *m;* **~ roulé** Rollkragen ❷ GEOG [Gebirgs]pass *m* ❸ (*goulot*) Hals *m* ❹ ANAT **~ de l'utérus** Gebärmutterhals *m;* **~ du fémur** Oberschenkelhals
colback [kɔlbak] *m fam* **attraper qn par le ~** jdn am Schlafittchen packen
colchique [kɔlʃik] *m* BOT Herbstzeitlose *f*
coléoptère [kɔleɔptɛʀ] *m* ZOOL Käfer *m*
colère [kɔlɛʀ] *f* ❶ (*irritation*) Wut *f;* **être rouge de ~** rot vor Wut sein ❷ (*accès d'irritation*) Wutausbruch *m;* **être/se mettre en ~ contre qn** auf jdn wütend sein/werden; **piquer une ~** *fam* einen Koller kriegen; **en ~** aufgebracht
coléreux, -euse [kɔleʀø, -øz] *adj,* **colérique** [kɔleʀik] *adj* jähzornig
colibacille [kɔlibasil] *m* Kolibakterie *f*
colibri [kɔlibʀi] *m* Kolibri *m*
colifichet [kɔlifiʃɛ] *m* Tand *m*
colimaçon [kɔlimasɔ̃] *m* ZOOL Schnecke *f*
colin [kɔlɛ̃] *m* Seehecht *m*
colin-maillard [kɔlɛ̃majaʀ] *m sans pl* **jouer à ~** Blindekuh spielen
colique [kɔlik] *f* ❶ (*diarrhée*) Durchfall *m* ❷ *gén pl* (*douleurs*) Kolik *f*
colis [kɔli] *m* Paket *nt*
colistier, -ière [kolistje, -jɛʀ] *m, f* Mitkandidat(in) *m(f)* [auf der gleichen Liste]
collabo [ko(l)labɔ] *fam,* **collaborateur, -trice** [ko(l)labɔʀatœʀ, -tʀis] *m, f* ❶ (*membre du personnel*) Mitarbeiter(in) *m(f)* ❷ (*intervenant occasionnel*) freier Mitarbeiter/freie Mitarbeiterin ❸ (*pendant une guerre*) Kollaborateur(in) *m(f)*
collaboratif, -ive [ko(l)labɔʀatif, -iv] *adj* gemeinschaftlich, kollaborativ
collaboration [ko(l)labɔʀasjɔ̃] *f* ❶ (*coopération*) Zusammenarbeit *f;* **en ~ avec** in Zusammenarbeit mit ❷ (*contribution*) **~ à qc** Mitarbeit *f* an etw (*dat*); **apporter sa ~ à qc** an etw (*dat*) mitarbeiten ❸ (*pendant une guerre*) Kollaboration *f*
collaborer [ko(l)labɔʀe] <1> *vi* ❶ **~ avec qn** mit jdm zusammenarbeiten; **~ à qc** an etw (*dat*) mitarbeiten ❷ (*pendant une guerre*) kollaborieren
collage [kɔlaʒ] *m d'une étiquette* Aufkleben *nt; d'une affiche* Ankleben *nt*
collagène [kɔlaʒɛn] *m* Kollagen *nt*
collant [kɔlɑ̃] *m* ❶ (*bas*) Strumpfhose *f* ❷ (*body: pour la gymnastique*) Gymnastikanzug *m;* (*pour la danse, l'acrobatie*) Trikot *nt*
collant(e) [kɔlɑ̃, ɑ̃t] *adj* ❶ (*moulant*) hauteng ❷ (*poisseux*) klebrig ❸ *fam* (*importun*) aufdringlich; **être vraiment ~** eine richtige Klette sein
collapsus [kɔlapsys] *m* MED Kollaps *m;* **~ cardiovasculaire** Kreislaufzusammenbruch *m*
collatéral(e) [kɔ(l)lateʀal, -o] <-aux> *adj artère* Neben-; *nef* Seiten-
collation [kɔlasjɔ̃] *f* Imbiss *m*
colle [kɔl] *f* ❶ (*matière*) Klebstoff *m;* **~ universelle** Alleskleber *m* ❷ (*masse*) Kleister *m* ❸ (*punition*) Nachsitzen *nt;* **avoir une ~** nachsitzen müssen
collecte [kɔlɛkt] *f* (*quête*) Sammlung *f*
collecter [kɔlɛkte] <1> *vt* sammeln *dons*
collecteur [kɔlɛktœʀ] *m* (*égout*) Hauptkanal *m*
collectif, -ive [kɔlɛktif, -iv] *adj* ❶ (*commun*) gemeinsam; *travail* Gemeinschafts-; **équipements ~s** öffentliche Einrichtungen ❷ LING Sammel-; **nom ~** Kollektivum *nt*
collection [kɔlɛksjɔ̃] *f* ❶ (*réunion d'objets*) Sammlung *f;* **~ de timbres** Briefmarkensammlung; **faire la ~ de qc** etw sammeln ❷ (*série*) **~ de livres** Bücherreihe *f;* **toute la ~ des œuvres de X** die gesammelten Werke von X ❸ (*modèles*) Kollektion *f*
collectionner [kɔlɛksjɔne] <1> *vt* sammeln
collectionneur, -euse [kɔlɛksjɔnœʀ, -øz] *m, f* Sammler(in) *m(f)*
collectivement [kɔlɛktivmɑ̃] *adv* ❶ (*dans la totalité*) **s'adresser ~ au personnel** sich an das ganze Personal richten ❷ *démissionner, protester* geschlossen
collectivisation [kɔlɛktivizasjɔ̃] *f* Kollektivierung *f*
collectivisme [kɔlɛktivism] *m* Kollektivismus *m*
collectivité [kɔlɛktivite] *f* ❶ (*société*) Gemeinschaft *f* ❷ JUR Körperschaft *f;* **~s locales** Gebietskörperschaften *Pl* ❸ (*communauté*) Kollektiv *nt*
collector [kɔlɛktɔʀ] *m* Sammlerstück *nt;* **édition ~** Sammleredition *f*
collège [kɔlɛʒ] *m* SCOL Collège *nt,* ≈ Realschule *f;* **aller au ~** auf das Collège gehen; **Collège de France** *universitätsähnliche Lehranstalt, deren Vorlesungen von jedermann besucht werden können, an der jedoch keine Diplome vergeben werden*
collégial(e) [kɔleʒjal, -o] <-aux> *adj* kollegial; **direction ~e** kollegiale Leitung
collégien(ne) [kɔleʒjɛ̃, jɛn] *m(f)* (*élève*)

Schüler(in) *m(f)* eines Collège, ≈ Realschüler(in) *m(f)*

collègue [kɔ(l)lɛg] *mf* Kollege *m*/Kollegin *f*

coller [kɔle] <1> **I.** *vt* ① (*fixer*) kleben; aufkleben *timbre, étiquette;* ankleben *affiche, papier peint;* zukleben *enveloppe;* zusammenkleben *pièces* ② (*presser*) ~ **à** [*o* **contre**] **qc** an etw (*akk*) drücken ③ *fam* (*donner*) ~ **un devoir à qn** jdm eine Aufgabe aufbrummen; ~ **une baffe à qn** jdm eine kleben ④ *fam* (*embarrasser par une question*) ~ **qn** jdm eine knifflige Frage stellen ⑤ *fam* (*suivre*) ~ **qn** wie eine Klette an jdm hängen ⑥ *fam* (*planter*) ~ **quelque part** irgendwohin pflanzen ⑦ *fam* (*rester*) **être collé quelque part** irgendwo hocken **II.** *vi* ① (*adhérer*) kleben; **qc qui colle** etw Klebriges ② (*mouler*) hauteng [sein] ③ *fam* (*suivre*) ~ **à qc** sich dicht an etw (*akk*) halten ④ (*s'adapter*) ~ **à la route** gut auf der Straße liegen; ~ **au sujet** das Thema treffend darstellen ⑤ *fam* (*bien marcher*) hinhauen; **entre eux, ça ne colle pas** zwischen den beiden haut es nicht hin **III.** *vpr* ① (*s'accrocher*) **se** ~ **à qn** sich an jdn schmiegen ② (*se presser*) **se** ~ **à** [*o* **contre**] **qc** sich gegen etw drücken

collerette [kɔlʀɛt] *f* Halskrause *f*

collet [kɔlɛ] *m* (*piège, nœud coulant*) Schlinge *f*

colleter [kɔlte] <3> *vpr* **se** ~ **avec qn** sich mit jdm schlagen

colleur, -euse [kɔlœʀ, -øz] *m, f* ① ~ **d'affiches** Plakatkleber(in) *m(f)* ② SCOL *arg* Prüfer(in) *m(f)* (*bei simulierten mündlichen Prüfungen*)

colley [kɔlɛ] <s> *m* ZOOL Collie *m*

collier [kɔlje] *m* ① (*bijou*) Halskette *f;* (*rigide*) Kollier *nt* ② *d'un chien* Halsband *nt; d'un cheval* Kum[me]t *nt* ③ (*barbe*) Krause *f*

collimateur [kɔlimatœʀ] *m* ▶ **avoir qn dans le** ~ jdn im Visier haben

colline [kɔlin] *f* Hügel *m*

collision [kɔlizjɔ̃] *f* Zusammenstoß *m*

collocation [kɔ(l)lɔkasjɔ̃] *f* ① JUR Rangzuweisung *f* [der Gläubiger bei Konkursverfahren] ② JUR BELG (*internement*) Internierung *f* ③ LING Kollokation *f*

colloque [kɔ(l)lɔk] *m* Kolloquium *nt*

collusion [kɔ(l)lyzjɔ̃] *f* [geheime] Absprache

collyre [kɔliʀ] *m* Augentropfen *Pl*

colmatage [kɔlmataʒ] *m d'une brèche* Abdichten *nt*

colmater [kɔlmate] <1> *vt* abdichten *fuite;* zuspachteln *fissure;* schließen *brèche*

colo [kɔlɔ] *f fam abr de* **colonie de vacances** Ferienlager *nt*

coloc [kolɔk] *mf fam abr de* **colocataire**

colocataire [kolɔkatɛʀ] *mf* Mitbewohner(in) *m(f)*

colocation [kolɔkasjɔ̃] *f* Mietgemeinschaft *f*

Cologne [kɔlɔɲ] Köln *nt*

colombage [kɔlɔ̃baʒ] *m* Fachwerk *nt;* **maison à** ~ Fachwerkhaus *nt*

colombe [kɔlɔ̃b] *f* Taube *f*

Colombie [kɔlɔ̃bi] *f* **la** ~ Kolumbien *nt*

colombier [kɔlɔ̃bje] *m* (*pigeonnier*) Taubenschlag *m*

colombophile [kɔlɔ̃bɔfil] *mf* Brieftaubenzüchter(in) *m(f)*

colon [kɔlɔ̃] *m* ① Kolonist(in) *m(f)* ② (*enfant*) Kind *nt* im Ferienlager

côlon [kolɔ̃] *m* ANAT Grimmdarm *m*

colonel [kɔlɔnɛl] *m* Oberst *m*

colonial [kɔlɔnjal, -jo] <-aux> *m* Kolonist *m*

colonialisme [kɔlɔnjalism] *m* Kolonialismus *m*

colonialiste [kɔlɔnjalist] *adj* kolonialistisch

colonie [kɔlɔni] *f* ① (*territoire, communauté*) Kolonie *f* ② (*centre*) ~ **de vacances** Ferienlager *nt*

colonisateur, -trice [kɔlɔnizatœʀ, -tʀis] **I.** *adj* Kolonial- **II.** *m, f* Kolonisator(in) *m(f)*

colonisation [kɔlɔnizasjɔ̃] *f* Kolonisation *f*

colonisé(e) [kɔlɔnize] *adj* kolonisiert

coloniser [kɔlɔnize] <1> *vt* kolonisieren

colonnade [kɔlɔnad] *f* Säulengang *m*

colonne [kɔlɔn] *f* ① ARCHIT Säule *f* ② (*section*) Spalte *f;* **cinq** ~**s à la une** die ganze Titelseite ③ (*file*) Reihe *f* ④ MIL Kolonne *f* ⑤ ANAT ~ **vertébrale** Wirbelsäule *f*

colophane [kɔlɔfan] *f* (*résine*) Kolophonium *nt*

coloquinte [kɔlɔkɛ̃t] *f* BOT Koloquinte *f*

colorant [kɔlɔʀɑ̃] *m* Farbstoff *m*

colorant(e) [kɔlɔʀɑ̃, ɑ̃t] *adj* Färbe-; **shampooing** ~ Tönung *f*

coloration [kɔlɔʀasjɔ̃] *f* ① (*processus*) [Ein]färben *nt* ② (*teinte*) Farbe *f;* **prendre une** ~ **rouge** sich rot färben ③ (*nuance*) Färbung *f*

coloré(e) [kɔlɔʀe] *adj* ① gefärbt; *foule* bunt[gemischt] ② *fig style* farbig; *description* lebendig

colorer [kɔlɔʀe] <1> **I.** *vt* färben **II.** *vpr* **se** ~ sich färben

coloriage [kɔlɔʀjaʒ] *m* Ausmalen *nt*

colorier [kɔlɔʀje] <1> *vt* ① (*jeu*) ausmalen ② ART kolorieren
coloris [kɔlɔʀi] *m* ① (*teinte*) Farbgebung *f* ② (*couleur*) Farbe *f*
colorisation [kɔlɔʀizasjɔ̃] *f* Kolorierung *f*
coloriser [kɔlɔʀize] <1> *vt* kolorieren
coloriste [kɔlɔʀist] *mf* Kolorist(in) *m(f)*
colossal(e) [kɔlɔsal, -o] <-aux> *adj* monumental
colosse [kɔlɔs] *m* ① (*géant*) Hüne *m*, Koloss *m* ② *fig* Gigant *m*
colportage [kɔlpɔʀtaʒ] *m* (*métier*) **le ~ de qc** das Hausieren mit etw
colporter [kɔlpɔʀte] <1> *vt* ① (*vendre*) hausieren mit ② *péj* (*répandre*) [überall] herumerzählen
colporteur, -euse [kɔlpɔʀtœʀ, -øz] *m, f* Hausierer(in) *m(f)*
colt® [kɔlt] *m* Colt® *m*
coltiner [kɔltine] <1> *vpr fam* **se ~ qn/qc** sich jdn/etw aufhalsen
columbarium [kɔlɔ̃baʀjɔm] *m* Urnenhalle *f*
colvert [kɔlvɛʀ] *m* ZOOL Stockente *f*
colza [kɔlza] *m* Raps *m*
com[1] [kɔm] *f fam abr de* **commission** Provision *f*; **travailler à la ~** auf Provision arbeiten
com[2] [kɔm] *m fam abr de* **commentaire** INET Kommentar *m*
C.O.M. [kɔm] *fpl abr de* **collectivités d'outre-mer** französische Gebietskörperschaften *Pl* in Übersee
coma [kɔma] *m* Koma *nt*; **être dans le ~** im Koma liegen
comateux, -euse [kɔmatø, -øz] *adj* komatös
combat [kɔ̃ba] *m* Kampf *m*
combatif, -ive [kɔ̃batif, -iv] *adj* kämpferisch
combativité [kɔ̃bativite] *f* Kampfgeist *m*
combattant(e) [kɔ̃batɑ̃, ɑ̃t] *m(f)* Kämpfer(in) *m(f)*; **ancien ~** Veteran *m*
combattre [kɔ̃batʀ] <*irr*> **I.** *vt* kämpfen gegen *ennemi;* bekämpfen *incendie, maladie* **II.** *vi* **~ contre qn/qc/pour qc** gegen jdn/etw/für etw kämpfen **III.** *vpr* **se ~** sich bekämpfen
combe [kɔ̃b] *f* GEOG Schlucht *f*
combi [kɔ̃bi] *f fam abr de* **combinaison de ski** Skianzug *m*
combien [kɔ̃bjɛ̃] **I.** *adv* ① (*concernant la quantité*) wie viel; **~ d'argent** wie viel Geld; **~ de temps** wie lange; **depuis ~ de temps** seit wann; **~ coûte cela?** wie viel kostet das?; **ça fait ~?** *fam* wie viel macht das?; **je vous dois ~?** was macht das? ② (*concernant le nombre*) wie viele; **~ de personnes/kilomètres** wie viele Personen/Kilometer; **~ de fois** wie oft **II.** *m* ① (*en parlant de la date*) **nous sommes le ~?** *fam* den Wievielten haben wir heute? ② (*en parlant d'un intervalle*) **le bus passe tous les ~?** *fam* wie oft fährt der Bus? **III.** *mf* **le/la ~?** der/die Wievielte?
combientième [kɔ̃bjɛ̃tjɛm] *mf abusif fam* Wievielte(r)
combinaison [kɔ̃binɛzɔ̃] *f* ① (*assemblage*) Kombination *f* ② CHIM Verbindung *f* ③ (*code*) [Zahlen]kombination *f* ④ (*sous-vêtement*) Unterrock *m* ⑤ (*vêtement*) Overall *m*; **~ de plongée** Taucheranzug *m*; **~ de ski** Skianzug ⑥ (*stratagème*) Dreh *m* (*fam*); **avoir/trouver une ~** geeignete Mittel und Wege haben/herausfinden
combinard(e) [kɔ̃binaʀ, aʀd] *adj péj fam* ausgebufft (*sl*)
combinatoire [kɔ̃binatwaʀ] **I.** *adj* kombinatorisch **II.** *f* Kombinatorik *f*
combine [kɔ̃bin] *f fam* Dreh *m*; **connaître la ~** den [richtigen] Dreh heraushaben ▸ **être dans la ~** Bescheid wissen
combiné [kɔ̃bine] *m* ① TELEC Hörer *m* ② (*épreuve*) **~ alpin/nordique** alpine/nordische Kombination
combiner [kɔ̃bine] <1> **I.** *vt* ① (*réunir*) **~ qc avec qc** etw mit etw kombinieren ② CHIM **~ qc avec qc** etw mit etw verbinden ③ (*organiser*) ausarbeiten *plan;* aushecken *mauvais coup* **II.** *vpr* ① (*s'assembler*) **se ~ avec qc** sich mit etw kombinieren lassen ② CHIM **se ~ avec qc** sich mit etw verbinden ③ (*s'arranger*) **bien/mal se ~** sich gut/schlecht anlassen
combishort [kɔ̃biʃɔʀt] *m* Kombi-Shorts *Pl*
comble[1] [kɔ̃bl] *m* ① (*summum*) Gipfel *m*; **c'est le** [*o* **un**] **~!** das ist [doch] der Gipfel! ② *souvent pl* (*grenier*) Dachboden *m*; **sous les ~s** unter dem Dach
comble[2] [kɔ̃bl] *adj* [brechend] voll
comblement [kɔ̃bləmɑ̃] *m d'un puits, d'un lac* Auffüllen *nt kein Pl*
combler [kɔ̃ble] <1> *vt* ① (*boucher*) auffüllen ② (*rattraper*) aufholen *retard;* ausgleichen *déficit;* schließen *lacune* ③ (*satisfaire*) wunschlos glücklich machen *personne;* erfüllen *vœu* ④ (*couvrir, remplir de*) **~ qn de cadeaux** jdn mit Geschenken überhäufen; **~ qn de joie** jdn mit Freude erfüllen
combustible [kɔ̃bystibl] **I.** *adj* brennbar **II.** *m* Brennstoff *m*; **pile à ~** Brennstoffzelle *f*
combustion [kɔ̃bystjɔ̃] *f* Verbrennung *f*

C

C

come-back [kɔmbak] *m inv* Comeback *nt*
comédie [kɔmedi] *f* ❶ (*pièce*) Komödie *f;* ~ **musicale** Musical *nt* ❷ (*film, tv*) [Film]komödie *f;* ~ **de situation** Sitcom *f* ❸ (*simulation*) Theater *nt*
Comédie-Française [kɔmedifʀɑ̃sɛz] *f* **la** ~ die Comédie Française (*französisches Staatstheater; 1680 Gründung der Truppe mit Molière*)
comédien(ne) [kɔmedjɛ̃, jɛn] **I.** *m(f)* ❶ (*acteur*) Schauspieler(in) *m(f)* ❷ (*hypocrite*) Heuchler(in) *m(f)* **II.** *adj* **être un peu** ~ ein bisschen/gern Theater spielen
comédon [kɔmedɔ̃] *m* Mitesser *m*
comestible [kɔmɛstibl] *adj* essbar
comète [kɔmɛt] *f* Komet *m*
comice [kɔmis] *m* ~ **agricole** ≈ [regionaler] Bauernverband
coming-out [kɔmiɲaut] <coming--out[s]> *m* Coming-out *nt;* **faire son** ~ sein Coming-out haben
comique [kɔmik] **I.** *adj* ❶ (*amusant*) lustig ❷ THEAT, CINE, LITTER Komödien-; **acteur** ~ Komiker *m* **II.** *m* ❶ (*auteur*) Komödiendichter(in) *m(f)* ❷ (*interprète*) Komiker(in) *m(f)* ❸ (*genre*) Komik *f*
comité [kɔmite] *m* (*réunion*) Komitee *nt;* ~ **directeur** Vorstand *m;* ~ **d'experts** Sachverständigenausschuss *m;* ~ **d'entreprise** ≈ Betriebsrat *m;* **Comité des régions** Ausschuss *m* der Regionen; **Comité économique et social** Wirtschafts- und Sozialausschuss *m*
commandant(e) [kɔmɑ̃dɑ̃, ɑ̃t] *m(f)* ❶ (*chef*) Chef(in) *m(f);* (*grade*) Major(in) *m(f);* ~ **en chef** Oberbefehlshaber *m* ❷ NAUT Kommandant(in) *m(f)*
commande [kɔmɑ̃d] *f* ❶ (*achat*) Bestellung *f;* **passer une** ~ eine Bestellung aufgeben ❷ (*marchandise*) Bestellung *f* ❸ TECH ~ **à distance** Fernbedienung ❹ INFORM Befehl *m* ▶ **prendre les** ~**s** das Steuer übernehmen; **de** ~ *sourire* gekünstelt; **sur** ~ *vendre* auf Bestellung; *pleurer* auf Kommando
commandement [kɔmɑ̃dmɑ̃] *m* ❶ Befehlsgewalt *f,* Kommando *nt* ❷ (*état-major*) **le haut** ~ das Oberkommando ❸ (*ordre*) Befehl *m* ❹ REL Gebot *nt*
commander [kɔmɑ̃de] <1> **I.** *vt* ❶ (*passer commande*) ~ **qc à qn** etw bei jdm bestellen ❷ (*exercer son autorité*) [herum *fam*]kommandieren ❸ (*ordonner*) ~ **qc à qn** jdm etw befehlen ❹ (*diriger*) leiten ❺ (*faire fonctionner*) in Gang setzen **II.** *vi* ❶ (*passer commande*) bestellen ❷ (*exercer son autorité*) befehlen **III.** *vpr* ❶ **se** ~ **de l'extérieur** von außen zu bedienen sein ❷ (*contrôler*) **ne pas se** ~ *sentiments:* sich nicht erzwingen lassen
commandeur [kɔmɑ̃dœʀ] *m* Kommandeur(in) *m(f)*
commanditaire [kɔmɑ̃ditɛʀ] *m* COM Kommanditist(in) *m(f)*
commandite [kɔmɑ̃dit] *f* (*société*) Kommanditgesellschaft *f*
commanditer [kɔmɑ̃dite] <1> *vt* finanzieren
commando [kɔmɑ̃do] *m* Kommando *nt*
comme [kɔm] **I.** *conj* ❶ (*au moment où*) [gerade] als ❷ (*étant donné que*) da ❸ (*de même que*) wie auch; **hier** ~ **aujourd'hui** gestern wie heute ❹ (*exprimant une comparaison*) wie; **il était** ~ **mort** er war wie tot; **grand/petit** ~ **ça** so groß/klein; ~ **si** als ob ❺ (*en tant que*) als; **apprécier qn** ~ **collègue** jdn als Kollege/Kollegin schätzen; ~ **plat principal** als Hauptgericht ❻ (*tel que*) wie; **je n'ai jamais vu un film** ~ **celui-ci** ich habe noch nie einen Film wie diesen gesehen ❼ (*quel genre de*) was für...?; **qu'est-ce que tu fais** ~ **sport?** was für Sport treibst du? ▶ **...** ~ **tout** *fam* echt ...; **il est mignon** ~ **tout!** er ist echt süß!; ~ **pas un** *fam* wie kaum einer **II.** *adv* ❶ (*exclamatif*) wie; ~ **c'est gentil!** wie nett! ❷ (*manière*) wie; **tu sais** ~ **il est** du weißt ja, wie er ist; **savoir** ~ wissen wie (sehr); ~ **ça** so; **c'est** ~ **ça** so ist es nun mal; **il n'est pas** ~ **ça** so ist er nicht ▶ ~ **ci** ~ **ça** so lala (*fam*); ~ **quoi** (*disant que*) wonach; (*ce qui prouve*) was zeigt, dass
commedia dell'arte [kɔmedjadɛlaʀt(e)] *f* Commedia *f* dell'Arte
commémoratif, -ive [kɔmemɔʀatif, -iv] *adj* Gedenk-
commémoration [kɔmemɔʀasjɔ̃] *f* Gedenkfeier *f;* **en** ~ **de qc** zum Gedenken an etw (*akk*)
commémorer [kɔmemɔʀe] <1> *vt* ~ **qc** einer S. (*gen*) gedenken
commencement [kɔmɑ̃smɑ̃] *m* Anfang *m* ▶ **il y a un** ~ **à tout** es ist noch kein Meister vom Himmel gefallen
commencer [kɔmɑ̃se] <2> **I.** *vt* ~ **qc** [mit] etw anfangen **II.** *vi* ❶ (*débuter*) *événement:* anfangen ❷ (*faire en premier*) ~ **par qc** mit etw anfangen; ~ **par faire qc** erst einmal etw tun ▶ **ça commence bien** *iron* das fängt ja gut an; **ça commence à bien faire** jetzt reicht es aber; **pour** ~ zunächst
commensurable [kɔmɑ̃syʀabl] *adj* *lignes, nombre* kommensurabel
comment [kɔmɑ̃] *adv* ❶ (*de quelle façon*)

wie; ~ **ça va?** wie geht's dir?; **et toi, ~ tu t'appelles?** und du? Wie heißt du?; **~ est-ce que ça s'appelle en français?** wie heißt es auf Französisch? ❷ (*invitation à répéter*) ~? wie bitte? ▶ [**mais**] ~ **donc!** [aber] selbstverständlich!; ~ **cela?** wieso?; **et** ~! und ob!

commentaire [kɔmɑ̃tɛʀ] *m* ❶ RADIO, TV Kommentar *m* ❷ (*explication*) ~ **composé** Interpretation *f* ❸ *péj* (*remarque*) Kommentar *m;* **sans ~!** ohne Kommentar!; **pas de ~s!** kein Kommentar!

commentateur, -trice [kɔmɑ̃tatœʀ, -tʀis] *m, f* Kommentator(in) *m(f)*

commenter [kɔmɑ̃te] <1> *vt* kommentieren *événement;* interpretieren *texte*

commérage [kɔmeʀaʒ] *m souvent pl* Gerede *nt kein Pl*

commerçant(e) [kɔmɛʀsɑ̃, ɑ̃t] **I.** *adj* ❶ *rue* Geschäfts- ❷ (*habile*) geschäftstüchtig **II.** *m(f)* (*personne*) Geschäftsmann *m*/-frau *f,* Händler(in) *m(f);* **petit ~** Einzelhändler; ~ **en gros** Großhändler

commerce [kɔmɛʀs] *m* ❶ (*activité*) Handel *m;* ~ **électronique/en ligne** E-Commerce *m;* ~ **éthique** [*o* **équitable**] fairer Handel *m;* **faire du ~** Handel treiben; **dans le ~** im Handel; **école de ~** Handelsschule *f;* **chambre de ~** Handelskammer *f;* **employé de ~** kaufmännischer Angestellter ❷ (*magasin*) Geschäft *nt;* **tenir un ~** ein Geschäft führen; ~ **de détail** Einzelhandel *m;* ~ **en gros** Großhandel

commercial(e) [kɔmɛʀsjal, -jo] <-aux> **I.** *adj* ❶ Handels-; **centre ~** Einkaufszentrum *nt* ❷ *péj* kommerziell ausgerichtet **II.** *m(f)* kaufmännische(r) Angestellte(r) *f(m)*

commerciale [kɔmɛʀsjal] *f* (*véhicule*) Kombi[wagen *m*] *m*

commercialisable [kɔmɛʀsjalizabl] *adj* kommerzialisierbar, marktfähig

commercialisation [kɔmɛʀsjalizasjɔ̃] *f* Vermarktung *f*

commercialiser [kɔmɛʀsjalize] <1> *vt* ❶ (*vendre*) vermarkten ❷ (*lancer*) auf den Markt bringen

commère [kɔmɛʀ] *f péj* Klatschbase *f* (*fam*)

commettre [kɔmɛtʀ] <irr> *vt* begehen *délit, faute;* verüben *attentat*

comminatoire [kɔminatwaʀ] *adj* drohend; **peine ~** JUR Strafandrohung *f*

commis [kɔmi] *m* kleine(r) Angestellte(r) *f(m),* Gehilfe *m*/Gehilfin *f*

commisération [kɔmizeʀasjɔ̃] *f* Mitleid *nt*

commissaire [kɔmisɛʀ] *m* ❶ (*policier*) Kommissar(in) *m(f);* **madame le ~** Frau Kommissarin; **monsieur le ~** Herr Kommissar ❷ (*membre d'une commission*) Kommissionsmitglied *nt; de l'UE* Kommissar *m*

commissaire-priseur, -euse [kɔmisɛʀpʀizœʀ, -øz] <commissaires-priseurs> *m, f* Auktionator(in) *m(f)*

commissariat [kɔmisaʀja] *m* Revier *nt,* Wache *f*

commission [kɔmisjɔ̃] *f* ❶ ADMIN Kommission *f;* ~ **d'examen** Prüfungskommission; **Commission européenne** Europäische Kommission ❷ (*message*) Nachricht *f;* **faire une ~ à qn** jdm etwas ausrichten ❸ (*mission*) Aufgabe *f* ❹ *pl* (*courses*) Einkäufe *Pl;* **faire les ~s** einkaufen ❺ COM Provision *f;* **la ~ prélevée par la banque** die von der Bank erhobene Gebühr

commissionnaire [kɔmisjɔnɛʀ] *m* (*coursier*) Bote *m*/Botin *f*

commissure [kɔmisyʀ] *f* ~ **des lèvres** Mundwinkel *m*

commode[1] [kɔmɔd] *adj* ❶ (*pratique*) praktisch ❷ *souvent négatif* (*facile*) einfach; **ce serait trop ~!** so einfach geht's nun auch wieder nicht! ❸ (*d'un caractère facile*) **ses parents n'ont pas l'air ~** seine/ihre Eltern scheinen nicht sehr umgänglich zu sein

commode[2] [kɔmɔd] *f* Kommode *f*

commodément [kɔmɔdemɑ̃] *adv* bequem

commodité [kɔmɔdite] *f* ❶ (*agrément*) Komfort *m* ❷ (*simplification*) Vereinfachung *f;* **pour plus de ~** bequemlichkeitshalber ❸ *pl* (*éléments de confort*) Annehmlichkeiten *Pl*

commotion [komosjɔ̃] *f* ❶ (*traumatisme*) Erschütterung *f* ❷ (*émotion*) Schock *m*

commotionner [komosjɔne] <1> *vt* erschüttern

commuer [kɔmɥe] <1> *vt* umwandeln

commun [kɔmœ̃] *m* ▶ **le ~ des mortels** die Normalsterblichen; **hors du ~** außergewöhnlich; **en ~** zusammen; **faire qc en ~** etw gemeinsam tun

commun(e) [kɔmœ̃, yn] *adj* ❶ (*comparable*) gemeinsam; **n'avoir rien de ~ avec qn/qc** mit jdm nichts gemein haben/mit etw nicht zu vergleichen sein ❷ (*collectif*) Gemeinschafts- ❸ (*général*) Gemein- ❹ (*courant*) [weit] verbreitet ❺ (*trivial*) gewöhnlich

communal(e) [kɔmynal, -o] <-aux> *adj fonds* kommunal; *forêt* Gemeinde-

C

communard(e) [kɔmynaʀ, aʀd] *m(f)* HIST Kommunarde *m*/Kommunardin *f* (*Anhänger/Anhängerin der Pariser Kommune*)

communautaire [kɔmynotɛʀ] *adj* ① (*commun*) gemeinschaftlich ② (*de l'UE*) der Europäischen Union; **la politique ~** die EU-Politik

communautarisme [kɔmynotaʀism] *m* POL Kommunitarismus *m*

communautariste [kɔmynotaʀist] POL **I.** *adj* kommunitaristisch **II.** *mf* Kommunitarist(in) *m(f)*

communauté [kɔmynote] *f* ① (*groupe*) Gemeinschaft *f*; **Communauté [économique] européenne** Europäische [Wirtschafts]gemeinschaft ② REL [Kirchen]gemeinde *f* ③ (*identité*) Übereinstimmung *f*

commune [kɔmyn] *f* Gemeinde *f*, Kommune *f*

communément [kɔmynemɑ̃] *adv* gemeinhin

communiant(e) [kɔmynjɑ̃, jɑ̃t] *m(f)* Kommunikant(in) *m(f)*; **premier ~** Erstkommunikant

communicable [kɔmynikabl] *adj document* einsehbar; *renseignement* mitteilbar

communicatif, -ive [kɔmynikatif, -iv] *adj* ① (*contagieux*) ansteckend ② (*expansif*) mitteilsam

communication [kɔmynikasjɔ̃] *f* ① (*transmission*) Mitteilung *f* ② (*jonction*) Verbindung *f*; (*conversation*) Gespräch *nt*; **être en ~ avec qn** mit jdm sprechen; **prendre une ~** ein Gespräch annehmen ③ (*message*) Nachricht *f* ④ (*relation*) Verständigung *f*, Kommunikation *f* ⑤ (*liaison*) **moyen de ~** Verkehrsmittel *nt*; **les moyens de ~ technologiques** Kommunikationstechnologien/-techniken *Pl*

communier [kɔmynje] <1> *vi* REL kommunizieren

communion [kɔmynjɔ̃] *f* ① (*sacrement*) Kommunion *f* ② (*cérémonie*) **~ solennelle** feierliche Erstkommunion ③ (*accord*) Übereinstimmung *f*

communiqué [kɔmynike] *m* Kommuniqué *nt*; **~ officiel** [regierungs]amtliche Mitteilung; **~ de presse** Pressemitteilung *f*

communiquer [kɔmynike] <1> **I.** *vt* ① (*faire connaître*) **~ une demande à qn** jdm eine Bitte mitteilen ② (*transmettre*) **~ un dossier à qn** jdm eine Akte aushändigen **II.** *vi* ① (*correspondre*) **~ avec qn** mit jdm kommunizieren (*geh*) ② TELEC **~ avec qc** mit etw verbunden sein

communisme [kɔmynism] *m* Kommunismus *m*

communiste [kɔmynist] **I.** *adj* kommunistisch **II.** *mf* Kommunist(in) *m(f)*

commutateur [kɔmytatœʀ] *m* Schalter *m*

commutatif, -ive [kɔmytatif, -iv] *adj* vertauschbar

commutation [kɔmytasjɔ̃] *f* **~ de peine** Strafmilderung *f*

commuter [kɔmyte] <1> **I.** *vt* TECH umschalten **II.** *vi* MATH, LING **~ avec qc** mit etw vertauschbar sein

compact [kɔ̃pakt] *m* ~[**-disc**] CD *f*

compact(e) [kɔ̃pakt] *adj* ① (*dense*) fest; *foule* dicht[gedrängt] ② (*petit*) Kompakt-

compacter [kɔ̃pakte] <1> *vt* verdichten *béton, sol*

compagne [kɔ̃paɲ] *f* Lebensgefährtin *f*

compagnie [kɔ̃paɲi] *f* ① (*présence*) Gesellschaft *f* ② (*société*) Gesellschaft *f*; **~ de téléphonie mobile** Mobilfunknetzanbieter *m* ③ (*troupe*) Truppe *f* ④ MIL Kompanie *f* ► **fausser ~ à qn** jdn einfach stehen lassen; **tenir ~ à qn** jdm Gesellschaft leisten; **en ~ de qn** in jds Begleitung

compagnon [kɔ̃paɲɔ̃] *m* ① (*concubin*) Lebensgefährte *m* ② (*ouvrier*) [Handwerks]geselle *m*

compagnonnage [kɔ̃paɲɔnaʒ] *m* Gesellenverein *m*

comparable [kɔ̃paʀabl] *adj* vergleichbar

comparaison [kɔ̃paʀɛzɔ̃] *f* ① Vergleich *m*; **faire une ~ entre qn/qc et qn/qc** einen Vergleich zwischen jdm/etw und jdm/etw anstellen; **en ~** vergleichsweise; **en ~ de/par ~ à** [*o* **avec**] im Vergleich zu; **sans ~** unvergleichlich ② GRAM Steigerung *f*

comparaître [kɔ̃paʀɛtʀ] <*irr*> *vi* **~ devant qn** vor jdm erscheinen

comparatif [kɔ̃paʀatif] *m* GRAM Komparativ *m*

comparatif, -ive [kɔ̃paʀatif, -iv] *adj* ① Vergleichs- ② GRAM Komparativ-

comparativement [kɔ̃paʀativmɑ̃] *adv* vergleichsweise

comparé(e) [kɔ̃paʀe] *adj droit, grammaire* vergleichend; **~ à** verglichen mit

comparer [kɔ̃paʀe] <1> **I.** *vt* vergleichen; **~ qn/qc à** [*o* **avec**] **qn/qc** jdn/etw mit jdm/etw vergleichen **II.** *vi* vergleichen **III.** *vpr* **se ~ à** [*o* **avec**] **qn** sich mit jdm vergleichen

comparse [kɔ̃paʀs] *mf péj* Komparse *m*/Komparsin *f*

compartiment [kɔ̃paʀtimɑ̃] *m* ① (*casier*) Fach *nt* ② TRANSP Abteil *nt*

compartimenter [kɔ̃paʀtimɑ̃te] <1> *vt* unterteilen

comparution [kɔ̃paʀysjɔ̃] *f* Erscheinen *nt*

compas [kɔ̃pa] *m* ❶ GEOM Zirkel *m* ❷ NAUT, AVIAT Kompass *m* ▶ **avoir le ~ dans l'œil** ein gutes Augenmaß haben

compassé(e) [kɔ̃pɑse] *adj air* aufgesetzt; *personne* steif

compassion [kɔ̃pasjɔ̃] *f soutenu* Mitgefühl *nt*

compatibilité [kɔ̃patibilite] *f* ❶ (*concordance*) ~ **entre qc et qc** Vereinbarkeit *f* von etw und etw ❷ INFORM, MED Kompatibilität *f*

compatible [kɔ̃patibl] *adj* ❶ (*conciliable*) vereinbar ❷ INFORM, MED kompatibel

compatir [kɔ̃patiʀ] <8> *vi soutenu* Anteil nehmen

compatissant(e) [kɔ̃patisɑ̃, ɑ̃t] *adj personne, parole* mitfühlend

compatriote [kɔ̃patʀijɔt] *mf* Landsmann *m*/Landsmännin *f*; **nos ~s** unsere Landsleute

compensateur, -trice [kɔ̃pɑ̃satœʀ, -tʀis] *adj allocation* Ausgleichs-; **indemnité compensatrice** Entschädigung *f*

compensation [kɔ̃pɑ̃sasjɔ̃] *f* ❶ (*dédommagement*) Gegenleistung *f*; ~ **financière** Entschädigung *f* ❷ (*équilibre*) Ausgleich *m* ❸ FIN *d'une dette* Verrechnung *f* ▶ **en ~** dafür

compensatoire [kɔ̃pɑ̃satwaʀ] *adj droits, montants* Ausgleichs-

compensé(e) [kɔ̃pɑ̃se] *adj* **semelle ~e** Keilabsatz *m*

compenser [kɔ̃pɑ̃se] <1> **I.** *vt* ❶ (*équilibrer*) ~ **qc par qc** etw mit etw kompensieren ❷ (*dédommager*) **pour ~** als Entschädigung dafür ❸ (*remercier*) **pour ~** als Dankeschön dafür **II.** *vpr* **se ~** sich ausgleichen

compère [kɔ̃pɛʀ] *m* Kumpan *m*

compétence [kɔ̃petɑ̃s] *f* ❶ (*capacité*) Kompetenz *f*, [Sach]kenntnis *f*; **avec ~** sachkundig ❷ (*responsabilité*) Zuständigkeit *f*; **cela ne relève pas de ma ~** dafür bin ich nicht zuständig

compétent(e) [kɔ̃petɑ̃, ɑ̃t] *adj* ❶ (*capable*) **être ~ en qc** kompetent in etw (*dat*) sein ❷ (*habile*) zuständig

compétitif, -ive [kɔ̃petitif, -iv] *adj* wettbewerbsfähig

compétition [kɔ̃petisjɔ̃] *f* ❶ Konkurrenz *f*, Wettbewerb *m*; **être en ~ avec qn** mit jdm im Wettstreit liegen; COM mit jdm in Konkurrenz stehen ❷ (*activité*) Leistungssport *m*; (*épreuve*) Wettkampf *m*

compétitivité [kɔ̃petitivite] *f* Wettbewerbsfähigkeit *f*

compil [kɔ̃pil] *f abr de* **compilation** Sampler *m*

compilateur [kɔ̃pilatœʀ] *m* INFORM Compiler *m*

compilation [kɔ̃pilasjɔ̃] *f* ❶ MUS Sampler *m* ❷ (*action*) Kompilieren *nt*; (*logiciels*) Programmpaket *nt*

compétence

s'assurer de la compétence d'une personne	*nach Zuständigkeit fragen*
Êtes-vous le médecin traitant ?	*Sind Sie der behandelnde Arzt/die behandelnde Ärztin?*
En êtes-vous responsable ?	*Sind Sie dafür zuständig?*
exprimer sa compétence	*Zuständigkeit ausdrücken*
Oui, cela relève de ma compétence.	*Ja, bei mir sind Sie richtig.*
Je suis responsable de l'organisation de la fête.	*Ich bin für die Organisation des Festes verantwortlich/zuständig.*
exprimer sa non-compétence	*Nicht-Zuständigkeit ausdrücken*
Vous n'avez pas frappé à la bonne porte.	*Da sind Sie bei mir an der falschen Adresse. (fam)*
(Je regrette, mais) cela ne relève pas de ma compétence.	*Dafür bin ich (leider) nicht zuständig.*
(Je regrette, mais) je n'y suis pas autorisé(e)/je n'en ai pas le droit.	*Dazu bin ich (leider) nicht berechtigt/befugt.*
Cela n'est pas de notre ressort. (*form*)	*Das fällt nicht in unseren Zuständigkeitsbereich. (form)*

compiler [kɔ̃pile] <1> *vt* INFORM kompilieren

complainte [kɔ̃plɛ̃t] *f* Klagelied *nt*

complaire [kɔ̃plɛʀ] <*irr*> *vpr* **se ~ dans qc** Gefallen an etw (*akk*) finden

complaisance [kɔ̃plɛzɑ̃s] *f* ① *soutenu* (*obligeance*) Liebenswürdigkeit *f*; **par ~** aus Gefälligkeit *f* ② *péj* (*indulgence*) Nachsicht *f* ③ (*autosatisfaction*) Selbstgefälligkeit *f*

complaisant(e) [kɔ̃plɛzɑ̃, ɑ̃t] *adj* gütig, hilfsbereit

complément [kɔ̃plemɑ̃] *m* ① (*ce qui s'ajoute*) **un ~ d'information** zusätzliche Informationen *Pl* ② GRAM Ergänzung *f*; **~ du verbe** Verbergänzung; **~ circonstanciel de temps/lieu** Umstandsbestimmung *f* der Zeit/des Ortes; **~ d'attribution** Dativobjekt *nt*; **~ du nom** Genitivobjekt; **~ d'objet direct** direktes Objekt

complémentaire [kɔ̃plemɑ̃tɛʀ] **I.** *adj* ergänzend; *renseignement* zusätzlich **II.** *f* zusätzliche Rentenversicherung *f*

complémentarité [kɔ̃plemɑ̃taʀite] *f* Komplementarität *f*

complet, -ète [kɔ̃plɛ, -ɛt] *adj* ① (*entier*) vollständig; *pain* Vollkorn-; **les œuvres complètes** die gesammelten Werke ② (*total*) völlig; **succès/échec ~** voller Erfolg/totaler Misserfolg ③ (*achevé*) vollendet ④ (*qui possède toutes les fonctions*) **être ~** mit allem ausgestattet sein ⑤ (*plein*) voll; *hôtel* voll belegt; *parking* besetzt; **afficher ~** ausverkauft sein ▶ **au** [**grand**] **~** vollzählig

complètement [kɔ̃plɛtmɑ̃] *adv* ① (*entièrement*) vollständig ② (*absolument*) völlig

compléter [kɔ̃plete] <5> **I.** *vt* vervollständigen **II.** *vpr* **se ~** sich ergänzen

complétif, -ive [kɔ̃pletif, -iv] *adj* ergänzend; **proposition complétive** Ergänzungssatz *m*, Objektsatz *m*

complexe [kɔ̃plɛks] **I.** *adj* ① (*compliqué*) komplex; *situation* schwierig ② GRAM zusammengesetzt **II.** *m* ① PSYCH Komplex *m*; **sans** [**aucun**] **~** ohne Komplexe ② ECON Komplex *m*; **~ touristique** Touristenzentrum *nt*

complexé(e) [kɔ̃plɛkse] *adj fam* ① PSYCH voller Komplexe ② (*coincé*) verklemmt

complexer [kɔ̃plɛkse] <1> *vt* **~ qn** bei jdm Komplexe hervorrufen

complexité [kɔ̃plɛksite] *f* Komplexität *f*

complication [kɔ̃plikasjɔ̃] *f* ① (*difficulté*) Schwierigkeit *f* ② MED Komplikation *f*

complice [kɔ̃plis] **I.** *adj* ① (*acolyte*) **être ~ d'un vol** Komplize *m* bei einem Diebstahl sein ② (*de connivence*) verständnisinnig **II.** *mf* Komplize *m*/Komplizin *f*

complicité [kɔ̃plisite] *f* ① (*participation*) Mittäterschaft *f*; **~ de vol** JUR Beihilfe *f* zum Diebstahl ② (*connivence*) [geheimes] Einverständnis

compliment [kɔ̃plimɑ̃] *m* ① (*éloge*) Kompliment *nt* ② (*félicitations*) Glückwunsch *m*; **tous mes ~s!** herzlichen Glückwunsch! ③ *pl* (*politesse*) Empfehlung *f*; **avec les ~s de qn** mit jds freundlichen Grüßen

complimenter [kɔ̃plimɑ̃te] <1> *vt* ① (*congratuler*) **~ qn pour qc** jdn zu etw beglückwünschen ② (*faire l'éloge*) **~ qn pour** [*o* **sur**] **qc** jdm für etw Komplimente machen

compliqué(e) [kɔ̃plike] *adj* ① (*ardu*) kompliziert; *problème* schwierig; **c'est pas ~** *fam* das ist [ganz] einfach ② (*qui aime la complication*) umständlich

compliquer [kɔ̃plike] <1> **I.** *vt* erschweren **II.** *vpr* ① (*devenir plus compliqué*) **se ~** *choses:* komplizierter werden; *situation:* sich zuspitzen; *maladie:* sich verschlimmern; **ça se complique** *fam* jetzt wird's kompliziert ② (*rendre plus compliqué*) **se ~ la vie** sich (*dat*) das Leben [unnötig] schwer machen

complot [kɔ̃plo] *m* Komplott *nt*

comploter [kɔ̃plɔte] <1> **I.** *vt* ausklügeln; **~ de faire qc** heimlich planen etw zu tun; **qu'est-ce que vous complotez?** was heckt ihr [wieder] aus? (*fam*) **II.** *vi* **~ contre qn** gegen jdn ein Komplott schmieden

comploteur, -euse [kɔ̃plɔtœʀ, -øz] *m, f* Verschwörer(in) *m(f)*

comportement [kɔ̃pɔʀtəmɑ̃] *m* Verhalten *nt*; **avoir un ~ étrange** sich merkwürdig benehmen

comportemental(e) [kɔ̃pɔʀtəmɑ̃tal, -o] <-aux> *adj* Verhaltens-; **thérapie ~e** Verhaltenstherapie *f*

comportementaliste [kɔ̃pɔʀtəmɑ̃talist] *adj* behavioristisch

comporter [kɔ̃pɔʀte] <1> **I.** *vt* ① (*être constitué de*) bestehen aus ② (*inclure*) **~ qc** etw aufweisen; *appareil:* mit etw ausgestattet sein **II.** *vpr* **se ~** ① (*se conduire*) sich benehmen ② (*réagir*) sich verhalten

composant [kɔ̃pozɑ̃] *m* ① CHIM Bestandteil *m* ② ELEC Bauelement *nt*

composant(e) [kɔ̃pozɑ̃, ɑ̃t] *adj* **élément ~** Bestandteil *m*

composante [kɔ̃pozɑ̃t] *f* Komponente *f*

composé [kɔ̃poze] *m* CHIM Verbindung *f*

composées [kɔ̃poze] *fpl* BOT Korbblütler *Pl*
composer [kɔ̃poze] <1> **I.** *vt* ❶ (*constituer*) zusammenstellen; aufstellen *équipe* ❷ (*créer*) kreieren *plat;* komponieren *musique;* verfassen *texte* ❸ (*former*) bilden **II.** *vi* MUS komponieren **III.** *vpr* **se ~ de qc** aus etw bestehen
composite [kɔ̃pozit] *adj* [bunt]gemischt, zusammengewürfelt
compositeur, -trice [kɔ̃pozitœʀ, -tʀis] *m, f* Komponist(in) *m(f)*
composition [kɔ̃pozisjɔ̃] *f* ❶ (*organisation*) Zusammenstellung *f* ❷ ART, LITTER, MUS *d'une musique* Komponieren *nt; d'un texte* Schreiben *nt* ❸ (*œuvre*) Komposition *f;* **une œuvre de ma/ta/sa ~** eine Eigenkomposition; **la ~ française** der [französische] Aufsatz ❹ *d'un texte* Aufbau *m; d'un tableau* Komposition *f*
compost [kɔ̃pɔst] *m* Kompost *m*
compostage [kɔ̃pɔstaʒ] *m* ❶ (*traitement au compost*) Düngen *nt* mit Kompost ❷ (*validation au composteur*) Entwerten *nt kein Pl*
composter [kɔ̃pɔste] <1> *vt* entwerten
composteur [kɔ̃pɔstœʀ] *m* Entwerter *m*
compote [kɔ̃pɔt] *f* Kompott *nt*
compotier [kɔ̃pɔtje] *m* (*plat*) Kompottschüssel *f*
compréhensible [kɔ̃pʀeɑ̃sibl] *adj* verständlich
compréhensif, -ive [kɔ̃pʀeɑ̃sif, -iv] *adj* verständnisvoll
compréhension [kɔ̃pʀeɑ̃sjɔ̃] *f* ❶ (*clarté*) Verständlichkeit *f* ❷ (*tolérance*) Verständnis *nt* ❸ (*intelligence*) Auffassungsgabe *f*
comprendre [kɔ̃pʀɑ̃dʀ] <13> **I.** *vt* ❶ (*saisir*) verstehen; **faire ~ qc à qn** (*expliquer*) jdm etw klarmachen; (*dire indirectement*) jdm etw zu verstehen geben; **ne ~ rien à rien** *fam* überhaupt nichts kapieren ❷ (*concevoir*) **~ qn/qc** jdn/etw verstehen ❸ (*s'apercevoir de*) **~ qc** sich (*dat*) über etw (*akk*) im Klaren sein ❹ (*comporter*) bestehen aus ❺ (*inclure*) **~ qn/qc** jdn/etw mit einschließen **II.** *vi* verstehen; **il ne faut pas chercher à ~** da gibt es nichts zu verstehen; **se faire ~** sich klar [und deutlich] ausdrücken **III.** *vpr* **se ~** ❶ (*être compréhensible*) verständlich sein ❷ (*communiquer*) sich verständigen ❸ (*s'accorder*) *personnes:* sich [gut] verstehen
compresse [kɔ̃pʀɛs] *f* Kompresse *f*

comprendre

signaler la compréhension	*Verstehen signalisieren*
(Oui,) je comprends !	*(Ja, ich) verstehe!*
Absolument !	*Genau! (fam)*
Oui, je comprends cela.	*Ja, das kann ich nachvollziehen.*
signaler l'incompréhension	*Nicht-Verstehen signalisieren*
Que voulez-vous dire par là ?	*Was meinen Sie damit?*
Pardon ? – Je n'ai pas entendu ce que vous disiez à l'instant.	*Wie bitte? – Das habe ich eben akustisch nicht verstanden.*
Pourriez-vous répéter, s'il vous plaît ?	*Könnten Sie das bitte noch einmal wiederholen?*
Je comprends pas ! (*fam*)/ Je pige pas ! (*fam*)	*Versteh ich nicht! (fam)/ Kapier ich nicht! (fam)*
Je ne comprends pas (très bien).	*Das verstehe ich nicht (ganz).*
(Excusez-moi, mais) je n'ai pas compris ce que vous venez de dire.	*(Entschuldigen Sie bitte, aber) das habe ich eben nicht verstanden.*
Je ne vous suis pas vraiment.	*Ich kann Ihnen nicht ganz folgen.*
s'assurer que l'interlocuteur entend bien ce qu'on dit	*sich versichern, ob man akustisch verstanden wird*
***(à un public)* Vous m'entendez tous ?**	*(an ein Publikum) Verstehen Sie mich alle?*
***(au téléphone)* Vous m'entendez ?**	*(am Telefon) Können Sie mich hören?*
***(au téléphone)* Vous comprenez ce que je dis ?**	*(am Telefon) Verstehen Sie, was ich sage?*

C

compresser [kɔ̃pʀese] <1> *vt* zusammendrücken

compresseur [kɔ̃pʀesœʀ] *m* Kompressor *m*

compressible [kɔ̃pʀesibl] *adj* PHYS verdichtbar

compressif, -ive [kɔ̃pʀesif, -iv] *adj* **pansement ~** Druckverband *m*

compression [kɔ̃pʀesjɔ̃] *f* ❶ PHYS Komprimierung *f* ❷ (*réduction*) Reduzierung *f;* **~ de personnel** Personalabbau *m;* **~s budgétaires** Haushaltskürzungen *Pl* ❸ INFORM Komprimierung *f*

comprimé [kɔ̃pʀime] *m* Tablette *f*

comprimé(e) [kɔ̃pʀime] *adj* ❶ **être ~ dans qc** *personne* in etw (*dat*) eingezwängt sein ❷ PHYS **air ~** Pressluft *f;* **carabine à air ~** Luftgewehr *nt*

comprimer [kɔ̃pʀime] <1> *vt* ❶ (*presser*) komprimieren ❷ (*serrer*) **la ceinture lui comprime le ventre** der Gürtel schnürt ihm/ihr den Bauch ein ❸ (*réduire*) reduzieren ❹ INFORM komprimieren

compris(e) [kɔ̃pʀi, iz] I. *part passé de* **comprendre** II. *adj* ❶ (*inclus*) inklusive; **être ~ dans le prix** im Preis inbegriffen sein; **T.V.A. ~e** inklusive MwSt.; **[la] T.V.A. non ~e** ohne Mehrwertsteuer ❷ (*situé*) **être ~ entre cinq et sept pour cent** zwischen fünf und sieben Prozent liegen; **période ~e entre 1920 et 1930** Zeitabschnitt *m* von 1920 bis 1930

compromettant(e) [kɔ̃pʀɔmetɑ̃, ɑ̃t] *adj* kompromittierend

compromettre [kɔ̃pʀɔmɛtʀ] *<irr>* I. *vt* ❶ (*impliquer*) kompromittieren ❷ (*menacer*) gefährden; schädigen *réputation* II. *vpr* **se ~ avec qn/dans qc** wegen jdm/einer S. ins Gerede kommen

compromis [kɔ̃pʀɔmi] *m* Kompromiss *m*

compromission [kɔ̃pʀɔmisjɔ̃] *f* Zugeständnis *nt*

compta [kɔ̃ta] *f fam abr de* **comptabilité** Buchhaltung *f*

comptabiliser [kɔ̃tabilize] <1> *vt* FIN [ver]buchen; **~ qc dans qc** etw zu etw zählen

comptabilité [kɔ̃tabilite] *f* ❶ (*discipline*) Rechnungswesen *nt* ❷ (*comptes*) Buchführung *f* ❸ (*service*) Buchhaltung *f*

comptable [kɔ̃tabl] *mf* Buchhalter(in) *m(f)*

comptage [kɔ̃taʒ] *m* Zählung *f*

comptant [kɔ̃tɑ̃] I. *m sans pl* Barzahlung *f* II. *adv payer* bar

compte [kɔ̃t] *m* ❶ *sans pl* (*calcul*) Zählung *f; des points* [Aus]zählung; **~ à rebours** Count-down *m* ❷ *sans pl* (*résultat*) Ergebnis *nt;* **avez-vous le bon ~ de chaises?** (*suffisamment*) haben Sie genug Stühle?; (*le même nombre*) sind noch alle Stühle da?; **le ~ est bon** es stimmt; **le ~ y est** *fam* es haut hin; **cela fait un ~ rond** es macht eine runde Summe ❸ (*note*) Rechnung *f;* **faire le ~** die Rechnung machen ❹ (*écritures comptables*) Konto *nt;* **faire les ~s** Bilanz ziehen; **tenir les ~s** die Finanzen regeln ❺ (*compte en banque*) Konto *nt;* **~ chèque** Scheckkonto; **~ chèque postal** Postgirokonto; **~ courant** Girokonto; **~ [d']épargne** Sparkonto; **ouvrir/fermer un ~** ein Konto eröffnen/auflösen ❻ INFORM, INET (*compte d'utilisateur*) Account *m o nt;* **créer un ~** sich (*dat*) ein [*o* einen] Account einrichten ▶ **les bons ~s font les bons <u>amis</u>** *prov* ≈ Genauigkeit in Geldsachen erhält die Freundschaft; **au <u>bout</u> du ~** schließlich; **en <u>fin</u> de ~** letzten Endes; **être <u>loin</u> du ~** sich [ganz schön] vertan haben; **tout ~ <u>fait</u>** alles in allem; **son ~ est <u>bon</u>!** *fam* er kriegt, was er verdient!; **s'en tirer à <u>bon</u> ~** [noch] billig davon kommen; **<u>mettre</u> qc sur le ~ de qn/qc** jdn/etw für etw verantwortlich machen; **<u>rendre</u> ~ de qc à qn** jdm über etw (*akk*) Rechenschaft ablegen; **se <u>rendre</u> ~ de qc** (*s'apercevoir*) etw bemerken; (*comprendre*) sich (*dat*) über etw (*akk*) im Klaren sein; **tu te <u>rends</u> ~!** (*imagine*) kannst du dir das vorstellen!; **<u>tenir</u> ~ de qc** etw berücksichtigen; **<u>à</u> ce ~-là** in diesem Fall; **<u>demander</u> [*o* <u>réclamer</u>] des ~s à qn** jdn zur Rechenschaft ziehen; **<u>à</u> son ~** selbständig; **<u>pour</u> le ~ de qn/qc** in jds Auftrag/im Auftrag einer S.

compte-gouttes [kɔ̃tgut] *m inv* Pipette *f* ▶ **<u>au</u> ~** in Etappen

compter [kɔ̃te] <1> I. *vt* ❶ (*chiffrer*) zählen; (*totaliser*) zusammenzählen; [aus]zählen *voix* ❷ (*mesurer*) **~ son argent** mit seinem Geld geizen; **être compté** rar sein ❸ (*facturer*) berechnen; **~ 100 euros à qn pour le dépannage** jdm 100 Euro für die Reparatur berechnen ❹ (*prévoir*) **~ 200 g/100 euros par personne** 200 g/100 Euro pro Person rechnen ❺ (*prendre en compte*) berücksichtigen; SCOL anrechnen *faute;* (*ajouter*) [mit]zählen; **dix personnes sans ~ les enfants** zehn Personen, die Kinder nicht mitgerechnet ❻ (*ranger parmi*) **~ qn/qc parmi** [*o* **au nombre de**] **...** jdn/etw zu ... zählen ❼ (*comporter*) haben; **la ville compte 10000 habitants** die Stadt zählt 10000 Einwohner ❽ (*avoir *l'intention de*) ~ **faire qc** beabsichtigen etw zu tun; (*espérer*) damit rechnen etw zu tun **II.** *vi* ① (*énumérer*) zählen ② (*calculer*) rechnen; ~ **sur ses doigts** an den Fingern abzählen; ~ **large** großzügig rechnen ③ (*être économe*) **dépenser sans** ~ ausgeben ohne aufs Geld zu sehen ④ (*tenir compte de*) ~ **avec qn/qc** mit jdm/etw rechnen ⑤ (*s'appuyer*) ~ **sur qn/qc** auf jdn/etw zählen; **tu peux** ~ **[là-]dessus!** darauf kannst du dich verlassen!; **n'y comptez pas avant mardi!** rechnen Sie nicht vor Dienstag damit! ⑥ (*avoir de l'importance*) zählen; ~ **pour qn** jdm etwas bedeuten; **ce qui compte, c'est d'être en bonne santé** was zählt, ist die Gesundheit **III.** *vpr* (*s'inclure*) **se** ~ sich mitzählen

compte rendu [kɔ̃tʀɑ̃dy] *m* Bericht *m;* TV, RADIO Berichterstattung *f*

compte-tours [kɔ̃ttuʀ] *m inv* Drehzahlmesser *m*

compteur [kɔ̃tœʀ] *m* ① Tachometer *m* ② (*compteur d'électricité*) Zähler *m;* **relever le** ~ den Zähler ablesen ③ INFORM ~ **de visites** Zugriffszähler *m*

comptine [kɔ̃tin] *f* Abzählreim *m*

comptoir [kɔ̃twaʀ] *m* Theke *f; d'une banque, société* Schalter *m*

compulser [kɔ̃pylse] <1> *vt* nachschlagen in (+ *dat*)

compulsif, -ive [kɔ̃pylsif, -iv] *adj* PSYCH zwanghaft

compulsion [kɔ̃pylsjɔ̃] *f* PSYCH Zwangshandlung *f*

comte [kɔ̃t] *m* Graf *m*

comté [kɔ̃te] *m* Grafschaft *f*

comtesse [kɔ̃tɛs] *f* Gräfin *f*

con(ne) [kɔ̃, kɔn] **I.** *adj parfois inv fam* bescheuert **II.** *m(f) fam* (*homme*) [Voll]idiot *m;* (*femme*) blöde Ziege; **pauvre** [*o* **sale**] *péj* ~**!** Scheißkerl *m* (*vulg*); **pauvre** [*o* **sale**] *péj* ~**ne** dumme Zicke; **faire le** ~ Scheiße machen (*vulg*); **oh! le** ~**/la** ~**ne!** ach du grüne Neune!

conard [kɔnaʀ] *m fam v.* **connard**

conasse [kɔnas] *f fam v.* **connasse**

concasser [kɔ̃kɑse] <1> *vt* zerkleinern *roche;* zerstoßen *épices;* schroten *grain*

concave [kɔ̃kav] *adj* konkav

concéder [kɔ̃sede] <5> *vt* zugestehen, zubilligen *droit, privilège*

concentration [kɔ̃sɑ̃tʀasjɔ̃] *f* ① Konzentration *f* ② (*accumulation*) Ansammlung *f*

concentrationnaire [kɔ̃sɑ̃tʀasjɔnɛʀ] *adj* Konzentrationslager-

concentré [kɔ̃sɑ̃tʀe] *m* GASTR Konzentrat *nt;* ~ **de tomate** Tomatenmark *nt*

concentré(e) [kɔ̃sɑ̃tʀe] *adj* ① (*condensé*) konzentriert; **lait** ~ Kondensmilch *f* ② (*attentif*) konzentriert

concentrer [kɔ̃sɑ̃tʀe] <1> **I.** *vt* (*rassembler*) konzentrieren **II.** *vpr* **se** ~ **sur qn/qc** sich auf jdn/etw konzentrieren

concentrique [kɔ̃sɑ̃tʀik] *adj* konzentrisch

concept [kɔ̃sɛpt] *m* Konzept *nt*

conception [kɔ̃sɛpsjɔ̃] *f* ① *sans pl* BIO Empfängnis *f* ② *sans pl* (*élaboration*) Konzeption *f; d'un produit* Entwicklung *f;* ~ **assistée par ordinateur** Computer Aided Design *nt* ③ *sans pl* (*idée*) Auffassung *f,* Vorstellung *f* ▶ **Immaculée Conception** Unbefleckte Empfängnis

conceptualiser [kɔ̃sɛptɥalize] <1> *vt, vi* ein Konzept erarbeiten [für]

conceptuel(le) [kɔ̃sɛptɥɛl] *adj* konzeptuell, Konzept-

concernant [kɔ̃sɛʀnɑ̃] *prép* (*quant à*) bezüglich (+ *gen*), hinsichtlich (+ *gen*); COM betreffs (+ *gen*)

concerner [kɔ̃sɛʀne] <1> *vt* betreffen; **en** [*o* **pour**] **ce qui concerne qn/qc** was jdn/etw betrifft[, so]

concert [kɔ̃sɛʀ] *m* ① MUS Konzert *nt* ② *fig* ~ **de sifflets** Pfeifkonzert *nt;* ~ **d'exclamations** großes Geschrei ▶ **agir de** ~ **avec qn** mit jdm gemeinsam vorgehen; **décider qc de** ~ **avec qn** etw im Einvernehmen mit jdm entscheiden

concertation [kɔ̃sɛʀtasjɔ̃] *f* Abstimmung *f*

concerté(e) [kɔ̃sɛʀte] *adj plan* [vorher miteinander] abgestimmt

concerter [kɔ̃sɛʀte] <1> *vpr* **se** ~ **sur qc** sich hinsichtlich einer S. (*gen*) besprechen

concertiste [kɔ̃sɛʀtist] *mf* Konzertmusiker(in) *m(f)*

concerto [kɔ̃sɛʀto] *m* Konzert *nt,* Concerto *nt*

concessif, -ive [kɔ̃sesif, -iv] *adj* konzessiv

concession [kɔ̃sesjɔ̃] *f* ① (*compromis*) Zugeständnis *nt* ② ADMIN Nutzungsrecht *nt;* COM Konzession *f* ③ (*terrain exploité*) zur Nutzung freigegebenes Grundstück

concessionnaire [kɔ̃sesjɔnɛʀ] *mf* COM Vertragshändler(in) *m(f)*

concevable [kɔ̃s(ə)vabl] *adj* denkbar

concevoir [kɔ̃s(ə)vwaʀ] <12> **I.** *vt* ① *soutenu* (*engendrer*) zeugen ② (*se représenter*) begreifen; erarbeiten *solution;* ~ **qc comme qc** etw als etw auffassen ③ (*élaborer*) konzipieren ④ (*comprendre*) verstehen; **on conçoit sa déception** seine/ihre Enttäuschung ist verständlich **II.** *vpr* ① (*se comprendre*) **cela se conçoit facilement**

das kann man gut verstehen ② *soutenu* (*être imaginé*) **se ~** ins Auge gefasst werden

concierge [kɔ̃sjɛʀʒ] *mf* Hausmeister(in) *m(f)*, Abwart *m/*Abwärtin *f* (CH)

concile [kɔ̃sil] *m* Konzil *nt*

conciliable [kɔ̃siljabl] *adj* vereinbar; **être ~** sich vereinbaren lassen

conciliabule [kɔ̃siljabyl] *m* **tenir des ~s avec qn** mit jdm tuscheln

conciliant(e) [kɔ̃siljɑ̃, jɑ̃t] *adj personne* entgegenkommend

conciliateur, -trice [kɔ̃siljatœʀ, -tʀis] *adj* vermittelnd

conciliation [kɔ̃siljasjɔ̃] *f* Ausgleich *m;* **tentative de ~** Vermittlungsversuch *m*

concilier [kɔ̃silje] <1> **I.** *vt* (*harmoniser*) [miteinander] in Einklang bringen **II.** *vpr* **se ~ l'amitié de qn** [sich (*dat*)] jds Freundschaft erwerben

concis(e) [kɔ̃si, iz] *adj* kurz und bündig; **soyez ~** fassen Sie sich kurz

concision [kɔ̃sizjɔ̃] *f sans pl* Knappheit *f*

concitoyen(ne) [kɔ̃sitwajɛ̃, jɛn] *m(f)* Mitbürger(in) *m(f)*

concluant(e) [kɔ̃klyɑ̃, ɑ̃t] *adj* stichhaltig

conclure [kɔ̃klyʀ] <irr> **I.** *vt* ① (*signer*) [ab]schließen *marché, pacte;* treffen *accord* ② (*terminer*) abschließen; beschließen *discours;* beenden *repas* ③ (*déduire*) **~ qc de qc** etw aus etw schließen ▶**qc est enfin conclu** etw ist [endlich] unter Dach und Fach, etw ist [endlich] in trockenen Tüchern **II.** *vi* (*terminer*) zum Schluss kommen; **pour ~** um abzuschließen; **~ par qc** mit etw schließen **III.** *vpr* **se ~ par qc** mit etw [ab]schließen

conclusion [kɔ̃klyzjɔ̃] *f* ① *d'un accord* Abschluss *m; d'un mariage* Schließen *nt* ② (*fin*) Ende *nt,* Schluss *m;* **en ~** letzten Endes; **~, ...** Fazit ... ③ *d'une fable* Moral *f; d'une thèse* [Schluss]folgerung *f;* **[en] arriver à la ~ que ...** zu dem Schluss kommen, dass ...

concocter [kɔ̃kɔkte] <1> *vt hum* aushecken (*fam*)

concombre [kɔ̃kɔ̃bʀ] *m* Gurke *f*

concomitant [kɔ̃kɔmitɑ̃, ɑ̃t] *adj* Begleit-; **symptômes ~s** Begleiterscheinungen *Pl*

concordance [kɔ̃kɔʀdɑ̃s] *f* ① (*accord*) Übereinstimmung *f* ② GRAM **~ des temps** Zeitenfolge *f*

concordant(e) [kɔ̃kɔʀdɑ̃, ɑ̃t] <1> *adj* übereinstimmend; **des choses sont ~es entre elles** Dinge stimmen miteinander überein

concordat [kɔ̃kɔʀda] *m* Konkordat *nt*

concorde [kɔ̃kɔʀd] *f sans pl soutenu* Eintracht *f*

concorder [kɔ̃kɔʀde] <1> *vi* übereinstimmen

concourir [kɔ̃kuʀiʀ] <irr> *vi* ① *soutenu* (*contribuer*) **~ à qc** zu etw beitragen ② (*être en compétition*) **~ à qc** am Wettbewerb um etw teilnehmen

concours [kɔ̃kuʀ] *m* ① (*compétition*) Wettbewerb *m;* SPORT Wettkampf *m* ② (*jeu*) Preisausschreiben *nt* ③ SCOL, UNIV Aufnahmeprüfung *f* ④ (*aide*) Beitrag *m;* **prêter son ~ à qc** seinen Teil zu etw beitragen ⑤ (*coïncidence*) **~ de circonstances** Zusammentreffen *nt* von Umständen

concret [kɔ̃kʀɛ] *m sans pl* Konkrete(s) *nt*

concret, -ète [kɔ̃kʀɛ, -ɛt] *adj* konkret

concrètement [kɔ̃kʀɛtmɑ̃] *adv* konkret

concrétisation [kɔ̃kʀetizasjɔ̃] *f* Konkretisierung *f*

concrétiser [kɔ̃kʀetize] <1> **I.** *vt* ① (*réaliser*) verwirklichen *rêve, projet* ② (*matérialiser*) veranschaulichen **II.** *vpr* **se ~** *projet:* konkrete Formen annehmen; *rêve:* wahr werden; *promesse:* sich erfüllen

conçu(e) [kɔ̃sy] *part passé de* **concevoir**

concubin(e) [kɔ̃kybɛ̃, in] *m(f)* Lebensgefährte *m/*-gefährtin *f*

concubinage [kɔ̃kybinaʒ] *m* Lebenspartnerschaft *f,* wilde Ehe (*veraltet*); **~ notoire** eingetragene Lebenspartnerschaft

concupiscent(e) [kɔ̃kypisɑ̃, ɑ̃t] *adj hum* lüstern

concurremment [kɔ̃kyʀamɑ̃] *adv* (*conjointement*) **~ avec qn/qc** zusammen mit jdm/etw

concurrence [kɔ̃kyʀɑ̃s] *f* ① *sans pl* (*compétition*) Konkurrenz *f;* COM Wettbewerb *m;* **~ déloyale** unlauterer Wettbewerb; **défier toute ~** die Konkurrenz unterbieten; **être en ~** miteinander konkurrieren ② *sans pl* (*les concurrents*) **la ~** die Konkurrenz

concurrencer [kɔ̃kyʀɑ̃se] <2> *vt* **~ qn/qc** mit jdm/etw konkurrieren

concurrent(e) [kɔ̃kyʀɑ̃, ɑ̃t] **I.** *adj* konkurrierend **II.** *m(f)* Konkurrent(in) *m(f)*

concurrentiel(le) [kɔ̃kyʀɑ̃sjɛl] *adj* konkurrenzfähig

condamnable [kɔ̃dɑnabl] *adj* verwerflich

condamnation [kɔ̃dɑnasjɔ̃] *f* ① *sans pl* (*action*) Verurteilung *f;* (*peine*) Strafe *f;* **~ avec sursis** Bewährungsstrafe ② (*réprobation*) Verurteilung *f* ③ (*fermeture*) Schließen *nt;* **la ~ des portes se fait auto-**

matiquement die Türen schließen selbsttätig

condamné(e) [kɔ̃dane] *m(f)* Strafgefangene(r) *f(m)*; ~ **à mort** zum Tode Verurteilte(r) *f(m)*

condamner [kɔ̃dane] <1> *vt* ❶ JUR ~ **qn à dix ans de prison** jdn zu zehn Jahren Haft verurteilen ❷ *fig* ~ **qn** jdm keine Chancen [mehr] geben; **qn est condamné** jd ist ein hoffnungsloser Fall ❸ (*obliger*) ~ **qn à faire qc** jdn dazu zwingen, etw zu tun ❹ (*fermer: avec pierres*) zumauern; (*avec bois*) vernageln; sperren *rue*; (*à clé*) verriegeln

condé [kɔ̃de] *m arg* (*commissaire de police*) Kommissar *m*

condensateur [kɔ̃dɑ̃satœʀ] *m* ELEC Kondensator *m*

condensation [kɔ̃dɑ̃sasjɔ̃] *f sans pl* Kondensation *f*

condensé [kɔ̃dɑ̃se] *m* Kondensat *nt*

condenser [kɔ̃dɑ̃se] <1> *vt* kondensieren

condenseur [kɔ̃dɑ̃sœʀ] *m* TECH Kondensator *m*

condescendance [kɔ̃desɑ̃dɑ̃s] *f* Herablassung *f*

condescendant(e) [kɔ̃desɑ̃dɑ̃, ɑ̃t] *adj* herablassend

condiment [kɔ̃dimɑ̃] *m a. fig* würzige Zutat

condisciple [kɔ̃disipl] *mf* Kommilitone *m*/Kommilitonin *f*

condition [kɔ̃disjɔ̃] *f* ❶ (*exigence*) Bedingung *f*, Voraussetzung *f*; ~ **sine qua non** Conditio *f* sine qua non (*geh*); **les ~s d'admission à qc** die Aufnahmebedingungen für etw; **remplir toutes les ~s** alle Bedingungen erfüllen; **à ~ de faire qc/que** + *subj* unter der Bedingung etw zu tun/, dass; **sans ~[s]** bedingungslos ❷ *pl* COM Preise *Pl*; **~s de livraison** Lieferbedingungen *Pl* ❸ *sans pl* SOCIOL Situation *f* ❹ *sans pl* (*forme*) Kondition *f*; **être en excellente ~** in ausgezeichneter Verfassung *f* sein; **se mettre en ~ pour qc** SPORT sich auf etw (*akk*) vorbereiten; PSYCH sich auf etw (*akk*) einstimmen ❺ *pl* (*cadre*) **~s de travail/vie** Arbeits-/Lebensbedingungen *Pl* ❻ *pl* (*circonstances*) Umstände *Pl*; **dans ces ~s** unter diesen Bedingungen ❼ (*rang social*) soziale Stellung; **des gens de toutes les ~s** Menschen aus allen gesellschaftlichen Schichten

conditionné(e) [kɔ̃disjɔne] *adj* ❶ (*soumis à des conditions*) Bedingungen unterworfen ❷ PSYCH konditioniert ❸ *produit* verpackt

conditionnel [kɔ̃disjɔnɛl] *m* Konditional *m*; ~ **présent** Konditionalpräsens *nt*

conditionnel(le) [kɔ̃disjɔnɛl] *adj* ❶ an eine Bedingung gebunden ❷ GRAM Bedingungs-

conditionnelle [kɔ̃disjɔnɛl] *f* Konditionalsatz *m*

conditionnement [kɔ̃disjɔnmɑ̃] *m* Präsentation *f*, Aufmachung *f*

conditionner [kɔ̃disjɔne] <1> *vt* ❶ (*emballer*) verpacken ❷ (*traiter*) haltbar machen

condoléances [kɔ̃dɔleɑ̃s] *fpl form* Beileidsbezeigung *f*; **sincères ~** aufrichtiges Beileid; **[toutes] mes ~!** mein Beileid!

condor [kɔ̃dɔʀ] *m* Kondor *m*

conducteur, -trice [kɔ̃dyktœʀ, -tʀis] **I.** *adj* PHYS leitend **II.** *m, f* Fahrer(in) *m(f)*; (*conducteur d'un train*) Zugführer(in) *m(f)*; **~ dc TGV** TGV-Lokführer *m*

conductibilité [kɔ̃dyktibilite] *f* Leitfähigkeit *f*

conductible [kɔ̃dyktibl] *adj* ~ **de la chaleur** wärmeleitfähig

conduction [kɔ̃dyksjɔ̃] *f* PHYS, ELEC Leitung *f*; ~ **électrique** Leitung von Elektrizität

conductivité [kɔ̃dyktivite] *f* ELEC Leitfähigkeit *f*

conduire [kɔ̃dɥiʀ] <irr> **I.** *vi* ❶ fahren ❷ (*aboutir*) ~ **à la catastrophe** zu einer Katastrophe führen **II.** *vt* ❶ AUT steuern ❷ (*emmener*) ~ **qn en ville** jdn in die Stadt bringen ❸ (*mener*) ~ **qn à faire qc** jdn dazu bringen etw zu tun; **où cela va-t-il nous ~?** wo soll [uns] das nur hinführen? ❹ (*guider*) führen ❺ (*diriger*) leiten; führen *pays*; anführen *groupe* **III.** *vpr* ❶ (*se comporter*) **se ~** sich benehmen ❷ AUT **se ~ facilement** sich leicht fahren lassen

conduit [kɔ̃dɥi] *m* (*fermé*) Röhre *f*, [Rohr]leitung *f*; (*ouvert*) Rinne *f*

conduite [kɔ̃dɥit] *f* ❶ *sans pl* AUT ~ **à droite/à gauche** Rechts-/Linksverkehr *m* ❷ (*façon de conduire*) Fahrstil *m*; **leçon de ~** Fahrstunde *f*; ~ **accompagnée** *für Jugendliche ab 16 erlaubtes Fahren im Beisein eines erwachsenen Führerscheinbesitzers* ❸ *sans pl* (*responsabilité*) Führung *f*, Leitung *f* ❹ (*comportement*) Benehmen *nt* ❺ (*tuyau*) Leitung *f*

cône [kon] *m* Kegel *m*; **en [forme de] ~** kegelförmig

confection [kɔ̃fɛksjɔ̃] *f* ❶ GASTR Zubereitung *f* ❷ *sans pl* (*prêt-à-porter*) Bekleidungsindustrie *f*

confectionner [kɔ̃fɛksjɔne] <1> *vt* ❶ GASTR zubereiten ❷ (*fabriquer*) anfertigen

C

confédéral(e) [kɔ̃fedeʀal, -o] <-aux> *adj* eine [*o* die] Konföderation betreffend; CH eidgenössisch

confédération [kɔ̃fedeʀasjɔ̃] *f* ① POL Konföderation *f*, Staatenbund *m*; **Confédération helvétique** Schweizerische Eidgenossenschaft *f* ② (*syndicat*) Zusammenschluss *m*; (*groupement*) Vereinigung *f*, Verband *m*

confédéré(e) [kɔ̃fedeʀe] *m(f)* CH Eidgenosse *m*/-genossin *f*

confédérer [kɔ̃fedeʀe] <5> **I.** *vt* zu einem Bund zusammenschließen **II.** *vpr* **se ~** *nations, cantons:* eine Konföderation bilden

conférence [kɔ̃feʀɑ̃s] *f* ① (*exposé*) Vortrag *m*; **tenir une ~ sur qc** einen Vortrag über etw (*akk*) halten ② (*réunion*) Besprechung *f*; *a.* POL Konferenz *f*; **être en ~** in einer Sitzung sein; **~ au sommet** Gipfelkonferenz; **~ de presse** Pressekonferenz; **~ de rédaction** Redaktionskonferenz

conférencier, -ière [kɔ̃feʀɑ̃sje, -jɛʀ] *m, f* Vortragende(r) *f(m)*, Redner(in) *m(f)*

conférer [kɔ̃feʀe] <5> **I.** *vt* verleihen; **~ un sens à qc** einer S. (*dat*) einen Sinn verleihen **II.** *vi* konferieren (*geh*); **~ avec qn sur qc** etw mit jdm besprechen

confesse [kɔ̃fɛs] *f* **aller à ~** zur Beichte gehen

confesser [kɔ̃fese] <1> **I.** *vi* die Beichte abnehmen **II.** *vt* beichten *péché;* eingestehen *erreur;* **~ qn** jdm die Beichte abnehmen **III.** *vpr* **se ~ à qn** bei jdm beichten; **aller se ~** zur Beichte gehen

confesseur [kɔ̃fesœʀ] *m* Beichtvater *m*

confession [kɔ̃fesjɔ̃] *f* ① (*sacrement*) Beichte *f*; **entendre qn en ~** jdm die Beichte abnehmen ② (*religion*) Konfession *f*, Bekenntnis *nt* ③ (*aveu*) Geständnis *nt*

confessionnal [kɔ̃fesjɔnal, -o] <-aux> *m* Beichtstuhl *m*

confessionnel(le) [kɔ̃fesjɔnɛl] *adj* konfessionell

confetti [kɔ̃feti] *m* Konfetti *nt*

confiance [kɔ̃fjɑ̃s] *f sans pl* ① Vertrauen *nt*; **inspirer ~ à qn** einen vertrauenerweckenden Eindruck auf jdn machen; **avoir pleine ~ en qn/dans qc** volles Vertrauen in jdn/in etw (*akk*) haben; **des mesures qui créent la ~** vertrauensbildende [*o* vertrauensfördernde] Maßnahmen *Pl*; **personne de ~** Vertrauensperson *f*; **question de ~** POL Vertrauensfrage *f*; **poser la question de ~** POL die Vertrauensfrage stellen ② (*assurance*) Selbstvertrauen *nt*; **perdre/reprendre ~ [en soi]** sein Selbstvertrauen verlieren/wiedererlangen

confiant(e) [kɔ̃fjɑ̃, jɑ̃t] *adj* ① (*sans méfiance*) vertrauensselig; **~ en** [*o* **dans**] **qn/qc** auf jdn/etw vertrauend ② (*sûr de soi*) selbstbewusst

confidence [kɔ̃fidɑ̃s] *f* vertrauliche Mitteilung; **être dans la ~** [in ein Geheimnis] eingeweiht sein; **mettre qn dans la ~** jdn ins Vertrauen ziehen

confident(e) [kɔ̃fidɑ̃, ɑ̃t] *m(f)* Vertraute(r) *f(m)*

confidentialité [kɔ̃fidɑ̃sjalite] *f des informations* Vertraulichkeit *f*

confidentiel(le) [kɔ̃fidɑ̃sjɛl] *adj* ① (*secret*) vertraulich ② (*restreint*) für einen kleinen Kreis bestimmt

confier [kɔ̃fje] <1> **I.** *vt* ① (*dévoiler*) mitteilen ② (*remettre*) anvertrauen; **~ une mission à qn** jdn mit einem Auftrag betrauen **II.** *vpr* (*se confesser*) **se ~ à qn** sich jdm anvertrauen

configuration [kɔ̃figyʀasjɔ̃] *f* ① Beschaffenheit *f* ② INFORM (*modelage*) Konfigurieren *nt*, Konfiguration *f*

configurer [kɔ̃figyʀe] <1> *vt* INFORM konfigurieren, einrichten *ordinateur, imprimante*

confiné(e) [kɔ̃fine] *adj* (*reclus*) eingesperrt

confinement [kɔ̃finmɑ̃] *m* ① MED *d'un malade* Quarantäne *f* ② PHYS *d'une installation nucléaire* Abschirmung *f*

confiner [kɔ̃fine] <1> **I.** *vi* **~ à qc** an etw (*akk*) grenzen **II.** *vt* (*enfermer*) einsperren **III.** *vpr* ① (*s'enfermer*) **se ~ dans sa chambre** sich in seinem [*o* sein] Zimmer einsperren ② (*se limiter*) **se ~ dans un rôle** sich mit einem Aufgabenbereich begnügen

confins [kɔ̃fɛ̃] *mpl* **aux ~ de qc et de qc** an der Grenze von etw und etw

confiote [kɔ̃fjɔt] *f fam* Marmelade *f*

confirmation [kɔ̃fiʀmasjɔ̃] *f* ① (*preuve, document*) Bestätigung *f* ② (*catholique*) Firmung *f*; (*protestante*) Konfirmation *f*

confirmé(e) [kɔ̃fiʀme] *adj* bewährt

confirmer [kɔ̃fiʀme] <1> **I.** *vt* ① (*certifier*) bestätigen ② (*renforcer*) **~ qn dans son opinion** jdn in seinen Ansichten bestätigen ③ (*catholique*) firmen; (*protestant*) konfirmieren **II.** *vpr* (*être exact*) **se ~** sich bewahrheiten

confiscation [kɔ̃fiskasjɔ̃] *f* JUR Beschlagnahme *f*, Konfiszierung *f*

confiserie [kɔ̃fizʀi] *f* (*sucrerie*) Süßigkeit *f*

confiseur, -euse [kɔ̃fizœʀ, -øz] *m, f* Süßwarenfabrikant(in) *m(f)*

confisquer [kɔ̃fiske] <1> *vt* **~ un objet** einen Gegenstand abnehmen; *police:* einen Gegenstand beschlagnahmen

confit [kɔ̃fi] *m* ~ **d'oie** Gänse-Confit *nt* (*im eigenen Fett gebratenes Fleisch*)

confit(e) [kɔ̃fi, it] *adj fruits* kandiert; *condiments* eingelegt; *viande* eingemacht

confiture [kɔ̃fityʀ] *f* Marmelade *f,* Konfitüre *f;* ~ **de fraises** Erdbeermarmelade

conflagration [kɔ̃flagʀasjɔ̃] *f soutenu* Aufruhr *m,* Umwälzung *f*

conflictuel(le) [kɔ̃fliktɥɛl] *adj pulsions, intérêts* entgegengesetzt

conflit [kɔ̃fli] *m* Konflikt *m;* ~**s sociaux** soziale Spannungen *Pl*

confluence [kɔ̃flɥɑ̃s] *f* (*action*) *de deux fleuves* Zusammenfließen *nt kein Pl,* (*lieu*) Zusammenfluss *m*

confluent [kɔ̃flyɑ̃] *m* Zusammenfluss *m*

confluer [kɔ̃flye] <1> *vi fleuves, rivières:* zusammenfließen; *rues:* zusammentreffen

confondre [kɔ̃fɔ̃dʀ] <14> **I.** *vi* sich irren **II.** *vt* (*mêler*) durcheinanderbringen; **j'ai dû vous ~ avec une autre** ich hab' Sie mit jemand anderem verwechselt **III.** *vpr* ❶ (*se mêler*) **se ~ dans l'esprit de qn** im Kopf von jdm durcheinandergeraten ❷ (*prodiguer*) **se ~ en remerciements** jdn mit Dank überschütten

conformation [kɔ̃fɔʀmasjɔ̃] *f d'un squelette, corps* Bau *m*

conforme [kɔ̃fɔʀm] *adj* ❶ (*correspondant*) **être ~ à qc** einer S. (*dat*) entsprechen; **certifié ~** [amtlich] beglaubigt ❷ (*en accord avec*) **être ~ à qc** mit etw übereinstimmen; **~ à la loi** gesetzmäßig ❸ (*conformiste*) angepasst

conformément [kɔ̃fɔʀmemɑ̃] *adv* **~ aux termes de votre courrier du …** *form* mit Bezug auf Ihr Schreiben vom …

conformer [kɔ̃fɔʀme] <1> **I.** *vt soutenu* **~ qc à qc** etw einer S. (*dat*) anpassen **II.** *vpr* **se ~ à qc** sich an etw (*akk*) halten

conformisme [kɔ̃fɔʀmism] *m* Konformismus *m,* Angepasstheit *f*

conformiste [kɔ̃fɔʀmist] *adj* angepasst

conformité [kɔ̃fɔʀmite] *f* Übereinstimmung *f;* **en ~ avec l'original** originalgetreu; **être en ~ avec les normes en vigueur** den gültigen Normen entsprechen

confort [kɔ̃fɔʀ] *m* ❶ *sans pl* Komfort *m* ❷ (*commodité*) **offrir un grand ~ d'utilisation** benutzerfreundlich sein ❸ *sans pl* (*bien-être*) Wohlbefinden *nt;* **aimer son ~** die Bequemlichkeit lieben

confortable [kɔ̃fɔʀtabl] *adj* ❶ *maison, voiture* komfortabel; *lit, vêtement* bequem ❷ (*agréable*) angenehm; (*financièrement*) [finanziell] gesichert ❸ (*important*) beachtlich (*fam*)

confortablement [kɔ̃fɔʀtabləmɑ̃] *adv* ❶ bequem ❷ (*largement*) **vivre ~** nicht schlecht leben

conforter [kɔ̃fɔʀte] <1> *vt* stärken *régime politique;* bestärken *thèse;* **être conforté dans son opinion** in seiner Meinung bestärkt werden

confrère [kɔ̃fʀɛʀ] *m* Kollege *m*

confrérie [kɔ̃fʀeʀi] *f* Bruderschaft *f*

confrontation [kɔ̃fʀɔ̃tasjɔ̃] *f* Konfrontation *f,* Aufeinandertreffen *nt*

confronter [kɔ̃fʀɔ̃te] <1> **I.** *vt* ❶ JUR **~ qn avec qn** jdn jdm gegenüberstellen ❷ (*mettre en face de*) konfrontieren **II.** *vpr* **se ~ à qc** vor etw (*dat*) stehen

confus(e) [kɔ̃fy, yz] *adj* ❶ (*indistinct*) undeutlich ❷ (*embrouillé*) konfus ❸ (*embarrassé*) verlegen; **je suis ~!** das ist mir sehr/so peinlich!

confusément [kɔ̃fyzemɑ̃] *adv* undeutlich

confusion [kɔ̃fyzjɔ̃] *f* ❶ *sans pl* (*embarras*) Verlegenheit *f* ❷ (*erreur*) Verwechslung *f;* **il y a ~!** da muss eine Verwechslung vorliegen!; **prêter à ~** verwirrend sein ❸ *sans pl* (*agitation*) Unruhe *f;* (*désordre*) Durcheinander *nt;* **jeter** [*o* **mettre**] **la ~** Verwirrung *f* stiften

congé [kɔ̃ʒe] *m* ❶ Urlaub *m;* SCOL [Schul]ferien *Pl;* UNIV Semesterferien; **~s payés** bezahlter Urlaub; **avoir deux jours de ~** zwei Tage Urlaub haben; **être en ~ de maladie** krankgeschrieben sein; **~ [de] maternité** Mutterschaftsurlaub ❷ (*licenciement*) **donner son ~ à qn** jdn entlassen ❸ (*salutation*) **prendre ~ de qn/qc** sich von jdm/etw verabschieden

congédiement [kɔ̃ʒedimɑ̃] *m* Entlassung *f*

congédier [kɔ̃ʒedje] <1> *vt* entlassen *employé;* hinauskomplimentieren *visiteur*

congélateur [kɔ̃ʒelatœʀ] *m* Tiefkühltruhe *f;* **compartiment ~** Gefrierfach *nt*

congélation [kɔ̃ʒelasjɔ̃] *f* Einfrieren *nt; de l'eau* [Ge]frieren *nt; de l'huile* Erstarren *nt*

congeler [kɔ̃ʒ(ə)le] <4> **I.** *vt* ❶ PHYS zum Gefrieren bringen ❷ GASTR einfrieren; **être congelé** tiefgefroren sein **II.** *vpr* **se ~** gefrieren

congénère [kɔ̃ʒenɛʀ] *mf souvent pl péj* Artgenosse *m*/-genossin *f*

congénital(e) [kɔ̃ʒenital, -o] <-aux> *adj a. fig* angeboren

congère [kɔ̃ʒɛʀ] *f* Schneewehe *f*

congestion [kɔ̃ʒɛstjɔ̃] *f* MED Schlaganfall *m;* **~ cérébrale** [Ge]hirnschlag *m;* **~ pulmonaire** [leichte] Lungenentzündung

congestionner [kɔ̃ʒɛstjɔne] <1> **I.** *vt*

❶ (*rougir*) erröten *visage, personne* ❷ *fig* (*embouteiller*) **être congestionné** *voies d'accès:* verstopft sein **II.** *vpr* **se ~** *visage:* [ganz] rot werden

conglomérat [kɔ̃glɔmeʀa] *m* ❶ GEOL Konglomerat *nt* ❷ ECON Mischkonzern *m*

Congo [kɔ̃gɔ] *m* **le ~** der Kongo

congratuler [kɔ̃gʀatyle] <1> *vt soutenu* **~ qn** jdm seine Glückwünsche darbringen

congre [kɔ̃gʀ] *m* Meeraal *m*

congrégation [kɔ̃gʀegasjɔ̃] *f* Kongregation *f*

congrès [kɔ̃gʀɛ] *m* Kongress *m*, Tagung *f*; **le Congrès** POL der Kongress

congressiste [kɔ̃gʀesist] *mf* Kongressteilnehmer(in) *m(f)*

congru(e) [kɔ̃gʀy] *adj* **portion ~e** [Existenz]minimum *nt*

congruent(e) [kɔ̃gʀyɑ̃, ɑ̃t] *adj* ❶ *idée* passend ❷ MATH kongruent

conifère [kɔnifɛʀ] *m* Nadelbaum *m*

conique [kɔnik] *adj* kegelförmig

conjectural(e) [kɔ̃ʒɛktyʀal, -o] <-aux> *adj* spekulativ, auf Vermutungen beruhend

conjecture [kɔ̃ʒɛktyʀ] *f* Vermutung *f*

conjecturer [kɔ̃ʒɛktyʀe] <1> *vt* vermuten

conjoint(e) [kɔ̃ʒwɛ̃, wɛ̃t] *m(f) form* [Ehe]gatte *m*/-gattin *f*

conjointement [kɔ̃ʒwɛ̃tmɑ̃] *adv* zusammen

conjonctif, -ive [kɔ̃ʒɔ̃ktif, -iv] *adj tissu* Binde-

conjonction [kɔ̃ʒɔ̃ksjɔ̃] *f* ❶ GRAM Konjunktion *f*, Bindewort *nt*; **~ de coordination** beiordnende Konjunktion; **~ de subordination** unterordnende Konjunktion ❷ *sans pl* (*réunion*) Vereinigung *f*

conjonctive [kɔ̃ʒɔ̃ktiv] *f* ANAT Bindehaut *f*

conjonctivite [kɔ̃ʒɔ̃ktivit] *f* Bindehautentzündung *f*

conjoncture [kɔ̃ʒɔ̃ktyʀ] *f* ❶ *sans pl* (*situation*) Bedingungen *Pl*, Situation *f* ❷ *sans pl* ECON Konjunktur *f*; **basse/haute ~** Konjunkturflaute *f*/Hochkonjunktur

conjoncturel(le) [kɔ̃ʒɔ̃ktyʀɛl] *adj crise, cycle* Konjunktur-

conjugable [kɔ̃ʒygabl] *adj* GRAM *verbe* konjugierbar

conjugaison [kɔ̃ʒygɛzɔ̃] *f* GRAM Konjugation *f*

conjugal(e) [kɔ̃ʒygal, -o] <-aux> *adj* ehelich; *lit, vie* Ehe-

conjugalité [kɔ̃ʒygalite] *f* eheliche Gemeinschaft *f*

conjuguer [kɔ̃ʒyge] <1> **I.** *vt* ❶ GRAM konjugieren ❷ (*unir*) vereinigen **II.** *vpr* GRAM **se ~** konjugiert werden

conjuration [kɔ̃ʒyʀasjɔ̃] *f* Verschwörung *f*

conjuré(e) [kɔ̃ʒyʀe] *m(f)* Verschwörer(in) *m(f)*

conjurer [kɔ̃ʒyʀe] <1> *vt* ❶ (*éviter*) abwenden *échec, crise* ❷ (*supplier*) beschwören

connaissance [kɔnɛsɑ̃s] *f* ❶ *sans pl* (*fait de connaître*) Kenntnis *f*; **il est porté à la ~ du public que …** es wird hiermit öffentlich mitgeteilt, dass …; **prendre ~ de qc** etw zur Kenntnis nehmen; **à ma ~** meines Wissens; **pas à ma ~** nicht, dass ich wüsste; **en ~ de cause** in Kenntnis der

prendre congé

prendre congé	*sich verabschieden*
Au revoir!	*Auf Wiedersehen!*
À bientôt!	*Auf ein baldiges Wiedersehen!*
Salut! (*fam*)	*Tschüs!/Ciao!/Mach's gut! (fam)*
À bientôt (, alors)!	*(Also dann,) bis bald!*
À demain!/À la semaine prochaine!	*Bis morgen!/Bis nächste Woche!*
À la prochaine! (*fam*)	*Man sieht sich! (fam)*
Rentre bien!	*Komm gut heim!*
Sois prudent(e)!	*Pass auf dich auf!*
Rentrez bien!/Bon retour!	*Kommen Sie gut nach Hause!*
Bonne soirée!	*Einen schönen Abend noch!*

dire au revoir au téléphone	*sich am Telefon verabschieden*
Au revoir!	*Auf Wiederhören! (form)*
À bientôt, alors!	*Also dann, bis bald wieder! (fam)*
Salut! (*fam*)	*Tschüs!/Ciao! (fam)*

Sachlage ② *pl* (*choses apprises*) Kenntnisse *Pl*, Wissen *nt;* **avoir une bonne ~ des langues** gute Sprachkenntnisse haben; **approfondir ses ~s** sein Wissen vertiefen ③ (*personne*) Bekannte(r) *f(m)*, Bekanntschaft *f;* **faire la ~ de qn** die Bekanntschaft von jdm machen; **je suis enchanté de faire votre ~** ich bin sehr erfreut *form*, Sie kennen zu lernen ④ (*lucidité*) Bewusstsein *nt;* **perdre ~** das Bewusstsein verlieren; **sans ~** bewusstlos

connaisseur, -euse [kɔnɛsœʀ, -øz] **I.** *adj* Kenner- **II.** *m, f* Kenner(in) *m(f);* **être très ~ en la matière** sich auf diesem Gebiet sehr gut auskennen

connaître [kɔnɛtʀ] <*irr*> **I.** *vt* ① kennen *mot;* wissen *nom, adresse;* **on connaît les meurtriers?** weiß man, wer die Mörder sind?; **vous connaissez la nouvelle?** wissen Sie schon das Neueste?; **comme je te connais, ...** wie ich dich kenne, ...; **ça me connaît!** *fam* da kenn' ich mich aus!; **on connaît la musique** das ist immer dasselbe; **~ qc comme le fond de sa poche** etw wie seine Westentasche kennen ② (*comprendre*) **~ son métier** sein Handwerk verstehen; **~ l'allemand** Deutsch können; **ne rien ~ à qc** von etw nichts verstehen ③ (*rencontrer*) kennen lernen; **faire ~ qn à qn** jdn mit jdm bekannt machen ④ (*éprouver*) erleben; **~ un succès fou** *personne:* einen Riesenerfolg haben; *film:* ein Riesenerfolg sein; **ne ~ aucune exception** ausnahmslos gültig sein **II.** *vpr* ① (*se fréquenter*) **se ~ depuis longtemps** sich schon lange kennen ② (*connaître ses possibilités*) **se ~** sich kennen; **tel que je me connais** wie ich mich kenne ③ (*être spécialiste*) **s'y ~** etwas davon verstehen; **s'y ~ en ordinateurs** sich [gut] mit Computern auskennen

connard [kɔnaʀ] *m fam* [Voll]idiot *m*

connasse [kɔnas] *f péj vulg* blöde Ziege *f*

conne [kɔn] *f v.* **con(ne)**

connecter [kɔnɛkte] <1> **I.** *vt* anschließen an (+ *akk*); **~ des ordinateurs en réseau** Computer vernetzen **II.** *vpr* **se ~ au réseau** sich ins Netz einloggen; **se ~ à Internet** sich ins Internet einloggen

connecteur [kɔnɛktœʀ] *m* INFORM Steckplatz *m*

connectique [kɔnɛktik] *f* ELEC, INFORM Anschlusstechnik *f*, Verbindungstechnik *f*

connerie [kɔnʀi] *f* ① *sans pl fam* (*stupidité*) Schwachsinn *m* ② *fam* (*acte*) Quatsch *m kein Pl;* **tout ça, c'est des ~s!** das ist [doch/ja] alles Blödsinn *m*!

connexe [kɔ̃nɛks] *adj affaires, idées* zusammenhängend

connexion [kɔnɛksjɔ̃] *f* ① (*relation*) Zusammenhang *m*, Verbindung *f* ② (*à un circuit*) Anschluss *m;* (*entre deux appareils*) Verbindung *f* ③ INFORM Verbindung *f*

connivence [kɔnivɑ̃s] *f* heimliches Einverständnis

connotation [kɔnɔtasjɔ̃] *f* Konnotation *f*

connu(e) [kɔny] **I.** *part passé de* **connaître** **II.** *adj* bekannt

conque [kɔ̃k] *f* ZOOL [See]muschel *f*

conquérant(e) [kɔ̃keʀɑ̃, ɑ̃t] **I.** *adj esprit* eroberungslustig; *air* selbstbewusst **II.** *m(f)* Eroberer *m*

conquérir [kɔ̃keʀiʀ] <*irr*> *vt* erobern; für sich gewinnen *personne*

conquête [kɔ̃kɛt] *f* Eroberung *f;* **partir à la ~ de qc** ausziehen, [um] etw zu erobern

conquis(e) [kɔ̃ki, iz] *part passé de* **conquérir**

consacré(e) [kɔ̃sakʀe] *adj* ① *église* geweiht ② (*adéquat*) üblich ③ (*célèbre*) anerkannt

consacrer [kɔ̃sakʀe] <1> **I.** *vt* ① (*donner*) widmen *vie, livre;* **~ son argent à qc** sein Geld für etw verwenden ② REL weihen **II.** *vpr* **se ~ à qn/qc** sich jdm/einer S. widmen

consanguin(e) [kɔ̃sɑ̃gɛ̃, in] *adj mariage, union* zwischen Blutsverwandten

consanguinité [kɔ̃sɑ̃g(ɥ)inite] *f* ① (*parenté du même père*) Verwandtschaft *f* väterlicherseits ② (*parenté héréditaire*) Blutsverwandtschaft *f*

consciemment [kɔ̃sjamɑ̃] *adj* bewusst

conscience [kɔ̃sjɑ̃s] *f* ① *sans pl* PSYCH Bewusstsein *nt;* **avoir/prendre ~ de qc** sich (*dat*) einer S. (*gen*) bewusst sein/werden; **perdre ~** das Bewusstsein verlieren; **reprendre ~** wieder zu sich kommen ② *sans pl* (*connaissance*) **la ~ de qc** das Wissen um etw ③ *sans pl* (*sens moral*) Gewissen *nt;* (*sens du devoir*) Gewissenhaftigkeit *f;* **avoir la ~ en paix** ein ruhiges Gewissen haben; **qc donne bonne/mauvaise ~ à qn** jd hat bei etw ein gutes/schlechtes Gewissen

consciencieusement [kɔ̃sjɑ̃sjøzmɑ̃] *adv* gewissenhaft

consciencieux, -euse [kɔ̃sjɑ̃sjø, -jøz] *adj* gewissenhaft

conscient(e) [kɔ̃sjɑ̃, jɑ̃t] *adj* ① (*informé*) bewusst; **être ~ de qc/d'avoir fait qc** sich (*dat*) einer S. (*gen*) bewusst sein/sich (*dat*) [der Tatsache] bewusst sein etw ge-

C

macht zu haben ② (*lucide*) bei Bewusstsein

conscription [kɔ̃skʀipsjɔ̃] *f* Konskription *f*

conscrit [kɔ̃skʀi] *m* Wehrpflichtige(r) *m*

consécration [kɔ̃sekʀasjɔ̃] *f sans pl des efforts* Anerkennung *f; d'une carrière* Krönung *f*

consécutif, -ive [kɔ̃sekytif, -iv] *adj* ① (*à la file*) aufeinanderfolgend; **être ~ à qc** die Folge von etw sein ② (*résultant de*) **~ à qc** durch eine S. hervorgerufen

consécutivement [kɔ̃sekytivmɑ̃] *adv* ① (*sans interruption*) nacheinander ② (*par suite de*) **~ à qc** infolge einer S. (*gen*)

conseil [kɔ̃sɛj] *m* ① (*recommandation*) Rat[schlag *m*] *m;* **donner des ~s à qn** jdm Ratschläge erteilen; **demander ~ à qn** jdn um Rat fragen; **faire qc sur le ~ de qn** etw auf jds Rat hin tun ② (*personne*) Berater(in) *m(f)* ③ (*assemblée: privée*) Vorstand *m;* (*publique*) Verwaltungsrat *m;* **Conseil exécutif** CH Regierungsrat (CH); **Conseil fédéral** CH Bundesrat (CH); **~ général** *oberstes Exekutivorgan eines Departements;* **~ municipal** Gemeinderat; **~ régional** Regionalrat; **Conseil national** CH Nationalrat (CH); **~ de classe** Schulkonferenz *f;* **~ des jeunes** Rat der Jugendlichen; **~ de discipline** Disziplinarausschuss *m;* SCOL Schulvorstand; **passer en ~ de guerre** vor das Kriegsgericht gestellt werden; **Conseil de l'Union européenne, Conseil européen, Conseil de l'Europe** Europarat, Europäischer Rat; **Conseil de sécurité** Sicherheitsrat; **Conseil des ministres** Ministerrat; **Conseil d'État** ≈ Bundesverwaltungsgericht *nt*

conseiller [kɔ̃seje] <1> **I.** *vt* ① (*recommander*) **~ un vin** jdm einen Wein empfehlen; **~ la prudence à qn** jdm zur Vorsicht raten ② (*inciter*) **~ à qn de faire qc** jdm gebieten etw zu tun ③ (*guider*) **~ qn dans qc** jdn bei etw beraten **II.** *vt impers* **il est conseillé à qn de faire qc** es empfiehlt sich für jdn etw zu tun

conseiller, -ère [kɔ̃seje, -ɛʀ] *m, f* ① (*qui donne des conseils*) Ratgeber(in) *m(f)* ② *m* (*expert*) **~ en entreprise** Unternehmensberater(in) *m(f)* ③ *m* ADMIN, POL Rat *m/* Rätin *f;* **~ municipal** Gemeinderat; **~ fédéral** CH Bundesrat (CH) ④ SCOL **~ d'orientation** Berufsberater *m* [für Schüler]

consensuel(le) [kɔ̃sɑ̃syɛl] *adj* **en accord ~** in gegenseitigem Einvernehmen

consensus [kɔ̃sɛ̃sys] *m* Konsens *m;* **recueillir un large ~** breite Zustimmung finden

consentant(e) [kɔ̃sɑ̃tɑ̃, ɑ̃t] *adj* **être ~** einverstanden sein

consentement [kɔ̃sɑ̃tmɑ̃] *m* Zustimmung *f*

consentir [kɔ̃sɑ̃tiʀ] <10> **I.** *vi* (*accepter*) **~ à qc** einer S. (*dat*) zustimmen; **~ à faire qc/à ce que** + *subj* damit einverstanden sein etw zu tun/, dass **II.** *vt* (*accorder*) gewähren

conséquence [kɔ̃sekɑ̃s] *f* Folge *f;* **avoir qc pour** [*o* **comme**] **~** etw zur Folge haben; **tirer les ~s de qc** die Konsequenzen aus etw ziehen; **sans ~** ohne Folgen; **accident sans ~** harmloser Unfall; **en ~** (*donc*) infolgedessen; (*conformément à cela*) [dem]entsprechend; **en ~ de qc** infolge einer S. (*gen*)

conséquent(e) [kɔ̃sekɑ̃, ɑ̃t] *adj* ① (*cohérent*) konsequent; **par ~** folglich ② *fam* (*considérable*) beachtlich

conservateur [kɔ̃sɛʀvatœʀ] *m* Konservierungsstoff *m*

conservateur, -trice [kɔ̃sɛʀvatœʀ, -tʀis] **I.** *adj* ① POL konservativ ② GASTR **agent ~** Konservierungsstoff *m* **II.** *m, f* ① *d'un musée* Verwalter(in) *m(f)* ② POL Konservative(r) *f(m)*

conservation [kɔ̃sɛʀvasjɔ̃] *f d'un aliment* Konservieren *nt; d'un monument* Instandhaltung *f; d'un aliment* Aufbewahrung *f; des archives* Pflege *f*

conservatisme [kɔ̃sɛʀvatism] *m* Konservatismus *m*

conservatoire [kɔ̃sɛʀvatwaʀ] *m* MUS Konservatorium *nt;* THEAT Schauspielschule *f*

conserve [kɔ̃sɛʀv] *f* Konserve *f;* **des petits pois en ~** Erbsen aus der Dose; **mettre qc en ~** (*industriellement*) etw zu Konserven verarbeiten; (*à la maison*) etw einmachen

conservé(e) [kɔ̃sɛʀve] *adj fam* erhalten

conserver [kɔ̃sɛʀve] <1> **I.** *vt* ① (*garder*) aufbewahren *papiers, aliments;* instand halten *monument* ② GASTR konservieren ③ (*ne pas perdre*) behalten; pflegen *tradition;* beibehalten *habitude;* nicht aufgeben *espoir;* **~ son calme** Ruhe bewahren **II.** *vi fam* **qc/ça conserve** etw/das hält jung **III.** *vpr* **se ~** *aliment:* sich halten

conserverie [kɔ̃sɛʀvəʀi] *f* ① (*fabrique*) Konservenfabrik *f* ② (*industrie*) Konservenindustrie *f*

considérable [kɔ̃sideʀabl] *adj* beachtlich; **un travail ~** viel Arbeit

considérablement [kɔ̃sideʀabləmɑ̃] *adv* beachtlich

considération [kɔ̃sideʀasjɔ̃] *f* ① *pl* (*rai-*

sonnement) Überlegungen *Pl*, Erwägungen *Pl* ② (*estime*) Ansehen *nt* ③ (*attention*) **digne de ~** beachtenswert; **en ~ de qc** in Anbetracht einer S. (*gen*); **prendre qn/qc en ~** jdn/etw berücksichtigen

considérer [kɔ̃sideʀe] <5> **I.** *vt* ① (*étudier*) nachdenken über (+ *akk*), überdenken; bedenken *détail;* **tout bien considéré** nach reiflicher Erwägung; **considérant que ...** wenn man bedenkt, dass ... ② (*estimer*) **être considéré** geschätzt werden ③ (*contempler*) [eingehend] betrachten ④ (*penser*) **~ que ...** finden, dass ... ⑤ (*tenir pour*) **~ qn comme un traître** jdn als einen Verräter betrachten **II.** *vpr* (*se tenir pour*) **se ~ comme le responsable** sich für den Verantwortlichen halten

consignation [kɔ̃siɲasjɔ̃] *f de marchandises, d'argent* Hinterlegung *f*

consigne [kɔ̃siɲ] *f* ① *sans pl* TRANSP Gepäckaufbewahrung *f;* **~ automatique** Schließfach *nt* ② *sans pl* COM Pfand *nt* ③ (*instructions*) Anweisungen *Pl*, Vorschriften *Pl*

consigné(e) [kɔ̃siɲe] *adj bouteille* Pfand-; *emballage* Mehrweg-

consigner [kɔ̃siɲe] <1> *vt* ① (*mettre à la consigne*) zur Aufbewahrung geben *bagages* ② (*facturer*) **qc est consigné** auf etw (*akk*) wird Pfand erhoben ③ (*enregistrer*) notieren

consistance [kɔ̃sistɑ̃s] *f* Beschaffenheit *f*, Konsistenz *f;* **prendre ~** *pâte:* fest[er] werden; *liquide:* dick[er] werden; **nouvelle sans ~** *fig* Nachricht ohne Grundlage *f*

consistant(e) [kɔ̃sistɑ̃, ɑ̃t] *adj* ① (*épais*) dickflüssig ② *fam* (*substantiel*) gehaltvoll ③ (*fondé*) nicht unbegründet; *argument* stichhaltig

consister [kɔ̃siste] <1> *vi* ① (*se composer de*) **~ en qc** aus etw bestehen ② (*être*) **~ en qc** in etw (*dat*) bestehen; **~ à faire qc** darin bestehen etw zu tun

conso [kɔ̃so] *f abr de* **consommation 2**

consœur [kɔ̃sœʀ] *f* Kollegin *f; v. a.* **confrère**

consolable [kɔ̃sɔlabl] *adj* **ne pas être ~** untröstlich sein

consolant(e) [kɔ̃sɔlɑ̃, ɑ̃t] *adj* tröstlich

consolation [kɔ̃sɔlasjɔ̃] *f* Trost *m*

console [kɔ̃sɔl] *f* ① (*meuble*) Konsole *f* ② TECH Konsole *f;* **~ de mixage** Mischpult *nt*

consoler [kɔ̃sɔle] <1> **I.** *vt* trösten **II.** *vpr* **se ~** sich trösten

consolidation [kɔ̃sɔlidasjɔ̃] *f sans pl* ① Sicherung *f; d'un mur* Befestigung *f; d'une table* Verstärkung *f* ② MED *d'une fracture* Zusammenwachsen *nt; d'une maladie* Stillstand *m* ③ FIN, JUR Konsolidierung *f*

consolider [kɔ̃sɔlide] <1> **I.** *vt* ① (*rendre solide*) sichern; befestigen *mur;* verstärken *table* ② *fig* festigen *position* ③ FIN konsolidieren **II.** *vpr* **se ~** ① *position:* gefestigt werden ② MED zusammenwachsen

consommable [kɔ̃sɔmabl] *adj* essbar

consommateur, -trice [kɔ̃sɔmatœʀ, -tʀis] *m, f* ① (*acheteur*) Verbraucher(in) *m(f)* ② (*client*) Gast *m*

consommateur-citoyen [kɔ̃sɔmatœʀsitwajɛ̃] <consommateurs-citoyens> *m* **consommatrice-citoyenne** [kɔ̃sɔmatʀissitwajɛn] *f* ethisch bewusster Konsument *m*/ethisch bewusste Konsumentin *f*

consommation [kɔ̃sɔmasjɔ̃] *f* ① *sans pl* Verbrauch *m;* ECON Konsum *m;* **~ de qc** Verbrauch an etw (*dat*); ECON Konsum *m* an etw (*dat*); **~ d'énergie** Energieverbrauch; **maison à faible ~ d'énergie** Niedrigenergiehaus *nt* ② *sans pl* (*action de boire, de manger*) Verzehr *m;* **impropre à la ~** nicht zum Verzehr geeignet ③ (*boisson*) Getränk *nt*

consommé [kɔ̃sɔme] *m* [Kraft]brühe *f*

consommer [kɔ̃sɔme] <1> **I.** *vi* ① (*boire*) etwas zu sich (*dat*) nehmen ② (*acheter*) konsumieren **II.** *vt* ① GASTR zu sich (*dat*) nehmen ② (*user*) verbrauchen **III.** *vpr* **qc se consomme chaud** etw wird warm gegessen; *boisson:* etw wird warm getrunken; **à ~ avant le ...** mindestens haltbar bis ...

consonance [kɔ̃sɔnɑ̃s] *f* MUS Konsonanz *f*

consonantique [kɔ̃sɔ̃nɑtik] *adj* konsonantisch; *système* Konsonanten-

consonne [kɔ̃sɔn] *f* Konsonant *m*

consort [kɔ̃sɔʀ] *adj* **prince ~** Prinzgemahl *m*

consortium [kɔ̃sɔʀsjɔm] *m* Konsortium *nt*

conspirateur, -trice [kɔ̃spiʀatœʀ, -tʀis] *m, f* Verschwörer(in) *m(f)*

conspiration [kɔ̃spiʀasjɔ̃] *f* Verschwörung *f*

conspirer [kɔ̃spiʀe] <1> *vi* konspirieren

conspuer [kɔ̃spɥe] <1> *vt* ausbuhen *personne*

constamment [kɔ̃stamɑ̃] *adv* ① (*sans discontinuer*) ununterbrochen ② (*très fréquemment*) ständig

constance [kɔ̃stɑ̃s] *f* Beständigkeit *f*

Constance [kɔ̃stɑ̃s] Konstanz *nt;* **le lac de ~** der Bodensee

constant(e) [kɔ̃stɑ̃, ɑ̃t] *adj* ① (*invariable*) konstant ② (*continuel*) ständig

constante [kɔ̃stɑ̃t] *f* MATH Konstante *f*

constat [kɔ̃sta] *m* Protokoll *nt;* ~ **à l'amiable** Unfallaufnahme *f* (*ohne die Polizei hinzuzuziehen*)

constatation [kɔ̃statasjɔ̃] *f* Feststellung *f;* **arriver à la ~ que ...** zum Ergebnis kommen, dass ...

constater [kɔ̃state] <1> *vt* feststellen

constellation [kɔ̃stelasjɔ̃] *f* ASTRON Sternbild *nt*

constellé(e) [kɔ̃stele] *adj* ~ **de taches** voller Flecken

consternant(e) [kɔ̃stɛʀnɑ̃, ɑ̃t] *adj* erschütternd

consternation [kɔ̃stɛʀnasjɔ̃] *f* Betroffenheit *f,* Bestürzung *f*

consterné(e) [kɔ̃stɛʀne] *adj* bestürzt

consterner [kɔ̃stɛʀne] <1> *vt* betroffen machen

constipation [kɔ̃stipasjɔ̃] *f* Verstopfung *f*

constipé(e) [kɔ̃stipe] *adj* ❶ MED verstopft ❷ *fam* verklemmt

constiper [kɔ̃stipe] <1> *vt* ~ **qn** bei jdm [eine] Verstopfung verursachen

constituant(e) [kɔ̃stitɥɑ̃, ɑ̃t] *adj* ❶ POL verfassunggebend ❷ (*constitutif*) **les éléments ~s de qc** die Bestandteile einer S. (*gen*)

Constituante [kɔ̃stitɥɑ̃t] *f* HIST **la ~** die Constituante (*die verfassunggebende Versammlung von 1789*)

constitué(e) [kɔ̃stitɥe] *adj* ❶ (*composé*) **être ~ de qc** aus etw bestehen ❷ (*conformé*) **bien ~** gut entwickelt

constituer [kɔ̃stitɥe] <1> **I.** *vt* ❶ (*composer*) bilden ❷ (*former*) bilden *gouvernement;* anlegen *dossier;* gründen *société* ❸ (*représenter*) darstellen **II.** *vpr* ❶ (*s'instituer*) **se ~ témoin** als Zeuge auftreten ❷ (*accumuler*) **se ~** zusammensparen

constitutif, -ive [kɔ̃stitytif, -iv] *adj* **les éléments ~s de qc** die Bestandteile einer S. (*gen*)

constitution [kɔ̃stitysjɔ̃] *f* ❶ POL Verfassung *f;* **la Constitution** die Französische Verfassung ❷ *sans pl d'un groupe* Bildung *f; d'une bibliothèque* Einrichtung *f; d'un dossier* Anlage *f* ❸ *sans pl* (*composition*) Zusammensetzung *f*

constitutionnaliser [kɔ̃stitysjɔnalize] *vt* JUR ~ **une loi** einem Gesetz Verfassungsrang geben

constitutionnel(le) [kɔ̃stitysjɔnɛl] *adj* verfassungskonform

constructeur [kɔ̃stʀyktœʀ] *m* ❶ (*ingénieur*) Konstrukteur(in) *m(f);* (*firme*) Hersteller *m* ❷ (*bâtisseur*) Baumeister(in) *m(f)*

constructible [kɔ̃stʀyktibl] *adj* ❶ *terrain* bebaubar ❷ GEOM *droite, polygone* konstruierbar

constructif, -ive [kɔ̃stʀyktif, -iv] *adj* konstruktiv

construction [kɔ̃stʀyksjɔ̃] *f* ❶ *sans pl* (*action*) Bau *m;* (*secteur*) Bauwesen *nt;* **être en ~** im Bau sein; **la ~ de l'Europe** *fig* der Aufbau Europas ❷ (*édifice*) Bauwerk *nt,* Konstruktion *f* ❸ IND ~ **mécanique** Maschinenbau *m*

construire [kɔ̃stʀɥiʀ] <*irr*> **I.** *vt* ❶ (*bâtir*) bauen ❷ (*fabriquer*) herstellen ❸ (*élaborer*) aufstellen **II.** *vpr* LING **se ~ avec le datif** den Dativ verlangen; **ce verbe se construit avec l'indicatif** nach diesem Verb steht der Indikativ

consul [kɔ̃syl] *m* Konsul(in) *m(f)*

consulat [kɔ̃syla] *m* Konsulat *nt*

consultable [kɔ̃syltabl] *adj* **être ~** eingesehen werden können

consultant(e) [kɔ̃syltɑ̃, ɑ̃t] **I.** *adj* beratend **II.** *m(f)* Berater(in) *m(f)*

consultatif, -ive [kɔ̃syltatif, -iv] *adj* beratend

consultation [kɔ̃syltasjɔ̃] *f* ❶ *sans pl d'un ouvrage* Nachschlagen *nt* in (+ *dat*); *d'un agenda, d'un horaire* Nachsehen *nt* in (+ *dat*) ❷ (*séance*) Beratung *f;* (*médicale*) Sprechstunde *f* ❸ POL ~ **de l'opinion** Meinungsumfrage *f* ❹ CH (*prise de position*) Stellungnahme *f,* Vernehmlassung *f* (CH)

consulter [kɔ̃sylte] <1> **I.** *vi* Sprechstunde haben **II.** *vt* ❶ (*demander avis*) zu Rate ziehen; aufsuchen *médecin* ❷ (*regarder*) sehen auf (+ *akk*) *montre;* nachschlagen in (+ *dat*) *ouvrage;* nachsehen in (+ *dat*) *agenda* ❸ POL ~ **l'opinion** eine Meinungsumfrage durchführen **III.** *vpr* **se ~** sich beraten

consumer [kɔ̃syme] <1> **I.** *vt* (*brûler*) verbrennen **II.** *vpr* **se ~** verbrennen; *cigarette:* herunterbrennen

contact [kɔ̃takt] *m* ❶ *sans pl* (*toucher*) Kontakt *m,* Berührung *f;* **au ~ de l'air** an der Luft; **des choses entrent/sont en ~** Dinge kommen/stehen [miteinander] in Berührung ❷ (*rapport*) Kontakt *m;* **au ~ de qn** im Umgang *m* mit jdm; **entrer en** [*o* **prendre**] **~ avec qn/qc** mit jdm/etw Kontakt aufnehmen; **rester en ~ avec qn/qc** mit jdm/etw in Verbindung *f* bleiben ❸ ELEC, AUT Kontakt *m;* **faux** [*o* **mauvais**] **~** Wackelkontakt; **couper/mettre le ~** den Motor abstellen/anlassen

contacter [kɔ̃takte] <1> *vt* ~ **qn/qc** sich mit jdm/etw in Verbindung setzen

contacteur [kɔ̃taktœʀ] *m* ELEC [Ein- und Aus]schalter *m*

contagieux, -euse [kɔ̃taʒjø, -jøz] *adj* ansteckend

contagion [kɔ̃taʒjɔ̃] *f* Ansteckung *f*

container [kɔ̃tɛnɛʀ] *m* Behälter *m*

contamination [kɔ̃taminasjɔ̃] *f d'une personne* Ansteckung *f*

contaminer [kɔ̃tamine] <1> *vt personne:* anstecken; *virus:* infizieren; verseuchen *milieu*

conte [kɔ̃t] *m* Märchen *nt;* ~ **des 1001 nuits** Märchen aus 1001 Nacht

contemplatif, -ive [kɔ̃tɑ̃platif, -iv] *adj* kontemplativ

contemplation [kɔ̃tɑ̃plasjɔ̃] *f sans pl* Betrachtung *f;* **être/rester en ~ devant qc** betrachtend vor etw (*dat*) stehen/verweilen

contempler [kɔ̃tɑ̃ple] <1> **I.** *vt* betrachten **II.** *vpr* **se ~** sich betrachten

contemporain(e) [kɔ̃tɑ̃pɔʀɛ̃, ɛn] **I.** *adj* ① (*de la même époque*) **être ~ de qn** ein Zeitgenosse/eine Zeitgenossin von jdm sein; **être ~ de qc** zur gleichen Zeit wie etw entstanden sein ② *art* zeitgenössisch; *histoire* der Gegenwart; *français* heutig **II.** *m(f)* Zeitgenosse *m*/-genossin *f*

contenance [kɔ̃t(ə)nɑ̃s] *f* ① *d'un récipient* Inhalt *m; d'un réservoir* Fassungsvermögen *nt* ② (*attitude*) Haltung *f*

contenant [kɔ̃t(ə)nɑ̃] *m* Behältnis *nt*

conteneur [kɔ̃t(ə)nœʀ] *m* Container *m*

contenir [kɔ̃t(ə)niʀ] <9> **I.** *vt* ① (*renfermer*) enthalten ② (*maîtriser*) unterdrücken *rire;* in Schach halten *foule* **II.** *vpr* **se ~** sich beherrschen

content(e) [kɔ̃tɑ̃, ɑ̃t] *adj* ① (*heureux*) **~ de qc** erfreut über etw (*akk*); **très ~** glücklich; **être ~ pour qn** sich für jdn freuen; **être ~ de faire qc/que** + *subj* sich freuen etw zu tun/, dass ② (*satisfait*) **~ de qn/qc** zufrieden mit jdm/etw; **être ~ de soi** selbstgefällig sein

contentement [kɔ̃tɑ̃tmɑ̃] *m sans pl* Zufriedenheit *f*

contenter [kɔ̃tɑ̃te] <1> **I.** *vt* zufrieden stellen *personne;* befriedigen *besoin;* **on ne peut pas toujours ~ tout le monde!** man kann es nicht immer allen recht machen! **II.** *vpr* **se ~ de qc** sich mit etw zufriedengeben

contentieux [kɔ̃tɑ̃sjø] *m* JUR Streitsache *f*

contenu [kɔ̃t(ə)ny] *m* ① Inhalt *m* ② INFORM, INET (*ensemble de connaissances ou d'informations*) Content *m*

contenu(e) [kɔ̃t(ə)ny] *adj* unterdrückt

conter [kɔ̃te] <1> *vt* **ne pas s'en laisser ~** sich (*akk*) nichts vormachen lassen

contestable [kɔ̃tɛstabl] *adj* zweifelhaft; *argument* fraglich

contestataire [kɔ̃tɛstatɛʀ] **I.** *adj* oppositionell; *mouvement* Protest- **II.** *mf* Systemgegner(in) *m(f)*

contestation [kɔ̃tɛstasjɔ̃] *f* Einwand *m;* **faire de la ~** protestieren

conteste [kɔ̃tɛst] *adv* **sans ~** zweifelsohne

contester [kɔ̃tɛste] <1> **I.** *vi* widersprechen **II.** *vt* (*discuter*) anzweifeln; **ne pas ~ que** + *subj* nicht bestreiten, dass; **être contesté** umstritten sein

conteur, -euse [kɔ̃tœʀ, tøz] *m, f* Märchendichter(in) *m(f)*

contexte [kɔ̃tɛkst] *m* ① LING Kontext *m,* Zusammenhang *m* ② (*situation*) Kontext *m,* Rahmen *m;* **le ~ familial** der familiäre Hintergrund; **dans le ~ actuel** in der augenblicklichen Lage

contextualiser [kɔ̃tɛkstɥalize] <1> *vt* in einen Kontext stellen *histoire, œuvre*

contextuel(le) [kɔ̃tɛkstɥɛl] *adj sens* kontextabhängig, kontextuell (*geh*)

contigu, contiguë [kɔ̃tigy] *adj territoires* aneinanderstoßend

continence [kɔ̃tinɑ̃s] *f* Enthaltsamkeit *f*

continent [kɔ̃tinɑ̃] *m* ① GEOG Kontinent *m* ② (*opp: île*) Festland *nt*

continental(e) [kɔ̃tinɑ̃tal, -o] <-aux> *adj* Kontinental-

contingences [kɔ̃tɛ̃ʒɑ̃s] *fpl* Belanglosigkeiten *Pl*

contingent [kɔ̃tɛ̃ʒɑ̃] *m* ① MIL [Truppen]kontingent *nt* ② *a.* COM (*part*) [An]teil *m*

contingenter [kɔ̃tɛ̃ʒɑ̃te] <1> *vt* kontingentieren

continu [kɔ̃tiny] *m sans pl* **en ~** ohne Pause; **lecture en ~** INET Streaming *nt*

continu(e) [kɔ̃tiny] *adj ligne* durchgehend; *effort, bruit* kontinuierlich

continuation [kɔ̃tinɥasjɔ̃] *f* Weiterführung *f;* **bonne ~!** weiterhin viel Erfolg!

continuel(le) [kɔ̃tinɥɛl] *adj* (*fréquent*) ständig; (*ininterrompu*) ununterbrochen; **faire des efforts ~s pour arriver à qc** sich ständig darum bemühen etw zu erreichen

continuellement [kɔ̃tinɥɛlmɑ̃] *adv* (*fréquemment*) ständig; (*sans s'arrêter*) ununterbrochen

continuer [kɔ̃tinɥe] <1> **I.** *vi* ① (*se poursuivre*) weitergehen; *bruit, pluie:* anhalten; **tout a continué comme avant** alles lief weiter wie bisher ② (*poursuivre*) weitermachen; (*à pied*) weitergehen; (*en voi-*

ture) weiterfahren; ~ **à lire** weiterlesen ③ (*persister*) ~ **à croire que ...** [*o* **de**] nach wie vor glauben, dass ...; **si tu continues, je vais me fâcher!** wenn du so weitermachst, werde ich böse!; ~ **à faire qc** [*o* **de**] fortfahren etw zu tun **II.** *vt* ① (*poursuivre*) fortsetzen; weiterführen *politique;* fortfahren mit *exposé* ② (*prolonger*) verlängern

continuité [kɔ̃tinɥite] *f* Kontinuität *f*

contondant(e) [kɔ̃tɔ̃dɑ̃, ɑ̃t] *adj* stumpf; **arme ~e** stumpfer Gegenstand

contorsionner [kɔ̃tɔʀsjɔne] <1> *vpr* **se ~** sich verrenken

contorsionniste [kɔ̃tɔʀsjɔnist] *mf* Schlangenmensch *m*

contour [kɔ̃tuʀ] *m* Umrisse *Pl,* Konturen *Pl; d'un dessin* Linien *Pl*

contourner [kɔ̃tuʀne] <1> *vt* ① (*faire le tour*) ~ **qc** *route:* um etw herumführen; *personne:* um etw herumgehen; (*en véhicule*) um etw herumfahren ② (*éluder*) umgehen

contraceptif [kɔ̃tʀasɛptif] *m* Verhütungsmittel *nt*

contraceptif, -ive [kɔ̃tʀasɛptif, -iv] *adj* empfängnisverhütend; **pilule contraceptive** [Antibaby]pille *f*

contraception [kɔ̃tʀasɛpsjɔ̃] *f* [Empfängnis]verhütung *f*

contracté(e) [kɔ̃tʀakte] *adj* ① (*tendu*) angespannt ② LING zusammengezogen

contracter [kɔ̃tʀakte] <1> **I.** *vt* ANAT anspannen; **le froid contracte qc** bei Kälte zieht sich etw zusammen **II.** *vpr* **se ~** sich zusammenziehen; *visage:* sich verzerren

contraction [kɔ̃tʀaksjɔ̃] *f* ① (*action*) Zusammenziehen *nt;* (*exagérée*) Verkrampfen *nt* ② (*état*) Anspannung *f*

contractuel(le) [kɔ̃tʀaktɥɛl] *m(f)* (*agent*) Hilfspolizist *m*/Politesse *f*

contradicteur [kɔ̃tʀadiktœʀ] *m* Widersacher(in) *m(f)*

contradiction [kɔ̃tʀadiksjɔ̃] *f sans pl* Widerspruch *m;* **être en ~ avec qn** nicht jds Meinung sein; **être en ~ avec qc** im Widerspruch zu etw stehen

contradictoire [kɔ̃tʀadiktwaʀ] *adj* (*incompatible*) widersprüchlich; *influences* gegensätzlich

contraignant(e) [kɔ̃tʀɛɲɑ̃, ɑ̃t] *adj* zwingend; *horaire* streng [festgelegt]

contraindre [kɔ̃tʀɛ̃dʀ] *<irr>* **I.** *vt* ~ **qn à qc** jdn zu etw zwingen **II.** *vpr* **se ~ à qc** sich zu etw zwingen

contraint(e) [kɔ̃tʀɛ̃, ɛ̃t] *adj* gezwungen

contrainte [kɔ̃tʀɛ̃t] *f* Zwang *m;* ~ **sociale** soziale Verpflichtung; **être soumis à des ~s** unter Zwang stehen; **sous la ~** unter Zwang

contraire [kɔ̃tʀɛʀ] **I.** *adj* ① (*opposé*) entgegengesetzt; *preuve* Gegen-; **avoir des opinions ~s** gegensätzlicher Meinung sein ② (*incompatible*) ~ **à l'usage** gegen die Gewohnheit; ~ **aux intérêts** unvereinbar mit den Interessen; ~ **à la loi** gesetzeswidrig ③ (*défavorable*) ungünstig **II.** *m* Gegenteil *nt;* **bien** [*o* **tout**] **au ~** ganz im Gegenteil

contrairement [kɔ̃tʀɛʀmɑ̃] *adv* ~ **à qn/qc** im Gegensatz zu jdm/entgegen etw; ~ **à ce que je croyais** entgegen dem, was ich glaubte

contralto [kɔ̃tʀalto] *m* Kontraalt *m*

contrariant(e) [kɔ̃tʀaʀjɑ̃, jɑ̃t] *adj* ① (*opp: docile*) widerspenstig ② (*fâcheux*) ärgerlich

contrarié(e) [kɔ̃tʀaʀje] *adj* ① (*combattu*) *amour* verhindert ② (*fâché*) **être ~ par qn** wegen jdm verärgert [*o* erbost] sein

contrarier [kɔ̃tʀaʀje] <1> *vt* ① (*fâcher*) ärgern ② (*gêner*) durchkreuzen *projets*

contrariété [kɔ̃tʀaʀjete] *f sans pl* Verärgerung *f*

contraste [kɔ̃tʀast] *m* ① Gegensatz *m,* Kontrast *m;* **par ~** im Gegensatz dazu ② TV Kontrast *m*

contrasté(e) [kɔ̃tʀaste] *adj* kontrastreich

contraster [kɔ̃tʀaste] <1> *vi* ~ **avec qc** im Gegensatz zu etw stehen

contrat [kɔ̃tʀa] *m* Vertrag *m;* ~ **à durée déterminée/indéterminée** befristeter/unbefristeter Vertrag; **passer/conclure un ~ avec qn** mit jdm einen Vertrag [ab]schließen; ~ **de location** Mietvertrag; ~ **de travail** Arbeitsvertrag

contravention [kɔ̃tʀavɑ̃sjɔ̃] *f* ① (*infraction*) ~ **à qc** Verstoß *m* gegen etw; **être en ~** einen Verstoß begehen ② (*procès-verbal*) Strafmandat *nt* ③ (*amende*) Geldstrafe *f*

contre [kɔ̃tʀ] **I.** *prép* ① (*proximité, contact: avec mouvement*) an (+ *akk*); (*sans mouvement*) an (+ *dat*); **venir tout ~ qn** sich [eng] an jdn schmiegen; **serrés les uns ~ les autres** dicht aneinandergedrängt; **danser joue ~ joue** Wange an Wange tanzen ② (*opposition*) gegen; **avoir quelque chose ~ qn/qc** etwas gegen jdn/etw haben; **être furieux ~ qn** auf jdn wütend sein; ~ **toute attente** wider Erwarten ③ (*échange*) gegen; **échanger un sac ~ une montre** eine Tasche gegen eine Uhr [ein]tauschen ④ (*proportion*) zu

(+ *dat*), gegen; **ils se battaient à dix ~ un** sie waren zehn gegen einen; **le projet de loi a été adopté à 32 voix ~ 24** der Gesetzentwurf wurde mit 32 zu 24 Stimmen angenommen **II.** *adv* (*opposition*) dagegen; **je n'ai rien ~** ich habe nichts dagegen; **par ~** dagegen **III.** *m* SPORT Konter *m*

contre-allée [kɔ̃tʀale] <contre-allées> *f* Seitenallee *f* **contre-attaque** [kɔ̃tʀatak] <contre-attaques> *f* Gegenangriff *m* **contre-attaquer** [kɔ̃tʀatake] <1> *vi* zum Gegenschlag ausholen, einen Gegenangriff starten

contrebalancer [kɔ̃tʀəbalɑ̃se] <2> **I.** *vt* ❶ (*équilibrer*) aufwiegen ❷ (*compenser*) ausgleichen **II.** *vpr* **s'en ~** *fam* sich darüber lustig machen

contrebande [kɔ̃tʀəbɑ̃d] *f* ❶ (*activité*) Schmuggel *m;* **faire de la ~** schmuggeln ❷ (*marchandise*) Schmuggelware *f*

contrebandier, -ière [kɔ̃tʀəbɑ̃dje, -jɛʀ] *m, f* Schmuggler(in) *m(f)*

contrebas [kɔ̃tʀəbɑ] *adv* **en ~ de qc** unterhalb einer S. (*gen*)

contrebasse [kɔ̃tʀəbɑs] *f* Kontrabass *m*

contrebassiste [kɔ̃tʀəbɑsist] *mf* Kontrabassist(in) *m(f)*

contrebraquer [kɔ̃tʀəbʀake] <1> *vi* gegenlenken

contrecarrer [kɔ̃tʀəkaʀe] <1> *vt* vereiteln

contrechamp [kɔ̃tʀəʃɑ̃] *m* CINE Schwenk *m* [der Kamera]

contrecœur [kɔ̃tʀəkœʀ] *adv* **à ~** widerwillig

contrecoup [kɔ̃tʀəku] *m* Folge *f;* **par ~** als Folge davon

contre-courant [kɔ̃tʀəkuʀɑ̃] <contre-courants> *m* Gegenströmung *f;* **à ~** gegen den Strom **contre-culture** [kɔ̃tʀəkyltyʀ] <contre-cultures> *f* Gegenkultur *f*

contredanse [kɔ̃tʀədɑ̃s] *f fam* ❶ (*procès-verbal*) Strafzettel *m* ❷ (*amende*) Geldstrafe *f*

contredire [kɔ̃tʀədiʀ] <*irr*> **I.** *vt* **~ qn/qc** jdm/einer S. widersprechen **II.** *vpr* **se ~** sich (*dat*) widersprechen

contredit [kɔ̃tʀədi] *adv* **sans ~** zweifelsohne

contrée [kɔ̃tʀe] *f vieilli* (*pays*) Land *nt;* (*région*) Gegend *f,* Landstrich *m*

contre-enquête [kɔ̃tʀɑ̃kɛt] <contre-enquêtes> *f* Gegenuntersuchung *f* **contre-espionnage** [kɔ̃tʀɛspjɔnaʒ] *m sans pl* [Spionage]abwehr *f* **contre-exemple** [kɔ̃tʀɛgzɑ̃pl] <contre-exemples> *m* Gegenbeispiel *nt* **contre-expertise** [kɔ̃tʀɛkspɛʀtiz] <contre-expertises> *f* Gegengutachten *nt*

contrefaçon [kɔ̃tʀəfasɔ̃] *f* ❶ (*action*) Fälschen *nt* ❷ (*chose*) Fälschung *f*

contrefaire [kɔ̃tʀəfɛʀ] <*irr*> *vt* ❶ (*imiter*) fälschen ❷ (*déguiser*) verstellen

contrefait(e) [kɔ̃tʀəfɛ, ɛt] *adj* (*imité*) gefälscht

contreficher [kɔ̃tʀəfiʃe] <1> *vpr fam* **se ~ de qc** auf etw (*akk*) pfeifen

contre-filet [kɔ̃tʀəfilɛ] *m* Lende *f*

contrefort [kɔ̃tʀəfɔʀ] *m* ❶ ARCHIT Strebepfeiler *m* ❷ GEOG Ausläufer *Pl;* **les ~s des Alpes** die Voralpen

contre-indication [kɔ̃tʀɛ̃dikasjɔ̃] *f* Gegenanzeige *f* **contre-indiqué(e)** [kɔ̃tʀɛ̃dike] *adj* ❶ MED **être ~** nicht geeignet sein ❷ (*déconseillé*) nicht ratsam **contre-interrogatoire** [kɔ̃tʀɛ̃tɛʀɔgatwaʀ] *m* Kreuzverhör *nt* **contre-jour** [kɔ̃tʀəʒuʀ] *m* (*éclairage*) Gegenlicht *nt;* **à ~** gegen das Licht

contremaître, contremaîtresse [kɔ̃tʀəmɛtʀ, kɔ̃tʀəmɛtʀɛs] *m, f* Vorarbeiter(in) *m(f)*

contre-manifestation [kɔ̃tʀəmanifɛstasjɔ̃] <contre-manifestations> *f* Gegendemonstration *f*

contremarque [kɔ̃tʀəmaʀk] *f* THEAT Karte *f* für den Wiedereintritt

contre-mesure [kɔ̃tʀəm(ə)zyʀ] <contre-mesures> *f* Gegenmaßnahme *f* **contre-offensive** [kɔ̃tʀɔfɑ̃siv] *f* Gegenangriff *m*

contrepartie [kɔ̃tʀəpaʀti] *f* (*compensation*) Gegenleistung *f;* (*dédommagement*) **~ financière** Entschädigung *f;* **en ~** als Gegenleistung/Entschädigung; (*par contre*) andererseits

contre-performance [kɔ̃tʀəpɛʀfɔʀmɑ̃s] <contre-performances> *f* schlechte Leistung *f*

contrepèterie [kɔ̃tʀəpɛtʀi] *f* [zotiger] Schüttelreim *m*

contre-pied [kɔ̃tʀəpje] *m sans pl* ❶ (*contraire*) [genaues] Gegenteil ❷ SPORT **prendre qn à ~** jdn durch Täuschungsmanöver verwirren **contre-plaqué** [kɔ̃tʀəplake] *m sans pl* Sperrholz *nt* **contre-plongée** [kɔ̃tʀəplɔ̃ʒe] *f* Aufnahme *f* von unten

contrepoids [kɔ̃tʀəpwa] *m* Gegengewicht *nt*

contrepoint [kɔ̃tʀəpwɛ̃] *m a. fig* Kontrapunkt *m*

contrepoison [kɔ̃tʀəpwazɔ̃] *m* Gegengift *nt*

contre-pouvoir [kɔ̃tʀəpuvwaʀ] <contre-pouvoirs> *m* Gegenmacht *f* **contre-**

-productif, -ive [kɔ̃tʀəpʀɔdyktif, -iv] *adj* kontraproduktiv **contre-publicité** [kɔ̃tʀəpyblisite] *f* Werbekampagne *f* als Gegenangriff

contrer [kɔ̃tʀe] <1> **I.** *vi* JEUX Kontra sagen **II.** *vt* ~ **qn/qc** jdm Kontra geben/etw durchkreuzen; SPORT jdn/etw kontern

contre-révolution [kɔ̃tʀəʀevɔlysjɔ̃] <contre-révolutions> *f* Gegenrevolution *f*

contreseing [kɔ̃tʀəsɛ̃] *m* Gegenzeichnung *f*

contresens [kɔ̃tʀəsɑ̃s] *m* Fehlinterpretation *f;* (*dans une traduction*) Übersetzungsfehler *m*

contresigner [kɔ̃tʀəsiɲe] <1> *vt* gegenzeichnen

contretemps [kɔ̃tʀətɑ̃] *m* **j'ai eu un ~** mir ist etwas dazwischengekommen; **à ~** ungelegen; MUS nicht im Takt

contrevenant(e) [kɔ̃tʀəv(ə)nɑ̃, ɑ̃t] *m(f)* Zuwiderhandelnde(r) *f(m)*

contrevenir [kɔ̃tʀəv(ə)niʀ] <9> *vi* ~ **à qc** gegen etw verstoßen

contrevent [kɔ̃tʀəvɑ̃] *m* (*volet*) [Fenster]laden *m*

contre-vérité [kɔ̃tʀəveʀite] *f* Unwahrheit *f*

contribuable [kɔ̃tʀibɥabl] *mf* Steuerzahler(in) *m(f)*

contribuer [kɔ̃tʀibɥe] <1> *vi* ~ **à qc** zu etw beitragen

contributif, -ive [kɔ̃tʀibytif, -iv] *adj* Steuer-, steuerlich

contribution [kɔ̃tʀibysjɔ̃] *f* ① (*participation*) ~ **à qc** Beitrag *m* zu etw; **mettre qn à ~ pour qc** jds Dienste bei etw in Anspruch nehmen ② *pl* (*impôts*) Steuern *Pl* ③ *pl* (*service*) Steuerbehörde *f*

contrit(e) [kɔ̃tʀi] *adj* reuevoll

contrôlable [kɔ̃tʀolabl] *adj* ① (*vérifiable*) überprüfbar ② (*maîtrisable*) kontrollierbar

contrôle [kɔ̃tʀol] *m* ① *des passeports* Kontrolle *f; de la caisse* Prüfung *f;* (*douane*) Zoll *m;* **passer un ~** durch eine Kontrolle durchkommen; **~ d'identité** Ausweiskontrolle; **~ technique** ≈ TÜV; **~ antidopage** Dopingkontrolle *f* ② *sans pl* (*surveillance*) Aufsicht *f,* Überwachung *f;* **exercer un ~ sur qc** etw überwachen ③ SCOL Arbeit *f,* Test *m;* **~ de géographie** Erdkundetest; **~ continu** UNIV kontinuierliche Leistungskontrolle ④ (*maîtrise*) **garder/perdre le ~ de qc** die Kontrolle über etw (*akk*) behalten/verlieren

contrôler [kɔ̃tʀole] <1> **I.** *vt* ① (*vérifier*) kontrollieren; überprüfen *liste, affirmation;* prüfen *comptes* ② (*surveiller*) beaufsichtigen *opération;* überwachen *prix* ③ (*maîtriser*) unter Kontrolle haben; bestimmen *jeu;* **~ le ballon** im Ballbesitz sein; **~ la situation** Herr der Lage sein **II.** *vpr* **se ~** sich beherrschen

contrôleur, -euse [kɔ̃tʀolœʀ, -øz] *m, f* ① TRANSP Kontrolleur(in) *m(f)* ② FIN, ECON Prüfer(in) *m(f);* ~(**-euse**) **de gestion** Controller(in) *m(f)*

contrordre [kɔ̃tʀɔʀdʀ] *m* Gegenbefehl *m*

controverse [kɔ̃tʀɔvɛʀs] *f* Kontroverse *f*

controversé(e) [kɔ̃tʀɔvɛʀse] *adj* umstritten

contumace [kɔ̃tymas] *adv* **par ~** in Abwesenheit

contusion [kɔ̃tyzjɔ̃] *f* Prellung *f,* Quetschung *f*

convaincant(e) [kɔ̃vɛ̃kɑ̃, ɑ̃t] *adj* überzeugend

convaincre [kɔ̃vɛ̃kʀ] <irr> **I.** *vt* ① (*persuader*) überzeugen; **~ qn de qc** jdn von etw überzeugen ② (*prouver la culpabilité*) **~ qn de trahison/crime** jdn des Verrats/Verbrechens überführen **II.** *vpr* **se ~ de qc** sich von etw überzeugen

convaincu(e) [kɔ̃vɛ̃ky] **I.** *part passé de* **convaincre II.** *adj* **~ de qc** überzeugt von etw

convainquant(e) [kɔ̃vɛ̃kɑ̃, ɑ̃t] *adj argument* überzeugend; *preuve* schlagend

convalescence [kɔ̃valesɑ̃s] *f* Genesung *f*

convalescent(e) [kɔ̃valesɑ̃, ɑ̃t] **I.** *m(f)* Genesende(r) *f(m)* **II.** *adj* auf dem Wege der Besserung

convection [kɔ̃vɛksjɔ̃] *f* PHYS, GEOG Konvektion *f*

convenable [kɔ̃vnabl] *adj* ① (*adéquat*) passend; *distance* angemessen ② (*correct*) korrekt; **il n'est pas ~ de faire qc** es gehört sich nicht, etw zu tun ③ *salaire* angemessen; *vin* ordentlich

convenablement [kɔ̃vnabləmɑ̃] *adv* ① *habillé* passend; *être équipé* entsprechend ② *se tenir, s'exprimer, s'habiller* korrekt ③ (*de manière acceptable*) ordentlich

convenance [kɔ̃vnɑ̃s] *f* ① *pl* (*bon usage*) Anstand *m;* **respecter les ~s** die Form wahren ② (*agrément*) **qn trouve qc à sa ~** etw ist ganz nach jds Wunsch *m*

convenir[1] [kɔ̃vniʀ] <9> **I.** *vi* ① (*aller*) **~ à qn** jdm passen; *climat, nourriture:* jdm bekommen ② (*être approprié*) **~ à qc** zu etw passen; **c'est tout à fait l'homme qui convient** er ist genau der richtige Mann; **trouver les mots qui conviennent** die passenden Worte finden **II.** *vi impers* **il convient de faire qc** es ist angebracht etw zu tun; **comme il convient** wie es sich gehört

convenir² [kɔ̃vniʀ] <9> **I.** *vi* ❶ (*s'entendre*) ~ **de qc** sich auf etw (*akk*) einigen ❷ (*reconnaître*) ~ **de qc** etw zugeben **II.** *vt impers* **il est convenu que** + *subj* es ist abgemacht, dass; **comme convenu** wie vereinbart **III.** *vt* (*reconnaître*) ~ **que ...** zugeben, dass ...

convention [kɔ̃vɑ̃sjɔ̃] *f* ❶ (*accord*) Abkommen *nt* ❷ (*règle*) Konvention *f;* **de ~** konventionell; **sourire de ~** Lächeln *nt* aus Höflichkeit; **par ~** in der Regel

conventionné(e) [kɔ̃vɑ̃sjɔne] *adj établissement* Vertrags-; *médecin* Kassen-

conventionnel(le) [kɔ̃vɑ̃sjɔnɛl] *adj* konventionell

conventuel(le) [kɔ̃vɑ̃tɥɛl] *adj* klösterlich

convenu(e) [kɔ̃vny] **I.** *part passé de* **convenir II.** *adj* vereinbart; **c'était une chose ~e!** es war eine abgemachte Sache!

convergence [kɔ̃vɛʀʒɑ̃s] *f* ❶ *des lignes* Zusammenlaufen *nt; des intérêts* Übereinstimmung *f* ❷ (*UE*) Konvergenz *f*

convergent(e) [kɔ̃vɛʀʒɑ̃, ʒɑ̃t] *adj lignes, routes* zusammenlaufend; *points de vue, intérêts* übereinstimmend

converger [kɔ̃vɛʀʒe] <2a> *vi intérêts:* übereinstimmen; *efforts:* sich auf das gleiche Ziel richten; **les regards convergent sur/vers qn/qc** die Blicke richten sich auf jdn/etw

conversation [kɔ̃vɛʀsasjɔ̃] *f* ❶ Unterhaltung *f,* Gespräch *nt;* ~ **téléphonique** Telefongespräch; **être en grande ~ avec qn** ein langes Gespräch mit jdm führen; **faire la ~ à qn** mit jdm plaudern; **détourner la** [*o* **changer de**] ~ vom Thema ablenken ❷ (*manière de discuter*) **avoir de la ~** *fam* unterhaltsam sein

converser [kɔ̃vɛʀse] <1> *vi soutenu* ~ **avec qn** sich mit jdm unterhalten

conversion [kɔ̃vɛʀsjɔ̃] *f* ❶ REL Übertritt *m,* Konvertieren *nt* ❷ FIN Umtausch *m* ❸ PHYS, MATH ~ **de qc en qc** Umwandlung *f* von etw in etw (*akk*)

converti(e) [kɔ̃vɛʀti] **I.** *adj* bekehrt **II.** *m(f)* Konvertit(in) *m(f)* ▶ **prêcher un ~** offene Türen einrennen

convertibilité [kɔ̃vɛʀtibilite] *f* FIN *d'une monnaie* Konvertibilität *f,* Konvertierbarkeit *f*

convertible [kɔ̃vɛʀtibl] *adj* ~ **en qc** konvertierbar in etw (*akk*)

convertir [kɔ̃vɛʀtiʀ] <8> **I.** *vt* ❶ (*amener*) ~ **qn à une religion** jdn zu einer Religion bekehren ❷ (*transformer*) ~ **des dollars en euros/une tonne en kilogrammes** Dollar in Euro/eine Tonne in Kilogramm umrechnen ❸ INFORM konvertieren **II.** *vpr* (*adopter*) **se ~** konvertieren; **se ~ au catholicisme** zum katholischen Glauben übertreten

convertisseur [kɔ̃vɛʀtisœʀ] *m* ELEC, PHYS Konverter *m;* ~ **numérique analogique** Digital-Analog-Wandler *m;* ~ **d'images** Bildumformer *m;* ~ **de tension** Spannungsumwandler *m*

convexe [kɔ̃vɛks] *adj* konvex

convexité [kɔ̃vɛksite] *f* Konvexität *f,* Wölbung *f*

conviction [kɔ̃viksjɔ̃] *f* ❶ (*opinion*) Überzeugung *f;* **les ~s politiques de qn** jds politische Einstellung ❷ (*certitude*) **il manque de ~** ihm fehlt es an Überzeugungskraft *f;* **avec/sans ~** überzeugend/nicht überzeugend; **avoir la ~ de qc** von etw überzeugt sein

convier [kɔ̃vje] <1> *vt soutenu* ❶ (*inviter*) ~ **qn à un repas** jdn zu einem Essen laden (*geh*) ❷ (*inciter*) ~ **qn à donner son avis** jdn um seine Meinung bitten

convive [kɔ̃viv] *mf gén pl* Gast *m*

convivial(e) [kɔ̃vivjal, -jo] <-aux> *adj* ❶ gesellig ❷ INFORM benutzerfreundlich

convivialité [kɔ̃vivjalite] *f sans pl* ❶ (*agrément*) [harmonisches] Zusammenleben *nt; d'une réunion* Geselligkeit *f* ❷ INFORM Benutzerfreundlichkeit *f*

convocation [kɔ̃vɔkasjɔ̃] *f* ❶ (*action*) Einberufung *f; d'une personne* Einladung *f* ❷ JUR Vorladung *f;* **se rendre à une ~** einer Vorladung Folge leisten ❸ SCOL [schriftliche] Aufforderung [zu erscheinen] ❹ MIL Einberufung *f,* Einberufungsbefehl *m*

convoi [kɔ̃vwa] *m* ❶ (*véhicules*) Konvoi *m;* ~ **militaire** Militärkolonne *f* ❷ (*personnes*) Transport *m; de nomades* Karawane *f* ❸ CHEMDFER Zug *m;* ~ **de marchandises** Güterzug ❹ (*cortège funèbre*) Leichenzug *m*

convoiter [kɔ̃vwate] <1> *vt* begehren

convoitise [kɔ̃vwatiz] *f* Begierde *f*

convoler [kɔ̃vɔle] <1> *vi hum* ~ **en justes noces** in den Hafen der Ehe einlaufen

convoquer [kɔ̃vɔke] <1> *vt* ❶ bestellen; einberufen *assemblée;* **être convoqué pour l'examen** zur Prüfung antreten müssen ❷ MIL einberufen ❸ JUR vorladen

convoyer [kɔ̃vwaje] <6> *vt* den Transport bewachen; ~ **des tableaux/de l'or** den Transport von Bildern/Gold bewachen

convoyeur [kɔ̃vwajœʀ] *m* TECH Förderer *m*

C

convulsé(e) [kɔ̃vylse] *adj visage* verzerrt
convulser [kɔ̃vylse] <1> *vt* verzerren *visage, traits*
convulsif, -ive [kɔ̃vylsif, -iv] *adj* krampfhaft; *toux* krampfartig
convulsion [kɔ̃vylsjɔ̃] *f gén pl* ❶ (*crise*) **~s sociales** soziale Wirren *Pl* ❷ MED Zuckung *f*
convulsionner [kɔ̃vylsjɔne] <1> *vt* **être convulsionné** *visage:* krampfhaft verzerrt sein
cooccupant(e) [kɔɔkypɑ̃, ɑ̃t] *m(f)* **locataire ~** Mitbewohner *m*
cool [kul] *adj inv fam* ❶ (*décontracté*) *personne* locker; *tenue* lässig ❷ (*excellent*) cool; **super ~** total cool; **c'est ~!** das sieht cool aus! ▶ **un mec à la ~** ein cooler Typ
coolie [kuli] *m* Kuli *m*
coopérant(e) [kɔɔperɑ̃, ɑ̃t] **I.** *m(f)* Entwicklungshelfer(in) *m(f)*; MIL *Wehrdienstpflichtiger, der seinen Ersatzdienst als Entwicklungshelfer leistet* **II.** *adj* (*coopératif*) kooperativ
coopérateur, -trice [kɔ(ɔ)peratœr, -tris] **I.** *adj* genossenschaftlich **II.** *m, f* (*membre d'une coopérative*) Genossenschaftsmitglied *nt*, Genossenschaft[l]er(in) *m(f)*
coopératif, -ive [kɔ(ɔ)peratif, -iv] *adj* ❶ (*qui coopère*) kooperativ ❷ ECON genossenschaftlich
coopération [kɔɔperasjɔ̃] *f* ❶ (*collaboration*) **~ de qn à un projet** jds Mitarbeit *f* bei einem Projekt; **apporter sa ~ à un projet** bei einem Projekt mitwirken ❷ POL Kooperation *f*, Zusammenarbeit *f* ❸ *sans pl* MIL *Ersatzdienst als Entwicklungshelfer;* **la ~** die [staatliche] Entwicklungshilfe
coopératisme [k(ɔ)ɔperatism] *m* (*système économique*) genossenschaftliches System *nt*
coopérative [kɔ(ɔ)perativ] *f* ❶ (*groupement*) Genossenschaft *f* ❷ (*local*) Genossenschaftszentrale *f*
coopérer [kɔɔpere] <5> *vi* (*collaborer*) zusammenarbeiten; **~ à qc** bei etw mitwirken
coopter [kɔɔpte] <1> *vt* [selbst] hinzuwählen
coordinateur, -trice [kɔɔrdinatœr, -tris] *m, f v.* **coordonnateur**
coordination [kɔɔrdinasjɔ̃] *f* ❶ *sans pl* (*action*) Koordination *f* ❷ *sans pl* GRAM Beiordnung *f*
coordonnateur, -trice [kɔɔrdɔnatœr, -tris] **I.** *adj* koordinierend; *bureau* Koordinations- **II.** *m, f* Koordinator(in) *m(f)*; **être ~ de qc** etw koordinieren
coordonné(e) [kɔɔrdɔne] **I.** *adj* ❶ (*opp: désordonné*) koordiniert ❷ (*assorti*) aufeinander abgestimmt; **vêtements ~s pour le couple** [Kleidung *f* im] Partnerlook *m* **II.** *mpl* Ensembles *Pl*
coordonnée [kɔɔrdɔne] *f* ❶ *pl fam* (*renseignements*) **les ~s de qn** jds Adresse *f* und Telefonnummer *f*; **laissez-moi vos ~s** sagen Sie mir, wie [und wo] ich Sie erreichen kann ❷ GRAM nebengeordneter Satz *m* ❸ GEOM Koordinate *f*
coordonner [kɔɔrdɔne] <1> *vt* (*harmoniser*) koordinieren
copain, copine [kɔpɛ̃, kɔpin] *m, f fam* Freund(in) *m(f)*, Kamerad(in) *m(f)*; **de vieux ~s** alte Kumpel *Pl*; **avec sa bande de ~s** mit seiner/ihrer Clique; **être très ~/copine avec qn** mit jdm eng befreundet sein; **petit ~/petite copine** [fester] Freund/[feste] Freundin
coparentalité [kopaʀɑ̃talite] *f* gemeinsames Sorgerecht *nt*
coparrainage [kopaʀɛnaʒ] *m* *[finanzielle] Förderung durch mehrere Sponsoren*
copeau [kɔpo] <x> *m* Span *m*
Copenhague [kɔpɛnag] Kopenhagen *nt*
copiage [kɔpjaʒ] *m sans pl* ❶ SCOL Abschreiben *nt* ❷ ART Kopieren *nt*
copie [kɔpi] *f* ❶ (*double*) Kopie *f*; **~ certifiée conforme** beglaubigte Kopie; **~ de sécurité** [*o* **de sauvegarde**] INFORM Sicherheitskopie ❷ (*produit*) Imitation *f* ❸ (*feuille double*) Doppelbogen *m* ❹ (*devoir*) Arbeit *f*; **rendre sa ~/[une] ~ blanche** seine Arbeit/ein leeres Blatt abgeben ❺ PRESSE Manuskript *nt*
copier [kɔpje] <1> **I.** *vt* ❶ (*transcrire*) **~ qc dans un livre** etw aus einem Buch abschreiben; **tu me copieras cent fois: ...** du schreibst [mir] hundert Mal: ... ❷ (*photocopier*) [foto]kopieren ❸ (*imiter*) nachmachen ❹ (*plagier*) kopieren **II.** *vi* SCOL **~ sur qn** bei jdm abschreiben
copier-coller [kopjekole] *m inv* INFORM Kopieren *nt* und Einfügen
copieur [kɔpjœr] *m* (*appareil*) Kopierer *m*
copieur, -euse [kɔpjœr, -jøz] *m, f* SCOL Abschreiber(in) *m(f)*
copieusement [kɔpjøzmɑ̃] *adv* reichlich
copieux, -euse [kɔpjø, -jøz] *adj* reichlich
copilote [kopilɔt] *mf* ❶ AVIAT Kopilot(in) *m(f)* ❷ AUT Beifahrer(in) *m(f)*
copinage [kɔpinaʒ] *m péj fam* Vetternwirtschaft *f*
copine [kɔpin] *f v.* **copain**
copiner [kɔpine] <1> *vi fam* **~ avec qn/**

avec tout le monde mit jdm [dick]/mit Hinz und Kunz befreundet sein

coprésidence [kopʀezidɑ̃s] *f* Kopräsidentschaft *f; d'une conférence* Mitvorsitz *m*

coprésident(e) [kopʀezidɑ̃, ɑ̃t] *m(f)* Kopräsident(in) *m(f); d'une conférence, manifestation* Mitvorsitzende(r) *f(m)*

coprocesseur [kopʀɔsesœʀ] *m* INFORM Koprozessor *m*

coproduction [kopʀɔdyksjɔ̃] *f* Koproduktion *f*

copropriétaire [kopʀɔpʀijetɛʀ] *mf* (*d'un bien indivis/divis*) Miteigentümer(in) *m(f)*/Teileigentümer(in) *m(f)*

copropriété [kopʀɔpʀijete] *f* Gemeinschaftseigentum *nt*/Teileigentum *nt*

copulatif, -ive [kɔpylatif, -iv] *adj* LING *conjonction* kopulativ

copulation [kɔpylasjɔ̃] *f* BIO Kopulation *f*, Begattung *f*

copuler [kɔpyle] <1> *vi animal:* kopulieren; *personne:* Geschlechtsverkehr haben

copyright [kɔpiʀajt] *m inv* Copyright *nt*, Urheberrecht *nt*

copyrighté(e) [kɔpiʀajte] *adj* urheberrechtlich geschützt

coq [kɔk] *m* ① ZOOL, GASTR Hahn *m;* **~ au vin** Coq au Vin *nt* (*Hähnchen in Rotweinsauce*) ② SPORT **poids ~** Bantamgewicht[ler *m*] *nt* ▶ **passer** [*o* **sauter**] **du ~ à l'âne** von einem Thema zum anderen springen

coq-à-l'âne [kɔkalɑn] *m inv* Gedankensprung *m*

coquard, coquart [kɔkaʀ] *m fam* Veilchen *nt*

coque [kɔk] *f* ① TECH *d'un navire* Rumpf *m; d'une voiture* [selbsttragende] Karosserie ② ZOOL Herzmuschel *f* ③ (*protection rigide*) **~ de portable** Handyhülle *f*, Natelhülle *f* (CH)

coquelet [kɔklɛ] *m* Hähnchen *nt*

coquelicot [kɔkliko] *m* [Klatsch]mohn *m* ▶ **être rouge comme un ~** rot wie eine Tomate sein

coqueluche [kɔklyʃ] *f* MED Keuchhusten *m*

coquet(te) [kɔkɛ, ɛt] *adj* ① (*élégant*) **être ~** eitel sein ② (*charmant*) nett ③ *fam* (*important*) stolz

coquetier [kɔktje] *m* Eierbecher *m*

coquetterie [kɔkɛtʀi] *f* ① *d'une personne* Eitelkeit *f; d'une toilette* Schick *m* ② (*désir de plaire*) Koketterie *f*

coquillage [kɔkijaʒ] *m* Muschel *f*

coquille [kɔkij] *f* ① ZOOL Gehäuse *nt; de l'escargot* [Schnecken]haus *nt; des mollusques* Schale *f; d'un œuf* [Eier]schale; **~ Saint-Jacques** [Jakobs]pilgermuschel *f;* GASTR Jakobsmuschel ② TYP Druckfehler *m* ③ (*récipient*) Schälchen *nt* (*das Gefäß kann muschelförmig oder die Schale einer Jakobsmuschel sein*) ④ ART Muschelornament *nt*

coquillettes [kɔkijɛt] *fpl* Hörnchen *Pl*

coquin(e) [kɔkɛ̃, in] **I.** *adj* ① (*espiègle*) schelmisch ② (*grivois*) anzüglich **II.** *m(f)* Frechdachs *m*, Schelm *m*

cor¹ [kɔʀ] *m* MUS Horn *nt* ▶ **réclamer qn/qc à ~ et à cri** lauthals nach jdm schreien/etw lauthals fordern

cor² [kɔʀ] *m* MED Hühnerauge *nt*

corail¹ [kɔʀaj, kɔʀo] <coraux> **I.** *m* ① GASTR Rogen *m* ② (*polype*) Koralle *f* **II.** *app inv* korallenrot

corail®² [kɔʀaj] *adj inv* CHEMDFER Großraum-; **train ~** ~ Intercity *m*

corallien(ne) [kɔʀaljɛ̃, jɛn] *adj* aus Korallen; **récif ~** Korallenriff *m*

Coran [kɔʀɑ̃] *m* **le ~** der Koran

coranique [kɔʀanik] *adj* koranisch; *loi a.* des Koran; *école* Koran-

corbeau [kɔʀbo] <x> *m* ① ORN Rabe *m* ② *fam* (*dénonciateur*) anonymer Briefschreiber/anonyme Briefschreiberin

corbeille [kɔʀbɛj] *f* (*panier*) Korb *m;* **~ à papier/pain** Papier-/Brotkorb; **~ de fruits** Korb [mit] Obst

corbillard [kɔʀbijaʀ] *m* Leichenwagen *m*

cordage [kɔʀdaʒ] *m* ① (*corde*) Tau *nt* ② NAUT Takelage *f* ③ SPORT Bespannung *f*

corde [kɔʀd] *f* ① (*lien, câble*) Strick *m; d'un alpiniste, équilibriste, d'une balançoire* Seil *nt; d'un bateau* Leine *f;* **~ à linge** Wäscheleine; **~ à sauter** Springseil ② MUS Saite *f; pl* Streichinstrumente *Pl* ③ SPORT *d'une raquette* Saite *f; d'un arc, d'une arbalète* Sehne *f;* **~ lisse** [Kletter]seil *nt;* **grimper** [*o* **monter**] **à la ~** am Seil hochklettern ④ *sans pl* (*bord de piste*) innere Bahnbegrenzung; SPORT Innenbahn *f* ⑤ ANAT **~s vocales** Stimmbänder *Pl* ▶ **avoir plus d'une ~** [*o* **plusieurs ~s**] **à son arc** mehrere Eisen im Feuer haben; **il pleut** [*o* **tombe**] **des ~s** es regnet Bindfäden (*fam*)

cordeau [kɔʀdo] <x> *m* ① (*petite corde*) Schnur *f* ② (*mèche*) **~ détonant** Zündschnur *f* ▶ **au ~** schnurgerade; *fig* ordentlich

cordée [kɔʀde] *f* Seilschaft *f*

cordelette [kɔʀdəlɛt] *f* dünne Schnur *f*

corderie [kɔʀd(ə)ʀi] *f* (*usine, fabrication*) Seilerei *f*

cordial(e) [kɔʀdjal, -jo] <-aux> *adj* herzlich

cordialement [kɔʀdjalmɑ̃] *adv* herzlich

C

cordialité [kɔʀdjalite] *f sans pl* Herzlichkeit *f*, Warmherzigkeit *f*

cordillère [kɔʀdijɛʀ] *f* Gebirgskette *f*; ~ **des Andes** Andenkordilleren *Pl*

cordon [kɔʀdɔ̃] *m* ❶ (*petite corde*) Schnur *f*; *d'un tablier* Band *nt* ❷ (*décoration*) [Ordens]band *nt*, Kordon *m* ❸ GEOG ~ **littoral** Küstenstreifen *m* ❹ ANAT ~ **ombilical** Nabelschnur *f*

cordon-bleu [kɔʀdɔ̃blø] <cordons-bleus> *m fam* fabelhafter Koch *m*/fabelhafte Köchin *f*

cordonnerie [kɔʀdɔnʀi] *f* (*métier*) Schusterei *f*; (*atelier*) Schuhmacherei *f*

cordonnier, -ière [kɔʀdɔnje, -jɛʀ] *m, f* Schuster(in) *m(f)*

Corée [kɔʀe] *f* **la** ~ Korea *nt*; **la** ~ **du Nord/du Sud** Nord-/Südkorea

coréen [kɔʀeɛ̃] *m* Koreanisch *nt*; *v. a.* **allemand**

coréen(ne) [kɔʀeɛ̃, ɛn] *adj* koreanisch

Coréen(ne) [kɔʀeɛ̃, ɛn] *m(f)* Koreaner(in) *m(f)*

coreligionnaire [kɔʀ(ə)liʒjɔnɛʀ] *mf* Glaubensgenosse *m*/-genossin *f*

coriace [kɔʀjas] *adj* zäh; *personne* unerbittlich

coriandre [kɔʀjɑ̃dʀ] *f* Koriander *m*

cormoran [kɔʀmɔʀɑ̃] *m* Kormoran *m*

cornac [kɔʀnak] *m* ❶ Elefantenführer *m* ❷ *fig fam* **servir de** ~ **à qn** jdn einführen

cornaline [kɔʀnalin] *f* MINER Karneol *m*

corne [kɔʀn] *f* ❶ ZOOL Horn *nt*; **les** ~**s** *d'un cerf* das Geweih; *d'un escargot* die Hörner ❷ (*pli*) Eselsohr *nt* ❸ *sans pl* (*callosité*) Hornhaut *f* ▶ **avoir des** ~**s** *fam* [von seinem Partner] betrogen werden

corned-beef [kɔʀnɛdbif, kɔʀnbif] *m* Corned Beef *nt*

cornée [kɔʀne] *f* ANAT Hornhaut *f* [des Auges]

cornéen(ne) [kɔʀneɛ̃, ɛn] *adj* Hornhaut-

corneille [kɔʀnɛj] *f* Krähe *f*

cornélien(ne) [kɔʀneljɛ̃, jɛn] *adj* ❶ *situation* qualvoll; *personnage* wie bei Corneille ❷ LITTER **la tragédie** ~**ne** die Corneillesche Tragödie

cornemuse [kɔʀnəmyz] *f* MUS Dudelsack *m*

corner[1] [kɔʀne] <1> *vt* ~ **une page** die Ecke einer Seite umknicken; **être tout corné** lauter Eselsohren haben

corner[2] [kɔʀnɛʀ] *m* SPORT Eckball *m*

cornet [kɔʀnɛ] *m* GASTR [Papier]tüte *f*; *d'une glace* Waffeltüte; **un** ~ **de glace** eine Tüte Eis

cornette [kɔʀnɛt] *f d'une religieuse* Flügelhaube *f*

corn[-]flakes [kɔʀnflɛks] *mpl* Cornflakes *Pl*

corniaud [kɔʀnjo] **I.** *adj fam* doof **II.** *m* ❶ (*chien*) Promenadenmischung *f* ❷ *fam* (*imbécile*) Kamel *nt*

corniche [kɔʀniʃ] *f* ❶ ARCHIT Sims *nt o m* ❷ (*escarpement*) [Fels]vorsprung *m* ❸ (*route*) *Straße an einer Steilküste, einem Steilhang*

cornichon [kɔʀniʃɔ̃] *m* ❶ GASTR Gürkchen *nt* ❷ *fam* (*personne*) Blödmann *m*

cornu(e) [kɔʀny] *adj* gehörnt, mit Hörnern

cornue [kɔʀny] *f* (*récipient*) Retorte *f*

corollaire [kɔʀɔlɛʀ] *m* [logische] Folge, Konsequenz *f*

corolle [kɔʀɔl] *f* Blütenkrone *f*

coron [kɔʀɔ̃] *m* Bergarbeitersiedlung *f*

coronaire [kɔʀɔnɛʀ] *adj* ANAT Herzkranz-

corporatif, -ive [kɔʀpɔʀatif, -iv] *adj* korporativ

corporation [kɔʀpɔʀasjɔ̃] *f* ❶ (*association*) Körperschaft *f*; *de notaires* Berufsverband *m*; *d'artisans* Innung *f* ❷ HIST *d'artisans* Zunft *f*; *de commerçants* Gilde *f*

corporatisme [kɔʀpɔʀatism] *m* (*intérêts particuliers*) Standesdenken *nt kein Pl*

corporel(le) [kɔʀpɔʀɛl] *adj* ❶ (*physique*) körperlich; **expression** ~**le** Gymnastik *f*; **soins** ~**s** Körperpflege *f* ❷ JUR materiell; **biens** ~**s** Sachgüter *Pl*

corps [kɔʀ] *m* ❶ ANAT Körper *m*; **trembler de tout son** ~ am ganzen Körper zittern; ~ **et âme** mit Leib und Seele; ~ **à corps** Nahkampf *m* ❷ (*tronc*) Rumpf *m*; **jusqu'au milieu du** ~ bis zur Taille ❸ (*cadavre*) Leiche *f* ❹ (*défunt*) Leichnam *m* ❺ CHIM Substanz *f*; ~ **simple/composé** [chemisches] Element/[chemische] Verbindung ❻ (*groupe*) Körperschaft *f*; ~ **diplomatique** diplomatisches Korps; **réunion du** ~ **enseignant** Lehrerkonferenz *f*; ~ **médical** Ärzteschaft *f*; ~ **de métier** Berufsverband *m*; *des artisans* Innung *f* ❼ MIL ~ **d'armée** Armeekorps *nt*; **chef de** ~ Regiments-/Bataillonskommandeur *m* ❽ (*partie essentielle*) Hauptteil *m*; *d'un bâtiment* Haupttrakt *m*; *d'un violon* Klangkörper *m* ❾ ASTRON ~ **céleste** Himmelskörper *m* ▶ **avoir du** ~ *vin:* körperreich sein; **prendre** ~ Gestalt annehmen

corpulence [kɔʀpylɑ̃s] *f* Beleibtheit *f*; **de** ~ **moyenne** von mittlerer Statur; **être de forte** ~ korpulent sein

corpulent(e) [kɔʀpylɑ̃, ɑ̃t] *adj* korpulent

corpus [kɔʀpys] *m* Korpus *nt*

corral [kɔʀal] *m* Korral *m,* Pferch *m* [für Rinder und Ochsen]
correct(e) [kɔʀɛkt] *adj* ❶ (*exact*) korrekt; **c'est ~** CAN (*ça va*) [das] ist/geht in Ordnung ❷ (*convenable*) korrekt; **être ~ avec qn** jdn korrekt behandeln ❸ *fam* (*acceptable*) annehmbar
correctement [kɔʀɛktəmɑ̃] *adv* richtig; *se conduire, s'habiller* korrekt; **gagner ~ sa vie** recht ordentlich verdienen
correcteur [kɔʀɛktœʀ] *m* Regler *m;* **~ liquide** Korrekturflüssigkeit *f;* **~ orthographique** Rechtschreibprüfung *f*
correcteur, -trice [kɔʀɛktœʀ, -tʀis] **I.** *adj ruban* Korrektur-; *mesure* korrigierend **II.** *m, f* SCOL, TYP Korrektor(in) *m(f)*
correctif [kɔʀɛktif] *m* Korrektiv *nt;* **~ à qc** Korrektiv für etw
correction [kɔʀɛksjɔ̃] *f* ❶ (*action*) Korrektur *f*/Verbesserung *f;* **faire la ~ de qc** etw korrigieren/verbessern ❷ (*châtiment*) Schläge *Pl;* **recevoir une bonne ~** eine ordentliche Tracht Prügel *Pl* bekommen ❸ (*justesse*) Korrektheit *f,* Richtigkeit *f* ❹ (*bienséance*) Korrektheit *f;* **avec ~** korrekt; **être d'une parfaite ~** sich vollkommen korrekt verhalten
correctionnel(le) [kɔʀɛksjɔnɛl] *adj* Straf-; **tribunal ~** Strafkammer *f*
correctionnelle [kɔʀɛksjɔnɛl] *f fam* **passer en ~** sich vor der Strafkammer verantworten müssen
corrélatif [kɔʀelatif] *m* GRAM Korrelat *nt*
corrélatif, -ive [kɔʀelatif, -iv] *adj a.* GRAM korrelativ
corrélation [kɔʀelasjɔ̃] *f* [direkter] Zusammenhang *m*
corres [kɔʀɛs] *mf fam abr de* **correspondant(e)**
correspondance [kɔʀɛspɔ̃dɑ̃s] *f* ❶ (*échange de lettres*) Briefwechsel *m* ❷ COM Schriftverkehr *m* ❸ TRANSP Anschluss *m;* **nous avons une ~ à Stuttgart** wir steigen in Stuttgart um
correspondancier, -ière [kɔʀɛspɔ̃dɑ̃sje, -jɛʀ] *m, f* Korrespondent(in) *m(f)*
correspondant(e) [kɔʀɛspɔ̃dɑ̃, ɑ̃t] **I.** *adj* entsprechend **II.** *m(f)* ❶ (*contact*) Briefpartner(in) *m(f); d'un jeune* Brieffreund(in) *m(f)* ❷ (*au téléphone*) Gesprächspartner *m* ❸ COM [Geschäfts]partner *m* ❹ MEDIA Korrespondent(in) *m(f);* **~ de guerre** Kriegsberichterstatter(in) *m(f)*
correspondre [kɔʀɛspɔ̃dʀ] <14> **I.** *vi* ❶ (*être en contact*) **~ avec qn** mit jdm im Briefwechsel stehen; **~ par fax/courrier électronique** per Fax/E-Mail korrespondieren ❷ TRANSP **~ avec qc** Anschluss an etw (*akk*) haben ❸ (*aller avec*) **~ à qc** zu etw gehören; **ci-joint un chèque correspondant à la facture** anbei ein Scheck über den Rechnungsbetrag ❹ (*s'accorder avec*) **sa version des faits ne correspond pas à la réalité** seine Darstellung entspricht nicht der Wahrheit ❺ (*être typique*) **~ à qn** zu jdm passen ❻ (*être l'équivalent de*) **ce mot correspond exactement au terme anglais** dieses Wort entspricht genau dem englischen Begriff **II.** *vpr* **se ~** sich entsprechen
corrida [kɔʀida] *f* Stierkampf *m*
corridor [kɔʀidɔʀ] *m* Korridor *m,* Gang *m*
corrigé [kɔʀiʒe] *m* SCOL Lösung *f*
corriger [kɔʀiʒe] <2a> **I.** *vt* ❶ (*relever les fautes*) korrigieren ❷ (*supprimer les fautes*) verbessern ❸ (*rectifier*) korrigieren; revidieren *théorie, prévisions;* abstellen *mauvaise habitude;* **~ à la hausse/à la baisse** nach oben/nach unten korrigieren ❹ (*punir*) schlagen; **se faire ~ par qn** von jdm Schläge beziehen **II.** *vpr* (*devenir raisonnable*) **se ~** sich bessern
corroborer [kɔʀɔbɔʀe] <1> *vt* erhärten
corroder [kɔʀɔde] <1> *vt* (*oxyder*) angreifen
corrompre [kɔʀɔ̃pʀ] <*irr*> *vt* (*acheter*) bestechen
corrompu(e) [kɔʀɔ̃py] **I.** *part passé de* **corrompre** **II.** *adj* ❶ (*malhonnête*) korrupt ❷ (*perverti*) verdorben
corrosif, -ive [kɔʀozif, -iv] *adj* ❶ (*caustique*) ätzend ❷ (*acerbe*) bissig
corrosion [kɔʀozjɔ̃] *f* Korrosion *f*
corrupteur, -trice [kɔʀyptœʀ, -tʀis] *m, f* Bestecher(in) *m(f)*
corruptible [kɔʀyptibl] *adj* korrupt
corruption [kɔʀypsjɔ̃] *f* ❶ (*délit*) Korruption *f,* Bestechung *f* ❷ *sans pl* (*dégradation*) Korruption *f; des mœurs* Verfall *m* ❸ (*résultat*) Korruptheit *f*
corsage [kɔʀsaʒ] *m* Bluse *f; d'une robe* Oberteil *nt*
corsaire [kɔʀsɛʀ] *m* ❶ (*marin*) Korsar *m,* Freibeuter *m* ❷ (*navire*) Kaperschiff *nt* ❸ (*pantalon*) Caprihose *f*
corse [kɔʀs] **I.** *adj* korsisch **II.** *m* Korsisch *nt; v. a.* **allemand**
Corse [kɔʀs] **I.** *f* **la ~** Korsika *nt* **II.** *mf* Korse *m*/Korsin *f*
corsé(e) [kɔʀse] *adj* ❶ (*épicé*) scharf [gewürzt]; *vin* vollmundig; *café* aromatisch ❷ (*scabreux*) schlüpfrig ❸ (*excessif*) gesalzen ❹ (*compliqué*) knifflig
corser [kɔʀse] <1> **I.** *vt* würzen *mets;*

komplizieren *situation;* spannender machen *récit* **II.** *vpr* **se ~** spannend werden

corset [kɔʀsɛ] *m* Mieder *nt,* Korsett *nt*

corseter [kɔʀsəte] <4> *vt* einengen

corso [kɔʀso] *m* Korso *m*

C

cortège [kɔʀtɛʒ] *m* Zug *m;* REL Prozession *f;* **~ nuptial** Hochzeitszug; **~ funèbre** Trauerzug

cortex [kɔʀtɛks] *m* ANAT Rinde *f;* **~ cérébral** Großhirn *nt*

cortisone [kɔʀtizɔn] *f* Kortison *nt*

corvée [kɔʀve] *f* ① (*obligation pénible*) lästige Pflicht; **être de ~ de qc** mit etw dran sein; **quelle ~!** wie lästig! ② MIL Arbeitsdienst *m* ③ HIST Fron[arbeit *f*] *f* ④ CH (*travail non payé, fait de plein gré*) Fronarbeit *f* (CH)

coryphée [kɔʀife] *m* ① (*dans le théâtre antique*) Chorführer *m* ② *d'un parti, d'un secte* [An]führer *m*

coryza [kɔʀiza] *m* MED Schnupfen *m*

cosaque [kɔzak] *m* Kosak *m*

cosignataire [kosiɲatɛʀ] *adj* mitunterzeichnend; **les personnes ~s** die Mitunterzeichner

cosigner [kosiɲe] <1> *vt* mitunterzeichnen *texte*

cosinus [kɔsinys] *m* MATH Kosinus *m*

cosmétique [kɔsmetik] *adj* kosmetisch; **les soins ~s** die Schönheitspflege

cosmique [kɔsmik] *adj* kosmisch; *fusée* [Welt]raum-

cosmologie [kɔsmɔlɔʒi] *f* Kosmologie *f*

cosmonaute [kɔsmɔnot] *mf* Kosmonaut(in) *m(f)*

cosmopolite [kɔsmɔpɔlit] *adj* kosmopolitisch

cosmopolitisme [kɔsmɔpɔlitism] *m d'une personne* Kosmopolitismus *m,* Weltbürgertum *nt*

cosmos [kɔsmos] *m* Kosmos *m*

cosse [kɔs] *f* BOT Hülse *f*

cossu(e) [kɔsy] *adj* wohlhabend

costard [kɔstaʀ] *m fam* Anzug *m*

costaud [kɔsto] *m* **c'est du ~!** *fam* das ist was Solides!

costaud(e) [kɔsto, od] *adj fam* ① (*fort*) kräftig ② (*solide*) robust

costume [kɔstym] *m* ① (*complet*) [Herren]anzug *m;* **~ sur mesure** Maßanzug ② *d'époque, de théâtre* Kostüm *nt; d'un pays* Tracht *f*

costumé(e) [kɔstyme] *adj* kostümiert

costumer [kɔstyme] <1> *vpr* **se ~ en clown** sich als Clown verkleiden

costumier, -ière [kɔstymje, -jɛʀ] *m, f* ① (*loueur*) Kostümverleiher(in) *m(f)* ② (*fabricant*) Kostümschneider(in) *m(f)* ③ THEAT, CINE Gewandmeister(in) *m(f)*

cotation [kɔtasjɔ̃] *f* FIN [Börsen]notierung *f*

cote [kɔt] *f* ① FIN [Kurs]notierung *f* ② (*popularité*) Beliebtheit *f;* **avoir la ~ avec** [*o* **auprès de**] **qn** *fam* bei jdm hoch im Kurs stehen ③ SPORT *d'un cheval* Gewinnquote *f*

côte [kot] *f* ① (*littoral*) Küste *f;* **la ~ atlantique** die Atlantikküste ② (*pente qui monte*) Steigung *f;* **démarrer en ~** am Berg anfahren ③ (*pente qui descend*) [Ab]hang *m* ④ (*vigne*) **les ~s du Rhône** die Weinberge des Rhônetals ⑤ ANAT Rippe *f* ⑥ GASTR Kotelett *nt;* **~ de bœuf** T-Bone-Steak *nt* ▶ **~ à ~** Seite *f* an Seite

coté(e) [kɔte] *adj* beliebt

côté [kote] **I.** *m* ① (*partie latérale*) Seite *f;* **des deux ~s de qc** auf beiden/beide Seiten einer S. (*gen*); **sauter de l'autre ~ du ruisseau** über den Bach springen; **du ~ de ...** im Bereich von ... ② (*aspect*) Seite *f;* **le ~ pratique** die praktische Seite; **par certains ~s** in mancher Hinsicht ③ (*direction*) Seite *f,* Richtung *f; suivi d'un subst sans art* -seite; **~ cour** zum Hof hin; **de quel ~ allez-vous?** in welche Richtung gehen Sie?; **du ~ de la mer** vom Meer her/in Richtung Meer; **du ~ opposé** aus der entgegengesetzten/in die entgegengesetzte Richtung ④ (*parti*) Seite *f;* **du ~ de qn** auf jds Seite (*akk o dat*); **mettre qn de son ~** jdn auf seine Seite bringen; **aux ~s de qn** an jds Seite (*dat*); **de mon ~** ich meinerseits; **du ~ paternel** [*o* **du père**] väterlicherseits ▶ **d'un ~ ..., de l'autre** [**~**] [*o* **d'un autre ~**] einerseits ..., andererseits; **de ce ~** *fam* in dieser Hinsicht; **mettre de l'argent de ~** Geld auf die Seite legen; **laisser qn/qc de ~** jdn links liegen/etw beiseitelassen **II.** *adv* ① (*à proximité*) **à ~** *chambre* nebenan; *clé* daneben ② (*en comparaison*) **à ~** daneben ③ (*en plus*) **à ~** nebenher ④ (*voisin*) **les gens [d'] à ~** die Leute von nebenan; **nos voisins [d'] à ~** unsere direkten Nachbarn; **la maison d'à ~** das Nachbarhaus ▶ **passer à ~ de qc** etw verfehlen **III.** *prép* ① (*à proximité de*) **à ~ de qn/qc** neben jdm/jdn/etw; **à ~ de Paris** bei Paris; **juste** [*o* **tout**] **à ~ de qc** direkt neben etw (*akk o dat*) ② (*en comparaison de*) **à ~ de qn/qc** gemessen an jdm/etw ③ (*hors de*) **à ~ de qc** neben etw (*akk o dat*); **répondre à ~ de la question** mit seiner Antwort daneben liegen; (*intentionnellement*) der Frage ausweichen; **être à ~ du sujet** das Thema verfehlen

coteau [kɔto] <x> *m* ① (*versant*) Hang *m* ② (*vignoble*) Weinberg *m*
Côte d'Azur [kotdazyʀ] *f* **la ~** die Côte d'Azur
Côte d'Ivoire [kotdivwaʀ] *f* **la ~** die Elfenbeinküste
côtelé(e) [kot(ə)le] *adj* gerippt
côtelette [kotlɛt] *f* GASTR Kotelett *nt*
coter [kɔte] <1> *vt* ① FIN [an der Börse] notieren ② (*apprécier*) **être coté** einen [festen] Schätzwert haben; **la voiture est cotée à l'Argus** das Auto steht auf der Zeitwerttabelle ③ SPORT **être coté à 5 contre 1** [mit einer Gewinnquote von] 5 zu 1 gewettet werden
coterie [kɔtʀi] *f péj* Clique *f*, Sippschaft *f*
côtier, -ière [kotje, -jɛʀ] *adj* Küsten-
cotillons [kɔtijɔ̃] *mpl* Partyartikel *Pl* (*Konfetti, Papierschlangen, -hütchen etc*)
cotisant(e) [kɔtizɑ̃, ɑ̃t] *m(f)* Beitragszahler(in) *m(f); d'un club* [zahlendes] Mitglied
cotisation [kɔtizasjɔ̃] *f* Beitrag *m*; **~ ouvrière/patronale** Arbeitnehmer-/Arbeitgeberanteil *m* [an der Sozialversicherung]
cotiser [kɔtize] <1> **I.** *vi* **~ à qc** [seine] Beiträge zu etw entrichten **II.** *vpr* **se ~ pour faire qc** zusammenlegen um etw zu tun
coton [kɔtɔ̃] *m* ① Baumwolle *f* ② (*fil*) [Baumwoll]garn *nt* ③ (*ouate*) Wattebausch *m*; **du ~** Watte *f* ▶ **avoir les jambes en ~** weiche Knie haben
cotonnade [kɔtɔnad] *f* Baumwollstoff *m*
cotonneux, -euse [kɔtɔnø, -øz] *adj feuille* flaumig; *fruit* mehlig; *bruit* abgedämpft
cotonnier [kɔtɔnje] *m* (*arbrisseau*) Baumwolle *f*
coton-tige® [kɔtɔ̃tiʒ] <cotons-tiges> *m* Wattestäbchen *nt*
côtoyer [kotwaje] <6> **I.** *vt soutenu* ① (*fréquenter*) **~ qn** mit jdm verkehren; **être amené à ~ beaucoup de gens** mit vielen Leuten in Kontakt kommen ② (*longer*) **~ qc** neben etw (*dat*) verlaufen **II.** *vpr soutenu* **se ~** ① (*se fréquenter*) miteinander verkehren ② (*se toucher*) aneinandergrenzen
cou [ku] *m* Hals *m*; **je fais ... cm de tour de ~** ich trage Kragengröße ... ▶ **se casser** [*o* **se rompre**] **le ~** (*se blesser grièvement*) sich (*dat*) alle Knochen brechen; (*se tuer/échouer*) sich (*dat*) das Genick brechen
couac [kwak] *m d'une trompette* Quäken *nt*
couchage [kuʃaʒ] *m* Liegefläche *f*
couchant [kuʃɑ̃] **I.** *adj* untergehend; **au soleil ~** bei Sonnenuntergang *m* **II.** *m* Westen *m*
couche [kuʃ] *f* ① *a.* GEOL, METEO, SOCIOL (*épaisseur*) Schicht *f*; **passer deux ~s de peinture sur qc** etw mit einem Doppelanstrich *m* versehen ② (*lange*) Windel *f*; **~ jetable** Wegwerfwindel ③ MED **fausse ~** Fehlgeburt *f*; **faire une fausse ~** eine Fehlgeburt haben ④ *pl* Wochenbett *nt*; **en ~s** bei der Entbindung
couché(e) [kuʃe] *adj* ① (*étendu*) liegend; **être ~** liegen; **rester ~** liegen bleiben ② (*au lit*) **être déjà ~** bereits im Bett sein; **rester ~** im Bett bleiben
couche-culotte [kuʃkylɔt] <couches-culottes> *f* Windelhöschen *nt*
coucher [kuʃe] <1> **I.** *vi* ① (*dormir*) schlafen; **~ à l'hôtel** im Hotel übernachten ② *fam* (*avoir des relations sexuelles*) **~ avec qn** mit jdm schlafen **II.** *vt* ① (*mettre au lit*) ins Bett bringen ② (*offrir un lit*) **on peut vous ~ si vous voulez** ihr könnt bei uns übernachten, wenn ihr möchtet ③ (*étendre*) legen; liegend lagern *bouteille;* umlegen *blés* **III.** *vpr* ① (*aller au lit*) **se ~** ins Bett gehen; **envoyer qn se ~** jdn ins Bett schicken ② (*s'allonger*) **se ~** sich [hin]legen ③ (*se courber sur*) **se ~ sur qc** sich tief über etw (*akk*) beugen ④ (*disparaître*) **le soleil se couche** die Sonne geht unter **IV.** *m* ① (*fait d'aller au lit*) Schlafengehen *nt*; **c'est l'heure du ~** es ist Schlafenszeit ② (*crépuscule*) Untergang *m*; **au ~ du soleil** bei Sonnenuntergang
couche-tard [kuʃtaʀ] *mf inv fam* Nachtmensch *m*, Nachteule *f* **couche-tôt** [kuʃto] *mf inv fam* **c'est une ~** sie geht mit den Hühnern schlafen
couchette [kuʃɛt] *f* Liege[wagen]platz *m*; **compartiment [à] ~s** Liegewagenabteil *nt*
coucheur, -euse [kuʃœʀ, -øz] *m, f* ▶ **être un mauvais ~** *fam* ein alter Meckerfritze sein
couci-couça [kusikusa] *adv fam* so lala
coucou [kuku] **I.** *m* ① (*oiseau*) Kuckuck *m* ② (*pendule*) Kuckucksuhr *f* ③ *péj* (*vieil avion*) [alte] Mühle (*fam*) ④ BOT Schlüsselblume *f* **II.** *interj* kuckuck
coude [kud] *m* ① ANAT Ell[en]bogen *m* ② (*courbure*) Biegung *f* ▶ **jouer des ~s** die Ell[en]bogen gebrauchen; **lever le ~** *fam* gerne einen heben; **se serrer les ~s** zusammenhalten; **~ à ~** Seite an Seite
coudée [kude] *f* **avoir les ~s franches** freies Spiel haben

C

cou-de-pied [kudpje] <cous-de-pied> *m* Rist *m*
coudoyer [kudwaje] <6> *vt* ~ **qn** mit jdm auf Tuchfühlung sein
coudre [kudʀ] <*irr*> **I.** *vi* nähen **II.** *vt* ❶ (*assembler*) zusammennähen ❷ (*fixer*) ~ **un bouton à qc** einen Knopf an etw (*akk*) annähen; ~ **une pièce sur qc** ein Teil auf etw (*akk*) aufnähen
coudrier [kudʀije] *m* BOT Haselstrauch *m*
couenne [kwan] *f* Schwarte *f*
couette [kwɛt] *f* ❶ (*édredon*) Federbett *nt,* Steppdecke *f* ❷ *gén pl* (*coiffure*) Rattenschwanz *m* (*fam*)
couffin [kufɛ̃] *m* [Baby]tragekorb *m*
couic [kwik] *interj* wutsch
couille [kuj] *f* ❶ *gén pl vulg* (*testicule*) Sack *m;* **les ~s** die Eier *Pl* ❷ *fam* (*ennui*) Ärger *m;* (*erreur*) Problem *nt;* **il y a une ~** da stimmt was nicht ▶ ~ **molle** *fam* Schlappschwanz *m;* **casser les ~s à qn** *vulg* jdm auf den Sack gehen; **partir en ~[s]** *vulg* in die Hosen gehen (*sl*)
couillon(ne) [kujɔ̃, jɔn] *m(f) fam* Blödmann *m*
couillonner [kujɔne] <1> *vt fam* reinlegen
couillu [kujy] *m fam* harter Kerl; **c'est un ~** der ist kein Weichei
couillu(e) [kujy] *adj fam personne* ganz schön mutig; *livre, film* ganz schön gewagt
couinement [kwinmɑ̃] *m du rat, porc* Quieken *nt kein Pl; du lièvre, lapin* Fiepen *nt kein Pl; d'une personne* Wimmern *nt kein Pl*
couiner [kwine] <1> *vi rat, porc:* quieken; *souris, lapin, lièvre:* fiepen; *personne:* wimmern; *porte:* quietschen
coulant(e) [kulɑ̃, ɑ̃t] *adj* ❶ *fam* kulant ❷ (*fluide*) flüssig; *fromage* so weich, dass er läuft ❸ *style* flüssig
coulée [kule] *f* ~ **de lave** Lavastrom *m*
couler [kule] <1> **I.** *vi* ❶ (*s'écouler*) fließen; (*faiblement*) rinnen; (*fortement*) strömen ❷ (*préparer*) **faire ~ un bain à qn** jdm ein Bad einlassen ❸ (*fuir*) *robinet:* tropfen; *récipient:* lecken; *stylo:* auslaufen ❹ (*goutter*) laufen; *œil:* tränen ❺ (*sombrer*) untergehen **II.** *vt* ❶ (*verser*) ~ **du plomb dans un moule** Blei in eine Form gießen ❷ (*sombrer*) versenken ❸ (*faire échouer*) auflaufen lassen (*fam*) **III.** *vpr* **se ~ dans qc** in etw (*akk*) schlüpfen
couleur [kulœʀ] **I.** *f* ❶ (*teinte*) Farbe *f;* **d'une seule ~** einfarbig; **de plusieurs ~s** mehrfarbig ❷ (*peinture*) Farbe *f* ❸ (*teint*) **changer de ~** die Farbe ändern/wechseln; **prendre des ~s** Farbe bekommen ❹ (*linge*) Buntwäsche *f* ❺ POL [politische] Couleur *f* ▶ **passer par toutes les ~s de l'arc-en-ciel** abwechselnd rot und blass werden; **c'est un personnage haut en ~** er/sie ist äußerst originell **II.** *adj sans pl* ~ **rose** rosafarben
couleuvre [kulœvʀ] *f* ZOOL Natter *f*
coulis [kuli] *m* GASTR *de crustacés* Fond *m; de légumes, fruits* Püree *nt;* ~ **de framboises** Himbeersoße *f*
coulissant(e) [kulisɑ̃, ɑ̃t] *adj* Schiebe-
coulisse [kulis] *f* ❶ *souvent pl* THEAT Kulisse *f;* **dans les ~s** [*o* **la ~**], **en ~** (*lieu*) hinter den Kulissen; (*direction*) hinter die Kulissen ❷ *d'une porte* [Führungs]schiene *f; d'un tiroir* Schubleiste *f*
coulisser [kulise] <1> *vi* [in einer Schiene] laufen; ~ **sur qc** auf etw (*dat*) laufen
couloir [kulwaʀ] *m* ❶ (*corridor*) Gang *m,* Flur *m* ❷ CHEMDFER, AVIAT Gang *m* ❸ SPORT Bahn *f* ❹ GEOG Schlucht *f* ❺ TRANSP ~ **aérien** Luftkorridor *m;* ~ **d'autobus** Bus[- und Taxi]spur *f*
coulommiers [kulɔmje] *m dem Camembert ähnelnde Weichkäsesorte*
coup [ku] *m* ❶ (*agression*) Schlag *m;* **donner un ~ à qn** jdn schlagen; **être noir de ~s** grün und blau geschlagen sein; ~ **de bâton** Stockhieb *m;* ~ **de poing/de pied** Faustschlag/Fußtritt *m;* ~ **de couteau** Messerstich *m;* **d'un ~ de dent** mit einem Biss *m* ❷ (*bruit*) Klopfen *nt,* Pochen *nt;* **frapper trois ~s** dreimal klopfen; ~ **de sifflet** Pfiff *m* ❸ (*heurt*) Stoß *m* ❹ (*décharge*) Schuss *m;* ~ **de feu** Schuss; **revolver à six ~s** Revolver *m* mit sechs Schuss ❺ (*choc moral*) Schlag *m;* **être un ~ pour qn** jdn hart treffen; **porter un ~ à qn** jdm einen Schlag versetzen; **c'est un ~ rude pour qn** das ist ein schwerer Schlag für jdn ❻ (*action rapide*) **d'un ~ de crayon** mit wenigen schnellen [Bleistift]strichen *Pl;* **passer un ~ d'éponge sur qc** mit dem Schwamm über etw (*akk*) wischen; **se donner un ~ de peigne** sich (*dat*) rasch die Haare kämmen; **donner un ~ de fer à qc** etw [auf]bügeln; **donner un ~ de frein** plötzlich bremsen; ~ **de fil** [*o* **téléphone**] Anruf *m* ❼ SPORT Hieb *m,* Schlag *m;* **le ~ droit** die Vorhand; ~ **franc** (*au foot*) Freistoß *m;* (*au basket*) Freiwurf *m;* **donner le ~ d'envoi à qc** etw anpfeifen ❽ JEUX Zug *m* ❾ (*manifestation brusque*) ~ **de tonnerre** Donnerschlag *m;* ~ **de vent** Windstoß *m;* ~ **de foudre** Liebe *f* auf den ersten Blick; ~ **de soleil** Sonnenbrand *m* ❿ (*accès*) **avoir un ~ de cafard** down sein

(*fam*) ⑪ (*action*) Coup *m;* ~ **d'État** Staatsstreich *m;* ~ **de maître** Meisterleistung *f;* **être sur un** ~ gerade etwas aushecken; **calculer son** ~ die Sache genau berechnen ⑫ (*action désagréable*) **ça c'est un** ~ **des enfants** das haben die Kinder verbrochen; ~ **de vache** *fam* übler Streich; **il nous fait le** ~ [à] **chaque fois** das bringt er jedes Mal; **faire/mijoter un mauvais** ~ ein [krummes] Ding drehen/aushecken ⑬ (*quantité bue*) Schluck *m;* **boire un** ~ *fam* einen trinken ⑭ (*événement*) ~ **de chance** [*o* **veine**] Glück[sfall *m*] *nt* ▶ **avoir un** ~ **dans l'aile** einen sitzen haben (*fam*); **avoir un** [**véritable**] ~ **de cœur pour qc** sich [richtig] in etw (*akk*) verlieben; **prendre un** ~ **de froid** sich erkälten; **sur le** ~ **de trois/quatre heures** gegen drei/vier Uhr; **qn a le** ~ **de main** jd hat den Bogen raus; **donner un** ~ **de main à qn** jdm zur Hand gehen; **jeter** [*o* **lancer**] **un** ~ **d'œil à qn** jdm einen Blick zuwerfen; **jeter un** ~ **d'œil sur le feu** ein Auge auf das Feuer (*akk*) haben; **avoir un** ~ **de pompe** [*o* **barre**] *fam* einen Durchhänger haben; ~ **de tête** [plötzliche] Anwandlung; **passer en** ~ **de vent** auf einen Sprung *m* vorbeikommen (*fam*); **prendre un** ~ **de vieux** *fam* mit einem Schlag älter werden; **tenir le** ~ *fam personne:* durchhalten; *objet, voiture:* es aushalten; **ça vaut le** ~ **de faire qc** es lohnt sich etw zu tun; **du même** ~ gleichzeitig; **du premier** ~ auf Anhieb; **d'un seul** ~ auf ein Mal; **tout à** ~ plötzlich; **après** ~ im Nachhinein; **du** ~ *fam* darum; **tout d'un** ~ ganz plötzlich; **sur le** ~ (*aussitôt*) sofort; (*au début*) im ersten Moment; **à tous les** ~**s** jedes Mal; (*à tout propos*) bei jeder Gelegenheit

coupable [kupabl] **I.** *adj* ① (*fautif*) **plaider non** ~ sich nicht schuldig bekennen ② (*condamnable*) verwerflich **II.** *mf* ① (*responsable*) Schuldige(r) *f(m)* ② (*malfaiteur*) Täter(in) *m(f)*

coupage [kupaʒ] *m* Verschnitt *m*

coupant(e) [kupɑ̃, ɑ̃t] *adj* scharf

coup-de-poing [kudpwɛ̃] *adj inv opération, politique* knallhart

coupe [kup] *f* ① (*verre*) Trinkschale *f;* **une** ~ **de champagne** ein Glas *nt* Champagner ② (*récipient*) Schale *f* ③ SPORT Pokal *m;* (*épreuve*) Pokal[wettbewerb *m*] *m;* **la** ~ **du monde de football** die Fußballweltmeisterschaft

coupé [kupe] *m* AUT Coupé *nt*

coupe-cigare[**s**] [kupsigaʀ] <coupe-cigares> *m* Zigarrenabschneider *m*

coupe-circuit [kupsiʀkɥi] <coupe-circuits> *m* Sicherung *f* **coupe-faim** [kupfɛ̃] <coupe-faim[s]> *m* Appetitzügler *m* **coupe-feu** [kupfø] <coupe-feu[x]> **I.** *m* [Brand]schneise *f;* (*mur*) Brandmauer *f* **II.** *app inv* **porte** ~ Brandschutztür *f* **coupe-file** [kupfil] <coupe-files> *m* Passierschein *m* **coupe-gorge** [kupgɔʀʒ] <coupe-gorge[s]> *m* (*établissement*) Spelunke *f* **coupe-légume**[**s**] [kuplegym] <coupe-légumes> *m* Hobel *m;* (*électrique*) Gemüseschneider *m*

coupelle [kupɛl] *f* Schälchen *nt*

coupe-ongle [kupɔ̃gl] <coupe-ongles> *m* Nagelknipser *m* **coupe-papier** [kuppapje] *m inv* Brieföffner *m*

couper [kupe] <1> **I.** *vi* ① (*être tranchant*) schneiden; **attention, ça coupe!** Achtung, das ist scharf! ② (*prendre un raccourci*) abkürzen ③ (*interrompre*) unterbrechen; **ne coupez pas!** TELEC bleiben Sie am Apparat!; **coupez!** CINE Schnitt! ④ JEUX abheben ⑤ (*être mordant*) schneiden ⑥ *fam* (*échapper à*) ~ **à une corvée** um eine Arbeit [he]rumkommen **II.** *vt* ① (*trancher*) schneiden; zuschneiden *tissu;* abschneiden *tête, branche;* durchschneiden *gorge;* aufschneiden *volaille;* zerlegen *poisson;* fällen *arbre;* ~ **les cheveux à qn** jdm die Haare schneiden ② (*isoler*) isolieren; **être coupé de toute civilisation** von jeglicher Zivilisation abgeschnitten sein ③ (*raccourcir*) kürzen *texte;* schneiden *film;* herausnehmen *passage* ④ (*interrompre*) unterbrechen *ligne téléphonique;* abbrechen *communication;* ~ **l'eau/l'électricité à qn** jdm das Wasser/den Strom abstellen ⑤ (*mettre un terme*) abbrechen *relations;* senken *fièvre;* nehmen *faim;* ~ **les ponts avec qn** die Beziehung zu jdm abbrechen ⑥ (*bloquer*) versperren *route;* ~ **les vivres à qn** jdm die finanzielle Unterstützung entziehen; ~ **la respiration à qn** jdm den Atem nehmen ⑦ (*diluer*) verdünnen ⑧ (*mordre*) **le froid me coupe le visage** die Kälte schneidet mir ins Gesicht ⑨ JEUX abheben ⑩ (*scinder*) trennen *mot;* unterteilen *paragraphe* ▶ **ça me/te la coupe!** *fam* da bin ich/bist du platt! **III.** *vpr* ① (*se blesser*) **se** ~ sich schneiden; **se** ~ **la main** sich (*akk o dat*) in die Hand schneiden ② (*trancher*) **se** ~ **les ongles** sich (*dat*) die Nägel schneiden; **se** ~ **du pain** sich (*dat*) Brot abschneiden ③ (*se contredire*) **se** ~ sich (*dat*) widersprechen ④ (*être coupé*) **bien se** ~ sich

C

C

gut schneiden lassen ▶ **se ~ en quatre pour qn** sich für jdn ins Zeug legen

couper-coller [kupekɔle] <1> INFORM **I.** *vt* mit Ausschneiden und Einsetzen bearbeiten, mit Copy-and-paste bearbeiten **II.** *m* Ausschneiden *nt* und Einsetzen, Copy-and-paste *nt*

couperet [kupʀɛ] *m* Schlachtermesser *nt*

couperose [kupʀoz] *f* Kupferrose *f*

couperosé(e) [kupʀoze] *adj visage, nez* blaurot

coupeur, -euse [kupœʀ, -øz] *m, f* COUT Zuschneider(in) *m(f)*

coupe-vent [kupvɑ̃] <coupe-vent[s]> *m* ❶ (*vêtement*) Windjacke *f* ❷ (*abri*) Windschutz *m*

couplage [kuplaʒ] *m* TECH, ELEC, JUR Kopplung *f*

couple [kupl] **I.** *m* [Liebes]paar *nt* **II.** *f* CAN *fam* **une ~ de qc** (*quelques*) ein paar etw

couplé [kuple] *m* Zweierwette *f* im Pferdetoto

coupler [kuple] <1> *vt* aneinanderhängen *bateaux, péniches;* koppeln *bielles, roues*

couplet [kuplɛ] *m* Strophe *f*

coupole [kupɔl] *f* Kuppel *f*

coupon [kupɔ̃] *m* ❶ COUT Stoffrest *m* ❷ (*bon*) Abschnitt *m* ❸ FIN Coupon *m*

couponnage [kupɔnaʒ] *m* COM Couponing *nt*

coupon-réponse [kupɔ̃ʀepɔ̃s] <coupons-réponse> *m* Antwortkarte *f*

coupure [kupyʀ] *f* ❶ (*blessure*) Schnittwunde *f* ❷ PRESSE **~ de journal** [*o* **de presse**] Zeitungsausschnitt *m* ❸ LITTER, CINE Kürzung *f* ❹ (*interruption*) **~ d'électricité** (*involontaire*) Unterbrechung *f* der Stromversorgung; (*volontaire*) Abschaltung *f* des Stroms ❺ (*billet*) **petites ~s** kleine Scheine *Pl* ❻ (*changement*) **une ~ dans la vie de qn** ein [tiefer] Einschnitt in jds Leben

cour [kuʀ] *f* ❶ *d'un bâtiment* Hof *m;* **~ de l'école** Schulhof ❷ (*courtisans*) Hof *m* ❸ *d'un puissant* Hofstaat *m* (*hum*) ❹ JUR **la Cour suprême** der oberste Gerichtshof; **~ d'appel** Berufungsgericht *nt;* **~ d'assises** Schwurgericht; **~ de cassation** Kassations[gerichts]hof ▶ **faire la ~ à qn** jdm den Hof machen

courage [kuʀaʒ] *m* ❶ (*bravoure*) Mut *m;* **bon ~!** nur Mut!; **perdre ~** den Mut verlieren; [**du**] **~!** nur Mut! ❷ (*ardeur*) Eifer *m;* **avec ~** eifrig ▶ **prendre son ~ à deux mains** sich (*dat*) ein Herz fassen

courageusement [kuʀaʒøzmɑ̃] *adv* tapfer

courageux, -euse [kuʀaʒø, -ʒøz] *adj* ❶ (*opp: lâche*) mutig; *soldat, attitude* tapfer ❷ (*travailleur*) tatkräftig ▶ **~, mais pas téméraire!** man muss ja nicht gleich Kopf und Kragen riskieren!

couramment [kuʀamɑ̃] *adv* ❶ *parler* fließend; *lire* flüssig ❷ (*souvent*) häufig

courant [kuʀɑ̃] *m* ❶ ELEC Strom *m* ❷ (*cours d'eau*) Strömung *f;* **descendre/remonter le ~** stromabwärts/stromaufwärts fahren ❸ (*dans l'air*) Luftstrom *m;* **~ d'air** [Luft]zug *m;* (*gênant*) Durchzug; **il y a un ~ d'air** es zieht ❹ (*mouvement*) Strömung *f,* Bewegung *f;* **un ~ de sympathie** eine Sympathiewelle; **un ~ de pensée** eine Denkweise ❺ (*cours*) **dans le ~ de la journée** im Laufe des Tages ▶ **être au ~ de qc** über etw (*akk*) auf dem Laufenden sein; **mettre** [*o* **tenir**] **qn au ~ de qc** jdn über etw (*akk*) auf dem Laufenden halten

courant(e) [kuʀɑ̃, ɑ̃t] *adj* ❶ (*habituel*) normal; *dépenses* laufend; *procédé* üblich; *usage* geläufig; **modèle ~** (*standard*) Standardmodell *nt;* **langage ~, langue ~e** Umgangssprache *f* ❷ (*en cours*) laufend; *prix* handelsüblich; **le 3 ~** am 3. dieses Monats

courante [kuʀɑ̃t] *f pop* Dünnpfiff *m* (*sl*)

courbatu(e) [kuʀbaty] *adj* **être ~** Muskelkater haben

courbature [kuʀbatyʀ] *f souvent pl* Muskelkater *m kein Pl*

courbaturer [kuʀbatyʀe] <1> *vt* **ça m'a courbaturé** ich habe Muskelkater davon

courbe [kuʀb] **I.** *adj* gebogen; *ligne, trajectoire, surface* gekrümmt **II.** *f* GEOG, FIN Kurve *f; d'une route, d'un fleuve* Biegung *f; des reins* Wölbung *f*

courbé(e) [kuʀbe] *adj* krumm

courber [kuʀbe] <1> **I.** *vi* **~ sous qc** *personne:* den Rücken wegen etw krümmen; *bois:* sich unter etw (*dat*) biegen **II.** *vt* ❶ (*plier*) biegen ❷ (*pencher*) **~ le dos/les épaules** den Rücken krümmen/die Schultern hängen lassen; **~ la tête devant qn** sich jdm beugen **III.** *vpr* **se ~** ❶ (*se baisser*) den Rücken krümmen; (*à cause de l'âge*) einen krummen Rücken haben; (*pour saluer*) sich verbeugen ❷ (*ployer*) sich biegen

courbette [kuʀbɛt] *f* **faire des ~s à qn** vor jdm katzbuckeln

courbure [kuʀbyʀ] *f des sourcils, du nez* Bogen *m*

coureur, -euse [kuʀœʀ, -øz] *m, f* ❶ SPORT Läufer(in) *m(f);* AUT, SPORT Fahrer(in) *m(f)* ❷ (*coureur de jupons*) Schürzenjäger *m*

courge [kuʀʒ] *f* Kürbis *m*
courgette [kuʀʒɛt] *f* Zucchini *f*
courir [kuʀiʀ] <*irr*> **I.** *vi* ① (*se mouvoir, se dépêcher*) laufen; (*plus vite*) rennen; ~ **partout** überall herumrennen; ~ **faire qc** schnell etw tun gehen; ~ **chercher le médecin** schnell den Arzt holen; **bon, j'y cours** gut, ich laufe schnell hin ② (*participer à une course*) starten ③ (*se répandre*) umgehen; **faire ~ le bruit que ...** das Gerücht in Gang setzen, dass ... ④ (*se diriger vers*) ~ **à la faillite** kurz vor dem Bankrott stehen ▶ **laisse ~!** *fam* vergiss es!; **tu peux toujours ~!** da kannst du lange warten!; **rien ne sert de ~, il faut partir à point!** *prov* das nutzt jetzt auch nichts mehr!; **faire qc en courant** etw in aller Eile tun **II.** *vt* ① (*participer à une course*) ~ **qc** bei etw starten ② (*parcourir*) durchstreifen *campagne;* befahren *mers;* bereisen *monde* ③ (*fréquenter*) ~ **les bars** in den Kneipen herumziehen; ~ **les filles** hinter den Mädchen her sein (*fam*)
courlis [kuʀli] *m* Brachvogel *m*
couronne [kuʀɔn] *f* ① *a.* BOT, MED, FIN Krone *f* ② (*pour décorer*) Kranz *m* ③ (*pain*) kranzförmiges Brot
couronné [kuʀɔne] *adj* preisgekrönt
couronnement [kuʀɔnmɑ̃] *m* Krönung *f*
couronner [kuʀɔne] <1> *vt* ① krönen ② (*récompenser*) auszeichnen ③ (*décorer*) schmücken ④ (*consacrer*) krönen *carrière;* **couronné de succès** von Erfolg gekrönt
courre [kuʀ] <*irr*> *vt v.* **chasse**
courriel [kuʀjɛl] *m* INFORM CAN E-Mail *f o nt*
courrier [kuʀje] *m* ① (*lettres*) Post *f;* **faire son ~** seine Post erledigen ② (*nom*) **le ~ ...** der ... Kurier; **le ~ économique** (*rubrique*) der Wirtschaftsteil; **le ~ du cœur** die Spalte „Leser fragen um Rat"; **le ~ des lecteurs** die Leserbriefe ③ (*personne*) [Eil]bote *m* ④ INFORM ~ **électronique** E-Mail *f o nt*
courroie [kuʀwa] *f* Riemen *m*
courroux [kuʀu] *m littér* Zorn *m*
cours [kuʀ] *m* ① (*déroulement*) Verlauf *m; des saisons* Ablauf; *du temps* Lauf; **au ~ de qc** im Laufe einer S. (*gen*); **le mois en ~** der laufende Monat ② (*leçon*) Unterricht *m;* (*leçon privée*) Kurs *m;* UNIV Seminar *nt;* ~ **magistral** Vorlesung *f;* ~ **particulier** [*o* **privé**] Privatunterricht; (*pour rattraper*) Nachhilfeunterricht; **faire ~ de qc à qn** jdn in etw (*dat*) unterrichten; **suivre un ~** [*o* **des ~**] einen Kurs besuchen; ~ **de maths** *fam* Mathe-Stunde *f* ③ (*école*) Schule *f* ④ FIN *d'une monnaie* Kurs *m; de produits* Preis *m;* **avoir ~** gültig sein ⑤ (*courant*) ~ **d'eau** Wasserlauf *m;* **suivre son ~** seinen Lauf nehmen
course [kuʀs] *f* ① (*action de courir*) Laufen *nt;* **marcher au pas de ~** im Laufschritt gehen; **c'est la ~!** *fam* das ist Stress! ② (*épreuve*) Rennen *nt;* (*à pied*) Lauf *m;* **vélo de ~** Rennrad *nt;* **faire la ~ avec qn** mit jdm um die Wette laufen; ~ **contre la montre** Zeitfahren *nt; fig* Wettlauf gegen die Zeit; ~ **à pied** Laufsport *m;* ~ **de vitesse** Sprint *m;* ~ **en sac** Sackhüpfen *nt* ③ JEUX **les ~s** das [Pferde]rennen; **jouer** [*o* **parier**] **aux ~s** beim [Pferde]rennen wetten ④ (*déplacement*) Fahrt *f;* ~ **en taxi** Taxifahrt ⑤ (*commission*) **les ~s** die Besorgungen *Pl;* **faire les** [*o* **ses**] **~s** Besorgungen machen; **faire une ~** (*régler qc*) eine Besorgung machen; (*faire un achat*) einen Einkauf tätigen ⑥ (*ruée*) **la ~ aux armements** das Wettrüsten
courser [kuʀse] <1> *vt fam* verfolgen
coursier, -ière [kuʀsje, -jɛʀ] *m, f* Laufbursche *m*
coursive [kuʀsiv] *f* [schmaler] Gang
court [kuʀ] *m* ~ **de tennis** Tennisplatz *m*
court(e) [kuʀ, kuʀt] **I.** *adj* ① (*opp: long*) kurz ② (*concis*) kurz; **c'est un peu ~!** das ist ein bisschen wenig! **II.** *adv* ① (*opp: long*) kurz; **s'habiller ~** kurze Kleider tragen ② (*concis*) **faire ~** sich kurzfassen; **tout ~** ganz einfach ▶ **être à ~ de qc** von etw nicht genug haben
courtage [kuʀtaʒ] *m* ① (*profession*) Maklerwesen *nt,* Maklergeschäft *nt* ② (*commission*) Maklergebühr *f*
court-bouillon [kuʀbujɔ̃] <courts--bouillons> *m* Brühe *f* **court-circuit** [kuʀsiʀkɥi] <courts-circuits> *m* Kurzschluss *m* **court-circuitage** [kuʀsiʀkɥitaʒ] <courts-circuitages> *m fam* **le ~ de qn/qc** das Umgehen eines Menschen/einer S. **court-circuiter** [kuʀsiʀkɥite] <1> *vt* ① ELEC kurzschließen ② *fam* ~ **qn/qc** (*éliminer*) jdn/etw umgehen
courtepointe [kuʀtəpwɛ̃t] *f* gesteppte Tagesdecke *f*
courtier, -ière [kuʀtje, -jɛʀ] *m, f* Makler(in) *m(f)*
courtisan [kuʀtizɑ̃] *m* Höfling *m; fig* Schmeichler *m*
courtisane [kuʀtizan] *f* HIST, LITTER Kurtisane *f*
courtiser [kuʀtize] <1> *vt* ~ **qn** jdm den Hof machen
court-jus [kuʀʒy] <courts-jus> *m* ELEC

C

fam Kurze(r) *m* **court-métrage** [kuʀmetʀaʒ] <courts-métrages> *m* Kurzfilm *m*

courtois(e) [kuʀtwa, waz] *adj* höflich

courtoisie [kuʀtwazi] *f* Höflichkeit *f*

C

couru(e) [kuʀy] **I.** *part passé de* **courir** **II.** *adj (recherché)* **ce bar est ~ du tout Paris** ganz Paris geht in diese Bar ▶ **c'est ~ d'avance** das ist doch von vornherein klar

couscous [kuskus] *m* Kuskus *m o nt*

couscoussier [kuskusje] *m* Kuskustopf *m*

cousin(e) [kuzɛ̃, in] *m(f)* Cousin *m*/Cousine *f*, Kusine *f*; **~s germains** Vettern *Pl* ersten Grades

cousinade [kuzinad] *f* Familienzusammenkunft *f (Treffen von Personen mit einem gemeinsamen Vorfahren)*

coussin [kusɛ̃] *m* ❶ Kissen *nt*; **~ d'air** Luftkissen; **~ de sécurité** Airbag *m* ❷ BELG *(oreiller)* Kopfkissen *nt* ❸ *(partie rembourrée)* Polster *nt*

coussinet [kusinɛ] *m* kleines Kissen

cousu(e) [kuzy] **I.** *part passé de* **coudre** **II.** *adj* genäht

coût [ku] *m* Kosten *Pl; d'une marchandise* Preis *m*

coûtant [kutɑ̃] *adj* **prix ~** Selbstkostenpreis *m*

couteau [kuto] <x> *m* ❶ *(ustensile)* Messer *nt*; **~ de cuisine/suisse** Küchen-/Schweizermesser ❷ *(coquillage)* Messermuschel *f* ▶ **mettre le ~ sous** [*o* **sur**] **la gorge de qn** jdm die Pistole auf die Brust setzen; **remuer** [*o* **retourner**] **le ~ dans la plaie** Salz in die Wunde streuen

couteau-scie [kutosi] <couteaux--scies> *m* Sägemesser *nt*

coutelas [kutla] *m (couteau)* langes Küchenmesser *nt*; *(pour la viande)* Fleischmesser *nt*

coutelier, -ière [kutəlje, -jɛʀ] *m, f (fabricant)* Messerschmied(in) *m(f)*

coutellerie [kutɛlʀi] *f* Schneidwarenindustrie *f*

coûter [kute] <1> *vt* kosten; **ça m'a coûté 10 euros** das hat mich 10 Euro gekostet; **ça coûte cher** das ist teuer; **ça coûte combien?** wie viel kostet das? ▶ **~ bonbon** *fam* superteuer sein; **ça va me ~ cher de faire qc** das wird mich teuer zu stehen kommen etw zu tun

coûteux, -euse [kutø, -øz] *adj* kostspielig

coutil [kuti] *m* Drillich *m*

coutume [kutym] *f (usage)* Brauch *m*; *(habitude)* Gewohnheit *f*; **c'est la ~** das ist so üblich; **avoir ~ de faire qc** es gewohnt sein etw zu tun

coutumier, -ière [kutymje, -jɛʀ] *adj* üblich, gewöhnlich

couture [kutyʀ] *f* ❶ *(action)* Nähen *nt*, Schneidern *nt* ❷ *(ouvrage)* Näharbeit *f* ❸ *(profession)* Konfektion[sindustrie *f*] *f*; **la haute ~** die Haute Couture; **une maison de ~** ein Modesalon ❹ *(suite de points)* Naht *f* ▶ **se faire battre à plate[s] ~[s]** haushoch geschlagen werden; **examiner** [*o* **inspecter**] **qn/qc sous toutes les ~s** jdn/etw genauestens untersuchen

couturier [kutyʀje] *m* Modeschöpfer *m*

couturière [kutyʀjɛʀ] *f (à son compte)* Schneider[meister]in *f*; *(en atelier)* Näherin *f*

couv [kuv] *f fam abr de* **couverture** Cover *nt*

couvée [kuve] *f (œufs)* Gelege *nt*; *(poussins)* Brut *f*

couvent [kuvɑ̃] *m* Kloster *nt*

couver [kuve] <1> **I.** *vi feu:* schwelen; *émeute:* sich zusammenbrauen **II.** *vt* ❶ [aus]brüten ❷ *(materner)* umhegen; **~ qn des yeux** [*o* **du regard**] jdn nicht aus den Augen lassen ❸ *(porter)* mit sich *(dat)* herumtragen ❹ *(nourrir)* hegen

couvercle [kuvɛʀkl] *m* Deckel *m*

couvert [kuvɛʀ] *m* ❶ *(ustensiles)* Besteck *nt*; **mettre le ~** den Tisch decken ❷ *(place)* Gedeck *nt*; **je mets combien de ~s?** für wie viele Personen soll ich decken? ❸ *(prétexte)* **sous le ~ de qc** unter dem Deckmantel *m* einer S. *(gen)*

couvert(e) [kuvɛʀ, ɛʀt] **I.** *part passé de* **couvrir** **II.** *adj* ❶ *(habillé)* **être trop ~** zu warm angezogen sein ❷ *(protégé)* **être ~** *(par qc)* zugedeckt sein; *(par qn)* Rückendeckung bekommen ❸ *(assuré)* **être ~ par une assurance** bei einer Versicherung versichert sein ❹ *(opp: en plein air)* überdacht ❺ METEO *ciel* bedeckt; *temps* trüb ❻ *(recouvert)* **~ de feuilles/poussière** mit Laub/Staub bedeckt ❼ *(plein de)* **être ~ de sang** voller Blut sein ❽ *(caché)* **s'exprimer à mots ~s** in Andeutungen sprechen

couverture [kuvɛʀtyʀ] *f* ❶ *d'un lit* [Bett]decke *f* ❷ *(toiture)* **~ de tuiles** Bedachung *f* aus Ziegeln ❸ *d'un cahier* Umschlag *m*; *d'un livre* Deckel *m*; *d'un magazine* Titelblatt *nt*; **faire la** [*o* **être en**] **~ d'un magazine** auf der Titelseite stehen ❹ PRESSE **la ~ d'un événement** die Berichterstattung über ein Ereignis ❺ ADMIN, FIN Absicherung *f* durch eine Bank ❻ *(prétexte)* Deckmantel *m*

couveuse [kuvøz] *f* ① (*poule*) Bruthenne *f* ② (*incubateur*) ~ **artificielle** (*pour œufs*) Brutapparat *m;* (*pour prématurés*) Brutkasten *m*

couvre-chef [kuvʀəʃɛf] <couvre--chefs> *m* Kopfbedeckung *f* **couvre--feu** [kuvʀəfø] <couvre-feux> *m* (*signal*) Alarm *m;* (*période*) Sperrstunde *f* **couvre-lit** [kuvʀəli] <couvre-lits> *m* Tagesdecke *f* **couvre-pied[s]** [kuvʀəpje] <couvre-pieds> *m* [kurze] Decke *f*

couvreur, -euse [kuvʀœʀ, -øz] *m, f* Dachdecker(in) *m(f)*

couvrir [kuvʀiʀ] <11> **I.** *vt* ① (*mettre sur*) abdecken; zudecken *récipient, personne;* decken *toit;* einbinden *livre* ② (*recouvrir*) ~ **qc** *couverture, toile:* etw zudecken; **qc couvre qn** jd ist mit etw zugedeckt; ~ **de qc** mit etw bedecken ③ (*habiller*) ~ **qn** jdn warm anziehen ④ (*cacher*) verdecken *visage;* übertönen *son* ⑤ (*protéger*) ~ **qn** hinter jdm stehen ⑥ (*garantir*) ausschalten *risque;* ~ **les frais** *personne:* die Kosten übernehmen; *somme:* die Kosten decken ⑦ (*parcourir*) zurücklegen ⑧ (*relater*) berichten über (+ *akk*) ⑨ (*combler*) ~ **qn de baisers** jdn mit Küssen bedecken; ~ **qn de cadeaux** jdn mit Geschenken überhäufen; ~ **qn de reproches** jdn mit Vorwürfen überschütten **II.** *vpr* ① **se** ~ (*s'habiller*) sich anziehen; (*mettre un chapeau*) seinen Kopf bedecken; **couvre-toi, il fait froid!** zieh [dir] was an, es ist kalt! ② (*se protéger*) **se** ~ sich absichern ③ METEO **le ciel se couvre** [**de nuages**] der Himmel bewölkt sich ④ (*se remplir de*) **se** ~ **de bourgeons** viele Knospen entwickeln; **se** ~ **de taches** sich bekleckern

cover-girl [kɔvœʀgœʀl] <cover-girls> *f* Covergirl *nt*

covoiturage [kovwatyʀaʒ] *m* Fahrgemeinschaftssystem *nt*

cow-boy [kobɔj, kaobɔj] <cow-boys> *m* Cowboy *m*

coyote [kɔjɔt] *m* Coyote *m*

CP [sepe] *m abr de* **cours préparatoire** *erste Grundschulklasse*

CPE [sepeø] *m abr de* **contrat première embauche** CPE *m Ersteinstellungsvertrag für Berufsanfänger unter 26 Jahren, der vom Arbeitgeber innerhalb der Probezeit jederzeit fristlos gekündigt werden kann*

crabe [kʀɑb] *m* Taschenkrebs *m*

crac [kʀak] *interj* knack

crachat [kʀaʃa] *m* Spucke *f*

craché(e) [kʀaʃe] *adj* ▶**c'est lui tout** ~ *fam* (*très ressemblant*) er/sie ist ihm wie aus dem Gesicht geschnitten; (*typique de qn*) das sieht ihm ähnlich

crachement [kʀaʃmɑ̃] *m* ① (*expectoration*) *de salive* Ausspucken *nt;* ~ **de sang** Blutspucken *nt* ② (*rejet*) *d'étincelles* Sprühen *nt; de flammes* Hochschießen *nt; de gaz, de vapeur* Ausströmen *nt*

cracher [kʀaʃe] <1> **I.** *vi* ① (*expectorer*) [aus]spucken ② (*baver*) klecksen ▶**ne pas** ~ **sur qn/qc** *fam* jdn/etw nicht verachten **II.** *vt* ① (*rejeter*) ausspucken; spucken *sang;* verspritzen *venin* ② (*émettre*) ausstoßen *fumée;* speien *lave*

cracheur [kʀaʃœʀ] *m* ~ **de feu** Feuerschlucker *m*

crachin [kʀaʃɛ̃] *m* Sprühregen *m*

crachiner [kʀaʃine] *vi impers* nieseln; **il crachine** es nieselt

crachoir [kʀaʃwaʀ] *m* Spucknapf *m*

crachotement [kʀaʃɔtmɑ̃] *m* (*crépitement*) Knacken *nt,* Knistern *nt*

crachoter [kʀaʃɔte] <1> *vi robinet:* tropfen

crack¹ [kʀak] *m fam* Ass *nt*

crack² [kʀak] *m* (*drogue*) Crack *nt o m*

cracker [kʀakœʀ] *m* INFORM Hacker *m*

cracking [kʀakiŋ] *m* INFORM Cracking *nt*

crade [kʀɑd], **cradingue** [kʀadɛ̃g], **crado** [kʀɑdo] *adj fam* dreckig

craie [kʀɛ] *f* Kreide *f*

craignos [kʀɛɲos] *adj fam* mies

craindre [kʀɛ̃dʀ] <*irr*> **I.** *vt* ① (*redouter*) ~ **qn/qc** jdn/etw fürchten ② (*pressentir*) [be]fürchten ③ (*être sensible à*) ~ **la chaleur** hitzeempfindlich sein **II.** *vi* (*avoir peur pour*) ~ **pour qn/qc** Angst um jdn/etw haben; **il n'y a rien à** ~ es besteht kein Grund zur Sorge; **ça ne craint rien** da kann man unbesorgt sein; (*ce n'est pas fragile*) das ist unempfindlich ▶**ça craint!** *fam* das ist nicht ganz koscher!

crainte [kʀɛ̃t] *f* ① (*peur*) ~ **de qn/qc** Furcht *f* vor jdm/etw; **soyez sans** ~[**s**]! seien Sie unbesorgt!; **de** [*o* **dans la**] [*o* **par**] ~ **de qc** aus Furcht vor etw (*dat*) ② (*pressentiment*) Befürchtungen *Pl;* **avoir des** ~**s au sujet de qn/qc** um jdn/etw besorgt sein

craintif, -ive [kʀɛ̃tif, -iv] *adj* ängstlich

cramer [kʀame] <1> *vi fam maison:* abbrennen

cramoisi(e) [kʀamwazi] *adj* purpurrot

crampe [kʀɑ̃p] *f* [Muskel]krampf *m*

crampon [kʀɑ̃pɔ̃] *m* SPORT Steigeisen *nt;* (*de foot*) Stollen *m*

cramponner [kʀɑ̃pɔne] <1> **I.** *vt fam* ~ **qn** sich wie eine Klette an jdn hängen

C

II. *vpr* ① (*se tenir*) **se ~ à qn/qc** sich an jdm/etw festklammern ② *fig* **se ~ à la vie** sich ans Leben klammern

cran¹ [kʀɑ̃] *m* ① *d'une arme* Kimme *f;* **hausser/baisser qc d'un ~** etw [um] ein Loch höher/tiefer stellen ② (*trou*) Loch *nt* ③ (*coiffure*) Welle *f*

cran² [kʀɑ̃] *m fam* **avoir du ~** Mumm haben

crâne [kʀɑn] *m* Schädel *m* ▶ **ne rien avoir dans le ~** nichts im Kopf haben; **bourrer le ~ à qn** *fam* jdn endlos belabern; **se bourrer le ~ avec qc** sich (*dat*) wegen etw den Kopf zermartern

crâner [kʀɑne] <1> *vi fam* eine Schau abziehen

crâneur, -euse [kʀɑnœʀ, -øz] **I.** *adj* angeberisch (*fam*) **II.** *m, f* Angeber(in) *m(f)*

crânien(ne) [kʀɑnjɛ̃, jɛn] *adj* Schädel-

crapahuter [kʀapayte] <1> *vi fam* kraxeln

crapaud [kʀapo] *m* ZOOL Kröte *f*

crapoter [kʀapɔte] <1> *vi fam* paffen

crapule [kʀapyl] *f* Schuft *m*

crapuleux, -euse [kʀapylø, -øz] *adj* niederträchtig

craquage [kʀakaʒ] *m* TECH, CHIM Kracken *nt*

craquant(e) [kʀakɑ̃, ɑ̃t] *adj fam* (*irrésistible*) toll; (*mignon*) süß

craque [kʀak] *f fam* Aufschneiderei *f;* **raconter des ~s** aufschneiden

craqueler [kʀakle] <3> **I.** *vt* rissig werden lassen **II.** *vpr* **se ~** Risse bekommen

craquelure [kʀaklyʀ] *f* Riss *m*

craquement [kʀakmɑ̃] *m d'un arbre, de la banquise* Krachen *nt; du bois qui brûle, d'une boiserie* Knacken *nt*

craquer [kʀake] <1> **I.** *vi* ① (*faire un bruit*) *bonbon:* krachen; *chaussures, parquet:* knarren; *feuilles mortes:* rascheln; *neige:* knirschen; *bois, disque:* knacken; **faire ~ une allumette** ein Zündholz anreißen; **faire ~ ses doigts** mit den Fingern knacken ② (*céder*) *branche, glace:* brechen; (*se déchirer*) *vêtement:* reißen; (*aux coutures*) [auf]platzen ③ (*s'effondrer*) *personne:* zusammenbrechen; *nerfs:* versagen ④ (*s'attendrir*) schwachwerden ▶ **plein à ~** zum Bersten voll **II.** *vt* anreißen *allumette*

craqueter [kʀakte] <3> *vt* knistern; *cigogne* klappern

crash [kʀaʃ] <[e]s> *m* Absturz *m*

crasse [kʀas] *f* (*saleté*) Dreck *m*

crasseux, -euse [kʀasø, -øz] *adj* schmutzig

cratère [kʀatɛʀ] *m* Krater *m*

cravache [kʀavaʃ] *f* [Reit]gerte *f*

cravacher [kʀavaʃe] <1> *vt* **~ un animal** einem Tier die Peitsche geben

cravate [kʀavat] *f* Krawatte *f*

cravater [kʀavate] <1> **I.** *vt fam* (*attraper*) schnappen **II.** *vpr* **se ~** [sich (*dat*)] eine Krawatte umbinden

crawl [kʀol] *m* Kraulen *nt*

crawler [kʀole] <1> *vi* **dos crawlé** Rückenkraulen *nt*

crayon [kʀɛjɔ̃] *m* Bleistift *m;* **~ feutre** Filzstift; **~ optique** Lichtgriffel *m;* **~ de couleur** Buntstift; **~ pour les yeux** Eyeliner *m*

crayonné [kʀɛjɔne] *m* [Bleistift]skizze *f*

crayonner [kʀɛjɔne] <1> *vt* [mit dem Bleistift] zu Papier bringen

créance [kʀeɑ̃s] *f* FIN **~ exigible** fällige Schuld

créancier, -ière [kʀeɑ̃sje, -jɛʀ] *m, f* FIN Gläubiger(in) *m(f)*

créateur, -trice [kʀeatœʀ, -tʀis] **I.** *adj* schöpferisch **II.** *m, f* ① Schöpfer(in) *m(f)* ② REL **le Créateur** der Schöpfer

créatif, -ive [kʀeatif, -iv] *adj* kreativ

création [kʀeasjɔ̃] *f* ① *sans pl* REL **la Création** die Schöpfung ② (*monde*) Schöpfung *f,* Universum *nt* ③ ART Werk *nt; d'un couturier, cuisinier* Kreation *f* ④ (*invention*) Herstellung *f* ⑤ ECON **~ d'emploi** Schaffung *f* eines Arbeitsplatzes; **~ d'entreprise** Firmengründung *f*

créationnisme [kʀeasjɔnism] *m* PHILOS Kreationismus *m*

créationniste [kʀeasjɔnist] PHILOS **I.** *adj* kreationistisch **II.** *mf* Kreationist(in) *m(f)*

créativité [kʀeativite] *f* Kreativität *f*

créature [kʀeatyʀ] *f* ① (*être animé*) Lebewesen *nt* ② (*être humain*) menschliche Kreatur

crécelle [kʀesɛl] *f* Knarre *f*

crèche [kʀɛʃ] *f* ① REL Krippe *f* ② (*pouponnière*) Kinderkrippe *f*

crécher [kʀeʃe] <5> *vi fam* wohnen

crédibiliser [kʀedibilize] <1> *vt* glaubwürdig machen

crédibilité [kʀedibilite] *f* Glaubwürdigkeit *f*

crédible [kʀedibl] *adj* glaubhaft

crédit [kʀedi] *m* ① (*paiement échelonné*) Ratenzahlung *f;* **acheter/vendre à ~** auf Raten *Pl* kaufen/verkaufen ② (*prêt*) Kredit *m;* **accorder un ~ à qn** jdm einen Kredit gewähren ③ (*banque*) Bankinstitut *nt* ④ (*opp: débit*) Guthaben *nt;* **la somme est portée** [*o* **mise**] **au ~ de votre compte** die Summe wird Ihrem Konto gutgeschrieben ⑤ *pl* POL Gelder *Pl*

⑥ (*confiance*) Ansehen *nt;* **jouir d'un grand ~ auprès de qn** großes Ansehen bei jdm haben

crédit-bail [kʀedibaj] <crédits-bails> *m* Leasing *nt*

créditer [kʀedite] <1> *vt* **~ un compte de cent euros** einem Konto hundert Euro gutschreiben

créditeur, -trice [kʀeditœʀ, -tʀis] *m, f* Gläubiger(in) *m(f)*

credo [kʀedo] *m* REL Glaubensbekenntnis *nt*

crédule [kʀedyl] *adj* gutgläubig

crédulité [kʀedylite] *f* Gutgläubigkeit *f*

créer [kʀee] <1> **I.** *vt* ① (*réaliser*) schaffen *emploi, œuvre;* gründen *entreprise;* kreieren *produit;* erschaffen *monde;* THEAT uraufführen ② (*engendrer, provoquer*) schaffen *besoins;* bereiten *problèmes* **II.** *vi* schöpferisch tätig sein **III.** *vpr* **se ~ des besoins** sich (*dat*) Bedürfnisse schaffen; **se ~ des problèmes** sich (*dat*) Probleme bereiten

crémaillère [kʀemajɛʀ] *f* ▶**pendre la ~** eine Einweihungsparty geben

crémant [kʀemɑ̃] *m* ≈ Sekt *m*

crémation [kʀemasjɔ̃] *f d'un cadavre* Einäscherung *f,* Kremation *f*

crématoire [kʀematwaʀ] **I.** *adj* **four ~** Verbrennungsofen *m* **II.** *m* Krematorium *nt*

crematorium, crématorium [kʀematɔʀjɔm] *m* Krematorium *nt*

crème [kʀɛm] **I.** *adj inv* cremefarben **II.** *f* ① (*produit laitier*) Rahm *m;* **~ chantilly** Schlagsahne *f;* **~ fraîche** Crème *f* fraîche ② (*entremets*) Creme *f;* **~ glacée** Eiscreme ③ (*liqueur*) **~ de cassis** Johannisbeerlikör *m* ④ (*surface d'un café express*) Crema *f* ⑤ (*produit de soins*) Creme *f;* **~ à raser** Rasiercreme; **~ anti-âge** Antifaltencreme ⑥ (*le meilleur*) gesellschaftliche Elite; **c'est la ~ des hommes** er ist der Beste aller Männer **III.** *m* Milchkaffee *m*

crémerie [kʀɛmʀi] *f* Milch- und Käsegeschäft *nt* ▶**changer de ~** woanders hingehen

crémeux, -euse [kʀemø, -øz] *adj* cremig

crémier, -ière [kʀemje, -jɛʀ] *m, f* Milch- und Käsehändler(in) *m(f)*

crémone [kʀemɔn] *f d'une fenêtre* Fensterriegel *m*

créneau [kʀeno] <x> *m* ① AUT [Park]lücke *f;* **faire un ~** einparken ② COM Marktlücke *f* ③ (*intervalle de temps*) Zeitfenster *nt*

crénelé(e) [kʀenle] *adj mur, rempart* mit Schießscharten

créole [kʀeɔl] **I.** *adj* kreolisch **II.** *m* Kreol *nt; v. a.* **allemand**

Créole [kʀeɔl] *mf* Kreole *m*/Kreolin *f*

crêpage [kʀɛpaʒ] *m des cheveux* Toupieren *nt* ▶**~ de chignon** *fam* Rauferei *f*

crêpe [kʀɛp] *f* GASTR Crêpe *f,* Pfannkuchen *m* ▶**retourner qn comme une ~** *fam* jdn herumkriegen

crêper [kʀepe] <1> *vt* ① TEXTIL kreppen ② toupieren *cheveux*

crêperie [kʀɛpʀi] *f* Crêperie *f*

crépi [kʀepi] *m* [Rau]putz *m*

crêpier [kʀepje] *m* Crêpebäcker *m*

crêpière [kʀepjɛʀ] *f* (*plaque*) Crêpeeisen *nt;* (*poêle*) Crêpepfanne *f*

crépine [kʀepin] *f* ① (*frange*) Franse *f* ② (*tôle*) Filterrohr *nt*

crépir [kʀepiʀ] <8> *vt* verputzen

crépitation [kʀepitasjɔ̃] *f littér du feu* Knistern *nt,* Prasseln *nt*

crépitement [kʀepitmɑ̃] *m de la pluie, de l'eau* Prasseln *nt; du feu* Knistern *nt; d'une arme* Rattern *nt; d'une radio* Knacken *nt*

crépiter [kʀepite] <1> *vi feu:* knistern; *arme:* knattern

crépon [kʀepɔ̃] *m* Krepon *m*

crépu(e) [kʀepy] *adj* gekräuselt

crépuscule [kʀepyskyl] *m* Dämmerung *f*

crescendo [kʀeʃɛndo] <[s]> *m* MUS Crescendo *nt*

cresson [kʀesɔ̃, kʀəsɔ̃] *m* Kresse *f*

Crésus [kʀezys] *m* HIST Krösus *m* ▶**être riche comme ~** ein Krösus sein, Geld wie Heu haben

crétacé [kʀetase] *m* Kreidezeit *f*

crête [kʀɛt] *f* ① ZOOL Kamm *m* ② *d'une montagne* Grat *m; d'un toit* First *m; d'une vague* Kamm *m*

Crète [kʀɛt] *f* **la ~** Kreta *nt*

crétin(e) [kʀetɛ̃, in] *fam* **I.** *adj* blöd[e] **II.** *m(f)* Depp *m*

crétinerie [kʀetinʀi] *f fam* Blödsinn *m* (*pej*)

cretonne [kʀətɔn] *f* TEXTIL Cretonne *f o m*

creusement [kʀøzmɑ̃] *m d'un tunnel* Bohren *nt kein Pl,* Graben *nt kein Pl; d'un canal* Aushub *m*

creuser [kʀøze] <1> **I.** *vt* ① (*excaver*) ausheben; ziehen *sillon;* bohren *tunnel* ② (*évider*) graben *tombe;* aushöhlen *pomme, falaise;* **~ le sable** im Sand graben ▶**~ l'estomac** hungrig machen; **~ une question** eine Frage vertiefen **II.** *vi* hungrig machen **III.** *vpr* **se ~** einfallen; *roche:* ausgehöhlt werden ▶**se ~ la tête** sich (*dat*) den Kopf zerbrechen

creuset [kʀøzɛ] *m* [Schmelz]tiegel *m*

creux [kʀø] *m* ① (*cavité*) Höhle *f,* Loch *nt;* (*dans un terrain*) Mulde *f;* **le ~ d'une vague** das Wellental; **le ~ des reins** ANAT

C

das Kreuz; **le ~ de l'aisselle** ANAT die Achselhöhle; **le ~ de la main** die hohle Hand ② (*manque d'activité*) Zeit *f* außerhalb des Stoßbetrieb[e]s ③ *fam* (*faim*) **avoir un ~** Kohldampf *m* haben

creux, -euse [kʀø, -øz] *adj* ① (*vide*) hohl; *ventre, tête* leer ② (*vain*) nichtssagend; *paroles* leer ③ (*concave*) nach innen gewölbt ④ (*rentré*) eingefallen; **avoir les yeux ~** hohläugig sein ⑤ (*sans activité*) ruhig; **les heures creuses** die Zeiten außerhalb des Stoßbetrieb[e]s

crevaison [kʀəvɛzɔ̃] *f* Reifenpanne *f*

crevant(e) [kʀəvɑ̃, ɑ̃t] *adj fam* mörderisch

crevard [kʀəvaʀ] *m fam* Loser *m*

crevasse [kʀəvas] *f* ① (*fissure: d'une roche*) Spalte *f;* (*d'un mur*) [tiefer] Riss ② (*gerçure*) Riss *m*

crevassé(e) [kʀəvase] *adj mur, sol* rissig

crevasser [kʀəvase] <1> **I.** *vt* rissig machen **II.** *vpr* **se ~** rissig werden

crève [kʀɛv] *f fam* böse Erkältung; **avoir/attraper la ~** total erkältet sein/sich (*dat*) den Tod holen

crevé(e) [kʀəve] *adj fam* (*fatigué*) kaputt

crève-cœur [kʀɛvkœʀ] <crève-cœurs> *m* Kummer *m* **crève-la-faim** [kʀɛvlafɛ̃] *m inv fam* Hungerleider(in) *m(f)*

crever [kʀəve] <4> **I.** *vi* ① (*éclater*) *ballon:* platzen; *sac:* aufplatzen; *abcès:* aufbrechen ② AUT eine Reifenpanne haben ③ (*être plein de*) **~ de jalousie** vor Eifersucht (*dat*) platzen ④ *fam* (*souffrir*) **~ de froid/de faim** vor Kälte/Hunger umkommen; **~ d'envie de qc** ganz wild auf etw (*akk*) sein; **une chaleur à ~** eine mörderische Hitze **II.** *vt* ① (*percer*) aufstechen *abcès;* kaputtstechen *ballon, pneu* ② *fam* (*exténuer*) schinden **III.** *vpr fam* **se ~** sich kaputtmachen; **se ~ à faire qc** sich abrackern, etw zu tun

crevette [kʀəvɛt] *f* Garnele *f*

cri [kʀi] *m* Schrei *m;* **pousser un ~** einen Schrei ausstoßen ►**le dernier ~** *fam* der letzte Schrei

criailler [kʀijɑje] <1> *vi bébé:* plärren, schreien

criant(e) [kʀijɑ̃, jɑ̃t] *adj* ① *injustice* himmelschreiend ② *preuve* offenkundig

criard(e) [kʀijaʀ, jaʀd] *adj* ① *personne* ständig schreiend; *voix* keifend ② (*tapageur*) grell

criblage [kʀiblaʒ] *m du grain* Sieben *nt*

crible [kʀibl] *m* [grobes] Sieb *nt* ►**passer qc au ~** etw genau unter die Lupe nehmen (*fam*)

criblé(e) [kʀible] *adj* ① (*percé*) **~ de balles** von Kugeln durchsiebt ② (*couvert de*) **~ de boutons** voller Pickel; **~ de dettes** hochverschuldet

cribler [kʀible] <1> *vt* (*percer*) **~ qn de balles** jdn mit Kugeln durchsieben; **~ qc de trous** etw durchlöchern

cric [kʀik] *m* Winde *f;* AUT Wagenheber *m*

cricket [kʀikɛt] *m* Kricket[spiel *nt*] *nt*

cricri, cri-cri [kʀikʀi] *m* ① (*cri du grillon*) Zirpen *nt* ② (*grillon*) Grille *f*

criée [kʀije] *f* **vente à la ~** Versteigerung *f*

crier [kʀije] <1> **I.** *vi* ① (*hurler*) schreien; *bébé a.:* weinen; **~ de peur** vor Angst schreien ② *fam* (*se fâcher*) **~ contre** [*o* **après** *pop*] **qn** jdn anschreien, jdn anschnauzen (*fam*) ③ (*émettre des sons*) *mouette:* schreien; *oiseau:* zwitschern; *cochon:* quieken; *oie:* schnattern; *souris:* piepsen ④ (*dénoncer*) **~ au scandale** etw als Skandal bezeichnen **II.** *vt* ① (*à voix forte*) rufen; **~ qc à qn** jdm etw zurufen ② (*proclamer*) **~ son innocence** seine Unschuld beteuern ►**sans ~ gare** ohne Vorwarnung *f*

crieur, -euse [kʀijœʀ, -øz] *m, f* (*marchand*) Straßenhändler(in) *m(f)*

crime [kʀim] *m* ① (*meurtre*) Mord *m;* **heure du ~** Tatzeit *f* ② JUR **~ contre qn/qc** Verbrechen *nt* gegen jdn/etw ③ (*faute morale*) **c'est un ~!** das ist kriminell!

Crimée [kʀime] *f* **la ~** die Krim

criminaliser [kʀiminalize] <1> *vt* JUR zur Strafsache machen *affaire*

criminalité [kʀiminalite] *f sans pl* Kriminalität *f*

criminel(le) [kʀiminɛl] **I.** *adj* kriminell **II.** *m(f)* ① (*assassin*) Mörder(in) *m(f)* ② (*coupable*) Verbrecher(in) *m(f)*

criminellement [kʀiminɛlmɑ̃] *adv agir* kriminell; *abuser* in krimineller Weise

criminologie [kʀiminɔlɔʒi] *f sans pl* Kriminologie *f*

crin [kʀɛ̃] *m* ① (*poil*) Pferde-/Eselshaar *nt* ② *sans pl* (*matière*) Rosshaar *nt*

crinière [kʀinjɛʀ] *f* Mähne *f*

crinoline [kʀinɔlin] *f* COUT Krinoline *f*

crique [kʀik] *f* kleine Bucht *f*

criquet [kʀikɛ] *m* Heuschrecke *f;* **~ pèlerin** Wanderheuschrecke

crise [kʀiz] *f* ① MED **~ cardiaque** Herzanfall *m;* **~ d'appendicite** Blinddarmentzündung *f;* **faire une ~ de nerfs** einen Nervenzusammenbruch bekommen ② ECON, POL Krise *f;* **~ économique** Wirtschaftskrise; **~ migratoire** [**en Europe**] [europäische] Flüchtlingskrise ►**faire sa ~** *fam* ausrasten (*fam*); **piquer une ~ [de colère]** *fam* einen Wutanfall bekommen

crispant(e) [kʀispɑ̃, ɑ̃t] *adj* nervtötend

crispation [kʀispasjɔ̃] *f* Zucken *nt; d'un muscle* Krampf *m*

crispé(e) [kʀispe] *adj* verkrampft; *poing* geballt

crisper [kʀispe] <1> **I.** *vt* ❶ (*contracter*) **l'effort crispe ses muscles** seine Muskeln sind vor Anstrengung angespannt; **la douleur lui crispait le visage** der Schmerz verzerrte sein Gesicht ❷ (*agacer*) **~ qn** jdm auf die Nerven fallen (*fam*) **II.** *vpr* **se ~** ❶ (*se contracter*) sich verkrampfen ❷ (*se serrer*) *main:* sich verkrampfen; *poing:* sich ballen

crissement [kʀismɑ̃] *m des pneus, de la craie* Quietschen *nt; des freins* Kreischen *nt; des pas* Knirschen *nt*

crisser [kʀise] <1> *vi pneus:* quietschen; *gravier, pas:* knirschen; *freins:* kreischen

cristal [kʀistal, -o] <-aux> *m* ❶ MINER [Quarz]kristall *m* ❷ (*verre*) Kristall *nt* ❸ *pl* (*cristallisation*) Kristalle *Pl*

cristallerie [kʀistalʀi] *f* ❶ (*fabrique*) Kristallfabrik *f* ❷ (*objets en cristal*) Kristall *nt*

cristallin [kʀistalɛ̃] *m de l'œil* Linse *f*

cristallisation [kʀistalizasjɔ̃] *f* ❶ *sans pl a.* CHIM Kristallisation *f*, Kristallisierung *f* ❷ (*cristaux*) Kristalle *Pl;* **les ~s sur la vitre** die Eisblumen an der Fensterscheibe

cristallisé [kʀistalize] *adj* kristallisiert; **du sucre ~** [Kristall]zucker *m*

cristalliser [kʀistalize] <1> CHIM **I.** *vi* Kristalle *Pl* bilden **II.** *vt* auskristallisieren **III.** *vpr* **se ~** Kristalle bilden

critère [kʀitɛʀ] *m* Kriterium *nt*

critérium [kʀiteʀjɔm] *m* SPORT Kriterium *nt*

critiquable [kʀitikabl] *adj* kritisierbar

critique [kʀitik] **I.** *adj* kritisch **II.** *f* Kritik *f;* **faire la ~ d'un livre/film** ein Buch/einen Film rezensieren; **la ~ a bien accueilli son livre** sein/ihr Buch kam bei den Kritikern gut an **III.** *mf* Kritiker(in) *m(f)*

critiquer [kʀitike] <1> *vt* ❶ (*condamner*) kritisieren ❷ (*juger*) rezensieren

critiquer

critiquer, juger négativement	*kritisieren, negativ bewerten*
Ça n'a pas l'air très bien.	*Das sieht aber nicht gut aus.*
Cela ne me plaît pas du tout.	*Das gefällt mir gar nicht.*
Il y a beaucoup de choses à redire à ce sujet.	*Dagegen lässt sich einiges sagen.*
J'ai des doutes.	*Da habe ich so meine Bedenken.*
On aurait pu mieux faire.	*Das hätte man aber besser machen können.*
désapprouver	*missbilligen*
Je ne peux pas approuver cela.	*Das kann ich nicht gutheißen.*
Je trouve que ce n'est pas bien du tout de ta part.	*Das finde ich gar nicht gut von dir.*
Je m'y oppose totalement./Je suis tout à fait contre.	*Da bin ich absolut dagegen.*
exprimer le dédain/mécontentement	*Geringschätzung/Missfallen ausdrücken*
Je trouve que cette théorie n'est pas très bien.	*Ich halte nicht viel von dieser Theorie.*
(Désolé(e), mais) ce genre de mecs ne m'intéresse pas du tout. (fam)	*(Es tut mir leid, aber) ich habe für diese Typen nichts übrig. (fam)*
Je ne trouve pas ça bien./Je n'en pense rien de bien.	*Davon halte ich gar nichts/überhaupt nichts.*
L'art moderne et moi, ça fait deux. (fam)	*Ich kann mit moderner Kunst nichts anfangen. (fam)*
Ne me parle pas de psychologie!	*Komm mir bloß nicht mit Psychologie! (fam)*

C

croassement [kRɔasmɑ̃] *m du corbeau* Krächzen *nt*
croasser [kRɔase] <1> *vi* krächzen
croate [kRɔat] *adj* kroatisch
Croate [kRɔat] *mf* Kroate *m*/Kroatin *f*
Croatie [kRɔasi] *f* **la ~** Kroatien *nt*
croc [kRo] *m* Fangzahn *m;* **le chien montre les ~s** der Hund fletscht die Zähne
croc-en-jambe [kRɔkɑ̃ʒɑ̃b] <crocs-en--jambe> *m* **faire un ~ à qn** jdm Knüppel zwischen die Beine werfen
croche [kRɔʃ] *f* MUS Achtel *nt,* Achtelnote *f*
croche-pied [kRɔʃpje] <croche-pieds> *m* **faire un ~ à qn** jdm ein Bein stellen
crocher [kRɔʃe] <1> *vt* CH **~ qc** (*fixer solidement*) etw befestigen
crochet [kRɔʃɛ] *m* ① (*pour accrocher*) [Wand]haken *m* ② (*aiguille*) Häkelhaken *m* ③ SPORT Haken *m* ④ *pl* TYP eckige Klammern *Pl* ⑤ *pl* (*dent*) Giftzähne *Pl* ⑥ (*détour*) **faire un ~** *route:* einen Knick machen; *personne:* einen Umweg machen ▶**vivre aux ~s de qn** jdm auf der Tasche liegen
crocheter [kRɔʃte] <4> *vt* mit dem Dietrich öffnen *porte, serrure*
crochu(e) [kRɔʃy] *adj bec* gekrümmt; *doigts* verkrümmt; **avoir le nez ~** eine Hakennase haben
croco *fam,* **crocodile** [kRɔkɔdil] *m* ① Krokodil *nt* ② (*cuir*) Krokodilleder *nt*
crocus [kRɔkys] *m* Krokus *m*
croire [kRwaR] <irr> **I.** *vt* ① (*tenir pour vrai*) glauben; **faire ~ qc à qn** jdn etw (*akk*) glauben machen ② (*avoir confiance en qn*) **~ qn** jdm trauen; **~ qn, car il ne ment jamais** jdm glauben, denn er lügt niemals; **je te/vous crois!** *fam* na klar! ③ (*s'imaginer*) sich einbilden ④ (*supposer*) **c'est à ~ qu'il va pleuvoir** wahrscheinlich wird es morgen regnen; **il faut ~ que ...** es ist anzunehmen, dass ...; **il croit que ...** glaubt er, dass ... ⑤ (*estimer*) **~ qn capable** jdn für fähig halten; **on l'a crue morte** man hielt sie für tot ▶**ne pas en ~ ses oreilles/yeux** seinen Ohren/Augen nicht trauen; **ne pas ~ si bien dire** den Nagel auf den Kopf treffen **II.** *vi* ① REL glauben; **~ en Dieu** an Gott (*akk*) glauben ② (*faire confiance à qn*) **~ en qn** an jdn glauben ③ (*être convaincu de qc*) **~ à qc** an etw (*akk*) glauben; **~ en qc** in etw (*akk*) vertrauen ④ (*ajouter foi à*) **~ à la réincarnation** an die Reinkarnation glauben; **~ au Père Noël** *fam* wohl noch an den Weihnachtsmann glauben ▶**je vous prie de ~ à l'expression de ma considération distinguée, veuillez ~ à mes sentiments les meilleurs** *form* mit freundlichen Grüßen **III.** *vpr* **se ~ intelligent** sich für intelligent halten; **se ~ tout permis** glauben, sich alles erlauben zu können;

croire

croire	*glauben*
Je crois qu'il/qu'elle réussira l'examen/ que notre équipe gagnera/va gagner.	*Ich glaube, dass er/sie die Prüfung bestehen wird/an den Sieg unserer Mannschaft.*
Je pense que cette histoire est vraie.	*Ich halte diese Geschichte für wahr.*
exprimer des hypothèses	*Vermutungen ausdrücken*
Je suppose qu'il/qu'elle ne viendra pas.	*Ich vermute, er/sie wird nicht kommen.*
J'ai l'impression qu'il/qu'elle nous cache quelque chose.	*Es kommt mir so vor, als würde er/sie uns irgendetwas verheimlichen.*
J'ai le sentiment qu'il/qu'elle ne va plus tenir le coup longtemps.	*Ich habe das Gefühl, dass er/sie das nicht mehr lange mitmacht.*
Je considère qu'un krach boursier est (tout à fait) possible dans un avenir proche.	*Ich halte einen Börsenkrach in der nächsten Zeit für (durchaus) denkbar/ möglich.*
Je le/la soupçonne d'avoir fait une erreur dans les comptes.	*Ich habe da so den Verdacht, dass er/sie bei der Abrechnung einen Fehler gemacht hat.*
Je présume qu'il/qu'elle est satisfait/ satisfaite de son nouveau travail.	*Ich nehme an, dass er/sie mit seiner/ ihrer neuen Arbeit zufrieden ist.*
J'ai comme un pressentiment.	*Ich habe da so eine Ahnung.*

qu'est-ce qu'il se croit, celui-là? wofür hält er sich denn?

croisade [kʀwazad] *f* HIST Kreuzzug *m*

croisé(e) [kʀwaze] *adj* **les bras ~s** verschränkte Arme ▶**rester les bras ~s** Däumchen drehen; **mots ~s** Kreuzworträtsel *nt*

croisée [kʀwaze] *f* (*fenêtre*) Fenster *nt;* **~ du transept** ARCHIT Vierung *f* ▶**à la ~ des chemins** am Scheideweg

croisement [kʀwazmɑ̃] *m* ❶ *sans pl* **feux de ~** Abblendlicht *nt* ❷ (*intersection*) Kreuzung *f* ❸ (*mélange*) Kreuzung *f*

croiser [kʀwaze] <1> **I.** *vt* ❶ (*mettre en croix*) verschränken *bras;* übereinanderschlagen *jambes;* falten *mains* ❷ (*couper*) kreuzen *route, regard;* begegnen *véhicule* ❸ (*passer à côté de qn*) **~ qn** jdm begegnen; **~ qc** *regard:* auf etw (*akk*) fallen; **son regard a croisé le mien** unsere Blicke sind sich begegnet ❹ BIO, ZOOL kreuzen **II.** *vpr* **se ~** ❶ (*passer l'un à côté de l'autre*) *personnes:* sich treffen; *regards:* sich begegnen ❷ (*se couper*) sich kreuzen

croiseur [kʀwazœʀ] *m* NAUT Kreuzer *m*

croisière [kʀwazjɛʀ] *f* Kreuzfahrt *f*

croisiériste [kʀwazjeʀist] *mf* Kreuzfahrtteilnehmer(in) *m(f)*

croisillon [kʀwazijɔ̃] *m d'une fenêtre* Sprosse *f*

croissance [kʀwasɑ̃s] *f sans pl a.* ECON Wachstum *nt; d'un enfant* Entwicklung *f*

croissant [kʀwasɑ̃] *m* ❶ GASTR Croissant *nt,* Hörnchen *nt* ❷ *sans pl* (*forme*) **~ de lune** Mondsichel *f* ❸ (*symbole*) Halbmond *m*

croissant(e) [kʀwasɑ̃, ɑ̃t] *adj* wachsend; *nombre* steigend

croissanterie [kʀwasɑ̃tʀi] *f* Croissanterie *f*

croître [kʀwatʀ] <irr> *vi* ❶ (*grandir*) wachsen ❷ (*augmenter*) *choses:* zunehmen; *colère:* wachsen; *chômage:* ansteigen

croix [kʀwa] *f* Kreuz *nt;* **~ gammée** Hakenkreuz *nt;* **~ de la Légion d'honneur** Kreuz *nt* der Ehrenlegion; **faire un signe de ~** sich bekreuzigen; **"mettre une ~ dans la case qui convient"** „das zutreffende Feld bitte ankreuzen" ▶**faire une ~ sur qc** *fam* etw abschreiben

Croix-Rouge [kʀwaʀuʒ] *f* **la ~** das Rote Kreuz

croquant(e) [kʀɔkɑ̃, ɑ̃t] *adj* knackig; *biscuit* knusprig

croque-madame [kʀɔkmadam] *m inv* getoastetes Käse-Schinken-Sandwich mit Spiegelei

croque-mitaine [kʀɔkmitɛn] <croque-mitaines> *m* (*personnage imaginaire*) Kinderschreck *m,* Schwarzer Mann *m*

croque-monsieur [kʀɔkməsjø] *m inv* getoastetes Käse-Schinken-Sandwich

croque-mort [kʀɔkmɔʀ] <croque-morts> *m fam* Leichenbestatter *m*

croquer [kʀɔke] <1> **I.** *vt* ❶ (*manger*) knabbern *biscuit;* zerbeißen *bonbons;* **~ une pomme** in einen Apfel beißen ❷ *fam* (*dépenser*) verschleudern ❸ (*dessiner*) skizzieren ▶**être à ~** zum Anbeißen sein (*fam*) **II.** *vi* ❶ (*être croustillant*) *salade:* knacken; *bonbons:* krachen ❷ (*mordre*) **~ dans une pomme** [kräftig] in einen Apfel beißen

croquet [kʀɔkɛ] *m* SPORT Krocket *nt*

croquette [kʀɔkɛt] *f* Krokette *f;* **~ de poisson** Fischbällchen *nt*

croquis [kʀɔki] *m* Skizze *f*

cross [kʀɔs] *m* (*course à pied*) Geländelauf *m;* (*course de moto*) Querfeldeinwettbewerb *m*

crosse [kʀɔs] *f* ❶ *d'un fusil* Kolben *m; d'un revolver* Griff *m* ❷ REL Bischofsstab *m* ❸ SPORT Schläger *m*

crotale [kʀɔtal] *m* Klapperschlange *f*

crotte [kʀɔt] *f* ❶ *de cheval* Pferdeapfel *m* ❷ GASTR **~ en chocolat** Schoko[laden]praline *f*

crotté(e) [kʀɔte] *adj* schmutzig

crottin [kʀɔtɛ̃] *m* ❶ *d'un âne* Mist *m; d'un cheval* Pferdeapfel *m* ❷ (*fromage*) *kleiner, runder Ziegenkäse*

croulant(e) [kʀulɑ̃, ɑ̃t] *adj mur, maison* baufällig

crouler [kʀule] <1> *vi* ❶ (*s'écrouler*) einstürzen ❷ *fig* **~ sous les fruits** *arbre:* sich unter dem Gewicht der Früchte biegen; **~ sous le travail** von der Arbeit erdrückt werden; **~ sous les applaudissements** von tosendem Beifall dröhnen ❸ (*s'effondrer*) zusammenbrechen

croupe [kʀup] *f d'un cheval* Kruppe *f; fam d'une femme* Hintern *m* ▶**monter en ~** hinten aufsitzen

croupier, -ière [kʀupje, -jɛʀ] *m, f* Croupier *m*

croupion [kʀupjɔ̃] *m* Sterz *m*

croupir [kʀupiʀ] <8> *vi* ❶ *eau:* stehen und dabei faulig werden; *détritus:* verfaulen; **eau croupie** fauliges Wasser *nt* ❷ (*végéter*) **~ en prison** im Gefängnis verfaulen

croustade [kʀustad] *f* [Krusten]pastete *f*

croustillant(e) [kʀustijɑ̃, jɑ̃t] *adj* ❶ GASTR knusprig ❷ (*grivois*) pikant

croustille [kʀustij] *f* CAN [Kartoffel]chips *m*

C

C

croustiller [kʀustije] <1> *vi* knusprig sein
croûte [kʀut] *f* ❶ *sans pl de pain, fromage* Rinde *f* ❷ GASTR Teigmantel *m;* **pâté en ~** Blätterteigpastete *f* ❸ *sans pl (couche)* Schicht *f;* MED Schorf *m; de sang* Kruste *f* ❹ *(sédiment)* Belag *m* ❺ GEOL **~ terrestre** Erdkruste *f* ▶ **casser la ~** *fam* etw essen; **gagner sa ~** *fam* seine Brötchen *Pl* verdienen
croûter [kʀute] <1> *vi fam* futtern
croûton [kʀutɔ̃] *m* ❶ *(extrémité)* Kanten *m* (NDEUTSCH), Knäuschen *nt* (SDEUTSCH) ❷ *(pain frit)* Croûton *m* ▶ **vieux ~** *fam* verknöcherte(r) Alte(r) *f(m)*
croyable [kʀwajabl] *adj* **c'est à peine ~** es ist kaum zu glauben
croyance [kʀwajɑ̃s] *f* ❶ *sans pl (le fait de croire)* **la ~ dans/en qc** der Glaube an/in etw *(akk)* ❷ *(ce que l'on croit)* **~ religieuse** Glaube *m*
croyant [kʀwajɑ̃] *part prés de* **croire**
croyant(e) [kʀwajɑ̃, ɑ̃t] **I.** *adj* religiös **II.** *m(f)* Gläubige(r) *f(m)*
C.R.S. [seɛʀɛs] *m abr de* **Compagnie Républicaine de Sécurité** *(policier)* Bereitschaftspolizist(in) *m(f);* **les ~** die Bereitschaftspolizei
cru [kʀy] *m* ❶ *(terroir)* [Wein]anbaugebiet *nt* ❷ *(vin)* **un grand ~** ein großer Wein; **un des grands ~s de Bourgogne** einer der besten Burgunder ❸ *(invention)* **c'est de mon propre ~** es ist meine eigene Erfindung
cru(e) [kʀy] **I.** *part passé de* **croire** **II.** *adj* ❶ *aliments* roh ❷ *(vif)* grell ❸ *(direct)* ungeschminkt
crû(e) [kʀy] *part passé de* **croître**
cruauté [kʀyote] *f sans pl* Grausamkeit *f*
cruche [kʀyʃ] *f* ❶ Krug *m* ❷ *fam (sot)* Trottel *m*
cruchon [kʀyʃɔ̃] *m* kleiner Krug *m*
crucial(e) [kʀysjal, -jo] <-aux> *adj* entscheidend
crucifier [kʀysifje] <1> *vt* kreuzigen
crucifix [kʀysifi] *m* Kruzifix *nt*
crucifixion [kʀysifiksjɔ̃] *f (supplice)* Kreuzigung *f;* ART Kreuzigung[sgruppe *f*] *f*
cruciforme [kʀysifɔʀm] *adj* ❶ ARCHIT kreuzförmig ❷ TECH **tournevis ~** Kreuzschlitzschraubendreher *m*
cruciverbiste [kʀysivɛʀbist] *mf* Kreuzworträtselfan *m*
crudité [kʀydite] *f pl* GASTR [Gemüse]rohkost *f;* **assiette de ~s** ≈ Salatplatte *f*
crue [kʀy] *f* Hochwasser *nt*
cruel(le) [kʀyɛl] *adj* ❶ *(méchant)* grausam ❷ *sort* grausam; *épreuve* schwer
cruellement [kʀyɛlmɑ̃] *adv (méchamment)* grausam
crûment [kʀymɑ̃] *adv* unverblümt, direkt
crus [kʀy] *passé simple de* **croire**
crûs [kʀy] *passé simple de* **croître**
crustacé [kʀystase] *m* Krustentier *nt*
cryogéniser [kʀijɔʒenize] <1> *vt einfrieren und aufbewahren [in flüssigem Stickstoff]*
cryptage [kʀiptaʒ] *m* INFORM Verschlüsselung *f*
crypte [kʀipt] *f* Krypta *f*
crypté(e) [kʀipte] *adj* verschlüsselt; **chaîne ~e** Privatsender, der ein verschlüsseltes Programm sendet
crypter [kʀipte] <1> *vt* verschlüsseln
cryptogamique [kʀiptɔgamik] *adj* BOT **maladie ~** Pilzerkrankung *f*
cryptogramme [kʀiptɔgʀam] *m* verschlüsselter Text *m*
CSG [seɛsʒe] *f abr de* **contribution sociale généralisée** *Sozialsteuer zum Ausgleich des Defizits der „Sécurité Sociale"*
Cuba [kyba] *m* Kuba *nt*
cubage [kybaʒ] *m* ❶ *(volume)* Rauminhalt *m;* **~ d'air** Luftvolumen *nt* ❷ *sans pl (évaluation)* Kubikmeterberechnung *f*
cube [kyb] *m* ❶ **mètre ~** Kubikmeter *m* ❷ GEOM Würfel *m* ❸ *(jouet)* Holzklötzchen *nt* ❹ MATH Kubikzahl *f;* **élever ces chiffres au ~** diese Zahlen in die dritte Potenz erheben
cuber [kybe] <1> *vt* ❶ MATH in die dritte Potenz erheben ❷ *(mesurer le volume de)* **~ qc** das Volumen einer S. *(gen)* errechnen
cubique [kybik] *adj* ❶ würfelförmig ❷ MATH **racine ~** Kubikwurzel *f*
cubisme [kybism] *m* ART Kubismus *m*
cubitus [kybitys] *m* Elle *f*
cucu[l] [kyky] **I.** *adj inv fam* doof; *personne* einfältig; *film* kitschig **II.** *m enfantin* Popo *m*
cuculte [kykylt] *adj fam film* kultig
cucurbitacées [kykyʀbitase] *fpl* BOT Kürbisgewächse *Pl*
cueillette [kœjɛt] *f sans pl* Ernten *nt; des fruits* Pflücken *nt; des champignons* Sammeln *nt*
cueilleur, -euse [kœjœʀ, -øz] *m, f* Pflücker(in) *m(f)*
cueillir [kœjiʀ] *<irr> vt* ❶ pflücken *fleurs;* ernten *légumes;* sammeln *champignons;* lesen *raisins* ❷ *fam (arrêter)* schnappen ❸ *fam (prendre au passage)* auflesen
cui-cui [kɥikɥi] *interj* piep, piep
cuiller, cuillère [kɥijɛʀ] *f* ❶ *(ustensile)*

Löffel *m;* ~ **à café** [*o* **à thé** CAN] Teelöffel; ~ **à soupe** [*o* **à table** CAN] Esslöffel ② (*contenu*) **une** ~ **d'huile** ein Löffel *m* Öl ►**ne pas y aller avec le dos de la** ~ nicht zimperlich sein; **être à ramasser à la petite** ~ *fam* fix und fertig sein

cuillerée, cuillérée [kɥijʀe] *f* ~ **à café** Teelöffel *m;* ~ **à soupe** Esslöffel

cuir [kɥiʀ] *m sans pl* Leder *nt* ► ~ **chevelu** Kopfhaut *f*

cuirasse [kɥiʀas] *f* ① MIL Panzer[ung *f*] *m* ② HIST [Brust]harnisch *m* ►**le défaut de la** ~ die verwundbare Stelle

cuirassé [kɥiʀase] *m* Panzerkreuzer *m*

cuirassier [kɥiʀasje] *m* ① HIST Kürassier *m* ② MIL Panzerbataillon *nt*

cuire [kɥiʀ] <*irr*> **I.** *vt* ① kochen; (*à la vapeur*) garen; (*à l'étouffée*) schmoren *viande;* dünsten *légumes;* (*au four*) braten *viande;* backen *pain, gâteau;* (*à la poêle*) frittieren; **faire** ~ **qc au bain-marie** etw im Wasserbad garen; **faire** ~ **qc au four** etw im Ofen zubereiten ② TECH brennen ►**être dur à** ~ hartgesotten sein **II.** *vi* ① GASTR *viande:* schmoren; *légumes:* garen; *pâtes:* kochen; *pain, gâteau:* backen ② *fam* (*avoir très chaud*) glühen ③ (*brûler*) brennen

cuisant(e) [kɥizɑ̃, ɑ̃t] *adj déception* bitter

cuiseur [kɥizœʀ] *m* GASTR ~ **à vapeur** Dampfgarer *m;* ~ **à riz** Reiskocher *m*

cuisine [kɥizin] *f* ① (*pièce*) Küche *f;* (*meubles*) Einbauküche ② (*art culinaire*) Kochkunst *f;* (*nourriture*) Küche *f,* Essen *nt;* **livre de** ~ Kochbuch *nt;* **recette de** ~ [Koch]rezept *nt;* **aimer la bonne** ~ gerne gut essen; **faire la** ~ kochen

cuisiné(e) [kɥizine] *adj* **plats** ~**s** Fertiggerichte *Pl*

cuisiner [kɥizine] <1> **I.** *vi* (*faire la cuisine*) kochen **II.** *vt* ① (*préparer des plats*) kochen ② *fam* (*interroger*) ~ **qn** jdn ausquetschen

cuisinette [kɥizinɛt] *f* Kochecke *f*

cuisinier, -ière [kɥizinje, -jɛʀ] *m, f* Koch *m*/Köchin *f*

cuisinière [kɥizinjɛʀ] *f* ① (*appareil*) [Küchen]herd *m* ② (*personne*) Köchin *f*

cuissage [kɥisaʒ] *m* ① HIST **droit de** ~ Recht *nt* der ersten Nacht ② *fam* (*harcèlement sexuel*) sexuelle Belästigung *f*

cuissard [kɥisaʀ] *m d'un cycliste* Radlerhose *nt*

cuissardes [kɥisaʀd] *fpl* kniehohe Stiefel *Pl*

cuisse [kɥis] *f* ① ANAT Schenkel *m* ② GASTR *de lièvre, volaille* Keule *f; de grenouille* Schenkel *m*

cuisseau [kɥiso] <x> *m de veau* Keule *f* [mit Lendenstück]

cuisson [kɥisɔ̃] *m* ① *sans pl* Kochen *nt,* Garen *nt; de la viande* Schmoren *nt; des légumes* Dünsten *nt; d'un rôti* Braten *nt; du pain, gâteau* Backen *nt;* **et la** ~**: bien cuit, à point, saignant, bleu?** wie möchten Sie es: gut durchgebraten, medium, englisch, blutig? ② (*durée*) Gar-/Koch-/Brat-/Backzeit *f* ③ *sans pl* TECH Brennen *nt*

cuissot [kɥiso] *m du sanglier, chevreuil* Keule *f*

cuistot [kɥisto] *m fam* Koch *m*

cuit(e) [kɥi, kɥit] **I.** *part passé de* **cuire** **II.** *adj* ① GASTR gar; *légumes, jambon* gekocht; *steak* gebraten; *gâteau, pain* gebacken; **ne pas être [assez]** ~ nicht gar/nicht durchgebraten/nicht durchgebacken sein; **être trop** ~ zerkocht/zu stark gebraten/zu stark gebacken sein; **une baguette bien** ~**e** ein dunkles Baguette ② TECH gebrannt; **terre** ~**e** Terrakotta *f* ►**c'est** ~ *fam* es ist aus und vorbei; **c'est du tout** ~ *fam* das ist ein Klacks; **être** ~ *fam* am Ende sein

cuite [kɥit] *f fam* Rausch *m;* **prendre une** ~ sich (*dat*) einen antrinken, sich (*dat*) die Kante geben; **tenir une sacrée** ~ ganz schön einen sitzen haben

cuité(e) [kɥite] *adj fam* besoffen (*sl*)

cuiter [kɥite] <1> *vpr fam* **se** ~ sich besaufen (*sl*)

cuit-vapeur [kɥivapœʀ] <cuit-vapeurs> *m* Dampfgarer *m*

cuivre [kɥivʀ] *m* ① (*métal et ustensiles*) Kupfer *nt* ② *pl* MUS Blech[blas]instrumente *Pl*

cuivré(e) [kɥivʀe] *adj* ① kupferfarben ② (*sonore*) volltönend

cuivrer [kɥivʀe] <1> *vt* (*couvrir d'une couche de cuivre*) verkupfern

cul [ky] *m sans pl fam* (*derrière*) Hintern *m* ►**s'entendre comme** ~ **et chemise** *fam* ein Herz und eine Seele sein; **coûter la peau du** ~ *fam* den letzten Pfennig kosten; **boire** ~ **sec** *fam* auf ex trinken; **avoir du** ~ Dusel haben; **ne pas avoir du** ~ echt Pech haben; **parle à mon** ~ **[ma tête est malade]** *fam* gib dir keine Mühe, dein Geschwätz interessiert mich nicht

culasse [kylas] *f* ① *d'un moteur* Zylinderkopf *m* ② *d'un fusil* Verschluss *m*

culbute [kylbyt] *f* ① (*galipette*) **faire une** ~ einen Purzelbaum schlagen ② (*chute*) **faire des** ~**s dans l'escalier** kopfüber die Treppe hinunterfallen

culbuter [kylbyte] <1> **I.** *vi* (*tomber*) stürzen **II.** *vt* (*faire tomber*) umwerfen

cul-de-jatte [kydʒat] <culs-de-jatte> *mf* beinloser Krüppel

cul-de-sac [kydsak] <culs-de-sac> *m* Sackgasse *f*

culinaire [kylinɛʀ] *adj* Koch-; **art ~** Kochkunst *f;* **émission ~** Kochsendung *f,* Kochshow *f*

culminant(e) [kylminɑ̃, ɑ̃t] *adj fig* **point ~ de qc** Höhepunkt *m* einer S. (*gen*)

culminer [kylmine] <1> *vi* (*avoir une hauteur de*) **le pic culmine à 8000 m** der Berggipfel liegt bei 8000 m

culot [kylo] *m* ① *d'une ampoule* Sockel *m; d'un obus* Boden *m* ② *fam* (*assurance*) Frechheit *f;* **avoir du ~** unverschämt sein; **avoir un sacré ~** unglaublich dreist sein; **avoir le ~ de faire qc** die Frechheit haben, etw zu tun

culotte [kylɔt] *f* ① (*slip*) Slip *m,* Unterhose *f* ② (*short*) kurze Hose[n] ③ SPORT lange Hose[n]; **~[s] de golf** Knickerbocker *Pl;* **~[s] de cheval** Reithose[n]; *fig* Fettpolster *Pl* an den Oberschenkeln

culotté(e) [kylɔte] *adj fam* (*effronté*) dreist; (*audacieux*) draufgängerisch

culpabilisation [kylpabilizasjɔ̃] *f* Erwecken *nt* von Schuldgefühlen

culpabiliser [kylpabilize] <1> **I.** *vt* **~ qn** bei jdm Schuldgefühle wecken **II.** *vi* sich schuldig fühlen **III.** *vpr* **se ~** sich (*dat*) Vorwürfe *Pl* machen

culpabilité [kylpabilite] *f sans pl* Schuld *f*

culte [kylt] *m* ① *sans pl* (*vénération*) Kult *m* ② *sans pl* (*cérémonie: chrétienne*) Gottesdienst *m;* (*païenne*) Kultfeier *f;* (*religion*) Religion *f* ③ (*office protestant*) [Predigt]gottesdienst *m* ④ *fig* **vouer un ~ à qn** jdn verehren; **avoir le ~ de l'argent** das [liebe] Geld anbeten; **~ de la personnalité** Personenkult *m*

cul-terreux [kyteʀø] <culs-terreux> *m péj fam* Bauerntrampel *m o nt*

cultivable [kyltivabl] *adj* bebaubar

cultivateur, -trice [kyltivatœʀ, -tʀis] *m, f* Landwirt(in) *m(f)*

cultivé(e) [kyltive] *adj* gebildet

cultiver [kyltive] <1> **I.** *vt* ① AGR anbauen; **des terrains cultivés** bebaute Felder *Pl;* **des plantes cultivées** Kulturpflanzen *Pl* ② (*exercer*) trainieren *mémoire;* fördern *don;* **~ son esprit** sich [weiter]bilden ③ (*entretenir*) pflegen **II.** *vpr* **se ~ en faisant qc** sich bilden, indem man etw tut

culture [kyltyʀ] *f* ① *sans pl* Anbau *m;* **~ de la vigne** Weinbau ② *sans pl d'un champ* Bebauen *nt; d'un verger* Bewirtschaftung *f; biologique* Anbau *m* ③ *pl* (*terres cultivées*) Felder *Pl* ④ BIO Kultur *f* ⑤ *sans pl* (*savoir*) Bildung *f;* (*connaissances spécialisées*) Wissen *nt;* **~ générale** Allgemeinbildung; **ministre de la Culture** Kultusminister *m* ⑥ (*civilisation*) Kultur *f* ⑦ SPORT **~ physique** Gymnastik *f*

culturel(le) [kyltyʀɛl] *adj* **échange ~** Kulturaustausch *m; revendications, identité, manifestations* kulturell; **voyage ~** Bildungsreise *f*

culturisme [kyltyʀism] *m sans pl* Bodybuilding *nt*

culturiste [kyltyʀist] *mf* Bodybuilder(in) *m(f)*

cumin [kymɛ̃] *m* Kümmel *m*

cumul [kymyl] *m sans pl* Häufung *f*

cumulable [kymylabl] *adj* kumulierbar

cumulard(e) [kymylaʀ, aʀd] *m(f) péj* (*personne touchant deux salaires*) Doppelverdiener(in) *m(f)*

cumuler [kymyle] <1> *vt* kumulieren; **~ des mandats** mehrere Ämter innehaben

cumulonimbus [kymylonɛ̃bys] *m* METEO Gewitterwolke *f*

cumulus [kymylys] *m* (*nuage*) Haufenwolke *f*

cunéiforme [kyneifɔʀm] *adj os* keilförmig; *écriture* Keil-

cunnilingus [kynilɛ̃gys] *m* Cunnilingus *m*

cupcake [kœpkɛk] *m* Cupcake *m*

cupidité [kypidite] *f sans pl soutenu* Habgier *f*

curable [kyʀabl] *adj* heilbar

curatelle [kyʀatɛl] *f* JUR Pflegschaft *f*

curateur, -trice [kyʀatœʀ, -tʀis] *m, f* JUR *d'un mineur, aliéné* Vormund *m*

curatif, -ive [kyʀatif, -iv] *adj* **vertu curative d'une plante** Heilkraft *f* einer Pflanze

cure [kyʀ] *f* Kur *f;* **~ de désintoxication** Entziehungskur; **~ thermale** Thermalkur

curé [kyʀe] *m* Pfarrer(in) *m(f);* **~ de campagne** Landpfarrer

cure-dent [kyʀdɑ̃] <cure-dents> *m* Zahnstocher *m*

curée [kyʀe] *f* ① CHASSE Jagdanteil *m* (*für die Jagdhunde*) ② *fig* Jagd *nt*

cure-ongle[s] [kyʀɔ̃gl] <cure-ongles> *m* Nagelreiniger *m*

cure-pipe [kyʀpip] <cure-pipes> *m* Pfeifenreiniger *m*

curer [kyʀe] <1> **I.** *vt* reinigen **II.** *vpr* **se ~ les ongles** sich (*dat*) die Nägel sauber machen

curie [kyʀi] *f* REL Kurie *f*

curieusement [kyʀjøzmɑ̃] *adv* seltsam, merkwürdig

curieux, -euse [kyʀjø, -jøz] **I.** *adj* ① (*in-

discret) neugierig ❷ (*intéressé*) **être ~ de qc** sich für etw interessieren; **être ~ de faire qc** [zu] gerne etw tun wollen; **être ~ d'apprendre qc** auf etw (*akk*) gespannt sein; **être ~ de savoir** wissen wollen ❸ (*étrange*) seltsam; **ce qui est ~, c'est que ...** das Seltsame [daran] ist, dass ...; **chose curieuse, ...** seltsamerweise **II.** *m, f* ❶ *sans pl* (*indiscret*) Schnüffler(in) *m(f)* (*fam*); **c'est un ~** der steckt in alles seine Nase (*fam*) ❷ *pl* (*badauds*) Schaulustige(n) *Pl;* **se protéger des ~** sich vor neugierigen Blicken schützen

curiosité [kyʀjozite] *f* ❶ *sans pl* (*intérêt*) Neugier[de] *f,* Interesse *nt* ❷ *sans pl* (*indiscrétion*) Neugier[de] *f;* **il a été puni de sa ~** das hat er nun von seiner Neugier[de] ❸ (*site*) Sehenswürdigkeit *f;* **~ touristique** Touristenattraktion *f* ❹ (*objet rare*) Rarität *f*

curiste [kyʀist] *mf* Kurgast *m*

curling [kœʀliŋ] *m sans pl* SPORT Eis[stock]schießen *nt*

curriculum [vitæ] [kyʀikylɔm(vite)] *m inv* Lebenslauf *m*

curry [kyʀi] *m sans pl* Curry *nt o m*

curseur [kyʀsœʀ] *m* ❶ INFORM Cursor *m* ❷ *d'une règle, balance* Schieber *m*

cursif, -ive [kyʀsif, -iv] *adj* ❶ TYP **lettre cursive** kursiver Buchstabe *m* ❷ (*rapide*) *lecture* flüchtig

cursus [kyʀsys] *m* UNIV Studiengang *m*

customiser [kœstɔmize] <1> *vt* **~ qc** einer S. eine persönliche Note verleihen

cutané(e) [kytane] *adj* **maladie ~e** Hautkrankheit *f*

cuticule [kytikyl] *f* ❶ *d'un ongle* Nagelhaut *f* ❷ ZOOL, BOT Kutikula *f* (*Fachspr.*)

cuti[-]réaction [kytiʀeaksjɔ̃] <cuti[-]réactions> *f* Haut[reaktions]test *m*

cutter [kœtœʀ, kytɛʀ] *m* Cutter[-Messer *nt*] *m*

cuve [kyv] *f* (*fermée*) Tank *m;* (*ouverte*) Bottich *m;* **~ à vin** Bütte *f*

cuvée [kyve] *f* ❶ (*quantité*) **vin de la même ~** Wein *m* aus demselben [Gär]bottich/[Gär]tank ❷ (*produit*) Jahrgang *m*

cuver [kyve] <1> **I.** *vi* seinen Rausch ausschlafen; *vin:* gären **II.** *vt* **~ son vin** *fam* seinen Rausch ausschlafen

cuvette [kyvɛt] *f* ❶ (*récipient*) Waschschüssel *f* ❷ *d'un évier* Becken *nt* ❸ GEOG Kessel *m*

CV *abr de* **cheval fiscal** *Kfz-Steuereinheit*

C.V. [seve] *m abr de* **curriculum vitæ**

cyanose [sjanoz] *f* MED Zyanose *f,* Blausucht *f*

cyanure [sjanyʀ] *m* CHIM Zyanid *nt*

cyberattaque [sibɛʀatak] *f* Internetangriff *m*

cyberbazar [sibɛʀbazaʀ] *m* Internetbazar *m*

cyberboutique [sibɛʀbutik] *f* [Internet]-Shopping-Mall *f*

cybercafé [sibɛʀkafe] *m* Internetcafé *nt*

cybercasino [sibɛʀkazino] *m* INET Internetkasino *nt*

cybercriminalité [sibɛʀkʀiminalite] *f* Internetkriminalität *f*

cyberculture [sibɛʀkyltyʀ] *f* Internetkultur *f*

cyberdépendance [sibɛʀdepɑ̃dɑ̃s] *f* Internetsucht *f*

cyberéconomie [sibɛʀekɔnɔmi] *f* E-Business *nt*

cyberguerre [sibɛʀgɛʀ] *m* INET Cyberwar *m*

cyberespace [sibɛʀɛspas] *m* Cyberspace *m*

cyberjournaliste [sibɛʀʒuʀnalist] *mf* Onlinejournalist(in) *m(f)*

cybermarché [sibɛʀmaʀʃe] *m* elektronischer Marktplatz *m*

cybermonde [sibɛʀmɔ̃d] *m* Internetworld *f*

cybernaute [sibɛʀnot] *mf* Internetsurfer(in) *m(f)*

cybernétique [sibɛʀnetik] *f* Kybernetik *f*

cyberprof [sibɛʀpʀɔf] *mf fam* Onlinelehrer(in) *m(f)*

cyberspace [sibɛʀspas] *m* Cyberspace *m*

cyclable [siklabl] *adj v.* **piste**

cyclamen [siklamɛn] *m* Alpenveilchen *nt*

cycle [sikl] *m* ❶ BIO, MED Zyklus *m;* **~ menstruel** Periode *f* ❷ ASTRON, ECON Kreislauf *m* ❸ SCOL **premier ~** Sekundarstufe I *f,* Unter- und Mittelstufe; **deuxième ~** Sekundarstufe II; **~ d'orientation** Orientierungsstufe *f* (*8. und 9. Schuljahr als Orientierung für die Wahl des Abiturtyps*) ❹ UNIV **premier ~** Grundstudium *nt;* **deuxième ~** Hauptstudium; **troisième ~** Doktorandenstudium

cyclique [siklik] *adj* zyklisch

cyclisme [siklism] *m sans pl* Radsport *m*

cycliste [siklist] **I.** *adj* **course ~** Radrennen *nt;* **coureur ~** Radrennfahrer *m* **II.** *mf* Radfahrer(in) *m(f)* **III.** *m* Radlerhose *f*

cyclo-cross [siklokʀɔs] *m inv* SPORT Querfeldeinrennen *nt*

cyclomoteur [siklomɔtœʀ] *m* Mofa *nt*

cyclomotoriste [siklomɔtɔʀist] *mf* Mopedfahrer(in) *m(f)*

cyclone [siklon] *m* ❶ (*tempête*) Zyklon *m* ❷ METEO Tief[druckgebiet *nt*] *nt*

C

cyclope [siklɔp] *m* Zyklop *m*
cyclotourisme [sikloturism] *m sans pl* Radwandern *nt*
cygne [siɲ] *m* Schwan *m*
cylindre [silɛ̃dʀ] *m* ① (*rouleau*) Walze *f* ② MATH, AUT, TECH Zylinder *m*; **une quatre/six ~s** *fam* ein Vier-/Sechszylinder
cylindrée [silɛ̃dʀe] *f* ① *sans pl* (*volume*) Hubraum *m* ② (*voiture*) **petite ~** Auto *nt* mit kleinem Hubraum; **une grosse ~** (*moto*) eine große Maschine
cylindrique [silɛ̃dʀik] *adj* zylindrisch
cymbale [sɛ̃bal] *f sans pl* MUS Becken *nt*
cynique [sinik] **I.** *adj* ① zynisch ② PHILOS kynisch **II.** *mf* ① Zyniker(in) *m(f)* ② PHILOS Kyniker(in) *m(f)*
cynisme [sinism] *m* ① *sans pl* Zynismus *m*; **avec ~** zynisch ② PHILOS Kynismus *m*
cyprès [sipʀɛ] *m* Zypresse *f*
cypriote [sipʀijɔt] *adj* zypriotisch
Cypriote [sipʀijɔt] *mf* Zypriot(in) *m(f)*
cyrillique [siʀilik] *adj alphabet, caractères* kyrillisch
cystite [sistit] *f* MED Blasenentzündung *f*
cytise [sitiz] *m* BOT Goldregen *m*

Dd

D, d [de] *m inv* D *nt*, d *nt*
d' *v.* **de**
d'abord [dabɔʀ] *v.* **abord**
d'accord [dakɔʀ] *v.* **accord**
dactylo [daktilo] **I.** *mf abr de* **dactylographe** Schreibkraft *f*; **être ~** als Schreibkraft arbeiten **II.** *f abr de* **dactylographie**: **apprendre la ~** Schreibmaschine *f* schreiben lernen; **cours de ~** Schreibmaschinenkurs *m*
dactylographe [daktilɔgʀaf] *m* CAN (*machine à écrire*) Schreibmaschine *f*
dactylographie [daktilɔgʀafi] *f sans pl v.* **dactylo II.**
dactylographier [daktilɔgʀafje] <1> *vt* auf der [Schreib]maschine schreiben *lettre, texte*; **un C.V. dactylographié** ein maschinengeschriebener Lebenslauf
dactylographique [daktilɔgʀafik] *adj* **travaux ~s** Schreibarbeiten *Pl*
dada[1] [dada] *m fam* **avoir un ~** ein Steckenpferd haben
dada[2] [dada] *adj inv* ART, LITTER dadaistisch
dadais [dadɛ] *m* **grand ~** Tollpatsch *m*
dadaïsme [dadaism] *m* Dadaismus *m*
dague [dag] *f* (*poignard*) Dolch *m*
dahlia [dalja] *m* Dahlie *f*
daigner [deɲe] <1> *vt* **~ faire qc** sich herablassen etw zu tun
daim [dɛ̃] *m* ① ZOOL Damwild *nt*; (*mâle*) Damhirsch *m* ② (*cuir*) Wildleder *nt*
dais [dɛ] *m* Baldachin *m*
dallage [dalaʒ] *m sans pl* Plätteln *nt*
dalle [dal] *f* (*plaque*) [Stein]platte *f*, [Boden]fliese *f* ▶ **avoir la ~** *fam* Kohldampf haben; **que ~!** *fam* Pustekuchen!; **[n']y comprendre que ~** *fam* nur Bahnhof verstehen; **[n']y voir que ~** *fam* die Hand nicht vor [den] Augen sehen können
daller [dale] <1> *vt* fliesen; pflastern *trottoir, cour, sol*
dalmatien(ne) [dalmasjɛ̃, jɛn] *m(f)* (*chien*) Dalmatiner *m*
daltonien(ne) [daltɔnjɛ̃, jɛn] *adj* farbenblind
daltonisme [daltɔnism] *m sans pl* Farbenblindheit *f*
damas [dama(s)] *m* ① TEXTIL [Seiden]damast *m*; **en ~** aus [Seiden]damast ② (*acier*) Damaszenerstahl *m*
damassé [damase] *m* (*de lin*) [Leinen]damast *m*
dame [dam] **I.** *f* ① (*femme*) Dame *f*; (*personne de sexe féminin*) Frau *f* ② (*femme de qualité*) Dame *f*; **grande ~** feine Dame; **la première ~ de France** Frankreichs First Lady *f* ③ *pl* (*jeu*) Damespiel *nt*; **jouer aux ~s** Dame spielen ④ JEUX Dame *f*; **~ de trèfle** Kreuzdame **II.** *interj fam* **~!** na!; **~ oui/non!** na klar/ach was!
dame-jeanne [damʒan] <dames-jeannes> *f* Ballon[flasche *f*] *m*
damer [dame] <1> *vt* fest stampfen *terre*
damier [damje] *m* ① JEUX Damebrett *nt* ② (*dessin*) Schachbrettmuster *nt*; **une nappe à ~, blanche et rouge** ein rotweiß kariertes Tischtuch
damnation [danasjɔ̃] *f sans pl* Verdammnis *f*
damné(e) [dane] **I.** *adj antéposé, fam* verdammt **II.** *m(f)* Verdammte(r) *f(m)*
damner [dane] <1> *vt* verdammen

dancing [dɑ̃siŋ] *m* Tanzlokal *nt*
dandinement [dɑ̃dinmɑ̃] *m d'un canard* Watscheln *nt kein Pl; d'une personne* Hin- und Herschaukeln *nt kein Pl*
dandiner [dɑ̃dine] <1> *vpr* **se ~** *canard, personne:* watscheln
dandy [dɑ̃di] *m vieilli* Dandy *m*
Danemark [danmaʀk] *m* **le ~** Dänemark *nt*
danger [dɑ̃ʒe] *m* Gefahr *f;* **les ~s de la route** die Gefahren im Straßenverkehr; **pas de ~!** bestimmt nicht!; **attention ~!** Vorsicht!; **~ de mort!** Lebensgefahr!; **courir un ~** sich in Gefahr begeben; **mettre qc en ~** etw in Gefahr bringen ▶ **un [vrai] ~ public** *fam* eine Gefahr für die Allgemeinheit
dangereusement [dɑ̃ʒʀøzmɑ̃] *adv* gefährlich
dangereux, -euse [dɑ̃ʒʀø, -øz] *adj* gefährlich; *émission, lecture* schädlich; *entreprise, jeu* riskant; **un fou ~** ein gemeingefährlicher Verrückter; **zone dangereuse** Gefahrenzone *f*
dangerosité [dɑ̃ʒʀozite] *f* Gefahr *f; d'un produit* Gefährlichkeit *f*
danois [danwa] *m* Dänisch *nt; v. a.* **allemand**
danois(e) [danwa, waz] *adj* dänisch
Danois(e) [danwa, waz] *m(f)* Däne *m*/Dänin *f*
dans [dɑ̃] *prép* ① (*local, sans changement de lieu*) in (+ *dat*); **jouer ~ la cour** im Hof spielen; **~ le grenier** auf dem Dachboden ② (*à travers*) durch (+ *akk*); **regarder ~ une longue vue** durch ein Fernglas sehen; **rentrer ~ un arbre** gegen einen Baum fahren ③ (*à l'intérieur de*) in (+ *dat*), innerhalb (+ *gen*); **porter qn ~ ses bras** jdn auf dem Arm tragen ④ (*contenant*) aus (+ *dat*); **boire ~ un verre** aus einem Glas trinken ⑤ (*futur*) in (+ *dat*); **~ combien de temps?** wann? ⑥ (*dans un délai de*) innerhalb von (+ *dat*), binnen (+ *dat*); **~ les délais** termingemäß; **~ une heure** in einer Stunde ⑦ (*dans le courant de*) im Laufe (+ *gen*) ⑧ (*état, manière, cause*) in (+ *dat*); **~ ces conditions** unter diesen Bedingungen; **travailler ~ les ordinateurs** im Bereich Computer arbeiten ⑨ (*environ*) ungefähr, [so] um die
dansant(e) [dɑ̃sɑ̃, ɑ̃t] *adj rythme, mélodie* Tanz-; *reflet, lueur* tanzend; **soirée ~e** Tanzabend *m*
danse [dɑ̃s] *f* Tanz *m,* Tanzen *nt;* **~ classique** Ballett *nt* ▶ **mener la ~** der Anführer/die Anführerin sein
danser [dɑ̃se] <1> **I.** *vi* ① ART tanzen ② (*remuer*) *flammes, reflets:* flackern **II.** *vt* tanzen
danseur, -euse [dɑ̃sœʀ, -øz] *m, f* Tänzer(in) *m(f);* **~ étoile** erster Tänzer/erste Tänzerin
Danube [danyb] *m* **le ~** die Donau
dard [daʀ] *m* Stachel *m*
darder [daʀde] <1> *vt* abschießen *flèche*
dare-dare [daʀdaʀ] *adv fam* schnurstracks
darne [daʀn] *f* Fischsteak *nt;* **~ de saumon** Lachsmedaillon *nt*
dartre [daʀtʀ] *f* [Haut]flechte *f*
darwinisme [daʀwinism] *m* Darwinismus *m*
datable [databl] *adj* datierbar
datation [datasjɔ̃] *f* Datierung *f*
date [dat] *f* ① (*jour*) Datum *nt;* **~ de naissance/de mariage** Geburts-/Hochzeitstag *m;* **~ butoir** letzter Termin *m;* **~ limite d'envoi** Einsendeschluss *m;* **à quelle ~?** wann?; **amitié de longue ~** langjährige Freundschaft; **en ~ du 10 mai** vom 10. Mai ② (*événement*) Datum *nt;* **les grandes ~s de l'Histoire** die bedeutenden Ereignisse der Geschichte
dater [date] <1> **I.** *vt* datieren; **être daté du ...** das Datum vom ... tragen **II.** *vi* ① (*remonter à*) **cette décision date de quelques minutes** diese Entscheidung ist einige Minuten alt; **à ~ d'aujourd'hui** ab heute; **~ dans la vie de qn** ein Einschnitt in jds Leben (*dat*) sein ② (*être démodé*) veraltet sein ▶ **ne pas ~ d'hier** nicht neu sein
dateur [datœʀ] *m d'une montre* Datumsanzeiger *m*
datif [datif] *m* Dativ *m,* Wemfall *m*
datte [dat] *f* Dattel *f*
dattier [datje] *m* Dattelpalme *f*
daube [dob] *f* GASTR Schmorbraten *m*
dauphin [dofɛ̃] *m* ① HIST *a. fig* Kronprinz *m,* Thronfolger *m* ② ZOOL Delphin *m*
dauphine [dofin] *f* HIST *Gemahlin des französischen Thronfolgers*
Dauphiné [dofine] *m* **le ~** die Dauphiné
dauphinois(e) [dofinwa, waz] *adj* aus der Dauphiné
daurade *v.* **dorade**
davantage [davɑ̃taʒ] *adv* ① (*plus*) mehr; **bien ~ de ...** viel mehr ... ② (*plus longtemps*) länger
DCRI [deseɛʀi] *f abr de* **Direction centrale du renseignement intérieur** *französischer Geheimdienst für innere Angelegenheiten*

D

D.D.A. [dedea] *f abr de* **direction départementale de l'agriculture** *Landwirtschaftsabteilung auf Departementebene*

D.D.E. [dedeø] *f abr de* **direction départementale de l'équipement** *Amt für das öffentliche Bau- und Straßenwesen auf Departementebene*

de[1] [də, dy, de] <d', de la, du, des> *prép* ① (*point de départ*) von [... aus]; **~ ... à ...** von ... bis ... ② (*origine*) aus; **venir ~ Paris/d'Angleterre** aus Paris/aus England stammen; **le vin d'Italie** italienischer Wein; **tu es d'où?** woher bist du?; **le train ~ Paris** (*provenance*) der Zug aus Paris; (*destination*) der Zug nach Paris; **~ Berlin à Paris** von Berlin bis Paris ③ (*appartenance*) des, der, des (+ *gen*); **la femme d'Antoine** Antoines Frau ④ (*détermination*) **la couleur du ciel** die Farbe des Himmels ⑤ *sans art* (*matière*) aus; **~** [*o* **en**] **bois** aus Holz ⑥ (*spécificité*) **roue ~ secours** Ersatzrad *nt* ⑦ *souvent non traduit* (*partie*) **la majorité des Français** die Mehrheit der Franzosen ⑧ *avec un contenant, âge, poids, temps* (*contenu*) **un sac ~ pommes de terre** ein Sack Kartoffeln; **combien ~ kilos?** wie viel Kilo?; **un billet ~ cent euros** ein Hundert-Euro-Schein; **une jeune fille ~ 20 ans** ein zwanzigjähriges Mädchen; **avancer/reculer ~ 3 pas** 3 Schritte vor-/zurückgehen; **gagner 60 euros ~ l'heure** 60 Euro in der Stunde verdienen ⑨ *souvent non traduit ou par comp* (*identification*) **la Ville ~ Paris** die Stadt Paris ⑩ (*qualification*) von einem/einer; **cet idiot ~ Durand** dieser Dummkopf von Durand; **chienne ~ vie** Hundeleben *nt* ⑪ (*parmi*) **le plus doué ~ nous** der Begabteste von uns ⑫ (*qualité*) von (+ *dat*); **ce film est d'un ennui/d'un triste!** dieser Film ist vielleicht langweilig/traurig! (*fam*) ⑬ (*particule nobiliaire*) von; **le général ~ Gaulle** der General de Gaulle ⑭ *après un nom dérivé de verbe* (*complément de nom*) des, der, des; **la crainte ~ qn/qc** die Angst vor jdm/etw ⑮ *+ compl d'un verbe* (*agent*) von (+ *dat*); **~ quoi ...?** von was ...?; **~ qui?** von wem? ⑯ (*cause*) **mourir ~ qc** an etw (*dat*) sterben ⑰ (*temporel*) **~ nuit** nachts; **ne rien faire ~ la journée** den ganzen Tag über nichts tun; **~ temps en temps** von Zeit zu Zeit; **~ loin en loin** hier und da ⑱ (*manière*) mit; **~ mémoire** aus dem Gedächtnis ⑲ (*moyen*) mit; **faire signe ~ la main** [mit der Hand] winken ⑳ (*introduction d'un complément*) **c'est à toi ~ jouer** du bist dran; **j'évite ~ sortir de la maison** ich vermeide es aus dem Haus zu gehen

de[2] [də, dy, de] <d', de la, du, des> *art partitif, non traduit* **du vin/~ la bière/des gâteaux** Wein/Bier/Kekse; **il ne boit pas ~ vin/d'eau** er trinkt keinen Wein/kein Wasser

dé[1] [de] *m* ① (*jeu*) Würfel *m;* **jeter les ~s** würfeln; **jouer aux ~s** würfeln ② (*cube*) **couper qc en ~s** etw in Würfel schneiden ▸ **les ~s sont jetés** die Würfel sind gefallen

dé[2] [de] *m* **~ à coudre** Fingerhut *m*

D.E.A. [deøɑ] *m abr de* **Diplôme d'études approfondies** (*cycle d'études*) *Aufbaustudium;* (*examen*) *Abschluss eines Aufbaustudiums*

dealer[1] [dilœʀ] *m fam* Dealer(in) *m(f)*

dealer[2] [dile] <1> *vt fam* **~ qc** mit etw dealen, etw verticken

dealeur, -euse [dilœʀ, -øz] *m, f v.* **dealer[1]**

déambulateur [deɑ̃bylatøʀ] *m* Gehhilfe *f;* (*muni de roulettes*) Rollator *m*

déambulatoire [deɑ̃bylatwaʀ] *m* Chorumgang *m*

déambuler [deɑ̃byle] <1> *vi* auf und ab wandern

débâcle [debɑkl] *f* Zusammenbruch *m*

déballage [debalaʒ] *m* ① *d'un paquet* Auspacken *nt* ② *de marchandises, d'objets* Ausstellung *f* ③ *fam* (*désordre*) Chaos *nt* ④ *péj fam* (*divulgations*) Erguss *m*

déballer [debale] <1> *vt* ① (*sortir*) auspacken ② *fam* (*raconter*) ausplaudern *secrets;* **~ sa science** sein/ihr Wissen anbringen

débandade [debɑ̃dad] *f* Auseinanderlaufen *nt*

débander [debɑ̃de] <1> **I.** *vt* ① MED **~ le bras à qn** jdm den Verband vom Arm nehmen ② (*enlever le bandeau*) **~ les yeux à qn** jdm die Binde [von den Augen] abnehmen **II.** *vi fam* schlaff werden

débaptiser [debatize] <1> *vt* umtaufen *personne*

débarbouillage [debaʀbujaʒ] *m* Gesichtswäsche *f*

débarbouiller [debaʀbuje] <1> **I.** *vt* **~ qn** jdm das Gesicht waschen **II.** *vpr* **se ~** sich (*dat*) das Gesicht waschen

débarcadère [debaʀkadɛʀ] *m* Landungsbrücke *f*

débarder [debaʀde] <1> *vt* ① (*transporter*) abtransportieren *bois, pierre* ② NAUT löschen, ausladen *marchandises*

débardeur [debaʀdœʀ] *m* (*pull sans bras*) Pullunder *m*
débarquement [debaʀkəmɑ̃] *m* ① *des marchandises* Ausladen *nt; des voyageurs* Aussteigen *nt* ② *des troupes* Landung *f*
débarquer [debaʀke] <1> **I.** *vt* NAUT löschen *marchandises;* an Land setzen *passagers* **II.** *vi* ① (*opp: embarquer*) *passager:* mit dem Schiff ankommen; NAUT von Bord gehen; *troupes:* landen ② *fam* (*arriver*) ~ **chez qn** bei jdm aufkreuzen ③ *fam* (*ne pas être au courant*) auf dem Mond leben
débarras [debaʀɑ] *m* Abstellraum *m* ▶ **bon** ~! den/die/das wären wir los!
débarrasser [debaʀase] <1> **I.** *vt* ausräumen *pièce;* entrümpeln *grenier;* abdecken *table;* ~ **qn de son manteau** jdm aus dem Mantel helfen **II.** *vpr* ① (*ôter*) **se ~ de son manteau** seinen Mantel ablegen ② (*donner ou vendre*) **se ~ de vieux livres** alte Bücher weggeben ③ (*liquider*) **se ~ d'une affaire** sich einer Sache (*gen*) entledigen ④ (*éloigner*) **se ~ de qn** sich (*dat*) jdn vom Hals schaffen
débat [deba] *m* ① (*discussion*) Diskussion *f* ② (*discussion entre deux candidats*) Streitgespräch *nt* ③ *pl* POL Debatte *f* ④ JUR [Haupt]verhandlung *f*
débattre [debatʀ] <*irr*> **I.** *vt* ~ **qc** über etw (*akk*) diskutieren, etw erörtern ▶ **à ~** auszuhandeln **II.** *vi* ~ **de qc** über etw (*akk*) verhandeln **III.** *vpr* **se ~** um sich schlagen
débauchage [deboʃaʒ] *m* Abwerben *nt,* Abspenstigmachen *nt*
débauche [deboʃ] *f* ① (*vice*) Ausschweifung *f;* **scènes de ~** unzüchtige Szenen *Pl* ② (*abondance, excès*) verschwenderische Fülle
débauché(e) [deboʃe] *m(f)* Wüstling *m*
débaucher [deboʃe] <1> **I.** *vt* ① (*détourner d'un travail pour son compte*) abwerben ② *hum fam* (*pour aller s'amuser*) ~ **qn** jdn vom Arbeiten abhalten; ~ **qn pour faire qc** jdn dazu verleiten etw zu tun ③ (*licencier*) entlassen **II.** *vpr* **se ~** ausschweifen
débecter [debɛkte] <1> *vt fam* anwidern, anekeln
débile [debil] **I.** *adj* ① *fam* (*stupide*) schwachsinnig; **c'est ~!** das ist doch Schwachsinn! ② (*atteint de débilité*) geistig behindert ③ *corps* geschwächt; *enfant* schwächlich; *santé* schwach **II.** *mf* ① MED geistig Behinderte(r) *f(m);* ~ **mental** Geistesgestörter ② *péj fam* (*imbécile*) Spinner(in) *m(f)*
débilisant(e) [debilizɑ̃, ɑ̃t] *adj émission, publicité* schwachsinnig, idiotisch
débilité [debilite] *f* ① MED *de l'esprit* geistige Behinderung; *du corps* Hinfälligkeit *f* ② *fam* (*stupidité*) Schwachsinn *m*
débiner [debine] <1> *vt fam* heruntermachen
débit [debi] *m* ① COM Absatz *m;* **avoir du ~** einen großen Umsatz haben ② *d'un tuyau, robinet* Durchflussmenge *f; d'une rivière* Wasserführung *f* ③ (*élocution*) Redefluss *m* ④ FIN Soll *nt;* **le ~ et le crédit** [das] Soll und Haben
débitage [debitaʒ] *m du bois* Zuschneiden *nt,* Zuschnitt *m*
débitant(e) [debitɑ̃, ɑ̃t] *m(f)* ~ **de boissons** Schankwirt *m;* ~ **de tabac** Tabak[waren]händler *m*
débiter [debite] <1> *vt* ① FIN ~ **un compte de 100 euros** ein Konto mit 100 Euro belasten ② (*vendre*) verkaufen; ausschenken *boissons* ③ *péj* (*dire*) herunterleiern *discours, poème* ④ (*produire*) ausstoßen ⑤ (*écouler*) **le robinet/le tuyau débite une grande quantité d'eau** der Hahn/das Rohr lässt eine große Wassermenge durchlaufen ⑥ (*découper*) zerschneiden *bois, tissu;* zerlegen *viande*
débiteur, -trice [debitœʀ, -tʀis] **I.** *adj compte* Debet- **II.** *m, f* Schuldner(in) *m(f);* **être le ~ de qn** in jds (*dat*) Schuld sein
déblaiement [deblɛmɑ̃] *m* Räumung *f*
déblatérer [deblateʀe] <5> *vi fam* ~ **contre qn/qc** über jdn/etw vom Leder ziehen
déblayage [deblɛjaʒ] *m* Aufräumen *nt*
déblayer [debleje] <7> *vt* (*débarrasser*) freimachen
déblocage [deblɔkaʒ] *m* ① TECH *d'un frein, mécanisme* Lösen *nt* ② ECON *du crédit, des prix* Freigabe *f* ③ *de la situation* Verbesserung *f; d'une crise* Überwindung *f*
débloquer [deblɔke] <1> **I.** *vt* ① TECH lösen *frein, vis;* lockern *écrou;* entriegeln *serrure;* wieder aufbekommen *porte* ② ECON freigeben *crédit, marchandise* ③ (*trouver une issue à*) ~ **une crise** eine Krise überwinden **II.** *vi fam* überschnappen **III.** *vpr* TECH **se ~** *vis:* sich lockern; *serrure, porte:* wieder aufgehen
débobiner [debɔbine] <1> *vt* abspulen
déboguer [debɔge] <1> *vt* INFORM ~ **qc** einen Systemfehler in etw beheben
débogueur [debɔgœʀ] *m* INFORM Debugger *m* (*Fachspr.*)
déboires [debwaʀ] *mpl* Enttäuschungen *Pl*

D

déboisement [debwazmɑ̃] *m* Abholzen *nt*

déboiser [debwaze] <1> *vt* abholzen

déboîtement [debwatmɑ̃] *m* ① MED *d'une épaule* Verrenkung *f* ② *d'un véhicule* Ausscheren *nt*

déboîter [debwate] <1> *vt* ① MED **sa chute lui a déboîté une épaule** er hat sich bei seinem Sturz die Schulter verrenkt ② (*démonter*) aus den Angeln heben *porte*

débonnaire [debɔnɛʀ] *adj* gutmütig

débordant(e) [debɔʀdɑ̃, ɑ̃t] *adj activité* rastlos; *imagination* blühend; *enthousiasme, joie* überschwänglich

débordé(e) [debɔʀde] *adj* ① (*submergé*) überlastet; **être ~ d'occupations** voll ausgelastet sein ② (*détaché du bord*) *drap* herausgerutscht; *lit* in Unordnung geraten

débordement [debɔʀdəmɑ̃] *m* ① *d'un liquide* Überlaufen *nt; d'une rivière* Übertreten *nt* ② (*flot, explosion*) **~ de paroles** Wortschwall *m* ③ *gén pl* (*désordres*) Ausschreitungen *Pl* ④ *pl* (*excès*) Exzesse *Pl*

déborder [debɔʀde] <1> **I.** *vi* ① (*sortir*) *liquide:* überlaufen; *lac, rivière:* über die Ufer treten; *récipient:* überlaufen ② (*être plein de*) **~ de joie** außer sich vor Freude sein ③ (*dépasser les limites*) **les arbres débordent sur le terrain voisin** die Bäume ragen in das Nachbargelände hinein **II.** *vt* ① (*dépasser*) **une maison déborde les autres [maisons]** ein Haus steht vor ② (*aller au-delà de*) überschreiten *temps imparti* ③ MIL, POL, SPORT **se laisser ~** sich von der Flanke her angreifen lassen ④ (*être dépassé*) **être débordé par qn/qc** jds/einer S. nicht mehr Herr werden ⑤ (*tirer les draps*) **~ un drap/une couverture** ein Laken/eine Zudecke unter der Matratze herausziehen

débotter [debɔte] <1> **I.** *vt* **~ qn** jdm die Stiefel ausziehen **II.** *vpr* **se ~** sich (*dat*) die Stiefel ausziehen

débouchage [debuʃaʒ] *m d'une bouteille* Öffnen *nt,* Entkorken *nt; d'un tuyau* Freimachen *nt*

débouché [debuʃe] *m* ① (*marché*) Absatzmarkt *m* ② *pl* (*perspectives*) Berufsaussichten *Pl* ③ (*issue*) Zugang *m; d'une rue* [Ein]mündung *f*

déboucher [debuʃe] <1> **I.** *vt* ① (*désobstruer*) freibekommen *nez;* **~ un lavabo** ein Waschbecken frei machen ② (*ouvrir*) öffnen; entkorken *bouteille;* aufschrauben *tube* **II.** *vpr* **se ~** *tuyau, lavabo, nez:* frei werden **III.** *vi* ① (*sortir*) *piéton:* hervorkommen; *véhicule:* herausgefahren kommen ② (*sortir à grande vitesse*) *véhicule:* herausgeschossen kommen ③ (*aboutir*) **~ dans/sur une rue** *personne:* auf eine Straße stoßen; *voie:* in eine Straße [ein]münden ④ (*aboutir à*) **~ sur qc** zu etw führen; *conversation:* bei etw anlangen

déboucler [debukle] <1> *vt* aufschnallen *ceinture*

débouler [debule] <1> *vi fig fam* (*faire irruption*) **~ chez qn** bei jdm hereingestolpert kommen

déboulonnage [debulɔnaʒ] *m,* **déboulonnement** [debulɔnmɑ̃] *m* TECH Abschrauben *nt*

déboulonner [debulɔne] <1> *vt* abschrauben

débourber [debuʀbe] <1> *vt* ① (*désenvaser*) ausschlämmen *canal* ② (*désembourber*) aus dem Dreck ziehen *véhicule*

débourser [debuʀse] <1> *vt* ausgeben

déboussoler [debusɔle] <1> *vt fam* verstören

debout [d(ə)bu] *adj, adv inv* ① (*en position verticale*) stehend; *manger, voyager* im Stehen; **être/rester ~** stehen/stehen bleiben; **se mettre ~** aufstehen; **poser/ranger qc ~** etw [aufrecht] hinstellen; **tenir ~ tout seul** *personne:* stehen können; *chose:* von alleine stehen bleiben ② (*levé*) **être/rester ~** auf sein/aufbleiben ③ (*opp: malade, fatigué*) **ne plus tenir ~** nicht mehr stehen können ④ (*en bon état*) **tenir encore ~** *construction:* noch stehen; *institution:* noch existieren ▶ **dormir ~** im Stehen [ein]schlafen; **des histoires à dormir ~** Märchen *Pl;* **raconter des histoires à dormir ~** was [*o* einen] vom Pferd erzählen (*fam*); **tenir ~** *théorie, histoire:* Hand und Fuß haben

débouter [debute] <1> *vt* **~ qn de sa plainte** jds Klage zurückweisen

déboutonner [debutɔne] <1> **I.** *vt* aufknöpfen *chemise, gilet;* aufmachen *bouton* **II.** *vpr* **se ~** *personne:* sein Hemd/seinen Mantel/... aufknöpfen; *vêtement:* aufgehen

débraillé(e) [debʀɑje] *adj personne, tenue* schlampig

débrailler [debʀɑje] <1> *vpr* **se ~** sich entblößen; *fig conversation:* jede Zurückhaltung vermissen lassen

débranchement [debʀɑ̃ʃmɑ̃] *m* ELEC Abschalten *nt kein Pl,* Ausschalten *nt kein Pl*

débrancher [debʀɑ̃ʃe] <1> *vt* **~ une lampe** den Stecker einer Lampe (*gen*) herausziehen

débrayage [debʀɛjaʒ] *m* AUT Auskuppeln *nt*

débrayer [debʀeje] <7> *vi* ① AUT [aus]kuppeln ② (*faire grève*) die Arbeit niederlegen

débridé(e) [debʀide] *adj* ungezügelt

débrider [debʀide] <1> *vt* (*ôter la bride*) abzäumen

débris [debʀi] *mpl* ① (*fragments*) Scherbe *f* ② (*restes*) Überreste *Pl*

débrouillard(e) [debʀujaʀ, jaʀd] **I.** *adj fam* gewitzt; **être ~** sich (*dat*) zu helfen wissen **II.** *m(f) fam* Schlaukopf *m*

débrouillardise [debʀujaʀdiz] *f* Schlauheit *f*

débrouiller [debʀuje] <1> **I.** *vt* ① (*démêler*) entwirren *écheveau, fil* ② (*élucider*) Klarheit bringen in (+ *akk*) *affaire* ③ *fam* (*former*) **~ qn** jdm das Nötigste beibringen **II.** *vpr fam* **se ~** zurechtkommen; **se ~ pour faire qc** es schaffen etw zu tun

débroussailler [debʀusaje] <1> *vt* ① (*défricher*) **~ un terrain** das Gestrüpp von einem Gelände entfernen ② (*éclaircir*) Licht bringen in (+ *akk*) *affaire, texte*

débusquer [debyske] <1> *vt* aufscheuchen *animal*

début [deby] *m* ① (*commencement*) Anfang *m*, Beginn *m*; **au ~ de qc** am Anfang/zu Beginn von etw; **du ~ à la fin** von Anfang bis Ende ② *pl* **les ~s de qn dans/à qc** jds erste Schritte in/auf etw (*dat*); **faire ses ~s** debütieren

débutant(e) [debytɑ̃, ɑ̃t] **I.** *adj joueur, footballeur* unerfahren; *pianiste* angehend **II.** *m(f)* ① (*élève, ouvrier*) Anfänger(in) *m(f)* ② (*acteur*) Debütant(in) *m(f)*

débuter [debyte] <1> **I.** *vi* anfangen; **~ au théâtre** beim Theater debütieren **II.** *vt* beginnen

déca [deka] *m fam abr de* **décaféiné** Koffeinfreie(r) *m*

deçà [dəsa] *adv* **en ~ de qc** diesseits einer S. (*gen*)

décacheter [dekaʃte] <3> *vt* öffnen *lettre*

décade [dekad] *f* Dekade *f*

décadence [dekadɑ̃s] *f d'une civilisation* Niedergang *m*; *des mœurs* Verfall *m*; *d'une personne* Dekadenz *f*; **tomber en ~** verfallen

décadent(e) [dekadɑ̃, ɑ̃t] *adj art, civilisation* untergehend; *personne* dekadent

décaféiné [dekafeine] *m* koffeinfreier Kaffee *m*

décaféiner [dekafeine] <1> *vt* entkoffeinieren

décagramme [dekagʀam] *m* Dekagramm *nt*

décalage [dekalaʒ] *m* ① *d'un horaire* [zeitliche] Verschiebung ② (*écart temporel*) Zeitabstand *m* ③ (*écart spatial*) Versetzung *f*; **il y a un ~ entre ces deux maisons** diese zwei Häuser stehen versetzt ④ (*différence*) Diskrepanz *f*; (*plus fort*) Kluft *f*

décalcification [dekalsifikasjɔ̃] *f* MED Kalziumverlust *m*

décalcomanie [dekalkɔmani] *f* Abziehbild *nt*

décalé(e) [dekale] *adj* ① (*non aligné*) **la maison est ~e** das Haus steht versetzt ② (*bancal*) **le meuble est ~** das Möbelstück steht schief ③ (*inattendu*) unerwartet ④ (*déphasé*) **être [complètement] ~** (*dans le temps*) einen ungewöhnlichen Rhythmus haben; (*dans une société*) vollkommen unorthodox sein

décaler [dekale] <1> **I.** *vt* ① (*avancer/retarder*) **~ qc d'un jour** etw um einen Tag verschieben ② (*déplacer*) [ein bisschen] weiter schieben *meuble, appareil;* versetzen *titre, paragraphe* **II.** *vpr* **se ~** sich einen Platz weiter setzen

décalitre [dekalitʀ] *m* Dekaliter *m*

décalquage [dekalkaʒ] *m* Abpausen *nt*, Durchpausen *nt*

décalque [dekalk] *m* ① (*reproduction*) Pause *f* ② (*imitation*) Nachahmung *f*

décalquer [dekalke] <1> *vt* ① (*copier*) **~ qc sur qc** etw aus etw abpausen ② (*reporter*) **~ qc sur qc** etw auf etw (*akk*) abpausen

décamètre [dekamɛtʀ] *m* Dekameter *m o nt; d'arpenteur* Dekametermaß *nt*

décamper [dekɑ̃pe] <1> *vi fam* sich aus dem Staub machen

décan [dekɑ̃] *m* ASTROL Dekade *f*

décaniller [dekanije] <1> *vi fam* abhauen, verduften

décantation [dekɑ̃tasjɔ̃] *f* Klärvorgang *m*

décanter [dekɑ̃te] <1> *vt* klären *liquide*

décapage [dekapaʒ] *m d'une pièce métallique* Beizen *nt*; *d'une peinture, du bois* Abbeizen *nt*

décapant [dekapɑ̃] *m* ① (*pour métal*) Beizmittel *nt* ② (*pour peinture*) Abbeizmittel *nt*

décapant(e) [dekapɑ̃, ɑ̃t] *adj* ① *produit* Abbeiz-; *pouvoir, vertu* ätzend ② *article, humour* ätzend; *analyse* schonungslos

décaper [dekape] <1> *vt* beizen *métal;* abbeizen *bois, meuble*

décapiter [dekapite] <1> *vt* ① (*étêter*) köpfen *condamné;* köpfen *fleur* ② *fig* führerlos machen *parti, réseau*

D

décapotable [dekapɔtabl] **I.** *adj* mit aufklappbarem Verdeck **II.** *f* Kabriolett *nt*

décapoter [dekapɔte] <1> *vt* ~ **une voiture** das Verdeck eines Autos zurückklappen

décapsuler [dekapsyle] <1> *vt* öffnen *bouteille*

décapsuleur [dekapsylœʀ] *m* Flaschenöffner *m*

décarcasser [dekaʀkase] <1> *vpr fam* **se** ~ **pour qn** sich für jdn abrackern

décathlon [dekatlɔ̃] *m* Zehnkampf *m*

décathlonien(ne) [dekatlɔnjɛ̃, jɛn] *m(f)* Zehnkämpfer(in) *m(f)*

décati(e) [dekati] **I.** *part passé de* **décatir** **II.** *adj fam personne* gealtert

décatir [dekatiʀ] <8> **I.** *vt* TECH dekatieren *drap* **II.** *vpr fam* **se** ~ seine Frische verlieren

décavé(e) [dekave] *adj visage* ausgezehrt

décéder [desede] <5> *vi + être form* versterben (*geh*); ~ **de qc** an etw (*dat*) sterben

décelable [des(ə)labl] *adj* erkennbar, nachweisbar

déceler [des(ə)le] <4> *vt* ① (*découvrir*) entdecken; herausfinden *cause, raison;* aufdecken *intrigue, lacune;* wahrnehmen *sentiment, fatigue* ② (*être l'indice de*) erkennen lassen

décélération [deseleʀasjɔ̃] *f* Verlangsamung *f*

décélérer [deseleʀe] <5> *vi* sich verlangsamen

décembre [desɑ̃bʀ] *m* Dezember *m; v. a.* **août**

décemment [desamɑ̃] *adv s'exprimer, se comporter* anständig

décence [desɑ̃s] *f* Anstand *m;* **choquer la** ~ anstößig sein

décennie [deseni] *f* Jahrzehnt *nt*

décent(e) [desɑ̃, ɑ̃t] *adj* anständig

décentralisation [desɑ̃tʀalizasjɔ̃] *f* Dezentralisierung *f*

décentraliser [desɑ̃tʀalize] <1> **I.** *vt* dezentralisieren; **une entreprise décentralisée** ein ausgelagertes Unternehmen *nt* **II.** *vpr* **se** ~ dezentralisiert werden

décentrer [desɑ̃tʀe] <1> **I.** *vt* dezentrieren **II.** *vpr* **se** ~ sich dezentrieren

déception [desɛpsjɔ̃] *f* Enttäuschung *f*

décerner [desɛʀne] <1> *vt* ~ **un prix à qn** jdm einen Preis verleihen

décès [desɛ] *m form* ① (*mort*) Ableben *nt* ② ADMIN Sterbefall *m*

décevant(e) [des(ə)vɑ̃, ɑ̃t] *adj* enttäuschend; **se montrer/se révéler** ~ die Erwartungen enttäuschen

décevoir [des(ə)vwaʀ] <12> *vt* enttäuschen; **qc déçoit qn** jd ist von etw enttäuscht

déchaîné(e) [deʃene] *adj passions* hemmungslos; *instincts* ungezügelt; *vent* entfesselt; *mer* tosend; *foule, enfant* außer Rand und Band; **être** ~ **contre qn/qc** gegen jdn/etw aufgebracht sein

déchaînement [deʃɛnmɑ̃] *m de la tempête* Wüten *nt; de la mer* Toben *nt; de la haine, violence* Ausbruch *m; des passions* Entfesselung *f*

déchaîner [deʃene] <1> **I.** *vt* entfesseln *passions;* entfachen *enthousiasme, conflit;* auslösen *indignation, conflit* **II.** *vpr* **se** ~ toben; **se** ~ **contre qn/qc** gegen jdn/etw wüten

déchanter [deʃɑ̃te] <1> *vi fam* seine Illusionen aufgeben

décharge [deʃaʀʒ] *f* ① (*dépôt*) Mülldeponie *f,* Müllkippe *f* ② *de carabine* Schüsse *Pl; de plombs* Ladung *f* ③ ELEC Schlag *m* ④ MED ~ **d'adrénaline** Adrenalinstoß *m* ⑤ JUR Entlastung *f*

déchargement [deʃaʀʒəmɑ̃] *m d'un camion, d'un wagon* Ausladen *nt; d'un navire* Löschen *nt*

décharger [deʃaʀʒe] <2a> **I.** *vt* ① (*débarrasser de sa charge*) ausladen *voiture;* löschen *bateau* ② (*enlever, débarquer*) von Bord gehen lassen *passagers* ③ (*libérer*) ~ **qn d'un travail** jdm eine Arbeit abnehmen ④ (*soulager*) erleichtern; ~ **sa colère sur qn** seinen Zorn an jdm auslassen ⑤ (*tirer*) ~ **son revolver sur qn** auf jdn abfeuern ⑥ ELEC entladen *batterie, accumulateur* ⑦ JUR entlasten **II.** *vpr* ① (*se libérer*) **se** ~ **du travail sur qn** die Arbeit auf jdn abwälzen ② ELEC **se** ~ sich entladen **III.** *vi fam* (*éjaculer*) spritzen

décharné(e) [deʃaʀne] *adj visage* abgezehrt

déchaussé(e) [deʃose] *adj dent* locker

déchausser [deʃose] <1> **I.** *vt* abschnallen *skis;* ~ **qn** jdm die Schuhe ausziehen **II.** *vpr* **se** ~ ① (*enlever ses chaussures*) seine Schuhe ausziehen ② MED *dent:* locker werden

dèche [dɛʃ] *f fam* Misere *f*

déchéance [deʃeɑ̃s] *f* ① (*déclin*) Verfall *m; d'une civilisation* Untergang *m;* ~ **morale/physique** seelische Zerrüttung/körperlicher Verfall ② JUR *d'un souverain* Absetzung *f; de l'autorité paternelle* Aberkennung *f*

déchets [deʃɛ] *mpl* (*restes, ordures*) Abfall *m;* ~ **biodégradables** Biomüll *m;*

~ **nucléaires** Atommüll *m;* ~ **toxiques** Giftmüll *m*

déchetterie [deʃɛtʀi] *f* Müllverwertungsanlage *f*

déchiffrable [deʃifʀabl] *adj* entzifferbar; **être** ~ zu entziffern sein

déchiffrage [deʃifʀaʒ] *m* ❶ Entziffern *nt* ❷ MUS Notenlesen *nt*

déchiffrement [deʃifʀəmɑ̃] *m de hiéroglyphes, d'un texte codé* Entzifferung *f,* Entschlüsselung *f*

déchiffrer [deʃifʀe] <1> **I.** *vt* ❶ (*décrypter*) entschlüsseln *message, code* ❷ (*comprendre*) entziffern *hiéroglyphes, texte* ❸ MUS ~ **un morceau** ein Stück vom Blatt spielen/singen ❹ (*déceler*) durchschauen *intentions;* erraten *sentiments* **II.** *vi* MUS Noten lesen

déchiqueté(e) [deʃikte] *adj feuille* gezackt; *côte* zerklüftet; *sommet* gezackt

déchiqueter [deʃikte] <3> *vt* zerfetzen

déchirant(e) [deʃiʀɑ̃, ɑ̃t] *adj spectacle, adieux* herzzerreißend

déchiré(e) [deʃiʀe] *adj* zerrissen

déchirement [deʃiʀmɑ̃] *m* ❶ *d'un muscle* Riss *m* ❷ (*souffrance*) großer Kummer ❸ (*divisions*) Zwietracht *f*

déchirer [deʃiʀe] <1> **I.** *vt* ❶ (*déchiqueter*) zerreißen *papier, tissu;* ~ **qc en morceaux** etw in Stücke reißen ❷ (*faire un accroc*) aufreißen *pantalon* ❸ (*couper*) aufreißen *enveloppe* ❹ (*troubler*) zerreißen *silence* ❺ (*faire souffrir*) ~ **qn** jdm das Herz zerreißen ❻ (*diviser*) spalten *parti, pays* **II.** *vpr* ❶ (*rompre*) **se** ~ *sac:* [auf]reißen; *vêtement:* einen Riss bekommen; *nuage:* aufreißen; *cœur:* brechen ❷ MED **se** ~ **un muscle** sich (*dat*) einen Muskelriss zuziehen ❸ (*se quereller*) **se** ~ sich gegenseitig zerfleischen

déchirure [deʃiʀyʀ] *f* ❶ *d'un vêtement* Riss *m* ❷ MED ~ **ligamentaire/musculaire** Bänder-/Muskel[faser]riss *m* ❸ *du ciel* Spalt *m*

déchoir [deʃwaʀ] <*irr*> *vi personne:* tief sinken

déchristianisation [dekʀistjanizasjɔ̃] *f* Säkularisierung *f*

déchristianiser [dekʀistjanize] <1> **I.** *vt* dem Christentum entfremden, säkularisieren **II.** *vpr* **se** ~ sich säkularisieren

déchu(e) [deʃy] **I.** *part passé de* **déchoir** **II.** *adj souverain* gestürzt

de-ci [dəsi] *adv* ► ~ de-là hier und da

décibel [desibɛl] *m* Dezibel *nt*

décidé(e) [deside] *adj air, personne* entschlossen; *ton* bestimmt; **c'est ~, ...** jetzt steht es fest, ...

décidément [desidemɑ̃] *adv* ❶ (*après répétition d'une expérience désagréable*) also wirklich ❷ (*après hésitation ou réflexion*) eindeutig, entschieden, definitiv; **c'est trop cher,** ~ das ist definitiv zu teuer; **oui, ~, c'est bien lui le meilleur !** ja, er ist entschieden der Bessere!

décider [deside] <1> **I.** *vt* ❶ (*prendre une décision*) beschließen; ~ **de faire qc** beschließen etw zu tun ❷ (*persuader*) ~ **qn à faire qc** jdn dazu bewegen etw zu tun **II.** *vi* ~ **de qc** etw bestimmen **III.** *vpr* ❶ (*être fixé*) **se** ~ *chose, événement:* sich entscheiden ❷ (*prendre une décision*) **se** ~ sich entscheiden; **se ~ à faire qc** sich dazu entschließen etw zu tun ❸ METEO **va-t-il enfin se ~ à neiger?** wird es endlich schneien?

décideur, -euse [desidœʀ, -øz] *m, f* Entscheidungsträger(in) *m(f)*

décigramme [desigʀam] *m* Dezigramm *nt*

décilitre [desilitʀ] *m* Deziliter *m*

décimal(e) [desimal, -o] <-aux> *adj* Dezimal-

décimale [desimal] *f* Dezimale *f,* Dezimalstelle *f*

décimation [desimasjɔ̃] *f* Dezimierung *f*

décimer [desime] <1> *vt* dezimieren

décimètre [desimɛtʀ] *m* Dezimeter *m o nt*

décisif, -ive [desizif, -iv] *adj moment, preuve, bataille* entscheidend; *argument* ausschlaggebend; *intervention, rôle* maßgeblich; *ton* entschieden

décision [desizjɔ̃] *f* ❶ (*choix*) Entscheidung *f;* **prendre une** ~ einen Entschluss fassen ❷ (*choix fait par une assemblée*) Beschluss *m* ❸ (*choix fait par un tribunal*) Entscheid *m;* ~ **administrative** behördliche Verfügung ❹ (*fermeté*) Bestimmtheit *f;* **esprit de** ~ Entschlusskraft *f*

décisionnel(le) [desizjɔnɛl] *adj* Entscheidungs-

déclamation [deklamasjɔ̃] *f* (*art de déclamer*) Vortragskunst *f*

déclamer [deklame] <1> *vt* vortragen *poème, vers*

déclarable [deklaʀabl] *adj marchandise* verzollbar; *revenus* versteuerbar

déclaration [deklaʀasjɔ̃] *f* ❶ (*discours*) [öffentliche] Erklärung; **faire une** ~ eine Erklärung abgeben ❷ (*propos*) Aussage *f;* ~ **des droits de l'homme et du citoyen** Erklärung der Menschen- und Bürgerrechte ❸ (*témoignage*) Aussage *f* ❹ (*aveu*

D

d'amour) ~ **d'amour** Liebeserklärung *f* ❺ *d'un décès, changement de domicile* Meldung *f; d'une naissance* Anzeige *f* ❻ (*formulaire*) ~ **d'accident/de sinistre** Unfall-/Schadensmeldung *f*

déclaré(e) [deklaʀe] *adj socialiste, athée, ennemi* erklärt

D

déclarer [deklaʀe] <1> **I.** *vt* ❶ (*annoncer*) ~ **son amour à qn** jdm seine Liebe erklären; ~ **qn coupable** jdn für schuldig erklären; ~ **la guerre** den Krieg erklären ❷ (*enregistrer*) anmelden *employé, marchandise;* melden *décès, naissance;* [**vous n'avez**] **rien à ~?, vous avez quelque chose à ~?** haben Sie etwas zu verzollen? **II.** *vpr* ❶ (*se manifester*) **se ~** *incendie, orage:* ausbrechen; *fièvre, maladie:* zum Ausbruch kommen ❷ (*se prononcer*) **se ~ pour/contre qn/qc** sich für/gegen jdn/etw aussprechen ❸ (*se dire*) **se ~ l'auteur du crime** erklären der Täter zu sein ❹ (*faire une déclaration d'amour*) **se ~ à qn** sich jdm erklären

déclassé(e) [deklase] **I.** *adj* ❶ SPORT deklassiert, abgeschlagen ❷ CHEMDFER *billet* heruntergestuft ❸ COM ausgemustert **II.** *m(f)* Deklassierte(r) *f(m)*

déclassement [deklɑsmɑ̃] *m* Zurückstufung *f;* ~ **social** sozialer Abstieg, soziale Deklassierung

déclasser [deklɑse] <1> *vt* herunterstufen *route, hôtel*

déclenchement [deklɑ̃ʃmɑ̃] *m* Auslösen *nt*

déclencher [deklɑ̃ʃe] <1> **I.** *vt* ❶ TECH auslösen ❷ (*provoquer*) auslösen *conflit, réaction;* einleiten *offensive* **II.** *vpr* **se ~** *mécanisme:* in Gang kommen; *attaque, grève:* ausbrechen

déclencheur [deklɑ̃ʃœʀ] *m* Auslöser *m;* ~ **à retardement** Selbstauslöser *m*

déclic [deklik] *m* ❶ (*mécanisme*) Auslöseknopf *m* ❷ (*bruit*) Klicken *nt* ▶ **c'est/ça a été le ~** der Groschen fällt/ist gefallen (*fam*)

déclin [deklɛ̃] *m des forces physiques et mentales* Nachlassen *nt; de la popularité* Abnahme *f; du jour* Abnehmen *nt; du soleil* Untergehen *nt; d'une civilisation* Niedergang *m;* **le ~ de l'Occident** der Untergang des Abendlandes

déclinable [deklinabl] *adj* GRAM deklinierbar

déclinaison [deklinɛzɔ̃] *f* GRAM, ASTRON Deklination *f*

décliner [dekline] <1> **I.** *vt* ❶ (*refuser*) zurückweisen ❷ GRAM deklinieren ❸ (*dire*) angeben **II.** *vi* ❶ (*baisser*) *jour:* sich neigen (*geh*); *forces, prestige:* schwinden (*geh*) ❷ ASTRON *soleil, lune:* untergehen; *astre:* [vom Himmelsäquator] abweichen **III.** *vpr* **se ~** GRAM dekliniert werden

déclivité [deklivite] *f* Gefälle *nt*

décloisonner [deklwazɔne] <1> *vt* ~ **les diverses disciplines** einen fächerübergreifenden Austausch ermöglichen

déclouer [deklue] <1> *vt* abmachen, losmachen *planche*

déco [deko] *f abr de* **décoration**

décocher [dekɔʃe] <1> *vt* ~ **un regard/une œillade** jdm einen Blick zuwerfen

décoction [dekɔksjɔ̃] *f* BIO Abkochung *f*

décodage [dekɔdaʒ] *m d'une information, d'un message* Dekodierung *f*

décoder [dekɔde] <1> *vt* dekodieren *message*

décodeur [dekɔdœʀ] *m* Decoder *m*

décoffrer [dekɔfʀe] <1> *vt* TECH ausschalen *poteau*

décoiffer [dekwafe] <1> **I.** *vt* ~ **qn** jds Haare durcheinanderbringen; **être tout décoiffé** ganz zerzaust sein **II.** *vi* ▶ **ça décoiffe** *fam* [das ist der reine] Wahnsinn

décoincer [dekwɛ̃se] <2> *vt* ❶ (*dégager*) herausziehen *pied, doigt, tiroir;* aufziehen *porte;* herausbekommen *pièce, jeton* ❷ *fam* (*détendre*) locker machen *personne*

décolérer [dekɔleʀe] <5> *vi* **ne pas ~** immer noch wütend sein

décollage [dekɔlaʒ] *m* ❶ *d'un avion* Start *m* ❷ *d'un papier peint, timbre-poste* Ablösen *nt; d'un pansement adhésif* Entfernen *nt* ❸ ECON *d'une industrie, d'un pays* Boom *m;* ~ **économique** wirtschaftlicher Aufschwung

décollement [dekɔlmɑ̃] *m* (*fait d'être décollé*) Abgehen *nt; d'un papier peint, d'une moquette* Ablösen *nt*

décoller [dekɔle] <1> **I.** *vt* ~ **un timbre de l'enveloppe** eine Briefmarke vom Umschlag ablösen **II.** *vi* ❶ AVIAT ~ **de qc** von etw abfliegen; **nous décollons à 13 h** wir fliegen um 13 Uhr ab ❷ ECON *pays:* einen wirtschaftlichen Aufschwung erleben; *économie:* einen Aufschwung erleben; *production:* anlaufen; *affaires, commerce:* florieren; *science:* sich entwickeln ❸ *fam* (*partir, sortir*) **ne pas ~ du lit** nicht aus dem Bett hochkommen; **ne pas ~ de devant la télé** nicht vom Fernseher wegkommen; **ne pas ~ de chez qn** bei jdm hängen bleiben ❹ *fam* (*maigrir*) vom Fleisch fallen **III.** *vpr* **se ~** *carrelage, timbre:* sich lösen; *rétine:* sich ablösen

décolleté [dekɔlte] *m* Dekolletee *nt,* Ausschnitt *m;* ~ **plongeant** tiefes Dekolletee

décolleté(e) [dekɔlte] *adj* 1 *vêtement* [tief] ausgeschnitten 2 *personne* dekolletiert

décolonisation [dekɔlɔnizasjɔ̃] *f* 1 (*indépendance*) Dekolonisation *f* 2 *fig d'une administration* Entbürokratisierung *f*

décoloniser [dekɔlɔnize] <1> *vt* in die Unabhängigkeit entlassen *pays, habitants*

décolorant [dekɔlɔʀɑ̃] *m* Entfärber *m*

décolorant(e) [dekɔlɔʀɑ̃, ɑ̃t] *adj action, pouvoir* bleichend; **produit ~** Entfärbungsmittel *nt;* **shampooing ~** aufhellendes Shampoo

décoloration [dekɔlɔʀasjɔ̃] *f* Entfärben *nt; des cheveux* Aufhellen *nt; des rideaux, de la tapisserie* Verschießen *nt; d'une matière* Verblassen *nt*

décoloré(e) [dekɔlɔʀe] *adj cheveux, poils* gebleicht; *couleur* verwaschen; *rideaux, vêtement* verschossen; *papier, affiches* vergilbt; *lèvres* farblos

décolorer [dekɔlɔʀe] <1> **I.** *vt* ~ **des tissus/vêtements avec qc** Stoffe/Kleidungsstücke mit etw entfärben; ~ **des cheveux avec qc** Haare mit etw bleichen **II.** *vpr* 1 (*perdre sa couleur*) **se ~** *cheveux:* [aus]bleichen; *étoffe:* (*au soleil*) ausbleichen; (*au lavage*) die Farbe verlieren 2 (*enlever la couleur*) **se ~ les cheveux** sich (*dat*) die Haare aufhellen

décombres [dekɔ̃bʀ] *mpl a. fig* Trümmer *Pl*

décommander [dekɔmɑ̃de] <1> **I.** *vt* absagen *rendez-vous, réunion;* abbestellen *marchandise;* ~ **qn** jdm absagen **II.** *vpr* **se ~** absagen

décompacter [dekɔ̃pakte] <1> *vt* INFORM entkomprimieren

décomplexé(e) [dekɔ̃plɛkse] *adj fam* ohne Hemmungen

décomplexer [dekɔ̃plɛkse] <1> *vt fam* ~ **qn** jdm seine Hemmungen nehmen

décomposable [dekɔ̃pozabl] *adj* ~ **en qc** PHYS, MATH, GRAM zerlegbar in etw (*akk*); CHIM zersetzbar in etw (*akk*)

décomposé(e) [dekɔ̃poze] *adj* 1 *substance organique* zersetzt; *cadavre* verwest 2 *visage, traits* entstellt

décomposer [dekɔ̃poze] <1> **I.** *vt* 1 (*diviser*) ~ **un élément en ses composants** ein Element in seine Bestandteile zerlegen 2 (*analyser*) analysieren *idée, problème, savoir* 3 (*détailler*) im Einzelnen zeigen 4 (*altérer*) zersetzen *substance, morale;* entstellen *visage, traits* **II.** *vpr* 1 (*se diviser*) **se ~ en qc** sich in etw (*akk*) zerlegen lassen 2 (*pouvoir s'analyser*) **se ~ en qc** *problème, idée, savoir:* sich in etw (*akk*) aufgliedern lassen 3 (*se détailler*) **se ~ en qc** *mouvement, procédure:* aus etw bestehen 4 (*s'altérer*) **se ~** *substance organique:* sich zersetzen; *cadavre:* verwesen; *visage, traits:* sich verzerren; *société:* zerfallen

décomposition [dekɔ̃pozisjɔ̃] *f* 1 CHIM, PHYS, MATH ~ **d'un élément en ses composants** Zerlegung *f* eines Elements in seine Bestandteile 2 *d'un problème, d'une difficulté* Aufgliederung *f* 3 *d'une substance organique* Zersetzung *f; d'un cadavre* Verwesung *f* 4 (*altération*) **la ~ de son visage** sein/ihr entstelltes Gesicht 5 *d'un mouvement* Vorführung *f* im Einzelnen 6 *d'une civilisation, d'un État* Auflösung *f; des valeurs, de la société* Zerfall *m*

décompresser [dekɔ̃pʀese] <1> *vi fam* ausspannen

décompression [dekɔ̃pʀesjɔ̃] *f* 1 (*dilatation*) Druckverminderung *f;* **la soupape de ~** das Überdruckventil 2 *fam* (*détente*) Entspannung *f*

décomprimer [dekɔ̃pʀime] <1> *vt* TECH ~ **de l'air** den Luftdruck vermindern

décompte [dekɔ̃t] *m* 1 *des bulletins de vote* Auszählung *f; des points* Zusammenzählen *nt;* **faire le ~ de qc** etw zusammenrechnen 2 (*facture*) Abrechnung *f* 3 (*déduction*) Abzug *m*

décompter [dekɔ̃te] <1> *vt* [aus]zählen *votes*

déconcentration [dekɔ̃sɑ̃tʀasjɔ̃] *f* ADMIN Dekonzentration *f*

déconcentré(e) [dekɔ̃sɑ̃tʀe] *adj* unkonzentriert

déconcentrer [dekɔ̃sɑ̃tʀe] <1> **I.** *vt* 1 ADMIN, ECON dekonzentrieren 2 (*dévier l'attention de qn*) aus dem Konzept bringen *personne;* ~ **son attention de qc** seine/ihre Aufmerksamkeit von etw ablenken **II.** *vpr* **se ~** sich aus dem Konzept bringen lassen

déconcertant(e) [dekɔ̃sɛʀtɑ̃, ɑ̃t] *adj* verwirrend

déconcerter [dekɔ̃sɛʀte] <1> *vt* verwirren

déconfit(e) [dekɔ̃fi, it] *adj personne* niedergeschlagen

déconfiture [dekɔ̃fityʀ] *f fam* (*faillite*) Pleite *f*

décongélation [dekɔ̃ʒelasjɔ̃] *f* Auftauen *nt*

décongeler [dekɔ̃ʒ(ə)le] <4> *vt, vi* auftauen

décongestionner [dekɔ̃ʒɛstjɔne] <1> *vt*

D

D

❶ MED zum Abschwellen bringen; freimachen *poumons, nez* ❷ (*désengorger*) entlasten *réseau routier*

déconnecter [dekɔnɛkte] <1> **I.** *vt* ❶ ELEC unterbrechen ❷ INFORM ausloggen; verlassen *serveur, réseau* ❸ (*séparer*) ~ **qn/qc du monde environnant** jdn/etw von der Umgebung fernhalten; **déconnecté du monde** weltfremd **II.** *vi fam* abschalten **III.** *vpr* **se ~ de son travail** von der Arbeit Abstand gewinnen; **se ~ de ses soucis** seine Sorgen vergessen

déconner [dekɔne] <1> *vi fam* ❶ (*dire des bêtises*) Mist reden ❷ (*faire des bêtises*) Mist machen ❸ (*être détraqué*) ~ **complètement** [total] durchdrehen; **déconne pas!** spinn nicht rum! ▶ **faut pas ~!** da hört sich doch alles auf!

déconnexion [dekɔnɛksjɔ̃] *f* ❶ *des centres nerveux* Störung *f* ❷ ELEC Abschaltung *f* ❸ INFORM Abmeldung *f*

déconseillé(e) [dekɔ̃seje] *adj* nicht empfehlenswert; **il est ~ de faire qc** es ist nicht ratsam, etw zu tun

déconseiller [dekɔ̃seje] <1> **I.** *vt* ~ **un livre à un ami** einem Freund von einem Buch abraten **II.** *vi* ~ **à un collègue de faire qc** einem Kollegen davon abraten, etw zu tun

déconsidérer [dekɔ̃sideʀe] <5> **I.** *vt* in Misskredit bringen; **être complètement déconsidéré auprès de qn** bei jdm völlig in Verruf gekommen sein **II.** *vpr* **se ~ auprès de qn/aux yeux de qn** sich bei jdm/in jds Augen in Verruf bringen

décontamination [dekɔ̃taminasjɔ̃] *f d'une personne, d'un lieu* Dekontamination *f; d'une rivière* Entgiftung *f; de l'atmosphère* Entlastung *f* von Umweltgiften

décontaminer [dekɔ̃tamine] <1> *vt* dekontaminieren *lieu, personne;* entgiften *atmosphère, rivière;* INFORM von Viren befreien *disquettes*

décontenancer [dekɔ̃t(ə)nɑ̃se] <2> *vt* aus der Fassung bringen; **être décontenancé** fassungslos sein; (*être intimidé*) [völlig] verunsichert sein

décontracté(e) [dekɔ̃tʀakte] **I.** *adj* ❶ *partie du corps, personne* entspannt ❷ *fam* (*sûr de soi*) ungezwungen; *péj* zu lässig ❸ *fam atmosphère, situation* entspannt; *tenue* zwanglos; *style, ton, air* locker; *péj* zu lässig **II.** *adv fam s'habiller* lässig; *conduire* entspannt

décontracter [dekɔ̃tʀakte] <1> **I.** *vt* entspannen **II.** *vpr* **se ~** sich entspannen

décontraction [dekɔ̃tʀaksjɔ̃] *f* ❶ *du corps, d'une personne* Entspannung *f* ❷ (*désinvolture*) Ungezwungenheit *f; péj* Lässigkeit *f*

déconvenue [dekɔ̃v(ə)ny] *f* Enttäuschung *f*

décor [dekɔʀ] *m* ❶ (*agencement*) Dekor *m o nt,* Ausstattung *f* ❷ THEAT Bühnenbild *nt,* Kulisse *f;* CINE Szenenaufbau *m* ❸ (*cadre*) Umgebung *f;* (*arrière-plan*) Hintergrund *m;* **dans un ~ de verdure** im Grünen; **un ~ de hautes montagnes/de rocailles** eine Gebirgs-/Felslandschaft ❹ (*style*) Stil *m;* ~ **Empire/Louis XV** [im] Empirestil/[im] Louis-quinze-Stil ❺ (*art de la décoration*) Dekoration *f* ▶ **changer de ~** THEAT das Bühnenbild wechseln; **envoyer qn dans le ~** *fam* (*provoquer un accident*) jdn von der Fahrbahn [ab]drängen; **planter le ~** den Rahmen abstecken

décorateur, -trice [dekɔʀatœʀ, -tʀis] *m, f* ❶ (*designer*) Dekorateur(in) *m(f);* ~ **d'intérieurs** Innenausstatter(in) *m(f)* ❷ CINE, THEAT Bühnenbildner(in) *m(f)*

décoratif, -ive [dekɔʀatif, -iv] *adj* ❶ (*ornemental*) dekorativ; **motifs ~s** Verzierungen *Pl* ❷ *fam homme, femme, invité* repräsentabel ❸ *péj fonction, rôle* repräsentativ

décoration [dekɔʀasjɔ̃] *f* ❶ (*fait de décorer*) Schmücken *nt,* Dekorieren *nt* ❷ (*résultat*) Dekoration *f;* **~s de Noël** Weihnachtsdekoration; (*du sapin*) Christbaumschmuck *m* ❸ (*art*) Innenarchitektur *f* ❹ (*distinction honorifique*) Auszeichnung *f*

décoré(e) [dekɔʀe] *adj* ❶ *lieu, plat* verziert; *vitrines* dekoriert ❷ *personne* [mit einem Orden] ausgezeichnet

décorer [dekɔʀe] <1> *vt* ❶ (*embellir*) ~ **un plat de qc** ein Gericht mit etw garnieren; ~ **une vitrine de qc** ein Schaufenster mit etw dekorieren ❷ (*agrémenter*) [ver]zieren ❸ (*médailler*) ~ **qn d'une médaille** jdn mit einer Medaille auszeichnen

décorticage [dekɔʀtikaʒ] *m* ❶ *des amandes, graines* Schälen *nt* ❷ *d'un texte* Zerpflücken *nt* (*pej*)

décortiquer [dekɔʀtike] <1> *vt* ❶ (*enlever l'enveloppe*) schälen *marrons, graines, arbre;* [ab]schälen *tige;* knacken *noix, noisettes* ❷ (*détailler*) analysieren *texte;* ganz genau unter die Lupe nehmen *affaire*

décorum [dekɔʀɔm] *m sans pl* Etikette *f*

décote [dekɔt] *f des impôts* [Steuer]ermäßigung *f; de la valeur, des cours de la Bourse* [Kurs]abschlag *m*

découcher [dekuʃe] <1> *vi* auswärts schlafen

découdre [dekudʀ] <*irr*> *vt* abtrennen *boutons;* auftrennen *ourlet*

découler [dekule] <1> *vi* ~ **de qc** von etw kommen

découpage [dekupaʒ] *m* ❶ (*fait de trancher avec un couteau*) Zerschneiden *nt; d'un gâteau, d'une viande* Aufschneiden *nt; d'une volaille* Tranchieren *nt* ❷ (*couper suivant un contour, tracé*) [Zu]schneiden *nt; d'un papier* [Aus]schneiden *nt;* (*à la presse*) [Aus]stanzen *nt* ❸ *souvent pl* (*images*) Ausschneidebilder *Pl;* **faire des ~s** Bilder ausschneiden ❹ ADMIN, POL Einteilung *f;* ~ **électoral** Einteilung *f* in Wahlkreise ❺ CINE *d'un film* Cutten *nt*

découpe [dekup] *f* ❶ COUT Passe *f* ❷ TECH Zuschneiden *nt;* (*avec une scie*) Aussägen *nt* ❸ (*atelier de découpe*) *Ort, wo man Holz zuschneiden lassen kann*

découpé(e) [dekupe] *adj côte, relief* zerklüftet; *sommet, feuille* gezackt

découper [dekupe] <1> **I.** *vt* ❶ (*trancher*) aufschneiden, zerschneiden *gâteau, viande;* tranchieren *volaille;* abschneiden *tranche de saucisson* ❷ (*couper suivant un contour, tracé: avec des ciseaux, au cutter*) zuschneiden *tissu, moquette;* (*à la scie*) aussägen *images, motif;* (*à la presse*) [aus]stanzen; ~ **un article dans qc** einen Artikel aus etw ausschneiden **II.** *vpr* (*se profiler*) **se ~ dans/sur qc** sich von etw abheben

découpure [dekupyʀ] *f* (*bord*) Rand *m*

découragé(e) [dekuʀaʒe] *adj* entmutigt

décourageant(e) [dekuʀaʒɑ̃, ʒɑ̃t] *adj* entmutigend

découragement [dekuʀaʒmɑ̃] *m* Mutlosigkeit *f*

décourager [dekuʀaʒe] <2a> **I.** *vt* ❶ (*démoraliser*) entmutigen ❷ (*dissuader*) ~ **qn de la création d'une entreprise** jdn davon abhalten, eine Firma zu gründen ❸ (*empêcher de faire*) verhindern *questions, critique;* lähmen *bonne volonté;* nicht aufkommen lassen *familiarité* **II.** *vpr* **se ~** den Mut verlieren

décousu [dekuzy] *m sans pl* Zusammenhanglosigkeit *f*

décousu(e) [dekuzy] *adj* ❶ COUT *couture* aufgetrennt ❷ *conversation, récit, devoir* unzusammenhängend; *idées* wirr; *style* holprig

découvert(e) [dekuvɛʀ, ɛʀt] **I.** *adj* ❶ (*nu*) bloß ❷ *lieu* offen[liegend]; *zone* frei **II.** *m(f)* ❶ FIN Defizit *nt; d'un compte* Überziehung *f;* ~ **autorisé** Überziehungskredit *m;* **je suis à ~** ich bin im Soll (*fam*) ❷ (*terrain*) freies Gelände ►**à ~** FIN ungedeckt; *compte* überzogen; (*ouvertement*) offen; *parler* offen; (*à la vue de qn*) frei; MIL ohne Deckung

découverte [dekuvɛʀt] *f* Entdeckung *f,* Erkundung *f;* **faire la ~ de qc, être à la ~ de qc** etw entdecken; **partir à la ~ de qc** etw erkunden gehen ►**c'est pas une ~!** *fam* das ist nichts Neues!

découvrir [dekuvʀiʀ] <11> **I.** *vt* ❶ (*trouver, deviner, percer, déceler*) entdecken; ~ **du pétrole** auf Erdöl (*akk*) stoßen; ~ **que ...** herausfinden, dass ... ❷ (*apprendre à connaître*) entdecken, kennen lernen *auteur, œuvre* ❸ (*enlever la couverture*) aufdecken *enfant, malade* ❹ (*ouvrir*) ~ **une casserole** den Deckel von einem Topf abnehmen ❺ (*enlever ce qui couvre*) aufdecken; enthüllen *statue* ❻ (*mettre au jour*) ausgraben *ruines, objet* ❼ (*apercevoir*) entdecken *panorama, personne* ❽ (*laisser voir*) zeigen *jambes, épaules;* zum Vorschein kommen lassen *ciel, racines, terre* ❾ (*révéler*) ~ **un secret à son ami** seinem/ihrem Freund ein Geheimnis verraten **II.** *vpr* ❶ (*enlever sa couverture*) **se ~** sich aufdecken; (*enlever son vêtement*) sich ausziehen; (*enlever son chapeau*) den Hut abnehmen; (*pour saluer*) den Hut ziehen ❷ (*s'exposer aux attaques*) **se ~** *armée:* die Deckung verlassen; *boxeur, escrimeur:* sich (*dat*) eine Blöße geben ❸ (*se confier*) **se ~ à qn** sich jdm offenbaren; *a. fig* (*abattre son jeu*) die Karten aufdecken ❹ (*apprendre à se connaître*) **se ~ lui-même** sich selbst entdecken ❺ (*apprendre*) **se ~ des dons/un goût pour qc** seine Begabung/Vorliebe für etw entdecken ❻ (*apparaître*) **se ~** *panorama, paysage:* zu erkennen sein; *secret:* entdeckt werden; *vérité:* an den Tag kommen ❼ (*s'éclaircir*) **le ciel se découvre** der Himmel hellt sich auf

décrassage [dekʀasaʒ] *m* [gründliche] Reinigung *f; du corps* Entschlackung *f*

décrasser [dekʀase] <1> *vt* ❶ (*nettoyer*) [gründlich] reinigen; [gründlich] scheuern *planchers* ❷ (*laver*) gründlich waschen *personne, mains*

décrédibiliser [dekʀedibilize] <1> *vt* diskreditieren, unglaubwürdig machen

décrépit(e) [dekʀepi, it] *adj personne* altersschwach

décrépitude [dekʀepityd] *f d'une maison* Verfall *m; fig d'un empire, d'une nation* Niedergang *m*

D

D

decrescendo [dekreʃɛndo] *adv* MUS decrescendo
décret [dekʀɛ] *m* POL [Rechts]verordnung *f;* ~ **sur qc** Verordnung über etw (*akk*)
décréter [dekʀete] <5> **I.** *vt* ❶ POL anordnen; verordnen *mesures;* verhängen *état d'urgence* ❷ *fig* ~ **que ...** bestimmen, dass ... **II.** *vpr* **qc/ça ne se décrète pas** etw/das lässt sich nicht erzwingen
décret-loi [dekʀɛlwa] <décrets-lois> *m* Verordnung *f* mit Gesetzeskraft; **gouverner par** ~ per Notverordnung regieren
décrire [dekʀiʀ] <*irr*> *vt* ❶ (*dépeindre*) beschreiben; schildern *événement, situation;* ~ **qn/qc à qn** jdm jdn/etw beschreiben ❷ (*tracer*) beschreiben *cercle*
décrispation [dekʀispasjɔ̃] *f d'une crise politique* Entschärfung *f*
décrisper [dekʀispe] <1> *vt* entschärfen *situation, affrontement*
décrochage [dekʀɔʃaʒ] *m* ❶ *des rideaux, d'un tableau* Abnehmen *nt,* Abhängen *nt; d'un wagon* Abkoppeln *nt* ❷ RADIO Umschalten *nt* ❸ MIL, POL **faire un** ~ *troupes:* sich absetzen ❹ (*recul*) *des affaires, ventes* Rückgang *m* ❺ AVIAT Überziehen *nt*
décrochement [dekʀɔʃmɑ̃] *m d'une muraille* Nische *f*
décrocher [dekʀɔʃe] <1> **I.** *vt* ❶ (*dépendre*) abnehmen *rideaux, linge;* abhängen *wagon;* losmachen *laisse, sangle;* aufmachen *volets;* ~ **le téléphone** (*pour répondre*) den [Telefon]hörer abheben; (*pour ne pas être dérangé*) den [Telefon]hörer danebenlegen ❷ *fam* (*obtenir*) kriegen; sich (*dat*) holen *prix;* sich (*dat*) angeln, ergattern *poste* ❸ SPORT abhängen (*fam*) *concurrents, peloton* **II.** *vpr* **se** ~ *personne, poisson:* sich losmachen (*fam*); *vêtement, tableau:* [vom Haken] runterfallen; *avion:* nach unten sacken **III.** *vi* ❶ (*au téléphone*) den [Telefon]hörer abnehmen; **tu peux ~?** kannst du mal [d]rangehen? (*fam*) ❷ *fam* ~ **de qc** (*se désintéresser*) *militant:* von etw abspringen ❸ (*ne plus écouter*) abschalten ❹ (*se détacher*) *armée, troupes:* sich absetzen ❺ AVIAT *avion:* überziehen ❻ RADIO *émetteur:* umschalten
décroiser [dekʀwaze] <1> *vt* nebeneinanderstellen *jambes;* wieder fallen lassen *bras;* entwirren *fils*
décroissant(e) [dekʀwasɑ̃, ɑ̃t] *adj intensité, vitesse* abnehmend; *bruit* schwindend; **à vitesse ~e** mit herabgesetzter Geschwindigkeit
décroître [dekʀwatʀ] <*irr*> *vi + avoir o être* abnehmen; *jours:* kürzer werden; *vitesse:* abnehmen
décrotter [dekʀɔte] <1> *vt* (*enlever la boue*) ~ **des chaussures** den Schmutz von den Schuhen abmachen
décrue [dekʀy] *f des eaux* Sinken *nt*
décrypter [dekʀipte] <1> *vt* entziffern *hiéroglyphe*
déçu(e) [desy] **I.** *part passé de* **décevoir** **II.** *adj* enttäuscht **III.** *m(f) souvent pl* Enttäuschte(r) *f(m);* ~ **de la politique** Politikverdrossene(r) *m*
déculottée [dekylɔte] *f fam* (*défaite*) Schlappe *f;* **prendre une** ~ eine Schlappe einstecken
déculotter [dekylɔte] <1> *vt* ❶ ~ **qn** jdm die Hosen ausziehen ❷ (*vider*) ausklopfen *pipe*
déculpabilisation [dekylpabilizasjɔ̃] *f* Befreiung *f* vom Schuldgefühl
déculpabiliser [dekylpabilize] <1> *vt* entschuldbar machen *action, situation;* ~ **qn** jdm das Schuldgefühl nehmen
décuplement [dekypləmɑ̃] *m* ❶ (*multiplication par dix*) Verzehnfachung *f* ❷ *fig des efforts, forces* beträchtliche Steigerung *f*
décupler [dekyple] <1> **I.** *vi prix, quantité, valeur:* sich verzehnfachen **II.** *vt* ❶ verzehnfachen ❷ *fig* beträchtlich steigern *énergie, force, sentiment*
dédaignable [dedɛɲabl] *adj* **ne pas être** ~ nicht zu verachten sein
dédaigner [dedeɲe] <1> *vt* ~ **qn** jdn verachten, auf jdn herabsehen
dédaigneusement [dedɛɲøzmɑ̃] *adv* verächtlich
dédaigneux, -euse [dedɛɲø, -øz] *adj comportement, personne* herablassend; *regard, air* verächtlich
dédain [dedɛ̃] *m* Verachtung *f;* **avec** ~ verächtlich
dédale [dedal(ə)] *m de rues, chemins* Gewirr *nt*
dedans [d(ə)dɑ̃] **I.** *adv + verbe de mouvement* hinein; *+ verbe d'état* darin; (*dans un lieu*) innen; **de** ~ *venir* von drinnen; *ouvrir* von innen; *voir* von drinnen; **en** ~ innen; *fig* im Inneren; **en ~ de lui-même, il réprouve cet acte** im Innersten seines Herzens missbilligt er diese Tat ▶**mettre en plein** ~ ins Schwarze treffen; **mettre qn** ~ *fam* jdn [he]reinlegen; **rentrer [en plein]** ~ *fam* (*en voiture*) [voll] reinfahren; (*à pied*) [voll] reinrennen; **lui rentrer** ~ *fam* (*frapper*) [voll] auf jdn losgehen; **ils se sont rentrés** ~ die sind aufeinander losgegangen **II.** *m sans pl* ❶ (*intérieur, âme,*

cœur) Innere(s) *nt* ❷ (*face interne*) Innenseite *f*
dédicace [dedikas] *f* ❶ (*sur une photo, un livre*) Widmung *f;* (*sur un monument*) Inschrift *f* ❷ *d'une église, d'un temple* Weihe *f*
dédicacer [dedikase] <2> *vt* ~ **un roman à ses parents** seinen/ihren Eltern einen Roman widmen
dédier [dedje] <1> *vt* ~ **une œuvre/sa vie à qn/qc** jdm/etw ein Werk/sein Leben widmen
dédire [dediʀ] <*irr*> *vpr* **se** ~ das Gesagte zurücknehmen
dédit [dedi] *m* JUR Rücktritt *m*
dédommagement [dedɔmaʒmɑ̃] *m* Entschädigung *f*
dédommager [dedɔmaʒe] <2a> **I.** *vt* ~ **une victime de qc** ein Opfer für etw entschädigen **II.** *vpr* **se** ~ **de qc** sich schadlos für etw halten
dédouanement [dedwanmɑ̃] *m* Verzollung *f*
dédouaner [dedwane] <1> *vt* verzollen *marchandise*
dédoublement [dedubləmɑ̃] *m d'une classe, d'un fil* Teilung *f*
dédoubler [deduble] <1> *vt* ❶ teilen *classe;* ausbauen *autoroute;* ~ **les trains** Sonderzüge einsetzen ❷ (*enlever la doublure*) ~ **un manteau** das Futter aus einem Mantel heraustrennen
dédramatiser [dedʀamatize] <1> *vt, vi* entdramatisieren
déductible [dedyktibl] *adj* FIN **être** ~ **des impôts** von der Steuer absetzbar sein
déductif, -ive [dedyktif, -iv] *adj* deduktiv; **avoir un esprit** ~ deduktiv denken können
déduction [dedyksjɔ̃] *f* ❶ COM Abzug *m;* FIN Absetzung *f;* ~ **d'impôt** Steuerabzug; **moins la** ~ **de 10%** abzüglich 10%; **entrer en** ~ **de qc** von etw abgezogen werden ❷ (*réflexion*) Schlussfolgerung *f;* (*conclusion*) Deduktion *f*
déduire [dedɥiʀ] <*irr*> **I.** *vt* ❶ (*retrancher*) abziehen *acompte, frais* ❷ (*conclure*) ableiten; ~ **de qc qu'il a réussi** aus etw folgern, dass er Erfolg hatte **II.** *vpr* **se** ~ **de qc** sich aus etw ableiten lassen
déesse [deɛs] *f* Göttin *f*
défaillance [defajɑ̃s] *f* ❶ *d'une personne* (*physique, morale*) Schwäche *f;* (*intellectuelle*) Black-out *nt o m;* ~ **humaine** menschliches Versagen ❷ *d'un moteur, système* Versagen *nt; d'un appareil* Defekt *m; d'une loi* Schwachstelle *f* ❸ JUR *d'un témoin* Nichterscheinen *nt* vor Gericht; *d'un contractant* Nichteinhaltung *f* des Vertrages ▶ **avoir une** ~ (*s'évanouir*) einen Schwächeanfall erleiden; (*s'assoupir*) einen toten Punkt haben; (*perdre la mémoire*) ein[en] Black-out haben; (*céder*) eine Schwäche haben; **tomber en** ~ in Ohnmacht fallen
défaillant(e) [defajɑ̃, jɑ̃t] *adj* ❶ (*insuffisant*) schwach; *forces* geschwächt; *mémoire* nachlassend ❷ *personne* geschwächt; *voix* zitternd; *main* unsicher ❸ (*absent*) nicht erschienen
défaillir [defajiʀ] <*irr*> *vi qualités, mémoire:* nachlassen; *forces, volonté:* schwinden
défaire [defɛʀ] <*irr*> **I.** *vt* ❶ (*détacher pour ouvrir*) aufmachen; (*dénouer*) lösen *nœud, corde;* (*pour enlever*) ausziehen *chaussures, manteau;* abmachen *skis, bretelles* ❷ (*enlever ce qui est fait*) aufmachen; auftrennen *ourlet;* wieder aufmachen *rangs d'un tricot;* auseinandernehmen *construction;* ~ **le lit** (*pour changer de drap/se coucher*) das Bett abziehen/aufdecken; (*mettre en désordre*) das Bett zerwühlen ❸ (*détacher*) losbinden *corde;* herausziehen *prise* ❹ (*mettre en désordre*) durcheinanderbringen ❺ (*déballer*) auspacken ❻ (*rompre*) auflösen *contrat;* zunichtemachen *plan, projet;* zerstören *mariage* ❼ (*battre*) besiegen *armée* ❽ (*débarrasser*) ~ **qn d'une habitude** jdm eine Verhaltensweise abgewöhnen **II.** *vpr* ❶ (*se détacher*) **se** ~ *paquet, ourlet:* aufgehen; *nœud, lacets:* aufgehen; *bouton:* abgehen; *coiffure:* in Unordnung geraten ❷ *fig* **se** ~ *amitié, relation:* zerbrechen ❸ (*se séparer*) **se** ~ **de qn/qc** jdn/etw loswerden
défaisance [defəzɑ̃s] *f* JUR, FIN Auslagerung *f,* Eliminierung *f;* **société de** ~ Auffanggesellschaft *f*
défait(e) [defɛ, defɛt] **I.** *part passé de* **défaire II.** *adj mine, visage, air* abgespannt
défaite [defɛt] *f* Niederlage *f*
défaitisme [defetism] *m* Defätismus *m* (*pej geh*)
défaitiste [defetist] **I.** *adj* defätistisch (*pej geh*) **II.** *mf* Defätist(in) *m(f)* (*pej geh*)
défalcation [defalkasjɔ̃] *f* FIN Abzug *m*
défalquer [defalke] <1> *vt* abziehen
défausser [defose] <1> *vpr* JEUX **se** ~ die schlechten Karten abwerfen
défaut [defo] *m* (*travers*) Fehler *m;* ~ **de preuves** Mangel *m* an Beweisen (*dat*); **faire** ~ fehlen ▶ **y a comme un** ~ *fam* da stimmt was nicht; **être en** ~ *personne:* im Unrecht sein; (*être en infraction*) sich rechtswidrig verhalten; *mémoire:* nachlas-

D

sen; **mettre qn en ~** jdn ertappen; **à ~** notfalls; **par ~** abgerundet

défaveur [defavœʀ] *f* Ungnade *f*

défavorable [defavɔʀabl] *adj* ① *conditions, temps* ungünstig ② (*opp: en faveur de*) **être ~ à un projet** einem Vorhaben ablehnend gegenüberstehen ③ (*qui ne convient pas*) **le climat est ~ à qn/qc** das Klima bekommt jdm/einer S. nicht

défavorisé(e) [defavɔʀize] *adj* benachteiligt; **un milieu ~** ein sozial schwaches Milieu

défavoriser [defavɔʀize] <1> *vt* **~ Jean par rapport à Paul** Jean im Vergleich zu Paul benachteiligen

défécation [defekasjɔ̃] *f form* Stuhlgang *m*

défectif, -ive [defɛktif, -iv] *adj* GRAM defektiv

défection [defɛksjɔ̃] *f d'un partisan, ami* Abfall *m,* Abtrünnigwerden *nt*

défectueux, -euse [defɛktɥø, -øz] *adj appareil, outil* defekt; *prononciation, orthographe* fehlerhaft; *organisation* schlecht

défendable [defɑ̃dabl] *adj* MIL **être ~** verteidigt werden können

défendeur, -deresse [defɑ̃dœʀ, -dʀɛs] *m, f* JUR Beklagte(r) *f(m)*

défendre¹ [defɑ̃dʀ] <14> **I.** *vt* verteidigen; **~ un acteur contre qn/qc** einen Schauspieler gegen jdn/etw verteidigen; **~ une cause** sich für eine Sache einsetzen **II.** *vpr* ① (*se protéger*) **se ~ contre un agresseur** sich gegen einen Angreifer wehren ② (*se préserver*) **se ~ de la chaleur** sich vor der Hitze schützen ③ (*se débrouiller*) **se ~ en qc** in etw (*dat*) zurechtkommen ④ (*résister aux assauts de l'âge*) **se ~** sich [gut] halten ⑤ *fam* (*être défendable*) **se ~** *idée, projet:* sich vertreten lassen

défendre² [defɑ̃dʀ] <1> **I.** *vt* (*interdire*) **~ qu'on fasse qc** untersagen, dass man etw macht **II.** *vpr* ① (*s'interdire*) **se ~ tout plaisir** sich (*dat*) jedes Vergnügen versagen ② (*se retenir*) **ne pouvoir se ~ de qc** sich einer S. (*gen*) nicht erwehren *geh* können

défendu(e) [defɑ̃dy] **I.** *part passé de* **défendre II.** *adj* verboten

défenestration [defənɛstʀasjɔ̃] *f* Fenstersturz *m*

défenestrer [def(ə)nɛstʀe] <1> *vt* aus dem Fenster stürzen

défense¹ [defɑ̃s] *f* ① (*fait de défendre*) Verteidigung *f;* (*protection*) Schutz *m;* **~ d'une théorie** Vertreten *nt* einer Theorie; **la meilleure ~, c'est l'attaque** Angriff ist die beste Verteidigung; **légitime ~** Notwehr *f;* **prendre la ~ de qn/qc** jdn/etw verteidigen; **sans ~** ausgeliefert ② PSYCH **l'instinct/les réflexes de ~** der Abwehrinstinkt/die Abwehrreflexe ③ ANAT Abwehrkräfte *Pl;* **~s immunitaires** Immunabwehrkräfte *Pl* ④ *pl* (*dispositifs militaires*) Verteidigungsstellungen *Pl;* **~ civile** (*en cas d'attaque aérienne, de guerre atomique*) [ziviler] Luftschutz; (*organisation non-violente*) ziviler Ungehorsam ⑤ POL **le ministre de la Défense** der Verteidigungsminister; **la Défense nationale** die Landesverteidigung ⑥ SPORT **être bon en ~** ein guter Verteidiger sein

défense² [defɑ̃s] *f* (*interdiction*) Verbot *nt;* **~ de fumer** Rauchen verboten; **~ de se pencher au-dehors** nicht aus dem Fenster lehnen

défense³ [defɑ̃s] *f* ZOOL *d'un éléphant* Stoßzahn *m; d'un sanglier* Hauer *m; d'un morse* Eckzahn *m*

défenseur [defɑ̃sœʀ] *mf* ① MIL, JUR, SPORT Verteidiger(in) *m(f)* ② (*partisan*) Anhänger(in) *m(f); d'un projet* Befürworter(in) *m(f);* **~ des droits de l'Homme** Verteidiger *m* der Menschenrechte; **~ de l'environnement** Umweltschützer *m*

défensif, -ive [defɑ̃sif, -iv] *adj* ① *guerre, tactique, arme* Verteidigungs-; *alliance* Verteidigungs- ② *attitude, jeu* defensiv

défensive [defɑ̃siv] *f* (*attitude de défense*) Defensive *f;* **être sur la ~** in der Defensive sein

déféquer [defeke] <5> *vi form* den Darm entleeren

déférent(e) [defeʀɑ̃, ɑ̃t] *adj* respektvoll, ehrerbietig (*geh*)

déférer [defeʀe] <5> *vt* **~ qn à la justice** jdn vor Gericht (*akk*) bringen

déferlante [defɛʀlɑ̃t] *f* Brandungswelle *f*

déferlement [defɛʀləmɑ̃] *m des vagues* Brechen *nt; de la mer* Brandung *f;* **~ d'enthousiasme** Woge *f* der Begeisterung

déferler [defɛʀle] <1> *vi vagues:* sich brechen; *mer:* branden; **la foule déferle dans la rue/sur la place** die Menge strömt auf die Straße/auf den Platz

défi [defi] *m* (*provocation, challenge*) Herausforderung *f;* **~ à la science** Herausforderung für die Wissenschaft; **mettre qn au ~ de prouver le contraire** wetten, dass jd nicht das Gegenteil beweisen kann

défiance [defjɑ̃s] *f* Misstrauen *nt*

défiant(e) [defjɑ̃, jɑ̃t] *adj* misstrauisch

déficeler [defis(ə)le] <3> *vt* **~ un paquet** ein Paket aufschnüren

déficience [defisjɑ̃s] *f* ① (*faiblesse*)

Schwäche *f;* **une ~ rénale** eine Niereninsuffizienz ❷ (*manque*) **~ en magnésium/calcium** Magnesium-/Kalziummangel *m*

déficient(e) [defisjɑ̃, jɑ̃t] **I.** *adj intelligence* schwach ausgeprägt; *raisonnement* unterdurchschnittlich; *forces, personne* schwach; **un enfant ~** (*intellectuellement*) ein geistig zurückgebliebenes Kind; (*physiquement*) ein körperlich zurückgebliebenes Kind **II.** *m(f)* **~ mental** geistig Behinderte(r) *f(m)*

déficit [defisit] *m* ❶ FIN Fehlbetrag *m;* **~ de la balance des paiements** Zahlungsbilanzdefizit; **combler le ~** das Defizit ausgleichen; **être en ~** ein Defizit aufweisen ❷ (*perte*) **~ de qc** Verlust *m* einer S. (*gen*); (*insuffisance*) **~ démocratique** Mangel *m* an Demokratie ❸ MED (*manque*) **~ hormonal/immunitaire** Hormon-/Immunschwäche *f;* **~ en fer** Eisenmangel *m*

déficitaire [defisitɛʀ] *adj budget, entreprise* defizitär; *année* verlustreich; *récolte* mager

défier [defje] <1> **I.** *vt* ❶ (*provoquer*) herausfordern; **~ qn aux échecs** jdn zu einer Partie Schach herausfordern ❷ (*parier*) **je te défie de faire ça** ich wette, dass du das nicht tun kannst ❸ (*braver*) **~ l'autorité** sich der Autorität (*dat*) widersetzen; (*provoquer*) **~ qc** mit etw spielen ❹ (*soutenir l'épreuve de*) **~ la raison/le bon sens** der Vernunft/dem Verstand widersprechen; **des prix défiant toute concurrence** Preise, die außer Konkurrenz stehen **II.** *vpr* **se ~ de qn/qc** jdm/einer S. misstrauen

défiguration [defigyʀasjɔ̃] *f* Entstellung *f; d'un monument* Verunstaltung *f*

défigurer [defigyʀe] <1> *vt* ❶ (*abîmer le visage de qn*) entstellen ❷ (*enlaidir*) verunstalten *monument, paysage* ❸ (*travestir*) falsch wiedergeben *faits, vérité;* verunstalten *article, texte*

défilé [defile] *m* ❶ (*cortège*) Umzug *m;* **~ de mode** Modenschau *f;* MIL [Militär]parade *f;* **c'est le ~ chez elle/à l'A.N.P.E.!** bei ihr/auf dem Arbeitsamt ist vielleicht ein Andrang! ❷ (*succession*) **~ d'images/de souvenirs** Reihe *f* von Bildern/Erinnerungen ❸ (*gorge*) Schlucht *f*

défilement [defilmɑ̃] *m* Ablauf *m;* INFORM Scrollen *nt*

défiler [defile] <1> **I.** *vi* ❶ (*marcher en colonne, file*) *majorettes:* vorbeimarschieren; *soldats, armée:* vorbeimarschieren; *cortège, manifestants:* vorbeiziehen; *mannequins:* sich auf dem Laufsteg präsentieren ❷ (*se succéder*) *voitures, rames:* vorbeifahren; *souvenirs, images:* vorüberziehen; *jours:* dahinziehen ❸ (*passer en continu*) *bande, film:* [ab]laufen; *texte:* durchlaufen; *paysage:* vorbeiziehen ❹ INFORM **faire ~ qc vers le haut/bas** etw nach oben/unten blättern **II.** *vpr fam* (*se dérober*) **se ~** sich drücken; (*s'éclipser*) sich verdrücken

défini(e) [defini] *adj* ❶ (*déterminé*) bestimmt; **bien/mal ~** *mot, terme* gut/schlecht definiert; *douleur* ganz bestimmt/undefinierbar ❷ GRAM *article* bestimmt

définir [definiʀ] <8> **I.** *vt* ❶ (*donner la définition de*) definieren *concept, terme* ❷ (*expliquer*) genau beschreiben *sensation;* erläutern *position* ❸ (*décrire*) charakterisieren ❹ (*déterminer*) festlegen *modalités, objectifs;* bestimmen *politique* **II.** *vpr* **se ~ comme qn** sich selbst als jdn beschreiben

définissable [definisabl] *adj* definierbar, bestimmbar

définitif [definitif] *m fam* **c'est du ~** das ist was Endgültiges; (*relation sérieuse*) das ist was Festes

définitif, -ive [definitif, -iv] *adj* ❶ (*opp: provisoire*) endgültig; *refus, décision* definitiv; *victoire* entscheidend ❷ *argument* schlüssig; *jugement* rechtskräftig ▶ **en définitive** letzten Endes

définition [definisjɔ̃] *f* ❶ LING, MATH Definition *f;* **~ d'un mot** Begriffsbestimmung *f;* **par ~** definitionsgemäß ❷ (*caractérisation*) Charakterisierung *f* ❸ TV **~ de l'image** Bildauflösung *f*

définitivement [definitivmɑ̃] *adv* endgültig; *se décider* endgültig, definitiv; *s'installer, quitter* für immer; **non, c'était ~ différent!** nein, es ist definitiv anders gewesen!

défiscaliser [defiskalize] <1> *vt* von der Steuer befreien

déflagration [deflagʀasjɔ̃] *f* Verpuffung *f*

déflation [deflasjɔ̃] *f* Deflation *f*

déflationniste [deflasjɔnist] *adj* deflationär

déflecteur [deflɛktœʀ] *m* Ausstellfenster *nt*

défloration [deflɔʀasjɔ̃] *f* Entjungferung *f*

déflorer [deflɔʀe] <1> *vt* entjungfern

défoncé(e) [defɔ̃se] *adj* ❶ (*détérioré*) beschädigt; *canapé, sommier, matelas* kaputt; (*déformé*) *route, chaussée* uneben ❷ *fam* (*sous l'effet de la drogue*) **être ~** auf dem Trip sein

défonce [defɔ̃s] *f fam* Trip *m*

défoncer [defɔ̃se] <2> **I.** *vt* ❶ (*casser en enfonçant*) eindrücken; einschlagen *porte, vitre* ❷ (*enlever le fond*) **~ qc** den Boden einer S. (*gen*) ausschlagen ❸ (*détériorer*)

les chars défoncent la route die Panzer beschädigen die Straße schwer ④ *fam* (*droguer*) ~ **qn** *drogue:* jdn high machen **II.** *vpr* **se** ~ ① (*se détériorer*) *sol:* aufreißen ② *fam* (*se droguer*) sich einen Trip reinziehen ③ *fam* (*se donner du mal*) sich abschinden

D

déforestation [defɔʀɛstasjɔ̃] *f* Zerstörung *f* des Waldes

déformant(e) [defɔʀmɑ̃, ɑ̃t] *adj* **miroir** ~ Zerrspiegel *m*

déformation [defɔʀmasjɔ̃] *f d'une pièce, d'un objet* Verformung *f; d'un nom* Abänderung *f; de pensées, faits* Verzerrung *f; d'un caractère* Veränderung *f;* MED Deformierung *f* ▶ ~ **professionnelle** Abfärben *nt* des Berufs auf das Privatleben

déformer [defɔʀme] <1> **I.** *vt* ① (*altérer*) verformen; deformieren *jambes, doigts;* austreten *chaussures;* verziehen *bouche* ② (*fausser*) falsch darstellen *faits;* falsch wiedergeben *pensées;* verderben *goût;* ~ **l'ouïe** dem Gehörsinn schaden; ~ **la voix** die Stimme verzerren **II.** *vpr* **se** ~ *chaussures:* sich verformen; *vêtement:* die Form verlieren; *étagère:* sich verziehen

défoulement [defulmɑ̃] *m* Abreagieren *nt*

défouler [defule] <1> **I.** *vpr* **se** ~ sich abreagieren; *enfant, jeune:* sich austoben **II.** *vt* ① (*libérer son agressivité*) ~ **son ressentiment sur qn/qc** seine/ihre Abneigung an jdm/etw abreagieren ② (*décontracter*) **la course me défoule** beim Laufen kann ich mich abreagieren

défraîchi(e) [defʀeʃi] *adj couleur* verblasst

défraîchir [defʀeʃiʀ] <8> *vpr* **se** ~ *tissu:* nicht mehr neu aussehen

défrayer [defʀeje] <7> *vt* ~ **qn du trajet** jdm die Unkosten für die Reise erstatten

défrichage [defʀiʃaʒ] *m*, **défrichement** [defʀiʃmɑ̃] *m d'une forêt* Rodung *f; d'un terrain* Urbarmachung *f*

défricher [defʀiʃe] <1> *vt* roden *forêt*

défriser [defʀize] <1> *vt* ① *fam* (*gêner*) fuchsen ② (*enlever la frisure*) entkrausen; *temps, pluie:* glatt machen; ~ **qn** jds Frisur zerstören

défroisser [defʀwase] <1> *vt vêtement, feuille de papier* glätten

défroqué [defʀɔke] *m* ehemaliger Mönch

défunt(e) [defœ̃, œ̃t] *m(f) littér* Verstorbene(r) *f(m)*

dégagé(e) [degaʒe] *adj* ① *ciel* wolkenlos; *sommet* sichtbar; *vue* frei; *route* frei ② (*découvert*) frei; *nuque* ausrasiert ③ (*décontracté*) lässig; *ton, manière* ungezwungen

dégagement [degaʒmɑ̃] *m* ① *d'une poterie, personne, d'un objet* Bergung *f; d'un boulon, membre* Herausziehen *nt* ② *d'une route, rue* Räumung *f* ③ (*émanation*) ~ **de gaz** Ausströmen *nt* von Gas; ~ **de chaleur** Wärmeabgabe *f* ④ *d'un appartement* Flur *m; d'un lotissement* freier Platz

dégager [degaʒe] <2a> **I.** *vt* ① (*libérer*) bergen *objet enfoui;* enthüllen *objet couvert;* herausziehen *objet coincé;* ~ **des personnes ensevelies de qc** Verschüttete *Pl* aus etw befreien ② (*désobstruer*) freimachen *bronches, nez;* räumen *rue, couloir;* **dégagez la piste!** *fam* Platz da! ③ (*faire apparaître*) frei lassen *cou, épaules* ④ (*soustraire à une obligation*) ~ **sa responsabilité** die Verantwortung ablehnen ⑤ *fam* (*enlever*) ~ **des jouets de la table** Spielzeug vom Tisch wegräumen ⑥ (*produire*) verströmen *odeur, parfum;* freisetzen *gaz;* abgeben *fumée* ⑦ SPORT klären ⑧ ECON, FIN bereitstellen *crédits;* erzielen *profits, bénéfices* ⑨ (*extraire*) ~ **une idée de qc** einen Gedanken [aus etw] herausarbeiten ⑩ (*mettre en valeur*) **cette robe dégage bien sa taille** dieses Kleid lässt ihre Taille gut zur Geltung kommen **II.** *vpr* ① (*se libérer*) **se** ~ *passage, voie d'accès:* sich leeren; *voie respiratoire:* frei werden; **le ciel se dégage** der Himmel hellt sich auf ② *fig* **se** ~ **de ses obligations** sich von seinen Verpflichtungen lossagen; **se** ~ *fam* (*trouver du temps libre*) sich frei nehmen ③ (*émaner*) **se** ~ **de qc** *fumée:* aus etw aufsteigen; *gaz, vapeur:* aus etw entweichen; *odeur:* von etw ausgehen ④ (*ressortir*) **se** ~ **de qc** *idée:* sich in etw (*dat*) abzeichnen; *impression, mystère:* von etw ausgehen; *vérité:* sich zeigen in etw **III.** *vi fam* ① (*sentir mauvais*) miefen ② (*déguerpir*) verschwinden; (*s'écarter*) Platz machen; **dégage de là!** hau ab [hier]! (*fam*) ▶ **cette fille, elle dégage!** dieses Mädchen haut einen um!

dégaine [degɛn] *f péj fam* **quelle** ~**!** (*air, accoutrement bizarre*) wie der/die aussieht!

dégainer [degene] <1> *vt, vi* ziehen

déganter [degɑ̃te] <1> *vpr* **se** ~ seine Handschuhe ausziehen

dégarni(e) [degaʀni] *adj* **front** ~ Stirnglatze *f*

dégarnir [degaʀniʀ] <8> *vpr* ① (*se vider*) **se** ~ *lieu:* sich leeren ② (*perdre ses cheveux*) **il se dégarnit** er bekommt [langsam] eine Glatze

dégât [dega] *m* ① *pl* (*détérioration*) Schaden *m*, Schäden *Pl;* ~**s collatéraux** *euph* Kollateralschaden *m;* ~**s matériels** Sachschaden *m* ② *sing* ADMIN Schaden *m*

3 *sing, fam* (*casse*) Katastrophe *f* ▶ **il y a du ~!** *fam* das ist vielleicht eine Verwüstung!; **il va y avoir du ~!** gleich gibt's ein Unglück! (*fam*); **faire des ~s** (*faire tourner les têtes*) manche Herzen brechen; (*ne pas se contrôler*) großen Schaden anrichten; **limiter les ~s** das Schlimmste verhindern; **bonjour les ~s!** da haben wir den Salat! (*fam*)

dégazage [degazaʒ] *m* Ablassen *nt* von Ölrückständen; ~ **sauvage** illegales Ablassen von Altöl

dégazer [degaze] <1> I. *vi* Ölrückstände ablassen II. *vt* entlüften *mine*

dégel [deʒɛl] *m* 1 (*fonte des glaces*) Tauwetter *nt;* **c'est le ~** es taut 2 (*détente*) Tauwetter *nt* 3 (*reprise*) Belebung *f* 4 (*déblocage*) Freigabe *f*

dégelée [deʒ(ə)le] *f fam* 1 (*volée*) Dresche *f;* **il a pris une de ces ~s** er hat ordentlich Dresche gekriegt 2 (*défaite*) *d'une armée, d'un sportif* Schlappe *f*

dégeler [deʒ(ə)le] <4> I. *vt* 1 (*faire fondre*) auftauen 2 (*réchauffer*) aufwärmen *pieds, mains* 3 (*détendre*) aus der Reserve locken *personne;* auflockern *atmosphère;* entspannen *rapports* 4 (*débloquer*) freigeben *crédits, dossier* II. *vi* 1 (*fondre*) auftauen 2 *impers* **il dégèle** es taut III. *vpr* 1 (*être moins réservé*) **se ~** auftauen 2 (*se réchauffer*) **se ~ les pieds/mains** sich (*dat*) die Füße/Hände aufwärmen

dégénéré(e) [deʒeneʀe] I. *adj* 1 MED geistesgestört 2 (*dénaturé*) degeneriert II. *m(f)* (*physiquement*) degenerierter Mensch; (*intellectuellement*) Geistesgestörte(r) *f(m)*

dégénérer [deʒeneʀe] <5> *vi* 1 (*perdre ses qualités*) *espèce, race:* degenerieren 2 (*se dégrader*) degenerieren; *goût, qualité:* sich verschlechtern; **à chaque fois, ça dégénère!** das artet jedes Mal aus! 3 (*se changer en*) ~ **en qc** in etw (*akk*) ausarten

dégénérescence [deʒeneʀesɑ̃s] *f a.* MED, BIO Degeneration *f*, Entartung *f*

dégivrage [deʒivʀaʒ] *m d'un réfrigérateur* Abtauen *nt; d'une vitre* Enteisung *f*

dégivrer [deʒivʀe] <1> *vt* abtauen *réfrigérateur;* enteisen *vitres, avion*

dégivreur [deʒivʀœʀ] *m* Entfroster *m*, Enteiser *m*

déglacer [deglase] <2> *vt* GASTR ~ **qc au vin** etw mit Wein ablöschen

déglinguer [deglɛ̃ge] <1> *fam vt* (*abîmer*) kaputtmachen

déglutir [deglytiʀ] <8> I. *vt* hinunterschlucken II. *vi* schlucken

déglutition [deglytisjɔ̃] *f* [Hinunter]schlucken *nt*

dégobiller [degɔbije] <1> *vt, vi pop* [aus]kotzen (*sl*)

dégommer [degɔme] <1> *vt fam* (*licencier*) rauswerfen, hinauswerfen

dégonflé(e) [degɔ̃fle] *adj* nicht aufgepumpt; *pneu* platt

dégonflement [degɔ̃fləmɑ̃] *m d'un ballon, pneu* Herauslassen *nt* der Luft

dégonfler [degɔ̃fle] <1> I. *vt* 1 (*décompresser*) zum Abschwellen bringen *enflure;* ~ **un ballon/pneu** die Luft aus einem Ball/Reifen [heraus]lassen 2 (*diminuer*) senken *prix, budget* 3 (*minimiser*) herunterspielen *importance de qc* II. *vpr* **se ~** 1 (*se décompresser*) *ballon, pneu:* [die] Luft verlieren; *enflure:* abschwellen 2 *fam* (*avoir peur*) Bammel kriegen; (*reculer*) kneifen III. *vi enflure:* abschwellen

dégorger [degɔʀʒe] <2a> *vi* 1 (*se déverser*) ~ **dans qc** *égouts, rivière:* in etw (*akk*) fließen 2 GASTR *concombres, aubergines:* Wasser ziehen; *poisson, viande:* wässern

dégoter [degɔte] <1> *vt fam* (*trouver*) aufgabeln; **mais où est-ce que tu l'as dégoté?** Mensch, wo hast du denn den aufgegabelt?

dégoulinant(e) [degulinɑ̃, ɑ̃t] *adj péj* triefend; **ce film est ~ de bons sentiments** dieser Film trieft vor Schmalz

dégoulinement [degulinmɑ̃] *m* Tröpfeln *nt kein Pl*, Tropfen *nt kein Pl*

dégouliner [deguline] <1> *vi liquide, confiture:* (*goutte à goutte*) [herab]tropfen; (*en filet*) laufen

dégoupiller [degupije] <1> *vt* entsichern *grenade*

dégourdi(e) [deguʀdi] I. *part passé de* **dégourdir** II. *adj enfant* aufgeweckt, pfiffig; *adulte* geschickt III. *m(f)* aufgewecktes Kind *nt*

dégourdir [deguʀdiʀ] <8> I. *vt* 1 (*opp: engourdir*) wieder beweglich machen *membres* 2 (*affranchir*) selbstständig[er] machen II. *vpr* 1 (*se donner de l'exercice*) **se ~** sich auflockern; **se ~ les jambes** sich (*dat*) die Beine vertreten 2 (*perdre sa gaucherie*) **se ~** sich machen (*fam*)

dégoût [degu] *m* 1 (*écœurement*) ~ **d'un aliment** Ekel *m* vor einem Nahrungsmittel; **avec ~** angeekelt 2 (*aversion*) ~ **pour qn/qc** Widerwillen *m* gegen jdn/etw 3 (*lassitude*) Überdruss *m;* **il a un ~ de lui-même** er ist seiner selbst überdrüssig

dégoûtant(e) [degutɑ̃, ɑ̃t] I. *adj* 1 (*écœurant*) widerlich 2 (*sale*) [ekelhaft] dreckig

D

❸ (*abject, ignoble*) gemein; *propos, attitude, magouille* verabscheuungswürdig; **c'est ~ de faire qc/qu'il ait fait ça** es ist abscheulich etw zu tun/, dass er das getan hat ❹ (*grivois, licencieux*) widerlich; *histoire* obszön **II.** *m(f) fam* ❶ (*personne sale*) Ferkel *nt* ❷ (*vicieux*) fieser Kerl

dégoûté(e) [degute] **I.** *adj personne, mine* angewidert; **je suis ~** (*scandalisé*) ich bin empört; (*lassé*) ich bin es leid; **être ~ de la vie/de vivre** des Lebens überdrüssig sein/lebensüberdrüssig sein ►**n'être pas ~** nicht gerade zimperlich sein **II.** *m(f)* Angewiderte(r) *f(m)* ►**faire le ~** [angewidert] die Nase rümpfen; (*jouer le difficile*) wählerisch sein

dégoûter [degute] <1> **I.** *vt* ❶ *nourriture, odeur:* anekeln ❷ (*ôter l'envie de*) **~ qn** es jdm verleiden; **~ qn du sport** jdm den Sport verleiden **II.** *vpr* **se ~ de qn/qc** jdn/etw leid sein/werden

dégoutter [degute] <1> *vi* (*couler*) *eau, sueur:* [herab]tropfen

dégradant(e) [degradɑ̃, ɑ̃t] *adj* erniedrigend

dégradation [degradasjɔ̃] *f* ❶ (*dégâts*) Beschädigung *f; de l'environnement* Zerstörung *f;* **~s** Schäden *Pl;* **causer des ~s à qc** etw beschädigen ❷ (*détérioration*) Verschlechterung *f* ❸ *d'une personne* Erniedrigung *f* ❹ MIL Degradierung *f*

dégradé [degrade] *m* ❶ *de couleurs* Abstufung *f* ❷ (*coupe de cheveux*) Stufenschnitt *m*

dégrader [degrade] <1> **I.** *vt* ❶ (*détériorer*) beschädigen *édifice, route;* verschlechtern *situation, climat social;* **~ l'environnement** die Umwelt [nach und nach] zerstören ❷ (*faire un dégradé*) abstufen ❸ MIL degradieren **II.** *vpr* **se ~** ❶ (*s'avilir*) sich erniedrigen ❷ (*se détériorer*) *édifice:* verfallen; (*à cause des intempéries*) verwittern; *situation, climat social, temps:* sich verschlechtern

dégrafer [degrafe] <1> **I.** *vt* **~ qc** etw aufmachen **II.** *vpr* **une robe se dégrafe** der Verschluss eines Kleides geht auf

dégrafeur [degrafœʀ] *m* Enthefter *m*

dégraissage [degʀɛsaʒ] *m d'un bouillon, d'une sauce* Abschöpfen *nt* des Fettes

dégraissant [degʀɛsɑ̃] *m* (*solvant*) Fettlöser *m;* (*détachant*) Fleck[en]entferner *m*

dégraissant(e) [degʀɛsɑ̃, ɑ̃t] *adj* (*solvant*) fettlösend; **produit ~** Fettlöser *m*

dégraisser [degrese] <1> *vt* ❶ (*nettoyer*) entfetten *métal, laine* ❷ (*enlever la graisse*) entfetten *cheveux;* **~ un bouillon** das Fett von einer Bouillon abschöpfen ❸ ECON *fam* abbauen *effectifs;* gesundschrumpfen *entreprise*

degré¹ [dəgʀe] *m* ❶ (*intensité*) Grad *m,* Stufe *f; de l'échelle de Richter* Stärke *f;* **jusqu'à un certain ~** bis zu einem gewissen Grad; **au dernier/plus haut ~** im höchsten Maß ❷ (*dans la hiérarchie*) Stufe *f* ❸ MED *d'une brûlure* Grad *m* ❹ SOCIOL, MATH Grad *m* ❺ LING Steigerungsstufe *f* ❻ SCOL **l'enseignement du premier/second ~** das Grundschulwesen/das höhere Schulwesen ►**~ zéro [d'une civilisation/culture]** Anfangsstadium *nt* [einer Zivilisation/Kultur]; **à ce ~ de bêtise, ...** wenn jemand so dumm ist, ...; **par ~[s]** nach und nach; *avancer, procéder* schrittweise

degré² [dəgʀe] *m* ❶ MATH *d'un angle* Grad *m* ❷ (*température*) Grad *m* ❸ *d'un alcool* [Volum]prozent *nt;* **~ en alcool** Alkoholgehalt *m* ❹ GEOG Grad *m* ❺ MUS Stufe *f*

dégressif, -ive [degʀesif, -iv] *adj* degressiv

dégrèvement [degʀɛvmɑ̃] *m* Steuerermäßigung *f*

dégriffé(e) [degʀife] *adj* ohne Markenzeichen

dégringolade [degʀɛ̃gɔlad] *f fam d'une monnaie* Sturz *m; des titres* Fall *m*

dégringoler [degʀɛ̃gɔle] <1> **I.** *vi fam* ❶ (*s'effondrer*) *actions, monnaie:* [stark] fallen; *notes:* [rapide] absinken ❷ (*tomber*) **~ de qc** von etw [he]runterpurzeln **II.** *vt fam* [he]runtersausen *escalier*

dégriser [degʀize] <1> *vt* (*désenivrer*) nüchtern machen

dégrossir [degʀosiʀ] <8> *vt* grob bearbeiten; [grob] behauen *pierre*

déguenillé(e) [deg(ə)nije] *adj* zerlumpt

déguerpir [degɛʀpiʀ] <8> *vi* sich davonmachen

dégueu [degø] *adj inv fam abr de* **dégueulasse**

dégueulasse [degœlas] *adj fam* ❶ (*sale*) [total] verdreckt ❷ (*dégoûtant*) fies ❸ (*mauvais*) mies; *temps* scheußlich; *aliment* ekelhaft

dégueulasser [degœlase] <1> *fam* **I.** *vt* verdrecken **II.** *vpr* **se ~** sich dreckig machen

dégueuler [degœle] <1> *vulg* **I.** *vi* kotzen (*sl*) **II.** *vt* rauskotzen (*sl*)

dégueulis [degøli] *m vulg* Kotze *f*

déguisé(e) [degize] *adj* ❶ (*costumé*) verkleidet; (*pour le carnaval*) kostümiert; **~ en femme** als Frau [verkleidet] ❷ *voix,* *écriture* verstellt; *ambition, sentiment* versteckt; *dévaluation* verschleiert

déguisement [degizmɑ̃] *m* ❶ (*travestissement*) Verkleidung *f* ❷ (*costume*) [Masken]kostüm *nt*

déguiser [degize] <1> **I.** *vt* ❶ (*costumer*) **~ un enfant en pirate** ein Kind als Pirat verkleiden ❷ (*contrefaire*) verstellen *voix, écriture;* verschleiern *vérité* **II.** *vpr* **se ~ en qc** sich als etw verkleiden

dégurgiter [degyʀʒite] <1> *vt* ❶ herauswürgen *repas* ❷ *fig* herunterbeten *connaissances*

dégustation [degystasjɔ̃] *f de fruits de mer, fromage* Kostprobe *f; de vin, café* Probe *f*

déguster [degyste] <1> **I.** *vt* ❶ (*goûter*) probieren ❷ (*savourer*) genießen **II.** *vi* ❶ (*savourer*) genießen ❷ *fam* (*subir: des coups*) [et]was abbekommen; (*des douleurs*) was mitmachen; (*des réprimandes*) was zu hören bekommen

déhanchement [deɑ̃ʃmɑ̃] *m* Schwingen *nt* der Hüften

déhancher [deɑ̃ʃe] <1> *vpr* **se ~** die Hüften schwingen

dehors [dəɔʀ] **I.** *adv* ❶ (*à l'extérieur*) draußen ❷ (*pas chez soi*) außer Haus ▶ **ficher qn/qc ~** *fam* jdn/etw rausschmeißen; **mettre qn ~** jdn hinauswerfen; **passer par ~** außen herumgehen; **au ~** äußerlich; **de ~** von draußen; **se pencher en ~** sich hinauslehnen; **rester en ~** sich heraushalten; **en ~ de** (*à l'extérieur de*) außerhalb; (*mis à part*) abgesehen von; **être en ~ du sujet** nicht zur Sache gehören; **~!** raus! **II.** *m* ❶ (*extérieur*) **les bruits du ~** die Geräusche von draußen; **des gens du ~** Leute von außerhalb ❷ *gén pl d'une personne* Äußere(s) *nt kein Pl*

déisme [deism] *m* PHILOS Deismus *m*

déjà [deʒa] **I.** *adv* ❶ (*dès maintenant*) schon; **il était ~ parti** er war schon weg; **~?** schon? ❷ (*auparavant*) schon [einmal]; **à cette époque ~** damals schon ❸ (*intensif*) schon; **il est ~ assez paresseux!** der ist so schon faul genug!; **c'est ~ quelque chose!** das ist doch [immerhin] schon etwas! (*fam*) ❹ (*à la fin d'une question*) noch [gleich] **II.** *conj fam* **~ que ...** schon genug, dass ...

déjanté(e) [deʒɑ̃te] *fam* **I.** *adj* ❶ (*génial*) *film, musique* durchgeknallt, abgefahren ❷ (*fou*) **être ~** ein Rad abhaben, abgedreht sein (*sl*) **II.** *m(f)* Durchgeknallte(r) *f(m)*

déjanter [deʒɑ̃te] <1> **I.** *vi* ❶ *pneu:* von der Felge springen ❷ *fam personne:* spinnen **II.** *vpr* **se ~** sich von der Felge lösen

déjà-vu [deʒavy] *m inv* Déjà-vu-Erlebnis *nt*

déjections [deʒɛksjɔ̃] *fpl* ❶ (*excréments*) Exkremente *Pl;* **~ canines** Hundekot *m* ❷ GEOL *d'un volcan* Auswurfmasse *f*

déjeuner [deʒœne] <1> **I.** *vi* ❶ (*à midi*) zu Mittag essen; **inviter qn à ~** jdn zum Mittagessen einladen ❷ (*le matin*) frühstücken **II.** *m* (*repas de midi*) Mittagessen *nt;* **au ~** zum Mittagessen

déjouer [deʒwe] <1> *vt* vereiteln

delà [dəla] *adv v.* **au-delà, par-delà**

délabré(e) [delɑbʀe] *adj maison, mur* verfallen; *façade* verwittert; *santé* zerrüttet

délabrement [delɑbʀəmɑ̃] *m d'une maison, d'un mur* Verfall *m*

délabrer [delɑbʀe] <1> **I.** *vt* ruinieren *santé* **II.** *vpr* ❶ (*se dégrader*) **se ~** *maison, mur:* verfallen; *santé:* sich verschlechtern; *affaires:* schlechter laufen ❷ (*se ruiner*) **se ~ qc** sich (*dat*) etw kaputt machen; **se ~ la santé** sich (*dat*) die Gesundheit ruinieren

délacer [delase] <2> *vt* aufschnüren

délai [delɛ] *m* ❶ (*temps accordé*) Zeit *f,* Zeitspanne *f;* (*date butoir*) Frist *f;* **dernier ~** äußerste Frist; **disposer d'un ~ de sept jours** sieben Tage Zeit haben ❷ (*sursis*) Aufschub *m* ▶ **à bref ~** kurzfristig; **dans les plus brefs ~s** innerhalb kürzester Frist; **dans les ~s** termingerecht; **dans un ~ de** innerhalb von; **sans ~** unverzüglich

délaissé(e) [delese] *adj* ❶ (*abandonné*) im Stich gelassen ❷ (*négligé*) vernachlässigt

délaissement [delɛsmɑ̃] *m* ❶ (*abandon*) Verlassen *nt* ❷ JUR (*renonciation*) Abtretung *f* ❸ (*isolement*) Vereinsamung *f*

délaisser [delese] <1> *vt* ❶ (*négliger*) vernachlässigen ❷ (*abandonner*) verlassen; im Stich lassen *enfant;* aufgeben *activité*

délassant(e) [delasɑ̃, ɑ̃t] *adj* entspannend

délassement [delasmɑ̃] *m* Entspannung *f*

délasser [delase] <1> **I.** *vt* **~ qn/qc** entspannend auf jdn/etw wirken; *exercice:* jdm Entspannung bringen **II.** *vi* entspannen **III.** *vpr* **se ~** sich entspannen

délateur, -trice [delatœʀ, -tʀis] *m, f* Denunziant(in) *m(f)*

délation [delasjɔ̃] *f* Denunziation *f*

délavé(e) [delave] *adj* ❶ *couleur* wässrig; *yeux* hell; **ses yeux d'un bleu ~** seine/ihre wasserblauen Augen ❷ (*éclairci par*

D

des lavages) verwaschen; (*à l'eau de Javel*) [vor]gebleicht ❸ (*détrempé*) aufgeweicht

délaver [delave] <1> **I.** *vt* ❶ (*diluer*) verdünnen *peinture, couleur* ❷ (*éclaircir*) bleichen *jean;* abwaschen *inscription* **II.** *vpr* **se ~** *peinture:* sich abwaschen; *inscription:* verblassen

D

délayage [delɛjaʒ] *m* Anrühren *nt*

délayer [deleje] <7> *vt* (*diluer*) **~ la farine/le plâtre dans qc** das Mehl/den Gips mit etw anrühren

délectation [delɛktasjɔ̃] *f* (*plaisir sensuel*) Genuss *m;* (*plaisir intellectuel*) Genugtuung *f*

délecter [delɛkte] <1> *vpr* **se ~ à qc** sich an etw (*dat*) ergötzen (*geh*); **se ~ de qc/à faire qc** etw genießen/es genießen etw zu tun

délégation [delegasjɔ̃] *f* ❶ *d'élus* Abordnung *f;* **~ syndicale** Gewerkschaftsdelegation; **venir en ~** als Abordnung kommen ❷ (*mandat*) Vollmacht *f;* **en vertu d'une ~** kraft [einer] Vollmacht; **par ~** im Auftrag ❸ (*agence de l'État*) Ressort *nt* ❹ COM **~ commerciale** (*filiale*) Vertretung *f;* (*représentants*) Handelsdelegation *f*

délégué(e) [delege] **I.** *adj* abgeordnet; **les membres ~s** die Abgeordneten **II.** *m(f)* *d'une association, d'un parti* Delegierte(r) *f(m),* Vertreter(in) *m(f)*

déléguer [delege] <5> *vt* **~ qn à un congrès** jdn zu einem Kongress entsenden

délestage [delɛstaʒ] *m* ELEC [kurzzeitige] Stromabschaltung

délester [delɛste] <1> *vt* ❶ ELEC **~ qc** [kurzzeitig] den Strom in etw (*dat*) abstellen ❷ TRANSP entlasten

délibération [deliberasjɔ̃] *f* ❶ *de l'assemblée* Debatte *f; du jury* Beratung *f* ❷ (*décision*) Beschluss *m* ❸ (*réflexion*) Überlegung *f;* **après mûre ~/mille ~s** nach reiflicher Überlegung

délibéré [delibere] *m* Beratung *f*

délibérément [deliberemɑ̃] *adv* absichtlich

délibérer [delibere] <5> *vi* ❶ (*débattre*) **~ sur qc** über etw (*akk*) beraten ❷ (*décider*) einen Beschluss fassen ❸ (*réfléchir*) **~ sur qc** etw überlegen

délicat(e) [delika, at] *adj* ❶ *peau, parfum, couleur* zart; *visage, traits, nez* fein; *mets* delikat; *arôme* mild ❷ *geste* behutsam ❸ (*fragile*) empfindlich; *enfant* zart; *santé* schwach; *objet* zerbrechlich ❹ (*difficile*) heikel; *opération* schwierig; **il est ~ de faire qc** es ist [äußerst] heikel, etw zu tun ❺ (*raffiné, sensible*) feinfühlig; *odorat, oreilles* empfindlich; *palais* fein; *esprit* feinsinnig ❻ (*plein de tact*) taktvoll; *geste* aufmerksam; *comportement, procédés* rücksichtsvoll

délicatement [delikatmɑ̃] *adv* fein

délicatesse [delikatɛs] *f* ❶ (*finesse*) Zartheit *f; d'un objet, travail* Feinheit *f* ❷ (*douceur*) Behutsamkeit *f* ❸ *d'une opération, situation* Schwierigkeit *f* ❹ (*raffinement*) Finesse *f* ❺ (*tact*) Feingefühl *nt;* **manque de ~** Mangel *m* an Taktgefühl; **avec/sans ~** taktvoll/taktlos

délice [delis] **I.** *m* (*jouissance*) Genuss *m;* **avec ~** genussvoll **II.** *fpl* Freuden *Pl;* **faire les ~s de qn** eine wahre Wonne für jdn sein

délicieusement [delisjøzmɑ̃] *adv* herrlich

délicieux, -euse [delisjø, -jøz] *adj* ❶ (*exquis*) köstlich; *sensation, sentiment* [höchst] wohltuend ❷ (*charmant*) reizend

délictueux, -euse [deliktɥø, -øz] *adj* strafbar

délié(e) [delje] *adj fig* (*fin*) *écriture* fein; *esprit* scharf

délier [delje] <1a> *vt* ❶ (*détacher*) losbinden; lösen *corde* ❷ (*dégager*) **~ qn d'une promesse** jdn von einem Versprechen entbinden

délimitation [delimitasjɔ̃] *f* Abgrenzung *f;* **~ des frontières** Festlegung *f* der Grenzen

délimiter [delimite] <1> *vt* ❶ (*borner*) *clôture, borne:* **~ qc** etw begrenzen; *personne:* die Grenzen einer S. (*gen*) festsetzen ❷ *fig* abgrenzen *responsabilités;* eingrenzen *sujet*

délinquance [delɛ̃kɑ̃s] *f* Kriminalität *f;* **grande ~** Schwerverbrechen *Pl;* **~ juvénile** Jugendkriminalität; **petite ~** leichte Straftaten *Pl*

délinquant(e) [delɛ̃kɑ̃, ɑ̃t] **I.** *adj* straffällig; **enfance/jeunesse ~e** straffällige Kinder/Jugendliche *Pl* **II.** *m(f)* Straffällige(r) *f(m);* **~ primaire** Ersttäter(in) *m(f)*

déliquescence [delikesɑ̃s] *f* *des mœurs* [völliger] Verfall *m; d'une société, d'un système* Dekadenz *f;* **être en pleine ~** völlig verfallen sein

déliquescent(e) [delikesɑ̃, ɑ̃t] *adj atmosphère, société* dekadent

délirant(e) [delirɑ̃, ɑ̃t] *adj histoire, idée* [völlig] verrückt; *enthousiasme, joie* wahnsinnig

délire [delir] *m* ❶ (*divagation*) Delirium *nt;* (*dû à la fièvre*) [Fieber]wahn *m;* **crise de ~** Wahnsinnsanfall *m* ❷ (*exalta-

tion) Wahn *m;* **une foule en ~** eine tobende Menge ▶ **c'est le ~ total!** *fam* das ist der absolute Wahnsinn!

délirer [deliʀe] <1> *vi* ❶ MED delirieren ❷ (*être exalté*) **~ de joie/d'enthousiasme** außer sich vor Freude/Begeisterung sein ❸ (*dérailler*) Unsinn reden

délit [deli] *m* Straftat *f;* **~ informatique** Datenmissbrauch *m;* **~ mineur** Bagatelldelikt; **flagrant ~** Straftat, bei der der Täter auf frischer Tat ertappt wird

délivrance [delivʀɑ̃s] *f* ❶ (*soulagement*) Erleichterung *f;* **l'heure de la ~** die Stunde der Erlösung ❷ (*libération*) Befreiung *f* ❸ ADMIN *d'un certificat, passeport* Ausstellung *f; d'une somme d'argent* Aushändigung *f* ❹ MED Nachgeburt *f*

délivrer [delivʀe] <1> **I.** *vt* ❶ (*libérer*) **~ l'otage de qc** die Geisel aus etw befreien ❷ *a. fig* (*débarrasser*) **~ qn d'un raseur** jdn von einer Nervensäge befreien ❸ ADMIN ausstellen *certificat, passeport* **II.** *vpr* **se ~ de ses liens** sich von seinen Fesseln befreien

délocalisation [delɔkalizasjɔ̃] *f* Verlagerung *f* ins Ausland

délocaliser [delɔkalize] <1> *vt* auslagern

déloger [delɔʒe] <2a> *vt* vertreiben; ausquartieren *locataire, habitant;* aufscheuchen *animal*

déloyal(e) [delwajal, -jo] <-aux> *adj adversaire, attitude* unfair; *ami* treulos; *procédé* unlauter

delta [dɛlta] *m* Delta *nt;* **le ~ du Nil** das Nildelta

deltaplane® [dɛltaplan] *m* ❶ (*appareil*) Drachen *m* ❷ (*sport*) Drachenfliegen *nt;* **faire du ~** Drachen fliegen

deltiste [dɛltist] *mf* Drachenflieger(in) *m(f)*

déluge [delyʒ] *m* ❶ (*averse*) Sturzregen *m* ❷ *fig* **~ de compliments** Flut *f* von Komplimenten; **~ de protestations** Hagel *m* von Protesten

déluré(e) [delyʀe] *adj enfant, air* aufgeweckt

démagnétiser [demaɲetize] <1> *vt* entmagnetisieren

démago [demago] *adj fam abr de* **démagogue**

démagogie [demagɔʒi] *f* Demagogie *f*

démagogique [demagɔʒik] *adj* demagogisch

démagogue [demagɔg] *mf* Demagoge *m*/Demagogin *f*

demain [dəmɛ̃] *adv* morgen; **~ soir** morgen Abend; **le temps pour ~** das Wetter von morgen; **~ en huit** morgen in acht Tagen; **à ~!** bis morgen!

démancher [demɑ̃ʃe] <1> *vpr* ❶ **se ~** *outil, pince:* den Griff verlieren; *hache, marteau:* den Stiel verlieren ❷ *fam* (*se désarticuler*) **se ~ qc** sich (*dat*) etw ausrenken

demande [d(ə)mɑ̃d] *f* ❶ (*souhait, prière*) Bitte *f;* **~ en mariage** Heiratsantrag *m;* **~ de rançon de 3.000 euros** Lösegeldforderung *f* über 3.000 Euro ❷ ADMIN Antrag *m;* **~ d'emploi** Stellengesuch *nt;* **faire une ~** einen Antrag stellen ❸ PSYCH **~ de qc** Bedürfnis *nt* nach etw ❹ ECON **~ en qc** Nachfrage *f* nach etw ❺ JUR **~ en qc** [Klage]antrag *m* auf etw (*akk*); **faire une ~ en dommages-intérêts** auf Schadenersatz klagen ❻ (*formulaire*) [Antrags]formular *nt* ▶ **à la ~** nach Bedarf; **à la ~ de qn** (*souhait*) auf jds Wunsch [hin]; (*requête*) auf jds Antrag [hin]; **sur [simple] ~** auf Anfrage

demandé(e) [d(ə)mɑ̃de] *adj* **être ~** gefragt sein

demander [d(ə)mɑ̃de] <1> **I.** *vt* ❶ (*solliciter*) **~ qc** um etw bitten; **~ conseil** um Rat fragen; **~ un renseignement à qn** jdn um eine Auskunft bitten; **~ à qn de faire qc** jdn [darum] bitten etw zu tun; **~ pardon à qn** jdn um Verzeihung bitten ❷ (*appeler*) rufen *médecin, plombier* ❸ (*vouloir parler à*) sprechen wollen *employé;* (*au téléphone*) verlangen *personne, poste* ❹ (*s'enquérir de*) **~ à qn** jdn fragen; **~ le chemin/l'heure à qn** jdn nach dem Weg/der Uhrzeit fragen ❺ (*nécessiter*) erfordern *efforts, travail;* brauchen *soin, eau;* **~ qc à qn** etw von jdm erfordern ❻ (*exiger*) **~ de l'obéissance à qn** von jdm Gehorsam verlangen; **~ la liberté** die Freiheit fordern; **en ~ beaucoup/trop à qn** viel/zu viel von jdm verlangen ❼ (*rechercher*) suchen *ouvrier, caissière;* **on demande du personnel qualifié** es werden Fachkräfte gesucht ❽ (*exiger un prix*) **~ un prix pour qc** einen Preis für etw verlangen ▶ **ne pas ~ mieux que de faire qc** sich nichts mehr wünschen als etw zu tun; **qn ne demande qu'à faire qc** jd möchte [ja] gerne etw tun **II.** *vi* **~ à qn si** jdn fragen, ob; **~ après qn** *fam* nach jdm fragen ▶ **il n'y a qu'à ~** man braucht doch nur zu fragen; **je demande à voir** das möchte ich erst mal sehen **III.** *vpr* **se ~ ce que/comment** sich fragen, was/wie ▶ **c'est à se ~ si** *fam* da muss man sich fragen, ob

demandeur, -euse [d(ə)mɑ̃dœʀ, -øz] *m, f* ❶ TELEC Anrufer(in) *m(f)* ❷ (*requérant*) Antragsteller(in) *m(f);* **~ d'em-**

D

ploi Arbeit[s]suchende(r) *f(m)* ►**être** ~ **de qc** an etw interessiert sein

démangeaison [demɑ̃ʒɛzɔ̃] *f gén pl* ① (*irritation*) Juckreiz *m kein Pl*, Jucken *nt kein Pl*; **il a des ~s** es juckt ihn ② *fig fam* (*désir*) **ça me donne des ~s de faire qc** es juckt mich etw zu tun

D

démanger [demɑ̃ʒe] <2a> **I.** *vt* jucken; **ça me démange dans le dos** es juckt mich im Rücken **II.** *vi* (*avoir envie*) **la main me démange** es juckt mir in den Fingern; **ça me/le démange de faire qc** *fam* mich/ihn juckt es etw zu tun

démantèlement [demɑ̃tɛlmɑ̃] *m* Zerstörung *f*; *d'un cartel, d'une organisation* Zerschlagung *f*

démanteler [demɑ̃t(ə)le] <4> *vt* zerstören; zerschlagen *cartel, organisation*

démantibuler [demɑ̃tibyle] <1> *vt fam* kaputtmachen

démaquillage [demakijaʒ] *m* Abschminken *nt*

démaquillant [demakijɑ̃] *m* Make-up-Entferner *m*

démaquillant(e) [demakijɑ̃, jɑ̃t] *adj* Reinigungs-; **lait** ~ Reinigungsmilch *f*

démaquiller [demakije] <1> **I.** *vt* abschminken **II.** *vpr* **se** ~ **le visage** sich (*dat*) das Gesicht abschminken

démarcage [demaʀkaʒ] *m* ① (*copiage*) Nachahmung *nt*; (*résultat*) Kopie *f* ② SPORT Freispielen *nt*

démarcation [demaʀkasjɔ̃] *f a. fig* Abgrenzung *f*; **ligne de** ~ Grenzlinie *f*; MIL Demarkationslinie *f*

démarchage [demaʀʃaʒ] *m* Kundenwerbung *f* [durch Vertreterbesuche]

démarche [demaʀʃ] *f* ① (*allure*) Gang *m* ② *d'une argumentation* Entwicklung *f*; *d'une personne* Methode *f*, Vorgehen *nt* ③ (*intervention*) Schritt *m*; **faire des ~s** Schritte unternehmen

démarcher [demaʀʃe] <1> *vt* ~ **qn** bei jdm einen Vertreterbesuch machen; ~ **les gens par téléphone** Kunden per Telefon werben

démarcheur, -euse [demaʀʃœʀ, -øz] *m, f* Vertreter(in) *m(f)*

démarquage [demaʀkaʒ] *m v.* **démarcage**

démarqué(e) [demaʀke] *adj* ① (*dégriffé*) ohne Markenzeichen ② (*soldé*) herabgesetzt

démarque [demaʀk] *f* COM Entfernen *nt* des Markenzeichens (*mit der Folge einer Preissenkung*)

démarquer [demaʀke] <1> **I.** *vt* COM ~ **qc** (*dégriffer*) das Markenzeichen von etw entfernen; (*solder*) etw herabsetzen **II.** *vpr* ① SPORT **se** ~ sich freispielen ② (*prendre ses distances*) **se** ~ **de qn/qc** sich von jdm/etw distanzieren

démarrage [demaʀaʒ] *m* ① *d'un moteur* Anlassen *nt*, Starten *nt* ② (*départ*) Anfah-

demander

demander	*bitten*
Peux-tu/Pourrais-tu descendre la poubelle, s'il te plaît?	*Kannst/Könntest du bitte mal den Müll runterbringen?*
Sois gentil(le), apporte-moi ma veste.	*Bitte sei so gut und bring mir meine Jacke.*
Aurais-tu la gentillesse de me rapporter le journal?	*Wärst du so nett und würdest mir die Zeitung mitbringen?*
Auriez-vous l'amabilité de pousser votre valise sur le côté?	*Würden Sie bitte so freundlich sein und Ihr Gepäck etwas zur Seite rücken?*
Puis-je vous demander de baisser un peu votre musique?	*Darf ich Sie bitten, Ihre Musik etwas leiser zu stellen?*
demander de l'aide	*um Hilfe bitten*
Peux-tu me rendre un service?	*Kannst du mir einen Gefallen tun?*
Puis-je/Pourrais-je vous demander un service?	*Darf/Dürfte ich Sie um einen Gefallen bitten?*
Pourrais-tu m'aider, s'il te plaît?	*Könntest du mir bitte helfen?*
Pourriez-vous m'aider, s'il vous plaît?	*Könnten Sie mir bitte behilflich sein?*
Je vous serais très reconnaissant(e) si vous pouviez m'aider.	*Ich wäre Ihnen dankbar, wenn Sie mir dabei helfen könnten.*

ren *nt* ❸ SPORT Spurt *m;* **placer un ~** losspurten ❹ (*lancement*) Start *m* ❺ INFORM **~ à chaud/à froid** Warm-/Kaltstart *m* ▶ **au ~** beim Anfahren; *fig* anfangs

démarrer [demaʀe] <1> **I.** *vi* ❶ (*mettre en marche*) den Motor anlassen; **je n'ai pas réussi à ~** mein Auto ist nicht angesprungen ❷ (*se mettre en marche*) *voiture:* anspringen; *machine:* anlaufen; **faire ~ qc** etw anlassen ❸ (*partir*) anfahren ❹ (*débuter*) *campagne, exposition:* beginnen; *conversation:* in Gang kommen; *industrie, économie:* in Schwung kommen; **~ bien/mal en maths** einen guten/schlechten Anfang in Mathe machen ❺ SPORT losspurten **II.** *vt* ❶ (*mettre en marche*) anlassen ❷ *fam* (*lancer*) starten; ins Leben rufen *mouvement;* in Gang setzen *processus* ❸ *fam* (*commencer*) **~ le travail/les peintures** mit der Arbeit/dem Anstreichen beginnen ❹ INFORM **~ un logiciel** ein Programm starten, Start *m*

démarreur [demaʀœʀ] *m* Anlasser *m*

démasquer [demaske] <1> **I.** *vt* entlarven *voleur, traître;* enttarnen *espion;* enthüllen *plan;* aufdecken *fraude, trahison* **II.** *vpr* **se ~** seine Maske fallen lassen

démâter [demɑte] <1> *vi* seinen Mast/seine Masten verlieren

dématérialisation [dematerjalizasjɔ̃] *f* ❶ Dematerialisation *f* ❷ PHYS *des particules* Zerstrahlung *f* ❸ *de la monnaie* Entmaterialisierung *f*

dématérialiser [dematerjalize] <1> *vt* entmaterialisieren

démêlant [demɛlɑ̃] *m* Spülung *f*

démêlé [demele] *m* Auseinandersetzung *f*

démêler [demele] <1> *vt* ❶ (*défaire*) entwirren *fil;* auskämmen *cheveux* ❷ (*éclaircir*) aufklären *affaire;* durchschauen *intentions, plans*

démembrement [demɑ̃bʀəmɑ̃] *m* Zerstückelung *f*

démembrer [demɑ̃bʀe] <1> *vt* zerstückeln, [auf]teilen *pays, propriété*

déménagement [demenaʒmɑ̃] *m* ❶ (*changement de domicile*) Umzug *m* ❷ (*fait de quitter le logement*) Auszug *m* ❸ (*déplacement de meubles*) Umräumen *nt* ❹ (*fait de vider une pièce*) Ausräumen *nt*

déménager [demenaʒe] <2a> **I.** *vi* ❶ (*changer de domicile*) umziehen; **~ à Paris/rue de ...** nach Paris/in die ... Straße [um]ziehen ❷ (*quitter un logement*) ausziehen ❸ *fam* (*partir*) **faire ~ qn** jdn vor die Tür setzen ❹ *fam* (*déraisonner*) spinnen **II.** *vt* ❶ (*transporter ailleurs*) [um]räumen *meubles;* (*pour débarrasser*) wegräumen *meubles, objet* ❷ (*vider*) ausräumen *maison, pièce*

déménageur [demenaʒœʀ] *m* ❶ (*débardeur*) Möbelpacker(in) *m(f)* ❷ (*entrepreneur*) Spediteur(in) *m(f)*

démence [demɑ̃s] *f* Wahnsinn *m*

démener [dem(ə)ne] <4> *vpr* ❶ (*se débattre*) **se ~** um sich schlagen ❷ (*faire des efforts*) **se ~ pour faire qc** sich (*dat*) [große] Mühe geben um etw zu tun

dément(e) [demɑ̃, ɑ̃t] *m(f)* Geisteskranke(r) *f(m)*

démenti [demɑ̃ti] *m* Dementi *nt*

démentiel(le) [demɑ̃sjɛl] *adj* verrückt

démentir [demɑ̃tiʀ] <10> **I.** *vt* ❶ (*contredire*) **~ qn** jdm widersprechen ❷ (*nier*) dementieren; **~ faire qc** bestreiten etw zu tun ❸ (*infirmer*) entkräften; widerlegen *prévisions* **II.** *vi* dementieren **III.** *vpr* **ne pas se ~** *amitié, succès:* nicht nachlassen

démerdard(e) [demɛʀdaʀ, aʀd] *adj fam* gewieft

démerder [demɛʀde] <1> *vpr fam* (*se débrouiller*) **se ~ pour faire qc** es irgendwie hinbekommen etw zu tun

démériter [demeʀite] <1> *vi* sich als unwürdig erweisen

démesuré(e) [deməzyʀe] *adj* maßlos; *importance, orgueil* übermäßig; *proportions* unverhältnismäßig; **des bras/pieds ~s** überlange Arme/übergroße Füße

démesure [deməzyʀ] *f* Maßlosigkeit *f*

démesurément [deməzyʀemɑ̃] *adv grand, long* unverhältnismäßig

démettre [demɛtʀ] <*irr*> **I.** *vt* ❶ (*luxer*) verrenken *bras, poignet;* auskugeln *épaule* ❷ (*révoquer*) **~ qn de ses fonctions/de son poste** jdn seines Amtes/Dienstes entheben **II.** *vpr* ❶ (*se luxer*) **se ~ le bras** sich (*dat*) den Arm verrenken; **se ~ l'épaule** sich (*dat*) die Schulter auskugeln ❷ (*renoncer à*) **se ~ de qc** von etw zurücktreten

demeurant [dəmœʀɑ̃] ▶ **au ~** alles in allem

demeure [d(ə)mœʀ] *f* Wohnsitz *m* ▶ **conduire qn [jusqu']à sa dernière ~** jdn zu seiner letzten Ruhestätte geleiten

demeuré(e) [dəmœʀe] **I.** *adj* [geistig] zurückgeblieben **II.** *m(f)* Schwachsinnige(r) *f(m); fig* Schwachkopf *m;* **le ~ du village** der Dorftrottel

demeurer [dəmœʀe] <1> *vi* ❶ + *avoir* (*habiter*) wohnen; **demeurant à** wohnhaft in (+ *dat*) ❷ + *avoir* (*subsister*) wei-

D

terbestehen ③ + *être* (*rester*) bleiben; **~ ministre/une énigme** weiterhin Minister/ein Rätsel bleiben ④ *impers* **il demeure que ...** Tatsache ist jedoch, dass ...

demi [d(ə)mi] *m* ① (*fraction*) **un ~** ein Halb; **trois ~s** drei Halbe ② (*bière*) Bier *nt*

demi(e) [d(ə)mi] **I.** *m(f)* (*moitié*) Hälfte *f* **II.** *adj* **une heure/deux heures et ~e** eineinhalb/zweieinhalb Stunden; **avoir quatre ans et ~** viereinhalb [Jahre alt] sein; **être à ~ satisfait** halbzufrieden sein; **un verre/une bouteille à ~ plein** ein halb volles Glas/eine halb volle Flasche; **être à ~ plein** halb voll sein; **n'être qu'à ~ rassuré** nur teilweise beruhigt sein; **ouvrir à ~ les yeux** die Augen halb aufmachen; **ne pas faire les choses à ~** keine halben Sachen machen

demi-bouteille [d(ə)mibutɛj] <demi-bouteilles> *f* halbe Flasche **demi-canton** [d(ə)mikɑ̃tɔ̃] <demi-cantons> *m* CH Halbkanton *m* **demi-cercle** [d(ə)misɛʀkl] <demi-cercles> *m* Halbkreis *m* **demi-dieu** [d(ə)midjø] <demi-dieux> *m* Halbgott *m* **demi-douzaine** [d(ə)miduzɛn] <demi-douzaines> *f* halbes Dutzend

demie [d(ə)mi] *f* (*heure*) **neuf heures et ~** halb zehn; **sonner les heures et les ~s** zu jeder ganzen und halben Stunde schlagen; **partir à la ~** um halb gehen; **il est la ~ passée** es ist schon nach halb

demi-finale [d(ə)mifinal] <demi-finales> *f* Halbfinale *nt* **demi-finaliste** [d(ə)mifinalist] <demi-finalistes> *mf* Teilnehmer(in) *m(f)* am Halbfinale **demi-frère** [d(ə)mifʀɛʀ] <demi-frères> *m* Halbbruder *m* **demi-heure** [d(ə)mijœʀ] <demi-heures> *f* halbe Stunde **demi-jour** [d(ə)miʒuʀ] *m inv* Halbdunkel *nt* **demi-journée** [d(ə)miʒuʀne] <demi-journées> *f* halber Tag

démilitarisation [demilitaʀizasjɔ̃] *f* Entmilitarisierung *f*

démilitariser [demilitaʀize] <1> *vt* entmilitarisieren

demi-litre [d(ə)militʀ] <demi-litres> *m* ① (*contenu*) halber Liter *m* ② (*contenant*) Halbliterflasche *f* **demi-longueur** [d(ə)milɔ̃gœʀ] <demi-longueurs> *f* SPORT halbe Länge *f* **demi-lune** [d(ə)milyn] <demi-lunes> **I.** *adj inv meuble* halbrund **II.** *f* ① ASTRON Halbmond *m* ② ARCHIT halbkreisförmiger Platz *m;* **en ~** halbkreisförmig ③ MIL Außenwerk *nt* (*einer Festung*) **demi-mal** [d(ə)mimal, d(ə)mimo] <demi-maux> *m* kleines Übel *nt* **demi-mesure** [d(ə)mim(ə)zyʀ] <demi-mesures> *f* Halbheit *f* **demi-mot** [d(ə)mimo] <demi-mots> *m* **à ~** andeutungsweise

déminage [deminaʒ] *m* Entminung *f*

déminer [demine] <1> *vt* entminen

démineur [deminœʀ] *m* Minensucher *m,* Mitglied *nt* eines Minenräumkommandos

demi-pension [d(ə)mipɑ̃sjɔ̃] <demi-pensions> *f* ① (*hôtel*) Halbpension *f;* **en ~** mit Halbpension ② SCOL [Schul]kantine *f* **demi-pensionnaire** [d(ə)mipɑ̃sjɔnɛʀ] <demi-pensionnaires> *mf Schüler, der/Schülerin, die in der [Schul]kantine isst* **demi-place** [d(ə)miplas] <demi-places> *f* TRANSP Fahrkarte *f* zum halben Preis **demi-portion** [d(ə)mipɔʀsjɔ̃] <demi-portions> *f a. fig* halbe Portion *f* **demi-queue** [d(ə)mikø] *m inv* Stutzflügel *m*

démis(e) [demi, iz] **I.** *part passé de* **démettre II.** *adj poignet* verrenkt

demi-saison [d(ə)misɛzɔ̃] <demi-saisons> *f* Übergangszeit *f* **demi-sec, demi-sèche** [d(ə)misɛk, d(ə)misɛʃ] <demi-secs> *adj* halbtrocken **demi-sel** [d(ə)misɛl] <demi-sel[s]> *m* Frischkäse *m* **demi-siècle** [d(ə)misjɛkl] <demi-siècles> *m* halbes Jahrhundert *nt* **demi-sœur** [d(ə)misœʀ] <demi-sœurs> *f* Halbschwester *f* **demi-sommeil** [d(ə)misɔmɛj] <demi-sommeils> *m* Halbschlaf *m* **demi-soupir** [d(ə)misupiʀ] <demi-soupirs> *m* Achtelpause *f*

démission [demisjɔ̃] *f* ① *d'un ministre* Rücktritt *m; d'un salarié* Kündigung *f* ② (*renoncement*) Kapitulation *f*

démissionnaire [demisjɔnɛʀ] *adj* zurückgetreten

démissionner [demisjɔne] <1> *vi* (*se démettre*) **~ d'une fonction** von einem Amt zurücktreten; **~ de son poste** seine Stelle kündigen

demi-tarif [d(ə)mitaʀif] <demi-tarifs> *m* halber Preis; **à ~** zum halben Preis **demi-teinte** [d(ə)mitɛ̃t] <demi-teintes> *f* **en ~** in gebrochenen Farbtönen **demi-ton** [d(ə)mitɔ̃] <demi-tons> *m* Halbton *m* **demi-tour** [d(ə)mituʀ] <demi-tours> *m d'une personne* Kehrtwendung *f; de manivelle* halbe Umdrehung; **faire ~** umkehren; (*en voiture*) wenden

démo [demo] *f abr de* **démonstration** [Kurz]präsentation *f*

démobilisation [demɔbilizasjɔ̃] *f* ① MIL Demobilisierung *f* ② POL Demotivation *f*

démobiliser [demɔbilize] <1> *vt* MIL demobilisieren

démocrate [demɔkʀat] **I.** *adj* demokratisch **II.** *mf* Demokrat(in) *m(f)*

démocrate-chrétien(ne) [demɔkʀatkʀetjɛ̃, jɛn] <démocrates-chrétiens> *adj* christlich-demokratisch

démocratie [demɔkʀasi] *f* Demokratie *f*

démocratique [demɔkʀatik] *adj* demokratisch

démocratiquement [demɔkʀatikmɑ̃] *adv* demokratisch

démocratisation [demɔkʀatizasjɔ̃] *f* Demokratisierung *f*

démocratiser [demɔkʀatize] <1> *vt* demokratisieren

démodé(e) [demɔde] *adj* altmodisch; *procédé, théorie* überholt

démoder [demɔde] <1> *vpr* **se ~** aus der Mode kommen

démographie [demɔgʀafi] *f* ① (*science*) Demographie *f*, Bevölkerungswissenschaft *f* ② (*évolution de la population*) Bevölkerungsentwicklung *f*

démographique [demɔgʀafik] *adj données, étude* demographisch; *croissance, poussée* Bevölkerungs-

demoiselle [d(ə)mwazɛl] *f* (*jeune fille*) Fräulein *nt; iron* [junge] Dame

démolir [demɔliʀ] <8> **I.** *vt* ① (*détruire*) abreißen; niederreißen *mur;* kaputtmachen *jouet, objet* ② *fam* (*frapper*) zusammenschlagen ③ *fam* (*critiquer*) verreißen ④ *fam* (*saper le moral à*) fertigmachen ⑤ *fam* (*endommager*) kaputtmachen *estomac* **II.** *vpr fam* **se ~ l'estomac/la santé** sich (*dat*) den Magen kaputtmachen/die Gesundheit ruinieren

démolissage [demɔlisaʒ] *m* vernichtende Kritik *f*, Verriss *m*

démolisseur, -euse [demɔlisœʀ, -øz] *m, f* Abbrucharbeiter(in) *m(f)*

démolition [demɔlisjɔ̃] *f* ① *d'une maison* Abbruch *m; d'un mur* Niederreißen *nt;* **être en ~** [gerade] abgerissen werden ② *fig* Zerstörung *f; d'une idée* Zunichtemachen *nt; d'une institution* Beseitigung *f*

démon [demɔ̃] *m* Teufel *m;* (*enfant*) kleiner Teufel

démoniaque [demɔnjak] *adj* dämonisch

démonstrateur, -trice [demɔ̃stʀatœʀ, -tʀis] *m, f* Vorführer(in) *m(f)*

démonstratif [demɔ̃stʀatif] *m* Demonstrativpronomen *nt*

démonstration [demɔ̃stʀasjɔ̃] *f* ① *a.* MATH (*preuve*) Beweis *m* ② (*argumentation*) Beweisführung *f* ③ (*présentation*) Demonstration *f*, Vorführung *f* ④ COM *d'un produit* Vorführung *f;* **faire la ~ de qc** etw vorführen ⑤ *gén pl* (*manifestation*) **~s de joie** Freudenbekundungen *Pl*

démontable [demɔ̃tabl] *adj* zerlegbar

démontage [demɔ̃taʒ] *m* Zerlegen *nt*

démonté(e) [demɔ̃te] *adj mer* aufgewühlt

démonte-pneu [demɔ̃t(ə)pnø] <démonte-pneus> *m* Montiereisen *nt*

démonter [demɔ̃te] <1> **I.** *vt* ① (*défaire*) zerlegen; abbauen *auvent, tente;* abmontieren *pneu;* aushängen *porte* ② SPORT *cheval:* abwerfen ③ (*déconcerter*) aus der Fassung bringen **II.** *vpr* **se ~** ① (*être démontable*) *appareil, meuble:* sich zerlegen lassen; (*accidentellement*) auseinanderfallen ② (*se troubler*) die Fassung verlieren; **sans se ~** ohne sich aus der Fassung bringen zu lassen

démontrable [demɔ̃tʀabl] *adj* beweisbar; **être ~** sich beweisen lassen

démontrer [demɔ̃tʀe] <1> **I.** *vt* **~ que ...** beweisen, dass ... **II.** *vpr* **se ~** sich beweisen lassen

démoralisant(e) [demɔʀalizɑ̃, ɑ̃t] *adj* deprimierend

démoralisation [demɔʀalizasjɔ̃] *f* Demoralisierung *f*

démoraliser [demɔʀalize] <1> **I.** *vt, vi* entmutigen **II.** *vpr* **se ~** den Mut verlieren

démordre [demɔʀdʀ] <14> *vi* **ne pas ~ de qc** sich nicht von etw abbringen lassen

démotivation [demɔtivasjɔ̃] *f* Demotivation *f*

démotivé(e) [demɔtive] *adj* demotiviert

démotiver [demɔtive] <1> **I.** *vt* **~ qn** jdm die Motivation nehmen **II.** *vpr* **se ~** die Motivation verlieren

démoulage [demulaʒ] *m* Herausnehmen *nt* aus der Form

démouler [demule] <1> *vt* aus der Form nehmen

démultiplicateur [demyltiplikatœʀ] *m* TECH Untersetzungsgetriebe *nt*

démultiplier [demyltiplije] <1a> *vt* ① TECH untersetzen ② (*accroître l'effet*) steigern

démuni(e) [demyni] *adj* ① (*pauvre*) mittellos ② (*impuissant*) **~ devant qn/qc** hilflos jdm/etw gegenüber ③ (*privé de*) **être ~ de qc** etw nicht besitzen; **~ d'intérêt/de protection** ohne Interesse/schutzlos

démunir [demyniʀ] <8> *vt* (*priver*) **~ qn de l'argent** jdm Geld wegnehmen

démystification [demistifikasjɔ̃] *f* ① (*fait

de détromper) Aufklärung *f* ❷ (*démythification*) Entmystifizierung *f*

démystifier [demistifje] <1a> *vt* aufklären

démythifier [demitifje] <1a> *vt* entmythisieren

dénatalité [denatalite] *f* Geburtenrückgang *m*

D

dénationalisation [denasjɔnalizasjɔ̃] *f* Reprivatisierung *f*

dénationaliser [denasjɔnalize] <1> *vt* reprivatisieren

dénaturant(e) [denatyʀɑ̃, ɑ̃t] *adj produit* denaturierend

dénaturé(e) [denatyʀe] *adj* entartet

dénaturer [denatyʀe] <1> *vt* verfälschen *goût, saveur*

dénazification [denazifikasjɔ̃] *f* Entnazifizierung *f*

dénégation [denegasjɔ̃] *f* Abstreiten *nt*

déneigement [denɛʒmɑ̃] *m* Schneeräumung *f*

déni [deni] *m* ▶ **~ de justice** Rechtsverweigerung *f*

déniaiser [denjeze] <1> *vt* **~ qn** jdn aufwecken

dénicher [deniʃe] <1> *vt* ausfindig machen; aufstöbern *bistrot, objet rare*

denier [dənje] *m* ▶ **les ~s publics** die öffentlichen Gelder *Pl*

dénier [denje] <1a> *vt* abstreiten, zurückweisen *responsabilité, faute*

dénigrer [denigʀe] <1> *vt* schlechtmachen *action, personne*

dénivellation [denivelasjɔ̃] *f* Höhenunterschied *m*

dénombrable [denɔ̃bʀabl] *adj* zählbar; MATH abzählbar

dénombrement [denɔ̃bʀəmɑ̃] *m* Zählung *f*

dénombrer [denɔ̃bʀe] <1> *vt* zählen

dénominateur [denɔminatœʀ] *m* MATH Nenner *m*

dénominatif [denɔminatif] *m* GRAM Denominativ *nt*

dénomination [denɔminasjɔ̃] *f* Bezeichnung *f*

dénommé(e) [denɔme] *adj antéposé* **un ~/une ~e Durand** ein gewisser [Herr]/eine gewisse [Frau] Durand; **le ~/la ~e Durand** besagter/besagte Durand

dénommer [denɔme] <1> *vt* bezeichnen; **c'est ainsi que l'on dénomme ...** so nennt man ...

dénoncer [denɔ̃se] <2> **I.** *vt* ❶ (*trahir*) **~ un complice à qn** einen Komplizen an jdn verraten; **~ un opposant politique à qn** einen Oppositionellen bei jdm denunzieren; **~ qn à la police** jdn bei der Polizei anzeigen ❷ (*s'élever contre*) anprangern *abus, injustice* **II.** *vpr* **se ~** sich melden; **se ~ à la police** sich [der Polizei] stellen

dénonciateur, -trice [denɔ̃sjatœʀ, -tʀis] *m, f* ❶ *d'une personne* Denunziant(in) *m(f)* ❷ *d'une injustice* Ankläger(in) *m(f)*

dénonciation [denɔ̃sjasjɔ̃] *f* ❶ (*délation*) Anzeige *f;* (*dans une dictature*) Denunzierung *f,* Denunziation *f;* **sur ~** infolge von Denunzierung ❷ (*accusation*) Anprangerung *f*

dénoter [denɔte] <1> *vt* **~ qc** von etw zeugen

dénouement [denumɑ̃] *m* Ausgang *m; de l'enquête* Ergebnis *nt*

dénouer [denwe] <1> **I.** *vt* aufknoten *ficelle, lacets;* aufbinden *nœud;* lösen *intrigue, affaire* **II.** *vpr* **se ~** sich lösen

dénoyauter [denwajote] <1> *vt* entsteinen

denrée [dɑ̃ʀe] *f* Essware *f*

dense [dɑ̃s] *adj* ❶ *a.* PHYS dicht; *foule* dichtgedrängt ❷ (*condensé*) komplex; *style* gedrängt

densité [dɑ̃site] *f* Dichte *f*

dent [dɑ̃] *f* ❶ ANAT *de l'homme, animal* Zahn *m;* **~ creuse/gâtée** hohler/schlechter Zahn; **~ de devant** Vorderzahn; **~ de lait** Milchzahn; **faire ses ~s** zahnen; **se laver les ~s** sich die Zähne putzen; **une brosse à ~s** eine Zahnbürste ❷ *fig d'une fourchette* Zinke *f; d'un peigne, engrenage* Zahn *m* ❸ (*sommet de montagne*) Zacke *f* ▶ **en ~s de scie** gezackt; *fig* mit ständigem Auf und Ab; **armé jusqu'aux ~s** bis an die Zähne bewaffnet; **avoir les ~s longues** sehr ehrgeizig sein; (*être avide*) gierig sein; **avoir une ~ contre qn** etwas gegen jdn haben; **grincer des ~s** mit den Zähnen knirschen; **être sur les ~s** in äußerster Anspannung sein; **se faire les ~s** Erfahrung sammeln; **n'avoir rien à se mettre sous la ~** nichts zu beißen haben

dentaire [dɑ̃tɛʀ] *adj* **plaque/prothèse ~** Zahnbelag *m*/Zahnersatz *m;* **cabinet ~** Zahnarztpraxis *f;* **soins ~s** zahnärztliche Behandlung

dental(e) [dɑ̃tal, -o] <-aux> *adj* dental

dentale [dɑ̃tal] *f* PHON Dental[laut] *m*

denté(e) [dɑ̃te] *adj* gezahnt

dentelé(e) [dɑ̃t(ə)le] *adj* gezackt

denteler [dɑ̃t(ə)le] <3> *vt* auszacken *guirlande*

dentelle [dɑ̃tɛl] *f* Spitze *f*

dentellière [dɑ̃təljɛʀ] *f* Spitzenklöpplerin *f*

dentelure [dɑ̃t(ə)lyʀ] *f d'une feuille, montagne* Zacken *Pl; d'un timbre* Zahnung *f*

dentier [dɑ̃tje] *m* Gebiss *nt*

dentifrice [dɑ̃tifʀis] *m* Zahnpasta *f*

dentiste [dɑ̃tist] *mf* Zahnarzt *m*/-ärztin *f*

dentition [dɑ̃tisjɔ̃] *f* Gebiss *nt*

denture [dɑ̃tyʀ] *f* Zahnung *f*

dénucléarisé(e) [denykleaʀize] *adj* atomwaffenfrei

dénudé(e) [denyde] *adj dos, épaules* entblößt; *montagne, arbre* kahl; *câble électrique* abisoliert

dénuder [denyde] <1> **I.** *vt* ① (*dévêtir*) entkleiden ② (*laisser voir*) unbedeckt lassen *dos, bras* ③ ELEC abisolieren *câble* **II.** *vpr* **se ~** *personne:* sich entblößen; *arbre:* kahl werden; **son crâne commence à se ~** sein/ihr Haar wird schütter

dénué(e) [denɥe] *adj* **être ~ de qc** einer S. (*gen*) entbehren; **être ~ d'intérêt** uninteressant sein; **~ de tout talent** talentfrei (*iron*)

dénuement [denymɑ̃] *m* Elend *nt*

dénutrition [denytʀisjɔ̃] *f* Unterernährung *f*

déodorant [deɔdɔʀɑ̃] *m* Deodorant *nt;* **~ en aérosol** Deospray *nt o m*

déodorant(e) [deɔdɔʀɑ̃, ɑ̃t] *adj* deodorierend

déontologie [deɔ̃tɔlɔʒi] *f* **~ médicale** Berufsethik *f* des Arztes

déontologique [deɔ̃tɔlɔʒik] *adj* deontologisch (*Fachspr.*)

déontologue [deɔ̃tɔlɔg] *mf* Ethiker(in) *m(f)*

dépacser [depakse] <1> *vi den Vertrag über die eheähnliche Lebensgemeinschaft (PACS) auflösen*

dépannage [depanaʒ] *m* ① *d'une machine, voiture* Reparatur *f;* **service de ~** Pannenhilfe *f* ② (*solution provisoire*) Behelf *m;* **à titre de ~** behelfsweise

dépanner [depane] <1> *vt* ① (*réparer*) reparieren *machine, voiture;* **~ qn** jds Panne beheben; (*remorquer*) jdn abschleppen ② *fam* (*aider*) **~ qn** jdm aushelfen

dépanneur, -euse [depanœʀ, -øz] *m, f* Mechaniker(in) *m(f)*

dépanneuse [depanøz] *f* Abschleppwagen *m*

dépaqueter [depakte] <3> *vt* auspacken

dépareillé(e) [depaʀeje] *adj collection* unvollständig

déparer [depaʀe] <1> *vt* entstellen *paysage, visage*

départ [depaʀ] *m* ① *d'une personne* (*à pied*) Weggehen *nt;* (*en avion*) Abflug *m;* (*en voiture, bateau*) Abfahrt *f,* Abreise *f; d'un train, bateau* Abfahrt *f;* **~ précipité** überstürzter Aufbruch; **~ en vacances** Abreise in die Ferien; **les grands ~s en vacances** die Ferienreisewelle; **tableau des ~s et des arrivées** Anzeigetafel *f* für Abfahrt und Ankunft ② SPORT Start *m;* **~ en flèche** Blitzstart; **faux ~** Fehlstart; **donner le ~** das Startsignal geben ③ (*lieu*) **quai de ~ des grandes lignes** Abfahrtsgleis *nt* der Fernzüge ④ (*démission*) Rücktritt *m;* (*licenciement*) Entlassung *f;* **~ à la retraite** Pensionierung *f;* **après mon ~ du gouvernement** nach meinem Austritt aus der Regierung ⑤ (*début, origine*) Beginn *m,* Anfang *m;* **de ~** *idée* anfänglich; *point* Ausgangs-; **au ~** zu Beginn ▸ **prendre un bon/mauvais ~** *cheval:* einen guten/schlechten Start haben; *personne:* gut/schlecht anfangen; **prendre un nouveau ~ [dans la vie]** einen Neuanfang machen; **au ~ de Paris** ab Paris; **être sur le ~** im Aufbruch sein

départager [depaʀtaʒe] <2a> **I.** *vt* **~ les candidats** zwischen den Kandidaten entscheiden; **~ les bons et les mauvais** die Guten von den Schlechten trennen **II.** *vpr* **les concurrents peuvent se ~** zwischen den Konkurrenten fällt eine Entscheidung

département [depaʀtəmɑ̃] *m* ① ADMIN Departement *nt;* **~ d'outre-mer** Überseedepartement ② *d'un musée, d'une entreprise* Abteilung *f;* UNIV Fachbereich *m* ③ ADMIN, POL CH Direktion *f* (CH)

départemental(e) [depaʀtəmɑ̃tal, -o] <-aux> *adj* Departements-; **route ~e** ≈ Landstraße *f*

départir [depaʀtiʀ] <10> *vpr* **se ~ d'une idée** eine Idee aufgeben

dépassé(e) [depɑse] *adj* ① (*démodé*) überholt ② (*désorienté*) **être ~ par qc** bei etw nicht mehr mitkommen (*fam*)

dépassement [depɑsmɑ̃] *m d'un véhicule* Überholen *nt*

dépasser [depɑse] <1> **I.** *vt* ① (*doubler*) überholen ② (*aller plus loin que: à pied*) vorbeigehen an (+ *dat*); (*en véhicule*) vorbeifahren an (+ *dat*) ③ (*outrepasser*) überschreiten ④ (*aller plus loin en quantité*) überschreiten *dose;* **~ qn de dix centimètres** zehn Zentimeter größer als jd sein; **cela dépasse mes moyens** das übersteigt meine Möglichkeiten ⑤ (*surpasser*) übertreffen; **~ l'attente de qn** jds Erwartungen übertreffen ▸ **ça me/le dépasse!** das ist mir/ihm zu hoch! (*fam*) **II.** *vi* ① (*doubler*) überholen; **défense de ~!** Überholverbot! ② (*être trop haut, trop long*) *bâtiment,* *tour:* hervorragen; *vêtement:* hervorschauen; ~ **de qc** *vêtement:* unter etw (*dat*) hervorschauen **III.** *vpr* **se ~** sich selbst übertreffen

dépassionner [depasjɔne] <1> *vt* versachlichen

dépatouiller [depatuje] <1> *vpr fam* **se ~ de qc** aus etw herauskommen

D

dépaysé(e) [depeize] *adj* fremd

dépaysement [depeizmɑ̃] *m* ❶ (*désorientation*) Fremdheit *f;* (*changement*) Umstellung *f* ❷ (*changement salutaire*) [willkommene] Abwechslung

dépayser [depeize] <1> *vt* ❶ (*désorienter*) verwirren ❷ (*changer les idées*) ablenken

dépeçage [depəsaʒ] *m* Zerlegen *nt kein Pl*

dépecer [depəse] <2> *vt* zerlegen *animal*

dépêche [depɛʃ] *f* Nachricht *f*

dépêcher [depeʃe] <1> **I.** *vpr* **se ~ de faire qc** sich beeilen etw zu tun **II.** *vt form* **~ qn auprès de qn** jdn zu jdm entsenden

dépeigner [depeɲe] <1> *vt* zerzausen

dépeindre [depɛ̃dʀ] <*irr*> *vt* schildern

dépenaillé(e) [dep(ə)naje] *adj personne* zerlumpt

dépénalisation [depenalizasjɔ̃] *f* JUR Entkriminalisierung *f*

dépénaliser [depenalize] <1> *vt* JUR für straffrei erklären, entkriminalisieren

dépendance [depɑ̃dɑ̃s] *f* (*assujettissement*) Abhängigkeit *f;* **~ à l'égard de qn/qc** Abhängigkeit von jdm/etw

dépendant(e) [depɑ̃dɑ̃, ɑ̃t] *adj* abhängig; **être ~ de la drogue** drogenabhängig sein

dépendre [depɑ̃dʀ] <14> **I.** *vi* ❶ (*être sous la dépendance de*) **~ de qn/qc** von jdm/etw abhängig sein ❷ (*faire partie de*) **~ de qc** *terrain:* zu etw gehören ❸ (*relever de*) **~ de qn/qc** jdm/etw unterstehen ❹ (*être conditionné par*) **~ de qc/qn** von jdm/etw abhängen; **ça dépend** *fam* das kommt drauf an; **ça dépend du temps** das hängt vom Wetter ab **II.** *vt* (*décrocher*) abnehmen

dépens [depɑ̃] *mpl* **aux ~ de qn/qc** auf jds Kosten (*akk*)/auf Kosten einer S. (*gen*)

dépense [depɑ̃s] *f* ❶ (*frais*) Ausgabe *f;* **~s publiques** öffentliche Ausgaben; **~s de l'État** Staatsausgaben; **~ en électricité** (*consommation*) Stromverbrauch *m;* (*frais*) Stromkosten *Pl;* **engager des ~s** Unkosten haben; **faire face à des ~s** Ausgaben bestreiten; **se lancer dans de grosses ~s** sich in ungeheure Unkosten stürzen ❷ (*usage*) Aufwand *m;* **~ nerveuse** nervliche Belastung; **~ physique** körperliche Anstrengung ▶**ne pas regarder à la ~** nicht aufs Geld sehen

dépenser [depɑ̃se] <1> **I.** *vt* ❶ (*débourser*) ausgeben ❷ (*consommer*) verbrauchen *électricité, énergie* ❸ (*user*) **~ son temps à faire qc** kostbare Zeit aufwenden um etw zu machen **II.** *vpr* **se ~** sich verausgaben; *enfant:* sich austoben ▶**se ~ sans compter** sich abplagen; **se ~ sans compter pour qc** (*s'engager*) sich voll und ganz für etw einsetzen

dépensier, -ière [depɑ̃sje, -jɛʀ] **I.** *adj* verschwenderisch **II.** *m, f* Verschwender(in) *m(f)*

déperdition [depɛʀdisjɔ̃] *f* **~ d'énergie** Energieverlust *m*

dépérir [depeʀiʀ] <8> *vi personne:* dahinvegetieren; *animal:* eingehen

dépérissement [depeʀismɑ̃] *m d'une personne* Dahinsiechen *nt; d'un animal, d'une plante* Eingehen *nt; d'une entreprise* Niedergang *m;* **le ~ de la forêt** das Waldsterben

dépersonnaliser [depɛʀsɔnalize] <1> *vt* entpersönlichen

dépêtrer [depetʀe] <1> *vt fam* herausholen; **~ qn d'une situation** jdm aus der Klemme helfen

dépeuplement [depœpləmɑ̃] *m* **~ d'une région** Entvölkerung *f* einer Region

dépeupler [depœple] <1> **I.** *vt* entvölkern *pays, région* **II.** *vpr* **une ville se dépeuple** die Bevölkerung einer Stadt geht zurück

déphasé(e) [defɑze] *adj fam* **être ~** neben sich (*dat*) stehen

dépiauter [depjote] <1> *vt fam* schälen *fruit*

dépilation [depilasjɔ̃] *f* Enthaarung *f;* MED Haarausfall *m*

dépilatoire [depilatwaʀ] *adj* Enthaarungs-

dépistage [depistaʒ] *m d'un malfaiteur* Aufspüren *nt; d'une maladie* Erkennung *f;* **~ précoce** Früherkennung *f;* **~ du cancer** Krebsvorsorge *f;* **test de ~ du Sida** Aidstest *m*

dépister [depiste] <1> *vt* aufspüren *personne, animal*

dépit [depi] *m* Ärger *m;* **par ~** aus Trotz ▶**en ~ du bon sens** unsinnig, gegen den gesunden Menschenverstand

dépité(e) [depite] *adj* bitter enttäuscht

dépiter [depite] <1> *vt* ärgern

déplacé(e) [deplase] *adj intervention, présence* unpassend; *geste, propos* anstößig

déplacement [deplasmɑ̃] *m* ❶ *d'un objet*

Umstellen *nt; d'un os* Verschiebung *f* ❷ (*voyage*) [Geschäfts]reise *f;* **être en ~** unterwegs sein ❸ (*mouvement*) Bewegung *f* ❹ (*mutation*) Versetzung *f* ▶ **cela vaut le ~** dafür lohnt sich der Weg

déplacer [deplase] <2> **I.** *vt* ❶ (*changer de place*) an einen anderen Platz legen/stellen *objet;* umstellen *meuble* ❷ MED verschieben *vertèbre;* verrenken *articulation;* **~ une vertèbre à qn** jdm etw ausrenken ❸ (*muter*) versetzen *fonctionnaire* ❹ (*réinstaller*) umsiedeln *population* ❺ TECH **~ de l'air** Luft verdrängen ❻ (*éluder*) **~ une question** einer Frage ausweichen **II.** *vpr* ❶ (*être en mouvement*) **se ~** *personne, animal:* sich fortbewegen; *cyclone:* sich bewegen ❷ (*se décaler*) **se ~** (*en position debout*) zur Seite gehen; (*en position assise*) zur Seite rücken ❸ (*voyager*) **se ~** reisen; **se ~ en avion/voiture** fliegen/mit dem Auto fahren ❹ MED **se ~ une articulation** sich (*dat*) ein Gelenk verrenken

déplaire [deplɛʀ] <*irr*> **I.** *vi* (*ne pas plaire*) **~ à qn** jdm missfallen; (*irriter*) jdn verstimmen ▶ **n'en déplaise à qn** *iron* ob es jdm gefällt oder nicht **II.** *vpr* **se ~ en ville/dans un emploi** sich in der Stadt/bei einer Arbeit nicht wohl fühlen

déplaisant(e) [deplɛzɑ̃, ɑ̃t] *adj* unangenehm

déplaisir [deplezir] *m* **à mon grand ~** zu meinem großen Ärger

déplanter [deplɑ̃te] <1> *vt* ausgraben

déplâtrer [deplɑtʀe] <1> *vt* MED **~ qn/le bras de qn** jdm den Gips[verband] abnehmen/den Gips[verband] vom Arm abnehmen

dépliage [depliaʒ] *m* Auseinanderfalten *nt*

dépliant [deplijɑ̃] *m* Faltprospekt *m*

déplier [deplije] <1> **I.** *vt* auffalten *drap, vêtement;* auseinanderfalten *plan, journal;* ausstrecken *jambes* **II.** *vpr* **se ~** sich öffnen; **ce canapé peut se ~** diese Couch ist ausziehbar

déploiement [deplwamɑ̃] *m* ❶ *d'une aile* Ausbreiten *nt; d'un drapeau* Hissen *nt* ❷ *de richesses* Zurschaustellen *nt,* Zurschaustellung *f* ❸ (*dépense*) **~ d'énergie** Aufwand *m* an Energie

déplorable [deplɔʀabl] *adj effet, fin* bedauerlich

déplorer [deplɔʀe] <1> *vt* ❶ (*regretter*) bedauern ❷ (*enregistrer*) **on déplore des victimes** Opfer sind zu beklagen (*geh*)

déployer [deplwaje] <7> **I.** *vt* ❶ (*déplier*) ausbreiten *ailes, carte, drapeau;* setzen *voile* ❷ (*mettre en œuvre*) einsetzen *énergie, ingéniosité;* aufbringen *courage;* (*étaler*) zur Schau stellen *charmes, richesses* **II.** *vpr* ❶ (*se déplier*) **se ~** *ailes:* sich ausbreiten; *drapeau, tissu:* sich entfalten; *voile:* sich blähen ❷ (*se disperser*) *soldats, troupes:* ausschwärmen; *cortège:* sich auseinanderziehen

déplumé(e) [deplyme] *adj oiseau* gerupft; *fam arbre, crâne* kahl

déplumer [deplyme] <1> *vpr* **se ~** die Federn verlieren

dépoli(e) [depɔli] *adj* matt

dépolitiser [depɔlitize] <1> *vt* entpolitisieren *vie, entreprise*

dépolluant [depɔlɥɑ̃] *m Produkt oder Mittel zur Beseitigung von Umweltverschmutzung*

dépolluant(e) [depɔlɥɑ̃, ɑ̃t] *adj* wirksam gegen Umweltverschmutzung

dépolluer [depɔlɥe] <1> *vt* säubern *lieu;* sanieren *rivière, mer*

dépollution [depɔlysjɔ̃] *f* Säuberung *f; d'une rivière, de la mer* Sanierung *f*

dépopulation [depɔpylasjɔ̃] *f* Bevölkerungsrückgang *m*

déportation [depɔʀtasjɔ̃] *f* HIST Verschleppung *f,* Deportation *f,* Deportierung *f;* **en ~** im Lager

déporté(e) [depɔʀte] *m(f)* Deportierte(r) *f(m),* Zwangsverschleppte(r) *f(m)*

déporter [depɔʀte] <1> **I.** *vt* ❶ (*exiler*) deportieren; (*bannir*) verbannen ❷ (*faire dévier*) abdrängen *voiture, vélo* **II.** *vpr* AUT **se ~** ausscheren

déposant(e) [depozɑ̃, ɑ̃t] *m(f)* JUR Zeuge *m*/Zeugin *f*

déposer [depoze] <1> **I.** *vt* ❶ (*poser*) abstellen *fardeau;* niederlegen *gerbe;* abladen *ordures* ❷ (*conduire, livrer*) absetzen, abladen *ordures* ❸ (*déposer, décanter*) *crues:* ablagern *boue; vent:* tragen *sable* ❹ (*confier*) abgeben *bagages, carte de visite;* hinterlegen *lettre, document;* abgeben *paquet, colis* ❺ FIN einzahlen *argent;* hinterlegen *valeur, titre;* einreichen *chèque* ❻ (*faire enregistrer*) anmelden *brevet;* eintragen lassen *marque;* einbringen *projet de loi;* einreichen *réclamation, rapport;* **~ plainte** Anzeige erstatten ❼ (*démonter*) abmontieren *appareil;* ausbauen *moteur* ❽ (*abdiquer*) niederlegen *couronne;* **~ le pouvoir** abtreten ❾ (*destituer*) **~ qn** jdn absetzen **II.** *vi* ❶ (*témoigner*) aussagen ❷ (*laisser un dépôt*) *vin, eau:* sich setzen **III.** *vpr* **se ~** *lie, poussière:* sich absetzen

dépositaire [depozitɛʀ] *m* Verwahrer(in) *m(f); d'un secret* Mitwisser(in) *m(f)*

D

déposition [depozisjɔ̃] *f* (*témoignage*) [Zeugen]aussage *f*
déposséder [depɔsede] <5> *vt* enteignen *personne*
dépossession [depɔsesjɔ̃] *f* Enteignung *f*
dépôt [depo] *m* 1 *d'un projet de loi* Einbringen *nt; d'une plainte* Erheben *nt; d'une marque déposée* Eintragen *nt; d'un brevet* Anmeldung *f* 2 FIN *d'un chèque* Einreichen *nt; d'argent, d'espèces* Einzahlung *f*, Einzahlen *nt; de titres* Hinterlegung *f*, Hinterlegen *nt;* (*avoir*) Einlage *f;* ~ **de bilan** Konkursanmeldung *f* 3 *d'objets précieux, d'un testament* Hinterlegung *f*, Hinterlegen *nt; d'un vêtement* Abgabe *f;* **laisser qc en ~ chez qn** etw bei jdm in Verwahrung geben 4 *d'une gerbe* Niederlegung *f* 5 (*sédiment*) Ablagerung *f* 6 *d'autobus* Depot *nt;* ~ **d'ordures** Mülldeponie *f*, Kehrichtdeponie *f* (CH)
dépoter [depɔte] <1> *vt* umtopfen
dépotoir [depɔtwaʀ] *m* Müllhalde *f*
dépouillé(e) [depuje] *adj* 1 (*sobre*) karg; *style* knapp; *texte* nüchtern 2 (*exempt*) **être ~ de qc** ohne etw sein
dépouille [depuj] *f d'un animal à fourrure* Fell *nt; d'un serpent* Haut *f*
dépouillement [depujmɑ̃] *m d'un scrutin* [Aus]zählen *nt; du courrier* Durchsehen *nt*
dépouiller [depuje] <1> **I.** *vt* 1 (*ouvrir*) [aus]zählen *scrutin;* durchsehen *courrier* 2 (*dévaliser*) berauben; ~ **qn de ses biens** jdn [seiner Güter] berauben 3 (*déshabiller*) ~ **qn de ses vêtements** jdn entkleiden **II.** *vpr* 1 (*se déshabiller*) **se ~ de ses vêtements** seine Kleidung ablegen 2 (*faire don*) **se ~ de sa fortune** sein Vermögen weggeben
dépourvu(e) [depuʀvy] *adj* 1 (*privé*) **être ~ de qc** ohne etw sein; **être ~** (*être sans ressources*) mittellos sein; **être ~ de bon sens** nicht ganz bei Verstand sein (*fam*) 2 (*ne pas être équipé*) **être ~ de chauffage** keine Heizung haben ▸ **prendre qn au ~** jdn überrumpeln
dépoussiérage [depusjeʀaʒ] *m* Entstauben *nt; fig* Auffrischung *f*
dépoussiérer [depusjeʀe] <5> *vt* 1 (*nettoyer*) abstauben 2 (*rajeunir*) auffrischen
dépravation [depʀavasjɔ̃] *f* Verfall *m*
dépravé(e) [depʀave] *adj goût, personne* verdorben
dépraver [depʀave] <1> *vt* verderben *goût, personne*
dépréciation [depʀesjasjɔ̃] *f d'une marchandise* Wertminderung *f*
déprécier [depʀesje] <1a> *vt* 1 (*faire perdre de la valeur*) abwerten *monnaie;* ~ **une marchandise** den Wert einer Ware mindern 2 (*minimiser*) unterschätzen
déprédation [depʀedasjɔ̃] *f gén pl* Verwüstung *f*
dépressif, -ive [depʀesif, -iv] **I.** *adj* depressiv **II.** *m, f* Depressive(r) *f(m)*
dépression [depʀesjɔ̃] *f* 1 (*découragement*) [moralisches] Tief; PSYCH Depression *f;* **faire une ~ nerveuse** einen Nervenzusammenbruch haben 2 METEO Tief *nt* 3 ECON Konjunkturtief *nt*
dépressurisation [depʀesyʀizasjɔ̃] *f* Druckabfall *m*
dépressuriser [depʀesyʀize] <1> *vt* ~ **une cabine** den [Luft]druck in einer Kabine vermindern
déprimant(e) [depʀimɑ̃, ɑ̃t] *adj* deprimierend
déprime [depʀim] *f fam* Katzenjammer *m;* **être en pleine ~** total am Ende sein
déprimé(e) [depʀime] *adj personne* deprimiert
déprimer [depʀime] <1> **I.** *vt* (*démoraliser*) deprimieren **II.** *vi fam* deprimiert sein
déprivatisation [depʀivatizasjɔ̃] *f* Verstaatlichung *f*, Entprivatisierung *f*
déprogrammation [depʀɔgʀamasjɔ̃] *f d'une émission* Absetzung *f*
déprogrammer [depʀɔgʀame] <1> *vt* 1 MEDIA aus dem Programm nehmen *émission, spectacle* 2 INFORM umprogrammieren *robot*
dépuceler [depys(ə)le] <3> *vt fam* entjungfern
depuis [dəpɥi] **I.** *prép* 1 (*à partir de*) seit; ~ **quelle date?** seit wann?; ~ **Paris, ...** seit Paris ...; **ce concert est retransmis ~ nos studios** dieses Konzert wird aus unseren Studios übertragen; ~ **ma fenêtre** von meinem Fenster aus; **toutes les tailles ~ le 36** alle Größen ab [Größe] 36; ~ **mon plus jeune âge** seit meiner frühesten Kindheit; ~ **le début jusqu'à la fin** vom Anfang bis zum Ende; ~ **que ...** seit[dem] ... 2 (*durée, distance*) seit; ~ **longtemps** seit langem; ~ **peu** seit kurzem; ~ **10 minutes** *être parti(e)* seit 10 Minuten; **je n'ai pas été au théâtre ~ des siècles** ich war schon ewig nicht mehr im Theater; ~ **cela** seitdem **II.** *adv* seither
dépuratif [depyʀatif] *m* Blutreinigungsmittel *nt*
députation [depytasjɔ̃] *f* Entsendung *f*
député(e) [depyte] *m(f)* (*parlementaire*) Abgeordnete(r) *f(m)*
député-maire, députée-maire [depy-

temɛʀ] <députés-maires> *m, f* Abgeordnete(r) *f(m)* [in der Nationalversammlung] und Bürgermeister(in)

der [dɛʀ] *mf fam abr de* **dernier, dernière: boire le ~** einen letzten Schluck [*o* ein letztes Glas] mit jdm trinken ▸**la ~ des ~s** (*partie*) das Allerletzte

déracinement [deʀasinmɑ̃] *m* ❶ *d'un arbre, d'un peuple* Entwurzelung *f* ❷ (*élimination*) *d'un préjugé* Ausrottung *f; d'une habitude* Aufgeben *nt*

déraciner [deʀasine] <1> *vt* ❶ (*arracher*) entwurzeln *arbre, peuple;* **être déraciné** entwurzelt sein ❷ (*éliminer*) ausrotten *préjugé;* **~ une habitude** eine Gewohnheit ablegen

déraidir [deʀediʀ] <8> *vt* geschmeidig[er] machen; *fig* fügsam[er] machen *caractère*

déraillement [deʀɑjmɑ̃] *m d'un train* Entgleisung *f*

dérailler [deʀɑje] <1> *vi* ❶ (*sortir des rails*) *train:* entgleisen; **faire ~ un train** einen Zug zum Entgleisen bringen ❷ *fam* (*déraisonner*) Unsinn reden; **il déraille complètement** der spinnt total ❸ (*mal fonctionner*) *machine, appareil:* nicht richtig funktionieren

dérailleur [deʀɑjœʀ] *m* Kettenschaltung *f*

déraisonnable [deʀɛzɔnabl] *adj* unvernünftig

déraisonner [deʀɛzɔne] <1> *vi* faseln (*pej fam*)

dérangé(e) [deʀɑ̃ʒe] *adj* ❶ *fam* (*fou*) verwirrt ❷ MED **être ~** eine Magenverstimmung haben; **avoir l'intestin ~** eine Darmbeschwerden haben ❸ (*désordonné*) unaufgeräumt

dérangement [deʀɑ̃ʒmɑ̃] *m* ❶ (*gêne*) Störung *f;* **~ intestinal** Darmbeschwerden *Pl;* **excusez-moi du ~!** entschuldigen Sie die Störung!; **causer du ~ à qn** jdm Umstände bereiten ❷ (*incident technique*) **être en ~** *ligne:* gestört sein; *téléphone:* nicht richtig funktionieren

déranger [deʀɑ̃ʒe] <2a> **I.** *vt* ❶ (*gêner*) stören; aufscheuchen *animal;* **~ qn pour un service** jdn [wegen eines Gefallens] bemühen ❷ (*mettre en désordre*) in Unordnung bringen; durcheinanderbringen *objet, affaires;* zerzausen *coiffure* ❸ (*perturber*) umstoßen *projets;* **ce repas m'a dérangé l'estomac** von dem Essen habe ich eine Magenverstimmung **II.** *vi* ❶ (*arriver mal à propos*) stören ❷ (*mettre mal à l'aise*) für Unbehagen sorgen **III.** *vpr* ❶ (*se déplacer*) **se ~** sich bemühen; **se ~ pour qn** etwas für jdn tun; **je me suis dérangé pour rien** mein Gang war umsonst ❷ (*interrompre ses occupations*) **se ~ pour qn** sich (*dat*) wegen jdm Umstände machen

dérapage [deʀapaʒ] *m* AUT Schleudern *nt*

déraper [deʀape] <1> *vi* ❶ (*glisser*) ausrutschen; *semelles:* rutschen; *voiture:* ins Schleudern geraten ❷ (*dévier*) *personne:* abweichen; *conversation:* abgleiten; **~ vers la politique** *roman, discussion:* in die Politik abrutschen ❸ ECON *prix, politique économique:* außer Kontrolle geraten

dératé(e) [deʀate] *m(f)* ▸**courir comme un ~** wie ein Wilder rennen

dératisation [deʀatizasjɔ̃] *f* Rattenbekämpfung *f*

dératiser [deʀatize] <1> *vt* von Ratten befreien

dératiseur, -euse [deʀatizœʀ, -øz] *m, f* Rattenjäger(in) *m(f),* Rattenbekämpfer(in) *m(f)*

derby [dɛʀbi] *m* [Lokal]derby *nt*

derche [dɛʀʃ] *m arg* Hintern *m*

déréglé(e) [deʀegle] *adj* ❶ *estomac* verstimmt; *pouls* unregelmäßig; *appétit* gestört; **être ~** *machine, mécanisme:* nicht in Ordnung sein; *temps:* verrückt spielen (*fam*) ❷ *habitudes* unstet; *vie, existence* ausschweifend; *mœurs* unmoralisch

dérèglement [deʀɛgləmɑ̃] *m de l'appétit, d'une machine* Störung *f*

déréglementation [deʀɛgləmɑ̃tasjɔ̃] *f* Deregulierung *f*

déréglementer [deʀɛgləmɑ̃te] <1> *vt* deregulieren

dérégler [deʀegle] <5> **I.** *vt* ❶ (*déranger*) verstellen *machine;* verändern *climat;* durcheinanderbringen *appétit;* **ça a déréglé mon estomac** das hat mir den Magen verdorben ❷ (*pervertir*) verderben *mœurs* **II.** *vpr* ❶ (*mal fonctionner*) **se ~** *machine:* sich verstellen; *climat:* sich verändern ❷ (*se pervertir*) *mœurs:* verfallen

dérider [deʀide] <1> *vt* aufheitern

dérision [deʀizjɔ̃] *f* Spott *m*

dérisoire [deʀizwaʀ] *adj* lächerlich

dérivatif [deʀivatif] *m* Ablenkung *f*

dérivation [deʀivasjɔ̃] *f d'un cours d'eau, d'une route* Umleitung *f*

dérive [deʀiv] *f* ❶ *d'un avion, bateau* Abdrift *f;* GEOG Verschiebung *f; fig d'une politique* Abdriften *nt; d'une monnaie* Abgleiten *nt; de l'économie* Abflauen *nt;* **être à la ~** *bateau:* dahintreiben ❷ (*dispositif*) AVIAT Seitenleitwerk *nt;* NAUT [Haupt]schwert *nt* ▸**partir à la ~** sich treiben lassen; **à la ~** haltlos

dérivé [deʀive] *m* CHIM Derivat *nt*

dérivée [deʀive] *f* Ableitung *f*
dériver [deʀive] <1> **I.** *vt* (*détourner*) umleiten **II.** *vi* ❶ LING ~ **de qc** aus etw kommen ❷ (*s'écarter*) *barque:* abtreiben
dériveur [deʀivœʀ] *m* Sturmsegel *nt*
dermatologie [dɛʀmatɔlɔʒi] *f* Dermatologie *f*

D

dermatologue [dɛʀmatɔlɔg] *mf* Hautarzt *m*/-ärztin *f*
dermatose [dɛʀmatoz] *f* Hautkrankheit *f*
derme [dɛʀm] *m* Lederhaut *f*
dermocosmétique [dɛʀmokɔsmetik] *f* dermatologische Kosmetik *f*
dernier, -ière [dɛʀnje, -jɛʀ] **I.** *adj* ❶ *antéposé* (*ultime*) letzte(r, s); **le ~ étage** das oberste Stockwerk; **la dernière marche** (*la plus haute*) die oberste Stufe; (*la plus basse*) die unterste Stufe; **avant le 15 mai, ~ délai** bis spätestens 15. Mai; **arriver ~** (*dans une course, une réunion*) als Letzte(r) eintreffen; (*dans un classement*) Letzte(r) sein; **être ~ en classe** der/die Schlechteste in der Klasse sein; **examiner qc dans les ~s détails** etw bis ins kleinste Detail prüfen; **c'était la dernière chose à faire** das war das Schlimmste, was man machen konnte ❷ *antéposé* (*le plus récent*) letzte(r, s); *mode, nouvelle, édition* neueste(r, s); *événement* jüngste(r, s); **ces ~s temps/jours** in letzter Zeit/in den letzten Tagen; **aux dernières nouvelles** nach [den] neuesten Nachrichten; **le ~ cri** der letzte Schrei ❸ *postposé* (*antérieur*) letzte(r, s); **l'an ~ à cette époque** letztes Jahr um diese Zeit; **au siècle ~** im letzten Jahrhundert **II.** *m, f* **le ~** (*dans le temps*) der Letzte; (*pour le mérite*) der Schlechteste; **son petit ~** ihr/sein Jüngster; **c'est le ~ de mes soucis** das ist meine geringste Sorge; **habiter au ~** ganz oben wohnen; **ils ont été tués jusqu'au ~** sie sind bis auf den Letzten getötet worden; **être le ~ des imbéciles** der Letzte sein; **en ~** als Letzter ▸ **rira bien qui rira le ~** *prov* wer zuletzt lacht, lacht am besten
dernière [dɛʀnjɛʀ] *f* ❶ (*représentation*) **la ~** die Schlussvorstellung ❷ *fam* (*histoire, nouvelle*) **la ~** das Neueste
dernièrement [dɛʀnjɛʀmɑ̃] *adv* neulich
dernier-né, dernière-née [dɛʀnjene, dɛʀnjɛʀne] <derniers-nés> *m, f* Letztgeborene(r) *f(m)*; **la dernière-née des voitures Renault** der neueste Renault
dérobade [deʀɔbad] *f* Ausweichmanöver *nt*
dérobé(e) [deʀɔbe] *adj escalier, porte* Geheim-
dérobée [deʀɔbe] *f* **à la ~** heimlich
dérober [deʀɔbe] <1> *vt* (*voler*) stehlen; entlocken *secret;* rauben *baiser*
dérogation [deʀɔgasjɔ̃] *f* Ausnahme *f;* **par ~** aufgrund einer Sonderregelung
déroger [deʀɔʒe] <2a> *vi* **~ à une loi** gegen ein Gesetz verstoßen
dérouillée [deʀuje] *f pop* Haue *f kein Pl* (*fam*); **prendre une ~** Haue kriegen (*fam*)
dérouiller [deʀuje] <1> **I.** *vt* (*ôter la rouille*) entrosten **II.** *vi fam* (*recevoir une correction*) etwas einstecken müssen **III.** *vpr* **se ~ les muscles** die Muskeln spielen lassen
déroulant(e) [deʀulɑ̃, ɑ̃t] *adj* INFORM Drop-down-; **menu ~** Drop-down-Menü *nt*
déroulement [deʀulmɑ̃] *m* ❶ *d'une cérémonie* Verlauf *m; d'un crime* Ablauf *m;* **pendant le ~ du film** während der Film lief ❷ *d'un rouleau, tuyau* Abrollen *nt; d'une bobine, cassette* Abspulen *nt*
dérouler [deʀule] <1> **I.** *vt* (*dévider*) abrollen *tuyau, rouleau;* abspulen *bobine, cassette;* herablassen *store* **II.** *vpr* **se ~** ❶ (*s'écouler*) *vie, manifestation:* verlaufen; *crime, événement:* sich abspielen; *action, film:* spielen; *cérémonie, concert:* stattfinden ❷ (*se dévider*) *bobine, cassette:* sich abwickeln
déroutant(e) [deʀutɑ̃, ɑ̃t] *adj* verwirrend
déroute [deʀut] *f* Flucht *f;* (*effondrement*) Zusammenbruch *m*
dérouter [deʀute] <1> *vt* ❶ (*écarter de sa route*) umleiten ❷ (*déconcerter*) verwirren; aus dem Konzept bringen *orateur, candidat*
derrick [deʀik] *m* Bohrturm *m*
derrière [dɛʀjɛʀ] **I.** *prép* (*sans mouvement*) hinter (+ *dat*); (*avec mouvement*) hinter (+ *akk*); **être ~ qn** hinter jdm sein; (*dans un classement*) hinter jdm kommen; (*dans une compétition*) hinter jdm liegen; (*soutenir qn*) hinter jdm stehen; (*suivre qn*) hinter jdm her sein; **regarder ~ soi** sich umsehen; **avoir qn/qc ~ soi** jdn/etw hinter sich (*dat*) haben; **faire qc ~ qn** *fig* etw hinter jds Rücken (*dat*) tun; **laisser qn/qc ~ soi** (*abandonner*) jdn/etw zurücklassen; (*après la mort*) etw hinterlassen; SPORT jdn/etw hinter sich (*dat*) lassen; **de ~ qc** hinter etw (*dat*) vor; **par ~** von hinten; **par ~ qc** hinter etw (*dat*) herum; **passez par ~!** gehen Sie hinten herum! **II.** *adv* hinten; **de ~** von hinten; **là ~** da hinten; **marcher ~** am Ende gehen; **rester loin ~** weit zurückbleiben; **courir ~** hinterherlaufen **III.** *m* ❶ *d'une maison* Rücksei-

te *f;* **la porte de ~** die Hintertür; **la poche de ~ du pantalon** die Gesäßtasche ② *fam* (*postérieur*) Hintern *m* ▶ **botter le ~ à qn** jdm den Hintern versohlen (*fam*)

des[1] [de] **I.** *art déf pl contracté* **les pages ~ livres** die Seiten der Bücher; *v. a.* **de II.** *art partitif, non traduit* **je mange ~ épinards** ich esse Spinat

des[2] [de, də] <*devant adjectif* de> *art indéf pl, non traduit* **j'ai acheté ~ pommes et de beaux citrons** ich habe Äpfel und schöne Zitronen gekauft

dès [dɛ] *prép* (*à partir de*) bereits; **~ lors** (*à partir de ce moment-là*) seitdem; (*par conséquent*) infolgedessen; **~ maintenant** ab sofort; **~ que ...** sobald ...; **~ le matin ...** schon morgens ...; **~ l'époque romaine ...** schon zu Zeiten der Römer ...; **~ mon retour je ferai ...** gleich nach meiner Rückkehr werde ich ...; **~ le 14 août, ...** gleich am 14. August ...; **~ Valence** schon ab Valence; **~ le premier verre** schon nach dem ersten Glas

désabusé(e) [dezabyze] *adj expression, geste* enttäuscht

désabuser [dezabyze] <1> *vt littér* **~ qn de qc** jdm die Illusionen über etw (*akk*) nehmen

désaccord [dezakɔʀ] *m* ① (*mésentente*) Unstimmigkeit *f* ② (*divergence*) Uneinigkeit *f;* **un ~ d'idées** eine Meinungsverschiedenheit; **être en ~ avec qn/qc sur qc** mit jdm/etw in etw (*dat*) nicht einig sein ③ (*désapprobation*) Missbilligung *f* ④ (*contradiction*) Diskrepanz *f*

désaccordé(e) [dezakɔʀde] *adj* verstimmt

désaccorder [dezakɔʀde] <1> **I.** *vt* verstimmen **II.** *vpr* **se ~** sich verstimmen

désaccoutumance [dezakutymɑ̃s] *f littér* Entwöhnung *f*

désaccoutumer [dezakutyme] <1> *vt* **~ l'enfant d'une mauvaise habitude** dem Kind eine schlechte Angewohnheit abgewöhnen

désaffecté(e) [dezafɛkte] *adj église, école* geschlossen; *usine, gare* stillgelegt

désaffection [dezafɛksjɔ̃] *f* Unbeliebtheit *f*

désagréable [dezagʀeabl] *adj* unangenehm

désagréablement [dezagʀeabləmɑ̃] *adv* unangenehm

désagrégation [dezagʀegasjɔ̃] *f d'une roche* Verwitterung *f*

désagréger [dezagʀeʒe] <2a, 5> **I.** *vt* ① (*désintégrer*) zersetzen ② (*décomposer*) sprengen *groupe, parti* **II.** *vpr* **se ~** *corps chimique:* zerfallen; *roche:* verwittern; *foule:* sich auflösen

désagrément [dezagʀemɑ̃] *m* Unannehmlichkeit *f*

désaimanter [dezɛmɑ̃te] <1> *vt* TECH entmagnetisieren

désaliéner [dezaljene] <1> *vt* befreien *personne*

désaltérant(e) [dezalteʀɑ̃, ɑ̃t] *adj* durststillend

désaltérer [dezalteʀe] <5> **I.** *vt, vi* den Durst stillen **II.** *vpr* **se ~** seinen Durst stillen

désamiantage [dezamjɑ̃taʒ] *m* Asbestsanierung *f*

désamianter [dezamjɑ̃te] <1> *vt* von Asbest sanieren

désamorçage [dezamɔʀsaʒ] *m* ① *d'une arme* Sicherung *f; d'une bombe* Entschärfung *f; d'une pompe* Entwässerung *f* ② (*neutralisation*) *d'une situation* Entschärfung *f*

désamorcer [dezamɔʀse] <2> *vt* sichern *arme;* entschärfen *bombe*

désappointé(e) [dezapwɛ̃te] *adj* enttäuscht

désappointement [dezapwɛ̃tmɑ̃] *m* Enttäuschung *f*

désappointer [dezapwɛ̃te] <1> *vt* enttäuschen

désapprendre [dezapʀɑ̃dʀ] <*irr*> *vt* verlernen

désapprobateur, -trice [dezapʀɔbatœʀ, -tʀis] *adj* missbilligend

désapprobation [dezapʀɔbasjɔ̃] *f* Missbilligung *f;* **manifester sa ~** sein Missfallen zum Ausdruck bringen

désapprouver [dezapʀuve] <1> **I.** *vt* missbilligen *comportement;* ablehnen *entreprise, projet* **II.** *vi* nicht einverstanden sein

désarçonner [dezaʀsɔne] <1> *vt* aus der Fassung bringen *candidat, orateur*

désargenté(e) [dezaʀʒɑ̃te] *adj fam* **être ~** pleite/blank sein

désarmant(e) [dezaʀmɑ̃, ɑ̃t] *adj* entwaffnend

désarmé(e) [dezaʀme] *adj* ① (*privé d'armes*) *adversaire, soldat* entwaffnet; *pays* abgerüstet ② (*impuissant*) ohnmächtig ③ (*dépourvu*) entwaffnet; (*décontenancé*) fassungslos

désarmement [dezaʀməmɑ̃] *m d'une personne, population* Entwaffnung *f; d'un pays* Abrüstung *f; d'un navire* Auflegen *nt,* Abrüstung

désarmer [dezaʀme] <1> *vt* ① entwaff-

D

nen *personne;* abrüsten *pays* ❷ abtakeln, abrüsten *navire*

désarroi [dezaʀwa] *m* ❶ (*trouble*) Verwirrung *f* ❷ (*désespoir*) Verzweiflung *f*

désarticuler [dezaʀtikyle] <1> *vt* ❶ **~ l'épaule/le genou à qn** jdm die Schulter/das Knie ausrenken ❷ (*détraquer*) kaputtmachen

désassembler [dezazɑ̃ble] <1> *vt* TECH auseinandernehmen

désassorti(e) [dezasɔʀti] *adj* ungleich

désastre [dezastʀ] *m* ❶ (*catastrophe*) Katastrophe *f* ❷ (*dégât*) Schaden *m* ❸ (*échec complet*) Reinfall *m* (*fam*)

désastreux, -euse [dezastʀø, -øz] *adj* ❶ (*catastrophique*) verheerend ❷ (*nul*) miserabel

désavantage [dezavɑ̃taʒ] *m* Nachteil *m;* (*physique*) Handikap *nt;* **à son ~** zu seinen/ihren Ungunsten; *changer* zu seinem/ihrem Nachteil; **être à son ~** sich nicht von seiner besten Seite zeigen; **tourner au ~ de qn** sich gegen jdn wenden

désavantager [dezavɑ̃taʒe] <2a> *vt* **qc désavantage qn** etw benachteiligt jdn

désavantageux, -euse [dezavɑ̃taʒø, -jøz] *adj* nachteilig

désaveu [dezavø] <x> *m* (*rétractation*) Widerruf *m*

désavouer [dezavwe] <1> *vt* verleugnen *ouvrage, collaborateur;* abstreiten *paroles*

désaxé(e) [dezakse] *adj personne* gestört

désaxer [dezakse] <1> *vt* (*faire sortir de son axe*) verziehen

descendance [desɑ̃dɑ̃s] *f* ❶ (*postérité*) Nachkommenschaft *f* ❷ (*origine*) Abstammung *f*

descendant(e) [desɑ̃dɑ̃, ɑ̃t] **I.** *adj chemin* abschüssig; *gamme* absteigend **II.** *m(f)* Nachkomme *m*

descendeur, -euse [desɑ̃dœʀ, -øz] *m, f* SPORT Abfahrtsläufer(in) *m(f)*

descendre [desɑ̃dʀ] <14> **I.** *vi + être* ❶ (*par un escalier, un chemin: vu d'en haut/d'en bas*) hinuntergehen/herunterkommen; **~ à la cave/par l'escalier** in den Keller/über die Treppe hinuntergehen ❷ (*en véhicule, par l'ascenseur: vu d'en haut/d'en bas*) hinunterfahren/herunterkommen; **~ en voiture/par l'ascenseur** mit dem Auto/mit dem Aufzug herunterfahren ❸ (*opp: grimper, escalader: vu d'en haut/d'en bas*) hinunterklettern/herunterklettern ❹ (*quitter, sortir*) aussteigen; *cavalier:* absteigen; **~ du bateau** von Bord gehen; **~ de la voiture/du train** aus dem Auto/dem Zug [aus]steigen; **~ du cheval** vom Pferd steigen ❺ (*voler*) tiefer fliegen; (*pour se poser, vu d'en haut/d'en bas*) *oiseau:* hinunterfliegen; *parachutiste:* hinuntergleiten ❻ (*aller, se rendre*) **~ en ville** in die Stadt gehen/fahren ❼ (*faire irruption*) **~ dans un bar** *police, justice:* in einer Bar eine Razzia machen; *voyous:* [in] eine Bar stürmen ❽ (*loger*) **~ à l'hôtel/chez qn** im Hotel/bei jdm absteigen ❾ (*être issu de*) **~ de qn/d'une famille pauvre** von jdm abstammen/aus einer armen Familie stammen ❿ (*aller en pente*) **~ en pente douce** *route, chemin:* leicht abwärtsführen; *vignoble, terrain:* sanft abfallen ⓫ (*aller de haut en bas*) *ballon, voiture:* hinunterrollen; *avalanche:* niedergehen; **~ dans la plaine** *rivière:* in die Ebene [hinunter]fließen; *route:* in die Ebene [hinunter]führen ⓬ (*baisser*) *marée:* zurückgehen; *niveau de l'eau, prix, taux:* sinken; *baromètre, thermomètre:* fallen ⓭ MUS **~ jusqu' au mi/plus bas** *voix:* bis zum E/tiefer heruntergehen ⓮ (*atteindre*) **~ à/jusqu'à** *robe, cheveux:* bis zu etw gehen; *puits, tunnel, sous-marin:* [bis] auf etw (*akk*) hinuntergehen ▶ **~ dans la <u>rue</u>** auf die Straße gehen; **ça <u>fait</u> ~** *fam* das hilft verdauen **II.** *vt + avoir* ❶ (*se déplacer à pied: vu d'en haut*) hinuntergehen *escalier, colline;* (*vu d'en bas*) herunterkommen ❷ (*se déplacer en véhicule: vu d'en haut/d'en bas*) hinunterfahren/herunterkommen *rue, route* ❸ (*porter en bas: vu d'en haut*) hinunterbringen; (*vu d'en bas*) herunterbringen; **~ qc à la cave** etw in den Keller bringen ❹ (*baisser*) herunterlassen *stores, rideaux;* tiefer hängen *tableau, étagère* ❺ *fam* (*déposer*) **~ qn à l'école** jdn an der Schule aussteigen lassen ❻ *fam* (*abattre*) herunterholen *avion;* abknallen *personne* ❼ *fam* (*critiquer*) verreißen *film, auteur* ❽ *fam* (*boire*) herunterkippen; (*manger*) verputzen ❾ MUS **~ la gamme** *chanteur:* die Tonleiter abwärtssingen; *joueur:* die Tonleiter abwärtsspielen ▶ **~ en <u>flammes</u>** *fam* niedermachen

descente [desɑ̃t] *f* ❶ *d'une pente* (*à pied, en escalade*) Abstieg *m;* (*en voiture, à ski*) Abfahrt *f; d'un fleuve* Fahrt *f* stromabwärts ❷ AVIAT Landung *f* ❸ (*arrivée*) **à la ~ d'avion/de bateau** bei der Ankunft im Flughafen/Hafen; **accueillir qn à la ~ de l'avion/du train** jdn am Flughafen/auf dem Bahnsteig begrüßen ❹ (*action de descendre au fond de*) **~ dans qc** Hinuntersteigen *nt* in etw (*akk*) ❺ (*attaque brusque*) **une ~ de police** eine Polizeikontrolle; **faire une ~ dans un bar** *fam* eine

Razzia in einer Bar machen ⑥ (*pente*) Gefälle *nt;* **dans la ~/les ~s** auf abfallender Strecke ⑦ (*action de porter en bas, déposer: vu d'en haut*) Hinunterbringen *nt,* Hinuntertragen *nt;* (*vu d'en bas*) Herunterholen *nt,* Heruntertragen *nt* ▶**~ aux enfers** Höllenfahrt *f;* **avoir une bonne ~** *fam* einen ordentlichen Schluck vertragen können

descriptif [dɛskʀiptif] *m* Beschreibung *f*

descriptif, -ive [dɛskʀiptif, -iv] *adj* beschreibend; *musique* tonmalerisch

description [dɛskʀipsjɔ̃] *f* Beschreibung *f; d'un événement* Schilderung *f*

désembourber [dezɑ̃buʀbe] <1> *vt* aus dem Schlamm ziehen

désembuer [dezɑ̃bɥe] <1> *vt* frei machen *vitre*

désemparé(e) [dezɑ̃paʀe] *adj personne* hilflos

désemparer [dezɑ̃paʀe] <1> ▶**sans ~** unablässig

désemplir [dezɑ̃pliʀ] <8> *vi* **ne pas ~** immer voll sein

désenchanté(e) [dezɑ̃ʃɑ̃te] *adj* ernüchtert

désenclavement [dezɑ̃klavmɑ̃] *m* [Verkehrs]anschluss *m*

désenclaver [dezɑ̃klave] <1> *vt* mit der Außenwelt verbinden *région, ville*

désencombrer [dezɑ̃kɔ̃bʀe] <1> *vt* **~ une route/voie de qc** eine Straße/Spur von etw räumen

désencrasser [dezɑ̃kʀase] <1> *vt* reinigen, säubern

désendettement [dezɑ̃dɛtmɑ̃] *m* Entschuldung *f*

désendetter [dezɑ̃dete] <1> *vpr* **se ~** seine Schulden tilgen

désenfler [dezɑ̃fle] <1> **I.** *vt* zum Abschwellen bringen **II.** *vi* abschwellen **III.** *vpr* **se ~** abschwellen

désengagement [dezɑ̃gaʒmɑ̃] *m* Disengagement *nt*

désengager [dezɑ̃gaʒe] <2a> *vpr* **se ~** sich zurückziehen

désengorger [dezɑ̃gɔʀʒe] <2a> *vt* wieder frei machen

désensabler [dezɑ̃sɑble] <1> *vt* aus dem Sand befreien *bateau, voiture;* vom Sand befreien *chenal*

désensibilisation [desɑ̃sibilizasjɔ̃] *f* **~ [à qc]** Desensibilisierung *f* [gegen etw]

désensibiliser [desɑ̃sibilize] <1> *vt* desensibilisieren

désensorceler [dezɑ̃sɔʀsəle] <3> *vt a. fig* entzaubern *personne*

désentortiller [dezɑ̃tɔʀtije] <1> *vt* auswickeln *bonbon*

déséquilibre [dezekilibʀ] *m* ① *des forces, valeurs* Ungleichgewicht *nt; d'une construction, d'une personne* mangelndes Gleichgewicht; **~ entre l'offre et la demande** Missverhältnis *nt* zwischen Angebot und Nachfrage; **être en ~** *personne, objet:* wackelig sein; **créer un ~** das Gleichgewicht stören ② PSYCH **~ mental** psychische Störungen *Pl*

déséquilibré(e) [dezekilibʀe] **I.** *adj personne* unausgeglichen; PSYCH psychisch gestört; *balance* unausgeglichen; *quantités* nicht ausgewogen **II.** *m(f)* (*personne*) psychisch Gestörte(r) *f(m)*

déséquilibrer [dezekilibʀe] <1> *vt* aus dem Gleichgewicht bringen *personne, objet*

désert [dezɛʀ] *m* ① GEOG Wüste *f* ② (*lieu dépeuplé*) Einöde *f,* Einschicht *f* (A) ▶**prêcher dans le ~** tauben Ohren predigen

désert(e) [dezɛʀ, ɛʀt] *adj* ① (*sans habitant*) unbewohnt; *île, maison* verlassen ② (*peu fréquenté*) menschenleer

déserter [dezɛʀte] <1> **I.** *vt* ① (*quitter*) verlassen *lieu, son poste* ② (*abandonner, renier*) verraten *cause;* austreten aus (+ *dat*) *syndicat, parti;* nicht teilnehmen an (+ *dat*) *réunions* **II.** *vi* MIL desertieren

déserteur [dezɛʀtœʀ] **I.** *m* MIL Deserteur *m* **II.** *adj* desertiert

désertification [dezɛʀtifikasjɔ̃] *f* GEOG Versteppung *f*

désertifier [dezɛʀtifje] <1a> *vpr* **se ~** ① GEOG versteppen ② ECON *région, pays:* veröden

désertion [dezɛʀsjɔ̃] *f* MIL Fahnenflucht *f*

désertique [dezɛʀtik] *adj climat, plante* Wüsten-; *région* öde

désespérant(e) [dezɛspeʀɑ̃, ɑ̃t] *adj* (*décourageant*) **être ~** *notes, comportement:* zum Verzweifeln sein

désespéré(e) [dezɛspeʀe] **I.** *adj* verzweifelt; *cas* hoffnungslos; *situation* ausweglos **II.** *m(f)* Verzweifelte(r) *f(m)*

désespérément [dezɛspeʀemɑ̃] *adv appeler, lutter* verzweifelt

désespérer [dezɛspeʀe] <5> **I.** *vi* verzweifeln; **~ de qc** die Hoffnung auf etw (*akk*) aufgeben; **c'est à ~** es ist zum Verzweifeln **II.** *vt* ① (*affliger*) verzweifeln lassen ② (*décourager*) zur Verzweiflung bringen **III.** *vpr* **se ~** verzweifeln

désespoir [dezɛspwaʀ] *m* ① (*perte ou absence d'espoir*) Hoffnungslosigkeit *f* ② (*détresse, désespérance*) Verzweiflung *f;* **faire le ~ de qn** jdn zur Verzweif-

D

lung bringen ►**en ~ de cause** in letzter Verzweiflung

déshabillage [dezabijaʒ] *m* Ausziehen *nt*

déshabillé [dezabije] *m* (*vêtement*) Negligé *nt*

déshabillé(e) [dezabije] *adj* ausgezogen; *scène, séquence* Nackt-

déshabiller [dezabije] <1> **I.** *vt* ausziehen *personne* **II.** *vpr* **se ~** ① (*se dévêtir*) sich ausziehen ② (*se mettre à l'aise*) ablegen

déshabituer [dezabitɥe] <1> **I.** *vt* **~ qn de qc** jdm etw abgewöhnen **II.** *vpr* **se ~ de qc** sich (*dat*) etw abgewöhnen

désherbage [dezɛʀbaʒ] *m* Unkrautjäten *nt*

désherbant [dezɛʀbɑ̃] *m* Unkrautvertilgungsmittel *nt*

désherber [dezɛʀbe] <1> *vi* Unkraut jäten

déshérité(e) [dezeʀite] **I.** *adj* ① (*privé d'héritage*) enterbt ② (*désavantagé*) benachteiligt **II.** *mpl* **les ~s** die Armen

déshériter [dezeʀite] <1> *vt* ① JUR enterben ② (*priver d'avantages*) benachteiligen

déshonneur [dezɔnœʀ] *m* Schande *f*

déshonorant(e) [dezɔnɔʀɑ̃, ɑ̃t] *adj conduite, trafic* unehrenhaft; *échec, accusation* entehrend

déshonorer [dezɔnɔʀe] <1> **I.** *vt* ① (*porter atteinte à l'honneur de*) Schande bringen über (+ *akk*) *famille;* in Misskredit bringen *profession;* entehren *femme* ② (*défigurer*) verunstalten *monument, paysage* **II.** *vpr* **se ~** seine Ehre verlieren

déshumaniser [dezymanize] <1> *vt* entmenschlichen

déshydratation [dezidʀatasjɔ̃] *f* MED Wasserverlust *m;* TECH Wasserentzug *m,* Dehydratation *nt* (*Fachspr.*)

déshydraté(e) [dezidʀate] *adj* ① (*qui manque d'eau*) ausgetrocknet ② *fam* (*assoiffé*) am Verdursten

déshydrater [dezidʀate] <1> **I.** *vt* ① MED austrocknen ② TECH dehydratisieren *légumes, lait* **II.** *vpr* **se ~** Flüssigkeit verlieren

desiderata [dezideʀata] *mpl* Wünsche *Pl*

design [dezajn] *m* Design *nt*

désignation [deziɲasjɔ̃] *f* Bezeichnung *f*

designer[1] [dizajnœʀ, dezajnœʀ] *mf* Designer(in) *m(f)*

designer[2] [dizajne] <1> *vt* designen *chaise, produit*

désigner [deziɲe] <1> *vt* ① (*montrer, indiquer*) **~ qn/qc** auf jdn/etw hinweisen; **~ qn/qc du doigt** mit dem Finger auf jdn/etw zeigen ② (*signaler*) **~ qn à l'attention de qn** jds Aufmerksamkeit auf jdn lenken ③ (*choisir*) **~ qn comme qc** jdn zu etw ernennen ④ (*qualifier*) **être tout désigné pour qc** besonders geeignet sein für etw ⑤ (*dénommer*) **~ qn par son nom** jdn beim Namen nennen; **~ qc sous qc** etw mit etw bezeichnen

désillusion [dezi(l)lyzjɔ̃] *f* Enttäuschung *f*

désillusionner [dezi(l)lyzjɔne] <1> *vt* **~ qn** jdn enttäuschen

désincarcération [dezɛ̃kaʀseʀasjɔ̃] *f* Befreiung *f;* **matériel de ~** Schneidgerät *nt*

désincarné(e) [dezɛ̃kaʀne] *adj fig doctrine* wirklichkeitsfremd

désincruster [dezɛ̃kʀyste] <1> *vt* ① TECH **~ qc** den Kesselstein aus etw entfernen ② (*nettoyer*) porentief reinigen *peau*

désindustrialisation [dezɛ̃dystʀijalizasjɔ̃] *f* ECON Deindustrialisierung *f*

désinence [dezinɑ̃s] *f* Endung *f*

désinfectant [dezɛ̃fɛktɑ̃] *m* Desinfektionsmittel *nt*

désinfectant(e) [dezɛ̃fɛktɑ̃, ɑ̃t] *adj* desinfizierend

désinfecter [dezɛ̃fɛkte] <1> *vt* desinfizieren

désinfection [dezɛ̃fɛksjɔ̃] *f* Desinfektion *f*

désinflation [dezɛ̃flasjɔ̃] *f* Rückgang *m* der Inflation

désinformation [dezɛ̃fɔʀmasjɔ̃] *f* Desinformation *f*

désinformer [dezɛ̃fɔʀme] <1> *vt* desinformieren

désinsectiser [dezɛ̃sɛktize] <1> *vt* von Ungeziefer befreien

désinstaller [dezɛ̃stale] <1> *vt* INFORM deinstallieren *programme*

désintégration [dezɛ̃tegʀasjɔ̃] *f* ① *d'une famille* Auflösung *f; d'un parti* Zerfall *m* ② GEOL Verwitterung *f* ③ PHYS *d'une matière* Zerfall *m*

désintégrer [dezɛ̃tegʀe] <5> **I.** *vt* ① *fig* auflösen *famille, parti* ② GEOL verwittern lassen ③ PHYS spalten **II.** *vpr* **se ~** ① (*se désagréger*) *parti:* zerfallen; *famille, équipe:* sich auflösen ② GEOL verwittern ③ PHYS sich spalten

désintéressé(e) [dezɛ̃teʀese] *adj* ① *personne, acte, attitude* uneigennützig ② *esprit, jugement* unvoreingenommen

désintéressement [dezɛ̃teʀɛsmɑ̃] *m* ① Selbstlosigkeit *f,* Uneigennützigkeit *f;* **avec ~** selbstlos ② (*dédommagement*) Abfindung *f*

désintéresser [dezɛ̃teʀese] <1> **I.** *vt* (*dédommager*) **~ qn** jdm eine Abfindung zahlen **II.** *vpr* **se ~ de qn/qc** das Interesse an jdm/etw verlieren

désintérêt [dezɛ̃teʀɛ] *m* Desinteresse *nt;* **son ~ pour qc** sein/ihr Desinteresse an etw (*dat*)

désintoxication [dezɛ̃tɔksikasjɔ̃] *f* MED Entgiftung *f; d'un drogué, alcoolique* Entwöhnung *f*

désintoxiquer [dezɛ̃tɔksike] <1> **I.** *vt* ① MED entwöhnen *drogué, alcoolique;* **se faire ~** sich einer Entziehungskur unterziehen ② (*purifier l'organisme*) entgiften *citadin, fumeur;* **~ de la propagande publicitaire** *fig* von der Werbepropaganda befreien **II.** *vpr* **se ~** ① MED *alcoolique, toxicomane:* eine Entziehungskur machen ② (*s'oxygéner*) Sauerstoff tanken (*fam*)

désinvolte [dezɛ̃vɔlt] *adj mouvement, attitude* ungezwungen

désinvolture [dezɛ̃vɔltyʀ] *f* Ungezwungenheit *f*

désir [deziʀ] *m* ① (*souhait*) Wunsch *m;* **~ de qc** Wunsch nach etw; **vos ~s sont des ordres** *hum* Ihr Wunsch sei mir Befehl ② (*appétit sexuel*) Verlangen *nt*

désirable [deziʀabl] *adj* ① (*souhaitable*) wünschenswert ② (*excitant*) begehrenswert

désirer [deziʀe] <1> *vt* ① (*souhaiter*) wünschen; **je désire/désirerais un café** ich möchte [gerne] einen Kaffee [haben]; **désirer qc** [sich] etw wünschen/haben wollen ② (*convoiter*) begehren ▶ **se faire ~** auf sich warten lassen; **laisser à ~** zu wünschen übrig lassen

désireux, -euse [deziʀø, -øz] *adj* **être ~ de qc** nach etw streben

désistement [dezistəmɑ̃] *m* POL Rücktritt *m*

désister [deziste] <1> *vpr* **se ~** POL zurücktreten

désobéir [dezɔbeiʀ] <8> *vi* **~ à qn** jdm nicht gehorchen; *soldat:* jds Befehl verweigern; **~ à la loi** das Gesetz nicht beachten; **~ à un ordre** sich einem Befehl widersetzen

désobéissance [dezɔbeisɑ̃s] *f* **~ à qn** Ungehorsam *m* gegenüber jdm; **~ à un ordre/une loi** Nichtbeachtung *f* eines Befehls/eines Gesetzes; **~ civile** ziviler Ungehorsam *m*

désobéissant(e) [dezɔbeisɑ̃, ɑ̃t] *adj* ungehorsam

désobligeant(e) [dezɔbliʒɑ̃, ʒɑ̃t] *adj attitude, propos* unfreundlich

désodorisant [dezɔdɔʀizɑ̃] *m* De[s]odorant *nt*

désodorisant(e) [dezɔdɔʀizɑ̃, ɑ̃t] *adj* desodorierend

désodoriser [dezɔdɔʀize] <1> *vt* **~ le couloir** den unangenehmen Geruch im Korridor beseitigen

désœuvré(e) [dezœvʀe] *adj* untätig

désœuvrement [dezœvʀəmɑ̃] *m* Untätigkeit *f*

D

désolant(e) [dezɔlɑ̃, ɑ̃t] *adj spectacle, nouvelle* traurig

désolation [dezɔlasjɔ̃] *f* Trostlosigkeit *f*

désolé(e) [dezɔle] *adj* ① (*éploré*) untröstlich ② (*navré*) **je suis vraiment ~** es tut mir wirklich leid ③ (*désert et triste*) trostlos

désoler [dezɔle] <1> *vt* traurig machen, betrüben

désolidariser [desɔlidaʀize] <1> *vpr* **se ~ de qn/qc** sich von jdm/etw distanzieren

désopilant(e) [dezɔpilɑ̃, ɑ̃t] *adj* wahnsinnig lustig

désordonné(e) [dezɔʀdɔne] *adj* ① (*qui manque d'ordre*) unordentlich; *maison, pièce* unaufgeräumt ② (*qui manque d'organisation*) chaotisch ③ (*incontrôlé*) unkontrolliert; *élans* unkoordiniert; *fuite, combat* ungeordnet

désordre [dezɔʀdʀ] *m* ① *sans pl d'une personne, d'un lieu* Unordnung *f;* **le Tiercé dans le ~** die Dreierwette in beliebiger Reihenfolge ② *de l'esprit, des idées* Durcheinander *nt* ③ (*absence de discipline*) Unruhe *f;* **semer le ~** Unruhe verbreiten ④ *gén pl* POL Unruhen *Pl*

désorganisation [dezɔʀganizasjɔ̃] *f* Desorganisation *f*

désorganiser [dezɔʀganize] <1> *vt* durcheinanderbringen *service, projets*

désorienté(e) [dezɔʀjɑ̃te] *adj* verwirrt

désorienter [dezɔʀjɑ̃te] <1> *vt* ① (*égarer*) verwirren *personne;* vom Kurs abbringen *avion;* **être désorienté** die Orientierung verlieren ② (*déconcerter*) verunsichern

désormais [dezɔʀmɛ] *adv* von nun an

désosser [dezɔse] <1> *vt* GASTR vom Knochen lösen *viande*

despote [dɛspɔt] **I.** *adj* despotisch **II.** *m a. fig* Despot *m*

despotique [dɛspɔtik] *adj* despotisch; **souverain ~** Gewaltherrscher *m*

despotisme [dɛspɔtism] *m* ① POL Despotismus *m,* Gewaltherrschaft *f* ② (*volonté tyrannique*) Tyrannei *f*

desquamer [dɛskwame] <1> **I.** *vt* von abgestorbenen Schuppen befreien **II.** *vi* *peau:* sich schälen **III.** *vpr* **se ~** [sich] [ab]schuppen, abschilfern

desquels, desquelles [dekɛl] *pron v.* **lequel**

D.E.S.S. [deøɛsɛs] *m abr de* **diplôme d'études supérieures spécialisées** *Abschlussexamen eines Aufbaustudienganges*

dessaisir [desezir] <8> *vpr* **se ~ de qc** etw abgeben

dessaler [desale] <1> *vt* entsalzen

dessaouler [desule] <1> *v.* **dessoûler**

dessèchement [desɛʃmɑ̃] *m de la peau, du sol* Austrocknung *f*

dessécher [deseʃe] <1> **I.** *vt* ① (*rendre sec*) austrocknen *terre, peau, bouche;* verdorren lassen *végétation;* trocknen *plantes;* dörren *fruits;* **mes lèvres sont desséchées** ich habe trockene Lippen ② (*rendre maigre*) auszehren *personne, corps* ③ (*rendre insensible*) abstumpfen *personne* **II.** *vpr* **se ~** ① (*devenir sec*) *bouche, lèvres:* trocken werden; *terre, peau:* austrocknen; *végétation:* verdorren ② (*maigrir*) dürr werden ③ (*devenir insensible*) abstumpfen

dessein [desɛ̃] *m littér* Plan *m,* Absicht *f*

desseller [desele] <1> *vt* absatteln

desserrage [deseraʒ] *m* Lockern *nt; d'un écrou* Losschrauben *nt; d'un frein* Lösen *nt*

desserré(e) [desere] *adj vis, nœud, lacet* locker; *ceinture, cravate* gelockert; *frein* gelöst; *col* offen

desserrer [desere] <1> **I.** *vt* ① (*dévisser*) lockern ② (*relâcher*) lockern *étau, cravate;* weiter machen *ceinture;* lösen *frein à main* ③ (*écarter*) öffnen *poing* **II.** *vpr* **se ~** *vis, étau, nœud:* sich lockern; *frein à main:* sich lösen; *personnes:* auseinanderrücken; *rangs:* sich auflösen

dessert [desɛr] *m* (*mets, moment*) Nachtisch *m,* Dessert *nt;* **au ~** beim Nachtisch

desserte [desɛrt] *f* ① (*meuble*) Serviertisch *m* ② TRANSP **~ de qc** [Verkehrs]verbindung *f* zu etw; **~ aérienne/postale** Luftverbindung *f*/Lieferung *f* der Postsendungen

desservir [desɛrvir] <irr> *vt* ① (*débarrasser*) abräumen *table* ② (*nuire à*) **~ qn/qc** jdm/einer S. schaden ③ TRANSP *bus, train:* anfahren; *compagnie aérienne:* anfliegen; *bateau:* anlaufen; *ligne, autoroute, voie ferrée:* nach etw führen; **le train dessert cette gare/ce village** der Zug hält an diesem Bahnhof/in diesem Dorf; **être desservi par qc** Anschluss *m* an etw (*akk*) haben

dessin [desɛ̃] *m* ① (*image*) Zeichnung *f;* **~[s] animé[s]** Zeichentrickfilm *m* ② (*activité*) Zeichnen *nt* ③ (*motif*) Muster *nt* ④ *du visage* Züge *Pl; des veines* Verlauf *m* ►**il faut te/vous faire un ~?** *fam* brauchst du/braucht ihr eine Extraerklärung?

dessinateur, -trice [desinatœr, -tris] *m, f* ① ART Zeichner(in) *m(f)* ② IND Designer(in) *m(f)*

dessiner [desine] <1> **I.** *vi* **~ au crayon** mit dem Bleistift zeichnen **II.** *vt* ① ART zeichnen; **~ qn/qc** jdn/etw zeichnen/malen ② TECH zeichnen *plan d'une maison;* entwerfen *meuble, véhicule;* gestalten *jardin* ③ (*souligner*) betonen *contours, formes* ④ (*former*) beschreiben *courbe, virages*

dessouder [desude] <1> **I.** *vt* **~ qc** die Schweißnaht von etw lösen **II.** *vpr* **se ~** sich lösen

dessoûler [desule] <1> *vi* nüchtern werden, ausnüchtern

dessous [d(ə)su] **I.** *adv* ① (*sous*) d[a]runter ② *fig* **agir [par] en ~** heimlich vorgehen **II.** *prép* ① (*sous*) **en ~ de qc** unterhalb einer S. (*gen*), unter etw (*dat*); **d'en ~** *fam voisin, appartement* von unten; **habiter en ~ de chez qn** unter jdm wohnen ② (*plus bas que*) **en ~ de qc** unter einer S. (*dat*); **être en ~ de tout** *personne:* miserabel sein; *travail, comportement:* unter aller Kritik sein **III.** *m* ① *d'une assiette, langue* Unterseite *f; d'une étoffe* linke Seite; *des pieds, chaussures* Sohle *f;* **le voisin/l'étage du ~** der Nachbar von unten/die untere Etage ② *pl* TEXTIL Dessous *Pl,* [Damen]unterwäsche *f* ③ *pl d'une affaire, de la politique* Hintergründe *Pl*

dessous-de-plat [d(ə)sud(ə)pla] *m inv* [Schüssel]untersetzer *m* **dessous-de-table** [d(ə)sud(ə)tabl] *m inv* Schmiergeld *nt*

dessus [d(ə)sy] **I.** *adv* (*sur qn/qc*) darauf; **mettre ~** darauf stellen/darauf legen; **elle lui a tapé/tiré ~** sie hat auf ihn eingeschlagen/geschossen **II.** *prép* **enlever de ~ qc** von etw herunternehmen **III.** *m de la tête, du pied* Oberseite *f;* **le voisin/l'étage du ~** der Nachbar von oben/die obere Etage ►**avoir le ~** überlegen sein; **prendre/reprendre le ~** sich [wieder] fangen; (*après une maladie*) [wieder] auf die Beine kommen

dessus-de-lit [d(ə)syd(ə)li] *m inv* Tagesdecke *f* **dessus-de-plat** [d(ə)syd(ə)pla] *m inv* Deckel *m*

déstabilisant(e) [destabilizɑ̃, ɑ̃t] *adj,*

déstabilisateur, -trice [destabilizatœʀ, -tʀis] *adj* destabilisierend
déstabilisation [destabilizasjɔ̃] *f* Destabilisierung *f*
déstabiliser [destabilize] <1> *vt* destabilisieren *Etat, économie;* verunsichern *personne*
destin [dɛstɛ̃] *m* Schicksal *nt*
destinataire [dɛstinatɛʀ] *mf* Empfänger(in) *m(f); d'un mandat* Zahlungsempfänger
destination [dɛstinasjɔ̃] *f* ❶ (*lieu*) Ziel *nt; d'une lettre* Bestimmungsort *m;* **arriver à ~** am Ziel ankommen; **le train/les voyageurs à ~ de Hambourg** der Zug/die Reisenden nach Hamburg ❷ *d'un édifice, d'une personne* Bestimmung *f; d'une somme, d'un appareil* Verwendungszweck *m*
destinée [dɛstine] *f* Schicksal *nt*
destiner [dɛstine] <1> **I.** *vt* ❶ (*réserver à, attribuer*) **~ un poste à qn** eine Stelle für jdn vorsehen; **être destiné à qn** *fortune, emploi, ballon:* für jdn bestimmt sein; *livre:* für jdn bestimmt sein; *remarque, allusion:* sich an jdn richten ❷ (*prévoir un usage*) **~ un local à qc** ein Lokal für etw bestimmen ❸ (*vouer*) **~ qn à être avocat/son successeur** jdn dazu ausersehen Anwalt/sein Nachfolger zu werden **II.** *vpr* **se ~ à la politique** sich der Politik verschreiben; **se ~ à faire qc** [fest] vorhaben, etw zu tun
destituer [dɛstitɥe] <1> *vt* jdn absetzen *ministre, souverain;* jdn entlassen *fonctionnaire;* jdm den Abschied geben *officier;* **~ qn de ses fonctions** jdn seines Amtes entheben
destitution [dɛstitysjɔ̃] *f* Absetzung *f; d'un fonctionnaire* [Dienst]entlassung *f; d'un ministre* Amtsenthebung *f*
déstockage [destɔkaʒ] *m* Lagerräumung *f*
déstresser [destʀese] <1> **I.** *vi fam* entstressen **II.** *vpr* **se ~** Stress abbauen
destroy [dɛstʀɔj] *adj inv fam* total fertig
destroyer [dɛstʀwaje] *m* MIL, NAUT Zerstörer *m*
destructeur, -trice [dɛstʀyktœʀ, -tʀis] **I.** *adj critique, idée* destruktiv; *action, feu, guerre* zerstörerisch; *fléau* verheerend **II.** *m, f* (*personne*) Zerstörer(in) *m(f)*
destructif, -ive [dɛstʀyktif, -iv] *adj* destruktiv
destruction [dɛstʀyksjɔ̃] *f* ❶ *d'un immeuble, d'un objet* Zerstörung *f; d'archives, de preuves* Vernichtung *f* ❷ *d'un peuple* Vernichtung *f; de rats, d'insectes* Vertilgung *f* ❸ *des tissus organiques* Zerstörung *f*
déstructurer [destʀyktyʀe] <1> *vt* **~ qc** die Struktur einer S. (*gen*) auflösen
désuet, -ète [dezɥɛ, -ɛt] *adj coutume, vêtement* altmodisch
désuétude [dezɥetyd] *f* **tomber en ~** *expression:* außer Gebrauch kommen
désuni(e) [dezyni] *adj* zerstritten
désunion [dezynjɔ̃] *f d'un parti, d'une famille* Uneinigkeit *f*
désunir [dezyniʀ] <8> *vt* auseinanderbringen *couple;* entzweien *famille, équipe*
détachable [detaʃabl] *adj partie, capuche* abtrennbar; *feuilles* abreißbar
détachage [detaʃaʒ] *m* Reinigung *f*
détachant [detaʃɑ̃] *m* Fleckentferner *m*
détaché(e) [detaʃe] *adj air, œil* gleichgültig
détachement [detaʃmɑ̃] *m* Gleichgültigkeit *f*
détacher[1] [detaʃe] <1> **I.** *vt* ❶ (*délier, libérer*) losmachen *prisonnier, chien;* (*en enlevant un lien*) losbinden *prisonnier, chien* ❷ (*défaire*) lösen *cheveux, nœud;* aufmachen *lacet, ceinture* ❸ (*arracher, retirer*) ablösen *timbre;* abreißen *feuille, pétale* ❹ ADMIN **~ qn à Paris/en province** jdn einstweilig nach Paris/in die Provinz versetzen ❺ (*ne pas lier*) voneinander absetzen *lettres, notes* ❻ (*détourner*) **être détaché de qn/qc** sich von jdm/etw gelöst haben **II.** *vpr* ❶ (*se libérer*) **se ~** sich befreien ❷ (*se séparer*) **se ~ de qc** *bateau, satellite:* sich von etw trennen; (*par accident*) sich von etw lösen ❸ (*se défaire*) **se ~** *chaîne, lacet:* aufgehen ❹ (*prendre ses distances*) **se ~ de qn** sich [gefühlsmäßig] von jdm lösen; **se ~ de qc** sich nicht mehr für etw interessieren
détacher[2] [detaʃe] <1> *vt* **~ qc** etw reinigen
détail [detaj] <s> *m* ❶ *d'une description, d'un récit* Einzelheit *f*, Detail *nt; d'un tableau* Ausschnitt *m;* **dans les moindres ~s** bis ins kleinste Detail ❷ *sans pl des dépenses, d'un compte* detaillierte Aufstellung ❸ *sans pl* COM **commerce de ~** Einzelhandel *m;* **vente au ~** Verkauf *m* im Einzelhandel ❹ (*accessoire*) Nebensache *f;* **à un ~ près** bis auf eine Kleinigkeit
détaillant(e) [detajɑ̃, jɑ̃t] *m(f)* Einzelhändler(in) *m(f)*
détaillé(e) [detaje] *adj explications, récit* ausführlich; *plan* detailliert
détailler [detaje] <1> *vt* ❶ COM einzeln verkaufen *articles;* in kleineren Mengen

D

verkaufen *marchandise* ❷ (*couper en morceaux*) in [Einzel]stücke schneiden *tissu* ❸ (*faire le détail de*) ausführlich erörtern *plan, histoire, raisons* ❹ (*énumérer*) einzeln aufführen *défauts, points*

détaler [detale] <1> *vi fam* sich aus dem Staub machen

détartrage [detaʀtʀaʒ] *m* Entkalkung *f;* ~ **des dents** Entfernung *f* des Zahnsteins

détartrant [detaʀtʀɑ̃] *m* Entkalker *m*

détartrer [detaʀtʀe] <1> *vt* entkalken *chaudière, conduit*

détaxe [detaks] *f* Steuerermäßigung *f*

détaxer [detakse] <1> *vt* ~ **qc** (*exonérer*) die Steuern für etw aufheben; (*réduire*) die Steuern für etw senken; **être détaxé(e)** steuerfrei/steuerermäßigt sein

détecter [detɛkte] <1> *vt* aufspüren *objets cachés, personne;* ausfindig machen *fuite de gaz, mines;* aufdecken *erreur, mensonge;* AVIAT, NAUT orten *avion, bateau*

détecteur [detɛktœʀ] *m* ~ **de fumée** Rauchmelder *m*

détection [detɛksjɔ̃] *f* Auffinden *nt;* (*par radar*) Ortung *f*

détective [detɛktiv] *mf* Detektiv(in) *m(f)*

déteindre [detɛ̃dʀ] <*irr*> *vi* die Farbe verlieren; ~ **sur qc** auf etw (*akk*) abfärben

dételer [det(ə)le] <3> *vt* ausspannen *bœuf, cheval*

détendre [detɑ̃dʀ] <14> **I.** *vt* (*relâcher*) lockern *arc, ressort, corde;* entspannen *muscle, situation;* auflockern *atmosphère* **II.** *vpr* **se** ~ (*se relâcher*) *ressort:* sich lockern; *arc, corde:* an Spannung verlieren; *muscle, personne, situation:* sich entspannen; *atmosphère:* sich auflockern

détendu(e) [detɑ̃dy] *adj* entspannt; *corde, ressort* locker

détenir [det(ə)niʀ] <9> *vt* ❶ (*posséder*) besitzen *objet, pouvoir;* im Besitz einer S. (*gen*) sein *objets volés, document;* innehaben *poste, position;* verfügen über (+ *akk*) *preuve, majorité, secret;* halten *record, titre* ❷ (*retenir prisonnier*) gefangen halten

détente [detɑ̃t] *f* (*relâchement*) Entspannung *f* ▶ **être dur à la** ~ *fam* (*être lent à réagir*) eine lange Leitung haben

détenteur, -trice [detɑ̃tœʀ, -tʀis] *m, f d'un objet, d'un document* Besitzer(in) *m(f); d'un compte, d'un brevet* Inhaber(in) *m(f);* ~ **du pouvoir/du titre/du record** Machthaber *m*/Titelträger *m*/Rekordhalter *m*

détention [detɑ̃sjɔ̃] *f* ❶ *d'un document, d'une somme* Besitz *m; d'un secret* Wahrung *f;* ~ **d'armes** Waffenbesitz *m* ❷ (*incarcération*) Haft *f;* ~ **provisoire** Untersuchungshaft *f*

détenu(e) [det(ə)ny] *m(f)* Häftling *m*, Inhaftierte(r) *f(m);* ~ **politique** politischer Gefangener

détergent [detɛʀʒɑ̃] *m* Reinigungsmittel *nt*

détérioration [deteʀjɔʀasjɔ̃] *f d'un appareil, de marchandises* Beschädigung *f; des conditions de vie, des relations* Verschlechterung *f*

détériorer [deteʀjɔʀe] <1> **I.** *vt* ❶ (*endommager*) beschädigen *appareil, marchandise;* **être détérioré** schadhaft sein ❷ (*nuire à*) verschlechtern *climat social, relations;* schaden (+ *dat*) *santé* **II.** *vpr* **se** ~ ❶ (*s'abîmer*) *appareil, marchandise:* Schaden nehmen ❷ (*se dégrader*) *temps, conditions, santé:* sich verschlechtern; *pouvoir d'achat:* abnehmen

déterminant(e) [detɛʀminɑ̃, ɑ̃t] *adj action, rôle, événement* entscheidend; *argument, raison* ausschlaggebend

déterminatif, -ive [detɛʀminatif, -iv] *adj* GRAM *adjectif* attributiv; **complément** ~ Attribut *nt*

détermination [detɛʀminasjɔ̃] *f* ❶ *d'une grandeur, d'une date* Bestimmung *f; de l'heure, du lieu* Festlegung *f; de la cause, de l'origine* Ermittlung *f* ❷ (*décision*) Entschluss *m* ❸ (*fermeté*) Entschlossenheit *f* ❹ PHILOS Determinierung *f*

déterminé(e) [detɛʀmine] *adj* ❶ *idée, lieu, but* bestimmt; *moment, heure, quantité* festgelegt ❷ (*décidé*) entschlossen

déterminer [detɛʀmine] <1> **I.** *vt* ❶ (*définir, préciser*) bestimmen *sens, inconnue, distance;* ermitteln *adresse, coupable, cause* ❷ (*convenir de*) festlegen *détails, date, lieu* ❸ (*décider*) ~ **qn à qc** jdn zu etw bewegen ❹ (*motiver, entraîner*) verursachen *retards, crise;* hervorrufen *phénomène, révolte* **II.** *vpr* (*se décider*) **se** ~ **à faire qc** sich dazu entschließen etw zu tun

déterminisme [detɛʀminism] *m* Determinismus *m*

déterré(e) [deteʀe] *m(f)* ▶ **avoir une mine de** ~ *fam* leichenblass aussehen

déterrer [deteʀe] <1> *vt* ❶ (*exhumer*) ausgraben *arbre, trésor, personne;* freilegen *mine, obus* ❷ (*dénicher*) ausgraben *vieux manuscrit;* aufstöbern *loi*

détersif, -ive [detɛʀsif, -iv] *adj* reinigend

détestable [detɛstabl] *adj personne, comportement* abscheulich

détester [detɛste] <1> **I.** *vt* ❶ (*haïr*) hassen ❷ (*ne pas aimer*) nicht leiden können *personne, animal;* [ganz und] gar nicht mögen *aliment* **II.** *vpr* **qn se déteste** jd kann sich [selbst] nicht leiden

détonant(e) [detɔnɑ̃, ɑ̃t] *adj* **gaz ~** Knallgas *nt*

détonateur [detɔnatœʀ] *m* Zündkapsel *f*

détonation [detɔnasjɔ̃] *f d'une arme à feu* Knall *m*

détoner [detɔne] <1> *vi* detonieren

détonner [detɔne] <1> *vi couleurs:* nicht zusammenpassen

détordre [detɔʀdʀ] <14> *vt* entwirren *corde;* auseinanderwickeln *linge*

détour [detuʀ] *m* ❶ (*sinuosité*) Biegung *f;* **au ~ du chemin** hinter der Wegbiegung ❷ (*trajet plus long*) Umweg *m;* **le château vaut le ~** das Schloss ist einen Umweg wert ❸ (*biais*) Ausflucht *f;* **parler sans ~** ohne Umschweife reden ▶**au ~ d'une conversation** im Laufe der Unterhaltung

détourné(e) [detuʀne] *adj* ❶ (*faisant un détour*) **sentier ~** Umweg *m* ❷ *reproche, allusion* versteckt

détournement [detuʀnəmɑ̃] *m* ❶ (*déviation*) Umleitung *f;* **~ d'avion** Flugzeugentführung *f* ❷ (*vol*) Unterschlagung *f;* **~ de fonds** Unterschlagung von Geldern; **~ de mineur** Verführung *f* Minderjähriger

détourner [detuʀne] <1> **I.** *vt* ❶ (*changer la direction de*) umleiten *rivière, circulation;* (*par la contrainte*) entführen *avion;* abwenden *coup;* ablenken *tir* ❷ (*tourner d'un autre côté*) abwenden *tête, visage, regard* ❸ (*dévier*) abwenden *colère, fléau;* verfremden *texte;* **~ qn de sa route** jdn von seinem Weg abbringen ❹ (*distraire*)

D

détermination/hésitation

exprimer sa détermination	*Entschlossenheit ausdrücken*
Je me suis décidé(e) : je ne participerai pas à la cérémonie.	*Ich habe mich entschieden: Ich werde an der Feier nicht teilnehmen.*
Nous sommes (fermement) décidé(e)s à émigrer en Australie.	*Wir sind (fest) entschlossen, nach Australien auszuwandern.*
Je me suis résolu(e) à tout lui dire.	*Ich habe mich dazu durchgerungen, ihm/ihr alles zu sagen.*
Il est hors de question que je démissionne.	*Ich werde auf keinen Fall kündigen.*
Rien/Personne ne me dissuadera de le faire.	*Ich lasse mich von nichts/niemandem davon abbringen, es zu tun.*
exprimer son hésitation	*Unentschlossenheit ausdrücken*
J'hésite encore si je prends l'appartement ou non.	*Ich bin mir noch unschlüssig, ob ich die Wohnung mieten soll oder nicht.*
Nous ne savons pas encore ce que nous ferons.	*Wir sind uns noch im Unklaren darüber, was wir tun werden.*
Je n'ai pas encore pris de décision.	*Ich bin noch zu keinem Entschluss gekommen.*
Je ne me suis pas encore décidé(e).	*Ich habe mich noch nicht entschieden.*
Je ne sais toujours pas quoi faire.	*Ich weiß immer noch nicht, was ich tun soll.*
Je ne sais pas trop.	*Ich weiß nicht so recht.*
Je ne peux pas encore vous dire si j'accepterai votre offre.	*Ich kann Ihnen noch nicht sagen, ob ich Ihr Angebot annehmen werde.*
Je dois y réfléchir encore.	*Ich muss darüber noch nachdenken.*
Je ne peux pas encore vous donner de réponse positive.	*Ich kann Ihnen noch nicht zusagen.*
s'assurer d'une décision	*nach Entschlossenheit fragen*
Êtes-vous sûr(e) de vouloir cela ?	*Sind Sie sicher, dass Sie das wollen?*
Y avez-vous bien réfléchi ?	*Haben Sie sich das gut überlegt?*
Ne préféreriez-vous pas plutôt ce modèle ?	*Wollen Sie nicht lieber dieses Modell?*

~ qn de qc jdn von etw ablenken; (*dissuader*) **~ qn de qc** jdn von etw abbringen ⑤ (*soustraire*) unterschlagen *somme, fonds* **II.** *vpr* ① (*tourner la tête*) **se ~** sich abwenden ② (*se détacher*) **se ~ de qn/qc** sich von jdm/etw abwenden ③ (*s'égarer*) **se ~ de sa route** vom Weg abkommen; (*prendre une autre route*) von der Route abweichen

détracteur, -trice [detʀaktœʀ, -tʀis] *m, f* Gegner(in) *m(f)*

détraqué(e) [detʀake] **I.** *adj* ① *appareil, mécanisme* gestört ② *santé, estomac* angegriffen ③ *fam* (*dérangé*) übergeschnappt **II.** *m(f) fam* Verrückte(r) *f(m)*

détraquer [detʀake] <1> **I.** *vt* ① (*abîmer*) kaputtmachen *appareil* ② *fam* (*déranger*) angreifen *santé;* verderben *estomac;* durcheinanderbringen *personne;* kaputtmachen *nerfs* **II.** *vpr* **se ~** ① (*être abîmé*) *montre:* kaputtgehen (*fam*) ② (*être dérangé*) *estomac:* leiden; METEO *temps:* schlecht werden ③ *fam* (*rendre malade*) **se ~ l'estomac** sich (*dat*) den Magen verderben

détrempé(e) [detʀɑ̃pe] *adj sol, chemin* aufgeweicht

détremper [detʀɑ̃pe] <1> *vt* anrühren *couleur, mortier*

détresse [detʀɛs] *f* ① (*sentiment*) Verzweiflung *f;* **cri de ~** verzweifelter Hilferuf ② (*situation difficile*) Not *f*

détriment [detʀimɑ̃] *m* **au ~ de qc** auf Kosten einer S. (*gen*)

détritus [detʀity(s)] *mpl* Abfall *m*

détroit [detʀwa] *m* Meerenge *f;* **~ de Gibraltar** Straße *f* von Gibraltar

détromper [detʀɔ̃pe] <1> **I.** *vt* **~ qn** jdn über seinen Irrtum aufklären **II.** *vpr* **détrompe-toi/détrompez-vous!** da irrst du dich/irren Sie sich gewaltig!

détrôner [detʀone] <1> *vt* ① (*destituer*) entthronen *souverain* ② (*supplanter*) verdrängen *rival;* ablösen *chanteur, mode*

détrousser [detʀuse] <1> *vt hum* ausplündern

détruire [detʀɥiʀ] <irr> **I.** *vt* ① (*démolir*) zerstören; niederreißen *clôture, mur* ② (*anéantir*) vernichten *armes, population;* entsorgen *déchets;* zerstören *machin* ③ (*ruiner, anéantir*) zerstören *personne, illusions;* ruinieren *santé, réputation;* zunichtemachen *plans, espoirs;* abschaffen *capitalisme, dictature* **II.** *vi* zerstören **III.** *vpr* **se ~** *effets contraires, mesures:* sich gegenseitig aufheben; *personne:* sich [selbst] zugrunde richten

détruit(e) [detʀɥi, it] *part passé de* **détruire**

dette [dɛt] *f* ① (*somme d'argent*) [Geld]schuld *f* ② FIN Zahlungsverpflichtung *f* ③ (*devoir*) Schuld *f;* **avoir une ~ envers qn** in jds Schuld (*dat*) stehen (*geh*)

deuil [dœj] *m* ① (*affliction*) Trauer *f* ② (*décès*) Trauerfall *m* ③ (*signes du deuil*) **porter/quitter le ~** Trauer[kleidung] tragen/die Trauerkleidung ablegen *f* ④ (*durée*) Trauer[zeit] *f;* **~ national** Staatstrauer *f*

deux [dø] **I.** *num* ① zwei; **tous les ~** alle beide; **à ~** zu zweit ② (*quelques*) **habiter à ~ pas d'ici** um die Ecke wohnen; **il ne faut que ~ minutes pour aller à la gare** [bis] zum Bahnhof sind es nur ein paar Minuten; **j'ai ~ mots à vous dire!** ich hätte [da] ein Wörtchen mit Ihnen zu reden! **II.** *m inv* ① (*cardinal*) Zwei *f;* **se casser en ~** entzweibrechen ② (*aviron à deux rameurs*) **un ~ avec/sans barreur** ein Zweier mit/ohne Steuermann ▶ **jamais ~ sans trois** *prov* aller guten Dinge sind drei; (*un malheur n'arrive jamais seul*) ein Unglück kommt selten allein; **c'est clair comme ~ et ~ font quatre** das ist doch sonnenklar (*fam*); **[il n'] y en a pas ~ [comme lui/elle]** *fam* es gibt keinen Besseren [als ihn]/keine Bessere [als sie]; **à nous ~!** [und] nun zu uns beiden!; **en moins de ~** *fam* in null Komma nichts; **entre les ~** halb und halb; *v. a.* **cinq**

deux-chevaux [døʃvo] *f inv* AUT 2 CV *m,* Ente *f* (*fam*)

deux-en-un [døzɑ̃nœ̃] *m* Two-in-one *nt*

deuxième [døzjɛm] **I.** *adj antéposé* zweite(r, s); **vingt-~** zweiundzwanzigste(r, s) **II.** *mf* **le/la ~** der/die/das Zweite **III.** *f* (*vitesse*) zweiter Gang; *v. a.* **cinquième**

deuxièmement [døzjɛmmɑ̃] *adv* zweitens

deux-mâts [døma] *m inv* Zweimaster *m*

deux-pièces [døpjɛs] *m inv* ① (*appartement*) Zweizimmerwohnung *f* ② (*maillot de bain*) Bikini *m* ③ (*vêtement féminin*) zweiteiliges Kleid **deux-points** [døpwɛ̃] *mpl inv* GRAM Doppelpunkt *m* **deux-roues** [døʀu] *m inv* Zweirad *nt* **deux-temps** [døtɑ̃] *m inv* Zweitakter *m*

deuzio [døzjo] *adv* zweitens

dévaler [devale] <1> *vi* (*vu d'en haut/vu d'en bas*) **~ de qc** *personne:* etw hinunterrennen/herunterrennen; *skieur:* etw hinuntersausen/heruntersausen

dévaliser [devalize] <1> *vt* ① (*voler*) ausplündern *personne;* ausrauben *banque*

② *fam* (*vider*) plündern *réfrigérateur, magasin*

dévalorisant(e) [devalɔʀizɑ̃, ɑ̃t] *adj* abwertend

dévalorisation [devalɔʀizasjɔ̃] *f du dollar* Entwertung *f; d'une voiture* Wertminderung *f*

dévaloriser [devalɔʀize] <1> **I.** *vt* ① (*dévaluer*) entwerten; **être dévalorisé** eine Wertminderung erfahren; *pouvoir d'achat:* geschwächt sein ② (*déprécier*) abwerten *mérite, talent;* herabsetzen *personne;* **être dévalorisé** *métier:* an Ansehen verloren haben **II.** *vpr* **se ~** ① (*se déprécier*) *monnaie, marchandise:* an Wert verlieren ② (*se dénigrer*) *personne:* sich selbst herabsetzen

dévaluation [devalɥasjɔ̃] *f* FIN Abwertung *f*

dévaluer [devalɥe] <1> **I.** *vt* FIN abwerten **II.** *vpr* **se ~** ① FIN [im Wert] fallen ② (*se dévaloriser*) an Wert verlieren

devancer [d(ə)vɑ̃se] <2> *vt* ① (*distancer*) **~ qn de qc** einen Vorsprung von etw vor jdm haben ② (*être le premier*) übertreffen *rival, concurrent* ③ (*précéder*) **~ qn** jdm zuvorkommen ④ (*aller au devant de*) zuvorkommen (+ *dat*) *personne, question* ⑤ (*anticiper*) im Voraus leisten *paiement*

devancier, -ière [d(ə)vɑ̃sje, -jɛʀ] *m, f* Vorgänger(in) *m(f)*

devant [d(ə)vɑ̃] **I.** *prép* ① (*en face de*) vor (+ *dat*); (*avec mouvement*) vor (+ *akk*); **ma voiture est ~ la porte** mein Wagen steht vor dem Haus; **passer ~ qn/qc** an jdm/etw vorbeigehen ② (*en avant de*) vor (+ *dat*); (*avec mouvement*) vor (+ *akk*); **passer ~ qn** vor jdn gehen; **aller droit ~ soi** geradeaus gehen ③ (*face à, en présence de*) **~ qn** *s'exprimer, pleurer* vor jdm; **~ le danger** *reculer* vor der Gefahr; **~ la gravité de la situation** in Anbetracht der schwierigen Lage; **mener/emporter ~ Nantes 2 à 0** gegen Nantes mit 2 zu 0 führen/gewinnen ▸**avoir du temps ~ soi** [genug] Zeit haben **II.** *adv* ① (*en face*) davor; **mets-toi ~** stell dich davor; **en passant ~, regarde si le magasin est ouvert!** wenn du vorbeikommst, schau, ob der Laden auf hat! ② (*en avant*) vorn[e]; (*avec mouvement*) nach vorn[e]; **passer qc ~** etw nach vorn[e] weitergeben; **être loin ~** weit vorn[e] sein; **s'asseoir ~** sich vorne hinsetzen **III.** *m d'un vêtement* Vorderteil *nt; d'un bateau* Bug *m; d'une maison* Vorderfront *f; d'un objet* Vorderseite *f* ▸**être sur le ~ de la scène** im Mittelpunkt des Interesses stehen; **prendre les ~s** dem zuvorkommen

devanture [d(ə)vɑ̃tyʀ] *f* **en ~** im Schaufenster

dévastateur, -trice [devastatœʀ, -tʀis] *adj orage, inondation, effet* verheerend; *torrent* verwüstend; *virus* todbringend; *passion* zerstörerisch

dévastation [devastasjɔ̃] *f* Verwüstung *f*

dévaster [devaste] <1> *vt* verwüsten *pays, les terres;* vernichten *récoltes; fig* zugrunde richten *âme*

déveine [devɛn] *f fam* Pech *nt*

développé(e) [dev(ə)lɔpe] *adj* entwickelt; *odorat, vue* gut ausgebildet

développement [devlɔpmɑ̃] *m* ① (*croissance*) Entwicklung *f,* Wachstum *nt; de bactéries, d'une espèce* Vermehrung *f* ② ECON *de l'industrie, d'une affaire* Entwicklung *f; de la production* Steigerung *f;* **le ~ durable** ECOL die nachhaltige Entwicklung; **être en plein ~** *économie, entreprise:* einen bedeutenden Aufschwung erleben; **pays en voie de ~** Entwicklungsland *nt* ③ *des relations* Ausbau *m; des connaissances* Erweiterung *f; d'une maladie* Fortschreiten *nt; d'une épidémie, d'une crise* Ausweitung *f* ④ *de l'intelligence* Entwicklung *f; d'une civilisation* [Weiter]entwicklung *f;* **~ de l'esprit** geistige Entfaltung ⑤ *pl d'une action, d'un incident* Folgen *Pl* ⑥ *d'un thème, problème* Erläuterung *f; du raisonnement* Ausführung *f;* SCOL *d'une dissertation* Hauptteil *m;* MUS Weiterführung *f* ⑦ PHOT Entwickeln *nt*

développer [dev(ə)lɔpe] <1> **I.** *vt* ① (*faire progresser*) entwickeln; ausbilden *germe, mémoire, adresse;* aufbauen *organisme, muscle;* fördern *créativité;* wecken *attention;* erweitern *connaissances* ② (*faire croître*) ausbauen *usine, secteur;* **~ un pays** die Entwicklung eines Landes fördern ③ (*mettre au point*) entwickeln *technique, machine* ④ (*exposer en détail*) ausführen *thème;* darlegen *aspect;* darlegen *pensée, plan;* ausarbeiten *chapitre;* MUS weiterführen *thème* ⑤ MATH entwickeln *fonction;* durchführen *calcul* ⑥ PHOT **faire ~** entwickeln lassen ⑦ MED **qn développe une maladie** eine Krankheit kommt bei jdm zum Ausbruch **II.** *vpr* **se ~** ① *a.* ECON, TECH sich entwickeln; *personnalité:* sich ausbilden; *plante, tumeur:* wachsen ② (*s'intensifier*) *échanges:* zunehmen; *haine:* stärker werden; *relations:* sich entwickeln ③ (*se propager*) sich ausbreiten; *usage:* üblich werden

D

développeur, -euse [dev(ə)lɔpœʀ, -øz] *m, f* INFORM Entwickler(in) *m(f)*
devenir [dəv(ə)niʀ] <9> **I.** *vi + être* ❶ (*se faire*) ~ **riche/ingénieur** reich/Ingenieur(in) *m(f)* werden; **qu'est-ce que tu deviens?** *fam* was treibst du denn so? ❷ (*se transformer*) **il devient une star** aus ihm wird ein Star **II.** *m soutenu* ❶ (*évolution*) Werden *nt,* Entstehen *nt* ❷ (*avenir*) zukünftige Entwicklung
dévergondé(e) [devɛʀgɔ̃de] *adj personne* schamlos
dévergonder [devɛʀgɔ̃de] <1> *vpr* **se ~** sich Ausschweifungen *Pl* (*dat*) hingeben
déverrouillage [deveʀujaʒ] *m* ❶ *d'une arme à feu* Entsicherung *f,* Entsichern *nt; d'une porte* Entriegelung *f,* Entriegeln *nt* ❷ INFORM Aufheben *nt* des Schreibschutzes
déverrouiller [deveʀuje] <1> *vt* entsichern *arme à feu;* entriegeln *porte;* freischalten *téléphone*
déverser [devɛʀse] <1> **I.** *vt* ❶ (*verser*) gießen *liquide* ❷ (*décharger*) [aus]schütten *sable, ordures;* werfen *bombes* **II.** *vpr* **se ~ dans une rivière** sich in einen Fluss ergießen
dévêtir [devetiʀ] <irr> **I.** *vt* ausziehen **II.** *vpr* **se ~** (*se déshabiller*) sich ausziehen
dévêtu(e) [devety] *part passé de* **dévêtir**
déviance [devjɑ̃s] *f* PSYCH auffällige [*o* von der Norm abweichende] Verhaltensweise *f*
déviant(e) [devjɑ̃, jɑ̃t] *adj* von der Norm abweichend
déviation [devjasjɔ̃] *f* ❶ *de la circulation* Umleitung *f; d'un projectile* Ablenken *nt; d'une aiguille aimantée* Abweichen *nt; d'un rayon lumineux* Brechung *f* ❷ (*chemin*) Umleitung *f* ❸ *de la colonne vertébrale* Verkrümmung *f* ❹ (*attitude différente*) Abweichung *f*
déviationniste [devjasjɔnist] *adj* nicht linientreu
dévider [devide] <1> *vt* abwickeln *câble, pelote*
dévidoir [devidwaʀ] *m* (*enrouleur*) Trommel *f,* Rolle *f*
dévier [devje] <1> **I.** *vi véhicule:* abdriften; *bateau:* abtreiben; *aiguille magnétique:* abweichen **II.** *vt* umleiten *circulation;* ablenken *coup, balle;* brechen *rayon lumineux;* in eine andere Richtung lenken *conversation*
devin, devineresse [dəvɛ̃, dəvin(ə)ʀɛs] *m, f* Wahrsager(in) *m(f)*
deviner [d(ə)vine] <1> **I.** *vt* ❶ (*trouver*) erraten *réponse, secret;* lösen *énigme* ❷ (*pressentir*) [er]ahnen *sens, pensée;* erraten *idée, pensée;* durchschauen *intention;* vorhersehen *réaction;* spüren *menace, danger* ❸ (*entrevoir*) erahnen **II.** *vpr* ❶ (*se trouver*) **se ~ facilement** *réponse, solution:* leicht zu erraten sein ❷ (*transparaître*) **se ~** *tendance, goût:* sich abzeichnen
devinette [d(ə)vinɛt] *f* (*énigme*) Rätsel *nt;* (*question*) Scherzfrage *f; pl* (*jeux*) Rätsel *Pl;* **jouer aux ~s** ein Ratespiel *nt* machen
devis [d(ə)vi] *m* Kostenvoranschlag *m*
dévisager [devizaʒe] <2a> *vt* anstarren
devise [d(ə)viz] *f* ❶ (*règle de conduite*) Motto *nt* ❷ (*formule*) Losung *f* ❸ (*monnaie*) Devisen *Pl,* Sorten *Pl*
dévissage [devisaʒ] *m* ❶ (*action*) Abschrauben *nt* ❷ ALPIN Absturz *m*
dévisser [devise] <1> **I.** *vt* abschrauben *écrou, couvercle;* aufschrauben *tube;* abmontieren *roue* **II.** *vi* SPORT abstürzen **III.** *vpr* **se ~** ❶ (*pouvoir être enlevé(e)/ouvert(e)*) sich abschrauben/aufschrauben lassen ❷ (*se desserrer*) sich lockern
dévitaliser [devitalize] <1> *vt* den Nerv abtöten *dent*
dévoilement [devwalmɑ̃] *m d'une statue, d'un secret* Enthüllung *f*
dévoiler [devwale] <1> **I.** *vt* ❶ (*découvrir*) enthüllen *statue, plaque;* entblößen *charmes, rondeurs* ❷ (*révéler*) enthüllen; verraten *intention;* aufdecken *scandale, perfidie* ❸ (*détordre*) gerade biegen **II.** *vpr* **se ~** ❶ (*apparaître*) *mystère, fourberie:* offenkundig werden ❷ (*révéler sa vraie nature*) sein wahres Gesicht zeigen
devoir [d(ə)vwaʀ] <irr> **I.** *vt* ❶ (*avoir à payer*) schulden *argent;* **~ qc à qn** jdm etw schulden ❷ (*être redevable de*) **~ un succès à qn/qc** jdm/einer S. einen Erfolg verdanken ❸ (*être tenu à*) **~ une partie à qn** jdm ein Spiel schuldig sein **II.** *aux* ❶ (*nécessité*) **~ faire qc** etw tun müssen ❷ (*obligation exprimée par autrui*) sollen ❸ (*fatalité*) müssen ❹ (*prévision*) **normalement, il doit arriver ce soir** er müsste eigentlich heute Abend ankommen ❺ (*hypothèse*) müssen; **il doit se faire tard, non?** es wird wohl spät werden, oder? **III.** *vpr* **se ~ de faire qc** es sich (*dat*) schuldig sein etw zu tun; **comme il se doit** (*comme c'est l'usage*) wie es sich gehört; (*comme prévu*) wie erwartet **IV.** *m* ❶ (*obligation morale*) Pflicht *f;* **sens du ~** Pflichtbewusstsein *nt;* **de ~** *homme, femme* pflichtbewusst; **par ~** aus Pflichtgefühl *nt* ❷ (*ce que l'on doit faire*) Aufgabe *f;* **~ conjugal** eheliche Pflicht ❸ (*devoir surveillé*) [Klassen]arbeit *f;* **~ sur table** SCOL

Klassenarbeit; UNIV Klausur *f;* **faire un ~ de math** eine Mathearbeit schreiben; **~s à la maison** Hausaufgabe *f* ▶ **manquer à son ~** seiner Pflicht nicht nachkommen

dévolu [devɔly] *m* ▶ **jeter son ~ sur qn/qc** ein Auge auf jdn/etw werfen (*fam*)

dévorer [devɔʀe] <1> **I.** *vi personne:* das Essen hinunterschlingen **II.** *vt* ❶ (*avaler*) *personne:* verschlingen; *animal:* fressen ❷ (*lire*) verschlingen ❸ (*regarder*) **~ des yeux** mit den Augen verschlingen ❹ (*faire disparaître*) vernichten; *flammes:* verschlingen ❺ (*tourmenter*) *tâche:* auffressen; *remords, peur, soif:* quälen

dévot(e) [devo, ɔt] *adj* (*pieux*) fromm

dévotion [devosjɔ̃] *f* ❶ Frömmigkeit *f* ❷ (*culte*) **~ à Saint François** Verehrung *f* des heiligen Franziskus

dévoué(e) [devwe] *adj* ergeben

dévouement [devumɑ̃] *m* ❶ (*attachement*) Ergebenheit *f* ❷ (*action de se sacrifier*) **~ à qn/qc** Aufopferung *f* für jdn/etw

dévouer [devwe] <1> *vpr* **se ~** sich [auf]opfern

dévoyé(e) [devwaje] *m(f)* ein auf die schiefe Bahn geratener Mensch

dextérité [dɛksteʀite] *f* ❶ (*adresse*) Geschicklichkeit *f;* (*des doigts*) Fingerfertigkeit *f* ❷ (*adresse d'esprit*) Gewandtheit *f*

dextrose [dɛkstʀoz] *f* CHIM Traubenzucker *m,* Dextrose *f* (*Fachspr.*)

dézipper [dezipe] <1> *vt* INFORM dekomprimieren, entzippen *fichier, données*

dg *abr de* **décigramme** dg

D.G. [deʒe] *f abr de* **direction générale** Abt.

D.G.S.E. [deʒeɛsø] *f abr de* **Direction Générale de la Sécurité Extérieure** *französische Spionageabwehr*

diabète [djabɛt] *m* Zuckerkrankheit *f,* Diabetes *m;* **avoir du ~** an Diabetes leiden

diabétique [djabetik] **I.** *adj* zuckerkrank **II.** *mf* Diabetiker(in) *m(f),* Zuckerkranke(r) *f(m)*

diable [djɑbl] *m* ❶ (*démon*) Teufel *m* ❷ (*personne*) **petit/vrai ~** kleiner/regelrechter Teufel ❸ (*chariot*) Sackkarre *f* ❹ (*marmite*) Römertopf *m* ▶ **avoir le ~ au corps** den Teufel im Leib haben; **tirer le ~ par la queue** am Hungertuch nagen; **allez au ~!** scheren Sie sich doch zum Teufel!; **au ~ qc!** zum Teufel mit etw!; **signer un pacte avec le ~** einen Pakt mit dem Teufel schließen; **se faire l'avocat du ~** den Advocatus Diaboli spielen

diablement [djɑbləmɑ̃] *adv fam* höllisch

diablesse [djɑblɛs] *f* Teufelin *f*

diablotin [djablɔtɛ̃] *m* Teufelchen *nt*

diabolique [djabɔlik] *adj* diabolisch

diaboliquement [djabɔlikmɑ̃] *adv* teuflisch, diabolisch

diabolo [djabɔlo] *m* Diabolo *nt*

diachronique [djakʀɔnik] *adj* LING diachron, diachronisch

diacre [djakʀ] *m* Diakon *m*

diadème [djadɛm] *m* Diadem *nt*

D

diagnostic [djagnɔstik] *m a.* MED Diagnose *f;* (*jugement*) Beurteilung *f;* **~ de qc** Diagnose auf etw (*akk*)

diagnostiquer [djagnɔstike] <1> *vt* ❶ MED feststellen ❷ *fig* diagnostizieren (*geh*)

diagonal(e) [djagɔnal, -o] <-aux> *adj* diagonal

diagonale [djagɔnal] *f* Diagonale *f*

diagramme [djagʀam] *m* Diagramm *nt*

dialecte [djalɛkt] *m* Mundart *f;* **s'exprimer en ~** Dialekt sprechen

dialectique [djalɛktik] *f* Dialektik *f*

dialer [dialœʀ] *m* INFORM, TELEC Dialer *m*

dialogue [djalɔg] *m* Gespräch *nt;* (*de caractère officiel*) Unterredung *f*

dialoguer [djalɔge] <1> **I.** *vi* ❶ (*converser*) **~ avec qn** (*parler*) ein Gespräch mit jdm führen; (*négocier*) einen Dialog mit jdm führen ❷ INFORM **~ avec qc** im Dialog mit etw stehen **II.** *vt* in Dialogform verfassen

dialoguiste [djalɔgist] *mf* Dialogautor(in) *m(f)*

dialyse [djaliz] *f* Dialyse *f*

diamant [djamɑ̃] *m* Diamant *m;* **~ brut** Rohdiamant; **~s de sang** [*o* **de conflits**] Blutdiamanten

diamantaire [djamɑ̃tɛʀ] *mf* ❶ (*tailleur*) Diamantschleifer(in) *m(f)* ❷ (*commerçant*) Diamantenhändler(in) *m(f)*

diamétralement [djametʀalmɑ̃] *adv* diametral

diamètre [djamɛtʀ] *m* Durchmesser *m*

diapason [djapazɔ̃] *m* ❶ (*instrument*) Stimmgabel *f;* (*sifflet*) Stimmpfeife *f* ❷ (*note*) Kammerton *m* ❸ (*registre*) [Stimm-/Ton]register *nt*

diaphane [djafan] *adj* durchscheinend

diaphragme [djafʀagm] *m* ANAT Zwerchfell *nt*

diapo [djapo] *f abr de* **diapositive** Dia *nt*

diaporama [djapɔʀama] *m* Tonbildschau *f*

diapositive [djapozitiv] *f* Diapositiv *nt;* **séance de ~s** Lichtbild[er]vortrag *m;* **passer des ~s** Dias zeigen

diarrhée [djaʀe] *f* Durchfall *m*

diaspora [djaspɔʀa] *f* Diaspora *f*

diatribe [djatʀib] *f* ~ **contre qn/qc** Beschimpfung *f* einer Person/S.
dico [diko] *m fam abr de* **dictionnaire** Wörterbuch *nt*
dictaphone® [diktafɔn] *m* Diktaphon *nt,* Diktiergerät *nt*
dictateur, -trice [diktatœʀ, -tʀis] *m, f* Diktator(in) *m(f)*
dictatorial(e) [diktatɔʀjal, -jo] <-aux> *adj pouvoir, régime* diktatorisch
dictature [diktatyʀ] *f* ❶ POL Diktatur *f* ❷ (*autoritarisme*) Tyrannei *f*
dictée [dikte] *f* ❶ (*action*) Diktieren *nt,* Diktat *nt* ❷ SCOL Diktat *nt;* **faire une** ~ ein Diktat schreiben
dicter [dikte] <1> *vt* ❶ (*faire écrire*) diktieren ❷ (*imposer*) *personne:* vorschreiben; aufzwingen *volonté, vues; circonstance, événement:* zwingen
diction [diksjɔ̃] *f* Sprechweise *f*
dictionnaire [diksjɔnɛʀ] *m* Wörterbuch *nt*
dicton [diktɔ̃] *m* sprichwörtliche Redensart
didacticiel [didaktisjɛl] *m* INFORM Lernsoftware *f*
didactique [didaktik] *adj* didaktisch
didjeridoo [didʒeʀidu] *m* Didgeridoo *nt*
dièse [djɛz] *m* MUS Kreuz *nt*
diesel [djezɛl] *m* Diesel[motor] *m*
diète [djɛt] *f* Schonkost *f;* **être/mettre à la** ~ Diät essen/auf Diät setzen
diététicien(ne) [djetetisjɛ̃, jɛn] *m(f)* Ernährungsberater(in) *m(f)*
diététique [djetetik] **I.** *adj* Diät-; *aliment* diätetisch **II.** *f* Ernährungswissenschaft *f*
diététiste [djetetist] *mf* CAN *v.* **diététicien(ne)**
dieu [djø] <x> *m* ❶ (*divinité*) Gott *m* ❷ *sans pl* **Dieu le père** Gott Vater *m;* **le bon Dieu** *fam* der liebe Gott ❸ (*objet d'un culte*) Abgott *m* ▶ **ni Dieu, ni maître** weder Herr noch Meister; **Dieu merci!** Gott sei Dank!; **bon Dieu de bon Dieu!** *fam* meine Güte!; **Dieu soit loué!** Gott sei Dank!; **Dieu sait** weiß Gott; **Oh, mon Dieu!** Oh, mein Gott!
diffamant(e) [difamɑ̃, ɑ̃t] *adj littér* diffamatorisch (*geh*), diffamierend
diffamateur, -trice [difamatœʀ, -tʀis] *m, f* Verleumder(in) *m(f)*
diffamation [difamasjɔ̃] *f* Diffamierung *f*
diffamatoire [difamatwaʀ] *adj* diffamierend, verleumderisch
diffamer [difame] <1> *vt* in Verruf (*akk*) bringen
différé [difeʀe] *m* TV Aufzeichnung *f*
différemment [difeʀamɑ̃] *adv* anders
différence [difeʀɑ̃s] *f* ❶ (*dissemblance*) ~ **avec qn/qc** Unterschied *m* zu jdm/etw; **faire la** ~ *personne:* sich abheben; *chose:* den Ausschlag geben; **à la ~ de qn/qc** im Unterschied zu jdm/etw ❷ (*écart*) **une ~ de 20 euros** eine Differenz von 20 Euro
différenciation [difeʀɑ̃sjasjɔ̃] *f* ❶ (*distinction*) Auseinanderhalten *nt;* ~ **entre rouge et vert** Unterscheidung *f* zwischen Rot und Grün ❷ BIO Differenzierung *f*
différencier [difeʀɑ̃sje] <1> **I.** *vt* auseinanderhalten **II.** *vpr* ❶ (*se distinguer*) **se ~ du copain par qc** sich vom Kumpel durch (*akk*)/in etw (*dat*) unterscheiden ❷ BIO **se** ~ sich differenzieren
différend [difeʀɑ̃] *m* ❶ (*divergence d'opinions*) Meinungsverschiedenheit *f* ❷ (*conflit d'intérêts*) Streitigkeit *f*
différent(e) [difeʀɑ̃, ɑ̃t] *adj* ❶ (*autre*) andere(r, s), unterschiedlich; ~ **de** anders als ❷ *pl, antéposé* (*divers*) verschieden
différentiation [difeʀɑ̃sjasjɔ̃] *f* MATH Differenzieren *nt*
différentiel [difeʀɑ̃sjɛl] *m* TECH Differenzial[getriebe *nt*] *nt*
différer [difeʀe] <5> **I.** *vi* ❶ (*être différent*) unterschiedlich sein ❷ (*avoir une opinion différente*) **deux personnes diffèrent sur qc** die Meinungen zweier Personen (*dat*) gehen in etw (*dat*) auseinander **II.** *vt* verschieben; verlängern *échéance;* vertagen *jugement;* aufschieben *livraison, paiement*
difficile [difisil] *adj* ❶ (*ardu*) schwierig; **un morceau ~ d'exécution** ein schwer aufzuführendes Stück ❷ (*incommode*) schwierig; ~ **d'accès** schwer zugänglich ❸ (*qui donne du souci*) schwer[wiegend] ❹ (*contrariant, exigeant*) schwierig; *cheval* schwer zu führen; ~ **à vivre** schwer zu ertragen ▶ **faire le/la** ~ Schwierigkeiten machen; **être ~ sur la nourriture** beim Essen heikel sein
difficilement [difisilmɑ̃] *adv* (*malaisément*) schwierig; (*à peine*) kaum; (*péniblement*) schwer
difficulté [difikylte] *f* ❶ *sans pl* (*complexité*) Schwierigkeit *f;* **de ~ croissante** mit steigendem Schwierigkeitsgrad ❷ (*peine*) **avec** ~ mit Mühe *f* ❸ (*problème, obstacle*) Schwierigkeit *f;* **en** ~ *adolescent, famille, élève* in Schwierigkeiten (*dat*); *alpiniste, avion* in Not (*dat*); *entreprise* in [finanziellen] Schwierigkeiten; **être/mettre/se retrouver en** ~ in Schwierigkeiten (*dat*) sein/(*akk*) bringen/(*akk*) geraten

difforme [difɔʀm] *adj* missgestaltet; *membre, bête, arbre* unförmig
diffraction [difʀaksjɔ̃] *f* Beugung *f*
diffus(e) [dify, yz] *adj* ❶ (*disséminé*) unbestimmt; *lumière* diffus; *chaleur* angenehm überschlagen ❷ (*sans netteté*) diffus; *sentiments, souvenirs* vage ❸ *style* unklar; *écrivain* mit unklaren Ansichten
diffuser [difyze] <1> **I.** *vt* ❶ (*répandre*) verbreiten *lumière, bruit, idée* ❷ (*retransmettre*) senden; übertragen *concert, discours* ❸ (*commercialiser*) vertreiben ❹ (*distribuer*) verteilen *tract, photo;* in Umlauf (*akk*) bringen *pétition, document* **II.** *vpr* **se** ~ *bruit, chaleur, odeur:* sich verbreiten
diffuseur, -euse [difyzœʀ, -øz] *m, f* COM *de livres, d'un éditeur* Vertreiber(in) *m(f); d'une marque* Vertriebshändler(in) *m(f)*
diffusion [difyzjɔ̃] *f* ❶ *de la chaleur, lumière* Verbreitung *f* ❷ MEDIA Ausstrahlung *f,* Sendung *f; d'un concert, discours* Übertragung *f* ❸ (*commercialisation*) Vertrieb *m* ❹ *de tracts, photos* Verteilen *nt* ❺ *d'un poison, gaz* Ausbreitung *f*
digérer [diʒeʀe] <5> **I.** *vi* verdauen; **bien/mal** ~ eine gute/schlechte Verdauung haben **II.** *vt* ❶ ANAT verdauen ❷ (*assimiler*) [geistig] verarbeiten ❸ *fam* (*accepter*) schlucken *affront* **III.** *vpr* **bien/mal se** ~ leicht/schwer verdaulich sein
digest [diʒɛst, dajʒɛst] *m* Digest *m o nt* (*Zeitschrift, die Auszüge aus Büchern, Zeitschriften usw. bringt*)
digeste [diʒɛst] *adj,* **digestible** [diʒɛstibl] *adj* bekömmlich
digestif [diʒɛstif] *m* Verdauungsschnaps *m*
digestif, -ive [diʒɛstif, -iv] *adj* Verdauungs-
digestion [diʒɛstjɔ̃] *f* Verdauung *f*
digicode [diʒikɔd] *m* elektrisches Türschloss *nt*
digital(e) [diʒital, -o] <-aux> *adj* Finger-
digitale [diʒital] *f* BOT Fingerhut *m*
digitalisation [diʒitalizasjɔ̃] *f* Digitalisierung *f*
digitaliser [diʒitalize] <1> *vt* digitalisieren
digne [diɲ] *adj* (*qui mérite*) ~ **de ce nom** dieses Namens würdig
dignement [diɲ(ə)mɑ̃] *adv* würdig
dignitaire [diɲitɛʀ] *mf* Würdenträger(in) *m(f)*
dignité [diɲite] *f* ❶ (*noblesse*) Würde *f;* ~ **humaine** Menschenwürde *f* ❷ (*amour-propre*) Selbstachtung *f* ❸ (*titre*) Würde *f*
digression [digʀesjɔ̃] *f* Abschweifung *f*
digue [dig] *f* Damm *m*
diktat [diktat] *m* (*chose imposée*) Diktat *nt* (*geh*)
dilapidation [dilapidasjɔ̃] *f* Vergeudung *f,* Verschwendung *f*
dilapider [dilapide] <1> *vt* vergeuden; verschleudern *fortune, patrimoine*
dilatation [dilatasjɔ̃] *f* PHYS Dilatation *f*
dilater [dilate] <1> **I.** *vt* ❶ (*augmenter le volume de*) ausdehnen ❷ (*agrandir un conduit, orifice*) weiten; blähen *narines* **II.** *vpr* **se** ~ *métal, corps:* sich [aus]dehnen; *pupille, cœur, poumons:* sich weiten; *narines:* sich blähen
dilatoire [dilatwaʀ] *adj* ausweichend, hinhaltend
dilemme [dilɛm] *m* Dilemma *nt*
dilettante [diletɑ̃t] *mf* Dilettant(in) *m(f)*
dilettantisme [diletɑ̃tism] *m a. péj* Dilettantismus *m*
diligence [diliʒɑ̃s] *f* (*voiture*) [Reise-/Post]kutsche *f*
diluant [dilɥɑ̃] *m* Verdünnungsmittel *nt*
diluer [dilɥe] <1> **I.** *vt* ❶ (*étendre, délayer*) ~ **avec de l'eau/dans de l'eau** mit Wasser verdünnen/in Wasser (*dat*) auflösen ❷ (*affaiblir*) ~ **qc** etw verwässern **II.** *vpr* **se** ~ ❶ (*se délayer*) sich auflösen ❷ *fig identité, personnalité:* verloren gehen; *manifestation:* sich auflösen
dilution [dilysjɔ̃] *f de la peinture* Verdünnen *nt,* Verdünnung *f; du sucre* Auflösen *nt,* Auflösung *f*
diluvien(ne) [dilyvjɛ̃, jɛn] *adj* sintflutartig
dimanche [dimɑ̃ʃ] *m* ❶ (*veille de lundi*) Sonntag *m;* ~ **de l'Avent/de Pâques/des Rameaux** Advents-/Oster-/Palmsonntag; ~**, on part en vacances** am Sonntag fahren wir in Urlaub; **le** ~ sonntags; **tous les** ~**s** jeden Sonntag; **ce** ~ diesen Sonntag; **ce** ~**-là, ...** an diesem Sonntag ...; ~ **matin** [am] Sonntagmorgen; **le** ~ **matin** am Sonntagmorgen; ~ **dans la nuit** Sonntagnacht ❷ (*jour férié*) **promenade du** ~ Sonntagsspaziergang *m,* sonntäglicher Spaziergang; **mettre les habits du** ~ seinen Sonntagsstaat anziehen
dîme [dim] *f* HIST Zehnt[e] *m*
dimension [dimɑ̃sjɔ̃] *f* ❶ (*taille*) Größe *f* ❷ *pl* (*mesures*) Dimension[en *Pl*] *f;* **prendre les** ~**s de la table** den Tisch abmessen ❸ (*importance*) Dimension *f;* **prendre la** ~ **de qc** *personne:* die Bedeutung einer S. erfassen; *chose:* das Ausmaß von etw annehmen; **à la** ~ **de qc** einer S. (*dat*) angemessen ❹ (*aspect*) Tragweite *f*
diminué(e) [diminɥe] *adj* **être très** ~

mentalement/physiquement psychisch/körperlich sehr geschwächt sein
diminuer [diminɥe] <1> **I.** *vi* nachlassen; *bruit, vent, lumière:* schwächer werden; *forces:* schwinden; *nombre, brouillard, niveau de l'eau:* zurückgehen; *jours:* kürzer werden; *fièvre:* abklingen; **faire ~** reduzieren; **~ de cinq euros** um fünf Euro billiger werden; **~ de longueur/de largeur/d'épaisseur** kürzer/schmaler/dünner werden **II.** *vt* ① (*réduire*) verringern; senken *impôts, prix;* verkürzen *durée;* kürzen *salaire, rideau;* zurückdrehen *gaz, chauffage;* **~ qn** (*réduire son salaire*) jds Gehalt *nt* kürzen; **faire ~ un nombre de qc** eine Anzahl von etw zurückgehen lassen ② (*affaiblir*) mindern *autorité;* schmälern *mérite;* dämpfen *ardeur, joie;* eindämmen *violence;* schwächen *forces;* lindern *souffrance* ③ (*discréditer*) herabsetzen **III.** *vpr* **se ~** (*se rabaisser*) sich selbst erniedrigen

D

diminutif [diminytif] *m* Verkleinerungsform *f*
diminutif, -ive [diminytif, -iv] *adj* Diminutiv-
diminution [diminysjɔ̃] *f* ① *de l'appétit, de la chaleur* Nachlassen *nt; des forces, des chances* Schwinden *nt; de la circulation, de l'autorité* Abnahme *f; du nombre, de la fièvre* Rückgang *m; des impôts, prix* Sinken *nt; de la température* Rückgang; **en ~** *nombre, température* zurückgehend ② *de la consommation* Einschränkung *f; d'une durée* Verkürzung *f; des prix, impôts* Senkung *f; des salaires* Kürzung *f*
dinar [dinaʀ] *m* Dinar *m*
dînatoire [dinatwaʀ] *adj* **apéritif ~** später, ausgiebiger Aperitif (*anstelle des Abendessens*)
dinde [dɛ̃d] *f* ZOOL Truthenne *f;* GASTR Pute *f*
dindon [dɛ̃dɔ̃] *m* Truthahn *m*
dindonneau [dɛ̃dɔno] <x> *m* junger Truthahn
dîner [dine] <1> **I.** *vi* zu Abend essen **II.** *m* Abendessen *nt;* **au ~** zum Abendessen
dînette [dinɛt] *f* Puppengeschirr *nt*
ding [diŋ] *interj* (*d'une cloche*) bimbam
dingue [dɛ̃g] **I.** *adj fam* ① *en attribut* (*fou*) *personne:* **être ~** übergeschnappt; **~ de qn/qc** verrückt nach jdm/auf etw (*akk*) ② *en épithète* (*extraordinaire*) wahnsinnig **II.** *mf fam* ① (*fou*) Bekloppte(r) *f(m)* ② (*fan*) **~ du foot** Fußballfanatiker(in) *m(f)*
dinosaure [dinɔzɔʀ] *m a. fig* Dinosaurier *m*
diocèse [djɔsɛz] *m* Diözese *f*
diode [djɔd] *f* Diode *f;* **~ électroluminescente** Leuchtdiode, LED *f*
dioxine [diɔksin, djɔksin] *f* Dioxin *nt*
dioxyde [diɔksid, djɔksid] *m* Dioxid *nt;* **~ de carbone** Kohlendioxid *nt*
diphtérie [difteʀi] *f* Diphtherie *f*
diphtongue [diftɔ̃g] *f* PHON Diphthong *m*
diplomate [diplɔmat] **I.** *adj* diplomatisch **II.** *mf* Diplomat(in) *m(f)*
diplomatie [diplɔmasi] *f* ① (*relations extérieures*) Diplomatie *f* ② (*carrière*) Diplomatenlaufbahn *f* ③ (*personnel*) Diplomatie *f* ④ (*habileté*) diplomatisches Geschick
diplomatique [diplɔmatik] *adj* diplomatisch
diplôme [diplom] *m* ① SCOL, UNIV Diplom *nt;* **~ de fin d'études** Abschlusszeugnis *nt;* **~ d'ingénieur/d'infirmière** Ingenieursdiplom/Abschluss *m* als Krankenschwester; **avoir obtenu son ~** sein Diplom gemacht haben; **préparer un ~ d'agronomie/d'agronome** eine Ausbildung in Agronomie (*dat*)/als Agronom machen ② (*prix, titre*) Auszeichnung *f*
diplômé(e) [diplome] **I.** *adj* mit einem Diplom/einer Abschlussprüfung versehen; **très ~** hoch qualifiziert **II.** *m(f)* **~ d'une université** Absolvent(in) *m(f)* einer Universität (*gen*)
diplômer [diplome] <1> *vt* diplomieren (*geh*), ein Diplom verleihen
dire [diʀ] <*irr*> **I.** *vt* ① (*exprimer*) *personne:* sagen; ausdrücken *peur;* verraten *projets; loi:* sagen; *journal:* schreiben; *visage:* ausdrücken; *test, sondage:* aussagen; **dis voir, ..., dis donc, ...** sag mal, ...; **~ qc à qn** jdm etw sagen; **~ que non/oui** nein/ja sagen; **~ du bien/mal de qn/qc** über jdn/etw nur Gutes/Schlechtes sagen; **qu'est-ce que tu dis de ça?** was sagst du dazu?; **c'est vous qui le dites!** *fam* das sagen Sie!; **que ~?** was soll man da denn sagen?; **..., comment ~, ...,** wie soll ich sagen, ...; **entre nous soit dit, ...** unter uns gesagt, ...; **dis, comment tu t'appelles, toi?** sag, wie heißt denn du? ② (*prétendre*) sagen; **il dit être malade** er sagt, er sei krank; **on dit que qn a fait qc** es heißt, jd hat etw getan; **quoi qu'on [en] dise** was immer man auch sagt; **entendre ~ qc** [von etw] hören ③ (*faire savoir*) ausrichten lassen ④ (*ordonner*) **~ à qn de venir** jdm sagen, er/sie soll kommen ⑤ (*plaire*) **cela me dit/ne me dit rien** das sagt mir zu/nicht zu; **ça vous dit d'aller voir ce film?** habt ihr Lust, den

Film anzusehen? ❻ (*croire, penser*) **je veux ~ que qn a fait qc** ich meine, jd hat etw getan; **on dirait que...** man könnte sagen, dass ..., es ist, als ob ...; **qui aurait dit que ...** wer hätte gedacht, dass ...; **qui aurait dit cela!** wer hätte das gedacht! ❼ (*reconnaître*) **il faut ~ que ...** man muss sagen, dass ... ❽ (*réciter*) beten *chapelet;* lesen *messe;* sprechen *prière;* aufsagen *poème* ❾ (*signifier*) **vouloir ~** bedeuten; *mot:* heißen; **ce qui veut ~ que ...** was heißt, dass ...; *allusion, attitude:* zu bedeuten haben ❿ (*traduire*) **comment dit-on ... en allemand?** was heißt ... auf Deutsch?; **on dit** man sagt/so wird etwas ausgedrückt ⓫ (*évoquer*) bekannt vorkommen; **quelque chose me dit que ...** ich habe [irgendwie] das Gefühl, dass ... ⓬ JEUX ansagen ▶ **disons** sagen wir [mal]; **je ne te/vous le fais pas ~!** allerdings!; **ce qui est dit est dit** ein Mann, ein Wort; **eh ben dis/dites donc!** *fam* sag/sagt bloß! **II.** *vpr* ❶ (*penser*) **se ~ que ...** sich (*dat*) sagen, dass ... ❷ (*se prétendre*) **se ~ médecin/malade** behaupten Arzt/krank zu sein ❸ (*l'un(e) à l'autre*) **se ~ qc** sich (*dat*) etw sagen ❹ (*s'employer*) **qc se dit/ne se dit pas en français** etw sagt man/sagt man nicht im Französischen ❺ (*être traduit*) heißen; **comment se dit ... en allemand?** was heißt ... auf Deutsch? ❻ (*se croire*) **on se dirait au paradis** man glaubt im Paradies *nt* zu sein **III.** *m gén pl* Gerede *nt; d'un témoin* Aussage *f;* **au ~/selon les ~s de qn** nach jds Worten

direct [diʀɛkt] *m* ❶ MEDIA Livesendung *f;* **en ~** *émission* Direkt-; *chanter* live; *retransmettre* direkt; **être en ~** direkt übertragen werden ❷ CHEMDFER Direktverbindung *f* ❸ SPORT Gerade *f*

direct(e) [diʀɛkt] *adj* direkt; *vente, accès, rapport* Direkt-; *héritier* in direkter Linie; *propos* unmissverständlich

directement [diʀɛktəmɑ̃] *adv* direkt

directeur, -trice [diʀɛktœʀ, -tʀis] **I.** *adj idée, ligne, principe* Leit-; *rôle* führend; *roue* Lenk- **II.** *m, f* Direktor(in) *m(f),* Leiter(in) *m(f); d'un théâtre* Intendant(in) *m(f); d'une école primaire* Rektor(in) *m(f),* Schulleiter(in); **~(-trice) artistique** *d'une agence publicitaire* Artdirector(in) *m(f)*

directif, -ive [diʀɛktif, -iv] *adj* autoritär

direction [diʀɛksjɔ̃] *f* ❶ (*orientation*) Richtung *f;* **prendre la ~ de Nancy** in Richtung Nancy gehen/fahren ❷ (*action*) Leitung *f; d'un groupe, pays* Führung *f* ❸ (*fonction*) Direktion *f,* Leitung *f* ❹ (*bureau*) Direktion[sabteilung *f*] *f* ❺ AUT Lenkung *f,* Steuerung *f*

directionnel(le) [diʀɛksjɔnɛl] *adj* **antenne ~le** Richtantenne *f,* Richtstrahler *m*

directive [diʀɛktiv] *f gén pl* Richtlinie *f*

directoire [diʀɛktwaʀ] *m* ❶ (*organe de gestion*) Vorstand *m* ❷ HIST **le Directoire** das Direktorium

directorial(e) [diʀɛktɔʀjal, -jo] <-aux> *adj* des Direktors

directrice [diʀɛktʀis] *v.* **directeur**

dirigeable [diʀiʒabl] *m* Luftschiff *nt*

dirigeant(e) [diʀiʒɑ̃, ʒɑ̃t] **I.** *adj* führend; *fonction* leitend; *pouvoir, rôle* Führungs- **II.** *m(f)* führende Persönlichkeit; **les ~s** (*dans une entreprise/un parti/un club/un pays*) die Führung

diriger [diʀiʒe] <2a> **I.** *vi* die Leitung haben **II.** *vt* ❶ (*gouverner*) leiten *administration, journal;* führen, leiten *entreprise;* führen *syndicat, personnes;* dirigieren *musicien, orchestre;* [an]führen *mouvement;* steuern *manœuvre;* steuern *instincts* ❷ (*être le moteur de*) *chose:* bestimmen ❸ (*piloter*) lenken *voiture;* steuern *avion, bateau* ❹ (*faire aller*) **~ qn vers la gare** jdn in Richtung (*akk*) Bahnhof schicken; **~ vers qn/qc** auf jdn/etw richten; **~ un bateau sur Marseille** ein Schiff nach Marseille steuern; **être dirigé vers** *véhicule, convoi:* über etw (*akk*) geleitet werden ❺ (*orienter*) **~ une arme contre qn/qc** eine Waffe auf jdn/etw richten **III.** *vpr* ❶ (*aller*) **se ~ vers qn/qc** *personne:* auf jdn/etw zugehen; *véhicule:* auf jdn/etw zufahren; *fig* sich auf jdn/eine S. zubewegen; **se ~ vers Marseille** *avion, bateau:* Kurs *m* auf Marseille nehmen ❷ (*s'orienter*) **se ~ vers le nord** *aiguille:* nach Norden *m* zeigen; **se ~ vers la médecine** SCOL, UNIV die medizinische Laufbahn einschlagen

dirigisme [diʀiʒism] *m* ECON Dirigismus *m*

dirlo [diʀlo] *mf fam* Direx *mf*

dis [di] *indic prés et passé simple de* **dire**

discal(e) [diskal, -o] <-aux> *adj* **hernie ~e** Bandscheibenvorfall *m*

discernable [disɛʀnabl] *adj* erkennbar, wahrnehmbar

discernement [disɛʀnəmɑ̃] *m* Gespür *nt*

discerner [disɛʀne] <1> *vt* ❶ (*percevoir*) wahrnehmen ❷ (*saisir*) erkennen; aufdecken *mobiles d'un crime;* durchschauen *mobiles d'un acte* ❸ (*différencier*) **~ qc de qc** etw von etw unterscheiden

disciple [disipl] *m* ❶ (*élève*) Schüler(in) *m(f)* ❷ (*adepte*) Anhänger(in) *m(f)*

disciplinaire [disiplinɛʀ] *adj* disziplinarisch

discipline [disiplin] *f* ① SCOL, UNIV Fach *nt* ② (*règle, obéissance*) Disziplin *f* ③ SPORT Disziplin *f*

discipliné(e) [disipline] *adj* diszipliniert; **peu ~** undiszipliniert

discipliner [disipline] <1> *vt* (*faire obéir*) **~ la classe** in der Klasse für Disziplin sorgen

disc-jockey *v.* **disque-jockey**

disco [disko] **I.** *m* Diskosound *m* **II.** *adj inv* **musique ~** Diskomusik *f*

discographie [diskɔgʀafi] *f* Diskographie *f*

discontinu(e) [diskɔ̃tiny] *adj ligne* gestrichelt; *effort* nicht kontinuierlich

discontinuer [diskɔ̃tinɥe] <1> *vi* **travailler sans ~** ununterbrochen arbeiten

discontinuité [diskɔ̃tinɥite] *f* zeitweilige Unterbrechung *f*

discordance [diskɔʀdɑ̃s] *f* Widersprüchlichkeit *f*

discordant(e) [diskɔʀdɑ̃, ɑ̃t] *adj* (*incompatible*) widersprüchlich; *opinions* unterschiedlich; *caractères* gegensätzlich; *couleurs* sich beißend; *sons* disharmonisch; *cri* schrill

discorde [diskɔʀd] *f littér* Zwietracht *f*

discothèque [diskɔtɛk] *f* ① (*boîte de nuit*) Diskothek *f* ② (*collection*) Schallplattensammlung *f* ③ (*meuble*) [Schall]plattenschrank *m* ④ (*organisme de prêt*) Mediothek *f*

discount [diskɔnt, diskaunt] *m* **faire du ~** Discountgeschäfte machen

discourir [diskuʀiʀ] <irr> *vi* **~ sur qc** lange Reden über etw (*akk*) halten

discours [diskuʀ] *m* ① (*allocution*) Rede *f*; (*écrit*) Abhandlung *f*; **faire un ~** eine Rede halten; **~ télévisé** Fernsehansprache *f* ② (*propos*) Reden *nt* ③ (*bavardage*) Gerede *nt kein Pl* (*fam*); **beaux ~** *péj* schöne Worte *Pl*

discrédit [diskʀedi] *m* Misskredit *m kein Pl*

discréditer [diskʀedite] <1> *vt* **~ qn/qc auprès de qn** jdn/etw bei jdm in Misskredit bringen

discret, -ète [diskʀɛ, -ɛt] *adj* ① (*réservé*) diskret; *personne, attitude* zurückhaltend; (*qui garde les secrets*) diskret ② (*sobre*) dezent; *cadre* schlicht ③ (*retiré*) ruhig

discrètement [diskʀɛtmɑ̃] *adv faire la cour, avertir* diskret; *observer* unauffällig; *s'habiller, se maquiller* dezent; *parler, frapper* leise

discrétion [diskʀesjɔ̃] *f* ① (*réserve, silence*) Diskretion *f*; **~ assurée** Diskretion zugesichert ② (*sobriété*) Dezenz *f*; *d'une toilette* unauffällige Eleganz; *d'un maquillage* Unauffälligkeit *f*; *des décors* Schlichtheit *f*; **se maquiller avec ~** sich dezent schminken

discrimination [diskʀiminasjɔ̃] *f* (*ségrégation*) Diskriminierung *f*; **~ raciale** Rassendiskriminierung *f*; **sans ~** ohne Unterschied

discriminatoire [diskʀiminatwaʀ] *adj* diskriminierend

discriminer [diskʀimine] <1> *vt* diskriminieren

disculper [diskylpe] <1> **I.** *vt* **~ qn de qc** jdn von etw entlasten **II.** *vpr* **se ~** sich entlasten

discussion [diskysjɔ̃] *f* ① (*conversation*) Gespräch *nt* ② *d'un problème* Besprechung *f*; **~ sur qc** Diskussion *f* über etw (*akk*); **être en ~** diskutiert werden; *question:* besprochen werden ③ (*querelle*) Streit *m*

discutable [diskytabl] *adj théories* anfechtbar; *goût* zweifelhaft

discutailler [diskytaje] <1> *vi péj* endlose Diskussionen führen

discuté(e) [diskyte] *adj* umstritten

discuter [diskyte] <1> **I.** *vt* ① (*débattre*) diskutieren; **~ un projet de loi** über einen Gesetzesentwurf beraten ② (*contester*) in Frage stellen *ordre, autorité;* **~ le prix** über den Preis verhandeln **II.** *vi* ① (*bavarder*) **~ de qc avec qn** sich mit jdm über etw (*akk*) unterhalten; **~ d'un problème** ein Problem diskutieren/besprechen ② (*négocier*) **~ avec qn** mit jdm verhandeln ③ (*contester*) **on ne discute pas!** keine Widerrede! **III.** *vpr* **se ~** Gegenstand einer Diskussion sein; **ça se discute** darüber lässt sich streiten

disent [diz] *indic et subj prés de* **dire**

disette [dizɛt] *f* Hungersnot *f*

diseur, -euse [dizœʀ, -øz] *m, f* **~ de bonne aventure** Wahrsager *m*; **~ de bons mots** *péj* Märchenonkel *m* (*fam*)

disfonctionnement [disfɔ̃ksjɔnmɑ̃] *v.* **dysfonctionnement**

disgrâce [disgʀɑs] *f* Ungnade *f*

disgracieux, -euse [disgʀasjø, -jøz] *adj démarche* plump

disjoindre [disʒwɛ̃dʀ] <irr> *vt* (*disloquer*) lockern

disjoint(e) [disʒwɛ̃, wɛ̃t] *adj planche* lose

disjoncter [disʒɔ̃kte] <1> **I.** *vi fam* ① ELEC **ça a disjoncté!** die Sicherung ist durchgebrannt! ② (*débloquer*) ausrasten **II.** *vt* ELEC unterbrechen

disjoncteur [disʒɔ̃ktœʀ] *m* Unterbrecher *m*

dislocation [dislɔkasjɔ̃] *f* Auseinanderfallen *nt*

disloquer [dislɔke] <1> **I.** *vt* ① (*démolir*) auseinandernehmen; zerrütten *parti;* auseinanderreißen *famille;* zum Zerfall bringen *empire;* aufteilen *domaine* ② (*disperser*) auflösen *manifestation* **II.** *vpr* ① (*se défaire*) **se ~** *meuble, voiture, jouet:* in die Brüche gehen; *empire:* zerfallen; *famille:* auseinanderbrechen; *manifestation, assemblage, parti, société:* sich auflösen ② MED **se ~ qc** sich (*dat*) etw auskugeln

disons [dizɔ̃] *indic prés et impératif de* **dire**

disparaître [dispaʀɛtʀ] *<irr> vi + avoir* ① (*ne plus être là*) verschwinden ② (*passer, s'effacer*) *trace:* sich verlieren; *tache:* herausgehen; *douleur:* vergehen; *espoir:* schwinden; *crainte, soucis:* verschwinden; *colère:* verrauchen; **faire ~ les traces** die Spuren verwischen ③ (*ne plus exister*) *obstacle:* aus dem Weg geräumt werden; (*s'éteindre*) *culture:* untergehen; *espèce:* aussterben; *mode, dialecte, coutume:* verschwinden; (*mourir*) *personne:* versterben; (*dans un naufrage*) untergehen; **faire ~ qn** jdn beseitigen

disparate [dispaʀat] *adj couleurs, garderobe* bunt zusammengewürfelt

disparité [dispaʀite] *f d'une œuvre* Vielschichtigkeit *f*

disparition [dispaʀisjɔ̃] *f* ① (*opp: apparition*) Verschwinden *nt; d'une coutume* Aussterben *nt; du soleil, d'une culture* Untergang *m; d'un obstacle* Beseitigung *f* ② (*mort*) Versterben *nt;* **~ des espèces** Artensterben *nt*

disparu(e) [dispaʀy] **I.** *part passé de* **disparaître** **II.** *adj* **être porté ~** als vermisst gelten **III.** *m(f)* ① (*défunt*) Verstorbene(r) *f(m)* ② (*porté manquant*) Vermisste(r) *f(m)*

dispatcher [dispatʃe] <1> *vt* verteilen

dispendieux, -euse [dispɑ̃djø, -jøz] *adj* kostspielig, aufwändig

dispensaire [dispɑ̃sɛʀ] *m öffentliches Gesundheitsamt für Schutzimpfungen und Vorsorgeuntersuchungen*

dispense [dispɑ̃s] *f* Sondererlaubnis *f;* **~ de qc** Befreiung *f* von etw

dispenser [dispɑ̃se] <1> **I.** *vt* ① (*exempter*) **~ qn de qc** jdn von etw befreien; **se faire ~ de qc** sich von etw befreien lassen ② (*distribuer*) **~ qc à qn** jdm etw zuteilwerden lassen **II.** *vpr* **se ~ de qc** etw unterlassen; **qn se dispenserait bien de qc** jd könnte gut auf etw (*akk*) verzichten

disperser [dispɛʀse] <1> **I.** *vt* ① (*éparpiller*) zerstreuen; verstreuen *papiers, cendres;* zersprengen *troupes* ② (*répartir*) verteilen **II.** *vpr* **se ~** ① (*partir dans tous les sens*) sich zerstreuen ② (*se déconcentrer*) sich verzetteln (*fam*)

dispersion [dispɛʀsjɔ̃] *f* Zerstreuen *nt; des graines, cendres* Verstreuen *nt; d'un attroupement* Auseinandersprengen *nt; de l'esprit* Zerstreuung *f*

disponibilité [dispɔnibilite] *f sans pl* Verfügbarkeit *f*

disponible [dispɔnibl] *adj* verfügbar; *article* vorrätig; *appartement, place* frei

dispos(e) [dispo, oz] *adj v.* **frais**

disposé(e) [dispoze] *adj* **être bien/mal ~** gut/schlecht gelaunt sein; **être ~ à faire qc** bereit sein etw zu tun

disposer [dispoze] <1> **I.** *vt* ① (*arranger, placer*) anordnen; aufstellen *joueurs, soldats* ② (*engager*) **~ qn à faire qc** jdn dazu bringen etw zu tun **II.** *vi* ① (*avoir à sa disposition*) **~ de qc** über etw (*akk*) verfügen ② *soutenu* (*aliéner*) **~ de qn/qc** über jdn/etw verfügen **III.** *vpr* **se ~ à faire qc** gerade etw tun wollen

dispositif [dispozitif] *m* ① (*mécanisme*) Vorrichtung *f* ② (*ensemble de mesures*) Reihe *f* von Maßnahmen

disposition [dispozisjɔ̃] *f* ① *sans pl* (*agencement*) Anordnung *f; d'un article, texte* Gliederung *f* ② *d'une loi, d'un contrat* Bestimmung *f; d'un testament* Verfügung *f* ▶ **avoir qc à sa ~** etw zu seiner Verfügung haben; **prendre des ~s pour qc** Vorkehrungen für etw treffen

disproportion [dispʀɔpɔʀsjɔ̃] *f* Missverhältnis *nt*

disproportionné(e) [dispʀɔpɔʀsjɔne] *adj corps* schlecht proportioniert; *réactions* unangemessen

dispute [dispyt] *f* Streit *m*

disputer [dispyte] <1> **I.** *vt* ① *fam* (*gronder*) **~ qn** jdn ausschimpfen ② (*contester*) **~ qc à qn** jdm etw streitig machen ③ SPORT austragen *match;* **être très disputé** hart umkämpft sein **II.** *vpr* ① (*se quereller*) **se ~ avec qn** sich mit jdm streiten ② (*lutter pour*) **se ~ qc** sich um etw streiten; **se ~ le marché** um Marktanteile kämpfen ③ SPORT **se ~** ausgetragen werden

disquaire [diskɛʀ] *m* Schallplattenhändler(in) *m(f)*

D

disqualification [diskalifikasjɔ̃] *f* Disqualifikation *f*

disqualifier [diskalifje] <1> **I.** *vt* disqualifizieren **II.** *vpr* **se ~** sich disqualifizieren

disque [disk] *m* ❶ (*objet rond*) Scheibe *f* ❷ MUS [Schall]platte *f;* **~ compact** CD *f;* **mettre un ~** eine Platte auflegen ❸ (*engin*) Diskus *m;* (*discipline*) Diskuswurf *m* ❹ INFORM **~ dur** Festplatte *f;* **~ optique compact** CD-ROM *f* ▸ **change de ~!** *fam* leg eine andere Platte auf!

disque-jockey [diskʒɔkɛ] <disque--jockeys> *m* Discjockey *m*

disquette [diskɛt] *f* Diskette *f*

dissection [disɛksjɔ̃] *f* Sezieren *nt*

dissemblable [disɑ̃blabl] *adj* unähnlich, ungleich

dissémination [diseminasjɔ̃] *f* Verstreuung *f*

disséminer [disemine] <1> **I.** *vt* verstreuen **II.** *vpr* **se ~** ❶ (*se disperser*) sich verteilen ❷ (*se répandre*) sich ausbreiten

dissension [disɑ̃sjɔ̃] *f* Meinungsverschiedenheit *f*

disséquer [diseke] <5> *vt* sezieren *cadavre;* zerlegen *structure*

dissertation [disɛʀtasjɔ̃] *f* Aufsatz *m*

disserter [disɛʀte] <1> *vi* **~ sur qc** sich über etw (*akk*) auslassen

dissidence [disidɑ̃s] *f* Spaltung *f*

dissident(e) [disidɑ̃, ɑ̃t] **I.** *adj* abtrünnig; **un groupe ~** eine Splittergruppe **II.** *m(f)* Dissident(in) *m(f)*

dissimulation [disimylasjɔ̃] *f* ❶ *sans pl* (*duplicité*) Heuchelei *f* ❷ (*action de cacher*) Verbergen *nt; de bénéfices, revenus* Unterschlagung *f*

dissimulé(e) [disimyle] *adj sentiments* heuchlerisch, falsch; *personne* unaufrichtig

dissimuler [disimyle] <1> **I.** *vt* ❶ (*cacher*) verstecken; verbergen *visage, difficultés* ❷ (*masquer*) **~ ses sentiments à qn** seine Gefühle vor jdm verbergen ❸ (*taire*) **~ qc à qn/à qn que ...** jdm etw verschweigen/jdm verschweigen, dass ... ❹ FIN unterschlagen **II.** *vi* **savoir ~** sich gut verstellen können **III.** *vpr* **se ~** sich verbergen; **se ~ que ...** sich (*dat*) nicht darüber im Klaren sein, dass ...

dissipation [disipasjɔ̃] *f* Disziplinlosigkeit *f; du patrimoine* Verschwendung *f; de la brume* Auflösung *f*

dissipé(e) [disipe] *adj* undiszipliniert

dissiper [disipe] <1> **I.** *vt* ❶ (*faire disparaître*) vertreiben ❷ (*lever*) zerstreuen; ausräumen *soupçons, doutes;* zerstören *illusions;* aufklären *malentendu* ❸ (*dilapider*) verschwenden ❹ SCOL ablenken **II.** *vpr* **se ~** *brume:* sich auflösen; *doutes, craintes, soupçons:* sich zerstreuen; *inquiétude:* verfliegen; SCOL sich leicht ablenken lassen

dissociable [disɔsjabl] *adj* voneinander trennbar

dissocier [disɔsje] <1> *vt* (*envisager séparément*) **~ qc de qc** etw getrennt von etw betrachten

dissolu(e) [disɔly] *adj littér mœurs* locker; *vie* ausschweifend

dissolubilité [disɔlybilite] *f* ❶ CHIM, PHYS Löslichkeit *f* ❷ POL *d'une assemblée* Auflösbarkeit *f*

dissoluble [disɔlybl] *adj* ❶ CHIM, PHYS löslich ❷ POL *assemblée* auflösbar

dissolution [disɔlysjɔ̃] *f* ❶ (*action*) Auflösung *f* ❷ (*liquide*) Lösung *f*

dissolvant [disɔlvɑ̃] *m* (*produit*) Lösungsmittel *nt;* (*pour les ongles*) Nagellackentferner *m*

dissolvant(e) [disɔlvɑ̃, ɑ̃t] *adj* auflösend

dissonance [disɔnɑ̃s] *f* Dissonanz *f*

dissoudre [disudʀ] <*irr*> **I.** *vt* auflösen **II.** *vpr* **se ~** sich auflösen; *mariage:* auseinandergehen

dissous, dissoute [disu, disut] *part passé de* **dissoudre**

dissuader [disɥade] <1> *vt* **~ qn de qc** (*par la persuasion*) jdn von etw abbringen; (*par la peur*) jdn von etw abschrecken

dissuasif, -ive [disɥazif, -iv] *adj* abschreckend

dissuasion [disɥazjɔ̃] *f* Abschreckung *f*

dissymétrique [disimetʀik] *adj* asymmetrisch

distance [distɑ̃s] *f* ❶ (*éloignement*) Entfernung *f;* **la ~ entre Nancy et Paris/de la terre à la lune** die Entfernung zwischen Nancy und Paris/von der Erde zum Mond; **à quelle ~ est Cologne?** wie weit ist Köln entfernt?; **à une ~ de cent mètres** hundert Meter weit [entfernt]; **commande à ~** Fernsteuerung *f;* **commandé à ~** ferngesteuert; **relation à ~** Fernbeziehung *f* ❷ GEOM Abstand *m* ❸ SPORT Distanz *f* ❹ (*écart*) Kluft *f* ▸ **prendre ses ~s à l'égard de qn** sich von jdm distanzieren; **tenir qn à ~** jdn auf Distanz halten; **à ~** (*dans l'espace*) aus der Entfernung; (*dans le temps*) mit Abstand; **à cinq ans de ~** fünf Jahre später

distancer [distɑ̃se] <2> *vt* ❶ SPORT abhängen; disqualifizieren *trotteur* ❷ (*surpasser*) in den Schatten stellen

distancier [distɑ̃sje] <1a> **I.** *vt* distanzieren *adversaire* **II.** *vpr* **se ~** sich distanzieren

distant(e) [distɑ̃, ɑ̃t] *adj* ❶ (*réservé*) distanziert ❷ (*éloigné*) entfernt; **ces deux événements sont ~s de plusieurs années** diese beiden Ereignisse liegen mehrere Jahre auseinander
distendre [distɑ̃dʀ] <14> *vt* ausleiern; stark dehnen *peau;* lockern *liens*
distension [distɑ̃sjɔ̃] *f d'un ligament* Überdehnung *f; de la peau* starke [Aus]dehnung *f*
distillateur, -trice [distilatœʀ, -tʀis] *m, f* Destillateur(in) *m(f); de cognac* Branntweinbrenner(in) *m(f)*
distillation [distilasjɔ̃] *f* Destillation *f; d'un alcool* Brennen *nt*
distiller [distile] <1> *vt* destillieren; **eau distillée** destilliertes Wasser *nt*
distillerie [distilʀi] *f* Brennerei *f*
distinct(e) [distɛ̃, ɛ̃kt] *adj* ❶ (*différent*) verschieden; **bien ~** durchaus verschieden ❷ (*net*) deutlich
distinctement [distɛ̃ktəmɑ̃] *adv* deutlich
distinctif, -ive [distɛ̃ktif, -iv] *adj* charakteristisch; **signe ~** Kennzeichen *nt*
distinction [distɛ̃ksjɔ̃] *f* ❶ (*différenciation*) Unterscheidung *f* ❷ (*décoration, honneur*) Auszeichnung *f;* **~ honorifique** Ehrentitel *m* ❸ (*élégance*) Vornehmheit *f;* **être d'une grande ~** sehr vornehm sein
distingué(e) [distɛ̃ge] *adj* ❶ (*élégant*) vornehm; **ça fait très ~** das wirkt sehr vornehm ❷ (*éminent*) berühmt
distinguer [distɛ̃ge] <1> **I.** *vt* ❶ (*percevoir*) erkennen ❷ (*différencier*) **~ qn de qn/qc de qc** jdn von jdm/etw von etw unterscheiden ❸ (*caractériser*) **sa grande taille le distingue** er unterscheidet sich durch seine Größe ❹ (*isoler*) unterscheiden ❺ (*honorer*) auszeichnen **II.** *vi* (*faire la différence*) **~ entre qn et qn/entre qc et qc** zwischen jdm und jdm/zwischen etw (*dat*) und etw (*dat*) unterscheiden **III.** *vpr* ❶ (*différer*) **se ~ de qn/qc par qc** sich durch etw von jdm/etw unterscheiden ❷ (*s'illustrer*) **se ~ par qc** sich durch etw auszeichnen
distorsion [distɔʀsjɔ̃] *f* PHYS Verzerrung *f*
distraction [distʀaksjɔ̃] *f* ❶ *sans pl* (*inattention*) Unaufmerksamkeit *f* ❷ (*étourderie*) Unachtsamkeit *f* ❸ *sans pl* (*dérivatif*) Abwechslung *f* ❹ *gén pl* (*passe-temps*) Zeitvertreib *m*
distraire [distʀɛʀ] <*irr*> **I.** *vt* ❶ (*délasser*) unterhalten ❷ (*déranger*) **~ qn de qc** jdn von etw ablenken **II.** *vpr* **se ~** sich amüsieren
distrait(e) [distʀɛ, ɛt] **I.** *part passé de* **distraire** **II.** *adj* zerstreut; **avoir l'air ~** einen zerstreuten Eindruck machen
distraitement [distʀɛtmɑ̃] *adv* geistesabwesend
distrayant(e) [distʀɛjɑ̃, jɑ̃t] *adj* unterhaltsam
distribanque® [distʀibɑ̃k] *m* Bankomat® *m,* Geldautomat *m*
distribuer [distʀibɥe] <1> *vt* ❶ (*donner*) **~ qc à qn** etw an jdn verteilen; **~ des coups/gifles** Schläge/Ohrfeigen austeilen; **~ le courrier** die Post austragen ❷ FIN **~ des dividendes aux actionnaires** Dividenden an die Aktionäre ausschütten ❸ COM vertreiben; **~ de l'électricité à qn/qc** jdn/etw mit Strom versorgen ❹ MEDIA verleihen ❺ (*arranger, répartir*) anordnen *éléments, mots;* aufteilen *pièces;* aufstellen *joueurs de foot*
distributeur [distʀibytœʀ] *m* Automat *m;* **~ de billets** Geldautomat *m*
distributeur, -trice [distʀibytœʀ, -tʀis] *m, f* ❶ (*personne*) **~ de prospectus** Verteiler(in) *m(f)* von Prospekten ❷ COM Vertreiber(in) *m(f);* (*entreprise*) Vertriebsgesellschaft *f;* (*diffuseur*) Verkaufsstelle *f;* **~ agréé/exclusif** Vertragshändler *m*/Alleinvertreter *m* ❸ CINE Filmverleiher(in) *m(f)*
distributif, -ive [distʀibytif, -iv] *adj* (*qui distribue*) verteilend; LING, MATH distributiv
distribution [distʀibysjɔ̃] *f* ❶ (*répartition*) Verteilung *f; du courrier* Zustellung *f; des cartes* Ausgeben *nt; des tâches* Zuteilung *f* ❷ FIN *des dividendes* Ausschüttung *f; des actions* Ausgabe *f;* **~ des prix** Preisverteilung *f* ❸ COM Vertrieb *m;* **la ~ d'eau** die Wasserversorgung *f* ❹ MEDIA Verleih *m;* CINE, THEAT [Rollen]besetzung *f* ❺ *des éléments, mots* Anordnung *f; des pièces, de l'appartement* Aufteilung *f; des joueurs* Aufstellung *f*
district [distʀikt] *m* Bezirk *m*
dit [di] *indic prés de* **dire**
dit(e) [di, dit] **I.** *part passé de* **dire** **II.** *adj le Sage, le Bègue* mit dem Beinamen; *touristique, socialiste* so genannt
dites [dit] *indic prés de* **dire**
dithyrambique [ditiʀɑ̃bik] *adj* überschwänglich
diurétique [djyʀetik] *m* MED Diuretikum *nt* (*Fachspr.*)
diurne [djyʀn] *adj animal* tagaktiv
diva [diva] *f* Diva *f*
divagation [divagasjɔ̃] *f gén pl* wirres Gerede *nt kein Pl*
divaguer [divage] <1> *vi* ❶ (*délirer*)

malade: phantasieren ② *fam* (*déraisonner*) spinnen

divan [divɑ̃] *m* Diwan *m*

divergence [divɛʀʒɑ̃s] *f* Divergenz *f*

divergent(e) [divɛʀʒɑ̃, ʒɑ̃t] *adj* voneinander abweichend

diverger [divɛʀʒe] <2a> *vi* ① (*s'écarter*) auseinandergehen ② (*s'opposer*) ~ **de qc** von etw abweichen

divers(e) [divɛʀ, ɛʀs] **I.** *adj* ① *paysages, coutumes* verschiedenartig; *hypothèses, personnes* verschieden ② *mouvements, intérêts* unterschiedlich ③ *toujours au pl* (*plusieurs*) mehrere; **à ~es reprises** mehrmals **II.** *mpl* (*autres*) Sonstige(s) *nt;* (*frais*) sonstige Kosten *Pl*

diversement [divɛʀsəmɑ̃] *adv* unterschiedlich

diversification [divɛʀsifikasjɔ̃] *f* Diversifikation *f*

diversifié(e) [divɛʀsifje] *adj* vielfältig; *goût, offre* vielseitig

diversifier [divɛʀsifje] <1> *vt* diversifizieren

diversion [divɛʀsjɔ̃] *f a.* MIL Ablenkung *f*

diversité [divɛʀsite] *f* (*variété*) Verschiedenartigkeit *f;* (*multiplicité*) Vielfalt *f*

divertir [divɛʀtiʀ] <8> **I.** *vt* ① (*délasser*) unterhalten; ~ **un enfant** für ein Kind Späßchen machen, ein Kind bespaßen (*fam*) ② (*changer les idées*) ablenken, auf andere Gedanken bringen **II.** *vpr* **se ~** sich amüsieren

divertissant(e) [divɛʀtisɑ̃, ɑ̃t] *adj* unterhaltsam; **qn trouve ~ de faire qc** es bereitet jdm Vergnügen etw zu tun

divertissement [divɛʀtismɑ̃] *m* ① *sans pl* (*action*) Unterhaltung *f;* (*passe-temps*) Beschäftigung *f* ② MUS Divertimento *nt*

dividende [dividɑ̃d] *m* FIN Dividende *f*

divin(e) [divɛ̃, in] *adj* ① REL göttlich ② *beauté* bezaubernd

divination [divinasjɔ̃] *f* Wahrsagen *nt*

divinatoire [divinatwaʀ] *adj* ① *art* wahrsagend; *science* vorhersagend ② *instinct* intuitiv

divinement [divinmɑ̃] *adv* wundervoll

divinisation [divinizasjɔ̃] *f* Vergöttlichung *f*

diviniser [divinize] <1> *vt* ~ **qn/qc** jdn/etw als Gottheit verehren

divinité [divinite] *f sans pl* Göttlichkeit *f*

diviser [divize] <1> **I.** *vt* ① (*fractionner*) [ein]teilen; ~ **qc en qc** etw in etw (*akk*) teilen; ~ **qc entre plusieurs personnes** etw unter mehreren Personen aufteilen; **divisé par** geteilt durch ② MATH dividieren ③ (*désunir*) entzweien; spalten *groupe, population, parti* ▶ ~ **pour régner** *prov* teile und herrsche! **II.** *vpr* ① (*se séparer*) **se ~ en qc** *cellule, route:* sich in etw (*akk*) teilen; *parti:* sich in etw (*akk*) spalten ② (*être divisible*) **se ~** *nombre:* teilbar sein; *ouvrage:* sich gliedern

divisibilité [divizibilite] *f* Teilbarkeit *f*

divisible [divizibl] *adj* ~ **par qc** teilbar durch etw

division [divizjɔ̃] *f* ① (*fractionnement*) ~ **en qc** *d'un pays* Gliederung *f* in etw (*akk*); *des tâches* Verteilung *f;* (*classement*) Einteilung *f* in etw (*akk*) ② (*désaccord*) Unstimmigkeiten *Pl* ③ (*action*) Dividieren *nt;* (*résultat*) Division *f;* **faire une ~** dividieren ④ (*subdivision*) Teil *m;* ~ **administrative** Verwaltungsbezirk *m* ⑤ MIL Division *f* ⑥ SPORT Liga *f* ⑦ *d'une entreprise* Abteilung *f* ⑧ BIO ~ **cellulaire** Zellteilung *f*

divisionnaire [divizjɔnɛʀ] *adj* **commissaire ~** Oberkommissar(in) *m(f)*

divorce [divɔʀs] *m* [Ehe]scheidung *f;* ~ **avec qn** Scheidung von jdm; **demander le ~** die Scheidung einreichen

divorcé(e) [divɔʀse] **I.** *adj* ~ **de qn** von jdm geschieden **II.** *m(f)* Geschiedene(r) *f(m)*

divorcer [divɔʀse] <2> *vi* ~ **de qn** sich von jdm scheiden lassen

divulgation [divylgasjɔ̃] *f d'un secret* Preisgabe *f*

divulguer [divylge] <1> *vt* ~ **un secret à qn** jdm ein Geheimnis verraten

dix [dis, *devant une voyelle* diz, *devant une consonne* di] **I.** *num* zehn ▶ **répéter/recommencer ~ fois la même chose** immer wieder dasselbe wiederholen/machen **II.** *m inv* Zehn *f; v. a.* **cinq**

dix-huit [dizɥit, *devant une consonne* dizɥi] **I.** *num* achtzehn **II.** *m inv* Achtzehn *f; v. a.* **cinq** **dix-huitième** [dizɥitjɛm] <dix-huitièmes> **I.** *adj antéposé* achtzehnte(r, s) **II.** *mf* **le/la ~** der/die/das Achtzehnte **III.** *m* (*fraction*) Achtzehntel *nt; v. a.* **cinquième**

dixième [dizjɛm] **I.** *adj antéposé* zehnte(r, s) **II.** *mf* **le/la ~** der/die/das Zehnte **III.** *m* (*fraction*) Zehntel *nt;* **les neuf ~s des gens** neunzig Prozent der Menschen; *v. a.* **cinquième**

dixièmement [dizjɛmmɑ̃] *adv* zehntens

dix-neuf [diznœf] **I.** *num* neunzehn **II.** *m inv* Neunzehn *f; v. a.* **cinq** **dix-neuvième** [diznœvjɛm] <dix-neuvièmes> **I.** *adj antéposé* neunzehnte(r, s) **II.** *mf* **le/la ~** der/die/das Neunzehnte **III.** *m* (*fraction*) Neunzehntel *nt; v. a.* **cinquième**

dix-sept [dissɛt] **I.** *num* siebzehn **II.** *m*

inv Siebzehn *f; v. a.* **cinq** **dix-septième** [dissɛtjɛm] <dix-septièmes> **I.** *adj antéposé* siebzehnte(r, s) **II.** *mf* **le/la ~** der/die/das Siebzehnte **III.** *m* (*fraction*) Siebzehntel *nt; v. a.* **cinquième**

dizaine [dizɛn] *f* ❶ (*environ dix*) **une ~ de personnes/pages** etwa zehn Personen/Seiten; **quelques/plusieurs ~s de personnes** ein paar/mehrere Dutzend Personen ❷ (*âge approximatif*) **avoir une ~ d'années** ungefähr zehn [Jahre alt] sein; **approcher de la ~** auf die Zehn zugehen; **avoir largement dépassé la ~** weit über zehn [Jahre alt] sein

D.J. [didʒɛ, didʒi] *m abr de* **disque-jockey** DJ *m*

djellaba [dʒɛ(l)laba] *f* Dschellaba *f*

djembé [dʒœmbe] *m* MUS Djembe *f*

djette [didʒɛt] *f fam* DJane *f*

djeuns, djeun's, djeunz [dʒœns] *mpl fam* Teenies *Pl*

djihad [dʒi(j)ad] *m* Dschihad *m*

djihadiste [dʒi(j)adist] **I.** *mf* Dschihadist(in) *m(f)* **II.** *adj* dschihadistisch

dl *abr de* **décilitre** dl

dm *abr de* **décimètre** dm

DM [dœtʃmaʀk] HIST *abr de* **Deutsche Mark** DM

do [do] *m inv* (*majeur*) C *nt;* (*mineur*) c *nt;* **~ dièse** (*majeur*) Cis *nt;* (*mineur*) cis *nt;* **~ bémol** (*majeur*) Ces *nt;* (*mineur*) ces *nt*

doberman [dɔbɛʀman] *m* (*chien*) Dobermann *m*

doc [dɔk] *f fam abr de* **documentation** Doku *f*

docile [dɔsil] *adj* folgsam; *air* sanft

docilement [dɔsilmɑ̃] *adv se comporter* folgsam

docilité [dɔsilite] *f* Folgsamkeit *f*

dock [dɔk] *m* ❶ (*bassin*) Hafenbecken *nt; de carénage* Dock *nt* ❷ *souvent pl* (*entrepôt*) Lagerhaus *nt*

docker [dɔkɛʀ] *m* Hafenarbeiter *m*

docteur [dɔktœʀ] *m* Doktor *m*

doctoral(e) [dɔktɔʀal, -o] <-aux> *adj péj* schulmeisterlich

doctorat [dɔktɔʀa] *m* **~ en** Doktorwürde *f* in (+ *dat*); **un doctorat** ein Doktortitel; **~ d'État** Habilitation *f*

doctrinaire [dɔktʀinɛʀ] *adj* doktrinär

doctrinal(e) [dɔktʀinal, -o] <-aux> *adj* eine Doktrin betreffend

doctrine [dɔktʀin] *f* Doktrin *f*

docufiction [dokyfiksjɔ̃] *m* TV Dokudrama *nt*

document [dɔkymɑ̃] *m* ❶ (*pièce écrite*) Dokument *nt;* (*d'un historien*) Quelle *f;* (*d'un comptable*) Beleg *m; pl* Unterlagen *Pl* ❷ (*preuve*) Dokument *nt;* (*pour la police*) Beweisstück *nt*

documentaire [dɔkymɑ̃tɛʀ] **I.** *adj* dokumentarisch **II.** *m* Dokumentarfilm *m*

documentaliste [dɔkymɑ̃talist] *mf* Dokumentalist(in) *m(f)*

documentation [dɔkymɑ̃tasjɔ̃] *f* Dokumentation *f,* Materialsammlung *f*

documenter [dɔkymɑ̃te] <1> **I.** *vt* **~ qn sur qn/qc** jdn über jdn/etw informieren **II.** *vpr* **se ~ sur qn/qc** sich (*dat*) Informationsmaterial über jdn/etw beschaffen

docu-soap [dokysop] <docu-soaps> *m* Dokusoap *f*

dodeliner [dɔdline] <1> *vi* **~ de la tête** den Kopf hin und her bewegen

dodo [dodo] *m enfantin fam* **faire ~** heia machen; **le dodo** *fam* das Schlafen

dodu(e) [dɔdy] *adj fam* gut genährt; *bras, poule* fleischig

dogmatique [dɔgmatik] *adj* dogmatisch

dogme [dɔgm] *m* Dogma *nt*

dogue [dɔg] *m* Dogge *f*

doigt [dwa] *m* ❶ ANAT *de la main, d'un gant* Finger *m;* **compter sur ses ~s** mit den Fingern zählen; **lever le ~** sich melden ❷ (*mesure*) Fingerbreit *m* ▶**être à deux ~s de la mort** mit einem Fuß im Grab[e] stehen; **faire qc les ~s dans le nez** *fam* etw mit links machen; **se cacher derrière son petit ~** sich vor der Wahrheit verstecken; **être à un ~ de faire qc** kurz davorstehen etw zu tun; **filer entre les ~s de qn** *argent:* jdm zwischen den Fingern zerrinnen; *personne:* jdm durch die Maschen schlüpfen; **mettre le ~ sur qc** den Kern einer S. (*gen*) treffen

doigté [dwate] *m* ❶ MUS Fingersatz *m* ❷ (*savoir-faire*) Fingerspitzengefühl *nt*

doigtier [dwatje] *m* Fingerling *m*

dois [dwa] *indic prés de* **devoir**

doit [dwa] **I.** *indic prés de* **devoir** **II.** *m* Soll *nt*

doivent [dwav] *indic et subj prés de* **devoir**

doléances [dɔleɑ̃s] *fpl* Beschwerden *Pl*

dollar [dɔlaʀ] *m* Dollar *m;* **~ canadien** kanadischer Dollar

dolmen [dɔlmɛn] *m* Dolmen *m*

D.O.M. [dɔm] *m abr de* **département d'outre-mer** überseeisches Departement

domaine [dɔmɛn] *m* ❶ (*terre*) Ländereien *Pl;* **~ familial** Familienbesitz *m* ❷ ADMIN **le Domaine** das Staatsvermögen ❸ (*sphère*) Gebiet *nt,* Bereich *m;* **~ d'activité** Betätigungsfeld *nt,* Branche *f* ❹ INET Domäne *f,* Domain *f*

D

domanial(e) [dɔmanjal, -jo] <-aux> *adj* **biens domaniaux** Staatsvermögen *nt*
dôme [dom] *m* [Außen]kuppel *f*
domestication [dɔmɛstikasjɔ̃] *f d'un animal sauvage* Zähmung *f*
domestique [dɔmɛstik] **I.** *adj* ❶ (*opp: sauvage*) zahm; **animal ~** Haustier *nt* ❷ (*ménager*) häuslich; **économie ~** Hauswirtschaft *f kein Pl* ❸ ECON **marché ~** Binnenmarkt *m* **II.** *mf* Hausangestellte(r) *f(m)*
domestiquer [dɔmɛstike] <1> *vt* nutzbar machen *énergie solaire, vent, marées*
domicile [dɔmisil] *m* ❶ (*demeure*) Wohnung *f* ❷ ADMIN Wohnsitz *m* ▶ **à ~** *livrer* ins Haus; *recevoir* zu Hause; *envoi* nach Hause; **travail à ~** Heimarbeit *f*; **visite à ~** Hausbesuch *m*
domiciliation [dɔmisiljasjɔ̃] *f d'un chèque* Zahlungsort *m*
domicilier [dɔmisilje] <1> *vt form* **être domicilié à Paris** seinen Wohnsitz in Paris haben
domien(ne) [domjɛ̃, ɛn] *adj* aus den Überseedepartements; **la culture ~ne** die Kultur der Überseedepartements
Domien(ne) [domjɛ̃, ɛn] *m(f)* Bewohner(in) *m(f)* eines D.O.M.
dominant(e) [dɔminɑ̃, ɑ̃t] *adj* dominierend; *opinion, vent* vorherrschend; *position, nation* führend
dominante [dɔminɑ̃t] *f* (*caractéristique*) dominierendes Merkmal
dominateur, -trice [dɔminatœʀ, -tʀis] *adj* herrisch
domination [dɔminasjɔ̃] *f* (*suprématie*) Vormacht *f*
dominer [dɔmine] <1> **I.** *vt* ❶ (*être le maître de*) **~ qn/qc** über jdn/etw herrschen ❷ (*contrôler*) zügeln; zurückhalten *larmes;* unterdrücken *chagrin;* beherrschen *sujet* ❸ (*surpasser*) übertreffen ❹ (*surplomber*) überragen ❺ (*être plus fort que*) *orateur, voix:* übertönen; *passion du jeu:* überwiegen **II.** *vi* ❶ (*prédominer*) vorherrschen ❷ (*commander, être le meilleur*) den Ton angeben; (*sur les mers*) überlegen sein; SPORT dominieren **III.** *vpr* **se ~** sich beherrschen
dominicain(e) [dɔminikɛ̃, ɛn] **I.** *adj* ❶ REL Dominikaner- ❷ GEOG dominikanisch **II.** *m(f)* REL Dominikaner(in) *m(f)*
Dominicain(e) [dɔminikɛ̃, ɛn] *m(f)* GEOG Dominikaner(in) *m(f)*
dominical(e) [dɔminikal, -o] <-aux> *adj* **repos ~** Sonntagsruhe *f kein Pl*
domino [dɔmino] *m* (*pièce*) Dominostein *m*
dommage [dɔmaʒ] *m* ❶ (*préjudice*) Schaden *m;* **~s corporels** Personenschaden *m;* **~s matériels** Sachschaden *m;* **~ et intérêts** Schaden[s]ersatz *m kein Pl* ❷ *pl* (*dégâts*) Schäden *Pl* ▶ **c'est bien ~!** das ist sehr schade!; **quel ~!** wie schade!
dommages-intérêts [dɔmaʒzɛ̃teʀɛ] *mpl* Schaden[s]ersatz *m kein Pl*
dompter [dɔ̃(p)te] <1> *vt* bändigen; dressieren *cheval, fauve;* unterwerfen *rebelles;* niederschlagen *rébellion;* zügeln *imagination, passions;* überwinden *peur*
dompteur, -euse [dɔ̃(p)tœʀ, -øz] *m, f* Dompteur *m*/Dompteuse *f*
D.O.M.-R.O.M. [dɔmʀɔm] *mpl abr de* **départements et régions d'outre-mer** überseeische Departements *Pl* und Regionen *Pl*
don [dɔ̃] *m* ❶ (*action*) Schenkung *f;* (*action charitable*) Spenden *nt* ❷ (*cadeau*) Geschenk *nt;* (*cadeau charitable*) Spende *f;* **~ d'organe** Organspende; **faire un ~ à qn** jdm eine Spende zukommen lassen ❸ (*aptitude*) Begabung *f;* **avoir le ~ de faire qc** das Talent haben etw zu tun
donateur, -trice [dɔnatœʀ, -tʀis] *m, f* Spender(in) *m(f)*
donation [dɔnasjɔ̃] *f* Schenkung *f*
donc [dɔ̃k] *conj* also; (*en interrogative*) denn; (*en impérative*) doch; **si ~ je ne suis pas là à 20 heures** sollte ich also um 20 Uhr noch nicht da sein
dondon [dɔ̃dɔ̃] *f hum fam* [**grosse**] **~** Dickmadam *f,* Dampfwalze (*pej*)
donf [dɔ̃f] *adv fam* ▶ **à ~** voll, total
donjon [dɔ̃ʒɔ̃] *m* Bergfried *m*
donnant [dɔnɑ̃] **avec qn, c'est ~ ~** jd tut nichts ohne Gegenleistung
donne [dɔn] *f* JEUX Geben *nt*
donné(e) [dɔne] *adj* (*déterminé*) bestimmt ▶ **étant ~ qc** in Anbetracht einer S. (*gen*); **c'est ~** *fam* das ist geschenkt
donnée [dɔne] *f gén pl* ❶ (*élément d'appréciation*) Angabe *f* ❷ SCOL **~s du problème** Problemstellung *f* ❸ *pl* INFORM, ADMIN Daten *Pl*
donner [dɔne] <1> **I.** *vt* ❶ (*remettre*) **~ qc à qn** jdm etw geben ❷ (*offrir*) jdm etw schenken ❸ (*communiquer*) **~ de ses nouvelles** von sich hören lassen; **~ le bonjour à qn** jdm Grüße ausrichten ❹ MUS angeben *note, ton* ❺ SCOL **~ des devoirs à qn** jdm Hausaufgaben aufgeben ❻ (*causer*) **~ faim/soif** hungrig/durstig machen; **ça lui donne chaud** davon wird ihm/ihr heiß; **qn/qc lui donne envie de faire qc** er/sie bekommt durch jdn/etw Lust etw zu tun ❼ (*conférer*) **cette couleur te**

donne un air sévère diese Farbe lässt dich streng aussehen ⑧ (*attribuer*) **~ qc à qn** jdm etw zuschreiben ⑨ (*produire*) *arbre:* tragen; *vigne:* geben; *recherches:* ergeben ⑩ (*faire faire*) **~ aux élèves des devoirs à faire** den Schülern Hausaufgaben aufgeben ⑪ (*faire passer pour*) **~ qc pour certain** etw als sicher darstellen; **~ qn perdant** in jdm den Verlierer sehen ⑫ (*échanger*) **~ qc pour qc** etw für etw [her]geben **II.** *vi* (*s'ouvrir sur*) **~ sur qc** *pièce, fenêtre:* auf etw (*akk*) hingehen; *porte:* zu etw hinführen **III.** *vpr* ① (*se dévouer*) **se ~ à qn/qc** sich jdm/einer S. widmen ② (*faire l'amour*) **se ~ à qn** sich jdm hingeben

donneur, -euse [dɔnœʀ, -øz] *m, f a.* MED Spender(in) *m(f)*; **~ de sang** Blutspender

dont [dɔ̃] *pron rel* ① *compl* dessen/deren ② (*partie d'un tout*) von denen; **cet accident a fait six victimes, ~ deux enfants** dieser Unfall forderte sechs Opfer, darunter zwei Kinder

dopage [dɔpaʒ] *m* Doping *nt*

dopant [dɔpɑ̃] *m* Dopingmittel *nt*

dope [dɔp] *f fam* Dope *nt*

doper [dɔpe] <1> **I.** *vt* ① (*stimuler*) aufputschen; SPORT dopen ② auf Touren bringen *économie;* pushen *ventes* **II.** *vpr* **se ~** Aufputschmittel nehmen; SPORT sich dopen

doping [dɔpiŋ] *m* Doping *nt;* **soupçon de ~** Dopingverdacht *m*

dorade [dɔʀad] *f* ZOOL Goldbrasse *f*

doré(e) [dɔʀe] *adj* ① (*avec de l'or*) vergoldet ② *blés, lumière* golden; *pain, gâteau* goldbraun; *peau* gebräunt ③ (*agréable*) golden; **une prison ~e** ein goldener Käfig

dorénavant [dɔʀenavɑ̃] *adv* von jetzt an

dorer [dɔʀe] <1> **I.** *vt* ① (*recouvrir d'or*) vergolden ② (*colorer*) golden färben *moissons;* bräunen *peau* ③ GASTR mit Eigelb bestreichen *gâteau* **II.** *vi* GASTR knusprig braun werden **III.** *vpr* **se faire ~ au soleil** sich in der Sonne bräunen lassen

dorloter [dɔʀlɔte] <1> *vt* verwöhnen

dormant [dɔʀmɑ̃] *m d'une fenêtre, porte* Rahmen *m*

dormant(e) [dɔʀmɑ̃, ɑ̃t] *adj* **eau ~e** stehendes Gewässer

dormeur, -euse [dɔʀmœʀ, -øz] *m, f* ① (*endormi*) Schläfer(in) *m(f)* ② (*qui dort beaucoup*) Langschläfer(in) *m(f)*

dormir [dɔʀmiʀ] <irr> *vi* ① (*sommeiller*) schlafen ② (*être négligé*) *capitaux, richesses minières:* brachliegen; *dossier, réclamations, affaire:* [unbearbeitet] liegen bleiben ③ (*être calme, sans bruit*) *maison, nature:* ruhig sein ►**ça ne l'empêche pas de ~** *fam* das juckt ihn/sie überhaupt nicht

dorsal(e) [dɔʀsal, -o] <-aux> *adj* Rücken-

dortoir [dɔʀtwaʀ] *m* Schlafsaal *m*

dorure [dɔʀyʀ] *f* Vergoldung *f*

doryphore [dɔʀifɔʀ] *m* Kartoffelkäfer *m*

dos [do] *m* ① ANAT Rücken *m* ② *fig d'une chaise* Lehne *f; d'un couteau, livre, vêtement* Rücken *m; de la main* Handrücken *m; d'un papier écrit* Rückseite *f* ►**ne pas y aller avec le ~ de la cuillère** *fam* jdn/etw nicht mit Glacéhandschuhen anfassen; **en avoir plein le ~** *fam* die Nase voll haben; **n'avoir rien à se mettre sur le ~** nichts anzuziehen haben; **être sur le ~ de qn** *fam* ständig auf jdm herumhacken; **faire qc dans le ~ de qn** etw hinter jds Rücken (*dat*) tun; **faire qc sur le ~ de qn** etw auf jds Kosten (*akk*) tun

dosage [dozaʒ] *m a. fig* Dosierung *f*

dos d'âne [dodɑn] *m inv* Bodenwelle *f*

dose [doz] *f* ① BIO Dosis *f* ② GASTR Menge *f;* **trois ~s de farine pour une ~ de sucre** drei Teile Mehl auf einen Teil Zucker ►**une bonne ~ de courage** eine gehörige Portion Mut; **par petites ~s** in kleinen Dosen

doser [doze] <1> *vt* ① BIO dosieren *médicament;* abmessen *ingrédients;* mischen *cocktail* ② (*mesurer*) gut dosieren

dosette [dozɛt] *f* (*sachet, minidose*) Pad *nt;* **~ de café** Kaffeepad

doseur [dozœʀ] *m* Dosierhilfe *f*

dossard [dosaʀ] *m* Startnummer *f*

dossier [dosje] *m* ① (*appui pour le dos*) [Rücken]lehne *f* ② (*classeur*) [Akten]ordner *m* ③ ADMIN Akte[n *Pl*] *f;* **~ de candidature** Bewerbungsunterlagen *Pl*

dot [dɔt] *f* Aussteuer *f*

dotation [dɔtasjɔ̃] *f* ① (*action*) **la ~ en qc** die Zuteilung von etw ② ADMIN finanzielle Ausstattung *f*

doté(e) [dɔte] *adj* **être ~ de qc** *machine:* mit etw ausgestattet sein; *personne:* etw haben

doter [dɔte] <1> *vt* **~ qn** jdm eine Aussteuer mitgeben

douane [dwan] *f* ① (*administration*) Zoll[behörde *f*] *m* ② (*poste*) Zoll[station *f*] *m,* Zollstelle *f;* **être saisi en ~** vom Zoll beschlagnahmt werden ③ (*droit*) Zoll[gebühren *Pl*] *m*

douanier, -ière [dwanje, -jɛʀ] **I.** *adj* Zoll- **II.** *m, f* Zollbeamte(r) *m*/-beamtin *f*

doublage [dublaʒ] *m* ① CINE *d'un acteur* Doubeln *nt; d'un film* Synchronisation *f* ② COUT *d'une étoffe* Unterlegen *nt; d'un vêtement* Füttern *nt*

double [dubl] **I.** *adj* doppelt; ~ **personnalité** gespaltene Persönlichkeit **II.** *adv compter, voir* doppelt **III.** *m* ① (*quantité*) Doppelte(s) *nt;* **il a mis le ~ de temps** er hat doppelt so viel Zeit gebraucht ② (*copie*) Kopie *f,* Duplikat *nt;* (*écrit à la main*) Abschrift *f;* (*écrit au carbone*) Durchschlag *m;* **un ~ de clé** ein Zweitschlüssel *m* ③ (*exemplaire identique*) Dublette *f;* (*personne*) Doppelgänger(in) *m(f);* **en ~** doppelt ④ SPORT Doppel *nt;* ~ **mixte** gemischtes Doppel

doublé(e) [duble] *adj* ① COUT *vêtement* gefüttert ② CINE *acteur* gedoubelt; *film* synchronisiert

double-clic [dubləklik] <doubles--clics> *m* INFORM Doppelklick *m*

double-cliquer [dubləklike] *vi* INFORM doppelklicken; ~ **sur le bouton gauche de la souris** mit der linken Maustaste doppelklicken

doublement [dubləmɑ̃] *m* Verdoppelung *f*

doubler [duble] <1> **I.** *vt* ① (*multiplier par deux*) verdoppeln ② (*mettre en double*) doppelt nehmen *fil, papier* ③ (*garnir intérieurement*) füttern *vêtement;* ausschlagen *boîte;* verstärken *paroi* ④ SCOL BELG wiederholen *année, classe* ⑤ MEDIA doubeln *acteur;* synchronisieren *film;* ~ **qn** THEAT für jdn einspringen ⑥ (*dépasser*) überholen *véhicule;* **se faire ~** überholt werden ⑦ *fam* (*tromper*) übers Ohr hauen **II.** *vi* (*être multiplié par deux*) *nombre, prix:* sich verdoppeln **III.** *vpr* **se ~ de qc** mit etw einhergehen

double-vitrage [dubləvitʀaʒ] <doubles-vitrages> *m* Doppelfenster *nt*

doublure [dublyʀ] *f* ① COUT *d'un vêtement* Futter *nt* ② CINE Double *nt;* THEAT zweite Besetzung

douce [dus] *v.* **doux**

douce-amère [dusamɛʀ] <douces--amères> **I.** *adj v.* **doux-amer** **II.** *f* BOT Bittersüß *m*

douceâtre [dusɑtʀ] *adj* süßlich

doucement [dusmɑ̃] *adv* ① (*avec précaution*) sacht[e]; (*sans bruit*) leise; (*avec délicatesse*) behutsam; (*faiblement*) schwach ② (*graduellement*) allmählich; *appuyer* mit Gefühl ③ (*médiocrement*) mittelmäßig

doucette [dusɛt] *f* Feldsalat *m*

douceur [dusœʀ] *f* ① *d'une étoffe* Geschmeidigkeit *f; d'un fruit* Süße *f; de la lumière, température* Milde *f; d'une musique* Wohlklang *m;* **en ~** sachte ② *d'un caractère* Sanftmut *f; de la vie* Annehmlichkeiten *Pl* ③ *gén pl* (*friandises*) Süßigkeiten *Pl;* (*plat sucré*) Süßspeise *f* ④ *pl* (*amabilités*) Schmeicheleien *Pl*

douche [duʃ] *f* Dusche *f* ▶ ~ **écossaise** Wechselbad *nt*

doucher [duʃe] <1> **I.** *vt* ① (*tremper*) [ab]duschen ② (*décevoir*) dämpfen *enthousiasme* **II.** *vpr* **se ~** [sich] duschen

doudou [dudu] *m fam* Kuscheltuch *nt;* (*peluche*) Kuscheltier *nt*

doudoune [dudun] *f* Daunenjacke *f*

doué(e) [dwe] *adj* begabt; **être ~ de/pour qc** mit/für etw begabt sein

douille [duj] *f* TECH Tülle *f*

douillet(te) [dujɛ, jɛt] *adj* ① (*sensible*) zimperlich; (*pleurnicheur*) wehleidig ② (*confortable*) behaglich

douillettement [dujɛtmɑ̃] *adv* behaglich

douleur [dulœʀ] *f* ① (*physique*) Schmerz *m;* **de ~** vor Schmerz[en] (*dat*) ② (*moral*) Schmerz *m,* Leid *nt;* **avoir la ~ de faire qc** etw mit Schmerz/Trauer tun

douloureuse [duluʀøz] *f fam* Rechnung *f*

douloureusement [duluʀøzmɑ̃] *adv* ① (*physique*) vor Schmerzen ② (*moral*) schmerzlich

douloureux, -euse [duluʀø, -øz] *adj* ① *blessure, opération, maladie* schmerzhaft; *partie du corps* schmerzend ② *souvenir, événement* schmerzlich; *regard* schmerzerfüllt ▶ **un réveil ~** ein böses Erwachen

doute [dut] *m* Zweifel *m;* **ne laisser aucun ~ sur qc** keinen Zweifel an etw (*dat*) lassen ▶ **mettre qc en ~** etw in Zweifel ziehen; **sans ~** sicherlich; **sans ~ que qn a fait qc** wahrscheinlich hat jd etw getan

douter [dute] <1> **I.** *vi* ① (*être incertain*) ~ **de qc** an etw (*dat*) zweifeln; ~ **que** + *subj* bezweifeln, dass ② (*se méfier*) ~ **de qn/qc** jdm/etw misstrauen ▶ **à n'en pas ~** ohne jeden Zweifel; **ne ~ de rien** *iron* vor nichts zurückschrecken **II.** *vpr* (*pressentir*) **se ~ de qc** etw vermuten; **je m'en doute** das kann ich mir denken

douteux, -euse [dutø, -øz] *adj* ① *issue, résultat, origine* ungewiss; *sens* nicht eindeutig ② *péj goût, mœurs* zweifelhaft

douve [duv] *f* ① (*fossé*) *d'un château* Wassergraben *m* ② (*planche*) Daube *f*

doux [du] *m* (*temps*) milde Witterung *f*

doux, douce [du, dus] **I.** *adj* ① (*au toucher*) weich ② (*au goût*) süß; *piment* edelsüß; *vin* lieblich; *moutarde* Delikatess-; *tabac* mild; **les drogues douces** die leichten Drogen ③ (*à l'oreille*) sanft; *consonne* weich; *accents, musique* melodisch ④ (*à la vue*) weich ⑤ (*à l'odorat*) lieblich ⑥ (*clé-

ment) mild ⑦ (*gentil, patient*) freundlich ⑧ (*modéré*) mild; *croissance* allmählich; *fiscalité* maßvoll; *gestes* ruhig; *pente* sanft; **à feu ~** auf kleiner Flamme ⑨ *vie, souvenir, visage* angenehm; *espoir* zart; *caresse* zärtlich ▶**se la couler douce** *fam* eine ruhige Kugel schieben **II.** *adv* ▶**ça va tout ~** *fam* es geht so lala; **en douce** *fam* klammheimlich

doux-amer, douce-amère [duzamɛʀ, dusamɛʀ] <doux-amers> *adj* bittersüß

douzaine [duzɛn] *f* ① (*douze*) Dutzend *nt;* **à la ~** im Dutzend; (*en grande quantité*) dutzendweise ② (*environ douze*) **une ~ de personnes/choses** etwa zwölf Personen/Dinge

douze [duz] **I.** *num* zwölf **II.** *m inv* Zwölf *f; v. a.* **cinq**

douzième [duzjɛm] **I.** *adj antéposé* zwölfte(r, s) **II.** *mf* **le/la ~** der/die/das Zwölfte **III.** *m* Zwölftel *nt; v. a.* **cinquième**

downloader [dɔnlode] *vt* INFORM herunterladen, downloaden (*Fachspr.*)

doyen(ne) [dwajɛ̃, jɛn] *m(f)* ① (*aîné*) Älteste(r) *f(m)* ② UNIV Dekan(in) *m(f)*

Dr *abr de* **docteur** Dr.

drachme [dʀakm] *f* HIST (*monnaie*) Drachme *f*

draconien(ne) [dʀakɔnjɛ̃, jɛn] *adj* drakonisch

dragage [dʀagaʒ] *m d'une rivière* Ausbaggern *nt*

dragée [dʀaʒe] *f* Dragee *nt*

dragon [dʀagɔ̃] *m* Drache *m*

dragonne [dʀagɔn] *f d'un parapluie, bâton de ski* Schlaufe *f*

drag-queen [dʀagkwin] <drag-queens> *f* Dragqueen *f*

drague [dʀag] *f* (*filet*) Schleppnetz *nt*

draguer [dʀage] <1> *vt* ① (*pêcher*) mit dem Schleppnetz fangen ② (*dégager*) ausbaggern *chenal, sable;* räumen *mines* ③ *fam* (*racoler*) anmachen, anbandeln mit (A); **se faire ~** angemacht werden; (*chercher l'aventure*) sich abschleppen lassen

dragueur [dʀagœʀ] *m* (*navire*) Baggerschiff *nt*

dragueur, -euse [dʀagœʀ, -øz] *m, f fam* Aufreißer(in) *m(f)* (*sl*)

drain [dʀɛ̃] *m* MED Drain *m*

drainage [dʀɛnaʒ] *m a.* MED Dränage *f*

drainer [dʀene] <1> *vt a.* MED dränieren

drakkar [dʀakaʀ] *m* Drachenschiff *nt*

dramatique [dʀamatik] *adj* ① THEAT **l'art ~** die Schauspielkunst; **le genre ~** das Drama ② *histoire, récit* dramatisch

dramatiquement [dʀamatikmɑ̃] *adv* dramatisch

dramatisation [dʀamatizasjɔ̃] *f* Dramatisierung *f*

dramatiser [dʀamatize] <1> *vt, vi* dramatisieren

dramaturge [dʀamatyʀʒ] *m* Bühnenautor(in) *m(f)*

drame [dʀam] *m* ① (*pièce*) Drama *nt,* Schauspiel *nt* ② (*événement*) Drama *nt;* **tourner au ~** tragisch ausgehen

drap [dʀa] *m* ① *de lit* Bettlaken *nt* ② TEXTIL angerauter Wollstoff ▶**être dans de beaux ~s** *fam* in der Tinte sitzen

drapé [dʀape] *m* Faltenwurf *m*

drapeau [dʀapo] <x> *m* Fahne *f,* Flagge *f*

draper [dʀape] <1> **I.** *vt* ① (*envelopper*) **~ qc/qn de qc** etw/jdn mit etw umhüllen ② (*plisser*) drapieren *étoffe* **II.** *vpr* **se ~ dans une cape** sich in einen Umhang hüllen

draperie [dʀapʀi] *f* Stoffbehang *m*

D

doute

exprimer un doute	*Zweifel ausdrücken*
Je n'en suis pas si sûr(e).	*Ich bin mir da nicht so sicher.*
J'ai du mal à le croire.	*Es fällt mir schwer, das zu glauben.*
Je ne le crois pas vraiment.	*Das kaufe ich ihm nicht ganz ab. (fam)*
Je ne peux pas vraiment y croire.	*So ganz kann ich da nicht dran glauben.*
Je ne sais pas trop.	*Ich weiß nicht so recht.*
Il est (plus que) douteux que la campagne atteigne les objectifs souhaités.	*Ob die Kampagne die gewünschten Ziele erreichen wird, ist (mehr als) zweifelhaft.*
Je doute qu'il/qu'elle ait été vraiment sérieux/sérieuse.	*Ich hab da so meine Zweifel, ob er/sie es wirklich ernst gemeint hat.*
Je ne pense pas que nous l'aurons fini(e) cette semaine.	*Ich glaube kaum, dass wir noch diese Woche damit fertig werden.*

drap-housse [dʀa] <draps-housses> *m* Spann[bett]laken *nt*
drapier, -ière [dʀapje, -jɛʀ] *m, f* Tuchfabrikant(in) *m(f)*
drastique [dʀastik] *adj purgatif, mesure* drastisch
dreadlocks [dʀɛdlɔks] *fpl* Dreadlocks *Pl*
Dresde [dʀɛsd] Dresden *nt*
dressage [dʀesaʒ] *m* ① *d'un animal* Dressur *f; péj d'un enfant* Drill *m* (*pej*) ② *d'un échafaudage* Aufbau *m; d'une tente* Aufschlagen *nt*
dresser [dʀese] <1> **I.** *vt* ① (*établir*) aufstellen *bilan, liste;* zeichnen *carte, plan;* auflisten *inventaire;* erteilen *procuration;* ausstellen *procès-verbal* ② (*ériger*) errichten *barrière, monument;* aufbauen *échafaudage;* aufschlagen *tente* ③ (*lever*) aufrichten *buste;* heben *menton, tête;* spitzen *oreilles* ④ (*disposer*) anrichten *plat;* aufstellen *piège;* schmücken *autel* ⑤ (*dompter*) dressieren *animal;* abrichten *chien; péj* drillen *enfant, soldat* ⑥ (*mettre en opposition*) ~ **qn contre qn/qc** jdn gegen jdn/etw aufwiegeln **II.** *vpr* ① (*se mettre droit*) **se** ~ sich aufrichten ② (*s'élever*) **se** ~ *bâtiment, statue:* sich erheben ③ (*s'insurger*) **se** ~ **contre qn/qc** sich gegen jdn/etw auflehnen
dresseur, -euse [dʀesœʀ, -øz] *m, f* Dresseur(in) *m(f)*
dressoir [dʀeswaʀ] *m* Anrichte *f*
DRH [deɛʀaʃ] **I.** *f abr de* **direction des ressources humaines** HRM *nt* **II.** *mf abr de* **directeur(-trice) des ressources humaines** HR-Manager(in) *m(f)*
dribble [dʀibl] *m* Dribbling *nt*
dribbler [dʀible] <1> *vt, vi* ~ **qn** an jdm vorbeidribbeln
drille [dʀij] *m* ▶**un joyeux** ~ ein lustiger Kerl (*fam*)
driver, driveur [dʀajvœʀ] *m* INFORM Treiber *m*
drogue [dʀɔg] *f a. fig* Droge *f,* Rauschgift *nt;* ~ **douce/dure** weiche/harte Droge
drogué(e) [dʀɔge] *m(f)* Drogensüchtige(r) *f(m),* Rauschgiftsüchtige(r) *f(m)*
droguer [dʀɔge] <1> **I.** *vt* ~ **qn** jdm Drogen/zu viele Medikamente verabreichen **II.** *vpr* **se** ~ Drogen/zu viele Medikamente nehmen
droguerie [dʀɔgʀi] *f* Drogerie *f*
droguiste [dʀɔgist] *mf* Drogist(in) *m(f)*
droit [dʀwa] **I.** *m* ① (*prérogative*) Recht[sanspruch *m*] *nt;* ~**s civiques** Bürgerrechte *Pl;* **de quel** ~ mit welchem Recht; **avoir** ~ **à qc** Recht[sanspruch] auf etw (*akk*) haben; **avoir le** ~ **de faire qc** das Recht haben etw zu tun; **être en fin de** ~**s** keinen Anspruch auf Arbeitslosengeld mehr haben ② (*règles*) Recht *nt;* (*études juridiques*) Rechtswissenschaft *f;* **faire son** ~ Jura studieren; ~ **civil** Zivilrecht; ~ **public** öffentliches Recht ③ *pl* (*taxe*) Gebühr *f* **II.** *adv* ① (*opp: courbé*) aufrecht ② (*en ligne droite*) geradeaus ③ (*opp: penché*) gerade; *écrire* steil; *tenir* gerade ▶**aller** ~ **à la catastrophe** geradewegs auf die Katastrophe zusteuern; **marcher** ~ parieren; **tout** ~ geradeaus
droit(e) [dʀwa, dʀwat] *adj* ① (*opp: gauche*) rechte(r, s) ② (*non courbe*) gerade ③ (*non penché*) gerade; **angle** ~ rechter Winkel; **être** ~ *pieu, récipient, tour:* gerade stehen; *chapeau:* gerade sitzen; *tableau:* gerade hängen ④ (*honnête, loyal*) aufrichtig; *chemin* recht
droite [dʀwat] *f* ① GEOM Gerade *f* ② POL Rechte *f;* **un parti de** ~ eine rechte Partei; **l'extrême** ~ die Rechtsextremisten *Pl* ③ (*côté droit*) Rechte *f,* rechte Seite; **à** ~ [nach] rechts; **tourner à** ~ rechts abbiegen; **de** ~ auf der rechten Seite; **par la** ~ von rechts; **serrez à** ~**!** rechts fahren!
droitier, -ière [dʀwatje, -jɛʀ] **I.** *m, f* (*personne*) Rechtshänder(in) *m(f)* **II.** *adj* POL *fam* rechtslastig
droiture [dʀwatyʀ] *f* Aufrichtigkeit *f*
drôle [dʀol] *adj* ① (*comique*) lustig ② *fam* (*bizarre*) komisch, merkwürdig ▶**ça n'a vraiment rien de** ~**!** das ist wirklich nicht komisch!; **ça me fait tout** ~ dabei habe ich ein ganz komisches Gefühl
drôlement [dʀolmɑ̃] *adv* ① (*bizarrement*) komisch ② *fam* (*rudement*) ganz schön
drôlerie [dʀolʀi] *f* Spaß *m*
D.R.O.M. [dʀɔm] *mpl abr de* **départements et régions d'outre-mer** französische Departements *Pl* und Regionen in Übersee
dromadaire [dʀɔmadɛʀ] *m* Dromedar *nt*
drosser [dʀɔse] <1> *vt* abtreiben *navire*
dru(e) [dʀy] *adj barbe, herbe* dicht
drugstore [dʀœgstɔʀ] *m* Drugstore *m*
druide [dʀɥid] *m* Druide *m*
DSL [deɛsɛl] *f abr de* **Digital Subscriber Line** INFORM DSL *nt*
DST [deɛste] *f* HIST *abr de* **Direction de la Surveillance du Territoire** Spionageabwehr *f*
du [dy] = **de le** *v.* **de**
dû [dy] <dus> *m* (*ce à quoi on a droit*) Anrecht *nt;* (*ce que l'on doit*) Schuld *f*
dû, due [dy] <dus> **I.** *part passé de*

devoir II. *adj* ❶ (*que l'on doit*) schuldig ❷ (*imputable*) **être ~ à qc** von etw herrühren ❸ (*mérité*) **être ~ à qn** jdm zustehen

dualisme [dɥalism] *m* Dualismus *m*

dualité [dɥalite] *f* Dualität *f*

dubitatif, -ive [dybitatif, -iv] *adj* zweifelnd

duc [dyk] *m* Herzog *m*

ducal(e) [dykal, -o] <-aux> *adj* herzoglich

duché [dyʃe] *m* Herzogtum *nt*

duchesse [dyʃɛs] *f* Herzogin *f*

duel [dɥɛl] *m a. fig* Duell *nt*

duettiste [dɥetist] *mf* MUS Sänger(in) *m(f)* eines Duetts; THEAT Partner(in) *m(f)* in einem Duo

duffel-coat [dœfœlkot] <duffel-coats> *m* COUT Dufflecoat *m*

dulcinée [dylsine] *f hum* Dulzinea *f*

dûment [dymɑ̃] *adv* vorschriftsmäßig

dumping [dœmpiŋ] *m* ECON Dumping *nt;* **pratiquer le ~** Dumping betreiben; **~ fiscal/social** Steuer-/Sozialdumping

dune [dyn] *f* Düne *f*

Dunkerque [dœ̃kɛʀk] Dünkirchen *nt*

duo [dɥo, dyo] *m* (*pour instruments*) Duo *nt;* (*pour voix*) Duett *nt*

dupe [dyp] *f* Betrogene(r) *f(m)*

duper [dype] <1> *vt* hinters Licht führen

duperie [dypʀi] *f* Schwindel *m*

duplex [dyplɛks] *m* ❶ ARCHIT **appartement en ~** Maisonettewohnung *f* ❷ MEDIA Konferenzschaltung *f*

duplicata [dyplikata] *m* Duplikat *nt*

duplicateur [dyplikatœʀ] *m* Vervielfältigungsgerät *nt*

duplicité [dyplisite] *f* Falschheit *f*

dupliquer [dyplike] <1> *vt* kopieren; überspielen *logiciel*

duquel, de laquelle [dykɛl, dekɛl] <desquel(le)s> = **de lequel** *v.* **lequel**

dur(e) [dyʀ] I. *adj* ❶ (*ferme*) hart; *porte, serrure* schwergängig; *viande* zäh; *sommeil* fest ❷ (*difficile*) schwer; *personne* schwierig; *côte* steil; *temps, vie* hart ❸ (*pénible*) extrem; *combat* hart, erbittert; *punition, lumière* hart; **~, ~!** das ist hart! ❹ (*fort*) hart ❺ (*sévère*) ernst; *critique* hart II. *adv* *travailler* hart; **taper ~** *soleil:* heiß brennen III. *m(f)* ❶ (*personne inflexible*) unnachgiebiger Mensch ❷ *fam* (*personne sans peur*) harter Bursche ❸ TECH **bâtiment en ~** Massivbau *m* ▶ **un ~ à cuire** *fam* eine harte Nuss; **jouer les ~s** *fam* den starken Mann markieren

durable [dyʀabl] *adj chose* dauerhaft; *souvenir* bleibend; *construction* solide; *effet, influence* nachhaltig

durablement [dyʀabləmɑ̃] *adv* auf Dauer

durant [dyʀɑ̃] *prép* ❶ (*au cours de*) während (+ *gen*); **~ l'hiver** den Winter über ❷ (*tout au long de*) **travailler sa vie ~** sein Leben lang arbeiten

durcir [dyʀsiʀ] <8> I. *vt* ❶ (*rendre dur*) hart machen *terre;* härten *acier; fig* hart machen *traits, visage* ❷ (*rendre intransigeant*) verhärten *attitude, position;* verschärfen *loi* II. *vi aliment, pâte:* hart werden; *colle, peinture:* aushärten III. *vpr* **se ~** ❶ (*devenir dur*) hart werden; *colle:* aushärten ❷ (*devenir intransigeant*) sich verhärten

durcissement [dyʀsismɑ̃] *m* ❶ (*solidification*) Hartwerden *nt; du ciment* Abbinden *nt; de la colle* Aushärten *nt* ❷ (*raffermissement*) Verhärtung *f; d'un conflit* Verschärfung *f*

durée [dyʀe] *f* ❶ Dauer *f;* **un chômeur de longue ~** ein Langzeitarbeitsloser *m* ❷ (*permanence*) Dauerhaftigkeit *f*

durement [dyʀmɑ̃] *adv* hart

durer [dyʀe] <1> *vi* ❶ + *compl de temps* (*avoir une certaine durée*) dauern ❷ + *compl de temps* (*se prolonger*) [an]dauern; *conversation, maladie:* dauern; *tempête, soleil:* anhalten; *mode:* sich halten ❸ (*se conserver, résister*) *personne:* sich halten; *matériel, vêtement:* haltbar sein ▶ **faire ~ les choses** die Dinge in die Länge ziehen; **ça ne peut plus ~** so kann das nicht weitergehen; **pourvu que ça dure!** wenn es nur so bliebe!

dureté [dyʀte] *f* ❶ (*fermeté*) Härte *f* ❷ (*difficulté*) Schwierigkeit *f* ❸ *de l'hiver* Strenge *f* ❹ *des traits, du cœur* Härte *f; d'un châtiment, d'une critique* Härte *f*

durillon [dyʀijɔ̃] *m* Schwiele *f*

dus [dy] *passé simple de* **devoir**

duvet [dyvɛ] *m* ❶ (*plume*) Daune *f* ❷ *d'une personne, feuille* Flaum *m* ❸ (*sac de couchage*) [Daunen]schlafsack *m*

DVD [devede] *m inv abr de* **Digital Versatile Disc** DVD *f*

DVD-ROM [devedeʀɔm] *m inv abr de* **Digital Versatile Disc Read Only Memory** DVD-ROM *f*

dynamique [dinamik] I. *adj* dynamisch II. *f* Dynamik *f*

dynamisant(e) [dinamizɑ̃, ɑ̃t] *adj* stimulierend

dynamiser [dinamize] <1> *vt* mobilisieren

dynamisme [dinamism] *m d'une entre-*

D

prise Dynamik *f; d'une personne* Energie *f,* Schaffenskraft *f*
dynamitage [dinamitaʒ] *m* ❶ Sprengung *f* [mit Dynamit] ❷ *fig* Sprengung
dynamite [dinamit] *f* Dynamit *nt*
dynamiter [dinamite] <1> *vt a. fig* sprengen
dynamo [dinamo] *f* Dynamo *m*
dynamomètre [dinamɔmɛtʀ] *m* Dynamometer *nt*
dynastie [dinasti] *f a. fig* Dynastie *f*
dysenterie [disɑ̃tʀi] *f* MED Ruhr *f*
dysfonctionnement [disfɔ̃ksjɔnmɑ̃] *m* Funktionsstörung *f*
dysfonctionner [disfɔ̃ksjɔne] <1> *vi organe, glande, institution:* nicht richtig funktionieren
dyslexie [dislɛksi] *f* Legasthenie *f*
dyslexique [dislɛksik] **I.** *adj* legasthenisch **II.** *mf* Legastheniker(in) *m(f)*

E

Ee

E, e [ø] *m inv* E *nt,* e *nt*
eau [o] <x> *f* ❶ (*liquide*) Wasser *nt;* **un verre d'~** ein Glas Wasser; **~ du robinet** Leitungswasser; **~ minérale** Mineralwasser; **~ de table** Tafelwasser; **~ de source** Quellwasser; **~ de toilette** Eau de toilette *nt;* **fermer/ouvrir l'~** den Wasserhahn zu-/aufdrehen ❷ (*étendue de l'eau*) Gewässer *nt;* **au bord de l'~** am Wasser ▶ **être clair comme de l'~ de roche** sonnenklar sein
eau-de-vie [od(ə)vi] <eaux-de-vie> *f* Schnaps *m* **eau-forte** [ofɔʀt] <eaux-fortes> *f* ART Ätzradierung *f*
ébahi(e) [ebai] *adj* verblüfft; **être ~ de qc** über etw (*akk*) verblüfft sein
ébahir [ebaiʀ] <8> *vt* verblüffen
ébahissement [ebaismɑ̃] *m* Verblüffung *f*
ébats [eba] *mpl des animaux, enfants* Herumtollen *nt*
ébattre [ebatʀ] <irr> *vpr* **s'~** herumtollen
ébauche [eboʃ] *f d'une œuvre* Entwurf *m; d'un tableau* Skizze *f; d'un sourire* Andeutung *f*
ébaucher [eboʃe] <1> *vt* entwerfen *œuvre;* skizzieren *peinture*
ébène [ebɛn] *f* Ebenholz *nt*
ébéniste [ebenist] *mf* Kunsttischler(in) *m(f)*
ébénisterie [ebenist(ə)ʀi] *f* Kunsttischlerei *f*
éberlué(e) [ebɛʀlɥe] *adj fam* perplex
éblouir [ebluiʀ] <8> *vt* blenden
éblouissant(e) [ebluisɑ̃, ɑ̃t] *adj* ❶ (*aveuglant*) grell; *blancheur* strahlend ❷ (*merveilleux*) glänzend
éblouissement [ebluismɑ̃] *m* Blendung *f*
éborgner [ebɔʀɲe] <1> *vt* **~ qn** jdm ein Auge ausstechen
éboueur [ebuœʀ] *m* Müllmann *m* (*fam*)
ébouillanter [ebujɑ̃te] <1> *vpr* **s'~ qc** sich (*dat*) etw verbrühen
éboulement [ebulmɑ̃] *m* Einsturz *m*
ébouler [ebule] <1> *vpr* **s'~** einstürzen
éboulis [ebuli] *m* Geröll *nt kein Pl*
ébouriffant(e) [ebuʀifɑ̃, ɑ̃t] *adj fam nouvelle* unglaublich
ébouriffé(e) [ebuʀife] *adj* zerzaust
ébouriffer [ebuʀife] <1> *vt* ❶ (*dépeigner*) zerzausen *cheveux* ❷ *fig fam* verblüffen
ébranlement [ebʀɑ̃lmɑ̃] *m* ❶ *a. fig* (*secousse*) Erschütterung *f* ❷ *du train* ruckartiges Anfahren
ébranler [ebʀɑ̃le] <1> **I.** *vt a. fig* (*secouer*) erschüttern **II.** *vpr* **s'~** *convoi:* sich in Bewegung setzen; *train:* ruckartig anfahren
ébrécher [ebʀeʃe] <5> *vt* ❶ (*fêler*) anschlagen *assiette;* **une dent ébréchée** ein abgebrochener Zahn ❷ *fig fam* (*diminuer*) angreifen *économies*
ébriété [ebʀijete] *f form* Trunkenheit *f*
ébrouer [ebʀue] <1> *vpr* **s'~** *cheval:* schnauben
ébruitement [ebʀɥitmɑ̃] *m d'une affaire* Verbreitung *f*
ébruiter [ebʀɥite] <1> **I.** *vt* ausplaudern **II.** *vpr* **s'~** sich herumsprechen
ébullition [ebylisjɔ̃] *f* ❶ *d'un liquide* [Auf]kochen *nt;* **porter à ~** zum Kochen bringen ❷ *fig* **en ~** *quartier, esprit* in Aufruhr
écaille [ekaj] *f* ZOOL Schuppe *f*
écailler [ekaje] <1> *vt* [ab]schuppen *poisson*
écaler [ekale] <1> *vt* knacken *noix;* schälen *œuf dur*

écarlate [ekaʀlat] *adj* scharlachrot
écarquiller [ekaʀkije] <1> *vt* ~ **les yeux devant qc** angesichts einer S. (*gen*) die Augen aufreißen
écart [ekaʀ] *m* ❶ (*distance*) Abstand *m* ❷ *de prix* Unterschied *m; de cours* Abweichung *f* ❸ (*contradiction*) Diskrepanz *f* ❹ (*mouvement brusque*) **faire un** ~ zur Seite ausweichen ▸ **faire le grand** ~ [einen] Spagat machen; **mettre qn à l'**~ jdn ausschließen; **vivre à l'**~ zurückgezogen leben
écarté(e) [ekaʀte] *adj* ❶ *lieu* abgelegen ❷ *bras* weit offen; *dents* auseinanderstehend; *jambes* gespreizt
écartèlement [ekaʀtɛlmɑ̃] *m* ❶ (*torture*) Vierteilen *nt* ❷ *fig* (*tiraillement*) Unentschlossenheit *f;* **l'**~ **entre deux choses** das Hin-und-hergerissen-Sein zwischen zwei Dingen
écarteler [ekaʀtəle] <4> *vt* ❶ HIST vierteilen ❷ (*tirailler*) **être écartelé entre deux choses** zwischen zwei Dingen hin- und hergerissen sein
écartement [ekaʀtəmɑ̃] *m* Abstand *m*
écarter [ekaʀte] <1> **I.** *vt* ❶ (*séparer*) zur Seite schieben *objets;* zur Seite ziehen *rideaux;* ausbreiten *bras;* spreizen *doigts, jambes* ❷ (*exclure*) ablehnen *plan;* zurückweisen *objection;* verwerfen *idée;* abwenden *danger;* ~ **qn de qc** jdn von etw ausschließen ❸ (*éloigner*) ~ **qn de qc** jdn von etw wegführen; *fig* jdn von etw abhalten **II.** *vpr* ❶ (*se séparer*) **s'**~ *foule:* sich teilen ❷ (*s'éloigner*) **s'**~ **de qc** sich von etw entfernen; **s'**~ **du sujet** vom Thema abschweifen; **écarte-toi/écartez-vous [de là]!** mach'/machen Sie Platz!
ecchymose [ekimoz] *f* Bluterguss *m*
ecclésiastique [eklezjastik] **I.** *adj* kirchlich; *vie* geistlich **II.** *m* Geistliche(r) *m*
écervelé(e) [esɛʀvəle] *adj* gedankenlos
échafaud [eʃafo] *m* Schafott *nt*
échafaudage [eʃafodaʒ] *m* ❶ (*construction*) Gerüst *nt* ❷ (*empilement*) Stapel *m*
échafauder [eʃafode] <1> *vt* entwerfen *projets*
échalas [eʃalɑ] *m* Pfahl *m*
échalote [eʃalɔt] *f* Schalotte *f*
échancré(e) [eʃɑ̃kʀe] *adj robe* ausgeschnitten
échancrure [eʃɑ̃kʀyʀ] *f d'une robe* Ausschnitt *m*
échange [eʃɑ̃ʒ] *m* ❶ (*action d'échanger*) ~ **de qc contre qc** [Aus]tausch *m* einer S. (*gen*) gegen etw; ~ **standard** Einbau *m* von Ersatzteilen; **faire un** ~ **avec qn** mit jdm tauschen; **en** ~ **de qc** [als Gegenleistung] für etw; (*à la place de*) statt einer S. (*gen*) ❷ *gén pl* ECON Handel *m* ❸ SCOL ~**s scolaires** Schüleraustausch *m* ▸ ~ **de coups** Handgreiflichkeiten *Pl;* **vifs** ~**s** heftiger Wortwechsel
échangeable [eʃɑ̃ʒabl] *adj* austauschbar; *vêtement* umtauschbar
échanger [eʃɑ̃ʒe] <2a> *vt* austauschen *adresses, idées;* wechseln *anneaux, regards;* tauschen *timbres;* umtauschen *marchandise;* ~ **qc avec qn contre qc** etw mit jdm gegen etw tauschen; ~ **des sourires** einander zulächeln
échangeur [eʃɑ̃ʒœʀ] *m* Kreuzung *f* (*auf mehreren Ebenen*)
échangisme [eʃɑ̃ʒism] *m* Partnertausch *m*
échangiste [eʃɑ̃ʒist] **I.** *adj* Partnertausch-; **un club** ~ ein Swingerklub **II.** *mf* ❶ Swinger(in) *m(f)* (*fam*) ❷ JUR Tauschpartner *m*
échantillon [eʃɑ̃tijɔ̃] *m* ❶ COM [Waren]probe *f,* Muster *nt* ❷ FIN Stichprobe *f*
échantillonnage [eʃɑ̃tijɔnaʒ] *m* [repräsentativer] Querschnitt *m*
échantillonner [eʃɑ̃tijɔne] <1> *vt* ❶ COM (*prélever des échantillons*) als Muster entnehmen *article* ❷ (*en statistique*) repräsentativ auswählen *population*
échappatoire [eʃapatwaʀ] *f* (*subterfuge*) Ausflucht *f;* (*issue*) Ausweg *m*
échappé(e) [eʃape] *m(f)* SPORT Ausreißer(in) *m(f)*
échappée [eʃape] *f* SPORT Ausreißversuch *m*
échappement [eʃapmɑ̃] *m* Abgas *nt*
échapper [eʃape] <1> **I.** *vi* ❶ (*s'enfuir*) ~ **à qn** jdm entkommen; ~ **à un danger** einer Gefahr (*dat*) entgehen; **faire** ~ **qn** jdm zur Flucht verhelfen ❷ (*se soustraire à*) ~ **à qc** sich einer S. (*dat*) entziehen, sich vor etw (*dat*) drücken; ~ **au contrôle** der Kontrolle entgehen; ~ **à la mort** dem Tod entrinnen ❸ (*être oublié*) ~ **à qn** jdm entfallen sein ❹ (*ne pas être remarqué*) ~ **à** [*o* **à l'attention de**] **qn** jdm entgehen; **laisser** ~ **une faute** einen Fehler übersehen ❺ (*ne pas être compris*) **le problème échappe à qn** jd versteht das Problem nicht ❻ (*glisser des mains*) ~ **à qn** jdm entgleiten (*geh*); **laisser** ~ **qc** etw fallen lassen ❼ (*dire par inadvertance*) ~ **à qn** *gros mot, paroles:* jdm entfahren; **un cri/soupir lui a échappé** er/sie schrie/seufzte auf **II.** *vpr* ❶ (*s'évader*) **s'**~ **de qc** aus etw ausbrechen; *souris:* aus etw entwischen ❷ (*s'esquiver*) **s'**~ **de qc** sich von

E

etw wegschleichen ❸ (*sortir*) **s'~ de qc** *fumée:* aus etw herausdringen; *gaz:* aus etw entweichen; *flammes:* aus etw herausschlagen; *cri:* entfahren

écharde [eʃaʀd] *f* [Holz]splitter *m*

écharpe [eʃaʀp] *f* ❶ (*vêtement*) Schal *m* ❷ *du maire* Schärpe *f* ❸ (*bandage*) Schlinge *f*

écharper [eʃaʀpe] <1> *vt* zerstückeln

échasse [eʃɑs] *f* ORN Strandreiter *m*

échassier [eʃɑsje] *m* ORN Stelzvogel *m*

échauder [eʃode] <1> *vt* abbrühen *volaille*

échauffement [eʃofmɑ̃] *m* ❶ *de l'atmosphère, du sol* Erwärmung *f* ❷ SPORT Aufwärmen *nt*

échauffer [eʃofe] <1> *vpr* **s'~** ❶ SPORT sich aufwärmen ❷ (*s'énerver*) sich aufregen

échauffourée [eʃofuʀe] *f* Schlägerei *f*

échéance [eʃeɑ̃s] *f* ❶ (*date limite*) Fälligkeit *f;* **date d'~** Verfallsdatum *nt;* **arriver** [*o* **venir**] **à ~ le 15 du mois** am 15. des Monats fällig werden ❷ (*délai*) Fälligkeitsfrist *f* ❸ (*règlement*) fällige Zahlung ▶ **à brève** [*o* **courte**] **~** kurzfristig

échéancier [eʃeɑ̃sje] *m* Fälligkeitsverzeichnis *nt*

échéant(e) [eʃeɑ̃, ɑ̃t] *adj annuité* fällig [werdend]

échec¹ [eʃɛk] *m de négociations* Scheitern *nt; de recherches* Erfolglosigkeit *f; d'un spectacle* Misserfolg *m* ▶ **aller à** [*o* **courir au devant de**] **l'~** keine Aussicht auf Erfolg haben

échec² [eʃɛk] *m pl* (*jeu*) Schach *nt;* **jeu d'~s** Schachspiel *nt;* **jouer aux ~s** Schach spielen ▶ [**être**] **~ et mat** schachmatt [sein]

échelle [eʃɛl] *f* ❶ (*escabeau*) Leiter *f* ❷ (*proportion, rapport*) Maßstab *m;* **à l'~ de 1:100 000** im Maßstab 1:100 000 (*eins zu hunderttausend*)*;* **à l'~ de l'enfant** kindgemäß; **à l'~ nationale/communale** [*o* **de la nation/commune**] auf nationaler/kommunaler Ebene ❸ *de la hiérarchie* Stufenleiter *f* ❹ (*graduation*) Skala *f;* **~ des températures** Temperaturskala ▶ **être en haut** [*o* **au sommet**]**/en bas de l'~** ganz oben/unten stehen; **être parvenu au sommet de l'~** [**sociale**] zu den oberen Zehntausend gehören; **sur une grande ~** in großem Umfang

échelon [eʃlɔ̃] *m* ❶ (*barreau*) Sprosse *f* ❷ ADMIN *de la hiérarchie* Stufe *f,* Ebene *f;* **passer par tous les ~s administratifs** alle Dienstränge durchlaufen; **être au premier/dernier ~** auf der niedrigsten/höchsten Lohnstufe stehen; **descendre d'un ~ dans la hiérarchie** zurückgestuft werden; **gravir** [*o* **grimper**] **un ~** beruflich aufsteigen

échelonnement [eʃ(ə)lɔnmɑ̃] *m* MIL Staffelung *f*

échelonner [eʃ(ə)lɔne] <1> **I.** *vt* ❶ (*étaler*) [gleichmäßig] verteilen *paiements;* **~ ses versements** in Raten zahlen ❷ (*graduer*) staffeln *salaires;* allmählich steigern *difficultés* ❸ (*disposer à intervalles réguliers*) in gleichem Abstand aufstellen **II.** *vpr* **s'~** in gleichem Abstand aufgestellt sein

écheveau [eʃ(ə)vo] <x> *m* Docke *f*

échevelé(e) [eʃəv(ə)le] *adj personne* zerzaust

échine [eʃin] *f* **~ dorsale** Rückgrat *nt*

échiner [eʃine] <1> *vpr* **s'~ à qc** sich bei etw abschinden

échiquier [eʃikje] *m* ❶ (*aux échecs*) Schachbrett *nt* ❷ *fig* **sur l'~ européen** im europäischen Kräftespiel

écho [eko] *m* ❶ *d'une montagne* Echo *nt;* **ça fait** [**de l'**] **~** es hallt wider ❷ (*rubrique*) Klatschspalte *f* ❸ (*effet*) Echo *nt;* **rester sans ~** keine Resonanz finden ▶ **avoir eu des ~s de qc** von etw [schon] gehört haben

échographie [ekɔgʀafi] *f* Ultraschalluntersuchung *f*

échoir [eʃwaʀ] <*irr*> *vi + être dettes:* fällig sein

échoppe [eʃɔp] *f* [Verkaufs]bude *f*

échouage [eʃuaʒ] *m d'un navire* Strandung *f*

échouer [eʃwe] <1> **I.** *vi* scheitern; **~ à l'examen** die Prüfung nicht bestehen **II.** *vt* **faire ~ qc** etw vereiteln

écimer [esime] <1> *vt* kappen *arbre, plante*

éclabousser [eklabuse] <1> *vt* bespritzen

éclaboussure [eklabusyʀ] *f* Spritzer *m*

éclair [eklɛʀ] **I.** *m* ❶ METEO Blitz *m;* **~ de chaleur** Wetterleuchten *nt* ❷ PHOT [Licht]blitz *m* ❸ GASTR Eclair *m* ❹ (*bref moment*) **~ de bon sens** [*o* **de génie**] Geistesblitz *m;* **~ de lucidité** lichter Moment; **dans un ~ de colère** in einem Wutanfall ▶ **en un ~** blitzschnell **II.** *app inv* **visite ~** Kurzbesuch *m*

éclairage [eklɛʀaʒ] *m* ❶ (*illumination*) Beleuchtung *f;* **~ électrique** elektrisches Licht ❷ *fig* **apparaître sous un tout autre ~** in einem ganz anderen Licht erscheinen; **sous cet ~** so betrachtet

éclairagiste [eklɛʀaʒist] *mf* CINE, THEAT Beleuchter(in) *m(f)*

éclaircie [eklɛʀsi] *f* METEO [kurze] Aufheiterung

éclaircir [eklɛʀsiʀ] <8> **I.** *vt* ① (*rendre clair*) aufhellen ② (*élucider*) klären *situation;* aufdecken *meurtre;* lösen *énigme;* **~ une affaire** Licht in eine Sache bringen **II.** *vpr* ① (*se dégager*) **s'~** *temps:* aufklaren ② (*rendre plus distinct*) **s'~ la gorge** [*o* **la voix**] sich räuspern ③ (*devenir compréhensible*) **s'~** *idée:* klarer werden; *mystère:* sich aufklären

éclaircissement [eklɛʀsismɑ̃] *m d'une situation* Klärung *f; d'un malentendu* Beseitigung *f*

éclairé(e) [ekleʀe] *adj* (*averti*) aufgeklärt; **agir en esprit ~** sich aufgeschlossen geben

éclairement [eklɛʀmɑ̃] *m* PHYS Beleuchtungsstärke *f; de la lune* Bestrahlung *f*

éclairer [ekleʀe] <1> **I.** *vt* ① (*fournir de la lumière*) erhellen; **~ qn** jdm leuchten ② (*donner de la luminosité*) heller erscheinen lassen ③ (*expliquer*) erläutern *texte;* klären *situation* ④ (*instruire*) **~ un collègue sur** [*o* **au sujet de**] **qn/qc** einen Kollegen über jdn/etw aufklären **II.** *vi* leuchten; **peu/beaucoup ~** wenig/viel Licht geben **III.** *vpr* ① (*se fournir de la lumière*) **s'~ à l'électricité/au gaz** elektrisches Licht/Gaslicht haben ② (*devenir lumineux*) **s'~** *visage:* sich aufhellen ③ (*se clarifier*) **s'~** *situation:* sich [auf]klären

éclaireur, -euse [eklɛʀœʀ, -øz] *m, f* MIL Aufklärer(in) *m(f)*

éclat [ekla] *m* ① (*fragment*) Splitter *m* ② (*bruit*) **~ de joie** Freudenausbruch *m;* **partir d'un ~ de rire** in schallendes Gelächter ausbrechen ③ (*scandale*) Eklat *m* ④ *d'un métal* Glanz *m; d'un astre* heller Schein; *d'une couleur* Leuchtkraft *f; d'un diamant* Feuer *nt* ▶ **rire aux ~s** schallend lachen; **voler** [*o* **partir**] **en ~s** zersplittern

éclatant(e) [eklatɑ̃, ɑ̃t] *adj* ① (*radieux*) strahlend; *santé* blühend ② (*remarquable*) eklatant; *succès* durchschlagend; *victoire* glänzend; *revanche* erfolgreich

éclate [eklat] *f fam* **c'est l'~ totale** da geht voll die Party ab

éclatement [eklatmɑ̃] *m* Explosion *f*

éclater [eklate] <1> **I.** *vi* ① (*exploser*) *bombe:* explodieren ② (*déborder*) *tête:* platzen (*fam*), bersten (*geh*); **~ de santé** vor Gesundheit strotzen ③ (*crever*) *pneu:* platzen ④ (*se fragmenter*) *structure:* auseinanderbrechen; *verre:* zerspringen ⑤ (*commencer*) *orage:* losbrechen ⑥ (*survenir brusquement*) *nouvelle:* wie eine Bombe einschlagen; **le scandale a éclaté** es kam zu einem Skandal ⑦ (*retentir*) *cris, rires:* erschallen; **~ de rire** in lautes Gelächter ausbrechen; *coup de feu, détonation:* krachen ⑧ (*se manifester*) **~ dans les yeux** [*o* **sur le visage**] **de qn** *bonne foi, mauvaise foi:* jdm im Gesicht geschrieben stehen; **~ en pleurs** in Tränen ausbrechen; **faire ~ le scandale** einen Skandal auslösen; **laisser ~ sa colère** seiner Wut (*dat*) freien Lauf lassen ⑨ (*s'emporter*) **qn éclate** jdm platzt der Kragen (*fam*); **faire ~ qn** jdn zur Weißglut bringen; **~ de colère/rage** vor Wut (*dat*) platzen (*fam*); **~ en menaces** Drohungen ausstoßen **II.** *vpr fam* (*se défouler*) **s'~** sich prima amüsieren; **qn s'éclate à faire** [*o* **en faisant**] **qc** jdm macht es einen Mordsspaß etw zu tun

éclectique [eklɛktik] *adj* eklektisch

éclectisme [eklɛktism] *m* Eklektizismus *m*

éclipse [eklips] *f* Finsternis *f*

éclipser [eklipse] <1> *vt* ASTRON verfinstern, verdunkeln

écliptique [ekliptik] *m* ASTRON Ekliptik *f*

éclopé(e) [eklɔpe] *adj personne* gehbehindert; *animal* lahm

éclore [eklɔʀ] <*irr*> *vi + être* ① *bourgeon:* aufbrechen ② *poussin:* ausschlüpfen; *amour:* aufkeimen

éclosion [eklozjɔ̃] *f d'une couvée* Ausschlüpfen *nt; d'un bourgeon* Aufbrechen *nt*

écluse [eklyz] *f* Schleuse *f*

écluser [eklyze] <1> *vt* ① TECH regulieren *canal;* schleusen *bateau* ② *pop* schlucken *bières*

éclusier, -ière [eklyzje, -jɛʀ] *m, f* Schleusenwärter(in) *m(f)*

éco [eko] *adj fam abr de* **économique**

écobilan [ekobilɑ̃] *m* Ökobilanz *f*

éco-citoyen(ne) [ekositwajɛ̃, ɛn] <éco-citoyens> **I.** *adj* umweltbewusst **II.** *m(f)* umweltbewusster Mensch *m*

éco-citoyenneté [ekositwajɛnte] *f sans pl* Umweltbewusstsein *nt;* (*comportement*) umweltbewusstes Verhalten *nt*

écocompatibilité [ekokɔ̃patibilite] *f* Umweltverträglichkeit *f*

écocompatible [ekokɔ̃patibl] *adj* umweltverträglich

écoemballage [ekoɑ̃balaʒ] *m* umweltfreundliche Verpackung *f*

écœurant(e) [ekœʀɑ̃, ɑ̃t] *adj* ① (*trop sucré*) widerlich süß ② (*trop gras*) widerlich fett ③ (*physiquement*) Ekel erregend; *personne* abstoßend ④ (*moralement*) widerwärtig ⑤ (*décourageant*) empörend;

E

facilité unerhört; *injustice* himmelschreiend ▶**en** ~ CAN (*très, beaucoup*) sehr

écœurement [ekœʀmɑ̃] *m* ❶ (*nausée*) Übelkeit *f* ❷ (*dégoût*) Ekel *m* ❸ (*découragement*) **ressentir un immense ~** völlig entmutigt sein

écœurer [ekœʀe] <1> *vt, vi* ❶ (*dégoûter*) *goût:* widerlich sein; *nourriture:* widerlich schmecken; *odeur:* widerlich riechen; **~ qn** jdn anekeln ❷ (*indigner*) anekeln ❸ (*décourager*) *injustice:* empören; *déception:* entmutigen

éco-industrie [ekoɛ̃dystʀi] <éco-industries> *f* Umweltschutzindustrie *f*

écolabel [ekolabɛl] *m* COM Ökolabel *nt*

école [ekɔl] *f* ❶ (*établissement*) Schule *f;* **~ cantonale** CH Kantonsschule (CH); **~ commerciale** Handelsschule; **~ hôtelière** Hotelfachschule; **~ laïque** weltliche Schule; **~ libre** Privatschule; **~ maternelle** Kindergarten *m;* **~ pour adultes** ≈ Volkshochschule; **~ du soir** Abendschule; **~ de la vie** Schule des Lebens; **~ primaire** [*o* **élémentaire**] Grundschule; **~ privée** Privatschule; **~ professionnelle** Berufsschule; **~ publique** öffentliche Schule; **~ secondaire** höhere Schule; (*en Suisse*) Sekundarschule (CH); **~ technique** Berufsfachschule; **aller à l'~** zur Schule gehen; **renvoyer qn de l'~** jdn von der Schule [ver]weisen; **retirer qn de l'~** jdn von der Schule nehmen ❷ (*enseignement*) Unterricht *m;* **manquer l'~** den Unterricht versäumen; **sécher l'~** *fam* [die Schule] schwänzen ❸ (*système scolaire*) Schulsystem *m;* **entrer à l'~** in die Schule kommen; **mettre qn à l'~** jdn einschulen ❹ ART, LITTER Schule *f;* **~ de pensée** Lehrmeinung *f*

écolier, -ière [ekɔlje, -jɛʀ] *m, f* Schüler(in) *m(f)*

écolo [ekɔlo] *fam* **I.** *adj abr de* **écologique** ökologisch; *pratique* umweltbewusst; **parti ~** Ökopartei *f;* **mouvement ~** Umweltbewegung *f;* **groupe ~** Umweltschutzgruppe *f;* **être ~** grün sein **II.** *mf abr de* **écologiste** Umweltschützer(in) *m(f)*

écolodge [ekolɔdʒ] *m* Öko-Lodge *f*

écologie [ekɔlɔʒi] *f* Ökologie *f;* **les partisans de l'~** die Umweltschützer

écologique [ekɔlɔʒik] *adj solution* umweltfreundlich; *société* umweltbewusst; **catastrophe ~** Umweltkatastrophe *f*

écologiste [ekɔlɔʒist] **I.** *m, f* ❶ (*ami de la nature*) Umweltschützer(in) *m(f)* ❷ POL Grüne(r) *f(m)* ❸ (*spécialiste de l'écologie*) Ökologe *m*/Ökologin *f* **II.** *adj pratique, politique* umweltbewusst; **politique/mouvement ~** Umweltpolitik *f*/-bewegung *f;* **parti ~** grüne Partei; **groupe ~** Umweltschutzgruppe *f;* **être ~** grün sein

écologue [ekɔlɔg] *mf* Ökologe *m*/Ökologin *f*

e-commerce [ikɔmɛʀs] *m* E-Commerce *m*

écomusée [ekɔmyse] *m* ≈ Freilichtmuseum *nt*

éconduire [ekɔ̃dɥiʀ] *<irr> vt* ❶ (*renvoyer*) hinauskomplimentieren ❷ (*repousser*) abweisen

économat [ekɔnɔma] *m* (*intendance*) Verwaltung *f*

économe [ekɔnɔm] *adj* **être ~** sparsam sein

économie [ekɔnɔmi] *f* ❶ (*vie économique*) Wirtschaft *f;* **l'~ nationale** die Volkswirtschaft; **l'~ internationale** die Weltwirtschaft; **~ capitaliste** kapitalistische Wirtschaft; **~ libérale** freie Marktwirtschaft; **~ mixte** gemischtwirtschaftliches System; **~ politique** Volkswirtschaft[slehre *f*]; **~ privée** Privatwirtschaft; **~ publique** Volkswirtschaft; **~ de libre entreprise** Unternehmerwirtschaft; **~ de marché** [freie] Marktwirtschaft; **~ de troc** Tauschhandel *m* ❷ (*science*) Wirtschaftswissenschaften *Pl* ❸ (*gain*) Gewinn *m* ❹ *pl* (*épargne*) Ersparnisse *Pl* ▶**il n'y a pas de petites ~s** wer den Pfennig nicht ehrt, ist des Talers nicht wert (*prov*)

économique [ekɔnɔmik] *adj* ❶ (*bon marché*) sparsam [im Verbrauch]; *vacances* preiswert; *procédé* ökonomisch; **classe ~** Economyklasse *f* ❷ (*qui a rapport à l'économie*) wirtschaftlich; **crise ~** Wirtschaftskrise *f;* **sciences ~s** Wirtschaftswissenschaften *Pl*

économiquement [ekɔnɔmikmɑ̃] *adv* sparsam

économiser [ekɔnɔmize] <1> *vt, vi* ❶ (*épargner*) sparen; **~ sur qc** an etw (*dat*) sparen ❷ (*utiliser en moins*) einsparen ❸ (*ménager*) **~ qc** mit etw haushalten

économiseur [ekɔnɔmizœʀ] *m* INFORM **~ d'écran** Bildschirmschoner *m*

économiste [ekɔnɔmist] *mf* Wirtschaftsexperte *m*/-expertin *f*

écope [ekɔp] *f* Schöpfeimer *m*

écoper [ekɔpe] <1> *vt* ❶ NAUT **~ l'eau** das Wasser ausschöpfen ❷ *fam* abbekommen *coup*

écoproduit [ekɔpʀodɥi] *m* Ökoprodukt *nt*

écorce [ekɔʀs] *f d'un arbre* Rinde *f*

écorché(e) [ekɔʀʃe] *m(f)* ▶ **être un ~ vif/une ~e vive** überempfindlich sein

écorcher [ekɔʀʃe] <1> **I.** *vt* ❶ (*égratigner*) **être écorché** *genou:* aufgeschürft sein; *visage:* zerkratzt sein ❷ (*faire mal*) **~ les oreilles** in den Ohren weh tun ❸ (*érafler*) zerschrammen ❹ (*déformer*) falsch aussprechen *nom;* entstellen *vérité;* **~ le français** [in] Französisch radebrechen **II.** *vpr* (*s'égratigner*) **s'~** sich (*dat*) die Haut abschürfen; **s'~ qc** sich (*dat*) etw zerkratzen

écorchure [ekɔʀʃyʀ] *f* Hautabschürfung *f*

écorner [ekɔʀne] <1> *vt* **~ un livre** Eselsohren *Pl* in ein Buch machen

écossais [ekɔsɛ] *m* Schottisch *nt; v. a.* **allemand**

écossais(e) [ekɔsɛ, ɛz] *adj* schottisch; **jupe ~e** Schottenrock *m;* **tissu ~** Schotten *m*

Écossais(e) [ekɔsɛ, ɛz] *m(f)* Schotte *m*/Schottin *f*

Écosse [ekɔs] *f* **l'~** Schottland *nt*

écosser [ekɔse] <1> *vt* aushülsen

écosystème [ekosistɛm] *m* Ökosystem *nt*

écot [eko] *m* Anteil *m* [an der Zeche]

écotaxe [ekɔtaks] *f* Ökosteuer *f*

écotourisme [ekotuʀism] *m* Ökotourismus *m*

écotype [ekotip] *m* BIO Ökotyp[us] *m*

écoulement [ekulmɑ̃] *m* ❶ *d'un liquide* Ablaufen *nt* ❷ *du temps* Verrinnen *nt* (*geh*) ❸ COM *des stocks* Absatz *m; des produits* Vertrieb *m*

écouler [ekule] <1> **I.** *vt* ❶ COM absetzen *marchandises* ❷ (*mettre en circulation*) in Umlauf bringen *faux billets* **II.** *vpr* **s'~** ❶ (*s'épancher*) *liquide:* ablaufen; **s'~ dans/de qc** in etw (*akk*)/aus etw fließen ❷ (*passer*) *temps:* vergehen ❸ (*disparaître*) *fonds:* schwinden ❹ (*se vendre*) *marchandises:* Absatz finden

écourter [ekuʀte] <1> *vt* ❶ (*raccourcir*) kürzen ❷ (*abréger*) abkürzen *séjour;* verkürzen *attente;* kurz machen *adieux* ❸ (*tronquer*) **être écourté** *citation:* verstümmelt sein

écoutant(e) [ekutɑ̃, ɑ̃t] *m(f)* nichtkirchlicher Telefonseelsorger *m*/nichtkirchliche Telefonseelsorgerin *f*

écoute [ekut] *f* ❶ RADIO, TV **avoir une grande ~** eine hohe Einschaltquote haben ❷ (*surveillance*) **~s téléphoniques** telefonische Überwachung ▶ **être à l'~ de qn** für jdn da sein; **être à l'~ d'une radio** einen Sender hören; **rester à l'~** (*à la radio, au téléphone*) dranbleiben

écouter [ekute] <1> **I.** *vt* ❶ (*prêter l'oreille*) zuhören; **~ les informations** Nachrichten hören; **~ qn chanter** jdm beim Singen zuhören; **faire ~ un disque à qn** jdm eine Platte vorspielen ❷ (*tenir compte de*) **~ qn/qc** auf jdn/etw hören; **qn/qc est écouté** jd/etw wird beachtet; **se faire ~ de qn** sich (*dat*) bei jdm Gehör verschaffen ❸ (*obéir*) **~ qn** auf jdn hören **II.** *vi* zuhören ▶ **écoute/écoutez** [**voir**]**!** hör/hört mal! **III.** *vpr* (*s'observer avec complaisance*) **trop s'~** sich gehen lassen; **aimer s'~ parler** sich [selbst] gern reden hören

écouteur [ekutœʀ] *m* ❶ *du téléphone* Hörer *m* ❷ *pl* (*casque*) Kopfhörer *m*

écoutille [ekutij] *f* NAUT Luke *f*

écrabouiller [ekʀabuje] <1> *vt fam* zerquetschen

écran [ekʀɑ̃] *m* ❶ (*protection*) Schutz *m*, Abschirmung *f;* **~ radar** Radarschirm *m* ❷ TV Bildschirm *m;* [**petit**] **~** Fernsehen *nt;* **à l'~** im Fernsehen; **sur les ~s** auf dem Bildschirm ❸ CINE Leinwand *f;* [**grand**] **~** Kino *nt;* **~ panoramique** Breitwand *f;* **~ de projection** Bildwand *f;* **à l'~** im Kino ❹ (*moniteur*) Monitor *m; d'ordinateur* Bildschirm *m;* **~ 15 pouces** 15-Zoll-Monitor

écrasant(e) [ekʀɑzɑ̃, ɑ̃t] *adj poids* erdrückend; *nombre* überwältigend; *défaite* vernichtend

écrasé(e) [ekʀɑze] *adj nez* breit

écrasement [ekʀɑzmɑ̃] *m* ❶ (*action d'écraser*) Zerdrücken *nt* ❷ (*anéantissement*) Vernichtung *f; d'une révolte* Niederschlagung *f*

écraser [ekʀɑze] <1> **I.** *vt* ❶ (*broyer*) zerdrücken; pürieren *légumes;* ausdrücken *cigarette;* **être écrasé par la foule** von der [Menschen]menge erdrückt werden ❷ (*appuyer fortement sur*) **~ la pédale d'accélérateur** das Gaspedal ganz durchtreten ❸ (*tuer*) **~ qn/qc** *conducteur:* jdn/etw überfahren; *avalanche:* jdn/etw erdrücken ❹ (*accabler*) **~ qn** *douleur:* jdn übermannen; *impôt:* jdn erdrücken ❺ (*dominer*) **~ qn en math** jdm in Mathematik (*dat*) haushoch überlegen sein; **~ qn par son savoir** jdn an Wissen überragen ❻ (*vaincre*) niederschlagen *rébellion;* vernichten *ennemi;* völlig brechen *résistance;* haushoch schlagen *équipe adverse* **II.** *vi fam* (*ne pas insister*) den Mund halten **III.** *vpr* ❶ (*heurter de plein fouet*) **s'~ au** [*o* **sur le**] **sol** am Boden zerschellen; **s'~ contre un arbre** frontal gegen einen Baum prallen

E

❷ (*se crasher*) **s'~** abstürzen ❸ (*se serrer*) **s'~ dans qc** sich in etw (*akk*) hineinzwängen; **s'~ contre le mur/sur le sol** sich flach gegen die Wand/auf den Boden drücken ❹ *fam* (*se taire*) **s'~ devant qn** in jds Gegenwart (*dat*) den Mund halten ❺ (*ne pas protester*) sich vor jdm klein machen (*fam*)

écraseur, -euse [ekʀazœʀ, -øz] *m fam* (*chauffard*) Raser(in) *m(f)*

E

écrémage [ekʀemaʒ] *m* ❶ *du lait* Entrahmen *nt* ❷ *fig de candidats, d'étudiants* Aussieben *nt*

écrémer [ekʀeme] <5> *vt* entrahmen

écrémeuse [ekʀemøz] *f* Entrahmer *m*

écrevisse [ekʀəvis] *f* [Fluss]krebs *m*

écrier [ekʀije] <1> *vpr* **s'~** schreien

écrin [ekʀɛ̃] *m* Schmuckkästchen *nt*

écrire [ekʀiʀ] <*irr*> **I.** *vt* ❶ (*tracer*) **~ qc dans/sur qc** etw in/auf etw (*akk*) schreiben ❷ (*inscrire*) **les devoirs sont écrits au tableau** die Hausaufgaben stehen an der Tafel ❸ (*orthographier*) **comment écrit-on ce mot?** wie schreibt man dieses Wort? ❹ (*rédiger*) verfassen **II.** *vi* ❶ (*tracer*) schreiben; **~ à la main/machine/au stylo** mit der Hand/Maschine/dem Füller schreiben ❷ (*rédiger*) **~ qc à qn** jdm etw schreiben ▶ **il est écrit que cela arrivera** es ist vorbestimmt, dass dies eintreten wird **III.** *vpr* **s'~** geschrieben werden; **ce mot s'écrit avec y** dieses Wort schreibt sich mit y

écrit [ekʀi] *m* ❶ (*document*) Schriftstück *nt* ❷ (*ouvrage*) Schrift *f*; **~ diffamatoire** Schmähschrift ❸ (*épreuve, examen*) Schriftliche(s) *nt*, [Prüfungs]klausur *f*; **l'~** das Schriftliche ▶ **par ~** schriftlich

écriteau [ekʀito] <x> *m* [Hinweis]schild *nt*

écritoire [ekʀitwaʀ] *f* Schreibzeug *nt*

écriture [ekʀityʀ] *f* ❶ (*façon d'écrire*) [Hand]schrift *f* ❷ (*alphabet*) Schrift *f*; **~ chiffrée** Geheimschrift ❸ (*style*) Schreibweise *f* ❹ REL **l'Écriture sainte, les Saintes Écritures** die Heilige Schrift

écrivailleur, -euse [ekʀivajœʀ, -jøz] *m, f péj* Schreiberling *m*

écrivain [ekʀivɛ̃] *m* Schriftsteller(in) *m(f)*

écrivaine [ekʀivɛn] *f* CAN Schriftstellerin *f*

écrou [ekʀu] *m* [Schrauben]mutter *f*

écrouer [ekʀue] <1> *vt* inhaftieren

écroulement [ekʀulmɑ̃] *m* Zusammenbruch *m*

écrouler [ekʀule] <1> *vpr* **s'~** ❶ (*tomber*) *maison:* einstürzen; *arbre:* umstürzen; *rocher:* herabfallen ❷ (*baisser brutalement*) *cours de la bourse:* zusammenbrechen ❸ (*prendre fin brutalement*) *empire:* zusammenbrechen; *projet:* sich zerschlagen; *fortune:* plötzlich verloren gehen; *gouvernement:* stürzen; *théorie:* in sich (*dat*) zusammenstürzen ❹ (*s'affaler*) zusammenbrechen; **s'~ dans un fauteuil** sich in einen Sessel fallen lassen

écru(e) [ekʀy] *adj* naturfarben

ecstasy [ɛkstazi] *f* Ecstasy *nt*

écu [eky] *m* ❶ (*monnaie ancienne*) ≈ Taler *m* ❷ (*bouclier*) [Wappen]schild *m o nt*

ECU [eky] *m* HIST *abr de* **European Currency Unit** Ecu *m o f*

écueil [ekœj] *m* Klippe *f*

écuelle [ekɥɛl] *f* Napf *m*

éculé(e) [ekyle] *adj chaussures* abgetreten

écumage [ekymaʒ] *m* Abschöpfen *nt*

écumant(e) [ekymɑ̃, ɑ̃t] *adj* schäumend; **avoir la bouche ~e de colère** vor Zorn Schaum vor dem Mund haben

écume [ekym] *f* ❶ (*mousse*) Schaum *m*; *des vagues* Gischt *f o m*; **~ de mer** MINER Meerschaum ❷ (*bave*) Geifer *m*

écumer [ekyme] <1> *vt* ❶ (*enlever l'écume*) **~ qc** den Schaum von etw abschöpfen ❷ (*piller*) plündern *région;* **~ les côtes/mers** Seeräuberei betreiben

écumeux, -euse [ekymø, -øz] *adj* schaumig

écumoire [ekymwaʀ] *f* Schaumlöffel *m*

écureuil [ekyʀœj] *m* Eichhörnchen *nt*

écurie [ekyʀi] *f* [Pferde]stall *m*

écusson [ekysɔ̃] *m* ❶ (*blason*) Wappenschild *m o nt* ❷ ZOOL Panzer *m*

écuyer, -ère [ekɥije, -ɛʀ] *m, f* ❶ HIST (*gentilhomme, titre à la cour*) [Schild]knappe *m*, Junker *m* ❷ (*cavalier*) [guter] Reiter *m*/[gute] Reiterin *f*

eczéma [ɛgzema] *m* Ekzem *nt*

édam [edam] *m* (*fromage*) Edamer *m*

edelweiss [edɛlvɛs, edɛlvajs] *m* Edelweiß *nt*

éden [edɛn] *m* Eden *nt* (*geh*)

édenté(e) [edɑ̃te] *adj* zahnlos

EDF [ødeɛf] *f abr de* **Électricité de France** *Französische Elektrizitätsgesellschaft*

édicter [edikte] <1> *vt* verfügen

édifiant(e) [edifjɑ̃, jɑ̃t] *adj* (*exemplaire*) beispielhaft

édification [edifikasjɔ̃] *f* Bau *m*

édifice [edifis] *m* ❶ (*bâtiment*) Gebäude *nt* ❷ (*ensemble organisé*) Struktur *f*; **~ social d'un État** soziales Gefüge eines Staates

édifier [edifje] <1> *vt* errichten *temple, palais*

Édimbourg [edɛ̃buʀ] Edinburg
édit [edi] *m* HIST, POL Edikt *nt,* Erlass *m*
éditer [edite] <1> *vt* herausgeben
éditeur [editœʀ] *m* INFORM Editor *m;* ~ **de textes** Texteditor *m*
éditeur, -trice [editœʀ, -tʀis] **I.** *adj* **maison éditrice** Verlag *m;* **la maison éditrice Klett** der Klettverlag **II.** *m, f* Herausgeber(in) *m(f)*
édition [edisjɔ̃] *f* ❶ *d'un disque* Herausgabe *f; d'un livre* Veröffentlichung *f* ❷ (*livre*) Ausgabe *f,* Auflage *f;* ~ **complète** Gesamtausgabe; ~ **revue et corrigée** neu bearbeitete Auflage ❸ (*métier*) **travailler dans l'**~ im Verlagswesen tätig sein ❹ (*établissement*) **les** ~**s** der Verlag ❺ (*tirage*) Ausgabe *f;* ~ **spéciale** Extrablatt *nt* ❻ INFORM Edition *f*
éditique [editik] *m* INFORM Desktop-Publishing *nt*
édito [edito] <s> *m fam abr de* **éditorial**
éditorial [editɔʀjal, -jo] <-aux> *m* Leitartikel *m*
éditorialiste [editɔʀjalist] *mf* Leitartikler(in) *m(f)*
édredon [edʀədɔ̃] *m* Daunenbett *nt*
éducable [edykabl] *adj* belehrbar
éducateur, -trice [edykatœʀ, -tʀis] **I.** *adj fonction* erzieherisch; **personne éducatrice** Erzieher(in) *m(f)* **II.** *m, f* Erzieher(in) *m(f);* ~ **social** Sozialpädagoge *m/*-pädagogin *f;* ~ **de rue** Streetworker(in) *m(f)*
éducatif, -ive [edykatif, -tiv] *adj* **jeu** ~ Lernspiel *nt;* **méthode éducative** Lehr-/Erziehungsmethode *f;* **système** ~ Bildungssystem *nt*
éducation [edykasjɔ̃] *f* ❶ (*pédagogie*) Erziehung *f;* **l'Éducation nationale** das Schul- und Hochschulwesen ❷ (*bonnes manières*) [gute] Erziehung *f,* Kinderstube *f;* **être sans** ~ kein Benehmen haben ❸ (*culture générale*) Bildung *f* ❹ (*enseignement*) ~ **physique** Sport[unterricht] *m* ❺ (*initiation*) ~ **sexuelle** Sexualerziehung *f* ▸**donner une** ~ **à qn** jdn erziehen
édulcorant [edylkɔʀɑ̃] *m* Süßstoff *m*
édulcorer [edylkɔʀe] <1> *vt* süßen
éduquer [edyke] <1> *vt* (*former*) erziehen
effaçable [efasabl] *adj* [aus]löschbar
efface [efas] *f* CAN (*gomme*) Radiergummi *m*
effacé(e) [efase] *adj* ❶ (*estompé*) verblasst ❷ (*discret*) zurückhaltend; *rôle* unbedeutend
effacement [efasmɑ̃] *m* ❶ *d'une inscription* [Aus]löschen *nt* ❷ (*suppression d'information*) Löschen *nt*
effacer [efase] <2> **I.** *vt* ❶ (*faire disparaître*) [aus]löschen; verwischen *trace;* korrigieren *faute d'orthographe;* entfernen *tache;* ~ **qc avec une** [*o* **la**] **gomme** etw ausradieren ❷ (*supprimer une information*) abwischen *tableau noir;* löschen *disquette* ❸ (*faire oublier*) auslöschen; zerstreuen *crainte;* wiedergutmachen *faute;* ~ **qc de sa mémoire** etw aus seinem Gedächtnis streichen **II.** *vpr* **s'**~ ❶ (*s'estomper*) verblassen; *crainte:* sich verflüchtigen ❷ (*se laisser enlever*) *tache:* sich entfernen lassen ❸ (*se faire petit*) zur Seite treten; **s'**~ **devant qn** hinter jdm zurückstehen
effaceur [efasœʀ] *m* Tintenkiller *m*
effarant(e) [efaʀɑ̃, ɑ̃t] *adj* unerhört
effaré(e) [efaʀe] *adj personne* verstört
effarement [efaʀmɑ̃] *m* Fassungslosigkeit *f*
effarer [efaʀe] <1> *vt* aus der Fassung bringen
effarouchement [efaʀuʃmɑ̃] *m* Verscheuchen *nt*
effaroucher [efaʀuʃe] <1> *vt* ❶ (*mettre en fuite*) aufschrecken, aufscheuchen, verscheuchen *animal* ❷ (*faire peur*) einschüchtern
effectif [efɛktif] *m d'une armée, d'un parti* Stärke *f; d'une entreprise* Belegschaft *f;* **vérifier l'**~ **de la classe** überprüfen, ob die Klasse vollständig ist
effectif, -ive [efɛktif, -iv] *adj aide* wirksam; *pouvoir* tatsächlich; *travail* effektiv; **être** ~ **à partir du 1er janvier** am 1. Januar in Kraft treten
effectivement [efɛktivmɑ̃] *adv* ❶ (*réellement*) tatsächlich ❷ (*concrètement*) wirksam
effectuer [efɛktɥe] <1> **I.** *vt* (*faire*) tätigen; vornehmen *investissement;* zurücklegen *parcours;* durchführen *réforme* **II.** *vpr* (*se faire, s'exécuter*) **s'**~ *mouvement:* ausgeführt werden; *paiement:* erfolgen; *parcours:* zurückgelegt werden; *transaction:* abgewickelt werden
efféminé(e) [efemine] *adj* verweiblicht, unmännlich
effervescence [efɛʀvesɑ̃s] *f* ❶ (*bouillonnement*) Sprudeln *nt* ❷ (*agitation*) Aufregung *f*
effervescent(e) [efɛʀvesɑ̃, ɑ̃t] *adj liquide* sprudelnd
effet [efɛ] *m* ❶ (*résultat*) Wirkung *f;* ~ **boule de neige** Schneeballeffekt *m;* ~ **secondaire** Nebenwirkung; **être l'**~ **de**

E

qc die Folge von etw sein; **avoir** [*o* **faire**] **l'~ d'une bombe** wie eine Bombe einschlagen; **sous l'~ de qc** unter der Wirkung von etw; **agir sous l'~ de la colère** im Zorn handeln ② (*impression*) Eindruck *m;* **faire ~ sur qn** auf jdn Eindruck machen ③ (*phénomène*) Effekt *m;* **~s spéciaux** Spezialeffekte *Pl;* **~ de serre** Treibhauseffekt ▸**~ <u>bœuf</u>** Riesenaufsehen *nt;* **<u>en</u> ~** tatsächlich; (*pour justifier ses propos*) nämlich; (*pour confirmer le propos d'un tiers*) in der Tat

effeuillage [efœjaʒ] *m* ① BOT Entlauben *nt* ② (*strip-tease*) Striptease *m o nt*

effeuiller [efœje] <1> *vt personne:* entlauben; *vent:* entblättern

effeuilleuse [efœjøz] *f fam* (*strip-teaseuse*) Stripperin *f*

efficace [efikas] *adj* wirksam; *personne* kompetent

efficacement [efikasmɑ̃] *adv* effizient

efficacité [efikasite] *f* Wirk[ungs]kraft *f,* Wirksamkeit *f; d'une méthode* Effizienz *f; d'une machine* Leistungsfähigkeit *f; d'une personne* Tüchtigkeit *f*

efficience [efisjɑ̃s] *f* Leistungsfähigkeit *f*

effigie [efiʒi] *f* Bildnis *nt*

effilé(e) [efile] *adj* spitz zulaufend

effiler [efile] <1> **I.** *vt* ① (*effilocher*) ausfransen ② (*couper en amincissant*) ausdünnen *cheveux* ③ (*amincir*) spitz zulaufen lassen **II.** *vpr* **s'~** ① (*s'effilocher*) ausfransen ② (*s'amincir*) spitz zulaufen

effilocher [efilɔʃe] <1> *vt* zerfasern

efflanqué(e) [eflɑ̃ke] *adj* [bis auf die Knochen] abgemagert

effleurage [eflœʀaʒ] *m* (*massage*) sanftes Massieren *nt*

effleurement [eflœʀmɑ̃] *m* flüchtige Berührung *f*

effleurer [eflœʀe] <1> *vt* ① *a. fig* flüchtig berühren ② (*passer par la tête*) **~ qn** jdm in den Sinn kommen

efflorescent(e) [eflɔʀesɑ̃, ɑ̃t] *adj* ① *sels* ausblühend ② *prune, raisin* mit einem Belag bedeckt ③ *fig art* blühend

effluent [eflyɑ̃] *m* (*cours d'eau*) Wasserlauf *m;* **~ urbain** (*eaux usées*) Abwasser *nt*

effluve [eflyv] *m souvent pl* Wohlgeruch *m*

effondré(e) [efɔ̃dʀe] *adj personne* völlig gebrochen

effondrement [efɔ̃dʀəmɑ̃] *m* ① *d'un mur* Einsturz *m; du sol* [Ab]senkung *f; d'un sportif* Zusammenbruch *m* ② *d'une civilisation* Untergang *m; des prix* Sturz *m; d'une fortune* Verlust *m; d'un projet* Scheitern *nt*

effondrer [efɔ̃dʀe] <1> *vpr* **s'~** ① (*s'écrouler*) *pont:* einstürzen; *plancher:* einbrechen; *sol:* sich absenken ② (*être anéanti*) *empire:* zusammenbrechen; *civilisation:* untergehen; *preuve:* entkräftet werden; *fortune:* plötzlich verloren gehen; *projet:* sich zerschlagen; *argumentation:* in sich (*dat*) zusammenbrechen ③ (*baisser brutalement*) *cours de la bourse:* stürzen ④ (*craquer*) *personne:* zusammenbrechen ⑤ INFORM *ordinateur:* abstürzen

efforcer [efɔʀse] <2> *vpr* **s'~ de faire qc** sich bemühen etw zu tun

effort [efɔʀ] *m* ① (*physique*) Anstrengung *f* ② (*intellectuel*) Bemühung *f;* **faire un ~ d'attention** sich (*dat*) [große] Mühe geben aufzupassen ▸**n'<u>épargner</u> aucun ~ pour faire qc** keine Mühe scheuen, etw zu tun; **<u>faire</u> un ~ sur soi-même pour faire qc** sich zusammenreißen, um etw zu tun

effraction [efʀaksjɔ̃] *f* Einbruch *m*

effraie [efʀɛ] *f* Schleiereule *f*

effranger [efʀɑ̃ʒe] <2a> *vt, vpr* [**s'**]**~** ausfransen

effrayant(e) [efʀɛjɑ̃, ɑ̃t] *adj* ① (*qui fait peur*) furchtbar; *silence* beängstigend ② *fam* (*extrême*) unheimlich

effrayer [efʀeje] <7> **I.** *vt* (*faire très peur à*) erschrecken; **il est effrayé à l'idée de qc** ihm wird bei etw angst und bange **II.** *vpr* (*craindre*) **s'~ de qc** über etw (*akk*) erschrecken

effréné(e) [efʀene] *adj* wild

effritement [efʀitmɑ̃] *m* Abbröckeln *nt*

effriter [efʀite] <1> *vt érosion:* bröck[e]lig machen

effroi [efʀwa] *m littér* Schrecken *m,* Entsetzen *nt*

effronté(e) [efʀɔ̃te] **I.** *adj* dreist **II.** *m(f)* unverschämte Person *f*

effrontément [efʀɔ̃temɑ̃] *adv* dreist, unverschämt

effronterie [efʀɔ̃tʀi] *f* Dreistigkeit *f,* Unverschämtheit *f;* **avec ~** dreist

effroyable [efʀwajabl] *adj* ① (*épouvantable*) grauenhaft ② *fam* (*incroyable*) furchtbar

effusion [efyzjɔ̃] *f* Gefühlsausbruch *m*

égailler [egaje] <1> *vpr* **s'~** *animaux, personnes:* auseinanderlaufen

égal(e) [egal, -o] <-aux> **I.** *adj* ① (*de même valeur*) gleich; **de prix ~** gleich teuer; **nous sommes tous égaux devant la loi** vor dem Gesetz sind wir alle gleich; **la partie est très ~e** das Spiel ist sehr ausgeglichen ② (*sans variation*) **être d'humeur ~e** ausgeglichen sein ▸**être/rester ~ <u>à</u> soi-même** sich (*dat*) selbst treu sein/bleiben **II.** *m(f)* **la femme est l'~e de l'homme** die Frau ist dem Mann ebenbürtig; **considérer qn comme son ~** jdn als seinesgleichen betrachten ▶**qn n'a pas son ~ pour faire qc** niemand tut etw besser als jd; **négocier** [*o* **traiter**] **d'~ à ~** gleichberechtigt miteinander verhandeln; **sans ~** ohnegleichen

égalable [egalabl] *adj* **qn/qc est difficilement ~** es ist schwer jdm gleichzukommen/etw ist schwer[lich] nachzumachen

également [egalmɑ̃] *adv* ① (*pareillement*) gleich[ermaßen] ② (*aussi*) ebenfalls

égaler [egale] <1> *vt* ① MATH **deux plus deux égale[nt] quatre** zwei plus zwei ist vier ② (*être pareil*) **~ qn/qc** jdm/etw in nichts nachstehen; **~ qn/qc en beauté/grosseur** jdm/einer S. an Schönheit/Größe (*dat*) gleichkommen

égalisateur, -trice [egalizatœʀ, -tʀis] *adj* ausgleichend; **but ~** Ausgleichstor *nt*

égalisation [egalizasjɔ̃] *f* ① *des revenus* Anpassung *f*; *des couches sociales* Angleichung *f* ② SPORT Ausgleich *m*

égaliser [egalize] <1> **I.** *vt* ausgleichen; [einander] angleichen *revenus* **II.** *vi* den Ausgleich erzielen **III.** *vpr* **s'~** sich [einander] angleichen

égalitaire [egalitɛʀ] *adj* egalitär (*geh*)

égalitarisme [egalitaʀism] *m* Egalitarismus *m* (*geh*)

égalité [egalite] *f* ① (*absence de différences*) Gleichheit *f*; *des adversaires* Ebenbürtigkeit *f*; **~ des forces** Gleichgewicht *nt* der Kräfte; **~ des chances** Chancengleichheit; **~ des droits** Gleichberechtigung *f* ② (*absence de variations*) **~ d'humeur** Ausgeglichenheit *f* ③ MATH [Deckungs]gleichheit *f*, Kongruenz *f* ▶**être à ~** *match:* unentschieden stehen; *joueurs:* punktgleich sein

égard [egaʀ] *m pl* Achtung *f*, Aufmerksamkeit *f* ▶**à cet ~** in dieser Hinsicht; **avoir des ~s pour qn, être plein d'~s pour qn** jdm gegenüber rücksichtsvoll sein; **à l'~ de qn** jdm gegenüber; **par ~ pour qn/qc** mit Rücksicht auf jdn/etw

égaré(e) [egaʀe] *adj* ① (*perdu*) verirrt; *objet* verlegt ② (*troublé*) verstört

égarement [egaʀmɑ̃] *m* geistige Verwirrung

égarer [egaʀe] <1> **I.** *vt* ① (*induire en erreur*) in die Irre führen ② (*perdre*) verlegen ③ (*faire perdre la raison*) um den Verstand bringen **II.** *vpr* **s'~** ① (*se perdre*) sich verirren; **s'~ du droit chemin** vom rechten Weg abkommen; **la lettre s'est égarée** der Brief ist verloren gegangen ② (*divaguer*) abschweifen; **s'~ dans les détails** sich in Einzelheiten verlieren

égayer [egeje] <7> *vt* aufheitern

égérie [eʒeʀi] *f d'un artiste* Muse *f*

égide [eʒid] *f a.* HIST Ägide *f*

églantier [eglɑ̃tje] *m* Heckenrosenstrauch *m*

églantine [eglɑ̃tin] *f* Heckenrose *f*

églefin [egləfɛ̃] *m* Schellfisch *m*

église [egliz] *f* ① (*édifice*) Kirche *f*; **se marier à l'~** sich kirchlich trauen lassen ② (*communauté*) **l'Église** die [römisch-katholische] Kirche; **l'Église protestante/catholique** die evangelische/katholische Kirche; **appartenir à l'Église** katholisch sein

ego [ego] *m inv* Ego *nt*

égocentrique [egosɑ̃tʀik] *adj* egozentrisch

égocentrisme [egosɑ̃tʀism] *m* Egozentrik *f*

égoïsme [egɔism] *m* Egoismus *m*

égoïste [egɔist] **I.** *adj* egoistisch **II.** *mf* Egoist(in) *m(f)*

égoïstement [egɔistəmɑ̃] *adv* egoistisch

égorger [egɔʀʒe] <2a> **I.** *vt* ① (*couper la gorge*) **~ qn/un animal avec qc** jdm die Kehle/einem Tier die Gurgel mit etw durchschneiden ② *fam* (*ruiner*) schröpfen **II.** *vpr* **s'~** sich [gegenseitig] umbringen (*fam*)

égorgeur, -euse [egɔʀʒœʀ, -øz] *m, f* Mörder(in) *m(f)*

égosiller [egozije] <1> *vpr* **s'~** *personne:* sich heiser schreien; *oiseau:* aus voller Kehle singen

égout [egu] *m* [Abwasser]kanal *m*; **les ~s** die Kanalisation; **bouche d'~** Gully *m o nt*; **eaux d'~** Abwässer *Pl*

égoutier [egutje] *m* Kanalarbeiter *m*

égoutter [egute] <1> **I.** *vt* **faire ~ qc** etw abtropfen lassen **II.** *vpr* **s'~** abtropfen

égouttoir [egutwaʀ] *m* **~ à vaisselle** Abtropfkorb *m*

égrainer [egʀene] <1> *v.* **égrener**

égratigner [egʀatiɲe] <1> **I.** *vt* zerkratzen **II.** *vpr* **s'~ qc** sich (*dat*) etw aufschürfen

égratignure [egʀatiɲyʀ] *f* Kratzer *m*

égrener [egʀəne] <4> *vt* ① enthülsen *cosse;* entkörnen *épi;* abbeeren *grappe, raisin;* egrenieren *coton* ② herunterbeten *chapelet*

égrillard(e) [egʀijaʀ, aʀd] *adj* anzüglich

Égypte [eʒipt] *f* **l'~** Ägypten *nt*

égyptien [eʒipsjɛ̃] *m* Ägyptisch *nt*; **l'~**

E

moderne das Neuägyptische; *v. a.* **allemand**
égyptien(ne) [eʒipsjɛ̃, jɛn] *adj* ägyptisch
Égyptien(ne) [eʒipsjɛ̃, jɛn] *m(f)* Ägypter(in) *m(f)*
égyptologie [eʒiptɔlɔʒi] *f* Ägyptologie *f*
égyptologue [eʒiptɔlɔg] *mf* Ägyptologe *m*/Ägyptologin *f*
eh [e, ɛ] *interj* he !; ~ **oui!** tja!/In der Tat!; ~ **bien ça par exemple!** na so was! (*fam*); ~ **bien!** *fam* nun gut!; **Eh bien, ...** nun, ...

E

éhonté(e) [eɔ̃te] *adj* schamlos
éjaculation [eʒakylasjɔ̃] *f* Samenerguss *m*, Ejakulation *f*
éjaculer [eʒakyle] <1> *vi* ejakulieren
éjectable [eʒɛktabl] *adj* **siège** ~ Schleudersitz *m*
éjecter [eʒɛkte] <1> *vt* 1 (*rejeter*) *machine:* auswerfen 2 (*projeter*) **être éjecté de qc** aus etw [heraus]geschleudert werden 3 *fam* (*expulser*) rauswerfen
éjection [eʒɛksjɔ̃] *f* 1 *d'une douille* Auswerfen *nt*; *d'un pilote* Herausschleudern *nt* 2 GEOL Auswurf *m*, Ausstoß *m*
élaboration [elabɔʀasjɔ̃] *f d'un plan* Ausarbeitung *f*
élaborer [elabɔʀe] <1> **I.** *vt* (*composer*) ausarbeiten *plan* **II.** *vpr* **s'**~ Form annehmen
élagage [elagaʒ] *m* Ausästen *nt*
élaguer [elage] <1> *vt* ausschneiden *arbre*
élan [elɑ̃] *m* 1 (*mouvement*) **prendre son** ~ Schwung *m* holen; (*en courant*) Anlauf *m* nehmen; **prendre de l'**~ ausholen 2 (*accès*) ~ **de tendresse** Anwandlung *f* von Zärtlichkeit; ~ **d'enthousiasme** überschwängliche Begeisterung *f* ►~ **vital** Lebensdrang *m*
élancé(e) [elɑ̃se] *adj* schlank
élancement [elɑ̃smɑ̃] *m* stechender Schmerz
élancer[1] [elɑ̃se] <2> **I.** *vi* stechen **II.** *vt* stechen *personne*
élancer[2] [elɑ̃se] <2> *vpr* 1 (*se précipiter*) **s'**~ **vers qn/qc** sich auf jdn/etw stürzen; **s'**~ **à la poursuite de qn** jdm hinterherrennen 2 (*prendre son élan*) **s'**~ Schwung holen; **s'**~ **dans les airs** sich in die Lüfte schwingen
élargir [elaʀʒiʀ] <8> **I.** *vt* 1 (*rendre plus large*) verbreitern; weiten *chaussures* 2 COUT weiter machen *jupe* 3 (*développer*) erweitern *horizon;* ausdehnen *débat* **II.** *vpr* **s'**~ *fleuve:* breiter werden; *chaussures:* sich weiten; *horizon:* sich erweitern **III.** *vi pull:* sich weiten
élargissement [elaʀʒismɑ̃] *m* 1 *d'une route* Verbreiterung *f*; *d'une jupe* Weitermachen *nt* 2 POL ~ **de l'UE/de l'OTAN vers l'Est** Osterweiterung *f* der EU/der Nato
élasticité [elastisite] *f d'un caoutchouc, muscle* Elastizität *f*; *de la peau* Geschmeidigkeit *f*
élastique [elastik] **I.** *adj* elastisch; *pas* federnd; *loi* dehnbar **II.** *m a.* COUT Gummi[band *nt*] *nt*
élastomère [elastɔmɛʀ] *m* CHIM Elastomer *nt*
Elbe [ɛlb] *f* **l'**~ die Elbe
eldorado [ɛldɔʀado] *m* Eldorado *nt*
e-learning [ilœʀniŋ] *m abr de* **electronic learning** E-Learning *nt*
électeur, -trice [elɛktœʀ, -tʀis] *m, f* Wähler(in) *m(f)* ►**grands** ~**s** *Wahlversammlung für die Senatswahlen*
électif, -ive [elɛktif, -iv] *adj critère* ausgewählt
élection [elɛksjɔ̃] *f* 1 Wahl *f*; ~**s européennes** Europawahlen *Pl*; ~**s législatives** Parlamentswahlen *Pl*; ~ **présidentielle** Präsidentenwahl; **second tour des** ~**s** zweiter Wahlgang 2 (*choix*) **patrie/pays d'**~ Wahlheimat *f*
électoral(e) [elɛktɔʀal, -o] <-aux> *adj* **circonscription** ~**e** Wahlbezirk *m*; **liste** ~ Wählerliste *f*
électoralisme [elɛktɔʀalism] *m* POL Wählerfang *m*
électorat [elɛktɔʀa] *m* Wählerschaft *f*
électricien(ne) [elɛktʀisjɛ̃, jɛn] *m(f)* Elektriker(in) *m(f)*
électricité [elɛktʀisite] *f* 1 (*courant*) Strom *m*; **se chauffer à l'**~ elektrisch heizen 2 (*installation*) elektrische Leitungen *Pl*; **allumer/éteindre l'**~ *fam* das Licht an-/ausmachen 3 PHYS Elektrizität *f*; ~ **statique** statische Aufladung ►**il y a de l'**~ **dans l'air** es liegt Spannung in der Luft
électrification [elɛktʀifikasjɔ̃] *f* Elektrifizierung *f*
électrifier [elɛktʀifje] <1a> *vt* elektrifizieren *ligne de chemin de fer*
électrique [elɛktʀik] *adj cuisinière* elektrisch; *pile* [elektrisch] geladen; **centrale** ~ Stromkraftwerk *nt*; **moteur** ~ Elektromotor *m*; **voiture** ~ Elektroauto *nt*, E-Auto, Stromer *m* (*fam*)
électrisation [elɛktʀizasjɔ̃] *f* ELEC Elektrisieren *nt*, Elektrisierung *f*
électriser [elɛktʀize] <1> *vt* elektrisieren (*a. fig*)
électroaimant [elɛktʀoɛmɑ̃] *m* Elektromagnet *m*

électrocardiogramme [elɛktʀokaʀdjɔgʀam] *m* Elektrokardiogramm *nt*

électrochoc [elɛktʀoʃɔk] *m* Elektroschock *m*

électrocuter [elɛktʀɔkyte] <1> **I.** *vt* **être électrocuté** einen [elektrischen] Schlag bekommen **II.** *vpr* **s'~ avec qc** von etw einen [elektrischen Schlag] bekommen; (*être mort*) von etw einen tödlichen Stromstoß bekommen

électrocution [elɛktʀɔkysjɔ̃] *f* [tödlicher] elektrischer Schlag; **condamner qn par ~** jdn zum Tod auf dem elektrischen Stuhl verurteilen

électrode [elɛktʀɔd] *f* Elektrode *f*

électro-encéphalogramme [elɛktʀoɑ̃sefalɔgʀam] <électro-encéphalogrammes> *m* Elektroenzephalogramm *nt*

électrogène [elɛktʀɔʒɛn] *adj* stromerzeugend

électrolyse [elɛktʀɔliz] *f* Elektrolyse *f*

électrolyte [elɛtʀɔlit] *m* CHIM, PHYS Elektrolyt *m*

électromagnétique [elɛktʀomaɲetik] *adj* elektromagnetisch

électromécanicien(ne) [elɛktʀomekanisjɛ̃, jɛn] *m(f)* Elektromechaniker(in) *m(f)*

électroménager [elɛktʀomenaʒe] **I.** *adj* **appareil ~** elektrisches Haushaltsgerät **II.** *m* ① (*appareils*) elektrische Haushaltsgeräte *Pl* ② (*commerce*) Elektrohandel *m*

électron [elɛktʀɔ̃] *m* Elektron *nt*

électronicien(ne) [elɛktʀɔnisjɛ̃, jɛn] *m(f)* Elektroniker(in) *m(f)*

électronique [elɛktʀɔnik] **I.** *adj* elektronisch; **calculateur ~** Elektronenrechner *m;* **monnaie ~** Cybercash *nt* **II.** *f* Elektronik *f*

électrophone [elɛktʀɔfɔn] *m* [Schall]plattenspieler *m*

électrostatique [elɛktʀostatik] PHYS **I.** *adj* elektrostatisch **II.** *f* Elektrostatik *f*

électrotechnicien(ne) [elɛktʀotɛknisjɛ̃, jɛn] *m(f)* Elektrotechniker(in) *m(f)*

électrotechnique [elɛktʀotɛknik] **I.** *adj* elektrotechnisch **II.** *f* Elektrotechnik *f*

élégamment [elegamɑ̃] *adv s'habiller* elegant

élégance [elegɑ̃s] *f sans pl* ① (*esthétique*) Eleganz *f; d'un intérieur* geschmackvoller Stil; *d'un mouvement* Anmut *f; d'une théorie* Nachvollziehbarkeit *f* ② *d'une personne* Korrektheit *f;* **perdre avec ~** mit Anstand verlieren

élégant(e) [elegɑ̃, ɑ̃t] *adj* elegant; *intérieur* stilvoll; *style* klar; *solution* nachvollziehbar

élément [elemɑ̃] **I.** *m* ① (*composant*) Element *nt,* Bestandteil *m* ② (*mobilier*) Element *nt,* [Einzel]teil *nt;* **~s préfabriqués** Fertig[bau]teile *Pl* ③ *d'un problème* Element *nt,* Komponente *f* ④ (*groupe dans une collectivité*) Teil *m;* **très bons ~s** ausgezeichnete Kräfte ⑤ CHIM Element *nt* ▶ **être dans son ~** in seinem Element sein **II.** *mpl* ① (*principes de base*) Grundbegriffe *Pl* ② (*connaissances sommaires*) Grundkenntnisse *Pl* ③ (*forces naturelles*) Naturgewalten *Pl;* **les quatre ~s** die vier Elemente

élémentaire [elemɑ̃tɛʀ] *adj* (*simple, de base*) elementar; *problème* elementar; *exercice* einfach; **niveau ~** Grundstufe *f;* **principes ~s** Grundprinzipien *Pl* ▶ **~, mon cher Watson!** *fam* das ist doch ganz klar, mein lieber Watson!; **c'est ~!** *fam* (*c'est évident*) das weiß doch jeder!; (*c'est bien le moins qu'on puisse faire*) das ist doch das Mindeste!

éléphant [elefɑ̃] *m* Elefant *m;* **~ mâle/femelle** Elefantenbulle *m*/Elefantenkuh *f* ▶ **comme un ~ dans un magasin de porcelaine** *fam* wie ein Elefant im Porzellanladen

éléphanteau [elefɑ̃to] <x> *m* Elefantenkalb *nt*

éléphantesque [elefɑ̃tɛsk] *adj fam* massig

élevage [el(ə)vaʒ] *m* ① (*action*) Zucht *f,* Aufzucht *f* ② (*ensemble d'animaux*) Zucht *f* ③ (*exploitation*) Zuchtbetrieb *m*

élévateur [elevatœʀ] *m* [Lasten]aufzug *m*

élévation [elevasjɔ̃] *f* ① (*accession*) Erhebung *f;* **~ de qn à une dignité** jds Einsetzung *f* in ein Amt ② (*hausse*) Ansteigen *nt;* **~ de la température** Temperaturanstieg *m*

élève [elɛv] *mf* Schüler(in) *m(f)*

élevé(e)[1] [el(ə)ve] *adj* ① (*haut*) hohe(r, s) ② (*noble*) gepflegt; *opinion* hoch; **être de condition ~e** zu den besseren Kreisen gehören

élevé(e)[2] [el(ə)ve] **I.** *adj* (*éduqué*) **bien/mal ~** gut/schlecht erzogen **II.** *m(f)* **un mal ~** ein Flegel *m*

élever[1] [el(ə)ve] <4> **I.** *vt* ① (*ériger*) errichten *monument;* hochziehen *mur* ② (*porter vers le haut*) hochheben ③ (*porter plus haut*) heben *niveau, ton;* erheben *voix* ④ (*promouvoir*) **~ qn à un rang** jdn in einen Rang erheben ⑤ (*susciter*) äußern *critique, doute;* erheben *objection* ⑥ MATH **~ un nombre au carré** eine Zahl ins Quadrat erheben **II.** *vpr* ① (*être*

E

construit) **s'~** *mur, édifice:* stehen ② (*se dresser*) **s'~ à 10/100 mètres** *plateau:* 10/100 Meter hoch liegen ③ (*se faire entendre*) **s'~** zu hören sein ④ (*surgir*) **s'~** *discussion:* entstehen; *doutes:* aufkommen ⑤ (*se chiffrer*) **s'~ à 1000 euros** sich auf 1000 Euro (*akk*) belaufen ⑥ (*mépriser*) **s'~ au-dessus des injures** sich über Beleidigungen hinwegsetzen ⑦ (*socialement*) **s'~ par son seul travail** sich aus eigener Kraft hocharbeiten ⑧ (*s'opposer à*) **s'~ contre qc** sich gegen etw wenden

élever² [el(ə)ve] <4> *vt* ① (*prendre soin de*) aufziehen *personne, animal;* **être élevé chez qn** bei jdm aufwachsen ② (*éduquer*) erziehen ③ (*faire l'élevage de*) züchten *animaux*

éleveur, -euse [el(ə)vœʀ, -øz] *m, f* [Vieh]züchter(in) *m(f)*

éleveuse [el(ə)vøz] *f* (*couveuse*) Schirmglucke *f*

elfe [ɛlf] *m* Elfe *f*

élider [elide] <1> *vt* streichen *voyelle*

éligibilité [eliʒibilite] *f* Wählbarkeit *f,* passives Wahlrecht *nt*

éligible [eliʒibl] *adj* wählbar

élimé(e) [elime] *adj* **~ à qc** an etw (*dat*) abgewetzt

élimination [eliminasjɔ̃] *f* Beseitigung *f; d'un adversaire* Ausschaltung *f; des déchets* Entsorgung *f*

éliminatoire [eliminatwaʀ] **I.** *adj* ① SCOL, UNIV *note, faute* zum Ausschluss führend; **épreuve ~** Auswahlprüfung *f* ② SPORT **match ~** Ausscheidungsspiel *nt* **II.** *f souvent pl* Ausscheidungs[wett]kämpfe *Pl*

éliminer [elimine] <1> **I.** *vt* ① (*faire disparaître*) beseitigen *erreurs;* aus dem Weg räumen *obstacle;* entfernen *tartre* ② (*tuer*) eliminieren ③ (*écarter*) aussondern *pièces défectueuses* ④ ECON, POL ausschalten ⑤ SCOL, UNIV wiederholen lassen *élève;* **il a été éliminé à l'oral** er ist im Mündlichen durchgefallen ⑥ SPORT **~ qn de la course** jdn aus dem Rennen werfen; (*pour dopage*) jdn [für ein Rennen] sperren; **être éliminé** ausscheiden; (*pour dopage*) gesperrt werden ⑦ (*rejeter*) ausschließen *possibilité* ⑧ IND entsorgen *déchets* **II.** *vpr* **s'~ facilement** *tache:* leicht zu entfernen sein

élire [eliʀ] <*irr*> *vt* wählen; **il a été élu président** er wurde zum Präsidenten gewählt

élision [elizjɔ̃] *f* Streichung *f*

élitaire [elitɛʀ] *adj* elitär

élite [elit] *f* Elite *f;* **université d'~** Eliteuniversität *f*

élitisme [elitism] *m* Elitesystem *nt*

élitiste [elitist] *adj* **école ~** Eliteschule *f*

élixir [eliksiʀ] *m* Elixier *nt*

elle [ɛl] *pron pers* ① (*fém*) sie; **~ est grande** sie ist groß; **lui est là, mais pas ~** er ist da, aber sie nicht ② *interrog, non traduit* **Sophie a-t-~ ses clés?** hat Sophie ihre Schlüssel?; *v. a.* **il** ③ (*répétitif*) **regarde la lune comme ~ est ronde** sieh mal, wie rund der Mond ist; **la vache, ~ fait meuh** die Kuh macht muh; *v. a.* **il** ④ *fam* (*pour renforcer*) **la mer, ~ aussi, est polluée** auch das Meer ist verschmutzt; **~, elle n'a pas ouvert la bouche** die hat den Mund nicht aufgemacht; **c'est ~ qui l'a dit** das hat die gesagt; **il veut l'aider, ~?** der möchte er helfen? ⑤ *avec une préposition* **avec/sans ~** mit ihr/ohne sie; **à ~ seule** sie allein; **la maison est à ~** das Haus gehört ihr; **c'est à ~ de décider** sie muss entscheiden; **c'est à ~!** sie ist dran! ⑥ *dans une comparaison* sie; **il est comme ~** er ist wie sie; **plus fort qu'~** stärker als sie ⑦ (*soi*) sich; **elle ne pense qu'à ~** sie denkt nur an sich; *v. a.* **lui**

elle-même [ɛlmɛm] *pron pers* (*elle en personne*) sie selbst; *v. a.* **lui-même**

elles [ɛl] *pron pers* ① (*fém pl*) sie; **~ sont grandes** sie sind groß; **eux sont là, mais pas ~** sie sind da, aber sie nicht ② *interrog, non traduit* **les filles, sont-~ venues?** sind die Mädchen gekommen? ③ (*répétitif*) **regarde les fleurs comme ~ sont belles** sieh mal, wie schön die Blumen sind; *v. a.* **il** ④ *fam* (*pour renforcer*) **~, elles n'ont pas ouvert la bouche** die haben den Mund nicht aufgemacht; **c'est ~ qui l'ont dit** die haben das gesagt; **il veut les aider, ~?** denen möchte er helfen? ⑤ *avec une préposition* **avec/sans ~** mit ihnen/ohne sie; **à ~ seules** sie allein ⑥ *dans une comparaison* sie; **ils sont comme ~** sie sind wie sie ⑦ (*soi*) sich; *v. a.* **elle**

elles-mêmes [ɛlmɛm] *pron pers* (*elles en personne*) sie selbst; *v. a.* **moi-même, nous-même**

ellipse [elips] *f* LING, GEOM Ellipse *f*

elliptique [eliptik] *adj* elliptisch; *tournure, formule* unvollständig; **vélo ~** Crosstrainer *m*

élocution [elɔkysjɔ̃] *f* Aussprache *f;* **avoir une ~ lente/rapide** langsam/schnell sprechen

éloge [elɔʒ] *m* ① (*louange*) Lob *nt* ② (*dithyrambe*) Lobrede *f*; **faire l'~ de qn** eine Lobrede auf jdn halten
élogieux, -euse [elɔʒjø, -jøz] *adj paroles* lobend
éloigné(e) [elwaɲe] *adj* ① (*dans l'espace*) **~ de qc** fern von etw; **se tenir ~ de qc** sich von etw fernhalten ② (*isolé*) entlegen ③ (*dans le temps*) fern; *passé* weit zurückliegend ④ (*différent*) **~ de qc** weit entfernt von etw ⑤ *parent* entfernt
éloignement [elwaɲmɑ̃] *m* ① (*distance*) **l'~** die Entfernung ② (*séparation d'avec*) **l'~ de qn** jds Abwesenheit *f*; **prendre de l'~** Abstand nehmen ③ (*recul*) der [zeitliche] Abstand ④ (*fait de se tenir à l'écart*) **~ de qc** Rückzug *m* von etw
éloigner [elwaɲe] <1> **I.** *vt* ① (*mettre à distance*) fernhalten ② (*détourner*) **~ qn du sujet** jdn vom Thema abbringen; **~ qn de la vie politique** jdn von der Politik abhalten ③ (*dans le temps*) **chaque jour qui passe nous éloigne de notre jeunesse** mit jedem Tag entfernen wir uns mehr von unserer Jugend ④ (*écarter*) zerstreuen *soupçons;* bannen *danger* ⑤ (*détacher*) **~ qn de qn** jdn von jdm entfernen **II.** *vpr* ① (*devenir de plus en plus lointain*) **s'~** *nuages:* verschwinden; *bruit:* leiser werden; *vent, tempête:* nachlassen ② (*aller ailleurs*) **s'~** sich entfernen ③ (*aller plus loin*) **ne t'éloigne pas trop, s'il te plaît!** geh bitte nicht zu weit weg! ④ (*dans le temps*) **s'~ de qc** etw hinter sich (*dat*) zurücklassen ⑤ (*s'estomper*) **s'~** *souvenir:* sich verflüchtigen; *danger:* abnehmen ⑥ (*s'écarter de*) **s'~ du sujet** vom Thema abkommen ⑦ (*prendre ses distances par rapport à*) **s'~ de qn/qc** auf Distanz zu jdm/etw gehen
élongation [elɔ̃gasjɔ̃] *f* Zerrung *f*
éloquence [elɔkɑ̃s] *f* ① (*verve*) Eloquenz *f* (*geh*); **parler avec beaucoup d'~** sehr eloquent sein (*geh*) ② (*technique*) Wortgewandtheit *f*
éloquent(e) [elɔkɑ̃, ɑ̃t] *adj* ① (*persuasif*) *discours* eloquent (*geh*); *orateur* redegewandt ② (*significatif*) *geste, regard* vielsagend; *silence* beredt
élu(e) [ely] **I.** *part passé de* **élire** **II.** *adj* gewählt **III.** *m(f)* ① POL Abgeordnete(r) *f(m)* ② REL Auserwählte(r) *f(m),* Auserkorene(r) *f(m)*
élucidation [elysidasjɔ̃] *f* Aufklärung *f*; *d'un problème* Beleuchtung *f*
élucider [elyside] <1> *vt* aufklären
élucubrations [elykybʀasjɔ̃] *fpl péj* Hirngespinste *Pl*
éluder [elyde] <1> *vt* umgehen
Élysée [elize] *m* **l'~** der Élysée-Palast
élyséen(ne) [elizeɛ̃, ɛn] *adj* ① MYTH *Jardin* elysisch ② *fam couloirs* Élysée-
émacié(e) [emasje] *adj* ausgemergelt
e-mail [imel] <e-mails> *m* E-Mail *nt o f*
émail [emaj, emo] <-aux> *m* ① *sans pl* (*vernis*) Glasur *f* ② (*sur métal*) Email *nt*
émaillage [emajaʒ] *m* Emaillieren *nt*
émaillé(e) [emaje] *adj* emailliert
émanation [emanasjɔ̃] *f* ① REL, PHILOS, PHYS Emanation *f* ② *souvent pl* (*exhalaison*) Ausdünstung *f*; **~s pestilentielles** widerlicher Gestank *m*
émancipateur, -trice [emɑ̃sipatœʀ, -tʀis] *adj mouvement* emanzipatorisch
émancipation [emɑ̃sipasjɔ̃] *f* Emanzipation *f*
émancipé(e) [emɑ̃sipe] *adj* emanzipiert
émanciper [emɑ̃sipe] <1> *vpr* **s'~** sich emanzipieren
émaner [emane] <1> *vi* **~ de qn/qc** *autorité, charme:* von jdm/etw ausgehen
émargement [emaʀʒəmɑ̃] *m d'un contrat* Abzeichnen *nt,* Unterschreiben *nt*
émarger [emaʀʒe] <2a> *vi* **~ au budget de l'État** sein Gehalt vom Staat beziehen
émasculer [emaskyle] <1> *vt* kastrieren
emballage [ɑ̃balaʒ] *m* ① *sans pl* (*action d'emballer*) Verpacken *nt* ② (*paquet*) [Ver]packung *f*
emballant(e) [ɑ̃balɑ̃, ɑ̃t] *adj fam* (*enthousiasmant*) toll
emballement [ɑ̃balemɑ̃] *m* überschwängliche Begeisterung *f*
emballer [ɑ̃bale] <1> **I.** *vt* ① (*empaqueter*) einpacken ② *fam* (*enthousiasmer*) **être emballé par qc** ganz hin und weg von etw sein ③ AUT überdrehen, aufheulen lassen *moteur* ④ *fam* (*séduire*) einwickeln **II.** *vpr* ① *fam* (*s'enthousiasmer*) **s'~ pour qc** Feuer und Flamme für etw sein ② *fam* (*s'emporter*) **s'~** sich aufregen ③ (*partir à une allure excessive*) **s'~** *animal:* durchgehen; *moteur:* aufheulen
embarcadère [ɑ̃baʀkadɛʀ] *m* Anlegestelle *f*
embarcation [ɑ̃baʀkasjɔ̃] *f* Boot *nt*
embardée [ɑ̃baʀde] *f* AUT schnelles Ausweichen *nt*
embargo [ɑ̃baʀgo] *m* Embargo *nt*
embarqué(e) [ɑ̃baʀke] *adj journaliste* eingebettet; **électronique ~e** Bordelektronik *f*
embarquement [ɑ̃baʀkəmɑ̃] *m* ① *des*

E

marchandises Verladen *nt* ② NAUT Einschiffen *nt* ③ AVIAT ~ **immédiat, porte 5!** begeben Sie sich an Ausgang Nr. 5!

embarquer [ɑ̃baʀke] <1> **I.** *vi* ① an Bord gehen; ~ **dans l'avion** ins Flugzeug steigen ② CAN (*monter*) ~ **dans l'autobus/dans une voiture** in den Bus einsteigen/in einem Wagen steigen **II.** *vt* ① (*prendre à bord d'un bateau*) einschiffen; verladen *marchandises* ② (*à bord d'un véhicule*) einsteigen lassen *passagers;* verladen *animaux* ③ (*voler*) mitgehen lassen (*fam*) ④ *fam* (*arrêter*) schnappen *voleur* ▸ **elle est mal embarquée** *fam* für sie sieht's schlecht aus **III.** *vpr* ① (*monter à bord d'un bateau*) **s'~** sich einschiffen ② (*s'engager*) **s'~ dans qc** sich auf etw (*akk*) einlassen

embarras [ɑ̃baʀa] *m* ① (*gêne*) Verlegenheit *f,* Befangenheit *f* ② (*tracas*) Unannehmlichkeit *f* ▸ **n'avoir que l'~ du choix** die Qual der Wahl haben; **mettre** [*o* **plonger**] **qn dans l'~** (*le mettre mal à l'aise*) jdn in Verlegenheit bringen; (*l'enfermer dans un dilemme*) jdn in Schwierigkeiten bringen

embarrassant(e) [ɑ̃baʀasɑ̃, ɑ̃t] *adj* ① (*délicat*) unangenehm ② (*ennuyeux*) misslich ③ (*encombrant*) sperrig

embarrassé(e) [ɑ̃baʀase] *adj* ① *personne* verlegen; *air, sourire* betreten ② (*encombré*) ~ **de qc** mit etw vollgestellt

embarrasser [ɑ̃baʀase] <1> **I.** *vt* ① (*déconcerter*) in Verlegenheit bringen ② (*tracasser*) Mühe machen ③ (*gêner dans ses mouvements*) behindern ④ (*encombrer*) versperren *couloir* **II.** *vpr* ① (*s'encombrer*) **s'~ de qn/qc** sich mit jdm/etw belasten ② (*se soucier*) **s'~ de qc** sich mit etw abgeben

embauche [ɑ̃boʃ] *f* ① (*recrutement*) Einstellung *f* ② (*travail*) Beschäftigung *f;* **offre d'~** Stellenangebot *nt*

embaucher [ɑ̃boʃe] <1> *vt, vi* ECON einstellen

embaumement [ɑ̃bommɑ̃] *m d'un corps* Einbalsamierung *f*

embaumer [ɑ̃bome] <1> *vi fleur, fruit:* duften

embellie [ɑ̃beli] *f* METEO Aufheiterung *f*

embellir [ɑ̃beliʀ] <8> **I.** *vi* schöner werden **II.** *vt* schöner aussehen lassen *personne;* verschönern *maison, ville;* beschönigen *réalité*

embellissement [ɑ̃belismɑ̃] *m sans pl d'un lieu, édifice* Verschönerung *f*

emberlificoter [ɑ̃bɛʀlifikɔte] <1> *vpr fam* **s'~ dans des explications** sich in Erklärungen (*dat*) verheddern

embêtant [ɑ̃bɛtɑ̃] *m fam* **l'~, c'est qu'il est sourd** das Dumme ist, dass er taub ist

embêtant(e) [ɑ̃bɛtɑ̃, ɑ̃t] *adj fam* ① (*agaçant*) lästig ② (*fâcheux*) dumm

embêtement [ɑ̃bɛtmɑ̃] *m fam* Scherereien *Pl*

embêter [ɑ̃bete] <1> **I.** *vt fam* ① (*importuner*) auf die Palme bringen ② (*contrarier*) nerven; **être embêté** dumm dastehen ③ (*casser les pieds*) anöden **II.** *vpr fam* ① (*s'ennuyer*) **s'~** sich [zu Tode] langweilen ② (*se démener*) **s'~ à faire qc** sich ins Zeug legen um etw zu machen ▸ **ne pas s'~** (*n'être pas à plaindre*) nicht übel leben; (*en profiter*) sich köstlich amüsieren

emblée [ɑ̃ble] *adv* **d'~** auf Anhieb

emblématique [ɑ̃blematik] *adj* sinnbildlich; **figure ~ de qc** Symbol *nt* einer S. (*gen*)

emblème [ɑ̃blɛm] *m* Emblem *nt*

embobiner [ɑ̃bɔbine] <1> *vt fam* einwickeln

emboîtage [ɑ̃bwataʒ] *m d'un livre* Schuber *m;* (*étui*) Kassette *f*

emboîtement [ɑ̃bwatmɑ̃] *m* Ineinanderpassen *nt,* Ineinandergreifen *nt*

emboîter [ɑ̃bwate] <1> **I.** *vt* zusammensetzen **II.** *vpr* **des choses s'emboîtent les unes dans les autres** Dinge passen ineinander

embolie [ɑ̃bɔli] *f* Embolie *f*

embonpoint [ɑ̃bɔ̃pwɛ̃] *m* Leibesfülle *f*

embouché(e) [ɑ̃buʃe] *adj* **être mal ~** keine Kinderstube haben

emboucher [ɑ̃buʃe] <1> *vt* ① an die Lippen setzen *instrument à vent* ② (*mettre à la bouche d'un animal*) an die Kandare nehmen *cheval*

embouchure [ɑ̃buʃyʀ] *f* GEOG Mündung *f*

embourber [ɑ̃buʀbe] <1> **I.** *vt* ~ **qc** mit etw im Schlamm stecken bleiben **II.** *vpr* ① (*s'enliser*) **s'~** im Schlamm stecken bleiben ② (*s'empêtrer*) **s'~ dans qc** sich in etw (*akk*) verstricken ③ (*s'enfoncer*) **s'~ dans qc** in etw (*dat*) stecken bleiben

embourgeoisement [ɑ̃buʀʒwazmɑ̃] *m* Verbürgerlichung *f*

embourgeoiser [ɑ̃buʀʒwaze] <1> *vpr* **s'~** verbürgerlichen

embout [ɑ̃bu] *m d'une chaussure* Kappe *f; d'un parapluie* Spitze *f*

embouteillage [ɑ̃butɛjaʒ] *m* AUT [Verkehrs]stau *m*

embouteiller [ɑ̃buteje] <1> *vt* (*saturer*)

être embouteillé *rue, passage:* verstopft sein; *lignes téléphoniques:* überlastet sein

emboutir [ɑ̃butiʀ] <8> *vt* AUT [hinten] rammen

emboutissage [ɑ̃butisaʒ] *m* ① TECH *d'une plaque de métal* Tiefziehen *nt* ② AUT *d'un véhicule* Verbeulen *nt*

embranchement [ɑ̃bʀɑ̃ʃmɑ̃] *m* ① (*point de jonction*) Schnittpunkt *m* ② (*ramification*) Abzweigung *f*

embrasement [ɑ̃bʀɑzmɑ̃] *m littér* Glut *f*

embrassades [ɑ̃bʀasad] *fpl* Küsse [und Umarmungen] *Pl*

embrasse [ɑ̃bʀas] *f* Raffhalter *m*

embrassé(e) [ɑ̃bʀase] *adj rimes* umarmend

embrasser [ɑ̃bʀase] <1> **I.** *vt* ① (*donner un baiser*) küssen; **va l'~!** geh und gib ihm/ihr ein Küsschen! ② (*saluer*) **je t'/vous embrasse** viele Grüße ③ (*prendre dans les bras*) umarmen **II.** *vpr* **s'~** ① (*donner un baiser*) sich küssen ② (*prendre dans ses bras*) sich umarmen

embrasure [ɑ̃bʀɑzyʀ] *f* Öffnung *f*

embrayage [ɑ̃bʀɛjaʒ] *m* Kupplung *f;* **voiture à ~ automatique** Wagen *m* mit Automatikschaltung

embrayer [ɑ̃bʀeje] <7> *vi* ① AUT einkuppeln ② (*commencer à parler*) **~ sur qn/qc** auf jdn/etw zu sprechen kommen

embrigadement [ɑ̃bʀigadmɑ̃] *m péj de partisans* Rekrutierung *f*

embrigader [ɑ̃bʀigade] <1> *vt péj* ① (*endoctriner*) einspannen (*fam*) ② (*enrôler*) **~ qn dans qc** jdn für etw rekrutieren

embringuer [ɑ̃bʀɛ̃ge] <1> *vt fam* **être embringué dans qc** in etw (*akk*) verwickelt sein

embrocher [ɑ̃bʀɔʃe] <1> *vt* auf den [Brat]spieß stecken *viande*

embrouillamini [ɑ̃bʀujamini] *m fam* Kuddelmuddel *m o nt*

embrouille [ɑ̃bʀuj] *f* Verwirrspiel *nt*

embrouillé(e) [ɑ̃bʀuje] *adj* verworren

embrouiller [ɑ̃bʀuje] <1> **I.** *vt* ① (*rendre confus*) kompliziert machen *chose* ② (*faire perdre le fil*) verwirren *personne* **II.** *vpr* ① (*s'empêtrer*) **s'~ dans un récit** in einem Bericht den Faden verlieren; **s'~ dans des explications** sich in Erklärungen (*dat*) verstricken ② (*devenir confus*) **s'~** durcheinandergeraten

embroussaillé(e) [ɑ̃bʀusaje] *adj terrain* mit Gestrüpp zugewachsen; *sourcils* buschig

embrumer [ɑ̃bʀyme] <1> *vt* ① in Nebel hüllen; **être embrumé** im Nebel liegen, nebelverhangen sein (*geh*) ② *fig* vernebeln *cerveau*

embruns [ɑ̃bʀœ̃] *mpl* Gischt *m o f*

embryologie [ɑ̃bʀijɔlɔʒi] *f* MED Embryologie *f*

embryon [ɑ̃bʀijɔ̃] *m* Embryo *m*

embryonnaire [ɑ̃bʀijɔnɛʀ] *adj vie* embryonal

embûches [ɑ̃byʃ] *fpl* (*difficultés*) Tücken *Pl,* Fallstricke *Pl;* **sujet plein d'~** Thema *nt* voller Tücken

embuer [ɑ̃bɥe] <1> *vt* beschlagen

embuscade [ɑ̃byskad] *f* **dresser une ~ à qn** jdn in einen Hinterhalt locken

embusquer [ɑ̃byske] <1> *vt* **être embusqué** im Hinterhalt liegen

éméché(e) [emeʃe] *adj fam* beschwipst

émeraude [emʀod] **I.** *adj inv* smaragdfarben **II.** *f* Smaragd *m*

émergence [emɛʀʒɑ̃s] *f* [plötzliches] Auftauchen *nt*

émergent(e) [emɛʀʒɑ̃, ɑ̃t] *adj* ① *année, montagne* herausragend ② PHYS *rayon* austretend ③ ECON **les pays ~s** die Schwellenländer *Pl*

émerger [emɛʀʒe] <2a> *vi* ① (*sortir*) **~ de qc** *plongeur:* aus etw auftauchen; *soleil:* hinter etw (*dat*) hervorkommen ② (*être apparent*) herausragen; **terres émergées** festes Land ③ *fam* (*se réveiller*) munter werden ④ (*sortir du stress*) relaxen (*fam*)

émeri [emʀi] *m* **papier [d']~** Schleifpapier *nt*

émérite [emeʀit] *adj professeur* emeritiert

émerveillement [emɛʀvɛjmɑ̃] *m* Entzückung *f*

émerveiller [emɛʀveje] <1> **I.** *vt* entzücken **II.** *vpr* **s'~ de [o devant] qc** in Entzückung über etw (*akk*) geraten

émetteur [emetœʀ] *m* MEDIA, LING Sender *m*

émetteur, -trice [emetœʀ, -tʀis] **I.** *adj* ① MEDIA **poste ~** Sendegerät *nt;* **station émettrice** Sendestation *f* ② FIN ausgebend **II.** *m, f* FIN *d'un chèque* Aussteller(in) *m(f)*

émetteur-récepteur [emetœʀʀesɛptœʀ] <émetteurs-récepteurs> *m* kombiniertes Sende- und Empfangsgerät

émettre [emɛtʀ] <*irr*> **I.** *vi* MEDIA ausstrahlen **II.** *vt* ① (*produire*) von sich geben *son;* verbreiten *odeur;* abgeben *lumière;* aussenden *radiations* ② (*formuler*) äußern *opinion;* aufstellen *hypothèse* ③ FIN ausgeben; ausstellen *chèque*

émeu [emø] *m* Emu *m*

émeute [emøt] *f* Aufruhr *m,* Tumult *m*

émeutier, -ière [emœtje, -jɛʀ] *m, f* Aufrührer(in) *m(f)*
émiettement [emjɛtmɑ̃] *m* Zersplitterung *f,* Zersplittern *nt; d'un empire* Zerfall *m*
émietter [emjete] <1> **I.** *vt* zerbröckeln **II.** *vpr* **s'~** zerbröckeln
émigrant(e) [emigʀɑ̃, ɑ̃t] *m(f)* Auswanderer *m*/Auswanderin *f,* Emigrant(in) *m(f)*
E
émigration [emigʀasjɔ̃] *f* ❶ (*expatriation*) Auswanderung *f* ❷ POL Emigration *f*
émigré(e) [emigʀe] *m(f)* Emigrant(in) *m(f)*
émigrer [emigʀe] <1> *vi* auswandern
émincé [emɛ̃se] *m* GASTR *sehr fein geschnittenes Gemüsegericht oder Geschnetzeltes*
émincer [emɛ̃se] <2> *vt* in dünne Scheiben schneiden
éminemment [eminamɑ̃] *adv respectable* höchst
éminence [eminɑ̃s] *f* GEOG Anhöhe *f*
éminent(e) [eminɑ̃, ɑ̃t] *adj* hervorragend
émir [emiʀ] *m* Emir *m*
émirat [emiʀa] *m* Emirat *nt*
émirati(e) [emiʀati] *adj* aus den arabischen Emiraten
émissaire [emisɛʀ] *m* Abgesandte(r) *f(m)* [mit geheimem Auftrag]
émission [emisjɔ̃] *f* ❶ MEDIA Sendung *f;* **~ radiophonique/télévisée** Radio-/Fernsehsendung; **~ en différé** Aufzeichnung *f;* **~ en direct** Livesendung ❷ PHYS Emission *f* ❸ FIN Ausgabe *f,* Emission *f; d'un chèque* Ausstellung *f* ❹ POST *d'un timbre-poste* Ausgabe *f*
emmagasiner [ɑ̃magazine] <1> *vt* [ein]lagern
emmailloter [ɑ̃majɔte] <1> *vt* **~ qn/qc dans qc** etw mit etw umwickeln
emmancher [ɑ̃mɑ̃ʃe] <1> *vt* mit einem Stiel versehen *outil*
emmanchure [ɑ̃mɑ̃ʃyʀ] *f* Armausschnitt *m*
emmêlement [ɑ̃mɛlmɑ̃] *m* Gemisch *nt;* (*fouillis*) Durcheinander *nt*
emmêler [ɑ̃mele] <1> **I.** *vt* (*enchevêtrer*) durcheinanderbringen **II.** *vpr* ❶ (*s'enchevêtrer*) **s'~** sich verwickeln ❷ (*s'embrouiller*) **s'~ dans un récit** sich in einem Bericht verzetteln; **s'~ dans des explications** sich in Erklärungen (*akk*) verstricken
emménagement [ɑ̃menaʒmɑ̃] *m* Einzug *m* [in eine Wohnung]
emménager [ɑ̃menaʒe] <2a> *vi* **~ dans un logement** in eine Wohnung einziehen
emmener [ɑ̃m(ə)ne] <4> *vt* ❶ (*conduire*) **~ qn au cinéma** jdn zum Kino bringen ❷ (*prendre avec soi*) mitnehmen ❸ (*comme prisonnier*) abführen ❹ (*comme otage*) entführen ❺ *fam* (*emporter*) mitnehmen
emmerdant(e) [ɑ̃mɛʀdɑ̃, ɑ̃t] *adj fam* ❶ (*agaçant*) nervig ❷ (*fâcheux*) blöd ❸ (*ennuyeux*) stinklangweilig
emmerde [ɑ̃mɛʀd] *f fam* Mordsärger *m kein Pl*
emmerdement [ɑ̃mɛʀdəmɑ̃] *m fam* Schererei *f*
emmerder [ɑ̃mɛʀde] <1> *fam* **I.** *vt* ❶ (*énerver*) nerven ❷ (*contrarier*) *problème:* verrückt machen; **être emmerdé** in der Klemme sitzen ❸ (*barber*) ankotzen (*vulg*) ►[**eh bien, moi**] **je vous/t'emmerde!** rutscht/rutsch mir doch den Buckel runter! **II.** *vpr* ❶ (*s'ennuyer*) **s'~** Däumchen drehen ❷ (*se démener*) **s'~ à faire qc** sich abrackern um etw zu tun ►**il/elle ne s'emmerde pas!** es juckt ihn/sie nicht groß!
emmerdeur, -euse [ɑ̃mɛʀdœʀ, -øz] *m, f fam* ❶ (*raseur*) Langweiler(in) *m(f)* ❷ (*personne agaçante*) Nervensäge *f*
emmitoufler [ɑ̃mitufle] <1> **I.** *vt* **être emmitouflé dans qc** in etw (*akk*) eingemummt sein **II.** *vpr* **s'~ dans qc** sich in etw (*akk*) einmummen
emmurer [ɑ̃myʀe] <1> *vt* einmauern
émoi [emwa] *m littér* ❶ (*trouble amoureux*) Erregung *f,* Herzklopfen *nt* ❷ (*agitation*) Aufregung *f*
émollient(e) [emɔljɑ̃, jɑ̃t] *adj* erweichend
émoluments [emɔlymɑ̃] *mpl* ADMIN Bezüge *Pl*
émoticone *m,* **émoticône** [emɔtikon] *f* INFORM Emoticon *nt*
émotif, -ive [emɔtif, -iv] *adj personne* feinfühlig; **choc ~** Schock *m*
émotion [emosjɔ̃] *f* ❶ (*surprise, chagrin*) Aufregung *f;* **causer une vive ~ à qn** jdn stark aufwühlen; **donner des ~s à qn** *fam* jdn schocken ❷ (*joie*) freudige Erregung ❸ (*trouble causé par la beauté*) Ergriffenheit *f* ❹ (*sentiment*) Emotion *f* ►**~s fortes** Nervenkitzel *m*
émotionnel(le) [emosjɔnɛl] *adj choc* emotional; *réaction* gefühlsmäßig
émotionner [emosjɔne] <1> *vt fam* berühren *âmes, spectateurs*
émotivité [emotivite] *f* [starke] Erregbarkeit
émoulu(e) [emuly] *adj* ►**être frais ~ de l'école** frisch von der Schule kommen

émousser [emuse] <1> *vt* **être émoussé** stumpf sein
émoustillant(e) [emustijɑ̃, jɑ̃t] *adj décolleté, film* aufregend
émoustiller [emustije] <1> *vt* aufheitern
émouvant(e) [emuvɑ̃, ɑ̃t] *adj* bewegend
émouvoir [emuvwaʀ] *<irr>* **I.** *vt* ❶ (*bouleverser*) bewegen; **~ qn [jusqu'] aux larmes** jdn zu Tränen rühren ❷ (*changer de sentiment*) **se laisser ~ par qn/qc** sich von jdm/durch etw erweichen lassen **II.** *vpr* **s'~ de qc** sich über etw (*akk*) aufregen
empaillage [ɑ̃pajaʒ] *m* ❶ *d'un fauteuil* Ausstopfung [mit Stroh] *f* ❷ (*taxidermie*) *d'un animal* Ausstopfen *nt*
empaillé(e) [ɑ̃paje] *adj* ❶ *animal* ausgestopft; *siège* mit Stroh bespannt ❷ *fam* (*empoté*) **avoir l'air ~** dusslig aussehen
empailler [ɑ̃paje] <1> *vt* ausstopfen *renard, fauteuil*
empailleur, -euse [ɑ̃pajœʀ, -jøz] *m, f* ❶ *de chaises* Polsterer *m*/Polsterin *f* ❷ *d'animaux* Tierpräparator(in) *m(f)*
empaler [ɑ̃pale] <1> *vt* ❶ (*supplicier*) pfählen ❷ (*mettre en broche*) aufspießen *mouton*
empaquetage [ɑ̃paketaʒ] *m* Verpackung *f*
empaqueter [ɑ̃pak(ə)te] <3> *vt* einpacken
emparer [ɑ̃paʀe] <1> *vpr* ❶ (*saisir*) **s'~ de qc** etw an sich (*akk*) reißen; **s'~ d'un objet** sich eines Gegenstands bemächtigen (*geh*); **s'~ d'une information** sich (*dat*) eine Information verschaffen ❷ (*conquérir*) **s'~ d'un territoire** ein Gebiet einnehmen; **s'~ du pouvoir** die Macht an sich reißen; **s'~ d'un marché** einen Markt erobern ❸ (*envahir*) **s'~ de qn** jdn überrennen
empâter [ɑ̃pɑte] <1> *vt* **être empâté** *langue:* schwer sein
empattement [ɑ̃patmɑ̃] *m* AUT Radstand *m*
empêché(e) [ɑ̃peʃe] *adj* verhindert
empêchement [ɑ̃pɛʃmɑ̃] *m* **avoir un ~** verhindert sein
empêcher [ɑ̃peʃe] <1> **I.** *vt* ❶ (*faire obstacle à*) verhindern; **~ que** + *subj* verhindern, dass ❷ (*opp: permettre à*) **~ qn de faire qc** jdn [daran] hindern etw zu tun ▶**n'empêche** *fam* aber trotzdem; **[il] n'empêche que c'est arrivé** trotzdem/dennoch ist es passiert **II.** *vpr* **ne pas pouvoir s'~ de faire qc** ganz einfach etw tun müssen
empêcheur, -euse [ɑ̃pɛʃœʀ, -øz] *m, f* ▶**~ de tourner en rond** Spielverderber *m*
empennage [ɑ̃penaʒ] *m* (*plumes*) Fiederung *f*
empereur [ɑ̃pʀœʀ] *m* Kaiser *m; v. a.* **impératrice**
empeser [ɑ̃pəze] <4> *vt* stärken *linge*
empester [ɑ̃pɛste] <1> **I.** *vi* stinken **II.** *vt* ❶ (*empuantir*) verpesten ❷ (*répandre une mauvaise odeur de*) **~ qc** nach etw stinken
empêtrer [ɑ̃petʀe] <1> *vpr* **s'~ dans qc** sich in etw (*dat*) verfangen
emphase [ɑ̃fɑz] *f* (*force expressive*) Emphase *f* (*geh*)
emphatique [ɑ̃fatik] *adj a.* LING emphatisch (*geh*)
emphysème [ɑ̃fizɛm] *m* MED *du poumon* Emphysem *nt*
empiècement [ɑ̃pjɛsmɑ̃] *m* COUT Einsatz *m*
empierrement [ɑ̃pjɛʀmɑ̃] *m d'un chemin* Beschottern *nt*
empierrer [ɑ̃pjeʀe] <1> *vt* beschottern
empiéter [ɑ̃pjete] <5> *vi* ❶ (*usurper*) **~ sur qc** in etw (*akk*) eingreifen ❷ (*déborder dans l'espace*) *terrain:* sich ausdehnen; *verger:* hinüber-/herüberreichen; *route:* verlaufen; *mer:* sich hineinfressen ❸ (*déborder dans le temps*) sich überschneiden; *personne:* überziehen
empiffrer [ɑ̃pifʀe] <1> *vpr fam* **s'~ de qc** sich (*dat*) mit etw den Bauch vollschlagen
empilable [ɑ̃pilabl] *adj tables, tasses* stapelbar
empilement [ɑ̃pilmɑ̃] *m* [Auf]stapeln *nt*
empiler [ɑ̃pile] <1> **I.** *vt* [auf]stapeln **II.** *vpr* **s'~** sich stapeln
empire [ɑ̃piʀ] *m* POL Kaiserreich *nt,* Imperium *nt;* **le premier/second Empire** *erstes/zweites französisches Kaiserreich;* **~ romain d'Occident** weströmisches Reich; **le Saint Empire romain germanique** das Heilige Römische Reich Deutscher Nation; **~ colonial** Kolonialreich *nt;* **Empire britannique** britisches Empire ▶**avoir de l'~ sur soi-même** Selbstbeherrschung haben; **pas pour un ~** nicht um alles in der Welt; **sous l'~ de qc** unter dem Einfluss einer S. (*gen*)
empirer [ɑ̃piʀe] <1> *vi* sich verschlimmern
empirique [ɑ̃piʀik] *adj* empirisch
empirisme [ɑ̃piʀism] *m a.* PHILOS Empirismus *m*
emplacement [ɑ̃plasmɑ̃] *m* ❶ (*endroit*) Stelle *f* ❷ (*place*) Standort *m; d'un tombeau* Stätte *f* ❸ (*réservé à la construction*) Bau-

E

platz *m* ④ (*dans un parking*) Parkplatz *m* ⑤ (*sur un camping*) [Stell]platz *m*

emplafonner [ɑ̃plafɔne] *vt fam* (*emboutir*) eindrücken

emplâtre [ɑ̃plɑtʀ] *m* MED Salbenverband *m* ▶ **un ~ sur une jambe de bois** [nur] ein Tropfen *m* auf den heißen Stein

emplette [ɑ̃plɛt] *f souvent pl* Einkauf *m;* **faire des ~s** Einkäufe machen

E

emploi [ɑ̃plwa] *m* ① (*poste*) (Arbeits-)Stelle *f,* Arbeitsplatz *m;* **un ~ d'informaticienne** eine Arbeitsstelle als Informatikerin; **~ à mi-temps/à temps partiel/à plein temps** Halbtags-/Teilzeit-/Ganztagsstelle *f* ② ECON **l'~** die Beschäftigung; **situation/politique de l'~** Beschäftigungslage *f*/-politik *f;* **être sans ~** arbeitslos sein ③ (*utilisation*) Gebrauch *m; d'un appareil* Bedienung *f; d'une somme* Verwendung *f;* **en avoir l'~** Verwendung dafür haben; **être d'un ~ facile/délicat** leicht/vorsichtig zu handhaben sein ④ LING Gebrauch *m;* **ce mot a différents ~s** das Wort hat verschiedene Bedeutungen ▶ **~ du temps** Terminkalender *m;* SCOL Stundenplan *m;* **faire double ~** überflüssig sein

employabilité [ɑ̃plwajabilite] *f* ECON Beschäftigungslage *f*

employé(e) [ɑ̃plwaje] *m(f)* Angestellte(r) *f(m);* **~ de magasin** [Laden]verkäufer; **~ des postes** Postbeamter

employer [ɑ̃plwaje] <6> **I.** *vt* ① (*faire travailler*) beschäftigen; **être employé par qn** bei jdm beschäftigt sein ② (*utiliser*) verwenden *produit;* anwenden *force;* **~ du temps à qc** Zeit für etw aufwenden ③ LING gebrauchen **II.** *vpr* ① LING **s'~** gebraucht werden ② (*se consacrer*) **s'~ à faire qc** sich sehr bemühen etw zu tun

employeur, -euse [ɑ̃plwajœʀ, -jøz] *m, f* Arbeitgeber(in) *m(f)*

empocher [ɑ̃pɔʃe] <1> *vt* einstecken *argent*

empoignade [ɑ̃pwaɲad] *f* (*bagarre*) Auseinandersetzung *f*

empoigner [ɑ̃pwaɲe] <1> **I.** *vt* packen *personne* **II.** *vpr* **s'~** sich verprügeln

empoisonnant(e) [ɑ̃pwazɔnɑ̃, ɑ̃t] *adj fam* ① (*insupportable*) blöd ② (*assommant*) sterbenslangweilig

empoisonnement [ɑ̃pwazɔnmɑ̃] *m* ① (*intoxication*) Vergiftung *f;* **~ dû à des champignons** Pilzvergiftung ② *sans pl* (*crime*) Vergiftung *f*

empoisonner [ɑ̃pwazɔne] <1> **I.** *vt* ① (*intoxiquer*) **~ qn/un animal avec qc** jdn/ein Tier mit etw vergiften; **être mort empoisonné** an einer Vergiftung gestorben sein ② (*contenir du poison*) **être empoisonné** vergiftet sein ③ (*être venimeux*) **être empoisonné** *propos:* heimtückisch sein ④ (*gâter*) schwer machen *vie* ⑤ (*empuantir*) verpesten *air* ⑥ *fam* (*embêter*) **~ qn avec qc** jdm mit etw auf den Wecker gehen **II.** *vpr* ① (*s'intoxiquer*) **s'~ avec qc** sich mit etw vergiften ② *fam* (*s'ennuyer*) **qu'est-ce qu'on s'empoisonne ici!** hier ist es ja totlangweilig! ③ *fam* (*se démener*) **s'~ à faire qc** sich fast umbringen um etw zu tun

empoisonneur, -euse [ɑ̃pwazɔnœʀ, -øz] *m, f* (*criminel*) Giftmörder(in) *m(f)*

emporté(e) [ɑ̃pɔʀte] *adj* leicht aufbrausend

emportement [ɑ̃pɔʀtəmɑ̃] *m* **avec ~** voller Wut

emporte-pièce [ɑ̃pɔʀt(ə)pjɛs] *m* ▶ **à l'~** *style* bissig

emporter [ɑ̃pɔʀte] <1> **I.** *vt* ① (*prendre avec soi*) mitnehmen; **tous les plats à ~** alle Gerichte auch zum Mitnehmen ② (*enlever*) wegnehmen; wegtragen *blessé* ③ (*transporter*) **~ qn vers qc** jdn zu etw bringen ④ (*entraîner, arracher*) **~ qc** *vent:* etw fortwehen; **~ qn** *enthousiasme:* jdn mit [sich] reißen; *récit, rêve:* jdn entführen; **être emporté par qc** von etw gepackt werden ⑤ (*faire mourir*) dahinraffen (*geh*) ▶ **l'~ sur qn/qc** den Sieg über jdn/etw davontragen; **les inconvénients l'emportent sur les avantages** die Nachteile überwiegen die Vorteile **II.** *vpr* **s'~ contre qn/qc** sich über jdn/etw erregen

empoté(e) [ɑ̃pɔte] *adj fam* ① (*maladroit*) tollpatschig; **un garçon ~ de ses mains** ein Junge mit zwei linken Händen ② (*lent*) lahm

empoter [ɑ̃pɔte] <1> *vt* eintopfen

empreint(e) [ɑ̃pʀɛ̃, ɛ̃t] *adj* **~ de qc** von etw geprägt

empreinte [ɑ̃pʀɛ̃t] *f* ① (*trace*) Abdruck *m;* **des ~s** [Fuß]spuren *Pl;* **~s digitales** Fingerabdrücke *Pl* ② (*marque durable*) Gepräge *nt* (*geh*); **marquer qn/qc de son ~** jdn/etw prägen

empressé(e) [ɑ̃pʀese] *adj* beflissen

empressement [ɑ̃pʀɛsmɑ̃] *m* [Dienst]beflissenheit *f,* Übereifer *m*

empresser [ɑ̃pʀese] <1> *vpr* ① (*se hâter de*) **s'~ de faire qc** sich beeilen etw zu tun ② (*faire preuve de zèle*) **s'~ auprès [o autour] de qn** sich eifrig um jdn bemühen

emprise [ɑ̃pʀiz] *f d'une personne* [beherrschender] Einfluss; *d'une drogue* Macht *f;* **avoir agi sous l'~ de la colère/jalousie** im Zorn/aus Eifersucht gehandelt haben

emprisonnement [ɑ̃pʀizɔnmɑ̃] *m* Inhaftierung *f*

emprisonner [ɑ̃pʀizɔne] <1> *vt* ① (*incarcérer*) inhaftieren ② (*enfermer*) ~ **qn/un animal dans qc** jdn/ein Tier in etw (*akk*) einsperren ③ (*serrer fermement*) einzwängen; *main, bras:* umklammern ④ (*enlever toute liberté*) ~ **qn/qc par qc** jdn/etw durch etw einengen

emprunt [ɑ̃pʀœ̃] *m* ① (*somme*) Darlehen *nt;* (*auprès d'une banque*) Kredit *m* ② (*emprunt public*) Anleihe *f;* ~ **d'État** Staatsanleihe; **souscrire à un ~** eine Anleihe zeichnen ③ (*objet emprunté*) Leihgabe *f;* **fiche d'~** Leihschein *m*

emprunté(e) [ɑ̃pʀœte] *adj* linkisch

emprunter [ɑ̃pʀœ̃te] <1> **I.** *vi* FIN ein Darlehen aufnehmen **II.** *vt* ① (*se faire prêter*) leihen; ausleihen *livre;* **je peux t'~ 1000 F/ta voiture?** kannst du mir 1000 F/deinen Wagen leihen? ② (*imiter*) ~ **une idée/un exemple à qn** eine Idee/ein Beispiel von jdm übernehmen ③ (*prendre*) benutzen *passage souterrain;* nehmen *autoroute*

emprunteur, -euse [ɑ̃pʀœ̃tœʀ, -øz] *m, f* ① (*qui emprunte qc*) Entleiher(in) *m(f)* ② FIN Kreditnehmer(in) *m(f)*

empuantir [ɑ̃pyɑ̃tiʀ] <8> *vt* verpesten (*pej*)

ému(e) [emy] *adj* bewegt; ~ **jusqu'aux larmes** zu Tränen gerührt

émulation [emylasjɔ̃] *f* ① Wetteifer *m;* **esprit d'~** Wettbewerbsgeist *m* ② INFORM Emulation *f*

émule [emyl] *mf littér* ① (*concurrent*) Wetteiferer *m*/Wetteiferin *f* ② (*imitateur*) Nacheiferer *m*/Nacheiferin *f*

émuler [emyle] <1> *vt* INFORM emulieren

émulsifiant [emylsifjɑ̃] *m* Emulgator *m*

émulsion [emylsjɔ̃] *f* Emulsion *f*

émulsionner [emylsjɔne] <1> *vt* emulgieren; ~ **qc** eine Emulsion aus etw herstellen

en [ɑ̃] **I.** *prép* ① (*lieu*) in (+ *dat*); ~ **ville** in der Stadt; **habiter ~ Meurthe et Moselle/Corse** im Departement Meurthe et Moselle/auf Korsika wohnen; ~ **Allemagne** in Deutschland; ~ **mer/~ bateau** auf See/auf dem Schiff; ~ **pleine mer** auf hoher See; **être ~ 5ᵉ** ≈ in der siebten Klasse sein, in der Siebten sein; **elle se disait ~ elle-même que...** sie dachte bei sich, dass...; **elle aime ~ lui sa gentillesse** sie mag die freundliche Art an ihm ② (*direction*) in (+ *akk*); **aller ~ ville** in die Stadt fahren; **aller ~ Rhénanie** ins Rheinland gehen; **aller ~ Normandie/Iran** in die Normandie gehen/in den Iran gehen; **aller ~ France/Corse** nach Frankreich/Korsika gehen; **passer ~ seconde** ≈ in die zehnte Klasse versetzt werden ③ (*date, moment*) ~ [**l'an**] **2005** im Jahre 2005; ~ **été/automne/hiver** im Sommer/Herbst/Winter; ~ **avril 2006** im April 2006; ~ **dix minutes/deux jours/mois** innerhalb von zehn Minuten/zwei Tagen/Monaten; ~ **semaine** die Woche über; ~ **ce dimanche de la Pentecôte** am heutigen Pfingstsonntag; **de jour ~ jour** von Tag zu Tag; **samedi ~ huit** Samstag in acht Tagen ④ (*manière d'être, de faire*) **être ~ bonne/mauvaise santé** bei guter/schlechter Gesundheit sein; **être/se mettre ~ colère** wütend sein/werden; **être ~ réunion/déplacement** in einer Sitzung/unterwegs sein; **être parti ~ voyage** auf Reisen sein; ~ **deuil** in Trauer; **des cerisiers ~ fleurs** blühende Kirschbäume; **une voiture ~ panne** ein Wagen mit einer Panne; **écouter ~ silence** schweigend zuhören; **peindre qc ~ blanc** etw weiß [an]streichen ⑤ *changer, convertir* in (+ *akk*); *se déguiser* als ⑥ (*en tant que*) als; ~ **bon démocrate, je m'incline** als guter Demokrat gebe ich nach; **il l'a traité ~ ami** er hat ihn wie einen Freund behandelt ⑦ *gérondif* (*simultanéité*) beim + *Infin;* ~ **sortant** beim Hinausgehen ⑧ *gérondif* (*condition*) wenn; ~ **travaillant beaucoup, tu réussiras** wenn du viel arbeitest, wirst du Erfolg haben ⑨ *gérondif* (*concession*) obgleich; **il lui souriait tout ~ la maudissant intérieurement** auch wenn er sie innerlich verfluchte, lächelte er sie an ⑩ *gérondif* (*manière*) ~ **chantant/courant** singend/im Laufschritt ⑪ (*état, forme*) ~ **morceaux** in Stücken; ~ **vrac** lose; **du café ~ grains/~ poudre** ungemahlener/gemahlener Kaffee; **deux boîtes ~ plus/~ trop** zwei Dosen mehr/zu viel; ~ **trois actes** in drei Akten; ~ **si mineur** in h-Moll ⑫ (*fait de*) **être ~ laine/bois** aus Wolle/Holz sein ⑬ (*moyen de transport*) mit + *art;* ~ **train/voiture** mit dem Zug/Auto; ~ **vélo** *fam* mit dem Rad ⑭ (*partage, division*) in (+ *akk*); **je coupe la tarte ~ douze** ich schneide den Kuchen in zwölf Stücke ⑮ (*pour indiquer le domaine*) in (+ *dat*); ~ **math/allemand** in Mathe/

E

Deutsch; ~ **économie** im Bereich der Wirtschaft; **fort ~ math** gut in Mathe ⑯ *après certains verbes* **croire ~ qn** an jdn glauben; **avoir confiance ~ qn** Vertrauen zu jdm haben; **espérer ~ des temps meilleurs** auf bessere Zeiten hoffen; **parler ~ son nom** in seinem/ihrem Namen sprechen ►**s'~ aller** weggehen/-fahren; ~ **arrière** nach hinten/rückwärts; ~ **plus, ...** außerdem ...; ~ **plus** zusätzlich; ~ **plus de...** über ... hinaus **II.** *pron* ① (*pour des indéfinis, des quantités*) davon; **as-tu un stylo? – oui, j'~ ai un/non, je n'~ ai pas** hast du einen Kuli? – ja, ich habe einen/nein, ich habe keinen ② *tenant lieu de subst* **j'~ connais qui feraient mieux de ...** ich kenne welche, die besser daran täten, ... ③ (*de là*) **j'~ viens** ich komme von dort ④ (*de cela*) **on ~ parle** man spricht darüber; **j'~ ai besoin** ich brauche es; **je m'~ souviens** ich erinnere mich daran; **j'~ suis fier/sûr/content** ich bin stolz darauf/dessen sicher/damit zufrieden; **j'~ conclus que ...** ich schließe daraus, dass ... ⑤ (*à cause de cela*) **elle ~ est malade** sie ist deshalb ganz krank; **j'~ suis malheureux** ich bin unglücklich darüber ⑥ *annonce ou reprend un subst* **j'~ vends, des livres** ich verkaufe Bücher; **vous ~ avez, de la chance!** Sie haben ja wirklich [ein] Glück! ⑦ *avec valeur de possessif* **ne jette pas cette rose, je voudrais ~ garder les pétales** wirf die Rose nicht weg, ich möchte die/ihre Blütenblätter aufheben

énarque [enaʀk] *mf fam ehemaliger Schüler/ehemalige Schülerin der E.N.A.*

encablure [ɑ̃kablyʀ] *f* NAUT Kabellänge *f* (*Fachspr.*)

encadré [ɑ̃kadʀe] *m* Kasten *m*

encadrement [ɑ̃kadʀəmɑ̃] *m* ① (*cadre*) Rahmen *m* ② (*prise en charge*) Betreuung *f*; **personnel d'~** Betreuungspersonal *nt*

encadrer [ɑ̃kadʀe] <1> *vt* ① (*mettre dans un cadre*) [ein]rahmen ② (*entourer*) umranden; in einen Kasten setzen *annonce, éditorial;* umrahmen *visage;* einkreisen *cible* ③ (*s'occuper de*) betreuen; (*diriger*) anleiten ④ MIL [an]führen ⑤ *fam* (*dans un carambolage*) ~ **qc** in etw (*akk*) hineinfahren ►**ne pas pouvoir ~ qn** *fam* jdn nicht riechen können

encadreur, -euse [ɑ̃kadʀœʀ, -øz] *m, f* **faire encadrer une toile chez l'~** ein Gemälde zum Rahmen geben

encaissable [ɑ̃kɛsable] *adj* kassierbar

encaisse [ɑ̃kɛs] *f* Kassenbestand *m*

encaissé(e) [ɑ̃kese] *adj* GEOG tief eingeschnitten

encaissement [ɑ̃kɛsmɑ̃] *m* Einkassieren *nt*

encaisser [ɑ̃kese] <1> **I.** *vi* ① (*toucher de l'argent*) kassieren ② *fam* (*savoir prendre des coups*) einiges einstecken können **II.** *vt* ① (*percevoir*) [ein]kassieren; einlösen *chèque* ② *fam* (*recevoir, supporter*) einstecken; **c'est dur** [*o* **difficile**] **à ~** das ist schwer zu verkraften ►**ne pas** [**pouvoir**] **~ qn/qc** *fam* jdn/etw nicht verknusen können

encaisseur [ɑ̃kɛsœʀ] *m* Inkassobevollmächtigter *m*

encanailler [ɑ̃kanɑje] <1> *vpr hum* **s'~** schlechten Umgang haben

encart [ɑ̃kaʀ] *m* Beilage *f*

en-cas [ɑ̃kɑ] *m inv* Imbiss *m*

encastrable [ɑ̃kastʀabl] *adj* zum Einbauen

encastrer [ɑ̃kastʀe] <1> **I.** *vt* ~ **qc dans/sous qc** etw in etw (*akk*)/unter etw (*dat*) einbauen **II.** *vpr* **s'~ dans/sous qc** genau in/unter etw (*akk*) passen; *automobile:* sich in etw (*akk*) verkeilen

encaustique [ɑ̃kostik] *f* [Bohner]wachs *nt*

encaustiquer [ɑ̃kostike] <1> *vt* [ein]wachsen

enceinte¹ [ɑ̃sɛ̃t] *adj* schwanger; **être ~ de qn** von jdm schwanger sein; **être ~ de son troisième enfant** zum dritten Mal schwanger sein; **être ~ de trois mois** im dritten Monat schwanger sein

enceinte² [ɑ̃sɛ̃t] *f* ① (*fortification, rempart*) Ringmauer *f* ② (*espace clos*) abgeschlossener Bereich; *d'une ville, d'un tribunal* Innere(s) *nt,* Innenraum *m; d'une foire, d'un parc naturel* Gelände *nt* ③ (*haut-parleur*) Lautsprecherbox *f;* **~s acoustiques** Lautsprecher *Pl*

encens [ɑ̃sɑ̃] *m* Weihrauch *m;* **bâtonnet d'~** Räucherstäbchen *nt*

encenser [ɑ̃sɑ̃se] <1> *vt* weihräuchern

encensoir [ɑ̃sɑ̃swaʀ] *m* Rauchfass *nt*

encéphale [ɑ̃sefal] *m* Gehirn *nt*

encéphalogramme [ɑ̃sefalɔgʀam] *m* MED Enzephalogramm *nt*

encerclement [ɑ̃sɛʀkləmɑ̃] *m* Einkreisung *f*

encercler [ɑ̃sɛʀkle] <1> *vt* ① (*cerner*) einkreisen; **des curieux encerclaient le blessé** Neugierige standen um den Verletzten herum ② (*être disposé autour de*) einschließen ③ (*entourer*) einrahmen

enchaînement [ɑ̃ʃɛnmɑ̃] *m* ① (*succes-

sion) ~ **de circonstances** Verkettung *f* von Umständen; ~ **des événements** Abfolge *f* der Ereignisse ❷ (*structure logique*) Herleitung *f* ❸ (*transition*) ~ **entre qc et qc** Überleitung *f* von etw zu etw

enchaîner [ɑ̃ʃene] <1> **I.** *vt* ❶ (*attacher avec une chaîne*) ~ **des personnes l'une à l'autre** Menschen aneinanderketten ❷ (*mettre bout à bout*) aneinanderreihen *idées* **II.** *vpr* ❶ (*s'attacher avec une chaîne*) **des personnes s'enchaînent à qc/l'une à l'autre** Menschen ketten sich an etw (*akk*) an/aneinander ❷ (*se succéder*) ineinander übergehen **III.** *vi* (*continuer*) ~ **sur qc** mit etw fortfahren

enchanté(e) [ɑ̃ʃɑ̃te] *adj* ❶ (*ravi*) hocherfreut; **être ~ de qc** sich über etw (*akk*) [sehr] freuen; **être ~ de faire qc/que** + *subj* sich [sehr] freuen etw zu tun/, dass ❷ (*magique*) verzaubert; **la Flûte ~e de Mozart** die Zauberflöte von Mozart ► ~ **de faire votre connaissance** es freut mich Ihre Bekanntschaft zu machen; **~!** sehr erfreut!

enchantement [ɑ̃ʃɑ̃tmɑ̃] *m* ❶ (*ravissement*) Entzücken *nt* ❷ (*sortilège*) Zauber *m*

enchanter [ɑ̃ʃɑ̃te] <1> *vt* ❶ (*ravir*) bezaubern ❷ (*ensorceler*) verzaubern

enchanteur, -teresse [ɑ̃ʃɑ̃tœʀ, -tʀɛs] *m, f* Zauberer *m*/Zauberin *f*

enchâsser [ɑ̃ʃɑse] <1> *vt* TECH [ein]fassen

enchère [ɑ̃ʃɛʀ] *f gén pl* (*offre d'achat*) Gebot *nt;* **les ~s sont ouvertes** es kann geboten werden; **acheter aux ~s** ersteigern; **mettre** [*o* **vendre**] **aux ~s** versteigern; **faire monter les ~s** den Preis/die Preise hochtreiben; *fig* sich teuer verkaufen

enchérir [ɑ̃ʃeʀiʀ] <8> *vi* ~ **sur qn/qc** jdn/etw überbieten; ~ **de 1000 euros sur l'offre précédente** das vorhergehende Gebot um 1000 Euro überbieten

enchérisseur, -euse [ɑ̃ʃeʀisœʀ, -øz] *m, f* Bieter(in) *m(f)*

enchevêtrement [ɑ̃ʃ(ə)vɛtʀəmɑ̃] *m* wirres Durcheinander; *de branches, ruelles* Gewirr *nt; de pensées* Wirrwarr *m; de phrases* Verschachtelung *f; d'une intrigue* Verwick[e]lung *f; de liens* Verflechtung *f meist Pl*

enchevêtrer [ɑ̃ʃ(ə)vetʀe] <1> *vpr* **s'~** *branches:* sich [ineinander] verschlingen; *fils:* sich verwickeln; *pensées:* wild durcheinandergehen; **phrases enchevêtrées** verschachtelte Sätze *Pl,* Schachtelsätze *Pl*

enclave [ɑ̃klav] *f* Enklave *f*

enclavement [ɑ̃klavmɑ̃] *m* eingeschlossene Lage *f,* Eingeschlossensein *nt*

enclaver [ɑ̃klave] <1> *vt* ❶ (*contenir comme enclave*) einschließen, umschließen; **être enclavé dans qc** eine Enklave in etw (*dat*) bilden ❷ (*encastrer*) ~ **qc dans qc** etw in etw (*akk*) einpassen

enclenchement [ɑ̃klɑ̃ʃmɑ̃] *m* Einrasten *nt; d'un mécanisme* Einschalten *nt*

enclencher [ɑ̃klɑ̃ʃe] <1> **I.** *vt* ❶ TECH einrasten lassen; einlegen *vitesse* ❷ (*engager*) in Gang setzen **II.** *vpr* **s'~** *levier de commande:* einrasten; *mécanisme:* sich einschalten

enclin(e) [ɑ̃klɛ̃, in] *adj* **être ~ à qc/faire qc** zu etw neigen/dazu neigen etw zu tun

enclore [ɑ̃klɔʀ] *<irr> vt soutenu* (*entourer*) umschließen; ~ **son terrain d'une haie** sein Grundstück mit einer Hecke einfrieden

enclos [ɑ̃klo] *m* ❶ (*espace*) eingefriedetes Grundstück; (*pour le bétail*) eingezäunte Weide; (*pour des chevaux*) Koppel *f* ❷ (*petit domaine*) kleines Stück Land ❸ (*clôture*) Einfriedung *f* (*geh*)

enclume [ɑ̃klym] *f* Amboss *m*

encoche [ɑ̃kɔʃ] *f* Kerbe *f*

encocher [ɑ̃kɔʃe] <1> *vt* ❶ (*entailler*) einkerben ❷ TECH nuten; auflegen *flèche*

encoder [ɑ̃kɔde] <1> *vt* [en]kodieren

encoignure [ɑ̃kwaɲyʀ] *f* Ecke *f*

encoller [ɑ̃kɔle] <1> *vt* [ein]kleistern

encolure [ɑ̃kɔlyʀ] *f* ❶ *d'un animal, d'une personne* Hals *m;* **forte ~** kräftiger Nacken; **l'emporter** [*o* **gagner**] **d'une ~** *cheval:* mit einer Halslänge siegen ❷ *d'une robe* [Hals]ausschnitt *m* ❸ (*tour de cou*) Kragenweite *f*

encombrant [ɑ̃kɔ̃bʀɑ̃] *m* sperriger Gegenstand *m;* **les ~s** der Sperrmüll

encombrant(e) [ɑ̃kɔ̃bʀɑ̃, ɑ̃t] *adj* ❶ (*embarrassant*) sperrig ❷ (*importun*) lästig ❸ *iron personne* unliebsam; *passé* belastend

encombre [ɑ̃kɔ̃bʀ] ► **sans ~** [ganz] problemlos

encombré(e) [ɑ̃kɔ̃bʀe] *adj* ❶ versperrt; *route* verstopft ❷ *pièce* vollgestopft; *table* vollgestellt ❸ *lignes téléphoniques* überlastet

encombrement [ɑ̃kɔ̃bʀəmɑ̃] *m* ❶ *d'une rue* Verstopfung *f; des lignes téléphoniques* Überlastung *f* ❷ (*embouteillage*) Stau *m*

encombrer [ɑ̃kɔ̃bʀe] <1> **I.** *vt* ❶ (*bloquer*) verstopfen; versperren *passage* ❷ (*s'amonceler sur*) **des choses encombrent une table/pièce** ein Tisch/Zimmer

E

ist voller Sachen ❸ (*surcharger*) überladen **II.** *vpr* (*s'embarrasser de*) **ne pas s'~ de qn/qc** sich nicht mit jdm/etw belasten

encontre [ɑ̃kɔ̃tʀ] ▸ **aller à l'~ de qc** im Gegensatz zu etw stehen

encorbellement [ɑ̃kɔʀbɛlmɑ̃] *m* Erker *m*

encorder [ɑ̃kɔʀde] <1> *vpr* **s'~** sich anseilen

encore [ɑ̃kɔʀ] **I.** *adv* ❶ (*continuation*) noch; **le chômage augmente ~** die Arbeitslosigkeit steigt noch weiter [an]; **en être ~ à qc** immer noch bei etw sein; **hier/ce matin ~** noch gestern/heute Morgen ❷ (*répétition*) noch ein[mal]; **je peux essayer ~ une fois?** darf ich es noch einmal versuchen?; **voulez-vous ~ une tasse de thé?** wollen Sie noch eine Tasse Tee?; **c'est ~ de ma faute** und ich bin wieder schuld; **c'est ~ moi!** ich bin's noch mal [*o* schon wieder!]! ❸ + *nég* **pas ~/~ pas** noch nicht; **elle n'est ~ jamais partie** sie ist noch nie weggewesen ❹ + *comp* **~ mieux/moins/plus** noch besser/weniger/mehr; **il aime ~ mieux qc** ihm ist etw immer noch lieber ❺ (*renforcement*) **non seulement ..., mais ~** nicht nur ..., sondern auch [noch]; **~ et toujours** immer wieder; **mais ~?** und weiter? ❻ (*objection*) **~ faut-il le savoir!** das muss man allerdings wissen! ❼ (*restriction*) **~ heureux que** + *subj* ich kann/wir können immer[hin] noch froh sein, dass; **..., et ~!** ..., und [selbst] das noch nicht einmal!; **si ~ on avait son adresse!** wenn wir wenigstens seine/ihre Adresse hätten! ▸ **quoi ~?** (*qu'est-ce qu'il y a?*) was denn noch?; (*pour ajouter qc*) sonst noch etwas?; **et puis quoi ~!** sonst fehlt dir nichts? (*iron fam*) **II.** *conj* **il acceptera, ~ que, avec lui, on ne sait jamais** *fam* er wird annehmen, obwohl, bei ihm weiß man nie

encorner [ɑ̃kɔʀne] <1> *vt* auf die Hörner nehmen

encornet [ɑ̃kɔʀnɛ] *m* Tintenfisch *m*

encourageant(e) [ɑ̃kuʀaʒɑ̃, ɑ̃t] *adj* ermutigend

encouragement [ɑ̃kuʀaʒmɑ̃] *m* ❶ Ermutigung *f*, Aufmunterung *f*; **~ à qc** Ermunterung zu etw ❷ SCOL *Belobigung, die dazu ermuntert weiterhin gute und noch bessere Leistungen zu zeigen*

encourager [ɑ̃kuʀaʒe] <2a> *vt* ❶ ermuntern *élève*; **~ qn d'un regard/geste** jdn mit einem Blick/einer Geste ermutigen; **~ un sportif en criant** einen Sportler durch Zurufe anfeuern ❷ (*inciter à*) **~ qn à qc** jdn zu etw ermuntern [*o* ermutigen]; **~ qn à faire qc** jdn dazu ermuntern etw zu tun ❸ (*soutenir*) unterstützen

encourir [ɑ̃kuʀiʀ] <*irr*> *vt* **~ un châtiment/une amende** mit Bestrafung/einer Geldstrafe rechnen müssen

encouru(e) [ɑ̃kuʀy] **I.** *part passé de* **encourir** **II.** *adj peine* verhängt

encrage [ɑ̃kʀaʒ] *m* TYP Einfärben *nt*

encrassement [ɑ̃kʀasmɑ̃] *m* Verunreinigung *f*

encrasser [ɑ̃kʀase] <1> **I.** *vt* verunreinigen; *suie, fumée:* verrußen; *calcaire:* verkalken **II.** *vpr* **s'~** verschmutzen; *chaudière:* verkalken; *cheminée:* verrußen

encre [ɑ̃kʀ] *f* (*pour écrire*) Tinte *f*; **~ sympathique** unsichtbare Tinte; **à l'~** mit Tinte; **~ de Chine** Tusche *f*; **~ d'imprimerie** Druckerschwärze *f*; **~ en poudre** Toner *m* ▸ **qc a fait couler de l'~** [*o* **beaucoup d'~**] über etw (*akk*) ist [schon] viel Tinte verspritzt worden

encrer [ɑ̃kʀe] <1> *vt* [mit Tinte/Tusche] tränken *tampon*

encreur [ɑ̃kʀœʀ] *adj* **tampon ~** Stempelkissen *nt*

encrier [ɑ̃kʀije] *m* Tintenfass *nt*; TYP Farbbehälter *m*

encroûtement [ɑ̃kʀutmɑ̃] *m* ❶ TECH *d'une chaudière* Verkalkung *f* ❷ (*sclérose*) Verknöcherung *f*, [geistige] Verkalkung *f*

encroûter [ɑ̃kʀute] <1> *vt* ❶ (*couvrir d'une croûte*) mit einer Kruste bedecken/überziehen ❷ (*abêtir*) verknöchern lassen

enculé [ɑ̃kyle] *m vulg* Arschloch *nt*

enculer [ɑ̃kyle] <1> *vt vulg* in den Arsch ficken

enculeur, -euse [ɑ̃kylœʀ, -øz] *m, f* ▸ **~ de mouches** *vulg* Korinthenkacker *m*

encyclique [ɑ̃siklik] *f* Enzyklika *f*

encyclopédie [ɑ̃siklɔpedi] *f* ❶ (*ouvrage général*) Enzyklopädie *f* ❷ (*ouvrage spécialisé*) Lexikon *nt* ▸ **~ vivante** wandelndes Lexikon

encyclopédique [ɑ̃siklɔpedik] *adj* enzyklopädisch; *esprit* universal

encyclopédiste [ɑ̃siklɔpedist] *m* HIST Enzyklopädist *m*

en deçà [ɑ̃dəsa] *v.* **deçà**

endémique [ɑ̃demik] *adj* ❶ MED, BIO endemisch (*Fachspr.*) ❷ (*permanent*) ständig, dauernd

endetté(e) [ɑ̃dete] *adj* **~ de 2000 euros** mit 2000 Euro verschuldet

endettement [ɑ̃dɛtmɑ̃] *m* Verschuldung *f*; **~ public** Staatsverschuldung

endetter [ɑ̃dete] <1> **I.** *vt* in Schulden stürzen **II.** *vpr* **s'~ de 2000 euros auprès**

de qn sich bei jdm mit 2000 Euro verschulden

endeuiller [ɑ̃dœje] <1> *vt* in Trauer versetzen *personne, famille*

endiablé(e) [ɑ̃djɑble] *adj danse* wild; *rythme* rasend; *vitalité* leidenschaftlich

endiguer [ɑ̃dige] <1> *vt* eindämmen *fleuve, violence*

endimanché(e) [ɑ̃dimɑ̃ʃe] *adj* sonntäglich gekleidet

endimancher [ɑ̃dimɑ̃ʃe] <1> *vpr* **s'~** sich sonntäglich kleiden

endive [ɑ̃div] *f* Chicorée *m o f*

endocrine [ɑ̃dɔkʀin] *adj* ANAT *glande* endokrin (*Fachspr.*)

endoctrinement [ɑ̃dɔktʀinmɑ̃] *m* Indoktrinierung

endoctriner [ɑ̃dɔktʀine] <1> *vt* indoktrinieren

endolori(e) [ɑ̃dɔlɔʀi] *adj* schmerzend; *personne* von Schmerzen gepeinigt; **j'ai le bras/dos ~** ich habe Schmerzen im Arm/Rücken

endommagement [ɑ̃dɔmaʒmɑ̃] *m* [Be]schädigung *f; de la récolte* Beeinträchtigung *f*

endommager [ɑ̃dɔmaʒe] <2a> *vt* [be]schädigen; beeinträchtigen *récolte*

endormant(e) [ɑ̃dɔʀmɑ̃, ɑ̃t] *adj* einschläfernd

endormi(e) [ɑ̃dɔʀmi] **I.** *adj* ❶ schlafend; *passion* schlummernd; **il est encore tout ~** er ist noch ganz verschlafen ❷ *bras, jambe* eingeschlafen ❸ *fam personne* lahm; *esprit* träge; *regard* verschlafen **II.** *m(f) fam* Schlafmütze *f*

endormir [ɑ̃dɔʀmiʀ] <*irr*> **I.** *vt* ❶ (*faire dormir*) zum [Ein]schlafen bringen; *chaleur, bercement:* schläfrig machen ❷ (*anesthésier*) betäuben ❸ (*ennuyer*) **~ qn** einschläfernd auf jdn wirken ❹ (*faire disparaître*) betäuben *douleur;* zerstreuen *soupçons;* einschläfern *vigilance* ❺ (*tromper*) **~ qn avec** [*o* **par**] **qc** jdn mit etw einlullen (*fam*) **II.** *vpr* **s'~** ❶ (*s'assoupir*) einschlafen ❷ (*devenir très calme*) *ville:* zur Ruhe kommen ❸ (*s'atténuer*) nachlassen; *faculté, sens:* einschlafen

endormissement [ɑ̃dɔʀmismɑ̃] *m* ❶ (*fait de s'endormir*) Einschlafen *nt* ❷ (*somnolence*) **en état d'~** im Dämmerzustand

endoscope [ɑ̃dɔskɔp] *m* Endoskop *nt*

endoscopie [ɑ̃dɔskɔpi] *f* Spiegelung *f*

endosser [ɑ̃dose] <1> *vt* übernehmen *responsabilité;* **~ les conséquences** für die Folgen geradestehen; **faire ~ qc à qn** jdm etw zuschieben

endroit[1] [ɑ̃dʀwa] *m* ❶ (*lieu*) Stelle *f;* **le/un bon ~ pour faire qc** der richtige/ein geeigneter Ort um etw zu tun; **à** [*o* **en**] **plusieurs ~s** an mehreren Stellen; **par ~s** stellenweise ❷ (*localité*) Ort *m;* **un ~ peu sûr** eine unsichere Gegend ▶ **~ sensible** empfindliche Stelle; (*moralement*) wunder Punkt

endroit[2] [ɑ̃dʀwa] *m d'un vêtement* rechte Seite; *d'un tapis, d'une étoffe* Oberseite *f;* **être à l'~** *vêtement:* richtig herum sein; *feuille:* mit der Vorderseite nach oben liegen; **tricoter qc à l'~** etw rechts stricken

enduire [ɑ̃dɥiʀ] <*irr*> **I.** *vt* **~ de qc** mit etw bestreichen/einreiben/einlassen SDEUTSCH, A; **~ le papier peint de colle** Leim auf die Tapete auftragen **II.** *vpr* **s'~ de qc** sich mit etw einreiben; **s'~ de crème** sich eincremen

enduit [ɑ̃dɥi] *m* Spachtel[kitt *m*] *m*

endurable [ɑ̃dyʀabl] *adj* **ne pas être ~** nicht auszuhalten sein

endurance [ɑ̃dyʀɑ̃s] *f* [körperliche] Ausdauer *f*

endurant(e) [ɑ̃dyʀɑ̃, ɑ̃t] *adj* ausdauernd

endurci(e) [ɑ̃dyʀsi] *adj* ❶ *cœur* hart; *personne* hartherzig; *criminel* hartgesotten ❷ *célibataire* eingefleischt; *fumeur* unverbesserlich; *joueur* leidenschaftlich ❸ (*résistant*) **~ au froid** gegen Kälte abgehärtet; **~ aux privations** an Entbehrungen gewöhnt

endurcir [ɑ̃dyʀsiʀ] <8> **I.** *vt* ❶ (*physiquement*) **~ qn à qc** jdn gegen etw abhärten; **~ qn aux privations** jdn an Entbehrungen gewöhnen ❷ (*moralement*) verhärten **II.** *vpr* ❶ (*physiquement*) **s'~ à qc** sich gegen etw abhärten ❷ (*moralement*) **s'~** verhärten; **s'~ contre qn/qc** jdm/einer S. gegenüber gefühllos werden

endurcissement [ɑ̃dyʀsismɑ̃] *m* ❶ (*résistance*) *à la douleur, au froid* Abhärtung *f* ❷ (*insensibilité*) Verhärtung *f*

endurer [ɑ̃dyʀe] <1> *vt* ertragen; hinnehmen *insulte;* auf sich (*akk*) nehmen *privations*

enduro [ɑ̃dyʀo] **I.** *m* (*épreuve*) Prüfung *f* auf Geländetauglichkeit **II.** *f* (*moto*) Enduro *f*

énergétique [enɛʀʒetik] *adj* ❶ ECON, CONSTR Energie-; **besoins ~s** Energiebedarf *m;* **vecteur ~** Energieträger *m;* **diagnostic de performance ~** Energieausweis *m,* Energiepass *m;* **la construction à efficacité ~** das energieeffiziente Bauen ❷ ANAT **valeur ~** Energiegehalt *m;* **aliment ~** Kraftnahrung *f*

E

énergie [enɛʀʒi] *f* ① *(force)* Energie *f; d'un style* Kraft *f;* **pédaler avec ~** kräftig in die Pedale treten; **style plein d'~** lebendiger Stil; **avoir de l'~ à revendre** voller Energie stecken ② IND Energieträger *m;* **forme d'~** Energieform *f;* **~ atomique** [*o* **nucléaire**] Atomenergie [*o* Kernenergie]; **~ solaire** Sonnenenergie; **~ thermique** Wärmeenergie

E

énergique [enɛʀʒik] *adj* energisch

énergiquement [enɛʀʒikmɑ̃] *adv* energisch; *frotter, secouer* kräftig

énergisant(e) [enɛʀʒizɑ̃, ɑ̃t] *adj action* belebend; **boisson ~e** Energydrink *m*

énergumène [enɛʀgymɛn] *m fam* verrückter Kerl

énervant(e) [enɛʀvɑ̃, ɑ̃t] *adj* nervtötend; *travail, attente* zermürbend

énervé(e) [enɛʀve] *adj* ① *(agacé)* gereizt ② *(excité)* aufgeregt ③ *(nerveux)* nervös

énervement [enɛʀvəmɑ̃] *m* ① *(agacement)* Gereiztheit *f* ② *(surexcitation)* Unruhe *f* ③ *(nervosité)* Nervosität *f*

énerver [enɛʀve] <1> **I.** *vt* ① *(agacer)* **~ qn** jdm auf die Nerven gehen *(fam)* ② *(exciter)* **~ qn** jdn unruhig machen **II.** *vpr* **s'~ contre** [*o* **après** *pop*] **qn/qc** sich über jdn/etw aufregen; **ne nous énervons pas!** nur keine Aufregung!

enfance [ɑ̃fɑ̃s] *f* ① *(période)* Kindheit *f;* **petite ~** frühe Kindheit; **première ~** früheste Kindheit; **dès la petite ~** von klein auf ② *sans pl (les enfants)* Kinder *Pl* ►**[re]tomber en ~** [wieder] kindisch werden

enfant [ɑ̃fɑ̃] *mf* ① *(opp: adulte)* Kind *nt;* **petit ~** kleines Kind; **jeune ~** Kleinkind; **~ trouvé** Findelkind; **attendre un ~** ein Kind erwarten; **faire un ~** ein Kind kriegen ② *(fils ou fille de qn)* Kind *nt;* **~ légitime/naturel/adoptif** eheliches/uneheliches Kind/Adoptivkind; **~ unique** Einzelkind ③ *pl (descendants)* Nachkommen *Pl* ④ *(par rapport à l'origine)* **c'est un ~ de la ville** er ist ein Stadtkind ►**~ de <u>chœur</u>** Ministrant *m;* **ne pas être un ~ de chœur** *fig* kein Unschuldsengel *m* sein; **~ du premier/deuxième <u>lit</u>** Kind *nt* aus erster/zweiter Ehe; **être <u>bon</u> ~** gutmütig sein; *public:* wohlwollend sein; **~ <u>gâté</u>/<u>pourri</u>** verwöhntes/verzogenes Kind; **~ <u>prodige</u>** Wunderkind *nt;* **l'~ <u>prodigue</u>** der verlorene Sohn; **il n'y <u>a</u> plus d'~s!** das ist die Jugend von heute!; **les ~s s'<u>amusent</u>!** wie die kleinen Kinder!; **ne <u>fais</u>/<u>faites</u> pas l'~** sei/seid nicht kindisch

enfantillage [ɑ̃fɑ̃tijaʒ] *m* Albernheit *f*

enfantin(e) [ɑ̃fɑ̃tɛ̃, in] *adj* ① *(relatif à l'enfant) rires* kindlich; **chanson ~e** Kinderlied *nt* ② *(simple)* kinderleicht

enfariné(e) [ɑ̃faʀine] *adj* bemehlt

enfer [ɑ̃fɛʀ] *m* ① REL Hölle *f* ② *pl (lieu)* Unterwelt *f* ③ *(situation)* Hölle *f;* **c'est l'~** [*o* **un véritable ~**] das ist die Hölle [auf Erden] ►**<u>d'</u>~** *fam* heiß; **avoir un look d'~** *fam* irre toll aussehen; **bruit d'~** Höllenlärm *m*

enfermement [ɑ̃fɛʀməmɑ̃] *m* ① *(internement)* Einweisung *f* ② *(renfermement)* Gefangensein *nt*

enfermer [ɑ̃fɛʀme] <1> **I.** *vt* ① *(mettre dans un lieu fermé)* einschließen; **~ de l'argent** Geld wegschließen ② *(mettre en prison)* einsperren ③ *(maintenir)* **~ qn/qc dans un rôle** jdn/etw auf eine Rolle festlegen; **être enfermé dans ses contradictions** sich in seinen eigenen Widersprüchen verfangen haben ④ *(entourer)* umschließen ►**être <u>bon</u> à ~** eingesperrt gehören; **être enfermé <u>dehors</u>** *fam* ausgesperrt sein; **être/rester enfermé <u>chez</u> soi** nicht aus dem Haus kommen/gehen **II.** *vpr* ① *(s'isoler)* **s'~ dans qc** sich in etw *(akk o dat)* einschließen ② *(se cantonner)* sich verschließen; **s'~ dans le silence** sich in Schweigen hüllen

enferrer [ɑ̃feʀe] <1> *vpr* **s'~ dans des mensonges** sich in Lügen verstricken

enfiévrer [ɑ̃fjevʀe] <5> **I.** *vt* **~ qn** *(exalter)* jdn in fieberhafte Erregung versetzen **II.** *vpr* **s'~ pour qc** sich für etw entflammen *(geh)*

enfilade [ɑ̃filad] *f de couloirs, portes* [lange] Reihe

enfiler [ɑ̃file] <1> **I.** *vt* ① *(traverser par un fil)* einfädeln *aiguille;* auffädeln *perles* ② *(passer)* überziehen *pull-over* **II.** *vpr fam* ① *(s'envoyer)* **s'~ une boisson** ein Getränk hinunterkippen ② *(se taper)* **s'~ tout le travail** die ganze Arbeit machen [müssen]

enfin [ɑ̃fɛ̃] *adv* ① *(fin d'une attente)* endlich; **te voilà ~!** da bist du ja endlich! ② *(fin d'une énumération)* schließlich ③ *(pour corriger ou préciser)* genauer gesagt; **elle est jolie, ~, à mon sens** sie ist hübsch, jedenfalls meiner Meinung nach ④ *(marquant la gêne)* na ja; **tu as fait ce travail? – ben oui ... euh ... ~ non** hast du deine Arbeit gemacht? – natürlich ... äh ... eigentlich [noch] nicht ⑤ *(bref)* kurzum ⑥ *(pour clore la discussion)* **~, on verra bien** na ja, wir werden es ja sehen; **~, tu fais pour le mieux** du tust jedenfalls, was du kannst ❼ (*tout de même*) schließlich; **comment, tu ne sais pas la réponse! ~, c'est facile!** was, du weißt die Antwort nicht? Das ist doch ganz einfach! ❽ (*marque l'irritation*) also wirklich!; **~, c'est quelque chose, quand même!** das ist doch wirklich allerhand!; **~, à quoi tu penses?** wo denkst du denn hin! ▶ **~ bref** kurz und gut; **~ passons** sei's drum (*fam*); **~ voilà, je n'en sais pas plus** ja, mehr weiß ich auch nicht; **ce n'est certes pas beaucoup, mais ~, c'est toujours ça** es ist sicherlich nicht viel, aber schließlich besser als nichts; **~ quoi** *fam* also wirklich

enflammé(e) [ɑ̃flame] *adj* ❶ leidenschaftlich; *paroles a.* glühend; *nature a.* feurig ❷ MED entzündet

enflammer [ɑ̃flame] <1> **I.** *vt* ❶ (*mettre le feu à*) entzünden ❷ (*exalter*) entflammen; anregen *imagination* **II.** *vpr* ❶ **s'~** (*prendre feu*) sich entzünden ❷ (*s'animer*) *personne:* in helle Begeisterung geraten

enflé(e) [ɑ̃fle] *adj* MED [an]geschwollen

enfler [ɑ̃fle] <1> **I.** *vt* (*faire augmenter*) anschwellen lassen *doigts, rivière;* lauter werden lassen *voix* **II.** *vi* anschwellen; **à cause de la cortisone, son corps a tendance à ~** wegen des Kortisons quillt sein Körper immer mehr auf **III.** *vpr* **s'~** anschwellen

enflure [ɑ̃flyʀ] *f* ❶ MED Schwellung *f* ❷ *péj fam* Idiot *m*

enfoiré [ɑ̃fwaʀe] *m vulg* Arschloch *nt*

enfoncé(e) [ɑ̃fɔ̃se] *adj yeux* tief liegend

enfoncement [ɑ̃fɔ̃smɑ̃] *m d'une pièce* Nische *f; d'une falaise* Vertiefung *f*

enfoncer [ɑ̃fɔ̃se] <2> **I.** *vt* ❶ (*planter*) hineinschlagen *clou;* hineindrücken *punaise;* hineinstechen *couteau;* hineinstoßen *coude* ❷ (*mettre*) **~ ses mains dans qc** die/seine Hände tief in etw (*akk*) hineinstecken; **~ son chapeau sur ses yeux** den Hut tief ins Gesicht ziehen ❸ (*briser en poussant*) eindrücken *porte* ❹ (*aggraver la situation de*) **~ qn dans la dépendance** jdn in die Abhängigkeit treiben ❺ *fam* (*laisser se perdre*) niedermachen; reinrasseln lassen *candidat* **II.** *vi* **~ dans qc** in etw (*dat*) einsinken **III.** *vpr* ❶ (*aller vers le fond*) **s'~ dans la neige/les sables mouvants** im Schnee/Treibsand einsinken; **s'~ dans un liquide** in einer Flüssigkeit versinken ❷ (*se creuser*) **s'~** *mur, maison:* sich senken; *sol, matelas:* [zu sehr] nachgeben ❸ (*se planter*) **s'~ une aiguille dans le bras** sich (*dat*) eine Nadel in den Arm stechen ❹ (*pénétrer*) **s'~ dans qc** *vis:* in etw (*akk*) eindringen ❺ (*s'engager*) **s'~ dans l'obscurité** in die Dunkelheit eintauchen ❻ (*s'installer au fond*) **s'~ dans un fauteuil** es sich (*dat*) in einem Sessel bequem machen ❼ *fam* (*se perdre*) **s'~** sich reinreißen

enfoui(e) [ɑ̃fwi] **I.** *part passé de* **enfouir** **II.** *adj* ❶ (*recouvert*) **~ dans/sous qc** in/unter etw (*dat*) vergraben ❷ (*caché*) völlig versteckt

enfouir [ɑ̃fwiʀ] <8> **I.** *vt* ❶ (*mettre en terre*) vergraben ❷ (*cacher*) verstecken **II.** *vpr* ❶ (*se blottir*) **s'~ sous ses couvertures** sich unter der Decke vergraben ❷ (*se réfugier*) **s'~ dans un trou/terrier** sich in einem Loch/seinem Bau verkriechen

enfouissement [ɑ̃fwismɑ̃] *m* Vergraben *nt; des semences* Aussäen *nt*

enfourcher [ɑ̃fuʀʃe] <1> *vt* **~ son cheval/vélo** sein Pferd besteigen/aufs Fahrrad steigen; **~ une chaise** sich rittlings auf einen Stuhl setzen

enfourner [ɑ̃fuʀne] <1> *vt* ❶ (*mettre au four*) in den [Back]ofen schieben ❷ *fam* (*ingurgiter*) in sich (*akk*) hineinschaufeln

enfreindre [ɑ̃fʀɛ̃dʀ] <*irr*> *vt* **~ qc** gegen etw verstoßen

enfuir [ɑ̃fɥiʀ] <*irr*> *vpr* (*fuir*) **s'~ quelque part** irgendwohin fliehen [*o* flüchten]; **s'~ de qc** aus etw fliehen

enfumé(e) [ɑ̃fyme] *adj bar* rauchig, verräuchert

enfumer [ɑ̃fyme] <1> *vt* ❶ (*emplir de fumée*) verräuchern *pièce* ❷ (*incommoder par la fumée*) einräuchern *personnes*

engagé(e) [ɑ̃gaʒe] **I.** *adj* **~ dans qc** in etw engagiert (*dat*) **II.** *m(f)* ❶ MIL Freiwillige(r) *f(m)* ❷ SPORT Teilnehmer(in) *m(f)*

engageant(e) [ɑ̃gaʒɑ̃, ɑ̃t] *adj avenir* verlockend; *aspect, paroles* einladend; *mine* verführerisch; *sourire* gewinnend

engagement [ɑ̃gaʒmɑ̃] *m* ❶ (*promesse*) Verpflichtung *f;* **honorer** [*o* **tenir**] **un ~/ses ~s** einen Vertrag einhalten/seine Verpflichtungen erfüllen ❷ (*embauche*) Einstellung *f,* Anstellung *f* ❸ MIL Verpflichtung *f* [zum Militärdienst] ❹ THEAT, CINE Engagement *nt;* **signer un ~ de cinq ans** sich für fünf Jahre verpflichten ❺ POL Engagement *nt* ❻ (*coup d'envoi*) Anspiel *nt* ❼ (*inscription*) Anmeldung *f* ❽ *gén pl* (*dépense*) Verbindlichkeit *f* ▶ **sans ~ de votre part** unverbindlich für Sie

engager [ɑ̃gaʒe] <2a> **I.** *vt* ❶ (*mettre en jeu*) **~ qc** mit etw bürgen; **~ sa parole** sein

Wort geben; ~ **son honneur/sa vie** seine Ehre/sein Leben einsetzen; ~ **sa responsabilité** die Verantwortung übernehmen; POL die Vertrauensfrage stellen ② (*lier*) verpflichten ③ (*embaucher*) anstellen, einstellen *représentant;* engagieren *comédien* ④ (*commencer*) eröffnen *bataille, débat* ⑤ (*faire prendre une direction à*) **le camion est mal engagé** der Lkw hat Schwierigkeiten beim Rangieren **II.** *vpr* ① (*promettre*) **s'~ à faire qc** sich [dazu] verpflichten etw zu tun; **s'~ vis-à-vis de** [*o* **sur**] **la Constitution** einen Eid auf die Verfassung schwören; **s'~ sur une question** sich in einer Frage festlegen ② (*louer ses services*) **être prêt à s'~ comme n'importe quoi** bereit sein jede beliebige Stelle anzunehmen; **s'~ dans qc** (*s'enrôler*) in den Dienst einer S. (*gen*) treten; (*choisir*) sich für etw entscheiden; **s'~** MIL sich [freiwillig] verpflichten ③ (*pénétrer*) **s'~ dans une rue** in eine Straße einbiegen ④ (*se lancer*) **s'~ dans qc** sich auf etw (*akk*) einlassen ⑤ (*prendre position*) **s'~ dans la lutte contre qc** sich im Kampf gegen etw engagieren ⑥ (*commencer*) **s'~** *processus, négociation:* in Gang kommen

engeance [ɑ̃ʒɑ̃s] *f péj* Gesindel *nt*

engelure [ɑ̃ʒlyʀ] *f* Frostbeule *f*

engendrer [ɑ̃ʒɑ̃dʀe] <1> *vt* zeugen

engin [ɑ̃ʒɛ̃] *m* ① *fam* (*machin*) Ding *nt* ② TECH [Bau]maschine *f,* Gerät *nt* ③ MIL Kriegsgerät *nt;* ~ **de guerre** Kriegsgerät; ~ **atomique** Atomrakete *f;* ~ **spatial** Raumflugkörper *m* ④ *fam* (*objet encombrant*) Apparat *m* ⑤ (*véhicule*) Wagen *m*

englober [ɑ̃glɔbe] <1> *vt* [mit] einbeziehen

engloutir [ɑ̃glutiʀ] <8> **I.** *vi* schlingen **II.** *vt* ① (*dévorer*) verschlingen ② (*dilapider*) verprassen; ~ **sa fortune dans qc** sein Vermögen in etw (*akk*) hineinstecken ③ (*faire disparaître*) versenken; *inondation:* überfluten; *vagues:* verschlingen; *éruption:* unter sich (*dat*) begraben; *brume:* verschlucken **III.** *vpr* **s'être englouti dans la mer** im Meer versunken sein

engluer [ɑ̃glye] <1> **I.** *vt* mit Leim bestreichen **II.** *vpr* **s'~ les doigts de qc** sich (*dat*) die Finger mit etw klebrig machen

engoncer [ɑ̃gɔ̃se] <2> *vt vêtement:* plump aussehen lassen; **être engoncé dans qc** in etw (*dat*) stecken

engorgement [ɑ̃gɔʀʒəmɑ̃] *m d'un conduit, tuyau, d'une route* Verstopfung *f*

engorger [ɑ̃gɔʀʒe] <2a> *vt* verstopfen *conduit, tuyau, route*

engouement [ɑ̃gumɑ̃] *m* Schwärmerei *f*

engouer [ɑ̃gwe] <1> *vpr* **s'~ de qn/qc** für jdn/etw schwärmen

engouffrer [ɑ̃gufʀe] <1> **I.** *vt* ① (*entraîner*) *tempête:* mit sich reißen ② *fam* (*dévorer*) runterschlingen ③ (*dilapider*) ~ **de l'argent dans qc** Geld in etw (*akk*) hineinstecken **II.** *vpr* **des personnes s'engouffrent dans qc** Menschen stürzen sich in etw (*akk*)

engourdi(e) [ɑ̃guʀdi] *adj* ① *doigts* klamm ② (*de froid*) steif ③ *esprit* träge

engourdir [ɑ̃guʀdiʀ] <8> **I.** *vt* ① (*ankyloser*) klamm werden lassen *doigts, mains* ② (*affaiblir*) benommen machen *personne;* schwächen *volonté;* betäuben *esprit* **II.** *vpr* **s'~** ① (*s'ankyloser*) steif werden; *bras:* eingeschlafen ② (*s'affaiblir*) *personne:* schläfrig werden; *esprit:* träge werden; *facultés, sentiment:* nachlassen

engourdissement [ɑ̃guʀdismɑ̃] *m* Steifwerden *nt,* Gefühlloswerden *nt*

engrais [ɑ̃gʀɛ] *m* Dünger *m;* ~ **chimiques** [*o* **industriels**] Kunstdünger; ~ **organiques** Naturdünger

engraissage [ɑ̃gʀɛsaʒ] *m,* **engraissement** [ɑ̃gʀɛsmɑ̃] *m* Mast *f,* Mästen *nt*

engraisser [ɑ̃gʀese] <1> *vt* ① (*rendre plus gras*) mästen ② (*fertiliser*) düngen

engranger [ɑ̃gʀɑ̃ʒe] <2a> *vt* (*mettre en grange*) einfahren

engrenage [ɑ̃gʀənaʒ] *m* (*enchaînement*) Verkettung *f;* ~ **de la violence** Gewaltspirale *f* ▶ **être pris dans un/l'~** in ein/das Räderwerk geraten

engrosser [ɑ̃gʀose] <1> *vt vulg* ~ **qn** jdm ein Kind machen (*fam*)

engueulade [ɑ̃gœlad] *f fam* Anpfiff *m;* **avoir une ~ avec qn** Krach mit jdm haben; **passer une ~ à qn** jdn zur Schnecke machen

engueuler [ɑ̃gœle] <1> **I.** *vt fam* anschnauzen **II.** *vpr fam* ① (*se crier dessus*) **s'~** sich anbrüllen ② (*se disputer*) **s'~ avec qn** sich mit jdm krachen

enguirlander [ɑ̃giʀlɑ̃de] <1> *vt* mit Girlanden schmücken

enhardir [ɑ̃aʀdiʀ] <8> *vt* ermutigen

énième [ɛnjɛm] *adj* **le/la ~** der/die/das x-te; **pour la ~ fois** zum x-ten Mal

énigmatique [enigmatik] *adj air, regard* geheimnisvoll; *personnage, mort* rätselhaft; *sourire* unergründlich

énigme [enigm] *f* Rätsel *nt*

enivrant(e) [ɑ̃nivʀɑ̃, ɑ̃t] *adj* berauschend; *parfum* betäubend

enivrer [ɑ̃nivʀe] <1> *vpr* ① (*se soûler*) **s'~**

sich betrinken ② *fig* **s'~ de qc** sich an etw (*dat*) berauschen

enjambée [ɑ̃ʒɑ̃be] *f* großer Schritt *m*

enjambement [ɑ̃ʒɑ̃bmɑ̃] *m* Zeilensprung *m,* Enjambement *nt*

enjamber [ɑ̃ʒɑ̃be] <1> *vt* (*franchir*) **~ un fossé** einen großen Schritt über einen Graben hinweg machen; **~ un mur** über eine Mauer hinwegsteigen

enjeu [ɑ̃ʒø] <x> *m* ① (*argent*) Einsatz *m* ② *fig* **être l'~ de qc** bei etw auf dem Spiel stehen

enjôler [ɑ̃ʒole] <1> *vt* **~ qn par qc** jdn mit etw umgarnen (*fam*)

enjôleur, -euse [ɑ̃ʒolœʀ, -øz] *adj paroles* [ein]schmeichelnd

enjoliver [ɑ̃ʒɔlive] <1> *vt* [ver]zieren

enjoliveur [ɑ̃ʒɔlivœʀ] *m* Radkappe *f*

enjoué(e) [ɑ̃ʒwe] *adj* heiter

enjouement [ɑ̃ʒumɑ̃] *m* Heiterkeit *f*

enlacement [ɑ̃lasmɑ̃] *m* ① (*enchevêtrement*) Geflecht *nt; de ruelles* Gewirr *nt* ② (*étreinte*) Umarmung *f*

enlacer [ɑ̃lase] <2> **I.** *vt* umschlingen **II.** *vpr* ① (*s'étreindre*) **s'~** sich umarmen ② (*entourer*) **s'~ autour de qc** sich um etw schlingen

enlaidir [ɑ̃lediʀ] <8> **I.** *vi* (*devenir laid*) hässlich werden **II.** *vt* (*rendre laid*) entstellen *personne;* verunstalten *paysage*

enlaidissement [ɑ̃ledismɑ̃] *m d'une personne* Entstellung *f; d'un paysage* Verunstaltung *f*

enlevé(e) [ɑ̃lve] *adj portrait, récit* lebendig

enlèvement [ɑ̃lɛvmɑ̃] *m* Entführung *f*

enlever [ɑ̃lve] <4> **I.** *vt* ① (*déplacer*) herunternehmen, wegstellen; **~ les draps d'un lit** ein Bett abziehen; **enlève tes mains de tes poches!** nimm die Hände aus den Taschen! ② (*faire disparaître*) entfernen *tache;* streichen *mot* ③ (*ôter*) **~ l'envie/le goût à qn de faire qc** jdm die Lust nehmen etw zu tun; **~ la garde des enfants à qn** jdm das Sorgerecht für die Kinder entziehen ④ (*retirer*) abnehmen *chapeau, montre;* abnehmen, absetzen *lunettes;* ausziehen *vêtement, chaussures* ⑤ (*kidnapper*) entführen **II.** *vpr* **s'~** ① (*disparaître*) *tache:* herausgehen ② (*se détacher*) abgehen ③ *fam* (*se pousser*) **enlève-toi de là!** verzieh dich!

enlisement [ɑ̃lizmɑ̃] *m* ① *d'un bateau* Stranden *nt; d'une voiture* Steckenbleiben *nt* ② (*marasme*) Stocken *nt*

enliser [ɑ̃lize] <1> *vpr* **s'~** ① (*s'enfoncer*) stecken bleiben ② (*stagner*) ins Stocken geraten

enluminure [ɑ̃lyminyʀ] *f* Buchmalerei *f*

enneigé(e) [ɑ̃neʒe] *adj* verschneit; *village, voiture* eingeschneit

enneigement [ɑ̃nɛʒmɑ̃] *m* Schneedecke *f*

ennemi(e) [en(ə)mi] **I.** *adj* feindlich; *frères* verfeindet **II.** *m(f)* Feind(in) *m(f);* **~ public numéro un** Staatsfeind Nummer eins; **~ héréditaire** Erbfeind; **~ juré** [*o* **mortel**] Todfeind ▶ **passer à l'~** [zum Feind] überlaufen

ennoblir [ɑ̃nɔbliʀ] <8> *vt* erheben (*fig*)

ennui [ɑ̃nɥi] *m* ① (*désœuvrement*) Lang[e]weile *f;* **tromper son ~** sich (*dat*) die Langeweile vertreiben ② (*lassitude*) Lustlosigkeit *f* ③ *souvent pl* (*problème*) Problem *nt,* Unannehmlichkeit *f;* **avoir beaucoup d'~s** viel Ärger haben ▶ **l'~, c'est que** das Dumme ist [nur], dass

ennuyé(e) [ɑ̃nɥije] *adj* verärgert; **être bien ~** ziemlich besorgt sein; **être ~ de qc** [*o* **par qc**] verärgert über etw (*akk*) sein; **qn est ~ de devoir faire qc** jdm ist es unangenehm etw tun zu müssen; **être ~ que** + *subj* verstimmt darüber sein, dass

ennuyer [ɑ̃nɥije] <6> **I.** *vt* ① (*lasser*) langweilen, fadisieren (A) ② (*être peu attrayant*) **~ qn** jdm lästig sein ③ (*être gênant*) **ça ennuie qn de devoir faire qc** es ist jdm unangenehm etw tun zu müssen ④ (*irriter*) **~ qn avec qc** jdm mit etw lästig sein ⑤ (*déplaire*) stören **II.** *vpr* **s'~** sich langweilen, sich fadisieren (A)

ennuyeux, -euse [ɑ̃nɥijø, -jøz] *adj* ① (*lassant*) langweilig; **~ à mourir** todlangweilig ② (*contrariant*) ärgerlich

énoncé [enɔ̃se] *m* Wortlaut *m*

énoncer [enɔ̃se] <2> *vt* klar darlegen

énonciation [enɔ̃sjasjɔ̃] *f* LING Äußerung *f*

enorgueillir [ɑ̃nɔʀgœjiʀ] <8> *vpr* **s'~ de qc** stolz auf etw (*akk*) sein

énorme [enɔʀm] *adj* ① riesig; *erreur* krass; *différence* himmelweit ② (*très gros*) **être ~** enorm dick sein (*fam*) ③ (*incroyable*) unglaublich; **mensonge ~** faustdicke Lüge

énormément [enɔʀmemɑ̃] *adv* sehr; **~ d'argent/de gens** sehr viel Geld/viele Leute

énormité [enɔʀmite] *f* ① (*propos extravagant*) [ausgemachter] Unsinn *kein Pl* ② (*ineptie*) albernes Geschwätz *kein Pl* ③ (*grosse faute*) haarsträubender Fehler

e-novation [inovasjɔ̃] <e-novations> *f* INET Internet-Innovation *f*

enquête [ɑ̃kɛt] *f* ① (*étude*) **~ sur qc** Untersuchung *f* über etw ② (*sondage d'opinions*) [Meinungs]umfrage *f;* **~ statistique**

statistische Erhebung ③ ADMIN, JUR Untersuchung *f*, Ermittlungen *Pl;* **ouvrir une ~** eine Untersuchung einleiten

enquêter [ɑ̃kete] <1> *vi* ① *(s'informer)* **~ sur qn/qc** Erkundigungen über jdn/etw einziehen ② *(faire une enquête)* **~ sur qc** eine Untersuchung über etw *(akk)* durchführen ③ *(faire un sondage)* **~ sur qn/qc** eine [Meinungs]umfrage über jdn/etw durchführen ④ ADMIN, JUR **~ sur qn** eine Untersuchung gegen jdn einleiten; **la police va ~ sur qc** die Polizei wird in einer S. *(dat)* ermitteln

enquêteur, -euse [ɑ̃kɛtœʀ, -øz] *m, f* *(policier)* Untersuchungsbeamte(r) *m/* -beamtin *f*

enquiquinant(e) [ɑ̃kikinɑ̃, ɑ̃t] *adj fam* nervig

enquiquinement [ɑ̃kikinmɑ̃] *m fam* Plage *f*

enquiquiner [ɑ̃kikine] <1> *fam* **I.** *vt* *(importuner)* **~ qn avec qc** jdn mit etw nerven **II.** *vpr* ① *(s'ennuyer)* **s'~** sich langweilen ② *(se donner du mal)* **s'~ avec qc/à faire qc** sich mit etw herumplagen/sich plagen um etw zu tun

enquiquineur, -euse [ɑ̃kikinœʀ, -øz] *m, f fam* Nervensäge *f*

enracinement [ɑ̃ʀasinmɑ̃] *m d'une plante* Anwurzeln *nt; d'un individu* Verwurzelung *f*

enraciner [ɑ̃ʀasine] <1> **I.** *vt* einpflanzen *plante* **II.** *vpr* **s'~** *personne:* Wurzeln schlagen

enragé(e) [ɑ̃ʀaʒe] **I.** *adj* tollwütig **II.** *m(f)* Besessene(r) *f(m)*

enrager [ɑ̃ʀaʒe] <2a> *vi* rasend werden [vor Wut]

enraiement [ɑ̃ʀɛmɑ̃] *m d'une épidémie, inflation* Eindämmung *f*

enrayage [ɑ̃ʀɛjaʒ] *m d'une arme à feu* Ladehemmung *f*

enrayer [ɑ̃ʀeje] <7> **I.** *vt* bremsen *chômage;* eindämmen *épidémie* **II.** *vpr* **s'~** Ladehemmung haben

enrégimenter [ɑ̃ʀeʒimɑ̃te] <1> *vt* zwangsorganisieren

enregistrable [ɑ̃ʀəʒistʀabl] *adj image, son* aufnehmbar

enregistrement [ɑ̃ʀ(ə)ʒistʀəmɑ̃] *m* ① MEDIA Aufnahme *f; d'une émission* Aufzeichnung *f* ② *(action)* Speicherung *f*

ennui/dégoût/antipathie

exprimer l'ennui	*Langeweile ausdrücken*
Ça m'endort!/C'est un vrai soporifique! (*fam*)	*Ich schlaf gleich ein! (fam)/ Das ist ja zum Einschlafen!*
Comme c'est ennuyeux!	*Wie langweilig!*
Mais qu'est-ce que c'est ennuyeux!	*So was von langweilig!*
Ce film fait bâiller (d'ennui).	*Der Film ist ja zum Gähnen. (fam)*
On s'ennuie (à mourir) dans cette boîte.	*Diese Disco ist total öde.*
exprimer le dégoût	*Abscheu ausdrücken*
Be(u)rk!/Quelle horreur!	*Igitt! (fam)*
C'est (vraiment) dégoûtant/dégueulasse (*fam*)!	*Das ist (ja) ekelhaft!*
C'est absolument répugnant!	*Das ist geradezu widerlich!*
Ça me dégoûte.	*Das ekelt mich an.*
Tu me dégoûtes!	*Du widerst mich an!*
Ça me fait gerber! (*fam*)	*Ich finde das zum Kotzen. (sl)*
exprimer l'antipathie	*Antipathie ausdrücken*
C'est un (sacré) connard. (*vulg*)	*Das ist ein (richtiges) Arschloch. (vulg)*
Cette femme me tape sur le système/les nerfs. (*fam*)	*Diese Frau geht mir auf den Geist/Wecker/Keks. (fam)*
Je ne l'aime pas (beaucoup).	*Ich mag ihn/sie nicht (besonders).*
Je ne peux pas le/la voir/sentir/l'encadrer. (*fam*)	*Ich kann ihn/sie nicht leiden/riechen/ausstehen. (fam)*
Je trouve que ce type est impossible.	*Ich finde diesen Typ unmöglich.*

③ (*document*) Datensatz *m* ④ TRANSP Abfertigung *f*

enregistrer [ɑ̃ʀ(ə)ʒistʀe] <1> **I.** *vt* ① MEDIA aufnehmen; **~ sur cassette** auf Kassette aufnehmen ② INFORM speichern ③ (*mémoriser*) registrieren ④ (*noter par écrit*) **~ qc dans qc** etw in etw (*dat*) festhalten; **~ une déclaration** eine Aussage zu Protokoll nehmen; **~ une commande** eine Bestellung aufnehmen ⑤ TRANSP abfertigen; **faire ~ ses bagages** sein/das Gepäck aufgeben ⑥ (*constater*) verzeichnen *évolution;* registrieren, verzeichnen *phénomène* **II.** *vi* ① MEDIA aufnehmen ② INFORM speichern

enregistreur [ɑ̃ʀ(ə)ʒistʀœʀ] *m* Schreiber *m*

enrhumé(e) [ɑ̃ʀyme] *adj* erkältet

enrhumer [ɑ̃ʀyme] <1> *vpr* **s'~** [einen] Schnupfen bekommen, sich erkälten

enrichi(e) [ɑ̃ʀiʃi] *adj* (*devenu riche*) neureich; **personne ~e** Neureiche(r) *f(m)*

enrichir [ɑ̃ʀiʃiʀ] <8> **I.** *vt* ① (*rendre riche*) reich/reicher machen ② (*augmenter*) **~ une collection de nouveaux tableaux** eine Sammlung um neue Bilder erweitern **II.** *vpr* **s'~ de qc** ① (*devenir riche*) sich an etw (*dat*) bereichern ② (*s'améliorer*) durch etw bereichert werden ③ (*augmenter*) um etw reicher werden

enrichissant(e) [ɑ̃ʀiʃisɑ̃, ɑ̃t] *adj* bereichernd

enrichissement [ɑ̃ʀiʃismɑ̃] *m* Reich[er]werden *nt*

enrobage [ɑ̃ʀɔbaʒ] *m* Überzug *m*

enrobé(e) [ɑ̃ʀɔbe] *adj fam personne* gut gepolstert

enrober [ɑ̃ʀɔbe] <1> *vt* **~ qc de qc** etw mit etw überziehen

enrôlement [ɑ̃ʀolmɑ̃] *m* Anwerbung *f*

enrôler [ɑ̃ʀole] <1> **I.** *vt* ① (*recruter*) **~ qn dans qc** jdn zu etw einziehen ② MIL anwerben **II.** *vpr* **s'~ dans qc** sich zu etw melden; **s'~ dans un groupe** sich einer Gruppe anschließen; **s'~ dans un parti** einer Partei beitreten

enrouement [ɑ̃ʀumɑ̃] *m* Heiserkeit *f*

enrouer [ɑ̃ʀwe] <1> *vt* heiser machen; **être enroué** heiser sein

enroulement [ɑ̃ʀulmɑ̃] *m d'un cordon, ruban* Aufwickeln *nt*

enrouler [ɑ̃ʀule] <1> **I.** *vt* aufwickeln *câble* **II.** *vpr* **s'~ autour de/sur qc** sich um/auf etw (*akk*) wickeln; **s'~ sur soi-même** sich einrollen

enrouleur [ɑ̃ʀulœʀ] *m* **~ de câble** Kabeltrommel *f*

enrubanner [ɑ̃ʀybane] <1> *vt* mit Bändern schmücken; mit einer Schleife verzieren *cadeau*

ensablement [ɑ̃sabləmɑ̃] *m* Versanden *nt,* Versandung *f*

ensabler [ɑ̃sable] <1> *vpr* **s'~** (*s'échouer*) *bateau:* auf Sand laufen; *véhicule:* im Sand stecken bleiben

ensacher [ɑ̃saʃe] <1> *vt* eintüten *bonbons*

ensanglanter [ɑ̃sɑ̃glɑ̃te] <1> *vt* mit Blut beflecken; **être ensanglanté** blutverschmiert [*o* blutbefleckt] sein

enseignant(e) [ɑ̃sɛɲɑ̃, ɑ̃t] **I.** *adj* **le corps ~** die Lehrerschaft; (*d'une institution précise*) der Lehrkörper; **le milieu ~** die Lehrer **II.** *m(f)* Lehrer(in) *m(f)*

enseigne [ɑ̃sɛɲ] *f* [Aushänge]schild *nt;* **~ lumineuse** [Neon]leuchtschild

enseignement [ɑ̃sɛɲ(ə)mɑ̃] *m* ① Unterricht *m;* **l'~ des langues vivantes** der Fremdsprachenunterricht; **~ élémentaire** Grundschulunterricht ② (*profession*) Lehrberuf *m,* Lehramt *nt* ③ (*institution*) Schulwesen *nt,* Unterrichtswesen *nt;* **~ général** (*institution*) allgemeinbildendes Schulwesen; (*action*) allgemeinbildender Unterricht; **~ laïque** bekenntnisfreies [staatliches] Unterrichtswesen; **~ obligatoire** Schulpflicht *f;* **~ professionnel** (*institution*) Berufsschulwesen *nt;* (*action*) Berufsschulunterricht *m;* **~ public** staatliches Schulwesen; **~ secondaire** (*institution*) Sekundarbereich *m;* (*action*) weiterführender Unterricht *m;* **~ supérieur** (*institution*) Hochschulwesen *nt;* (*action*) Hochschulunterricht *m;* **~ technique** (*institution*) Fachschulwesen *nt;* (*action*) Fachschulunterricht *m;* **~ universitaire** (*institution*) Hochschulwesen *nt;* (*action*) Hochschulunterricht *m* ④ (*leçon*) Lehre *f;* **tirer un ~ de qc** aus etw eine Lehre ziehen

enseigner [ɑ̃seɲe] <1> *vt* lehren; **~ le français/les mathématiques à qn** jdn Französisch lehren

ensemble [ɑ̃sɑ̃bl] **I.** *adv* ① (*opp: seul*) zusammen; **travailler ~** zusammenarbeiten; **tous ~** alle zusammen ② (*en commun*) gemeinsam ③ (*l'un avec l'autre*) miteinander ④ (*en même temps*) zugleich ▸ **aller bien/mal ~** gut/schlecht zusammenpassen; **aller ~** zusammengehören **II.** *m* ① (*totalité*) Gesamtheit *f;* **l'~ du personnel/des questions** die gesamte Belegschaft/sämtliche Fragen ② (*unité*) [harmonische] Einheit; **former un ~ harmonieux** ein harmonisches Ganzes bilden ③ (*groupe-*

E

ment) ~ **de lois** Gesetzespaket *nt;* ~ **de bâtiments/d'habitations** Gebäude-/Wohnkomplex *m* ④ MUS Ensemble *nt* ⑤ MATH Menge *f* ⑥ (*vêtement*) Ensemble *nt* ⑦ (*groupe d'habitations*) **grand ~** Großwohnanlage *f* ▶ **impression/vue d'~** Gesamteindruck *m*/-ansicht *f;* **donner une idée d'~ de qc** etw grob umreißen; **l'électorat dans son ~/les spectateurs dans leur ~** das Gros der Wählerschaft/Zuschauer; **dans l'~** im Großen und Ganzen

ensemblier, -ière [ɑ̃sɑ̃blije, -jɛʀ] *m, f* Innenarchitekt(in) *m(f)*

ensemencer [ɑ̃s(ə)mɑ̃se] <2> *vt* besäen *terre*

enserrer [ɑ̃seʀe] <1> *vt* (*enfermer*) umschließen

ensevelir [ɑ̃səvliʀ] <8> *vt* (*recouvrir*) **~ qn/qc sous qc** jdn/etw unter etw (*dat*) begraben

ensevelissement [ɑ̃səv(ə)lismɑ̃] *m* ① *d'une ville* Begrabensein *nt* ② *fig* (*dissimulation*) Verbergen *nt*

ensoleillé(e) [ɑ̃sɔleje] *adj* sonnig

ensoleillement [ɑ̃sɔlɛjmɑ̃] *m* Sonnenbestrahlung *f*

ensoleiller [ɑ̃sɔleje] <1> *vt* ① aufhellen *pièce* ② *fig* aufheitern *vie*

ensommeillé(e) [ɑ̃sɔmeje] *adj personne* schlaftrunken; *paysage, ville* verschlafen

ensorcelant(e) [ɑ̃sɔʀsəlɑ̃, ɑ̃t] *adj regard, sourire* bezaubernd

ensorceler [ɑ̃sɔʀsəle] <3> *vt* verzaubern

ensorceleur, -euse [ɑ̃sɔʀsəlœʀ, -øz] *m, f* (*séducteur*) unwiderstehlicher Mann *m*/unwiderstehliche Frau *f*

ensorcellement [ɑ̃sɔʀsɛlmɑ̃] *m* Zauber *m*

ensuite [ɑ̃sɥit] *adv* ① (*par la suite*) danach ② (*derrière en suivant*) dahinter; **d'accord, mais ~?** einverstanden, aber was dann? ③ (*en plus*) außerdem

ensuivre [ɑ̃sɥivʀ] <irr, défec> *vpr* **s'~** sich ergeben; **la crise qui s'ensuivit** die Krise, die daraus erwuchs

entacher [ɑ̃taʃe] <1> *vt* **~ l'honneur de qn** jds Ehre beflecken [*o* beschmutzen]; **être entaché de qc** mit etw behaftet sein

entaille [ɑ̃taj] *f* ① (*encoche*) Kerbe *f* ② (*coupure*) [tiefe] Schnittwunde

entailler [ɑ̃taje] <1> **I.** *vt* ① (*faire une entaille*) einkerben ② (*blesser*) **~ qc à qn** jdm eine [tiefe] Schnittwunde an etw (*dat*) zufügen **II.** *vpr* **s'~ qc avec** [*o* **de**] **qc** sich (*dat*) mit etw [tief] in etw (*akk*) schneiden

entame [ɑ̃tam] *f de pain, jambon* Anschnitt *m*

entamer [ɑ̃tame] <1> *vt* ① (*prendre le début de*) anschneiden *fromage;* aufmachen, öffnen *bouteille* ② (*attaquer*) schneiden ③ (*amorcer*) einleiten; aufnehmen *négociations;* anstellen *poursuites*

entarter [ɑ̃taʀte] <1> *vt* **~ qn** eine Sahnetorte auf jdn werfen

entartrage [ɑ̃taʀtʀaʒ] *m d'une chaudière* Kesselsteinbildung *f; des dents* Zahnsteinbildung *f*

entartrer [ɑ̃taʀtʀe] <1> *vt* verkalken lassen

entassement [ɑ̃tasmɑ̃] *m* ① *d'objets* Anhäufung *f* ② (*pile*) Durcheinander *nt* ③ (*encombrement*) Zusammengedrängtsein *nt*

entasser [ɑ̃tase] <1> **I.** *vt* ① (*amonceler*) anhäufen; horten *argent* ② (*serrer*) zusammenpferchen **II.** *vpr* ① (*s'amonceler*) **s'~** sich türmen ② (*se serrer*) **s'~ dans qc** sich in etw (*dat*) zusammendrängen

entendement [ɑ̃tɑ̃dmɑ̃] *m* Begriffsvermögen *nt*

entendeur [ɑ̃tɑ̃dœʀ] *m* ▶ **à bon ~, salut!** *prov* wer Ohren hat zu hören ...

entendre [ɑ̃tɑ̃dʀ] <14> **I.** *vi* hören; **se faire ~** sich (*dat*) Gehör verschaffen **II.** *vt* ① (*percevoir*) hören; **~ qn parler/la pluie tomber** jdn reden/den Regen fallen hören; **je l'ai entendu dire** ich habe es gehört ② (*écouter*) **~ qn/qc** jdn/etw anhören ③ (*comprendre*) verstehen; **ne pas ~ la plaisanterie** keinen Spaß verstehen; **laisser** [*o* **donner à**] **~ que ...** zu verstehen geben, dass ...; **qu'est-ce que vous entendez par là?** was wollen Sie damit sagen? ④ (*vouloir*) **~ faire qc** gedenken etw zu tun; **faites comme vous l'entendez!** tun Sie, was Sie für richtig halten! ▶ **tu entendras/vous entendrez parler de moi** du wirst/Sie werden noch von mir hören; **~ parler de qn/qc** von jdm/etw hören; **à qui veut l'~** jedem, der es hören will; **je ne veux rien ~!** ich will nichts davon wissen!; **à ~ les gens** wenn man die Leute so reden hört; **je l'entends d'ici** ich höre ihn/sie jetzt schon; **qu'est-ce que j'entends?** was muss ich [da] hören? **III.** *vpr* ① (*avoir de bons rapports*) **s'~ avec qn** sich mit jdm verstehen ② (*se mettre d'accord*) **s'~ sur qc** sich über etw (*akk*) verständigen; **s'~ pour faire qc** sich darauf einigen etw zu tun ③ (*s'y connaître*) **s'y ~ en qc** etw von etw verstehen ④ (*être audible*) **s'~** zu hören sein ▶ **on ne**

s'entend plus __**parler**__ man versteht sein eigenes Wort nicht mehr; **entendons--nous** __**bien**__**!** damit wir uns richtig verstehen!
entendu(e) [ɑ̃tɑ̃dy] **I.** *part passé de* **entendre II.** *adj* ❶ (*convenu*) abgemacht; **il est [bien] ~ que ...** es versteht sich von selbst, dass ... ❷ (*complice*) wissend ▶ __**bien**__ **~** selbstverständlich; **comme de** __**bien**__ **~** wie könnte es anders sein
entente [ɑ̃tɑ̃t] *f* ❶ (*amitié*) Einvernehmen *nt* ❷ (*fait de s'accorder*) Verständigung *f* ❸ (*accord*) Übereinkunft *f*; **arriver** [*o* **parvenir**] **à une ~** eine Einigung erzielen ❹ ECON Kartell *nt* ❺ POL Entente *f*, Bündnis *nt*
entériner [ɑ̃teʀine] <1> *vt* billigen
entérite [ɑ̃teʀit] *f* [Dünn]darmentzündung *f*
enterrement [ɑ̃tɛʀmɑ̃] *m* Beerdigung *f*
enterrer [ɑ̃teʀe] <1> **I.** *vt* ❶ (*inhumer*) begraben ❷ (*assister à l'enterrement*) **hier il a enterré sa mère** gestern war er auf der Beerdigung seiner Mutter ❸ (*enfouir*) vergraben ❹ (*oublier, faire oublier*) begraben *affaire* ❺ (*renoncer à*) begraben ▶ **il** __**nous**__ **enterrera tous** *hum* [d]er wird uns noch alle überleben **II.** *vpr* **s'~ à la campagne** sich aufs Land zurückziehen
entêtant(e) [ɑ̃tɛtɑ̃, ɑ̃t] *adj parfum* schwer
en-tête [ɑ̃tɛt] <en-têtes> *f d'un journal* Kopf *m*; *d'un papier à lettres* [gedruckter] Briefkopf
entêté(e) [ɑ̃tete] **I.** *adj personne* eigensinnig **II.** *m(f)* eigensinniger Mensch
entêtement [ɑ̃tɛtmɑ̃] *m* Eigensinn[igkeit *f*] *m*
entêter [ɑ̃tete] <1> *vpr* **s'~ dans qc** sich auf etw (*akk*) versteifen; **s'~ à faire qc** sich darauf versteifen etw zu tun
enthousiasme [ɑ̃tuzjasm] *m* Begeisterung *f*, Enthusiasmus *m*
enthousiasmer [ɑ̃tuzjasme] <1> **I.** *vt* in Begeisterung versetzen **II.** *vpr* **s'~ pour qn/qc** sich für jdn/etw begeistern
enthousiaste [ɑ̃tuzjast] **I.** *adj* begeistert **II.** *mf* Enthusiast(in) *m(f)*
enticher [ɑ̃tiʃe] <1> *vpr* **s'~ de qn/qc** für jdn/etw schwärmen
entier [ɑ̃tje] *m* Ganze(s) *nt* ▶ **la nation** __**dans**__ **son ~** die ganze Nation; __**en**__ **~** ganz
entier, -ière [ɑ̃tje, -jɛʀ] *adj* ❶ (*dans sa totalité*) ganz; **dans le monde ~** auf der ganzen Welt ❷ (*absolu*) völlig; **ma confiance en lui est entière** er hat mein vollstes Vertrauen ❸ *personne* heil; *objet* ganz; *collection* vollständig ❹ (*non réglé*) **la question reste entière** die Frage bleibt unbeantwortet ❺ *personne* unnachgiebig; **être ~ dans ses opinions** kategorisch in seinen Ansichten sein ▶ __**être**__ **tout ~ à qc** ganz in etw (*akk*) vertieft sein; __**tout**__ **~** ganz
entièrement [ɑ̃tjɛʀmɑ̃] *adv* völlig
entité [ɑ̃tite] *f* PHILOS Wesenheit *f*
entomologie [ɑ̃tɔmɔlɔʒi] *f* Insektenkunde *f*
entonner [ɑ̃tɔne] <1> *vt* anstimmen
entonnoir [ɑ̃tɔnwaʀ] *m* Trichter *m*
entorse [ɑ̃tɔʀs] *f* Verstauchung *f* ▶ __**faire**__ **une ~ à qc** gegen etw verstoßen
entortiller [ɑ̃tɔʀtije] <1> **I.** *vt* ❶ (*enrouler*) **~ qc autour de qc** etw um etw [herum]wickeln ❷ *fam* (*enjôler*) einwickeln **II.** *vpr* ❶ (*s'enrouler*) **s'~ autour de qc** sich um etw ranken ❷ (*s'envelopper*) **s'~ dans qc** sich in etw (*akk*) einwickeln ❸ (*s'embrouiller*) **s'~ dans qc** sich in etw (*akk*) verstricken
entourage [ɑ̃tuʀaʒ] *m* Umgebung *f*
entouré(e) [ɑ̃tuʀe] *adj* ❶ (*admiré*) umschwärmt ❷ (*aidé*) umsorgt ❸ (*accompagné*) **être bien/mal ~** von den richtigen/nicht von den richtigen Leuten umgeben sein
entourer [ɑ̃tuʀe] <1> **I.** *vt* ❶ (*être autour*) umgeben; *police:* umstellen; *ennemi:* einkreisen; **la foule entoure le chanteur** die Menge umringt den Sänger; **être entouré d'arbres/de jeunes** von Bäumen/jungen Leuten umgeben sein ❷ (*mettre autour*) **~ un mot** ein Wort einkreisen; **~ un jardin d'une clôture** einen Garten einzäunen ❸ *fig* **~ qc de mystère** etw mit einem Geheimnis umgeben ❹ (*soutenir*) **~ qn** jdm zur Seite stehen; **~ qn de soins** jdn liebevoll pflegen **II.** *vpr* **s'~ de bons amis/d'objets d'art** sich mit guten Freunden/Kunstgegenständen umgeben; **s'~ de garanties/précautions** sich nach allen Seiten absichern
entourloupe [ɑ̃tuʀlup] *f*, **entourloupette** [ɑ̃tuʀlupɛt] *f fam* [fauler] Trick *m*; **faire une ~ à qn** jdn austricksen
entournure [ɑ̃tuʀnyʀ] *f* ▶ **être** __**gêné**__ **aux ~s** sich beengt fühlen
entracte [ɑ̃tʀakt] *m* THEAT, CINE Pause *f*
entraide [ɑ̃tʀɛd] *f* [gegenseitige] Hilfe
entraider [ɑ̃tʀede] <1> *vpr* **s'~** sich [gegenseitig] helfen
entrailles [ɑ̃tʀaj] *fpl* Eingeweide *Pl*
entrain [ɑ̃tʀɛ̃] *m* Schwung *m*, Elan *m*
entraînant(e) [ɑ̃tʀɛnɑ̃, ɑ̃t] *adj* mitreißend
entraînement [ɑ̃tʀɛnmɑ̃] *m* ❶ (*pratique*)

E

Übung *f;* **c'est une question d'~** das ist Übungssache ② SPORT Training *nt*

entraîner [ɑ̃tʀene] <1> **I.** *vt* ① (*emporter*) mit sich [fort]reißen ② (*emmener*) ziehen; **~ qn vers la sortie** jdn zum Ausgang schieben ③ (*inciter*) **~ qn à** [*o* **dans**] **qc** jdn zu etw verleiten; **~ qn à faire qc** jdn dazu verleiten etw zu tun ④ (*causer*) zur Folge haben ⑤ (*stimuler*) *éloquence, musique:* mitreißen ⑥ (*exercer*) trainieren *joueur* **II.** *vpr* **s'~ à** [*o* **pour**] **qc/à faire qc** sich in etw (*dat*)/darin üben etw zu tun

entraîneur, -euse [ɑ̃tʀɛnœʀ, -øz] *m, f* SPORT Trainer(in) *m(f)*

entraîneuse [ɑ̃tʀɛnøz] *f* (*aguicheuse*) Animierdame *f*

entrant(e) [ɑ̃tʀɑ̃, ɑ̃t] *adj élève* [neu] hinzukommend; *signal* eingehend

entrapercevoir [ɑ̃tʀapɛʀsəvwaʀ] <12> *vt* [nur] flüchtig sehen

entrave [ɑ̃tʀav] *f* Hemmnis *nt*

entraver [ɑ̃tʀave] <1> *vt* **~ qn/qc dans qc** jdn/etw bei etw behindern

entre [ɑ̃tʀ] *prép* ① (*position dans l'intervalle*) zwischen (+ *dat*); **il était assis ~ les deux enfants** er saß zwischen den beiden Kindern ② (*mouvement vers l'intervalle*) zwischen (+ *akk*); **il s'assit ~ les deux enfants** er setzte sich zwischen die beiden Kinder ③ (*parmi des choses*) zwischen (+ *dat*); **choisir ~ plusieurs solutions** zwischen mehreren Lösungen wählen ④ (*parmi des personnes*) unter (+ *dat*), von (+ *dat*); **je le reconnaîtrais ~ tous** ich würde ihn unter Tausenden wiedererkennen; **la plupart d'~ eux/elles** die meisten von ihnen; **~ autres** unter anderem; **~ nous** unter uns [gesagt]; **~ hommes** unter Männern ⑤ (*à travers*) durch (+ *akk*); **passer ~ les mailles du filet** durch die Maschen des Netzes schlüpfen ⑥ (*dans*) in (+ *akk*); **remettre son sort ~ les mains de son médecin** sein Schicksal in die Hände seines Arztes legen ⑦ (*indiquant une relation*) zwischen (+ *dat*); **ils se sont disputés ~ eux** sie haben sich gestritten

entrebâillement [ɑ̃tʀəbɑjmɑ̃] *m* Spalt *m*

entrebâiller [ɑ̃tʀəbaje] <1> *vt* einen Spalt[breit] öffnen

entrechat [ɑ̃tʀəʃa] *m* Entrechat *m*

entrechoquer [ɑ̃tʀəʃɔke] <1> *vt* gegeneinanderschlagen

entrecôte [ɑ̃tʀəkot] *f* Entrecote *nt*

entrecoupé(e) [ɑ̃tʀəkupe] *adj voix* stockend

entrecouper [ɑ̃tʀəkupe] <1> *vt* **~ qc de qc** etw mit etw unterbrechen

entrecroiser [ɑ̃tʀəkʀwaze] <1> **I.** *vt* [miteinander] verflechten **II.** *vpr* **s'~** ineinander verschlungen sein; *routes:* sich kreuzen

entre-déchirer [ɑ̃tʀədeʃiʀe] <1> *vpr* **s'~** *animaux:* sich [gegenseitig] zerreißen

entre-deux [ɑ̃tʀədø] *m sans pl fig* Zwischenbereich *m* **entre-deux-guerres** [ɑ̃tʀədøgɛʀ] *m inv* **l'~** die Zeit zwischen den beiden Weltkriegen **entre-deux-tours** [ɑ̃tʀədøtuʀ] *m inv* POL *Zeit[raum] zwischen den beiden Wahlgängen einer Wahl*

entrée [ɑ̃tʀe] *f* ① *d'une personne* Eintreten *nt; d'un acteur* Auftritt *m; d'un train* Einfahrt *f;* **à l'~ de qn** bei jds Eintreten; **faire une ~ triomphale** einen triumphalen Einzug halten; **~ en scène** Auftritt ② (*accès*) Eingang *m,* Eingangsbereich *m;* **à l'~ de qc** am Eingang einer S. (*gen*); **~ principale** Haupteingang; **~ de service** Dienstboteneingang ③ (*droit d'entrer*) Zutritt *m;* **~ interdite** kein Zutritt; **~ interdite à tout véhicule** Einfahrt verboten ④ *d'un appartement* Diele *f; d'un hôtel, immeuble* Eingangshalle *f; d'une maison* Hausflur *m* ⑤ (*billet*) Eintrittskarte *f,* Eintritt *m;* **~ non payante** Freikarte *f* ⑥ (*somme perçue*) Eintrittspreis *m* ⑦ (*adhésion*) Eintritt *m,* Beitritt *m* ⑧ (*admission*) **~ dans un club** Aufnahme *f* in einen Klub ⑨ (*commencement*) **~ en action** Eingreifen *nt;* **~ en fonction** Amtsantritt *m;* **~ en matière** Einleitung *f;* **~ en vigueur** Inkrafttreten *nt* ⑩ GASTR erster Gang; **en** [*o* **comme**] **~** als Vorspeise ⑪ TYP *d'un dictionnaire* Eintrag *m* ⑫ INFORM Eingabe *f*

entrefaite [ɑ̃tʀəfɛt] *f* ▶ **sur ces ~s** in diesem Augenblick

entrefilet [ɑ̃tʀəfilɛ] *m* kurze [Zeitungs]notiz *f*

entregent [ɑ̃tʀəʒɑ̃] *m* ▶ **avoir de l'~** die Menschen zu nehmen wissen (*fig*)

entrejambe [ɑ̃tʀəʒɑ̃b] *m* Schritt *m*

entrelacement [ɑ̃tʀəlasmɑ̃] *m* ① (*action*) Ineinanderschlingen *nt* ② (*résultat*) Verschlungensein *nt*

entrelacer [ɑ̃tʀəlase] <2> **I.** *vt* ineinanderschlingen; miteinander verweben *fils* **II.** *vpr* **s'~** sich [ineinander] verschlingen; **s'~ autour de qc** [sich] um etw ranken

entrelarder [ɑ̃tʀəlaʀde] <1> *vt* GASTR spicken

entremêler [ɑ̃tʀəmele] <1> **I.** *vt fig* **~ qc de qc** etw in etw (*akk*) einstreuen **II.** *vpr* s'~ durcheinandergeraten; **s'~ à** [*o* **avec**] **qc** mit etw abwechseln

entremets [ɑ̃tʀəmɛ] *m* Süßspeise *f*

entremetteur, -euse [ɑ̃tʀəmetœʀ, -øz] *m, f péj* Kuppler(in) *m(f)*

entremettre [ɑ̃tʀəmɛtʀ] *<irr> vpr* **s'~ dans qc** vermittelnd in etw (*akk*) eingreifen

entremise [ɑ̃tʀəmiz] *f* Vermittlung *f*

entrepont [ɑ̃tʀəpɔ̃] *m* Zwischendeck *nt*

entreposer [ɑ̃tʀəpoze] <1> *vt* (ein)lagern; unterstellen *meubles;* ~ **qc en douane** etw unter Zollverschluss lagern; **marchandise entreposée** Lagergut *nt*

entrepôt [ɑ̃tʀəpo] *m* Lagerhalle *f*

entreprenant(e) [ɑ̃tʀəpʀənɑ̃, ɑ̃t] *adj* ① (*dynamique*) unternehmungslustig ② (*galant*) galant

entreprenaute [ɑ̃tʀəpʀənot] *mf* (*sur Internet*) Unternehmensgründer(in) *m(f)*

entreprendre [ɑ̃tʀəpʀɑ̃dʀ] <13> *vt* (*commencer*) unternehmen; in Angriff nehmen *étude, travail*

entrepreneur, -euse [ɑ̃tʀəpʀənœʀ, -øz] *m, f* ① (*créateur d'entreprise*) Unternehmer(in) *m(f);* **petit** ~ mittelständischer Unternehmer ② TECH Bauunternehmer(in) *m(f)*

entrepreneuriat [ɑ̃tʀəpʀənəʀja] *m* Unternehmertum *nt*

entreprise [ɑ̃tʀəpʀiz] *f* ① (*firme*) Unternehmen *nt,* Betrieb *m,* Firma *f;* ~ **familiale** Familienbetrieb; ~ **individuelle** Einzelunternehmen; **les petites et moyennes ~s** die kleinen und mittelständischen Betriebe *Pl;* ~ **privée** Privatunternehmen; ~ **publique** staatliches Unternehmen; ~ **de construction** Baufirma; ~ **de transports** Speditionsfirma; **modèle d'~** Geschäftsmodell *nt* ② (*opération*) Unternehmen *nt,* Unternehmung *f;* **se lancer dans une vaste ~** sich in ein gewagtes Unternehmen stürzen

entrer [ɑ̃tʀe] <1> **I.** *vi + être* ① (*pénétrer*) eintreten; (*vu de l'intérieur*) hereinkommen; (*vu de l'extérieur*) hineingehen; **défense d'~!** Eintritt verboten!; **faire ~ qn/un animal** jdn hereinbitten/ein Tier hereinholen; **laisser ~ qn/un animal** jdn/ein Tier herein-/hineinlassen ② (*pénétrer dans un lieu*) ~ **dans qc** etw betreten; *chien:* in etw (*akk*) [herein-]/[hinein]laufen; **le bateau entre dans le port** das Schiff läuft [in den Hafen] ein; **le train entre en gare** der Zug fährt [in den Bahnhof] ein ③ (*aborder*) ~ **dans les détails** ins Detail gehen; ~ **dans le vif du sujet** sofort zum Kern der Sache kommen ④ *fam* (*heurter*) ~ **dans qc** gegen etw laufen/fahren ⑤ (*s'engager dans*) ~ **dans un club** Mitglied eines Klubs werden; ~ **dans un parti** einer Partei beitreten; ~ **dans l'armée/la police** zur Armee/zur Polizei gehen; ~ **dans la vie active** ins Erwerbsleben eintreten ⑥ (*être admis*) ~ **à l'hôpital/l'école/en sixième** ins Krankenhaus/in die Schule/die 1. Klasse des Gymnasiums kommen; ~ **en apprentissage/à l'université** eine Lehre/sein Studium beginnen; **faire ~ qn dans un club** jdn [als neues Mitglied] in einen Klub einführen; **faire ~ qn dans une entreprise** jdm eine Stelle in einem Unternehmen verschaffen ⑦ (*s'enfoncer*) **la clé n'entre pas dans le trou de la serrure** der Schlüssel passt nicht ins Schlüsselloch ⑧ (*s'associer à*) ~ **dans la discussion** sich an der Diskussion beteiligen ⑨ (*faire partie de*) ~ **dans la composition d'un produit** Bestandteil eines Produkts sein ⑩ (*comme verbe-support*) ~ **en application** in Kraft treten; ~ **en contact avec qn** mit jdm Kontakt aufnehmen; ~ **en collision avec qn/qc** mit jdm/etw zusammenstoßen; ~ **en guerre** in den Krieg eintreten; ~ **en scène** auftreten; ~ **en ligne de compte** in Betracht kommen; **le nouveau ministre entre en fonction** der neue Minister tritt sein Amt an ▶**ne faire qu'~ et sortir** nur kurz vorbeischauen **II.** *vt + avoir* ① (*faire pénétrer*) ~ **qc dans qc** etw in etw (*akk*) hineinbringen; ~ **l'armoire par la fenêtre** den Schrank durch das Fenster hineinschaffen ② INFORM eingeben

entresol [ɑ̃tʀəsɔl] *m* Hochparterre *nt*

entre-temps [ɑ̃tʀətɑ̃] *adv* inzwischen

entretenir [ɑ̃tʀət(ə)niʀ] <9> **I.** *vt* ① (*maintenir en bon état*) in Stand halten; pflegen *beauté, voiture;* in Ordnung halten *vêtement* ② (*faire vivre*) ~ **qn** für jds Unterhalt aufkommen; ~ **une maîtresse** sich eine Mätresse halten (*pej*); **se faire ~ par qn** sich von jdm aushalten lassen ③ (*faire durer*) unterhalten *correspondance, relations;* hegen *doute, espoir;* lebendig halten *souvenirs;* aufrechterhalten *illusions;* nicht ausgehen lassen *feu;* ~ **sa forme** sich fit halten ④ (*parler à*) ~ **qn de qn/qc** jdm von jdm/etw erzählen **II.** *vpr* ① (*converser*) **s'~ avec qn de qn/qc** sich mit jdm über jdn/etw unterhalten ② (*se conserver en bon état*) **s'~** *personne:* sich fit halten; *moquette, meuble:* gepflegt werden müssen

entretenu(e) [ɑ̃tʀət(ə)ny] **I.** *part passé de* **entretenir** **II.** *adj* ① gepflegt; *maison* gut in

E

Stand gehalten ②(*pris en charge*) **c'est une femme ~e/un homme ~** sie/er lässt sich aushalten

entretien [ɑ̃tʀətjɛ̃] *m* ① *de la peau, d'un vêtement* Pflege *f; d'une maison* Instandhaltung *f; d'une machine* Wartung *f;* **sans ~** wartungsfrei ②(*discussion en privé*) Gespräch *nt,* Unterhaltung *f*

entretuer [ɑ̃tʀətɥe] <1> *vpr* **s'~** sich gegenseitig umbringen

entrevoir [ɑ̃tʀəvwaʀ] <*irr*> *vt* ①(*voir: indistinctement*) undeutlich sehen; (*brièvement*) [nur] flüchtig sehen ②(*pressentir*) vorhersehen; **~ une amélioration** Anzeichen einer Besserung sehen

entrevue [ɑ̃tʀəvy] *f* Unterredung *f*

entrouvert(e) [ɑ̃tʀuvɛʀ, ɛʀt] *adj* halb geöffnet

entrouvrir [ɑ̃tʀuvʀiʀ] <11> **I.** *vt* ein wenig öffnen **II.** *vpr* **s'~** sich ein wenig öffnen

entuber [ɑ̃tybe] <1> *vt fam* übers Ohr hauen

énumération [enymeʀasjɔ̃] *f* Aufzählung *f;* **faire une ~ de qc** etw aufzählen

énumérer [enymeʀe] <5> *vt* aufzählen

énurésie [enyʀezi] *f* MED Inkontinenz *f*

envahir [ɑ̃vaiʀ] <8> *vt* ① MIL einfallen in (+ *akk*) *pays* ②(*se répandre, infester*) **~ les rues** auf die Straßen strömen; **~ un terrain de football** einen Fußballplatz stürmen; **~ un terrain** *insectes:* über ein Gelände herfallen; *mauvaises herbes:* ein Gelände überwuchern; *eau:* ein Gelände überschwemmen; **~ le marché** *nouveau produit:* den Markt überschwemmen; **être envahi par les touristes** *ville:* von Touristen überlaufen sein ③(*gagner*) **~ qn** *doute, terreur:* jdn überkommen ④(*importuner*) belästigen

envahissant(e) [ɑ̃vaisɑ̃, ɑ̃t] *adj personne* aufdringlich

envahissement [ɑ̃vaismɑ̃] *m* ① MIL **l'~ de l'Europe par les Huns** der Einfall der Hunnen in Europa ②(*fait d'occuper, de proliférer*) Überhandnehmen *nt;* **l'~ du stade/magasin** der Ansturm auf das Stadion/den Laden

envahisseur, -euse [ɑ̃vaisœʀ, -øz] *m, f* ①(*ennemi qui envahit*) Eindringling *m* ② MIL Angreifer(in) *m(f)*

envasement [ɑ̃vazmɑ̃] *m d'un port, d'une rivière* Verschlammen *nt*

envaser [ɑ̃vaze] <1> *vpr* **s'~** *baie, port:* verschlammen; *personne, bateau:* im Schlamm stecken bleiben

enveloppant(e) [ɑ̃vlɔpɑ̃, ɑ̃t] *adj* ①(*ample*) *vêtement* weit, umhüllend ②(*séducteur*) *manières, paroles* einschmeichelnd

enveloppe [ɑ̃vlɔp] *f* ① POST [Brief]umschlag *m;* **~ autocollante** [*o* **autoadhésive**] selbstklebender [Brief]umschlag; **être/mettre sous ~** sich in einem [verschlossenen] [Brief]umschlag befinden/ in einen [Brief]umschlag stecken ②(*protection*) [Schutz]hülle *f* ③(*budget*) Gelder *Pl;* **une ~ de 14 millions** [Geld]mittel in Höhe von 14 Millionen; **~ budgétaire** Haushaltsmittel *Pl*

enveloppé(e) [ɑ̃vlɔpe] *adj* rundlich

enveloppement [ɑ̃vlɔpmɑ̃] *m* ① MED Umschlag *m* ② MIL Umzingelung *f*

envelopper [ɑ̃vlɔpe] <1> **I.** *vt* einpacken *verre;* **~ un bébé dans une couverture** ein Baby in eine Decke einwickeln; **être enveloppé dans** [*o* **de**] **qc** *personne:* in etw (*akk*) [ein]gehüllt sein; *bébé, objet:* in etw (*akk*) [ein]gewickelt sein **II.** *vpr* **s'~ dans son manteau** sich in den/seinen Mantel hüllen

envenimé(e) [ɑ̃v(ə)nime] *adj propos* böswillig

envenimer [ɑ̃v(ə)nime] <1> **I.** *vt* (*aggraver*) verschlimmern **II.** *vpr* **s'~** (*se détériorer*) *situation, conflit:* sich zuspitzen

envergure [ɑ̃vɛʀgyʀ] *f* ①(*dimension*) *d'un avion, oiseau* Spannweite *f* ②(*valeur, ampleur*) Tragweite *f;* **avoir de l'~** *personne:* Format haben

envers [ɑ̃vɛʀ] **I.** *prép* **~ qn/qc** jdm/einer S. gegenüber; **avoir une dette ~ qn** (*financière*) jdm Geld schulden; (*morale*) in jds Schuld stehen; **son mépris ~ qn/qc** seine/ihre Verachtung für jdn/etw **II.** *m d'une feuille de papier* Rückseite *f; d'une étoffe, d'un vêtement* linke Seite; *d'une assiette, feuille d'arbre* Unterseite *f* ►**l'~ du décor** die Kehrseite der Medaille; **à l'~** (*dans le mauvais sens*) verkehrt herum; (*à rebours*) umgekehrt; (*de bas en haut*) auf dem Kopf; (*à reculons*) rückwärts; (*en désordre*) durcheinander; **tout marche à l'~** alles geht schief (*fam*)

enviable [ɑ̃vjabl] *adj* beneidenswert

envie [ɑ̃vi] *f* ①(*désir, besoin*) Lust *f;* **ses ~s de voyage** seine/ihre Reiselust; **avoir ~ de cacahuètes** Lust auf Erdnüsse haben; **avoir ~ de faire qc** Lust haben etw zu tun; **avoir ~ de faire pipi/d'aller au W.-C.** *fam* mal aufs Klo müssen; **~ de vomir** Brechreiz *m;* **brûler d'~ de qc** *form* auf etw (*akk*) ganz versessen sein; **mourir d'~ de faire qc** darauf brennen etw zu tun; **l'~ lui prend** [*o* **vient**] **d'aller**

à la piscine er/sie bekommt Lust ins Schwimmbad zu gehen; **ça me donne ~ de partir en vacances** da bekomme ich Lust zu verreisen; **avec tes histoires tu me donnes ~ de rire** wenn man deine Geschichten hört, möchte man lachen; **l'~ lui en est passée** [*o* **lui a passé**] ihm/ihr ist die Lust dazu vergangen ② (*convoitise*) Begierde *f* ③ (*péché capital*) Wollust *f* ④ (*jalousie*) Neid *m* ▶ **faire ~ à qn** *personne, réussite:* jdn neidisch machen; *nourriture:* jdm Appetit machen; **ça fait ~** da kann man neidisch werden; (*met en appétit*) da läuft einem das Wasser im Mund zusammen

envier [ɑ̃vje] <1> *vt* beneiden; **~ qn pour sa richesse/d'être riche** jdn um seinen Reichtum beneiden/jdn darum beneiden, dass er reich ist; **je ne t'envie pas pour ton succès** ich gönne dir deinen Erfolg ▶ **n'avoir rien à ~ à qn/à qc** jdm/einer S. in nichts nachstehen

envieux, -euse [ɑ̃vjø, -jøz] **I.** *adj* neidisch; **~ de qn/qc** neidisch auf jdn/etw **II.** *m, f* Neider(in) *m(f);* **tu n'es qu'un ~** du bist ja nur neidisch

environ [ɑ̃viʀɔ̃] **I.** *adv* ungefähr **II.** *mpl d'une ville* Umgebung *f;* **Reims et ses ~s** Reims und Umgebung; **dans les ~s du château** in der Nähe des Schlosses; **aux ~s de Pâques** um Ostern [herum]; **aux ~s de 100 euros** an die 100 Euro

environnant(e) [ɑ̃viʀɔnɑ̃, ɑ̃t] *adj* der Umgebung

environnement [ɑ̃viʀɔnmɑ̃] *m* ① (*milieu écologique*) Umwelt *f* ② (*environs*) Umgebung *f* ③ (*milieu social*) Umfeld *nt*

environnemental(e) [ɑ̃viʀɔnmɑ̃tal, -o] <-aux> *adj* Umwelt-, umweltbezogen

environner [ɑ̃viʀɔne] <1> *vt* umgeben

envisageable [ɑ̃vizaʒabl] *adj* denkbar

envisager [ɑ̃vizaʒe] <2a> *vt* ① (*considérer*) in Betracht ziehen *question, situation;* **~ l'avenir/la mort** der Zukunft/dem Tod entgegensehen ② (*projeter*) **~ un voyage pour qn** eine Reise für jdn planen; **~ de faire qc** planen etw zu tun ③ (*prévoir*) rechnen mit *orage, visite;* **~ que** + *subj* davon ausgehen, dass

envoi [ɑ̃vwa] *m* ① *d'un paquet, d'une lettre* [Ab]schicken *nt; d'une marchandise, commande* Versand *m; de vivres* Sendung *f* ② (*colis, courrier*) Sendung *f;* **~ contre remboursement** Nachnahmesendung; **~ recommandé** Einschreiben *nt*

envol [ɑ̃vɔl] *m d'un oiseau* Auffliegen *nt* ▶ **prendre son ~** *oiseau:* auffliegen

envolée [ɑ̃vɔle] *f des oiseaux* Auffliegen *nt*

envoler [ɑ̃vɔle] <1> *vpr* **s'~** ① (*quitter le sol*) wegfliegen; *avion:* abfliegen; **s'~ dans le ciel** *ballon:* in die Höhe steigen ② (*augmenter*) *monnaie, prix:* hochschnellen ③ *fig fam* (*disparaître*) sich in Luft auflösen; *paroles, peur, temps:* verfliegen

envoûtant(e) [ɑ̃vutɑ̃, ɑ̃t] *adj musique, regard* betörend; *atmosphère* bezaubernd

envoûtement [ɑ̃vutmɑ̃] *m* Bann *m*

envoûter [ɑ̃vute] <1> *vt* in seinen Bann ziehen

envoyé(e) [ɑ̃vwaje] *m(f)* ① PRESSE Korrespondent(in) *m(f);* **~ spécial** Sonderberichterstatter ② POL, REL Abgesandte(r) *f(m);* (*diplomate, missionnaire*) Gesandte(r) *m/* Gesandtin *f*

envoyer [ɑ̃vwaje] <*irr*> **I.** *vt* ① (*expédier*) verschicken, versenden *marchandises;* einreichen *démission;* entsenden *député;* **~ un colis/une lettre à qn** jdm ein Paket/einen Brief schicken; **~ ses amitiés/félicitations à qn** jdm eine Gruß-/Glückwunschkarte schicken [*o* senden]; **~ qn à la poste/chez qn** jdn zur Post/zu jdm schicken; **~ qn faire des courses** jdn einkaufen schicken ② (*lancer*) werfen *ballon;* (*avec le pied*) schießen *ballon;* schlagen *balle de tennis;* versetzen *coup de pied;* geben *gifle, signal;* **~ un baiser à qn** jdm eine Kusshand zuwerfen; **~ un ballon à qn** (*avec la main/le pied*) jdm den Ball zuwerfen/zuschießen [*o* zuspielen] ▶ **~ balader qn** *fam* jdn abwimmeln; **~ valdinguer qn/qc contre le mur** *fam* jdn/etw wegschleudern/gegen die Wand schleudern; **~ tout promener** *fam* alles hinschmeißen **II.** *vpr* (*se transmettre*) **s'~ des vœux/des baisers** sich (*dat*) Glückwunschkarten schicken/Kusshändchen zuwerfen

enzyme [ɑ̃zim] *m o f* Enzym *nt*

éolien(ne) [eɔljɛ̃, jɛn] *adj* Wind-

éolienne [eɔljɛn] *f* (*machine*) Windrad *nt*

éosine [eɔzin] *f* CHIM Eosin *nt*

épagneul(e) [epaɲœl] *m(f)* Spaniel *m*

épais(se) [epɛ, ɛs] **I.** *adj* ① dick; **cette planche est épaisse de 4 cm** dieses Brett ist 4 cm dick ② *forêt, brouillard* dicht ③ *liquide* dickflüssig **II.** *adv* ▶ **il n'y en a pas ~** *fam* viel ist nicht da

épaisseur [epɛsœʀ] *f* ① (*dimension*) Stärke *f; d'une couche, couverture* Dicke *f; de la neige* Höhe *f;* **avoir une ~ de 7 cm** [*o* **7 cm d'~**] 7 cm dick sein ② (*grosseur*) Dicke *f* ③ (*couche*) Schicht *f; d'un papier* Lage *f* ④ *d'un liquide* Dickflüssigkeit *f* ⑤ (*densité*) Dichte *f*

épaissir [epesiʀ] <8> **I.** *vi liquide:* eindicken **II.** *vpr* **s'~** (*devenir plus consistant*) *liquide, air:* dicker werden; *forêt, brouillard:* dichter werden

épaississant [epesisɑ̃] *m* Verdickungsmittel *nt;* (*pour une sauce*) Soßenbinder *m*

épaississement [epesismɑ̃] *m d'un liquide* Eindicken *nt; de l'épiderme* Verdickung *f; du brouillard* Dichterwerden *nt*

E

épanchement [epɑ̃ʃmɑ̃] *m* ❶ MED *de sang* Erguss *m* ❷ *fig* **~s** Ergüsse *Pl*

épandage [epɑ̃daʒ] *m du fumier, d'un engrais* Verteilen *nt*

épandre [epɑ̃dʀ] <14> *vt* verteilen *engrais, fumier*

épanoui(e) [epanwi] *adj* ❶ *fleur* aufgeblüht; *sourire, visage* strahlend; *corps* wohlgeformt ❷ *caractère, personne* ausgeglichen

épanouir [epanwiʀ] <8> *vpr* **s'~** ❶ (*s'ouvrir*) *fleur:* aufblühen ❷ (*devenir joyeux*) *visage:* sich erhellen ❸ (*trouver le bonheur*) aufblühen ❹ (*prendre des formes*) *beauté:* sich entfalten; *corps d'une femme:* Rundungen bekommen ❺ (*se développer*) *personne, compétence:* sich entfalten; **s'~ dans un travail** in einer Arbeit [ganz] aufgehen

épanouissant(e) [epanwisɑ̃, ɑ̃t] *adj* bereichernd

épanouissement [epanwismɑ̃] *m d'une fleur* Aufblühen *nt; d'un corps* Heranreifen *nt; d'un esprit, d'une beauté* Entfaltung *f; d'une personne* Selbstverwirklichung *f; d'un style, art* Blüte[zeit *f*] *f*

épargnant(e) [epaʀɲɑ̃, ɑ̃t] *m(f)* Sparer(in) *m(f)*

épargne [epaʀɲ] *f* ❶ (*action*) Sparen *nt* ❷ (*sommes*) Ersparnisse *Pl*

épargne-logement [epaʀɲlɔʒmɑ̃] *f sans pl* Bausparen *nt*

épargner [epaʀɲe] <1> **I.** *vt* ❶ (*économiser, mettre de côté*) sparen *argent* ❷ (*compter, ménager*) schonen *forces;* **n'~ ni son temps ni sa peine** weder Zeit noch Mühe scheuen; **ne rien ~ pour faire qc** nichts unversucht lassen um etw zu tun ❸ (*éviter*) **~ un discours à qn** jdn mit einer Rede verschonen; **être épargné à qn** jdm erspart bleiben ❹ (*laisser vivre*) verschonen; **être épargné par qc** von etw verschont bleiben **II.** *vpr* **s'~ qc** sich (*dat*) etw ersparen

éparpillement [epaʀpijmɑ̃] *m* ❶ (*dissémination*) (*état*) Verstreutsein *nt;* (*action*) Verstreuen *nt* ❷ *fig* (*dispersion*) Verzetteln *nt*

éparpiller [epaʀpije] <1> **I.** *vt* ❶ (*disséminer*) [überall] verteilen *personnes;* [überall] verstreuen *miettes* ❷ (*disperser inefficacement*) vergeuden *forces, talent;* **~ ses efforts/son attention** sich verzetteln/leicht ablenken lassen **II.** *vpr* **s'~** ❶ (*se disséminer*) *foule:* sich zerstreuen; *maisons:* verstreut sein ❷ (*se disperser*) *personne:* sich verzetteln

épars(e) [epaʀ, aʀs] *adj maisons* vereinzelt; *cheveux* zerzaust

épatant(e) [epatɑ̃, ɑ̃t] *adj fam* toll

épaté(e) [epate] *adj fam* platt

épate [epat] *f fam* ▶ **le faire à l'~** bluffen

épatement [epatmɑ̃] *m du nez* Plattsein *nt*

épater [epate] <1> *vt fam* (*stupéfier*) verblüffen; **ça t'épate, hein?** da bist du platt, was?

épaule [epol] *f* ANAT Schulter *f;* **hausser les ~s** mit den Schultern zucken

épauler [epole] <1> **I.** *vt* ❶ (*aider*) **~ qn** jdm unter die Arme greifen ❷ (*appuyer*) anlegen *arme* **II.** *vi* anlegen **III.** *vpr* ❶ (*s'entraider*) **s'~** sich (*dat*) [gegenseitig] helfen ❷ (*s'appuyer*) **s'~ contre qn/qc** sich gegen jdn/etw lehnen

épaulette [epolɛt] *f* COUT Schulterpolster *nt*

épave [epav] *f* ❶ (*débris*) Strandgut *nt* ❷ (*véhicule*) Wrack *nt* ❸ (*personne*) [menschliches] Wrack (*fam*)

épeautre [epotʀ] *m* Dinkel *m*

épée [epe] *f a.* SPORT Schwert *nt*

épeler [ep(ə)le] <3> *vt, vi* buchstabieren

épépiner [epepine] <1> *vt* entkernen

éperdu(e) [epɛʀdy] *adj personne* außer sich, bestürzt

éperdument [epɛʀdymɑ̃] *adv* ❶ (*follement*) über alle Maßen (*geh*) ❷ (*totalement*) völlig

éperlan [epɛʀlɑ̃] *m* Stint *m*

éperon [ep(ə)ʀɔ̃] *m* Sporn *m*

éperonner [ep(ə)ʀɔne] <1> *vt* **~ un cheval** einem Pferd die Sporen geben

épervier [epɛʀvje] *m* ZOOL Sperber *m*

éphémère [efemɛʀ] *adj bonheur* von kurzer Dauer; *vie, beauté* vergänglich; *instant* flüchtig

éphéméride [efemeʀid] *f* (*calendrier*) Abreißkalender *m*

épi [epi] *m* (*de maïs*) Kolben *m*

épice [epis] *f* Gewürz *nt*

épicé(e) [epise] *adj* ❶ GASTR gewürzt ❷ (*grivois*) *histoire* pikant

épicéa [episea] *m* Fichte *f*

épicentre [episɑ̃tʀ] *m* Epizentrum *nt*

épicer [epise] <2> *vt* ❶ (*assaisonner*)

würzen ❷ (*corser*) ~ **une histoire de qc** eine Geschichte mit etw würzen

épicerie [episʀi] *f* (*magasin*) Lebensmittelgeschäft *nt;* **la petite ~ du coin** der Tante-Emma-Laden [gleich] um die Ecke (*fam*); ~ **fine** Feinkostgeschäft *nt*

épicier, -ière [episje, -jɛʀ] *m, f* ❶ Lebensmittelhändler(in) *m(f)* ❷ *péj* Krämerseele *f*

épicurien(ne) [epikyʀjɛ̃, jɛn] *adj* PHILOS epikureisch

épicurisme [epikyʀism] *m* PHILOS Epikureismus *m*

épidémie [epidemi] *f* Epidemie *f,* Seuche *f*

épidémique [epidemik] *adj maladie* hochgradig ansteckend

épiderme [epidɛʀm] *m* [Ober]haut *f*

épidermique [epidɛʀmik] *adj* Oberhaut-

épier [epje] <1> **I.** *vt* [heimlich] beobachten; ~ **qn** jdm nachspionieren; ~ **un bruit** einem Geräusch lauschen; **le chat épie la souris** die Katze lauert der Maus auf **II.** *vpr* **s'~** sich (*dat*) [gegenseitig] nachspionieren

épieu [epjø] <x> *m* Speer *m*

épigramme [epigʀam] *f* Epigramm *nt*

épigraphe [epigʀaf] *f* Inschrift *f*

épilateur [epilatœʀ] *m* Epiliergerät *nt*

épilation [epilasjɔ̃] *f* Epilieren *nt*

épilatoire [epilatwaʀ] *adj crème* Enthaarungs-, Haarentfernungs-

épilepsie [epilɛpsi] *f* Epilepsie *f*

épileptique [epilɛptik] *adj* epileptisch; **personne ~** Epileptiker *m*

épiler [epile] <1> *vt* enthaaren, epilieren *jambes*

épilogue [epilɔg] *m* LITTER Epilog *m; d'un roman* Nachwort *nt*

épiloguer [epilɔge] <1> *vi* ~ **sur qc** sich lang und breit über etw (*akk*) auslassen

épinard [epinaʀ] *m* Spinat *m*

épine [epin] *f d'un hérisson, cactus* Stachel *m; d'un buisson* Dorn *m* ▸ **enlever** [*o* **ôter**] [*o* **retirer**] **à qn une belle ~ du pied** jdm aus einer ziemlichen Notlage helfen

épineux [epinø] *m* Dornenstrauch *m*

épingle [epɛ̃gl] *f* [Steck]nadel *f;* ~ **à cheveux** Haarnadel; ~ **à nourrice** Sicherheitsnadel ▸ **tirer son ~ du jeu** (*s'en sortir*) sich geschickt aus der Affäre ziehen; (*réussir*) eine gute Figur machen; **être tiré à quatre ~s** wie aus dem Ei gepellt sein

épingler [epɛ̃gle] <1> *vt* ❶ ~ **des photos au mur** Fotos an die Wand pinnen (*fam*) ❷ *fam* (*attraper*) schnappen

épinière [epinjɛʀ] *adj* ANAT *v.* **moelle**

épinoche [epinɔʃ] *f* Stichling *m*

Épiphanie [epifani] *f sans pl* **l'~** das Fest der Heiligen Drei Könige

épiphénomène [epifenɔmɛn] *m* Begleiterscheinung *f*

épique [epik] *adj poésie, style* episch; **poème ~** Epos *nt*

épiscopal(e) [episkɔpal, -o] <-aux> *adj* bischöflich

épiscopat [episkɔpa] *m* **l'~** die Bischöfe *Pl*

épisode [epizɔd] *m* ❶ (*événement, action: mineur*) Episode *f;* (*marquant*) Ereignis *nt,* Erlebnis *nt* ❷ *d'un film, feuilleton* Folge *f;* **roman/film à ~s** Fortsetzungsroman *m*/mehrteiliger Film ▸ **par ~s** zeitweise

épisodique [epizɔdik] *adj* gelegentlich

épisodiquement [epizɔdikmɑ̃] *adv* gelegentlich

épistolaire [epistɔlɛʀ] *adj roman, littérature* Brief-

épitaphe [epitaf] *f* Grabinschrift *f*

épithète [epitɛt] *f* GRAM Attribut *nt*

épître [epitʀ] *f* REL Apostelbrief *m,* Epistel *f*

éploré(e) [eplɔʀe] *adj* ❶ *personne* in Tränen aufgelöst ❷ *visage, voix* bekümmert; *veuve* untröstlich

épluchage [eplyʃaʒ] *m des fruits, légumes* Schälen *nt*

épluche-légume[s] [eplyʃlegym] <épluche-légumes> *m* Schälmesser *nt,* [Gemüse]schäler *m*

éplucher [eplyʃe] <1> *vt* ❶ schälen *fruits, légumes;* pulen (NDEUTSCH) *crevettes;* putzen *salade* ❷ *fig* [genau] unter die Lupe nehmen *comptes*

éplucheur [eplyʃœʀ] *m* [Gemüse]schäler *m,* Schälmesser *nt*

éplucheuse [eplyʃøz] *f* Schälmaschine *f*

épluchure [eplyʃyʀ] *f souvent pl* Schalen *Pl;* **une ~** ein Stück Schale *f*

EPO [øpeo] *f abr de* **érythropoïétine** EPO *nt*

épointer [epwɛ̃te] <1> *vt* stumpf machen *clou;* ~ **un crayon** (*casser*) die Bleistiftspitze abbrechen

éponge [epɔ̃ʒ] *f* Schwamm *m* ▸ **jeter l'~** das Handtuch werfen; **passer l'~ sur qc** großzügig über etw (*akk*) hinweggehen; **passons l'~!** Schwamm drüber! (*fam*)

éponger [epɔ̃ʒe] <2a> **I.** *vt* abwischen *table;* wischen *sol;* aufwischen *liquide* **II.** *vpr* **s'~ le front** sich (*dat*) die Stirn abtupfen

épopée [epɔpe] *f* LITTER Epos *nt*

époque [epɔk] *f* Zeit *f,* Epoche *f;* **l'~ glaciaire/moderne/révolutionnaire** die

E

Eiszeit/die Moderne/die Zeit der Revolution; **la Belle Époque** die Belle Epoque; **à l'~** [*o* **à cette ~**] damals; **à l'~ de qn/qc** zu jds Zeit/zur Zeit einer S. (*gen*); **à cette ~ de l'année** um diese Jahreszeit ▶ **vivre avec son ~** mit der Zeit gehen; **d'~** [stil]echt; **véhicule d'~** Oldtimer *m*

épouiller [epuje] <1> *vt* [ent]lausen

époumoner [epumɔne] <1> *vpr* **s'~ à faire qc** sich (*dat*) die Lunge aus dem Hals schreien um etw zu tun

épouse [epuz] *f v.* **époux**

épouser [epuze] <1> *vt* ❶ (*se marier avec*) heiraten ❷ (*partager*) teilen *idées, point de vue;* vertreten *intérêts;* **~ une cause** für eine Sache eintreten ❸ (*s'adapter à*) **~ les formes du corps** *robe:* wie angegossen sitzen

épousseter [epuste] <3> *vt* abstauben

époustouflant(e) [epustuflɑ̃, ɑ̃t] *adj fam* unglaublich

époustoufler [epustufle] <1> *vt fam* umhauen

épouvantable [epuvɑ̃tabl] *adj* schrecklich; *temps* scheußlich

épouvantail [epuvɑ̃taj] <s> *m a. fig* Vogelscheuche *f*

épouvante [epuvɑ̃t] *f* Entsetzen *nt,* Grauen *nt;* **film d'~** Horrorfilm *m*

épouvanter [epuvɑ̃te] <1> **I.** *vt* ❶ (*horrifier*) in Angst und Schrecken versetzen; **être épouvanté de qc** entsetzt über etw (*akk*) sein ❷ (*inquiéter*) **~ qn** jdm Angst machen; **il est épouvanté de faire qc** ihm graut davor etw zu tun **II.** *vpr* ❶ (*prendre peur*) **s'~** erschrecken ❷ (*redouter*) **il s'épouvante de qc** ihm graut vor etw (*dat*)

époux, -ouse [epu, -uz] *m, f form* Gatte *m*/Gattin *f;* **les ~** die Eheleute; **Mme Dumas, épouse Meier** Frau Meier, geborene Dumas

épreuve [epʀœv] *f* ❶ (*test*) Prüfung *f,* Probe *f;* **~ d'endurance/de résistance** Belastungsprobe *f*/Härtetest *m;* **mettre qn/qc à l'~/à rude ~** jdn/etw auf die Probe/auf eine harte Probe stellen ❷ (*examen*) Prüfung *f* ❸ SPORT Wettkampf *m;* (*en course auto, cyclisme*) Rennen *nt* ❹ (*moment difficile*) Prüfung *f;* **dure** [*o* **rude**] **~** harte Prüfung ❺ (*adversité, malheur*) Unglück *nt,* harte Zeit ▶ **~ de force** Kraftprobe *f,* Machtprobe *f;* **résister à l'~ du temps/vent** dem Wetter/Wind standhalten; **être à l'~ du feu/de l'eau** feuer-/wasserfest sein; **à l'~ des balles/des bombes** kugel-/bombensicher; **à toute ~** bewährt; *nerfs, santé* eisern; *courage, optimisme* unerschütterlich; *patience, énergie* unermüdlich

épris(e) [epʀi, iz] *adj* **~ de qn** in jdn verliebt, von jdm angetan

éprouvant(e) [epʀuvɑ̃, ɑ̃t] *adj* anstrengend; *climat* hart; *chaleur* drückend

éprouvé(e) [epʀuve] *adj* ❶ *personne* mitgenommen; *pays, région* hart getroffen; **être très ~e** viel durchmachen ❷ (*confirmé*) bewährt

éprouver [epʀuve] <1> *vt* ❶ (*ressentir*) verspüren *besoin, envie;* haben *sentiment;* empfinden *tendresse, douleur* ❷ (*subir*) erleben *malheur;* mitmachen, durchmachen *désagréments* ❸ (*tester*) prüfen; auf die Probe stellen *bonne foi* ❹ (*ébranler: physiquement, moralement*) mitnehmen; (*matériellement*) schwer treffen

éprouvette [epʀuvɛt] *f* Reagenzglas *nt*

E.P.S. [øpeɛs] *f abr de* **éducation physique et sportive** Sportunterricht *m*

épuisant(e) [epɥizɑ̃, ɑ̃t] *adj* anstrengend

épuisé(e) [epɥize] *adj* ❶ (*éreinté*) [völlig] erschöpft; **être ~ de fatigue** todmüde sein ❷ *filon, gisement* [völlig] abgebaut; *terre* ausgelaugt; *réserves* aufgebraucht; *stock, ressources* erschöpft ❸ *édition, livre* vergriffen; *article* ausverkauft

épuisement [epɥizmɑ̃] *m* ❶ (*fatigue*) Erschöpfung *f* ❷ *d'un gisement, filon* völliger Abbau; *du sol* Auslaugung *f; des réserves, ressources* Erschöpfung *f* ❸ (*vente totale*) Ausverkauf *m;* **jusqu'à ~ du stock** [*o* **des stocks**] solange der Vorrat reicht

épuiser [epɥize] <1> **I.** *vt* ❶ (*fatiguer*) strapazieren ❷ (*tarir, venir à bout de*) aufbrauchen *économies;* erschöpfen, aufbrauchen *réserves;* auslaugen *sol, terre;* erschöpfend behandeln *sujet;* ausschöpfen *possibilités, ressources* ❸ (*vendre totalement*) ausverkaufen *stock, articles* **II.** *vpr* ❶ (*se tarir*) **s'~** *réserves:* zu Ende gehen; *sol:* verarmen; *source:* versiegen; *forces:* nachlassen ❷ (*se fatiguer*) **s'~ sur qc** sich bei etw verausgaben; **s'~ à faire qc** sich abmühen etw zu tun

épuisette [epɥizɛt] *f* Kescher *m*

épurateur [epyʀatœʀ] TECH **I.** *adj appareil* reinigend **II.** *m* Reiniger *m; d'eau* Aufbereiter *m*

épuration [epyʀasjɔ̃] *f* CHIM Reinigung *f; de l'eau* Aufbereitung *f*

épure [epyʀ] *f* (*ébauche*) Aufriss *m,* Skizze *f*

épurer [epyʀe] <1> *vt* reinigen; aufbereiten *huile, eau;* **épuré** *forme* schlicht; *langue, style* rein

équarrir [ekaʀiʀ] <8> *vt* zerlegen

équarrisseur [ekwaʀisœʀ] *m* Abdecker *m*

équateur [ekwatœʀ] *m* Äquator *m*

équation [ekwasjɔ̃] *f* ① MATH Gleichung *f;* **~ du premier/second degré** einfache/quadratische Gleichung ② (*problème*) Problem *nt*

équatorial(e) [ekwatɔʀjal, -jo] <-aux> *adj climat* äquatorial; *forêt, région* Äquatorial-

équerre [ekɛʀ] *f* Geodreieck *nt*

équestre [ekɛstʀ] *adj* Reit-

équeuter [ekøte] <1> *vt* entstielen

équidistant(e) [ekɥidistɑ̃, ɑ̃t] *adj* gleich weit weg

équilatéral(e) [ekɥilateʀal, -o] <-aux> *adj triangle* gleichseitig

équilibrage [ekilibʀaʒ] *m des roues* Auswuchten *nt*

équilibre [ekilibʀ] *m* ① Gleichgewicht *nt;* **en ~** im Gleichgewicht; **être en ~ sur le bord de la table** halb auf der Tischkante stehen; **mettre qc en ~** etw ausbalancieren; **rompre l'~ entre deux choses** zwei Dinge aus dem Gleichgewicht bringen ② PSYCH seelisches Gleichgewicht; **faire preuve d'~** ausgeglichen sein ③ POL, ECON Gleichgewicht *nt*

équilibré(e) [ekilibʀe] *adj* ① *balance* austariert; *chargement* gleichmäßig verteilt; *repas* ausgewogen; *budget* ausgeglichen ② *personne, esprit* ausgeglichen

équilibrer [ekilibʀe] <1> **I.** *vt* ① (*mettre en équilibre*) austarieren *balance;* gleichmäßig verteilen *charge, pouvoirs;* gleichmäßig beladen *véhicule;* ausgleichen *budget;* gut einteilen *emploi du temps;* **bien ~ ses repas** sich sehr ausgewogen ernähren ② (*stabiliser*) **~ qn/qc** jdm/einer S. Halt geben; **~ l'existence de qn** jds Leben ins Gleichgewicht bringen ③ (*contrebalancer*) ausgleichen **II.** *vpr* **s'~** sich die Waage halten

équilibriste [ekilibʀist] *mf* Akrobat(in) *m(f)*

équinoxe [ekinɔks] *m* Tagundnachtgleiche *f*

équipage [ekipaʒ] *m d'un avion, bateau* Besatzung *f*

équipe [ekip] *f* ① SPORT Mannschaft *f;* **faire ~ avec qn** mit jdm in einer Mannschaft sein ② (*groupe*) Team *nt;* **l'~ de jour/nuit/du matin/soir** die Tages-/Nacht-/Früh-/Spätschicht; **en ~** im Team; SCOL in Gruppen

équipée [ekipe] *f* (*aventure*) [abenteuerliches] Unterfangen

équipement [ekipmɑ̃] *m* ① (*action*) Ausrüstung *f; d'un hôtel, hôpital* Einrichtung *f;* **l'~ industriel de la région** die Industrialisierung der Gegend; **plan d'~ de la région** Landesentwicklungsprogramm *nt* ② (*matériel*) Ausrüstung *f; d'une voiture* Ausstattung *f* ③ *souvent pl* (*installations*) Anlage *f;* **des ~s sportifs/collectifs** Sportanlagen/öffentliche Einrichtungen ④ ADMIN **l'Equipement [du territoire]** ≈ die Landesplanungsbehörde

équiper [ekipe] <1> *vpr* **s'~ en qc** sich mit etw ausrüsten

équipier, -ière [ekipje, -jɛʀ] *m, f* [Mannschafts]kamerad(in) *m(f)*

équitable [ekitabl] *adj* gerecht

équitablement [ekitabləmɑ̃] *adv* gerecht

équitation [ekitasjɔ̃] *f* Reiten *nt;* **faire de l'~** reiten

équité [ekite] *f d'un jugement, d'une loi* Angemessenheit *f*

équivalence [ekivalɑ̃s] *f* ① (*valeur égale*) Gleichwertigkeit *f* ② UNIV Äquivalenz *f;* **elle obtient une ~ pour qc** ihr wird etw anerkannt

équivalent [ekivalɑ̃] *m* Entsprechende(s) *nt; d'un mot* Entsprechung *f;* **être l'~ de six euros** sechs Euro entsprechen; **accepter serait l'~ de céder** anzunehmen käme einem Nachgeben gleich; **sans ~** ohnegleichen

équivalent(e) [ekivalɑ̃, ɑ̃t] *adj part, forme* gleich; *diplôme* gleichwertig; *expression* gleichbedeutend; **elle gagne un salaire ~ au mien** ihr Lohn entspricht meinem

équivaloir [ekivalwaʀ] <*irr*> *vi* **~ à qc** einer S. (*dat*) entsprechen

équivoque [ekivɔk] *adj* ① (*ambigu*) zweideutig ② (*louche*) zwielichtig, suspekt

érable [eʀabl] *m* Ahorn *m*

éradication [eʀadikasjɔ̃] *f* Ausrotten *nt*

éradiquer [eʀadike] <1> *vt* ausrotten

érafler [eʀɑfle] <1> **I.** *vt* **~ qc** zerkratzen; *balle:* streifen; **être éraflé** *genou:* aufgeschürft sein **II.** *vpr* **s'~ qc** sich (*dat*) etw zerkratzen; **s'~ le genou** sich (*dat*) das Knie aufschürfen

éraflure [eʀɑflyʀ] *f* Schramme *f*

éraillé(e) [eʀɑje] *adj voix* rau

érailler [eʀɑje] <1> **I.** *vt* verschleißen *tissu;* angreifen *voix* **II.** *vpr* **s'~** *voix:* heiser [o rau] werden

ère [ɛʀ] *f* ① Zeitalter *nt,* Ära *f;* **~ industrielle** Industriezeitalter ② (*espace de temps qui commence à un point fixe*) Zeit-

E

rechnung *f;* **avant notre ~** vor unserer Zeitrechnung ③ GEOL **~ tertiaire/quaternaire** Tertiär *nt*/Quartär *nt*

érectile [eʀɛktil] *adj organe, tissu* schwellfähig; MED erektil

érection [eʀɛksjɔ̃] *f d'un pénis* Erektion *f*

éreintant(e) [eʀɛ̃tɑ̃, ɑ̃t] *adj* aufreibend

éreinté(e) [eʀɛ̃te] *adj* [völlig] erschöpft

éreintement [eʀɛ̃tmɑ̃] *m* ① (*épuisement*) [völlige] Erschöpfung *f* ② (*critique*) Verriss *m*

éreinter [eʀɛ̃te] <1> *vt* [völlig] erschöpfen

érémiste [eʀemist] *mf* Sozialhilfeempfänger(in) *m(f)* (*entspricht etwa Hartz-IV-Empfänger*)

ergonomie [ɛʀgɔnɔmi] *f* Ergonomie *f*

ergonomique [ɛʀgɔnɔmik] *adj* ergonomisch

ergot [ɛʀgo] *m d'un coq* Sporn *m; d'un chien* Afterklaue *f*

ergoter [ɛʀgɔte] <1> *vi* **~ sur qc** an etw (*dat*) herumnörgeln

ergothérapeute [ɛʀgoteʀapøt] *mf* Ergotherapeut(in) *m(f)*

ergothérapie [ɛʀgoteʀapi] *f* Ergotherapie *f*

ériger [eʀiʒe] <2a> **I.** *vt form* ① (*dresser, élever*) errichten *monument* ② (*élever au rang de*) **~ qn en martyr/qc en règle générale** jdn zu einem Märtyrer machen/etw zu einer Regel erheben **II.** *vpr form* **s'~ en moraliste/juge** sich als Moralapostel aufspielen/sich zum Richter machen

ermitage [ɛʀmitaʒ] *m* Einsiedelei *f*

ermite [ɛʀmit] *m* Eremit *m*, Einsiedler *m*

éroder [eʀɔde] <1> *vt vent:* erodieren, abtragen; *pluie, eau:* auswaschen; *mer:* unterspülen *falaise*

érogène [eʀɔʒɛn] *adj zone* erogen

éros [eʀɔs] *m* PSYCH Eros *m*

érosif, -ive [eʀozif, -iv] *adj* GEOL erosiv, Erosions-

érosion [eʀɔzjɔ̃] *f* GEOL Erosion *f*

érotique [eʀɔtik] *adj* erotisch

érotisme [eʀɔtism] *m* Erotik *f*

errance [eʀɑ̃s] *f littér* Umherirren *nt; d'un naufragé* Irrfahrt *f*

errant(e) [eʀɑ̃, ɑ̃t] *adj personne, animal* umherirrend; *regard* ziellos; **vie ~e** Nomadenleben *nt*

erratum [eʀatɔm, eʀata] <errata> *m* Druckfehler *m*

errer [eʀe] <1> *vi* umherirren; *animal:* streunen (*pej*), umherirren

erreur [eʀœʀ] *f* ① (*faute*) Fehler *m* ② (*idée/opinion erronée*) Irrtum *m;* **~ d'ordinateur/de système** Computer-/Systemfehler; **~ d'appréciation/de jugement** Fehleinschätzung *f*/Fehlurteil *nt;* **raccrochez! c'est une ~ [de numéro]** legen Sie auf! Sie haben sich verwählt; **~ judiciaire** Justizirrtum; **~ médicale** [ärztlicher] Kunstfehler; **il y a ~/n'y a pas d'~** hier liegt ein/kein Irrtum vor; **j'ai commis une ~** mir ist ein Fehler unterlaufen; **excusez-moi; c'est une ~ de ma part** entschuldigen Sie, der Fehler liegt bei mir; **être dans l'~** im Irrtum sein; **faire ~** sich irren; **induire qn en ~** jdn irreführen; **par ~** aus Versehen; **sauf ~ de ma part** wenn ich mich nicht täusche ▶ **~ de jeunesse** Jugendsünde *f;* **il y a ~ sur la personne** hier liegt eine Verwechslung vor; **l'~ est humaine** *prov* Irren ist menschlich

erroné(e) [eʀɔne] *adj* irrig

ersatz [ɛʀsats] *m inv* **~ de café/savon** Kaffee-/Seifenersatz *m*

éructer [eʀykte] <1> **I.** *vi littér* aufstoßen **II.** *vt form* ausstoßen *injures, menaces*

érudit(e) [eʀydi, it] *adj ouvrage, personne* gelehrt

érudition [eʀydisjɔ̃] *f* Gelehrsamkeit *f*

éruptif, -ive [eʀyptif, -iv] *adj* ① MED *fièvre, maladie* mit [einem] [Haut]ausschlag ② GEOL eruptiv; *phénomène* Eruptions-

éruption [eʀypsjɔ̃] *f* GEOL Ausbruch *m*

érythème [eʀitɛm] *m* Hautreizung *f*

es [ɛ] *indic prés de* **être**

ès [ɛs] *prép devant un pl form* **docteur ~ sciences** Doktor *m* der Naturwissenschaften

ESB [øɛsbe] *f abr de* **encéphalopathie spongiforme bovine** BSE

esbroufe [ɛsbʀuf] *f fam* Angeberei *f*, wichtigtuerisches Gehabe; **un joli coup d'~** ein toller Bluff

escabeau [ɛskabo] <x> *m* [Tritt]leiter *f*

escabèche [ɛskabɛʃ] *f Marinade mit Fischaroma*

escadre [ɛskadʀ] *f* Geschwader *nt*

escadrille [ɛskadʀij] *f de bombardement* Staffel *f*

escadron [ɛskadʀɔ̃] *m de cavalerie* Schwadron *f; de chasseurs, gendarmerie* Staffel *f*

escalade [ɛskalad] *f* ① (*ascension*) Erklettern *nt;* **faire l'~ d'une montagne** auf einen Berg steigen ② (*sport*) Bergsteigen/Klettern *nt*, Klettersport *m;* **faire de l'~** klettern ③ (*surenchère*) [schneller] Anstieg; **au Pérou, c'est l'~ de la violence** in Peru eskaliert die Gewalt

escalader [ɛskalade] <1> *vt* ① (*monter*) steigen auf (+ *akk*) *montagne* ② (*franchir*) steigen über (+ *akk*) *grille, mur*

escalator [ɛskalatɔʀ] *m* Rolltreppe *f*
escale [ɛskal] *f* ① (*arrêt, lieu*) Zwischenstopp *m* ② (*arrêt*) Zwischenlandung *f;* ~ **technique** Zwischenstopp zum Auftanken; **s'effectuer sans** ~ direkt sein; (*lieu*) Zwischenlandeplatz *m*
escalier [ɛskalje] *m sing o pl* Treppe *f;* ~ **roulant** Rolltreppe; ~ **de service** Hintertreppe; **être dans l'**~ im Treppenhaus sein; **tomber dans les** ~**s** [*o* **l'**~] die Treppe hinunter-/herunterfallen
escalope [ɛskalɔp] *f* Schnitzel *nt*
escamotable [ɛskamɔtabl] *adj antenne* einschiebbar
escamotage [ɛskamɔtaʒ] *m* ① *d'un train d'atterrissage* Einfahren *nt* ② (*tour de magie, vol*) Verschwindenlassen *nt* ③ (*détournement*) *d'une question* Umgehen *nt*
escamoter [ɛskamɔte] <1> *vt* ① (*rentrer*) einfahren *train d'atterrissage;* einziehen *antenne* ② (*faire disparaître*) verschwinden lassen
escampette [ɛskɑ̃pɛt] *f v.* **poudre**
escapade [ɛskapad] *f* Eskapade *f;* (*fugue*) Ausreißen *nt*
escarbille [ɛskaʀbij] *f* Flugasche *f*
escarcelle [ɛskaʀsɛl] *f hum* Geldbeutel *m*
escargot [ɛskaʀgo] *m* ① ZOOL, GASTR Schnecke *f;* ~ **de Bourgogne** Weinbergschnecke ② (*personne, véhicule*) lahme Ente (*fam*); **rouler comme un** ~ im Schneckentempo fahren (*fam*)
escarmouche [ɛskaʀmuʃ] *f* MIL Gefecht *nt*
escarpé(e) [ɛskaʀpe] *adj montagne* steil [aufragend]
escarpement [ɛskaʀpəmɑ̃] *m d'une côte, montagne* Schroffheit *f*
escarpin [ɛskaʀpɛ̃] *m* Pumps *m*
escarre [ɛskaʀ] *f* MED wund gelegene Stelle *f*
escient [esjɑ̃] *m* **à bon/mauvais** ~ zu Recht/Unrecht
esclaffer [ɛsklafe] <1> *vpr* **s'**~ schallend [los]lachen
esclandre [ɛsklɑ̃dʀ] *m* Skandal *m*
esclavage [ɛsklavaʒ] *m* Sklaverei *f;* ~ **moderne** moderne Sklaverei
esclavagisme [ɛsklavaʒism] *m* Sklaventum *f,* Sklavenhaltergesellschaft *f*
esclavagiste [ɛsklavaʒist] **I.** *adj* **être** ~ die Sklaverei befürworten; **société** ~ Sklavenhaltergesellschaft *f* **II.** *mf* Anhänger(in) *m(f)* der Sklaverei
esclave [ɛsklav] **I.** *adj* versklavt; ~ **de qn/qc** jdm/einer S. verfallen **II.** *mf* Sklave *m*/Sklavin *f*
escogriffe [ɛskɔgʀif] *m fam* ungehobelter Bursche
escompte [ɛskɔ̃t] *m* COM Skonto *nt o m*
escompter [ɛskɔ̃te] <1> *vt* FIN diskontieren
escorte [ɛskɔʀt] *f* Eskorte *f; d'un prisonnier* Wache *f*
escorter [ɛskɔʀte] <1> *vt* ① (*accompagner*) geleiten *personne* ② (*protéger*) eskortieren
escouade [ɛskwad] *f* Schar *f*
escrime [ɛskʀim] *f* Fechten *nt*
escrimer [ɛskʀime] <1> *vpr* **s'**~ **sur qc** sich mit etw abquälen
escrimeur, -euse [ɛskʀimœʀ, -øz] *m, f* Fechter(in) *m(f)*
escroc [ɛskʀo] *m* Betrüger(in) *m(f)*
escroquer [ɛskʀɔke] <1> *vt* ~ **une signature à qn** eine Unterschrift von jdm ergaunern
escroquerie [ɛskʀɔkʀi] *f* Betrug *m,* Schwindel *m*
eskimo [ɛskimo] *v.* **esquimau**
ésotérique [ezɔteʀik] *adj* esoterisch
ésotérisme [ezɔteʀism] *m* Esoterik *f*
espace [ɛspas] **I.** *m* ① (*place*) Platz *m;* **avoir assez d'**~ **pour danser** genügend Platz zum Tanzen haben; ~ **vide** Zwischenraum *m;* ~ **publicitaire** Werbefläche *f* ② (*zone*) Gebiet *nt; fig* Raum *m;* ~ **vert** Grünfläche *f* ③ (*cosmos*) Weltraum *m;* GEOM Raum *m;* ~ **aérien** Luftraum *m* ④ (*distance*) Abstand *m,* Zwischenraum *m* ⑤ (*durée*) Zeitraum *m;* ~ **de temps** Zeitraum; **l'**~ **d'un été/moment** einen Sommer/Augenblick lang ⑥ TYP, INFORM Leerstelle *f* **II.** *f* TYP Leerzeichen *nt*
espacé(e) [ɛspase] *adj dents, arbres* auseinanderstehend; *lettres* vereinzelt
espacement [ɛspasmɑ̃] *m* Abstand *m,* Zwischenraum *m*
espacer [ɛspase] <2> **I.** *vt* (*séparer*) auseinandersetzen *élèves;* ~ **les lignes un peu plus** etwas mehr Abstand zwischen den Zeilen lassen; **il espace ses visites** seine Besuche werden immer seltener **II.** *vpr* (*devenir plus rare*) **s'**~ seltener werden
espadon [ɛspadɔ̃] *m* ZOOL Schwertfisch *m*
espadrille [ɛspadʀij] *f* ① Espandrillo *m* ② CAN (*basket*) Turnschuh *m;* ~**s de tennis** Tennisschuhe *Pl*
Espagne [ɛspaɲ] *f* **l'**~ Spanien *nt*
espagnol [ɛspaɲɔl] *m* Spanisch *nt; v. a.* **allemand**
espagnol(e) [ɛspaɲɔl] *adj* spanisch

E

Espagnol(e) [ɛspaɲɔl] *m(f)* Spanier(in) *m(f)*
espagnolette [ɛspaɲɔlɛt] *f* Espagnoletteverschluss *m* (*Drehstangenverschluss für Fenster*)
espalier [ɛspalje] *m* BOT Spalier *nt*
espèce [ɛspɛs] *f* ① (*catégorie*) Art *f;* **~ animale/de rosiers** Tier-/Rosenart; **~ canine** Hunderasse *f;* **l'~** [**humaine**] das Menschengeschlecht ② *souvent péj* (*sorte*) Art *f;* **c'est un(e) ~ de pot de chambre** das ist so eine Art Nachttopf (*fam*); **~ d'imbécile!** *fam* [du/Sie/so ein] Blödmann!/[du/Sie/so eine] blöde Kuh!; **de ton/cette/de la pire ~** *fam* von deiner/dieser/der schlimmsten Sorte ③ *pl* (*argent liquide*) Bargeld *nt;* **régler** [*o* **payer**] **en ~s** bar bezahlen
espérance [ɛspeʀɑ̃s] *f* ① (*confiance*) Zuversicht *f* ② (*espoir*) Hoffnung *f;* **donner de grandes ~s** viel versprechend sein; **fonder** [*o* **bâtir**] **de grandes ~s sur qn/qc** große Hoffnungen auf jdn/etw setzen; **répondre à toutes les ~s** allen Erwartungen entsprechen; **contre toute ~** entgegen jeglicher Hoffnung; **dans l'~ de faire qc/que** + *subj* in der Hoffnung etw zu tun/, dass ③ (*durée*) **~ de vie** Lebenserwartung *f*
espérantiste [ɛspeʀɑ̃tist] **I.** *adj congrès* Esperanto- **II.** *mf* Esperantist(in) *m(f)*
espéranto [ɛspeʀɑ̃to] *m* Esperanto *nt*
espérer [ɛspeʀe] <5> **I.** *vt* ① (*souhaiter*) hoffen auf (+ *akk*); **je l'espère bien** das hoffe ich [doch] sehr; **nous espérons vous revoir bientôt** wir hoffen Sie bald wiederzusehen; **j'espère n'avoir rien oublié** ich hoffe, ich habe nichts vergessen ② (*compter sur*) rechnen mit (+ *dat*), erwarten; **ne plus ~ qn** mit jdm nicht mehr rechnen; **espères-tu qu'il te vienne en aide?** erwartest du [wirklich], dass er dir helfen kommt? **II.** *vi* hoffen; **espérons!** hoffen wir's! (*fam*), hoffentlich!; **~ en l'avenir** Hoffnung in die Zukunft setzen
espiègle [ɛspjɛgl] *adj enfant, sourire* schelmisch
espièglerie [ɛspjɛgləʀi] *f* Schalk *m*
espion(ne) [ɛspjɔ̃, jɔn] **I.** *m(f)* Spion(in) *m(f);* **arrête de jouer les ~s!** hör' auf herumzuspionieren! (*fam*) **II.** *app satellite-, avion-* Spionage-
espionnage [ɛspjɔnaʒ] *m* Spionage *f;* **les services d'~** der Spionagedienst; **~ industriel** Industriespionage; **d'~** *film, roman* Spionage-
espionner [ɛspjɔne] <1> *vt* ausspionieren; [heimlich] belauschen *conversation;* **~ qn** jdm nachspionieren
esplanade [ɛsplanad] *f* [großer, freier] [Vor]platz
espoir [ɛspwaʀ] *m* ① Hoffnung *f;* **sans ~** hoffnungslos; *amour* aussichtslos; **conserver l'~/ne pas perdre ~** die Hoffnung nicht aufgeben; **enlever tout ~ à qn** jdm jede Hoffnung nehmen; **avoir le ferme** [*o* **bon**] **~ d'y parvenir** zuversichtlich sein, dass man es schaffen wird; **fonder** [*o* **placer**] **de grands ~s sur** [*o* **en**] **qn/qc** große Hoffnungen auf jdn/etw setzen; **tu as encore l'~ qu'il réussisse?** glaubst du wirklich noch, dass er es schafft?; **je garde l'~ qu'il viendra** ich gebe die Hoffnung nicht auf, dass er kommt; **dans l'~ de faire qc** in der Hoffnung etw zu tun ② (*personne, chose*) Hoffnung *f;* **les ~s de la boxe française** der Nachwuchs des französischen Boxsports ▶**l'~ fait vivre** *prov* der Mensch lebt von der Hoffnung
esprit [ɛspʀi] *m* ① (*pensée*) Geist *m,* Verstand *m;* **avoir l'~ clair/vif** einen klaren/regen Verstand haben; **avoir l'~ étroit/large** engstirnig/großzügig sein; **avoir l'~ libre/pratique** ein unabhängig denkender/praktischer Mensch sein ② (*tête*) **avoir qn/qc à** [*o* **dans**] **l'~** jdn/etw im Sinn haben; **une idée me traverse l'~** eine Idee geht mir durch den Kopf; **une idée/un mot me vient à l'~** mir fällt [gerade] etw/ein Wort ein; **dans mon/son ~** meiner/seiner/ihrer Meinung nach; **avoir l'~ ailleurs** mit seinen Gedanken woanders sein; **faible** [*o* **simple**] **d'~** minderbemittelt ③ (*humour*) Geist *m,* Witz *m;* **plein d'~** äußerst geistreich; **faire de l'~** witzig sein wollen ④ (*personne*) **~ fort** [*o* **libre**] Freidenker(in) *m(f);* **faire** [*o* **jouer**] **l'~ fort** den starken Mann/die starke Frau markieren; **un grand ~** ein großer Geist; **petit ~** Kleingeist; **~ retors** durchtriebener Kerl ⑤ (*humeur*) **les ~s** die Gemüter *Pl* ⑥ (*caractère*) **avoir bon/mauvais ~** umgänglich/aufsässig sein ⑦ (*intention, prédisposition*) Sinn *m;* **il a l'~ à qc** ihm ist nach etw zumute; **dans cet ~** in diesem Sinne; **l'~ français** die französische Wesensart; **avoir l'~ de compétition/de contradiction/d'équipe** Kampf-/Widerspruchs-/Mannschaftsgeist haben; **avoir l'~ de famille** Familiensinn haben; **avoir l'~ d'observation** eine gute Beobachtungsgabe haben; **avoir l'~ d'organisation** ein Organisationstalent sein; **l'~ de sacrifice**

die Opferbereitschaft; **avoir l'~ d'entreprise** unternehmungslustig sein ▶**les grands ~s se rencontrent** *fam* zwei Seelen [und] ein Gedanke; **faire du mauvais ~** (*par des remarques*) abfällige Bemerkungen machen; (*par son comportement*) sich destruktiv verhalten; **avoir l'~ mal tourné** eine schmutzige Phantasie haben; **reprendre ses ~s** (*retrouver sa contenance*) sich wieder fassen; **rester jeune d'~** geistig jung bleiben

esquimau®1 [ɛskimo] <x> *m* GASTR *Eis am Stiel mit Schokoladenüberzug*

esquimau2 [ɛskimo] *m* Eskimoisch *nt; v. a.* **allemand**

esquimau, -aude [ɛskimo, -od] <x> *adj* Eskimo-; **le peuple ~** die Eskimos *Pl*

Esquimau, -aude [ɛskimo, -od] *m* Eskimo *m*/Eskimofrau *f*

esquinté(e) [ɛskɛ̃te] *adj fam* kaputt

esquinter [ɛskɛ̃te] <1> **I.** *vt fam* ① (*abîmer*) kaputtmachen *chose;* vermöbeln *personne;* ramponieren *voiture* ② (*épuiser*) ruinieren *santé* **II.** *vpr fam* **s'~** *chose:* kaputtgehen; *personne:* sich kaputtmachen; **s'~ les yeux** sich (*dat*) die Augen verderben; **s'~ à faire qc** sich damit abplagen etw zu tun

esquisse [ɛskis] *f* ① ART, IND Skizze *f,* Entwurf *m;* **dessiner une ~ de qc** etw skizzieren ② *d'un sourire* Andeutung *f; d'un regret* Spur *f* ③ (*présentation rapide*) Abriss *m,* Überblick *m*

esquisser [ɛskise] <1> **I.** *vt* ① ART skizzieren ② (*amorcer*) andeuten *sourire;* **ne pas ~ un geste pour aider qn** keine Anstalten machen jdm zu helfen ③ (*présenter rapidement*) skizzieren **II.** *vpr* **s'~** *silhouette, solution:* sich abzeichnen; **s'~ sur le visage de qn** *sourire:* über jds Gesicht (*akk*) huschen

esquive [ɛskiv] *f* Ausweichen *nt;* **avoir une bonne ~** *boxeur:* geschickt ausweichen

esquiver [ɛskive] <1> **I.** *vt* (*éviter*) [geschickt] ausweichen (+ *dat*) **II.** *vpr* **s'~** sich wegstehlen

essai [esɛ] *m* ① *gén pl* (*test*) Versuch *m; d'un appareil, médicament* Test *m;* **~s nucléaires** Atom[waffen]tests *Pl;* **faire l'~ de qc** etw ausprobieren; **à l'~** auf Probe; **mettre qn à l'~** jdn auf die Probe stellen ② (*tentative*) Versuch *m;* **ne pas en être à son premier ~** das nicht zum ersten Mal machen ③ SPORT Versuch *m;* (*en sport automobile*) Trainingsrunde *f* ④ LITTER Essay *m o nt* ▶**marquer/transformer un ~** SPORT einen Versuch erzielen/verwandeln

essaim [esɛ̃] *m* Schwarm *m*

essaimer [eseme] <1> *vi abeilles:* schwärmen

essayage [esɛjaʒ] *m* Anprobe *f*

essayer [eseje] <7> **I.** *vt* ① (*tester*) [an]probieren *chaussures, vêtement;* [aus]probieren, versuchen *nourriture, médicament, méthode;* ausprobieren *boucher, coiffeur;* **~ un médicament sur qn/une souris** an jdm/einer Maus ein Medikament testen ② (*tenter*) **~ qc** es mit etw versuchen **II.** *vi* versuchen; **ça ne coûte rien d'~** Probieren kostet nichts **III.** *vpr* **s'~ à une chose/activité/à faire qc** sich an einer Sache (*dat*)/in einer Tätigkeit (*dat*) versuchen/ sich darin versuchen etw zu tun

essayeur, -euse [esejœʀ, -jøz] *m, f de monnaie* Prüfer(in) *m(f)*

essayiste [esejist] *mf* Essayist(in) *m(f)*

essence [esɑ̃s] *f* ① (*carburant*) Benzin *nt;* **prendre de l'~** tanken; **tondeuse/tronçonneuse à ~** Motorrasenmäher *m*/Motorsäge *f* ② (*nature profonde*) Wesentliche(s) *nt;* **l'~ du livre** der Kern des Buches; **par ~** wesensgemäß

essentiel [esɑ̃sjɛl] *m* ① (*le plus important*) **l'~** das Wesentliche; **pour l'~** im Wesentlichen; **tu es en bonne santé? c'est l'~** du bist gesund? das ist die Hauptsache; **l'~ est que** + *subj* das Wichtigste ist, dass; **aller à l'~** zur Sache kommen ② (*la plus grande partie*) **l'~ de qc** das Gros einer S. (*gen*); **il passe l'~ du temps à se plaindre** er verbringt die meiste Zeit damit sich zu beklagen

essentiel(le) [esɑ̃sjɛl] *adj* ① (*capital*) wesentlich; *changement* grundlegend ② (*indispensable*) **être ~ à** [*o* **pour**] **qc/pour faire qc** unentbehrlich für etw sein/unentbehrlich sein um etw zu tun; *précaution, démarche:* unverzichtbar für etw sein/unverzichtbar sein um etw zu tun; **~ à la vie** lebensnotwendig ③ PHILOS essenziell

essentiellement [esɑ̃sjɛlmɑ̃] *adv* im Wesentlichen

esseulé(e) [esœle] *adj soutenu personne* einsam und verlassen, verloren

essieu [esjø] <x> *m* AUT, TECH [Rad]achse *f*

essor [esɔʀ] *m* Aufschwung *m; d'un art, d'une civilisation* Aufblühen *nt*

essorage [esɔʀaʒ] *m* Schleudern *nt*

essorer [esɔʀe] <1> *vt, vi* schleudern

essoreuse [esɔʀøz] *f* (*à linge*) [Wäsche]schleuder *f*

E

essoufflement [esufləmɑ̃] *m* ❶ Atemlosigkeit *f* ❷ *fig* (*dégradation*) *de la bourse, des affaires* Abflauen *nt*
essouffler [esufle] <1> **I.** *vt* außer Atem bringen; **être complètement essoufflé** völlig außer Atem sein **II.** *vpr* **s'~ à faire qc** außer Atem kommen, wenn man etw tut; *fig* bei etw nicht mehr mithalten können
E
essuie-glace [esɥiglas] <essuie-glaces> *m* Scheibenwischer *m* **essuie-main[s]** [esɥimɛ̃] <essuie-mains> *m* Handtuch *nt* **essuie-pied[s]** [esɥipje] <essuie-pieds> *m* Fußabtreter *m* **essuie-tout** [esɥitu] *m inv* Küchentuch *nt*
essuyer [esɥije] <6> **I.** *vt* ❶ (*sécher*) abtrocknen; trocknen (*geh*) *larmes* ❷ (*éponger*) wegwischen; aufwischen *de l'eau par terre* ❸ (*nettoyer*) abstauben, abwischen *meubles;* abputzen *chaussures* ❹ (*subir*) erleiden *échec, perte;* hinnehmen müssen *reproches, coups;* bekommen *refus* **II.** *vpr* ❶ (*se sécher*) **s'~** sich abtrocknen ❷ (*se nettoyer*) **s'~ les pieds** sich (*dat*) die Füße abputzen
est¹ [ɛ] *indic prés de* **être**
est² [ɛst] *inv***I.** *m* (*point cardinal*) Osten *m;* **l'~** der Osten; **les régions de l'~** die Gebiete im Osten; **l'Europe de l'~** Osteuropa *nt;* **à l'~** (*vers le point cardinal*) nach Osten; (*dans/vers la région*) im/in den Osten; **à l'~ de qc** östlich von etw; **dans l'~ de** im Osten von; **vers l'~** nach Osten; **d'~ en ouest** von Ost[en] nach West[en] **II.** *adj* Ost-; *longitude, partie* östlich
Est [ɛst] *inv m* (*région, pays*) Osten *m;* **l'~** der Osten; **l'autoroute de ~** die Autobahn nach Osten; **les gens de ~** die Leute aus dem Osten; **les pays de ~** die osteuropäischen Staaten; **le bloc de ~** der Ostblock; **le conflit entre ~ et l'Ouest** der Ost-West-Konflikt
estafette [ɛstafɛt] *f* Melder *m*
estafilade [ɛstafilad] *f* Schnittwunde *f*
est-allemand(e) [ɛstalmɑ̃, ɑ̃d] <est-allemands> *adj* ostdeutsch
estaminet [ɛstamine] *m* BELG, NORD (*bistrot*) Kneipe *f*
estampe [ɛstɑ̃p] *f* ART Grafik *f;* (*sur métal*) Stich *m*
estamper [ɛstɑ̃pe] <1> *vt* TECH prägen *cuir, métal*
estampille [ɛstɑ̃pij] *f* Stempel *m*
est-ce que [ɛskə] *adv ne se traduit pas* **où ~ tu vas?** wohin gehst du?
esthète [ɛstɛt] *mf* Ästhet(in) *m(f)*
esthéticien(ne) [ɛstetisjɛ̃, jɛn] *m(f)* Kosmetiker(in) *m(f)*
esthétique [ɛstetik] **I.** *adj* ästhetisch, schön **II.** *f* Ästhetik *f*
esthétiquement [ɛstetikmɑ̃] *adv* ästhetisch; **~ parlant** ästhetisch gesehen
esthétisme [ɛstetism] *m* ART Ästhetizismus *m*
estimable [ɛstimabl] *adj* ❶ *personne* respektabel; *travail* lobenswert ❷ *résultats* anständig ❸ (*évaluable*) schätzbar
estimatif, -ive [ɛstimatif, -iv] *adj bilan, coûts* geschätzt; **devis ~** Kostenvoranschlag *m*
estimation [ɛstimasjɔ̃] *f des dégâts* Schätzung *f; d'une somme* Veranschlagung *f;* **une première ~ des résultats** eine erste Hochrechnung der Ergebnisse; **faire une ~ de qc** etw schätzen; **faire une ~ rapide de qc** etw kurz überschlagen
estime [ɛstim] *f* [Hoch]achtung *f;* **digne d'~** achtenswert; **l'~ de soi-même** die Selbstachtung; **avoir l'~ de qn** von jdm geschätzt werden; **avoir de l'~ pour qn** jdn schätzen
estimer [ɛstime] <1> **I.** *vt* ❶ (*évaluer*) schätzen *dégâts;* veranschlagen, schätzen *coûts, somme;* beurteilen *résultat;* **être estimé à cent francs/vingt morts** auf hundert Franc/zwanzig Tote geschätzt werden ❷ (*considérer*) **~ qc inutile** etw für unnötig halten; **~ avoir le droit de donner son avis** glauben das Recht zu haben seine Meinung zu sagen; **ne pas ~ que** + *subj* nicht glauben, dass ❸ (*respecter*) **~ qn pour ses qualités humaines** jdn wegen seiner menschlichen Qualitäten achten; **être estimé de tous** von allen hoch geschätzt werden; **savoir ~ un service à sa juste valeur** einen Gefallen gebührend zu schätzen wissen **II.** *vpr* **s'~ trahi** sich verraten glauben; **s'~ heureux d'avoir été sélectionné** sich glücklich schätzen ausgewählt worden zu sein
estivage [ɛstivaʒ] *m* AGR *d'un troupeau* Sömmern *nt* (DIAL)
estival(e) [ɛstival, -o] <-aux> *adj mode, période* Sommer-
estivant(e) [ɛstivɑ̃, ɑ̃t] *m(f)* Sommerurlauber(in) *m(f)*
estocade [ɛstɔkad] *f* Todesstoß *m*
estomac [ɛstɔma] *m* Magen *m;* **avoir mal à l'~** Magenschmerzen haben ►**il a l'~ dans les talons** ihm hängt der Magen in den Kniekehlen (*fam*); **caler l'~ à qn** jdn satt machen; **creuser l'~ à qn** jdn hungrig machen; **avoir l'~ noué** ein flaues Gefühl

im Magen haben; **peser** [*o* **rester** *fam*] **sur l'~ à qn** jdm schwer im Magen liegen

estomaqué(e) [ɛstɔmake] *adj fam* platt, baff

estomaquer [ɛstɔmake] <1> *vt fam* verblüffen

estompe [ɛstɔ̃p] *f* Wischer *m*

estompé(e) [ɛstɔ̃pe] *adj contours, image* verschwommen, unscharf

estomper [ɛstɔ̃pe] <1> *vt* verschwommen erscheinen lassen, verwischen *contours, dessin*

Estonie [ɛstɔni] *f* **l'~** Estland *nt*

estonien [ɛstɔnjɛ̃] *m* Estnisch *nt; v. a.* **allemand**

estonien(ne) [ɛstɔnjɛ̃, jɛn] *adj* estnisch

Estonien(ne) [ɛstɔnjɛ̃, jɛn] *m(f)* Estländer(in) *m(f)*, Este *m*/Estin *f*

estrade [ɛstʀad] *f* Podium *nt;* (*à l'université*) Katheder *nt; d'un orchestre* Bühne *f*

estragon [ɛstʀagɔ̃] *m* Estragon *m*

estropié(e) [ɛstʀɔpje] *adj* verkrüppelt

estropier [ɛstʀɔpje] <1a> *vt* zum Krüppel machen

estuaire [ɛstɥɛʀ] *m* Mündung *f*

estudiantin(e) [ɛstydjɑ̃tɛ̃, in] *adj* studentisch

esturgeon [ɛstyʀʒɔ̃] *m* Stör *m*

et [e] *conj* ❶ (*relie des termes, des propositions*) und ❷ (*plus*) und ❸ (*dans des indications d'heures*) nach; **à quatre heures ~ demie** um halb fünf ❹ (*aussi bien ... que*) **~ son mari ~ son amant ...** sowohl ihr Mann als auch ihr Freund ... ❺ (*et qui plus est*) und zwar ❻ (*en début de phrase*) und; **~ le public d'applaudir** *soutenu* daraufhin applaudierte das Publikum ▶ **~ alors!** na und!

étable [etabl] *f* Stall *m*

établi(e) [etabli] *adj* ❶ *ordre* allgemein gültig; **c'est un usage bien ~** dies ist allgemein üblich ❷ *vérité, fait* allgemein bekannt ❸ CH (*installé*) niedergelassen (CH)

établir [etabliʀ] <8> **I.** *vt* ❶ aufbauen *usine;* einrichten *centre de vacances;* aufschlagen *quartier général* ❷ (*dans un emploi, un état*) **~ qn à un poste** jdm eine Stelle verschaffen; **tous mes enfants sont établis** meine Kinder sind alle versorgt ❸ (*fixer*) zusammenstellen *liste;* ausarbeiten *emploi du temps;* festsetzen *prix* ❹ (*rédiger*) ausstellen *facture, chèque;* aufnehmen *constat* ❺ (*faire*) anstellen *comparaison;* herstellen *rapport* ❻ (*déterminer*) ermitteln *circonstances;* feststellen *identité* ❼ SPORT aufstellen *record* **II.** *vpr* **s'~** ❶ (*s'installer*) sich niederlassen; *colonisateur:* sich ansiedeln ❷ (*professionnellement*) sich niederlassen; **s'~ à son compte** sich selb(st)ständig machen ❸ (*s'instaurer*) *usage:* sich einbürgern; *relations:* sich entwickeln; *régime:* sich etablie-

estime

exprimer son estime	*Wertschätzung ausdrücken*
J'apprécie (beaucoup) votre engagement.	*Ich schätze Ihren Einsatz (sehr)/Ich weiß Ihren Einsatz (sehr) zu schätzen.*
Je trouve ça super/très bien comme il/elle s'occupe des enfants. (*fam*)	*Ich finde es super/sehr gut, wie er/sie sich um die Kinder kümmert. (fam)*
Je trouve les cours magistraux de ce professeur très bien.	*Ich finde die Vorlesungen dieses Professors sehr gut.*
Je ne sais pas ce que nous ferions sans votre aide.	*Ich wüsste nicht, was wir ohne Ihre Hilfe tun sollten.*
Je ne voudrais pas être privé(e) de vos bons conseils.	*Ich möchte Ihren guten Rat nicht missen.*
louer, juger positivement	*loben, positiv bewerten*
Excellent !/Remarquable !	*Ausgezeichnet!/Hervorragend!*
Il y a de quoi être fier !	*Das lässt sich (aber) sehen! (fam)*
Je n'aurais pas pu faire mieux.	*Das hätte ich nicht besser machen können.*
Tu as fait du bon travail.	*Das hast du gut gemacht.*
Tu t'es très bien débrouillé(e). (*fam*)	*Das hast du prima hingekriegt. (fam)*
C'est un exemple à suivre.	*Daran kann man sich ein Beispiel nehmen.*

ren; **le silence s'établit/s'établit de nouveau** es wird still/es kehrt wieder Ruhe ein ④ (*se rendre indépendant*) sich etablieren; **tous mes enfants se sont établis** alle meine Kinder sind etwas geworden

établissement [etablismɑ̃] *m* (*institution*) Einrichtung *f,* Anstalt *f;* (*hôtel*) Haus *nt; d'une banque, société* Niederlassung *f;* **aux ~s Dupond** bei [der Firma] Dupond; **~ scolaire, ~ d'enseignement** Lehranstalt *f;* **~ d'enseignement secondaire** Schule *f* der Mittel- und Oberstufe

étage [etaʒ] *m d'une maison* Stock[werk *nt*] *m,* Etage *f;* **immeuble à** [*o* **de**] **trois/quatre ~s** drei-/vierstöckiges Haus; **à l'~** oben

étager [etaʒe] <2a> *vt* auftürmen *objets*

étagère [etaʒɛʀ] *f* ① (*tablette*) [Regal]brett *nt* ② (*meuble*) Regal *nt*

étain [etɛ̃] *m* Zinn *nt*

étais [etɛ] *imparf de* **être**

étal [etal] <s> *m* Marktstand *m*

étalage [etalaʒ] *m* COM Ausstellen *nt,* Auslegen *nt*

étalagiste [etalaʒist] *mf* [Schaufenster]dekorateur(in) *m(f)*

étalement [etalmɑ̃] *m de papiers* Ausbreiten *nt*

étaler [etale] <1> **I.** *vt* ① (*éparpiller*) ausbreiten ② (*déployer*) auseinanderfalten *carte, journal;* ausrollen *tapis* ③ (*exposer pour la vente*) auslegen ④ (*étendre*) auftragen *peinture;* verteilen *gravier* ⑤ (*dans le temps*) verteilen; **être étalé dans le temps** *réforme:* sich über einen bestimmten Zeitraum erstrecken ⑥ (*exhiber*) prahlen mit *connaissances;* zur Schau stellen *luxe* ⑦ *fam* (*échouer*) **se faire ~ à un examen** bei einer Prüfung durchfallen **II.** *vpr* ① (*s'étendre*) **bien/mal s'~** *beurre:* sich gut/schlecht streichen lassen; *peinture:* sich gut/schlecht verarbeiten lassen ② (*dans l'espace*) **s'~** *plaine, ville:* sich ausbreiten/-dehnen ③ (*s'afficher*) **s'~** *inscription, nom:* prangen ④ (*s'exhiber*) **s'~** *luxe:* zur Schau gestellt werden ⑤ (*se vautrer*) **s'~** es sich (*dat*) bequem machen ⑥ *fam* (*tomber*) **s'~** auf die Nase fallen ⑦ (*dans le temps*) **s'~ dans le temps** sich über einen bestimmten Zeitraum erstrecken

étalon [etalɔ̃] *m* (*cheval*) Zuchthengst *m*

étalonnage [etalɔnaʒ] *m,* **étalonnement** [etalɔnmɑ̃] *m* Eichen *nt,* Eichung *f*

étalonner [etalɔne] <1> *vt* eichen

étalon-or [etalɔ̃ɔʀ] *m sans pl* Goldwährung *m*

étamer [etame] <1> *vt* verzinnen *métal;* belegen *glace*

étamine [etamin] *f* BOT Staubblatt *nt*

étanche [etɑ̃ʃ] *adj* wasserdicht

étanchéité [etɑ̃ʃeite] *f* **vérifier l'~ de qc** überprüfen, ob etw wasserdicht ist

étancher [etɑ̃ʃe] <1> *vt* stillen *sang*

étang [etɑ̃] *m* Teich *m*

étant [etɑ̃] *part prés de* **être**

étape [etap] *f* ① (*trajet*) Etappe *f* ② (*lieu d'arrêt*) Etappenziel *nt* ③ (*lieu de repos*) Rastplatz *m;* **faire ~** Pause machen; *voyageurs:* Halt machen ④ (*période dans la vie*) Abschnitt *m* ⑤ (*période dans une évolution*) Phase *f;* (*dans la résolution d'un problème*) Schritt *m;* **~ de la vie** Lebensabschnitt *m;* **d'~ en ~** Schritt für Schritt; **faire qc par ~s** etw schrittweise machen; **il ne faut pas brûler les ~s!** man soll nichts überstürzen!

état [eta] *m* ① (*manière d'être*) Zustand *m; des recherches* Stand *m;* **~ d'urgence** Notstand; **~ de choses** Sachlage *f;* **dans l'~ actuel des choses** beim gegenwärtigen Stand der Dinge; **~ mental/physique** geistige/körperliche Verfassung; **~ de santé** Gesundheitszustand; **~ d'esprit** Einstellung *f;* **être en ~** *stylo:* in Ordnung sein; *machine, appareil:* betriebsbereit sein; *machine à écrire:* funktionstüchtig sein; *appartement, maison:* bezugsfertig sein; **être en ~ de marche** *voiture, bicyclette:* fahren; *appareil, machine:* funktionieren; **être en ~ de faire qc** in der Lage sein etw zu tun ② *des recettes, dépenses* Verzeichnis *nt,* Aufstellung *f* ▶ **en tout ~ de cause** (*dans tous les cas*) unter allen Umständen; (*quoi qu'il en soit*) auf alle Fälle; **~ civil** Personenstand *m;* (*service*) Standesamt *nt,* ≈ Einwohnermeldeamt *nt;* **vérifier l'~ civil de qn** jds Personalien überprüfen; **ne pas être dans son ~ normal** nicht man selbst sein; **être dans un ~ second** nicht ganz bei sich sein (*fam*); **avoir des ~s d'âme** Gefühle haben; (*être amoureux*) Liebeskummer haben; **être dans tous ses ~s** in heller Aufregung sein; **être en ~ de choc** MED unter Schock stehen; (*être sous le coup de l'émotion*) schockiert sein

État [eta] *m* POL Staat *m;* **~ de droit** Rechtsstaat; **~s membres de l'UE** EU-Mitgliedstaaten *Pl*

étatique [etatik] *adj dirigisme* Staats-

étatisation [etatizasjɔ̃] *f* Verstaatlichung *f*

étatiser [etatize] <1> *vt* verstaatlichen

état-major [etamaʒɔʀ] <états-majors> *m* MIL Generalstab *m* **État-provi-**

dence [etapʀɔvidɑ̃s] *m sans pl* Wohlfahrtsstaat *m*
états-unien(ne) [etazynjɛ̃, jɛn] *adj* US-amerikanisch **États-Unien(ne)** [etazynjɛ̃, jɛn] *m(f)* US-Amerikaner(in) *m(f)* **États-Unis** [etazyni] *mpl* **les ~ d'Amérique** die Vereinigten Staaten von Amerika
étau [eto] <x> *m* Schraubstock *m*
étayer [eteje] <7> *vt* [ab]stützen
etc. [ɛtseteʀa] *abr de* **et cætera, et cetera** etc.
et cætera, et cetera [ɛtseteʀa] et cetera, und so weiter
été[1] [ete] *m* Sommer *m; v. a.* **automne**
été[2] [ete] *part passé de* **être**
éteindre [etɛ̃dʀ] <*irr*> **I.** *vt* ① ausmachen; abstellen *radio;* abdrehen *chauffage;* abschalten *four;* ausblasen *bougie;* löschen *feu;* ausdrücken *cigarette* ② (*éteindre la lumière de*) ~ **la pièce/l'escalier** im Zimmer/auf der Treppe das Licht ausmachen **II.** *vi* das Licht ausmachen **III.** *vpr* **s'~** (*cesser de brûler*) ausgehen
éteint(e) [etɛ̃, ɛ̃t] **I.** *part passé de* **éteindre** **II.** *adj bougie, cigarette, volcan* erloschen
étendard [etɑ̃daʀ] *m* Standarte *f*
étendre [etɑ̃dʀ] <14> **I.** *vt* ① (*coucher*) hinlegen ② (*poser à plat*) ausrollen *tapis;* ~ **une couverture sur qn** eine Decke über jdm ausbreiten ③ (*faire sécher*) aufhängen ④ (*déployer*) ausstrecken *bras, jambes;* ausbreiten *ailes* ⑤ *fam* (*faire tomber*) zu Boden strecken ⑥ *fam* (*coller à un examen*) durchrasseln lassen; **se faire ~** durchrasseln **II.** *vpr* ① (*se reposer*) **s'~** sich hinlegen ② (*s'allonger*) **s'~** sich ausstrecken ③ (*s'appesantir*) **s'~ sur qc** sich über etw (*akk*) auslassen ④ (*occuper*) **s'~** sich erstrecken ⑤ (*augmenter*) **s'~** *épidémie, incendie:* um sich greifen; *tache:* sich vergrößern; *ville, pouvoir:* wachsen; *connaissances, cercle:* sich erweitern ⑥ (*s'appliquer*) **s'~ à qn/qc** für jdn/etw gelten
étendu(e) [etɑ̃dy] **I.** *part passé de* **étendre** **II.** *adj* ① *personne, jambes* ausgestreckt; *ailes* ausgebreitet ② (*vaste*) ausgedehnt; *plaine, vue* weit; *ville* groß ③ (*considérable*) umfangreich; *pouvoir* weit reichend; *signification* umfassend; *vocabulaire* reich
étendue [etɑ̃dy] *f* ① *d'un pays* Ausdehnung *f* ② (*espace*) Weite *f,* Fläche *f;* **de vastes ~s de forêts** große Waldgebiete ③ *d'une catastrophe* Ausmaß *nt;* **l'~ des connaissances de qn** jds umfassende Kenntnisse
éternel(le) [etɛʀnɛl] *adj* ① (*qui dure longtemps*) ewig; *regrets* tief; *recommencement* ständig ② *antéposé* (*inévitable*) unvermeidlich ③ *antéposé péj* (*sempiternel*) ewig
éternellement [etɛʀnɛlmɑ̃] *adv* ewig; (*depuis toujours*) schon immer; (*sans arrêt*) immer
éterniser [etɛʀnize] <1> **I.** *vt* (*faire traîner*) in die Länge ziehen **II.** *vpr* **s'~** ① (*traîner*) sich hinziehen ② *fam* (*s'attarder*) ewig bleiben; **s'~ sur un sujet** sich endlos über ein Thema auslassen
éternité [etɛʀnite] *f* Ewigkeit *f*
éternuement [etɛʀnymɑ̃] *m gén pl* Niesen *nt kein Pl*
éternuer [etɛʀnɥe] <1> *vi* niesen
êtes [ɛt] *indic prés de* **être**
étêter [etete] <1> *vt* kappen *arbre*
éthane [etan] *m* CHIM Äthan *nt*
éther [etɛʀ] *m* Äther *m*
éthicien(ne) [etisjɛ̃, jɛn] *m(f)* Ethiker(in) *m(f)*
Éthiopie [etjɔpi] *f* **l'~** Äthiopien *nt*
éthiopien [etjɔpjɛ̃] *m* Äthiopisch *nt; v. a.* **allemand**
éthiopien(ne) [etjɔpjɛ̃, jɛn] *adj* äthiopisch
Éthiopien(ne) [etjɔpjɛ̃, jɛn] *m(f)* Äthiopier(in) *m(f)*
éthique [etik] *adj* ethisch
ethnie [ɛtni] *f* Volksstamm *m*
ethnique [ɛtnik] *adj* ethnisch
ethnographe [ɛtnɔgʀaf] *mf* Ethnograph(in) *m(f)*
ethnographie [ɛtnɔgʀafi] *f* Ethnographie *f*
ethnologie [ɛtnɔlɔʒi] *f* Ethnologie *f*
ethnologue [ɛtnɔlɔg] *mf* Ethnologe *m/* Ethnologin *f*
éthologie [etɔlɔʒi] *f* Verhaltensforschung *f*
éthylène [etilɛn] *m* CHIM Äthylen *nt*
éthylique [etilik] *adj* Alkohol-
éthylisme [etilism] *m* Alkoholismus *m*
éthylomètre [etilɔmɛtʀ] *m,* **éthylotest** [etilɔtɛst] *m* Alkoholtestgerät *nt,* Alkoholtester *m*
étincelant(e) [etɛ̃s(ə)lɑ̃, ɑ̃t] *adj* ① (*scintillant*) glitzernd ② *couleurs* leuchtend ③ *regard* strahlend; *yeux* (*de joie*) leuchtend; (*de haine*) funkelnd
étinceler [etɛ̃s(ə)le] <3> *vi* ① (*à la lumière*) *or, diamant:* funkeln; *couteau, lame:* blitzen; *étoile:* blinken ② (*de propreté*) *vitre:* blitzen ③ (*lancer comme des étincelles*) *yeux:* (*de joie*) strahlen; (*de haine*) blitzen
étincelle [etɛ̃sɛl] *f* ① (*parcelle incandescente*) Funke[n] *m* ② (*lueur*) **des ~s s'al-**

E

lument dans les yeux de qn jds Augen beginnen zu leuchten ③ (*un petit peu de*) **une ~ de génie** ein Funken Genie; **une ~ d'intelligence** eine Spur Intelligenz ▶**cela fait des ~s** *fam* es funkt; **faire/ne pas faire des ~s** *fam* (*obtenir de brillants résultats*) glänzen/nicht gerade glänzen

étincellement [etɛ̃sɛlmɑ̃] *m* Funkeln *nt*

étiolement [etjɔlmɑ̃] *m d'une plante* Verkümmern *nt* [durch Lichtmangel]; *d'une personne* Saft- und Kraftlosigkeit *f*

étioler [etjɔle] <1> *vt* verkümmern lassen *plantes*

étions [etjɔ̃] *imparf de* **être**

étique [etik] *adj* abgemagert

étiquetage [etiktaʒ] *m* Etikettierung *f*, Beschriftung *f*; **~ des produits alimentaires** Lebensmittelauszeichnung *f*

étiqueter [etikte] <3> *vt* ① (*mettre une étiquette*) etikettieren ② (*classer*) **~ qn comme qc** jdn als etw abstempeln

étiquette [etikɛt] *f* ① (*marque*) Etikett *nt*; (*sur un paquet*) Aufschrift *f* ② (*adhésif*) Aufkleber *m*; *de prix* Preisschild *nt* ③ (*protocole*) **l'~** die Etikette ④ (*label*) Label *nt*

étirage [etiʀaʒ] *m d'un fil de fer* Ziehen *nt*; *de tôles* Strecken *nt*

étirer [etiʀe] <1> *vpr* **s'~** ① (*s'allonger*) sich strecken ② (*se distendre*) *textile:* sich dehnen

étoffe [etɔf] *f* Stoff *m*

étoffé(e) [etɔfe] *adj* LITTER *style* reich, üppig

étoffer [etɔfe] <1> *vt* LITTER ausbauen, ausschmücken *récit*

étoile [etwal] *f* ① Stern *m*; **~ filante** Sternschnuppe *f*; **~ du berger** Abendstern ② (*objet, figure*) Stern *m*; **en ~** sternförmig ③ *d'un hôtel, général* Stern *m*; **restaurant cinq ~s** Fünf-Sterne-Restaurant ▶**coucher** [*o* **dormir**] **à la belle ~** unter freiem Himmel schlafen; **avoir foi** [*o* **être confiant(e)**] **en son ~** an seinen Stern glauben

étoilé(e) [etwale] *adj nuit* stern[en]klar

étoiler [etwale] <1> **I.** *vt* (*parsemer d'étoiles*) mit Sternen übersähen *ciel* **II.** *vpr* **s'~** *ciel:* sich mit Sternen bedecken

étole [etɔl] *f* Stola *f*

étonnamment [etɔnamɑ̃] *adv* ① (*de manière inattendue*) erstaunlicherweise ② *antéposé bien, petit* erstaunlich

étonnant [etɔnɑ̃] *m* **l'~ est que** + *subj* das Erstaunliche daran ist, dass

étonnant(e) [etɔnɑ̃, ɑ̃t] *adj* ① (*surprenant*) erstaunlich; **c'est ~, ...** das ist aber merkwürdig, ...; **ce n'est pas ~** das ist kein Wunder ② (*remarquable*) erstaunlich gut; *personne, maturité* erstaunlich

étonné(e) [etɔne] *adj* erstaunt; **être ~** sich wundern

étonnement [etɔnmɑ̃] *m* Verwunderung *f*, Erstaunen *nt*

étonner [etɔne] <1> **I.** *vt* erstaunen **II.** *vpr* **s'~ de qc** sich über etw (*akk*) wundern, über etw (*akk*) erstaunt sein; **s'~** [**de ce**] **que** + *subj* sich darüber wundern, dass

étouffant(e) [etufɑ̃, ɑ̃t] *adj* ① *chaleur* drückend; *air* stickig ② (*pesant*) bedrückend

étouffé(e) [etufe] *adj personne* erstickt; *bruit, son* gedämpft; *rires* unterdrückt

étouffe-chrétien [etufkʀetjɛ̃] <étouffe-chrétiens> *m fam* Pampe *f* (*pappiges, stopfendes Essen*)

étouffée [etufe] *f* **cuire à l'~** dünsten

étouffement [etufmɑ̃] *m sans pl* Ersticken *nt*

étouffer [etufe] <1> **I.** *vt* ① (*priver d'air*) ersticken; **cette chaleur m'étouffe** diese Hitze bringt mich um (*fam*); **la fureur étouffe qn** die Wut schnürt jdm die Kehle zu ② (*arrêter*) löschen *feu* ③ (*atténuer*) dämpfen *bruit* ④ (*dissimuler*) unterdrücken *bâillement;* ersticken *sanglot;* vertuschen *scandale* ⑤ (*faire taire*) aus der Welt schaffen *rumeur;* zum Schweigen bringen *opposition* ⑥ (*réprimer*) niederschlagen *révolte;* **~ un complot dans l'œuf** einen Komplott im Keim ersticken ▶**ce n'est pas la politesse qui l'étouffe** *fam* er/sie zeichnet sich nicht gerade durch Höflichkeit aus **II.** *vi* ① (*mourir*) ersticken ② (*suffoquer*) keine Luft mehr bekommen; **on étouffe ici!** hier erstickt man ja! **III.** *vpr* **s'~** ersticken

étourderie [etuʀdəʀi] *f* ① *sans pl* (*caractère*) Unbesonnenheit *f* ② (*acte*) Leichtsinn *m*

étourdi(e) [etuʀdi] **I.** *adj* leichtsinnig **II.** *m(f)* leichtsinniger Mensch

étourdiment [etuʀdimɑ̃] *adv* gedankenlos

étourdir [etuʀdiʀ] <8> **I.** *vt* ① (*assommer*) betäuben; **ce choc à la tête l'a étourdi** er war von dem Schlag auf den Kopf ganz benommen ② (*abrutir*) **~ qn** *bruit:* jdn halb taub machen; *mouvement:* jdn ganz schwind[e]lig machen; *paroles:* jdn ganz benommen machen ③ (*enivrer*) **~ qn** *parfum:* jdn regelrecht betäuben; **le vin l'étourdit** der Wein steigt ihr/ihm zu Kopf **II.** *vpr* **s'~** sich betäuben

étourdissant(e) [etuʀdisɑ̃, ɑ̃t] *adj bruit* [ohren]betäubend; *succès* überwältigend;

personne umwerfend; *rythme* atemberaubend

étourdissement [etuʀdismɑ̃] *m* Schwindelgefühl *nt,* Schwindelanfall *m;* **une odeur lui cause des ~s** ihr/ihm wird von einem Geruch schwind[e]lig

étourneau [etuʀno] <x> *m* ORN Star *m*

étrange [etʀɑ̃ʒ] *adj* seltsam, komisch

étrangement [etʀɑ̃ʒmɑ̃] *adv* ① seltsam ② (*beaucoup, très*) sehr

étranger [etʀɑ̃ʒe] *m* (*pays*) **l'~** das Ausland; **séjour à l'~** Auslandsaufenthalt *m*

étranger, -ère [etʀɑ̃ʒe, -ɛʀ] **I.** *adj* ① (*d'un autre pays*) ausländisch; *politique* Außen-; *affaires* auswärtig; *travailleur* Gast-; *langue, corps* Fremd- ② (*d'un autre groupe*) fremd; **être ~ à la famille** nicht zur Familie gehören ③ (*non familier*) fremd; *usage, notion* unbekannt ④ (*extérieur*) **être ~ au sujet** nicht zum Thema gehören; **être ~ à une affaire/un complot** in eine Affäre/ein Komplott nicht verwickelt sein **II.** *m, f* ① (*d'un autre pays*) Ausländer(in) *m(f)* ② (*d'une autre région*) Fremde(r) *f(m)*

étrangeté [etʀɑ̃ʒte] *f sans pl* (*originalité*) Seltsamkeit *f,* Eigenartigkeit *f*

étranglé(e) [etʀɑ̃gle] *adj voix* erstickt

étranglement [etʀɑ̃gləmɑ̃] *m* Erwürgen *nt,* Erdrosseln *nt*

étrangler [etʀɑ̃gle] <1> **I.** *vt* ① (*tuer*) erwürgen; **~ un animal** einem Tier den Hals umdrehen ② (*serrer le cou*) **~ qn** *cravate:* jdm den Hals zuschnüren ③ (*empêcher qn de parler*) **~ qn** *émotion, fureur:* jdm die Kehle zuschnüren **II.** *vpr* **s'~ avec qc** ① (*mourir*) sich mit etw strangulieren ② (*en mangeant*) sich an etw (*dat*) verschlucken

étrangleur, -euse [etʀɑ̃glœʀ, -øz] *m, f* Würger(in) *m(f)*

étrave [etʀav] *f* NAUT Steven *m*

être [ɛtʀ] <*irr*> **I.** *vi* ① (*pour qualifier*) sein ② (*pour indiquer la date, la période*) **quel jour sommes-nous?** was ist heute für ein Tag?; **on est le 2 mai/mercredi** es ist der 2. Mai/Mittwoch ③ (*pour indiquer le lieu*) sein; **le stylo est là, sur le bureau** der Kuli liegt da, auf dem Schreibtisch; **le vase est là, sur la table** die Vase steht da, auf dem Tisch; **les clés sont là, dans la serrure** die Schlüssel stecken da, im Schloss; **les clés sont là, au crochet** die Schlüssel hängen da, am Haken ④ (*appartenir*) **~ à qn** jdm gehören ⑤ (*travailler*) **~ dans l'enseignement/le textile** im Bildungswesen/in der Textilindustrie beschäftigt sein ⑥ (*pour indiquer l'activité en cours*) **~ toujours à faire qc** ständig dabei sein etw zu tun ⑦ (*pour exprimer une étape d'une évolution*) **où en es-tu de tes maths?** wie weit bist du mit deinen Matheaufgaben?; **en ~ à faire qc** gerade dabei sein etw zu tun; (*en arriver à*) so weit gekommen sein, dass man etw tut; **j'en suis à me demander si ...** ich frage mich inzwischen, ob ... ⑧ (*être absorbé par, attentif à*) **~ tout à son travail** sich ganz seiner Arbeit widmen; **ne pas ~ à ce qu'on fait** nicht [ganz] bei der Sache sein ⑨ (*pour exprimer l'obligation*) **~ à faire** erledigt werden müssen; **ce livre est à lire absolument** dieses Buch muss man unbedingt gelesen haben ⑩ (*provenir*) **~ de qn** *enfant, œuvre:* von jdm sein; **~ d'une région/famille** aus einer Region/einer Familie kommen ⑪ (*être vêtu/chaussé de*) **~ en costume/pantoufles** einen Anzug/Pantoffeln tragen; **~ tout en rouge** ganz in Rot [gekleidet] sein ⑫ *au passé* (*aller*) **avoir été faire/acheter qc** etw gemacht/gekauft haben ⑬ (*exister*) sein; **la voiture la plus économique qui soit** das sparsamste Auto, das es gibt ▶**je suis à toi/vous tout de suite** ich stehe dir/Ihnen sofort zur Verfügung; **~ à la cocaïne** Kokainsüchtig sein; **~ au techno** ein Technofreak sein; **n'y ~ pour rien** nichts damit zu tun haben; **ça y est** (*c'est fini*) so; (*je comprends*) ach so; (*je te l'avais dit*) siehst du; (*pour calmer qn*) [ist] schon gut; **ça y est, voilà qu'il pleut!** jetzt haben wir die Bescherung, es regnet!; **ça y est?** (*alors*) was ist?; **n'est-ce pas?** nicht wahr? **II.** *vi impers* ① **il est impossible/étonnant ...** es ist unmöglich/erstaunlich, ... ② (*pour indiquer l'heure*) **il est dix heures/midi/minuit** es ist zehn [Uhr]/zwölf Uhr mittags/Mitternacht **III.** *aux* ① (*comme auxiliaire du passé actif*) **~ venu** gekommen sein; **s'~ rencontrés** sich getroffen haben ② (*comme auxiliaire du passif*) **le sol est lavé chaque jour** der Boden wird jeden Tag geputzt **IV.** *m* ① (*opp: chose*) **~ vivant** Lebewesen *nt* ② (*opp: animal*) **~ humain** Mensch *m* ③ (*Dieu*) **l'Être suprême** das höchste Wesen

étreindre [etʀɛ̃dʀ] <*irr*> *vt* ① umarmen *ami;* umklammern, packen *adversaire* ② *angoisse:* packen

étreinte [etʀɛ̃t] *f d'un ami* Umarmung *f; d'un adversaire* Umklammerung *f*

étrenner [etʀene] <1> *vt* einweihen

étrennes [etʀɛn] *fpl* Neujahrsgeschenk *nt*

étrier [etʀije] *m* Steigbügel *m*

étriller [etʀije] <1> *vt* striegeln *cheval*

étriper [etʀipe] <1> *vt* ① ausnehmen ② *fam* verdreschen *personne*

étriqué(e) [etʀike] *adj vêtement* zu eng

étroit(e) [etʀwa, wat] *adj* ① eng; *rue* schmal; **qn est à l'~ dans un vêtement** jdm ist ein Kleidungsstück zu eng; **vivre à l'~** (*modestement*) ein karges Leben führen; **être logé à l'~** auf engem Raum leben ② *surveillance* streng

étroitement [etʀwatmɑ̃] *adv serré* eng, fest; *être logé* beengt

étroitesse [etʀwatɛs] *f* ① **l'~ de sa jupe la gênait** ihr enger Rock behinderte sie ② *péj des vues, pensées* Beschränktheit *f*

étron [etʀɔ̃] *m de chien* Kot *m*

étude [etyd] **I.** *f* ① (*apprentissage*) Lernen *nt*, Studieren *nt;* **ne pas aimer les ~s** nicht gern lernen; **l'~ des mathématiques/sciences** das Studium der Mathematik/der Naturwissenschaften ② *de la nature* Studium *nt*, Erforschung *f; d'un dossier* Studium; *d'un projet* Prüfung *f*, Untersuchung *f;* **~ d'une question** Beschäftigung *f* mit einer Frage; **~ de marché** Marktstudie *f* ③ (*ouvrage*) **~ sur qc** Studie über etw (*akk*) ④ *d'un notaire* Kanzlei *f*, Büro *nt* ⑤ (*moment*) ≈ Hausaufgabenbetreuung *f* in der Schule **II.** *fpl* ① SCOL Schulbildung *f;* **~s primaires/secondaires** Grundschulbildung/Mittelstufen- und Oberstufenbildung; **faire des ~s** eine Schule besuchen ② UNIV Studium *nt;* **~s supérieures** Studium; **faire des ~s** studieren

étudiant(e) [etydjɑ̃, jɑ̃t] **I.** *adj* studentisch; *vie, révolte* Studenten- **II.** *m(f)* Student(in) *m(f)*

étudié(e) [etydje] *adj* ① (*soigné*) **jeu d'un acteur très ~** gut einstudierte Rolle ② (*avantageux*) **conditions très ~es** sehr günstige Bedingungen

étudier [etydje] <1> **I.** *vt* ① (*apprendre*) lernen *leçon;* [er]lernen *langue;* nacharbeiten *cours;* [ein]studieren *rôle;* (*à l'université*) studieren; **~ le piano/le violon** Klavier-/Geigespielen lernen ② (*faire des recherches*) untersuchen; beobachten *nature;* erforschen, erkunden *région* ③ (*en vue d'une décision, d'une action*) studieren; bearbeiten *dossier;* prüfen *plan;* sich befassen mit *question* ④ SCOL sich beschäftigen mit *sujet;* lesen, sich beschäftigen mit *texte, auteur* ⑤ (*observer*) studieren *personne* **II.** *vi* studieren **III.** *vpr* **s'~** ① (*s'analyser*) sich selbst beobachten ② (*s'observer mutuellement*) sich [gegenseitig] beobachten

étui [etɥi] *m* Etui *nt*

étuve [etyv] *f* (*à désinfection*) Sterilisator *m*

étuvée [etyve] *f v.* **étouffée**

étuver [etyve] <1> *vt* ① (*stériliser*) keimfrei machen *conserves* ② (*cuire à la vapeur*) im Dampfkochtopf garen *viande*

étymologie [etimɔlɔʒi] *f* Etymologie *f*

étymologique [etimɔlɔʒik] *adj* etymologisch

eu(e) [y] *part passé de* **avoir**

eucalyptus [økaliptys] *m* Eukalyptus *m*

eucharistie [økaʀisti] *f* **l'~** die Eucharistie

euh [ø] *interj* ① *en tête d'un énoncé* hm ② *interrompant une énonciation* (*trou de mémoire*) äh; (*émotion, auto-correction*) ach

eûmes [ym] *passé simple de* **avoir**

eunuque [ønyk] *m* Eunuch *m*

euphémique [øfemik] *adj expression* euphemistisch

euphémisme [øfemism] *m* Euphemismus *m*

euphorbe [øfɔʀb] *f* BOT Wolfsmilch *f*

euphorie [øfɔʀi] *f* Euphorie *f*

euphorique [øfɔʀik] *adj* euphorisch

euphorisant(e) [øfɔʀizɑ̃] *adj* aufputschend

EUR *abr de* **euro** EUR

eurafricain(e) [øʀafʀikɛ̃, ɛn] *adj* eurafrikanisch

eurasiatique [øʀazjatik] *adj* eurasisch

eurasien(ne) [øʀazjɛ̃, jɛn] *adj* eurasisch

Eurasien(ne) [øʀazjɛ̃, jɛn] *m(f)* Eurasier(in) *m(f)*

eurêka [øʀeka] *interj* heureka

eurent [yʀ] *passé simple de* **avoir**

euro [øʀo] *m* Euro *m*

eurochèque [øʀoʃɛk] *m* Eurocheque *m*

eurocité [øʀosite] *f Stadt, die eine europäische Dimension hat*

eurocrate [øʀɔkʀat] *mf souvent péj* Eurokrat(in) *m(f)*

eurodéputé(e) [øʀɔdepyte] *m(f)* Europaabgeordnete(r) *f(m)*

eurodevise [øʀod(ə)viz] *f* Euro-Währung *f*

euromissile [øʀomisil] *m* Mittelstreckenrakete *f*

euro-obligation [øʀoɔbligasjɔ̃] *f* FIN Eurobond *m*

Europe [øʀɔp] *f* **l'~** Europa *nt;* **l'~ centrale/de l'Est/l'Ouest** Mittel-/Ost-/Westeuropa *nt;* **l'~ des vingt-huit** die 28

Mitgliedsländer der EU; **faire l'~** ein vereintes Europa schaffen

européanisation [øʀɔpeanizasjɔ̃] *f* Europäisierung *f*

européaniser [øʀɔpeanize] <1> **I.** *vt* europäisieren **II.** *vpr* **s'~** europäisiert werden

européen(ne) [øʀɔpeɛ̃, ɛn] **I.** *adj* ❶ GEOG *continent* europäisch; **les fleuves ~s** die Flüsse Europas ❷ POL, ECON europäisch; *parlement, élections* Europa-; **l'Union ~ne** die Europäische Union **II.** *fpl* (*les élections européennes*) die Wahl zum Europaparlament

Européen(ne) [øʀɔpeɛ̃, ɛn] *m(f)* Europäer(in) *m(f)*

euroscepticisme [øʀɔsɛptisism] *m* POL *Vorbehalt gegenüber der europäischen Union*

eurosceptique [øʀosɛptik] **I.** *adj* euroskeptisch **II.** *mf* Euroskeptiker(in) *m(f)*

eurosignal [øʀosiɲal] *m* Notruf *m*

eus [y] *passé simple de* **avoir**

eut [y] *passé simple de* **avoir**

eût [y] *subj imparf de* **avoir**

euthanasie [øtanazi] *f* Euthanasie *f*; **~ active** aktive Sterbehilfe *f*

euthanasier [øtanazje] <1a> *vt* Sterbehilfe leisten

eux [ø] *pron pers, pl masc ou mixte* ❶ *fam* (*pour renforcer*) **~, ils n'ont pas ouvert la bouche** die haben den Mund nicht aufgemacht; **c'est ~ qui l'ont dit** das haben die gesagt; **il veut les aider, ~?** denen möchte er helfen? ❷ *avec une préposition* **avec/sans ~** mit ihnen/ohne sie; **à ~ seuls** sie allein; **la maison est à ~** das Haus gehört ihnen; **c'est à ~ de décider** sie müssen entscheiden; **c'est à ~!** sie sind dran! ❸ *dans une comparaison* sie; **elles sont comme ~** sie sind wie sie; **plus fort qu'~** stärker als sie ❹ (*soi*) sich; *v. a.* **lui**

eux-mêmes [ømɛm] *pron pers* (*eux en personne*) sie selbst; *v. a.* **moi-même, nous-même**

évacuation [evakɥasjɔ̃] *f* ❶ *des habitants* Evakuierung *f*; *des blessés* Abtransport *m*; *d'une salle de tribunal* Räumung *f* ❷ (*action de quitter*) Räumung *f*; *d'un bateau* Verlassen *nt* ❸ (*écoulement*) Abfließen *nt*; **système d'~** Ablauf *m*; **l'~ des eaux usées se fait ...** das Abwasser wird ... geleitet ❹ CH (*action de vider*) **~ des ordures** Kehrichtabfuhr *f* (CH)

évacuer [evakɥe] <1> *vt* ❶ MIL räumen *ville* ❷ (*faire partir*) evakuieren *habitants*; abtransportieren *blessés* ❸ (*quitter*) räumen; verlassen *bateau* ❹ (*vider*) ablassen *les eaux usées*

évadé(e) [evade] *m(f)* entflohener Häftling *m*

évader [evade] <1> *vpr* ❶ **s'~ de qc** aus etw ausbrechen ❷ (*fuir*) **s'~ du réel** vor der Realität flüchten

évaluable [evalɥabl] *adj* abschätzbar

évaluation [evalɥasjɔ̃] *f* ❶ *des coûts* Überschlag *m*; *des risques* Abschätzung *f*; *des chances* Einschätzung *f*; *d'une fortune* Schätzung *f* ❷ *des dégâts* Schätzung *f*; **~ des connaissances** SCOL Klassenarbeit *f*

évaluer [evalɥe] <1> *vt* schätzen *poids*; abschätzen *distance*; einschätzen *chances*

évangélique [evɑ̃ʒelik] *adj* evangelisch

évangélisateur, -trice [evɑ̃ʒelizatœʀ, -tʀis] **I.** *adj* *mission* das Evangelium verkündend **II.** *m, f* Verkünder(in) *m(f)* des Evangeliums

évangélisation [evɑ̃ʒelizasjɔ̃] *f* Evangelisierung *f*

évangéliser [evɑ̃ʒelize] <1> *vt* zum Christentum bekehren *peuple, pays*

évangéliste [evɑ̃ʒelist] *m* Evangelist *m*

évangile [evɑ̃ʒil] *m* (*texte, livre*) Evangelium *nt*

Évangile [evɑ̃ʒil] *m* **l'~** das Evangelium

évanoui(e) [evanwi] *adj* ❶ *personne* ohnmächtig; **tomber ~** in Ohnmacht fallen ❷ *bonheur* vergangen; *rêve* geplatzt

évanouir [evanwiʀ] <8> *vpr* ❶ (*perdre connaissance*) **s'~ de qc** von etw ohnmächtig werden ❷ (*disparaître*) **s'~** *image, fantôme:* [ver]schwinden; *illusions:* schwinden; *espoirs:* zerrinnen

évanouissement [evanwismɑ̃] *m* Ohnmacht[sanfall *m*] *f*

évaporation [evapɔʀasjɔ̃] *f* Verdampfung *f*

évaporé(e) [evapɔʀe] *adj* zerstreut

évaporer [evapɔʀe] <1> *vpr* **s'~** *eau, parfum:* verdunsten

évasé(e) [evɑze] *adj* *jupe* ausgestellt

évasement [evɑzmɑ̃] *m* *d'un trou* Vergrößerung *f*, Erweiterung *f*

évaser [evɑze] <1> *vt* vergrößern, erweitern *trou*

évasif, -ive [evazif, -iv] *adj* *réponse* ausweichend; *geste* vage; **devenir ~** ausweichen; **rester ~** sich bedeckt halten

évasion [evazjɔ̃] *f* **~ de qn de prison** jds Ausbruch *m* aus dem Gefängnis

évasivement [evazivmɑ̃] *adv* ausweichend

Ève [ɛv] ▸ **ne connaître qn ni d'~ ni d'Adam** jdn überhaupt nicht kennen

E

évêché [eveʃe] *m* Bistum *nt*

éveil [evɛj] *m* ① (*état éveillé*) **tenir qn en ~** jdn wach halten ② (*réveil*) **~ des sens/d'un sentiment chez qn** Erwachen *nt* der Sinne bei jdm/eines Gefühls in jdm

éveillé(e) [eveje] *adj* ① (*en état de veille*) wach ② (*alerte*) aufgeweckt; **esprit ~** heller Kopf

E

éveiller [eveje] <1> **I.** *vt* ① (*faire naître*) erregen *attention;* wachrufen *désir;* wecken *soupçons* ② (*développer*) fördern *intelligence* **II.** *vpr* ① (*naître*) **s'~ chez** [*o* **en**] **qn** *amour:* in jdm erwachen; *soupçon:* sich in jdm regen ② (*éprouver pour la première fois*) **s'~ à l'amour** *personne:* seine ersten Erfahrungen in der Liebe machen ③ (*se mettre à fonctionner*) **s'~** *esprit:* sich zu entwickeln beginnen

événement, évènement [evɛnmɑ̃] *m* Ereignis *nt;* **les ~s de mai 1968** *die politischen Unruhen im Mai 1968;* **avant les ~s en Allemagne de l'est** vor der Wende ▶ **créer l'~** Aufsehen erregen; **elle est dépassée par les ~s** ihr wächst alles über den Kopf

événementiel [evɛnmɑ̃sjɛl] *m* (*secteur d'activité*) Eventbereich *m*

événementiel(le) [evɛnmɑ̃sjɛl] *adj* **histoire ~le** Ereignisgeschichte *f*

éventail [evɑ̃taj] <s> *m* Fächer *m*

éventaire [evɑ̃tɛʀ] *m* (*plateau*) Bauchladen *m*

éventé(e) [evɑ̃te] *adj terrasse* windig

éventer [evɑ̃te] <1> *vt* lüften, aufdecken *secret*

éventration [evɑ̃tʀasjɔ̃] *f* MED Darmdurchbruch *m*

éventrer [evɑ̃tʀe] <1> *vt* ① (*tuer*) **~ qn/un animal** jdm/einem Tier den Bauch aufschlitzen ② (*ouvrir*) aufreißen *sac;* aufbrechen *porte;* aufschlitzen *matelas*

éventreur [evɑ̃tʀœʀ] *m Mörder, der seinem Opfer den Bauch aufschlitzt;* **Jack l'Éventreur** Jack the Ripper

éventualité [evɑ̃tɥalite] *f* ① (*caractère*) **dans l'~ d'une guerre** im Falle eines Krieges ② (*possibilité*) Eventualität *f,* Möglichkeit *f*

éventuel(le) [evɑ̃tɥɛl] *adj* möglich; *successeur a.* potenziell

éventuellement [evɑ̃tɥɛlmɑ̃] *adv* eventuell

évêque [evɛk] *m* Bischof *m*

évertuer [evɛʀtɥe] <1> *vpr* **s'~ à faire qc** sich abquälen etw zu tun

éviction [eviksjɔ̃] *f* Ausschaltung *f*

évidemment [evidamɑ̃] *adv* ① (*en tête de phrase*) natürlich ② (*en réponse*) na klar (*fam*) ③ (*comme on peut le voir*) offenbar

évidence [evidɑ̃s] *f* ① *sans pl* (*caractère*) Offensichtlichkeit *f,* Offenkundigkeit *f;* **de toute** [*o* **à l'**] **~** ganz offensichtlich ② (*fait*) klare Tatsache; **c'est une ~** das liegt doch auf der Hand; **se rendre à l'~** sich den Tatsachen beugen; **refuser de se rendre à l'~** etwas nicht wahrhaben wollen ③ (*vue*) **être bien en ~** *objet:* gut sichtbar sein; **se mettre en ~** sich in den Vordergrund drängen

évident(e) [evidɑ̃, ɑ̃t] *adj* ① *progrès* klar [erkennbar]; *signe* eindeutig; *bonne volonté* unbestreitbar; **c'est ~ pour qn** das ist jdm klar ② (*compréhensible*) offensichtlich; **il est ~ que ...** es versteht sich von selbst, dass ... ▶ **c'est pas ~!** *fam* (*c'est difficile*) das ist gar nicht so einfach!

évider [evide] <1> *vt* aushöhlen

évier [evje] *m* Spüle *f*

évincer [evɛ̃se] <2> *vt* JUR vertreiben

évitable [evitabl] *adj* vermeidbar

éviter [evite] <1> **I.** *vt* ① (*se soustraire à*) vermeiden *erreur;* meiden *endroit;* **~ de faire qc** es vermeiden etw zu tun; **évite de passer par Lyon** fahr möglichst nicht über Lyon ② (*se dérober à*) sich (*dat*) ersparen *sort;* sich entziehen (+ *dat*) *corvée;* **~ de faire qc** sich davor hüten etw zu tun; **pour ~ d'aller en prison** um dem Gefängnis zu entgehen; **pour ~ d'avoir à éplucher les légumes** um kein Gemüse schälen zu müssen ③ (*fuir*) ausweichen (+ *dat*) *regard;* **~ qn** jdn meiden; (*essayer de ne pas rencontrer*) jdm aus dem Weg gehen ④ (*empêcher*) *personne:* vermeiden; **~ qc** etw verhindern; **~ que** + *subj* verhindern, dass ⑤ (*esquiver*) ausweichen (+ *dat*) *obstacle, coup* ⑥ (*épargner*) **~ qc à qn** jdm etw ersparen **II.** *vpr* ① **s'~** sich meiden; (*essayer de ne pas se rencontrer*) sich aus dem Weg gehen ② (*ne pas avoir*) **s'~ des soucis/tracas** sich (*dat*) Sorgen/Mühen ersparen

évocateur, -trice [evɔkatœʀ, -tʀis] *adj style* anschaulich

évocation [evɔkasjɔ̃] *f de souvenirs* Wachrufen *nt*

évolué(e) [evɔlɥe] *adj pays, société* [hoch] entwickelt; *idées, personne* liberal

évoluer [evɔlɥe] <1> *vi* ① (*changer*) *chose, monde:* sich entwickeln; *sciences:* sich [weiter] entwickeln; *goûts, situation:* sich ändern; **la crise évolue lentement**

vers une solution für die Krise zeichnet sich allmählich eine Lösung ab ❷ (*se transformer*) sich verändern; ~ **vers qc** sich zu etw hin entwickeln; **ce séjour l'a fait** ~ durch diesen Aufenthalt ist er/sie gereift ❸ MED *maladie:* fortschreiten

évolutif, -ive [evɔlytif, -iv] *adj maladie* fortschreitend

évolution [evɔlysjɔ̃] *f* ❶ *d'une personne, d'un phénomène* Entwicklung *f; des goûts, comportements* Veränderung *f,* Wandel *m; des sciences* [Weiter]entwicklung *f;* **l'~ des techniques** der technische Fortschritt ❷ MED *d'une maladie* Fortschreiten *nt; d'une tumeur* Ausbreiten *nt* ❸ BIO Evolution *f;* **théorie de l'~** Evolutionstheorie *f*

évolutionnisme [evɔlysjɔnism] *m* BIO Evolutionslehre *f;* SOCIOL Evolutionismus *m*

évoquer [evɔke] <1> *vt* ❶ (*rappeler à la mémoire*) erinnern an (+ *akk*) *personne;* in Erinnerung rufen *fait, enfance;* wachrufen *souvenirs* ❷ (*décrire*) schildern ❸ (*faire allusion à*) erwähnen *problème;* anschneiden *question, sujet* ❹ (*faire penser à*) **ce mot n'évoque rien pour moi** mit diesem Wort verbinde ich nichts

ex[1] [ɛks] *mf fam* Ex *mf*

ex[2]**, ex.** [ɛks] *abr de* **exemple** Bsp.

exacerbation [ɛgzasɛʀbasjɔ̃] *f d'une douleur* Verschlimmerung *f; d'un désir* Steigerung *f*

exacerbé(e) [ɛgzasɛʀbe] *adj* übersteigert

exacerber [ɛgzasɛʀbe] <1> *vt* anstacheln *jalousie*

exact(e) [ɛgzakt] *adj* ❶ (*précis*) genau; *description* präzis[e]; *définition, valeur* exakt; *mot* treffend; *calculs, réponse* korrekt; **c'est** [*o* **il est**] ~ **que ...** das ist richtig, dass ... ❷ (*ponctuel*) pünktlich

exactement [ɛgzaktəmɑ̃] *adv* genau; **c'est ~ ce que** das ist haargenau das, was (*fam*)

exaction [ɛgzaksjɔ̃] *f pl* (*violences*) Ausschreitungen *Pl*

exactitude [ɛgzaktityd] *f* ❶ (*précision*) Korrektheit *f; des mesures* Genauigkeit *f;* **avec** ~ *calculer* genau ❷ (*ponctualité*) Pünktlichkeit *f;* **avec** ~ *arriver* pünktlich; **être d'une parfaite** ~ die Pünktlichkeit in Person sein

ex æquo [ɛgzeko] **I.** *adj inv* **être ~ en qc** in etw gleich stehen; *équipes:* die gleiche Punktzahl haben **II.** *adv classer* gleich; *arriver* gleichzeitig; **premiers/premier prix ~** zwei erste Preise **III.** *mpl* Kandidaten *Pl* mit gleicher Punktzahl; (*dans le sport*) Sportler *Pl* mit gleicher Punktzahl

exagération [ɛgzaʒeʀasjɔ̃] *f* Übertreibung *f*

exagéré(e) [ɛgzaʒeʀe] *adj* übertrieben; *prix* überhöht; **être un peu** ~ ein bisschen zu weit gehen

exagérément [ɛgzaʒeʀemɑ̃] *adv* übertrieben

exagérer [ɛgzaʒeʀe] <5> **I.** *vt* ❶ (*par rapport à la réalité*) überbewerten *mérites;* hochspielen *défauts* ❷ (*par rapport à la normale*) übertreiben *attitude;* **il ne faut rien ~, n'exagérons rien** man soll nichts übertreiben **II.** *vi* ❶ (*amplifier en parlant*) übertreiben ❷ (*abuser*) es übertreiben

exaltant(e) [ɛgzaltɑ̃, ɑ̃t] *adj* erhebend, begeisternd

exaltation [ɛgzaltasjɔ̃] *f* Begeisterung *f*

exalté(e) [ɛgzalte] *adj* schwärmerisch, überschwänglich; *personne* exaltiert

exalter [ɛgzalte] <1> *vt* (*faire vibrer*) anregen *esprit;* begeistern *personne*

exam [ɛgzam] *m fam abr de* **examen** Examen *nt*

examen [ɛgzamɛ̃] *m* ❶ *des faits* [Über]prüfung *f; d'une proposition, question* Prüfung; *des empreintes digitales* Untersuchung *f;* **~ d'un problème** Auseinandersetzung *f* mit einem Problem ❷ MED, BIO Untersuchung *f* ❸ SCOL Prüfung *f;* UNIV [Abschluss]examen *nt;* **~ d'entrée/de passage** Aufnahme-/Versetzungsprüfung

examinateur, -trice [ɛgzaminatœʀ, -tʀis] *m, f* Prüfer(in) *m(f)*

examiner [ɛgzamine] <1> **I.** *vt* ❶ (*étudier*) prüfen; [über]prüfen *faits, causes;* einsehen *dossier;* genau durchlesen *texte, ouvrage;* genau untersuchen *lieux d'un crime;* untersuchen *objet* ❷ (*regarder attentivement*) mustern ❸ MED untersuchen *patient* ❹ SCOL, UNIV prüfen **II.** *vpr* **s'~ dans un miroir** sich im Spiegel betrachten

exaspérant(e) [ɛgzaspeʀɑ̃, ɑ̃t] *adj* nervenaufreibend

exaspération [ɛgzaspeʀasjɔ̃] *f* Verzweiflung *f*

exaspérer [ɛgzaspeʀe] <5> *vt* **~ qn avec qc** jdn mit etw zur Verzweiflung bringen

exaucement [ɛgzosmɑ̃] *m d'une prière* Erhörung *f*

exaucer [ɛgzose] <2> *vt* ❶ (*écouter*) *Dieu:* erhören ❷ (*réaliser*) erfüllen *désir, souhait*

excavateur [ɛkskavatœʀ] *m,* **excavatrice** [ɛkskavatʀis] *f* Bagger *m*

excédant(e) [ɛksedɑ̃, ɑ̃t] *adj* lästig

excédent [ɛksedɑ̃] *m* Überschuss *m;* **~ de bagages** Gepäckübergewicht *nt*

excédentaire [ɛksedɑ̃tɛʀ] *adj* überschüssig

excéder [ɛksede] <5> *vt* überschreiten *poids, durée;* übersteigen *moyens, forces*

excellence [ɛkselɑ̃s] *f* ❶ *littér* Vorzüglichkeit *f;* **l'~ de son goût** ihr ausgezeichneter Geschmack ❷ (*titre*) **Votre Excellence** Eure Exzellenz ▶ **par** ~ schlechthin

excellent(e) [ɛkselɑ̃, ɑ̃t] *adj* [ganz] ausgezeichnet; *vin* köstlich; *professeur* hervorragend (*geh*), [ganz] ausgezeichnet

exceller [ɛksele] <1> *vi* **~ à cuisiner/écrire** [ganz] ausgezeichnet kochen/schreiben

excentré(e) [ɛksɑ̃tʀe] *adj région, quartier* abgelegen

excentricité [ɛksɑ̃tʀisite] *f sans pl* Exzentrizität *f; d'un vêtement* Extravaganz *f;* **l'~ de son comportement/caractère** sein/ihr exzentrisches Verhalten/Wesen

excentrique [ɛksɑ̃tʀik] **I.** *adj personne, manières* exzentrisch; *tenue* extravagant **II.** *mf* Exzentriker(in) *m(f)*

excepté [ɛksɛpte] *prép* außer (+ *dat*), bis auf (+ *akk*); **~ que/si** außer, dass; **avoir tout prévu, ~ ce cas** mit allem gerechnet haben, nur damit nicht

excepter [ɛksɛpte] <1> *vt* **~ qn de qc** jdn von etw ausnehmen; **tous les devoirs, sans en ~ un seul, sont mauvais** die Arbeiten sind alle schlecht, ohne Ausnahme

exception [ɛksɛpsjɔ̃] *f* (*action*) Ausnahme *f;* (*cas*) Ausnahme[fall *m*] *f;* **régime d'~** Sonderregelung *f;* **faire ~ à la règle** eine Ausnahme von der Regel bilden; **faire une ~ pour qn** bei jdm eine Ausnahme machen; **à l'~ de qn/qc** abgesehen von jdm/etw; **sauf ~** von Ausnahmen abgesehen

exceptionnel(le) [ɛksɛpsjɔnɛl] *adj* ❶ (*extraordinaire*) außergewöhnlich; *réussite* außerordentlich/-gewöhnlich; *occasion* einmalig ❷ (*occasionnel*) Sonder-; **mesures exceptionnelles** Sondermaßnahmen *Pl,* außergewöhnliche Maßnahmen; **à titre ~** ausnahmsweise

exceptionnellement [ɛksɛpsjɔnɛlmɑ̃] *adv* ❶ (*à titre exceptionnel*) ausnahmsweise ❷ (*très*) außergewöhnlich

excès [ɛksɛ] *m* ❶ (*surplus*) **~ de vitesse** Geschwindigkeitsüberschreitung *f;* **~ de zèle** Übereifer *m* ❷ *pl* (*abus*) Exzesse *Pl,* Ausschweifungen *Pl* ❸ (*violences*) Ausschreitungen *Pl* ▶ **tomber dans l'~ inverse** ins andere Extrem [ver]fallen; **pousser qc à l'~** etw auf die Spitze treiben; **avec/sans ~** *manger, dépenser* übermäßig/in Maßen

excessif, -ive [ɛksesif, -iv] *adj* ❶ übertrieben; *prix* überhöht ❷ *tempérament* überschäumend; **être ~ dans son jugement** zu hart urteilen

excessivement [ɛksesivmɑ̃] *adv* äußerst; *manger* unmäßig; **être ~ cher** überteuert sein

excipient [ɛksipjɑ̃] *m* Grundstoff *m*

exciser [ɛksize] <1> *vt* herausschneiden *tumeur;* beschneiden *fille*

excision [ɛksizjɔ̃] *f* ❶ *d'un cor, tissu* Herausschneiden *nt* ❷ (*ablation rituelle*) **~ d'une fille** Beschneidung *f* eines Mädchens

excitabilité [ɛksitabilite] *f* Erregbarkeit *f*

excitable [ɛksitabl] *adj* reizbar, [leicht] erregbar

excitant(e) [ɛksitɑ̃, ɑ̃t] *adj* ❶ aufregend; *livre, projet* spannend ❷ *café* anregend; *médicament* stimulierend

excitation [ɛksitasjɔ̃] *f* Aufregung *f,* Erregung *f*

excité(e) [ɛksite] **I.** *adj* aufgeregt **II.** *m(f)* Hitzkopf *m*

exciter [ɛksite] <1> **I.** *vt* ❶ (*provoquer*) erregen, wecken *désir, curiosité* ❷ (*aviver*) anspornen; anregen *imagination;* verschlimmern *douleur* ❸ (*passionner*) **~ qn** *idée:* jdn reizen; *sensation:* jdn in Hochstimmung versetzen; *travail:* jdn begeistern ❹ (*mettre en colère*) **~ qn** *personne:* ärgern; *alcool:* aggressiv machen; *chaleur:* nervös machen ❺ (*troubler sexuellement*) erregen **II.** *vpr* **s'~ sur qc** ❶ (*s'énerver*) sich über etw (*akk*) aufregen ❷ *fam* (*s'acharner*) sich an etw (*dat*) festbeißen

exclamatif, -ive [ɛksklamatif, -iv] *adj* **phrase exclamative** Ausrufesatz *m*

exclamation [ɛksklamasjɔ̃] *f* Ausruf *m;* **~ de douleur/de joie** Schmerzens-/Freudenschrei *m;* **point d'~** Ausrufezeichen *nt*

exclamer [ɛksklame] <1> *vpr* **s'~ de joie** freudig ausrufen

exclu(e) [ɛkskly] **I.** *part passé de* **exclure** **II.** *adj* ❶ (*impossible*) **il n'est pas ~ que** + *subj* es ist nicht ausgeschlossen, dass ❷ (*non compris*) **mardi ~** außer Dienstag **III.** *m(f)* **les ~s** die [von der Gesellschaft] Ausgeschlossenen

exclure [ɛksklyʀ] <irr> **I.** *vt* ❶ **~ qn d'un parti/d'une équipe** jdn aus einer Partei/einer Mannschaft ausschließen; **~ qn d'une salle/de l'école** jdn des Saales/von der Schule verweisen ❷ (*écarter*) ausschließen *possibilité;* ausschalten *élément;*

verwerfen *hypothèse* **II.** *vpr* **s'~** sich [gegenseitig] ausschließen
exclusif, -ive [ɛksklyzif, -iv] *adj* ausschließlich; *droit, privilège* alleinig; **reportage ~** Exklusivbericht *m*
exclusion [ɛksklyzjɔ̃] *f* ① Ausschluss *m; du lycée* [Schul]verweis *m;* **~ sociale** soziale Ausgrenzung ② INET **~ de responsabilité** Disclaimer *m*
exclusivement [ɛksklyzivmɑ̃] *adv* ① (*seulement*) ausschließlich ② (*uniquement*) nur ③ (*exclu*) exklusive
exclusivité [ɛksklyzivite] *f d'une marque* Alleinvertrieb *m; d'un livre* Exklusivrecht *nt;* **une ~ XY** (*produit*) ein geschütztes Produkt von XY; (*scoop*) eine Exklusivmeldung von XY ▶ **en ~** ausschließlich
excommunication [ɛkskɔmynikasjɔ̃] *f* REL Exkommunikation *f*
excommunier [ɛkskɔmynje] <1a> *vt* exkommunizieren
excréments [ɛkskʀemɑ̃] *mpl* Kot *m*
excrétion [ɛkskʀesjɔ̃] *f* ① (*évacuation des matières fécales*) Ausscheidung *f* ② *pl* (*matières fécales*) Exkremente *Pl*
excroissance [ɛkskʀwasɑ̃s] *f* Wucherung *f*
excursion [ɛkskyʀsjɔ̃] *f* Ausflug *m,* Exkursion *f*
excusable [ɛkskyzabl] *adj* verzeihlich
excuse [ɛkskyz] *f* ① (*raison*) Entschuldigung *f* ② (*prétexte*) Ausrede *f;* **la belle ~!** schöne Ausrede! ③ *pl* (*regret*) **mille ~s!** ich bitte Tausend Mal um Entschuldigung!
excuser [ɛkskyze] <1> **I.** *vt* ① entschuldigen *faute, retard;* **excuse-moi/excusez-moi!** entschuldige/entschuldigen Sie [bitte]! ② (*justifier*) in Schutz nehmen *personne;* entschuldigen *conduite* ▶ **vous êtes tout excusé** machen Sie sich darüber keine Gedanken **II.** *vpr* **s'~ de qc** sich für etw entschuldigen ▶ **je m'excuse de vous déranger** entschuldigen Sie bitte die Störung
exécrable [ɛgzekʀabl] *adj* scheußlich
exécrer [ɛgzekʀe] <1> *vt* verabscheuen

E

s'excuser

s'excuser	*sich entschuldigen*
(Oh,) je ne l'ai pas fait exprès !	*(Oh,) das habe ich nicht gewollt!*
Je suis désolé(e) !	*Das tut mir leid!*
Excuse-moi !/Excusez-moi !/Pardon !/ Je te/vous demande pardon !	*Entschuldige bitte!/Entschuldigen Sie bitte!/Entschuldigung!/Verzeihung!/ Pardon!*
Excusez-moi !/Je suis désolé(e) ! Ce n'était pas dans mes intentions.	*Entschuldigen Sie bitte!/Es tut mir leid! Das war nicht meine Absicht.*
Excusez-moi, je suis vraiment désolé(e).	*Ich muss mich dafür wirklich entschuldigen.*
accepter des excuses	*auf Entschuldigungen reagieren*
Ça va !/Ça ne fait rien !	*Schon okay! (fam)/Das macht doch nichts!*
Ce n'est pas grave !/Ça ne fait rien !	*Keine Ursache!/Macht nichts!*
Ne vous faites pas de souci !	*Machen Sie sich darüber keine Gedanken.*
Ne vous faites pas de cheveux blancs pour ça !	*Lassen Sie sich darüber keine grauen Haare wachsen. (fam)*
admettre, avouer	*zugeben, eingestehen*
C'est de ma faute.	*Ich bin schuld daran.*
Oui, c'était de ma faute.	*Ja, es war mein Fehler.*
Là, j'ai fait une connerie. (*fam*)	*Da habe ich Mist gebaut. (sl)*
Je l'admets : j'ai agi trop vite.	*Ich gebe es ja zu: Ich habe vorschnell gehandelt.*
Vous avez raison, j'aurais dû mieux réfléchir à la question.	*Sie haben Recht, ich hätte mir die Sache gründlicher überlegen sollen.*

exécutant(e) [ɛgzekytɑ̃, ɑ̃t] *m(f)* (*agent*) Befehlsempfänger(in) *m(f)*

exécuter [ɛgzekyte] <1> *vt* ① *a.* INFORM (*effectuer*) ausführen; durchführen *projet;* erledigen *travail;* vollziehen, vollstrecken *peine;* ~ **les dernières volontés de qn** jds letzten Willen erfüllen ② (*tuer*) hinrichten ③ (*assassiner*) umbringen

exécuteur, -trice [ɛgzekytœʀ, -tʀis] *m, f* Ausführende(r) *f(m)*

exécutif [ɛgzekytif] *m* Exekutive *f*

exécution [ɛgzekysjɔ̃] *f* ① Ausführung *f; d'un travail, d'un programme* Durchführung *f; d'une commande* Erledigung *f;* **mettre une loi à** ~ ein Gesetz ausführen; **mettre une menace à** ~ eine Drohung wahr machen ② JUR *d'un jugement* Vollstreckung *f; d'une peine* Vollzug *m* ③ (*mise à mort*) Hinrichtung *f*

exégèse [ɛgzeʒɛz] *f* Interpretation *f,* Auslegung *f*

exemplaire [ɛgzɑ̃plɛʀ] **I.** *adj* ① *conduite, personne* beispielhaft, exemplarisch ② *châtiment* exemplarisch **II.** *m* ① *d'un livre* Exemplar *nt;* **en deux ~s** in zweifacher Ausfertigung *f* ② (*spécimen*) Exemplar *nt*

exemplarité [ɛgzɑ̃plaʀite] *f d'un comportement* Vorbildlichkeit *f*

exemple [ɛgzɑ̃pl] *m* ① (*modèle*) Beispiel *nt,* Vorbild *nt;* **citer qn/qc en** ~ jdn/etw als Beispiel hinstellen; **donner l'**~ mit gutem Beispiel vorangehen; **prendre** ~ **sur qn** sich (*dat*) an jdm ein Beispiel nehmen ② (*illustration*) Beispiel *nt;* **par** ~ zum Beispiel ③ (*châtiment*) **faire un** ~ ein Exempel statuieren ► [**ça/tiens**] **par** ~**!** *fam* (*indignation*) das ist doch nicht zu fassen!; (*surprise*) na, so [et]was!

exempt(e) [ɛgzɑ̃(pt), ɑ̃(p)t] *adj* ① (*dispensé*) *personne:* befreit ② (*dépourvu*) frei

exempter [ɛgzɑ̃(p)te] <1> *vt personne:* befreien; (*réformer*) freistellen

exemption [ɛgzɑ̃psjɔ̃] *f d'une charge* Befreiung *f*

exercé(e) [ɛgzɛʀse] *adj œil, voix* geübt

exercer [ɛgzɛʀse] <2> **I.** *vt* ① (*pratiquer*) ausüben *métier;* bekleiden *fonction* ② (*mettre en usage*) ausüben *pouvoir;* entfalten *talent;* ~ **son droit** sein Recht geltend machen ③ (*entraîner*) schulen; trainieren *oreille, mémoire;* bilden *jugement;* entwickeln *goût;* ~ **les élèves à lire à voix basse** die Schüler an leises Lesen gewöhnen **II.** *vi* tätig sein; *médecin:* praktizieren **III.** *vpr* ① (*s'entraîner*) **s'**~ üben; SPORT trainieren; **s'**~ **à la trompette** Trompete üben ② (*se manifester*) **s'**~ **dans un domaine** *habileté, influence:* sich auf einem Gebiet zeigen ③ (*agir sur*) **être exercé sur** *pouvoir:* ausgeübt werden auf (+ *akk*)

exercice [ɛgzɛʀsis] *m* ① SCOL, MUS, SPORT Übung *f;* ~ **à trous** Lückentest *m;* **faire des** [*o* **ses**] ~**s au piano** Klavier üben ② *sans pl* (*activité physique*) Bewegung *f;* **faire** [*o* **prendre**] **de l'**~ sich (*dat*) Bewegung verschaffen ③ *d'un métier, du pouvoir* Ausübung *f; d'une fonction* Bekleidung *f; d'un droit* Geltendmachung *f* (*form*); **dans l'**~ **de ses fonctions** in Ausübung seines Amtes ► **en** ~ im Dienst; POL amtierend

exergue [ɛgzɛʀg] *m* **en** ~ als Inschrift

ex-femme [ɛksfam] <ex-femmes> *f* **mon** ~ meine frühere Frau

exfiltrer [ɛksfiltʀe] <1> *vt* zurückschleusen; ~ **un agent vers un pays** einen Agenten in ein Land zurückschleusen

exhalaison [ɛgzalɛzɔ̃] *f* Ausdünstung *f*

exhaler [ɛgzale] <1> *vt* ① (*répandre*) ausströmen ② (*laisser échapper*) ausstoßen *soupir*

exhaussement [ɛgzosmɑ̃] *m* CONSTR *d'un mur* Erhöhen *nt*

exhausser [ɛgzose] <1> *vt* erhöhen; ~ **qc de deux mètres** etw um zwei Meter erhöhen

exhausteur [ɛgzostœʀ] *m* CHIM *de goût, saveur* Geschmacksverstärker *m*

exhaustif, -ive [ɛgzostif, -iv] *adj* erschöpfend

exhiber [ɛgzibe] <1> *vt* vorzeigen; vorlegen *document*

exhibition [ɛgzibisjɔ̃] *f d'un animal* Vorführung *f; d'un athlète* Darbietung *f*

exhibitionnisme [ɛgzibisjɔnism] *m a. fig* Exhibitionismus *m*

exhibitionniste [ɛgzibisjɔnist] *mf* Exhibitionist(in) *m(f)*

exhortation [ɛgzɔʀtasjɔ̃] *f* [Er]mahnung *f*

exhumation [ɛgzymasjɔ̃] *f d'un corps* Exhumierung *f; de ruines* Ausgrabung *f*

exhumer [ɛgzyme] <1> *vt* exhumieren *corps*

exigeant(e) [ɛgziʒɑ̃, ʒɑ̃t] *adj* anspruchsvoll; *enfant* anstrengend; **être** ~ **à l'égard de qn** hohe Ansprüche an jdn stellen

exigence [ɛgziʒɑ̃s] *f* ① (*caractère*) anspruchsvolles Wesen ② *pl* (*prétentions*) [An]forderungen *Pl,* Ansprüche *Pl* ③ *pl* (*impératifs*) ~**s de la mode** Modezwänge *Pl*

exiger [ɛgziʒe] <2a> *vt* ① (*réclamer*) verlangen; ~ **beaucoup de qn** hohe Ansprüche an jdn stellen; ~ **trop de qn** jdn überfordern; ~ **que** + *subj* verlangen, dass

② (*nécessiter*) *personne, animal, plante:* brauchen; *travail, circonstances:* erfordern

exigible [ɛgziʒibl] *adj impôt* fällig

exigu, exiguë [ɛgzigy] *adj logement* winzig [klein]

exiguïté [ɛgzigɥite] *f* (*étroitesse*) *d'un espace* Enge *f*, Winzigkeit *f*

exil [ɛgzil] *m* Exil *nt*, Verbannung *f*; **condamner qn à l'~** jdn verbannen

exilé(e) [ɛgzile] **I.** *adj* ① (*expatrié*) emigriert ② (*chassé*) ausgebürgert; (*banni*) verbannt ③ (*retiré*) zurückgezogen **II.** *m(f)* ① (*expatrié*) Emigrant(in) *m(f)* ② (*banni*) Verbannte(r) *f(m)*; ~ **politique** politischer Flüchtling

exiler [ɛgzile] <1> **I.** *vt* verbannen **II.** *vpr* **s'~** ins Exil gehen; **s'~ de/en France** aus/nach Frankreich auswandern

existant(e) [ɛgzistɑ̃, ɑ̃t] *adj* bestehend

existence [ɛgzistɑ̃s] *f* ① (*vie*) Leben *nt*, Dasein *nt*, Existenz *f*; (*mode de vie*) Lebensweise *f* ② *d'une institution* Bestehen *nt*

existentialisme [ɛgzistɑ̃sjalism] *m* Existenzialismus *m*

existentiel(le) [ɛgzistɑ̃sjɛl] *adj* existenziell

exister [ɛgziste] <1> **I.** *vi* ① (*vivre*) leben ② (*être*) bestehen; **ce mot existe** dieses Wort gibt es; **continuer d'~** fortbestehen **II.** *vi impers* **il existe qc** es gibt etw

ex-mari [ɛksmaʀi] <ex-maris> *m* **mon ~** mein früherer Mann

exode [ɛgzɔd] *m* [Massen]auswanderung *f*; **~ rural** Landflucht *f*

exonération [ɛgzɔneʀasjɔ̃] *f* **~ d'impôts** Steuerbefreiung *f*

exonérer [ɛgzɔneʀe] <5> *vt* FIN **être exonéré de la T.V.A.** nicht der Mehrwertsteuer unterliegen

exorbitant(e) [ɛgzɔʀbitɑ̃, ɑ̃t] *adj* übertrieben

exorbité(e) [ɛgzɔʀbite] *adj* **yeux ~s** Glupschaugen *Pl*; (*de stupéfaction*) weit aufgerissene Augen *Pl*

exorciser [ɛgzɔʀsize] <1> *vt* exorzieren

exorcisme [ɛgzɔʀsism] *m* Exorzismus *m*, [Teufels]austreibung *f*

exotique [ɛgzɔtik] *adj* exotisch

exotisme [ɛgzɔtism] *m* Exotik *f*

expansif, -ive [ɛkspɑ̃sif, -iv] *adj* gesprächig

expansion [ɛkspɑ̃sjɔ̃] *f* ECON Expansion *f*; **~ démographique** Bevölkerungsanstieg *m*; **~ économique** Wirtschaftswachstum *nt*; **être en pleine ~** expandieren; **secteur en pleine ~** Wachstumsbranche *f*

expansionnisme [ɛkspɑ̃sjɔnism] *m* POL, ECON *d'un état* Expansionspolitik *f*

expansionniste [ɛkspɑ̃sjɔnist] POL, ECON

exiger

exiger	*verlangen*
J'exige une explication de votre part.	*Ich verlange eine Erklärung von Ihnen.*
Je veux/J'exige que tu partes.	*Ich will/bestehe darauf, dass du gehst.*
C'est le minimum qu'on puisse demander.	*Das ist das Mindeste, was man verlangen kann.*
demander à quelqu'un de faire quelque chose	*jemanden zu etwas auffordern*
Je dois vous prier de quitter la pièce. (form)	*Ich muss Sie bitten, den Raum zu verlassen. (form)*
N'oublie pas de me téléphoner ce soir !	*Denk daran, mich heute Abend anzurufen.*
Passe donc me voir !	*Besuch mich doch mal.*
Pourrais-tu venir une minute ?	*Kannst du grade mal kommen?*
inviter quelqu'un à une action commune	*zu gemeinsamem Handeln auffordern*
(Allez,) au travail !/ Mettons-nous au travail !	*An die Arbeit!/ Beginnen wir mit der Arbeit!*
Allons-y !	*Auf geht's! (fam)*
Parlons-en tranquillement !	*Lasst uns mal in Ruhe darüber reden.*
Et si nous commencions/nous nous y mettions à la fin ?	*Wollen wir jetzt nicht endlich mal damit anfangen?*

I. *adj* expansionistisch; *politique* Expansions- II. *mf* Expansionist *m*

expatriation [ɛkspatʀijasjɔ̃] *f* (*action de s'expatrier*) Emigration *f*, Auswanderung *f*; (*action d'expatrier*) Ausbürgerung *f*

expatrié(e) [ɛkspatʀije] *m(f)* Emigrant(in) *m(f)*

expatrier [ɛkspatʀije] <1> I. *vt* ausbürgern *personne* II. *vpr* **s'~** auswandern

E

expectorant [ɛkspɛktɔʀɑ̃] *m* MED, PHARM Expektorans *nt*

expédient [ɛkspedjɑ̃] *m* Ausweg *m*

expédier [ɛkspedje] <1> *vt* (*envoyer*) [ab]schicken, [ver]senden *lettre, marchandise;* aufgeben *colis;* ~ **qc par bateau** etw verschiffen

expéditeur, -trice [ɛkspeditœʀ, -tʀis] I. *m, f* Absender(in) *m(f)* II. *adj* **bureau ~** Versandstelle *f*

expéditif, -ive [ɛkspeditif, -iv] *adj* ❶ (*rapide*) schnell [zum Ziel führend]; **justice expéditive** Schnellverfahren *nt* ❷ (*trop rapide*) übereilt

expédition [ɛkspedisjɔ̃] *f* ❶ (*envoi*) Aufgabe *f; d'une lettre* [Ab]schicken *nt; d'une marchandise, d'un colis* Versand *m* ❷ (*mission*) Expedition *f;* SCI Forschungsreise *f;* MIL Feldzug *m* ❸ *des affaires courantes* Erledigung *f*

expéditionnaire [ɛkspedisjɔnɛʀ] *mf* COM Expedient(in) *m(f)*

expérience [ɛkspeʀjɑ̃s] *f* ❶ *sans pl* (*pratique*) Erfahrung *f;* **par ~** aus Erfahrung; **avoir l'~ des hommes** Menschenkenntnis haben ❷ (*événement*) Erlebnis *nt;* **~ amoureuse** Liebesgeschichte *f* ❸ (*essai*) Experiment *nt*, Versuch *m;* **~s sur les animaux** Tierversuche *Pl*

expérimental(e) [ɛkspeʀimɑ̃tal, -o] <-aux> *adj données, science* empirisch; *musique* experimentell

expérimentateur, -trice [ɛkspeʀimɑ̃tatœʀ, -tʀis] *m, f* Experimentator(in) *m(f)*

expérimentation [ɛkspeʀimɑ̃tasjɔ̃] *f* Experimentieren *nt*

expérimenté(e) [ɛkspeʀimɑ̃te] *adj* erfahren

expérimenter [ɛkspeʀimɑ̃te] <1> *vt* ~ **un médicament sur qn/un animal** ein Medikament an jdm/einem Tier ausprobieren

expert(e) [ɛkspɛʀ, ɛʀt] I. *adj cuisinière, médecin* erfahren; *technicien* fachkundig; **être ~ en** [*o* **dans**] **qc** sich in etw (*dat*) auskennen II. *m(f)* ❶ (*spécialiste*) Experte *m*/Expertin *f* ❷ (*pour évaluer un objet*) Sachverständige(r) *f(m);* (*pour évaluer des dommages*) Gutachter(in) *m(f)*

expert-comptable, experte-comptable [ɛkspɛʀkɔ̃tabl] <experts-comptables> *m, f* Buchprüfer(in) *m(f)*

expertise [ɛkspɛʀtiz] *f* ❶ (*estimation de la valeur*) Schätzung *f* ❷ (*examen*) Begutachtung *f* [durch einen Sachverständigen]; **~ judiciaire** gerichtliches Gutachten

expertiser [ɛkspɛʀtize] <1> *vt* ❶ (*étudier l'authenticité*) begutachten ❷ (*estimer*) schätzen

expier [ɛkspje] <1a> *vt* büßen für *crime*

expiration [ɛkspiʀasjɔ̃] *f* ❶ ANAT Ausatmen *nt* ❷ *d'un délai, mandat* Ablauf *m*, Ende *nt*

expirer [ɛkspiʀe] <1> I. *vt* **~ qc** etw ausatmen II. *vi* (*s'achever*) *mandat, délai:* ablaufen

explicable [ɛksplikabl] *adj* erklärbar

explicatif, -ive [ɛksplikatif, -iv] *adj commentaire* erklärend; **note explicative** Erläuterung *f;* **notice explicative** Gebrauchsanweisung *f*

explication [ɛksplikasjɔ̃] *f* ❶ (*indication*) Erklärung *f* ❷ (*commentaire, annotation*) Erläuterung *f;* **~ de texte** Textinterpretation *f* ❸ (*discussion*) Aussprache *f* ❹ (*raison*) Begründung *f* ❺ *pl* (*mode d'emploi*) Gebrauchsanweisung *f*

explicite [ɛksplisit] *adj* eindeutig, klar

explicitement [ɛksplisitmɑ̃] *adv* [klar und] deutlich

expliciter [ɛksplisite] <1> *vt* explizit nennen *clause;* klar ausdrücken *pensée*

expliquer [ɛksplike] <1> I. *vt* ❶ (*faire connaître*) erklären; **~ que ...** erklären, dass ...; **tu lui as bien expliqué que ...?** du hast ihm doch gesagt, dass ...? ❷ (*faire comprendre*) erklären *fonctionnement;* interpretieren *texte* ❸ (*donner la cause*) erklären; **~ à qn pourquoi/comment qn a fait qc** jdm erklären, warum/wie jd etw getan hat ▶**je t'explique pas!** *fam* es ist kaum zu beschreiben! II. *vpr* ❶ (*se faire comprendre*) **s'~** sich ausdrücken ❷ (*justifier*) **s'~ sur son retard** sich für sein Zuspätkommen entschuldigen; **s'~ sur son choix** seine Wahl rechtfertigen ❸ (*rendre des comptes à*) **s'~ devant le tribunal** sich vor Gericht verantworten; **s'~ devant les gendarmes** sich der Polizei stellen; **s'~ devant son père** seinem Vater Rede und Antwort stehen ❹ (*avoir une discussion*) **s'~ avec son fils sur qc** sich mit seinem Sohn über etw (*akk*) aussprechen ❺ (*comprendre*) **s'~ qc** sich (*dat*) etw er-

klären können ⑥ (*être compréhensible*) **s'~ par qc** mit etw zu erklären sein
exploit [ɛksplwa] *m* ① (*prouesse*) [Helden]tat *f;* SPORT Leistung *f* ② *iron* Leistung *f,* Kunststück *nt*
exploitable [ɛksplwatabl] *adj terre, domaine* [landwirtschaftlich] nutzbar
exploitant(e) [ɛksplwatɑ̃, ɑ̃t] *m(f)* **~ agricole** Landwirt(in) *m(f);* **gros/petit ~** Groß-/Kleinbauer
exploitation [ɛksplwatasjɔ̃] *f* ① *d'une ferme* Bewirtschaftung *f; de ressources naturelles* Nutzung *f; d'une mine* Abbau *m* ② (*bien*) Betrieb *m* ③ *d'une situation* Ausnutzung *f; d'une idée* Verwertung *f; de données* Auswertung *f* ④ (*abus*) Ausbeutung *f; de la crédulité* Ausnutzen *nt*
exploité(e) [ɛksplwate] *m(f)* Ausgebeutete(r) *f(m)*
exploiter [ɛksplwate] <1> *vt* ① (*faire valoir*) bewirtschaften *terre;* nutzen *ressources;* ausbeuten *mine* ② (*utiliser*) nutzen *situation;* verwerten *idée;* auswerten *résultats* ③ (*abuser*) **~ qn** jdn ausbeuten; **~ qc** etw ausnutzen
exploiteur, -euse [ɛksplwatœʀ, -øz] *m, f* Ausbeuter(in) *m(f)*
explorateur [ɛksplɔʀatœʀ] *m* INET Browser *m;* **~ de réseau** Internetbrowser *m*
explorateur, -trice [ɛksplɔʀatœʀ, -tʀis] *m, f* Forscher(in) *m(f)*
exploration [ɛksplɔʀasjɔ̃] *f* ① Erforschung *f* ② INFORM Browsen *nt*
explorer [ɛksplɔʀe] <1> *vt* erforschen *pays*
exploser [ɛksploze] <1> **I.** *vi* ① explodieren ② *fig personne:* explodieren; **laisser sa colère ~** seinem Zorn freien Lauf lassen **II.** *vt fam* (*casser, démolir accidentellement*) *voiture* kaputtmachen
explosible [ɛksplozibl] *adj mélange* explosiv
explosif [ɛksplozif] *m* Sprengstoff *m*
explosion [ɛksplozjɔ̃] *f* ① *d'une bombe* Explosion *f* ② (*manifestation soudaine*) **~ de joie, colère** Freuden-/Wutausbruch *m;* **~ démographique** Bevölkerungsexplosion *f*
expo [ɛkspo] *f abr de* **exposition** Ausstellung *f*
exponentiel(le) [ɛkspɔnɑ̃sjɛl] *adj* MATH *fonction* exponentiell
export [ɛkspɔʀ] *m abr de* **exportation** Export *m,* Ausfuhr *f*
exportable [ɛkspɔʀtabl] *adj* exportierbar
exportateur [ɛkspɔʀtatœʀ] *m* (*pays*) Exportland *nt*
exportateur, -trice [ɛkspɔʀtatœʀ, -tʀis] **I.** *adj* exportierend **II.** *m, f* (*personne*) Exporteur(in) *m(f)*
exportation [ɛkspɔʀtasjɔ̃] *f* ① (*action*) Export *m,* Ausfuhr *f* ② *pl* (*biens*) Export *m,* Ausfuhr *f* ③ INFORM Übertragung *f,* Transfer *m*
exporter [ɛkspɔʀte] <1> *vt* ① exportieren ② INFORM **~ des fichiers sur qc** Dateien auf etw (*akk*) transferieren
exposant [ɛkspozɑ̃] *m* MATH Exponent *m*
exposant(e) [ɛkspozɑ̃, ɑ̃t] *m(f)* (*dans une foire*) Aussteller(in) *m(f)*
exposé [ɛkspoze] *m* ① (*discours*) Referat *nt;* **faire un ~ sur qc** ein Referat über etw (*akk*) halten ② (*description*) Darstellung *f*
exposer [ɛkspoze] <1> **I.** *vt* ① (*montrer*) ausstellen *tableau;* auslegen *marchandise* ② (*décrire*) darlegen ③ (*mettre en péril*) aufs Spiel setzen *vie, honneur;* **~ qn au ridicule** jdn der Lächerlichkeit (*dat*) preisgeben ④ (*disposer*) **~ qc au soleil** etw der Sonne (*dat*) aussetzen; **~ un film à la lumière** einen Film belichten; **une pièce bien exposée** ein helles Zimmer **II.** *vpr* **s'~ à qc** sich einer Sache (*dat*) aussetzen
exposition [ɛkspozisjɔ̃] *f* ① *de marchandise* Ausstellen *nt* ② **a.** ART (*présentation, foire*) Ausstellung *f* ③ (*orientation*) **~ au sud** Ausrichtung *f* nach Süden ④ (*action de soumettre à qc*) Aussetzen *nt;* PHOT Belichtung *f*
exprès [ɛkspʀɛ] *adv* ① (*intentionnellement*) absichtlich ② (*spécialement*) [**tout**] **~** eigens
express [ɛkspʀɛs] *adj* **café ~** Espresso *m;* **train ~** Schnellzug *m*
expressément [ɛkspʀesemɑ̃] *adv* ausdrücklich
expressif, -ive [ɛkspʀesif, -iv] *adj* ausdrucksvoll
expression [ɛkspʀesjɔ̃] *f* ① (*action*) Ausdruck *m;* **mode d'~** Ausdrucksweise *f* ② (*mots*) **~ familière/figée** umgangssprachlicher/feststehender Ausdruck ③ ART, MUS Ausdruck *m;* **absence d'~** Ausdruckslosigkeit *f* ▶ **veuillez agréer l'~ de mes sentiments distingués** mit freundlichen Grüßen
expressionnisme [ɛkspʀesjɔnism] *m* Expressionismus *m*
expressionniste [ɛkspʀesjɔnist] **I.** *adj* expressionistisch **II.** *mf* Expressionist(in) *m(f)*
expressivité [ɛkspʀesivite] *f* ① *d'un*

E

regard Ausdruck *m* ❷ *du langage* Ausdruckskraft *f*
exprimable [ɛkspʀimabl] *adj* **qc n'est pas ~** etw kann man nicht in Worten ausdrücken
exprimer [ɛkspʀime] <1> **I.** *vt* ❶ (*faire connaître*) ausdrücken, zum Ausdruck bringen *pensée, sentiment;* äußern *opinion, désir;* **~ sa reconnaissance à qn** jdm gegenüber seine Dankbarkeit zum Ausdruck bringen ❷ (*indiquer*) **~ qc** *signe:* für etw stehen; **~ qc en mètres/francs** etw in Metern/Franc (*dat*) angeben **II.** *vpr* ❶ (*parler*) **s'~ en français** sich auf Französisch ausdrücken; **ne pas s'~** nichts sagen; **s'~ par gestes** sich durch Gesten verständlich machen ❷ (*se manifester*) **s'~ dans qc** *volonté:* in etw (*dat*) zum Ausdruck kommen; **s'~ sur un visage** sich auf einem Gesicht zeigen
expropriation [ɛkspʀɔpʀijasjɔ̃] *f* Enteignung *f*
exproprier [ɛkspʀɔpʀije] <1a> *vt* enteignen
expulser [ɛkspylse] <1> *vt* ausweisen, abschieben *étranger;* verweisen *élève, joueur;* **~ un locataire de son appartement** einen Mieter zur Räumung seiner Wohnung zwingen
expulsion [ɛkspylsjɔ̃] *f d'un élève* Verweisung *f* von der Schule; *d'un étranger* Ausweisung *f,* Abschiebung *f; d'un locataire* Zwangsräumung *f; d'un joueur* Platzverweis *m*
expurger [ɛkspyʀʒe] <2a> *vt* zensieren
exquis(e) [ɛkski, iz] *adj* ausgezeichnet; *goût, manières, parfum* erlesen
extase [ɛkstɑz] *f* Ekstase *f*
extasier [ɛkstɑzje] *vpr* **s'~ sur qn/qc** über jdn/etw in Ekstase geraten
extatique [ɛkstatik] *adj air* verzückt
extenseur [ɛkstɑ̃sœʀ] *adj* **muscle ~** Streckmuskel
extensible [ɛkstɑ̃sibl] *adj* dehnbar
extensif, -ive [ɛkstɑ̃sif, -iv] *adj culture* extensiv
extension [ɛkstɑ̃sjɔ̃] *f* ❶ *d'un ressort* Dehnen *nt; d'un bras* Strecken *nt; de cheveux* Haarverlängerung *f* ❷ *d'une ville* Ausdehnung *f; d'un incendie, d'une épidémie* Ausbreitung *f* ❸ INFORM **~ de mémoire** Speichererweiterung *f* ▶ **prendre de l'~** *incendie, épidémie:* um sich greifen; *grève:* sich ausweiten; *affaires:* sich vergrößern; **par ~** im weiteren Sinne
exténuant(e) [ɛkstenɥɑ̃, ɑ̃t] *adj* anstrengend
exténuer [ɛkstenɥe] <1> *vt* erschöpfen
extérieur [ɛksteʀjœʀ] *m* ❶ (*monde extérieur*) Außenwelt *f* ❷ (*dehors*) Außenseite *f;* **peindre l'~ de la maison** das Haus von außen streichen; **à l'~ de la ville** außerhalb der Stadt (*gen*); **aller à l'~** nach draußen gehen; **de l'~** von außen
extérieur(e) [ɛksteʀjœʀ] *adj* ❶ äußere(r, s); *bruit* von außen kommend; *activité* außerhäuslich ❷ POL, COM **politique ~e** Außenpolitik *f* ❸ *réalité* äußere(r, s); **univers ~** Außenwelt *f* ❹ (*visible*) äußerlich; **aspect ~** äußere Erscheinung
extérieurement [ɛksteʀjœʀmɑ̃] *adv* ❶ (*à l'extérieur*) äußerlich ❷ (*en apparence*) nach außen hin
extériorisation [ɛksteʀjɔʀizasjɔ̃] *f* Äußerung *f*
extérioriser [ɛksteʀjɔʀize] <1> **I.** *vt* ausdrücken **II.** *vpr* **s'~** sich äußern; *personne:* aus sich herausgehen; *colère, joie:* zum Ausdruck kommen
exterminateur, -trice [ɛkstɛʀminatœʀ, -tʀis] *adj littér rage* tödlich; *glaive* todbringend
extermination [ɛkstɛʀminasjɔ̃] *f* Vernichtung *f,* Ausrottung *f*
exterminer [ɛkstɛʀmine] <1> *vt* ausrotten
externat [ɛkstɛʀna] *m* SCOL Externat *nt*
externe [ɛkstɛʀn] **I.** *adj surface* äußere(r,s) **II.** *mf* SCOL Externe(r) *f(m)*
extincteur [ɛkstɛ̃ktœʀ] *m* Feuerlöscher *m*
extinction [ɛkstɛ̃ksjɔ̃] *f* ❶ *d'un incendie* Löschen *nt; des lumières* Ausmachen *nt;* **~ des feux/lumières** Zapfenstreich *m* ❷ (*disparition*) Aussterben *nt;* **~ de voix** völlige Heiserkeit
extirpation [ɛkstiʀpasjɔ̃] *f* [völlige] Beseitigung *f; d'une tumeur* [vollständige] Entfernung *f; de mauvaises herbes* Ausreißen *nt*
extirper [ɛkstiʀpe] <1> *vt* [völlig] entfernen; ausreißen *mauvaises herbes*
extorquer [ɛkstɔʀke] <1> *vt* **~ de l'argent à qn** von jdm Geld erpressen
extorsion [ɛkstɔʀsjɔ̃] *f* Erpressung *f*
extra [ɛkstʀa] **I.** *adj inv* ❶ (*qualité*) erstklassig ❷ *fam* (*formidable*) toll, stark, super; **c'est ~!** das ist einfach klasse! **II.** *m* (*gâterie*) **un ~** etwas Besonderes
extrabudgétaire [ɛkstʀabydʒetɛʀ] *adj dépenses* nicht im Budget enthalten
extraconjugal(e) [ɛkstʀakɔ̃ʒygal, -o] <-aux> *adj* außerehelich
extraction [ɛkstʀaksjɔ̃] *f* MIN *du pétrole, charbon* Förderung *f,* Gewinnung *f*
extrader [ɛkstʀade] <1> *vt* ausliefern
extradition [ɛkstʀadisjɔ̃] *f* Auslieferung *f*

extra-dry [ɛkstʀadʀaj] *adj inv* extra dry
extrafin(e) [ɛkstʀafɛ̃, fin] *adj* extrafein
extrafort(e) [ɛkstʀafɔʀ, fɔʀt] *adj* extrastark
extraire [ɛkstʀɛʀ] <*irr*> *vt* ① (*sortir*) herausholen; fördern *charbon, pétrole;* abbauen *marbre;* ziehen *dent;* **passage extrait d'un livre** Auszug *m* aus einem Buch ② (*séparer*) gewinnen; ~ **le jus de qc** den Saft aus etw [her]auspressen
extrait [ɛkstʀɛ] *m* ① (*fragment*) Auszug *m;* ~ **de compte** Kontoauszug; ~ **de naissance** Geburtsurkunde *f* ② (*concentré*) Extrakt *m o nt;* ~ **de lavande** Lavendelöl *nt*
extralucide [ɛkstʀalysid] *adj* **voyante** ~ Hellseherin *f*
extraordinaire [ɛkstʀaɔʀdinɛʀ] *adj* ① (*opp: ordinaire*) außerordentlich; *dépenses* Sonder- ② (*insolite*) ungewöhnlich; *nouvelle, histoire* sonderbar ③ (*exceptionnel*) außergewöhnlich
extraordinairement [ɛkstʀaɔʀdinɛʀmɑ̃] *adv* ① (*inhabituellement*) ungewöhnlicherweise; (*peu probablement*) zufälligerweise ② (*bizarrement*) merkwürdig ③ (*extrêmement*) außerordentlich
extrapolation [ɛkstʀapɔlasjɔ̃] *f* (*généralisation*) [Schluss]folgerung *f;* (*en statistique*) Extrapolation *f*
extrapoler [ɛkstʀapɔle] <1> *vi* verallgemeinern
extraterrestre [ɛkstʀatɛʀɛstʀ] *mf* Außerirdische(r) *f(m)*
extraterritorial(e) [ɛkstʀatɛʀitɔʀjal, -jo] <-aux> *adj* FIN Offshore-
extra-utérin(e) [ɛkstʀayteʀɛ̃, in] <extra-utérins> *adj* MED extrauterin (*Fachspr.*)
extravagance [ɛkstʀavagɑ̃s] *f* ① *d'une personne* exzentrisches Wesen; *d'une conduite, d'un costume* Extravaganz *f; d'un projet* Ausgefallenheit *f* ② (*action*) Verrücktheit *f* ③ (*idée*) verrückte Idee
extravagant(e) [ɛkstʀavagɑ̃, ɑ̃t] **I.** *adj personne* exzentrisch; *robe, idée* extravagant; *prix* überhöht **II.** *m(f)* exzentrischer Mensch
extraversion [ɛkstʀavɛʀsjɔ̃] *f* PSYCH Extravertiertheit *f*
extraverti(e) [ɛkstʀavɛʀti] PSYCH **I.** *adj* extravertiert **II.** *m(f)* Extravertierte(r) *f(m)*
extrême [ɛkstʀɛm] **I.** *adj* ① (*au bout d'un espace, d'une durée*) äußerste(r, s); **date** ~ letzter Termin ② (*excessif*) extrem; *moyen* äußerste(r, s); **d'~ droite/gauche** rechts-/linksradikal **II.** *m* ① (*dernière limite*) Extrem *nt;* **à l'~** *scrupuleux* zutiefst ② *pl* (*opposé*) Extreme *Pl,* [äußerste] Gegensätze *Pl* ③ *pl* MATH äußerste Glieder ▶ **pousser qc à l'~** etw auf die Spitze treiben
extrêmement [ɛkstʀɛmmɑ̃] *adv* äußerst; *jaloux* maßlos
extrême-onction [ɛkstʀɛmɔ̃ksjɔ̃] <extrêmes-onctions> *f* Letzte Ölung *f*
Extrême-Orient [ɛkstʀɛmɔʀjɑ̃] *m* **l'~** der Ferne Osten **extrême-oriental(e)** [ɛkstʀɛmɔʀjɑ̃tal, -o] <extrême-orientaux> *adj* fernöstlich
extrémisme [ɛkstʀemism] *m* Extremismus *m*
extrémiste [ɛkstʀemist] **I.** *adj* POL radikal; **leader** ~ Extremistenführer *m* **II.** *mf* Radikale(r) *f(m),* Extremist(in) *m(f)*
extrémité [ɛkstʀemite] *f* ① (*bout*) äußerstes Ende; *d'un segment* Endpunkt *m;* ~ **de la forêt/d'une ville** Wald-/Stadtrand *m;* **à l'~ de la rue** ganz am Ende der Straße ② *pl* (*mains, pieds*) Extremitäten *Pl*
exubérance [ɛgzybeʀɑ̃s] *f* ① (*vitalité*) Überschwänglichkeit *f; d'un enfant* Übermut *m* ② (*surabondance*) Fülle *f; de la végétation* Üppigkeit *f*
exubérant(e) [ɛgzybeʀɑ̃, ɑ̃t] *adj personne* überschwänglich
exultation [ɛgzyltasjɔ̃] *f* REL Frohlocken *nt,* Jubel *m*
exulter [ɛgzylte] <1> *vi* frohlocken (*geh*)
exutoire [ɛgzytwaʀ] *m* ~ **à qc** Ventil *nt* für etw
ex-voto [ɛksvɔto] *m inv* Votivbild *nt*
eye-liner [ajlajnœʀ] <eye-liners> *m* Eyeliner *m* **eye-shadow** [ajʃɛdo] <eye-shadows> *m* Lidschatten *m*

E

Ff

F, f [ɛf] *m inv* F *nt,* f *nt*

F ❶ HIST *abr de* **franc** F ❷ *abr de* **fluor** F ❸ (*appartement*) **F2/F3** 2-/3-Zimmer-Wohnung

fa [fa] *m inv* MUS F *nt,* f *nt; v. a.* **do**

fable [fɑbl] *f* LITTER Fabel *f*

fabricant(e) [fabʀikɑ̃, ɑ̃t] *m(f)* ❶ (*artisan, industriel*) Hersteller(in) *m(f)* ❷ (*propriétaire*) Fabrikant(in) *m(f)*

fabricateur, -trice [fabʀikatœʀ, -tʀis] *m, f péj* Erfinder(in) *m(f)*

fabrication [fabʀikasjɔ̃] *f* Herstellung *f; artisanale* [handwerkliche] Anfertigung *f;* **défaut de ~** Fabrikationsfehler *m;* **secret de ~** Betriebsgeheimnis *nt* ▶ **de ma/sa ~** selbst gemacht

fabrique [fabʀik] *f* Fabrik *f*

fabriquer [fabʀike] <1> **I.** *vt* ❶ herstellen ❷ *fam* (*faire*) **mais qu'est-ce que tu fabriques?** was machst du denn da?; (*avec impatience*) was machst du denn so lange? ❸ (*inventer*) erfinden **II.** *vpr* ❶ **se ~** hergestellt werden ❷ (*se construire*) **se ~ une table avec qc** sich (*dat*) aus etw einen Tisch bauen ❸ (*s'inventer*) **se ~ qc** sich (*dat*) etw ausdenken

fabulateur, -trice [fabylatœʀ, -tʀis] *m, f* Geschichtenerzähler(in) *m(f)*

fabulation [fabylasjɔ̃] *f* Erfinden *nt* von Geschichten

fabuler [fabyle] <1> *vi* Geschichten erfinden

fabuleusement [fabyløzmɑ̃] *adv* sagenhaft

fabuleux, -euse [fabylø, -øz] *adj* ❶ (*fantastique*) sagenhaft ❷ *fam* (*incroyable*) unglaublich; *personne* fabelhaft ❸ LITTER sagenumwoben (*geh*); **animal ~** Fabelwesen *nt;* **récit ~** Sage *f*

fac [fak] *f fam abr de* **faculté** Uni *f*

façade [fasad] *f* ❶ *d'un édifice* Fassade *f; d'un magasin* Schaufensterfront *f* ❷ (*région côtière*) Küste *f* ❸ (*apparence trompeuse*) Fassade *f*

face [fas] *f* ❶ (*visage*) Gesicht *nt* ❷ (*côté*) Seite *f;* GEOM, MINER Fläche *f; d'une montagne, de l'estomac* Wand *f* ❸ (*côté d'une monnaie*) Vorderseite *f;* **pile ou ~?** Kopf oder Zahl? ❹ (*aspect*) Seite *f;* **changer la ~ du monde** die Welt verändern ❺ (*indiquant une orientation*) **de ~** *photographier* von vorne; *attaquer* frontal; *aborder* direkt; **être en ~ de qn** [direkt] vor jdm stehen; (*assis*) jdm gegenübersitzen; **être en ~ de qc** einer S. (*dat*) gegenüberliegen; **en ~ de qn/qc** gegenüber von jdm/etw; **le voisin d'en ~** der Nachbar von gegenüber; **regarder bien en ~** geradeaus schauen ❻ (*indiquant une circonstance*) **~ à cette crise ...** angesichts (*gen*) dieser Krise ... ▶ **être** [*o* **se trouver**] **~ à ~ avec qn/qc** jdm/einer S. gegenüberstehen; *fig* mit jdm/etw konfrontiert werden; **faire ~** handeln; **regarder la mort en ~** einer Gefahr ins Auge sehen; **il faut voir les choses en ~** man muss den Tatsachen ins Auge sehen

face-à-face [fasafas] *m inv* Streitgespräch *nt;* **~ télévisé** Fernsehduell *nt*

facétie [fasesi] *f* Scherz *m*

facétieux, -euse [fasesjø, -jøz] **I.** *adj* spaßig **II.** *m, f* Spaßvogel *m*

facette [fasɛt] *f a. fig* Facette *f*

fâché(e) [fɑʃe] *adj* ❶ (*en colère*) verärgert ❷ (*navré*) **qn est ~ de qc** etw tut jdm leid ❸ (*en mauvais termes*) **être ~ avec qn** mit jdm zerstritten sein; **être ~ avec qc** *fam* mit etw auf Kriegsfuß stehen

fâcher [fɑʃe] <1> **I.** *vt* (*irriter*) verärgern **II.** *vpr* ❶ (*se mettre en colère*) **se ~** sich ärgern; **se ~ contre qn** mit jdm schimpfen ❷ (*se brouiller*) **se ~ avec qn** sich mit jdm überwerfen (*geh*)

fâcherie [fɑʃʀi] *f* Unstimmigkeit *f*

fâcheusement [fɑʃøzmɑ̃] *adv* unangenehm

fâcheux, -euse [fɑʃø, -øz] *adj* ❶ (*regrettable*) unglückselig; *contretemps* widrig; **il est ~ que** + *subj* es ist bedauerlich, dass ❷ (*déplaisant*) unerfreulich

facho [faʃo] *adj fam abr de* **fasciste** faschistisch

facial(e) [fasjal, -jo] <-aux> *adj* **muscle ~** Gesichtsmuskel *m*

faciès [fasjɛs] *m* (*mine*) Gesicht[sausdruck *m*] *nt;* **avoir le ~ de quelqu'un qui** aussehen wie jemand, der

facile [fasil] **I.** *adj* ❶ (*simple*) leicht; **avoir le contact ~** kontaktfreudig sein; **c'est plus ~ de faire qc** es ist leichter etw zu tun; **c'est ~ comme bonjour** [*o* **tout**] das ist [doch] kinderleicht ❷ *péj plaisanterie* billig; **c'est un peu ~!** da machst du es dir/er es sich/... ein bisschen leicht! ❸ (*conciliant*) umgänglich **II.** *adv fam* ❶ (*sans difficulté*) locker; **faire qc ~** etw mit links tun ❷ (*au moins*) gut und gerne

facilement [fasilmɑ̃] *adv* ❶ (*sans difficulté*) leicht ❷ (*au moins*) mindestens

facilité [fasilite] *f* ❶ (*opp: difficulté*) Leichtigkeit *f;* ~ **d'emploi** Benutzerfreundlichkeit *f;* **être d'une grande ~** sehr leicht sein; **pour plus de ~, ...** der Einfachheit halber ... ❷ (*aptitude*) Begabung *f;* ~ **de caractère** Umgänglichkeit *f;* **avoir des ~s** begabt sein; **avoir une grande ~ à s'exprimer** sehr sprachgewandt sein ❸ *sans pl péj* Bequemlichkeit *f;* **céder à la ~** den bequemen Weg gehen ❹ *pl* (*occasion*) Gelegenheit *f* ❺ (*possibilité*) Möglichkeit *f*

faciliter [fasilite] <1> *vt* erleichtern

façon [fasɔ̃] *f* ❶ (*manière*) ~ **de faire qc** Art [und Weise] *f* etw zu tun; ~ **de se tenir** Haltung *f;* ~ **d'agir** Handlungsweise *f;* **de** [*o* **d'une**] ~ **très impolie** sehr unfreundlich; **de** [*o* **d'une**] ~ **plus rapide que d'habitude** schneller als sonst ❷ *pl* (*comportement*) Benehmen *nt;* **avoir des ~s de ...** sich wie ein(e) ... benehmen; **faire des ~s** sich anstellen (*fam*) ❸ (*travail*) Verarbeitung *f;* (*phase*) Verarbeitungsphase *f;* **travailler à ~** Lohnarbeit leisten ❹ (*forme*) Machart *f; d'une robe, coiffure* Schnitt *m* ❺ + *subst* (*imitation*) **un sac ~ croco** eine Tasche aus Krokodillederimitat ▶ **en aucune ~** auf keinen Fall; **d'une ~ générale** im Allgemeinen; **de toute ~** auf jeden Fall; **de toutes les ~s** in jeder Beziehung; **dire à qn sa ~ de penser** jdm seine Meinung sagen; [**c'est une**] ~ **de parler** das sagt man halt so; **faire un jeu à la ~ de qn/qc** wie jd/etw spielen; **à ma ~** auf meine Art/Weise; **faire qc de ~ à ce que qn fasse qc** etw tun, damit jd etw tut; **de ma/ta/sa ~** selbst gemacht; *gâteau* selbst gebacken; **sans ~** *repas* zwanglos; *personne* natürlich; **non merci, sans ~** nein danke, wirklich nicht

façonnage [fasɔnaʒ] *m* Bearbeitung *f; d'un bloc de pierre* Behauen *nt*

façonnement [fasɔnmɑ̃] *m du caractère* Formung *f,* Formen *nt; de l'esprit* Bildung *f*

façonner [fasɔne] <1> **I.** *vt* ❶ (*travailler*) bearbeiten; behauen *pierre* ❷ (*faire*) [an]fertigen; schnitzen *statuette de bois;* zimmern *table* ❸ (*usiner*) herstellen; ~ **qc dans un bloc de marbre** etw in einen Marmorblock hauen **II.** *vpr* **se ~** ❶ (*se travailler*) *bois, métal:* bearbeitet werden ❷ (*se fabriquer*) gemacht werden

fac-similé [faksimile] <fac-similés> *m* (*reproduction*) Faksimile *nt*

facteur [faktœʀ] *m* ❶ (*agent, élément*) Faktor *m;* **être un ~ de dépression** Mitursache *f* für Depressionen sein ❷ MATH Faktor *m*

facteur, -trice [faktœʀ, -tʀis] *m, f* ❶ POST Briefträger(in) *m(f)* ❷ (*fabricant*) ~ **d'orgues** Orgelbauer *m*

factice [faktis] *adj* ❶ (*faux*) falsch; *fleur* künstlich ❷ (*affecté*) gekünstelt; *sourire* aufgesetzt; *gaieté* gespielt

factieux, -euse [faksjø, -jøz] *m, f* Aufrührer(in) *m(f)*

faction [faksjɔ̃] *f* ❶ (*groupe*) aufrührerische Gruppe ❷ (*garde*) **être de/en ~** Wache schieben (*fam*) ❸ (*surveillance*) **être/rester en ~** auf der Lauer liegen/Ausschau halten

factoriel(le) [faktɔʀjɛl] *adj* MATH Faktoren-

factorielle [faktɔʀjɛl] *f* MATH Fakultät *f;* ~ **sept** sieben Fakultät

factotum [faktɔtɔm] *m* Faktotum *nt*

factrice [faktʀis] *f v.* **facteur**

factuel(le) [faktɥɛl] *adj* sachbezogen; **données ~les** Fakten *Pl*

facturation [faktyʀasjɔ̃] *f* ❶ (*action*) Inrechnungstellung *f* ❷ (*service*) Rechnungsabteilung *f*

facture¹ [faktyʀ] *f* ❶ COM Rechnung *f* ❷ *fam* **la ~ du chômage** die Kosten der Arbeitslosigkeit; **qui va payer la ~?** wer soll das bezahlen?

facture² [faktyʀ] *f* ❶ ART *d'un tableau, poème* Aufbau *m; d'une pièce de théâtre* Anlage *f* ❷ (*fabrication*) ~ **d'orgue** Orgelbau *m*

facturer [faktyʀe] <1> *vt* ~ **une réparation à qn** ❶ (*établir une facture*) jdm eine Rechnung über eine Reparatur ausstellen ❷ (*faire payer*) jdm eine Reparatur berechnen

facturette [faktyʀɛt] *f* Zahlungsbeleg *m*

facturier [faktyʀje] *m* Rechnungsbuch *nt*

facultatif, -ive [fakyltatif, -iv] *adj* fakultativ; **matière facultative** Wahlfach *nt*

faculté¹ [fakylte] *f* UNIV Fachbereich *m;* ~ **de droit** juristische Fakultät

faculté² [fakylte] *f* ❶ (*disposition*) Fähigkeit *f* ❷ *pl* (*dispositions intellectuelles*) geistige Kräfte ❸ (*compréhension*) Auffassungsgabe *f* ❹ (*possibilité*) **la ~ de faire qc** die Möglichkeit etw zu tun; (*droit*) das Recht etw zu tun

fada [fada] **I.** *adj fam* verrückt **II.** *m, f fam* Spinner *m*

fadaise [fadɛz] *f gén pl* ❶ (*balivernes*) dummes Zeug *kein Pl* ❷ (*propos*) Plattheiten *Pl*

fadasse [fadas] *adj a. fig fam* fade; *couleur* langweilig

F

fade [fad] *adj* ❶ (*sans saveur*) fad[e]; **c'est ~** das schmeckt nach nichts ❷ (*sans éclat*) matt; *lumière* trüb; *couleur* blass; **d'un blond ~** aschblond ❸ (*sans intérêt*) fad[e]; *personne* langweilig; *propos* abgeschmackt; *traits* nichts sagend

fadeur [fadœʀ] *f* ❶ (*manque de saveur*) Geschmacklosigkeit *f* ❷ (*manque d'éclat*) Farblosigkeit *f*; *d'une couleur* Blässe *f*; *d'un visage* Ausdruckslosigkeit *f* ❸ *fig d'un roman* Geistlosigkeit *f*

F

fagot [fago] *m* Reisigbündel *nt* ▶ **de derrière les ~s** edel

fagoter [fagɔte] <1> *vt péj* unmöglich anziehen

faiblard(e) [fɛblaʀ, aʀd] *adj péj fam* schwach

faible [fɛbl] **I.** *adj* ❶ (*sans force*) schwach ❷ (*après une maladie*) geschwächt; **~ de constitution** schwächlich; **sa vue est ~** er/sie hat schlechte Augen; **être ~ du cœur** ein schwaches Herz haben ❸ (*influençable, sans volonté*) **~ de caractère** charakterschwach ❹ (*trop indulgent*) **~ avec qn** nachsichtig mit jdm ❺ *antéposé* (*restreint*) gering; *protestation, résistance, espoir* schwach; **à une ~ majorité** mit knapper Mehrheit; **à ~ altitude** in tiefer Lage; **avoir de ~s chances de s'en tirer** nur wenig Chancen haben davonzukommen; **être de ~ rendement** *terre:* wenig Ertrag geben ❻ (*peu perceptible*) schwach ❼ (*médiocre*) schwach; **le terme est ~** das ist noch gelinde ausgedrückt ❽ (*sans défense*) schwach ❾ ECON **économiquement ~** finanzschwach **II.** *m, f* ❶ Schwache(r) *f(m)* ❷ (*personne sans volonté*) Schwächling *m* ❸ ECON **les économiquement ~s** die wirtschaftlich Schwachen ❹ (*bête*) **~ d'esprit** geistig Zurückgebliebene(r) *f(m)* **III.** *m sans pl* Schwäche *f*; **avoir un ~ pour qn/qc** ein Faible für jdn/etw haben

faiblement [fɛbləmɑ̃] *adv* ❶ (*mollement*) schwach ❷ (*légèrement*) leicht; **bière ~ alcoolisée** Bier mit geringem Alkoholgehalt

faiblesse [fɛblɛs] *f* ❶ (*manque de force*) Schwäche *f* ❷ (*après une maladie*) geschwächter Zustand ❸ (*due à la constitution*) Schwächlichkeit *f*; *de la voûte* geringe Tragfähigkeit; **avoir une ~** einen Schwächeanfall bekommen ❹ (*manque de volonté*) Willensschwäche *f*; (*grande indulgence*) **~ pour** [*o* **à l'égard de**] **qn/qc** Nachsicht *f* mit jdm/gegenüber etw; **par ~** aus Schwäche ❺ *d'un raisonnement, d'une argumentation* Schwäche *f*; **la ~ du revenu des agriculteurs** das geringe Einkommen der Landwirte ❻ (*manque d'intensité*) **la ~ du bruit** das schwache Geräusch; **la ~ de sa vue** seine/ihre Sehschwäche ❼ (*médiocrité*) Schwäche *f*; **~ d'esprit** geistige Beschränktheit ❽ *souvent pl* (*défaillance*) Schwäche *f* ❾ (*syncope*) Schwächeanfall *m*

faiblir [febliʀ] <8> *vi personne:* schwach werden; *cœur, pouls, lumière:* schwächer werden; *espoir, force:* schwinden; *résistance, ardeur, vent:* nachlassen; *revenu, rendement:* sinken; *chances, écart:* sich verringern

faïence [fajɑ̃s] *f* Fayence *f*

faïencerie [fajɑ̃sʀi] *f* ❶ (*industrie*) Steingutindustrie *f* ❷ (*fabrique*) Steingutfabrik *f* ❸ (*vaisselle*) Steingut[geschirr] *nt*

faille[1] [faj] *subj prés de* **falloir**

faille[2] [faj] *f* ❶ GEOG Verwerfung *f* ❷ (*crevasse*) Spalte *f* ❸ (*défaut*) Schwachstelle *f*; **il y a une ~ dans leur amitié** ihre Freundschaft hat einen Riss bekommen; **volonté sans ~** unerschütterlicher Wille; **détermination sans ~** unerbittliche Entschlossenheit

faillible [fajibl] *adj* fehlbar

faillir [fajiʀ] <*irr*> *vi* ❶ (*manquer*) **il a failli acheter ce livre** er hätte das Buch beinahe gekauft ❷ (*manquer à*) **~ à son devoir/à la tradition** seine Pflicht verletzen/gegen die Tradition verstoßen; **~ à sa parole** sein Wort brechen ❸ (*faire défaut*) **ma mémoire n'a pas failli** mein Gedächtnis hat mich nicht im Stich gelassen

faillite [fajit] *f* ❶ COM Konkurs *m* ❷ (*échec*) Scheitern *nt*; **c'est la ~ de mes espérances** alle meine Hoffnungen sind zunichte ❸ JUR **~ personnelle** *Verlust von Fähigkeiten und Rechten wegen schuldhafter Herbeiführung eines Konkurses*

faim [fɛ̃] *f* ❶ Hunger *m*; **~ de loup** Bärenhunger; **donner ~ à qn** jdn hungrig machen; **ne pas manger à sa ~** sich nicht satt essen ❷ (*famine*) Hungersnot *f* ❸ (*désir ardent*) **avoir ~ de qc** Verlangen *nt* nach etw haben ▶ **laisser qn sur sa ~** jds Erwartungen nicht erfüllen; **rester sur sa ~** (*après un repas*) nicht satt sein; (*ne pas être satisfait*) in seinen Erwartungen enttäuscht sein

faine, faîne [fɛn] *f* Buchecker *f*

fainéant(e) [fɛneɑ̃, ɑ̃t] **I.** *adj* faul **II.** *m(f)* Faulenzer(in) *m(f)*

fainéanter [fɛneɑ̃te] <1> *vi* faulenzen

fainéantise [fɛneɑ̃tiz] *f* ① (*caractère*) Faulheit *f* ② (*mode de vie*) Faulenzerei *f*

faire [fɛʀ] <*irr*> **I.** *vt* ① (*fabriquer*) machen *objet, vêtement;* bauen *maison, nid;* herstellen *produit;* backen *gâteau;* **le bébé fait ses dents** das Baby zahnt; ~ **le repas** das Essen zubereiten ② (*mettre au monde*) ~ **un enfant/des petits** ein Kind/Junge bekommen ③ (*évacuer*) ~ **ses besoins** seine Notdurft verrichten ④ (*être l'auteur de*) machen *faute, offre, cadeau;* schreiben *livre;* abhalten *conférence;* halten *discours;* erlassen *loi;* treffen *prévisions;* ~ **un chèque à qn** jdm einen Scheck ausstellen; ~ **une visite à qn** jdm einen Besuch abstatten; ~ **une promesse à qn** jdm ein Versprechen geben; ~ **la guerre contre qn** gegen jdn Krieg führen; ~ **la paix** Frieden schließen; ~ **l'amour à qn** mit jdm schlafen; ~ **une farce à qn** jdm einen Streich spielen; ~ **la bise à qn** jdn mit Wangenkuss begrüßen; ~ **du bruit** Lärm machen; *fig* Aufsehen erregen; ~ **l'école buissonnière** die Schule schwänzen; ~ **étape** eine Pause machen [unterwegs]; ~ **grève** streiken; ~ **signe à qn** jdm zuwinken; ~ **sa toilette** sich waschen ⑤ (*avoir une activité*) machen; erledigen *tâche, travail;* ableisten *service militaire;* ausüben *métier;* **je n'ai rien à** ~ ich habe nichts zu tun; **qu'est-ce qu'ils peuvent bien ~?** was in aller Welt treiben die bloß?; ~ **une bonne action** ein gutes Werk tun; ~ **du théâtre/jazz** Theater/Jazz spielen; ~ **du violon/du piano** Geige/Klavier spielen; ~ **de la politique** Politik betreiben; ~ **du sport** Sport treiben; ~ **de l'escalade** klettern; ~ **de la voile** segeln; ~ **du tennis** Tennis spielen; ~ **du vélo/canoë** Fahrrad/Kanu fahren; ~ **du cheval** reiten; ~ **du patin à roulettes** Rollschuh laufen; ~ **du skate/ski** Skateboard/Ski fahren; ~ **un petit jogging** etwas joggen; ~ **du camping** zelten, campen; ~ **de la couture/du tricot** nähen/stricken; ~ **des photos** Fotos machen, fotografieren; ~ **du cinéma** in der Filmbranche arbeiten; **ne ~ que bavarder** nur schwatzen; **que faites-vous dans la vie?** was tun Sie beruflich? ⑥ (*étudier*) besuchen *école;* ~ **des études** studieren; ~ **son droit** Jura studieren; ~ **de la recherche** Forschung betreiben; ~ **du français** Französisch lernen; **il veut ~ médecin** er will Arzt werden ⑦ (*préparer*) ~ **un café à qn** jdm einen Kaffee machen; ~ **ses bagages** seine Koffer packen; ~ **la cuisine** kochen ⑧ (*nettoyer, ranger*) putzen *argenterie, chaussures;* aufräumen *chambre, salle à manger;* machen *lit;* ~ **le ménage** (*nettoyer*) putzen; (*mettre de l'ordre*) aufräumen; ~ **la vaisselle** abspülen ⑨ (*accomplir*) machen *mouvement, promenade;* teilnehmen an (+ *dat*) *tournoi;* ~ **un shampoing à qn** jdm die Haare waschen; ~ **un pansement à qn** jdm einen Verband anlegen; ~ **le plein** [**d'essence**] voll tanken; ~ **un bon score** ein gutes Ergebnis erzielen; ~ **un numéro de téléphone** eine Nummer wählen; ~ **les courses** (die) Einkäufe machen/einkaufen; ~ **la manche** *fam* betteln [gehen]; ~ **le portrait de qn** jdn beschreiben; ~ **bon voyage** eine gute Reise haben ⑩ MED *fam* ~ **de la fièvre** Fieber haben ⑪ (*parcourir*) zurücklegen *distance, trajet;* bereisen *pays;* machen *circuit;* abklappern (*fam*) *magasins;* (*à pied*) abgehen *rue;* (*avec un véhicule*) abfahren *rue;* ~ [**le trajet**] **Nancy-Paris en trois heures** die Strecke Nancy-Paris in drei Stunden schaffen; ~ **toute la ville pour trouver qc** in der ganzen Stadt herumlaufen um etw zu finden; ~ **des zigzags/du stop** Zickzacklinien/per Anhalter fahren ⑫ (*offrir à la vente*) führen *produit* ⑬ (*cultiver*) anbauen ⑭ (*fixer un prix*) [**pour**] **combien faites-vous ce fauteuil?** für wie viel verkaufen Sie diesen Sessel?; **ils/elles font combien?** wie viel kosten sie? ⑮ (*feindre, agir comme*) ~ **le pitre** [*o* **le clown**] den Clown spielen; ~ **l'idiot** [*o* **l'imbécile**] (*vouloir amuser*) Blödsinn machen; (*faire mine de ne pas comprendre*) sich dumm stellen; (*se conduire stupidement*) sich wie ein Idiot benehmen; ~ **l'enfant** sich kindisch benehmen; **il a fait comme s'il ne me voyait pas** er hat so getan, als ob er mich nicht sähe ⑯ (*tenir un rôle*) ~ **le Père Noël** den Weihnachtsmann spielen ⑰ (*donner une qualité, transformer*) ~ **qn son héritier** jdn als Erben einsetzen; **il a fait de lui une star** er hat aus ihm einen Star gemacht; **je vous fais juge** urteilen Sie selbst ⑱ (*causer*) ~ **plaisir à qn** *personne:* jdm Freude machen; ~ **le bonheur de qn** jds Glück sein; ~ **du bien/mal à qn** jdm gut tun/schaden; **ça ne fait rien** das macht nichts; ~ **honte à qn** jdm ein schlechtes Gewissen einjagen; ~ **de nombreuses victimes** zahlreiche Menschenleben fordern; **qu'est-ce que ça peut bien te ~?** was geht dich das an? ⑲ (*servir de*) **la cuisine fait salle à manger** die Küche dient als Esszimmer; **cet hôtel fait aussi restaurant** dieses Hotel verfügt auch über ein Restaurant ⑳ (*laisser quelque part*) **qu'ai-je bien pu ~ de mes lunettes?** wo habe ich nur meine Brille gelassen? ㉑ (*donner comme résultat*) machen; **deux et deux font quatre** zwei und zwei macht vier ㉒ (*habituer*) ~ **qn à qc** jdn an etw (*akk*) gewöhnen ㉓ (*devenir*) **il fera un excellent avocat** aus ihm wird mal ein ausgezeichneter Anwalt; **cette branche fera une belle canne** aus diesem Ast kann man einen schönen Stock machen ㉔ (*dire*) machen; **il a fait "non" en hochant la tête** er sagte „nein" und schüttelte den Kopf; ~ **comprendre qc à qn** jdm etw begreiflich machen ㉕ (*avoir pour conséquence*) ~ **que qn a été sauvé** zur Folge haben, dass jd gerettet wurde ㉖ (*être la cause de*) ~ **chavirer un bateau** ein Boot zum Kentern bringen; **la pluie fait pousser l'herbe** der Regen lässt das Gras wachsen ㉗ (*aider à*) ~ **faire pipi à un enfant** einem Kind beim Wasser lassen helfen ㉘ (*inviter à*) ~ **venir un médecin** einen Arzt kommen lassen; **dois-je le ~ monter?** soll ich ihn heraufbitten?; ~ **entrer/sortir le chien** den Hund rein-/rauslassen; ~ **voir qc à qn** jdm etw herzeigen ㉙ (*charger de*) ~ **réparer/changer qc par qn** etw von jdm reparieren/ändern lassen; ~ **faire qc à qn** jdn etw tun lassen ㉚ (*forcer, inciter à*) ~ **ouvrir qc** etw öffnen lassen; ~ **payer qn** jdn zahlen lassen ㉛ (*pour remplacer un verbe déjà énoncé*) **qn le fait/l'a fait** jd tut es/hat es getan ㉜ (*dire*) sagen; **"sans doute", fit-il** „zweifellos", sagte er **II.** *vi* ① (*agir*) ~ **vite** sich beeilen; ~ **attention à qc** auf etw aufpassen; ~ **de son mieux** sein Bestes tun; **tu peux mieux ~** du kannst das noch besser; **il a bien fait de ne rien dire** er hat gut daran getan nichts zu sagen; **tu fais bien de me le rappeler** gut, dass du mich daran erinnerst; **tu ferais mieux/bien de te taire** du bist besser/am besten still; ~ **comme si de rien n'était** so tun, als ob nichts gewesen wäre ② *fam* (*durer*) **ce manteau me fera encore un hiver** der Mantel hält noch einen Winter; **ce disque fait une heure d'écoute** die Schallplatte dauert eine Stunde ③ (*paraître*) ~ **vieux/paysan** alt/wie ein Bauer aussehen; **ce tableau ferait mieux dans l'entrée** dieses Bild würde sich im Eingang besser machen ④ (*rendre*) ~ **bon/mauvais effet** einen guten/schlechten Eindruck machen; ~ **désordre** *pièce:* unordentlich sein ⑤ (*mesurer, peser*) ~ **1,2 m de long/de large/de haut** 1,2 m lang/breit/hoch sein; ~ **trois kilos** drei Kilo wiegen; ~ **... cm de tour de cou** Kragengröße ... tragen/haben; ~ **70 litres** 70 Liter fassen; ~ **60 W** 60 W haben; ~ **8 euros** 8 Euro machen; **ça fait peu** das ist wenig ⑥ (*être incontinent*) ~ **dans la culotte** in die Hose machen ▶ **l'homme à tout ~** der Mann für alles; ~ **partie de qc** zu etw gehören; ~ **la queue** *fam* Schlange stehen/anstehen; ~ **la une** *fam* auf der Titelseite sein; ~ **manger qn** jdn füttern; **ne ~ que passer** nur kurz vorbeikommen; **il fait bon vivre** es lässt sich gut leben; **faites comme chez vous!** *iron* fühlen Sie sich [ganz] wie zu Hause!; **ne pas s'en ~** *fam* sich keine Sorgen machen; **se ~ mal** sich wehtun; **qn [n']en a rien à ~** *fam* (*ne s'y intéresse pas*) das interessiert jdn nicht; (*s'en fout*) jdm ist das völlig egal; **rien n'y fait** da hilft nichts; **ça ne se fait pas** das macht man nicht/das gehört sich nicht; **tant qu'à ~** wenn es schon sein muss **III.** *vi impers* ① METEO **il fait chaud/froid/jour/nuit** es ist warm/kalt/Tag/Nacht; **il fait beau/mauvais** es ist schön[es Wetter]/schlechtes Wetter; **il fait [du] soleil** die Sonne scheint; **il fait du brouillard** es ist neblig; **il fait dix degrés** es sind zehn Grad ② (*temps écoulé*) **cela fait bien huit ans** das ist gut acht Jahre her; **cela fait deux ans que nous ne nous sommes pas vus** wir haben uns zwei Jahre lang nicht gesehen ③ (*pour indiquer l'âge*) **ça me fait 40 ans** *fam* ich bin 40 [Jahre alt] **IV.** *vpr* ① **se ~ une robe** sich (*dat*) ein Kleid machen; **se ~ 1000 euros par mois** *fam* 1000 Euro im Monat verdienen; **se ~ une idée exacte de qc** sich (*dat*) eine genaue Vorstellung von etw machen; **se ~ des illusions** sich (*dat*) Illusionen machen; **se ~ une opinion personnelle** sich (*dat*) eine eigene Meinung bilden; **se ~ une raison de qc** sich mit etw abfinden; **se ~ des amis** Freunde gewinnen ② (*action réciproque*) **se ~ des caresses** sich streicheln; **se ~ des politesses** Höflichkeiten austauschen ③ *fam* (*se taper*) **il faut se le ~ celui-là!** der geht einem ganz schön auf den Geist!; **je me le/la suis fait(e)** (*avoir couché avec*) mit dem/der bin ich schon ins Bett gegangen; **je vais me le ~ celui-là!** (*le brutaliser*) den werde ich mir vornehmen! ④ (*se former*) **se ~** *fromage, vin:* seinen vollen Geschmack entwickeln; **se ~ tout seul** *homme politique:* sich aus eigener Kraft hocharbeiten ⑤ (*devenir*)

F

se ~ vieux alt werden; **se ~ beau/rare** sich schön machen/rarmachen; **se ~ curé** Priester werden ❻ (*s'habituer à*) **se ~ à la discipline** sich an die Disziplin gewöhnen ❼ (*être à la mode*) **se ~** *activité:* gang und gäbe sein; *look, vêtement:* Mode sein; **ça se fait beaucoup de ~ qc** es ist weit verbreitet etw zu tun ❽ (*arriver, se produire*) **se ~** stattfinden; *film, livre:* zustande kommen; **mais finalement ça ne s'est pas fait** aber letztlich kam es nicht dazu ❾ *impers* **comment ça se fait?** wie kommt das?; **il se fait tard** es ist/wird spät ❿ (*agir en vue de qc*) **se ~ maigrir** eine Abmagerungskur machen; **se ~ vomir** sich [selbst] zum Erbrechen bringen; **je te conseille de te ~ oublier** ich rate dir dich zurückzuhalten ⓫ (*sens passif*) **se ~ opérer** operiert werden; **qn se fait retirer son permis** jdm wird der Führerschein entzogen; **qn se fait voler qc** jdm wird etw gestohlen ⓬ (*se fabriquer*) **se ~** erfolgen ▶ **ne pas s'en ~** *fam* (*ne pas s'inquiéter*) sich (*dat*) keine Sorgen machen; (*ne pas se gêner*) keine Hemmungen haben; **t'en fais pas!** *fam* mach dir nichts draus!

faire-part [fɛʀpaʀ] *m inv* Anzeige *f* **faire-valoir** [fɛʀvalwaʀ] *m inv* **servir de ~ à qn** jdm dazu verhelfen, sich ins rechte Licht zu setzen; jdm Geltung verschaffen

fair-play [fɛʀplɛ] **I.** *m inv* Fairness *f* **II.** *adj inv* fair

faisabilité [fəzabilite] *f* Machbarkeit *f*

faisable [fəzabl] *adj* machbar

faisan(e) [fəzɑ̃, an] *m(f)* Fasan *m*

faisandé(e) [fəzɑ̃de] *adj* GASTR mit Hautgout

faisander [fəzɑ̃de] <1> GASTR **I.** *vt* abhängen lassen *gibier* **II.** *vpr* **se ~** *viande:* einen Stich bekommen

faisceau [fɛso] <x> *m* ❶ **~ lumineux** Lichtkegel *m;* NAUT Leuchtfeuer *nt;* **~ laser** Laserstrahl *m* ❷ (*fagot*) Bündel *nt* ❸ (*ensemble*) **~ de faits** Reihe *f* von Tatsachen

faiseur, -euse [fəzœʀ, -øz] *m, f péj* ❶ (*auteur*) **~ de belles phrases** Schwätzer *m;* **~ de bons mots** Witzbold *m* ❷ (*vantard*) Aufschneider(in) *m(f)*

faisselle [fɛsɛl] *f* ❶ (*passoire*) Abtropfsieb *nt* (*für die Molke des Quarks*) ❷ (*fromage blanc*) Quark *m*

fait [fɛ] *m* ❶ Tatsache *f;* **un ~ nouveau** ein neues Element ❷ (*événement*) Ereignis *nt;* (*phénomène*) Phänomen *nt;* **les ~s se sont passés à minuit** der Vorfall ereignete sich um Mitternacht ❸ JUR **les ~s** (*action criminelle, délit*) die Tat; (*éléments constitutifs*) der Tatbestand; (*état des choses*) der Sachverhalt; **~s de guerre** Kriegshandlungen *Pl* ❹ (*conséquence*) **être le ~ de qc** die Folge von etw sein; **c'est le ~ du hasard si** es ist [ein] Zufall, dass ❺ RADIO, PRESSE **~ divers** [Lokal]nachricht *f,* vermischte Nachrichten *Pl;* (*à la radio, télé*) Meldung *f;* (*événement*) Ereignis *nt;* **~s divers** (*rubrique*) Verschiedenes *nt* ▶ **prendre ~ et <u>cause</u> pour qn** Partei für jdn ergreifen; **les ~s et <u>gestes</u> de qn** jds Tun und Treiben; **être <u>sûr</u> de son ~** sich seiner Sache sicher sein; **<u>aller</u> [droit] au ~** ohne Umschweife zur Sache kommen; **<u>être</u> le ~ de qn** jdm zuzuschreiben sein; **<u>mettre</u> qn au ~ de qc** jdn über etw (*akk*) unterrichten; **<u>prendre</u> qn sur le ~** jdn auf frischer Tat ertappen; **en <u>venir</u> au ~** zum Kern der Sache kommen; **<u>au</u> ~** (*à propos*) übrigens; **tout <u>à</u> ~** ganz, völlig; **<u>de</u> ~** (*en réalité*) tatsächlich; **gouvernement de ~** De-facto-Regierung *f;* **<u>de</u> ce ~** deshalb; **<u>du</u> ~ de qc** wegen einer S. (*gen*); **<u>du</u> ~ que qn fait toujours qc** da jd etw immer tut; **<u>en</u> ~** in Wirklichkeit; **<u>en</u> ~ de qc** (*en matière de*) was etw betrifft; (*en guise de*) an Stelle von etw

fait(e) [fɛ, fɛt] **I.** *part passé de* **faire II.** *adj* ❶ (*propre à*) **être ~ pour qc** für etw geeignet sein; **être ~s l'un pour l'autre** wie füreinander geschaffen sein; **être ~ pour faire qc** (*être approprié à*) wie für etw geschaffen sein; (*être destiné à*) etw tun sollen; **être ~ pour** *fam* das Zeug dazu haben ❷ (*constitué*) **avoir la jambe bien ~e** schöne Beine haben; **c'est une femme bien ~e** diese Frau hat eine gute Figur ❸ *ongles* lackiert; *yeux* geschminkt ❹ *fromage* reif ❺ *fam* (*pris*) **être ~** geliefert sein ❻ (*tout prêt*) **des plats tout ~s** Fertiggerichte *Pl;* **expression toute ~e** feststehender Ausdruck ▶ **c'est <u>bien</u> ~ pour toi/lui** das geschieht dir/ihm recht; **c'est <u>toujours</u> ça de ~** das ist immerhin etwas; **<u>vite</u> ~ bien ~** ganz schnell; **c'en <u>est</u> ~ de notre vie calme** unser ruhiges Leben ist dahin; **c'<u>est</u> comme si c'était ~** wird sofort erledigt

faîte [fɛt] *m de l'arbre* Wipfel *m; d'une montagne* Gipfel *m;* **~ du toit** [Dach]first *m*

faitout, fait-tout [fɛtu] *m inv* [Koch]topf *m*

fakir [fakiʀ] *m* Fakir *m*

falafel [falafɛl] *m* GASTR Falafel *f o nt*

falaise [falɛz] *f* ❶ (*paroi*) Felswand *f* ❷ (*côte*) Steilküste *f* ❸ (*rocher*) Felsen *m*

falbalas [falbala] *mpl* ❶ *péj* (*colifichets*)

Firlefanz *m* ❷ (*grandes toilettes*) Abendkleider *Pl*

falloir [falwaʀ] <*irr*> **I.** *vi impers* ❶ (*besoin*) **il faut qn/qc pour faire qc** man braucht jdn/etw um etw zu tun; **il me faudra du temps** ich werde Zeit brauchen ❷ (*devoir*) **il faut faire qc** man muss etw tun; **que faut-il faire?** was sollen wir tun?; **il a bien fallu!** es musste sein!; **il me/te faut faire qc** ich muss/du musst etw tun; **il faut que ...** + *subj* jd muss ... ❸ (*être probablement*) **il faut être fou pour parler ainsi** man muss schon verrückt sein um so zu reden ❹ (*se produire fatalement*) **j'ai fait ce qu'il fallait** ich habe [das] getan, was sein musste; **il fallait que ça arrive** das musste ja so kommen ❺ (*faire absolument*) **il fallait me le dire** du hättest es mir sagen sollen; **il faut l'avoir vu** das muss man gesehen haben; **il ne faut surtout pas lui en parler** du darfst ihm/ihr auf keinen Fall etwas davon sagen ▶ **il faut te/vous dire que...** allerdings muss ich dir/Ihnen sagen, dass...; [**il**] **faut se le/la faire** [*o* **farcir**] *fam* der/die geht einem ganz schön auf den Geist; **il le faut** es muss sein; **comme il faut** wie es sich gehört; **il ne fallait pas!** das war doch nicht nötig! **II.** *vpr impers* (*manquer*) **il s'en faut de qc** etw fehlt; **nous avons failli nous rencontrer, il s'en est fallu de peu** beinahe hätten wir uns getroffen; **il s'en faut de beaucoup** noch lange nicht; **il s'en faut de qc que** + *subj* etw fehlt, damit

falot(e) [falo, ɔt] *adj personne* unscheinbar; *lueur* blass

falsificateur, -trice [falsifikatœʀ, -tʀis] *m, f* Fälscher(in) *m(f)*

falsification [falsifikasjɔ̃] *f d'un document, d'une monnaie, signature* Fälschen *nt; de la vérité, d'une marchandise* Verfälschen *nt*

falsifier [falsifje] <1> *vt* fälschen *document, monnaie, signature;* verfälschen *histoire;* verdrehen *vérité*

falzar [falzaʀ] *m fam* Hose *f*

famé(e) [fame] *adj* **mal ~** verrufen

famélique [famelik] *adj* abgemagert

fameusement [famøzmɑ̃] *adv fam* (*très*) sagenhaft

fameux, -euse [famø, -øz] *adj* ❶ besagt ❷ (*excellent*) köstlich; *idée* glänzend; *travail* erstklassig ❸ *antéposé souvent iron* (*énorme*) *problème* ungeheuer; *raclée* gehörig; *erreur* gewaltige ❹ (*célèbre*) berühmt ▶ **ne pas être ~** nicht gerade besonders sein

familial(e) [familjal, -jo] <-aux> *adj atmosphère, problème, milieu* familiär; **vie ~e** Familienleben *nt;* **maison ~e** Einfamilienhaus *nt;* **lien ~** Familienbande *Pl*

familiariser [familjaʀize] <1> **I.** *vt* **~ qn avec qc** jdn mit etw vertraut machen **II.** *vpr* **se ~ avec une méthode** sich mit einer Methode vertraut machen; **se ~ avec une ville** sich in einer Stadt einleben; **se ~ avec une langue** sich (*dat*) eine Sprache aneignen; **se ~ avec qn** mit jdm vertraut werden

familiarité [familjaʀite] *f* ❶ (*bonhomie*) Vertraulichkeit *f* ❷ (*habitude de*) **~ avec qn/qc** Vertrautheit *f* mit jdm/etw ❸ (*amitié*) Vertrautheit *f* ❹ *pl péj* (*paroles*) Vertraulichkeiten *Pl* ❺ (*comportement*) Zudringlichkeit *f*

familier [familje] *m* häufiger Besucher; *d'un club* Stammgast *m;* **~ de la maison** Freund *m* des Hauses

familier, -ière [familje, -jɛʀ] *adj* ❶ **~ à qn** jdm vertraut; *problème, spectacle* jdm bekannt; *expression* jdm geläufig; **cette technique m'est familière** mit dieser Technik kenne ich mich aus ❷ (*routinier*) üblich; **le mensonge lui est devenu ~** er/sie hat sich daran gewöhnt zu lügen ❸ *conduite, entretien* ungezwungen; *personne* umgänglich ❹ *expression, style* umgangssprachlich ❺ *péj* (*cavalier*) **~ avec qn** allzu vertraulich gegenüber jdm ❻ (*domestique*) **des animaux ~s** Haustiere *Pl*

familièrement [familjɛʀmɑ̃] *adv* ❶ (*en langage courant*) umgangssprachlich ❷ (*simplement*) einfach; *parler* ungezwungen ❸ (*amicalement*) ungezwungen ❹ *péj* (*cavalièrement*) allzu vertraulich

famille [famij] *f* ❶ (*parenté: sens restreint*) Familie *f;* (*sens large*) Verwandtschaft *f;* **~ d'accueil** Gastfamilie; **avoir de la ~** (*parenté*) Verwandte haben; (*famille proche*) Angehörige haben; (*femme/mari et enfants*) Familie haben; **en ~** im [engsten] Familienkreis; **nous sommes en ~** wir sind unter uns; **~ décomposée et recomposée** Patchworkfamilie ❷ *a.* BOT, ZOOL (*communauté*) Familie *f*

famine [famin] *f* Hungersnot *f* ▶ **crier ~** über Hunger klagen; *estomac:* knurren

fan [fan] *mf* Fan *m,* Anhänger(in) *m(f)*

fana [fana] *abr de* **fanatique I.** *adj fam* **être ~ de qn/qc** nach jdm/auf etw (*akk*) verrückt sein **II.** *mf fam* Fan *m;* **~ d'ordinateur** Computerfreak *m*

fanal [fanal, -o] <-aux> *m* ❶ (*lanterne*) Laterne *f* ❷ *d'une locomotive, d'un navire* Positionslicht *nt*

fanatique [fanatik] **I.** *adj* fanatisch **II.** *mf* ① (*passionné*) begeisterter Anhänger *m*/ begeisterte Anhängerin *f;* ~ **de football** Fußballfanatiker *m* ② (*militant*) Fanatiker(in) *m(f);* ~ **de qc** fanatischer Anhänger einer S. (*gen*)

fanatiser [fanatize] <1> *vt* fanatisch machen

fanatisme [fanatism] *m* Fanatismus *m*

fané(e) [fane] *adj fleur* verwelkt; *couleur* verblasst; *étoffe, beauté* verblichen

faner [fane] <1> **I.** *vpr* **se** ~ *fleur:* verwelken; *couleur:* verblassen **II.** *vt* ① ausbleichen *couleur, étoffe;* verblühen lassen *beauté;* welken lassen *plantes* ② (*retourner*) wenden *foin* **III.** *vi* Heu machen

fanes [fan] *fpl* Kraut *nt; de radis* Blätter *Pl*

fanfare [fɑ̃faʀ] *f* ① (*orchestre*) Blaskapelle *f;* ~ **militaire** Militärkapelle ② (*air*) Fanfare *f* ▶ **annoncer qc en** ~ etw groß ankündigen; **arriver en** ~ mit großem Tamtam auftreten

fanfaron(ne) [fɑ̃faʀɔ̃, ɔn] **I.** *adj* großtuerisch **II.** *m(f)* Angeber(in) *m(f);* **faire le** ~ sich aufspielen

fanfaronnade [fɑ̃faʀɔnad] *f* Wichtigtuerei *f*

fanfaronner [fɑ̃faʀɔne] <1> *vi* sich aufspielen

fanfreluche [fɑ̃fʀəlyʃ] *f gén pl souvent péj* Firlefanz *m kein Pl* (*fam*)

fanion [fanjɔ̃] *m* ① *d'un club* Wimpel *m; d'une voiture officielle* Flagge *f* ② (*petit drapeau de marquage*) Fähnchen *nt*

fantaisie [fɑ̃tezi] *f* ① (*caprice*) Laune *f;* **à** [*o* **selon**] **sa** ~ (*comme il lui plaît*) wie es ihm/ihr gefällt; (*selon son humeur*) nach Lust und Laune ② (*extravagance*) Marotte *f* ③ (*délire, idée*) Spinnerei *f* (*fam*) ④ (*imagination*) Fantasie *f* ⑤ (*originalité*) Einfallsreichtum *m;* **être plein de** ~ *personne:* originelle Ideen haben; *décoration, histoire:* sehr originell sein; **être dépourvu de** ~ einfallslos sein; **sa vie manque de** ~ sein/ihr Leben ist eintönig ⑥ (*qui sort de la norme, original*) **bijoux** ~ origineller Schmuck; **bouton** ~ Zierknopf *m* ▶ **s'offrir** [*o* **se payer**] **une petite** ~ sich (*dat*) eine kleine Extravaganz leisten

fantaisiste [fɑ̃tezist] **I.** *adj* ① (*peu sérieux*) frei erfunden; *explication, hypothèse* aus der Luft gegriffen ② (*peu fiable*) unzuverlässig ③ (*anticonformiste*) unkonventionell ④ (*bizarre*) komisch **II.** *mf* ① (*personne peu sérieuse*) Luftikus *m* ② (*anticonformiste*) unkonventioneller Mensch

fantasmagorie [fɑ̃tasmagɔʀi] *f* Trugbild *nt*

fantasmagorique [fɑ̃tasmagɔʀik] *adj* bizarr, phantasmagorisch (*geh*)

fantasme [fɑ̃tasm] *m* Wunschvorstellung *f;* **vivre dans ses ~s** in einer Traumwelt leben

fantasmer [fɑ̃tasme] <1> *vi* fantasieren; (*rêver*) träumen

fantasque [fɑ̃task] *adj* launisch; (*bizarre*) seltsam; (*excentrique*) exzentrisch

fantassin [fɑ̃tasɛ̃] *m* Infanterist *m*

fantastique [fɑ̃tastik] **I.** *adj* ① fantastisch; *atmosphère* unwirklich; *événement, rêve* irreal; **animal/personnage** ~ Fabeltier *nt*/ Fabelwesen *nt* ② *fam* (*formidable*) fantastisch; *personne, réalisation* großartig; *richesse, progrès* ungeheuer[lich] **II.** *m* Übernatürliche(s) *nt*

fantoche [fɑ̃tɔʃ] *m* ① (*tiré d'en bas*) Hampelmann *m* ② (*tiré d'en haut*) Marionette *f*

fantomatique [fɑ̃tomatik] *adj* gespenstisch

fantôme [fɑ̃tom] **I.** *m* ① (*spectre*) Gespenst *nt* ② (*illusion, souvenir*) Phantom *nt;* **les ~s du passé** die Schatten der Vergangenheit **II.** *app* ① **train** ~ Geisterbahn *f;* **le "Vaisseau ~"** der „Fliegende Holländer" ② *administration* vorgetäuscht; **cabinet** ~ Schattenkabinett *nt;* **société** ~ Scheinfirma *f*

faon [fɑ̃] *m* [Reh]kitz *nt; du cerf* Hirschkalb *nt*

FAQ [fak] *f inv* INFORM *abr de* **foire aux questions** FAQ *Pl*

far [faʀ] *m* ~ **breton** *Auflauf mit Backpflaumen*

faramineux, -euse [faʀaminø, -øz] *adj fam* wahnsinnig

farandole [faʀɑ̃dɔl] *f* ① (*danse*) Farandole *f* (*provenzalischer Volkstanz*) ② (*cortège dansant*) Polonaise *f*

farce¹ [faʀs] *f* ① (*tour*) Streich *m* ② (*plaisanterie*) Scherz *m* ③ THEAT Farce *f* ④ (*chose peu sérieuse*) Farce *f* ⑤ (*objet*) **~s et attrapes** Scherzartikel *Pl*

farce² [faʀs] *f* GASTR Füllung *f*

farceur, -euse [faʀsœʀ, -øz] **I.** *m, f* Spaßvogel *m* **II.** *adj* **être** ~ ein ganz schöner Schelm sein

farci(e) [faʀsi] *adj* GASTR gefüllt

farcir [faʀsiʀ] <8> **I.** *vt* ① GASTR ~ **qc de qc** etw mit etw füllen ② *péj* (*bourrer*) ~ **qc de qc** etw mit etw vollstopfen (*fam*) **II.** *vpr péj fam* ① **se** ~ **qc** etw zu ertragen haben; **se** ~ **qn** jdn auf dem Hals haben; **il faut se le** ~**!** der geht einem ganz schön auf den

Geist! ❷ (*se payer*) **se ~ la vaisselle** sich um das Geschirr kümmern müssen

fard [faʀ] *m* Schminke *f;* **~ à joues** Rouge *nt;* **~ à paupières** Lidschatten *m* ▸**piquer un ~** *fam* einen roten Kopf bekommen; **sans ~** schlicht; **dire qc sans ~** ganz offen sagen

fardé(e) [faʀde] *adj* geschminkt

fardeau [faʀdo] <x> *m* ❶ (*charge*) Last *f* ❷ (*chose pénible*) Last *f;* **~ des impôts** steuerliche Belastung; **qn plie sous le ~ de qc** etw lastet [schwer] auf jdm

farder [faʀde] <1> **I.** *vt* schminken **II.** *vpr* **se ~** sich schminken

farfelu(e) [faʀfəly] **I.** *adj fam* verrückt **II.** *m(f) fam* Spinner(in) *m(f)*

farfouiller [faʀfuje] <1> *vi fam* **~ dans qc** in etw (*dat*) herumstöbern

farine [faʀin] *f* Mehl *nt*

fariner [faʀine] <1> *vt* in Mehl wälzen *poisson;* mit Mehl bestäuben *plaque de four*

farineux [faʀinø] *m* stärkehaltiges Nahrungsmittel *nt*

farineux, -euse [faʀinø, -øz] *adj* ❶ (*couvert de farine*) bemehlt ❷ *pomme, pomme de terre* mehlig; *fromage* bröckelig

farniente [faʀnjɛnte, faʀnjɑ̃t] *m* Dolcefarniente *nt*

farouche [faʀuʃ] *adj* ❶ (*timide*) scheu ❷ (*peu sociable*) unzugänglich; *air* unnahbar; **ne pas être ~** sich nicht zieren ❸ (*violent, hostile*) grimmig; *adversaire, lutte* erbittert; *haine* wild ❹ (*opiniâtre*) eisern; *résistance* heftig

farouchement [faʀuʃmɑ̃] *adv* heftig

fart [faʀt] *m* [Ski]wachs *nt*

farter [faʀte] <1> *vt* wachsen

Far West [faʀwɛst] *m* **le ~** der Wilde Westen

fascicule [fasikyl] *m* ❶ (*livret*) Heft *nt;* **être publié par ~s** in mehreren Einzelheften erscheinen ❷ (*fascicule d'information*) Broschüre *f*

fascinant(e) [fasinɑ̃, ɑ̃t] *adj* faszinierend

fascination [fasinasjɔ̃] *f* ❶ (*envoûtement*) Verzauberung *f* ❷ (*séduction*) Faszination *f*

fasciner [fasine] <1> *vt* ❶ (*hypnotiser*) in seinen Bann schlagen ❷ (*séduire*) faszinieren; **se laisser ~ par de belles promesses** sich von schönen Versprechungen beeindrucken lassen

fascisant(e) [faʃizɑ̃, ɑ̃t] *adj* faschistoid

fascisme [faʃism, fasism] *m* Faschismus *m*

fasciste [faʃist, fasist] **I.** *adj* faschistisch **II.** *mf* Faschist(in) *m(f)*

fasse [fas] *subj prés de* **faire**

faste¹ [fast] *m* Prunk *m*

faste² [fast] *adj* ❶ (*favorable*) günstig ❷ (*couronné de succès*) erfolgreich; **jour ~** Glückstag *m*

fast-food [fastfud] <fast-foods> *m* Fast-food-Restaurant *nt,* Schnellimbissrestaurant *nt*

fastidieux, -euse [fastidjø, -jøz] *adj* eintönig; *détails* uninteressant; *énumération* ellenlang (*fam*)

fastoche [fastɔʃ] *adj fam* total einfach

fastueux, -euse [fastɥø, -øz] *adj cadre, décor* prächtig; *fête* glanzvoll; *vie* luxuriös

fat(e) [fa(t), fat] *adj personne* eingebildet; *air* blasiert

fatal(e) [fatal] *adj* ❶ verhängnisvoll; **être ~ à qn** jdm zum Verhängnis werden ❷ (*mortel*) tödlich; **porter un coup ~ à qn/qc** jdm/einer S. den Todesstoß versetzen ❸ (*inévitable*) unabwendbar; **conséquence ~e** zwangsläufige Folge; **il est ~ que** + *subj* es ist unvermeidlich, dass ❹ (*marqué par le destin*) schicksalhaft; *air, regard* unglückselig ❺ *beauté* verhängnisvoll; **femme ~e** Femme fatale

fatalement [fatalmɑ̃] *adv* zwangsläufig

fatalisme [fatalism] *m* Fatalismus *m*

fataliste [fatalist] **I.** *adj* fatalistisch **II.** *mf* Fatalist(in) *m(f)*

fatalité [fatalite] *f* ❶ (*destin hostile*) Schicksal *nt* ❷ (*inévitabilité*) Unabwendbarkeit *f;* **ne pas être une ~** kein unabwendbares Schicksal sein

fatidique [fatidik] *adj* schicksalhaft

fatigant(e) [fatigɑ̃, ɑ̃t] *adj* ermüdend; **~ pour les nerfs** nervenaufreibend

fatigue [fatig] *f* ❶ *d'une personne* Müdigkeit *f; des yeux* Ermüdung *f* ❷ (*état d'épuisement*) Erschöpfung *f;* **se remettre des ~s de qc** sich von den Anstrengungen einer S. (*gen*) erholen ❸ *d'un mécanisme, moteur* Abnutzung *f*

fatigué(e) [fatige] *adj* ❶ müde; *foie, cœur* strapaziert ❷ *chaussures* ausgetreten; *vêtement* abgetragen ❸ (*excédé*) **être ~ de qn** jds überdrüssig sein; **être ~ de qc** etw (*akk*) leid sein

fatiguer [fatige] <1> **I.** *vt* ❶ (*causer de la fatigue*) *travail, marche:* anstrengen; *personne:* überanstrengen ❷ (*déranger*) belasten *foie, organisme* ❸ (*excéder*) **~ qn** jdm lästig sein ❹ (*ennuyer*) jdn langweilen **II.** *vi* ❶ (*peiner*) *machine, moteur:* Ermüdungserscheinungen zeigen; *cœur:* ermüden ❷ (*s'user*) *pièce, joint:* sich abnutzen; *poutre:* nachgeben ❸ *fam* (*en avoir assez*) die Schnauze voll haben **III.** *vpr* ❶ **se ~**

personne: sich überanstrengen; *cœur:* ermüden ❷ (*se lasser*) **se ~ de qc** einer S. (*gen*) überdrüssig werden; **se ~ à faire qc** es leid sein etw zu tun ❸ (*s'évertuer*) **se ~ à faire qc** sich (*dat*) [große] Mühe geben etw zu tun

fatma [fatma] *f maghrebinische Hausangestellte*

fatras [fatʀɑ] *m* wirres Durcheinander; (*choses sans valeurs, inutiles*) Kram *m* (*fam*); **un ~ d'idées** eine Unmenge von Ideen

fatuité [fatɥite] *f* Überheblichkeit *f*

faubourg [fobuʀ] *m* Vorort *m*

faubourien(ne) [fobuʀjɛ̃, jɛn] **I.** *adj* vorstädtisch **II.** *m(f)* Vorstadtbewohner(in) *m(f); de Paris* Bewohner(in) *m(f)* einer Pariser Vorstadt

fauchage [foʃaʒ] *m* Mähen *nt*

fauche [foʃ] *f sans pl fam* Diebstahl *m;* **il y a beaucoup de ~** es wird viel geklaut

fauché(e) [foʃe] *adj fam* **être ~** pleite sein; **être trop ~ pour faire qc** zu knapp bei Kasse sein um etw zu tun

faucher [foʃe] <1> *vt* ❶ (*couper*) mähen ❷ (*abattre*) **~ qn** *véhicule:* erfassen; (*mortellement*) überfahren; *mort:* hinwegraffen; *tirs:* niedermähen ❸ *fam* (*voler*) **~ qc à qn** jdm etw klauen ❹ *fig* **~ qn à qn** jdn jdm wegschnappen

faucheur, -euse [foʃœʀ, -øz] *m, f* Mäher(in) *m(f)*

faucheuse [foʃøz] *f* Mähmaschine *f*

faucille [fosij] *f* Sichel *f*

faucon [fokɔ̃] *m* ORN, POL Falke *m*

fauconnerie [fokɔnʀi] *f* ❶ (*dressage, lieu d'élevage*) Falknerei *f* ❷ (*chasse*) Beizjagd *f*

faudra [fodʀa] *fut de* **falloir**

faufil [fofil] *m* COUT Heftfaden *m*

faufiler [fofile] <1> *vpr* **se ~ dans un passage étroit** durch einen engen Durchgang schlüpfen; **se ~ parmi la foule** sich durch die Menge schlängeln; **se ~ dans une réunion** sich in eine Versammlung [ein]schleichen

faune¹ [fon] *f* ❶ ZOOL Fauna *f* ❷ *péj* (*personnes*) Bande *f*

faune² [fon] *m* HIST Faun *m*

faunesque [fonɛsk] *adj* Fauns-, wie ein Faun

faussaire [fosɛʀ] *mf* Fälscher(in) *m(f)*

fausse [fos] *adj v.* **faux**

faussé(e) [fose] *adj* verbogen; *porte* verzogen

faussement [fosmɑ̃] *adv* fälschlicherweise, zu Unrecht

fausser [fose] <1> *vt* ❶ (*altérer*) verfälschen; (*intentionnellement*) fälschen; entstellen *réalité* ❷ (*déformer*) verbiegen

fausseté [foste] *f* Unrichtigkeit *f*

faut [fo] *indic prés de* **falloir**

faute [fot] *f* ❶ (*erreur*) Fehler *m* ❷ (*mauvaise action*) Fehler *m* ❸ (*manquement à des lois, règles*) Vergehen *nt;* **~ de goût** Geschmacksverirrung *f;* **commettre une ~ envers qc** sich (*dat*) einer S. gegenüber etwas zuschulden kommen lassen; **faire un sans ~** einen Volltreffer landen (*fam*); **sans ~** ganz sicher ❹ (*responsabilité*) **faire retomber** [*o* **rejeter**] **la ~ sur qn** jdm die Schuld zuschieben; **c'est** [**de**] **la ~ de qn/qc** daran ist jd/etw schuld; **c'est** [**de**] **ma ~** das ist meine Schuld; **c'est la faute à qn** *fam* das ist die Schuld von jdm; **alors à qui la ~?** wer ist denn dann schuld? ❺ SPORT Fehler *m;* (*agression*) Foul *nt* ❻ JUR **~ pénale** Verletzung *f* des Strafgesetzes ❼ (*par manque de*) **~ de temps** aus Zeitmangel; **~ de preuves** aus Mangel an Beweisen; **~ de mieux** mangels Alternative ►**être en ~** schuldig sein; **prendre qn en ~** jdn erwischen (*fam*); **~ de quoi** sonst

fauteuil [fotœj] *m* ❶ (*siège*) Sessel *m;* **~ roulant/à bascule** Roll-/Schaukelstuhl *m* ❷ (*place dans une assemblée*) Sitz *m;* **~ de maire** Amt *nt* des Bürgermeisters

fauteur [fotœʀ] *m* **~ de désordre/troubles** Unruhestifter(in) *m(f)*

fautif, -ive [fotif, -iv] **I.** *adj* ❶ (*coupable*) schuldig; **être ~** schuld sein ❷ (*avec des fautes*) fehlerhaft; *citation, calcul* falsch; *mémoire* lückenhaft **II.** *m, f* Schuldige(r) *f(m)*

fauve [fov] **I.** *adj* ❶ (*couleur*) fahlgelb ❷ (*sauvage*) **bête ~** wildes Tier; **odeur ~** bestialischer Geruch **II.** *m* ❶ (*couleur*) Fahlgelb *nt* ❷ (*animal*) Raubtier *nt*

fauvette [fovɛt] *f* Grasmücke *f*

fauvisme [fovism] *m* ART Fauvismus *m*

faux¹ [fo] *f* (*outil*) Sense *f*

faux² [fo] **I.** *m* ❶ Falsche(s) *nt;* **discerner le vrai du ~** das Wahre vom Unwahren unterscheiden ❷ (*falsification, imitation*) Fälschung *f* **II.** *adv* falsch

faux, fausse [fo, fos] *adj* ❶ *antéposé* (*imité*) falsch; *marbre, perle* unecht; *papiers* gefälscht; *signature* gefälscht; *meuble, tableau* nachgemacht; **fausse monnaie** Falschgeld *nt* ❷ *antéposé barbe, dents, nom* falsch ❸ *antéposé* (*simulé*) gespielt; *dévotion, humilité* vorgetäuscht; *modestie,*

F

pudeur falsch ❹ *antéposé* (*mensonger*) falsch; ~ **serment** (*intentionnel*) Meineid *m;* (*involontaire*) Falscheid *m* ❺ *antéposé col* falsch; *fenêtre, porte* blind; ~ **plafond** Zwischendecke *f* ❻ *postposé* (*fourbe*) falsch; *regard* trügerisch; *attitude* unaufrichtig ❼ *antéposé ami, prophète* falsch ❽ (*erroné*) falsch; *affirmation* irrtümlich; *thermomètre* fehlerhaft; **un instrument est** ~ ein Instrument ist verstimmt ❾ *antéposé* (*non fondé*) falsch; *crainte* unbegründet ❿ *postposé* (*ambigu*) unangenehm ⓫ *antéposé* (*maladroit*) **une fausse manœuvre** ein falscher Handgriff; (*au volant*) ein falsches Lenkmanöver; **faire fausse route** sich verfahren; **faire un ~ pas** (*en marchant*) ungeschickt auftreten ⓬ (*qui détonne*) **fausse note** falscher Ton

faux-filet [fofilɛ] <faux-filets> *m* Lende[nstück *nt*] *f* **faux-fuyant** [fofɥijɑ̃] <faux-fuyants> *m* Ausflucht *f* **faux-monnayeur** [fomɔnɛjœʀ] <faux-monnayeurs> *m* Falschmünzer(in) *m(f)* **faux-semblant** [fosɑ̃blɑ̃] <faux-semblants> *m* **user de ~s** sich verstellen **faux-sens** [fosɑ̃s] <faux-sens> *m* Fehlinterpretation *f*

favela [favela] *f souvent pl* Favela *f*

faveur [favœʀ] *f* ❶ (*bienveillance*) Gunst *f* ❷ (*considération*) **être en ~ auprès de qn** bei jdm gut angesehen sein; *artiste, auteur:* bei jdm beliebt sein; **gagner la ~ du public** die Gunst des Publikums gewinnen; **voter en ~ de qn** für jdn stimmen; **se déclarer** [*o* **se prononcer**] **en ~ de qn/qc** sich für jdn/etw aussprechen; **en ma/ta ~** zu meinen/deinen Gunsten ❸ (*bienfait*) Gefallen *m* ▶ **de ~** Sonder-; **en ~ de qc** wegen etw

favorable [favɔʀabl] *adj* günstig; *terrain* geeignet; **jouir d'un préjugé ~** Vorteile haben; **donner un avis ~** sich positiv äußern; **être ~ à qn/qc** jdm wohlgesinnt sein/etw befürworten; *circonstances:* günstig für jdn/etw sein; *suffrages:* zu jds Gunsten/zu Gunsten einer S. (*gen*) sein; *opinion:* jdn unterstützen/etw befürworten; **être ~ à ce que** + *subj* dafür sein, dass

favorablement [favɔʀabləmɑ̃] *adv* positiv

favori(te) [favɔʀi, it] **I.** *adj* **lecture ~te** Lieblingslektüre *f* **II.** *m(f)* ❶ (*préféré*) Liebling *m* ❷ (*athlète*) Favorit(in) *m(f)* ❸ (*cheval*) Favorit *m*

favoris [favɔʀi] *mpl* Koteletten *Pl*

favoriser [favɔʀize] <1> *vt* ❶ begünstigen; unterstützen *ambition, commerce;* bevorzugen *personne;* **les familles les plus favorisées** die sozial bessergestellten Familien ❷ (*aider*) unterstützen

favorite [favɔʀit] *adj v.* **favori**

favoritisme [favɔʀitism] *m* POL Günstlingswirtschaft *f*

fax [faks] *m abr de* **téléfax** Fax *nt*

faxer [fakse] <1> *vt* faxen

fayot [fajo] *m* ❶ *arg* Schleimer(in) *m(f);* (*élève*) Streber(in) *m(f)* ❷ *fam* (*haricot*) grüne Bohne

fayoter [fajɔte] <1> *vi arg* sich einschleimen

FB HIST *abr de* **franc belge** *v.* **franc**

FC [ɛfse] *m abr de* **football club** FC *m*

fébrile [febʀil] *adj* ❶ (*fiévreux*) fiebrig; *personne* fieberkrank ❷ (*agité*) fieberhaft; *mouvement, personne* hektisch

fébrilement [febʀilmɑ̃] *adv* hektisch

fébrilité [febʀilite] *f* ❶ (*activité débordante*) Betriebsamkeit *f* ❷ (*excitation*) Hektik *f;* **faire qc avec ~** etw in hektischer Aufregung tun

fécal(e) [fekal, -o] <-aux> *adj* fäkal; **les matières ~es** Fäkalien *Pl*

fécond(e) [fekɔ̃, ɔ̃d] *adj* ❶ (*productif*) fruchtbar; *esprit* kreativ; *idée* zündend; *écrivain, siècle* produktiv; *conversation, sujet* ergiebig ❷ (*prolifique*) fruchtbar; **~ en surprises** voller Überraschungen; **~ en événements** ereignisreich

fécondation [fekɔ̃dasjɔ̃] *f* Befruchtung *f; des fleurs* Bestäubung *f;* **~ in vitro** In-vitro-Fertilisation *f*

féconder [fekɔ̃de] <1> *vt* befruchten; bestäuben *fleur*

fécondité [fekɔ̃dite] *f* Fruchtbarkeit *f; d'un artiste, écrivain* Produktivität *f; d'un sujet* Ergiebigkeit *f;* **taux de ~** Geburtenrate *f*

fécule [fekyl] *f* Stärke *f*

féculent [fekylɑ̃] *m* stärkehaltiges Nahrungsmittel

fédéral(e) [fedeʀal, -o] <-aux> *adj* ❶ *régime* bundesstaatlich; (*en Suisse*) eidgenössisch; **gouvernement ~** Bundesregierung *f;* **district ~** (*aux USA*) Bundesstaat *m* ❷ (*central*) **union ~e** Zentralverband *m*

fédéraliser [fedeʀalize] <1> *vt* föderalisieren *États*

fédéralisme [fedeʀalism] *m* Föderalismus *m*

fédéraliste [fedeʀalist] **I.** *adj* föderalistisch **II.** *mf* Föderalist(in) *m(f)*

fédérateur, -trice [fedeʀatœʀ, -tʀis] *adj* **thème ~** gemeinsames Thema; **jouer un rôle ~** eine vermittelnde Rolle spielen

fédératif, -ive [fedeʀati, -iv] *adj État* Bundes-; *système* föderativ
fédération [fedeʀasjɔ̃] *f* ❶ Bündnis *nt;* **~ européenne** europäische Gemeinschaft ❷ (*associations*) Verband *m;* **~ syndicale** Gewerkschaftsbund
fédéré(e) [fedeʀe] *adj* föderiert; (*au sein d'une association*) vereinigt
fédérer [fedeʀe] <5> *vt* vereinigen; in einer Föderation zusammenschließen *États*
fée [fe] *f* Fee *f*
feed-back [fidbak] *m inv* TECH Feedback *nt*
feeling [filiŋ] *m* Gespür *nt*
féerie [fe(e)ʀi] *f* ❶ (*ravissement*) **véritable ~** zauberhaftes Schauspiel; **la ~ d'une soirée d'été** der Zauber eines Sommerabends ❷ THEAT, CINE Märchenspiel *nt*
féerique [fe(e)ʀik] *adj* märchenhaft
feignant(e) [fɛɲɑ̃, ɑ̃t] *m(f) v.* **fainéant**
feindre [fɛ̃dʀ] <*irr*> *vt* vortäuschen *colère, innocence;* heucheln *étonnement, joie, tristesse;* (*prétexter*) vorschützen *maladie;* **~ l'indifférence** gleichgültig tun; **~ d'être malade** (*simuler*) so tun, als ob man krank wäre
feint(e) [fɛ̃, fɛ̃t] **I.** *part passé de* **feindre** **II.** *adj* gespielt; *maladie* vorgeschoben
feinte [fɛ̃t] *f* Täuschungsmanöver *nt*
feinter [fɛ̃te] <1> *vt* ❶ SPORT täuschen ❷ *fam* (*rouler*) hereinlegen
fêlé(e) [fele] *adj* ❶ *assiette, vitre* gesprungen; *bras, côte* angebrochen; *voix* brüchig ❷ *fam* (*dérangé*) **avoir le cerveau ~** einen Sprung in der Schüssel haben; **tu es complètement ~!** du bist ja völlig bekloppt!
fêler [fele] <1> **I.** *vt* **son opération à la gorge a fêlé sa voix** seine/ihre Stimme ist durch die Operation rau geworden **II.** *vpr* **se ~** einen Sprung/Sprünge bekommen; **se ~ qc** sich (*dat*) etw anbrechen
félicitations [felisitasjɔ̃] *fpl* Glückwünsche *Pl;* **avec les ~ du jury** summa cum laude; **recevoir les ~ de qn à l'occasion de qc** von jdm zu etw beglückwünscht werden
féliciter [felisite] <1> **I.** *vt* **~ qn de** [*o* **pour**] **qc** jdm zu etw gratulieren; **~ qn de faire qc** jdm gratulieren, dass er etw getan hat **II.** *vpr* **se ~ de qc** über etw (*akk*) froh sein
félin [felɛ̃] *m* Raubkatze *f*
félin(e) [felɛ̃, in] *adj race* der Katzen; *démarche, grâce* katzenartig
fellation [felasjɔ̃, fɛllasjɔ̃] *f* Fellatio *f*
félon(ne) [felɔ̃, ɔn] HIST **I.** *adj vassal* treubrüchig **II.** *m(f)* Treubrüchige(r) *f(m)*
félonie [felɔni] *f* HIST Treubruch *m*
fêlure [felyʀ] *f* ❶ (*fissure*) Sprung *m* ❷ *fig* Bruch *m*
femelle [fəmɛl] **I.** *adj animal, organe* weiblich; **léopard ~** Leopardenweibchen *nt* **II.** *f* ❶ ZOOL Weibchen *nt* ❷ *péj fam* Weibsbild *nt*
féminin [feminɛ̃] *m* GRAM Femininum *nt*
féminin(e) [feminɛ̃, in] *adj* ❶ *population, sexe* weiblich ❷ *femme, mode* weiblich ❸ *voix* Frauen-; *vêtements, mode* Damen-; *condition, revendication* der Frauen; **football ~** SPORT Damenfußball *m* ❹ GRAM *article, genre* weiblich
féminisation [feminizasjɔ̃] *f* **~ de l'enseignement** (*action*) Steigerung *f* des Frauenanteils im Lehramt; (*résultat*) Zunahme *f* des Frauenanteils im Lehramt
féminiser [feminize] <1> **I.** *vt* verweiblichen *homme;* sehr weiblich wirken lassen *femme;* **~ une profession** Frauen Zugang zu einem Beruf verschaffen **II.** *vpr* **se ~** ❶ (*se faire femme*) fraulicher werden ❷ (*comporter de plus en plus de femmes*) **un parti politique se féminise** der Frauenanteil in einer politischen Partei steigt
féminisme [feminism] *m* Feminismus *m*
féministe [feminist] **I.** *adj idée, revendication* feministisch; **mouvement ~** Frauenbewegung *f* **II.** *mf* Feminist(in) *m(f)*
féminité [feminite] *f* Weiblichkeit *f*
femme [fam] *f* ❶ (*opp: homme*) Frau *f;* **une ~-image** eine Frau, wie sie auf dem Bild erscheint/Modellfrau; **vêtements de** [*o* **pour**] **~s** Damenbekleidung *f;* **t'as vu la bonne ~ là-bas!** *fam* hast du die Tante dahinten gesehen! ❷ (*épouse*) Frau *f,* Ehefrau; **une ~ accomplie** eine perfekte Hausfrau [und Mutter]; **ma/ta/ bonne ~** *péj fam* meine/deine Alte ❸ (*adulte*) Frau *f* ❹ (*profession*) **une ~ auteur/ingénieur/médecin** eine Autorin/Ingenieurin/Ärztin; **~ politique** Politikerin *f;* **~ au foyer** Hausfrau; **~ de chambre** Zimmermädchen *nt;* **~ d'État** Staatsfrau; **~ de ménage** Putzfrau, Bedienerin *f* (A); **~ de service** (*pour le nettoyage*) Putzfrau; (*à la cantine*) Kantinenangestellte *f* (*an der Essensausgabe*)*;* **~ d'intérieur** tüchtige Hausfrau
femme-enfant [famɑ̃fɑ̃] <femmes-enfants> *f* Kindfrau *f*
femmelette [famlɛt] *f péj* Schwächling *m*
fémoral(e) [femɔʀal, -o] <-aux> *adj* ANAT [Ober]schenkel-
fémur [femyʀ] *m* Oberschenkelknochen *m*

F

FEN [fɛn] *f abr de* **Fédération de l'Éducation nationale** *französische Lehrergewerkschaft*

fenaison [fənɛzɔ̃] *f* Heuernte *f*

fendillé(e) [fɑ̃dije] *adj* rissig

fendillement [fɑ̃dijmɑ̃] *m de la peau* Aufspringen *nt,* Rissigwerden *nt; du bois* Reißen *nt*

fendiller [fɑ̃dije] <1> *vpr* **se ~** rissig werden

fendre [fɑ̃dʀ] <14> **I.** *vt* ① (*couper en deux*) spalten *bois* ② (*fissurer*) zum Springen bringen *glace;* spalten *pierre, rochers* **II.** *vpr* ① (*se fissurer*) **se ~** *mur, terre:* Risse bekommen; *verre, glace:* Sprünge bekommen ② (*se blesser*) **se ~ la lèvre** sich (*dat*) die Lippe aufschlagen

fendu(e) [fɑ̃dy] *adj* ① *crâne* gespalten; *lèvre* aufgeplatzt ② (*fissuré*) angebrochen; *assiette, verre* gesprungen ③ *jupe, veste* geschlitzt

fenêtre [f(ə)nɛtʀ] *f* Fenster *nt;* **~ pop-up** INFORM Pop-up-Fenster

fenil [fəni(l)] *m* Heuboden *m,* Heubühne *f* (CH)

fennec [fenɛk] *m* ZOOL Fennek *m*

fenouil [fənuj] *m* Fenchel *m*

fente [fɑ̃t] *f* ① *d'un mur, rocher* Spalt *m;* (*moins profonde*) Riss *m* ② (*interstice*) Schlitz *m*

féodal [feɔdal, -o] <-aux> *m* HIST Feudalherr *m*

féodal(e) [feɔdal, -o] <-aux> *adj* feudal[istisch]

féodalisme [feɔdalism] *m* Feudalcharakter *m*

féodalité [feɔdalite] *f* HIST Feudalismus *m*

fer [fɛʀ] *m* ① (*métal, sels de fer*) Eisen *nt;* **en** [*o* **de**] **~** aus Eisen ② *d'une lance, flèche* Eisenspitze *f;* **~ à cheval** Hufeisen *nt;* **en ~ à cheval** hufeisenförmig ③ (*appareil*) **~ à friser** Lockenstab *m;* **~ à repasser** Bügeleisen *nt* ▶ **tomber les quatre ~s en l'air** *fam* auf den Rücken fallen; **le ~ de lance d'une organisation** das Zugpferd einer Organisation; **battre le ~ tant qu'il est chaud** die Gelegenheit beim Schopf ergreifen; **discipline/main/santé/volonté de ~** eiserne Disziplin/Hand/Gesundheit/eiserner Wille

ferai [f(ə)ʀɛ] *fut de* **faire**

fer-blanc [fɛʀblɑ̃] <fers-blancs> *m* [Weiß]blech *nt*

férié(e) [feʀje] *adj* **jour ~** Feiertag *m*

fermage [fɛʀmaʒ] *m* Pacht *f*

ferme¹ [fɛʀm] **I.** *adj* ① (*consistant*) fest; *seins, peau* straff ② (*assuré*) sicher; *voix, pas* fest; *main* ruhig ③ (*résolu*) bestimmt ④ *personne* standhaft; *intention, résolution* fest; *volonté* unerschütterlich; **être ~ avec qn** jdm gegenüber bestimmt auftreten ⑤ COM *achat, commande, prix* verbindlich ⑥ FIN *cours, marché* unverändert **II.** *adv* ① *boire* ordentlich; *travailler* hart; *s'ennuyer* fürchterlich ② *discuter* heftig ③ COM *acheter, commander* verbindlich ④ (*avec opiniâtreté*) **tenir ~** (*contre l'ennemi*) standhalten; (*dans des négociations*) hart bleiben

ferme² [fɛʀm] *f* ① (*bâtiment*) Bauernhaus *nt* ② (*exploitation*) Bauernhof *m,* Gehöft *nt*

fermé(e) [fɛʀme] *adj* ① (*opp: ouvert*) geschlossen; (*à clé*) verschlossen; *col, route* gesperrt; *bouche, yeux, vêtement* geschlossen; *robinet* zugedreht; **mer ~e** Binnenmeer *nt* ② (*privé*) geschlossen; *club, cercle* exklusiv ③ *personne* verschlossen; *air, visage* undurchdringlich ④ (*insensible à*) **être ~ à qc** keinen Sinn für etw haben

fermement [fɛʀməmɑ̃] *adv* ① *tenir, tirer* fest ② *croire, être décidé* fest; *expliquer* bestimmt

ferment [fɛʀmɑ̃] *m* BIO Gärstoff *m;* **~s lactiques** Milchsäurebakterien *Pl*

fermentation [fɛʀmɑ̃tasjɔ̃] *f* BIO Gärung *f*

fermenter [fɛʀmɑ̃te] <1> *vi jus:* gären; *pâte:* arbeiten

fermer [fɛʀme] <1> **I.** *vi* ① (*être, rester fermé*) schließen ② (*pouvoir être fermé*) **bien/mal ~** *vêtement:* gut/schlecht zugehen; *boîte, porte:* gut/schlecht schließen **II.** *vt* ① (*opp: ouvrir*) schließen, zumachen (*fam*) *porte, yeux;* zuziehen *rideau;* zuschieben *tiroir;* zuklappen *livre;* **~ la main/le poing** eine Faust machen; **~ une maison à clé** ein Haus abschließen ② (*boutonner*) zuknöpfen ③ (*cacheter*) zukleben *enveloppe* ④ (*arrêter*) zudrehen *robinet;* abschalten *électricité;* ausschalten *télévision;* ausmachen *lumière* ⑤ (*interrompre l'activité de*) schließen *école, usine* ⑥ (*barrer, bloquer*) versperren *passage, accès;* sperren *aéroport, frontière* ⑦ (*rendre inaccessible*) **~ une carrière à qn** jdm eine Karriere verbauen; **~ son cœur à la détresse des autres** sein Herz vor der Not der anderen verschließen ⑧ (*clore*) auflösen *compte;* **fermez la parenthèse!** Klammer zu! ▶ **la ferme!** *fam* halt/haltet die Klappe! **III.** *vpr* ① (*se refermer*) **se ~** *porte, yeux:* zufallen; *plaie:* verheilen ② (*passif*) **se ~** *boîte:* sich schließen lassen; *appareil:* ausgeschaltet werden; **se ~ par devant** *robe:* vorne zugemacht werden (*fam*) ③ (*refuser l'ac-

cès à) **se ~ à qn/qc** *personne, pays:* sich jdm/einer S. verschließen

fermeté [fɛʀməte] *f* ❶ *d'une chair, peau* Festigkeit *f* ❷ *d'un style* Prägnanz *f* ❸ *(courage)* Standhaftigkeit *f* ❹ *(autorité)* Bestimmtheit *f; (dans l'éducation de qn)* Strenge *f;* **~ de caractère** Charakterstärke *f;* **~ du jugement** Urteilskraft *f;* **parler/affirmer avec ~** mit Nachdruck sprechen/nachdrücklich betonen ❺ FIN *d'un cours, marché, d'une monnaie* Stabilität *f*

fermette [fɛʀmɛt] *f* kleines Bauernhaus

fermeture [fɛʀmətyʀ] *f* ❶ *d'un sac, vêtement* Verschluss *m;* **avec ~ à clé** abschließbar; **~ automatique** automatischer Türschließer; **~ éclair®** Reißverschluss ❷ *d'une porte, d'un magasin, guichet* Schließen *nt; d'une école, frontière* Schließung *f; d'une entreprise, d'un aéroport* Stilllegung *f;* **~ annuelle** Betriebsferien *Pl;* **après la ~ des bureaux/du magasin** nach Büro-/Ladenschluss *m*

fermier, -ière [fɛʀmje, -jɛʀ] **I.** *adj beurre* Land-; *poulet, canard* vom Bauernhof **II.** *m, f* ❶ *(agriculteur)* Bauer *m*/Bäuerin *f* ❷ *(locataire)* Pächter(in) *m(f)*

fermoir [fɛʀmwaʀ] *m* Verschluss *m*

féroce [feʀɔs] *adj* ❶ *animal* wild ❷ *personne* unbarmherzig; *critique* scharf; *satire* bissig; *air, regard* böse ❸ *appétit, envie* riesig

férocité [feʀɔsite] *f* ❶ *d'un animal* Grausamkeit *f* ❷ *d'un dictateur* Brutalität *f* ❸ *d'un combat* Heftigkeit *f; d'un regard* Wildheit *f* ❹ *d'une critique, attaque* Schärfe *f;* **se moquer avec ~ de qn** sich in schonungsloser Weise über jdn lustig machen

ferraillage [feʀɑjaʒ] *m* CONSTR Armierung *f,* Bewehrung *f*

ferraille [feʀɑj] *f* ❶ *(vieux métaux)* Schrott *m;* **être bon à mettre à la ~** schrottreif sein; **mettre une voiture à la ~** ein Auto verschrotten lassen ❷ *fam (monnaie)* Kleingeld *nt*

ferrailler [feʀɑje] <1> *vi* HIST *péj (se battre)* sich mit dem Schwert schlagen

ferrailleur, -euse [feʀɑjœʀ, -jøz] *m, f* Schrotthändler(in) *m(f)*

ferré(e) [feʀe] *adj cheval* beschlagen; *bâton, soulier* [mit Eisen] beschlagen

ferrer [feʀe] <1> *vt* beschlagen *cheval;* mit Eisen beschlagen *souliers, canne*

ferreux, -euse [fɛʀø, -øz] *adj* eisenhaltig

ferronnerie [fɛʀɔnʀi] *f* Kunstschmiedearbeiten *Pl*

ferroviaire [fɛʀɔvjɛʀ] *adj* Eisenbahn-

ferrugineux, -euse [feʀyʒinø, -øz] *adj* eisenhaltig

ferrure [feʀyʀ] *f d'un meuble, d'une porte* [Eisen]beschlag *m; d'un cheval* Hufbeschlag *m*

ferry [feʀi] <ferries> *m abr de* **ferry-boat, car-ferry, train-ferry**

ferry-boat [feʀibot] <ferry-boats> *m* Fähre *f*

fertile [fɛʀtil] *adj* ❶ *(riche)* fruchtbar ❷ *(prodigue)* fruchtbar; **~ en aventures** *roman, vie:* reich an Abenteuern *(dat)*

fertilisant [fɛʀtilizɑ̃] *m* Dünger *m,* Düngemittel *nt*

fertilisation [fɛʀtilizasjɔ̃] *f* Fruchtbarmachung *f*

fertiliser [fɛʀtilize] <1> *vt* fruchtbar machen

fertilité [fɛʀtilite] *f* ❶ *d'une région, terre* Fruchtbarkeit *f* ❷ *(créativité)* **~ d'esprit/d'imagination** Einfallsreichtum *m*

féru(e) [feʀy] *adj* **être ~ de cinéma/de musique classique** ein Kinofan/Liebhaber klassischer Musik sein

fervent(e) [fɛʀvɑ̃, ɑ̃t] **I.** *adj* ❶ *(fidèle)* fromm; *disciple* leidenschaftlich; *prière* inbrünstig ❷ *(ardent)* begeistert; *admirateur, passion* glühend **II.** *m(f)* **~ de football** Fußballanhänger; **~ de musique** Musikliebhaber

ferveur [fɛʀvœʀ] *f* ❶ REL *d'une prière, foi* Inbrunst *f; d'une personne* Eifer *m* ❷ *(ardeur)* Eifer *m;* **remercier qn avec ~** jdm überschwänglich danken

fesse [fɛs] *f* Hinterbacke *f;* **les ~s** das Gesäß ▸ **avoir qn aux ~s** *fam* jdn auf dem Hals haben; **serrer les ~s** *fam* Bammel haben

fessée [fese] *f* **donner** [*o* **flanquer** *fam*] **une ~ à qn** jdm eine Tracht Prügel geben

fesser [fese] <1> *vt* **~ un enfant** ein Kind übers Knie legen

fessier [fesje] **I.** *adj muscle* Gesäß- **II.** *m hum fam* Hinterteil *nt*

festin [fɛstɛ̃] *m* Festessen *nt*

festival [fɛstival] <s> *m* Festspiele *Pl,* Festival *nt;* **le ~ de Cannes** das Filmfestival von Cannes

festivalier, -ière [fɛstivalje, -jɛʀ] *m, f* Festspielbesucher(in) *m(f)*

festivités [fɛstivite] *fpl* Festveranstaltungen *Pl*

fest-noz [fɛstnoz] *m inv traditionelles bretonisches Fest*

feston [fɛstɔ̃] *m* ❶ *de fleurs* Blumengirlande *f* ❷ ARCHIT, COUT Feston *nt*

festonner [fɛstɔne] <1> *vt* ❶ mit Blumengirlanden schmücken *salle des fêtes* ❷ COUT festonieren *drap*

festoyer [fɛstwaje] <6> *vi* schlemmen
feta [feta] *f* Feta[käse] *m*
fêtard(e) [fɛtaʀ, aʀd] *m(f) fam* Nachtschwärmer(in) *m(f)*
fête [fɛt] *f* ① (*religieuse, civile*) Fest *nt* ② (*jour férié*) Feiertag *m;* ~ **des Mères/Pères** Mutter-/Vatertag *m;* ~ **du travail** Tag *m* der Arbeit ③ (*jour du prénom*) Namenstag *m* ④ *pl* (*congé*) Feiertage *Pl* ⑤ (*kermesse*) ~ **foraine** Jahrmarkt *m;* ~ **de la bière à Munich** Münchner Oktoberfest ⑥ (*réception*) Fest *nt,* Feier *f,* Fete *f;* (*entre amis*) Party *f;* **un jour de** ~ ein Feiertag/Festtag *m* ▶ **elle n'est pas à la** ~ *fam* ihr ist nicht wohl in ihrer Haut; **faire** ~ **à qn** jdn freudig begrüßen; **ambiance/air/atmosphère de** ~ (*solennel*) festliche Stimmung/Atmosphäre; (*gai*) fröhliche Stimmung/Atmosphäre; **village en** ~ feierndes Dorf; **le collège en** ~ das „Collège" feiert
Fête-Dieu [fɛtdjø] <Fêtes-Dieu> *f* **la** ~ Fronleichnam *m*
fêter [fete] <1> *vt* ① (*célébrer*) feiern ② (*faire fête à*) feierlich empfangen
fétiche [fetiʃ] **I.** *m* ① (*amulette*) Fetisch *m* ② (*mascotte*) Maskottchen *nt* **II.** *app film* Kult-; **objet** ~ Talisman *m*
fétichisme [fetiʃism] *m* Fetischismus *m*
fétichiste [fetiʃist] **I.** *adj* fetischistisch **II.** *mf* Fetischist(in) *m(f)*
fétide [fetid] *adj* ① (*malodorant*) übel riechend ② (*infect*) stinkend; *odeur* widerlich
fétu [fety] *m* ~ **de paille** Strohhalm *m*
feu [fø] <x> *m* ① (*source de chaleur*) Feuer *nt;* ~ **de camp** Lagerfeuer ② (*incendie*) Feuer *nt;* **mettre le** ~ **à qc** etw anzünden ③ *souvent pl* (*lumière*) **les** ~**x des projecteurs** das Scheinwerferlicht; **être sous le** ~ **des projecteurs** im Rampenlicht stehen ④ *souvent pl* AUT Licht *nt* ⑤ AVIAT, NAUT Lichter *Pl* ⑥ TRANSP ~ **tricolore/de signalisation** Verkehrsampel *f;* **passer au** ~ **rouge** bei Rot durchfahren; **le** ~ **est [au] rouge** die Ampel ist rot ⑦ (*brûleur d'un réchaud: à gaz*) Flamme *f;* **à** ~ **doux/vif** (*réchaud à gaz*) auf kleiner/starker Flamme; (*réchaud électrique*) bei schwacher/starker Hitze ⑧ *soutenu* (*ardeur*) Intensität *f;* **dans le** ~ **de l'action** im Eifer des Gefechts ⑨ (*spectacle*) ~ **d'artifice** Feuerwerk *nt* ▶ **ne pas faire long** ~ *personne:* nicht lange bleiben werden; *chose:* nicht lange dauern; **faire mijoter qn à petit** ~ jdn auf die Folter spannen; ~ **vert** (*permission*) grünes Licht; **y'a pas le** ~ *fam* immer mit der Ruhe; **être [pris] entre deux** ~**x** in der Klemme sitzen; **péter le** ~ vor Energie sprühen; **n'y voir que du** ~ nichts merken; **tempérament de** ~ hitziges Naturell
feuillage [fœjaʒ] *m* ① (*ensemble de feuilles*) Laub *nt* ② (*rameaux coupés*) grüne Zweige *Pl*
feuillaison [fœjɛzɔ̃] *f* (*au printemps*) Belauben *nt,* Grünen *nt*
feuille [fœj] *f* ① *d'un arbre, d'une fleur, salade* Blatt *nt* ② *d'aluminium, or* Folie *f; de carton* Bogen *m; de contreplaqué* Platte *f* ③ (*feuille de papier*) Blatt [Papier] *nt* ④ (*formulaire*) ~ **de maladie** ≈ Krankenschein *m;* ~ **de paie** Gehaltsabrechnung *f;* ~ **de soins** (ärztlicher) Behandlungsschein; ~ **d'impôt** (*déclaration d'impôt*) Steuererklärung *f;* (*avis d'imposition*) Steuerbescheid *m* ⑤ (*Excel*) [Arbeits]blatt *nt* ⑥ (*journal*) ~ **de chou** *péj fam* Käseblatt *nt* ▶ **trembler comme une** ~ wie Espenlaub zittern
feuille-morte [fœjmɔʀt] *adj inv* rotbraun
feuillet [fœjɛ] *m* Blatt *nt*
feuilleté [fœjte] *m* GASTR Blätterteiggebäck *nt*
feuilleté(e) [fœjte] *adj* ① (*triplex*) **verre** ~ Verbundglas *nt* ② GASTR **pâte** ~**e** Blätterteig *m*
feuilleter [fœjte] <3> *vt* ① (*tourner les pages*) durchblättern ② (*parcourir*) überfliegen
feuilleton [fœjtɔ̃] *m* ① PRESSE Fortsetzungsroman *m* ② TV ~ **télévisé** Fernsehserie *f* ③ (*événement à rebondissements*) lange Geschichte
feuillu [fœjy] *m* Laubbaum *m*
feuillu(e) [fœjy] *adj* ① (*chargé de feuilles*) [dicht] belaubt ② (*opp: résineux*) Laub tragend; **arbre** ~ Laubbaum *m*
feuillure [fœjyʀ] *f* Falz *m*
feuler [føle] <1> *vi tigre:* brüllen; *chat:* fauchen
feutrage [føtʀaʒ] *m de la laine, du poil* Filzen *nt; d'un lainage* Verfilzen *nt*
feutre [føtʀ] *m* ① (*étoffe*) Filz *m* ② (*stylo*) Filzstift *m* ③ (*chapeau*) Filzhut *m*
feutré(e) [føtʀe] *adj* ① (*fait de feutre*) verfilzt ② *bruit* gedämpft; *pas* leise; **marcher à pas** ~**s** auf leisen Sohlen gehen
feutrer [føtʀe] <1> *vi, vpr* [**se**] ~ verfilzen
feutrine [føtʀin] *f* Wollfilz *m*
fève [fɛv] *f* Saubohne *f*
février [fevʀije] *m* Februar *m; v. a.* **août**
FF[1] HIST *abr de* **franc français** *v.* **franc**
FF[2] [ɛfɛf] *f* SPORT *abr de* **Fédération française** Französischer Verband

F.F.I. [ɛfɛfi] *fpl* HIST *abr de* **Forces Françaises de l'Intérieur** *Widerstandstruppen der Gaullisten im Zweiten Weltkrieg*
fi [fi] ▶ **faire ~ de qc** etw verschmähen
fiabilité [fjabilite] *f d'un appareil, dispositif* Betriebssicherheit *f; d'un système, d'une méthode* Zuverlässigkeit *f; d'une personne* Zuverlässigkeit *f*
fiable [fjabl] *adj machine, matériel* betriebssicher; *méthode, statistique, personne* zuverlässig
fiacre [fjakʀ] *m* [Pferde]droschke *f*
fiançailles [fjɑ̃saj] *fpl* Verlobung *f*
fiancé(e) [fjɑ̃se] I. *adj* verlobt II. *m(f)* Verlobte(r) *f(m)*
fiancer [fjɑ̃se] <2> I. *vt* ~ **qn avec** [*o* **à**] **qn** jdn mit jdm verloben II. *vpr* **se ~ avec** [*o* **à**] **qn** sich mit jdm verloben
fiasco [fjasko] *m* Fiasko *nt;* **être un ~** ein Reinfall sein; *pièce:* ein Flop sein
fiasque [fjask] *f de vin* Korbflasche *f*
fibranne [fibʀan] *f* Zellwolle *f*
fibre [fibʀ] *f* ❶ TEXTIL, IND *d'un bois, muscle, d'une plante, viande* Faser *f* ❷ (*sensibilité*) **avoir la ~ sensible** sensibel sein
fibreux, -euse [fibʀø, -øz] *adj* faserig
fibrillation [fibʀijasjɔ̃, fibʀi(l)lasjɔ̃] *f* MED *du muscle cardiaque* Herzflimmern *nt*
fibrille [fibʀil, fibʀij] *f* ANAT, BOT Fibrille *f; d'une racine* Fäserchen *nt*
fibrome [fibʀom] *m* MED Fibrom *nt*
ficelage [fislaʒ] *m* ❶ (*action de ficeler*) Verschnüren *nt* ❷ (*résultat*) Verschnürung *f*
ficelé(e) [fis(ə)le] *adj fam* ▶ **être mal ~** *fam personne:* geschmacklos angezogen sein; **être bien/mal ~** *intrigue, travail:* gut/schlecht gemacht sein
ficeler [fis(ə)le] <3> *vt* [ver]schnüren *paquet;* [mit einem Bindfaden] umwickeln *rôti;* fesseln *prisonnier*
ficelle [fisɛl] *f* ❶ (*corde mince*) Schnur *f;* (*en cuisine*) Bindfaden *m* ❷ (*pain*) dünnes Baguette ▶ **connaître toutes les ~s du métier** alle Kniffe des Berufes kennen; **tirer les ~s** die Fäden in der Hand halten
fichage [fiʃaʒ] *m d'une personne* Erfassung *f*
fiche [fiʃ] *f* ❶ (*piquet*) Pflock *m* ❷ (*carte*) [Kartei]karte *f* ❸ (*feuille, formulaire*) Blatt *nt;* **~ de paie** Gehaltsabrechnung *f;* **~ d'état civil** Auszug *m* aus dem Personenstandsregister; **~ technique** technische Daten *Pl* ❹ CH (*dossier*) Akte *f,* Fiche *f* (CH)
fiche-horaire [fiʃɔʀɛʀ] <fiches-horaires> *f* Fahrplanauszug *m*
ficher¹ [fiʃe] <1> I. *vt part passé: fichu, fam* ❶ (*faire*) treiben; **ne rien ~** keinen Finger krumm machen ❷ (*donner*) verpassen *claque, coup;* **en ~ une à qn** jdm eine runterhauen ❸ (*mettre*) **~ qc par terre** etw auf den Boden schmeißen; **~ qn dehors/à la porte** jdn rauswerfen/vor die Tür setzen; **~ qn en colère** [*o* **en rogne**] jdn auf die Palme bringen ❹ (*se désintéresser*) **j'en ai rien à fiche!** das ist mir piepegal! ▶ **~ un coup à qn** jdm einen schweren Schlag versetzen; **je t'en fiche!** von wegen! II. *vpr part passé: fichu, fam* ❶ (*se mettre*) **fiche-toi ça dans le crâne!** lass dir das gesagt sein! ❷ (*se flanquer*) **se ~ un coup de marteau** sich (*dat*) mit einem Hammer hauen ❸ (*se moquer*) **se ~ de qn** jdn auf den Arm nehmen ❹ (*se désintéresser*) **qn se fiche de qn/qc** jd/etw ist jdm piepegal
ficher² [fiʃe] <1> I. *vt* (*inscrire*) registrieren II. *vpr* **se ~ dans qc** *arête:* in etw (*dat*) stecken bleiben; *flèche, pieu, piquet:* sich in etw (*akk*) bohren
fichier [fiʃje] *m* ❶ *du personnel, d'une bibliothèque* Kartei *f* ❷ INFORM Datei *f*
fichier-texte [fiʃjetɛkst] <fichiers-textes> *m* INFORM Textdatei *f*
fichu [fiʃy] *m* Schal *m*
fichu(e) [fiʃy] I. *part passé de* **ficher** II. *adj fam* ❶ *antéposé caractère, métier* mies; **quel ~ temps!** so ein Sauwetter! ❷ *antéposé problème, question* verflixt; *habitude, idée* [sau]blöd ❸ (*en mauvais état*) **être ~** *vêtement, appareil:* hin sein ❹ (*gâché*) **être ~** *vacances, soirée:* im Eimer sein ❺ (*perdu*) **être ~** *personne:* geliefert sein ❻ (*condamné*) verloren sein; (*discrédité*) erledigt sein ❼ (*habillé*) zurechtgemacht ❽ (*capable*) **être/n'être pas ~ de faire qc** imstande/nicht imstande sein etw zu tun ▶ **être bien/mal ~** (*bien bâti(e)*) gut/schlecht gemacht sein; **elle est bien ~e** sie ist gut gebaut; **il est mal ~** (*malade*) er fühlt sich elend
fictif, -ive [fiktif, -iv] *adj* ❶ (*imaginaire*) fiktiv ❷ (*faux*) falsch; *concurrence, contrat* Schein-; *vente* Pro-forma-
fiction [fiksjɔ̃] I. *f* ❶ (*imagination*) Fantasie *f* ❷ (*fait imaginé*) [freie] Erfindung; **film de ~** frei erfundener Film ❸ (*œuvre d'imagination*) frei erfundene Geschichte II. *adj* ❶ (*futuriste*) futuristisch ❷ (*imaginaire*) rein fiktiv
fidèle [fidɛl] I. *adj* ❶ (*constant*) treu ❷ (*qui ne trahit pas qc*) **être ~ à une habitude** einer Gewohnheit treu sein; **être ~ à une**

promesse ein Versprechen halten ③ *historien, narrateur* wahrheitsgetreu; *récit* wirklichkeitsgetreu; *reproduction* originalgetreu; *traduction* wortgetreu; *souvenir* klar ④ *mémoire* zuverlässig; *montre* genau **II.** *mf d'un homme politique* Anhänger(in) *m(f); d'un magasin* Stammkunde *m*/-kundin *f;* REL Gläubige[n] *Pl*

fidèlement [fidɛlmɑ̃] *adv* ① *servir, obéir* treu ② (*régulièrement*) regelmäßig ③ (*d'après l'original*) genau; *traduire* wortgetreu

F

fidéliser [fidelize] <1> *vt* als Stammkunden gewinnen

fidélité [fidelite] *f* ① (*dévouement*) Treue *f;* **la ~ à** [*o* **envers**] **qn** die Treue zu jdm; **carte de ~** Kundenkarte *f* ② (*attachement*) **~ à une habitude** Festhalten *nt* an einer Gewohnheit ③ *d'une copie, traduction, d'un portrait* Genauigkeit *f*

fiduciaire [fidysjɛʀ] JUR, ECON **I.** *adj société, administration* Treuhand- **II.** *mf* Treuhänder(in) *m(f)*

fief [fjɛf] *m* ① POL *d'un parti* Hochburg *f* ② HIST Lehen *nt*

fieffé(e) [fjefe] *adj antéposé fam* **être un ~ menteur** ein abgefeimter Lügner sein

fiel [fjɛl] *m* Boshaftigkeit *f*

fielleux, -euse [fjelø, -øz] *adj* boshaft, bitterböse

fiente [fjɑ̃t] *f* Kot *m*

fier [fje] <1> *vpr* **se ~ à qn** sich auf jdn verlassen; **se ~ à des promesses** Versprechungen (*dat*) trauen

fier, fière [fjɛʀ] **I.** *adj* **~ de qn/qc** stolz auf jdn/etw **II.** *m, f* ▶ **faire le ~ avec qn** (*crâner*) sich jdm gegenüber aufspielen; (*être méprisant*) überheblich jdm gegenüber tun

fier-à-bras [fjɛʀabʀɑ] <fiers-à-bras> *m* Angeber *m*

fièrement [fjɛʀmɑ̃] *adv* stolz

fierté [fjɛʀte] *f* Stolz *m;* **tirer une ~ de qc** stolz auf etw (*akk*) sein

fiesta [fjɛsta] *f fam* Fete *f*

fièvre [fjɛvʀ] *f* ① MED Fieber *nt* ② (*vive agitation*) Hektik *f* ③ (*désir ardent*) Feuereifer *m*

fiévreusement [fjevʀøzmɑ̃] *adv* fieberhaft

fiévreux, -euse [fjevʀø, -øz] *adj* ① MED *personne, joues* fiebrig; *yeux* fiebrig glänzend ② *activité, excitation* fieberhaft

figé(e) [fiʒe] *adj* ① *attitude, morale, regard* starr; *sourire* ausdruckslos ② LING *expression* fest[stehend]; *forme* unveränderlich

figer [fiʒe] <2a> **I.** *vt* ① (*durcir*) fest werden lassen *graisse, sauce* ② (*horrifier*) **~ qn** *surprise, terreur:* jdn erstarren lassen **II.** *vpr* ① (*durcir*) **se ~** *graisse, huile:* fest werden; *sauce:* dick werden; *sang:* gerinnen; *visage:* erstarren; *sourire:* gefrieren ② (*s'immobiliser*) **se ~ dans une attitude de refus** sich beharrlich weigern

fignolage [fiɲɔlaʒ] *m* Ausfeilen *nt*

fignoler [fiɲɔle] <1> *fam* **I.** *vi* herumbasteln **II.** *vt* ausfeilen

figue [fig] *f* Feige *f*

figuier [figje] *m* Feigenbaum *m*

figurant(e) [figyʀɑ̃, ɑ̃t] *m(f)* ① CINE, THEAT Statist(in) *m(f)* ② (*potiche*) Randfigur *f*

figuratif, -ive [figyʀatif, -iv] *adj* ① *art, peinture* gegenständlich ② *plan* bildlich

figuration [figyʀasjɔ̃] *f* ① CINE, THEAT Arbeit *f* als Statist ② (*représentation*) bildliche Darstellung ▶ **faire de la ~** als Statist(in) arbeiten; (*en politique*) eine Nebenrolle spielen

figure [figyʀ] *f* ① (*visage, mine*) Gesicht *nt* ② (*personnage*) [große] Persönlichkeit ③ (*image*) Figur *f;* GEOM grafische Darstellung; **livre orné de ~s** Buch *nt* mit Abbildungen ④ SPORT Figur *f;* **~s imposées/libres** Pflicht *f*/Kür *f* ▶ **faire bonne/mauvaise ~** (*se montrer sous un bon/mauvais jour*) eine gute/schlechte Figur machen; (*s'en sortir bien/mal*) gut/schlecht abschneiden; **casser la ~ à qn** *fam* jdn verhauen; **se casser la ~** *fam* hinfliegen; (*d'en haut*) runterfliegen; **faire ~ de favori** als Favorit gelten; **prendre ~** Gestalt annehmen

figuré(e) [figyʀe] *adj* ① *sens* übertragen ② *langage* bilderreich

figurer [figyʀe] <1> **I.** *vi* ① THEAT, CINE als Statist(in) auftreten; **ne faire que ~** SPORT, POL nur eine Statistenrolle spielen; (*dans un classement*) nur unter ferner liefen rangieren ② (*être mentionné*) stehen **II.** *vt* (*représenter*) darstellen **III.** *vpr* **se ~ qn/qc** sich (*dat*) jdn/etw vorstellen; **je l'aime, figure-toi!** ich liebe ihn/sie, ob du's glaubst oder nicht!

figurine [figyʀin] *f* Figürchen *nt*

fil [fil] *m* ① (*brin*) Faden *m; de haricot* Faser *f;* **~ de fer** Eisendraht *m;* (*personne maigre*) Bohnenstange *f;* **~ de fer barbelé** Stacheldraht ② *d'un téléphone, d'une lampe* Schnur *f* ③ (*conducteur électrique*) Leitung *f;* (*corde à linge*) [Wäsche]leine *f* ④ *pl d'une affaire* Fäden *Pl* ⑤ (*enchaînement*) **suivre le ~ de la conversation** der Unterhaltung (*dat*) folgen ▶ **de ~ en aiguille** nach und nach; **ne pas avoir inventé le ~ à couper le beurre** *fam* nicht [gerade] das

Pulver erfunden haben; **être cousu de ~ blanc** fadenscheinig sein; **donner du ~ à retordre à qn** jdm sehr zu schaffen machen; **au ~ de l'eau** [*o* **du courant**] flussabwärts; **au ~ des ans** im Laufe der Jahre

filage [filaʒ] *m* Spinnen *nt kein Pl*

filament [filamɑ̃] *m* ELEC Glühfaden *m*

filamenteux, -euse [filamɑ̃tø, -øz] *adj* faserig; **matière filamenteuse** Faserstoff *m*

filandreux, -euse [filɑ̃dʀø, -øz] *adj* ❶ *viande* sehnig, flachsig (A) ❷ *discours* langatmig

filasse [filas] *adj inv péj cheveux* strohig; **cheveux d'un blond ~** strohblonde Haare

filateur [filatœʀ] *m* (*directeur*) Leiter *m* einer Spinnerei; (*propriétaire*) Spinnereibesitzer *m*

filature [filatyʀ] *f* ❶ (*usine*) Spinnerei *f* ❷ (*action*) Spinnen *nt* ❸ (*surveillance*) Beschattung *f*; **prendre qn en ~** jdn beschatten

file [fil] *f* ❶ (*colonne*) Reihe *f*; (*d'attente*) Schlange *f*; **se mettre à** [*o* **prendre**] **la ~** sich [hinten] anstellen ❷ (*voie de circulation*) [Fahr]spur *f*; **prendre** [*o* **se mettre dans**] **la ~ de droite** sich rechts einordnen ▶ **en ~ indienne** im Gänsemarsch; **à la ~** hintereinander

filer [file] <1> **I.** *vi* ❶ (*s'abîmer*) *maille:* laufen; *collant:* eine Laufmasche haben ❷ (*s'écouler lentement*) *essence, sirop:* rinnen; *sable:* rieseln ❸ (*aller vite*) *personne:* rennen; (*en voiture*) rasen; *véhicule:* rasen; *étoile:* vorbeiziehen; *temps:* verfliegen ❹ *fam* (*partir vite*) verschwinden, loseilen/lossausen; (*se retirer*) sich verziehen; **~ à l'anglaise** sich auf Französisch verabschieden/grußlos weggehen; **laisser ~ qn** jdn entwischen lassen; **laisser ~ une chance** sich (*dat*) eine Chance entgehen lassen; **il faut que je file** ich muss los **II.** *vt* ❶ (*tisser*) spinnen ❷ (*surveiller*) **~ qn** jdn beschatten ❸ *fam* (*donner*) **~ de l'argent à qn** jdm Geld geben; **~ une claque à qn** jdm eine Ohrfeige verpassen; **~ une maladie à qn** jdn mit einer Krankheit anstecken

filet [filɛ] *m* ❶ (*réseau de maille*) Netz *nt* ❷ GASTR Filet *nt* ❸ (*petite quantité*) **~ d'huile** Schuss *m* Öl; **~ de sang** dünner Blutfaden; **~ d'eau** Wasserstrahl *m*; **~ d'air** schwacher Luftzug

filetage [filtaʒ] *m* Gewinde *nt*

fileur, -euse [filœʀ, -øz] *m, f* Spinner(in) *m(f)*

filial(e) [filjal, -jo] <-aux> *adj amour, piété* kindlich

filiale [filjal] *f* Tochtergesellschaft *f*

filiation [filjasjɔ̃] *f* ❶ (*descendance*) Abstammung *f* ❷ *des idées* Zusammenhang *m*; *des mots* Herkunft *f*

filière [filjɛʀ] *f* ❶ (*suite de formalités*) Dienstweg *m* ❷ UNIV Studiengang *m* ❸ *de la drogue, du trafic* Ring *m*

filiforme [filifɔʀm] *adj jambes, personne* spindeldürr; *antennes* fadenförmig

filigrane [filigʀan] *m d'un billet de banque, timbre* Wasserzeichen *nt* ▶ **lire en ~** zwischen den Zeilen lesen; **apparaître en ~** deutlich werden

filin [filɛ̃] *m* NAUT (*cordage*) Tau *nt*; (*très épais*) Trosse *f*

fille [fij] *f* ❶ (*opp: garçon*) Mädchen *nt*, Gitsch[e] *f* (A); **jeune ~** junges Mädchen ❷ (*opp: fils*) Tochter *f* ❸ (*prostituée*) Dirne *f* ▶ **être bien la ~ de son père** ganz der Vater sein

fillette [fijɛt] *f* kleines Mädchen

filleul(e) [fijœl] *m(f)* Patenkind *nt*

film [film] *m* ❶ (*pellicule*) Film *m* ❷ (*œuvre*) [Spiel]film; (*à la télé*) [Fernseh]film; **~ vidéo** Videofilm; **~ d'action** Actionfilm ❸ (*mince couche*) Film *m*; **~ plastique** Plastikfolie *f*

filmage [filmaʒ] *m* Filmen *nt*; *des scènes* Drehen *nt*

filmer [filme] <1> *vt, vi* filmen

filmographie [filmɔgʀafi] *f* Filmverzeichnis *nt*

filon [filɔ̃] *m* ❶ MINER Ader *f* ❷ *fam* (*travail*) lukrativer Job

filou [filu] *m fam* ❶ (*personne malhonnête*) Gauner *m* ❷ (*enfant, chien espiègle*) Schlingel *m*

filouter [filute] <1> *vt fam* übers Ohr hauen

filouterie [filutʀi] *f* ❶ (*action de filou*) Betrügerei *f* ❷ JUR Prellerei *f*

fils [fis] *m* (*opp: fille*) Sohn *m*; **Dupont ~** Dupont junior; **Alexandre Dumas ~** Alexandre Dumas der Jüngere ▶ **de père en fils** von Generation zu Generation; **être bien le ~ de son père** ganz der Vater sein

filtrage [filtʀaʒ] *m* Filtern *nt*

filtrant(e) [filtʀɑ̃, ɑ̃t] *adj* Filter-

filtration [filtʀasjɔ̃] *f* Filtration *f*

filtre [filtʀ] *m* Filter *m o nt*; **~ à particules** AUT [Ruß]partikelfilter *m*

filtrer [filtʀe] <1> **I.** *vi* (*pénétrer*) *liquide, information:* durchsickern; *lumière:* durchscheinen **II.** *vt* ❶ filtern *liquide, lumière, son* ❷ (*contrôler*) genau überprüfen *informations*

F

fîmes [fim] *passé simple de* **faire**

fin [fɛ̃] *f* ① (*issue*) Ende *nt;* ~ **de série** Restposten *m;* ~ **de siècle** *adj inv* der Jahrhundertwende; **la** ~ **du monde** der Weltuntergang; **mettre** ~ **à qc** einer S. (*dat*) ein Ende setzen, etw beenden; **mettre** ~ **à ses jours** sich (*dat*) das Leben nehmen; **à la** ~ am Ende, schließlich; **sans** ~ endlos ② (*mort*) Ende *nt* ③ (*but*) ~ **en soi** eigentlicher Zweck; **arriver** [*o* **parvenir**] **à ses** ~**s** sein Ziel erreichen ►**en** ~ **de compte** letztlich; **c'est la** ~ **des haricots** *fam* (*tout est perdu*) jetzt ist alles aus; (*c'est le bouquet*) das ist doch das Allerletzte; **arrondir ses** ~**s de mois** sein Gehalt aufbessern; **la** ~ **justifie les moyens** *prov* der Zweck heiligt die Mittel; **à toutes** ~**s utiles** für alle Fälle

fin(e) [fɛ̃, fin] **I.** *adj* ① (*opp: épais*) fein; *couche, étoffe, pinceau, pointe, tranche* dünn ② *traits, visage* fein; *jambes, taille* schlank ③ (*recherché*) fein ④ (*de qualité supérieure*) erlesen; *vin* erstklassig; *lingerie* Fein- ⑤ *personne* klug; (*dans ses remarques*) feinsinnig; (*dans ses actes*) geschickt; *humour, nuance* fein; *esprit, observation* scharfsinnig; *remarque* geistreich ⑥ *antéposé cuisinier, tireur* ausgezeichnet; ~ **connaisseur** Spezialist *m;* ~ **gourmet** Feinschmecker *m* ►**le** ~ **du** ~ das Beste vom Besten **II.** *adv* ① (*complètement*) völlig; *prêt* ganz ② *écrire* fein

final(e) [final, -o] <s *o* -aux> *adj* (*qui vient à la fin*) letzte(r, s), endgültig; *point, discours, accord* Schluss-; *consonne, résultat* End-

finale[1] [final] *f* ① SPORT Finale *nt* ② (*syllabe*) Endsilbe *f* ③ (*voyelle*) Endvokal *m*

finale[2] [final] *m* MUS **le** ~ das Finale; *d'une symphonie* der Schlusssatz

finalement [finalmɑ̃] *adv* ① (*pour finir*) schließlich ② (*en définitive*) letztlich

finalisme [finalism] *m* PHILOS Finalismus *m*

finaliste [finalist] **I.** *adj joueur* am Endspiel teilnehmend **II.** *mf* Finalist(in) *m(f)*

finalité [finalite] *f* ① PHILOS Zweckbestimmtheit *f* ② (*but*) Zweck *m*

finance [finɑ̃s] *f* ① *pl d'une personne, d'un pays* Finanzen *Pl;* **l'état de mes** ~**s** meine finanzielle Lage ② (*ministère*) **les Finances** das Finanzministerium; **Monsieur X est aux Finances** Herr X ist Finanzminister ►**moyennant** ~ gegen Entgelt

financement [finɑ̃smɑ̃] *m* Finanzierung *f*

financer [finɑ̃se] <2> **I.** *vi hum* blechen (*fam*) **II.** *vt* finanzieren

financier [finɑ̃sje] *m* Finanzier *m*

financier, -ière [finɑ̃sje, -jɛʀ] *adj problèmes* finanziell; *crise, politique* Finanz-; **établissement** ~ Geldinstitut *nt;* **soucis** ~**s** Geldsorgen *Pl*

financièrement [finɑ̃sjɛʀmɑ̃] *adv* finanziell [gesehen]

finasser [finase] <1> *vi* mit Tricks arbeiten; ~ **avec qn** jdn hereinlegen

finasserie [finasʀi] *f* Trick *m*

finaud(e) [fino, od] **I.** *adj* pfiffig **II.** *m(f)* Pfiffikus *m*

fine [fin] *f* feiner Weinbrand

finement [finmɑ̃] *adv* ① *brodé, ciselé* [sehr] fein ② (*astucieusement*) clever; *manœuvrer, faire remarquer, observer* geschickt

finesse [finɛs] *f* ① *des cheveux, d'une pointe de stylo* Feinheit *f; d'une aiguille, tranche* Dünne *f* ② *d'un visage* Feinheit *f; des mains, de la taille* Zierlichkeit *f* ③ *d'une broderie, porcelaine* Feinheit *f; d'un aliment* [Aus]erlesenheit *f* ④ *d'un goût, de l'odorat* Feinheit *f; d'une ouïe* Schärfe *f* ⑤ *d'une personne* Scharfsinn *m; d'une allusion* Spitzfindigkeit *f;* ~ **d'esprit** Scharfsinnigkeit *f* ⑥ *pl d'une langue, d'un art* Feinheiten *Pl*

fini [fini] *m* ① *d'un produit* sorgfältige Verarbeitung; **qc manque de** ~ einer S. (*dat*) fehlt der letzte Schliff ② MATH, PHILOS **le** ~ das Endliche

fini(e) [fini] *adj* ① (*terminé*) **être** ~ zu Ende sein; *travail, études:* beendet sein; ~**s les bavardages** Schluss mit dem Geschwätz; **tout est** ~ **entre nous** es ist aus zwischen uns ② *personne* erledigt ③ (*opp: infini*) begrenzt; *nombre* endlich ④ *péj menteur, voleur* ausgemacht ⑤ (*cousu*) **bien/mal** ~ gut/schlecht gearbeitet

finir [finiʀ] <8> **I.** *vi* ① *rue, propriété:* enden; *vacances, spectacle:* zu Ende sein; *contrat:* auslaufen; **bien/mal** ~ ein gutes/böses Ende nehmen; **n'en pas** ~ kein Ende nehmen ② (*terminer*) aufhören; **avoir fini** fertig sein; **laissez-moi** ~ [**de parler**]! lassen Sie mich ausreden!; **je finirai par le plus important ...** zum Abschluss nun das Wichtigste ...; **en** ~ **avec qc** eine Lösung für etw finden; **en avoir fini avec une affaire** eine Angelegenheit erledigt haben ③ SPORT ~ **bien/mal** sich gut/schlecht schlagen; ~ **à la quatrième place** auf Platz vier kommen ④ (*en venir à*) ~ **par faire qc** schließlich [doch] [*o* zu guter Letzt] etw tun; **tu finis par m'ennuyer avec ...** allmählich gehst du mir auf die Nerven mit ... ⑤ (*se retrouver*) ~ **en prison** im Gefängnis enden; ~ **dans un accident de voiture** bei einem Autounfall ums

Leben kommen **II.** *vt* ❶ (*arriver au bout de*) beenden; ~ **son repas/ses devoirs** zu Ende essen/seine Aufgaben fertig machen; ~ **de manger/de s'habiller** fertig essen/sich fertig anziehen; ~ **le mois** in diesem Monat mit dem Geld auskommen ❷ (*consommer, utiliser jusqu'au bout*) aufessen *plat;* leer essen *assiette;* leer trinken (*fam*) *bouteille, verre;* auftragen *vêtement* ❸ SPORT meistern *match, course;* ~ **un marathon** bei einem Marathon[lauf] bis zum Ende durchhalten; ~ **une course à la quatrième place** bei einem Rennen auf Platz vier kommen ❹ (*passer la fin de*) ~ **ses jours à la campagne** den Rest seiner Tage auf dem Land verbringen ❺ (*cesser*) aufhören mit, beenden *dispute;* ~ **de se plaindre** aufhören, sich zu beklagen; **on n'a pas fini de parler de qc** man wird noch von etw sprechen ❻ (*être le dernier élément de*) abschließen ❼ (*fignoler*) ~ **un ouvrage** einem Werk den letzten Schliff geben

finish [finiʃ] *m inv* SPORT Endspurt *m;* **match au** ~ *Kampf, der durch K.o. oder Aufgabe beendet wird*

finissage [finisaʒ] *m* ❶ TECH *d'une pièce d'usinage* Endbearbeitung *f* ❷ TEXTIL *d'une étoffe* Appretur *f*

finisseur, -euse [finisœʀ, -øz] *m, f* ❶ TECH Fertigbearbeiter(in) *m(f)* ❷ SPORT Sportler(in) *m(f)* mit starkem Finish [*o* Endspurt]

finition [finisjɔ̃] *f* ❶ *d'un meuble, d'une œuvre d'art* Fertigstellung *f* ❷ (*résultat*) Verarbeitung *f* ❸ *gén pl* TECH Feinarbeiten *Pl*

finlandais(e) [fɛ̃lɑ̃dɛ, ɛz] *adj* finnisch

Finlandais(e) [fɛ̃lɑ̃dɛ, ɛz] *m(f)* Finne *m*/Finnin *f*

Finlande [fɛ̃lɑ̃d] *f* **la** ~ Finnland *nt*

finnois [finwa] *m* Finnisch *nt; v. a.* **allemand**

finnois(e) [finwa, waz] *adj* finnisch

Finnois(e) [finwa, waz] *m(f)* Finne *m*/Finnin *f*

fiole [fjɔl] *f* ❶ Phiole *f* ❷ *fam* Kopf *m*

fiord [fjɔʀd] *m* Fjord *m*

fioriture [fjɔʀityʀ] *f* Schnörkel *m;* **sans** ~**s** ohne Umschweife

fioul [fjul] *v.* **fuel**

firent [fiʀ] *passé simple de* **faire**

firmament [fiʀmamɑ̃] *m* Firmament *nt*

firme [fiʀm] *f* Firma *f*

fis [fi] *passé simple de* **faire**

FIS [fis] *m* POL *abr de* **Front islamique du salut** FIS *f* (*Islamische Heilsfront*)

fisc [fisk] *m* Fiskus *m*

fiscal(e) [fiskal, -o] <-aux> *adj* Steuer-

fiscalisation [fiskalizasjɔ̃] *f* Besteuerung *f*

fiscaliser [fiskalize] <1> *vt* besteuern *revenus*

fiscalité [fiskalite] *f* Steuerwesen *nt*

fission [fisjɔ̃] *f* Spaltung *f*

fissuration [fisyʀasjɔ̃] *f d'un mur* Rissbildung *f*

fissure [fisyʀ] *f* ❶ *d'un mur, d'un sol* Riss *m; d'un vase* Sprung *m* ❷ *fig* Bruch *m*

fissurer [fisyʀe] <1> **I.** *vt éclair:* Risse verursachen in (+ *dat*) **II.** *vpr* **se** ~ rissig werden

fiston [fistɔ̃] *m fam* Sohnemann *m*

fistule [fistyl] *f* Fistel *f*

fit [fi] *passé simple de* **faire**

fîtes [fit] *passé simple de* **faire**

fitness [fitnɛs] *m* Fitness *f*

F.I.V. [ɛfive, fiv] *f abr de* **Fécondation In Vitro** IVF *f*

fixage [fiksaʒ] *m* ❶ TECH Fixieren *nt* ❷ PHOT Fixage *f*

fixateur [fiksatœʀ] *m* PHOT Fixiermittel *nt*

fixatif [fiksatif] *m* TECH Fixiermittel *nt*

fixation [fiksasjɔ̃] *f* ❶ (*pose*) Befestigung *f; des nomades* Sesshaftwerden *nt* ❷ (*détermination*) Festsetzung *f* ❸ (*obsession*) Fixierung *f;* **faire une** ~ **sur qn/qc** auf jdn/etw fixiert sein; **tourner à la** ~ zur fixen Idee werden ❹ (*dispositif*) Befestigungsvorrichtung *f;* ~ **de sécurité** Sicherheitsbindung *f*

fixe [fiks] **I.** *adj* ❶ fest; *point* Fix- ❷ *regard* starr ❸ *idée* fix ❹ *revenu, prix* fest **II.** *m* festes Gehalt **III.** *interj* ~**!** stillgestanden!

fixé(e) [fikse] *adj* ❶ PSYCH *personne* fixiert ❷ (*renseigné*) **être** ~ **sur le compte de qn** wissen, was man von jdm zu halten hat ❸ (*décidé*) **ne pas encore être** ~ noch nicht so recht wissen

fixement [fiksəmɑ̃] *adv* **regarder qn/qc** ~ jdn/etw anstarren

fixer [fikse] <1> **I.** *vt* ❶ *personne:* befestigen ❷ (*retenir*) ansiedeln *population* ❸ (*regarder*) ~ **qn/qc** *personne:* auf jdn/etw starren; *regard:* auf jdn/etw starr gerichtet sein ❹ (*arrêter*) ~ **son attention sur qc** seine Aufmerksamkeit auf etw (*akk*) richten ❺ (*définir*) festlegen *règle, conditions;* stecken *limites* ❻ (*renseigner*) ~ **le collègue sur une date** den Kollegen von einem Termin in Kenntnis setzen ❼ (*conserver*) festhalten *image, souvenir* ❽ CHIM, PHOT fixieren ❾ (*arranger*) ausmachen *rendez-vous, délai* **II.** *vpr* ❶ **se** ~ **au mur** an der Wand befestigt werden ❷ (*se déposer*) **se** ~ sich ablagern ❸ (*s'établir*)

se ~ à Paris sich in Paris niederlassen ④ (*se poser*) **se ~ sur qn/qc** *attention:* sich auf jdn/etw richten; *choix:* auf jdn/etw fallen ⑤ (*se définir*) **se ~ un but** sich (*dat*) ein Ziel setzen

fixette [fiksɛt] *f fam* ▶ **faire une ~ sur qc** [voll] auf etw fixiert sein

fixité [fiksite] *f* Unbeweglichkeit *f*

fjord [fjɔʀd] *m v.* **fiord**

flac [flak] *interj* platsch

flacon [flakɔ̃] *m* Fläschchen *nt; de parfum* Flakon *m*

flagada [flagada] *adj inv fam* **être ~** fix und fertig sein

flagellation [flaʒelasjɔ̃, flaʒɛllasjɔ̃] *f* Geißelung *f*

flageller [flaʒele] <1> **I.** *vt* geißeln **II.** *vpr* **se ~** sich geißeln

flageoler [flaʒɔle] <1> *vi* wanken; *jambes:* zittern

flageolet [flaʒɔlɛ] *m* MUS Flageolett *nt*

flagrant(e) [flagʀɑ̃, ɑ̃t] *adj* offenkundig; *injustice* himmelschreiend

flair [flɛʀ] *m du chien* Geruchssinn *m* ▶ **avoir du ~** *animal, personne:* eine feine Nase haben; **manquer de ~** keinen guten Riecher haben (*fam*)

flairer [fleʀe] <1> *vt* ① (*renifler*) beschnuppern ② (*sentir*) *animal:* wittern ③ (*pressentir*) *animal, personne:* wittern

flamand [flamɑ̃] *m* Flämisch *nt; v. a.* **allemand**

flamand(e) [flamɑ̃, ɑ̃d] *adj* flämisch

Flamand(e) [flamɑ̃, ɑ̃d] *m(f)* Flame *m*/Flämin *f*

flamant [flamɑ̃] *m* Flamingo *m*

flambage [flɑ̃baʒ] *m* ① Absengen *nt* ② GASTR Flambieren *nt*

flambant(e) [flɑ̃bɑ̃, ɑ̃t] *v.* **neuf**

flambé(e) [flɑ̃be] *adj* ① GASTR flambiert ② *fam* (*fichu*) **être ~** *personne:* erledigt sein; *affaire:* gegessen sein

flambeau [flɑ̃bo] <x> *m* Fackel *f*

flambée [flɑ̃be] *f* ① (*feu*) [hell] loderndes Feuer *nt* ② *de violence* Aufflammen *nt; du dollar* plötzlicher Anstieg; **~ de colère** Wutausbruch *m;* **~ de terrorisme** Terrorwelle *f*

flamber [flɑ̃be] <1> **I.** *vi* brennen; *maison:* lichterloh brennen **II.** *vt* ① (*pour éliminer qc*) absengen ② GASTR flambieren

flambeur [flɑ̃bœʀ] *m arg* Vabanquespieler *m* (*geh*)

flamboiement [flɑ̃bwamɑ̃] *m d'un incendie* Aufflammen *nt; du soleil* Glut *f*

flamboyant [flɑ̃bwajɑ̃] *m* BOT Flammenbaum *m*

flamboyant(e) [flɑ̃bwajɑ̃, jɑ̃t] *adj* ① *incendie* lodernd; *couleur* leuchtend; *soleil* glühend; *chrome* funkelnd; *source de lumière* hell leuchtend ② ART spätgotisch

flamboyer [flɑ̃bwaje] <6> *vi* [auf]lodern; *soleil:* glühen; *couleur:* leuchten; *source de lumière:* hell leuchten; *chrome:* funkeln

flamenco [flamɛnko] **I.** *adj* Flamenco- **II.** *m* Flamenco *m*

flamme [flam] *f* ① Flamme *f* ② *pl* (*brasier*) Feuer *nt;* **être en ~s** in Flammen stehen ③ *des yeux* Feuer *nt* ④ (*pavillon*) Wimpel *m* ⑤ POST Werbestempelaufdruck *m* ⑥ (*ampoule*) Kerzenbirne *f* ▶ **descendre qn/qc en ~s** jdn/etw niedermachen; **ça va péter des ~s** *fam* da wird die Hölle los sein

flammé(e) [flɑme] *adj* geflammt

flammèche [flamɛʃ] *f* brennendes Teilchen

flan [flɑ̃] *m* ① (*préparé au four*) Flan *m* ② (*crème*) Pudding *m*

flanc [flɑ̃] *m* ① *du corps, d'un navire* Seite *f; d'une montagne* Hang *m* ② MIL Flanke *f* ▶ **être sur le ~** *fam* flachliegen; **mettre qn sur le ~** *fam* jdn fertigmachen; **tirer au ~** *fam* sich drücken

flancher [flɑ̃ʃe] <1> *vi fam personne:* kneifen; *cœur, mémoire:* nicht mehr mitmachen

Flandre [flɑ̃dʀ] *f* **la ~/les ~s** Flandern *nt*

flanelle [flanɛl] *f* Flanell *m*

flâner [flɑne] <1> *vi* ① (*se promener*) bummeln, schlendern ② (*musarder*) herumtrödeln

flânerie [flɑnʀi] *f* ① (*promenade*) Umherschlendern *nt* ② (*musardise*) Herumtrödeln *nt;* (*au lit*) Herumliegen *nt*

flâneur, -euse [flɑnœʀ, -øz] **I.** *adj* bumm[e]lig **II.** *m, f* Müßiggänger *m*

flanquer [flɑ̃ke] <1> **I.** *vt fam* ① schmeißen *chose;* schubsen *personne;* **~ qn à la porte/dehors** jdn rausschmeißen ② (*mettre*) **~ qn au pensionnat** jdn ins Heim stecken ③ (*donner*) **~ une gifle à qn** jdm eine runterhauen; **~ la frousse à qn** jdm eine Heidenangst einjagen **II.** *vpr fam* ① **se ~ des gifles** sich (*dat*) Ohrfeigen verpassen ② (*se mettre*) **se ~ dans une situation délicate** sich (*akk*) in eine heikle Lage bringen ③ (*tomber*) **se ~ par terre** hinfliegen

flapi(e) [flapi] *adj fam* hundemüde

flaque [flak] *f* Pfütze *f; de sang* Lache *f*

flash [flaʃ] <es> *m* ① (*appareil*) Blitz *m;* (*éclair*) Blitz[licht *nt*] *m* ② RADIO, TV Kurznachricht *f* ③ CINE Flash *m;* **~ d'information, ~ info** Kurznachrichten *Pl*

flash-back [flaʃbak] *m inv* Rückblende *f*
flasher [flaʃe] <1> **I.** *vi fam* ~ **sur qn/qc** [voll] auf jdn/etw abfahren **II.** *vt fam* **se faire ~ [au radar]** geblitzt werden
flashy [flaʃi] *adj inv fam couleur, logo* leuchtend, poppig
flasque [flask] **I.** *adj* schlaff **II.** *f* Flachmann *m (fam)* **III.** *m* [Metall]scheibe *f; de mécanique* Backe *f*
flatter [flate] <1> **I.** *vt* ❶ ~ **qn/la vanité de qn** jdm/jds Eitelkeit schmeicheln; **être flatté de qc** sich durch etw geschmeichelt fühlen ❷ *(caresser)* streicheln *animal* ❸ *(être agréable à)* verwöhnen *palais* **II.** *vpr* ❶ **se ~ de qc** sich einer S. *(gen)* rühmen ❷ *(aimer à croire)* **se ~ de faire qc** sich *(dat)* einbilden etw zu tun
flatterie [flatʀi] *f* Schmeichelei *f*
flatteur, -euse [flatœʀ, -øz] **I.** *adj* schmeichelhaft **II.** *m, f* Schmeichler(in) *m(f)*
flatulence [flatylɑ̃s] *f* Blähung *nt*
flatuosité [flatɥɔzite] *f* Darmwind *m*, Darmgase *Pl*
fléau [fleo] <x> *m* ❶ *(calamité)* Plage *f* ❷ *(partie d'une balance)* Waagebalken *m* ❸ AGR Dreschflegel *m*
fléchage [fleʃaʒ] *m (résultat)* Pfeilmarkierung *f*
flèche[1] [flɛʃ] *f* ❶ *(arc)* Pfeil *m* ❷ *(signe d'orientation)* Pfeil *m* ❸ *(critique acerbe)* spitze Bemerkung ❹ *(toit pointu)* [Turm]spitze *f* ❺ *d'une charrue* Balken *m; d'une grue* [Dreh]arm *m; d'un cargo* Ladebaum *m* ❻ GEOM Pfeil *m* ❼ PHYS *d'une trajectoire* Scheitelpunkt *m* ▶ **c'est une sacrée ~!** er/sie ist von der schnellen Sorte; **en ~** blitzschnell
flèche[2] [flɛʃ] *f* **~s de lard** Speckseite *f*
flécher [fleʃe] <5> *vt* mit Pfeilen markieren
fléchette [fleʃɛt] *f* ❶ *(petite flèche)* kleiner Pfeil ❷ *pl (jeu)* Darts *nt*
fléchir [fleʃiʀ] <8> **I.** *vt* ❶ *(plier)* beugen *bras, genoux* ❷ *(faire céder)* erweichen *personne* **II.** *vi* ❶ *(se plier)* sich beugen, sich krümmen ❷ *(diminuer)* nachlassen; *exigences:* geringer werden; *sévérité:* milder werden; *volonté:* schwächer werden; *prix, cours:* fallen ❸ *(céder)* schwachwerden, sich erweichen lassen
fléchissement [fleʃismɑ̃] *m* ❶ *du bras, de la jambe* Beugen *nt; d'une poutre, planche* [Durch]biegen *nt* ❷ *de la production, natalité* Rückgang *m; des prix* Sinken *nt* ❸ *de la volonté* Nachlassen *nt*
fléchisseur [fleʃisœʀ] ANAT **I.** *adj muscle* Beuge- **II.** *m* Beugemuskel *m*

flegmatique [flɛgmatik] **I.** *adj comportement* gelassen; *personne* phlegmatisch **II.** *mf* gelassener Mensch *m*
flegme [flɛgm] *m* ❶ *(placidité)* Gelassenheit *f* ❷ *(lourdeur)* Phlegma *nt*
flemmard(e) [flemaʀ, aʀd] *fam* **I.** *adj* faul **II.** *m(f)* Faulpelz *m*
flemmarder [flemaʀde] <1> *vi fam* faulenzen, Däumchen drehen
flemme [flɛm] *f fam* Faulheit *f;* **avoir la ~ de faire la vaisselle** zu faul zum Abwaschen sein
flétan [fletɑ̃] *m* ZOOL Heilbutt *m*
flétri(e) [fletʀi] **I.** *part passé de* **flétrir** **II.** *adj plante* welk; *fleur* verwelkt
flétrir [fletʀiʀ] <8> **I.** *vt* ❶ [ver]welken lassen *fleur* ❷ *(rider)* welk werden lassen *visage* ❸ HIST brandmarken **II.** *vpr* **se ~** ❶ *plante, fleur:* verwelken ❷ *(se rider) visage:* welk werden
flétrissement [fletʀismɑ̃] *m* BOT Welken *nt*
flétrissure [fletʀisyʀ] *f d'une feuille, plante* Verwelktsein *nt*
fleur [flœʀ] *f* ❶ Blume *f* ❷ *(partie d'une plante)* Blüte *f;* **en ~[s]** blühend ❸ *(objet, motif, dessin décoratif)* Blume *f;* **à ~s** *chapeau* blumengeschmückt; *tissu, papier* geblümt ❹ *(partie du cuir)* Haarseite *f* ❺ *gén pl* BIO *de vin* Schimmelüberzug *m;* **~ de sel** *oberste Kristallschicht bei der Salzgewinnung* ❻ *(compliment)* **jeter des ~s à qn** *fam* jdm Komplimente machen ❼ *sans pl, soutenu (ce qu'il y a de meilleur)* **la [fine] ~ de la ville** die Oberschicht der Stadt ▶ **à [*o* dans] la ~ de l'âge** in der Blüte seiner/ihrer Jahre; **la ~ au fusil** mit wehenden Fahnen; **être belle/fraîche comme une ~** schön/frisch wie der junge Morgen sein; **~ bleue** sentimental; **à ~ d'eau** auf Höhe der Wasseroberfläche; **sensibilité à ~ de peau** Überempfindlichkeit *f;* **arriver [*o* s'amener] comme une ~** *fam* einfach so mittendrin aufkreuzen; **faire qc comme une ~** *fam* etw spielend tun
fleuret [flœʀɛ] *m* Florett *nt*
fleurette [flœʀɛt] ▶ **conter ~ à une femme** *hum* in Gegenwart einer Frau Süßholz raspeln *(fam)*
fleuri(e) [flœʀi] *adj* ❶ *(en fleurs)* blühend ❷ *(couvert, garni de fleurs)* blütenbedeckt; *balcon* blumengeschmückt ❸ *(avec des motifs floraux)* geblümt ❹ *teint* rosig ❺ *(qui sent les fleurs)* blumig ❻ *style* blumenverziert
fleurir [flœʀiʀ] <8> **I.** *vi* ❶ *(mettre des fleurs)* blühen ❷ *(s'épanouir) amitié:* auf-

blühen ❸ *hum* (*se couvrir de poils*) leichten Flaum bekommen **II.** *vt* (*orner, décorer*) [mit Blumen] schmücken *table, tombe;* **~ sa boutonnière d'un œillet** sich (*dat*) eine Nelke ins Knopfloch stecken

fleuriste [flœʀist] *mf* ❶ (*vendeur*) Blumenhändler(in) *m(f)* ❷ (*qui prépare les bouquets*) Florist(in) *m(f)*

fleuron [flœʀɔ̃] *m* ❶ ART *d'une couronne* stilisierte Blume; *de ferronnerie* Eisenzacke *f* ❷ BOT [Einzel]blüte *f* ▶ **être le [plus beau] ~ d'une collection** das Schmuckstück einer Sammlung sein

fleuve [flœv] *m* ❶ Fluss *m;* (*très grand*) Strom *m;* **~ côtier** *Fluss, der ins Meer mündet* ❷ (*flot*) **~ de lave/de boue** Lavastrom *m*/Schlammlawine *f;* **~ de paroles** Redeschwall *m;* **~ de larmes** Bäche *Pl* von Tränen

flexibilité [flɛksibilite] *f* ❶ (*souplesse*) Biegsamkeit *f* ❷ (*adaptabilité*) Flexibilität *f*

flexible [flɛksibl] **I.** *adj* ❶ (*souple*) biegsam ❷ (*adaptable*) flexibel **II.** *m d'un aspirateur, d'une douche* Schlauch *m; d'une machine, d'un moteur* Welle *f*

flexion [flɛksjɔ̃] *f* ❶ (*mouvement corporel*) Beugen *nt;* **~ du genou** Kniebeuge *f* ❷ LING Flexion *f* ❸ PHYS Biegung *f; d'un ressort* Federung *f*

flexionnel(le) [flɛksjɔnɛl] *adj* LING flexivisch, beugbar

flexitarien(ne) [flɛksitaʀjɛ̃, jɛn] *m(f)* Flexitarier(in) *m(f)*

flibustier [flibystje] *m* Freibeuter(in) *m(f)*

flic [flik] *m fam* Polizist *m*

flicage [flikaʒ] *m fam* Bespitzelung *f;* **~ électronique** elektronische Bespitzelung

flicaille [flikɑj] *f péj fam* Bullen *Pl*

flic flac [floc] [flikflak(flɔk)] pitsch, patsch

flingage [flɛ̃gaʒ] *m fam* ❶ (*assassinat*) Abknallen *nt* ❷ (*critiques violentes dans les médias*) Medienhetze *f*

flingue [flɛ̃g] *m fam* Knarre *f*

flinguer [flɛ̃ge] <1> **I.** *vt fam* ❶ (*tuer*) abknallen ❷ (*critiquer*) runtermachen **II.** *vpr fam* **se ~** sich (*dat*) eine Kugel in den Kopf jagen

flip [flip] *m fam* Depri *m* (*depressiver Zustand nach Drogenkonsum*)

flippant(e) [flipɑ̃, ɑ̃t] *adj fam* beängstigend; **la situation économique est ~e** die wirtschaftliche Lage ist alarmierend

flipper¹ [flipœʀ] *m* Flipper *m*

flipper² [flipe] <1> *vi fam* ❶ (*être angoissé*) eine Mordsangst haben ❷ (*être excité*) ausflippen

flique [flik] *adj* **ça fait ~** *fam* das geht einem/mir/ihm/... auf den Zeiger

fliquer [flike] <1> *vt fam* [auf Schritt und Tritt] überwachen *jeunes*

flirt [flœʀt] *m* ❶ (*amourette*) Flirt *m* ❷ (*petite histoire d'amour*) kurze Romanze ❸ (*personne*) Schwarm *m* (*fam*)

flirter [flœʀte] <1> *vi* ❶ flirten ❷ *fig* **~ avec les idées d'extrême gauche** linksextremen Ideen [durchaus] zugeneigt sein

F.L.N. [ɛfɛlɛn] *m* POL *abr de* **Front de libération nationale** FLN *f*

F.L.N.C. [ɛfɛlɛnse] *m* POL *abr de* **Front de libération nationale corse** FLNC *f*

floc [flɔk] ▶ **faire ~ [~]** *caillou qui tombe dans l'eau:* plumps machen; *bottes qui ont pris l'eau:* platsch machen

flocon [flɔkɔ̃] *m* ❶ *de neige* Flocke *f* ❷ *de coton, bourre* Flocke *f; soutenu de brume, fumée* Schwaden *Pl* ❸ GASTR Flocke *f;* **~s de maïs** Cornflakes *Pl*

floconneux, -euse [flɔkɔnø, -øz] *adj* flockig

flonflons [flɔ̃flɔ̃] *mpl fam* Klänge *Pl*

flop [flɔp] **faire ~** platsch machen (*fam*)

flopée [flɔpe] *f fam de gamins* Haufen *m; de badauds* Menge *f; de touristes* Masse *f*

floraison [flɔʀɛzɔ̃] *f* ❶ Blüte *f;* **avoir plusieurs ~s** mehrmals blühen ❷ (*fleurs*) Blütenpracht *f* ❸ (*époque*) Blüte[zeit *f*] *f* ❹ (*épanouissement*) Blütezeit *f; de talents* Aufblühen *nt*

floral(e) [flɔʀal, -o] <-aux> *adj* ❶ (*avec des fleurs*) Blumen- ❷ (*de la fleur*) Blüten-

floralies [flɔʀali] *f pl* Blumenschau *f*

flore [flɔʀ] *f* Flora *f*

florifère [flɔʀifɛʀ] *adj* blütenreich

florilège [flɔʀilɛʒ] *m* Auswahl *f*

florin [flɔʀɛ̃] *m* HIST (*monnaie*) Gulden *m*

florissait [flɔʀisɛ] *imparf de* **fleurir**

florissant(e) [flɔʀisɑ̃, ɑ̃t] *adj* ❶ (*prospère*) blühend ❷ *santé* blühend; *teint* rosig

flot [flo] *m* ❶ Flut *f* ❷ *soutenu d'images, de souvenirs* Fülle *f; de personnes* Scharen *Pl; de larmes, de sang* Bäche *Pl; de joie* Woge *f;* **~ de paroles** Wortschwall *m;* **couler à ~s** in Strömen fließen; **entrer à ~s** *lumière:* hereinfluten ❸ *sans pl* (*marée montante*) Flut *f* ▶ **un ~ de sang monte au visage de qn** die Röte steigt jdm ins Gesicht; **être à ~** *bateau:* flott sein; *personne:* (*avoir suffisamment d'argent*) flüssig sein; (*être à jour dans son travail*) fertig sein; **se maintenir/se remettre à ~** sich (*akk*) über Wasser halten; **mettre/remettre qc à ~** etw wieder auf die Beine bringen

flottage [flɔtaʒ] *m* Flößen *nt*
flottaison [flɔtɛzɔ̃] *f* **ligne de ~** Wasserlinie *f*
flottant(e) [flɔtɑ̃, ɑ̃t] *adj* ① [auf dem Wasser] schwimmend; *glace, bois* Treib- ② (*dans l'air*) flatternd; *crinière* wehend; *chevelure* fliegend; **brume ~e** Nebelschwaden *Pl* ③ (*instable*) schwankend ④ FIN *monnaie* fluktuierend; *dette* schwebend
flotte[1] [flɔt] *f* ① MIL, ECON Flotte *f* ② (*ensemble des avions civils*) **~ aérienne** Luftflotte *f*
flotte[2] [flɔt] *f fam* ① (*eau*) Wasser *nt* ② (*pluie*) Regen *m*
flottement [flɔtmɑ̃] *m* ① *d'un drapeau* Flattern *nt* ② (*hésitation*) Schwanken *nt*
flotter [flɔte] <1> **I.** *vi* ① (*être porté sur un liquide*) schwimmen ② (*être en suspension dans l'air*) *brouillard:* hängen; *parfum:* schweben ③ (*onduler*) flattern ④ (*être ample*) **sa jupe flotte autour d'elle** der Rock ist [ihr] [viel] zu weit ⑤ (*hésiter*) zögern **II.** *vi impers, fam* (*pleuvoir*) schütten **III.** *vt* flößen *bois*
flotteur [flɔtœʀ] *m* TECH Schwimmer *m*
flou [flu] **I.** *m* ① Verschwommenheit *f* ② CINE, PHOT **~ artistique** weiche Manier; *iron* gewollte Unklarheit ③ *d'une coiffure, d'une mode* weiche fließende Linie ④ *d'une pensée* Unbestimmtheit *f; d'une argumentation* Unklarheit *f* **II.** *adv* verschwommen
flou(e) [flu] *adj* ① verschwommen; *photo* unscharf ② *vêtement, coiffure* locker ③ *idée, pensée* vage; *relation* in der Schwebe; *rôle* nicht genau definiert
flouer [flue] <1> *vt fam* reinlegen
flouse [fluz] *v.* **flouze**
floutage [flutaʒ] *m* TV, MEDIA Unkenntlichmachung *f*
flouter [flute] <1> *vt* TV, MEDIA unkenntlich machen, verpixeln (*fam*)
flouze [fluz] *m pop* (*argent*) Kohle *f* (*sl*)
fluctuant(e) [flyktɥɑ̃, ɑ̃t] *adj* ① *personne* wankelmütig; *opinion* wechselnd ② *prix* schwankend, fluktuierend
fluctuation [flyktɥasjɔ̃] *f* ① *gén pl* Fluktuation *f; de l'opinion* Schwanken *nt kein Pl* ② FIN Streuung *f*
fluctuer [flyktɥe] <1> *vi* schwanken
fluet(te) [flyɛ, ɛt] *adj* ① (*frêle*) dünn; *enfant* zart ② *voix* zart
fluide [flyid, flɥid] **I.** *adj* ① (*qui s'écoule facilement*) flüssig ② (*ample*) fließend ③ (*difficile à saisir*) flüchtig **II.** *m* ① CHIM Flüssigkeit *f;* **mécanique des ~s** Strömungslehre *f* ② (*force occulte*) Fluidum *nt;* **avoir un ~ magnétique** magnetische Kräfte besitzen
fluidifier [flɥidifje] <1> *vt* verflüssigen
fluidité [flɥidite] *f* ① *du sang* Dünnflüssigkeit *f; d'un style* Flüssigkeit *f; d'une pensée* Flüchtigkeit *f;* **~ du trafic** Verkehrsfluss *m* ② ECON *d'un marché* Lebhaftigkeit *f*
fluo [flyɔ] *adj sans pl abr de* **fluorescent**
fluor [flyɔʀ] *m* Fluor *nt*
fluoré(e) [flyɔʀe] *adj* mit Fluor angereichert
fluorescence [flyɔʀesɑ̃s] *f* Fluoreszenz *f*
fluorescent(e) [flyɔʀesɑ̃, ɑ̃t] *adj* fluoreszierend; *couleur* leuchtend; **tube ~** Neonröhre *f*
flûte [flyt] **I.** *f* ① (*instrument*) Flöte *f* ② (*pain*) Stangenbrot *nt* ③ (*verre*) Flöte *f* **II.** *interj fam* verflixt
flûté(e) [flyte] *adj* hell
flûtiste [flytist] *mf* Flötist(in) *m(f)*
fluvial(e) [flyvjal, -jo] <-aux> *adj* Fluss-; *port* Binnen-; *transport* auf Binnenwasserstraßen
flux [fly] *m* ① Flut *f;* **le ~ et le reflux** (*marée*) Ebbe *f* und Flut *f;* (*alternance*) Auf *nt* und Ab *nt* ② (*écoulement*) **~ de sang** Blutung *f* ③ (*action de couler*) Fluss *m*
fluxion [flyksjɔ̃] *f des gencives, de poitrine* Entzündung *f*
F.M. [ɛfɛm] *f inv* MEDIA *abr de* **Frequency Modulation** FM *f*
F.M.E. [ɛfɛmø] *m* COM *abr de* **Fonds Monétaire Européen** EWF *m*
F.M.I. [ɛfɛmi] *m abr de* **Fonds Monétaire International** IWF *m*
F.N. [ɛfɛn] *m* POL *abr de* **Front national** FN *m*
F.N.S.E.A. [ɛfɛnɛsøa] *f abr de* **Fédération nationale des syndicats d'exploitants agricoles** Nationaler Bauernverband *m*
F.O. [ɛfo] *f abr de* **Force ouvrière** *eine Arbeitergewerkschaft*
foc [fɔk] *m* Fock *f*
focal(e) [fɔkal, -o] <-aux> *adj distance, plan* Brenn-
focale [fɔkal] *f* Brennweite *f*
focaliser [fɔkalize] <1> **I.** *vt* ① PHYS fokussieren ② (*concentrer*) **~ son attention sur qn/qc** sein Augenmerk auf jdn/etw richten **II.** *vpr* ① PHYS **se ~** sich bündeln ② (*se concentrer*) **se ~ sur qn/qc** sich auf jdn/etw konzentrieren
fœtal(e) [fetal, -o] <-aux> *adj* des Fötus; *position* Embryonal-
fœtus [fetys] *m* Fötus *m*
fofolle [fɔfɔl] *adj v.* **foufou**

foi [fwa] *f* ① (*croyance*) ~ **en qn** Glaube[n] *m* an jdn; **avoir la** ~ gläubig sein; **il n'y a que la** ~ **qui sauve** *iron* wer's glaubt, wird selig ② (*confiance*) **avoir** ~ **dans** [*o* **en**] **qn/qc** *soutenu* Vertrauen *nt* zu jdm/in etw (*akk*) haben; **avoir** ~ **en l'avenir** an die Zukunft glauben; **accorder** [*o* **ajouter**] [*o* **prêter**] ~ **à qn/qc** jdm/einer S. (*dat*) Glauben schenken ▶**la** ~ **du charbonnier** die Leichtgläubigkeit; **sous la** ~ **du serment** unter Eid; **être de bonne/mauvaise** ~ aufrichtig/unaufrichtig sein; JUR gutgläubig/böswillig sein; **avoir la** ~ (*croire en ce qu'on fait*) mit Überzeugung bei der Sache sein; **faire** ~ maßgebend sein; **ma** ~ na ja; **ma** ~ **oui/non** aber ja/nein; **c'est ma** ~ **vrai** da haben Sie Recht

foie [fwa] *m* ① Leber *f*; **avoir mal au** ~ eine Magenverstimmung haben ② GASTR ~ **gras** Leberpastete *f* ▶**avoir les** ~**s** *fam* [Wahnsinns]schiss haben

foin [fwɛ̃] *m* ① *sans pl* Heu *nt* ② (*herbe sur pied*) Wiesengras *nt* ▶**être bête à manger du** ~ *fam* dumm wie Bohnenstroh sein; **faire du** ~ [*o* **un de ces** ~**s**] [*o* **un** ~ **de tous les diables**] *fam* einen Heidenkrach machen

foire [fwaʀ] *f* ① (*grand marché*) [Waren]markt *m* ② (*exposition commerciale*) [Waren]messe *f* ③ (*fête foraine*) Jahrmarkt *m*; ~ **du Trône** *ein traditioneller Pariser Jahrmarkt* ④ *fam* (*endroit bruyant*) Rummel *m* ▶**faire la** ~ *fam* durchfeiern

foire-exposition [fwaʀɛkspozisjɔ̃] <foires-expositions> *f* Messe *f*

foirer [fwaʀe] <1> *vi* ① *fam* (*rater*) schiefgehen ② *fam* (*être défectueux*) *écrou, vis:* nicht greifen; *obus, fusée:* nicht losgehen

foireux, -euse [fwaʀø, -øz] **I.** *adj fam* feige **II.** *m, f fam* Hosenscheißer(in) *m(f)*

fois [fwa] *f* ① **une** ~ einmal/ein Mal; **une** ~ **par an** [*o* **l'an**] einmal im Jahr; **de cinq** ~ um das Fünffache; **d'autres/les autres** ~ sonst; [**à**] **chaque** ~ jedes Mal; **à chaque** ~ **que** jedes Mal wenn; **c'est la dernière** ~ das ist das letzte Mal; **en plusieurs** ~ in mehreren Etappen; **tant de** ~ so oft; **il était une** ~ **...** es war einmal ...; **pour la première** ~ zum ersten Mal; **pour une** ~ ausnahmsweise; **trente-six** ~ x-mal; **une dernière** ~ ein letztes Mal ② *dans un comparatif* **deux** ~ **plus/moins vieux que qn/qc** doppelt/halb so alt wie jd/etw; **cinq** ~ **plus élevé que** um das Fünffache höher als; **exiger cinq** ~ **le prix** den fünffachen Preis verlangen; **cinq** ~ **plus d'argent/de personnes** fünfmal so viel Geld/so viel Personen ③ (*comme multiplicateur*) **9** ~ **3 font 27** 9 mal 3 ist 27; **une** ~ **et demie plus grand** anderthalbmal so groß ▶**s'y prendre** [*o* **reprendre**] **à deux** ~ es nicht in einem Zug schaffen; **plutôt deux** ~ **qu'une** herzlich gern[e]; **neuf** ~ **sur dix** fast immer; **c'est trois** ~ **rien** das ist nicht der Rede wert; **un** [**seul**] **enfant/bateau à la** ~ ein Kind/Schiff nach dem anderen; [**tout**] **à la** ~ gleichzeitig; **des** ~ *fam* ab und zu; **des** ~ **qu'il viendrait!** *fam* für den Fall, dass er doch noch kommt!; **non mais des** ~**!** *fam* jetzt reicht es aber!; **une** ~**, deux** ~**, trois** ~ (*dans une vente aux enchères*) zum Ersten, zum Zweiten, zum Dritten; (*pour menacer*) [ich zähle bis drei:] eins, zwei, drei; **une** ~ [**qu'il fut**] **parti, ...** als er schließlich weg war, ...; **une** ~ **que tu auras lavé la vaisselle** sobald du den Abwasch gemacht hast; **une** ~ **propre, la table peut être repeinte** wenn der Tisch [erst einmal] sauber ist, kann er neu gestrichen werden

foison [fwazɔ̃] ▶**à** ~ in Hülle und Fülle

foisonnant(e) [fwazɔnɑ̃, ɑ̃t] *adj* (*abondant*) umfangreich

foisonnement [fwazɔnmɑ̃] *m* Fülle *f*

foisonner [fwazɔne] <1> *vi* reichlich vorhanden sein

fol [fɔl] *adj v.* **fou**

folâtre [fɔlɑtʀ] *adj* ausgelassen

folâtrer [fɔlɑtʀe] <1> *vi* sich tummeln

foldingue [fɔldɛ̃g] *fam* **I.** *adj* verrückt, durchgeknallt (*sl*) **II.** *mf* Spinner(in) *m(f)*

folichon(ne) [fɔliʃɔ̃, ɔn] *adj fam* **ne pas être** ~ nicht gerade umwerfend sein

folie [fɔli] *f* ① (*démence*) Wahnsinn *m* ② (*déraison*) Verrücktheit *f* ③ (*passion*) ~ **de qc** Manie *f* für etw; **avoir la** ~ **de qc** verrückt nach etw (*dat*) sein; **aimer qn/qc à la** ~ jdn/etw wahnsinnig lieben ④ (*conduite, paroles*) Torheit *f*; ~ **des grandeurs** Größenwahn *m*; **faire une** ~**/des** ~**s** (*faire une dépense excessive*) unsinnig viel Geld ausgeben; (*se conduire mal*) aus der Rolle fallen ⑤ HIST Lustschloss *nt*

folié(e) [fɔlje] *adj* aus mehreren Schichten bestehend

folio [fɔljo] *m* TYP ① (*feuillet*) Folio[blatt *nt*] *nt* ② (*numéro*) Seitenzahl *f*

foliole [fɔljɔl] *f* [Einzel]blatt *nt*

folklo [fɔlklo] *adj inv fam abr de* **folklorique**

folklore [fɔlklɔʀ] *m* ① (*tradition populaire*)

Folklore *f* ② (*cérémonial*) Sitten und Gebräuche *Pl* ③ *péj* (*cinéma*) [Affen]theater *nt*
folklorique [fɔlklɔʀik] *adj* ① *chant* folkloristisch; *danse, groupe* Folklore- ② *péj fam* (*farfelu*) ein bisschen komisch
folle [fɔl] **I.** *adj v.* **fou** **II.** *f péj fam* (*homosexuel*) Tunte *f*
follement [fɔlmɑ̃] *adv* wahnsinnig (*fam*); *amoureux* unsterblich; *comique* irrsinnig
follet(te) [fɔlɛ, ɛt] *adj* (*capricieux*) launisch ▶**feu** ~ Irrlicht *nt*
follicule [fɔlikyl] *m* ① BOT Fruchtkapsel *f* ② ANAT Follikel *m*
foncé(e) [fɔ̃se] *adj* dunkel; *bleu, rouge* dunkel-
foncer [fɔ̃se] <2> **I.** *vt* ① (*rendre plus foncé*) dunkler machen ② (*creuser*) graben; ausschachten *puits* ③ GASTR den Boden auslegen **II.** *vi* ① ~ **sur qn/qc** auf jdn/etw losgehen ② *fam* (*aller très vite: en courant*) [los]wetzen; (*en agissant très vite*) fix machen ③ (*devenir plus foncé*) dunkler werden
fonceur, -euse [fɔ̃sœʀ, -øz] *m, f* ① *fam* (*personne dynamique*) dynamische Person *f* ② (*audacieux*) Draufgänger(in) *m(f)* (*fam*)
foncier, -ière [fɔ̃sje, -jɛʀ] *adj* ① Grund-; *revenus* aus Liegenschaften *Pl* ② *défaut* grundlegend; *erreur* gründlich; *problème* grundsätzlich; *qualité, gentillesse* angeboren
foncièrement [fɔ̃sjɛʀmɑ̃] *adv* von Grund auf
fonction [fɔ̃ksjɔ̃] *f* ① Funktion *f;* **qn a pour ~ de faire qc** jds Aufgabe ist es, etw zu tun; **faire ~ de qc** als etw dienen; **faire ~ de qn** jds Rolle übernehmen ② (*activité professionnelle*) Tätigkeit *f* ③ (*charge*) Amt *nt;* **logement de ~** Dienstwohnung *f* ④ MATH, TECH, INFORM Funktion *f* ⑤ CHIM Wirkung *f* ▶**la ~ publique** der öffentliche Dienst; **être ~ de qc** von etw abhängen; **en ~ de qc** einer S. (*dat*) entsprechend; **en ~ du temps** je nach Wetter[lage]
fonctionnaire [fɔ̃ksjɔnɛʀ] *mf* Beamte(r) *m*/Beamtin *f*
fonctionnalisme [fɔ̃ksjɔnalism] *m* ARCHIT, PHILOS, PSYCH Funktionalismus *m*
fonctionnalité [fɔ̃ksjɔnalite] *f* ① *sans pl* Funktionalität *f* ② *gén pl* INFORM Funktionen *Pl*
fonctionnariat [fɔ̃ksjɔnaʀja] *m* Berufsbeamtentum *nt*
fonctionnariser [fɔ̃ksjɔnaʀize] <1> *vt* ① (*assimiler aux fonctionnaires*) in den Staatsdienst übernehmen *entreprise, personne* ② (*bureaucratiser*) bürokratisieren *service, Etat*
fonctionnel(le) [fɔ̃ksjɔnɛl] *adj* ① funktionsgerecht, funktionell ② MED, MATH Funktions-
fonctionnement [fɔ̃ksjɔnmɑ̃] *m* Funktionieren *nt*
fonctionner [fɔ̃ksjɔne] <1> *vi* funktionieren, laufen; *organe, administration:* arbeiten; ~ **à la bière** *fam* ohne Bier nicht über die Runden kommen
fond [fɔ̃] *m* ① *d'un récipient, tiroir* Boden *m, de la mer* Grund *m; d'un violon, d'une guitare* Resonanzboden *m; d'une vallée* Sohle *f;* **les ~s sous-marins** die Tiefsee ② *d'une pièce, d'un couloir* hinterer Teil; *d'une armoire* Rückwand *f;* **au ~ de qc** in der Tiefe von etw; **au ~ du sac** [ganz] unten in der Tasche; **au ~ du jardin** [ganz] am Ende des Gartens; **au [fin] ~ du monde/de qc** am Ende der Welt/im hintersten Winkel einer S. (*gen*); **au ~ de la cour** hinten im Hof ③ ANAT Innere(s) *nt;* **examiner le ~ de la gorge** in den Hals schauen ④ THEAT *d'une estrade, scène* Hintergrund *m* ⑤ *du cœur, de l'âme* Innere(s) *nt;* **avoir un bon ~** einen guten Kern haben; **regarder qn au ~ des yeux** jdm tief in die Augen schauen; **du ~ du cœur** von ganzem Herzen ⑥ (*degré le plus bas*) ~ **de la misère** tiefstes Elend; **être au ~ de l'abîme** am Boden zerstört sein ⑦ *des choses* Wesentliche(s) *nt; d'un problème* Kern *m;* **expliquez le ~ de votre pensée** sagen Sie, was Sie wirklich denken; **aller au ~ des choses** den Dingen auf den Grund gehen ⑧ (*opp: forme*) Inhalt *m* ⑨ *de vin, d'apéritif* [kleiner] Schluck; *d'huile, de bouteille, verre* Rest *m* ⑩ (*hauteur d'eau*) [Wasser]tiefe *f* ⑪ (*pièce rapportée*) Boden *m* ⑫ (*arrière-plan: sonore*) Hintergrund *m;* (*visuel*) Untergrund *m* ⑬ GASTR Fond *m;* ~ **de tarte** Tortenboden *m* ⑭ (*résistance*) Ausdauer *f;* (*course*) Langstreckenlauf *m;* **ski de ~** [Ski]langlauf *m* ⑮ (*base*) ~ **de teint** Grundierung *f* ▶**le ~ de l'air est frais** es weht ein kühles Lüftchen; **user ses ~s de culotte sur les bancs de l'école** die Schulbank drücken; **connaître qc comme le ~ de sa poche** etw wie seine Westentasche kennen; **faire [o vider] les ~s de tiroir** *fam* sein letztes Geld zusammenkratzen; **avoir un ~ de qc** eine Spur von etw besitzen; **il y a un grand ~ de vérité dans tout ça** dahinter steckt viel Wahres; **à ~**

F

voll und ganz; *nettoyer, remanier* gründlich; *respirer* tief; *connaître* in- und auswendig; **à ~ la caisse** *fam* mit einem Affenzahn; **être à ~ de cale** *fam* pleite sein; **à ~ de train** im Eiltempo; **au** [*o* **dans le**] **~, ...** *fam* im Grunde genommen ...; **de ~** Haupt-; *article* Leit-; **de ~ en comble** von Grund aus; **sur le ~** grundsätzlich

fondamental [fɔ̃damɑ̃tal] <-aux> *m* Grundton *m*

fondamental(e) [fɔ̃damɑ̃tal, -o] <-aux> *adj* ❶ grundlegend; *élément, propriété, loi* Grund-; *opération* Haupt- ❷ (*essentiel*) wesentlich ❸ SCI *recherche* Grundlagen- ❹ MUS *son, accord* Grund-; *fréquence* Haupt- ❺ LING **l'allemand ~** der deutsche Grundwortschatz

F

fondamentalement [fɔ̃damɑ̃talmɑ̃] *adv* von Grund auf; *modifier* grundlegend; *opposé, faux* grund-

fondamentaliste [fɔ̃damɑ̃talist] I. *adj* fundamentalistisch II. *mf* REL Fundamentalist(in) *m(f)*

fondant [fɔ̃dɑ̃] *m* ❶ weiches Bonbon ❷ (*glaçage*) Fondant *m o nt* ❸ TECH Schmelzsubstanz *f* ❹ METAL Zuschlag *m*

fondant(e) [fɔ̃dɑ̃, ɑ̃t] *adj* ❶ (*qui fond*) schmelzend; **neige ~e** Pappschnee *m* ❷ *poire* saftig ❸ (*tendre*) zart

fondateur, -trice [fɔ̃datœʀ, -tʀis] *m, f* *d'une usine, ville* Gründer(in) *m(f)*; *d'une théorie, science* Begründer(in) *m(f)*; *d'une bourse, d'un prix* Stifter(in) *m(f)*; *d'une œuvre* Initiator(in) *m(f)*

fondation [fɔ̃dasjɔ̃] *f* ❶ (*fait de fonder*) Gründung *f* ❷ (*création par don ou legs*) Stiftung *f* ❸ (*établissement*) Stiftung *f* ❹ *pl* ARCHIT *d'un bâtiment* Fundament *nt*

fondé(e) [fɔ̃de] I. *adj* **être bien ~** *crainte, critique:* berechtigt sein; *opinion:* fundiert sein; *confiance:* gerechtfertigt sein; *pressentiment:* nicht unbegründet sein; **être ~ à faire qc** allen Grund haben etw zu tun II. *m(f)* **~(e) de pouvoir** Handlungsbevollmächtigte(r) *f(m)*

fondement [fɔ̃dmɑ̃] *m* ❶ *pl* Grundlagen *Pl* ❷ (*motif, raison*) Grundlage *f*; **ne reposer sur aucun ~** völlig unbegründet sein ❸ PHILOS Grundlage *f*

fonder [fɔ̃de] <1> I. *vt* ❶ gründen ❷ (*financer*) stiften *prix*; ins Leben rufen *dispensaire, institution* ❸ (*faire reposer*) **~ une décision sur qc** eine Entscheidung mit etw begründen II. *vpr* **se ~ sur qc** *personne:* sich auf etw (*akk*) berufen; *attitude, raisonnement:* durch etw (*akk*) begründet sein

fonderie [fɔ̃dʀi] *f* ❶ (*usine*) [Metall]gießerei *f* ❷ (*fabrication*) [Metall]gießen *nt*

fondeur [fɔ̃dœʀ] *m* ❶ (*de profession*) [Metall]gießer(in) *m(f)* ❷ (*maître*) Meister(in) *m(f)* in einer [Metall]gießerei

fondeur, -euse [fɔ̃dœʀ, -øz] *m, f* (*au ski*) Langläufer(in) *m(f)*

fondre [fɔ̃dʀ] <14> I. *vi* ❶ schmelzen ❷ (*se dissoudre*) **~ dans un liquide** zerfließen; **~ sous la langue** auf der Zunge zergehen ❸ (*s'attendrir*) **~ de pitié/en larmes** vor Mitleid (*dat*) vergehen/in Tränen ausbrechen ❹ *fam* (*maigrir*) **~ de 10 kilos** 10 Kilo abspecken ❺ (*diminuer rapidement*) *argent, muscles:* dahinschwinden; (*diminuer partiellement*) [zusammen]schrumpfen; **~ devant qc** *sentiment:* angesichts einer S. schwinden ❻ (*dissiper*) **faire ~ sa colère** seine Wut abflauen lassen ❼ (*se précipiter*) **~ sur qn/qc** *oiseau, ennemi:* sich auf jdn/etw stürzen; **~ sur qn** *fig ennuis:* auf jdn zukommen; *soucis:* jdn befallen; *malheurs:* über jdn hereinbrechen II. *vt* ❶ schmelzen; einschmelzen *bijoux, argenterie;* zerlassen *beurre* ❷ (*fabriquer*) gießen ❸ (*fusionner*) **~ qc dans qc** etw mit etw vereinigen ❹ (*incorporer*) **~ qc dans qc** etw in etw (*akk*) einfügen III. *vpr* ❶ **se ~ en qc** sich zu etw vereinigen ❷ (*former un tout avec*) **se ~ dans qc** in etw (*dat*) aufgehen ❸ (*disparaître*) **se ~ dans qc** in etw (*dat*) verschwinden; *appel:* in etw (*dat*) untergehen

fondrière [fɔ̃dʀijɛʀ] *f* (*trou plein d'eau*) [Wasser]loch *nt*

fonds [fɔ̃] *m* ❶ (*commerce*) Geschäft *nt* ❷ (*terrain*) Grundstück *nt* ❸ (*organisme*) Fonds *m* ❹ (*capital*) Vermögen *nt*; **~ de grève** Streikkasse *f*; **~ publics** [*o* **d'État**] öffentliche Gelder *Pl*; **~ de roulement** Umlaufvermögen *nt*; **gérer les ~** die Gelder verwalten; **prêter qc à ~ perdu** etw ohne Aussicht auf Rückzahlung verleihen; **rentrer dans ses ~** *fam* sein Geld zurückbekommen ❺ (*ressources*) Stoff *m*; *d'une langue* Wortschatz *m* ❻ *d'une bibliothèque* Bestand *m* ❼ (*qualités physiques ou intellectuelles*) Potenzial *nt*

fondu [fɔ̃dy] *m* CINE **~ enchaîné** Überblendung *f*

fondu(e) [fɔ̃dy] I. *part passé de* **fondre** II. *adj* *couleurs, tons* ineinander übergehend; *fromage* Schmelz-; **neige ~e** Schneeregen *m*; (*au sol*) Pappschnee *m*

fondue [fɔ̃dy] *f* Fondue *nt*; **~ savoyarde** Käsefondue

fongicide [fɔ̃ʒisid] *m* Fungizid *nt*

font [fɔ̃] *indic prés de* **faire**
fontaine [fɔ̃tɛn] *f* ❶ (*construction*) [Spring]brunnen *m*, Dorfbrunnen *m* ❷ (*source*) Brunnen *m* ❸ (*creux dans la farine*) Mulde *f* ▶**pleurer comme une ~** *hum* wie ein Schlosshund heulen (*fam*)
fontanelle [fɔ̃tanɛl] *f* ANAT Fontanelle *f*
fonte [fɔ̃t] *f* ❶ *d'un métal* Schmelzen *nt* ❷ (*fabrication*) Gießen *nt* ❸ (*métal*) Gusseisen *nt*
fonts [fɔ̃] *mpl* **~ baptismaux** Taufstein *m*
foot [fut] *m sans pl fam abr de* **football** Fußball *m*
football [futbol] *m sans pl* Fußball *m*
footballeur, -euse [futbolœʀ, -øz] *m, f* Fußballspieler(in) *m(f)*
footing [futiŋ] *m* Joggen *nt;* **faire du/son ~** joggen
for [fɔʀ] ▶**en/dans mon/son ~ intérieur** in meinem/seinem/ihrem tiefsten Inneren
forage [fɔʀaʒ] *m* Bohrung *f*
forain(e) [fɔʀɛ̃, ɛn] **I.** *adj attraction, baraque* Jahrmarkts-; *marchand* fliegend; **fête ~e** Jahrmarkt *m* **II.** *m(f)* Schausteller(in) *m(f)*
forban [fɔʀbɑ̃] *m* ❶ (*pirate*) Seeräuber *m* ❷ *fam* (*escroc*) Halunke *m*
forçage [fɔʀsaʒ] *m* ❶ CHASSE Treiben *nt* ❷ HORT Frühkultur *f*
forçat [fɔʀsa] *m* ❶ zur Zwangsarbeit verurteilter Sträfling ❷ (*condamné aux galères*) Galeerensträfling *m* ▶**~ du travail** Arbeitstier *nt;* **travailler comme un ~** wie ein Wilder schuften (*fam*)
force [fɔʀs] *f* ❶ *a.* PHYS Kraft *f* ❷ (*courage*) Kraft *f;* **~ d'âme** Seelengröße *f* ❸ (*niveau intellectuel*) Geistesgabe *f* ❹ (*pouvoir*) Stärke *f;* **~ de dissuasion** Abschreckungspotenzial *nt;* **~ publique** öffentliche Gewalt; **employer la ~** Gewalt anwenden; **l'union fait la ~** Einigkeit macht stark ❺ *gén pl* (*ensemble de personnes*) Kräfte *Pl;* **~ électorale** Wählerpotenzial *nt* ❻ MIL **~ de frappe** *schlagwortartige Bezeichnung für die französische Atomstreitmacht;* **~s d'intervention** Einsatztruppen *Pl;* **~s d'occupation** Besatzungsmacht *f;* **~s de l'ordre** Polizei *f;* **~[s] armée[s]/militaire[s]** Streitkräfte *Pl* ❼ *de l'habitude, de la loi* Macht *f; d'un argument, préjugé* Stärke *f;* **avoir/faire/prendre ~ de loi** Gesetzeskraft haben/bekommen; **avoir ~ exécutoire** rechtskräftig sein; **par la ~ des choses** zwangsläufig ❽ (*principe d'action*) Kraft *f; de la nature, du mal, des ténèbres* Kräfte *Pl* ❾ *d'un choc, coup* Wucht *f; du vent, d'un tremblement de terre* Stärke *f; d'une carte* Wert *m; d'un désir, d'une passion* Heftigkeit *f; d'un sentiment* Tiefe *f; de l'égoïsme, de la haine* Ausmaß *nt;* **~ du son/bruit** Lautstärke *f;* **frapper avec ~** heftig schlagen; **avec un vent de ~ 7** bei Windstärke 7 ❿ TECH *d'un câble, mur, d'une barre* Stabilität *f* ⓫ *d'un moteur* Leistungskraft *f; d'un médicament, poison* Wirkungskraft *f* ⓬ *d'un style, terme* Ausdruckskraft *f;* **dans toute la ~ du terme** im wahrsten Sinne des Wortes ⓭ CHIM Stärke *f* ⓮ *sans pl* (*électricité*) [elektrischer] Strom ▶**être dans la ~ de l'âge** in den besten Jahren sein; **avoir une ~ de cheval** *fam* Bärenkräfte haben; **c'est une ~ de la nature** er/sie steckt voller Vitalität; **être de ~ à faire qc** in der Lage sein etw zu tun; **à ~** mit der Zeit; **à ~ de pleurer** durch das viele Weinen; **faire qc avec ~** etw mit Nachdruck tun; **faire qc de ~** etw unter Zwang tun; **faire qc par ~** etw gezwungenermaßen tun
forcé(e) [fɔʀse] **I.** *part passé de* **forcer** **II.** *adj* ❶ *bain, mariage* unfreiwillig; *travail* Zwangs-; *atterrissage* Not-; **envoi ~** nicht bestellte Ware ❷ *attitude* steif; *rire, sourire* gezwungen; *amabilité, gaieté* aufgesetzt ❸ *fam* (*inévitable*) zwangsläufig ❹ LITTER, ART *style, trait* unnatürlich; *comparaison, effet* erzwungen ▶**c'était ~!** *fam* das war abzusehen!
forcément [fɔʀsemɑ̃] *adv* zwangsläufig; **pas ~** nicht unbedingt; **~!** na klar! (*fam*)
forcené(e) [fɔʀsəne] **I.** *adj* ❶ (*très violent*) gewaltig ❷ (*démesuré*) wahnsinnig; *partisan* leidenschaftlich **II.** *m(f)* Verrückte(r) *f(m);* **être un ~ du vélo** *fam* ein passionierter Radfahrer sein; **être un ~ du boulot** *fam* arbeitswütig sein
forceps [fɔʀsɛps] *m sans pl* Geburtszange *f*
forcer [fɔʀse] <2> **I.** *vt* ❶ (*obliger*) **~ qn à faire qc** jdn zwingen etw zu tun ❷ (*tordre*) verbiegen ❸ (*enfoncer*) aufbrechen *coffre, porte, serrure;* durchbrechen *barrage;* **~ l'entrée de qc** sich (*dat*) Zugang zu etw verschaffen ❹ (*susciter*) hervorrufen *admiration, estime;* erregen *attention;* einflößen *respect;* wecken *sympathie, confiance* ❺ (*vouloir obtenir plus de qc*) zu Höchstleistungen antreiben *cheval;* auf Hochtouren bringen *moteur* ❻ (*vouloir infléchir*) manipulieren *conscience;* erzwingen *consentement, succès;* herausfordern *destin* ❼ (*intensifier*) heben *voix;* beschleunigen *pas* ❽ (*exagérer*) übermäßig aufrunden *dépense, note* **II.** *vi* ❶ sich überanstrengen ❷ (*agir avec force*) **~ sur qc** etw mit Ge-

F

walt tun ❸ *fam (abuser)* ~ **sur les pâtisseries** es mit dem Gebäck übertreiben ❹ *(supporter un effort excessif) moteur:* zu stark beansprucht werden **III.** *vpr* **se ~ à faire qc** sich Mühe geben etw zu tun; **se ~ à qc** sich zu etw *(dat)* zwingen; **ne pas se ~ pour faire qc** sich nicht darum reißen etw zu tun *(fam)*

forcing [fɔʀsiŋ] *m sans pl* ❶ SPORT schneller Vorstoß ❷ *fam (déploiement d'énergie)* Kraftakt *m;* **faire le ~ pour obtenir qc** *fam* nicht locker lassen, bis man etw erreicht; **faire qc au ~** etw unter Aufbietung aller Kräfte tun

F

forcir [fɔʀsiʀ] <8> *vi* ❶ *(devenir plus fort)* kräftiger werden ❷ *(grossir)* zunehmen

forer [fɔʀe] <1> *vt* ❶ *(faire un trou dans)* bohren *trou, puits* ❷ ausheben *excavation*

foresterie [fɔʀɛstəʀi] *f* Forstwirtschaft *f*

forestier, -ière [fɔʀɛstje, -jɛʀ] **I.** *adj* Wald- **II.** *m, f* Förster(in) *m(f)*

foret [fɔʀɛ] *m* Bohrer *m*

forêt [fɔʀɛ] *f* ❶ Wald *m* ❷ *(grande quantité)* Unmenge *f*

forêt-noire [fɔʀɛnwaʀ] <forêts-noires> *f (gâteau)* Schwarzwälder Kirschtorte *f*

Forêt-Noire [fɔʀɛnwaʀ] *f* GEOG **la ~** der Schwarzwald

foreuse [fɔʀøz] *f* TECH Bohrmaschine *f*

forfait [fɔʀfɛ] *m* ❶ *(prix fixé)* Pauschale *f;* TELEC **~ illimité** unbegrenzte Flatrate *f* ❷ FIN Vorsteuersatz *m* ❸ SPORT **le ~ de neige** die Schneepauschale ▸**déclarer ~** aussteigen

forfaitaire [fɔʀfɛtɛʀ] *adj indemnité* pauschal festgesetzt; *montant, prix* Pauschal-

forge [fɔʀʒ] *f* ❶ *(fourneau)* Schmiedeofen *m* ❷ *(atelier)* Schmiede *f* ❸ *pl (usine)* Hütte[nwerk *nt*] *f*

forger [fɔʀʒe] <2a> **I.** *vt* ❶ *(façonner)* schmieden ❷ *(inventer)* erfinden *excuse, prétexte* **II.** *vpr* ❶ **se ~ une réputation/un idéal** sich *(dat)* einen Namen machen/ein Ideal schaffen ❷ *(s'inventer)* **se ~ un prétexte** sich *(dat)* einen Vorwand ausdenken

forgeron [fɔʀʒəʀɔ̃] *m* Schmied *m*

formage [fɔʀmaʒ] *m* TECH Formgebung *f,* Formung *f;* **~ et pliage** Formbiegen *nt*

formaliser [fɔʀmalize] <1> **I.** *vpr* **se ~ de qc** Anstoß an etw *(dat)* nehmen **II.** *vt* formalisieren

formalisme [fɔʀmalism] *m péj* Überbetonung *f* der Form

formaliste [fɔʀmalist] *adj* formalistisch; *personne* [sehr] formell

formalité [fɔʀmalite] *f* ❶ ADMIN, JUR Formalität *f;* **~ administrative** Verwaltungsformalität; **sans autre ~** kurzerhand ❷ *(démarche de peu d'importance)* [reine] Formsache

format [fɔʀma] *m* Format *nt;* **~ grand aigle/jésus/raisin** *französische Papierformate: 74 x 105/56 x 72/50 x 64 cm*

formatage [fɔʀmataʒ] *m* INFORM Formatierung *f*

formater [fɔʀmate] <1> *vt* INFORM formatieren

formateur, -trice [fɔʀmatœʀ, -tʀis] **I.** *adj* formend; *expérience, influence* für die Erziehung förderlich **II.** *m, f* Ausbilder(in) *m(f)*

formation [fɔʀmasjɔ̃] *f* ❶ *d'une équipe* Aufstellung *f* ❷ LING *d'un mot, du pluriel* Bildung *f* ❸ GEOM *d'un cercle, cylindre* Konstruktion *f* ❹ *du monde, des dunes* Entstehung *f; du capitalisme* Entwicklung *f; d'une couche* Bildung *f; d'un embryon* Entwicklung; *d'un os, d'un système nerveux* Herausbildung *f* ❺ *(apprentissage professionnel)* Ausbildung *f;* **~ professionnelle** Berufsausbildung; **~ continue** [*o* **permanente**] Weiterbildung *f;* **~ en ligne** E-Learning *nt* ❻ *(éducation morale et intellectuelle)* Bildung *f; du caractère, goût* Herausbildung *f* ❼ *(groupe de personnes)* Gruppe *f; (dans le domaine politique)* Gruppierung *f;* MIL Truppe *f;* SPORT Mannschaft *f* ❽ *(disposition)* Formation *f; (sur le champ de bataille)* Aufstellung *f* ❾ GEOL, BOT Formation *f* ❿ *(puberté)* Reifezeit *f*

forme [fɔʀm] *f* ❶ *(aspect extérieur)* Form *f;* **en ~ de croix/de cœur** kreuz-/herzförmig; **sous la ~ de qn/qc** in jds Gestalt/in der Gestalt einer S. *(gen);* **sous toutes ses ~s** in all seinen/ihren Erscheinungsformen ❷ *(silhouette)* Gestalt *f* ❸ *pl (galbe du corps)* Rundungen *Pl* ❹ *(variante)* Form *f* ❺ *(condition physique, intellectuelle)* Form *f,* Kondition *f;* **être en pleine ~** *(physiquement)* fit wie ein Turnschuh sein *(fam)* ❻ *pl (bienséance)* [Umgangs]formen *Pl* ❼ ART, LITTER, MUS [Ausdrucks]form *f* ❽ LING, JUR Form *f* ▸**sans autre ~ de procès** kurzerhand; **en bonne [et due] ~** ordnungsgemäß; **[y] mettre les ~s** sich höflich ausdrücken; **prendre ~** *projet:* Gestalt annehmen; **faire qc dans les ~s** etw ordnungsgemäß tun

formel(le) [fɔʀmɛl] *adj* ❶ *déclaration, engagement* ausdrücklich; *refus* entschieden; *ordre* strikt; *preuve* eindeutig; **être ~ sur qc** sich in Bezug auf etw *(akk)* klar ausdrücken ❷ ART, LITTER, LING Form- ❸ *(de pure forme)* formell ❹ PHILOS formal

formellement [fɔʀmɛlmɑ̃] *adv* ① (*expressément*) ausdrücklich ② (*concernant la forme*) formal

former [fɔʀme] <1> **I.** *vt* ① (*façonner*) formen ② (*créer, organiser*) gründen *association, parti;* bilden *coalition;* schmieden *complot* ③ (*assembler des éléments*) bilden *équipes;* zusammenstellen *cortège;* zusammentragen *collection;* aufbauen *armée* ④ (*concevoir*) entwickeln *idée, pensée;* entwerfen *projet;* äußern *vœu;* hegen *dessein* ⑤ (*constituer*) bilden ⑥ (*produire, donner*) herausbilden; hervorbringen *fleur* ⑦ (*instruire*) ausbilden *personne; voyage, épreuve:* schulen; formen *caractère* ⑧ (*prendre l'aspect, la forme de*) bilden *cercle;* machen *boucle* **II.** *vpr* ① **se ~** sich bilden; *fruits:* wachsen; *images:* entstehen ② (*se disposer*) **se ~ en colonne** sich in Kolonnen aufstellen ③ (*s'instruire*) **se ~** sich bilden

formica® [fɔʀmika] *m* ≈ Resopal® *nt*

formidable [fɔʀmidabl] *adj* ① *fam* (*très bien*) toll, klasse, hervorragend ② (*hors du commun*) ungeheuer; *dépense, détonation* gewaltig; **c'est ~!** das ist ja irre!

formidablement [fɔʀmidabləmɑ̃] *adv* unheimlich

formique [fɔʀmik] *adj* CHIM **acide ~** Ameisensäure *f*

formol [fɔʀmɔl] *m* Formalin® *nt*

formulaire [fɔʀmylɛʀ] *m* ① Formular *nt,* Drucksorte *f* (A) ② (*recueil de formules*) Formelsammlung *f*

formulation [fɔʀmylasjɔ̃] *f* Formulierung *f*

formule [fɔʀmyl] *f* ① Formulierung *f* ② (*paroles rituelles*) Formel *f;* **~ de politesse** [Höflichkeits]floskel *f* ③ (*choix, possibilité*) Angebot *nt;* **~ à 60 euros** Menü *nt* zu 60 Euro ④ (*façon de faire*) Methode *f* ⑤ SCI, CHIM Formel *f;* **la ~ magique** CH die Zauberformel (CH) ⑥ AUT, SPORT **~ I** Formel I *f*

formuler [fɔʀmyle] <1> *vt* ① formulieren *demande, pensée;* abfassen *requête* ② (*mettre en formule*) in einer Formel zusammenfassen

forniquer [fɔʀnike] <1> *vi* **~ avec qn** mit jdm Unzucht treiben

forsythia [fɔʀsisja] *m* Forsythie *f*

fort [fɔʀ] **I.** *adv* ① *frapper* kräftig; *parler, crier* laut; *sentir* streng riechen; **son cœur battait très ~** er/sie hatte starkes Herzklopfen; **le vent souffle ~** es weht ein starker Wind; **respirez ~!** tief einatmen! ② (*beaucoup*) **avoir ~ à faire** alle Hände voll zu tun haben; **ça me déplaît ~** das missfällt mir sehr; **j'en doute ~** das möchte ich stark bezweifeln ③ *antéposé* (*très*) sehr ④ *fam* (*bien*) gut; **toi, ça ne va pas ~** dir geht's nicht besonders ▶ **~ bien!** na gut!; **se faire ~ de faire qc** sich (*dat*) zutrauen, etw zu tun; **y aller [un peu/trop] ~** *fam* zu weit gehen **II.** *m* ① (*forteresse*) Fort *nt* ② (*spécialité*) **la cuisine, ce n'est pas mon ~** Kochen ist nicht gerade meine Stärke ③ (*milieu, cœur*) **au plus ~ de l'été** im Hochsommer; **au plus ~ de la bataille** auf dem Höhepunkt der Schlacht

fort(e) [fɔʀ, fɔʀt] **I.** *adj* ① (*robuste*) kräftig; *personne, animal* stark, kraftvoll ② *postposé* (*puissant*) stark; *monnaie* hart; **être ~ de sa supériorité** sich (*dat*) seiner Überlegenheit sicher sein; **être ~ de l'appui de qn** auf jds Hilfe (*akk*) bauen können ③ *postposé carton, fil, papier* dick ④ (*de grande intensité*) stark; *mer* aufgewühlt; *lumière* hell; *averse, battement* heftig; *rythme* schnell; **~e chaleur** [Affen]hitze *f* (*fam*) ⑤ (*pour le goût*) stark; *moutarde, sauce* scharf ⑥ (*pour l'odorat*) stark ⑦ (*pour les sensations/sentiments*) groß; *colère* heftig; *dégoût, désir, ferveur, douleur, émotion, rhume* stark; *fièvre* hoch ⑧ MUS *temps* betont ⑨ LING stimmlos ⑩ *œuvre* groß; *phrase, geste politique* bedeutend; *présomption* stark; **exprimer son opinion en termes très ~s** seine Meinung sehr deutlich zum Ausdruck bringen; **dire qc haut et ~** etw laut und deutlich sagen ⑪ (*important quantitativement*) hoch; *différence* groß; *baisse, hausse* stark; **il y a de ~es chances pour que** + *subj* es bestehen gute Chancen, dass; **faire payer le prix ~** den vollen Preis zahlen lassen ⑫ (*doué*) gut; **être ~** gut sein; (*dans sa profession*) sein Handwerk verstehen; (*dans un sport/jeu*) gut sein/spielen; **être très ~ sur un sujet** über ein Thema gut Bescheid wissen; **ne pas être très ~ en cuisine** nicht besonders gut kochen können; **être très ~ pour critiquer** *iron* sehr gut im Kritisieren sein ⑬ *plaisanterie* gewagt; *terme* hart; **cette histoire est un peu ~e** diese Geschichte kann man kaum glauben ⑭ *euph chevilles, jambes* kräftig; *personne* stark; *poitrine* groß; **être un peu ~ des hanches** ziemlich breit um die Hüften sein ⑮ *postposé* (*courageux*) stark; **une âme ~e** eine in sich gefestigte Person ▶ **c'est plus ~ que moi** ich kann nicht anders; **le** [*o* **ce qu'il y a de**] **plus ~, c'est que** *iron* das Beste ist, dass; **c'est trop** [*o* **un peu**] **~!** das gibt's doch nicht!; **elle est ~e,**

celle-là! *fam* das schlägt dem Fass den Boden aus! **II.** *m(f)* (*personne*) Starke(r) *f(m)* ▸ ~ **en thème** *fam* Musterschüler *m*

fortement [fɔʀtəmɑ̃] *adv* ❶ (*vigoureusement*) fest; *secouer* kräftig; **s'exprimer** ~ seinen Worten großen Nachdruck verleihen ❷ (*vivement*) **insister** ~ **sur qc** nachdrücklich auf etw (*dat*) bestehen; **je suis** ~ **attiré par cela** das reizt mich sehr ❸ (*beaucoup*) sehr; **il est** ~ **question de qc** etw wird ernsthaft in Erwägung gezogen

F

forteresse [fɔʀtəʀɛs] *f* ❶ (*lieu fortifié*) Festung *f* ❷ *fig* Hochburg *f* ❸ MIL ~ **volante** Jagdbomber *m*

fortiche [fɔʀtiʃ] *adj fam* ❶ (*calé*) **être** ~ **en math** in Mathe echt was loshaben ❷ (*malin*) **c'est pas** ~ **d'avoir fait cela** es war nicht gerade clever das zu tun

fortifiant [fɔʀtifjɑ̃] *m* (*remède*) Stärkungsmittel *nt*

fortifiant(e) [fɔʀtifjɑ̃, jɑ̃t] *adj remède* stärkend; **nourriture** ~**e** Kraftnahrung *f*

fortification [fɔʀtifikasjɔ̃] *f* Befestigungsanlage *f*

fortifier [fɔʀtifje] <1> **I.** *vt* ❶ (*rendre vigoureux*) kräftigen ❷ (*affermir*) stärken *volonté;* festigen *amitié;* ~ **qn dans sa conviction** jdn in seiner/ihrer Überzeugung bestärken ❸ MIL befestigen **II.** *vi* (*tonifier*) stärken **III.** *vpr* **se** ~ ❶ (*devenir fort*) *santé:* sich stabilisieren; *personne:* (*par des exercices*) [seinen Körper] trainieren; (*après une maladie*) wieder zu Kräften kommen ❷ (*s'affermir*) *amitié, croyance:* sich festigen ❸ MIL sich verschanzen

fortin [fɔʀtɛ̃] *m* kleines Fort

fortuit(e) [fɔʀtɥi, it] *adj* zufällig; *remarque* willkürlich; **cas** ~ Zufall *m*

fortuitement [fɔʀtɥitmɑ̃] *adv* zufällig[erweise]

fortune [fɔʀtyn] *f* ❶ (*richesse*) Vermögen *nt;* **avoir de la** ~ wohlhabend sein; **faire** ~ reich werden ❷ *fam* (*grosse somme*) Vermögen *nt* ❸ (*magnat*) **les grandes** ~**s** die oberen Zehntausend ❹ (*chance*) Glück *nt;* **la bonne** ~ der glückliche Zufall ▸ **faire contre mauvaise** ~ **bon cœur** gute Miene zum bösen Spiel machen; **de** ~ behelfsmäßig

fortuné(e) [fɔʀtyne] *adj* (*riche*) wohlhabend

forum [fɔʀɔm] *m* ❶ *a.* HIST (*débat*) Forum *nt* ❷ (*place*) Platz *m* ❸ INET Newsgroup *f;* ~ **de discussion sur Internet** Internetforum *nt*

fosse [fos] *f* ❶ (*cavité*) Grube *f* ❷ GEOL Graben *m* ❸ (*tombe*) Grab *nt* ❹ (*charnier*) Massengrab *nt* ❺ ANAT ~**s nasales** Nasen[neben]höhlen *Pl*

fossé [fose] *m* ❶ (*tranchée*) Graben *m* ❷ (*écart*) Kluft *f;* ~ **des générations** Generationskonflikt *m;* **un** ~ **culturel sépare ces deux peuples** zwischen den Kulturen dieser beiden Völker liegen Welten

fossette [fosɛt] *f* Grübchen *nt*

fossile [fosil] **I.** *adj* ❶ GEOL fossil ❷ *péj fam* (*démodé*) angestaubt; *objet* vorsintflutlich; *personne* verknöchert **II.** *m* ❶ GEOL Fossil *nt* ❷ *fig fam* Grufti *m*

fossilifère [fosilifɛʀ] *adj* fossilienhaltig

fossilisation [fosilizasjɔ̃] *f* Versteinerung *f*

fossiliser [fosilize] <1> **I.** *vt* (*rendre fossile*) versteinern **II.** *vpr* **se** ~ ❶ (*devenir fossile*) versteinern ❷ *fig fam* einrosten

fossoyeur [foswajœʀ] *m* Totengräber *m*

fou, fol, folle [fu, fɔl] **I.** *adj* ❶ (*dément*) verrückt, wahnsinnig; **devenir** ~ **furieux** einen Tobsuchtsanfall bekommen ❷ (*dérangé*) **être** ~ **à lier** völlig übergeschnappt sein (*fam*); **ne pas être** ~ *fam* doch nicht verrückt sein (*fam*); **devenir** ~ durchdrehen (*fam*); **c'est à devenir** ~, **il y a de quoi devenir** ~ das ist [ja] zum Verrücktwerden; **il me rendra** ~ er bringt mich noch ins Irrenhaus (*fam*); **ils sont** ~**s, ces Romains!** *hum* die spinnen, die Römer! ❸ (*idiot*) **qn est/serait** ~ **de faire qc** jd ist/wäre verrückt, etw zu tun; **il faut être** ~ **pour faire cela** man muss ganz schön dumm sein, um das zu tun ❹ *désir, rires* unbändig; *tentative* vergeblich; *idée, projet* verrückt; *amour* wahnsinnig; *imagination, jeunesse* wild; *dépense* unvernünftig; *joie* überschäumend; *regard* irr; **folle audace** Tollkühnheit *f;* **passer une folle nuit** eine heiße Nacht verbringen; **avoir le** ~ **rire** einen Lachkrampf bekommen; **les rumeurs les plus folles** die wildesten Gerüchte ❺ (*éperdu*) **être** ~ **de chagrin** vor Kummer (*dat*) fast den Verstand verlieren; **être** ~ **de désir** ein wahnsinniges Verlangen verspüren (*fam*); **être** ~ **de colère** außer sich vor Wut (*dat*) sein ❻ (*amoureux*) **être** ~ **de qn** ganz verrückt nach jdm sein (*fam*); **être** ~ **de jazz** ganz versessen auf Jazz (*akk*) sein (*fam*) ❼ (*énorme, incroyable*) wahnsinnig (*fam*); **un argent** ~ ein Heidengeld *nt* (*fam*); **il y avait un monde** ~ es waren irrsinnig [*o* wahnsinnig] viele Leute da (*fam*) ❽ (*exubérant*) **être tout** ~ außer Rand und Band sein (*fam*); **devenir tout** ~ ganz aus dem Häuschen geraten (*fam*) ❾ (*en dés-

ordre, incontrôlé) widerspenstig; **un camion ~** ein außer Kontrolle geratener Lastwagen; **un cheval ~** ein wild gewordenes Pferd **II.** *m, f* ❶ (*dément*) Wahnsinnige(r) *f(m);* MED Geistesgestörte(r) *f(m)* ❷ (*écervelé*) **jeune ~** junger Irrer (*fam*); **vieux ~** närrischer Alter; **crier/travailler comme un ~** wie ein Irrer schreien/arbeiten ❸ (*personne exubérante*) **faire le ~** (*faire, dire des bêtises*) Blödsinn machen; (*se défouler*) sich austoben; **arrête de faire le ~!** lass den Quatsch! (*fam*) ❹ JEUX Läufer *m* ❺ (*bouffon*) Narr *m* ▶ **s'amuser comme un petit ~** *fam* sich königlich amüsieren

foudre[1] [fudʀ] *f* ❶ METEO Blitz[schlag] *m* ❷ *pl, soutenu d'une personne* Zorn *m* ▶ **un coup de ~** Liebe auf den ersten Blick; **avoir le coup de ~ pour qc** von etw auf den ersten Blick begeistert sein

foudre[2] [fudʀ] *m* **~ de guerre** großer Kriegsheld; **~ d'éloquence** großer Redner

foudre[3] [fudʀ] *m* (*tonneau*) großes [Lager]fass

foudroyant(e) [fudʀwajɑ̃, jɑ̃t] *adj* ❶ (*soudain*) plötzlich; *succès* durchschlagend; *vitesse, progrès* rasant; *nouvelle* umwerfend; **attaque ~e** Blitzangriff *m* ❷ (*mortel*) tödlich ❸ (*réprobateur*) vernichtend

foudroyer [fudʀwaje] <6> *vt* ❶ (*frapper par la foudre*) **être foudroyé** *personne:* vom Blitz erschlagen werden; *chose, animal:* vom Blitz getroffen werden ❷ (*électrocuter*) **être foudroyé** einen elektrischen Schlag bekommen ❸ (*tuer*) tödlich treffen; **la maladie l'a foudroyé(e)** die Krankheit hat ihn/sie dahingerafft ❹ (*abattre, rendre stupéfait*) **~ qn** *malheur:* jdn niederschmettern; *surprise:* jdn sprachlos machen

fouet [fwɛ] *m* ❶ (*verge*) Peitsche *f* ❷ GASTR Schneebesen *m* ❸ (*châtiment*) **donner le ~ à qn** jdn mit der Peitsche schlagen ▶ **de plein ~** mit voller Wucht

fouettard [fwetaʀ] ▶ **Père Fouettard** Knecht *m* Ruprecht

fouetter [fwete] <1> **I.** *vt* ❶ (*frapper*) mit der Peitsche schlagen *personne, animal;* **la pluie fouette les vitres** der Regen schlägt gegen die Scheiben; **le vent me fouette au visage** der Wind peitscht mir ins Gesicht ❷ GASTR schlagen ❸ (*stimuler*) anstacheln *amour-propre, orgueil;* [er]wecken *désir;* beflügeln *imagination;* **~ le sang** den Kreislauf anregen **II.** *vi* (*frapper*) **la pluie fouette contre les vitres** der Regen schlägt gegen die Fensterscheiben

foufou, fofolle [fufu, fɔfɔl] *adj fam* **être un peu ~** *personne:* leicht verrückt sein; *chien:* ein bisschen verspielt sein

fougère [fuʒɛʀ] *f* BOT Farn *m*

fougue [fug] *f* Schwung *m*

fougueux, -euse [fugø, -øz] *adj réponse, attaque* heftig; *tempérament, personne* aufbrausend; *orateur, intervention* leidenschaftlich; *cheval* feurig; *discours* flammend

fouille [fuj] *f* ❶ (*inspection*) Durchsuchung *f;* **~ corporelle** Leibesvisitation *f* ❷ *pl* ARCHEOL [Aus]grabungen *Pl* ❸ (*excavation*) Baugrube *f*

fouillé(e) [fuje] *adj commentaire* ausführlich; *étude* eingehend; *travail* gewissenhaft

fouille-merde [fujmɛʀd] <fouille--merdes> *mf fam* Schmierfink *m*

fouiller [fuje] <1> **I.** *vt* ❶ (*inspecter*) durchsuchen *lieu, poches;* absuchen *horizon;* durchforsten *dossier;* eingehend erörtern *problème;* **~ la vie de qn** sich eingehend mit jds Lebensgeschichte befassen; **~ l'obscurité des yeux** versuchen in der Dunkelheit etwas zu erkennen; **~ la pièce des yeux** [*o* **du regard**] das Zimmer genau in Augenschein nehmen ❷ (*creuser*) **~ qc** *animal:* in etw (*dat*) wühlen; *archéologue:* in etw (*dat*) graben **II.** *vi* ❶ (*inspecter*) **~ dans qc** in etw (*dat*) herumwühlen; **~ dans ses souvenirs** in seinen Erinnerungen kramen (*fam*) ❷ (*creuser*) *animal:* wühlen; *archéologue:* [Aus]grabungen machen **III.** *vpr* **se ~** seine Taschen durchwühlen

fouillis [fuji] *m* Unordnung *f;* **~ de lianes** Geflecht *nt* von Lianen; **le texte fait vraiment ~** der Text ist völlig ungeordnet

fouine [fwin] *f* ZOOL Steinmarder *m* ▶ **c'est une vraie ~** das ist ein elender Schnüffler/eine elende Schnüfflerin (*fam*)

fouiner [fwine] <1> *vi fam* herumschnüffeln; **être sans cesse à ~ partout** seine Nase ständig in alles [hinein]stecken müssen

fouineur, -euse [fwinœʀ, -øz] *m, f* Schnüffler(in) *m(f)*

fouir [fwiʀ] <8> *vt animal:* wühlen

fouisseur, -euse [fwisœʀ, -øz] *adj* Wühl-; **animal ~** Wühler *m*

foulage [fulaʒ] *m* ❶ *du raisin* Keltern *nt* ❷ TECH *des tissus, des peaux* Walken *nt*

foulant(e) [fulɑ̃, ɑ̃t] *adj fam travail* anstrengend

foulard [fulaʀ] *m* ❶ (*fichu*) Kopftuch *nt* ❷ (*écharpe*) Halstuch *nt* ❸ (*tissu*) [leichter] Seidenstoff *m*

foule [ful] *f* ❶ (*multitude de personnes*)

F

[Menschen]menge *f;* **il y a/n'y a pas ~** es sind viele/wenige Leute da; **ce n'était pas la grande ~ aux guichets** der große Ansturm auf die Schalter blieb aus ② (*grand nombre*) **une ~ de gens/questions** eine Menge Leute/Fragen ③ (*peuple*) **la ~** die breite Masse

foulée [fule] *f* ① SPORT Schritt *m; d'un cheval* Auftreten *nt* (*beim Trab oder Galopp*); *d'un coureur* Tritt *m;* **à grandes/petites ~s** mit großen/kleinen Schritten; **allonger la ~** größere Schritte machen; **rester dans la ~ de qn** jdm dicht auf den Fersen bleiben ② (*style*) Laufstil *m* ▶**dans la ~ de qc** gleich im Anschluss an etw (*akk*)

fouler [fule] <1> **I.** *vt* (*écraser*) keltern *raisin;* TECH walken *cuir, drap, peau* **II.** *vpr* ① (*se tordre*) **se ~ la cheville** sich (*dat*) den Knöchel verstauchen ② *iron fam* (*se fatiguer*) **se ~** sich ins Zeug legen

foulque [fulk] *m* ORN Blässhuhn *nt*

foultitude [fultityd] *f fam* Menge *f;* **une ~ de livres** jede Menge Bücher

foulure [fulyʀ] *f* MED Verstauchung *f*

four [fuʀ] *m* ① GASTR Backofen *m;* **~ [à] micro-ondes** Mikrowellenherd *m;* **ce plat ne va pas au ~** diese Schüssel ist nicht feuerfest ② TECH Ofen *m;* **~ électrique** Elektroherd *m* ③ *fam* (*échec*) Flop *m* ▶**il fait noir comme dans un ~** es ist stockdunkel (*fam*)

fourbe [fuʀb] *adj* falsch; *gentillesse* geheuchelt

fourberie [fuʀbəʀi] *f* Hinterlist *f*

fourbi [fuʀbi] *m fam* ① (*attirail*) Krempel *m* ② (*truc*) Dingsbums *nt*

fourbir [fuʀbiʀ] <8> *vt* ① (*astiquer*) polieren ② (*préparer soigneusement*) **~ ses arguments** an seiner Argumentation feilen

fourbu(e) [fuʀby] *adj* erschöpft

fourche [fuʀʃ] *f* ① (*outil*) Gabel *f* ② SPORT **~ de bicyclette** Radgabel *f* ③ *d'un chemin* Gabelung *f* ④ COUT *d'un pantalon* Schritt *m*

fourcher [fuʀʃe] <1> *vi cheveux:* sich [an den Spitzen] spalten; **[c'est] ma langue [qui] a fourché** ich habe mich versprochen

fourchette [fuʀʃɛt] *f* ① GASTR, JEUX Gabel *f* ② (*marge*) Spanne *f;* **se situer dans une ~ de 41 à 47%** sich zwischen 41 und 47% bewegen ▶**être une solide ~** ein guter Esser sein

fourchu(e) [fuʀʃy] *adj branche* gegabelt; *cheveux* **~s** gespaltene Haarspitzen *Pl*

fourgon [fuʀgɔ̃] *m* ① CHEMDFER Güterwagen *m;* **~ à bagages** Gepäckwagen *m* ② (*voiture*) Kastenwagen *m;* MIL Proviantwagen *m;* **~ de police** Einsatzfahrzeug *nt;* **~ blindé** Panzerwagen *m;* **~ funéraire** Leichenwagen *m*

fourgonner [fuʀgɔne] <1> *vi* (*fouiller*) **~ dans qc** etw durchwühlen, in etw herumwühlen

fourgonnette [fuʀgɔnɛt] *f* Lieferwagen *m*

fourgon-pompe [fuʀgɔ̃pɔ̃p] <fourgons-pompes> *m* Löschfahrzeug *nt*

fourguer [fuʀge] <1> *vt fam* ① (*vendre*) **~ qc à qn** etw an jdn verkloppen ② (*refiler*) **~ qc à qn** jdm etw andrehen

fourme [fuʀm] *f französische Käsesorte*

fourmi [fuʀmi] *f* ① ZOOL Ameise *f* ② (*symbole d'activité*) Arbeitstier *nt* ▶**qn a des ~s dans les jambes** jdm sind die Beine eingeschlafen

fourmilier [fuʀmilje] *m* ZOOL Ameisenbär *m*

fourmilière [fuʀmiljɛʀ] *f* ① ZOOL Ameisenhaufen *m* ② (*foule grouillante*) geschäftiges Treiben

fourmillement [fuʀmijmɑ̃] *m* ① (*agitation*) Gewimmel *nt* ② (*foisonnement*) Fülle *f* ③ (*picotement*) Kribbeln *nt;* **j'ai des ~s dans les bras** es kribbelt mir in den Armen

fourmiller [fuʀmije] <1> *vi* ① (*abonder*) **les moustiques/fautes fourmillent** es wimmelt von Stechmücken/Fehlern; **la forêt fourmille de champignons** der Wald ist voller Pilze (*gen*); **elle fourmille de projets** sie hat viele Pläne [im Kopf] ② (*picoter*) **j'ai les pieds qui [me] fourmillent** mir sind die Füße eingeschlafen

fournaise [fuʀnɛz] *f* ① (*foyer ardent*) starkes Feuer ② (*lieu surchauffé*) Brutkasten *m* (*fam*) ③ (*lieu de combat*) Getümmel *nt*

fourneau [fuʀno] <x> *m* ① (*cuisinière*) [Küchen]herd *m;* **~ à charbon** Kohle[n]ofen *m* ② (*chaufferie*) Schmelzofen *m;* **haut ~** Hochofen *m*

fournée [fuʀne] *f* ① (*série cuite*) **~ de pains** Schub *m* Brote ② *fam* (*groupe compact*) Ladung *f;* **~ de touristes** Trupp *m* Touristen; **par ~s** schubweise

fourni(e) [fuʀni] *adj* ① *barbe* dicht; *chevelure* üppig; *cheveux* voll; *sourcils* buschig ② (*approvisionné*) gut ausgestattet; **être bien ~** *magasin:* eine große Auswahl haben; *table:* reich gedeckt sein; **sa garde-robe est bien ~e** er/sie hat viel anzuziehen

fournil [fuʀni] *m* Backstube *f*

fournir [fuʀniʀ] <8> **I.** *vt* ① (*approvisionner*) **~ un client/un commerce en qc** einen Kunden/ein Geschäft mit etw beliefern ❷ (*procurer*) ~ **qc à des réfugiés** Flüchtlinge mit etw versorgen; ~ **un logement/travail à qn** jdm eine Unterkunft/Arbeit beschaffen; ~ **un prétexte à qn** jdm einen Vorwand liefern; ~ **un renseignement à qn** jdm eine Auskunft erteilen; ~ **l'occasion à qn** jdm die Gelegenheit bieten; ~ **le vivre et le couvert à qn** jdm Kost und Logis gewähren; ~ **des précisions** nähere Angaben machen ❸ (*présenter*) liefern *alibi, preuve;* vorlegen *autorisation;* vorzeigen *pièce d'identité* ❹ (*produire*) hervorbringen; ~ **un gros effort** sich sehr anstrengen; **la centrale fournit de l'énergie** das Kraftwerk liefert Energie; **les abeilles fournissent du miel** die Bienen produzieren Honig; **ce vignoble fournit un vin renommé** von diesem Weinberg kommt ein berühmter Wein **II.** *vi* (*subvenir à*) **le magasin n'arrivait plus à ~** das Geschäft konnte den Bedarf nicht mehr decken **III.** *vpr* **se ~ en charbon chez qn** [seine] Kohle von jdm beziehen

fournisseur [furnisœr] *m* INFORM Provider *m;* ~ **d'accès Internet** Internet-Provider

fournisseur, -euse [furnisœr, -øz] **I.** *m, f* ❶ (*détaillant*) Händler(in) *m(f)* ❷ (*producteur*) Anbieter(in) *m(f)* ❸ (*livreur*) Lieferant(in) *m(f)* **II.** *adj* **des pays ~s** Exportländer *Pl*

fourniture [furnityr] *f* ❶ (*livraison*) Lieferung *f;* ~ **de documents** Beschaffung *f* von Dokumenten ❷ *pl* (*accessoires*) Ausstattung *f;* COUT Utensilien *Pl;* ~**s scolaires** Schulbedarf *m;* ~ **de bureau** Büromaterial *nt*

fourrage [furaʒ] *m* [Vieh]futter *nt*

fourrager [furaʒe] <2a> *vi fam* ~ **dans qc** in etw (*dat*) herumwühlen

fourrager, -ère [furaʒe, -ɛr] *adj* Futter-

fourré [fure] *m* Gestrüpp *nt*

fourré(e) [fure] *adj* ❶ (*doublé de fourrure*) gefüttert ❷ GASTR *bonbons, gâteau* gefüllt

fourreau [furo] <x> *m* ❶ *d'une épée* Scheide *f; d'un parapluie* Hülle *f* ❷ (*robe moulante*) hautenges Kleid

fourrer [fure] <1> **I.** *vt* ❶ *fam* (*mettre*) ~ **qc dans qc** etw in etw (*akk*) hineinstecken; **qui a bien pu lui ~ cette idée dans la tête?** wer hat ihm/ihr diesen Floh ins Ohr gesetzt? ❷ (*garnir*) ~ **qc avec du lapin** etw mit Kaninchenfell füttern ❸ GASTR ~ **qc au chocolat** etw mit Schokolade füllen **II.** *vpr fam* (*se mettre*) **se ~ sous les couvertures** sich unter der Bettdecke verkriechen; **se ~ les doigts dans le nez** sich (*dat*) die Finger in die Nase stecken; **être tout le temps fourré au café** wieder mal im Café rumhängen; **quelle idée s'est-il fourré dans la tête?** was hat er sich (*dat*) da in den Kopf gesetzt? ▶ **ne plus savoir où se ~** [vor Scham] am liebsten im Boden versinken wollen; **s'en ~ jusque-là** sich (*dat*) den Bauch vollschlagen

fourre-tout [furtu] *m inv* ❶ *péj* (*local*) Rumpelkammer *f* (*fam*) ❷ (*sac*) Reisetasche *f*

fourreur, -euse [furœr, -øz] *m, f* Kürschner(in) *m(f)*

fourrière [furjɛr] *f* ❶ (*pour voitures*) Abstellplatz *m* für amtlich abgeschleppte Fahrzeuge; **tu vas retrouver ta voiture à la ~!** dein Auto wird bestimmt abgeschleppt! ❷ (*pour animaux*) Tierheim *nt*

fourrure [furyr] *f* Pelz *m*

fourvoyer [furvwaje] <6> *vpr* **se ~ dans qc** sich in etw (*dat*) verirren

foutage [futaʒ] *m arg* ~ **de gueule** Verarschung *f* (*sl*)

foutaise [futɛz] *f fam* ❶ (*chose sans valeur*) Mist *m* ❷ (*futilité*) Lappalie *f;* **quelle ~!** was für 'n Quatsch!

foutoir [futwar] *m péj vulg* Saustall *m*

foutre [futr] <14> **I.** *vt fam* ❶ (*faire*) **ne rien ~** stinkfaul sein; **qu'est-ce que tu fous?** was treibst du [bloß]? ❷ (*donner*) ~ **une baffe à qn** jdm eine runterhauen; **fous-moi la paix!** lass mich in Ruhe!; **ce temps de cochon me fout le cafard** dieses Sauwetter macht mich fertig ❸ (*mettre*) ~ **qc dans sa poche** etw in seine Hosentasche stecken; ~ **qc par terre** etw auf den Boden schmeißen; **son arrivée a tout foutu par terre** seine/ihre Ankunft hat alles vermasselt ▶ **je n'en ai rien à ~!** das ist mir piepegal!; ~ **qn dedans** jdn drankriegen; **ce qui m'a foutu dedans, c'est que ...** was mich irregeführt hat, war, dass ...; **ça la fout mal** das ist dumm; **qu'est-ce que ça peut me/te ~?** was geht mich/dich das an?; **je t'en fous!** von wegen!; **je t'en foutrais [de cela]!** schlag dir das mal schön aus dem Kopf! **II.** *vpr fam* ❶ (*se mettre*) **se ~ un coup de marteau sur les doigts** sich (*dat*) mit dem Hammer auf die Finger hauen; **foutez-vous par terre!** legt euch auf den Boden!; **fous-toi ça dans le crâne!** schreib dir das hinter die Ohren! ❷ (*se moquer*) **se ~ de qn** jdn auf die Schippe nehmen; **il se fout de notre gueule!** er verarscht uns! (*vulg*)

F

③ (*se désintéresser*) **se ~ de qn/qc** auf jdn/etw pfeifen; **ton beau-frère, je m'en fous** dein Schwager, der kann mich mal (*vulg*); **qn se fout que** + *subj* es ist jdm völlig schnuppe, ob ▶ **va te faire ~!** (*va te faire voir*) mach dass du wegkommst!; (*rien à faire*) [da ist] nichts zu wollen!; **se ~ dedans** sich total verhauen; **s'en ~ jusque-là** sich (*dat*) den Bauch vollschlagen

foutrement [futʀəmɑ̃] *adv fam* verdammt

foutu(e) [futy] **I.** *part passé de* **foutre II.** *adj fam* ① (*perdu*) kaputt; **être ~** *chose:* im Eimer sein; *personne:* erledigt sein; *malade:* es nicht mehr lange machen ② *antéposé* (*maudit*) mies ③ (*vêtu*) **comment es-tu encore ~ ce matin?** wie siehst du denn heute Morgen wieder aus? ④ (*capable*) **être/ne pas être ~ de faire qc** es hinkriegen/es nicht hinkriegen, etw zu tun ▶ **être bien/mal ~** *personne:* gut/schlecht gebaut sein; *travail, appareil:* gut/schlecht gemacht sein; **être mal ~** nicht auf dem Damm sein; **~ pour ~** das war wohl nichts

fox-terrier [fɔkstɛʀje] <fox-terriers> *m* Foxterrier *m*

fox-trot [fɔkstʀɔt] *m inv* Foxtrott *m*

foyer [fwaje] *m* ① (*famille*) [häuslicher] Heim *m;* **~ paternel** Elternhaus *nt;* **les jeunes ~s** die jungen Paare; **fonder un ~** eine Familie gründen; **retrouver un ~** ein neues Zuhause finden ② (*résidence*) Heim *nt;* **~ d'urgence** Notunterkunft *f* ③ (*salle de réunion*) Aufenthaltsraum *m* ④ THEAT Foyer *nt* ⑤ (*âtre*) Feuerstelle *f* ⑥ (*cheminée*) Kamin *m* ⑦ *d'une civilisation* Zentrum *nt;* **~ lumineux** Lichtquelle *f;* **~ de crise/d'épidémies** Krisen-/Seuchenherd *m;* **ce quartier est un ~ de voyous** dieses Viertel ist ein Ganovennest ⑧ (*incendie*) Brand *m* ⑨ *d'une chaudière* Feuerung *f; d'un four, fourneau* Feuerstelle *f* ⑩ MATH, PHYS, OPT Brennpunkt *m* ▶ **renvoyer un soldat dans ses ~s** einen Soldaten aus dem Wehrdienst entlassen

frac [fʀak] *m* Frack *m*

fracas [fʀaka] *m* Krach *m;* **~ du tonnerre** Krachen *nt* des Donners; **~ de la ville** Lärm *m* der Stadt; **à grand ~** lautstark

fracassant(e) [fʀakasɑ̃, ɑ̃t] *adj* ohrenbetäubend

fracasse [fʀakas] *adj fam* ganz erschlagen, fix und fertig

fracasser [fʀakase] <1> **I.** *vt* **~ qc à qn** jdm etw zertrümmern **II.** *vpr* **se ~** zerspringen; [**aller**] **se ~ contre un arbre** an einem Baum zerschellen

fracking [fʀɛkiŋ] *m* GEOL Fracking *nt*

fraction [fʀaksjɔ̃] *f* ① MATH Bruch *m* ② *d'un groupe, d'une somme* Teil *m;* **une ~ de seconde** der Bruchteil einer Sekunde ③ REL Brotbrechen *nt*

fractionnaire [fʀaksjɔnɛʀ] *adj* **nombre ~** Bruchzahl *f*

fractionnel(le) [fʀaksjɔnɛl] *adj* Spaltungs-

fractionnement [fʀaksjɔnmɑ̃] *m* Zersplitterung *f; d'un patrimoine, paiement* Aufteilung *f*

fractionner [fʀaksjɔne] <1> **I.** *vt* ① (*diviser*) aufgliedern ② (*partager*) zerlegen; **~ le/un paiement** in Raten zahlen **II.** *vpr* **se ~ en plusieurs groupes** sich in mehrere Gruppen aufspalten

fractionnisme [fʀaksjɔnism] *m* POL Splittergruppenbildung *f*

fractionniste [fʀaksjɔnist] **I.** *adj* Spaltungs- **II.** *mf* Spalter(in) *m(f)*

fracture [fʀaktyʀ] *f* ① MED [Knochen]bruch *m;* **se faire une ~ du poignet** sich das Handgelenk brechen ② GEOL Bruch *m* ③ (*rupture*) Bruch *m;* **~ sociale** die soziale Kluft

fracturer [fʀaktyʀe] <1> **I.** *vt* ① (*briser*) aufbrechen *porte, voiture* ② MED brechen **II.** *vpr* MED **se ~ le bras** sich (*dat*) den Arm brechen

fragile [fʀaʒil] *adj* ① (*cassant*) zerbrechlich ② *personne, santé* zart; *organisme* anfällig; *estomac* empfindlich; *cœur* schwach ③ (*précaire*) vergänglich; *argument, preuve* nicht stichhaltig; *équilibre* labil; *hypothèse* auf schwachen Füßen stehend; *paix* unsicher; *économie* instabil ④ *bâtiment* baufällig

fragilisé(e) [fʀaʒilize] *adj santé* angegriffen

fragiliser [fʀaʒilize] <1> *vt* schwächen; angreifen *cheveux*

fragilité [fʀaʒilite] *f* ① (*facilité à se casser*) Zerbrechlichkeit *f* ② (*faiblesse*) Anfälligkeit *f; d'un corps* Schwäche *f; d'une personne* Zartheit *f;* **être d'une grande ~ morale** psychisch kaum belastbar sein; **les ~s d'un système** die Schwachstellen eines Systems ③ (*précarité*) Vergänglichkeit *f; des arguments* Dürftigkeit *f; d'un équilibre, d'une économie* Labilität *f; d'une hypothèse* Fraglichkeit *f; de la paix* Unsicherheit *f; d'une preuve* mangelnde Stichhaltigkeit

fragment [fʀagmɑ̃] *m* ① (*débris*) Teil *nt;* **des ~s d'os** Knochensplitter *Pl* ② (*morceau de verre*) Splitter *m* ③ (*extrait d'une œuvre*) Passage *f;* (*œuvre incomplète*) Fragment *nt* ④ *d'une vie* Abschnitt *m*

fragmentaire [fʀagmɑ̃tɛʀ] *adj connais-*

sance, exposé lückenhaft; *effort* vereinzelt; *travail* bruchstückhaft

fragmentation [fʀagmɑ̃tasjɔ̃] *f d'une roche* Zersplitterung *f; d'un pays* Teilung *f;* BIO Teilung *f; d'un problème* Gliederung *f*

fragmenter [fʀagmɑ̃te] <1> **I.** *vt* ~ **qc en qc** etw in etw (*akk*) aufteilen; ~ **son travail** sich (*dat*) seine Arbeit einteilen **II.** *vpr* **se** ~ [zer]brechen

fraîche [fʀɛʃ] **I.** *adj v.* **frais II.** *f* **à la** ~ (*le matin*) in der Morgenfrische; (*le soir*) in der Abendkühle

fraîchement [fʀɛʃmɑ̃] *adv* (*récemment*) frisch; *arrivé* gerade

fraîcheur [fʀɛʃœʀ] *f* ❶ (*sensation agréable*) Kühle *f;* **chercher la** ~ Kühlung suchen ❷ *d'un accueil* Kühle *f* ❸ *d'une fleur, d'un teint* Frische *f; d'une couleur, fresque* Leuchtkraft *f; d'une robe* frische Farben *Pl; d'un livre* lebhafter Stil ❹ (*bonne forme*) Fitness *f; d'une équipe* ausgezeichnete Form ❺ *d'un produit alimentaire* Frische *f* ❻ *d'un sentiment* Echtheit *f; d'une impression* Lebendigkeit *f; d'une idée* Originalität *f*

fraîchir [fʀeʃiʀ] <8> *vi air, temps:* sich abkühlen; *eau:* abkühlen; *vent:* auffrischen

frais [fʀɛ] **I.** *mpl* ❶ Kosten *Pl;* ~ **de scolarité** Schulgeld *nt;* **faux** ~ Nebenkosten; **tous** ~ **compris** einschließlich aller Unkosten ❷ COM, ECON ~ **généraux** allgemeine Unkosten *Pl;* ~ **de gestion** Verwaltungskosten; ~ **de main d'œuvre** Lohnkosten ❸ JUR ~ **de justice** Gerichtskosten *Pl;* ~ **de garde** (*garde d'enfants*) [Kinder]betreuungskosten; (*dépôt*) Aufbewahrungsgebühren *Pl* ▸ **faire les** ~ **de la <u>conversation</u>** Gesprächsthema Nummer eins sein; **aux** ~ **de la <u>princesse</u>** *hum* ohne einen Pfennig zu bezahlen; (*aux dépens de l'entreprise/de l'Etat*) auf Geschäfts-/Staatskosten; **à <u>grands</u>** ~ mit hohem Kostenaufwand; (*avec beaucoup de peine*) mit großer Mühe; **à <u>moindre</u>** ~ mit geringem Kostenaufwand; (*avec peu de mal*) mit geringem Aufwand; **<u>arrêter</u> les** ~ *fam* es sein lassen; (*cesser de se donner du mal*) sich (*dat*) die Mühe sparen; **en <u>être</u> pour ses** ~ sich vergeblich bemühen; **<u>faire</u> des** ~, **<u>faire</u> les** ~ **de qc** für etw bezahlen; **à <u>peu</u> de** ~ ohne große Unkosten; (*avec peu de mal*) mit wenig Aufwand; **s'en tirer à peu de** ~ glimpflich davonkommen (*fam*) **II.** *m* (*fraîcheur*) frische Luft; **mettre une bouteille de vin au** ~ eine Flasche Wein kalt stellen; **à conserver** [*o* **garder**] **au** ~ kühl lagern; **être au** ~ *personne:* im Kühlen sitzen; *chose:* gut gekühlt sein ▸ **<u>mettre</u> qn au** ~ *fam* jdn einbuchten

frais, fraîche [fʀɛ, fʀɛʃ] *adj* ❶ (*légèrement froid*) kühl; **servir qc très** ~ etw gut gekühlt servieren ❷ (*opp: avarié, sec, en conserve*) frisch ❸ (*peu cordial*) kühl ❹ *fleur, teint, parfum* frisch; *couleur* leuchtend; *son, voix* klar ❺ (*en forme*) fit; (*reposé, sain*) frisch aussehend; **être** ~ **et dispos** frisch und munter sein ❻ (*récent*) frisch; **l'encre est encore fraîche** die Tinte ist noch feucht; **une nouvelle toute fraîche** eine ganz aktuelle Nachricht; **des nouvelles fraîches** neueste Nachrichten ❼ *iron fam* (*dans une sale situation*) **eh bien, nous voilà** ~**!** jetzt sitzen wir ganz schön in der Tinte! ❽ *âme, joie* rein; *sentiment* echt

fraise [fʀɛz] **I.** *f* ❶ (*fruit*) Erdbeere *f;* **confiture de** ~[**s**] Erdbeermarmelade *f;* **à la** ~ mit Erdbeergeschmack; **glace à la** ~ Erdbeereis *nt* ❷ (*collerette*) Halskrause *f* ❸ *fam* (*figure*) Fresse *f;* **ramener sa** ~ *fam* seinen Senf dazugeben **II.** *adj inv* erdbeerfarben

fraiser [fʀeze] <1> *vt* TECH [aus]fräsen

fraiseur, -euse [fʀɛzœʀ, -øz] *m, f* TECH Fräser(in) *m(f)*

fraiseuse [fʀɛzøz] *f* TECH Fräsmaschine *f*

fraisier [fʀezje] *m* Erdbeerpflanze *f*

framboise [fʀɑ̃bwaz] *f* ❶ (*fruit*) Himbeere *f* ❷ (*eau-de-vie*) Himbeergeist *m*

framboisier [fʀɑ̃bwazje] *m* Himbeerstrauch *m*

franc [fʀɑ̃] *m* ❶ HIST (*monnaie*) ~ **français** französischer Franc; ~ **belge** belgischer Franken; **ancien/nouveau** ~ [*o* ~ **lourd**] alter/neuer Franc ❷ (*monnaie*) ~ **suisse** Schweizer Franken *m*

franc, franche [fʀɑ̃, fʀɑ̃ʃ] *adj* ❶ *personne, regard* aufrichtig; *rire, gaieté* ungezwungen; *contact* locker; **pour être** ~ ehrlich gesagt; **être** ~ **avec qn** [ganz] offen mit jdm reden ❷ *couleur* rein; *hostilité* offen; *situation* eindeutig; **un oui** ~ **et massif** ein klares und deutliches Ja; **aimer les situations franches** für klare Verhältnisse sein ❸ *antéposé* (*véritable*) rein; *succès* klar ❹ (*libre*) frei; **port** ~ Freihafen *m*

franc, franque [fʀɑ̃, fʀɑ̃k] *adj* fränkisch; **la langue franque** das Fränkische; **les rois** ~**s** die Frankenkönige

Franc, Franque [fʀɑ̃, fʀɑ̃k] *m, f* Franke *m*/Fränkin *f*

français [fʀɑ̃sɛ] *m* ❶ Französisch *nt;* **le** ~ **familier** das umgangssprachliche Französisch; **le** ~ **standard** das Standard-

F

französisch; *v. a.* **allemand** ② THEAT **le Français** *verkürzter Name für das Théâtre Français* (*Comédie-Française*) *in Paris* ▶ **en bon ~** *iron* auf gut Deutsch (*fam*); **tu ne comprends pas/vous ne comprenez pas le ~?** *fam* du kapierst/Sie kapieren wohl nicht?; **je parle [le] ~ pourtant** ich drücke mich doch deutlich genug aus

français(e) [fʀɑ̃sɛ, ɛz] *adj* französisch

Français(e) [fʀɑ̃sɛ, ɛz] *m(f)* Franzose *m*/ Französin *f*

française [fʀɑ̃sɛz] *f* **à la ~** französisch, auf französische Art und Weise

franc-comtois, franche-comtoise [fʀɑ̃kɔ̃twa, fʀɑ̃ʃkɔ̃twaz] <francs-comtois> *adj* aus der Franche-Comté **Franc-Comtois, Franche-Comtoise** [fʀɑ̃kɔ̃twa, fʀɑ̃ʃkɔ̃twaz] <Francs-Comtois> *m, f* Bewohner(in) *m(f)* der Franche-Comté

France [fʀɑ̃s] *f* **la ~** Frankreich *nt* ▶ **de ~ et de Navarre** *hum* weit und breit; **être assez/très vieille ~** (*dans ses attitudes*) von der alten Schule sein; (*dans ses vêtements*) sich klassisch anziehen

Francfort [fʀɑ̃kfɔʀ] *m* Frankfurt *nt*

Franche-Comté [fʀɑ̃ʃkɔ̃te] *f* **la ~** die Franche-Comté

franchement [fʀɑ̃ʃmɑ̃] *adv* ① (*sincèrement*) offen ② (*sans hésiter*) **entrer ~ dans le sujet** gleich zur Sache kommen ③ (*clairement*) klar ④ (*vraiment*) wirklich ▶ **~!** mal [ganz] ehrlich!; (*refus indigné*) also wirklich!

franchir [fʀɑ̃ʃiʀ] <8> *vt* ① (*passer par-dessus*) **~ un fossé** über einen Graben springen; **~ un obstacle** *personne:* ein Hindernis überwinden; *animal:* über ein Hindernis springen; **~ un ruisseau** *personne, animal:* einen Bach überqueren; (*d'un bond*) einen Satz über einen Bach machen; *pont:* einen Bach überspannen; **~ la voie** das Gleis überschreiten; **~ des pas décisifs** entscheidende Schritte einleiten ② (*aller au-delà*) passieren; durchbrechen *barrage;* überschreiten *seuil;* **~ la ligne d'arrivée** durchs Ziel laufen; **ta renommée a franchi les frontières** du bist bis weit über die Grenzen hinaus berühmt ③ (*surmonter*) bestehen *examen, épreuve;* meistern *difficulté;* **la réforme a franchi le premier obstacle** die Reform hat die erste Hürde genommen ④ (*parcourir, traverser*) überqueren *col;* **la gloire de qn a franchi les siècles** jds Ruhm hat die Jahrhunderte überdauert; **une étape importante vient d'être franchie** eine wichtige Etappe ist gemeistert

franchisage [fʀɑ̃ʃizaʒ] *m* COM Franchising *nt*

franchise [fʀɑ̃ʃiz] *f* ① *d'un regard, d'une personne* Offenheit *f;* **en toute ~** frei heraus ② (*des assurances*) Selbstbeteiligung *f* ③ (*exonération*) [Gebühren]freiheit *f;* **~ de bagages** Freigepäck *nt;* **en ~** zollfrei ④ (*montant*) Freibetrag *m*

franchissable [fʀɑ̃ʃisabl] *adj obstacle* überwindbar; **la limite est ~** die Grenze kann überschritten werden; **la rivière est ~** der Fluss kann überquert werden

franchissement [fʀɑ̃ʃismɑ̃] *m* ① *de la barre* Überspringen *nt* ② *d'une frontière* Überschreiten *nt; d'une rivière* Überqueren *nt*

franchouillard(e) [fʀɑ̃ʃujaʀ, jaʀd] *adj péj fam* typisch französisch

francilien(ne) [fʀɑ̃siljɛ̃, jɛn] *adj* [aus] der Ile-de-France

Francilien(ne) [fʀɑ̃siljɛ̃, jɛn] *m(f)* Bewohner(in) *m(f)* der Île-de-France

francisation [fʀɑ̃sizasjɔ̃] *f* LING Franzö[si]sieren *nt*

franciscain(e) [fʀɑ̃siskɛ̃, ɛn] **I.** *adj* franziskanisch **II.** *m(f)* Franziskaner(in) *m(f)*

franciser [fʀɑ̃size] <1> *vt* franzö[si]sieren

franc-maçon [fʀɑ̃masɔ̃, ɔn] <francs-maçons> *m* Freimaurer *m* **franc-maçonnerie** [fʀɑ̃masɔnʀi] <franc-maçonneries> *f* ① (*société secrète*) Freimaurerei *f* ② (*camaraderie*) Bund *m*

franco [fʀɑ̃ko] *adv* ① COM [fracht]frei ② *fam* (*carrément*) ohne Umschweife

franco-allemand(e) [fʀɑ̃koalmɑ̃, ɑ̃d] <franco-allemands> *adj* deutsch-französisch **franco-français(e)** [fʀɑ̃kofʀɑ̃sɛ, ɛz] <franco-français> *adj* ① (*entre deux groupes de français*) unter [*o* zwischen] den Franzosen ② *fam* (*franchouillard*) typisch französisch

François [fʀɑ̃swa] *m* Franz *m*

Franconie [fʀɑ̃kɔni] *f* **la ~** Franken *nt*

francophile [fʀɑ̃kɔfil] **I.** *adj* frankophil **II.** *mf* Frankophile(r) *f(m)*

francophilie [fʀɑ̃kɔfili] *f* Frankreichfreundlichkeit *f*

francophobe [fʀɑ̃kɔfɔb] **I.** *adj* frankreichfeindlich **II.** *mf* Franzosenhasser(in) *m(f)*

francophobie [fʀɑ̃kɔfɔbi] *f* Frankreichfeindlichkeit *f*

francophone [fʀɑ̃kɔfɔn] **I.** *adj* französischsprachig, Französisch sprechend **II.** *mf* Frankophone(r) *f(m)*

francophonie [fʀɑ̃kɔfɔni] *f* Frankophonie *f,* Französisch sprechende Welt *f*

franc-parler [fʀɑ̃paʀle] <francs-parlers> *m* Freimut *m;* **avoir son ~** kein Blatt vor den Mund nehmen **franc-tireur** [fʀɑ̃tiʀœʀ] <francs-tireurs> *m* MIL Freischärler(in) *m(f)*

frange [fʀɑ̃ʒ] *f* ❶ (*bordure*) Rand *m;* **~ côtière** Küstenstrich *m* ❷ (*mèche*) Pony *m* ❸ (*partie marginale*) Randgruppe *f*

franger [fʀɑ̃ʒe] <2a> *vt* COUT mit Fransen versehen

frangin(e) [fʀɑ̃ʒɛ̃, ʒin] *m(f) fam* Bruder-/Schwesterherz *nt*

frangipane [fʀɑ̃ʒipan] *f* ❶ (*crème*) Mandelcreme *f* ❷ (*gâteau*) Mandelkuchen *m*

franglais [fʀɑ̃glɛ] *m* Franglais *nt mit Anglizismen durchsetztes Französisch*

franque [fʀɑ̃k] *adj v.* **franc**

franquette [fʀɑ̃kɛt] ▸ **à la bonne ~** *fam* ganz einfach

franquisme [fʀɑ̃kism] *m* Franco-Regime *nt*

franquiste [fʀɑ̃kist] **I.** *adj* francofreundlich; **l'Espagne ~** Spanien unter Franco **II.** *mf* Anhänger(in) *m(f)* Francos

frappant(e) [fʀapɑ̃, ɑ̃t] *adj contraste* auffallend; *exemple* treffend; *preuve, argument* schlagend; *ressemblance* verblüffend; **un détail ~** ein Detail, das ins Auge springt

frappe [fʀap] *f* ❶ *d'une monnaie* Prägung *f* ❷ *d'une dactylo, pianiste* Anschlag *m; d'un boxeur* Schlag *m; d'un footballeur* Schuss *m* ❸ (*exemplaire dactylographié*) [mit Maschine geschriebenes] Manuskript; **être à la ~** gerade geschrieben werden

frappé(e) [fʀape] *adj* ❶ (*saisi*) **~ de stupeur** wie vor den Kopf geschlagen; **~ de panique** von Panik ergriffen ❷ (*refroidi*) [eis]gekühlt; **café ~** Kaffee Frappee *m* ❸ *fam* (*fou*) bekloppt

frapper [fʀape] <1> **I.** *vt* ❶ (*heurter, cogner*) **~ qn au visage** jdn ins Gesicht schlagen; **la pierre l'a frappé(e) à la tête** der Stein hat ihn/sie am Kopf getroffen; **la pluie frappe les vitres** der Regen klopft gegen die Scheiben ❷ (*avec un couteau*) **~ qn** auf jdn einstechen ❸ (*saisir*) **~ qn d'horreur** jdn in Schrecken (*akk*) versetzen; **~ qn de stupeur** jdn bestürzen ❹ (*affliger*) **~ qn** *maladie:* jdn befallen; *mesure, impôt:* jdn betreffen; *sanction, malheur:* jdn treffen; **cette nouvelle tragique l'a beaucoup frappée** diese tragische Nachricht war ein furchtbarer Schlag für sie; **être frappé d'amnésie** an Gedächtnisschwund leiden ❺ (*étonner*) beeindrucken; anregen *imagination;* **être frappé de la ressemblance** über die Ähnlichkeit verblüfft sein ❻ TECH prägen *médaille, monnaie* ❼ (*glacer*) kühlen *champagne, café* **II.** *vi* ❶ (*avant d'entrer*) **~ [à la porte]** anklopfen ❷ (*donner des coups*) zuschlagen ❸ (*taper*) **~ dans ses mains** in die Hände klatschen; **~ du poing sur la table** mit der Faust auf den Tisch hauen (*fam*) **III.** *vpr* (*se donner des coups*) **se ~ le front/la poitrine** sich (*dat*) an die Stirn tippen/auf die Brust schlagen

frasque [fʀask] *f* ❶ (*bêtise*) Dummheit *f;* **~s de jeunesse** jugendlicher Leichtsinn ❷ (*dans un couple*) Seitensprung *m*

fraternel(le) [fʀatɛʀnɛl] *adj* ❶ (*de frère*) brüderlich ❷ (*de sœur*) Schwester- ❸ (*affectueux*) freundschaftlich; *amitié* innig

fraternellement [fʀatɛʀnɛlmɑ̃] *adv hum* brüderlich; **s'aimer ~** wie Bruder und Schwester sein

fraternisation [fʀatɛʀnizasjɔ̃] *f* Verbrüderung *f*

fraterniser [fʀatɛʀnize] <1> *vi* ❶ sich verbrüdern ❷ (*sympathiser*) Freundschaft schließen

fraternité [fʀatɛʀnite] *f* Brüderlichkeit *f;* **la ~ humaine** die Zusammengehörigkeit der Menschen; **~ d'armes** Waffenbrüderschaft *f;* **~ d'esprit** Geistesverwandtschaft *f*

fratricide [fʀatʀisid] **I.** *adj* brudermörderisch/schwestermörderisch; **guerre ~** Bruderkrieg *m;* **haine ~** brüderlicher/schwesterlicher Hass **II.** *m* ❶ (*meurtre d'un frère*) Brudermord *m* ❷ (*meurtre d'une sœur*) Schwestermord *m* **III.** *mf* (*personne*) Brudermörder(in)/Schwestermörder *m(f)*

fraude [fʀod] *f* Betrug *m;* **~ douanière** Zollvergehen *nt;* **~ fiscale** Steuerhinterziehung *f;* **~ sur les vins** Weinpanscherei *f* ▸ **en ~** auf betrügerische Weise; **fumer en ~** heimlich rauchen; **passer des marchandises à la frontière en ~** Waren über die Grenze schmuggeln

frauder [fʀode] <1> **I.** *vt* (*tromper*) betrügen; **~ le fisc** [*o* **les impôts**] Steuern hinterziehen; **~ la douane** Zollbetrug begehen **II.** *vi* (*tricher*) **~ à un examen** bei einer Prüfung täuschen; **~ sur le poids des denrées** beim Wiegen der Lebensmittel betrügen

fraudeur, -euse [fʀodœʀ, -øz] *m, f* ❶ (*escroc*) Betrüger(in) *m(f)* ❷ (*à la frontière*) Schmuggler(in) *m(f)*

frauduleusement [fʀodyløzmɑ̃] *adv* auf betrügerische Weise

frauduleux, -euse [fʀodylø, -øz] *adj* betrügerisch; *concurrence, moyen* unlauter; *dossier* gefälscht; *banquier* unredlich; **trafic ~** Schmuggel *m*

frayer [fʀeje] <7> **I.** *vt* (*ouvrir*) **~ à qn un passage dans la foule** jdm einen Weg durch die Menge bahnen; **~ la voie au progrès** dem Fortschritt den Weg bereiten **II.** *vi* ① (*se reproduire*) laichen ② (*fréquenter*) **~ avec qn** mit jdm verkehren **III.** *vpr* **se ~ un passage/une voie/un chemin** sich (*dat*) einen Weg bahnen; *fig* sich hocharbeiten

frayeur [fʀɛjœʀ] *f* Schreck[en] *m*

freak [fʀik] *m* Freak *m*

fredaine [fʀədɛn] *f* Dummheit *f;* **des ~s de jeunesse** Dummejungenstreiche *Pl* (*fam*)

fredonnement [fʀədɔnmɑ̃] *m d'une chanson* Summen *nt*

fredonner [fʀədɔne] <1> *vt* summen

free-lance [fʀilɑ̃s] <free-lances> **I.** *mf* Freiberufler(in) *m(f);* **travailler en ~** freiberuflich arbeiten **II.** *adj inv journaliste, styliste* freiberuflich

free-party [fʀipaʀti] <free-parties> *f* Open-Air-Rave *m*

freesia [fʀezja] *m* Freesie *f*

freestyle [fʀistajl] SPORT **I.** *m* Freestyle *m* **II.** *app inv* **faire du ski ~** Freestyle-Ski fahren

freezer [fʀizœʀ] *m* Gefrierfach *nt*

frégate [fʀegat] *f* (*bateau*) Fregatte *f*

frein [fʀɛ̃] *m* ① (*dispositif*) Bremse *f* ② (*entrave, limite*) **être/mettre un ~ à qc** etw bremsen; **sans ~** ungezügelt ▶ **ronger son ~** vor Ungeduld fast vergehen

freinage [fʀɛnaʒ] *m* ① (*action*) Bremsen *nt* ② *de la hausse des prix* Drosselung *f*

freiner [fʀene] <1> **I.** *vi* bremsen **II.** *vt* ① (*ralentir, entraver*) behindern ② (*modérer*) bremsen *personne, ambitions;* einschränken *offre;* drosseln *hausse des prix, production;* **~ le succès de qn** jds Erfolg (*dat*) einen Riegel vorschieben **III.** *vpr fam* (*se modérer*) **se ~** sich mäßigen

frelater [fʀəlate] <1> *vt* verfälschen; panschen *vin*

frêle [fʀɛl] *adj personne, corps, espoirs, tige* schwach; *bateau* nicht stabil; **silhouette ~** zierliche Gestalt

frelon [fʀəlɔ̃] *m* ZOOL Hornisse *f*

freluquet [fʀəlykɛ] *m* Schnösel *m* (*pej fam*)

frémir [fʀemiʀ] <8> *vi* ① *soutenu* (*frissonner*) **~ d'impatience/de colère** vor Ungeduld/Wut (*dat*) beben; **~ d'horreur** [vor Entsetzen (*dat*)] erschauern; **~ tout entier** am ganzen Körper zittern; **faire ~ qn** *récit:* jdn schaudern lassen; *criminel:* jdn in Angst und Schrecken versetzen ② (*s'agiter légèrement*) *feuillage:* zittern; *ailes:* vibrieren ③ (*être sur le point de bouillir*) *eau:* sieden

frémissant(e) [fʀemisɑ̃, ɑ̃t] *adj voix* zitternd; *eau* siedend; **être ~ de colère/désir** vor Wut/Verlangen (*dat*) beben

frémissement [fʀemismɑ̃] *m* ① *soutenu des lèvres, du corps, d'une personne* Zittern *nt;* **~ d'horreur** Entsetzensschauer *m;* **~ de fièvre** Schüttelfrost *m* ② *d'une corde, des ailes* Vibrieren *nt; de l'eau* leichte Bewegung; *du feuillage* Zittern *nt* ③ *des feuilles* Rascheln *nt* ④ ECON, POL leichter Anstieg

french cancan [fʀɛnʃkɑ̃kɑ̃] <french cancans> *m* Cancan *m*

frêne [fʀɛn] *m* BOT Esche *f*

frénésie [fʀenezi] *f* Leidenschaft *f;* **~ de consommation** Kaufrausch *m;* **avec ~** leidenschaftlich; **applaudir avec ~** stürmischen Beifall spenden

frénétique [fʀenetik] *adj* ① (*passionné*) übersteigert; *personne* besessen; *passion* wild; **enthousiasme ~** wahrer Begeisterungssturm ② (*au rythme déchaîné*) wild; *applaudissements* stürmisch; *personne* leidenschaftlich

frénétiquement [fʀenetikmɑ̃] *adv* stürmisch

fréon® [fʀeɔ̃] *m* Freon® *nt* (*Handelsname für einen Fluorkohlenwasserstoff*)

fréquemment [fʀekamɑ̃] *adv* oft

fréquence [fʀekɑ̃s] *f* ① (*nombre*) Häufigkeit *f* ② PHYS Frequenz *f*

fréquent(e) [fʀekɑ̃, ɑ̃t] *adj* häufig

fréquentable [fʀekɑ̃tabl] *adj lieu, personne* akzeptabel; **une rue peu ~** eine Straße, in der man sich [besser] nicht aufhalten sollte; **un type peu ~** ein Typ, dem man [lieber] aus dem Wege gehen sollte

fréquentation [fʀekɑ̃tasjɔ̃] *f* ① (*action*) häufiger Besuch; **~ d'une personne** Umgang *m* mit einem Menschen; **la ~ de l'exposition est satisfaisante** die Ausstellung ist gut besucht ② *gén pl* (*relation*) Umgang *m;* **il choisit ses ~s** er sucht sich die Leute, mit denen er verkehrt, gut aus

fréquenté(e) [fʀekɑ̃te] *adj établissement, lieu* viel besucht; *promenade, rue* belebt; **ce lieu est bien ~** (*qualitatif*) an diesem Ort verkehren anständige Leute; (*quantitatif*) dieser Ort ist gut besucht

fréquenter [fʀekɑ̃te] <1> **I.** *vt* ① (*aller fréquemment dans*) besuchen *école;* häufig besuchen *bars, théâtres;* **~ la maison de**

qn in jds Haus (*dat*) verkehren ❷ (*avoir des relations avec*) **~ qn** mit jdm verkehren **II.** *vpr* ❶ (*par amitié*) **se ~** sich häufig sehen ❷ (*par amour*) **se ~** miteinander gehen (*fam*)

frère [fʀɛʀ] *m* ❶ (*opp: sœur*) Bruder *m;* **~ siamois** siamesischer Zwilling; **partager en ~s** brüderlich teilen; **ressembler à qn comme un ~** jdm sehr ähnlich sehen; **se ressembler comme des ~s jumeaux** sich aufs Haar gleichen ❷ (*compagnon*) Bruder *m;* **~ d'infortune** Leidensgenosse *m;* **~ maçon** Freimaurer *m* ❸ (*semblable*) Bruder *m;* **les hommes sont tous ~s** alle Menschen sind Brüder ❹ REL Bruder *m;* **être élevé chez les ~s** in einer Klosterschule erzogen werden ❺ *fam* (*objet*) Pendant *nt*

frérot [fʀeʀo] *m fam* Brüderchen *nt*

frésia [fʀezja] *m v.* **freesia**

fresque [fʀɛsk] *f* (*peinture*) Fresko *nt*

fret [fʀɛ(t)] *m* NAUT, AVIAT ❶ (*prix*) Frachtkosten *Pl* ❷ (*chargement*) Ladung *f*

fréteur [fʀetœʀ] *m* (*armateur*) Reeder *m*

frétillant(e) [fʀetijɑ̃, jɑ̃t] *adj* ❶ *poisson* zappelnd; *queue* wedelnd ❷ *fig* **être ~ d'impatience** vor Ungeduld (*dat*) ganz zappelig sein (*fam*); **être ~ de joie** vor Freude in die Luft springen

frétiller [fʀetije] <1> *vi* ❶ (*remuer*) *poisson:* zappeln; **le chien frétille de la queue** der Hund wedelt mit dem Schwanz ❷ *fig* **~ d'impatience** vor Ungeduld (*dat*) zappeln; **~ de joie** vor Freude (*dat*) in die Luft springen

fretin [fʀətɛ̃] *m* junge Fische ►**menu ~** *péj* kleine Fische (*fam*)

freudien(ne) [fʀødjɛ̃, jɛn] **I.** *adj* freudianisch; **la doctrine ~ne** die Lehre Freuds **II.** *m(f)* Freudianer(in) *m(f)*

friable [fʀijabl] *adj pâte* mürbe; *roche, sol* bröckelig

friand [fʀijɑ̃] *m* ❶ (*pâté*) *kleine Blätterteigpastete* ❷ (*dessert*) *kleiner Kuchen mit Mandelpaste*

friand(e) [fʀijɑ̃, jɑ̃d] *adj* **~ de chocolat/nouveautés** versessen auf Schokolade/Neuigkeiten

friandise [fʀijɑ̃diz] *f* Süßigkeit *f;* **donne-moi une ~!** gib mir etwas zum Naschen!

Fribourg [fʀibuʀ] *m* Freiburg *nt*

fric [fʀik] *m fam* (*argent*) Kohle *f* (*sl*), Knete *f* (*sl*)

fricassée [fʀikase] *f* Frikassee *nt*

fricative [fʀikativ] *f* LING Frikativ[laut] *m,* Reibelaut *m*

fric-frac [fʀikfʀak] *m inv fam* Einbruch *m*

friche [fʀiʃ] *f* AGR Brachland *nt;* **être en ~** brachliegen

fricotage [fʀikɔtaʒ] *m fam* Gaunerei *f*

fricoter [fʀikɔte] <1> **I.** *vt péj* im Schilde führen **II.** *vi hum fam* **~ avec qn** etwas mit jdm haben

friction [fʀiksjɔ̃] *f* ❶ (*frottement*) Abreiben *nt;* **~ de cheveux** Kopfhautmassage *f;* **se faire faire une ~** sich (*dat*) die Kopfhaut massieren lassen ❷ PHYS Reibung *f* ❸ *gén pl* (*désaccord*) Reibereien *Pl* (*fam*)

frictionner [fʀiksjɔne] <1> **I.** *vt* ❶ (*frotter*) abreiben ❷ *fig* **je vais lui ~ les oreilles/la tête!** *fam* ich werd' ihm eine Abreibung verpassen! (*fam*) **II.** *vpr* **se ~** sich abreiben

Fridolin [fʀidɔlɛ̃] *mf péj fam* Boche *mf* (*abwertende Bezeichnung für Deutsche aus dem 2. Weltkrieg*)

frigidaire® [fʀiʒidɛʀ] *m* Kühlschrank *m*

frigide [fʀiʒid] *adj* frigid[e]

frigidité [fʀiʒidite] *f* Frigidität *f*

frigo [fʀigo] *m fam abr de* **frigidaire**

frigorifier [fʀigɔʀifje] <1> *vt* ❶ *fam* (*avoir très froid*) **être frigorifié** völlig durchgefroren sein ❷ (*congeler*) einfrieren

frigorifique [fʀigɔʀifik] *adj* Kühl-; *machine* Kälte-

frileusement [fʀiløzmɑ̃] *adv* ❶ (*en raison du froid*) fröstelnd ❷ (*craintivement*) ängstlich

frileux, -euse [fʀilø, -øz] *adj* ❶ (*sensible au froid*) kälteempfindlich; *personne* verfroren ❷ (*craintif*) ängstlich

frilosité [fʀilozite] *f* ❶ (*sensibilité au froid*) Kälteempfindlichkeit *f* ❷ (*manque d'audace*) **~ du marché bancaire** Zurückhaltung *f* auf dem Geldmarkt

frime [fʀim] *f fam* ❶ (*bluff*) Theater *nt* ❷ (*vantardise*) Angeberei *f;* **pour la ~** zum Schein

frimer [fʀime] <1> *vi fam* ❶ (*fanfaronner*) eine Show abziehen ❷ (*se vanter*) angeben

frimeur, -euse [fʀimœʀ, -øz] *m, f fam* Angeber(in) *m(f)*

frimousse [fʀimus] *f fam* [Puppen]gesicht *nt*

fringale [fʀɛ̃gal] *f* ❶ *fam* (*faim*) Kohldampf *m;* **j'ai été pris d'une vraie ~** mich überkam ein regelrechter Heißhunger ❷ (*envie*) **~ de lectures** Lesehunger *m;* **avoir une ~ de bandes dessinées** versessen auf Comics sein

fringant(e) [fʀɛ̃gɑ̃, ɑ̃t] *adj personne* munter; *personne âgée* rüstig; *cheval* feurig

fringué(e) [fʀɛ̃ge] *adj fam* ausstaffiert; **être bien ~** sich in Schale geworfen haben;

c'est un mec ~ **comme un ministre** der Typ hat echt piekfeine Klamotten an

fringuer [fʀɛ̃ge] <1> **I.** *vt fam* ausstaffieren **II.** *vpr fam* **se** ~ sich anziehen

fringues [fʀɛ̃g] *fpl fam* Klamotten *Pl*

fripe [fʀip] *f gén pl* ❶ (*vieux vêtements*) alte Kleider *Pl* ❷ (*vêtements d'occasion*) Kleider *Pl* aus zweiter Hand

fripé(e) [fʀipe] *adj* zerknittert

friper [fʀipe] <1> **I.** *vt* zerknittern **II.** *vpr* **se** ~ knittern

F

friperie [fʀipʀi] *f* ❶ *péj* (*vieux habits*) alte Klamotten ❷ (*commerce*) Secondhandshop *m*

fripier, -ière [fʀipje, -jɛʀ] *m, f* Inhaber(in) *m(f)* eines Secondhandshops

fripon(ne) [fʀipɔ̃, ɔn] **I.** *adj fam air, visage* spitzbübisch; **il a le regard** ~ [*o* **les yeux** ~**s**] ihm schaut der Schalk aus den Augen **II.** *m(f) fam* (*malin*) Schelm(in) *m(f)*; **petit** ~**!** du kleiner Schlingel! (*fam*)

fripouille [fʀipuj] *f fam* Spitzbube *m*; **petite** ~**!** *hum* du kleiner Gauner!

friqué(e) [fʀike] *adj fam gens* gut betucht

frire [fʀiʀ] *<irr>* **I.** *vt* ❶ (*dans une poêle*) [**faire**] ~ **qc** etw braten ❷ (*dans une friteuse*) [**faire**] ~ **qc** etw frittieren **II.** *vi* [in schwimmendem Fett] braten

frisbee® [fʀizbi] *m* Frisbee® *nt*

frise [fʀiz] *f* ARCHIT Fries *m*

Frisé [fʀize] *mf péj fam* Boche *mf* (*abwertende Bezeichnung für Deutsche aus dem 2. Weltkrieg*)

frisé(e) [fʀize] *adj cheveux* kraus; *animal* mit krausem Fell; **personne** ~**e** Mensch *m* mit lockigem Haar; **être** ~ **comme un mouton** einen Krauskopf haben

frisée [fʀize] *f* (*salade*) Friseesalat *m*

friser [fʀize] <1> **I.** *vt* ❶ (*mettre en boucles*) in Locken legen *cheveux; zwirbeln moustache;* ~ [**les cheveux à**] **qn** jdm Locken machen ❷ (*frôler*) ~ **la mort/l'accident** dem Tod/dem Unglück mit knapper Not entgehen; ~ **le ridicule** *situation, remarque:* ans Lächerliche grenzen; *personne:* sich lächerlich machen; ~ **la soixantaine** knapp sechzig sein; ~ **les dix pour cent** fast die Zehnprozentgrenze erreichen **II.** *vi cheveux:* sich kräuseln; **qn frise** (*naturellement*) jd hat Naturlocken; (*à l'humidité*) jds Haare kräuseln sich **III.** *vpr* (*se faire des boucles*) **se faire** ~ sich (*dat*) Locken machen lassen

frisette [fʀizɛt] *f* ❶ (*bouclette*) Löckchen *nt* ❷ (*planche*) dünne Holzlatte

frison [fʀizɔ̃] *m* ❶ (*frisottis*) Löckchen *nt* ❷ (*copeau*) gerollter Span *m*

frisotter [fʀizɔte] <1> *vi cheveux:* kraus werden; *personne:* einen Lockenkopf bekommen

frisquet(te) [fʀiskɛ, ɛt] *adj fam* frisch

frisson [fʀisɔ̃] *m* Beben *nt;* ~ **de dégoût** Schauder *m;* **avoir des** ~**s** Schüttelfrost *m* haben; **un** ~ **parcourt qn** ein Schau[d]er überläuft jdn ▶ **le grand** ~ (*émotion intense*) [Nerven]kitzel *m;* (*orgasme*) Orgasmus *m;* **donner le grand** ~ **à qn** ein großer Nervenkitzel für jdn sein; **qn en a le** ~ jdm läuft es dabei kalt über den Rücken

frissonnant(e) [fʀisɔnɑ̃, ɑ̃t] *adj* zitternd, erschauernd

frissonner [fʀisɔne] <1> *vi* (*avoir des frissons*) ~ **de désir/plaisir** vor Verlangen/Lust (*dat*) beben (*geh*); ~ **de froid/peur** vor Kälte/Angst (*dat*) zittern; **il frissonne d'horreur** es schaudert ihn; **être frissonnant de fièvre** Schüttelfrost *m* haben

frisure [fʀizyʀ] *f* Löckchen *Pl;* ~ **légère** leichte Welle

frit(e) [fʀi, fʀit] **I.** *part passé de* **frire** **II.** *adj fam* (*fichu*) erledigt

frite [fʀit] *f* **des** ~**s** Pommes frites *Pl;* **cornet de** ~**s** *Pommes in einer Papiertüte* ▶ **avoir la** ~ *fam* gut drauf sein

friterie [fʀitʀi] *f* ❶ (*boutique*) Pommesbude (*fam*) ❷ (*atelier de friture*) Bratküche *f*

friteuse [fʀitøz] *f* GASTR Fritteuse *f*

frit[t]er [fʀite] <1> *vpr fam* **se** ~ **avec qn** sich mit jdm zoffen

friture [fʀityʀ] *f* ❶ (*aliments*) frittierte Speise ❷ (*graisse*) Frittüre *f* (*heißes Fett zum Frittieren*) ❸ (*action*) Frittieren *nt* ❹ RADIO, TELEC Rauschen *nt;* **il y a de la** ~ **sur la ligne** es rauscht in der Leitung

Fritz [fʀits] *mf inv péj fam* Boche *mf* (*abwertende Bezeichnung für Deutsche aus dem 2. Weltkrieg*)

frivole [fʀivɔl] *adj personne* leichtfertig; *discours* nichts sagend; *spectacle* flach; *occupation* nutzlos; *lecture* seicht

frivolité [fʀivɔlite] *f d'une personne* Leichtfertigkeit *f; d'une conversation, d'un discours* Oberflächlichkeit *f; d'une occupation* Nutzlosigkeit *f*

froc [fʀɔk] *m fam* (*pantalon*) Hose *f* ▶ **baisser son** ~ **devant qn** *fam* vor jdm den Schwanz einziehen; **faire dans son** ~ *fam* sich (*dat*) ins Hemd machen

froid [fʀwa] **I.** *m* ❶ (*température*) Kälte *f;* **qn a** ~ jdm ist kalt; **avoir** ~ **aux pieds** kalte Füße haben; **il fait** ~ es ist kalt; **attraper** [*o* **prendre**] [**un coup de**] ~ sich erkälten; **crever** *fam* [*o* **mourir**] **de ~** erfrieren; (*avoir très froid*) sich fast zu Tode frieren ❷ (*brouille*) Verstimmung *f;* **être en ~ avec qn** ein unterkühltes Verhältnis zu jdm haben; **jeter un ~** *personne:* eine frostige Stimmung verbreiten; *intervention, remarque:* wie eine kalte Dusche wirken ▶ **~ de canard** [*o* **loup**] *fam* Saukälte *f;* **qn en a ~ dans le dos** jdm läuft es kalt den Rücken herunter; **ne pas avoir ~ aux yeux** entschlossen sein **II.** *adv* ▶ **à ~** TECH kalt; (*sans préparation*) unvorbereitet; (*sans émotion*) emotionslos; (*avec insensibilité*) kaltblütig; **démarrage à ~** Kaltstart *m*

froid(e) [fʀwa, fʀwad] *adj* ❶ (*opp: chaud*) kalt ❷ (*distant, calme, indifférent*) kühl; **il entra dans une colère ~e** ihn packte die kalte Wut; **laisser ~ qn** jdn kaltlassen; **prendre un air ~** eine eisige Miene aufsetzen; **rester ~ comme le marbre** ungerührt bleiben

froidement [fʀwadmɑ̃] *adv* ❶ (*sans chaleur*) kühl; *accueillir, recevoir* frostig ❷ (*avec sang-froid*) nüchtern; *réagir* gelassen ❸ (*avec insensibilité*) kaltblütig

froideur [fʀwadœʀ] *f d'un comportement, d'une réaction* Kälte *f; d'un accueil* Frostigkeit *f;* **accueillir qc avec ~** etw mit großer Zurückhaltung aufnehmen

froissable [fʀwasabl] *adj* **être ~** leicht knittern

froissement [fʀwasmɑ̃] *m* ❶ (*bruit*) Rascheln *nt* ❷ (*claquage*) **~ d'un muscle** Muskelzerrung *f* ❸ (*blessure*) Kränkung *f*

froisser [fʀwase] <1> **I.** *vt* ❶ (*chiffonner*) zerknittern *tissu, papier;* verbiegen *tôles* ❷ (*blesser*) kränken *personne, orgueil* **II.** *vpr* ❶ (*se chiffonner*) **se ~** knittern ❷ (*se claquer*) **se ~ un muscle** sich (*dat*) eine Muskelzerrung zuziehen ❸ (*se vexer*) **se ~** gekränkt sein; **être froissé** gekränkt sein, angerührt sein (A)

frôlement [fʀolmɑ̃] *m* ❶ (*contact léger*) leichte Berührung ❷ (*frémissement*) Rascheln *nt*

frôler [fʀole] <1> **I.** *vt* ❶ (*effleurer*) streifen ❷ (*passer très près*) fast berühren; **~ le ridicule** *personne:* sich lächerlich machen; *remarque, situation:* ans Lächerliche grenzen; **le thermomètre frôle les 20°** das Thermometer erreicht fast 20° ❸ (*éviter de justesse*) **~ la mort** dem Tod mit knapper Not entgehen **II.** *vpr* **se ~** (*avec contact*) sich leicht berühren; (*sans contact*) haarscharf aneinander vorbeigehen

fromage [fʀɔmaʒ] *m* Käse *m;* **~ blanc** Quark *m* ▶ **faire un ~ de qc** *fam* aus etw eine Staatsakt machen

fromager, -ère [fʀɔmaʒe, -ɛʀ] **I.** *adj industrie, production* Käse-; **association fromagère** Verband *m* der Käsehersteller **II.** *m, f* Käsehersteller(in) *m(f)*

fromagerie [fʀɔmaʒʀi] *f* ❶ (*industrie*) Käseindustrie *f* ❷ (*lieu de fabrication*) Käserei *f*

froment [fʀɔmɑ̃] *m* Weizen *m*

fronce [fʀɔ̃s] *f* COUT Kräuselfalte *f*

froncement [fʀɔ̃smɑ̃] *m des sourcils* Hochziehen *nt; du nez* Rümpfen *nt*

froncer [fʀɔ̃se] <2> *vt* ❶ COUT raffen ❷ (*plisser*) hochziehen *sourcils;* rümpfen *nez*

fronces [fʀɔ̃s] *fpl* Falte *f;* **à ~** gerafft

frondaison [fʀɔ̃dɛzɔ̃] *f* BOT ❶ (*apparition des feuilles*) Blattbildung *f* ❷ (*feuillage*) Laub *nt*

fronde¹ [fʀɔ̃d] *f* Schleuder *f*

fronde² [fʀɔ̃d] *f* ❶ (*insurrection*) Revolte *f* ❷ HIST **la Fronde** die Fronde

fronde³ [fʀɔ̃d] *f* BOT Farnwedel *m*

frondeur, -euse [fʀɔ̃dœʀ, -øz] *adj* widerspenstig; **avoir une mentalité frondeuse** oft und gerne widersprechen

front [fʀɔ̃] *m* ❶ ANAT Stirn *f* ❷ (*façade*) Front *f; d'une montagne* Vorderseite *f;* **~ de mer** Strandpromenade *f* ❸ MIL, METEO Front *f* ❹ POL Front *f;* **Front populaire** Volksfront *f;* **Front national** Front National *m* ▶ **faire ~ commun/offrir un ~ commun contre qn/qc** gemeinsame Front gegen jdn/etw machen; **marcher le ~ haut** den Kopf hochtragen; **baisser le ~** sich schämen; **relever le ~** sich wieder aufrichten; **de ~** (*côte à côte*) nebeneinander; (*de face*) **attaquer un problème de ~** ein Problem direkt angehen; **se heurter de ~** frontal aufprallen; (*simultanément*) gleichzeitig

frontal [fʀɔ̃tal, -o] <-aux> *m* MED Stirnbein *nt*

frontal(e) [fʀɔ̃tal, -o] <-aux> *adj* ❶ MED *muscle, veine* Stirn-; **os ~** Stirnbein *nt* ❷ *attaque, collision* Frontal-

frontalier, -ière [fʀɔ̃talje, -jɛʀ] **I.** *adj* Grenz- **II.** *m, f* Grenzbewohner(in) *m(f)*

frontière [fʀɔ̃tjɛʀ] **I.** *f* ❶ GEOG, POL [Landes]grenze *f* ❷ (*limite*) Grenze *f;* **à la ~ du rêve et de la réalité** am Übergang *m* zwischen Traum und Wirklichkeit **II.** *app inv* **ville ~** Grenzstadt *f;* **gare ~** Grenzbahnhof *m*

frontispice [fʀɔ̃tispis] *m* TYP Frontispiz *nt*

frontiste [fʀɔ̃tist] **I.** *adj* den Front National

betreffend II. *mf* Anhänger(in) *m(f)* des Front National

fronton [fʀɔ̃tɔ̃] *m* [Front]giebel *m*

frottage [fʀɔtaʒ] *m d'un parquet* Wienern *nt,* Bohnern *nt*

frottement [fʀɔtmɑ̃] *m* ① (*bruit*) Reiben *nt,* reibendes Geräusch ② (*contact*) Reiben *nt;* **des traces de ~ sur le plancher** Schleifspuren auf dem Boden; **étoffe usée par les ~s** durchgescheuerter Stoff ③ PHYS Reibung *f* ④ *pl* (*frictions*) Reibereien *Pl*

frotter [fʀɔte] <1> I. *vi* **~ contre qc** an etw reiben (*dat*); *porte:* über etw (*akk*) scheuern II. *vt* ① (*astiquer*) polieren *chaussures, meubles* ② (*nettoyer*) sauber reiben; (*avec une brosse*) [aus]bürsten; schrubben (*fam*) *partie du corps, plancher;* blank reiben *carreaux;* rubbeln *linge;* **~ ses semelles sur le paillasson** sich (*dat*) die Schuhe [am Fußabstreifer] abtreten ③ (*cirer*) blank bohnern *parquet* ④ (*frictionner: pour laver*) gründlich säubern; (*pour sécher*) trocken reiben; (*pour réchauffer*) warm reiben ⑤ (*gratter*) anzünden *allumette;* **~ qc contre/sur qc** etw an etw (*dat*) reiben; **~ qc à la toile émeri** etw abschmirgeln ⑥ (*enduire*) **~ qc d'ail** etw mit Knoblauch einreiben III. *vpr* ① **se ~** (*se laver*) sich gründlich waschen ② (*se sécher*) **se ~** sich abfrottieren ③ (*se nettoyer*) **se ~ les ongles** sich (*dat*) die Nägel bürsten ④ (*se gratter*) **se ~ les yeux/le nez** sich (*dat*) die Augen/die Nase reiben; **se ~ contre les jambes de qn** jdm um die Beine streichen; **se ~ contre un arbre** sich an einem Baum reiben ⑤ (*entrer en conflit*) **se ~ à qn** sich mit jdm anlegen

frottis [fʀɔti] *m* MED Abstrich *m*

frottoir [fʀɔtwaʀ] *m* (*à allumettes*) Reibfläche *f;* (*à parquet*) Bürste *f*

froufrou [fʀufʀu] *m* ① (*bruit*) Rascheln *nt* (*von Seidenkleidern*) ② *pl* (*dentelles*) Rüschen *Pl* ③ (*dessous*) Reizwäsche *f*

froufrouter [fʀufʀute] <1> *vi* rascheln

froussard(e) [fʀusaʀ, aʀd] I. *adj fam* ängstlich II. *m(f) fam* Angsthase *m*

frousse [fʀus] *f fam* Schiss *m*

fructifier [fʀyktifje] <1> *vi* ① (*produire*) *terre, arbre, idée:* Früchte tragen; **~ tardivement** spät tragen ② (*rapporter*) *capital:* Gewinn bringen; **faire ~ qc** etw gewinnbringend anlegen

fructose [fʀyktoz] *m* BIO, CHIM Fruktose *f,* Fruchtzucker *m*

fructueux, -euse [fʀyktɥø, -øz] *adj collaboration* fruchtbar; *lecture* lohnend; *recherches, efforts, essai, travaux* erfolgreich; *opération financière, commerce* gewinnbringend

frugal(e) [fʀygal, -o] <-aux> *adj repas, nourriture* karg; *vie* bescheiden; *personne* genügsam

frugalité [fʀygalite] *f d'un repas* Kargheit *f; d'une personne* Genügsamkeit *f*

fruit [fʀɥi] *m* ① *pl* Obst *nt,* Obstsorte *f;* **jus de ~[s]** Fruchtsaft *m;* **~s rouges/confits** rote/kandierte Früchte ② BIO Frucht *f* ③ (*crustacés*) **~s de mer** Meeresfrüchte *Pl* ④ *de l'expérience, de la réflexion* Ergebnis *nt; d'un effort, du travail* Früchte *Pl; d'une union, de l'amour* Frucht *f;* **être le ~ du hasard** reiner Zufall sein; **le ~ d'une imagination délirante** der Auswuchs einer krankhaften Fantasie; **porter ses ~s** Früchte tragen; *effort:* fruchten ▶ **~ défendu** verbotene Frucht

fruité(e) [fʀɥite] *adj* fruchtig [schmeckend]

fruiterie [fʀɥitʀi] *f* (*magasin*) Obstgeschäft *nt*

fruitier, -ière [fʀɥitje, -jɛʀ] I. *adj* **arbre ~** Obstbaum *m* II. *m, f* Obst- und Gemüsehändler(in) *m(f)*

frusques [fʀysk] *fpl fam* Klamotten *Pl*

fruste [fʀyst] *adj personne* ungebildet; *manières* ungehobelt

frustrant(e) [fʀystʀɑ̃, ɑ̃t] *adj* frustrierend

frustration [fʀystʀasjɔ̃] *f* Frustration *f;* **toutes ces ~s** der ganze Frust (*fam*)

frustré(e) [fʀystʀe] I. *adj* frustriert II. *m(f) fam* Frustrierte(r) *f(m)*

frustrer [fʀystʀe] <1> *vt* ① *a.* PSYCH frustrieren ② (*priver*) **~ qn de qc** jdn um etw bringen; **un enfant frustré d'amour maternel** ein Kind, dem die Mutterliebe fehlt

FS [ɛfɛs] *m abr de* **franc suisse** sFr

fuchsia [fyʃja, fyksja] I. *m* ① BOT Fuchsie *f* ② (*couleur*) Fuchsienrot *nt* II. *adj inv* pinkfarben

fuel [fjul] *m* ① (*combustible*) **~ domestique** Heizöl *nt;* **se chauffer au ~** mit Öl heizen ② (*carburant*) Diesel[kraftstoff *m*] *m*

fugace [fygas] *adj* flüchtig; *beauté* vergänglich

fugitif, -ive [fyʒitif,-iv] I. *adj* ① (*en fuite*) entflohen ② (*éphémère*) flüchtig; **être ~** *bonheur:* nicht lange währen II. *m, f* Flüchtige(r) *f(m)*

fugitivement [fyʒitivmɑ̃] *adv* flüchtig

fugue [fyg] *f* ① *d'un mineur* Ausreißen *nt; d'un adulte* Verschwinden *nt;* **un mineur en ~** ein minderjähriger Ausreißer; **faire**

une ~/des ~s [von zu Hause]/immer wieder [von zu Hause] weglaufen; *adulte:* eine Zeit lang/immer wieder eine Zeit lang verschwinden ❷ MUS Fuge *f*

fuguer [fyge] <1> *vi fam* ausreißen

fugueur, -euse [fygœʀ,-øz] **I.** *m, f* Ausreißer(in) *m(f)* **II.** *adj* **enfant ~** [gewohnheitsmäßiger] Ausreißer/[gewohnheitsmäßige] Ausreißerin

fuir [fɥiʀ] <*irr*> **I.** *vi* ❶ (*s'enfuir*) **~ d'un pays** aus einem Land fliehen ❷ (*détaler*) weglaufen; **~ devant qn/qc** vor jdm/etw fliehen; **faire ~ qn** jdn in die Flucht schlagen ❸ (*se dérober*) **~ devant qc** sich einer S. (*dat*) entziehen ❹ (*ne pas être étanche*) *récipient:* undicht sein; *robinet d'eau:* tropfen ❺ (*s'échapper*) *liquide:* auslaufen; *gaz:* ausströmen **II.** *vt* (*éviter*) fliehen vor (+ *dat*); flüchten vor (+ *dat*) *danger;* **~ ses responsabilités** sich der Verantwortung (*dat*) entziehen; **~ qc** vor etw fliehen, sich von etw abwenden; **~ la présence de qn** jdm aus dem Weg gehen

fuite [fɥit] *f* ❶ Flucht *f;* **prendre la ~** die Flucht ergreifen; *chauffeur accidenté:* Fahrerflucht begehen; **prisonnier en ~** entflohener Strafgefangener; **être en ~** *accusé:* flüchtig sein ❷ (*dérobade*) **~ devant qc** Flucht *f* vor etw (*dat*); **chercher la ~ dans qc** Zuflucht in etw (*dat*) suchen ❸ *d'un récipient, tuyau* undichte Stelle; **avoir une ~** undicht sein ❹ (*perte*) Austreten *nt; d'eau* Auslaufen *nt; de gaz* Ausströmen *nt;* **~ d'eau** (*sur une canalisation*) Wasserrohrbruch; **il y a une ~ d'eau quelque part** irgendwo tritt Wasser aus; **il y a une ~ de gaz quelque part** irgendwo strömt Gas aus; **il y a une ~** da läuft etwas aus ❺ *d'une information* Durchsickern *nt;* **l'auteur de la ~** die undichte Stelle; **en raison de ~s répétées** da wiederholt Informationen durchgesickert sind/waren

fulgurant(e) [fylgyʀɑ̃, ɑ̃t] *adj* ❶ *vitesse* rasend; *progrès* rasend schnell; *réplique* blitzschnell ❷ *douleur* stechend ❸ *lueur* gleißend; *regard* wütend

fuligineux, -euse [fyliʒinø, -øz] *adj* ❶ (*qui rappelle la suie*) rußig; (*qui donne de la suie*) rußend ❷ *couleur* rußfarben

fulminant(e) [fylminɑ̃, ɑ̃t] *adj* ❶ (*furieux*) wütend; **~ de colère** [*o* **de rage**] wutentbrannt ❷ (*menaçant*) drohend; **une lettre ~e** ein Drohbrief *m*

fulminer [fylmine] <1> *vi* fuchsteufelswild sein (*fam*); **~ contre qn/qc** gegen jdn/etw wettern

fumage[1] [fymaʒ] *m* GASTR Räuchern *nt*

fumage[2] [fymaʒ] *m* AGR Düngen *nt* [mit Mist]

fumant(e) [fymɑ̃, ɑ̃t] *adj* ❶ (*qui dégage de la fumée*) qualmend ❷ (*qui dégage de la vapeur*) dampfend; **être encore ~** noch rauchen/dampfen ❸ *fam* (*sensationnel*) toll

fumasse [fymas] *adj fam* wutschnaubend

fumé(e) [fyme] *adj* ❶ GASTR geräuchert; **saumon ~** Räucherlachs *m* ❷ *verre, plastique* rauchfarben; *verres de lunettes* getönt; **en verre ~** aus Rauchglas

fume-cigarette [fymsigaʀɛt] <fume-cigarettes> *m* Zigarettenspitze *f*

fumée [fyme] *f* ❶ Rauch *m;* (*nuage épais*) Qualm *m;* **~s industrielles/d'échappement** Industrie-/Autoabgase *Pl;* **la ~ ne vous gêne pas?** stört es Sie, wenn ich rauche?; **avaler la ~** Lungenzüge machen ❷ (*vapeur: légère*) Dunst *m;* (*épaisse*) Dampf *m*

fumer [fyme] <1> **I.** *vi* ❶ (*aspirer de la fumée de tabac*) rauchen ❷ (*dégager de la fumée*) rauchen; *bougie:* rußen ❸ (*dégager de la vapeur*) dampfen; *acide:* Dämpfe entwickeln **II.** *vt* ❶ (*aspirer de la fumée de tabac*) rauchen ❷ GASTR räuchern

fûmes [fym] *passé simple de* **être**

fumet [fymɛ] *m* ❶ (*odeur*) Duft *m* ❷ *d'un vin* Blume *f*

fumette [fymɛt] *f fam* Kifferei *f*

fumeur, -euse [fymœʀ, -øz] **I.** *m, f* Raucher(in) *m(f)* **II.** *app* TRANSP **compartiment ~s** Raucherabteil *nt;* **siège ~s** Raucherplatz *m;* **zone ~/non-~** Raucherbereich *m*/Nichtraucherbereich

fumeux, -euse [fymø, -øz] *adj théorie, explication, idées* verworren

fumier [fymje] *m* ❶ (*engrais naturel*) [Stall]mist *m* ❷ *fam* (*salaud*) Mistkerl *m*

fumigation [fymigasjɔ̃] *f* ❶ MED Inhalation *f;* **faire des ~s** inhalieren ❷ (*pour désinfecter*) Ausräuchern *nt*

fumigène [fymiʒɛn] *adj* **grenade ~** Nebelgranate *f;* **bombe ~** Rauchbombe *f;* **engin/appareil ~** Raucherzeuger *m*/Räucherapparat *m*

fumiste [fymist] **I.** *adj péj fam* unseriös **II.** *mf* ❶ *péj fam* (*plaisantin*) Nichtsnutz *m* ❷ (*qui se moque du monde*) Schaumschläger(in) *m(f)* ❸ (*ouvrier*) Ofensetzer(in) *m(f)*

fumisterie [fymistəʀi] *f fam* ❶ (*mystification*) Schwindel *m* ❷ (*farce*) Schau *f*

fumoir [fymwaʀ] *m* Rauchsalon *m*

fun [fɔn] *m* CAN (*amusement*) Vergnügen *nt,* Fun *m*

funambule [fynɑ̃byl] *mf* Seiltänzer(in) *m(f)*
funambulesque [fynɑ̃bylɛsk] *adj* ① Seiltänzer- ② *fig* (*extravagant*) ausgefallen
funboard [fœnbɔʀd] *m* ① (*planche à voile*) Funboard *nt* ② (*sport*) Funboard-Surfen *nt*
funèbre [fynɛbʀ] *adj* ① (*funéraire*) **marche ~** Trauermarsch *m;* **décoration ~** Sargschmuck *m;* **oraison ~** Grabrede *f;* **veillée ~** Totenwache *f* ② (*lugubre*) finster; *idées* trüb[sinnig]; **mine ~** Trauermiene *f;* **silence ~** Grabesstille *f*
funérailles [fyneʀaj] *fpl* Bestattung *f* (*geh*); **~s nationales** Staatsbegräbnis *nt*
funéraire [fyneʀɛʀ] *adj* **dalle ~** Grabplatte *f;* **monument ~** Grabmal *nt*
funérarium [fyneʀaʀjɔm] *m* Aufbahrungsraum *m*
funeste [fynɛst] *adj* ① (*fatal*) verhängnisvoll; *jour* unselig; *suites, coup* fatal; **être ~ à qn/qc** jdm zum Verhängnis werden/einer S. (*dat*) schaden ② *pressentiment, vision* dunkel; **de ~s pressentiments** Todesahnungen *Pl* ③ (*triste*) traurig
funiculaire [fynikylɛʀ] *m* [Draht]seilbahn *f*
funk [fœnk] *adj inv* Funk-; **musique ~** Funk *m*
fur [fyʀ] ▶**au ~ et à mesure** nach und nach; **passer des photos au ~ et à mesure** ein Foto nach dem anderen weitergeben; **au ~ et à mesure qu'on approche/progresse dans notre travail** je näher man kommt/je weiter die Arbeit fortschreitet
furax [fyʀaks] *adj fam* (*furieux*) wutschnaubend
furent [fyʀ] *passé simple de* **être**
furet [fyʀɛ] *m* Frettchen *nt*
fureter [fyʀ(ə)te] <4> *vi* [herum]schnüffeln (*fam*)
fureteur [fyʀ(ə)tœʀ] *m* INFORM CAN Browser *m*
fureteur, -euse [fyʀ(ə)tœʀ, -øz] **I.** *m, f* Schnüffler(in) *m(f)* (*pej fam*) **II.** *adj regard* suchend
fureur [fyʀœʀ] *f* ① Wut *f,* Zorn *m;* **mettre qn en ~** jdn zur Raserei bringen; **être en ~ contre qn** wütend auf jdn sein; **des accès de ~ incontrôlables** Tobsuchtsanfälle *Pl;* **avec ~** wütend ② *des éléments naturels, vagues* Urgewalt *f; d'une attaque* Heftigkeit *f* ▶**faire ~** *chanson, mode:* Furore machen; *danse, sport:* groß in Mode sein; **la ~ de vivre** die Gier nach Leben
furibard(e) [fyʀibaʀ, -aʀd] *adj fam,* **furibond(e)** [fyʀibɔ̃, ɔ̃d] *adj regard, ton* wütend; *personne* wutentbrannt
furie [fyʀi] *f* ① (*violence*) Heftigkeit *f; d'un combat* Verbissenheit *f;* **en ~** *mer* tosend; *personne, animal* wutschäumend; **être en ~** vor Wut schäumen; **mettre qn en ~** jdn in helle Wut versetzen ② *péj* (*femme déchaînée*) Furie *f*
furieusement [fyʀjøzmɑ̃] *adv* ① (*avec violence*) wütend ② *iron* (*extrêmement*) unheimlich (*fam*)
furieux, -euse [fyʀjø, -jøz] *adj* ① (*en colère*) wütend, zornig; *animal* wütend ② (*violent*) wütend; *combat, résistance* erbittert ③ *hum envie, appétit* unheimlich (*fam*)
furoncle [fyʀɔ̃kl] *m* Furunkel *m o nt*
furtif, -ive [fyʀtif, -iv] *adj* ① (*rapide*) flüchtig ② (*à la dérobée*) verstohlen; *mouvement* unmerklich
furtivement [fyʀtivmɑ̃] *adv* heimlich
fus [fy] *passé simple de* **être**
fusain [fyzɛ̃] *m* ① (*dessin*) Kohlezeichnung *f* ② (*crayon*) [Zeichen]kohle *f* ③ BOT Pfaffenhütchen *nt*
fuseau [fyzo] <x> *m* ① *d'une fileuse* Spindel *f; d'une dentellière* Klöppel *m* ② (*pantalon*) Steghose *f* ③ GEOG **~ horaire** Zeitzone *f*
fusée [fyze] *f* Rakete *f*
fuselage [fyz(ə)laʒ] *m* [Flugzeug]rumpf *m*
fuselé(e) [fyz(ə)le] *adj* [lang und] schlank
fuser [fyze] <1> *vi* [hervor]sprudeln; *liquide, vapeur:* herausschießen; *étincelles:* sprühen; *lumière:* aufflammen; *rires, cris:* laut werden; *coups de feu:* zu hören sein; **des questions fusent** es hagelt Fragen; **le pétrole fuse** die Ölfontäne schießt empor
fusible [fyzibl] *m* Sicherung *f*
fusil [fyzi] *m* ① (*arme*) Gewehr *nt* ② (*à chevrotines*) Flinte *f;* (*à balles*) Büchse *f;* **~ sous-marin** Harpune *f* ③ (*aiguisoir*) Wetzstahl *m* ▶**changer son ~ d'épaule** (*changer de méthode/d'opinion*) seine Taktik/Meinung ändern; (*retourner sa veste*) ins andere Lager wechseln; **être un bon/excellent ~** ein guter/ausgezeichneter Schütze sein
fusilier [fyzilje] *m* **~ marin** Marineinfanterist *m*
fusillade [fyzijad] *f* ① (*coups de feu*) Schießerei *f* ② (*exécution*) Erschießung *f*
fusiller [fyzije] <1> *vt* erschießen
fusil-mitrailleur [fyzimitʀajœʀ] <fusils-mitrailleurs> *m* Schnellfeuergewehr *nt*
fusion [fyzjɔ̃] *f* ① *des atomes* Fusion *f; d'un métal* Schmelzen *nt; de la glace* Schmelze *f;*

en ~ [schmelz]flüssig ② ECON, POL *de sociétés* Fusion *f; d'organisations, de partis* Zusammenschluss *m* ③ *de cœurs, corps, d'esprits* Vereinigung *f* ④ INFORM *de fichiers* Vereinigen *nt;* **obtenir la ~ de deux fichiers** zwei Dateien vereinigen

fusionnel(le) [fyzjɔnɛl] *adj couple, relation* symbiotisch

fusionnement [fyzjɔnmɑ̃] *m v.* **fusion 2**

fusionner [fyzjɔne] <1> **I.** *vi sociétés:* fusionieren; *partis, organisations:* sich vereinigen **II.** *vt* INFORM vereinigen

fusse [fys] *subj imparf de* **être**

fut [fy] *passé simple de* **être**

fût [fy] *m* Fass *nt*

futaie [fytɛ] *f* ① (*groupe d'arbres*) Gruppe *f* hochstämmiger Bäume ② (*forêt*) **haute ~** [alter] Hochwald

futal [fytal] *m fam* (*pantalon*) Hose *f*

futé(e) [fyte] **I.** *adj* clever **II.** *m(f)* **petit ~** Schlaumeier *m*

fute-fute [fytfyt] <futes-futes> *adj fam* gerissen, pfiffig

futile [fytil] *adj* ① (*inutile, creux*) belanglos; *occupation* unnütz; *propos* nichts sagend; *conversation* seicht; *prétexte* unsinnig; **pour une raison ~** wegen einer Lappalie; **il était ~ de faire qc** es war sinnlos, etw zu tun ② *personne, esprit* oberflächlich

futilité [fytilite] *f* ① *sans pl d'une occupation* Sinnlosigkeit *f; d'une conversation, d'un propos* Banalität *f; d'une vie* Leere *f* ② *sans pl d'une personne, d'un esprit* Oberflächlichkeit *f; d'un raisonnement* Unsinnigkeit *f* ③ *pl* (*bagatelles*) Nichtigkeiten *Pl*

futur [fytyʀ] *m* ① (*avenir*) Zukunft *f* ② LING Futur *nt;* **~ proche/simple** nahes/einfaches Futur

futur(e) [fytyʀ] **I.** *adj* ① (*ultérieur*) [zu]künftige(r, s); **les temps ~s** kommende Zeiten; **dans une vie ~e** in einem späteren Leben; **l'évolution ~e** die künftige Entwicklung ② *antéposé collaborateur, époux* [zu]künftige(r, s); **~ ex époux/ex fumeur** [zu]künftiger Exmann/Ex-Raucher; **une ~e maman** eine werdende Mutter ③ *antéposé* (*devenu tel par la suite*) spätere(r, s) **II.** *m(f) fam* (*fiancé*) Zukünftige(r) *f(m)*

futurisme [fytyʀism] *m* ART Futurismus *m*

futuriste [fytyʀist] *adj* futuristisch

futurologie [fytyʀɔlɔʒi] *f* Zukunftsforschung *f*

futurologue [fytyʀɔlɔg] *mf* Zukunftsforscher(in) *m(f)*

fuyais [fɥijɛ] *imparf de* **fuir**

fuyant [fɥijɑ̃] *part prés de* **fuir**

fuyant(e) [fɥijɑ̃, ɑ̃t] *adj* ① *attitude* ausweichend; *regard* unstet; **être ~** *personne:* sich nie festlegen; **prendre un air ~** nicht reagieren ② *menton, front* fliehend

fuyard(e) [fɥijaʀ, aʀd] *m(f)* ① (*fugitif*) Flüchtige(r) *f(m)* ② (*déserteur*) Fahnenflüchtige(r) *m*

fuyez [fɥije], **fuyons** [fɥijɔ̃] *indic prés et impératif de* **fuir**

F

Gg

G, g [ʒe] *m inv* G *nt,* g *nt*
g *abr de* **gramme** g
G-8 [ʒeɥit] *m* POL **le ~** die G8-Staaten *Pl*
gabardine [gabaʀdin] *f* Gabardine *m o f*
gabarit [gabaʀi] *m* ❶ (*dimension*) Größe *f; d'un véhicule* Maße *Pl* ❷ *fam* (*stature*) Statur *f*
gabegie [gabʒi] *f* Misswirtschaft *f;* **c'est la vraie ~ ici** hier geht wirklich alles drunter und drüber
gabelle [gabɛl] *f* HIST Salzsteuer *f*
Gabon [gabɔ̃] *m* **le ~** Gabun *nt*
gabonais(e) [gabɔnɛ, ɛz] *adj* gabunisch
Gabonais(e) [gabɔnɛ, ɛz] *m(f)* Gabuner(in) *m(f)*
gâchage [gɑʃaʒ] *m* ❶ Anrühren *nt* von Gips [*o* Mörtel] ❷ *fig* Vergeudung *f*
gâcher [gɑʃe] <1> *vt* verderben *plaisir, vacances;* verpfuschen *vie;* vergeuden *temps, argent;* **~ le métier** die Preise verderben
gâchette [gɑʃɛt] *f d'une arme* Abzug *m;* **appuyer sur la ~** abdrücken ▶ **avoir la ~ facile** einen nervösen Finger haben (*fam*)
gâcheur, -euse [gɑʃœʀ, -øz] *m, f v.* **gaspilleur**
gâchis [gɑʃi] *m* ❶ (*gaspillage*) Vergeudung *f* ❷ (*mauvais résultat*) Schlamassel *m o nt* (*fam*)
gadget [gadʒɛt] *m* ❶ (*bidule*) Spielerei *f;* **des ~s** Schnickschnack *m* (*fam*) ❷ (*innovation*) neumodische Ideen *Pl*
gadin [gadɛ̃] *m* ▶ **prendre un ~** *fam* hinfliegen
gadoue [gadu] *f* Matsch *m*
gaélique [gaelik] **I.** *adj* gälisch **II.** *m* **le ~** Gälisch *nt,* das Gälische; *v. a.* **allemand**
gaffe¹ [gaf] *f fam* Schnitzer *m,* Patzer *m;* (*en société*) Fauxpas *m;* **faire une ~** einen Bock schießen
gaffe² [gaf] *f fam* ▶ **faire ~** aufpassen
gaffer¹ [gafe] <1> *vt* NAUT mit dem Bootshaken an Land/Bord ziehen *poisson*
gaffer² [gafe] <1> *vi fam* (*commettre une bévue*) sich (*dat*) einen Schnitzer leisten
gaffeur, -euse [gafœʀ, -øz] **I.** *adj fam* ungeschickt **II.** *m, f fam* Tollpatsch *m*
gag [gag] *m* Gag *m*
gaga [gaga] **I.** *adj fam* ❶ (*gâteux*) gaga ❷ (*fou*) **être ~ de qn** [ganz] verrückt nach jdm sein **II.** *m* **vieux ~** *fam* alter Trottel
gage [gaʒ] *m* ❶ **~ de qc** (*garantie*) Garantie *f* für etw; (*témoignage*) Beweis *m* für etw ❷ (*dépôt*) Pfand *nt;* **mettre qc en ~** etw verpfänden; **sur ~** gegen Pfand ❸ JEUX Strafe *f* ❹ *pl* (*salaire*) Lohn *m; d'un acteur, artiste* Gage *f*
gageure [gaʒyʀ] *f* Ding *nt* der Unmöglichkeit
gagnant(e) [gaɲɑ̃, ɑ̃t] **I.** *adj carte, coup* spielentscheidend; **billet ~** Gewinnlos *nt;* **cheval ~** Siegerpferd *nt* ▶ **donner un animal ~** auf den Sieg eines Tieres setzen; **partir ~** Favorit sein **II.** *m(f)* Sieger(in) *m(f); d'un jeu* Gewinner(in) *m(f)*
gagne [gaɲ] *f fam* **faire partie de la ~** auf der Gewinnerstraße sein
gagne-pain [gaɲpɛ̃] *m inv* Broterwerb *m;* **être le ~ de qn** jds Lebensunterhalt sein; **perdre son ~** brotlos werden **gagne-petit** [gaɲpəti] *mf inv péj* armer Schlucker
gagner [gaɲe] <1> **I.** *vi* ❶ (*vaincre*) **~ à qc** bei etw gewinnen; **on a gagné!** [wir haben] gewonnen! ❷ (*trouver un avantage*) **est-ce que j'y gagne?** bringt mir das [et]was? ❸ (*avoir une meilleure position*) **~ à être connu** beim näheren Kennenlernen gewinnen; **y ~ en clarté** dadurch an Klarheit (*dat*) gewinnen **II.** *vt* ❶ (*s'assurer*) verdienen *argent, récompense;* sich (*dat*) etw holen *prix* ❷ (*remporter*) gewinnen *lot, argent* ❸ (*économiser*) gewinnen *place;* gutmachen, einsparen *temps* ❹ (*obtenir comme résultat*) [sich (*dat*)] erwerben *réputation* ❺ (*conquérir*) gewinnen *ami, confiance;* **~ qn à sa cause** jdn von seiner Sache überzeugen; **être gagné par la gentillesse de qn** von jds Freundlichkeit eingenommen sein/werden ❻ (*atteindre*) erreichen *lieu;* **~ la gare** zum Bahnhof gehen/gelangen ❼ (*avancer*) *incendie, épidémie:* **~ qc** auf etw (*akk*) übergreifen ❽ (*envahir*) **~ qn** *maladie:* jdn befallen; *fatigue, peur:* jdn überkommen; **le froid la gagnait** Kälte kroch in ihr hoch; **l'envie me gagne de tout laisser tomber** allmählich würde ich am liebsten alles hinwerfen; **être gagné par le sommeil/un sentiment** vom Schlaf/einem Gefühl übermannt werden; **se laisser ~ par le découragement** in Mutlosigkeit verfallen ▶ **c'est toujours ça de gagné** das ist besser als nichts; **c'est gagné!** *iron* Volltreffer!
gagneur, -euse [gaɲœʀ, -øz] *m, f* Gewinner(in) *m(f)*
gai(e) [ge, gɛ] *adj* fröhlich, heiter; *per-*

sonne fröhlich, vergnügt; *événement* lustig; *ambiance* ausgelassen; *vêtement, pièce* freundlich; *couleur* fröhlich ▶ **c'est ~!** *iron* na toll!; **ça va être ~!** das kann ja heiter werden!

gaiement [gemɑ̃, gɛmɑ̃] *adv* fröhlich ▶ **allons-y ~!** *iron* na, dann wollen wir mal! (*fam*)

gaieté [gete] *f* Fröhlichkeit *f*, Heiterkeit *f*; *d'une personne* gute Laune; (*caractère*) Frohsinn *m* ▶ **ne pas faire qc de ~ de cœur** etw nicht gerade frohen Herzens tun

gaillard [gajaʀ] *m* ❶ (*costaud*) Kerl *m* (*fam*) ❷ *fam* (*lascar*) Bürschchen *nt*; **mon ~!** [mein] Freundchen!

gaillard(e) [gajaʀ, aʀd] *adj personne* rüstig

gaîment [gemɑ̃, gɛmɑ̃] *adv v.* **gaiement**

gain [gɛ̃] *m* ❶ (*profit*) Gewinn *m*; **tirer un ~ d'une lecture** aus einer Lektüre Nutzen ziehen ❷ (*économie*) Einsparung *f*; **~ de place/temps** Platz-/Zeitgewinn *m*; **~ d'argent** [Geld]ersparnis *f* ▶ **donner ~ de cause à qn** jdm Recht geben; JUR zu jds Gunsten entscheiden; **obtenir ~ de cause** Recht bekommen; JUR seinen Fall gewinnen; **être âpre au ~** profitgierig sein

gaine [gɛn] *f* ❶ (*ceinture*) Hüfthalter *m* ❷ (*étui*) Hülle *f*; *d'un couteau, d'une épée* Scheide *f*; *d'un pistolet* Halfter *nt o f*; **~ de câble/d'aération** Kabelmantel *m*/Lüftungsschacht *m*

gaine-culotte [gɛnkylɔt] *f* Miederhöschen *nt*

gainer [gene] <1> *vt* ❶ TECH ummanteln *fil électrique* ❷ (*mouler*) umhüllen

gaîté *v.* **gaieté**

gala [gala] *m* [Gala]empfang *m*; **~ de bienfaisance** Wohltätigkeitsveranstaltung *f*

galactique [galaktik] *adj* galaktisch

galamment [galamɑ̃] *adv* galant

galant(e) [galɑ̃, ɑ̃t] *adj* ❶ (*courtois*) zuvorkommend ❷ (*d'amour*) **rendez-vous ~** Rendezvous *nt*

galanterie [galɑ̃tʀi] *f* Höflichkeit *f*, Ritterlichkeit *f*

galaxie [galaksi] *f* Galaxie *f*, Milchstraßensystem *nt*; **la Galaxie** (*la Voie lactée*) die Galaxis

galbe [galb] *m* perfekte Rundung *f*, weiche Linienführung *f*

galbé(e) [galbe] *adj objet* harmonisch gerundet, geschwungen; **des jambes bien ~es** wohlgeformte Beine *Pl*

gale [gal] *f* ❶ (*chez les hommes*) Krätze *f* ❷ (*chez les animaux*) Räude *f* ▶ **être mauvais comme la ~** richtig bösartig sein; **ne pas avoir la ~** nicht beißen

galéjade [galeʒad] *f* Übertreibungen *Pl*

galéjer [galeʒe] <5> *vi* Märchen erzählen, übertreiben

galère [galɛʀ] *f* ❶ *fam* (*corvée*) **c'est [la] ~** [das ist] echt ätzend; **quelle ~!** so eine Plackerei!; **sortir de cette ~** diese Schinderei beenden ❷ HIST Galeere *f* ▶ **et vogue la ~!** und dann komme, was da wolle!

galérer [galeʀe] <5> *vi fam* ❶ (*chercher*) herumsuchen, herumprobieren ❷ (*travailler dur*) sich abstrampeln

galerie [galʀi] *f* ❶ (*souterrain*) Gang *m*; *d'une mine* Stollen *m*; **~ d'aération** Wetterschacht *m* ❷ (*corridor*) Gang *m* ❸ COM **~ marchande** Geschäftspassage *f* ❹ (*balcon*) Galerie *f* ❺ ART Galerie *f*; **~ de peinture** Gemäldegalerie ❻ AUT Dachgepäckträger *m* ▶ **amuser la ~** für Unterhaltung sorgen; **épater la ~** sich in Szene setzen

galérien [galeʀjɛ̃] *m* Galeerensklave *m*

galeriste [galʀist] *mf* Galerist(in) *m(f)*

galet [galɛ] *m* [großer] [Kiesel]stein *m*

galette [galɛt] *f* ❶ (*crêpe*) Galette *f*; **~ des Rois** ≈ Dreikönigskuchen *m* ❷ (*objet rond et plat*) **~ de pétrole** Ölplacken *m*

galeux, -euse [galø, -øz] *adj* räudig

galimatias [galimatja] *m* (*propos*) [verworrenes] Geschwätz *nt*

galion [galjɔ̃] *m* HIST Galeone *f*

galipette [galipɛt] *f fam* Purzelbaum *m*

galle [gal] *f* BOT Galle *f*

Galles *v.* **pays**

gallicisme [ga(l)lisism] *m* ❶ Spracheigentümlichkeit *f* des Französischen ❷ (*traduction calquée*) Gallizismus *m*

gallinacé [galinase] *m* Hühnervogel *m*

gallois [galwa] *m* Walisisch *nt*; *v. a.* **allemand**

gallois(e) [galwa, waz] *adj* walisisch

Gallois(e) [galwa, waz] *m(f)* Waliser(in) *m(f)*

gallon [galɔ̃] *m* Gallone *f*

gallo-romain(e) [ga(l)loʀɔmɛ̃, ɛn] <gallo-romains> *adj* galloromanisch **Gallo-Romain(e)** [ga(l)loʀɔmɛ̃, ɛn] <Gallo-Romains> *m(f)* Galloromane *m*/-romanin *f*

galoche [galɔʃ] *f* [Holz]pantine *f*

galon [galɔ̃] *m* ❶ *pl* MIL Tresse *f* ❷ COUT Borte *f*, Litze *f* ▶ **prendre du ~** befördert werden

galonné [galɔne] *m fam* [Unter]offizier *m*

galonner [galɔne] <1> *vt* mit einer Borte [*o* Tresse] versehen

galop [galo] *m* Galopp *m*; **au ~** im Galopp; **se mettre au ~** *cheval:* in Galopp fallen;

G

partir au ~ davongaloppieren ▶ **arriver au [triple]** ~ angerast kommen
galopade [galɔpad] *f* wildes Gerenne
galopant(e) [galɔpɑ̃, ɑ̃t] *adj inflation* galoppierend
galoper [galɔpe] <1> *vi* galoppieren
galopin [galɔpɛ̃] *m fam* ❶ (*gamin des rues*) Gassenjunge *m* ❷ (*garnement*) Lausbub *m*
galvaniser [galvanize] <1> *vt* begeistern, mitreißen
galvaudé(e) [galvode] *adj* abgedroschen
galvauder [galvode] <1> *vt* kompromittieren *réputation*

G

gambade [gɑ̃bad] *f souvent pl* Luftsprung *m*
gambader [gɑ̃bade] <1> *vi* herumtollen; *animal:* herumspringen
gambas [gɑ̃bas] *fpl* Gambas *Pl* (*große Garnelen*)
gambe [gɑ̃b] *f* ❶ NAUT Leine *f* ❷ MUS **viole de** ~ Gambe *f*
gamberge [gɑ̃bɛʀʒ] *f arg* Grübelei *f*
gamberger [gɑ̃bɛʀʒe] <2a> *vi arg* grübeln
gambette [gɑ̃bɛt] *f fam* Beinchen *nt*
gambiller [gɑ̃bije] <1> *vi fam* (*danser*) das Tanzbein schwingen (*hum*)
gamelle [gamɛl] *f d'un campeur* [Camping]topf *m; d'un soldat* Blechnapf *nt,* Blechgeschirr *nt; d'un ouvrier* Henkelmann *m* (*fam*); *d'un chien* [Fress]napf *m* ▶ **prendre une** ~ *fam* hinfliegen
gamepad [gɛmpad] *m* Gamepad *nt*
gameplay [gɛmplɛ] *m* INFORM (*fonctionnement du jeu*) Spielmodus *m,* Spielverlauf *m;* (*plaisir*) Spielvergnügen *nt*
gamète [gamɛt] *f* BIO Geschlechtszelle *f*
gamin(e) [gamɛ̃, in] **I.** *adj* kindisch; *air* jungenhaft **II.** *m(f) fam* **un** ~ ein Kind *nt;* **une gamine** ein Mädchen *nt*
gaminerie [gaminʀi] *f* Kinderei *f*
gamma [ga(m)ma] *m inv* Gamma *nt*
gamme [gam] *f* ❶ MUS Tonleiter *f* ❷ (*série*) Palette *f;* ~ **de produits** Produktsortiment *nt*
gammée [game] *adj v.* **croix**
ganache [ganaʃ] *f* GASTR *Süßspeise aus Crème fraiche und zerlassener Schokolade*
Gand [gɑ̃] Gent *nt*
gang [gɑ̃g] *m* Gang *f*
ganglion [gɑ̃glijɔ̃] *m* Lymphknoten *m*
gangrène [gɑ̃gʀɛn] *f* ❶ (*infection de plaie*) [Wund]brand *m* ❷ *fig* [Krebs]geschwür *nt*
gangrener [gɑ̃gʀəne] <4>, **gangréner** [gɑ̃gʀene] **I.** *vt fig* vergiften *esprits* **II.** *vpr* **se** ~ brandig werden
gangreneux, -euse [gɑ̃gʀənø, -øz], **gangréneux, -euse** [gɑ̃gʀenø, -øz] *adj* brandig
gangster [gɑ̃gstɛʀ] *m* Gangster *m*
gangstérisme [gɑ̃gsteʀism] *m* Gangstertum *nt*
gangue [gɑ̃g] *f d'un minerai* Gangart *f*
ganse [gɑ̃s] *f* Paspel *f*
gant [gɑ̃] *m* [Finger]handschuh *m;* ~ **de toilette** Waschlappen *nt* ▶ **aller à qn comme un** ~ *vêtement:* jdm wie angegossen passen; *rôle:* jdm auf den Leib geschrieben sein; **prendre des** ~**s avec qn** jdn mit Glacéhandschuhen anfassen; **retourner qn comme un** ~ jdn völlig umstimmen
ganter [gɑ̃te] *vt* **être** ~ Handschuhe tragen
garage [gaʀaʒ] *m* ❶ (*abri*) Garage *f;* ~ **à vélos** Fahrradabstellraum *m* ❷ (*entreprise*) Reparaturwerkstatt *f*
garagiste [gaʀaʒist] *mf* ❶ (*qui tient un garage*) Werkstattbesitzer(in) *m(f);* **chez le** ~ in der Werkstatt ❷ (*mécanicien*) Automechaniker(in) *m(f)*
garance [gaʀɑ̃s] **I.** *adj inv* (*couleur*) türkischrot **II.** *f* ❶ (*plante*) Färberröte *m* ❷ (*teinture*) Türkischrot *nt*
garant [gaʀɑ̃] *m* Garantie *f*
garant(e) [gaʀɑ̃, ɑ̃t] *m(f)* Bürge *m*/Bürgin *f;* **se porter** ~ **de qc** sich für etw verbürgen; JUR für etw Bürgschaft leisten; **ça, je m'en porte** ~**!** das kann ich garantieren!
garantie [gaʀɑ̃ti] *f* ❶ (*bulletin de garantie*) Garantie *f;* **qc est encore sous** ~ auf etw (*dat*) ist noch Garantie ❷ (*gage, caution*) Sicherheit *f;* ~ **de paiement** Bürgschaftserklärung *f;* (*par une banque*) Bankbürgschaft *f* ❸ (*sûreté*) **sans** ~ ohne Gewähr ❹ (*assurance*) ~ **contre les risques** Risikoversicherung *f* ❺ (*certitude*) **pouvez-vous me donner votre** ~ **que ...** können Sie mir zusichern, dass ... ❻ (*précaution*) **prendre des** ~**s** sich absichern
garantir [gaʀɑ̃tiʀ] <8> *vt* ❶ (*répondre de*) garantieren; **être garanti** feststehen ❷ (*par contrat*) ~ **qc à qn** jdm eine Garantie auf etw (*akk*) geben; **qc est garanti un an** etw hat ein Jahr Garantie ❸ JUR bürgen für *paiement, créance* ❹ (*assurer*) gewährleisten ❺ *iron* **je te garantis que ...** du kannst sicher sein, dass ...
garbure [gaʀbyʀ] *f* **un potage** ~ *eine Art Kohlsuppe mit Speck*

garce [gaʀs] *f péj fam* [durchtriebenes] Luder

garçon [gaʀsɔ̃] *m* ❶ (*enfant*) Junge *m* ❷ (*jeune homme*) junger Mann; **être beau ~** ein hübscher Kerl sein; **~ d'honneur** Brautführer *m* ❸ (*fils*) Junge *m* (*fam*) ❹ (*serveur*) Kellner *m;* **~!** Herr Ober! ❺ (*employé subalterne*) **~ coiffeur/boucher** Friseur-/Metzgergehilfe *m* ▸**c'est un véritable ~ manqué** an ihr ist ein Junge verloren gegangen; **mauvais ~** Ganove *m;* **vieux ~** alter Junggeselle

garçonnet [gaʀsɔnɛ] *m* kleiner Junge *m*

garde[1] [gaʀd] *f* ❶ *sans pl* (*surveillance*) Bewachung *f;* **avoir la ~ de qn** jdn bewachen; **faire des ~s** [*o* **avoir la ~**] **d'enfants** Kinder hüten; **à la ~ de qn** in jds Obhut (*dat*); **confier qn à la ~ de qn** jdn jdm anvertrauen ❷ JUR *d'enfants* Sorgerecht *f;* **il est laissé à la ~ de la mère** die Mutter bekommt das Sorgerecht für ihn; **~ à vue** Polizeigewahrsam *m* ❸ (*veille*) Wache *f* ❹ (*permanence: le week-end*) Wochenenddienst *m;* (*de nuit*) Nachtdienst *m;* **infirmière de ~** (*la nuit*) Nachtschwester *f;* (*le week-end*) Schwester, die Bereitschaftsdienst hat; **être de ~** *médecin:* Notdienst haben; *pharmacie:* Bereitschaftsdienst haben ❺ (*patrouille*) Wache *f;* **la relève de la ~** die Wachablösung; **~ républicaine** *Gendarmeriekorps in Paris zur Bewachung der Regierungsgebäude und zum Ehrendienst* ▸**la vieille ~** die alte Garde; **être sur ses ~s** auf der Hut sein; **mettre qn en ~ contre qn/qc** jdn vor jdm/etw warnen; **monter la ~** Wache halten; *soldat:* [auf] Wache stehen; **prendre ~ à qn/qc** auf jdn/etw achten; (*se méfier*) sich vor jdm/etw in Acht nehmen; **sans y prendre ~** ohne es zu merken; **en ~!** en garde!

garde[2] [gaʀd] *m* ❶ *d'une propriété* Wächter *m,* Hüter *m;* **~ champêtre** [von der Gemeinde angestellter] Hilfspolizist; **~ forestier** Forsthüter; **~ des Sceaux** Justizminister *m;* **~ du corps** Leibwächter ❷ (*sentinelle*) Wache *f;* (*soldat*) Gardist *m*

gardé(e) [gaʀde] *adj* bewacht; **chasse ~e** privates Jagdrevier

garde-à-vous [gaʀdavu] *m inv* **~!** stillgestanden!; **être au ~** strammstehen; **se mettre au ~** Hab[t]achtstellung einnehmen **garde-barrière** [gaʀd(ə)baʀjɛʀ] <gardes-barrières> *mf* Bahnwärter(in) *m(f)* **garde-boue** [gaʀdəbu] *m inv* Schutzblech *nt* **garde-chasse** [gaʀdəʃas] <gardes-chasse[s]> *mf* Jagdaufseher(in) *m(f)* **garde-chiourme** [gaʀdəʃjuʀm] <gardes-chiourme> *mf* Gefängniswärter(in) *m(f)* **garde-côte** [gaʀdəkot] <garde-côtes> *m* Wasser[schutz]polizeiboot *nt* **garde-feu** [gaʀdəfø] <garde-feu[x]> *m* Ofenschirm *m* **garde-fou** [gaʀdəfu] <garde-fous> *m* Geländer *nt* **garde-malade** [gaʀd(ə)malad] <gardes-malades> *mf* Krankenpfleger(in) *m(f)* **garde-manger** [gaʀd(ə)mɑ̃ʒe] *m inv* Vorratsschrank *m* **garde-meuble** [gaʀdəmœbl] <garde-meubles> *m* Möbellager *nt*

gardénia [gaʀdenja] *m* Gardenie *f*

garde-pêche [gaʀdəpɛʃ] <gardes-pêche> *mf* Fischereiaufseher(in) *m(f)*

garder [gaʀde] <1> **I.** *vt* ❶ (*surveiller*) bewachen; aufpassen auf (+ *akk*) *banque, bagages;* hüten, (be)hüten *maison, enfant, animal;* betreuen *personne âgée;* **donner à ~** anvertrauen ❷ (*stocker*) aufbewahren; lagern *marchandises;* **~ sous clé** unter Verschluss halten ❸ (*ne pas perdre*) behalten; beibehalten *défaut, manie;* nicht aufgeben *espoir;* zurückbehalten *séquelles* ❹ (*réserver*) aufheben; freihalten *place* ❺ (*tenir*) beibehalten *rythme;* wahren *distance;* **~ les yeux fermés** die Augen geschlossen halten; **~ le moteur en marche** den Motor [weiter]laufen lassen ❻ (*retenir*) festhalten ❼ (*conserver sur soi*) anbehalten *manteau, chaussures, montre;* aufbehalten *chapeau, lunettes, masque;* umbehalten *écharpe* ❽ (*ne pas dévoiler*) für sich behalten *secret, réflexions* ❾ (*ne pas quitter*) hüten *lit, chambre* ▸**ne rien pouvoir ~** nichts bei sich behalten **II.** *vpr* ❶ (*se conserver*) **se ~** *aliment:* sich halten; **ça se garde au frais** das muss kühl gelagert werden ❷ (*s'abstenir*) **se ~ de faire qc** sich hüten etw zu tun

garderie [gaʀdəʀi] *f* [Kinder]tagesstätte *f*

garde-robe [gaʀdəʀɔb] <garde-robes> *f* Garderobe *f* **garde-voie** [gaʀdəvwa] <gardes-voies> *m* CHEMDFER Streckenwärter(in) *m(f)*

gardien(ne) [gaʀdjɛ̃, jɛn] *m(f)* ❶ (*surveillant*) Wächter(in) *m(f); d'un immeuble* Hausmeister(in) *m(f); d'un entrepôt* Aufseher(in) *m(f); d'un zoo, cimetière* Wärter(in) *m(f);* **~ de musée/prison** Museums-/Gefängniswärter; **~ de nuit** Nachtwächter; **gardienne d'enfants** Kindergärtnerin *f* ❷ (*défenseur*) Hüter(in) *m(f);* **~ de l'ordre public** Ordnungshüter; **~ de la paix** [Verkehrs]polizist

gardiennage [gaʀdjenaʒ] *m* ❶ (*d'im-*

meuble) Hausmeistertätigkeit *f* ② (*de locaux*) Wachdienst *m;* **société de ~** Wach- und Schließgesellschaft *f*

gardienné(e) [gaʀdjene] *adj* bewacht; **parc ~** bewachter Park

gardon [gaʀdɔ̃] *m* ▶**frais comme un ~** voll in Form

gare¹ [gaʀ] *f* Bahnhof *m;* **~ centrale** Hauptbahnhof; **~ routière** [Omni]busbahnhof; **~ de marchandises** Güterbahnhof; **~ de triage** Rangierbahnhof; **entrer en ~** einfahren

gare² [gaʀ] *interj* **~ à toi!** pass bloß auf! (*fam*) ▶**sans crier ~** ohne Vorwarnung

G

garenne [gaʀɛn] *f* (*bois*) Hasenwäldchen *nt*

garer [gaʀe] <1> **I.** *vt* parken, abstellen; **laisser sa voiture garée devant la maison** sein Auto vor dem Haus parken; **il est garé à 100 m** er parkt 100 m entfernt **II.** *vpr* **se ~** ① (*parquer*) parken ② (*se ranger*) ausweichen

gargantuesque [gaʀgɑ̃tɥɛsk] *adj* unersättlich

gargariser [gaʀgaʀize] <1> *vpr* ① (*se rincer*) **se ~** gurgeln ② *péj fam* (*savourer*) **se ~ de qc** sich an etw (*dat*) hochziehen

gargarisme [gaʀgaʀizm] *m* Gurgeln *nt*

gargote [gaʀgɔt] *f péj* mieses Restaurant

gargouille [gaʀguj] *f* Wasserspeier *m*

gargouillement [gaʀgujmɑ̃] *m* Gluckern *nt*

gargouiller [gaʀguje] <1> *vi* gluckern; *estomac:* knurren

gargouillis [gaʀguji] *m v.* **gargouillement**

garnement [gaʀnəmɑ̃] *m* Bengel *m*

garni(e) [gaʀni] *adj* ① GASTR mit Beilage ② (*rempli*) **portefeuille bien ~** prall gefüllte Brieftasche

garnir [gaʀniʀ] <8> *vt* ① (*orner*) schmücken ② (*équiper*) **~ qc de qc** etw mit etw versehen ③ (*renforcer*) verstärken ④ (*remplir*) **être garni de qc** mit etw gefüllt sein

garnison [gaʀnizɔ̃] *f* Garnison *f;* **être en ~ à Strasbourg** in Straßburg stationiert sein

garniture [gaʀnityʀ] *f* ① (*ornement*) Besatz *m,* Verzierung *f* ② GASTR Beilage *f* ③ (*renfort*) Verstärkung *f* ④ AUT Innenausstattung *f;* **~ de frein** Bremsbelag *m*

Garonne [gaʀɔn] *f* **la ~** die Garonne

garrigue [gaʀig] *f* BOT Garigue *f*

garrot [gaʀo] *m* ① MED Druckverband *m* ② *d'un cheval* Widerrist *m*

garrotter [gaʀɔte] <1> *vt* [fest]knebeln

gars [gɑ] *m fam* Kerl *m;* **salut les ~!** hallo, Jungs!

Gascogne [gaskɔɲ] *f* **la ~** die Gascogne

gascon [gaskɔ̃] *m* **le ~** das Gascognische

Gascon(ne) [gaskɔ̃, ɔn] *m(f)* Gascogner(in) *m(f)*

gasoil, gas-oil [gazwal] *m* Diesel[öl *nt*] *m*

gaspillage [gaspijaʒ] *m* Verschwendung *f*

gaspiller [gaspije] <1> *vt* verschwenden; verschleudern *fortune;* vergeuden *eau, temps, talent*

gaspilleur, -euse [gaspijœʀ, -øz] *m, f* Verschwender(in) *m(f)*

gastéropodes [gasteʀɔpɔd] *mpl* ZOOL Gastropoden *Pl* (*Fachspr.*)

gastrique [gastʀik] *adj* **troubles ~s** Magenbeschwerden *Pl*

gastrite [gastʀit] *f* MED Gastritis *f*

gastroentérite [gastʀoɑ̃teʀit] *f* MED Magen-Darm-Entzündung *f*

gastro-intestinal(e) [gastʀoɛ̃tɛstinal, -o] <gastro-intestinaux> *adj* MED Magen-Darm-

gastronome [gastʀɔnɔm] *mf* Feinschmecker(in) *m(f)*

gastronomie [gastʀɔnɔmi] *f* [feine] Kochkunst *f*

gastronomique [gastʀɔnɔmik] *adj restaurant* Feinschmecker-; *guide* Gastronomie-

gâté(e) [gate] *adj* ① *dent, fruit* faul ② *enfant* verwöhnt

gâteau [gɑto] <x> **I.** *m* Kuchen *m;* (*individuel*) Gebäck *nt;* **~ sec** Keks *m;* **~ de riz** Reispudding *m;* **~ au chocolat/à la crème** Schokoladenkuchen/Cremetorte *f;* **faire un ~** einen Kuchen backen ▶**c'est pas du ~!** *fam* das ist kein Zuckerschlecken **II.** *app inv fam maman, papa* total in sein/ihr Kind vernarrt; **grand-mère ~** Bilderbuchoma *f*

gâter [gɑte] <1> **I.** *vt* ① (*combler*) verwöhnen *personne* ② (*endommager*) **gâté** *fruits, dent:* faul ▶**être gâté** Glück haben; **cela ne gâte rien** *euph* das kann nichts schaden **II.** *vpr* **se ~** *viande:* schlecht werden; *fruits:* faulen; *ambiance, temps:* umschlagen; *situation, choses:* sich verschlechtern

gâterie [gɑtʀi] *f* Süßigkeiten *Pl*

gâteux, -euse [gɑtø, -øz] **I.** *adj* ① *péj* (*sénile*) verkalkt (*fam*) ② (*fou de*) närrisch **II.** *m, f péj* kindische(r) Alte(r)

gâtisme [gɑtism] *m* Verkalkung *f*

gauche [goʃ] **I.** *adj* ① (*opp: droit*) linke(r, s) ② (*maladroit*) linkisch; *geste* ungeschickt **II.** *m* **un crochet du ~** ein linker Haken **III.** *f* ① Linke *f,* linke Seite; **à ~** links; **à la ~ de qn** zu jds Linken; **sur la ~ de qc**

auf der linken Seite einer S. (*gen*); **tiroir de ~** linke Schublade; **de ~ à droite** von links nach rechts ② POL **la ~** die Linke; **idées de ~** linke Ansichten; **partis de ~** Linksparteien *Pl;* **l'extrême ~** die Linksextremisten *Pl*

gauchement [goʃmɑ̃] *adv* auf ungeschickte Weise

gaucher, -ère [goʃe, -ɛʀ] **I.** *adj* linkshändig **II.** *m, f* Linkshänder(in) *m(f)*

gaucherie [goʃʀi] *f* Unbeholfenheit *f,* linkisches Benehmen

gauchir [goʃiʀ] <8> *vi planche, règle:* sich verziehen

gauchisant(e) [goʃizɑ̃, ɑ̃t] *adj* linksgerichtet

gauchisme [goʃism] *m* Linksextremismus *m*

gauchiste [goʃist] *mf* Linksextreme(r) *f(m)*

gaudriole [godʀijɔl] *f fam pl* zweideutige Witze *Pl*

gaufre [gofʀ] *f* Waffel *f*

gaufrer [gofʀe] <1> *vt* gaufrieren *étoffe, tissu*

gaufrette [gofʀɛt] *f* [Eis]waffel *f*

gaufrier [gofʀije] *m* Waffeleisen *nt*

gaule [gol] *f* [lange] Stange *f*

Gaule [gol] *f* **la ~** Gallien *nt*

gauler [gole] <1> *vt* herunterschlagen

gaullien(ne) [goljɛ̃, jɛn] *adj* **le mythe ~** der Mythos de Gaulle; **innovation ~ne** *Neuerung, die de Gaulle eingeführt hat*

gaullisme [golism] *m* Gaullismus *m*

gaulliste [golist] *mf* Gaullist(in) *m(f)*

gaulois(e) [golwa, waz] *adj* gallisch; *humour* derb

Gaulois(e) [golwa, waz] *m(f)* Gallier(in) *m(f)*

Gauloise [golwaz] *f* (*cigarette*) Gauloise *f*

gauloiserie [golwazʀi] *f* derber Witz *m*

gavage [gavaʒ] *m d'une oie* Stopfen *nt*

gave [gav] *m* Gebirgsbach *m* (*in den Pyrenäen*)

gaver [gave] <1> **I.** *vt* ① (*engraisser*) stopfen *oie* ② (*bourrer*) **~ qn de qc** jdn mit etw vollstopfen (*fam*) ► **ça me gave!** *fam* das stinkt mir! **II.** *vpr* **se ~ de qc** sich mit etw vollstopfen (*fam*)

gavroche [gavʀɔʃ] *m* [Pariser] Straßenjunge *m*

gay [gɛ] **I.** *adj inv* homosexuell **II.** *m* Schwule(r) *m* (*fam*)

gaz [gɑz] *m* ① (*vapeur invisible*) Gas *nt;* **~ toxique** Giftgas; **~ naturel** Erdgas; **~ lacrymogène** Tränengas; **~ de combat** chemische Kampfstoffe *Pl;* **~ d'échappement** Abgas; **~ de pétrole liquéfié** Autogas ② *pl* (*flatulence*) Winde *Pl;* **avoir des ~** Blähungen haben

gaze [gɑz] *f* ① (*tissu*) Gaze *f* ② (*pansement*) [Verband]mull *m*

gazé(e) [gɑze] *m(f)* Giftgasopfer *nt*

gazelle [gazɛl] *f* Gazelle *f*

gazer [gɑze] <1> *vt* ① (*intoxiquer par un gaz de combat*) durch Giftgas töten/kampfunfähig machen ② (*exterminer*) vergasen

gazeux, -euse [gɑzø, -øz] *adj* ① (*relatif au gaz*) gasförmig ② (*qui contient du gaz*) **eau gazeuse** Mineralwasser *nt* mit Kohlensäure

gazier [gɑzje] *m* (*ouvrier*) Arbeiter *m* eines Gaswerks; (*employé*) Angestellte(r) *f(m)* eines Gaswerks

gazinière [gɑzinjɛʀ] *f* Gasherd *m*

gazoduc [gɑzodyk] *m* [Fern]gasleitung *f*

gazole [gazɔl] *m* Diesel[öl *nt*] *m*

gazomètre [gɑzɔmɛtʀ] *m* Gasometer *m*

gazon [gɑzɔ̃] *m* Rasen *m*

gazonner [gazɔne] <1> *vt* (*revêtir de gazon*) mit Rasen bepflanzen

gazouillement [gazujmɑ̃] *m d'un oiseau* Zwitschern *nt*

gazouiller [gazuje] <1> *vi bébé:* lallen; *oiseau:* zwitschern

gazouillis [gazuji] *m v.* **gazouillement**

geai [ʒɛ] *m* Häher *m*

géant [ʒeɑ̃] *m* ① (*génie*) führende Größe ② COM Gigant *m*

géant(e) [ʒeɑ̃, ɑ̃t] **I.** *adj* riesig **II.** *m(f)* (*être immense*) Riese *m*/Riesin *f*

gégène [ʒeʒɛn] *f* Elektroschockfolter *f*

geignard(e) [ʒɛɲaʀ, aʀd] **I.** *adj péj fam* weinerlich; **enfant ~** Heulpeter *m* **II.** *m(f) péj fam* Jammerlappen *m*

geindre [ʒɛ̃dʀ] <*irr*> *vi* stöhnen

geisha [gɛ(j)ʃa] *f* Geisha *f*

gel [ʒɛl] *m* ① METEO Frost *m* ② (*blocage*) Einfrieren *nt;* **~ des salaires** Lohnstopp *m* ③ (*crème*) Gel *nt*

gélatine [ʒelatin] *f* Gelatine *f*

gélatineux, -euse [ʒelatinø, -øz] *adj* gallertartig

gelé(e) [ʒ(ə)le] *adj* ① (*pris par la glace*) *rivière* zugefroren; *terre* [hart]gefroren ② (*endommagé par le froid*) erfroren

gelée [ʒ(ə)le] *f* ① METEO Frost *m;* **~ blanche** Reif *m* ② GASTR Gelee *nt,* Aspik *m*

geler [ʒ(ə)le] <4> **I.** *vt* ① METEO gefrieren lassen; erfrieren lassen *bourgeons;* **ce vent me gèle** mir ist eiskalt in diesem Wind ② ECON einfrieren **II.** *vi* ① METEO gefrieren; *rivière:* zufrieren; *fleurs:* erfrieren; **la**

récolte a gelé die Ernte hat Frost bekommen ② (*avoir froid*) frieren; **on gèle ici!** hier erfriert man ja!; **gelé** eiskalt; *personne* durchgefroren ③ *impers* **il gèle** es friert

gélifier [ʒelifje] <1a> *vt* gelieren

gélule [ʒelyl] *f* Gelatinekapsel *f*

gelure [ʒ(ə)lyʀ] *f* Erfrierung *f*

Gémeaux [ʒemo] *mpl* Zwillinge *Pl; v. a.* **Balance**

gémellaire [ʒemel(l)ɛʀ] *adj* Zwillings-

gémination [ʒeminasjɔ̃] *f* ① MED Paarigkeit *f* ② LING Silbenverdopplung *f*

gémir [ʒemiʀ] <8> *vi* stöhnen; ~ **sur son sort** über sein Schicksal jammern

G

gémissant(e) [ʒemisɑ̃, ɑ̃t] *adj* klagend

gémissement [ʒemismɑ̃] *m* Stöhnen *nt*

gênant(e) [ʒɛnɑ̃, ɑ̃t] *adj* störend, hinderlich; *question, situation* unangenehm, peinlich; *personne* lästig

gencive [ʒɑ̃siv] *f* Zahnfleisch *nt*

gendarme [ʒɑ̃daʀm] *m* ① (*policier*) Polizist(in) *m(f)*, Gendarm *m*, (Militär)Polizist *m* (*in ländlichen Gebieten und kleinen Ortschaften*); ~ **mobile** Bereitschaftspolizist ② *fam* (*personne autoritaire*) Feldwebel *m* ▶ **jouer au[x] ~[s] et au[x] voleur[s]** Räuber und Gendarm spielen

gendarmer [ʒɑ̃daʀme] <1> *vpr* **se ~ contre qn/qc** sich gegen jdn/etw zur Wehr setzen

gendarmerie [ʒɑ̃daʀməʀi] *f* ① (*corps militaire*) Gendarmerie *f* ② (*bâtiment*) Gendarmerie[kaserne *f*] *f*

gendre [ʒɑ̃dʀ] *m* Schwiegersohn *m*

gène [ʒɛn] *m* Gen *nt*

gêné(e) [ʒene] *adj personne, sourire* verlegen; *silence* betreten

gêne [ʒɛn] *f* ① (*malaise*) Beschwerden *Pl* ② (*ennui*) **devenir une ~ pour qn** zur Last für jdn werden ③ (*trouble*) Befangenheit *f*, Verlegenheit *f* ▶ **être dans la ~** in Geldverlegenheit sein; **être sans ~** keine Hemmungen kennen

généalogie [ʒenealɔʒi] *f* Genealogie *f*; *d'une personne* Abstammung *f*

généalogique [ʒenealɔʒik] *adj* genealogisch

généalogiste [ʒenealɔʒist] *mf* Genealoge *m*/Genealogin *f*

gêner [ʒene] <1> **I.** *vt* ① (*déranger*) stören ② (*entraver*) ~ **les piétons** die Fußgänger behindern; **être gêné dans ses mouvements** in seiner Bewegungsfreiheit eingeschränkt sein ③ (*mettre mal à l'aise*) verlegen machen; **gêné** verlegen; *silence* betreten; **être gêné** sich genieren; **ça gêne qn de faire qc/que** + *subj* es ist jdm peinlich etw zu tun/dass; **ça me gêne de vous dire ça** ich sage Ihnen das nur äußerst ungern **II.** *vpr* **se ~ pour faire qc** sich genieren etw zu tun; **ne pas se ~ pour dire qc** etw [ganz] offen sagen; **ne vous gênez pas pour moi!** nur keine Umstände meinetwegen!; **vas-y! ne te gêne pas!** *iron fam* nur zu! tu dir keinen Zwang an

général [ʒeneʀal, -o] <-aux> *m* General *m*; **mon ~!** Herr General!; ~ **en chef** Oberbefehlshaber *m*

général(e) [ʒeneʀal, -o] <-aux> *adj* ① (*commun*) allgemein, generell ② (*collectif*) allgemein; **grève ~e** Generalstreik *m*; **assemblée ~e** Hauptversammlung *f*; **le conseil ~** die Ratsversammlung des Departements; **en règle ~e** in der Regel ③ (*vague*) vage ④ (*qui embrasse l'ensemble*) **directeur ~** Generaldirektor *m*; **procureur ~** Generalstaatsanwalt *m*; **quartier ~** Hauptquartier *nt* ⑤ (*total*) **atteint de paralysie ~e** vollständig gelähmt ▶ **en ~** im Allgemeinen, in der Regel; **d'une façon ~e** im Allgemeinen; (*dans l'ensemble*) insgesamt

générale [ʒeneʀal] *f* THEAT Generalprobe *f*

généralement [ʒeneʀalmɑ̃] *adv* ① (*habituellement*) im Allgemeinen ② (*opp: en détail*) allgemein

généralisation [ʒeneʀalizasjɔ̃] *f* Verallgemeinerung *f*; *d'un conflit* Ausweitung *f*; *d'une mesure* allgemeine Anwendung

généraliser [ʒeneʀalize] <1> **I.** *vt* ① (*rendre général*) verallgemeinern ② (*répandre*) allgemein einführen *méthode, mesure;* allgemein verbreiten *coutume;* **généralisé** *méfiance* allgemein; *infection* systemisch; **un cancer généralisé** ein Krebs, der Metastasen gebildet hat **II.** *vpr* **se ~** *mesure:* allgemein angewandt werden; *procédé:* allgemein eingeführt werden; **le cancer s'est généralisé** der Tumor hat Metastasen gebildet

généraliste [ʒeneʀalist] *adj* **médecin ~** Arzt für Allgemeinmedizin

généralité [ʒeneʀalite] *f gén pl* (*idées générales*) Allgemeine(s) *nt; péj* Gemeinplätze *Pl*

générateur, -trice [ʒeneʀatœʀ, -tʀis] **I.** *adj* ~ **de qc** zu etw führend, etw erzeugend; **être ~ de richesse** Reichtum bringen **II.** *m, f* Generator *m*

génération [ʒeneʀasjɔ̃] *f* ① (*individus du même âge*) Generation *f* ② (*reproduction*) ~ **spontanée** Urzeugung *f*

générer [ʒeneʀe] <5> *vt* ① (*produire*) erzeugen ② INFORM generieren

généreusement [ʒeneʀøzmɑ̃] *adv* ❶ (*avec libéralité*) großzügig ❷ (*avec abondance*) reichlich

généreux, -euse [ʒeneʀø, -øz] *adj* ❶ (*libéral*) großzügig ❷ *terre* fruchtbar; *vin* edel ❸ *hum formes, poitrine* üppig; *décolleté* großzügig

générique [ʒeneʀik] **I.** *m* Vorspann *m;* (*à la fin*) Nachspann *m* **II.** *adj* **terme ~** Oberbegriff *m*

générosité [ʒeneʀozite] *f* ❶ (*libéralité*) Großzügigkeit *f,* Großmut *m,* Freigiebigkeit *f* ❷ (*magnanimité*) Hochherzigkeit *f* ❸ *pl* (*cadeau*) großzügige Geschenke

genèse [ʒənɛz] *f* ❶ (*production*) Entstehung *f; d'un phénomène* Auftreten *nt; d'une idée* Aufkommen *nt* ❷ REL **la Genèse** die Schöpfungsgeschichte

genêt [ʒənɛ] *m* Ginster *m*

généticien(ne) [ʒenetisjɛ̃, jɛn] *m(f)* Genetiker(in) *m(f)*

génétique [ʒenetik] **I.** *adj* genetisch; *mutation, recherche* Gen-; **manipulation ~** Genmanipulation *f;* **patrimoine ~** Erbgut *nt;* **théorie ~** Vererbungstheorie *f* **II.** *f* Genetik *f*

génétiquement [ʒenetikmɑ̃] *adv* genetisch

gêneur, -euse [ʒɛnœʀ, -øz] *m, f* Störenfried *m*

Genève [ʒ(ə)nɛv] Genf *nt;* **de ~** Genfer

genevois(e) [ʒənvwa, waz] *adj* genferisch, Genfer

Genevois(e) [ʒənvwa, waz] *m(f)* Genfer(in) *m(f)*

genévrier [ʒənevʀije] *m* BOT Wacholder *m*

génial(e) [ʒenjal, -jo] <-aux> *adj* ❶ (*ingénieux*) genial ❷ *fam* (*formidable*) super, toll, großartig

génialement [ʒenjalmɑ̃] *adv* auf geniale Weise

génie [ʒeni] *m* ❶ (*esprit*) Genie *nt;* **de ~** genial; **avoir du ~** Genie besitzen ❷ (*don*) **avoir le ~ de dire qc** die Gabe haben etw zu sagen ❸ HIST Geist *m* ❹ MIL Pioniertruppe *f* ❺ (*art*) **~ civil** Bauingenieurwesen *nt;* **~ génétique** Gentechnologie *f*

genièvre [ʒənjɛvʀ] *m* Wacholder *m*

génique [ʒenik] *adj* Gen-; **thérapie ~** Gentherapie *f*

génisse [ʒenis] *f* Färse *f*

génital(e) [ʒenital, -o] <-aux> *adj* Geschlechts-

géniteur [ʒenitœʀ] *m* (*animal mâle*) männliches Zuchttier *nt*

géniteur, -trice [ʒenitœʀ, -tʀis] *m, f hum* (*père/mère*) Erzeuger(in) *m(f)*

génitif [ʒenitif] *m* Genitiv *m*

génitrice [ʒenitʀis] *f v.* **géniteur, -trice**

génocidaire [ʒenɔsidɛʀ] **I.** *adj* Völkermord- **II.** *mf* Völkermörder(in) *m(f)*

génocide [ʒenɔsid] *m* Völkermord *m*

génoise [ʒenwaz] *f* ❶ (*pâte*) Biskuitmasse *f* ❷ (*gâteau*) Biskuit[kuchen *m*] *nt o m*

génome [ʒenom] *m* Genom *nt*

génothèque [ʒenɔtɛk] *f* (*banque*) Genbank *f*

genou [ʒ(ə)nu] <x> *m* Knie *nt;* **sur les ~x de qn** auf jds Schoß; **à ~x** auf Knien ▶ **être sur les ~x** *fam* auf dem Zahnfleisch gehen; **faire du ~ à qn** jdn [heimlich] mit dem Knie anstoßen (*als Annäherungsversuch*)

genouillère [ʒənujɛʀ] *f* Knieschutz *m;* MED Knieschoner *m*

genre [ʒɑ̃ʀ] *m* ❶ (*sorte*) Art *f,* Sorte *f;* **elle n'est pas mon ~** sie ist nicht mein Typ (*fam*); **dans le ~** in der Art ❷ (*allure*) Art *f* ❸ ART Gattung *f;* **~ dramatique** Drama *nt;* **~ comique** Komödie *f;* **~ littéraire** literarische Gattung ❹ (*espèce*) **~ humain** Menschengeschlecht *nt* ❺ GRAM Genus *nt* ▶ **c'est pas le ~ de la maison** *hum fam* das ist hier nicht so üblich; **ça fait mauvais ~** das macht sich schlecht; **unique en son ~** einzig in seiner Art; **se donner un ~** unbedingt auffallen wollen; **ce n'est pas mon ~** das liegt mir nicht; **ce n'est pas son ~** (*c'est inhabituel*) das ist doch gar nicht seine Art!; **de ce/du même ~** in dieser Art/von derselben Art; **des trucs de ce ~** solche Dinge; **être du ~** Fachmann auf dem Gebiet sein; **en tout ~** [*o* **tous ~s**] jeder Art

gens [ʒɑ̃] *mpl, fpl* Leute *Pl;* **honnêtes ~** brave Bürger; **petites ~** einfache Leute; **~ d'armes** Soldaten *Pl;* **~ de cœur** Menschen *Pl* mit Herz; **~ de lettres** Literaten *Pl;* **~ de maison** Hausangestellte[n] *Pl;* **~ du monde** Leute *Pl* von Welt

gent [ʒɑ̃(t)] *f hum* **la ~ féminine** das schöne Geschlecht

gentiane [ʒɑ̃sjan] *f* Enzian *m*

gentil(le) [ʒɑ̃ti, ij] *adj* ❶ (*aimable*) nett, freundlich; **~ avec qn** nett zu jdm ❷ (*joli*) niedlich ❸ (*sage*) brav, artig ❹ *hum* (*coquet*) **~le somme** hübsches Sümmchen ▶ **c'est [bien] ~, mais ...** *fam* schön und gut, aber ...

gentilhomme [ʒɑ̃tijɔm, ʒɑ̃tizɔm] <gentilshommes> *m* Edelmann *m*

gentillesse [ʒɑ̃tijɛs] *f* ❶ (*qualité*) Freundlichkeit *f;* **avoir la ~ de faire qc** so nett

G

sein etw zu tun ② (*action, parole*) Liebenswürdigkeit *f*

gentillet(te) [ʒɑ̃tijɛ, ɛt] *adj* ganz hübsch; (*ordinaire*) recht nett

gentiment [ʒɑ̃timɑ̃] *adv* ① (*aimablement*) freundlich, nett; **je vous préviens ~** ich rate Ihnen im Guten ② (*sagement*) brav, ruhig

gentleman [dʒɛntləman, ʒɑ̃tləman, -mɛn] <s o -men> *m* Gentleman *m*

génuflexion [ʒenyflɛksjɔ̃] *f* Kniebeuge *f*

géo [ʒeo] *f fam abr de* **géographie**

géographe [ʒeɔgʀaf] *mf* Geograph(in) *m(f)*

G

géographie [ʒeɔgʀafi] *f* Geographie *f*, Erdkunde *f*

géographique [ʒeɔgʀafik] *adj* geographisch; **carte ~** Landkarte *f*

géographiquement [ʒeɔgʀafikmɑ̃] *adv* geographisch gesehen

geôle [ʒol] *f littér* Kerker *m*

géolocalisation [ʒeɔlɔkalizasjɔ̃] *f* Geolokalisierung *f*

géologie [ʒeɔlɔʒi] *f* Geologie *f*

géologique [ʒeɔlɔʒik] *adj* geologisch

géologue [ʒeɔlɔg] *mf* Geologe *m*/Geologin *f*

géomètre [ʒeɔmɛtʀ] *mf* Geometer *m*

géométrie [ʒeɔmetʀi] *f* Geometrie *f*; **~ dans l'espace** Geometrie des Raumes

géométrique [ʒeɔmetʀik] *adj* geometrisch

géophysicien(ne) [ʒeofizisjɛ̃, jɛn] *m(f)* Geophysiker(in) *m(f)*

géophysique [ʒeofizik] *f* Geophysik *f*

géopolitique [ʒeopɔlitik] *f* Geopolitik *f*

géothermique [ʒeotɛʀmik] *adj* geothermisch

gérance [ʒeʀɑ̃s] *f* ① *d'une entreprise* Geschäftsführung *f*; *d'une succursale* Leitung *f*; *d'un fonds de commerce* Pacht *f*; *d'un immeuble* Verwaltung *f*; **mettre/prendre en ~** verpachten/pachten ② (*durée*) Pachtdauer *f*

géranium [ʒeʀanjɔm] *m* Geranie *f*

gérant(e) [ʒeʀɑ̃, ɑ̃t] *m(f)* *d'une entreprise* Geschäftsführer(in) *m(f)*; *d'un capital, immeuble* Verwalter(in) *m(f)*; *d'un fonds de commerce* Pächter(in) *m(f)*, Betreiber(in) *m(f)*, Inhaber(in) *m(f)*; *d'une succursale* Leiter(in) *m(f)*

gerbe [ʒɛʀb] *f* ① (*de blé*) Garbe *f*; (*de fleurs*) Strauß *m*; **déposer une ~** einen Kranz niederlegen ② (*d'eau*) Wasserstrahl *m*, Fontäne *f*; (*d'écume*) Gischt *m o f*

gerber [ʒɛʀbe] <1> **I.** *vt* TECH stapeln **II.** *vi fam* kotzen (*vulg*)

gerboise [ʒɛʀbwaz] *f* Wüstenspringmaus *f*

gercer [ʒɛʀse] <2> *vi* aufspringen, rissig werden

gerçure [ʒɛʀsyʀ] *f* **avoir des ~s aux mains** rissige Hände haben

gérer [ʒeʀe] <5> *vt* ① (*diriger*) leiten *entreprise, succursale;* führen *magasin;* verwalten *immeuble, capital* ② INFORM verwalten ③ (*coordonner*) in den Griff bekommen (*fam*) *crise;* sinnvoll gestalten *temps libre*

gériatrie [ʒeʀjatʀi] *f* MED Altersheilkunde *f*

germain(e) [ʒɛʀmɛ̃, ɛn] *adj* (*relatif à la Germanie*) germanisch

Germain(e) [ʒɛʀmɛ̃, ɛn] *m(f)* Germane *m*/Germanin *f*

Germanie [ʒɛʀmani] *f* **la ~** Germanien *nt*

germanique [ʒɛʀmanik] *adj* ① (*teuton*) germanisch ② (*allemand*) deutsch; **les pays ~s** die deutschsprachigen Länder

germaniser [ʒɛʀmanize] <1> *vt* germanisieren

germanisme [ʒɛʀmanism] *m* LING Germanismus *m*

germaniste [ʒɛʀmanist] *mf* LING Germanist(in) *m(f)*

germanophile [ʒɛʀmanɔfil] *adj* deutschfreundlich

germanophobe [ʒɛʀmanɔfɔb] *adj* deutschfeindlich, germanophob

germanophone [ʒɛʀmanɔfɔn] **I.** *adj* deutschsprachig; **être ~** Deutsch als Muttersprache haben **II.** *mf* Deutschsprachige(r) *f(m)*

germe [ʒɛʀm] *m* ① (*semence*) Keim *m*; **en ~** im Keim ② MED Krankheitserreger *m*

germer [ʒɛʀme] <1> *vi* keimen; *idée, sentiment* aufkeimen

germicide [ʒɛʀmisid] *adj* BIO keimtötend

germination [ʒɛʀminasjɔ̃] *f* BOT Keimen *nt*

gérondif [ʒeʀɔ̃dif] *m* Gerundium *nt*

gérontologie [ʒeʀɔ̃tɔlɔʒi] *f* MED Altersforschung *f*

gérontologue [ʒeʀɔ̃tɔlɔg] *mf* MED Gerontologe *m*/Gerontologin *f*

gésier [ʒezje] *m* [Muskel]magen *m*; **salade de ~s** Geflügelmagensalat *m*

gésir [ʒeziʀ] <irr, défec> *vi* ▶ **ci-gît** hier ruht

gestation [ʒɛstasjɔ̃] *f* ① (*grossesse*) Trächtigkeit *f* ② (*durée*) Tragezeit *f* ③ (*genèse*) [Heran]reifen *nt*, Entstehen *nt*; **être en ~** heranreifen

geste [ʒɛst] *m* ① (*mouvement*) Geste *f*; **~ de la main** Handbewegung *f* ② (*action*) Geste *f*; **~ héroïque** Heldentat *f*;

~ **d'amour** Zeichen *nt* der Liebe ▶**joindre le ~ à la parole** seinen Worten Taten folgen lassen; **faire un ~** seinem Herzen einen Stoß geben; **il n'a pas fait un ~ pour m'aider** er hat keinen Finger gerührt um mir zu helfen

gesticulation [ʒɛstikylasjɔ̃] *f* ❶ (*gestes désordonnés*) Gestikulieren *nt* ❷ (*agitation stérile*) geschäftiges Getue *nt*

gesticuler [ʒɛstikyle] <1> *vi* gestikulieren

gestion [ʒɛstjɔ̃] *f* ❶ (*administration*) Verwaltung *f; d'une entreprise* Geschäftsführung *f;* **mauvaise ~** Misswirtschaft *f;* **~ d'entreprise** Unternehmensführung; **~ des entreprises** UNIV Betriebswirtschaft[slehre] *f;* **~ des stocks** Lagerwirtschaft *f* ❷ INFORM Verwaltung *f*

gestionnaire [ʒɛstjɔnɛʀ] **I.** *mf* Geschäftsführer(in) *m(f)* **II.** *m* **~ de fichiers** Dateimanager *m*

gestuel(le) [ʒɛstɥɛl] *adj* gestisch; **langage ~** Gebärdensprache *f*

gestuelle [ʒɛstɥɛl] *f* Gestik *f*

geyser [ʒɛzɛʀ] *m* Geysir *m*

ghetto [geto] *m* Getto *nt*

ghettoïsation [getoizasjɔ̃] *f* Gettoisierung *f* (*geh*)

ghettoïser [getoize] <1> *vt* in ein Getto sperren, gettoisieren (*geh*)

gibbon [ʒibɔ̃] *m* Gibbon *m*

gibecière [ʒib(ə)sjɛʀ] *f d'un chasseur* Jagdtasche *f*

gibelotte [ʒiblɔt] *f Kaninchenfrikassee in Weißwein*

gibet [ʒibɛ] *m* Galgen *m*

gibier [ʒibje] *m* ❶ (*animaux de chasse*) Wild *nt;* **gros ~** Großwild ❷ *fig* **~ de potence** Galgenvogel *m* (*fam*)

giboulée [ʒibule] *f* Schauer *m*

giboyeux, -euse [ʒibwajø, -øz] *adj* wildreich

giclée [ʒikle] *f* Spritzer *m*

gicler [ʒikle] <1> *vi eau:* [heraus]spritzen; *boue:* [auf]spritzen

gicleur [ʒiklœʀ] *m* Vergaserdüse *f*

gifle [ʒifl] *f* Ohrfeige *f*

gifler [ʒifle] <1> *vt* ❶ (*battre*) ohrfeigen ❷ (*fouetter*) **la pluie me giflait la figure** der Regen peitschte mir ins Gesicht

gigahertz [ʒigaɛʀts] *m inv* PHYS Gigahertz *nt*

gigantesque [ʒigɑ̃tɛsk] *adj* riesig, gigantisch

gigantisme [ʒigɑ̃tism] *m* ❶ MED [krankhafter] Riesenwuchs *m* ❷ (*caractère démesuré*) Riesenhaftigkeit *f,* gigantisches Ausmaß *nt*

gigaoctet [ʒigaɔktɛ] *m* INFORM Gigabyte *nt*

GIGN [ʒeiʒeɛn] *m abr de* **Groupe d'intervention de la gendarmerie nationale** *Spezialeinheit zur Bekämpfung des Terrorismus*

gigolo [ʒigɔlo] *m péj* Gigolo *m*

gigot [ʒigo] *m* Keule *f,* Schlögel *m* (A)

gigoter [ʒigɔte] <1> *vi fam* herumzappeln; *bébé:* strampeln

gilde [gild] *v.* **guilde**

gilet [ʒilɛ] *m* ❶ (*vêtement sans manches*) Weste *f;* **~ de sauvetage** Schwimmweste; **~ pare-balles** kugelsichere Weste ❷ (*lainage*) Strickjacke *f*

gin [dʒin] *m* Gin *m*

gingembre [ʒɛ̃ʒɑ̃bʀ] *m* Ingwer *m*

gingival(e) [ʒɛ̃ʒival, -o] <-aux> *adj* Zahnfleisch-; **pâte ~e** Zahnpasta *f*

gingivite [ʒɛ̃ʒivit] *f* Zahnfleischentzündung *f*

girafe [ʒiʀaf] *f* Giraffe *f*

girafeau [ʒiʀafo] <x>, **girafon** [ʒiʀafɔ̃] *m* ZOOL Giraffenjunge(s) *nt*

girandole [ʒiʀɑ̃dɔl] *f* ❶ (*gerbe*) Garbe *f* ❷ (*chandelier de forme pyramidale*) mehrarmiger Leuchter *m* ❸ (*guirlande*) Lichterkette *f*

giratoire [ʒiʀatwaʀ] *adj* **sens ~** Kreisverkehr *m*

girlie [gœʀli] *adj inv* Girlie-

girofle [ʒiʀɔfl] *m v.* **clou**

giroflée [ʒiʀɔfle] *f* Goldlack *m*

girolle [ʒiʀɔl] *f* Pfifferling *m,* Eierschwammerl *nt* (A)

giron [ʒiʀɔ̃] *m* Schoß *m* ▶**pleurer dans le ~ de qn** *fam* sich bei jdm ausheulen

girond(e) [ʒiʀɔ̃, ɔ̃d] *adj* rundlich, mollig (*fam*)

girondin(e) [ʒiʀɔ̃dɛ̃, in] *adj* ❶ GEOG [aus] der Gironde ❷ HIST **le parti ~** die Girondistenpartei

girouette [ʒiʀwɛt] *f* ❶ (*plaque placée au sommet d'un édifice*) Wetterhahn *m* ❷ *fam* (*personne*) unbeständiger Mensch

gis [ʒi] *indic prés de* **gésir**

gisais [ʒizɛ] *imparf de* **gésir**

gisant [ʒizɑ̃] *m* ART liegende Figur *f*

gisement [ʒizmɑ̃] *m* Vorkommen *nt*

gisent [ʒiz] *indic prés de* **gésir**

gisez [ʒize] *indic prés de* **gésir**

gisons [ʒizɔ̃] *indic prés de* **gésir**

gît [ʒi] *indic prés de* **gésir**

gitan(e) [ʒitɑ̃, an] *m(f)* Zigeuner(in) *m(f)* (*pej*)

gîte [ʒit] *m* Unterkunft *f;* **~ rural** Ferienunterkunft auf dem Lande, Unterkunftsmög-

lichkeit *f* für Touristen; ~ **d'étape** [Wan-der]hütte *f*
gîter [ʒite] <1> *vi* Schlagseite haben
givrant(e) [ʒivʀɑ̃, ɑ̃t] *adj* raureifbildend
givre [ʒivʀ] *m* [Rau]reif *m*
givré(e) [ʒivʀe] *adj* ❶ (*couvert de givre*) bereift; *fenêtre* vereist ❷ *fam* (*fou*) **être ~** einen Knall haben
givrer [ʒivʀe] <1> **I.** *vt* mit Raureif überziehen *arbre* **II.** *vi, vpr* [**se**] ~ vereisen
glabre [glɑbʀ] *adj* bartlos
glaçage [glasaʒ] *m d'une photographie* Glanztrocknen *nt; d'un tissu* Appretieren *nt*
glace [glas] *f* ❶ (*eau congelée*) Eis *nt* ❷ GASTR [Speise]eis *nt;* ~ **à la fraise/au chocolat** Erdbeer-/Schokolade[n]eis ❸ (*miroir*) Spiegel *m* ❹ (*vitre*) [Glas]scheibe *f* ▶ **rompre la** ~ das Eis brechen
glacé(e) [glase] *adj* ❶ (*très froid*) eiskalt; *personne* durch[ge]froren ❷ GASTR *fruit, marrons* kandiert; *gâteau* mit Zuckerguss; **café/chocolat ~/crème ~e** Eiskaffee *m*/Eisschokolade *f*/Eis[krem *f*] *nt;* **servir ~** eisgekühlt servieren ❸ (*recouvert d'un apprêt brillant*) **papier ~** Glanzpapier *nt* ❹ *accueil* frostig; *regard* eiskalt
glacer [glase] <2> **I.** *vt* ❶ (*refroidir*) zu Eis erstarren lassen ❷ (*impressionner*) ~ **qn d'effroi** jdn vor Schreck (*dat*) erstarren lassen **II.** *vpr* **se** ~ erstarren, gefrieren
glaciaire [glasjɛʀ] *adj* **période** ~ Eiszeit *f;* **érosion** ~ Gletschererosion *f*
glacial(e) [glasjal, -jo] <s o -aux> *adj* ❶ (*très froid*) eiskalt, eisig ❷ (*inamical*) eisig; *sourire, accueil* frostig
glaciation [glasjasjɔ̃] *f* Glazial[zeit *f*] *nt*
glacier [glasje] *m* ❶ GEOL Gletscher *m* ❷ (*métier*) Eiskonditor *m*
glacière [glasjɛʀ] *f* ❶ (*coffre*) Kühlbox *f* ❷ *fam* (*lieu*) Eiskeller *m*
glaçon [glasɔ̃] *m* ❶ (*petit cube*) Eiswürfel *m* ❷ *fam* (*personne*) Eisberg *m* ❸ *pl* (*pieds, mains*) Eisklötze *Pl*
gladiateur [gladjatœʀ] *m* Gladiator *m*
glaïeul [glajœl] *m* Gladiole *f*
glaire [glɛʀ] *f a.* MED Schleim *m*
glaise [glɛz] *f* Lehm *m*
glaiseux, -euse [glɛzø, -øz] *adj* lehmig
glaive [glɛv] *m* Schwert *nt*
glam [glam] *adj inv fam* glamourös, Glamour-
glamour [glamuʀ] *m* Glamour *m o nt*
glamoureux, -euse [glamuʀø, -øz] *adj* glamourös
glamouriser [glamuʀize] <1> *vt* ~ **qc** einer S. Glamour verleihen
gland [glɑ̃] *m* Eichel *f*
glande [glɑ̃d] *f* Drüse *f*
glander [glɑ̃de] <1> *vi fam* herumgammeln
glandeur, -euse [glɑ̃dœʀ, -øz] *m, f fam* Nichtstuer(in) *m(f)*
glandouiller [glɑ̃duje] <1> *vi fam v.* **glander**
glaner [glane] <1> *vt* (*recueillir*) zusammentragen
glaneur, -euse [glanœʀ, -øz] *m, f* Ährenleser(in) *m(f)*
glapir [glapiʀ] <8> *vi chiot:* kläffen
glapissement [glapismɑ̃] *m du renard* Bellen *nt*
Glaris [glaʀis] Glarus *nt*
glas [glɑ] *m* ❶ (*tintement*) Totengeläut *nt;* **sonner le** ~ die Totenglocke läuten ❷ *fig* **sonner le ~ de qc** das Ende einer S. (*gen*) ankündigen
glaucome [glokom] *m* MED grüner Star
glauque [glok] *adj* ❶ (*verdâtre*) graugrün ❷ (*lugubre*) düster
glissade [glisad] *f* (*action de glisser par jeu*) Schlittern *nt*
glissant(e) [glisɑ̃, ɑ̃t] *adj* ❶ (*qui glisse*) glatt; **chaussée ~e!** Straßenglätte *f*! ❷ (*dangereux*) unberechenbar, heikel
glisse [glis] *f* ❶ (*façon de glisser*) Gleiten *nt;* **les sports de** ~ die Gleitsportarten *Pl* ❷ (*qualité du ski*) Gleitfähigkeit *f* ❸ CH (*luge*) Schlitten *m*
glissement [glismɑ̃] *m* ~ **de terrain** Erdrutsch *m*
glisser [glise] <1> **I.** *vi* ❶ (*être glissant*) rutschig sein ❷ (*se déplacer*) ~ **sur l'eau/sur la neige** über das Wasser/den Schnee gleiten; ~ **dans l'eau** im Wasser gleiten; **faire ~ qc sur la glace** etw über das Eis schieben ❸ (*tomber*) ~ [**le long**] **de qc** von etw abrutschen; **se laisser** ~ hinunterrutschen ❹ (*déraper*) rutschen; ~ **sur le verglas** auf Glatteis (*dat*) ausrutschen; *véhicule:* auf Glatteis (*dat*) [weg]rutschen ❺ (*échapper de*) **ça m'a glissé des mains** es ist mir aus den Händen gerutscht ❻ (*ne faire qu'une impression faible*) ~ **sur qn** *critique, remarque:* von jdm abgleiten **II.** *vt* schieben; zuwerfen *regard;* ~ **qc à qn** jdm etw zuschieben; (*dire*) jdm etw zuflüstern; ~ **qc dans la conversation** etw in die Unterhaltung einfließen lassen **III.** *vpr* ❶ (*pénétrer*) **se** ~ schlüpfen; **se ~ dans la maison** sich ins Haus schleichen ❷ (*s'insinuer*) **se ~ dans qc** sich in etw (*akk*) [ein]schleichen
glissière [glisjɛʀ] *f* ~ **de sécurité** Leitplanke *f*

global(e) [glɔbal, -o] <-aux> *adj* global; **vue ~e** Überblick *m,* Übersicht *f;* **somme ~e** Gesamtsumme *f*

globalement [glɔbalmɑ̃] *adv* alles in allem, insgesamt

globalisation [glɔbalizasjɔ̃] *f* Pauschalisierung *f*

globaliser [glɔbalize] <1> *vt* pauschalisieren

globalité [glɔbalite] *f* Gesamtheit *f,* Totalität *f*

globe [glɔb] *m* Kugel *f;* ELEC Kugelleuchte *f;* GEOG Globus *m;* **~ oculaire** Augapfel *m*

globe-trotter [glɔbtʀɔtœʀ, glɔbtʀɔtɛʀ] <globe-trotters> *mf* Globetrotter(in) *m(f)*

globulaire [glɔbylɛʀ] *adj* ❶ (*de la forme d'un globe*) kugelförmig ❷ (*concernant les globules*) Blutkörperchen-

globule [glɔbyl] *m* Blutkörperchen *nt*

globuleux, -euse [glɔbylø, -øz] *adj yeux* hervorstehend

gloire [glwaʀ] *f* ❶ (*célébrité*) Ruhm *m;* **en pleine ~** auf dem Gipfel seines/ihres Ruhms ❷ (*mérite*) Verdienst *nt* ❸ (*personne*) Berühmtheit *f* ▶ **à la ~ de qn/qc** zu jds Ehre/um etw zu ehren; **pour la ~** aus reinem Idealismus

glorieux, -euse [glɔʀjø, -jøz] *adj* ruhmreich

glorification [glɔʀifikasjɔ̃] *f* Glorifizierung *f*

glorifier [glɔʀifje] <1> **I.** *vt* rühmen; ehren *mémoire;* verherrlichen *héros, victoire;* [lob]preisen *Dieu* **II.** *vpr* **se ~ de qc** sich einer S. (*gen*) rühmen

gloriole [glɔʀjɔl] *f* Selbstgefälligkeit *f*

glose [gloz] *f* ❶ (*annotation*) Glosse *f* ❷ (*commentaire*) *d'une commère, d'un bavard* spöttische Bemerkung *f*

gloser [gloze] <1> *vi* **~ sur qn/qc** über jdn/etw seine Bemerkungen machen

gloss [glɔs] *m* Lipgloss *nt*

glossaire [glɔsɛʀ] *m* Glossar *nt*

glotte [glɔt] *f* Stimmritze *f*

glouglou [gluglu] *m fam* **faire ~** gluckern

glouglouter [gluglute] <1> *vi dinde:* kollern

gloussement [glusmɑ̃] *m* ❶ (*cri*) Glucken *nt* ❷ *fam* (*rire*) Glucksen *nt*

glousser [gluse] <1> *vi* ❶ (*pousser des gloussements*) *poule:* glucken ❷ *fam* (*rire*) *personne:* glucksen

glouton(ne) [glutɔ̃, ɔn] **I.** *adj* gefräßig **II.** *m(f)* Vielfraß *m* (*fam*)

gloutonnement [glutɔnmɑ̃] *adv* gierig

gloutonnerie [glutɔnʀi] *f* Gefräßigkeit *f*

glu [gly] *f* ❶ (*colle*) Leim *m* ❷ *fam* (*personne*) Klette *f*

gluant(e) [glyɑ̃, ɑ̃t] *adj* klebrig

glucide [glysid] *m* Kohle[n]hydrat *nt*

glucomètre [glykɔmɛtʀ] *m* TECH Mostwaage *f*

glucose [glykoz] *m* Traubenzucker *m*

glutamate [glytamat] *m* CHIM, GASTR Glutamat *nt*

gluten [glytɛn] *m* Gluten *nt;* **sans ~** glutenfrei, ohne Gluten

glycémie [glisemi] *f* BIO, CHIM Blutzucker *m*

glycérine [gliseʀin] *f* Glyzerin *nt*

glycine [glisin] *f* Glyzinie *f*

gnangnan [ɲɑ̃ɲɑ̃] *adj inv fam* **être ~** *personne:* eine Tranfunzel sein

gnaque [ɲak] *f fam* ▶ **avoir la ~** Biss haben

gnaule [ɲol], **gniôle** [ɲjol] *f v.* **gnôle**

gnognot[t]e [ɲɔɲɔt] *f fam* ▶ **c'est ~/c'est pas de la ~** das ist wertloses Zeug/das ist nicht von Pappe

gnôle [ɲol] *f fam* Schnaps *m*

gnome [gnom] *m* Gnom *m*

gnon [ɲɔ̃] *m fam* Schlag *m,* Hieb *m*

gnou [gnu] *m* ZOOL Gnu *nt*

go [go] ▶ **tout de ~** *fam* mir nichts, dir nichts

Go [ʒeo] *m abr de* **giga-octet** INFORM GByte *nt*

GO [ʒeo] *fpl abr de* **grandes ondes** LW *Pl*

goal [gol] *m* Torwart *m,* Torhüter *m*

gobelet [gɔblɛ] *m* Becher *m*

gober [gɔbe] <1> *vt* ❶ (*avaler en aspirant*) schlürfen *huître;* ausschlürfen *œuf* ❷ *fam* (*croire*) fressen

goberger [gɔbɛʀʒe] <2a> *vpr fam* **se ~** sich (*dat*) den Bauch vollschlagen

godasse [gɔdas] *f fam* Latschen *m*

godemiché [gɔdmiʃe] *m* Godemiché *m*

godet [gɔdɛ] *m* ❶ (*gobelet*) Becher *m* ❷ (*pour la peinture*) Farbnapf *m*

godiche [gɔdiʃ] *adj fam* dämlich

godille [gɔdij] *f* Wedeln *nt* ▶ **à la ~** schlampig

godiller [gɔdije] <1> *vi* NAUT wricken

godillot [gɔdijo] *m fam* (*grosse chaussure*) Treter *m*

goéland [gɔelɑ̃] *m* große Möwe *f*

goélette [gɔelɛt] *f* Schoner *m*

goémon [gɔemɔ̃] *m* Tang *m*

gogo [gogo] ▶ **à ~** *fam* in rauen Mengen

go-go dancer [gogodɛnsœʀ] *mf* Go-go-Tänzer(in) *m(f)*

gogol(e) [gogɔl] *adj fam* bescheuert

goguenard(e) [gɔg(ə)naʀ, aʀd] *adj* spöttisch

goguette [gɔgɛt] *f* ▶ **en ~** *fam* (*gai*) gut aufgelegt
goinfre [gwɛ̃fʀ] **I.** *adj* verfressen (*fam*) **II.** *mf péj* Fresssack *m* (*fam*)
goinfrer [gwɛ̃fʀe] <1> *vpr péj fam* **se ~ de qc** sich (*dat*) den Bauch mit etw vollschlagen (*fam*)
goinfrerie [gwɛ̃fʀəʀi] *f péj* Gefräßigkeit *f*
goitre [gwatʀ] *m* Kropf *m*
golden [gɔldɛn] *f* Golden Delicious *m*
golf [gɔlf] *m* Golf[spiel *nt*] *nt*
golfe [gɔlf] *m* Golf *m*
golfeur, **-euse** [gɔlfœʀ, -øz] *m, f* Golf[spiel]er(in) *m(f)*

G

gominer [gɔmine] <1> *vpr* **se ~** sich (*dat*) Pomade ins Haar schmieren
gommage [gɔmaʒ] *m* Ausradieren *nt*
gomme [gɔm] *f* ❶ (*bloc de caoutchouc*) [Radier]gummi *m o nt* ❷ (*substance*) Gummi *m o nt* ▶ **mettre la ~** *fam* [voll] Stoff geben
gommé(e) [gɔme] *adj* gummiert
gommer [gɔme] <1> *vt* ausradieren, wegradieren; (*de sa mémoire*) streichen
gond [gɔ̃] *m* [Tür]angel *f* ▶ **sortir de ses ~s** [vor Wut] außer sich geraten
gondolage [gɔ̃dɔlaʒ] *m du papier* Sichwellen *nt; du bois* Sichwerfen *nt*
gondolant(e) [gɔ̃dɔlɑ̃, ɑ̃t] *adj fam* **être ~** zum Kugeln sein
gondole [gɔ̃dɔl] *f* Gondel *f*
gondolement [gɔ̃dɔlmɑ̃] *m v.* **gondolage**
gondoler [gɔ̃dɔle] <1> *vi* sich wellen; *planche:* sich verziehen
gondolier, **-ière** [gɔ̃dɔlje, -jɛʀ] *m, f* Gondoliere *m*
gonflable [gɔ̃flabl] *adj* aufblasbar
gonflage [gɔ̃flaʒ] *m des pneus* Aufpumpen *nt; d'un ballon* Aufblasen *nt*
gonflant [gɔ̃flɑ̃] *m* Volumen *nt;* **donner du ~ aux cheveux** dem Haar Volumen geben
gonflant(e) [gɔ̃flɑ̃, ɑ̃t] *adj* ❶ (*bouffant*) *cheveux* locker und füllig ❷ *fam* (*exaspérant*) nervtötend
gonflé(e) [gɔ̃fle] *adj* ❶ (*rempli*) aufgeblasen; *visage* [an]geschwollen, aufgedunsen; *yeux* verquollen ❷ *fam* (*culotté*) dreist, frech
gonflement [gɔ̃fləmɑ̃] *m d'un pneu* Aufpumpen *nt; d'un ballon* Aufblasen *nt; d'une plaie, d'un organe* Schwellung *f*
gonfler [gɔ̃fle] <1> **I.** *vt* aufpumpen *pneus;* aufblasen *ballon;* blähen *voiles;* **~ les poumons** tief Luft holen **II.** *vi bois:* [auf]quellen; *membre:* anschwellen; *pâte:* aufgehen; *riz:* quellen **III.** *vpr* **se ~** *poitrine:* schwellen; *voiles:* sich [auf]blähen; *ballon:* sich füllen
gonflette [gɔ̃flɛt] *f péj fam* Bodybuilding *nt*
gonfleur [gɔ̃flœʀ] *m* Luftpumpe *f*
gong [gɔ̃(g)] *m* Gong *m*
gonzesse [gɔ̃zɛs] *f péj fam* Tussi *f*
googler [gugle] <1> *vi* INFORM googeln
google[u]r, **-euse** [guglœʀ, -øz] *m, f* Google-Nutzer(in) *m(f)*
gore [gɔʀ] *adj inv* Horror-
goret [gɔʀɛ] *m* Ferkel *nt*
goretex® [gɔʀtɛks] *m* Goretex® *nt*
gorge [gɔʀʒ] *f* ❶ (*partie du cou*) Hals *m,* Kehle *f* ❷ GEOG Schlucht *f* ▶ **faire des ~s chaudes de qc** *fam* sich in Klatschereien über etw (*akk*) ergehen; **à ~ déployée** aus Leibeskräften; **avoir la ~ nouée** [*o* **serrée**] einen Kloß im Hals haben (*fam*); **prendre qn à la ~** *fumée:* jdn im Hals kratzen; *odeur:* jdn in der Nase beißen; (*émouvoir*) jdn zutiefst erschüttern; (*financièrement*) jdm das Messer an die Kehle setzen (*fam*); **rester à qn en travers de la ~** jdm im Hals[e] stecken bleiben
gorgé(e) [gɔʀʒe] *adj* **fruits ~s de soleil** von der Sonne verwöhnte Früchte; **terre ~e d'eau** wasserdurchtränkte Erde
gorgée [gɔʀʒe] *f* Schluck *m*
gorger [gɔʀʒe] <2a> *vt* stopfen *oie*
gorgonzola [gɔʀgɔ̃zɔla] *m* Gorgonzola *m*
gorille [gɔʀij] *m* Gorilla *m*
gosier [gozje] *m* Kehle *f; d'un oiseau* Schlund *m*
gospel [gɔspɛl] *m* Gospel[song] *m*
gosse [gɔs] *mf fam* Kleine(r) *f(m);* **un ~** ein Bengel *m;* **une ~** eine Göre; **sale ~** Rotzbengel ▶ **être beau ~** ein hübsches Kind sein
gothique [gɔtik] **I.** *adj* gotisch **II.** *m* Gotik *f*
gouache [gwaʃ] *f* Temperafarbe *f*
gouaille [gwɑj] *f fam* Spottlust *f*
gouailleur, **-euse** [gwɑjœʀ, -øz] *adj fam* spöttisch
gouape [gwap] *f arg* (*voyou*) **une petite ~** ein kleiner Ganove
gouda [guda] *m* Gouda *m*
goudou [gudu] *f hum fam* Lesbe *f*
goudron [gudʀɔ̃] *m* Teer *m;* (*pour les routes*) Asphalt *m*
goudronnage [gudʀɔnaʒ] *m* Teeren *nt*
goudronner [gudʀɔne] <1> *vt* teeren *route;* **être goudronné** asphaltiert sein
goudronneuse [gudʀɔnøz] *f* Teermaschine *f*
goudronneux, **-euse** [gudʀɔnø, -øz] *adj* teerartig

gouffre [gufʀ] *m* ① (*abîme*) Abgrund *m* ② (*chose ruineuse*) Fass *nt* ohne Boden
gouine [gwin] *f péj pop* Lesbe *f*
goujat [guʒa] *m* Rüpel *m*, Flegel *m*
goujaterie [guʒatʀi] *f* Rüpelhaftigkeit *f*
goujon [guʒɔ̃] *m* Gründling *m* ▶**taquiner le ~** *fam* angeln
goulache, goulasch [gulaʃ] *m o f* Gulasch *m o nt*
goulée [gule] *f fam d'eau* großer Schluck *m*; *de purée* Mund *m* voll
goulet [gulɛ] *m* **~ d'étranglement** Engpass *m*
gouleyant(e) [gulɛjɑ̃, ɑ̃t] *adj* ① *vin* süffig ② *fig* angenehm
goulot [gulo] *m* ① (*col d'une bouteille*) Hals *m*; **boire au ~** aus der Flasche trinken ② (*goulet*) **~ d'étranglement** Engpass *m*
goulu(e) [guly] *adj* gefräßig
goulûment [gulymɑ̃] *adv* gierig
goupille [gupij] *f* Stift *m*, Splint *m*
goupiller [gupije] <1> **I.** *vt fam* aushecken; **bien ~ son coup** die Sache geschickt einfädeln **II.** *vpr fam* **bien/mal se ~** klappen/nicht klappen
goupillon [gupijɔ̃] *m* ① REL Weih[wasser]wedel *m* ② (*brosse*) Flaschenbürste *f*
gourbi [guʀbi] *m péj fam* Bruchbude *f*
gourd(e) [guʀ, guʀd] *adj* starr vor Kälte, steifgefroren
gourde [guʀd] *f* ① (*bouteille*) Trinkflasche *f* ② *fam* (*personne*) Dussel *m*
gourdin [guʀdɛ̃] *m* (*bâton*) Knüppel *m*
gourer [guʀe] <1> *vpr fam* **se ~ de qc** sich in etw (*dat*) vertun
gourmand(e) [guʀmɑ̃, ɑ̃d] **I.** *adj* **être ~** ein Gourmand *m* sein; (*de sucreries*) eine Naschkatze sein (*fam*) **II.** *m(f)* Gourmand *m*, Schlemmer(in) *m(f)*; (*de sucreries*) Naschkatze *f* (*fam*)
gourmandise [guʀmɑ̃diz] *f* Schwelgerei *f*; (*défaut*) Gier[igkeit *f*] *f*; **manger par/avec ~** aus purer Lust/gierig essen
gourmet [guʀmɛ] *m* Gourmet *m*, Feinschmecker(in) *m(f)*
gourmette [guʀmɛt] *f* Gliederarmband *nt* [mit Namensplakette]
gourou [guʀu] *m* Guru *m*
gousse [gus] *f* **~ de vanille** Vanilleschote *f*; **~ d'ail** Knoblauchzehe *f*
goût [gu] *m* ① *sans pl* (*sens*) Geschmack[ssinn *m*] *m* ② *sans pl* (*saveur*) Geschmack *m*; **être sans ~** nach nichts schmecken; **avoir un ~ de qc** nach einer S. (*dat*) schmecken ③ *sans pl* (*envie*) Lust *f*; **par ~** zum Vergnügen; **~ de vivre** Lebenslust, Lebensfreude *f*; **~ d'entreprendre** Unternehmungslust; **~ d'écrire** Freude *f* am Schreiben; **prendre ~ à qc** Gefallen an etw (*dat*) finden; **reprendre ~ à qc** wieder Spaß an etw (*dat*) haben; **ne plus avoir ~ à rien** zu nichts mehr Lust haben ④ *sans pl* (*penchant*) **~ pour les maths** Interesse *nt* an der Mathematik; **~ pour la boisson** Vorliebe *f* für den Alkohol; **~ du risque** Risikobereitschaft *f*; **être affaire de ~** Geschmackssache sein ⑤ *pl* (*préférences*) Geschmack *m*; **avoir des ~s de luxe** einen Hang zum Luxus haben ⑥ *sans pl* (*jugement*) Geschmack *m*; **avec ~** geschmackvoll; **avoir bon ~** Geschmack haben; **être de mauvais ~** geschmacklos sein; **trouver qn/qc à son ~** jdn/etw nach seinem Geschmack finden; **une femme de ~** eine Frau mit Geschmack ⑦ (*avis*) **à mon ~** meiner Meinung nach, meines Erachtens ▶**être au ~ du jour** modisch sein; **tous les ~s sont dans la nature** *prov* die Geschmäcker sind verschieden; **chacun ses ~s** *prov* jeder nach seinem Geschmack
goûter [gute] <1> **I.** *vi* ① (*prendre le goûter*) *enfant:* [nachmittags] eine Kleinigkeit essen ② (*essayer*) **~ à qc** etw probieren ③ (*toucher*) **~ aux plaisirs de la vie** die Freuden des Lebens kennen lernen **II.** *vt* ① (*essayer*) probieren, kosten ② (*savourer*) genießen **III.** *m kleine Zwischenmahlzeit für Kinder und Jugendliche am Spätnachmittag*
goutte [gut] *f* ① (*très petite quantité, de forme arrondie*) Tropfen *m*; **~ à ~** tröpfchenweise; **qn a la ~ au nez** *fam* jdm läuft die Nase ② *sans pl* (*petite quantité*) **~ d'huile/de kirsch** Tropfen *m* Öl/Schluck *m* Kirschwasser ③ MED Gicht *f* ▶**c'est la ~ d'eau qui fait déborder le vase** *prov* das ist der Tropfen, der das Fass zum Überlaufen bringt; **c'est une ~ d'eau dans la mer** das ist nur ein Tropfen auf den heißen Stein; **se ressembler comme deux ~s d'eau** sich gleichen wie ein Ei dem anderen; **passer entre les ~s** nicht/kaum nass werden
goutte-à-goutte [gutagut] *m inv* Tropf *m*
gouttelette [gut(ə)lɛt] *f* Tröpfchen *nt*
goutter [gute] <1> *vi* tropfen; *canalisation:* undicht sein; **le toit/le plafond goutte** es tropft durch das Dach/von der Decke
goutteux, -euse [gutø, -øz] **I.** *adj* gichtig **II.** *m, f* Gichtkranke(r) *f(m)*
gouttière [gutjɛʀ] *f* Dachrinne *f*
gouvernable [guvɛʀnabl] *adj* regierbar

gouvernail [guvɛʀnaj] *m* ❶ (*barre*) Ruder *nt* ❷ *fig* **tenir le ~** das Steuer fest in der Hand haben

gouvernant(e) [guvɛʀnɑ̃, ɑ̃t] *adj classe* herrschend; **parti ~** regierende Partei *f*, Regierungspartei *f*

gouvernante [guvɛʀnɑ̃t] *f* ❶ (*bonne*) Haushälterin *f* ❷ (*préceptrice*) Gouvernante *f*, Erzieherin *f*

gouvernants [guvɛʀnɑ̃] *mpl* Entscheidungsträger *Pl*

gouverne [guvɛʀn] *f* **pour ta ~** zu deiner Orientierung

gouvernement [guvɛʀnəmɑ̃] *m* Regierung *f*; **entrer/être au ~** an die Regierung kommen/an der Regierung sein

gouvernemental(e) [guvɛʀnəmɑ̃tal, -o] <-aux> *adj journal* regierungsfreundlich; *parti, politique* Regierungs-

gouverner [guvɛʀne] <1> **I.** *vi* regieren **II.** *vt* ❶ (*diriger*) regieren ❷ (*maîtriser*) beherrschen

gouverneur [guvɛʀnœʀ] *m* Gouverneur *m*

goyave [gɔjav] *f* Gua[ja]ve *f*

G.P.L. [ʒepeɛl] *m abr de* **gaz de pétrole liquéfié** Autogas *nt*, Flüssiggas *nt*

GPS [ʒepeɛs] *m abr de* **Global Positioning System** GPS *nt*; (*dans les voitures*) Navigationsgerät *nt*, Navi *nt* (*fam*)

G.R. [ʒeɛʀ] *m abr de* **[sentier de] grande randonnée** *markierter Wanderweg*

grabataire [gʀabatɛʀ] *littér* **I.** *adj* bettlägerig **II.** *mf* Bettlägerige(r) *f(m)*

grabuge [gʀabyʒ] *m fam* **faire du ~** Krach schlagen; **il y a du ~** es kracht

grâce [gʀɑs] *f* ❶ *sans pl* (*charme*) Anmut *f*, Grazie *f*; **avoir de la ~** anmutig sein; **avec ~** anmutig, graziös; *parler* charmant ❷ *sans pl* (*faveur*) Gunst *f*; **trouver ~ aux yeux de qn** Gnade *f* vor jds Augen finden ❸ *sans pl* (*clémence*) Gnade *f*; **crier/demander ~** um Gnade bitten/flehen ❹ JUR Begnadigung *f* ▶ **à la ~ de <u>Dieu</u>** auf gut Glück; (*exclamation*) komme, was wolle!; **faire qc de <u>bonne</u>/<u>mauvaise</u> ~** etw bereitwillig/widerwillig tun; **<u>faire</u> ~ à qn de qc** jdm etw erlassen; (*épargner*) jdm etw ersparen; **<u>rendre</u> ~ à qn** jdm Dank sagen; **~ <u>à</u> lui/elle** dank seiner/ihrer, dank ihm/ihr; **~ <u>à</u> qc** dank einer S. (*dat o gen*)

gracier [gʀasje] <1> *vt* begnadigen

gracieusement [gʀasjøzmɑ̃] *adv* ❶ (*charmant*) charmant ❷ (*gratuitement*) unentgeltlich

gracieux, -euse [gʀasjø, -jøz] *adj* ❶ (*charmant*) anmutig, graziös ❷ (*aimable*) freundlich ❸ (*gratuit*) kostenlos

gradation [gʀadasjɔ̃] *f* schrittweise Steigerung

grade [gʀad] *m* Dienstgrad *m*; UNIV Grad *m*; *de capitaine* Rang *m*; **monter en ~** befördert werden ▶ **en <u>prendre</u> pour son ~** *fam* eins aufs Dach kriegen

gradé(e) [gʀade] *m(f)* unterer Dienstgrad *m*

gradins [gʀadɛ̃] *mpl d'un stade* [Zuschauer]ränge *Pl*

graduation [gʀadɥasjɔ̃] *f* Gradeinteilung *f*

gradué(e) [gʀadɥe] *adj* abgestuft

graduel(le) [gʀadɥɛl] *adj introduction* schrittweise; *amélioration* allmählich

graduellement [gʀadɥɛlmɑ̃] *adv* ❶ (*par degrés*) Schritt für Schritt ❷ (*peu à peu*) allmählich

graduer [gʀadɥe] <1> *vt* ❶ (*augmenter graduellement*) allmählich steigern; **les difficultés sont graduées** der Schwierigkeitsgrad steigt; **gradué** abgestuft ❷ (*diviser en degrés*) graduieren, in Einheiten unterteilen; **gradué** mit einer Skala

graffiter [gʀafite] <1> *vt* mit Graffiti versehen *palissade, mur*

graffiti [gʀafiti] <[s]> *m* Graffito *nt o m meist Pl*

graille [gʀaj] *f fam* (*bouffe*) Futter *nt*

grailler [gʀɑje] <1> *vi* ❶ *corneille:* krächzen ❷ *fam* (*manger*) futtern

graillon [gʀɑjɔ̃] *m* Geruch *m* von Bratfett

graillonner [gʀɑjɔne] <1> *vi fam* [aus]spucken

grain [gʀɛ̃] *m* ❶ *sing o pl* (*petite chose arrondie*) Korn *nt*; **~ de beauté** Leberfleck *m* ❷ (*graine*) Körnchen *nt*; *d'une grenade* Kern *m*; (*pour les poules*) Körner *Pl*; **~ de café** Kaffeebohne *f*; **~ de poivre/de moutarde** Pfeffer-/Senfkorn *nt*; **~ de cassis** Johannisbeere *f*; **~ de raisin** [Wein]traube *f*; **en ~s** *café, poivre* ungemahlen ❸ (*particule*) Korn *nt*, Körnchen *nt*; **~ de poussière** Staubkorn ❹ (*texture*) Korn *nt*; *de la peau* Beschaffenheit *f*; *d'un cuir* Narbe *f* ❺ *sans pl* (*petite quantité*) Spur *f*, Quäntchen *nt* ❻ METEO [Regen]schauer *m* ▶ **~ de <u>sable</u>** *fig* Störfaktor *m*; **être un ~ de <u>sable</u> dans l'engrenage** Sand im Getriebe sein; **mettre son ~ de <u>sel</u>** *fam* seinen Senf dazugeben; **<u>avoir</u> un ~** *fam* eine Meise haben (*fig*); **<u>veiller</u> au ~** auf der Hut sein

graine [gʀɛn] *f* ❶ (*semence*) Samen *m* ❷ AGR Saatgut *nt* ▶ **~ de <u>voyou</u>** Teufelsbrut *f;* **être de la mauvaise ~** ein sauberes Früchtchen sein (*iron fam*); **casser la ~** *fam* futtern; **monter en ~** *plante:* ins Kraut schießen; *fam enfant:* in die Höhe schießen (*fam*); **en prendre de la ~** *fam* sich (*dat*) daran ein Beispiel nehmen

grainetier, -ière [gʀɛntje, -jɛʀ] *m, f* Getreide- und Futtermittelhändler(in) *m(f)*

graissage [gʀɛsaʒ] *m* Schmieren *nt*

graisse [gʀɛs] *f* ① (*matière grasse*) Fett *nt* ② (*lubrifiant*) Schmierfett *nt*

graisser [gʀese] <1> *vt* schmieren *engrenage, machine*

graisseux, -euse [gʀɛsø, -øz] *adj* fettig; *cahier, nappe* speckig

graminée [gʀamine] *f* ① (*herbe*) Gras *nt* ② *pl* Süßgräser *Pl* (*Fachspr.*)

grammaire [gʀa(m)mɛʀ] *f* Grammatik *f*

grammairien(ne) [gʀa(m)mɛʀjɛ̃, jɛn] *m(f)* Grammatiker(in) *m(f)*

grammatical(e) [gʀamatikal, -o] <-aux> *adj analyse* grammati[kali]sch; *exercice* Grammatik-

grammaticalement [gʀamatikalmɑ̃] *adv* grammati[kali]sch

gramme [gʀam] *m* Gramm *nt* ▶ **ne pas avoir un ~ de bon sens** [*o* **de jugeote**] *fam* keinen Funken Verstand haben

grand(e) [gʀɑ̃, gʀɑ̃d] **I.** *adj* ① (*dont la taille dépasse la moyenne*) groß; *arbre* hoch; *jambe, avenue* lang; **~ format** Großformat *nt;* **un ~ verre d'eau** ein volles Glas Wasser; **~e entreprise** Großunternehmen *nt;* **~ magasin** Kauf-/Warenhaus *nt* ② (*extrême*) groß; *buveur, fumeur* stark; *travailleur* tüchtig; *collectionneur* eifrig; **~ blessé/malade/invalide** Schwerverletzter/-kranker/-behinderter; **~ brûlé** Mensch *m* mit schweren Verbrennungen; **faire un ~ froid** sehr kalt sein ③ (*intense*) groß; *bruit, cri* laut; *vent* heftig, stark; *coup* gewaltig; *soupir* tief; **avoir ~ besoin de** dringend brauchen ④ (*fameux*) groß; *vin* besondere(r, s); *homme* bedeutend ⑤ (*respectable*) nobel; **~e dame/~ monsieur** große Dame/hoher Herr; **la ~e dame de la chanson** die Grande Dame des Chansons; **la "Grande Nation"** die „große Nation" (*Name für Frankreich*); **~es écoles** Elite-Hochschulen *Pl* ⑥ (*généreux*) groß; **~s sentiments** edle Gesinnung ⑦ (*exagéré*) **employer de ~s mots** große Worte machen; **faire de ~es phrases** große Reden schwingen; **faire de ~s gestes** wild gestikulieren; **prendre de ~s airs** vornehm tun ▶ **au ~ jamais** nie und nimmer **II.** *adv* **ouvrir tout ~ qc** etw ganz weit aufmachen; **voir ~** großzügig planen **III.** *m(f)* ① (*personne/objet grands*) Große(r) *f(m)* ② (*personne importante*) **un ~ du football** ein bedeutender Fußballspieler ③ ECON Spitzenunternehmen *nt*

grand-angle [gʀɑ̃tɑ̃gl] <grands-angles> *m* Weitwinkel[objektiv *nt*] *m* **grand-chose** [gʀɑ̃ʃoz] **pas ~** nicht viel

grand-duc [gʀɑ̃dyk] <grands-ducs> *m* Großherzog *m* **grand-duché** [gʀɑ̃dyʃe] <grands-duchés> *m* Großherzogtum *nt*

Grande-Bretagne [gʀɑ̃dbʀətaɲ] *f* **la ~** Großbritannien *nt* **grande-duchesse** [gʀɑ̃ddyʃɛs] <grandes-duchesses> *f* Großherzogin *f*

grandement [gʀɑ̃dmɑ̃] *adv* sehr; *avoir raison* völlig; **contribuer ~ à qc** einen großen Beitrag zu etw leisten

grandeur [gʀɑ̃dœʀ] *f* ① (*dimension*) Größe *f;* **être de la ~ de qc** so groß wie etw sein; **de quelle ~ est ...?** wie groß ist ...?; **de même ~** gleich groß; **~ nature** in Lebensgröße ② (*puissance*) Größe *f* ③ (*générosité*) [menschliche] Größe; **~ d'âme** Seelengröße *f*

grand-faim [gʀɑ̃fɛ̃] *f* ▶ **avoir ~** großen Hunger haben

grandiloquence [gʀɑ̃dilɔkɑ̃s] *f* hochtrabende Ausdrucksweise *f*

grandiloquent(e) [gʀɑ̃dilɔkɑ̃, ɑ̃t] *adj* schwülstig; *personne* hochtrabend redend

grandiose [gʀɑ̃djoz] *adj* großartig

grandir [gʀɑ̃diʀ] <8> **I.** *vi* ① (*devenir plus grand*) [auf]wachsen, groß werden; **~ de dix centimètres** zehn Zentimeter wachsen ② (*devenir plus mûr*) reifer werden ③ (*augmenter*) wachsen; *foule:* anwachsen; **l'obscurité grandit** es wird [immer] dunkler ④ *fig* **sortir grandi de qc** gestärkt aus etw hervorgehen; **~ en sagesse** weiser werden **II.** *vt* ① (*rendre plus grand*) größer machen *personne;* vergrößern *chose* ② (*ennoblir*) **qc grandit qn** jd gewinnt durch etw **III.** *vpr* ① (*se rendre plus grand*) **se ~** sich größer machen ② (*s'élever*) **se ~ par qc** durch etw gewinnen

grandissant(e) [gʀɑ̃disɑ̃, ɑ̃t] *adj* wachsend

grandissime [gʀɑ̃disim] *adj fam* riesig

grand-maman [gʀɑ̃mamɑ̃] <grands-mamans> *f fam* Großmama *f,* Oma *f*

grand-mère [gʀɑ̃mɛʀ] <grand[s]-mères> *f* Großmutter *f* ▶ **il ne faut pas pousser ~ dans les orties** nun mach[t] mal halblang **grand-messe** [gʀɑ̃mɛs] <grand[s]-messes> *f* Hochamt *nt*

grand-oncle [gʀɑ̃tɔ̃kl] <grands-

G

-oncles> *m* Großonkel *m* **grand-papa** [gʀɑ̃papa] <grands-papas> *m fam* Großpapa *m,* Opa *m* **grand-peine** [gʀɑ̃pɛn] ▸ **avoir ~ à faire qc** Mühe haben etw zu tun; **à ~** mit Mühe und Not **grand-père** [gʀɑ̃pɛʀ] <grands-pères> *m* Großvater *m* **grand-route** [gʀɑ̃ʀut] <grands--routes> *f* Landstraße *f* **grand-rue** [gʀɑ̃ʀy] <grand-rues> *f* Hauptstraße *f* **grand-soif** [gʀɑ̃swaf] *f* ▸ **avoir ~** großen Durst haben

grands-parents [gʀɑ̃paʀɑ̃] *mpl* Großeltern *Pl*

G

grand-tante [gʀɑ̃tɑ̃t] <grands-tantes> *f* Großtante *f* **grand-voile** [gʀɑ̃vwal] <grand[s]-voiles> *f* Großsegel *nt*

grange [gʀɑ̃ʒ] *f* Scheune *f*

granit(e) [gʀanit] *m* Granit *m*

granitique [gʀanitik] *adj* Granit-, granithaltig

granny [gʀani] <s> *f* Granny Smith *m*

granulat [gʀanyla] *m* CONSTR Zuschlag *m,* Zuschlagstoffe *Pl*

granule [gʀanyl] *m* ❶ Körnchen *nt* ❷ PHARM Granulum *nt* (*Fachspr.*)

granulé [gʀanyle] *m* Granulat *nt*

granulé(e) [gʀanyle] *adj* körnig; *surface* gekörnt

granuler [gʀanyle] <1> *vt* granulieren

granuleux, -euse [gʀanylø, -øz] *adj* körnig, gekörnt; *cuir* genarbt; *peau, roche* rau

graphe [gʀaf] *m* Graph *m*

grapheur [gʀafœʀ] *m* INFORM Grafikprogramm *nt*

graphie [gʀafi] *f* Schreibweise *f*

graphique [gʀafik] **I.** *adj* grafisch; **carte ~** Grafikkarte *f;* **arts ~s** Grafik *f* **II.** *m* Schaubild *nt*

graphiquement [gʀafikmɑ̃] *adv* grafisch

graphisme [gʀafism] *m* ❶ (*écriture*) Handschrift *f,* Schriftzüge *Pl* ❷ (*aspect d'une lettre*) Schriftbild *nt* ❸ ART grafische Gestaltung; *d'un artiste* Zeichenstil *m*

graphiste [gʀafist] *mf* Grafiker(in) *m(f)*

graphite [gʀafit] *m* Graphit *m*

graphologie [gʀafɔlɔʒi] *f sans pl* Graphologie *f*

graphologue [gʀafɔlɔg] *mf* Graphologe *m*/Graphologin *f*

grappa [gʀapa] *f* Grappa *m o f*

grappe [gʀap] *f* Traube *f;* **~ de raisin** Weintraube

grappillage [gʀapijaʒ] *m* ❶ *des fruits* [Ab]pflücken *nt,* [Nach]lese *f* ❷ *fig des idées* Aufschnappen *nt* (*fam*)

grappiller [gʀapije] <1> *vt* ❶ (*cueillir*) einzeln [ab]pflücken *fruits, fleurs* ❷ (*prendre au hasard*) aufschnappen (*fam*) *nouvelles, idées;* herausschlagen (*fam*) *argent*

grappin [gʀapɛ̃] *m* ▸ **mettre le ~ sur qn** *fam* jdn nicht aus den Klauen lassen

gras [gʀɑ] **I.** *m* ❶ GASTR Fett *nt,* Fette(s) *nt* ❷ (*graisse*) Fett *nt* ❸ (*partie charnue*) **~ de la jambe** Wade *f* **II.** *adv* fett

gras(se) [gʀɑ, gʀɑs] *adj* ❶ (*formé de graisse*) fett; **acides ~** Fettsäuren; **matières ~ses** Fette *Pl;* **40 % de matières ~ses** 40 % Fett *nt;* **corps ~** Fett[stoff *m*] *nt* ❷ (*gros*) fett; *visage, main* fleischig ❸ (*graisseux*) fettig; *chaussée* glitschig; *terre, boue* lehmig ❹ (*imprimé*) **en [caractère] ~** fett gedruckt ❺ BOT **plante ~se** Fettpflanze *f,* Sukkulente *f* ❻ *voix* rau, belegt; *rire* ordinär; *toux* schleimig

gras-double [gʀɑdubl] <gras-doubles> *m* Kutteln *Pl*

grassement [gʀɑsmɑ̃] *adv payer* reichlich

grassouillet(te) [gʀasujɛ, jɛt] *adj fam* pummelig

gratifiant(e) [gʀatifjɑ̃, jɑ̃t] *adj travail* befriedigend

gratification [gʀatifikasjɔ̃] *f* Gratifikation *f*

gratifier [gʀatifje] <1> *vt* **~ qn d'une récompense** jdm eine Belohnung zuteilwerden lassen; **~ qn d'un sourire** jdm ein Lächeln schenken

gratin [gʀatɛ̃] *m* ❶ GASTR Gratin *nt* ❷ *sans pl, fam* (*haute société*) Crème *f* de la crème (*iron*)

gratiné(e) [gʀatine] *adj* ❶ GASTR überbacken, gratiniert ❷ *fam raclée* anständig; *aventure* verrückt

gratinée [gʀatine] *f mit Käse überbackene Zwiebelsuppe*

gratiner [gʀatine] <1> *vt* [**faire**] **~ qc** etw überbacken

gratis [gʀatis] **I.** *adj fam* kostenlos, gratis *nur präd* **II.** *adv fam* umsonst, gratis

gratitude [gʀatityd] *f* Dankbarkeit *f*

gratos [gʀatos] *adj inv fam* gratis, umsonst

gratouiller [gʀatuje] <1> *vt fam* jucken; **ça gratouille?** juckt es?

grattage [gʀataʒ] *m* ❶ Abkratzen *nt* ❷ (*au jeu*) Rubbeln *nt*

gratte-ciel [gʀatsjɛl] *m inv* Wolkenkratzer *m*

grattement [gʀatmɑ̃] *m* Kratzen *nt*

gratte-papier [gʀatpapje] <gratte-papier[s]> *mf péj* schlecht bezahlter Kopist

gratter [gʀate] <1> **I.** *vi* ❶ (*racler*) kratzen ❷ (*récurer*) scheuern **II.** *vt* ❶ (*racler*) [herum]kratzen an (+ *dat*) *bouton;* abkratzen *mur, table;* schaben *carottes;* anzünden *allumette;* scharren auf (+ *dat*) *sol;* ausradieren *mot;* ~ **le dos à qn** jdn am Rücken kratzen ② (*démanger*) kratzen; *cicatrice:* jucken; **ça me gratte à la jambe** mein Bein juckt **III.** *vpr* **se ~ jusqu'au sang** sich blutig kratzen; **se ~ qc** sich an etw (*dat*) kratzen ►**tu peux toujours te ~!** *fam* du kannst mich mal!

grattoir [gʀatwaʀ] *m* (*outil*) Schaber *m*, Kratzer *m*

gratuit(e) [gʀatɥi, ɥit] *adj* ① (*gratis*) frei; *consultation* kostenlos, unentgeltlich; *supplément* Gratis-; **enseignement ~** kostenloser Schulbesuch; **à titre ~** kostenlos, gratis ② (*arbitraire*) willkürlich; *supposition* ungerechtfertigt; *accusation* grundlos; *acte* unmotiviert; *cruauté* unnötig

gratuité [gʀatɥite] *f* ① (*caractère gratuit*) **~ de l'enseignement** Schulgeldfreiheit *f;* **~ des soins médicaux** kostenlose medizinische Versorgung ② *d'une affirmation* Willkürlichkeit *f; d'un acte* Unmotiviertheit *f*

gratuitement [gʀatɥitmɑ̃] *adv* ① (*gratis*) kostenlos; *entrer, voyager* ohne etwas zu bezahlen ② (*sans motif*) willkürlich; *agir* unmotiviert; *risquer sa vie* grundlos; *commettre un crime* ohne Motiv

gravats [gʀava] *mpl* [Bau]schutt *m*

grave [gʀav] **I.** *adj* ① (*sérieux*) ernst; *accident, responsabilité* schwer; *menace, ennuis* ernsthaft; *faute, raison* schwerwiegend, gravierend; *nouvelles* schlimm; *sanction* hart; **blessé ~** Schwerverletzter *m;* **des choses ~s** etwas Ernstes; **ce n'est pas ~** das ist nicht schlimm ② (*digne*) feierlich ③ LING **accent ~** Accent *m* grave ④ *son, note* tief; *voix* dunkel ⑤ *fam* (*bête*) blöd **II.** *adv fam* (*beaucoup, très*) mega-, tierisch; **elle est ~ connue** sie ist megabekannt **III.** *m* MUS, MEDIA **les ~s et les aigus** die Tiefen und Höhen

graveleux, -euse [gʀavlø, -øz] *adj propos* sehr anstößig, zotig

gravement [gʀavmɑ̃] *adv* ① (*dignement*) ernst; *marcher* würdevoll ② (*fortement*) schwer

graver [gʀave] <1> **I.** *vt* ① (*tracer en creux*) (ein)gravieren; **~ qc sur/dans qc** etw in etw (*akk*) [ein]ritzen ② (*à l'eau-forte*) radieren; **~ qc sur cuivre/sur bois** etw in Kupfer (*akk*) stechen/in Holz (*akk*) schneiden ③ (*fixer*) **~ qc dans sa mémoire** [*o* **son esprit**] sich (*dat*) etw fest einprägen **II.** *vpr* **se ~ dans la mémoire de qn** sich jdm fest einprägen

graveur [gʀavœʀ] *m* **~ de CD** CD-Brenner *m*

graveur, -euse [gʀavœʀ, -øz] *m, f* ART Graveur(in) *m(f)*

gravier [gʀavje] *m* Kies *m*

gravillon [gʀavijɔ̃] *m* Splitt *m;* AUT Rollsplitt

gravir [gʀaviʀ] <8> *vt* ① (*grimper*) [hinauf]klettern auf (+ *akk*) ② *fig* **~ les échelons** aufsteigen

gravissime [gʀavisim] *adj maladie* sehr ernst; *erreur* gravierend

gravitation [gʀavitasjɔ̃] *f* Gravitation *f*

gravité [gʀavite] *f* ① (*sévérité*) Ernst *m;* **avec ~** ernst; *regarder* mit ernster Miene ② *d'une situation* Ernst *m; d'une faute* Schwere *f; d'une catastrophe, sanction* Ausmaß *nt;* **un accident sans ~** ein leichter Unfall; **voir la ~ du problème** sehen, wie ernst das Problem ist ③ PHYS Schwerkraft *f*

graviter [gʀavite] <1> *vi* ① (*tourner autour*) **~ autour de qc** um etw kreisen ② *fig* **~ autour de qn** sich ständig in jds Umkreis aufhalten

gravure [gʀavyʀ] *f* ① *sans pl* (*technique*) Gravieren *nt;* (*à l'eau-forte*) Radieren *nt* ② (*œuvre*) Gravur *f;* (*sur cuivre*) Kupferstich *m;* (*sur bois*) Holzschnitt *m;* (*à l'eau-forte*) Radierung *f* ③ (*reproduction*) Stich *m;* **~ de mode** Modezeichnung *f*

gré [gʀe] ►**de ~ ou de force** wohl oder übel; **de bon ~** bereitwillig; **bon ~ mal ~** wohl oder übel; **de mauvais ~** widerwillig; **de mon/son plein ~** aus freien Stücken; **savoir ~ à qn de qc** *soutenu* jdm für etw verbunden sein; **trouver qn/qc à son ~** jdn/etw nach seinem Geschmack finden; **au ~ de** je nach (+ *dat*); **au ~ de sa fantaisie** nach Lust und Laune; **au ~ de qn** (*de l'avis de*) jds Meinung (*dat*) nach; (*selon les désirs de*) nach jds Wünschen; **contre le ~ de qn** gegen jds Willen

grec [gʀɛk] *m* Griechisch *nt;* **le ~ ancien/moderne** Alt-/Neugriechisch; *v. a.* **allemand**

grec, grecque [gʀɛk] *adj* griechisch

Grec, Grecque [gʀɛk] *m, f* Grieche *m*/Griechin *f*

Grèce [gʀɛs] *f* **la ~** Griechenland *nt*

gréco-romain(e) [gʀekoʀɔmɛ̃, ɛn] <gréco-romains> *adj* griechisch-römisch

grecque [gʀɛk] *f* (*ornement*) Mäander *m*

gredin(e) [gʀədɛ̃, in] *m(f) fam* Schelm *m*

gréement [gʀemɑ̃] *m sans pl* NAUT Takelung *f*

gréer [gʀee] <1> *vt* NAUT auftakeln

greffage [gʀefaʒ] *m sans pl* BOT Veredelung *f,* Pfropfen *nt*

greffe [gʀɛf] *f* ❶ MED Transplantation *f*, Verpflanzung *f* ❷ BOT Veredelung *f*, Pfropfung *f*; (*greffon*) Pfropfreis *nt*, Edelreis *nt*
greffer [gʀefe] <1> **I.** *vt* ❶ MED ~ **qc à qn** jdm etw transplantieren ❷ BOT veredeln; ~ **qc sur qc** etw auf etw (*akk*) pfropfen **II.** *vpr* **se** ~ **sur qc** zu etw hinzukommen
greffier, **-ière** [gʀefje, -jɛʀ] *m, f* Protokollführer(in) *m(f)* [bei Gericht]; Amtsschreiber(in) *m(f)* (CH)
greffon [gʀefɔ̃] *m* BOT Pfropfreis *nt*
grégaire [gʀegɛʀ] *adj* **instinct** ~ Herdentrieb *m*
grège [gʀɛʒ] *adj* ekrü; **soie** ~ Grège[seide] *f*
grégorien(ne) [gʀegɔʀjɛ̃, jɛn] *adj* gregorianisch
grêle [gʀɛl] **I.** *adj* dürr; *apparence* schmächtig; *son, voix* dünn **II.** *f* Hagel *m*
grêlé(e) [gʀele] *adj* pockennarbig
grêler [gʀele] <1> *vi impers* **il grêle** es hagelt
grêlon [gʀɛlɔ̃] *m* Hagelkorn *nt*
grelot [gʀəlo] *m* Glöckchen *nt*
grelottement [gʀəlɔtmɑ̃] *m* [leichtes] Zittern *nt*; (*plus fort*) Schlottern *nt*
grelotter [gʀəlɔte] <1> *vi* ~ **de qc** (*légèrement/fortement*) vor etw (*dat*) zittern/schlottern; ~ **de fièvre** Schüttelfrost haben
greluche [gʀəlyʃ] *f péj fam* Tussi *f*
grenade [gʀənad] *f* ❶ MIL Granate *f* ❷ BOT Granatapfel *m*
grenadier [gʀənadje] *m* BOT Granatapfelbaum *m*
grenadin [gʀənadɛ̃] *m* GASTR *gespickte, gebratene Kalbsnuss*
grenadine [gʀənadin] *f* Grenadine *f*
grenaille [gʀənɑj] *f sans pl* Schrot *nt o m*
grenat [gʀəna] *adj inv* granatfarben
grenier [gʀənje] *m d'une maison* Speicher *m*, [Dach]boden *m*; *d'une ferme* Speicher
grenouillage [gʀənujaʒ] *m fam* Schiebung *f*
grenouille [gʀənuj] *f* ❶ (*rainette*) Frosch *m* ❷ *fig fam* ~ **de bénitier** Betbruder *m*/-schwester *f*
grenouillère [gʀənujɛʀ] *f* Strampelhose *f*
grenu(e) [gʀəny] *adj peau, roche* rau; *marbre, papier* körnig, gekörnt; *cuir* genarbt
grès [gʀɛ] *m* ❶ (*roche*) Sandstein *m* ❷ (*poterie*) Steingut *nt*; **cruche en** ~ Steinkrug *m*
grésil [gʀezil] *m* Graupeln *Pl*
grésillement [gʀezijmɑ̃] *m* Rauschen *nt*; *de la friture* Brutzeln *nt*
grésiller [gʀezije] <1> *vi* brutzeln; **la radio/le disque/téléphone grésille** es rauscht im Sender/bei der Wiedergabe/in der Leitung
grève [gʀɛv] *f* Streik *m*; **appel à la** ~ Streikaufruf *m*; ~ **sur le tas** Sitzstreik; ~ **de la faim** Hungerstreik; ~ **du zèle** Bummelstreik; **être en** ~, **faire** ~ streiken; **se mettre en** ~ in den Streik treten; **en** ~ *entreprise* bestreikt; *ouvrier* streikend
grever [gʀəve] <4> *vt* ~ **de qc** mit etw belasten
gréviste [gʀevist] *mf* Streikende(r) *f(m)*; ~**s de la faim** Menschen *Pl* im Hungerstreik
gribouillage [gʀibujaʒ] *m* Gekritzel *nt*
gribouiller [gʀibuje] <1> **I.** *vi* ~ **sur qc** auf etw (*akk o dat*) kritzeln **II.** *vt* ~ **qc sur qc** etw auf etw (*akk*) kritzeln; ~ **qc à qn** jdm etw [hin]kritzeln
gribouilleur, **-euse** [gʀibujœʀ, -jøz] *m, f péj* (*écrivain*) Schreiberling *m*; (*peintre*) Farbenkleckser(in) *m(f)*
gribouillis [gʀibuji] *m v.* **gribouillage**
grief [gʀijɛf] *m* Klage[punkt *m*] *f*, Beschwerde *f*; **nourrir des** ~**s contre qn** *soutenu* einen Groll gegen jdn hegen
grièvement [gʀijɛvmɑ̃] *adv* schwer
griffe [gʀif] *f* ❶ (*ongle pointu*) Kralle *f*; **faire ses** ~**s** die Krallen wetzen ❷ (*marque*) Markenzeichen *nt* ❸ (*signature*) Unterschrift *f* ▸ **toutes** ~**s dehors** aggressiv; **arracher qn des** ~**s de qn** jdn aus jds Klauen befreien; **être entre les** ~**s de qn** in jds Klauen (*dat*) sein; **montrer les** ~**s** die Krallen zeigen; **porter la** ~ **de qn** jds Stempel tragen; **reconnaître la** ~ **de qn** jds Handschrift erkennen; **rentrer ses** ~**s** einlenken; **tomber entre les** ~**s de qn** in jds Klauen (*akk*) geraten
griffé(e) [gʀife] *adj* **vêtements** ~**s** Markenkleidung *f*
griffer [gʀife] <1> *vt* kratzen *personne*; zerkratzen *visage, voiture*
griffon [gʀifɔ̃] *m* ❶ (*chien*) Griffon *m* ❷ (*vautour*) [Gänse]geier *m* ❸ MYTH Greif *m*
griffonner [gʀifɔne] <1> **I.** *vi* ~ **sur qc** auf etw (*akk o dat*) kritzeln **II.** *vt* ~ **qc sur qc** etw auf etw (*akk*) kritzeln; ~ **qc à qn** jdm etw hinkritzeln
griffu(e) [gʀify] *adj* ❶ (*qui a des griffes*) mit Krallen ❷ (*qui griffe*) kratzig
griffure [gʀifyʀ] *f* Kratzer *m*
grignotage [gʀiɲɔtaʒ] *m* ❶ (*action de manger*) Knabbern *nt* ❷ (*réduction*) *des libertés* Beschneiden *nt*; *des salaires* Aufzehren *nt* (*fig*); *des espaces* allmähliches Verschwinden *nt*
grignotement [gʀiɲɔtmɑ̃] *m* Knabbern *nt*

grignoter [gʀiɲɔte] <1> **I.** *vi personne:* eine Kleinigkeit essen; *animal:* knabbern **II.** *vt* ❶ (*manger du bout des dents*) ~ **qc** *personne:* etw knabbern; *animal:* an etw + *dat* [herum]nagen; (*entièrement*) etw fressen ❷ (*restreindre*) beschneiden *libertés;* aufzehren *capital;* einschränken *espaces*

grigou [gʀigu] *m fam* Geizkragen *m*

grigri [gʀigʀi] *m* Talisman *m*

gril [gʀil] *m* Grill *m;* **cuire sur le** ~ grillen ▶ **être sur le** ~ *fig fam* auf heißen Kohlen sitzen

grillade [gʀijad] *f* Gegrillte(s) *nt;* **faire des** ~**s** grillen

grillage [gʀijaʒ] *m* ❶ (*treillis métallique*) [Draht]gitter *nt* ❷ (*clôture*) Drahtzaun *m*

grillager [gʀijaʒe] <2a> *vt* vergittern *fenêtre*

grille [gʀij] *f* ❶ (*clôture*) Drahtzaun *m* ❷ (*porte*) Gittertür *f* ❸ (*treillis*) Gitter *nt; d'un château fort* Fallgitter *nt; d'un four* [Feuer]rost *m; d'aération* Luftschlitz *m* ❹ (*tableau*) ~ **d'horaires** Stundenplan *m;* ~ **des rémunérations** [*o* **salaires**] Besoldungstabelle *f;* ~ **des tarifs** Tariftabelle *f;* ~ **des programmes de télévision** Fernsehprogramm *nt;* ~ **de loto** Lottoschein *m;* ~ **de mots croisés** Kreuzworträtsel *nt*

grille-pain [gʀijpɛ̃] *m inv* Toaster *m*

griller [gʀije] <1> **I.** *vi* ❶ (*cuire*) *viande, poisson:* gegrillt werden; *pain:* getoastet werden; **faire** ~ grillen; rösten *café, châtaignes;* toasten *pain* ❷ (*brûler*) ~ **d'envie de faire qc** darauf brennen etw zu tun ❸ *fam* (*avoir chaud*) vor Hitze fast umkommen **II.** *vt* ❶ (*faire cuire*) grillen; rösten *café, châtaignes;* toasten *pain* ❷ (*détruire*) ~ **qc** *soleil, feu:* etw verbrennen; **le gel a grillé les bourgeons** die Knospen sind erfroren ❸ ELEC **être grillé** durchgebrannt sein ❹ (*brûler*) überfahren *feu rouge* ❺ *fam* (*fumer*) paffen ▶ **être grillé auprès de qn** *fam* bei jdm unten durch sein

grillon [gʀijɔ̃] *m* Grille *f*

grimace [gʀimas] *f* Grimasse *f,* Fratze *f;* **faire la** ~ das Gesicht verziehen; **faire des** ~**s** Grimassen schneiden; ~ **de douleur/colère** schmerz-/wutverzerrtes Gesicht; ~ **de dégoût** angewiderte Miene

grimacer [gʀimase] <2> *vi* Grimassen schneiden; ~ **de douleur** das Gesicht vor Schmerz (*dat*) verziehen

grimer [gʀime] <1> *vt, vpr* ~ **qn/se** ~ jdn/sich schminken

grimoire [gʀimwaʀ] *m* Zauberbuch *nt*

grimpant(e) [gʀɛ̃pɑ̃, ɑ̃t] *adj* **rosier** ~ Kletterrose *f*

grimpée [gʀɛ̃pe] *f* Aufstieg *m;* (*à vélo*) Bergfahrt *f*

grimper [gʀɛ̃pe] <1> **I.** *vi* ❶ (*escalader*) ~ **sur une paroi** eine Felswand hinaufklettern; ~ **sur le toit/à** [*o* **dans**] **l'arbre/à l'échelle** auf das Dach/den Baum/die Leiter klettern; ~ **à l'assaut de l'Everest** den Gipfel des Everest erklimmen; ~ **le long de qc** *plante:* sich an etw (*dat*) emporranken ❷ (*monter*) ~ **dans la montagne** *route:* bergauf führen; **ça grimpe dur!** es geht steil bergauf! ❸ (*augmenter*) klettern **II.** *vt* (*vu d'en haut/d'en bas*) hochkommen/hinaufsteigen *escalier;* ~ **la côte** den Abhang hochkommen/hinaufklettern; (*à vélo, en voiture*) den Abhang hochkommen/hinauffahren

grimpette [gʀɛ̃pɛt] *f fam* kurzer Aufstieg

grimpeur, -euse [gʀɛ̃pœʀ, -øz] *m, f* ❶ (*alpiniste*) Kletterer *m*/Kletterin *f* ❷ (*cycliste*) Bergfahrer(in) *m(f)*

grinçant(e) [gʀɛ̃sɑ̃, ɑ̃t] *adj ton* schrill; *humour* beißend

grincement [gʀɛ̃smɑ̃] *m d'une roue, porte* Quietschen *nt;* ~ **de dents** Zähneknirschen *nt*

grincer [gʀɛ̃se] <2> *vi* quietschen; *parquet:* knarren; *craie:* kratzen ▶ ~ **des dents** mit den Zähnen knirschen

grincheux, -euse [gʀɛ̃ʃø, -øz] **I.** *adj enfants* quengelig (*fam*); *personne* griesgrämig **II.** *m, f* Griesgram *m*

gringalet [gʀɛ̃galɛ] *m péj* mickriges Kerlchen

griotte [gʀijɔt] *f* Weichselkirsche *f*

grippage [gʀipaʒ] *m* Klemmen *nt; d'un moteur* Festfressen *nt; d'un système* Stockung *f*

grippal(e) [gʀipal, -o] <-aux> *adj* grippal

grippe [gʀip] *f* Grippe *f;* ~ **intestinale** Darmgrippe ▶ **prendre qn en** ~ jdn nicht mehr riechen können (*fam*)

grippé(e) [gʀipe] *adj* grippekrank

gripper [gʀipe] <1> *vi, vpr* [**se**] ~ klemmen, festsitzen; *moteur:* sich festfressen; *système:* stocken

grippe-sou [gʀipsu] <grippe-sous> *m fam* Pfennigfuchser(in) *m(f)*

gris [gʀi] *m* Grau *nt*

gris(e) [gʀi, gʀiz] *adj* ❶ (*entre le blanc et le noir*) grau; ~ **anthracite** anthrazitfarben ❷ METEO grau; *temps* trüb

grisaille [gʀizɑj] *f* ❶ (*monotonie*) Öde *f,* Eintönigkeit *f;* ~ **de la vie quotidienne** grauer Alltag ❷ *de l'aube, du paysage* Grau *nt*

grisant(e) [gʀizɑ̃, ɑ̃t] *adj vin, succès* berauschend; *parfum* betörend
grisâtre [gʀizɑtʀ] *adj* gräulich
gris-bleu [gʀiblø] *adj inv* blaugrau
grisé [gʀize] *m* Schraffur *f*
griser [gʀize] <1> **I.** *vt, vi* berauschen; **~ [qn]** *vin:* [jdn] betrunken machen; *flatteries, succès:* [jdm] zu Kopf steigen; *bonheur:* [jdn] berauschen; **se laisser ~ par la vitesse** dem Geschwindigkeitsrausch verfallen **II.** *vpr* (*s'étourdir*) **se ~ de qc** sich an etw (*dat*) berauschen
griserie [gʀizʀi] *f* Rausch *m*
gris-gris [gʀigʀi] *v.* **grigri**

G

grisonnant(e) [gʀizɔnɑ̃, ɑ̃t] *adj personne* leicht ergraut; *cheveux, tempes* grau meliert
grisonner [gʀizɔne] <1> *vi* ergrauen
Grisons [gʀizɔ̃] *mpl* **les ~** Graubünden *nt*
grisou [gʀizu] *m* **coup de ~** Schlagwetterexplosion *f*
gris-vert [gʀivɛʀ] *adj inv* graugrün
grive [gʀiv] *f* Drossel *f* ▶**faute de ~s, on mange des merles** *prov* in der Not frisst der Teufel Fliegen (*fam*)
griveton [gʀivtɔ̃] *m pop* Landser *m*
grivois(e) [gʀivwa, waz] *adj* schlüpfrig, anzüglich
grivoiserie [gʀivwazʀi] *f* (*paroles, histoire*) schlüpfrige [*o* anzügliche] Geschichte *f*
grizzli, grizzly [gʀizli] <s> *m* Grislibär *m*
grog [gʀɔg] *m* Grog *m*
groggy [gʀɔgi] *adj inv fam* groggy
grogne [gʀɔɲ] *f* Murren *nt*
grognement [gʀɔɲmɑ̃] *m du chien* Knurren *nt; du cochon* Grunzen *nt; de l'ours* Brummen *nt; d'une personne* Murren *nt*
grogner [gʀɔɲe] <1> *vi* ❶ (*pousser son cri*) *chien:* knurren; *cochon:* grunzen; *ours:* brummen ❷ (*ronchonner*) murren; *enfant:* quengeln (*fam*); **~ contre** [*o* **après**] **qn** über jdn maulen (*fam*)
grognon(ne) [gʀɔɲɔ̃, ɔn] *adj* mürrisch; *enfant* quengelig
groin [gʀwɛ̃] *m du porc* Schnauze *f*
grol[l]e [gʀɔl] *f fam* Latschen *m*
grommeler [gʀɔmle] <3> **I.** *vi* murren; **~ dans sa barbe** vor sich (*akk*) hin murmeln **II.** *vt* **~ des injures contre qn** gegen jdn leise Flüche ausstoßen
grommellement [gʀɔmɛlmɑ̃] *m* (*bougonnement*) Gemurmel *nt;* (*mécontentement*) Murren *nt*
grondement [gʀɔ̃dmɑ̃] *m d'un canon* Donner *m; du tonnerre* Grollen *nt; d'un torrent* Tosen *nt; d'un moteur* Dröhnen *nt; d'un chien* Knurren *nt*
gronder [gʀɔ̃de] <1> **I.** *vi* ❶ (*émettre un son menaçant*) grollen; *canon:* donnern; *chien:* knurren ❷ (*être près d'éclater*) *révolte:* gären **II.** *vt* ausschimpfen, schimpfen mit
gronderie [gʀɔ̃dʀi] *f fam* Schelte *f*
grondeur, -euse [gʀɔ̃dœʀ, -øz] *adj* ❶ **d'un ton ~** in wütendem Ton; **être ~** *voix:* verärgert klingen ❷ *torrent, vent* tosend, brausend
grondin [gʀɔ̃dɛ̃] *m* ZOOL Knurrhahn *m*
groom [gʀum] *m* Page *m*, Hoteljunge *m*
gros [gʀo] **I.** *m* ❶ COM Großhandel *m;* **commerçant en ~** Großhändler *m;* **prix de ~** Großhandelspreis *m* ❷ (*la plus grande partie*) **le ~ du travail** der Großteil der Arbeit; **le ~ de l'assistance** die große Mehrheit des Publikums; **le ~ de la troupe** das Gros der Truppe; **le ~ de l'orage est passé** der schlimmste Sturm ist vorbei; **faire le plus ~** das Gröbste machen ▶**en ~** COM en gros; (*à peu près*) ungefähr; (*dans l'ensemble*) im Großen und Ganzen; (*schématiquement*) in groben Zügen **II.** *adv* ❶ (*beaucoup*) viel; *jouer, parier* mit hohem Einsatz; **je donnerais ~ pour savoir ...** ich würde viel darum geben, wenn ich wüsste ... ❷ *écrire* groß ▶**il y a ~ à parier que** ich gehe jede Wette ein, dass
gros(se) [gʀo, gʀos] **I.** *adj* ❶ (*épais*) dick; *manteau, couverture* dick, schwer; *poitrine, lèvres* voll; *foie* vergrößert; **~ comme le poing** faustgroß ❷ (*de taille supérieure*) groß; **en ~ caractères** in großen Buchstaben ❸ (*corpulent*) dick ❹ *averse, fièvre* stark; *sécheresse* lang; *appétit* groß; *soupir* tief, schwer; *voix* laut; **~ses bises** viele Grüße/Küsse! ❺ *faute, dépenses* groß; *dégâts, opération* schwer; *récolte* reich; **acheter par ~ses quantités** große Mengen kaufen; **~ client** Großkunde *m* ❻ *buveur, mangeur* stark; *joueur* eifrig; *fainéant* groß; **~ malin** Schlaumeier *m* (*fam*); **~ nigaud!** *fam* du Dummkopf! ❼ (*peu raffiné*) grob; *plaisanterie* derb; *rire* laut; **~ rouge** billiger Rotwein ❽ (*exagéré*) übertrieben; **c'est un peu ~!** das ist ganz schön dick aufgetragen! (*fam*) ❾ *travaux* schwer, grob; **~ œuvre** Rohbau *m* ❿ (*plein*) **~ de chagrin** voller Kummer; **le cœur ~ de désirs** das Herz voller Wünsche ⓫ *mer* bewegt ⓬ (*enceinte*) schwanger **II.** *m(f)* Dicke(r) *f(m);* **~ plein de soupe** *péj fam* Fettwanst *m*
gros-bec [gʀobɛk] <gros-becs> *m* ORN Kernbeißer *m*

groseille [gʀozɛj] *f* Johannisbeere *f;* **~ à maquereau** Stachelbeere *f*

groseillier [gʀozeje] *m* Johannisbeerstrauch *m*

gros-grain [gʀogʀɛ̃] <gros-grains> *m* TEXTIL (*ruban*) Seidenripsband *nt*

gros-porteur [gʀopɔʀtœʀ] <gros-porteurs> *adj* **avion ~** Großraumflugzeug *nt*

grosse [gʀos] *f* (*femme*) Dicke *f*

grossesse [gʀosɛs] *f* Schwangerschaft *f;* **~ extra-utérine** Bauchhöhlenschwangerschaft; **test de ~** Schwangerschaftstest *m*

grosseur [gʀosœʀ] *f* ① (*dimension*) Dicke *f; d'un fil* Stärke *f; d'un caillou* Größe *f;* **de la ~ du poing** faustgroß ② (*boule*) Schwellung *f*

grossier, -ière [gʀosje, -jɛʀ] *adj* ① (*imparfait*) grob; *instrument* primitiv; *réparation* notdürftig; *imitation* schlecht; *manières* ungehobelt; *personne* unkultiviert; *ruse, plaisanterie* plump; *mensonge a.* grob; *faute* krass; *erreur* schwer ② (*malpoli*) flegelhaft; **se montrer ~ envers qn** sich jdm gegenüber unmöglich benehmen; **quel ~ personnage!** was für ein Flegel ! ③ *postposé* (*vulgaire*) derb

grossièrement [gʀosjɛʀmɑ̃] *adv* ① (*de façon imparfaite*) grob; *emballer, réparer* notdürftig; *exécuter* oberflächlich; *imiter* schlecht; *se tromper* schwer, gewaltig (*fam*); *calculer* grob ② (*de façon impolie*) flegelhaft; *répondre* grob; *insulter* wüst

grossièreté [gʀosjɛʀte] *f* ① *sans pl* (*qualité*) Grobheit *f;* (*plus fort*) Flegelhaftigkeit *f;* **agir avec ~** sich wie ein Flegel verhalten; **répondre avec ~** grob antworten ② (*remarque*) Grobheit *f;* **débiter des ~s** unflätig daherreden

grossir [gʀosiʀ] <8> **I.** *vi* ① (*devenir plus gros*) *personne, animal:* zunehmen, dicker werden; *point, nuage:* größer werden; *fruit:* wachsen; *ganglions, tumeur:* wachsen, größer werden; **le sucre fait ~** Zucker macht dick ② (*augmenter en nombre*) *foule:* größer werden; *nombre:* zunehmen ③ (*augmenter en intensité*) *bruit faible:* lauter werden; *bruit fort:* anschwellen **II.** *vt* ① (*rendre plus gros*) dick machen; *loupe, microscope:* vergrößern ② (*augmenter en nombre*) anwachsen lassen *foule, nombre de chômeurs;* verstärken *équipe* ③ (*exagérer*) übertreiben, aufbauschen *événement, fait*

grossissant(e) [gʀosisɑ̃, ɑ̃t] *adj flot* ansteigend

grossissement [gʀosismɑ̃] *m* ① *d'une personne* Gewichtszunahme *f; d'un muscle* Größerwerden *nt* ② OPT Vergrößerung *f*

grossiste [gʀosist] *mf* Großhändler(in) *m(f)*

grosso modo [gʀosomɔdo] *adv* (*pour l'essentiel*) im Großen und Ganzen, im Wesentlichen; *expliquer, décrire* in groben Zügen; *calculer, estimer* ungefähr; **il y avait 200 personnes ~** grob gerechnet waren es 200 Leute

grossophobe [gʀosofɔb] *mf* Dickenhasser(in) *m(f)*

grossophobie [gʀosofobi] *f* Dickenhass *m*

grotesque [gʀɔtɛsk] *adj* grotesk

grotte [gʀɔt] *f* Höhle *f;* (*artificielle, peu profonde*) Grotte *f*

grouillant(e) [gʀujɑ̃, jɑ̃t] *adj foule, masse* wimmelnd

grouiller [gʀuje] <1> **I.** *vi foule:* lebhaft durcheinanderlaufen; **la place grouille de touristes** auf dem Platz wimmelt es von Touristen **II.** *vpr fam* **se ~** schnell machen

groupal(e) [gʀupal] *adj* Gruppen-

groupe [gʀup] *m* ① (*ensemble de personnes*) Gruppe *f;* **réduction de ~** Gruppenermäßigung *f;* **travail en ~** Gruppenarbeit *f,* Teamarbeit *f;* **par ~s** in Gruppen; **par ~s de quatre** in Vierergruppen ② MUS [Musik]band *f;* **~ de rock** Rockgruppe *f;* **~ musical** Musikensemble *nt* ③ POL **~ parlementaire** ≈ Fraktion *f;* **~ de pression** Lobby *f* ④ (*ensemble de choses*) **~ électrogène/frigorifique** Strom-/Kühlaggregat *nt* ⑤ ECON Konzern *m;* **~ financier** Bankenkonzern; **~ industriel** Industriekonzern ⑥ MED **~ sanguin** Blutgruppe *f*

groupement [gʀupmɑ̃] *m* **~ syndical/professionnel** Gewerkschafts-/Berufsverband *m;* **~ de capitaux** Kapitalzusammenlegung *f;* **~ d'entreprises** Zusammenschluss *m* mehrerer Unternehmen; **~ d'intérêts** Interessengemeinschaft *f;* **~ d'intérêt économique** wirtschaftlicher Interessenverband; **~ d'achat** Einkaufsgenossenschaft *f*

grouper [gʀupe] <1> **I.** *vt* ① (*réunir*) in Gruppen einteilen *personnes;* gruppieren, zusammenstellen *objets, idées;* zusammenlegen *ressources* ② (*classer*) ordnen; **~ dans une catégorie** in eine Kategorie einordnen **II.** *vpr* **se ~** eine Gruppe bilden; *personnes, partis:* sich zusammenschließen; **se ~ autour de qn** sich um jdn gruppieren

groupie [gʀupi] *mf* Groupie *nt*

groupuscule [gʀupyskyl] *m péj* Splittergruppe *f*

G

gruau [gʀyo] *m* Grütze *f*
grue [gʀy] *f* ① TECH Kran *m* ② ORN Kranich *m*
gruger [gʀyʒe] <2a> *vt* betrügen
grume [gʀym] *m* ① (*grain de raisin*) Weinbeere *f* ② (*écorce*) Baumrinde *f*
grumeau [gʀymo] <x> *m* Klümpchen *nt;* **faire des ~x** klumpen
grumeleux, -euse [gʀym(ə)lø, -øz] *adj* GASTR klumpig
grunge [gʀœnʒ] **I.** *adj* Grunge- **II.** *m* Grunge *m;* **la mode ~** der Grunge-Look **III.** *mf* Grunger(in) *m(f)*
grungy [gʀœnʒi] *adj inv fam* grungig; **être ~** im Grunge-Look herumlaufen
grutier, -ière [gʀytje, -jɛʀ] *m, f* Kranführer(in) *m(f)*
gruyère [gʀyjɛʀ] *m* Greyerzer *m,* Gruyère *m*
Guadeloupe [gwadlup] *f* **la ~** [die Insel] Guadeloupe
guadeloupéen(ne) [gwadlupeɛ̃, ɛn] *adj* aus Guadeloupe
Guadeloupéen(ne) [gwadlupeɛ̃, ɛn] *m(f)* Einwohner(in) *m(f)* von Guadeloupe
gué [ge] *m* Furt *f;* **traverser à ~** eine Furt durchqueren
guéguerre [gegɛʀ] *f fam* Kleinkrieg *m*
guenilles [gənij] *fpl* Lumpen *Pl*
guenon [gənɔ̃] *f* Affenweibchen *nt,* Äffin *f; v. a.* **singe**
guépard [gepaʀ] *m* Gepard *m*
guêpe [gɛp] *f* Wespe *f*
guêpier [gepje] *m* Wespennest *nt* ►**se fourrer dans un ~** in Schwierigkeiten geraten
guêpière [gepjɛʀ] *f* Torselett *nt*
guère [gɛʀ] *adv* ① (*pas beaucoup*) **ne ~ manger** fast gar nichts essen; **ne plus ~ lire** kaum noch lesen; **n'être ~ poli** nicht besonders höflich sein; **ne ~ se soucier de qc** sich kaum um etw sorgen; **il n'y a ~ de monde** es ist kaum jemand da; **ça ne va ~ mieux** es geht mir/ihm/... nicht viel besser; **ce n'est ~ pire** das ist nicht viel schlimmer; **on ne lui donne ~ plus de 40 ans** man schätzt ihn/sie auf knapp über 40; **~ plus** kaum mehr; **~ plus raisonnable** nicht viel vernünftiger ② (*pas souvent*) **ne faire plus ~ qc** etw nur noch selten tun; **cela ne se dit ~** das wird kaum gebraucht ③ (*pas longtemps*) **ça ne dure ~** das dauert nicht lange ④ (*seulement*) **je ne peux ~ demander qu'à mes parents** ich kann höchstens meine Eltern fragen
guéri(e) [geʀi] *adj* wieder gesund, auskuriert
guéridon [geʀidɔ̃] *m* rundes[, einbeiniges] Tischchen *nt*
guérilla [geʀija] *f* Guerillakrieg *m*
guérir [geʀiʀ] <8> **I.** *vt* ① MED heilen; **~ qn d'une maladie** jdn von einer Krankheit heilen ② PSYCH **~ qn de sa timidité** jdn von seiner Schüchternheit befreien; **être guéri d'une habitude** eine Gewohnheit abgelegt haben **II.** *vi* wieder gesund werden; *plaie:* [zu]heilen; *blessure:* [ver]heilen; *rhume:* weggehen **III.** *vpr* ① MED **se ~** sich erfolgreich behandeln lassen; (*tout seul*) sich kurieren ② (*se débarrasser*) **se ~ de qc** sich von etw frei machen
guérison [geʀizɔ̃] *f* ① (*processus*) Genesung *f; d'une blessure* Heilung *f;* **être en voie de ~** sich auf dem Weg der Besserung befinden ② (*résultat*) Heilung *f*
guérissable [geʀisabl] *adj maladie* heilbar
guérisseur, -euse [geʀisœʀ, -øz] *m, f* Heilpraktiker(in) *m(f);* (*rebouteux*) Heiler(in) *m(f)*
guérite [geʀit] *f* MIL Schilderhäuschen *nt*
guerre [gɛʀ] *f* ① (*lutte armée entre groupes/États*) Krieg *m;* **~ froide** Kalter Krieg; **~ civile/mondiale** Bürger-/Weltkrieg; **la Première Guerre mondiale, la Grande ~, la ~ de 14** der Erste Weltkrieg; **la Seconde Guerre mondiale** der Zweite Weltkrieg; **~ sainte** Heiliger Krieg; **~ économique** Wirtschaftskrieg; **~ des étoiles** Krieg der Sterne; **l'après-~** die Nachkriegszeit; **ministre de la ~** Kriegsminister *m;* **déclarer la ~** den Krieg erklären; **entrer en ~ contre un pays** in den Krieg gegen ein [anderes] Land eintreten; **faire la ~ à qn/à un pays** gegen jdn/ein Land Krieg führen; **partir pour la ~** in den Krieg ziehen ② *fig* **déclarer la ~ à qc** einer S. (*dat*) den Kampf ansagen; **faire la ~ à qc** etw bekämpfen; **partir en ~ contre qc** gegen etw zu Felde ziehen ►**de ~ lasse, il a cédé** er war es [einfach] leid und hat eben nachgegeben; **à la ~ comme à la ~** es gibt Schlimmeres
guerrier, -ière [gɛʀje, -jɛʀ] **I.** *adj* kriegerisch; **exploits ~s** Heldentaten *Pl* **II.** *m, f* Krieger(in) *m(f)*
guerroyer [gɛʀwaje] <6> *vi* **~ [contre qn]** [gegen jdn] Krieg führen
guet [gɛ] ►**faire le ~** aufpassen
guet-apens [gɛtapɑ̃] *m inv* Hinterhalt *m*
guêtre [gɛtʀ] *f* Gamasche *f*
guetter [gete] <1> *vt* ① (*épier*) **~ une victime/proie** einem Opfer/einer Beute auflauern; **~ les allées et venues de qn** beobachten, wann jd kommt und geht ② (*at-*

tendre) abwarten *occasion, signal;* ~ **qn/qc** nach jdm/etw Ausschau halten ③ (*menacer*) ~ **qn** *maladie:* jdn bedrohen; *danger, mort:* auf jdn lauern

guetteur [gɛtœʀ] *m* MIL Wach[t]posten *m*

gueulante [gœlɑ̃t] *f* ▶ **pousser une ~ contre qn** *fam* auf jdn eine Schimpfkanonade loslassen

gueulard(e) [gœlaʀ] *m(f) fam* Schreihals *m*

gueule [gœl] *f* ① (*bouche d'un animal*) Maul *nt* ② *fam* (*figure*) Fresse *f* (*vulg*); **avoir une bonne/sale ~** nett/fies aussehen ③ (*bouche humaine*) **avoir une grande ~** *fam* eine große Klappe haben; **être une grande ~** *fam* ein Großmaul sein; [**ferme**] **ta ~!** *fam* halt die Klappe! ▶ **avoir la ~ de bois** *fam* einen Kater haben; **faire une ~ d'enterrement** *fam* mit [einer] Trauermiene herumlaufen; **se jeter dans la ~ du loup** sich in die Höhle des Löwen wagen; **avoir de la ~** *fam* [absolute] Spitze sein; **casser la ~ à qn** *fam* jdm eins in die Fresse hauen (*vulg*); **se casser la ~** *fam personne:* hinfliegen; **faire la ~ à qn** *fam* auf jdn sauer sein; **faire une sale ~** *fam* stinksauer sein; **se fendre la ~** *fam* sich kaputtlachen; **se foutre de la ~ de qn** *fam* sich über jdn kaputtlachen; (*traiter avec culot*) jdn veräppeln; **se soûler la ~** *fam* sich besaufen

gueule-de-loup [gœldəlu] <gueules-de-loup> *f* BOT Löwenmäulchen *nt*

gueulement [gœlmɑ̃] *m fam* Gebrüll *nt;* (*cri de colère*) Gezeter *nt* (*pej*), Geschrei *nt*

gueuler [gœle] <1> **I.** *vi fam* ① (*crier*) [wie verrückt] brüllen, [herum]schreien ② (*protester*) [herum]meckern **II.** *vt fam* brüllen

gueuleton [gœltɔ̃] *m fam* [tolles] Fressgelage *nt*

gueuse [gøz], **gueuze** [gøz] *f belgische Starkbiersorte*

gugusse [gygys] *m a. péj fam* Komiker *m,* Clown *m* ▶ **faire le ~** herumalbern

gui [gi] *m* Mistel *f*

guibol[l]e [gibɔl] *f fam* (*jambe*) Hachse *f*

guichet [giʃɛ] *m* Schalter *m;* ~ **d'information** Informationsschalter; ~ **automatique** [**d'une banque**] Geldautomat *m* ▶ **jouer à ~s fermés** vor ausverkauftem Haus spielen

guichetier, -ière [giʃ(ə)tje, -jɛʀ] *m, f* Schalterbeamte(r) *m*/-beamtin *f*

guidage [gidaʒ] *m* ① TECH Führung *f* ② AVIAT Steuerung *f*

guide [gid] **I.** *mf* ① (*cicérone*) Führer(in) *m(f);* ~ **touristique** Reiseführer, Fremdenführer; ~ **de montagne** Bergführer ② (*conseiller*) Ratgeber(in) *m(f)* **II.** *m* (*livre*) Führer *m;* (*conseils pratiques*) Handbuch *nt,* Ratgeber *m;* ~ **touristique/gastronomique** Reise-/Restaurantführer

guide-interprète [gidɛ̃tɛʀpʀɛt] <guides-interprètes> *mf* Fremdenführer(in) *m(f)* und Dolmetscher(in) *m(f)*

guider [gide] <1> *vt* ① (*accompagner*) führen ② (*indiquer le chemin*) ~ **qn** jdm den Weg weisen ③ (*conseiller*) ~ **qn** jdm zur Seite stehen ④ (*diriger*) steuern, lenken; **se laisser ~ par qc** sich von etw leiten lassen

guides [gid] *fpl d'un cheval* Zügel *Pl* ▶ **conduire à grandes ~** sehr schnell fahren

guidon [gidɔ̃] *m* Lenker *m*

guigne [giɲ] *f fam* Pech *nt*

guigner [giɲe] <1> *vt* ~ **qn/qc** einen verstohlenen Blick auf jdn/etw werfen

guignol [giɲɔl] *m* Kasper *m;* **faire le ~** herumalbern

guignolet [giɲɔlɛ] *m* ~ **kirsch** Kirschlikör *m*

guilde [gild] *f* HIST Gilde *f*

guili [gili] *m* **faire des ~s à qn** *fam* [bei] jdm killekille machen

guili-guili [giligili] *inv* **faire ~ à qn** *fam* [bei] jdm killekille machen

Guillaume [gijom] *m* Wilhelm *m*

guillemets [gijmɛ] *mpl* Anführungszeichen *Pl;* **entre ~** in Anführungszeichen; **mettre qc entre ~** etw in Anführungszeichen setzen; **ouvrez/fermez les ~!** Anführungszeichen unten/oben!

guillemot [gijmo] *m* ZOOL Lumme *f*

guilleret(te) [gijʀɛ, ɛt] *adj* (*gai*) munter

guillotine [gijɔtin] *f* Guillotine *f,* Fallbeil *nt*

guillotiner [gijɔtine] <1> *vt* guillotinieren

guimauve [gimov] *f* ① **pâte de ~** *den Marshmallows ähnelnde Süßigkeit aus Schaumzucker* ② BOT Eibisch *m*

guimbarde [gɛ̃baʀd] *f fam* (*voiture*) [alte] Klapperkiste *f*

guimpe [gɛ̃p] *f* [Nonnen]schleier *m*

guincher [gɛ̃ʃe] <1> *vi fam* schwofen

guindé(e) [gɛ̃de] *adj* steif, verkrampft

guinder [gɛ̃de] <1> *vt* NAUT hochhieven *mât, charge*

Guinée [gine] *f* **la ~** Guinea *nt*

guingois [gɛ̃gwa] ▶ **de ~** schief

guinguette [gɛ̃gɛt] *f* Heurige *m* (A) *Gartenwirtschaft und Tanzlokal außerhalb der Stadt*

guiper [gipe] <1> *vt* ① TEXTIL umspinnen ② ELEC ummanteln *fil électrique*

guipure [gipyʀ] *f* TEXTIL Gipürespitze *f*
guirlande [giʀlɑ̃d] *f* Girlande *f;* ~ **lumineuse** Lichterkette *f*
guise [giz] ▶ **à ma/sa** ~ wie es mir/ihm/ihr gefällt; **à votre** ~**!** [ganz] wie Sie wollen!; **en** ~ **de** als
guitare [gitaʀ] *f* Gitarre *f*
guitariste [gitaʀist] *mf* Gitarrist(in) *m(f)*
gus [gys] *m fam* Kerl *m,* Typ *m*
gustatif, -ive [gystatif, -iv] *adj* Geschmacks-
guttural(e) [gytyʀal, -o] <-aux> *adj* guttural
Guyane [gɥijan] *f* **la** ~ Guyana *nt*
gym [ʒim] *f fam abr de* **gymnastique**
gymnase [ʒimnɑz] *m* Turnhalle *f*
gymnaste [ʒimnast] *mf* Turner(in) *m(f)*
gymnastique [ʒimnastik] *f* ❶ (*sport*) Turnen *nt,* Sport[unterricht *m*] *m* ❷ (*exercices*) Gymnastik *f* ❸ (*discipline*) Kunstturnen *nt* ❹ (*travail*) ~ **intellectuelle** geistiges Training
gynéco [ʒineko] *mf fam abr de* **gynécologue**
gynécologie [ʒinekɔlɔʒi] *f* Frauenheilkunde *f,* Gynäkologie *f*
gynécologique [ʒinekɔlɔʒik] *adj* gynäkologisch
gynécologue [ʒinekɔlɔg] *mf* Frauenarzt *m/*-ärztin *f,* Gynäkologe *m/*Gynäkologin *f*
gypse [ʒips] *m* Gips *m*
gyrophare [ʒiʀofaʀ] *m* Blaulicht *nt*
gyroscope [ʒiʀɔskɔp] *m* TECH Gyroskop *m*

H

Hh

H, h [aʃ, ˊaʃ] *m inv* H *nt,* h *nt;* **le** ~ **muet** das stumme H
h *abr de* **heure**
ha [ˊa] *abr de* **hectare** ha
habile [abil] *adj* ❶ (*adroit*) geschickt; **être** ~ **au tricot** gut stricken können ❷ (*malin*) schlau, clever
habilement [abilmɑ̃] *adv* geschickt
habileté [abilte] *f* ❶ (*adresse*) Geschicklichkeit *f,* Geschick *nt;* (*dextérité*) *d'une dactylo, d'un voleur* Fingerfertigkeit *f* ❷ (*ruse*) Raffiniertheit *f*
habilitation [abilitasjɔ̃] *f* ❶ JUR Ermächtigung *f* ❷ (*autorisation officielle*) Befugnis *f*
habiliter [abilite] <1> *vt* ~ **qn à faire qc** jdn ermächtigen, etw zu tun
habillage [abijaʒ] *m* ❶ Anziehen *nt,* Ankleiden *nt* ❷ TECH (*action de recouvrir*) Verkleidung *f; d'un produit* Verpackung *f; d'un appareil, d'une montre* Einmontieren *nt* [ins Gehäuse]
habillé(e) [abije] *adj* ❶ (*vêtu*) **être bien/mal** ~ gut/schlecht gekleidet sein; **être** ~ **d'un short** Shorts tragen ❷ *vêtements* festlich
habillement [abijmɑ̃] *m* (*ensemble des vêtements*) Kleidung *f;* **industrie de l'**~ Bekleidungsindustrie *f*
habiller [abije] <1> **I.** *vt* ❶ (*vêtir*) anziehen ❷ (*déguiser*) ~ **qn en qc** jdn als etw verkleiden ❸ (*fournir en vêtements*) einkleiden ❹ (*recouvrir, décorer*) beziehen *fauteuil;* verkleiden *mur* **II.** *vpr* ❶ (*se vêtir*) **s'**~ sich anziehen; (*mettre des vêtements de cérémonie*) sich fein machen; **s'**~ **de qc** sich in etw kleiden ❷ (*se déguiser*) **s'**~ **en qc** sich als etw verkleiden ❸ (*acheter ses vêtements*) **s'**~ **de neuf** sich neu einkleiden
habilleur, -euse [abijœʀ, -jøz] *m, f* THEAT Garderobier *m/*Garderobiere *f*
habit [abi] *m* ❶ *pl* (*vêtements*) Kleidung *f,* Kleider *Pl* ❷ (*costume de fête*) Frack *m* ❸ (*uniforme*) ~ **militaire** Uniform *f*
habitable [abitabl] *adj* bewohnbar
habitacle [abitakl] *m* ❶ AUT Fahrgastzelle *m* ❷ (*poste de pilotage*) Cockpit *nt*
habitant(e) [abitɑ̃, ɑ̃t] *m(f)* (*occupant*) Einwohner(in) *m(f); d'une maison, d'une île* Bewohner(in) *m(f)* ▶ **loger chez l'**~ privat untergebracht sein
habitat [abita] *m* ❶ BOT Standort *m* ❷ ZOOL Lebensraum *m* ❸ GEOG Siedlungsform *f* ❹ (*conditions de logement*) Wohnverhältnisse *Pl*
habitation [abitasjɔ̃] *f* ❶ (*demeure*) Wohnung *f* ❷ (*logis*) Behausung *f;* ~ **à loyer modéré** Sozialwohnung *f*
habiter [abite] <1> **I.** *vi* wohnen; ~ **à la campagne/en ville/à Rennes** auf dem Land/in der Stadt/in Rennes wohnen; ~ **au numéro 17** in Nummer 17 wohnen; ~ **dans un appartement/une maison** in einer Wohnung/einem Haus wohnen **II.** *vt*

① (*occuper*) ~ **qc** etw bewohnen/in etw wohnen; ~ [**le**] **17, rue Leblanc** in der Rue Leblanc [Nummer] 17 wohnen ② *fig soutenu* ~ **qn/qc** in jdm/etw leben
habitude [abityd] *f* ① (*pratique*) Gewohnheit *f;* (*manie*) Angewohnheit *f;* **avoir l'~ de qc** an etw (*akk*) gewöhnt sein/etw gewohnt sein; (*s'y connaître*) sich mit/in etw (*dat*) auskennen; **faire perdre une ~ à qn** jdm etw abgewöhnen; **d'~** gewöhnlich; **plus tôt que d'~** früher als sonst ② (*coutume*) Brauch *m;* **l'~ veut que** + *subj* es ist Brauch, dass
habitué(e) [abitɥe] *m(f) d'un magasin* Stammkunde *m/*-kundin *f; d'un café, restaurant* Stammgast *m*
habituel(le) [abitɥɛl] *adj* üblich
habituellement [abitɥɛlmɑ̃] *adv* gewöhnlich
habituer [abitɥe] <1> **I.** *vt* ① (*accoutumer*) ~ **qn/un animal à qc** jdn/ein Tier an etw (*akk*) gewöhnen ② (*avoir l'habitude*) **être habitué à qc** an etw (*akk*) gewöhnt sein **II.** *vpr* **s'~ à qn/qc** sich an jdn/etw gewöhnen
hâbleur, -euse [´ɑblœʀ, -øz] **I.** *adj* prahlerisch **II.** *m, f* Aufschneider(in) *m(f)*
hache [´aʃ] *f* (*à manche long*) Axt *f;* (*à manche court*) Beil *nt* ▶ **déterrer/enterrer la ~ de guerre** das Kriegsbeil ausgraben/begraben
haché(e) [´aʃe] *adj* ① (*coupé menu*) klein gehackt; **viande ~e** Hackfleisch *nt;* **bifteck ~** Hacksteak *nt* ② *fig style, phrases* abgehackt
hacher [´aʃe] <1> *vt* ① (*couper*) zerkleinern, [klein] hacken *fines herbes, légumes;* durch den Wolf drehen *viande* ② (*entrecouper*) unterbrechen *phrase, discours*
hachette [´aʃɛt] *f* kleine Axt
hachis [´aʃi] *m* ① (*chair à saucisse*) Mett *nt* ② (*plat*) ~ **de légumes** klein gehacktes Gemüse
hachoir [´aʃwaʀ] *m* ① (*couteau*) Hackbeil *nt;* (*avec lame courbe*) Wiegemesser *nt* ② (*machine*) ~ **à viande** Fleischwolf *m*
hachurer [´aʃyʀe] <1> *vt* schraffieren
hachures [´aʃyʀ] *fpl* Schraffierung *f*
hacker [´akœʀ] *m* INFORM Hacker *m*
haddock [´adɔk] *m* geräucherter Schellfisch
hagard(e) [´agaʀ, aʀd] *adj* verstört
haie [´ɛ] *f* ① (*clôture*) Hecke *f* ② SPORT Hürde *f;* **gagner aux 110 mètres ~s** den Hürdenlauf über 110 Meter gewinnen ③ *de personnes* Spalier *nt*
haillon [´ɑjɔ̃] *m gén pl* Lumpen *Pl*
haine [´ɛn] *f* Hass *m;* **la ~ de qc** der Hass auf etw (*akk*)
haineusement [´ɛnøzmɑ̃] *adv regarder* hasserfüllt
haineux, -euse [´ɛnø, -øz] *adj* ① (*plein de haine*) hasserfüllt ② (*plein de méchanceté*) gehässig
haïr [´aiʀ] <*irr*> *vt* hassen
haïssable [´aisabl] *adj personne* hassenswert; *comportement* verabscheuungswürdig; *temps* scheußlich
halage [´alaʒ] *m* (*par un bateau*) Schleppen *nt*
halal [´alal] *adj inv* halal *nur präd;* **viande ~** Fleisch, das halal ist; **supermarché ~** Supermarkt *m* für Lebensmittel, die halal sind
hâlé(e) [´ɑle] *adj* [sonnen]gebräunt
hâle [´ɑl] *m* [Sonnen]bräune *f*
haleine [alɛn] *f* (*souffle*) Atem *m;* **mauvaise ~** Mundgeruch *m;* **reprendre ~** Luft holen; (*s'arrêter*) verschnaufen ▶ **de longue ~** langwierig
haler [´ale] <1> *vt* ① NAUT einholen ② (*remorquer*) treideln *péniche*
hâler [´ɑle] <1> *vt* bräunen
haletant(e) [´al(ə)tɑ̃, ɑ̃t] *adj personne, respiration* keuchend; *chien* hechelnd
halètement [´alɛtmɑ̃] *m d'une personne* Keuchen *nt; d'un chien* Hecheln *nt*
haleter [´al(ə)te] <4> *vi coureur:* keuchen, nach Luft schnappen; *chien:* hecheln
hall [´ol] *m* Halle *f;* (*entrée*) Eingangshalle
hallal [´alal] *adj v.* **halal**
hallali [alali] *m* CHASSE Halali *nt* ▶ **sonner l'~** das Halali blasen
halle [´al] *f* ① (*partie d'un marché*) Markthalle *f* ② HIST **les Halles** die Pariser Markthallen
hallucinant(e) [a(l)lysinɑ̃, ɑ̃t] *adj ressemblance* verblüffend; *spectacle* atemberaubend
hallucination [a(l)lysinasjɔ̃] *f* ① MED Halluzination *f* ② (*vision*) Sinnestäuschung *f*
halluciné(e) [a(l)lysine] *adj* ① (*qui a des hallucinations*) an Halluzinationen leidend ② (*bizarre*) irr
halluciner [a(l)lysine] <1> *vi* **j'hallucine!** *fam* ich glaube, ich spinne!
hallucinogène [a(l)lysinɔʒɛn] **I.** *adj* halluzinogen (*Fachspr.*) **II.** *m* Hallozinogen *nt* (*Fachspr.*)
halo [´alo] *m* ASTRON Hof *m;* PHOT Lichthof
halogène [alɔʒɛn] **I.** *m* Halogen *nt* **II.** *app* Halogen-; **lampe/phare ~** Halogenlampe *f*/-scheinwerfer *m*
halte [´alt] **I.** *f* ① (*pause*) Halt *m;* (*repos*)

H

Pause *f;* **faire une ~** (*s'arrêter*) Halt machen; (*se reposer*) eine Pause machen ② CHEMDFER Haltepunkt *m* **II.** *interj* **~!** halt!

haltère [altɛʀ] *m* Hantel *f*

haltérophile [alteʀɔfil] *mf* Gewichtheber(in) *m(f)*

haltérophilie [alteʀɔfili] *f* Gewichtheben *nt*

hamac [´amak] *m* Hängematte *f*

hamamélis [amamelis] *m* BOT Hamamelis *f*

Hambourg [´ɑ̃buʀ] Hamburg *nt*

hambourgeois(e) [´ɑ̃buʀʒwa, waz] *adj* hamburgisch, Hamburger

Hambourgeois(e) [´ɑ̃buʀʒwa, waz] *m(f)* Hamburger(in) *m(f)*

hamburger [´ɑ̃buʀgœʀ, ´ɑ̃bœʀgœʀ] *m* GASTR Hamburger *m*

hameau [´amo] <x> *m* Weiler *m*

hameçon [amsɔ̃] *m* Angelhaken *m*

hameçonnage [amsɔnaʒ] *m* INET Phishing *nt*

hammam [´amam] *m* Hammam *m,* [türkisches] Dampfbad *nt*

hampe [´ɑ̃p] *f d'une lance, d'une plante* Schaft *m; d'un drapeau* Stange *f*

hamster [´amstɛʀ] *m* ZOOL Hamster *m*

han [´ɑ̃] **I.** *m* ächzender Laut, Stöhnen *nt* **II.** *interj* ah

hanche [´ɑ̃ʃ] *f* Hüfte *f;* **balancer les ~s** sich in den Hüften wiegen (*geh*)

handball, hand-ball [´ɑ̃dbal] *m* Handball *m*

handballeur, -euse [´ɑ̃dbalœʀ, -øz] *m, f* Handballspieler(in) *m(f)*

handicap [(´)ɑ̃dikap] *m* ① SPORT Handikap *nt,* Vorgabe *f* ② MED Behinderung *f* ③ (*désavantage*) Handikap *nt;* (*retard*) Rückstand *m*

handicapé(e) [´ɑ̃dikape] **I.** *adj* behindert **II.** *m(f)* Behinderte(r) *f(m);* **~ physique** Körperbehinderter

handicaper [´ɑ̃dikape] <1> *vt* **~ qn/qc dans qc** für jdn/etw bei etw ein Handikap sein

handisport [´ɑ̃dispɔʀ] *adj* Behinderten-

hangar [´ɑ̃gaʀ] *m* ① AGR, CHEMDFER [offener] Schuppen ② (*entrepôt*) Lagerhalle *f* ③ AVIAT, NAUT **~ à avions** Hangar *m;* **~ à bateaux** Bootshaus *nt*

hanneton [´an(ə)tɔ̃] *m* ZOOL Maikäfer *m*

Hanovre [´anɔvʀ] Hannover *nt*

Hanse [´ɑ̃s] *f* HIST Hanse *f*

hanséatique [´ɑ̃seatik] *adj* hanseatisch, Hanse-

hanter [ɑ̃te] <1> *vt* ① (*fréquenter un lieu*) **~ qc** *fantôme:* in etw (*dat*) spuken ② (*obséder*) **~ qn** jdm keine Ruhe lassen

hantise [´ɑ̃tiz] *f* **~ de qc** [panische] Angst vor etw (*dat*)

happening [´ap(ə)niŋ] *m* Happening *nt*

happer [´ape] <1> *vt* ① (*saisir brusquement*) **~ qn/qc** *train, voiture:* jdn/etw erfassen ② (*attraper*) **~ qc** *animal:* etw schnappen

happy end [´apiɛnd] <happy ends> *m o f* Happyend *nt*

happy few [´apifju] *mpl* Happy few *Pl*

hara-kiri [´aʀakiʀi] <hara-kiris> *m* Harakiri *nt;* **[se] faire ~** Harakiri begehen

harangue [´aʀɑ̃g] *f* ① (*discours solennel*) [feierliche] Rede ② (*sermon*) Moralpredigt *f*

haranguer [´aʀɑ̃ge] <1> *vt* **~ qn** eine [feierliche] Ansprache an jdn halten

haras [´aʀɑ] *m* Gestüt *nt*

harassant(e) [aʀasɑ̃, ɑ̃t] *adj* ermüdend, aufreibend; *journée* [sehr] anstrengend

harassé(e) [´aʀase] *adj* erschöpft, ausgelaugt

harasser [´aʀase] <1> *vt* **être harassé de travail** mit Arbeit überhäuft werden

harcèlement [´aʀsɛlmɑ̃] *m* ① MIL **guerre de ~** Kleinkrieg *m;* **tir de ~** Störfeuer *nt* ② (*tracasserie*) Belästigung *f;* **~ moral** Mobbing *nt;* **~ sexuel** sexuelle Belästigung

harceler [´aʀsəle] <4> *vt* ① (*poursuivre*) **~ qn** jdn bedrängen ② (*importuner*) belästigen

harceleur, -euse [´aʀsəlœʀ, -øz] *m, f* Belästiger(in) *m(f),* Stalker(in) *m(f)*

hardes [´aʀd] *fpl péj* Klamotten *Pl* (*fam*)

hardeur, -euse [´aʀdœʀ, -øz] *m, f* Pornodarsteller(in) *m(f)*

hardi(e) [´aʀdi] *adj* ① (*audacieux*) mutig; *entreprise* kühn ② (*original*) kühn

hardiesse [´aʀdjɛs] *f* ① (*audace*) Unerschrockenheit *f* ② (*originalité*) Kühnheit *f*

hardiment [´aʀdimɑ̃] *adv* ① (*courageusement*) kühn, beherzt ② (*carrément*) *parler* geradeheraus (*fam*) ③ (*effrontément*) dreist

hard rock [aʀdʀɔk] *m* **le ~** Hardrock *m*

hardware [´aʀdwɛʀ] *m* INFORM Hardware *f*

harem [´aʀɛm] *m* Harem *m*

hareng [´aʀɑ̃] *m* Hering *m;* **~ saur** Bückling *m*

hargne [´aʀɲ] *f* ① (*comportement agressif*) Gereiztheit *f;* (*colère*) Zorn *m* ② (*méchanceté*) Gehässigkeit *f*

hargneux, -euse [´aʀɲø, -øz] *adj personne, ton* gereizt; (*méchant*) gehässig; *caractère* zänkisch; *chien* bissig

haricot [´aʀiko] *m* (*légume*) Bohne *f;*

~ **vert** grüne Bohne ▸ **c'est la fin des ~s!** *fam* jetzt ist alles aus!

haridelle [ˈaʀidɛl] *f* Schindmähre *f* (*pej*)

harissa [(ˈ)aʀisa] *f o m* GASTR Harissa *nt* (*pikante, maghrebinische Soße aus Peperoni und Öl, als Beilage zu Couscous*)

harki [ˈaʀki] *m algerischer Soldat in einer Hilfstruppe der französischen Armee*

harmonica [aʀmɔnika] *m* [Mund]harmonika *f*

harmonie [aʀmɔni] *f* ❶ MUS Harmonielehre *f* ❷ (*fanfare*) Blasorchester *nt* ❸ (*accord*) Harmonie *f; des vues, sentiments* Übereinstimmung *f;* **être en ~ avec qc** gut zu etw passen; *idées, opinion:* mit etw in Einklang stehen

harmonieusement [aʀmɔnjøzmɑ̃] *adv* harmonisch

harmonieux, -euse [aʀmɔnjø, -jøz] *adj* harmonisch; *instrument, voix* wohlklingend

harmonique [aʀmɔnik] *adj* harmonisch

harmonisation [aʀmɔnizasjɔ̃] *f* ❶ *des instruments* Stimmen *nt* ❷ ECON Harmonisierung *f,* Angleichung *f*

harmoniser [aʀmɔnize] <1> **I.** *vt* ❶ (*accorder*) miteinander in Einklang bringen *intérêts, idées;* aufeinander abstimmen *actions, couleurs* ❷ MUS harmonisieren **II.** *vpr* **s'~** [miteinander] harmonieren

harmonium [aʀmɔnjɔm] *m* MUS Harmonium *nt*

harnachement [ˈaʀnaʃmɑ̃] *m* ❶ (*harnais*) Geschirr *nt* ❷ *fam* (*accoutrement*) [schwere] Montur

harnacher [ˈaʀnaʃe] <1> *vt* ❶ (*mettre le harnais*) anschirren *animal* ❷ *péj* **être harnaché de qc** mit etw ausstaffiert sein

harnais [ˈaʀnɛ], **harnois** [ˈaʀnwa] *m* CAN ❶ *d'un cheval* Geschirr *nt* ❷ *d'un plongeur* Gurte *Pl*

haro [ˈaʀo] *m* ▸ **crier ~ sur le baudet** sich [lauthals] entrüsten

harpagon [aʀpagɔ̃] *m* Geizhals *m* (*pej*)

harpe [ˈaʀp] *f* MUS Harfe *f*

harpie [ˈaʀpi] *f* ▸ **vieille ~** *péj* alter Drachen (*fam*)

harpiste [ˈaʀpist] *mf* Harfenspieler(in) *m(f)*

harpon [ˈaʀpɔ̃] *m* Harpune *f*

harponnage [ˈaʀpɔnaʒ] *m,* **harponnement** [ˈaʀpɔnmɑ̃] *m* Harpunieren *nt*

harponner [ˈaʀpɔne] <1> *vt* ❶ PECHE harpunieren ❷ *fam* (*attraper*) erwischen (*fam*) *malfaiteur*

hasard [ˈazaʀ] *m* ❶ (*évènement fortuit*) Zufall *m* ❷ (*fatalité*) Zufall *m,* Schicksal *nt;* **il faut faire la part du ~** man muss [immer] mit Überraschungen rechnen ❸ *pl* (*aléas, risque*) **les ~s de la guerre** die Wirren *Pl* des Krieges ▸ **à tout ~** für alle Fälle; **essayer qc à tout ~** etw auf gut Glück versuchen; **au ~** aufs Geratewohl; **comme par ~** *iron* [ganz] zufällig; **par ~** zufällig

hasarder [ˈazaʀde] <1> **I.** *vt* (*tenter, avancer*) wagen *démarche, remarque, question* **II.** *vpr* ❶ (*s'aventurer*) **se ~ dans un quartier/la rue** sich in ein Viertel/auf die Straße wagen ❷ (*se risquer à*) **se ~ à faire qc** es wagen, etw zu tun

hasardeux, -euse [ˈazaʀdø, -øz] *adj* gewagt; *affirmation* kühn

hasch [ˈaʃ] *m abr de* **haschich** *fam* Hasch *nt*

haschich, haschisch [ˈaʃiʃ] *m* Haschisch *nt o m*

hase [ˈɑz] *f* ZOOL Häsin *f*

hâte [ˈɑt] *f* Eile *f,* Hast *f;* **à la ~** hastig; **sans ~** gemächlich; **avoir ~ de faire qc** es kaum erwarten können, etw zu tun

hâter [ˈɑte] <1> **I.** *vt* beschleunigen **II.** *vpr* **se ~** sich beeilen

hâtif, -ive [ˈɑtif, -iv] *adj* ❶ (*trop rapide*) übereilt; *conclusion* voreilig; *travail* zu hastig gemacht ❷ *croissance, développement* zu schnell; *fruit, légume* sehr früh [reifend]

hauban [ˈobɑ̃] *m d'un pont* Schrägseil *nt*

hausse [ˈos] *f* ❶ *des prix, salaires* Anhebung *f* ❷ (*processus*) Anstieg *m;* **être en nette ~** deutlich steigen; **jouer à la ~** auf Hausse spekulieren

haussement [ˈosmɑ̃] *m* **~ d'épaules** Achselzucken *nt*

hausser [ˈose] <1> **I.** *vt* ❶ (*surélever*) erhöhen *mur;* aufstocken *maison* ❷ (*amplifier*) **~ le ton/la voix** den Ton/die Stimme heben ❸ (*augmenter*) erhöhen *prix* ❹ (*soulever*) heben, hochziehen *sourcils;* **~ les épaules** mit den Schultern zucken **II.** *vpr* **se ~ de toute sa taille** sich zu seiner vollen Größe aufrichten; **se ~ sur la pointe des pieds** sich auf die Zehenspitzen stellen

haut [ˈo] **I.** *m* ❶ (*hauteur*) Höhe *f;* **avoir un mètre de ~** einen Meter hoch sein ❷ (*altitude*) Höhe *f;* **être à un mètre de ~** sich in einem Meter Höhe befinden; **appeler du ~ de la tribune/du balcon** von der Tribüne/vom Balkon herunterrufen; **du ~ de ...** von ... herab/herunter ❸ *d'une caisse, d'un mur* oberer Teil; *d'un pyjama* Oberteil *nt;* **l'étagère du ~** das oberste Regalbrett; **les voisins du ~** die Nachbarn von oben ❹ *d'un arbre* Wipfel *m; d'une*

H

montagne Gipfel *m* ▶**des ~s et des bas** Höhen und Tiefen **II.** *adv* ① (*opp: bas*) hoch ② (*ci-dessus*) **voir plus ~** siehe [weiter] oben ③ (*fort*) laut ④ (*franchement*) laut [und deutlich] ⑤ (*à un haut degré*) **un fonctionnaire ~ placé** ein hoher Beamter; **viser trop ~** zu hoch hinaus wollen ⑥ MUS **chanter trop ~** zu hoch singen ▶**parler ~ et clair** [laut und] deutlich reden; (*sans ambiguïté*) eine deutliche Sprache sprechen; **regarder/traiter qn de ~** jdn von oben herab betrachten/behandeln; **d'en ~** von oben; **en ~** (*sans mouvement*) oben; (*avec mouvement*) nach oben; **en ~ de** oben in/auf (+ *dat*)

haut(e) [´o, ´ot] *adj* ① (*grand*) hoch; **être ~ de plafond** eine hohe Decke haben; **de ~e taille** groß; **le plus ~ étage** das oberste Stockwerk ② (*en position élevée*) hoch ③ GEOG *montagne, plateau* Hoch-; *Rhin* Ober-; **marée ~e** Flut *f;* **la mer est ~e** es ist Flut; **en ~e mer** auf hoher See; **la ville ~e** die Oberstadt ④ (*intense, fort*) hoch; *densité* groß; *fréquence, tension* Hoch-; **à voix ~e** laut; **courant à ~e tension** Starkstrom *m* ⑤ *prix* hoch ⑥ (*supérieur*) obere(r/s), hoch; **~ commandement** Oberkommando *nt;* **la ~e société** die Oberschicht; **au plus ~ niveau** auf höchster Ebene; **en ~ lieu** höheren Orts ⑦ (*très grand*) hoch; **jouir d'une ~e considération** hoch geschätzt werden; **être de la plus ~e importance** äußerst wichtig sein ⑧ LING **le ~ allemand** [das] Hochdeutsch

hautain(e) [´otɛ̃, ɛn] *adj personne* hochmütig, eingebildet; *air, manière, ton* herablassend

hautbois [´obwa] *m* MUS Oboe *f*

hautboïste [´obɔist] *mf* Oboist(in) *m(f)*

haut-de-forme [´od(ə)fɔʀm] *m inv* Zylinder *m*

haute [´ot] *f fam* Hautevolee *f*

haute-fidélité [´otfidelite] **I.** *f sans pl* High Fidelity *f* **II.** *adj inv chaîne* Hi-Fi-

hautement [´otmɑ̃] *adv* äußerst, höchst; **pays ~ industrialisé** hoch industrialisiertes Land

haute-technologie [´otteknɔlɔʒi] *f* Hightech *f o nt,* Hochtechnologie *f*

hauteur [´otœʀ] *f* ① *d'une montagne, d'un mur* Höhe *f;* GEOM Höhe; **quelle est la ~ de ce mur?** wie hoch ist diese Mauer?; **la ~ est de 3 mètres** die Höhe beträgt 3 Meter ② (*altitude*) Höhe *f* ③ SPORT **saut en ~** Hochsprung *m* ④ (*même niveau*) **être à ~ des yeux** in Augenhöhe sein; **à la ~ du carrefour** in Höhe der Kreuzung ⑤ (*colline*) Anhöhe *f,* Hügel *m* ⑥ (*noblesse*) Größe *f* ⑦ (*arrogance*) Hochmut *m* ▶**être à la ~ de qn/qc** jdm/einer S. gewachsen sein

haut-fond [´ofɔ̃] <hauts-fonds> *m* Untiefe *f* **haut-le-cœur** [´ol(ə)kœʀ] *m inv* Übelkeit *f;* **il a un ~** ihm ist schlecht **haut-le-corps** [´ol(ə)kɔʀ] *m inv* **avoir un ~** hochfahren **haut-lieu** [´oljø] <hauts-lieux> *m* Hochburg *f* **haut-parleur** [´opaʀlœʀ] <hauts-parleurs> *m* Lautsprecher *m*

havane [´avan] **I.** *adj inv* hellbraun **II.** *m* (*cigare*) Havanna[zigarre] *f*

Havane [´avan] *f* **la ~** Havanna *nt*

hâve [´av] *adj personne* abgezehrt; *visage* eingefallen

havre [´avʀ] *m* kleiner Hafen *m;* **~ de paix** Oase *f* des Friedens

hayon [´ɛjɔ̃] *m* AUT Heckklappe *f*

hé [he, ´e] *interj* (*pour appeler*) he (*fam*), he, du da/Sie da (*fam*)

hebdo [ɛbdo] *m fam abr de* **hebdomadaire**

hebdomadaire [ɛbdɔmadɛʀ] **I.** *adj réunion* wöchentlich; *revue* Wochen-; **"fermeture ~ le lundi"** „montags geschlossen" **II.** *m* Wochenzeitschrift *f*

hébergement [ebɛʀʒəmɑ̃] *m* ① Unterbringung *f,* Unterkunft *f* ② INFORM Web-Hosting *nt*

héberger [ebɛʀʒe] <2a> *vt* ① (*loger provisoirement*) beherbergen, [bei sich (*dat*)] unterbringen *ami* ② (*accueillir*) aufnehmen *réfugiés*

hébergeur [ebɛʀʒœʀ] *m* INFORM Web-Hoster *m*

hébété(e) [ebete] *adj personne* benommen; *air, regard* stumpfsinnig

hébétement [ebetmɑ̃] *m* Benommenheit *f*

hébraïque [ebʀaik] *adj* hebräisch

hébreu [ebʀø] *m* Hebräisch *nt; v. a.* **allemand** ▶**c'est de l'~ pour qn** das sind böhmische Dörfer für jdn

hébreu, israélite, juive [ebʀø] <x> *adj* hebräisch

Hébreux [ebʀø] *mpl* **les ~** die Hebräer

HEC [´aʃøse] *abr de* [**École des**] **hautes études commerciales** *Elitehochschule für Betriebswirtschaft*

hécatombe [ekatɔ̃b] *f* ① (*massacre*) Blutbad *nt* ② (*fort pourcentage d'échec*) verheerende Niederlage *f*

hectare [ɛktaʀ] *m* Hektar *m o nt*

hecto [ɛkto] *m fam abr de* **hectolitre**

hectogramme [ɛktɔgʀam] *m* Hektogramm *nt*
hectolitre [ɛktɔlitʀ] *m* Hektoliter *m*
hectowatt [ɛktɔwat] *m* ELEC Hektowatt *nt*
hédonisme [edɔnism] *m* Hedonismus *m*
hédoniste [edɔnist] *adj* hedonistisch
hégémonie [eʒemɔni] *f* Hegemonie *f*
hégire [eʒiʀ] *f* REL Hedschra *f*
hein [ˊɛ̃] *interj fam* ❶ (*comment?*) hä? ❷ (*renforcement de l'interrogation*) **..., ~?** ..., nicht wahr?/oder? ❸ (*marque l'étonnement*) **~? qu'est-ce qui se passe?** nanu? was ist denn da los? ❹ (*n'est-ce pas?*) **tu en veux bien, ~?** du willst doch, oder [*o* nicht]?; **..., ~?** ..., nicht?/ja?/nicht wahr?
hélas [elɑs] *interj soutenu* ach, leider
héler [ˊele] <5> *vt* **~ un porteur/taxi** einen Gepäckträger/ein Taxi [herbei]rufen/herbeiwinken
hélice [elis] *f* ❶ TECH *d'un avion* Propeller *m; d'un bateau* [Schiffs]schraube *f* ❷ GEOM Spirale *f;* **escalier en ~** Wendeltreppe *f*
hélico [eliko] *m fam abr de* **hélicoptère**
hélicoïdal(e) [elikɔidal, -o] <-aux> *adj a.* TECH *escalier* spiralförmig
hélicoptère [elikɔptɛʀ] *m* Hubschrauber *m*
héliomarin(e) [eljomaʀɛ̃, in] *adj cure* auf der Heilkraft von Sonne und Seeluft basierend
héliport [elipɔʀ] *m* Hubschrauberlandeplatz *m,* Heliport *m*
héliporté(e) [elipɔʀte] *adj blessé, troupe* per Hubschrauber befördert
hélitreuillage [elitʀœjaʒ] *m* Rettung *f* mit dem Hubschrauber
hélium [eljɔm] *m* CHIM Helium *nt*
hellénique [elenik, ɛllenik] *adj* hellenisch, altgriechisch
hellénisme [elenism, ɛllenism] *m* HIST Hellenismus *m,* Griechentum *nt*
helléniste [elenist, ɛllenist] *mf* Hellenist(in) *m(f),* Gräzist(in) *m(f)*
helvète [ɛlvɛt] *adj* helvetisch
Helvète [ɛlvɛt] *mf* Helvetier(in) *m(f)*
helvétique [ɛlvetik] *adj* schweizerisch, Schweizer; **la Confédération ~** die Schweizer Eidgenossenschaft
helvétisme [ɛlvetism] *m* LING Helvetismus *m*
hem [hɛm, ˊɛm] *interj* ❶ (*hé, holà*) he [da] (*fam*) ❷ (*hein*) wie? (*fam*) ❸ (*hum*) hm, hm
hématie [emasi] *f* MED rotes Blutkörperchen *nt*
hématologie [ematɔlɔʒi] *f* MED Hämatologie *f*
hématome [ematom] *m* MED Bluterguss *m*
hémicycle [emisikl] *m* ❶ *d'un théâtre, parlement* Halbrund *nt;* **en ~** halbkreisförmig ❷ (*salle*) halbrunder Saal mit ansteigenden Sitzreihen; *de l'Assemblée nationale* Plenarsaal *m*
hémiplégie [emipleʒi] *f* MED halbseitige Lähmung
hémiplégique [emipleʒik] **I.** *adj* MED halbseitig gelähmt **II.** *mf* MED halbseitig Gelähmte(r) *f(m)*
hémisphère [emisfɛʀ] *m* ❶ GEOG [Erd]halbkugel *f* ❷ ANAT Gehirnhälfte *f*
hémisphérique [emisfeʀik] *adj* halbkugelförmig
hémoglobine [emɔglɔbin] *f* MED Hämoglobin *nt*
hémophile [emɔfil] *m* MED Bluter *m*
hémophilie [emɔfili] *f* MED Bluterkrankheit *f*
hémorragie [emɔʀaʒi] *f* ❶ MED [starke] Blutung ❷ (*perte: en hommes*) Aderlass *m;* **~ démographique** Bevölkerungsschwund *m*
hémorroïdal(e) [emɔʀɔidal, -o] <-aux> *adj varice* hämorrhoidal; *veine* Mastdarm-
hémorroïde [emɔʀɔid] *f gén pl* MED Hämorrhoide *f*
hémostase [emɔstaz] *f* MED **~ provoquée** Blutstillung *f*
henné [ˊene] *m* Henna *f o nt*
hennir [ˊeniʀ] <8> *vi* wiehern
hennissement [ˊenismɑ̃] *m* Wiehern *nt*
Henri [ɑ̃ʀi] *m* Heinrich *m*
hep [ˊɛp, hɛp] *interj* hallo
hépatique [epatik] **I.** *adj* Leber-; **colique ~** Gallenkolik *f* **II.** *mf* MED Leberkranke(r) *f(m)*
hépatite [epatit] *f* MED **~ [virale]** [infektiöse] Leberentzündung *f*
heptagone [ɛptagɔn, ɛptagon] *m* Siebeneck *nt*
heptathlon [ɛptatlɔ̃] *m* SPORT Siebenkampf *m*
héraldique [eʀaldik] *adj* Wappen-, heraldisch; **science ~** Wappenkunde *f*
héraut [ˊeʀo] *m* Herold *m*
herbacé(e) [ɛʀbase] *adj* krautig
herbage [ɛʀbaʒ] *m* ❶ (*herbe*) Gras *nt* ❷ (*pâturage*) Weide *f*
herbager [ɛʀbaʒe] <2a> *vt* weiden [lassen] *animaux*
herbe [ɛʀb] *f* ❶ BOT Gras *nt;* **mauvaise ~** Unkraut *nt* ❷ MED, GASTR Kraut *nt;* **fines ~s** Küchenkräuter *Pl;* **les ~s de Provence** die

H

Kräuter der Provence; ~s **médicinales** [*o* **officinales**] Heilkräuter *Pl* ▸ **couper l'~ sous le**[**s**] **pied**[**s**] **de qn** jdn aus dem Feld schlagen

herbeux, -euse [ɛʀbø, -øz] *adj* grasbewachsen

herbicide [ɛʀbisid] **I.** *adj* **produit** ~ Unkrautbekämpfungsmittel *nt* **II.** *m* Unkrautbekämpfungsmittel *nt*

herbier [ɛʀbje] *m* Herbarium *nt*

herbivore [ɛʀbivɔʀ] **I.** *adj* Pflanzen fressend **II.** *m* Pflanzenfresser *m*

herboriser [ɛʀbɔʀize] <1> *vi* Pflanzen sammeln

herboriste [ɛʀbɔʀist] *mf* [Heil]kräuterhändler(in) *m(f)*

herboristerie [ɛʀbɔʀistəʀi] *f* [Heil]kräuterladen *m*

hercule [ɛʀkyl] *m* Kraftmensch *m;* **avoir une force d'**~ ein [wahrer] Herkules sein

Hercule [ɛʀkyl(ə)] *m* Herkules *m,* Herakles *m*

herculéen(ne) [ɛʀkyleɛ̃, ɛn] *adj* Herkules-

hère [ˊɛʀ] *m* ▸ **pauvre** ~ armer Teufel

héréditaire [eʀeditɛʀ] *adj* ① (*transmissible*) erblich; (*transmis*) ererbt; **maladie** ~ Erbkrankheit *f* ② JUR *biens, monarchie* Erb-; *titre* erblich ③ *fig aversion* tief sitzend; *ennemi* Erb-

hérédité [eʀedite] *f* (*transmission*) Vererbung *f;* (*patrimoine héréditaire*) Erbanlagen *Pl;* **avoir une** ~ **chargée** [*o* **une lourde** ~] erblich [vor]belastet sein

hérésie [eʀezi] *f* ① *a.* REL (*opinion scandaleuse*) Ketzerei *f* ② (*comportement scandaleux*) Freveltat *f* (*geh*)

hérétique [eʀetik] **I.** *adj* ① REL ketzerisch ② (*opp: conformiste*) ketzerisch **II.** *mf a.* REL Ketzer(in) *m(f)*

hérissé(e) [ˊeʀise] *adj* ① (*dressé*) gesträubt; *barbe* struppig; ~ **de poils** behaart ② (*piquant*) stachelig

hérissement [ˊeʀismɑ̃] *m des poils* Sträuben *nt*

hérisser [ˊeʀise] <1> **I.** *vt* ① (*dresser*) sträuben *poils, plumes;* aufrichten *piquants* ② (*faire dresser*) **la peur lui hérisse les poils** vor Angst sträuben sich ihm/ihr die Haare ③ (*remplir*) ~ **qc de qc** etw mit etw spicken ④ (*irriter*) wütend machen **II.** *vpr* **se** ~ ① (*se dresser*) **ses poils se hérissent** ihm/ihr sträuben sich die Haare ② (*dresser ses poils, plumes*) *chat:* sein Fell sträuben; *oiseau:* sich aufplustern ③ (*se fâcher*) wütend werden

hérisson [ˊeʀisɔ̃] *m* ZOOL Igel *m*

héritage [eʀitaʒ] *m* ① (*succession*) Erbschaft *f,* Erbe *nt;* **laisser qc en ~ à qn** jdm etw vererben ② *fig d'une civilisation, de coutumes* Erbe *nt*

hériter [eʀite] <1> *vt, vi* ~ [**qc**] **de qn** [etw] von jdm erben

héritier, -ière [eʀitje, -jɛʀ] *m, f* ① *a. fig* Erbe *m*/Erbin *f* ② *fam* (*enfant*) Stammhalter *m*

hermaphrodite [ɛʀmafʀɔdit] *m* BIO Zwitter *m*

hermétique [ɛʀmetik] *adj* ① (*étanche*) hermetisch; (*à l'air*) luftdicht; (*à l'eau*) wasserdicht; *récipient* hermetisch [verschlossen] ② *poésie, écrivain* schwer verständlich; *visage* verschlossen

hermétiquement [ɛʀmetikmɑ̃] *adv* hermetisch

hermine [ɛʀmin] *f* ① ZOOL Hermelin *nt* ② (*fourrure*) Hermelin *m*

hernie [ˊɛʀni] *f* [Eingeweide]bruch *m;* ~ **discale** Bandscheibenvorfall *m*

Hérode [eʀɔd(ə)] *m* Herodes *m* ▸ **être vieux comme** ~ *fam* von Anno dazumal sein

héroïne¹ [eʀɔin] *f* (*drogue*) Heroin *nt*

héroïne² [eʀɔin] *f v.* **héros**

héroïnomane [eʀɔinɔman] *mf* Heroinsüchtige(r) *f(m)*

héroïque [eʀɔik] *adj* ① (*digne d'un héros*) heldenhaft ② (*légendaire*) **les temps ~s du cinéma** die Pionierzeit des Films

héroïsme [eʀɔism] *m* Heldenmut *m*

héron [ˊeʀɔ̃] *m* ORN Reiher *m*

héros, héroïne [ˊeʀo, eʀɔin] *m, f* ① *d'un événement* Hauptperson *f; d'un livre, film* Held(in) *m(f),* Hauptfigur *f* ② (*personne courageuse*) Held(in) *m(f)* ③ HIST Heros *m,* Heroe *m*/Heroin *f* (*geh*)

herpès [ɛʀpɛs] *m* MED Herpes *m*

herse [ˊɛʀs] *f* ① AGR Egge *f* ② *d'une forteresse* Fallgitter *nt*

hertz [ɛʀts] *m* Hertz *nt*

hésitant(e) [ezitɑ̃, ɑ̃t] *adj* ① (*indécis*) zögernd, unschlüssig; *électeur* unentschlossen ② (*peu assuré*) zögernd

hésitation [ezitasjɔ̃] *f* ① (*incertitude*) Zögern *nt kein Pl,* Unschlüssigkeit *f* ② (*arrêt*) **réciter avec/sans** ~ stockend/ohne zu stocken vortragen

hésiter [ezite] <1> *vi* ① (*balancer*) zögern; ~ **à faire qc** zögern, etw zu tun ② (*marquer un arrêt en parlant*) stocken

Hesse [ˊɛs] *f* **la** ~ Hessen *nt*

hétéro [eteʀo] *abr de* **hétérosexuel(le) I.** *adj fam* hetero **II.** *mf fam* Hetero *mf*

hétéroclite [eteʀɔklit] *adj ensemble, objets*

[bunt] zusammengewürfelt; *œuvre, bâtiment* uneinheitlich

hétérogène [eteʀɔʒɛn] *adj* heterogen

hétérogénéité [eteʀɔʒeneite] *f* Heterogenität *f*

hétérosexualité [eteʀɔsɛksɥalite] *f* Heterosexualität *f*

hétérosexuel(le) [eteʀosɛksɥɛl] **I.** *adj* heterosexuell **II.** *m(f)* Heterosexuelle(r) *f(m)*

hêtraie [ˊɛtʀɛ] *f* Buchenhain *m*

hêtre [ˊɛtʀ] *m* ① BOT Buche *f* ② (*bois*) Buche[nholz *nt*] *f*

heu [ˊø] *interj* ① (*pour ponctuer à l'oral*) äh; **vous êtes Madame, ~ ... – Madame Giroux!** Sie sind Frau, äh ... – Frau Giroux! ② (*embarras*) hm; **~ ... comment dirais-je?** hm ... wie soll ich sagen?

heure [œʀ] *f* ① (*mesure de durée*) Stunde *f;* **une ~ et demie** anderthalb Stunden; **une demi-~** eine halbe Stunde; **une ~ de cours** eine Stunde Unterricht; **24 ~s sur 24** rund um die Uhr; **pendant deux ~s** zwei Stunden [lang]; **des ~s [entières]** stundenlang; **travailler/être payé à l'~** stundenweise arbeiten/bezahlt werden; **une ~ de retard** eine Stunde Verspätung ② (*indication chiffrée*) **dix ~s du matin/du soir** zehn Uhr morgens/abends; **à trois ~s** um drei [Uhr]; **il est trois ~s/trois ~s et demie** es ist drei [Uhr]/halb vier; **6 ~s moins 20** 20 vor 6 ③ (*point précis du jour*) **il est quelle ~?** *fam* wie spät ist es?/wie viel Uhr ist es?; **vous avez l'~, s'il vous plaît?** können Sie mir bitte sagen, wie spät/wie viel Uhr es ist?; **regarder l'~** auf die Uhr schauen; **à quelle ~?** um wie viel Uhr?; **à la même ~** zur selben Zeit ④ (*distance*) **être à deux ~s de qc** zwei Stunden von etw entfernt sein ⑤ (*moment dans la journée*) **~ de fermeture** (*d'un magasin*) Ladenschluss *m;* (*d'un café, restaurant*) Polizeistunde *f;* **~ d'affluence** TRANSP Hauptverkehrszeit *f,* Stoßzeit *f;* COM Hauptgeschäftszeit *f;* **~s de réception au public** Öffnungszeiten *Pl* für den Publikumsverkehr; **à ~ fixe** zu einer bestimmten Zeit; **à toute ~** jederzeit; **à cette ~-ci** zu dieser Zeit; **à l'~ où** gerade als/zu der Zeit als; **en première ~** in der ersten Stunde; **il est/c'est l'~ de faire qc** es ist Zeit, etw zu tun; **jusqu'à une ~ avancée** bis spät in die Nacht; **arriver avant l'~** vorzeitig ankommen ⑥ (*moment dans le cours des événements*) **des ~s mémorables** denkwürdige Stunden; **traverser des ~s critiques/difficiles** schwierige Zeiten durchmachen; **problèmes de l'~** aktuelle Probleme; **l'~ est grave** die Lage ist ernst; **à l'~ actuelle** (*en ce moment précis*) jetzt; (*à l'époque actuelle*) zurzeit ▶**l'~ H** die Stunde X; **de bonne ~** (*tôt*) früh [am Morgen]; (*précocement*) frühzeitig; **[les nouvelles de] dernière ~** letzte Meldungen; **être/ne pas être à l'~** *personne:* pünktlich/unpünktlich sein; *montre:* richtig/falsch gehen; **tout à l'~** (*il y a peu de temps*) [so]eben, vorhin; (*dans peu de temps*) gleich; **à tout à l'~!** bis gleich!; **sur l'~** auf der Stelle

heureusement [øʀøzmɑ̃] *adv* ① (*par bonheur*) zum Glück, glücklicherweise ② (*favorablement*) **se terminer ~** gut ausgehen, glücklich enden

heureux, -euse [øʀø, -øz] **I.** *adj* ① (*rempli de bonheur*) glücklich; **être ~ de qc** sich über etw (*akk*) freuen; **être ~ de faire qc** glücklich sein, etw zu tun ② (*chanceux*) glücklich; **être ~ au jeu** Glück im Spiel haben ③ (*favorable*) glücklich; *circonstances* günstig; *résultat* erfreulich ④ (*réussi*) treffend; *effet* günstig; *mélange* gelungen ▶**encore ~!** zum Glück! **II.** *m, f* ▶**faire un ~** *fam* jemandem [eine] Freude machen

heurt [ˊœʀ] *m* ① (*conflit*) Zusammenstoß *m* ② *soutenu d'un portail* Schlagen *nt*

heurté(e) [ˊœʀte] *adj tons* nicht harmonierend

heurter [ˊœʀte] <1> **I.** *vi* **~ à la porte** an die Tür klopfen **II.** *vt* ① (*entrer rudement en contact*) **~ qn** *personne:* mit jdm zusammenstoßen; (*en voiture*) jdn anfahren; *voiture:* jdn streifen; **~ qc** *personne:* gegen etw stoßen; (*en tombant*) auf etw (*akk*) aufschlagen; *objet:* auf etw (*akk*) [auf]prallen; *voiture:* gegen etw (*akk*) fahren ② (*choquer*) vor den Kopf stoßen *personne;* verletzen *sentiments* ③ (*être en opposition avec*) verstoßen gegen *intérêts, convenances* **III.** *vpr* ① (*buter contre*) **se ~ à qc** auf etw (*akk*) stoßen ② (*se cogner contre*) **se ~ à [o contre] qn/qc** mit jdm zusammenstoßen/gegen etw stoßen; **se ~** *véhicules:* zusammenstoßen ③ (*entrer en conflit*) **se ~ avec qn** mit jdm aneinandergeraten

heurtoir [ˊœʀtwaʀ] *m d'une porte* Türklopfer *m*

hévéa [evea] *m* BOT Kautschukbaum *m*

hexagonal(e) [ɛgzagɔnal, -o] <-aux> *adj* sechseckig

hexagone [ɛgzagon, ɛgzagɔn] *m* Sechseck *nt*

Hexagone [ɛgzagon, ɛgzagɔn] *m* **l'~** Frankreich *nt*

hexamètre [ɛgzamɛtʀ] *m* Hexameter *m*

Hezbollah [ˈɛsbɔl(l)a] *m* REL, POL ① (*groupement*) Hisbollah *f* ② (*partisan*) Hisbollah *m*

hiatus [ˈjatys] *m* ① *a.* LING Hiatus *m* ② (*décalage*) Kluft *f*

hibernal(e) [ibɛʀnal, -o] <-aux> *adj* Winter-

hibernation [ibɛʀnasjɔ̃] *f* Winterschlaf *m*; **sommeil ~** Winterschlaf *m*

hiberner [ibɛʀne] <1> *vi* Winterschlaf halten

hibiscus [ibiskys] *m* BOT Hibiskus *m*

hibou [ˈibu] <x> *m* ORN Eule *f*

hic [ˈik] *m fam* Haken *m*

hideur [ˈidœʀ] *f d'un crime, d'une action* Abscheulichkeit *f*; *d'une personne* Hässlichkeit *f*

hideux, -euse [ˈidø, -øz] *adj vêtement, objets* scheußlich; *visage* hässlich; *monstre, être* abscheulich

hier [jɛʀ] *adv* ① (*la veille*) gestern; **la matinée d'~** der gestrige Vormittag ② (*passé récent*) **ne se connaître que d'~** sich erst seit kurzem kennen

hiérarchie [jeʀaʀʃi] *f* Hierarchie *f*

hiérarchique [ˈjeʀaʀʃik] *adj* hierarchisch; **par la voie ~** auf dem Dienstweg

hiérarchiser [ˈjeʀaʀʃize] <1> *vt* gewichten, in eine Rangordnung bringen *problèmes, besoins;* **être hiérarchisé** *société:* hierarchisch aufgebaut sein

hiéroglyphe [ˈjeʀɔglif] *m a. fig* Hieroglyphe *f*

hi-fi [ˈifi] **I.** *adj inv* Hi-Fi-; **chaîne ~** Hi-Fi-Anlage *f* **II.** *f sans pl* Hi-Fi *f*, High Fidelity *f*

high tech [ˈajtɛk] **I.** *adj inv* Hightech- **II.** *f sans pl* Hightech *f o nt*

hi-han [ˈiɑ̃] *interj inv* iah

hilarant(e) [ilaʀɑ̃, ɑ̃t] *adj* sehr komisch

hilare [ilaʀ] *adj* ausgelassen fröhlich; *visage* strahlend

hilarité [ilaʀite] *f* Heiterkeit *f*

Himalaya [imalaja] *m* **l'~** der Himalaja

hindi [ˈindi, indi] *m* Hindi *nt*; *v. a.* **allemand**

hindou(e) [ɛ̃du] *adj* hinduistisch

Hindou(e) [ɛ̃du] *m(f)* REL Hindu *m*

hindouisme [ɛ̃duism] *m* Hinduismus *m*

hip [ˈip] *interj* **~ ~ ~! hourra!** hipp, hipp, hurra!

hip-hop [ˈipɔp] *inv* **I.** *adj* Hip-Hop- **II.** *m* Hip-Hop *m*

hippie [ˈipi] <hippies> **I.** *adj* Hippie- **II.** *mf* Hippie *m*

hippique [ipik] *adj* Pferde-; **concours ~** Reit- [und Fahr]turnier *nt*

hippisme [ipism] *m* Pferdesport *m*

hippocampe [ipɔkɑ̃p] *m* ZOOL Seepferdchen *nt*

hippodrome [ipodʀom] *m* [Pferde]rennbahn *f*

hippopotame [ipɔpɔtam] *m* Nil-, Flusspferd *nt*

hippy [ˈipi] *v.* **hippie**

hirondelle [iʀɔ̃dɛl] *f* ORN Schwalbe *f*

hirsute [iʀsyt] *adj tête* zerzaust; *barbe* struppig

hispanique [ispanik] *adj* spanisch

hispanisme [ispanism] *m* LING Hispanismus *f*

hispaniste [ispanist] *mf* LING Hispanist(in) *m(f)*

hispano-américain [ispanoameʀikɛ̃] *m* **l'~** Hispanoamerikanisch *nt*; *v. a.* **allemand** **hispano-américain(e)** [ispanoameʀikɛ̃, ɛn] <hispano-américains> *adj* hispanoamerikanisch

hispanophone [ispanɔfɔn] *adj* spanischsprechend

hisser [ˈise] <1> **I.** *vt* hissen *drapeau;* hissen, setzen *voiles* **II.** *vpr* (*grimper*) **se ~ sur le mur** sich auf die Mauer hochziehen

histoire [istwaʀ] *f* ① *sans pl* (*science, événements*) Geschichte *f* ② (*étude du passé*) Geschichte *f*; *d'une expression* [Entstehungs]geschichte ③ (*récit*) Geschichte *f*; (*conte*) Märchen *nt*; (*blague*) Witz *m*; (*propos mensonger*) Lügengeschichte *f* ④ *fam* (*affaire*) Geschichte *f*; **le meilleur de l'~** der Witz bei der Sache; **c'est toujours la même ~, avec toi!** es ist immer das alte Lied mit dir! ⑤ *fam* (*complications*) Schwierigkeiten *Pl*; (*problèmes*) Ärger *m*; **faire toute une ~ pour qc** ein [furchtbares] Theater wegen etw machen; **vie sans ~s** unauffälliges Leben ▶ **~ de faire qc** *fam* einfach nur, um etw zu tun

histologie [istɔlɔʒi] *f* BIO Histologie *f* (*Fachspr.*)

historicité [istɔʀisite] *f* Historizität *f* (*geh*)

historien(ne) [istɔʀjɛ̃, jɛn] *m(f)* Historiker(in) *m(f)*, Geschichtswissenschaftler(in) *m(f)*

historiographie [istɔʀjɔgʀafi] *f* Historiographie *f* (*geh*); (*ensemble d'ouvrages*) Geschichtsschreibung *f*

historique [istɔʀik] **I.** *adj* historisch, geschichtlich, Geschichts- **II.** *m d'un mot, d'une institution* [Entstehungs]geschichte *f*; *d'une affaire* chronologischer Überblick

historiquement [istɔʀikmɑ̃] *adv* historisch
hitlérien(ne) [itleʀjɛ̃, jɛn] *adj* Hitler-
hitlérisme [itleʀism] *m* Hitlerismus *m*
hit-parade [ˈitpaʀad] <hit-parades> *m* ① MEDIA Hitparade *f* ② *fig* Hitliste *f*
HIV [ˈaʃive] *m abr de* **Human Immunodeficiency Virus** HIV *nt,* Aidsvirus *nt*
hiver [ivɛʀ] *m* Winter *m;* **station de sports d'~** Wintersportort *m; v. a.* **automne**
hivernage [ivɛʀnaʒ] *m* AGR *du bétail* Überwintern *nt*
hivernal(e) [ivɛʀnal, -o] <-aux> *adj* winterlich
hiverner [ivɛʀne] <1> *vi navires, animaux:* überwintern
H.L.M. [ˈaʃɛlɛm] **I.** *m o f inv abr de* **Habitation à Loyer Modéré** Sozialwohnung *f;* (*immeuble*) Wohnblock *m* mit Sozialwohnungen; **habiter [dans] un ~** in einer Sozialwohnung wohnen **II.** *app inv* **cité ~** Siedlung *f* mit Sozialwohnungen
ho [ˈo] *interj* he [Sie/du]!
hoax [oks] *m* INET Hoax *m* (*Kettenbrief, meist mit falscher Virenwarnung*)
hoaxer [oksœʀ] *m* INET Hoaxer *m*
hobby [ˈɔbi] <s *o* hobbies> *m* Hobby *nt*
hobereau [ˈɔbʀo] <x> *m* ZOOL Baumfalke *m*
hochement [ˈɔʃmɑ̃] *m* **~ de tête** (*pour approuver*) Kopfnicken *nt;* (*pour désapprouver*) Kopfschütteln *nt*
hocher [ˈɔʃe] <1> *vt* **~ la tête** (*pour approuver*) [mit dem Kopf] nicken; (*pour désapprouver*) den Kopf schütteln
hochet [ˈɔʃɛ] *m* Rassel *f*
hockey [ˈɔkɛ] *m* Hockey *nt*
hockeyeur, -euse [ˈɔkɛjœʀ, -øz] *m, f* SPORT Hockeyspieler(in) *m(f)*
holà [ˈɔla] **I.** *interj* **~! [pas si vite!]** halt!, stopp! **II.** *m* ▸ **mettre le ~ à qc** einer S. (*dat*) ein Ende machen
holding [ˈɔldiŋ] *m o f* Holding[gesellschaft] *f*
hold-up [ˈɔldœp] *m inv* [bewaffneter] Raubüberfall
hollandais [ˈɔllɑ̃dɛ] *m* Holländisch *nt; v. a.* **allemand**
hollandais(e) [ˈɔllɑ̃dɛ, ɛz] *adj* holländisch
Hollandais(e) [ˈɔllɑ̃dɛ, ɛz] *m(f)* Holländer(in) *m(f)*
Hollande [ˈɔllɑ̃d] *f* **la ~** Holland *nt*
hollywoodien(ne) [ˈɔliwudjɛ̃, jɛn] *adj* (*de Hollywood*) Hollywood-
holocauste [olokost] *m* (*génocide*) Holocaust *m;* **le mémorial de l'~** das Holocaustmahnmal [in Berlin]
hologramme [ɔlɔgʀam] *m* Hologramm *nt*
homard [ˈɔmaʀ] *m* Hummer *m*
home [ˈom] *m* BELG (*centre d'hébergement*) Heim *nt*
home cinéma [ˈomsinema] *m* DVD-Heimkino *nt*
homéopathe [ɔmeɔpat, omeopat] *mf* Homöopath(in) *m(f)*
homéopathie [ɔmeɔpati] *f* Homöopathie *f*
homéopathique [ɔmeɔpatik] *adj* homöopathisch
homérique [ɔmeʀik] *adj poèmes* homerisch
home-trainer [ˈomtʀɛnœʀ] <home-trainers> *m* Heimtrainer *m*
homicide [ɔmisid] *m* Tötung *f,* Totschlag *m;* **~ par imprudence** [*o* **involontaire**] fahrlässige Tötung; **~ volontaire** Totschlag *m*
hominiens [ɔminjɛ̃] *mpl* BIO Hominiden *Pl*
hommage [ɔmaʒ] *m* ① (*témoignage de respect*) Huldigung *f* (*geh*); (*œuvre ou manifestation en l'honneur de qn*) Hommage *f* ② *pl, soutenu* (*compliments*) **mes ~s, Madame!** guten Tag, gnädige Frau!; (*au revoir*) ich empfehle mich, gnädige Frau!
homme [ɔm] *m* ① (*adulte, opp: femme*) Mann *m;* **jeune ~** junger Mann; **coiffeur pour ~s** Herrenfriseur *m;* **vêtements d'~** [*o* **pour ~s**] Herren[be]kleidung *f;* **~ politique** Politiker *m;* **~ de loi** Jurist *m;* **~ de main** Handlanger *m;* (*dans des besognes criminelles*) Helfershelfer *m;* **~ d'État** Staatsmann ② (*être humain*) Mensch *m* ③ (*viril moralement, sexuellement*) [richtiger] Mann *m;* **~ à femmes** Frauenheld *m* ④ *pl* (*soldats, personnel*) Männer *Pl,* Leute *Pl* ▸ **~ à tout faire** Mädchen *nt* für alles; **entre ~s** unter Männern
homme-grenouille [ɔmgʀənuj] <hommes-grenouilles> *m* Froschmann *m* **homme-orchestre** [ɔmɔʀkɛstʀ] <hommes-orchestres> *m* Einmannorchester *nt* **homme-sandwich** [ɔmsɑ̃dwitʃ] <hommes-sandwichs> *m* Sandwichmann *m*
homo [omo] *abr de* **homosexuel(le)** **I.** *adj fam* homo **II.** *mf fam* Homo *m*/Lesbe *f*
homogène [ɔmɔʒɛn] *adj* homogen
homogénéisation [ɔmɔʒeneizasjɔ̃] *f a.* TECH Homogenisierung *f*
homogénéiser [ɔmɔʒeneize] <1> *vt* GASTR, CHIM homogenisieren
homogénéité [ɔmɔʒeneite] *f* Homogenität *f*
homographe [ɔmɔgʀaf] LING **I.** *adj* gleich geschrieben **II.** *m* Homograph *nt*

homologation [ɔmɔlɔgasjɔ̃] *f* JUR Beglaubigung *f*

homologue [ɔmɔlɔg] *adj* (*équivalent*) entsprechend

homologuer [ɔmɔlɔge] <1> *vt* ① (*reconnaître officiellement*) [amtlich/staatlich] genehmigen *prix;* [offiziell] anerkennen *record* ② (*déclarer conforme aux normes*) [amtlich/staatlich] zulassen *siège-auto*

homonyme [ɔmɔnim] *m* ① LING Homonym *nt* ② (*personne*) Namensvetter *m*/-schwester *f*

homonymie [ɔmɔnimi] *f* LING Homonymie *f*

homoparental(e) [ɔmɔpaʀɑ̃tal] *adj* **famille ~e** Homo-Familie *f* (*fam*)

homoparentalité [ɔmɔpaʀɑ̃talite] *f* homosexuelle Elternschaft *f*

homophobe [ɔmɔfɔb] *adj* homosexuellenfeindlich, homophob

homophobie [ɔmɔfɔbi] *f* Homosexuellenfeindlichkeit *f*, Homophobie *f*

homosexualité [ɔmɔsɛksɥalite] *f* Homosexualität *f*

homosexuel(le) [ɔmɔsɛksɥɛl] **I.** *adj* homosexuell **II.** *m(f)* Homosexuelle(r) *f(m)*

hongre [ˈɔ̃gʀ] *adj* *cheval* kastriert; **poulain ~** Fohlenwallach *m*

Hongrie [ˈɔ̃gʀi] *f* **la ~** Ungarn *nt*

hongrois [ˈɔ̃gʀwa] *m* Ungarisch *nt; v. a.* **allemand**

hongrois(e) [ˈɔ̃gʀwa, waz] *adj* ungarisch

Hongrois(e) [ˈɔ̃gʀwa, waz] *m(f)* Ungar(in) *m(f)*

honnête [ɔnɛt] *adj* ① (*probe*) ehrlich; *commerçant, entreprise* korrekt ② (*franc*) aufrichtig; **soyez ~ avec vous-même!** machen Sie sich (*dat*) doch nichts vor! ③ (*honorable*) anständig; *intention, propos* ehrlich; *méthodes* korrekt ④ (*vertueux*) anständig ⑤ (*acceptable*) recht ordentlich; *prix* angemessen; *repas* annehmbar; *marché* korrekt

honnêtement [ɔnɛtmɑ̃] *adv* ① *payer, gagner sa vie* anständig ② *gérer une affaire* auf ehrliche Weise

honnêteté [ɔnɛtte] *f* ① (*probité*) Ehrlichkeit *f;* (*en affaire, en pensée*) Redlichkeit *f* ② (*franchise*) Ehrlichkeit *f*, Aufrichtigkeit *f* ③ *d'une conduite, d'un procédé* Korrektheit *f; d'une intention* Ehrenhaftigkeit *f*

honneur [ɔnœʀ] *m* ① *sans pl* (*principe moral*) Ehre *f;* **promettre sur l'~ que ...** sein Ehrenwort [dafür] geben, dass ... ② *sans pl* (*réputation*) Ehre *f*, Ansehen *nt;* **être tout à l'~ de qn** jdm ganz zur Ehre gereichen ③ (*privilège*) Ehre *f;* **nous avons l'~ de vous faire part de la naissance ...** *form* wir haben die Ehre, die Geburt ... bekannt zu geben (*form*); **j'ai l'~ de solliciter un poste de ...** *form* [hiermit] bewerbe ich mich um die Stelle als ...; **j'ai l'~ de vous informer que ...** *form* ich freue mich, Ihnen mitteilen zu können, dass ...; **à toi l'~!** du darfst anfangen! ④ *pl* (*marques de distinctions*) Ehren *Pl*, Ehrungen *Pl;* **rendre les derniers ~s à qn** *form* jdm die letzte Ehre erweisen ⑤ (*considération*) **faire un grand ~ à qn en faisant qc** jdm eine große Ehre erweisen, indem man etw tut ▶ **faire les ~s de la maison à qn** jdn gebührend [bei sich] empfangen; (*faire visiter les lieux*) jdn durch sein Haus/seine Wohnung führen; **être à l'~** hoch im Kurs stehen; **faire ~ à un repas** sich (*dat*) ein Essen gut schmecken lassen; **en quel ~?** *hum* wozu?

honorabilité [ɔnɔʀabilite] *f* Ehrenhaftigkeit *f; d'une personne* Ehrbarkeit *f*

honorable [ɔnɔʀabl] *adj* ① (*respectable*) ehrenhaft; *personne* ehrenwert; *profession* ehrbar ② *résultat* ganz gut; *fortune* ansehnlich

honorablement [ɔnɔʀabləmɑ̃] *adv* auf ehrenhafte Weise

honoraire [ɔnɔʀɛʀ] **I.** *adj* *membre* Ehren-; *professeur* emeritiert; *conseiller* ehrenamtlich **II.** *mpl* Honorar *nt*

honorer [ɔnɔʀe] <1> **I.** *vt* ① (*traiter avec considération*) ehren ② (*faire honneur*) **~ qn** *sentiments, conduite:* jdm Ehre machen ③ (*célébrer*) **~ la mémoire de qn** jds Andenken in Ehren halten ④ (*respecter*) einhalten *engagement* ⑤ COM einlösen *chèque* **II.** *vpr* **s'~ d'être qc** stolz [darauf] sein, etw zu sein

honorifique [ɔnɔʀifik] *adj* Ehren-, ehrenamtlich

honte [ˈɔ̃t] *f* ① (*déshonneur*) Schande *f;* **[c'est] la ~!** *fam* so eine Blamage! ② *sans pl* (*sentiment d'humiliation*) Scham *f;* **avoir ~** sich schämen; **avoir ~ de qn** sich für jdn schämen; **avoir ~ à la place d'autrui** sich fremdschämen (*fam*); **avoir ~ de qc** sich wegen einer S. (*gen*) schämen, sich einer S. (*gen*) schämen (*geh*) ▶ **faire ~ à qn** jdm ein schlechtes Gewissen machen; **mourir de ~** sich zu Tode schämen

honteusement [ˈɔ̃tøzmɑ̃] *adv* *se conduire* schändlich

honteux, -euse [ˈɔ̃tø, -øz] *adj* **être ~ de qc** sich einer S. (*gen*)/für etw schämen

hooligan [ˈuligan] *m* Hooligan *m*

hop [ˈɔp] *interj* ① (*pour faire sauter*) hopp;

~! hopp!; ~ **là!** [hopp,] hopp!, hoppla! ② (*pour marquer une action brusque*) hopp, husch

hôpital [ɔpital, -o] <-aux> *m* Krankenhaus *nt*, Klinik *f*; ~ **militaire** Lazarett *nt*

hoquet [ˊɔkɛ] *m* Schluckauf *m kein Pl*; (*un ou plusieurs*) Schluchzer *m*

hoqueter [ˊɔkte] <3> *vi* den Schluckauf haben; (*sangloter*) schluchzen

horaire [ɔʀɛʀ] **I.** *adj* Stunden-, pro Stunde **II.** *m* ① (*répartition du temps*) Zeitplan *m*; ~ **de travail** Arbeitsplan *m*; ~ **mobile** [*o* **flexible**] gleitende Arbeitszeit ② *des trains, bus* Fahrplan *m*, Fahrplanangabe *f*; *des vols* Flugplan *m*; *des cours* Stundenplan *m*

horde [ˊɔʀd] *f* Horde *f*

horions [ˊɔʀjɔ̃] *m* Schläge *Pl*; **recevoir des** ~ Prügel beziehen

horizon [ɔʀizɔ̃] *m* ① *sans pl* (*ligne*) Horizont *m* ② (*étendue*) Aussicht *f*, [Aus]blick *m*; **changer d'**~ die [gewohnte] Umgebung wechseln ③ (*perspectives*) Horizont *m*; **ouvrir des ~s insoupçonnés à qn** jdm ungeahnte Perspektiven eröffnen

horizontal(e) [ɔʀizɔ̃tal, -o] <-aux> *adj* waag[e]recht, horizontal

horizontale [ɔʀizɔ̃tal] *f* ① MATH Waag[e]rechte *f* ② (*position*) **être à l'**~ waagerecht sein/liegen

horizontalement [ɔʀizɔ̃talmɑ̃] *adv* waag[e]recht

horloge [ɔʀlɔʒ] *f* (*appareil*) Uhr *f*; ~ [**à affichage**] **analogique/numérique** Analog-/Digitaluhr ▶ ~ **parlante** Zeitansage *f*

horloger, -ère [ɔʀlɔʒe, -ɛʀ] **I.** *adj* Uhren- **II.** *m, f* Uhrmacher(in) *m(f)*

horlogerie [ɔʀlɔʒʀi] *f* ① (*secteur économique*) Uhrenindustrie *f*; (*commerce*) Uhrenhandel *m* ② (*magasin*) ~ **bijouterie** Uhren- und Schmuckgeschäft *nt*

hormis [ˊɔʀmi] *prép littér* bis auf (+ *akk*)

hormonal(e) [ɔʀmɔnal, -o] <-aux> *adj* hormonal, hormonell

hormone [ɔʀmɔn] *f* Hormon *nt*

horodateur [ɔʀɔdatœʀ] *m* Parkscheinautomat *m*

horoscope [ɔʀɔskɔp] *m* Horoskop *nt*

horreur [ɔʀœʀ] *f* ① (*sensation de dégoût*) ~ **de la violence** Abscheu *m* vor der Gewalt ② (*sensation d'épouvante*) Entsetzen *nt*, Schrecken *m*, Horror *m*; **film d'**~ Horrorfilm *m*; **faire ~ à qn** Widerwillen bei jdm erregen; *paroles, idées:* bei jdm Entsetzen hervorrufen ③ *d'un crime, supplice* Abscheulichkeit *f*, Grauenhaftigkeit *f* ④ (*aversion*) **avoir ~ de qn/qc** jdn/etw verabscheuen; (*détester*) jdn/etw nicht ausstehen können ⑤ *fam* (*chose laide*) Scheußlichkeit *f*; **quelle ~!, l'~!** wie schrecklich!, wie entsetzlich!; **c'est l'~!** es/das ist entsetzlich! ⑥ *pl* (*grossièretés, actions infâmes*) Abscheulichkeiten *Pl*, grässliche Dinge *Pl*

horrible [ɔʀibl] *adj* ① (*abominable*) abscheulich, grauenhaft; *spectacle* grauenhaft; *accident, cris* schrecklich ② (*extrême*) schrecklich, fürchterlich ③ (*très laid*) abscheulich ④ (*très mauvais*) scheußlich

horriblement [ɔʀibləmɑ̃] *adv triste, cher, chaud* furchtbar

horrifiant(e) [ɔʀifjɑ̃, ɑ̃t] *adj* entsetzlich

horrifier [ɔʀifje] <1> *vt* ~ **qn** jdn entsetzen

horripilant(e) [ɔʀipilɑ̃, ɑ̃t] *adj* in den Wahnsinn treibend

horripiler [ɔʀipile] <1> *vt* fürchterlich nerven

hors [ˊɔʀ] *prép* ① (*à l'extérieur de, sans mouvement*) außer(halb); ~ **de** außerhalb von; **habiter/vivre ~ de qc** außerhalb einer S. (*gen*) wohnen/leben; **tomber/être projeté ~ de qc** aus etw (*dat*) herausfallen/-geschleudert werden; ~ **d'ici!** hinaus! ② (*au-delà de*) ~ **d'atteinte/de portée** außer Reichweite ▶ ~ **de combat** kampfunfähig, außer Gefecht; ~ **de danger** außer Gefahr; ~ **de prix** unerschwinglich; **être ~ de soi** außer sich sein

hors-bord [ˊɔʀbɔʀ] *m inv* ① (*moteur*) Außenbordmotor *m* ② (*bateau*) Außenborder *m* **hors-d'œuvre** [ˊɔʀdœvʀ] *m inv* Vorspeise *f* **hors-jeu** [ˊɔʀʒø] *m inv* SPORT Abseits *nt* **hors-la-loi** [ˊɔʀlalwa] *m inv* Bandit *m*, Gesetzlose(r) *f(m)* **hors-piste** [ˊɔʀpist] *m inv* **faire du** ~ Freeriding *nt* (*außerhalb der erlaubten Skipiste fahren*)

hortensia [ɔʀtɑ̃sja] *m* BOT Hortensie *f*

horticole [ɔʀtikɔl] *adj* Garten[bau]-

horticulteur, -trice [ɔʀtikyltœʀ, -tʀis] *m, f* Gärtner(in) *m(f)*

horticulture [ɔʀtikyltyʀ] *f* (*production*) Gartenbau *m*

hospice [ɔspis] *m* [Alten]pflegeheim *nt*

hospitalier, -ière [ɔspitalje, -jɛʀ] *adj* ① (*à l'hôpital*) Krankenhaus-, zum Krankenhaus gehörig; **personnel** ~ Pflegepersonal *nt* ② (*accueillant*) gastfreundlich

hospitalisation [ɔspitalizasjɔ̃] *f* (*action*) Einweisung *f* ins Krankenhaus; (*séjour*) Krankenhausaufenthalt *m*

hospitaliser [ɔspitalize] <1> *vt* ~ **qn** jdn in ein Krankenhaus einweisen

hospitalité [ɔspitalite] *f* Gastfreundschaft *f*

hostie [ɔsti] *f* REL Hostie *f*

H

hostile [ɔstil] *adj* feindlich; *attitude* feindselig; **être ~ à qn** jdm nicht wohlgesinnt sein; **être ~ à qc** einer S. (*dat*) ablehnend gegenüberstehen

hostilité [ɔstilite] *f* ① (*inimitié*) Feindseligkeit *f*, Feindschaft *f* ② *pl* MIL **les ~s** die Kampfhandlungen *Pl*

hosto [ɔsto] *m fam* (*hôpital*) Krankenhaus *nt*

hot-dog [´ɔtdɔg] <hot-dogs> *m* GASTR Hotdog *m o nt*

hôte [ot] **I.** *mf d'une personne, ville* Gast *m*; *d'un hôtel* [Hotel]gast **II.** *m* INFORM Host *m*

hôte, hôtesse [ot, otɛs] *m, f soutenu* (*maître de maison*) Gastgeber(in) *m(f)*

hôtel [ɔtɛl, otɛl] *m* ① (*hôtellerie*) Hotel *nt* ② (*riche demeure*) herrschaftliches Stadthaus *nt* ▶ **~ Matignon** *Amtssitz des französischen Premierministers;* **~ de ville** Rathaus *nt*

hôtel-Dieu [ɔtɛldjø, otɛldjø] <hôtels-Dieu> *m* Hospiz *nt* für Kranke

hôtelier, -ière [ɔtəlje, otəlje, -jɛʀ] **I.** *adj* Hotel-; **industrie hôtelière** Hotel- und Gaststättengewerbe *nt* **II.** *m, f* Hotelbesitzer(in) *m(f)*, Hotelier *m*

hôtellerie [ɔtɛlʀi, otɛlʀi] *f* (*profession*) Hotelgewerbe *nt*

hôtel-restaurant [ɔtɛlʀɛstɔʀɑ̃, otɛlʀɛstɔʀɑ̃] <hôtels-restaurant> *m* Hotel *nt* mit Restaurant

hôtesse [otɛs] *f* ① *v.* **hôte** ② (*profession*) **~ d'accueil** (*d'une entreprise*) Empfangssekretärin *f*; (*d'un hôtel*) Empfangsdame *f*; (*dans une exposition*) Hostess *f*; **~ de l'air** Stewardess *f*

hot-line [´ɔtlajn] <hot-line[s]> *f* Hotline *f*

hotte [´ɔt] *f* ① *d'une cheminée* Rauchfang *m*; **~ aspirante** [Dunst]abzugshaube *f* ② (*panier*) Kiepe *f*

hou [´u] *interj* ① (*pour faire honte*) pfui; (*pour conspuer*) buh ② (*pour faire peur*) hu ▶ **~, ~!** hallo!

houblon [´ublɔ̃] *m* Hopfen *m*

houblonnière [´ublɔnjɛʀ] *f* Hopfenfeld *nt*

houe [´u] *f* Hacke *f*

houille [´uj] *f* Steinkohle *f*

houiller, -ère [´uje, -ɛʀ] *adj* Steinkohlen-, steinkohlenhaltig

houillère [´ujɛʀ] *f* [Stein]kohlenbergwerk *nt*

houle [´ul] *f* Seegang *m*

houlette [´ulɛt] ▶ **être sous la ~ de qn** unter jds Führung (*dat*) stehen

houleux, -euse [´ulø, -øz] *adj* ① *mer* bewegt, stürmisch ② *séance* turbulent; *salle* unruhig

houppe [´up] *f* **~ de cheveux** [Haar]büschel *nt*

houppette [´upɛt] *f* Puderquaste *f*

hourdis [´uʀdi] *m* CONSTR (*dans un colombage*) Mauerwerk *nt*

hourra [´uʀa] **I.** *interj* hurra **II.** *m* Hurra *nt*; **pousser des ~s** in Hurrageschrei ausbrechen

houspiller [´uspije] <1> *vt* ausschimpfen

housse [´us] *f* [Schutz]hülle *f*; **~ de siège** [Schon]bezug *m*; **~ de couette** Bettbezug; **~ portable** Handyhülle, Natelhülle (CH)

houx [´u] *m* BOT Stechpalme *f*

hovercraft [´ɔvœʀkʀaft] *m* Luftkissenfahrzeug *nt*

H.S. [aʃɛs] *adj inv abr de* **hors service** ▶ **être ~** *fam* k.o. [*o* am Ende] sein

H.T. [aʃte] *abr de* **hors taxes** ohne MwSt.

HTML [´aʃteɛmɛl] *m* INFORM *abr de* **Hypertext Markup Language** HTML *nt*

hublot [´yblo] *m d'un bateau* Bullauge *nt*; *d'un avion* Fenster *nt*; *d'un appareil ménager* Sichtfenster *nt*

huche [´yʃ] *f* Kasten *m*

hue [´y] *interj* (*avancer*) hü!; (*tourner à droite*) hott!

huées [´ɥe] *fpl* (*cris de réprobation*) Buhrufe *Pl*

huer [´ɥe] <1> *vt* auspfeifen

huguenot(e) [´ygno, ɔt] *m(f)* Hugenotte *m*/Hugenottin *f*

huilage [ɥilaʒ] *m* (*graissage*) Schmieren *nt*

huile [ɥil] *f* ① GASTR Öl *nt*; **~ d'olive/de tournesol** Oliven-/Sonnenblumenöl ② (*hydrocarbure*) Motoröl *nt* ③ (*lait*) **~ solaire** Sonnenöl *nt* ④ (*peinture à l'huile*) **peint à l'~** in Öl gemalt ▶ **~ de coude** *fam* Mumm *m*; **jeter de l'~ sur le feu** Öl ins Feuer gießen

huilé(e) [ɥile] *adj* **bien ~** gut laufend

huiler [ɥile] <1> *vt* ölen, [mit Öl] schmieren *mécanisme;* einfetten *moule*

huilerie [ɥilʀi] *f* (*usine*) Ölmühle *f*

huileux, -euse [ɥilø, -øz] *adj péj plat, surface* ölig

huilier [ɥilje] *m* Menage *f*

huis [ɥi] ▶ **à ~ clos** hinter verschlossenen Türen; JUR unter Ausschluss der Öffentlichkeit

huisserie [ɥisʀi] *f d'une porte* Rahmen *m*

huissier [ɥisje] *m* (*officier ministériel*) Gerichtsvollzieher(in) *m(f)*, Exekutor(in) *m(f)* (A)

huit [´ɥit, *devant une consonne* ´ɥi] **I.** *num* acht **II.** *m inv* Acht *f* ▶ **le grand ~** die Achterbahn; *v. a.* **cinq**

huitaine [´ɥitɛn] *f* ① (*ensemble d'environ*

huit éléments) **une ~ de personnes/pages** etwa acht Personen/Seiten ② (*une semaine*) **dans une ~** in etwa acht Tagen

huitante [ˈɥitɑ̃t] *num* CH (*quatre-vingts*) achtzig; *v. a.* **cinq, cinquante**

huitième [ˈɥitjɛm] **I.** *adj antéposé* achte(r, s) **II.** *mf* **le/la ~** der/die/das Achte **III.** *m* ① (*fraction*) Achtel *nt* ② SPORT **~ de finale** Achtelfinale *nt; v. a.* **cinquième**

huitièmement [ˈɥitjɛmmɑ̃] *adv* achtens

huître [ɥitʀ] *f* Auster *f*

huîtrier [ɥitʀije] *m* ORN Austernfischer *m*

huîtrier, -ière [ɥitʀije, -jɛʀ] *adj* Austern-

huîtrière [ɥitʀijɛʀ] *f* PECHE Austernbank *f*, Austernpark *m*

hulotte [ˈylɔt] *f* ORN Waldkauz *m*

hululement [ˈylylmɑ̃] *m* Schrei *m*

hululer [ˈylyle] <1> *vi oiseau de nuit:* schreien

hum [ˈœm] *interj* (*pour exprimer le doute, la gêne, une réticence*) hm ▶ **~, ~!** (*pour s'éclaircir la voix, attirer l'attention*) hm, hm

humain(e) [ymɛ̃, ɛn] *adj* ① (*propre à l'homme*) menschlich; *chair, vie, dignité* Menschen-; **les êtres ~s** die Menschen ② (*compatissant, sensible*) menschlich, human

humainement [ymɛnmɑ̃] *adv* ① *traiter* menschenwürdig ② (*avec les capacités humaines*) **faire tout ce qui est ~ possible** alles Menschenmögliche tun

humanisation [ymanizasjɔ̃] *f* Humanisierung *f*

humaniser [ymanize] <1> **I.** *vt* menschenwürdiger gestalten *conditions de vie, travail* **II.** *vpr* **s'~** menschlich[er] werden

humanisme [ymanism] *m* Humanismus *m*

humaniste [ymanist] *adj* humanistisch

humanitaire [ymanitɛʀ] *adj organisation* humanitär; **l'aide ~** die humanitäre Hilfe

humanitarisme [ymanitaʀism] *m péj* Humanitätsduselei *f*

humanité [ymanite] *f* ① (*le genre humain*) Menschheit *f* ② *sans pl* (*bonté*) Menschlichkeit *f*

humanoïde [ymanɔid] **I.** *adj* menschenähnlich **II.** *m* menschenähnliches Wesen

humble [œ̃bl] *adj* ① *postposé* (*modeste*) unscheinbar ② (*déférent*) ehrfurchtsvoll, ehrfürchtig ③ *antéposé* (*pauvre, sans prétention*) einfach; *travaux* niedrig

humblement [œ̃bləmɑ̃] *adv* demütig

humecter [ymɛkte] <1> **I.** *vt* anfeuchten *doigts, timbre, linge* **II.** *vpr* **s'~ les lèvres** sich (*dat*) die Lippen befeuchten

humer [ˈyme] <1> *vt* [tief] einatmen *air frais, odeur;* riechen an (+ *dat*) *plat;* **un animal hume l'air** ein Tier schnuppert

humérus [ymeʀys] *m* ANAT Oberarmknochen *m*

humeur [ymœʀ] *f* ① (*état d'âme, envie*) Stimmung *f*, Laune *f*; **être de bonne/mauvaise ~** gut/schlecht gelaunt sein; **être/se sentir d'~ à faire qc** dazu aufgelegt sein, etw zu tun ② (*tempérament*) Wesen *nt* ③ (*irritation*) schlechte Laune; **répondre avec ~** unwirsch antworten ▶ **passer son ~ sur qn** seine schlechte Laune an jdm auslassen

humide [ymid] *adj* ① (*qui a pris l'humidité*) feucht ② METEO *climat* feucht; *temps* nass; **il fait une chaleur/un froid ~** es ist feuchtwarm/nasskalt

humidificateur [ymidifikatœʀ] *m* Luftbefeuchter *m*

humidifier [ymidifje] <1> *vt* befeuchten

humidité [ymidite] *f* Feuchtigkeit *f*

humiliant(e) [ymiljɑ̃, jɑ̃t] *adj* demütigend; *échec* schimpflich

humiliation [ymiljasjɔ̃] *f* ① *sans pl* (*état*) Demütigung *f* ② (*affront*) Kränkung *f*

humilier [ymilje] <1> **I.** *vt* demütigen, erniedrigen **II.** *vpr* **s'~ devant qn** sich vor jdm erniedrigen

humilité [ymilite] *f* Demut *f*

humoriste [ymɔʀist] *mf* Humorist(in) *m(f)*

humoristique [ymɔʀistik] *adj* humoristisch

humour [ymuʀ] *m* Humor *m*

humus [ymys] *m* Humus *m*

huppe [ˈyp] *f* Haube *f*, Schopf *m*

huppé(e) [ˈype] *adj* ① ZOOL Hauben-; **alouette ~e** Haubenlerche *f* ② *fam personne, restaurant* piekfein

hure [ˈyʀ] *f* ① (*tête*) Kopf *m;* **~ du sanglier** Wildschweinkopf ② GASTR Presskopf *m*

hurlant(e) [ˈyʀlɑ̃, ɑ̃t] *adj* schreiend

hurlement [ˈyʀləmɑ̃] *m d'une personne* Schrei *m; de la foule* Geschrei *nt; des loups, du vent* Heulen *nt*

hurler [ˈyʀle] <1> **I.** *vi* ① (*pousser des hurlements*) *animal:* heulen; **~ de qc** vor etw (*dat*) schreien ② (*dire en criant*) schreien, brüllen ③ (*produire un son semblable à un hurlement*) *vent:* heulen; *freins:* kreischen **II.** *vt* hinausschreien *injures;* ausstoßen *menaces*

hurleur [ˈyʀlœʀ] *m* ZOOL Brüllaffe *m*

hurluberlu(e) [yʀlybɛʀly] *m(f)* *fam* Luftikus *m*

H

hurrah [ˈuʀa] *interj v.* **hourra**
hussard [ˈysaʀ] *m* Husar *m*
hussarde [ˈysaʀd] ►**à la ~** ohne Rücksicht[nahme]
hutte [ˈyt] *f* Hütte *f*
hW *abr de* **hectowatt** hW
hybridation [ibʀidasjɔ̃] *f* BIO Bastardierung *f*
hybride [ibʀid] **I.** *adj* ① BIO hybrid, Bastard- ② (*composite*) gemischt; **solution ~** unbefriedigende Kompromisslösung ③ AUT Hybrid-; **voiture ~** Hybridauto *nt* **II.** *m* BIO Hybride *m o f*, Bastard *m*
hydratant(e) [idʀatɑ̃, ɑ̃t] *adj* Feuchtigkeits-
hydratation [idʀatasjɔ̃] *f* Hydratation *f*
hydrate [idʀat] *m* CHIM Hydrat *nt*; **~ de calcium** Löschkalk *m*
hydrater [idʀate] <1> **I.** *vt* ① (*en cosmétique*) mit Feuchtigkeit versorgen ② CHIM mit Wasser verbinden **II.** *vpr* CHIM **s'~** ein Hydrat bilden
hydraulique [idʀolik] **I.** *adj* ① *frein, machine* hydraulisch ② *installation, travaux* Kanalisations-; **énergie ~** Wasserkraft *f* **II.** *f sans pl* Hydraulik *f*
hydravion [idʀavjɔ̃] *m* Wasserflugzeug *nt*
hydre [idʀ] *f* ZOOL, A. HIST Hydra *f*
hydrocarbure [idʀokaʀbyʀ] *m* CHIM Kohlenwasserstoff *m*
hydrocéphale [idʀosefal] *adj* MED mit einem Wasserkopf
hydrocéphalie [idʀosefali] *f* MED Wasserkopf *m*
hydrocution [idʀɔkysjɔ̃] *f* MED Kaltwasserschock *m*
hydrodynamique [idʀodinamik] PHYS **I.** *adj* hydrodynamisch **II.** *f* Hydrodynamik *f*
hydroélectrique, hydro-électrique [idʀoelɛktʀik] *adj* hydroelektrisch; **centrale ~** Wasserkraftwerk *nt*
hydrogène [idʀɔʒɛn] *m* CHIM Wasserstoff *m*
hydroglisseur [idʀoglisœʀ] *m* Gleitboot *nt*
hydrographie [idʀɔgʀafi] *f* Gewässerkunde *f*, Hydrographie *f* (*Fachspr.*)
hydrologie [idʀɔlɔʒi] *f* Hydrologie *f*
hydrolyse [idʀɔliz] *f* CHIM Hydrolyse *f*
hydromel [idʀomɛl] *m* Met *m*
hydrophile [idʀɔfil] *adj* **coton ~** Watte *f*
hydrostatique [idʀɔstatik] PHYS **I.** *adj* hydrostatisch **II.** *f* Hydrostatik *f*
hydrothérapie [idʀɔteʀapi] *f* MED Wasserbehandlung *f*, Hydrotherapie *f* (*Fachspr.*)
hydroxyde [idʀɔksid] *m* CHIM Hydroxid *nt*

hyène [jɛn, ˈjɛn] *f* ZOOL Hyäne *f*
hygiaphone® [iʒjafɔn] *m* Sprechmembran *f* (*bei Schaltern*)
hygiène [iʒjɛn] *f sans pl* ① (*principes*) Gesundheitslehre *f* ② (*pratique*) Hygiene *f*, Sauberkeit *f* ③ (*bonnes conditions sanitaires*) Hygiene *f*, Sauberkeit *f*; **les services d'~** das Gesundheitsamt ④ *des cheveux, du bébé* Pflege *f*; **articles d'~** [Körper]pflegemittel *Pl*
hygiénique [iʒjenik] *adj* ① (*de propreté*) hygienisch; **papier ~** Toilettenpapier *nt* ② (*sain*) Gesundheits-
hygromètre [igʀɔmɛtʀ] *m* METEO Luftfeuchtigkeitsmesser *m*, Hygrometer *nt* (*Fachspr.*)
hygrométrie [igʀɔmetʀi] *f* Luftfeuchtigkeitsmessung *f*
hymen [imɛn] *m* ANAT Jungfernhäutchen *nt*
hymne [imn] *m* Hymne *f*
hype [ˈajp] **I.** *adj inv* hip **II.** *f* Hype *m*
hyper [ipɛʀ] *m fam abr de* **hypermarché**
hyperactivité [ipɛʀaktivite] *f* Hyperaktivität *f*
hyperbole [ipɛʀbɔl] *f* MATH, LITTER Hyperbel *f*
hypercorrect(e) [ipɛʀkɔʀɛkt] *adj* LING hyperkorrekt
hyperglycémie [ipɛʀglisemi] *f* MED erhöhter Blutzuckergehalt
hyperlien [ipɛʀljɛ̃] *m* INFORM Hyperlink *m*
hypermarché [ipɛʀmaʀʃe] *m* großer Supermarkt
hypermétrope [ipɛʀmetʀɔp] *adj* weitsichtig
hypermétropie [ipɛʀmetʀɔpi] *f* Weitsichtigkeit *f*
hypernerveux, -euse [ipɛʀnɛʀvø, -øz] *adj* übernervös
hyperpuissance [ipɛʀpɥisɑ̃s] *f* POL Hypermacht *f*
hypersensible [ipɛʀsɑ̃sibl] *adj* hypersensibel
hypertendu(e) [ipɛʀtɑ̃dy] *adj fam* ① (*très stressé*) **être ~** *personne:* überreizt sein ② (*difficile*) **être ~** *ambiance:* sehr angespannt sein
hypertension [ipɛʀtɑ̃sjɔ̃] *f* MED erhöhter Blutdruck
hypertexte [ipɛʀtɛkst] *m* INFORM Hypertext *m*
hypertextuel(le) [ipɛʀtekstɥɛl] *adj* INFORM Hypertext-, hypertextuell
hyperthermie [ipɛʀtɛʀmi] *f* MED Wärmestauung *f* (*bei hohen Außentemperaturen*)
hypertrophie [ipɛʀtʀɔfi] *f* MED, BIO übermäßige Vergrößerung *f*

H

hypertrophié(e) [ipɛʀtʀɔfje] *adj* ① MED, BIO hypertroph (*Fachspr.*) ② *fig* übersteigert
hypnose [ipnoz] *f* Hypnose *f*
hypnotique [ipnɔtik] *adj* hypnotisch
hypnotiser [ipnɔtize] <1> *vt a. fig* hypnotisieren
hypnotiseur, -euse [ipnɔtizœʀ, -øz] *m, f* Hypnotiseur(in) *m(f)*
hypoallergénique [ipoalɛʀʒenik], **hypoallergique** [ipoalɛʀʒik] *adj* MED, PHARM antiallergisch
hypocalorique [ipokalɔʀik] *adj* kalorienarm
hypocondriaque [ipɔkɔ̃dʀijak] *adj péj personne* hypochondrisch
hypocrisie [ipɔkʀizi] *f* Heuchelei *f*, Scheinheiligkeit *f*
hypocrite [ipɔkʀit] **I.** *adj* heuchlerisch, scheinheilig **II.** *mf* Heuchler(in) *m(f)*
hypocritement [ipɔkʀitmɑ̃] *adv* heuchlerisch
hypodermique [ipodɛʀmik] *adj* ANAT, MED subkutan
hypoglycémie [ipoglisemi] *f* MED verminderter Blutzuckergehalt *m*
hypophyse [ipɔfiz] *f* ANAT Hirnanhangdrüse *f*, Hypophyse *f*
hypotension [ipotɑ̃sjɔ̃] *f* MED [zu] niedriger Blutdruck
hypoténuse [ipɔtenyz] *f* MATH Hypotenuse *f*
hypothécable [ipɔtekabl] *adj* hypothekarisch
hypothécaire [ipɔtekɛʀ] *adj* hypothekarisch [gesichert], Hypotheken-
hypothèque [ipɔtɛk] *f* Hypothek *f*
hypothéquer [ipɔteke] <5> *vt* ① FIN mit einer Hypothek belasten *maison;* hypothekarisch sichern *créance* ② (*engager*) **~ l'avenir** die Zukunft [im Voraus] belasten
hypothermie [ipotɛʀmi] *f* MED Unterkühlung *f*
hypothèse [ipɔtɛz] *f* ① (*supposition*) Hypothese *f*, Annahme *f* ② (*éventualité, cas*) **dans l'~ où** angenommen, dass; **dans cette ~** in diesem Fall ③ (*en logique et science*) Hypothese *f*
hypothétique [ipɔtetik] *adj* (*en logique et science*) hypothetisch
hystérie [isteʀi] *f* Hysterie *f*; **~ collective** Massenhysterie
hystérique [isteʀik] **I.** *adj* hysterisch **II.** *mf* Hysteriker(in) *m(f)*, Wahnsinnige(r) *f(m)*
Hz *abr de* **hertz** Hz

I i

I, i [i] *m inv* I *nt*, i *nt*
ibérique [ibeʀik] *adj* iberisch
ibid. [ibid] *adv abr de* **ibidem** ibid., ib.
ibidem [ibidɛm] *adv* ibidem
ibis [ibis] *m* ORN Ibis *m*
iceberg [ajsbɛʀg, isbɛʀg] *m* Eisberg *m*
ici [isi] *adv* ① (*en ce lieu*) hier; **c'est ~ que qn a fait qc** hier hat jd etw getan; **~ et là** hier und da; **Madame la directrice, ~ présente, va ...** die [hier] anwesende Direktorin wird ... ② (*de ce lieu*) **d'~** von hier, hiesig; **les gens d'~** die Einheimischen; **par ~** hier [in der Gegend]; **d'~ à Paris/au musée** von hier [aus] bis Paris/zum Museum; **près/loin d'~** in der Nähe/weit von hier [entfernt]; **à partir d'~** von hier an; **sortez d'~!** raus hier! ③ (*vers ce lieu*) hierher; **viens ~ immédiatement!** komm sofort [hier]her!; **jusqu'~** bis hierher; **par ~** hier entlang; (*monter*) hier hinauf; (*descendre*) hier hinunter; **passer par ~** hier vorbeikommen ④ (*temporel*) **jusqu'~** bis jetzt; **d'~** von jetzt an; **d'~ peu** bald, in Kürze; **d'~ là** bis dahin; **d'~ [à] 2010/[à] demain/[à] lundi** bis 2010/morgen/Montag; **d'~ [à] la semaine prochaine** bis zur nächsten Woche; **d'~ une semaine/quelques semaines** in einer Woche/einigen Wochen; **d'~ [à ce] qu'il accepte, cela peut durer** bis [dass] er akzeptiert, das kann dauern; **mais d'~ à ce qu'il abandonne, je n'aurais jamais imaginé!** aber dass er [so einfach] aufgibt, das hätte ich nie gedacht!
ici-bas [isibɑ] *adv a. hum* hier unten, auf dieser Erde; **les choses d'~** die irdischen Dinge
icône [ikon] *f* ① ART, REL Ikone *f* ② INFORM Icon *nt*
iconoclaste [ikɔnɔklast] *mf* Bilderstürmer(in) *m(f)*

iconographie [ikɔnɔgʀafi] *f* Illustration *f*, Bebilderung *f*

id. [id] *abr de* **idem** id.

idéal [ideal, -o] <-aux *o* s> *m* ① (*modèle*) Ideal *nt;* ~ **de justice/liberté** ideale Vorstellung von Gerechtigkeit/Freiheit; ~ **de beauté** Schönheitsideal; **personne sans** ~ Mensch *m* ohne Ideale ② *sans pl* (*le mieux*) **l'**~ **serait que** + *subj* das Beste wäre, wenn; **dans l'**~ im Idealfall

idéal(e) [ideal, -o] <-aux *o* s> *adj* ① *fam* (*rêvé*) ideal; **beauté** ~**e** vollkommene Schönheit; **des vacances** ~**es** ein Traumurlaub ② (*imaginaire*) ideal

idéalement [idealmɑ̃] *adv* ideal

idéalisation [idealizasjɔ̃] *f* Idealisierung *f*

idéaliser [idealize] <1> *vt* idealisieren

idéalisme [idealism] *m* Idealismus *m*

idéaliste [idealist] *mf* Idealist(in) *m(f)*

idée [ide] *f* ① (*projet, inspiration*) Idee *f;* (*suggestion*) Idee, Einfall *m;* ~ **lumineuse** glänzende Idee; **être plein d'**~**s** voller Ideen stecken; ~ **de génie** geniale Idee; *iron* glorreiche Idee; **donner l'**~ **à qn de faire qc** jdn auf die Idee bringen, etw zu tun; **quelle drôle d'**~**!** [was für eine] komische Idee!; **tu as de ces** ~**s!** du hast [vielleicht] Ideen! (*fam*) ② (*opinion*) Meinung *f;* ~**s politiques/révolutionnaires** politische/revolutionäre Ansichten *Pl;* **avoir les/des** ~**s larges** liberale Ansichten haben; **avoir une haute** ~ **de qn/soi-même** eine hohe Meinung von jdm/von sich selbst haben ③ (*pensée*) ~ **fixe** fixe Idee; ~**s noires** trübsinnige Gedanken *Pl;* **l'**~ **de qc/que qn est mort/qn ait pu faire ça** der Gedanke an etw (*akk*)/[daran], dass jd tot ist/jd dies hätte tun können; **à l'**~ **de qc** bei dem Gedanken an etw (*akk*); **suivre/perdre le fil de ses** ~**s** seinem Gedankengang folgen/den Faden verlieren; **sauter d'une** ~ **à l'autre** Gedankensprünge machen; **se faire à l'**~ **que qn est mort** sich an den Gedanken gewöhnen, dass jd tot ist; **avoir une** ~ **[de] derrière la tête** *fam* einen Hintergedanken haben; **se changer les** ~**s** auf andere Gedanken kommen ④ (*concept, notion*) Idee *f;* ~ **reçue** überkommene Vorstellung; ~ **de qc** Vorstellung *f* von etw; **se faire une** ~ **de qc** sich (*dat*) eine Vorstellung von etw machen; **ne pas avoir la moindre** ~ **de qc** nicht die leiseste Ahnung von etw haben; **Aucune** ~**!** Keine Ahnung!; **donner une** ~ **de qc à qn** jdm eine Vorstellung von etw geben; **avoir** ~ **de ce que ...** sich (*dat*) vorstellen können, dass ...; **on n'a pas** ~**!, a-t-on** ~**!** das ist unglaublich!; **tu n'as pas** ~ **de ce que ...** du kannst dir nicht vorstellen, was ... ⑤ (*esprit*) **qc vient à l'**~ **de qn** etw kommt jdm in den Sinn; **venir à l'**~ **de faire qc** in den Sinn kommen etw zu tun ⑥ (*thème*) Idee *f;* ~ **générale d'un film/roman** Grundidee eines Films/Buches ▶**se faire des** ~**s** (*s'imaginer des choses*) sich (*dat*) unnütz Sorgen machen; (*se faire des illusions*) sich (*dat*) falsche Hoffnungen machen

idem [idɛm] *adv* (*de même*) dasselbe

identifiable [idɑ̃tifjabl] *adj* identifizierbar

identifiant [idɑ̃tifjɑ̃] *m* INFORM Benutzername *m*, Kennung *f*

identification [idɑ̃tifikasjɔ̃] *f* ① Identifizierung *f* ② AVIAT, NAUT Kennung *f*

identifier [idɑ̃tifje] <1> **I.** *vt* ~ **qn** jdn identifizieren **II.** *vpr* **s'**~ **à qn/qc** sich mit jdm/etw identifizieren

identique [idɑ̃tik] *adj* identisch, gleich; **un véhicule** ~ ein Fahrzeug des gleichen Typs; **être** ~ **à qc** identisch mit etw sein; **il reste toujours** ~ **à lui-même** er bleibt sich (*dat*) immer [selbst] treu

identité [idɑ̃tite] *f* ① *d'une personne* Identität *f;* **établir/vérifier l'**~ **de qn** jds Personalien feststellen/überprüfen; **sous une fausse** ~ unter falschem Namen ② *d'une société* Erscheinungsbild *nt;* ~ **graphique** Produktdesign *nt*, CD *nt;* ~ **visuelle** Firmendesign *nt*, CI *nt*

idéologie [ideɔlɔʒi] *f* Ideologie *f*

idéologique [ideɔlɔʒik] *adj* ideologisch

idéologue [ideɔlɔg] *mf* Ideologe *m*/Ideologin *f*

idiomatique [idjɔmatik] *adj* idiomatisch

idiome [idjom] *m* Idiom *nt*

idiot(e) [idjo, idjɔt] **I.** *adj* dumm, blöd[e] (*fam*); *action* idiotisch; **ce type est complètement** ~ der Typ ist ein Vollidiot (*fam*) ▶**ne pas vouloir mourir** ~ nicht dumm sterben wollen (*fam*) **II.** *m(f)* Idiot(in) *m(f);* **tu me prends pour un** ~**?** hältst du mich für blöd? (*fam*); ~ **du village** *fam* Dorftrottel *m* (*fam*) ▶**faire l'**~ (*faire mine de ne pas comprendre*) sich dumm stellen; (*vouloir amuser*) Blödsinn machen; (*se conduire stupidement*) sich wie ein Idiot benehmen

idiotie [idjɔsi] *f* Dummheit *f*

idiotisme [idjɔtism] *m* LING Idiotismus *m*

idoine [idwan] *adj hum* passend, geeignet

idolâtre [idɔlɑtʀ] **I.** *adj* götzendienerisch **II.** *mf* Götzendiener(in) *m(f)*

idolâtrer [idɔlɑtʀe] <1> *vt littér* abgöttisch lieben, vergöttern

idolâtrie [idɔlɑtʀi] *f* ① Götzendienst *m* ② (*amour passionné*) abgöttische Liebe *f*

idole [idɔl] *f* Idol *nt*, Abgott *m*; **faire de qn son ~** jdn zu seinem Idol machen

idylle [idil] *f* Idylle *f*

idyllique [idilik] *adj* idyllisch

iench [jɛ̃ʃ] *m arg* Kläffer *m* (*sl*)

if [if] *m* Eibe *f*

IFOP [ifɔp] *m abr de* **institut français d'opinion publique** *französisches Meinungsforschungsinstitut*

igloo, iglou [iglu] *m* Iglu *nt o m*

igname [iɲam, ignam] *f* BOT Jamswurzel *f*

ignare [iɲaʀ] *adj* völlig unwissend

ignifuge [iɲifyʒ, ignifyʒ] I. *adj produit* feuerabweisend II. *m* Flammenhemmstoff *m*

ignifuger [iɲifyʒe, ignifyʒe] <2a> *vt* feuerfest machen

ignition [iɲisjɔ̃, ignisjɔ̃] *f* PHYS Verbrennung *f*

ignoble [iɲɔbl] *adj* gemein, niederträchtig; *procédé* scheußlich; **propos ~s** Gemeinheiten *Pl*

ignominie [iɲɔmini] *f* ① (*acte*) Schandtat *f* ② (*opprobre*) Schande *f*

ignorance [iɲɔʀɑ̃s] *f* ① (*manque d'instruction*) Unwissenheit *f* ② (*méconnaissance*) Unkenntnis *f*; **dans l'~ de qc** in Unkenntnis einer S. (*gen*)

ignorant(e) [iɲɔʀɑ̃, ɑ̃t] I. *adj* ① (*inculte*) unwissend; **être ~ en qc** sich in etw (*dat*) nicht auskennen ② (*qui n'est pas au courant*) **être ~ des événements** über die Ereignisse (*akk*) nicht informiert sein II. *m(f)* Ignorant(in) *m(f)*; **faire l'~** sich dumm stellen; **parler en ~ de qc** von etw wie der Blinde von der Farbe reden

ignoré(e) [iɲɔʀe] *adj* unbekannt

ignorer [iɲɔʀe] <1> I. *vt* ① (*opp: savoir*) nicht kennen; **ne pas ~ qc** etw sehr wohl kennen; **n'~ rien de qc** etw sehr wohl wissen ② (*négliger*) ignorieren ▶ **nul n'est censé ~ la loi** Unkenntnis schützt vor Strafe nicht; **afin que nul n'en ignore** zur allgemeinen Beachtung II. *vpr* **s'~** ① (*feindre de ne pas se connaître*) **des personnes s'ignorent** Menschen ignorieren sich ② (*devoir être connu*) **qc ne s'ignore pas** etw sollte man kennen

iguane [igwan] *m* Leguan *m*

il [il] *pron pers* ① (*masc*) er; **~ est grand** er ist groß ② *interrog, non traduit* **Louis a-t-~ ses clés?** hat Louis seine Schlüssel?; **le courrier est-~ arrivé?** ist die Post schon da? ③ (*répétitif*) **~ est beau, ce costume** der Anzug ist schön; **regarde le soleil, ~ se couche** sieh mal, die Sonne geht unter; **l'oiseau, ~ fait cui-cui** der Vogel ruft zizidä ④ *impers* es; **~ est possible qu'elle vienne** es ist möglich, dass sie kommt; **~ pleut** es regnet; **~ faut que je parte** ich muss gehen; **~ y a deux ans** vor zwei Jahren; **~ paraît qu'elle vit là-bas** es scheint, dass sie dort lebt; *v. a.* **avoir**

île [il] *f* Insel *f*

Île-de-France [ildəfʀɑ̃s] *f* **l'~** die Ile-de-France

Îles [il] *fpl* **les ~** (*Antilles*) die Antillen *Pl*

îlien(ne) [iljɛ̃, jɛn] NORD I. *adj* insular II. *m(f)* Insulaner(in) *m(f)*

illégal(e) [i(l)legal, -o] <-aux> *adj* illegal, ungesetzlich

illégalement [i(l)legalmɑ̃] *adv* illegal

illégalité [i(l)legalite] *f* Illegalität *f*

illégitime [i(l)leʒitim] *adj* ① (*non conforme au droit*) unrechtmäßig ② *enfant* unehelich ③ (*non justifié*) ungerechtfertigt

exprimer son ignorance

exprimer son ignorance	*Nichtwissen ausdrücken*
Je ne sais pas (non plus)./ Je sais pas. (*fam*)	*Das weiß ich (auch) nicht./ Weiß nicht. (fam)*
Aucune idée.	*Keine Ahnung. (fam)*
J'en ai aucune idée. (*fam*)	*Ich habe keinen blassen Schimmer. (fam)*
Je regrette, mais je n'y connais rien.	*Ich kenne mich da leider nicht aus.*
Là, tu m'en demandes/vous m'en demandez trop.	*Da bin ich überfragt.*
Je ne suis pas au courant.	*Darüber weiß ich nicht Bescheid.*
Je n'ai pas connaissance du nombre exact. (*soutenu*)	*Die genaue Anzahl entzieht sich meiner Kenntnis. (geh)*
Comment pourrais-je le savoir?	*Woher soll ich das wissen?*

illégitimement [i(l)leʒitimmɑ̃] *adv* ❶ JUR auf unrechtmäßige Weise ❷ (*injustement*) ungerechtfertigterweise
illégitimité [i(l)leʒitimite] *f* Unrechtmäßigkeit *f*, Illegitimität *f* (*geh*)
illettré(e) [i(l)letʀe] *adj* analphabetisch
illettrisme [i(l)letʀism] *m* Analphabetentum *nt*
illicite [i(l)lisit] *adj* unerlaubt
illicitement [i(l)lisitmɑ̃] *adv* verbotenerweise
illico [i(l)liko] *adv fam* auf der Stelle ▶ ~ **presto** dalli, dalli
illimité(e) [i(l)limite] *adj* ❶ (*sans bornes*) unbegrenzt; *confiance* grenzenlos; *pouvoirs* uneingeschränkt; *reconnaissance* unendlich ❷ *durée* unbegrenzt; *congé* unbefristet; **forfait** ~ TELEC, INET Flat[rate] *f*
illisibilité [i(l)lizibilite] *f* ❶ *d'une écriture* Unleserlichkeit *f* ❷ *d'un ouvrage* Unlesbarkeit *f*
illisible [i(l)lizibl] *adj* ❶ (*indéchiffrable*) unleserlich ❷ (*incompréhensible*) nicht lesbar
illogique [i(l)lɔʒik] *adj* unlogisch
illumination [i(l)lyminasjɔ̃] *f* ❶ *d'une rue, d'un quartier* Beleuchtung *f*; (*au moyen de projecteurs*) Anstrahlung *f* ❷ *pl* (*lumières festives*) Festbeleuchtung *f*
illuminé(e) [i(l)lymine] *adj* ❶ (*très éclairé*) festlich beleuchtet; (*au moyen de projecteurs*) angestrahlt ❷ *visage* strahlend
illuminer [i(l)lymine] <1> **I.** *vt* ❶ (*éclairer*) *personne:* beleuchten; *lustre:* erleuchten; *éclair:* erhellen ❷ (*faire resplendir*) **la colère illumine ses yeux** Zorn blitzt aus seinen/ihren Augen; **la fierté/la joie illumine ses traits** er/sie strahlt vor Stolz/Freude **II.** *vpr* **s'**~ ❶ (*s'éclairer vivement*) *vitrine:* beleuchtet werden; *monument:* angestrahlt werden ❷ (*resplendir*) *personne:* strahlen; **à cette nouvelle, son visage s'est illuminé** bei der Nachricht strahlte er/sie übers ganze Gesicht; **ses yeux s'illuminaient de joie/colère** seine/ihre Augen strahlten vor Freude/blitzten vor Zorn
illusion [i(l)lyzjɔ̃] *f* ❶ (*erreur des sens*) Täuschung *f*; ~ **d'optique** optische Täuschung; ~ **de qc** Illusion *f* von etw; **donner l'**~ **de qc** die Illusion von etw vermitteln ❷ (*croyance fausse*) Illusion *f*; **donner à qn l'**~ **de faire qc** jdm die Illusion vermitteln, etw zu tun; **se faire des** ~**s sur qn/qc** sich (*dat*) über jdn/etw Illusionen machen
illusionner [i(l)lyzjɔne] <1> *vt* ~ **qn sur qc** jdn über etw (*akk*) täuschen
illusionniste [i(l)lyzjɔnist] *mf* Zauberkünstler(in) *m(f)*
illusoire [i(l)lyzwaʀ] *adj* illusorisch; *promesse* leer; **rêve** ~ Wunschtraum *m*
illustrateur, -trice [i(l)lystʀatœʀ, -tʀis] *m, f* Illustrator(in) *m(f)*
illustration [i(l)lystʀasjɔ̃] *f* ❶ (*dessin, exemple*) Illustration *f* ❷ (*action d'illustrer*) Illustrierung *f*
illustre [i(l)lystʀ] *adj* berühmt
illustré [i(l)lystʀe] *m* Illustrierte *f*
illustré(e) [i(l)lystʀe] *adj* illustriert; **journal** ~ Illustrierte *f*
illustrer [i(l)lystʀe] <1> **I.** *vt* ❶ (*orner*) ~ **qc de qc** etw mit etw illustrieren ❷ (*enrichir*) ~ **qc de** [*o* **par**] **qc** etw durch etw illustrieren **II.** *vpr* **s'**~ ❶ (*se rendre célèbre*) sich (*dat*) einen Namen machen ❷ *péj* (*se faire remarquer*) auffallen
îlot [ilo] *m* ❶ (*petite île*) kleine Insel ❷ (*pâté de maisons*) Häuserblock *m* ❸ (*groupe isolé*) Insel *f*
îlotier, -ière [ilotje, -jɛʀ] *m, f für bestimmten Häuserblock zuständiger Polizist/zuständige Polizistin*
ils [il] *pron pers* ❶ (*pl masc ou mixte*) sie; ~ **sont grands** sie sind groß ❷ *interrog, non traduit* **les enfants sont-**~ **là?** sind die Kinder da? ❸ (*répétitif*) **regarde les paons comme** ~ **sont beaux** sieh mal, wie schön die Pfauen sind; *v. a.* **il**
image [imaʒ] *f* ❶ (*dessin*) Bild *nt*; ~ **de marque** Image *nt* ❷ (*reflet*) Spiegelbild *nt* ❸ *fig* Vorstellung *f*; **se faire une** ~ **de qn/qc** sich ein Bild von jdm/etw machen ▶ **femme-**~ Modellfrau *f*; **sage comme une** ~ sehr artig; **être l'**~ **de qn** ganz jds Ebenbild sein; **à l'**~ **de qn/qc** so wie jd/etw
imagé(e) [imaʒe] *adj langage, style* anschaulich
imagerie [imaʒʀi] *f* TECH Bildherstellung *f*
imaginable [imaʒinabl] *adj* vorstellbar, denkbar
imaginaire [imaʒinɛʀ] **I.** *adj* imaginär, unwirklich; *crainte, maladie* eingebildet; **animal** ~ Fabeltier *nt* **II.** *m* **l'**~ das Imaginäre
imaginatif, -ive [imaʒinatif, -iv] *adj* fantasievoll
imagination [imaʒinasjɔ̃] *f* ❶ (*représentation de l'esprit*) Vorstellungskraft *f*, Vorstellung *f*; **dépasser l'**~ die Vorstellungskraft übersteigen ❷ (*invention*) Fantasie *f*; **vous ne manquez pas d'**~**!** Sie haben wohl zu viel Fantasie!

imaginer [imaʒine] <1> **I.** *vt* ❶ (*se représenter*) sich (*dat*) vorstellen; **ne pas ~ que** + *subj* sich (*dat*) nicht vorstellen können, dass ❷ (*croire, supposer*) glauben; **~ que qn a** [*o* **ait**] **fait qc** vermuten, dass jd etw getan hat ❸ (*inventer*) sich (*dat*) ausdenken; **~ qc** sich (*dat*) etw ausdenken; **~ qc** sich (*dat*) etw denken/etw erfinden ❹ (*concevoir l'idée de*) **~ de faire qc** in Erwägung ziehen, etw zu tun **II.** *vpr* ❶ (*se représenter*) **s'~ qn/qc autrement** sich (*dat*) jdn/etw anders vorstellen ❷ (*se voir*) **s'~ à la plage/dans vingt ans** sich [in Gedanken] am Strand/in zwanzig Jahren sehen ❸ (*croire faussement*) **s'~ qc** sich (*dat*) etw einbilden; **s'~ faire qc/que ...** sich (*dat*) einbilden, etw zu tun/dass ...

imam [imam] *m* Imam *m*

imbattable [ɛ̃batabl] *adj champion, équipe* unschlagbar; *prix, record* nicht zu unterbieten

imbécile [ɛ̃besil] **I.** *adj* sehr dumm **II.** *mf* Idiot(in) *m(f)*, Dummkopf *m* (*fam*); **faire l'~** (*vouloir paraître stupide*) sich dumm stellen; (*se conduire stupidement*) sich blöd benehmen (*fam*) ▶**il n'y a que les ~s qui ne changent pas d'avis** nur die Dummen lernen nichts dazu

imbécillité [ɛ̃besilite] *f* Dummheit *f*

imberbe [ɛ̃bɛʀb] *adj* bartlos

imbiber [ɛ̃bibe] <1> *vt* [durch]tränken; **des chaussures imbibées d'eau** völlig durchnässte Schuhe; **imbibé de sang** mit Blut getränkt

imbrication [ɛ̃bʀikasjɔ̃] *f* ❶ (*chevauchement*) sich überlappende Anordnung *f* ❷ (*enchevêtrement*) Ineinandergreifen *nt*; *des problèmes* Verkettung *f*

imbriquer [ɛ̃bʀike] <1> *vt* ineinanderschieben *pièces*

imbroglio [ɛ̃bʀɔglijo, ɛ̃bʀɔljo] *m* Durcheinander *nt*

imbu(e) [ɛ̃by] *adj souvent péj* **~ de soi-même** von sich selbst überzeugt

imbuvable [ɛ̃byvabl] *adj* ❶ (*boisson*) nicht trinkbar ❷ *fig fam* (*détestable*) unerträglich

IMC [iɛmse] *m abr de* **indice de masse corporelle** BMI *m*

IME [iɛmø] *m abr de* **Institut monétaire européen** EWI *nt*

IMG [iɛmʒe] *f abr de* **interruption médicale de grossesse** medizinisch indizierter Schwangerschaftsabbruch *m*

imitable [imitabl] *adj* nachahmbar

imitateur, -trice [imitatœʀ, -tʀis] *m, f* ❶ (*personne qui imite*) Nachahmer(in) *m(f)* ❷ (*comédien*) Imitator(in) *m(f)*

imitatif, -ive [imitatif, -iv] *adj* nachahmend

imitation [imitasjɔ̃] *f* ❶ (*action*) Imitation *f*; **à l'~ de qn/qc** nach jds Vorbild/nach dem Vorbild einer S. ❷ (*plagiat*) Imitation *f* ❸ *d'une signature* Fälschung *f*; [**en**] **~** Imitat *nt* ▶**pâle ~** farbloser Abklatsch

imiter [imite] <1> *vt* ❶ (*reproduire*) nachahmen, kopieren; **~ qn** jdn nachahmen ❷ (*prendre pour modèle*) **~ sa mère/son père** seiner Mutter/seinem Vater nacheifern; **un exemple à ~** ein nachahmenswertes Beispiel ❸ (*singer, reproduire*) nachmachen; fälschen *signature* ❹ (*avoir l'aspect de*) **~ qc** einer S. (*dat*) nachempfunden sein

immaculé(e) [imakyle] *adj* makellos

immanent(e) [imanɑ̃, ɑ̃t] *adj* immanent

immangeable [ɛ̃mɑ̃ʒabl] *adj* ungenießbar

immanquable [ɛ̃mɑ̃kabl] *adj* unvermeidbar

immanquablement [ɛ̃mɑ̃kabləmɑ̃] *adv* unvermeidbar

immatériel(le) [i(m)mateʀjɛl] *adj* immateriell

immatriculation [imatʀikylasjɔ̃] *f d'un étudiant* Immatrikulation *f*; *d'une voiture* Zulassung *f*; **~ d'un commerçant au registre du commerce** Eintragung *f* eines Händlers in das Handelsregister; **~ à la Sécurité sociale** Anmeldung *f* bei der Sozialversicherung

immatriculer [imatʀikyle] <1> *vt* eintragen; **se faire ~ à l'université** sich an der Universität einschreiben; **faire ~ une voiture** ein Auto anmelden; **être immatriculé 4589 VM 54** *voiture:* auf das amtliche Kennzeichen 4589 VM 54 zugelassen sein; **être immatriculé dans la Manche** ein Kennzeichen vom Departement der Manche tragen

immature [imatyʀ] *adj* unreif

immaturité [imatyʀite] *f* Unreife *f*

immédiat [imedja] *m* unmittelbare Zukunft ▶**dans** [*o* **pour**] **l'~** im Augenblick

immédiat(e) [imedja, jat] *adj* ❶ (*très proche*) unmittelbar; *contact, voisin* direkt; *soulagement, effet* sofortig; *avenir* unmittelbar [bevorstehend] ❷ (*sans intermédiaire*) unmittelbar, direkt ❸ (*qui s'impose*) dringlich; **mesures ~es** Sofortmaßnahmen *Pl*

immédiatement [imedjatmɑ̃] *adv* ❶ (*tout de suite*) sofort ❷ (*sans intermédiaire*) unmittelbar

immense [i(m)mɑ̃s] *adj* ❶ *mer* unermesslich weit; *espace, monde* unermesslich groß ❷ (*énorme*) enorm, immens; *avantage, influence, mérite* unglaublich; *fortune, foule, chantier* riesig; *chagrin, gloire* ungeheuer

immensément [i(m)mɑ̃semɑ̃] *adv riche* ungeheuer

immensité [i(m)mɑ̃site] *f d'une plaine, de la mer* unermessliche Weite; *de l'univers* Unendlichkeit *f*

immergé(e) [imɛʀʒe] *adj rocher, terres* unter Wasser liegend

immerger [imɛʀʒe] <2a> *vt* ~ **un trésor/corps dans qc** einen Schatz/einen Körper in etw (*dat*) versenken

immérité(e) [imeʀite] *adj* unverdient

immersion [imɛʀsjɔ̃] *f* Eintauchen *nt*

immettable [ɛ̃metabl] *adj vêtement* nicht tragbar

I

immeuble [imœbl] *m* [Wohn]haus *nt,* Gebäude *nt;* ~ **à usage locatif** Mietshaus

immigrant(e) [imigʀɑ̃, ɑ̃t] I. *adj* **les populations ~es** die Einwanderer, die Zuwanderer II. *m(f)* Einwanderer *m*/Einwanderin *f,* Zuwanderer/Zuwanderin

immigration [imigʀasjɔ̃] *f* Einwanderung *f,* Zuwanderung *f;* ~ **choisie** kontrollierte Einwanderung [*o* Zuwanderung]

immigré(e) [imigʀe] I. *adj* eingewandert; **travailleur** ~ Gastarbeiter *m* II. *m(f)* Einwanderer *m*/Einwanderin *f,* Immigrant(in) *m(f)*

immigrer [imigʀe] <1> *vi* einwandern

imminence [iminɑ̃s] *f* unmittelbares Bevorstehen

imminent(e) [iminɑ̃, ɑ̃t] *adj* unmittelbar bevorstehend; *conflit, danger* drohend; **être** ~ unmittelbar bevorstehen; *conflit, danger:* drohen

immiscer [imise] <2> *vpr* **s'~ dans qc** sich in etw (*akk*) einmischen

immixtion [imiksjɔ̃] *f* ~ **dans qc** Einmischung *f* in etw (*akk*)

immobile [i(m)mɔbil] *adj* ❶ (*fixe*) unbeweglich; *personne a.* reg[ungs]los; *partie, pièce a.* fest ❷ (*qui n'évolue pas*) starr

immobilier [imɔbilje] *m* **l'~** das Immobiliengeschäft; **travailler dans l'~** im Immobiliengeschäft sein

immobilier, -ière [imɔbilje, -jɛʀ] *adj agent, annonce, société, vente, ensemble* Immobilien-; *placement a.* in Immobilien; *crédit, saisie* Immobiliar-; *crise* im Immobiliengeschäft; *revenus* aus Immobilien; **biens ~s** Immobilien *Pl;* **promoteur** ~ Bauträger *m*

immobilisation [imɔbilizasjɔ̃] *f* ❶ *d'un véhicule* Stehenbleiben *nt; d'une machine a.* Stillstehen *nt;* **attendez l'~ totale du convoi!** warten Sie [so lange], bis der Zug stillsteht!; **entraîner l'~ de la circulation** den Verkehr lahmlegen ❷ MED *d'un membre, d'une fracture* Ruhigstellung *f*

immobiliser [imɔbilize] <1> I. *vt* ❶ (*stopper*) anhalten *camions;* lahmlegen *circulation* ❷ (*paralyser*) lähmen *personne;* ~ **qn de peur** jdn vor Angst erstarren lassen ❸ MED ruhig stellen *membre; fracture, grippe:* lahmlegen ❹ SPORT im Haltegriff halten II. *vpr* **s'~** *personne, machine, train:* stehen bleiben; *voiture:* liegen bleiben; **s'~ de peur** vor Angst erstarrt sein; **s'~ de surprise** vor Freude wie gelähmt sein

immobilisme [imɔbilism] *m* Fortschrittsfeindlichkeit *f*

immobiliste [imɔbilist] I. *adj* fortschrittsfeindlich II. *mf* Feind(in) *m(f)* des Fortschritts

immobilité [imɔbilite] *f* ❶ (*inertie*) Reg[ungs]losigkeit *f* ❷ (*immuabilité*) Starre *f*

immodéré(e) [imɔdeʀe] *adj désir, usage* unmäßig

immodérément [imɔdeʀemɑ̃] *adv* unmäßig, maßlos

immolation [imɔlasjɔ̃] *f littér* Opferung *f*

immoler [imɔle] <1> *vt littér* ~ **qn/un animal à qn** jdm jdn/ein Tier opfern

immonde [i(m)mɔ̃d] *adj* ❶ (*d'une saleté extrême*) widerwärtig ❷ *crime, personne* gemein; *action* schändlich; *propos* schmutzig

immondices [i(m)mɔ̃dis] *fpl* Müll *m*

immoral(e) [i(m)mɔʀal, -o] <-aux> *adj* unmoralisch; *conduite a.* unsittlich; *personne a.* sittenlos

immoralisme [i(m)mɔʀalism] *m* Unmoral *f;* PHILOS Immoralismus *m*

immoralité [i(m)mɔʀalite] *f* Unsittlichkeit *f; d'une personne a.* unsittliches Verhalten; *d'une politique, société* Unmoral *f*

immortaliser [imɔʀtalize] <1> I. *vt* unsterblich machen II. *vpr* **s'~ par qc** durch etw unsterblich werden

immortalité [imɔʀtalite] *f* Unsterblichkeit *f*

immortel(le) [imɔʀtɛl] *adj* ❶ REL unsterblich ❷ *soutenu amour, gloire, monument* ewig; *souvenir, principe* unauslöschlich; *personne* unvergessen

immortelle [imɔʀtɛl] *f* Strohblume *f*

immotivé(e) [i(m)mɔtive] *adj* grundlos, unbegründet

immuable [imɥabl] *adj* unveränderlich

immuablement [imɥabləmɑ̃] *adv couler* unaufhörlich; *fidèle* unverändert

immunisant(e) [imynizɑ̃, ɑ̃t] *adj produit* immunisierend

immunisation [imynizasjɔ̃] *f* Immunisierung *f*

immuniser [imynize] <1> *vt a. fig* ~ **qn contre qc** jdn gegen etw immun machen

immunitaire [imynitɛʀ] *adj* **système** ~ Immunsystem *nt*

immunité [imynite] *f* Immunität *f*

immunodéficience [imynodefisjɑ̃s] *f* MED Immunschwäche *f*

immunologie [imynɔlɔʒi] *f* BIO, MED Immunologie *f*

immutabilité [im(m)ytabilite] *f* Unwandelbarkeit *f*

i-mode [imɔd] *m* INFORM i-mode® *m*

impact [ɛ̃pakt] *m* ① *d'une balle* Einschuss *m;* **point d'~** (*d'une balle*) Einschussstelle *f* ② (*influence*) Einfluss *m;* ~ **publicitaire/médiatique** Werbe-/Medienwirksamkeit *f;* **avoir de l'~ sur qn/qc** Einfluss auf jdn/etw haben; *intervention, nouvelle:* sich auf jdn/etw auswirken

impacter [ɛ̃pakte] <1> *vt a.* ECON nachhaltig wirken auf *résultats, profit*

impair [ɛ̃pɛʀ] *m* ① (*opp: pair*) ungerade Zahl; **miser sur l'~** (*à la roulette*) auf Impair setzen ② (*gaffe*) Fauxpas *m;* **commettre** [*o* **faire**] **un** ~ einen Fauxpas begehen

impair(e) [ɛ̃pɛʀ] *adj* ungerade

impalpable [ɛ̃palpabl] *adj danger, sentiment* nicht greifbar

imparable [ɛ̃paʀabl] *adj argument* unwiderlegbar

impardonnable [ɛ̃paʀdɔnabl] *adj erreur, faute* unverzeihlich; **elle est ~ de se tromper encore** es ist unverzeihlich [von ihr], dass sie sich erneut irrt

imparfait [ɛ̃paʀfɛ] *m* Imperfekt *nt,* Imparfait *nt;* **à l'~** im Imperfekt

imparfaitement [ɛ̃paʀfɛtmɑ̃] *adv* unvollkommen

impartial(e) [ɛ̃paʀsjal, -jo] <-aux> *adj arbitre, juge* unparteiisch

impartialité [ɛ̃paʀsjalite] *f* Unvoreingenommenheit *f*

impartir [ɛ̃paʀtiʀ] <8> *vt* ADMIN, JUR bewilligen

impasse [ɛ̃pɑs] *f a. fig* Sackgasse *f;* **s'engager dans une ~** in eine Sackgasse geraten; **être dans l'~** in einer Sackgasse stecken ▶**faire l'~ sur qc** etw auslassen

impassibilité [ɛ̃pasibilite] *f* Gefasstheit *f*

impassible [ɛ̃pasibl] *adj personne* gefasst; *visage* unbewegt; **rester ~** die Fassung bewahren

impatiemment [ɛ̃pasjamɑ̃] *adv* ungeduldig

impatience [ɛ̃pasjɑ̃s] *f* Ungeduld *f;* **brûler d'~ de faire qc** darauf brennen, etw zu tun (*fam*); **avec ~** ungeduldig

impatient(e) [ɛ̃pasjɑ̃, jɑ̃t] **I.** *adj* ungeduldig; **être ~ de faire qc** darauf brennen, etw zu tun **II.** *m(f)* Ungeduldige(r) *f(m)*

impatienter [ɛ̃pasjɑ̃te] <1> **I.** *vt* ~ **qn avec** [*o* **par**] **qc** jdn mit etw ungeduldig machen; **vous commencez à m'~** ich bin mit meiner Geduld bald am Ende **II.** *vpr* **s'~ de qc** wegen etw ungeduldig werden; **s'~ contre qn/qc** sich über jdn/etw aufregen

impayable [ɛ̃pɛjabl] *adj fam* (*drôle*) zum Schießen

impayé [ɛ̃peje] *m* ausstehende Zahlung *f*

impec [ɛ̃pɛk] *adj inv fam abr de* **impeccable** optimal

impeccable [ɛ̃pekabl] *adj* ① (*très propre*) tadellos ② (*irréprochable*) vorbildlich; *attitude, conduite* tadellos ③ *fam* (*parfait*) ~! astrein!, Spitze!

impeccablement [ɛ̃pekabləmɑ̃] *adv se tenir* tadellos, vorbildlich

impénétrable [ɛ̃penetʀabl] *adj* undurchdringlich

impénitence [ɛ̃penitɑ̃s] *f* REL Unbußfertigkeit *f*

impénitent(e) [ɛ̃penitɑ̃, ɑ̃t] *adj* unverbesserlich

impensable [ɛ̃pɑ̃sabl] *adj* undenkbar

imper [ɛ̃pɛʀ] *m fam abr de* **imperméable**

impératif [ɛ̃peʀatif] *m* LING Imperativ *m*

impérativement [ɛ̃peʀativmɑ̃] *adv* unbedingt

impératrice [ɛ̃peʀatʀis] *f* Kaiserin *f; v. a.* **empereur**

imperceptible [ɛ̃pɛʀsɛptibl] *adj* ① (*indécelable*) nicht wahrnehmbar; **être ~ à qn** für jdn nicht wahrnehmbar sein; **être ~ à l'oreille** nicht hörbar sein; **être ~ à l'œil** für das menschliche Auge nicht erkennbar sein ② (*infime, minime*) unmerklich

imperceptiblement [ɛ̃pɛʀsɛptibləmɑ̃] *adv* unmerklich

imperdable [ɛ̃pɛʀdabl] *adj match, procès* [bereits] gewonnen

imperfection [ɛ̃pɛʀfɛksjɔ̃] *f* ① *sans pl* (*opp: perfection*) Unvollkommenheit *f* ② *souvent pl d'une matière* Fehler *m,* Mängel *Pl; d'un roman, plan* Schwachstelle *f; d'un visage, de la peau* Unebenheit *f*

impérial(e) [ɛ̃peʀjal, -jo] <-aux> *adj*

❶ (*d'empereur*) kaiserlich; **dignité ~** Kaiserwürde *f* ❷ (*dominateur, altier*) herrisch

impériale [ɛ̃peʀjal] *f* **un bus à ~** ein Doppeldeckerbus *m*

impérialisme [ɛ̃peʀjalism] *m* Imperialismus *m*

impérialiste [ɛ̃peʀjalist] **I.** *adj* imperialistisch **II.** *mf* Imperialist(in) *m(f)*

impérieusement [ɛ̃peʀjøzmɑ̃] *adv* dringend

impérieux, -euse [ɛ̃peʀjø, -jøz] *adj* herrisch

impérissable [ɛ̃peʀisabl] *adj* unvergänglich

imperméabilisation [ɛ̃pɛʀmeabilizasjɔ̃] *f* Imprägnieren *nt*

imperméabiliser [ɛ̃pɛʀmeabilize] <1> *vt* imprägnieren; **ce produit imperméabilise les chaussures** dieses Produkt imprägniert die Schuhe

imperméabilité [ɛ̃pɛʀmeabilite] *f* Wasserundurchlässigkeit *f*

imperméable [ɛ̃pɛʀmeabl] **I.** *adj sol* wasserundurchlässig; *tissu, toile* wasserdicht **II.** *m* Regenmantel *m*

impersonnalité [ɛ̃pɛʀsɔnalite] *f* ❶ GRAM *d'un verbe* Unpersönlichkeit *f* ❷ *d'un jugement* Unparteilichkeit *f*

impersonnel(le) [ɛ̃pɛʀsɔnɛl] *adj* ❶ (*neutre*) unpersönlich ❷ (*opp: personnalisé*) allgemein gültig

impertinence [ɛ̃pɛʀtinɑ̃s] *f* Unverschämtheit *f*; **avec ~** unverschämt; **arrête tes ~s!** sei nicht so unverschämt!

impertinent(e) [ɛ̃pɛʀtinɑ̃, ɑ̃t] **I.** *adj* unverschämt, frech **II.** *m(f)* unverschämter Mensch

imperturbabilité [ɛ̃pɛʀtyʀbabilite] *f* Unerschütterlichkeit *f*

imperturbable [ɛ̃pɛʀtyʀbabl] *adj* unerschütterlich; **il est d'un caractère ~** ihn kann nichts erschüttern

impétigo [ɛ̃petigo] *m* Eiterflechte *f*

impétueux, -euse [ɛ̃petɥø, -øz] *adj* (*fougueux*) ungestüm; *caractère, personne, jeunesse* stürmisch; *orateur* feurig

impétuosité [ɛ̃petɥozite] *f littér* Heftigkeit *f*

impitoyable [ɛ̃pitwajabl] *adj* unerbittlich; *personne* hartherzig; *jugement* unbarmherzig; *critique* schonungslos; *haine* erbittert; *regard* mitleid[s]los

impitoyablement [ɛ̃pitwajabləmɑ̃] *adv* mitleid[s]los

implacable [ɛ̃plakabl] *adj ennemi, juge* unerbittlich

implacablement [ɛ̃plakabləmɑ̃] *adv* unerbittlich; *critiquer* schonungslos

implant [ɛ̃plɑ̃] *m* Implantat *nt*

implantation [ɛ̃plɑ̃tasjɔ̃] *f* Ansied[e]lung *f*

implanter [ɛ̃plɑ̃te] <1> **I.** *vt* ❶ (*introduire*) ansiedeln; **être implanté** *industrie:* angesiedelt sein; *personne:* sesshaft sein; *arbre:* eingepflanzt sein; *système:* eingeführt sein ❷ (*enraciner*) **être implanté dans qc** *habitudes, préjugés:* tief in etw (*dat*) verwurzelt sein ❸ MED **~ qc à qn** jdm etw implantieren **II.** *vpr* **s'~** ❶ (*se fixer*) sich ansiedeln; *immigrants a.:* sesshaft werden; *parti politique:* Fuß fassen ❷ (*s'installer*) *idées, préjugés:* sich festsetzen; *usages:* sich einbürgern

implémenter [ɛ̃plemɑ̃te] <1> *vt* INFORM implementieren

implication [ɛ̃plikasjɔ̃] *f* ❶ *gén pl* (*conséquence*) Folge *f* ❷ (*mise en cause*) **~ de qn dans qc** jds Verwicklung *f* in etw (*akk*)

implicite [ɛ̃plisit] *adj* implizit; **mais c'était le sens ~ de ses propos** aber das war es, was er eigentlich damit gemeint hatte

implicitement [ɛ̃plisitmɑ̃] *adv* implizit

impliquer [ɛ̃plike] <1> **I.** *vt* ❶ (*signifier*) bedeuten ❷ (*demander*) erfordern *de la concentration* ❸ (*mêler*) **~ qn dans qc** jdn in etw (*akk*) verwickeln ❹ (*avoir pour conséquence*) implizieren **II.** *vpr* **s'~ dans qc** sich für etw einsetzen

implorer [ɛ̃plɔʀe] <1> *vt* ❶ (*supplier*) **~ qn de faire qc** jdn anflehen, etw zu tun ❷ (*solliciter*) **~ qc** um etw flehen

imploser [ɛ̃ploze] <1> *vi* implodieren

implosion [ɛ̃plozjɔ̃] *f* Implosion *f*

impoli(e) [ɛ̃pɔli] **I.** *adj* unhöflich; **~ envers qn** unhöflich jdm gegenüber **II.** *m(f)* unhöflicher Mensch

impoliment [ɛ̃pɔlimɑ̃] *adv* unhöflich

impolitesse [ɛ̃pɔlitɛs] *f* Unhöflichkeit *f*; **avec ~** unhöflich

impondérable [ɛ̃pɔ̃deʀabl] *adj événement* unvorhersehbar

impopulaire [ɛ̃pɔpylɛʀ] *adj* unpopulär; **se rendre ~** sich unbeliebt machen

impopularité [ɛ̃pɔpylaʀite] *f* Unbeliebtheit *f*

import [ɛ̃pɔʀ] *m abr de* **importation** Import *m*

importable[1] [ɛ̃pɔʀtabl] *adj* (*qu'on peut importer*) importierbar

importable[2] [ɛ̃pɔʀtabl] *adj* (*immettable*) nicht tragbar; **ce complet est devenu ~** den Anzug kann man nicht mehr tragen

importance [ɛ̃pɔʀtɑ̃s] *f* ❶ (*rôle*) Bedeutung *f,* Wichtigkeit *f; d'une personne* Einfluss *m;* **de la dernière ~** höchst wichtig; **accorder** [*o* **attacher**] **de l'~ à qc** einer S. (*dat*) Bedeutung beimessen; **se donner de l'~** *péj* sich wichtigmachen; **être d'~** von Bedeutung sein; **prendre de l'~** an Bedeutung gewinnen; **sans ~** unwichtig ② (*ampleur*) Ausmaß *nt*

important [ɛ̃pɔʀtɑ̃] *m* Wichtige(s) *nt*

important(e) [ɛ̃pɔʀtɑ̃, ɑ̃t] **I.** *adj* ① (*considérable*) wichtig; *personnage a.* einflussreich; **quelque chose d'~** etwas Wichtiges ② (*gros*) beträchtlich; *dégâts, retard a.* erheblich; *somme a.* ansehnlich; **une quantité ~e** eine größere Menge ③ *péj* wichtigtuerisch (*fam*); **prendre des airs ~s** sich wichtigmachen (*fam*) **II.** *m(f)* **faire l'~** *péj* sich wichtigmachen (*fam*)

importateur, -trice [ɛ̃pɔʀtatœʀ, -tʀis] **I.** *adj* **un pays ~ de blé** ein Getreide importierendes Land **II.** *m, f* Importeur *m*

importation [ɛ̃pɔʀtasjɔ̃] *f* Import *m;* **marchandise d'** Importware *f;* **c'est de la viande d'~** das ist importiertes Fleisch

importer[1] [ɛ̃pɔʀte] <1> *vt* ① COM importieren ② (*introduire*) einführen; **~ qc** etw importieren/einführen

importer[2] [ɛ̃pɔʀte] <1> *vi* ① (*être important*) **la seule chose qui importe, c'est que ...** das einzige, was zählt, ist ...; **cela importe peu/beaucoup** das ist von geringer/großer Bedeutung; **peu importe[nt] les difficultés!** welche Schwierigkeiten sich mir auch immer in den Weg stellen werden!; **qu'importe qc** was bedeutet etw schon; **peu importe que** + *subj* es spielt keine Rolle, ob; **qu'importe si ...** was macht es schon, wenn ... ② (*intéresser*) **~ fort peu à qn** jdn überhaupt nicht interessieren; **ce qui m'importe, c'est ...** was für mich zählt, ist ... ►**n'importe comment** (*par tous les moyens*) irgendwie; **n'importe lequel/laquelle** irgendeiner/irgendeine; **n'importe** (*cela m'est égal*) [ist mir] egal; (*néanmoins*) nichtsdestotrotz; **n'importe où** irgendwo[hin]; **suivre qn n'importe où** jdm überallhin folgen; **n'importe quand** irgendwann; **vous pouvez venir n'importe quand** Sie können kommen, wann Sie wollen; **n'importe quel** + *subst* irgendein(e, r); **acheter à n'importe quel prix** zu jedem Preis kaufen; **n'importe quel élève ...** jeder x-beliebige Schüler ...; **n'importe qui** irgendwer; **n'importe qui pourrait ...** jeder x-beliebige könnte ...; **n'importe quoi** irgendwas; **dire n'importe quoi** (*des bêtises*) Unsinn reden

import-export [ɛ̃pɔʀɛkspɔʀ] <imports--exports> *m* Import-Export *m*

importuner [ɛ̃pɔʀtyne] <1> *vt littér* **~ qn** jdn belästigen; *bruit:* jdm lästig sein

imposable [ɛ̃pozabl] *adj* steuerpflichtig

imposant(e) [ɛ̃pozɑ̃, ɑ̃t] *adj* ① (*majestueux*) imposant; *stature a.* stattlich; *bâtiment, monument a.* gewaltig ② (*considérable*) beachtlich; *somme a.* ansehnlich

imposé(e) [ɛ̃poze] *adj prix, date* vorgeschrieben; **le minimum ~ par la loi** der gesetzlich vorgeschriebene Mindestsatz

imposer [ɛ̃poze] <1> **I.** *vt* ① (*exiger*) erfordern *décision;* verlangen *repos;* **~ qc à qn** etw von jdm erfordern ② (*prescrire*) fordern, verlangen; festsetzen *date;* **~ qc à qn** jdm etw auferlegen; **~ à qn de faire qc** von jdm verlangen, etw zu tun ③ (*faire accepter de force*) **~ le silence à qn** jdm Ruhe gebieten; **~ sa volonté à qn** jdm seinen Willen aufzwingen; **il sait ~ son autorité** er weiß sich durchzusetzen ④ (*faire reconnaître*) durchsetzen *produit* ⑤ FIN steuerlich veranlagen *personne;* besteuern *revenu, marchandise;* **être imposé sur qc** *personne:* nach etw steuerlich veranlagt werden; *revenu, marchandise:* nach etw besteuert werden **II.** *vpr* ① (*devenir indispensable*) **s'~ à qn** *prudence, repos:* zwingend geboten sein; *solution:* sich jdm aufdrängen; **ça s'impose** das ist ein Muss; **ça ne s'imposait vraiment pas** das wäre doch wirklich nicht nötig gewesen ② (*être importun*) **s'~** sich aufdrängen ③ (*se faire reconnaître*) **s'~** sich durchsetzen ④ (*se donner comme devoir*) **s'~ qc** sich (*dat*) etw zur Pflicht machen; **il s'est imposé de ne plus fumer** er hat sich (*dat*) vorgenommen, nicht mehr zu rauchen

imposition [ɛ̃pozisjɔ̃] *f* Besteuerung *f*

impossibilité [ɛ̃pɔsibilite] *f* Unmöglichkeit *f;* **il y a ~ à ce que** + *subj* es ist unmöglich, dass; **il est** [*o* **se trouve**] **dans l'~ de faire qc** er ist außerstande, etw zu tun; **mettre qn dans l'~ de faire qc** es jdm unmöglich machen, etw zu tun

impossible [ɛ̃pɔsibl] **I.** *adj* ① (*irréalisable*) unmöglich; **être ~ à qn** jdm unmöglich sein ② (*insupportable*) unmöglich; **rendre la vie ~ à qn** jdm das Leben unerträglich machen ③ *fam* (*invraisemblable*) unmöglich; **à des heures ~s** zu den unmöglichsten Zeiten **II.** *m* Unmögliche(s) *nt;* **tenter l'~** alles nur Mögliche versuchen; **faire l'~**

pour qn/qc das Menschenmögliche für jdn/etw tun

imposteur [ɛ̃pɔstœʀ] *m* Hochstapler *m*

imposture [ɛ̃pɔstyʀ] *f littér* Betrug *m,* Hochstapelei *f*

impôt [ɛ̃po] *m* Steuer *f;* ~ **sur le revenu** Einkommen[s]steuer; ~ **sur les salaires** Lohnsteuer; ~ **foncier** Grundsteuer; ~**s locaux** Kommunalsteuern *Pl*

impotence [ɛ̃pɔtɑ̃s] *f* [Geh]behinderung *f*

impotent(e) [ɛ̃pɔtɑ̃, ɑ̃t] **I.** *adj* bewegungsunfähig **II.** *m(f)* [Körper]behinderte(r) *f(m)*

impraticable [ɛ̃pʀatikabl] *adj route, piste* unbefahrbar

imprécis(e) [ɛ̃pʀesi, iz] *adj* ungenau; *souvenir, contour* undeutlich; *limites* unklar; *évaluation* ungefähr; **n'avoir que des souvenirs fort ~ de qc** sich an etw nur noch dunkel erinnern

imprécision [ɛ̃pʀesizjɔ̃] *f* Ungenauigkeit *f*

imprégnation [ɛ̃pʀeɲasjɔ̃] *f* ① *d'une étoffe, d'un bois* Imprägnierung *f* ② (*pénétration*) Beeinflussung *f,* Durchdringung *f*

imprégner [ɛ̃pʀeɲe] <5> **I.** *vt* ① (*imbiber*) imprägnieren *bois, étoffe;* ~ **un tampon de qc** einen Wattebausch mit etw tränken; **une odeur imprègne une pièce** ein Duft erfüllt ein Zimmer ② (*marquer*) *atmosphère:* ergreifen; *sentiment a.:* erfüllen; **l'amertume imprégnait ses paroles** Bitterkeit sprach aus seinen Worten; **être imprégné de préjugés** von Vorurteilen geprägt sein; **être imprégné d'un souvenir** von einer Erinnerung erfüllt sein; **une lettre imprégnée d'ironie** ein Brief voller Ironie **II.** *vpr* **s'~ d'eau** sich mit Wasser vollsaugen; **s'~ d'une odeur** einen Duft annehmen

imprenable [ɛ̃pʀənabl] *adj forteresse, château* uneinnehmbar

imprésario [ɛ̃pʀezaʀjo, ɛ̃pʀesaʀjo, -ʀii] <s o imprésarii> *m* [Theater-, Konzert]agent *m*

imprescriptible [ɛ̃pʀɛskʀiptibl] *adj* ① *biens* unverjährbar ② *droits* unantastbar

impression [ɛ̃pʀesjɔ̃] *f* ① (*réproduction par l'imprimerie*) Druck *m,* Drucken *nt* ② (*sentiment*) Eindruck *m;* **avoir l'~ que ...** den Eindruck haben, dass ...; **faire une forte ~ sur qn** auf jdn großen Eindruck machen; **laisser à qn une ~** bei jdm Eindruck hinterlassen; **l'~ que...** der Eindruck, dass ...; **avoir l'~ de faire qc** den Eindruck haben, etw zu tun; **donner à qn l'~ de faire qc** auf jdn den Eindruck machen, etw zu tun; **j'ai l'~ qu'ils m'ont dit cent fois que ...** sie haben mir gefühlt hundert Mal gesagt, dass ... ▶**une ~ de déjà-vu** ein Déjà-vu-Erlebnis *nt*

impressionnable [ɛ̃pʀesjɔnabl] *adj* empfindsam, sensibel

impressionnant(e) [ɛ̃pʀesjɔnɑ̃, ɑ̃t] *adj* ① (*imposant*) beeindruckend ② (*considérable*) beachtlich

impressionner [ɛ̃pʀesjɔne] <1> *vt* ~ **qn** jdn beeindrucken; *films d'horreur:* jdm Angst machen; **être impressionné par qn/qc** von jdm/etw beeindruckt sein; **se laisser ~ par qn/qc** sich von jdm/etw beeindrucken lassen

impressionnisme [ɛ̃pʀesjɔnism] *m* Impressionismus *m*

impressionniste [ɛ̃pʀesjɔnist] **I.** *adj* impressionistisch **II.** *mf* Impressionist(in) *m(f)*

imprévisible [ɛ̃pʀevizibl] **I.** *adj* unvorhersehbar; *personne* unberechenbar **II.** *m* **l'~** das Unvorhersehbare

imprévoyance [ɛ̃pʀevwajɑ̃s] *f* Sorglosigkeit *f*

imprévoyant(e) [ɛ̃pʀevwajɑ̃, jɑ̃t] *adj* sorglos

imprévu [ɛ̃pʀevy] *m* ① (*ce à quoi on ne s'attend pas*) **l'~** das Unerwartete; **j'aime l'~** ich liebe Überraschungen *Pl;* **des vacances pleines d'~s** Ferien *Pl* voller Überraschungen ② (*incident fâcheux*) Zwischenfall *m;* **il y a eu un ~** es ist etwas Unvorhergesehenes dazwischengekommen; **en cas d'~** falls etwas dazwischenkommt

imprévu(e) [ɛ̃pʀevy] *adj* unvorhergesehen

imprimante [ɛ̃pʀimɑ̃t] *f* Drucker *m;* ~ **[à] laser** Laserdrucker; ~ **à jet d'encre** Tintenstrahldrucker; ~ **3D** 3-D-Drucker, 3D-Drucker

imprimé [ɛ̃pʀime] *m* ① POST Infopost *f* ② (*formulaire*) [vorgedrucktes] Formular ③ (*tissu*) bedruckter Stoff ④ (*ouvrage imprimé*) Druckwerk *nt*

imprimé(e) [ɛ̃pʀime] *adj* ① PRESSE gedruckt ② TEXTIL bedruckt

imprimer [ɛ̃pʀime] <1> *vt* ① TEXTIL drucken; bedrucken *tissu* ② PRESSE veröffentlichen

imprimerie [ɛ̃pʀimʀi] *f* ① (*technique*) Buchdruck *m* ② (*établissement*) [Buch]druckerei *f*

imprimeur, -euse [ɛ̃pʀimœʀ, -øz] *m, f* ① (*ouvrier*) [Buch]drucker(in) *m(f)* ② (*propriétaire*) **le manuscrit est chez l'~** das Manuskript ist in der Druckerei

improbabilité [ɛ̃pʀɔbabilite] *f* Unwahrscheinlichkeit *f*

improbable [ɛ̃pʀɔbabl] *adj* unwahrscheinlich
improductif, -ive [ɛ̃pʀɔdyktif, -iv] *adj population* nicht erwerbstätig; *personnel* unproduktiv
impromptu [ɛ̃pʀɔ̃pty] *m* MUS Impromptu *nt*
imprononçable [ɛ̃pʀɔnɔ̃sabl] *adj* unaussprechlich
impropre [ɛ̃pʀɔpʀ] *adj* ungeeignet
improprement [ɛ̃pʀɔpʀəmɑ̃] *adv* nicht korrekt; **s'exprimer ~** sich falsch ausdrücken
impropriété [ɛ̃pʀɔpʀijete] *f* falscher Gebrauch *m*
improvisateur, -trice [ɛ̃pʀɔvizatœʀ, -tʀis] *m, f* Improvisator(in) *m(f)*
improvisation [ɛ̃pʀɔvizasjɔ̃] *f* Improvisation *f*
improvisé(e) [ɛ̃pʀɔvize] *adj* improvisiert; *excursion* spontan
improviser [ɛ̃pʀɔvize] <1> **I.** *vt* erfinden *excuse* **II.** *vi* improvisieren **III.** *vpr* ① (*opp: se préparer*) **s'~** improvisiert werden; **un tel discours ne s'improvise pas** eine solche Rede hält man nicht aus dem Stegreif ② (*devenir subitement*) **s'~ infirmière** als Krankenschwester einspringen (*fam*); **on ne s'improvise pas artiste** man wird nicht von einem auf den anderen Tag Künstler
improviste [ɛ̃pʀɔvist] ▶ **à l'~** (*inopinément*) überraschend; (*sans préparation*) auf die Schnelle (*fam*); **prendre qn à l'~** jdn überraschen; **arriver à l'~** unangemeldet vorbeikommen
imprudemment [ɛ̃pʀydamɑ̃] *adv* unvorsichtig
imprudence [ɛ̃pʀydɑ̃s] *f* Unvorsichtigkeit *f; d'une personne, action a.* Leichtsinn *m;* **par ~** fahrlässig; **avoir l'~ de faire qc** so unvorsichtig sein, etw zu tun
imprudent(e) [ɛ̃pʀydɑ̃, ɑ̃t] **I.** *adj* ① *personne* unvorsichtig ② (*dangereux*) unvorsichtig; *action, parole a.* unbesonnen **II.** *m(f)* leichtsinniger Mensch
impubère [ɛ̃pybɛʀ] *adj* vorpubertär
impubliable [ɛ̃pyblijabl] *adj* nicht [*o* unmöglich] zu veröffentlichen
impudence [ɛ̃pydɑ̃s] *f* Unverschämtheit *f*
impudent(e) [ɛ̃pydɑ̃, ɑ̃t] *adj* unverschämt
impudeur [ɛ̃pydœʀ] *f* Schamlosigkeit *f*
impudique [ɛ̃pydik] *adj geste, acte* schamlos
impuissance [ɛ̃pɥisɑ̃s] *f* ① (*faiblesse*) Machtlosigkeit *f;* **être dans l'~ de faire qc** nicht in der Lage sein, etw zu tun; **être réduit à l'~** machtlos sein; **les malfaiteurs furent rapidement réduits à l'~** die Täter konnten schnell unschädlich gemacht werden ② (*sur le plan sexuel*) Impotenz *f*
impuissant [ɛ̃pɥisɑ̃] *m* Impotente(r) *m*
impuissant(e) [ɛ̃pɥisɑ̃, ɑ̃t] *adj* ① (*faible*) machtlos; *effort* fruchtlos; **être ~ face à qc** angesichts einer S. machtlos sein; **~ à faire qc** nicht in der Lage, etw zu tun ② (*sexuellement*) impotent
impulsif, -ive [ɛ̃pylsif, -iv] **I.** *adj* impulsiv **II.** *m, f* impulsiver Mensch
impulsion [ɛ̃pylsjɔ̃] *f a.* TECH, ELEC Impuls *m*
impulsivement [ɛ̃pylsivmɑ̃] *adv* impulsiv
impulsivité [ɛ̃pylsivite] *f* Impulsivität *f*
impunément [ɛ̃pynemɑ̃] *adv* ungestraft
impuni(e) [ɛ̃pyni] *adj* ungestraft
impunité [ɛ̃pynite] *f* Straffreiheit *f;* **~ zéro** Null-Toleranz-Politik *f*
impur(e) [ɛ̃pyʀ] *adj* unrein; *eau* schmutzig, verschmutzt
impureté [ɛ̃pyʀte] *f* Verschmutzung *f*
imputable [ɛ̃pytabl] *adj* **~ à qn/qc** jdm/einer S. zuzuschreiben
imputation [ɛ̃pytasjɔ̃] *f* Beschuldigung *f*
imputer [ɛ̃pyte] <1> *vt* **~ la faute à qn/qc** den Fehler jdm/einer S. zuschreiben
imputrescible [ɛ̃pytʀesibl] *adj* unverweslich
in [in] *adj inv fam* in
inabordable [inabɔʀdabl] *adj* unerschwinglich; **des loyers ~s** horrende Mieten
inaccentué(e) [inaksɑ̃tɥe] *adj* unbetont
inacceptable [inaksɛptabl] *adj* nicht akzeptabel; *projet, proposition a.* unannehmbar
inaccessible [inaksesibl] *adj* ① *sommet* nicht ersteigbar; **~ à qn/qc** für jdn/etw unerreichbar; **la côte/l'île est ~ aux bateaux** die Küste/Insel kann von Schiffen nicht angelaufen werden ② *personne* unnahbar ③ (*insensible*) **être ~ à qc** für etw unempfänglich sein ④ (*trop cher*) unerschwinglich; **les loyers sont ~s** die Mieten sind horrend ⑤ (*incompréhensible*) unbegreiflich; **ce sont des poèmes pratiquement ~s** diese Gedichte kann man kaum verstehen
inaccoutumé(e) [inakutyme] *adj* ungewohnt
inachevé(e) [inaʃ(ə)ve] *adj* unfertig; **la symphonie ~e de Schubert** die Unvollendete von Schubert
inachèvement [inaʃɛvmɑ̃] *m* Unfertigkeit *f*
inactif, -ive [inaktif, -iv] **I.** *adj* ① (*oisif*) un-

tätig; **ne pas rester ~** *personne:* nicht untätig bleiben; *personne* nicht arbeitend; **être ~** *personne:* nicht arbeiten können ❷ (*inefficace*) unwirksam **II.** *m, f* Nichterwerbstätige(r) *f(m)*

inaction [inaksjɔ̃] *f* Untätigkeit *f*

inactivité [inaktivite] *f* Untätigkeit *f*

inactuel(le) [inaktɥɛl] *adj* inaktuell, nicht zeitgemäß

inadaptable [inadaptabl] *adj* nicht anpassungsfähig, nicht integrierbar

inadaptation [inadaptasjɔ̃] *f* **~ à qc** mangelnde Anpassung[sfähigkeit] an etw (*akk*)

inadapté(e) [inadapte] *adj médicament* unwirksam; **~ à qc** ungeeignet für etw

inadéquat(e) [inadekwa, kwat] *adj soutenu* inadäquat, unangemessen

inadéquation [inadekwasjɔ̃] *f soutenu d'un mot, d'une mesure* Unangemessenheit *f*

inadmissible [inadmisibl] *adj* untragbar; **il est ~ que tout n'ait pas été tenté** es ist skandalös, dass nicht alles versucht wurde

inadvertance [inadvɛʀtɑ̃s] *f soutenu* (*erreur d'inattention*) Versehen *nt;* **ces fautes d'orthographe ne sont que des ~s** diese Rechtschreibfehler sind nur Flüchtigkeitsfehler; **par ~** versehentlich

inaliénable [inaljenabl] *adj* unveräußerlich

inaltérable [inalteʀabl] *adj* unveränderlich

inamical(e) [inamikal, -o] <-aux> *adj* unfreundlich

inamovible [inamɔvibl] *adj* unkündbar

inanimé(e) [inanime] *adj* unbelebt

inanité [inanite] *f* Belanglosigkeit *f*

inanition [inanisjɔ̃] *f* ▶ **mourir d'~** an Entkräftung sterben

inaperçu(e) [inapɛʀsy] *adj* ▶ **passer ~** unbemerkt bleiben; **tu ne vas pas passer ~, comme ça!** so fällst du bestimmt auf; **cet entretien passé presque ~ à l'étranger** dieses Gespräch, von dem die ausländische Öffentlichkeit kaum Notiz genommen hat

inapplicable [inaplikabl] *adj* nicht anwendbar; *théorie a.* nicht umsetzbar; *mesure* nicht durchführbar; **~ à qc** nicht anwendbar auf etw (*akk*); **cette mesure est ~ à la réalité** diese Maßnahme ist in der Praxis nicht durchführbar

inappliqué(e) [inaplike] *adj* nachlässig

inappréciable [inapʀesjabl] *adj* unschätzbar

inapproprié(e) [inapʀɔpʀije] *adj* ungeeignet

inapte [inapt] *adj* unfähig

inaptitude [inaptityd] *f* Unfähigkeit *f*

inarticulé(e) [inaʀtikyle] *adj* unartikuliert

inassimilable [inasimilabl] *adj* ❶ (*indigestible*) unverdaulich ❷ *notion, connaissance* nicht verständlich ❸ (*inadaptable*) *ethnie, immigrant* nicht assimilierbar (*geh*)

inassouvi(e) [inasuvi] *adj appétit, désir* unbefriedigt; *faim, passion, ambition* ungestillt; **être toujours ~** *animal:* unersättlich sein

inattaquable [inatakabl] *adj forteresse* uneinnehmbar; *personne, point de vue* unangreifbar; *argument* unwiderlegbar; *jugement, thèse* unanfechtbar

inattendu [inatɑ̃dy] *m* **l'~** das Unerwartete

inattendu(e) [inatɑ̃dy] *adj* unerwartet; **c'est vraiment ~ de sa part** das hatte man von ihm/ihr wirklich nicht erwartet

inattentif, -ive [inatɑ̃tif, -iv] *adj* unaufmerksam; **~ à qc** (*insouciant de*) unachtsam einer S. (*dat*) gegenüber

inattention [inatɑ̃sjɔ̃] *f* (*distraction*) Unaufmerksamkeit *f;* **une faute d'~** ein Flüchtigkeitsfehler; **par ~** aus Versehen *nt*

inaudible [inodibl] *adj* nicht hörbar; *péj* nicht anzuhören; **ici, les émissions de cette station sont ~s** hier kann man diesen Sender nicht empfangen; **cette musique est vraiment ~** (*inécoutable*) diese Musik kann man sich (*dat*) wirklich nicht anhören

inaugural(e) [inogyʀal, -o] <-aux> *adj* **cérémonie ~e** Eröffnungszeremonie *f;* **discours ~ d'un congrès** Eröffnungsrede *f* eines Kongresses; **discours ~ d'un professeur qui prend ses fonctions** Antrittsrede *f* eines Professors, der sein Amt übernimmt

inauguration [inogyʀasjɔ̃] *f d'une exposition, ligne aérienne* feierliche Eröffnung; *d'une statue, plaque commémorative, d'un monument* Enthüllung *f; d'une usine, route, de locaux* Einweihung *f*

inaugurer [inogyʀe, inɔgyʀe] <1> *vt* ❶ (*ouvrir solennellement*) [feierlich] eröffnen *exposition, ligne aérienne;* enthüllen *monument, plaque commémorative;* einweihen *bâtiment, usine, locaux, école;* [für den Verkehr] freigeben *route* ❷ (*introduire*) einleiten *période, politique, ère;* einführen *méthode* ❸ (*utiliser pour la première fois*) einweihen *maison, machine, voiture*

inauthentique [inotɑ̃tik] *adj ouvrage* unecht; *fait, rapport* unverbürgt

inavouable [inavwabl] *adj* nicht hinnehmbar; *mœurs* unerhört; *motifs* unmoralisch

inavoué(**e**) [inavwe] *adj sentiment, amour* uneingestanden; *acte, crime* nicht gestanden

INC [iɛnse] *m abr de* **institut national de la consommation** *nationales Institut für Konsumverhalten*

inca [ɛ̃ka] *adj* **l'Empire ~** das Reich der Inkas

incalculable [ɛ̃kalkylabl] *adj* ① (*considérable*) beträchtlich; *nombre* unermesslich groß ② (*imprévisible*) unberechenbar; **les difficultés risquent d'être ~s** wir laufen Gefahr, dass die Probleme uns über den Kopf wachsen

incandescence [ɛ̃kɑ̃desɑ̃s] *f* [Weiß]glühen *nt;* **chauffer qc jusqu'à l'~** etw erhitzen, bis es glüht

incandescent(**e**) [ɛ̃kɑ̃desɑ̃, ɑ̃t] *adj* [weiß] glühend

incantation [ɛ̃kɑ̃tasjɔ̃] *f* Beschwörungsformel *f*

incantatoire [ɛ̃kɑ̃tatwaʀ] *adj* beschwörend; **danse ~** Beschwörungstanz *m*

incapable [ɛ̃kapabl] **I.** *adj* unfähig; **c'est un homme tout à fait ~** er ist völlig unfähig; **être ~ de qc** zu etw nicht fähig sein; **être ~ de faire qc** nicht fähig sein, etw zu tun **II.** *mf* unfähiger Mensch

incapacité [ɛ̃kapasite] *f* ① (*inaptitude*) Unfähigkeit *f;* **~ de** [*o* **à**] **faire qc** Unfähigkeit, etw zu tun; **être dans l'~ de faire qc** nicht in der Lage sein, etw zu tun ② (*convalescence*) Arbeitsunfähigkeit *f;* **j'ai eu 3 mois d'~** ich war 3 Monate lang krankgeschrieben; **~ de travail** Arbeitsunfähigkeit; **~ d'exercice** Geschäftsunfähigkeit

incarcération [ɛ̃kaʀseʀasjɔ̃] *f* Inhaftierung *f*

incarcérer [ɛ̃kaʀseʀe] <5> *vt* inhaftieren

incarnation [ɛ̃kaʀnasjɔ̃] *f* Inkarnation *f*

incarné(**e**) [ɛ̃kaʀne] *adj* fleischgeworden

incarner [ɛ̃kaʀne] <1> **I.** *vt* verkörpern **II.** *vpr* REL **s'~ dans qn/qc** in jdm/etw leibhaftig werden

incartade [ɛ̃kaʀtad] *f* Eskapade *f*

Incas [ɛ̃ka] *mpl* **les ~** die Inkas

incassable [ɛ̃kɑsabl] *adj* unzerbrechlich

incendiaire [ɛ̃sɑ̃djɛʀ] *adj* ① **bombe ~** Brandbombe *f;* **projectiles ~s** Brandgeschosse *Pl;* **mélange ~** Brandsatz *m* ② (*virulent*) *article, discours* aufwieglerisch, Hetz-

incendie [ɛ̃sɑ̃di] *m* [Groß]brand *m,* Gebäudebrand *m* ►**~ criminel** Brandstiftung *f*

incendier [ɛ̃sɑ̃dje] <1> *vt* ① (*mettre en feu*) in Brand setzen ② *fam* (*engueuler*) anschnauzen; **se faire ~ par qn** von jdm angeschnauzt werden

incertain(**e**) [ɛ̃sɛʀtɛ̃, ɛn] *adj* ① (*opp: assuré*) unsicher; (*indécis*) unschlüssig; **être ~ sur la conduite à suivre** unsicher sein, wie man sich verhalten soll; **être ~ de pouvoir faire qc** nicht sicher sein, ob man etw tun kann ② (*douteux*) ungewiss; *temps* unbeständig; *origine* unbestimmt; **la date est encore ~e** das Datum steht noch nicht fest

incertitude [ɛ̃sɛʀtityd] *f* Ungewissheit *f; d'une personne* Unsicherheit *f;* **laisser qn dans l'~** jdn im Ungewissen lassen

incessamment [ɛ̃sesamɑ̃] *adv* unverzüglich

incessant(**e**) [ɛ̃sesɑ̃, ɑ̃t] *adj a. antéposé* unaufhörlich; *réclamations, critiques, coups de fil* ständig; *bruit, pluie* anhaltend; *efforts* stetig

incessible [ɛ̃sesibl] *adj* JUR nicht abtretbar

inceste [ɛ̃sɛst] *m* Inzest *m*

incestueux, **-euse** [ɛ̃sɛstɥø, -øz] *adj* inzestuös

inchangé(**e**) [ɛ̃ʃɑ̃ʒe] *adj* unverändert

inchavirable [ɛ̃ʃaviʀabl] *adj* NAUT unsinkbar

incidemment [ɛ̃sidamɑ̃] *adv* nebenbei

incidence [ɛ̃sidɑ̃s] *f* **~ de qc sur qc** Auswirkung *f* einer S. (*gen*) auf etw (*akk*)

incident [ɛ̃sidɑ̃] *m* ① (*anicroche*) Zwischenfall *m;* **~ de parcours** kleine Panne; **~ technique** Betriebsstörung *f;* **sans ~** reibungslos ② (*péripétie*) Vorfall *m* ►**l'~ est clos** der Fall ist erledigt

incident(**e**) [ɛ̃sidɑ̃, ɑ̃t] *adj* beiläufig; *question, remarque* Zwischen-

incinérateur [ɛ̃sineʀatœʀ] *m* Verbrennungsofen *m*

incinération [ɛ̃sineʀasjɔ̃] *f* Verbrennung *f*

incinérer [ɛ̃sineʀe] <5> *vt* einäschern *cadavre*

incise [ɛ̃siz] *f* GRAM Zwischensatz *m*

inciser [ɛ̃size] <1> *vt* aufschneiden *abcès*

incisif, **-ive** [ɛ̃sizif, -iv] *adj* bissig

incision [ɛ̃sizjɔ̃] *f a.* MED Einschnitt *m*

incisive [ɛ̃siziv] *f* Schneidezahn *m*

incitation [ɛ̃sitasjɔ̃] *f* Ansporn *m*

inciter [ɛ̃site] <1> *vt* **~ qn à l'action/au travail** jdn zum Handeln/zur Arbeit ermuntern; **~ qn à l'achat** jdn zum Kaufen verführen; **~ qn à la méfiance** jdm Misstrauen einflößen

inclassable [ɛ̃klɑsabl] *adj* (*hors catégorie*) schwer einzuordnen

inclinable [ɛ̃klinabl] *adj* verstellbar

inclinaison [ɛ̃klinɛzɔ̃] *f d'une pente, route* Gefälle *nt; d'un toit, mur* Schräge *f*

inclination [ɛ̃klinasjɔ̃] *f* Neigung *f*

incliné(e) [ɛ̃kline] *adj* ① *pente, terrain* abschüssig; *toit* schräg; **plan ~** schiefe Ebene ② (*penché*) schief; *arbre, tête* geneigt; **~ vers qc** gegen etw geneigt

incliner [ɛ̃kline] <1> **I.** *vt* beugen *buste, corps;* schräg halten *bouteille;* verstellen *dossier d'une chaise;* **~ la tête** den Kopf neigen; (*pour acquiescer*) nicken **II.** *vpr* ① (*se courber*) **s'~ devant qn/qc** sich vor jdm/etw verneigen ② (*céder*) **s'~ devant qn/qc** sich jdm/einer S. beugen

inclure [ɛ̃klyʀ] <*irr*> *vt* **~ qc dans qc** etw einer S. (*dat*) beifügen

inclus(e) [ɛ̃kly, ɛ̃klyz] *adj* einschließlich (+ *gen*); **jusqu'au dix mars ~** bis einschließlich zehnten März; **le service est ~** die Bedienung ist inbegriffen

inclusion [ɛ̃klyzjɔ̃] *f* **~ dans qc** Einbeziehung *f* in etw (*akk*)

inclusivement [ɛ̃klyzivmɑ̃] *adv* einschließlich

incognito [ɛ̃kɔɲito] **I.** *adv* inkognito **II.** *m* Inkognito *nt;* **garder l'~** sein Inkognito wahren; **dans l'~** inkognito

incohérence [ɛ̃kɔeʀɑ̃s] *f* ① *de propos, d'une œuvre* Zusammenhang[s]losigkeit *f; d'une conduite, personne* Inkonsequenz *f; d'un raisonnement* Inkohärenz *f* (*geh*) ② (*illogisme*) Ungereimtheit *f;* (*contradiction*) Widerspruch *m*

incohérent(e) [ɛ̃kɔeʀɑ̃, ɑ̃t] *adj* ungereimt; *texte, histoire* unzusammenhängend; *comportement* inkonsequent; *gestes* unmotiviert

incollable [ɛ̃kɔlabl] *adj* ① (*qui ne colle pas*) **du riz ~** Reis, der nicht klebt ② *fam* (*imbattable*) unschlagbar

incolore [ɛ̃kɔlɔʀ] *adj* farblos

incomber [ɛ̃kɔ̃be] <1> *vi* **~ à qn** jdm zufallen

incombustible [ɛ̃kɔ̃bystibl] *adj* nicht brennbar

incommensurable [ɛ̃kɔmɑ̃syʀabl] *adj* unermesslich

incommodant(e) [ɛ̃kɔmɔdɑ̃, ɑ̃t] *adj* unangenehm

incommode [ɛ̃kɔmɔd] *adj littér* unbequem

incommoder [ɛ̃kɔmɔde] <1> *vt* **~ qn** *bruit, fumée:* jdn stören

incommodité [ɛ̃kɔmɔdite] *f littér* ① *d'un logement, d'un meuble* Unzweckmäßigkeit *f* ② (*désagrément*) Unannehmlichkeit *f*

incommunicable [ɛ̃kɔmynikabl] *adj caractères, droits* unübertragbar

incomparable [ɛ̃kɔ̃paʀabl] *adj* unvergleichlich

incomparablement [ɛ̃kɔ̃paʀabləmɑ̃] *adv* unübertrefflich

incompatibilité [ɛ̃kɔ̃patibilite] *f* Unvereinbarkeit *f;* **l'~ des groupes sanguins** die Unverträglichkeit der Blutgruppen

incompatible [ɛ̃kɔ̃patibl] *adj* unvereinbar; *caractères* unverträglich; *groupes sanguins, médicaments* unverträglich; **~s entre eux** nicht miteinander vereinbar; **~ avec qc** unvereinbar mit etw

incompétence [ɛ̃kɔ̃petɑ̃s] *f* Inkompetenz *f;* **~ en** [*o* **dans**] [*o* **sur**] **qc** mangelnder Sachverstand in etw (*dat*)

incompétent(e) [ɛ̃kɔ̃petɑ̃, ɑ̃t] *adj* inkompetent; **être ~ en** [*o* **dans**] [*o* **sur**] **qc** sich in etw (*dat*) nicht auskennen

incomplet, -ète [ɛ̃kɔ̃plɛ, -ɛt] *adj* unvollständig; *œuvre, travail* unvollendet

incomplètement [ɛ̃kɔ̃plɛtmɑ̃] *adv* nicht vollständig

incompréhensible [ɛ̃kɔ̃pʀeɑ̃sibl] *adj* ① (*déconcertant*) unverständlich; *personne* undurchschaubar ② (*inintelligible*) unverständlich ③ (*impénétrable*) unbegreiflich; *mystère* rätselhaft

incompréhensif, -ive [ɛ̃kɔ̃pʀeɑ̃sif, -iv] *adj* verständnislos; **se montrer ~ à l'égard de qn** kein Verständnis für jdn zeigen

incompréhension [ɛ̃kɔ̃pʀeɑ̃sjɔ̃] *f* Unverständnis *nt;* **~ entre deux/plusieurs personnes** fehlendes Verständnis zwischen zwei/mehreren Menschen

incompressible [ɛ̃kɔ̃pʀesibl] *adj* FIN, JUR nicht einschränkbar

incompris(e) [ɛ̃kɔ̃pʀi, iz] **I.** *adj* nicht verstanden; *œuvre d'art* unverstanden; *artiste, génie* verkannt **II.** *m(f)* Unverstandene(r) *f(m)*

inconcevable [ɛ̃kɔ̃svabl] *adj* (*inimaginable*) unvorstellbar; (*incompréhensible*) unbegreiflich; (*incroyable*) unglaublich; **il est ~ d'imaginer que ce sera ainsi** es ist unvorstellbar, dass es so sein wird

inconciliable [ɛ̃kɔ̃siljabl] *adj intérêts, tendances* unvereinbar

inconditionnel(le) [ɛ̃kɔ̃disjɔnɛl] *adj* bedingungslos

inconditionnellement [ɛ̃kɔ̃disjɔnɛlmɑ̃] *adv* bedingungslos

inconduite [ɛ̃kɔ̃dɥit] *f* unmoralischer Lebenswandel

inconfort [ɛ̃kɔ̃fɔʀ] *m* Mangel *m* an Komfort

inconfortable [ɛ̃kɔ̃fɔʀtabl] *adj* ① *maison* ohne Komfort; *lit, siège, position* unbequem ② *situation* misslich

inconfortablement [ɛ̃kɔ̃fɔʀtabləmɑ̃] *adv* unbequem

incongru(e) [ɛ̃kɔ̃gʀy] *adj* unpassend

incongruité [ɛ̃kɔ̃gʀɥite] *f d'une remarque* Unangebrachtheit *f; d'un geste, d'une parole* Unschicklichkeit *f*

inconnaissable [ɛ̃kɔnɛsabl] **I.** *adj* unergründlich **II.** *m* **l'~** das Unergründliche

inconnu [ɛ̃kɔny] *m* **l'~** das Unbekannte

inconnu(e) [ɛ̃kɔny] **I.** *adj* ① (*ignoré*) unbekannt; **il est ~ ici** er ist hier nicht bekannt ② (*nouveau*) unbekannt; *joie* nie gekannt; *odeur, parfum* ungewöhnlich **II.** *m(f)* Unbekannte(r) *f(m)*; **devant des ~s** vor Fremden; **être un ~ pour qn** für jdn ein Fremder sein ▸ **illustre** ~ *iron* völlig Unbekannter

inconnue [ɛ̃kɔny] *f* MATH Unbekannte *f*

inconsciemment [ɛ̃kɔ̃sjamɑ̃] *adv* ① (*sans s'en rendre compte*) unbewusst ② (*à la légère*) unüberlegt

inconscience [ɛ̃kɔ̃sjɑ̃s] *f* ① (*légèreté*) Leichtsinn *m* ② (*irresponsabilité*) Leichtfertigkeit *f* ③ (*ignorance*) **l'~ du danger** das Unwissen um die Gefahr ④ (*évanouissement*) Bewusstlosigkeit

inconscient [ɛ̃kɔ̃sjɑ̃] *m* PSYCH Unbewusste(s) *nt*

inconscient(e) [ɛ̃kɔ̃sjɑ̃, jɑ̃t] **I.** *adj* ① (*évanoui*) bewusstlos ② (*qui ne se rend pas compte*) leichtsinnig; **être ~ de qc** sich (*dat*) einer S. (*gen*) nicht bewusst sein ③ (*machinal, irréfléchi*) unbewusst; *effort, élan* spontan **II.** *m(f)* (*irresponsable*) Leichtsinnige(r) *f(m)*

inconséquence [ɛ̃kɔ̃sekɑ̃s] *f* Inkonsequenz *f*

inconséquent(e) [ɛ̃kɔ̃sekɑ̃, ɑ̃t] *adj* inkonsequent

inconsidéré(e) [ɛ̃kɔ̃sideʀe] *adj* unbesonnen

inconsistance [ɛ̃kɔ̃sistɑ̃s] *f d'une argumentation* Unhaltbarkeit *f*, mangelnde Stichhaltigkeit *f; d'un roman, scénario* Inhaltslosigkeit *f*

inconsistant(e) [ɛ̃kɔ̃sistɑ̃, ɑ̃t] *adj argumentation* unhaltbar, nicht stichhaltig

inconsolable [ɛ̃kɔ̃sɔlabl] *adj* ① (*désespéré*) untröstlich; **~ de qc** untröstlich über etw (*akk*) ② *chagrin, malheur, peine* unermesslich

inconstance [ɛ̃kɔ̃stɑ̃s] *f* Unbeständigkeit *f*

inconstant(e) [ɛ̃kɔ̃stɑ̃, ɑ̃t] *adj* wankelmütig

inconstitutionnel(le) [ɛ̃kɔ̃stitysjɔnɛl] *adj* JUR verfassungswidrig

incontestable [ɛ̃kɔ̃tɛstabl] *adj* unbestreitbar; *principe, réussite, droit* unbestritten; *fait, preuve* nicht zu leugnen; *qualité* einwandfrei; **il est ~ que c'est cher** es ist nicht zu leugnen, dass es teuer ist

incontestablement [ɛ̃kɔ̃tɛstabləmɑ̃] *adv* zweifellos

incontesté(e) [ɛ̃kɔ̃tɛste] *adj* unbestritten; *champion, leader* unangefochten; *personne* allgemein anerkannt

incontinence [ɛ̃kɔ̃tinɑ̃s] *f* MED ~ **[d'urine]** unkontrollierter Harnfluss *m*, Inkontinenz *f* (*Fachspr.*)

incontinent(e) [ɛ̃kɔ̃tinɑ̃, ɑ̃t] *adj* an Inkontinenz leidend

incontournable [ɛ̃kɔ̃tuʀnabl] *adj* unvermeidlich; *fait, exigence* unumgänglich; **ce problème est ~** an diesem Problem kommt niemand vorbei; **cet homme est ~** an diesem Mann führt kein Weg vorbei

incontrôlable [ɛ̃kɔ̃tʀolabl] *adj* ① (*invérifiable*) nicht nachprüfbar ② (*irrépressible*) unkontrollierbar; *besoin, envie, passion* unbezwingbar; *attirance* unwiderstehlich; *mouvement* unwillkürlich ③ (*ingouvernable*) unkontrollierbar; **devenir ~** außer Kontrolle geraten

incontrôlé(e) [ɛ̃kɔ̃tʀole] *adj* unkontrolliert

inconvenance [ɛ̃kɔ̃v(ə)nɑ̃s] *f d'une proposition, question* Unschicklichkeit *f*

inconvenant(e) [ɛ̃kɔ̃v(ə)nɑ̃, ɑ̃t] *adj conduite, proposition* unpassend

inconvénient [ɛ̃kɔ̃venjɑ̃] *m* ① (*opp: avantage*) Nachteil *m; d'une situation* negative Begleiterscheinung ② *gén pl* (*conséquence fâcheuse*) unangenehme Folge ③ (*obstacle*) **l'~, c'est que c'est cher** das Problem ist, dass es teuer ist ▸ **il n'y a pas d'~ à faire qc/à ce que qc soit fait** es spricht nichts dagegen, etw zu tun/dass etw getan wird; **ne pas voir d'~ à qc/à ce que qn fasse qc** nichts gegen etw haben/dagegen haben, dass jd etw tut; **sans ~** ohne weiteres; (*sans danger*) ohne Risiko

inconvertible [ɛ̃kɔ̃vɛʀtibl] *adj monnaie* nicht eintauschbar

incorporation [ɛ̃kɔʀpɔʀasjɔ̃] *f* (*annexion*) **~ de qn/qc à qc** jds Eingliederung *f*/die Eingliederung einer S. (*gen*) in etw (*akk*)

I

incorporé(e) [ɛ̃kɔʀpɔʀe] *adj* TECH eingebaut

incorporel(le) [ɛ̃kɔʀpɔʀɛl] *adj* körperlos

incorporer [ɛ̃kɔʀpɔʀe] <1> *vt* ❶ GASTR, TECH (*mélanger*) beimengen *sucre;* unterheben *blancs battus en neige;* ~ **du sucre à la pâte** dem Teig Zucker beimengen ❷ (*intégrer*) ~ **qn/qc dans qc** jdn/etw in etw (*akk*) einschließen

incorrect(e) [ɛ̃kɔʀɛkt] *adj* ❶ (*défectueux*) nicht richtig; *montage* fehlerhaft; **une lecture ~e** ein ungenaues Durchlesen ❷ (*inconvenant*) unpassend; *langage, ton* unangemessen ❸ (*impoli*) ungehörig; **se montrer ~** sich unkorrekt verhalten ❹ (*déloyal*) ~ **en qc/avec qn** nicht seriös in etw (*dat*)/mit jdm

incorrection [ɛ̃kɔʀɛksjɔ̃] *f* ❶ (*faute*) Fehler *m* ❷ (*manque de correction*) Unkorrektheit *f*

incorrigible [ɛ̃kɔʀiʒibl] *adj a. antéposé* unverbesserlich

incorruptible [ɛ̃kɔʀyptibl] *adj* unbestechlich

incrédibilité [ɛ̃kʀedibilite] *f* Unglaubwürdigkeit *f*

incrédule [ɛ̃kʀedyl] *adj* ungläubig

incrédulité [ɛ̃kʀedylite] *f* Ungläubigkeit *f*

incrément [ɛ̃kʀemɑ̃] *m* MATH, INFORM Inkrement *nt* (*Fachspr.*)

increvable [ɛ̃kʀəvabl] *adj* ❶ *fam* (*infatigable*) nicht kleinzukriegen; *appareil, voiture* unverwüstlich; **être vraiment ~** wirklich nicht totzukriegen sein ❷ *pneu* pannensicher; **un ballon ~** ein Ball, der nicht kaputtgeht

incriminer [ɛ̃kʀimine] <1> *vt* beschuldigen

incrochetable [ɛ̃kʀɔʃ(ə)tabl] *adj* einbruchsicher; **serrure ~** Sicherheitsschloss *nt*

incroyable [ɛ̃kʀwajabl] *adj a. antéposé* ❶ (*extraordinaire*) unglaublich; **c'est ~ de voir à quel point tout a changé** es ist unglaublich, wie sehr sich alles verändert hat ❷ (*bizarre*) unglaublich; **si ~ que cela puisse paraître** so unwahrscheinlich das auch scheinen mag ► ~ **mais vrai** kaum zu glauben, aber wahr

incroyablement [ɛ̃kʀwajabləmɑ̃] *adv* unglaublich

incroyance [ɛ̃kʀwajɑ̃s] *f* Unglaube[n] *m*

incroyant(e) [ɛ̃kʀwajɑ̃, jɑ̃t] *adj* ungläubig

incrustation [ɛ̃kʀystasjɔ̃] *f* INFORM Pop-up-Menü *nt*

incruster [ɛ̃kʀyste] <1> **I.** *vt* ART mit Einlegearbeit verzieren; ~ **qc de diamants/mosaïques** etw mit [eingesetzten] Diamanten/[eingelegten] Mosaiken verzieren; **être incrusté de qc** mit etw eingelegt sein **II.** *vpr* ❶ *fam* (*s'installer à demeure*) **s'~ chez qn** sich bei jdm einnisten ❷ (*adhérer fortement*) **s'~** *coquillage, odeur:* sich festsetzen ❸ (*se graver*) **ce souvenir s'est incrusté dans ma mémoire** diese Erinnerung hat sich mir eingeprägt

incubateur [ɛ̃kybatœʀ] *m* MED Brutkasten *m*

incubation [ɛ̃kybasjɔ̃] *f* Bebrütung *f*

incuber [ɛ̃kybe] <1> *vt* bebrüten *œufs*

inculpation [ɛ̃kylpasjɔ̃] *f* JUR Anklagepunkt *m*

inculpé(e) [ɛ̃kylpe] *m(f)* JUR Angeklagte(r) *f(m)*

inculper [ɛ̃kylpe] <1> *vt* ~ **qn de qc** gegen jdn Anklage wegen einer S. (*gen*) erheben

inculquer [ɛ̃kylke] <1> *vt* ~ **qc à qn** jdm etw einprägen

inculte [ɛ̃kylt] *adj* brachliegend

inculture [ɛ̃kyltyʀ] *f* Bildungsmangel *m*

incurable [ɛ̃kyʀabl] *adj* ❶ MED unheilbar ❷ (*incorrigible*) unverbesserlich; *ignorance* unendlich; *paresse* chronisch

incurie [ɛ̃kyʀi] *f* Unbekümmertheit *f*

incursion [ɛ̃kyʀsjɔ̃] *f* **l'~ des troupes ennemies dans le pays** der Einfall der feindlichen Truppen ins Land

incurvé(e) [ɛ̃kyʀve] *adj* gebogen; *tracé* gekrümmt

incurver [ɛ̃kyʀve] <1> *vt* biegen

indatable [ɛ̃databl] *adj ouvrage* nicht datierbar

Inde [ɛ̃d] *f* **l'~** Indien *nt*

indéboulonnable [ɛ̃debulɔnablə] *adj fam* **être ~** sattelfest sein

indécence [ɛ̃desɑ̃s] *f* Anstößigkeit *f*

indécent(e) [ɛ̃desɑ̃, ɑ̃t] *adj* anstößig; *personne* schamlos

indéchiffrable [ɛ̃deʃifʀabl] *adj* ❶ (*illisible*) unlesbar; **être ~** nicht zu entziffern sein ❷ (*incompréhensible*) schwer durchschaubar; *monde* unbegreiflich; *énigme* unlösbar; *visage* unergründlich

indéchirable [ɛ̃deʃiʀabl] *adj tissu* unzerreißbar

indécis(e) [ɛ̃desi, iz] *adj* ❶ (*hésitant*) unentschlossen; **être ~ sur** [*o* **quant à**] **qc** sich (*dat*) über etw (*akk*) unschlüssig sein; **être ~ entre qc et qc** zwischen etw und etw (*dat*) schwanken ❷ (*douteux*) unentschieden; *question* ungelöst; *résultat, victoire* ungewiss; *temps* wechselhaft

indécision [ɛ̃desizjɔ̃] *f* Unentschlossenheit *f;* ~ **sur** [*o* **quant à**] **qc** Unentschlossenheit in Bezug auf etw (*akk*); **dans l'~ il préfère attendre** wenn er unentschlossen ist, wartet er lieber ab

indéclinable [ɛ̃deklinabl] *adj* GRAM undeklinierbar

indécomposable [ɛ̃dekɔ̃pozabl] *adj* (*qu'on ne peut décomposer*) nicht zerlegbar

indécrottable [ɛ̃dekʀɔtabl] *adj fam* (*incorrigible*) unverbesserlich

indéfendable [ɛ̃defɑ̃dabl] *adj* nicht zu verteidigen

indéfini(e) [ɛ̃defini] *adj* ❶ (*indéterminé*) unbestimmt ❷ *espace, nombre, progrès, temps* unbegrenzt

indéfiniment [ɛ̃definimɑ̃] *adv* auf unbegrenzte Zeit

indéfinissable [ɛ̃definisabl] *adj* undefinierbar; *charme* eigen; *émotion, malaise, trouble* unerklärlich

indéformable [ɛ̃defɔʀmabl] *adj* formbeständig

indélébile [ɛ̃delebil] *adj* ❶ (*ineffaçable*) nicht zu entfernen; *couleur* waschecht; *rouge à lèvres* kussecht; **encre** ~ dokumentenechte Tinte ❷ *impression, marque, souvenir* unauslöschlich

indélicat(e) [ɛ̃delika, at] *adj* gewissenlos

indélicatesse [ɛ̃delikatɛs] *f* ❶ Skrupellosigkeit *f* ❷ (*grossièreté*) Taktlosigkeit *f*

indemne [ɛ̃dɛmn] *adj* unversehrt; **sortir ~ de qc** etw ohne Schaden überstehen; **sortir ~ de l'accident** bei dem Unfall nicht verletzt werden

indemnisable [ɛ̃dɛmnizabl] *adj* zu entschädigen; **les dommages sont ~s** für die Schäden ist aufzukommen

indemnisation [ɛ̃dɛmnizasjɔ̃] *f* Schaden[s]ersatz *m;* (*dédommagement versé par l'État*) Entschädigung *f;* ~ **des dommages de guerre** Reparationszahlungen *Pl* für die Kriegsschäden

indemniser [ɛ̃dɛmnize] <1> *vt* ❶ (*rembourser*) ~ **qn de qc** jdm etw erstatten; **j'ai été indemnisé** man hat mir die Kosten erstattet ❷ (*compenser*) ~ **qn pour qc** jdm Schaden[s]ersatz für etw leisten; *État:* jdn für etw entschädigen; *assurances, assureur:* [jdm] den Schaden für etw zahlen

indemnité [ɛ̃dɛmnite] *f* ❶ (*réparation*) Schaden[s]ersatz *m;* (*payé par l'État*) Entschädigung *f;* (*forfait*) Abfindung *f;* ~ **de guerre** Kriegsentschädigung ❷ (*prime*) Zulage *f;* ~ **de chômage** Arbeitslosengeld *nt;* ~ **de déplacement** Reisekostenvergütung *f;* ~ **de logement** Wohnungsgeld *nt; d'un maire, conseiller régional* Bezüge *Pl;* (*journalière*) Krankengeld *nt;* (*en cas de maternité*) Mutterschaftshilfe *f*

indémodable [ɛ̃demɔdabl] *adj vêtement* zeitlos

indémontable [ɛ̃demɔ̃tabl] *adj meuble* nicht auseinandernehmbar; (*qui ne peut pas être enlevé*) nicht abmontierbar

indémontrable [ɛ̃demɔ̃tʀabl] *adj* nicht beweisbar

indéniable [ɛ̃denjabl] *adj* unleugbar

indéniablement [ɛ̃denjabləmɑ̃] *adv* zweifellos

indépendamment [ɛ̃depɑ̃damɑ̃] *adv* (*en dehors de cela*) unabhängig davon ► ~ **de qc** (*outre*) zusätzlich zu etw; (*abstraction faite de*) ungeachtet einer S. (*gen*); (*sans dépendre de*) unabhängig von etw

indépendance [ɛ̃depɑ̃dɑ̃s] *f* ❶ (*liberté*) Unabhängigkeit *f;* ~ **d'idées** Eigenständigkeit *f* der Gedanken; ~ **de caractère** Charakterstärke *f;* **en toute ~ d'esprit** ganz unvoreingenommen ❷ (*autonomie, souveraineté*) Unabhängigkeit *f;* **la guerre de l'~ grecque** der griechische Freiheitskrieg; **accéder à l'~** die Unabhängigkeit erlangen; **proclamer son ~** seine Unabhängigkeit erklären

indépendant(e) [ɛ̃depɑ̃dɑ̃, ɑ̃t] *adj* ❶ (*libre*) unabhängig; (*qui se débrouille tout seul*) selb[st]ständig; (*qui est son propre maître*) eigenständig ❷ (*souverain*) unabhängig ❸ (*à son compte*) selb[st]ständig; *artiste, architecte, photographe* freischaffend; *collaborateur, journaliste* frei ❹ (*indocile*) eigenwillig ❺ *chambre* separat; *questions, systèmes* voneinander unabhängig ❻ (*sans liaison avec*) ~ **de qn/qc** von jdm/etw unabhängig; **pour des raisons ~es de notre volonté** aus Gründen, die außerhalb unserer Kontrolle liegen

indépendantisme [ɛ̃depɑ̃dɑ̃tism] *m* POL (*tendance*) Unabhängigkeitsstreben *nt;* (*mouvement*) Unabhängigkeitsbewegung *f*

indépendantiste [ɛ̃depɑ̃dɑ̃tist] POL **I.** *adj* Unabhängigkeits-, separatistisch **II.** *mf* Anhänger(in) *m(f)* der Unabhängigkeitsbewegung

indéracinable [ɛ̃deʀasinabl] *adj* tiefsitzend

indéréglable [ɛ̃deʀeglabl] *adj* TECH *mécanisme* absolut zuverlässig

indescriptible [ɛ̃dɛskʀiptibl] *adj a. antéposé* unbeschreiblich

indésirable [ɛ̃deziʀabl] **I.** *adj* unerwünscht **II.** *mf* unerwünschte Person

indestructible [ɛ̃dɛstʀyktibl] *adj* unzerstörbar; *foi, solidarité* unerschütterlich; *liaison, amour* dauerhaft; *personne* nicht unterzukriegen (*fam*); **impression** ~ bleibender Eindruck

indétectable [ɛ̃detɛktabl] *adj* [über Radar] nicht erfassbar; *erreur* unauffindbar

indéterminable [ɛ̃detɛʀminabl] *adj* (*indéfinissable*) unbestimmbar

indétermination [ɛ̃detɛʀminasjɔ̃] *f* ❶ (*indécision*) Unentschlossenheit *f;* (*permanente*) Entschlusslosigkeit *f* ❷ (*imprécision*) Unbestimmtheit *f*

indéterminé(e) [ɛ̃detɛʀmine] *adj* ❶ (*non précisé*) unbestimmt; *date* nicht festgesetzt ❷ (*incertain*) unbestimmt; *sens, termes* vage ❸ (*indistinct*) verschwommen ❹ (*indécis*) **être ~ sur qc** in Bezug auf etw (*akk*) unentschlossen sein

indétrônable [ɛ̃detʀonablə] *adj* unschlagbar

index [ɛ̃dɛks] *m* ❶ (*doigt*) Zeigefinger *m* ❷ (*table alphabétique*) Verzeichnis *nt*

indexation [ɛ̃dɛksasjɔ̃] *f* ECON Indexierung *f*

indexer [ɛ̃dɛkse] <1> *vt* ECON **~ qc sur qc** etw an etw (*akk*) koppeln; **indexé** an den/einen Index gekoppelt

indic [ɛ̃dik] *m arg abr de* **indicateur** Spitzel *m*

indicateur, -trice [ɛ̃dikatœʀ, -tʀis] **I.** *adj* *panneau, plaque* Hinweis-; **poteau ~** Wegweiser *m;* **tableau ~** Anzeigetafel *f;* **borne indicatrice** Markierungsstein *m* **II.** *m, f* Spitzel *m;* **~ de police** Polizeispitzel

indicatif [ɛ̃dikatif] *m* ❶ TELEC Vorwahlnummer *f,* Vorwahl *f,* Kennung *f* (*Fachspr.*); **~ départemental** Ortsnetzkennzahl *f;* **l'~ de la France** die Vorwahl von Frankreich ❷ LING Indikativ *m*

indicatif, -ive [ɛ̃dikatif, -iv] *adj* ❶ (*qui renseigne*) annähernd; *vote* aufschlussreich; **prix ~** Richtpreis *m;* **à titre ~** zur Kenntnisnahme; **ce chiffre n'est qu'~** das ist nur ein Näherungswert ❷ LING **mode ~** Indikativ *m*

indication [ɛ̃dikasjɔ̃] *f* ❶ (*information*) Hinweis *m;* **~ sur qc** Hinweis auf etw (*akk*); **sur les ~s de qn** auf jds Angaben hin ❷ *d'une adresse, d'un numéro, prix* Angabe *f;* *d'un virage dangereux* Signalisierung *f* ❸ (*prescription*) Anweisung *f* ❹ (*indice*) Hinweis *m;* **~ de qc** Anzeichen *nt* für etw ▸**sauf ~ contraire** wenn nichts Gegenteiliges verlautet

indice [ɛ̃dis] *m* ❶ (*signe*) Anzeichen *nt;* (*constatation*) Indiz *nt* ❷ (*trace*) Spur *f* ❸ (*preuve*) Beweis *m;* JUR Indiz *nt* ❹ ECON, FIN, MED Indexzahl *f,* Index *m;* **~ des prix** Preisindex; **~ de masse corporelle** Body-Mass-Index ❺ TV **~ d'écoute** Einschaltquote *f*

indien(ne) [ɛ̃djɛ̃, jɛn] *adj* ❶ (*d'Inde*) indisch ❷ (*d'Amérique*) indianisch

Indien(ne) [ɛ̃djɛ̃, jɛn] *m(f)* ❶ (*habitant de l'Inde*) Inder(in) *m(f)* ❷ (*indigène d'Amérique*) Indianer(in) *m(f); d'Amérique du Sud* Indio *m*/Indiofrau *f*

indifféremment [ɛ̃difeʀamɑ̃] *adv* in gleicher Weise

indifférence [ɛ̃difeʀɑ̃s] *f* ❶ (*insensibilité*) Gleichgültigkeit *f* ❷ (*apathie*) Desinteresse *nt* ❸ (*détachement*) Teilnahmslosigkeit *f*

indifférencié(e) [ɛ̃difeʀɑ̃sje] *adj* unterschiedslos

indifférent(e) [ɛ̃difeʀɑ̃, ɑ̃t] **I.** *adj* ❶ *attitude, personne* gleichgültig; *regard, visage* unbeteiligt; **une mère ~e** eine gefühllose Mutter; **être ~ à qc** einer S. (*dat*) gleichgültig gegenüberstehen; **être ~ à une personne** kein Interesse an einem Menschen zeigen; **laisser qn ~** jdn unberührt lassen ❷ (*égal*) **être ~ à qn** jdm gleichgültig sein **II.** *m(f)* Gleichgültige(r) *f(m)*

indifférer [ɛ̃difeʀe] <5> *vt fam* **ton avis m'indiffère** deine Meinung ist mir egal

indigence [ɛ̃diʒɑ̃s] *f* Bedürftigkeit *f*

indigène [ɛ̃diʒɛn] *adj* ❶ einheimisch; **les populations ~s** die Einheimischen ❷ (*opp: blanc*) eingeboren

indigent(e) [ɛ̃diʒɑ̃, ʒɑ̃t] *adj* bedürftig

indigeste [ɛ̃diʒɛst] *adj* *cuisine, nourriture* ungenießbar *präd,* schwer verdaulich *attr*

indigestion [ɛ̃diʒɛstjɔ̃] *f* Magenverstimmung *f;* **avoir une ~ de qc** sich (*dat*) mit etw den Magen verdorben haben (*fam*)

indignation [ɛ̃diɲasjɔ̃] *f* Empörung *f*

indigne [ɛ̃diɲ] *adj* ❶ (*qui ne mérite pas*) **être ~ de qn/qc** jds/einer S. nicht würdig sein; **être ~ de faire qc** es nicht wert sein, etw zu tun ❷ (*inconvenant*) **être ~ de qn** *action, attitude, sentiment:* unter jds Würde (*dat*) sein ❸ (*odieux*) unwürdig; **un époux/fils ~** ein Ehegatte/Sohn, der diesen Namen nicht verdient; **une mère ~** eine Rabenmutter

indigné(e) [ɛ̃diɲe] *adj* empört; **~ de qc** entrüstet über etw (*akk*)

indigner [ɛ̃diɲe] <1> **I.** *vt* empören **II.** *vpr* **s'~ contre qn/contre** [*o* **de**] **qc** sich über jdn/etw empören; **s'~ de faire qc/**[**de ce**] **que qc se produise** sich darüber entrüsten, etw zu tun/dass etw geschieht

indignité [ɛ̃diɲite] *f* (*bassesse*) Unwürdigkeit *f*

indigo [ɛ̃digo] *m* Indigo *m o nt*

indiqué(e) [ɛ̃dike] *adj* ① (*conseillé*) ratsam ② (*adéquat*) geeignet; **être tout ~** genau das Richtige sein; **le Louvre est le lieu tout ~** der Louvre ist genau der richtige Ort ③ (*fixé*) angegeben; *date* festgelegt

indiquer [ɛ̃dike] <1> *vt* ① (*désigner*) **~ qc à qn** jdm etw zeigen; *écriteau, flèche, horloge:* jdm etw anzeigen; **~ qn/qc de la main** mit dem Finger auf jdn/etw deuten; **qu'indique le panneau?** was steht auf dem Schild? ② (*recommander*) **~ qn/qc à qn** jdm jdn/etw nennen ③ (*dire*) **~ à qn qc** jdm etw angeben; (*expliquer*) jdm etw erklären; **~ à qn comment y aller/ce que cela représente** jdm sagen, wie er/sie dorthin kommt/was das darstellt ④ (*révéler*) **~ qc/que qn est passé** auf etw (*akk*) hinweisen/darauf hinweisen, dass jd vorübergegangen ist ⑤ (*marquer*) kennzeichnen ▸**rien n'indique qu'il est** [*o* **soit**] **parti** nichts spricht dafür, dass er gegangen ist; **tout indique qu'il n'est plus là** alles deutet darauf hin, dass er nicht mehr da ist

indirect(e) [ɛ̃diʀɛkt] *adj* indirekt; **par des moyens ~s** auf Umwegen

indirectement [ɛ̃diʀɛktəmɑ̃] *adv* indirekt

indiscernable [ɛ̃disɛʀnabl] *adj* nicht zu unterscheiden; *différences* nicht erkennbar

indiscipline [ɛ̃disiplin] *f* Disziplinlosigkeit *f*

indiscipliné(e) [ɛ̃disipline] *adj* undiszipliniert

indiscret, -ète [ɛ̃diskʀɛ, -ɛt] I. *adj* ① (*curieux*) neugierig ② (*bavard*) indiskret; **des commérages ~s** Klatsch ③ (*inconvenant*) indiskret; *familiarité, démarche* plump; *présence* lästig II. *m, f* (*personne bavarde*) schwatzhafter Mensch; (*personne curieuse*) Neugierige(r) *f(m)*

indiscrétion [ɛ̃diskʀesjɔ̃] *f* ① (*curiosité*) Indiskretion *f*; **sans ~, peut-on savoir si ...** kann man – ohne indiskret sein zu wollen – erfahren, ob ... ② (*tendance à divulguer*) Schwatzhaftigkeit *f* ③ (*acte, bavardage*) Indiskretion *f*; **commettre beaucoup d'~s** sehr indiskret sein

indiscutable [ɛ̃diskytabl] *adj fait* unumstößlich; *succès, supériorité, réalité* unbestreitbar; *personne, crédibilité* über jeden Zweifel erhaben; *témoignage* hieb- und stichfest; **il est ~ que ...** es besteht kein Zweifel darüber, dass ...

indiscutablement [ɛ̃diskytabləmɑ̃] *adv* zweifellos

indiscuté(e) [ɛ̃diskyte] *adj* unbestritten

indispensable [ɛ̃dispɑ̃sabl] I. *adj* unbedingt notwendig; *précautions* unerlässlich; *devoir* unvermeidlich; *objet, personne* unentbehrlich; **savoir se rendre ~** sich unentbehrlich machen; **il est ~ de faire qc/que qc soit fait** man muss unbedingt etw tun/es muss unbedingt etw getan werden; **il est ~ que nous prenions une assurance** wir müssen unbedingt eine Versicherung abschließen; **être ~ à qn/qc** [*o* **pour qc**] für jdn unentbehrlich/für etw unerlässlich sein II. *m* **l'~** das Nötigste; **faire l'~** das Notwendigste tun

indisponibilité [ɛ̃dispɔnibilite] *f d'une personne* mangelnde Verfügbarkeit

indisponible [ɛ̃dispɔnibl] *adj* nicht verfügbar

indisposé(e) [ɛ̃dispoze] *adj* unpässlich

indisposer [ɛ̃dispoze] <1> *vt* verstimmen

indisposition [ɛ̃dispozisjɔ̃] *f* Unpässlichkeit *f*

indissociable [ɛ̃disɔsjabl] *adj* untrennbar

indissoluble [ɛ̃disɔlybl] *adj* unauflöslich

indistinct(e) [ɛ̃distɛ̃, ɛ̃kt] *adj murmure, vision* undeutlich; *couleur* undefinierbar; *objet, voix* nicht deutlich wahrnehmbar

indistinctement [ɛ̃distɛ̃ktəmɑ̃] *adv prononcer, apercevoir* undeutlich

individu [ɛ̃dividy] *m* Person *f*, Individuum *nt;* **drôle d'~** *a. péj* komischer Kauz

individualisation [ɛ̃dividɥalizasjɔ̃] *f* Individualisierung *f*

individualiser [ɛ̃dividɥalize] <1> I. *vt* ① (*personnaliser*) dem Einzelfall anpassen *attitude;* auf individuelle Bedürfnisse abstimmen *appartement, voiture;* **~ son style** einer S. (*dat*) eine eigene Prägung geben ② (*particulariser*) voneinander unterscheiden II. *vpr* **s'~** (*se différencier*) *cellule:* eine neue Einheit bilden; *forme, manière, style:* individuell werden; (*s'accentuer*) charakteristischer werden

individualisme [ɛ̃dividɥalism] *m* Individualismus *m*

individualiste [ɛ̃dividɥalist] I. *adj* ① PHILOS individualistisch ② *péj* egozentrisch II. *mf* ① (*non conformiste*) Individualist(in) *m(f)* ② *péj* Egozentriker(in) *m(f)*

individualité [ɛ̃dividɥalite] *f* ① (*personnalité*) Persönlichkeit *f* ② (*caractère*) Individualität *f* ③ (*être*) Einzelwesen *nt* ④ (*particularité*) Eigenart *f;* **avoir un style d'une forte ~** einen ganz eigenen Stil haben

individuel(le) [ɛ̃dividɥɛl] I. *adj* persönlich; *propriété* privat, Privat-, persönlich; *responsabilité, initiative* eigen, Eigen-; *épreuve, réclamation* einzeln; *destin, cas* Einzel-; **maison ~le** Einfamilienhaus *nt;* **sport ~**

Einzelwettkampf *m* **II.** *m(f)* (*sportif*) Einzelkämpfer(in) *m(f)*
individuellement [ɛ̃dividɥɛlmɑ̃] *adv* einzeln
indivisible [ɛ̃divizibl] *adj* unteilbar
Indochine [ɛ̃doʃin] *f* HIST **l'~** Indochina *nt*
indochinois(e) [ɛ̃doʃinwa, waz] *adj* HIST indochinesisch
Indochinois(e) [ɛ̃doʃinwa, waz] *m(f)* HIST Indochinese *m*/Indochinesin *f*
indo-européen(ne) [ɛ̃doœʀɔpeɛ̃, ɛn] <indo-européens> *adj* indogermanisch, indoeuropäisch **Indo-européen(ne)** [ɛ̃doœʀɔpeɛ̃, ɛn] <Indo-européens> *m(f)* Indogermane *m*/-germanin *f*, Indoeuropäer(in) *m(f)*
indolence [ɛ̃dɔlɑ̃s] *f* Trägheit *f*
indolent(e) [ɛ̃dɔlɑ̃, ɑ̃t] *adj* träge; *caractère* phlegmatisch
indolore [ɛ̃dɔlɔʀ] *adj* schmerzlos; **être ~** nicht wehtun
indomptable [ɛ̃dɔ̃tabl] *adj animal* unzähmbar
indompté(e) [ɛ̃dɔ̃te] *adj* ❶ wild; *cheval* ungezähmt; *peuple* ungebändigt ❷ *joie* unbändig
Indonésie [ɛ̃donezi] *f* **l'~** Indonesien *nt*
indu(e) [ɛ̃dy] *adj* unpassend
indubitable [ɛ̃dybitabl] *adj* unzweifelhaft
indubitablement [ɛ̃dybitabləmɑ̃] *adv* ganz ohne Zweifel
inducteur [ɛ̃dyktœʀ] *m* ELEC Induktionsapparat *m*, Induktor *m*
inductif, -ive [ɛ̃dyktif, -iv] *adj* induktiv
induction [ɛ̃dyksjɔ̃] *f* Induktion *f*; **cuisinière à ~** Induktionsherd *m*
induire [ɛ̃dɥiʀ] <*irr*> *vt* **~ qn/qc à qc/à faire qc** jdn/etw zu etw treiben/dazu treiben, etw zu tun
induit [ɛ̃dɥi] *m* ELEC Anker *m*
indulgence [ɛ̃dylʒɑ̃s] *f* Nachsicht *f*
indulgent(e) [ɛ̃dylʒɑ̃, ʒɑ̃t] *adj* ❶ (*clément*) nachsichtig; **être ~ envers l'accusé** gegenüber dem Angeklagten Milde walten lassen ❷ (*bienveillant*) wohlwollend
indûment [ɛ̃dymɑ̃] *adv* unberechtigt[erweise]
industrialisation [ɛ̃dystʀijalizasjɔ̃] *f* Industrialisierung *f*; **~ de qc** Produktionsbeginn *m* für etw
industrialiser [ɛ̃dystʀijalize] <1> **I.** *vt* industrialisieren *région, pays, agriculture;* vermarkten *découverte;* **~ un nouveau produit** die Produktion eines neuen Produkts aufnehmen **II.** *vpr* **s'~** *pays, région, secteur:* industrialisiert werden
industrie [ɛ̃dystʀi] *f* ❶ ECON Industrie *f* ❷ (*secteur spécialisé*) Wirtschaftszweig *m*, -industrie *f*; **~ cinématographique** Filmgewerbe *nt*; **~ du livre** Buch- und Pressewesen *nt*
industriel(le) [ɛ̃dystʀijɛl] **I.** *adj* industriell; *activité, équipement, secteur, entreprise* Industrie-; **véhicule ~** Nutzfahrzeug *nt*; *région, société, ville, zone* Industrie-; *pain* industriell hergestellt; **le design ~** das Industriedesign **II.** *m(f)* Industrielle(r) *f(m)*; **un grand ~** ein Großindustrieller
industriellement [ɛ̃dystʀijɛlmɑ̃] *adv fabriqué* industriell
inébranlable [inebʀɑ̃labl] *adj* ❶ (*solide*) sicher ❷ (*inflexible*) unerschütterlich; *résolution* fest; **qn est ~ dans sa résolution** jds Entschluss ist unwiderruflich; **être ~ dans ses convictions** von seiner Meinung felsenfest überzeugt sein
inédit [inedi] *m* ❶ (*ouvrage*) unveröffentlichtes Werk *nt* ❷ (*chose nouvelle*) Neuheit *f*
inédit(e) [inedi, it] *adj* ❶ (*non publié*) unveröffentlicht ❷ (*nouveau*) ganz neu
ineffable [inefabl] *adj a. antéposé* unsagbar
ineffaçable [inefasabl] *adj* ❶ (*indélébile*) nicht zu entfernen ❷ (*inoubliable*) unauslöschlich; *souvenir* unvergesslich
inefficace [inefikas] *adj* unwirksam; *démarche* erfolglos; *employé* unfähig; *machine* nicht leistungsfähig
inefficacité [inefikasite] *f* Wirkungslosigkeit *f*; *d'une démarche, d'un secours* Erfolglosigkeit *f*
inégal(e) [inegal, -o] <-aux> *adj* ❶ (*différent*) ungleich; **de grandeur ~e** von ungleicher Größe ❷ (*changeant*) unausgeglichen; **être d'une humeur ~** unausgeglichen sein
inégalable [inegalabl] *adj qualité* unerreichbar
inégalé(e) [inegale] *adj* unerreicht
inégalement [inegalmɑ̃] *adv* ungleich
inégalitaire [inegalitɛʀ] *adj* **une société ~** *eine Gesellschaft, die große soziale Unterschiede aufweist;* **politique fiscale ~** unsoziale Steuerpolitik
inégalité [inegalite] *f* ❶ (*différence*) Ungleichheit *f*; **l'~ entre l'offre et la demande** das Missverhältnis zwischen Angebot und Nachfrage ❷ (*disproportion*) Ungleichheit *f*; *des forces* Missverhältnis *nt*; **~ des chances** Chancenungleichheit
inélégance [inelegɑ̃s] *f* Mangel *m* an Eleganz

inélégant(e) [inelegɑ̃, ɑ̃t] *adj* unelegant
inéligibilité [ineliʒibilite] *f* Nichtwählbarkeit *f*
inéligible [ineliʒibl] *adj* nicht wählbar
inéluctable [inelyktabl] *adj* unausweichlich
inéluctablement [inelyktabləmɑ̃] *adv* unausweichlich
inemployé(e) [inɑ̃plwaje] *adj* unbenutzt; *moyens, talents* ungenutzt
inénarrable [inenaʀabl] *adj* unbeschreiblich
inepte [inɛpt] *adj* dumm
ineptie [inɛpsi] *f* Dummheit *f*
inépuisable [inepɥizabl] *adj* ❶ (*intarissable*) unerschöpflich; *source* nie versiegend; *terre* dauerhaft fruchtbar ❷ *indulgence, patience* unendlich; *curiosité* unstillbar
inéquation [inekwasjɔ̃] *f* MATH Ungleichung *f*
inerte [inɛʀt] *adj corps* leblos
inertie [inɛʀsi] *f a.* PHYS Trägheit *f*
inespéré(e) [inɛspeʀe] *adj* ❶ *chance, secours, succès* unverhofft ❷ *profit* unerwartet hoch; *résultat* unerwartet gut
inesthétique [inɛstetik] *adj* unästhetisch
inestimable [inɛstimabl] *adj* unschätzbar; *objet* von unschätzbarem Wert
inévitable [inevitabl] **I.** *adj* ❶ (*certain, fatal*) unvermeidlich; *accident* unabwendbar ❷ (*nécessaire*) unvermeidbar; *opération* unumgänglich; **il est ~ que cela se produise** es ist nicht zu vermeiden, dass das vorkommt ❸ *antéposé hum* (*habituel*) unvermeidlich **II.** *m* **l'~** das Unvermeidliche
inévitablement [inevitabləmɑ̃] *adv* zwangsläufig
inexact(e) [inɛgzakt] *adj* ❶ (*erroné*) ungenau; *théorie* unrichtig ❷ (*déformé*) ungenau; **très ~/le plus ~** völlig falsch; **non, c'est ~** nein, das stimmt nicht; **il est ~ de faire qc** es ist nicht [ganz] richtig, etw zu tun ❸ (*opp: ponctuel*) unpünktlich
inexactement [inɛgzaktəmɑ̃] *adv* ungenau
inexactitude [inɛgzaktityd] *f* ❶ (*caractère erroné*) Unrichtigkeit *f* ❷ (*manque de précision*) Ungenauigkeit *f*
inexcusable [inɛkskyzabl] *adj* unverzeihlich; *personne* nicht zu entschuldigen; **qn est ~ de faire qc** es ist unverzeihlich von jdm, etw zu tun
inexécutable [inɛgzekytabl] *adj* nicht ausführbar
inexistant(e) [inɛgzistɑ̃, ɑ̃t] *adj* ❶ (*qui n'existe pas*) nicht vorhanden; **la télévision était encore ~e** das Fernsehen existierte noch nicht ❷ (*imaginaire*) nicht vorhanden ❸ *péj* (*nul*) bedeutungslos; *résultat* gleich null, bedeutungslos; *aide* unnütz
inexistence [inɛgzistɑ̃s] *f* Nichtvorhandensein *nt*
inexorable [inɛgzɔʀabl] *adj* unerbittlich
inexorablement [inɛgzɔʀabləmɑ̃] *adv* unweigerlich
inexpérience [inɛkspeʀjɑ̃s] *f* Unerfahrenheit *f*
inexpérimenté(e) [inɛkspeʀimɑ̃te] *adj* unerfahren
inexplicable [inɛksplikabl] *adj* unerklärlich
inexpliqué(e) [inɛksplike] *adj* nicht geklärt; *catastrophe, disparition* nicht aufgeklärt, nicht geklärt
inexploitable [inɛksplwatabl] *adj documents* nicht verwertbar; *gisement* nicht abbaufähig; *richesses* nicht nutzbar
inexploité(e) [inɛksplwate] *adj gisement, richesses* nicht ausgebeutet; *talent* ungenutzt
inexploré(e) [inɛksplɔʀe] *adj* unerforscht
inexpressif, -ive [inɛkspʀesif, -iv] *adj regard, visage* ausdruckslos
inexprimable [inɛkspʀimabl] *adj* unaussprechlich; *surprise, soulagement, émotion* unbeschreiblich
inexprimé(e) [inɛkspʀime] *adj* unausgesprochen
inextensible [inɛkstɑ̃sibl] *adj tissu* undehnbar
inextinguible [inɛkstɛ̃gibl] *adj* unstillbar; *rire* unaufhörlich; *fureur* grenzenlos
in extremis [inɛkstʀemis] **I.** *adv* im letzten Augenblick **II.** *adj inv sauvetage, succès* in letzter Minute
inextricable [inɛkstʀikabl] *adj* ❶ *a. antéposé* (*enchevêtré*) unentwirrbar ❷ (*embrouillé*) *affaire* verzwickt
inextricablement [inɛkstʀikabləmɑ̃] *adv* ausweglos
infaillibilité [ɛ̃fajibilite] *f* Unfehlbarkeit *f*
infaillible [ɛ̃fajibl] *adj* ❶ (*fiable*) unfehlbar; *instrument* zuverlässig; *signe* untrüglich ❷ (*prévu*) sicher; *accident* vorprogrammiert ❸ (*qui ne peut se tromper*) unfehlbar; *instinct* untrüglich
infailliblement [ɛ̃fajibləmɑ̃] *adv* unweigerlich
infaisable [ɛ̃fəzabl] *adj* nicht machbar
infalsifiable [ɛ̃falsifjabl] *adj* fälschungssicher
infamant(e) [ɛ̃famɑ̃, ɑ̃t] *adj* übel

I

infâme [ɛ̃fam] *adj a. antéposé acte, conduite* schändlich
infamie [ɛ̃fami] *f* Schande *f*
infant(e) [ɛ̃fɑ̃, ɑ̃t] *m(f)* (*titre*) Infant(in) *m(f)*
infanterie [ɛ̃fɑ̃tʀi] *f* MIL Infanterie *f*
infanticide [ɛ̃fɑ̃tisid] *adj* **mère ~** Kindesmörderin *f*
infantile [ɛ̃fɑ̃til] *adj* kindisch
infantiliser [ɛ̃fɑ̃tilize] <1> *vt* verdummen
infantilisme [ɛ̃fɑ̃tilism] *m* 1 kindisches Benehmen *nt* 2 MED, PSYCH Infantilismus *m* (*Fachspr.*)
infarctus [ɛ̃faʀktys] *m* MED Infarkt *m*
infatigable [ɛ̃fatigabl] *adj* unermüdlich; *amour, patience* unendlich
infatué(e) [ɛ̃fatɥe] *adj* eingebildet
infécond(e) [ɛ̃fekɔ̃, ɔ̃d] *adj* 1 *soutenu* unfruchtbar 2 *théorie* unergiebig; *esprit* unproduktiv
infect(e) [ɛ̃fɛkt] *adj* 1 (*répugnant*) widerlich; *nourriture* ekelhaft; *lieu, logement* übel 2 *fam* (*ignoble*) gemein
infecter [ɛ̃fɛkte] <1> *vpr* MED **s'~** sich entzünden
infectieux, -euse [ɛ̃fɛksjø, -jøz] *adj* ansteckend
infection [ɛ̃fɛksjɔ̃] *f* Infektion *f*, Entzündung *f*
inféoder [ɛ̃feɔde] <1> *vpr* **s'~ à qn/qc** sich in jds Abhängigkeit (*akk*)/in die Abhängigkeit einer S. (*gen*) begeben
inférence [ɛ̃feʀɑ̃s] *f* 1 (*déduction*) logische Schlussfolgerung *f* 2 INFORM **moteur d'~** Prozessor *m*
inférieur(e) [ɛ̃feʀjœʀ] **I.** *adj* 1 (*dans l'espace*) untere(r, s); *lèvre, mâchoire* Unter- 2 (*en qualité*) niedriger; **être ~ à qn** jdm unterlegen sein; **être ~ à qc** hinter etw (*dat*) zurückbleiben; **se sentir ~** sich minderwertig fühlen 3 (*en quantité*) geringer; **~ à qn/qc** geringer als jd/etw; **huit est ~ à dix** acht ist kleiner als zehn; **~ en qc** geringer an etw (*dat*); **~ en nombre** zahlenmäßig unterlegen **II.** *m(f)* Untergebene(r) *f(m)*; **être l'~ de qn en qc** jdm in etw (*dat*) unterlegen sein
infériorité [ɛ̃feʀjɔʀite] *f* 1 (*moindre force*) Unterlegenheit *f* 2 (*moindre valeur*) Minderwertigkeit *f*; **~ en poids** geringeres Gewicht 3 (*subordination*) Untergebenheit *f*
infernal(e) [ɛ̃fɛʀnal, -o] <-aux> *adj* 1 höllisch; *divinité* der Hölle; **puissance ~e** Höllenmacht *f* 2 (*diabolique*) teuflisch
infertile [ɛ̃fɛʀtil] *adj* unfruchtbar
infester [ɛ̃fɛste] <1> *vt* heimsuchen
infidèle [ɛ̃fidɛl] **I.** *adj* 1 (*perfide*) untreu *präd*, treulos; **être ~ à qn** jdm untreu sein; **être ~ à sa parole/ses devoirs** wortbrüchig/pflichtvergessen sein 2 (*inexact*) unzuverlässig; *mémoire* schlecht; *narrateur, traduction* ungenau; *récit* nicht wahrheitsgetreu; **être ~** ungenau sein 3 REL ungläubig **II.** *mf* REL Ungläubige(r) *f(m)*
infidélité [ɛ̃fidelite] *f* 1 *sans pl* (*déloyauté*) Untreue *f*; *d'un ami* Treulosigkeit *f*; REL Unglaube *m* 2 *d'un conjoint* Seitensprung *m*; *d'un ami* Treulosigkeit *f*; **~ à qn** Untreue *f* jdm gegenüber; **faire des ~s à qn** jdm untreu sein/werden 3 (*inexactitude*) Unzuverlässigkeit *f*; *d'une description* Ungenauigkeit *f*; **~ à la description des faits** Abweichung *f* von den Tatsachen
infiltration [ɛ̃filtʀasjɔ̃] *f d'un liquide* Einsickern *nt*
infiltrer [ɛ̃filtʀe] <1> **I.** *vt* unterwandern **II.** *vpr* **s'~** eindringen
infime [ɛ̃fim] *adj* winzig [klein]; *minorité* verschwindend [klein]
infini [ɛ̃fini] *m* 1 (*immensité*) Unendlichkeit *f* 2 MATH **tendre vers l'~** gegen unendlich streben ▶ **à l'~** endlos
infini(e) [ɛ̃fini] *adj* 1 *a.* MATH (*qui n'a pas de limite*) unendlich 2 (*immense*) unendlich [groß]; *étendue, durée, longueur* endlos 3 (*extrême*) unendlich; *reconnaissance* grenzenlos; *richesses* unermesslich 4 *lutte, propos, temps* endlos, ewig
infiniment [ɛ̃finimɑ̃] *adv* 1 (*sans borne*) unendlich; *vaste* grenzenlos; *plus grand, plus petit* [unendlich] viel 2 (*extrêmement*) außerordentlich; *regretter* unendlich 3 (*beaucoup de*) **~ de tendresse/d'attention** unendlich viel Zärtlichkeit/Aufmerksamkeit
infinité [ɛ̃finite] *f* 1 (*caractère de ce qui est infini*) Unendlichkeit *f* 2 (*très grand nombre*) **une ~ de choses** eine Unmenge von Dingen
infinitésimal(e) [ɛ̃finitezimal, -o] <-aux> *adj dose, quantité* unendlich klein
infinitif [ɛ̃finitif] *m* Infinitiv *m*
infinitif, -ive [ɛ̃finitif, -iv] *adj* **proposition infinitive** Infinitivsatz *m*; **le mode ~** der Infinitiv
infinitive [ɛ̃finitiv] *f* Infinitivsatz *m*
infirmatif, -ive [ɛ̃fiʀmatif, -iv] *adj* JUR für nichtig erklärend
infirme [ɛ̃fiʀm] **I.** *adj* (*à la suite d'un accident*) behindert; (*pour cause de vieillesse*) [alters]schwach; **~ de qc** gelähmt an etw (*dat*) **II.** *mf* Behinderte(r) *f(m)*; **~ de guerre** Kriegsbeschädigte(r) *f(m)*
infirmer [ɛ̃fiʀme] <1> *vt* widerlegen

infirmerie [ɛ̃fiʀməʀi] *f* Krankenstation *f; d'une école* Krankenzimmer *nt*

infirmier, -ière [ɛ̃fiʀmje, -jɛʀ] *m, f* Krankenpfleger *m*/-schwester *f;* **école d'infirmières** Krankenpflegeschule *f*

infirmité [ɛ̃fiʀmite] *f* Behinderung *f*

inflammable [ɛ̃flamabl] *adj* leicht entflammbar

inflammation [ɛ̃flamasjɔ̃] *f* MED Entzündung *f*

inflammatoire [ɛ̃flamatwaʀ] *adj* MED entzündlich; **foyer ~** Entzündungsherd *m*

inflation [ɛ̃flasjɔ̃] *f* Inflation *f*

inflationniste [ɛ̃flasjɔnist] *adj* inflationistisch

infléchir [ɛ̃fleʃiʀ] <8> **I.** *vt* PHYS brechen *rayon lumineux* **II.** *vpr* **s'~** *étagère:* sich [durch]biegen

infléchissement [ɛ̃fleʃismɑ̃] *m* [Ab]änderung *f*

inflexible [ɛ̃flɛksibl] *adj* unbeugsam, unnachgiebig; *loi, règle* unumstößlich

inflexion [ɛ̃flɛksjɔ̃] *f* ❶ *du tronc, corps* Beugen *nt; de la tête* Neigen *nt* ❷ (*changement de direction*) Biegung *f*

infliger [ɛ̃fliʒe] <2a> *vt* ❶ (*donner*) **~ une amende à qn pour qc** gegen jdn wegen etw eine Geldbuße verhängen; **~ un châtiment à qn** jdn züchtigen ❷ (*faire subir*) zufügen; versetzen *coups;* auferlegen (*hum*) *politique;* **~ un récit à qn** jdn mit einem Bericht behelligen; **~ sa présence à qn** sich jdm aufdrängen

influençable [ɛ̃flyɑ̃sabl] *adj* beeinflussbar; **c'est un homme très ~** er ist sehr leicht zu beeinflussen

influence [ɛ̃flyɑ̃s] *f* ❶ (*effet*) Einfluss *m; des mesures* [Aus]wirkung *f; d'un médicament* Wirkung; **des luttes d'~** Machtkämpfe *Pl;* **sous l'~ de la colère** im Zorn; **sous l'~ de la boisson** unter Alkoholeinfluss ❷ (*autorité*) Einfluss *m;* **avoir de l'~** einflussreich sein; **avoir/exercer de l'~ sur qn/qc** auf jdn/etw Einfluss haben/ausüben; *chose:* auf jdn/etw Auswirkungen haben; **subir l'~ de qn** unter jds Einfluss (*dat*) stehen; **sous ~** unter fremdem Einfluss

influencer [ɛ̃flyɑ̃se] <2> *vt* **~ qn** jdn beeinflussen; *mesures:* sich auf jdn auswirken

influent(e) [ɛ̃flyɑ̃, ɑ̃t] *adj* einflussreich

influer [ɛ̃flye] <1> *vi* **~ sur qc** *personne:* etw beeinflussen

info [ɛ̃fo] *f fam abr de* **information** Meldung *f;* **les ~s** die Nachrichten *Pl*

infographie® [ɛ̃fɔgʀafi] *f* INFORM elektronische Bilderzeugung *f*

infographiste [ɛ̃fɔgʀafist] *mf* Computergrafiker(in) *m(f)*

infondé(e) [ɛ̃fɔ̃de] *adj* unbegründet

informateur, -trice [ɛ̃fɔʀmatœʀ, -tʀis] *m, f* Informant(in) *m(f)*

informaticien(ne) [ɛ̃fɔʀmatisjɛ̃, jɛn] *m(f)* Informatiker(in) *m(f)*

informatif, -ive [ɛ̃fɔʀmatif, -iv] *adj* informativ; **brochure/réunion informative** Informationsbroschüre *f*/-treffen *nt*

information [ɛ̃fɔʀmasjɔ̃] *f* ❶ (*renseignement*) Information *f,* Auskunft *f;* **prendre des ~s sur qn/qc** Auskünfte über jdn/etw einholen; **une réunion d'~** eine Informationsveranstaltung ❷ *souvent pl* (*nouvelles*) Nachricht *f;* **les ~s de vingt heures** die Achtuhrnachrichten; **~s sportives** Meldungen vom Sport; **magazine d'~** Nachrichtenmagazin *nt;* **les ~s routières** Hinweise für Autofahrer ❸ *sans pl* (*fait d'informer*) Information *f;* **assurer l'~ de qn en matière de qc** sicherstellen,

information

demander des informations	*Informationen erfragen*
Quel est le chemin le plus direct pour aller à la gare?	*Wie komme ich am besten zum Hauptbahnhof?*
Pourriez-vous me donner l'heure?	*Können Sie mir sagen, wie spät es ist?*
Est-ce qu'il y a un café près d'ici?	*Gibt es hier in der Nähe ein Café?*
Est-ce que l'appartement est encore à louer?	*Ist die Wohnung noch zu haben?*
Connais-tu un bon dentiste?	*Kennst/Weißt du einen guten Zahnarzt?*
Est-ce que tu t'y connais en voitures?	*Kennst du dich mit Autos aus?*
Est-ce que tu en sais plus sur cette histoire?	*Weißt du Näheres über diese Geschichte?*

dass jd zu/über etw (*akk*) Informationen erhält; **faire de l'~** Informationsarbeit *f* leisten ④ (*ensemble des médias*) Nachrichtenwesen *nt* ⑤ *pl* INFORM, TECH Daten *Pl*, Informationen *Pl*

informatique [ɛ̃fɔʀmatik] **I.** *adj* **industrie ~** Computerindustrie *f*; **saisie ~** Datenerfassung *f* **II.** *f* Informatik *f*, EDV *f*

informatisation [ɛ̃fɔʀmatizasjɔ̃] *f de l'information* Computerisierung *f*; *d'une entreprise* Umstellung *f* auf EDV

informatisé(e) [ɛ̃fɔʀmatize] *adj gestion, poste de travail* computerisiert; **fichier ~** Datei *f*; **système ~** EDV-System; **communication ~e** Computerkommunikation *f*

informatiser [ɛ̃fɔʀmatize] <1> **I.** *vt* computerisieren *information, secteur;* auf EDV umstellen *gestion, entreprise* **II.** *vpr* **s'~** auf EDV umgestellt werden

informe [ɛ̃fɔʀm] *adj* formlos

informé [ɛ̃fɔʀme] *m* ▶**jusqu'à plus ample ~** bis auf weiteres

informel(le) [ɛ̃fɔʀmɛl] *adj* informell

informer [ɛ̃fɔʀme] <1> **I.** *vt* **~ qn** jdn informieren; **~ qn que ...** jdm mitteilen, dass ...; **être informé de qc** über etw (*akk*) informiert sein; **des personnes bien informées/milieux bien informés** gut unterrichtete Leute/Kreise; **tenir qn informé** jdn auf dem Laufenden halten **II.** *vi* informieren **III.** *vpr* **s'~** sich informieren; **s'~ de qc** sich über etw (*akk*) informieren; **s'~ sur qn** Erkundigungen über jdn einziehen; **s'~ si qn a fait qc** fragen, ob jd etw getan hat

infortune [ɛ̃fɔʀtyn] *f* ① (*malheur*) Unglück *nt* ② *littér* (*adversité*) Missgeschick *nt*

infos [ɛ̃fo] *fpl v.* **info**

infraction [ɛ̃fʀaksjɔ̃] *f* Vergehen *nt;* **~ au code de la route** Verkehrsdelikt; **~ à la loi** Gesetzesverstoß *m*

infranchissable [ɛ̃fʀɑ̃ʃisabl] *adj* unüberwindlich

infrarouge [ɛ̃fʀaʀuʒ] *adj* infrarot

infrastructure [ɛ̃fʀastʀyktyʀ] *f* Infrastruktur *f*; **~ routière** Straßennetz *nt*

infréquentable [ɛ̃fʀekɑ̃tabl] *adj péj personne* geächtet

infroissable [ɛ̃fʀwasabl] *adj* knitterfrei

infructueux, -euse [ɛ̃fʀyktɥø, -øz] *adj* fruchtlos

infuser [ɛ̃fyze] <1> *vt* ziehen lassen *Tee*

infusion [ɛ̃fyzjɔ̃] *f* ① (*tisane*) Kräutertee *m;* **~ de camomille** Kamillentee *m* ② (*action d'infuser*) Aufgießen *nt*

ingénier [ɛ̃ʒenje] <1a> *vpr* **s'~ à faire qc** mit allen Mitteln versuchen, etw zu tun

ingénierie [ɛ̃ʒeniʀi] *f* Projektplanung *f*

ingénieur [ɛ̃ʒenjœʀ] *mf* Ingenieur(in) *m(f)*

ingénieur-conseil [ɛ̃ʒenjœʀkɔ̃sɛj] <ingénieurs-conseils> *m* beratender Ingenieur *m*/beratende Ingenieurin *f* **ingénieur-produit** [ɛ̃ʒenjœʀpʀɔdɥi] <ingénieurs-produits> *m* Produktingenieur(in) *m(f)*

ingénieux, -euse [ɛ̃ʒenjø, -jøz] *adj* genial

ingéniosité [ɛ̃ʒenjozite] *f* Genialität *f*

ingénu(e) [ɛ̃ʒeny] **I.** *adj* (*sans malice*) offen, aufrichtig; (*naïf*) naiv, arglos **II.** *m* Naivling *m*

ingénue [ɛ̃ʒeny] *f* THEAT Naive *f*; **jouer les ~s** die Naive spielen

ingénuité [ɛ̃ʒenɥite] *f* Unschuld *f*

ingénument [ɛ̃ʒenymɑ̃] *adv* (*innocemment*) offen

ingérable [ɛ̃ʒeʀabl] *adj situation* unkontrollierbar

ingérence [ɛ̃ʒeʀɑ̃s] *f* Einmischung *f*

ingérer [ɛ̃ʒeʀe] <5> *vt* einnehmen *médicament*

ingestion [ɛ̃ʒɛstjɔ̃] *f d'un médicament* Einnahme *f*; **~ d'un aliment** Nahrungsaufnahme *f*

ingouvernable [ɛ̃guvɛʀnabl] *adj pays, peuple* unregierbar; *parlement* mehrheitsunfähig

ingrat(e) [ɛ̃gʀa, at] **I.** *adj* ① (*opp: reconnaissant*) undankbar; **~ envers qn** undankbar jdm gegenüber ② *métier, sujet* undankbar; *vie* mühevoll ③ (*dépourvu de charme*) unattraktiv **II.** *m(f)* undankbarer Mensch

ingratitude [ɛ̃gʀatityd] *f* Undank *m;* **~ de qn/qc** jds Undank/Undankbarkeit einer S. (*gen*); **faire preuve d'~** sich als undankbar erweisen

ingrédient [ɛ̃gʀedjɑ̃] *m d'un mélange* Bestandteil *m; d'une recette* Zutat *f*

inguérissable [ɛ̃geʀisabl] *adj maladie* unheilbar

ingurgiter [ɛ̃gyʀʒite] <1> *vt* ① (*avaler*) hinunterschlingen *nourriture;* hinunterschütten *boisson;* **faire ~ qc à qn** jdm etw verabreichen ② (*apprendre*) pauken *connaissances, science;* **faire ~ un poème à qn** jdm ein Gedicht eintrichtern (*fam*)

inhabitable [inabitabl] *adj* unbewohnbar

inhabité(e) [inabite] *adj* unbewohnt

inhabituel(le) [inabitɥɛl] *adj* ungewöhnlich

inhalateur [inalatœʀ] *m* Inhalationsapparat *m*

inhalation [inalasjɔ̃] *f* Einatmen *nt*
inhaler [inale] <1> *vt* einatmen
inhérent(e) [ineʀɑ̃, ɑ̃t] *adj* **être ~ à qc** einer S. (*dat*) innewohnen
inhibé(e) [inibe] *adj* (*complexé*) gehemmt
inhiber [inibe] <1> *vt* lähmen *volonté*
inhibiteur, -trice [inibitœʀ, -tʀis] *adj* hemmend; **devenir ~** hemmend wirken
inhibition [inibisjɔ̃] *f* Hemmung *f*
inhospitalier, -ière [inɔspitalje, -jɛʀ] *adj* ungastlich; *lieu* unwirtlich; *peuple* wenig gastfreundlich; *chambre* unwohnlich
inhumain(e) [inymɛ̃, ɛn] *adj* unmenschlich
inhumation [inymasjɔ̃] *f* Beerdigung *f*, Bestattung *f* (*geh*)
inhumer [inyme] <1> *vt* bestatten (*geh*), beisetzen (*form*)
inimaginable [inimaʒinabl] *adj* unvorstellbar
inimitable [inimitabl] *adj* unnachahmlich
inimitié [inimitje] *f* Feindschaft *f*
ininflammable [inɛ̃flamabl] *adj* *matière, tissu* feuerfest
inintelligence [inɛ̃teliʒɑ̃s] *f* Mangel *m* an Intelligenz, Begriffsstutzigkeit *f*
inintelligent(e) [inɛ̃teliʒɑ̃, ʒɑ̃t] *adj* nicht besonders intelligent; *personne* begriffsstutzig
inintelligibilité [inɛ̃teliʒibilite] *f* *d'un texte* Unverständlichkeit *f*
inintelligible [inɛ̃teliʒibl] *adj* unverständlich
inintéressant(e) [inɛ̃teʀesɑ̃, ɑ̃t] *adj* uninteressant
ininterrompu(e) [inɛ̃teʀɔ̃py] *adj* ununterbrochen; *vacarme* ständig; *sommeil* ungestört; *spectacle* ohne Unterbrechung
inique [inik] *adj* [höchst] ungerecht
iniquité [inikite] *f* Ungerechtigkeit *f*
initial(e) [inisjal, -jo] <-aux> *adj* anfänglich; *cause, état* ursprünglich; *choc, feuillets* erste(r, s); **position ~e** Ausgangsposition *f*; **lettre ~e** Anfangsbuchstabe *m*
initiale [inisjal] *f* Anfangsbuchstabe *m*; **les ~s** die Initialen *Pl*
initialement [inisjalmɑ̃] *adv* anfänglich
initialisation [inisjalizasjɔ̃] *f* INFORM Initialisierung *f*
initialiser [inisjalize] <1> *vt* initialisieren
initiateur, -trice [inisjatœʀ, -tʀis] *m, f* Urheber(in) *m(f)*
initiation [inisjasjɔ̃] *f* Einführung *f*; **cours d'~** Anfängerkurs *m*; **~ à qc** Einführung in etw (*akk*)
initiatique [inisjatik] *adj* **être ~** der Einführung dienen
initiative [inisjativ] *f* ❶ (*idée première*) Einfall *m*; **avoir l'~ de qc** die Idee zu etw haben; **~ privée** Privatinitiative *f*; **de sa/leur propre ~** aus eigenem Antrieb; **prendre des ~s** die Initiative ergreifen; **à** [*o* **sur**] **l'~ de qn** auf jds Initiative (*akk*) [hin] ❷ (*trait de caractère*) Initiative *f*; **avoir de l'~** Unternehmungsgeist besitzen
initié(e) [inisje] **I.** *adj* eingeweiht **II.** *m(f)* Eingeweihte(r) *f(m)*, Insider(in) *m(f)*; **délit d'~** FIN Insidergeschäft *nt*, Insiderhandel *m*
initier [inisje] <1a> *vt* ❶ **~ qn à un art** jdn in eine Kunst einführen; **~ qn à un secret** jdn in ein Geheimnis einweihen ❷ (*impulser*) in die Wege leiten
injectable [ɛ̃ʒɛktabl] *adj* einspritzbar
injecté(e) [ɛ̃ʒɛkte] *adj* ▶ **~ de sang** *yeux* blutunterlaufen
injecter [ɛ̃ʒɛkte] <1> *vt* einspritzen
injecteur [ɛ̃ʒɛktœʀ] *m* Einspritzdüse *f*
injection [ɛ̃ʒɛksjɔ̃] *f* *d'un liquide* Einspritzen *nt*, Injektion *f*
injoignable [ɛ̃ʒwaɲabl] *adj* nicht erreichbar
injonction [ɛ̃ʒɔ̃ksjɔ̃] *f* JUR Anordnung *f*; **~ de faire qc** Aufforderung, etw zu tun; ADMIN Weisung, etw zu tun
injouable [ɛ̃ʒwabl] *adj* **être ~** *morceau de musique, pièce:* nicht spielbar sein; *terrain:* unbespielbar sein
injure [ɛ̃ʒyʀ] *f* Beleidigung *f*, Beschimpfung *f*
injurier [ɛ̃ʒyʀje] <1> **I.** *vt* beleidigen, beschimpfen; beschmutzen *mémoire* **II.** *vpr* **s'~** sich [gegenseitig] beschimpfen
injurieux, -euse [ɛ̃ʒyʀjø, -jøz] *adj* beleidigend
injuste [ɛ̃ʒyst] *adj* ungerecht
injustement [ɛ̃ʒystəmɑ̃] *adv* (*à tort*) zu Unrecht
injustice [ɛ̃ʒystis] *f* Ungerechtigkeit *f*; **avec ~** ungerecht
injustifiable [ɛ̃ʒystifjabl] *adj* durch nichts zu rechtfertigen
injustifié(e) [ɛ̃ʒystifje] *adj* ungerechtfertigt
inlassable [ɛ̃lɑsabl] *adj* unermüdlich
inlassablement [ɛ̃lɑsabləmɑ̃] *adv* unermüdlich
inné(e) [i(n)ne] *adj* angeboren
innervation [inɛʀvasjɔ̃] *f* ANAT Innervation *f* (*Fachspr.*)
innocemment [inɔsamɑ̃] *adv* in aller Unschuld; (*sans penser à mal*) unschuldig
innocence [inɔsɑ̃s] *f* ❶ (*opp: culpabilité*) Unschuld *f* ❷ (*candeur*) Unschuld *f*; (*naïveté*) Arglosigkeit *f*; **abuser de l'~ de qn** jds Arglosigkeit ausnutzen; **en toute ~** in

aller Unschuld ③ (*caractère inoffensif*) Harmlosigkeit *f*

innocent(e) [inɔsɑ̃, ɑ̃t] **I.** *adj* ① (*opp: coupable*) unschuldig; **être ~ de qc** einer S. (*gen*) nicht schuldig sein ② (*anodin*) harmlos; *jeux, plaisanterie* unschuldig ③ (*candide*) unschuldig ④ (*naïf*) naiv ⑤ (*inoffensif*) **l'article n'est pas ~** hinter dem Artikel steckt mehr; **ce n'est pas ~ si qn fait qc** jd tut etw nicht ohne Hintergedanken **II.** *m(f)* Unschuldige(r) *f(m)*; **faire l'~** den Unschuldigen spielen

innocenter [inɔsɑ̃te] <1> *vt* **~ qn de vol** jdn vom Diebstahl entlasten

innocuité [inɔkɥite] *f d'une substance* Unschädlichkeit *f*

innombrable [i(n)nɔ̃bʀabl] *adj* unzählig, zahllos *attr*

innommable [i(n)nɔmabl] *adj* unbeschreiblich

innovateur, -trice [inɔvatœʀ, -tʀis] **I.** *adj méthode* neu; *politique* der Erneuerung; **une action innovatrice** eine Neuerung; **être ~** innovativ sein **II.** *m, f* Neuerer *m*/ Neuerin *f*, Innovator(in) *m(f)*

innovation [inɔvasjɔ̃] *f* Neuerung *f*, Innovation *f*

innover [inɔve] <1> **I.** *vt* neu einführen **II.** *vi* **~ en** [*o* **en matière de**] **qc** Neuerungen in etw (*dat*) einführen

inoccupé(e) [inɔkype] *adj* ① (*vide*) frei; *terrain* unbebaut; *maison* leer [stehend] ② (*oisif*) untätig

inoculation [inɔkylasjɔ̃] *f* **~ de qc** Inokulation *f* einer S. (*gen*)

inoculer [inɔkyle] <1> *vt* **~ qc à qn** jdn mit etw infizieren

inodore [inɔdɔʀ] *adj* geruchlos; **être ~** nicht duften

inoffensif, -ive [inɔfɑ̃sif, -iv] *adj* harmlos; *piqûre* ungefährlich; *remède* unbedenklich

inondable [inɔ̃dabl] *adj* überschwemmungsgefährdet

inondation [inɔ̃dasjɔ̃] *f* ① (*débordement d'eaux*) Überschwemmung *f*; *d'un fleuve* Hochwasser *nt* ② *de marchandises, de produits* Schwemme *f*

inonder [inɔ̃de] <1> **I.** *vt* ① (*couvrir d'eaux*) überschwemmen; **être inondé** *personnes:* hochwassergeschädigt sein; *lieu:* überschwemmt sein ② (*tremper*) **~ qn/qc de qc** jdn/etw mit etw überschütten; **~ qn/qc** *chose:* über jdn/etw strömen ③ (*submerger*) **~ qn de qc** jdn mit etw überschütten; **~ un pays de qc** ein Land mit etw überschwemmen; **~ les rues** durch die Straßen strömen **II.** *vpr* **s'~ de qc** sich mit etw überschütten

inopérable [inɔpeʀabl] *adj* inoperabel

inopérant(e) [inɔpeʀɑ̃, ɑ̃t] *adj* unwirksam

inopiné(e) [inɔpine] *adj* unerwartet

inopinément [inɔpinemɑ̃] *adv* unerwartet

inopportun(e) [inɔpɔʀtœ̃, yn] *adj demande* ungelegen

inorganisé(e) [inɔʀganize] *adj* unorganisiert

inoubliable [inublijabl] *adj* unvergesslich

inouï(e) [inwi] *adj* ① (*inconnu*) unerhört ② *fam* (*formidable*) **être ~** *personne:* unglaublich sein

inox [inɔks] *m abr de* **inoxydable** [rostfreier] Edelstahl *m*

inoxydable [inɔksidabl] *adj* rostfrei

input [input] <s> *m* INFORM, ECON Input *m o nt*

inqualifiable [ɛ̃kalifjabl] *adj* unbeschreiblich; *agression* abscheulich

inquiet, -ète [ɛ̃kjɛ, -ɛt] **I.** *adj* ① (*anxieux*) beunruhigt; *caractère, personne* ängstlich; **c'est un caractère ~** er/sie hat ein ängstliches Gemüt; **ne sois pas ~** mach dir keine Sorgen; **être ~ de qc** wegen etw beunruhigt sein; **être ~ au sujet de** [*o* **pour**] **la fille/la maison** des Mädchens/des Hauses wegen besorgt sein; **qn est ~ que** + *subj* jd fürchtet, dass ② (*qui dénote l'appréhension*) ängstlich; *regard, attente* bang; *geste* unsicher **II.** *m, f* [ewig] besorgter Mensch

inquiétant(e) [ɛ̃kjetɑ̃, ɑ̃t] *adj* ① (*alarmant*) beunruhigend; **devenir ~** [allmählich] Besorgnis erregende Formen annehmen ② (*patibulaire*) Furcht erregend

inquiéter [ɛ̃kjete] <5> **I.** *vt* **~ qn** jdn beunruhigen **II.** *vpr* ① (*s'alarmer*) **s'~** sich beunruhigen, sich (*dat*) Sorgen machen, unruhig werden ② (*se soucier de*) **s'~ au sujet de la fille/la maison** sich (*dat*) des Mädchens/des Hauses wegen Sorgen machen; **s'~ de savoir si/qui** sich (*dat*) Gedanken darüber machen, ob/wer

inquiétude [ɛ̃kjetyd] *f* Beunruhigung *f kein Pl*, Sorge *f*; **plonger qn dans l'~** jdn in Sorge versetzen; **avoir des ~s au sujet de la fille/la maison** sich (*dat*) des Mädchens/des Hauses wegen Sorgen machen; **soyez sans ~** machen Sie sich (*dat*) keine Sorgen; **être sans ~ sur qc** keine Sorgen mit etw haben

inquisiteur, -trice [ɛ̃kizitœʀ, -tʀis] *m, f* HIST, REL *a. péj* Inquisitor(in) *m(f)*

inquisition [ɛ̃kizisjɔ̃] *f* HIST, REL *a. péj* **l'Inquisition** die Inquisition

insaisissable [ɛ̃sezisabl] *adj* ❶ nicht zu fassen ❷ *fam* (*qu'on ne parvient pas à rencontrer*) nicht zu erwischen

insalubre [ɛ̃salybʀ] *adj climat* ungesund; *quartier* heruntergekommen

insalubrité [ɛ̃salybʀite] *f* Gesundheitsschädlichkeit *f*

insanité [ɛ̃sanite] *f d'une personne* Unvernunft *f; d'un propos, d'un acte* Unsinnigkeit *f;* **dire des ~s** Unsinn von sich geben

insatiable [ɛ̃sasjabl] *adj* unersättlich; *soif* unstillbar; *curiosité* nicht zu befriedigen

insatisfaction [ɛ̃satisfaksjɔ̃] *f* **~ devant qc** Unzufriedenheit *f* mit etw

insatisfait(e) [ɛ̃satisfɛ, ɛt] **I.** *adj* ❶ (*mécontent*) **~ de qn/qc** unzufrieden mit jdm/etw ❷ (*inassouvi*) unbefriedigt **II.** *m(f)* **un éternel ~** jd, der ewig unzufrieden ist

inscription [ɛ̃skʀipsjɔ̃] *f* ❶ (*texte*) Inschrift *f; d'un poteau indicateur,* Aufschrift *f;* **~ funéraire** Grabinschrift ❷ (*immatriculation*) Anmeldung *f;* **les ~s sont closes le 31 mars** Anmeldeschluss *m* ist der 31. März; **~ de qn à une école** jds Anmeldung an einer Schule; **~ de qn à un concours** jds [An]meldung zu einem Wettbewerb; **~ de qn à un club** jds Eintritt *m* in einen Club

inscrire [ɛ̃skʀiʀ] *<irr>* **I.** *vt* ❶ (*noter*) **~ qc dans** [*o* **sur**] **un carnet** [sich (*dat*)] etw in einem Heft aufschreiben; **~ qc sur une enveloppe** etw auf einen Briefumschlag schreiben; **~ qc à l'ordre du jour** etw auf die Tagesordnung setzen; **être inscrit dans** [*o* **sur**] **qc** auf etw (*dat*) stehen; **être inscrit dans ma mémoire** sich fest eingeprägt haben; **être inscrit sur mon visage** auf meinem Gesicht geschrieben stehen ❷ (*immatriculer*) **~ qn à une école** jdn an einer Schule anmelden; **~ qn dans un club** jdn in einem Verein anmelden; **~ qn sur une liste** jdn in eine Liste eintragen; (*pour prendre rendez-vous*) jdn auf einer Liste vormerken; **être inscrit à la faculté** an der Universität eingeschrieben sein; **être inscrit dans un club** Mitglied in einem Club sein **II.** *vpr* ❶ (*s'immatriculer*) **s'~ à une école** sich an einer Schule anmelden; **s'~ à une faculté** sich an einer Universität einschreiben; **s'~ à un parti/club** einer Partei/einem Club beitreten; **s'~ sur une liste** sich in eine Liste eintragen; **se faire ~ au tennis** sich zum Tennis anmelden ❷ (*s'insérer dans*) **s'~ dans le cadre de qc** *décision, mesure, projet:* im Rahmen von etw geschehen ❸ (*apparaître*) **s'~ sur l'écran** auf dem Bildschirm erscheinen

inscrit(e) [ɛ̃skʀi, it] **I.** *part passé de* **inscrire** **II.** *adj candidat* gemeldet; *député* zu einer Fraktion gehörig; *électeur* in die Wählerliste eingetragen **III.** *m(f)* Angemeldete(r) *f(m); à un examen* [gemeldeter] Kandidat *m*/[gemeldete] Kandidatin *f; à un parti* [eingetragenes] Mitglied; *sur une liste électorale* Wahlberechtigte(r) *f(m); à une faculté* [immatrikulierter] Student *m*/[immatrikulierte] Studentin *f*

insatisfaction/irritation

exprimer l'insatisfaction	*Unzufriedenheit ausdrücken*
Cela ne répond pas à mes attentes.	*Das entspricht nicht meinen Erwartungen.*
J'aurais espéré que vous vous donniez plus de mal.	*Ich hätte erwartet, dass Sie sich nun mehr Mühe geben.*
Nous n'en avions pas convenu ainsi.	*So hatten wir es nicht vereinbart.*

exprimer l'irritation	*Verärgerung ausdrücken*
C'est (vraiment) incroyable/inouï!	*Das ist (ja) unerhört!*
Mais c'est une honte!/Quel culot!/Quelle impertinence!	*Eine Unverschämtheit ist das!/So eine Frechheit!*
Alors là, c'est le bouquet/le comble!	*Das ist doch wohl die Höhe!*
Mais ce n'est pas vrai/possible!	*Das darf doch wohl nicht wahr sein!*
C'est énervant!/Ça commence à m'énerver!	*Das nervt! (fam)/Das geht mir langsam auf den Geist (fam)*
C'est/Ça devient insupportable!	*Das ist ja nicht mehr auszuhalten! (fam)*

insecte [ɛ̃sɛkt] *m* Insekt *nt*

insecticide [ɛ̃sɛktisid] *m* Insekten[vertilgungs]mittel *nt*

insectivore [ɛ̃sɛktivɔʀ] *adj* Insekten fressend

insécurité [ɛ̃sekyʀite] *f* Unsicherheit *f;* ~ **sociale** soziale Unsicherheit

INSEE [inse] *m abr de* **institut national de la statistique et des études économiques** *nationales Institut für Statistik und Wirtschaftsplanung*

inséminateur, -trice [ɛ̃seminatœʀ, -tʀis] *m, f* Besamungstierarzt *m*/-ärztin *f*

insémination [ɛ̃seminasjɔ̃] *f* Befruchtung *f*

inséminer [ɛ̃semine] <1> *vt* künstlich befruchten *femme;* besamen *animal*

insensé(e) [ɛ̃sɑ̃se] *adj* absurd; *personne* verrückt; *acte* unsinnig ►**c'est ~!** das ist Unsinn!

insensibilisation [ɛ̃sɑ̃sibilizasjɔ̃] *f* örtliche Betäubung *f*

insensibiliser [ɛ̃sɑ̃sibilize] <1> *vt* ~ **qn/qc** jdn narkotisieren/etw betäuben

insensibilité [ɛ̃sɑ̃sibilite] *f* Unempfindlichkeit *f*

insensible [ɛ̃sɑ̃sibl] *adj* ① (*physiquement*) **être** ~ *personne:* nichts spüren; *lèvres, membre:* gefühllos sein; ~ **à la douleur/chaleur** schmerz-/wärmeunempfindlich ② (*moralement*) gefühllos; ~ **aux compliments** gleichgültig gegenüber Komplimenten; **laisser qn** ~ jdn gleichgültig lassen

insensiblement [ɛ̃sɑ̃sibləmɑ̃] *adv* unmerklich

inséparable [ɛ̃sepaʀabl] *adj amis* unzertrennlich; *idées* eng miteinander verknüpft; **être ~ de qc** mit etw untrennbar verbunden sein

insérer [ɛ̃seʀe] <5> **I.** *vt* einfügen **II.** *vpr* **s'~ dans qc** *personne:* sich in etw (*akk*) integrieren

insertion [ɛ̃sɛʀsjɔ̃] *f* Eingliederung *f;* **centre [d'hébergement et] d'~** Übergangslager *nt;* ~ **dans qc** Integration (*akk*) in etw; **l'~ sociale de qn** jds [Wieder]eingliederung in die Gesellschaft

insidieusement [ɛ̃sidjøzmɑ̃] *adv* hinterhältig

insidieux, -euse [ɛ̃sidjø, -jøz] *adj* ① *question, promesse* hinterhältig; *personne* hinterlistig ② *maladie* heimtückisch

insigne [ɛ̃siɲ] *m* Abzeichen *nt*

insignifiance [ɛ̃siɲifjɑ̃s] *f* Bedeutungslosigkeit *f*

insignifiant(e) [ɛ̃siɲifjɑ̃, jɑ̃t] *adj* unbedeutend

insinuant(e) [ɛ̃sinɥɑ̃, ɑ̃t] *adj* schmeichlerisch

insinuation [ɛ̃sinɥasjɔ̃] *f* ① (*allusion*) Anspielung *f* ② (*accusation sournoise*) Unterstellung *f*

insinuer [ɛ̃sinɥe] <1> **I.** *vt* (*laisser entendre*) andeuten; (*accuser*) unterstellen **II.** *vpr* ① (*pénétrer*) **s'~ dans qc** in etw (*akk*) [ein]dringen ② (*se glisser*) **s'~ dans qc** *personne:* sich durch etw schlängeln; *idée, sentiment:* sich in etw (*akk*) einschleichen; **s'~ dans l'esprit de qn** jdn beschleichen

insipide [ɛ̃sipid] *adj* geschmacklos

insistance [ɛ̃sistɑ̃s] *f* Beharrlichkeit *f;* ~ **à faire qc** Hartnäckigkeit, wenn es darum geht, etw zu tun; ~ **à ne pas faire qc** hartnäckige Weigerung, etw zu tun; **avec** ~ beharrlich

insistant(e) [ɛ̃sistɑ̃, ɑ̃t] *adj* dringend; *ton* drängend; *rumeur* hartnäckig; *regard* eindringlich; *curiosité* aufdringlich

insister [ɛ̃siste] <1> *vi* ① (*s'obstiner*) nicht nachgeben; **inutile d'~** gib's auf/geben Sie es auf; **n'insistez pas!** Hören Sie auf!; **je n'ai pas insisté** ich habe nicht weiter darauf bestanden; ~ **à** [*o* **pour**] **faire qc** darauf bestehen, etw zu tun; ~ **sur qc** auf etw bestehen ② (*persévérer*) durchhalten ③ (*mettre l'accent sur*) ~ **sur qc** etw betonen ►**sans** ~ ohne besonderen Nachdruck

insolation [ɛ̃sɔlasjɔ̃] *f* (*coup de chaleur*) Sonnenstich *m*

insolemment [ɛ̃sɔlamɑ̃] *adv* ① frech ② (*d'une façon provocante*) unverschämt

insolence [ɛ̃sɔlɑ̃s] *f* ① (*impertinence*) Frechheit *f;* **avec** ~ frech ② (*arrogance*) Unverschämtheit *f*

insolent(e) [ɛ̃sɔlɑ̃, ɑ̃t] **I.** *adj* ① (*impertinent*) frech ② (*arrogant*) anmaßend; *exigence* unverschämt ③ (*provocant*) unverschämt **II.** *m(f)* freche Person; **petit** ~ kleiner Frechdachs

insolite [ɛ̃sɔlit] *adj* (*inhabituel*) ungewöhnlich

insolubilité [ɛ̃sɔlybilite] *f* ① Unlöslichkeit *f* ② (*état de ce qui ne peut être résolu*) Unlösbarkeit *f*

insoluble [ɛ̃sɔlybl] *adj* ① (*qui ne peut se dissoudre*) unlöslich ② (*qui ne peut être résolu*) unlösbar

insolvabilité [ɛ̃sɔlvabilite] *f* Zahlungsunfähigkeit *f,* Insolvenz *f*

insolvable [ɛ̃sɔlvabl] *adj* zahlungsunfähig

insomniaque [ɛ̃sɔmnjak] **I.** *adj* an Schlaflosigkeit leidend; **être** ~ Schlafstörungen haben **II.** *mf* jd, der an Schlaflosigkeit leidet

insomnie [ɛ̃sɔmni] *f* Schlaflosigkeit *f;* **avoir des ~s** unter Schlafstörungen leiden

insondable [ɛ̃sɔ̃dabl] *adj abîme* bodenlos, unermesslich tief

insonore [ɛ̃sɔnɔʀ] *adj* schalldämmend

insonorisation [ɛ̃sɔnɔʀizasjɔ̃] *f* Schalldämmung *f*

insonorisé(e) [ɛ̃sɔnɔʀize] *adj* schalldicht

insonoriser [ɛ̃sɔnɔʀize] <1> *vt* schalldicht machen

insouciance [ɛ̃susjɑ̃s] *f* Sorglosigkeit *f;* **vivre dans l'~** ein unbekümmertes Leben führen

insouciant(e) [ɛ̃susjɑ̃, jɑ̃t] **I.** *adj* unbekümmert; *vie* sorglos; **être ~ du lendemain** in den Tag hinein leben; **être ~ du danger** sich keine Gedanken über die Gefahr machen **II.** *m(f) péj* leichtsinniger Mensch

insoumis(e) [ɛ̃sumi, iz] *adj* widerspenstig

insoumission [ɛ̃sumisjɔ̃] *f* Widerstand *m*

insoupçonnable [ɛ̃supsɔnabl] *adj* über jeden Verdacht erhaben

insoupçonné(e) [ɛ̃supsɔne] *adj* ungeahnt

insoutenable [ɛ̃sutnabl] *adj* (*insupportable*) unerträglich

inspecter [ɛ̃spɛkte] <1> *vt* ❶ (*contrôler*) kontrollieren *fonctionnaire;* **~ un professeur** den Unterricht eines Lehrers begutachten ❷ (*examiner attentivement*) inspizieren *lieu*

inspecteur, -trice [ɛ̃spɛktœʀ, -tʀis] *m, f* Inspektor(in) *m(f);* **~ de police** Polizeiinspektor; **~ des finances** ≈ Generalinspektor; **~ des écoles maternelles** Schulrat *m* (*für den Vorschulbereich*); **~ des travaux finis** *hum* Drückeberger *m* (*fam*); **~ des Ponts et Chaussées** ≈ Oberregierungsbaurat (*Leiter der obersten Straßenaufsichtsbehörde*); **~ du travail** Gewerbeaufsichtsbeamte(r) *m;* **~ général** SCOL ≈ Regierungsschulrat (*für alle Lehrer eines Faches zuständiger Beamter bei der Schulbehörde*); **~ pédagogique régional** SCOL ≈ Oberschulrat (*für die Lehrer eines Faches in einer Region zuständiger Beamter*); **~ d'Académie** SCOL ≈ Schulamtsdirektor *m;* **~ primaire** Schulrat (*für den Grundschulbereich*)

inspection [ɛ̃spɛksjɔ̃] *f* ❶ (*contrôle*) Kontrolle *f; des lieux* Inspizierung *f* ❷ (*visite d'un inspecteur*) Inspektion *f; d'un professeur* [Unterrichts]besuch *m* ❸ (*corps de fonctionnaires*) Behörde *f;* **~ des Finances** Finanzaufsichtsbehörde; **~ du Travail** Gewerbeaufsichtsamt *nt;* **~ académique** ≈ Oberschulamt *nt;* **~ générale** SCOL *oberste Schulaufsichtsbehörde;* **~ primaire** SCOL *Schulaufsichtsbehörde für den Grundschulbereich;* **~ régionale** SCOL ≈ Schulamt *nt*

inspirateur, -trice [ɛ̃spiʀatœʀ, -tʀis] *m, f* ❶ *d'un acte* Inspirator(in) *m(f)* (*geh*); *d'une décision* Ideengeber(in) *m(f); d'une doctrine* Vordenker(in) *m(f);* **être l'~ de qn/qc** für jdn/etw Vorbild sein ❷ *gén f* (*égérie*) Muse *f* ❸ (*instigateur*) Anstifter(in) *m(f)*

inspiration [ɛ̃spiʀasjɔ̃] *f* ❶ (*intuition*) Eingebung *f* ❷ (*souffle créateur*) Inspiration *f;* **avoir de l'~/ne pas avoir** [*o* **manquer**] **d'~** Ideen/keine Ideen haben; **chercher l'~** auf eine Eingebung warten; **suivre son ~/l'~ de qn** seiner/jds Eingebung folgen ❸ (*opp: expiration*) Einatmen *nt;* **faire** [*o* **prendre**] **une grande ~** tief einatmen ▶ **selon l'~ du moment** nach Lust und Laune; **d'~ médiévale/orientale** vom Mittelalter/orientalisch beeinflusst; **sous l'~ de qn/qc** unter jds Einfluss (*dat*)/unter dem Einfluss einer S. (*gen*)

inspiré(e) [ɛ̃spiʀe] *adj* **~ de qc** von etw beeinflusst

inspirer [ɛ̃spiʀe] <1> **I.** *vt* ❶ ANAT einatmen ❷ (*susciter*) **~ du dégoût/de l'inquiétude** Ekel/Besorgnis erregend sein; **~ de la confiance** *personne:* Vertrauen einflößen; **~ le dégoût à qn** jdm Ekel einflößen; **~ la prudence à qn** jdn zur Vorsicht mahnen ❸ (*suggérer*) **~ une idée à qn** jdn auf eine Idee bringen; **~ un roman à qn** jdn zu einem Roman inspirieren; **~ à qn de faire qc** jdn [dazu] veranlassen, etw zu tun ❹ (*être à l'origine de*) veranlassen; anregen *décision;* inspirieren *œuvre;* als Vorbild dienen für *personnage de roman;* **être inspiré par qc** *chose:* von etw beeinflusst sein; **être inspiré par qn** *opération, attentat, conjuration:* von jdm angestiftet sein ❺ (*rendre créatif*) **~ qn** jdn inspirieren; *fam* (*plaire*) jdn begeistern **II.** *vpr* **s'~ de qn/qc** sich von jdm/etw inspirieren lassen, sich an jdm/etw orientieren; *film, livre:* einer S. (*dat*) als Vorlage dienen; **un film qui s'inspire d'un roman** ein Film nach einem Roman **III.** *vi* einatmen

instabilité [ɛ̃stabilite] *f* ❶ *d'un caractère, d'une personne* (*de comportement*) Unbeständigkeit *f;* (*psychique*) Labilität *f;* **~ des prix** Preisschwankungen *Pl;* **l'~ du temps** Unbeständigkeit des Wetters ❷ (*précarité*) Instabilität *f; d'une situation* Unsicherheit *f;*

~ **ministérielle** ständiger Wechsel der Minister

instable [ɛ̃stabl] *adj* ❶ (*inconstant*) wechselhaft; *temps* unbeständig; *personne* (*dans son comportement*) unbeständig; (*dans son psychisme*) labil; (*qui ne tient pas en place*) rastlos ❷ *régime politique* instabil; *paix, situation* unsicher; *objet* wackelig

installateur, **-trice** [ɛ̃stalatœʀ, -tʀis] *m, f* Installateur(in) *m(f)*

installation [ɛ̃stalasjɔ̃] *f* ❶ (*mise en place*) Installation *f; d'une machine* Montage *f; d'un campement, meuble* Aufstellen *nt;* ~ **de l'eau/du gaz** Wasser-/Gasinstallation ❷ *gén pl* (*équipement*) Anlagen *Pl;* ~**s électriques/sanitaires** Elektro-/Sanitäranlagen; ~ **de fortune** behelfsmäßige Einrichtung ❸ (*emménagement*) Einzug *m*

installé(e) [ɛ̃stale] *adj* ❶ *appartement, atelier* eingerichtet; **être bien** ~ sich gemütlich eingerichtet haben ❷ (*qui jouit d'une situation confortable*) etabliert; **c'est un homme** ~ er ist ein gemachter Mann; **être** ~ sich etabliert haben

installer [ɛ̃stale] <1> **I.** *vt* ❶ (*mettre en place*) installieren, verlegen *câbles, tuyaux;* anschließen *téléphone;* einen -anschluss bekommen *eau courante, électricité;* aufstellen *meuble;* aufhängen, aufstellen *barrage* ❷ (*caser, loger*) hinstellen *chose;* [unter]bringen *personne;* ~ **qn dans un fauteuil** jdn in einen Sessel setzen; ~ **qn dans un lit** jdn in ein Bett legen; **être installé en Bretagne** sich in der Bretagne niedergelassen haben ❸ (*établir officiellement*) einsetzen **II.** *vpr* ❶ (*s'asseoir*) **s'**~ sich setzen; (*commodément*) es sich (*dat*) bequem machen ❷ (*se loger*) **s'**~ sich einrichten; **s'**~ **chez qn** sich bei jdm einquartieren ❸ (*s'établir*) **s'**~ sich niederlassen; *médecin:* sich niederlassen; *commerçant, patron d'un restaurant:* ein Geschäft/Restaurant eröffnen; **s'**~ **à la campagne** aufs Land ziehen

instamment [ɛ̃stamɑ̃] *adv* inständig

instance [ɛ̃stɑ̃s] *f* ❶ *gén pl* Instanz *f; d'un parti* Gremium *nt;* ~**s dirigeantes** Führungsinstanzen *Pl,* Führungsgremien *Pl* ❷ JUR (*poursuite en justice*) Verfahren *nt;* **être en** ~ anhängig sein (*Fachspr.*); **être en** ~ **de divorce** in Scheidung leben ❸ (*insistance*) Drängen *nt kein Pl,* dringende Bitte *f;* **sur les** ~**s de qn** auf jds Drängen (*akk*) [hin] ▶ **être en** ~ (*non résolu*) in der Schwebe sein; **être en** ~ **de qc** kurz vor etw (*dat*) stehen

instant [ɛ̃stɑ̃] *m* Augenblick *m,* Moment *m;* **à chaque** [*o* **tout**] ~ ständig; **au même** ~ im selben Augenblick; **vivre dans l'**~ nur dem Augenblick leben; **à l'**~ [**même**] (*juste avant*) [gerade] eben; (*juste après*) sofort; **à l'**~ **où qn a fait qc** in dem Moment, als jd etw getan hat; **dans l'**~ [**même**] augenblicklich; **dans un** ~ gleich; **dès l'**~ **que ...** sobald ...; **dès l'**~ **où qn a fait qc** (*puisque*) da [ja] jd etw getan hat; (*dès que*) sobald jd etw getan hat; **de tous les** ~**s** ständig; **d'un** ~ **à l'autre** jeden Augenblick; **en un** ~ im Nu; **par** ~**s** ab und zu; **pour l'**~ im Moment; **pendant un** ~ einen Augenblick lang; **un** ~**!** einen Augenblick!

instantané(e) [ɛ̃stɑ̃tane] *adj* ❶ (*immédiat*) unmittelbar; *mort* augenblicklich; *réponse* prompt; **être** ~ *réponse:* prompt kommen; *mort:* sofort eintreten; **l'effet d'un médicament est** ~ eine Arznei wirkt sofort ❷ GASTR **potage** ~/**soupe** ~**e** Instantsuppe *f;* **café** ~ Pulverkaffee *m*

instantanément [ɛ̃stɑ̃tanemɑ̃] *adv* augenblicklich

instar [ɛ̃staʀ] ▶ **à l'**~ **de qn** [genau] wie jd

instauration [ɛ̃stɔʀasjɔ̃] *f* Einführung *f; d'un gouvernement* Bildung *f; d'un processus* Einleitung *f*

instaurer [ɛ̃stɔʀe] <1> **I.** *vt* bilden *gouvernement;* kreieren *mode;* knüpfen *liens;* einleiten *processus* **II.** *vpr* **s'**~ sich einbürgern; *état d'esprit:* sich breit machen; *doute:* sich einnisten; **s'**~ **entre des personnes** *collaboration:* zwischen Menschen zustande kommen; *débat:* zwischen Menschen in Gang kommen

instigateur, **-trice** [ɛ̃stigatœʀ, -tʀis] *m, f* ~ **de qc** Verantwortliche(r) *f(m)* für etw, Initiator(in) *m(f)* einer S. (*gen*); *d'un complot* Anstifter(in) *m(f)* einer S. (*gen*)

instigation [ɛ̃stigasjɔ̃] *f* Anstiftung *f;* **obéir aux** ~**s de qn** sich von jdm aufhetzen lassen

instiller [ɛ̃stile] <1> *vt* ~ **un médicament dans un verre** eine Arznei in ein Glas träufeln

instinct [ɛ̃stɛ̃] *m* ❶ (*tendance innée*) Instinkt *m;* ~ **grégaire/sexuel** Herden-/Geschlechtstrieb *m;* ~ **maternel** Mutterinstinkt; ~ **de propriété** Revierverhalten *nt;* **d'**[*o* **par**] ~ instinktiv ❷ (*sentiment spontané*) Instinkt *m;* ~ **des affaires** Geschäftssinn *m*

instinctif, **-ive** [ɛ̃stɛ̃ktif, -iv] *adj* spontan

instinctivement [ɛ̃stɛ̃ktivmɑ̃] *adv* instinktiv

instit [ɛ̃stit] *mf fam abr de* **instituteur**(**-trice**) [Grundschul]lehrer(in) *m(f)*

instituer [ɛ̃stitɥe] <1> *vt* ❶ einführen, einrichten *organisation, ordre* ❷ ADMIN, JUR einsetzen

institut [ɛ̃stity] *m* Institut *nt;* **Institut monétaire européen** Europäisches Währungsinstitut; **Institut de France** *die fünf französischen Akademien für Wissenschaft und Kunst;* ~ **universitaire de formation des maîtres** pädagogische Hochschule; **Institut universitaire de technologie** Fachhochschule *f;* ~ **de beauté** Schönheitssalon *m*

instituteur, -trice [ɛ̃stitytœʀ, -tʀis] *m, f* [Grundschul]lehrer(in) *m(f);* ~ **spécialisé** Sonderschullehrer

institution [ɛ̃stitysjɔ̃] *f* ❶ (*établissement d'enseignement*) Institut *nt* ❷ (*création, fondation*) Einrichtung *f; d'un régime* Errichtung *f; d'une mesure, d'un usage* Einführung *f* ❸ (*chose instituée*) Einrichtung *f; a.* POL Institution *f*

institutionnalisation [ɛ̃stitysjɔnalizasjɔ̃] *f* Institutionalisierung *f*

institutionnaliser [ɛ̃stitysjɔnalize] <1> *vt* institutionalisieren

institutionnel(le) [ɛ̃stitysjɔnɛl] *adj* institutionell

instructeur, -trice [ɛ̃stʀyktœʀ, -tʀis] *m, f* *a.* MIL Ausbilder(in) *m(f)*

instructif, -ive [ɛ̃stʀyktif, -iv] *adj* lehrreich, informativ (*geh*)

instruction [ɛ̃stʀyksjɔ̃] *f* ❶ (*enseignement*) ~ **civique** Gemeinschaftskunde[unterricht *m*] *f* ❷ (*prescription*) *a.* MIL Instruktion *f;* ADMIN Verordnung *f;* (*interne*) Dienstanweisung *f* ❸ *gén pl* (*mode d'emploi*) Gebrauchsanweisung *f*

instruire [ɛ̃stʀɥiʀ] <*irr*> **I.** *vt* ❶ ~ **les enfants sur qc** die Kinder über etw (*akk*) belehren, die Kinder etw lehren (*geh*) ❷ (*informer*) ~ **qn d'une nouvelle** jdn von einer Neuigkeit [*o* über eine Neuigkeit] unterrichten ❸ JUR ermitteln in (+ *dat*) *affaire* **II.** *vpr* **s'~ dans une langue** sich in einer Sprache bilden, sich (*dat*) Wissen über eine Sprache aneignen

instruit(e) [ɛ̃stʀɥi, it] **I.** *part passé de* **instruire** **II.** *adj* gebildet

instrument [ɛ̃stʀymɑ̃] *m* ❶ (*outil*) Werkzeug *nt;* ~ **de travail** Arbeitsgerät *nt* ❷ MUS ~ **de musique** Musikinstrument *nt;* **jouer d'un ~** ein [Musik]instrument spielen ❸ (*moyen*) Instrument *nt,* Mittel *nt;* ~ **de propagande/sélection** Propaganda-/Selektionsinstrument; **être l'~ de qn** jds Werkzeug sein

instrumental(e) [ɛ̃stʀymɑ̃tal, -o] <-aux> *adj* ❶ instrumentell (*geh*) ❷ MUS *morceau, version, musique* Instrumental-

instrumentation [ɛ̃stʀymɑ̃tasjɔ̃] *f* MUS Instrumentierung *f*

instrumenter [ɛ̃stʀymɑ̃te] <1> *vt* TECH mit [technischen] Instrumenten ausrüsten *installation*

instrumentiste [ɛ̃stʀymɑ̃tist] *mf* MUS Instrumentalist(in) *m(f)*

insu [ɛ̃sy] ► **à l'~ de qn** (*en cachette*) ohne jds Wissen

insubmersible [ɛ̃sybmɛʀsibl] *adj* unsinkbar

insubordination [ɛ̃sybɔʀdinasjɔ̃] *f* Ungehorsam *m*

insubordonné(e) [ɛ̃sybɔʀdɔne] *adj* ungehorsam

insuccès [ɛ̃syksɛ] *m* Misserfolg *m*

insuffisamment [ɛ̃syfizamɑ̃] *adv* unzureichend, ungenügend

insuffisance [ɛ̃syfizɑ̃s] *f* ~ **de qc** Knappheit *f* an etw (*dat*)

insuffisant(e) [ɛ̃syfizɑ̃, ɑ̃t] *adj* ❶ (*en quantité*) ungenügend; *moyens, personnel* zu wenig; *nombre, dimension* nicht groß genug, nicht ausreichend; **être en nombre ~** nicht genügend Leute sein; **être ~** nicht ausreichen; *nombre, dimension:* nicht groß genug sein ❷ (*en qualité*) unzureichend; *candidat, élève* zu schwach; *travail* ungenügend

insuffler [ɛ̃syfle] <1> *vt* ~ **de la peur/du courage à qn** jdm Angst/Mut (*akk*) einflößen

insulaire [ɛ̃sylɛʀ] *mf* Inselbewohner(in) *m(f)*

insularité [ɛ̃sylaʀite] *f* Insellage *f*

insuline [ɛ̃sylin] *f* Insulin *nt*

insultant(e) [ɛ̃syltɑ̃, ɑ̃t] *adj air, personne* unverschämt; *paroles, soupçon* beleidigend; *ton* unverschämt; **être ~ pour qn/qc** beleidigend für jdn/etw sein

insulte [ɛ̃sylt] *f* Beleidigung *f;* ~ **à la mémoire/religion** Verunglimpfung *f* des Andenkens/Glaubens

insulter [ɛ̃sylte] <1> **I.** *vt* beleidigen, beschimpfen **II.** *vpr* **s'~** *personnes:* sich [gegenseitig] beleidigen

insupportable [ɛ̃sypɔʀtabl] *adj* ❶ (*intolérable*) unerträglich ❷ (*désagréable*) unausstehlich

insurgé(e) [ɛ̃syʀʒe] *m(f)* Aufständische(r) *f(m)*

insurger [ɛ̃syʀʒe] <2a> *vpr* **s'~ contre qn/qc** sich gegen jdn/etw auflehnen

insurmontable [ɛ̃syʀmɔ̃tabl] *adj* unüberwindbar

insurpassable [ɛ̃syʀpasabl] *adj* unübertrefflich; *performance, bêtise* unschlagbar
insurrection [ɛ̃syʀɛksjɔ̃] *f* Aufstand *m*
insurrectionnel(le) [ɛ̃syʀɛksjɔnɛl] *adj force* aufständisch
intact(e) [ɛ̃takt] *adj* ❶ *objet* unversehrt, intakt; *argent* vollständig; *produit* einwandfrei; *richesse* unberührt ❷ *honneur, réputation* makellos
intangibilité [ɛ̃tɑ̃ʒibilite] *f* Unantastbarkeit *f*
intangible [ɛ̃tɑ̃ʒibl] *adj* unantastbar
intarissable [ɛ̃taʀisabl] *adj* unerschöpflich; *eau, puits* nie versiegend
intégral(e) [ɛ̃tegʀal, -o] <-aux> *adj* vollständig
intégralement [ɛ̃tegʀalmɑ̃] *adv* vollständig
intégralité [ɛ̃tegʀalite] *f* Vollständigkeit *f*
intégrant(e) [ɛ̃tegʀɑ̃, ɑ̃t] *adj* ►**être une partie ~e de qc** fest zu etw gehören
intégration [ɛ̃tegʀasjɔ̃] *f* ❶ *économique, européenne, politique* Integration *f* ❷ (*assimilation*) ~ **dans qc** Integration *f* [*o* Eingliederung *f*] in etw (*akk*) ❸ UNIV *fam* (*admission*) ~ **à qc** Aufnahme *f* in etw (*akk*)
intègre [ɛ̃tɛgʀ] *adj vie* ehrenhaft, unbescholten
intégrer [ɛ̃tegʀe] <5> *vpr* **s'~ à** [*o* **dans**] **qc** *personne, chose:* sich in etw (*akk*) integrieren
intégrisme [ɛ̃tegʀism] *m* Fundamentalismus *m*
intégriste [ɛ̃tegʀist] *adj* fundamentalistisch
intégrité [ɛ̃tegʀite] *f* ❶ *d'une vie* Ehrbarkeit *f,* Unbescholtenheit *f* ❷ (*intégralité*) Unversehrtheit *f*
intellect [ɛ̃telɛkt] *m* Intellekt *m*
intellectualiser [ɛ̃telɛktɥalise] <1> *vt soutenu* intellektualisieren
intellectualisme [ɛ̃telɛktɥalism] *m* Intellektualismus *m*
intellectuel(le) [ɛ̃telɛktɥɛl] **I.** *adj* ❶ (*mental*) intellektuell; *fatigue* geistig; **travail ~** geistige Arbeit *f;* **vie ~le** Geistesleben *nt* ❷ (*opp: manuel*) **travailleur ~** Kopfarbeiter *m* **II.** *m(f)* Intellektuelle(r) *f(m)*
intellectuellement [ɛ̃telɛktɥɛlmɑ̃] *adv* intellektuell
intelligemment [ɛ̃teliʒamɑ̃] *adv* intelligent, klug, auf intelligente Weise
intelligence [ɛ̃teliʒɑ̃s] *f* ❶ (*entendement*) Intelligenz *f; pl* geistige Fähigkeiten *Pl;* ~ **artificielle** künstliche Intelligenz ❷ (*discernement*) Klugheit *f;* **avec ~** klug; **faire preuve de beaucoup d'~** sich als äußerst klug erweisen ❸ (*compréhension*) ~ **d'une personne** Verständnis *nt* eines Menschen ❹ (*personne*) intelligenter Mensch
intelligent(e) [ɛ̃teliʒɑ̃, ʒɑ̃t] *adj personne, choses* intelligent, klug; **c'est ~!** *iron* das ist [ja] intelligent!
intelligentsia [ɛ̃teliʒɛnsja, inteligɛnsja] *f* Intelligenzija *f*
intelligibilité [ɛ̃teliʒibilite] *f* Verständlichkeit *f*
intelligible [ɛ̃teliʒibl] *adj* verständlich, vernehmbar
intello [ɛ̃telo] *mf péj fam abr de* **intellectuel** Intelligenzler(in) *m(f)*
intempérance [ɛ̃tɑ̃peʀɑ̃s] *f* Maßlosigkeit *f,* Unmäßigkeit *f*
intempérant(e) [ɛ̃tɑ̃peʀɑ̃, ɑ̃t] *adj* essgierig; (*ivrogne*) trunksüchtig; (*sexuellement*) sexbesessen
intempéries [ɛ̃tɑ̃peʀi] *fpl* schlechtes Wetter *nt*
intempestif, -ive [ɛ̃tɑ̃pɛstif, -iv] *adj allusion, gaieté* unpassend; *zèle* blind
intemporel(le) [ɛ̃tɑ̃pɔʀɛl] *adj* zeitlos
intenable [ɛ̃t(ə)nabl] *adj* ❶ (*intolérable*) unerträglich ❷ (*indéfendable*) unhaltbar ❸ *adulte* renitent; *classe* aufsässig; *enfant* widerspenstig; **être ~** nicht zu bändigen sein
intendance [ɛ̃tɑ̃dɑ̃s] *f* Verwaltung *f;* MIL Logistik *f;* ~ **universitaire** Universitätsverwaltung
intendant(e) [ɛ̃tɑ̃dɑ̃, ɑ̃t] *m(f)* ❶ Verwaltungsdirektor(in) *m(f)* ❷ (*régisseur*) Verwalter(in) *m(f); d'une entreprise* Verwaltungsdirektor(in) *m(f)*
intense [ɛ̃tɑ̃s] *adj* ❶ (*fort*) intensiv; *couleur, lumière* intensiv; *joie, chaleur* groß; *froid* eisig; *douleur, vibrations* heftig ❷ *activité* rege; *circulation* dicht
intensément [ɛ̃tɑ̃semɑ̃] *adv* intensiv
intensif, -ive [ɛ̃tɑ̃sif, -iv] *adj* ❶ *entraînement, travail, soins* intensiv; *propagande* massiv ❷ AGR *agriculture* intensiv; **culture intensive** Intensivanbau *m*
intensification [ɛ̃tɑ̃sifikasjɔ̃] *f* Intensivierung *f; d'une lutte* Verstärkung *f; des efforts, de la production* Steigerung *f*
intensifier [ɛ̃tɑ̃sifje] <1> **I.** *vt* intensivieren; steigern *efforts, production;* beschleunigen *chute des cours* **II.** *vpr* **s'~** an Intensität zunehmen; *production:* sich steigern, gesteigert werden; **le froid s'intensifie** es wird immer kälter
intensité [ɛ̃tɑ̃site] *f d'un regard, de la cha-*

leur, d'un sentiment, de la lumière Intensität *f;* ~ **lumineuse** Lichtstärke *f;* **de faible/d'une grande** ~ schwach/stark; *lumière* schwach/hell; *moment* schwach/stark; **un courant de faible/d'une grande** ~ Schwach-/Starkstrom *m;* ~ **du courant** Stromstärke *f*

intensivement [ɛ̃tɑ̃sivmɑ̃] *adv* intensiv

intenter [ɛ̃tɑ̃te] <1> *vt* JUR ~ **un procès contre qn** einen Prozess gegen jdn anstrengen

intention [ɛ̃tɑ̃sjɔ̃] *f* ① *(volonté)* Absicht *f,* Intention *f (geh);* **une histoire part d'une bonne** ~ einer Geschichte *(dat)* liegt eine gute Absicht zugrunde; **agir dans une bonne** ~ in guter Absicht handeln; **avoir de bonnes/mauvaises** ~**s à l'égard de qn** es gut [mit jdm] meinen/etwas gegen jdn im Schilde führen; **avec les meilleures** ~**s** [**du monde**] in der [aller]besten Absicht; **avoir l'**~ **de faire qc** vorhaben, etw zu tun; **c'est l'**~ **qui compte** der gute Wille zählt; **sans** ~ unabsichtlich; **c'était sans** ~ es war keine Absicht ② *(but)* **à cette** ~ zu diesem Zweck ▶ **à l'**~ **de qn** für jdn [gedacht]

intentionné(e) [ɛ̃tɑ̃sjɔne] *adj* ▶ **être bien/mal** ~ **à l'égard de qn** jdm wohlgesinnt/übel gesinnt sein; **qn qui a l'air mal** ~ jd, der aussieht, als führe er etwas im Schilde

intentionnel(le) [ɛ̃tɑ̃sjɔnɛl] *adj* absichtlich

intentionnellement [ɛ̃tɑ̃sjɔnɛlmɑ̃] *adv* absichtlich

inter [ɛ̃tɛʀ] *m abr de* **interurbain** TELEC Fernamt *nt*

interactif, -ive [ɛ̃tɛʀaktif, -iv] *adj* interaktiv

interaction [ɛ̃tɛʀaksjɔ̃] *f* Wechselwirkung *f;* INFORM Dialog *m*

interactivité [ɛ̃tɛʀaktivite] *f* INFORM Interaktivität *f*

interallié(e) [ɛ̃tɛʀalje] *adj* interalliiert

interbancaire [ɛ̃tɛʀbɑ̃kɛʀ] *adj* Interbanken-

intercalaire [ɛ̃tɛʀkalɛʀ] *adj* **jour** ~ Schalttag *m*

intercaler [ɛ̃tɛʀkale] <1> *vt* einbauen *citation, exemple*

intercéder [ɛ̃tɛʀsede] <5> *vi* ~ **pour qn auprès de qn** sich bei jdm für jdn einsetzen

intercellulaire [ɛ̃tɛʀselylɛʀ] *adj* BIO interzellulär

intercepter [ɛ̃tɛʀsɛpte] <1> *vt* abfangen *objet, personne;* abhören *message radio, téléphone;* stellen *suspect;* anhalten, stoppen *véhicule*

intention

exprimer l'intention	*Absicht ausdrücken*
J'ai l'intention de déposer une plainte contre l'entreprise.	*Ich beabsichtige, eine Klage gegen die Firma zu erheben.*
J'envisage/Je projette de faire un voyage en Italie l'année prochaine.	*Ich habe für nächstes Jahr eine Reise nach Italien vor/geplant.*
Au menu, j'ai en vue une mousse au chocolat comme dessert.	*Ich habe bei dem Menü als Dessert eine Mousse au Chocolat ins Auge gefasst.*
Je me suis mis en tête de passer la licence de pilote.	*Ich habe mir in den Kopf gesetzt, den Pilotenschein zu machen.*
Je vais tapisser le salon, ce mois-ci.	*Ich werde diesen Monat noch das Wohnzimmer tapezieren.*
exprimer le manque d'intention	*Absichtslosigkeit ausdrücken*
Ça ne me viendrait pas à l'idée.	*Das liegt mir fern.*
Je n'ai pas l'intention de te donner des ordres.	*Ich habe nicht die Absicht, dir irgendwelche Vorschriften zu machen.*
Je ne l'ai pas fait exprès.	*Das war nicht von mir beabsichtigt.*
Je n'en veux pas à votre argent.	*Ich habe es nicht auf Ihr Geld abgesehen.*
demander l'intention	*nach Absicht fragen*
Que voulez-vous faire avec cela ?	*Was bezwecken Sie damit?*
À quoi ça sert, tout ça ?	*Was hat das alles für einen Zweck?*
Que voulez-vous dire ?	*Was wollen Sie damit behaupten/sagen?*

interception [ɛ̃tɛʀsɛpsjɔ̃] *f d'un ballon, message* Abfangen *nt; d'un message radio* Abhören *nt; de la chaleur* Abhalten *nt; d'un véhicule* Anhalten *nt,* Stoppen *nt*

interchangeable [ɛ̃tɛʀʃɑ̃ʒabl] *adj* austauschbar

interclasse [ɛ̃tɛʀklɑs] **I.** *m* SCOL kleine Pause **II.** *app match* zwischen den Klassen; **tournoi ~** Schulturnier *nt*

intercommunal(e) [ɛ̃tɛʀkɔmynal, -o] <-aux> *adj* gemeindeübergreifend

intercommunautaire [ɛ̃tɛʀkɔmynotɛʀ] *adj* **décisions ~s** EU-Entscheidungen *Pl*

interconnexion [ɛ̃tɛʀkɔnɛksjɔ̃] *f* Zusammenschaltung *f*

intercontinental(e) [ɛ̃tɛʀkɔ̃tinɑ̃tal, -o] <-aux> *adj* interkontinental

intercostal(e) [ɛ̃tɛʀkɔstal, -o] <-aux> *adj* MED interkostal (*Fachspr.*); **douleurs ~es** Schmerzen *Pl* im Brustraum

interdépartemental(e) [ɛ̃tɛʀdepaʀtəmɑ̃tal, -o] <-aux> *adj* departementübergreifend

interdépendance [ɛ̃tɛʀdepɑ̃dɑ̃s] *f des peuples, régions* gegenseitige Abhängigkeit

interdépendant(e) [ɛ̃tɛʀdepɑ̃dɑ̃, ɑ̃t] *adj peuples, régions* voneinander abhängig

interdiction [ɛ̃tɛʀdiksjɔ̃] *f* Verbot *nt;* **~ [du port] du foulard à l'école** Kopftuchverbot *nt* in der Schule; **~ de stationnement aux camions** Parkverbot für LKW; **~ de pénétrer sur le chantier/de stationner/de fumer** Betreten *nt* der Baustelle/Parken *nt*/Rauchen *nt* verboten; **lever une ~** ein Verbot aufheben

interdire [ɛ̃tɛʀdiʀ] <*irr*> **I.** *vt* ❶ (*défendre*) **~ qc à qn** jdm etw verbieten; **~ à qn de faire qc** es jdm verbieten etw zu tun ❷ (*empêcher*) **rien n'interdit de faire qc** nichts hindert einen daran etw zu tun ❸ (*empêcher l'accès de*) **~ sa porte à qn** jdm das Haus verbieten **II.** *vpr* **s'~ qc/de faire qc** etw unterlassen/es unterlassen etw zu tun, sich (*dat*) etw verbieten/es sich (*dat*) verbieten etw zu tun

interdisciplinaire [ɛ̃tɛʀdisiplinɛʀ] *adj* interdisziplinär

interdit [ɛ̃tɛʀdi] *m* Verbot *nt*

interdit(e) [ɛ̃tɛʀdi, it] *adj* verboten; *film* indiziert; **chantier ~** Betreten der Baustelle verboten; **~ à qn** für jdn verboten; **passage ~ sauf aux riverains** Anlieger frei; **~ aux moins de 16 ans** frei ab 16; **~ aux chiens** Hunde müssen draußen bleiben; **~ au public** kein Zutritt; **il est ~ à qn de faire qc** es ist jdm verboten, etw zu tun; **être ~ d'antenne** Sendeverbot haben/bekommen, nicht gesendet werden dürfen; **qn est ~ de séjour** für jdn gilt eine Aufenthaltsbeschränkung

interentreprises [ɛ̃teʀɑ̃tʀəpʀiz] *adj inv coopération, compétition* zwischen [den] Firmen

intéressant(e) [ɛ̃teʀesɑ̃, ɑ̃t] **I.** *adj* ❶ (*digne d'intérêt*) interessant; *performance* interessant; **chercher à se rendre ~** sich interessant machen wollen; **ne pas être/être peu ~** *péj* nichts wert/nichts Besonderes sein ❷ (*avantageux*) interessant; **~ pour qn** für jdn interessant; **il est ~ pour qn de faire qc** es lohnt sich für jdn, etw zu tun; **être ~ à faire** es wert sein, getan zu werden; **c'est ~ à signaler** das ist erwähnenswert ❸ (*qui suscite la bienveillance*) interessant **II.** *m(f)* **faire l'~** *péj* sich interessant machen, sich aufspielen

intéressé(e) [ɛ̃teʀese] **I.** *adj* ❶ (*captivé*) interessiert ❷ (*concerné*) betroffen ❸ (*égoïste*) eigennützig; **alliance ~e** Zweckbündnis *nt* **II.** *m(f)* (*personne concernée*) Betroffene(r) *f(m);* (*personne qui s'intéresse à qc*) Interessierte(r) *f(m)*

intéressement [ɛ̃teʀɛsmɑ̃] *m* Gewinnbeteiligung *f*

intéresser [ɛ̃teʀese] <1> **I.** *vt* ❶ (*captiver*) interessieren; **~ qn** jdn interessieren; **~ un enfant à un jeu** das Interesse eines Kindes für ein Spiel wecken; **être intéressé à faire qc** daran interessiert sein, etw zu tun; **rien ne l'intéresse** er/sie interessiert sich für nichts; **cause toujours, tu m'intéresses!** *iron fam* von mir aus kannst du lange reden!; **est-ce que ça t'intéresse [o t'intéresserait] de voir ce film?** hättest du Lust, in diesen Film zu gehen? ❷ (*concerner*) *loi, mesure:* betreffen **II.** *vpr* **s'~ à qn/qc** sich für jdn/etw interessieren

intérêt [ɛ̃teʀɛ] *m* ❶ (*attention*) Interesse *nt;* **~ pour qn/qc** Interesse für jdn/etw; **avec/sans ~** interessiert/ohne besonderes Interesse; **porter de l'~ à qn** jdm Interesse entgegenbringen; **prêter ~ à qc** einer S. (*dat*) Interesse entgegenbringen ❷ (*importance*) Bedeutung *f;* **du plus haut ~** äußerst bedeutsam ❸ *d'un film, livre* Reiz *m;* **sans aucun ~** *film, histoire* völlig uninteressant; *considérations, détail* völlig belanglos; *solution* völlig irrelevant; **gagner de l'~/perdre son ~** interessant/uninteressant werden; **ne présenter aucun ~** *proposition:* uninteressant sein; **offrir peu d'~** *travail:* nicht sehr interessant sein; **ne pas trouver le moindre ~ à qc** einer S. (*dat*) überhaupt nichts abgewinnen können ④ *souvent pl* (*cause*) Interesse *nt;* **dans l'~ général** im Sinne des Allgemeinwohls; **défendre les ~s de qn** jds Interessen vertreten ⑤ (*avantage*) **par ~** eigennützig; **dans l'~ de qn/qc** in jds Interesse (*dat*)/ im Interesse einer S. (*gen*); **tu devrais te taire dans ton propre ~** es wäre besser für dich, du würdest schweigen; **ne pas voir l'~ de faire qc** nicht einsehen, was es bringen soll, etw zu tun (*fam*); **quel ~ y a-t-il à faire ça?** was haben wir davon, wenn wir das tun?; **elle a tout ~ à refuser** sie sollte wirklich ablehnen; **trouver son ~ dans qc** bei etw auf seine Kosten kommen ⑥ *souvent pl* (*rendement*) Zins *m;* **7 % d'~** 7 % Zinsen; **avec/sans ~**[s] verzinslich/zinslos; **avec ~ annuel de 10 %** mit 10 % Jahreszins ⑦ *pl* (*part*) **avoir des ~s dans une affaire** an einem Geschäft beteiligt sein ▶[**il**] **y a ~!** *fam* (*et comment*) und ob!; (*ça vaut mieux*) das will ich hoffen!

interface [ɛ̃tɛʀfas] *f* INFORM Schnittstelle *f;* **~ USB** USB-Schnittstelle; **~ utilisateur** Benutzeroberfläche *f;* **~ graphique** grafische Benutzeroberfläche

interférence [ɛ̃tɛʀfeʀɑ̃s] *f a.* PHYS Interferenz *f*

interférer [ɛ̃tɛʀfeʀe] <5> *vi* sich gegenseitig schaden; *domaines:* sich überschneiden

intergalactique [ɛ̃tɛʀgalaktik] *adj* ASTRON intergalaktisch

intergouvernemental(e) [ɛ̃tɛʀguvɛʀnəmɑ̃tal, -o] <-aux> *adj* zwischen [einzelnen] Regierungen

intérieur [ɛ̃teʀjœʀ] *m* ① (*opp: extérieur*) Innere(s) *nt;* **à l'~** (*dedans*) innen; (*dans la maison*) drinnen; **à l'~ de** im Innern von/ (innen) in; **à l'~ d'une noix** im Inneren einer Walnuss; **à l'~ du magasin/de la ville** im Geschäft/in der Stadt; **être fermé de l'~** von innen verschlossen sein ② *d'une maison, d'un magasin* Inneneinrichtung *f* ③ (*logement*) Zuhause *nt;* **femme d'~** tüchtige Hausfrau *f* ④ (*espace, pays*) Landesinnere *nt;* **à l'~ des terres** im Landesinneren ⑤ (*ministère*) **à l'Intérieur** im Innenministerium *nt*

intérieur(e) [ɛ̃teʀjœʀ] *adj* ① (*opp: extérieur*) Innen- ② *affaires* innere(r,s); *politique* Innen-; *commerce, marché* Binnen-; **dette ~e** Inlandsverschuldung *f* ③ PSYCH *sentiment, voix* innere(r, s); *monde, vie* Innen-

intérieurement [ɛ̃teʀjœʀmɑ̃] *adv* ① (*au-dedans*) innen ② *rire, se révolter* innerlich

intérim [ɛ̃teʀim] *m* (*fonction*) Vertretung *f*

intérimaire [ɛ̃teʀimɛʀ] **I.** *adj directeur, ministre* stellvertretend; *gouvernement* Übergangs- **II.** *mf* Vertretung *f*

intérioriser [ɛ̃teʀjɔʀize] <1> *vt* verinnerlichen

interjection [ɛ̃tɛʀʒɛksjɔ̃] *f* Interjektion *f*

interligne [ɛ̃tɛʀliɲ] *m* Zeilenzwischenraum *m*

interlocuteur, -trice [ɛ̃tɛʀlɔkytœʀ, -tʀis] *m, f* Gesprächspartner(in) *m(f)*

interlope [ɛ̃tɛʀlɔp] *adj* ① (*à l'air suspect*) *personnage* zwielichtig ② (*illégal*) *commerce* illegal

interloqué(e) [ɛ̃tɛʀlɔke] *adj* fassungslos

interloquer [ɛ̃tɛʀlɔke] <1> *vt* aus der Fassung bringen

interlude [ɛ̃tɛʀlyd] *m* TV Programmfüller *m*

intermède [ɛ̃tɛʀmɛd] *m* MUS, THEAT Einlage *f*

intermédiaire [ɛ̃tɛʀmedjɛʀ] **I.** *adj espace, niveau, couleur, ton* Zwischen-; *époque, solution* Übergangs-; **position ~** *d'un fauteuil* mittlere Stellung; **position ~ entre un parti et l'autre** POL Position, die zwischen der einen und der anderen Partei

interdire

interdire	*verbieten*
Tu n'as pas le droit de regarder la télévision, aujourd'hui.	*Du darfst heute nicht fernsehen.*
Il n'en est pas question.	*Das kommt gar nicht in Frage.*
Touche pas à mon ordinateur! (*fam*)	*Finger weg von meinem Computer! (fam)*
Touche pas à mon journal intime! (*fam*)	*Lass die Finger von meinem Tagebuch! (fam)*
Je ne peux pas tolérer/accepter ça.	*Das kann ich nicht zulassen.*
Je vous interdis de me parler sur ce ton!	*Ich verbiete Ihnen diesen Ton!*
Arrêtez, je vous prie! (*form*)	*Bitte unterlassen Sie das. (form)*

liegt **II.** *mf* ① (*médiateur*) Vermittler(in) *m(f)* ② COM Zwischenhändler(in) *m(f)* **III.** *m* **par l'~ de qn/qc** über jdn/etw; **sans ~** direkt

interminable [ɛ̃tɛʀminabl] *adj* endlos

interminablement [ɛ̃tɛʀminabləmɑ̃] *adv* endlos

interministériel(le) [ɛ̃tɛʀministeʀjɛl] *adj* interministeriell (*geh*)

intermittence [ɛ̃tɛʀmitɑ̃s] *f* Unregelmäßigkeit *f;* **par ~** ab und zu

intermittent(e) [ɛ̃tɛʀmitɑ̃, ɑ̃t] **I.** *adj* zeitweilig aussetzend **II.** *m(f)* ~ [**du spectacle**] *nicht fest angestellter Beschäftigter beim Theater*

internat [ɛ̃tɛʀna] *m* SCOL Internat *nt*

international(e) [ɛ̃tɛʀnasjɔnal, -o] <-aux> **I.** *adj* international; *langue, politique* Welt-; **communication ~e** Auslandsgespräch *nt;* **match ~** Länderspiel *nt* **II.** *m(f)* SPORT Nationalspieler(in) *m(f)*

internationale [ɛ̃tɛʀnasjɔnal] *f* POL **l'Internationale** die Internationale

internationalement [ɛ̃tɛʀnasjɔnalmɑ̃] *adv* auf internationaler Ebene; *connu* international

internationalisation [ɛ̃tɛʀnasjɔnalizasjɔ̃] *f* Internationalisierung *f*

internationaliser [ɛ̃tɛʀnasjɔnalize] <1> *vt* internationalisieren; auf internationaler Ebene führen *débat*

internationalisme [ɛ̃tɛʀnasjɔnalism] *m* Internationalismus *m*

internaute [ɛ̃tɛʀnot] **I.** *adj* Internet- **II.** *mf* Internetsurfer(in) *m(f)*

interne [ɛ̃tɛʀn] **I.** *adj partie* Innen-; *structure, hémorragie* innere(r, s); *problème, concours, promotion* intern; **débats ~s** [**au sein**] **d'un parti** parteiinterne Debatten **II.** *mf* ① SCOL Internatsschüler(in) *m(f)* ② MED Assistenzarzt *m*/-ärztin *f*

interné(e) [ɛ̃tɛʀne] *adj* interniert

internement [ɛ̃tɛʀnəmɑ̃] *m* POL Internierung *f*

interner [ɛ̃tɛʀne] <1> *vt* POL **~ qn dans un camp** jdn in einem Lager internieren

Internet [ɛ̃tɛʀnɛt] **I.** *m* Internet *nt;* **accéder à ~** ins Internet kommen; **naviguer sur ~** im Internet surfen **II.** *app inv* **portail ~** Internetportal *nt,* Onlineportal

interpellation [ɛ̃tɛʀpelasjɔ̃] *f* (*arrestation*) vorläufige Festnahme *f* (*zur Überprüfung der Personalien*); **il y a eu une dizaine d'~s** ungefähr zehn Personen wurden festgenommen

interpeller [ɛ̃tɛʀpəle] <1> **I.** *vt* ① (*arrêter*) *police:* zur Überprüfung der Personalien vorübergehend festnehmen ② (*sommer de s'expliquer*) **~ un témoin sur un accident** einem Zeugen zu einem Unfall Fragen stellen ③ (*apostropher*) **~ qn** jdm etwas zurufen; (*avec brusquerie*) jdn anfahren **II.** *vpr* **s'~** (*s'apostropher*) sich [gegenseitig] anherrschen

interpénétration [ɛ̃tɛʀpenetʀasjɔ̃] *f* Verflechtung *f,* gegenseitige Durchdringung *f*

interphone® [ɛ̃tɛʀfɔn] *m* Sprechanlage *f;* **parler à qn par l'~** mit jdm über die Sprechanlage sprechen

interplanétaire [ɛ̃tɛʀplanetɛʀ] *adj* interplanetar

Interpol [ɛ̃tɛʀpɔl] *m* Interpol *f*

interpoler [ɛ̃tɛʀpɔle] <1> *vt* SCI interpolieren *texte*

interposé(e) [ɛ̃tɛʀpoze] *adj* **par personne ~e** über einen Mittelsmann

interposer [ɛ̃tɛʀpoze] <1> *vt* dazwischen stellen/setzen/legen

interprétable [ɛ̃tɛʀpʀetabl] *adj* interpretierbar; (*compréhensible*) nachvollziehbar

interprétariat [ɛ̃tɛʀpʀetaʀja] *m* Dolmetschen *nt*

interprétation [ɛ̃tɛʀpʀetasjɔ̃] *f* ① (*explication*) Interpretation *f;* **~ des rêves** Traumdeutung *f;* **donner une nouvelle ~ d'un conte** ein Märchen neu deuten ② (*action de traduire*) Dolmetschen *nt*

interprète [ɛ̃tɛʀpʀɛt] *mf* ① MUS Interpret(in) *m(f);* CINE, THEAT Darsteller(in) *m(f)* ② (*traducteur*) Dolmetscher(in) *m(f);* **faire l'~, servir d'~** dolmetschen ③ (*porte-parole*) Fürsprecher(in) *m(f)*

interpréter [ɛ̃tɛʀpʀete] <5> **I.** *vt* ① MUS interpretieren; CINE, THEAT darstellen *personnage;* spielen *rôle* ② (*expliquer*) interpretieren *texte;* deuten *rêve* ③ (*comprendre*) **~ qc en bien/mal** etw positiv/negativ auslegen **II.** *vpr* **s'~ de plusieurs façons** sich auf verschiedene Weise interpretieren lassen

interprofessionnel(le) [ɛ̃tɛʀpʀɔfesjɔnɛl] *adj* berufsübergreifend

interro [ɛ̃teʀo] *f fam abr de* **interrogation** Test *m,* Klassenarbeit *f*

interrogateur, -trice [ɛ̃teʀɔgatœʀ, -tʀis] *adj* fragend

interrogatif [ɛ̃teʀɔgatif] *m* Fragewort *nt*

interrogatif, -ive [ɛ̃teʀɔgatif, -iv] *adj* ① *air, regard* fragend ② LING Frage-

interrogation [ɛ̃teʀɔgasjɔ̃] *f* ① (*question*) Frage *f;* **~ directe/indirecte** direkte/indirekte Frage ② SCOL Test *m;* **~ écrite** Arbeit *f;* **~ orale** mündliche Prüfung ③ (*ac-

tion de questionner) Befragung *f*, Leistungsüberprüfung *f*

interrogative [ɛ̃teʀɔgativ] *f* Fragesatz *m*

interrogatoire [ɛ̃teʀɔgatwaʀ] *m* Vernehmung *f*; **subir un ~** verhört werden

interrogeable [ɛ̃teʀɔʒabl] *adj* **~ à distance** *répondeur* mit Fernabfrage

interroger [ɛ̃teʀɔʒe] <2a> **I.** *vt* ① (*questionner*) **~ qn sur un sujet** jdm Fragen über ein Thema stellen; (*pour un sondage*) jdn über ein Thema befragen; *police:* jdn wegen eines Vorwurfs vernehmen; SCOL jdn über einen Stoff abfragen; (*par écrit*) jdn eine Arbeit über einen Stoff schreiben lassen; **~ qn du regard** jdn fragend ansehen; **~ qn sur son alibi** jdm Fragen zu seinem Alibi stellen; **40% des personnes interrogées** 40% der Befragten ② (*consulter*) abfragen *banque de données, répondeur* ③ (*examiner*) befragen *conscience* **II.** *vpr* **s'~** sich fragen; **s'~ sur qn/qc** sich (*dat*) Fragen über jdn/etw stellen

interrompre [ɛ̃teʀɔ̃pʀ] <irr> **I.** *vt* ① (*couper la parole, déranger*) **~ qn dans un discours** jdn bei einer Rede unterbrechen ② (*arrêter*) unterbrechen *activité;* abbrechen *grossesse;* brechen *silence;* **être interrompu** *trafic:* zum Erliegen gekommen sein **II.** *vpr* **s'~** *personne:* innehalten; *discussion, film:* unterbrochen werden; *conversation:* stocken; **ne vous interrompez pas pour moi!** lassen Sie sich von mir nicht stören!

interrupteur [ɛ̃teʀyptœʀ] *m* Schalter *m*

interruption [ɛ̃teʀypsjɔ̃] *f* (*arrêt définitif*) Abbruch *m;* (*arrêt provisoire*) Unterbrechung *f;* **~ médicale de grossesse** medizinisch indizierter Schwangerschaftsabbruch; **~ [volontaire] de grossesse** Schwangerschaftsabbruch; **décider l'~ du match** entscheiden, das Spiel abzubrechen; **sans ~** ununterbrochen; **magasin ouvert sans ~** Geschäft durchgehend geöffnet; **~ de deux heures/trois mois** zweistündige/dreimonatige Unterbrechung

intersection [ɛ̃tɛʀsɛksjɔ̃] *f de routes* Kreuzung *f*

interstellaire [ɛ̃tɛʀstelɛʀ] *adj* ASTRON interstellar

interstice [ɛ̃tɛʀstis] *m* Spalt *m*

intersyndical(e) [ɛ̃tɛʀsɛ̃dikal, -o] <-aux> *adj* gewerkschaftsübergreifend

intersyndicale [ɛ̃tɛʀsɛ̃dikal] *f* übergewerkschaftliche Versammlung *f*

interurbain [ɛ̃tɛʀyʀbɛ̃] *m* Fernmeldeamt *nt*

intervalle [ɛ̃tɛʀval] *m* ① (*écart*) Abstand *m;* **~ de temps** Zeit[spanne] *f;* **à ~s réguliers** in regelmäßigen Abständen; **à huit jours d'~** innerhalb von acht Tagen; **dans l'~** in der Zwischenzeit; **par ~s** von Zeit zu Zeit ② MUS Intervall *nt*

intervenant(e) [ɛ̃tɛʀvənɑ̃, ɑ̃t] *m(f)* (*participant*) Beteiligte(r) *f(m)*

intervenir [ɛ̃tɛʀvəniʀ] <9> *vi* ① (*entrer en action*) *police, pompiers:* eingreifen;

interrompre

interrompre quelqu'un	*jemanden unterbrechen*
Je suis désolé(e) de vous interrompre, …	*Entschuldigen Sie bitte, dass ich Sie unterbreche, …*
Si je peux me permettre de vous interrompre un instant : …	*Wenn ich Sie einmal kurz unterbrechen dürfte: …*
indiquer que l'on veut continuer de parler	*anzeigen, dass man weitersprechen will*
Un moment, je n'ai pas fini.	*Moment, ich bin noch nicht fertig.*
Laisse-moi finir, s'il te plaît !/Pourrais-tu me laisser finir, s'il te plaît ?	*Lässt du mich bitte ausreden?/Könntest du mich bitte ausreden lassen?*
Laissez-moi finir, s'il vous plaît !	*Lassen Sie mich bitte ausreden!*
Laissez-moi terminer ce point, s'il vous plaît.	*Lassen Sie mich bitte diesen Punkt noch zu Ende führen.*
demander la parole	*ums Wort bitten*
Puis-je dire quelque chose à ce propos ?	*Darf ich dazu etwas sagen?*
Si je peux me permettre d'ajouter quelque chose à ce propos : …	*Wenn ich dazu noch etwas sagen dürfte: …*

~ **dans un débat** in eine Debatte eingreifen; ~ **dans une affaire** sich in eine Angelegenheit einmischen; ~ **en faveur d'un collègue/contre un collègue auprès de qn** sich für einen Kollegen/sich nicht für einen Kollegen bei jdm einsetzen ② (*prendre la parole*) sich einschalten ③ (*survenir*) *accord:* zustande kommen; *contre-temps:* dazwischenkommen; *fait:* eintreten

intervention [ɛ̃tɛʀvɑ̃sjɔ̃] *f* ① (*action*) Eingreifen; ~ **armée** bewaffnete Intervention ② (*prise de parole*) Beitrag *m* ③ MED Eingriff *m*

interventionnisme [ɛ̃tɛʀvɑ̃sjɔnism] *m* ECON, POL Interventionismus *m*

interventionniste [ɛ̃tɛʀvɑ̃sjɔnist] *adj* ECON, POL interventionistisch

interversion [ɛ̃tɛʀvɛʀsjɔ̃] *f des lettres, mots* Umstellung *f;* ~ **des rôles** Rollentausch *m*

intervertir [ɛ̃tɛʀvɛʀtiʀ] <8> *vt* tauschen *rôles*

interview [ɛ̃tɛʀvju] *f* Interview *nt*

interviewer[1] [ɛ̃tɛʀvjuve] <1> *vt* interviewen

interviewer[2] [ɛ̃tɛʀvjuvɛʀ] *m,* **intervieweur, -euse** [ɛ̃tɛʀvjuvœʀ, -øz] *m, f* Interviewer(in) *m(f)*

intestin [ɛ̃tɛstɛ̃] *m souvent pl* Darm *m meist Sing*

intestinal(e) [ɛ̃tɛstinal, -o] <-aux> *adj* Darm-

intifada [intifada] *f* POL Intifada *f*

intimation [ɛ̃timasjɔ̃] *f* JUR Vorladung *f*

intime [ɛ̃tim] *adj* ① (*secret*) intim; *chagrin* geheim; *hygiène, toilette* Intim-; **vie** ~ Privatleben *nt,* Intimleben; **caresse** ~ Intimität *f;* **journal** ~ Tagebuch *nt;* **la personnalité ~ de X** X als Privatperson ② (*privé*) im engen Kreis; *dîner* zu zweit ③ (*confortable*) gemütlich; **faire** ~ gemütlich wirken ④ (*étroit, proche*) eng; *rapports, relations* intim; *relation, union* innig; **être ~ avec qn** mit jdm eng befreundet sein

intimement [ɛ̃timmɑ̃] *adv* (*étroitement*) **des idées/personnes ~ liées** sehr eng miteinander verknüpfte Gedanken/miteinander befreundete Menschen

intimer [ɛ̃time] <1> *vt* ~ **à un subordonné [l'ordre] de faire qc** einem Untergebenen befehlen, etw zu tun

intimidant(e) [ɛ̃timidɑ̃, ɑ̃t] *adj* einschüchternd

intimidation [ɛ̃timidasjɔ̃] *f* Einschüchterung *f*

intimider [ɛ̃timide] <1> *vt* einschüchtern

intimiste [ɛ̃timist] *adj œuvre, sujet* persönlich

intimité [ɛ̃timite] *f* ① (*vie privée*) Privatleben *nt;* **dans l'~** privat; **dans la plus stricte ~** im engsten Familienkreis ② (*relation étroite*) Vertrautheit *f* ③ *d'un salon* gemütliche Atmosphäre

intitulé [ɛ̃tityle] *m d'un livre* Titel *m; d'un texte* Überschrift *f*

intituler [ɛ̃tityle] <1> **I.** *vt* ~ **un livre "Mémoires"** einem Buch den Titel „Memoiren" geben; **être intitulé "Mémoires"** den Titel „Memoiren" tragen **II.** *vpr* **s'~ "Mémoires"** den Titel „Memoiren" tragen

intolérable [ɛ̃tɔleʀabl] *adj* unerträglich; *pratique* inakzeptabel

intolérance [ɛ̃tɔleʀɑ̃s] *f* (*sectarisme*) Intoleranz *f*

intolérant(e) [ɛ̃tɔleʀɑ̃, ɑ̃t] *adj* intolerant

intonation [ɛ̃tɔnasjɔ̃] *f souvent pl* Ton[fall *m*] *m;* **les ~s de sa voix** der Klang seiner Stimme; **prendre des ~s douces en parlant à qn** sanft mit jdm sprechen; **trouver les ~s justes** den richtigen Ton treffen

intouchable [ɛ̃tuʃabl] **I.** *adj fig* unantastbar; **il se croyait ~** er glaubte, man könne ihm nichts anhaben **II.** *mf* Unberührbare(r) *f(m)*

intox[e] [ɛ̃tɔks] *f fam abr de* **intoxication** Fake *m o nt;* (*fausse information*) [gezielte] Fehlinformation *f;* **faire de l'~** manipulieren

intoxication [ɛ̃tɔksikasjɔ̃] *f* ① (*empoisonnement*) Vergiftung *f;* ~ **alimentaire** Lebensmittelvergiftung *f;* ~ **au mercure** Quecksilbervergiftung *f* ② (*influence*) Manipulation *f*

intoxiqué(e) [ɛ̃tɔksike] *adj* **être ~ par une substance/un aliment** sich durch einen Stoff/ein Nahrungsmittel vergiftet haben; **être ~ par une drogue** drogenabhängig sein; **être ~ par la télé** fernsehsüchtig sein; **être ~ par la publicité** durch die Werbung manipuliert sein

intoxiquer [ɛ̃tɔksike] <1> **I.** *vt* ① (*empoisonner*) vergiften; **être légèrement intoxiqué** *pompier:* eine leichte Rauchvergiftung erleiden ② (*pervertir*) *émission, télévision:* verderben; *publicité, publicitaire:* manipulieren **II.** *vpr* **s'~** sich vergiften

intracellulaire [ɛ̃tʀaselylɛʀ] *adj* BIO interzellulär

intracommunautaire [ɛ̃tʀakɔmynɔtɛʀ] *adj échanges* zwischen den EU-Staaten

intraduisible [ɛ̃tʀadɥizibl] *adj auteur,*

expression unübersetzbar; *réaction, sentiment* unbeschreibbar
intraitable [ɛ̃tʀɛtabl] *adj* unnachgiebig
intra-muros [ɛ̃tʀamyʀos] *adv inv habiter, se dérouler* im Stadtzentrum
intramusculaire [ɛ̃tʀamyskylɛʀ] *adj* intramuskulär
intranet [ɛ̃tʀanɛt] <s> *m* INFORM Intranet *nt*
intransigeance [ɛ̃tʀɑ̃ziʒɑ̃s] *f* Unnachgiebigkeit *f*
intransigeant(e) [ɛ̃tʀɑ̃ziʒɑ̃, ʒɑ̃t] *adj attitude, personne* unnachgiebig; *adversaire* unerbittlich; *morale* starr
intransitif, -ive [ɛ̃tʀɑ̃zitif, -iv] *adj* intransitiv
intransmissible [ɛ̃tʀɑ̃smisibl] *adj caractère acquis* nicht vererbbar; *droit* nicht übertragbar
intransportable [ɛ̃tʀɑ̃spɔʀtabl] *adj chose* nicht transportabel; *personne* nicht transportfähig
intra-utérin(e) [ɛ̃tʀayteʀɛ̃, in] *adj* MED intrauterin (*Fachspr.*)
intraveineuse [ɛ̃tʀavɛnøz] *f* intravenöse Injektion *f*
intraveineux, -euse [ɛ̃tʀavɛnø, -øz] *adj* intravenös
intrépide [ɛ̃tʀepid] *adj* ❶ (*courageux*) unerschrocken ❷ (*audacieux*) waghalsig
intrépidité [ɛ̃tʀepidite] *f* Unerschrockenheit *f;* (*audace*) Tollkühnheit *f*
intrigant(e) [ɛ̃tʀigɑ̃, ɑ̃t] **I.** *adj* intrigant **II.** *m(f)* Intrigant(in) *m(f)*
intrigue [ɛ̃tʀig] *f* ❶ CINE, LITTER, THEAT Handlung *f* ❷ (*manœuvre*) Intrige *f;* **des ~s politiques** politische Intrigen ❸ (*liaison*) ~ **amoureuse** Liebesabenteuer *nt*
intriguer [ɛ̃tʀige] <1> **I.** *vt* (*travailler qn*) beschäftigen; (*piquer la curiosité*) neugierig machen; **être intrigué** rätseln; **intrigués, les policiers tentaient ...** da die Polizisten stutzig geworden waren, versuchten sie ... **II.** *vi* intrigieren
intrinsèque [ɛ̃tʀɛ̃sɛk] *adj* eigentlich
introducteur, -trice [ɛ̃tʀɔdyktœʀ, -tʀis] *m, f* **l'~ de qc** der[jenige], der etw einführt
introductif, -ive [ɛ̃tʀɔdyktif, -iv] *adj* einleitend
introduction [ɛ̃tʀɔdyksjɔ̃] *f* ❶ (*entrée en matière*) Einleitung *f;* **chapitre d'~** einleitendes Kapitel; **quelques mots** [*o* **paroles**] **d'~** ein paar einleitende Worte; **en ~** einleitend ❷ *d'un objet, de nourriture* Einführen *nt;* **l'~ de la peste en Europe** das Einschleppen der Pest nach Europa ❸ *d'une réforme, d'un produit* Einführung *f*
introduire [ɛ̃tʀɔdɥiʀ] <irr> **I.** *vt* ❶ (*faire entrer*) ~ **qn dans une pièce** jdn in ein Zimmer führen; ~ **qn chez une famille** jdn bei einer Familie einführen; ~ **une clé dans qc** einen Schlüssel in etw (*akk*) stecken; ~ **une pièce de monnaie dans qc** ein Geldstück in etw (*akk*) werfen; ~ **du pastis en contrebande** Pastis einschmuggeln ❷ (*faire adopter*) aufbringen *mode* **II.** *vpr* ❶ (*se faire admettre*) **s'~ dans une famille/un milieu** sich in einer Familie/einem Umfeld einführen ❷ (*s'infiltrer*) **s'~ dans une maison** in ein Haus eindringen; **s'~ au milieu des invités** sich unter die Gäste schmuggeln; **s'~ dans qc** *eau, fumée:* in etw (*akk*) dringen; *impureté:* in etw (*akk*) kommen ❸ (*se mettre*) **s'~ qc dans le nez/les oreilles** sich (*dat*) etw in die Nase/die Ohren stecken ❹ (*être adopté*) **s'~ dans un pays** *usage, mode:* sich in einem Land durchsetzen
intronisation [ɛ̃tʀɔnizasjɔ̃] *f* Inthronisation *f*
introniser [ɛ̃tʀɔnize] <1> *vt* inthronisieren
introspection [ɛ̃tʀɔspɛksjɔ̃] *f* Selbstbeobachtung *f*
introuvable [ɛ̃tʀuvabl] *adj chose, personne* unauffindbar
introversion [ɛ̃tʀɔvɛʀsjɔ̃] *f* Introvertiertheit *f*
introverti(e) [ɛ̃tʀɔvɛʀti] *adj* introvertiert
intrus(e) [ɛ̃tʀy, yz] **I.** *adj* nicht dazugehörig; **visiteur ~** ungebetener Gast **II.** *m(f)* Eindringling *m* ►**cherchez l'~** wer/was gehört nicht dazu?
intrusion [ɛ̃tʀyzjɔ̃] *f* ~ **dans une maison** Eindringen *nt* in ein Haus
intuitif, -ive [ɛ̃tɥitif, -iv] **I.** *adj* intuitiv **II.** *m, f* intuitiver Mensch
intuition [ɛ̃tɥisjɔ̃] *f* Intuition *f;* ~ **féminine** weibliche Intuition; **procéder par ~** intuitiv vorgehen
intuitivement [ɛ̃tɥitivmɑ̃] *adv* intuitiv
inuit [inɥit] *adj pas de forme féminine* Inuit-; **la culture ~** die Kultur der Inuit
inusable [inyzabl] *adj* unverwüstlich
inusité(e) [inyzite] *adj* ungebräuchlich
inutile [inytil] **I.** *adj* nutzlos; *parole, effort, mesure* zwecklos; *précaution, alarme* überflüssig; *personne* unnütz; **être ~ à qn** jdm nicht von Nutzen sein; **se sentir ~** sich (*dat*) überflüssig vorkommen; **si ma présence est ~, ...** wenn ich nicht benötigt werde, ...; **il est/n'est pas ~ de faire qc/**

I

que + *subj* es ist unnötig/es wäre angebracht, etw zu tun/dass; ~ **d'espérer de l'aide** zwecklos, auf Hilfe zu hoffen; ~ **de te/vous dire que ...** ich brauche dir/Ihnen wohl nicht zu sagen, dass ...; ~ **d'insister!** spar dir/sparen Sie sich die Mühe! **II.** *m* **l'~** das Unnütze **III.** *mf* Schmarotzer(in) *m(f)*

inutilement [inytilmɑ̃] *adv* (*sans utilité*) unnötig; (*en vain*) vergeblich

inutilisable [inytilizabl] *adj* (*qui n'offre aucune utilité*) unbrauchbar; (*dont on ne peut se servir*) nicht benutzbar; **mon ordinateur est actuellement ~** ich kann meinen Computer zur Zeit nicht benutzen

inutilisé(e) [inytilize] *adj* unbenutzt

inutilité [inytilite] *f* Nutzlosigkeit *f*; **j'ai compris l'~ de ma présence ici** ich habe verstanden, dass ich hier überflüssig bin

I

invaincu(e) [ɛ̃vɛ̃ky] *adj sportif* ungeschlagen; *sommet* unbezwungen

invalidation [ɛ̃validasjɔ̃] *f* Annullierung *f*

invalide [ɛ̃valid] **I.** *adj* invalid[e]; **personne ~** Invalide *mf* **II.** *mf* Invalide *mf*

invalider [ɛ̃valide] <1> *vt* JUR für ungültig erklären *testament*

invalidité [ɛ̃validite] *f d'une personne* Erwerbsunfähigkeit *f*

invariabilité [ɛ̃vaʀjabilite] *f* Unveränderlichkeit *f*

invariable [ɛ̃vaʀjabl] *adj* ❶ LING unveränderlich ❷ (*qui ne change pas*) unverändert; (*qu'on ne peut changer*) unveränderlich

invariablement [ɛ̃vaʀjabləmɑ̃] *adv* unweigerlich

invasion [ɛ̃vazjɔ̃] *f* MIL *a. fig* Invasion *f*; ~ **de touristes** Touristeninvasion; ~ **d'insectes** Insektenplage *f*

invective [ɛ̃vɛktiv] *f* Beleidigung *f*

invectiver [ɛ̃vɛktive] <1> *vt* beleidigen

invendable [ɛ̃vɑ̃dabl] *adj* unverkäuflich; **être ~** sich nicht verkaufen lassen

invendu(e) [ɛ̃vɑ̃dy] *adj* nicht verkauft

inventaire [ɛ̃vɑ̃tɛʀ] *m* ❶ JUR *des biens* Inventar *nt*; COM Inventur *f*; **faire l'~** Inventur machen ❷ (*revue*) Bestandsaufnahme *f*

inventer [ɛ̃vɑ̃te] <1> *vt* ~ **qc** etw erfinden; **ça ne s'invente pas** das ist [wirklich] nicht erfunden

inventeur, -trice [ɛ̃vɑ̃tœʀ, -tʀis] *m, f* Erfinder(in) *m(f)*; **ce sont les ~s de ce procédé** sie haben dieses Verfahren entwickelt

inventif, -ive [ɛ̃vɑ̃tif, -iv] *adj* erfinderisch

invention [ɛ̃vɑ̃sjɔ̃] *f* ❶ (*création, découverte*) Erfindung *f*; *d'une technique opératoire, méthode* Entwicklung *f*; **l'~ de ce procédé date de 1850** dieses Verfahren wurde 1850 erfunden; **de mon/son ~** von mir/ihm/ihr erfunden ❷ (*imagination*) Einfallsreichtum *m* ❸ (*mensonge*) Erfindung *f*; **c'est une ~ de sa part!** das hat er/sie erfunden!; **ce sont des ~s pures et simples!** das ist alles erlogen!

inventivité [ɛ̃vɑ̃tivite] *f* Einfallsreichtum *m*

inventorier [ɛ̃vɑ̃tɔʀje] <1a> *vt* auflisten *problèmes*

invérifiable [ɛ̃veʀifjabl] *adj* nicht überprüfbar

inverse [ɛ̃vɛʀs] **I.** *adj* entgegengesetzt; *évolution, phénomène* gegenläufig **II.** *m* Gegenteil *nt*; **c'est l'~ qui est vrai** in Wahrheit ist es genau umgekehrt; **à l'~** hingegen; **à l'~ de qn/qc** im Gegensatz zu jdm/etw

inversement [ɛ̃vɛʀsəmɑ̃] *adv* hingegen; **et/ou ~** und/oder umgekehrt

inverser [ɛ̃vɛʀse] <1> **I.** *vt* umstellen *mots, phrases;* tauschen *rôles;* umkehren *évolution, mouvement;* ~ **l'ordre des mots** die Wortstellung ändern **II.** *vpr* **s'~** *mouvement, tendance:* sich umkehren

inversion [ɛ̃vɛʀsjɔ̃] *f* Umkehrung *f*

invertébré [ɛ̃vɛʀtebʀe] *m* wirbelloses Tier *nt*

investigateur, -trice [ɛ̃vɛstigatœʀ, -tʀis] **I.** *adj esprit* Forscher- **II.** *m, f* Ermittler(in) *m(f)*

investigation [ɛ̃vɛstigasjɔ̃] *f* Ermittlung *f*

investir [ɛ̃vɛstiʀ] <8> **I.** *vt* ❶ FIN ~ **son argent dans qc** sein Geld in etw (*akk*) investieren ❷ *fig* ~ **du temps/du travail dans qc** Zeit/Arbeit in etw (*akk*) investieren **II.** *vi* ECON, FIN investieren; ~ **dans de nouvelles machines** sein Geld in neuen Maschinen anlegen **III.** *vpr* **s'~ dans qc** sich bei etw engagieren

investissement [ɛ̃vɛstismɑ̃] *m* ❶ ECON, FIN Investition *f*; **les dépenses d'~** die Investitionskosten ❷ (*engagement*) ~ **de qn dans une activité** jds Engagement *nt* bei einer Aktivität

investisseur [ɛ̃vɛstisœʀ] *m* Investor(in) *m(f)*

investiture [ɛ̃vɛstityʀ] *f* **obtenir l'~ de son parti** von seiner Partei aufgestellt werden

invétéré(e) [ɛ̃veteʀe] *adj* unverbesserlich

invincible [ɛ̃vɛ̃sibl] *adj personne, armée* unbesiegbar; *courage, détermination* unerschütterlich; *charme, envie* unwiderstehlich

inviolabilité [ɛ̃vjɔlabilite] *f du domicile* Unverletzlichkeit *f*

inviolable [ɛ̃vjɔlabl] *adj* unantastbar

invisibilité [ɛ̃vizibilite] *f* Unsichtbarkeit *f*
invisible [ɛ̃vizibl] *adj* unsichtbar; *danger* nicht erkennbar; *phénomène* nicht wahrnehmbar; **~ à l'œil nu** mit dem bloßen Auge nicht erkennbar
invitation [ɛ̃vitasjɔ̃] *f* 1 (*appel*) Einladung *f;* **une ~ à ...** eine Einladung nach/zu ...; **~ à une manifestation/au restaurant/à déjeuner** Einladung zu einer Demonstration/ins Restaurant/zum Mittagessen; **sans ~** ohne Einladung 2 (*incitation*) **~ à qc** Aufforderung *f* zu etw; **à** [*o* **sur**] **l'~ de qn** (*à la prière de*) auf jds Bitte (*akk*) hin; (*aux ordres de*) auf jds Aufforderung (*akk*) hin
invite [ɛ̃vit] *m* INFORM Eingabeaufforderung *f*
invité(e) [ɛ̃vite] *m(f)* Gast *m;* **~ d'honneur** Ehrengast *m*
inviter [ɛ̃vite] <1> *vt* 1 (*convier*) einladen; **~ qn à faire qc** jdn einladen etw zu tun; **vous venez? c'est moi qui invite!** kommt ihr mit? ich lade euch ein!; **~ qn à un anniversaire** jdn zu einem Geburtstag einladen; **~ qn chez soi** jdn zu sich [nach Hause] einladen; **~ qn à danser** jdn zum Tanz auffordern; **~ qn à dîner** jdn zum Abendessen einladen 2 (*prier*) **~ qn à faire qc** jdn bitten, etw zu tun; (*avec insistance/autorité*) jdn auffordern, etw zu tun; **~ qn à entrer** jdn hineinbitten; **être invité à faire qc** ersucht werden, etw zu tun 3 (*inciter à*) **~ qn à une discussion** jdn zu einer Diskussion einladen; **~ qn à faire qc** jdn einladen, etw zu tun; **~ à la réflexion** *événements:* nachdenklich stimmen
in vitro [invitʀo] *adv* im Reagenzglas
invivable [ɛ̃vivabl] *adj* unerträglich
involontaire [ɛ̃vɔlɔ̃tɛʀ] *adj spectateur, témoin* unfreiwillig; *erreur, réflexion* unbeabsichtigt; *mouvement* unwillkürlich
involontairement [ɛ̃vɔlɔ̃tɛʀmɑ̃] *adv* unabsichtlich
invoquer [ɛ̃vɔke] <1> *vt* vorbringen *raison, excuse*
invraisemblable [ɛ̃vʀɛsɑ̃blabl] *adj* 1 (*qui ne semble pas vrai*) unglaubwürdig 2 (*incroyable*) unglaublich
invraisemblance [ɛ̃vʀɛsɑ̃blɑ̃s] *f* Unglaubwürdigkeit *f*
invulnérabilité [ɛ̃vylneʀabilite] *f* Unverwundbarkeit *f*
invulnérable [ɛ̃vylneʀabl] *adj* unverwundbar; **~ aux attaques** gegen Angriffe gefeit
iode [jɔd] *m* Jod *nt*
iodé(e) [jɔde] *adj eau, air* jodhaltig
ion [jɔ̃] *m* PHYS Ion *nt*
ionique[1] [jɔnik] *adj* ARCHIT *ordre* ionisch
ionique[2] [jɔnik] *adj* PHYS *charge* ionisierend
iota [jɔta] *m* Jota *nt* (*geh*)
IPS [ipeɛs] *m abr de* **indice de protection solaire** LSF *m*
irai [iʀɛ] *fut de* **aller**
Irak [iʀak] *m* **l'~** der Irak; **la guerre en ~** der Irakkrieg
irakien(ne) [iʀakjɛ̃, jɛn] *adj* irakisch
Irakien(ne) [iʀakjɛ̃, jɛn] *m(f)* Iraker(in) *m(f)*
Iran [iʀɑ̃] *m* **l'~** der Iran
iranien(ne) [iʀanjɛ̃, jɛn] *adj* iranisch
Iranien(ne) [iʀanjɛ̃, jɛn] *m(f)* Iraner(in) *m(f)*
Iraq [iʀak] *m v.* **Irak**
irascible [iʀasibl] *adj* jähzornig
iridié(e) [iʀidje] *adj métal* mit Iridium legiert
iris [iʀis] *m* ANAT, BOT Iris *f*
irisé(e) [iʀize] *adj* schillernd
irlandais(e) [iʀlɑ̃dɛ, ɛz] *adj* irisch
Irlandais(e) [iʀlɑ̃dɛ, ɛz] *m(f)* Ire *m*/Irin *f*
Irlande [iʀlɑ̃d] *f* **l'~** Irland *nt;* **l'~ du Nord** Nordirland

inviter

inviter	*einladen*
Viens me voir, ça me ferait très plaisir.	*Besuch mich doch, darüber würde ich mich sehr freuen.*
Je fais une fête samedi prochain. Tu viens aussi? (fam)	*Nächsten Samstag mache ich eine Party. Kommst du auch?*
Puis-je vous inviter à un repas/dîner d'affaires?	*Darf ich Sie zu einem Arbeitsessen einladen?*
J'aimerais vous inviter à dîner.	*Ich würde Sie gern zum Abendessen einladen.*

IRM [iɛʀɛm] *f* MED *abr de* **imagerie par résonance magnétique** MRT *f*

ironie [iʀɔni] *f* Ironie *f;* **dire qc par ~** etw ironisch meinen

ironique [iʀɔnik] *adj* ironisch

ironiquement [iʀɔnikmɑ̃] *adv* ironisch

ironiser [iʀɔnize] <1> *vi* ~ **sur qn/qc** über jdn/etw spötteln

iroquois [iʀɔkwa] *m* (*coiffure*) Irokesenschnitt *m*

irradiation [iʀadjasjɔ̃] *f* PHYS Bestrahlung *f*

irradier [iʀadje] <1a> *vi douleur:* ausstrahlen

irraisonné(e) [iʀɛzɔne] *adj* irrational

irrationalisme [iʀasjɔnalism] *m* Irrationalismus *m*

irrationnel [iʀasjɔnɛl] *m* **l'~** das Irrationale

irrationnel(le) [iʀasjɔnɛl] *adj* irrational

irrattrapable [iʀatʀapabl] *adj* nicht wiedergutzumachen

irréalisable [iʀealizabl] *adj* nicht realisierbar

irréalisme [iʀealism] *m* mangelnde Wirklichkeitsnähe

irréaliste [iʀealist] *adj* unrealistisch

irréalité [iʀealite] *f* Irrealität *f*

irrecevable [iʀəs(ə)vabl] *adj* unzulässig

irréconciliable [iʀekɔ̃siljabl] *adj* unversöhnlich

irrécupérable [iʀekypeʀabl] *adj voiture, ferraille* nicht mehr brauchbar; **être ~** *voiture, réfrigérateur:* nicht mehr zu reparieren sein

irrécusable [iʀekyzabl] *adj juge, témoin* nicht ablehnbar; *témoignage* nicht anfechtbar; *preuve* unwiderlegbar

irréductible [iʀedyktibl] *adj ennemi, personne* unbezwingbar; *obstacle* unüberwindbar; *opposition* unnachgiebig; *volonté* eisern

irréel(le) [iʀeɛl] *adj* irreal

irréfléchi(e) [iʀefleʃi] *adj* unüberlegt; *personne* unbesonnen; (*spontané*) spontan

irréflexion [iʀeflɛksjɔ̃] *f* Unüberlegtheit *f;* **faire une erreur d'~** SCOL einen Leichtsinnsfehler machen

irréfutable [iʀefytabl] *adj* unwiderlegbar

irrégularité [iʀegylaʀite] *f* ❶ (*inégalité*) Ungleichmäßigkeit *f; des traits* Unregelmäßigkeit *f; pl d'une surface, d'un terrain* Unebenheit *f* ❷ *d'un élève, d'une équipe* schwankende Leistungen *Pl;* **l'~ de ses résultats** seine/ihre schwankenden Leistungen ❸ *gén pl* (*illégalité*) Unregelmäßigkeit *f; d'une situation* Regelwidrigkeit *f*

irrégulier, -ère [iʀegylje, -ɛʀ] *adj* ❶ (*inégal*) unregelmäßig; *écriture* ungleichmäßig; *terrain* uneben; **avoir des horaires ~s** keine festen Zeiten haben ❷ (*discontinu*) ungleichmäßig; *sommeil* unruhig; *effort, travail* nicht regelmäßig ❸ *élève, sportif* nicht konstant; *résultats* schwankend ❹ (*illégal*) regelwidrig; *procédure* fehlerhaft; **des opérations irrégulières** Unregelmäßigkeiten *Pl* ❺ GRAM unregelmäßig

irrégulièrement [iʀegyljɛʀmɑ̃] *adv* unregelmäßig

irréligieux, -euse [iʀeliʒjø, -øz] *adj* irreligiös, ungläubig

irrémédiable [iʀemedjabl] **I.** *adj aggravation* unaufhaltsam; *défaite* endgültig; *erreur, défaut* nicht wiedergutzumachen; *mal* unheilbar; *malheur* unabänderlich; *situation* hoffnungslos **II.** *m* **l'~** das Schlimmste

irrémédiablement [iʀemedjabləmɑ̃] *adv* hoffnungslos

irremplaçable [iʀɑ̃plasabl] *adj* unersetzbar; *instant* einzigartig

irréparable [iʀepaʀabl] **I.** *adj objet, machine* nicht mehr zu reparieren; *dommage, erreur* nicht wiedergutzumachen; *perte* unersetzbar **II.** *m* **l'~** das Schlimmste

irrépréhensible [iʀepʀeɑ̃sibl] *adj* untadelig

irrépressible [iʀepʀesibl] *adj* unbändig

irréprochable [iʀepʀɔʃabl] *adj* einwandfrei; *vie, mère* mustergültig

irrésistible [iʀezistibl] *adj* ❶ (*impérieux*) unwiderstehlich; *désir* unbändig; *passion* unbezähmbar; *logique* [be]zwingend ❷ (*qui fait rire*) sehr lustig; **être ~** *personne:* urkomisch sein

irrésistiblement [iʀezistibləmɑ̃] *adv attirer, évoquer* unwiderstehlich

irrésolu(e) [iʀezɔly] *adj personne, caractère* unentschlossen; *problème, question* ungelöst

irrespect [iʀɛspɛ] *m* ~ [**envers qn**] Respektlosigkeit *f* [jdm gegenüber]

irrespectueux, -euse [iʀɛspɛktɥø, -øz] *adj* respektlos; **être ~ envers qn** jdm gegenüber respektlos sein

irrespirable [iʀɛspiʀabl] *adj* unerträglich

irresponsabilité [iʀɛspɔ̃sabilite] *f* Verantwortungslosigkeit *f;* JUR Unzurechnungsfähigkeit *f*

irresponsable [iʀɛspɔ̃sabl] **I.** *adj comportement* unverantwortlich; *personne* verantwortungslos; JUR schuldunfähig **II.** *mf* Verantwortungslose(r) *f(m)*

irrétrécissable [iʀetʀesisabl] *adj* **un tissu ~ au lavage** ein Stoff, der beim Waschen nicht einläuft

irréversible [iʀevɛʀsibl] **I.** *adj* nicht rückgängig zu machen; **une décision ~** eine nicht rückgängig zu machende Entscheidung **II.** *m* **l'~** das Unabänderliche

irrévocable [iʀevɔkabl] *adj jugement* unwiderruflich; *décision* endgültig; *volonté* unumstößlich

irrévocablement [iʀevɔkabləmɑ̃] *adv* unwiderruflich

irrigation [iʀigasjɔ̃] *f* Bewässerung *f;* **canal d'~** Bewässerungskanal *m*

irriguer [iʀige] <1> *vt* AGR bewässern

irritabilité [iʀitabilite] *f* Reizbarkeit *f*

irritable [iʀitabl] *adj* reizbar; **elle est très ~ aujourd'hui** sie ist heute sehr gereizt

irritant(e) [iʀitɑ̃, ɑ̃t] *adj* nervtötend

irritation [iʀitasjɔ̃] *f* ❶ (*énervement*) Gereiztheit *f* ❷ MED Reizung *f;* **~ de la gorge** Halsentzündung *f*

irrité(e) [iʀite] *adj* gereizt; **être ~ contre qn** verärgert über jdn sein

irriter [iʀite] <1> **I.** *vt* ❶ (*énerver*) **~ qn** jdm auf die Nerven gehen; **je ne voulais pas vous ~** ich wollte Sie nicht verärgern ❷ MED reizen; **ce produit n'irrite pas la peau** dieses Mittel ist sehr hautfreundlich **II.** *vpr* ❶ (*s'énerver*) **s'~ de qc/contre qn** sich über etw/jdn aufregen ❷ MED **s'~** sich entzünden

irruption [iʀypsjɔ̃] *f* **l'~ de qn dans un lieu** jds plötzliches Auftauchen an einem Ort; **l'~ de la deuxième guerre mondiale** der Ausbruch des Zweiten Weltkriegs; **faire ~** *personne:* hereinstürmen; *chose:* hereinbrechen

ISBN [iɛsbeɛn] *m abr de* **International Standard Book Number** ISBN *f*

I.S.F. [iɛsɛf] *m abr de* **impôt de solidarité sur la fortune** ≈ Sondersteuer *f* (*Vermögenssteuer, deren Höhe vom Privatbesitz abhängt*)

islam [islam] *m* **l'~** der Islam; **l'Islam** die islamische Welt

islamique [islamik] *adj* islamisch

islamisation [islamizasjɔ̃] *f* REL Islamisierung *f*

islamiser [islamize] *vt* REL islamisieren

islamiste [islamist] REL **I.** *adj* islamistisch; **militant ~** militanter Islamist *m* **II.** *mf* Islamist(in) *m(f)*

islamité [islamite] *f* Zugehörigkeit *f* zur islamischen Glaubensgemeinschaft

islamophobe [islamɔfɔb] *adj* islamfeindlich, islamophob

islamophobie [islamɔfɔbi] *f* Islamfeindlichkeit *f*

islandais [islɑ̃dɛ] *m* Isländisch *nt; v. a.* **allemand**

islandais(e) [islɑ̃dɛ, ɛz] *adj* isländisch

Islandais(e) [islɑ̃dɛ, ɛz] *m(f)* Isländer(in) *m(f)*

Islande [islɑ̃d] *f* **l'~** Island *nt*

isocèle [izɔsɛl] *adj* gleichschenklig

isolable [izɔlabl] *adj* isolierbar

isolant [izɔlɑ̃] *m* Isoliermaterial *nt*

isolateur [izɔlatœʀ] *m* ELEC Isolator *m*

isolation [izɔlasjɔ̃] *f* Isolierung *f*

isolationnisme [izɔlasjɔnism] *m* Isolationismus *m*

isolé(e) [izɔle] *adj* ❶ *endroit* abgelegen; *maison* einsam gelegen ❷ (*seul*) isoliert; *maison* allein stehend; *bâtiment, arbre* frei stehend; **mère ~e** alleinerziehende Mutter; **vivre très ~** sehr zurückgezogen leben ❸ (*unique*) einzeln; **ce cas n'est pas ~** dies ist kein Einzelfall ❹ TECH, ELEC isoliert

isolement [izɔlmɑ̃] *m* ❶ *d'une personne* Einsamkeit *f; d'un lieu, d'une maison* Abgeschiedenheit *f; d'un détenu, malade, d'un pays* Isolation *f;* **vivre dans un ~ complet** vollkommen zurückgezogen leben ❷ ELEC, TECH Isolierung *f*

isolément [izɔlemɑ̃] *adv* einzeln

isoler [izɔle] <1> **I.** *vt* ❶ (*séparer des autres*) isolieren *malade, prisonnier;* **~ un quartier** *police:* ein Viertel [ab]sperren; **être isolé du reste du monde** *village:* von der restlichen Welt abgeschieden sein ❷ TECH, ELEC **~ qc de l'humidité** etw gegen Feuchtigkeit isolieren ❸ BIO, CHIM isolieren *virus, bactérie, gène* ❹ (*considérer à part*) isoliert betrachten **II.** *vi* **~ de qc** *matériau:* gegen etw isolieren **III.** *vpr* **s'~ de qn/qc** sich von jdm/etw absondern; **s'~ du monde** sich von der Welt abkehren

isoloir [izɔlwaʀ] *m* Wahlkabine *f*

isotherme [izɔtɛʀm] *adj* **bouteille/camion ~** Thermosflasche® *f*/Kühlwagen *m*

isotope [izɔtɔp] *m* PHYS Isotop *nt*

Israël [isʀaɛl] *m* **l'~** Israel *nt*

israélien(ne) [isʀaeljɛ̃, jɛn] *adj* israelisch

Israélien(ne) [isʀaeljɛ̃, jɛn] *m(f)* Israeli *mf*

israélite [isʀaelit] **I.** *adj* israelitisch **II.** *mf* Israelit(in) *m(f)*

issu(e) [isy] *adj* ❶ (*né de*) **~ de qc** aus etw stammend; **être ~ d'une famille modeste** aus einer einfachen Familie stammen; **être ~ de sang royal** königlicher Abstammung sein ❷ (*résultant de*) **être ~ de qc** aus etw entstanden sein

issue [isy] *f* ❶ (*sortie*) Ausgang *m;* **~ de secours** Notausgang; **chemin/route/voie sans ~** Sackgasse *f* ❷ (*solution*) Ausweg *m;* **sans ~** *problème* unlösbar; *situation* ausweglos; *avenir* aussichtslos ❸ (*fin*) Ausgang *m;* **avoir une ~ fatale/heureuse** ein fatales/glückliches Ende nehmen; **à l'~ de qc** nach etw

isthme [ism] *m* Landenge *f*

italianiser [italjanize] *vt a.* LING italianisieren

Italie [itali] *f* **l'~** Italien *nt*

italien [italjɛ̃] *m* Italienisch *nt; v. a.* **allemand**

italien(ne) [italjɛ̃, jɛn] *adj* italienisch

Italien(ne) [italjɛ̃, jɛn] *m(f)* Italiener(in) *m(f)*

italique [italik] **I.** *adj caractère, lettre* kursiv, schräg **II.** *m* Kursivschrift *f;* **en ~[s]** kursiv

item¹ [itɛm] *adv* COM ebenso

item² [itɛm] *m* (*élément minimal*) Item *nt*

itératif, -ive [iteʀatif, -iv] *adj* SCI iterativ

itinéraire [itineʀɛʀ] *m* ❶ (*parcours*) Route *f* ❷ *fig* Werdegang *m;* **~ biographique** Lebensweg *m*

itinérant(e) [itineʀɑ̃, ɑ̃t] *adj* Wander-; **théâtre ~** Wanderbühne *f*

IUFM [iyɛfɛm] *m abr de* **institut universitaire de formation des maîtres** ≈ PH *f*

IUT [iyte] *m abr de* **institut universitaire de technologie** ≈ TH *f*

IVG [iveʒe] *f abr de* **interruption volontaire de grossesse** Schwangerschaftsabbruch *m* (*ohne medizinische Indikation*)

ivoire [ivwaʀ] *m* Elfenbein *nt*

ivoirien(ne) [ivwaʀjɛ̃, jɛn] *adj* der Elfenbeinküste (*gen*), ivorisch

Ivoirien(ne) [ivwaʀjɛ̃, jɛn] *m(f)* Ivorer(in) *m(f)*

ivre [ivʀ] *adj* betrunken; **légèrement ~** angetrunken; **~ mort** völlig betrunken

ivresse [ivʀɛs] *f* Trunkenheit *f;* **en état d'~** in betrunkenem Zustand

ivrogne [ivʀɔɲ] *mf* Säufer(in) *m(f)*

ivrognerie [ivʀɔɲʀi] *f* Trunksucht *f*

ivrognesse [ivʀɔɲɛs] *f pop* Säuferin *f*

ixième [ˈiksjɛm] *adj* zigfach, zigmal; **faire qc pour la ~ fois** etw zum x-ten Mal tun

Jj

J, j [ʒi] *m inv* J *nt,* j *nt*

j' [ʒ] *pron v.* **je**

jabot [ʒabo] *m* ORN Kropf *m*

jacasser [ʒakase] <1> *vi* ❶ ZOOL *pie:* schreien ❷ (*parler*) schnattern (*fam*)

jachère [ʒaʃɛʀ] *f* (*procédé*) Brachlegen *nt;* (*terre*) Brachland *nt*

jacinthe [ʒasɛ̃t] *f* Hyazinthe *f*

jacobin [ʒakɔbɛ̃] *m* HIST Jakobiner *m*

jacobin(e) [ʒakɔbɛ̃, in] *adj* POL zentralistisch

jacquard [ʒakaʀ] **I.** *adj inv pull, tissu* Jacquard- **II.** *m* Jacquard *m*

Jacques [ʒak] *m* Jakob *m*

jacter [ʒakte] <1> *vi fam* quasseln

jacuzzi® [ʒakyzi] *m* Whirlpool® *m*

jade [ʒad] *m* Jade *m o f*

jadis [ʒadis] *adv* früher

jaguar [ʒagwaʀ] *m* Jaguar *m*

jaillir [ʒajiʀ] <8> *vi* ❶ (*gicler*) *eau:* emporschießen; *sang:* spritzen; *flammes:* emporschlagen; *éclair:* aufleuchten ❷ (*fuser*) *rires:* erschallen ❸ (*surgir*) *personne:* plötzlich auftauchen ❹ (*se manifester*) *vérité:* hervorbrechen; *idée:* aufblitzen

jaillissement [ʒajismɑ̃] *m de pétrole* Hochschießen *nt; de larmes* Hervorquellen *nt; de flammes* Emporschlagen *nt*

jais [ʒɛ] *m* MINER Gagat *m* ▶ **de ~** tiefschwarz

jalon [ʒalɔ̃] *m* ❶ (*piquet*) Pflock *m* ❷ *souvent pl* (*repère*) Schritt *m;* **poser les ~s de qc** den Grundstein für etw legen

jalonner [ʒalɔne] <1> *vt* ❶ (*tracer*) abstecken *terrain* ❷ (*border*) *piquets:* markieren; *arbustes:* säumen ❸ (*marquer*) *succès:* prägen

jalousement [ʒaluzmɑ̃] *adv* ❶ (*avec envie*) neidisch ❷ (*avec soin*) sorgsam

jalouser [ʒaluze] <1> **I.** *vt* neidisch sein auf (+ *akk*) **II.** *vpr* **se ~** neidisch aufeinander sein

jalousie [ʒaluzi] *f* ❶ (*en amour, amitié*) Eifersucht *f* ❷ (*envie*) Neid *m*

jaloux, -ouse [ʒalu, -uz] **I.** *adj* ❶ (*en amour, amitié*) **~ de qn** eifersüchtig auf jdn ❷ (*envieux*) **~ de qn/qc** neidisch auf jdn/etw ❸ (*très attaché*) **être ~ de sa réputation** sorgsam auf seinen Ruf bedacht sein **II.** *m, f* ❶ (*en amour, amitié*) Eifersüchtige(r) *f(m)* ❷ (*envieux*) Neider(in) *m(f);* **faire des ~** Neid erregen

jamaïcain(e), **jamaïquain(e)** [ʒamaikɛ̃, ɛn] *adj* jamaikanisch

Jamaïquain(e) [ʒamaikɛ̃, ɛn] *m(f)* Jamaikaner(in) *m(f)*

Jamaïque [ʒamaik] *f* **la** ~ Jamaika *nt*

jamais [ʒamɛ] *adv* ❶ *avec construction négative* (*en aucun cas*) nie[mals]; ~ **plus** [*o* **plus** ~] nie wieder ❷ (*seulement*) nur; **ça ne fait ~ que deux heures qu'il est parti** er ist schließlich erst vor zwei Stunden aufgebrochen ❸ *avec construction positive ou interrogative* (*un jour*) je[mals]; **si ~ elle donne de l'argent** wenn sie je[mals] Geld geben würde ❹ (*dans une comparaison*) **pire que ~** schlimmer als je zuvor ▶ **à** [**tout**] ~ *soutenu* für immer

jambe [ʒɑ̃b] *f* Bein *nt;* ~ **artificielle** [Bein]prothese *f;* **les ~s croisées** mit übereinandergeschlagenen Beinen; **se dégourdir les ~s** sich (*dat*) die Beine vertreten; **traîner la ~** das Bein nachziehen ▶ **prendre ses ~s à son cou** die Beine unter die Arme nehmen; **ça me fait une belle ~!** *iron fam* was nützt mir das schon?; **ne plus avoir de ~s** *fam* kaum noch laufen können; **à toutes ~s** Hals über Kopf (*fam*)

jambière [ʒɑ̃bjɛʀ] *f* Beinschutz *m*

jambon [ʒɑ̃bɔ̃] *m* Schinken *m;* ~ **de Paris** gekochter Schinken; ~ **beurre** *Sandwich mit Butter und gekochtem Schinken*

jambonneau [ʒɑ̃bɔno] <x> *m* Eisbein *nt*

jante [ʒɑ̃t] *f* Felge *f*

janvier [ʒɑ̃vje] *m* Januar *m;* *v. a.* **août**

Japon [ʒapɔ̃] *m* **le** ~ Japan *nt*

japonais [ʒapɔnɛ] *m* Japanisch *nt;* *v. a.* **allemand**

japonais(e) [ʒapɔnɛ, ɛz] *adj* japanisch

Japonais(e) [ʒapɔnɛ, ɛz] *m(f)* Japaner(in) *m(f)*

jappement [ʒapmɑ̃] *m* Kläffen *nt kein Pl*

japper [ʒape] <1> *vi chien:* kläffen; *chacal:* heulen

jaquette [ʒakɛt] *f* ❶ *d'un livre* [Schutz]umschlag *m* ❷ COUT Cut *m*

jardin [ʒaʀdɛ̃] *m* Garten *m;* ~ **potager** Gemüsegarten; ~ **public** Park *m* ▶ ~ **secret** tiefste(s) Innere(s)

jardinage [ʒaʀdinaʒ] *m* Gartenarbeit *f*

jardiner [ʒaʀdine] <1> *vi* im Garten arbeiten

jardinerie [ʒaʀdinʀi] *f* (*rayon*) Gartenzubehör *nt;* (*magasin*) Gartencenter *nt*

jardinet [ʒaʀdinɛ] *m* Gärtchen *nt*

jardinier, -ière [ʒaʀdinje, -jɛʀ] **I.** *adj plante* Garten- **II.** *m, f* Gärtner(in) *m(f)*

jardinière [ʒaʀdinjɛʀ] *f* ❶ GASTR Gemüseallerlei *nt* ❷ (*bac à plantes*) Blumenkasten *m*

jargon [ʒaʀgɔ̃] *m péj* ❶ (*charabia*) Kauderwelsch *nt* ❷ (*langue technique*) Jargon *m*

jarre [ʒaʀ] *f* Tonkrug *m*

jarret [ʒaʀɛ] *m* Kniekehle *f*

jarretelle [ʒaʀtɛl] *f* Straps *m*

jarretière [ʒaʀtjɛʀ] *f* Strumpfband *nt*

jars [ʒaʀ] *m* Gänserich *m*

jaser [ʒaze] <1> *vi* ~ **sur qn/qc** über jdn/etw klatschen

jasmin [ʒasmɛ̃] *m* Jasmin *m*

jass [jas] *m* Jass *m*

J

joie/enthousiasme

exprimer sa joie	*Freude ausdrücken*
Je suis content(e) que tu sois venu(e) !	*Wie schön, dass du gekommen bist!*
Je suis très heureux(-euse) de vous revoir.	*Ich bin sehr froh, dass wir uns wiedersehen.*
Vous m'avez fait très plaisir.	*Sie haben mir damit eine große Freude bereitet.*
J'en saute de joie.	*Ich könnte vor lauter Freude in die Luft springen. (fam)*

exprimer son enthousiasme	*Begeisterung ausdrücken*
Fantastique !	*Fantastisch!*
Génial ! (fam)/Dingue ! (fam)/Super ! (fam)/Cool ! (fam)/Trop cool ! (fam)	*Toll! (fam)/Wahnsinn! (fam)/Super! (fam)/Cool! (sl)/Krass! (sl)*
Je suis dingue de ce chanteur. (fam)	*Auf diesen Sänger fahre ich voll ab. (sl)*
Je craque complètement. (fam)	*Ich bin ganz hin und weg. (fam)*
J'ai vraiment été emballé(e) par sa représentation.	*Seine/Ihre Darbietung hat mich richtig mitgerissen.*

jauge [ʒoʒ] *f* ~ **d'essence** Benzinuhr *f;* ~ [**de niveau**] **d'huile** Ölstandanzeiger *m*
jauger [ʒoʒe] <2a> *vt* ① TECH messen ② (*apprécier*) einschätzen
jaunâtre [ʒonɑtʀ] *adj* gelblich
jaune [ʒon] **I.** *adj* gelb; ~ **d'or** goldgelb **II.** *m* ① (*couleur*) Gelb *nt;* ~ **pâle/foncé** Blass-/Dunkelgelb; ~ **paille** Strohgelb ② (*partie d'un œuf*) Eigelb *nt* **III.** *adv* ▶ **rire** ~ gezwungen lachen
jaunir [ʒoniʀ] <8> **I.** *vi* gelb werden; *papier:* vergilben **II.** *vt lumière:* vergilben; *nicotine:* gelb färben
jaunisse [ʒonis] *f* Gelbsucht *f* ▶ **en faire une** ~ *fam* sich grün und blau ärgern
jaunissement [ʒonismɑ̃] *m* Gelbwerden *nt*
java [ʒava] *f für den „bal musette" typischer Tanz* ▶ **faire la** ~ *fam* einen draufmachen
Java® [ʒava] *m* INFORM Java® *nt;* **un programme écrit en** ~ ein in Java geschriebenes Programm
Javanais(e) [ʒavanɛ, ɛz] *m(f)* Javaner(in) *m(f)*
Javel [ʒavɛl] *f sans pl* Chlorbleiche *f*
javelliser [ʒavelize] <1> *vt* chloren *eau*
javelot [ʒavlo] *m* Speer *m*
jazz [dʒɑz] *m* Jazz *m*
jazzman [dʒɑzman, -mɛn] <s *o* -men> *m* Jazzmusiker *m*
je [ʒə, ʒ] <*devant voyelle ou h muet* j'> *pron pers* ich; **moi,** ~ **m'appelle Jean** ich heiße Jean; **que vois-**~ **?** was sehe ich [da]?, was muss ich [da] sehen?
jean [dʒin] *m* ① (*tissu*) Jeansstoff *m* ② *sing o pl* (*pantalon*) Jeans *Pl*
je-m'en-foutisme [ʒ(ə)mɑ̃futism] *m sans pl fam* Wurstigkeit *f* **je-m'en-foutiste** [ʒ(ə)mɑ̃futist] *inv fam* **I.** *adj* **elle est plutôt** ~ ihr ist alles wurs[ch]t **II.** *mf jd, dem alles egal ist*
je-ne-sais-quoi [ʒən(ə)sɛkwa] *m inv* **un** ~ das gewisse Etwas
jérémiade [ʒeʀemjad] *f souvent pl, fam* Gejammer *nt kein Pl* **jerrican**[**e**], **jerrycan** [(d)ʒeʀikan] *m* Benzinkanister *m*
jersey [ʒɛʀzɛ] *m* ① (*tissu*) Jersey *m* ② (*tricot*) Jersey *nt;* **tricoter en** ~ **endroit** glatt rechts stricken
Jersey [ʒɛʀzɛ] **l'île de** ~ die Insel Jersey
jésuite [ʒezɥit] **I.** *adj* jesuitisch **II.** *m* REL Jesuit *m*
Jésus [ʒezy] *m* REL Jesus *m* ▶ **doux** ~**!** [mein] Gott!, du liebe Zeit! (*fam*)
Jésus-Christ [ʒezykʀi] *m* Jesus Christus *m*
jet [ʒɛ] *m* ① *d'un tuyau* Düse *f;* ~ **d'eau** Fontäne *f* ② (*action*) Werfen *nt; d'un filet* Auswerfen ③ (*résultat*) Wurf *m; d'une bombe* Abwurf; **recevoir un** ~ **de gravillons** eine Ladung Splitt abbekommen ④ (*distance*) Wurf *m;* **à un** ~ **de pierre** [nur] einen Steinwurf entfernt (*fam*) ⑤ (*jaillissement*) Strahl *m* ⑥ METAL [Ab]guss *m;* **d'un seul** ~ aus einem Guss ▶ **à** ~ **continu** ununterbrochen; **le premier** ~ der Rohentwurf, die Rohfassung; **du premier** ~ auf Anhieb; **traduire d'un** [**seul**] ~ in einem Zug[e] übersetzen
jetable [ʒ(ə)tabl] *adj* Wegwerf-
jeté [ʒ(ə)te] *m* ① (*action*) Werfen *nt* ② (*résultat*) Wurf *m* ③ (*étoffe*) ~ **de lit** Tagesdecke *f;* ~ **de table** Tischläufer *m*
jetée [ʒ(ə)te] *f* [Hafen]mole *f*
jeter [ʒ(ə)te] <3> **I.** *vt* ① (*lancer*) werfen ② (*projeter*) schleudern; ~ **les dés** würfeln ③ (*donner: à qn*) zuwerfen; (*à un animal*) vorwerfen ④ (*lâcher*) fallen lassen *pistolet;* auswerfen *sonde;* auslegen *bouée* ⑤ (*se débarrasser de*) wegwerfen; weggießen *liquide;* abwerfen *lest* ⑥ *fam* (*vider*) hinauswerfen *importun;* feuern *employé;* ~ **qn sur le pavé** jdn vor die Tür setzen ⑦ (*pousser*) ~ **qn à terre** jdn zu Boden werfen ⑧ (*mettre rapidement*) ~ **qc sur ses épaules** sich (*dat*) etw überwerfen ⑨ (*mettre en place*) ausfahren *passerelle;* ~ **les bases de qc** den Grundstein zu etw legen ⑩ (*émettre*) sprühen *étincelles;* blitzen *feux;* glänzen *vif éclat* ⑪ (*répandre*) stiften *trouble;* stiften *désordre;* ~ **le discrédit sur qn** jdn in Verruf bringen ⑫ (*dire*) ausstoßen *cris;* fallen lassen *remarque;* ~ **des insultes à qn** jdm Beleidigungen an den Kopf werfen ▶ ~ **un regard**/[**coup d'**]**œil à qn** jdm einen Blick zuwerfen; (*pour surveiller*) ein Auge auf jdn haben; **en** ~ *fam* was hermachen; **n'en jetez plus** *fam* hören Sie auf damit! **II.** *vpr* ① (*s'élancer*) **se** ~ sich stürzen; **se** ~ **en arrière** zurückspringen; **se** ~ **à genoux/à plat ventre** sich auf die Knie/flach hinwerfen; **se** ~ **au cou de qn** jdm um den Hals fallen; **se** ~ **sous un train** sich vor einen Zug werfen; **se** ~ **à l'eau** sich ertränken; **se** ~ **contre un arbre** gegen einen Baum prallen ② (*s'engager*) **se** ~ **à l'assaut de qc** etw stürmen ③ (*déboucher*) **se** ~ **dans qc** in etw (*akk*) münden ④ (*être jetable*) **se** ~ weggeworfen werden ⑤ (*s'envoyer*) **se** ~ **des injures à la figure** sich (*dat*) Beleidigungen an den Kopf werfen
jeton [ʒ(ə)tɔ̃] *m* ① JEUX Jeton *m,* Spielmarke *f* ② (*plaque à la roulette*) Chip *m* ③ TE-

LEC Telefonmünze *f* ▶**faux** ~ *fam* falscher Fuffziger; **avoir les ~s** *fam* Muffe haben; **donner** [*o* **ficher**] **les ~s à qn** *fam* jdm Angst machen

jetsetteur, -euse [dʒɛtsɛtœʀ, -øz] *m, f* Jetsetter(in) *m(f)*

jeu [ʒø] <x> *m* ❶ (*fait de s'amuser*) Spiel *nt;* **~ de dés/rôle[s]** Würfel-/Rollenspiel; **~ d'équipe/de patience** Mannschafts-/Geduldsspiel; **~ de piste** Schnitzeljagd; **jouer le ~** sich an die Spielregeln halten; **~ radiophonique** Quizsendung *f* im Rundfunk; **par ~** zum Spaß; **c'est pas du ~!** *fam* das ist unfair! ❷ (*boîte, cartes*) Spiel *nt;* **~ de construction** Baukasten *m;* **~ vidéo** Videospiel *nt* ❸ (*partie*) Spiel *nt,* Partie *f;* **qui mène le ~?** wer führt? ❹ (*manière de jouer*) Spiel *nt;* **~ de jambes** Beinarbeit *f;* **avoir un ~ défensif** defensiv spielen ❺ (*lieu du jeu*) **~ de boules** Bouleplatz *m;* **~ de quilles** Kegelbahn *f;* **terrain de ~x** Spielplatz *m;* SPORT Spielfeld *nt;* **le ballon est hors ~** der Ball ist im Aus; **remettre le ballon en ~** den Ball einwerfen; **mettre qn hors ~** jdn vom Platz stellen ❻ (*jeu d'argent*) **~ de hasard** Glücksspiel *nt;* **faites vos ~x!** machen Sie Ihr Spiel!; **se ruiner au ~** sein ganzes Vermögen verspielen ❼ (*série*) **~ de clés** Satz *m* Schlüssel; **~ de caractères/puces** Zeichen-/Chipsatz *m* ❽ (*interaction*) **~ des alliances** Zusammenspiel *nt* von Bündnissen ❾ *du destin* Spiel *nt;* **~ de l'amour** Liebesspiel; **~ de bourse** Börsengeschäfte *Pl* ❿ (*habileté*) **jouer double ~** ein doppeltes Spiel treiben; **ce petit ~** das Spielchen ⓫ (*action facile*) **c'est un ~ d'enfant** das ist [doch] kinderleicht; **avoir beau ~** leichtes Spiel haben ▶**les forces** [**mises**] **en ~** die betroffenen Kräfte; **jouer franc ~** mit offenen Karten spielen; **jouer le grand ~** alle Register ziehen; **se prendre à son propre ~** in die eigene Falle gehen; **être vieux ~** von gestern sein (*fam*); **entrer dans le ~ de qn** jds Spiel mitspielen; **faire le ~ de qn** jdm in die Hände arbeiten; **les ~x sont faits** die Würfel sind gefallen; (*au casino*) nichts geht mehr; **mettre sa vie en ~** sein Leben aufs Spiel setzen

jeu-concours [ʒøkɔ̃kuʀ] <jeux--concours> *m* Preisausschreiben *nt*

jeudi [ʒødi] *m* Donnerstag *m;* **~ saint** Gründonnerstag; *v. a.* **dimanche**

jeun [ʒœ̃] ▶**venez à ~** kommen Sie nüchtern; **à prendre à ~** auf nüchternen Magen einnehmen

jeune [ʒœn] **I.** *adj* ❶ (*opp: vieux*) jung; *plante, animal* jung; *enfant* klein ❷ *antéposé* (*cadet*) **ma ~ sœur** meine kleine Schwester; **le ~ Durandol** der junge Durandol ❸ (*inexpérimenté*) unerfahren; **être ~ dans le métier** ein Neuling sein ❹ *postposé* (*comme un jeune*) jugendlich; **faire ~** jung aussehen ❺ *antéposé* (*d'enfance*) **dès son plus ~ âge** schon als Kind ❻ *postposé vin* jung ▶**c'est un peu ~!** *fam* das ist ganz schön knapp! **II.** *mf* ❶ (*personne*) junger Mann *m*/junge Frau *f* ❷ *pl* (*jeunes gens*) Jugendliche *mf*

jeûne [ʒøn] *m* REL, MED Fasten *nt;* **la rupture du ~** das Fastenbrechen; (*fêtes de la fin du ramadan*) das Zuckerfest

jeûner [ʒøne] <1> *vi* fasten

jeunesse [ʒœnɛs] *f* ❶ (*état*) Jugend *f* ❷ (*période*) Jugend[zeit *f*] ❸ (*personnes jeunes*) Jugend *f;* **une ~** *fam* ein junges Ding ❹ *d'un vin* junges Alter ❺ (*fraîcheur*) Jugendlichkeit *f*

jeunet(te) [ʒœnɛ, ɛt] *adj fam* reichlich jung

jeunot(te) [ʒœno, ɔt] **I.** *adj* reichlich jung **II.** *m(f) fam* junges Bürschchen *m*/junges Ding *nt*

jihadiste [ʒi(j)adist] *v.* **djihadiste**

jingle [dʒingœl] *m* Jingle *m*

JO [ʒio] *mpl abr de* **Jeux olympiques** Olympische Spiele *Pl*

joaillerie [ʒɔajʀi] *f* ❶ (*bijouterie*) Juweliergeschäft *nt* ❷ (*art, métier*) Juwelierhandwerk *nt* ❸ (*marchandises*) Schmuckwaren *Pl*

joaillier, -ière [ʒɔaje, -jɛʀ] **I.** *m, f* Juwelier(in) *m(f)* **II.** *app* **ouvrier-~** Goldschmied(in) *m(f)*

job [dʒɔb] *m fam* Job *m*

jobard(e) [ʒɔbaʀ, aʀd] **I.** *adj personne* einfältig; *air* dämlich **II.** *m(f)* Trottel *m*

jobardise [ʒɔbaʀdiz] *f* Einfältigkeit *f*

jockey [ʒɔkɛ] *m* Jockei *m,* Jockey *m*

Joconde [ʒɔkɔ̃d(ə)] *f* **la ~** die Mona Lisa

jodler [jɔdle] <1> *vi* jodeln

jogger [(d)ʒɔge] <1> *vi* SPORT joggen

joggeur [(d)ʒɔgœʀ] *m* Sportschuh *m* mit dicker Sohle

jogging [(d)ʒɔgiŋ] *m* ❶ (*footing*) Jogging *nt;* **faire du ~** joggen ❷ (*survêtement*) Jogginganzug *m*

joie [ʒwa] *f* ❶ (*bonheur*) Freude *f;* **avec ~** freudig, erfreut, mit Freuden; **~ de vivre** Lebensfreude *f;* **~ de posséder** Besitzerstolz *m;* **cri de ~** Freudenschrei *m;* **être au comble de la** [*o* **fou de**] **~** außer sich vor Freude sein; **je me fais une telle ~** es ist mir eine derart große Freude; **pleurer de ~** vor Freude weinen; **sauter de ~** Freudensprünge machen; **être en ~** vergnügt sein ② *pl* (*plaisirs*) Freuden *Pl* (*geh*); **sans ~s** freudlos ▶ **c'est pas la ~!** *fam* da gibt's nichts zu lachen!

joignable [ʒwanjabl] *adj* erreichbar

joindre [ʒwɛ̃dʀ] <*irr*> **I.** *vt* ① (*faire se toucher*) zusammenfügen; falten *mains;* zusammenschlagen *talons;* **~ à qc** an etw (*akk*) fügen ② (*relier*) miteinander verbinden; **~ à qc** mit etw verbinden ③ (*rassembler*) **~ des efforts** gemeinsame Anstrengungen machen ④ (*ajouter*) **~ qc à un dossier** einer Akte etw beifügen; **~ le geste à la parole** seinen Worten Taten folgen lassen ⑤ (*allier*) vereinen ⑥ (*atteindre*) erreichen *personne* **II.** *vi fenêtre:* dicht sein; *lattes:* fugendicht sein **III.** *vpr* ① (*se mêler*) **se ~ à qn/qc** sich jdm/einer S. anschließen; **joignez-vous à nous** setzen Sie sich zu uns ② (*s'associer*) **se ~ à un parti** in eine Partei eintreten; **se ~ à qn** sich mit jdm zusammentun ③ (*participer à*) **se ~ à une conversation** sich an einer Unterhaltung (*dat*) beteiligen ④ (*se toucher*) **se ~** sich berühren

joint [ʒwɛ̃] *m* ① (*espace*) Fuge *f* ② *d'un couvercle* Dichtung *f;* **~ d'étanchéité** Flachdichtung *f* ▶ **chercher/trouver le ~** einen Weg suchen/finden

joint(e) [ʒwɛ̃, ɛ̃t] **I.** *part passé de* **joindre** **II.** *adj* ① *mains* gefaltet; *pieds* geschlossen ② *efforts* gemeinsam; *compte* Gemeinschafts- ③ (*ajouté*) beigefügt; **pièce ~e** Anlage *f* ④ (*sans jeu*) **mal ~** undicht ⑤ *planches* verfugt

jointif, -ive [ʒwɛ̃tif, -iv] *adj planches* fugendicht

jointure [ʒwɛ̃tyʀ] *f* ① ANAT Gelenk *nt* ② TECH Fuge *f*

joint-venture [dʒɔjntvɛntʃœʀ] <joint-ventures> *f* Joint Venture *nt*

jojo [ʒoʒo] **I.** *m* ▶ **un affreux ~** ein ganz übler Bursche **II.** *adj inv fam* (*joli*) **ne pas être ~** nicht gerade umwerfend sein

joker [(d)ʒɔkɛʀ] *m* Joker *m*

joli(e) [ʒɔli] *adj* ① (*agréable*) hübsch; *intérieur, vêtement* nett; *chanson* nett; *voix* angenehm; *objet* schön ② (*considérable*) [ganz] beachtlich; *position* gut ③ *iron* **un ~ monsieur** ein [ziemlich] übler Patron; **un ~ gâchis** ein schöner Schlamassel (*fam*); **c'est du ~!** das ist ja reizend! (*fam*)

joliment [ʒɔlimɑ̃] *adv* ① (*agréablement*) nett ② (*très*) ganz schön (*fam*) ③ *iron* schön; **tu as ~ travaillé!** du hast ja wirklich saubere Arbeit geleistet!

jonc [ʒɔ̃] *m* Binse *f;* **canne de ~** Rohrstock *m*

joncher [ʒɔ̃ʃe] <1> **I.** *vt* bedecken; verstreut liegen auf (+ *dat*) *lit;* **~ le chemin de fleurs** Blumen auf den Weg streuen **II.** *vpr* **se ~ de qc** sich mit etw bedecken

jonction [ʒɔ̃ksjɔ̃] *f de routes* Einmündung *f; de fleuves* Zusammenfluss *m; de voies ferrées* Weiche *f;* **gare de ~** Eisenbahnknotenpunkt *m;* TECH, ELEC Verbindung *f*

jongler [ʒɔ̃gle] <1> *vi* jonglieren; **~ avec les chiffres** mit Zahlen jonglieren

jonglerie [ʒɔ̃gləʀi] *f péj* (*manœuvre*) Hokuspokus *m*

jongleur, -euse [ʒɔ̃glœʀ, -øz] *m, f* Jongleur(in) *m(f)*

jonque [ʒɔ̃k] *f* Dschunke *f*

jonquille [ʒɔ̃kij] **I.** *f* Osterglocke *f* **II.** *adj inv* hellgelb

Jordanie [ʒɔʀdani] *f* **la ~** Jordanien *nt*

jordanien(ne) [ʒɔʀdanjɛ̃, jɛn] *adj* jordanisch

Jordanien(ne) [ʒɔʀdanjɛ̃, jɛn] *m(f)* Jordanier(in) *m(f)*

jouabilité [ʒwabilite] *f* Bedienbarkeit *f*

jouable [ʒwabl] *adj* ① ART spielbar; *pièce* aufführbar ② (*faisable*) machbar

joual [ʒwal] *m* Frankokanadisch *nt; v. a.* **allemand**

joual(e) [ʒwal] <s> *adj* frankokanadisch

joue [ʒu] *f* ① ANAT Backe *f;* **~s rebondies** Pausbacken *Pl;* **avoir les ~s creuses** hohlwangig sein ② *pl d'un fauteuil* Wangen *Pl; d'une poulie* Backen *Pl* ▶ **se caler les ~s** *fam* tüchtig reinhauen; **en ~!** legt an!; **tenir qn/qc en ~** auf jdn/etw angelegt haben

joueb [ʒuwɛb] *m* INET Weblog *nt*

jouer [ʒwe] <1> **I.** *vi* ① (*s'amuser*) spielen; **faire ~ qn** Spiele für jdn veranstalten; **à toi/vous de ~!** du bist/ihr seid dran! ② *fig* **~ avec des sentiments** mit den Gefühlen spielen; **c'est pour ~** das sollte ein Scherz sein ③ SPORT **~ au foot** Fußball spielen ④ MUS **~ du piano** Klavier spielen ⑤ THEAT, CINE **~ dans qc** in etw (*dat*) spielen ⑥ (*affecter d'être*) **~ à qn** jdn spielen ⑦ FIN **~ à la bourse** an der Börse spekulieren ⑧ (*miser*) **~ sur qc** auf etw (*akk*) setzen ⑨ (*risquer*) **~ avec sa santé** mit seiner Gesundheit spielen ⑩ (*intervenir*) *mesure:* gelten; *relations:* wirken; **~ de son influence** seinen Einfluss geltend machen; **faire ~ une clause** eine Klausel anwenden; **~ du couteau** zum Messer greifen ▶ **ça a joué en ma faveur** das hat sich positiv für mich ausgewirkt; **bien joué!** gut so!; **~ serré** höllisch aufpassen **II.** *vt* ① JEUX [aus]spielen *carte;* ziehen [mit] *pion;* **je joue atout cœur** Herz ist Trumpf ② *fig* geben *revanche* ③ (*miser*) setzen auf (+ *akk*) ④ (*risquer*) riskieren *sa tête;* aufs Spiel setzen *sa réputation* ⑤ MUS [vor]spielen ⑥ THEAT, CINE spielen *pièce, rôle;* **quelle pièce joue-t-on?** welches Stück wird gespielt? ⑦ (*feindre*) ~ **la surprise** Überraschung vortäuschen; ~ **la comédie** Theater spielen ▶ **rien n'est encore joué** noch ist nichts entschieden III. *vpr* ① (*se moquer*) **se ~ de qn** jdn zum Besten halten; **se ~ des lois** sich über das Gesetz hinwegsetzen ② (*être joué*) **se ~** *film:* laufen; *spectacle:* gegeben werden ③ (*se dérouler*) **se ~** *crime:* sich abspielen ④ (*se décider*) **se ~** *avenir:* sich entscheiden ▶ **en se jouant** spielend; **se la ~** *fam* (*frimer*) sich dicketun

jouet [ʒwɛ] *m* ① (*jeu*) Spielzeug *nt;* **des ~s** Spielsachen *Pl;* **marchand de ~s** Spielwarenhändler *m* ② (*proie*) **être le ~ du vent** der Spielball des Windes sein; **être le ~ d'une illusion** das Opfer einer Illusion sein

joueur, -euse [ʒwœʀ, -øz] I. *adj animal, enfant* verspielt; **avoir un tempérament ~** immer zu Späßen aufgelegt sein; *enfant:* gern spielen II. *m, f* JEUX, SPORT Spieler(in) *m(f);* **se montrer beau ~** ein fairer Spieler sein; **être mauvais ~** ein schlechter Verlierer sein; **c'est un ~ malchanceux** er hat Pech im Spiel

joufflu(e) [ʒufly] *adj* pausbäckig

joug [ʒu] *m* ① AGR Joch *nt* ② *d'une loi* Zwang *m; du mariage* Joch *nt* (*geh*); **tomber sous le ~ de qn** von jdm unterjocht werden

jouir [ʒwiʀ] <8> *vi* ① (*apprécier*) ~ **de la vie** das Leben genießen ② (*disposer de*) ~ **de privilèges** Privilegien genießen; ~ **d'une bonne santé** sich guter Gesundheit erfreuen; ~ **d'une réputation intacte** einen guten Ruf haben; ~ **d'un bien** Inhaber eines Gutes sein; ~ **d'une fortune** vermögend sein; ~ **d'une grande faveur auprès de qn** bei jdm sehr beliebt sein ③ (*sexuellement*) einen Orgasmus haben

jouissance [ʒwisɑ̃s] *f* ① (*plaisir*) Vergnügen *nt;* **être avide de ~s** vergnügungssüchtig sein ② (*usage*) **la ~ d'un immeuble** die Nutzung eines Gebäudes ③ (*orgasme*) Orgasmus *m*

jouisseur, -euse [ʒwisœʀ, -øz] I. *adj femme* sinnlich; **homme ~** Genießer *m* II. *m, f* Genussmensch *m,* Genießer(in) *m(f)*

jouissif, -ive [ʒwisif, -iv] *adj* ① (*plaisant*) sehr erfreulich ② *iron* (*pénible*) sehr amüsant

joujou [ʒuʒu] <x> *m enfantin* Spielzeug *nt;* **faire ~** spielen

joule [ʒul] *m* Joule *nt*

jour [ʒuʀ] *m* ① (*24 heures*) Tag *m;* **par ~** täglich; **tous les ~s** jeden Tag; **star d'un ~** Eintagsfliege *f* ② (*opp: nuit*) Tag *m;* **dormir le ~** tagsüber schlafen; **être de ~** Tagdienst haben ③ (*opp: obscurité*) Tageslicht *nt;* **faux ~** Zwielicht *nt;* **il fait grand ~** es ist taghell; **le ~ baisse/se lève** es wird dunkel/hell; ~ **naissant** Morgengrauen *nt;* **au petit ~** bei Tagesanbruch; **sous un ~ favorable** in einem günstigen Licht ④ (*jour précis*) Tag *m;* **le ~ J** der Tag X; **le ~ de Noël** am Weihnachtstag; ~ **des Rois** Dreikönigstag; ~ **du Seigneur** Tag des Herrn; **les ~s de marché** an Markttagen; **les ~s de pluie** bei Regen; **un ~ qu'il pleuvra** wenn es einmal regnet; **plat du ~** Tagesessen; **goût du ~** Zeitgeist; **œuf du ~** frisch gelegtes Ei; **être dans un bon ~** einen guten Tag haben; **notre entretien de ce ~** unser heutiges Gespräch; ~ **pour ~** auf den Tag [genau]; **tenue des grands ~s** Festtagskleidung *f* ⑤ (*période vague*) **à ce ~** bis heute; **un de ces ~s** demnächst; **de nos ~s** heute, heutzutage; **l'autre ~** *fam* neulich; **un ~ ou l'autre** früher oder später; **habit de tous les ~s** Alltagskleidung *f;* **tous les ~s que [le bon] Dieu fait** tagaus, tagein ⑥ *pl, soutenu* (*vie*) **ses ~s sont comptés** seine/ihre Tage sind gezählt; **finir ses ~s à l'hospice** sein Leben im Altersheim beenden; **vieux ~s** Alter *nt* ⑦ (*interstice*) Spalte *f;* **clôture à ~** Lattenzaun *m* ▶ **c'est le ~ et la nuit** das ist [ein Unterschied] wie Tag und Nacht; **d'un ~ à l'autre** (*soudain*) von einem Tag auf den anderen; (*sous peu*) jeden Tag; **au grand ~** in aller Öffentlichkeit; **donner ses huit ~s** kündigen; **se montrer sous son vrai ~** sein wahres Gesicht zeigen; **donner le ~ à qn** jdm das Leben schenken; **demain, il fera ~** morgen ist auch noch ein Tag; **mettre à ~** INFORM aktualisieren; **mettre qc à ~** etw auf den neuesten Stand bringen; **se mettre à ~ dans qc** seinen Rückstand in etw (*dat*) aufholen; **mettre au ~** zutage fördern; **mettre des antiquités au ~** Altertümer ausgraben; **percer qn/qc à ~** jdn/etw durchschauen; **voir le ~** geboren werden; **au ~ le ~** in den Tag hinein; (*précairement*) von der Hand in den Mund; (*cas par cas*) von Fall zu Fall

journal [ʒuʀnal, -o] <-aux> *m* 1 (*quotidien*) Zeitung *f;* (*local*) Anzeiger *m;* (*hebdomadaire*) Zeitschrift *f;* ~ **de mode** Modemagazin *nt* 2 (*bureaux*) Zeitung *f* 3 (*mémoire*) ~ [**intime**] Tagebuch *nt;* ~ **de bord** NAUT Logbuch *nt* 4 (*média non imprimé*) ~ **filmé** Wochenschau *f;* ~ **télévisé** [Fernseh]nachrichten *Pl*

journalier, -ière [ʒuʀnalje, -jɛʀ] **I.** *adj* täglich; *salaire, gain* Tages- **II.** *m, f* AGR Tagelöhner(in) *m(f)*

journalisme [ʒuʀnalism] *m* Journalismus *m*

journaliste [ʒuʀnalist] *mf* Journalist(in) *m(f)*

journalistique [ʒuʀnalistik] *adj* Zeitungs-, journalistisch

journée [ʒuʀne] *f* 1 (*durée du jour*) Tag *m;* **pendant la** ~ tagsüber; ~ **de grève** Streiktag; **les** ~**s d'études** die Studientage 2 (*temps de travail*) Arbeitstag *m;* ~ **de 8 heures** Achtstundentag *m;* ~ **continue** durchgehende Arbeitszeit 3 (*salaire*) Tagelohn *m* 4 (*recette*) Tageseinnahmen *Pl;* **faire une** ~/**des** ~**s** im Tagelohn arbeiten; **travailler/payer à la** ~ tageweise arbeiten/bezahlen 5 (*distance*) ~ **de marche/voyage** Tagesmarsch *m*/-reise *f;* **c'est à trois** ~**s de train** man fährt mit dem Zug drei Tage dorthin ▸ **toute la sainte** ~ den lieben langen Tag

journellement [ʒuʀnɛlmɑ̃] *adv* täglich

joute [ʒut] *f* 1 SPORT ~ **nautique** Fischerstechen *nt* 2 (*rivalité*) Wettstreit *m;* ~ **oratoire** Wortgefecht *nt,* Rededuell *nt*

jouvence [ʒuvɑ̃s] *f* **cure/eau de** ~ Verjüngungskur *f*/-elixier *nt*

jouvenceau, -elle [ʒuvɑ̃so, -ɛl] <x> *m, f hum* 1 (*jeune homme*) Jüngling *m* 2 (*jeune fille*) Maid *f*

jovial(e) [ʒɔvjal, -jo] <s *o* -aux> *adj* heiter

jovialement [ʒɔvjalmɑ̃] *adv* heiter; *saluer* freundlich

jovialité [ʒɔvjalite] *f* Heiterkeit *f;* **saluer avec** ~ freundlich grüßen

joyau [ʒwajo] <x> *m* 1 (*bijou*) Juwel *nt* 2 *fig* Kleinod *nt*

joyeusement [ʒwajøzmɑ̃] *adv* fröhlich

joyeux, -euse [ʒwajø, -jøz] *adj chant* fröhlich; *personne* vergnügt; *compagnie* lustig; **être de joyeuse humeur** gut gelaunt sein; **être tout** ~ überglücklich sein; **joyeuse fête!** frohes Fest!; ~ **anniversaire!** herzlichen Glückwunsch zum Geburtstag!

joystick [ʒɔjstik] *m* Joystick *m*

JT [ʒite] *m fam abr de* **journal télévisé** [Fernseh]nachrichten *Pl*

jubilation [ʒybilasjɔ̃] *f* Jubel *m*

jubilé [ʒybile] *m* fünfzigjähriges [Dienst]jubiläum

jubiler [ʒybile] <1> *vi* sich unheimlich freuen (*fam*)

jucher [ʒyʃe] <1> **I.** *vt* ~ **sur qc** [hoch] oben auf etw (*akk*) stellen **II.** *vi oiseau:* [hoch] oben sitzen **III.** *vpr* **se** ~ **sur qc** sich [hoch] oben auf etw (*akk*) setzen

judaïque [ʒydaik] *adj* jüdisch; *loi* mosaisch

judaïsme [ʒydaism] *m* Judaismus *m,* jüdische Religion

judas [ʒyda] *m* ARCHIT Spion *m*

Judas [ʒyda] *m* Judas *m*

judéo-chrétien(ne) [ʒydeokʀetjɛ̃, jɛn] <judéo-chrétiens> *adj* jüdisch-christlich

judiciaire [ʒydisjɛʀ] *adj* 1 *institution* richterlich; *tribunal* ordentlich; *autorité* Justiz-; *police* Kriminal-; **pouvoir** ~ Judikative *f* 2 *enquête* gerichtlich; *acte* Gerichts-; *décision* Gerichts-; *erreur* Justiz-; *casier* Straf-

judicieusement [ʒydisjøzmɑ̃] *adv* sinnig; *employer son temps* sinnvoll; *conseiller* klug, gut

judicieux, -euse [ʒydisjø, -jøz] *adj* klug; *raisonnement* stichhaltig

judo [ʒydo] *m* Judo *nt;* **prise de** ~ Judogriff *m*

judoka [ʒydoka] *mf* Judoka *m*

juge [ʒyʒ] *m* 1 (*magistrat*) Richter(in) *m(f);* **Madame le** ~ Frau Richterin; **aller devant le[s]** ~[**s**] vor Gericht gehen; ~ **des enfants** Jugendrichter; ~ **d'instruction** Untersuchungsrichter; ~ **d'instance** Friedensrichter; ~ **de commune** CH (*dans le canton de Valois*) Friedensrichter (CH); ~ **de paix** CH (*dans les cantons de Fribourg, Genève et Vaud*) Friedensrichter (CH) 2 (*arbitre*) Richter(in) *m(f);* **je vous laisse** [*o* **en fais**] ~ ich überlasse es Ihnen; **être mauvais** ~ die Sache schlecht beurteilen können 3 SPORT ~ **d'arrivée/de touche** Ziel-/Linienrichter 4 JEUX ~ **d'un concours** Preisrichter ▸ **être** [**à la fois**] ~ **et partie** befangen sein

jugé [ʒyʒe] ▸ **au** ~ nach Augenmaß; (*environ*) ungefähr; **répondre au** ~ raten

jugeable [ʒyʒabl] *adj* aburteilbar

juge-arbitre [ʒyʒaʀbitʀ] <juges-arbitres> *m* Schiedsrichter(in) *m(f)*

jugement [ʒyʒmɑ̃] *m* 1 (*action de juger*) Urteil *nt; d'un accusé* Aburteilung *f;* **faire passer qn en** ~ jdn vor Gericht stellen; **une affaire passe en** ~ ein Fall wird verhandelt 2 (*sentence*) Urteil *nt;* ~ **par**

défaut Versäumnisurteil ③ (*opinion*) Urteil *nt;* **porter des ~s trop sommaires sur qn/qc** vorschnell über jdn/etw urteilen ④ (*discernement*) Urteilsvermögen *nt;* **erreur de ~** Fehleinschätzung *f*

jugeote [ʒyʒɔt] *f fam* Grips *m* ▶ **ne pas avoir pour deux sous de ~** nicht für fünf Pfennig Verstand haben

juger [ʒyʒe] <2a> **I.** *vt* ① JUR **~ un litige** in einer Streitsache entscheiden; **~ qn pour vol** jdn wegen Diebstahls verurteilen; **~ qn coupable** jdn für schuldig befinden ② (*arbitrer*) entscheiden; schlichten *différend* ③ (*évaluer*) beurteilen *livre, situation* ④ (*estimer*) **~ qn stupide/qc ridicule** jdn für dumm/etw für lächerlich halten; **~ que c'est bien** der Meinung sein, dass es gut ist; **~ [qu'il est] nécessaire de faire qc** es für nötig halten, etw zu tun **II.** *vi* ① JUR entscheiden; **le tribunal jugera** das Gericht wird darüber befinden ② (*arbitrer*) **~ de qc** etw schlichten ③ (*estimer*) **~ de qc** etw beurteilen; **autant qu'on puisse en ~** soweit man das beurteilen kann; **à en ~ par qc** nach etw zu urteilen ④ (*s'imaginer*) **~ de qc** sich (*dat*) etw vorstellen können **III.** *vpr* (*s'estimer*) **se ~ incapable** sich für unfähig halten; **se ~ perdu** sich verloren glauben

juguler [ʒygyle] <1> *vt* eindämmen; senken *fièvre;* niederschlagen *révolte;* unterdrücken *désir, personne*

juif, -ive [ʒɥif, -iv] *adj* jüdisch; *quartier* Juden-

Juif, -ive [ʒɥif, -iv] *m, f* Jude *m*/Jüdin *f;* **le ~ errant** der Ewige Jude

juillet [ʒɥijɛ] *m* Juli *m; v. a.* **août**

juillettiste [ʒɥijetist] *mf fam* Juliurlauber(in) *m(f)*

juin [ʒɥɛ̃] *m* Juni *m; v. a.* **août**

juke-box [dʒukbɔks] *m inv* Jukebox *f*

jules [ʒyl] *m fam* ① (*amoureux*) Kerl *m* ② (*mari*) bessere Hälfte

julienne [ʒyljɛn] *f* GASTR ① (*filaments minces*) Julienne *f,* in feine Streifen geschnittenes Gemüse; **en ~** in feinen Streifen ② (*potage*) Juliennesuppe *f*

jumeau, -elle [ʒymo, -ɛl] <x> **I.** *adj* Zwillings-; **des lits ~x** zwei [gleiche] Einzelbetten; **des maisons jumelles** ein Doppelhaus *nt* **II.** *m, f* ① (*besson*) Zwilling *m;* **vrais/faux ~** eineiige/zweieiige Zwillinge ② (*frère*) Zwillingsbruder *m* ③ (*sœur*) Zwillingsschwester *f* ④ (*sosie*) Doppelgänger(in) *m(f)*

jumelage [ʒymlaʒ] *m* Partnerschaft *f;* **~ de deux villes** Städtepartnerschaft

jumeler [ʒymle] <3> *vt* POL zu Partnerstädten erklären *deux villes;* **être jumelées** Partnerstädte sein

jumelles [ʒymɛl] *fpl* OPT Fernglas *nt;* **~ de théâtre** Opernglas

jument [ʒymɑ̃] *f* Stute *f*

jumping [dʒœmpiŋ] *m* Springreiten *nt*

jungle [ʒœ̃gl, ʒɔ̃gl] *f* Dschungel *m*

junior [ʒynjɔʀ] **I.** *adj catégorie* Junioren-; **mode ~** Mode für die Jugend *f* **II.** *mf* Junior(in) *m(f);* **le championnat des ~s** die Juniorenmeisterschaft

junkie [dʒœnki] *mf fam* Junkie *m*

junte [ʒœ̃t] *f* Junta *f*

jupe [ʒyp] *f* Rock *m;* **~ droite** enger Rock; **~ plissée** Faltenrock

jupe-culotte [ʒypkylɔt] <jupes-culottes> *f* Hosenrock *m* **jupe-portefeuille** [ʒyppɔʀtəfœj] *f* Wickelrock *m*

jupette¹ [ʒypɛt] *f* Röckchen *nt*

jupette² [ʒypɛt] *f fam unter Premierminister Alain Juppé eingebrachtes und verabschiedetes Gesetz*

Jupiter [ʒypitɛʀ] *m* ASTRON, HIST Jupiter *m*

jupon [ʒypɔ̃] *m* Unterrock *m* ▶ **courir le ~** ein Schürzenjäger sein

Jura [ʒyʀa] *m* **le ~** der Jura

jurassien(ne) [ʒyʀasjɛ̃, jɛn] *adj* Jura-; **montagne ~ne** Jura *m*

Jurassien(ne) [ʒyʀasjɛ̃, jɛn] *m(f)* Bewohner(in) *m(f)* des Jura, Jurassier(in) *m(f)*

jurassique [ʒyʀasik] **I.** *adj* GEOL **période ~** Jura *m;* **terrain/système ~** Juraformation *f* **II.** *m* GEOL Jura *m*

juré(e) [ʒyʀe] **I.** *adj ennemi* erklärt; *haine* unversöhnlich **II.** *m(f)* JUR Geschworene(r) *f(m)*

jurer [ʒyʀe] <1> **I.** *vt* ① (*promettre*) **~ à ses parents de faire qc/que c'est la vérité** seinen Eltern schwören, etw zu tun/, dass das die Wahrheit ist; **faire ~ à un collègue de faire qc** einen Kollegen schwören lassen, dass er etw tut ② (*affirmer*) **pouvez-vous me ~ les avoir vus?** können Sie beschwören, dass Sie sie gesehen haben?; **je te [*o* vous] jure que oui/non!** ja, wirklich!/nein, wirklich nicht! ③ (*se promettre*) **~ la mort de qn** schwören, jdn zu töten; **~ de se venger** Rache schwören ④ (*croire*) **on jurerait/j'aurais juré que c'était toi** man möchte schwören/ich hätte geschworen, dass du das warst; **ne ~ que par qn/qc** auf jdn/etw schwören ▶ **je te [*o* vous] jure!** *fam* also ehrlich! **II.** *vi* ① (*pester*) **~ contre [*o* après] qn/qc** über jdn/etw fluchen ② (*détonner*) **~ avec qc** nicht zu etw passen ❸ (*affirmer*) ~ **de qc** etw beteuern; **elle en jurerait** sie könnte darauf schwören; **je n'en jurerais pas** ich könnte es nicht beschwören ❹ (*croire*) **il ne faut ~ de rien** man kann nie wissen **III.** *vpr* ❶ (*se promettre mutuellement*) **se ~ qc** sich (*dat*) etw schwören ❷ (*décider*) **se ~ de faire qc** sich (*dat*) fest vornehmen, etw zu tun

juridiction [ʒyʀidiksjɔ̃] *f* ❶ (*compétence*) Gerichtsbarkeit *f* ❷ (*tribunal*) Gericht *nt;* **~ civile** Zivilgericht; **~ d'exception/de droit commun** Sondergericht/ordentliches Gericht; **avoir recours à la ~ supérieure** die höhere Instanz anrufen ❸ (*ressort*) Zuständigkeitsbereich *m;* **le tribunal de votre ~** das für Sie zuständige Gericht

juridictionnel(le) [ʒyʀidiksjɔnɛl] *adj* JUR *pouvoir* richterlich

juridique [ʒyʀidik] *adj* ❶ (*judiciaire*) gerichtlich ❷ (*qui a rapport au droit*) juristisch, Rechts-; *statut* rechtlich; **vide ~** Gesetzeslücke *f;* **faire des études ~s** Jura studieren

juridiquement [ʒyʀidikmɑ̃] *adv* ❶ (*en justice*) gerichtlich; *demander* vor Gericht ❷ (*légalement*) juristisch gesehen

jurisconsulte [ʒyʀiskɔ̃sylt] *mf* Rechtsberater(in) *m(f)*

jurisprudence [ʒyʀispʀydɑ̃s] *f* Rechtsprechung *f;* **faire ~** als Grundsatzurteil gelten

juriste [ʒyʀist] *mf* Jurist(in) *m(f)*

juron [ʒyʀɔ̃] *m* Fluch *m*

jury [ʒyʀi] *m* ❶ JUR Geschworene(n) *Pl;* **président du ~** Obmann *m* der Geschworenen ❷ *d'un concours, prix littéraire* Jury *f* ❸ SCOL, UNIV Prüfungskommission *f*

jus [ʒy] *m* ❶ *d'un fruit, d'une viande* Saft *m;* **rendre du ~** saften ❷ *fam* (*café*) Kaffee *m* ❸ *fam* (*courant*) Saft *m* ▶ **laisser mijoter qn dans son ~** *fam* jdn im eigenen Saft schmoren lassen; **ça vaut le ~!** *fam* das bringt's!; **au ~!** *fam* [ab] ins Wasser!

jusqu'au-boutiste [ʒyskobutist] **I.** *adj* **qn est ~** jd geht immer aufs Ganze (*fam*); **politique ~** Durchhaltepolitik *f* **II.** *mf* Hardliner *m*

jusque [ʒysk] <jusqu'> **I.** *prép* ❶ (*limite de lieu*) bis; **grimper jusqu'à 3000 m** bis auf 3000 m steigen; **jusqu'aux genoux** bis zu den Knien; **viens jusqu'ici!** komm bis hierher!; **va ~-là!** geh bis dorthin!; **jusqu'où** bis wohin ❷ (*limite de temps*) bis; **jusqu'à maintenant** bis jetzt; **jusqu'à midi/au soir** bis Mittag/bis zum Abend; **jusqu'à quand?** bis wann?, wie lange?; **jusqu'alors** bis zu jenem Tag; **jusqu'au moment où** solange bis; **jusqu'en mai** bis Mai; **jusqu'ici** bis heute; **~-là** bis dahin ❸ (*y compris*) sogar; **tous jusqu'au dernier** alle ohne Ausnahme; **~ dans** sogar im/in der ❹ (*au plus*) **jusqu'à concurrence de 1000 euros** bis zu 1000 Euro; **jusqu'à dix personnes** bis zu zehn Personen ❺ (*limite*) **jusqu'à un certain point** bis zu einem gewissen Punkt; **jusqu'à quel point** wie sehr; **~-là** so weit; **jusqu'où** wie weit ❻ (*assez pour*) **elle a mangé jusqu'à en être malade** sie hat gegessen, bis es ihr schlecht war; **il va jusqu'à prétendre que c'est moi** er geht so weit zu behaupten, dass ich es bin **II.** *conj* **jusqu'à ce qu'il vienne** bis er kommt

justaucorps [ʒystokɔʀ] *m* SPORT Body[suit] *m;* **~ de gymnastique** Gymnastikanzug *m*

juste [ʒyst] **I.** *adj* ❶ (*équitable*) gerecht; *condition* fair; **ce n'est pas ~** es ist ungerecht ❷ *antéposé* (*fondé*) berechtigt; **avoir de ~s raisons de se réjouir** allen Grund zur Freude haben ❸ (*trop court*) zu kurz ❹ (*trop étroit*) zu eng; *ouverture* schmal ❺ (*à peine suffisant*) knapp ❻ (*exact*) richtig; *heure* genau; **c'est ~!** das stimmt!; **à 8 heures ~[s]** Punkt 8 Uhr; **apprécier qc à sa ~ valeur** etw nach seinem wahren Wert beurteilen ❼ (*pertinent*) treffend ❽ MUS richtig; **le piano n'est pas ~** das Klavier ist verstimmt **II.** *m* REL Gerechte(r) *f(m)* **III.** *adv* ❶ (*avec exactitude*) richtig; *viser, tirer* genau; *penser* folgerichtig; *raisonner* treffend; **parler ~** die richtigen Worte finden; **dire ~** Recht haben; **deviner ~** ins Schwarze treffen; **le calcul tombe ~** die Rechnung geht auf ❷ (*exactement*) [ganz] genau; **~ à côté** direkt nebenan/daneben; **~ quand il est arrivé** gerade als er [an]gekommen ist; **il a plu ~ ce qu'il fallait** es hat gerade genug geregnet ❸ (*seulement*) bloß, nur ❹ (*à peine*) knapp; **au plus ~** ganz knapp; **cela entre ~** das passt gerade noch hinein; **tout ~** gerade noch ▶ **être un peu ~** *fam* (*avoir peu d'argent*) ein bisschen knapp bei Kasse sein; **au ~** eigentlich; **comme de ~** wie üblich

justement [ʒystəmɑ̃] *adv* ❶ (*à bon droit*) zu Recht ❷ (*pertinemment*) richtig; *penser* [folge]richtig; *raisonner* treffend ❸ (*exactement*) genau ❹ (*précisément*) gerade

justesse [ʒystɛs] *f* ❶ (*précision*) Genauigkeit *f; d'une réponse, note* Richtigkeit *f;*

d'une oreille Schärfe *f;* ~ **du tir** Treffsicherheit *f* ② (*pertinence*) Richtigkeit *f; d'une expression* Korrektheit *f; d'une remarque* Zutreffen *nt; d'un raisonnement* Stichhaltigkeit *f;* **s'exprimer avec** ~ den richtigen Ton treffen ▶ **de** ~ ganz knapp

justice [ʒystis] *f* ① (*principe*) Gerechtigkeit *f;* **agir avec** ~ gerecht handeln ② (*loi*) Gesetz *nt;* **rendre la** ~ Recht sprechen; **obtenir** ~ zu seinem Recht kommen ③ (*juridiction*) Justiz *f;* **en** ~ vor Gericht; **assigner qn en** ~ jdn vorladen ▶ **être raide comme la** ~ *fam* zugeknöpft sein; **ce n'est que** ~ das ist nur recht und billig; **faire** ~ **à son mérite** seine Tüchtigkeit anerkennen; **se faire** ~ (*se suicider*) sich selbst richten (*geh*); (*se venger*) sich (*dat*) selbst Recht verschaffen; **il faut lui rendre cette** ~ das muss man ihm/ihr lassen

justiciable [ʒystisjabl] *adj* JUR der Gerichtsbarkeit einer S. (*gen*) unterworfen sein

justicier, -ière [ʒystisje, -jɛʀ] *m, f* ① (*redresseur de torts*) Verfechter(in) *m(f)* der Gerechtigkeit; **se poser en** ~ sich zum Richter aufwerfen ② (*vengeur*) Racheengel *m*

justifiable [ʒystifjabl] *adj* vertretbar; **être** ~ gerechtfertigt werden können

justificatif [ʒystifikatif] *m* ① (*preuve*) Beweis[stück *nt*] *m;* ~ **d'identité** Ausweis[papier *nt*] *m* ② PRESSE Belegexemplar *nt*

justificatif, -ive [ʒystifikatif, -iv] *adj* PRESSE *exemplaire* Beleg-

justification [ʒystifikasjɔ̃] *f* ① *d'un acte, d'une conduite* Rechtfertigung *f* ② (*preuve*) Beweis *m,* Nachweis *m; d'un paiement* Beleg *m*

justifier [ʒystifje] <1> **I.** *vt* ① (*donner raison à*) rechtfertigen; bestätigen *point de vue* ② (*expliquer*) rechtfertigen; **rien ne justifie tes craintes** deine Befürchtungen sind unbegründet ③ (*disculper*) rechtfertigen ④ (*prouver*) ~ **une créance** eine Forderung belegen; **pouvez-vous** ~ **vos affirmations?** können Sie Ihre Behauptungen beweisen? ⑤ TYP, INFORM **justifié à droite/gauche** rechts-/linksbündig **II.** *vi* ~ **d'un paiement** eine Zahlung belegen; ~ **de son identité** sich ausweisen **III.** *vpr* ① (*se disculper*) **se** ~ **de qc auprès de qn** sich wegen etw vor jdm rechtfertigen ② (*s'expliquer*) **se** ~ **par qc** durch etw zu rechtfertigen sein

jute [ʒyt] *m* Jute *f*

juter [ʒyte] <1> *vi* saften

juteux, -euse [ʒytø, -øz] *adj* ① (*opp: sec*) saftig ② *fam* (*lucratif*) einträglich, lukrativ

juvénile [ʒyvenil] *adj* jugendlich

juxtaposé(e) [ʒykstapoze] *adj* nebeneinanderliegend; *idées* gegenübergestellt

juxtaposer [ʒykstapoze] <1> *vt* ~ **qc à** [*o* **et**] **qc/plusieurs choses** etw an etw (*akk*)/mehrere Dinge aneinanderreihen

juxtaposition [ʒykstapozisjɔ̃] *f* Aneinanderreihung *f*

J

Kk

K, k [kɑ] *m inv* K *nt*, k *nt*

Kabyle [kabil] *mf* Kabyle *m*/Kabylin *f*

kafkaïen(ne) [kafkajɛ̃, jɛn] *adj* kafkaesk

kaki¹ [kaki] *m* BOT Kakipflaume *f*

kaki² [kaki] **I.** *adj inv* k[h]akifarben **II.** *m sans pl* K[h]aki *nt*

kalachnikov [kalaʃnikɔf] *f* MIL Kalaschnikow *f*

kaléidoscope [kaleidɔskɔp] *m* Kaleidoskop *nt*

kamikaze [kamikaz] **I.** *adj* Kamikaze- **II.** *m* ❶ *(pilote)* Kamikaze[flieger *m*] *m* ❷ *(avion)* Kamikazeflugzeug *nt*

kangourou [kɑ̃guʀu] *m* Känguru *nt*

kaolin [kaɔlɛ̃] *m* Porzellanerde *f*

karaoké [kaʀaɔke] *m* Karaoke *nt*

karaté [kaʀate] *m* Karate *nt*

karma [kaʀma] *m* Karma *nt*

kart [kaʀt] *m* [Go]kart *m*

karting [kaʀtiŋ] *m* Gokart-Sport *m*; **piste de ~** Gokart-Bahn *f*

kasher [kaʃɛʀ] *adj* koscher; *v. a.* **casher**

kayak [kajak] *m* Kajak *m o nt*

kebab, kébab [kebab] *m* GASTR Kebab *m*

keffieh [kefje, kefjɛ], **kéfié** [kefje] *m* Palästinensertuch *nt*, Kufija *f*

Kenya [kenja] *m* **le ~** Kenia *nt*

kényan(e) [kenjɑ̃, an] *adj* kenianisch

Kényan(e) [kenjɑ̃, an] *mf* Kenianer(in) *m(f)*

képi [kepi] *m* Käppi *nt*

kermesse [kɛʀmɛs] *f* ❶ *(fête de bienfaisance)* Wohltätigkeitsbasar *m* ❷ BELG, NORD *(fête patronale)* Kirmes *f*

kérosène [keʀozɛn] *m* Kerosin *nt*

ketchup [kɛtʃœp] *m* Ketschup *m o nt*

keuf [kœf] *m arg* Bulle *m* *(pej sl)*

keum [kœm] *m arg* Typ *m* *(sl)*

kg *abr de* **kilogramme** kg

khâgne [kaɲ] *f fam Klasse, in der man sich nach dem „Baccalauréat" auf die Aufnahmeprüfung an der „École normale supérieure (lettres)" vorbereitet*

khmer [kmɛʀ] *m* **le ~** Khmer *nt*

Khmer, Khmère [kmɛʀ] *m, f* Khmer *mf*

khôl [kol] *m* Kajal *nt*

kHz *abr de* **kilohertz** kHz

kibboutz [kibuts, kibutsim] <kibboutz[im]> *m* Kibbuz *m*

kick [kik] <s> *m* Kickstarter *m*

kickboxing [kikbɔksiŋ] *m sans pl* Kickboxen *nt*

kidnapper [kidnape] <1> *vt* entführen

kidnappeur, -euse [kidnapœʀ, -øz] *m, f* Entführer(in) *m(f)*

kidnapping [kidnapiŋ] *m* Kidnapping *nt*

kif [kif] *m* Kif *m*

kif(f)er [kife] <1> *fam* **I.** *vi* **ça me fait ~** darauf fahre ich voll ab **II.** *vt* **~ qn/qc** [total] auf jdn/etw stehen

kif(-)kif [kifkif] *adj inv* ▸ **c'est ~ [bourricot]** *fam* das ist Jacke wie Hose

kiki [kiki] *m fam* **serrer le ~ à qn** jdm die Gurgel zudrücken

killeuse [kiløz] *f fam* absolute Powerfrau *f*

kilo [kilo] *m abr de* **kilogramme** Kilo *nt*; **un ~ de fraises** ein Kilo Erdbeeren

kilogramme [kilɔgʀam] *m* Kilogramm *nt*

kilohertz [kiloɛʀts] *m* Kilohertz *nt*

kilométrage [kilɔmetʀaʒ] *m d'une voiture* Kilometerstand *m*

kilomètre [kilɔmɛtʀ] *m* Kilometer *m*; **140 ~s à l'heure** [*o* **~s-heure**] 140 Stundenkilometer; **~ carré** Quadratkilometer *m*

kilomètre-heure [kilɔmɛtʀœʀ] <kilomètres-heure> *m* Stundenkilometer *m*

kilométrique [kilɔmetʀik] *adj* Kilometer-

kilo-octet [kiloɔktɛ] <kilo-octets> *m* Kilobyte *nt*

kilotonne [kilotɔn] *f* Kilotonne *f*

kilowatt [kilowat] *m* Kilowatt *nt*

kilowattheure [kilowatœʀ] *m* Kilowattstunde *f*

kilt [kilt] *m* Kilt *m*

kimono [kimɔno] **I.** *m* Kimono *m* **II.** *app inv manches* Kimono-; *robe* im Kimonoschnitt

kiné [kine], **kinési** [kinezi] *mf fam abr de* **kinésithérapeute** Physio *mf*

kinésiologie [kinezjɔlɔʒi] *f sans pl* Kinesiologie *f*

kinésithérapeute [kineziteʀapøt] *mf* Krankengymnast(in) *m(f)*

kinésithérapie [kineziteʀapi] *f* Krankengymnastik *f*

kinesthésie [kinɛstezi] *f* Kinästhesie *f*

kiosque [kjɔsk] *m* *(lieu de vente)* Kiosk *m*; **~ à friandises** Süßigkeitenstand *m*; **~ à journaux/de fleuriste** Zeitungs-/Blumenstand

kir® [kiʀ] *m* Kir *m*; **~ royal** Kir royal

kirsch [kiʀʃ] *m* Kirschwasser *nt*

kit [kit] *m* ❶ *(prêt-à-monter)* [Fertig]bausatz *m* ❷ *(pour un téléphone portable)* **~ piéton** Freisprechset *nt* [fürs Handy]; **~ auto** [*o* **mains libres**] Freisprechanlage *f*

kitchenette [kitʃənɛt] *f* Kochnische *f*
kitesurf [kajtsœʀf] *m sans pl* SPORT Kitesurfen *nt;* **faire du ~** kitesurfen
kit[s]ch [kitʃ] *inv* **I.** *adj* kitschig **II.** *m* Kitsch *m kein Pl*
kiwi [kiwi] *m* Kiwi *f*
klaxon® [klaksɔn] *m* Hupe *f;* **donner un petit coup de ~** kurz hupen
klaxonner [klaksɔne] <1> *vi* hupen
kleenex® [klinɛks] *m* Tempo[taschentuch *nt*]® *nt*
kleptomane *v.* **cleptomane**
kleptomanie *v.* **cleptomanie**
km *abr de* **kilomètre** km
km/h *abr de* **kilomètre-heure** km/h
Ko [kao] *m abr de* **kilo-octet** KB *nt*
K.-O. [kao] *inv abr de* **knock-out I.** *adj fam* ❶ (*assommé*) benommen; SPORT k. o.; **mettre qn ~** jdn k. o. schlagen; **le choc l'a mis ~** der Schlag hat ihn umgeworfen ❷ (*épuisé*) k. o., fix und fertig; **mettre qn ~** jdn fix und fertig machen **II.** *m fam* K. o. *m,* K.-o.-Schlag *m*
koala [kɔala] *m* Koala *m,* Koalabär *m*
kopeck [kɔpɛk] *m* Kopeke *f* ▶**ne pas avoir un ~** *fam* keinen Pfennig haben

kosovar(e) [kɔsɔvaʀ] *adj* kosovarisch, aus [dem] Kosovo
Kosovar(e) [kɔsɔvaʀ] *m(f)* Kosovare *m*/ Kosovarin *f*
Kosovo [kɔsɔvo] *m* **le ~** der [*o* das] Kosovo
kouglof [kuglɔf] *m* Gugelhopf *m* (CH), Gugelhupf *m* (SDEUTSCH, A)
Koweït [kɔwɛt] *m* **le ~** Kuwait *nt*
koweïtien(ne) [kɔwɛtjɛ̃, jɛn] *adj* kuwaitisch
Koweïtien(ne) [kɔwɛtjɛ̃, jɛn] *m(f)* Kuwaiter(in) *m(f)*
krach [kʀak] *m* FIN Börsenkrach *m*
Kremlin [kʀɛmlɛ̃] *m* **le ~** der Kreml
kung-fu [kungfu] *m inv* SPORT Kung-Fu *nt*
kurde [kyʀd] **I.** *adj* kurdisch **II.** *m* Kurdisch *nt; v. a.* **allemand**
Kurde [kyʀd] *m, f* Kurde *m*/Kurdin *f*
Kurdistan [kyʀdistɑ̃] *m* **le ~** Kurdistan *nt*
Kuwait [kɔwɛt] *m v.* **Koweït**
kW *abr de* **kilowatt** kW
kWh *abr de* **kilowattheure** kWh
kyrielle [kiʀjɛl] *f fam* **une ~ d'enfants** eine Schar Kinder
kyste [kist] *m* Zyste

L

L l

L, l [ɛl] *m inv* L *nt,* l *nt*
l *abr de* **litre** l
l' *v.* **le, la**
la¹ [la] <*devant voyelle ou h muet* l'> **I.** *art déf* der/die/das; **~ mouche/puce/poule** die Mücke/der Floh/das Huhn **II.** *pron pers, fém* ❶ (*personne*) **il ~ voit** er sieht sie; **il l'aide** er hilft ihr; (*animal ou objet*) **là-bas, il y a une mouche/puce, ~ vois-tu? Je l'ai aidée à sortir de l'eau** da drüben ist eine Mücke/ein Floh, siehst du sie/ihn? Ich habe ihr/ihm aus dem Wasser geholfen; **où est ma montre/ceinture? Je ne ~ trouve pas!** wo ist meine Uhr/ mein Gürtel? Ich finde sie/ihn nicht! ❷ *avec laisser* sie; **il ~ laisse conduire la voiture** er lässt sie das Auto fahren ❸ *avec un présentatif* sie; **~ voici** [*o* **voilà**]! hier ist sie!
la² [la] *m inv* MUS A *nt,* a *nt;* **donner le ~** den Kammerton angeben; *v. a.* **do**
là¹ [la] *adv* ❶ (*avec déplacement à distance*) dorthin, dahin ❷ (*avec déplacement à proximité*) hierher; **passer par ~** da entlang gehen/fahren; **de ~** von dort [aus] ❸ (*sans déplacement à distance*) dort, da ❹ (*sans déplacement à proximité*) hier; (*à la maison*) da, zu Hause; **[quelque part] par ~** hier irgendwo ❺ (*à ce moment-là*) da; **à partir de ~** von da an; **jusque-~** bis dahin; **à ce moment-~** in diesem Augenblick ❻ (*en ce moment*) da ❼ (*alors*) also da ❽ (*dont il est question*) **cette histoire-~** diese Geschichte [da] ▶**les choses en sont ~** so stehen die Dinge
là² [la] *interj* na; **~, ~** na, na; schon gut
là-bas [labɑ] *adv* ❶ (*avec déplacement dans une direction*) dorthin, dahin ❷ (*avec déplacement dans une direction*) dort, da ❸ (*sans déplacement*) dort
label [labɛl] *m* (*marque de qualité*) Schutzmarke *f*
labellisation [labɛlizasjɔ̃] *f* Auszeichnung *f* mit einem Gütesiegel

labellisé(e) [labɛlize] *adj* mit einem Gütesiegel [versehen]
labelliser [labelize] <1> *vt* mit einem Gütesiegel versehen
labeur [labœʀ] *m littér* [harte [*o* mühsame]] Arbeit
labial(e) [labjal, -jo] <-aux> *adj* labial
labo [labo] *v.* **laboratoire**
laborantin(e) [labɔʀɑ̃tɛ̃, in] *m(f)* Laborant(in) *m(f)*
laboratoire [labɔʀatwaʀ] *m* (*salle*) Labor *nt;* ~ **de langues** Sprachlabor; ~ **d'analyses** diagnostisches Labor
laborieusement [labɔʀjøzmɑ̃] *adv* mühsam
laborieux, -euse [labɔʀjø, -jøz] *adj* ❶(*pénible*) mühsam; *recherche* langwierig; **eh bien, c'est ~!** *fam* das dauert! ❷*classes, masses* arbeitend; *personne* arbeitsam; *vie* arbeitsreich
labour [labuʀ] *m* [Feld]arbeit *f*
labourage [labuʀaʒ] *m* Ackerbau *m*
labourer [labuʀe] <1> *vt* ❶AGR [um]pflügen ❷(*creuser*) aufwühlen
labrador [labʀadɔʀ] *m* Labrador[hund] *m*
labyrinthe [labiʀɛ̃t] *m* ❶(*dédale*) Labyrinth *nt* ❷(*complication*) Gewirr *nt*
lac [lak] *m* See *m;* ~ **de Constance** Bodensee *m;* ~ **Léman** Genfer See *m;* ~ **de Neuchâtel** Neuenburger See *m;* ~ **des Quatre-Cantons** Vierwaldstätter See *m*
lacer [lase] <2> **I.** *vt* [zu]binden **II.** *vpr* **se ~ devant** *chaussures:* vorne geschnürt werden
lacérer [laseʀe] <5> *vt* zerreißen
lacet [lasɛ] *m* ❶(*cordon*) Schnürsenkel *m;* **qn casse son ~** jdm reißt der Schnürsenkel; **à ~s** geschnürt ❷(*virage*) Serpentine *f; d'une rivière* Schleife *f;* **route en ~[s]** Serpentinenstraße *f*
lâche [lɑʃ] **I.** *adj* ❶(*poltron, méprisable*) feige ❷(*détendu*) locker **II.** *mf* Feigling *m*
lâchement [lɑʃmɑ̃] *adv* feige
lâcher [lɑʃe] <1> **I.** *vt* ❶(*laisser aller involontairement*) loslassen, fallen lassen; fliegen lassen *ballon* ❷(*laisser aller délibérément*) loslassen; von sich geben *bêtise, mot* ❸*fam* (*abandonner*) aufgeben; ~ **qn/qc** jdn/etw fallen lassen; **le moteur lâche qn** der Motor lässt jdn im Stich; **ne pas ~ qn** *rhume, idée:* jdn nicht loslassen; **tout ~** alles hinschmeißen **II.** *vi* versagen; *corde:* nachgeben
lâcheté [lɑʃte] *f* ❶(*couardise*) Feigheit *f;* **par ~** aus Feigheit ❷(*bassesse*) Niederträchtigkeit *f*
lâcheur, -euse [lɑʃœʀ, -øz] *m, f fam* Drückeberger *m* (*pej*)
lacis [lasi] *m* Geflecht *nt*
laconique [lakɔnik] *adj* kurz und bündig; *réponse* lakonisch
laconiquement [lakɔnikmɑ̃] *adv* lakonisch
lacrymal(e) [lakʀimal, -o] <-aux> *adj* Tränen-
lacrymogène [lakʀimɔʒɛn] *adj* **gaz ~** Tränengas *nt*
lactation [laktasjɔ̃] *f* Milchabsonderung *f*
lacté(e) [lakte] *adj* GASTR *bouillie* Milch-
lactique [laktik] *adj* Milch-
lactose [laktoz] *m o f* CHIM, MED Milchzucker *m,* Laktose *f;* **suivre un régime sans ~** sich laktosefrei ernähren
lacune [lakyn] *f* Lücke *f;* **présenter des ~s** Lücken aufweisen
lacustre [lakystʀ] *adj* in Seen vorkommend
lad [lad] *m* Stallbursche *m*
là-dedans [lad(ə)dɑ̃] *adv* ❶(*lieu*) da drin; **je ne reste pas ~** ich bleibe nicht hier drin; **n'avoir rien à voir ~** nichts damit zu tun haben ❷(*direction*) da hinein; **pourquoi me suis-je embarqué ~?** warum hab ich mich nur darauf eingelassen? **là-dessous** [lad(ə)su] *adv* darunter; *fig* dahinter; **qu'y a-t-il ~?** was steckt dahinter? **là-dessus** [lad(ə)sy] *adv* ❶(*direction, ici*) hier hin-/herauf ❷(*direction, là-bas*) dort hin-/herauf ❸(*lieu*) darauf ❹(*à ce sujet*) darüber; **compte ~** verlass dich d[a]rauf ❺(*sur ce*) daraufhin, damit
ladite *v.* **ledit**
lagon [lagɔ̃] *m* Lagune *f*
lagune [lagyn] *f* Lagune *f*
là-haut [lao] *adv* ❶(*au-dessus: direction*) dort hinauf; (*lieu*) dort oben ❷(*dans le ciel*) dort oben
La Haye [la´ɛ] Den Haag
laïc, laïque [laik] *v.* **laïque**
laïcisation [laisizasjɔ̃] *f* Entkonfessionalisierung *f*
laïciser [laisize] <1> *vt* entkonfessionalisieren
laïcité [laisite] *f* Trennung *f* von Kirche und Staat; *de l'enseignement* religiöse Neutralität
laid(e) [lɛ, lɛd] *adj* ❶(*opp: beau*) hässlich; **être ~ à faire peur** zum Fürchten aussehen; **être ~ comme un pou** hässlich wie die Nacht sein ❷(*moralement*) hässlich, unschön
laideron [lɛdʀɔ̃] *m* hässliches Mädchen

laideur [lɛdœʀ] *f* Hässlichkeit *f;* **les ~s de la guerre** die hässlichen Seiten des Krieges

laie [lɛ] *f* Wildsau *f*

lainage [lɛnaʒ] *m* ① (*étoffe*) Wollstoff *m* ② (*vêtement*) Wollene(s) *nt;* **jupe en/de ~** Strickrock *m;* **mettre un ~** etwas Warmes anziehen

laine [lɛn] *f* ① (*fibre*) Wolle *f;* **gilet de ~** Strickjacke *f* ② (*vêtement*) **une petite ~** etwas Warmes ③ (*laine minérale*) **~ de verre** Glaswolle *f*

laineux, -euse [lɛnø, -øz] *adj* wollig

lainier, -ière [lɛnje, -jɛʀ] *adj industrie, production* Woll-

laïque [laik] *adj* ① (*opp: confessionnel*) laizistisch ② (*opp: ecclésiastique*) Laien-

laisse [lɛs] *f* (*lanière*) Leine *f;* **tenir un animal en ~** ein Tier an der Leine führen

laissé-pour-compte [lesepuʀkɔ̃t] <laissés-pour-compte> *m* (*invendable*) Restposten *m*

laissé-pour-compte, laissée pour-compte [lesepuʀkɔ̃t] <laissés-pour-compte> **I.** *adj* (*rejeté*) *personne* abgeschoben **II.** *m, f* (*exclu*) Abgeschobene(r) *f(m)*

laisser [lese] <1> **I.** *vt* ① (*faire rester*) lassen; **~ qn perplexe** jdn perplex machen; **~ qn tranquille** jdn in Ruhe lassen; **~ qn à ses illusions** jdm seine Illusionen lassen ② (*accorder*) lassen *choix;* **~ la vie à qn** jdn am Leben lassen; **~ la parole à qn** jdm das Wort überlassen ③ (*ne pas prendre*) [stehen] lassen; stehen lassen *dessert;* **~ qc** etw zurücklassen/nicht mitnehmen; **~ une route à sa droite** eine Straße rechts liegen lassen ④ (*réserver*) übrig lassen *part de tarte;* **~ qc à qn** etw für jdn übrig lassen ⑤ (*quitter*) **je te/vous laisse!** ich gehe jetzt!; **je l'ai laissé en pleine forme** als ich ihn verließ, war er in bester Form ⑥ (*déposer*) absetzen *personne* ⑦ (*oublier*) liegen lassen ⑧ (*produire*) hinterlassen *traces, auréoles* ⑨ (*remettre*) hinterlassen *message;* lassen *voiture;* [über]lassen *maison;* **~ ses enfants à qn** seine Kinder bei jdm lassen; **laisse-moi le soin de ...** überlass es mir ... ⑩ (*léguer*) hinterlassen; **~ qc à qn** jdm etw hinterlassen **II.** *aux* ① *euph* **se ~ boire** *vin:* sich trinken lassen ② (*permettre*) **~ qn/qc faire qc** jdn/etw etw tun lassen; **~ qn faire qc** jdm gestatten etw zu tun ►**~ faire** die Dinge laufen lassen (*fam*); **se ~ faire** (*subir*) sich (*dat*) alles gefallen lassen (*fam*); **laisse-toi faire!** (*pour décider qn*) sei doch nicht so!

laisser-aller [leseale] *m inv* Nachlässigkeit *f*

laisser-faire [lesefɛʀ] *m inv* Laisser-faire[-Stil *m*] *nt*

laissez-passer [lesepase] *m inv* ① JUR Zollfreischein *m* ② (*autorisation*) Passierschein *m*

lait [lɛ] *m* ① (*aliment*) Milch *f;* **~ en poudre** Milchpulver *nt;* **~ de vache** Kuhmilch; **~ condensé** Kondensmilch; **~ entier** Vollmilch; **~ longue conservation** haltbare Milch; **~ U.H.T.** H-Milch; **petit ~** Molke ② (*liquide laiteux*) Milch *f;* **~ de toilette** (*pour le corps*) Körpermilch; (*pour le visage*) Gesichtsmilch ►**boire du petit ~** sichtlich zufrieden sein; **se boire comme du petit ~** sich wie Wasser trinken

laitage [lɛtaʒ] *m* Milchprodukt *nt*

laiterie [lɛtʀi] *f* Molkerei *f*

laiteux, -euse [lɛtø, -øz] *adj* milchig

laitier, -ière [letje, -jɛʀ] *m, f* Milchmann *m/*-frau *f*

laitière [letjɛʀ] *f* (*vache*) Milchkuh *f*

laiton [lɛtɔ̃] *m* Messing *nt*

laitue [lety] *f* Lattich *m;* **~ cultivée** Kopfsalat *m*

laïus [lajys] *m fam* Rede *f*

lama [lama] *m* Lama *nt*

lambeau [lɑ̃bo] <x> *m* Fetzen *m;* **en ~x** in Fetzen

lambin(e) [lɑ̃bɛ̃, in] *adj* vertrödelt

lambiner [lɑ̃bine] <1> *vi* [herum]trödeln

lambris [lɑ̃bʀi] *m* Täfelung *f*

lame [lam] *f* Klinge *f;* **~ de couteau** [Messer]klinge; **~ de rasoir** Rasierklinge; **~ de scie** Sägeblatt *nt*

lamé [lame] *m* Lamé *m*

lamelle [lamɛl] *f* ① (*petite lame*) Lamelle *f,* schmaler Streifen *m; d'une jalousie* Lamelle ② (*tranche fine*) dünne Scheibe

lamentable [lamɑ̃tabl] *adj* ① (*pitoyable*) jämmerlich; *ton, voix* kläglich; *résultats, travail* dürftig; *salaire* kümmerlich ② (*honteux*) erbärmlich

lamentablement [lamɑ̃tabləmɑ̃] *adv* jämmerlich

lamentation [lamɑ̃tasjɔ̃] *f gén pl* Jammern *nt kein Pl*

lamenter [lamɑ̃te] <1> *vpr* **se ~ sur qc** über etw (*akk*) jammern

laminage [laminaʒ] *m* TECH Walzen *nt*

laminer [lamine] <1> *vt* TECH walzen

laminoir [laminwaʀ] *m* IND Walzwerk *nt*

lampadaire [lɑ̃padɛʀ] *m* ① (*lampe sur pied*) Stehlampe *f* ② (*réverbère*) [Straßen]laterne *f* ③ (*sur l'autoroute*) Straßenbeleuchtung *f*

lampe [lɑ̃p] *f* ① (*appareil*) Lampe *f;* **~ de**

bureau Schreibtischlampe; ~ **de chevet** Nachttischlampe; ~ **de poche** Taschenlampe; ~ **témoin** Kontrolllampe ② (*ampoule*) [Glüh]birne *f;* ~ **à arc** Bogenlampe; ~ **fluorescente** Neon-/Leuchtstoffröhre *f*

lampée [lɑ̃pe] *f fam* Schluck *m*

lampion [lɑ̃pjɔ̃] *m* Lampion *m*

lampiste [lɑ̃pist] *mf peu usité fam* kleiner Mann

lamproie [lɑ̃pʀwa] *f* Neunauge *nt*

LAN [lɑ̃] *m abr de* **Local Area Network** INFORM LAN *nt*

lance [lɑ̃s] *f* ① (*arme*) Lanze *f* ② (*tuyau*) Schlauch *m;* ~ **à eau** [Leiter]strahlrohr *nt;* ~ **d'incendie** Feuerspritze *f*

lancée [lɑ̃se] *f* Elan *m;* **sur ma/sa** ~ mit dem gleichen Schwung

lance-flammes [lɑ̃sflam] *m inv* Flammenwerfer *m* **lance-fusées** [lɑ̃sfyze] *m inv* Raketenwerfer *m*

lancement [lɑ̃smɑ̃] *m* ① *d'un satellite* Start *m; d'une fusée* Abschuss *m; d'un bateau* Stapellauf *m* ② COM Herausbringen *nt;* **prix de** ~ Einführungspreis *m* ③ INFORM [Programm]start *m*

lance-missiles [lɑ̃smisil] *m inv* Raketenabschussrampe *f* **lance-pierre** [lɑ̃spjɛʀ] <lance-pierres> *m* Steinschleuder *f* ▸ **manger avec un** ~ *fam* herunterschlingen

lancer [lɑ̃se] <2> **I.** *vt* ① (*projeter*) ~ **qc** etw werfen; ~ **qc à qn** jdm etw zuwerfen; hoch werfen *jambe;* abschießen *fusée;* versetzen *coup; avion:* abwerfen; *volcan:* ausstoßen ② (*faire connaître*) herausbringen; bekannt machen *acteur, chanteur;* aufbringen *mode* ③ (*donner de l'élan*) in Schwung bringen; anlassen *moteur, voiture;* auf den Markt bringen *marque, produit;* ins Leben rufen *entreprise;* ~ **qn/un animal sur qn** jdn/ein Tier auf jdn hetzen; ~ **la police sur qn/qc** die Polizei auf jdn/etw ansetzen; **quand il est lancé, on ne l'arrête plus** wenn er [erst] einmal in Fahrt ist, ist er nicht mehr zu bremsen (*fam*) ④ (*inaugurer*) einführen *programme;* einleiten *campagne;* anlaufen lassen *projet* ⑤ (*envoyer*) in Umlauf setzen, verbreiten *nouvelle;* stellen *ultimatum* ⑥ (*émettre*) aussprechen *accusation, menace;* ~ **un appel/avertissement à qn** einen Appell/eine Warnung an jdn richten; ~ **un appel** einen Aufruf erlassen ⑦ INFORM starten **II.** *vpr* ① (*se précipiter*) **se** ~ **sur le lit** sich auf das Bett werfen; **se** ~ **à la poursuite de qn** sich an jds Verfolgung (*akk*) machen; **allez, lance-toi!** los, spring! ② (*s'engager*) **se** ~ **dans qc** sich in etw (*akk*) stürzen; **se** ~ **dans une discussion** sich auf eine Diskusion einlassen; **se** ~ **dans le cinéma** sein Glück im Filmgeschäft versuchen **III.** *m* SPORT Wurf *m; du poids* Stoß *m;* ~ **de javelot** Speerwerfen *nt*

lance-roquettes [lɑ̃sʀɔkɛt] *m inv* ① (*contre avions*) Flugabwehrraketenwerfer *m* ② (*contre blindés*) Panzerfaust *f*

lanceur [lɑ̃sœʀ] *m* ESPACE Trägerrakete *f*

lancinant(e) [lɑ̃sinɑ̃, ɑ̃t] *adj* (*cuisant*) *douleur* stechend

land [lɑ̃d, lɛndœʀ] <länder> *m* [Bundes]land *nt*

landais(e) [lɑ̃dɛ, ɛz] *adj* der Landes; **courses** ~**es** *eine Art Stierkampf im Südwesten Frankreichs bei dem die Tiere nicht getötet werden*

landau [lɑ̃do] <s> *m* (*pour enfant*) Kinderwagen *m*

lande [lɑ̃d] *f* Heide[land *nt*] *f;* **la** ~ **de Lunebourg** die Lüneburger Heide

Landes [lɑ̃d] *fpl* **les** ~ die Landes (*Landschaft im Südwesten Frankreichs*)

langage [lɑ̃gaʒ] *m* ① (*idiome*) Sprache *f;* ~ **des sourds-muets** Taubstummensprache ② (*vocabulaire*) Sprache *f,* Ausdrucksweise *f;* ~ **parlé** Umgangssprache ③ (*jargon*) Sprache *f,* Jargon *m* (*pej*); **en** ~ **administratif/technique** in der Verwaltungs-/Fachsprache ④ INFORM ~ **de programmation** Programmiersprache ▸ **tenir un double** ~ **à qn** mit jdm ein falsches Spiel spielen

langagier, -ière [lɑ̃gaʒje, -jɛʀ] *adj* sprachlich

lange [lɑ̃ʒ] *m* Wickeltuch *nt*

langer [lɑ̃ʒe] <2a> *vt* wickeln

langoureusement [lɑ̃guʀøzmɑ̃] *adv* verliebt

langoureux, -euse [lɑ̃guʀø, -øz] *adj regard, air* schmachtend

langouste [lɑ̃gust] *f* Languste *f*

langoustine [lɑ̃gustin] *f* Kaisergranat[hummer *m*] *m*

langue [lɑ̃g] *f* ① ANAT Zunge *f;* **tirer la** ~ **à qn** jdm die Zunge herausstrecken ② (*langage*) Sprache *f;* ~ **d'enseignement** Unterrichtssprache; ~ **étrangère** Fremdsprache; ~ **maternelle** Muttersprache; ~ **officielle** Amtssprache; ~ **verte** Slang *m* ▸ ~ **de bois** Phrasendrescherei *f* (*fam*); **tourner sept fois sa** ~ **dans sa bouche avant de parler** nachdenken, bevor man spricht; **donner sa** ~ **au chat** das Raten aufgeben; **ne pas avoir la** ~ **dans sa poche** nicht auf den Mund gefallen sein;

être mauvaise ~ ein Lästermaul sein (*fam*); **avoir la ~ bien pendue** ein tüchtiges Mundwerk haben; **tenir sa ~** den Mund halten

langue-de-chat [lɑ̃gdəʃa] <langues-de--chat> *f* Katzenzunge *f* (*Feingebäck*)

Languedoc [lɑ̃g(ə)dɔk] *m* **le ~** das [*o* die] Languedoc

languedocien(ne) [lɑ̃g(ə)dosjɛ̃, jɛn] *adj* des Languedoc; **dialecte ~** Dialekt *m* des Languedoc

languette [lɑ̃gɛt] *f d'une chaussure* Zunge *f; d'une boîte* Lasche *f*

langueur [lɑ̃gœʀ] *f* Wehmut *f*

languir [lɑ̃giʀ] <8> **I.** *vi* ① (*s'enliser*) *conversation:* stocken ② (*patienter*) **faire ~ qn** jdn schmachten lassen **II.** *vpr* **se ~ de qn** sich nach jdm sehnen

languissant(e) [lɑ̃gisɑ̃, ɑ̃t] *adj action, récit* schleppend; *conversation* stockend

lanière [lanjɛʀ] *f* Riemen *m;* **découper en ~s** in Streifen schneiden

lanoline [lanɔlin] *f* Lanolin *nt*

lanterne [lɑ̃tɛʀn] *f* Laterne *f* ▶ **~ rouge** Schlusslicht *nt;* **éclairer la ~ de qn** jdn aufklären

lanterner [lɑ̃tɛʀne] <1> *vi* [herum]trödeln (*fam*)

lapalissade [lapalisad] *f* Binsenweisheit *f*

laper [lape] <1> *vt* schlabbern (*fam*)

lapereau [lapʀo] <x> *m* junges Kaninchen

lapidaire [lapidɛʀ] *adj* lapidar

lapidation [lapidasjɔ̃] *f* Steinigung *f*

lapider [lapide] <1> *vt* mit Steinen bewerfen

lapin [lapɛ̃] *m* ① ZOOL, GASTR Kaninchen *nt;* **~ de garenne** Wildkaninchen; **courir comme un ~** [davon]sausen; *v. a.* **lapine** ② (*fourrure*) Kaninchenfell *nt* ▶ **le coup du ~** das Schleudertrauma; **chaud ~** *fam* geiler Bock; **poser un ~ à qn** *fam* jdn versetzen

lapine [lapin] *f* ZOOL weibliches Kaninchen; *v. a.* **lapin**

laps [laps] *m* **~ de temps** Zeit[raum *m*] *f*

lapsus [lapsys] *m* Lapsus *m;* **faire un ~** (*en parlant*) sich versprechen; (*en écrivant*) sich verschreiben

laquage [lakaʒ] *m* Lackieren *nt*

laquais [lakɛ] *m* Lakai *m*

laque [lak] *f* ① (*pour les cheveux*) [Haar]spray *nt o m* ② (*peinture*) Lack[farbe *f*] *m*

laqué(e) [lake] *adj* ① (*peint*) lackiert ② GASTR **canard ~** Pekingente *f*

laquelle [lakɛl] *pron v.* **lequel**

laquer [lake] <1> *vt* lackieren; **~ qc en blanc** etw weiß lackieren

larbin [laʀbɛ̃] *m péj fam* Lakai *m*

larcin [laʀsɛ̃] *m littér* kleiner Diebstahl *m,* Dieberei *f*

lard [laʀ] *m* Speck *m;* **~ gras** Bauchspeck *m;* **~ maigre** durchwachsener Speck ▶ **ne pas savoir si c'est du ~ ou du cochon** nicht wissen, woran man ist; **n'être ni ~ ni cochon** weder Fisch noch Fleisch sein; **gros ~** Fettwanst *m*

larder [laʀde] <1> *vt* GASTR spicken

lardon [laʀdɔ̃] *m* GASTR Speckwürfel *m*

largage [laʀgaʒ] *m* Abwurf *m;* **opérer un ~ de troupes** Truppen absetzen

large [laʀʒ] **I.** *adj* ① (*opp: étroit*) breit; *cercle* weit; **être ~ de carrure/d'épaules** breitschultrig sein; **~ de 10 mètres** 10 Meter breit ② *vêtement* weit ③ (*important*) breit; *champ d'action, diffusion* weit; *mesure, part, succès* groß; **un ~ débat** eine ausführliche Debatte; **de ~s extraits** umfassende Auszüge *Pl* ④ *acception, sens* weit; *idées* großzügig; **~ d'esprit** offen **II.** *adv calculer, voir* großzügig ▶ **ne pas en mener ~** *fam* es mit der Angst zu tun kriegen **III.** *m* ① (*haute mer*) offene See; **gagner le ~** aufs offene Meer [hinaus]fahren ② (*largeur*) **de ~** breit; **un champ de 30 mètres de ~** ein Feld von 30 Meter(n) Breite ▶ **prendre le ~** *fam* (*s'enfuir*) das Weite suchen; (*s'esquiver*) sich aus dem Staub machen; **au ~ de la côte** vor der Küste

largement [laʀʒəmɑ̃] *adv* ① (*opp: étroitement*) weit ② (*amplement*) bei weitem; **vous avez ~ le temps** Sie haben reichlich Zeit; **~ assez** weitaus genug; **~ trop** viel zu viel ③ (*généreusement*) reichlich ④ (*au minimum*) mindestens, gut; **il est ~ onze heures** es ist längst elf Uhr ⑤ *fam* (*assez*) **c'est ~ suffisant** das reicht gut; **il y en a déjà ~** es ist schon genug davon da

largesse [laʀʒɛs] *f pl* (*dons*) Zuwendungen *Pl*

largeur [laʀʒœʀ] *f* ① (*dimension*) Breite *f* ② (*opp: mesquinerie*) **~ d'esprit** liberale Gesinnung ▶ **dans les grandes ~s** *fam* gründlich

larguer [laʀge] <1> *vt* ① NAUT losmachen; klarmachen *voile* ② AVIAT abwerfen; absetzen *parachutistes, troupes* ③ *fam* (*laisser tomber*) sausen lassen *projets, travail;* **~ un ami** mit einem Freund Schluss machen ④ *fig* **être largué** (*ne plus comprendre*) hinterher sein

larme [laʀm] *f* ① (*pleur*) Träne *f;* **~s de**

L

joie Freudentränen; **en ~s** in Tränen [aufgelöst] ② *fam* (*goutte*) Tropfen *m* ►**avoir la ~ à l'œil** weinen wollen; [**avoir**] **des ~s dans la voix** mit tränenerstickter Stimme [sprechen]; **avoir les ~s aux yeux** Tränen in den Augen haben; **avoir la ~ facile** beim geringsten Anlass in Tränen ausbrechen; **fondre en ~s** in Tränen ausbrechen

larmoyant(e) [laʀmwajɑ̃, jɑ̃t] *adj ton, voix* weinerlich

larmoyer [laʀmwaje] <6> *vi œil:* tränen

larron [laʀɔ̃] *m* ►**s'entendre comme ~s en foire** wie Pech und Schwefel zusammenhalten

larve [laʀv] *f* ① ZOOL Larve *f* ② (*personne déchue*) menschliches Wrack

larvé(e) [laʀve] *adj état* latent

laryngite [laʀɛ̃ʒit] *f* Kehlkopfentzündung *f*

larynx [laʀɛ̃ks] *m* Kehlkopf *m*

las(se) [lɑ, lɑs] *adj personne* abgespannt; *geste* müde

lasagne [lazaɲ] <[s]> *f* Lasagne *f*

lascar [laskaʀ] *m fam* Schlauberger *m*

lascif, -ive [lasif, -iv] *adj* lasziv

laser [lazɛʀ] **I.** *m* Laser *m* **II.** *app* Laser-; **platine ~** Laserplatte *f*

lasérothérapie [lazeʀoteʀapi] *f* Laserstrahlenbehandlung *f*

lassant(e) [lɑsɑ̃, ɑ̃t] *adj* ermüdend

lasser [lɑse] <1> **I.** *vt* ermüden; überstrapazieren *patience;* **~ qn** jdm auf die Nerven fallen; **être lassé de tout** alles satthaben (*fam*) **II.** *vpr* **se ~ de qc** einer S. (*gen*) überdrüssig werden; **se ~ de faire qc** es müde werden etw zu tun; **sans se ~** ohne es satt zu kriegen (*fam*)

lassitude [lɑsityd] *f* ① (*fatigue physique*) Mattigkeit *f* ② (*fatigue morale*) Überdruss *m;* **accepter par ~** um des [lieben] Friedens willen zustimmen (*fam*)

lasso [laso] *m* Lasso *m o nt*

lasure [lazyʀ] *f* Lasur *f*

latent(e) [latɑ̃, ɑ̃t] *adj* latent; *antagonisme, conflit* unterschwellig; **à l'état ~** unterschwellig

latéral(e) [lateʀal, -o] <-aux> *adj* (*de côté*) Seiten-, seitlich

latex [latɛks] *m* Latex *m*

latin [latɛ̃] *m* Latein *nt; v. a.* **allemand** ►**y perdre son ~** mit seinem Latein am Ende sein

Latin [latɛ̃] *m* **les ~s** ① HIST die Römer *Pl* ② (*opp: Anglo-saxons*) die Südländer *Pl*

latin(e) [latɛ̃, in] *adj* ① GEOG, HIST, LING lateinisch; *thème, version* Latein-; *civilisation, histoire* römisch ② (*opp: anglo-saxon*) romanisch; *tempérament* südländisch ③ (*opp: orthodoxe*) römisch-katholisch

latiniste [latinist] *mf* ① (*étudiant, élève*) Lateinschüler(in) *m(f)* ② (*spécialiste*) Latinist(in) *m(f)*

latino-américain(e) [latinoameʀikɛ̃, ɛn] <latino-américains> *adj* lateinamerikanisch **Latino-américain(e)** [latinoameʀikɛ̃, ɛn] <Latino-américains> *m(f)* Lateinamerikaner(in) *m(f)*

latitude [latityd] *f* ① GEOG Breite *f* ② (*degré*) Breitengrad *m;* **~ nord/sud** nördliche/südliche Breite; **être à 45° de ~ nord** auf 45° nördlicher Breite liegen ③ *pl* (*régions*) Breiten *Pl;* **sous nos ~s** in unseren Breiten ④ (*liberté*) [Handlungs]spielraum *m,* [Handlungs]freiheit *f;* **toute ~** freie Hand

latrines [latʀin] *fpl* Latrine *f*

latte [lat] *f* (*planche*) Latte *f*

latter [late] <1> *vt fam* **se faire ~** Dresche kriegen; **se faire ~ la tronche** eine aufs Maul kriegen

laudatif, -ive [lodatif, -iv] *adj* lobend

lauréat(e) [lɔʀea, at] **I.** *adj* preistragend; **les élèves/étudiants ~s** die [mit einem Preis] ausgezeichneten Schüler/Studenten **II.** *m(f)* Preisträger(in) *m(f);* **~ du prix Nobel** Nobelpreisträger

laurier [lɔʀje] *m* ① BOT Lorbeer[baum] *m* ② GASTR Lorbeer *m* ③ *pl* (*gloire*) Lorbeeren *Pl;* **s'endormir sur ses ~s** sich auf seinen Lorbeeren ausruhen

laurier-rose [lɔʀjeʀoz] <lauriers-roses> *m* Oleander *m* **laurier-sauce** [lɔʀjesos] <lauriers-sauce> *m* echter Lorbeer

lavable [lavabl] *adj* abwaschbar; *tissu, vêtement* waschecht; **~ en machine** waschmaschinenfest; **~ uniquement à la main** nur Handwäsche

lavabo [lavabo] *m* ① (*cuvette*) Waschbecken *nt* ② *pl* (*toilettes*) Toilette *f*

lavage [lavaʒ] *m* Wäsche *f;* **au ~** beim Waschen; **au troisième ~** bei der dritten Wäsche; **~ d'estomac** Magenspülung *f* ►**~ de cerveau** Gehirnwäsche *f*

lavande [lavɑ̃d] *f* ① BOT Lavendel *m* ② (*parfum*) Lavendel[wasser *nt*] *m*

lavasse [lavas] *f fam* [dünne] Brühe

lave [lav] *f* Lava *f*

lave-glace [lavglas] <lave-glaces> *m* Scheibenwaschanlage *f;* **donner un coup de ~** die Scheibe kurz ansprühen **lave-linge** [lavlɛ̃ʒ] *m inv* Waschmaschine *f*

lavement [lavmɑ̃] *m* ① MED Einlauf *m* ② REL Waschung *f*

laver [lave] <1> **I.** *vt* ① (*nettoyer*) waschen; spülen, abwaschen *vaisselle;* abwaschen, reinigen *mur;* wischen *sol;* ~ **qc à la machine** etw in der Maschine waschen; ~ **qc à la serpillière** etw mit dem Scheuerlappen wischen; ~ **qc à l'éponge** etw mit dem Schwamm reinigen; ~ **qc à la main** etw von Hand waschen; ~ **qc au lave-vaisselle** etw in der Spülmaschine spülen ❷ (*disculper*) ~ **qn d'un soupçon** jdn von einem Verdacht reinwaschen **II.** *vpr* ❶ (*se nettoyer*) **se** ~ sich waschen; **se** ~ **les dents** sich (*dat*) die Zähne putzen ❷ (*être lavable*) **se** ~ gewaschen werden; **se** ~ **à 90°** sich bis 90° waschen lassen

laverie [lavʀi] *f* Wäscherei *f;* ~ **automatique** Waschsalon *m*

lavette [lavɛt] *f* ❶ (*chiffon*) Spültuch *nt* ❷ *fam* (*personne*) Waschlappen *m*

laveur, -euse [lavœʀ, -øz] *m, f* ~ **de carreaux** Fensterputzer; ~ **de voitures** Autowäscher

laveuse [lavøz] *f* CAN (*lave-linge*) Waschmaschine *f;* ~ **de vaisselle** (*lave-vaisselle*) Geschirrspülmaschine *f*

lave-vaisselle [lavvɛsɛl] *m inv* Geschirrspülmaschine *f*

lavis [lavi] *m* Laviertechnik *f*

lavoir [lavwaʀ] *m* Waschhaus *nt*

laxatif [laksatif] *m* Abführmittel *nt*

laxatif, -ive [laksatif, -iv] *adj* abführend; **remède** ~ Abführmittel *nt;* **être** ~ abführend wirken

laxisme [laksism] *m* Laxheit *f*

laxiste [laksist] *adj* lax, locker

layette [lɛjɛt] *f* Babywäsche *f*

LCD [elsede] *abr de* **liquid crystal display** **I.** *m* LCD *nt* **II.** *app inv* **écran** ~ LCD-Bildschirm *m;* **téléviseur** [**à écran**] ~ LCD-Fernseher *m*

le [lə] <*devant voyelle ou h muet* l'> **I.** *art déf* der/die/das; ~ **chien/chat/cochon** der Hund/die Katze/das Schwein **II.** *pron pers, masc* ❶ (*personne*) **elle** ~ **voit** sie sieht ihn; **elle l'aide** sie hilft ihm; (*animal ou objet*) **là-bas, il y a un cochon/chien/chat,** ~ **vois-tu? Je l'ai aidé à sortir de l'eau** da drüben ist ein Schwein/Hund/eine Katze, siehst du es/ihn/sie? Ich habe ihm/ihr aus dem Wasser geholfen; **où est mon manteau/sac? Je ne** ~ **trouve pas!** wo ist mein Mantel/meine Tasche? Ich finde ihn/sie nicht! ❷ *avec laisser* ihn; **il** ~ **laisse conduire la voiture** er lässt ihn das Auto fahren ❸ (*valeur neutre*) **je** ~ **comprends** das verstehe ich; **je l'espère!** ich hoffe es! ❹ *avec un présentatif* er; ~ **voici** [*o* **voilà**]**!** hier ist er!

lé [le] *m d'une étoffe, d'un papier peint* Bahn *f*

L.E.A. [ɛløa] *abr de* **Langues étrangères appliquées** *Studiengang in Frankreich, in dem neben lebenden Fremdsprachen landes- und berufsbezogenes Wissen vermittelt wird*

leader [lidœʀ] **I.** *m* ❶ COM Marktführer *m* ❷ SPORT Spitzenreiter(in) *m(f);* **il est** ~ **du classement** er ist Tabellenführer *m* ❸ (*chef*) Führer(in) *m(f)* **II.** *adj inv* führend

leadership [lidœʀʃip] *m* Führungsrolle *f*

leasing [liziŋ] *m* Leasing *nt*

lèche [lɛʃ] *f fam* **faire de la** ~ **à qn** vor jdm kriechen

lèche-botte [lɛʃbɔt] <lèche-bottes> *mf fam* Kriecher(in) *m(f);* **faire du** ~ **à qn** vor jdm kriechen **lèche-cul** [lɛʃky] <lèche-culs> *mf vulg* Arschkriecher(in) *m(f)*

lèchefrite [lɛʃfʀit] *f* Fettpfanne *f*

lécher [leʃe] <5> **I.** *vt* ablecken *assiette, cuillère, visage;* auslecken *bol, plat;* auflecken *lait;* [sch]lecken *glace* **II.** *vpr* **se** ~ **qc** sich (*dat*) etw ablecken

lèche-vitrines [lɛʃvitʀin] *m sans pl* Schaufensterbummel *m;* **faire du** ~ einen Schaufensterbummel machen

leçon [l(ə)sɔ̃] *f* ❶ (*à apprendre*) Lektion *f;* **d'une** ~ **à l'autre** von einer Lektion zur anderen ❷ (*cours*) Stunde *f* ❸ (*morale*) Lehre *f,* Lektion *f;* **servir de** ~ **à qn** jdm eine Lehre sein

lecteur [lɛktœʀ] *m* ❶ MEDIA Lesegerät *nt;* ~ **de son** Tonabnehmer *m;* ~ **de cassettes** Kassettenrecorder *m;* ~ **de CD** CD-Player *m;* ~ **de DVD** DVD-Player; ~ **MP3** MP3-Player ❷ INFORM Laufwerk *nt;* ~ **de CD-ROM** CD-ROM-Laufwerk; ~ **de disquettes** Diskettenlaufwerk; ~ **optique** Scanner *m*

lecteur, -trice [lɛktœʀ, -tʀis] *m, f* ❶ (*liseur*) Leser(in) *m(f)* ❷ (*qui fait la lecture*) Vorleser(in) *m(f)* ❸ UNIV, SCOL Lektor(in) *m(f)*

lecture [lɛktyʀ] *f* ❶ (*action de lire*) Lesen *nt;* **aimer la** ~ gern lesen ❷ (*action de lire à haute voix*) Vorlesen *nt;* **faire la** ~ **de qc à qn** jdm etw vorlesen; **donner** ~ **de qc** etw verlesen ❸ (*qc qui se lit*) Lektüre *f,* Lesestoff *m;* **mauvaises** ~**s** Schund[lektüre *f*] *m* ❹ MEDIA, INFORM Lesen *nt;* ~ **optique** optische Zeichenerkennung

ledit, ladite [ladi, ladit, *pl:* ledi, ledit] <lesdit(e)s> *adj antéposé* der/die/das Genannte

légal(e) [legal, -o] <-aux> *adj* gesetzlich;

âge gesetzlich [vorgeschrieben]; **fête ~e** gesetzlicher Feiertag; **l'heure ~e** Normalzeit *f*

légalement [legalmɑ̃] *adv* legal

légalisation [legalizasjɔ̃] *f d'un avortement, d'une drogue* Legalisierung *f*

légaliser [legalize] <1> *vt* ① (*autoriser*) legalisieren ② (*authentifier*) [amtlich] beglaubigen

légalisme [legalism] *m* strikte Gesetzestreue

légalité [legalite] *f* (*respect de la loi*) Legalität *f*; **sortir de la ~** sich außerhalb der Legalität bewegen

légataire [legatɛʀ] *mf* Vermächtnisnehmer(in) *m(f)*

légation [legasjɔ̃] *f* Gesandtschaft *f*

légendaire [leʒɑ̃dɛʀ] *adj* ① *animal* Fabel-; *figure* Sagen-; *histoire* legendär ② (*célèbre*) legendär

légende [leʒɑ̃d] *f* ① (*mythe*) Sage *f*, Legende *f*; **un personnage de ~** eine legendäre Gestalt ② *d'une carte, d'un plan* Legende *f*; *d'une photo* [Bild]unterschrift *f*

léger, -ère [leʒe, -ɛʀ] *adj* ① (*opp: lourd*) leicht; *vêtement* dünn; **poids ~** Leichtgewicht *nt* ② (*de faible intensité*) leicht; *peine* mild; *doute, soupçon* leise; *bruit* schwach; *couche de neige* dünn; **les blessés ~s** die Leichtverletzten ③ (*insouciant*) **d'un cœur ~** leichten Herzens ④ *péj* (*superficiel*) oberflächlich ▶ **à la légère** leichtfertig; **il prend tout à la légère** er nimmt alles auf die leichte Schulter

légèrement [leʒɛʀmɑ̃] *adv* ① (*un peu*) etwas, ein bisschen ② *euph* (*vraiment*) leicht ③ (*avec des choses légères*) leicht; **s'habiller ~** etwas Leichtes anziehen ④ (*avec grâce, délicatement*) anmutig; **marcher plus ~** etwas leichtfüßiger gehen ⑤ (*sans gravité*) leicht; **~ handicapé** leicht behindert

légèreté [leʒɛʀte] *f* ① (*faible poids*) Leichtigkeit *f* ② (*insouciance*) Leichtfertigkeit *f* ③ (*superficialité*) Oberflächlichkeit *f*

leggin[g]s [legiŋs] *fpl* Leggin[g]s *Pl*

légiférer [leʒifeʀe] <5> *vi* Gesetze erlassen

légion [leʒjɔ̃] *f* ① HIST, MIL Legion *f*; **la Légion étrangère** die Fremdenlegion ② (*multitude*) Schar *f*, Heer *nt* ③ (*décoration*) **Légion d'honneur** Ehrenlegion *f*

légionelle [leʒjɔnɛl] *f souvent pl* BIO, MED Legionelle *f*

légionellose [leʒjɔneloz] *f* MED Legionärskrankheit *f*, Legionellose *f*

légionnaire [leʒjɔnɛʀ] *mf* (*membre de la Légion d'Honneur*) Mitglied *nt* der Ehrenlegion

législateur, -trice [leʒislatœʀ, -tʀis] *m, f* Gesetzgeber(in) *m(f)*

législatif, -ive [leʒislatif, -iv] *adj* gesetzgebend; **pouvoir ~** gesetzgebende Gewalt

législation [leʒislasjɔ̃] *f* Gesetzgebung *f*; **la ~ française** das französische Recht

législatives [leʒislativ] *fpl* Parlamentswahlen *Pl*

législature [leʒislatyʀ] *f* Legislatur[periode *f*] *f*

légiste [leʒist] *mf* Jurist(in) *m(f)*

légitimation [leʒitimasjɔ̃] *f* ① POL Legitimation *f* (*geh*) ② JUR Ehelich[keits]erklärung *f*

légitime [leʒitim] *adj* ① JUR rechtsgültig; *enfant* ehelich; **femme ~** Ehefrau *f* ② (*justifié*) berechtigt

légitimement [leʒitimmɑ̃] *adv* legitimerweise; JUR rechtmäßig; **on pourrait ~ en conclure que ...** es wäre durchaus rechtens, daraus zu schließen, dass ...

légitimer [leʒitime] <1> *vt* ① (*justifier*) rechtfertigen ② JUR legitimieren; als ehelich anerkennen, legitimieren *enfant*

légitimiser [leʒitimize] <1> *vt v.* **légitimer 1**

légitimité [leʒitimite] *f* Rechtmäßigkeit *f*; **en toute ~** ganz legitim

legs [lɛ(g)] *m* JUR Vermächtnis *nt*

léguer [lege] <5> *vt* JUR **~ qc à qn** jdm etw vermachen

légume [legym] **I.** *m* Gemüse *nt kein Pl*; **~s secs** Hülsenfrüchte *Pl* **II.** *f* ▶ **une grosse ~** *fam* ein hohes Tier

légumier, -ière [legymje, -jɛʀ] *m, f* BELG (*marchand*) Gemüsehändler(in) *m(f)*

légumineuse [legyminøz] *f* Hülsenfrucht *f*

leitmotiv [lajtmɔtif, lɛtmɔtiv] <[e]> *m* Leitmotiv *nt*

Léman *v.* **lac**

lémuriens [lemyʀjɛ̃] *mpl* ZOOL Makis *Pl*

lendemain [lɑ̃dmɛ̃] *m* ① *sans pl* (*la journée qui suit*) **le ~** der nächste [*o* folgende] Tag ② (*indication temporelle*) **le ~** am nächsten [*o* folgenden] Tag, tags darauf; **le ~ soir** am darauf folgenden Abend; **du jour au ~** von heute auf morgen ③ (*temps qui suit*) **au ~ du mariage** kurz nach der Hochzeit ④ (*avenir*) Zukunft *f* ▶ **il ne faut jamais remettre au ~ ce qu'on peut faire le jour même** *prov* was du heute kannst besorgen, das verschiebe nicht auf morgen

lénifiant(e) [lenifjɑ̃, jɑ̃t] *adj* [schmerz]lindernd

lent(e) [lɑ̃, lɑ̃t] *adj* ① (*opp: rapide*) langsam; *esprit* schwerfällig; **aller à pas ~s** langsam gehen; **il est ~ à comprendre** es dauert lange, ehe er begreift ② (*qui met du temps à opérer*) langsam

lente [lɑ̃t] *f* Nisse *f*

lentement [lɑ̃tmɑ̃] *adv* langsam ▶ **~, mais sûrement** langsam, aber sicher

lenteur [lɑ̃tœʀ] *f* ① (*opp: rapidité*) Langsamkeit *f*; **~ d'esprit** geistige Trägheit *f*; **se déplacer avec ~** langsam gehen ② *pl* (*atermoiements*) Umständlichkeit *f*; **les ~s de l'administration** der schwerfällige Verwaltungsapparat

lentille [lɑ̃tij] *f* ① BOT Linse *f* ② *pl* GASTR Linsen *Pl* ③ OPT Linse *f*; **~s de contact** Kontaktlinsen *Pl*

léopard [leɔpaʀ] *m* ① ZOOL Leopard *m*; **~ femelle** Leopardenweibchen *nt* ② (*fourrure*) Leopardenfell *nt*

L.E.P. [ɛløpe, lɛp] *m abr de* **lycée d'enseignement professionnel** Berufsschule *f*

lepénisme [løpenism] *m Ideologie des Front National und seines Gründers Le Pen*

lepéniste [løpenist] *mf* Anhänger(in) *m(f)* des Front National

lèpre [lɛpʀ] *f* MED Lepra *f*; **atteint de la ~** an Lepra erkrankt

lépreux, -euse [lepʀø, -øz] I. *adj* ① MED leprakrank ② (*rongé*) heruntergekommen II. *m, f* Leprakranke(r) *f(m)*

lequel, laquelle [ləkɛl, lakɛl, lekɛl] <lesquels, lesquelles> I. *pron interrog* ① (*se rapportant à une personne*) welcher/welche/welches; **regarde cette fille! – laquelle?** sieh nur dieses Mädchen! – welches?; **~/laquelle d'entre vous ...?** wer von euch ...?; **auxquels de ces messieurs devrai-je m'adresser?** an welche dieser Herren soll ich mich wenden?; **demandez à l'un de vos élèves, n'importe ~!** fragen Sie einen Ihrer Schüler, ganz gleich welchen! ② (*se rapportant à un animal, un objet*) welcher/welche/welches; **je ne sais lesquels prendre!** ich weiß nicht, welche ich nehmen soll!; **~ de ces chiens/flacons ...?** welcher dieser Hunde/welches dieser Fläschchen ...? II. *pron rel* ① (*se rapportant à une personne*) der/die/das, welcher/welche/welches; **la concierge, laquelle ...** die Hausmeisterin, die ...; **la personne à laquelle je fais allusion** die Person, auf die ich anspiele; **les grévistes, au nombre desquels il se trouve** die Streikenden, zu denen er zählt ② (*se rapportant à un animal, un objet*) der/die/das; **une maison, laquelle ...** ein Haus, das ...; **la situation délicate dans laquelle nous nous trouvons** die heikle Situation, in der wir uns befinden; **la liberté, au nom de laquelle ...** die Freiheit, in deren Namen ...

les [le] I. *art déf* die II. *pron pers, pl* ① (*personnes*) **elle ~ voit/suit** sie sieht sie/folgt ihnen; (*animaux ou objets*) **là-bas, il y a des chiens, ~ vois-tu?** da drüben sind Hunde, siehst du sie?; **ces sacs? Je ~ ai trouvés** diese Taschen? Ich habe sie gefunden ② *avec laisser* sie; **il ~ laisse conduire la voiture** er lässt sie das Auto fahren ③ *avec un présentatif* sie; **~ voici** [*o* **voilà**]**!** hier sind sie!

lesbien(ne) [lɛzbjɛ̃, jɛn] *adj* lesbisch

lesbienne [lɛzbjɛn] *f* Lesbierin *f*

léser [leze] <5> *vt* ① (*désavantager*) benachteiligen; **partie lésée** Geschädigte(r) *f(m)* ② (*nuire*) **~ les intérêts de qn** jds Interessen (*dat*) schaden

lésiner [lezine] <1> *vi* **~ sur qc** mit etw geizen

lésion [lezjɔ̃] *f* Verletzung *f*

lessivable [lesivabl] *adj* abwaschbar

lessivage [lesivaʒ] *m d'un mur* Abwaschen *nt*; *du sol* Schrubben *nt*

lessive [lesiv] *f* ① (*détergent*) Waschmittel *nt*; **~ en poudre/liquide** Waschpulver *nt*/flüssiges Waschmittel ② (*lavage*) Wäsche *f*; **jour de ~** Waschtag *m*; **faire la ~** [Wäsche] waschen ③ (*linge à laver*) [Schmutz]wäsche *f*

lessiver [lesive] <1> *vt* ① (*nettoyer*) schrubben *pièce, sol*; abwaschen *murs* ② *fam* (*épuiser*) **être lessivé** total erledigt sein

lessiveuse [lesivøz] *f* Waschkessel *m*

lest [lɛst] *m* Ballast *m*

leste [lɛst] *adj* ① (*vif*) behänd[e] (*geh*) ② (*grivois*) pikant

lester [lɛste] <1> *vt* Ballast laden, beschweren

letchi *v.* **litchi**

léthargie [letaʀʒi] *f* Lethargie *f*; **sortir qn de sa ~** jdn aus seiner Lethargie herausreißen

léthargique [letaʀʒik] *adj* lethargisch

letton [lɛtɔ̃] *m* Lettisch *nt*; *v. a.* **allemand**

letton(e) [lɛtɔ̃, ɔn] *adj* lettisch

Letton(e) [lɛtɔ̃, ɔn] *m(f)* Lette *m*/Lettin *f*

Lettonie [lɛtɔni] *f* **la ~** Lettland *nt*

lettre [lɛtʀ] *f* ① (*missive*) Brief *m*; **~ d'af-**

faires/d'amour/de menaces Geschäfts-/Liebes-/Drohbrief; **~ de candidature** Bewerbungsschreiben *nt;* **mettre une ~ à la poste** einen Brief aufgeben; **par ~** brieflich ② (*signe graphique*) Buchstabe *m;* **remplir en ~s capitales!** in Großbuchstaben ausfüllen!; **c'est en grosses ~s dans les journaux** das steht ganz groß in den Zeitungen ③ *pl* (*opp: sciences*) Geisteswissenschaften *Pl;* **professeur de ~s** Professor(in) *m(f)* für Philologie ④ *sans pl* (*sens strict*) **à la ~** aufs Wort [genau]; **prendre qc à la ~** etw [wort]wörtlich nehmen ▶ **passer comme une ~ à la poste** *fam* reibungslos über die Bühne gehen; *proposition:* ohne weiteres angenommen werden; **en toutes ~s** (*opp: en chiffres*) in Worten; (*sans abréviation*) ausgeschrieben; (*écrit noir sur blanc*) schwarz auf weiß; (*sans doute possible*) klar und deutlich

lettré(e) [letʀe] *adj* gebildet

leucémie [løsemi] *f* MED Leukämie *f*

leucémique [løsemik] MED **I.** *adj personne* an Leukämie leidend; **être ~** an Leukämie leiden **II.** *mf* Leukämiekranke(r) *f(m);* **c'est un/une ~** er/sie ist an Leukämie erkrankt

leucocyte [løkɔsit] *m* weißes Blutkörperchen

leur[1] [lœʀ] *pron pers, inv* ① **je ~ ai demandé s'ils/si elles venaient** ich habe sie gefragt, ob sie kommen; **ces sont tes chiens? tu ~ as donné à manger?** sind das deine Hunde? hast du ihnen [schon] zu fressen gegeben?; **tu as vu mes chaussures? je ~ ai donné un coup de brosse!** hast du meine Schuhe gesehen? ich habe sie mit der Bürste poliert! ② *avec faire, laisser* sie; **il ~ laisse/fait conduire la voiture** er lässt sie das Auto fahren ③ *avec être, devenir, sembler, soutenu* **cela ~ semble bon** das erscheint ihnen gut; *v. a.* **me** ④ (*avec un sens possessif*) **le cœur ~ battait fort** ihre Herzen schlugen heftig

leur[2] [lœʀ] <leurs> **I.** *dét poss* ihr(e); *pl* ihre; **les enfants et ~ père/mère** die Kinder und ihr Vater/ihre Mutter; **les arbres perdent ~s feuilles** die Bäume verlieren die/ihre Blätter; **à ~ détriment** zu ihrem Nachteil; *v. a.* **ma, mon II.** *pron poss* ① **le/la ~** der/die/das ihre, ihre(r, s); **les ~s** die ihren, ihre ② *pl* (*ceux de leur famille*) **les ~s** ihre Angehörigen; (*leurs partisans*) ihre Anhänger; **il est des ~s** er gehört zu ihnen, er ist einer von ihnen/euch ▶ **ils y mettent du ~** sie tun, was sie können; *v. a.* **mien**

leurre [lœʀ] *m* PECHE künstlicher Köder

leurrer [lœʀe] <1> *vt* täuschen

leurs [lœʀ] *v.* **leur**

levage [ləvaʒ] *m* ① GASTR *d'une pâte* Gehen *nt* ② (*action de soulever*) [An]heben *nt*

levain [ləvɛ̃] *m* (*pour pain*) Sauerteig *m;* (*pour gâteau*) Vorteig *m;* **pain au/sans ~** Sauerteigbrot/ungesäuertes Brot

levant [ləvɑ̃] *m* (*est*) Morgenland *nt*

levé(e) [l(ə)ve] *adj* ① (*haussé*) *poing, main* erhoben ② (*dressé*) *menhir* aufgestellt ③ (*debout*) *personne* aufgestanden

lettre

Formules de début de lettre	*Anrede in Briefen*
Ma chère/Mon cher ...,	*Liebe/r ...,*
Salut, ... ! (*fam*)	*Hallo, ...!/Hi, ...! (fam)*
Chère Madame/Cher Monsieur ...,	*Liebe/r Frau/Herr ...,*
Madame,/Monsieur, (*form*)	*Sehr geehrte/r Frau/Herr ..., (form)*
Madame, Monsieur,/Mesdames, Messieurs, (*form*)	*Sehr geehrte Damen und Herren ..., (form)*

Formules de fin de lettre	*Schlussformeln in Briefen*
Salut ! (*fam*)	*Tschüs!/Ciao!/Alles Gute! (fam)*
Je vous/t'embrasse bien fort	*Herzliche/Liebe Grüße (fam)*
Grosses bises	*Liebe Grüße*
Je vous prie/Nous vous prions d'agréer, Madame/Monsieur ..., mes/nos très sincères salutations. (*form*)	*Mit (den) besten Grüßen*
Je vous prie/Nous vous prions de croire, Madame/Monsieur ..., à l'assurance de mes/nos sentiments distingués. (*form*)	*Mit freundlichen Grüßen (form)*

levée [l(ə)ve] *f* POST Leerung *f;* **heures de ~** Leerungszeiten *Pl*

lève-glace [lɛvglas] <lève-glaces> *m* Fensterheber *m*

lever [l(ə)ve] <4> **I.** *vt* ① (*soulever*) [hoch]heben; hochziehen *store, rideau de théâtre;* heben *jambe, tête, visage;* **~ qc** etw (hoch)heben; **~ le bras** (*pour prendre qc*) den Arm in die Höhe strecken; **~ la main** die Hand heben; (*pour prendre la parole*) sich zu Wort melden; **~ les yeux vers qn** zu jdm aufblicken; **ne pas ~ le nez de son livre** nicht von seinem Buch aufblicken ② (*sortir du lit*) aus dem Bett holen *enfant;* **~ un malade** einem Kranken beim Aufstehen helfen; **faire ~ qn** jdn zum Aufstehen bringen, jdn aus dem Bett holen, jdn aufstehen lassen ③ (*faire cesser*) **être levé** *séance:* geschlossen werden **II.** *vpr* **se ~** ① (*se mettre debout*) sich erheben; **se ~ de table** vom Tisch aufstehen ② (*sortir du lit*) aufstehen; **il s'est levé** er ist aufgestanden ③ (*commencer à paraître*) *lune, soleil:* aufgehen; *jour, aube:* anbrechen ④ (*se soulever*) *rideau:* aufgehen; *main:* sich [er]heben ⑤ (*commencer à s'agiter*) *mer:* unruhig werden; *vent:* aufkommen ⑥ (*devenir meilleur*) *temps:* aufklaren; *brouillard:* sich lichten **III.** *vi* ① (*gonfler*) *pâte:* gehen ② (*pousser*) aufkeimen **IV.** *m* **au ~ du soleil** bei Sonnenaufgang; **~ du jour** Tagesanbruch *m*

lève-tard [lɛvtaʀ] *mf inv fam* Langschläfer(in) *m(f)* **lève-tôt** [lɛvto] *mf inv fam* Frühaufsteher(in) *m(f)* **lève-vitre** [lɛvvitʀ] <lève-vitres> *m* Fensterheber *m*

levier [ləvje] *m* ① (*pour soulever*) Hebel *m;* **faire ~ sur qc** den Hebel an etw (*dat*) ansetzen ② (*tige de commande*) Hebel *m;* **~ de commande/de [changement de] vitesse** Schalthebel ►**être aux ~s de commande** das Steuer in der Hand haben

levraut [ləvʀo] *m* [Hasen]junge(s) *nt*

lèvre [lɛvʀ] *f* ① ANAT *de la bouche* Lippe *f;* **~ inférieure/supérieure** Unter-/Oberlippe; **la cigarette aux ~s** die Zigarette im Mund ② *pl* (*parties de la vulve*) Schamlippen *Pl* ►**ne pas desserrer les ~s** den Mund nicht aufmachen (*fam*)

levrette [ləvʀɛt] *f* ① (*femelle du lévrier*) Windhündin *f* ② (*variété de petite taille du lévrier d'Italie*) [italienisches] Windspiel *nt*

lévrier [levʀije] *m* Windhund *m*

levure [l(ə)vyʀ] *f a.* CHIM Hefe *f,* Germ *f* (A); **~ de boulanger** frische Hefe; **~ de bière** Bierhefe; **~ chimique** Backpulver *nt*

lexical(e) [lɛksikal] <-aux> *adj* lexikalisch

lexicographie [lɛksikɔgʀafi] *f* Lexikographie *f*

lexicologie [lɛksikɔlɔʒi] *f* Lexikologie *f*

lexique [lɛksik] *m* ① (*dictionnaire bilingue*) Wörterbuch *nt;* (*dictionnaire technique, spécialisé*) Lexikon *nt,* Wörterbuch; (*en fin d'ouvrage*) Glossar *nt* ② (*vocabulaire*) Wortschatz *m*

lézard [lezaʀ] *m* Eidechse *f;* **~ femelle** Eidechsenweibchen *nt*

lézarde [lezaʀd] *f* Riss *m*

lézarder[1] [lezaʀde] <1> *vi fam* Sonne tanken

lézarder[2] [lezaʀde] <1> **I.** *vt* rissig machen *mur;* **être lézardé** rissig sein **II.** *vpr* **se ~** *mur:* Risse bekommen

liaison [ljɛzɔ̃] *f* ① TELEC, MIL, TRANSP Verbindung *f;* **~ radio/téléphonique** Funk-/Telefonverbindung; **être en ~ avec qn** mit jdm verbunden sein; **mettre qn en ~ avec qn** jdn mit jdm in Verbindung setzen; **restons en ~!** bleiben wir [doch] in Verbindung!; **travailler en ~ étroite avec qn** mit jdm eng zusammenarbeiten ② (*enchaînement*) Zusammenhang *m;* **sans ~ avec le reste** in keinem Zusammenhang mit dem Rest ③ LING Liaison *f;* **faire la ~** die Liaison machen ④ (*relation amoureuse*) Verhältnis *nt*

liane [ljan] *f* Liane *f*

liant [ljɑ̃] *m* Bindemittel *nt*

liasse [ljas] *f de documents* Stoß *m; de billets* Bündel *nt;* **en ~ de 100** in Bündeln zu je 100

Liban [libɑ̃] *m* **le ~** der Libanon

libanais [libanɛ] *m* Libanesisch *nt; v. a.* **allemand**

libanais(e) [libanɛ, ɛz] *adj* libanesisch

Libanais(e) [libanɛ, ɛz] *m(f)* Libanese *m*/Libanesin *f*

libellé [libele] *m* Wortlaut *m*

libeller [libele] <1> *vt* (*remplir, rédiger*) ausstellen *chèque;* aufsetzen *contrat*

libellule [libelyl] *f* Libelle *f*

libéral(e) [libeʀal, -o] <-aux> **I.** *adj* ① ECON, POL liberal; **économie ~e** freie Marktwirtschaft ② (*non salarié*) freiberuflich; **professions ~es** selb[st]ständige Berufe ③ (*tolérant*) tolerant; *éducation* frei **II.** *m(f)* POL Liberale(r) *f(m)*

libéralisation [libeʀalizasjɔ̃] *f* Liberalisierung *f*

libéraliser [libeʀalize] <1> *vt* liberalisieren

libéralisme [libeʀalism] *m* ECON, POL Liberalismus *m*

libérateur, -trice [libeʀatœʀ, -tʀis] **I.** *adj* befreiend **II.** *m, f* Befreier(in) *m(f)*

libération [libeʀasjɔ̃] *f* ① *d'un détenu* [Haft]entlassung *f; d'un prisonnier politique* Freilassung *f* ② *a. fig* (*délivrance*) Befreiung *f;* **la ~ de la femme** die Befreiung der Frau; **la Libération** die Befreiung

libéré(e) [libeʀe] *adj* (*émancipé*) emanzipiert, befreit

libérer [libeʀe] <5> **I.** *vt* ① (*relâcher*) freilassen; [aus der Haft] entlassen *condamné* ② (*délivrer*) befreien; **~ qn** jdn befreien ③ (*décharger*) **~ qn de sa dette** jds Schulden tilgen; **~ qn d'une promesse** jdn von einem Versprechen entbinden ④ (*dégager*) frei machen *voie* ⑤ (*rendre disponible*) räumen *chambre;* **cela me libérerait un peu de temps** dadurch hätte ich etwas mehr Zeit; **~ qn/qc** jdn/etw befreien **II.** *vpr* ① (*se délivrer*) **se ~ de ses liens** sich von seinen Fesseln befreien; **se ~ de ses soucis** seine Sorgen abschütteln ② (*se rendre libre*) **se ~** sich frei machen ③ (*devenir vacant*) **se ~** *poste, place:* frei werden

libéro [libeʀo] *m* FBALL Libero *m*

libertaire [libɛʀtɛʀ] **I.** *adj* libertär (*geh*) **II.** *mf* Anarchist(in) *m(f)*

liberté [libɛʀte] *f* ① *sans pl* (*opp: oppression, emprisonnement*) Freiheit *f;* **mise en ~ d'un prisonnier politique** Freilassung *f* eines politischen Gefangenen; **en ~** (*opp: en captivité*) in Freiheit; (*opp: en prison*) auf freiem Fuß; **être en ~ provisoire/surveillée** vorläufig/auf Bewährung entlassen sein; **rendre la ~ à qn** jdn freilassen ② *sans pl* (*loisir*) freie Zeit; **quelques heures/jours de ~** einige freie Stunden/Tage ③ (*droit*) Freiheit *f;* **~ d'expression/d'opinion** Meinungsfreiheit; **~s syndicales** gewerkschaftliche Rechte *Pl* ④ *sans pl* (*indépendance*) Freiheit *f,* Unabhängigkeit *f* ⑤ *sans pl* (*absence de contrainte*) Ungezwungenheit *f;* **~ d'esprit/de jugement** geistige Unabhängigkeit/freie Meinungsbildung; **toute ~ de choix** völlig freie Wahl; **laisser toute ~ à qn** jdm völlig freie Hand lassen; **parler en toute ~** ganz offen sprechen ▶ **Liberté, Égalité, Fraternité** Freiheit, Gleichheit, Brüderlichkeit; **prendre des ~s avec qn** (*être trop familier*) sich (*dat*) jdm gegenüber Freiheiten herausnehmen; (*sexuellement*) jdm gegenüber zudringlich werden

libertin(e) [libɛʀtɛ̃, in] *adj* ausschweifend

libertinage [libɛʀtinaʒ] *m d'une personne* ausschweifender Lebenswandel

libidineux, -euse [libidinø, -øz] *adj littér* lüstern

libido [libido] *f* Libido *f*

libraire [libʀɛʀ] *mf* Buchhändler(in) *m(f)*

librairie [libʀeʀi] *f* Buchhandlung *f;* **en ~** im Buchhandel; **nouveautés parues en ~** Neuerscheinungen *Pl* auf dem Büchermarkt; **on ne trouve plus ce livre en ~** dieses Buch ist vergriffen

librairie-papeterie [libʀɛʀipapɛtʀi] <librairies-papeteries> *f* Buch- und Schreibwarenhandlung *f*

libre [libʀ] *adj* frei; *propos, mœurs* locker; *discussion, cheveux* offen; *esprit, tête* klar; *prix* unverbindlich; **~ arbitre** freier Wille *m;* **elle est ~ de ses choix** sie hat die freie Auswahl; **~ à vous de refuser** Sie können ablehnen; **ne pas être ~** *personne:* keine Zeit haben; **avoir une seule main [de] ~** nur eine Hand frei haben; **il n'y a plus une seule cabine de ~** es ist keine einzige Kabine mehr frei; **être ~ de tout préjugé/engagement** keinerlei Vorurteile/Verpflichtungen haben; **laisser la taille/le cou ~** *robe:* nicht eng an der Taille/am Hals anliegen; **exercices/figures ~s** SPORT Kür[übungen *Pl*]/Kür *f*

libre-échange [libʀeʃɑ̃ʒ] <libres-échanges> *m* Freihandel *m*

librement [libʀəmɑ̃] *adv* frei; *traduire* frei; *s'exprimer* ungezwungen; **respirer plus ~** freier atmen; **avec lui, on peut parler ~** mit ihm kann man [ganz] offen reden

libre penseur, -euse [libʀəpɑ̃sœʀ, -øz] <libres penseurs> *m, f* Freidenker(in) *m(f)*

libre-service [libʀəsɛʀvis] <libres-services> *m* ① (*magasin*) Selbstbedienungsgeschäft *nt* ② (*restaurant*) Selbstbedienungsrestaurant *nt* ③ *sans pl* (*système de vente*) Selbstbedienung *f*

librettiste [libʀetist] *mf* Librettist(in) *m(f)*

Libye [libi] *f* **la ~** Libyen *nt*

lice [lis] ▶ **entrer en ~** in Aktion treten

licence [lisɑ̃s] *f* ① UNIV Licence *f,* Lizentiat *nt* (CH); **~ ès sciences** Licence der Naturwissenschaften; **faire une ~ d'allemand** eine Licence in Deutsch machen ② COM, JUR, SPORT Lizenz *f;* **~ de débit de boisson** Schankkonzession *f;* **joueur titulaire d'une ~** Lizenzspieler *m;* **fabriqué sous ~** in Lizenz hergestellt

licencié(e) [lisɑ̃sje] *adj* UNIV mit Licence; **être ~** die Licence haben

licenciement [lisɑ̃simɑ̃] *m* Entlassung *f;* **~ collectif** Massenentlassung; **~ économique** betriebsbedingte Kündigung

licencier [lisɑ̃sje] <1> *vt* **~ qn** jdn entlassen

lichen [likɛn] *m* BOT Flechte *f*

lichette [liʃɛt] *f* ❶ *fam de pain* Scheibchen *nt* ❷ BELG (*petite attache*) *d'un vêtement* Aufhänger *m*

licite [lisit] *adj* zulässig

licorne [likɔʀn] *f* Einhorn *nt*

licou [liku] *m* Halfter *m o nt*

lie [li] *f* (*dépôt*) [Boden]satz *m;* **~ de vin** Weinstein *m*

lié(e) [lje] *adj* (*proche*) **être ~ avec qn** jdm nahestehen; **ils sont très ~s** sie stehen sich (*dat*) sehr nahe

Liechtenstein [liʃtɛnʃtajn] *m* **le ~** Liechtenstein *nt*

liechtensteinois(e) [liʃtɛnʃtajnwa, waz] *adj* liechtensteinisch

Liechtensteinois(e) [liʃtɛnʃtajnwa, waz] *m(f)* Liechtensteiner(in) *m(f)*

lie-de-vin [lidvɛ̃] *adj inv* weinrot

liège [ljɛʒ] *m* Kork *m;* **bouchon de ~** Korken *m*

Liège [ljɛʒ] Lüttich *nt*

liégeois(e) [ljeʒwa, az] *adj* ❶ (*de Liège*) aus Lüttich ❷ **café/chocolat ~** Eiskaffee *m*/-schokolade *f*

Liégeois(e) [ljeʒwa, az] *m(f)* Lütticher(in) *m(f)*

lien [ljɛ̃] *m* ❶ (*attache*) Band *nt;* (*chaîne*) Fessel *f* ❷ (*rapport*) Verbindung *f;* **~ entre deux/plusieurs choses** Zusammenhang *m* zwischen zwei/mehreren Dingen ❸ (*ce qui unit*) **~ affectif** gefühlsmäßige Bindung; **~ de parenté** Verwandtschaftsverhältnis *nt;* **nouer des ~s avec qn** sich mit jdm anfreunden ❹ INFORM Link *m*

lier [lje] <1> **I.** *vt* ❶ (*attacher*) zusammenbinden *choses;* **~ qn à qc** jdn an etw (*akk*) fesseln ❷ (*assembler*) **~ les mots** Wörter gebunden aussprechen ❸ (*mettre en relation*) **être lié à qc** mit etw zusammenhängen ❹ (*unir*) **~ qn/qc à qn/qc** jdn/etw mit jdm/etw verbinden ❺ (*astreindre*) **être lié par un serment** durch einen Schwur gebunden sein **II.** *vpr* **se ~ avec qn** sich mit jdm anfreunden; **ne pas se ~ facilement** nicht so leicht Freundschaft schließen

lierre [ljɛʀ] *m* Efeu *m*

liesse [ljɛs] *f* **en ~** laut jubelnd

lieu¹ [ljø] <x> *m* ❶ (*endroit*) Ort *m;* **~ de séjour/de naissance** Aufenthalts-/Geburtsort; **~ de travail** Arbeitsstätte *f;* **~ de rencontre** Treffpunkt *m* ❷ *pl* (*locaux*) Räumlichkeiten *Pl;* (*endroit précis*) **sur les ~x de l'accident** am Unfallort; **être déjà sur les ~x** *police:* sich bereits vor Ort befinden; **évacuer les ~x** eine Örtlichkeit räumen ❸ (*endroit particulier*) **haut ~ de la Résistance** Hochburg *f* der Résistance; **en haut ~** an höherer Stelle; **en ~ sûr** (*à l'abri*) in Sicherheit; (*en prison*) hinter Schloss und Riegel ❹ (*dans une succession*) **en premier/second/dernier ~** zuerst/anschließend/schließlich ❺ (*place*) **avoir ~** stattfinden; *événement, accident:* sich ereignen; **tenir ~ de qc à qn** jdm etw ersetzen; **au ~ de qc** [an]statt einer S. (*gen*); **au ~ de cela** stattdessen ❻ (*raison*) **il n'y a pas ~ de s'inquiéter** es besteht kein Anlass zur Beunruhigung; **donner ~ à qc** (*provoquer*) zu etw führen; (*fournir l'occasion de*) den Anlass zu etw geben

lieu² [ljø] <s> *m* ZOOL Seelachs *m;* **~ jaune** Pollack *m;* **~ noir** Seelachs *m*

lieu commun [ljøkɔmœ̃] <lieux communs> *m* Gemeinplatz *m*

lieudit [ljødi] <lieudits>, **lieu-dit** <lieux-dits> *m bewohnter oder unbewohnter Ort, dessen Namensbezeichnung häufig auf eine Anekdote zurückgeht;* **le car s'arrête au ~ de la "Pierre du Diable"** der Bus hält am „Pierre du Diable"

lieue [ljø] *f* Meile *f*

lieutenant [ljøt(ə)nɑ̃] *m* ❶ MIL Oberleutnant *m* ❷ (*adjoint*) Gefolgsmann

lieutenant-colonel [ljøt(ə)nɑ̃kɔlɔnɛl] <lieutenants-colonels> *m* Oberstleutnant *m*

lièvre [ljɛvʀ] *m* ZOOL [Feld]hase *m* ▶ **courir deux/plusieurs ~s à la fois** auf zwei/mehreren Hochzeiten tanzen; **courir comme un ~** wie ein Wiesel laufen; **lever un ~** ein heikles Thema anschneiden

lifter [lifte] <1> *vt* ❶ (*au tennis*) mit Topspin spielen *balle* ❷ MED liften *peau*

lifting [liftiŋ] *m* Facelifting *nt;* **se faire faire un ~** sich liften lassen

ligament [ligamɑ̃] *m* ANAT Band *nt*

light [lajt] *adj inv* light

ligne [liɲ] *f* ❶ (*trait*) Strich *m,* Linie *f* ❷ (*limite réelle*) Linie *f;* **~ de départ/d'arrivée** Start-/Ziellinie; **~ de but** Torlinie ❸ MATH Linie *f* ❹ (*limite imaginaire*) **~ d'horizon** Horizont *m;* **~ de tir** Schusslinie *f* ❺ (*suite de mots*) Zeile *f;* **de huit ~s** achtzeilig; **à la ~!** neue Zeile!, Absatz!; **~ commentaire** INFORM Kommentarzeile; **~ de commande** INFORM Befehlszeile ❻ (*trait de la main*) Linie *f* ❼ *d'un nez* Form *f; d'un tailleur* Schnitt *m; d'une voiture, d'un meuble* Linie *f* ❽ *sans pl* (*silhouette*) Figur *f,* [schlanke] Linie; **avoir/garder la ~** schlank sein/bleiben ❾ (*ensemble de produits cosmétiques*) Pflegelinie *f* ❿ (*point*) **les grandes ~s de l'ouvrage** die Leitgedanken *Pl* des Werkes

L

⑪ (*direction*) ~ **droite** Gerade *f*, gerader [Strecken]abschnitt; **en ~ droite** geradewegs; **cinq kilomètres en ~ droite** fünf Kilometer Luftlinie; **la dernière ~ droite avant l'arrivée** die Zielgerade ⑫ (*voie*) ~ **d'action** Vorgehensweise *f*; ~ **de conduite** Grundsätze *Pl*, Prinzipien *Pl*; **être dans la ~ du parti** der Parteilinie (*dat*) folgen ⑬ TRANSP Linie *f*, Verbindung *f*; ~ **de métro** [Metro]linie; ~ **de chemin de fer** Eisenbahnverbindung; ~ **maritime/aérienne** Schifffahrts-/Fluglinie ⑭ PECHE [Angel]schnur *f*, [Angel]leine *f* ⑮ ELEC, TELEC Leitung *f*; **faire installer une ~ téléphonique** einen Telefonanschluss legen lassen; **être en ~** gerade telefonieren; **gardez la ~!** CAN (*ne quittez pas*) legen Sie nicht auf!; **la ~ est mauvaise** die Verbindung ist schlecht ⑯ (*rangée*) Reihe *f*; **se mettre en ~** sich in einer Reihe aufstellen ⑰ MIL Linie *f*, Front *f* ⑱ (*filiation*) Linie *f*; **en ~ directe** in direkter Linie ⑲ INFORM, INET Leitung *f*, Verbindung *f*; **être en ~** online sein; **être hors ~** offline sein; **cours en ~** Onlinekurs *m*; **édition en ~** Onlineausgabe *f*; **billet/ticket en ~** Onlineticket *nt*; **commande en ~** Onlinebestellung *f* ►**entrer en ~ de compte** eine Rolle spielen; **prendre qc en ~ de compte** *personne:* etw [auch] bedenken, [auch] an etw (*akk*) denken; *projet:* etw berücksichtigen; **sur toute la ~** auf der ganzen Linie; **hors ~** (*exceptionnel*) überragend

lignée [liɲe] *f* (*descendance*) Nachkommenschaft *f*

ligneux, -euse [liɲø, -øz] *adj* verholzt

lignite [liɲit] *m* [junge] Braunkohle *f*

ligoter [ligɔte] <1> *vt* ① (*attacher*) fesseln ② (*priver de liberté*) **être ligoté** unfrei sein

ligue [lig] *f* Liga *f*; **Ligue des droits de l'homme** Liga für Menschenrechte

liguer [lige] <1> *vpr* **se ~ contre qn** sich gegen jdn verschwören; POL sich gegen jdn verbünden

lilas [lilɑ] **I.** *adj inv* lila[farben] **II.** *m* Flieder *m*

lilliputien(ne) [li(l)lipysjɛ̃, jɛn] **I.** *adj* winzig [klein] **II.** *m(f)* Liliputaner(in) *m(f)*

limace [limas] *f* Nacktschnecke *f*

limaille [limɑj] *f* Feilspäne *Pl*; ~ **de fer** Eisenfeilspäne

limande [limɑ̃d] *f* ZOOL Kliesche *f*

lime [lim] *f* (*outil*) Feile *f*; ~ **à ongles** Nagelfeile

limer [lime] <1> **I.** *vt* feilen *ongles, clé;* [glatt]feilen *métal, bois* **II.** *vpr* **se ~ les ongles** sich (*dat*) die Nägel feilen

limette [limɛt] *f* BOT Limette *f*, Limone *f*

limier [limje] *m* Spürhund *m*

liminaire [liminɛʀ] *adj* einführend

limitatif, -ive [limitatif, -iv] *adj* einschränkend

limitation [limitasjɔ̃] *f* Einschränkung *f*; ~ **des armements/de vitesse** Rüstungs-/Geschwindigkeitsbegrenzung *f*; ~ **des naissances** Geburtenbeschränkung *f*; **sans ~ de temps** unbefristet

limite [limit] **I.** *f* ① *d'une étendue* Grenze *f*; *d'un terrain* Begrenzung[slinie] *f*; *d'une forêt, prairie* Rand *m* ② (*dans le temps*) Frist *f*; ~ **pour les inscriptions** Einschreibefrist ③ (*borne*) Grenzen *Pl*; **sans ~s** *ambition, vanité* maßlos; *pouvoir* uneingeschränkt; **être à la ~ du supportable** kaum noch zu ertragen sein; **atteindre les ~s du ridicule** [bereits] ans Lächerliche grenzen; **dépasser les ~s** zu weit gehen; **il y a des ~s [à tout]** alles hat seine Grenzen; **dans les ~s de qc** im Rahmen einer S. (*gen*); **dans une certaine ~** bis zu einem gewissen Grad ④ MATH Grenzwert *m* ►**à la ~** na ja; **à la ~, je peux ...** im äußersten Fall kann ich ...; **à la ~, je ferais mieux de ...** wahrscheinlich wäre es das Beste, ich würde ...; **à la ~, on croirait que ...** man könnte fast meinen, ... **II.** *app* ① (*extrême*) **âge ~** Altersgrenze *f*, Höchstalter *nt*; **cas ~** Grenzfall *m*; **poids ~** [zulässiges] Höchstgewicht; **prix ~** Preislimit *nt*; **vitesse ~** Höchstgeschwindigkeit *f* ② (*presque impossible*) fast unmöglich; **ce cas me paraît ~** dieser Fall erscheint mir höchst unwahrscheinlich ③ *fam* (*pas terrible*) **être ~** *personne:* nicht [gerade] umwerfend sein; *chose:* einen nicht vom Hocker hauen **III.** *adj fam* (*à peine supportable*) *personne, comportement, vêtements, film* grenzwertig (*fam*); **ses plaisanteries sont [plutôt] ~s** seine/ihre Witze sind [ziemlich] grenzwertig

limité(e) [limite] *adj* begrenzt; *sens* eng; **être un peu ~** *fam personne:* minderbemittelt sein; **n'avoir qu'une confiance ~e en qn** jdm nur bedingt vertrauen

limiter [limite] <1> **I.** *vt* ① (*délimiter*) begrenzen ② (*restreindre*) einschränken; ~ **qc à l'essentiel** etw auf das Wesentliche beschränken; **il faut à tout prix ~ les dégâts** der Schaden muss unbedingt begrenzt werden **II.** *vpr* ① (*s'imposer des limites*) **se ~ dans qc** sich in etw (*dat*) einschränken; (*en mangeant, buvant*) sich in etw (*dat*) mäßigen; (*dans son comportement*) sich bei etw zurückhalten ② (*se borner*) **se ~ à qc** sich auf etw (*akk*) beschränken

limitrophe [limitʀɔf] *adj* angrenzend

limogeage [limɔʒaʒ] *m fam* Abhalfterung *f*

limoger [limɔʒe] <2a> *vt fam* kaltstellen

limon [limɔ̃] *m (terre)* Schlamm *m*

limonade [limɔnad] *f* Limonade *f*, Kracherl *nt* (SDEUTSCH, A)

Limousin [limuzɛ̃] *m* **le ~** das Limousin

limousin(e) [limuzɛ̃, in] *adj* **la région ~e** die Gegend des Limousin; **la montagne ~e** das Gebirge im Limousin

Limousin(e) [limuzɛ̃, in] *m(f)* Bewohner(in) *m(f)* des Limousin

limousine [limuzin] *f* [Luxus]limousine *f*

limpide [lɛ̃pid] *adj* ① *(pur)* klar; *regard* offen; *air* rein; **des yeux d'un bleu ~** wasserblaue Augen ② *(intelligible)* klar

limpidité [lɛ̃pidite] *f (pureté)* Klarheit *f*; *de l'air* Reinheit *f*

lin [lɛ̃] *m* ① BOT Flachs *m* ② TEXTIL Leinen *nt*

linceul [lɛ̃sœl] *m* Leichentuch *nt*

linéaire [lineɛʀ] *adj* linear

linge [lɛ̃ʒ] *m* ① *sans pl (vêtements)* Wäsche *f*; **du ~ de rechange** [Unter]wäsche zum Wechseln; **~ de toilette** Handtücher *Pl*; **avoir du ~ à laver** Wäsche waschen müssen ② *(morceau de tissu)* Tuch *nt* ►**laver son ~ sale en famille** seine schmutzige Wäsche nicht in der Öffentlichkeit waschen; **blanc comme un ~** kreidebleich

lingerie [lɛ̃ʒʀi] *f* ① *sans pl (dessous)* **~ féminine** Damenwäsche *f* ② *(local)* Wäschekammer *f*

lingette [lɛ̃ʒɛt] *f* Erfrischungstuch *nt*

lingot [lɛ̃go] *m* ① *(lingot d'or)* [Gold]barren *m* ② *(masse de métal)* Block *m*

linguiste [lɛ̃gɥist] *mf* Linguist(in) *m(f)*

linguistique [lɛ̃gɥistik] **I.** *adj* ① *(relatif à la science du langage)* linguistisch, Sprach- ② *(relatif à la langue)* **communauté/famille ~** Sprachgemeinschaft *f*/-familie *f* **II.** *f* Linguistik *f*

lino [lino] *m fam*, **linoléum** [linɔleɔm] *m* Linoleum *nt*

linotte [linɔt] *f* Hänfling *m* ►**tête de ~** Spatzenhirn *nt (fam)*

linteau [lɛ̃to] <x> *m* ARCHIT Sturz *m*

lion [ljɔ̃] *m* Löwe *m*; *v. a.* **lionne**

Lion [ljɔ̃] *m* Löwe *m*; *v. a.* **Balance**

lionceau [ljɔ̃so] <x> *m* Löwenjunge(s) *nt*

lionne [ljɔn] *f* Löwin *f*; *v. a.* **lion**

lipide [lipid] *m* Lipid *nt*

liposoluble [liposɔlybl] *adj* fettlöslich

liposuccion [liposysjɔ̃] *f* Fettabsaugung *f*

lippu(e) [lipy] *adj* wulstig

liquéfier [likefje] <1> **I.** *vt* verflüssigen **II.** *vpr* **se ~** *gaz:* flüssig werden; *solide:* schmelzen

liquette [likɛt] *f fam* Hemd *nt*

liqueur [likœʀ] *f* Likör *m*

liquidation [likidasjɔ̃] *f* ① *(solde)* Ausverkauf *m*; **~ totale du stock** Räumungsverkauf ② JUR *d'une succession, d'un compte* Liquidation *f*

liquide [likid] **I.** *adj* ① *(fluide)* flüssig; **être trop ~** *sauce:* zu dünn[flüssig] sein ② *(disponible)* **argent ~** Bargeld *nt* **II.** *m* ① *(fluide)* Flüssigkeit *f*; **~ amniotique** Fruchtwasser *nt*; **~ de frein[s]** Bremsflüssigkeit *f*; **~ vaisselle** [Geschirr]spülmittel *nt*; **les ~s et les solides** flüssige und feste Körper ② *sans pl (argent)* Bargeld *nt*; **en ~** in bar

liquider [likide] <1> *vt* ① COM ausverkaufen *marchandise;* räumen *stock* ② *fam (se débarrasser)* ausschalten *adversaire;* sich *(dat)* vom Hals schaffen *dossier;* **voilà une affaire [de] liquidée** so, das wäre erledigt ③ *fam (tuer)* liquidieren; **se faire ~** liquidiert werden ④ *fam (finir)* austrinken *boisson;* aufessen *nourriture* ⑤ JUR auflösen *société, compte*

liquidité [likidite] *f* Liquidität *f*

liquoreux, -euse [likɔʀø, -øz] *adj* likörartig; **vin ~** Likörwein *m*

lire¹ [liʀ] <irr> **I.** *vi* ① *(bouquiner)* lesen; **savoir ~** lesen können; **~ à haute voix** laut lesen ② *(deviner)* **~ dans les lignes de la main de qn** jdm aus der Hand lesen; **~ dans les pensées de qn** jds Gedanken lesen **II.** *vt* ① *(prendre connaissance de)* lesen *livre, auteur;* **faire ~ un auteur à qn** jdm einen Autor zu lesen geben; **c'est à ~!** das sollte man gelesen haben!; **en espérant vous/te ~ bientôt** in Erwartung Ihrer/deiner Nachricht; **à te ~** nach dem, was du schreibst ② *(déchiffrer)* lesen [können] ③ *(donner lecture)* verlesen; *(faire la lecture)* **~ qc à qn** jdm etw [vor]lesen ④ *(deviner)* **~ la joie dans les yeux de qn** Freude in jds Augen *(dat)* erkennen **III.** *vpr* ① *euph* **qc/ça se laisse ~** etw/das lässt sich lesen ② *(se déchiffrer)* **l'hébreu se lit de droite à gauche** das Hebräische wird von rechts nach links gelesen ③ *(se comprendre)* **ce texte peut se ~ de deux manières** dieser Text kann auf zweierlei Weise verstanden werden ④ *(se deviner)* **la surprise se lisait sur son visage** man konnte ihm/ihr die Überraschung vom Gesicht ablesen

lire² [liʀ] *f* HIST *(monnaie)* Lira *f*

lis¹ [lis] *m* Lilie *f*

lis² [li] *indic prés de* **lire**

lisais [lizɛ] *imparf de* **lire**

lisant [lizɑ̃] *part prés de* **lire**

Lisbonne [lisbɔn] Lissabon *nt*
lisent [liz] *indic prés de* **lire**
liseré [liz(ə)ʀe] *m,* **liséré** [lizeʀe] *m* Borte *f*
liseron [lizʀɔ̃] *m* BOT Winde *f*
liseuse [lizøz] *f* ① (*vêtement*) Bettjäckchen *nt* ② INFORM E-Book-Reader *m,* E-Reader *m*
lisez [lize] *indic prés et impératif de* **lire**
lisibilité [lizibilite] *f* Lesbarkeit *f*
lisible [lizibl] *adj* gut lesbar; *écriture* leserlich; **être peu/ne pas être ~** *signature:* unleserlich sein
lisiblement [liziblәmɑ̃] *adv* leserlich; **écrire ~** deutlich schreiben
lisier [lizje] *m* AGR Gülle *f,* Jauche *f*
lisière [lizjɛʀ] *f* ① COUT Webkante *f* ② (*limite*) Rand *m; d'un champ* Rain *m*
lisons [lizɔ̃] *indic prés et impératif de* **lire**
lisse [lis] *adj* glatt
lisser [lise] <1> **I.** *vt* glatt streichen; glätten *papier* **II.** *vpr* **se ~ les cheveux/la moustache** sich (*dat*) die Haare/den Bart glatt streichen
lisseur [lisœʀ] *m* (*appareil pour lisser les cheveux*) Glätteisen *nt*
listage [listaʒ] *m sans pl a.* INFORM Auflisten *nt*
liste [list] *f* ① (*nomenclature*) Liste *f;* **~ des absents** Abwesenheitsliste; **~ électorale** Wählerliste; **~ de mariage** Wunschliste *f;* **faire la ~ de qc** [sich (*dat*)] eine Aufstellung von etw machen; **les ~s des inscriptions sont closes** es werden keine Bewerber mehr aufgenommen ② (*énumération*) **~ des choses/personnes** Liste *f* von Dingen/Menschen ▶**être sur [la] ~ rouge** nicht im Telefonbuch stehen
lister [liste] <1> *vt* ① (*faire un listage*) ausdrucken ② (*mettre en liste*) auflisten
listing [listiŋ] *m* Liste *f;* (*document imprimé*) Ausdruck *m*
lit[1] [li] *m* ① (*meuble*) Bett *nt;* **~ d'enfant** Kinderbett; **~ pour deux personnes** Doppelbett; **~ de camp** Feldbett; **aller au ~** ins Bett gehen; **mettre qn au ~** jdn ins Bett bringen; **au ~!** [ab] ins Bett!; **être cloué au ~** ans Bett gefesselt sein ② *d'une rivière* Bett *nt;* **sortir de son ~** über die Ufer treten ▶**du premier/second ~** aus erster/zweiter Ehe
lit[2] [li] *indic prés de* **lire**
litanie [litani] *f pl* REL Litanei *f*
litchi [litʃi] *m* ① (*arbre*) Litschibaum *m* ② (*fruit*) Litschi[pflaume *f*] *f*
literie [litʀi] *f* (*sommier et matelas*) Bettrost *m* und Matratze *f;* (*linge*) Bettwäsche *f;* **le rayon ~** die Bettenabteilung
lithium [litjɔm] *m* Lithium *nt*
lithographie [litɔgʀafi] *f* Lithographie *f*
lithuanien(ne) [litɥanjɛ̃, jɛn] *adj* litauisch
litière [litjɛʀ] *f* Streu *f; d'un cheval, d'une vache* [Ein]streu; **~ pour chats** Katzenstreu
litige [litiʒ] *m* (*contestation*) Streit *m;* JUR Streitfall *m;* **régler un ~** einen Streit beilegen
litigieux, -euse [litiʒjø, -jøz] *adj* umstritten
litote [litɔt] *f* Litotes *f*
litre [litʀ] *m* ① (*mesure*) Liter *m;* **un ~ d'eau/de lait** ein Liter Wasser/Milch ② (*bouteille*) Literflasche *f;* (*contenu*) Liter *m*
litron [litʀɔ̃] *m fam* Liter *m* Wein
littéraire [liteʀɛʀ] **I.** *adj* ① (*relatif à la littérature*) literarisch; **explication ~** Textinterpretation *f;* **un genre ~** eine literarische Gattung ② (*opp: scientifique*) geisteswissenschaftlich; **avoir l'esprit ~** Sinn für Literatur haben **II.** *mf* (*opp: scientifique*) schöngeistiger Mensch; (*étudiant, professeur*) Geisteswissenschaftler(in) *m(f)*
littéral(e) [liteʀal, -o] <-aux> *adj traduction* wortgetreu; *copie* buchstabengetreu; **le sens ~ d'un mot** der eigentliche Sinn eines Wortes
littéralement [liteʀalmɑ̃] *adv* [wort]wörtlich; (*au sens fort*) buchstäblich; **être ~ épuisé** im wahrsten Sinn erschöpft sein
littérature [liteʀatyʀ] *f* (*œuvres, bibliographie*) Literatur *f*
littoral [litɔʀal, -o] <-aux> *m* Küstengebiet *nt*
littoral(e) [litɔʀal, -o] <-aux> *adj* Küsten-; **flore/faune ~e** Litoralflora *f*/-fauna *f*
Lituanie [litɥani] *f* **la ~** Litauen *nt*
lituanien [litɥanjɛ̃] *m* Litauisch *nt; v. a.* **allemand**
lituanien(ne) [litɥanjɛ̃, jɛn] *adj* litauisch
Lituanien(ne) [litɥanjɛ̃, jɛn] *m(f)* Litauer(in) *m(f)*
liturgie [lityʀʒi] *f* Liturgie *f*
liturgique [lityʀʒik] *adj* liturgisch
live [lajv] *adj inv* live
livèche [livɛʃ] *f* BOT, GASTR Liebstöckel *nt o m,* Maggikraut *nt*
livide [livid] *adj* bleich; *lèvres* farblos; *lumière* fahl
living [liviŋ] *m,* **living-room** [liviŋʀum] <living-rooms> *m* Wohnzimmer *nt*
livrable [livʀabl] *adj* lieferbar; **~ à domicile** wird [ins Haus] geliefert
livraison [livʀɛzɔ̃] *f* Lieferung *f;* **~ de marchandises** Warenlieferung; **~ à domicile** Lieferung ins Haus; **payable à la ~** zahlbar

bei Lieferung; **la dernière ~ d'une revue** die letzte Ausgabe einer Zeitschrift

livre[1] [livʀ] *m* ① (*ouvrage*) Buch *nt;* **~ de cuisine** Kochbuch *nt;* **~ d'enfant, ~ pour enfants** Kinderbuch *nt;* **~ d'histoire/d'anglais** Geschichts-/Englischbuch *nt;* **~ d'images** Bilderbuch *nt;* **~ de lecture** Lesebuch *nt;* **~ de poche** Taschenbuch *nt;* **~ électronique** [*o* **en ligne**] E-Book *nt;* **~ scolaire** Schulbuch *nt;* **~ à succès** Bestseller *m* ② *sans pl* (*industrie*) **le ~** das Buchwesen; **salon du ~** Buchmesse *f* ③ (*partie*) Band *m* ④ (*registre*) **~ de caisse** Kassenbuch; **~ d'or** Goldenes Buch ▶ **à ~ ouvert** mühelos

livre[2] [livʀ] *f* ① (*unité monétaire*) Pfund *nt;* **~ sterling** (*unité monétaire*) Pfund *nt* Sterling ② (*demi-kilogramme*) Pfund *nt* ③ CAN (*0,453 kg*) Pfund *nt*

livre-cassette [livʀəkasɛt] <livres-cassettes> *m* Hörbuch *nt*

livrée [livʀe] *f* Livree *f*

livrer [livʀe] <1> **I.** *vt* ① (*fournir*) liefern *commande;* beliefern *client;* **se faire ~ qc** sich (*dat*) etw liefern lassen ② (*remettre*) **~ qn à la police** jdn der Polizei ausliefern; **être livré à la justice** der Gerechtigkeit überantwortet werden (*geh*) ③ (*dénoncer*) verraten ④ (*abandonner*) **~ qn à la mort** jdn dem Tod preisgeben; **être livré à soi-même** *personne, pays:* sich (*dat*) selbst überlassen sein ⑤ (*dévoiler*) preisgeben, verraten **II.** *vpr* ① (*se rendre*) **se ~ à qn** sich jdm stellen ② (*se confier*) **se ~ à qn** sich jdm offenbaren; **ne pas se ~ facilement** sich nicht ohne weiteres öffnen ③ (*se consacrer*) **se ~ à un sport** sich einer Sportart widmen; **se ~ à une enquête** *police:* Nachforschungen anstellen; **se ~ à ses occupations habituelles** seinen gewohnten Beschäftigungen nachgehen

livresque [livʀɛsk] *adj* **un savoir purement ~** reines Buchwissen

livret [livʀɛ] *m* (*registre*) Heft *nt;* **~ d'épargne** Sparbuch *nt;* **~ de famille** Familienbuch; **~ militaire** Wehrpass *m;* **~ scolaire** Zeugnis[heft] *nt*

livreur, -euse [livʀœʀ, -øz] *m, f* Lieferant(in) *m(f)*

lob [lɔb] *m* SPORT Lob *m*

lobby [lɔbi] <s *o* lobbies> *m* Lobby *f*

lobe [lɔb] *m* ANAT, BOT Lappen *m;* **~ de l'oreille** Ohrläppchen *nt*

lober [lɔbe] <1> SPORT **I.** *vi* lobben **II.** *vt* überlobben

local [lɔkal, -o] <-aux> *m* Raum *m;* **des locaux** (*salles*) Räumlichkeiten *Pl;* (*bureaux*) [Büro]räume *Pl;* **des locaux à usage commercial** gewerblich genutzte Räume

local(e) [lɔkal, -o] <-aux> *adj* örtlich; *anesthésie* lokal; *journal, page* Lokal-; *intérêt, hebdomadaire* lokal; *industrie* ortsansässig; **arrivée à une heure trente ~e** Ankunft ein Uhr dreißig Ortszeit; **c'est une coutume ~e?** ist das hier [so] üblich?

localement [lɔkalmɑ̃] *adv* (*par endroits*) stellenweise; (*à un endroit précis*) lokal

localisation [lɔkalizasjɔ̃] *f* Lokalisierung *f*

localiser [lɔkalize] <1> **I.** *vt* ① (*situer*) lokalisieren; orten *avion, navire;* **~ qc sur la carte** etwas auf der Karte finden; **~ d'où vient le bruit** herausfinden, woher das Geräusch kommt ② (*circonscrire*) eindämmen; eingrenzen *région, secteur;* **être localisé** örtlich begrenzt sein **II.** *vpr* **se ~** *conflit, épidémie:* sich örtlich begrenzen

localité [lɔkalite] *f* Ort *m*

locataire [lɔkatɛʀ] *mf* Mieter(in) *m(f);* **être ~** zur Miete wohnen

locatif [lɔkatif] *m* GRAM Lokativ *m*

location [lɔkasjɔ̃] *f* ① *d'une habitation, d'un terrain* (*par le locataire*) Mieten *nt;* (*par le propriétaire*) Vermieten; *d'une voiture, d'un bateau* Verleih *m;* **voiture de ~** Leihwagen *m;* **prendre/donner un appartement en ~** eine Wohnung mieten/vermieten ② (*maison à louer*) **prendre une ~ pour les vacances** eine Unterkunft für die Ferien mieten

location-vente [lɔkasjɔ̃vɑ̃t] <locations-ventes> *f* Leasing *nt;* **en ~** auf Leasing-Basis

lock-out [lɔkaut] *m inv* Aussperrung *f*

locomoteur, -trice [lɔkɔmɔtœʀ, -tʀis] *adj* lokomotorisch

locomotion [lɔkɔmosjɔ̃] *f* Fortbewegung *f*

locomotive [lɔkɔmɔtiv] *f* TECH Lokomotive *f*

locuteur, -trice [lɔkytœʀ, -tʀis] *m, f* Sprecher(in) *m(f)*

locution [lɔkysjɔ̃] *f* [Rede]wendung *f*

loft [lɔft] *m* Loft *m*

logarithme [lɔgaʀitm] *m* Logarithmus *m*

loge [lɔʒ] *f* ① *d'un concierge* Loge *f; d'un acteur* Garderobe *f* ② THEAT Loge *f* ▶ **[être] aux premières ~s** [etw] aus nächster Nähe [miterleben]

logement [lɔʒmɑ̃] *m* ① (*habitation*) Wohnung *f;* MIL Quartier *nt,* Unterkunft *f;* **~ de deux pièces** Zweizimmerwohnung; **~ de fonction** Dienstwohnung; **~ provisoire** Behelfsunterkunft ② (*secteur*) **le ~** der Wohnungsmarkt; **crise du ~** Wohnungskrise *f;* **politique en matière de ~** Wohnungspolitik *f*

loger [lɔʒe] <2a> I. *vi* (*séjourner*) *personne:* wohnen II. *vt* ❶ (*héberger*) unterbringen; **~ qn** jdn unterbringen ❷ (*contenir*) **~ qn/qc** *hôtel:* Platz für jdn/etw bieten ❸ (*envoyer avec une arme*) **~ une balle dans la tête de qn** jdm eine Kugel in den Kopf jagen (*fam*) III. *vpr* ❶ (*trouver un logement*) **se ~ chez un ami** bei einem Freund unterkommen ❷ (*se placer*) **aller se ~ entre deux vertèbres** *balle:* zwischen zwei Wirbeln stecken bleiben

logeur, -euse [lɔʒœʀ, -ʒøz] *m, f* Vermieter(in) *m(f)*

loggia [lɔdʒja] *f* Loggia *f*

logiciel [lɔʒisjɛl] *m* Software *f;* **~ anti-virus** Antivirenprogramm *nt;* **~ de courrier électronique** Mailprogramm; **~ de traitement de texte** Textverarbeitungsprogramm

logique [lɔʒik] I. *adj* logisch; **ne pas être ~** sich (*dat*) widersprechen II. *f* PHILOS, MATH Logik *f;* **manquer de ~** der Logik entbehren; **être dans la ~ des choses** in der Natur der Sache liegen; **entrer dans une ~ de guerre** sich in eine Kriegslogik begeben; **en toute ~** logischerweise

logiquement [lɔʒikmɑ̃] *adv* ❶ (*normalement*) logischerweise ❷ (*rationnellement*) **penser ~** logisch denken

logisticien(ne) [lɔʒistisjɛ̃, jɛn] *m(f)* ❶ (*spécialiste de la logique mathématique*) Logiker *m* ❷ (*spécialiste de la logistique*) Logistiker *m*

logistique [lɔʒistik] *f* Logistik *f*

logo [lɔgo, logo], **logotype** [lɔgɔtip] *m d'une entreprise* Logo *m o nt; d'un produit* Warenzeichen *nt*

loguer [lɔge] <1> *vpr* INFORM, INET **se ~** sich einloggen, sich anmelden

loi [lwa] *f* ❶ (*prescription légale*) Gesetz *nt;* **la ~ du talion** das Prinzip Auge um Auge, Zahn um Zahn; **la ~ est la même pour tous** vor dem Gesetz sind alle [Menschen] gleich; **j'ai la ~ pour moi** das Gesetz ist auf meiner Seite ❷ (*ordre imposé*) Gesetz *nt;* (*par Dieu*) Gebot *nt;* **dicter sa ~** befehlen; **faire la ~ chez qn** bei jdm befehlen; **la ~ du moindre effort** das Prinzip des geringsten Arbeitsaufwandes; **c'est la ~ des séries** ein Unglück kommt selten allein ❸ PHYS, MATH Gesetz *nt*

loi-cadre [lwakɑdʀ] <lois-cadres> *f* Rahmengesetz *nt*

loin [lwɛ̃] *adv* ❶ (*distance*) **au ~** in der Ferne; **de ~** von weitem; **aller/être/partir ~ de sa ville natale** weit weg von seiner Heimatstadt gehen/sein/gehen; **c'est encore assez ~** das ist noch ziemlich weit; **plus ~** weiter ❷ *fig* weit; **il ira ~** er wird es weit bringen; **j'irais même plus ~** ich würde sogar noch weiter gehen; **voir plus ~ page 28** siehe Seite 28; **être/ne pas être ~ de faire qc** weit/nicht weit davon entfernt sein, etw zu tun; **qc ne mène pas ~** mit etw kommt man nicht weit; **elle revient de ~** sie ist gerade noch einmal davongekommen; **aller trop ~** zu weit gehen; **voir ~** weit vorausdenken; **de ~** bei weitem; **~ de là** [ganz] im Gegenteil; **pas ~ de 10/1000** fast 10/1000 ❸ (*dans le temps: passé*) lange her; (*futur*) weit weg; **il n'est pas [très] ~ de minuit** es ist fast Mitternacht; **de ~ en ~** von Zeit zu Zeit ❹ (*au lieu de*) **~ de faire qc** weit entfernt davon, etw zu tun; **~ de cela** weit davon entfernt ▶ **~ s'en faut** weit gefehlt

lointain(e) [lwɛ̃tɛ̃, ɛn] *adj* ❶ (*dans l'espace*) fern, entfernt ❷ (*dans le temps*) fern; *époque* weit zurückliegend; *souvenir* alt ❸ (*indirect*) entfernt; **rapport ~** loser Zusammenhang ❹ *personne* in Gedanken versunken; *regard* abwesend

loir [lwaʀ] *m* Siebenschläfer *m* ▶ **dormir comme un ~** wie ein Murmeltier schlafen

Loire [lwaʀ] *f* **la ~** die Loire

Loire-Atlantique [lwaʀatlɑ̃tik] *f* **la ~** die Loire-Atlantique (*französisches Departement*)

loisir [lwaziʀ] *m* ❶ *sing o pl* (*temps libre*) Freizeit *f kein Pl;* **heures de ~** Freizeit *f* ❷ (*passe-temps*) Freizeitbeschäftigung *f*

lol [lɔl] *interj fam abr de* **laughing out loud** INET lol

lolo [lolo] *m* ❶ *enfantin* (*lait*) Milch *f* ❷ *pop* (*sein*) **des ~s** Titten *Pl* (*sl*)

lombago *v.* **lumbago**

lombaire [lɔ̃bɛʀ] I. *adj* **région ~** Lendengegend *f* II. *f* Lendenwirbel *m*

lombric [lɔ̃bʀik] *m* Regenwurm *m*

londonien(ne) [lɔ̃dɔnjɛ̃, jɛn] *adj* Londoner

Londonien(ne) [lɔ̃dɔnjɛ̃, jɛn] *m(f)* Londoner(in) *m(f)*

Londonistan [lɔ̃donistɑ̃] *m* Londonistan *nt* (*Bezeichnung für die britische Hauptstadt als europäische Zentrale des Al-Qaida-Terrors*)

Londres [lɔ̃dʀ] London *nt*

long [lɔ̃] I. *m* **en ~** in der Länge; **de ~ en large** auf und ab; **en ~ et en large** lang und breit; **tout au ~ du parcours** die ganze Strecke; **tout au ~ de sa vie** sein ganzes Leben lang; **avoir 2 km de ~** 2 km lang sein; **tomber de tout son ~** der Länge nach hinfallen; [**tout**] **le ~ du mur** an der ganzen Wand entlang **II.** *adv* **qc en dit ~** etw besagt viel; **qc en dit ~ sur qc** etw sagt viel über etw (*akk*); **en savoir ~ sur qc** gut Bescheid wissen über etw (*akk*)

long, longue [lɔ̃, lɔ̃g] *adj* ❶ *a. antéposé* (*dans l'espace*) lang; **un ~ détour** ein großer Umweg; **~ de 5 km** 5 km lang ❷ *antéposé* (*dans le temps*) lang; **une longue habitude** eine alte Gewohnheit; **ce sera ~** das wird lange dauern; **être ~ à faire qc** lange brauchen, um etw zu tun

long-courrier [lɔ̃kuʀje] <long-courriers> *m* Langstreckenflugzeug *nt*

longe [lɔ̃ʒ] *f* Leine *f*

longer [lɔ̃ʒe] <2a> *vt* ❶ (*border*) **~ qc** *mur:* an etw (*dat*) entlanglaufen; *sentier:* an etw (*dat*) entlangführen; *rivière:* an etw (*dat*) entlangfließen ❷ (*se déplacer le long de*) **~ qc** *bateau, véhicule:* an etw (*dat*) entlangfahren; *personne:* (*à pied*) an etw (*dat*) entlanggehen; (*en voiture*) an etw (*dat*) entlangfahren

longévité [lɔ̃ʒevite] *f* ❶ (*longue durée de vie*) Langlebigkeit *f* ❷ (*durée de vie*) Lebensdauer *f*

longiligne [lɔ̃ʒiliɲ] *adj personne* schmal und hoch gewachsen

longitude [lɔ̃ʒityd] *f* Länge *f;* **43° de ~ est/ouest** 43° östlicher/westlicher Länge

longitudinal(e) [lɔ̃ʒitydinal, -o] <-aux> *adj* **axe ~** Längsachse *f*

longtemps [lɔ̃tɑ̃] *adv* (*un temps long*) lange, lange Zeit; **il y a ~** das ist schon lange her; **il y a très ~, ...** vor langer Zeit ...; **il y a ~ que j'ai fini, j'ai fini depuis ~** ich bin schon lange fertig; **en avoir pour ~** lange brauchen; **être à Paris pour ~** längere Zeit in Paris sein; **aussi ~ que tu veux** so lange, wie du willst; **aussi ~ qu'il le faudra** so lange wie nötig; **~ avant/après qc** lange [Zeit] vor etw (*dat*)/nach etw

longue [lɔ̃g] *f* ▶ **à la ~** auf [die] Dauer

longuement [lɔ̃gmɑ̃] *adv* lange, lang; *expliquer* lang und breit; *s'étendre sur un sujet* ausführlich; *étudier* eingehend

longuet [lɔ̃gɛ] *m* Baguettebrötchen *nt*

longueur [lɔ̃gœʀ] *f* ❶ (*opp: largeur*) Länge *f;* **avoir une ~ de 10 cm, avoir 10 cm de ~** eine Länge von 10 cm haben, 10 cm lang sein; **plier en ~** der Länge nach falten ❷ (*dimension*) Länge *f* ❸ (*durée*) Länge *f;* **traîner en ~** sich in die Länge ziehen; **à ~ d'année/de journée** das ganze Jahr/den ganzen Tag ❹ *pl* LITTER, CINE Längen *Pl* ❺ SPORT Länge *f;* **d'une ~** um eine Länge; **avoir une ~ d'avance sur qn** *fig* vor jdm in Führung liegen ❻ PHYS **~ d'onde** Wellenlänge *f;* **être sur la même ~ d'onde** *fig fam* auf der gleichen Wellenlänge liegen

longue-vue [lɔ̃gvy] <longues-vues> *f* Fernrohr *nt*

look [luk] *m d'une personne* Look *m* ▶ **avoir un ~ d'enfer** *fam* irre toll aussehen

looping [lupiŋ] *m* AVIAT Looping *m o nt*

loose [luz] *f fam* **ce mec, c'est vraiment la ~** der Typ ist voll der Loser

lopin [lɔpɛ̃] *m* **~ de terre** Stück *nt* Land

loquace [lɔkas] *adj* gesprächig

loquacité [lɔkasite] *f* Gesprächigkeit *f*

loque [lɔk] *f* ❶ (*vêtement*) Lumpen *m;* **en ~s** zerlumpt ❷ *péj* (*personne*) Wrack *nt*

loquet [lɔkɛ] *m* Riegel *m;* **mettre le ~** den Riegel vorschieben

lorgner [lɔʀɲe] <1> *vt* ❶ (*reluquer*) anstarren ❷ (*convoiter*) schielen nach; liebäugeln mit *poste*

lorgnette [lɔʀɲɛt] *f* Opernglas *nt* ▶ **regarder qc par le petit bout de la ~** etw zu einseitig sehen

lorgnon [lɔʀɲɔ̃] *m* Kneifer *m*

loriot [lɔʀjo] *m* Pirol *m*

lorrain(e) [lɔʀɛ̃, ɛn] *adj* lothringisch

Lorrain(e) [lɔʀɛ̃, ɛn] *m(f)* Lothringer(in) *m(f)*

Lorraine [lɔʀɛn] *f* **la ~** Lothringen *nt*

lors [lɔʀ] *adv* **~ de notre arrivée** bei unserer Ankunft; **~ d'un congrès** auf einem Kongress; **depuis ~** seitdem; **dès ~** (*à partir de ce moment-là*) seitdem; (*de ce fait*) folglich; **dès ~ que ...** sobald ...

lorsque [lɔʀsk(ə)] <lorsqu'> *conj* **~ tu fais/feras qc** wenn du etw machst/machen wirst; **~ tu faisais/as fait qc** als du etw machtest/gemacht hast; **lorsqu'il fera beau, nous sortirons** wenn das Wetter schön ist, werden wir hinausgehen

losange [lɔzɑ̃ʒ] *m* Raute *f;* **en** [**forme de**] **~** rautenförmig

loser [luzœʀ] *m fam* Loser *m*

lot [lo] *m* ❶ (*prix*) Preis *m;* **~ de consolation** Trostpreis *m;* **gagner le gros ~** das große Los ziehen ❷ (*assortiment*) Stapel *m;* (*aux enchères*) Posten *m* ❸ (*parcelle*) Parzelle *f* ❹ INFORM **traitement par ~s** Stapelverarbeitung *f* ❺ (*part*) Anteil *m*

loterie [lɔtʀi] *f* ❶ (*jeu*) Lotterie *f;* **gagner à la ~** in der Lotterie gewinnen ❷ (*hasard*) Lotteriespiel *nt*

loti(e) [lɔti] *adj* **être bien/mal ~** es gut/schlecht getroffen haben

L

lotion [losjɔ̃] *f* Lotion *f;* ~ **capillaire** Haarwasser *nt;* ~ **après-rasage** Aftershave *nt*

lotir [lɔtiʀ] <8> *vt* parzellieren

lotissement [lɔtismɑ̃] *m* (*ensemble immobilier*) Siedlung *f*

loto [lɔto] *m* ① (*jeu de société*) Lotto(spiel *nt*) *nt* ② (*loterie*) **le tirage du Loto** die Ziehung der Lottozahlen; **jouer au Loto** Lotto *nt* spielen; **jouer au Loto sportif** Toto *nt* spielen

lotte [lɔt] *f* [Aal]quappe *f*

lotus [lɔtys] *m* Lotos *m*

louable[1] [lwabl] *adj* (*digne de louange*) lobenswert

louable[2] [lwabl] *adj pièce, appartement* zu vermieten

louange [lwɑ̃ʒ] *f* ① *soutenu* (*glorification*) Lobpreisung *f* (*geh*); **digne de ~** lobenswert ② *gén pl* (*paroles*) Lobrede *f* ③ (*gloire*) **chanter les ~s de qn/qc** ein Loblied auf jdn/etw singen

loubard(e) [lubaʀ, aʀd] *m(f) fam* Rowdy *m*

louche[1] [luʃ] *adj* (*douteux, suspect*) zwielichtig; *passé* zweifelhaft; *affaire, histoire* dubios; **un individu ~** eine zwielichtige Gestalt

louche[2] [luʃ] *f* (*ustensile*) Schöpflöffel *m*

loucher [luʃe] <1> *vi* ① MED schielen ② *fam* (*lorgner*) ~ **sur qn** nach jdm schielen; ~ **sur l'héritage** es auf das Erbe abgesehen haben

louer[1] [lwe] <1> *vt* ① (*vanter*) rühmen ② (*féliciter*) ~ **qn de qc** jdn für etw loben

louer[2] [lwe] <1> **I.** *vt* ① (*donner en location*) ~ **qc à qn** jdm etw vermieten; **à ~** zu vermieten ② (*prendre en location*) mieten ③ (*emprunter*) ausleihen **II.** *vpr* **se ~** *appartement, voiture, chambre:* vermietet werden

loueur, -euse [lwœʀ, -øz] *m, f* ~ **de chambres/voitures** Vermieter *m* von Zimmern/Autos

loufoque [lufɔk] *adj fam* verrückt

Louis [lwi] *m* Ludwig *m*

loukoum [lukum] *m* Lokum *nt*

loulou [lulu] *m fam* (*terme d'affection*) Liebling *m*

loup [lu] *m* ① (*mammifère*) Wolf *m;* (*poisson*) ~ [**de mer**] Barsch *m; v. a.* **louve** ② *fig* **jeune ~** ehrgeiziger junger Mann ③ (*masque*) *schwarze Halbmaske* ④ *fam* (*terme d'affection*) **mon ~** mein Liebling ▸**quand on parle du ~ on en voit la queue** wenn man vom Teufel spricht, dann kommt er; **être connu comme le ~ blanc** bekannt sein wie ein bunter Hund

loupe [lup] *f* OPT Lupe *f* ▸**examiner/regarder qc à la ~** etw genau unter die Lupe nehmen

louper [lupe] <1> **I.** *vt fam* ① (*ne pas réussir*) verpatzen *examen;* **être loupé** *soirée:* in die Hose gegangen sein; *mayonnaise, gâteau:* nichts geworden sein ② (*manquer*) verpassen; verfehlen *cible* **II.** *vi fam* (*échouer*) *projet, tentative:* danebengehen; **ça n'a pas loupé** das musste ja so kommen

loup-garou [lugaʀu] <loups-garous> *m* Werwolf *m*

loupiot(e) [lupjo, jɔt] *m(f) fam* Gör *nt* (*pej*)

loupiote [lupjɔt] *f fam* Lämpchen *nt*

lourd(e) [luʀ, luʀd] **I.** *adj* ① *a. antéposé* (*de grand poids*) schwer ② (*pesant*) schwer; **avoir l'estomac ~** Magendrücken haben; **elle a le cœur ~** ihr ist es schwer ums Herz ③ *a. antéposé temps* drückend; **il fait ~** es ist schwül ④ *a. antéposé impôts, dettes, charges* hoch; *perte* schwer ⑤ *a. antéposé* (*pénible*) schwer; **emploi du temps très ~** voller Stundenplan ⑥ (*chargé*) ~ **de menaces** voller Drohungen; ~ **de signification** bedeutungsschwer ⑦ (*gauche*) schwerfällig; *compliment, plaisanterie* plump ⑧ *parfum, vin* schwer; *nourriture* schwer verdaulich ⑨ *a. antéposé* (*grave*) schwer ⑩ *a. antéposé défaite, peine* schwer ⑪ *sommeil* tief ⑫ *terre, liquide* schwer **II.** *adv* **peser ~** schwer wiegen ▸**pas ~** *fam* (*pas beaucoup*) verdammt wenig[e]

lourdaud(e) [luʀdo, od] *m(f)* Trampel *m o nt* (*fam*)

lourdement [luʀdəmɑ̃] *adv* schwer; *se tromper* gewaltig (*fam*); *insister* hartnäckig

lourder [luʀde] <1> *vt arg* ① (*virer, licencier*) feuern (*fam*) ② (*larguer*) ~ **qn** jdm den Laufpass geben (*fam*)

lourdeur [luʀdœʀ] *f* ① (*pesanteur*) **~s d'estomac** Magendrücken *nt* ② (*caractère massif*) Plumpheit *f*

lourdingue [luʀdɛ̃g] *fam* **I.** *adj* tölpelhaft (*pej*) **II.** *mf* Tölpel *m* (*pej*)

loustic [lustik] *m fam* (*drôle de zig*) komischer Vogel

loutre [lutʀ] *f* ① ZOOL Otter *m* ② (*fourrure*) Otter[n]fell *nt*

Louvain [luvɛ̃] Löwen *nt*

louve [luv] *f* Wölfin *f; v. a.* **loup**

louveteau [luvto] <x> *m* ① ZOOL junger Wolf ② (*jeune scout*) Wölfling *m*

louvoyer [luvwaje] <6> *vi* ① (*tergiverser*) geschickt lavieren ② NAUT aufkreuzen

lover [lɔve] <1> *vpr* **se ~** sich einrollen

loyal(e) [lwajal, -jo] <-aux> *adj* loyal; *ami, services* treu; *adversaire, conduite, procédés* fair

loyalement [lwajalmɑ̃] *adv reconnaître* offen

loyalisme [lwajalism] *m d'une personne* Loyalität *f*

loyauté [lwajote] *f* Loyalität *f; d'un adversaire, d'un procédé* Fairness *f*

loyer [lwaje] *m d'un appartement* Miete *f; d'une ferme* Pacht *f*

L.S.D. [ɛlɛsde] *m abr de* **Lysergsäurediäthylamid** LSD *nt*

lu(e) [ly] *part passé de* **lire**

lubie [lybi] *f* Marotte *f;* **avoir des ~s** Marotten haben

lubricité [lybʀisite] *f* Lüsternheit *f*

lubrifiant [lybʀifjɑ̃] *m* (*pour une machine*) Schmiermittel *nt;* (*pour l'amour*) Gleitmittel *nt*

lubrification [lybʀifikasjɔ̃] *f* Schmieren *nt*

lubrifier [lybʀifje] <1a> *vt* schmieren

lubrique [lybʀik] *adj* lüstern; *propos, scène* obszön

lucarne [lykaʀn] *f* (*petite fenêtre*) Dachfenster *nt; d'une entrée, d'un mur, cachot* Fensteröffnung *f*

lucide [lysid] *adj* ① (*clairvoyant*) scharfsinnig ② (*conscient*) **l'accidenté est ~** der Verunglückte ist bei Bewusstsein

lucidement [lysidmɑ̃] *adv* scharfsichtig

lucidité [lysidite] *f* (*conscience*) klares Bewusstsein; **des moments de ~** lichte Augenblicke

luciole [lysjɔl] *f* Glühwürmchen *nt*

lucratif, -ive [lykʀatif, -iv] *adj* lukrativ

lucre [lykʀ] *m péj* Profit *m*

ludiciel [lydisjɛl] *m* INFORM Spiel[e]software *f*

ludique [lydik] *adj* **activités ~s** Spielen *nt*

ludoéducatif, -ive [lydɔedykatif, -tiv] *adj* Edutainment-

ludothèque [lydɔtɛk] *f* Spielothek *f*

luette [lɥɛt] *f* Zäpfchen *nt*

lueur [lɥœʀ] *f* ① (*faible clarté*) Schein *m kein Pl; des braises* Glühen *nt kein Pl;* **à la ~ d'une bougie** beim Schein einer Kerze (*gen*) ② (*éclat fugitif dans le regard*) **une ~ de colère/joie** eine Andeutung von Wut/Freude ③ (*signe passager*) Funke[n] *m;* **une ~ d'intelligence** eine Spur von Intelligenz; **une ~ d'espoir** ein Hoffnungsschimmer *m*

luge [lyʒ] *f* Schlitten *m;* **faire de la ~** Schlitten fahren; **en ~** mit dem Schlitten

lugubre [lygybʀ] *adj* düster; *figure* finster; *personne* trübsinnig; *paysage* trist; **des pensées ~s** trübsinnige Gedanken

lui [lɥi] **I.** *pron pers* ① (*masc ou fém*) **je ~ ai demandé s'il/si elle venait** ich habe ihn/sie gefragt, ob er/sie kommt; **c'est ton chien/ta chatte? Tu ~ as donné à manger?** ist das dein Hund/deine Katze? Hast du ihm/ihr [schon] zu fressen gegeben?; **tu as vu mon sac? Je ~ ai donné un coup de brosse!** hast du meine Tasche gesehen? Ich habe sie mit der Bürste poliert! ② *avec faire, laisser* **il ~ laisse/fait conduire la voiture** er lässt ihn/sie das Auto fahren ③ *avec être, devenir, sembler, soutenu* **cela ~ semble bon** das erscheint ihm/ihr gut; *v. a.* **me** ④ (*avec un sens possessif*) **le cœur ~ battait fort** sein/ihr Herz schlug heftig **II.** *pron pers, masc* ① *fam* (*pour renforcer*) **~, il n'a pas ouvert la bouche** der hat den Mund nicht aufgemacht; **c'est ~ qui l'a dit** das hat der gesagt; **tu veux l'aider, ~?** dem möchtest du helfen? ② *avec une préposition* **avec/sans ~** mit ihm/ohne ihn; **à ~ seul** er allein; **la maison est à ~** das Haus gehört ihm; **c'est à ~ de décider** er muss entscheiden; **c'est à ~!** er ist dran! ③ *dans une comparaison* er; **tu es comme ~** du bist wie er; **plus fort que ~** stärker als er ④ (*soi*) sich; **il ne pense qu'à ~** er denkt nur an sich; **il est fier de ~** er ist stolz auf sich

lui-même [lɥimɛm] *pron pers* ① (*lui en personne*) **~ n'en savait rien** er selbst wusste nichts davon; **il est venu de ~** er ist von selbst gekommen; **M. X? – ~!** Herr X? – Höchstpersönlich! ② (*en soi*) selbst, an sich

luire [lɥiʀ] *<irr> vi* ① (*briller*) *soleil:* scheinen; *étoile, lune:* leuchten ② (*réfléchir la lumière*) *feuilles:* leuchten; *lac, rosée:* glitzern ③ (*exprimer*) **~ de désir/colère** *yeux:* vor Verlangen (*dat*) strahlen/vor Wut funkeln

luisant(e) [lɥizɑ̃, ɑ̃t] *adj* glänzend; *arme* blitzend; *yeux* (*de joie*) leuchtend; (*de colère*) funkelnd; **~ de fièvre** fieberglänzend

lumbago [lœ̃bago] *m* Hexenschuss *m*

lumière [lymjɛʀ] *f* ① (*clarté naturelle, éclairage*) Licht *nt;* **~ du soleil** Sonnenlicht; **~ du jour/de la lune** Tages-/Mondlicht ② *pl* (*connaissances*) Wissen *nt;* **j'aurais besoin de vos ~s** ich bräuchte Ihren/euren Rat ③ (*personne intelligente*) **être/ne pas être une ~** ein heller Kopf/keine Leuchte sein (*fam*) ④ (*ce qui permet de comprendre*) Licht *nt;* **faire la ~ sur**

L

une affaire Licht in eine Angelegenheit bringen; **jeter une ~ nouvelle sur qc** etw in ein anderes Licht rücken

lumignon [lymiɲɔ̃] *m* Lämpchen *nt*

luminaire [lyminɛʀ] *m* (*lampe*) Leuchte *f*

luminescent(e) [luminesɑ̃, ɑ̃t] *adj* lumineszierend

lumineux, -euse [lyminø, -øz] *adj* ① (*qui répand la lumière*) leuchtend; **enseigne lumineuse** Neonschild *nt;* **rayon ~** Lichtstrahl *m* ② *couleur, yeux* leuchtend; *regard* strahlend; *teint* frisch ③ *pièce, appartement* hell

luminosité [lyminozite] *f* ① *du ciel, d'une couleur* Leuchten *nt* ② *d'une pièce, d'un appartement* Helligkeit *f*

lump [lœ̃p] *m* Seehase *m*

lunaire [lynɛʀ] *adj* ① ASTRON **sol ~** Mondoberfläche *f* ② (*qui ressemble à la lune*) **visage/paysage ~** Mondgesicht *nt*/Mondlandschaft *f*

lunatique [lynatik] *adj personne* launisch; *humeur* wechselhaft

lunch [lœntʃ] <[e]s> *m* Lunch *m*

L

lundi [lœ̃di] *m* Montag *m;* **~ de Pâques/Pentecôte** Oster-/Pfingstmontag *m; v. a.* **dimanche**

lune [lyn] *f* Mond *m;* **nouvelle/pleine ~** Neumond/Vollmond ▶ **demander la ~** Unmögliches verlangen; **promettre la ~ à qn** jdm das Blaue vom Himmel versprechen

luné(e) [lyne] *adj fam* **être bien/mal ~** gut/schlecht gelaunt sein

lunetier, -ière [lyn(ə)tje, -jɛʀ] **I.** *adj* **industrie lunetière** Brillenindustrie *f* **II.** *m, f* Brillenfabrikant(in) *m(f)*

lunette [lynɛt] *f* ① *pl* (*verres*) Brille *f,* Augengläser *Pl* (A); **~s noires** dunkle Brille; **~s de plongée** Taucherbrille; **~s de soleil** Sonnenbrille; **mettre ses ~s** die Brille aufsetzen ② (*instrument*) Fernrohr *nt* ③ *d'un toit* Dachluke *f;* **~ arrière** AUT Heckscheibe *f* ④ *des WC* WC-Brille *f*

lunule [lynyl] *f* [Nagel]möndchen *nt*

lupin [lypɛ̃] *m* Lupine *f*

lurette [lyʀɛt] *f* ▶ **il y a belle ~ que ...** *fam* es ist schon ewig her, dass ...; **depuis belle ~** *fam* schon seit ewigen Zeiten

luron [lyʀɔ̃, ɔn] *m* **joyeux ~** *fam* Lebemann *m*

lus [ly] *passé simple de* **lire**

lustrage [lystʀaʒ] *m* Lüstrieren *nt*

lustre [lystʀ] *m* (*lampe*) Kronleuchter *m*

lustré(e) [lystʀe] *adj* glänzend

lustrer [lystʀe] <1> *vt* (*faire briller*) polieren *voiture;* **~ sa fourrure/son poil** *animal:* sein Fell putzen

luth [lyt] *m* Laute *f*

Luther [lytɛʀ] *m* Luther *m*

luthérien(ne) [lyteʀjɛ̃, jɛn] *adj* lutherisch

luthier [lytje] *m* Geigenbauer(in) *m(f)*

lutin [lytɛ̃] *m* Kobold *m*

lutte [lyt] *f* ① (*combat*) Kampf *m;* **~ antidrogue** Rauschgiftbekämpfung *f;* **~ des classes** Klassenkampf *m;* **~ contre/pour qn/qc** Kampf gegen/für jdn/etw; **la ~ pour la vie** der Kampf ums Dasein; **être en ~ contre qn** gegen jdn kämpfen; **entrer en ~** den Kampf aufnehmen ② SPORT Ringkampf *m;* **faire de la ~** ringen; **~ suisse** [*o* **à la culotte**] CH Hosenlupf *m,* Schwinget *m* (CH)

lutter [lyte] <1> *vi* ① (*combattre*) kämpfen; **~ contre la mort** mit dem Tod ringen; **~ contre le sommeil/le vent** gegen die Müdigkeit/den Wind ankämpfen ② (*mener une action*) kämpfen; **~ contre qc** etw bekämpfen

lutteur, -euse [lytœʀ, -øz] *m, f* ① SPORT Ringkämpfer(in) *m(f)* ② (*battant*) Kämpfer(in) *m(f)*

luxation [lyksasjɔ̃] *f de l'épaule, de la hanche* Auskugelung *f*

luxe [lyks] *m* ① (*opp: nécessité*) Luxus *m;* **c'est du ~!** das ist Luxus!; **ce n'est pas du ~** *fam* das muss sein; **s'offrir le ~ de faire qc** es sich (*dat*) leisten, etw zu tun ② (*coûteux*) **hôtel/article de ~** Luxushotel *nt*/Luxusartikel *m;* **magasin de ~** Geschäft *nt* mit Luxusartikeln; **train/voiture de ~** Zug *m*/Wagen *m* der Luxusklasse

Luxembourg [lyksɑ̃buʀ] *m* ① (*pays*) **le ~** Luxemburg *nt* ② (*ville*) Luxemburg *nt* ③ (*à Paris*) **le** [**palais du**] **~** *Sitz des französischen Senats;* **le** [**jardin du**] **~** *Park in Paris*

luxembourgeois(e) [lyksɑ̃buʀʒwa, waz] *adj* luxemburgisch

Luxembourgeois(e) [lyksɑ̃buʀʒwa, waz] *m(f)* Luxemburger(in) *m(f)*

luxer [lykse] <1> *vpr* **se ~ l'épaule** sich (*dat*) die Schulter verrenken

luxueux, -euse [lyksɥø, -øz] *adj a. antéposé* luxuriös; **hôtel ~** Luxushotel *nt*

luxure [lyksyʀ] *f* Wollust *f*

luxuriant(e) [lyksyʀjɑ̃, jɑ̃t] *adj végétation* üppig

luzerne [lyzɛʀn] *f* Luzerne *f*

lycée [lise] *m Schule für die letzten 3 Jahre vor dem Abitur;* **~ d'enseignement général et technologique** *„lycée" mit zusätzlichen technischen Fächern;* **~ d'enseignement professionnel** Berufsfachschule *f;*

~ **technique** ≈ technische Fachoberschule; **être prof au ~** Lehrer(in) *m(f)* am „lycée“ sein; **aller au ~** ein „lycée“ besuchen

lycéen(ne) [liseɛ̃, ɛn] *m(f)* Schüler(in) *m(f)* eines „lycée“

lycra® [likʀa] *m* Lycra® *nt*

lymphatique [lɛ̃fatik] *adj* **système ~** Lymphsystem *nt*

lymphe [lɛ̃f] *f* Lymphe *f*

lynchage [lɛ̃ʃaʒ] *m* Lynchjustiz *f*

lyncher [lɛ̃ʃe] <1> *vt* lynchen

lynx [lɛ̃ks] *m* Luchs *m*

lyophiliser [ljɔfilize] <1> *vt* gefriertrocknen; **café lyophilisé** Pulverkaffee *m*

lyre [liʀ] *f* Lyra *f*

lyrique [liʀik] *adj* LITTER lyrisch; *roman, film* stimmungsvoll

lyrisme [liʀism] *m* LITTER Lyrik *f*

lys [lis] *m v.* **lis**

Mm

M, m [ɛm] *m inv* M *nt*, m *nt*

m [ɛm] *abr de* **mètre** m

M. <MM.> *m abr de* **Monsieur**: **~ Trouvé** Herr Trouvé

m' *pron v.* **me**

ma [ma, me] <mes> *dét poss* mein(e); **~ fleur/chaise/maison** meine Blume/mein Stuhl/Haus; **~ Sœur** Schwester ▶ **~ pauvre!** Sie/du arme!

maboul(e) [mabul] *fam* **I.** *adj* übergeschnappt **II.** *m(f)* Verrückte(r) *f(m)*

mac [mak] *m arg abr de* **maquereau** Lude *m* (*pej fam*)

macabre [makɑbʀ] *adj* makaber; **humour ~** schwarzer Humor

macadam [makadam] *m* (*revêtement routier*) Makadam *m o nt*

macaque [makak] *m* ① ZOOL Makak *m*; **~ rhésus** Rhesusaffe *m* ② *fig fam* (*personne*) hässlicher Kerl *m*

macaron [makaʀɔ̃] *m* GASTR Makrone *f*

macaroni [makaʀɔni] *m* ① *pl* GASTR Makkaroni *Pl* ② *péj fam* (*Italien*) Makkaronifresser *m*

macchabée [makabe] *m pop* Leiche *f*

macédoine [masedwan] *f* **~ de fruits** Obstsalat *m*; **~ de légumes** Mischgemüse *nt*

Macédoine [masedwan] *f* **la ~** Makedonien *nt*

macération [maseʀasjɔ̃] *f* GASTR Einlegen *nt*

macérer [maseʀe] <5> GASTR **I.** *vi* (*tremper longtemps*) **~ dans qc** in etw (*dat*) eingelegt sein **II.** *vt* einlegen

mâche [mɑʃ] *f* Feldsalat *m*, Vogerlsalat (A)

mâcher [mɑʃe] <1> *vt* (*mastiquer*) kauen

machette [maʃɛt] *f* Machete *f*

machiavélique [makjavelik] *adj* machiavellistisch

machiavélisme [makjavelism] *m* Machiavellismus *m*

mâchicoulis [mɑʃikuli] *m* Pechnase *f*

machin [maʃɛ̃] *m fam* ① (*truc*) Dings *nt* ② (*untel*) **c'est Machin!** das ist der Dings!

machinal(e) [maʃinal, -o] <-aux> *adj* mechanisch

machinalement [maʃinalmɑ̃] *adv* mechanisch

machination [maʃinasjɔ̃] *f* Intrige *f*; **de sombres ~s** dunkle Machenschaften *Pl*

machine [maʃin] *f* (*appareil*) Maschine *f*; **~ à café** Kaffeemaschine; **~ à coudre** Nähmaschine; **~ à écrire** Schreibmaschine; **~ à laver** Waschmaschine; **~ à sous** Spielautomat *m*; **écrire/taper à la ~** Schreibmaschine schreiben ▶ **faire [un peu] ~ arrière** einen [kleinen] Rückzieher machen

Machine [maʃin] *f fam* Dings

machine-outil [maʃinuti] <machines-outils> *f* Werkzeugmaschine *f*

machinerie [maʃinʀi] *f* ① (*équipement*) Maschinen *Pl* ② *d'un navire* Maschinenraum *m*

machiniste [maʃinist] *mf* ① THEAT Bühnenarbeiter(in) *m(f)*; MEDIA Bühnentechniker(in) *m(f)* ② (*conducteur*) Fahrer(in) *m(f)*

machisme [ma(t)ʃism] *m* [männlicher] Chauvinismus

machiste [ma(t)ʃist] **I.** *adj* [männlich-]chauvinistisch **II.** *m* Chauvinist *m*

macho [matʃo] *m fam* Macho *m*

mâchoire [mɑʃwaʀ] *f* ① ANAT *d'un mammifère* Kiefer *m*; *d'un insecte* Kauwerkzeuge *Pl* ② *pl* TECH Backen *Pl*

mâchonner [maʃɔne] <1> *vt* ❶ (*mâcher sans avaler*) kauen ❷ (*mordiller*) kauen an (+ *dat*) *cigare, crayon, paille, brin d'herbe*
mâchouiller [maʃuje] <1> *vt fam* herumkauen auf (+ *dat*)
maçon(ne) [masɔ̃, ɔn] *m(f)* (*ouvrier*) Maurer(in) *m(f)*
maçonner [masɔne] <1> *vt* ❶ (*construire*) mauern *mur;* (*jointoyer*) ausfugen *mur* ❷ (*crépir*) ausmauern ❸ zumauern *portes, fenêtres*
maçonnerie [masɔnʀi] *f* ❶ (*ouvrage maçonné*) Mauerwerk *nt* ❷ (*secteur*) Rohbausektor *m*
maçonnique [masɔnik] *adj* **loge ~** Freimaurerloge *f*
macramé [makʀame] *m* Makramee *nt*
macro [makʀo] *f fam abr de* **macro-instruction** INFORM Makro *nt*
macroéconomie [makʀoekɔnɔmi] *f* Gesamtwirtschaft *f*
maculer [makyle] <1> *vt* **~ de qc** mit etw beschmutzen
Madagascar [madagaskaʀ] *f* Madagaskar *nt*
madame [madam, medam] <mesdames> *f* ❶ *souvent non traduit* (*femme à qui on s'adresse*) **bonjour ~, comment allez-vous?** guten Tag, wie geht es Ihnen?; **bonjour Madame Larroque** guten Tag, Frau Larroque; **bonjour mesdames** guten Tag, meine Damen; **Mesdames, mesdemoiselles, messieurs!** Meine Damen und Herren! ❷ (*profession*) **Madame la Duchesse/la juge/la professeur/la Présidente** Frau Herzogin/Richterin/Lehrerin/Präsidentin ❸ (*sur une enveloppe*) **Madame Dupont** An Frau Dupont ❹ (*en-tête*) **Madame, ...** Sehr geehrte Frau + *Name*, ...; **Chère Madame, ...** Liebe Frau + *Name*, ...; (*dans une lettre officielle*) Sehr geehrte Frau + *Name*, ...; **Madame, Mademoiselle, Monsieur, ...** Sehr geehrte Damen und Herren, ...
madeleine [madlɛn] *f* GASTR Madeleine *f*
Madeleine [madlɛn] *f* Magdalena *f* ▸ **pleurer comme une ~** zum Steinerweichen weinen
mademoiselle [mad(ə)mwazɛl, med(ə)mwazɛl] <mesdemoiselles> *f* ❶ *souvent non traduit* (*jeune femme à qui on s'adresse*) **bonjour ~, comment allez-vous?** guten Tag, wie geht es Ihnen?; **bonjour Mademoiselle Labiche** guten Tag, Frau Labiche; **bonjour mesdemoiselles** guten Tag, meine Damen; **Mesdames, mesdemoiselles, messieurs!** Meine Damen und Herren! ❷ (*sur une enveloppe*) **Mademoiselle Aporé** An Frau Aporé ❸ (*en-tête*) **Mademoiselle, ...** Sehr geehrte Frau + *Name*, ...; **Chère Mademoiselle, ...** Liebe Frau + *Name*, ...; (*dans une lettre officielle*) Sehr geehrte Frau + *Name*, ...; **Madame, Mademoiselle, Monsieur, ...** Sehr geehrte Damen und Herren, ...
madère [madɛʀ] *m* Made[i]ra[wein] *m*
Madère [madɛʀ] *f* Made[i]ra *nt*
madras [madʀas] *m* ❶ (*étoffe*) Madras *m* ❷ (*foulard*) Kopftuch *nt* aus Madras
Madrid [madʀid] Madrid *nt*
madrilène [madʀilɛn] *adj* **le climat ~** das Madrider Klima
maestro [maɛstʀo] *m* Maestro *m*
maf[f]ia [mafja] *f* ❶ **la Maf[f]ia** die Mafia ❷ (*bande*) Mafia *f*
maf[f]ieux, -euse [mafjø, -jøz] *adj* **méthodes maf[f]ieuses** Mafiamethoden *Pl*
mag [mag] *m fam abr de* **magazine** Nachrichten *Pl*, Nachrichtensendung *f;* **le ~ de vingt heures** die 20-Uhr-Nachrichten
magasin [magazɛ̃] *m* ❶ (*boutique*) Geschäft *nt;* **~ spécialisé** Fachgeschäft; **grand ~** Kaufhaus *nt;* **~ d'alimentation** Lebensmittelgeschäft; **~ d'usine** Verkaufsstelle *f* in der Fabrik; **tenir un ~** einen Laden haben ❷ *d'un port* Lager *nt;* MIL Magazin *nt;* **en ~** auf Lager; **~ à blé** Kornspeicher *m;* **~ des accessoires** THEAT Requisitenkammer *f* ❸ TECH, PHOT Magazin *nt*
magasinage [magazinaʒ] *m* ❶ COM Lagerung *f* ❷ CAN (*shopping*) Einkaufen *nt*
magasiner [magazine] <1> *vi* CAN Einkäufe machen
magasinier, -ière [magazinje, -jɛʀ] *m, f* Lagerverwalter(in) *m(f)*
magazine [magazin] *m* ❶ PRESSE Zeitschrift *f* ❷ (*émission*) Magazin *nt* ❸ (*séquence*) allgemeine Informationen
mage [maʒ] **I.** *m* ASTROL Magier *m* **II.** *app* **les Rois ~s** die Heiligen Drei Könige
Maghreb [magʀɛb] *m* **le ~** der Maghreb
maghrébin(e) [magʀebɛ̃, in] *adj* nordafrikanisch
Maghrébin(e) [magʀebɛ̃, in] *m(f)* Nordafrikaner(in) *m(f)*
magicien(ne) [maʒisjɛ̃, jɛn] *m(f)* ❶ (*sorcier*) Zauberer *m*/Zauberin *f* ❷ (*illusionniste*) Zauberkünstler(in) *m(f)*
magie [maʒi] *f* ❶ (*pratiques occultes*) Magie *f;* **c'est de la ~!** das grenzt schon an Zauberei!; **comme par ~** wie von selbst ❷ (*séduction*) Zauber *m*

magique [maʒik] *adj* ① (*surnaturel*) **baguette ~** Zauberstab *m* ② (*merveilleux*) zauberhaft

magistral(e) [maʒistʀal, -o] <-aux> *adj* ① (*fameux, génial*) meisterhaft; *réussite* gewaltig ② *hum claque* schallend; *raclée* gehörig; **un bide ~** ein grandioser Flop ③ *ton, air* schulmeisterlich ④ UNIV, SCOL **cours ~** Vorlesung *f;* **enseignement ~** Frontalunterricht *m*

magistralement [maʒistʀalmɑ̃] *adv* ① (*génialement*) meisterhaft ② *hum se tromper, se planter* gründlich

magistrat(e) [maʒistʀa, at] *m(f)* ADMIN Verwaltungsbeamte(r) *m/*-beamtin *f;* JUR *Bezeichnung für den Richter oder den Staatsanwalt*

magistrature [maʒistʀatyʀ] *f* ① (*fonction judiciaire*) *Amt des Richters oder des Staatsanwalts;* **la ~ suprême** das höchste Amt im Staat ② (*corps des magistrats*) *Richterschaft oder Staatsanwaltschaft*

magma [magma] *m* ① GEOL Magma *nt* ② (*bouillie*) Matsch *m*

magnanime [maɲanim] *adj* großmütig; *pensées* edel

magnat [maɲa] *m* **~ du pétrole/de la presse** Ölmagnat *m/*Zeitungsmagnat *m*

magner [maɲe] <1> *vpr fam* **se ~** sich beeilen

magnésium [maɲezjɔm] *m* Magnesium *nt*

magnétique [maɲetik] *adj* ① PHYS magnetisch; **bande ~** Tonband *nt* ② (*de fascination*) **pouvoir ~** magnetische Anziehungskraft

magnétiser [maɲetize] <1> *vt* ① PHYS magnetisieren ② (*fasciner*) fesseln

magnétiseur, -euse [maɲetizœʀ, -øz] *m, f* Magnetiseur(in) *m(f)*

magnétisme [maɲetism] *m* ① PHYS Magnetismus *m* ② (*fascination*) **subir le ~ de qn** von jdm gefesselt sein

magnéto [maɲeto] *fam,* **magnétophone** [maɲetɔfɔn] *m* (*à cassettes*) Kassettenrecorder *m;* (*à bandes*) Tonbandgerät *nt*

magnétoscope [maɲetɔskɔp] *m* Videorecorder *m*

magnificence [maɲifisɑ̃s] *f* (*somptuosité*) Pracht *f*

magnifier [maɲifje] <1> *vt littér* ① (*glorifier*) preisen ② (*rendre plus grand, plus beau*) verherrlichen

magnifique [maɲifik] *adj a. antéposé* ① (*très beau*) wunderschön; *acteur* hervorragend; *temps* herrlich ② (*somptueux*) luxuriös; *réception* prunkvoll; *spectacle* großartig; *cadeau* großzügig; *femme* hinreißend

magnifiquement [maɲifikmɑ̃] *adv* hervorragend; *se tirer de* glänzend

magnitude [maɲityd] *f* ① GEOL **~ 1/2/3** Magnitude *f* 1/2/3 ② ASTRON Größe *f*

magnolia [maɲɔlja] *m* Magnolie *f*

magnum [magnɔm] *m* große Flasche *f; de champagne* Magnum[flasche *f*] *f*

magot [mago] *m fam* Zaster *m kein Pl;* **il a amassé un petit/joli ~** er hat eine kleine/hübsche Summe gespart

magouillage [magujaʒ] *m fam* Mauschelei *f*

magouiller [maguje] <1> *vi* mauscheln (*fam*)

magrébin(e) [magʀebɛ̃, in] *adj v.* **maghrébin**

Magrébin(e) [magʀebɛ̃, in] *m(f) v.* **Maghrébin**

magret [magʀɛ] *m* **~ de canard** Entenbrust *f*

Mahomet [maɔmɛt] *m* Mohammed *m*

mai [mɛ] *m* Mai *m* ▸ **en ~, fais ce qu'il te plaît** *prov* im Mai kann man sich schon leicht anziehen; *v. a.* **août**

maigre [mɛgʀ] **I.** *adj* ① (*opp: gros*) mager; *jambe* dünn; *visage* schmal ② GASTR mager; *lard* durchwachsen; *bouillon* klar; **lait ~** Magermilch *f* ③ *antéposé* (*faible*) dürftig; *chance* gering; *profit* bescheiden ④ *a. antéposé végétation* spärlich; *récolte* mager; *repas* karg **II.** *mf* Dünne(r) *f(m)*

maigrelet(te) [mɛgʀəlɛ, ɛt] *adj* etwas dünn

maigreur [mɛgʀœʀ] *f* ① (*opp: embonpoint*) Magerkeit *f;* **être d'une ~ effrayante** erschreckend mager sein ② *d'un sol* Unergiebigkeit *f* ③ *d'un profit* Bescheidenheit *f; des revenus* geringe Höhe ④ *de la végétation* Spärlichkeit *f*

maigrichon(ne) [megʀiʃɔ̃, ɔn] *adj fam v.* **maigrelet**

maigrir [megʀiʀ] <8> **I.** *vi* abnehmen; **il a maigri de figure** er ist im Gesicht schmaler geworden; **j'ai maigri de cinq kilos** ich habe fünf Kilo abgenommen **II.** *vt* schlank machen

mail [mel] *m* INFORM E-Mail *f o nt*

mailer [mele] <1> **I.** *vi* eine E-Mail verschicken **II.** *vt* **~ qc** etw per E-Mail schicken

mailing [meliŋ] *m* COM Mailing *nt*

maille [mɑj] *f* ① COUT Masche *f;* **filet à fines ~s** feinmaschiges Netz; **~ filée** Laufmasche ② *d'une chaîne, armure* Glied *nt*

▶ **glisser entre les ~s** [**du filet**] durchs Netz schlüpfen

maillet [majɛ] *m* Holzhammer *m*

maillon [mɑjɔ̃] *m* (*anneau*) Glied *nt* ▶ **être un ~ de la chaîne** ein Glied in der Kette sein

maillot [majo] *m* ① (*pour se baigner*) ~ [**de bain**] (*de femme*) Badeanzug *m;* (*d'homme*) Badehose *f;* ~ **de bain une pièce/deux pièces** Einteiler *m*/Bikini *m* ② SPORT Trikot *nt* ③ (*sous-vêtement*) ~ [**de corps**] Unterhemd *nt*

main [mɛ̃] *f* ① ANAT Hand *f;* **battre des ~s** in die Hände klatschen; **se donner la ~** Händchen halten; **passer de ~ en ~** von Hand zu Hand gehen; **prendre qn par la ~** jdn bei der Hand nehmen; **serrer la ~ à qn** jdm die Hand schütteln; **tendre la ~ à qn** jdm die Hand reichen; **être fait** [**à la**] **~** handgearbeitet sein; **frein/sac à ~** Handbremse *f*/Handtasche *f;* **écrire à la ~** mit der Hand schreiben; [**la**] **~ dans la ~** Hand in Hand; **de la ~** mit der Hand; **de la ~ même de l'auteur** vom Autor persönlich; **à deux ~s** mit beiden Händen; **à pleines ~s** mit vollen Händen; **jouer à quatre ~s** vierhändig spielen; **les ~s en l'air!, haut les ~s!** Hände hoch! ② *de Dieu, du destin* Hand *f* ③ *d'un artiste, maître* meisterliche Kunst; **de ~ de maître** von Meisterhand ④ JEUX Blatt *nt;* **avoir la ~** ausspielen; **passer la ~** passen; **prendre la ~** am Zug sein ⑤ SPORT Hand[spiel *nt*] *f* ▶ **donner un coup de ~ à qn** jdm behilflich sein; **tomber aux ~s de l'ennemi** dem Feind in die Hände fallen; **j'en mettrais ma ~ au feu** dafür würde ich meine Hand ins Feuer legen; **mettre la ~ à la pâte** *fam* selbst Hand anlegen; **mettre la ~ au porte-monnaie** in die Tasche greifen; **rien dans les ~s, rien dans les poches** mit leeren Händen; **prendre qn la ~ dans le sac** jdn auf frischer Tat ertappen; **du cousu ~** Qualitätsarbeit *f;* **faire qc haut la ~** etw mit links machen (*fam*); **voter à ~ levée** durch Handzeichen abstimmen; **avoir les ~s libres** freie Hand haben; **à ~s nues** mit bloßen Händen; **de première/seconde ~** aus erster/zweiter Hand; **remettre qc en ~s propres** etw persönlich überreichen; **avoir sous la ~** bei der Hand haben; **ils peuvent se donner la ~** *hum* sie können einander die Hand reichen; **être aux ~s de qn** in jds Händen (*dat*) sein; **se faire la ~** üben; **je m'en lave les ~s!** ich wasche meine Hände in Unschuld!; **passer la ~** (*transmettre ses pouvoirs*) die Verantwortung aus der Hand geben; **perdre la ~** aus der Übung kommen; **en venir aux ~s** handgreiflich werden; **de la ~ à la ~** direkt

main-d'œuvre [mɛ̃dœvʀ] <mains--d'œuvre> *f* Arbeitskräfte *Pl*

main-forte [mɛ̃fɔʀt] *f sans pl* **prêter ~ à qn** jdm zu Hilfe kommen

mainlevée [mɛ̃l(ə)ve] *f d'une hypothèque* Löschung *f; d'une saisie* Aufhebung *f*

mainmise [mɛ̃miz] *f* Inbesitznahme *f*

maint(e) [mɛ̃, mɛ̃t] *adj gén pl, antéposé littér* manch *inv* (*geh*), manche(r, s) (*geh*); **à ~es reprises** mehrfach

maintenance [mɛ̃tnɑ̃s] *f* Wartung *f*

maintenant [mɛ̃t(ə)nɑ̃] *adv* ① (*en ce moment*) jetzt; **dès ~** ab sofort ② (*actuellement*) heute ③ (*désormais*) von jetzt an ④ *en tête de phrase* (*cela dit*) jetzt aber

maintenir [mɛ̃t(ə)niʀ] <9> **I.** *vt* ① (*conserver*) aufrechterhalten *ordre, offre;* beibehalten *tradition;* weiterlaufen lassen *contrat;* fortsetzen *politique;* **~ un rendez-vous** es beim vereinbarten Termin belassen ② (*soutenir*) stützen; **il maintenait sa tête hors de l'eau** er hielt seinen Kopf über Wasser ③ (*contenir*) zurückhalten; **le gouvernement veut ~ les prix** die Regierung will die Preise stabil halten ④ (*affirmer*) **~ qc** an etw (*dat*) festhalten; **~ que qc est vrai** dabei bleiben, dass etw wahr ist **II.** *vpr* **se ~** sich halten; *paix, institution:* bestehen bleiben; *santé, prix:* stabil bleiben; **se ~ au second tour** *candidat:* sich in der zweiten Runde behaupten; **se ~ en surface** sich über Wasser halten

maintien [mɛ̃tjɛ̃] *m* ① (*conservation*) Aufrechterhaltung *f; d'une décision* Beibehaltung *f; des libertés* Wahrung *f; d'un contrat, des traditions* Fortbestehen *nt* ② (*attitude*) Haltung *f* ③ (*soutien*) Halt *m*

maire [mɛʀ] *m* Bürgermeister *m,* Ammann *m* (CH); *d'une grande ville* Oberbürgermeister *m;* **Madame le ~** die Bürgermeisterin

mairie [meʀi] *f* ① (*hôtel de ville*) Rathaus *nt* ② (*administration*) Stadtverwaltung *f* ③ (*fonction de maire*) Amt *nt* des Bürgermeisters

mais [mɛ] **I.** *conj* ① (*pour opposer deux séquences qui ne s'excluent pas*) aber ② (*pour opposer deux séquences qui s'excluent*) sondern **II.** *adv* ① (*pourtant*) aber; **il n'est pas encore arrivé? Mais il est déjà huit heures!** ist er noch nicht da? Es ist doch schon acht [Uhr]! ② (*renforcement*) aber doch; **~ oui, bien sûr!** aber klar!; **~ si!** aber ja doch!; **~ aie confiance!**

hab' doch Vertrauen! ③ (*impatience*) also; ~ **encore** aber davon abgesehen ④ *fam* (*indignation*) **non ~, tu me prends pour ...** also hör mal, hältst du mich für ... **III.** *m* Aber *nt*

maïs [mais] *m* Mais *m*

maison [mɛzɔ̃] **I.** *f* ① (*habitation, famille*) Haus *nt;* **une fille de bonne ~** ein Mädchen aus gutem Hause; **être de la ~** zur Familie gehören ② (*entreprise*) Firma *f;* **~ mère** Stammhaus *nt;* **~ de couture** Modehaus *nt;* **~ de disques** Schallplattenfirma *f;* **~ d'édition** Verlag *m;* **~ de jeux** Spielkasino *nt;* **avoir quinze ans de ~** seit fünfzehn Jahren zur Firma gehören ③ (*bâtiment*) **~ de maître** Herrenhaus *nt;* **~ d'arrêt** Gefängnis *nt;* **~ de repos** Sanatorium *nt;* **~ de retraite** Altersheim *nt;* **~ des jeunes et de la culture** Jugendzentrum *nt* ► **~ close** Freudenhaus *nt;* **c'est gros comme une ~** das ist sonnenklar (*fam*) **II.** *app inv* ① (*particulier à un groupe*) hauseigen; *diplôme, ingénieur* betriebseigen; *esprit, genre* des Hauses ② (*opp: industriel*) hausgemacht

Maison-Blanche [mɛzɔ̃blɑ̃ʃ] *f sans pl* **la ~** das Weiße Haus

maisonnée [mɛzɔne] *f* Hausgemeinschaft *f*

maisonnette [mɛzɔnɛt] *f* Häuschen *nt*

maître [mɛtʀ] *m* ART, LITTER Meister *m;* **~ à penser** Vordenker *m;* **passer ~ dans l'art de faire qc** *fig* Meister darin sein, etw zu tun (*iron*)

maître, maîtresse [mɛtʀ, mɛtʀɛs] **I.** *adj* ① (*principal*) **œuvre maîtresse** Hauptwerk *nt,* Meisterwerk ② (*qui peut disposer de*) **être ~ de son destin** über sein Schicksal bestimmen; **être ~ de soi** sich in der Gewalt haben **II.** *m, f* ① (*chef*) Herr(in) *m(f);* **~ des lieux** Besitzer; **~ de maison** Hausherr; **~ d'hôtel** Oberkellner; **régner en ~** autoritär regieren ② (*patron*) Chef(in) *m(f);* **~ nageur** Bademeister; **avoir trouvé son ~** seinen Meister gefunden haben ③ (*à l'école primaire*) [Grundschul]lehrer(in) *m(f)* ④ UNIV **~ de conférences** Dozent ⑤ *d'un chien* Herrchen *nt fam*/Frauchen *nt* (*fam*) ⑥ (*racketteur*) **~ chanteur** Erpresser *m*

maître-assistant, maîtresse-assistante [mɛtʀasistɑ̃, mɛtʀɛsasistɑ̃t] <maîtres-assistants> *m, f* Dozent(in) *m(f)* **maître-autel** [mɛtʀotɛl] <maîtres--autels> *m* Hauptaltar *m* **maître-chien** [mɛtʀəʃjɛ̃] <maîtres-chiens> *m* Hundeführer(in) *m(f)*

maîtresse [mɛtʀɛs] *f* (*liaison*) Geliebte *f*

maîtrise [metʀiz] *f* ① (*contrôle*) **~ d'un véhicule** Kontrolle *f* über ein Fahrzeug; **~ de fabrication** Fertigungskontrolle; **~ d'une langue/d'un marché** Beherrschung *f* einer Sprache/eines Marktes; **~ de soi** Selbstbeherrschung *f;* **~ d'un territoire** Herrschaft *f* über ein Gebiet ② (*habileté*) Können *nt* ③ (*examen*) Magisterprüfung *f* ④ (*grade*) Magister[titel] *m*

maîtriser [metʀize] <1> **I.** *vt* ① (*dominer*) meistern *situation;* bewältigen *difficulté;* unter Kontrolle bringen *incendie;* beherrschen *langue, sujet* ② (*dompter*) überwältigen *forcené;* bändigen *animal* ③ (*contenir*) zügeln *émotion, passion;* kontrollieren *réactions;* unterdrücken *larmes* **II.** *vpr* **se ~** sich beherrschen

majesté [maʒɛste] *f* ① (*beauté grandiose*) *de la nature, d'un palais* Erhabenheit *f* ② (*dignité*) *de Dieu* Majestät *f* ③ (*titre*) **Votre Majesté** Eure Majestät

majestueusement [maʒɛstɥøzmɑ̃] *adv* majestätisch

majestueux, -euse [maʒɛstɥø, -øz] *adj* majestätisch

majeur [maʒœʀ] *m* ANAT Mittelfinger *m*

majeur(e) [maʒœʀ] **I.** *adj* ① (*très important*) sehr groß; *événement* wichtig ② (*le plus important*) wichtigste(r, s); **son défaut ~** sein/ihr Hauptfehler ③ *antéposé* (*la plupart*) **la ~e partie du temps** die meiste Zeit ④ JUR volljährig ⑤ *peuple* mündig ⑥ MUS groß; **do/ré/mi/fa ~** C/D/E/F-Dur ► **être ~ et vacciné** *fam* kein kleines Kind mehr sein **II.** *m(f)* JUR Volljährige(r) *f(m)*

major [maʒɔʀ] *m* ① SCOL, UNIV Jahrgangsbeste(r) *f(m)* ② MIL Standortkommandant *m;* NAUT Kommandant *m* eines Flottenstützpunktes

majoration [maʒɔʀasjɔ̃] *f* FIN, ECON *d'un prix, des impôts* Erhöhung *f;* **~ de dix pour cent** Zuschlag *m* von zehn Prozent

majordome [maʒɔʀdɔm] *m* Haushofmeister *m*

majorer [maʒɔʀe] <1> *vt* erhöhen; **~ une facture de trois pour cent** eine Rechnung um drei Prozent heraufsetzen

majorette [maʒɔʀɛt] *f* Majorette *f*

majoritaire [maʒɔʀitɛʀ] *adj* ① POL **scrutin ~** Mehrheitswahlrecht *nt;* **être ~** in der Mehrheit sein ② JUR, COM **associé ~** Mehrheitsgesellschafter *m*

majoritairement [maʒɔʀitɛʀmɑ̃] *adv* mehrheitlich

majorité [maʒɔʀite] *f* ① *des voix* Mehr-

M

zahl *f; des membres présents* Mehrheit *f;* **la ~ des deux tiers** die Zweidrittelmehrheit; **en ~** überwiegend; **les Français pensent dans leur ~ ...** die Mehrheit der Franzosen denkt ... ② JUR Volljährigkeit *f*

majuscule [maʒyskyl] **I.** *adj* große(r, s); **lettre ~** Großbuchstabe *m* **II.** *f* Großbuchstabe *m;* **en ~s [d'imprimerie]** in Blockschrift

making of [mekiŋɔf] *m inv d'un film* Making-of *nt*

mal[1] [mal] **I.** *adv* ① *(opp: bien)* schlecht; **~ respirer** schwer atmen ② *(pas au bon moment)* ungünstig; **le moment est vraiment ~ choisi** das ist wirklich nicht der richtige Zeitpunkt ③ *(pas dans le bon ordre, de la bonne façon)* **il s'y prend ~** er stellt sich ungeschickt an ④ *(pas dans de bonnes conditions)* **être ~ logé/nourri** schlecht untergebracht/ernährt; **ça va ~ finir!** das wird böse enden! ⑤ *(de manière immorale)* schlecht; **il a ~ tourné** er ist auf die schiefe Bahn geraten ⑥ *(de manière inconvenante)* **~ répondre** unverschämt antworten ⑦ *(de manière erronée)* falsch; **je me suis ~ exprimé** ich habe mich unklar ausgedrückt ⑧ *(de manière défavorable)* **être ~ vu** nicht gern gesehen sein ⑨ *(en se vexant)* **elle a ~ pris ma remarque** sie hat meine Bemerkung in den falschen Hals gekriegt *(fam)* ▶ **ça la fout ~** *fam* das macht einen miesen Eindruck; **pas ~** *avec ou sans nég (assez bien)* nicht schlecht; *(passablement, assez)* ziemlich; *sans nég, fam (opp: très peu)* ganz schön; **je m'en fiche pas ~** das ist mir ganz egal **II.** *adj inv* ① *(mauvais, immoral)* schlecht; **faire quelque chose/ne rien faire de ~** etwas Böses/nichts Böses tun; **j'ai dit quelque chose de ~?** habe ich etwas Falsches gesagt? ② *se sentir* schlecht ③ *(pas à l'aise)* **être ~** sich nicht wohl fühlen ④ *(en mauvais termes)* **être ~ avec qn** mit jdm zerstritten sein

mal[2] [mal, mo] <maux> *m* ① *a.* REL **le ~** das Böse *kein Pl* ② *sans pl (action, parole, pensée mauvaise)* Schlechte(s) *nt kein Pl;* **faire du ~ à qn** jdm schaden; **je n'en pense pas de ~** ich denke nicht schlecht darüber; **sans penser à ~** ohne sich *(dat)* etwas Böses dabei zu denken; **dire du ~ de qn** schlecht über jdn sprechen; **il n'y a pas de ~ à qc** an etw *(dat)* ist doch nichts Schlimmes ③ *sans pl (maladie, malaise)* Übel *nt;* **~ de l'air/de mer/des montagnes** Luft-/See-/Höhenkrankheit *f* ④ *(souffrance physique)* **~ de tête/ventre** Kopf-/Bauchschmerzen *Pl;* **il a ~ à la main** ihm tut die Hand weh; **avoir ~ à la tête/au dos/aux reins** Kopf-/Rücken-/Kreuzschmerzen haben; **avoir ~ à la jambe** Schmerzen im Bein haben; **se faire ~** sich *(dat)* wehtun; **ces chaussures me font ~ aux pieds** diese Schuhe drücken ⑤ *(souffrance morale)* **faire ~** wehtun; **~ de vivre** Lebensüberdruss *m;* **~ du pays** Heimweh *nt;* **qn/qc me fait ~ au cœur** jd/etw tut mir leid ⑥ *(calamité)* Übel *nt* ⑦ *sans pl (peine)* Mühe *f;* **il a du ~ à supporter qc** er kann etw nur schwer ertragen; **se donner un ~ de chien pour faire qc** *fam* sich *(dat)* irrsinnige Mühe geben etw zu tun ⑧ *sans pl (dégât)* Schaden *m;* **le travail ne fait pas de ~ à qn** Arbeit kann jdm nichts schaden *(fam)*; **prendre son ~ en patience** sich mit Geduld wappnen; **mettre qc à ~** etw zunichtemachen ⑨ *(manque)* **un peintre en ~ d'inspiration** ein Maler, dem es an Inspiration fehlt ▶ **elle ne ferait pas de ~ à une mouche** *fam* sie würde keiner Fliege etwas zuleide tun; **le ~ est fait** das Unglück ist geschehen

malabar [malabaʀ] *m fam* Muskelprotz *m*

malade [malad] **I.** *adj* ① *(souffrant)* krank; **tomber ~** krank werden; **être ~ du sida/cœur** aids-/herzkrank sein ② *(bouleversé)* **~ de jalousie/d'inquiétude** krank vor Eifersucht/Sorge ③ *fam (cinglé)* **être ~** spinnen ④ *économie, entreprise* angeschlagen **II.** *mf* ① *(personne souffrante)* Kranke(r) *f(m);* **grand ~** Schwerkranker; **~ mental** Geisteskranker ② *(patient)* Patient(in) *m(f)*

maladie [maladi] *f* ① *(affection)* Krankheit *f;* **~ de cœur/peau** Herz-/Hautkrankheit; **~ infantile/mentale** Kinder-/Geisteskrankheit; **être en ~** krankgeschrieben sein ② *(manie)* Manie *f;* **il a la ~ de tout ranger** er hat einen krankhaften Ordnungssinn ▶ **faire une ~ de qc** *fam (être très contrarié)* ein Drama aus etw machen

maladif, -ive [maladif, -iv] *adj* ① *personne* kränkelnd; *air, pâleur* kränklich ② *besoin, peur* krankhaft

maladresse [maladʀɛs] *f* ① *d'un comportement, geste* Ungeschicklichkeit *f; de caresses, d'un style* Unbeholfenheit *f* ② *(bévue, gaffe)* Fauxpas *m*

maladroit(e) [maladʀwa, wat] **I.** *adj* ① *geste, personne* ungeschickt; *caresses, style, personne* unbeholfen ② *fig parole, remarque* unpassend **II.** *m(f)* ① *(personne*

M

malhabile) Tollpatsch *m* (*fam*) ② (*gaffeur*) Tölpel *m*

maladroitement [maladʀwatmɑ̃] *adv* (*gauchement*) ungeschickt; **s'exprimer ~** sich unbeholfen ausdrücken

mal-aimé(e) [maleme] <mal-aimés> *m(f)* Ungeliebte(r) *f(m)*

malaise [malɛz] *m* ① MED Unwohlsein *nt;* **avoir un ~** ohnmächtig werden ② (*crise*) Unbehagen *nt;* **le ~ politique/social** die politischen/sozialen Missstände *Pl*

malaria [malaʀja] *f* Malaria *f*

malaxer [malakse] <1> *vt* kneten *argile, beurre*

malbouffe [malbuf] *f fam* ① (*aliments*) Junkfood *nt* ② (*alimentation*) Junkfood-Esserei *f*

malchance [malʃɑ̃s] *f* Pech *nt*

malchanceux, -euse [malʃɑ̃sø, -øz] *adj personne* vom Pech verfolgt

maldonne [maldɔn] *f* ① Fehler *m* beim Kartengeben; **il y a ~!** falsch gegeben! ② *fig fam* **il y a ~!** so war das nicht gedacht!

mâle [mɑl] **I.** *adj* männlich **II.** *m* ① (*homme*) Mann *m* ② (*animal*) Männchen *nt*

malédiction [malediksjɔ̃] *f* ① (*fatalité*) Fluch *m* ② (*malheur*) Unheil *nt;* **c'est une ~** es ist wie verhext (*fam*) ③ (*action de maudire*) Verfluchung *f*

maléfice [malefis] *m soutenu* Fluch *m*

maléfique [malefik] *adj soutenu* Unheil bringend

malencontreusement [malɑ̃kɔ̃tʀøzmɑ̃] *adv* unpassenderweise; **il est intervenu fort ~ dans la discussion** er hat sich im unpassenden Augenblick in die Diskussion eingeschaltet

malencontreux, -euse [malɑ̃kɔ̃tʀø, -øz] *adj* unpassend

malentendant(e) [malɑ̃tɑ̃dɑ̃, ɑ̃t] *m(f)* Schwerhörige(r) *f(m)*

malentendu [malɑ̃tɑ̃dy] *m* Missverständnis *nt*

mal-être [malɛtʀ] *m inv* (*malaise social*) Unbehagen *nt*

malfaçon [malfasɔ̃] *f* ① (*à l'usine*) Fabrikationsfehler *m* ② (*mauvais travail*) mangelhafte Ausführung

malfaisant(e) [malfəzɑ̃, ɑ̃t] *adj* ① *animal* schädlich; *être* bösartig ② *influence* schlecht; *pouvoir, esprit* böse

malfaiteur, -trice [malfɛtœʀ, -tʀis] *m, f* Übeltäter(in) *m(f)*

malfamé(e), mal famé(e) [malfame] *adj café, quartier* berüchtigt

malformation [malfɔʀmasjɔ̃] *f* Missbildung *f;* **~ du cœur** Herzfehler *m*

malfrat [malfʀa] *m fam* **un petit ~** ein kleiner Gauner

malgache [malgaʃ] **I.** *adj* madagassisch **II.** *m* Madagassisch *nt; v. a.* **allemand**

Malgache [malgaʃ] *mf* Madagasse *m*/ Madagassin *f*

malgré [malgʀe] *prép* ① (*en dépit de*) trotz (+ *dat o gen*); **~ tout** trotz allem ② (*contre le gré de*) **~ moi/elle/lui** gegen meinen/ihren/seinen Willen ③ (*sans le vouloir*) **j'ai entendu ~ moi ce que vous venez de dire** ohne zu wollen habe ich gehört, was Sie gerade gesagt haben

malheur [malœʀ] *m* ① (*événement pénible, malchance*) Unglück *nt;* **si jamais il m'arrivait ~** falls mir jemals etw zustoßen sollte; **par ~** unglücklicherweise ② (*tort*) **avoir le ~ de faire qc** dummerweise etw tun ►**le ~ des uns fait le bonheur des autres** *prov* des einen Not ist des andern Brot; **un ~ ne vient jamais seul** *prov* ein Unglück kommt selten allein; **faire un ~** *fam* (*faire un scandale*) gewalttätig werden; (*avoir un gros succès*) einen Riesenerfolg haben; [**ne**] **parle pas de ~!** *fam* mal den Teufel nicht an die Wand!

malheureusement [maløʀøzmɑ̃] *adv* (*hélas*) leider

malheureux, -euse [maløʀø, -øz] **I.** *adj* ① (*qui souffre*) unglücklich ② *a. antéposé* (*regrettable, fâcheux*) unglücklich; *incident, suites* bedauerlich; *initiative, parole* ungeschickt ③ (*malchanceux*) glücklos; **être ~ au jeu/en amour** kein Glück im Spiel/in der Liebe haben ④ *antéposé* (*insignifiant*) lächerlich ⑤ *antéposé victime* unglücklich **II.** *m, f* ① (*indigent*) Notleidende(r) *f(m)* ② (*infortuné*) Unglückselige(r) *f(m)*

malhonnête [malɔnɛt] *adj* ① (*indélicat, déloyal*) unehrlich ② *hum* unanständig

malhonnêteté [malɔnɛtte] *f* Unehrlichkeit *f*

Mali [mali] *m* **le ~** Mali *nt*

malice [malis] *f* ① (*espièglerie*) Schalkhaftigkeit *f;* **avec ~** schelmisch ② (*méchanceté*) Böswilligkeit *f*

malicieux, -euse [malisjø, -jøz] *adj réponse* schelmisch; *regard, sourire* verschmitzt; *enfant, personne* spitzbübisch

maligne [maliɲ] *v.* **malin**

malignité [maliɲite] *f* ① *soutenu* (*méchanceté*) Boshaftigkeit *f* ② *d'une tumeur* Bösartigkeit *f*

malin [malɛ̃] *m* (*démon*) **le ~** das Böse

M

malin, maligne [malɛ̃, maliɲ] **I.** *adj* **1** *(astucieux)* schlau; *sourire* verschmitzt; *air* pfiffig **2** *a. antéposé (méchant)* boshaft; *influence* schlecht **3** MED *tumeur* bösartig **II.** *m, f (personne astucieuse)* Schlaukopf *m (fam)*; **faire le ~** sich aufspielen; **gros ~!** *iron* Schlauberger! *(fam)*; **petit ~** gerissener Kerl *(fam)*

malingre [malɛ̃gʀ] *adj* schmächtig

malintentionné(e) [malɛ̃tɑ̃sjɔne] *adj* böswillig

malle [mal] *f* Überseekoffer *m* ▶ **se faire la ~** *fam* abhauen

malléable [maleabl] *adj* **1** *personne* anpassungsfähig **2** TECH *argile* knetbar; *métal* weich

mallette [malɛt] *f (porte-documents)* Aktenkoffer *m*

mal-logé(e) [mallɔʒe] <mal-logés> *m(f)* notdürftig untergebrachte Person *f*

mal-logement [mallɔʒmɑ̃] *m (conditions individuelles)* schlechte Wohnverhältnisse *Pl; (conditions globales dans une ville ou un pays)* Wohnungsmisere *f*

malmener [malməne] <4> *vt* **1** *(rudoyer)* schlecht behandeln **2** *(critiquer)* vernichtend kritisieren **3** *(bousculer)* hart bedrängen

malnutrition [malnytʀisjɔ̃] *f* Unterernährung *f*

malodorant(e) [malɔdɔʀɑ̃, ɑ̃t] *adj* übelriechend

malotru(e) [malɔtʀy] *m(f)* Rüpel *m*

malpoli(e) [malpɔli] **I.** *adj fam (mal élevé)* unhöflich; *enfant* ungezogen **II.** *m(f) fam* unhöflicher Mensch

malpropre [malpʀɔpʀ] **I.** *adj (sale)* schmutzig; *personne* schmuddelig *(fam)* **II.** *mf fam* ▶ **traiter qn comme un/une ~** jdn wie den letzten Dreck behandeln *(sl)*

malsain(e) [malsɛ̃, ɛn] *adj* krankhaft

malséant(e) [malseɑ̃, ɑ̃t] *adj littér* unschicklich *(geh)*

malt [malt] *m* Malz *nt*

maltais [maltɛ] *m* Maltesisch *nt; v. a.* **allemand**

Maltais(e) [maltɛ, ɛz] *m(f)* Malteser(in) *m(f)*

maltaise [maltɛz] *f (orange) kleine tunesische Orange*

Malte [malt] *f* **l'île de ~** die Insel Malta

maltraitance [maltʀɛtɑ̃s] *f* Misshandlung *f*

maltraiter [maltʀete] <1> *vt* **1** *(brutaliser)* misshandeln **2** *(critiquer)* heruntermachen *(fam)*

malus [malys] *m* Malus *m*

malveillance [malvɛjɑ̃s] *f* **1** *(hostilité)* Feindseligkeit *f;* **avec ~** feindselig **2** *(intention de nuire)* böse Absicht

malveillant(e) [malvɛjɑ̃, ɑ̃t] *adj geste, personne* boshaft; *propos, remarque* gehässig

malvenu(e) [malvəny] *adj soutenu* **1** *(déplacé)* deplatziert **2** *(peu qualifié)* **qn est ~ à** [*o* **de**] **faire qc** jd hat keinen Grund etw zu tun

malversation [malvɛʀsasjɔ̃] *f souvent pl littér* Veruntreuung *f*

malvoyant(e) [malvwajɑ̃, ɑ̃t] *m(f)* Sehbehinderte(r) *f(m)*

maman [mamɑ̃] *f* **1** *(mère)* Mutter *f;* **future ~** werdende Mutter **2** *(appellation)* Mama *f*

mamelle [mamɛl] *f* ANAT Euter *nt o m; de la chienne, chatte, lapine* Zitze *f*

mamelon [mam(ə)lɔ̃] *m* **1** ANAT Brustwarze *f* **2** GEOG Bergkuppe *f*

mamie [mami] *f fam* Oma *f*

mammaire [mamɛʀ] *adj* **glande ~** Brustdrüse *f*

mammifère [mamifɛʀ] *m* Säugetier *nt*

mammographie [mamɔgʀafi] *f* Mammographie *f*

mammouth [mamut] *m* Mammut *nt*

mammy [mami] *f v.* **mamie**

mamours [mamuʀ] *mpl fam* **1** *(câlins)* Zärtlichkeiten *Pl;* **faire des ~ à qn** mit jdm schmusen **2** *(flatteries)* **faire des ~ à qn** jdm Honig ums Maul schmieren

management [manadʒmɛnt, manaʒmɑ̃] *m* Management *nt*

manager [mana(d)ʒe] <2a> *vt* managen

manageur, -euse [manmadʒœʀ, -øz] *m, f* Manager(in) *m(f)*

manche[1] [mɑ̃ʃ] *f* **1** *d'un vêtement* Ärmel *m* **2** *(aux courses)* Runde *f; (au ski)* Durchlauf *m* **3** JEUX Spiel *nt* ▶ **faire la ~** betteln

manche[2] [mɑ̃ʃ] *m* **1** *d'un outil, parapluie* Griff *m; d'une fourchette, d'un balai* Stiel *m* **2** MUS Hals *m* ▶ **se débrouiller comme un ~** *fam* sich linkisch anstellen

Manche [mɑ̃ʃ] *f* **la ~** der Ärmelkanal

manchette [mɑ̃ʃɛt] *f* **1** *d'une chemise* Manschette *f* **2** *(coup)* Schlag *m* mit dem Unterarm **3** COUT Ärmelschoner *m* **4** TECH Manschette *f*

manchon [mɑ̃ʃɔ̃] *m* **1** Muff *m* **2** TECH Muffe *f; d'une lampe* Glühstrumpf *m*

manchot [mɑ̃ʃo] *m (pingouin)* Pinguin *m*

manchot(e) [mɑ̃ʃo, ɔt] **I.** *adj (amputé d'un bras)* einarmig **II.** *m(f) (personne)* Einarmige(r) *f(m)*

mandale [mɑ̃dal] *f pop* Backpfeife *f (fam)*

mandarine [mɑ̃daʀin] *f* Mandarine *f*

mandarinier [mɑ̃daʀinje] *m* Mandarinenbaum *m*

mandat [mɑ̃da] *m* ① (*mission*) Auftrag *m;* JUR, POL Mandat *nt* ② (*ordre*) ~ **d'arrêt** Haftbefehl *m* ③ COM, FIN Postanweisung *f*

mandataire [mɑ̃datɛʀ] *mf a.* JUR Bevollmächtigte(r) *f(m)*

mandat-carte [mɑ̃dakaʀt] <mandats-cartes> *m* Postanweisung *f*

mandater [mɑ̃date] <1> *vt* JUR, POL ~ **un avocat pour faire qc** einen Anwalt dazu bevollmächtigen etw zu tun; **être mandaté** bevollmächtigt sein

mandat-lettre [mɑ̃dalɛtʀ] <mandats-lettres> *m Postanweisung, die in einem Brief geschickt wird und auf der Post einzulösen ist*

mandibule [mɑ̃dibyl] *f* ZOOL (*pièce buccale*) Mundwerkzeug *nt meist Pl*

mandoline [mɑ̃dɔlin] *f* Mandoline *f*

mandrin [mɑ̃dʀɛ̃] *m* ① *d'une perceuse* Bohrfutter *nt* ② (*pièce mécanique*) Dorn *m*

manège [manɛʒ] *m* ① (*attraction foraine*) Karussell *nt* ② (*agissements*) Hin und Her *nt*

manette [manɛt] *f* INFORM ~ **de jeu** Joystick *m*

mangeable [mɑ̃ʒabl] *adj* essbar

mangeaille [mɑ̃ʒɑj] *f fam* Fraß *m*

mangeoire [mɑ̃ʒwaʀ] *f* Futterkrippe *f*

manger [mɑ̃ʒe] <2a> **I.** *vt* ① (*se nourrir de*) essen; *animal:* fressen ② (*ronger*) *mites, rouille, lèpre:* zerfressen ③ *hum* (*dévorer*) fressen (*fam*); ~ **des yeux** mit den Augen verschlingen ④ (*dilapider*) vergeuden *capital, héritage;* verschlingen *temps, énergie* ⑤ (*consommer*) *machine, essence:* verbrauchen ⑥ (*absorber*) schlucken (*fam*) ⑦ *fam* (*ne pas articuler*) verschlucken *mots* **II.** *vi personne:* essen; *animal:* fressen; **inviter à** ~ zum Essen einladen; **donner à** ~ **à un bébé/aux vaches** ein Baby/die Kühe füttern **III.** *vpr* **qc se mange chaud/avec les doigts** etw wird warm/mit den Fingern gegessen

mangeur, -euse [mɑ̃ʒœʀ, -ʒøz] *m, f* **gros** ~ starker Esser

mangouste [mɑ̃gust] *f* (*animal*) Manguste *f*

mangrove [mɑ̃gʀɔv] *f* BOT Mangrove *f*

mangue [mɑ̃g] *f* Mango *f*

maniabilité [manjabilite] *f d'une machine* leichte Bedienung; *d'une voiture* Wendigkeit *f; d'un appareil* leichte Handhabung; *d'un livre, outil* Handlichkeit *f*

maniable [manjabl] *adj machine* leicht zu bedienen; *appareil* leicht zu handhaben; *livre, outil* handlich; *voiture* wendig

maniacodépressif, -ive [manjakodepʀesif, -iv] **I.** *adj* manisch-depressiv **II.** *m, f* Manisch-Depressive(r) *f(m)*

maniaque [manjak] **I.** *adj* ① (*pointilleux*) pingelig (*fam*); *personne* pedantisch ② MED, PSYCH *euphorie* manisch **II.** *mf* ① (*personne trop méticuleuse*) Pedant(in) *m(f);* **un** ~ **de l'ordre** ein Ordnungsfanatiker ② (*malade*) Irre(r) *f(m);* ~ **sexuel** Triebtäter *m*

maniaquerie [manjakʀi] *f* ① (*attachement à des habitudes*) Pedanterie *f* ② (*obsession du détail*) Spitzfindigkeit *f*

manichéen(ne) [manikeɛ̃, ɛn] **I.** *adj monde, vision* manichäisch **II.** *m(f)* Manichäer(in) *m(f)*

manichéisme [manikeism] *m* Manichäismus *m*

manie [mani] *f* ① (*tic*) Tick *m* ② (*obsession*) ~ **de la propreté** Sauberkeitsfimmel *m* (*fam*); **la** ~ **de la persécution** der Verfolgungswahn ③ MED, PSYCH Manie *f*

maniement [manimɑ̃] *m* ① (*manipulation*) Handhabung *f; d'un appareil* Bedienung *f; d'une voiture* Lenken *nt* ② *des affaires* Führung *f* ③ *d'une langue* Beherrschen *nt;* **le** ~ **des mots** das Umgehen mit Worten

manier [manje] <1> *vt* ① (*se servir de, utiliser*) handhaben *objet, outil;* bedienen *appareil* ② (*manipuler, avoir entre les mains*) ~ **qn/qc** mit jdm/etw umgehen ③ (*maîtriser*) ~ **une langue** eine Sprache beherrschen; ~ **l'ironie/l'humour** ein Meister der Ironie/des Humors sein ④ (*gérer*) ~ **de grosses sommes d'argent** mit großen Geldbeträgen umgehen

manière [manjɛʀ] *f* ① (*façon*) Art *f;* ~ **de faire qc** Art und Weise etw zu tun; ~ **d'agir/de s'exprimer** Handlungs-/Ausdrucksweise *f;* **avoir la** ~ den Dreh raushaben (*fam*); **à la** ~ **...** nach ... Art; **à la** ~ **de qn/qc** wie jd/etw; **à ma/sa** ~ auf meine/seine/ihre Weise; **de** ~ **brutale/rapide** auf brutale/schnelle Art und Weise; **d'une certaine** ~ in gewisser Weise; **d'une** ~ **générale** im Allgemeinen; **d'une** ~ **ou d'une autre** so oder so; **de toute** ~ auf jeden Fall; **de** ~ **à faire qc** um etw zu tun; ~ **de faire qc** *fam* um halt etw zu tun; **de** ~ [**à ce**] **qu'il soit satisfait** so, dass er zufrieden ist; **de quelle** ~**?** wie denn?; **en aucune** ~ keineswegs ② *pl* (*comportement*) Manieren *Pl;* **faire des** ~**s** sich zieren; **en voilà des** ~**s!** das sind ja feine Manieren! ③ *d'un artiste, écrivain* Stil *m*

④ GRAM **complément de ~** Umstandsbestimmung *f* der Art und Weise ▶**la ~ forte** (*sévérité*) härtere Maßnahmen *Pl;* **employer la ~ forte** hart durchgreifen

maniéré(e) [manjeʀe] *adj* gekünstelt; *ton, personne* affektiert

manif [manif] *f abr de* **manifestation** *fam* Demo *f*

manifestant(e) [manifɛstɑ̃, ɑ̃t] *m(f)* Demonstrant(in) *m(f)*

manifestation [manifɛstasjɔ̃] *f* ① POL Demonstration *f* ② (*événement*) Veranstaltung *f* ③ *d'un sentiment* Äußerung *f; d'une humeur* Ausdruck *m; d'une maladie* Anzeichen *nt; de joie, amitié* Bekundung *f*

manifeste [manifɛst] **I.** *adj* offensichtlich; *vérité* offenkundig **II.** *m* POL, LITTER Manifest *nt*

manifestement [manifɛstəmɑ̃] *adv* ganz offensichtlich

manifester [manifɛste] <1> **I.** *vt* zum Ausdruck bringen **II.** *vi* demonstrieren **III.** *vpr* **se ~** ① (*se révéler*) sich äußern; *crise:* auftreten ② (*se faire connaître*) sich melden; *candidat:* sich vorstellen ③ (*s'exprimer*) sich äußern ④ (*se montrer*) *personne:* erscheinen

manigance [manigɑ̃s] *f gén pl* Machenschaften *Pl*

manigancer [manigɑ̃se] <2> *vt* aushecken (*fam*)

manioc [manjɔk] *m* Maniok *m*

manipulateur, -trice [manipylatœʀ, -tʀis] **I.** *adj* TECH **bras ~** Greifarm *m* **II.** *m, f* ① TECH technischer Assistent *m*/technische Assistentin *f;* **manipulatrice en radiologie** Röntgenassistentin *f* ② (*prestidigitateur*) Zauberkünstler(in) *m(f)* ③ *péj* Manipulator(in) *m(f)*

manipulation [manipylasjɔ̃] *f* ① *d'une machine, d'un ordinateur* Bedienung *f; d'un outil* Handhabung *f; d'un produit, d'une substance* Umgehen *nt* mit (+ *dat*) ② *pl* (*expériences*) Versuche *Pl;* **les ~s génétiques** die Genmanipulation ③ (*prestidigitation*) Zauberkunststücke *Pl* ④ *péj de la foule, l'opinion* Manipulation *f*

manipuler [manipyle] <1> *vt* ① (*manier*) handhaben *outil;* hantieren mit *substance* ② *péj* (*fausser*) manipulieren; fälschen *écritures, résultats* ③ (*influencer*) manipulieren

manitou [manitu] *m* ① Manitu *m* ② *fig fam* **c'est lui, le grand ~ ici!** er ist hier der Häuptling! (*iron fam*)

manivelle [manivɛl] *f* Kurbel *f*

mannequin [mankɛ̃] *m* ① (*présentateur de modèles*) Mannequin *nt* ② (*pour le tailleur*) Schneiderpuppe *f* ③ (*pour la vitrine*) Schaufensterpuppe *f* ④ (*pour le peintre, sculpteur*) Gliederpuppe *f*

manœuvrabilité [manœvʀabilite] *f* ① (*possibilité de manœuvrer*) Manövrierfähigkeit *f* ② (*facilité de manœuvrer*) Wendigkeit *f*

manœuvrable [manœvʀabl] *adj* ① (*maniable*) manövrierfähig ② (*facile à manier*) wendig

manœuvre [manœvʀ] **I.** *f* ① *d'une machine* Bedienung *f; d'un véhicule* Lenken *nt;* **fausse ~** Bedienungsfehler *m* ② (*action, tentative de manœuvrer*) Manöver *nt;* **~ d'évitement** Ausweichmanöver; **~ de diversion** Ablenkungsmanöver ③ (*exercice*) Manöver *nt* ④ *péj* (*agissement, machination*) Machenschaften *Pl;* **les ~s dilatoires** das Hinhaltemanöver **II.** *m* Hilfsarbeiter(in) *m(f)*

manœuvrer [manœvʀe] <1> **I.** *vt* ① (*faire fonctionner*) bedienen *machine;* handhaben *outil* ② (*conduire*) steuern *véhicule* ③ *péj* (*manipuler*) manipulieren **II.** *vi* ① (*agir habilement*) geschickt vorgehen ② (*faire l'exercice*) exerzieren ③ AUT manövrieren

manoir [manwaʀ] *m* Landsitz *m*

manomètre [manɔmɛtʀ] *m* Manometer *m*

manouche [manuʃ] *mf fam* Zigeuner(in) *m(f)* (*pej*)

manquant(e) [mɑ̃kɑ̃, ɑ̃t] *adj* ① *pièce, somme* fehlend; *personne* abwesend ② *article* nicht vorrätig

manque [mɑ̃k] *m* ① (*carence*) Mangel *m;* **~ d'argent/de temps** Geld-/Zeitmangel; **~ d'intelligence/de sérieux** Mangel an Intelligenz/Ernsthaftigkeit; **~ d'imagination/de respect** Fantasie-/Respektlosigkeit *f;* **~ à gagner** Einbuße *f;* **un enfant en ~ d'affection** ein Kind, dem es an Zuwendung fehlt ② *pl* (*lacunes*) Lücken *Pl* ③ (*défauts*) Mängel *Pl* ④ (*vide*) Lücke *f* ⑤ (*privation*) Entzugserscheinungen *Pl;* **être en [état de] ~** Entzugserscheinungen haben

manqué(e) [mɑ̃ke] *adj* ① *occasion, rendez-vous* verpasst; *photo, roman* misslungen ② *postposé iron fam* verhindert

manquement [mɑ̃kmɑ̃] *m* Vergehen *nt;* **~ au[x] devoir[s]** Pflichtverletzung; **~ à la discipline** Verstoß *m* gegen die Disziplin

manquer [mɑ̃ke] <1> **I.** *vt* ① (*opp: atteindre*) verfehlen *cible, but* ② (*se venger*) **ne pas ~ qn** jdm kein Pardon geben ③ (*opp: rencontrer*) verfehlen, verpassen ④ (*rater*) verpassen *bus, train;* verfehlen *marche* ⑤ (*laisser passer*) **une occasion à ne pas ~** eine Gelegenheit, die man sich nicht entgehen lassen sollte ⑥ (*opp: réussir*) **~ un examen** eine Prüfung nicht bestehen ⑦ (*opp: assister à*) verpassen, versäumen *film, réunion;* nicht gehen zu + *dat*, schwänzen (*fam*) *cours, école;* **~ la classe** [im Unterricht] fehlen ▶**ne pas en ~ une** *fam* [aber auch] in jedes Fettnäpfchen treten **II.** *vi* ① (*être absent*) fehlen ② (*faire défaut, être insuffisant*) **commencer à ~** allmählich ausgehen; **qc te manque pour faire qc** dir fehlt etw um etw zu tun ③ (*ne pas avoir assez de*) **qn/qc manque de qn/qc** jdm/einer S. fehlt jd/etw; **tu ne manques pas de toupet!** du bist ganz schön frech ! ④ (*regretter de ne pas avoir*) **mes enfants/les livres me manquent** ich vermisse die Kinder/Bücher ⑤ (*rater*) *attentat, tentative:* scheitern, misslingen ⑥ (*ne pas respecter*) **~ à sa parole/promesse** sein/ihr Wort/Versprechen nicht halten; **~ à ses devoirs/obligations** seine/ihre Pflichten/Verpflichtungen nicht erfüllen ⑦ (*faillir*) **~ [de] faire qc** etw beinahe tun ⑧ (*ne pas omettre*) **ne pas ~ de faire qc** etw auf jeden Fall tun ▶**ça n'a pas manqué!** das musste ja so kommen !; **il ne manquait plus que ça** das hat [jetzt] gerade noch gefehlt **III.** *vpr* ① (*rater son suicide*) **qn se manque** jds Selbstmordversuch misslingt ② (*ne pas se rencontrer*) **se ~ de 5 minutes** sich um 5 Minuten verpassen

mansarde [mɑ̃saʀd] *f* Mansarde *f*

mansardé(e) [mɑ̃saʀde] *adj* Dach-; **chambre ~e** Mansardenzimmer *nt;* **être ~** schräge Wände haben

manteau [mɑ̃to] <x> *m* Mantel *m*

mantille [mɑ̃tij] *f* Mantille *f*

manucure [manykyʀ] *mf* (*a. personne*) Maniküre *f*

manucurer [manykyʀe] <1> *vt* maniküren

manuel [manɥɛl] *m* (*livre didactique*) Lehrbuch *nt;* (*manuel d'utilisation*) Handbuch; **~ scolaire** Schulbuch

manuel(le) [manɥɛl] **I.** *adj* ① *métier, profession* handwerklich; *activité, travail* manuell; **travailleur ~** jd, der mit den Händen arbeitet ② (*opp: automatique*) manuell **II.** *m(f)* (*personne qui travaille de ses mains*) jd, der mit den Händen arbeitet; (*personne douée de ses mains*) Bastler(in) *m(f)*

manuellement [manɥɛlmɑ̃] *adv* manuell; *actionner, fabriquer* manuell

manufacture [manyfaktyʀ] *f* Manufaktur *f;* **~ de tapisseries** Teppichweberei *f*

manufacturer [manyfaktyʀe] <1> *vt* verarbeiten; **produit manufacturé** industrielles Erzeugnis [*o* Produkt *nt*] *nt*

manu militari [manymilitaʀi] *adv* kurzerhand; (*par la force physique*) gewaltsam

manuscrit [manyskʀi] *m* Manuskript *nt*

manuscrit(e) [manyskʀi, it] *adj* (*écrit à la main*) handschriftlich

manutention [manytɑ̃sjɔ̃] *f* ① (*manipulation*) Warenumschlag *m* ② (*local*) Lager *nt*

manutentionnaire [manytɑ̃sjɔnɛʀ] *mf* Lagerist(in) *m(f)*

maoïste [maɔist] **I.** *adj* maoistisch **II.** *mf* Maoist(in) *m(f)*

mappemonde [mapmɔ̃d] *f* ① (*carte*) Weltkarte *f* ② (*globe terrestre*) Globus *m*

maquer [make] <1> *vt pop* (*être le souteneur de*) **~ une femme** eine Frau anschaffen [*o* auf den Strich] schicken (*sl*); **être maquée** schon einen Macker haben (*sl*); *prostituée:* für einen Zuhälter arbeiten

maquereau[1] [makʀo] <x> *m* ZOOL Makrele *f*

maquereau[2] [makʀo] <x> *m pop* (*souteneur*) Zuhälter *m*

maquerelle [makʀɛl] *f pop* Puffmutter *f* (*fam*)

maquette [makɛt] *f* ① (*modèle réduit*) Modell *nt;* **~ d'avion/de bateau** Flugzeug-/Schiffsmodell; (*jouet*) Modellflugzeug *nt*/-schiff *nt* ② TYP Umbruch *m; d'une couverture* Druckvorlage *f; d'une cassette* Probeaufnahme *f* ③ (*projet*) Entwurf *m* ④ ART Rohfassung *f*

maquettisme [maketism] *m* Modellbau *m*

maquettiste [maketist] *mf* ① ARCHIT, THEAT Modellbauer(in) *m(f);* (*menuisier*) Modellschreiner(in) *m(f)* ② PRESSE (*graphiste*) Grafiker(in) *m(f)*

maquillage [makijaʒ] *m* ① (*soins de beauté: action*) Schminken *nt;* (*résultat*) Make-up *nt;* THEAT, CINE, TV Maske *f* ② (*produits de beauté*) Make-up *nt* ③ *de documents* Fälschung *f; d'une voiture* Frisieren *nt*

maquiller [makije] <1> **I.** *vt* ① (*farder*) schminken ② (*falsifier*) fälschen; verdrehen *vérité;* entstellen *faits;* frisieren *voiture;* **~ un meurtre en suicide** einen Mord als Selbstmord tarnen **II.** *vpr* (*se farder*) **se ~** sich schminken

maquilleur, -euse [makijœʀ, -jøz] *m, f* Maskenbildner(in) *m(f)*

maquis [maki] *m* ① BOT Macchia *f*

M

② *(groupe de résistance)* Partisanengruppe *f;* HIST französische Widerstandsbewegung *f* *(gegen die deutsche Besatzung);* **prendre le ~** sich den Partisanen anschließen

maquisard(e) [makizaʀ, aʀd] *m(f)* HIST französischer Widerstandskämpfer *m*/französische Widerstandskämpferin *f* *(gegen die deutsche Besatzung)*

marabout [maʀabu] *m* ① ORN Marabu *m* ② REL Marabut *m*

maracuja [maʀakuʒa, maʀakyʒa] *m* Maracuja *f*

maraîchage [maʀɛʃaʒ] *m* Gemüse[an]bau *m*

maraîcher, -ère [maʀeʃe, -ɛʀ] **I.** *adj* Gemüse-; **région maraîchère** Gemüseanbaugebiet *nt;* **produits ~s** Erzeugnisse *Pl* aus dem Gemüseanbau **II.** *m, f* Gemüseerzeuger(in) *m(f)*

marais [maʀɛ] *m* Sumpf *m*

marasme [maʀasm] *m* *(stagnation)* [Konjunktur]flaute *f;* **~ économique** geschäftliche Flaute

marathon [maʀatɔ̃] **I.** *m* SPORT, POL Marathon *m* **II.** *app* endlos

marathonien(ne) [maʀatɔnjɛ̃, jɛn] *m(f)* Marathonläufer(in) *m(f)*

marbre [maʀbʀ] *m* ① *(pierre)* Marmor *m* ② *(objet, statue)* Marmorplastik *f* ③ *d'une cheminée* Marmorsims *m; d'une commode* Marmorplatte *f* ④ *fig* **cœur/visage de ~** Herz aus Stein/steinernes Gesicht; **être/rester de ~** ungerührt sein/bleiben

marbré(e) [maʀbʀe] *adj* ① *écorce* gemasert ② GASTR **gâteau ~** Marmorkuchen *m* ③ *papier, reliure* marmoriert

marbrer [maʀbʀe] <1> *vt* ① *(décorer de veines)* marmorieren ② *(marquer de marques violacées)* **le froid lui marbrait le visage** sein Gesicht war blau vor Kälte

marbrerie [maʀbʀəʀi] *f* ① *(industrie)* Marmor[- und Naturstein]industrie *f* ② *(atelier)* Steinmetzbetrieb *m*

marbrier, -ière [maʀbʀije, -ijɛʀ] **I.** *adj* Marmor- **II.** *m, f* Steinmetz(in) *m(f)*

marc [maʀ] *m* ① *(résidu)* Trester *Pl;* **~ de pommes/raisin** Apfel-/Traubentrester; **~ de café/thé** Kaffeesatz *m*/Teeblätter *Pl* ② *(eau de vie)* Tresterschnaps *m*

marcassin [maʀkasɛ̃] *m* ZOOL Frischling *m*

marcel [maʀsɛl] *m* COUT Muscleshirt *nt*

marchand(e) [maʀʃɑ̃, ɑ̃d] **I.** *adj* *(qui transporte des marchandises)* *marine, navire* Handels-; *(où se pratique le commerce)* **rue ~e** Geschäftsstraße *f;* **galerie ~e** Einkaufspassage *f;* *(dans le commerce)* **valeur ~e** Handelswert *m* **II.** *m(f)* ① *(commerçant)* Händler(in) *m(f);* **~ ambulant** Straßenhändler ② *fig* **~ d'illusions** Scharlatan *m;* **~ de rêve** Illusionist *m;* **~ de sable** Sandmännchen *nt;* **~ de sommeil** *péj* *(logeur)* Miethai *m;* **~ de tapis** *péj* Geschäftemacher *m*

marchandage [maʀʃɑ̃daʒ] *m* ① *(discussion)* Handeln *nt,* Feilschen *nt* *(pej)* ② *(tractation)* Mauschelei *f*

marchander [maʀʃɑ̃de] <1> **I.** *vt* **~ le prix/un tapis** um den Preis/einen Teppich handeln **II.** *vi* handeln, feilschen *(pej)*

marchandisation [maʀʃɑ̃dizasjɔ̃] *f* Vermarktung *f;* **la ~ du monde** *péj* der Ausverkauf der Welt

marchandise [maʀʃɑ̃diz] *f* Ware *f*

marche[1] [maʀʃ] *f* ① *a.* SPORT Gehen *nt;* **se mettre en ~** *personnes:* sich auf den Weg machen; *cortège, caravane:* sich in Bewegung setzen; **~ à suivre** Vorgehensweise *f* ② *(promenade)* Wandern *nt;* **faire de la ~** wandern [gehen] ③ *(allure)* Gang *m; d'un navire* Fahrt *f* ④ *(trajet)* Weg *m* ⑤ *(cortège)* Marsch *m;* **une ~ pacifique/de protestation** ein Friedens-/Protestmarsch; **faire ~ sur qc** auf etw *(akk)* zumarschieren ⑥ *d'une étoile* Bahn *f; d'une caravane* Zug *m; d'un véhicule* Fahrt *f;* **le sens de la ~** die Fahrtrichtung; **en ~ arrière** rückwärts; **faire [une] ~ arrière** AUT rückwärtsfahren ⑦ *d'une entreprise, horloge* Gang *m; d'une machine* Betrieb *m,* Laufen *nt;* **moteur en ~** laufender Motor; **mettre une machine/un appareil en ~** eine Maschine/ein Gerät einschalten ⑧ MUS Marsch *m* ▶ **faire ~ arrière** einen Rückzieher machen, zurückrudern *(fam);* **être en ~** *démocratie:* auf dem Vormarsch sein

marche[2] [maʀʃ] *f* *d'un escalier* Stufe *f; d'un véhicule* Trittbrett *nt*

marché [maʀʃe] *m* ① *(lieu de vente)* Markt *m;* **~ couvert** Markthalle[n *Pl*] *f;* **~ aux puces** Flohmarkt ② *(opérations financières)* Markt *m;* **~ des capitaux** Finanzmarkt; **~ en croissance** Wachstumsmarkt ③ *(contrat)* Vertrag *m;* **conclure un ~ avec qn/qc** mit jdm/etw einen Vertrag abschließen; **~ conclu!** abgemacht! ④ *(l'offre et la demande)* **le ~ unique** der Europäische Binnenmarkt; **~ noir** Schwarzmarkt *m* ⑤ *(pays, région)* Markt *m* ▶ **bon ~** *inv* billig, preiswert; **par dessus le ~** zu allem Überfluss

marchepied [maʀʃəpje] *m* ① *d'un train, tramway* Trittbrett *nt* ② *(escabeau)* Trittleiter *f* ▶ **servir de ~ à qn** jdm als Sprungbrett dienen; *personne:* jdm als Steigbügelhalter dienen

marcher [maʀʃe] <1> *vi* ① (*se déplacer*) gehen, laufen; ~ **à reculons** rückwärtsgehen; ~ **à la rencontre de qn** jdm entgegengehen; (*vu de la personne approchée*) jdm entgegenkommen ② MIL ~ **sur la ville/Paris** auf die Stadt/Paris zumarschieren ③ (*poser le pied*) ~ **sur/dans qc** auf/in etw (*akk*) treten; (*ne pas respecter*) etw mit Füßen treten ④ (*être en activité*) *métro, bus:* fahren; (*fonctionner*) laufen; *montre:* gehen; *télé, machine:* an sein; ~ **à l'essence/l'électricité** mit Benzin/Strom betrieben werden ⑤ (*réussir*) *affaire, film:* laufen; *études:* vorangehen; *procédé:* funktionieren ⑥ *fam* (*croire naïvement*) alles glauben ⑦ *fam* (*être d'accord*) **je marche [avec vous]** ich ziehe mit; **ça marche!** o.k.! ▶ **faire** ~ **qn** jdn auf den Arm nehmen

marcheur, -euse [maʀʃœʀ, -øz] *m, f* Läufer(in) *m(f);* SPORT Geher(in) *m(f);* POL Teilnehmer(in) *m(f)* eines Marsches

marcottage [maʀkɔtaʒ] *m* Absenken *nt*

mardi [maʀdi] *m* Dienstag *m; v. a.* **dimanche** ▶ ~ **gras** Karnevalsdienstag *m,* Fastnachtsdienstag *m* (SDEUTSCH), Faschingsdienstag *m* (SDEUTSCH)

mare [maʀ] *f* ① (*eau stagnante*) Tümpel *m;* (*après la pluie*) Lache *f* ② (*flaque*) ~ **de sang/d'huile** Blut-/Öllache *f*

marécage [maʀekaʒ] *m* Sumpf *m*

marécageux, -euse [maʀekaʒø, -ʒøz] *adj* sumpfig; *plante* Sumpf-

maréchal(e) [maʀeʃal, -o] <-aux> *m(f)* Marschall *m;* ~ **des logis** Unteroffizier *m*

maréchal-ferrant [maʀeʃalfeʀɑ̃] <maréchaux-ferrants> *m* Hufschmied *m*

maréchaussée [maʀeʃose] *f hum* Gesetzeshüter *m*

marée [maʀe] *f* ① (*mouvements de la mer*) Ebbe *f* und Flut *f,* Gezeiten *Pl;* **à ~ basse/haute** bei Ebbe/Flut ② *fig* ~ **humaine** Menschenflut *f* ▶ ~ **noire** Ölpest *f*

marelle [maʀɛl] *f* Himmel *m* und Hölle *f* (*ein Kinderspiel*)

mareyeur, -euse [maʀɛjœʀ, -jøz] *m, f* [See]fischgroßhändler(in) *m(f)*

margarine [maʀgaʀin] *f* Margarine *f*

marge [maʀʒ] *f* ① (*espace blanc sur une feuille de papier*) Rand *m* ② (*délai*) Spielraum *m;* ~ **d'erreur** zulässige Abweichung ③ COM Gewinn *m;* ~ **bénéficiaire** Gewinnspanne *f* ④ *fig* **vivre en ~ de la société** am Rande der Gesellschaft leben

margelle [maʀʒɛl] *f* Rand *m*

marginal(e) [maʀʒinal, -o] <-aux> **I.** *adj* ① (*accessoire*) marginal; *occupation, rôle* Neben-; *phénomène* Rand- ② (*en marge de la société*) am Rande der Gesellschaft; *groupe* Rand- ③ (*peu orthodoxe*) außerhalb der gesellschaftlichen Norm; *groupe* Aussteiger- **II.** *m(f)* (*asocial*) Asoziale(r) *f(m);* (*en marge de la société*) Außenseiter(in) *m(f)*

marginalisation [maʀʒinalizasjɔ̃] *f* Ausgrenzung *f*

marginaliser [maʀʒinalize] <1> **I.** *vt* in den Hintergrund drängen; ausgrenzen *groupe social;* ins Abseits drängen *homme politique, parti politique* **II.** *vpr* **se ~** sich ausgrenzen

marginalité [maʀʒinalite] *f* Außenseitertum *nt*

margoulette [maʀgulɛt] *f* ▶ **se casser la ~** *fam* auf die Schnauze fliegen

marguerite [maʀgəʀit] *f* Margerite *f*

mari [maʀi] *m* [Ehe]mann *m*

mariage [maʀjaʒ] *m* ① (*institution*) Ehe *f;* (*union*) Heirat *f;* ~ **blanc** Scheinehe; ~ **de raison** Vernunftehe/-heirat; **demander qn en ~** um jds Hand anhalten; **faire un beau ~** eine gute Partie machen ② (*cérémonie*) Hochzeit *f;* **cérémonie de ~** Trauung *f;* ~ **civil/religieux** standesamtliche/kirchliche Trauung ③ (*vie conjugale*) Ehe *f;* **fêter les 25/10 ans de ~** silberne Hochzeit/den 10. Hochzeitstag feiern ④ (*de plusieurs choses*) Vereinigung *f;* (*combinaison*) Kombination *f*

Marianne [maʀjan] *f* POL Marianne *f* (*die Symbolfigur der frz. Republik*)

marié(e) [maʀje] **I.** *adj* verheiratet **II.** *m(f)* ① (*le jour du mariage*) Bräutigam *m/* Braut *f;* **les ~s** das Brautpaar ② (*marié depuis peu*) **jeune ~** frischgebackener Ehemann; **les jeunes ~s** die jungen Eheleute, das junge Paar

marier [maʀje] <1> **I.** *vt* ① (*procéder au mariage de*) trauen ② (*donner en mariage*) ~ **qn avec qn** jdn mit jdm verheiraten ③ BELG, CH, NORD (*épouser*) heiraten ④ (*combiner*) [miteinander] verbinden; kombinieren *couleurs, goûts, parfums* **II.** *vpr* ① (*contracter mariage*) **se ~ avec qn** jdn heiraten ② (*s'harmoniser*) **se ~ [ensemble]** miteinander harmonieren; **se ~ avec qc** zu etw passen

marihuana, marijuana [maʀiʀwana, maʀiʒɥana] *f* Marihuana *nt*

marin [maʀɛ̃] *m* ① (*matelot*) Seemann *m,* Matrose *m/*Matrosin *f;* ~ **pêcheur** Hochseefischer *m* ② (*navigateur*) Seefahrer *m*

marin(e) [maʀɛ̃, in] *adj* ① (*relatif à la mer*)

M

Meeres-; *air, carte* See- ② (*relatif au marin*) Matrosen-

marina [maʀina] *f* Marina *f*

marinade [maʀinad] *f* Marinade *f*; ~ **de saumon** marinierter Lachs

marine [maʀin] **I.** *f* Marine *f* **II.** *adj inv* marineblau

mariner [maʀine] <1> **I.** *vt* GASTR ~ **qc dans qc** etw in etw (*dat*) marinieren **II.** *vi* ① GASTR *aliment:* in [der] Marinade ziehen ② *fam* (*attendre*) schmoren

marinier, -ière [maʀinje, -jɛʀ] *m, f* Binnenschiffer(in) *m(f)*

marinière [maʀinjɛʀ] **I.** *f* (*vêtement*) Matrosenbluse *f* **II.** *app inv* GASTR [**à la**] ~ nach Seemannsart (*mit Weißwein und Zwiebeln zubereitet*)

mariolle [maʀjɔl] *m fam* Spaßvogel *m*

marionnette [maʀjɔnɛt] *f* Marionette *f*

marionnettiste [maʀjɔnetist] *mf* Puppenspieler(in) *m(f)*

marital(e) [maʀital, -o] <-aux> *adj* JUR des Ehemanns

maritalement [maʀitalmɑ̃] *adv* **vivre** ~ in einer eheähnlichen Lebensgemeinschaft zusammenleben

M

maritime [maʀitim] *adj* ① (*du bord de mer*) maritim; *région, ville* Küsten- ② (*relatif au commerce par la voie des mers*) See-; *transport* zur See; **compagnie** ~ Schifffahrtsgesellschaft *f*

marivaudage [maʀivodaʒ] *m littér* Getändel *nt*

mark [maʀk] *m* HIST (*monnaie*) Mark *f*; **le deutsche Mark** die deutsche Mark

marketer [maʀkəte] <1> *vt* vermarkten *produit*

marketeur, -euse [maʀkətœʀ, -øz] *m, f* Marketingspezialist(in) *m(f)*

marketing [maʀketiŋ] *m* Marketing *nt*; ~ **direct/viral** Direktmarketing/virales Marketing

marmaille [maʀmɑj] *f péj fam* Rasselbande *f*

marmelade [maʀməlad] *f de pommes, d'abricots* Kompott *nt*; *d'oranges* Marmelade *f*

marmite [maʀmit] *f* [Koch]topf *m*; ~ **norvégienne** Kochkiste *f*

marmiton [maʀmitɔ̃] *m* Küchenjunge *m*

marmonnement [maʀmɔnmɑ̃] *m* Gemurmel *nt*

marmonner [maʀmɔne] <1> **I.** *vt* murmeln **II.** *vi* vor sich (*akk*) hin murmeln

marmot [maʀmo] *m* ① *fam* (*petit garçon*) Knirps *m* ② *pl* (*petits enfants*) Kinder[schar *f*] *Pl*

marmotte [maʀmɔt] *f* Murmeltier *nt*

Marne [maʀn] *f* **la** ~ die Marne

marner [maʀne] <1> **I.** *vt* AGR mit Mergel düngen **II.** *vi fam* (*trimer*) schuften (*fam*)

Maroc [maʀɔk] *m* **le** ~ Marokko *nt*

marocain(e) [maʀɔkɛ̃, ɛn] *adj* marokkanisch

Marocain(e) [maʀɔkɛ̃, ɛn] *m(f)* Marokkaner(in) *m(f)*

maronner [maʀɔne] <1> *vi fam* maulen (*fam*), meckern (*fam*); **ça me fait ~ de faire qc** es fuchst [*o* wurmt] mich, dass ich etw tun muss (*fam*)

maroquinerie [maʀɔkinʀi] *f* ① (*boutique*) Leder[waren]geschäft *nt* ② (*fabrication*) Lederwarenindustrie *f*; (*commerce*) Lederwarenhandel *m* ③ (*articles en cuir*) Lederwaren *Pl*

maroquinier, -ière [maʀɔkinje, -jɛʀ] *m, f* ① (*commerçant*) Lederwarenhändler(in) *m(f)* ② (*fabricant*) Lederwarenhersteller(in) *m(f)*

marquage [maʀkaʒ] *m* ① *a.* COM Kennzeichnung *f*; *d'un arbre* Markierung *f*; ~ **au sol** Fahrbahnmarkierung ② SPORT (*surveillance*) Decken *nt*

marquant(e) [maʀkɑ̃, ɑ̃t] *adj* (*important*) *fait, événement* einschneidend; *personnage, œuvre* bemerkenswert; *souvenir* prägend

marque [maʀk] *f* ① (*trace*) Spur *f*; *de coups de fouet* Striemen *m*; (*tache*) Fleck *m*, Mal *nt* ② (*repère*) Zeichen *nt*; SPORT Start *m*; **prendre ses ~s** (*se préparer*) seine Startvorbereitungen treffen; *coureur:* an den Start gehen; **à vos ~s!** auf die Plätze! ③ (*témoignage*) ~ **de confiance** Vertrauensbeweis *m*; ~ **de respect** Ehrenbezeugung *f* ④ (*signe distinctif*) Kennzeichen *nt*; (*au fer rouge*) Brandzeichen *nt*; **porter la ~ de l'artiste/son génie** die Handschrift des Künstlers tragen/von seinem/ihrem Genie zeugen ⑤ COM Marke *f*; ~ **déposée** [eingetragenes] Warenzeichen; **produit de ~** Markenartikel *m* ⑥ (*insigne*) Abzeichen *nt* ⑦ (*score*) [Punkte]stand *m*; **ouvrir la ~** den ersten Punkt machen; **la ~ était de 2 à 1** es stand 2:1 ⑧ GRAM Merkmal *nt* ▶ **trouver ses ~s** sich zurechtfinden; **personnage/invité de ~** bedeutende Persönlichkeit/bedeutender Gast

marqué(e) [maʀke] *adj* ① (*net*) ausgeprägt; *préférence* deutlich, ausgesprochen; *traits du visage* ausgeprägt, markant; *différence, trait* deutlich ② (*traumatisé*) vorbelastet

marquer [maʀke] <1> **I.** *vt* ① (*indiquer*) markieren; anzeigen *heure, degré* ② (*distin-

guer par un signe) kennzeichnen, markieren; ~ **d'un trait/d'une croix** anstreichen/ankreuzen ③ (*laisser une trace sur*) Spuren hinterlassen auf (+ *dat*); ~ **son époque** *personne, événement:* das Gesicht seiner Zeit prägen ④ (*souligner*) schlagen *rythme;* unterstreichen *paroles;* feierlich begehen *événement;* **pour ~ cet événement** zur Feier des Tages ⑤ (*représenter*) signalisieren *étape, progrès* ⑥ (*respecter*) beachten *feu rouge;* ~ **un temps d'arrêt** (*dans un discours*) kurz unterbrechen; (*dans un mouvement*) innehalten ⑦ (*inscrire, noter*) notieren; **le prix marqué** der angegebene Preis ⑧ SPORT erzielen **II.** *vi* ① (*jouer un rôle important*) ~ **dans qc** einen bleibenden Eindruck in etw (*dat*) hinterlassen; **un fait qui marquera dans l'histoire** ein Meilenstein in der Geschichte ② (*laisser une trace*) *bouteille:* Flecken machen; *tampon:* stempeln; *crayon:* schreiben

marqueterie [maʀkɛtʀi] *f* ART Einlegearbeit *f*

marqueur [maʀkœʀ] *m* ① (*crayon*) Textmarker *m* ② (*marqueur fluorescent*) Leuchtstift *m*

marquis(e) [maʀki, iz] *m(f)* Marquis(e) *m(f)*

marquise [maʀkiz] *f* (*auvent*) Markise *f*

marraine [maʀɛn] *f* Patin *f;* **être ~ de qc** die Patenschaft für etw übernehmen

marrant(e) [maʀɑ̃, ɑ̃t] *adj fam* (*drôle, amusant*) witzig

marre [maʀ] *adv fam* ▸ **en avoir ~ de qn/qc** jdn/etw satthaben

marrer [maʀe] <1> **I.** *vpr* **se ~** *fam* sich [halb] totlachen **II.** *vi* **faire ~** zum Lachen bringen

marron [maʀɔ̃] **I.** *adj inv* kastanienbraun, rotbraun; *yeux* braun **II.** *m* ① (*fruit*) Marone *f,* Esskastanie *f;* **~s glacés** kandierte Maronen ② *fam* (*coup de poing*) Schlag *m;* **flanquer un ~ à qn** jdm eine runterhauen ③ *pop* **être ~** (*dupé*) ganz schön alt aussehen (*sl*) ▸ **tirer les ~s du feu** (*pour le profit d'autrui*) die Kastanien aus dem Feuer holen

marronnier [maʀɔnje] *m* ① BOT ~ **[d'Inde]** [Ross]kastanie *f* ② PRESSE *arg abgedroschenes, immer wiederkehrendes Thema*

mars [maʀs] *m* März *m; v. a.* **août**

Mars [maʀs] *m* MYTH, ASTRON Mars *m*

marseillais(e) [maʀsɛjɛ, jɛz] *adj* (*de Marseille*) Marseiller *attr*

Marseillaise [maʀsɛjɛz] *f* (*hymne national*) **la ~** die Marseillaise

marsouin [maʀswɛ̃] *m* ZOOL Tümmler *m*

marsupial [maʀsypjal, -jo] <-aux> *m* ZOOL Beuteltier *nt*

marteau [maʀto] <x> **I.** *m* Hammer *m* **II.** *adj fam* plemplem

marteau-pilon [maʀtopilɔ̃] <marteaux-pilons> *m* Maschinenhammer *m*

marteau-piqueur [maʀtopikœʀ] <marteaux-piqueurs> *m* Schlagbohrer *m*

martelage [maʀtəlaʒ] *m* Hämmern *nt*

marteler [maʀtəle] <4> *vt* ① (*frapper*) hämmern ② (*scander*) skandieren

martial(e) [maʀsjal, -jo] <-aux> *adj* ① *air* grimmig; *allure* zackig ② (*de guerre*) **cour/loi ~e** Standgericht *nt/*-recht *nt;* **arts martiaux** Kampfsportarten *Pl*

martien(ne) [maʀsjɛ̃, jɛn] *adj* Mars-

Martien(ne) [maʀsjɛ̃, jɛn] *m(f)* Marsbewohner(in) *m(f)*

martinet[1] [maʀtinɛ] *m* (*fouet*) Klopfpeitsche *f*

martinet[2] [maʀtinɛ] *m* ORN Mauersegler *m*

martiniquais(e) [maʀtinikɛ, ɛz] *adj* von Martinique

Martiniquais(e) [maʀtinikɛ, ɛz] *m(f)* Einwohner(in) *m(f)* von Martinique

Martinique [maʀtinik] *f* **la ~** die Insel Martinique

martin-pêcheur [maʀtɛ̃pɛʃœʀ] <martins-pêcheurs> *m* ORN Eisvogel *m*

martre [maʀtʀ] *f* ZOOL Marder *m*

martyr(e) [maʀtiʀ] **I.** *adj* *enfant* misshandelt; *mère* geplagt; *pays, peuple* geschunden **II.** *m(f)* (*personne sacrifiée*) Märtyrer(in) *m(f)*

martyre [maʀtiʀ] *m* ① REL Martyrium *nt* ② (*grande douleur*) Qual *f;* **souffrir le ~** Höllenqualen leiden

martyriser [maʀtiʀize] <1> *vt* (*faire souffrir*) quälen, peinigen

marxisme [maʀksism] *m* Marxismus *m*

marxisme-léninisme [maʀksism(ə)leninism] *m sans pl* Marxismus-Leninismus *m*

marxiste [maʀksist] **I.** *adj* marxistisch **II.** *mf* Marxist(in) *m(f)*

mas [mɑ] *m* [Bauern]hof *m* (*in der Provence*)

mascara [maskaʀa] *m* Wimperntusche *f,* Mascara *f*

mascarade [maskaʀad] *f* ① ART, HIST Maskenspiel *nt* ② (*accoutrement*) Maskerade *f*

mascotte [maskɔt] *f* Maskottchen *nt*

masculin [maskylɛ̃] *m* GRAM Maskulinum *nt*

masculin(e) [maskylɛ̃, in] *adj* männlich

M

masculinité [maskylinite] *f* männliches Geschlecht

maso [mazo] *abr de* **masochiste I.** *adj inv fam* **être ~** [ein] Maso sein **II.** *mf inv fam* Maso *m*

masochisme [mazɔʃism] *m* Masochismus *m*

masochiste [mazɔʃist] **I.** *adj* masochistisch; **être ~** masochistisch veranlagt sein **II.** *mf* Masochist(in) *m(f)*

masque [mask] *m* ❶ (*objet*) Maske *f*; **~ à gaz** Gasmaske; **arracher son ~ à qn** jdn entlarven ❷ (*air, face*) Miene *f*

masqué(e) [maske] *adj* ❶ (*recouvert d'un masque*) maskiert; *bal, soirée* Masken- ❷ (*dissimulé*) abgeblendet; *virage, sortie* verdeckt

masquer [maske] <1> **I.** *vt* ❶ (*dissimuler*) verdecken; MIL tarnen; überdecken *odeur;* abdunkeln *lumière;* verheimlichen *vérité* ❷ (*recouvrir d'un masque*) mit einer Maske bedecken *visage* **II.** *vpr* ❶ (*mettre un masque*) **se ~** sich maskieren; **se ~ le visage** sich (*dat*) eine Maske aufsetzen ❷ (*se dissimuler*) **se ~ derrière/sous qc** sich hinter/unter etw (*dat*) verstecken

massacre [masakʀ] *m* ❶ (*tuerie*) Massaker *nt*, Blutbad *nt* ❷ (*travail mal fait*) Stümperei *f*

massacrer [masakʀe] <1> **I.** *vt* ❶ (*tuer sauvagement*) niedermetzeln *peuple;* abschlachten *animaux* ❷ *fam* (*démonter, mettre à mal*) **~ qn** jdn fertigmachen ❸ *fam* (*détériorer*) verhunzen **II.** *vpr* **se faire ~** sich abschlachten lassen

massage [masaʒ] *m* Massage *f*

masse [mas] *f* ❶ (*volume*) Masse *f*; **les ~s d'air froid/chaud** kalte/warme Luftmassen *Pl;* **dans la ~** ART aus einem Stück; **les ~s populaires** die [Volks]masse[n]; **ce genre de films, ça me plaît pas des ~s** *fam* diese Art von Film gefällt mir nicht besonders ❷ ECON **~ monétaire** Geldvolumen *nt;* **~ salariale** Lohn- und Gehaltsaufkommen *nt*

masser¹ [mase] <1> **I.** *vt* (*grouper*) versammeln; zusammenziehen *troupes* **II.** *vpr* (*se grouper*) **se ~** sich zusammenscharen

masser² [mase] <1> *vt* (*faire un massage à*) massieren

masseur, -euse [masœʀ, -øz] *m, f* Masseur(in) *m(f)*

massicot [masiko] *m* Papierschneidemaschine *f*

massif [masif] *m* ❶ BOT Beet *nt* ❷ GEOG Bergmassiv *nt;* **le Massif central** das Zentralmassiv

massif, -ive [masif, -iv] *adj* ❶ (*lourd*) massig; *bâtiment, meuble* wuchtig; *esprit* schwerfällig; *visage* grob[schlächtig] ❷ (*pur*) massiv ❸ (*important*) massiv; *bombardement* heftig; *manifestation* Massen-; *dose* hoch

massivement [masivmɑ̃] *adv* ❶ (*en nombre*) *démissionner, licencier* in großer Zahl; *partir* in Massen, massenweise; **la population a ~ répondu oui au référendum** die Bevölkerung hat sich mit großer Mehrheit für das Referendum ausgesprochen ❷ (*à haute dose*) in hoher Dosierung, in hohen Dosen

mass-mailing [masmeliŋ] <mass-mailings> *m* Massenmailing *nt*

mass media [masmedja] *mpl* Massenmedien *Pl*

massue [masy] **I.** *f* Keule *f* **II.** *app inv* überzeugend

master [mastœʀ, mastɛʀ] *m* UNIV (*diplôme*) Master *m*, Masterabschluss *m*

mastic [mastik] **I.** *m* (*pâte*) Spachtelmasse *f; du menuisier* Kitt *m* **II.** *adj inv* (*beige clair*) kittfarben

masticage [mastikaʒ] *m d'une vitre, fuite* Kitten *nt; d'un trou* Spachteln *nt*

mastiquer¹ [mastike] <1> *vt, vi* ANAT kauen

mastiquer² [mastike] <1> *vt* TECH kitten *vitre, fuite*

mastoc [mastɔk] *adj inv fam personne* massig

mastodonte [mastɔdɔ̃t] *m* ❶ (*chose énorme*) Monstrum *nt;* (*personne énorme*) Riesenbaby *nt* ❷ ZOOL Mastodon *nt*

masturbation [mastyʀbasjɔ̃] *f* Onanie *f*, Selbstbefriedigung *f*, Masturbation *f*

masturber [mastyʀbe] <1> **I.** *vt* masturbieren **II.** *vpr* **se ~** onanieren, masturbieren

m'as-tu-vu [matyvy] *mf inv fam* Angeber(in) *m(f)*

mat [mat] JEUX **I.** *adj inv* matt **II.** *m* Matt *nt*

mat' [mat] *m fam abr de* **matin**

mât [mɑ] *m* Mast *m*

mat(e) [mat] *adj* ❶ (*sans reflet*) matt; **or/argent ~** Mattgold *nt*/-silber *nt* ❷ *peau, teint* dunkel ❸ (*sourd*) dumpf

matador [matadɔʀ] *m* Matador *m*

match [matʃ] <[e]s> *m* Spiel *nt;* **~ de boxe** Boxkampf *m;* **~ nul** Unentschieden *nt*

matelas [matlɑ] *m* ❶ (*pièce de literie*) Matratze *f;* **~ pneumatique** Luftmatratze; **~ à ressorts** Federkernmatratze ❷ (*couche épaisse*) **~ de qc** Polster *nt* aus etw

matelassé(e) [mat(ə)lase] *adj* ❶ (*capi-*

tonné) *porte* gepolstert ❷ COUT *doublure, tissu* gesteppt
matelasser [mat(ə)lase] <1> *vt* ❶ (*rembourrer*) polstern ❷ (*doubler*) wattieren
matelot [matlo] *m* Matrose *m*
matelote [matlɔt] *f* GASTR *Fischragout in Weinsoße*
mater¹ [mate] <1> *vt* ❶ (*faire s'assagir*) zur Vernunft bringen ❷ (*réprimer, vaincre*) bezwingen; in den Griff bekommen *révolte, rébellion*
mater² [mate] <1> *vt fam* (*regarder*) anglotzen
matérialisation [mateʀjalizasjɔ̃] *f* Realisierung *f*
matérialiser [mateʀjalize] <1> **I.** *vt* ❶ (*concrétiser*) realisieren, verwirklichen; ~ **une idée** eine Idee in die Tat umsetzen ❷ (*signaliser*) kennzeichnen; ~ **sur l'écran** auf dem Bildschirm darstellen **II.** *vpr* **se** ~ Gestalt annehmen
matérialisme [mateʀjalism] *m* Materialismus *m*
matérialiste [mateʀjalist] **I.** *adj a.* PHILOS materialistisch **II.** *mf a.* PHILOS Materialist(in) *m(f)*
matérialité [mateʀjalite] *f* ❶ (*caractère objectif*) Tatsächlichkeit *f* ❷ PHILOS Stofflichkeit *f*
matériau [mateʀjo] <x> *m* ❶ (*matière*) Material *nt;* ~**x de construction** Baustoffe *Pl* ❷ *sans pl fig* Stoff *m,* Material *nt*
matériel [mateʀjɛl] *m* ❶ (*équipement*) Material *nt;* ~ **audiovisuel/scolaire** Video-/Schulmaterial; ~ **de camping/de pêche/de peinture** Camping-/Angel-/Malerausrüstung *f* ❷ (*assortiment proposé dans un magasin*) ~ **de bureau/sport** Bürobedarf *m*/Sportartikel *Pl* ❸ INFORM Hardware *f*
matériel(le) [mateʀjɛl] *adj* ❶ (*concret*) materiell; *trace, preuve* konkret; **biens** ~**s** Sachgüter *Pl* ❷ *défaillance* Material-; *dégâts* materiell, Sach-; *problème* technisch ❸ (*qui concerne l'argent*) finanziell; *civilisation* materialistisch ❹ (*immanent*) materiell, dinglich
matériellement [mateʀjɛlmɑ̃] *adv* ❶ (*sur le plan financier*) materiell ❷ (*pour des raisons matérielles*) faktisch
maternel(le) [matɛʀnɛl] *adj* ❶ (*de/pour la mère*) Mutter-; *tendresse, instinct* mütterlich ❷ (*du côté de la mère*) mütterlicherseits; *biens* von mütterlicher Seite ❸ SCOL **école** ~**le** Kindergarten *m*
maternelle [matɛʀnɛl] *f* Kindergarten *m*
materner [matɛʀne] <1> *vt péj* bemuttern (*fam*)
maternité [matɛʀnite] **I.** *f* ❶ (*bâtiment*) Entbindungsheim *nt* ❷ (*faculté d'engendrer*) Gebärfähigkeit *f* ❸ (*condition de mère*) Mutterschaft *f* ❹ (*tableau*) Mutter-und-Kind-Bild *nt;* (*de la vierge*) Madonnenbild *nt* **II.** *app* Mutterschafts-
mathématicien(ne) [matematisjɛ̃, jɛn] *m(f)* Mathematiker(in) *m(f)*
mathématique [matematik] **I.** *adj* ❶ (*relatif aux mathématiques*) mathematisch ❷ (*rigoureux*) mathematisch **II.** *fpl* Mathematik *f*
mathématiquement [matematikmɑ̃] *adv* ❶ (*de façon mathématique*) mathematisch ❷ (*rigoureusement*) exakt
matheux, -euse [matø, -øz] *m, f fam* ❶ (*élève/étudiant en maths*) Mathe-Schüler(in) *m(f)*/Mathe-Student(in) *m(f)* ❷ (*personne douée en maths*) Mathe-Experte *m*/-Expertin *f*
math[s] [mat] *fpl fam abr de* **mathématique** Mathe *f*
matière [matjɛʀ] *f* ❶ (*substance*) Material *nt;* ~ **organique** organischer Stoff; ~ **synthétique/première** Kunst-/Rohstoff *m* ❷ PHILOS, PHYS Materie *f* ❸ (*sujet, thème*) Material *nt,* Stoff *m; d'une discussion* Gegenstand *m;* **en** ~ **de sport/finances/d'impôts** in Sachen Sport/Finanzen/Steuern; **en** ~ **de qc** bezüglich einer S. (*gen*) ❹ SCOL Fach *nt* ❺ ART Material *nt*
matin [matɛ̃] **I.** *m* (*début du jour*) Morgen *m;* (*matinée*) Vormittag *m;* **le** ~ morgens, am Morgen; **un** ~ **de juillet** an einem Julimorgen; **du** ~ **au soir** von morgens bis abends; **de bon** ~ frühmorgens; **ce** ~ heute Morgen; **chaque** ~, **tous les** ~**s** jeden Morgen; **au petit** ~ im Morgengrauen; **6/11 heures du** ~ 6 Uhr morgens/11 Uhr vormittags; **l'équipe du** ~ die Tagschicht ▶ **un de ces quatre** ~**s** eines Tages; **être du** ~ (*être en forme le matin*) ein Frühaufsteher sein; (*être de l'équipe du matin*) Frühschicht haben **II.** *adv* **mardi** ~ [am] Dienstagmorgen; **tous les lundis** ~[s] jeden Montagmorgen; **hier/demain** ~ gestern/morgen früh; ~ **et soir** morgens und abends
matinal(e) [matinal, -o] <-aux> *adj* ❶ (*du matin*) morgendlich; *rosée, toilette* Morgen- ❷ (*qui se lève tôt*) **être** ~ ein Frühaufsteher sein
mâtiné(e) [mɑtine] *adj* ❶ (*métissé*) **un épagneul** ~ **de dogue** eine Mischung aus Spaniel und Dogge ❷ (*mêlé*) gemischt; **un**

M

français ~ d'italien eine Mischung aus Französisch und Italienisch

matinée [matine] *f* ① (*matin*) Vormittag *m* ② MUS Matinee *f;* CINE, THEAT Frühvorstellung *f,* Nachmittagsvorstellung *f;* **en ~** nachmittags ▶ **faire la grasse ~** ausschlafen

maton(ne) [matɔ̃, ɔn] *m(f) arg* [Gefängnis]wärter(in) *m(f),* Schließer(in) *m(f)*

matou [matu] *m* ZOOL Kater *m*

matraquage [matʀakaʒ] *m* ① (*coups de matraque*) **le ~ des manifestants par la police** der Schlagstockeinsatz der Polizei gegen die Demonstranten ② MEDIA (*intoxication*) Dauerberieselung *f;* (*publicitaire*) aufdringliche Propaganda; **~ publicitaire** Dauerberieselung durch die Werbung; **résister au ~** sich nicht beeinflussen lassen

matraque [matʀak] *f* Schlagstock *m*

matraquer [matʀake] <1> *vt* ① (*frapper*) **~ qn** jdn niederknüppeln ② (*escroquer*) betrügen; **se faire ~** betrogen werden ③ MEDIA bombardieren *auditeur, téléspectateur*

matriarcal(e) [matʀijaʀkal, -o] <-aux> *adj* matriarchalisch

matriarcat [matʀijaʀka] *m* Matriarchat *nt*

matrice [matʀis] *f* ① TECH, TYP Matrize *f* ② ADMIN Matrikel *f;* **~ cadastrale** Grundsteuerrolle *f* ③ MATH Matrix *f*

matricule [matʀikyl] **I.** *m* ADMIN, MIL Kennnummer *f; d'un militaire* Personenkennziffer *f* ▶ **ça va barder pour ton/son ~** *fam* da kannst du/kann er/sie was erleben **II.** *f* ADMIN Kartei *f; de la faculté* Matrikel *f* **III.** *app* MIL, JUR **numéro ~** Kennnummer *f;* **registre ~** Wehrstammrolle *f*

matrimonial(e) [matʀimɔnjal, -jo] <-aux> *adj* Ehe-; **agence ~e** Heiratsagentur *f;* **régime ~** Güterstand *m*

maturation [matyʀasjɔ̃] *f* ① *des fruits, du raisin, fromage* Reifen; *d'une cellule* Reifung ② *fig* [Heran]reifen

mature [matyʀ] *adj* (*psychiquement*) reif; (*sexuellement*) geschlechtsreif

mâture [mɑtyʀ] *f* NAUT Bemastung *f,* Mastwerk *nt*

maturité [matyʀite] *f* ① BOT, BIO Reife *f;* **~ précoce** Frühreife; **venir à ~** heranreifen ② *de l'intelligence* Höhepunkt *m; d'une aptitude, d'un talent* Blüte *f* ③ CH (*baccalauréat*) Abitur *nt,* Maturität *f* (CH)

maudire [modiʀ] <8> *vt* verfluchen

maudit(e) [modi, it] **I.** *part passé de* **maudire** **II.** *adj* ① *antéposé* (*fichu*) verdammt ② *postposé poète, écrivain* verfemt; (*funeste*) verflucht; *lieu* unheilvoll **III.** *m(f)* (*rejeté*) Ausgestoßene(r) *f(m)*

maugréer [mogʀee] <1> *vi littér* vor sich hin schimpfen [*o* fluchen]

maure [mɔʀ] *adj* HIST maurisch

Maure, Mauresque [mɔʀ, mɔʀɛsk] *m, f* Maure *m*/Maurin *f*

mauresque [mɔʀɛsk] *adj architecture, palais* maurisch

Maurice [mɔʀis] *app* **l'île ~** die Insel Mauritius

mauricien(e) [mɔʀisjɛ̃, jɛn] *adj* mauritisch

Mauritanie [mɔʀitani] *f* **la ~** Mauretanien *nt*

mausolée [mozɔle] *m* Mausoleum *nt*

maussade [mosad] *adj* griesgrämig; *ciel* grau; *humeur* schlecht; *temps, paysage* trist, trostlos

mauvais [movɛ] **I.** *m* ① (*ce qui est mauvais*) Schlechte(s) *nt* ② (*personne*) **les bons et les ~** die Guten und die Bösen **II.** *adv* **il fait ~** es ist schlechtes Wetter; **sentir ~** (*avoir une odeur désagréable*) nicht gut riechen

mauvais(e) [movɛ, ɛz] *adj* ① *antéposé* schlecht; **la balle est ~e** der Ball ist aus; **être ~ en qc** in etw (*dat*) schlecht sein; **faire une ~e chute** schwer stürzen; **être ~ pour qn/qc** nicht gut für jdn/etw sein; **être ~ pour la santé** ungesund sein; **faire un ~ rêve** schlecht träumen; **~e action** böse Tat; **ne pas avoir un ~ fond** im Grunde kein schlechter Mensch sein ② (*méchant*) böse; *sujet* übel; *sourire* hämisch ③ (*agité*) **la mer est ~e** das Meer ist stürmisch

mauve [mov] **I.** *adj* blasslila **II.** *m* (*couleur*) Blasslila *nt*

mauviette [movjɛt] *f* (*personne chétive*) Schwächling *m; fam* (*poule mouillée*) Angsthase *m*

max [maks] *m fam abr de* **maximum**

maxi [maksi] *adj inv* maximal

maxillaire [maksilɛʀ] *m* MED Kiefer *m;* **~ supérieur/inférieur** Ober-/Unterkiefer

maximal(e) [maksimal, -o] <-aux> *adj* maximal; *vitesse, peine* Höchst-

maxime [maksim] *f* Maxime *f*

maximum [maksimɔm, maksima] <s *o* maxima> **I.** *adj* maximal **II.** *m* Maximum *nt,* Höchstmaß *nt;* JUR Höchststrafe *f;* **~ de qc** Maximum an etw (*dat*); **il fait le ~** er tut sein Möglichstes; **au [grand] ~** allerhöchstens; **s'amuser/s'éclater/travailler un ~** *fam* sich wahnsinnig amüsieren/unheimlich viel arbeiten

Mayence [majɑ̃s] Mainz *nt*
mayonnaise [majɔnɛz] *f* Mayonnaise *f*, Majonäse *f*
mazout [mazut] *m* [Heiz]öl *nt*
mazoutage [mazutaʒ] *m* Ölverseuchung *f*
mazouter [mazute] <1> *vt* mit Öl verseuchen; **des oiseaux mazoutés** ölverseuchte Vögel
mdr [ɛmdeɛʀ] *interj fam abr de* **mort de rire** INET lol, haha
me [mə] <*devant voyelle ou h muet* m'> *pron pers* ❶ **il ~ voit/m'aime** er sieht/liebt mich; **il ~ suit** er folgt mir; **il m'explique le chemin** er erklärt mir den Weg ❷ *avec faire, laisser* mich; **elle ~ laisse/fait conduire [la voiture]** sie lässt mich [das Auto] fahren ❸ *avec être, devenir, sembler, soutenu* **cela ~ semble bon** das erscheint mir gut; **son amitié m'est chère** seine/ihre Freundschaft ist mir teuer (*geh*); **ça m'est bon de rentrer au pays** es tut [mir] gut heimzukommen; **le café m'est indispensable** ich kann nicht auf Kaffee verzichten ❹ *avec les verbes pronominaux* **je ~ nettoie** ich mache mich sauber; **je ~ nettoie les ongles** ich mache mir die Nägel sauber; **je ~ fais couper les cheveux** ich lasse mir die Haare schneiden ❺ (*avec un sens possessif*) **le cœur ~ battait fort** mein Herz schlug heftig ❻ *avec un présentatif* ich; **~ voici** [*o* **voilà**]**!** hier bin ich!
mea-culpa [meakylpa] *m inv* ▶**faire son ~** sich schuldig bekennen
méandre [meɑ̃dʀ] *m* ❶ *d'un chemin, cours d'eau* Windung *f* ❷ *pl fig de la pensée* verschlungene Pfade *Pl*
mec [mɛk] *m fam* Kerl *m*, Typ *m*
mécanicien(ne) [mekanisjɛ̃, jɛn] *m(f)* Mechaniker(in) *m(f)*
mécanique [mekanik] **I.** *adj* ❶ (*automatique*) mechanisch; **jouet ~** Spielzeug *nt* zum Aufziehen ❷ *fam difficulté* technisch **II.** *f* Mechanik *f*
mécaniquement [mekanikmɑ̃] *adv* ❶ mechanisch, maschinell ❷ (*machinalement*) mechanisch
mécanisation [mekanizasjɔ̃] *f* Mechanisierung *f*
mécaniser [mekanize] <1> *vpr* **se ~** auf mechanischen Betrieb umstellen
mécanisme [mekanism] *m* Mechanismus *m*; **~ de change** Wechselkursmechanismus
mécano [mekano] *m fam abr de* **mécanicien** Mechaniker(in) *m(f)*
mécénat [mesena] *m* Mäzenatentum *nt*
mécène [mesɛn] *m* ❶ (*protecteur des arts*) **~ [des arts]** [Kunst]mäzen(in) *m(f)* ❷ (*personne qui soutient*) Förderer *m*/Förderin *f*
méchamment [meʃamɑ̃] *adv* ❶ (*cruellement*) böse, boshaft ❷ *fam* (*très*) unheimlich; *amoché* böse, übel
méchanceté [meʃɑ̃ste] *f* ❶ *sans pl* (*cruauté*) Boshaftigkeit *f*; **regarder qn avec ~** jdn böse ansehen ❷ (*acte, parole*) Bosheit *f*
méchant(e) [meʃɑ̃, ɑ̃t] **I.** *adj* ❶ (*opp: gentil*) böse, boshaft; *enfant* ungezogen, böse; *animal* bösartig; **être ~ avec qn** gemein zu jdm sein; *enfant:* nicht lieb zu jdm sein; **attention, chien ~!** Vorsicht, bissiger Hund! ❷ *antéposé* (*sévère*) böse; *soleil, mer* gefährlich ❸ *antéposé, fam* (*extraordinaire*) wahnsinnig **II.** *m(f)* Böse(r) *f(m)*; **Aline, tu es une ~e!** Aline, du bist ein böses Mädchen !
mèche [mɛʃ] *f* ❶ *d'une bougie* Docht *m* ❷ (*touffe*) **~ de cheveux** [Haar]strähne *f* ▶**vendre la ~** ein Geheimnis verraten; **être de ~ avec qn** *fam* mit jdm unter einer Decke stecken
méchoui [meʃwi] *m* (*repas*) [am Spieß] gebratener Hammel; **faire un ~** einen Hammel braten
Mecklembourg-Poméranie occidentale [mɛklɑ̃buʀpɔmeʀaniɔksidɑ̃tal] *m* **le ~** Mecklenburg-Vorpommern *nt*
méconnaissable [mekɔnɛsabl] *adj* **être [devenu] ~** nicht [mehr] wiederzuerkennen sein; **la maladie l'a rendu ~** die Krankheit hat ihn bis zur Unkenntlichkeit entstellt
méconnaissance [mekɔnɛsɑ̃s] *f littér* Verkennung *f*
méconnaître [mekɔnɛtʀ] <*irr*> *vt littér* ❶ (*mésestimer*) verkennen ❷ (*ignorer*) nicht kennen *faits, vérité;* **ne pas ~ que ce [ne] soit vrai** nicht verkennen, dass es wahr ist ❸ (*ne pas tenir compte de*) nicht beachten *loi, principe;* sich hinwegsetzen über (+ *akk*) *usage*
méconnu(e) [mekɔny] *adj* verkannt
mécontent(e) [mekɔ̃tɑ̃, ɑ̃t] **I.** *adj* **~ de qn/qc** unzufrieden mit jdm/etw; **elle n'est pas ~e de quitter la ville** sie ist nicht gerade unglücklich darüber, die Stadt zu verlassen **II.** *m(f)* Nörgler(in) *m(f)*
mécontentement [mekɔ̃tɑ̃tmɑ̃] *m* Unzufriedenheit *f*
mécontenter [mekɔ̃tɑ̃te] <1> *vt* **~ qn**

M

(*déplaire*) jdm missfallen; (*contrarier, irriter*) jdn verstimmen
médaille [medaj] *f* Medaille *f;* (*décoration*) Orden *m;* ~ **d'or** Goldmedaille
médaillé(e) [medaje] **I.** *adj* ausgezeichnet **II.** *m(f)* Träger(in) *m(f)* einer Medaille/eines Ordens; SPORT Medaillengewinner(in) *m(f)*
médaillon [medajɔ̃] *m* GASTR, ART Medaillon *nt*
médecin [medsɛ̃] *m* Arzt *m*/Ärztin *f;* ~ **de famille** Hausarzt; ~ **légiste** Gerichtsmediziner
médecin-chef [medsɛ̃ʃɛf] <médecins--chefs> *m* Chefarzt *m*/-ärztin *f*
médecin-conseil [medsɛ̃kɔ̃sɛj] <médecins-conseils> *m* Vertrauensarzt *m*/-ärztin *f*
médecine [medsin] *f* ① (*science, spécialité*) Medizin *f,* Heilkunde *f;* ~ **générale** Allgemeinmedizin; ~ **du travail** Arbeitsmedizin; ~ **douce** Naturheilkunde ② (*profession*) Arztberuf *m;* **exercer la** ~ als Arzt/Ärztin tätig sein
média [medja] *m* Medium *nt;* **les ~s** die [Massen]medien
médiateur, -trice [medjatœʀ, -tʀis] **I.** *adj* ① (*de conciliation*) vermittelnd *m* ② GEOM Median- **II.** *m, f* ① (*négociateur*) Vermittler(in) *m(f);* **le ~ d'un conflit** der Schlichter in einem Konflikt; ~ **européen** Europäischer Bürgerbeauftragter ② (*intercesseur*) Mittelsmann *m*
médiathèque [medjatɛk] *f* Mediothek *f*
médiation [medjasjɔ̃] *f* *d'un conflit* Schlichtung *f;* ~ **des négociations** Vermittlung *f* bei den Verhandlungen
médiatique [medjatik] *adj* *image* durch die Medien bestimmt; *sport, événement* medienwirksam; *personne* telegen; **campagne** ~ Medienkampagne *f*
médiatisation [medjatizasjɔ̃] *f* Vermarktung *f* durch die Medien
médiatiser [medjatize] <1> *vt* in den Medien vermarkten; (*excessivement*) in den Medien aufbauschen
médiatrice [medjatʀis] *f* GEOM Mittelsenkrechte *f*
médical(e) [medikal, -o] <-aux> *adj* ärztlich
médicalement [medikalmɑ̃] *adv* medizinisch [gesehen]
médicalisation [medikalizasjɔ̃] *f* ① (*action*) medizinische Ausstattung *f* ② (*fait d'être médicalisé*) medizinische Betreuung *f;* ~ **de la mort/de la maternité** medizinische Betreuung der Sterbenden/der werdenden Mütter
médicaliser [medikalize] <1> *vt* ① (*équiper*) *bâtiment, ambulance* mit medizinischen Geräten ausstatten ② (*établir une assistance médicale*) eine medizinische Betreuung einrichten für
médicament [medikamɑ̃] *m* Medikament *nt*
médication [medikasjɔ̃] *f* medikamentöse Behandlung
médicinal(e) [medisinal, -o] <-aux> *adj* **plantes ~es** Arzneipflanzen *Pl*
médicolégal(e) [medikolegal, -o] <-aux> *adj* gerichtsmedizinisch
médiéval(e) [medjeval, -o] <-aux> *adj* mittelalterlich
médiocre [medjɔkʀ] **I.** *adj* ① (*petit*) dürftig, mager ② (*minable*) mittelmäßig; *vers, film* zweitklassig; *sol* karg; *vie* bedeutungslos ③ *élève* schwach ④ *péj* (*peu intelligent*) mittelmäßig; (*mesquin*) kleinlich; **d'un intérêt ~** von geringem Interesse; **des esprits ~s** Kleingeister *Pl* **II.** *mf* Durchschnittsmensch *m*
médiocrité [medjɔkʀite] *f* ① (*insuffisance en quantité*) Dürftigkeit *f* ② (*insuffisance en qualité*) Mittelmäßigkeit *f; d'une vie* Bedeutungslosigkeit *f*
médiologie [medjɔlɔʒi] *f* Medien- und Kommunikationswissenschaften *Pl*
médire [mediʀ] <*irr*> *vi* ~ **de qn** über jdn lästern
médisance [medizɑ̃s] *f* üble Nachrede
médisant(e) [medizɑ̃, ɑ̃t] *adj* *commentaires* boshaft; **tenir des propos ~s sur qn** schlecht über jdn reden; **c'est une personne ~e** er/sie ist ein Lästermaul
méditatif, -ive [meditatif, -iv] *adj* nachdenklich
méditation [meditasjɔ̃] *f* ① (*réflexion*) Nachsinnen *nt,* Nachdenken *nt* ② REL Meditation *f*
méditer [medite] <1> **I.** *vi* ① (*réfléchir*) ~ **sur qc** über etw (*akk*) nachsinnen ② REL meditieren **II.** *vt* ① (*réfléchir sur*) ~ **qc** über etw (*akk*) nachsinnen ② (*projeter*) ersinnen
Méditerranée [mediteʀane] *f* **la [mer]** ~ das Mittelmeer
méditerranéen(ne) [mediteʀaneɛ̃, ɛn] **I.** *adj* *climat* mediterran; *caractère* südländisch; **région/côte ~ne** Mittelmeerregion *f*/-küste *f* **II.** *m(f)* Südländer(in) *m(f)*
médium [medjɔm] *m* Medium *nt*
Médoc [medɔk] *m* **le** ~ das Médoc[gebiet]
méduse [medyz] *f* Qualle *f*
méduser [medyze] <1> *vt* verblüffen; **rester médusé [par qc]** [durch etw] wie gelähmt sein
meeting [mitiŋ] *m* ① POL Versammlung *f;*

(*en plein air*) Kundgebung *f* ② SPORT Veranstaltung *f*

méfait [mefɛ] *m* ① (*faute*) Missetat *f* ② *gén pl de l'alcool* verheerende Folgen *Pl;* *du journalisme* schädlicher Einfluss

méfiance [mefjɑ̃s] *f* Misstrauen *nt*

méfiant(e) [mefjɑ̃, jɑ̃t] *adj* **être ~ à l'égard de qn** jdm gegenüber misstrauisch sein

méfier [mefje] <1> *vpr* ① (*être soupçonneux*) **se ~ de qn/qc** jdm/einer S. misstrauen ② (*faire attention*) **se ~** sich in Acht nehmen; **méfiez-vous!** Vorsicht!

méga [mega] *m* INFORM *fam abr de* **mégaoctet** Megabyte *nt*

mégahertz [megaɛʀts] *m* Megahertz *nt*

mégalo [megalo] *adj fam abr de* **mégalomane I.**

mégalomane [megalɔman] **I.** *adj* größenwahnsinnig **II.** *mf* Größenwahnsinnige(r) *f(m);* **être un/une ~** größenwahnsinnig sein

mégalomanie [megalɔmani] *f* Größenwahn *m*

mégalopole [megalɔpɔl] *f* Riesenstadt *f*

mégaoctet [megaɔktɛ] *m* INFORM Megabyte *nt*

mégaphone [megafɔn] *m* Megaphon *nt*

mégapole [megapɔl] *f* Riesenstadt *f*

mégarde [megaʀd] ▶**par ~** aus Versehen

mégawatt [megawat] *m* Megawatt *nt*

mégère [meʒɛʀ] *f* Furie *f*

mégot [mego] *m fam* Kippe *f*

mégoter [megɔte] <1> *vi fam* knauserig sein; **~ sur qc** mit etw knauserig sein

meilleur [mɛjœʀ] **I.** *m* **le ~** das Beste; **garder le ~ pour la fin** sich (*dat*) das Beste für den Schluss aufheben ▶**pour le ~ et pour le pire** auf Gedeih und Verderb; **donner le ~ de soi-même** sein Bestes geben **II.** *adv* **sentir ~** besser riechen; **il fait ~** es ist wärmer

meilleur(e) [mɛjœʀ] **I.** *adj* ① *comp de* **bon** besser; **j'ai une ~e idée** ich habe eine bessere Idee; **être de ~e humeur** besser gelaunt sein; **il est en ~e santé** ihm geht es besser; **acheter qc ~ marché** etw billiger kaufen; **il n'y a rien de ~** es gibt nichts Besseres ② *superl* **le ~/la ~e élève** der beste Schüler/die beste Schülerin; **je vous adresse mes ~s vœux** ich wünsche Ihnen alles Gute **II.** *m(f)* **le ~ de la classe** der Beste in der Klasse ▶**j'en passe et des ~es** und so weiter und so fort

méjuger [meʒyʒe] <2a> **I.** *vi littér* **~ de qn/qc** jdn/etw unterschätzen [*o* verkennen] **II.** *vt littér* verkennen **III.** *vpr* **se ~** (*se sous-estimer*) sich unterschätzen; (*à dessein*) sich herabsetzen

mélaminé(e) [melamine] *adj* kunststoffbeschichtet

mélancolie [melɑ̃kɔli] *f* Melancholie *f*

mélancolique [melɑ̃kɔlik] *adj* melancholisch

mélange [melɑ̃ʒ] *m* ① (*action*) Mischen *nt,* Mischung *f* ② (*résultat*) Gemisch *nt,* Mischung *f* ▶**faire des ~s** [zu viel] durcheinandertrinken

mélangé(e) [melɑ̃ʒe] *adj* gemischt; **couleur ~e** Mischfarbe *f*

mélanger [melɑ̃ʒe] <2a> **I.** *vt* ① (*mêler*) **~ du café et** [*o* **avec**] **du lait** Kaffee und Milch [ver]mischen ② (*mettre en désordre*) durcheinanderbringen ③ (*confondre*) verwechseln, durcheinanderbringen **II.** *vpr* **se ~** sich [ver]mischen

mélangeur [melɑ̃ʒœʀ] *m* [**robinet**] **~** Mischbatterie *f*

mélanome [melanom] *m* MED **~ malin** bösartiges Melanom *nt*

mêlé(e) [mele] *adj* ① (*mélangé*) [miteinander] vermischt; **couleurs/races ~es** Mischfarben *Pl*/-rassen *Pl;* **voix ~es** Stimmengewirr *nt;* **une langue ~e de français et d'espagnol** eine Mischsprache aus Französisch und Spanisch ② (*composite*) gemischt; *style* uneinheitlich ③ (*impliqué*) **être ~ à une affaire** in einen Skandal verwickelt sein

mêlée [mele] *f* ① (*corps à corps*) Handgemenge *nt;* (*dans un débat d'idées*) Gefecht *nt* ② (*conflit*) **entrer/se jeter dans la ~** sich in den Kampf stürzen ③ (*personnes mêlées*) Gewühl *nt;* (*choses mêlées*) Wirrwarr *m* ④ SPORT Gedränge *nt*

mêler [mele] <1> **I.** *vt* ① (*mélanger*) [ver]mischen; vereinigen *voix;* verrühren *ingrédients;* **~ la réalité et la fiction** *récit:* eine Mischung aus Dichtung und Wahrheit sein ② (*ajouter*) **~ des détails pittoresques à un récit** in einen Bericht malerische Einzelheiten einflechten ③ (*allier*) **~ l'utile à l'agréable** das Nützliche mit dem Angenehmen verbinden ④ (*mettre en désordre*) durcheinanderbringen; verwirren *fils;* mischen *cartes* ⑤ (*impliquer*) **~ qn à qc** jdn in etw (*akk*) verwickeln **II.** *vpr* ① (*se mélanger*) **se ~ à qc** sich mit etw mischen ② (*joindre*) **se ~ à un groupe** sich zu einer Gruppe gesellen; **se ~ à la foule** sich unter die Menge mischen ③ (*participer*) **se ~ à la conversation/au jeu** am Gespräch teilnehmen/beim Spiel mitmachen ④ *péj* (*s'occuper*) **se ~ de qc** sich in etw (*akk*) einmischen

méli-mélo [melimelo] *m inv fam* Durcheinander *nt*

mélisse [melis] *f* Melisse *f;* **eau de ~** Melissengeist *m*

mélo [melo] **I.** *adj inv fam abr de* **mélodramatique** melodramatisch **II.** *m abr de* **mélodrame** Melodram[a] *nt*

mélodie [melɔdi] *f* Melodie *f*

mélodieux, -euse [melɔdjø, -jøz] *adj* melodisch

mélodique [melɔdik] *adj* melodisch

mélodramatique [melɔdʀamatik] *adj* melodramatisch

mélodrame [melɔdʀam] *m* Melodram[a] *nt*

mélomane [melɔman] *mf* Musikliebhaber(in) *m(f)*

melon [m(ə)lɔ̃] *m* [Honig]melone *f* ▸ **attraper le ~** *fam* sich ganz schön aufblasen

mélopée [melɔpe] *f* (*chant monotone*) Singsang *m*

melting-pot [mɛltiŋpɔt] <melting--pots> *m* Schmelztiegel *m*

membrane [mɑ̃bʀan] *f* Membran[e] *f;* **~ cellulaire** Zellmembran; **~ conjonctive** Bindehaut *f*

membre [mɑ̃bʀ] **I.** *m* ① ANAT [Körper]glied *nt;* **les ~s** die Gliedmaßen ② ZOOL **~ antérieur/postérieur** Vorderbein *nt/* Hinterbein *nt* ③ *d'une association* Mitglied *nt;* **~ à part entière** Vollmitglied ④ MATH *d'une équation* Seite *f* ▸ **trembler de tous ses ~s** am ganzen Körper zittern **II.** *app* **État ~/pays ~** Mitgliedsstaat *m/* Mitgliedsland *nt*

même [mɛm] **I.** *adj* ① (*identique*) **habiter le ~ quartier** in demselben Viertel wohnen; **il porte la ~ cravate qu'hier** er trägt dieselbe Krawatte wie gestern; **cette ~ année** im selben Jahr; **deux enfants de [la] ~ taille** zwei gleich große Kinder ② (*simultané*) **en ~ temps** zur gleichen Zeit; **du ~ coup** auf einen Schlag ③ (*semblable*) gleich; **c'est la ~ chose** das ist das Gleiche ④ (*en personne*) **être la gaieté/la bonne humeur ~** die Fröhlichkeit/gute Laune in Person sein ⑤ (*pour renforcer*) **c'est cela ~** genau so ist es ⑥ *avec un pronom personnel* **moi-~/toi-~** ich/du selbst; **nous-~s/eux-~s/elles-~s** wir/sie selbst; **commencez vous-~s!** fangt ihr doch an! **II.** *pron indéf* **le/la ~** (*une chose identique*) der-/die-/dasselbe; (*une chose semblable*) der/die/das Gleiche; **les ~s** (*des choses identiques/semblables*) dieselben/ die Gleichen **III.** *adv* ① (*de plus, jusqu'à*) [ja] sogar; **il lui dit des injures et ~ la menaça** er beschimpfte und bedrohte sie sogar; **~ pas** nicht einmal; **~ si** selbst wenn ② (*précisément*) **ici ~** genau an dieser Stelle; **et, par là ~, il s'accuse** und genau dadurch klagt er sich an; **je le ferai aujourd'hui ~** ich werde das heute noch tun ③ *fam* (*en plus*) **~ que c'est vrai** und es stimmt sogar; **il a pris ma voiture, ~ qu'il a eu un accident** er hat meinen Wagen genommen und auch noch einen Unfall gebaut ▸ **être à ~ de faire qc** imstande sein, etw zu tun; **à ~ le sol** direkt auf der Erde; **vous de ~!** *soutenu* [danke,] ebenso!; **[il en est] de ~ pour qn/qc** [dies gilt] auch für jdn/etw; **de ~ que son frère** [eben]so wie sein Bruder; **tout de ~** dennoch, trotzdem

mémé [meme] *f fam* Oma *f;* **faire ~** *personne:* omahaft aussehen; *robe:* alt machen

mémento [memɛ̃to] *m* ① (*agenda*) Notizbuch *nt* ② (*livre*) Handbuch *nt*

mémère [memɛʀ] *f fam* ① *enfantin* (*grand-mère*) Oma *f* ② *péj* (*femme d'un certain âge*) [alte] Oma; **faire ~** *personne:* omahaft aussehen; *robe:* alt machen

mémoire[1] [memwaʀ] *f* ① (*faculté de se souvenir*) Gedächtnis *nt,* Erinnerungsvermögen *nt;* **ne plus avoir de ~** vergesslich werden; **avoir la ~ des chiffres/dates** ein gutes Zahlengedächtnis/Gedächtnis für Daten haben; **si j'ai bonne ~** wenn mich mein Gedächtnis nicht täuscht; **perdre la ~** (*en raison de l'âge*) vergesslich werden; (*en raison d'un accident*) das Gedächtnis verlieren; **se remettre qc en ~** sich (*dat*) etw ins Gedächtnis zurückrufen ② (*souvenir*) **~ de qn/qc** Erinnerung *f* an jdn/etw; **pour ~** informationshalber; **faire qc à la ~ de qn** etw zum Andenken an jdn tun ③ INFORM Speicher *m;* **~ flash** Flash-Speicher; **~ interne** interner Speicher; **~ vive** Arbeitsspeicher, RAM *m;* **mettre qc en ~** etw [ab]speichern

mémoire[2] [memwaʀ] *m* ① *pl* (*journal*) Memoiren *Pl* ② (*dissertation*) [wissenschaftliche] Arbeit ③ (*exposé*) Bericht *m*

mémorable [memɔʀabl] *adj* (*qui fait date*) denkwürdig; (*inoubliable*) unvergesslich

mémorial [memɔʀjal, -jo] <-aux> *m* ① (*monument*) Denkmal *nt;* **le ~ de La Fayette** das Denkmal [zu Ehren] La Fayettes ② (*écrit*) Chronik *f*

mémorisation [memɔʀizasjɔ̃] *f* ① [Auswendig]lernen *nt;* **difficultés de ~** Lernschwächen *Pl* ② INFORM Speicherung *f*

mémoriser [memɔʀize] <1> *vt* ① (*apprendre*) auswendig lernen, sich (*dat*) einprägen ② INFORM [ab]speichern

menaçant(e) [mənasɑ̃, ɑ̃t] *adj* ① (*dangereux*) drohend; *décision* bedrohlich; **geste ~** Drohgebärde *f* ② *ciel, nuage* bedrohlich; **des nuages ~s** Gewitterwolken *Pl*

menace [mənas] *f* ① (*parole, geste*) Drohung *f;* **des ~s de mort** Morddrohungen *Pl;* **sous la ~ de qn/qc** unter jds Zwang (*dat*)/unter dem Zwang einer S. (*gen*) ② (*danger*) Bedrohung *f*

menacé(e) [mənase] *adj* bedroht, gefährdet

menacer [mənase] <2> **I.** *vt* ① (*faire peur avec*) ~ **qn d'une arme/du poing** jdm mit einer Waffe/der Faust drohen ② (*faire des menaces de*) ~ **qn de mort/de faire qc** jdm mit dem Tod drohen/jdm androhen, etw zu tun; **il est menacé de prison** ihm droht Gefängnis ③ (*constituer une menace pour*) bedrohen; gefährden *santé* **II.** *vi orage, famine:* drohen; **la pluie menace de tomber** der Regen kann jeden Moment losbrechen

ménage [menaʒ] *m* ① (*entretien de la maison*) Haushalt *m;* **faire le ~ de qc** (*nettoyer*) etw sauber machen; *fam* (*réorganiser*) Ordnung schaffen in etw (*akk*); **faire des ~s** putzen gehen ② (*vie commune*) **être/se mettre en ~ avec qn** mit jdm zusammenleben/-ziehen ③ (*couple*) Ehepaar *nt* ④ (*famille*) Haushalt *m* ►**faire bon/mauvais ~ avec qn/qc** sich gut/nicht gut mit jdm/etw vertragen

ménagement [menaʒmɑ̃] *m* ① (*réserve*) Schonung *f;* **sans ~** schonungslos ② *gén pl* (*égard*) **avec de grands ~s** mit großer Vorsicht

ménager [menaʒe] <2a> **I.** *vt* ① (*employer avec mesure*) sparsam umgehen mit *revenus;* schonen *forces;* mäßigen *paroles* ② (*traiter avec égards: pour raisons de santé*) schonen; (*par respect ou intérêt*) rücksichtsvoll behandeln **II.** *vpr* ① (*prendre soin de soi*) **se ~** sich schonen ② (*se réserver*) **se ~ du temps** sich (*dat*) Zeit freihalten

ménager, -ère [menaʒe, -ɛʀ] *adj* **appareils ~s** Haushaltsgeräte *Pl;* **ordures ménagères** Hausmüll *m*

ménagère [menaʒɛʀ] *f* ① (*femme*) Hausfrau *f* ② (*service de couverts*) Besteckgarnitur *f*

ménagerie [menaʒʀi] *f* ① (*animaux*) Menagerie *f* ② (*lieu d'exposition*) Tiergehege *nt*

mendiant(e) [mɑ̃djɑ̃, jɑ̃t] *m(f)* Bettler(in) *m(f)*

mendicité [mɑ̃disite] *f* ① (*action*) Betteln *nt* ② (*condition*) **réduire qn à la ~** jdn an den Bettelstab bringen

mendier [mɑ̃dje] <1> **I.** *vi* betteln **II.** *vt* betteln um *argent, pain*

mener [məne] <4> **I.** *vt* ① (*amener*) bringen; **~ un enfant à l'école/chez le médecin** ein Kind zur Schule/zum Arzt bringen; **~ ses troupes au combat** seine Truppen in den Kampf führen ② (*conduire*) führen; **~ une entreprise à la ruine/faillite** ein Unternehmen in den Ruin/Bankrott führen ③ (*être en tête de*) anführen ④ (*diriger*) leiten; führen *négociations* ⑤ (*administrer*) führen ⑥ (*faire agir*) leiten; **seul l'intérêt le mène** er handelt nur aus Eigeninteresse **II.** *vi* ① (*conduire*) **~ à qn/qc** zu jdm/etw führen ② SPORT führen; **~ [par] deux à zéro** [mit] zwei zu null führen

meneur, -euse [mənœʀ, -øz] *m, f* Anführer(in) *m(f); péj* Rädelsführer(in) *m(f);* **~ d'hommes** Führernatur *f;* **~ de jeu** SPORT Spielmacher *m*

menhir [meniʀ] *m* Menhir *m*

méninge [menɛ̃ʒ] *f* ANAT Hirnhaut *f* ►**se creuser les ~s** *fam* sich (*dat*) das Hirn zermartern

méningite [menɛ̃ʒit] *f* MED Hirnhautentzündung *f*

ménisque [menisk] *m* Meniskus *m*

ménopause [menopoz] *f* Wechseljahre *Pl*

menotte [mənɔt] *f* ① *fam* (*main d'enfant*) [Patsch]händchen *nt* ② *pl* (*entraves*) Handschellen *Pl;* **passer les ~s à qn** jdm Handschellen anlegen

mensonge [mɑ̃sɔ̃ʒ] *m* ① (*opp: vérité*) Lüge *f;* **raconter un ~ à qn** jdn belügen ② *sans pl* (*action, habitude*) Lügen *nt;* **il vit dans le ~** sein Leben besteht nur aus Lügen

mensonger, -ère [mɑ̃sɔ̃ʒe, -ɛʀ] *adj propos* erlogen; *promesse* falsch

menstruation [mɑ̃stʀyasjɔ̃] *f* Periode *f*

menstruel(le) [mɑ̃stʀyɛl] *adj* menstrual (*Fachspr.*); **cycle ~** Menstruationszyklus *m;* **flux ~** Monatsblutung *f*

mensualisation [mɑ̃sɥalizasjɔ̃] *f* monatliche Zahlung

mensualiser [mɑ̃sɥalize] <1> *vt* ① (*rémunérer*) monatlich bezahlen ② (*verser chaque mois*) monatlich [be]zahlen

mensualité [mɑ̃sɥalite] *f* ❶ monatliche Zahlung; (*remboursement de crédit*) Monatsrate *f;* **payer par ~s** monatlich bezahlen; (*rembourser un crédit*) in Monatsraten abzahlen ❷ (*salaire*) [Monats]lohn *m*
mensuel [mɑ̃sɥɛl] *m* Monats[zeit]schrift *f*
mensuel(le) [mɑ̃sɥɛl] *adj* monatlich
mensuellement [mɑ̃sɥɛlmɑ̃] *adv* monatlich
mensuration [mɑ̃syʀasjɔ̃] *f* ❶ (*action de mesurer*) Maßnehmen *nt* ❷ *pl* (*dimensions du corps*) Maße *Pl*
mental [mɑ̃tal] *m sans pl* geistige Verfassung; **avoir un bon ~** in guter psychischer Verfassung sein
mental(e) [mɑ̃tal, -o] <-aux> *adj* ❶ (*psychique*) geistig ❷ *prière* still; **calcul ~** Kopfrechnen *nt*
mentalement [mɑ̃talmɑ̃] *adv* im Kopf
mentalité [mɑ̃talite] *f* Mentalität *f*
menteur, -euse [mɑ̃tœʀ, -øz] **I.** *adj personne* verlogen **II.** *m, f* Lügner(in) *m(f)*
menthe [mɑ̃t] *f* Minze *f;* **~ poivrée** Pfefferminze *f*
menthol [mɑ̃tɔl] *m sans pl* Menthol *nt*
mentholé(e) [mɑ̃tɔle] *adj* **cigarette ~e** Mentholzigarette *f*

M

mention [mɑ̃sjɔ̃] *f* ❶ (*fait de signaler*) Erwähnung *f;* **faire ~ de qn/qc** jdn/etw erwähnen ❷ (*indication*) Vermerk *m;* **rayer les ~s inutiles** Unzutreffendes bitte streichen ❸ SCOL, UNIV Auszeichnung *f;* **avec [la] ~ bien** mit „gut"
mentionner [mɑ̃sjɔne] <1> *vt* erwähnen
mentir [mɑ̃tiʀ] <10> *vi* lügen, schwindeln; **~ à qn** jdn belügen ▶ **il ment comme il respire** er lügt wie gedruckt
menton [mɑ̃tɔ̃] *m* Kinn *nt;* **double ~** Doppelkinn, Goder *m* (A)
menu [məny] *m* ❶ (*repas*) Menü *nt;* **~ enfant** ≈ Kinderteller *m* ❷ (*carte: au restaurant*) Speisekarte *f;* (*à la cantine*) Speiseplan *m* ❸ INFORM Menü *nt;* **~ déroulant** Pull-down-Menü ❹ *fam d'une réunion* Programm *nt*
menu(e) [məny] **I.** *adj postposé* ❶ *personne* zierlich; *jambes, bras* dünn; *taille* schmal ❷ *antéposé détails, occupations* nebensächlich; *soucis, dépenses* gering ❸ *souvent antéposé* (*qui a peu de volume*) klein; *souliers* zierlich; *bruits* schwach **II.** *adv* **haché/coupé ~** fein gehackt/klein geschnitten
menuiserie [mənɥizʀi] *f* ❶ *sans pl* (*métier*) Tischlern *nt,* Schreinern *nt* (SDEUTSCH) ❷ (*atelier*) Tischlerei *f,* Schreinerei *f* (SDEUTSCH)
menuisier [mənɥizje] *m* Tischler(in) *m(f),* Schreiner(in) *m(f)* (SDEUTSCH)
méprendre [mepʀɑ̃dʀ] <13> *vpr littér* sich täuschen; **se ~ sur qn/qc** sich in jdm/etw täuschen; **elle s'est méprise sur le sens de mes paroles** sie hat mich missverstanden ▶ **à s'y ~** zum Verwechseln
mépris [mepʀi] *m* ❶ (*opp: estime*) Verachtung *f;* **avec ~** verächtlich ❷ (*opp: prise en compte*) Missachtung *f*
méprisable [mepʀizabl] *adj* verachtenswert
méprisant(e) [mepʀizɑ̃, ɑ̃t] *adj* verächtlich
méprise [mepʀiz] *f* Irrtum *m,* Versehen *nt;* **par ~** irrtümlicherweise
mépriser [mepʀize] <1> *vt* ❶ (*opp: estimer*) verachten, gering schätzen ❷ (*opp: prendre en compte*) missachten *conventions, loi;* nicht beachten *insultes*
mer [mɛʀ] *f* ❶ (*étendue d'eau*) Meer *nt,* See *f;* **~ d'huile** spiegelglatte See; **en haute [o pleine] ~** auf hoher See; **~ Égée** Ägäis *f;* **~ du Nord** Nordsee; **~ Noire/Rouge** Schwarzes/Rotes Meer; **prendre la ~** in See stechen; **expédier par ~** auf dem Seeweg verschicken ❷ (*littoral*) **passer ses vacances à la ~** seine Ferien am Meer verbringen ❸ (*eau de mer*) Meer[wasser] *nt* ❹ (*marée*) **quand la ~ est basse/haute** bei Ebbe *f*/Flut *f* ❺ (*grande quantité*) **~ de documents** Unmenge *f* Unterlagen ▶ **ce n'est pas la ~ à boire!** das ist doch nicht die Welt!
mercantile [mɛʀkɑ̃til] *adj péj* profitgierig
mercatique [mɛʀkatik] *f* ECON Marketing *nt*
mercenaire [mɛʀsənɛʀ] *m, f* Söldner(in) *m(f)*
mercerie [mɛʀsəʀi] *f* ❶ (*magasin*) Kurzwarenhandlung *f* ❷ (*commerce*) Kurzwarenhandel *m* ❸ (*ensemble des marchandises*) Kurzwaren *Pl*
merchandising [mɛʀʃɑ̃dajziŋ, mɛʀʃɑ̃diziŋ] *m* Merchandising *nt*
merci [mɛʀsi] **I.** *interj* ❶ (*pour remercier*) danke; **~ bien** danke schön; (*négatif*) [nein,] vielen Dank; **~ à vous pour tout** ich danke Ihnen/euch für alles ❷ (*pour exprimer l'indignation, la déception*) na danke **II.** *m* Dank *m;* **un grand ~ à vous de nous avoir aidés** herzlichen Dank dafür, dass ihr uns geholfen habt; **il ne m'a jamais dit un ~** er hat mir nie ein Wort des Dankes gesagt **III.** *f* **être à la ~ de qn/qc** jdm/einer S. ausgeliefert sein; **sans ~** erbarmungslos

mercier, -ière [mɛʀsje, -jɛʀ] *m, f* Kurzwarenhändler(in) *m(f)*

mercredi [mɛʀkʀədi] *m* Mittwoch *m;* ~ **des Cendres** Aschermittwoch; *v. a.* **dimanche**

mercure [mɛʀkyʀ] *m* Quecksilber *nt*

Mercure [mɛʀkyʀ] *f* ASTRON, HIST Merkur *m*

mercurochrome® [mɛʀkyʀokʀom] *m* Mercurochrom® *nt*

merde [mɛʀd] **I.** *f* ① *vulg* Scheiße *f;* **en ce moment, je n'ai que des** ~**s** bei mir geht zur Zeit alles in die Hose ② *fam* (*saleté, personne, chose sans valeur*) Dreck *m;* **ne pas se prendre pour une** ~ sich für Wunder was halten; **c'est de la** ~**, ce stylo** dieser Stift ist doch Scheiße (*vulg*) ▶ **être dans la** ~ **jusqu'au cou** *fam* bis zum Hals in der Scheiße stecken (*vulg*); **foutre la** ~ *fam* ein Chaos veranstalten; **temps/boulot de** ~ *fam* Scheißwetter *nt*/Scheißarbeit *f* (*vulg*) **II.** *interj fam* ① (*pour exprimer la colère*) ~ **alors!** [verdammte] Scheiße! (*vulg*) ② (*pour exprimer la surprise*) verdammt (*vulg*)

merder [mɛʀde] <1> *vi fam personne:* Mist machen; *chose:* schieflaufen

merdeux, -euse [mɛʀdø, -øz] *fam m, f* **petit** ~ (*homme*) [arroganter] Lümmel; (*enfant*) Rotznase *f;* **petite merdeuse** (*femme*) eingebildete Gans; (*enfant*) Rotznase *f*

merdier [mɛʀdje] *m vulg* (*pièce*) Saustall *m* (*pej sl*)

merdique [mɛʀdik] *adj fam* beschissen (*sl*), mies (*fam*)

merdoyer [mɛʀdwaje] <6> *vi fam* ① (*en parlant*) herumstottern ② (*en agissant*) murksen

mère [mɛʀ] **I.** *f* ① (*femme*) Mutter *f;* ~ **poule** Glucke *f;* ~ **adoptive** Adoptivmutter; ~ **au foyer** Hausfrau *f* und Mutter; ~ **célibataire,** ~ **isolée** alleinerziehende Mutter; ~ **porteuse** Leihmutter; **ne pas pouvoir être** ~ keine Kinder bekommen können ② (*animal*) Muttertier *nt* ③ REL ~ **supérieure** Mutter Oberin; **ma** ~ ehrwürdige Mutter ④ *fig* ~ **patrie** Vaterland *nt* **II.** *app* **fille** ~ ledige Mutter

merguez [mɛʀgɛz] *f kleine, scharf gewürzte Bratwurst aus Lammfleisch*

méridien [meʀidjɛ̃] *m* Meridian *m,* Längenkreis *m*

méridional(e) [meʀidjɔnal, -o] <-aux> *adj* ① (*du Midi de la France*) südfranzösisch ② (*du Bassin méditerranéen*) mediterran; **être une caractéristique** ~**e** typisch südländisch sein ③ (*au sud, du sud*) südlich; **côte** ~**e** Südküste *f*

Méridional(e) [meʀidjɔnal, -o] <-aux> *m(f)* ① (*du Midi de la France*) Südfranzose *m*/-französin *f* ② (*du Bassin méditerranéen*) Südländer(in) *m(f)*

meringue [məʀɛ̃g] *f* Baiser *nt*

meringué(e) [məʀɛ̃ge] *adj* mit Baiserüberzug

mérinos [meʀinos] *m* ① (*mouton*) Merino *m,* Merinoschaf *nt* ② (*laine*) Merino[wolle *f*] *m*

merisier [məʀizje] *m* ① (*arbre*) Wildkirsche *f* ② (*bois*) Kirschbaum[holz *nt*] *m;* **en** [*o* **de**] ~ aus Kirschbaum[holz] ③ BOT CAN (*bouleau jaune*) Gelbbirke *f*

méritant(e) [meʀitɑ̃, ɑ̃t] *adj* verdienstvoll

mérite [meʀit] *m* ① (*qualité, vertu de qn*) Verdienst *nt;* **avoir bien du** ~ Verdienste haben; **il a le** ~ **de la sincérité/d'être sincère** seine Aufrichtigkeit ist anerkenneswert/es ist anerkennenswert, dass er aufrichtig ist ② *sans pl* (*valeur*) Wert; **de** ~ verdient ③ *d'un appareil, d'une organisation* Vorzug *m* ④ (*distinction*) **le Mérite** ≈ der Verdienstorden

mériter [meʀite] <1> *vt* ① (*avoir droit à qc*) verdienen; ~ **mieux** Besseres verdienen; ~ **de réussir/d'être récompensé** den Erfolg/eine Belohnung verdienen ② (*valoir*) wert sein; ~ **d'être vu** sehenswert sein; **cela mérite réflexion** darüber sollte man nachdenken

merlan [mɛʀlɑ̃] *m* Wittling *m*

merle [mɛʀl] *m* Amsel *f* ▶ ~ **blanc** weißer Rabe

merlu [mɛʀly] *m* Seehecht *m*

mérou [meʀu] *m* [brauner] Zackenbarsch *m,* [großer] Sägebarsch *m*

mérovingien(ne) [meʀɔvɛ̃ʒjɛ̃, jɛn] *adj* merowingisch

merveille [mɛʀvɛj] *f* Wunder *nt; d'une création* Meisterwerk *nt;* **à** ~ ausgezeichnet; **être une** ~ **de précision** ein Wunder an Präzision (*dat*) sein; **faire** ~ Wunder wirken; **faire des** ~**s** Wunder vollbringen ▶ [**être**] **la huitième** ~ **du monde** das achte Weltwunder [sein]

merveilleusement [mɛʀvɛjøzmɑ̃] *adv* wunderbar, wundervoll

merveilleux [mɛʀvɛjø] *m* **le** ~ das Wunderbare; **le** ~ **de qc** das Besondere an etw (*dat*)

merveilleux, -euse [mɛʀvɛjø, -jøz] *adj* ① (*exceptionnel*) wunderbar; (*très beau*) wunderschön ② *postposé* (*surnaturel,* *magique*) **monde ~** Wunderwelt *f;* **lampe merveilleuse** Wunderlampe *f*

mes [me] *dét poss v.* **ma, mon**

mésalliance [mezaljɑ̃s] *f* nicht standesgemäße Ehe *f,* Mesalliance *f*

mésange [mezɑ̃ʒ] *f* Meise *f;* **~ bleue** Blaumeise

mésaventure [mezavɑ̃tyʀ] *f* Missgeschick *nt*

mesdames [medam] *fpl v.* **madame**

mesdemoiselles [medmwazɛl] *fpl v.* **mademoiselle**

mésentente [mezɑ̃tɑ̃t] *f* Unstimmigkeit *f*

mésestimer [mezɛstime] <1> *vt littér* unterschätzen

mesquin(e) [mɛskɛ̃, in] *adj* ① *pensée, milieu* engstirnig; *vie* armselig ② (*avare*) schäbig; **ça fait ~** das ist schäbig

mesquinerie [mɛskinʀi] *f* ① *sans pl* (*étroitesse*) Engstirnigkeit *f;* **avec ~** kleinlich ② *sans pl* (*avarice*) Knauserei *f* ③ (*attitude, action*) Schäbigkeit *f*

mess [mɛs] *m* [Offiziers]messe *f*

message [mesaʒ] *m* ① (*nouvelle*) Nachricht *f;* **~ publicitaire** Werbespot *m* ② (*note écrite*) Zettel *m* ③ (*communication solennelle*) kurze Ansprache ④ INFORM, TELEC Meldung *f;* **~ électronique** E-Mail *f o nt;* **~ d'erreur** Fehlermeldung

messager, -ère [mesaʒe, -ɛʀ] *m, f* Bote *m*/Botin *f*

messagerie [mesaʒʀi] *f* INFORM Mailsystem *nt;* **~ électronique** elektronische Post, elektronischer Briefkasten; **~ instantanée** MSN-Messenger *m*

messe [mɛs] *f* Messe *f;* **~ de mariage** kirchliche Trauung; **~ de minuit** Christmette *f* ▶ **dire des ~s basses** tuscheln (*fam*)

messie [mesi] *m* Messias *m*

messieurs [mesjø] *mpl v.* **monsieur**

mesurable [məzyʀabl] *adj* messbar

mesurage [məzyʀaʒ] *m* Messen *nt*

mesure [m(ə)zyʀ] *f* ① *d'une surface* Messen *nt,* Messung *f* ② (*dimension*) Maß *nt; de la température* Messwert *m;* **~s de qn** (*mensurations*) jds Maße *Pl;* **prendre les ~s d'une pièce** einen Raum ausmessen; **prendre les ~s de qn** bei jdm Maß nehmen ③ (*unité*) Maß *nt,* Maßeinheit *f* ④ (*récipient, contenu*) Maß *nt* ⑤ (*élément de comparaison*) Maß *nt;* **~ de qc** Bezugspunkt *m* für etw; **l'homme est la ~ de toutes choses** der Mensch ist das Maß aller Dinge ⑥ (*modération*) **avec ~** maßvoll; **manquer de ~ dans ses paroles** zu weit gehen ⑦ (*limite*) Maß *nt;* **outre ~** übermäßig; **sans ~** über alle Maßen; *ambition, orgueil* maßlos (*pej*); *volonté, courage* äußerste(r, s) ⑧ (*disposition*) Maßnahme *f;* **~ disciplinaire** Disziplinarstrafe *f;* **par ~ de sécurité/d'économie** aus Sicherheits-/Sparsamkeitsgründen; **prendre des ~s** Vorkehrungen treffen ⑨ MUS Takt *m;* **battre la ~** den Takt angeben ▶ **à ~** nach und nach; **à ~ que nous avancions, la forêt devenait plus épaisse** je weiter wir vordrangen, desto dichter wurde der Wald; **dans la ~ du possible** im Rahmen des Möglichen; **dans une certaine ~** in gewissem Maße; **qn est en ~ de faire qc** jd ist imstande, etw zu tun; **sur ~[s]** *costume* maßgeschneidert; *emploi du temps* genau abgestimmt

mesuré(e) [məzyʀe] *adj ton* gemäßigt; *pas* gemessen; *personne* besonnen, bedächtig

mesurer [məzyʀe] <1> **I.** *vi* (*avoir pour mesure*) messen; **~ 1 m 70 de haut/de large/de long** 1,70 m hoch/breit/lang sein; **combien mesures-tu?** wie groß bist du? **II.** *vt* ① (*déterminer les dimensions*) messen; vermessen *terrain;* ausmessen *pièce;* abmessen *tissu* ② (*évaluer*) ermessen; abschätzen *conséquences, risque;* **~ qn des yeux** jdn von oben bis unten mustern ③ (*modérer*) mäßigen *paroles, propos* **III.** *vpr* ① (*se comparer à*) **se ~ à qn** sich mit jdm messen ② (*être mesurable*) **se ~ en mètres/litres** in Metern/nach Litern gemessen werden

mesurette [məzyʀɛt] *f péj* Pseudomaßnahme *f*

métabolisme [metabɔlism] *m* Stoffwechsel *m*

métacarpe [metakaʀp] *m* Mittelhand *f*

métairie [meteʀi] *f* Pachtgut *nt* (*der Pachtzins wird in Naturalabgaben geleistet*)

métal [metal, -o] <-aux> *m* ① MIN, CHIM Metall *nt;* **~ précieux** Edelmetall ② *sans pl* FIN Hartgeld *nt*

métallifère [metalifɛʀ] *adj* erzhaltig

métallique [metalik] *adj* ① (*en métal*) Metall-; **fil ~** Draht *m* ② (*qui rappelle le métal*) metallisch

métallisé(e) [metalize] *adj* metallisch; **peinture ~e** Metalliclackierung *f*

métallo [metalo] *m fam abr de* **métallurgiste** Metaller *m* (*fam*)

métallurgie [metalyʀʒi] *f sans pl* ① (*industrie*) Metallindustrie *f;* **~ lourde/de transformation** Schwerindustrie/Metall verarbeitende Industrie ② (*technique*) Hüttenkunde *f,* Metallurgie *f*

métallurgique [metalyʀʒik] *adj* metallurgisch; **industrie ~** Metallindustrie *f*

métallurgiste [metalyʀʒist] *mf* ❶ (*ouvrier*) Metallarbeiter(in) *m(f)* ❷ (*industriel*) Schwerindustrielle(r) *f(m)*

métamorphose [metamɔʀfoz] *f* Verwandlung *f*, Metamorphose *f*

métamorphoser [metamɔʀfoze] <1> I. *vt* ❶ (*changer en bien*) verwandeln ❷ MYTH **~ en animal/statue** in ein Tier/eine Statue verwandeln II. *vpr* ❶ BIO, ZOOL **se ~** *insecte, têtard:* eine Metamorphose durchmachen ❷ (*changer en bien*) **se ~** eine Verwandlung durchmachen; **se ~ en qn** sich in jdn verwandeln

métaphore [metafɔʀ] *f* Metapher *f*

métaphorique [metafɔʀik] *adj* metaphorisch

métaphysique [metafizik] I. *adj* ❶ PHILOS metaphysisch ❷ (*abstrait*) abstrakt II. *f* ❶ PHILOS Metaphysik *f* ❷ *sans pl* (*spéculations*) abstrakte Theorie

métastase [metastɑz] *f* Metastase *f*

métatarse [metataʀs] *m* Mittelfuß *m*

métayer, -ère [meteje, -ɛʀ] *m, f* Pachtbauer *m*/-bäuerin *f* (*der den Pachtzins in Naturalabgaben leistet*)

météo [meteo] *inv abr de* **météorologique, météorologie**

météore [meteɔʀ] *m* Meteor *m*

météorite [meteɔʀit] *m o f* Meteorit *m*

météorologie [meteɔʀɔlɔʒi] *f* ❶ SCI Meteorologie *f* ❷ (*organisme*) meteorologisches Institut

météorologique [meteɔʀɔlɔʒik] *adj* Wetter-; *instrument, observations* meteorologisch; **station/bulletin ~** Wetterstation *f*/-bericht *m*

météorologiste [meteɔʀɔlɔʒist] *mf*, **météorologue** [meteɔʀɔlɔg] *mf* Meteorologe *m*/Meteorologin *f*

méthadone [metadɔn] *f* Methadon *nt*

méthane [metan] *m* Methan *nt*

méthanol [metanɔl] *m* CHIM Methanol *nt*

méthode [metɔd] *f* ❶ (*technique*) Methode *f*, Verfahren *nt* ❷ (*manuel*) **~ de piano/guitare** Klavier-/Gitarrenschule *f*; **~ de comptabilité** Einführung *f* in die Buchführung; **~ de langue** Sprachlehrbuch *nt* ❸ *sans pl, fam* (*manière de faire, logique*) Methode *f*; **chacun sa ~!** jeder auf seine Art!

méthodique [metɔdik] *adj* methodisch

méthodologie [metɔdɔlɔʒi] *f* Methodologie *f*

méticuleusement [metikyløzmɑ̃] *adv* sorgfältig; *travailler, nettoyer* sorgfältig, gründlich

méticuleux, -euse [metikylø, -øz] *adj* sorgfältig

métier [metje] *m* ❶ (*profession*) Beruf *m*; **être architecte de son ~** von Beruf Architekt sein; **apprendre/exercer un ~** einen Beruf erlernen/ausüben; **être du ~** vom Fach sein; **qu'est-ce que vous faites comme ~?, quel ~ faites-vous?** was machen Sie beruflich?, was sind Sie von Beruf? ❷ *pl* (*ensemble de métiers*) **les ~s du bois/de la restauration** die Holz verarbeitenden Berufe *Pl*/Gastronomieberufe *Pl* ❸ *sans pl d'une entreprise* Tätigkeitsbereich *m* ❹ *sans pl* (*rôle*) **faire son ~** seine Pflicht tun ❺ *sans pl* (*technique*) handwerkliches Können; (*habileté*) Geschick *nt*; **avoir du ~** Berufserfahrung haben; **connaître son ~** sein Handwerk verstehen ❻ TECH, TEXTIL **~ [à tisser]** Webstuhl *m*
▶ **[exercer] le plus vieux ~ du monde** das älteste Gewerbe der Welt [ausüben]

métis [metis] *m* (*personne*) Mischling *m*

métis(se) [metis] *adj personne* Mischlings-; *population* Misch-

métissage [metisaʒ] *m* [Rassen]mischung *f*

métisse [metis] *f* Mischling *m*

métisser [metise] <1> *vt* ❶ (*unir par métissage*) mischen *population;* **être métissé** gemischt sein ❷ (*croiser*) kreuzen *animal, plante;* **chien métissé** Mischling *m;* **plante métissée** Kreuzung *f*

métonymie [metɔnimi] *f* Metonymie *f*

métrage [metʀaʒ] *m* CINE **court ~** Kurzfilm *m;* **long ~** Spielfilm *m*

mètre [mɛtʀ] *m* ❶ (*unité de mesure*) Meter *m o nt;* **~ cube/carré** Kubik-/Quadratmeter; **par 500 ~s de fond** in 500 Metern Tiefe; **à cinquante ~s d'ici** in fünfzig Metern Entfernung ❷ (*instrument*) [Zenti]metermaß *nt* ❸ SPORT **le 110 ~s haies** der Hundertzehn-Meter-Hürdenlauf; **piquer un cent ~s** *fam* einen Spurt einlegen

métrer [metʀe] <5> *vt* vermessen; abmessen *tissu*

métreur, -euse [metʀœʀ, -øz] *m, f* Bauleiter(in) *m(f)*

métrique [metʀik] I. *adj* metrisch II. *f* Metrik *f*

métro [metʀo] *m* ❶ U-Bahn *f*; **~ souterrain/aérien** U-Bahn/Hochbahn; **~ urbain** Stadtbahn/Metro; **en ~** mit der U-Bahn/Metro ❷ (*station*) U-Bahn-Station *f*

métronome [metʀɔnɔm] *m* Metronom *nt*

M

métropole [metʀɔpɔl] *f* ❶ (*grande ville*) Metropole *f;* ~ **du cinéma/financière** Kino-/Finanzmetropole ❷ *sans pl* (*pays*) Mutterland *nt*
métropolitain [metʀɔpɔlitɛ̃] *m form* (*métro*) Untergrundbahn *f;* (*de Paris*) Metro *f*
métrosexuel(le) [metʀosɛksɥɛl] *adj* metrosexuell
mets [mɛ] *m* Speise *f*
metteur, -euse [metœʀ, -øz] *m, f* CINE, TV, THEAT ~ **en scène** Regisseur
mettre [mɛtʀ] <*irr*> **I.** *vt* ❶ (*placer, poser*) tun; (*à plat, couché, horizontalement*) legen; (*debout, verticalement*) stellen; (*assis*) setzen; (*suspendre*) hängen; ~ **les mains dans les poches** die Hände in die Taschen stecken; ~ **les mains en l'air** die Arme hochheben; ~ **les coudes sur la table** die Ellbogen auf den Tisch [auf]stützen; ~ **un enfant au lit** ein Kind ins Bett bringen; ~ **les mains devant les yeux** die Hände vor die Augen halten; ~ **la tête à la fenêtre** den Kopf aus dem Fenster st[r]ecken; **où ai-je mis mes lunettes?** wo habe ich meine Brille hingelegt ? ❷ (*déposer, entreposer*) ~ **une voiture au garage/parking** ein Auto in die Garage/auf den Parkplatz bringen; ~ **à la fourrière** abschleppen; ~ **à l'abri** in Sicherheit bringen ❸ (*jeter*) ~ **à la poubelle/au panier** in den Mülleimer/den Papierkorb werfen ❹ (*ajouter*) ~ **trop de sel dans la soupe** die Suppe versalzen ❺ (*répandre*) ~ **du beurre sur une tartine** Butter auf ein Brot streichen; ~ **du cirage sur ses chaussures** Schuhcreme auf seine Schuhe auftragen; ~ **de la crème sur ses mains** seine Hände eincremen ❻ (*ajuster, adapter*) ~ **un nouveau moteur** einen neuen Motor einbauen ❼ (*coudre*) ~ **un bouton à une veste** an einer Jacke einen Knopf annähen ❽ (*introduire*) stecken; ~ **une lettre dans une enveloppe** einen Brief in einen Umschlag stecken; ~ **un peu de fantaisie dans sa vie** *fig* ein bisschen Fantasie in sein Leben bringen ❾ (*conditionner*) ~ **de la farine en sacs/du vin en bouteilles** Mehl in Säcke/Wein in Flaschen füllen ❿ (*écrire*) schreiben; ~ **un nom sur une liste** einen Namen auf eine Liste setzen; ~ **une note à qn** jdm eine Note geben ⓫ (*nommer*) ~ **qn au service clients** jdn beim Kundendienst einsetzen ⓬ (*inscrire*) ~ **ses enfants à l'école privée** seine Kinder auf eine Privatschule schicken ⓭ (*classer*) ~ **au-dessus/en dessous de qn/qc** höher/niedriger als jdn/etw einstufen ⓮ (*revêtir*) anziehen *vêtement, chaussures;* aufsetzen *chapeau, lunettes;* einsetzen *lentilles de contact;* auftragen, auflegen *maquillage;* anlegen *bijou;* anstecken *bague, broche* ⓯ (*consacrer*) ~ **deux heures/une journée à faire un travail** zwei Stunden/einen Tag für eine Arbeit brauchen; ~ **ses espoirs dans un projet/une étude** seine Hoffnung in ein Projekt/eine Studie setzen; **tu as mis le temps!** du hast dir aber Zeit gelassen! ⓰ (*investir*) ~ **beaucoup d'argent/200 euros dans un projet/une maison** viel Geld/200 Euro in ein Projekt/ein Haus stecken (*fam*) ⓱ (*placer dans une situation*) ~ **qn à l'aise** dafür sorgen, dass jd sich wohl fühlt; ~ **qn au régime** jdn auf Diät setzen ⓲ (*transformer*) ~ **au pluriel/au futur** in den Plural/ins Futur setzen; ~ **ses papiers/ses notes en ordre** seine Unterlagen/Notizen in Ordnung bringen; ~ **en allemand/anglais** ins Deutsche/Englische übersetzen; ~ **au propre** ins Reine schreiben; ~ **en forme** ausgestalten ⓳ (*faire fonctionner*) anmachen, einschalten; ~ **la radio/télé plus fort** das Radio/den Fernseher lauter stellen ⓴ (*régler*) ~ **une montre à l'heure** eine Uhr stellen ㉑ (*installer*) einbauen, aufhängen *rideaux;* verlegen *moquette, électricité;* ~ **du papier peint sur les murs** die Wände tapezieren ㉒ (*faire*) ~ **à cuire/à chauffer/à bouillir** aufsetzen ㉓ (*envoyer*) ~ **une fléchette dans la cible** mit einem Pfeil ins Ziel treffen; ~ **le ballon dans les buts** den Ball ins Tor schießen; **je lui ai mis mon poing dans la figure** *fam* ich habe ihm/ihr eine reingehauen ㉔ (*admettre*) **mettons/mettez que** + *subj* angenommen, dass **II.** *vpr* ❶ (*se placer*) **se** ~ **debout/assis** aufstehen/sich [hin]setzen; **se** ~ **à genoux/au garde-à-vous** sich hinknien/Haltung annehmen; **se** ~ **à la disposition de qn/qc** sich jdm/etw zur Verfügung stellen ❷ (*placer sur soi*) **se** ~ **un chapeau sur la tête** sich (*dat*) einen Hut aufsetzen; **se** ~ **de la crème sur la figure** sich (*dat*) das Gesicht eincremen; **se** ~ **les doigts dans le nez** in der Nase bohren; **mets-toi bien ça dans le crâne!** *fig* merke dir das [gut]! ❸ (*se ranger*) **se** ~ **dans l'armoire/à droite** in den Schrank/rechts hinkommen ❹ (*porter*) **se** ~ **en pantalon/rouge** eine Hose anziehen/Rot tragen; **se** ~ **du parfum** sich parfümieren ❺ (*commencer à*) **se** ~ **au travail** sich an die Arbeit machen; **bon, je**

M

m'y mets los, packen wir's an ⑥ (*pour exprimer le changement d'état*) **se ~ au courant de qc** sich mit etw vertraut machen; **se ~ en colère** wütend werden; **se ~ en route** sich auf den Weg machen; **se ~ en place** *réforme, nouvelle politique:* eingesetzt werden ⑦ (*se coincer*) **se ~ dans qc** in etw (*akk*) geraten ⑧ *fam* **se ~ avec qn** (*constituer une équipe*) sich mit jdm zusammentun; (*vivre avec*) mit jdm zusammenziehen ⑨ (*boire trop*) **s'en ~ jusque-là** *fam* sich volllaufen lassen

meuble [mœbl] *m* (*mobilier*) Möbel[stück *nt*] *nt;* **~s de jardin** Gartenmöbel *Pl;* **~s de rangement** Schränke *Pl* ▶**sauver les ~s** retten, was noch zu retten ist

meublé [mœble] *m* (*chambre*) möbliertes Zimmer *nt;* (*appartement*) möblierte Wohnung *f*

meublé(e) [mœble] *adj* möbliert

meubler [mœble] <1> **I.** *vt* ① (*garnir de meubles*) einrichten, möblieren ② (*constituer le mobilier*) **un lit et une chaise meublent la chambre** in dem Zimmer stehen ein Bett und ein Stuhl ③ (*remplir*) überbrücken *silence;* in Gang halten *conversation* **II.** *vpr* **se ~** sich einrichten

meuf [mœf] *f arg* Tussi *f*

meuglement [møgləmɑ̃] *m d'un bovin* Muhen *nt kein Pl*

meugler [møgle] <1> *vi* muhen

meuh [mø] *interj* muh

meule[1] [møl] *f* ① *d'un moulin* Mühlstein *m* ② (*pour aiguiser*) Schleifstein *m;* (*pour polir*) Polierscheibe *f* ③ GASTR Laib *m;* **~ de fromage** Käselaib

meule[2] [møl] *f* AGR Schober *m;* **~ de foin** Heuschober

meuler [møle] <1> *vt* abschleifen

meunier [mønje] *m* ZOOL CAN (*chevesne*) Saugdöbel *m*

meunier, -ière [mønje, -jɛʀ] *m, f* Müller *m*/Müllerin *f*

meure [mœʀ] *subj prés de* **mourir**

meurent [mœʀ], **meurs** [mœʀ], **meurt** [mœʀ] *indic prés de* **mourir**

meurtre [mœʀtʀ] *m* Mord *m;* **~ avec préméditation** vorsätzliche Tötung

meurtrier, -ière [mœʀtʀije, -ijɛʀ] **I.** *adj* mörderisch; *accident, coup* tödlich; *carrefour, route* lebensgefährlich **II.** *m, f* Mörder(in) *m(f)*

meurtrière [mœʀtʀijɛʀ] *f* ARCHIT Schießscharte *f*

meurtrir [mœʀtʀiʀ] <8> **I.** *vt* ① (*contusionner*) zerquetschen; **le coup lui avait meurtri le visage** sein Gesicht war grün und blau geschlagen; **ses chaussures lui meurtrissaient les pieds** die Schuhe quetschten ihr die Füße ein; **il avait le dos meurtri par les coups** sein Rücken war von den Schlägen zerschunden ② (*endommager*) beschädigen *fruits, légumes;* **des fruits meurtris** Obst *nt* mit Druckstellen, fleckiges Obst ③ *soutenu* (*blesser moralement*) tief verletzen; **les reproches lui meurtrissaient le cœur** die Vorwürfe schnitten ihm/ihr tief ins Herz **II.** *vpr* **se ~ le genou/le front** sich (*dat*) das Knie aufschlagen/an der Stirn verletzen

meurtrissure [mœʀtʀisyʀ] *f* ① (*marque*) Bluterguss *m* ② (*tache sur des fruits, légumes*) Fleck *m,* Druckstelle *f*

meus [mø] *indic prés de* **mouvoir**

Meuse [møz] *f* **la ~** die Maas

meut [mø] *indic prés de* **mouvoir**

meute [møt] *f a. fig* Meute *f*

meuve [møv] *subj prés de* **mouvoir**

meuvent [mœv] *indic prés de* **mouvoir**

mexicain(e) [mɛksikɛ̃, ɛn] *adj* mexikanisch

Mexicain(e) [mɛksikɛ̃, ɛn] *m(f)* Mexikaner(in) *m(f)*

Mexique [mɛksik] *m* **le ~** Mexiko *nt*

mezzanine [mɛdzanin] *f* ① (*étage*) Zwischengeschoss *nt;* **lit en ~** Hochbett *nt* ② THEAT *d'une salle de spectacle* erster Rang; (*place*) Platz *m* im ersten Rang

mezzo [mɛdzo] <s>, **mezzo-soprano** [mɛdzosɔpʀano] <mezzo-sopranos> **I.** *m* (*voix*) Mezzosopranstimme *f,* Mezzosopran *m* **II.** *f* Mezzosopran *m*

MF [ɛmɛf] *mpl* HIST *abr de* **millions de francs** Mio. F

Mgr *abr de* **Monseigneur** Mgr

mi [mi] *m inv* E *nt,* e *nt; v. a.* **do**

miam-miam [mjammjam] *interj fam* lecker, lecker (*fam*)

miaou [mjau] *interj* miau

mi-août [miut] *f sans pl* **à la ~** Mitte August

miaulement [mjolmɑ̃] *m* Miauen *nt*

miauler [mjole] <1> *vi* miauen

mi-avril [miavʀil] *f sans pl* **à la ~** Mitte April **mi-bas** [miba] *m inv* Kniestrumpf *m* **mi-carême** [mikaʀɛm] <mi--carêmes> *f* Mittfasten *Pl*

micelle [misɛl] *f* CHIM, PHYS Mizell *nt*

miche [miʃ] *f* ① (*pain*) [Brot]laib *m* ② *pl fam* (*fesses*) Hintern *m*

mi-chemin [miʃmɛ̃] **à ~** auf halbem Weg **mi-clos(e)** [miklo, kloz] *adj* **un bourgeon ~** eine halb geschlossene Knospe

micmac [mikmak] *m fam* ① (*manigance*)

M

Machenschaften *Pl;* **cette affaire de pots-de-vin est un sacré ~** diese Bestechungsgeldaffäre ist eine entsetzliche Mauschelei ❷ *sans pl* (*affaire embrouillée*) Wirrwarr *nt*

mi-côte [mikot] **à ~** auf halber Höhe **mi-course** [mikuʀs] **à ~** nach der Hälfte der Strecke

micro [mikʀo] *abr de* **microphone, micro-ordinateur, micro-informatique**

microbe [mikʀɔb] *m* ❶ BIO Mikrobe *f* ❷ *fam* (*avorton*) Wurm *m,* Zwerg *m*

microbien(ne) [mikʀɔbjɛ̃, jɛn] *adj* mikrobiell

microchirurgie [mikʀoʃiʀyʀʒi] *f* Mikrochirurgie *f*

microclimat [mikʀoklima] *m* Mikroklima *nt*

microcosme [mikʀɔkɔsm] *m* ❶ Mikrokosmos *m* ❷ (*petite société*) [in sich (*dat*) geschlossene] Gruppe

microcrédit [mikʀokʀedi] *m* Mikrokredit *m,* Kleinstkredit *m*

microéconomie [mikʀoekɔnɔmi] *f* Mikroökonomie *f*

microédition [mikʀoedisjɔ̃] *f* Desktoppublishing *nt*

microfibre [mikʀofibʀ] *f* Mikrofaser *f*

microfilm [mikʀofilm] *m* Mikrofilm *m*

micro-informatique [mikʀoɛ̃fɔʀmatik] *f* *sans pl* Mikroinformatik *f* **micro-ondable** [mikʀoɔ̃dabl] <micro-ondables> *adj* *plat cuisiné* mikrowellengeeignet **micro-onde** [mikʀoɔ̃d] <micro-ondes> *f* Mikrowelle *f;* **four à ~s** Mikrowellenherd *m* **micro-ondes** [mikʀoɔ̃d] *m* *inv* (*four*) Mikrowelle *f* **micro-ordinateur** [mikʀoɔʀdinatœʀ] <micro-ordinateurs> *m* PC *m,* Computer *m* **micro-organisme** [mikʀoɔʀganism] <micro-organismes> *m* Mikroorganismus *m*

microphone [mikʀɔfɔn] *m* Mikrofon *nt*

micro-pince [mikʀɔpɛ̃s] *f* Mini-Haarklemme *f*

microprocesseur [mikʀopʀɔsesœʀ] *m* Mikroprozessor *m*

microscope [mikʀɔskɔp] *m* Mikroskop *nt*

microscopique [mikʀɔskɔpik] *adj* ❶ (*minuscule*) winzig ❷ SCI mikroskopisch [klein]

micro-trottoir [mikʀotʀɔtwaʀ] <micros-trottoirs> *m* Umfrage *f* auf der Straße

mi-décembre [midesɑ̃bʀ] *f* *sans pl* **à la ~** Mitte Dezember

midi [midi] *m* ❶ *inv, sans art ni autre dét* (*heure*) zwölf [Uhr]; **à ~** um zwölf [Uhr]; (*entre midi et deux*) über Mittag; **entre ~ et deux** in der Mittagszeit, über Mittag; **mardi/demain ~** Dienstagmittag/morgen Mittag ❷ (*moment du déjeuner*) Mittag *m;* (*repas*) Mittagessen *nt;* **ce ~** heute Mittag; **le repas de ~** das Mittagessen ❸ (*sud*) Süden *m* ▸ **chercher ~ à quatorze heures** die Dinge komplizierter machen als sie sind

Midi [midi] *m* **le ~** Südfrankreich *nt*

midinette [midinɛt] *f* *péj* Backfisch *m;* **des lectures de ~** Jungmädchenlektüre *f*

mie [mi] *f* *sans pl* weiche(s) Innere(s) *nt* (*vom Brot*)

miel [mjɛl] *m* Honig *m*

mielleux, -euse [mjɛlø, -øz] *adj* *attitude, air* übertrieben freundlich; *sourire, paroles, ton* zuckersüß

mien(ne) [mjɛ̃, mjɛn] *pron poss* ❶ **le ~/la ~ne** der/die/das Meine, meine(r, s); **les ~s** die Meinen, meine; **ce n'est pas votre valise, c'est la ~ne** es ist nicht Ihr Koffer, es ist der Meine; **cette maison est la ~ne** dies ist mein Haus, dieses Haus gehört mir ❷ *pl* (*ceux de ma famille*) **les ~s** meine Angehörigen; (*mes partisans*) meine Anhänger ▸ **à la [bonne] ~ne!** *hum fam* auf mein Wohl!; **j'y mets du ~** ich tue, was ich kann

miette [mjɛt] *f* ❶ *de pain, gâteau* Krümel *m;* **ne pas en laisser une ~** kein Krümchen übrig lassen ❷ (*petit fragment*) **être réduit en ~s** *verre, porcelaine:* in tausend Stücke zersprungen sein

mieux [mjø] **I.** *adv comp de* **bien** ❶ besser; **qn va ~** jdm geht es besser; **pour ~ dire** besser gesagt; **on ferait ~ de réfléchir avant de parler** man sollte lieber erst denken, dann reden; **c'est ~ que rien** [das ist] besser als nichts; **elle le sait ~ que personne** sie weiß es selbst am besten; **aimer ~ faire qc** etw lieber tun; **plus il s'entraîne, ~ il joue** je mehr er trainiert, desto besser spielt er; **~ que jamais** besser denn je; **qn n'en fait que ~ qc** jd tut etw umso besser ❷ *en loc conj* **d'autant ~ que ...** umso besser, als ... ❸ *en loc adv* **ce chapeau lui va on ne peut ~** dieser Hut steht ihm bestens; **de ~ en ~** immer besser; **tant ~ pour qn!** umso besser für jdn! ▸ **il vaut ~ que qn fasse qc** es ist besser, wenn jd etw tut; **~ vaut tard que jamais** *prov* besser spät als nie **II.** *adv superl de* **bien** ❶ + *verbe* **c'est lui qui travaille le ~** er arbeitet am besten; **c'est ce qu'on fait de ~** es gibt nichts Besseres ❷ + *adj* **il est le ~ disposé à nous écouter** er wird uns am ehesten anhören; **un**

exemple des ~ choisis ein besonders gut gewähltes Beispiel ③ *en loc verbale* **le ~ serait de ne rien dire** es wäre das Beste, nichts zu sagen; **c'est le ~ à faire** das ist das Beste, was man tun kann; **faire du ~ qu'on peut** etw machen, so gut man kann ④ *en loc adv* **il travaille de son ~** er arbeitet so gut er kann ⑤ *en loc prép* **au ~ des vos intérêts** in Ihrem Interesse **III.** *adj comp de* **bien** ① (*en meilleure santé*) **il la trouve ~** er findet, sie sieht [wieder] besser aus ② (*plus agréable d'apparence*) **elle est ~ les cheveux courts** kurze Haare stehen ihr besser ③ (*plus à l'aise*) **vous serez ~ dans le fauteuil** im Sessel sitzen Sie bequemer ④ (*préférable*) **c'est ~ ainsi** es ist besser so **IV.** *adj superl de* **bien** ① (*le plus réussi*) **c'est avec les cheveux courts qu'elle est le ~** kurze Haare stehen ihr am besten ② *en loc verbale* **être au ~ avec qn** sich bestens mit jdm verstehen **V.** *m* ① (*une chose meilleure*) **trouver ~** etwas Besseres finden ② (*amélioration*) **un léger ~** eine leichte Besserung; **il y a du ~** man kann Fortschritte erkennen

mieux-être [mjøzɛtʀ] *m sans pl* größerer Wohlstand

mièvre [mjɛvʀ] *adj paroles, sourire* affektiert; *livre, peinture* kitschig; *personne* farblos

mièvrerie [mjɛvʀəʀi] *f* ① *sans pl d'un propos, sourire* Banalität *f; d'une peinture, d'un roman* Rührseligkeit *f; d'une personne* Farblosigkeit *f* ② *souvent pl* (*propos, écrits*) Abgeschmacktheit *f;* (*attitude*) Gehabe *nt kein Pl*

mi-février [mifevʀije] *f sans pl* **à la ~** Mitte Februar **mi-figue, mi-raisin** [mifig, miʀɛzɛ̃] süßsauer

mignard(e) [miɲaʀ, aʀd] *adj personne* niedlich, süß; *péj* affektiert; *manières* affektiert, geziert (*fam*)

mignon(ne) [miɲɔ̃, ɔn] **I.** *adj* ① (*agréable à regarder*) niedlich ② *fam* (*gentil*) lieb **II.** *m(f)* **mon ~/ma ~ne** mein Süßer/meine Süße

migraine [migʀɛn] *f* MED Migräne *f*

migrant(e) [migʀɑ̃, ɑ̃t] **I.** *adj* **travailleur ~** Immigrant *m;* **population ~e** wandernde Bevölkerung **II.** *m(f)* Immigrant(in) *m(f)*

migrateur, -trice [migʀatœʀ, -tʀis] *adj* **oiseau ~** Zugvogel *m*

migration [migʀasjɔ̃] *f* ① (*déplacement*) Wanderung *f* ② ZOOL *des oiseaux* Migration *f*

migratoire [migʀatwaʀ] *adj flux, mouvement* Wander[ungs]-

migrer [migʀe] <1> *vi oiseaux:* ziehen; *populations:* wandern

mi-hauteur [mi'otœʀ] **à ~** auf halber Höhe **mi-janvier** [miʒɑ̃vje] *f sans pl* **à la ~** Mitte Januar

mijaurée [miʒɔʀe] *f* eingebildete Pute *f* (*fam*); **faire la ~** sich zieren

mijoter [miʒɔte] <1> **I.** *vt* ① (*faire cuire lentement*) auf kleiner Flamme kochen [*o* garen] ② *fam* (*manigancer*) ausbrüten (*fam*); **~ de faire qc** sich mit dem Gedanken tragen, etw zu tun; **~ qc contre qn** etw gegen jdn im Schilde führen **II.** *vi* ① (*cuire lentement*) köcheln; **faire ~ un ragoût** ein Ragout köcheln lassen ② *fam* (*attendre*) **laisser ~ qn** jdn schmoren lassen (*fam*)

mi-journée [miʒuʀne] <mi-journées> *f* Tagesmitte *f* **mi-juillet** [miʒɥijɛ] *f sans pl* **à la ~** Mitte Juli **mi-juin** [miʒɥɛ̃] *f sans pl* **à la ~** Mitte Juni

mil [mil] *num* tausend; **en [l'an] ~ neuf cent soixante-trois** neunzehnhundertdreiundsechzig

Milan [milɑ̃] Mailand *nt*

mile [majl] *m* [englische] Meile *f*

milice [milis] *f* Miliz *f*

milicien [milisjɛ̃] *m* ① HIST Milizsoldat *m* ② BELG (*appelé*) Wehrpflichtiger *m*

milieu [miljø] <x> *m* ① *sans pl* (*dans l'espace*) Mitte *f;* **le ~ de la rue/pièce** die Mitte der Straße [*o* Straßenmitte]/des Zimmers; **en plein ~ de la rue** mitten auf der Straße; **le bouton du ~** der mittlere Knopf; **au ~ de la page** (*sans mouvement*) mitten auf der Seite; (*avec mouvement*) mitten auf die Seite ② *sans pl* (*dans le temps*) Mitte *f;* **le ~ du vingtième siècle** die Mitte des zwanzigsten Jahrhunderts; **au ~ de la nuit/de l'après-midi/du film** mitten in der Nacht/am Nachmittag/im Film ③ *sans pl* (*moyen terme*) Mittelweg *m* ④ (*environnement*) Umwelt *f* ⑤ BIO, SOCIOL Milieu *nt;* **le ~ ambiant** das Umfeld; **les ~x populaires** die einfachen Bevölkerungsschichten ⑥ SPORT **~ de terrain** Mittelfeldspieler ⑦ *sans pl* (*criminels*) **le ~** die Unterwelt

militaire [militɛʀ] **I.** *adj* Militär-; *opération, discipline* militärisch; **service ~** Wehrdienst *m* **II.** *mf* (*personne*) Soldat(in) *m(f); pl* Militär *nt;* **~ de carrière** Berufssoldat

militant(e) [militɑ̃, ɑ̃t] **I.** *adj* aktiv **II.** *m(f) d'un parti, syndicat* aktives Mitglied

M

militantisme [militɑ̃tism] *m* engagierte Haltung *f*

militarisation [militaʀizasjɔ̃] *f* Militarisierung *f*

militariser [militaʀize] <1> *vpr* **se ~** ein Heer aufbauen

militariste [militaʀist] *adj* militaristisch; **groupe ~ terroriste** Terrormiliz *f*

militer [milite] <1> *vi* ① (*être militant*) aktiv sein ② (*lutter*) **~ pour/contre qc** für/gegen etw kämpfen ③ (*plaider*) **~ en faveur de/contre qn/qc** *argument, comportement:* für/gegen jdn/etw sprechen

milk-shake [milkʃɛk] <milk-shakes> *m* Milchshake *m*

mille[1] [mil] **I.** *num* ① [ein]tausend; **deux/trois ~** zwei-/dreitausend; **~ un** tausend[und]eins; **billet de ~ marks** Tausendmarkschein *m* ② (*dans l'indication de l'ordre*) **page ~** Seite tausend ③ *antéposé* (*nombreux*) tausend; **~ et un exemples/problèmes** tausend Beispiele/Probleme **II.** *m inv* ① (*cardinal*) Tausend *f* ② (*cible*) Zentrum *nt;* **taper [en plein] dans le ~** ins Schwarze treffen ▶ **des ~ et des cents** *fam* ein Vermögen *nt;* **je vous le donne en ~** das erraten Sie nie; *v. a.* **cinq, cinquante**

mille[2] [mil] *m* NAUT **~ [marin]** Seemeile *f*

millefeuille [milfœj] *m Blätterteig-Creme-Schnitte*

millénaire [milenɛʀ] **I.** *adj* tausendjährig; (*très vieux*) uralt **II.** *m* ① (*mille ans*) Jahrtausend *nt* ② *sans pl* (*cérémonie*) Tausendjahrfeier *f*

mille-pattes [milpat] *m inv* Tausendfüß(l)er *m*

millésime [milezim] *m d'un vin* Jahrgang *m; d'une monnaie, d'un timbre* [Ausgabe]jahr *nt*

millésimé(e) [milezime] *adj vin* Jahrgangs-; **une bouteille de Bordeaux ~e** eine Flasche Bordeaux Jahrgangswein

milliard [miljaʀ] *m* Milliarde *f;* **des ~s de personnes/choses** Milliarden *Pl* von Menschen/Dingen

milliardaire [miljaʀdɛʀ] *mf* Milliardär(in) *m(f)*

milliardième [miljaʀdjɛm] **I.** *adj antéposé* [ein]milliardste(r, s) **II.** *mf* **le/la ~** der/die/das Milliardste **III.** *m* (*fraction*) Milliardstel *nt; v. a.* **cinquième**

millième [miljɛm] **I.** *adj antéposé* tausendste(r, s) **II.** *mf* **le/la ~** der/die/das Tausendste **III.** *m* (*fraction*) Tausendstel *nt; v. a.* **cinquième**

millier [milje] *m* **un ~/deux ~s de personnes/choses** ungefähr tausend/zweitausend Menschen/Dinge; **des ~s de personnes/choses** Tausende *Pl* von Menschen/Dingen; **des ~s et des ~s** Tausende und Abertausende *Pl;* **plusieurs dizaines de ~s de personnes** Zehntausende *Pl* von Menschen; **par ~s** zu Tausenden

milligramme [miligʀam] *m* Milligramm *nt*

millilitre [mililitʀ] *m* Milliliter *m*

millimètre [milimɛtʀ] *m* Millimeter *m o nt*

millimétré(e) [milimetʀe] *adj* **papier ~** Millimeterpapier *nt*

million [miljɔ̃] *m* **un ~/deux ~s de personnes/choses** eine Million/zwei Millionen Menschen/Dinge; **des ~s de personnes/choses** Millionen *Pl* von Menschen/Dingen; **des ~s de bénéfices** Millionengewinne *Pl;* **des ~s et des ~s** Tausende und Abertausende *Pl; v. a.* **cinq, cinquante**

millionième [miljɔnjɛm] **I.** *adj antéposé* millionste(r, s) **II.** *mf* **le/la ~** der/die/das Millionste **III.** *m* (*fraction*) Millionstel *nt; v. a.* **cinquième**

millionnaire [miljɔnɛʀ] *mf* Millionär(in) *m(f)*

mi-long, mi-longue [milɔ̃, milɔ̃g] <mi--longs> *adj* halb lang **mi-lourd** [miluʀ] <mi-lourds> *m* (*catégorie, sportif*) Halbschwergewicht *nt* **mi-mai** [mimɛ] *f sans pl* **à la ~** Mitte Mai **mi-mars** [mimaʀs] *f sans pl* **à la ~** Mitte März

mime [mim] **I.** *mf* (*acteur*) Pantomime *m/* Pantomimin *f;* (*imitateur*) Imitator(in) *m(f)* **II.** *m sans pl* (*activité*) Pantomime *f*

mimer [mime] <1> *vt* ① THEAT mimen ② (*imiter*) nachahmen

mimétisme [mimetism] *m* ① *sans pl* (*imitation*) Nachahmung *f* ② ZOOL Mimese *f;* (*imitation parfaite*) Mimikry *f*

mimique [mimik] *f* ① *sans pl* (*jeu de physionomie*) Mimik *f* und Gestik *f* ② (*expression particulière*) **avoir une ~ expressive pour dire qc à qn** jdm etw durch Mimik deutlich zu verstehen geben

mimosa [mimoza] *m* Mimose *f*

minable [minabl] **I.** *adj* ① *lieu* ärmlich; *aspect* schäbig ② (*médiocre*) erbärmlich **II.** *mf* Null *f* (*fam*), Niete *f* (*fam*)

minaret [minaʀɛ] *m* Minarett *nt*

minauder [minode] <1> *vi* kokettieren

mince [mɛ̃s] **I.** *adj* ① (*fin*) dünn ② (*élancé*) schlank; **~ comme un fil** dünn wie ein Strich *m* (*fam*) ③ (*modeste*) gering; *preuve, résultat* dürftig; **ce n'est pas une ~ affaire** das ist keine Kleinigkeit **II.** *adv* dünn **III.** *interj* (*pour exprimer le* *mécontentement*) ~ [**alors**]! *fam* Scheibenkleister!, verflixt [noch mal]!

minceur [mɛ̃sœʀ] *inv* **I.** *adj* Light-; **produits** ~ Lightprodukte *Pl* **II.** *f* ① *d'une feuille, couverture* Dünnheit *f* ② *d'une personne, de la taille* Schlankheit *f*

mincir [mɛ̃siʀ] <8> *vi* dünner werden

mine[1] [min] *f* ① *sans pl* (*aspect du visage*) Miene *f*, Gesicht[sausdruck *m*] *nt;* **avoir bonne** ~ gut aussehen; *iron fam* (*avoir l'air ridicule*) dumm dastehen; **avoir mauvaise/une petite** ~ schlecht aussehen; **faire bonne/grise** ~ **à qn** nett/unfreundlich zu jdm sein; **ne pas payer de** ~ nach nichts aussehen ② *sans pl* (*allure*) Aussehen *nt* ▶ **avoir une** ~ **de papier mâché** kreideweiß sein; ~ **de rien** *fam* ganz unauffällig

mine[2] [min] *f* ① (*gisement*) Lager[stätte *f*] *nt;* (*souterraine*) Mine *f* ② (*lieu aménagé*) Bergwerk *nt*, Mine *f; de charbon a.* Zeche *f* ③ (*source*) ~ **de renseignements** Informationsquelle *f*

mine[3] [min] *f d'un crayon* Mine *f*

mine[4] [min] *f* MIL Mine *f*

miner [mine] <1> *vt* ① MIL verminen ② (*ronger*) aushöhlen ③ (*affaiblir*) zermürben

minerai [minʀɛ] *m* Erz *nt;* ~ **de fer/d'aluminium** Eisen-/Aluminiumerz *nt*

minéral [mineʀal, -o] <-aux> *m* Mineral *nt*

minéral(e) [mineʀal, -o] <-aux> *adj* Mineral-

minéralogie [mineʀalɔʒi] *f* Mineralogie *f*

minéralogique [mineʀalɔʒik] *adj* ① AUT **plaque** ~ Nummernschild *nt;* **numéro** ~ amtliches Kennzeichen ② MINER mineralogisch

minerve [minɛʀv(ə)] *f* MED Zervikalstütze *f*

minet [minɛ] *m péj* Modeaffe *m*

minet(te) [minɛ] *m(f) fam* (*chat*) Mieze[katze *f*] *f*

minette [minɛt] *f* (*jeune fille*) Modepuppe *f;* (*nymphette*) Mieze (*fam*)

mineur [minœʀ] *m* Bergmann *m*

mineur(e) [minœʀ] **I.** *adj* ① JUR minderjährig; **des enfants** ~**s** Minderjährige *Pl* ② (*peu important*) unwichtig; *œuvre, artiste* unbedeutend; *genre* untergeordnet ③ MUS **mode** ~ Moll[tonart *f*] *nt;* **do/ré/mi/fa** ~ c/d/e/f-Moll **II.** *m(f)* JUR Minderjährige(r) *f(m);* **interdit aux** ~**s** frei ab 18 Jahren

mini [mini] *adj inv fam mode* Mini-

miniature [minjatyʀ] **I.** *f* ART Miniatur *f* ② (*en réduction*) **en** ~ im Kleinformat, in Miniaturausgabe **II.** *app* **voiture** ~ Modellauto *nt*

miniaturisation [minjatyʀizasjɔ̃] *f* Verkleinerung *f*

miniaturiser [minjatyʀize] <1> *vt* miniaturisieren, verkleinern

minibar [minibaʀ] *m* (*dans un hôtel*) Minibar *f*

minibus [minibys] *m* Kleinbus *m*

minichaîne [miniʃɛn] *f* Kompakt[stereo]anlage *f*

minidosé(e) [minidoze] *adj* minimal dosiert

minier, -ière [minje, -jɛʀ] *adj région* Bergbau-; **exploitation minière** Bergbau *m;* **bassin** ~ Erzbecken *nt;* **catastrophe minière** Grubenunglück *nt*

minigolf [minigɔlf] *m* Minigolf *nt;* (*terrain*) Minigolfanlage *f*

minijupe [miniʒyp] *f* Minirock *m*

minimal(e) [minimal, -o] <-aux> *adj* (*le plus petit*) minimal

minime [minim] *adj* unbedeutend; *dégâts, dépenses* gering

mini-message [minimesaʒ] <mini-messages> *m* SMS *f*

minimiser [minimize] <1> *vt* herunterspielen

minimum [minimɔm, minima] <s *o* minima> **I.** *adj* Mindest-; **température** ~ Tiefsttemperatur *f* **II.** *m* ① *sans pl* (*plus petite quantité*) Minimum *nt*, Mindestmaß *nt;* **un** ~ **de points/risques** eine minimale Punktzahl/ein minimales Risiko; **le strict** ~ das Allernötigste; ~ **vital** Existenzminimum *nt;* **s'il avait un** ~ **de savoir-vivre/d'argent** *fam* wenn er wenigstens ein bisschen Lebensart/Geld hätte ② *sans pl* (*somme la plus faible*) Minimum *nt*, Mindestbetrag *m* ③ *sans pl* (*niveau le plus bas*) Tiefpunkt *m;* (*valeur la plus basse*) Tiefstwert *m* ④ *pl* (*limite inférieure*) **des** ~**s** [*o* **minima**] **de production** das Produktionsminimum ⑤ *sans pl* JUR Mindeststrafe *f*

ministère [ministɛʀ] *m* ① (*bâtiment*) Ministerium *nt* ② (*cabinet, gouvernement*) Kabinett *nt;* (*portefeuille*) [Fach]ressort *nt*, Ministerium *nt;* ~ **du Travail** Arbeitsministerium; ~ **de l'Intérieur** Innenministerium; ~ **des Affaires étrangères** Außenministerium; **sous le** ~ [**de**] **X** während der Amtszeit von X [als Minister]

ministériel(le) [ministeʀjɛl] *adj* ① (*d'un ministère, d'un ministre*) Minister-; **arrêté** ~ Ministerialerlass *m;* **porte-**

feuille ~ Geschäftsbereich *m* [eines Ministers] ❷ (*du gouvernement*) Regierungs-; *liste, remaniement* Kabinetts-

ministrable [ministʀabl] **I.** *adj* ministrabel **II.** *mf* Anwärter(in) *m(f)* auf einen Ministerposten

ministre [ministʀ] *mf* POL Minister(in) *m(f)*; **Premier ~** Premierminister; **~ des Affaires étrangères** Außenminister; **~ d'Etat** Staatsminister; **Madame le** [*o* **la**] ~ Frau Ministerin

minitel® [minitɛl] *m* ≈ Btx-Terminal *m*

minois [minwa] *m* Gesichtchen *nt*

minorer [minɔʀe] <1> *vt* ❶ (*diminuer la valeur*) herabsetzen, mindern, niedriger ansetzen *bénéfices* ❷ (*diminuer l'importance*) unterbewerten

minoritaire [minɔʀitɛʀ] **I.** *adj* Minderheits-; **opinion ~** Meinung *f* einer Minderheit; **groupe ~** Minderheitengruppe *f*; **ils sont ~s** sie sind in der Minderheit **II.** *mf* POL **les ~s** die Minderheit

minorité [minɔʀite] *f* ❶ (*groupe*) Minderheit *f*, Minorität *f* ❷ *sans pl* (*petit nombre de*) **nous sommes une ~ de filles** wir Mädchen sind in der Minderheit ❸ JUR Minderjährigkeit *f*; **~ pénale** Strafunmündigkeit *f*

minou [minu] *m* ❶ *enfantin fam* (*chat*) Mieze[katze] *f* ❷ (*terme d'affection*) **mon ~** mein Schatz

mi-novembre [minɔvɑ̃bʀ] *f sans pl* **à la ~** Mitte November

minuit [minɥi] *m sans pl ni dét* Mitternacht *f*, 12 Uhr nachts; **à ~ et demi** um halb ein Uhr [nachts], nachts um halb eins

minus [minys] *mf fam* Null *f*

minuscule [minyskyl] **I.** *adj* ❶ (*très petit*) winzig [klein] ❷ (*en écriture*) klein[geschrieben]; **lettres ~s** Kleinbuchstaben *Pl* **II.** *f* (*lettre*) Kleinbuchstabe *m*

minutage [minytaʒ] *m* [genauer] Zeitplan *m*, Timing *nt*

minute [minyt] *f* Minute *f*; **la ~ de vérité** die Stunde der Wahrheit; **d'une ~ à l'autre** jeden Moment; **information/modification de dernière ~** allerneuste Information/kurzfristige Änderung; **à la ~** (*à l'instant même*) auf der Stelle; **je vous demande une ~ d'attention** ich bitte Sie einen Augenblick um Ihre Aufmerksamkeit

minuter [minyte] <1> *vt* (*organiser*) timen

minuterie [minytʀi] *f* [Zeit]schaltuhr *f*

minuteur [minytœʀ] *m* Schaltuhr *f*

minutie [minysi] *f sans pl* (*précision*) Genauigkeit *f*; (*soin*) Sorgfalt *f*

minutieusement [minysjøzmɑ̃] *adv* (*dans le détail*) [peinlich] genau; (*avec soin*) sorgfältig

minutieux, -euse [minysjø, -jøz] *adj* genau; *personne, examen a.* gründlich, sorgfältig; *exposé* detailliert; **avec un soin ~** mit äußerster Sorgfalt; **faire une description minutieuse de qc** etw haargenau beschreiben

mioche [mjɔʃ] *mf fam* Kind *nt*; **les ~s** die Gören

mi-octobre [miɔktɔbʀ] *f sans pl* **à la ~** Mitte Oktober

mirabelle [miʀabɛl] *f* ❶ (*fruit*) Mirabelle *f* ❷ (*eau-de-vie*) Mirabellenschnaps *m*

miracle [miʀɑkl] **I.** *m* Wunder *nt*; **par ~** wie durch ein Wunder **II.** *app inv* Wunder-; **solution/recette ~** Patentlösung *f*/-rezept *nt*

miraculé(e) [miʀakyle] **I.** *adj* durch ein Wunder geheilt **II.** *m(f)* **c'est un ~** (*d'une maladie*) er ist durch ein Wunder geheilt; (*d'un accident*) er hat wie durch ein Wunder überlebt

miraculeusement [miʀakyløzmɑ̃] *adv* wie durch ein Wunder; **être ~ épargné** wie durch ein Wunder verschont bleiben

miraculeux, -euse [miʀakylø, -øz] *adj* wunderbar, Wunder-

mirador [miʀadɔʀ] *m* (*d'une prison*) Wach[t]turm *m*; (*à la chasse*) Hochsitz *m*

mirage [miʀaʒ] *m* (*vision*) Fata Morgana *f*

miraud(e) *v.* **miro**

mire [miʀ] *f* ❶ MEDIA Testbild *nt* ❷ TECH Messlatte *f*

mirer [miʀe] <1> *vpr littér* **se ~ dans l'eau** sein Spiegelbild im Wasser betrachten

mirettes [miʀɛt] *fpl fam* Augen *Pl*

mirifique [miʀifik] *adj hum* fantastisch

miro [miʀo] *adj fam* kurzsichtig

mirobolant(e) [miʀɔbɔlɑ̃, ɑ̃t] *adj fam* großartig

miroir [miʀwaʀ] *m* Spiegel *m*

miroiter [miʀwate] <1> *vi* schimmern

miroiterie [miʀwatʀi] *f* ❶ (*magasin*) Spiegelglaserei *f* ❷ (*industrie*) Spiegelindustrie *f* ❸ (*commerce*) Spiegelhandel *m*

mis [mi] *passé simple de* **mettre**

mis(e) [mi, miz] **I.** *part passé de* **mettre** **II.** *adj* **bien ~** gut gekleidet

misaine [mizɛn] *f d'un bateau* Fock *f*

misanthrope [mizɑ̃tʀɔp] *mf* Menschenfeind(in) *m(f)*

mise [miz] *f* ❶ JEUX Einsatz *m* ❷ FIN [Kapital]einlage *f* ❸ *sans pl* (*habillement*) Kleidung *f* ❹ (*fait de mettre*) **~ à feu** *d'une* *fusée* Zündung *f;* **~ à jour** Aktualisierung *f;* INFORM Update *nt;* **~ à la retraite** Versetzung *f* in den Ruhestand; **~ à mort** Tötung *f;* **~ à prix** Preisfestsetzung *f;* **~ en circulation d'une monnaie** Ausgabe *f* einer Währung; **~ en examen** JUR *Festnahme mit gleichzeitiger Eröffnung eines Ermittlungsverfahrens;* **~ en garde** Warnung *f;* **~ en liberté** Freilassung *f;* **~ en marche** Inbetriebnahme *f;* **~ en œuvre** Umsetzung *f;* **~ en page[s]** Layout *nt;* **~ en pratique** Umsetzung *f* in die Praxis; **~ en réseau** INFORM Vernetzung *f;* **~ en scène** CINE Regie *f;* THEAT Inszenierung *f;* (*dans la vie privée*) Theater *nt,* Show *f*

mi-septembre [misɛptɑ̃bʀ] *f sans pl* **à la ~** Mitte September

miser [mize] <1> **I.** *vi* ① (*parier sur*) **~ sur un animal/sur le rouge** auf ein Tier wetten/auf Rot setzen; **~ 8 contre 1** 8 zu 1 wetten ② *fam* (*compter sur*) **~ sur qn/qc pour faire qc** auf jdn/etw setzen um etw zu tun **II.** *vt* (*jouer*) **~ 100 euros sur un cheval** 100 Euro auf ein Pferd setzen

misérable [mizeʀabl] *adj* ① *personne, famille* sehr arm; *logement, aspect* armselig ② (*pitoyable*) erbärmlich ③ *antéposé* (*malheureux*) armselig

misérablement [mizeʀabləmɑ̃] *adv* ① (*dans la pauvreté*) erbärmlich, armselig ② (*pitoyablement*) kläglich

misère [mizɛʀ] *f* ① (*détresse*) Elend *nt kein Pl,* Not *f* ② *gén pl* (*souffrances*) Leiden *nt kein Pl;* **faire des ~s à qn** *fam* jdn ärgern ▶**salaire/traitement de ~** kümmerliches Gehalt/miserable Behandlung; **~ [de ~]!** gütiger Himmel!

miséreux, -euse [mizeʀø, -øz] **I.** *adj mendiant* Not leidend; *quartier* Elends- **II.** *m, f* Bedürftige(r) *f(m),* Arme(r) *f(m)*

miséricorde [mizeʀikɔʀd] *f* (*pardon*) Erbarmen *nt;* REL Barmherzigkeit *f*

miséricordieux, -euse [mizeʀikɔʀdjø, -jøz] *adj* gnädig; REL barmherzig

misogyne [mizɔʒin] **I.** *adj* frauenfeindlich **II.** *m* Frauenfeind *m*

misogynie [mizɔʒini] *f* Frauenfeindlichkeit *f,* Frauenhass *m*

miss [mis] <[es]> *f* ① *inv* (*reine de beauté*) Miss *f* ② (*mademoiselle*) Fräulein *nt*

missel [misɛl] *m* Messbuch *nt*

missile [misil] *m* Rakete *f*

mission [misjɔ̃] *f* ① (*tâche*) Aufgabe *f;* (*culturelle, dangereuse*) Mission *f;* (*officielle*) Auftrag *m;* (*aérienne*) Einsatz *m;* **~ de reconnaissance** MIL Aufklärungseinsatz *m;* AVIAT Aufklärungsflug *m;* **j'ai reçu ~ d'aller sur place** ich wurde angewiesen, mich dorthin zu begeben; **en ~** POL auf Dienstreise; COM auf Geschäftsreise ② (*délégation*) Delegation *f* ③ (*vocation*) Mission *f*

missionnaire [misjɔnɛʀ] *mf* Missionar(in) *m(f)*

missionner [misjɔne] <1> *vt* (*charger d'une mission*) beauftragen; (*envoyer en mission*) schicken

missive [misiv] *f soutenu* Schreiben *nt*

mistral [mistʀal] <s> *m* Mistral *m*

mit [mi] *passé simple de* **mettre**

mitaine [mitɛn] *f* Halbfingerhandschuh *m;* CAN (*moufle*) Fausthandschuh *m*

mitard [mitaʀ] *m arg* Knast *m*

mite [mit] *f* Motte *f*

mi-temps [mitɑ̃] **I.** *f inv* SPORT Halbzeit *f* **II.** *m inv* (*travail*) Halbtagsstelle *f;* **travailler à ~** halbtags arbeiten

mîtes [mit] *passé simple de* **mettre**

miteux, -euse [mitø, -øz] **I.** *adj immeuble, lieu* heruntergekommen, *personne* armselig; *habit, meuble* schäbig **II.** *m, f fam* armer Schlucker

mitigé(e) [mitiʒe] *adj réaction* zwiespältig; *impression* unterschiedlich; *sentiments* gemischt; *accueil* kühl; *zèle* gedämpft

mitigeur [mitiʒœʀ] *m* Mischbatterie *f*

mitonner [mitɔne] <1> **I.** *vt fam* ① GASTR zubereiten ② (*planifier*) sorgen für *avenir;* ausklügeln *devoir, problème* **II.** *vi fam* auf kleiner Flamme garen

mitoyen(ne) [mitwajɛ̃, jɛn] *adj mur, cloison* Trenn-; **maisons ~nes** (*deux maisons*) Doppelhaushälften *Pl;* **être ~ avec qc** an etw (*akk*) angrenzen

mitoyenneté [mitwajɛnte] *f* Gemeineigentum *nt*

mitraille [mitʀɑj] *f* (*pluie de balles*) Kugelregen *m*

mitrailler [mitʀɑje] <1> *vt* ① (*tirer*) beschießen, unter Beschuss nehmen ② *fam* (*photographier*) mit der Kamera unter Beschuss nehmen

mitraillette [mitʀɑjɛt] *f* Maschinenpistole *f*

mitrailleur [mitʀɑjœʀ] **I.** *adj fusil, pistolet* Maschinen- **II.** *m* Maschinengewehrschütze *m*

mitrailleuse [mitʀɑjøz] *f* Maschinengewehr *nt*

mitre [mitʀ] *f* REL Mitra *f*

mitron(ne) [mitʀɔ̃, ɔn] *m(f)* (*en boulangerie*) Bäckerlehrling *m;* (*en pâtisserie*) Konditorlehrling *m*

mi-voix [mivwa] ▶ **à ~** leise

M

mixage [miksaʒ] *m* Tonmischung *f*
mixer [mikse] <1> **I.** *vt* ❶ GASTR mixen ❷ MEDIA mischen **II.** *vi* (in der Diskothek) auflegen
mixeur [miksœʀ] *m* Mixer *m*
mixité [miksite] *f* Mischung *f* der Geschlechter; **la ~ de l'enseignement** die Koedukation, der Unterricht in gemischten Klassen
mixte [mikst] *adj* ❶ *chorale, classe* gemischt ❷ *mariage, végétation* Misch-; *commission, salade* gemischt; *cuisinière* Kombi-
mixture [mikstyʀ] *f* ❶ CHIM, MED Mixtur *f* ❷ *péj* (*boisson*) Gebräu *nt*
M.J.C. [ɛmʒise] *f abr de* **maison des jeunes et de la culture** Jugendzentrum *nt*
MLF [ɛmɛlɛf] *m abr de* **mouvement de libération de la femme** Frauenbewegung *f*
Mlle [madmwazɛl] <s> *f abr de* **Mademoiselle**: **~ Larroque** Frl. Larroque
mm *abr de* **millimètre** mm
MM. [mesjø] *mpl abr de* **Messieurs**: **~ Martin et Durand** die Herren Martin und Durand; *v. a.* **monsieur**
Mme [madam] <s> *f abr de* **Madame**: **~ Duchemin** Fr. Duchemin
MMS [ɛmɛmɛs] *m abr de* **Multimedia Messaging Service** MMS *f*
mn *abr de* **minute** min
mnémotechnique [mnemotɛknik] *adj* mnemotechnisch (*geh*); **moyen ~** Eselsbrücke *f*
Mo [ɛmo] *m abr de* **mégaoctet** MB *nt*
mob [mɔb] *f fam abr de* **mobylette**
mobile [mɔbil] **I.** *adj* ❶ (*opp: fixe*) beweglich ❷ *forces de police* mobil; *population* nicht sesshaft ❸ *regard* unruhig; *yeux* flackernd **II.** *m* ❶ (*motif*) **le ~ de qc** das Motiv für etw; **avoir pour ~ l'argent/l'amour** das Geld/die Liebe als Anreiz haben ❷ PHYS Körper *m* in Bewegung ❸ ART Mobile *nt* ❹ (*portable*) Handy *nt*
mobilier [mɔbilje] *m* (*ameublement*) [Wohnungs]einrichtung *f*, Möbel *Pl*; **~ urbain** Stadtmöbel *Pl*
mobilier, -ière [mɔbilje, -jɛʀ] *adj* beweglich; *crédit, saisie* Mobiliar-; *vente* Fahrnis- *f*
mobilisation [mɔbilizasjɔ̃] *f* ❶ *des énergies, personnes* Mobilisierung *f* ❷ MIL Mobilmachung *f*
mobiliser [mɔbilize] <1> **I.** *vt* ❶ (*rassembler*) mobilisieren ❷ MIL mobil machen; einziehen *réservistes* **II.** *vi* MIL mobil machen **III.** *vpr* **se ~** aktiv werden
mobilité [mɔbilite] *f d'une personne, d'un membre* Beweglichkeit *f*; *de la population* Mobilität *f*; *du regard* Unruhe *f*
mobinaute [mɔbinot] *mf* TELEC, INFORM Mobilsurfer(in) *m(f)*
mobylette® [mɔbilɛt] *f* Mofa *nt*
mocassin [mɔkasɛ̃] *m* Mokassin *m*
moche [mɔʃ] *adj fam* ❶ (*laid*) hässlich ❷ (*regrettable*) scheußlich
mocheté [mɔʃte] *f fam* ❶ (*laideur*) Hässlichkeit *f* ❷ (*chose laide*) Scheußlichkeit *f* ❸ (*personne laide*) Vogelscheuche *f*
modalité [mɔdalite] *f* ❶ *pl* (*procédure*) Modalitäten *Pl* ❷ MUS, JUR Modalität *f*
mode¹ [mɔd] **I.** *f* ❶ (*goût du jour*) Mode *f*; **à la ~** [in] Mode; **être passé de ~** aus der Mode gekommen sein ❷ (*métier*) Modebranche *f* ❸ GASTR **à la ~ de qc** nach der Art von etw **II.** *app* modisch
mode² [mɔd] *m* ❶ (*méthode*) **~ d'emploi** Gebrauchsanweisung *f*; **~ d'expression/de production** Ausdrucks-/Produktionsweise *f*; **~ de gouvernement** Regierungsform *f*; **~ de pensée** Denkweise *f*; **~ de paiement** Zahlungsart *f*; **~ de transport** Verkehrsmittel *nt* ❷ GRAM Modus *m* ❸ MUS Tonart *f*
modelage [mɔd(ə)laʒ] *m* Modellierung *f*
modèle [mɔdɛl] **I.** *m* ❶ (*référence*) Vorbild *nt*; **prendre ~ sur qn** sich an jdm ein Beispiel nehmen; **sur le ~ de qc** nach der Vorlage einer S. (*gen*) ❷ GRAM Musterbeispiel *nt* ❸ TYP Vorlage *f* ❹ COUT, ART Modell *nt* ❺ (*maquette*) Modell *nt*; **~ réduit** Miniaturmodell ► **~ déposé** Gebrauchsmuster *nt* **II.** *adj* (*exemplaire*) vorbildlich; **usine ~** Musterbetrieb *m*
modelé [mɔd(ə)le] *m d'une sculpture* Plastizität *f*; *du visage* Züge *Pl*; *du terrain* Relief *nt*
modeler [mɔd(ə)le] <4> **I.** *vt* ❶ (*pétrir*) modellieren *poterie*; formen *pâte* ❷ (*façonner*) formen *caractère, relief* **II.** *vpr* **se ~ sur qn/qc** sich an jdm/etw orientieren
modeleur, -euse [mɔd(ə)lœʀ, -øz] *m, f* ❶ (*artiste*) Bildhauer(in) *m(f)* ❷ TECH Gießer(in) *m(f)*
modélisme [mɔdelism] *m* Modellbau *m*
modéliste [mɔdelist] *mf* ❶ COUT Modellzeichner(in) *m(f)* ❷ (*adepte du modélisme*) Modellbauer(in) *m(f)*
modem [mɔdɛm] *m* INFORM Modem *nt o m*
modérateur, -trice [mɔdeʀatœʀ, -tʀis] **I.** *adj action, influence* ausgleichend; *rôle* vermittelnd **II.** *m, f* ❶ Mittler(in) *m(f)* ❷ INFORM Moderator(in) *m(f)*
modération [mɔdeʀasjɔ̃] *f* Mäßigung *f*;

M

faire/consommer qc avec ~ etw in Maßen tun/genießen

modéré(e) [mɔdeʀe] **I.** *adj* **1** (*doux, tempéré*) mäßig; *opinion, prix* gemäßigt; *froid* nicht extrem; *personne* maßvoll **2** (*mesuré*) bescheiden; *enthousiasme, succès* mäßig; *optimisme* gemäßigt **II.** *m(f)* POL Gemäßigte(r) *f(m)*

modérément [mɔdeʀemɑ̃] *adv* maßvoll

modérer [mɔdeʀe] <5> **I.** *vt* (*tempérer*) bremsen *personne, dépenses;* dämpfen *ambitions, colère;* zügeln *passion;* verringern *vitesse;* zurückschrauben *désirs* **II.** *vpr* **se ~** sich mäßigen

moderne [mɔdɛʀn] **I.** *adj* modern; *pays* fortschrittlich; *idée* neuartig; **les temps ~s** HIST die Neuzeit; **l'histoire ~** HIST die Neuere Geschichte **II.** *m* Moderne *f*

modernisation [mɔdɛʀnizasjɔ̃] *f* Modernisierung *f*

moderniser [mɔdɛʀnize] <1> **I.** *vt* modernisieren **II.** *vpr* **se ~** *ville, pays:* modern umgestaltet werden; *personne:* sich modern einrichten

modernisme [mɔdɛʀnism] *m* Modernismus *m*

moderniste [mɔdɛʀnist] **I.** *adj* modernistisch **II.** *mf* Modernist(in) *m(f)*

modernité [mɔdɛʀnite] *f* Modernität *f; d'une pensée* Neuartigkeit *f*

modeste [mɔdɛst] **I.** *adj* bescheiden; *intelligence* mittelmäßig; *maison* einfach **II.** *mf* unscheinbarer Mensch

modestement [mɔdɛstəmɑ̃] *adv* in aller Bescheidenheit; *rougir* schamhaft; *vivre* bescheiden, einfach

modestie [mɔdɛsti] *f* Bescheidenheit *f; d'un air* Schlichtheit *f*

modeux, -euse [modø, -øz] **I.** *adj personne* modebewusst; *chaussures, modèle* stylish, stylisch **II.** *m, f* (*créateur de mode*) Modeschaffende(r) *f(m);* (*personne qui travaille dans la mode*) Mann *m*/Frau *f* aus der Modebranche

modifiable [mɔdifjabl] *adj* veränderbar; *conduite, personne* beeinflussbar; **le texte reste ~** der Text kann noch verändert werden

modificateur, -trice [mɔdifikatœʀ, -tʀis] *adj action, agent* Veränderung[en *Pl*] hervorrufend *f*

modification [mɔdifikasjɔ̃] *f* Änderung *f;* **apporter des ~s à qc** Veränderungen an etw (*dat*) vornehmen

modifier [mɔdifje] <1> **I.** *vt* ändern; GRAM näher definieren **II.** *vpr* **se ~** sich ändern

modique [mɔdik] *adj* niedrig

modiste [mɔdist] *mf* Hutmacher(in) *m(f)*

modulable [mɔdylabl] *adj* veränderlich, veränderbar; *salle* umwandelbar; *meuble* verstellbar; *chaîne hi-fi* variabel zusammenstellbar

modulaire [mɔdylɛʀ] *adj mesure* Modul-; *architecture* modular, Baukasten-

modulation [mɔdylasjɔ̃] *f* Modulation *f;* (*changement de ton*) Tonschwankung *f*

module [mɔdyl] *m* **1** (*élément d'un ensemble*) [Bau]element *nt* **2** ESPACE Raumkapsel *f* **3** SCOL Kurs *m* **4** INFORM Modul *nt*

moduler [mɔdyle] <1> **I.** *vt* **1** RADIO, MUS, TELEC modulieren **2** (*adapter*) verändern **II.** *vi* MUS modulieren

modus vivendi [mɔdysvivɛ̃di] *m inv* Modus Vivendi *m* (*geh*)

moelle [mwal, mwɛl] *f* ANAT, BOT Mark *nt;* **~ épinière** Rückenmark

moelleux [mwɛlø] *m* **1** *d'un lit* Weichheit *f; d'un tapis* flauschige Beschaffenheit *f* **2** *d'un vin* vollmundiger Geschmack *m*

moelleux, -euse [mwɛlø, -øz] *adj* **1** (*au toucher*) [kuschelig] weich; *tapis* flauschig **2** *vin* vollmundig **3** *son, voix* warm

moellon [mwalɔ̃] *m* Baustein *m*

mœurs [mœʀ(s)] *fpl* **1** *d'une personne, société* Sitten und Bräuche *Pl; d'un animal* Verhaltensweisen *Pl;* **entrer dans les ~** Sitte werden; *mauvaise habitude:* einreißen **2** (*règles morales*) Moral *f;* (*austères, dissolues*) Sitten *Pl,* Anstand *m;* **une personne de bonnes/mauvaises ~** ein anständiger/liederlicher Mensch **3** (*façon de vivre*) Lebenswandel *m*

mohair [mɔɛʀ] **I.** *m* Mohair *m,* Mohär *m* **II.** *app inv* Mohair-, Mohär-

moi [mwa] **I.** *pron pers* **1** *fam* (*pour renforcer*) **~, je n'ai pas ouvert la bouche** ich habe den Mund nicht aufgemacht; **c'est ~ qui l'ai dit** ich habe das gesagt; **il veut m'aider, ~?** mir möchte er helfen? **2** *avec un verbe à l'impératif* **regarde-~** sieh mich an; **donne-~ ça!** gib es mir! **3** *avec une préposition* **avec/sans ~** mit mir/ohne mich; **à ~ seul** ich allein; **la maison est à ~** das Haus gehört mir; **c'est à ~ de décider** ich muss entscheiden; **c'est à ~!** ich bin dran! **4** *dans une comparaison* ich; **tu es comme ~** du bist wie ich; **plus fort que ~** stärker als ich **5** (*emphatique*) **c'est ~!** (*me voilà*) hier bin ich!; (*je suis le responsable*) ich [bin es]!; **et ~[, alors]?** *fam* [ja,] und ich?, und was ist mit mir?; **que ferais-tu si tu étais ~?** was würdest du an meiner Stelle tun? ▶**à ~!** Hilfe! **II.** *m* PHILOS, PSYCH Ich *nt*

M

moignon [mwaɲɔ̃] *m* Stummel *m; d'une jambe, dent* Stumpf *m*

moi-même [mwamɛm] *pron pers* ① (*moi en personne*) **~ n'en savais rien** ich [selbst] wusste nichts davon; **je me sens ~ heureux** ich fühle mich glücklich; **je l'ai dit ~, c'est ~ qui l'ai dit** ich [selbst] habe das gesagt; **je suis venu de ~** ich bin von selbst gekommen ② (*moi aussi*) **j'étais ~ furieux** ich war ebenfalls sehr wütend

moindre [mwɛ̃dʀ] *adj antéposé* ① *degré, étendue* geringere(r, s); *inconvénient* kleinere(r, s); *prix* niedrigere(r, s); *qualité* schlechtere(r, s) ② (*le plus petit*) **le ~ bruit** das geringste Geräusch; **le ~ mal** das kleinere Übel; **ne pas avoir le ~ diplôme** nicht ein einziges Zeugnis vorzuweisen haben; **ce serait la ~ des choses/des politesses** es wäre doch das Mindeste/ein Gebot der Höflichkeit

moine [mwan] *m* Mönch *m;* **se faire ~** ins Kloster gehen

moineau [mwano] <x> *m* ORN Sperling *m,* Spatz *m*

moins [mwɛ̃] **I.** *adv* ① weniger; **augmenter ~** langsamer steigen; **rouler ~ vite** langsamer fahren; **~ beau/paresseux que** nicht so schön/faul wie; **~ cher** günstiger; **les enfants de ~ de 13 ans** Kinder unter 13 Jahren; **se situer à ~ de 3,6%** unter 3,6% liegen; **~ ... ~ ...** je weniger ..., desto weniger ...; **~ ..., plus ...** je weniger ..., desto mehr ... ② *superl* **le ~** am wenigsten; **le ~ doué/la ~ aimée** der am wenigsten begabte/die am wenigsten beliebte ►**en ~ de <u>deux</u>** *fam* in null Komma nichts; **<u>à</u> ~ que** ausgenommen; **<u>à</u> ~ de faire qc** wenn man nicht etw tut; **<u>à</u> ~ que qn ne fasse qc** es sei denn, jd tut etw; **<u>au</u> ~** (*au minimum*) mindestens; *fam* (*je parie*) wetten, dass (*fam*); (*j'espère*) hoffentlich; **[tout] <u>au</u> ~** zumindest, wenigstens; **<u>d'autant</u> ~** um so weniger; **<u>de</u> ~, <u>en</u> ~** weniger; **il a un an de ~ que moi** er ist ein Jahr jünger als ich; **<u>de</u> ~ en ~** immer weniger; **<u>du</u> ~** zumindest, wenigstens; **~ que <u>rien</u>** weniger als nichts **II.** *prép* ① (*soustraction*) minus; **tous les pays ~ la France** alle Länder außer Frankreich ② (*heure*) vor; **il est midi ~ vingt/le quart** es ist zwanzig/Viertel vor zwölf ③ (*température*) minus; **il fait ~ 3** es hat 3 Grad minus **III.** *m* ① (*minimum*) Mindeste(s) *nt;* **le ~ de matière** das wenigste Material ② (*signe*) Minuszeichen *nt*

moins-value [mwɛ̃valy] <moins-values> *f* Wertminderung *f;* **faire une ~ considérable** ein beträchtliches Verlustgeschäft machen

mois [mwa] *m* (*période*) Monat *m;* **le ~ de janvier/mars** der [Monat] Januar/März; **les ~ en r** die Monate mit R; **au ~** monatlich; **au ~ de janvier/d'août** im Januar/August; **être dans son deuxième ~** *femme:* im zweiten Monat sein; **le premier/cinq/dernier du/de ce ~** der Erste/Fünfte/Letzte des/dieses Monats

Moïse [mɔiz(ə)] *m* Moses *m*

moisi [mwazi] *m* Schimmel *m*

moisi(e) [mwazi] *adj* verschimmelt

moisir [mwaziʀ] <8> *vi* ① (*se gâter*) schimmeln ② (*être inutilisé*) *voiture:* vor sich hin rosten; *argent, capital:* brachliegen; *talent:* verkümmern; *meuble:* vermodern ③ *fam* (*croupir*) *personne:* herumhängen

moisissure [mwazisyʀ] *f* ① BOT Schimmelpilz *m* ② (*couche de moisi*) Schimmel *m;* (*action*) Schimmeln *nt*

moisson [mwasɔ̃] *f* ① AGR Ernte *f* ② (*grande quantité*) **une ~ de souvenirs/d'images** eine Unzahl von Erinnerungen/Bildern

moissonner [mwasɔne] <1> **I.** *vt* AGR ernten; abernten *champ* **II.** *vi* mähen

moissonneur, -euse [mwasɔnœʀ, -øz] *m, f* Erntearbeiter(in) *m(f)*

moissonneuse [mwasɔnøz] *f* Mähmaschine *f*

moissonneuse-batteuse [mwasɔnøzbatøz] <moissonneuses-batteuses> *f* Mähdrescher *m* **moissonneuse-lieuse** [mwasɔnøzljøz] <moissonneuses-lieuses> *f* Mähbinder *m*

moite [mwat] *adj* feucht

moiteur [mwatœʀ] *f* Feuchtigkeit *f*

moitié [mwatje] *f* ① (*partie, milieu*) Hälfte *f;* **la ~ du temps/de l'année** die halbe Zeit/das halbe Jahr; **~ moins/plus** halb so viel/um die Hälfte mehr; **à ~** halb; **à ~ prix** zum halben Preis; **ne jamais rien faire à ~** nie halbe Sachen machen; **de ~** um die Hälfte; **pour ~** zur Hälfte; **~ ... ~ ...** halb ... halb ... ② *hum* (*épouse*) bessere Hälfte (*fam*)

moitié-moitié [mwatjemwatje] *fam* halbe-halbe; **faire ~** halbe-halbe machen

moka [mɔka] *m* GASTR ① (*café*) Mokka *m* ② (*gâteau*) Mokkatorte *f*

mol [mɔl] *adj v.* **mou**

molaire [mɔlɛʀ] *f* ANAT Backenzahn *m*

mole [mɔl] *f* CHIM Mol *nt*

moléculaire [mɔlekylɛʀ] *adj* molekular; *formule, structure* Molekül-

molécule [mɔlekyl] *f* Molekül *nt*

moleskine [mɔlɛskin] *f* Kunstleder *nt,* Moleskin *m o nt*
molester [mɔlɛste] <1> *vt* ~ **qn** jdn belästigen; (*physiquement*) auf jdn einschlagen; **se faire ~ par qn** von jdm belästigt werden; (*physiquement*) von jdm verprügelt werden
mollard [mɔlaʀ] *m fam* Spucke *f*
mollasse [mɔlas] **I.** *adj* ❶ *fam* (*mou*) tranig, ohne Mumm ❷ (*flasque*) *chair* schlaff; *pâte* dünnflüssig **II.** *f fam* Transuse *f*
mollasson(ne) [mɔlasɔ̃, ɔn] **I.** *adj fam* tranig **II.** *m(f) fam* Tranfunzel *f*
molle [mɔl] *adj v.* **mou**
mollement [mɔlmɑ̃] *adv* ❶ (*confortablement*) gemütlich; *tomber* sanft ❷ (*sans ardeur*) schwach
mollesse [mɔlɛs] *f* ❶ (*indolence*) Trägheit *f* ❷ (*laxisme*) Laxheit *f* ❸ (*douceur*) Weichheit *f; d'une poignée de main* Schlaffheit *f*
mollet [mɔlɛ] *m* ANAT Wade *f*
molletonné(e) [mɔltɔne] *adj gant, veste* mit Molton gefüttert
mollir [mɔliʀ] <8> *vi* ❶ *personne:* nachgeben; *courage:* schwinden; *jambes:* nachgeben ❷ *vent:* nachlassen
mollo [mɔlo] *adv fam* ▶ **y aller** ~ behutsam vorgehen; ~**!** sachte!
mollusque [mɔlysk] *m* ZOOL Weichtier *nt*
molosse [mɔlɔs] *m* großer Wachhund
môme [mom] *mf fam* (*enfant*) Fratz *m*
moment [mɔmɑ̃] *m* ❶ (*instant*) Moment *m,* Augenblick *m;* **un long** ~ eine ganze Weile; ~ **de bonheur** Glücksmoment *m;* **au dernier/même** ~ im letzten/in demselben Augenblick; **à ce ~-là** in dem Moment; **à certains ~s ..., à d'autres ~s ...** zuweilen ..., dann wieder ...; **à [***o* **pour] un** ~ für einen kurzen Augenblick; **à quel ~?** wann?; **à tout/aucun** ~ jederzeit/nicht einen Augenblick; **attendre qn/qc à tout** ~ jeden Moment auf jdn/etw warten; **au ~ de la chute du mur de Berlin** als die Berliner Mauer fiel; **au ~ de partir, je me suis aperçu ...** als ich losfahren wollte, bemerkte ich ...; **dans un** ~ gleich; **à mes/ses ~s perdus** in meiner/seiner/ihrer freien Zeit; **à partir du ~ où qn a fait qc** sobald jd etw getan hat; **la mode du** ~ die derzeitige Mode; **du ~ que qn fait qc** da ja jd etw tut; **d'un ~ à l'autre** jeden Moment; **en ce ~, pour le** ~ im Moment; **par ~s** ab und zu; **sur le** ~ im ersten Augenblick; **un ~!** [einen] Moment!; **au bon** ~ [gerade] zum richtigen Zeitpunkt; **le ~ présent** der Augenblick; **être dans un de ses mauvais ~s** seine berühmten fünf Minuten haben (*fam*); **passer un bon** ~ eine schöne Zeit verbringen; **il vit ses derniers ~s** sein letztes Stündlein hat geschlagen; **ce fut un grand** ~ das war ein wichtiges Ereignis ❷ (*occasion*) Gelegenheit *f;* **attendre le ~ opportun** den richtigen Augenblick abwarten; **le bon/mauvais** ~ der richtige/ein ungünstiger Zeitpunkt; **le ~ venu** zu gegebener Zeit; **à un ~ donné** plötzlich; **c'est le ~ ou jamais** jetzt oder nie; **c'est le ~ de faire qc** es ist an der Zeit etw zu tun; **ce n'est pas le** ~ es ist nicht der richtige Zeitpunkt
momentané(e) [mɔmɑ̃tane] *adj gêne* vorübergehend; *désir, ennui* augenblicklich; *effort* kurzfristig; *arrêt, espoir* von kurzer Dauer
momentanément [mɔmɑ̃tanemɑ̃] *adv* zur Zeit, momentan
momie [mɔmi] *f* Mumie *f*
momifier [mɔmifje] <1> **I.** *vt* mumifizieren **II.** *vpr* (*se scléroser*) **se** ~ unbeweglich werden
mon [mɔ̃, me] <mes> *dét poss* mein(e); ~ **vase/classeur/tableau** meine Vase/mein Ordner/Bild; ~ **Dieu!** mein Gott!; ~ **Père** Vater; ~ **colonel** Herr Oberst; **à ~ avis** meiner Meinung nach; **à ~ approche** als ich näher komme ▶ ~ **amour/chéri** Geliebte(r)/Liebling; ~ **œil!** Holzauge, sei wachsam!; ~ **pauvre!** Sie/du armer!
monacal(e) [mɔnakal, -o] <-aux> *adj* (*monastique*) klösterlich; (*ascétique*) mönchisch
Monaco [mɔnako] Monaco *nt,* Monako *nt*
monarchie [mɔnaʀʃi] *f* Monarchie *f*
monarchique [mɔnaʀʃik] *adj* monarchisch; *État* mit einer Monarchie
monarchiste [mɔnaʀʃist] **I.** *adj* monarchistisch **II.** *mf* Monarchist(in) *m(f)*
monarque [mɔnaʀk] *m* Monarch(in) *m(f);* ~ **absolu** Alleinherrscher
monastère [mɔnastɛʀ] *m* Kloster *nt*
monastique [mɔnastik] *adj ordres, habit* Mönchs-; *austérité, discipline* mönchisch; *architecture, simplicité* klösterlich; *vie* Kloster-
monceau [mɔ̃so] <x> *m* ❶ (*tas*) Haufen *m* ❷ (*grande quantité*) Menge *f*
mondain(e) [mɔ̃dɛ̃, ɛn] **I.** *adj vie, public* mondän, extravagant; *soirée, dîner* Gesellschafts-; *obligations, réunion* gesellschaftlich; *plaisirs* weltlich; **chronique ~e** Klatschspalte *f* **II.** *m(f)* Mann *m*/Frau *f* von Welt

M

mondaine [mɔ̃dɛn] *f fam* (*police*) die Sitte[npolizei]

mondanité [mɔ̃danite] *f* ① (*goût pour la vie mondaine*) Hang *m* zur mondänen Welt ② *pl* (*la vie mondaine*) Extravaganz *f*, Mondänität *f*

monde [mɔ̃d] *m* ① (*univers*) Welt *f;* **le ~ invisible** die Welt des Unsichtbaren; **~ des idées/du rêve** Gedankenwelt/Traumwelt; **le ~ des vivants** die Lebenden; **plaisirs du ~** irdische Freuden *Pl;* **être encore/ne plus être de ce ~** noch/nicht mehr am Leben sein; **être seul au ~** [ganz] allein auf der Welt sein; **courir le ~** in der Welt herumreisen ② (*groupe social*) **dans le ~ enseignant/intellectuel** in Lehrer-/Intellektuellenkreisen *Pl;* **~ rural** Landbevölkerung *f;* **~ du travail/des affaires** Arbeits-/Geschäftswelt ③ (*foule*) Menschenmenge *f;* (*mouvementé*) Gewühl *nt;* **peu/beaucoup de ~** wenig/viele Leute; **un ~ fou** eine riesige Menge; **pas grand ~** nicht viele Leute; **tout ce ~!** die vielen Menschen! ④ (*société*) **tout le ~ en parle** alle Welt [*o* jeder] spricht davon; **c'est à tout le ~** es ist für alle da ▶ **il y a du ~ au balcon** *fam* sie hat ganz schön viel Holz vor der Hütte; **l'autre ~** das Jenseits; **tout le ~ il est beau, tout le ~ il est gentil** *prov* Friede, Freude, Eierkuchen (*fam*); **je vais le mieux du ~** ich bin der glücklichste Mensch auf Erden; **pas le moins du ~** nicht im Geringsten; **pour rien au ~** um nichts auf der Welt; **c'est un ~!** *fam* das ist doch der Hammer!; **depuis que le ~ existe** seit Anbeginn der Welt; **mettre qn au ~** jdn zur Welt bringen; **se moquer du ~** *fam* die Leute für dumm verkaufen wollen

mondial [mɔ̃djal] *m* SPORT Weltmeisterschaft *f*

mondial(e) [mɔ̃djal, -jo] <-aux> *adj* weltweit; *économie, politique* Welt-

mondialement [mɔ̃djalmɑ̃] *adv* weltweit

mondialisation [mɔ̃djalizasjɔ̃] *f* weltweite Verbreitung

mondialiser [mɔ̃djalize] <1> **I.** *vt* weltweit verbreiten **II.** *vpr* **se ~** sich weltweit verbreiten

monégasque [mɔnegask] *adj* monegassisch

Monégasque [mɔnegask] *mf* Monegasse *m*/Monegassin *f*

monétaire [mɔnetɛʀ] *adj marché, politique* Geld-; *union, unité* Währungs-

monétique [mɔnetik] *f* ① (*moyen de paiement*) Chipgeld *nt* ② (*transactions financières*) elektronischer Zahlungsverkehr *m*

mongol [mɔ̃gɔl] *m* Mongolisch *nt; v. a.* **allemand**

mongol(e) [mɔ̃gɔl] *adj* mongolisch

Mongol(e) [mɔ̃gɔl] *m(f)* Mongole *m*/Mongolin *f*

Mongolie [mɔ̃gɔli] *f* **la ~** die Mongolei

mongolien(ne) [mɔ̃gɔljɛ̃, jɛn] MED **I.** *adj* mongoloid (*pej*) **II.** *m(f)* Mongoloide(r) *f(m)* (*pej*)

mongolisme [mɔ̃gɔlism] *m* MED Mongolismus *m* (*pej*)

moniteur [mɔnitœʀ] *m* (*écran*) Monitor *m*

moniteur, -trice [mɔnitœʀ, -tʀis] *m, f* **~ de colonies** Betreuer; **~ d'auto-école** Fahrlehrer; **~ d'éducation physique** Sportlehrer

monitorat [mɔnitɔʀa] *m* ① (*formation*) Ausbildung *f* zum [Ferien]betreuer/zur [Ferien]betreuerin; **passer son ~** eine Ausbildung als [Ferien]betreuer machen ② (*fonction*) [Ferien]betreuung *f*

monnaie [mɔnɛ] *f* ① ECON, FIN Geld *nt;* **~ d'échange** Tauschmittel *nt;* **~ électronique** E-Cash *m;* **fausse ~** Falschgeld ② (*devise*) Währung *f;* **~ nationale** Landeswährung; **~ unique** einheitliche Währung ③ (*petites pièces*) Kleingeld *nt;* **menue ~** Kleingeld *nt;* **de la ~ de 100 euros** 100 Euro [in] klein; **faire la ~ sur qc à qn** jdm etw wechseln; **ça va, j'ai la ~** es geht, ich habe es passend ④ (*argent rendu*) Wechselgeld *nt*, Rückgeld *nt* ⑤ (*pièce*) Münze *f* ▶ **rendre à qn la ~ de sa pièce** es jdm mit gleicher Münze heimzahlen; **~ de singe** wertloses Geld; **c'est ~ courante** das ist [so] üblich

monnayable [mɔnɛjabl] *adj* ① (*vendable*) in Geld umsetzbar; **ne pas être ~** (*ne rien rapporter*) kein Geld einbringen; (*ne pas être à vendre*) nicht zu verkaufen sein ② FIN (*convertible*) münzbar

monnayer [mɔneje] <7> *vt* ① (*tirer argent de*) zu Geld machen ② (*tirer profit*) **~ qc** für etw Geld verlangen

monnayeur [mɔnɛjœʀ] *m* ① (*appareil*) Wechselautomat *m* ② *v.* **faux-monnayeur**

mono[1] [mɔno] *mf fam abr de* **moniteur(-trice)** Betreuer(in) *m(f)*

mono[2] [mɔno] **I.** *adj inv abr de* **monophonique** mono (*fam*) **II.** *f abr de* **monophonie** Mono[phonie *f*] *nt*

monocle [mɔnɔkl] *m* Monokel *nt*

monocoque [mɔnɔkɔk] NAUT **I.** *adj* mit

nur einem Rumpf **II.** *m* Einrumpfboot *nt*

monogame [mɔnɔgam] *adj* monogam

monogamie [mɔnɔgami] *f* Monogamie *f*

monoï [mɔnɔj] *m inv* parfümiertes Kokosöl *nt*

monokini [mɔnokini] *m* Minibikini *m* (*oben ohne*)

monolithique [mɔnɔlitik] *adj* ① *parti, système* eine monolithische Einheit bildend ② ARCHIT monolithisch

monologue [mɔnɔlɔg] *m* Monolog *m*

monologuer [mɔnɔlɔge] <1> *vi* ① (*parler pour soi*) Selbstgespräche führen ② (*parler tout seul*) Monologe halten

monomaniaque [mɔnɔmanjak] *adj* **être ~** von einem einzigen Thema besessen sein

mononucléose [mɔnonykleoz] *f* MED Pfeiffer'sches Drüsenfieber

monoparental(e) [mɔnopaʀɑ̃tal, -o] <-aux> *adj autorité* auf nur einen Elternteil beschränkt; **adulte ~** Alleinerziehende(r) *f(m)*; **famille ~e** Ein-Eltern-Familie *f*

monoparentalité [mɔnopaʀɑ̃talite] *f* Alleinerziehung *f*

monophasé [mɔnɔfɑze] *m* Einphasen-Wechselstrom *m*

monoplace [mɔnoplas] **I.** *adj* einsitzig **II.** *m* AUT, AVIAT Einsitzer *m*

monopole [mɔnɔpɔl] *m* ① ECON Monopol *nt* ② (*exclusivité*) **le ~ de qc** das ausschließliche Recht auf etw (*akk*); **avoir le ~ de la vérité/du cœur** die ganze Wahrheit kennen/alle Leute auf seiner Seite haben

monopolisation [mɔnɔpɔlizasjɔ̃] *f* ① ECON Monopolisierung *f* ② (*accaparement*) Beschlagnahmung *f*

monopoliser [mɔnɔpɔlize] <1> *vt* ① ECON monopolisieren ② (*accaparer*) in Beschlag nehmen; ganz für sich beanspruchen *attention;* an sich (*akk*) reißen *parole*

monoski [mɔnoski] *m* Monoski *m*

monospace [mɔnɔspas] *m* Großraumlimousine *f*, Van *m*

monosyllabe [mɔnosi(l)lab] *m* LING Einsilb[l]er *m;* **par ~s** einsilbig

monosyllabique [mɔnosi(l)labik] *adj* einsilbig

monothéisme [mɔnɔteism] *m* Monotheismus *m*

monothéiste [mɔnɔteist] **I.** *adj* monotheistisch **II.** *mf* Monotheist(in) *m(f)*

monotone [mɔnɔtɔn] *adj* monoton; *style, vie* eintönig

monotonie [mɔnɔtɔni] *f d'un discours, d'une voix* Monotonie *f; de la vie, du style* Eintönigkeit *f*

monoxyde [mɔnɔksid] *m* CHIM Monoxid *nt*

monseigneur [mɔ̃sɛɲœʀ, mesɛɲœʀ] <messeigneurs> *m pl peu usité* REL **Monseigneur!** [Eure] Eminenz!; (*à un prélat*) Monsignore!

monsieur [məsjø, mesjø] <messieurs> *m* ① *souvent non traduit* (*homme à qui on s'adresse*) **bonjour ~, comment allez-vous?** guten Tag, wie geht es Ihnen?; **bonjour Monsieur Dupond** guten Tag, Herr Dupond; **bonjour messieurs** guten Tag, meine Herren; **messieurs dames** meine Damen und Herren; **messieurs et chers collègues ...** sehr verehrte Herren und liebe Kollegen ...; **Monsieur le Professeur Dupont/le Président François** [Herr] Professor Dupont/Präsident François; **Monsieur Untel** Herr Sowieso ② (*sur une enveloppe*) **Monsieur Pujol** An Herrn Pujol ③ (*en-tête*) **Monsieur, ...** Sehr geehrter Herr + *Name*, ...; **Cher Monsieur, ...** Lieber Herr + *Name*, ...; (*dans une lettre officielle*) Sehr geehrter Herr + *Name*, ... ④ (*un homme*) **un ~** ein Herr *m;* **Monsieur Tout-le-monde** Otto-Normalverbraucher *m*

monstre [mɔ̃stʀ] **I.** *m* ① (*animal fantastique*) Ungeheuer *nt*, Monster *nt* ② (*personne: laide*) Missgestalt *f;* (*moralement abjecte*) Ekel *nt* ③ (*construction laide*) Ungetüm *nt*, Monstrum *nt* ④ BIO, ZOOL Missgeburt *f* ▶ **~ sacré** CINE, THEAT Größe *f* aus der Welt des Films/Theaters **II.** *adj fam* wahnsinnig; *travail* wahnsinnig viel

monstrueusement [mɔ̃stʀyøzmɑ̃] *adv* ① *antéposé* (*prodigieusement*) unheimlich ② (*ignoblement*) widerwärtig, abscheulich

monstrueux, -euse [mɔ̃stʀyø, -øz] *adj* ① (*difforme*) missgestaltet ② (*colossal*) riesig ③ (*ignoble*) ungeheuer[lich]; *crime* abscheulich; *égoïsme, méchanceté* unerhört

monstruosité [mɔ̃stʀyozite] *f des intentions* Schändlichkeit *f; d'un crime* Abscheulichkeit *f; d'un acte, de paroles* Ungeheuerlichkeit *f; d'une guerre* Gräuel *Pl*

mont [mɔ̃] *m* GEOG Berg *m;* **le ~ Sinaï/Carmel** der [Berg] Sinai/Karmel; **le ~ Cervin** das Matterhorn; **le ~ Blanc** der Montblanc ▶ **promettre ~s et merveilles** das Blaue vom Himmel versprechen

montage [mɔ̃taʒ] *m* ① *d'un appareil* Montage *f; d'un bijou* Fassung *f; d'une pièce de vêtement* Annähen *nt; d'une tente* Aufstel-

M

len *nt* ② MEDIA, THEAT, TYP Montage *f; d'une maquette* Bauen *nt; d'une opération* Ausführung *f; d'une page* Gestaltung *f; d'une pièce de théâtre* Einrichtung *f; d'un film* Schnitt *m; d'une exposition* Zusammenstellung *f*

montagnard(e) [mɔ̃taɲaʀ, aʀd] I. *adj peuple* Berg-; *vie* in den Bergen; *costume, coutume* der Bergbewohner II. *m(f)* Bergbewohner(in) *m(f)*

montagne [mɔ̃taɲ] *f* ① (*mont*) Berg *m;* (*région*) Gebirge *nt;* **les ~s** das Gebirge; **en haute ~** im Hochgebirge; **habiter la ~** im Gebirge [*o* in den Bergen] wohnen ② (*grande quantité*) **~ de lettres** Berge *Pl* von Briefen ▶ **gros comme une ~** *fam* klar wie Kloßbrühe; **~s russes** Achterbahn *f;* **[se] faire une ~ de qc/rien** aus etw ein Drama machen/aus einer Mücke einen Elefanten machen

montagneux, -euse [mɔ̃taɲø, -øz] *adj* Berg-, Gebirgs-

montant [mɔ̃tɑ̃] *m* ① (*somme*) Betrag *m* ② *d'un lit, d'une porte* Pfosten *m; d'une échelle* Holm *m*

montant(e) [mɔ̃tɑ̃, ɑ̃t] *adj chemin* ansteigend; *colonne* aufsteigend; *mouvement* Aufwärts-; MIL dienstantretend; **marée ~e** Flut *f;* **la génération/technocratie ~e** die junge Generation/die jungen Technokraten *Pl*

mont-de-piété [mɔ̃d(ə)pjete] <monts-de-piété> *m* Pfandleihe *f,* Pfandleihanstalt *f*

monte [mɔ̃t] *f* ① (*manière de monter un cheval*) Reitweise *f* ② ZOOL Decken *nt*

monté(e) [mɔ̃te] *adj* (*à cheval*) beritten ▶ **être bien/mal ~ en qc** gut/schlecht versorgt mit etw sein; **être ~ contre qn** nicht gut auf jdn zu sprechen sein

monte-charge [mɔ̃tʃaʀʒ] <monte-charges> *m* Lastenaufzug *m*

montée [mɔ̃te] *f* ① *des eaux* Ansteigen *nt,* Anstieg *m; de la colère* Anwachsen *nt; d'un danger* Größerwerden *nt; du mécontentement, de la violence* Zunahme *f; de l'islam* wachsende Einflussnahme; *d'un parti* Aufstieg *m;* **~ en puissance** *d'un moteur* Beschleunigung *f; d'une idéologie* zunehmende Bedeutung; **la ~ des prix/de la température** der Preis-/Temperaturanstieg ② *de la sève* Aufsteigen *nt* ③ (*côte, pente*) Steigung *f* ④ (*action de monter*) Aufstieg *m; d'un escalier* Hinaufsteigen *nt;* (*vu d'en haut*) Heraufsteigen *nt; d'un ascenseur* Hinauffahren *nt; d'un téléférique* Bergfahrt *f; d'un avion, ballon* Aufstieg *m*

monténégrin(e) [mɔ̃teneɡʀɛ̃, in] *adj* montenegrinisch, aus Montenegro

Monténégrin(e) [mɔ̃teneɡʀɛ̃, in] *m(f)* Montenegriner(in) *m(f)*

Monténégro [mɔ̃teneɡʀo] *m* Montenegro *nt*

monte-plat [mɔ̃tpla] <monte-plats> *m* Speisenaufzug *m*

monter [mɔ̃te] <1> I. *vi* ① + *être* (*grimper*) hinaufsteigen; (*vu d'en haut*) heraufsteigen; *alpiniste:* aufsteigen; **~ sur une échelle** eine Leiter besteigen; **~ à une tribune/en chaire** zum Rednerpult hinaufsteigen/auf die Kanzel steigen; **~ dans sa chambre** in sein Zimmer gehen; **~ par l'ascenseur** mit dem Aufzug hochfahren; **~ jusqu'à qc** *eau, robe:* bis [zu] etw reichen; **~ à 200 km/h** es auf 200 km/h bringen; **~ à 1000 m d'altitude** auf 1000 m aufsteigen ② (*chevaucher*) **~ à cheval** reiten; **~ à bicyclette/moto** sich auf ein Fahrrad/Motorrad setzen ③ + *être* (*prendre place dans*) einsteigen in (+ *akk*) ④ + *être* (*aller vers le nord*) hochfahren ⑤ + *être* (*s'élever*) *avion, flammes:* aufsteigen; *route, chemin:* ansteigen; *soleil:* aufgehen ⑥ + *avoir o être* (*augmenter de niveau*) *baromètre, mer:* steigen; *lait:* überkochen; *sève:* aufsteigen; *impatience, bruits:* wachsen; **les larmes lui montent aux yeux** Tränen steigen ihm/ihr in die Augen ⑦ + *avoir o être* (*augmenter*) *actions, croissance:* steigen; *pression:* steigen, zunehmen ⑧ + *être* (*passer à l'aigu*) *ton, voix:* höher werden ⑨ + *avoir o être* (*faire une ascension sociale*) aufsteigen; **c'est une étoile qui monte** er/sie ist gerade im Kommen II. *vt* + *avoir* ① (*gravir*) *personne:* hinaufsteigen, hinaufgehen; (*vu d'en haut*) heraufsteigen; steigen auf (+ *akk*) *échelle; appareil:* hinaufführen; (*vu d'en haut*) heraufführen ② (*porter en haut: vu d'en bas*) hochbringen, hinaufbringen *courrier;* hochtragen, hinauftragen *valise;* (*vu d'en haut*) heraufbringen *courrier;* herauftragen *valise* ③ GASTR schlagen ④ (*chevaucher*) reiten ⑤ (*couvrir*) besteigen ⑥ (*augmenter*) anheben *prix;* **~ le son** lauter drehen ⑦ (*organiser*) in die Wege leiten *affaire;* gründen *association;* ausführen *opération;* ausarbeiten *projet;* aufführen *pièce de théâtre;* drehen *film;* inszenieren *spectacle* ⑧ (*fomenter*) schmieden *complot;* landen *coup;* aushecken *histoire* ⑨ (*assembler, installer*) aufstellen *échafaudage, tente;* bauen *maison;* hochziehen *mur;* montieren *pneu* ⑩ (*exciter*) **~ le coup à qn** jdn aufbringen

III. *vpr* (*atteindre*) **se ~ à 2000 euros** sich auf 2000 Euro (*akk*) belaufen

monteur, -euse [mɔ̃tœʀ, -øz] *m, f* ① TECH Monteur(in) *m(f)* ② CINE Cutter(in) *m(f)*

montgolfière [mɔ̃gɔlfjɛʀ] *f* Heißluftballon *m*

monticule [mɔ̃tikyl] *m* (*colline*) Hügel *m;* **~ de pierre/de sable** Stein-/Sandhaufen *m*

montrable [mɔ̃tʀabl] *adj* vorzeigbar

montre [mɔ̃tʀ] *f* Uhr *f;* **~ analogique/digitale** Analog-/Digitaluhr; **~ à quartz** Quarzuhr ▶ **~ en main** auf die Minute genau; **course contre la ~** Wettlauf *m* mit der Zeit

Montréal [mɔ̃ʀeal] Montreal *nt*

montréalais(e) [mɔ̃ʀealɛ, ɛz] *adj* aus Montreal

Montréalais(e) [mɔ̃ʀealɛ, ɛz] *m(f)* Einwohner(in) *m(f)* von Montreal

montre-bracelet [mɔ̃tʀəbʀaslɛ] <montres-bracelets> *f* Armbanduhr *f*

montrer [mɔ̃tʀe] <1> **I.** *vt* ① (*présenter*) **~ le copain/l'album à qn** jdm den Kumpel/das Album zeigen ② (*exhiber*) vorführen ③ (*indiquer*) anzeigen *direction;* **~ la sortie** auf den Ausgang zeigen **II.** *vpr* **se ~ qc** sich (*dat*) etw zeigen; (*apparaître*) **se ~** sich zeigen, sich sehen lassen; **se ~ à son avantage** sich von seiner guten Seite zeigen

montreur, -euse [mɔ̃tʀœʀ, -øz] *m, f* **~ de marionnettes** Puppenspieler; **~ d'ours** Bärenführer

monture [mɔ̃tyʀ] *f* ① (*animal*) Reittier *nt* ② OPT Gestell *nt*

monument [mɔnymɑ̃] *m* ① (*mémorial*) Denkmal *nt;* **~ funéraire** Grabmal *nt;* **~ aux morts** Ehrenmal *nt* für die Toten; (*aux soldats morts pendant la guerre*) Kriegerdenkmal *nt* ② (*édifice*) Monument *nt;* **être classé ~ historique** unter Denkmalschutz stehen; **~ public** öffentliches Bauwerk ③ *fig fam* **être un ~ d'orgueil/de bêtise** ungeheuer stolz/dumm sein

monumental(e) [mɔnymɑ̃tal, -o] <-aux> *adj* ① (*imposant*) monumental, gewaltig ② *fam* (*énorme*) gewaltig; *orgueil* unbändig; **être d'une bêtise ~e** entsetzlich dumm sein

moquer [mɔke] <1> *vpr* ① (*ridiculiser*) **se ~ de qn/qc** sich über jdn/etw lustig machen ② (*dédaigner*) **se ~ du qu'en dira-t-on** sich nicht um das Gerede der Leute kümmern; **il se moque de faire qc** es macht ihm nichts aus etw zu tun; **elle se moque que ce soit trop tard** sie schert sich nicht darum, dass es zu spät ist; **je m'en moque pas mal** das ist mir völlig egal (*fam*) ③ (*tromper*) **se ~ de qn** jdn zum Narren halten

moquerie [mɔkʀi] *f* Spott *m;* **les ~s** Gespött *nt*

moquette [mɔkɛt] *f* Teppichboden *m*

moqueur, -euse [mɔkœʀ, -øz] **I.** *adj air* spöttisch; **être très ~** sich gerne lustig machen **II.** *m, f* Spötter(in) *m(f)*

moral [mɔʀal, -o] <-aux> *m* ① (*état psychologique*) Stimmung *f,* Moral *f;* **le ~ de l'armée/la population** die Truppenmoral/Stimmung in der Bevölkerung ② (*vie psychique*) Geisteszustand *m* ▶ **avoir le ~ à zéro** einen seelischen Tiefpunkt haben; **avoir le ~** (*être optimiste*) zuversichtlich sein; **ne pas avoir le ~** niedergeschlagen sein; **remonter le ~ à qn** jdm wieder Mut machen

moral(e) [mɔʀal, -o] <-aux> *adj* ① (*qui concerne les mœurs*) moralisch ② (*relatif à l'esprit*) seelisch; *force* innere(r, s) ③ (*éthique*) moralisch; *problème* ethisch

morale [mɔʀal] *f* ① (*principes*) Moral *f* ② (*éthique*) Morallehre *f* ▶ **faire la ~ à qn** jdm eine Moralpredigt halten

moralement [mɔʀalmɑ̃] *adv* ① (*sur le plan spirituel*) seelisch, innerlich ② (*conformément à la morale*) moralisch; *agir, se conduire* moralisch einwandfrei

moralisateur, -trice [mɔʀalizatœʀ, -tʀis] **I.** *adj enseignement, influence* moralisch; *histoire, récit* erbaulich; *personne, ton* moralisierend **II.** *m, f* Moralprediger(in) *m(f)*

moralisation [mɔʀalizasjɔ̃] *f* **~ de la vie publique** Stärkung *f* der öffentlichen Moral

moraliser [mɔʀalize] <1> **I.** *vi* moralisieren **II.** *vt* moralisch rechtfertigen

moralisme [mɔʀalism] *m* Moralismus *m*

moraliste [mɔʀalist] *adj personne* moralisierend; *attitude* moralistisch

moralité [mɔʀalite] *f* ① (*valeur morale*) moralischer Wert ② (*leçon*) Moral *f*

moratoire [mɔʀatwaʀ] **I.** *adj* **intérêts ~s** Verzugszinsen *Pl* **II.** *m* Zahlungsaufschub *m*

morbide [mɔʀbid] *adj* (*malsain*) *goût, littérature* morbid; *imagination* krankhaft

morceau [mɔʀso] <x> *m* ① (*fragment*) Stück *nt;* **sucre en ~x** Würfelzucker *m;* **mettre un livre en ~x** ein Buch zerreißen; **~ par ~** Stück für Stück ② (*viande*) **bas ~x** Stücke minderer Qualität; **~ de choix** erstklassiges Stück; **bons ~x** Lecker-

M

bissen *Pl* ③ ART Stück *nt* ▶ **lâcher** *fam* **le ~** auspacken; **manger un ~** einen Happen essen; **recoller les ~x** die Scherben wieder zusammenkitten

morceler [mɔʀsəle] <3> **I.** *vt* zerstückeln; aufteilen *terrain, héritage* **II.** *vpr* **se ~** *propriété, terrain:* sich aufteilen lassen

morcellement [mɔʀsɛlmɑ̃] *m* ① *de terres, d'un terrain* Aufteilung *f,* Zerstückelung *f* ② (*dispersion*) Zersplitterung *f*

mordant(e) [mɔʀdɑ̃, ɑ̃t] *adj* ① (*incisif*) beißend; *personne, trait d'esprit* bissig; *ton, voix* schneidend; *vent* scharf ② *acide* ätzend; *lime* scharf

mordicus [mɔʀdikys] *adv fam* hartnäckig

mordiller [mɔʀdije] <1> *vt* **~ qc** an etw (*dat*) knabbern; **~ son crayon** an seinem Bleistift kauen

mordre [mɔʀdʀ] <14> **I.** *vi* ① (*attaquer*) beißen ② (*se laisser prendre*) anbeißen; **~ à l'appât** *poisson:* anbeißen; *fig* sich ködern lassen ③ (*prendre goût*) **~ à qc** an etw (*dat*) Gefallen finden ④ (*enfoncer les dents*) **~ dans qc** in etw (*akk*) [hinein]beißen ⑤ (*pénétrer*) **~ dans qc** sich in etw (*akk*) bohren ⑥ (*empiéter*) **~ sur qc** auf etw (*akk*) übergreifen **II.** *vt* ① (*serrer avec les dents*) beißen; **~ qn à l'oreille/la jambe** jdm/jdn ins Ohr/Bein beißen; **~ le doigt de qn** jdm/jdn in den Finger beißen ② (*empiéter sur*) *joueur:* übertreten *démarcation* **III.** *vpr* **se ~ [la langue]** sich (*dat*) auf die Zunge beißen

mordu(e) [mɔʀdy] **I.** *part passé de* **mordre** **II.** *adj* ① (*amoureux*) **être ~** über beide Ohren verliebt sein ② *fam* (*passionné*) **être ~ de qc** von etw begeistert sein **III.** *m(f) fam* **~ de musique/sport** Musik-/Sportfan *m*

moresque *v.* **mauresque**

morfal(e) [mɔʀfal] <s> **I.** *adj fam* gefräßig **II.** *m(f) fam* Vielfraß *m*

morfondre [mɔʀfɔ̃dʀ] <14> *vpr* **se ~** ① (*s'ennuyer*) vor Langeweile vergehen ② (*languir*) Trübsal blasen; **être morfondu** bedrückt sein

morgue [mɔʀg] *f* ① (*institut médico-légal*) Leichenschauhaus *nt* ② (*salle d'hôpital*) Leichenkammer *f*

moribond(e) [mɔʀibɔ̃, ɔ̃d] **I.** *adj* **être ~** im Sterben liegen **II.** *m(f)* Sterbende(r) *f(m)*

morigéner [mɔʀiʒene] <5> *vt* schelten; **se faire ~ par qn** von jdm gescholten [*o* zurechtgewiesen] werden

morille [mɔʀij] *f* Morchel *f*

mormon(e) [mɔʀmɔ̃, ɔn] *adj* Mormonen-

morne [mɔʀn] *adj* trübselig; *vie, paysage* trist; *regard* trüb

morose [mɔʀoz] *adj personne, air* verdrießlich; *temps, situation* schlecht

morosité [mɔʀozite] *f* Verdrossenheit *f;* **~ économique** schlechte Wirtschaftslage

morphème [mɔʀfɛm] *m* LING Morphem *nt*

morphine [mɔʀfin] *f* Morphium *nt*

morphinomane [mɔʀfinɔman] **I.** *adj* morphiumsüchtig **II.** *mf* Morphiumsüchtige(r) *f(m)*

morphologie [mɔʀfɔlɔʒi] *f* Morphologie *f*

morphologique [mɔʀfɔlɔʒik] *adj* morphologisch

morpion [mɔʀpjɔ̃] *m fam* (*pou*) Filzlaus *f*

morse[1] [mɔʀs] *m* ZOOL Walross *nt*

morse[2] [mɔʀs] **I.** *m* Morsezeichen *Pl;* **envoyer un message en ~** eine Nachricht morsen **II.** *adj* **l'alphabet ~** das Morsealphabet

morsure [mɔʀsyʀ] *f* ① (*action de mordre*) Biss *m* ② (*plaie*) Bisswunde *f; d'un insecte* Stich *m*

mort [mɔʀ] *f* ① (*décès*) Tod *m;* **la Mort** (*personnification*) der Tod ② (*destruction*) **la ~ de qc** der Untergang einer S. (*gen*) ▶ **faire qc la ~ dans l'âme** etw schweren Herzens tun; **attraper la ~** *fam* sich (*dat*) den Tod holen; **être blessé à ~** tödlich verletzt sein; **se donner la ~** sich umbringen; **faire le ~** *fam* abtauchen, auf Tauchstation gehen; **frapper qn à ~** jdn totschlagen; **à ~! à ~!** bringt ihn/sie um!; **~ au tyran!** Tod dem Tyrannen!; **à ~** (*fortement*) **en vouloir à ~ à qn** jdn auf den Tod hassen; **s'ennuyer à ~** sich tödlich langweilen

mort(e) [mɔʀ, mɔʀt] **I.** *part passé de* **mourir** **II.** *adj* ① (*décédé*) tot ② *fam* (*épuisé*) **être ~ [total]** erledigt sein; **être ~ de fatigue** todmüde sein ③ (*avec un fort sentiment de*) **être ~ de honte/peur** vor Scham/Angst [fast] sterben ④ BIO *branche, arbre* tot; *feuilles* welk; *tissu, cellule* abgestorben ⑤ *yeux, regard* tot; *feu* erloschen ⑥ (*sans animation*) wie ausgestorben ⑦ *langue* tot; *civilisation* ausgestorben; *amours* vergangen ⑧ *piles* leer; **le moteur est ~** der Motor hat ausgedient ▶ **être ~ et enterré** tot und begraben sein; **être laissé pour ~** vermisst werden; **tomber [raide] ~** [auf der Stelle] tot umfallen **III.** *m(f)* ① (*défunt*) Tote(r) *f(m);* **les ~s de la guerre** die Gefallenen ② (*dépouille*) Leiche *f* ▶ **être un ~ en sursis** dem sicheren Tod entgegengehen; **être un ~ vivant** eine wandelnde Leiche sein; **faire le ~** (*comme si*

M

on était mort) sich tot stellen; (*ne pas répondre*) nichts von sich hören lassen

mortadelle [mɔʀtadɛl] *f* Mortadella *f*

mortalité [mɔʀtalite] *f* Sterblichkeit *f*

mort-aux-rats [mɔʀoʀa] *f inv* Rattengift *nt*

mortel(le) [mɔʀtɛl] **I.** *adj* ① (*sujet à la mort*) sterblich ② (*causant la mort*) tödlich ③ *frayeur, haine* tödlich; *pâleur* Leichen-; *froid, chaleur* mörderisch; *ennemi* Tod- ④ *fam* (*ennuyeux*) sterbenslangweilig ⑤ *fam* (*super*) voll geil ⑥ *silence* eisig; *attente* qualvoll **II.** *m(f) souvent pl* Sterbliche(r) *f(m)*

mortellement [mɔʀtɛlmɑ̃] *adv* ① tödlich ② (*extrêmement*) *vexé* tödlich; ~ **ennuyeux** sterbenslangweilig

mortier [mɔʀtje] *m* ① CONSTR Mörtel *m* ② GASTR, PHARM Mörser *m*

mortifier [mɔʀtifje] <1a> *vt* kränken

mort-né(e) [mɔʀne] <mort-nés> **I.** *adj enfant* tot geboren; *projet, entreprise* aussichtslos **II.** *m(f)* Totgeburt *f*

mortuaire [mɔʀtɥɛʀ] **I.** *adj rites, cérémonie* Trauer-; *chambre, registre, habits* Sterbe-; *chapelle* Friedhofs-; *messe* Toten-; **salon** ~ CAN Bestattungsinstitut *nt* **II.** *f* BELG (*maison du défunt*) Haus *nt* des Verstorbenen

morue [mɔʀy] *f* ① ZOOL ~ [**séchée**] Stockfisch *m;* ~ **fraîche** Kabeljau *m;* ~ **fumée** Haddock *m;* **huile de foie de** ~ Lebertran *m* ② *vulg* (*prostituée*) Nutte *f* (*pej*)

morve [mɔʀv] *f* Nasenschleim *m*

morveux, -euse [mɔʀvø, -øz] **I.** *adj nez* laufend; *enfant* rotznäsig (*pej vulg*) **II.** *m, f péj fam* Rotznase *f* (*vulg*)

mosaïque [mɔzaik] *f* ① (*image*) Mosaik *nt* ② *fig* ~ **de peuples** Völkergemisch *nt*

moscovite [mɔskɔvit] *adj* Moskauer, moskauisch

Moscovite [mɔskɔvit] *mf* Moskauer(in) *m(f)*

Moselle [mozɛl] *f* **la** ~ die Mosel

mosquée [mɔske] *f* Moschee *f*

mot [mo] *m* ① LING Wort *nt;* ~ **étranger** Fremdwort; **un gros** ~ ein Kraftausdruck; ~ **d'entrée** Stichwort *nt;* ~ **composé** zusammengesetztes Wort ② (*moyen d'expression*) Wort *nt;* **les** ~**s me manquent** mir fehlen die Worte; **chercher ses** ~**s** nach Worten suchen; **c'est le** ~ **juste** das ist der passende Ausdruck; **à** [*o* **sur**] **ces** ~**s** bei diesen Worten; ~ **pour** ~ Wort für Wort ③ (*message*) **un** ~ ein paar Zeilen *Pl;* **un** ~ **d'excuse** eine Entschuldigung; ~ **d'ordre** Parole *f;* **un** ~ **de félicitations** ein Glückwunsch; **laisser un** ~ **à qn** jdm eine Nachricht hinterlassen ④ (*parole mémorable*) Wort *nt,* Ausspruch *m* ⑤ INFORM ~ **de passe** Passwort *nt* ⑥ JEUX **faire des** ~**s croisés/fléchés** Kreuzworträtsel lösen ►**le fin** ~ **de l'affaire** der wahre Sachverhalt der Affäre; **qn a un** ~ **sur le bout de la langue** jdm liegt ein Wort auf der Zunge; **aller dire deux** ~**s à qn** mit jdm ein Wörtchen zu reden haben; **expliquer/raconter qc en deux** ~**s** etw mit wenigen Worten erklären/erzählen; **avoir son** ~ **à dire** [auch noch] ein Wörtchen mitzureden haben; **sans** ~ **dire** wortlos; **se donner le** ~ sich absprechen; **avoir des** ~**s avec qn** *fam* einen Wortwechsel mit jdm haben; **avoir toujours le** ~ **pour rire** immer zum Scherzen aufgelegt sein; **je lui en toucherai un** ~ ich werde ihn darauf ansprechen; ~ **à** ~ wortwörtlich; **en un** ~ [**comme en cent**] mit einem Wort

motard(e) [mɔtaʀ] *m(f) fam* (*motocycliste*) Motorradfahrer(in) *m(f);* (*policier*) motorisierter Polizist *m*/motorisierte Polizistin *f*

mot-clé [mokle] <mots-clés> *m* (*code*) Schlüsselwort *nt;* (*dans un dictionnaire*) Stichwort *nt*

motel [mɔtɛl] *m* Motel *nt*

moteur [mɔtœʀ] **I.** *m* ① TECH Motor *m;* ~ **à explosion** Explosionsmotor; ~ **à réaction** Triebwerk *nt;* ~ **diesel** Dieselmotor ② (*cause*) **être le** ~ **de qc** *concurrence:* der Antrieb für etw sein; *personne:* die treibende Kraft für etw sein **II.** *app* **bloc** ~ Motorblock *m;* **frein** ~ Motorbremse *f*

moteur, -trice [mɔtœʀ, -tʀis] *adj muscle, nerf* motorisch, Bewegungs-; *force, roue* Antriebs-

motif [mɔtif] *m* ① (*raison*) [Beweg]grund *m* ② *pl* (*dans un jugement*) Urteilsbegründung *f* ③ (*ornement*) Motiv *nt,* Muster *nt* ④ (*modèle*) Motiv *nt,* Vorlage *f*

motion [mosjɔ̃] *f* Antrag *m*

motivant(e) [mɔtivɑ̃, ɑ̃t] *adj* motivierend

motivation [mɔtivasjɔ̃] *f* ① (*justification*) Motivation *f;* ~ **de qc** Grund *m* für etw ② ECON **lettre de** ~ Bewerbungsschreiben *nt*

motivé(e) [mɔtive] *adj* ① (*justifié*) begründet; **absence non** ~**e** unentschuldigtes Fehlen ② *personne* motiviert

motiver [mɔtive] <1> *vt* ① (*justifier*) begründen ② (*causer*) die Ursache sein für ③ (*stimuler*) motivieren; ~ **qn à faire qc** jdn dazu motivieren etw zu tun; **être motivé par qc** durch etw motiviert sein

M

moto [moto] *f abr de* **motocyclette** Motorrad *nt*
motocross, moto-cross [motokʀɔs] *m inv* Moto-Cross *nt*
motoculteur [motokyltœʀ] *m* Gartenfräse *f*
motocyclisme [motosiklism] *m* Motorradsport *m*
motocycliste [motosiklist] **I.** *adj* Motorrad- **II.** *mf* Motorradfahrer(in) *m(f)*
motoneige [motonɛʒ] *f* Motorschlitten *m,* Schneemobil *nt*
motorisation [motoʀizasjɔ̃] *f* Motorisierung *f;* ~ **hybride** Hybridantrieb *m*
motoriser [motoʀize] <1> *vt* motorisieren; **être motorisé** *fam* motorisiert sein
motrice [mɔtʀis] *f* Triebwagen *m*
motricité [mɔtʀisite] *f* Bewegungsmotorik *f;* (*réflexes*) Reflexbewegungen *Pl*
motte [mɔt] *f de beurre* Klumpen *m;* ~ **de terre** Erdscholle *f*
motus [mɔtys] *interj vieilli* ▶ ~ [**et bouche cousue!**] Mund halten und nichts verraten!
mou [mu] *m* ❶ *fam* (*personne*) Weichling *m* ❷ (*qualité*) Weiche(s) *nt*
mou, mol, molle [mu, mɔl] **I.** *adj* ❶ (*opp: dur*) weich; *neige* nass; *ressort* ausgeleiert; **chapeau** ~ Schlapphut *m* ❷ (*flasque*) schlaff ❸ *personne, geste* schlaff; *résistance, protestations* schwach ❹ *bruit* dumpf **II.** *adv jouer* lahm, kraftlos
mouais [mwɛ] *interj fam* (*oui*) mhm, hm; (*plus dubitatif*) jein (*hum*)
mouchard(e) [muʃaʀ, aʀd] *m(f)* ❶ (*rapporteur*) Petzer *m*/Petze *f* (*fam*) ❷ *péj* (*indicateur de police*) Spitzel *m*
mouchardage [muʃaʀdaʒ] *m péj fam* Verpetzen *nt*
moucharder [muʃaʀde] <1> **I.** *vi fam* petzen **II.** *vt fam* verpetzen; (*à la police*) verpfeifen
mouche [muʃ] *f* ❶ ZOOL Fliege *f* ❷ PECHE [künstliche] Fliege ❸ *d'une cible* Schwarze(s) *nt* ❹ (*en cosmétique*) Schönheitspflästerchen *nt* ▶ **quelle ~ l'a piqué?** was ist in ihn/sie gefahren?
moucher [muʃe] <1> **I.** *vt* ~ **son nez** sich schnäuzen, sich (*dat*) die Nase putzen; ~ [**le nez à**] **qn** jdm die Nase putzen **II.** *vpr* **se** ~ [**le nez**] sich schnäuzen, sich (*dat*) die Nase putzen
moucheron [muʃʀɔ̃] *m* ZOOL [kleine] Mücke
moucheté(e) [muʃte] *adj animal, pelage* gesprenkelt; *poisson* gefleckt
moucheter [muʃ(ə)te] <1> *vt* ❶ (*parsemer de tâches*) sprenkeln, tüpfeln ❷ SPORT mit einem Spitzenknopf versehen *fleuret*
mouchoir [muʃwaʀ] *m* ~ [**de poche**] Taschentuch *nt;* ~ **en papier** Papiertaschentuch; ~ **en tissu** Stofftaschentuch
moudre [mudʀ] <*irr*> *vt* mahlen
moue [mu] *f* schiefes Gesicht; ~ **boudeuse** Schmollmund *m*
mouette [mwɛt] *f* Möwe *f*
moufeter [mufte] <1> *vi fam* **qn n'a pas moufeté** jd hat keinen Mucks von sich gegeben (*fam*); **sans** ~ ohne aufzumucken (*fam*)
moufle [mufl] *f* Fausthandschuh *m*
mouflet(te) [muflɛ, ɛt] *m(f) fam* kleines Kind
moufter [mufte] <1> *vi v.* **moufeter**
mouillage [mujaʒ] *m* ❶ (*action de mouiller*) Anfeuchten *nt* ❷ (*coupage*) Panschen *nt* ❸ NAUT (*emplacement*) Ankerplatz *m;* (*mise à l'eau*) Verankern *nt*
mouillé(e) [muje] *adj* ❶ (*trempé*) nass ❷ *voix* bewegt ❸ *regard, yeux* tränennass ❹ LING mouilliert
mouiller [muje] <1> **I.** *vt* ❶ (*humecter*) nass machen ❷ (*tremper*) durchnässen; **se faire** ~ nass werden ❸ GASTR ~ **un rôti avec du bouillon** einen Braten mit Brühe begießen ❹ NAUT verankern *navire;* auswerfen *ancre;* legen *mines* ❺ *fam* (*compromettre*) ~ **qn dans qc** jdn in etw (*akk*) hineinziehen **II.** *vi* ❶ (*jeter l'ancre*) vor Anker gehen, ankern ❷ *fam* (*avoir peur*) [vor Angst] in die Hosen machen **III.** *vpr* ❶ (*passer sous l'eau*) **se** ~ nass werden; **se** ~ **les mains** sich (*dat*) die Hände nass machen ❷ (*se tremper*) **se** ~ sich nass machen ❸ (*s'humecter*) **les yeux se mouillent** die Augen werden feucht ❹ *fam* (*se compromettre*) **se** ~ **dans qc** sich in etw (*akk*) hineinziehen lassen ❺ *fam* (*s'engager*) **se** ~ **pour qn/pour faire qc** sich ins Zeug legen für jdn/um etw zu tun
mouillette [mujɛt] *f Brotschnittchen zum Eintunken*
mouise [mwiz] *f fam* Elend *nt*
moulage [mulaʒ] *m* ❶ (*action de mouler*) Gießen *nt* ❷ (*empreinte, objet*) Abguss *m*
moulant(e) [mulɑ̃, ɑ̃t] *adj* eng anliegend
moule[1] [mul] *m* ❶ (*forme*) Form *f;* GASTR [Kuchen]form ❷ (*empreinte*) Abdruck *m* ❸ (*modèle*) **être fait sur le même** ~ nach demselben Muster gemacht sein
moule[2] [mul] *f* Miesmuschel *f*
mouler [mule] <1> *vt* ❶ (*fabriquer*) formen ❷ (*prendre un moulage de*) ~ **un buste** einen Abdruck von einer Büste ma-

chen ③ (*coller à*) **des vêtements qui moulent le corps** eng anliegende Kleidungsstücke

mouleur, -euse [mulœʀ, -øz] *m, f* TECH Former(in) *m(f)*

moulin [mulɛ̃] *m* Mühle *f;* **~ à café** Kaffeemühle; **~ à vent** Windmühle ▶ **être un ~ à paroles** *fam* reden wie ein Wasserfall; **on entre ici comme dans un ~** hier geht es zu wie in einem Taubenschlag

mouliner [muline] <1> *vt* GASTR passieren

moulinet [mulinɛ] *m* PECHE Rolle *f*

moulinette® [mulinɛt] *f* Küchenmaschine *f*

moulu(e) [muly] **I.** *part passé de* **moudre** **II.** *adj* ① (*en poudre*) gemahlen ② *fam* (*fourbu*) **être ~ [de fatigue]** wie gerädert sein

moulure [mulyʀ] *f* Zierleiste *f*

moumoute [mumut] *f fam* ① (*perruque*) falsches Haarteil ② (*veste*) Weste *f* aus Schafspelz

mourant(e) [muʀɑ̃, ɑ̃t] **I.** *adj* ① *personne* sterbend; **être ~** im Sterben liegen ② (*faiblissant*) schwächer werdend; *musique, son* verklingend; *feu, lumière* verlöschend **II.** *m(f)* Sterbende(r) *f(m)*

mourir [muʀiʀ] <*irr*> *vi + être* ① (*cesser d'exister*) *personne, animal:* sterben; *plante:* eingehen; *fleuve:* umkippen; **~ de qc** *personne:* an etw (*dat*) sterben; *animal a.:* an etw (*dat*) eingehen; **~ de ses blessures** seinen Verletzungen erliegen; **~ de chagrin** vor Kummer sterben; **~ de faim** verhungern; **~ de soif** verdursten; **~ de froid** erfrieren; **~ dans un accident de voiture** bei einem Autounfall ums Leben kommen; **il est mort assassiné/empoisonné** er ist ermordet/vergiftet worden; **elle est morte noyée** sie ist ertrunken ② (*venir de mourir*) **être mort** tot sein ③ (*tuer*) **faire ~** töten; **tu vas faire ~ ta mère de chagrin** du bringst deine Mutter vor lauter Kummer noch ins Grab ④ (*disparaître peu à peu*) *civilisation, langue:* verschwinden; *agriculture, petit commerce:* eingehen; *feu:* erlöschen; *voix, bruit:* verklingen ▶ **c'est à ~ de rire** das ist zum Totlachen; **se sentir malade à ~** sich sterbenselend fühlen; **s'ennuyer à ~** sich tödlich langweilen

mouroir [muʀwaʀ] *m péj* Sterbeheim *nt*

mouron [muʀɔ̃] *m* ▶ **se faire du ~** *fam* sich Sorgen machen

mousquetaire [muskətɛʀ] *m* Musketier *m*

mousqueton [muskətɔ̃] *m* ① (*arme à feu*) Karabiner *m* ② (*boucle*) Karabinerhaken *m*

moussaillon [musajɔ̃] *m fam* kleiner Schiffsjunge

moussant(e) [musɑ̃, ɑ̃t] *adj* Schaum-

mousse¹ [mus] **I.** *f* ① (*écume*) Schaum *m;* **~ à raser** Rasierschaum ② BOT Moos *nt* ③ GASTR Mousse *f* ④ (*matière*) Schaumstoff *m* **II.** *app inv* **vert ~** moosgrün

mousse² [mus] *m* Schiffsjunge *m*

mousseline [muslin] **I.** *f* Musselin *m;* **une ~** ein Musselinstoff **II.** *app inv* **pommes ~** schaumiges Kartoffelpüree; **sauce ~** Sauce hollandaise *f* mit Sahne

mousser [muse] <1> *vi* ① (*produire de la mousse*) schäumen; **faire ~** zum Schäumen bringen ② *fam* (*vanter*) **faire ~ qn/qc** für jdn/etw die Werbetrommel rühren; **se faire ~ auprès de qn** sich bei jdm in ein günstiges Licht setzen

mousseux [musø] *m* Schaumwein *m*

mousson [musɔ̃] *f* Monsun *m*

moustache [mustaʃ] *f* ① (*d'un homme*) Schnurrbart *m* ② (*d'une femme*) Damenbart *m* ③ (*du chat*) Schnurrhaare *Pl* ④ (*trace autour des lèvres*) Bart *m*

moustachu [mustaʃy] *m* Mann *m* mit Schnurrbart

moustachu(e) [mustaʃy] *adj homme* schnurrbärtig; *lèvre supérieure* bärtig

moustiquaire [mustikɛʀ] *f* ① (*rideau*) Moskitonetz *nt* ② (*à la fenêtre*) Fliegenfenster *nt* ③ (*à la porte*) Fliegengitter *nt*

moustique [mustik] *m* ① ZOOL Stechmücke *f* ② (*sous les tropiques*) Moskito *m* ③ *péj* (*enfant*) Knirps *m;* (*personne malingre*) Würmchen *nt*

moutard [mutaʀ] *m fam* ① Knirps *m* ② *pl* (*enfants*) Kinder *Pl*

moutarde [mutaʀd] **I.** *f* Senf *m* **II.** *app inv* senf-

mouton [mutɔ̃] *m* ① ZOOL Schaf *nt;* **une veste en [peau de] ~** eine Jacke aus Schaf[s]pelz; **un livre relié en ~** ein in Schafleder gebundenes Buch ② (*mâle châtré*) Hammel *m* ③ (*viande*) Hammelfleisch *nt* ④ (*écume*) Schaumkrone *f* ⑤ (*poussière*) Staubflocke *f* ⑥ (*nuages*) Schäfchenwolke *f* ⑦ (*personne douce*) Schaf *nt* ▶ **revenons à nos ~s** kommen wir wieder zur Sache

mouture [mutyʀ] *f* ① (*action de moudre*) Mahlen *nt* ② (*produit de l'opération*) Mehl *nt*

mouvance [muvɑ̃s] *f* ① Einflussbereich *m* ② (*mouvement idéologique*) Bewegung *f*

mouvant(e) [muvɑ̃, ɑ̃t] *adj* ① (*ondoyant*)

foule, champs de blé wogend; *ombre* sich hin- und herbewegend ② (*changeant*) *pensée, univers* sich wandelnd ③ (*sans stabilité*) *terrain* schwankend; **sables ~s** Treibsand *m*

mouvement [muvmɑ̃] *m* ① (*action*) Bewegung *f* ② (*impulsion*) Regung *f;* ~ **de colère** Wutausbruch *m;* ~ **d'humeur** Anfall *m* von schlechter Laune; ~ **d'impatience** Anwandlung *f* von Ungeduld ③ (*animation*) Treiben *nt* ④ ECON *de marchandises* Bewegungen *Pl; de capitaux, fonds* Verkehr *m;* ~ **des prix** Preisschwankungen *Pl;* ~ **de baisse** rückläufige Bewegung; ~ **de hausse** Aufwärtsbewegung *f* ⑤ (*changement d'affectation*) Veränderungen *Pl* ⑥ GEOL ~ **de terrain** Erdbewegungen *Pl* ⑦ (*évolution*) Wandel *m;* ~ **d'opinion/idées** geistige Strömung ⑧ (*tempo*) Tempo *nt* ⑨ (*partie d'une œuvre*) Satz *m* ▶ **être libre de ses ~s** sich frei bewegen können

mouvementé(e) [muvmɑ̃te] *adj* ① (*agité*) stürmisch; *vie* bewegt; *poursuite, récit* dramatisch ② (*accidenté*) uneben

mouvoir [muvwaʀ] <*irr*> **I.** *vt* **faire ~** bewegen; **être mû par qc** von etw angetrieben werden **II.** *vpr* **se ~** sich bewegen

moyen [mwajɛ̃] *m* ① (*procédé*) Mittel *nt;* ~ **d'action** Handlungsmöglichkeit *f;* **par tous les ~s** mit allen Mitteln ② (*solution*) Weg *m;* **par le ~ de** auf dem Umweg über; **au ~ de qc** mit Hilfe einer S. (*gen*) ③ (*manière*) Art *f* [und Weise *f*] ④ *pl* (*capacités physiques*) körperliche Fähigkeiten ⑤ *pl* (*capacités intellectuelles*) geistige Fähigkeiten; **être en** [**pleine**] **possession de ses ~s** im Vollbesitz seiner Kräfte sein; **par ses propres ~s** (*sans aide*) aus eigener Kraft ⑥ *pl* (*ressources financières*) [finanzielle] Mittel; **vivre au-dessus de ses ~s** über seine Verhältnisse leben; **c'est au-dessus de mes ~s** das übersteigt meine Mittel; **il/elle a les ~s!** *fam* er/sie kann es sich (*dat*) leisten! ⑦ *souvent pl* (*instruments*) **~s publicitaires** Werbemittel *Pl;* ~ **de transport/contrôle** Transport-/Kontrollmittel *nt* ▶ **se débrouiller avec les ~s du bord** mit dem zurechtkommen, was man hat; **employer les grands ~s pour faire qc** zum äußersten Mittel greifen um etw zu tun; **pas ~!** nichts zu machen!

moyen(ne) [mwajɛ̃, jɛn] *adj* ① (*intermédiaire*) mittlere(r, s); *classe, ondes* Mittel-; **à ~ terme** mittelfristig; *v. a.* **moyenne** ② (*ni bon, ni mauvais*) mittelmäßig ③ (*en proportion*) durchschnittlich ④ (*du type courant*) Durchschnitts-; **le Français ~** der Durchschnittsfranzose

Moyen Âge, Moyen-Âge [mwajɛnɑʒ] *m* Mittelalter *nt*

moyenâgeux, -euse [mwajɛnɑʒø, -jøz] *adj a. péj* mittelalterlich

moyen-courrier [mwajɛ̃kuʀje] <moyen--courriers> *m* Mittelstreckenflugzeug *nt*

moyennant [mwajɛnɑ̃] *prép* ~ **une récompense/un petit service** gegen eine Belohnung/einen Gefallen; ~ **2000 euros** für 2000 Euro ▶ ~ **quoi** womit, wofür

moyenne [mwajɛn] *f* ① MATH Mittel *nt,* Mittelwert *m;* **la ~ d'âge** das Durchschnittsalter; **en ~** durchschnittlich ② SCOL Durchschnitt *m;* **avoir la ~ en qc** in etw (*dat*) eine durchschnittliche Note haben ③ (*type le plus courant*) Durchschnitt *m*

moyennement [mwajɛnmɑ̃] *adv* mittelmäßig

Moyen-Orient [mwajɛnɔʀjɑ̃] *m* **le ~** der Mittlere Osten

mozzarella [mɔdzaʀel(l)a] *f* Mozzarella *m*

MST [ɛmɛste] *f* MED *abr de* **Maladie Sexuellement Transmissible** Geschlechtskrankheit *f*

mû, mue [my] *part passé de* **mouvoir**

mucoviscidose [mykovisidoz] *f* MED Mukoviszidose *f*

mucus [mykys] *m* Schleim *m*

mue [my] *f* ① ZOOL *de l'oiseau* Mauser *f; du serpent* Häutung *f; d'un mammifère* [Sich]haaren *nt* ② ANAT Stimmbruch *m*

muer [mɥe] <1> *vi* ① ZOOL *oiseau:* sich mausern; *serpent:* sich häuten; *mammifère:* [sich] haaren ② (*changer de timbre*) *garçon:* im Stimmbruch sein; **sa voix mue** er ist im Stimmbruch

muesli [mysli] *m* Müsli *nt*

muet(te) [mɥɛ, mɥɛt] **I.** *adj* stumm; ~ **d'admiration/de surprise** sprachlos vor Bewunderung/Überraschung; **le cinéma ~** der Stummfilm **II.** *m(f)* Stumme(r) *f(m)*

muezzin [mɥɛdzin] *m* Muezzin *m*

mufle [myfl] *m* ① *du chien* Schnauze[nspitze *f*] *f* ② (*goujat*) Rüpel *m*

muflerie [myfləʀi] *f* Rüpelhaftigkeit *f*

mugir [myʒiʀ] <8> *vi bovin:* muhen; *vent, sirène:* heulen

mugissement [myʒismɑ̃] *m* ① (*cri de bovin*) Muhen *nt* ② (*bruit du vent, d'une sirène*) Heulen *nt*

muguet [mygɛ] *m* Maiglöckchen *nt*

mulâtre, mulâtresse [mylɑtʀ, mylɑtʀɛs] **I.** *adj* Mulatten- **II.** *m, f* Mulatte *m*/Mulattin *f*

mule¹ [myl] *f* ZOOL Mauleselin *f* ▸ **être têtu comme une ~** störrisch wie ein Esel sein (*fam*)

mule² [myl] *f* (*pantoufle*) Pantoffel *m*

mulet [mylɛ] *m* ZOOL Maulesel *m* ▸ **être chargé comme un ~** *fam* beladen sein wie ein Packesel

mulot [mylo] *m* Feldmaus *f*

multicolore [myltikɔlɔʀ] *adj* vielfarbig, bunt

multiconfessionnel(le) [myltikɔ̃fɛsjɔnɛl] *adj État, pays* multikonfessionell; *cimetière* gemischtkonfessionell

multicoque [myltikɔk] **I.** *adj* mit mehreren Rümpfen **II.** *m* Mehrrumpfboot *nt*

multiculturel(le) [myltikyltyʀɛl] *adj* multikulturell

multifonctionnel [myltifɔ̃ksjɔnɛl] *adj*, **multifonction[s]** [myltifɔ̃ksjɔ̃] *adj inv* multifunktionell, multifunktional

multiforme [myltifɔʀm] *adj* vielgestaltig

multilatéralisme [myltilateʀalism] *m* POL, ECON Multilateralismus *f*

multilingue [myltilɛ̃g] *adj* mehrsprachig

multimédia [myltimedja] **I.** *adj* ① MEDIA *groupe, campagne de publicité* multimedial; *show, manifestation* Multimedia- ② INFORM multimedial **II.** *m* ① (*techniques*) Medienlandschaft *f* ② (*ordinateur*) multimediales Computersystem ③ (*branche*) **le ~** die Multimedia-Branche

multimilliardaire [myltimiljaʀdɛʀ] **I.** *adj* **être ~** mehrfacher Milliardär sein **II.** *mf* Multimilliardär(in) *m(f)*

multimillionnaire [myltimiljɔnɛʀ] **I.** *adj* **être ~** Multimillionär sein **II.** *mf* Multimillionär(in) *m(f)*

multinational(e) [myltinasjɔnal, -o] <-aux> *adj* multinational

multinationale [myltinasjɔnal] *f* (*entreprise*) multinationaler Konzern

multipartisme [myltipaʀtism] *m* Mehrparteiensystem *nt*

multiplace [myltiplas] **I.** *adj* mehrsitzig **II.** *m* Mehrsitzer *m*

multiple [myltipl] **I.** *adj* ① (*nombreux*) vielfach ② (*varié*) vielfältig; *cas* verschiedenartig ③ *occasions* vielerlei *inv*, vielfach; **à de ~s reprises** wiederholt ④ (*complexe*) vielschichtig; **fracture ~** komplizierter Knochenbruch ⑤ TECH *prise* Mehrfach- ⑥ MATH **être ~ de qc** ein Vielfaches von etw sein **II.** *m* **être le ~ de qc** das Vielfache von etw sein

multiplex [myltiplɛks] *m sans pl* Konferenzschaltung *f*; **émission réalisée en ~** Sendung *f* mit Konferenzschaltung

multiplexe [myltiplɛks] *m* Gebäudekomplex *m* [mit mehreren Sälen]

multipliable [myltiplijabl] *adj* multiplizierbar

multiplication [myltiplikasjɔ̃] *f* ① BOT Vermehrung *f* ② MATH Multiplikation *f*, Malnehmen *nt*

multiplicité [myltiplisite] *f* Vielfalt *f*

multiplier [myltiplije] <1> **I.** *vt* ① MATH multiplizieren, malnehmen; **~ sept par trois** sieben mit drei multiplizieren ② (*augmenter le nombre de*) vervielfachen; steigern *efforts;* wiederholen *attaques* ③ HORT, BOT vermehren **II.** *vpr* **se ~** sich vermehren

multiprise [myltipʀiz] *f* (*prise multiple*) Mehrfachsteckdose *f*; (*bloc*) Steckdosenleiste *f*

multiprogrammation [myltipʀɔgʀamasjɔ̃] *f* INFORM Multitasking *nt*

multipropriété [myltipʀɔpʀijete] *f mehreren Personen gehörende Ferienwohnung, die jeder der Besitzer für eine gewisse Zeit im Jahr benutzen kann*

multiracial(e) [myltiʀasjal, -jo] <-aux> *adj* gemischtrassig

multirisque [myltiʀisk] *adj assurance* kombiniert

multisalles [myltisal] **I.** *adj* mit mehreren Sälen **II.** *m inv* Gebäude *nt* mit mehreren Sälen

multitude [myltityd] *f* ① (*grand nombre*) Vielzahl *f* ② (*foule*) [große] Menge

Munich [mynik] München

munichois(e) [mynikwa, waz] *adj* Münchner

Munichois(e) [mynikwa, waz] *m(f)* Münchner(in) *m(f)*

municipal(e) [mynisipal, -o] <-aux> *adj* ① (*communal*) Gemeinde-; **conseil ~** Stadtrat *m*, Gemeinderat *m*; **élections ~es** Kommunalwahlen *Pl* ② (*de la ville*) Stadt-, städtisch

municipales [mynisipal] *fpl* Kommunalwahlen *Pl*

municipalité [mynisipalite] *f* ① (*administration*) Stadtverwaltung *f* ② (*commune*) Gemeinde *f*

munir [myniʀ] <8> **I.** *vt* **~ qn/qc de piles** jdn/etw mit Batterien versehen **II.** *vpr* **se ~ de qc** etw mitnehmen; *fig* sich mit etw wappnen

munitions [mynisjɔ̃] *fpl* Munition *f*

muqueuse [mykøz] *f* Schleimhaut *f*

mur [myʀ] *m d'une maison, d'un jardin* Mauer *f*; *d'une pièce* Wand *f* ▸ **franchir**

M

le ~ du son die Schallmauer durchbrechen; **raser les ~s** dicht an der Mauer entlanglaufen; (*se faire tout petit*) sich dünn machen

mûr(e) [myʀ] *adj* reif; *projet* ausgereift; *révolution* fällig

muraille [myʀɑj] *f* [dicke] Mauer

mural(e) [myʀal, -o] <-aux> *adj* Wand-

mûre [myʀ] *f* ① (*fruit de la ronce*) Brombeere *f* ② (*fruit du mûrier*) Maulbeere *f*

mûrement [myʀmɑ̃] *adv* reiflich

murer [myʀe] <1> **I.** *vt* ① TECH zumauern ② (*isoler*) *avalanche:* einschließen; **être muré dans le silence** in Schweigen (*akk*) gehüllt sein **II.** *vpr* **se ~ chez soi** sich von der Außenwelt abschließen; **se ~ dans sa douleur** sich in seinem Schmerz vergraben

muret [myʀɛ] *m* Mäuerchen *nt*

murger [myʀʒe] <2a> *vpr arg* **se ~** sich (*dat*) die Birne zusaufen

mûrier [myʀje] *m* ① Maulbeerbaum *m* ② (*ronce*) Brombeerstrauch *m*

mûrir [myʀiʀ] <8> **I.** *vi* reif werden; *projet, idée:* heranreifen **II.** *vt* ① (*rendre mûr*) reifen lassen *fruit* ② (*rendre sage*) reifer machen ③ (*méditer*) heranreifen lassen

murmure [myʀmyʀ] *m* ① (*chuchotement*) Murmeln *nt* ② *pl* (*protestation*) Murren *nt*

murmurer [myʀmyʀe] <1> **I.** *vi* ① (*chuchoter*) murmeln ② (*protester*) murren **II.** *vt* murmeln; **~ qc à qn** jdm etw zuflüstern; **on murmure qu'ils sont amants** man munkelt, dass sie ein Verhältnis miteinander haben (*fam*)

mus [my] *passé simple de* **mouvoir**

musaraigne [myzaʀɛɲ] *f* Spitzmaus *f*

musc [mysk] *m* Moschus *m*

muscade [myskad] *f* Muskat *m*

muscadet [myskadɛ] *m* (*cépage, vin*) Muscadet *m*

muscat [myska] *m* (*cépage, vin*) Muskateller *m*

muscle [myskl] *m* Muskel *m* ▶ **avoir des ~s d'acier** Muskeln wie Stahl haben; **avoir du ~** *économie, entreprise:* stark und dynamisch sein; *fam personne:* Muskeln haben

musclé(e) [myskle] *adj* ① (*athlétique*) muskulös, kräftig ② *fig fam gouvernement, discours* stark; *politique* energisch ③ *style* handfest ④ *fam* (*compliqué*) **le problème était plutôt ~** das Problem war ganz schön verzwickt

muscler [myskle] <1> *vt* **~ qn** jds Muskeln stärken; **~ le dos/les jambes** die Rückenmuskulatur/Beinmuskulatur stärken

musculaire [myskylɛʀ] *adj* Muskel-

musculation [myskylasjɔ̃] *f* Bodybuilding *nt*

musculature [myskylatyʀ] *f* Muskulatur *f*

musculeux, -euse [myskylø, -øz] *adj* muskulös

muse [myz] *f* Muse *f*

museau [myzo] <x> *m du chien* Schnauze *f; de la vache, du poisson* Maul *nt*

musée [myze] *m* Museum *nt*

museler [myzle] <3> *vt* ① (*mettre une muselière*) **~ un animal** einem Tier einen Maulkorb umbinden ② (*bâillonner*) **~ qn/qc** jdn/etw mundtot machen

muselière [myzəljɛʀ] *f* Maulkorb *m*

musette [myzɛt] **I.** *f* ① Brotbeutel *m* ② MUS Musette *f* **II.** *app orchestre, valse* Musette-; **bal ~** *volkstümliche Tanzveranstaltung mit Akkordeonmusik*

muséum [myzeɔm] *m* Naturkundemuseum *nt*

musical(e) [myzikal, -o] <-aux> *adj* ① *études, critique* Musik-; *qualité, art* Ton- ② *soirée* musikalisch; *film* Musik-; **comédie ~e** Musical *nt* ③ *voix, son* klangvoll; *langue* musikalisch

musicalement [myzikalmɑ̃] *adv* musikalisch

music-hall [myzikol] <music-halls> *m* ① (*spectacle*) Varietee *nt* ② (*établissement*) Varieteetheater *nt*

musicien(ne) [myzisjɛ̃, jɛn] **I.** *adj* musikalisch **II.** *m(f)* ① (*professionnel*) Musiker(in) *m(f)* ② (*amateur*) Musikant(in) *m(f)*

musicologie [myzikɔlɔʒi] *f* Musikwissenschaft *f*

musicologue [myzikɔlɔg] *mf* Musikwissenschaftler(in) *m(f)*

musique [myzik] *f* ① (*art*) Musik *f;* **mettre en ~** vertonen; **savoir lire la ~** Noten lesen können ② (*harmonie de sons*) Melodik *f,* Musikalität *f* ▶ **connaître la ~** *fam* im Bilde sein; **en avant la ~!** *fam* auf geht's!

musqué(e) [myske] *adj odeur, parfum* Moschus-; *cheveux* nach Moschus duftend

must® [mœst] *m fam* Muss *nt;* **le ~ have** das absolute Muss

musulman(e) [myzylmɑ̃, an] *adj monde* moslemisch; **être ~** Moslem sein

Musulman(e) [myzylmɑ̃, an] *m(f)* Moslem *m*/Moslime *f,* Mohammedaner(in) *m(f)*

mutant(e) [mytɑ̃, ɑ̃t] **I.** *adj* BIO mutierend **II.** *m(f)* ① BOT, ZOOL Mutante *f* ② LITTER Mutant(in) *m(f)*

narcose [narkoz] *f* Narkose *f*
narcotest [narkotɛst] *m* Drogentest *m*
narcotique [narkɔtik] **I.** *adj* betäubend; **plante ~** Narkotikum *nt* **II.** *m* Betäubungsmittel *nt*
narcotrafic [narkotrafik] *m* Drogenhandel *m*
narcotrafiquant [narkotrafikɑ̃] *m* Drogenhändler *m*
narghilé [nargile] *m* Wasserpfeife *f*
narguer [narge] <1> *vt* verspotten; (*agacer*) ärgern
narguilé *v.* **narghilé**
narine [narin] *f* Nasenloch *nt; du cheval* Nüster *f;* (*aile*) Nasenflügel *m*
narquois(e) [narkwa, waz] *adj* spöttisch
narrateur, -trice [naratœr, -tris] *m, f* Erzähler(in) *m(f)*
narratif, -ive [naratif, -iv] *adj* erzählend; **style/art ~** Erzählstil *m*/-kunst *f*
narration [narasjɔ̃] *f* Erzählung *f; des événements* Schilderung *f*
narrer [nare] <1> *vt littér* erzählen
nasal(e) [nazal, -o] <-aux> *adj* LING nasal; **consonne ~e** Nasal[laut *m*] *m*
nasale [nazal] *f* LING Nasal[laut *m*] *m*
nasaliser [nazalize] <1> *vt* nasalieren
nase [nɑz] *adj fam* ① (*cassé*) kaputt ② (*épuisé*) k. o., fertig
naseau [nazo] <x> *m* Nüster *f*
nasillard(e) [nazijar, jard] *adj* näselnd
natal(e) [natal] <s> *adj* **maison/ville ~e** Geburtshaus *nt*/-stadt *f;* **langue ~e** Muttersprache *f;* **terre ~e** Heimat *f*
nataliste [natalist] *adj* geburtenfördernd
natalité [natalite] *f* Geburtenziffer *f*
natation [natasjɔ̃] *f* Schwimmen *nt*
natel [natɛl] *m* CH ① (*téléphone portable*) Handy *nt,* Natel *nt* (CH) ② (*téléphonie portable*) Mobilfunknetz *nt,* Natel *nt* (CH)
natif, -ive [natif, -iv] **I.** *adj* **être ~ de Toulouse** gebürtiger Toulouser **II.** *m, f* Einheimische(r) *f(m);* **les ~s du cancer** die Krebsgeborenen
nation [nasjɔ̃] *f* ① (*peuple*) Volk *nt* ② (*pays*) Nation *f;* **la Nation** die Nation; **l'Europe des Nations** das Europa der Nationen; **les Nations unies** die Vereinten Nationen
national(e) [nasjɔnal, -o] <-aux> *adj* ① (*de l'État*) national; **fête ~e** Nationalfeiertag *m* ② (*opp: local, régional*) national; *entreprise* staatlich; **assemblée/équipe/route ~e** Nationalversammlung *f*/-mannschaft *f*/-straße *f*
Nationale [nasjɔnal] *f* (*route*) **la ~** die Nationalstraße, ≈ die Bundesstraße
nationalisation [nasjɔnalizasjɔ̃] *f* Verstaatlichung *f*
nationaliser [nasjɔnalize] <1> *vt* verstaatlichen
nationalisme [nasjɔnalism] *m* Nationalismus *m;* (*conscience*) Nationalbewusstsein *nt; péj* Nationalismus
nationaliste [nasjɔnalist] **I.** *adj* nationalistisch **II.** *mf* Nationalist(in) *m(f)*
nationalité [nasjɔnalite] *f* Staatsangehörigkeit *f; d'un navire* Nationalität *f*
national-socialisme [nasjɔnalsɔsjalism] *m sans pl* Nationalsozialismus *m*
national-socialiste [nasjɔnalsɔsjalist] <nationaux-socialistes> **I.** *adj* nationalsozialistisch **II.** *m, f* Nationalsozialist(in) *m(f)*
nativité [nativite] *f* REL Geburt *f;* **la Nativité** die Geburt Christi
natte [nat] *f* Zopf *m;* **se faire une ~** sich (*dat*) einen Zopf flechten
naturalisation [natyralizasjɔ̃] *f* POL Einbürgerung *f;* **demande de ~** Einbürgerungsantrag *m*/-gesuch *nt*
naturalisé(e) [natyralize] **I.** *adj* eingebürgert **II.** *m(f)* eingebürgerter Staatsbürger *m*/eingebürgerte Staatsbürgerin *f*
naturaliser [natyralize] <1> *vt* einbürgern; **~ qn français** jdn als Franzose einbürgern; **se faire ~** sich einbürgern lassen
naturalisme [natyralism] *m* Naturalismus *m*
naturaliste [natyralist] **I.** *adj* ① ART, LITTER, PHILOS naturalistisch ② SCI **savant ~** Naturforscher(in) *m(f)* **II.** *mf* ① ART, LITTER, PHILOS Naturalist(in) *m(f)* ② (*scientifique*) Naturforscher(in) *m(f)*
nature [natyr] **I.** *f* ① (*environnement*) Natur *f* ② *d'une personne, chose, d'un pouvoir* Wesen *nt; d'un engagement, d'une proposition* Art *f; d'une substance, d'un terrain* Beschaffenheit *f;* **~ humaine** Natur *f* des Menschen ③ ART **~ morte** Stillleben *nt* ▶ **être dans la ~ des choses** in der Natur der Sache liegen; **ne pas être gâté par la ~** *fam* hübsch hässlich sein; **petite ~** *fam* sensibles Pflänzchen; **de** [*o* **par**] **~** von Natur [aus]; **en ~** (*en objets réels*) in Naturalien; **plus vrai que ~** unwahrscheinlich echt **II.** *adj inv* ① *café, thé* ohne alles; **yaourt ~** Naturjoghurt *m* ② *fam* (*simple*) [ganz] natürlich, ungezwungen
naturel [natyrɛl] *m* ① (*caractère*) Wesen *nt;* **son bon ~** seine/ihre umgängliche Art ② (*spontanéité*) Natürlichkeit *f* ▶ **être d'un ~ jaloux/timide** ein eifersüchtiges/schüchternes Wesen haben
naturel(le) [natyrɛl] *adj* ① (*opp: artificiel*)

N

natürlich; **père ~** leiblicher Vater; **gaz ~** Erdgas *nt;* **richesses ~les** Bodenschätze *Pl;* **des produits rigoureusement ~s** reine Naturprodukte *Pl* ② (*inné*) natürlich ③ (*simple*) natürlich

naturellement [natyʀɛlmɑ̃] *adv* ① (*bien entendu*) selbstverständlich; **~!** natürlich! ② (*opp: artificiellement*) auf natürliche Weise ③ (*de façon innée*) von Natur aus ④ (*aisément*) ganz einfach, von selbst ⑤ (*spontanément*) unbefangen; **tutoyer qn ~** jdn ganz selbstverständlich duzen ⑥ (*automatiquement*) automatisch

naturisme [natyʀism] *m* Freikörperkultur *f*

naturiste [natyʀist] **I.** *adj* **plage ~** FKK-Strand *m* **II.** *mf* FKKler(in) *m(f)* (*fam*)

naturopathie [natyʀɔpati] *f* Naturheilkunde *f*

naufrage [nofʀaʒ] *m* NAUT Untergang *m* ▶ **faire ~** *bateau, projet:* Schiffbruch erleiden

naufragé(e) [nofʀaʒe] *m(f)* Schiffbrüchige(r) *f(m)*

nauséabond(e) [nozeabɔ̃, ɔ̃d] *adj* ① widerlich ② (*ordurier*) abstoßend

nausée [noze] *f* ① (*haut-le-cœur*) Übelkeit *f;* **j'ai la ~** [*o* **des ~s**] mir ist übel ② (*dégoût*) Ekel *m* ▶ **cette personne/cet odeur donne la ~ à qn** von dieser Person/diesem Geruch wird jdm [ganz] schlecht

nautique [notik] *adj* Wasser-; **ski/sport ~** Wasserski *nt*/Wassersport *m*

naval(e) [naval] <s> *adj* See-; **forces ~es** Seestreitkräfte *Pl;* **chantier ~** [Schiffs]werft *f*

Navale [naval] *f* (*École Navale*) Marineakademie *f*

navarin [navaʀɛ̃] *m* *Hammelragout* [*mit Teltower Rübchen*]

navet [navɛ] *m* ① BOT weiße Rübe ② *péj fam* (*œuvre sans valeur*) Kitsch *m;* (*mauvais film*) Schund[film *m*] *m;* **être un ~** [ein] Mist sein

navette [navɛt] *f* ① TRANSP Pendelbus *m*/-zug *m*/-flugzeug *nt*/-schiff *nt* ② (*va-et-vient*) Hin und Her *nt;* **faire la ~ entre son lieu de travail et son domicile** zwischen Arbeitsplatz und Wohnort pendeln ③ ESPACE **~ spatiale** Raumfähre *f*

navetteur, -euse [navøtœʀ, -øz] *m, f* BELG Pendler(in) *m(f)*

navigable [navigabl] *adj* schiffbar

navigant(e) [navigɑ̃, ɑ̃t] **I.** *adj* AVIAT **personnel ~** Flugpersonal *nt;* NAUT Schiffspersonal *nt* **II.** *m(f)* **les ~s** AVIAT das fliegende Personal; NAUT das zur See fahrende Personal

navigateur [navigatœʀ] *m* INFORM **~ Web** Browser *m*

navigateur, -trice [navigatœʀ, -tʀis] *m, f* ① NAUT Seefahrer(in) *m(f)* ② AUT, AVIAT, NAUT Navigator(in) *m(f)*

navigation [navigasjɔ̃] *f* ① NAUT Schifffahrt *f;* **~ à [la] voile** Segeln *nt* ② AUT, AVIAT, ESPACE, NAUT Navigation *f;* **~ spatiale** Raumfahrt *f*

naviguer [navige] <1> *vi* ① AVIAT *avion, passager, pilote:* fliegen; NAUT *bateau, marin, passager:* fahren ② INFORM **~ sur le Web** im Web surfen

navire [naviʀ] *m* Schiff *nt;* **~ de commerce** Handelsschiff; **~ pétrolier** Tanker *m;* **~ poubelle** Seelenverkäufer *m*

navrant(e) [navʀɑ̃, ɑ̃t] *adj* **c'est ~!** es ist [ja] zum Verzweifeln!

navré(e) [navʀe] *adj* **qn est ~ de qc** jd bedauert etw [zutiefst]

navrer [navʀe] <1> *vt* bestürzen; (*contrarier*) zur Verzweiflung bringen; **ce malentendu me navre** ich bedauere dieses Missverständnis zutiefst

naze [nɑz] *adj v.* **nase**

nazi(e) [nazi] *abr de* **national-socialiste** **I.** *adj* **barbarie ~e** Nazibarbarei *f* **II.** *m(f)* Nazi *m*

nazisme [nazism] *m abr de* **national-socialisme** Nazismus *m,* Nationalsozialismus *m*

N.B. [ɛnbe] *abr de* **nota bene** merke, N.B.

NDLR [ɛndeɛlɛʀ] *abr de* **note de la rédaction** Anm. d. Red.

NDT [ɛndete] *abr de* **note du traducteur** Anmerkung *f* des Übersetzers

ne [nə] <*devant voyelle ou h muet* n'> *adv* ① (*avec autre mot négatif*) **~ ... pas** nicht; **il ~ mange pas le midi** er isst nicht zu Mittag; **elle n'a guère d'argent** sie hat kaum Geld; **je ~ fume plus** ich rauche nicht mehr; **je ~ me promène jamais** ich gehe nie spazieren; **je ~ vois personne** ich sehe niemand[en]; **personne ~ vient** niemand kommt; **je ~ vois rien** ich sehe nichts; **rien ~ va plus** nichts geht mehr; **il n'a ni frère ni sœur** er hat weder Bruder noch Schwester; **tu n'as aucune chance** du hast keine Chance ② *sans autre mot négatif, soutenu* nicht; **je n'ose le dire** ich wage nicht, es zu sagen ③ (*seulement*) **je ~ vois que cette solution** ich sehe nur diese Lösung; **il n'y a pas que vous qui le dites** Sie sind nicht der Einzige, der das sagt

né(e) [ne] **I.** *part passé de* **naître** **II.** *adj souvent écrit avec un trait d'union (de naissance)* geboren; **Madame X, ~e Y** Frau X, geborene Y
néanmoins [neɑ̃mwɛ̃] *adv* trotzdem
néant [neɑ̃] **I.** *m* Nichts *nt* ▶ **tirer qn du ~** etwas aus jdm machen **II.** *pron (rien)* **signes particuliers: ~** besondere Kennzeichen: keine
nébuleuse [nebyløz] *f* ❶ ASTRON Nebel *m* ❷ *(amas diffus)* vages Umfeld *nt;* **~ terroriste** undurchschaubare Verästelungen *Pl* eines Terrornetzwerks
nébuleux, -euse [nebylø, -øz] *adj* ❶ METEO bewölkt ❷ *(confus, flou)* unklar
nébulosité [nebylozite] *f* METEO Bewölkung *f*
nécessaire [nesesɛʀ] **I.** *adj* ❶ *(indispensable)* nötig; **être ~ à qc** für etw gebraucht werden; **si ~** falls nötig ❷ PHILOS unbedingt ❸ MATH **condition ~** notwendige Voraussetzung **II.** *m* ❶ *(opp: superflu)* **le ~** das Nötige ❷ *(étui)* **~ à ongles** Nagelnecessaire *nt*
nécessairement [nesesɛʀmɑ̃] *adv* unbedingt; **pas ~** nicht unbedingt
nécessité [nesesite] *f* Notwendigkeit *f* ▶ **~ absolue** dringende Notwendigkeit; **de première ~** unentbehrlich; **être dans la ~ de faire qc** sich gezwungen sehen, etw zu tun
nécessiter [nesesite] <1> *vt* erfordern
nécessiteux, -euse [nesesitø, -øz] **I.** *adj* bedürftig **II.** *m, f* Bedürftige(r) *f(m)*
nec plus ultra [nɛkplysyltʀa] *m inv* Nonplusultra *nt*
nécrologie [nekʀɔlɔʒi] *f* ❶ *(rubrique)* Todesanzeigen *Pl* ❷ *(notice)* Nachruf *m*
nécrologique [nekʀɔlɔʒik] *adj* **avis ~** Todesanzeige *f;* **rubrique ~** Todesanzeigen *Pl*
nécrose [nekʀoz] *f* Nekrose *f (Fachspr.)*
nectar [nɛktaʀ] *m* Nektar *m*
nectarine [nɛktaʀin] *f* Nektarine *f*
néerlandais [neɛʀlɑ̃dɛ] *m* Niederländisch *nt; v. a.* **allemand**
néerlandais(e) [neɛʀlɑ̃dɛ, ɛz] *adj* niederländisch
Néerlandais(e) [neɛʀlɑ̃dɛ, ɛz] *m(f)* Niederländer(in) *m(f)*
nef [nɛf] *f* ARCHIT [Kirchen]schiff *nt*
néfaste [nefast] *adj* unheilvoll; *régime, décision* un[glück]selig; **être ~ à qn/qc** jdm/einer S. schaden
nèfle [nɛfl] *f* Mispel *f*
néflier [neflije] *m* Mispel[baum *m*] *f,* Mispelstrauch *m*
négatif [negatif] *m* PHOT Negativ *nt*
négatif, -ive [negatif, -iv] *adj* negativ ❷ *adverbe* der Verneinung; **phrase/proposition négative** negierter Satz
négation [negasjɔ̃] *f* GRAM, LING Negation *f*
négationnisme [negasjɔnism] *m* Leugnung *f* des Holocausts
négationniste [negasjɔnist] *mf* Leugner(in) *m(f)* des Holocausts
négative [negativ] *f* ▶ **répondre par la ~** verneinen; *(refuser)* [etw] ablehnen
négativement [negativmɑ̃] *adv* negativ; **répondre ~** verneinen
négligé(e) [negliʒe] *adj intérieur, style, travail* nachlässig; *tenue* ungepflegt
négligeable [negliʒabl] *adj* unbedeutend; *élément, facteur* unwesentlich; *détail* belanglos; *moyens* gering
négligemment [negliʒamɑ̃] *adv* ❶ *(nonchalamment)* lässig ❷ *(sans soin)* nachlässig
négligence [negliʒɑ̃s] *f* ❶ *sans pl (manque d'attention)* Nachlässigkeit *f;* JUR Fahrlässigkeit *f,* **par ~** aus Unachtsamkeit *f;* JUR aus Fahrlässigkeit ❷ *(omission)* Nachlässigkeit *f; (faute légère)* Flüchtigkeitsfehler *m*
négligent(e) [negliʒɑ̃, ʒɑ̃t] *adj élève, employé* nachlässig
négliger [negliʒe] <2a> **I.** *vt* ❶ *(se désintéresser de)* vernachlässigen *devoirs, santé, tenue;* ungenutzt lassen *occasion;* außer Acht lassen *conseil, détail, fait* ❷ *(délaisser)* vernachlässigen *ami, épouse* ❸ *(omettre de faire)* versäumen **II.** *vpr* **se ~** sich vernachlässigen
négoce [negɔs] *m soutenu* Handel *m;* **faire du ~ avec qn** mit jdm handeln
négociable [negɔsjabl] *adj* ❶ COM übertragbar ❷ *a.* POL *(discutable)* aushandelbar
négociant(e) [negɔsjɑ̃, jɑ̃t] *m(f)* Händler(in) *m(f);* **~ en gros** Großhändler
négociateur, -trice [negɔsjatœʀ, -tʀis] *m, f* Unterhändler(in) *m(f)*
négociation [negɔsjasjɔ̃] *f gén pl* COM, JUR, POL Verhandlung *f*
négocier [negɔsje] <1> **I.** *vi* POL **~ avec qn** mit jdm verhandeln **II.** *vt* ❶ COM, JUR, POL **~ la capitulation avec qn** *(discuter)* mit jdm über die Kapitulation verhandeln; *(obtenir après discussion)* die Kapitulation mit jdm aushandeln ❷ *(réaliser après négociation)* aushandeln; abschließen *affaire, vente* ❸ AUT nehmen *tournant, virage*
nègre [nɛgʀ] *m péj* Neger *m (pej)* ▶ **petit ~** Kauderwelsch *nt (fam),* gebrochenes Französisch; **travailler comme un ~** wie ein Pferd schuften *(fam)*

négresse [negʀɛs] *f péj* Negerin *f* (*pej*)
négrier, **-ière** [negʀije, -jɛʀ] **I.** *adj* **capitaine/vaisseau ~** Sklavenhändler *m*/-schiff *nt* **II.** *m, f* ❶ HIST Sklavenhändler(in) *m(f)* ❷ (*exploiteur*) Ausbeuter(in) *m(f)*
négritude [negʀityd] *f* Negritude *f*
négro [negʀo] *m péj fam* Nigger *m* (*pej*)
neige [nɛʒ] *f* ❶ METEO Schnee *m* ❷ GASTR **battre les blancs** [**d'œufs**] **en ~** das Eiweiß zu Schnee schlagen ▶ **être blanc comme ~** eine weiße Weste haben (*fam*)
neiger [neʒe] <2a> *vi impers* **il neige** es schneit
neigeux, **-euse** [nɛʒø, -ʒøz] *adj* schneebedeckt; **temps ~** Schneewetter *nt*
nem [nɛm] *m* GASTR [kleine] Frühlingsrolle *f*
néné [nene] *m fam* Titte *f*
nénette [nenɛt] *f fam* Tussi *f* ▶ **se casser la ~** *pop* (*chercher à comprendre*) sich (*dat*) den Kopf zerbrechen; (*faire des efforts*) sich (*dat*) einen abbrechen (*fam*)
nénuphar [nenyfaʀ] *m* Seerose *f*
néo-arriviste [neɔaʀivist] *mf* [typische(r)] Vertreter(in) *m(f)* der Start-up-Generation
néocapitalisme [neokapitalism] *m* ECON Neokapitalismus *m*
néoclassicisme [neoklasisism] *m* Neoklassizismus *m*
néoclassique [neoklasik] *adj* neoklassizistisch
néocolonialiste [neokɔlɔnjalist] **I.** *adj* neokolonialistisch **II.** *mf* Neokolonialist(in) *m(f)*
néofasciste [neofaʃist] **I.** *adj* neofaschistisch **II.** *mf* Neofaschist(in) *m(f)*
néolibéral(**e**) [neolibeʀal, -o] <-aux> ECON, POL **I.** *adj* neoliberal **II.** *m(f)* Neoliberale(r) *f(m)*
néolibéralisme [yltʀalibeʀalism] *m* ECON, POL Neoliberalismus *m*
néologisme [neɔlɔʒism] *m* Neologismus *m*
néon [neɔ̃] *m* ❶ CHIM Neon *nt* ❷ (*tube fluorescent*) Neonröhre *f*
néonatal(**e**) [neonatal] <s> *adj* neonatal; **mortalité ~e** Neugeborenensterblichkeit *f*
néonazi(**e**) [neonazi] **I.** *adj* neonazistisch **II.** *m(f)* Neonazi *mf*
néophyte [neɔfit] *mf* neuer Anhänger/neue Anhängerin; REL Neubekehrte(r) *f(m)*
néoprène® [neɔpʀɛn] *m* Neopren® *nt*
néphrétique [nefʀetik] *adj* **coliques ~s** Nierenkoliken *Pl*
néphrite [nefʀit] *f* MINER Nephrit *m*
Neptune [nɛptyn] *f* ASTRON Neptun *m*
nerf [nɛʀ] *m* ❶ ANAT, MED Nerv *m* ❷ *pl* PSYCH Nerven *Pl*; **avoir les ~s fragiles** schwache Nerven haben; **avoir des ~s d'acier** [*o* **les ~s à toute épreuve**] Nerven wie Drahtseile haben (*fam*); **avoir les ~s à vif** nervös sein; **être sur les ~s** *fam* unruhig sein; **être malade des ~s** nervenkrank sein ❸ (*tendon, ligament*) Sehne *f* ▶ **passer ses ~s sur qn/qc** *fam* sich an jdm/etw abreagieren; **taper sur les ~s à qn** *fam* jdm auf die Nerven gehen; **vivre sur les ~s** *fam* [nervlich] angespannt sein; **du ~!** *fam* reiß dich zusammen!
nerveusement [nɛʀvøzmɑ̃] *adv* ❶ nervös ❷ (*avec vigueur*) kraftvoll; **démarrer ~** spritzig anfahren ❸ (*sur le plan nerveux*) nervlich
nerveux, **-euse** [nɛʀvø, -øz] **I.** *adj* ❶ ANAT, MED *spasme, troubles* nervös ❷ (*irritable*) nervös; *animal, personne* unruhig ❸ (*émotif*) empfindlich ❹ (*vigoureux*) dynamisch; *style* ausdrucksvoll; *moteur, voiture* spritzig **II.** *m, f* nervöser Mensch; **c'est un** [**grand**] **~** er ist ein Nervenbündel
nervosité [nɛʀvozite] *f* Nervosität *f*
nervure [nɛʀvyʀ] *f* ❶ BOT Blattaderung *f*; *du bois* Maserung *f* ❷ ZOOL Ader *f* ❸ ARCHIT, TECH, TYP Rippe *f*
n'est-ce pas [nɛspɑ] *adv* ❶ (*invitation à acquiescer*) **~?** oder [etwa nicht]?; **vous viendrez, ~?** Sie kommen doch, oder? ❷ (*renforcement*) nicht [wahr]; **ces gens-là, ~, ont la vie facile** diese Leute haben ein leichtes Leben, nicht [wahr]
net(**te**) [nɛt] **I.** *adj* ❶ *postposé* (*propre*) sauber; *copie, intérieur* ordentlich ❷ *postposé* (*précis*) klar; *position, réponse* eindeutig ❸ *a. antéposé* (*évident*) klar; *amélioration, différence, tendance* spürbar ❹ *postposé* (*distinct*) klar; *dessin, écriture* sauber; *contours, image* scharf; *cassure, coupure* glatt; *souvenir* deutlich ❺ *fam* (*opp: cinglé*) klar [im Kopf] ❻ *postposé* COM, FIN **salaire ~** Nettolohn *m*; **produit ~** Reinertrag *m*; **être ~ d'impôt** steuerfrei sein **II.** *adv* ❶ *se casser* glatt; *s'arrêter* abrupt; **être tué ~** auf der Stelle tot sein ❷ *dire, refuser* klar und deutlich ❸ COM netto
Net [nɛt] *m* **le ~** das Netz, das Web
netclub [nɛtklœb] *m* Internetclub *m*
netéconomie [nɛtekɔnɔmi] *f* Internetwirtschaft *f*
nétiquette [netikɛt] *f* INFORM Netiquette *f*
nettement [nɛtmɑ̃] *adv* ❶ (*sans ambiguïté*) unmissverständlich ❷ (*distinctement*) deutlich; *se détacher* scharf; *se souvenir* genau ❸ (*largement*) eindeutig; **~ moins/plus** deutlich weniger/mehr
netteté [nɛtte] *f* ❶ (*précision*) Klarheit *f*

② (*caractère distinct, franc*) Klarheit *f; des contours, d'une image* Schärfe *f*

nettoyage [netwajaʒ] *m* ① (*lavage*) Reinigen *nt*, Reinigung *f; d'une pièce* Putzen *nt;* **~ à sec** chemische Reinigung ② MIL, POL Säuberung *f*

nettoyant [netwajɑ̃] *m* Reinigungsmittel *nt;* **~ ménager** Haushaltsreiniger *m*

nettoyer [netwaje] <6> **I.** *vt* ① (*laver*) putzen; reinigen *plaie, tapis;* **~ la table à l'eau/avec la brosse** den Tisch mit Wasser/der Bürste reinigen; **~ à fond la maison** das Haus gründlich putzen ② *fam* (*ruiner*) ruinieren ③ *fam* (*épuiser*) [total] schaffen **II.** *vpr* **se ~** *personne:* sich säubern; *animal:* sich putzen

nettoyeur [netwajœʀ] *m* (*appareil*) Reiniger *m*, Reinigungsmaschine *f;* **~ vapeur** Dampfreiniger; **~ à haute pression** Hochdruckreiniger

nettoyeur, -euse [netwajœʀ, -jøz] *m, f* Putzkraft *f;* **~ de vitres** Fensterputzer *m*

neuf¹ [nœf] **I.** *num* neun **II.** *m inv* Neun *f; v. a.* **cinq**

neuf² [nœf] *m* Neue(s) *nt* ▶ **il y a du ~** es gibt etwas Neues

neuf, neuve [nœf, nœv] *adj* neu; **flambant ~** [funkel]nagelneu (*fam*) ▶ **quelque chose/rien de ~** etwas/nichts Neues

neurasthénie [nøʀasteni] *f* Nervenschwäche *f;* (*pessimisme*) Depressionen *Pl;* **faire de la ~** Depressionen haben

neurasthénique [nøʀastenik] *adj* depressiv

neurobiologie [nøʀobjɔlɔʒi] *f* SCI Neurobiologie *f*

neurochirurgie [nøʀoʃiʀyʀʒi] *f* Neurochirurgie *f*

neurochirurgien(ne) [nøʀoʃiʀyʀʒjɛ̃, jɛn] *m(f)* Neurochirurg(in) *m(f)*

neuroleptique [nøʀɔlɛptik] *m* Neuroleptikum *nt*

neurologie [nøʀɔlɔʒi] *f* Nervenheilkunde *f*

neurologique [nøʀɔlɔʒik] *adj* neurologisch

neurologue [nøʀɔlɔg] *mf* Neurologe *m*/ Neurologin *f*

neurone [nøʀon, nøʀɔn] *m* ① BIO, INFORM Neuron *nt* ② *pl* (*cerveau*) graue Zellen *Pl*

neuropsychiatre [nøʀopsikjatʀ] *mf* Neuropsychiater(in) *m(f)*

neuropsychologie [nøʀopsikɔlɔʒi] *f* Neuropsychologie *f*

neutralisation [nøtʀalizasjɔ̃] *f* ① *a.* POL, MIL Neutralisierung *f* ② (*mise hors d'état de nuire*) Ausschaltung *f*

neutraliser [nøtʀalize] <1> **I.** *vt* ① (*empêcher d'agir*) ausschalten *concurrent, système;* zu Fall bringen *projet;* zunichtemachen *efforts* ② (*mettre hors d'état de nuire*) unschädlich machen *ennemi, gang* **II.** *vpr* **se ~** *influences, produits:* sich neutralisieren

neutraliste [nøtʀalist] **I.** *adj* neutralistisch **II.** *mf* Verfechter(in) *m(f)* des Neutralismus

neutralité [nøtʀalite] *f* ① (*impartialité*) Neutralität *f; d'un livre, rapport* neutraler Charakter; *d'un enseignement* Ungebundenheit *f* ② POL, CHIM, ELEC Neutralität *f*

neutre [nøtʀ] **I.** *adj* ① (*impartial*) neutral; **rester ~** neutral bleiben; **être ~** *personne:* sich neutral verhalten; *livre, rapport:* einen neutralen Standpunkt vertreten ② (*qui ne choque pas*) neutral; *couleur, personne* unauffällig; *style* farblos ③ POL neutral; *navire* unter neutraler Flagge ④ CHIM, ELEC neutral; **fil ~** Nullleiter *m* ⑤ GRAM, LING sächlich; **être du genre ~** ein Neutrum sein ⑥ (*asexué*) geschlechtslos **II.** *m* ① *pl* POL neutrale Staaten *Pl* ② GRAM, LING Neutrum *nt* ③ ELEC Nullleiter *m*

neutron [nøtʀɔ̃] *m* Neutron *nt*

neuvième [nœvjɛm] **I.** *adj antéposé* neunte(r, s) **II.** *mf* **le/la ~** der/die/das Neunte **III.** *m* (*fraction*) Neuntel *nt; v. a.* **cinquième**

neuvièmement [nœvjɛmmɑ̃] *adv* neuntens

neveu [n(ə)vø] <x> *m* Neffe *m*

névralgie [nevʀalʒi] *f* ① (*douleur du nerf*) Neuralgie *f;* **~ sciatique** Ischias *m* ② *abusif* (*mal de tête*) Kopfschmerzen *Pl*

névralgique [nevʀalʒik] *adj* ① MED neuralgisch; **centre ~** Nervenzentrum *nt* ② *point* neuralgisch

névrite [nevʀit] *f* Nervenentzündung *f*

névrose [nevʀoz] *f* Neurose *f*

névrosé(e) [nevʀoze] **I.** *adj* neurotisch **II.** *m(f)* Neurotiker(in) *m(f)*

névrotique [nevʀɔtik] *adj* neurotisch

new-look [njuluk] *inv* **I.** *adj politique, style* neuartig **II.** *m* Newlook *m*

newsgroup [njuzgʀup] *m* INFORM Newsgroup *f*

newton [njutɔn] *m* Newton *nt*

newtonien(ne) [njutɔnjɛ̃, jɛn] *adj* newtonsche(r, s)

nez [ne] *m* ① ANAT Nase *f;* **saigner du ~** Nasenbluten haben ② AVIAT, NAUT *d'un avion* Nase *f; d'un bateau* Bug *m;* GEOG Bergnase ▶ **comme le ~ au milieu de la figure** *fam* das sieht [selbst] ein Blinder; **avoir le ~ fin** eine feine Nase haben; *fig* eine Spürnase haben; **avoir du ~** *fam personne:* eine

N

feine Nase haben; *animal:* einen feinen Spürsinn haben; (*pour qc/une affaire*) den richtigen Riecher haben; **avoir le ~ dans les livres/mots croisés** dauernd über den Büchern/den Kreuzworträtseln hocken (*fam*); **se bouffer** [*o* **se manger**] **le ~** *fam* sich in den Haaren liegen; **se casser le ~** *fam* auf die Nase fallen; **fourrer son ~ dans qc** *fam* seine Nase in etw (*akk*) stecken; **pendre au ~ à qn** jdm blühen; **piquer du ~** *fam* (*s'endormir*) einnicken; (*descendre à pic*) **l'avion a piqué du ~** *fam* das Flugzeug ist im Sturzflug heruntergegangen; **[re]tomber sur le ~ de qn** *fam* auf jdn zurückfallen; **~ à ~** Auge in Auge; **raccrocher au ~ de qn** einfach auflegen (*fam*); **rire au ~ de qn** jdm ins Gesicht lachen; **devant** [*o* **sous**] **le ~ de qn** *fam* vor jds Augen (*dat*)

NF [ɛnɛf] *f abr de* **norme française** französische Norm

ni [ni] *conj* ① *après une autre nég* **il ne sait pas dessiner ~ peindre** er kann weder zeichnen noch malen; **il n'a rien vu ~ personne** er hat nichts und niemand gesehen; **rien de fin ~ de distingué** weder etwas Feines noch etwas Vornehmes ② *entre deux négations* **je ne l'aime ~ ne l'estime** weder liebe [ich ihn], noch schätze ich ihn (*geh*) ③ (*alternative négative*) **~ l'un ~ l'autre** keiner von beiden; **~ plus ~ moins que** nicht mehr und nicht weniger als

N

niais(e) [njɛ, njɛz] **I.** *adj* albern; *style* einfältig **II.** *m(f)* Einfaltspinsel *m* (*fam*)

niaisement [njɛzmɑ̃] *adv* dümmlich

niaiserie [njɛzʀi] *f* ① (*simplicité*) Einfalt *f* ② (*chose sotte*) Unsinn *m kein Pl*

niaque [njak] *v.* **gnaque**

nibar[d] [nibaʀ] *m arg* Titte *f*

Nice [nis] Nizza *nt*

niche [niʃ] *f* ① (*abri*) [Hunde]hütte *f* ② (*alcôve*) Nische *f*

nicher [niʃe] <1> **I.** *vi* ① (*nidifier*) nisten ② *fam* (*habiter*) hausen **II.** *vpr* **se ~ dans un arbre** sich in einem Baum einnisten

nichon [niʃɔ̃] *m fam* Titte *f* (*sl*)

nickel [nikɛl] **I.** *m* Nickel *nt* **II.** *adj inv fam* ① (*impeccable*) blitzblank ② (*super*) super

niçois(e) [niswa, waz] *adj* ① (*de Nice*) aus [*o* von] Nizza ② GASTR **salade ~e** Nizza-Salat *m*

Niçois(e) [niswa, waz] *m(f)* Einwohner(in) *m(f)* von Nizza

nicotine [nikɔtin] *f* Nikotin *nt*

nid [ni] *m* ZOOL Nest *nt;* **~ d'aigle** Adlerhorst *m*

nidation [nidasjɔ̃] *f* BIO Einnistung *f*

nid-d'abeilles [nidabɛj] <nids-d'abeilles> *m* COUT Waffelmuster *nt;* TECH Lamellen *Pl* **nid-de-poule** [nidpul] <nids-de-poule> *m* Schlagloch *nt*

nièce [njɛs] *f* Nichte *f*

nième [ɛnjɛm] *adj v.* **énième**

nier [nje] <1> **I.** *vt* ① (*contester*) leugnen; **~ qu'il mente** bestreiten, dass er lügt ② (*refuser l'idée de*) verleugnen **II.** *vi* leugnen

nigaud(e) [nigo, od] **I.** *adj* einfältig **II.** *m(f)* Dummkopf *m*

Niger [niʒɛʀ] *m* **le ~** Niger *nt*

Nigeria [niʒeʀja] *m* **le ~** Nigeria *nt*

nigérian(e) [niʒeʀjɑ̃, jan] *adj* nigerianisch

Nigérian(e) [niʒeʀjɑ̃, jan] *m(f)* Nigerianer(in) *m(f)*

nigérien(ne) [niʒeʀjɛ̃, jɛn] *adj* nigrisch

Nigérien(ne) [niʒeʀjɛ̃, jɛn] *m(f)* Nigrer(in) *m(f)*

night-club [najtklœb] <night-clubs> *m* Nachtklub *m*

nihilisme [niilism] *m* Nihilismus *m*

nihiliste [niilist] **I.** *adj* nihilistisch **II.** *mf* Nihilist(in) *m(f)*

Nil [nil] *m* **le ~** der Nil

nimbus [nɛ̃bys] *m* METEO Nimbus[wolke *f*] *m*

n'importe [nɛ̃pɔʀt] *v.* **importer**

niôle [ɲol] *f v.* **gnôle**

nippes [nip] *fpl fam* Klamotten *Pl*

nippon, -on[n]e [nipɔ̃, -ɔn] *adj* japanisch

Nippon, -on[n]e [nipɔ̃, -ɔn] *m, f* Japaner(in) *m(f)*

nique [nik] *f fam* ▶ **faire la ~ à qn** jdn reinlegen; (*se moquer*) sich über jdn lustig machen; (*échapper*) jdm entwischen

niquer [nike] <1> *vt vulg* ficken

nirvana [niʀvana] *m* Nirwana *nt*

nitouche [nituʃ] *f* ▶ **sainte ~** Unschuldsengel *m;* **avec son air de sainte ~** mit seiner/ihrer Unschuldsmiene

nitrate [nitʀat] *m* Nitrat *nt*

nitrique [nitʀik] *adj* **acide ~** Salpetersäure *f;* **bactérie ~** Nitrobakterie *f*

nitroglycérine [nitʀogliseʀin] *f* Nitroglyzerin *nt*

niveau [nivo] <x> *m* ① (*hauteur*) Höhe *f; d'essence, huile* -stand *m; des devises, de la production, d'études* Stand *m;* **le ~ de la nappe phréatique** der Grundwasserspiegel ② (*degré*) Niveau *nt;* **~ culturel** [*o* **de culture**] Bildungsniveau; **~ de vie** Lebensstandard *m* ③ TECH Wasserwaage *f* ▶ **au plus haut ~** auf höchster Ebene; **au ~ de qn/qc** (*espace*) auf jds Höhe/auf der Höhe einer S. (*gen*); (*valeur*) auf jds Stand/auf dem Stand einer S. (*gen*); **au ~ des prix/de la qualité** in Bezug auf die Preise/die Qualität; **au ~ local/national/émotionnel** *abusif* auf lokaler/nationaler/emotionaler Ebene; **au ~ de l'U.E.** auf EU-Ebene

niveler [nivle] <3> *vt* nivellieren; [ein]ebnen *sol, terrain*

nivellement [nivɛlmɑ̃] *m* ❶ Einebnen *nt* ❷ (*égalisation*) Angleichung *f*

noble [nɔbl] **I.** *adj* adlig **II.** *mf* Adlige(r) *f(m)*

noblement [nɔbləmɑ̃] *adv* ❶ edelmütig ❷ (*dignement*) stolz

noblesse [nɔblɛs] *f* ❶ (*aristocratie*) Adel *m* ❷ (*dignité*) Würde *f*

noce [nɔs] *f a. pl* Hochzeit *f* ▶ **convoler en justes ~s** *hum* in den Hafen der Ehe einlaufen; **faire la ~** *fam* in Saus und Braus leben

noceur, -euse [nɔsœʀ, -øz] *m, f* Genussmensch *m*

nocif, -ive [nɔsif, -iv] *adj* schädlich; *influence, habitude, climat* schlecht; *idée, théorie* gefährlich

nocivité [nɔsivite] *f* Schädlichkeit *f*

noctambule [nɔktɑ̃byl] **I.** *adj* **fêtard/noceur ~** Nachtschwärmer *m* **II.** *mf* Nachtschwärmer(in) *m(f)*

nocturne [nɔktyʀn] **I.** *adj* nächtlich *nt;* **vente ~** CH Abendverkauf *m* (CH) **II.** *f* (*manifestation nocturne*) Abendveranstaltung *f;* **en ~** am [späten] Abend

nodule [nɔdyl] *m* ❶ MED Knötchen *nt* ❷ GEOL Knolle *f*

Noé [noe] *m* Noah *m*

Noël [nɔɛl] *m* ❶ REL Weihnachten *nt;* **arbre de ~** Weihnachtsbaum; **bûche de ~** *Weihnachtscremerolle;* **nuit de ~** Heilige Nacht; **joyeux ~** fröhliche Weihnachten ❷ (*période de Noël*) Weihnachten *Pl* ▶ **~ au balcon, Pâques au tison** *prov* Weihnachten im Klee, Ostern im Schnee

nœud [nø] *m* ❶ (*boucle*) Knoten *m;* **double ~** doppelter Knoten; **~ papillon** Fliege *f* ❷ (*vitesse*) Knoten *m* ❸ (*protubérance*) Knoten *m; d'un bois* Ast *m* ❹ *d'une pièce, d'un roman* Knoten *m; d'un débat* springender Punkt *m* ❺ (*ornement*) Schleife *f*

noie [nwa] *indic et subj prés de* **noyer**

noierai [nwaʀe] *fut de* **noyer**

noir [nwaʀ] *m* ❶ (*couleur, vêtement*) Schwarz *nt;* **habillé en ~** schwarz gekleidet ❷ (*obscurité*) Dunkel *nt,* Dunkelheit *f;* **dans le ~** im Dunkeln ❸ *fam* (*café*) schwarzer Kaffee ❹ PHOT **~ et blanc** schwarzweiß ▶ **~ sur blanc** schwarz auf weiß; **broyer du ~** Trübsal blasen (*fam*); **peindre tout en ~** alles schwarzsehen; **au ~** schwarz; **travail au ~** Schwarzarbeit *f*

noir(e) [nwaʀ] *adj* ❶ *a.* LITTER, CINE (*opp: blanc*) schwarz; *ciel* finster; *temps* düster; **série ~e** schwarze Serie; **~ comme l'encre** [kohl]rabenschwarz ❷ (*foncé*) **blé ~** Buchweizen *m;* **lunettes ~es** Sonnenbrille *f;* **du raisin ~** blaue [Wein]trauben *Pl;* **la rue est ~e de monde** die Straße wimmelt von Menschen ❸ (*propre à la race*) der Schwarzen; *musique* schwarz; **problème ~** Rassenproblem *nt;* **l'Afrique ~e** Schwarzafrika *nt* ❹ (*obscur*) finster; *ombre* schwarz ❺ (*sinistre*) düster; *humour* schwarz ❻ (*illégal*) **marché ~** Schwarzmarkt *m*

Noir(e) [nwaʀ] *m(f)* Schwarze(r) *f(m)*

noirâtre [nwaʀɑtʀ] *adj* schwärzlich

noiraud(e) [nwaʀo, od] **I.** *adj* dunkel[häutig] **II.** *m(f)* dunkelhäutiger Typ *m*

noirceur [nwaʀsœʀ] *f* ❶ (*perfidie*) Niedertracht *f; de l'âme* Schwärze *f; d'un crime, forfait* Ruchlosigkeit *f* ❷ (*caractère sinistre*) schwarze Natur

noircir [nwaʀsiʀ] <8> **I.** *vt* ❶ (*salir*) schwarz machen; schwärzen *visage* ❷ (*colorer*) schwarz färben *étoffe* ❸ (*dénigrer*) **~ la réputation de qn** jdn in Verruf bringen ❹ (*couvrir d'écriture*) voll schreiben *cahier, feuille* **II.** *vi façade, fruit:* schwarz werden; *ciel:* sich verdunkeln; *bois, couleur:* nachdunkeln; *peau, personne:* braun werden **III.** *vpr* **se ~** *façade:* schwarz werden; *ciel:* sich verdunkeln; *bois, couleur:* nachdunkeln

noire [nwaʀ] *f* MUS Viertelnote *f*

noise [nwaz] *f* ▶ **chercher ~** [*o* **des ~s**] **à qn** Streit mit jdm suchen

noisetier [nwaztje] *m* Hasel[nuss]strauch *m*

noisette [nwazɛt] **I.** *f* ❶ (*fruit*) Haselnuss *f* ❷ GASTR **une ~ de beurre** eine Flocke Butter **II.** *adj inv* haselnussbraun

noix [nwa] *f* ❶ (*fruit*) [Wal]nuss *f* ❷ *péj* (*individu stupide*) dumme Nuss ❸ (*viande*) Nuss *f* ❹ (*quantité*) **une ~ de beurre** ein walnussgroßes Stück Butter ▶ **à la ~ [de coco]** *fam* wertlos; **des promesses à la ~** leere Versprechungen

nom [nɔ̃] *m* ❶ (*dénomination*) Name *m;* **~ patronymique** Familienname *m;* **~ commun/propre** Gattungs-/Eigenname *m;* **quel est le ~ de ...?** wie heißt ...?; **je ne le connais que de ~** ich kenne ihn nur dem Namen nach; **qn donne son ~ à**

N

qn/qc jd/etw wird nach jdm benannt ② GRAM Substantiv *nt,* Nomen *nt;* ~ **féminin/masculin/neutre** Femininum *nt/* Maskulinum *nt*/Neutrum *nt;* ~ **composé** Kompositum *nt* ▸ ~ **d'un chien!**, ~ **d'une pipe!** verdammt [noch mal]!; ~ **de Dieu** [**de** ~ **de Dieu**]! (*de surprise*) ach du lieber Gott!; (*de colère*) verdammt noch mal!; ~ **à coucher dehors** *fam* unaussprechlicher Name; **porter bien/mal son** ~ seinen Namen zu Recht/zu Unrecht tragen; **traiter qn de tous les** ~**s** jdn übel beschimpfen; **au** ~ **du Père, du Fils et du Saint-Esprit** im Namen des Vaters, des Sohnes und des Heiligen Geistes

nomade [nɔmad] **I.** *adj* ① (*opp: sédentaire*) Nomaden-; ZOOL wandernd ② (*errant*) ruhelos **II.** *mf* Nomade *m*/Nomadin *f*

no man's land [nomanslɑ̃d] *m inv* Niemandsland *nt*

nombre [nɔ̃bʀ] *m* ① MATH Zahl *f;* ~ **cardinal** Kardinalzahl; ~ **premier** Primzahl ② (*quantité*) [An]zahl *f;* **en grand** ~ zahlreich ③ GRAM Numerus *m*

nombreux, -euse [nɔ̃bʀø, -øz] *adj* zahlreich; *foule, clientèle, famille* groß

nombril [nɔ̃bʀil] *m* [Bauch]nabel *m*

nombrilisme [nɔ̃bʀilism] *m fam* Nabelschau *f;* **faire du** ~ Nabelschau betreiben

nomenclature [nɔmɑ̃klatyʀ] *f* ① *d'un dictionnaire* Stichwortliste *f* ② (*terminologie*) Nomenklatur *f;* GRAM Terminologie *f*

nominal(e) [nɔminal, -o] <-aux> *adj* GRAM *forme, groupe, proposition* Nominal-; *emploi* substantivisch

nominatif, -ive [nɔminatif, -iv] *m* GRAM Nominativ *m*

nomination [nɔminasjɔ̃] *f* (*désignation*) Ernennung *f;* ~ **à un poste de directeur/de professeur** Ernennung zum Direktor/Einstellung *f* als Lehrer

nominé(e) [nɔmine] **I.** *adj* nominiert **II.** *m(f)* Nominierte(r) *f(m),* Preisanwärter(in) *m(f)*

nommé(e) [nɔme] *adj* ① (*qui s'appelle*) namens; (*cité*) genannt; **une femme** ~**e Laetitia** eine Frau namens Laetitia ② (*désigné*) ernannt ▸ **à point** ~ im rechten Augenblick

nommément [nɔmemɑ̃] *adv* namentlich

nommer [nɔme] <1> *vt* ① (*appeler*) nennen *personne;* benennen *chose* ② (*citer*) nennen; **quelqu'un que je ne nommerai pas** jemand, den ich nicht nennen möchte ③ (*désigner*) ernennen; beauftragen *avocat, expert;* ~ **qn à un poste/à une fonction** jdn auf einen Posten/in ein Amt berufen ▸ **pour ne pas le/la** ~ *hum* um keinen Namen zu nennen

non [nɔ̃] **I.** *adv* ① (*réponse*) nein; **je pense que** ~ ich glaube nicht; **moi** ~**, mais** ich nicht, aber; **ah** ~**!** oh nein!; **ça** ~**!** das kommt nicht in Frage!; **mais** ~**!** (*atténuation*) ach was! (*fam*); (*insistance*) nein!; [**oh**] **que** ~**!** *fam* nein, niemals!; (*réponse à une question positive*) von wegen! ② (*opposition*) nicht; **moi** ~ **plus** ich auch nicht; **il n'en est pas question** ~ **plus** das kommt ebenso wenig in Frage; ~ **seulement ..., mais encore** nicht nur ..., sondern auch ③ *fam* (*sens interrogatif*) **vous venez,** ~**?** Sie kommen doch, oder?; ~**, pas possible!** ehrlich? ④ (*sens exclamatif*) ~**, par exemple!** das ist doch nicht zu fassen!; ~ **mais** [**alors**]! *fam* also ehrlich!; ~**, mais dis donc!** *fam* was fällt dir denn ein! ⑤ (*qui n'est pas*) ~ **négligeable** beträchtlich; ~ **polluant** umweltfreundlich **II.** *m inv* Nein *nt;* **48% de** ~ 48% Neinstimmen; **répondre par un** ~ **catégorique** kategorisch ablehnen

nonagénaire [nɔnaʒenɛʀ] **I.** *adj* neunzigjährig, neunzig Jahre alt; **être** ~ (*avoir 90 ans*) neunzig Jahre alt sein; (*être âgé de 91 à 99 ans*) in den Neunzigern sein **II.** *mf* (*personne âgée de 90 ans*) Neunzigjährige(r) *f(m);* (*personne qui a entre 90 et 99 ans*) Neunziger(in) *m(f)*

non-agression [nɔnagʀesjɔ̃] <non-agressions> *f* **pacte de** ~ Nichtangriffspakt *m*

nonante [nɔnɑ̃t] *num* BELG, CH (*quatre-vingt-dix*) neunzig; *v. a.* **cinq, cinquante**

nonantième [nɔnɑ̃tjɛm] *adj antéposé* BELG, CH neunzigste(r, s); *v. a.* **cinquième**

non-assistance [nɔnasistɑ̃s] <non-assistances> *f* JUR ~ [**à personne en danger**] unterlassene Hilfeleistung *f*

nonchalance [nɔ̃ʃalɑ̃s] *f* ① (*paresse*) Nachlässigkeit *f;* (*calme*) Gelassenheit *f;* **avec** ~ nachlässig ② (*lenteur*) *d'une démarche* Gemächlichkeit *f; d'une pose, d'un geste* Lässigkeit *f;* **avec** ~ gemächlich/lässig

nonchalant(e) [nɔ̃ʃalɑ̃, ɑ̃t] *adj* ① (*paresseux*) nachlässig; (*calme*) gelassen; **humeur** ~**e** Gelassenheit *f* ② (*lent*) gemächlich; (*alangui*) lässig

non-conformiste [nɔ̃kɔ̃fɔʀmist] <non-conformistes> **I.** *adj* nonkonformistisch **II.** *mf* Nonkonformist(in) *m(f)*

non-croyant(e) [nɔ̃kʀwajɑ̃, jɑ̃t] <non-croyants> **I.** *adj* nichtgläubig **II.** *m(f)* Nichtgläubige(r) *f(m)*

non-dit [nɔ̃di]

<non-dits> *m* Unausgesprochene *nt* **non-événement** [nɔnevɛnmɑ̃] <non-événements> *m* Nicht-Ereignis *nt* **non-fumeur, -euse** [nɔ̃fymœʀ, -øz] <non-fumeurs> *m, f* Nichtraucher(in) *m(f)* **non-ingérence** [nɔnɛ̃ʒeʀɑ̃s] <non-ingérences> *f* Nichteinmischung *f* **non-inscrit(e)** [nɔnɛ̃skʀi, it] <non-inscrits> **I.** *adj* **être ~** fraktionslos sein **II.** *m(f)* Fraktionslose(r) *f(m)*

noniste [nonist] *mf* Wähler *m*, der/Wählerin *f*, die mit Nein stimmt **non-lieu** [nɔ̃ljø] <non-lieux> *m* Einstellung *f* des Verfahrens

nonne [nɔn] *f* Nonne *f*

non-paiement [nɔ̃pɛmɑ̃] <non-paiements> *m* Nichtbegleichung *f* **non-prolifération** [nɔ̃pʀɔlifeʀasjɔ̃] <non-proliférations> *f* Nichtweiterverbreitung *f;* **traité de ~ des armes nucléaires** Atomwaffensperrvertrag *m* **non-respect** [nɔ̃ʀɛspɛ] <non-respects> *m* Nichtbeachtung *f;* **~ de la loi** Übertretung *f* des Gesetzes **non-salarié(e)** [nɔ̃salaʀje] <non-salariés> *m(f)* Selb[st]ständige(r) *f(m)* **non-sens** [nɔ̃sɑ̃s] *m inv* ❶ *(absurdité)* Unsinn *m* ❷ SCOL Sinnfehler *m* **non-stop** [nɔnstɔp] **I.** *adj inv* Nonstop- **II.** *m inv* ❶ MEDIA Nonstopprogramm *nt* ❷ *(vol)* Nonstopflug *m;* **en ~** nonstop **non-violence** [nɔ̃vjɔlɑ̃s] <non-violences> *f* Gewaltfreiheit *f* **non-violent(e)** [nɔ̃vjɔlɑ̃, ɑ̃t] <non-violents> **I.** *adj* gewaltfrei **II.** *m(f)* Gegner(in) *m(f)* der Gewalt **non-voyant(e)** [nɔ̃vwajɑ̃, jɑ̃t] <non-voyants> *m(f)* Blinde(r) *f(m)*

nord [nɔʀ] *inv* **I.** *m* *(point cardinal)* Norden *m;* **le ~** der Norden; **au ~ de qc** nördlich von etw; **être exposé au ~** nach Norden gehen; **dans le ~ de** im Norden von; **du ~** aus dem Norden; **vers le ~** nach Norden ▶ **perdre le ~** *(perdre son calme)* außer Fassung geraten; *(perdre la raison)* den Kopf verlieren **II.** *adj* Nord-; *latitude, partie, banlieue* nördlich

Nord [nɔʀ] *inv* **I.** *m* *(région, pays)* **le ~** der Norden; **le grand ~** der hohe Norden; **l'Europe du ~** Nordeuropa *nt;* **le ~ canadien** Nordkanada *nt;* **l'autoroute du ~** die Autobahn nach Norden; **dans le ~** *(dans la région)* im Norden; *(vers la région)* in den Norden **II.** *adj* **l'hémisphère ~** die nördliche Hemisphäre; **le pôle ~** der Nordpol

nord-africain(e) [nɔʀafʀikɛ̃, ɛn] <nord-africains> *adj* nordafrikanisch **Nord-Africain(e)** [nɔʀafʀikɛ̃, ɛn] <Nord-Africains> *m(f)* Nordafrikaner(in) *m(f)* **nord-américain(e)** [nɔʀameʀikɛ̃, ɛn] <nord-américains> *adj* nordamerikanisch **Nord-Américain(e)** [nɔʀameʀikɛ̃, ɛn] <Nord-Américains> *m(f)* Nordamerikaner(in) *m(f)* **nord-coréen(ne)** [nɔʀkɔʀeɛ̃, ɛn] <nord-coréens> *adj* nordkoreanisch **Nord-Coréen(ne)** [nɔʀkɔʀeɛ̃, ɛn] <Nord-Coréens> *m(f)* Nordkoreaner(in) *m(f)* **nord-est** [nɔʀɛst] *m inv* Nordosten *m* **Nord-Est** [nɔʀɛst] *m inv* Nordosten *m*

nordique [nɔʀdik] *adj* nordisch

Nordique [nɔʀdik] *mf* Nordländer(in) *m(f)*

nord-nord-est [nɔʀnɔʀɛst] *m inv* Nord-nordost[en] *m* **nord-ouest** [nɔʀwɛst] *m inv* Nordwesten *m* **Nord-Sud** [nɔʀsyd] *adj inv* Nord-Süd-

normal(e) [nɔʀmal, -o] <-aux> *adj* ❶ *(ordinaire)* normal, gewöhnlich; **redevenir ~** sich normalisieren ❷ *(compréhensible)* normal; **il est/n'est pas ~ que + subj/de faire qc** es ist/es ist nicht normal, dass/etw zu tun ❸ *(sain)* normal

normale [nɔʀmal] *f* ❶ *(état habituel)* Normalfall *m* ❷ *(norme)* Norm *f;* **des capacités au-dessus de la ~** überdurchschnittliche Fähigkeiten ❸ METEO **~s saisonnières** jahreszeitliche Durchschnittswerte

normalement [nɔʀmalmɑ̃] *adv* ❶ *(d'une manière normale, conformément aux normes)* normal; **tout se passe ~** alles läuft normal, es ist alles im grünen Bereich *(fam)* ❷ *(habituellement, selon toute prévision)* normalerweise

normalisation [nɔʀmalizasjɔ̃] *f* ❶ *(standardisation)* Normierung *f* ❷ POL *(retour à la normale)* Normalisierung *f*

normaliser [nɔʀmalize] <1> **I.** *vt* ❶ *(standardiser)* normen, vereinheitlichen ❷ *(rendre normal)* normalisieren; legalisieren *liaison* **II.** *vpr* **se ~** sich normalisieren

normalité [nɔʀmalite] *f* Normalität *f*

normand(e) [nɔʀmɑ̃, ɑ̃d] *adj* ❶ GEOG der Normandie ❷ HIST normannisch

Normand(e) [nɔʀmɑ̃, ɑ̃d] *m(f)* ❶ GEOG Bewohner(in) *m(f)* der Normandie ❷ *pl* HIST **les ~s** die Normannen

Normandie [nɔʀmɑ̃di] *f* **la ~** die Normandie

normatif, -ive [nɔʀmatif, -iv] *adj* normativ

norme [nɔʀm] *f* Norm *f;* **rester dans la/être hors ~** sich innerhalb/außerhalb der Norm bewegen

Norvège [nɔʀvɛʒ] *f* **la ~** Norwegen *nt*

norvégien [nɔʀveʒjɛ̃] *m* Norwegisch *nt; v. a.* **allemand**

norvégien(ne) [nɔʀveʒjɛ̃, jɛn] *adj* norwegisch

Norvégien(ne) [nɔʀveʒjɛ̃, jɛn] *m(f)* Norweger(in) *m(f)*

nos [no] *dét poss v.* **notre**

nostalgie [nɔstalʒi] *f* Wehmut *f;* **avoir la ~ de qc** sich nach etw sehnen

nostalgique [nɔstalʒik] *adj* nostalgisch

nota [bene] [nɔta(bene)] *m inv* Anmerkung *f*

notable [nɔtabl] **I.** *adj* erheblich; *personne* von Rang **II.** *mf* angesehene Persönlichkeit

notablement [nɔtabləmɑ̃] *adv* erheblich

notaire [nɔtɛʀ] *m* Notar(in) *m(f)*

notamment [nɔtamɑ̃] *adv* vor allem

notarial(e) [nɔtaʀjal, -jo] <-aux> *adj acte* notariell; *fonction* Notariats-

notariat [nɔtaʀja] *m* Notariat *nt*

notarié(e) [nɔtaʀje] *adj acte* notariell beglaubigt

notation [nɔtasjɔ̃] *f* ① Notation *f;* **~ musicale** Notenschrift *f;* **~ sténographique** Kurzschrift *f* ② ADMIN Beurteilung *f;* SCOL Benotung *f*

note [nɔt] *f* ① SCOL, MUS Note *f* ② (*communication*) Notiz *f;* **~ diplomatique** Note *f* ③ (*facture*) Rechnung *f;* **~ de 100 euros** Rechnung über 100 Euro ④ (*annotation*) Anmerkung *f;* **~ de bas de page** Fußnote *f* ⑤ *pl* (*compte rendu, support écrit*) Notizen *Pl;* **parler sans ~s** frei sprechen ▶ **fausse ~** MUS falscher Ton; (*maladresse*) Zwischenfall *m;* **forcer la ~** übertreiben; **prendre [bonne] ~ de qc** sich (*dat*) etw [gut] merken; **prendre qc en ~** (*inscrire*) [sich (*dat*)] etw notieren; (*prendre conscience*) etw zur Kenntnis nehmen

noter [nɔte] <1> *vt* ① (*inscrire*) [sich (*dat*)] aufschreiben [*o* notieren] ② (*remarquer*) feststellen; **notez-le bien, notons-le** wohlgemerkt ③ ADMIN, SCOL benoten; beurteilen *employé;* **~ qn/qc 12 sur 20** jdn/etw mit 12 von 20 Punkten benoten ④ (*souligner*) anstreichen; **~ qc d'une croix** etw ankreuzen ⑤ MUS notieren

notice [nɔtis] *f* ① (*mode d'emploi*) **~ [explicative]** Gebrauchsanweisung *f* ② (*préface*) Einleitung *f*

notification [nɔtifikasjɔ̃] *f* Mitteilung *f; d'un jugement* Zustellung *f*

notifier [nɔtifje] <1a> *vt* zustellen *jugement;* **~ qc à qn** jdm etw mitteilen

notion [nosjɔ̃] *f* ① (*idée*) Begriff *m;* **la ~ de liberté** der Begriff [der] Freiheit ② (*conscience*) **la ~ de l'heure** [*o* **du temps**] das Zeitgefühl ③ *pl* (*connaissances*) Ahnung *f;* **avoir des ~s de qc** Ahnung von etw haben

notoire [nɔtwaʀ] *adj* offenkundig; *criminel, bêtise, inconduite* notorisch; **il est ~ que** es ist offenkundig, dass

notoirement [nɔtwaʀmɑ̃] *adv* (*manifestement*) offenkundig; (*incontestablement*) notorisch; *connu, reconnu* allgemein

notoriété [nɔtɔʀjete] *f* ① *d'une personne, œuvre* Bekanntheitsgrad *m* ② (*caractère connu*) Bekanntheit *f;* **être de ~ publique** allgemein bekannt sein

notre [nɔtʀ, no] <nos> *dét poss* ① unser *m o nt,* uns[e]re *f;* **comment va ~ petit malade?** *hum fam* wie geht es denn uns[e]rem kleinen Patienten?; *v. a.* **ma, mon** ② REL **Notre Père qui êtes aux cieux** Vater unser[, der du bist] im Himmel

nôtre [notʀ] *pron poss* ① **le/la ~** der/die/das Uns[e]re, uns[e]re(r, s); **les ~s** die Uns[e]ren, uns[e]re ② *pl* (*ceux de notre famille*) **les ~s** unsere Angehörigen; (*nos partisans*) uns[e]re Anhänger; **il est des ~s** er gehört zu uns, er ist einer von uns ▶ **à la [bonne] ~!** *fam* auf unser Wohl!

Notre-Dame [nɔtʀədam] *f inv* ECCL Unsere Liebe Frau (*in Kirchen- und Ordensnamen verwendete Bezeichnung für die Muttergottes*)

nouba [nuba] *f fam* Sause *f;* **faire la ~ toute la nuit** die ganze Nacht durchfeiern

nouer [nwe] <1> **I.** *vt* ① (*faire un nœud avec*) binden; zubinden *garrot, ceinture* ② (*entourer d'un lien*) zusammenbinden; verschnüren *paquet;* binden *bouquet* ③ (*établir*) schließen *alliance, amitié;* knüpfen *contact, relation* ④ (*paralyser*) **l'émotion/les sanglots lui a/ont noué la gorge** ihre/seine Kehle war vor Rührung/vor lauter Weinen wie zugeschnürt; **l'angoisse lui a noué l'estomac** vor Angst krampfte sich ihm/ihr der Magen zusammen **II.** *vpr* ① (*se serrer*) **sa gorge se noua en voyant cela** bei diesem Anblick schnürte sich ihm/ihr die Kehle zu ② (*s'attacher*) **se ~ autour du cou** um den Hals gebunden werden; (*accidentellement*) sich um den Hals wickeln ③ LITTER, THEAT **l'intrigue se noue** der Knoten [der Handlung] schürzt sich (*fig geh*)

nougat [nuga] *m* türkischer Honig

nougatine [nugatin] *f* Krokant *m*

nouille [nuj] **I.** *f* ① GASTR Nudel *f* ② *fam* (*ballot*) Depp *m;* (*empoté*) Tranfunzel *f* **II.** *adj* ① *fam* (*empoté*) tapsig ② *fam* (*tarte*) blöd

nounou [nunu] *f enfantin* (*nourrice*) Tagesmutter *f;* (*garde d'enfant*) Kindermädchen *nt*

nounours [nunuʀs] *m enfantin* Teddy[bär] *m*

nourri(e) [nuʀi] **I.** *part passé de* **nourrir** **II.** *adj* heftig; *conversation* lebhaft; *tir* schwer

nourrice [nuʀis] *f* ① (*gardienne*) Tagesmutter *f* ② (*bidon*) [Reserve]kanister *m*

nourricier, -ière [nuʀisje, -jɛʀ] *adj* (*adoptif*) Pflege-

nourrir [nuʀiʀ] <8> **I.** *vt* ① (*donner à manger à*) ernähren *personne;* füttern *animal;* **~ qn au biberon/à la cuillère** jdn mit der Flasche/mit dem Löffel füttern; **~ qn au sein** jdn stillen; **être bien/mal nourri** gut/schlecht genährt sein ② (*faire vivre*) ernähren ▶ **être nourri blanchi** sein Essen und seine Wäsche gewaschen bekommen; **être nourri et logé** freie Kost und Logis haben **II.** *vi* nahrhaft sein **III.** *vpr* (*s'alimenter*) **se ~ de qc** sich von etw ernähren; **bien se ~** auf seine Ernährung achten

nourrissant(e) [nuʀisɑ̃, ɑ̃t] *adj* nahrhaft

nourrisson [nuʀisɔ̃] *m* Säugling *m*

nourriture [nuʀityʀ] *f* (*produits*) Nahrung *f;* **~ pour animaux** Futter *nt* für Tiere

nous [nu] **I.** *pron pers* ① *sujet* wir; **~ sommes grands** wir sind groß; **vous avez fini, mais pas ~** ihr seid fertig, aber wir [noch] nicht; **~ autres** wir ② *complément d'objet direct et indirect* uns; **il ~ aime** er liebt uns; **il ~ demande le chemin** er fragt uns nach dem Weg; **il ~ laisse/fait conduire** [**la voiture**] er lässt uns [das Auto] fahren ③ *avec être, devenir, sembler, soutenu* **cela ~ semble bon** das erscheint uns gut; *v. a.* **me** ④ *avec les verbes pronominaux* **nous ~ nettoyons** [**les ongles**] wir machen uns [die Nägel] sauber ⑤ *fam* (*pour renforcer*) **~, ~ n'avons pas** [*o* **on n'a pas** *fam*] **ouvert la bouche** wir haben den Mund nicht aufgemacht; **c'est ~ qui l'avons dit** wir haben das gesagt; **il veut ~ aider, ~?** uns möchte er helfen? ⑥ (*avec un sens possessif*) **le cœur ~ battait fort** unsere Herzen schlugen heftig ⑦ *avec un présentatif* wir; **~ voici** [*o* **voilà**]**!** hier sind wir! ⑧ *avec une préposition* **avec/sans ~** mit/ohne uns; **à ~ deux** wir beide; **la maison est à ~** das Haus gehört uns; **c'est à ~ de décider** wir müssen entscheiden; **c'est à ~!** wir sind dran! ⑨ *dans une comparaison* wir; **vous êtes comme ~** ihr seid wie wir; **plus fort que ~** stärker als wir ⑩ (*je*) **~, Roi de France** Wir, König von Frankreich ⑪ *fam* (*signe d'intérêt*) **comment allons-~?** wie geht's uns denn? **II.** *m* Wir *nt;* **le ~ de majesté** der Pluralis majestatis

nous-mêmes [numɛm] *pron pers* ① (*nous en personne*) **~ n'en savions rien** wir [selbst] wussten nichts davon; **nous nous sentions ~ heureux** wir fühlten uns glücklich; **nous sommes venus de ~** wir sind von selbst gekommen ② (*nous aussi*) ebenfalls, auch

nouveau [nuvo] *m* **du ~** etwas Neues ▶ **à** [*o* **de**] **~** erneut

nouveau, nouvel, nouvelle [nuvo, nuvɛl] <x> **I.** *adj* ① (*récent*) neu; **rien de ~** nichts Neues ② *antéposé* (*répété*) neu; *effort* erneut; **une nouvelle fois** erneut ③ *antéposé* (*de fraîche date*) **les ~x venus** die Neuankömmlinge ▶ **tout beau, tout ~** *prov* alles Neue hat seinen Reiz; **c'est ~** [**ça**]! *fam* das ist ja ganz was Neues! **II.** *m, f* Neue(r) *f(m)*

nouveau-né(e) [nuvone] <nouveau-nés> **I.** *adj* neugeboren **II.** *m(f)* Neugeborene(s) *nt*

nouveauté [nuvote] *f* ① (*objet*) Neuheit *f; pl* MEDIA Neuerscheinungen *Pl* ② (*innovation*) Neuerung *f;* **c'est une ~** das ist etwas Neues

nouvel(le) [nuvɛl] *adj v.* **nouveau**

nouvelle [nuvɛl] *f* ① (*événement*) Neuigkeit *f;* (*information*) Nachricht *f;* **connaissez-vous la ~?** wissen Sie schon das Neueste? ② *pl* (*renseignements sur qn*) **avoir des ~s de qn** Nachrichten von jdm haben; **donner de ses ~s** etwas von sich hören lassen; **prendre des ~s de qn** sich nach jdm erkundigen ③ *pl* (*émission*) Nachrichten *Pl;* (*information*) Nachricht *f,* Meldung *f* ④ LITTER Novelle *f* ▶ **la Bonne Nouvelle** REL die Frohe Botschaft; **pas de ~s, bonnes ~s** *prov* keine Nachricht, gute Nachricht; **aux dernières ~** laut den letzten Nachrichten; **première ~!** das ist ja etwas ganz Neues!; **tu m'en diras/vous m'en direz des ~s** du wirst/Sie werden begeistert sein; **tu auras/il aura de mes ~s!** du bekommst/er bekommt es mit mir zu tun! (*fam*); *v. a.* **nouveau**

Nouvelle-Calédonie [nuvɛlkaledɔni] *f* **la ~** Neukaledonien *nt*

nouvellement [nuvɛlmɑ̃] *adv* neulich

Nouvelle-Zélande [nuvɛlzelɑ̃d] *f* **la ~** Neuseeland *nt*

nouvelliste [nuvelist] *mf* Novellist(in) *m(f)*

N

novateur, **-trice** [nɔvatœʀ, -tʀis] **I.** *adj* innovativ **II.** *m, f* Neuerer *m*/Neuerin *f*

novembre [nɔvɑ̃bʀ] *m* November *m; v. a.* **août**

novice [nɔvis] **I.** *adj* **être ~ dans qc** in etw (*dat*) unerfahren sein **II.** *mf* ❶ (*débutant*) Anfänger(in) *m(f)* ❷ REL Novize *m*/Novizin *f*

noyade [nwajad] *f* Ertrinken *nt; pl* Todesfälle *Pl* durch Ertrinken

noyau [nwajo] <x> *m* ❶ BOT Kern *m; d'une cerise, pêche, prune* Kern, Stein *m* ❷ PHYS [Atom]kern *m;* BIO Zellkern *m;* GEOL Kern *m* ❸ (*groupe humain*) Kern *m;* **~ de manifestants** kleine Gruppe von Demonstranten; **~ dur** harter Kern

noyauter [nwajote] <1> *vt* unterwandern

noyé(e) [nwaje] **I.** *adj* (*accidentellement*) ertrunken; (*volontairement*) ertränkt **II.** *m(f)* Ertrunkene(r) *f(m)*

noyer[1] [nwaje] *m* ❶ (*arbre*) Nussbaum *m* ❷ (*bois*) Nussbaum[holz *nt*] *m*

noyer[2] [nwaje] <6> **I.** *vt* ❶ (*tuer*) ertränken ❷ (*inonder*) überschwemmen; **~ qc sous l'eau** etw unter Wasser setzen ❸ (*oublier*) **~ son chagrin dans l'alcool** seinen Kummer in Alkohol (*dat*) ertränken ❹ GASTR verdünnen ❺ AUT absaufen lassen (*fam*) **II.** *vpr* (*mourir*) **se ~** (*accidentellement*) ertrinken; (*volontairement*) sich ertränken

NTE [ɛnteø] *fpl abr de* **nouvelles technologies éducatives** neue Lerntechnologien *Pl*

nu [ny] *m* ART Akt *m*

nu(e) [ny] *adj* ❶ (*sans vêtement*) nackt; **les pieds ~s** barfuß; **se mettre torse ~** den Oberkörper frei machen ❷ *fil électrique, lame* blank ▶ **mettre à ~** (*à découvert*) freilegen; (*découvrir*) aufdecken, enthüllen; **mettre son cœur à ~** sein Herz ausschütten

nuage [nɥaʒ] *m* ❶ (*nébulosité*) Wolke *f* ❷ (*amas*) **~ de fumée** Rauchwolke *f* ❸ (*très petite quantité*) **un ~ de lait** ein paar Tropfen Milch ▶ **être dans les ~s** über den Wolken schweben; **être** [*o* **marcher**] **sur un ~** im siebten Himmel sein; **ciel sans ~[s]** wolkenloser Himmel; **bonheur/amitié sans ~[s]** ungetrübtes Glück/ungetrübte Freundschaft

nuageux, **-euse** [nɥaʒø, -ʒøz] *adj* METEO Wolken-; *ciel* bewölkt; **le temps est ~** es ist bewölkt

nuance [nɥɑ̃s] *f* ❶ (*couleur: gamme*) [Farb]schattierung *f;* (*gradation*) Farbabstufung *f;* (*détail*) Feinheit *f* ❷ (*légère différence*) kleiner Unterschied; POL [politische] Schattierung; **à quelques ~s près** bis auf ein paar kleine Unterschiede

nuancé(e) [nɥɑ̃se] *adj* differenziert; *chant, style* nuanciert

nuancer [nɥɑ̃se] <2> *vt* differenzieren; MUS modifizieren; abtönen *couleur;* **~ son style** sich differenziert ausdrücken

nuancier [nɥɑ̃sje] *m* Farbmusterpalette *f*

nucléaire [nykleɛʀ] **I.** *adj* atomar; *guerre, industrie, puissance* Atom-; *arme, énergie, physique* Kern-, Atom- **II.** *m* Kernenergie *f,* Atomenergie *f*

nudisme [nydism] *m* Freikörperkultur *f,* FKK *f kein Art;* **pratiquer le ~** FKK machen

nudiste [nydist] **I.** *adj* FKK- **II.** *mf* Nudist(in) *m(f),* FKKler(in) *m(f)* (*fam*)

nudité [nydite] *f* ❶ (*absence de vêtement*) Nacktheit *f* ❷ (*dépouillement*) Kahlheit *f; d'une pièce, d'un style* Nüchternheit *f*

nue [ny] *f* ▶ **tomber des ~s** aus allen Wolken fallen

nuée [nɥe] *f* (*grand nombre*) Schwarm *m*

nuire [nɥiʀ] <*irr*> *vi* **~ à qn/qc** jdm/einer S. schaden

nuisance [nɥizɑ̃s] *f* Umweltbeeinträchtigung *f;* **~s sonores** Lärmbelästigung *f*

nuisant(e) [nɥizɑ̃, ɑ̃t] *adj bruit, odeur* gesundheitsschädlich, gesundheitsschädigend

nuisette [nɥizɛt] *f* Kurznachthemd *nt*

nuisible [nɥizibl] *adj* schädlich; *gaz* giftig; *influence, habitude* schlecht; **animaux/insectes ~s** Schädlinge *Pl;* **être ~ à qc** einer S. (*dat*) schaden

nuit [nɥi] *f* ❶ (*espace de temps*) Nacht *f;* **~ et jour** Tag und Nacht; **l'autre ~** neulich nacht[s]; **bonne ~!** gute Nacht!; **[dans] la ~** nachts, in der Nacht; **mardi, dans la ~** Dienstagnacht; **une ~** eines Nachts ❷ (*obscurité*) Nacht *f;* **la ~ tombe** die Nacht bricht herein; **il fait/commence à faire ~** es ist/wird dunkel; **il fait ~ noire** es ist stockfinster ❸ (*nuitée*) Übernachtung *f* ❹ (*temps d'activité*) **équipe de ~** Nachtschicht *f;* **médecin de ~** Bereitschaftsarzt *m;* **être de ~** Nachtdienst haben; **faire la ~** (*être de garde la nuit*) Nachtwache halten ▶ **la ~ porte conseil** *prov* guter Rat kommt über Nacht; **~ blanche** schlaflose Nacht; **~ de noces** Hochzeitsnacht *f;* **les Mille et Une Nuits** Tausendundeine Nacht; **faire sa ~** [die ganze Nacht] durchschlafen; **qn en rêve la ~**

N

(*obsession*) das verfolgt jdn im Schlaf; (*désir*) jd träumt davon

nuitamment [nɥitamɑ̃] *adv littér* des Nachts (*geh*)

nuitée [nɥite] *f* Übernachtung *f*

nul(le) [nyl] **I.** *adj* ❶ *discours, film, devoir* miserabel; **il est ~ en math** (*médiocre*) er ist in Mathematik (*dat*) nicht besonders; (*incompétent*) er ist in Mathematik (*dat*) eine Niete ❷ (*ennuyeux, raté*) **c'était ~, cette fête** die Party war ein Reinfall ❸ *fam* (*crétin*) **c'est ~/t'es ~ d'avoir fait qc** es war idiotisch/es war idiotisch von dir, dies zu tun ❹ SPORT torlos; (*égalité*) unentschieden; **match ~** Unentschieden *nt* ❺ *risque, différence* minimal; **être quasiment** [*o* **pratiquement**] **~** praktisch gleich Null sein ❻ MATH Null- ❼ JUR, POL *élection, testament* ungültig; **voter ~** einen ungültigen Stimmzettel abgeben **II.** *pron indéf* **~ ne** *soutenu* (*personne*) niemand; (*aucun*) keiner **III.** *m(f)* Niete *f*

nullard(e) [nylaʀ, aʀd] *fam m(f)* Niete *f*

nullement [nylmɑ̃] *adv* (*aucunement*) in keiner Weise; (*en aucun cas*) keinesfalls

nullissime [nylisim] *adj* (*très nul*) äußerst miserabel, grottenschlecht (*fam*)

nullité [nylite] *f* ❶ (*manque de valeur*) Nichtigkeit *f;* **être d'une parfaite ~** völlig belanglos sein ❷ (*incompétence*) Unfähigkeit *f* ❸ JUR Nichtigkeit *f,* Ungültigkeit *f*

nullos [nyloz] *fam m fam* [totale] Niete *f,* [totale] Null *f*

numéral [nymeʀal, -o] <-aux> *m* GRAM Zahlwort *nt*

numérique [nymeʀik] *adj* ❶ (*exprimé en nombre*) zahlenmäßig; **en données ~s** in Zahlen ausgedrückt ❷ INFORM, TELEC digital; **disque ~** CD-Platte *f;* **des données ~s** digitale Daten

numériquement [nymeʀikmɑ̃] *adv* zahlenmäßig

numérisation [nymeʀizasjɔ̃] *m* INFORM Digitalisierung *f*

numériser [nymeʀize] <1> *vt* INFORM digitalisieren; **numérisé** digitalisiert

numéro [nymeʀo] *m* ❶ *a.* PRESSE (*nombre, spectacle*) Nummer *f;* **le ~ de la rue** die Hausnummer; **le ~ gagnant** die Gewinnzahl; **le ~ de la page** die Seitenzahl; **~ de téléphone** Telefonnummer *f;* **~ vert** gebührenfreie Telefonnummer; **faire** [*o* **composer**] **un ~** eine Nummer wählen ❷ *fam* (*personne*) Unikum *nt;* **c'est un sacré/drôle de ~!** er/sie ist schon eine Nummer für sich/eine komische Nummer! ▶**faire son ~ à qn** *fam* vor jdm seine Nummer abziehen; **~ un** Haupt-; **souci/problème/ennemi ~ un** Hauptsorge *f*/-problem *nt*/-feind *m*

numérotation [nymeʀɔtasjɔ̃] *f* **~ à 10 chiffres** 10-stelliges Nummernsystem

numéroter [nymeʀɔte] <1> *vt* nummerieren

numerus clausus [nymeʀysklozys] *m inv* Numerus clausus *m*

numismate [nymismat] *mf* Münz[en]-sammler(in) *m(f),* Numismatiker(in) *m(f)*

numismatique [nymismatik] **I.** *adj* numismatisch **II.** *f* Numismatik *f*

nunuche [nynyʃ] *adj fam* albern

nu-pieds [nypje] **I.** *adj inv* barfuß **II.** *mpl* (*chaussures*) Sandalen *Pl*

nuptial(e) [nypsjal, -jo] <-aux> *adj* Hochzeits-; *anneau* Ehe-; *chambre, lit, messe* Braut-; **cérémonie ~e** Trauung *f;* **bénédiction ~e** Brautsegen *m*

nuque [nyk] *f* Nacken *m*

Nuremberg [nyʀɑ̃bɛʀ] Nürnberg *nt*

nurse [nœʀs] *f* Kindermädchen *nt*

nu-tête [nytɛt] *adj inv* ohne Kopfbedeckung

nutritif, -ive [nytʀitif, -iv] *adj* ❶ (*nourricier*) nahrhaft; **qualité** [*o* **valeur**] **nutritive** Nährwert *m;* **substance nutritive** Nährstoff *m* ❷ MED **besoins ~s** Nahrungsbedarf *m*

nutrition [nytʀisjɔ̃] *f* Ernährung *f*

nutritionnel(le) [nytʀisjɔnɛl] *adj* Ernährungs-; *troubles, maladie* ernährungsbedingt

nutritionniste [nytʀisjɔnist] *mf* Ernährungswissenschaftler(in) *m(f)*

nylon® [nilɔ̃] *m* Nylon® *nt*

nymphe [nɛ̃f] *f* ❶ MYTH Nymphe *f* ❷ ZOOL Puppe *f*

nymphéa [nɛ̃fea] *m* weiße Seerose

nymphette [nɛ̃fɛt] *f* flotte Biene (*sl*)

nympho [nɛ̃fo] *fam abr de* **nymphomane**

nymphomane [nɛ̃fɔman] **I.** *adj* nymphoman **II.** *f* Nymphomanin *f*

nymphomanie [nɛ̃fɔmani] *f* Nymphomanie *f*

N

O o

O, o [o] *m inv* O *nt,* o *nt*
O *abr de* **ouest**
O. *abr de* **ouest**
ô [o] *interj* oh
OAS, O.A.S. [oaɛs] *f abr de* **Organisation de l'armée secrète** *1961 bis 1963 Geheimorganisation der nationalistischen Algerienfranzosen*
oasis [ɔazis] *f* Oase *f*
obéir [ɔbeiʀ] <8> *vi* ❶ (*se soumettre*) **~ à qn** jdm gehorchen, jdm folgen; **~ à une loi/un ordre** ein Gesetz/einen Befehl befolgen; **se faire ~ de qn** sich bei jdm durchsetzen; **elle est obéie** man gehorcht ihr ❷ (*céder à*) **~ à sa conscience/son instinct** seinem Gewissen/Instinkt folgen
obéissance [ɔbeisɑ̃s] *f* **~ à qn/qc** Gehorsam *m* jdm/einer S. gegenüber; **l'~ aux lois** die Befolgung der Gesetze
obéissant(e) [ɔbeisɑ̃, ɑ̃t] *adj* gehorsam
obélisque [ɔbelisk] *m* Obelisk *m*
obèse [ɔbɛz] **I.** *adj* fettleibig **II.** *mf* Fettleibige(r) *f(m)*
obésité [ɔbezite] *f* Fettleibigkeit *f*
objecter [ɔbʒɛkte] <1> *vt* einwenden; **~ qc à qn** jdm etw entgegenhalten; **avoir quelque chose/ne rien avoir à ~ à qc** etwas/nichts gegen etw einzuwenden haben
objecteur [ɔbʒɛktœʀ] *m* **~ de conscience** Wehrdienstverweigerer *m*
objectif [ɔbʒɛktif] *m* ❶ (*but*) Ziel *nt* ❷ OPT, PHYS, PHOT Objektiv *nt*
objectif, -ive [ɔbʒɛktif, -iv] *adj personne, position* neutral; *article, jugement, récit* objektiv
objection [ɔbʒɛksjɔ̃] *f* Einwand *m;* **~!** Einspruch!; **faire une ~** einen Einwand vorbringen; **soulever une ~** Einspruch erheben; **si vous n'y voyez pas d'~** wenn Sie keine weiteren Einwände haben; **~ de conscience** Wehrdienstverweigerung *f*
objectivement [ɔbʒɛktivmɑ̃] *adv* objektiv
objectivité [ɔbʒɛktivite] *f* Objektivität *f;* **en toute ~** objektiv [gesehen]
objet [ɔbʒɛ] *m* ❶ (*chose*) Gegenstand *m;* **~ d'art** Kunstobjekt *nt;* **~ de curiosité/de convoitise** Objekt *nt* der Neugierde/Begierde; **les gros ~s** [der] Sperrmüll ❷ (*but*) Zweck *m;* **avoir qc pour ~** etw zum Ziel haben; (*intention*) etw beabsichtigen ❸ GRAM, LING Objekt *nt* ►**~s trouvés** Fundbüro *nt*

obligation [ɔbligasjɔ̃] *f* ❶ (*nécessité*) Verpflichtung *f;* **~ de faire qc** Pflicht *f,* etw zu tun; **être dans l'~ de faire qc** gezwungen sein, etw zu tun ❷ *pl* (*devoirs*) Verpflichtungen *Pl;* (*devoirs civiques, scolaires*) Pflichten *Pl;* **~s de citoyen/de père de famille** Bürgerpflichten/Verpflichtungen als Familienvater; **les ~s militaires** die Wehrpflicht ❸ FIN Obligation *f* ❹ JUR Pflicht *f;* **~ alimentaire** Unterhaltspflicht ►**sans ~ de la part de qn** unverbindlich für jdn; **sans ~ d'achat** ohne Kaufverpflichtung
obligatoire [ɔbligatwaʀ] *adj* ❶ (*exigé*) obligatorisch; **présence ~** Anwesenheitspflicht *f;* **rendre qc ~** etw zur Pflicht machen ❷ *fam* (*inévitable*) unvermeidlich
obligatoirement [ɔbligatwaʀmɑ̃] *adv* ❶ (*nécessairement*) unbedingt; **devoir ~ faire qc** verpflichtet sein, etw zu tun; **il faut ~ qc** es ist Vorschrift, etw zu haben ❷ *fam* (*forcément*) automatisch; **ça devait ~ arriver!** das musste ja so kommen!
obligé(e) [ɔbliʒe] *adj* ❶ (*nécessaire*) zwangsläufig; (*inévitable*) unvermeidlich ❷ (*reconnaissant*) **être ~ à qn de qc** jdm für etw dankbar sein
obligeamment [ɔbliʒamɑ̃] *adv* liebenswürdigerweise; (*avec obligeance*) liebenswürdig, entgegenkommend
obligeance [ɔbliʒɑ̃s] *f* (*prévenance*) Zuvorkommenheit *f;* (*serviabilité*) Hilfsbereitschaft *f;* **avoir l'~ de faire qc** so freundlich sein, etw zu tun
obligeant(e) [ɔbliʒɑ̃, ʒɑ̃t] *adj* ❶ (*complaisant*) freundlich; *personne* zuvorkommend ❷ (*serviable*) hilfsbereit
obliger [ɔbliʒe] <2a> **I.** *vt* ❶ (*forcer*) zwingen; **~ qn à faire qc** jdn zwingen, etw zu tun; **on était bien obligés!** es blieb uns [ja] nichts anderes übrig! ❷ (*contraindre moralement*) verpflichten ❸ (*rendre service à*) **~ qn** jdm einen Gefallen tun **II.** *vpr* (*s'engager*) **s'~ à faire qc** sich verpflichten, etw zu tun
oblique [ɔblik] *adj* ❶ (*de biais*) schräg; *chemin* Quer- ❷ MATH *droite, ligne* schräg
obliquer [ɔblike] <1> *vi* abbiegen; *route:* einen Bogen machen
oblitération [ɔbliteʀasjɔ̃] *f* ❶ POST [Ab]stempeln *nt* ❷ MED Verschluss *m*

O

oblitérer [ɔbliteʀe] <5> *vt* POST [ab]stempeln
oblong, -ongue [ɔblɔ̃, -ɔ̃g] *adj* länglich
obnubiler [ɔbnybile] <1> *vt* (*obséder*) verfolgen; **être obnubilé par qc** von etw besessen sein
obole [ɔbɔl] *f* Obolus *m;* **verser son ~** sein Scherflein beitragen
obscène [ɔpsɛn] *adj* obszön
obscénité [ɔpsenite] *f* Obszönität *f*
obscur(e) [ɔpskyʀ] *adj* ❶ (*sombre*) dunkel ❷ (*incompréhensible*) undurchsichtig ❸ (*inconnu*) unbekannt
obscurantisme [ɔpskyʀɑ̃tism] *m* Obskurantismus *m*
obscurcir [ɔpskyʀsiʀ] <8> **I.** *vt* (*assombrir*) verdunkeln; **être obscurci** sich verdunkelt haben **II.** *vpr* **s'~** ❶ (*devenir obscur*) *ciel:* sich verdunkeln; **le jour s'obscurcit** es wird dunkel; **le temps s'obscurcit** es zieht sich zu ❷ (*se brouiller*) **ma vue s'obscurcit** meine Augen trüben sich
obscurcissement [ɔpskyʀsismɑ̃] *m du ciel* Verdunkelung *f;* (*action*) Verdunkeln *nt; de la vue* Trübung *f*
obscurément [ɔpskyʀemɑ̃] *adv* ❶ (*vaguement*) undeutlich; *deviner, sentir* dunkel ❷ (*de façon peu claire*) unklar
obscurité [ɔpskyʀite] *f* ❶ (*absence de lumière*) Dunkel[heit *f*] *nt* ❷ *d'une affaire* Undurchsichtigkeit *f* ❸ (*anonymat*) **vivre dans/sortir de l'~** ein Schattendasein führen/aus seinem Schattendasein heraustreten
obsédant(e) [ɔpsedɑ̃, ɑ̃t] *adj* einen verfolgend, einen nicht loslassend; *voix* eindringlich; **idée ~e** Zwangsvorstellung *f,* fixe Idee; **musique ~e** Ohrwurm *m*
obsédé(e) [ɔpsede] *m(f)* ❶ (*par le sexe*) Sexbesessene(r) *f(m)* ❷ (*fanatique*) Fanatiker(in) *m(f)*
obséder [ɔpsede] <5> *vt* **~ qn** jdn verfolgen; *idée:* jdn beherrschen; *souci, remords:* jdm keine Ruhe lassen; **être obsédé par qc** von etw besessen sein
obsèques [ɔpsɛk] *fpl* Bestattung *f,* Abdankung *f* (CH); **~ nationales** Staatsbegräbnis *nt*
obséquieux, -euse [ɔpsekjø, -jøz] *adj* unterwürfig
observable [ɔpsɛʀvabl] *adj* **être ~** zu beobachten sein
observateur, -trice [ɔpsɛʀvatœʀ, -tʀis] **I.** *adj personne* aufmerksam; *regard, esprit* wach **II.** *m, f* Beobachter(in) *m(f)*
observation [ɔpsɛʀvasjɔ̃] *f* ❶ (*surveillance*) Beobachtung *f* ❷ (*constatation*) Beobachtung *f;* **esprit d'~** Beobachtungsgabe *f* ❸ (*remarque*) Bemerkung *f;* (*reproche*) Tadel *m;* **faire des ~s à qn sur qc**

O

objecter/contredire

objecter	einwenden
Oui, mais ...	*Ja, aber ...*
Tu as oublié que ...	*Du hast vergessen, dass ...*
Là, tu te trompes complètement.	*Das siehst du aber völlig falsch.*
Vous avez raison, mais pensez aussi que/à ...	*Sie haben schon Recht, aber bedenken Sie doch auch ...*
C'est bien beau, tout ça, mais ...	*Das ist ja alles schön und gut, aber ...*
J'ai quelques objections à faire à ce sujet.	*Ich habe dagegen einiges einzuwenden.*
Vous avez/Tu as été chercher ça loin. (*fam*)	*Das ist aber weit hergeholt.*

contredire	widersprechen
C'est pas vrai du tout. (*fam*)	*Das stimmt (doch) gar nicht. (fam)*
Allons donc !/C'est absurde !/C'est des conneries ! (*fam*)	*Ach was!/Unsinn!/Blödsinn!/Quatsch! (fam)*
Je ne vois pas ça comme ça.	*Das sehe ich anders.*
Non, je ne trouve pas.	*Nein, das finde ich nicht.*
Là, je suis obligé(e) de vous contredire.	*Da muss ich Ihnen widersprechen.*
Cela ne correspond pas à la réalité.	*Das entspricht nicht den Tatsachen.*
On ne peut pas voir les choses ainsi.	*So kann man das nicht sehen.*
Il ne peut pas en être question.	*Davon kann gar nicht die Rede sein.*

jdn auf etw (*akk*) ansprechen ④ MED **être en ~ quelque part** irgendwo zur Beobachtung sein; **mettre qn en ~** jdn unter Beobachtung stellen

observatoire [ɔpsɛʀvatwaʀ] *m* ① GEOL Observatorium *nt;* ASTRON Sternwarte *f;* METEO Wetterwarte *f* ② MIL Beobachtungsposten *m* ③ ECON Wirtschaftsforschungsinstitut *nt*

observer [ɔpsɛʀve] <1> **I.** *vt* ① (*regarder attentivement*) beobachten; **~ qn faire qc** beobachten, wie jd etw tut ② (*surveiller*) beobachten ③ (*remarquer*) bemerken; **faire ~ qc à qn** jdn auf etw (*akk*) hinweisen ④ (*respecter*) beachten *coutume;* einnehmen *attitude;* wahren *discrétion;* einhalten *jeûne;* **~ une règle** sich an eine Regel halten; **~ une minute de silence à la mémoire de qn/qc** eine Gedenkminute für jdn/etw einlegen **II.** *vi* beobachten **III.** *vpr* **s'~** ① (*se surveiller*) sich zusammennehmen ② (*s'épier*) sich beobachten

obsession [ɔpsesjɔ̃] *f* Besessenheit *f;* MED Zwangsvorstellung *f*

obsessionnel(le) [ɔpsesjɔnɛl] *adj* zwanghaft; *idée* Zwangs-

obsolète [ɔpsɔlɛt] *adj* veraltet; *structure, débat* überholt

obstacle [ɔpstakl] *m a.* SPORT Hindernis *nt;* **faire ~ à qn/qc** sich jdm/einer S. in den Weg stellen; **constituer un ~ à qc** etw behindern

O

obstétricien(ne) [ɔpstetʀisjɛ̃, jɛn] *m(f)* Geburtshelfer(in) *m(f)*

obstétrique [ɔpstetʀik] **I.** *adj* Entbindungs- **II.** *f* Geburtshilfe *f*

obstination [ɔpstinasjɔ̃] *f* ① (*entêtement*) Eigensinn *m* ② (*persévérance*) Hartnäckigkeit *f;* **~ dans le travail** Ausdauer *f* bei der Arbeit

obstiné(e) [ɔpstine] **I.** *adj* ① (*entêté*) stur, eigensinnig ② (*persévérant*) hartnäckig ③ (*incessant*) hartnäckig **II.** *m(f)* Dickkopf *m*

obstinément [ɔpstinemɑ̃] *adv* (*avec entêtement*) stur, eigensinnig; (*avec persévérance*) hartnäckig

obstiner [ɔpstine] <1> *vpr* **s'~** stur bleiben; **s'~ dans qc** auf etw (*dat*) beharren; **s'~ sur un détail/un problème** sich an einem Detail/Problem festbeißen

obstruction [ɔpstʀyksjɔ̃] *f* ① **faire de l'~** sich sperren ② MED Verschluss *m* ③ SPORT Behinderung *f*

obstruer [ɔpstʀye] <1> **I.** *vt* blockieren; versperren *vue;* verschließen *artère, vaisseau* **II.** *vpr* **s'~** verstopfen

obtempérer [ɔptɑ̃peʀe] <5> *vi* gehorchen; **refus d'~** Nichtbefolgung *f* einer Anordnung

obtenir [ɔptəniʀ] <9> *vt* ① (*recevoir*) erhalten; erzielen *avantage;* **~ de qn qu'il fasse qc** bei jdm erreichen, dass er etw tut ② (*parvenir à*) erzielen; bestehen *examen;* erhalten *majorité, total*

obtention [ɔptɑ̃sjɔ̃] *f d'un résultat* Erreichen *nt,* Erzielen *nt; d'un examen* Bestehen *nt; d'une pièce administrative* Erhalten *nt*

obturation [ɔptyʀasjɔ̃] *f* Verschluss *m*

obturer [ɔptyʀe] <1> *vt* abdichten; füllen *dent*

obtus(e) [ɔpty, yz] *adj* ① (*borné*) beschränkt ② MATH *angle* stumpf

obus [ɔby] *m* Granate *f*

oc [ɔk] *m* ① HIST, LING (*ensemble de dialectes du midi de la France*) **langue d'~** Langue d'Oc *f* ② LING **langue d'~** Okzitanisch *nt*

occase [ɔkɑz] *f fam abr de* **occasion** Schnäppchen *nt;* **voiture d'~** Gebrauchtwagen *m*

occasion [ɔkazjɔ̃] *f* ① (*circonstance* [*favorable*]) Gelegenheit *f;* **c'est l'~ ou jamais** jetzt oder nie; **à la première ~** bei der nächsten Gelegenheit ② (*offre avantageuse*) günstige Gelegenheit; **voiture d'~** Gebrauchtwagen *m;* **le marché de l'~** der Gebrauchtwarenhandel ③ (*cause*) **être l'~ de qc** die Gelegenheit zu etw sein ▶ **les grandes ~s** die besonderen Anlässe; **à l'~** bei Gelegenheit, gelegentlich; **à l'~ de qc** anlässlich einer S. (*gen*)

occasionnel(le) [ɔkazjɔnɛl] *adj* gelegentlich; *travail* Gelegenheits-

occasionnellement [ɔkazjɔnɛlmɑ̃] *adv* gelegentlich

occasionner [ɔkazjɔne] <1> *vt* verursachen

occident [ɔksidɑ̃] *m* ① POL **l'Occident** der Westen ② (*opp: orient*) Abendland *nt*

occidental(e) [ɔksidɑ̃tal, -o] <-aux> *adj* ① GEOG, POL westlich; *côte, puissances* West-; **les experts occidentaux** die Experten aus der westlichen Welt ② (*opp: oriental*) abendländisch

Occidental(e) [ɔksidɑ̃tal, -o] <-aux> *m(f)* ① (*opp: Oriental*) Abendländer(in) *m(f);* **les Occidentaux** die abendländischen Völker ② POL Westeuropäer(in) *m(f);* **les Occidentaux** die westlichen Länder

occidentaliser [ɔksidɑ̃talize] <1> **I.** *vt* **~ qn/qc** jdn in die westliche Kultur eingliedern/etw der westlichen Kultur anpassen, jdn/etw verwestlichen **II.** *vpr* **s'~** sich der westlichen Kultur anpassen

occire [ɔksiʀ] <*irr*> *vt hum* **~ qn** jdm den Garaus machen

occitan [ɔksitɑ̃] *m* Okzitanisch *nt; v. a.* **allemand**

occlusion [ɔklyzjɔ̃] *f* MED, PHON Verschluss *m;* **~ intestinale** Darmverschluss

occulte [ɔkylt] *adj* ① (*ésotérique*) okkult ② (*secret*) verborgen

occulter [ɔkylte] <1> *vt* (*dissimuler*) geheim halten *difficulté, problème;* verstellen *vision*

occupant(e) [ɔkypɑ̃, ɑ̃t] **I.** *adj* MIL Besatzungs- **II.** *m(f)* ① MIL **l'~** die Besatzung[smacht]; **les ~s** die Besatzungssoldaten ② *d'une chambre* Bewohner(in) *m(f); d'une voiture* Insasse *m*/Insassin *f; des lieux* Besitznehmer(in) *m(f)*

occupation [ɔkypasjɔ̃] *f* ① (*activité*) Beschäftigung *f* ② (*métier*) Beschäftigung *f* ③ MIL, HIST Besetzung *f;* **l'armée d'~** die Besatzungsarmee; **l'Occupation** die deutsche Besatzung (*1940–1944*)

occupé(e) [ɔkype] *adj* ① *personne* beschäftigt; *place, toilettes, ligne téléphonique* besetzt; *chambre d'hôtel* belegt; **être ~ à qc** mit etw beschäftigt sein ② MIL, POL *pays, usine* besetzt

occuper [ɔkype] <1> **I.** *vt* ① (*remplir*) einnehmen *place;* in Anspruch nehmen *temps, loisirs;* **~ ses loisirs à faire qc** seine Freizeit dafür verwenden etw zu tun ② (*habiter*) wohnen in (+ *dat*); bewohnen *appartement* ③ (*exercer*) [inne]haben *emploi, poste;* ausüben *fonction* ④ (*employer*) **~ qn à qc** jdn mit etw beschäftigen ⑤ MIL, POL besetzen *pays, usine* **II.** *vpr* ① (*s'employer*) **s'~ de littérature/politique** sich mit Literatur/Politik beschäftigen ② (*prendre en charge*) **s'~ de qn** sich um jdn kümmern; **occupe-toi de tes affaires!** kümmere dich um deine eigenen Angelegenheiten! ▶ **t'occupe [pas]!** *fam* halt dich da [bloß] raus!

occurrence [ɔkyʀɑ̃s] *f* ▶ **en l'~** im vorliegenden Fall

OCDE [osedeø] *f abr de* **Organisation de coopération et de développement économique** OECD *f*

océan [ɔseɑ̃] *m* Ozean *m,* Weltmeer *nt;* **l'~ Atlantique/Indien/Pacifique** der Atlantische/Indische/Pazifische Ozean; **l'~ Arctique** das Nördliche Eismeer

océanique [ɔseanik] *adj* ozeanisch

océanographe [ɔseanɔgʀaf] *mf* Meeresforscher(in) *m(f)*

océanographie [ɔseanɔgʀafi] *f* Meeresforschung *f*

océanographique [ɔseanɔgʀafik] *adj* meereskundlich

océanologie [ɔseanɔlɔʒi] *f* Meeresforschung *f*

océanologue [ɔseanɔlɔg] *mf* Meeresforscher(in) *m(f)*

ocre [ɔkʀ] **I.** *f* (*colorant*) Ocker *m o nt* **II.** *adj inv* ocker[gelb]

octane [ɔktan] *m* Oktan *nt*

octante [ɔktɑ̃t] *num* BELG, CH (*quatre-vingts*) achtzig; *v. a.* **cinq, cinquante**

octave [ɔktav] *f* Oktave *f;* **faire des ~s** Oktaven spielen

octet [ɔktɛ] *m* Byte *nt*

octobre [ɔktɔbʀ] *m* Oktober *m;* **la révolution d'~ en Russie** HIST die Russische Oktoberrevolution; *v. a.* **août**

octogénaire [ɔktɔʒenɛʀ] **I.** *adj* achtzigjährig **II.** *mf* **les ~s** die alten Leute

octogonal(e) [ɔktɔgɔnal, -o] <-aux> *adj* achteckig

octogone [ɔktogon, ɔktɔgɔn] *m* Achteck *nt*

octosyllabe [ɔktosil(l)ab] **I.** *adj* LING achtsilbig **II.** *m* Achtsilb[n]er *m*

octroi [ɔktʀwa] *m* **l'~ de qc** die Bewilligung einer S. (*gen*)

octroyer [ɔktʀwaje] <6> **I.** *vt* **~ un délai/un répit/une somme d'argent à qn** jdm einen Aufschub/eine Geldsumme bewilligen; **~ une faveur à qn** jdm eine Gunst gewähren **II.** *vpr* **s'~ qc** sich etw (*akk*) gönnen

oculaire [ɔkylɛʀ] *adj* ① ANAT Seh-; *globe* Aug- ② *témoin* Augen-

oculiste [ɔkylist] *mf* Augenarzt *m*/-ärztin *f*

ode [ɔd] *f* Ode *f*

odeur [ɔdœʀ] *f* Geruch *m;* **sans ~** geruchlos; **je sens une ~ de brûlé** hier riecht es verbrannt

odieusement [ɔdjøzmɑ̃] *adv* schändlich

odieux, -euse [ɔdjø, -jøz] *adj* ① (*ignoble*) schändlich; *personne* niederträchtig; *caractère* widerlich ② (*insupportable*) unausstehlich

odorant(e) [ɔdɔʀɑ̃, ɑ̃t] *adj* wohlriechend

odorat [ɔdɔʀa] *m* Geruchssinn *m,* Geruch *m*

odyssée [ɔdise] *f* Odyssee *f;* **l'Odyssée** die Odyssee

œcuménique [ekymenik] *adj* REL ökumenisch

œcuménisme [ekymenism] *m* ökumenische Bewegung

œdème [ødɛm, edɛm] *m* MED Ödem *nt*

O

Œdipe [edip, ødip] *m* 1 MYTH Ödipus *m* 2 PSYCH **le complexe d'~** der Ödipuskomplex

œil [œj, jø] <yeux> *m* 1 ANAT Auge *nt;* **lever/baisser les yeux** den Blick heben/senken; **se maquiller les yeux** sich die Lider schminken 2 (*regard*) Blick *m;* **il la cherche/suit des yeux** sein Blick sucht sie/folgt ihr 3 (*regard averti*) Auge *nt;* **avoir l'~ à tout** alles im Auge behalten 4 (*regard rapide*) **jeter un coup d'~ au journal/à l'heure** einen kurzen Blick in die Zeitung/auf die Uhr werfen; **au premier coup d'~** auf den ersten Blick 5 (*vision, vue*) Blick *m;* **regarder qn d'un ~ envieux/méchant** jdn neidisch/böse ansehen 6 (*jugement*) **d'un ~ critique** mit kritischem Blick; **ne plus voir les choses du même ~** die Dinge jetzt anders sehen 7 (*judas*) Spion *m* ▶**avoir un ~ au beurre noir** ein blaues Auge haben; **loin des yeux, loin du cœur** *prov* aus den Augen, aus dem Sinn; **ne pas avoir les yeux dans sa poche** sich nichts entgehen lassen; **coûter les yeux de la tête** ein Vermögen kosten; **qn a les yeux plus grands que le ventre** *fam* bei jdm sind die Augen größer als der Magen; **pour les beaux yeux de qn** *fam* um jds schöner Augen willen; **ne pas avoir froid aux yeux** keine Angst haben; **à l'~ nu** mit bloßem Auge; **avoir qn à l'~** *fam* jdn im Griff haben; **cela crève les yeux** *fam* etw ist nicht zu übersehen; **ne dormir que d'un ~** einen leichten Schlaf haben; **faire de l'~ à qn** *fam* jdm schöne Augen machen; **fermer les yeux sur qc** bei etw beide Augen zudrücken; **ouvrir l'~** aufpassen; **ouvrir les yeux à qn sur qc** jdm die Augen über etw (*akk*) öffnen; **se rincer l'~** *fam* allerhand zu sehen bekommen; **cela saute aux yeux** das sieht man auf den ersten Blick; **taper dans l'~ de qn** *fam* es jdm angetan haben; **tourner de l'~** *fam* umkippen; **à l'~** *fam* umsonst; **aux yeux de qn** in jds Augen (*dat*); **sous l'~ de qn** unter jds Aufsicht; **mon ~!** *fam* wer's glaubt wird selig!

œil-de-bœuf [œjdəbœf] <œils-de-bœuf> *m* Ochsenauge *nt* **œil-de-perdrix** [œjdəpɛʀdʀi] <œils-de-perdrix> *m* Hühnerauge *nt*

œillade [œjad] *f* 1 (*clin d'œil de connivence*) [verstohlener] Blick 2 (*clin d'œil amoureux*) Augenzwinkern *nt;* **jeter des ~s à qn** jdm schöne Augen machen

œillère [œjɛʀ] *f* Scheuklappe *f* ▶**avoir des ~s** Scheuklappen haben

œillet[1] [œjɛ] *m* BOT Nelke *f;* **~ d'Inde** Studentenblume *f*

œillet[2] [œjɛ] *m* 1 *d'une chaussure* Schnürloch *nt* 2 (*renfort métallique*) Öse *f* 3 (*rondelle*) Lochverstärkungsring *m*

œnologie [enɔlɔʒi] *f* Lehre *f* vom Wein[bau]

œnologique [enɔlɔʒik] *adj* önologisch (*Fachspr.*)

œnologue [enɔlɔg] *mf* Weinbauspezialist(in) *m(f)*

œsophage [ezɔfaʒ] *m* Speiseröhre *f*

œstrogène [ɛstʀɔʒɛn] **I.** *m* Östrogen *nt* **II.** *adj* **les hormones ~s** die Östrogene

œuf [œf, ø] *m* 1 ZOOL, GASTR Ei *nt;* **~s de poisson** Rogen *m;* **~s brouillés** Rühreier, Eierspeise *f* (A); **~ à la coque** gekochtes Ei; **~ à la neige** Eischnee *m;* **~ sur le** [*o* **au**] **plat** Spiegelei *nt* 2 (*qui a la forme d'un œuf*) **~ à repriser** Stopfei *nt;* **~ de Pâques** Osterei ▶**mettre tous ses ~s dans le même panier** alles auf eine Karte setzen; **être plein comme un ~** *salle:* zum Bersten voll sein; *personne:* bis oben hin voll sein; **va te faire cuire un ~!** *fam* rutsch mir doch den Buckel runter!; **dans l'~** im Ansatz; **quel ~!** *fam* so ein Schwachkopf!

œuvre [œvʀ] **I.** *f* 1 ART, LITTER, TECH Werk *nt;* **~ d'art** Kunstwerk *nt;* **les ~s complètes d'un auteur** das Gesamtwerk eines Autors 2 *de l'érosion, du temps* Werk *nt* 3 *pl* (*actes*) Taten *Pl* 4 (*organisation caritative*) **~ de bienfaisance** Wohltätigkeitsverein *m;* **les bonnes ~s** die wohltätigen Werke ▶**être à l'~** am Werk sein; **mettre en ~** in Bewegung setzen; **se mettre à l'~** sich an die Arbeit machen **II.** *m* ▶**être à pied d'~** an Ort und Stelle sein; **le gros ~** Rohbau *m*

œuvrer [œvʀe] <1> *vi littér* **~ pour qc** sich um etw bemühen

off [ɔf] *adj inv* 1 CINE, TV *personne, voix* im Off 2 (*en marge*) *festival* alternativ

offensant(e) [ɔfɑ̃sɑ̃, ɑ̃t] *adj* beleidigend

offense [ɔfɑ̃s] *f* (*affront*) Beleidigung *f;* **faire une ~ à qn** jdn beleidigen

offensé(e) [ɔfɑ̃se] **I.** *adj* beleidigt **II.** *m(f)* Beleidigte(r) *f(m)*

offenser [ɔfɑ̃se] <1> **I.** *vt* (*outrager*) beleidigen **II.** *vpr* (*se vexer*) **s'~ de qc** sich durch etw gekränkt fühlen

offenseur [ɔfɑ̃sœʀ] *m* Beleidiger *m*

offensif, -ive [ɔfɑ̃sif, -iv] *adj* (*opp: défensif*) offensiv; *armes, guerre* Offensiv-; *armée* angreifend

offensive [ɔfɑ̃siv] *f* 1 (*attaque*) Offensi-

O

ve *f;* **prendre l'~** die Offensive ergreifen; **passer à l'~** zum Angriff übergehen ❷ *fig* Offensive *f;* **lancer** [*o* **mener**] **une ~ contre qn/qc** eine Offensive gegen jdn/etw starten

office [ɔfis] *m* ❶ (*agence, bureau*) Amt *nt;* **~ du tourisme** Fremdenverkehrsamt; **~ franco-allemand pour la jeunesse** Deutsch-Französisches Jugendwerk; **Office de la prévoyance** CH Fürsorgeamt (CH) ❷ REL Gottesdienst *m* ❸ (*fonction, charge*) Amt *nt* ❹ (*pièce*) Bedienstetenraum *m* ▶ **les bons ~s de qn** jds Hilfe *f;* **faire ~ de qc** *personne:* fungieren als etw; *chose:* als etw dienen; **d'~** (*par voie d'autorité*) von Amts wegen; (*en vertu d'un règlement*) automatisch; (*sans demander*) einfach so

officialisation [ɔfisjalizasjɔ̃] *f* offizielle Bestätigung

officialiser [ɔfisjalize] <1> *vt* offiziell bestätigen

officiant [ɔfisjɑ̃] **I.** *m* Zelebrant *m* **II.** *adj* zelebrierend

officiel(le) [ɔfisjɛl] **I.** *adj* offiziell, amtlich; *langue, sceau* Amts-; *cachet, voiture* Dienst-; *visite* Staats-; **de source ~le** von amtlicher Seite **II.** *m(f)* Person *f* des öffentlichen Lebens

officiellement [ɔfisjɛlmɑ̃] *adv* offiziell

officier[1] [ɔfisje] *m* ❶ ADMIN, JUR Beamte(r) *m*/Beamtin *f;* **~ d'état civil** Standesbeamte(r)/-beamtin ❷ MIL Offizier(in) *m(f)* ❸ (*titulaire d'une distinction*) **~ de la Légion d'honneur** Offizier *m* der Ehrenlegion; **~ de l'ordre du mérite** Verdienstordensträger *m*

officier[2] [ɔfisje] <1a> *vi* ❶ REL Gottesdienst halten ❷ *fig* Zelebrierungen veranstalten

officieusement [ɔfisjøzmɑ̃] *adv* halbamtlich

officieux, -euse [ɔfisjø, -jøz] *adj* halbamtlich

officinal(e) [ɔfisinal, -o] <-aux> *adj herbe, plante* Heil-

officine [ɔfisin] *f* PHARM Labor *nt*

offrande [ɔfʀɑ̃d] *f* REL Opfer[gabe *f*] *nt*

offrant [ɔfʀɑ̃] *m* **le plus ~** der/die Meistbietende

offre [ɔfʀ] *f* ❶ (*proposition*) Angebot *nt;* **~ de paix/d'emplois** Friedensangebot/Stellenangebot ❷ (*aux enchères*) Gebot *nt*

offrir [ɔfʀiʀ] <11> **I.** *vt* ❶ (*faire un cadeau*) **~ qc à qn** jdm etw schenken ❷ (*proposer*) **~ le bras à qn** jdm seinen Arm reichen; **~ à qn de faire qc** jdm anbieten etw zu tun; **je vous offre 100 euros pour le vase** ich biete Ihnen 100 Euro für die Vase; **il nous a offert le déjeuner** er hat uns zum Mittagessen eingeladen ❸ (*comporter*) bieten *avantages, inconvénients;* beinhalten *difficulté* **II.** *vpr* ❶ (*se présenter*) **s'~ à qn/qc** sich jdm/einer S. bieten ❷ (*se proposer*) **s'~ pour faire qc** sich anbieten etw zu tun ❸ (*s'accorder*) **s'~ des vacances** sich (*dat*) Ferien gönnen

offshore [ɔfʃɔʀ] **I.** *adj inv* Offshore- **II.** *m* Offshorebohrung *f*

offusquer [ɔfyske] <1> **I.** *vt* ärgern **II.** *vpr* **s'~ de qc** an etw (*dat*) Anstoß nehmen

ogive [ɔʒiv] *f* ❶ MIL Sprengkopf *m* ❷ ARCHIT Spitzbogen *m*

OGM [oʒeɛm] *m abr de* **organisme génétiquement modifié** genetisch veränderter Organismus *m*

ogre, ogresse [ɔgʀ, ɔgʀɛs] *m, f* ❶ (*géant vorace dans les contes de fées*) Menschen fressendes Ungeheuer ❷ *fam* (*gourmand*) Vielfraß *m* ▶ **manger comme un ~** *fam* für drei essen

oh [o] **I.** *interj* oh **II.** *m inv* **pousser des ~ et des ah de surprise** Ausrufe des Erstaunens von sich geben

ohé [oe] *interj* he[da] (*fam*)

ohm [om] *m* Ohm *nt*

oie [wa] *f* ❶ ORN Gans *f;* **~ sauvage** Wildgans ❷ *fam* (*personne niaise*) blöde Gans

oignon [ɔɲɔ̃] *m* ❶ GASTR Zwiebel *f* ❷ BOT [Blumen]zwiebel *f* ▶ **aux petits ~s** *fam* mit sehr viel Sorgfalt; **c'est pas mes/tes ~s** *fam* das ist nicht mein/dein Bier; **occupe-toi de tes ~s!** *fam* kümmere dich um deinen eigenen Kram!

oïl [ɔjl] HIST, LING **langue d'~** Langue d'Oïl *f* (*Gesamtheit nordfranzösischer Dialekte im Mittelalter*)

oindre [wɛ̃dʀ] <*irr*> *vt* REL salben

oinj [wɛ̃ʒ] *m arg* Tüte *f* (*fam*)

oiseau [wazo] <x> *m* ❶ ORN Vogel *m* ❷ *péj* (*type*) komischer Kauz ▶ **~ de mauvais augure** [*o* **de malheur**] Unglücksprophet *m;* **petit à petit, l'~ fait son nid** *prov* gut Ding will Weile haben

oiseau-mouche [wazomuʃ] <oiseaux-mouches> *m* Kolibri *m*

oiselier, -ière [wazəlje, -jɛʀ] *m, f* Vogelhändler(in) *m(f)*

oisellerie [wazɛlʀi] *f* ❶ (*commerce*) Vogelhandel *m* ❷ (*lieu*) Vogelzucht *f*

oiseux, -euse [wazø, -øz] *adj* müßig

oisif, -ive [wazif, -iv] **I.** *adj* müßig **II.** *m, f* Müßiggänger(in) *m(f)*

oisillon [wazijɔ̃] *m* Jungvogel *m*

oisivement [wazivmɑ̃] *adv* untätig, müßig
oisiveté [wazivte] *f* Müßiggang *m*
O.K. [okɛ] **I.** *interj fam* o.k. **II.** *adj fam inv* **c'est ~** das ist o.k.
okapi [ɔkapi] *m* Okapi *nt*
olé [ɔle] **I.** *interj* olé **II.** *adj inv fam* ~ ~ gewagt
oléoduc [ɔleɔdyk] *m* Pipeline *f*
olfactif, -ive [ɔlfaktif, -iv] *adj cellule, nerf* Riech-; *organe, sens* Geruchs-
oligarque [ɔligaʀk] *mf* Oligarch(in) *m(f)*
oligoélément [ɔligoelemɑ̃] *m* Spurenelement *nt*
oligovitaminé(e) [ɔligovitamine] *adj* mit Vitaminen angereichert; **complément nutritionnel ~** mit Vitaminen angereichertes Nahrungsergänzungsmittel
olive [ɔliv] **I.** *f* (*fruit*) Olive *f*; *huile* Oliven- **II.** *adj inv* oliv[grün]
oliveraie [ɔlivʀɛ] *f* Ölbaumpflanzung *f*
olivier [ɔlivje] *m* ❶ (*arbre*) Ölbaum *m* ❷ (*bois*) Olivenholz *nt*
OLP [oɛlpe] *f abr de* **Organisation de libération de la Palestine** PLO *f*
olympiade [ɔlɛ̃pjad] *f* Olympiade *f*
olympien(ne) [ɔlɛ̃pjɛ̃, jɛn] *adj air, regard, calme* majestätisch (*geh*); *dieu* olympisch
olympique [ɔlɛ̃pik] *adj* olympisch; *stade* Olympia-
OM [oɛm] *m abr de* **Olympic** [**de**] **Marseille** *französischer Fußballverein*
ombilic [ɔ̃bilik] *m* Nabel *m*
ombilical(e) [ɔ̃bilikal, -o] <-aux> *adj cordon* Nabel-
ombrage [ɔ̃bʀaʒ] *m* ❶ (*feuillage*) Laubwerk *nt* ❷ (*ombre*) Schatten *m*
ombragé(e) [ɔ̃bʀaʒe] *adj* schattig
ombrager [ɔ̃bʀaʒe] <2a> *vt* [seinen] Schatten werfen auf (+*akk*)
ombrageux, -euse [ɔ̃bʀaʒø, -ʒøz] *adj caractère* schwierig; *personne* empfindlich
ombre [ɔ̃bʀ] *f* ❶ (*opp: soleil*) Schatten *m*; **à l'~** im Schatten; **~s chinoises** Schattenspiel *nt* ❷ (*soupçon*) **il n'y a pas l'~ d'un doute/soupçon** es gibt nicht den leisesten Zweifel/Verdacht; **sans l'~ d'une hésitation** ohne das geringste Zögern ❸ (*maquillage*) **~ à paupières** Lidschatten *m* ▸ **il y a une ~ au tableau** die Sache hat einen Nachteil; **faire de l'~ à qn** jdm Schatten spenden; *fig* jdn in den Schatten stellen; **mettre qn à l'~** *fam* jdn hinter Schloss und Riegel bringen; **vivre dans l'~ de qn** in jds Schatten stehen; **dans l'~** im Dunkeln
ombrelle [ɔ̃bʀɛl] *f* Sonnenschirm *m*
oméga [ɔmega] *m inv* ❶ Omega *nt* ❷ *pl* BIO, GASTR **les ~ 3** die Omega-3-Fettsäuren *Pl*
omelette [ɔmlɛt] *f* GASTR Omelett *nt*; **~ aux champignons/au fromage** Omelett mit Pilzen/Käseomelett
omerta [ɔmɛʀta] *f* Omertà *f*
omettre [ɔmɛtʀ] <*irr*> *vt* ❶ (*négliger*) **~ de faire qc** unterlassen etw zu tun ❷ (*oublier*) **~ qn/qc** jdn/etw nicht berücksichtigen
omis [ɔmi] *passé simple de* **omettre**
omis(e) [ɔmi, iz] *part passé de* **omettre**
omission [ɔmisjɔ̃] *f* ❶ *d'un mot, détail* Auslassen *nt* ❷ (*fait d'omettre de faire qc*) Unterlassen *nt* ❸ (*chose omise*) Auslassung *f* ❹ (*acte omis*) Unterlassung *f*
omnibus [ɔmnibys] **I.** *m* CHEMDFER Nahverkehrszug *m* **II.** *app train* Nahverkehrs-
omnipotence [ɔmnipɔtɑ̃s] *f* Allmacht *f*
omnipotent(e) [ɔmnipɔtɑ̃, ɑ̃t] *adj* allmächtig
omniprésence [ɔmnipʀezɑ̃s] *f* Allgegenwart *f*
omniprésent(e) [ɔmnipʀezɑ̃, ɑ̃t] *adj* allgegenwärtig
omniscient(e) [ɔmnisjɑ̃, jɑ̃t] *adj* allwissend
omnisports [ɔmnispɔʀ] *adj inv* für alle Sportarten; *club, salle* Sport-
omnivore [ɔmnivɔʀ] *adj* allesfressend
omoplate [ɔmɔplat] *f* Schulterblatt *nt*
O.M.S. [oɛmɛs] *f abr de* **Organisation mondiale de la Santé** WHO *f*
on [ɔ̃] *pron pers* ❶ (*tout le monde*) man; **~ dit qu'elle a fait qc** man sagt, dass sie etw getan hat; **en France, ~ boit du vin** in Frankreich trinkt man Wein ❷ (*quelqu'un*) man, jemand; **~ vous demande au téléphone** Sie werden am Telefon verlangt; **j'attends qu'~** [*o* **que l'~**] **apporte le dessert** ich warte auf das Dessert ❸ *fam* (*nous*) wir; **~ s'en va!** wir gehen!; **nous, ~ veut bien!** von uns aus, gern!; **~ fait ce qu'~** [*o* **que l'~**] **peut** wir tun, was wir können ❹ *fam* (*tu, vous*) man, du/ihr/Sie; **alors Marie, ~ s'en va déjà?** na, Marie, gehst du/gehen Sie denn schon? ❺ *fam* (*il(s), elle(s)*) man; **qu'~** [*o* **que l'~**] **est jolie aujourd'hui!** wie hübsch sie heute ist! ❻ (*je, moi*) **oui, oui, ~ va le faire!** ja, ja, ich mache das schon noch!
onagre[1] [ɔnagʀ] *m* ZOOL, HIST Onager *m*
onagre[2] [ɔnagʀ] *f* BOT Nachtkerze *f*
onanisme [ɔnanism] *m* Onanie *f*
once [ɔ̃s] *f* ❶ *fig* (*très petite quantité*)

une ~ de bon sens ein Funke *m* Verstand ② (*mesure de poids*) Unze *f*; **une ~ Troy d'or** eine Feinunze Gold

oncle [ɔ̃kl] *m* Onkel *m*

onctueux, -euse [ɔ̃ktɥø, -øz] *adj* ① *potage, sauce* sämig ② (*doux au toucher*) weich; *crème* sahnig

onctuosité [ɔ̃ktɥozite] *f d'un potage, d'une sauce* sämige Konsistenz; *d'une crème* sahnige Konsistenz

onde [ɔ̃d] *f* ① PHYS, RADIO Welle *f*; **~s courtes/moyennes** Kurzwelle/Mittelwelle *f*; **petites/grandes ~s** Kurzwelle/Langwelle *f*; **passer sur les ~s** im Radio kommen ② *pl* (*ondulation*) Wogen *nt* ▶**être sur la même longueur d'~s** *fam* auf der gleichen Wellenlänge liegen

ondée [ɔ̃de] *f* Schauer *m*

on-dit [ɔ̃di] *m inv* Gerücht *nt*

ondulant(e) [ɔ̃dylɑ̃, ɑ̃t] *adj* ① (*ondoyant*) *démarche* wiegend; *surface* wogend ② MED *pouls, fièvre* unregelmäßig

ondulation [ɔ̃dylasjɔ̃] *f* ① *du blé, des vagues* Wogen *nt* ② (*ligne sinueuse*) **les ~s du terrain** die hügelige Beschaffenheit des Geländes ③ *des cheveux* Wellen *Pl*

ondulé(e) [ɔ̃dyle] *adj cheveux, surface* gewellt; *route* uneben; *carton, tôle* Well-

onduler [ɔ̃dyle] <1> **I.** *vi* ① (*ondoyer*) *blé, vague:* wogen; *serpent:* sich schlängeln ② (*être sinueux*) *route:* sich schlängeln; *cheveux:* sich wellen **II.** *vt* ondulieren *cheveux*

onduleux, -euse [ɔ̃dylø, -øz] *adj* ① (*ondoyant*) *démarche, mouvement* wiegend ② (*sinueux*) **le tracé ~ de la route** die kurvige Straßenführung

one man show [wanmanʃo] *m inv* One-Man-Show *f*, Einmannshow *f*

onéreux, -euse [ɔneʀø, -øz] *adj* kostspielig; *loyer, marchandise* teuer; **à titre ~** gegen Entgelt

O.N.G. [oɛnʒe] *f inv abr de* **Organisation Non Gouvernementale** NRG *f*, NGO *f*

ongle [ɔ̃gl] *m* ANAT Nagel *m*; **~s des pieds et des mains** Fuß- und Fingernägel; **se faire les ~s** sich die Nägel lackieren

onglée [ɔ̃gle] *f* **avoir l'~** klamme Finger haben

onglet [ɔ̃glɛ] *m* ① (*entaille*) *d'un canif, d'une règle* Kerbe *f*, Einkerbung *f* ② (*encoche, échancrure*) Daumenregister *nt*, Daumenregisterstanzung *f* ③ INFORM Tab *m o nt*, Registerkarte *f*

onomatopée [ɔnɔmatɔpe] *f* LING Schallwort *nt*

ont [ɔ̃] *indic prés de* **avoir**

ontologie [ɔ̃tɔlɔʒi] *f* Ontologie *f*

ontologique [ɔ̃tɔlɔʒik] *adj* ontologisch

O.N.U [ony] *f abr de* **Organisation des Nations unies** UNO *f*

onusien(ne) [ɔnyzjɛ̃, jɛn] *adj* UNO-

onyx [ɔniks] *m* Onyx *m*

onze [ɔ̃z] **I.** *num* elf **II.** *m inv* Elf *f*; *v. a.* **cinq**

onzième [ɔ̃zjɛm] **I.** *adj antéposé* elfte(r, s) **II.** *mf* **le/la ~** der/die/das Elfte **III.** *m* (*fraction*) Elftel *nt*; *v. a.* **cinquième**

O.P.A. [opea] *f inv* FIN *abr de* **Offre Publique d'Achat** öffentliches [Aktien]kaufangebot *nt*

opacité [ɔpasite] *f* (*opp: transparence*) *du verre, papier* Undurchsichtigkeit *f*

opale [ɔpal] *f* Opal *m*

opaline [ɔpalin] *f* ① (*matière*) Opalglas *nt* ② (*objet*) Gegenstand *m* aus Opalglas

opaque [ɔpak] *adj* ① (*opp: transparent*) undurchsichtig; *verre* Milch- ② (*dense*) dicht; *obscurité* undurchdringlich

O.P.E. [opeə] *f inv* FIN *abr de* **Offre Publique d'Échange** öffentliches Umtauschangebot *nt*

OPEP [ɔpɛp] *m abr de* **Organisation des pays exportateurs de pétrole** OPEC *f*

opéra [ɔpeʀa] *m* Oper *f*

opéra-ballet [ɔpeʀabalɛ] <opéras-ballets> *m* Ballettoper *f*

opérable [ɔpeʀabl] *adj* operabel

opéra-comique [ɔpeʀakɔmik] <opéras-comiques> *m* komische Oper

opérant(e) [ɔpeʀɑ̃, ɑ̃t] *adj* wirksam

opérateur [ɔpeʀatœʀ] *m* INFORM, MATH **~ [du système]** Operator *m*

opérateur, -trice [ɔpeʀatœʀ, -tʀis] *m, f* ① TECH, TELEC Techniker(in) *m(f)*; **~ de saisie** Datentypist; **~ de téléphonie numérique mobile** Mobilfunkanbieter ② (*standardiste*) Telefonist(in) *m(f)* ③ AVIAT, NAUT Funker(in) *m(f)* ④ CINE, TV Kameramann *m*/-frau *f* ⑤ FIN [Börsen]makler(in) *m(f)*

opération [ɔpeʀasjɔ̃] *f* ① MED Operation *f* ② MATH [Rechen]operation *f*; **les quatre ~s fondamentales** die vier Grundrechenarten ③ MIL [militärische] Operation ④ (*action organisée*) Aktion *f*; **~ de publicité/police/sauvetage** Werbeaktion/Polizeiaktion/Rettungsaktion; **l'~ ville propre** die Aktion saubere Stadt ⑤ (*transaction*) Geschäft *nt*; **~s boursières** [*o* **de bourses**] Börsengeschäft

opérationnel(le) [ɔpeʀasjɔnɛl] *adj personne, avion* einsatzfähig; *entreprise, machine* betriebsbereit; *soldat, arme* einsatzbereit; *base* Operations-

opératoire [ɔpeʀatwaʀ] *adj* MED *bloc, technique* Operations-; *choc, dépression* postoperativ

opéré(e) [ɔpeʀe] *m(f)* Operierte(r) *f(m)*; **les grands ~s** Patienten *Pl*, die eine schwere Operation hinter sich haben

opérer [ɔpeʀe] <5> **I.** *vt* ❶ MED **~ qn de qc** jdn an etw (*dat*) operieren ❷ (*provoquer*) bewirken *changement, redressement* ❸ (*réaliser*) treffen *choix;* durchführen *réforme* **II.** *vi* ❶ (*produire*) *charme, médicament:* wirken; *méthode, procédé:* greifen ❷ (*procéder*) vorgehen **III.** *vpr* **s'~** ❶ (*se réaliser*) sich vollziehen ❷ MED operiert werden können

opérette [ɔpeʀɛt] *f* MUS Operette *f*

ophtalmo [ɔftalmɔ] *m fam v.* **ophtalmologiste, ophtalmologue**

ophtalmologie [ɔftalmɔlɔʒi] *f* Augenheilkunde *f*

ophtalmologiste [ɔftalmɔlɔʒist] *mf*, **ophtalmologue** [ɔftalmɔlɔg] *mf* Augenarzt *m*/-ärztin *f*

opinel® [ɔpinɛl] *m* Opinel® *nt* (*Klappmesser*)

opiner [ɔpine] <1> *vi* **~ de la tête** mit dem Kopf zustimmend nicken; **~ à qc** einer S. (*dat*) zustimmen

opiniâtre [ɔpinjɑtʀ] *adj* ❶ *travail, efforts* unermüdlich; *résistance, haine* erbittert; *personne, caractère* eigensinnig ❷ *fièvre, toux* hartnäckig

opiniâtreté [ɔpinjɑtʀəte] *f* ❶ (*persévérance*) Hartnäckigkeit *f* ❷ (*entêtement*) Eigensinn *m*

opinion [ɔpinjɔ̃] *f* ❶ (*avis*) Meinung *f*;

opinion

exprimer son opinion/point de vue	*Meinungen/Ansichten ausdrücken*
À mon avis, l'achat de machines supplémentaires n'est d'aucun intérêt.	*Eine Anschaffung weiterer Maschinen ist meines Erachtens/meiner Meinung nach nicht sinnvoll.*
Je pense/suis d'avis que chaque personne devrait recevoir un salaire minimum.	*Ich bin der Meinung/Ansicht, dass/Ich meine/denke, dass jeder ein Mindesteinkommen erhalten sollte.*
Je trouve qu'il/qu'elle devrait s'excuser pour son comportement.	*Ich finde, er/sie sollte sich für sein/ihr Verhalten entschuldigen.*
C'était un artiste exceptionnel/une artiste exceptionnelle, à mon avis.	*Er/Sie war meiner Meinung nach ein begnadeter Künstler/eine begnadete Künstlerin.*

demander à quelqu'un de donner son avis, d'apprécier quelque chose	*Meinungen erfragen, um Beurteilung bitten*
Qu'en pensez-vous ?	*Was meinen Sie dazu?*
Que penses-tu de son nouvel ami/sa nouvelle amie ?	*Was sagst du zu/Was hältst du von ihrem neuen Freund/seiner neuen Freundin?*
Que pensez-vous de notre nouveau produit ?	*Wie lautet Ihr Urteil über unser neues Produkt?*
Quel est votre point de vue à ce sujet ?	*Wie urteilen Sie darüber?*
Quelle est votre opinion ?	*Was ist Ihre Meinung?*
Tu crois que je peux sortir comme ça ?	*Denkst du, so kann ich gehen?*
Comment devrions-nous procéder, à votre avis ?	*Wie sollten wir Ihrer Meinung nach vorgehen?*
Est-ce que cette théorie te dit quelque chose ?	*Kannst du mit dieser Theorie etwas anfangen?*
Est-ce que ma nouvelle couleur de cheveux te plaît ?	*Wie gefällt dir meine neue Haarfarbe?*
Est-ce que tu trouves le jeu ennuyeux ?	*Findest du das Spiel langweilig?*
Tu crois que c'est bien comme ça ?	*Glaubst du, das ist so richtig?*
Tu crois que c'est possible ?	*Hältst du das für möglich?*
Tu penses qu'il/qu'elle a raison ?	*Meinst du, er/sie hat Recht?*

ein starkes Stück! **II.** *m* ❶ (*banalité, habitude*) Alltägliche *nt;* **une intelligence au-dessus de l'~** eine überdurchschnittliche Intelligenz; **ça change de l'~** das ist mal etwas anderes; **comme à l'~** wie gewohnt; **d'~** normalerweise ❷ (*menu habituel*) Alltagskost *f*

ordinairement [ɔʀdinɛʀmɑ̃] *adv* gewöhnlich

ordinal [ɔʀdinal, -o] <-aux> *m* Ordinalzahl *f*

ordinal(e) [ɔʀdinal, -o] <-aux> *adj* Ordnungs-

ordinateur [ɔʀdinatœʀ] *m* Computer *m;* **~ personnel** PC *m;* **~ portable** Laptop *m;* **~ de table** Desktop *m;* **assisté par ~** computerunterstützt; **travailler sur ~** am Computer arbeiten

ordination [ɔʀdinasjɔ̃] *f* Priesterweihe *f*

ordinogramme [ɔʀdinɔgʀam] *m* Flussdiagramm *nt*

ordonnance [ɔʀdɔnɑ̃s] *f* ❶ MED Rezept *nt;* **médicament délivré sur ~** rezeptpflichtiges Medikament ❷ JUR Anordnung *f* ❸ *d'une phrase* Gliederung *f; d'un poème, d'un tableau* Aufbau *m; d'une cérémonie* Verlauf *m; d'un appartement* Schnitt *m;* **l'~ d'un repas** die Speisenfolge

ordonné(e) [ɔʀdɔne] *adj* ❶ (*méthodique*) methodisch vorgehend ❷ (*qui a de l'ordre*) ordnungsliebend ❸ *vie* geregelt; *maison* ordentlich

ordonner [ɔʀdɔne] <1> **I.** *vt* ❶ a. MATH (*arranger*) ordnen ❷ (*commander*) **~ qc à qn** jdm etw befehlen; MED jdm etw verordnen; **~ que** + *subj* anordnen, dass **II.** *vpr* (*s'organiser*) **mes idées se sont ordonnées** es kam Klarheit in meine Gedanken

ordre[1] [ɔʀdʀ] *m* ❶ a. BOT, ZOOL *d'une pièce, personne* Ordnung *f;* **avoir de l'~** Ordnung haben; **en ~** in Ordnung; **mettre sa chambre en ~** sein Zimmer aufräumen ❷ (*classement*) Reihenfolge *f; chronologique, logique* Reihenfolge; **~ hiérarchique** Hierarchie *f;* **~ numérique** Zahlenfolge *f;* **par ~ alphabétique** in alphabetischer Reihenfolge; **tiercé dans l'~** in der richtigen Reihenfolge getippt ❸ (*genre*) Art *f;* **d'~ politique/économique** politischer/wirtschaftlicher Art ❹ (*organisation, stabilité sociale*) Ordnung *f;* **l'~ établi** die bestehende Ordnung; **l'~ social/économique** die Gesellschaftsordnung/das Wirtschaftssystem; **faire régner l'~** für Ordnung sorgen; **rappeler qn à l'~** jdn zur Ordnung rufen; **rentrer dans l'~** wieder den gewohnten Gang gehen ❺ *des architectes, des experts comptables* Verband *m; des avocats, des médecins* Kammer *f* ❻ (*association honorifique*) Orden *m* ❼ HIST Stand *m* ❽ (*congrégation*) Orden *m* ▶ **c'est dans l'~ des choses** etw liegt in der Natur der Dinge; **un ~ de grandeur** eine Größenordnung; **dans le même ~ d'idées** in diesem Zusammenhang; **dans un autre ~ d'idées** übrigens; **mettre bon ~ à qc** etw in Ordnung bringen; **de l'~ de** in der Größenordnung von; **de premier/deuxième ~** erstrangig/zweitrangig

ordre[2] [ɔʀdʀ] *m* ❶ (*commandement*) Befehl *m;* **donner l'~ de faire qc** anordnen etw zu tun; **donner l'~ à qn de faire qc** jdm den Befehl erteilen etw zu tun; **être aux ~s de qn** jdm zur Verfügung stehen; **être sous les ~s de qn** jdm unterstellt sein; MIL unter jds Befehl (*dat*) stehen; **à vos ~s!** zu Befehl!; **~ de mission/de route** Dienstbefehl/Marschbefehl ❷ (*directives*) Anordnung *f;* **sur ~ du médecin** auf Anordnung des Arztes; **~ de grève** Streikaufruf *m* ❸ (*commande*) Order *f;* **~ d'achat/de vente** Kaufauftrag/Verkaufsauftrag; **par ~** im Auftrag; **sur [l']~/les ~s de qn** in jds Auftrag (*dat*) ▶ **~ du jour** MIL Tagesbefehl *m;* (*programme*) Tagesordnung *f,* Agenda *f* (CH); **être à l'~ du jour** auf der Tagesordnung stehen; **jusqu'à nouvel ~** bis auf weiteres; **à l'~ de** an die Order von

ordure [ɔʀdyʀ] *f* ❶ *pl* (*détritus*) Müll *m;* (*objets usés*) Gerümpel *nt* (*pej*); **jeter/mettre qc aux ~s** etw in den Müll werfen/geben ❷ *fam* (*personne*) Mistvieh *nt* (*vulg*); **se conduire comme une ~** sich wie ein Schwein benehmen ❸ *pl* (*propos obscènes*) Schweinereien *Pl* (*vulg*)

ordurier, -ière [ɔʀdyʀje, -jɛʀ] *adj* vulgär; *propos, chanson* derb

orée [ɔʀe] *f d'un bois, d'une forêt* Rand *m* ▶ **à l'~ de qc** (*au début de*) zu Beginn einer S. (*gen*)

oreille [ɔʀɛj] *f* ❶ ANAT Ohr *nt;* **des ~s décollées** abstehende Ohren ❷ (*ouïe*) **avoir l'~ fine** (*entendre bien*) gute Ohren haben; (*percevoir les nuances*) ein feines Gehör haben; **avoir l'~ juste** [*o* **de l'~**] ein musikalisches Gehör haben ❸ (*appuie-tête*) seitliche Kopfstütze; **un fauteuil à ~s** ein Ohrensessel *m* ▶ **avoir les ~s en feuille de chou** *fam* Segelohren haben; **n'être pas tombé dans l'~ d'un sourd** jdm nicht entgangen sein; *conseil, proposition:* nicht auf taube Ohren gestoßen sein; **être dur d'~** schwerhörig sein; **faire la**

O

sourde ~ sich taub stellen; **casser** [*o* [**é**]**chauffer**] **les ~s à qn** jdn nerven (*fam*); **dormir sur ses deux ~s** ganz beruhigt sein; **dresser** [*o* **tendre**] **l'~** die Ohren spitzen (*fam*); **n'écouter que d'une ~** nur mit halbem Ohr zuhören; **ne pas l'entendre de cette ~** damit nicht einverstanden sein; **prêter l'~ à qn/qc** jdm gut zuhören/auf etw (*akk*) hören; **rebattre les ~s à qn avec qc** jdm mit etw [dauernd] in den Ohren liegen; **se faire tirer l'~** sich lange bitten lassen; **jusqu'aux ~s** bis über beide Ohren

oreiller [ɔʀeje] *m* [Kopf]kissen *nt*

oreillette [ɔʀɛjɛt] *f* ❶ ANAT Vorhof *m* ❷ COUT Ohrenschützer *m*; **à ~s** mit Ohrenklappen

oreillons [ɔʀɛjɔ̃] *mpl* Mumps *m o f*

ores [ɔʀ] ▶ **d'~ et déjà** schon jetzt

orfèvre [ɔʀfɛvʀ] *mf* Goldschmied(in) *m(f)*

orfèvrerie [ɔʀfɛvʀəʀi] *f* ❶ (*travail*) Goldschmiedehandwerk *nt* ❷ (*art*) Goldschmiedekunst *f* ❸ (*objet*) Goldschmiedearbeit *f*

organe [ɔʀgan] *m* ❶ ANAT Organ *nt*; **les ~s de la digestion/respiration** die Verdauungs-/Atmungsorgane ❷ (*porte-parole*) Organ *nt* ❸ (*instrument*) Instrument *nt*; **~ de la puissance** Machtinstrument ❹ (*voix*) Stimme *f* ❺ ADMIN Organ *nt*; **les ~s directeurs** [*o* **dirigeants**] **d'un parti** der Führungsapparat einer Partei

O

organigramme [ɔʀganigʀam] *m* ❶ ADMIN Organigramm *nt* ❷ INFORM Flussdiagramm *nt*

organique [ɔʀganik] *adj* organisch

organisateur [ɔʀganizatœʀ] *m* INFORM Organizer *m*

organisateur, -trice [ɔʀganizatœʀ, -tʀis] **I.** *adj* organisatorisch *Pl* **II.** *m, f* Organisator(in) *m(f)*; *d'une manifestation, d'un voyage* Veranstalter(in) *m(f)*; **tes talents d'~** dein Organisationstalent

organisation [ɔʀganizasjɔ̃] *f* ❶ (*fait d'organiser*) Organisation *f*; *du temps* Einteilung *f*; **~ de loisirs** Freizeitgestaltung; **~ du travail** Arbeitsorganisation; **avoir une bonne ~ de son emploi du temps** sich (*dat*) seine Zeit gut einteilen ❷ (*structure*) Aufbau *m*; **l'~ des services** die Betriebsorganisation ❸ (*groupement*) Organisation *f*; **~ syndicale** Gewerkschaft *f*; **~ patronale/agricole** Arbeitgeber-/Bauernverband *m*

organisationnel(le) [ɔʀganizasjɔnɛl] *adj* organisatorisch

organisatrice [ɔʀganizatʀis] *f v.* **organisateur, -trice**

organisé(e) [ɔʀganize] *adj* ❶ (*structuré*) organisiert ❷ (*méthodique*) methodisch; **être ~ dans son travail** mit Methode arbeiten ❸ *fam* (*manifeste*) **c'est du vol ~!** das ist [reinste] Halsabschneiderei!

organiser [ɔʀganize] <1> **I.** *vt* ❶ (*préparer*) organisieren; veranstalten *réunion, voyage, fête;* durchführen *campagne, opération* ❷ (*planifier*) organisieren; [sich (*dat*)] einteilen, organisieren *travail;* [sich (*dat*)] einteilen *temps;* gestalten, planen *loisirs, vie* ❸ (*structurer*) organisieren *armée, mouvement;* ordnen *parti, services* **II.** *vpr* **s'~** ❶ (*se donner une structure*) *groupement social:* sich organisieren ❷ (*gérer ses activités*) sich (*dat*) seine Zeit/Arbeit [richtig] einteilen; **savoir s'~** gut organisiert sein; **s'~ pour qc** sich auf etw (*akk*) vorbereiten

organisme [ɔʀganism] *m* ❶ BIO Organismus *m*; (*corps*) Körper *m* ❷ ADMIN Einrichtung *f*; **~ de crédit** Kreditinstitut *nt*; **~ de tourisme** Touristikunternehmen *nt*

organiste [ɔʀganist] *mf* Organist(in) *m(f)*

orgasme [ɔʀgasm] *m* Orgasmus *m*

orge [ɔʀʒ] *f* Gerste *f*

orgeat [ɔʀʒa] *m* [**sirop d'**]**~** *mit Mandelmilch zubereiteter Sirup*

orgelet [ɔʀʒəlɛ] *m* Gerstenkorn *nt*

orgie [ɔʀʒi] *f* ❶ (*débauche*) Orgie *f* ❷ *hum de bonbons, de glaces* -orgie *f*; **~ de couleurs** Farbenpalette *f*; **~ de lumières** Lichtermeer *nt*

orgue [ɔʀg] **I.** *m* Orgel *f*; **~ électronique** Keyboard *nt*; **~ de Barbarie** Drehorgel; **tenir l'~** [die] Orgel spielen **II.** *fpl* **~s** [Kirchen]orgel *f*

orgueil [ɔʀgœj] *m* ❶ (*fierté*) Stolz *m* ❷ (*prétention*) Hochmut *m*

orgueilleux, -euse [ɔʀgøjø, -jøz] **I.** *adj* ❶ (*fier*) stolz ❷ (*prétentieux*) hochmütig **II.** *m, f* überheblicher Mensch

Orient [ɔʀjɑ̃] *m* **l'~** der Orient

orientable [ɔʀjɑ̃tabl] *adj* verstellbar; *lampe* schwenkbar; *antenne, bras* beweglich

oriental(e) [ɔʀjɑ̃tal, -o] <-aux> *adj* ❶ (*situé à l'est d'un lieu*) östlich; *côte, frontière* Ost-, östlich ❷ (*relatif à l'Orient*) orientalisch

Oriental(e) [ɔʀjɑ̃tal, -o] <-aux> *m(f)* Orientale *m*/Orientalin *f*

orientalisant(e) [ɔʀjɑ̃talizɑ̃, ɑ̃t] *adj lyrisme* orientalisch anmutend; *rythme* orientalisch klingend

orientation [ɔʀjɑ̃tasjɔ̃] *f* ❶ *d'une maison* Ausrichtung *f*; *du soleil* Stand *m*; *d'une antenne, lampe* Ausrichtung; *d'un phare, de* *lamelles* Einstellung *f; d'un avion, navire* Position *f;* **changer l'~ d'une lampe** eine Lampe anders ausrichten ② *d'une enquête, d'un établissement* Ziel[setzung *f*] *nt; d'une campagne, d'un parti politique* Kurs *m kein Pl;* **l'~ de sa pensée** seine/ihre Denkrichtung; **les nouvelles ~s de la médecine** die neuen Zielsetzungen [in] der Medizin ③ PSYCH, SCOL Beratung *f*

orienté(e) [ɔʀjɑ̃te] *adj* tendenziös

orienter [ɔʀjɑ̃te] <1> **I.** *vt* ① (*diriger*) richtig halten *carte, plan;* **~ une antenne/un phare vers** [*o* **sur**] **qc** eine Antenne/einen Scheinwerfer auf etw (*akk*) richten ② (*guider*) **~ une activité/conversation vers qc** eine Tätigkeit/Unterhaltung auf etw (*akk*) lenken; **~ un touriste/visiteur vers qc** einem Touristen/Besucher den Weg zu etw zeigen ③ PSYCH, SCOL beraten ④ MATH mit einer Richtung versehen *droite, grandeur* **II.** *vpr* ① *a. fig* **s'~** sich orientieren ② (*se tourner vers*) **s'~ vers qc** sich einer S. (*dat*) zuwenden; **s'~ au nord** *vent:* nach Norden drehen

orienteur, -euse [ɔʀjɑ̃tœʀ, -øz] *m, f* Schul- und Berufsberater(in) *m(f)*

orifice [ɔʀifis] *m* Öffnung *f; d'une canalisation* Mündung *f; d'un tuyau* Loch *nt;* **les ~s naturels du corps** die natürlichen Körperöffnungen

oriflamme [ɔʀiflɑm] *f* Banner *nt;* HIST Oriflamme *f*

origan [ɔʀigɑ̃] *m* (*condiment*) Oregano *m*

originaire [ɔʀiʒinɛʀ] *adj* **être ~ de** aus ... kommen

originairement [ɔʀiʒinɛʀmɑ̃] *adv* ursprünglich

original [ɔʀiʒinal, -o] <-aux> *m* (*exemplaire primitif: d'une œuvre d'art*) Original *nt;* (*d'un texte*) Urschrift *f*

original(e) [ɔʀiʒinal, -o] <-aux> **I.** *adj* ① Original-; *gravure* echt ② (*inédit*) originell; (*personnel*) eigenständig; *idée* eigen ③ *péj* (*bizarre*) sonderbar **II.** *m(f)* Original *nt* (*fam*), Unikum *nt;* **arrête de faire l'~!** fall doch nicht ständig aus der Rolle!

originalité [ɔʀiʒinalite] *f* ① (*nouveauté*) Originalität *f;* (*personnalité*) Eigenständigkeit *f* ② (*élément original*) origineller Zug; *d'une personne, œuvre* Besonderheit *f* ③ *péj d'une personne* Eigenartigkeit *f*

origine [ɔʀiʒin] *f* ① (*commencement*) Ursprung *m;* **à l'~** ursprünglich; **dès l'~** [schon] von Anfang an; **d'~** im Originalzustand; **appellation/certificat d'~** Herkunftsbezeichnung *f*/-angabe *f* ② *d'un échec* Ursache *f;* **quelle est l'~ de ...?** woher kommt ...? ③ (*ascendance*) Herkunft *f kein Pl;* **un mot d'~ grecque** ein Wort aus dem Griechischen; **un produit d'~ belge** ein Produkt aus Belgien; **il est d'~ française** er ist gebürtiger Franzose; **d'~ paysanne/noble** [von] bäuerlicher/adliger Herkunft; **être d'~ ouvrière** aus einer Arbeiterfamilie stammen ④ *d'un appel téléphonique, message* Herkunft *f; d'un produit* Ursprung *m* ▶ **des ~s à nos jours** von den Anfängen bis zur Gegenwart; **avoir son ~ dans qc, tirer son ~ de qc** auf etw (*akk*) zurückzuführen sein; *coutume:* aus etw entstanden sein; **être à l'~ de qc** *personne:* etw in die Wege geleitet haben; **être à l'~ d'un mal** *chose:* die Wurzel eines Übels sein

originel(le) [ɔʀiʒinɛl] *adj* ursprünglich; *sens* eigentlich; *état* Ur-

originellement [ɔʀiʒinɛlmɑ̃] *adv* ursprünglich

O.R.L. [oɛʀɛl] **I.** *mf abr de* **oto-rhino-laryngologiste** HNO Arzt *m*/-Ärztin *f* **II.** *f abr de* **oto-rhino-laryngologie** HNO *f*

orme [ɔʀm] *m* Ulme *f*

ormeau [ɔʀmo] <x> *m* ① BOT junge Ulme ② ZOOL Seeohr *nt*

ornement [ɔʀnəmɑ̃] *m* ① (*chose décorative*) Schmuck *m;* **arbre/plante d'~** Zierbaum *m*/-pflanze *f* ② (*décoration*) Verzierung *f;* ARCHIT, ART Ornament *nt;* **sans ~s** schmucklos

ornemental(e) [ɔʀnəmɑ̃tal, -o] <-aux> *adj style* dekorativ; *plante* Zier-; **des motifs ornementaux** Ziermotive *Pl;* **ne pas être très ~** nicht sehr dekorativ sein

ornementation [ɔʀnəmɑ̃tasjɔ̃] *f* Verzierung *f*

ornementer [ɔʀnəmɑ̃te] <1> *vt* schmücken, verzieren

orner [ɔʀne] <1> **I.** *vt* ① (*parer*) schmücken; verzieren *façade;* ausschmücken *style, vérité* ② (*servir d'ornement*) schmücken; **être orné de qc** *objet, vêtements:* mit etw verziert sein; *mur, pièce, salle:* mit etw geschmückt sein **II.** *vpr* **s'~ de qc** *personne:* sich mit etw schmücken; *chose:* mit etw geschmückt sein

ornière [ɔʀnjɛʀ] *f* Spurrille *f* ▶ **sortir de l'~** (*se tirer d'une situation difficile*) aus einer heiklen Situation herausfinden; (*échapper à la routine*) die ausgetretenen Pfade verlassen (*geh*)

ornithologie [ɔʀnitɔlɔʒi] *f* Ornithologie *f*

ornithologiste [ɔʀnitɔlɔʒist] *mf,* **ornithologue** [ɔʀnitɔlɔg] *mf* Ornithologe *m*/Ornithologin *f,* Vogelkundler(in) *m(f)*

O

orpailleur, -euse [ɔʀpajœʀ, -jøz] *m, f* Goldwäscher(in) *m(f)*

orphelin(e) [ɔʀfəlɛ̃, in] **I.** *adj* Waisen-; **se trouver** ~ Waise werden; ~ **de père/mère** vaterlos/mutterlos; **être** ~ **de père et de mère** Vollwaise sein **II.** *m(f)* Waise *f*

orphelinat [ɔʀfəlina] *m* Waisenhaus *nt*

orque [ɔʀk] *m* Schwertwal *m*

ORSEC [ɔʀsɛk] *f abr de* **organisation des secours** Katastropheneinsatz *m*

orteil [ɔʀtɛj] *m* Zehe *f*

orthodontiste [ɔʀtodɔ̃tist] *mf* Kieferorthopäde *m*

orthodoxe [ɔʀtɔdɔks] **I.** *adj* ❶ *doctrine, historien* orthodox; *personne, conduite, morale* konventionell; **être assez peu** ~ ziemlich unorthodox sein ❷ REL orthodox; ~ **russe** russisch-orthodox ▶ **ne pas être/paraître très** ~ nicht ganz koscher sein/scheinen (*fam*) **II.** *mf* REL Orthodoxe(r) *f(m)*

orthodoxie [ɔʀtɔdɔksi] *f* ❶ (*conformisme*) orthodoxe Lehrmeinung *f* ❷ (*doctrine établie*) reine Lehre ❸ REL Orthodoxie *f*

orthogonal(e) [ɔʀtɔgɔnal, -o] <-aux> *adj* orthogonal

orthographe [ɔʀtɔgʀaf] *f* ❶ (*graphie correcte*) Rechtschreibung *f; d'un mot* Schreibweise *f;* **quelle est l'~ de votre nom?** wie schreibt man Ihren Namen?; **réforme de l'~** Rechtschreibreform *f* ❷ (*maîtrise de la graphie*) Rechtschreibkenntnisse *Pl;* **avoir une bonne** ~ gute Rechtschreibkenntnisse haben; **les fautes d'~ d'usage** Rechtschreibfehler ❸ (*matière*) Rechtschreibung *f;* (*cours*) Rechtschreibunterricht *m*

orthographier [ɔʀtɔgʀafje] <1> *vt* [richtig] schreiben; **comment ce mot est-il orthographié?** wie wird dieses Wort [richtig] geschrieben?

orthographique [ɔʀtɔgʀafik] *adj signe* orthographisch; *règle, système* Rechtschreib-

orthopédie [ɔʀtɔpedi] *f* Orthopädie *f*

orthopédique [ɔʀtɔpedik] *adj* orthopädisch

orthopédiste [ɔʀtɔpedist] *mf* Orthopäde *m*/Orthopädin *f*

orthophonie [ɔʀtɔfɔni] *f* Logopädie *f*

orthophoniste [ɔʀtɔfɔnist] *mf* Logopäde *m*/Logopädin *f*

ortie [ɔʀti] *f* Brennnessel *f*

orvet [ɔʀvɛ] *m* Blindschleiche *f*

os [ɔs, o] <os> *m* ❶ ANAT Knochen *m; du bassin, bras, crâne* -knochen; *du nez* -bein *nt;* ~ **à moelle** Markknochen; ~ **de seiche** Schulp *m* ❷ *pl* (*ossements, restes*) Gebeine *Pl* (*geh*) ❸ (*matière*) Knochen *m;* **en** ~ beinern, Bein- ▶ **ne pas faire de vieux** ~ (*ne pas rester longtemps*) [bestimmt] nicht alt werden; *fam* (*mourir rapidement*) es nicht mehr lange machen (*fam*); **il y a un** ~ *fam* die Sache hat einen Haken; **elle tombe sur un** ~ *fam* ihr kommt etwas dazwischen

O.S. [oɛs] *mf abr de* **ouvrier spécialisé** Hilfsarbeiter(in) *m(f)*

oscar [ɔskaʀ] *m* ~ **de qc** Oscar *m* für etw; (*récompense*) Preis *m* für etw

Oscar® [ɔskaʀ] *m* Oscar *m;* **cérémonie des ~s** Oscarverleihung *f;* **l'~ de la meilleure actrice** der Oscar für die beste Darstellerin

oscarisé(e) [ɔskaʀize] *adj acteur, réalisateur* oscarprämiert

oscariser [ɔskaʀize] <1> *vt* mit dem/mit einem Oscar auszeichnen; **être oscarisé** den/einen Oscar bekommen

oscillant(e) [ɔsilɑ̃, ɑ̃t] *adj* schwankend, schwingend; PHYS oszillierend

oscillation [ɔsilasjɔ̃] *f* ❶ (*fluctuation*) Schwankung *f; d'un navire* Schwanken *nt kein Pl;* ~ **de la température** Temperaturschwankung ❷ ELEC, PHYS Schwingung *f*

osciller [ɔsile] <1> *vi* ❶ (*balancer*) [hin und her] wanken; *personne:* [hin und her] schwanken; *tête:* [hin und her] wackeln; *flamme:* flackern; *pendule:* [hin und her] schwingen ❷ (*hésiter, varier*) ~ **entre qc et qc** [*o* **de qc à qc**] *personne:* zwischen etw und etw schwanken; *chose:* zwischen etw und etw hin und her pendeln

oscillographe [ɔsilɔgʀaf] *m* Oszillograph *m*

osé(e) [oze] *adj* ❶ (*téméraire*) kühn; *démarche, expédition* waghalsig ❷ (*choquant*) gewagt

oseille [ozɛj] *f* ❶ BOT Sauerampfer *m* ❷ *fam* (*argent*) Knete *f*

oser [oze] <1> **I.** *vt* ❶ (*risquer*) wagen; **je n'ose penser ce qui serait arrivé si ...** nicht auszudenken, was passiert wäre, wenn ... ❷ (*se permettre de*) **j'ose espérer que ...** ich wage zu hoffen, dass ...; **si j'ose dire** wenn ich so sagen darf **II.** *vi* es wagen

osier [ozje] *m* Weidenrute *f;* **panier en** ~ Weidenkorb *m;* **meubles en** ~ Korbmöbel *Pl*

Oslo [ɔslo] Oslo *nt*

osmose [ɔsmoz] *f* Osmose *f*

ossature [ɔsatyʀ] *f* ❶ Knochen *Pl;* **une ~ grêle/robuste** ein zarter/robuster Knochenbau; **l'~ de la tête** die Schädelform

❷ (*charpente*) Gerippe *nt* ❸ (*éléments constitutifs*) Gerüst *nt*

osselet [ɔslɛ] *m pl* JEUX *Geschicklichkeitsspiel mit [Plastik]knöchelchen*

ossements [ɔsmɑ̃] *mpl* Gebeine *Pl*

osseux, -euse [ɔsø, -øz] *adj* ❶ (*relatif aux os*) Knochen- *m* ❷ (*maigre*) knochig

ossuaire [ɔsɥɛʀ] *m* ❶ (*tas d'ossements*) Knochenhaufen *m* ❷ (*catacombes*) Beinhaus *nt*

ostensible [ɔstɑ̃sibl] *adj mépris* offensichtlich; *geste* deutlich sichtbar

ostensiblement [ɔstɑ̃sibləmɑ̃] *adv* deutlich sichtbar, betont; *manifester* offensichtlich

ostensoir [ɔstɑ̃swaʀ] *m* Monstranz *f*

ostentation [ɔstɑ̃tasjɔ̃] *f* ❶ (*affectation*) Großspurigkeit *f;* **sans ~** bescheiden ❷ (*étalage indiscret*) Zurschaustellung *f; de générosité, charité* Zurschaustellen *nt;* **avec ~** ostentativ; **faire ~ de qc** etw zur Schau stellen; **mettre de l'~ dans qc** mit etw auf Wirkung bedacht sein

ostentatoire [ɔstɑ̃tatwaʀ] *adj* betont auffällig

ostéopathe [ɔsteɔpat] *mf* Chiropraktiker(in) *m(f)*

ostéoporose [ɔsteɔpɔʀoz] *f* Knochenschwund *m*

ostraciser [ɔstʀasize] <1> *vt* **~ qn** jdn verstoßen

ostracisme [ɔstʀasism] *m* ❶ Ächtung *f* ❷ HIST Scherbengericht *nt*

ostréiculteur, -trice [ɔstʀeikyltœʀ, -tʀis] *m, f* Austernzüchter(in) *m(f)*

ostréiculture [ɔstʀeikyltyʀ] *f* Austernzucht *f*

otage [ɔtaʒ] *m* Geisel *f*

O.T.A.N. [ɔtɑ̃] *f abr de* **Organisation du traité de l'Atlantique Nord** NATO *f*

otarie [ɔtaʀi] *f* Ohrenrobbe *f;* **~ à crinière** Seelöwe *m*

ôter [ote] <1> **I.** *vt* ❶ (*retirer*) entfernen; ausziehen *vêtement, gants;* abnehmen *chapeau;* **~ un vase de la table** eine Vase vom Tisch entfernen; **~ un noyau d'une cerise** einen Kern aus einer Kirsche entfernen ❷ (*faire disparaître*) beseitigen *goût, odeur, scrupules, remords* ❸ (*débarrasser*) abnehmen *menottes, pansements;* (*prendre*) wegnehmen *objet;* nehmen *envie, illusion;* **cela n'ôte rien à tes mérites** das schmälert deine Verdienste nicht ❹ (*retrancher*) **4 ôté de 9 égale 5** 4 von 9 abgezogen ergibt 5; **~ un nom d'une liste** einen Namen von einer Liste streichen **II.** *vpr* (*s'écarter*) **s'~** weggehen ▶ **ôte-toi de là que je m'y mette!** *hum fam* Platz da, jetzt komm ich!

otite [ɔtit] *f* Ohr[en]entzündung *f*

oto-rhino [ɔtɔʀino] <oto-rhinos> *mf abr de* **oto-rhino-laryngologiste** HNO-Arzt *m*

oto-rhino-laryngologiste [ɔtɔʀinolaʀɛ̃gɔlɔʒist] <oto-rhino-laryngologistes> *mf* Hals-Nasen-Ohren-Arzt *m*

ottoman [ɔtɔmɑ̃] *m* (*étoffe*) Ottoman *m*

ou [u] *conj* ❶ (*alternative*) oder; **~ bien** oder auch; **~ ... ~ ...** entweder ... oder ...; **c'est l'un ~ l'autre** entweder, oder ❷ (*sinon*) **~ [alors]** oder, sonst; **tu m'écoutes, ~ alors tu prends la porte** [entweder] du hörst mir jetzt zu[,] oder [aber] du verschwindest ❸ (*en d'autres termes*) oder [auch] ❹ (*approximation*) oder, bis

où [u] **I.** *pron* ❶ (*spatial sans déplacement*) wo; (*dans lequel*) in dem/der, wo; (*sur lequel*) auf dem/der; **là ~** da, wo ❷ (*spatial avec déplacement*) wohin; (*dans lequel*) in den/die/das; (*sur lequel*) auf den/die/das; **je le suis partout ~ il va** ich folge ihm überallhin; **d'~** woher; (*duquel*) aus dem/der; **d'~ il était, il ne voyait rien** von seinem Platz aus konnte er nichts sehen; **jusqu'~** bis wohin; (*jusqu'auquel*) bis zu dem/der; **par ~** durch den/die/das; **le chemin par ~ nous sommes passés** der Weg, den wir genommen haben ❸ (*temporel*) als (*fam*); *jour, matin, soir* an dem; *moment* in dem; *année, siècle* in dem ❹ (*abstrait*) **à l'allure ~ il va** bei seinem Tempo; **dans l'état ~ tu es** in deinem Zustand; **au prix ~ j'ai acheté cet appareil** zu dem Preis, zu dem ich diesen Apparat gekauft habe; **dans l'obligation ~ j'étais de partir** da ich [derart] gezwungen war zu gehen **II.** *adv interrog* ❶ (*spatial sans déplacement*) wo; **~ s'arrêter?** wo muss man aufhören? ❷ (*spatial avec déplacement*) wohin; **~ aller?** wohin soll ich/sie gehen?; **d'~ êtes-vous?** woher sind Sie?; **jusqu'~** bis wo[hin]; *a. fig* wie weit; **par ~** auf welchem Weg, wie ❸ (*abstrait*) **~ en étais-je?** wo war ich [stehen geblieben]?; **~ voulez-vous en venir?** worauf wollen Sie hinaus? **III.** *adv indéf* ❶ (*là où*) wo; *aller* wohin; **par ~ que vous passiez** auf welchem Weg Sie es auch [immer] versuchen; **~ les choses se gâtent, c'est lorsque ...** es wird dann schlimm, wenn ... ❷ (*de là*) **d'~ que vienne le vent** woher auch immer der Wind weht; **d'~ l'on peut conclure que ...** woraus man schließen kann, dass ...; **d'~ mon étonnement** daher mein Erstaunen

O

ouah [wa] *interj* ❶ (*cri du chien*) wau ❷ (*exprime l'admiration ou la joie*) **~!** o ja!

ouais [ˈwɛ] *adv fam* ❶ (*oui*) mhm ❷ (*sceptique*) soso ❸ (*hourra!*) **~!** juhu!

ouate [wat] *f* **~ [hydrophile]** Watte *f* ▶ **être élevé dans la ~** verhätschelt werden

ouaté(e) [wate] *adj bruit, pas* gedämpft; *atmosphère* behaglich, wohlig; **les bruits nous arrivent ~s** wir hören die Geräusche nur gedämpft [*o* wie durch Watte]

ouater [wate] <1> *vt* wattieren

oubli [ubli] *m* ❶ (*perte du souvenir*) Vergessen *nt; d'un détail* Auslassung *f* ❷ (*étourderie*) Versäumnis *nt;* **réparer un ~** ein Versäumnis nachholen; **par ~** aus [reiner] Vergesslichkeit ❸ (*lacune*) Lücke *f* ❹ *du devoir filial* Vernachlässigung *f; d'une promesse, règle* Nichteinhaltung *f;* **~ du devoir** Pflichtvergessenheit *f* ❺ (*détachement volontaire*) **l'~ de soi-même** die Selbstverleugnung

oublier [ublije] <1> **I.** *vt* ❶ (*ne plus se rappeler*) vergessen; **être oublié par qn/qc** von jdm/etw vergessen werden; *personne, événement:* bei jdm in Vergessenheit geraten sein; **qc ne doit pas faire ~ que ...** über etw (*dat*) darf man nicht vergessen, dass ... ❷ (*négliger*) vergessen; **se sentir oublié** sich im Stich gelassen fühlen; **n'oubliez pas le guide** denken Sie auch an [ein Trinkgeld für] den Führer; **il ne faudrait pas ~ que** man sollte berücksichtigen, dass; **sans ~ le patron/les accessoires** sowie der Chef/das Zubehör ❸ (*omettre*) vergessen; auslassen *mot, virgule;* **avoir oublié qn dans son testament** jdn in seinem Testament übergangen haben ❹ (*évacuer de son esprit*) vergessen *injure, querelle* ❺ (*manquer à*) vergessen; **~ un devoir/une obligation** einer Aufgabe/Verpflichtung (*dat*) nicht nachkommen ❻ (*laisser par inadvertance*) vergessen; liegen/hängen/stehen lassen *objets* ▶ **se faire ~** sich zurückhalten **II.** *vi* vergessen **III.** *vpr* ❶ (*sortir de l'esprit*) **qn/qc s'oublie** man vergisst jdn/etw ❷ (*ne pas penser à soi*) **s'~** sich selbst vergessen; **ne pas s'~** auch an sich denken ❸ (*se laisser aller*) **s'~** sich vergessen; **s'~ à faire qc** sich dazu hinreißen lassen, etw zu tun ❹ (*faire ses besoins*) **s'~** *personne:* sein Geschäft machen (*fam*); *animal:* sein Geschäft verrichten

oubliette [ublijɛt] *f* ❶ *pl* (*placard*) Versenkung *f* ❷ *pl* (*cachot*) Verlies *nt* ❸ (*fosse*) Fallgrube *f*

ouèbe [wɛb] *m fam* Internet *nt*

ouest [wɛst] *inv* **I.** *m* (*point cardinal*) Westen *m;* **l'~** der Westen; **à [*o* dans] l'~** in den/im Westen; **à [*o* vers] l'~** nach Westen; **à l'~ de qc** westlich von etw; **vent d'~** Westwind; **les régions de l'~** die Gebiete im Westen ▶ **être à l'~** *fam* neben der Kappe sein, neben sich stehen **II.** *adj* West-; *banlieue, longitude, partie* westlich

Ouest [wɛst] *m inv* (*région, pays*) Westen *m;* **l'~** der Westen; **les pays de l'~** die westlichen Staaten; **les gens de l'~** die Leute aus dem Westen; **l'autoroute de l'~** die Autobahn nach Westen; **le conflit entre l'Est et l'~** der Ost-West-Konflikt

ouest-allemand(e) [wɛstalmɑ̃, ɑ̃d] <ouest-allemands> *adj* westdeutsch

ouest-nord-ouest [wɛstnɔʀwɛst] *m inv* Westnordwesten *m* **ouest-sud-ouest** [wɛstsydwɛst] *m inv* Westsüdwesten *m*

ouf[1] [ˈuf] *interj* uff; **faire ~** aufatmen

ouf[2] [ˈuf] *adj inv fam* (*fou*) gaga

oui [ˈwi] **I.** *adv* ❶ (*opp: non*) ja; **~ ou non?** ja oder nein?; **répondre par ~ ou par non** mit einem klaren Ja oder Nein antworten ❷ (*intensif*) ja [,wirklich]; **ah [*o* ça] ~, [alors]!** oh ja [, das kann man wohl sagen]!; **hé ~!** leider ja!; **~ ou merde?** *fam* oder was ist?; **alors, tu arrives, ~?** *fam* kommst du jetzt endlich?; **que ~!** *fam* na klar! ❸ (*substitut d'une proposition*) **croire/penser que ~** schon glauben/denken; **craindre/dire que ~** es befürchten/sagen; **je dirais que ~** ich würde [schon] ja sagen **II.** *m inv* ❶ (*approbation*) Ja *nt;* **~ à qn/qc** Ja zu jdm/etw ❷ (*suffrage*) Jastimme *f* ▶ **pour un ~ [ou] pour un non** wegen nichts und wieder nichts

ouï-dire [ˈwidiʀ] *m inv* Gerücht *nt;* **apprendre par ~** gerücht[e]weise erfahren; **savoir/connaître par ~** vom Hörensagen wissen/kennen

ouïe [wi] *f* ❶ (*audition*) Gehör *nt* ❷ ZOOL Kieme *f*

ouille [ˈuj] *interj* au[a]

ouistiti [ˈwistiti] *m* ❶ ZOOL Pinseläffchen *nt* ❷ *fam* (*zigoto*) Heini *m;* **être un drôle de ~** *fam* ein komischer Vogel sein

oups [ups] *interj* ups, hoppla

ouragan [uʀagɑ̃] *m* ❶ (*tempête*) Orkan *m* ❷ (*déchaînement*) Wirbel *m;* **un ~ de protestations** ein Sturm der Entrüstung; **un ~ de clameurs** [ein] riesiges Geschrei ❸ (*personne déchaînée*) Wirbelwind *m* ▶ **arriver en [*o* comme un] ~** angestürmt kommen

ourler [uʀle] <1> *vt* [ein]säumen

ourlet [uʀlɛ] *m* Saum *m*
ours [uʀs] **I.** *m* ❶ ZOOL Bär *m;* ~ **blanc** [*o* **polaire**]/**brun** Eis-/Braunbär; *v. a.* **ourse** ❷ (*jouet d'enfant*) **un ~ en peluche** ein Plüschbär ❸ *fam* (*misanthrope*) Brummbär *m;* **vivre comme un ~** wie ein Einsiedler leben ▶ ~ **mal léché** *fam* Rüpel *m* **II.** *adj inv fam* griesgrämig
ourse [uʀs] *f* Bärin *f; v. a.* **ours** ▶ **la Grande/Petite Ourse** ASTRON der Große/Kleine Bär [*o* Wagen]
oursin [uʀsɛ̃] *m* Seeigel *m*
ourson [uʀsɔ̃] *m* Bärenjunge(s) *nt*
oust[e] [ˊust] *interj fam* (*pour chasser qn*) weg mit dir/euch!; (*pour presser qn*) hopp[, hopp]
out [ˊaut] *adj* ❶ (*au tennis*) aus; **être ~** *balle:* aus [*o* im Aus] sein ❷ (*à la boxe*) k. o. ❸ *fam* (*hors service*) kaputt; (*chose*) hin; (*personne*) k. o. ❹ (*passé de mode*) out
outil [uti] *m* ❶ (*instrument*) Werkzeug *nt; de navigation* Instrument *nt;* ~ **agricole** landwirtschaftliches Gerät ❷ INFORM Tool *nt;* ~ **de recherche** Suchmaschine *f* ❸ (*personne*) Werkzeug *nt;* (*ressource*) Handwerkszeug *nt; de production* -anlage *f;* **l'~ de travail** das Werkzeug
outillage [utijaʒ] *m* Werkzeug *nt; d'un artisan* Handwerkszeug; *d'un jardinier* [Garten]geräte; *d'un atelier* Ausstattung *f;* **une usine d'~** eine Werkzeugmaschinenfabrik
outiller [utije] <1> **I.** *vt* ausstatten *atelier;* ~ **qn** jdn ausrüsten; *fig* jdm das notwendige Rüstzeug mitgeben; **être outillé pour faire qc** dafür ausgerüstet sein etw zu tun; *établissement:* darauf eingerichtet sein etw zu tun **II.** *vpr* **s'~ en/pour qc** sich mit/für etw ausrüsten
outing [autiŋ] *m d'une personne* Outing *nt*
outrage [utʀaʒ] *m* Beleidigung *f;* JUR ~ **à agent** Beamtenbeleidigung; ~ **à magistrat** Missachtung *f* [der Würde] des Gerichts; ~ **aux bonnes mœurs** ≈ Verstoß *m* gegen die öffentliche Moral; ~ **à la pudeur** Erregung *f* öffentlichen Ärgernisses
outrageant(e) [utʀaʒɑ̃, ʒɑ̃t] *adj* beleidigend; *critique, propos, paroles* kränkend; *geste* unverschämt; *acte de barbarie* empörend
outrager [utʀaʒe] <2a> *vt* beleidigen; **d'un air outragé** mit beleidigter/gekränkter Miene
outrageusement [utʀaʒøzmɑ̃] *adv* übertrieben
outrance [utʀɑ̃s] *f* Übertreibung *f;* **à ~** bis zum Äußersten; **la guerre à ~** der totale Krieg; **avec ~** ohne Maß [und Ziel]
outrancier, -ière [utʀɑ̃sje, -jɛʀ] *adj propos* übertrieben; **des termes ~s** Übertreibungen *Pl*
outre¹ [utʀ] *f* (*sac*) Schlauch *m* ▶ **être gonflé** [*o* **plein**] **comme une ~** voll wie eine Haubitze sein (*fam*)
outre² [utʀ] **I.** *prép* (*en plus de*) außer; ~ [**le fait**] **que cela est connu** außer, dass dies bekannt ist **II.** *adv* **en ~** außerdem
outre-Atlantique [utʀatlɑ̃tik] *adv* auf der anderen/die andere Seite des Atlantiks
outrecuidance [utʀəkɥidɑ̃s] *f soutenu* ❶ (*impertinence*) Unverfrorenheit *f* ❷ (*fatuité*) Überheblichkeit *f*
outrecuidant(e) [utʀəkɥidɑ̃, ɑ̃t] *adj soutenu* ❶ (*impertinent*) impertinent ❷ (*fat*) dünkelhaft
outre-Manche [utʀəmɑ̃ʃ] *adv* auf der anderen/die andere Seite des [Ärmel]kanals
outremer [utʀəmɛʀ] **I.** *m* ❶ MINER Lapis[lazuli] *m* ❷ (*bleu*) Ultramarin[blau] *nt* **II.** *adj inv* ultramarin[blau]
outre-mer [utʀəmɛʀ] *adv* in Übersee
outrepasser [utʀəpɑse] <1> *vt* überschreiten *droits, limites, pouvoir;* sich über etw (*akk*) hinwegsetzen *ordre*
outrer [utʀe] <1> *vt* ❶ (*exagérer*) übertreiben; ~ **son jeu** *acteur:* [seine Rolle] überziehen; **être outré** *portrait:* überzeichnet sein ❷ (*scandaliser*) entrüsten; *personne:* empören; **être outré de** [*o* **par**] **qc** über etw (*akk*) empört sein
outre-Rhin [utʀəʀɛ̃] *adv* in/nach Deutschland **outre-tombe** [utʀətɔ̃b] *adv* im Jenseits; **d'~** aus dem Jenseits
outsider [autsajdœʀ] *m* Außenseiter *m*
ouvert(e) [uvɛʀ, ɛʀt] **I.** *part passé de* **ouvrir** **II.** *adj* ❶ *bouche, yeux* offen; *col, fenêtre, robinet, valise* geöffnet; *fleur* geöffnet; **être ~** *porte:* auf sein; **être grand ~** *yeux:* weit aufgerissen sein ❷ *magasin* geöffnet; *téléski* in Betrieb; **être ~** *fam magasin, boulanger:* geöffnet haben; *centre commercial:* offen sein; **être ~ à qn/qc** für jdn/etw geöffnet sein; *autoroute:* für jdn/etw freigegeben sein ❸ (*commencé*) **être ~** *foire, enquête, pêche:* eröffnet werden/sein; *chasse:* offen sein ❹ MED *fracture, plaie* offen ❺ *jeu, partie* offen ❻ *débat, compétition* offen ❼ *conflit, lettre* offen; *guerre* erklärt; **d'une façon ~e** offen ❽ *personne, visage* offen ❾ (*éveillé*) aufgeschlossen; **être ~ à qn/qc** offen für jdn/etw sein; **être ~ sur le monde** weltoffen sein ❿ LING *son, voyelle* offen ⓫ *rade, ville* offen

O

ouvertement [uvɛʀtəmɑ̃] *adv* ① offen [und ehrlich] ② (*publiquement*) öffentlich

ouverture [uvɛʀtyʀ] *f* ① *d'une porte, valise* Öffnen *nt; d'une barrière* Öffnung *f; d'un robinet* Aufdrehen *nt;* **l'~ de cette porte est automatique** [diese] Tür öffnet [sich] automatisch ② *d'une frontière, d'un magasin* Öffnung *f;* **les jours/heures d'~** die Öffnungstage/-zeiten; *d'une banque* die Geschäftszeiten ③ (*commencement*) Eröffnung *f; des travaux* Beginn *m;* **la séance d'~** die Eröffnungssitzung ④ (*orifice*) Öffnung *f; d'un volcan* [Krater]öffnung *f* ⑤ (*inauguration*) **l'~ [au public]** die Eröffnung; *d'une route* Freigabe *f* ⑥ (*attitude ouverte*) Offenheit *f;* **~ d'esprit** Aufgeschlossenheit *f;* **ton ~ sur le monde** deine Weltoffenheit; **l'~ sur l'Europe** die Öffnung nach Europa ⑦ *pl de négociations, paix* -angebot *nt* ⑧ MUS Ouvertüre *f* ⑨ PHOT Blende *f* ⑩ COM, JUR *d'un compte, d'une succession* Eröffnung *f; d'un crédit* Freigabe *f; d'une information judiciaire* Einleitung *f* ⑪ INFORM **~ d'une session** Login *nt* ▶ **faire l'~** *fam* (*d'un magasin*) aufschließen; (*de la saison*) an der Saisoneröffnung teilnehmen

ouvrable [uvʀabl] *adj jour* Werk-; *heures* Öffnungs-

ouvrage [uvʀaʒ] **I.** *m* ① (*objet fabriqué*) Arbeit *f;* **~ de sculpture** Bildhauerarbeit ② (*livre*) **~ d'histoire** Werk *nt* über Geschichte ③ (*travail*) Arbeit *f;* COUT [Hand]arbeit; **table à ~** Nähtisch; **se mettre à l'~** sich ans Werk machen ▶ **~ d'art** Brücken-/Tunnel-/Grabenkonstruktion *f* **II.** *f fam* **de la belle ~** eine gelungene Arbeit

ouvragé(e) [uvʀaʒe] *adj* kunstvoll gearbeitet; *signature* kunstvoll

ouvrant(e) [uvʀɑ̃, ɑ̃t] *adj* **toit ~** Schiebedach *nt*

ouvré(e) [uvʀe] *adj jour* Arbeits-

ouvre-boîte [uvʀəbwat] <ouvre-boîtes> *m* Dosenöffner *m* **ouvre-bouteille** [uvʀ(ə)butɛj] <ouvre-bouteilles> *m* Flaschenöffner *m*

ouvreur, -euse [uvʀœʀ, -øz] *m, f* CINE, THEAT Platzanweiser(in) *m(f)*

ouvrier, -ière [uvʀije, -ijɛʀ] **I.** *adj classe, mouvement, quartier, syndicat* Arbeiter-; *conflit, législation* Arbeits-; *condition* der Arbeiter; *militant* der Arbeiterbewegung **II.** *m, f* (*travailleur manuel*) Arbeiter(in) *m(f);* **~ d'usine** Fabrikarbeiter *m;* **~ professionnel** [*o* **qualifié**] Facharbeiter *m;* **~ spécialisé** Hilfsarbeiter *m*

ouvrière [uvʀijɛʀ] *f* (*abeille, termite, fourmi*) Arbeiterin *f*

ouvrir [uvʀiʀ] <11> **I.** *vt* ① (*opp: fermer*) öffnen, aufmachen; (*à clé*) aufschließen; aufschlagen *livre, yeux;* **~ grand ses oreilles/le bec** die Ohren/den Schnabel weit aufsperren ② *fam* (*faire fonctionner*) anmachen *chauffage;* einschalten *télé;* öffnen *robinet, gaz* ③ (*écarter, déployer*) öffnen; ausbreiten *bras;* aufschlagen *éventail;* aufspannen *parapluie;* aufziehen *rideaux* ④ (*débloquer, frayer*) **~ une issue/un passage à qn/qc** jdm/einer S. einen Zugang schaffen/eine Passage freimachen; **~ à la navigation** für die Schifffahrt freigeben ⑤ (*rendre accessible*) **~ une frontière à qn** eine Grenze für jdn öffnen; **~ à qn les portes de qc** jdm zu etw Zutritt verschaffen; **~ des horizons/perspectives à qn** jdm [neue] Horizonte/Perspektiven eröffnen ⑥ (*fonder, créer*) eröffnen ⑦ (*inaugurer*) **~ qc par qc** etw mit etw eröffnen ⑧ (*commencer*) eröffnen; in Gang bringen *dialogue* ⑨ SPORT eröffnen *piste, slalom;* **~ la marque** [*o* **le score**] den ersten Treffer erzielen ⑩ (*être en tête de*) eröffnen *marche, procession;* **~ une liste** auf Platz 1 einer Liste (*gen*) stehen ⑪ (*percer*) öffnen *abcès, ventre;* schlagen *brèche;* bauen *route* ⑫ (*provoquer une blessure*) aufreißen *jambe, ventre;* ein Loch schlagen in (+ *akk*) *crâne* ⑬ FIN **~ un compte à qn** ein Konto für jdn eröffnen; **~ un crédit à qn** jdm einen Kredit gewähren ⑭ JUR eröffnen, einleiten *enquête, information* ▶ **l'~** *fam* die Klappe aufmachen **II.** *vi* ① (*donner sur*) **~ sur qc** auf etw (*akk*) gehen; *porte:* auf etw (*akk*) führen ② (*être accessible au public*) **~ le lundi** montags geöffnet sein; *magasin:* montags geöffnet sein; *cinéma, théâtre:* montags Vorstellung haben; (*être rendu accessible au public*) **~ à 15 h** *magasin:* um 15 Uhr öffnen; *cinéma, théâtre:* um 15 Uhr Einlass haben ③ (*commencer*) **~ par qc** mit etw beginnen **III.** *vpr* ① (*opp: se fermer*) **s'~** sich öffnen; *fenêtre, livre, porte, fleur:* sich öffnen; *parapluie, vêtement:* aufgehen; *bras:* sich öffnen; *foule:* sich teilen; **mal s'~** schwer aufgehen ② (*devenir accessible à*) **s'~ au commerce** sich dem Handel öffnen; **s'~ à l'extérieur** sich [nach außen] öffnen; **s'~ au monde** beginnen die Welt wahrzunehmen ③ (*commencer*) **s'~ par qc** mit etw beginnen; *exposition, séance:* mit etw eröffnet werden ④ (*se blesser*) **s'~ les veines** sich (*dat*) die Adern aufschneiden; **s'~ la lèvre** sich (*dat*) die Lippe aufbeißen; **s'~ la jambe/le crâne** sich (*dat*) das Bein/den Kopf aufschlagen

ovaire [ɔvɛʀ] *m* ① Eierstock *m* ② BOT Fruchtknoten *m*

ovale [ɔval] **I.** *adj* oval **II.** *m* Oval *nt*

ovation [ɔvasjɔ̃] *f* stürmischer Beifall *kein Pl;* **faire une ~ à qn** jdm stürmischen Beifall klatschen

ovationner [ɔvasjɔne] <1> *vt* **~ qn** jdm zujubeln; **se faire ~ par qn** von jdm stürmischen Beifall ernten

overdose [ɔvœʀdoz, ɔvɛʀdoz] *f* Überdosis *f kein Pl*

ovin [ɔvɛ̃] *m* Schaf *nt;* **l'élevage des ~s** die Schafzucht

ovin(e) [ɔvɛ̃, in] *adj race* der Schafe

ovipare [ɔvipaʀ] **I.** *adj* Eier legend; *reproduction* durch Eiablage; **être ~** Eier legen **II.** *m* Eier legendes Tier

OVNI [ɔvni] *m abr de* **objet volant non identifié** UFO *nt,* Ufo *nt*

ovulation [ɔvylasjɔ̃] *f* Eisprung *m*

ovule [ɔvyl] *m* ① Eizelle *f* ② BOT Samenanlage *f* ③ PHARM Vaginalzäpfchen *nt*

ovuler [ɔvyle] <1> *vi* einen Eisprung haben

oxydable [ɔksidabl] *adj* oxidierbar, oxydierbar

oxydant [ɔksidɑ̃] *m* Oxydationsmittel *nt*

oxydation [ɔksidasjɔ̃] *f* Oxidation *f,* Oxydation *f*

oxyde [ɔksid] *m* Oxid *nt,* Oxyd *nt;* **~ de carbone** Kohlenmonoxid [*o* -oxyd]

oxyder [ɔkside] <1> *vt, vpr* **[s']~** oxidieren, oxydieren

oxygénation [ɔksiʒenasjɔ̃] *f* Sauerstoffzufuhr *f*

oxygène [ɔksiʒɛn] *m* ① CHIM Sauerstoff *m* ② (*air pur*) frische Luft ③ (*souffle nouveau*) frischer Wind

oxygéné(e) [ɔksiʒene] *adj cheveux* blondiert; **eau ~e** Wasserstoffperoxid *nt*

oxygéner [ɔksiʒene] <5> **I.** *vt* blondieren *cheveux* **II.** *vpr* **s'~** frische Luft tanken

oyez [ɔje] *indic prés de* **ouïr**

ozone [ozon, ɔzɔn] *f* Ozon *nt*

Pp

P, p [pe] *m inv* P *nt,* p *nt*

pacemaker [pɛsmɛkœʀ] *m* [Herz]schrittmacher *m*

pacha [paʃa] *m* ① HIST Pascha *m* ② *fam* Pascha *m*

pachyderme [paʃidɛʀm, pakidɛʀm,] *m* Dickhäuter *m*

pacification [pasifikasjɔ̃] *f* ① (*restauration de la paix*) Befriedung *f,* Herstellung *f* des Friedens ② (*apaisement*) Beruhigung *f*

pacifier [pasifje] <1a> *vt* ① (*restaurer la paix*) befrieden ② *soutenu* (*apaiser*) beruhigen

pacifique [pasifik] *adj* friedlich; *personne, pays, peuple* friedliebend, friedlich

Pacifique [pasifik] *m* **le ~** der Pazifik

pacifiquement [pasifikmɑ̃] *adv* friedlich, auf friedlichem Wege

pacifisme [pasifism] *m* Pazifismus *m*

pacifiste [pasifist] **I.** *adj doctrine, idéal* pazifistisch; *manifestation, marche* Friedens- **II.** *mf* Pazifist *m*

pack [pak] *m* Großpackung *f*

package [pakɛdʒ, paka(d)ʒ] *m* ① INFORM Programmpaket *nt* ② ECON Pauschalangebot *nt*

packaging [paka(d)ʒiŋ] *m* [Verkaufs]verpackung *f*

pacotille [pakɔtij] *f* (*mauvaise marchandise*) Ramsch *m;* (*bijoux*) Talmi *nt;* **de ~** unecht; *fig* falsch, Schein-

Pacs [paks] *m abr de* **Pacte civil de solidarité** [*zivilrechtlich geregelte*] *eheähnliche Lebensgemeinschaft*

pacser [pakse] <1> **I.** *vi* einen „Pacs" abschließen **II.** *vpr* **se ~** in einem eheähnlichen Verhältnis leben

pacte [pakt] *m* Pakt *m,* Abkommen *nt;* **~ d'alliance** Bündnispakt [*o* -abkommen]; **le ~ de Varsovie** der Warschauer Pakt

pactole [paktɔl] *m* Sümmchen *nt* (*fam*), Batzen *m* (*fam*); **~ du loto** Hauptgewinn *m* im Lotto; **c'est le ~** das ist eine wahre Goldgrube

paella [pae(l)ja, paela] *f* Paella *f*
paf [paf] **I.** *interj* ❶ (*bruit*) peng! ❷ *fam* (*et toc*) zack! **II.** *adj pop* blau (*fam*)
pagaïe [pagaj] *f fam* Durcheinander *nt,* Chaos *nt* ▶ **mettre la ~ dans qc** in etw (*dat*) ein Chaos anrichten; **en ~** (*en quantité*) in Massen; (*en désordre*) unaufgeräumt
pagaie [pagɛ] *f* Paddel *nt*
pagaille [pagaj] *f v.* **pagaïe**
pagayer [pageje] <7> *vi* paddeln
pagayeur, -euse [pagɛjœʀ, -øz] *m, f* Paddler(in) *m(f)*
page [paʒ] *f* ❶ (*feuillet*) Seite *f;* (*deux côtés*) Blatt *nt; d'un cahier, livre* Seite, -seite; **la ~ des sports** die Sportseite, der Sportteil; **en ~ 20** auf Seite 20; **~ de publicité** (*à la radio, télévision*) Werbespot *m;* (*dans la presse écrite*) Reklameseite ❷ (*événement, épisode*) Kapitel *nt;* **une ~ glorieuse de l'Histoire** ein ruhmreiches Blatt der Geschichte ❸ INFORM **~ personnelle/d'accueil** Homepage *f;* **~ d'atterrissage** Landing Page *f;* **~ de codes** Codepage *f;* **~ visitée** geladene Seite; **~ web** Webseite; **accéder à une ~** auf eine Seite zugreifen; **visiter une ~** eine Seite laden; **bas de ~** Seitenende *nt;* **pied de ~** Fußzeile *f;* **haut de ~** Seitenanfang *m* ▶ **~ blanche** *a. fig* unbeschriebenes Blatt; **première ~** Titelseite *f,* erste Seite; **tourner la ~** (*pour finir*) einen Schlussstrich ziehen; (*pour recommencer*) ein neues Kapitel aufschlagen

P

page-écran [paʒekʀɑ̃] <pages-écran[s]> *f* INFORM Bildschirmseite *f*
pageot [paʒo] *m pop* Falle *f* (*fam*), Klappe *f* (*fam*), Kiste *f* (*fam*)
pagination [paʒinasjɔ̃] *f* Paginierung *f* (*Fachspr.*)
paginer [paʒine] <1> *vt* mit Seitenzahlen versehen; **être bien/mal paginé** *livre:* richtig/falsch paginiert sein
pagode [pagɔd] *f* Pagode *f;* **toit en ~** Stufendach *nt*
paie[1] [pɛ] *f d'un ouvrier, salarié* Lohn *m; d'un employé* Gehalt *nt*
paie[2] [pɛ] *indic et subj prés de* **payer**
paiement [pɛmɑ̃] *m* (*action de payer*) Bezahlung *f; d'une amende, des impôts* Zahlung *f; d'une dette* Rückzahlung *f,* Bezahlung; **~ à la séance** TV Pay-per-View *nt*
païen(ne) [pajɛ̃, jɛn] **I.** *adj* ❶ heidnisch ❷ *soutenu* (*impie*) unchristlich; *vie* gottlos; *bonheur* weltlich **II.** *m(f)* ❶ Heide *m*/Heidin *f* ❷ *soutenu* (*impie*) Heide *m*/Heidin *f* ▶ **jurer comme un ~** gotteslästerlich fluchen
paierai [pɛʀɛ] *fut de* **payer**
paillard(e) [pajaʀ, jaʀd] **I.** *adj propos, sens* anzüglich; *chanson, histoire* schlüpfrig **II.** *m(f)* (*homme*) Wüstling *m;* (*femme*) liederliches Frauenzimmer
paillasse [pajas] *f* ❶ Matratze *f* ❷ (*plan de travail*) Arbeitsplatte *f* ▶ **crever la ~ à qn** *fam* jdn abschlachten (*sl*)
paillasson [pajasɔ̃] *m* Fußmatte *f*
paille [pɑj] *f* ❶ (*chaume*) Stroh *nt* ❷ (*tiges tressées*) Geflecht *nt* ❸ (*pour boire*) Strohhalm *m* ▶ **tirer à la courte ~** [mit Streichhölzern] knobeln
pailleter [pɑj(ə)te] <3> *vt* mit Pailletten besetzen [*o* besticken] *robe;* streuen auf (+ *akk*) *cheveux*
paillette [pɑjɛt] *f* ❶ COUT Paillette *f;* **des ~s argentées/d'or** Silber-/Goldpailletten *Pl* ❷ (*lamelle*) Plättchen *nt* ❸ (*petite particule*) **en ~s** in Flocken
pain [pɛ̃] *m* ❶ (*aliment*) Brot *nt;* **un ~ d'un kilo** ein Kilo[laib *m*] *nt* Brot; **~ au chocolat** Schoko-Croissant *m* ❷ GASTR *de poisson* -pastete *f; de légumes* -auflauf *m* ❸ (*nourriture*) Lebensunterhalt *m* ▶ **ôter** [*o* **retirer**] **à qn le ~ de la bouche** jdn ruinieren; **avoir du ~ sur la planche** *fam* viel um die Ohren haben; **gagner son ~ à la sueur de son front** *soutenu* sein Brot im Schweiße seines Angesichts verdienen; **petit ~** Brötchen *nt,* Gebäck *nt* (A); **être [mis] au ~ sec** auf Wasser und Brot gesetzt werden; **elle ne mange pas de ce ~-là** das ist nicht ihr Fall; **ça ne mange pas de ~** *fam* es kann nicht[s] schaden
paintball [peintbol] *m sans pl* SPORT Paintball *m*
pair [pɛʀ] *m* ▶ **aller de ~ avec qc** mit etw einhergehen; **au pair** gegen Unterkunft und Verpflegung; **une jeune fille/un jeune homme au ~** ein Aupairmädchen *nt*/-junge *m*; **hors [de] ~** unvergleichlich
pair(e) [pɛʀ] *adj* ❶ (*divisible par deux*) gerade ❷ (*au nombre de deux*) paarig
pair à pair [pɛʀapɛʀ] *inv adj* INFORM, ECON **réseau [de] ~** Peer-to-Peer-Netzwerk *nt*
paire [pɛʀ] *f* ❶ (*ensemble de deux*) Paar *nt; de chaussures, gants* ein Paar; *de claques, gifles* ein paar; **une ~ de ciseaux/lunettes/tenailles** eine Schere/Brille/[Beiß]zange ❷ JEUX Paar *nt,* Pärchen *nt* ▶ **c'est une autre ~ de manches** *fam* das sind zwei Paar Stiefel; **les deux font la ~** *fam* die zwei haben sich gesucht und gefunden

paisible [pezibl] *adj décor, endroit* friedlich; *vie, quartier* ruhig

paisiblement [peziblәmɑ̃] *adv* in aller Ruhe

paître [pɛtʀ] *<irr>* **I.** *vi* weiden; **faire ~ des animaux** Tiere weiden [lassen] **II.** *vt* abweiden

paix [pɛ] *f* ① (*opp: guerre*) Frieden *m;* (*traité*) Friedensvertrag *m;* **des manifestations en faveur de la ~** Friedensdemonstrationen *Pl* ② (*entente*) Frieden *m,* Eintracht *f* ③ (*tranquillité*) Ruhe *f;* **la ~!** *fam* Ruhe [jetzt]!; **avoir la ~** seine Ruhe haben; **laisser qn en ~** jdn zufriedenlassen ►**faire la ~ avec qn** mit jdm Frieden schließen; (*avec un ami*) sich mit jdm versöhnen; **qu'il repose en ~!** er ruhe in Frieden!

Pakistan [pakistɑ̃] *m* **le ~** Pakistan *nt*

pakistanais [pakistanɛ] *m* Pakistanisch *nt; v. a.* **allemand**

pakistanais(e) [pakistanɛ, ɛz] *adj* pakistanisch

Pakistanais(e) [pakistanɛ, ɛz] *m(f)* Pakistaner(in) *m(f),* Pakistani *mf*

PAL [pal] *inv abr de* **phase alternating line** **I.** *m* PAL-System *nt;* **être en ~** *programmes:* im PAL-System ausgestrahlt werden **II.** *app* PAL; **le système ~** das PAL-System

palace [palas] *m* Luxushotel *nt*

palais[1] [palɛ] *m* Palast *m;* **~ des Papes** Papstpalais *nt;* **~ des sports** Sporthalle *f;* **Palais fédéral** CH Bundeshaus *nt;* **~ de l'Elysée** Élyséepalast *m* (*Amtssitz des französischen Staatspräsidenten*)*;* **Palais de Justice** Gericht[sgebäude] *nt;* (*à Paris*) der Justizpalast

palais[2] [palɛ] *m* ANAT Gaumen *m* ►**avoir le ~ fin** ein Feinschmecker sein

Palais-Bourbon [palɛbuʀbɔ̃] *m sans pl* Palais *nt* Bourbon (*Sitz der französischen Nationalversammlung in Paris*)

palatal(e) [palatal, -o] <-aux> *adj* palatal

palatale [palatal] *f* PHON Palatal[laut *m*] *m*

palatin(e) [palatɛ̃, in] *adj* GEOG pfälzisch

Palatinat [palatina] *m* **le ~** die Pfalz

pâle [pɑl] *adj* ① *personne, teint* blass ② *ciel, couleur, soleil* blass, fahl; *lueur, lumière* schwach ③ (*clair*) blass, zart

pale [pal] *f d'un aviron, d'une rame, hélice d'avion* Blatt *nt; d'une hélice de navire* Flügel *m*

palefrenier, -ière [palfʀәnje, -jɛʀ] *m, f* Stallbursche *m*/Stallmagd *f*

paléolithique [paleɔlitik] **I.** *adj* altsteinzeitlich **II.** *m* Altsteinzeit *f*

paléontologie [paleɔ̃tɔlɔʒi] *f* Paläontologie *f*

paléontologiste [paleɔ̃tɔlɔʒist] *mf,* **paléontologue** [paleɔ̃tɔlɔg] *mf* Paläontologe *m*/Paläontologin *f*

Palestine [palɛstin] *f* **la ~** Palästina *nt*

palestinien(ne) [palɛstinjɛ̃, jɛn] *adj* palästinensisch

Palestinien(ne) [palɛstinjɛ̃, jɛn] *m(f)* Palästinenser(in) *m(f)*

palet [palɛ] *m* ① SPORT Puck *m* ② (*pour jouer à la marelle*) Spielstein *m* ③ GASTR Keks *m*

paletot [palto] *m fam* Strickjacke *f*

palette [palɛt] *f* ① (*plateau de chargement*) Palette *f;* **~ de farine/lessive/papier** Palette Mehl/Waschmittel/Papier ② (*ensemble de couleurs, ustensile du peintre*) [Farben]palette *f* ③ (*gamme*) **~ de produits** Produktpalette *f* ④ **~ de ping-pong** CAN (*raquette de tennis de table*) Tischtennisschläger *m*

pâleur [pɑlœʀ] *f d'une personne, de la peau, du teint* Blässe *f; du ciel* fahle Farbe

pâlichon(ne) [pɑliʃɔ̃, ɔn] *adj fam personne* blässlich; *soleil* fahl; *sourire* schwach

palier [palje] *m* (*plateforme d'escalier*) Treppenabsatz *m;* **habiter sur le même ~** auf derselben Etage wohnen

pâlir [pɑliʀ] <8> *vi* (*devenir pâle*) blass werden; **~ d'envie** vor Neid (*dat*) erblassen

palissade [palisad] *f* ① (*de pieux*) Palisade *f,* Palisadenzaun *m* ② (*de planches*) Bretterzaun *m*

palliatif [paljatif] *m* ① (*mesure provisoire*) Notbehelf *m* ② MED Linderungsmittel *nt*

palliatif, -ive [paljatif, -iv] *adj* [schmerz]lindernd

pallier [palje] <1a> *vt* ① (*compenser*) **~ qc par qc** etw durch etw ausgleichen ② (*atténuer*) **~ les effets de la crise par qc** die Auswirkungen der Krise durch etw mildern ③ (*remédier à*) beheben *désagrément, vice*

palmarès [palmaʀɛs] *m* ① (*liste des lauréats*) Liste *f* der Preisträger ② *d'un sportif* Liste *f* der Siege; *d'un romancier, cinéaste, acteur* Liste der Erfolge

palme [palm] *f* ① BOT Palm[en]zweig *m* ② SPORT Schwimmflosse *f;* **~ de plongée** Tauchflosse *f* ③ (*symbole de victoire*) Siegespalme *f* (*geh*); **Palme d'or** goldene Palme (*Siegerpreis bei den Filmfestspielen in Cannes*)*;* **décerner la ~ à qn** jdn zum Sieger erklären

palmé(e) [palme] *adj main* mit Schwimm-

P

häuten [versehen]; *feuille* fächerförmig; **pied ~/patte ~e** Schwimmfuß *m*

palmeraie [palmәʀɛ] *f* Palmenhain *m*

palmier [palmje] *m* ❶ BOT Palme *f* ❷ GASTR ≈ Schweinsohr *nt*

palmipède [palmipɛd] **I.** *adj* **oiseau ~** Schwimmvogel *m* **II.** *m* Schwimmvogel *m*

palombe [palɔ̃b] *f* Ringeltaube *f*

pâlot(te) [pɑlo, ɔt] *adj* blässlich

palourde [paluʀd] *f* Venusmuschel *f*

palpable [palpabl] *adj* ❶ *a.* MED (*qui peut être touché*) fühlbar ❷ (*concret*) *élément* greifbar; *preuve* handfest; *changement* spürbar

palper [palpe] <1> *vt* ❶ (*toucher*) befühlen *tissu, fruit, billet de banque* ❷ MED **~ qc à qn** jdm etw abtasten

palpitant(e) [palpitɑ̃, ɑ̃t] *adj vacances* aufregend; *aventure, histoire, livre a.* spannend

palpitation [palpitasjɔ̃] *f* ❶ *gén pl* (*battement du cœur*) Herzklopfen *nt;* **sentir les ~s de son cœur** seinen Herzschlag spüren ❷ MED **avoir des ~s** einen beschleunigten Herzschlag haben ❸ (*contraction, frémissement*) *d'un animal, de la paupière* Zucken *nt*

palpiter [palpite] <1> *vi* ❶ *cœur:* [schneller] schlagen [*o* klopfen] ❷ (*se contracter*) *animal:* [krampfartig] zucken

palu [paly] *m abr de* **paludisme** Malaria *f*

paluche [palyʃ] *f pop* Flosse *f* (*fam*); **ôte donc tes ~s de là!** Pfoten weg! (*fam*)

paludisme [palydism] *m* Malaria *f*

pâmer [pɑme] <1> *vpr* **se ~ de joie** außer sich vor Freude (*dat*) sein

pampa [pɑ̃pa] *f* Pampa *f*

pamphlet [pɑ̃flɛ] *m* Pamphlet *nt*

pamplemousse [pɑ̃plәmus] *m* Pampelmuse *f,* Grapefruit *f*

pan [pɑ̃] *m* ❶ *d'une chemise, d'un manteau* Zipfel *m;* **être/se promener en ~s de chemise** im Hemd sein/im Hemd herumlaufen ❷ *d'un immeuble, d'une vie, affiche* Teil *m;* **~ de mur** (*intérieur*) Stück [von der] Wand; (*extérieur*) Stück [von der] Mauer

panacée [panase] *f* Allheilmittel *nt*

panache [panaʃ] *m* ❶ (*bravoure*) Schneid *m* ❷ (*plumet*) Federbusch *m* ❸ (*coiffure, plumes en forme de panache*) Busch *m* ❹ (*nuage*) **~ de fumée** Rauchwolke *f*

panaché [panaʃe] *m* Panaschee *nt,* Radler *m* (SDEUTSCH), Alsterwasser *nt* (NDEUTSCH)

panacher [panaʃe] <1> *vt, vi* (*mélanger*) mischen *couleurs;* Abwechslung bringen in (+ *akk*) *exercices, programmes*

panade [panad] *f fam* ▶ **être dans la ~** in der Klemme stecken

panafricain(e) [panafʀikɛ̃, ɛn] *adj* panafrikanisch

panaméricain(e) [panameʀikɛ̃, ɛn] *adj* panamerikanisch

panard [panaʀ] *m pop* (*pied*) Flosse *f* (*fam*); **avoir de grands ~s** ganz schöne Quadratlatschen haben (*fam*)

panaris [panaʀi] *m* Nagelgeschwür *nt*

pancarte [pɑ̃kaʀt] *f* Schild *nt;* **~ électorale/publicitaire** Wahl-/Werbeplakat *nt*

pancréas [pɑ̃kʀeɑs] *m* Bauchspeicheldrüse *f*

panda [pɑ̃da] *m* Panda *m*

panel [panɛl] *m* ❶ SOCIOL Panel *nt* (*repräsentative Personengruppe für die Meinungsforschung*) ❷ (*commission*) Gremium *nt;* **faire un ~** ein Gremium bilden

paner [pane] <1> *vt* panieren; **poisson pané** Fischstäbchen *nt*

paneuropéen(ne) [panøʀɔpeɛ̃, ɛn] *adj* gesamteuropäisch

panier [panje] *m* ❶ (*corbeille*) Korb *m;* **~ à provisions** Einkaufskorb; **~ à salade** Salatschleuder *f* ❷ (*contenu*) **~ de cerises** Korb *m* [voll] Kirschen ❸ (*pour diapositives*) [Dia]magazin *nt* ❹ (*au basket-ball*) Korb *m* ▶ **mettre deux personnes dans le même ~** zwei Menschen über einen Kamm scheren; **c'est un vrai ~ percé!** er ist ein Verschwender!/sie ist eine Verschwenderin!

panière [panjɛʀ] *f* großer Korb *m* (*mit zwei Henkeln*)

panier-repas [panjeʀәpɑ] <paniers-repas> *m* Lunchpaket *nt*

panini [panini] <panini[s]> *m* GASTR Panini *nt*

panique [panik] **I.** *f* Panik *f;* **être pris de ~** von Panik ergriffen sein/werden, in Panik geraten; **pas de ~!** nur keine Panik! **II.** *adj peur, terreur* panisch

paniquer [panike] <1> **I.** *vt fam* in Panik versetzen; **être paniqué** in Panik geraten sein; **être paniqué de devoir faire qc** ganz nervös werden, weil man etw tun muss **II.** *vi fam* in Panik geraten, die Nerven verlieren **III.** *vpr* **se ~** in Panik geraten, die Nerven verlieren

panne [pan] *f* ❶ (*arrêt de fonctionnement*) Panne *f;* **~ de courant** [*o* **d'électricité**] Stromausfall *m;* **~ de moteur** Motorschaden *m;* **être en ~** *automobiliste, voiture:* eine Panne haben; *moteur, machine:*

defekt [*o* kaputt] sein; **je suis tombé/ma voiture est tombée en ~** ich hatte eine Autopanne ❷ *fig fam* (*arrêt*) **être/rester en ~** nicht mehr weiterkommen [*o* weiterwissen]; *projet:* nicht vorangehen; *travail:* liegen bleiben ❸ *fam* (*manque*) **je suis en ~ de café** mir ist der Kaffee ausgegangen

panneau [pano] <x> *m* ❶ TRANSP Schild *nt;* **~ horaire** Anzeigetafel *f;* **~ de signalisation** [Straßen]verkehrsschild ❷ (*pancarte*) Plakat *nt;* **~ d'affichage** (*pour publicité*) Werbefläche *f;* (*pour petites annonces, résultats*) Anschlagbrett *nt* ❸ (*au basket*) Korbbrett *nt* ❹ TECH **~ solaire** Sonnenkollektor *m* ▶ **tomber** [*o* **donner**] **dans le ~** sich hereinlegen lassen (*fam*)

panonceau [panɔ̃so] <x> *m* Schild *nt*

panoplie [panɔpli] *f* ❶ **~ d'armes** Waffensammlung *f;* **~ de médicaments** Sortiment *nt* an Medikamenten (*dat*) ❷ (*jouet*) **~ d'infirmière/de magicien** Krankenschwester-/Zaubererausstattung *f*

panorama [panɔʀama] *m* (*paysage*) Panorama *nt*

panoramique [panɔʀamik] *adj* **restaurant ~** Panoramarestaurant *nt;* **écran ~** Breitwand *f*

panse [pɑ̃s] *f* ❶ *d'une vache, brebis* Pansen *m* ❷ *fam* (*ventre*) Wanst *m* ▶ **s'en mettre plein la ~** *fam* sich (*dat*) [ordentlich] den Bauch vollschlagen

pansement [pɑ̃smɑ̃] *m* ❶ (*action*) **faire un ~ à qn** jdm einen Verband anlegen ❷ (*compresse*) Verband *m;* **~ adhésif** Heftpflaster *nt*

panser [pɑ̃se] <1> *vt* ❶ (*soigner*) verbinden *blessé, blessure, plaie;* **~ la main de qn** jdm die Hand verbinden ❷ (*guérir*) heilen *blessure morale, peine*

pantacourt [pɑ̃takuʀ] *m* Caprihose *f*

pantalon [pɑ̃talɔ̃] *m* Hose *f*

pantalonnade [pɑ̃talɔnad] *f* ❶ CINE, THEAT Klamaukstück *nt* ❷ (*démonstration hypocrite*) Komödie *f*

panthéisme [pɑ̃teism] *m* Pantheismus *m*

panthéon [pɑ̃teɔ̃] *m* ❶ HIST **le Panthéon** das Pantheon ❷ (*monument*) Pantheon *nt* ❸ *fig* Ruhmeshalle *f* mit Ehrengräbern ❹ (*ensemble de personnages célèbres*) **rester au ~ de l'histoire** in die Geschichte eingehen; **il aura une place au ~ des artistes** die Nachwelt wird ihn als bedeutenden Künstler ehren

panthère [pɑ̃tɛʀ] *f* Panther *m*

pantin [pɑ̃tɛ̃] *m* (*marionnette*) Hampelmann *m;* **gesticuler comme un ~** herumhampeln; **faire de qn un ~** aus jdm einen Hampelmann machen (*fam*)

pantois(e) [pɑ̃twa, waz] *adj* verdutzt; **laisser qn ~** jdn verblüffen; **rester ~** ganz verblüfft sein

pantomime [pɑ̃tɔmim] *f* ❶ (*jeu du mime*) Pantomimik *f* ❷ (*pièce mimée*) Pantomime *f* ❸ (*comédie*) Zirkus *m,* Theater *nt*

pantouflard(e) [pɑ̃tuflaʀ, aʀd] **I.** *adj fam* spießig **II.** *m(f) fam* Stubenhocker(in) *m(f)*

pantoufle [pɑ̃tufl] *f* Pantoffel *m*

panure [panyʀ] *f* Paniermehl *nt*

PAO [peao] *f abr de* **publication assistée par ordinateur** DTP *nt*

paon [pɑ̃] *m* Pfau *m* ▶ **fier comme un ~** eitel wie ein Pfau

papa [papa] *m* Papa *m*

papal(e) [papal, -o] <-aux> *adj* päpstlich

papamobile [papamɔbil] *m* Papstauto *nt*

paparazzi(s) [papaʀadzi] *mpl* Paparazzi *Pl*

papauté [papote] *f* ❶ (*dignité*) Papstwürde *f* ❷ (*règne*) Papsttum *nt;* **pendant la ~ de Jean XXIII** während der Amtszeit von Papst Johannes XXIII.

papaye [papaj] *f* Papaya *f*

pape [pap] *m* Papst *m;* **~ du jazz** *fig* Jazzpapst

papelard [paplaʀ] *m fam* ❶ (*feuille*) Wisch *m* (*fam*) ❷ *pl* (*papiers d'identité*) Papiere *Pl*

paperasse [papʀas] *f péj* ❶ (*papiers inutiles*) Papierkram *m* ❷ (*grosse quantité de papiers*) Wust *m* von Papier

paperasserie [papʀasʀi] *f péj* ❶ (*à lire, remplir*) Berge *Pl* von Papier ❷ (*à écrire*) Schreibkram *m*

papesse [papɛs] *f* Päpstin *f*

papeterie [papɛtʀi] *f* ❶ (*magasin*) Schreibwarengeschäft *nt* ❷ (*fabrication*) Papierherstellung *f* ❸ (*usine*) Papierfabrik *f*

papetier, -ière [pap(ə)tje, -jɛʀ] **I.** *adj* **industrie papetière** Papierindustrie *f* **II.** *m, f* ❶ (*vendeur*) Schreibwarenhändler(in) *m(f)* ❷ (*fabricant*) Papierfabrikant(in) *m(f)*

papi [papi] *m fam v.* **papy**

papier [papje] *m* ❶ *sans pl* (*matière*) Papier *nt;* **feuille/bout** [*o* **morceau**] **de ~** Blatt *nt*/Stück *nt* Papier; **~ à en-tête** Briefpapier mit Briefkopf; **~ à musique** Notenpapier; **~ hygiénique** Toilettenpapier; **~ peint** Tapete *f* ❷ *sans pl* (*feuille de métal*) **~ [d']aluminium** Aluminiumfolie ❸ (*feuille*) [Blatt *nt*] Papier *nt;* (*à remplir*) Formular *nt;* (*papillon*) Zettel *m* ❹ PRESSE Artikel *m* ❺ (*document*) Schriftstück *nt; pl*

P

Unterlagen *Pl* ⑥ *pl* (*papiers d'identité*) [Ausweis]papiere *Pl* ►**qn/qc est réglé comme du ~ à musique** bei jdm geht alles nach Plan/etw ist genau festgelegt; **être dans les petits ~s de qn** bei jdm gut angeschrieben sein

papier-filtre [papjefiltʀ] <papiers-filtres> *m* Filterpapier *nt*

papille [papij] *f gén pl* Papille *f;* **~s gustatives** Geschmacksknospen *f;* **être un plaisir pour les ~s [gustatives]** eine wahre Gaumenfreude sein

papillon [papijɔ̃] *m* ① ZOOL Schmetterling *m;* **~ de nuit** Nachtfalter *m* ② SPORT **[nage] ~** Delphinschwimmen *nt,* Delfinschwimmen *nt;* **200 m ~** 200 m Delphin[schwimmen] [*o* Delfin[schwimmen]] ③ *fam* (*contravention*) Knöllchen *nt*

papillonner [papijɔne] <1> *vi* herumflattern (*fam*)

papillote [papijɔt] *f* ① (*pour les bonbons*) Bonbonpapier *nt* ② GASTR **poisson/viande en ~** (*dans un papier* [*huilé*]) in [gefettetem] Papier gebackener Fisch/gebackenes Fleisch; (*dans une feuille d'aluminium*) in [Alu]folie gebratener Fisch/gebratenes Fleisch

papilloter [papijɔte] <1> *vi paupières:* zucken; *yeux:* blinzeln

papotage [papɔtaʒ] *m* [leeres] Geschwätz (*fam*)

papoter [papɔte] <1> *vi* schwatzen

paprika [papʀika] *m* Paprika *m*

papy [papi] *m fam* Opa *m*

papy-boom [papibum] <papy-booms>, **papy-boum** [papibum] <papy-boums> *m fam* (*forte augmentation du nombre des personnes âgées*) Rentnerschwemme *f* (*pej*)

papyrus [papiʀys] *m* ① BOT Papyrusstaude *f* ② HIST (*feuille*) Papyrus *m;* (*manuscrit*) Papyrusrolle *f*

Pâque [pɑk] *f* **la ~ [juive]** das Passah[fest]

paquebot [pakbo] *m* Passagierschiff *nt;* **~ transatlantique** Ozeandampfer *m*

pâquerette [pɑkʀɛt] *f* Gänseblümchen *nt* ►**au ras des ~s** *fam* nicht sehr geistreich

Pâques [pɑk] **I.** *m* Ostern *nt o Pl;* **fête/lundi/vacances de ~** Osterfest *nt*/-montag *m*/-ferien *Pl* ►**à ~ ou à la Trinité** *hum* am Nimmerleinstag **II.** *fpl* Ostern *Pl;* **joyeuses ~!** frohe Ostern!

paquet [pakɛ] *m* ① (*boîte*) Paket *nt; de café, sucre* Päckchen *nt; de cigarettes* Schachtel *f; de linge, vêtements* Bündel *nt* ② (*colis*) Paket *nt* ③ *fam* (*grande quantité*) **un ~ de billets** ein Bündel Geldscheine; **un ~ de neige/d'eau** eine Ladung Schnee/Wasser ④ JEUX Stoß *m* ⑤ INFORM [Daten]paket *nt* ►**faire ses ~s** [*o* **son ~**] seine Sachen [zusammen]packen; **mettre le ~** *fam* (*déployer tous ses efforts*) alles d[a]ransetzen; (*payer beaucoup*) keine Kosten scheuen; **être un ~ de graisse/de nerfs/d'os** *fam* ein Fettkloß *m*/Nervenbündel *nt*/Knochengerüst *nt* sein

paquetage [pak(ə)taʒ] *m* [Marsch]gepäck *nt*

paquet-cadeau [pakɛkado] <paquets-cadeaux> *m* Geschenkverpackung *f;* **vous pouvez me faire un ~?** können Sie es mir bitte als Geschenk einpacken?

par [paʀ] *prép* ① (*grâce à l'action de*) von; **le but marqué ~ l'avant-centre** das vom Mittelstürmer geschossene Tor; **tout faire ~ soi-même** alles selbst machen ② (*au moyen de*) durch; **~ tous les moyens** mit allen Mitteln; **~ chèque/carte [bancaire]** mit [*o* per] Scheck/[Kredit]karte; **la porte est fermée ~ un verrou** die Tür ist/wird mit einem Riegel verschlossen ③ (*origine*) **descendre de Victor Hugo ~ sa mère** mütterlicherseits von Victor Hugo abstammen; **un oncle ~ alliance** ein angeheirateter Onkel ④ *gén sans art* (*cause, motif*) aus; **~ sottise/devoir** aus Dummheit/Pflichtbewusstsein ⑤ (*à travers, via*) **regarder ~ la fenêtre** aus dem Fenster schauen; **venir ~ le chemin le plus court** auf dem schnellsten Weg herkommen; **passer ~ ici** hier vorbeikommen ⑥ (*localisation*) **habiter ~ ici/là** hier/dort in der Gegend wohnen; **~ 5 mètres de fond** in 5 Meter Tiefe; **être assis ~ terre** auf dem Boden sitzen; **tomber ~ terre** auf den Boden fallen ⑦ (*distribution, mesure*) pro; **un ~ un** einzeln; **heure ~ heure** Stunde um Stunde; **~ moments** zeitweise; **~ centaines/milliers** zu hunderten [*o* Hunderten]/tausenden [*o* Tausenden] ⑧ (*durant, pendant*) **~ temps de pluie/brouillard** bei Regen[wetter]/Nebel; **~ les temps qui courent** in der heutigen Zeit; **~ le passé** früher ⑨ (*dans des exclamations, serments*) **~ pitié, aidez-moi!** ich flehe euch an, helft mir! ►**~ contre** dagegen

para [paʀa] *m fam abr de* **parachutiste** Para *m*

parabole [paʀabɔl] *f* ① REL Gleichnis *nt* ② MATH Parabel *f* ③ (*antenne*) Parabolantenne *f*

parabolique [paʀabɔlik] *adj* parabolisch;

antenne/miroir ~ Parabolantenne *f*/-spiegel *m*

paracétamol [paʀasetamɔl] *m* PHARM Paracetamol *nt*

parachever [paʀaʃ(ə)ve] <4> *vt* vollenden *œuvre, travail*

parachutage [paʀaʃytaʒ] *m* Fallschirmabwurf *m;* ~ **de vivres** Abwerfen *nt* von Lebensmitteln [mit dem Fallschirm]; ~ **de soldats** Absetzen *nt* von Soldaten [mit dem Fallschirm]

parachute [paʀaʃyt] *m* Fallschirm *m;* **sauter en** ~ mit dem Fallschirm springen ▶ ~ **doré** goldener Händedruck, [äußerst] üppige Abfindung

parachuter [paʀaʃyte] <1> *vt* ❶ [mit dem Fallschirm] absetzen *soldats;* [mit dem Fallschirm] abwerfen *armes, vivres* ❷ *fam* (*nommer de manière inattendue*) ~ **qn à un poste** jdn auf einen Posten setzen; (*se débarrasser de qn*) jdn auf einen Posten wegbefördern

parachutisme [paʀaʃytism] *m* Fallschirmspringen *nt*

parachutiste [paʀaʃytist] **I.** *adj* MIL **troupe/unité** ~ Fallschirmjägertruppe *f*/-einheit *f* **II.** *mf* MIL Fallschirmjäger *m;* SPORT Fallschirmspringer *m*

parade [paʀad] *f* ❶ (*défense*) Abwehr *f;* SPORT Parade *f;* **trouver la ~ à un argument** ein Gegenargument *nt* finden ❷ (*défilé*) Parade *f*

parader [paʀade] <1> *vi* (*se pavaner*) herumstolzieren

paradigme [paʀadigm] *m* LING, GRAM Paradigma *nt*

paradis [paʀadi] *m* ❶ REL Paradies *nt* ❷ *fig* Paradies; ~ **perdu** verlorenes Paradies ▶ **tu ne l'emporteras pas au** ~ das wirst du mir [noch] büßen

paradisiaque [paʀadizjak] *adj endroit, île* paradiesisch; *séjour a.* himmlisch

paradoxal(e) [paʀadɔksal, -o] <-aux> *adj* paradox

paradoxalement [paʀadɔksalmɑ̃] *adv* paradoxerweise

paradoxe [paʀadɔks] *m* ❶ (*opinion contraire*) Paradoxon *nt* ❷ (*absurdité*) Paradox *nt*

parafer [paʀafe] <1> *v.* **parapher**

paraffine [paʀafin] *f* Paraffin *nt*

parafiscal(e) [paʀafiskal, -o] <-aux> *adj* **taxe** ~**e** steuerähnliche Abgabe

parages [paʀaʒ] *mpl* Gegend *f;* **dans les** ~ [irgendwo] in der Gegend [*o* in der Nähe]

paragraphe [paʀagʀaf] *m* ❶ *d'un devoir, texte* Absatz *m* ❷ TYP Paragraphenzeichen *nt*

paraître [paʀɛtʀ] <*irr*> **I.** *vi* ❶ (*sembler*) **cela me paraît** [**être**] **une erreur** das scheint mir ein Irrtum zu sein; ~ **faire qc** anscheinend etw tun ❷ (*apparaître*) *personne:* sich zeigen; ~ **en public** in der Öffentlichkeit auftreten ❸ (*être publié*) *journal, livre:* erscheinen, herauskommen; **faire** ~ veröffentlichen; *éditeur, auteur a.:* herausgeben ❹ (*être visible*) *sentiment:* zum Vorschein kommen ❺ (*se mettre en valeur*) **aimer** ~ sich gern in den Vordergrund stellen; **désir de** ~ Geltungssucht *f* **II.** *vi impers* ❶ **il paraît/paraîtrait que qn va faire qc** (*le bruit court*) wie man hört wird jd etw tun; (*soi-disant*) angeblich wird jd etw tun; **il paraît que oui!** anscheinend ja! ❷ (*sembler*) **il paraît difficile à qn de faire qc** jd hält es für schwierig etw zu tun; **il paraît impossible à qn que** + *subj* es scheint jdm unmöglich, dass ▶ **sans qu'il y paraisse** ohne dass man etwas davon merkt; **il n'y paraîtra plus** davon wird nichts mehr zu sehen sein

parallèle [paʀalɛl] **I.** *adj* ❶ (*en double*) **activité** ~ Nebentätigkeit *f;* **énergie/médecine** ~ Alternativenergie *f*/-medizin *f;* **police** ~ Geheimpolizei *f;* **circuit** ~ [**de distribution**] Parallelvertrieb *m;* **marché** ~ grauer Markt; **société** ~ Parallelgesellschaft *f* ❷ GEOM parallel **II.** *f* GEOM Parallele *f* **III.** *m* ❶ GEOG Breitenkreis *m;* **le 38ᵉ** ~ der 38. Breitengrad ❷ (*comparaison*) **établir** [*o* **faire**] **un ~ avec qc/entre deux choses** eine Parallele zu etw/zwischen zwei Dingen ziehen

parallèlement [paʀalɛlmɑ̃] *adv* ❶ (*dans l'espace*) nebeneinander; ~ **à qn/qc** parallel zu jdm/etw ❷ (*dans le temps*) gleichzeitig

parallélisme [paʀalelism] *m* ❶ GEOM Parallelität *f* ❷ AUT (*réglage des roues*) Spureinstellung *f;* (*empattement des roues*) Radstand *m* ❸ (*correspondance*) ~ **entre qc et qc** Parallelismus *m* zwischen etw (*dat*) und etw

parallélogramme [paʀalelɔgʀam] *m* GEOM Parallelogramm *nt*

paralysant(e) [paʀalizɑ̃, ɑ̃t] *adj* lähmend; *attitude* hemmend

paralysé(e) [paʀalize] **I.** *adj bras, personne* gelähmt; **être ~ des jambes** an den Beinen gelähmt sein **II.** *m(f)* Gelähmte(r) *f(m)*

paralyser [paʀalize] <1> *vt* ❶ (*empêcher d'agir*) *personne, émotion, peur:* lähmen;

être paralysé par la peur vor Angst (*dat*) [wie] gelähmt sein ❷ (*entraver*) lahmlegen, zum Erliegen bringen *trafic, activité, économie* ❸ MED paralysieren

paralysie [paʀalizi] *f* ❶ MED Paralyse *f* ❷ *de la circulation, de l'économie, des échanges* Erliegen *nt* ❸ (*impuissance*) Ohnmacht *f*

paralytique [paʀalitik] **I.** *adj* gelähmt; *vieillard* lahm **II.** *mf* Gelähmte(r) *f(m)*

paramédical(e) [paʀamedikal, -o] <-aux> *adj* **profession ~e** medizinischer Hilfsberuf *m*

paramètre [paʀamɛtʀ] *m* ❶ MATH Parameter *m* ❷ (*élément important*) [wesentliches] Element ❸ INFORM **~s** Einstellungen *Pl*

paramilitaire [paʀamilitɛʀ] *adj* paramilitärisch

parangon [paʀɑ̃gɔ̃] *m* Ausbund *m;* **~ de vertu** Ausbund an Tugend

parano [paʀano] *fam abr de* **paranoïaque**

paranoïa [paʀanɔja] *f* Verfolgungswahn *m,* Paranoia *f;* **être atteint de ~** unter Verfolgungswahn leiden

paranoïaque [paʀanɔjak] **I.** *adj* paranoisch; *personne* an Verfolgungswahn leidend **II.** *mf* Geistesgestörte(r) *f(m)*

paranormal [paʀanɔʀmal] *m* **le ~** das Übersinnliche

parapente [paʀapɑ̃t] *m* ❶ (*parachute rectangulaire*) Gleitschirm *m* ❷ (*sport*) Gleitschirmfliegen *nt*

parapentiste [paʀapɑ̃tist] *mf* Gleitschirmflieger(in) *m(f)*

parapet [paʀapɛ] *m* Brüstung *f*

parapharmacie [paʀafaʀmasi] *f Produkte der Körper- und Schönheitspflege*

parapher [paʀafe] <1> *vt* JUR paraphieren *contrat;* abzeichnen *page*

paraphrase [paʀafʀɑz] *f* Umschreibung *f*

paraphraser [paʀafʀɑze] <1> *vt* umschreiben

paraplégie [paʀapleʒi] *f* Querschnittslähmung *f*

paraplégique [paʀapleʒik] **I.** *adj* querschnittsgelähmt **II.** *mf* Querschnittsgelähmte(r) *f(m)*

parapluie [paʀaplɥi] *m* Regenschirm *m;* **~ pliant** [*o* **télescopique**] Taschenschirm *m*

parapsychologie [paʀapsikɔlɔʒi] *f* Parapsychologie *f*

parascolaire [paʀaskɔlɛʀ] *adj* außerschulisch

parasitaire [paʀazitɛʀ] *adj* parasitär

parasite [paʀazit] **I.** *adj* schmarotzend **II.** *m* ❶ BIO Schmarotzer *m,* Parasit *m;* **~ des cultures/de la vigne** Acker-/Rebenschädling *m* ❷ (*profiteur*) Schmarotzer *m* (*pej*) ❸ *pl* RADIO, TV Störgeräusche *Pl*

parasiter [paʀazite] <1> *vt* ❶ BIO **~ qn/qc** *champignon, insecte, ver:* als Parasit auf [*o* in] jdm/etw leben ❷ (*vivre aux dépens de*) **~ qn/qc** auf jds Kosten (*akk*)/auf Kosten einer S. (*gen*) leben ❸ RADIO, TV stören

parasol [paʀasɔl] *m* Sonnenschirm *m*

paratonnerre [paʀatɔnɛʀ] *m* Blitzableiter *m*

paravent [paʀavɑ̃] *m* Wandschirm *m*

parc [paʀk] *m* ❶ (*jardin*) Park[anlage *f*] *m;* **~ botanique** botanischer Garten; **~ d'attractions** Vergnügungspark ❷ (*région protégée*) **~ naturel** Naturschutzgebiet *nt;* **~ national** Nationalpark *m* ❸ (*bassin d'élevage*) **~ à huîtres/moules** Austern-/Muschelpark *m* ❹ (*pour bébé*) Laufstall *m* ❺ (*emplacement*) **~ des expositions** Messegelände *nt;* **~ relais** Park-and-Ride *nt*

parcelle [paʀsɛl] *f* (*terrain*) Parzelle *f*

parcellisation [paʀselizasjɔ̃] *f d'un terrain* Parzellierung *f; du travail* Aufteilung *f*

parcelliser [paʀselize] <1> *vt* aufteilen; parzellieren *terres*

parce que [paʀskə] *conj + indic* ❶ (*car*) weil ❷ *fam* (*sinon*) sonst; **vous partez? ~ je suis à vous dans deux minutes** geht ihr? sonst bin ich nämlich in zwei Minuten fertig ❸ (*c'est comme ça!*) **~!** darum!

parchemin [paʀʃəmɛ̃] *m* (*peau d'animal, texte*) Pergament *nt*

par-ci [paʀsi] **~, par-là** hier und da

parcimonie [paʀsimɔni] *f* [übertriebene] Sparsamkeit; **distribuer/donner qc avec ~** mit etw knausern; **accorder ses éloges avec ~** mit Lob geizen

parcimonieusement [paʀsimɔnjøzmɑ̃] *adv* [sehr] sparsam

parcimonieux, -euse [paʀsimɔnjø, -jøz] *adj* [sehr] sparsam

parcmètre [paʀkmɛtʀ] *m* Parkuhr *f*

parcourir [paʀkuʀiʀ] <*irr*> *vt* ❶ (*accomplir* [*un trajet*]) zurücklegen *trajet, distance* ❷ (*traverser, sillonner*) durchlaufen *ville, rue;* (*en tous sens*) kreuz und quer laufen durch *ville, rue;* bereisen *région, pays;* (*en tous sens*) kreuz und quer reisen durch *région, pays;* **~ une région** *navire:* in einer Region kreuzen; *ruisseau:* durch eine Region fließen; *objet volant:* durch eine Region fliegen ❸ (*examiner rapidement*) überfliegen *journal, lettre;* **~ qc des yeux/du regard** seinen Blick über etw (*akk*) schweifen lassen

parcours [paʀkuʀ] *m* ❶ *d'un véhicule*

[Fahr]strecke *f; d'un fleuve* Lauf *m* ② (*piste*) Strecke *f;* (*équitation*) Parcours *m;* (*épreuve*) Runde *f;* ~ **du combattant** *fig* Hindernislauf *m*

par-delà [paʀdəla] *prép* (*de l'autre côté*) jenseits (+ *gen*), hinter (+ *dat*); ~ **les montagnes/mers** jenseits der Berge/der Meere; ~ **les problèmes** über die Probleme hinaus **par-derrière** [paʀdɛʀjɛʀ] *adv* ① (*opp: par-devant*) *attaquer, emboutir* von hinten ② (*dans le dos de qn*) hinten; *fig raconter, critiquer* hintenherum (*fam*) **par-dessous** [paʀdəsu] **I.** *prép* (*avec mouvement*) unter (+ *akk*); (*sans mouvement*) unter (+ *dat*) **II.** *adv* darunter; **passer** ~ darunter hindurchgehen

pardessus [paʀdəsy] *m* Überzieher *m*

par-dessus [paʀdəsy] **I.** *prép* (*avec mouvement*) über (+ *akk*); (*sans mouvement*) über (+ *dat*); **passer/sauter** ~ **la barrière** über die Barriere steigen/springen **II.** *adv* darüber **par-devant** [paʀdəvɑ̃] **I.** *prép* JUR ~ **notaire** vor dem Notar **II.** *adv attaquer, emboutir* von vorn[e]

pardi [paʀdi] *interj* ~**!** (*dans une affirmation*) das ist doch klar!; (*après une question*) aber natürlich!

pardon [paʀdɔ̃] *m* Verzeihen *nt;* REL Vergebung *f;* **demander** ~ **à qn** jdn um Verzeihung bitten ▶ **mille** ~**[s]!** ich bitte tausendmal um Verzeihung!; ~**?** wie bitte?

pardonnable [paʀdɔnabl] *adj* entschuldbar; **être** ~ *personne:* nichts dafür können

pardonner [paʀdɔne] <1> **I.** *vt* (*absoudre*) ~ **qc à qn** jdm etw verzeihen ▶ **pardonne-moi/pardonnez-moi** verzeih mir/verzeihen Sie mir/verzeiht mir **II.** *vi* ① (*être fatal*) **ne pas** ~ *maladie, poison:* verhängnisvoll sein; *erreur a.:* unverzeihlich sein ② (*absoudre*) verzeihen; ~ **à qn** jdm verzeihen

paré(e) [paʀe] *adj* **être** ~ **contre le froid/toute éventualité** gegen die Kälte/alle Eventualitäten gewappnet sein

pare-balles [paʀbal] *inv* **I.** *adj gilet* kugelsicher; *glace* schussfest; **vitre** ~ Panzerglasscheibe *f* **II.** *m* Kugelfang *m* **pare-brise** [paʀbʀiz] *m inv* Windschutzscheibe *f* **pare-chocs** [paʀʃɔk] *m inv* ~ **arrière/avant** hintere/vordere Stoßstange *f* **pare-feu** [paʀfø] <pare-feu[x]> *m* ① (*pare-étincelles*) [Schutz]gitter *nt,* Ofenschirm *m* ② (*en forêt*) Feuerschneise *f* ③ INFORM Firewall *f o m*

pareil(le) [paʀɛj] **I.** *adj* ① (*identique*) gleich; **être** ~ **à qn/qc** jdm/einer S. gleich sein; **être** ~ **que qn/qc** [genau]so wie jd/etw sein ② (*tel*) solche(r, s), derartige(r, s) **II.** *m(f) pl péj* (*semblable*) **vous et vos** ~**s** Sie und Ihresgleichen/ihr und euresgleichen ▶ **c'est du** ~ **au même** *fam* das ist Jacke wie Hose; **rendre la** ~**le à qn** es jdm mit gleicher Münze heimzahlen; **sans** ~ ohnegleichen **III.** *adv fam s'habiller* gleich

pareillement [paʀɛjmɑ̃] *adv* ① (*également*) ebenso; **bonne année! – à vous** ~**!** pros[i]t Neujahr! – gleichfalls! ② (*de la même façon*) gleich

parent [paʀɑ̃] *m* ① (*le père ou la mère*) Elternteil *m;* **les** ~**s** (*le père et la mère*) die Eltern *Pl;* ~**s adoptifs** Adoptiveltern; **un des deux** ~**s** ein Elternteil; ~ **unique** Alleinerziehende(r) *f(m)* ② BIO Elternteil *m* ▶ **traiter qn en** ~ **pauvre** jdn stiefmütterlich behandeln; **être le** ~ **pauvre de qc** im Vergleich zu einer S. stiefmütterlich behandelt werden

parent(e) [paʀɑ̃, ɑ̃t] *m(f)* (*personne de la famille*) Verwandte(r) *f(m)*

parental(e) [paʀɑ̃tal, -o] <-aux> *adj* elterlich

parentalité [paʀɑ̃talite] *f* Elternschaft *f*

parenté [paʀɑ̃te] *f* ① (*lien familial*) Verwandtschaft *f* (*dat*) ② (*analogie*) Ähnlichkeit *f* ③ (*ensemble des parents*) Verwandtschaft *f*

parente [paʀɑ̃t] *f v.* **parent(e)**

parenthèse [paʀɑ̃tɛz] *f* ① TYP [runde] Klammer; MATH Klammer ② (*digression*) Exkurs *m;* **soit dit entre** ~**s** nebenbei bemerkt ③ (*incident*) Intermezzo *nt* ▶ **mettre qc entre** ~**s** TYP etw in Klammern setzen; (*oublier provisoirement qc*) etw ausklammern

paréo [paʀeo] *m* Pareo *m*

parer [paʀe] <1> **I.** *vt* abwehren *attaque, coup;* entkräften *argument* **II.** *vi* ~ **à un danger** eine Gefahr abwenden

pare-soleil [paʀsɔlɛj] *m inv* AUT Sonnenblende *f*

paresse [paʀɛs] *f* Faulheit *f*

paresser [paʀese] <1> *vi* ~ **au** [*o* **dans son**] **lit** im Bett [herum]faulenzen

paresseuse [paʀesøz] *f v.* **paresseux, -euse**

paresseusement [paʀesøzmɑ̃] *adv* ① (*avec paresse*) faul ② (*avec lenteur*) *avancer* schwerfällig; *couler* träge

paresseux, -euse [paʀesø, -øz] **I.** *adj personne* faul; *attitude* lässig; *démarche* schwerfällig; *esprit, caractère* träge **II.** *m, f* Faulenzer(in) *m(f)*

parfaire [paʀfɛʀ] <irr, défec> *vt* vervollkommnen

P

parfait [paʀfɛ] *m* ❶ GRAM Perfekt *nt* ❷ GASTR Parfait *nt;* ~ **au café** Mokkaparfait

parfait(e) [paʀfɛ, ɛt] *adj* ❶ (*sans défaut*) perfekt; *travail, manières* tadellos; *élève, employé, mari* vorbildlich; *condition, exemple* ideal; *beauté* vollendet ❷ *discrétion, harmonie* vollkommen; *ignorance* total; *amour* vollendet; *accord* völlig; *exemple* typisch ❸ *antéposé gentleman* vollendet; *idiot, crapule* ausgemacht

parfaitement [paʀfɛtmɑ̃] *adv* ❶ *parler une langue* perfekt; *savoir, comprendre* [ganz] genau ❷ (*tout à fait*) vollkommen; *idiot, ridicule* ausgesprochen ❸ (*oui, bien sûr*) [aber] natürlich

parfois [paʀfwa] *adv* ❶ (*de temps en temps*) manchmal ❷ (*dans certains cas*) mitunter

parfum [paʀfœ̃] *m* ❶ (*substance*) Parfum *nt,* Parfüm *nt;* (*d'origine naturelle*) Duftstoff *m* ❷ (*odeur*) Duft *m* ❸ GASTR Geschmack *m;* **je voudrais une glace – quel ~?** ich möchte ein Eis – welche Sorte? ▶ **être au ~** *fam* im Bilde sein; **mettre qn au ~** *fam* jdn aufklären

parfumer [paʀfyme] <1> **I.** *vt* ❶ (*donner une bonne odeur*) **qc parfume la cuisine** die Küche duftet nach etw ❷ (*imprégner de parfum*) parfümieren *linge* ❸ GASTR ~ **qc** etw aromatisieren; **parfumé au café/au rhum** mit Kaffee-/Rumgeschmack **II.** *vpr* **se ~** sich parfümieren

parfumerie [paʀfymʀi] *f* ❶ (*magasin, usine*) Parfümerie *f* ❷ (*produits*) Parfümeriewaren *Pl* ❸ (*fabrication*) Parfümherstellung *f*

parfumeur, -euse [paʀfymœʀ, -øz] *m, f* ❶ (*fabricant*) Parfümeur(in) *m(f),* Parfumhersteller(in) *m(f),* Parfümhersteller(in) *m(f)* ❷ (*propriétaire d'une parfumerie*) Parfümerieinhaber(in) *m(f)*

pari [paʀi] *m* JEUX, SPORT Wette *f;* **faire un ~** wetten

paria [paʀja] *m* ❶ Ausgestoßene(r) *f(m)* ❷ (*en Inde*) Paria *m*

parier [paʀje] <1> **I.** *vt* ~ **qc à qn** mit jdm um etw wetten; ~ **qc sur qn/un animal/qc** etw auf jdn/ein Tier/etw setzen; **tu paries que ...** wetten, dass ... **II.** *vi* wetten; ~ **sur qn/un animal/qc** auf jdn/ein Tier/etw setzen; ~ **aux courses** Rennwetten abschließen, bei Pferderennen wetten

pariétal(e) [paʀjetal, -o] <-aux> *adj* (*en rapport avec les parois d'une cavité*) **os ~** Scheitelbein *nt;* **lobe ~** Scheitellappen *m*

parieur, -euse [paʀjœʀ, -jøz] *m, f* Wetter(in) *m(f)*

parigot(e) [paʀigo, ɔt] *adj fam* pariserisch

Parigot(e) [paʀigo, ɔt] *m(f) fam* Pariser(in) *m(f)*

Paris [paʀi] Paris *nt*

paris-brest [paʀibʀɛst] <paris--brest[s]> *m Cremegebäck*

parisianisme [paʀizjanism] *m* ❶ (*façon de parler*) [typischer] Pariser Ausdruck ❷ (*habitude*) [typische] pariserische [An]gewohnheit

parisien(ne) [paʀizjɛ̃, jɛn] *adj* Pariser *attr; mode* pariserisch; **la vie ~ne** das Leben in Paris

Parisien(ne) [paʀizjɛ̃, jɛn] *m(f)* Pariser(in) *m(f)*

paritaire [paʀitɛʀ] *adj* paritätisch; **représentation ~** paritätische Mitbestimmung

parité [paʀite] *f* ❶ (*égalité*) *des idées* Übereinstimmung *f;* ~ **des salaires** Lohngleichheit *f* ❷ FIN Parität *f*

parjure [paʀʒyʀ] **I.** *adj* eidbrüchig **II.** *mf* Eidbrüchige(r) *f(m)* **III.** *m* Meineid *m;* **commettre un ~** einen Meineid schwören

parjurer [paʀʒyʀe] <1> *vpr* **se ~** einen Meineid schwören

parka [paʀka] *m o f* Parka *m*

parking [paʀkiŋ] *m* Parkplatz *m;* ~ **souterrain** Tiefgarage *f*

parlant(e) [paʀlɑ̃, ɑ̃t] *adj* ❶ *chiffres* [für sich selbst] sprechend; *preuve, exemple* deutlich ❷ TECH **cinéma/film ~** Tonfilm *m;* **horloge ~e** Zeitansage *f*

parlé(e) [paʀle] *adj* gesprochen

Parlement [paʀləmɑ̃] *m* Parlament *nt;* ~ **européen** Europäisches Parlament

parlementaire [paʀləmɑ̃tɛʀ] **I.** *adj* parlamentarisch; **débat/commission ~** Parlamentsdebatte *f*/-ausschuss *m;* **indemnité(s) ~(s)** Diäten *Pl* **II.** *mf* ❶ (*député*) Parlamentarier *m;* ~ **européen** Abgeordneter *m* des Europäischen Parlaments ❷ (*médiateur*) Unterhändler *m*

parlementarisme [paʀləmɑ̃taʀism] *m* Parlamentarismus *m*

parlementer [paʀləmɑ̃te] <1> *vi* ❶ (*négocier*) ~ **avec qn** mit jdm verhandeln ❷ (*discuter*) hin und her reden

parler [paʀle] <1> **I.** *vi* ❶ (*prendre la parole*) sprechen; ~ **bas/haut/du nez** leise/laut/durch die Nase sprechen ❷ (*exprimer*) sprechen; ~ **avec les mains** mit den Händen reden; ~ **par gestes** sich mit Gesten verständigen; ~ **pour qn** für jdn sprechen ❸ (*converser, discuter*) ~ **de qn/qc avec qn** mit jdm über jdn/etw [*o* von jdm/etw] sprechen [*o* reden]; (*longuement*) sich mit jdm über jdn/etw un-

P

terhalten; ~ **de la pluie et du beau temps/de choses et d'autres** über Gott und die Welt *fam*/über dies und das reden ❹ (*entretenir*) ~ **de qn/qc à qn** (*dans un but précis*) mit jdm über jdn/etw sprechen [*o* reden]; (*raconter*) jdm von jdm/etw erzählen ❺ (*adresser la parole*) ~ **à qn** jdn ansprechen ❻ (*avoir pour sujet*) ~ **de qn/qc** *film, livre:* von jdm/etw handeln; *article, journal:* über jdn/etw berichten; (*brièvement*) jdn/etw erwähnen ❼ (*en s'exprimant de telle manière*) **humainement parlant** vom menschlichen Standpunkt aus [betrachtet] ▶ **faire ~ de soi** von sich reden machen; **sans ~ de qn/qc** ganz zu schweigen von jdm/etw; **moi qui vous parle** *fam* so wahr ich hier stehe **II.** *vt* ❶ (*être bilingue*) sprechen *langue* ❷ (*aborder un sujet*) ~ **affaires/politique** über Geschäftliches/über Politik (*akk*) reden [*o* sprechen] **III.** *vpr* ❶ (*être employé*) **se ~** *langue:* gesprochen werden ❷ (*s'entretenir*) **des personnes se ~** Menschen sprechen miteinander; **se ~ à soi-même** Selbstgespräche führen ❸ (*s'adresser la parole*) **ne plus se ~** nicht mehr miteinander reden **IV.** *m* ❶ (*manière*) Sprache *f* ❷ (*langue régionale*) Mundart *f*

parloir [paʀlwaʀ] *m d'une prison, d'un internat, hôpital* Besuchszimmer *nt; d'un couvent, d'une école* Sprechzimmer *nt*

parlophone® [paʀlɔfɔn] *m* BELG Sprechanlage *f*

parlot[t]e [paʀlɔt] *f fam* Geschwätz *nt*

parme [paʀm] *adj inv* blassviolett

parmesan [paʀməzɑ̃] *m* Parmesan[käse *m*] *m*

parmi [paʀmi] *prép* ❶ (*entre*) unter (+ *dat*), von; **compter qn ~ ses amis** jdn zu seinen Freunden zählen ❷ (*dans: sans mouvement*) [mitten] unter (+ *dat*); (*avec mouvement*) [mitten] durch

parodie [paʀɔdi] *f* ❶ LITTER, ART Parodie *f;* **être une ~ de qc** eine Parodie auf etw (*akk*) sein ❷ *fig* Farce *f*

parodier [paʀɔdje] <1a> *vt* parodieren *auteur, œuvre, style;* nachmachen *personne;* in abgewandelter Form wiedergeben *mot, phrase, expression*

parodique [paʀɔdik] *adj* parodistisch

paroi [paʀwa] *f* ❶ *d'un récipient, d'une baignoire* [Innen]wand *f; d'une caverne* Wand ❷ (*cloison*) Trennwand *f* ❸ ANAT Wand *f;* ~ **abdominale** Bauchdecke *f* ❹ (*roc, muraille*) [Fels]wand *f*

paroisse [paʀwas] *f* Pfarrgemeinde *f* ▶ **prêcher pour sa ~** *fam* in eigener Sache sprechen

paroissial(e) [paʀwasjal, -jo] <-aux> *adj* **église ~e** Pfarrkirche *f*

paroissien(ne) [paʀwasjɛ̃, jɛn] *m(f)* Gemeinde[mit]glied *nt*

parole [paʀɔl] *f* ❶ *souvent pl* (*mot*) Wort *nt;* **une ~ célèbre** ein berühmter Ausspruch; **la ~ de Dieu** Gottes Wort; **assez de ~s!** genug der Worte! ❷ (*promesse*) ~ **d'honneur** Ehrenwort *nt;* **femme/homme de ~** zuverlässige Frau/zuverlässiger Mann; **croire qn sur ~** jdm aufs Wort glauben; **manquer à sa ~** sein Wort brechen ❸ *sans pl* (*faculté de parler*) Sprache *f;* **perdre/retrouver la ~** die Sprache verlieren/wiederfinden ❹ *sans pl* (*fait de parler*) **ne plus adresser la ~ à qn** mit jdm nicht mehr reden; **couper la ~ à qn** jdn unterbrechen ❺ *sans pl* (*droit de parler*) **avoir/prendre/demander la ~** das Wort haben/ergreifen/um das Wort bitten; **donner/refuser/retirer la ~ à qn** jdm das Wort erteilen/verweigern/entziehen; **temps de ~** Redezeit *f* ❻ *pl* MUS Text *m* ▶ **être ~ d'évangile pour qn** für jdn [ein] Evangelium sein; **ne pas être ~ d'évangile** nicht der Weisheit letzter Schluss sein; **prêcher** [*o* **porter**] **la bonne ~** REL Gottes Wort verkünden; *iron* schöne Reden halten; **ma ~!** (*je le jure!*) ich schwör's!; (*exprimant l'étonnement*) das gibt es doch nicht!

parolier, -ière [paʀɔlje, -jɛʀ] *m, f d'un opéra, d'une œuvre musicale* Textdichter(in) *m(f); d'une chanson* Texter(in) *m(f)*

paroxysme [paʀɔksism] *m d'un sentiment, d'une crise* Höhepunkt *m;* **être au ~ de la colère/douleur** außer sich vor Wut/Schmerz (*dat*) sein

parpaing [paʀpɛ̃] *m* CONSTR Leichtbaustein *m*

parquer [paʀke] <1> *vt* ❶ einpferchen *animaux* ❷ *péj* (*entasser*) ~ **des personnes dans qc** Menschen in etw (*dat*) zusammenpferchen ❸ (*garer*) parken *véhicule*

parquet [paʀkɛ] *m* Parkett[boden *m*] *nt*

parrain [paʀɛ̃] *m* ❶ REL Patenonkel *m,* Göd *m* (A) ❷ *d'un acteur, artiste* Förderer *m; d'une fondation, d'un projet* Schirmherr *m; d'une entreprise, initiative* Sponsor *m* ❸ *fig de la mafia* Pate *m*

parrainage [paʀɛnaʒ] *m* (*soutien*) Schirmherrschaft *f;* (*financier*) [finanzielle] Förderung

parrainer [paʀene] <1> *vt* ❶ (*apporter son soutien*) ~ **qc** für etw die Schirmherr-

P

schaft übernehmen ❷ (*introduire*) ~ **qn** für jdn bürgen ❸ (*sponsoriser*) fördern

parricide [paʀisid] **I.** *adj* **fils** ~ (*quant au père*) Vatermörder *m;* (*quant à la mère*) Muttermörder **II.** *m* (*quant au père*) Vatermord *m;* (*quant à la mère*) Muttermord *m* **III.** *mf* (*quant au père*) Vatermörder(in) *m(f);* (*quant à la mère*) Muttermörder(in) *m(f)*

parsemer [paʀsəme] <4> *vt* ❶ (*disperser*) ~ **un gâteau de qc** einen Kuchen mit etw bestreuen; ~ **le sol** auf dem Boden verstreut liegen; ~ **son devoir/son discours de qc** seine Aufgabe/seine Rede mit etw spicken ❷ (*être répandu sur*) *chose:* bedecken; **être parsemé de qc** mit etw übersät sein

part [paʀ] *f* ❶ (*portion*) Teil *m;* **une ~ de gâteau/de légumes** ein Stück Kuchen/eine Portion Gemüse ❷ (*partie*) Teil *m;* **une bonne/infime ~ de qc** ein großer/geringer Teil einer S. (*gen*) ❸ (*participation*) ~ **dans qc** Anteil *m* an etw (*dat*); **avoir ~ à qc** an etw (*dat*) beteiligt sein; **prendre ~ aux frais** sich an den Kosten beteiligen ❹ FIN Anteil *m* ▶ **faire la ~ des choses** allen Faktoren Rechnung tragen; **autre ~** *fam* anderswo; **d'une ~..., d'autre ~ ...** einerseits ..., andererseits ...; **d'autre ~** außerdem, übrigens; **être de ~ et d'autre de qn/qc** auf beiden Seiten einer Person/einer S. (*gen*) sein; **se placer de ~ et d'autre de qn/qc** sich auf beide Seiten einer Person/einer S. (*gen*) stellen; **citoyen à ~ entière** Vollbürger *m;* **un Français à ~ entière** ein Franzose mit allen Rechten und Pflichten; **nulle ~** nirgendwo; **de toute[s] ~[s]** von allen Seiten; **faire ~ de qc à qn** jdm etw mitteilen; **prendre qn à ~** jdn beiseitenehmen; **cas/place à ~** besonderer Fall/Platz; **classer/ranger à ~** getrennt einsortieren; **mettre qc à ~** etw beiseitelegen; **à ~ ça** *fam* abgesehen davon; **à ~ que qn a fait qc** *fam* abgesehen davon, dass jd etw getan hat; **de ma/sa ~/de la ~ de qn** in meinem/seinem/ihrem Auftrag/in jds Auftrag (*dat*); **donner à qn le bonjour de la ~ de qn** jdn von jdm grüßen; **pour ma/sa ~** was mich/ihn/sie betrifft

partage [paʀtaʒ] *m* ❶ *d'un terrain, gâteau, butin, d'aliments* Aufteilung *f; d'une surface, pièce a.* Unterteilung *f; des voix* Verteilung *f* ❷ *d'un appartement* Teilen *nt;* **il y a ~ des responsabilités entre les deux conducteurs** die beiden Fahrer tragen gemeinsam die Verantwortung ▶ **régner sans ~** uneingeschränkt herrschen; **autorité/pouvoir sans ~** unbestrittene Autorität/Macht

partager [paʀtaʒe] <2a> **I.** *vt* ❶ (*diviser*) teilen *gâteau;* aufteilen *pièce, terrain;* ~ **qc en qc** etw in etw (*akk*) [auf]teilen ❷ (*répartir*) ~ **qc entre des personnes/choses/qc et qc** etw unter Menschen/Dingen/zwischen etw und etw (*dat*) aufteilen ❸ (*avoir en commun*) teilen *appartement, frais, bénéfices, passions, goûts;* teilen *responsabilité* ❹ (*s'associer à*) ~ **l'avis de qn** jds Ansicht teilen; ~ **la déception de qn** genauso enttäuscht wie jd sein; **être partagé** *frais:* geteilt werden; *avis:* geteilt sein; *plaisir, amour:* gegenseitig sein ❺ (*donner une part de ce que l'on possède*) ~ **qc avec qn** etw mit jdm teilen ❻ (*hésiter*) **être partagé entre qc et qc** zwischen etw und etw (*dat*) hin- und hergerissen sein ❼ (*être d'opinion différente*) **ils sont partagés sur qc/en ce qui concerne qc** sie sind geteilter Meinung über etw (*akk*)/, was etw anbelangt **II.** *vpr* ❶ (*se diviser*) **se ~ en qc** sich in etw (*akk*) teilen ❷ (*se répartir*) **se ~ qc** etw unter sich (*dat*) aufteilen, sich (*dat*) etw teilen; **se ~ entre** *voix:* sich verteilen auf (+ *akk*)

partagiciel [paʀtaʒisjɛl] *m* CAN Shareware *f*

partance [paʀtɑ̃s] **être en ~** *avion:* abflugbereit sein; *train, bateau:* abfahrbereit sein; **le train en ~ pour Paris** der Zug nach Paris

partant(e) [paʀtɑ̃, ɑ̃t] **I.** *adj fam* **être ~ pour qc** bei etw mitmachen; **je suis ~!** ich bin dabei! **II.** *m(f)* ❶ (*opp: arrivant*) Abfahrende(r) *f(m),* Abreisende(r) *f(m)* ❷ SPORT Teilnehmer(in) *m(f),* Starter(in) *m(f);* **non ~** Nichtstarter *m*

partenaire [paʀtənɛʀ] *mf* Partner *m*

partenariat [paʀtənaʀja] *m* **en ~** in Zusammenarbeit (*dat*)

parterre [paʀtɛʀ] *m* ❶ ~ **de fleurs** Blumenbeet *nt* ❷ THEAT Parkett *nt;* **prendre des places au ~** Parkettplätze nehmen

parti [paʀti] *m* ❶ POL Partei *f;* ~ **de droite/gauche** Rechts-/Linkspartei; ~ **unique** Einheitspartei; **voter pour un ~** eine Partei wählen ❷ (*camp*) **se ranger du ~ de qn** sich jds Meinung (*dat*) anschließen ❸ (*personne à marier*) Partie *f* ▶ ~ **pris** Voreingenommenheit *f;* **prendre ~ pour/contre qn** für/gegen jdn Partei ergreifen; **prendre son ~** sich entschließen; **prendre son ~ de qc** sich mit etw abfinden; **prendre le ~ de faire qc** sich ent-

P

schließen etw zu tun; **tirer ~ de qc** Nutzen aus etw ziehen

parti(e) [paʀti] *part passé de* **partir**

partial(e) [paʀsjal, -jo] <-aux> *adj* parteiisch; *juge* befangen; *critique* nicht objektiv

partialement [paʀsjalmɑ̃] *adv littér* parteiisch, in einseitiger Weise

partialité [paʀsjalite] *f* Parteilichkeit *f*

participant(e) [paʀtisipɑ̃, ɑ̃t] **I.** *adj* **personnes ~es** Teilnehmer *Pl* **II.** *m(f)* Teilnehmer(in) *m(f)*

participatif, -ive [paʀtisipatif, -iv] *adj* ECON *direction, gestion* in dem/der Mitbestimmung herrscht; *politique* der Mitbestimmung; *prêt, titre* Partizipations-

participation [paʀtisipasjɔ̃] *f* ❶ (*présence, contribution*) Beteiligung *f;* **~ électorale** Wahlbeteiligung ❷ (*partage*) **~ aux bénéfices** Gewinnbeteiligung *f* [der Arbeitnehmer] ❸ (*droit de regard*) Mitbestimmung *f*

participe [paʀtisip] *m* Partizip *nt*

participer [paʀtisipe] <1> *vi* ❶ (*prendre part à*) **~ à une réunion/à un colloque** an einer Sitzung/an einem Kolloquium teilnehmen ❷ (*collaborer à*) **~ à la conversation** sich am Gespräch beteiligen ❸ (*payer, encaisser une part de*) **~ aux frais** sich an den Kosten beteiligen

particularisme [paʀtikylaʀism] *m* Partikularismus *m*

particularité [paʀtikylaʀite] *f* Besonderheit *f; d'une personne* besonderes Merkmal; **qn/qc a la ~ de** das Besondere an jdm/etw ist, dass

particule [paʀtikyl] *f* ❶ *a.* PHYS Teilchen *nt;* **~ de sable** Sandkörnchen *nt;* **~ élémentaire** Elementarteilchen ❷ GRAM Partikel *f* ❸ (*préposition*) **~ nobiliaire** Adelsprädikat *nt;* **porter un nom à ~** einen Namen mit „von" tragen

particulier [paʀtikylje] *m* (*personne privée*) Privatperson *f;* ADMIN, COM Einzelne(r) *f(m);* **vente aux ~s** Verkauf *m* [auch] an privat

particulier, -ière [paʀtikylje, -jɛʀ] *adj* ❶ *aspect, exemple* [ganz] bestimmt; *trait* typisch, charakteristisch; **"signes ~s néant"** „keine besonderen Kennzeichen" ❷ (*spécial*) besondere(r, s); *cas* Sonder-; **aptitudes particulières** besondere Begabungen *Pl* ❸ (*privé*) Privat-; **leçons particulières** Nachhilfestunden *Pl* ❹ (*étrange*) eigenartig; **être d'un genre ~** aus dem Rahmen fallen ▶ **en ~** (*en privé*) unter vier Augen; (*notamment*) besonders; (*séparément*) gesondert

particulièrement [paʀtikyljɛʀmɑ̃] *adv* besonders; **je n'y tiens pas ~** darauf lege ich keinen besonderen Wert

partie [paʀti] *f* ❶ (*part*) Teil *m;* **la majeure ~ du temps** die meiste Zeit; **en ~** teilweise; **en ~ ..., en ~ ...** teils ..., teils ...; **en grande ~** zum größten Teil; **faire ~ de qc** zu etw gehören ❷ *pl, fam* (*parties sexuelles masculines*) Weichteile *Pl* ❸ JEUX, SPORT Spiel *nt,* Partie *f;* **~ de tennis/d'échecs** Partie Tennis/Schach; **la ~ est jouée** die Würfel sind gefallen ❹ (*divertissement*) **~ de chasse/pêche** Jagd-/Angelpartie *f* ❺ (*adversaire*) **~s belligérantes** Krieg führende Mächte *Pl* ▶ [**faire une**] **~ de jambes en l'air** *fam* eine Nummer [schieben]; **faire ~ des meubles** [schon] zum Inventar gehören; **ce n'est pas une ~ de plaisir** das ist weiß Gott kein Vergnügen; **être ~ prenante** an etw (*dat*) beteiligt sein; **ce n'est que ~ remise** aufgeschoben ist nicht aufgehoben; **être de la ~** (*participer*) mit von der Partie sein; (*s'y connaître*) vom Fach sein

partiel [paʀsjɛl] *m* UNIV Klausur *f*

partielle [paʀsjɛl] *f* (*élection*) Nachwahl *f,* Ersatzwahl *f*

partiellement [paʀsjɛlmɑ̃] *adv* teilweise

partir [paʀtiʀ] <10> *vi* + *être* ❶ (*s'en aller*) [weg]gehen; *automobiliste, voiture, train:* abfahren; *avion:* abfliegen; *lettre:* hinausgehen; **~ en courant/en vitesse** losrennen/losstürmen; **~ en ville** in die Stadt fahren; **~ pour** [*o* **à**] **Paris** nach Paris fahren; **être parti pour** [**ses**] **affaires** auf Geschäftsreise sein; **~ à la campagne/dans le Midi** aufs Land/in den Süden fahren; **~ en vacances** in die Ferien reisen; **~ en voyage** verreisen; **~ à la recherche de qn/qc** sich auf die Suche nach jdm/etw machen; **~ chercher qn** jdn abholen gehen ❷ (*après un séjour*) abreisen ❸ (*s'en aller pour s'y installer*) **~ pour** [*o* **à**] **Paris** nach Paris ziehen ❹ (*démarrer*) *coureur:* starten; *moteur:* anspringen; **c'est parti!** *fam* es geht los! ❺ (*sauter, exploser*) *fusée:* starten; *coup de feu:* losgehen ❻ (*se mettre à*) **~ dans de grandes explications** zu weitschweifigen Erklärungen ausholen ❼ (*disparaître*) weggehen; *odeur, tache:* herausgehen; **ce pantalon part en lambeaux** die[se] Hose löst sich auf ❽ *euph* (*mourir*) hinübergehen (*geh*) ❾ (*venir de, dater de*) **ce train part de Berlin** dieser Zug fährt von Berlin ab; **la deuxième personne en partant de la gauche** die zweite Person von links ❿ (*commencer*

P

une opération) ~ **d'un principe/d'une idée** von einem Prinzip/einem Gedanken ausgehen ▶ **à ~ de** (*dans l'espace*) von ... an; (*dans le temps*) ab; (*sur la base de*) aus

partisan(e) [paʀtizɑ̃, an] **I.** *adj* (*favorable à*) **être ~ de qc** etw befürworten **II.** *m(f)* Befürworter(in) *m(f); d'une idée* Verfechter(in) *m(f); d'une personne* Anhänger(in) *m(f)*

partitif, -ive [paʀtitif, -iv] *adj* **article ~** Teilungsartikel *m*

partition [paʀtisjɔ̃] *f* ① MUS Partitur *f;* **jouer sans ~** ohne Noten spielen ② (*division*) Teilung *f* ③ INFORM Partition *f*

partout [paʀtu] *adv* ① (*en tous lieux*) überall; **un peu ~** da und dort; **~ où ...** überall, wo ... ② SPORT **on en est à trois ~** es steht drei zu drei [unentschieden]; **on en est à deux manches ~** es steht zwei beide

partouzard(e) [paʀtuzaʀ, aʀd] *fam* **I.** *adj* Swinger- **II.** *m(f)* Swinger(in) *m(f)*

partouze [paʀtuz] *f fam* [Sex]orgie *f*

partouzer [paʀtuze] <1> *vi fam* Gruppensex machen, bei einer Sexorgie mitmachen

partouzeur, -euse [paʀtuzœʀ, -øz] *m, f fam* Teilnehmer(in) *m(f)* an einer Sexorgie

parure [paʀyʀ] *f* ① (*bijoux*) Schmuck *m;* **~ de diamants** Diamant[en]schmuck ② (*ensemble de pièces de linge*) **~ en soie** seidene Wäschegarnitur; **~ de lit** Bettgarnitur *f*

parution [paʀysjɔ̃] *f* Erscheinen *nt*

parvenir [paʀvəniʀ] <9> *vi + être* ① (*atteindre*) gelangen; **~ à une maison/au sommet** zu einem Haus/auf den Gipfel gelangen ② (*arriver*) **~ à qn** *colis, lettre:* jdn erreichen; *bruit:* bis zu jdm dringen; **faire ~ une lettre à qn** jdm ein Schreiben zukommen lassen ③ (*réussir à obtenir*) **~ à la gloire** zu Ruhm gelangen; **~ à convaincre qn** jdn überzeugen können

parvenu(e) [paʀvəny] **I.** *part passé de* **parvenir II.** *adj* neureich **III.** *m(f)* Neureiche(r) *f(m)*

parvis [paʀvi] *m* [Kirchen]vorplatz *m*

pas¹ [pɑ] *m* ① (*enjambée*) Schritt *m;* **au ~ de charge** im Sturmschritt; **au ~ de course/de gymnastique** im Laufschritt; **marcher d'un bon ~** kräftig ausschreiten ② *pl* (*trace*) Fußstapfen *Pl;* **revenir/retourner sur ses ~** umkehren ③ *d'un cheval* Schritt *m; d'une personne* Gang *m;* **marcher au ~** im Gleichschritt marschieren ④ (*passage*) **le ~ de Calais** die Straße von Dover ⑤ (*pas de danse*) [Tanz]schritt *m* ⑥ (*entrée*) **~ de la porte** Türschwelle *f;* **sur le ~ de la porte** in der Tür ▶ **avancer à ~ de géant** sehr schnelle/große Fortschritte machen; **à ~ de loup** ganz leise; **faire les cent ~** auf und ab gehen; **à deux ~** ganz in der Nähe; **faux ~** *a. fig* Fehltritt *m;* **à ~ feutrés** auf leisen Sohlen; **se sortir** [*o* **se tirer**] **d'un mauvais ~** den Kopf aus der Schlinge ziehen; **céder le ~ à qn** jdm den Vortritt lassen; **franchir** [*o* **sauter**] **le ~** den Sprung wagen; **marcher sur les ~ de qn** in jds Fußstapfen (*akk*) treten; **marquer le ~** auf der Stelle treten; **mettre qn au ~** jdn zurechtweisen; **~ à ~** Schritt für Schritt; **de ce ~** sofort, auf der Stelle

pas² [pɑ] *adv* ① (*négation*) nicht; **ne ~ croire** nicht glauben; **ne ~ avoir de problème** kein Problem haben; **ne ~ vouloir de pâtes** keine Nudeln wollen; **il ne fait ~ son âge** er sieht jünger aus als er ist; **j'ai ~ le temps** *fam* ich habe keine Zeit; **ne ~ assez/beaucoup ...** nicht genug/viel ... ② *sans verbe* **~ de réponse** keine Antwort; **~ bête!** gar nicht [so] dumm!; **absolument ~!** auf keinen Fall!; **~ encore** noch nicht; **~ du tout** überhaupt nicht; **~ que je sache** nicht, dass ich wüsste; **~ toi?** du nicht? ③ *avec un adj* nicht; **une histoire ~ ordinaire** eine ungewöhnliche Geschichte; **c'est vraiment ~ banal!** das ist wirklich etwas Ausgefallenes!

pascal [paskal] <s> *m* INFORM PASCAL *nt*

pas-de-porte [pɑdpɔʀt] *m inv* COM *Abstandszahlung an den Vormieter eines Geschäftslokals*

pashmina [paʃmina] *m* TEXTIL Paschmina *m*

passable [pɑsabl] *adj* SCOL ausreichend; [**mention**] **~** Ausreichend *nt*

passablement [pɑsabləmɑ̃] *adv* ① (*pas trop mal*) ganz passabel; **jouer ~ d'un instrument** ein Instrument recht gut beherrschen ② (*beaucoup*) **il lui a fallu ~ de courage pour faire qc** er/sie brauchte ganz schön viel Mut um etw zu tun

passade [pɑsad] *f* ① (*aventure*) Strohfeuer *nt* ② (*caprice*) [vorübergehende] Laune

passage [pɑsaʒ] *m* ① (*venue*) Vorbeikommen *nt; des oiseaux* Vorüberziehen *nt;* **~ interdit** Durchfahrt verboten; **~ protégé** vorfahrtsberechtigte Straße; **personne de ~** Durchreisende(r) *f(m);* **il y a du ~** *fam* es kommen viele Leute vorbei; (*circulation*) es ist viel Verkehr ② (*court séjour*) [kurzer] Aufenthalt; **lors de son dernier ~ chez X** als er das letzte Mal bei X war ③ (*avancement*) **~ d'un élève en**

sixième Versetzung *f* eines Schülers in die 6. Klasse [*o* in die 1. Klasse des „Collège"]; **~ au grade de capitaine** Beförderung *f* zum Hauptmann ④ (*transformation*) Übergang *m;* **~ de l'enfance à l'adolescence** Übergang von der Kindheit zum Jugendalter ⑤ (*voie pour piétons*) Weg *m;* **~ clouté** [*o* **pour piétons**] Fußgängerüberweg; **les valises encombrent le ~** die Koffer versperren den Durchgang ⑥ (*voie pour véhicules*) Durchfahrt *f;* **~ à niveau** Bahnübergang *m* ⑦ (*petite rue couverte*) Passage *f* ⑧ *d'un roman* Passage *f,* Stelle *f; d'un morceau musical* Passage; **~ de la Bible** Bibelstelle ▶ **céder le ~ à qn/qc** jdm/einer S. die Vorfahrt lassen; **au ~** (*en chemin*) im Vorbeigehen; (*soit dit en passant*) nebenbei

passager, -ère [pasaʒe, -ɛʀ] **I.** *adj* ① (*de courte durée*) vorübergehend; *beauté, bonheur* vergänglich; **quelques pluies passagères** gelegentliche [Regen]schauer *Pl* ② *fam* (*très fréquenté*) belebt ③ *fam* (*fréquenté par des voitures*) verkehrsreich **II.** *m, f d'un navire* Passagier(in) *m(f); d'un avion* Fluggast *m; d'un train* Fahrgast *m; d'une voiture* Insasse *m*/Insassin *f;* **~ avant** Beifahrer *m*

passant [pasɑ̃] *m d'une ceinture* Schlaufe *f*

passant(e) [pasɑ̃, ɑ̃t] *m(f)* Passant(in) *m(f)*

passation [pasasjɔ̃] *f* ① (*transmission*) *des pouvoirs* Übergabe *f* ② JUR *d'un acte* Ausfertigung *f;* **~ du contrat** Vertragsabschluss *m*

passe [pɑs] *f* SPORT Pass *m;* **~ mal ajustée** schlechte Vorlage ▶ **être dans une bonne/mauvaise ~** eine glückliche/schwere Zeit durchleben; **être en ~ de faire qc** auf dem besten Weg sein etw zu tun

passé [pase] **I.** *m* ① (*temps révolu*) Vergangenheit *f;* **par le ~** früher; **tout ça c'est du ~** *fam* all das ist Schnee von gestern ② GRAM Vergangenheit *f;* **~ simple** Passé simple *nt;* **~ composé** Perfekt *nt* **II.** *prép* (*après*) **~ minuit** nach Mitternacht; **~ la frontière** hinter der Grenze

passé(e) [pase] *adj* ① (*dernier*) letzte(r, s) ② (*révolu*) vergangen; *angoisse* früher ③ (*délavé*) verblasst ④ (*plus de*) **il est midi ~/deux heures ~es** es ist schon Mittag/zwei Uhr vorbei

passe-droit [pasdʀwa] <passe--droits> *m* ungerechtfertigte Vergünstigung

passéiste [paseist] **I.** *adj* vergangenheitsbezogen **II.** *mf* Ewiggestrige(r) *f(m)* (*pej*)

passementerie [pasmɑ̃tʀi] *f* Posamenterie *f*

passe-montagne [pasmɔ̃taɲ] <passe--montagnes> *m* Kapuzenmütze *f* **passe--partout** [paspaʀtu] *inv* **I.** *adj fig* für alle Gelegenheiten; *discours, phrase* Allerwelts- (*fam*) **II.** *m* ① (*clé*) Hauptschlüssel *m* ② ART Passepartout *nt* **passe-passe** [paspas] *m inv* **tour de ~** Trick *m,* Masche *f* (*fam*) **passe-plat** [paspla] <passe--plats> *m* Durchreiche *f*

passeport [paspɔʀ] *m* [Reise]pass *m*

passer [pase] <1> **I.** *vi + avoir o être* ① (*se déplacer*) vorbeigehen; *véhicule, automobiliste:* vorbeifahren; *caravane:* vorbeiziehen; **laisser ~ qn/une voiture** jdn/ein Auto vorbeilassen ② (*desservir*) *bus, métro, train:* fahren; **le bus va bientôt ~** der Bus wird gleich kommen ③ (*s'arrêter un court instant*) **~ chez qn** bei jdm vorbeikommen; **~ à la poste** bei [*o* an] der Post vorbeikommen ④ (*avoir un certain trajet*) **~ au bord de qc** *train:* an etw (*dat*) vorbeifahren; *route:* an etw (*dat*) vorbeiführen; **~ dans une ville** *automobiliste, voiture:* durch eine Stadt fahren; *rivière:* durch eine Stadt fließen; **~ devant qn/qc** an jdm/etw vorbeigehen; **~ entre deux maisons** *personne:* zwischen zwei Häusern durchgehen; *route:* zwischen zwei Häusern verlaufen; **~ par Francfort** *automobiliste:* über Frankfurt fahren; *avion:* über Frankfurt fliegen; *route:* über Frankfurt führen; **~ par la porte** durch die Tür gehen; **~ sous qc** *personne:* unter etw (*dat*) durchgehen/durchfahren; *véhicule:* unter etw (*dat*) durchfahren; *route, tunnel, canal:* unter etw (*dat*) durchführen; **~ sur un pont** über eine Brücke gehen/fahren; **~ sur l'autre rive** [ans andere Ufer] übersetzen ⑤ (*traverser en brisant*) **~ à travers le pare-brise** durch die Windschutzscheibe geschleudert werden; **~ à travers la glace** auf dem Eis einbrechen ⑥ (*réussir à franchir*) *personne, animal, véhicule:* durchkommen; *objet, meuble:* durchpassen ⑦ (*s'infiltrer par, filtrer*) *café:* durchlaufen; **~ à travers qc** *eau, lumière:* durch etw dringen ⑧ (*se trouver*) **où est passée ta sœur/la clé?** wo ist deine Schwester geblieben/der Schlüssel hingekommen? ⑨ (*changer*) **~ de la salle à manger au salon** vom Esszimmer in den Salon [hinüber]gehen; **~ de maison en maison** von Haus zu Haus gehen; **~ en seconde** AUT in den zweiten Gang schalten; **le feu passe au rouge/du vert à l'orange** die Ampel

P

schaltet auf Rot/von Grün auf Gelb ⑩ (*aller définitivement*) ~ **dans le camp ennemi** ins feindliche Lager überwechseln ⑪ (*être consacré à*) **60% du budget passent dans les traitements** 60% des Budgets gehen für Gehälter ab [*o* weg] ⑫ (*faire l'expérience de*) ~ **par des moments difficiles** schwierige Zeiten durchmachen; **il est passé par la Légion étrangère** er war in der Fremdenlegion ⑬ (*utiliser comme intermédiaire*) ~ **par qn** sich an jdn wenden ⑭ (*être plus/moins important*) ~ **avant/après qn/qc** wichtiger als jd/etw/nicht so wichtig wie jd/etw sein ⑮ (*avoir son tour, être présenté*) drankommen; **faire ~ qn avant/après les autres** jdn vor/nach den anderen drannehmen (*fam*); ~ **à un examen** in eine Prüfung gehen; ~ **à la radio/télé** im Radio/Fernsehen kommen; **le film passe au Rex** der Film läuft im Rex ⑯ (*être accepté*) ~ **en sixième** in die 6. Klasse [*o* in die 1. Klasse des „Collège"] versetzt werden; **le candidat est passé à l'examen** der Kandidat hat die Prüfung bestanden; **la plaisanterie est bien/mal passée** der Scherz ist gut/schlecht angekommen; **la pièce de théâtre n'est pas passée** das Theaterstück ist durchgefallen ⑰ (*ne pas tenir compte de, oublier*) ~ **sur les détails** über die Einzelheiten hinwegsehen; **passons!** sei's drum! ⑱ JEUX passen ⑲ (*s'écouler*) *temps:* vergehen; **on ne voyait pas le temps ~** die Zeit verging im Nu ⑳ (*disparaître*) vergehen; *colère:* verfliegen; *mode, chagrin:* vorübergehen; *pluie, orage:* nachlassen; *couleur:* verblassen; **ça te passera** das wird dir schon vergehen ㉑ (*devenir*) ~ **capitaine/directeur** zum Hauptmann befördert/zum Direktor ernannt werden ㉒ (*être pris pour*) ~ **pour qc** für etw gehalten werden ㉓ (*avoir la réputation de*) als etw gelten ㉔ (*présenter comme*) **faire ~ qn pour qc** jdn als etw ausgeben ▶ **passe encore que qn ait fait qc** es mag ja noch angehen, dass jd etw getan hat; ~ **outre à qc** sich über etw (*akk*) hinwegsetzen; **ça passe ou ça casse!** *fam* alles oder nichts! **II.** *vt + avoir* ① (*donner*) geben, reichen *sel, photo;* übergeben *consigne, travail, affaire;* ~ **un message à qn** jdm etw ausrichten; ~ **la grippe/un virus à qn** jdn mit Grippe/einem Virus anstecken ② (*prêter*) ~ **un livre à qn** jdm ein Buch leihen ③ SPORT ~ **la balle à qn** an jdn abspielen ④ (*au téléphone*) ~ **qn à qn** jdm jdn geben, jdn mit jdm verbinden ⑤ SCOL, UNIV machen *examen;* ~ **son bac** das Abitur machen; ~ **un examen avec succès** eine Prüfung bestehen ⑥ (*vivre, occuper*) ~ **ses vacances à Rome** seine Ferien in Rom verbringen; **des nuits passées à boire** durchzechte Nächte *Pl* ⑦ (*présenter*) zeigen *film, diapositives;* spielen *disque;* abspielen *cassette* ⑧ (*franchir*) überqueren *rivière;* überschreiten *seuil;* überqueren *montagne;* überwinden *obstacle;* (*en sautant*) überspringen *obstacle;* durchfahren *tunnel, écluse;* durchbrechen *mur du son;* passieren *frontière;* **faire ~ la frontière à qn** jdn über die Grenze bringen ⑨ (*faire mouvoir*) ~ **par une ouverture étroite** durch eine enge Öffnung durchkommen; ~ **le chiffon sur l'étagère** auf dem Regal etwas Staub wischen ⑩ (*étaler, étendre*) ~ **une couche de peinture sur qc** eine Schicht Farbe auf etw (*akk*) auftragen ⑪ (*faire subir une action*) ~ **sous le robinet** kurz abspülen ⑫ GASTR [durch]passieren *sauce, soupe;* filtern *café;* durch ein Sieb gießen *thé* ⑬ (*calmer*) ~ **sa colère sur qn/qc** seine Wut an jdm/etw auslassen ⑭ (*sauter [volontairement]*) überspringen ⑮ (*oublier*) auslassen; ~ **les détails** die Einzelheiten weglassen ⑯ (*permettre*) ~ **tous ses caprices à qn** jdm alle Launen durchgehen lassen ⑰ (*enfiler*) überziehen *vêtement* ⑱ AUT einlegen *vitesse* ⑲ (*conclure*) abschließen *marché, contrat;* treffen *accord, convention* **III.** *vpr* ① (*s'écouler*) **le temps/le jour se passe** die Zeit/der Tag vergeht ② (*avoir lieu*) geschehen; **que s'est-il passé?** was ist passiert?; **que se passe-t-il?** was ist denn los? ③ (*se dérouler*) **se ~** *action, histoire:* sich abspielen; *fête, manifestation:* stattfinden; **l'accident s'est passé de nuit** der Unfall hat sich nachts ereignet; **si tout se passe bien** wenn alles gut geht ④ (*se débrouiller sans*) **se ~ de qn/qc** ohne jdn/etw auskommen; **voilà qui se passe de commentaires!** Kommentar überflüssig! ⑤ (*renoncer à*) **se ~ de faire qc** darauf verzichten etw zu tun ⑥ (*se mettre*) **se ~ de la crème sur le visage** sich (*dat*) das Gesicht eincremen; **se ~ la main sur le front/dans les cheveux** sich (*dat*) mit der Hand über die Stirn/übers Haar streichen [*o* fahren] ▶ **ça ne se passera pas comme ça!** *fam* so geht das ja nun nicht!

passereau [pasʀo] <x> *m* Spatz *m;* **les ~x** die Sperlingsvögel *Pl*

passerelle [pasʀɛl] *f* ① (*pont*) Steg *m* ② (*voie d'accès*) Gangway *f;* (*pont supé-*

P

rieur) Brücke *f* ③ SCOL [**classe**] ~ Übergangsklasse *f;* **il y a des ~s** das Schulsystem ist durchlässig

passe-temps [pɑstɑ̃] *m inv* Zeitvertreib *m*

passeur, -euse [pɑsœʀ, -øz] *m, f* ① (*sur un bac*) Fährmann *m* ② (*à la frontière*) Fluchthelfer(in) *m(f);* ~ **de drogues** Rauschgiftschmuggler *m*

passible [pasibl] *adj* COM, JUR **être ~ d'une amende/peine** *personne:* mit einer Geld-/[Haft]strafe rechnen müssen; *délit:* mit einer Geld-/[Haft]strafe belegt werden

passif [pasif] *m* GRAM Passiv *nt;* **mettre au ~** ins Passiv setzen; **être au ~** im Passiv stehen

passif, -ive [pasif, -iv] *adj* ① (*apathique*) passiv ② (*qui n'agit pas*) untätig; **être le témoin ~ d'un événement** einem Geschehen tatenlos zusehen ③ GRAM *forme* Passiv-; **voix passive** Passiv *nt*

passion [pasjɔ̃] *f* ① REL **la Passion** die Passion, das Leiden [und Sterben] Christi ② (*inclination*) Leidenschaft *f;* ~ **du sport** Sportbegeisterung *f;* ~ **de la liberté** Freiheitsdrang *m;* ~ **du pouvoir** Machtgier *f* ③ (*amour ardent*) Leidenschaft *f;* **vivre une ~ avec qn** eine leidenschaftliche Beziehung mit jdm haben ④ (*impulsions*) Leidenschaft *f*

passionnant(e) [pasjɔnɑ̃, ɑ̃t] *adj* faszinierend

passionné(e) [pasjɔne] **I.** *adj* leidenschaftlich; **être ~ de qc** ein großer Liebhaber einer S. (*gen*) sein **II.** *m(f)* ~ **de cinéma** passionierter Kinogänger

passionnel(le) [pasjɔnɛl] *adj crime* im Affekt begangen; **drame ~** Eifersuchtsdrama *nt*

passionnément [pasjɔnemɑ̃] *adv* leidenschaftlich; *être amoureux* bis über beide Ohren (*fam*)

passionner [pasjɔne] <1> **I.** *vt* ~ **qn** *personne:* jdn faszinieren; *lecture, spectacle:* jdn fesseln **II.** *vpr* **se ~ pour qc** sich für etw begeistern

passivement [pasivmɑ̃] *adv* passiv; *obéir* blind; *assister* tatenlos

passivité [pasivite] *f* Passivität *f*

passoire [pɑswaʀ] *f* Sieb *nt* ►**sa mémoire est une vraie ~!** er/sie hat ein Gedächtnis wie ein Sieb! (*fam*)

pastaga [pastaga] *m* MIDI Pastis *m*

pastel [pastɛl] **I.** *m* ① (*crayon*) Pastellstift *m* ② ART Pastell[bild] *nt* **II.** *app inv couleur* Pastell-

pastèque [pastɛk] *f* Wassermelone *f*

pasteur [pastœʀ] *mf* ① (*prêtre*) [evangelischer] Pfarrer *m*/[evangelische] Pfarrerin *f* ② REL Hüter(in) *m(f)*

pasteurisation [pastœʀizasjɔ̃] *f* Pasteurisierung *f*

pasteuriser [pastœʀize] <1> *vt* pasteurisieren

pastille [pastij] *f* ① MED Pastille *f;* ~ **de menthe** Pfefferminzbonbon *m o nt* ② (*gommette*) ~ **autocollante** Klebepunkt *m;* ~ **verte** ≈ G-KAT-Plakette *f* ③ INFORM Auswahlknopf *m*

pastis [pastis] *m* Pastis *m*

pastoral(e) [pastɔʀal, -o] <-aux> *adj* ① *mœurs* Hirten-; *chant, roman* Schäfer- ② *instruction, lettre* Hirten-; *anneau, croix* Bischofs-

pastorale [pastɔʀal] *f* ① ART, LITTER, MUS Pastorale *f* ② (*poésie*) Schäferdichtung *f*

patapouf [patapuf] **I.** *interj enfantin* (*patatras*) bum **II.** *m fam* Dickerchen *nt;* **gros ~** Fettmops *m*

patate [patat] *f* ① *fam* (*pomme de terre*) Kartoffel *f;* ~ **douce** Süßkartoffel *f* ② CAN (*pomme frite*) **~s frites** Pommes frites *Pl* ③ *fam* (*imbécile*) Pflaume *f* ►**en avoir gros sur la ~** *fam* großen Kummer haben

patatras [patatʀa] *interj* ① (*bruit de chute*) [krach] bum ② (*quand un enfant tombe par terre*) bauz (*Kinderspr.*)

pataud(e) [pato, od] **I.** *adj air, démarche* plump; *personne* ungeschickt **II.** *m(f)* Tollpatsch *m*

pataugas® [patogas] *m* ① Bergstiefel *m* ② (*pour ville*) Schnürstiefel *m*

pataugeoire [patoʒwaʀ] *f* Planschbecken *nt*

patauger [patoʒe] <2a> *vi* ① (*marcher*) waten ② (*barboter*) planschen ③ (*ne pas suivre*) *élève:* nicht [mehr] mitkommen (*fam*) ④ (*s'empêtrer*) sich [vergeblich] abstrampeln (*fam*)

patch [patʃ] *m* ① MED Pflaster *nt* ② ANAT (*tissu veineux*) Adergewebe *nt* ③ INFORM Patch *nt*

patchouli [patʃuli] *m* Patschuli *nt*

patchwork [patʃwœʀk] *m* ① COUT Patchwork *nt* ② *péj* (*mélange hétéroclite*) [buntes] Durcheinander

pâte [pɑt] *f* ① GASTR Teig *m;* **fromage à ~ molle/dure** Weich-/Hartkäse *m;* **les ~s** die Nudeln *Pl* ② (*substance molle*) Paste *f;* ~ **à modeler** Knetmasse *f*

pâté [pɑte] *m* ① GASTR Pastete *f;* ~ **de campagne** Bauernpastete *f;* ~ **en croûte** Pastete im Teigmantel ② (*tache d'encre*) Tinten-

P

klecks *m* ❸ (*sable moulé*) ~ **de sable** Sandkuchen *m* ❹ (*ensemble*) ~ **de maisons** Häuserblock *m*
pâtée [pɑte] *f du chien, chat* Futter *nt*
patelin [patlɛ̃] *m fam* Nest *nt*
patente [patɑ̃t] *f* ❶ (*impôt*) Gewerbesteuer *f* ❷ CAN (*objet quelconque*) Ding *nt*
patenté(e) [patɑ̃te] *adj* anerkannt
paternalisme [patɛʀnalism] *m* Paternalismus *m;* POL Bevormundung *f* [durch den Staat]
paternaliste [patɛʀnalist] *adj* paternalistisch
paternel(le) [patɛʀnɛl] *adj* väterlich; **grands-parents ~s** Großeltern väterlicherseits
paternité [patɛʀnite] *f* Vaterschaft *f*
pâteux, **-euse** [pɑtø, -øz] *adj* zähflüssig; *sauce* dickflüssig; *pain* pappig; *masse* teigig ▶ **avoir la bouche/la langue pâteuse** ein pelziges Gefühl im Mund haben
pathétique [patetik] **I.** *adj* ergreifend, bewegend; *roman* leidenschaftlich **II.** *m* Pathos *nt*
pathologie [patɔlɔʒi] *f* Pathologie *f*
pathologique [patɔlɔʒik] *adj* pathologisch
patibulaire [patibylɛʀ] *adj* **mine ~** Verbrechergesicht *nt*
patiemment [pasjamɑ̃] *adv* geduldig
patience [pasjɑ̃s] *f* (*qualité*) Geduld *f;* **avoir de la ~** Geduld haben; **prendre ~** sich gedulden; **~!** [nur] Geduld! ▶ **~ d'ange** Engelsgeduld *f*
patient(e) [pasjɑ̃, jɑ̃t] **I.** *adj* ❶ (*calme*) geduldig; **être ~ avec qn** Geduld mit jdm haben ❷ *observation* geduldig; *recherche* unermüdlich; *travail* ausdauernd; **c'est un esprit ~** er/sie ist [sehr] geduldig **II.** *m(f)* MED Patient(in) *m(f)*
patienter [pasjɑ̃te] <1> *vi* warten; **faire ~ qn** jdn [kurze Zeit] warten lassen
patin [patɛ̃] *m* **~ à glace** Schlittschuh *m;* **~ à roulettes** Rollschuh *m;* **~s en ligne** Inlineskates *Pl;* **faire du ~ à glace/à roulettes** Schlittschuh/Rollschuh laufen ▶ **rouler un ~ à qn** *fam* jdm einen Zungenkuss geben
patinage [patinaʒ] *m* SPORT **~ sur glace** Schlittschuhlaufen *nt;* **~ à roulettes** Rollschuhlaufen *nt*
patine [patin] *f* Patina *f*
patiner [patine] <1> *vi* ❶ SPORT Schlittschuh/Rollschuh laufen ❷ AUT *embrayage:* schleifen; *roue:* durchdrehen; *véhicule:* rutschen
patinette [patinɛt] *f* Roller *m*
patineur, **-euse** [patinœʀ, -øz] *m, f* Schlittschuhläufer(in) *m(f);* **~ à roulettes** Rollschuhläufer *m;* **~ en ligne** Inlineskater *m*
patinoire [patinwaʀ] *f* ❶ (*piste de patinage*) Eisbahn *f* ❷ (*endroit glissant*) Rutschbahn *f* (*fam*)
patio [patjo, pɑsjo] *m* Patio *m*
pâtir [pɑtiʀ] <8> *vi* **~ de qc** unter etw (*dat*) leiden; **~ des erreurs de qn** für jds Fehler büßen müssen
pâtisserie [pɑtisʀi] *f* ❶ (*magasin*) Konditorei *f* ❷ (*métier*) Konditorhandwerk *nt* ❸ (*gâteaux*) Gebäck *nt kein Pl* ❹ (*préparation de gâteaux*) Backen *nt*
pâtissier, **-ière** [pɑtisje, -jɛʀ] *m, f* Konditor(in) *m(f)*
patois [patwa] *m* [lokale] Mundart; **parler [en] ~** Mundart sprechen
patraque [patʀak] *adj fam* **être ~** sich ein bisschen angeschlagen fühlen
patriarcal(e) [patʀijaʀkal, -o] <-aux> *adj* ❶ *société, autorité* patriarchalisch ❷ REL Patriarchen-; *croix* des Patriarchen
patriarcat [patʀijaʀka] *m* Patriarchat *nt*
patriarche [patʀijaʀʃ] *m* Patriarch *m*
patrie [patʀi] *f* ❶ (*nation*) Heimat *f;* **mourir pour la ~** für das Vaterland sterben ❷ (*lieu de naissance*) Geburtsort *m* ❸ (*berceau*) Heimat *f*
patrimoine [patʀimwan] *m* ❶ (*biens de famille*) Vermögen *nt;* **dilapider son ~** das Erbe durchbringen ❷ (*bien commun*) Erbe *nt* ❸ BIO **~ génétique** [*o* **héréditaire**] Erbgut *nt*
patriote [patʀijɔt] **I.** *adj* patriotisch; **être ~** ein Patriot sein **II.** *mf* Patriot *m*
patriotique [patʀijɔtik] *adj* patriotisch
patriotisme [patʀijɔtism] *m* Patriotismus *m*
patron(ne) [patʀɔ̃, ɔn] *m(f)* ❶ (*employeur*) Chef(in) *m(f)* ❷ (*le patronat*) **les ~s** die Arbeitgeber; **les [grands] ~s de l'industrie** die Industriebosse *Pl* ❸ *d'une petite entreprise* Chef(in) *m(f); d'un restaurant, café, hôtel* Wirt(in) *m(f)* ❹ (*artisan*) **~ boulanger** Bäckermeister *m* ❺ *d'une organisation* Chef(in) *m(f);* **le ~ des ~s** der Präsident des Arbeitgeberverbandes ❻ *fam* (*chef*) Boss *m* ❼ REL Schutzpatron(in) *m(f)*
patronage [patʀɔnaʒ] *m* Schirmherrschaft *f;* **sous le ~ de qn** unter jds Schirmherrschaft (*dat*)
patronal(e) [patʀɔnal, -o] <-aux> *adj* ❶ Arbeitgeber-; *responsabilité* der Arbeitgeber (*gen*) ❷ REL **fête ~e** Patronatsfest *nt*
patronat [patʀɔna] *m* Arbeitgeberschaft *f*

P

patronyme [patʀɔnim] *m littér* Familienname *m*
patrouille [patʀuj] *f* Patrouille *f;* **~ de police** Polizeistreife *f;* **voiture de ~ de la police** Streifenwagen *m* der Polizei
patrouiller [patʀuje] <1> *vi* patrouillieren; *policier:* Streife fahren
patrouilleur [patʀujœʀ] *m* ❶ *(soldat)* Soldat *m* auf Patrouille ❷ AVIAT Aufklärer *m* ❸ NAUT Patrouillenboot *nt*
patte [pat] *f* ❶ *d'un animal* Bein *nt* ❷ *d'un chien, chat* Pfote *f; d'un lion* Pranke *f; d'un ours* Tatze *f* ❸ *fam (jambe)* Bein *nt;* **être bas** [*o* **court**] **sur ~s** kurze Beine haben ❹ *fam (main)* Pfote *f* ❺ CH *(chiffon)* Lappen *m* ▶ **pantalon à ~s d'éléphant** Hose *f* mit Schlag; **~s de mouche** Gekritzel *nt;* **faire ~ de velours** katzenfreundlich sein; **bas les ~s!** *fam* Pfoten weg!; **montrer ~ blanche** sich ausweisen; **avoir une ~ folle** *fam* ein Hinkebein haben; **en avoir plein les ~s** *fam* ganz müde Beine haben; **à quatre ~s** *fam* auf allen vieren; **tirer dans les ~s de qn** *fam* jdm Knüppel zwischen die Beine werfen
patte-d'oie [patdwa] <pattes-d'oie> *f* ❶ *pl (rides)* Krähenfüße *Pl* ❷ *(carrefour en Y)* Gabelung *f*
pattemouille [patmuj] *f* Bügeltuch *nt*
pâturage [pɑtyʀaʒ] *m (herbage)* Weide *f*
pâture [pɑtyʀ] *f* ❶ *(pâturage)* Weide *f* ❷ *(nourriture)* Futter *nt* ▶ **donner** [*o* **livrer**] **qc en ~ à la presse** der Presse mit etw ein gefundenes Fressen liefern
paume [pom] *f* ❶ ANAT **~** [**de la main**] Handteller *m* ❷ SPORT **jeu de ~** Paumespiel *nt*
paumé(e) [pome] **I.** *adj fam* ❶ *lieu, village* gottverlassen; **il est ~** er weiß nicht mehr, wo er ist ❷ *(désorienté)* aufgeschmissen ❸ *(socialement inadapté)* **être complètement ~** völlig neben der Kappe sein **II.** *m(f) fam* **c'est un ~** er ist total von der Rolle
paumer [pome] <1> **I.** *vt fam* verbummeln **II.** *vpr fam* **se ~** ❶ *(à pied)* sich verlaufen ❷ *(en voiture)* sich verfahren
paupérisation [popeʀizasjɔ̃] *f soutenu* Verarmung *f*
paupériser [popeʀize] <1> *vt soutenu* verarmen lassen
paupière [popjɛʀ] *f* [Augen]lid *nt*
paupiette [popjɛt] *f* **~ de veau** Kalbsroulade *f*
pause [poz] *f* ❶ *(interruption)* Pause *f* ❷ MUS ganze Pause ❸ SPORT Halbzeit *f*
pause-café [pozkafe] <pauses-café> *f fam* Kaffeepause *f*
pauvre [povʀ] **I.** *adj* ❶ *personne, pays* arm; *mobilier, vêtement* ärmlich; *végétation* spärlich; *nourriture* ohne großen Nährwert; *mélange* mager; *style* farblos; **être ~ en graisse/oxygène** fett-/sauerstoffarm sein ❷ *antéposé argument, orateur* schwach; *excuse* fadenscheinig; *salaire* kümmerlich ❸ *antéposé (digne de pitié)* arm; *sourire* schwach; **mon ~ ami, si tu savais** mein Lieber, wenn du wüsstest; **~ France!** armes Frankreich! ❹ *fam (lamentable)* arm **II.** *mf* ❶ *(sans argent)* Arme(r) *f(m)* ❷ *(idiot)* **~ d'esprit** leicht geistig Behinderte(r) *f(m)*
pauvrement [povʀəmɑ̃] *adv* ärmlich; *éclairé* schlecht; *vivre* in ärmlichen Verhältnissen
pauvreté [povʀəte] *f* Armut *f; du sol* Kargheit *f; du style, vocabulaire* Farblosigkeit *f; d'une habitation, du mobilier* Armseligkeit *f*
pavaner [pavane] <1> *vpr* **se ~** umherstolzieren
pavé [pave] *m* ❶ *(bloc, dalle)* Pflasterstein *m* ❷ *(revêtement)* [Straßen]pflaster *nt* ❸ *péj fam (livre)* [dicker] Wälzer ❹ *(morceau de viande)* **~ de bœuf** *großes Rinder[filet]steak* ❺ INFORM **~ numérique** Ziffernblock *m*
paver [pave] <1> *vt* pflastern
pavillon [pavijɔ̃] *m* ❶ *(maison particulière)* [kleineres] Einfamilienhaus; **~ de banlieue** kleines Haus in einem Vorort ❷ *(petite maison dans un jardin)* Gartenpavillon *m;* **~ de chasse** Jagdhütte *f* ❸ *d'un hôpital, château* Pavillon *m;* **~ central** Mitteltrakt *m* ❹ NAUT Flagge *f*
pavillonnaire [pavijɔnɛʀ] *adj lotissement* mit Einfamilienhäusern; *banlieue* nur aus Einfamilienhäusern bestehend
pavoiser [pavwaze] <1> *vi fam (se réjouir)* sich mit stolzgeschwellter Brust zeigen
pavot [pavo] *m* Mohn *m*
payable [pɛjabl] *adj* zahlbar; **~ fin juillet** zahlbar Ende Juli; **~ en espèces** [in] bar zu zahlen
payant(e) [pɛjɑ̃, ɑ̃t] *adj* ❶ *parking* gebührenpflichtig; **l'entrée est ~e** es muss Eintritt bezahlt werden; **c'est ~** das kostet Eintritt ❷ *entreprise* rentabel; *coup* Gewinn bringend ❸ *spectateur, hôte* zahlend
paye [pɛj] *f v.* **paie**
payement *v.* **paiement**
payer [peje] <7> **I.** *vt* ❶ *(acquitter)* bezahlen; zahlen *intérêt, loyer;* **~ par chèque/**

en espèces mit Scheck/[in] bar [be]zahlen ② (*rétribuer*) bezahlen, entlohnen; ~ **qn à l'heure** jdn stundenweise bezahlen ③ (*verser de l'argent pour*) bezahlen für *service;* zahlen für *maison;* **faire ~ qc à qn 100 euros** jdm 100 Euro für etw berechnen ④ (*récompenser*) belohnen; ~ **qn de sa peine** jdn für seine Mühe belohnen; **qn est bien/mal payé de qc** etw wird jdm gut/schlecht gelohnt ⑤ (*offrir*) ~ **un livre à qn** jdm ein Buch kaufen; ~ **un coup à qn** *fam* jdm einen ausgeben ⑥ (*expier*) ~ **qc de qc** etw mit etw bezahlen müssen; **tu me le paieras!** das sollst du mir büßen! ▶ **être payé pour le savoir** durch Schaden klug geworden sein **II.** *vi* ① (*régler*) zahlen ② (*être rentable*) sich lohnen; *politique, tactique:* sich bezahlt machen; **le crime ne paie pas** Verbrechen lohnt sich nicht ③ (*expier*) ~ **pour qn/qc** für jdn/etw büßen müssen **III.** *vpr* **se** ~ ① *fam* (*s'offrir*) **se ~ qc** sich (*dat*) etw leisten ② *fam* (*se prendre*) **se ~ un arbre** gegen einen Baum knallen ③ (*passif*) **la commande se paie à la livraison** die Bestellung ist bei [der] Lieferung zu [be]zahlen ▶ **se ~ la tête de qn** *fam* jdn veräppeln

payeur, -euse [pɛjœʀ, -jøz] **I.** *adj* **organisme/service** ~ Zahlstelle *f* **II.** *m, f* Zahler(in) *m(f);* **mauvais** ~ säumiger Zahler

pays [pei] *m* ① (*nation, État*) Land *nt;* ~ **agricole/industriel** Agrar-/Industrieland; ~ **en voie de développement** Entwicklungsland; ~ **en voie d'industrialisation** Schwellenland; **les ~ membres de l'UE** die EU-Länder, die EU-Staaten; ~ **d'origine** Herkunftsland; ~ **d'origine sûr** POL sicheres Herkunftsland; **le ~ de Galles** Wales *nt* ② *sans pl* (*région natale*) Heimat *f;* **les gens du** ~ die Einheimischen *Pl;* ~ **natal** Heimatland *nt;* **être du** ~ aus der Gegend sein; **vin de** [*o* **du**] ~ Landwein *m;* **saucisson de** [*o* **du**] ~ Bauernwurst *f* ③ *sans pl* (*patrie*) Vaterland *nt* ④ *sans pl* (*terre d'élection*) **le ~ du vin** das Land des Weins ⑤ (*milieu favorable à*) ~ **de légumes** Gemüseanbaugebiet *nt;* ~ **d'élevage** Viehzuchtgebiet *nt* ⑥ GEOG Gegend *f;* **plat** ~ Flachland *nt;* **voir du** ~ etwas von der Welt sehen ⑦ (*village*) Ort *m;* **un petit ~ perdu** ein abgelegenes Nest ▶ **elle est en ~ de connaissance** (*elle connaît la matière, le lieu*) sie kennt sich aus; (*elle est connue*) man kennt sie; **il se conduit comme** [**si il était**] **en ~ conquis** er benimmt sich, als sei er der Herr im Haus

paysage [peizaʒ] *m* ① (*site*) Landschaft *f;* ~ **champêtre** ländliche Gegend; ~ **urbain** Stadtbild *nt* ② *fig* (*situation*) Landschaft *f;* ~ **audiovisuel** Fernsehlandschaft ③ ART Landschaft *f* ▶ **faire bien dans le** ~ *fam* sich gut machen

paysagé(e) [peizaʒe] *adj,* **paysager, -ère** [peizaʒe, -ɛʀ] *adj parc* landschaftlich gestaltet

paysagiste [peizaʒist] **I.** *mf* ① HORT Landschaftsgärtner(in) *m(f)* ② ART Landschaftsmaler(in) *m(f)* **II.** *app* **architecte** ~ Gartenarchitekt(in) *m(f)*

paysan(ne) [peizɑ̃, an] **I.** *adj* ① *problème, revendications* der Bauern; **le monde** ~ die Bauernschaft ② (*rural*) ländlich ③ GASTR **omelette ~ne** Bauernomelett *nt* ④ *péj* (*rustre*) wie ein Bauer **II.** *m(f)* ① (*agriculteur*) Bauer *m*/Bäuerin *f* [*o* Bauersfrau *f*] ② *péj* **quel ~!** was für ein ungehobelter Kerl! (*fam*)

paysannerie [peizanʀi] *f sans pl* Bauernschaft *f*

Pays-Bas [peibɑ] *mpl* **les** ~ die Niederlande

PC [pese] *m* POL *abr de* **Parti communiste** KP *f*

P.C.[1] [pese] *m abr de* **poste de commandement** MIL Kommandozentrale *f;* TRANSP [Verkehrs]zentrale *f*

P.C.[2] [pese] *m abr de* **Personal Computer** INFORM PC *m;* ~ **de poche** Taschencomputer *m,* Handheld *m*

PCF [peseɛf] *m abr de* **Parti communiste français** Kommunistische Partei Frankreichs

PDF [pedeɛf] *m inv* INFORM *abr de* **Portable Document Format** PDF *nt*

P.D.G. [pedeʒe] *m fam abr de* **Président-directeur général** Generaldirektor *m*

péage [peaʒ] *m* ① (*lieu*) Gebührenzahlstelle *f;* (*sur autoroutes*) Mautstelle *f* ② (*taxe*) Benutzungsgebühr *f;* (*sur autoroutes*) Autobahngebühr *f,* Maut *f;* ~ [**autoroutier**] **pour poids lourds** Lkw-Maut; **à** ~ gebührenpflichtig, mautpflichtig

peau [po] <x> *f* ① *d'une personne* Haut *f* ② *pl* (*morceaux desséchés*) **~x autour des ongles** Nagelhaut *f;* **~x mortes** Hornhaut ③ (*en parlant d'un animal: sans poils*) Haut *f;* (*avec poils*) Fell *nt;* (*cuir*) Leder *nt* ④ *d'une pomme, orange, banane* Schale *f; d'une pêche, tomate, d'un raisin* Haut *f; du lait* Haut *f* ▶ **attraper qn par la ~ du cou** [*o* **du dos**] *fam* jdn beim Schlafittchen packen; **coûter** [*o* **valoir**] **la ~ des fesses** *fam* ein Heidengeld kosten; **n'avoir que la ~ et les os** [*o* **sur les os**] nur noch Haut und Knochen sein;

entrer [*o* **se mettre**] **dans la ~ du personnage** *acteur:* sich völlig mit seiner Rolle identifizieren; **avoir la ~ dure** *fam* ein dickes Fell haben; **vieille ~** *péj fam* alte Schachtel; **ne pas donner cher de la ~ de qn** *fam* keinen Pfifferling auf jdn geben; **j'aurai ta/leur ~!** *fam* dir/denen dreh ich den Hals um!; **avoir qc dans la ~** *fam* etw im Blut haben; **avoir qn dans la ~** *fam* nach jdm verrückt sein; **défendre sa ~** um sein Leben kämpfen; **entrer dans la ~ de qn** sich in jdn hineinversetzen; **faire la ~ à qn** *fam* jdn kaltmachen; **risquer sa ~** [**pour qn/qc**] *fam* Kopf und Kragen [für jdn/etw] riskieren; **y laisser sa ~** [*o* **la ~**] *fam* dran glauben müssen; **tenir à sa ~** *fam* a[n seine]m Leben hängen

peaufiner [pofine] <1> *vt* ausfeilen

Peau-Rouge [poʀuʒ] <Peaux-Rouges> *mf* Rothaut *f*

pécari [pekaʀi] *m* ① ZOOL Pekari *nt* ② (*cuir*) Pekarileder *nt*

peccadille [pekadij] *f littér* (*faute légère*) kleine Sünde; (*vétille*) Lappalie *f*

péché [peʃe] *m* Sünde *f;* **c'est son ~ mignon** er/sie hat eine [kleine] Schwäche dafür

pêche[1] [pɛʃ] *f* Pfirsich *m;* ~ **Melba** [Eisbecher *m*] Pfirsich Melba *m* ▶ **avoir la ~** *fam* topfit [*o* gut drauf] sein; **se fendre la ~** *fam* sich kaputtlachen

pêche[2] [pɛʃ] *f sans pl* ① (*profession*) Fischerei *f,* Fischfang *m;* **produits de la ~** Fischereiprodukte *Pl;* ~ **au thon/à la baleine** T[h]unfisch-/Walfang *m* ② (*loisir*) Fischen *nt;* (*à la ligne*) Angeln *nt;* ~ **à la mouche** Fliegenfischerei *f;* ~ **au lancer** Spinnangeln *nt;* **aller à la ~** angeln gehen ③ (*période*) Fangzeit *f;* **la ~ est ouverte** die Angelsaison ist eröffnet; (*en mer*) die Fangzeit hat begonnen ④ (*réserve*) Fischfanggebiet *nt* ⑤ (*prises*) Fang *m*

pécher [peʃe] <5> *vi* ① REL sündigen; ~ **par orgueil** aus Hochmut sündigen ② (*commettre une erreur*) ~ **par négligence/imprudence** [all]zu nachlässig/unvorsichtig sein; ~ **par trop de minutie** übergenau sein

pêcher[1] [peʃe] <1> **I.** *vi* fischen; (*avec une canne*) angeln **II.** *vt* ① (*être pêcheur de*) fischen ② (*attraper*) fangen *poissons, crustacés, grenouilles* ③ *fam* (*chercher*) ausgraben *idée, histoire;* aufstöbern *costume, vieux meuble;* **où a-t-elle pêché** [**l'idée**] **que ...?** wie kommt sie denn darauf, dass ...?

pêcher[2] [peʃe] *m* Pfirsichbaum *m*

pêcherie [pɛʃʀi] *f* (*zone de pêche*) Fischfanggebiet *nt*

pécheur, pécheresse [peʃœʀ, peʃʀɛs] *m, f* Sünder(in) *m(f)*

pêcheur, -euse [pɛʃœʀ, -øz] *m, f* ① (*professionnel*) Fischer(in) *m(f)* ② (*amateur*) Angler(in) *m(f)*

pécho [peʃo] *arg* **se faire ~** geschnappt werden (*fam*)

pêchu(e) [peʃy] *adj fam concert, musique, film* mit viel Drive

pectine [pɛktin] *f* Pektin *nt*

pectoral [pɛktɔʀal, -o] <-aux> *m* ANAT **pectoraux** Brustmuskulatur *f*

pécule [pekyl] *m sans pl* Ersparnisse *Pl;* **se constituer un petit ~** sich (*dat*) eine kleine Rücklage schaffen

pécuniaire [pekynjɛʀ] *adj* finanziell

pédagogie [pedagɔʒi] *f* ① (*science*) Pädagogik *f* ② (*méthode d'enseignement*) Lehrmethode *f* ③ *sans pl* (*qualité*) pädagogisches Geschick

pédagogique [pedagɔʒik] *adj* pädagogisch; *exposé* didaktisch gut; **méthode ~** Erziehungsmethode *f,* Lehrmethode *f;* **avoir un sens ~** pädagogische Fähigkeiten haben

pédagogue [pedagɔg] **I.** *mf* Pädagoge *m* **II.** *adj* pädagogisch; **être ~** ein guter Pädagoge/eine gute Pädagogin sein

pédale [pedal] *f* ① *d'une bicyclette, voiture, machine* Pedal *nt; d'une poubelle* Fußhebel *m;* ~ **de frein** Bremspedal *nt* ② MUS Pedal *nt* ③ *péj fam* (*homosexuel*) Schwuchtel *f* ▶ **s'emmêler les ~s** *fam* sich verheddern; **perdre les ~s** *fam* ins Schleudern kommen

pédaler [pedale] <1> *vi* (*bicyclette*) in die Pedale treten; ~ **debout** aus dem Sattel gehen

pédalier [pedalje] *m* ① *d'une bicyclette* Kettenantrieb *m* (*Kettenblatt und Tretlager*); **jeu de ~** Tretlager *nt* ② MUS Pedalklaviatur *f*

pédalo® [pedalo] *m* Tretboot *nt;* **faire du ~** [mit dem] Tretboot fahren

pédant(e) [pedɑ̃, ɑ̃t] **I.** *adj péj personne, air* schulmeisterlich; *ton* besserwisserisch **II.** *m(f) péj* Besserwisser(in) *m(f)*

pédé [pede] *m péj fam abr de* **pédéraste** Homo *m*

pédéraste [pedeʀast] *m* ① (*homosexuel*) Homosexuelle(r) *m* ② (*pédophile*) Päderast *m*

pédérastie [pedeʀasti] *f* ① (*homosexualité*) [männliche] Homosexualität *f* ② (*pédophilie*) Päderastie *f*

pédestre [pedɛstʀ] *adj* **randonnée ~** Wanderung *f;* **sentier ~** Wanderweg *m*

P

pédiatre [pedjatʀ] *mf* Kinderarzt *m*/-ärztin *f*

pédiatrie [pedjatʀi] *f* Kinderheilkunde *f;* **service de ~** Kinderstation *f*

pédicure [pedikyʀ] *mf* Fußpfleger(in) *m(f)*

pedigree [pedigʀe] *m* Stammbaum *m*

pédocriminalité [pedɔkʀiminalite] *f* Pädokriminalität *f*

pédoncule [pedɔ̃kyl] *m* BOT, ZOOL, ANAT Stiel *m;* **~s cérébraux** Hirnstiele *Pl*

pédophile [pedɔfil] **I.** *adj* pädophil **II.** *mf* Pädophile(r) *f(m)*

pédophilie [pedɔfili] *f* Pädophilie *f*

pedzouille [pɛdzuj] *mf péj fam* ❶ Bauer *m* ❷ (*personne naïve*) Hinterwäldler(in) *m(f)*

peeling [piliŋ] *m* Peeling *nt*

pègre [pɛgʀ] *f sans pl* Unterwelt *f*

peigne [pɛɲ] *m* Kamm *m;* (*pour retenir les cheveux*) Steckkamm; **~ fin** Staubkamm; **~ à manche/de poche** Stiel-/Taschenkamm; **se donner un coup de ~** sich (*akk*) mal schnell durchkämmen (*fam*) ▶ **passer qc au ~ fin** etw genau unter die Lupe nehmen (*fam*); **passer une région au ~ fin** eine Gegend durchkämmen

peigner [peɲe] <1> **I.** *vt* kämmen **II.** *vpr* **se ~** sich (*akk*) kämmen

peignoir [pɛɲwaʀ] *m* Bademantel *m*

peinard(e) [pɛnaʀ, aʀd] *adj fam personne* ruhig, verträglich; *coin* ruhig; *boulot, vie* bequem; **avoir un boulot ~** eine ruhige Kugel schieben

peindre [pɛ̃dʀ] <*irr*> **I.** *vi* malen; **~ au pinceau** mit dem Pinsel malen **II.** *vt* ❶ (*badigeonner*) [an]streichen; spritzen *carrosserie;* **~ qc en rouge/jaune** etw rot/gelb [an]streichen; **être peint** bemalt sein ❷ ART malen **III.** *vpr* **se ~ sur le visage de qn** *angoisse, joie:* sich in jds Gesicht (*dat*) widerspiegeln

peine [pɛn] **I.** *f* ❶ (*chagrin, douleur*) Kummer *m;* **~s de cœur** Liebeskummer; **avoir de la ~/beaucoup de ~** traurig/sehr traurig sein; **faire de la ~ à qn** jdn verletzen ❷ JUR Strafe *f;* **~ de mort** Todesstrafe; **~ plancher** Mindeststrafe; **défense d'entrer sous ~ de poursuites** widerrechtliches Betreten wird strafrechtlich verfolgt ❸ (*effort, difficulté*) Mühe *f;* **avoir de la ~/beaucoup de ~ à faire qc** Mühe haben/große Mühe haben etw zu tun; **croire sans ~ qc** etw ohne weiteres glauben; **donnez-vous** [*o* **prenez** [**donc**]] **la ~ d'entrer** *form* bitte, kommen Sie doch herein; **ne vous donnez pas cette ~** machen Sie sich (*dat*) keine Umstände; **ne pas épargner sa ~** keine Mühe scheuen; **avec ~** mühsam; **pour la/sa ~** (*en récompense*) als Lohn für die/seine/ihre Mühe; (*en punition*) als [*o* zur] Strafe; **sans ~** mühelos ▶ **être bien en ~ de faire qc** etw beim besten Willen nicht tun können; **être dur à la ~** hart arbeiten; **n'être pas en ~ pour faire qc** keine Schwierigkeiten haben etw zu tun; **c'est bien la ~ de faire qc** *iron* das lohnt sich vielleicht etw zu tun (*fam*); **en être pour sa ~** sich umsonst bemühen; **sous ~ de ...** um zu vermeiden, dass ...; **roule doucement sous ~ de glisser** fahr vorsichtig, um nicht ins Schleudern zu kommen **II.** *adv* ❶ (*très peu*) **à ~** kaum ❷ (*tout au plus*) **à ~** noch nicht einmal; **il y a à ~ huit jours** es ist kaum acht Tage her ❸ (*juste*) **à ~** *finir, partir* gerade erst; (*aussitôt*) kaum ▶ **à ~!** *iron* was du nicht sagst! (*fam*)

peiner [pene] <1> **I.** *vi* ❶ (*avoir des difficultés*) **~ à/pour faire qc** Mühe haben etw zu tun; **~ sur un problème** sich mit einem Problem [herum]plagen ❷ (*avoir des problèmes*) *moteur, voiture:* Schwierigkeiten haben **II.** *vt* **~ qn** *nouvelle, refus:* jdn traurig machen; *personne:* (*décevoir*) jdn enttäuschen; (*faire de la peine*) jdn verletzen

peintre [pɛ̃tʀ] *m* ❶ (*ouvrier*) Maler *m,* Anstreicher *m;* **~ en bâtiment** Anstreicher *m* ❷ ART Maler *m,* Kunstmaler

peinture [pɛ̃tyʀ] *f* ❶ (*couleur*) Farbe *f;* **~ à l'eau/à l'huile** Wasser-/Ölfarbe ❷ (*couche, surface peinte*) Anstrich *m;* **~ fraîche!** frisch gestrichen! ❸ *sans pl* (*action*) [An]streichen *nt;* **~ au pistolet** Spritz[lackier]en *nt* ❹ ART Malen *nt;* (*technique*) Malerei *f* ❺ (*toile*) Gemälde *nt,* Bild *nt;* **~ murale** Wandmalerei *f;* **~ à l'huile** Ölbild ❻ *sans pl* (*école, genre*) Malerei *f;* (*courant*) Schule *f* der Malerei; **école de ~** Malschule *f* ❼ *sans pl* (*description, évocation*) Schilderung *f,* Darstellung *f;* **faire la ~ de qc** etw darstellen ▶ **ne pas pouvoir voir qn/qc en ~** *fam* jdn/etw nicht ausstehen können

peinturlurer [pɛ̃tyʀlyʀe] <1> *fam* **I.** *vt* grellbunt beschmieren **II.** *vpr* **se ~ le visage** sich (*dat*) das Gesicht anmalen

péjoratif, -ive [peʒɔʀatif, -iv] *adj* pejorativ

péjorativement [peʒɔʀativmɑ̃] *adv* pejorativ

Pékin [pekɛ̃] *m* Peking *nt*

pékinois [pekinwa] *m* (*chien*) Pekinese *m*

pelade [pəlad] *f* MED kreisrunder Haarausfall

pelage [pəlaʒ] *m* Fell *nt*

P

pelé(e) [pəle] **I.** *adj* kahl **II.** *m(f)* ▸ **quatre ~s et un tondu** *fam* [nur] ein paar Hanseln

pêle-mêle [pɛlmɛl] *adv* [kunterbunt] durcheinander

peler [pəle] <4> **I.** *vi* ① (*perdre sa peau*) *personne, peau, nez:* sich schälen ② *fam* (*avoir froid*) sich (*dat*) einen abfrieren (*fam*) **II.** *vt* schälen *pomme de terre cuite* **III.** *vpr* **se ~ facilement** sich leicht schälen [lassen]

pèlerin [pɛlʀɛ̃] *m* REL Pilger *m*

pèlerinage [pɛlʀinaʒ] *m* ① (*voyage*) Wallfahrt *f;* **faire un ~ sur la tombe de son idole** zum Grab seines Idols pilgern ② (*lieu*) Wallfahrtsort *m*

pèlerine [pɛlʀin] *f* Pelerine *f*

pélican [pelikɑ̃] *m* Pelikan *m*

pelle [pɛl] *f* Schaufel *f; d'un jardinier* Spaten *m;* **~ mécanique** [Löffel]bagger *m;* **~ à tarte** Tortenheber *m* ▸ **ramasser qc à la ~** *fam* etw haufenweise finden; [**se**] **ramasser** [*o* **se prendre**] **une ~** *fam* auf die Nase fallen; **rouler une ~ à qn** *fam* mit jdm knutschen

pelletée [pɛlte] *f* ① **une ~ de sable** eine Schaufel [voll] Sand ② *fam* (*bordée*) **une ~/des ~s d'injures** eine Schimpfkanonade

pelleteuse [pɛltøz] *f* [Löffel]bagger *m*

pellicule [pelikyl] *f* ① PHOT, CINE Film *m;* **~ couleur/noir et blanc** Farb-/Schwarzweißfilm ② (*mince couche*) **une ~ de poussière/givre/crème** eine Staub-/Raureif-/Cremeschicht; **une ~ de pétrole** ein Ölfilm ③ (*petite écaille*) Schuppe *f*

pelloche, péloche [pelɔʃ] *f* CINE *fam* [Kino]streifen *m*

pelote [p(ə)lɔt] *f* ① (*boule de fils*) Knäuel *nt* ② SPORT **~** [**basque**] Pelota[spiel *nt*] *f*

peloter [p(ə)lɔte] <1> **I.** *vt* *fam* betatschen; **se faire ~ par qn** von jdm befummelt werden **II.** *vpr fam* **se ~** [herum]fummeln

peloton [p(ə)lɔtɔ̃] *m* ① SPORT [Haupt]feld *nt;* POL, ECON *des pays, nations* Gruppe *f;* **être dans le ~ de tête/de queue** SPORT an der Spitze/am Ende des Feldes liegen; ECON zu den Führenden/Rückständigsten gehören ② MIL Trupp *m;* **~ d'exécution** Exekutionskommando *nt;* **un ~ de sapeurs-pompiers** ein Trupp Feuerwehrleute

pelouse [p(ə)luz] *f* Rasen *m*

peluche [p(ə)lyʃ] *f* ① TEXTIL Plüsch *m;* **ours en ~** Teddybär *m* ② (*jouet*) Plüschtier *nt* ③ (*poil*) Fussel *f o m;* (*poussière*) Staubflocke *f*

pelucher [p(ə)lyʃe] <1> *vi* fusseln

pelure [p(ə)lyʀ] **I.** *f* ① *d'un fruit, légume* [abgeschälte] Schale *f* ② *fam* (*manteau*) Mantel *m;* **enlever sa ~** sich aus dem Mantel pellen **II.** *app* **papier ~** (*pour machine à écrire*) Durchschlagpapier *nt;* (*pour texte imprimé*) Dünndruckpapier *nt*

pénal(e) [penal, -o] <-aux> *adj* **responsabilité ~e** strafrechtliche Verantwortlichkeit; **affaire/procédure ~e** Strafsache *f*/-prozess *m;* **code ~** Strafgesetzbuch *nt;* **droit ~** Strafrecht *nt*

pénalement [penalmɑ̃] *adv* strafrechtlich

pénalisation [penalizasjɔ̃] *f* SPORT Strafe *f*

pénaliser [penalize] <1> *vt* ① SPORT bestrafen ② (*désavantager*) *origine, religion:* benachteiligen; **~ qn/qc de qc** jdn/etw durch etw benachteiligen ③ (*sanctionner*) bestrafen; (*sanctionner d'une amende*) mit einem Bußgeld belegen; **être pénalisé pour qc de qc** für etw mit etw bestraft werden

pénalité [penalite] *f* ① (*peine*) [Geld]strafe *f;* (*pour une omission, un retard*) Strafgebühr *f* ② SPORT **coup de pied de ~** Strafstoß *m;* **tirer le coup de pied de ~** den Strafstoß ausführen

penalty [penalti] <s *o* penalties> *m* (*sanction*) Strafstoß *m;* (*tir au but*) Elfmeter *m*

pénard(e) [penaʀ, aʀd] *v.* **peinard**

pénates [penat] *mpl* **regagner ses ~** ins traute Heim zurückkehren

penaud(e) [pəno, od] *adj personne, mine, air* (*embarrassé*) verlegen; (*honteux*) beschämt; (*déçu*) enttäuscht; **s'en aller tout ~** sich kleinlaut davonstehlen

penchant [pɑ̃ʃɑ̃] *m* **~ à qc** Hang *m* zu etw; **avoir un ~ à qc** zu etw neigen

pencher [pɑ̃ʃe] <1> **I.** *vi* ① (*perdre l'équilibre*) *moto, pile de livres:* sich [zur Seite] neigen; *arbre:* sich biegen; *bateau:* Schlagseite haben; **le vent fait ~ l'arbre** der Baum biegt sich im Wind ② + *être* (*ne pas être droit*) *mur, tour:* schief sein; *bouteille:* schief stehen; *tableau:* schief hängen; **~ à droite** *voiture:* nach rechts hängen; **la tour penchée de Pise** der Schiefe Turm von Pisa ③ (*se courber vers*) **être penché sur qn/qc** sich über jdn/etw beugen; **penché sur ses livres** in seine/ihre Bücher vertieft ④ (*se prononcer pour*) **~ pour qc** einer S. (*dat*) zuneigen, zu etw tendieren **II.** *vt* schräg halten *bouteille, carafe;* kippen *table, chaise;* **~ la tête** (*en avant, sur qc*) den Kopf beugen; (*de honte*) den Kopf senken; (*sur le côté*) den Kopf [zur Seite] neigen;

P

~ **la tête en arrière** den Kopf zurücklegen **III.** *vpr* ❶ (*baisser*) **se ~** sich bücken; **se ~ par la fenêtre** sich zum Fenster hinauslehnen ❷ (*examiner*) **se ~ sur un problème** sich mit einem Problem befassen

pendaison [pɑ̃dɛzɔ̃] *f* (*supplice*) Erhängen *nt;* (*suicide*) Aufhängen *nt;* (*exécution*) Hinrichtung *f* durch den Strang; **mort par ~** Tod *m* durch Erhängen

pendant[1] [pɑ̃dɑ̃] *m* ❶ (*contrepartie*) **le ~ de qn/qc** das Gegenstück zu jdm/etw ❷ (*bijou*) **~ d'oreille** Ohrgehänge *nt*

pendant[2] [pɑ̃dɑ̃] **I.** *prép* ❶ (*au cours de*) während (+ *gen*); **~ l'hiver/le mois de janvier** während des Winters/im Laufe des Januar[s]; **c'était avant le cours ou ~?** war es vor dem Unterricht oder währenddessen? ❷ (*simultanément à*) während (+ *gen*); **~ ce temps** währenddessen; **~ longtemps** lange Zeit hindurch; **~ la journée** tagsüber; **~ trois jours/plusieurs années** drei Tage/mehrere Jahre [lang]; **marcher ~ des kilomètres et des kilomètres** kilometerweit laufen **II.** *conj* **~ que** (*tandis que*) während; (*aussi longtemps que*) solange ▶ **~ que tu y es** *iron* wenn du schon mal dabei bist; **~ que j'y pense ...** da fällt mir gerade ein ...

pendentif [pɑ̃dɑ̃tif] *m* [Schmuck]anhänger *m*

penderie [pɑ̃dʀi] *f* (*placard mural*) Wandschrank *m* (*ohne Fächer zum Aufhängen der Kleidung*); (*garde-robe*) Garderobe *f;* (*armoire*) Kleiderschrank *m* (*ohne Fächer zum Aufhängen der Kleidung*)

pendiller [pɑ̃dije] <1> *vi linge:* flattern

pendouiller [pɑ̃duje] <1> *vi fam* [herum]baumeln

pendre [pɑ̃dʀ] <14> **I.** *vi + être* ❶ (*être suspendu*) hängen; **~ à qc** an etw (*dat*) hängen; **~ de qc** von etw herunterhängen ❷ (*tomber*) *joues, cheveux, guirlande:* herunterhängen; **laisser ~ ses jambes** seine Beine baumeln *fam* lassen **II.** *vt* ❶ (*accrocher*) aufhängen; **~ qc au portemanteau/dans l'armoire** etw an den Garderobenständer/in den Schrank hängen ❷ (*mettre à mort*) hängen, erhängen; **~ qn à un arbre** jdn an einem Baum aufhängen; **être pendu** [auf]gehängt werden ▶ **je veux [bien] être pendu si ...** wenn ..., dann fress ich einen Besen **III.** *vpr* ❶ (*s'accrocher*) **se ~ à une branche** sich an einen Ast hängen; **se ~ au cou de qn** *fam* sich an jds Hals (*akk*) hängen; (*par crainte*) sich an jds Hals (*dat*) festklammern ❷ (*se suicider*) **se ~** sich erhängen

pendu(e) [pɑ̃dy] **I.** *part passé de* **pendre** **II.** *adj fam* (*agrippé*) **être ~ aux lèvres de qn/au téléphone** an jds Lippen (*dat*)/an der Strippe hängen **III.** *m(f)* Gehängte(r) *f(m);* **jouer au ~** JEUX Galgenraten *nt* spielen

pendulaire [pɑ̃dylɛʀ] *adj* **mouvement ~** Pendelbewegung *f,* Pendeln *nt kein Pl*

pendule [pɑ̃dyl] **I.** *f* Uhr *f;* (*pour la cuisine*) Küchenuhr; (*murale*) Wanduhr ▶ **remettre les ~s à l'heure** eine Sache richtigstellen **II.** *m d'un sourcier, radiesthésiste* [siderisches] Pendel

pendulette [pɑ̃dylɛt] *f* kleine Uhr

pénétrable [penetʀabl] *adj* ❶ (*perméable*) durchlässig ❷ (*compréhensible*) zugänglich, erkennbar

pénétrant(e) [penetʀɑ̃, ɑ̃t] *adj* ❶ *froid* schneidend; *pluie* bis auf die Haut durchdringend; **air ~** schneidend kalte Luft ❷ *odeur* penetrant (*pej*) ❸ *regard* scharf

pénétration [penetʀasjɔ̃] *f sans pl* ❶ (*action*) *de l'eau, d'un projectile* Eindringen *nt;* (*acte sexuel*) Eindringen des Gliedes ❷ (*perspicacité*) Scharfsinn *m*

pénétrer [penetʀe] <5> **I.** *vi* ❶ (*entrer*) **~ dans qc** *personne:* in etw (*akk*) hineingehen; *véhicule:* in etw (*akk*) hineinfahren; (*par la force, abusivement*) in etw (*akk*) eindringen; *envahisseur, armée:* in etw (*akk*) einfallen [*o* eindringen]; *balle:* in etw (*akk*) eindringen; **~ sur un marché** auf einen Markt vordringen ❷ (*prendre place*) **~ dans qc** *idée, habitude:* in etw (*akk*) eindringen ❸ (*s'insinuer*) **~ dans qc** *vent, odeur:* in etw (*akk*) eindringen; *soleil:* in etw (*akk*) hinein-/hereinscheinen; *liquide, crème:* in etw (*akk*) einziehen; **~ à travers qc** durch etw dringen **II.** *vt* ❶ (*transpercer*) **~ qc** etw durchdringen; **~ les vêtements** *odeur:* sich in der Kleidung festsetzen; **~ qn** *froid, humidité:* jdm bis auf die Knochen gehen; *regard:* jdn durchbohren ❷ (*imprégner*) **~ qc** *mode, habitude:* sich in etw (*dat*) durchsetzen

pénibilité [penibilite] *f* Mühseligkeit *f*

pénible [penibl] *adj* ❶ *travail, voyage* anstrengend; *tâche* schwierig; *ascension, chemin* beschwerlich; *respiration* mühsam; **il est/c'est ~ à qn de faire qc** es ist schwer für jdn etw zu tun ❷ *circonstance, événement, moment* traurig; *heure* schwer; **être ~ à qn** schmerzlich für jdn sein ❸ (*désagréable*) unangenehm; **il m'est ~ de constater que ...** es tut mir leid, feststellen zu müssen, dass ... ❹ *fam* (*agaçant*) unerträglich; **il/elle est ~** er/sie kann einen nerven

péniblement [penibləmɑ̃] *adv* ❶ (*difficilement*) mühsam ❷ (*tout juste*) [nur] knapp

péniche [peniʃ] *f* Lastkahn *m;* **~ remorquée** Schleppkahn; **~ de débarquement** Landungsboot *nt*

pénichette [peniʃɛt] *f* Hausboot *nt;* (*pour touristes*) Ausflugsdampfer *m*

pénicilline [penisilin] *f* Penizillin *nt*

péninsule [penɛ̃syl] *f* Halbinsel *f;* **la ~ balkanique/ibérique** die Balkanhalbinsel/Iberische Halbinsel

pénis [penis] *m* Penis *m*

pénitence [penitɑ̃s] *f* Buße *f;* (*sacrement*) Bußsakrament *nt;* **faire ~** Buße tun

pénitencier [penitɑ̃sje] *m* Strafvollzugsanstalt *f*

pénitent(e) [penitɑ̃, ɑ̃t] **I.** *adj* bußfertig **II.** *m(f)* Beichtkind *nt*

pénitentiaire [penitɑ̃sjɛʀ] *adj* **régime ~** Strafvollzug *m;* **établissement ~** Strafvollzugsanstalt *f;* **personnel ~** Gefängnispersonal *nt*

pénombre [penɔ̃bʀ] *f* ❶ Halbdunkel *nt* ❷ ASTRON Halbschatten *m*

pensable [pɑ̃sabl] *adj* denkbar

pense-bête [pɑ̃sbɛt] <pense-bêtes> *m* Gedächtnisstütze *f;* (*petite feuille*) [Notiz]zettel *m;* (*signe*) Merkzeichen *nt;* **~ mural** Memoboard *nt*

pensée [pɑ̃se] *f* ❶ (*idée*) Gedanke *m;* **être absorbé dans ses ~s** seinen Gedanken nachhängen; **aller jusqu'au bout de sa ~** (*achever sa réflexion*) seinen Gedanken zu Ende führen; (*réaliser ses intentions*) seine Vorstellungen in die Tat umsetzen; **loin de moi la ~ que ...** ich bin weit davon entfernt zu glauben, dass ... ❷ *sans pl* (*opinion*) Meinung *f;* **je partage votre ~ là-dessus** ich denke [genauso] wie Sie darüber ❸ *sans pl* (*raison*) Denken *nt;* (*façon de penser*) Denkweise *f* ❹ (*esprit*) Geist *m;* **être en ~ avec qn** in Gedanken bei jdm sein ❺ *sans pl chrétienne* Lehre *f; de Gandhi, Nietzsche* Philosophie *f;* **libre ~** Freidenkertum *nt* ❻ (*réflexion brève*) Denkspruch *m*

penser [pɑ̃se] <1> **I.** *vi* ❶ (*réfléchir*) denken; **faculté de ~** Denkvermögen *nt;* **~ à qc** über etw (*akk*) nachdenken ❷ (*juger*) **~ différemment sur qc** anders über etw (*akk*) denken ❸ (*songer à*) **~ à qn/qc** an jdn/etw denken; **sans ~ à mal** ohne [sich (*dat*)] Böses dabei zu denken ❹ (*ne pas oublier*) **~ à qn/qc** an jdn/etw denken; **~ à faire qc** daran denken etw zu tun; **faire ~ à qn/qc** an jdn/etw erinnern; **cela me fait ~ que** das erinnert mich daran, dass ❺ (*s'intéresser à*) **~ aux autres** an andere denken ►**je pense bien!** *fam* und ob!; **donner** [*o* **laisser**] **à ~** zu denken geben; **laisser à ~ que qn a fait qc** darauf schließen lassen, dass jd etw getan hat; **mais j'y pense ...** da fällt mir ein ...; **tu n'y penses pas!** *fam* das ist doch wohl nicht dein Ernst!; **[là] où je pense** *euph fam* in den Allerwertesten (*fam*); **tu penses!** *fam* (*tu plaisantes*) das soll wohl ein Witz sein!, wo denkst du hin!; (*et comment*) und ob! **II.** *vt* ❶ (*avoir comme opinion*) denken; **~ qc de qn/qc** etw von jdm/etw halten ❷ (*imaginer*) **~ qc de qn** etw von jdm denken; **c'est bien ce que je pensais** das habe ich mir [doch] gedacht ❸ (*croire*) glauben; **penses-tu que ... ?** glaubst du, dass ... ?; **~ qn intelligent/sincère** jdn für intelligent/ehrlich halten; **je pense que oui/que non** ich denke ja/ich glaube nicht; **vous pensez bien que ... qn a fait qc** *fam* Sie können sich (*dat*) wohl denken, dass ... ❹ (*avoir l'intention de*) **~ faire qc** vorhaben etw zu tun; **que pensez-vous faire à présent?** was haben Sie jetzt vor? ►**n'en penser pas moins** sich (*dat*) sein Teil denken; **pensez que qn a fait qc** (*tenez compte*) bedenken Sie, dass jd etw getan hat; (*imaginez*) stellen Sie sich (*dat*) vor, dass jd etw getan hat

penseur, -euse [pɑ̃sœʀ, -øz] *m, f* Denker(in) *m(f);* **libre ~** Freidenker *m*

pensif, -ive [pɑ̃sif, -iv] *adj* nachdenklich

pension [pɑ̃sjɔ̃] *f* ❶ (*allocation*) Rente *f;* **~ alimentaire** (*en cas de divorce*) Unterhaltszahlung *f;* (*à un enfant naturel*) Alimente *Pl* ❷ (*internat*) Internat *nt;* **mettre qn en ~** jdn in ein Internat geben ❸ (*petit hôtel*) Pension *f* ❹ (*hébergement*) Kost und Logis; **~ complète** Vollpension *f;* **être en ~ chez qn** bei jdm in Pension sein

pensionnaire [pɑ̃sjɔnɛʀ] *mf* ❶ SCOL Internatsschüler *m* ❷ (*dans un hôtel, une famille*) Pensionsgast *m*

pensionnat [pɑ̃sjɔna] *m* Pensionat *nt*

pensionné(e) [pɑ̃sjɔne] *m(f)* Rentner(in) *m(f);* (*de la fonction publique*) Pensionär(in) *m(f)*

pensivement [pɑ̃sivmɑ̃] *adv* nachdenklich

pentagone [pɛ̃tagɔn] *m* ❶ GEOM Fünfeck *nt* ❷ (*à Washington*) **le Pentagone** das Pentagon

pentathlon [pɛ̃tatlɔ̃] *m* Fünfkampf *m*

P

pente [pɑ̃t] *f d'une route, d'un terrain* Gefälle *nt; d'un toit* Schräge *f; d'une colline, montagne* [Ab]hang *m;* **gravir/monter la ~** den Hang hinaufklettern/hinauffahren [*o* hinaufgehen]; **être/monter en ~ douce** leicht abfallen/leicht ansteigen; **être/monter en ~ raide** steil abfallen/steil ansteigen; **en ~** abschüssig ▶ **être sur une ~ dangereuse** *fam* auf die schiefe Bahn geraten sein; **qn/qc est sur une mauvaise ~** mit jdm/etw geht es bergab; **qn/qc remonte la ~** es geht wieder bergauf mit jdm/etw

Pentecôte [pɑ̃tkot] *f* Pfingsten *nt;* **les vacances de [la] ~** die Pfingstferien

pénurie [penyʀi] *f* Knappheit *f,* Mangel *m;* **~ de logements** Wohnungsnot *f*

people [pipœl] *inv* **I.** *adj journaliste, magazine* Boulevard-; **presse ~** Boulevardpresse *f,* Regenbogenpresse **II.** *mpl* VIPs *Pl,* Promis *Pl,* Berühmheiten *Pl*

pep [pɛp] *m* Pep *m;* **avoir du ~** Pep haben

pépé [pepe] *m fam* Opa *m*

pépée [pepe] *f fam* Biene *f*

pépère [pepɛʀ] **I.** *adj fam* gemütlich; *vie* geruhsam; *travail* ruhig; **un petit coin ~** ein ruhiges Eckchen **II.** *m* ① *enfantin* (*grand-père*) Opa *m* (*fam*) ② *fam* Dicke(r) *m;* (*enfant*) Dickerchen *nt*

pépiement [pepimɑ̃] *m* Piep[s]en *nt*

pépin [pepɛ̃] *m* ① *d'un raisin, d'une pomme* Kern *m;* **fruits à ~** Kernobst *nt* ② *fam* (*ennui, difficulté*) Schererei *f meist Pl;* **j'ai eu un gros ~** mir ist da was Schlimmes passiert ③ *fam* (*parapluie*) Musspritze *f* (*hum*)

pépinière [pepinjɛʀ] *f* ① Baumschule *f* ② (*vivier*) **~ de savants/jeunes talents** Nährboden *m* für Wissenschaftler/junge Talente

pépiniériste [pepinjeʀist] *mf* Baumschulgärtner(in) *m(f)*

pépite [pepit] *f* **~ d'or** Goldklumpen *m*

péquenaud(e) [pɛkno, od] *péj fam* **I.** *adj* ungehobelt **II.** *m(f)* Tölpel *m*/Trampel *m*

péquenot [pɛkno] *v.* **péquenaud**

perçage [pɛʀsaʒ] *m* TECH Bohren *nt*

perçant(e) [pɛʀsɑ̃, ɑ̃t] *adj froid* schneidend; *regard* stechend; *cri* gellend; *voix* schrill; *esprit* scharf

percée [pɛʀse] *f* ① (*dans une forêt*) Schneise *f;* (*dans un mur*) Durchbruch *m;* **ouvrir une ~ dans la forêt** eine Schneise durch den Wald schlagen ② SPORT Durchbruch *m;* MIL Durchstoß *m* ③ SCI, ECON Durchbruch *m;* **~ technologique/politique** Durchbruch auf technologischem/politischem Gebiet

percement [pɛʀsəmɑ̃] *m* [Durch]bohrung *f; d'une cloison, rue, d'un mur* Durchbrechen *nt; d'un tunnel* Durchstich *m*

perce-neige [pɛʀsənɛʒ] <perce-neige[s]> *m o f* Schneeglöckchen *nt* **perce-oreille** [pɛʀsɔʀɛj] <perce-oreilles> *m* ZOOL Ohrwurm *m*

percepteur, -trice [pɛʀsɛptœʀ, -tʀis] *m, f* (*fonctionnaire*) Finanzbeamter *m*/-beamtin *f*

perceptible [pɛʀsɛptibl] *adj* ① (*discernable*) wahrnehmbar; (*à la vue*) sichtbar; *sons* hörbar ② *amélioration* merklich

perception [pɛʀsɛpsjɔ̃] *f* Wahrnehmung *f;* PSYCH, PHILOS Wahrnehmung; *d'une situation* Einschätzung *f;* **~ des couleurs/des odeurs** Farben-/Geruchssinn *m*

percer [pɛʀse] <2> **I.** *vi* ① (*apparaître*) *dent:* durchkommen; **le soleil perce à travers les nuages** die Sonne bricht durch die Wolken ② (*transparaître*) **~ dans qc** *sentiment, ironie:* in etw (*dat*) durchklingen ③ (*devenir populaire*) *artiste:* den Durchbruch schaffen **II.** *vt* ① (*forer*) bohren *trou* ② (*faire des trous dans*) **~ qc d'un trou/de trous** ein Loch/Löcher in etw (*akk*) bohren ③ (*perforer*) anzapfen *tonneau;* durchbohren *mur, tôle;* aufbrechen *coffre-fort;* aufstechen *abcès, ampoule;* durchstechen *oreille, tympan;* **être percé** *pneu, bouteille:* ein Loch/Löcher haben ④ (*creuser une ouverture dans*) durchbohren, einen Durchbruch machen durch *mur, rocher* ⑤ (*trouer*) **être percé** *chaussette, chaussure, poche:* Löcher haben; (*d'un seul trou*) ein Loch haben ⑥ (*traverser*) durchbrechen *ligne, front;* **~ la foule** sich (*dat*) einen Weg durch die Menge bahnen ⑦ (*déchirer*) durchbrechen *nuages, obscurité;* zerreißen *silence;* **~ les oreilles/les tympans à qn** *bruit:* jdm in den Ohren gellen

perceur, -euse [pɛʀsœʀ, -øz] *m, f* Bohrer(in) *m(f)*

perceuse [pɛʀsøz] *f* Bohrmaschine *f*

percevoir [pɛʀsəvwaʀ] <12> *vt* ① (*entendre, apercevoir*) wahrnehmen ② (*encaisser*) bekommen *honoraires, intérêts;* einnehmen *loyer*

perche[1] [pɛʀʃ] *f* ZOOL Barsch *m*

perche[2] [pɛʀʃ] *f* ① Stange *f; d'un téléski* Schleppbügel *m;* **~ à selfie** Selfiestange *f,* Selfiestick *m* ② SPORT Stab *m;* **[le saut à] la ~** der Stabhochsprung ▶ **grande ~** *fam* Bohnenstange *f;* **tendre la ~ à qn** jdm aus der Verlegenheit helfen

perché(e) [pɛʀʃe] *adj* in der Höhe sitzend ▶ **jouer à chat ~** Fangen spielen; **une voix haut ~e** eine hohe Stimme

percher [pɛʀʃe] <1> **I.** *vi* **être perché sur une branche** *animal:* auf einem Ast sitzen **II.** *vt fam* (*mettre*) **~ qc sur qc** etw ganz weit oben auf etw (*akk*) stellen/legen **III.** *vpr* **se ~ sur qc** ① (*jucher*) *oiseau:* sich auf etw (*akk*) setzen ② *fam* (*monter*) *personne:* sich auf etw (*akk*) hocken; (*debout*) sich auf etw (*akk*) stellen

percheron [pɛʀʃəʀɔ̃] *m* Kaltblut[pferd] *nt* (*aus dem Perche*)

perchiste [pɛʀʃist] *mf* ① SPORT Stabhochspringer(in) *m(f)* ② MEDIA Mikroassistent(in) *m(f)* ③ (*au ski*) Aufseher(in) *m(f)* am Schlepplift

perchoir [pɛʀʃwaʀ] *m* ① [Sitz]stange *f; des poules* Hühnerstange *f* ② *fam* (*mansarde*) Dachwohnung *f;* **descends de ton ~!** komm von da oben runter!

percolateur [pɛʀkɔlatœʀ] *m* Kaffeemaschine *f* (*in der Gastronomie*)

percussion [pɛʀkysjɔ̃] *f* ① TECH Schlag *m,* Erschütterung *f;* **arme à ~** Perkussionswaffe *f* ② MED Abklopfen *nt* ③ *sans pl* MUS (*batterie*) Schlagzeug *nt;* **les instruments à ~** die Schlaginstrumente

percussionniste [pɛʀkysjɔnist] *mf* MUS Schlagzeuger(in) *m(f)*

percutant(e) [pɛʀkytɑ̃, ɑ̃t] *adj* ① MIL Aufschlag- ② *fig* durchschlagend; *argument* schlagend

percuter [pɛʀkyte] <1> **I.** *vi* **~ contre qc** gegen etw prallen **II.** *vt* **~ qc** auf [*o* an] [*o* gegen] etw (*akk*) prallen; **~ qn** (*avec la voiture*) jdn anfahren

perdant(e) [pɛʀdɑ̃, ɑ̃t] **I.** *adj* **numéro/billet ~** Niete *f;* **cheval ~** Verlierer *m;* **être ~** schlecht wegkommen; **partir ~** von vornherein schlechte Erfolgsaussichten haben **II.** *m(f)* Verlierer(in) *m(f);* **mauvais ~** schlechter Verlierer

perdition [pɛʀdisjɔ̃] *f* ▶ **en ~** *navire* in Seenot *f*

perdre [pɛʀdʀ] <14> **I.** *vi* verlieren; **~ au jeu/au loto/aux élections** beim Spiel/beim Lotto/bei den Wahlen verlieren ▶ **y ~** COM Verlust machen **II.** *vt* ① (*ne plus trouver*) verlieren *trace, guide, chien;* nicht mehr finden *page, enfant;* vergessen *nom;* **~ son chemin** sich verlaufen [*o* verirren]; **être perdu** sich verlaufen [*o* verirrt] haben ② (*cesser d'avoir*) einbüßen *réputation, estime;* ablegen *[mauvaise] habitude;* **~ de son prestige** an Prestige verlieren; **~ de la vitesse** langsamer werden; **n'avoir rien à ~ dans qc** bei etw nichts zu verlieren haben ③ (*se voir privé d'une partie de soi*) verlieren; **~ la vue/l'ouïe** blind/taub werden; **~ le goût de qc** die Freude an etw (*dat*) verlieren ④ (*être séparé par la mort de*) verlieren *père, femme* ⑤ (*laisser s'échapper*) verlieren *pantalon, chaussure, sang* ⑥ (*avoir le dessous dans*) verlieren *match, procès* ⑦ (*gaspiller*) **~ une occasion** eine Gelegenheit versäumen; **faire ~ une heure à qn** *rangement:* jdn eine Stunde kosten ⑧ (*rater*) **~ quelque chose en ne faisant pas qc** [*o* **à ne pas faire qc**] etwas versäumen, wenn man etw nicht tut; **tu n'y perds rien!** da hast du nichts verpasst! ⑨ (*ruiner*) ruinieren, zugrunde [*o* zu Grunde] richten *personne* ▶ **tu ne perds rien pour attendre!** so leicht kommst du mir nicht davon!; **ne pas ~ une miette de qc** sich (*dat*) nicht das Geringste von etw entgehen lassen **III.** *vpr* ① (*s'égarer*) **se ~ dans la/en forêt** (*à pied/en voiture*) sich im Wald verirren [*o* verlaufen]/verfahren; **se ~ en route** *colis, lettre:* unterwegs verloren gehen ② (*s'attarder à*) **se ~ dans des explications** sich in Erklärungen (*dat*) ergehen ③ (*se plonger*) **se ~ dans ses pensées** in Gedanken (*dat*) versinken ④ (*disparaître*) **se ~** *sens, bonnes habitudes:* verloren gehen; *coutume, traditions:* in Vergessenheit geraten, aussterben; *métier:* aussterben ⑤ (*faire naufrage*) **se ~** verschwinden; **un bateau s'est perdu** ein Schiff ist verschollen ⑥ (*se gâter*) **se ~** *fruits, légumes, récolte:* verderben ⑦ (*rester inutilisé*) **se ~** *ressources:* ungenutzt bleiben; *occasion:* nicht genutzt werden; *initiative:* im Sand verlaufen ▶ **il y a des gifles qui se perdent** *fam* er/sie braucht mal ein paar hinter die Ohren; **je m'y perds** da kann ich nicht mehr folgen

perdreau [pɛʀdʀo] <x> *m* junges Rebhuhn

perdrix [pɛʀdʀi] *f* Feldhuhn *nt;* **~ grise/rouge** Reb-/Rothuhn *nt*

perdu(e) [pɛʀdy] **I.** *part passé de* **perdre** **II.** *adj* ① *bataille, procès* verloren; *cause* aussichtslos ② *personne* durcheinander; **elle était ~e** sie wusste nicht mehr weiter; **avoir l'air ~** verstört aussehen ③ (*absorbé*) **être ~ dans qc** in etw (*akk*) vertieft sein ④ *objet* verloren gegangen; *chien* streunend; (*sans propriétaire*) herrenlos ⑤ (*gaspillé, manqué*) **de ~** *soirée, temps, argent* vergeudet; *place* ungenutzt; *occasion* verpasst ⑥ (*de loisir*) **à mes**

P

heures ~es [*o* **moments ~s**] in meiner freien Zeit ❼ *pays, coin, endroit* entlegen

perdurer [pɛʀdyʀe] <1> *vi* fortbestehen

père [pɛʀ] *m* ❶ (*géniteur*) Vater *m;* **Durand ~** Durand senior; **~ légal** gesetzlich anerkannter Vater; **~ spirituel de qn** jds geistiges Vorbild; **de ~ en fils** von Generation zu Generation ❷ *d'une idée, théorie, d'un projet* [geistiger] Vater; *d'une institution* Begründer *m* ❸ *fam* (*monsieur*) **le ~ Dupont** Vater Dupont (*a. pej*), der alte [Herr] Dupont ❹ REL Pater *m;* **Notre Père** Vaterunser *nt* ► **tel ~, tel fils** der Apfel fällt nicht weit vom Stamm (*prov*); **~ Fouettard** Knecht *m* Ruprecht; **~ Noël** Weihnachtsmann *m*

péremption [peʀɑ̃psjɔ̃] *f* JUR Verjährung *f;* **délai de ~** Verwirkungsfrist *f*

péremptoire [peʀɑ̃ptwaʀ] *adj argument* durchschlagend; *ton* kategorisch

pérennité [peʀenite] *f sans pl* Fortbestand *m*

perf [pɛʀf] *f fam abr de* **perfusion**

perfectible [pɛʀfɛktibl] *adj* verbesserungsfähig

perfection [pɛʀfɛksjɔ̃] *f sans pl* Perfektion *f;* **être une ~** unübertrefflich sein; **à la ~** vollendet

perfectionné(e) [pɛʀfɛksjɔne] *adj machine, dispositif* verbessert; **très ~** hoch entwickelt

perfectionnement [pɛʀfɛksjɔnmɑ̃] *m* Verbesserung *f; d'un système, d'une technique* Weiterentwicklung *f;* **apporter des ~s à qc** etw verbessern; **stage de ~** Fortbildungslehrgang *m;* **classe de ~** SCOL Förderunterricht *m*

perfectionner [pɛʀfɛksjɔne] <1> **I.** *vt* verbessern *technique, procédé;* weiterentwickeln *appareil;* vervollkommnen *style, langue* **II.** *vpr* **se ~** *technique, procédé:* sich verbessern; **se ~ dans/en qc** *personne:* sich in etw (*dat*) weiterbilden

perfectionnisme [pɛʀfɛksjɔnism] *m* Perfektionismus *m*

perfectionniste [pɛʀfɛksjɔnist] **I.** *mf* Perfektionist *m* **II.** *adj* perfektionistisch

perfide [pɛʀfid] *adj littér* (*déloyal*) *personne* illoyal (*geh*); (*qui cherche à nuire*) *personne, manœuvre, parole* perfide (*geh*), hinterhältig

perfidement [pɛʀfidmɑ̃] *adv littér* perfid[e] (*geh*)

perforateur [pɛʀfɔʀatœʀ] *m* (*pour le bureau*) Locher *m*

perforation [pɛʀfɔʀasjɔ̃] *f* ❶ MED Durchbruch *m;* **une ~ du tympan** ein Loch *nt* im Trommelfell; **une ~ intestinale** eine Darmperforation ❷ (*trou*) Loch *nt;* **les ~s d'une bande** die Perforation eines Streifens

perforatrice [pɛʀfɔʀatʀis] *f* INFORM Lochkartenstanzer *m*

perforer [pɛʀfɔʀe] <1> *vt* lochen; (*percer de plusieurs trous*) durchlöchern; (*percer de trous réguliers*) *projectile:* durchschlagen; **être perforé** *feuille:* gelocht sein; **bande/carte perforée** Lochstreifen *m*/Lochkarte *f*

perforeuse [pɛʀfɔʀøz] *f* Locher *m*

performance [pɛʀfɔʀmɑ̃s] *f a.* SPORT Leistung *f;* **~s** *d'une machine, voiture* Leistung[sfähigkeit *f*] *f;* **réaliser de bonnes ~s** leistungsstark sein

performant(e) [pɛʀfɔʀmɑ̃, ɑ̃t] *adj appareil, technique* leistungsstark; *entreprise, industrie, produit* wettbewerbsfähig; *cadre, manager* effizient

performeur, -euse [pɛʀfɔʀmœʀ, -øz] *m, f* Performance-Künstler(in) *m(f)*

perfusion [pɛʀfyzjɔ̃] *f* MED Infusion *f;* **être sous ~** Infusionen bekommen; **mettre qn sous ~** jdm eine Infusion legen

péridurale [peʀidyʀal] *f* Periduralanästhesie *f*

périf [peʀif] *m fam abr de* **périphérique**

périgourdin(e) [peʀiguʀdɛ̃, in] *adj* aus dem Périgord

Périgourdin(e) [peʀiguʀdɛ̃, in] *m(f)* Bewohner(in) *m(f)* des Périgord

péril [peʀil] *m* ► **il y a/il n'y a pas ~ en la demeure** es ist Gefahr im Verzug/es besteht kein Grund zur Panik; **au ~ de sa vie** *soutenu* unter Einsatz seines/ihres Lebens

périlleux, -euse [peʀijø, -jøz] *adj* ❶ (*dangereux*) gefährlich ❷ *sujet* heikel

périmé(e) [peʀime] *adj* ❶ *carte, visa, garantie* abgelaufen; *billet, chèque* ungültig; **un médicament/yaourt ~** ein Medikament/Joghurt [*o* Jogurt], dessen Verfallsdatum überschritten ist ❷ (*démodé, dépassé*) *conception, institution* überholt, veraltet; **être ~** nicht mehr zeitgemäß sein

périmer [peʀime] <1> *vpr* **se ~** *carte, passeport, visa:* ablaufen; *billet:* verfallen; **laisser [se] ~ un billet** eine Karte verfallen lassen

périmètre [peʀimɛtʀ] *m* ❶ GEOM Umfang *m* ❷ (*limite*) Gebiet *nt; d'un champ* Ausdehnung *f* ❸ (*zone*) Umkreis *m;* **~ de sécurité** Sicherheitszone *f*

périnée [peʀine] *m* ANAT Damm *m*

période [peʀjɔd] *f* ❶ (*époque*) Zeit *f;* **la ~ classique** die Zeit der Klassik ❷ (*espace* *de temps*) Zeit[raum *m*] *f;* **une ~ d'un an** ein Zeitraum von einem Jahr; **~ électorale** Wahlkampf *m;* **~ de double circulation** (*concernant l'euro*) Doppelwährungsphase *f;* **~ de transition** (*concernant l'euro*) Übergangsphase *f;* **~ transitoire** Übergangszeit; **~ de** [**la**] **vie** Lebensabschnitt *m;* **~ d'activité** (*durée d'un emploi*) Beschäftigungszeit; (*durée de la vie active*) Zeit der Erwerbstätigkeit; **~ d'essai** Probezeit; **~ des fêtes** Feiertage *Pl;* **par ~**[**s**] zeitweise

périodicité [peʀjɔdisite] *f* regelmäßige Wiederkehr *f*

périodique [peʀjɔdik] **I.** *adj* ❶ *phase, phénomène, mouvement* periodisch; *retour* regelmäßig; **être ~** regelmäßig wiederkehren ❷ PRESSE periodisch erscheinend; **la presse ~** die Periodika *Pl* ❸ (*hygiénique*) **serviette ~** Monatsbinde *f* **II.** *m* PRESSE Zeitschrift *f*

périodiquement [peʀjɔdikmɑ̃] *adv* in regelmäßigen Abständen

péripatéticienne [peʀipatetisjɛn] *f hum littér* Prostituierte *f,* Dame *f* vom horizontalen Gewerbe (*fam*)

péripétie [peʀipesi] *f* unvorhergesehenes Ereignis; **vie pleine de ~s** ereignisreiches Leben

périph [peʀif] *m fam abr de* **périphérique**

périphérie [peʀifeʀi] *f* ❶ GEOM **la ~ d'un cercle** der Kreisumfang ❷ (*banlieue*) Peripherie *f;* **habiter à la ~ de la ville** am Stadtrand wohnen; **l'immobilier dans la ~** die Immobilien in den Außenbezirken

périphérique [peʀifeʀik] **I.** *adj* ❶ (*extérieur*) **quartier ~** Viertel *nt* am Stadtrand ❷ MEDIA **poste/radio/station ~** *privater französischer Sender, der aus dem grenznahen Ausland sendet* **II.** *m* ❶ (*boulevard*) **le ~ de Paris** die Ringautobahn um Paris; **~ intérieur/extérieur** innerer/äußerer Ring ❷ INFORM Peripheriegerät *nt;* **~ son** Soundkarte *f*

périphrase [peʀifʀɑz] *f* Umschreibung *f*

périple [peʀipl] *m* ❶ HIST *soutenu* Seereise *f* ❷ (*voyage par voie de terre*) Rundreise *f*

périr [peʀiʀ] <8> *vi littér* ❶ ums Leben kommen, den Tod finden (*geh*); **~ noyé** ertrinken ❷ (*disparaître*) *bateau:* sinken; *plante:* eingehen; *marchandises:* verderben; *civilisation, empire:* untergehen

périscope [peʀiskɔp] *m* Periskop *nt*

périssable [peʀisabl] *adj denrée* leicht verderblich

péristyle [peʀistil] *m* Säulenhalle *f*

péritel® [peʀitɛl] *adj inv* **prise ~** Scartbuchse *f*

péritoine [peʀitwan] *m* Bauchfell *nt*

péritonite [peʀitɔnit] *f* Bauchfellentzündung *f*

perle [pɛʀl] *f* ❶ (*boule*) Perle *f;* **~ naturelle** echte Perle ❷ *fam* (*erreur*) Stilblüte *f* ❸ (*personne*) Perle *f* (*fam*); **c'est une ~ rare** sie/er ist eine echte Perle ❹ (*chose de grande valeur*) Juwel *m*

perlé(**e**) [pɛʀle] *adj* ❶ *rire* perlend ❷ TECH **riz ~** polierter Reis; **orge ~** Perlgraupen *Pl*

perler [pɛʀle] <1> *vi* perlen

perlier, -ière [pɛʀlje, -jɛʀ] *adj* **industrie perlière** Perlenindustrie *f;* **huître perlière** Perlmuschel *f*

permanence [pɛʀmanɑ̃s] *f* ❶ ADMIN, MED Bereitschaftsdienst *m;* **assurer** [*o* **tenir**] **la ~/être de ~** Bereitschaftsdienst haben ❷ *d'un parti, syndicat* Geschäftsstelle *f; d'un commissariat de police* Dienststelle *f;* **~ électorale** Wahlkampfbüro *nt* ▶ **en ~** ständig; *siéger* ununterbrochen; *surveiller* rund um die Uhr

permanent(**e**) [pɛʀmanɑ̃, ɑ̃t] *adj* ❶ *caractère, phénomène, élément* beständig ❷ *souci, danger* ständig; *contrôle, collaboration, liaison* dauernd; *tension, troubles* anhaltend; *emploi* fest; **exposition ~e** Dauerausstellung *f;* **formation ~e** Fortbildung *f;* **cinéma ~** Nonstopkino *nt,* Non-Stop-Kino *nt;* **ici le spectacle est ~** hier ist immer was los (*fam*); **~ de ... à ...** *spectacle, cinéma* durchgehend von ... bis ... ❸ *envoyé, représentant* ständig; **personnel ~** Stammpersonal *nt;* **armée ~e** stehendes Heer

permanente [pɛʀmanɑ̃t] *f* Dauerwelle *f*

permanganate [pɛʀmɑ̃ganat] *m* Permanganat *nt*

perme [pɛʀm] *f fam abr de* **permission** Erlaubnis *f*

perméabilité [pɛʀmeabilite] *f* ❶ GEOL, PHYS, BIO Durchlässigkeit *f;* **~ à l'eau** Wasserdurchlässigkeit ❷ (*réceptivité*) **~ de qn à qc** jds Aufgeschlossenheit *f* für etw

perméable [pɛʀmeabl] *adj* ❶ GEOL, PHYS, BIO durchlässig; **~ à l'eau** wasserdurchlässig ❷ (*ouvert*) **~ à qc** *personne* zugänglich für etw; *frontière* durchlässig

permettre [pɛʀmɛtʀ] <*irr*> **I.** *vt impers* ❶ (*être autorisé*) **il est permis à qn de faire qc** es ist jdm gestattet etw zu tun ❷ (*être possible*) **il est permis à qn de faire qc** jd kann es sich (*dat*) erlauben etw zu tun; **est-il permis d'être aussi bête!** wie kann man nur so dumm sein! **II.** *vt*

P

① (*autoriser*) ~ **à qn de faire qc** jdm erlauben [*o* gestatten *geh*] etw zu tun; (*donner droit à*) jdn dazu berechtigen etw zu tun; ~ **que** + *subj* erlauben, dass; **c'est permis par la loi** das ist rechtlich zulässig; **vous permettez?** gestatten Sie?; **vous permettez que** + *subj* hätten Sie etwas dagegen, wenn ② (*rendre possible*) ~ **à qn de faire qc** *chose:* es jdm erlauben etw zu tun; **si le temps le permet** wenn es das Wetter zulässt ▶ **permettez!/tu permets!** [na] erlauben Sie mal!/[na] erlaube mal! (*fam*) **III.** *vpr* ① (*s'accorder*) **se ~ une fantaisie** sich (*dat*) etwas Besonderes gönnen [*o* leisten] ② (*oser*) **se ~ une plaisanterie** sich (*dat*) einen Scherz erlauben; **se ~ bien des choses** sich (*dat*) einiges herausnehmen

permis [pɛʀmi] *m* ① (*permis de conduire: papier*) Führerschein *m;* (*examen*) Fahrprüfung *f;* ~ **moto** Motorradführerschein; **échouer au** ~ durch die Fahrprüfung fallen ② (*licence*) ~ **de chasse/pêche** Jagd-/Angelschein *m;* ~ **de construire** Baugenehmigung *f* ③ (*autorisation*) ~ **de séjour** Aufenthaltserlaubnis *f;* ~ **d'établissement** CH unbefristete Aufenthaltserlaubnis, Niederlassungsbewilligung *f* (CH)

permis(e) [pɛʀmi, iz] *part passé de* **permettre**

permissif, -ive [pɛʀmisif, -iv] *adj* SOCIOL, PSYCH freizügig

permission [pɛʀmisjɔ̃] *f* ① *sans pl* (*autorisation*) ~ **de faire qc** Erlaubnis *f* etw zu tun; ~ **de minuit** Ausgang *m* bis Mitternacht ② MIL Urlaub *m*

permutation [pɛʀmytasjɔ̃] *f* Umstellung *f; de fonctionnaires, d'employés* [Stellen]tausch *m*

permuter [pɛʀmyte] <1> **I.** *vi* ~ **avec qn** mit jdm die Stelle tauschen **II.** *vt* umstellen

pernicieux, -euse [pɛʀnisjø, -jøz] *adj* schädlich

péroné [peʀɔne] *m* Wadenbein *nt*

Pérou [peʀu] *m* **le ~** Peru *nt* ▶ **ce n'est pas le ~** damit kann man keine großen Sprünge machen (*fam*)

peroxydé(e) [pɛʀokside] *adj péj blonde, chevelure* Wasserstoffperoxid-

perpendiculaire [pɛʀpɑ̃dikylɛʀ] *adj* ① (*à angle droit*) ~ **à qc** *rue* rechtwinklig zu etw; *soleil* senkrecht über etw; **la rue ~ à cette rue** die Querstraße zu dieser Straße; **les deux rues sont ~s [entre elles]** die beiden Straßen stoßen senkrecht aufeinander ② GEOM senkrecht; **deux droites ~s [entre elles]** zwei senkrecht zueinander stehende Geraden; **être ~ à qc** senkrecht zu etw stehen

perpendiculairement [pɛʀpɑ̃dikylɛʀmɑ̃] *adv* ~ **à qc** im rechten Winkel [*o* senkrecht] zu etw

perpète [pɛʀpɛt] *fam* ① (*pour toujours*) **être condamné à ~** lebenslänglich bekommen; **attendre jusqu'à ~** ewig warten müssen ② (*très loin*) **habiter à ~** am Ende der Welt wohnen; **jusqu'à ~** ewig weit

perpétration [pɛʀpetʀasjɔ̃] *f* JUR *d'un délit* Begehung *f*

perpétrer [pɛʀpetʀe] <5> *vt* JUR begehen *crime*

perpette [pɛʀpɛt] *v.* **perpète**

P

permettre

permettre	*erlauben*
Vous avez le droit de fumer dans cette zone.	*In diesem Bereich dürfen Sie rauchen.*
Vous pouvez vous garer ici, si vous voulez/si vous le souhaitez.	*Wenn Sie möchten, können Sie hier parken.*
Tu pourras aller jouer dehors quand tu auras fini tes devoirs.	*Wenn du mit deinen Hausaufgaben fertig bist, darfst du draußen spielen.*
Entrez (donc), je vous prie.	*Sie dürfen gern hereinkommen.*
demander la permission	*um Erlaubnis bitten*
Puis-je vous déranger/interrompre un instant?	*Darf ich Sie kurz stören/unterbrechen?*
Êtes-vous d'accord pour que je prenne mes vacances en juillet?	*Sind Sie damit einverstanden, wenn ich im Juli Urlaub nehme?*
Cela vous dérange si j'ouvre la fenêtre?	*Haben/Hätten Sie etwas dagegen, wenn ich das Fenster aufmache?*

perpétuel(le) [pɛʀpetɥɛl] *adj angoisse, difficultés* dauernd; *murmure, lamentations* fortwährend

perpétuellement [pɛʀpetɥɛlmɑ̃] *adv* ❶ (*constamment*) ständig, dauernd ❷ (*éternellement*) unaufhörlich

perpétuer [pɛʀpetɥe] <1> **I.** *vt* aufrechterhalten *tradition;* weitergeben *nom;* wach halten *souvenir;* **servir à ~ l'espèce** der Arterhaltung dienen **II.** *vpr* **se ~** *abus, injustices:* sich fortsetzen; *tradition:* lebendig bleiben; *espèce:* sich erhalten

perpétuité [pɛʀpetɥite] *f* **à ~** auf Lebenszeit; *condamnation* lebenslänglich; **être condamné à ~** zu einer lebenslangen Freiheitsstrafe verurteilt werden

perplexe [pɛʀplɛks] *adj personne, mine* ratlos; **rendre qn ~** jdn in Verlegenheit bringen

perplexité [pɛʀplɛksite] *f* Ratlosigkeit *f;* **plonger qn dans la plus grande ~** jdn völlig ratlos machen

perquisition [pɛʀkizisjɔ̃] *f* Haus[durch]suchung *f*

perquisitionner [pɛʀkizisjɔne] <1> **I.** *vi* eine Haus[durch]suchung vornehmen **II.** *vt* durchsuchen

perron [peʀɔ̃] *m* Freitreppe *f*

perroquet [peʀɔkɛ] *m* ❶ ORN Papagei *m* ❷ (*personne*) Papagei *m;* **répéter qc comme un ~** etw nachplappern ❸ (*boisson*) Pastis *m* mit Pfefferminzsirup

perruche [peʀyʃ] *f* ORN Sittich *m*

perruque [peʀyk] *f* Perücke *f*

perruquier [pɛʀykje, peʀykje] *m* Perückenmacher(in) *m(f)*

persan [pɛʀsɑ̃] *m* Persisch *nt; v. a.* **allemand**

persan(e) [pɛʀsɑ̃, an] *adj* persisch; *tapis, chat* Perser-

Persan(e) [pɛʀsɑ̃, an] *m(f)* Perser(in) *m(f)*

perse [pɛʀs] **I.** *adj* HIST persisch **II.** *m* HIST Persisch *nt; v. a.* **allemand**

Perse [pɛʀs] **I.** *m, f* HIST Perser *m* **II.** *f* **la ~** Persien *nt*

persécuté(e) [pɛʀsekyte] **I.** *adj* verfolgt **II.** *m(f)* Verfolgte(r) *f(m)*

persécuter [pɛʀsekyte] <1> *vt* verfolgen

persécution [pɛʀsekysjɔ̃] *f* Verfolgung *f*

persévérance [pɛʀseveʀɑ̃s] *f* Beharrlichkeit *f*

persévérant(e) [pɛʀseveʀɑ̃, ɑ̃t] *adj* beharrlich

persévérer [pɛʀseveʀe] <5> *vi* nicht aufgeben; **~ dans ses efforts** in seinen Bemühungen nicht nachlassen; **~ dans une recherche** eine Suche nicht einstellen; **~ à faire qc** etw weiterhin tun

persienne [pɛʀsjɛn] *f* Fensterladen *m*

persiflage [pɛʀsiflaʒ] *m* ❶ (*action*) Spöttelei *f* ❷ (*propos, écrit*) Spott *m*

persifleur, -euse [pɛʀsiflœʀ, -øz] *m, f* Spötter(in) *m(f)*

persil [pɛʀsi] *m* Petersilie *f*

persillade [pɛʀsijad] *f* ❶ *fein gehackte Petersilie mit Knoblauch* ❷ (*plat*) *mit Petersilie und Knoblauch geschmortes Rindfleisch*

persillé(e) [pɛʀsije] *adj* ❶ mit Petersilie ❷ (*avec des moisissures*) *fromage* mit Blauschimmel; *viande* durchwachsen

persistance [pɛʀsistɑ̃s] *f* ❶ (*entêtement*) **~ dans qc** Beharren *nt* auf etw (*dat*) ❷ (*continuité*) Andauern *nt*

persistant(e) [pɛʀsistɑ̃, ɑ̃t] *adj* ❶ anhaltend ❷ BOT immergrün

persister [pɛʀsiste] <1> *vi* (*persévérer*) **~ dans qc** auf etw (*dat*) bestehen; **~ dans un projet** hartnäckig an einem Projekt festhalten; **~ à faire qc** etw weiterhin tun ▶ **qn persiste et signe** jd bleibt dabei

perso [pɛʀso] *adj inv fam* persönlich

persona non grata [pɛʀsɔnanɔngʀata] <persona non grata> *f* Persona non grata *f*

personnage [pɛʀsɔnaʒ] *m* ❶ ART, LITTER Figur *f,* Person *f;* CINE Rolle *f;* **les ~s de Walt Disney** die Figuren Walt Disneys; **jouer le ~ d'un voleur** einen Dieb spielen ❷ (*rôle*) Rolle *f;* **soigner son ~** sein Image pflegen ❸ (*individu*) Typ *m;* (*femme*) Person *f;* **un grossier ~** ein ungehobelter Kerl ❹ (*personnalité*) Persönlichkeit *f;* **~s politiques** politische Prominenz

personnalisation [pɛʀsɔnalizasjɔ̃] *f* Personalisierung *f*

personnalisé(e) [pɛʀsɔnalize] *adj* personalisiert; *accessoire, vêtement* individuell entworfen; *service* individuell

personnaliser [pɛʀsɔnalize] <1> *vt* ❶ (*adapter*) individuell gestalten ❷ (*rendre personnel*) **~ qc** einer S. (*dat*) eine persönliche Note verleihen

personnalité [pɛʀsɔnalite] *f* ❶ (*caractère*) Persönlichkeit *f; d'un style, d'une œuvre* persönliche Note; **avoir une forte** [*o* **de la**] **~** eine ausgeprägte Persönlichkeit sein ❷ (*personne*) Persönlichkeit *f*

personne[1] [pɛʀsɔn] *f* ❶ (*individu*) Person *f;* **dix ~s** 10 Leute; **~ âgée** alter Mensch; **les ~s âgées** die Senioren; **la ~ qui/les ~s qui** derjenige, der/diejenigen, die; **je respecte sa ~** ich respektiere ihn/

P

sie als Menschen; **tu ne penses qu'à ta ~** du denkst nur an dich selbst; **satisfait de sa ~** von sich überzeugt ❷ (*femme*) Person *f;* (*jeune fille*) Mädchen *nt* ❸ (*être humain*) Mensch *m* ❹ GRAM Person *f* ▸ **grande ~** Erwachsene(r) *f(m);* **par ~ interposée** durch einen Mittelsmann; **tierce ~** Dritte(r) *f(m);* **en ~** [höchst]persönlich

personne² [pɛʀsɔn] *pron indéf* ❶ (*opp: quelqu'un*) niemand; **il n'y a ~** es ist niemand da; **~ d'autre** niemand sonst, kein anderer ❷ (*quelqu'un*) jemand; **une place sans presque ~** ein fast menschenleerer Platz ▸ **plus rapide que ~** schneller als jede(r) andere(r)

personnel [pɛʀsɔnɛl] *m* Personal *nt; d'une entreprise* Belegschaft *f;* **~ enseignant** Lehrkörper *m*

personnel(le) [pɛʀsɔnɛl] *adj* ❶ (*individuel*) persönlich; *objets* des persönlichen Gebrauchs; *biens, fortune* Privat-; *style, idées* eigenwillig; **à titre ~** persönlich ❷ GRAM persönlich; *forme* bestimmt; *pronom* Personal-; **mode ~** *Bezeichnung für Indikativ, Konditional, Konjunktiv und Imperativ*

personnellement [pɛʀsɔnɛlmɑ̃] *adv* persönlich

personnification [pɛʀsɔnifikasjɔ̃] *f* ❶ (*action*) Personifizierung *f* ❷ (*incarnation*) Personifikation *f;* **être la ~ de l'avarice** der Geiz in Person sein

personnifié(e) [pɛʀsɔnifje] *adj* personifiziert, verkörpert

personnifier [pɛʀsɔnifje] <1a> *vt* ❶ personifizieren ❷ (*incarner*) **~ qn/qc** jd/etw in Person sein

perspective [pɛʀspɛktiv] *f* ❶ GEOM, ART Perspektive *f;* **~ aérienne** Vogelperspektive; **en ~** perspektivisch ❷ (*éventualité, horizon*) **~ de qc** Aussicht *f* auf etw (*akk*); **~ insoupçonnée** ungeahnte Perspektive; **une ~ réjouissante** schöne Aussichten; **~s d'avenir** Zukunftsaussichten *Pl;* **ouvrir des ~s** Perspektiven eröffnen; **à la ~ de qc** bei der Aussicht auf etw (*akk*); **dans cette ~** zu diesem Zweck; **en ~** in Aussicht ❸ (*panorama*) Ausblick *m* ❹ (*point de vue*) Gesichtspunkt *m;* **changer de ~** den Blickwinkel ändern

perspicace [pɛʀspikas] *adj* ❶ (*sagace*) scharfsinnig ❷ (*très capable d'apercevoir*) scharfsichtig; *observation* scharf; **d'un œil** [*o* **regard**] **~** mit Scharfblick

perspicacité [pɛʀspikasite] *f* Scharfblick *m; d'une prévision* Scharfsichtigkeit *f; d'une remarque* Scharfsinnigkeit *f*

persuader [pɛʀsɥade] <1> **I.** *vt* **~ qn de qc** jdn von etw überzeugen; **~ qn de faire qc** (*intellectuellement*) jdn [davon] überzeugen etw zu tun; (*sentimentalement*) jdn überreden etw zu tun; **~ qn que** jdn davon überzeugen, dass **II.** *vpr* **se ~ de qc** von etw überzeugt sein; **se ~ que** sich (*dat*) einreden, dass

persuasif, -ive [pɛʀsɥazif, -iv] *adj* überzeugend

persuasion [pɛʀsɥazjɔ̃] *f* ❶ (*action*) Überzeugen *nt;* **puissance de ~** Überzeugungskraft *f* ❷ (*conviction*) Überzeugung *f*

perte [pɛʀt] *f* ❶ (*privation*) Verlust *m; de facultés physiques* Nachlassen *nt;* **en cas de ~** im Verlustfall; **~ du sommeil** Schlaflosigkeit *f;* **~ de mémoire** Gedächtnisverlust; **~ de temps/d'argent** Zeit-/Geldverschwendung *f;* **~ d'autorité/de prestige** Autoritäts-/Prestigeverlust ❷ COM Verlust *m* ❸ (*ruine*) Verderben *nt;* (*financière*) Ruin *m* ❹ (*déchet*) Abfall *m* ❺ *pl* (*morts*) Verluste *Pl* ▸ **renvoyer avec ~ et fracas** hochkantig rauswerfen (*fam*); **à ~ de vue** (*très loin*) so weit das Auge reicht; (*interminablement*) endlos; **en pure ~** vergeblich; **courir à sa ~** in sein Verderben rennen; **à ~** mit Verlust

pertinemment [pɛʀtinamɑ̃] *adv* ❶ [ganz] genau ❷ *littér* (*justement*) *répondre* treffend; *parler* sachkundig

pertinence [pɛʀtinɑ̃s] *f* Zutreffen *nt; d'un argument, raisonnement* Stichhaltigkeit *f;* **parler avec ~** mit Sachkunde sprechen; **conseiller qn avec ~** jdn sachdienlich beraten

pertinent(e) [pɛʀtinɑ̃, ɑ̃t] *adj* treffend

perturbant(e) [pɛʀtyʀbɑ̃, ɑ̃t] *adj situation* belastend

perturbateur, -trice [pɛʀtyʀbatœʀ, -tʀis] **I.** *adj* störend **II.** *m, f* Unruhestifter(in) *m(f);* (*élève*) Störenfried *m*

perturbation [pɛʀtyʀbasjɔ̃] *f* Störung *f*

perturbé(e) [pɛʀtyʀbe] *adj* ❶ *personne* verstört ❷ *ordre* gestört; *service* durcheinandergebracht; *monde* auf den Kopf gestellt; **un trafic ~** eine Verkehrsbehinderung

perturber [pɛʀtyʀbe] <1> *vt* durcheinanderbringen; **~ qc** sich störend auf etw (*akk*) auswirken

pervenche [pɛʀvɑ̃ʃ] **I.** *f* ❶ BOT Immergrün *nt* ❷ *fam* Politesse *f* **II.** *app inv* hellblau

pervers(e) [pɛʀvɛʀ, ɛʀs] **I.** *adj* pervers

II. *m(f)* perverser Mensch; **c'est un ~** er ist pervers [veranlagt]

perversion [pɛʀvɛʀsjɔ̃] *f* ❶ Pervertierung *f; des coutumes* Verfall *m* ❷ PSYCH Perversion *f*

perversité [pɛʀvɛʀsite] *f* ❶ (*méchanceté*) Verderbtheit *f* ❷ (*acte*) Perversion *f*

pervertir [pɛʀvɛʀtiʀ] <8> *vt* (*corrompre*) verderben

pesamment [pəzamɑ̃] *adv* schwer; (*sans grâce*) schwerfällig

pesant [pəzɑ̃] *m* ▶ **valoir son ~ d'or** *fam* nicht mit Gold zu bezahlen sein

pesant(e) [pəzɑ̃, ɑ̃t] *adj* schwer; *sommeil* bleiern; *atmosphère, silence* bedrückend

pesanteur [pəzɑ̃tœʀ] *f* ❶ PHYS Schwerkraft *f* ❷ *pl* (*inertie*) Schwerfälligkeit *f* ❸ (*manque de finesse*) Schwerfälligkeit *f*

pèse-bébé [pɛzbebe] <pèse-bébé[s]> *m* Säuglingswaage *f*

pesée [pəze] *f* Wiegen *nt*

pèse-personne [pɛzpɛʀsɔn] <pèse-personnes> *m* Personenwaage *f*

peser [pəze] <4> **I.** *vt* ❶ (*mesurer le poids*) wiegen; abwiegen *marchandises, ingrédients* ❷ (*estimer*) abwägen; **~ ses mots** sich (*dat*) seine Worte reiflich überlegen ▶ **emballez, c'est pesé** *fam* so, das wär's; **tout bien pesé** nach reiflicher Überlegung **II.** *vi* ❶ (*avoir un certain poids*) wiegen; **ne rien ~** nicht viel wiegen; **~ lourd** viel wiegen; **~ un milliard d'euros** *fam* eine Milliarde Euro schwer sein ❷ (*être lourd*) schwer sein ❸ (*exercer une pression*) **~ sur/contre qc** auf/gegen etw (*akk*) drücken; **les frites lui pèsent sur l'estomac** die Pommes frites liegen ihm schwer im Magen ❹ (*accabler*) **ce climat me pèse** dieses Klima macht mir [schwer] zu schaffen; **des soupçons pèsent sur lui** Verdachtsmomente lasten auf ihm; **des remords pesaient sur elle** Gewissensbisse belasteten sie ❺ (*influencer*) ins Gewicht fallen; **~ sur qn/qc** jdn/etw beeinflussen **III.** *vpr* **se ~** sich wiegen

peseta [pezeta] *f* HIST (*monnaie*) Peseta *f*

pessimisme [pesimism] *m* Pessimismus *m*

pessimiste [pesimist] **I.** *adj* pessimistisch **II.** *m, f* Pessimist *m*

peste [pɛst] *f* ❶ MED Pest *f* ❷ (*personne ou chose*) Plage *f* ▶ **craindre/éviter qn/qc comme la ~** jdn/etw wie die Pest fürchten/meiden; **se méfier de qn/qc comme de la ~** sich vor jdm/etw wie vor der Pest hüten

pester [pɛste] <1> *vi* schimpfen; **~ contre qn/qc** auf jdn/etw schimpfen

pesticide [pɛstisid] **I.** *adj* Schädlingsbekämpfungs- **II.** *m* Schädlingsbekämpfungsmittel *nt*

pestiféré(e) [pɛstifeʀe] **I.** *adj* pestkrank **II.** *m(f)* Pestkranke(r) *f(m)*

pestilentiel(le) [pɛstilɑ̃sjɛl] *adj* übel riechend; **une odeur ~le** ein widerlicher Gestank *m*

pet [pɛ] *m fam* Furz *m;* **lâcher un ~** einen fahren lassen ▶ **toujours avoir un ~ de travers** (*être mal luné*) ständig etwas auszusetzen haben; (*être malade*) ständig ein Wehwehchen haben

pétainiste [petenist] *mf* HIST Anhänger(in) *m(f)* Pétains

pétale [petal] *m* Blütenblatt *nt*

pétanque [petɑ̃k] *f* Boulespiel *nt*

pétant(e) [petɑ̃, ɑ̃t] *adj fam* **huit heures ~[es]** Punkt acht [Uhr]; **midi ~** Punkt zwölf

pétard [petaʀ] *m* ❶ (*explosif*) Knallkörper *m* ❷ *fam* (*cigarette de haschich*) Joint *m* ❸ *fam* (*postérieur*) Hinterteil *nt* ▶ **être/se mettre en ~** *fam* fuchsteufelswild sein/werden

pétasse [petas] *f péj vulg* blöde Zicke *f* (*fam*)

pétaudière [petodjɛʀ] *f* Durcheinander *nt*

pet-de-nonne [pɛdnɔn] <pets-de--nonne> *m kleiner, in Schmalz gebackener Krapfen*

pété(e) [pete] *adj fam* (*ivre*) sturzbesoffen; (*drogué*) zu[gedröhnt] (*sl*)

péter [pete] <5> **I.** *vi fam* ❶ (*faire un pet*) furzen (*fam*) ❷ (*éclater*) platzen; *verre, assiette:* [zer]springen **II.** *vt* ❶ *fam* **j'ai pété la couture de mon pantalon** mir ist die Hosennaht geplatzt ❷ (*offrir*) **faire ~ qc** etw springen lassen (*fam*) ▶ **~ les plombs** *fam* durchdrehen, ausflippen

pète-sec [pɛtsɛk] *inv fam* **I.** *adj* schroff; *air* autoritär **II.** *m, f* Feldwebel *m*

péteux, -euse [petø, -øz] *m, f fam* Angsthase *m*

pétillant(e) [petijɑ̃, jɑ̃t] *adj* ❶ *eau* sprudelnd; *champagne* perlend; *boisson* mit Kohlensäure; **eau ~e** Sprudel *m* ❷ (*brillant*) glitzernd; **des yeux ~s de malice/gaieté** schelmisch funkelnde/vor Fröhlichkeit sprühende Augen

pétillement [petijmɑ̃] *m* ❶ *du feu* Knistern *nt; de l'eau, d'une boisson* Sprudeln *nt; du champagne* Perlen *nt* ❷ (*scintillement*) Funkeln *nt*

pétiller [petije] <1> *vi* ❶ (*faire des bulles*)

P

sprudeln; *champagne:* perlen; **boisson qui pétille** Getränk *nt* mit Kohlensäure ② (*être bouillant de*) ~ **de gaieté/de malice** vor Fröhlichkeit (*dat*) sprühen/schelmisch funkeln

petiot(e) [pətjo, jɔt] **I.** *adj fam* [ganz] klein **II.** *m(f) fam* Kleine(r) *f(m)*

petit(e) [p(ə)ti, it] **I.** *adj* ① (*opp: grand*) klein; *lumière* schwach; *pluie* fein; **au ~ jour** bei Tagesanbruch; **à ~e vitesse** langsam ② (*de courte durée*) kurz; **faire un ~ salut/sourire** kurz grüßen/lächeln ③ (*de basse extraction*) klein; **~ paysan** Kleinbauer *m* ④ (*jeune*) klein; **~ chat** Kätzchen *nt;* **~ Jésus** Jesuskind *nt;* **les ~es classes** die unteren Klassen ⑤ (*terme affectueux*) klein; *mots* leise; **~ chou** mein Liebling; **ton ~ mari** deine bessere Hälfte (*fam*); **~ copain** [*o* **ami**] Freund *m* ⑥ (*condescendant*) **jouer au ~ chef** den Chef spielen ⑦ *esprit* kleinlich; *intérêts* niedrig ⑧ *vin, année, cru* einfach; *santé* schwach ⑨ (*pour atténuer*) klein; *heure, kilo, mètre* knapp ⑩ (*miniature*) klein; **~s soldats** Zinnsoldaten *Pl;* **~es voitures** Spielzeugautos *Pl* ▶**se faire tout ~** sich ganz klein machen **II.** *m(f)* ① (*enfant*) Kleine(r) *f(m);* (*enfant de qn*) Kleine(r), Kind *nt* ② ZOOL Junge(s) *nt* ▶**mon ~/ma ~e** (*gentiment*) mein Kleiner/meine Kleine; (*méchamment*) mein Guter/meine Gute; **~, ~, ~!** put, put, put! **III.** *adv* **voir ~** [zu] knapp rechnen ▶**~ à ~** allmählich; **en ~** im Kleinen

P

petit-beurre [p(ə)tibœʀ] <petits-beurre> *m* Butterkeks *m* **petit-bourgeois, petite-bourgeoise** [p(ə)tibuʀʒwa, p(ə)titbuʀʒwaz] <petits-bourgeois> **I.** *adj péj* spießig **II.** *m, f péj* Spießer(in) *m(f)* **petit-déj** [p(ə)tidɛʒ] <petits-déjs> *fam,* **petit-déjeuner** [p(ə)tideʒœne] <petits-déjeuners> *m* Frühstück *nt*

petite-fille [p(ə)titfij] <petites-filles> *f* Enkelin *f,* Enkeltochter *f*

petitement [pətitmɑ̃] *adv* ① (*chichement*) bescheiden; *vivre* in ärmlichen Verhältnissen ② (*à l'étroit*) sehr beengt ③ (*avec mesquinerie*) kleinlich

petite-nièce [p(ə)titnjɛs] <petites-nièces> *f* Großnichte *f*

petitesse [pətitɛs] *f* ① Kleinheit *f;* **~ d'esprit** Engstirnigkeit *f* ② (*mesquinerie*) Kleinlichkeit *f*

petit-fils [p(ə)tifis] <petits-fils> *m* Enkel *m,* Enkelsohn *m* **petit-four** [p(ə)tifuʀ] <petits-fours> *m exquisites Kleingebäck* **petit-gris** [p(ə)tigʀi] <petits-gris> *m* ZOOL ① (*écureuil*) graues, sibirisches Eichhörnchen *nt* ② (*escargot*) Weinbergschnecke *f*

pétition [petisjɔ̃] *f* Petition *f*

petit-lait [p(ə)tilɛ] <petits-laits> *m* Molke *f* ▶**se boire comme du ~** sich wie Wasser trinken **petit-neveu** [p(ə)tin(ə)vø] <petits-neveux> *m* Großneffe *m* **petit-pois** [p(ə)tipwa] <petits-pois> *m* [grüne] Erbse *f*

petits-enfants [p(ə)tizɑ̃fɑ̃] *mpl* Enkel[kinder] *Pl*

petit-suisse [p(ə)tisɥis] <petits-suisses> *m kleiner runder sahniger Frischkäse*

pétochard(e) [petɔʃaʀ, aʀd] *m(f) fam* Angsthase *m*

pétoche [petɔʃ] *f fam* **avoir la ~** Schiss *m* haben

peton [pətɔ̃] *m fam* Füßchen *nt*

pétoncle [petɔ̃kl] *m* ZOOL Archenkammmuschel *f*

pétrifié(e) [petʀifje] *adj* ① (*changé en pierre*) versteinert ② (*médusé*) wie versteinert; **~ de terreur** starr vor Schreck (*dat*)

pétrifier [petʀifje] <1a> **I.** *vt* ① (*changer en pierre*) versteinern ② (*méduser, figer*) erstarren lassen **II.** *vpr* **se ~** ① (*se changer en pierre*) versteinern ② (*se figer*) erstarren

pétrin [petʀɛ̃] *m fam* (*difficultés*) Patsche *f;* **être dans le ~** in der Tinte sitzen; **se fourrer dans le ~** in Teufels Küche kommen

pétrir [petʀiʀ] <8> *vt* (*malaxer*) kneten

pétrissage [petʀisaʒ] *m* Kneten *nt*

pétrochimie [petʀoʃimi] *f* Petrochemie *f*

pétrochimique [petʀoʃimik] *adj* petrochemisch

pétrodollars [petʀodɔlaʀ] *mpl* Petrodollar[s] *Pl*

pétrole [petʀɔl] **I.** *m* [Erd]öl *nt* **II.** *app bleu, vert* Petrol-

pétrolier [petʀɔlje] *m* (*navire*) [Öl]tanker *m*

pétrolier, -ière [petʀɔlje, -jɛʀ] *adj* [Erd]öl-

pétrolifère [petʀɔlifɛʀ] *adj* Erdöl-

pétulant(e) [petylɑ̃, ɑ̃t] *adj personne* ausgelassen, überschwänglich; *joie* überschäumend

pétunia [petynja] *m* BOT Petunie *f*

peu [pø] **I.** *adv* ① (*opp: beaucoup, très*) wenig; *avec un adj ou un adv* nicht sehr; **être ~ aimable** nicht [gerade] sehr freundlich sein; **~ avant/après** kurz davor/darauf; **avant** [*o* **d'ici**] [*o* **sous**] **~** in Kürze;

depuis ~ seit kurzem; **bien/trop** ~ recht/zu wenig; ~ **de temps/d'argent** wenig Zeit/Geld; ~ **de voitures** wenig[e] Autos; ~ **de jours** ein paar Tage; **en** ~ **de temps** in kurzer Zeit ❷ (*rarement*) ~ [**souvent**] selten ▸**c'est** ~ **dire** das ist noch gelinde ausgedrückt; **ce n'est pas** ~ **dire** das will schon etwas heißen; ~ **à** ~ nach und nach; **à** ~ **près** ungefähr; **de** ~ [nur] knapp; **éviter qn de** ~ jdm gerade noch ausweichen können **II.** *pron indéf* ❶ (*peu de personnes*) wenige ❷ (*peu de choses*) wenig; ~ **importe** das ist nicht so wichtig **III.** *m* **le** ~ **de temps/d'argent qu'il me reste** das bisschen Zeit/Geld, das mir bleibt; **ton** ~ **de confiance en toi** dein geringes Selbstvertrauen; **le** ~ **de personnes/choses** die paar Menschen/Dinge; **le** ~ **que j'ai vu** das bisschen, das [*o* was] ich gesehen habe; **un** ~ **de beurre/bonne volonté** ein wenig [*o* bisschen] Butter/guten Willen; **un** ~ **de monde** ein paar Leute ▸**attends un** ~ **que je t'attrape** *fam* warte nur, bis ich dich kriege; **un** ~ **partout** fast überall; [**et**] **pas qu'un** ~**!** [und] das nicht zu knapp! (*fam*); **pour un** ~ beinahe; **pour si** ~ wegen so einer Kleinigkeit; **pour** ~ **que qn fasse qc** wenn jd auch nur etw tut; **si** ~ **qu'on lui donne, ...** mag es auch noch so wenig sein, das man ihm gibt, ...; **un tant soit** ~ ein [ganz] klein wenig; **bien sûr que je suis un** ~ **là** und ob ich hier bin (*fam*); **un** ~ **que j'ai raison!** und ob ich Recht habe!

peuchère [pøʃɛʀ] *interj* MIDI du liebe Zeit

peuh [pø] *interj* (*mépris*) bah, pah; (*indifférence*) pff

peuplade [pœplad] *f* Volksstamm *m*

peuple [pœpl] *m* Volk *nt;* **le** ~ **chrétien** die Christen; **le** ~ **palestinien** die Palästinenser; **le** ~ **élu** das auserwählte Volk

peuplé(e) [pœple] *adj* [dicht] bevölkert; *région* [dicht] besiedelt; **être** ~ **de personnes/choses** voller Menschen/Dinge sein

peuplement [pœpləmɑ̃] *m* (*action de peupler*) Bevölkern *nt,* Besied[e]lung *f;* (*avec des animaux*) Besetzen *nt;* (*avec des plantes*) Bepflanzung *f*

peupler [pœple] <1> **I.** *vt* ❶ (*pourvoir*) ~ **un lieu d'animaux** Tiere an einem Ort ansiedeln; ~ **un lieu d'arbres** Bäume an einem Ort anpflanzen ❷ (*habiter*) ~ **un pays/une région** *personnes:* ein Land/eine Region bewohnen **II.** *vpr* (*se pourvoir*) **se** ~ **de nouveaux habitants** sich mit neuen Bewohnern füllen

peuplier [pøplije] *m* Pappel *f*

peur [pœʀ] *f* Angst *f;* ~ **de** [*o* **devant**] **qn/qc** Angst vor jdm/etw; **la** ~ **du ridicule** die Angst, sich lächerlich zu machen;

peur/souci

exprimer la peur/les craintes	*Angst/Befürchtungen ausdrücken*
J'ai peur de la foule.	*Diese Menschenmengen machen mir Angst.*
J'ai peur du dentiste/que tu te blesses.	*Ich habe Angst vor dem Zahnarzt/, dass du dich verletzen könntest.*
J'ai la frousse/trouille de l'examen. (*fam*)	*Ich habe Bammel/Schiss vor der Prüfung. (fam)*
J'ai un mauvais pressentiment.	*Ich habe (da) ein ungutes Gefühl.*
Je ne pressens rien de bon.	*Mir schwant nichts Gutes.*
Je m'attends au pire.	*Ich rechne mit dem Schlimmsten.*
Ce sans-gêne m'inquiète.	*Diese Rücksichtslosigkeit beängstigt mich.*
exprimer le souci	*Sorge ausdrücken*
Son état de santé m'inquiète beaucoup.	*Sein Gesundheitszustand macht mir große Sorgen.*
Je me fais du souci pour toi.	*Ich mache mir Sorgen um dich.*
Je passe des nuits blanches à me faire du souci pour lui.	*Die Sorge um ihn bereitet mir schlaflose Nächte.*
L'augmentation des chiffres du chômage m'inquiète.	*Die steigenden Arbeitslosenzahlen beunruhigen mich.*

avoir ~ de faire qc Angst davor haben, etw zu tun; **avoir ~ pour qn** Angst um jdn haben; **avoir ~ pour sa vie/santé** um sein Leben/seine Gesundheit fürchten; **avoir ~ pour son avenir** sich (*dat*) um seine Zukunft Sorgen machen; **avoir ~ que** + *subj* Angst haben, dass; **faire ~ à qn** jdm Angst machen ▶ **avoir eu plus de ~ que de mal** mit dem [bloßen] Schrecken davongekommen sein; **n'ayons pas ~ des mots** scheuen wir uns nicht es ganz offen auszusprechen; **avoir une ~ bleue** eine Heidenangst haben (*fam*); **j'ai bien ~ que qn ait fait qc** ich befürchte sehr, dass jd etw getan hat; **à faire ~** furchtbar; **laid à faire ~** furchtbar hässlich; **prendre ~** Angst bekommen; **de ~** vor Angst; **de ~ de faire qc/que qn fasse qc** aus Angst davor[,] etw zu tun/dass jd etw tut; **par ~ du ridicule** aus Angst sich lächerlich zu machen; **par ~ des critiques** aus Angst vor Kritik

peureux, -euse [pœʀø, -øz] **I.** *adj* ängstlich **II.** *m, f* Angsthase *m* (*fam*)

peut [pø] *indic prés de* **pouvoir**

peut-être [pøtɛtʀ] *adv* ❶ (*éventuellement*) vielleicht; **~ que qn va faire qc** es kann sein, dass jd etw tun wird; **~ bien** kann gut sein ❷ (*environ*) ungefähr ❸ (*marque de doute*) mag ja sein; **ce médicament est ~ efficace, mais ...** dieses Medikament mag ja wirkungsvoll sein, aber ...

peuvent [pøv], **peux** [pø] *indic prés de* **pouvoir**

P

pèze [pɛz] *m arg* Schotter *m* (*fam*)

pfennig [pfenig] *m* HIST Pfennig *m*

pff[t] [pf(t)] *interj* ❶ bah, pah ❷ (*disparition subite*) pff[t]

pH [peaʃ] *m inv abr de* **potentiel d'Hydrogène** pH-Wert *m*

phacochère [fakɔʃɛʀ] *m* ZOOL Warzenschwein *nt*

phalange [falɑ̃ʒ] *f* ANAT *du doigt* Fingerglied *nt; de l'orteil* Zehenglied *nt*

phalène [falɛn] *f* Spanner *m*

phallique [falik] *adj* Phallus-, phallisch

phallus [falys] *m* Phallus *m*

phantasme *v.* **fantasme**

pharamineux, -euse *v.* **faramineux**

pharaon [faʀaɔ̃] *m* HIST Pharao *m*

pharaonique [faʀaɔnik] *adj* pharaonisch

phare [faʀ] *m* ❶ (*projecteur*) Scheinwerfer *m;* **~ antibrouillard** Nebelscheinwerfer; **être/se mettre en ~s** das Fernlicht eingeschaltet haben/einschalten ❷ (*tour*) Leuchtturm *m*

pharmaceutique [faʀmasøtik] *adj* pharmazeutisch; **préparation ~** Arzneimittel *nt*

pharmacie [faʀmasi] *f* ❶ (*boutique*) Apotheke *f;* **~ de garde** Notdienstapotheke ❷ (*science*) Pharmazie *f* ❸ (*armoire*) Hausapotheke *f*

pharmacien(ne) [faʀmasjɛ̃, jɛn] *m(f)* Apotheker(in) *m(f)*

pharmacologie [faʀmakɔlɔʒi] *f* Pharmakologie *f*

pharyngite [faʀɛ̃ʒit] *f* MED Rachenkatarr[h] *m*

pharynx [faʀɛ̃ks] *m* ANAT Rachen *m*

phase [fɑz] *f* Phase *f; d'une maladie* Stadium *nt*

phénicien [fenisjɛ̃] *m* Phönizisch *nt; v. a.* **allemand**

phénicien(ne) [fenisjɛ̃, jɛn] *adj* phönizisch

Phénicien(ne) [fenisjɛ̃, jɛn] *m(f)* Phönizier(in) *m(f)*

phénoménal(e) [fenɔmenal, -o] <-aux> *adj* ❶ (*extraordinaire*) phänomenal ❷ PHILOS phänomenal

phénomène [fenɔmɛn] *m* ❶ (*fait*) Phänomen *nt* ❷ *fam* (*individu*) komischer Kauz

phénoménologie [fenɔmenɔlɔʒi] *f* PHILOS Phänomenologie *f*

philanthrope [filɑ̃tʀɔp] *mf* ❶ (*ami du genre humain*) Menschenfreund(in) *m(f)* ❷ (*mécène*) Wohltäter(in) *m(f)* an der Menschheit

philanthropie [filɑ̃tʀɔpi] *f* Menschenliebe *f*

philatélie [filateli] *f* ❶ (*science*) Philatelie *f* ❷ (*hobby*) Briefmarkensammeln *nt*

philatéliste [filatelist] *mf* Briefmarkensammler *m*

philharmonie [filaʀmɔni] *f* Philharmonie *f*

philharmonique [filaʀmɔnik] *adj* philharmonisch

Philippines [filipin] *fpl* **les ~** die Philippinen

philo [filo] *f fam abr de* **philosophie**

philologie [filɔlɔʒi] *f* Philologie *f;* **~ romane** Romanistik *f*

philologue [filɔlɔg] *mf* Philologe *m*/Philologin *f*

philosophe [filɔzɔf] **I.** *adj* weise **II.** *mf* Philosoph *m*

philosopher [filɔzɔfe] <1> *vi* philosophieren

philosophie [filɔzɔfi] *f* ❶ (*science, conception*) Philosophie *f* ❷ (*art de vivre*) Lebensphilosophie *f* ❸ (*flegme, sagesse*) Weisheit *f*

philosophique [filɔzɔfik] *adj* philosophisch
philosophiquement [filɔzɔfikmɑ̃] *adv* philosophisch; (*avec sagesse, calme*) gelassen
philtre [filtʀ] *m* Liebestrank *m*
phishing [fiʃiŋ] *m* INFORM Phishing *nt*
phlébite [flebit] *f* MED Venenentzündung *f*
phlox [flɔks] *m* BOT Phlox *m*
phobie [fɔbi] *f* ❶ (*aversion*) **avoir la ~ de qc** eine Aversion gegen etw haben ❷ PSYCH Phobie *f*
phocéen(ne) [fɔseɛ̃, ɛn] *adj* **cité ~ne** Marseille *nt;* **l'équipe ~ne** die Marseiller Mannschaft
phonème [fɔnɛm] *m* LING Phonem *nt*
phonéticien(ne) [fɔnetisjɛ̃, jɛn] *m(f)* Phonetiker(in) *m(f)*
phonétique [fɔnetik] **I.** *f* ❶ (*science*) Phonetik *f* ❷ (*transcription*) Lautschrift *f* **II.** *adj* phonetisch; *écriture* Laut-; *signes* Lautschrift-
phonétiquement [fɔnetikmɑ̃] *adv* phonetisch
phoning [foniŋ] *m* Telefonmarketing *nt*
phonique [fɔnik] *adj* ❶ phonisch ❷ *isolation* Schall-
phono [fono] *m fam abr de* **phonographe**
phonographe [fɔnɔgʀaf] *m* Phonograph *m*
phonologie [fɔnɔlɔʒi] *f* Phonologie *f*
phoque [fɔk] *m* Seehund *m*
phosphate [fɔsfat] *m* ❶ CHIM Phosphat *nt* ❷ (*engrais*) Phosphatdünger *m*
phosphore [fɔsfɔʀ] *m* CHIM Phosphor *m*
phosphorer [fɔsfɔʀe] <1> *vi fam* arbeiten bis jdm der Kopf raucht; **~ sur un projet** an einem Projekt arbeiten bis jdm der Kopf raucht; **~ sur une question** über einer Frage brüten; **ça phosphore sec, par ici!** hier riecht's verdammt nach Arbeit!
phosphorescent(e) [fɔsfɔʀesɑ̃, ɑ̃t] *adj* PHYS phosphoreszierend
photo [fɔto] *f abr de* **photographie** ❶ (*cliché*) Foto *nt;* **~ couleur** Farbfoto; **~ noir et blanc** Schwarz-Weiß-Foto; **~ de famille** Familienfoto; **~ d'identité** Passfoto; **faire une ~** ein Foto machen; **prendre qn/qc en ~** ein Foto von jdm/etw machen; **en ~** auf dem Bild ❷ (*art*) Fotografie *f,* Photographie *f;* **faire de la ~** fotografieren ▶ **il n'y <u>a</u> pas ~!, y <u>a</u> pas ~!** *fam* da gibt's gar nichts!, das ist so klar wie sonst was!; **tu <u>veux</u> ma ~?** *fam* was glotzt du mich so an?
photoblog[ue] [fotoblɔg] *m* INET Fotoblog *nt o m*
photocomposition [fɔtokɔ̃pozisjɔ̃] *f* Fotosatz *m*
photocopie [fɔtɔkɔpi] *f* Fotokopie *f*
photocopier [fɔtɔkɔpje] <1> *vt* [foto]kopieren
photocopieur [fɔtɔkɔpjœʀ] *m,* **photocopieuse** [fɔtɔkɔpjøz] *f* [Foto]kopierer *m*
photocopillage [fɔtɔkɔpijaʒ] *m* illegales Fotokopieren *nt*
photoélectrique [fɔtoelɛktʀik] *adj* fotoelektrisch
photogénique [fɔtɔʒenik] *adj* fotogen, photogen
photographe [fɔtɔgʀaf] *mf* Fotograf *m*
photographie [fɔtɔgʀafi] *f* Fotografie *f,* Photographie *f*
photographier [fɔtɔgʀafje] <1> *vt* ❶ PHOT fotografieren ❷ (*mémoriser*) sich (*dat*) genau merken
photographique [fɔtɔgʀafik] *adj* fotografisch; **appareil ~** Fotoapparat *m;* **épreuve ~** Abzug *m*
photomaton® [fɔtɔmatɔ̃] *m* Passbildautomat *m*
photomontage [fɔtomɔ̃taʒ] *m* Fotomontage *f*
photosynthèse [fɔtosɛ̃tɛz] *f* BIO Photosynthese *f*
phrase [fʀɑz] *f* Satz *m;* **~ affirmative/négative** bejahter/verneinter Satz ▶ **~ toute <u>faite</u>** Redewendung *f*
phrasé [fʀɑze] *m* Phrasierung *f*
phraséologie [fʀazeɔlɔʒi] *f* ❶ LING Phraseologie *f; d'un auteur* Diktion *f* ❷ (*jargon*) **la ~ marxiste** der marxistische Jargon
phréatique [fʀeatik] *adj soutenu* **nappe ~** Grundwasser *nt*
phrygien(ne) [fʀiʒjɛ̃, jɛn] *adj* **bonnet ~** Jakobinermütze *f*
physicien(ne) [fizisjɛ̃, jɛn] *m(f)* Physiker(in) *m(f)*
physiologie [fizjɔlɔʒi] *f* Physiologie *f*
physiologique [fizjɔlɔʒik] *adj* physiologisch
physiologiquement [fizjɔlɔʒikmɑ̃] *adv* physiologisch [gesehen]
physiologiste [fizjɔlɔʒist] *mf* Physiologe *m*/Physiologin *f*
physionomie [fizjɔnɔmi] *f ouverte, rieuse* Gesicht *nt; antipathique* Physiognomie *f; boudeuse, chagrine* Miene *f;* **jeux de ~** Mimik *f*
physionomiste [fizjɔnɔmist] **I.** *adj* **être ~** ein gutes Personengedächtnis haben **II.** *mf* Mensch *m,* der ein gutes Personengedächtnis hat

P

physiothérapie [fizjoteʀapi] *f* Physiotherapie *f*
physique [fizik] **I.** *adj* ❶ (*corporel*) physisch; *effort, fatigue* körperlich; *culture* Körper-; **éducation ~** Turnen *nt;* **exercice ~** sportliche Betätigung ❷ PHYS physikalisch; **sciences ~s** [die] Physik und [die] Chemie ❸ *amour* körperlich; *plaisir* Sinnes- ❹ (*qui concerne la nature*) physisch ▶ **c'est ~** jd kann nichts dafür **II.** *m* ❶ (*aspect extérieur*) Äußere(s) *nt;* **avoir un beau ~** gut aussehen ❷ (*constitution*) **grâce à son ~ robuste** dank seiner/ihrer robusten Natur ▶ **il/elle a le ~ de l'emploi** man sieht ihm/ihr seinen/ihren Beruf an; **avoir un ~** das gewisse Etwas haben **III.** *f* Physik *f*
physiquement [fizikmɑ̃] *adv* ❶ (*concernant le corps*) körperlich ❷ (*concernant l'apparence*) **~, elle est assez jolie** sie ist eine hübsche Erscheinung; **être très bien ~** gut aussehen
phytoplancton [fitoplɑ̃ktɔ̃] *m* Phytoplankton *nt*
phytosanitaire [fitosanitɛʀ] *adj* **produits ~s** Pflanzenschutzmittel *nt*
phytotechnologie [fitotɛknɔlɔʒi] *f* Pflanzentechnologie *f*
pi [pi] *m inv a.* MATH Pi *nt*
piaf [pjaf] *m fam* Spatz *m*
piaillement [pjɑjmɑ̃] *m d'un oiseau* Gepiep[s]e *nt; d'un enfant* Geplärr[e] *nt; d'une femme* Gekreisch[e] *nt*
piailler [pjɑje] <1> *vi animal:* piep[s]en; *enfant:* plärren; *femme:* kreischen
pianissimo [pjanisimo] MUS **I.** *adv* pianissimo **II.** *m* Pianissimo *nt*
pianiste [pjanist] *mf* Pianist *m*
piano [pjano] **I.** *m* MUS Klavier *nt;* **~ à queue** Flügel *m;* **jouer du ~** Klavier spielen **II.** *adv* leise, piano; **[y] aller ~** *fam* es langsam angehen; **vas-y ~** immer mit der Ruhe (*fam*)
piano-bar [pjanobaʀ] <pianos-bars> *m* Pianobar *f*
pianoter [pjanɔte] <1> *vi* ❶ (*jouer sans talent*) **~ sur un piano** auf einem Klavier herumklimpern (*fam*) ❷ (*taper comme un débutant*) **~ sur un ordinateur** an einem Rechner herumtippen; **~ sur un minitel** an einem Btx-Terminal herumspielen ❸ (*tapoter du bout des doigts*) **~ sur la table/vitre** ungeduldig mit den Fingern auf den Tisch/gegen das Fenster trommeln
piaule [pjol] *f fam* Bude *f*
piauler [pjole] <1> *vi animal:* piep[s]en; *poulie, gond:* quietschen
P.I.B. [peibe] *m abr de* **produit intérieur brut** B.I.P. *nt*
pic [pik] *m* ❶ (*sommet*) Bergspitze *f* ❷ *fig* (*maximum*) *de pollution, de trafic* Höchstwert *m,* Spitzenwert *m;* **~ d'audience** Spitzenquote *f* ▶ **tomber à ~** gerade recht kommen; *personne:* wie gerufen kommen; **à ~** steil; **couler à ~** ganz plötzlich versinken
picard [pikaʀ] *m* **le ~** Pikardisch, das Pikardische; *v. a.* **allemand**
picard(e) [pikaʀ, aʀd] *adj* pikardisch
Picard(e) [pikaʀ, aʀd] *m(f)* Pikarde *m*/Pikardin *f*
Picardie [pikaʀdi] *f* **la ~** die Picardie
picaresque [pikaʀɛsk] *adj* pikaresk; **roman ~** Schelmenroman *m*
pichet [piʃɛ] *m* kleiner Krug
pickpocket [pikpɔkɛt] *m* Taschendieb *m*
picoler [pikɔle] <1> *vi fam* bechern
picorer [pikɔʀe] <1> **I.** *vi* ❶ (*becqueter*) *animal:* picken ❷ (*grignoter*) *personne:* knabbern; **~ dans son assiette** in seinem Essen herumstochern (*fam*) **II.** *vt* ❶ (*becqueter*) *animal:* [auf]picken ❷ (*grignoter*) *personne:* knabbern; **~ qc dans l'assiette de qn** ab und zu etw von jds Teller stibitzen (*fam*)
picot [piko] *m* ❶ (*marteau de carrier*) Spitzhammer *m* ❷ (*pic du maçon*) Keil *m* zum Verdichten ❸ *pl* (*filet de pêche*) Plattfischnetz *nt* ❹ (*dans la dentelle*) Picot *m*
picotement [pikɔtmɑ̃] *m* Kribbeln *nt;* (*dans les yeux*) Brennen *nt*
picoter [pikɔte] <1> *vt* **la fumée me picote les yeux** der Rauch brennt mir in den Augen; **le froid picote/les orties picotent la peau** die Kälte prickelt/die Brennnesseln brennen auf der Haut; **les herbes picotent les mollets** die Gräser kitzeln an den Waden; **ça me picote le nez** das kribbelt mir in der Nase
picotin [pikɔtɛ̃] *m* **un ~ d'avoine** eine Haferration
pictogramme [piktɔgʀam] *m* Piktogramm *nt*
pictural(e) [piktyʀal, -o] <-aux> *adj* malerisch
pie [pi] *f* ❶ ORN Elster *f* ❷ *fam* (*femme*) Quasselstrippe *f*
pièce [pjɛs] *f* ❶ (*salle*) Zimmer *nt;* **un deux-/trois-~s** eine Zwei-/Dreizimmerwohnung ❷ (*monnaie*) Geldstück *nt;* **~ de monnaie** Geldstück; **~ d'un franc/de deux marks** Einfranc-/Zweimarkstück; **~s [en] euro** Euro-Münzen *Pl* ❸ THEAT **~ de théâtre** Theaterstück *nt* ❹ MUS Stück *nt;* **~ vocale/instrumentale**

Vokal-/Instrumentalstück ⑤ (*document*) Schriftstück *nt;* **~ d'identité** [Personal]ausweis *m;* **les ~s** Unterlagen *Pl;* **les ~s du procès** die Prozessakten; **~ justificative** Beleg *m;* **~ d'archives** Archivdokument; **~ à conviction** Beweisstück *nt* ⑥ (*élément constitutif*) Teil *nt; d'une collection, d'un trousseau* Stück *nt;* JEUX Figur *f;* **~ de mobilier** Möbelstück; **belle ~** Prachtexemplar *nt;* **~ de musée** Museumsstück ⑦ (*quantité*) Stück *nt;* **une ~ de viande** ein Stück Fleisch ⑧ (*pour rapiécer*) Flicken *m* ⑨ (*unité*) **acheter/vendre à la ~** stückweise [*o* einzeln] kaufen/verkaufen ▶ **~ de rechange** Ersatzteil *nt;* **~ détachée** Einzelteil *nt;* **~ rapportée** *péj* fünftes Rad am Wagen; **[être] tout d'une ~** aus einem Stück [gemacht sein]; **c'est un homme tout d'une ~** er ist geradeheraus (*fam*); **tout d'une ~** (*avec raideur*) steif; **créer qc de toutes ~s** etw selbst zusammenbauen; **construire qc de toutes ~s** etw von A bis Z entwerfen; **reconstituer qc de toutes ~s** etw wieder vollständig zusammensetzen; **être inventé de toutes ~s** von Anfang bis Ende erfunden sein; **donner la ~ à qn** *fam* jdm ein Trinkgeld geben; **mettre/tailler qn/qc en ~s** (*en morceaux*) jdn/etw kurz und klein schlagen; SPORT jdn vernichtend schlagen; **mettre/tailler une argumentation/théorie en ~s** eine Argumentation/Theorie in der Luft zerreißen (*fam*); **travailler aux ~s** im Akkord arbeiten; **être payé aux ~s** nach Akkord bezahlt werden

piécette [pjesɛt] *f* kleines Geldstück

pied [pje] *m* ① ANAT Fuß *m;* **~ plat** Plattfuß; **à ~** zu Fuß; **au ~!** bei Fuß! ② (*support*) Bein *nt; d'un lit, établi, microphone* Fuß *m* ③ *d'un lit* Fußende *nt* ④ *d'une chaussette, d'un bas* Fuß *m* ⑤ (*chaussure*) **le ~ gauche serre trop** der linke Schuh drückt ⑥ (*base*) Fuß *m; d'un champignon* Stiel *m;* **au ~ d'une colline/d'un mur** am Fuß eines Hügels/einer Mauer; **mettre qc au ~ de qc** etw unter etw (*akk*) legen; **être [couché] au ~ de qc** unter etw (*dat*) liegen ⑦ (*plant*) **~ de salade/poireau** Salat-/Lauchpflanze *f;* **~ de vigne** Rebstock *m* ⑧ (*unité de mesure*) Fuß *m* ⑨ (*en poésie*) Versfuß *m* ⑩ (*pas*) **marcher d'un ~ léger** leichten Fußes gehen; **ils s'en vont/marchent du même ~** sie gehen im Gleichschritt ▶ **traiter qn sur un ~ d'égalité** jdn wie seinesgleichen behandeln; **prendre qc au ~ de la lettre** etw wörtlich nehmen; **mettre qn au ~ du mur** jdn zu einer Entscheidung zwingen; **avoir bon ~ bon œil** noch sehr rüstig und gesund sein; **[avoir/rouler] le ~ au plancher** [mit] Bleifuß [fahren] (*fam*); **mettre les ~s dans le plat** ins Fettnäpfchen treten; **mettre ~ à terre** absteigen; **vouloir être à cent ~s sous terre** vor Scham am liebsten im Boden versinken wollen; **avoir/garder les [deux] ~s sur terre** mit beiden Beinen [fest] auf der Erde stehen/bleiben; **des ~s à la tête** von Kopf bis Fuß; **avoir un ~ dans la tombe** mit einem Bein im Grab stehen; **partir du bon/mauvais ~** etw gut/schlecht anfangen; **se lever du ~ gauche** [*o* **du mauvais ~**] mit dem linken Fuß zuerst aufstehen; **faire un cours au ~ levé** unvorbereitet Unterricht halten; **faire un discours au ~ levé** aus dem Stegreif einen Vortrag halten; **remplacer qn au ~ levé** jdn plötzlich ersetzen; **~s nus** barfuß; **avoir ~** Boden unter den Füßen haben; **casser les ~s à qn** *fam* jdm auf die Nerven gehen; **s'emmêler les ~s** straucheln; **être sur ~** wieder auf den Beinen sein; **ça lui fait les ~s** *fam* das wird ihm/ihr eine Lehre sein; **lever le ~** (*s'enfuir*) sich aus dem Staub machen (*fam*); (*ralentir*) den Fuß vom Gas[pedal] nehmen; **marcher sur les ~s de qn** (*faire mal*) jdm auf den Fuß treten; (*embêter*) jdm ins Gehege kommen; **elle ne se laisse pas marcher sur les ~s** sie lässt sich (*dat*) nicht auf der Nase herumtanzen (*fam*); **mettre/ne jamais mettre les ~s quelque part** einen Fuß irgendwohin setzen/etw nie betreten; **mettre un projet sur ~** ein Projekt auf die Beine stellen; **mettre une entreprise sur ~** ein Unternehmen aufbauen; **perdre ~** (*se noyer*) nicht mehr stehen können; (*être désemparé*) den Boden unter den Füßen verlieren; (*ne plus comprendre*) nicht mehr mitkommen (*fam*); **prendre/reprendre ~** [festen] Fuß/wieder [festen] Fuß fassen; **remettre qn/qc sur ~** jdn wieder auf die Beine bringen/etw wieder sanieren; **il/elle ne sait pas sur quel ~ danser** er/sie weiß nicht, was er/sie tun soll; **avec lui, on ne sait jamais sur quel ~ danser** bei ihm weiß man nie, woran man ist; **sortir de qc les ~s devant** etw tot verlassen; **traîner les ~s** trödeln; **tomber** [*o* **se jeter**] **aux ~s de qn** sich jdm zu Füßen werfen; **se traîner** [*o* **ramper**] **aux ~s de qn** sich vor jdm niederwerfen; **~ de nez** lange Nase; **faire un ~ de nez à qn** jdm eine lange Nase drehen

pied-à-terre [pjetatɛʀ] *m inv* Zweit-

wohnung *f* **pied-de-biche** [pjedbiʃ] <pieds-de-biche> *m* ❶ (*outil*) Nagelzieher *m* ❷ COUT Nähfuß *m*
piédestal [pjedɛstal, -o] <-aux> *m* Sockel *m* ▶ **descendre/tomber de son ~** vom Podest fallen
pied-noir [pjenwaʀ] <pieds-noirs> **I.** *mf fam* Algerienfranzose *m* **II.** *adj* der Algerienfranzosen
piège [pjɛʒ] *m* Falle *f;* **~ à souris** Mausefalle; **prendre un animal au ~** ein Tier mit der Falle fangen; **prendre qn au ~** jdn in eine Falle locken; **tendre un ~** eine Falle aufstellen; **tendre un ~ à qn** jdm eine Falle stellen; **tomber dans le/un ~** in die/eine Falle gehen, reinfallen ▶ **qc/c'est un ~ à cons** *fam* bei etw/dabei kann man ganz schön reinfallen; **se prendre/être pris à son propre ~** in die eigene Falle gehen/in der eigenen Falle sitzen
piégé(e) [pjeʒe] *adj colis* Sprengstoff-; **valise ~e** Koffer *m*, in dem eine Sprengladung [*o* Bombe] versteckt ist; **lettre ~e** Briefbombe *f;* **voiture ~e** Autobombe *f*
piéger [pjeʒe] <2a, 5> *vt* ❶ (*attraper*) mit der Falle fangen *animal* ❷ (*tromper*) in die Falle locken *personne;* **se faire ~ par qn** jdm in die Falle gehen; **se laisser ~** sich in die Falle locken lassen; (*par de bonnes paroles*) sich einfangen lassen
Piémontais(e) [pjemɔ̃tɛ, ɛz] *m(f)* Piemontese *m*/Piemontesin *f*
piercing [piʀsiŋ] *m* Piercing *nt*
piéride [pjeʀid] *f* ZOOL Kohlweißling *m*
pierraille [pjeʀɑj] *f d'une plage* grober Kies *m; d'une route* Schotter *m*
pierre [pjɛʀ] *f* ❶ (*caillou*) Stein *m;* **~ ponce** Bimsstein ❷ (*pierre précieuse*) [Edel]stein *m* ▶ **faire d'une ~ deux coups** zwei Fliegen mit einer Klappe schlagen (*fam*); **marquer qc d'une ~ blanche** etw rot [im Kalender] anstreichen; **~ tombale** Grabstein *m;* **poser la première ~ de qc** den Grundstein zu etw legen; **jeter la [première] ~ à qn** den [ersten] Stein auf jdn werfen; **de ~** steinern; **cœur de ~** Herz *nt* aus Stein
Pierre [pjɛʀ(ə)] *m* Peter *m*
pierreries [pjɛʀʀi] *fpl* [geschliffene] Edelsteine *Pl*
piétaille [pjetɑj] *f* Fußvolk *nt*
piété [pjete] *f* REL Frömmigkeit *f*
piétinement [pjetinmɑ̃] *m* ❶ *des chevaux, soldats* Getrappel *nt; de la foule* Trampeln *nt; d'éléphants* Stampfen *nt;* (*dans la neige*) Stapfen *nt* ❷ (*stagnation*) Stillstand *m*
piétiner [pjetine] <1> **I.** *vi* ❶ (*trépigner*) **~ de colère** [*o* **rage**] wütend mit den Füßen aufstampfen; **~ d'impatience** ungeduldig von einem Bein aufs andere treten ❷ (*avancer péniblement*) kaum von der Stelle kommen; **~ sur place** auf der Stelle treten ❸ (*ne pas progresser*) keine Fortschritte machen **II.** *vt* ❶ (*marcher sur*) festtreten *sol, neige;* zertrampeln *pelouse;* **~ qc de rage** auf etw (*dat*) herumtrampeln ❷ (*ne pas respecter*) mit Füßen treten
piétisme [pjetism] *m* Pietismus *m*
piétiste [pjetist] **I.** *adj* pietistisch **II.** *mf* Pietist(in) *m(f)*
piéton(ne) [pjetɔ̃, ɔn] **I.** *adj zone* Fußgänger-; *rue* autofrei **II.** *m(f)* Fußgänger(in) *m(f)*
piétonnier, -ière [pjetɔnje, -jɛʀ] *adj v.* **piéton I.**
pieu [pjø] <x> *m* ❶ Pfahl *m* ❷ *fam* (*lit*) Falle *f;* **au ~!** ab in die Falle!
pieusement [pjøzmɑ̃] *adv* ❶ (*avec respect*) ehrfürchtig ❷ REL fromm
pieuter [pjøte] <1> **I.** *vi pop* pennen (*fam*) **II.** *vpr pop* **se ~** sich in die Falle hauen (*fam*)
pieuvre [pjœvʀ] *f* ZOOL Tintenfisch *m*
pieux, -euse [pjø, -jøz] *adj* ❶ REL fromm ❷ *antéposé soutenu souvenir* ehrenvoll
pif [pif] *m fam* Riechkolben *m* (*hum*) ▶ **au ~** so nach Gefühl
pif[f]er [pife] <1> *vt pop* **ne pas pouvoir ~ qn** jdn nicht riechen [*o* verknusen] können
pige [piʒ] *f* ❶ *pl fam* (*année*) **avoir 40 ~s** [schon] 40 Jahre auf dem Buckel haben; **à 53 ~s, ...** mit 53, ... ❷ MEDIA **être payé à la ~** ein Zeilenhonorar bekommen; **travailler à la ~** als freier Journalist/freie Journalistin arbeiten
pigeon [piʒɔ̃] *m* ❶ ZOOL Taube *f;* **~ voyageur** Brieftaube ❷ *fam* (*dupe*) **être le ~ dans l'affaire** der/die Gelackmeierte sein (*fam*); **cherchez un autre ~!** sucht euch einen anderen Dummen! (*fam*)
pigeonnant(e) [piʒɔnɑ̃, ɑ̃t] *adj poitrine* üppig; **soutien-gorge ~** *tief ausgeschnittener Form-BH*
pigeonner [piʒɔne] <1> *vt fam* rupfen; **se faire ~ par qn** sich von jdm anschmieren lassen
pigeonnier [piʒɔnje] *m* Taubenschlag *m*
piger [piʒe] <2a> *vt, vi fam* kapieren; **ne rien ~** *fam* nur Bahnhof verstehen
pigiste [piʒist] *mf* freier Journalist *m*/freie Journalistin *f*
pigment [pigmɑ̃] *m* Pigment *nt;* (*colorant*) Pigmentfarbstoff *m*

pigmentation [pigmɑ̃tasjɔ̃] *f de la peau* Pigmentierung *f*

pigmenter [pigmɑ̃te] <1> *vt* pigmentieren

pignon [piɲɔ̃] *m* ① ARCHIT Giebel *m* ② TECH Zahnrad *nt* ▶ **avoir ~ sur rue** *personne:* ein angesehener Geschäftsmann sein

pignouf [piɲuf] *m fam* ungehobelter Klotz *m*

pilaf [pilaf] *app* **riz ~** Pilaw *m*

pile¹ [pil] *f* ① (*tas*) Stapel *m;* **une ~ d'assiettes** ein Stapel Teller ② ELEC Batterie *f;* **fonctionner à ~s** mit [einer] Batterie laufen; **~ à combustible** Brennstoffzelle *f* ③ MIDI (*évier*) Spüle *f*

pile² [pil] *adv* ① (*avec précision*) ganz pünktlich; (*brusquement*) jäh; (*au bon moment*) gerade richtig; **ça tombe ~!** das trifft sich gut! ② (*exactement*) **à 10 heures ~** Punkt 10 Uhr ▶ **~ poil** *fam* exakt; **il a mis 20 minutes ~ poil** er hat auf die Sekunde 20 Minuten gebraucht

pile³ [pil] *f* **le côté ~** die [Münz]vorderseite; **~ ou face?** Kopf oder Zahl?; **on va jouer ça à ~ ou face!** wir werfen eine Münze!

piler [pile] <1> **I.** *vt* zerstoßen **II.** *vi fam* voll auf die Bremse treten; *voiture:* mit quietschenden Bremsen halten

pileux, -euse [pilø, -øz] *adj* haarig; **système ~** [Körper]behaarung *f*

pilier [pilje] *m* ① ARCHIT Pfeiler *m* ② SPORT Stürmer *m* [der ersten Reihe]

pillage [pijaʒ] *m* Plünderung *f;* **livrer une ville au ~** eine Stadt völlig ausplündern

pillard(e) [pijaʀ, jaʀd] **I.** *adj nomades, soldats* plündernd; *oiseaux* diebisch **II.** *m(f)* Plünderer *m*/Plünderin *f*

piller [pije] <1> *vt* ① (*mettre à sac*) [aus]plündern ② (*plagier*) **~ un auteur** bei einem Autor eine [geistige] Anleihe machen

pilleur, -euse [pijœʀ, -jøz] *m, f* Plünderer *m*/Plünderin *f*

pilon [pilɔ̃] *m* (*instrument*) Stößel *m;* PHARM Pistill *nt* ▶ **mettre un livre au ~** ein Buch einstampfen

pilonnage [pilɔnaʒ] *m* (*de l'aviation*) [pausenloses] Bombardieren *nt;* (*de l'artillerie*) Trommelfeuer *nt*

pilonner [pilɔne] <1> *vt* ① MIL unter [Trommel]feuer nehmen; AVIAT pausenlos bombardieren ② (*écraser au pilon*) zerstampfen

pilori [pilɔʀi] *m* Pranger *m* ▶ **clouer qn/qc au ~** jdn/etw anprangern

pilosité [pilozite] *f* Behaarung *f*

pilotage [pilɔtaʒ] *m* Steuern *nt*

pilote [pilɔt] **I.** *adj* ① (*qui ouvre la voie*) Modell-; *projet, essai* Pilot- ② (*expérimental*) Versuchs- ③ (*exemplaire*) Muster- ④ NAUT *bateau, navire* Lotsen- **II.** *m, f* AVIAT Pilot *m;* **~ de ligne** Pilot *m* einer Verkehrsmaschine; AUT [Renn]fahrer *m;* **~ de course** Rennfahrer; **~ d'essai** Testpilot *m;* NAUT Lotse *m* **III.** *m* ① (*dispositif*) **~ automatique** Autopilot *m* ② INFORM Treiber *m*

piloter [pilɔte] <1> *vt* ① TRANSP steuern *avion;* lotsen *navire;* lenken *voiture* ② INFORM steuern

pilotis [pilɔti] *m* Pfahlwerk *nt;* **des maisons sur ~** Pfahlbauten *Pl*

pilule [pilyl] *f* MED Pille *f;* **la ~** die [Antibaby]pille (*fam*) ▶ **la ~ est dure à avaler** das ist eine bittere Pille (*fam*)

pimbêche [pɛ̃bɛʃ] *f* eingebildete Pute (*fam*)

piment [pimɑ̃] *m* ① GASTR Peperoni *f;* **~ doux** Paprika *m;* **~ en poudre** Cayennepfeffer *m* ② (*piquant*) Würze *f;* **donner du ~ à qc** einer S. (*dat*) [eine gewisse] Würze geben; **trouver du ~ à qc** etw reizvoll finden

pimenter [pimɑ̃te] <1> *vt* ① GASTR scharf würzen ② *fig* **~ qc** einer S. (*dat*) [eine gewisse] Würze verleihen; **être pimenté** *anecdote, récit* pikant sein

pimpant(e) [pɛ̃pɑ̃, ɑ̃t] *adj* schick

pin [pɛ̃] *m* Kiefer *f;* **~ parasol** Schirmpinie *f*

pinailler [pinɑje] <1> *vi fam* auf Kleinigkeiten herumreiten; **~ sur qc** an etw (*dat*) herumkritteln (*pej*)

pinard [pinaʀ] *m arg* Wein *m*

pince [pɛ̃s] *f* ① TECH Zange *f* ② ZOOL Schere *f* ③ COUT Abnäher *m;* **pantalon à ~s** Bundfaltenhose *f* ④ (*épingle*) **~ à linge** Wäscheklammer *f* ⑤ (*instrument d'épilation*) **~ à épiler** Pinzette *f*

pincé(e) [pɛ̃se] *adj* ① (*hautain*) selbstgefällig; (*contraint*) steif; *sourire* gezwungen; (*mécontent*) *ton* spitz ② *nez, narines* schmal; *lèvres* zusammengekniffen

pinceau [pɛ̃so] <x> *m* Pinsel *m* ▶ **se mélanger** [*o* **s'emmêler**] **les ~x** *fam* alles durcheinanderbringen

pincée [pɛ̃se] *f* Prise *f*

pincement [pɛ̃smɑ̃] *m* ① *des lèvres, narines* Zusammenkneifen *nt* ② MUS Zupfen *nt* ▶ **avec un petit ~ au cœur** schweren Herzens

pince-monseigneur [pɛ̃smɔ̃sɛɲœʀ] <pinces-monseigneur> *f* Brecheisen *nt*

pincer [pɛ̃se] <2> **I.** *vt* ① (*faire mal*) *personne:* kneifen; *crabe, écrevisse:* zwicken;

P

~ **la joue/le bras à qn** jdn in die Backe/den Arm kneifen; *crabe, écrevisse:* jdn in die Backe/den Arm zwicken ❷ (*serrer fortement*) zusammenkneifen *bouche;* aufeinanderpressen *lèvres* ❸ *fam* (*arrêter*) schnappen; **se faire ~ par qn** (*se faire prendre/arrêter*) von jdm erwischt/geschnappt werden (*fam*) **II.** *vpr* ❶ (*se blesser*) **se ~** sich quetschen; (*se serrer la peau*) sich zwicken; **se ~ le doigt** sich (*dat*) den Finger quetschen [*o* einklemmen] ❷ (*boucher*) **se ~ le nez** sich die Nase zuhalten **III.** *vi* ▶ **pince-moi, je rêve!** zwick' mich, ich glaub', ich träum'!; **en ~ pour qn** *fam* in jdn verknallt sein

pince-sans-rire [pɛ̃ssɑ̃ʀiʀ] **I.** *mf inv* **c'est un/une ~** er/sie hat einen trockenen Humor **II.** *adj inv air* unbewegt

pincette [pɛ̃sɛt] *f* Pinzette *f* ▶ **ne pas être à prendre avec des ~s** *fam* mit Vorsicht zu genießen sein

pinçon [pɛ̃sɔ̃] *m* Quetschfleck *m*

pine [pin] *f vulg* Schwanz *m*

pinède [pinɛd] *f* Kiefernwald *m*

pingouin [pɛ̃gwɛ̃] *m* Pinguin *m*

ping-pong [piŋpɔ̃g] *m inv* Tischtennis *nt*

pingre [pɛ̃gʀ] **I.** *adj fam* knaus[e]rig **II.** *mf fam* Geizkragen *m*

pinotte [pinɔt] *f* CAN *fam* (*cacahuète*) Erdnuss *f*

pin-pon [pɛ̃pɔ̃] *interj* tatütata

pin's [pins] *m inv* Anstecker *m,* Pin *m*

pinson [pɛ̃sɔ̃] *m* Buchfink *m* ▶ **gai comme un ~** quietschvergnügt (*fam*)

pintade [pɛ̃tad] *f* Perlhuhn *nt*

pintadeau [pɛ̃tado] <x> *m* junges Perlhuhn

pinte [pɛ̃t] *f* ❶ Pinte *f* (*0,9 Liter*) ❷ CAN Pinte *f* (*1,136 Liter*) ❸ CH (*bistrot*) Kneipe *f* (*fam*)

pinter [pɛ̃te] <1> *vpr pop* **se ~ [la gueule]** sich volllaufen lassen (*fam*)

pin up [pinœp] *f inv* Pin-up[-Girl] *nt*

pioche [pjɔʃ] *f* ❶ (*outil*) [Kreuz]hacke *f;* **à coups de ~** mit einer Hacke ❷ JEUX (*tas de dominos*) Stoß *m;* (*tas de cartes*) [Karten]stock *m*

piocher [pjɔʃe] <1> **I.** *vt* ❶ (*creuser*) aufhacken ❷ *fam* (*étudier*) büffeln ❸ JEUX [aus dem Stoß] ziehen **II.** *vi* ❶ (*creuser*) hacken ❷ *fam* (*étudier*) büffeln ❸ JEUX [eine Karte vom Stoß] ziehen; (*prendre un domino*) [einen Dominostein aus dem Stoß] ziehen

piolet [pjɔlɛ] *m* Pickel *m*

pion [pjɔ̃] *m* JEUX Stein *m*

pion(ne) [pjɔ̃, pjɔn] *m(f)* SCOL *fam* Aufsichtführende(r) *f(m),* Aufpasser(in) *m(f)* (*pej*)

pioncer [pjɔ̃se] <2> *vi fam* pennen

pionnier, -ière [pjɔnje, -jɛʀ] *m, f de la médecine, de l'aviation* Pionier(in) *m(f);* **être un ~ dans un domaine** ein Wegbereiter auf einem Gebiet sein

pipe [pip] *f* Pfeife *f*

pipeau [pipo] <x> *m* MUS Hirtenflöte *f* ▶ **c'est du ~** *fam* das ist doch [nur] leeres Gerede

pipelette [piplɛt] *f fam* Tratsche *f* (*pej*); **c'est une vraie ~!** der/die kann aber auch wirklich seinen/ihren Mund nicht halten!

pipeline [pajplajn, piplin] *m* Pipeline *f*

piper [pipe] <1> **I.** *vi* **ne pas ~** keinen Ton sagen **II.** *vt* fälschen *dés;* zinken *cartes*

pipette [pipɛt] *f* Pipette *f*

pipi [pipi] *m fam enfantin* Pipi *nt;* **faire ~** Pipi machen (*Kinderspr.*) ▶ **c'est du ~ de chat** das ist ziemlich dürftig; (*en parlant d'une boisson*) das ist das reinste Spülwasser

piquant [pikɑ̃] *m* ❶ (*épine*) Stachel *m; d'un rosier* Dorn *m* ❷ (*agrément*) **avoir du ~** *récit, livre:* seinen Reiz haben; **le ~ de l'histoire, c'est qu'il l'a cru** das Amüsante [*o* Witzige] an der Geschichte ist, dass er es geglaubt hat

piquant(e) [pikɑ̃, ɑ̃t] *adj* ❶ *joue, plante* stach[e]lig; *rose* dornig ❷ GASTR *moutarde, radis* scharf; *odeur* stechend; *goût, sauce* pikant ❸ *air, bise, froid* schneidend

pique [pik] **I.** *f* ❶ (*arme*) Pike *f; de picador* Lanze *f* ❷ (*parole blessante*) **envoyer une ~ à qn** jdm gegenüber eine spitze Bemerkung machen **II.** *m* (*aux cartes*) Pik *nt;* **valet de ~** Pikbube *m*

piqué [pike] *m* COUT Pikee *m*

pique-assiette [pikasjɛt] <pique--assiettes> *mf* Schmarotzer(in) *m(f)* (*pej*) **pique-nique** [piknik] <pique--niques> *m* Picknick *nt* **pique-niquer** [piknike] <1> *vi* [ein] Picknick machen **pique-niqueur, -euse** [piknikœʀ, -øz] <pique-niqueurs> *m, f jemand, der ein Picknick macht*

piquer [pike] <1> **I.** *vt* ❶ (*faire une piqûre*) *personne, guêpe, moustique:* stechen; *serpent, puce:* beißen ❷ (*donner la mort*) einschläfern *animal* ❸ (*prendre/fixer avec un objet pointu*) aufspießen *olive, papillon* ❹ (*enfoncer par le bout*) **~ une aiguille dans qc** eine Nadel in etw (*akk*) stechen ❺ (*picoter*) pik[s]en (*fam*); **~ la peau** auf der Haut kratzen; **~ la langue** auf der Zunge brennen; **~ les**

yeux/le visage in den Augen/im Gesicht brennen (6) *fam* (*faire brusquement*) ~ **un cent mètres** einen Spurt einlegen; ~ **une colère/une crise** einen Wutanfall/Koller kriegen; ~ **une crise de larmes** in Tränen ausbrechen; ~ **un fard** rot anlaufen; ~ **un roupillon/une tête** ein Nickerchen/einen Kopfsprung machen (7) *fam* (*voler*) klauen (8) *fam* (*arrêter*) schnappen; (*attraper*) erwischen **II.** *vi* (1) (*faire une piqûre*) *moustique, aiguille:* stechen; *serpent, puce:* beißen (2) (*descendre*) ~ **sur qc** auf etw (*akk*) niederstürzen (3) (*se diriger*) ~ **sur qn/qc** [geradewegs] auf jdn/etw zusteuern (*fam*) (4) (*irriter un sens*) *fumée, ortie:* brennen; *moutarde, radis:* scharf sein; *barbe, pull:* kratzen; *froid, vent:* schneidend sein; *eau gazeuse:* prickeln **III.** *vpr* (1) (*se blesser*) **se ~ avec une aiguille/à un rosier** sich mit einer Nadel/an einem Rosenstock stechen; **se ~ avec des orties** sich [an Brennnesseln (*dat*)] verbrennen (2) (*se faire une injection*) **se ~** sich spritzen; *drogué:* spritzen (*fam*); **se ~ à qc** sich (*dat*) etw spritzen [*o* injizieren]; *drogué:* etw spritzen (*fam*)

piquet [pikɛ] *m de parc, jardin* Pflock *m; de tente* Hering *m* ▸ **raide comme un ~** stocksteif (*fam*); **être/rester planté comme un ~** *fam* wie angewurzelt dastehen/stehen bleiben; **aller au ~** SCOL sich (*akk*) in die Ecke stellen; **~ de grève** Streikposten *m*

piqueter [pikte] <3> *vt* (1) (*jalonner*) [mit Pflöcken] abstecken (2) (*moucheter*) *fleur, pelage:* **piqueté** gesprenkelt; **des étoiles piquettent le ciel/le ciel est piqueté d'étoiles** der Himmel ist mit Sternen übersät

piquette [pikɛt] *f* (1) (*mauvais vin*) Krätzer *m* (2) *fam* (*défaite cuisante*) Schlappe *f*

piqueur, -euse [pikœʀ, -øz] **I.** *adj insecte* stechend **II.** *m, f* COUT *de chaussures* Stepper(in) *m(f); de vêtements* Näher(in) *m(f)*

piquouse [pikuz] *f fam* Spritze *f*

piqûre [pikyʀ] *f* (1) *d'épingle, de guêpe, moustique* Stich *m* (2) MED Spritze *f,* Injektion *f;* **faire une ~ à qn** jdm eine Spritze [*o* Injektion] geben

piranha [piʀana] *m* Piranha *m*

piratage [piʀataʒ] *m* Piraterie *f;* **~ informatique/industriel** Software-/Produktpiraterie

pirate [piʀat] **I.** *m* NAUT Seeräuber *m;* AVIAT **~ de l'air** Luftpirat *m;* TRANSP **~ de la route** Straßenräuber *m* **II.** *adj bateau, émetteur, radio* Piraten-; **édition/disque/enregistrement ~** Raubdruck *m*/Raubpressung *f*/Raubkopie *f*

pirater [piʀate] <1> *vt* eine Raubkopie machen von *logiciel;* **~ une œuvre** einen Raubdruck von einem Werk machen; **être piraté** *disquette, logiciel:* eine Raubkopie sein

piraterie [piʀatʀi] *f* (1) Seeräuberei *f* (2) (*escroquerie*) Wucherei *f*

pire [piʀ] **I.** *adj comp, superl de* **mauvais** (1) *comp* (*plus mauvais*) schlimmer; **rien de ~ que** nichts Schlimmeres als; **~ que ça** noch [*o* viel] schlimmer; **~ que tout** schlimmer, als man es sich vorstellen kann; **de ~ en ~** immer schlimmer (2) *superl* (*le plus mauvais*) **le/la ~ élève** der schlechteste Schüler/die schlechteste Schülerin **II.** *m* **le ~** das Schlimmste; **le ~ de tout, c'est que** das Allerschlimmste [daran] ist, dass; **s'attendre au ~** mit dem Schlimmsten rechnen; **au ~** schlimmstenfalls

pirogue [piʀɔg] *f* Einbaum *m*

pirouette [piʀwɛt] *f* (1) *d'un acrobate, danseur, cheval* Pirouette *f* (2) (*volte-face*) Kehrtwendung *f* ▸ **répondre** [*o* **s'en tirer**] **par une ~** sich herausreden

pis¹ [pi] *m* Euter *nt*

pis² [pi] *adv* **tant ~!** [na,] dann sollte es wohl nicht sein!; **tant ~ pour lui/elle** Pech für ihn/sie

pis-aller [pizale] *m inv* Notbehelf *m*

piscicole [pisikɔl] *adj* Fischzucht-

pisciculteur, -trice [pisikyltœʀ, -tʀis] *m, f* Fischzüchter(in) *m(f)*

pisciculture [pisikyltyʀ] *f* Fischzucht *f*

piscine [pisin] *f* Schwimmbad *nt;* (*privée*) Swimmingpool *m;* **~ couverte/en plein air** [*o* **découverte**] Hallenbad/Freibad; **~ à vagues** Wellenbad

pisse [pis] *f vulg* Pisse *f*

pisse-froid [pisfʀwa] *m inv fam* Trauerkloß *m*

pissenlit [pisɑ̃li] *m* Löwenzahn *m*

pisser [pise] <1> *vi fam* pinkeln

pisseur, -euse [pisœʀ, -øz] *m, f fam* Pisser(in) *m(f)* (*sl*)

pisseuse [pisøz] *f péj pop* (*femme*) [blöde] Zicke (*fam*)

pisseux, -euse [pisø, -øz] *adj* (1) *fam* (*imprégné d'urine*) verpinkelt (2) (*terne*) vergilbt

pissotière [pisɔtjɛʀ] *f fam* Pinkelbude *f*

pistache [pistaʃ] **I.** *f* Pistazie *f* **II.** *adj inv* lindgrün

piste [pist] *f* (1) *d'un cambrioleur, suspect* Spur *f; d'un animal* Fährte *f;* **brouiller les ~s** die Spuren verwischen; **être sur**

P

la ~ de qn/d'un animal jdm/einem Tier auf der Spur sein; **se lancer sur la ~ de qn/qc/d'un animal** jds Spur/die Spur einer S. (*gen*)/eines Tieres aufnehmen ❷ (*indice*) Hinweis *m* ❸ AVIAT Rollbahn *f;* **~ d'atterrissage/de décollage** Lande-/Startbahn ❹ TRANSP Weg *m;* **~ cyclable/cavalière** Rad-/Reitweg ❺ (*au ski*) Piste *f;* **~ de ski de fond** [Langlauf]loipe *f* ❻ (*grand ovale: à l'hippodrome*) [Renn]bahn *f;* (*au vélodrome/circuit automobile*) [Renn]bahn, [Renn]strecke; **~ d'essai** Teststrecke *f;* **cyclisme sur ~/épreuve sur ~** Bahnrennen *nt* ❼ (*espace: pour le patinage*) Eisbahn *f;* (*pour la danse*) Tanzfläche *f;* (*au cirque*) Manege *f* ❽ (*chemin: dans le désert*) Piste *f;* (*à la montagne*) Pfad *m* ❾ MEDIA Spur *f* ► **entrer en ~** in Aktion treten

pister [piste] <1> *vt* **~ qn/un animal** jds Spur/die Spur eines Tieres verfolgen

pisteur, -euse [pistœʀ, -øz] *m, f* Pistenwart *m*

pistil [pistil] *m* BOT Stempel *m,* Fruchtknoten *m*

pistolet [pistɔlɛ] *m* ❶ (*arme*) Pistole *f;* **~ à eau** Wasserpistole; **~ d'alarme** Schreckschusspistole ❷ (*pulvérisateur*) Spritzpistole *f* ❸ BELG (*petit pain*) *längliches Milchbrötchen*

pistolet-mitrailleur [pistɔlɛmitʀajœʀ] <pistolets-mitrailleurs> *m* Maschinenpistole *f*

piston [pistɔ̃] *m* ❶ TECH Kolben *m* ❷ *fam* (*favoritisme*) Beziehungen *Pl,* Vitamin *nt* B; **obtenir** [*o* **avoir**] **qc par ~** *fam* etw durch/über Beziehungen bekommen

pistonner [pistɔne] <1> *vt fam* **~ qn** für jdn seine Beziehungen spielen lassen; **se faire ~ par qn** von jds Beziehungen profitieren; **il s'est fait ~ par son oncle pour ce poste** sein Onkel hat ihm diese Stelle über Beziehungen verschafft

pistou [pistu] *m* **soupe au ~** *Gemüsesuppe mit Basilikum und Knoblauch*

pit[-]bull [pitbul, pitbyl] <pit[-]bulls> *m* Pitbull *m*

pitch [pitʃ] *m* CINE, COM Pitch *m o nt*

piteux, -euse [pitø, -øz] *adj air, apparence* erbärmlich; *état* jämmerlich; *résultat* kläglich

pithiviers [pitivje] *m mit Marzipan gefüllter Blätterteigkuchen*

pitié [pitje] *f* (*compassion*) Mitleid *nt;* (*miséricorde*) Erbarmen *nt;* **par ~** aus Mitleid; **sans ~** *agir, combattre* erbarmungslos; **être sans ~** kein Mitleid haben; **avoir/prendre ~ de qn** mit jdm Mitleid haben/bekommen; **Seigneur, prends ~ de nous!** Herr erbarme dich unser!; **faire ~ à qn** jds Mitleid erwecken; *péj* jdm direkt leidtun; **prendre qn/qc en ~** jdn bemitleiden/Anteil an etw (*dat*) nehmen

piton [pitɔ̃] *m* ❶ (*crochet*) [Schraub]haken *m;* SPORT [Kletter]haken ❷ GEOG Bergspitze *f* ❸ CAN (*bouton*) [Dreh]knopf *m,* Schalter *m* ❹ CAN *d'un ordinateur, téléphone, d'une télécommande* Taste *f*

pitonnage [pitɔnaʒ] *m* CAN *fam* (*zapping*) Zappen *nt*

pitoyable [pitwajabl] *adj* ❶ *aspect, état* Mitleid erregend; *état, personne* bemitleidenswert ❷ (*piteux*) erbärmlich; *niveau de vie, résultat* kläglich

pitre [pitʀ] *m* Hanswurst *m* (*hum*); **faire le ~** den Hanswurst spielen

pitrerie [pitʀəʀi] *f souvent pl* Albernheiten *Pl;* **faire des ~s** Faxen [*o* Blödsinn] machen

pittoresque [pitɔʀɛsk] *adj paysage, quartier* malerisch

pivert [pivɛʀ] *m* Grünspecht *m*

pivoine [pivwan] *f* Pfingstrose *f* ► **rouge comme une ~** rot wie eine Tomate (*fam*)

pivot [pivo] *m* TECH [Dreh]zapfen *m; d'une boussole* Pinne *f;* **dent sur** [*o* **à**] **~** Stiftzahn *m*

pivotant(e) [pivɔtɑ̃, ɑ̃t] *adj* Dreh-

pivoter [pivɔte] <1> *vi* sich drehen; **~ sur qc** sich um etw drehen; **faire ~ qc** etw kreisen lassen

pixel [piksɛl] *m* Pixel *nt*

pizza [pidza] *f* Pizza *f;* **morceau de ~ au fromage** Stück *nt* Käsepizza

pizzeria [pidzeʀja] *f* Pizzeria *f*

P.J. [peʒi] *f fam abr de* **Police judiciaire** Kripo *f*

placage [plakaʒ] *m* ❶ (*revêtement*) *de marbre, bois* Verkleidung *f;* (*pour meubles*) Furnier *nt* ❷ SPORT *v.* **plaquage**

placard [plakaʀ] *m* (*armoire*) Einbauschrank *m;* **~ à balais** Besenkammer *f* ► **mettre qn/qc au ~** *fam* jdn/etw in der Versenkung verschwinden lassen

placarder [plakaʀde] <1> *vt* anschlagen

place [plas] *f* ❶ (*lieu public*) Platz *m;* **~ de l'église/du marché** Kirch-/Marktplatz; **sur la ~ publique** in aller Öffentlichkeit ❷ (*endroit approprié*) Platz *m;* **à la ~ de qc** an Stelle einer S. (*gen*); **sur ~** vor Ort; **être à sa ~** an seinem Platz sein; **être en ~** (*installé*) auf [*o* an] seinem Platz sein; (*en fonction*) im Amt sein; **mettre les meubles/une machine en ~** die Möbel aufstellen/eine Maschine installieren; **se mettre en ~** *organisation:* eingerichtet werden; *régime politique:* an die Macht kommen; **se mettre à la ~ de qn** sich in jds Lage (*akk*) versetzen ③ (*endroit quelconque*) Stelle *f;* **être/rester cloué sur ~** wie angewurzelt dastehen/wie angewurzelt stehen bleiben; **prendre la ~ de qc** etw ersetzen; **ne pas rester** [*o* **tenir**] **en ~** nicht stillsitzen können ④ (*espace*) Platz; **tenir/prendre de la ~** [viel] Platz einnehmen; **gagner de la ~** Platz gewinnen ⑤ (*emplacement réservé*) Platz *m;* **~ assise/debout** Sitz-/Stehplatz; **~ de stationnement** [einzelner] Parkplatz; **prendre la ~ de qn** jds Platz einnehmen; **y a-t-il encore une ~ [de] libre?** ist noch ein Platz frei? ⑥ (*billet*) Karte *f;* **~ de cinéma/concert** Kino-/Konzertkarte; **louer des ~s** Plätze reservieren ⑦ SCOL, SPORT Platz *m;* **en ~!** auf die Plätze!; **être/figurer en bonne ~ pour faire qc** gut platziert sein um etw zu tun; **laisser qn sur ~** jdn hinter sich (*dat*) lassen ⑧ (*emploi*) Stelle *f* ▶**avoir/obtenir sa ~ au soleil** ihren/seinen Platz an der Sonne haben/erwerben; **les ~s sont chères** *fam* die Konkurrenz schläft nicht; **faire ~ à qn/qc** jdm/einer S. weichen; **remettre qn à sa ~** jdn in seine Schranken weisen

placé(e) [plase] *adj* ① (*situé*) **être bien/mal ~** *objet:* einen günstigen/ungünstigen Standort haben; *terrain:* eine gute [*o* günstige]/schlechte [*o* ungünstige] Lage haben; *spectateurs:* einen guten/schlechten Platz haben; **c'est de la fierté mal ~e!** Stolz ist hier [wirklich] fehl am Platz!; **être bien/mal ~ pour répondre** in der Lage/nicht in der Lage sein zu antworten; **être bien/mal ~ pour se plaindre** allen Grund/keinen Grund haben zu klagen; **tu es mal ~ pour me faire des reproches!** du hast kein Recht, mir Vorwürfe zu machen! ② SPORT platziert; **être bien/mal ~** gut/schlecht platziert sein; **jouer ~** auf Platz setzen ③ (*dans une situation*) **être haut ~** in hoher Stellung sein; **personnage haut ~** hochgestellte Persönlichkeit

placebo [plasebo] *m* Placebo *nt*

placement [plasmɑ̃] *m* ① [Geld]anlage *f;* **~ des actions** Aktienplatzierung *f* ② MED Unterbringung *f* ③ (*embauche*) Vermittlung *f* ④ BELG (*action de placer*) Platzieren *nt*

placenta [plasɛ̃ta] *m* Plazenta *f*

placer [plase] <2> **I.** *vt* ① (*mettre*) stellen/legen; **~ qc sur l'étagère** (*verticalement/à plat*) etw auf das Regal stellen/legen ② (*installer*) aufstellen *sentinelle;* **~ les spectateurs/les invités** den Zuschauern die Plätze anweisen/den Gästen ihren Platz zuweisen; **~ un enfant dans une famille d'accueil** ein Kind in einer Pflegefamilie unterbringen ③ (*introduire*) anbringen *anecdote, remarque;* **~ une idée dans qc** einen Gedanken in etw (*akk*) einflechten; **ne pas pouvoir ~ un mot** [*o* **ne pas arriver à en ~ une**] nicht zu Wort kommen ④ (*mettre dans une situation professionnelle*) **~ un ami dans une entreprise comme qc** einen Freund in einem Unternehmen als etw unterbringen; **être placé sous l'autorité** [*o* **la direction**] [*o* **les ordres**] **de qn** jdm unterstellt sein, jdm unterstehen ⑤ FIN anlegen *argent, capitaux, économies* **II.** *vpr* ① (*s'installer*) **se ~** irgendwo Platz nehmen; (*debout*) sich irgendwohin stellen ② (*se situer*) **se ~ dans le cas où ...** den Fall annehmen, dass ... ③ (*avoir sa place désignée*) **se ~ devant/à côté de qc** *meuble, objet, obstacle:* seinen Platz vor/neben etw (*dat*) haben ④ (*prendre un certain rang*) **se ~ deuxième** den zweiten Platz belegen

placide [plasid] *adj attitude, comportement* ruhig; *regard, personne* sanft

placidité [plasidite] *f* [innere] Ruhe *f*

plafond [plafɔ̃] *m* ① (*opp: plancher*) Decke *f;* **faux ~** eingezogene Decke ② (*limite supérieure*) Obergrenze *f; d'un crédit* Plafond *m;* (*somme d'argent*) Höchstbetrag *m* ▶**sauter au ~** *fam* [bis] an die Decke springen

plafonnement [plafɔnmɑ̃] *m* Festsetzung *f* einer Höchstgrenze

plafonner [plafɔne] <1> **I.** *vi* (*atteindre son maximum*) *salaire, ventes:* die Höchstgrenze erreicht haben **II.** *vt* ① CONSTR eine Decke in etw (*dat*) einziehen ② FIN eine Höchstgrenze festsetzen für

plafonnier [plafɔnje] *m* Deckenleuchte *f*

plage [plaʒ] *f* ① (*rivage*) Strand *m;* **les ~s de la Seine** die Strandufer der Seine *Pl;* **~ de galets/sable** Kiesel-/Sandstrand; **robe/serviette de ~** Strandkleid *nt*/Badelaken *nt;* **sur la ~** am Strand; **être/aller à la ~** am Strand sein/an den Strand gehen ② (*station balnéaire*) Seebad *nt* ③ AUT **~ arrière** Heckablage *f*

plagiat [plaʒja] *m* Plagiat *nt*

plagier [plaʒje] <1a> *vt* plagiieren

plagiste [plaʒist] *mf* Strandpächter(in) *m(f)*

plaid [plɛd] *m* Plaid *nt*

plaidant(e) [plɛdɑ̃, ɑ̃t] *adj* **avocat ~** prozessführender Anwalt *m*
plaider [plede] <1> **I.** *vt* ❶ JUR **~ la cause de qn** ein Plädoyer für jdn halten ❷ JUR (*faire valoir*) [als Grund] vorbringen *irresponsabilité, incompétence;* **~ coupable/non-coupable** auf schuldig/nicht schuldig plädieren **II.** *vi* ❶ JUR (*faire une plaidoirie*) *avocat:* plädieren ❷ JUR (*intenter un procès*) **~ contre qn** gegen jdn prozessieren
plaidoirie [plɛdwaʀi] *f* JUR Plädoyer *nt*
plaidoyer [plɛdwaje] *m* Verteidigungsrede *f*
plaie [plɛ] *f* ❶ (*blessure*) Wunde *f* ❷ (*malheur*) Plage *f;* **quelle ~!** *fam* wie ärgerlich! ❸ *fam* (*personne*) Plagegeist *m*
plaignant(e) [plɛɲɑ̃, ɑ̃t] **I.** *adj* klagend **II.** *m(f)* Kläger(in) *m(f)*
plaindre [plɛ̃dʀ] <*irr*> **I.** *vt* (*s'apitoyer sur*) bedauern *personne;* **je te plains vraiment/sincèrement** du tust mir richtig/aufrichtig leid; **être bien/ne pas être à ~** wirklich zu bedauern sein/sich nicht beklagen können **II.** *vpr* ❶ (*se lamenter*) **se ~ de qc** [über etw (*akk*)] klagen; **se ~ tout le temps** immer am Jammern sein ❷ (*protester*) **se ~ de qn/qc à l'arbitre** sich beim Schiedsrichter über jdn/etw beklagen
plaine [plɛn] *f* Ebene *f*
plain-pied [plɛ̃pje] *m sans pl* (*au même niveau*) **être de ~** ebenerdig liegen
plainte [plɛ̃t] *f* ❶ (*gémissement*) Klage *f;* **les ~s** das Wehgeschrei ❷ (*récrimination*) Beschwerde *f* ❸ JUR Klage *f,* [Straf]anzeige *f;* **déposer une ~** [*o* **porter ~**] **contre un voisin auprès du tribunal pour le vacarme** wegen des Krachs bei Gericht gegen einen Nachbarn Klage erheben
plaintif, -ive [plɛ̃tif, -iv] *adj* klagend
plaire [plɛʀ] <*irr*> **I.** *vi* ❶ (*être agréable*) **~ à qn** *livre, travail, spectacle:* jdm gefallen ❷ (*charmer*) **~ à qn** *personne:* jdm gefallen; **les brunes me plaisent davantage** ich stehe eher auf Dunkelhaarige (*fam*) ❸ (*convenir*) **~ à qn** *idée, projet:* jdm zusagen ❹ (*être bien accueilli*) *chose:* Anklang finden ▶ **qn a tout pour ~** *iron* alles spricht gegen jdn **II.** *vi impers* (*être agréable*) **il plaît à l'enfant de faire qc** es gefällt dem Kind etw zu tun; **vous plairait-il de venir dîner?** hätten Sie Lust zum Essen zu kommen?; **comme il te/vous plaira** wie du möchtest/Sie möchten; **quand ça te/vous plaira** wann du willst/Sie wollen ▶ **s'il te/vous plaît** bitte; (*injonction*) wenn ich bitten darf!; (*accent d'insistance*) stell dir vor!, bitte schön! **III.** *vpr* ❶ (*se sentir à l'aise*) **se ~ avec qn** gern mit jdm zusammen sein; **qn se plaît au Canada** jd fühlt sich in Kanada wohl ❷ (*s'apprécier*) **se ~ avec qc** sich (*dat*) mit etw gefallen; **se ~** *personnes:* sich mögen ❸ (*prendre plaisir*) **il se plaît à faire qc** es macht ihm Freude [*o* Spaß] etw zu tun
plaisance [plɛzɑ̃s] *f* NAUT [**navigation de**] **~** Bootssport *m;* (*à voile*) Segelsport *m;* **port de ~** Jachthafen *m*
plaisancier, -ière [plɛzɑ̃sje, jɛʀ] *m, f* [Motor]bootsbesitzer(in) *m(f);* (*avec un bateau à voile*) Freizeitsegler(in) *m(f)*
plaisant(e) [plɛzɑ̃, ɑ̃t] *adj* ❶ (*agréable*) nett; *lieu* hübsch; *personne, souvenir* nett, angenehm ❷ (*amusant*) lustig, amüsant
plaisanter [plɛzɑ̃te] <1> *vi* ❶ (*blaguer*) scherzen, Spaß machen; **je ne plaisante pas!** ich meine es ernst!; **~ sur** [*o* **à propos de**] **qc** Witze über etw (*akk*) machen; **je ne suis pas d'humeur à ~** ich bin nicht zu[m] Scherzen aufgelegt ❷ (*dire par jeu*) **ne pas ~ sur la discipline/avec l'exactitude** keinen Spaß verstehen, was Disziplin/Pünktlichkeit anbelangt; **tu plaisantes!** das soll wohl ein Witz sein!
plaisanterie [plɛzɑ̃tʀi] *f* ❶ (*blague*) Scherz *m;* **mauvaise ~** übler Scherz; **~ de mauvais goût** geschmackloser Witz; **par ~** aus [*o* im] Spaß; **aimer la ~** gerne Witze machen; **dire qc sur le ton de la ~** etw im Scherz sagen ❷ *pl* (*raillerie*) Gespött *nt* ❸ (*farce*) Streich *m;* **pousser un peu loin/trop loin la ~** [mit seinen Scherzen] ein wenig zu weit/wirklich zu weit gehen ▶ **les ~s les plus courtes sont les meilleures** man soll das Spiel nicht übertreiben
plaisantin [plɛzɑ̃tɛ̃] *m* (*blagueur*) Spaßvogel *m;* **petit ~** kleiner Witzbold *m*
plaisir [pleziʀ] *m* ❶ (*joie*) Vergnügen *nt;* **~ de faire qc** Freude etw zu tun; **il a ~ à faire qc** es macht ihm Freude etw zu tun; **qn éprouve** [*o* **prend**] **un malin ~ à faire qc** es macht jdm einen Heidenspaß etw zu tun (*fam*); **faire ~ à qn** jdm Freude machen; (*rendre service à qn*) jdm gefällig sein; **faire à ses parents le ~ de faire qc** (*sur invitation*) seinen/ihren Eltern die Freude machen etw zu tun; (*sur ordre*) seinen/ihren Eltern den [einen] Gefallen tun und etw tun (*fam*); **maintenant fais-moi le ~ de te taire!** jetzt tu mir den [einen] Gefallen und sei still!; **elle prend [du] ~ à qc** etw macht ihr Freude; **souhaiter à qn bien du ~** *iron* jdm viel Vergnügen wün-

P

schen; **faire ~ à voir** ein erfreulicher Anblick sein ❷ (*distraction*) [Freizeit]vergnügen *nt;* **par** [*o* **pour le**] ~ aus [*o* zum] Vergnügen; **sans** ~ lustlos ❸ (*jouissance sexuelle*) **se donner du** ~ (*faire l'amour*) sich im Bett vergnügen ❹ *pl* (*sentiment agréable*) Lustgefühl *nt;* **menus ~s** kleine Vergnügungen; **les ~s de la table** die Tafelfreuden; **courir après les ~s** immer auf Vergnügungen aus sein ▶**bon** ~ Belieben *nt;* **décider qc selon son bon** ~ etw nach Belieben entscheiden; **faire durer le** ~ kein Ende finden; **au ~!** *fam* [ich hoffe,] bis bald!; **avec** [**grand**] ~ mit [größtem] Vergnügen

plan [plɑ̃] *m* ❶ (*représentation graphique*) Plan *m* ❷ (*projet*) Plan *m;* ~ **de travail/d'action** Arbeits-/Aktionsplan ❸ *d'un devoir, d'une dissertation* Gliederung *f; d'un livre* Entwurf *m* ❹ MEDIA Aufnahme *f;* (*cadrage*) Einstellung *f;* ~ **fixe** statische Einstellung; **gros** ~ Großaufnahme *f;* ~ **rapproché** Nahaufnahme; **au premier/à l'arrière-~** im Vorder-/Hintergrund ❺ *fam* (*projet de sortie*) **j'ai un ~ d'enfer!** ich hab' was ganz Tolles vor! ❻ (*niveau*) **sur le ~ national/régional** auf nationaler/regionaler Ebene; **passer au second** ~ in den Hintergrund rücken; **de premier/second** ~ ersten Ranges/zweitrangig; **sur le ~ moral** moralisch gesehen; **sur le ~ de qc** in Bezug auf etw (*akk*); **placer** [*o* **mettre**] **qn/qc sur le même** ~ jdn/etw auf die gleiche Stufe stellen ❼ (*surface*) ~ **d'eau** Wasserfläche *f;* ~ **de travail** (*dans une cuisine*) Arbeitsfläche *f* ▶**laisser qn en** ~ *fam* jdn hängen lassen; **laisser ses affaires en** ~ seine Sachen zurücklassen; **laisser un projet en** ~ einen Plan fallen lassen

planant(e) [planɑ̃, ɑ̃t] *adj fam musique* zum Träumen [*o* Abheben]

planche [plɑ̃ʃ] *f* ❶ (*pièce de bois*) Brett *nt;* ~ **à dessin** Reißbrett; ~ **à repasser** Bügelbrett ❷ (*scène*) **les ~s** die Bühnenbretter *Pl;* **brûler les ~s** ein begnadeter [Theater]schauspieler sein; **monter sur les ~s** auf die Bühnenbretter steigen ❸ SPORT ~ **à roulettes** Skateboard *nt;* ~ **à voile** (*objet*) Surfbrett *nt;* (*sport*) Windsurfing *nt*

plancher¹ [plɑ̃ʃe] **I.** *m* ❶ Fußboden *m; d'un ascenseur, d'une voiture* Boden *m* ❷ (*seuil inférieur*) *d'un cours* Mindestwert *m* ▶**le ~ des vaches** *hum fam* das Festland; **débarrasser le** ~ *fam* Leine ziehen **II.** *app* **prix/salaire** ~ Mindestpreis *m*/-lohn *m*

plancher² [plɑ̃ʃe] <1> *vi fam* ❶ (*être interrogé*) ~ **sur qc** über etw (*akk*) abgefragt werden ❷ (*présenter un rapport*) ~ **sur qc** über etw (*akk*) referieren

planchiste [plɑ̃ʃist] *mf* Windsurfer(in) *m(f)*

plancton [plɑ̃ktɔ̃] *m* Plankton *nt*

plané(e) [plane] *adj* **vol** ~ ❶ Schweben *nt,* Gleitflug *m* ❷ *fig fam* Bauchlandung *f*

planer [plane] <1> *vi* ❶ (*voler*) *oiseau:* schweben ❷ AVIAT gleiten ❸ (*peser*) ~ **sur qn/qc** *danger:* jdm/einer S. drohen; *soupçons:* auf jdm/etw lasten; **laisser ~ le doute sur qc** Zweifel an etw (*dat*) aufkommen lassen; **un mystère plane sur toute cette affaire** hinter dieser ganzen Sache verbirgt sich ein Geheimnis ❹ *fam* (*rêver*) in höheren Regionen schweben ❺ *fam* (*être sous effet euphorisant*) [total] weg[getreten] sein; (*sous l'effet d'une drogue*) high sein ▶**ça plane** *fam* alles Spitze

planétaire [planetɛʀ] *adj* ❶ (*mondial*) weltweit ❷ ASTRON planetarisch; *système* Planeten-

planétarium [planetaʀjɔm] *m* Planetarium *nt*

planète [planɛt] *f* Planet *m;* **la ~ Terre** die Erde

planeur [planœʀ] *m* Segelflugzeug *nt*

planificateur, -trice [planifikatœʀ, -tʀis] **I.** *adj autorité* wegweisend; *mesures* Planungs- **II.** *m, f* Planer(in) *m(f);* ECON Planungsfachmann *m*/-fachfrau *f*

planification [planifikasjɔ̃] *f* Planung *f*

planifier [planifje] <1> *vt* einen Plan aufstellen für

planisphère [planisfɛʀ] *m* Weltkarte *f*

planning [planiŋ] *m* ❶ (*calendrier*) Terminkalender *m* ❷ (*planification*) Terminplanung *f;* ~ **familial** Familienplanung *f*

planque [plɑ̃k] *f fam* ❶ (*cachette*) Versteck *nt* ❷ (*travail tranquille*) ruhiger Job (*fam*); **c'est la ~!** da kann man eine ruhige Kugel schieben! (*fam*) ❸ (*lieu protégé*) Unterschlupf *m; péj* Druckposten *m* (*fam*)

planqué(e) [plɑ̃ke] *m(f) péj fam* Drückeberger(in) *m(f)*

planquer [plɑ̃ke] <1> *vt, vpr fam* [**se**] ~ [sich] in Sicherheit bringen

plant [plɑ̃] *m* (*jeune plante*) Setzling *m;* ~ **de vigne** Weinschössling *m;* ~ **de laitue** junge Salatpflanze *f*

plantage [plɑ̃taʒ] *m* INFORM *fam* Absturz *m*

plantaire [plɑ̃tɛʀ] *adj* an der Fußsohle; **voûte** ~ Fußwölbung *f*

plantation [plɑ̃tasjɔ̃] *f* ❶ (*exploitation*

P

agricole) Plantage *f;* ~ **de café** Kaffeeplantage *f* ❷ (*action*) [An]pflanzen *nt;* **faire des ~s** Pflanzen setzen

plante [plɑ̃t] *f* Pflanze *f*

planté(e) [plɑ̃te] *adj* (*debout et immobile*) **être/rester ~ là** wie angewurzelt dastehen/stehen bleiben; **être** [*o* **rester**] **~ là à attendre** dastehen und warten; **qu'est-ce que tu fais ~ là?** was stehst du da herum? (*fam*)

planter [plɑ̃te] <1> **I.** *vt* ❶ (*mettre en terre*) pflanzen *arbre, tulipes;* setzen *salade, tomates, pommes de terre;* anbauen *légumes* ❷ (*garnir de*) **~ un jardin de/en qc** einen Garten mit etw bepflanzen; **avenue plantée d'arbres** Allee *f* ❸ (*enfoncer*) eintreiben *pieu, piquet;* einschlagen *clou;* **~ un clou dans le mur** einen Nagel in die Wand schlagen; **~ ses griffes dans le bras à qn** *chat:* jdm die/seine Krallen in den Arm hauen ❹ (*dresser*) aufpflanzen *drapeau;* aufschlagen *tente;* aufstellen *échelle* ❺ *fam* (*abandonner*) **~ qn là** jdn einfach stehen lassen; *fig* jdn sitzen lassen **II.** *vpr* ❶ *fam* (*se tromper*) **se ~ dans qc** sich [bei etw] vertun; **se ~ à un examen** bei einer Prüfung danebenhauen ❷ (*se mettre*) **se ~ une aiguille dans la main** sich (*dat*) eine Nadel in die Hand bohren; **se ~ dans le mur** *couteau, flèche:* in der Wand stecken bleiben ❸ *fam* (*se poster*) **se ~ dans le jardin** sich im Garten postieren; **se ~ devant** [*o* **en face de**] **qn** sich vor jdm aufpflanzen ❹ *fam* (*avoir un accident*) **se ~** einen Unfall bauen ❺ INFORM *fam* **l'ordinateur s'est planté** der Computer ist abgestürzt

planteur [plɑ̃tœʀ] *m* (*propriétaire d'une plantation*) Plantagenbesitzer *m;* **~ de tabac** Tabakpflanzer *m*

plantureux, -euse [plɑ̃tyʀø, -øz] *adj* üppig

plaquage [plakaʒ] *m* (*au rugby*) Fassen *nt*

plaque [plak] *f* ❶ (*matériau plat*) Platte *f* ❷ (*présentation*) **~ de beurre/de chocolat** Stück *nt* Butter/Tafel *f* Schokolade ❸ (*couche*) **~ de verglas** vereiste Stelle ❹ (*tache*) Fleck *m* ❺ *d'une porte, rue* Schild *nt; d'un policier* Dienstmarke *f;* **~ commémorative** Gedenktafel *f;* **~ minéralogique** Nummernschild *nt* ❻ (*décoration*) Abzeichen *nt* ❼ GASTR *d'une cuisinière* [Koch]platte *f;* **~ chauffante** [*o* **électrique**] Elektroplatte *f* ❽ GEOL Scholle *f* ►**~ tournante** Drehscheibe *f;* **être à côté de la ~** *fam* daneben liegen; **mettre à côté de la ~** *fam* danebenhauen

plaqué [plake] *m* (*bois*) Furnier *nt;* (*métal*) Dublee *nt;* **c'est du ~ chêne** das ist Eichenfurnier; **bijoux en ~ or** vergoldeter Schmuck

plaqué(e) [plake] *adj* **~** [**en**] **argent/or** versilbert/vergoldet; **~ chêne** [mit] Eiche furniert

plaquer [plake] <1> **I.** *vt* ❶ *fam* (*abandonner*) sitzen lassen *conjoint;* an den Nagel hängen *emploi;* hinschmeißen *travail;* **tout ~** alles hinschmeißen; **~ son petit ami/fiancé** mit ihrem Freund/Verlobten Schluss machen ❷ (*aplatir*) glatt streichen *cheveux* ❸ (*coller*) **la pluie plaque sa robe sur ses jambes** ihr regennasses Kleid klebt an den Beinen ❹ (*serrer contre*) **~ qn sur/contre le mur** jdn an/gegen die Mauer drücken ❺ SPORT fassen **II.** *vpr* (*se serrer*) **se ~ contre qc** sich [platt] an etw (*akk*) drücken [*o* gegen etw]

plaquette [plakɛt] *f* ❶ (*petite plaque*) kleine Platte *f;* **~s de frein** Bremsbeläge *Pl;* **~ de métal** [kleine] Metallplatte ❷ GASTR **~ de chocolat** Tafel *f* Schokolade ❸ MED Blutplättchen *nt*

plasma [plasma] *m* Plasma *nt;* **écran à ~** Plasmabildschirm *m*

plastic [plastik] *m* Plastiksprengstoff *m*

plasticage [plastikaʒ] *m* Anschlag *m* mit einer Plastikbombe

plasticien(ne) [plastisjɛ̃, jɛn] *m(f)* ❶ (*artiste*) Plastiker(in) *m(f)* ❷ (*chirurgien*) plastischer Chirurg *m*/plastische Chirurgin *f*

plasticité [plastisite] *f* ❶ *de l'argile, d'un matériau* Formbarkeit *f,* Modellierbarkeit *f* ❷ (*souplesse*) *du caractère* Formbarkeit *f,* Anpassungsfähigkeit *f*

plastifier [plastifje] <1a> *vt* in eine Plastikhülle einschweißen

plastiquage [plastikaʒ] *v.* **plasticage**

plastique [plastik] **I.** *m* Kunststoff *m,* Plastik *nt;* **sous ~** in Plastik verpackt **II.** *adj inv* **sac/bouteille/emballage ~** Plastiksack/-flasche/-verpackung

plastiquer [plastike] <1> *vt* mit einer Plastikbombe in die Luft sprengen

plastron [plastʀɔ̃] *m d'une chemise* Hemdbrust *f; d'un corsage* Plastron *m o nt*

plat [pla] *m* ❶ (*récipient: creux*) Schüssel *f;* (*plat*) Schale *f;* **~ à viande** Fleischplatte *f* ❷ (*contenu*) **un ~ de lentilles** eine Schüssel [voll] Linsen (*gen*) ❸ (*mets*) Gericht *nt;* (*élément d'un repas*) Gang *m;* **~ principal** Hauptgericht, Hauptspeise *f* (A); **~ de résistance** Hauptgericht; **~ du jour** Tagesgericht; **~ de poisson/légumes** Fisch-/Gemüsegericht; **de bons petits ~s** kleine leckere Gerichte *Pl;* ~ **garni** Gericht *nt* mit Beilage ▶ **mettre les petits ~s dans les grands** ein Festessen vorbereiten [und sich dabei nicht lumpen lassen]; **faire tout un ~ de qc** *fam* viel Wind um etw machen

plat(e) [pla, plat] *adj* ① *(égal)* flach; *surface, terrain* eben; *mer* glatt ② *front, poitrine, ventre* flach; *coiffure* glatt ③ *assiette, chaussure, talon* flach; **mettre/poser qc à ~** etw flach hinlegen ④ *conversation* flach ⑤ *(obséquieux)* **faire de ~es excuses** unterwürfig um Verzeihung bitten ⑥ *(vidé de son contenu)* **être à ~** *pneu:* platt sein; *batterie:* leer sein; *conducteur:* einen Platten haben; *fam personne:* völlig ausgepumpt sein ▶ **mettre qc à ~** *question, problème* etw neu aufrollen

platane [platan] *m* Platane *f*

plateau [plato] <x> *m* ① *(support)* Tablett *nt;* ~ **à fromages** Käseplatte *f* ② GASTR ~ **de fruits de mer/de fromages** Platte *f* mit Meeresfrüchten/mit Käse ③ *d'une balance* Waagschale *f* ④ GEOG [Hoch]plateau *nt;* ~ **continental** Kontinentalplatte *f* ⑤ MEDIA Drehplatz *m;* *(invités)* [Star]aufgebot *nt;* **sur le ~/hors du ~** vor/hinter der Kamera ▶ **servir un ami à qn sur un ~** jdm einen Freund auf einem silbernen Tablett servieren

plateau-repas [platoʀ(ə)pa] <plateaux-repas> *m auf einem Tablett serviertes vollständiges Menü*

platebande, plate-bande [platbɑ̃d] <plates-bandes> *f* Rabatte *f* ▶ **marcher sur les plates-bandes de qn** *fam* jdm ins Gehege kommen

platée [plate] *f* **une ~ de riz/purée** eine Schüssel voll Reis/Püree

plateforme, plate-forme [platfɔʀm] <plates-formes> *f* ① [Aussichts]plattform *f* ② AUT, CHEMDFER Plattform *f;* ~ **de chargement** Ladefläche *f* ③ GEOG ~ **continentale** Festlandsockel *m* ④ TELEC ~ **téléphonique** Telefonservice *m*

platement [platmɑ̃] *adv écrire, s'exprimer* farblos, platt; *s'excuser* unterwürfig

platine¹ [platin] **I.** *adj inv cheveux* platinblond **II.** *m* Platin *nt*

platine² [platin] *f* ① TECH Platine *f* ② MEDIA *d'un électrophone* Plattenspieler *m;* *d'un lecteur cassettes* Kassettendeck *nt;* ~ **laser** CD-Spieler *m*

platiné(e) [platine] *adj* platinblond; **une blonde ~e** eine Platinblonde

platitude [platityd] *f* ① *sans pl* Seichtheit *f* ② *(propos)* Flachheit *f* *(pej)*

Platon [platɔ̃] *m* Plato[n] *m*

platonique [platɔnik] *adj amour* platonisch

plâtras [plɑtʀɑ] *m* Brocken *m* Gips

plâtre [plɑtʀ] *m* ① *(matériau)* Gips *m;* **mur en ~** Gipsmauer *f* ② MED Gips *m;* **avoir un bras dans le ~** einen Arm in Gips haben ▶ **essuyer les ~s** *fam* eine Sache ausbaden

plâtrer [plɑtʀe] <1> *vt* ① *(couvrir de plâtre)* vergipsen; zugipsen *trou, fissure* ② *(mettre dans le plâtre)* ~ **le bras à qn** jdm den Arm eingipsen; **être plâtré** in Gips liegen

plâtrier [plɑtʀije] *m* Gipser(in) *m(f)*

plâtrière [plɑtʀijɛʀ] *f* ① *(carrière)* Gipsbruch *m* ② *(four)* Gipsbrennerei *f*

plausible [plozibl] *adj* plausibel

play-back [plɛbak] *m inv* Playback *nt*

play-boy [plɛbɔj] <play-boys> *m* Playboy *m*

plèbe [plɛb] *f* HIST Plebs *f*

plébiscite [plebisit] *m* Plebiszit *nt*

plébisciter [plebisite] <1> *vt* ① POL durch Volksabstimmung billigen ② *(approuver)* befürworten

pléiade [plejad] *f* ① ASTRON **les Pléiades** die Plejaden ② LITTER **la Pléiade** die Pléiade

plein [plɛ̃] **I.** *m* *(de carburant)* Tankfüllung *f;* **faire le ~** voll tanken; **le ~, s'il vous plaît!** bitte voll tanken! ▶ **battre son ~** in vollem Gange sein **II.** *adv* ① *fam* *(beaucoup)* **avoir ~ d'argent/d'amis** unheimlich viel Geld/viele Freunde haben ② *(exactement)* **en ~ dans l'œil** genau ins Auge; **en ~ devant/sur la table/dans la soupe** genau vor/auf den Tisch/in die Suppe ③ *(au maximum)* **tourner à ~** auf Hochtouren laufen; **utiliser une machine à ~** eine Maschine voll ausnutzen ▶ **en ~** *(de front)* voll; **mignon/gentil tout ~** *fam* unheimlich niedlich/nett **III.** *prép* **de l'argent ~ les poches** die Taschen voller Geld

plein(e) [plɛ̃, plɛn] *adj* ① *(rempli)* voll; *journée, vie* ausgefüllt; **à moitié ~** halb voll; **un panier ~ de champignons** ein Korb voller Pilze; **être ~ de bonne volonté/de joie** voll des guten Willens/voller Freude sein; **~ de vie** lebenslustig; **~ de risques/d'idées/d'esprit** risiko-/ideen-/geistreich; **être ~ de santé** vor Gesundheit strotzen; **être ~ à craquer** brechend voll sein *(fam)* ② *joues, visage* voll ③ *(sans réserve)* **à ~e gorge** aus vollem Hals; **à ~s bras/à ~es mains** mit vollen Armen/Händen; **mordre à ~es dents dans une pomme** kraftvoll in einen Apfel beißen;

respirer à ~s poumons in tiefen Zügen [ein]atmen ④ (*au maximum de*) **à ~s bords** im Überfluss; **à ~ régime** [*o* **rendement**], **à ~e vapeur** auf Hochtouren ⑤ (*au plus fort de*) **en ~ été/hiver** mitten im Sommer/Winter; **en ~ jour** am helllichten Tag; **en ~e nuit** mitten in der Nacht; **en ~ soleil** in der prallen Sonne ⑥ (*au milieu de*) **être en ~ travail** mitten in der Arbeit sein; **viser en ~ cœur** mitten ins Herz zielen; **en ~e rue** auf offener Straße; **en ~e obscurité** in völliger Dunkelheit; **en ~e lumière** im [vollen] Licht; **en ~ vol/essor** in vollem Flug/Aufschwung; **être en ~ boum** einen ungeheuren Boom erleben ⑦ *trait* durchgezogen; *bois, porte* massiv; **une porte en bois ~** eine Massivholztür ⑧ *antéposé* (*total*) *victoire* klar; *succès, confiance* voll; **avoir ~e conscience de qc** sich (*dat*) über etw (*akk*) voll und ganz im Klaren sein ⑨ *jour, mois* ganz ⑩ (*gravide*) trächtig

pleinement [plɛnmɑ̃] *adv* voll [und ganz]

plein-emploi [plɛnɑ̃plwa] *m sans pl* ECON Vollbeschäftigung *f* **plein-temps** [plɛ̃tɑ̃] <pleins-temps> *m* Vollzeitbeschäftigung *f;* **faire un ~ à la fac** *fam* eine volle Stelle an der Uni haben

plénitude [plenityd] *f littér* (*ampleur*) Fülle *f*

plenum, plénum [plenɔm] *m* Plenum *nt*

pléonasme [pleɔnasm] *m* Pleonasmus *m*

pleurer [plœʀe] <1> **I.** *vi* ① (*verser des larmes*) *personne:* weinen; *œil:* tränen; **faire ~ qn** *personne, roman, film:* jdn zum Weinen bringen; *rage:* jdm [die] Tränen in die Augen treiben; **la poussière me fait ~** mir tränen die Augen vom Staub; **~ de rage** vor Wut (*dat*) weinen; **~ de rire** Tränen lachen ② (*crier*) *bébé:* schreien ③ (*se lamenter*) **~ sur qn/qc** jdn bedauern [*o* bemitleiden]/etw beklagen [*o* beweinen]; **~ sur son sort** sein Los beklagen ④ (*réclamer*) herumjammern; **~ auprès de qn** jdm etwas vorjammern; **~ après qc** *fam* nach etw jammern ⑤ (*extrêmement*) **triste à [faire] ~** tottraurig; **maigre à [faire] ~** knochendürr (*fam*); **bête à ~** dumm, dass es weh tut (*fam*) **II.** *vt* ① (*regretter*) trauern um *personne;* **~ sa jeunesse** seiner Jugend nachtrauern; **~ la mort d'un parent** den Tod eines Verwandten beklagen ② (*verser*) **~ des larmes de joie/sang** Freudentränen/bittere Tränen vergießen; **~ toutes les larmes de son corps** sich (*dat*) die Seele aus dem Leib weinen

pleurésie [plœʀezi] *f* Rippenfellentzündung *f*

pleureur, -euse [plœʀœʀ, -øz] *adj* ① *enfant, ton* weinerlich ② BOT Trauer-; **saule ~** Trauerweide *f*

pleurnichard(e) [plœʀniʃaʀ, aʀd] *adj fam v.* **pleurnicheur, -euse I.**

pleurnicher [plœʀniʃe] <1> *vi fam* [immer gleich] rumheulen

pleurnicheries [plœʀniʃʀi] *fpl fam* ① Geheule *nt* ② (*fait de se lamenter*) Gejammer *nt*

pleurnicheur, -euse [plœʀniʃœʀ, -øz] *fam* **I.** *adj* ① (*qui pleure*) **enfant ~** Heulsuse *f* ② (*qui se lamente*) nörgelig (*pej*) **II.** *m, f* ① (*qui pleure*) Heulsuse *f* ② (*qui se lamente*) Nörgelfritze *m*/Nörgeltante *f* (*pej*)

pleurote [plœʀɔt] *m* Seitling *m*

pleutre [pløtʀ] *m littér* Feigling *m*

pleuvoir [pløvwaʀ] <*irr*> **I.** *vi impers* **il pleut de grosses gouttes** es regnet heftig ▶ **qu'il pleuve ou qu'il <u>vente</u>** ob es regnet oder schneit **II.** *vi* ① (*s'abattre*) **les coups/reproches pleuvent** es hagelt Schläge/Vorwürfe; **les obus pleuvent sur la ville** Granaten gehen auf die Stadt nieder ② (*arriver en abondance*) **les mauvaises nouvelles pleuvent en ce moment** im Moment hagelt es schlechte Nachrichten

pleuvoter [pløvɔte] <1> *vi impers* **il pleuvote** es nieselt

plèvre [plɛvʀ] *f* Brustfell *nt,* Rippenfell *nt*

plexiglas® [plɛksiglas] *m* Plexiglas® *nt*

pli [pli] *m* ① (*pliure*) Falte *f; du papier* Kniff *m;* **faire le ~ d'un pantalon** eine Bügelfalte in eine Hose bügeln; **jupe à ~s** Faltenrock *m* ② (*mauvaise pliure*) **[faux] ~** Knitter[falte *f*] *m;* **cette veste fait des ~s/un ~** diese Jacke wirft Falten/eine Falte; **être plein de ~s** voller Knitterfalten sein ③ *sans pl* (*forme*) **avoir un beau ~** schön fallen ④ JEUX **faire un ~** einen Stich machen ▶ **prendre un <u>mauvais</u> ~** eine schlechte Gewohnheit annehmen; **ça ne <u>fait</u> pas un ~** *fam* das ist [tod]sicher; **<u>prendre</u> le ~ de faire qc** es sich (*dat*) angewöhnen etw zu tun

pliable [plijabl] *adj* biegsam

pliage [plijaʒ] *m* Falten *nt;* TYP Falzen *nt*

pliant(e) [plijɑ̃, jɑ̃t] *adj* **lit ~/table ~e** Klappbett *nt*/-tisch *m;* **mètre ~** Zollstock *m;* **meubles ~s** zusammenklappbare Möbel *Pl*

plie [pli] *f* Scholle *f*

plier [plije] <1> **I.** *vt* ① (*replier*) [zusammen]falten *papier, tissu;* zusammenlegen

P

linge, tente; **un papier plié en quatre** ein zweimal gefaltetes Papier ② (*refermer*) zusammenklappen; zusammenfalten *journal, carte routière;* schließen *éventail* ③ (*fléchir*) beugen *bras, jambe* ④ (*courber*) biegen; **la neige plie les arbres** die Bäume biegen sich unter dem Schnee; **être plié par l'âge** vom Alter gebeugt sein; **être plié par la douleur** sich vor Schmerzen (*dat*) krümmen **II.** *vi* ① (*se courber*) ~ **sous la charge/le poids de qc** sich unter der Last/dem Gewicht von etw biegen ② (*céder*) nachgeben; ~ **devant l'autorité du chef** sich der Autorität des Chefs beugen; **l'armée a plié devant l'ennemi** die Armee weicht vor dem Feind zurück **III.** *vpr* ① (*être pliant*) **se** ~ zusammenklappbar sein ② (*se soumettre*) **se** ~ **à la volonté de qn** sich jds Willen beugen; **se** ~ **à la discipline** sich der Disziplin unterwerfen; **se** ~ **aux circonstances** sich den Umständen anpassen

plinthe [plɛ̃t] *f* [Fuß]leiste *f,* Scheuerleiste *f*

plissage [plisaʒ] *m sans pl* Plissieren *nt*

plissé [plise] *m sans pl* Plissee *nt*

plissement [plismɑ̃] *m* ① *du front* Runzeln *nt kein Pl* ② GEOL Faltung *f*

plisser [plise] <1> **I.** *vt* ① (*couvrir de faux plis*) zerknittern ② (*froncer*) runzeln *front;* zusammenkneifen *yeux;* rümpfen *nez;* verziehen *bouche;* **une ride plissa son front** eine Falte erschien auf seiner/ihrer Stirn **II.** *vi* Falten werfen; *lin, tissu:* [leicht] knittern

pliure [plijyʀ] *f* ① *du bras, genou* Beuge *f; d'un ourlet* Kante *f; d'un tissu* Bruch[linie *f*] *m; d'un papier* Kniff *m* ② *d'un papier, tissu* Kniffen *nt;* TYP Falzen *nt*

plomb [plɔ̃] *m* ① (*métal*) Blei *nt;* **lourd comme du** ~ bleischwer; **super sans** ~ Super *nt* bleifrei ② (*fusible*) Sicherung *f* ③ CHASSE Schrotkugel *f;* **du** ~ Schrot *nt* ④ PECHE Bleikugel *f* ⑤ (*amalgame*) Plombe *f* ▶ **avoir du** ~ **dans la tête** vernünftig sein; **ne pas avoir de** ~ **dans la tête** [sehr] gedankenlos sein; **à** ~ senkrecht; **ciel/sommeil de** ~ bleierner Himmel/Schlaf (*geh*); **jambes de** ~ bleischwere Beine; **par un soleil de** ~ bei drückender Hitze

plombage [plɔ̃baʒ] *m* ① MED *d'une dent* Füllen *nt;* (*amalgame*) Füllung *f* ② (*action de sceller*) *d'un colis* Versiegeln *nt*

plombé(e) [plɔ̃be] *adj teint* aschgrau; *ciel* bleiern (*geh*)

plomber [plɔ̃be] <1> *vt* ① MED plombieren ② (*lester*) beschweren ③ (*sceller*) versiegeln; verplomben *wagon, camion* ④ *fig fam* (*rendre lourd*) ~ **l'ambiance** die Stimmung belasten

plomberie [plɔ̃bʀi] *f sans pl* ① **être dans la** ~ Installateur(in) *m(f)* sein ② (*montage, ensemble des tuyaux*) Installation *f*

plombier [plɔ̃bje] *m* Installateur *m*

plonge [plɔ̃ʒ] *f* **faire la** ~ *fam* als Tellerwäscher(in) arbeiten

plongé(e) [plɔ̃ʒe] *adj* ① (*absorbé*) **être** ~ **dans qc** in etw (*akk*) versunken sein; **être** ~ **dans un livre** in ein Buch vertieft sein ② (*entouré*) **être** ~ **dans l'obscurité** in Dunkelheit (*akk*) gehüllt sein

plongeant(e) [plɔ̃ʒɑ̃, ʒɑ̃t] *adj décolleté* tief; **une vue** ~**e sur le parc** ein weiter Ausblick auf den Park

plongée [plɔ̃ʒe] *f* ① (*action de plonger*) Tauchgang *m* ② SPORT ~ **sous-marine** Sporttauchen *nt;* **faire de la** ~ Sporttaucher *m* sein

plongeoir [plɔ̃ʒwaʀ] *m* Sprungbrett *nt*

plongeon [plɔ̃ʒɔ̃] *m* ① SPORT Kopfsprung *m* ② (*chute*) Absturz *m;* **faire un** ~ abstürzen ③ SPORT Hechtsprung *m*

plonger [plɔ̃ʒe] <2a> **I.** *vi* ① (*s'immerger*) tauchen; ~ **à la recherche de qc** [auf der Suche] nach etw tauchen ② (*faire un plongeon*) ~ **dans l'eau** *personne:* einen Kopfsprung ins Wasser machen; *oiseau:* tauchen; *voiture:* ins Wasser stürzen; **tu plonges ou tu ne plonges pas?** springst du oder springst du nicht? ③ (*sombrer*) ~ **dans le désespoir/la dépression** in Hoffnungslosigkeit/Depression (*akk*) versinken **II.** *vpr* **se** ~ **dans ses pensées** sich in seine Gedanken vertiefen; **se** ~ **dans un projet** sich in ein Projekt stürzen

plongeur, -euse [plɔ̃ʒœʀ, -ʒøz] *m, f* ① SPORT Springer(in) *m(f)* ② (*dans un restaurant*) Tellerwäscher(in) *m(f)*

plot [plo] *m* ① SPORT ~ **de départ** Startblock *m* ② ELEC Kontakt *m*

plouc [pluk] **I.** *mf péj fam* Stoffel *m,* Bauer *m* **II.** *adj péj fam* doof; (*fruste*) hinterwäldlerisch

plouf [pluf] **I.** *interj* platsch **II.** *m* Platsch *m*

ployer [plwaje] <6> *vi* ① (*se courber*) sich biegen, sich beugen ② *fig littér* nachgeben

plu[1] [ply] *part passé de* **plaire**

plu[2] [ply] *part passé de* **pleuvoir**

plucher *v.* **pelucher**

pluches [plyʃ] *fpl fam* Kartoffelschälen *nt*

pluie [plɥi] *f* ① METEO Regen *m;* **des** ~**s** Niederschläge *Pl;* **saison des** ~**s** Regenzeit *f;* **jours/temps de** ~ Regentage *Pl*/-wetter *nt;* **les** ~**s acides** der saure Regen; **sous la** ~ im Regen; **le temps est à la** ~ es

P

sieht nach Regen aus ❷ *sans pl* (*grande quantité*) ~ **d'étincelles** Funkenregen *m;* ~ **de pierres/bombes** Stein-/Bombenhagel *m;* **il tombait une ~ de confettis** es regnete Konfetti ▶ **après la ~ le beau temps** *prov* auf Regen folgt Sonnenschein; **faire la ~ et le beau temps** das Sagen haben (*fam*); **ne pas être né** [*o* **tombé**] **de la dernière** ~ nicht von gestern sein (*fam*)

plumage [plymaʒ] *m* Gefieder *nt*

plumard [plymaʀ] *m fam* Federn *Pl*

plume [plym] *f* ❶ (*penne*) Feder *f* ❷ (*pour écrire*) Feder *f* ▶ **laisser** [*o* **perdre**] **des ~s** Federn lassen; **voler dans les ~s à** [*o* **de**] **qn** *fam* jdm ans Leder gehen

plumeau [plymo] <x> *m* Federwisch *m*

plumer [plyme] <1> *vt* rupfen *animal;* ausnehmen (*fam*) *personne*

plumier [plymje] *m* [Feder]mäppchen *nt*

plupart [plypaʀ] *f sans pl* **la ~ des élèves/femmes mariées** die meisten Schüler/Ehefrauen; **la ~ d'entre nous/eux/elles** die meisten von uns/ihnen; **la ~ sont venus** die meisten sind gekommen; **dans la ~ des cas** in den meisten Fällen; **la ~ du temps** meistens ▶ **pour la ~** größtenteils

pluralisme [plyʀalism] *m* Pluralismus *m*

pluralité [plyʀalite] *f* Pluralität *f*

pluridisciplinaire [plyʀidisiplinɛʀ] *adj* multidisziplinär

pluriel [plyʀjɛl] *m* Plural *m;* **mettre un mot au ~** ein Wort in den Plural setzen

pluriel(le) [plyʀjɛl] *adj* POL links-alternativ; **la gauche ~le** *französische Regierungskoalition bestehend aus Kommunisten, Sozialisten und Grünen*

plurilatéral(e) [plyʀilateʀal, -o] <-aux> *adj* multilateral

pluripartisme [plyʀipaʀtism] *m* Mehrparteiensystem *nt*

plus¹ [ply] *adv* ❶ (*opp: encore*) **ne ... ~** nicht mehr; **il n'est ~ très jeune** er ist nicht mehr ganz jung; **il ne l'a ~ jamais vu** er hat ihn niemals mehr gesehen; **il ne pleut ~ du tout** es regnet überhaupt nicht mehr; **il ne neige presque ~** es schneit kaum noch; **il n'y a ~ personne** es ist niemand mehr da; **nous n'avons ~ rien à manger** wir haben nichts mehr zu essen; **il ne dit ~ un mot** er sagt kein [einziges] Wort mehr; **elle n'a ~ un sou** sie hat keinen [einzigen] Pfennig mehr; **ils n'ont ~ d'argent/de beurre** sie haben kein Geld/keine Butter mehr; **nous n'avons ~ du tout de pain** wir haben überhaupt kein Brot mehr ❷ (*seulement encore*) **on n'attend ~ que vous** wir warten nur noch auf Sie/euch; **il ne manquait ~ que ça** das hat gerade noch gefehlt ❸ (*pas plus que*) **non ~** auch nicht

plus² [ply(s)] I. *adv* ❶ (*davantage*) **être ~ dangereux/bête/vieux que lui** gefährlicher/dümmer/älter als er sein; **deux fois ~ âgé/cher qu'elle** doppelt so alt/teuer wie sie; **~ tard/tôt/près/lentement qu'hier** später/früher/näher/langsamer als gestern ❷ (*dans une comparaison*) **je lis ~ que toi** ich lese mehr als du; **ce tissu me plaît ~ que l'autre** dieser Stoff gefällt mir besser als der andere ❸ (*très*) **il est ~ qu'intelligent** er ist mehr als intelligent; **elle est ~ que contente** sie ist überglücklich ▶ **~ que jamais** mehr denn je; **~ ou moins** mehr oder weniger; **le vin est bon, ni ~ ni moins** der Wein ist ganz gut, nicht mehr und nicht weniger; **on ne peut ~** äußerst; **c'est une dame on ne peut ~ charmante** sie ist eine überaus charmante Frau II. *adv emploi superl* **le/la ~ rapide/important(e)** der/die/das schnellste/wichtigste; **le ~ intelligent des élèves** der Intelligenteste unter den Schülern; **c'est le ~ intelligent d'eux** er ist der Intelligenteste von [*o* unter] ihnen; **le ~ vite/souvent** am schnellsten/häufigsten [*o* meistens]; **le ~ tard possible** so spät wie möglich; **c'est François qui lit le ~** François liest am meisten; **le ~ d'argent/de pages** das meiste Geld/die meisten Seiten; **le ~ possible de choses/personnes** so viel/so viele Dinge/Personen wie möglich; **il a pris le ~ de livres/d'argent qu'il pouvait** er nahm so viele Bücher/so viel Geld wie er nur konnte ▶ **au ~ tôt/vite** möglichst früh/schnell, frühestens/schnellstens; [**tout**] **au ~** [aller]höchstens

plus³ [plys, ply] *adv* mehr; **pas ~** mehr nicht; **~ d'une heure/de 40 ans** über eine Stunde/40 Jahre; **les enfants de ~ de 12 ans** Kinder über 12 Jahre; **il est ~ de minuit** es ist schon nach Mitternacht; **tu as de l'argent? – ~ qu'il n'en faut** hast du Geld? – mehr als nötig; **~ de la moitié** mehr als die Hälfte; **j'ai dépensé ~ d'argent que je ne le pensais** ich habe mehr Geld ausgegeben, als ich dachte; **~ le temps passe, ~ l'espoir diminue** je mehr Zeit vergeht, desto mehr schrumpft die Hoffnung ▶ **~ il réfléchit,** [**et**] **moins il a d'idées** je mehr er nachdenkt, desto weniger fällt ihm ein; **moins il l'aimait,** [**et**] **~ il lui disait qu'il l'aimait** je weniger er sie liebte, desto häufiger sagte er ihr, dass er sie liebe; [**et**] **de** ~ [und] außerdem; **un jour/une assiette de** ~ ein zusätzlicher Tag/Teller; **une fois de** ~ ein weiteres Mal; **boire de** ~ **en** ~ immer mehr trinken; **de** ~ **en** ~ **beau/vite** immer schöner/schneller; **en** ~ dazu; **il est moche, et il est bête en** ~ er ist hässlich und dumm dazu; [**être**] **en** ~ (*en supplément*) zusätzlich [berechnet] [werden]; (*de trop*) zu viel [sein]; **en** ~ **de qc** zusätzlich zu etw; **sans** ~ mehr nicht

plus⁴ [plys] **I.** *conj* ① (*et*) plus, und; **2 ~ 2 font 4** 2 plus 2 gibt 4; **le loyer ~ les charges** die Miete plus Nebenkosten ② (*quantité positive*) ~ **quatre degrés** 4 Grad plus **II.** *m* ① MATH Plus *nt* ② (*avantage*) Vorteil *m*

plus⁵ [ply] *passé simple de* **plaire**

plusieurs [plyzjœʀ] **I.** *adj antéposé, pl* **à ~ reprises** mehrmals; **il y a ~ années** vor mehreren Jahren; ~ **fois** mehrere Male **II.** *pron pl* einige; ~ **m'ont raconté cette histoire** die Geschichte habe ich von einigen [Leuten] gehört; ~ **d'entre nous** einige von uns; ~ **de ces journaux** einige von diesen Zeitungen; ~ **de mes amis** einige meiner Freunde ▶ **à** ~ zu mehreren

plus-que-parfait [plyskəpaʀfɛ] <plus--que-parfaits> *m* Plusquamperfekt *nt*

plus-value [plyvaly] <plus-values> *f* Wertzuwachs *m;* **réaliser une** ~ einen Gewinn erzielen

plut [ply] *passé simple de* **pleuvoir**

plutonium [plytɔnjɔm] *m* Plutonium *nt*

plutôt [plyto] *adv* ① (*de préférence*) **prendre ~ l'avion que le bateau** eher das Flugzeug als das Schiff nehmen; **cette maladie affecte ~ les enfants** von dieser Krankheit sind eher Kinder betroffen ② (*au lieu de*) ~ **que de parler, il vaudrait mieux que vous écoutiez** anstatt zu reden solltet ihr besser zuhören ③ (*mieux*) ~ **mourir que** [**de**] **fuir** lieber sterben als fliehen ④ (*et pas vraiment*) **être paresseux ~ que sot** eher faul als dumm sein; **elle n'est pas méchante, ~ lunatique** sie ist nicht bösartig, sondern eher launisch ⑤ (*assez*) **être ~ gentil** eigentlich nett sein; **c'est ~ bon signe** das ist eigentlich ein gutes Zeichen; ~ **mal/lentement** eher schlecht/langsam ⑥ *fam* (*très*) unheimlich ⑦ (*plus exactement*) **ou** ~ oder besser gesagt

pluvial(e) [plyvjal, -jo] <-aux> *adj* Regen-

pluvieux, -euse [plyvjø, -jøz] *adj* regnerisch; *climat, région* regenreich; **par temps** ~ bei Regenwetter

pluviomètre [plyvjɔmɛtʀ] *m* Niederschlagsmesser *m*

pluviosité [plyvjozite] *f* Niederschlagsmenge *f*

p.m. [peɛm] *adv abr de* **post meridiem** p.m.

P.M.A.¹ [peɛmɑ] *mpl abr de* **Pays les moins avancés** am wenigsten entwickelte Länder *Pl*

P.M.A.² [peɛmɑ] *f inv abr de* **Procréation médicalement assistée** medizinisch unterstützte Zeugung *f*

PMI [peɛmi] *fpl abr de* **petites et moyennes industries** kleinere und mittelständische Industriebetriebe *Pl*

P.M.U. [peɛmy] *m abr de* **Pari Mutuel Urbain** Pferdewettbüro *nt*

P.N.B. [peɛnbe] *m* ECON *abr de* **Produit National Brut** Bruttosozialprodukt *nt*

pneu [pnø] *m* Reifen *m;* ~ **neige** Winterreifen *m;* **avoir un ~ crevé** eine Reifenpanne haben

pneumatique [pnømatik] *adj* **canot** ~ Schlauchboot *nt;* **matelas** ~ Luftmatratze *f*

pneumonie [pnømɔni] *f* Lungenentzündung *f;* ~ **atypique** SARS *nt*

po *abr de* **pour ordre** i.A.

poche¹ [pɔʃ] *f* ① (*cavité, sac*) Tasche *f;* ~ **de thé** CAN (*sachet de thé*) Teebeutel *m* ② (*compartiment*) [Innen]fach *nt* ③ ANAT **avoir des ~s sous les yeux** Tränensäcke unter den Augen haben ▶ **connaître qn/qc comme sa** ~ jdn in- und auswendig/etw wie seine Westentasche kennen; **en être de sa** ~ *fam* dafür blechen müssen; **payer de sa** ~ aus eigener Tasche zahlen; **se remplir les ~s** sich bereichern; **lampe de** ~ Taschenlampe *f;* **collection/format de** ~ Taschenbuchreihe *f*/Taschenbuchformat *nt*

poche² [pɔʃ] *m fam* Taschenbuch *nt*

pocher [pɔʃe] <1> *vt* ① GASTR pochieren ② (*donner un coup à*) **avoir un œil poché** ein blaues Auge haben

pochette [pɔʃɛt] *f* ① *de disque* Hülle *f,* Cover *nt* ② (*mouchoir de veste*) Einstecktuch *nt* ③ (*petit sac*) Unterarmtasche *f,* Clutch[bag] *f*

pochette-surprise [pɔʃɛtsyʀpʀiz] <pochettes-surprises> *f* Wundertüte *f*

pochoir [pɔʃwaʀ] *m* Schablone *f*

podcast [pɔdkast] *m* INET Podcast *m*

podcaster [pɔdkaste] <1> *vt* INET podcasten

podcasting [pɔdkastiŋ] *m* INET Podcasting *nt*

P

podium [pɔdjɔm] *m* ❶ Podium *nt* ❷ SPORT Podest *nt*

podologie [pɔdɔlɔʒi] *f* Fußheilkunde *f*

podologue [pɔdɔlɔg] *mf* Fußspezialist(in) *m(f)*

poêle[1] [pwal] *f* GASTR [Brat]pfanne *f*

poêle[2] [pwal] *m* Ofen *m;* **~ à mazout/à bois** Öl-/Holzofen

poêlée [pwale] *f* **une ~ de qc** eine Pfanne voll etw

poêler [pwale] <1> *vt* braten

poème [pɔɛm] *m* Gedicht *nt*

poésie [pɔezi] *f* ❶ *sans pl* Poesie *f* ❷ (*poème*) Gedicht *nt*

poète [pɔɛt] *m* ❶ (*écrivain*) Dichter(in) *m(f)* ❷ (*rêveur*) Träumer(in) *m(f)*

poétesse [pɔetɛs] *f péj* Dichterin *f*

poétique [pɔetik] *adj* (*empreint de poésie*) poetisch; *image, paysage* stimmungsvoll; *vision des choses* verklärt

poétiquement [pɔetikmɑ̃] *adv* poetisch

pognon [pɔɲɔ̃] *m sans pl fam* Kohle *f*

poids [pwɑ] *m* ❶ (*mesure*) Gewicht *nt; d'une personne* [Körper]gewicht; **quel ~ faites-vous?** wie viel wiegen Sie?; **acheter/vendre au ~** nach Gewicht kaufen/verkaufen; **perdre/prendre du ~** ab-/zunehmen; **surveiller son ~** auf seine Linie achten (*fam*) ❷ (*objet*) Gewicht *nt* ❸ (*charge, responsabilité*) Last *f;* **le ~ des responsabilités** die Last der Verantwortung; **le ~ des impôts** die Steuerlast; **être un grand ~ pour qn** jdm eine große Last sein; **se sentir délivré d'un grand ~** sich erleichtert fühlen ❹ *sans pl* (*importance*) Gewicht *nt;* **un argument de ~** ein gewichtiges Argument; **le ~ économique d'un pays** die wirtschaftliche Bedeutung eines Landes; **donner du ~ à qc** einer S. (*dat*) Gewicht verleihen; **être de peu de ~** nicht ins Gewicht fallen ❺ *sans pl* (*influence*) Einfluss *m;* **un homme de ~** ein Mann von Einfluss; **peser de tout son ~** seinen ganzen Einfluss geltend machen ❻ TRANSP **~ lourd** Lastwagen *m* ▶ **avoir** [*o* **se sentir**] **un ~ sur l'<u>estomac</u>** einen Druck in der Magengegend haben; **<u>faire</u> le ~** das nötige Format haben; **faire le ~ devant qn/qc** jdm/etw gewachsen sein

poignant(e) [pwaɲɑ̃, ɑ̃t] *adj scène* ergreifend

poignard [pwaɲaʀ] *m* Dolch *m*

poignarder [pwaɲaʀde] <1> *vt* erdolchen

poigne [pwaɲ] *f* Kraft *f* [in den Händen] ▶ **<u>avoir</u> de la ~** Durchsetzungsvermögen haben; **homme/femme <u>à</u> ~** energischer Mann/energische Frau; **~ <u>de</u> fer** (*force*) eiserner Griff; (*autorité*) energische Hand; **régner avec une ~ de fer** mit eiserner Hand regieren

poignée [pwaɲe] *f* ❶ (*manche*) Griff *m; d'une épée* Schaft *m;* (*dans le bus, la baignoire*) Haltegriff ❷ (*quantité*) **une ~ de riz/de jeunes gens** eine Hand voll Reis/junger Leute ❸ INFORM Joystick *m* ▶ **<u>à</u>** [*o* **<u>par</u>**] [**pleines**] **~s** mit vollen Händen; **~ <u>de</u> main** Händedruck *m*

poignet [pwaɲɛ] *m* Handgelenk *nt*

poil [pwal] *m* ❶ ANAT [Körper]haar *nt;* **les ~s de la barbe** das Barthaar, die Barthaare; **il n'a pas de ~s** er ist nicht behaart ❷ ZOOL Fell *nt;* **à ~ ras/long** kurz-/langhaarig; **manteau en ~ de lapin/renard** Hasenfell-/Fuchspelzmantel *m;* **le chat perd ses ~s** die Katze haart ❸ (*filament*) Borste *f; d'un pinceau* Haar *nt; d'un tapis, d'une moquette* Flor *m* ❹ *fam* (*un petit peu*) **un ~ de gentillesse** ein Funken Höflichkeit; **ne pas avoir un ~ de bon sens** keinen Funken Verstand haben ▶ **reprendre du ~ de la <u>bête</u>** (*se rétablir*) wieder zu Kräften kommen; (*se ressaisir*) sich wieder fangen; **être de <u>bon</u>/<u>mauvais</u> ~** *fam* gut/schlecht gelaunt sein; **de <u>tout</u> ~, de <u>tous</u> ~s** *fam* aller Art; **~ à <u>gratter</u>** Juckpulver *nt;* **<u>à</u> ~** *fam* (*nu*) nackt; **se mettre à ~** sich [nackt] ausziehen; **<u>au</u> ~!** *fam* super!, toll!

poilant(e) [pwalɑ̃, ɑ̃t] *adj fam* witzig

poil-de-carotte [pwaldəkaʀɔt] *adj inv fam* leuchtend rot; **un enfant ~** ein Rotschopf *m*

poiler [pwale] <1> *vpr fam* **se ~** sich totlachen

poilu(e) [pwaly] *adj* behaart

poinçon [pwɛ̃sɔ̃] *m* ❶ Ahle *f,* Pfriem *m; d'un graveur* Radiernadel *f* ❷ (*estampille*) *d'un orfèvre* Punze *f*

poinçonnage [pwɛ̃sɔnaʒ] *m* ❶ (*action*) Stanzen *nt* ❷ (*perforage*) Lochung *f*

poinçonner [pwɛ̃sɔne] <1> *vt* lochen

poindre [pwɛ̃dʀ] *<irr>* **I.** *vi* (*apparaître*) sprießen **II.** *vt fig littér* (*blesser*) verletzen

poing [pwɛ̃] *m* Faust *f* ▶ **envoyer** [*o* **mettre**] **son ~ dans la <u>figure</u> à qn** *fam* jdm eine vor den Latz knallen; **taper du ~ sur la <u>table</u>, donner un <u>coup</u> de ~ sur la table** mit der Faust auf den Tisch hauen; **dormir à ~s <u>fermés</u>** tief [und fest] schlafen

point [pwɛ̃] *m* ❶ (*ponctuation*) Punkt *m;* **~s de suspension** Auslassungspunkte *Pl;* **~ d'exclamation** Ausrufezeichen *nt;*

~ d'interrogation Fragezeichen *nt;* **c'est le grand ~ d'interrogation** das ist die große Frage ❷ (*lieu*) **~ de départ** Ausgangspunkt; **~ de repère** Orientierungspunkt *m;* **servir de ~ de repère** der Orientierung dienen; **~ de vente** Verkaufsstelle *f* ❸ GEOM Punkt *m;* **~ d'intersection** Schnittpunkt ❹ (*dans une notation*) Punkt *m* ❺ (*question*) Frage *f* ❻ *d'ordre du jour* Punkt *m;* **~ de détail** unwesentlicher Punkt; **être d'accord sur tous les ~s** in allen Punkten einverstanden sein; **~ par ~** Punkt für Punkt; **en tout ~, en tous ~s** in allen Punkten ❼ GEOG **les quatre ~s cardinaux** die vier Himmelsrichtungen; **~ culminant** höchster Punkt ❽ POL **~ chaud** Konfliktherd *m* ▶ **~ barre!** es reicht!; **il se fait un ~ d'honneur de faire qc, il met un** [*o* **son**] **~ d'honneur à faire qc** für ihn ist es Ehrensache etw zu tun; **mettre les ~s sur les i à qn** jdm gegenüber sehr deutlich werden; **~ de vue** Aussicht[spunkt *m*] *f;* (*opinion*) Ansicht *f;* **partager le** [**même**] **~ de vue que qn** jds Ansicht teilen; **avoir un autre ~ de vue** das anders sehen; **à mon ~ de vue** meiner Ansicht nach; **d'un certain ~ de vue** in gewisser Weise; **de ce ~ de vue** so gesehen; **au** [*o* **du**] **~ de vue de qc** was etw anbelangt; **au ~ de vue scientifique** aus wissenschaftlicher Sicht; **c'est un bon/mauvais ~ pour qn/qc** das spricht für/gegen jdn/etw; **jusqu'à un certain ~** (*relativement*) bis zu einem gewissen Punkt; **avoir raison jusqu'à un certain ~** in gewisser Weise Recht haben; (*il y a une limite*) **ça va jusqu'à un certain ~** *fam* es gibt auch Grenzen; **~ commun** Gemeinsamkeit *f;* **nous avons un ~ commun: ...** wir haben ein[e]s gemeinsam: ...; **n'avoir aucun ~ commun avec qn** nichts mit jdm gemeinsam haben; **~ faible/fort** Schwachpunkt *m*/Stärke *f;* **au plus haut ~** im höchsten Grad; **être mal en ~** *personne:* schlecht beieinander sein; *voiture, objet:* in einem schlechten Zustand sein; **être toujours au même ~** unverändert sein; **~ noir** (*comédon*) Mitesser *m;* (*grave difficulté*) heikler Punkt; (*lieu d'accidents*) Gefahrenstelle *f;* **à** [**un**] **tel ~** [*o* **à un ~ tel**] **que qn fait qc** derart, dass jd etw tut; **un ~, c'est tout** Schluss, Aus; **être au ~** *procédé, voiture:* ausgereift sein; *fam personne:* gut vorbereitet sein; **être sur le ~ de faire qc** im Begriff sein etw zu tun; **il était sur le ~ de prendre sa retraite** er stand kurz vor der Rente; **faire le ~** [**de la situation**] Bilanz ziehen; **mettre au ~** (*régler*) einstellen; (*préparer dans les détails*) ausarbeiten; **mettre une technique au ~** eine Technik voll entwickeln; **mettre qc au ~ avec qn** (*s'entendre avec qn sur qc*) etw mit jdm vereinbaren; (*éclaircir*) etw mit jdm [ab]klären; **partir à ~** rechtzeitig abfahren; **tomber à ~** genau richtig kommen; **je voudrais ma viande à ~** ich hätte gern mein Fleisch medium; **légumes/nouilles à ~** Gemüse/Nudeln al dente; **fruit/fromage à ~** reifes Obst/reifer Käse; **arriver** [*o* **venir**] **à ~** [genau] im richtigen Moment kommen; **comment a-t-il pu en arriver à ce ~** [**-là**]? wie konnte es so weit mit ihm kommen?; **au ~ qu'on a dû faire qc/que qn fait** [*o* **fasse**] **qc** derart, dass man etw unternehmen musste/dass jd etw unternimmt; **le ~ sur qn/qc** (*dans un journal télévisé*) zur Lage jds/einer S.

pointage [pwɛ̃taʒ] *m* [Über]prüfung *f;* **faire le ~ des bulletins de vote** die Stimmen auszählen

pointe [pwɛ̃t] *f* ❶ (*extrémité*) Spitze *f;* **la ~ de l'île** die Inselspitze ❷ (*objet pointu*) Spitze *f; d'une fourchette* Zinke *f* ❸ (*clou*) Drahtstift *m* ❹ (*de danse*) Spitzenschuhe *Pl;* **faire des ~s** auf der Spitze tanzen ❺ (*petite quantité de*) **une ~ de cannelle** eine Messerspitze Zimt; **une ~ de méchanceté** ein Schimmer *m* von Boshaftigkeit; **une ~ d'ironie** ein Hauch *m* von Ironie; **une ~ d'accent** ein leichter Akzent ❻ CAN (*part*) Stück *nt* ▶ **faire des ~s** [**de vitesse**] **de** [*o* **à**] **200/230 km/heure** 200/230 km/h Spitze fahren (*fam*); [**être**] **à la ~ de qc** an der Spitze einer S. (*gen*) [stehen]; **un journaliste à la ~ de l'actualité** ein Journalist *m* [mit dem Finger] am Puls der Zeit; **vitesse de ~** Spitzengeschwindigkeit *f;* **heures de ~** Hauptverkehrszeit *f;* **de** [*o* **en**] **~** führend; **technologie/équipe de ~** Spitzentechnologie/Spitzenmannschaft; **notre société est en ~/reste une entreprise de ~** unser Unternehmen steht an der Spitze/bleibt führend; **marcher sur la ~ des pieds** auf Zehenspitzen gehen; (*prudemment*) behutsam vorgehen; **se mettre sur la ~ des pieds** sich auf die Zehenspitzen stellen

pointer [pwɛ̃te] <1> **I.** *vi* ❶ IND [**aller**] **~** *ouvrier, employé:* die Stechuhr betätigen; *chômeur:* stempeln gehen (*fam*) ❷ (*au jeu de boules*) die Setzkugel anspielen ❸ INFORM **~ sur une icône** mit der Maus auf ein Icon zeigen **II.** *vt* ❶ (*diriger vers*) **~ qc**

P

sur/vers qn/qc etw auf/gegen jdn/etw richten; ~ **son/le doigt sur qn** mit dem Finger auf jdn zeigen ❷ (*au jeu de boules*) ~ **une boule** mit einer Kugel die Setzkugel anspielen **III.** *vpr fam* **se** ~ aufkreuzen

pointeur [pwɛ̃tœʀ] *m* INFORM ~ **de la souris** Mauszeiger *m*

pointeuse [pwɛ̃tøz] *f* Stechuhr *f*

pointillé [pwɛ̃tije] *m* punktierte Linie; **être en** ~[**s**] gestrichelt [dargestellt] sein

pointilleux, -euse [pwɛ̃tijø, -jøz] *adj* übergenau; **être** ~ **sur qc** [*o* **en matière de qc**] es mit etw sehr genau nehmen

pointu(e) [pwɛ̃ty] **I.** *adj* ❶ (*acéré*) spitz ❷ (*grêle et aigu*) schrill ❸ *formation* hoch qualifiziert; *analyse* tief schürfend; *sujet* eng gefasst **II.** *adv* **parler** ~ mit Pariser Akzent sprechen

pointure [pwɛ̃tyʀ] *f* Größe *f;* **quelle est votre** ~**?** welche Größe haben Sie?

point-virgule [pwɛ̃viʀgyl] <points-virgules> *m* Strichpunkt *m*

poire [pwaʀ] *f* Birne *f*

poireau [pwaʀo] <x> *m* Lauch *m*

poireauter [pwaʀote] <1> *vi fam* **faire** ~ **les gens** die Leute herumstehen lassen

poirier [pwaʀje] *m* Birnbaum *m* ▶ **faire le** ~ einen Kopfstand machen

pois [pwɑ] *m* Erbse *f;* ~ **cassés** Trockenerbsen *Pl,* halbe Erbsen; ~ **chiche** Kichererbse; **petits** ~ [**frais**] [grüne] Erbsen ▶ **avoir un** ~ **chiche dans la tête** *fam* [komplett] bescheuert sein, den Kopf nur zum Frisieren haben; **à** ~ getüpfelt; **à gros** ~ mit großen Tupfen

poison [pwazɔ̃] **I.** *m* Gift *nt* **II.** *mf fam* ❶ (*personne*) Giftzwerg *m* (*fam*) ❷ (*enfant insupportable*) Nervensäge *f* (*fam*)

poisse [pwas] *f* Pech *nt;* **porter la** ~ **à qn** *fam* jdm Unglück bringen; **quelle** ~**!** so ein Mist! (*fam*)

poisseux, -euse [pwasø, -øz] *adj* klebrig

poisson [pwasɔ̃] *m* ZOOL Fisch *m;* ~ **rouge** Goldfisch ▶ **comme un** ~ **dans l'eau** wie ein Fisch im Wasser; **se sentir comme un** ~ **dans l'eau** in seinem Element sein; **engueuler qn comme du** ~ **pourri** *fam* jdn zur Schnecke machen; ~ **d'avril** Aprilscherz *m;* ~ **d'avril!** April, April!; **faire un** ~ **d'avril à qn** jdn in den April schicken

poisson-chat [pwasɔ̃ʃa] <poissons-chats> *m* Wels *m*

poissonnerie [pwasɔnʀi] *f* (*boutique*) Fischgeschäft *nt*

poissonneux, -euse [pwasɔnø, -øz] *adj* fischreich

poissonnier, -ière [pwasɔnje, -jɛʀ] *m, f* Fischhändler(in) *m(f)*

poissonnière [pwasɔnjɛʀ] *f* (*casserole*) Fischpfanne *f*

Poissons [pwasɔ̃] *m* Fisch *m; v. a.* **Balance**

poisson-scie [pwasɔ̃si] <poissons-scies> *m* Sägefisch *m*

poitevin(e) [pwat(ə)vɛ̃, vin] *adj* (*de la ville*) von Poitiers; (*de la région*) des Poitou

Poitevin(e) [pwat(ə)vɛ̃, vin] *m(f)* (*de la ville*) Einwohner(in) *m(f)* von Poitiers; (*de la région*) Einwohner(in) *m(f)* des Poitou

Poitou [pwatu] *m* **le** ~ das Poitou

poitrail [pwatʀaj] *m d'un cheval, chien* Brust[partie *f*] *f*

poitrine [pwatʀin] *f* ❶ ANAT, GASTR Brust *f;* **tour de** ~ Oberweite *f* ❷ (*seins*) Busen *m*

poivre [pwavʀ] *m sans pl* Pfeffer *m;* ~ **de Cayenne** Cayennepfeffer

poivré(e) [pwavʀe] *adj* ❶ (*épicé*) gepfeffert ❷ *parfum, menthe* herb

poivrer [pwavʀe] <1> *vt, vi* pfeffern

poivrier [pwavʀije] *m* ❶ Pfefferstrauch *m* ❷ (*récipient*) Pfefferstreuer *m* ❸ (*moulin à poivre*) Pfeffermühle *f*

poivrière [pwavʀijɛʀ] *f* Pfefferstreuer *m*

poivron [pwavʀɔ̃] *m* Paprika[schote *f*] *m*

poivrot(e) [pwavʀo, ɔt] *m(f) fam* Trinker(in) *m(f)*

pokémonomaniaque [pɔkemɔnɔmanjak] *mf* Pokemon-Freak *m*

poker [pɔkɛʀ] *m* ❶ (*jeu*) Poker[spiel *nt*] *nt* ❷ (*partie*) Partie *f* Poker

polaire [pɔlɛʀ] *adj* GEOG **cercle** ~ Polarkreis *m;* **ours** ~ Eisbär *m*

polar [pɔlaʀ] *m fam* Krimi *m*

polariser [pɔlaʀize] <1> **I.** *vt* ❶ ~ **l'attention** Aufmerksamkeit auf sich (*akk*) ziehen ❷ (*concentrer*) ~ **son attention sur qc** seine [ganze] Aufmerksamkeit auf etw richten **II.** *vpr* **se** ~ **sur qn/qc** sich auf jdn/etw konzentrieren

polder [pɔldɛʀ] *m* Polder *m,* Marsch *f*

pôle [pol] *m* ❶ GEOG Pol *m;* ~ **Nord/Sud** Nord-/Südpol ❷ ECON, POL Zentrum *nt;* ~ **de compétitivité** Technologie- und Wissenschaftszentrum; ~ **emploi** ≈ Jobcenter *nt,* ≈ Arbeitsamt *nt* (*veraltet*)

polémique [pɔlemik] **I.** *adj* polemisch **II.** *f* Polemik *f*

polémiquer [pɔlemike] <1> *vi* polemisieren

polémiste [pɔlemist] *mf* Polemiker(in) *m(f)*

polenta [pɔlɛnta] *f* Polenta *f*

pole position [polpozisjɔ̃] *f inv* ❶ SPORT

Poleposition *f inv* ② COM (*en tête*) Marktführer *m*
poli(e) [pɔli] *adj* höflich
police¹ [pɔlis] *f sans pl* Polizei *f kein Pl;* ~ **judiciaire/secrète** Kriminal-/Geheimpolizei; ~ **municipale/nationale** Orts-/Staatspolizei; ~ **privée** Wach- und Sicherheitsdienst *m;* ~ **de l'air et des frontières** Luft- und Grenzschutz[polizei *f*] *m;* ~ **de la route** Verkehrspolizei; ~ **des mœurs** Sittenpolizei; ~ **secours** Notruf *m* ▶ **faire la** ~ für Ordnung sorgen
police² [pɔlis] *f* ① (*contrat*) ~ **d'assurance** Versicherungspolice *f* ② INFORM ~ **de caractères** Font *m*
policier, -ière [pɔlisje, -jɛʀ] **I.** *adj* **chien/état** ~ Polizeihund *m*/-staat *m;* **roman/film** ~ Kriminalroman *m*/-film *m;* **femme** ~ Polizistin *f* **II.** *m, f* Polizist(in) *m(f)*
policlinique [pɔliklinik] *f* Poliklinik *f*
poliment [pɔlimɑ̃] *adv* höflich
polio [pɔljo] **I.** *f abr de* **poliomyélite** Polio *f* **II.** *mf abr de* **poliomyélitique** an Polio Erkrankte(r) *f(m)*
poliomyélite [pɔljɔmjelit] *f* [spinale] Kinderlähmung *f*
poliomyélitique [pɔljɔmjelitik] **I.** *adj* **être** ~ Kinderlähmung haben **II.** *mf* an Kinderlähmung Erkrankte(r) *f(m)*
polir [pɔliʀ] <8> *vt* ① glatt schleifen ② (*rendre brillant*) [auf Hochglanz] polieren
polisson(ne) [pɔlisɔ̃, ɔn] **I.** *adj* ① anzüglich; *regard* begehrlich ② (*espiègle*) schelmisch **II.** *m(f)* Schelm *m* (*fam*)
politesse [pɔlitɛs] *f* ① *sans pl* (*courtoisie*) Höflichkeit *f;* **manquer de** ~ unhöflich sein; **lettre de** ~ Höflichkeitsschreiben *nt;* **faire qc par** ~ etw aus Höflichkeit tun ② *pl* (*propos*) Höflichkeiten *Pl;* (*comportements*) Anstandsregeln *Pl;* **se faire des ~s** Höflichkeiten austauschen
politicard(e) [pɔlitikaʀ, aʀd] *m(f)* Politprofi *m*
politicien(ne) [pɔlitisjɛ̃, jɛn] *m(f)* Politiker(in) *m(f)*
politico-économique [pɔlitikɔekɔnɔmik] <politico-économiques> *adj* politisch und wirtschaftlich
politique [pɔlitik] **I.** *adj* politisch; *droits* staatsbürgerlich; **sciences ~s** Politikwissenschaft *f* **II.** *f* ① POL Politik *f;* ~ **économique/extérieure/intérieure/sociale** Wirtschafts-/Außen-/Innen-/Sozialpolitik; ~ **de droite/gauche** rechts-/linksorientierte Politik; **faire de la** ~ (*être militant*) politisch engagiert sein; (*être intéressé*) sich für Politik interessieren ② (*ligne de conduite*) Politik *f;* ~ **de l'autruche** Vogel-Strauß-Politik *f;* **pratiquer la** ~ **du moindre effort** den Weg des geringsten Widerstandes gehen **III.** *mf* ① (*gouvernant*) Politiker *m* ② (*prisonnier politique*) politische(r) Gefangene(r) *f(m)* ③ (*domaine politique*) politischer Bereich
politiquement [pɔlitikmɑ̃] *adv* ① politisch ② *littér* (*avec habileté*) diplomatisch
politisation [pɔlitizasjɔ̃] *f* Politisierung *f*
politiser [pɔlitize] <1> *vt* politisieren
politologie [pɔlitɔlɔʒi] *f* Politologie *f*
politologue [pɔlitɔlɔg] *mf* Politologe *m*/Politologin *f*
polka [pɔlka] *f* Polka *f*
pollen [pɔlɛn] *m* Pollen *m*
polluant [pɔlɥɑ̃] *m* Schadstoff *m*
polluant(e) [pɔlɥɑ̃, ɑ̃t] *adj* umweltverschmutzend; *produit chimique* umweltschädlich; **non** ~ umweltfreundlich
polluer [pɔlɥe] <1> **I.** *vt* verschmutzen **II.** *vi* die Umwelt verschmutzen
pollueur, -euse [pɔlɥœʀ, -øz] **I.** *adj* umweltverschmutzend **II.** *m, f* Umweltverschmutzer(in) *m(f)*
pollution [pɔlysjɔ̃] *f* Umweltverschmutzung *f;* ~ **atmosphérique** [*o* **de l'air**] Luftverschmutzung; ~ **des eaux** Gewässerverschmutzung
polo [pɔlo] *m* ① (*chemise*) Polohemd *nt* ② SPORT Polo *nt*
polochon [pɔlɔʃɔ̃] *m fam* Nackenrolle *f*
Pologne [pɔlɔɲ] *f* **la** ~ Polen *nt*
polonais [pɔlɔnɛ] *m* Polnisch *nt; v. a.* **allemand**
polonais(e) [pɔlɔnɛ, ɛz] *adj* polnisch
Polonais(e) [pɔlɔnɛ, ɛz] *m(f)* Pole *m*/Polin *f*
polonaise [pɔlɔnɛz] *f* MUS Polonaise *f*
poltron(ne) [pɔltʀɔ̃, ɔn] **I.** *adj* feig[e] **II.** *m(f)* Feigling *m*
polyamide [pɔliamid] *m* Polyamid *nt*
polyclinique [pɔliklinik] *f* Poliklinik *f*
polycopie [pɔlikɔpi] *f* (*procédé*) Vervielfältigungsverfahren *nt*
polycopier [pɔlikɔpje] <1a> *vt* vervielfältigen
polyester [pɔliɛstɛʀ] **I.** *m* Polyester *m* **II.** *app inv* aus Polyester
polygame [pɔligam] **I.** *adj* polygam **II.** *m* Polygamist *m*
polygamie [pɔligami] *f* Polygamie *f*
polyglotte [pɔliglɔt] **I.** *adj* polyglott **II.** *mf* Polyglotte *mf*
polygone [pɔligon, pɔligɔn] *m* Vieleck *nt*

polymorphisme [pɔlimɔʀfism] *m* CHIM Polymorphie *f;* BIO Polymorphismus *m*
Polynésie française [pɔlinezifʀɑ̃sɛz] *f* **la ~** Französisch-Polynesien *nt* (*die französischen Südseeinseln*)
polynésien(ne) [pɔlinezjɛ̃, jɛn] *adj* polynesisch
Polynésien(ne) [pɔlinezjɛ̃, jɛn] *m(f)* Polynesier(in) *m(f)*
polynôme [pɔlinom] *m* MATH Polynom *nt*
polype [pɔlip] *m* ZOOL, MED Polyp *m*
polyphasé(e) [pɔlifɑze] *adj* ELEC mehrphasig
polyphonique [pɔlifɔnik] *adj* polyphon
polysémie [pɔlisemi] *f* LING Polysemie *f*
polystyrène [pɔlistiʀɛn] **I.** *m* Polystyrol *nt;* **~ expansé** Styropor® *nt* **II.** *app inv* aus Polystyrol
polytechnicien(ne) [pɔlitɛknisjɛ̃, jɛn] *m(f)* [*ehemaliger*] *Schüler/*[*ehemalige*] *Schülerin der „École polytechnique"*
polytechnique [pɔlitɛknik] *adj* polytechnisch; **Ecole ~** *Hochschule zur Ausbildung von Ingenieuren in Paris*
polytoxicomanie [pɔlitɔksikɔmani] *f* mehrfache Drogenabhängigkeit *f*
polyvalence [pɔlivalɑ̃s] *f* Vielseitigkeit *f*
polyvalent(e) [pɔlivalɑ̃, ɑ̃t] *adj* vielseitig; **salle ~e** Mehrzweckhalle *f;* **école ~e** CAN ≈ Berufsfachschule
P.O.M. [pɔm] *mpl abr de* **pays d'outremer** französische Übersee-Provinzen *Pl*
pomélo [pɔmelo] *m* Grapefruit *f*
pommade [pɔmad] *f* Salbe *f* ▸ **passer de la ~ à qn** jdm schmeicheln
pomme [pɔm] *f* ❶ (*fruit*) Apfel *m* ❷ (*pomme de terre*) **~s dauphines** Kroketten *Pl* ❸ BOT **~ de pin** Tannenzapfen *m* ❹ ANAT **~ d'Adam** Adamsapfel ▸ **être grand** [*o* **haut**] **comme trois ~s** winzig[klein] sein; *enfant:* ein Dreikäsehoch sein (*fam*); **être/tomber dans les ~s** umgekippt sein/umkippen (*fam*); **pour ma/ta ~** *fam* für mich/dich; **ça va encore être pour ma ~!** ich werde wohl wieder dran glauben müssen! (*fam*)
pommé(e) [pɔme] *adj* **laitue ~e** Kopfsalat *m;* **chou ~** Weißkohl *m*
pommeau [pɔmo] <x> *m* Knauf *m*
pomme de terre [pɔmdətɛʀ] <pommes de terre> *f* Kartoffel *f;* **~ en robe de chambre** Pellkartoffel *f*
pommette [pɔmɛt] *f souvent pl* Backenknochen *m*
pommier [pɔmje] *m* Apfelbaum *m*
pompage [pɔ̃paʒ] *m* ❶ [Ab]pumpen *nt* ❷ *fig fam* Klauen *nt,* Abkupfern *nt*
pompe [pɔ̃p] *f* ❶ (*machine*) Pumpe *f;* **~ à essence** Zapfsäule *f;* **~ à incendie** Feuerlöschpumpe ❷ *fam* (*chaussure*) Treter *m* ❸ SPORT *fam* Liegestütz *m;* **faire des ~s** Liegestütze[n] machen ▸ **coup de ~** *fam* Durchhänger *m;* **être** [*o* **marcher**] **à côté de ses ~s** *fam* völlig daneben sein
pomper [pɔ̃pe] <1> *vt* ❶ (*puiser*) pumpen ❷ *fam* (*copier*) klauen *idée;* abkupfern bei *auteur, artiste;* **~ qc sur qn** *élève, étudiant:* etw von jdm abkupfern
pompette [pɔ̃pɛt] *adj fam* beschwipst
pompeusement [pɔ̃pøzmɑ̃] *adv* hochtrabend, bombastisch
pompeux, -euse [pɔ̃pø, -øz] *adj* hochtrabend
pompier [pɔ̃pje] *m* Feuerwehrmann *m* ▸ **fumer comme un ~** wie ein Schlot rauchen (*fam*)
pompiste [pɔ̃pist] *mf* Tankwart *m*
pompon [pɔ̃pɔ̃] *m* Troddel *f* ▸ **décrocher le ~** *fam* den Vogel abschießen
pomponner [pɔ̃pɔne] <1> **I.** *vt* ausstaffieren **II.** *vpr* **se ~** sich herausputzen
ponçage [pɔ̃saʒ] *m* [Ab]schleifen *nt*
poncer [pɔ̃se] <2> *vt* [ab]schleifen
ponceuse [pɔ̃søz] *f* Schleifmaschine *f;* **~ à bande**[**s**] Bandschleifmaschine; **~ vibrante** Schwingschleifer *m*
poncho [pɔ̃(t)ʃo] *m* Poncho *m*
poncif [pɔ̃sif] *m* Gemeinplatz *m,* Klischee *nt*
ponction [pɔ̃ksjɔ̃] *f* ❶ MED Punktion *f;* **faire une ~ à qn** bei jdm eine Punktion vornehmen ❷ (*prélèvement*) *d'argent* Abheben *nt*
ponctionner [pɔ̃ksjɔne] <1> *vt* ❶ MED **~ qc à qn** jdm etw punktieren ❷ *fig fam* **~ de l'argent à qn** (*prélever*) jdm Geld abnehmen
ponctualité [pɔ̃ktɥalite] *f* Pünktlichkeit *f*
ponctuation [pɔ̃ktɥasjɔ̃] *f* Zeichensetzung *f;* **signes de ~** Satzzeichen *Pl*
ponctuel(le) [pɔ̃ktɥɛl] *adj* ❶ (*exact*) pünktlich ❷ (*momentané*) punktuell
ponctuellement [pɔ̃ktɥɛlmɑ̃] *adv* ❶ pünktlich ❷ (*momentanément*) punktuell
ponctuer [pɔ̃ktɥe] <1> *vt* LING Satzzeichen setzen; **ce texte est bien/mal ponctué** die Interpunktion in diesem Text ist gut/schlecht
pondéré(e) [pɔ̃deʀe] *adj* ❶ besonnen; **esprit ~** Besonnenheit *f* ❷ (*en statistique*) gewichtet
pondérer [pɔ̃deʀe] <5> *vt* abwägen, bewerten

P

pondéreux, -euse [pɔ̃deʀø, -øz] **I.** *adj marchandises, produits* schwer **II.** *mpl* Schwergüter *Pl*

pondeuse [pɔ̃døz] *f* ❶ (*poule*) Legehenne *f* ❷ *fam* (*femme*) Gebärmaschine *f* (*pej*)

pondre [pɔ̃dʀ] <14> *vt, vi poule:* legen

poney [pɔnɛ] *m* Pony *nt*

pongiste [pɔ̃ʒist] *mf* Tischtennisspieler(in) *m(f)*

pont [pɔ̃] *m* ❶ ARCHIT Brücke *f;* ~ **basculant/suspendu/routier** Klapp-/Hänge-/Straßenbrücke ❷ (*vacances*) verlängertes Wochenende ❸ NAUT Deck *nt;* ~ **promenade** Promenadendeck *nt* ▶**couper les ~s avec qn/qc** den Kontakt zu jdm/etw abbrechen; **couper les ~s derrière soi** alle Brücken hinter sich (*dat*) abbrechen; **jeter un ~ entre qc et qc** eine Brücke zwischen etw und etw schlagen

pontage [pɔ̃taʒ] *m* Bypassoperation *f*

pontife [pɔ̃tif] *m* ❶ *souvent iron fam* hohes Tier *nt;* ~**s de la Faculté** Koryphäen *Pl* an der Universität ❷ REL Kirchenfürst *m;* **souverain** ~ Pontifex maximus *m*

pontifical(e) [pɔ̃tifikal, -o] <-aux> *adj* päpstlich; **messe ~e** Pontifikalamt *nt*

pontificat [pɔ̃tifika] *m* REL Pontifikat *nt*

pontifier [pɔ̃tifje] <1a> *vi* dozieren (*pej fam*)

pont-l'évêque [pɔ̃levɛk] *m inv viereckiger Weichkäse*

pont-levis [pɔ̃l(ə)vi] <ponts-levis> *m* Zugbrücke *f*

ponton [pɔ̃tɔ̃] *m* (*appontement*) [Anlege]steg *m*

pool [pul] *m* ❶ ECON Pool *m;* ~ **bancaire** Bankenkonsortium *nt* ❷ (*équipe*) ~ **des dactylos** Schreibzentrale *f*

pop [pɔp] *adj inv* **groupe** ~ Popgruppe *f;* **musique** ~, ~ **music** Popmusik *f*

pop['']art [pɔpaʀt] *m* Pop-art *f*

pop-corn [pɔpkɔʀn] *m inv* Popcorn *nt*

pope [pɔp] *m* Pope *m*

popote [pɔpɔt] *f fam* Essen *nt;* **faire la** ~ das Essen machen

popotin [pɔpɔtɛ̃] *m fam* Po *m;* **se manier le** ~ sich ranhalten

populace [pɔpylas] *f péj* Pöbel *m*

populaire [pɔpylɛʀ] *adj* ❶ (*du peuple*) **république** ~ Volksrepublik *f* ❷ (*destiné à la masse*) volkstümlich; **croyance** ~ Volksglaube *m;* **bal** ~ öffentliche Tanzveranstaltung ❸ (*plébéien*) gewöhnlich; **quartier** ~ Arbeiterviertel *nt;* **bon sens** ~ gesundes Volksempfinden; **classes ~s** untere Volksschichten; **d'origine** ~ von einfacher Herkunft ❹ (*qui plaît*) populär; *personne* beliebt

populariser [pɔpylaʀize] <1> *vt* populär machen

popularité [pɔpylaʀite] *f* Popularität *f; d'un souverain* Beliebtheit *f* beim Volk

population [pɔpylasjɔ̃] *f* Bevölkerung *f; d'une ville* Einwohner *Pl;* ~ **du globe** Weltbevölkerung

populisme [pɔpylism] *m* Populismus *m*

populiste [pɔpylist] **I.** *adj* populistisch **II.** *mf* Populist(in) *m(f)*

pop-up [pɔpœp] *m inv* INFORM Pop-up-Fenster *nt*

porc [pɔʀ] *m* ❶ ZOOL Schwein *nt* ❷ (*viande*) Schweinefleisch *nt;* **pur** ~ reines Schweinefleisch ❸ *péj fam* (*personne*) Schwein *nt*

porcelaine [pɔʀsəlɛn] *f* ❶ (*matière*) Porzellan *nt* ❷ (*vaisselle*) Porzellangeschirr *nt;* ~ **de Saxe** Meiß[e]ner Porzellan

porcelet [pɔʀsəlɛ] *m* Ferkel *nt*

porc-épic [pɔʀkepik] <porcs-épics> *m* Stachelschwein *nt*

porche [pɔʀʃ] *m* [Portal]vorbau *m*

porcherie [pɔʀʃəʀi] *f* ❶ (*bâtiment*) Schweinestall *m* ❷ (*lieu très sale*) Saustall *m* (*fam*)

porcin(e) [pɔʀsɛ̃, in] **I.** *adj* Schweine-; **élevage** ~ Schweineaufzucht *f* **II.** *mpl* Schweine *Pl*

pore [pɔʀ] *m* Pore *f*

poreux, -euse [pɔʀø, -øz] *adj* porös

porno [pɔʀno] *fam* **I.** *adj abr de* **pornographique** Porno-; **film** ~ Pornofilm *m* **II.** *m* ❶ *abr de* **pornographie** Pornografie *f* ❷ (*film, roman*) Porno *m*

pornographe [pɔʀnɔgʀaf] *mf* Verfasser(in) *m(f)* von pornografischen Schriften

pornographie [pɔʀnɔgʀafi] *f* Pornografie *f*

pornographique [pɔʀnɔgʀafik] *adj* pornografisch; **revue** ~ Pornoheft *nt*

port¹ [pɔʀ] *m* ❶ NAUT Hafen *m;* ~ **fluvial/maritime** Binnen-/Seehafen; ~ **de pêche** Fischereihafen ❷ INFORM Port *m* ▶**arriver à bon** ~ wohlbehalten ankommen; ~ **d'attache** Heimathafen *m*

port² [pɔʀ] *m* ❶ *d'un vêtement, casque, objet* Tragen *nt;* ~ **obligatoire de la ceinture de sécurité** Anschnallpflicht *f* ❷ COM Transportkosten *Pl; d'une lettre* Porto *nt;* ~ **dû/payé** unfrankiert/frankiert; **franco de** ~ [**et d'emballage**] portofrei ❸ *d'une personne* [Körper]haltung *f;* ~ **de tête** Kopfhaltung

portable [pɔʀtabl] **I.** *adj* tragbar **II.** *m* ❶ TELEC Handy *nt,* Natel *nt* (CH) ❷ INFORM Laptop *m*

portage [pɔʀtaʒ] *m* ❶ *d'une marchandise* [Aus]tragen *nt* ❷ NAUT CAN Tragen *nt* [eines Bootes über Land]

portail [pɔʀtaj] <s> *m a.* INET Portal *nt;* **~ Internet** Onlineportal

portant(e) [pɔʀtɑ̃, ɑ̃t] *adj* ▶ **bien/mal ~** gesund/nicht gesund; **qn est bien/mal ~** jdm geht es [gesundheitlich] gut/nicht so gut

portatif, -ive [pɔʀtatif, -iv] *adj* tragbar; **machine à écrire portative** Reiseschreibmaschine *f;* [**téléphone**] **~** Handy *nt*

porte [pɔʀt] *f* ❶ (*ouverture, panneau mobile*) Tür *f;* (*plus grand*) Tor *nt;* **~ de garage/grange** Garagen-/Scheunentor; **~ du four/de la maison** Backofen-/Haustür; **~ battante** Flügeltür; **~ de devant/derrière** Vordertür/Hintertür; **voiture à deux ~s** zweitüriges Auto; **~ de secours** Notausgang *m;* **~ de service** Lieferanteneingang; **~ d'embarquement** Flugsteig *m;* **~ cochère** Toreinfahrt *f;* **à la ~** vor der Tür; **il y a qn à la ~** es ist jd an der Tür; **de ~ en ~** von Haus zu Haus; **laisser qn à la ~** jdn vor [*o* an] der Tür stehen lassen; **forcer la ~** die Tür aufbrechen; **claquer** [*o* **fermer**] **la ~ au nez de qn** jdm die Tür vor der Nase zuschlagen [*o* zumachen] ❷ *d'un château, d'une ville* Tor *nt;* **~ de Clignancourt** Porte *f* de Clignancourt; **~ de Bourgogne** Burgunder Pforte *f* ▶ **trouver ~ close** vor verschlossener Tür stehen; **être aimable** [*o* **souriant**]**/poli comme une ~ de prison** sehr unfreundlich/unhöflich sein; **entrer par la grande/petite ~** ganz oben/ganz klein anfangen; **enfoncer une ~ ouverte** [*o* **des ~s ouvertes**] offene Türen einrennen (*fam*); **laisser la ~ ouverte à qc** die Tür für etw offen lassen; **toutes les ~s lui sont ouvertes** ihm/ihr stehen alle Türen offen; [**journée**] **~s ouvertes** Tag *m* der offenen Tür; **écouter aux ~s** an der Tür lauschen; **fermer** [*o* **refuser**]**/ouvrir sa ~ à qn** jdm sein Haus verbieten/öffnen; **forcer la ~ de qn** sich (*dat*) gewaltsam Zutritt bei jdm verschaffen; **frapper à la ~ de qn** bei jdm anklopfen (*fam*); **frapper à la bonne ~** sich an die richtige Adresse wenden; **frapper à la mauvaise ~** an die falsche Adresse geraten; **mettre** [*o* **foutre** *fam*] **qn à la ~** jdn rausschmeißen; **prendre la ~** [weg]gehen; **à la ~!** hinaus!; **à** [*o* **devant**] **ma ~** ganz in meiner Nähe; **ce n'est pas la ~ à côté!** das ist ganz schön weit! (*fam*); **entre deux ~s** zwischen Tür und Angel (*fam*)

porté(e) [pɔʀte] *adj* ❶ **être ~ à qc** zu etw neigen ❷ (*aimer bien*) **être ~ sur qc** eine Vorliebe für etw haben

porte-à-faux [pɔʀtafo] ▶ **en ~** *mur, roche* überhängend; *fig personne* in einer heiklen Lage **porte-à-porte** [pɔʀtapɔʀt] *m inv* Hausieren *nt;* **faire du ~** *quêteur:* von Haus zu Haus gehen; *démarcheur:* Haustürgeschäfte machen; *marchand ambulant:* hausieren **porte-avions** [pɔʀtavjɔ̃] *m inv* Flugzeugträger *m* **porte-bagages** [pɔʀt(ə)bagaʒ] *m inv* ❶ (*sur un deux-roues*) Gepäckträger *m* ❷ (*dans un train*) Gepäckablage *f* **porte-bébé** [pɔʀ(ə)tbebe] <porte-bébés> *m* (*sur le dos*) Babytragegestell *nt;* (*sur le ventre*) Babytrage[tasche] *f* **porte-bonheur** [pɔʀt(ə)bɔnœʀ] *m inv* Glücksbringer *m* **porte-bougies** [pɔʀt(ə)buʒi] *m inv* Kerzenständer *m* **porte-cartes** [pɔʀt(ə)kaʀt] *m inv* (*pour les documents personnels*) Ausweishülle *f* **porte-clés** [pɔʀtəkle] *m inv* (*anneau*) Schlüsselring *m;* (*anneau avec breloque*) Schlüsselanhänger *m;* (*étui*) Schlüsseletui *nt* **porte-containers** [pɔʀtkɔ̃tɛnɛʀ] *m,* **porte-conteneurs** [pɔʀt(ə)kɔ̃t(ə)nœʀ] *m inv* Containerschiff *nt* **porte-documents** [pɔʀt(ə)dɔkymɑ̃] *m inv* Aktentasche *f* **porte-drapeau** [pɔʀt(ə)dʀapo] <porte-drapeaux> *m* ❶ Fahnenträger *m* ❷ (*chef*) Anführer *m*

portée [pɔʀte] *f* ❶ (*distance*) Reichweite *f;* **à ~ de vue** in Sichtweite; **à ~ de voix** in Hörweite; **à ~ de la main** griffbereit; **à la ~ de qn** in jds Reichweite; **hors de ~** außer Reichweite; **hors de la ~ de qn** außerhalb jds Reichweite ❷ *d'un acte, d'un événement* Tragweite *f; d'un argument* Schlagkraft *f; de paroles* Wirkung *f* ❸ MUS Notensystem *nt* ❹ ZOOL Wurf *m* ❺ (*aptitude, niveau*) **c'est au-dessus** [*o* **hors**] **de ma ~** das übersteigt meinen Horizont (*fam*); **être à la ~ de qn** *livre, discours* für jdn verständlich sein; **cet examen est à votre ~** diese Prüfung können Sie schaffen (*fam*); **être hors de** [**la**] **~ de qn** *livre:* für jdn zu hoch sein (*fam*); *examen, travail:* jds Fähigkeiten übersteigen; **mettre qc à la ~ de qn** jdm etw verständlich machen ❻ (*accessibilité*) **être à la ~ de qn** für jdn erreichbar sein; *voyage, achat:* für jdn erschwinglich sein; **à la ~ de toutes les bourses** für jeden erschwinglich

porte-fenêtre [pɔʀt(ə)fənɛtʀ] <portes-fenêtres> *f* Fenstertür *f*

portefeuille [pɔʀtəfœj] *m* Brieftasche *f*

porte-jarretelles [pɔʀt(ə)ʒaʀtɛl] *m inv* Strumpfhaltergürtel *m*

portemanteau [pɔʀt(ə)mɑ̃to] <x> *m* Garderobe *f;* (*mobile*) Garderobenständer *m;* (*crochets au mur*) Kleiderhaken *m*

porte-monnaie [pɔʀt(ə)mɔnɛ] *m inv* Geldbeutel *m;* **avoir le ~ bien garni** *fig* ein dickes Portmonee haben (*fam*) **porte-parapluies** [pɔʀt(ə)paʀaplɥi] *m inv* Schirmständer *m* **porte-parole** [pɔʀt(ə)paʀɔl] *m inv* (*personne*) Sprecher *m;* (*journal*) Sprachrohr *nt* **porte-photo** [pɔʀt(ə)fɔto] <porte-photos> *m* Fotohalter *m*

porter [pɔʀte] <1> **I.** *vt* ① (*tenir*) tragen ② (*endosser*) tragen *responsabilité, faute;* **faire ~ qc à qn** etw auf jdn schieben ③ *a. fig* (*apporter*) bringen; austragen *lettre, colis;* überbringen *nouvelle;* schenken *attention;* leisten *assistance, secours;* **la nuit porte conseil** guter Rat kommt über Nacht ④ (*diriger*) **~ son regard/ses yeux sur qn/qc** seinen Blick/seine Augen auf jdn/etw richten; **qn porte son choix sur qc** jds Wahl fällt auf etw (*akk*); **~ ses pas vers la porte** auf die Tür zugehen; **~ le verre à ses lèvres** das Glas an die Lippen führen; **~ la main au chapeau** mit der Hand an den Hut fassen; **~ la main à sa poche** in die Tasche greifen; **~ qn quelque part** jdn irgendwohin führen ⑤ (*avoir sur soi*) tragen *vêtement, lunettes;* führen *nom, titre;* **~ la barbe/les cheveux longs** einen Bart tragen/das Haar lang tragen ⑥ (*révéler*) aufweisen *traces;* tragen *marque de fabrique* ⑦ (*ressentir*) **~ de l'amitié/de l'amour à qn/qc** Freundschaft/Liebe für jdn empfinden; **~ de l'intérêt à qn/qc** jdm Zuneigung entgegenbringen; **~ de la haine à qn/qc** Hass gegen jdn empfinden; **~ de la reconnaissance à qn** jdm dankbar sein ⑧ (*inscrire*) **être porté malade** krankgemeldet sein; **être porté disparu** als vermisst gemeldet sein; **se faire ~ absent** sich abmelden ⑨ (*avoir en soi*) **~ de la haine en soi** Hass in sich + *dat* tragen **II.** *vi* ① (*avoir pour objet*) **~ sur qc** *action, effort:* sich auf etw (*akk*) konzentrieren; *discours:* sich um etw drehen; *revendications, divergences:* etw betreffen; *question, critique:* sich auf etw (*akk*) beziehen; **l'étude porte sur ...** Gegenstand der Studie ist ... ② (*avoir telle étendue*) **~ sur qc** sich auf etw (*akk*) belaufen; *préjudice:* darin bestehen ③ (*faire effet*) *conseil, critique:* wirken; *coup:* sitzen (*fam*) ④ (*avoir une certaine portée*) *voix:* gut tragen; *mesure, question:* bedeutsam sein; **cette arme à feu porte à ...** diese Schusswaffe hat eine Reichweite von ...; **il a une voix qui porte loin** seine Stimme ist weit zu hören ⑤ (*reposer sur*) **~ sur qc** *édifice, poids:* auf etw (*dat*) ruhen; *accent:* auf etw (*dat*) liegen ⑥ (*heurter*) **c'est son front qui a porté** er/sie ist mit der Stirn aufgeschlagen; **sa tête a porté sur un tabouret** er/sie schlug mit dem Kopf gegen einen Hocker **III.** *vpr* ① (*aller*) **qn se porte bien/mal** jdm geht es [gesundheitlich] gut/schlecht; **qn se porte comme un charme** jdm geht es blendend ② (*se présenter comme*) **se ~ acquéreur/candidat** als Käufer/Kandidat auftreten; **se ~ volontaire** sich freiwillig melden ③ (*se diriger*) **se ~ sur qn/qc** *regard:* sich auf jdn richten; *choix, soupçon:* auf jdn/etw fallen; **se ~ vers qc** *personne:* sich einer S. (*dat*) zuwenden ④ (*être porté*) **se ~ en été/hiver** *vêtements:* getragen werden; **se ~ beaucoup en ce moment** momentan in sein (*fam*)

porte-savon [pɔʀt(ə)savɔ̃] <porte-savons> *m* Seifenschale *f* **porte-serviette** [pɔʀt(ə)sɛʀvjɛt] *m inv* Serviettenhalter *m* **porte-serviettes** [pɔʀt(ə)sɛʀvjɛt] *m inv* Handtuchhalter *m*

porteur, **-euse** [pɔʀtœʀ, -øz] *m, f* Gepäckträger(in) *m(f)*

porte-voix [pɔʀtəvwa] *m inv* Megaphon *nt; fig* Sprachrohr *nt*

portier, **-ière** [pɔʀtje, -jɛʀ] *m, f* Portier *m*/ Portiersfrau *f*

portière [pɔʀtjɛʀ] *f* CHEMDFER, AUT Tür *f*

portillon [pɔʀtijɔ̃] *m de passage à niveau* Türchen *nt* [für Fußgänger]; *du métro parisien* [Bahnsteig]sperre *f*

portion [pɔʀsjɔ̃] *f* GASTR Portion *f*

portique [pɔʀtik] *m* ① ARCHIT Säulenhalle *f* ② SPORT Turngerüst *nt;* (*pour enfants*) Klettergerüst *nt*

porto [pɔʀto] *m* Portwein *m*

portoricain(**ne**) [pɔʀtɔʀikɛ̃, -ɛn] *adj* puerto-ricanisch

Portoricain(**ne**) [pɔʀtɔʀikɛ̃, -ɛn] *m(f)* Puerto-Ricaner(in) *m(f)*

Porto Rico [pɔʀtoʀiko] Puerto Rico *nt*

portrait [pɔʀtʀɛ] *m* ① ART, PHOT Porträt *nt;* **~ fidèle** [*o* **ressemblant**] lebensnahes Abbild; **faire le ~ de qn** (*peindre*) jdn porträtieren; (*faire une photo*) eine Porträtaufnahme von jdm machen; **se faire tirer le ~** *fam* sich knipsen lassen ② *d'une personne* Porträt *nt; d'une société* Beschreibung *f;* **faire le ~ de qn** das Porträt [*o* Cha-

P

rakterbild] von jdm entwerfen ③ ART Porträtmalerei *f* ▶**se faire esquinter le ~** *fam* die Fassade demoliert kriegen; **être tout le ~ de qn** jdm wie aus dem Gesicht geschnitten sein

portraitiser [pɔʀtʀɛtize] <1> *vt* portraitieren

portrait-robot [pɔʀtʀɛʀɔbo] <portraits-robots> *m* ① Phantombild *nt* ② (*caractéristiques*) Standardbild *nt*

portuaire [pɔʀtɥɛʀ] *adj* Hafen-

portugais [pɔʀtygɛ] *m* Portugiesisch *nt; v. a.* **allemand**

portugais(e) [pɔʀtygɛ, ɛz] *adj* portugiesisch

Portugais(e) [pɔʀtygɛ, ɛz] *m(f)* Portugiese *m*/Portugiesin *f*

portugaise [pɔʀtygɛz] *f* GASTR portugiesische Auster ▶**avoir les ~s ensablées** *fam* schlecht hören, taub sein

Portugal [pɔʀtygal] *m* **le ~** Portugal *nt*

POS [peoɛs] *m abr de* **plan d'occupation des sols** ≈ Flächennutzungsplan *m*

pose [poz] *f* ① (*attitude*) [Körper]haltung *f;* ART, PHOT Pose *f* ② (*exposition*) Belichtung *f;* (*photo*) Aufnahme *f;* **temps de ~** Belichtungszeit *f* ③ (*affectation*) Pose *f;* **prendre des ~s** sich in Pose werfen

posé(e) [poze] *adj* ruhig

posément [pozemɑ̃] *adv agir* [wohl]überlegt; *parler* ruhig

poser [poze] <1> **I.** *vt* ① (*mettre*) [hin]legen *livre, main;* [hin]stellen *échelle, bagages;* [hin]setzen *pieds;* **~ par terre** auf den Boden stellen, abstellen ② MATH [hin]schreiben *opération;* aufstellen *équation* ③ (*installer*) verlegen *moquette;* anbringen *rideau, serrure;* ankleben *tapisserie* ④ (*énoncer*) aufstellen *définition, principe;* aufgeben *devinette;* stellen *question, condition* ⑤ (*soulever*) aufwerfen *problème, question* **II.** *vi* **~ pour qn/qc** jdm/für etw Modell sitzen [*o* stehen] **III.** *vpr* ① (*exister*) **se ~** *question:* sich stellen; *difficulté, problème:* auftauchen; **il se pose la question si ...** es stellt sich die Frage, ob ...; **se ~ des problèmes** sich + *dat* [selbst] Probleme schaffen ② (*cesser de voler*) **se ~ dans/sur qc** *insecte, oiseau:* sich auf etw (*akk*) setzen; *avion:* in etw (*dat*)/auf etw (*dat*) landen ③ (*se fixer*) **se ~ sur qc** *regard, yeux:* sich auf etw (*akk*) richten; *main:* sich auf etw (*akk*) legen ④ (*s'appliquer*) **se ~ facilement** *moquette:* sich leicht [ver]legen lassen; *papier peint:* sich leicht ankleben lassen; *rideau:* sich leicht anbringen lassen

poseur, -euse [pozœʀ, -øz] *m, f* **~ de carrelages/de parquet** Fliesen-/Parkettleger *m;* **~ d'affiches** Plakat[an]kleber *m*

positif, -ive [pozitif, -iv] *adj* ① (*opp: négatif*) positiv ② *critique* konstruktiv

position [pozisjɔ̃] *f* ① (*emplacement*) Lage *f; d'un objet* Platz *m; d'une personne* Position *f;* **être en première/dernière ~** in erster/letzter Position liegen; (*dans une course*) auf dem ersten/letzten Platz liegen; **arriver en première/dernière ~** *coureur:* als Erster/Letzter durchs Ziel gehen; *candidat:* an erster/letzter Stelle liegen ② *d'une personne* Stellung *f;* (*en danse*) Position *f; du corps* Haltung *f;* **~ horizontale/verticale** Horizontal-/Vertikallage *f;* **~ debout** [aufrechter] Stand; **en ~ allongée** [*o* **couchée**] in liegender Stellung; **se mettre en ~ allongée/assise** sich hinlegen/hinsetzen ③ (*situation*) Lage *f;* **dans ma/ta ~** [ich] in meiner/[du] in deiner Position ▶**être en ~ de force** sich in einer starken Position befinden

positionnement [pozisjɔnmɑ̃] *m* Positionierung *f*

positionner [pozisjɔne] <1> **I.** *vt* ① TECH, COM positionieren ② (*situer*) lokalisieren **II.** *vpr* **se ~** *personne:* sich plazieren; *produit:* sich positionieren

positivement [pozitivmɑ̃] *adv* positiv

positiver [pozitive] <1> *vi* (*montrer sa confiance*) positiv denken

positivisme [pozitivism] *m* Positivismus *m*

posologie [pozɔlɔʒi] *f* Dosierung *f*

possédant(e) [pɔsedɑ̃, ɑ̃t] **I.** *adj classe* besitzend **II.** *m(f) gén pl* Besitzende(r) *f(m)*

possédé(e) [pɔsede] **I.** *adj* **~ de qc** besessen von etw **II.** *m(f)* Besessene(r) *f(m)*

posséder [pɔsede] <5> *vt* ① (*avoir*) besitzen ② (*disposer de*) verfügen über (+ *akk*) *expérience, talent;* haben *mémoire, réflexes;* **~ la vérité** im Besitz der Wahrheit sein ③ *fam* (*rouler*) hereinlegen

possesseur [pɔsesœʀ] *mf a.* JUR Besitzer(in) *m(f); d'une action, d'un diplôme* Inhaber(in) *m(f)*

possessif [pɔsesif] *m* Possessivpronomen *nt*

possessif, -ive [pɔsesif, -iv] *adj* ① (*dominateur*) besitzergreifend ② GRAM possessiv; **adjectif ~** attributives Possessivpronomen; **pronom ~** Possessivpronomen *nt*

possession [pɔsesjɔ̃] *f* Besitz *m;* **avoir qc en sa ~** etw besitzen; **être en ~ de qc** im Besitz einer S. (*gen*) sein; **entrer en ~ de qc** in den Besitz einer S. (*gen*) gelangen (*form*)

possibilité [pɔsibilite] *f* ① (*éventualité*) Möglichkeit *f* ② *pl* (*moyens*) [finanzielle]

Möglichkeiten *Pl;* (*intellectuels*) [geistige] Fähigkeiten *Pl*

possible [pɔsibl] **I.** *adj* ① (*faisable*) möglich; *projet* durchführbar; **tout ce qu'il est humainement ~** alles Menschenmögliche ② (*éventuel*) möglich; **il est ~ qu'il vienne** es ist möglich [*o* es kann sein], dass er kommt ③ *cas, mesures* erdenklich; **le moins/plus ~** so wenig/so viel wie möglich; **aussi grand que ~** so groß wie möglich; **les tomates les plus grosses ~s** die größtmöglichen Tomaten; **autant que ~** soweit das möglich ist; **autant d'argent/d'enfants que ~** möglichst viel Geld/viele Kinder ④ *fam* (*supportable*) **ne pas être ~** *personne:* unmöglich sein ▶ **~ et <u>imaginable</u>** denkbar; **faire tout ce qui est ~ et imaginable** alles Erdenkliche [*o* Mögliche] tun; [**c'est**] **<u>pas</u> ~!** *fam* (*indignation*) das ist doch [wohl] nicht möglich!; (*étonnement*) ist das [denn] die Möglichkeit! **II.** *m* **le ~** das Mögliche; **faire** [**tout**] **son ~ pour faire qc/pour que** + *subj* sein Möglichstes tun, um etw zu tun/damit; **être gentil/doué au ~** äußerst nett/begabt sein

post [pɔst] *m* INET Posting *nt;* **faire** [*o* **publier**] **un ~** ein Posting schreiben

postal(e) [pɔstal, -o] <-aux> *adj* **carte ~e** Postkarte *f;* **code ~** Postleitzahl *f*

postcommunisme [pɔstkɔmynism] *m* Postkommunismus *m*

poste¹ [pɔst] *f* ① (*bâtiment*) Post *f* ② (*administration*) Post *f;* **mettre à la ~** zur Post [*o* auf die Post] bringen; **par la ~** mit der Post ▶ **~ <u>aérienne</u>** Luftpost *f;* **~ <u>restante</u>** postlagernd

poste² [pɔst] *m* ① (*emploi*) Stelle *f;* (*dans une hiérarchie*) Stellung *f;* **~ de diplomate/de directeur** Diplomaten-/Direktorposten; **~ de professeur** Lehrerstelle; **avoir un ~ de professeur** als Lehrer arbeiten; **être en ~ à Berlin/au ministère** in Berlin/im Ministerium arbeiten [*o* eine Stelle haben] ② (*lieu de travail*) [Arbeits]stelle *f,* Arbeitsplatz *m* ③ (*appareil*) Gerät *nt;* **~ de radio/de télévision** Radio-/Fernsehapparat *m* ④ (*lieu*) **~ de douane/de contrôle** Zoll-/Kontrollstelle *f;* **~ d'incendie** Feuerlöschanlage *f;* **~ d'essence** Tankstelle *f;* **~ de pilotage** Cockpit *nt;* **~ de police** [Polizei]wache *f;* **~ de secours** Erste-Hilfe-Posten; (*en montagne*) Bergwacht *f;* **~ frontière** Grenzübergang *m* ⑤ MIL Posten *m;* **~ de commandement** Befehlsstelle *f;* (*au combat*) Gefechtsstand; **~ d'observation** [*o* **de garde**] Beobachtungsposten; **~ d'écoute** Lauschposten ⑥ TELEC Apparat *m;* **~ téléphonique** Telefonanschluss *m* ⑦ INFORM **~ de travail** Workstation *f,* Arbeitsplatz *f*

poster¹ [pɔste] <1> *vt* ① **~ une lettre** (*à la boîte aux lettres*) einen Brief einwerfen; (*au guichet*) einen Brief aufgeben ② INET (*contribuer, publier*) posten

poster² [pɔstɛʀ] *m* Poster *nt*

postérieur [pɔsteʀjœʀ] *m fam* Hintern *m*

postérieurement [pɔsteʀjœʀmɑ̃] *adv* später; **~ à qc** nach etw

postériorité [pɔsteʀjɔʀite] *f* Spätersein *nt*

postérité [pɔsteʀite] *f* ① Nachkommenschaft *f* ② (*futur*) Nachwelt *f*

posthume [pɔstym] *adj* post[h]um; *enfant* nachgeboren; **œuvres ~s** literarischer Nachlass *m;* **à titre ~** nach dem Tode

postiche [pɔstiʃ] **I.** *adj barbe, cheveux* falsch **II.** *m* (*pour hommes*) Toupet *nt;* (*pour femmes*) Perücke *f*

postier, -ière [pɔstje, -jɛʀ] *m, f* Postbeamte(r) *m*/-beamtin *f*

postillon [pɔstijɔ̃] *m* Spucke *f* (*fam*); **envoyer des ~s à qn** jdn beim Sprechen [ungewollt] anspucken

postillonner [pɔstijɔne] <1> *vi* beim Sprechen [ungewollt] spucken

postindustriel(le) [pɔstɛ̃dystʀijɛl] *adj* postindustriell

post-it® [pɔstit] *m inv* Post-it® *nt*

postmoderne [pɔstmɔdɛʀn] *adj* postmodern

post mortem [pɔstmɔʀtɛm] *adj inv* *mariage* nach dem Tod eines der Partner erfolgend; *viol* an einer Toten

postnatal(e) [pɔstnatal] <s> *adj* postnatal, nach der Geburt [erfolgend]

postopératoire [pɔstɔpeʀatwaʀ] *adj* postoperativ

postposé(e) [pɔstpoze] *adj* GRAM nachgestellt

post-scriptum [pɔstskʀiptɔm] *m inv* Postskriptum *nt*

postsynchronisation [pɔstsɛ̃kʀɔnizasjɔ̃] *f* Nachsynchronisierung *f*

postulant(e) [pɔstylɑ̃, ɑ̃t] *m(f)* ① **~ à qc** Bewerber *m* für etw ② REL Postulant(in) *m(f)*

postulat [pɔstyla] *m* Postulat *nt*

postuler [pɔstyle] <1> *vt* sich bewerben um

posture [pɔstyʀ] *f* Stellung *f* ▶ **être en <u>bonne</u>/<u>mauvaise</u> ~** in einer guten/üblen Lage sein

pot [po] *m* ① (*en terre*) Topf *m;* (*en verre*) Glas *nt;* (*en plastique, en métal*) Dose *f;* (*en plastique*) Becher *m;* **~ à eau** Wasserkrug; **~ à lait** Milchkanne; **~ de confiture/miel** Glas Marmelade/Honig; **~ de**

P

peinture/colle Topf Farbe/Leim; ~ **de fleurs** Blumentopf; ~ **de yaourt** Joghurtbecher; ~ **de crème** Dose Creme; **petit ~ pour bébé** Gläschen *nt* Babynahrung; **mettre des plantes en ~** Blumen eintopfen ② *fam* (*chance*) **c'est pas de ~!** Pech [gehabt]!; **avoir du ~/ne pas avoir de ~** Schwein/Pech haben ③ *fam* (*consommation*) Drink *m;* (*réception*) Umtrunk *m;* (*d'adieu*) Ausstand *m;* **payer** [*o* **offrir**] **un ~ à qn** jdm einen ausgeben; **prendre** [*o* **boire**] **un ~** zusammen einen trinken (*fam*) ④ (*pot de chambre*) [Nacht]topf *m* ▸ **~ de colle** *fam* Klette *f;* **découvrir/dévoiler le ~ aux roses** das Geheimnis entdecken/lüften; **payer les ~s cassés** die Zeche bezahlen müssen; **~ catalytique** Auspuff *m* mit eingebautem Kat[alysator]; **~ d'échappement** Auspuff[topf *m*] *m;* [**être**] **sourd comme un ~** stocktaub [sein] (*fam*); **tourner autour du ~** um den heißen Brei herumreden (*fam*)

potable [pɔtabl] *adj* trinkbar; **eau ~** Trinkwasser *nt;* **eau non ~!** kein Trinkwasser!

potage [pɔtaʒ] *m* Suppe *f*

potager [pɔtaʒe] *m* Gemüsegarten *m*

potager, -ère [pɔtaʒe, -ɛʀ] *adj* **jardin ~** Gemüsegarten *m*

potasser [pɔtase] <1> **I.** *vt fam* pauken für *examen;* durchackern *livre* **II.** *vi fam* pauken

potassium [pɔtasjɔm] *m* Kalium *nt*

pot-au-feu [pɔtofø] *m inv* GASTR ① Eintopf *m* ② (*viande*) Stück *nt* [Suppen]fleisch für den Eintopf

pot-de-vin [podvɛ̃] <pots-de-vin> *m* Bestechungsgeld *nt*

pote [pɔt] *m fam* Kumpel *m*

poteau [pɔto] <x> *m a.* SPORT (*pilier*) Pfosten *m;* **~ de départ/d'arrivée** Start-/Zielpfosten; **~ électrique/télégraphique** Leitungs-/Telegrafenmast *m;* **~ indicateur** Wegweiser *m*

potée [pɔte] *f Eintopfgericht aus Kohl, Kartoffeln und Speck*

potelé(e) [pɔtle] *adj* mollig; *bras* fleischig

potence [pɔtɑ̃s] *f* ① Galgen *m* ② (*support*) Träger *m*

potentialité [pɔtɑ̃sjalite] *f* Möglichkeit *f*

potentiel [pɔtɑ̃sjɛl] *m* Potenzial *nt*

potentiel(le) [pɔtɑ̃sjɛl] *adj* potenziell

potentiellement [pɔtɑ̃sjɛlmɑ̃] *adv* potenziell; *dangereux* möglicherweise

poterie [pɔtʀi] *f* ① (*objet*) Töpferware *f* ② (*activité*) Töpferei *f*

potiche [pɔtiʃ] *f* ① große Porzellanvase *f* ② (*figurant*) Galionsfigur *f*

potier, -ière [pɔtje, -jɛʀ] *m, f* Töpfer(in) *m(f)*

potimarron [potimaʀɔ̃] *m* BOT, GASTR Hokkaido *m*

potin [pɔtɛ̃] *m* ① *souvent pl* Klatsch *m* (*fam*) ② *fam* (*bruit*) Krach *m*

potion [posjɔ̃] *f* **~ magique** Zaubertrank *m*

potiron [pɔtiʀɔ̃] *m* Kürbis *m*

pot-pourri [popuʀi] <pots-pourris> *m* ① MUS Potpourri *nt* ② (*mélange de fleurs odorantes*) Duftmischung *f*

pou [pu] <x> *m* Laus *f* ▸ **chercher des ~x à qn** Streit mit jdm suchen; **fier** [*o* **orgueilleux**] **comme un ~** *fam* wie ein aufgeblasener Frosch; **laid comme un ~** *fam* hässlich wie die Nacht

pouah [pwa] *interj* igitt

poubelle [pubɛl] *f* (*dans la cuisine*) Mülleimer *m,* Abfalleimer *m,* Mistkübel *m* (A); (*devant la porte*) Mülltonne *f*

pouce [pus] **I.** *m* ① *de la main* Daumen *m;* *du pied* große Zehe, großer Zeh ② (*mesure*) Zoll *m* ▸ **donner un coup de ~ à qc** bei etw ein bisschen nachhelfen; **ne pas céder d'un ~** [*o* **un ~ de terrain**] keinen Fußbreit Boden preisgeben; **se tourner les ~s** *fam* Däumchen drehen; **ne pas avancer d'un ~** keinen Schritt weiterkommen; **ne pas reculer d'un ~** keinen Zollbreit zurückweichen; **manger sur le ~** *fam* schnell einen Happen essen **II.** *interj enfantin* halt [*o* stopp] mal!

pouding *v.* **pudding**

poudre [pudʀ] *f* ① (*fines particules*) Pulver *nt;* **sucre en ~** Puderzucker *m;* **~ à laver** Waschpulver ② (*produit cosmétique*) [Gesichts]puder *m* ▸ **prendre la ~ d'escampette** sich aus dem Staub machen (*fam*); **jeter** [*o* **mettre**] **de la ~ aux yeux à qn** jdm Sand in die Augen streuen; **ne pas avoir inventé la ~** *fam* das Pulver [auch] nicht [gerade] erfunden haben; **sentir la ~** zum Pulverfass werden können; **~ de perlimpinpin** *fam* Wunderpülverchen *nt*

poudrer [pudʀe] <1> **I.** *vt* [sich (*dat*)] pudern **II.** *vpr* **se ~** sich pudern; **se ~ qc** sich (*dat*) etw pudern

poudrerie [pudʀəʀi] *f* CAN (*tourbillons de neige*) Schneegestöber *nt*

poudreuse [pudʀøz] *f* Pulverschnee *m*

poudreux, -euse [pudʀø, -øz] *adj* (*en poudre*) pulv[e]rig

poudrier [pudʀije] *m* Puderdose *f*

poudrière [pudʀijɛʀ] *f fig* Pulverfass *nt*

pouf [puf] **I.** *interj* plumps! **II.** *m* gepolsterter Hocker *m*

pouffer [pufe] <1> *vi* **~** [**de rire**] in Lachen ausbrechen

P

pouf[f]iasse [pufjas] *f péj vulg* doofe Ziege *f* (*fam*)
pouilleux, -euse [pujø, -jøz] *adj* ❶ verlaust ❷ *endroit, quartier* armselig [und schmutzig]
poujadisme [puʒadism] *m* HIST, POL Poujadismus *m*
poulailler [pulaje] *m* Hühnerstall *m*
poulain [pulɛ̃] *m* Fohlen *nt*
poularde [pulaʀd] *f* Poularde *f*
poule [pul] *f* ❶ (*femelle du coq*) Henne *f* ❷ (*poulet*) Huhn *nt* ▶ **quand les ~s auront des dents** wenn Ostern und Pfingsten auf einen Tag fallen (*fam*); **~ mouillée** Angsthase *m* (*fam*); **se coucher/se lever avec les ~s** mit den Hühnern zu Bett gehen/aufstehen; **ma ~** *fam* mein Schätzchen
poulet [pulɛ] *m* ❶ ZOOL Huhn *nt* ❷ GASTR Hähnchen *nt;* **~ rôti** Brathähnchen
poulette [pulɛt] *f fam* Schätzchen *nt*
pouliche [puliʃ] *f* Stut[en]fohlen *nt*
poulie [puli] *f* NAUT Block *m;* TECH [Seil]rolle *f*
poulinière [pulinjɛʀ] **I.** *adj* **jument ~** Zuchtstute *f* **II.** *f* Zuchtstute *f*
poulpe [pulp] *m* Krake *f*
pouls [pu] *m* Puls *m;* **prendre le ~ de qn** jdm den Puls messen
poumon [pumɔ̃] *m* Lunge *f,* Lungenflügel *m;* **les ~s** die Lunge; **à pleins ~s** aus voller Lunge; *respirer* ganz tief ▶ **cracher ses ~s** *fam* sich (*dat*) die Lunge aus dem Leib husten
poupe [pup] *f* Heck *nt*
poupée [pupe] *f* Puppe *f;* **jouer à la ~** mit Puppen spielen
poupon [pupɔ̃] *m* [pausbäckiges] Baby *nt*
pouponner [pupɔne] <1> **I.** *vi* sich um sein Baby kümmern **II.** *vt* hätscheln
pouponnière [pupɔnjɛʀ] *f* Kinderkrippe *f*
pour [puʀ] **I.** *prép* ❶ (*but*) für; **~ le malheur/le plaisir de qn** zu jds Unglück/Freude; **c'est ~ ton bien** das geschieht zu deinem Besten ❷ (*envers*) **~ qn** *sympathie, sentiment* für jdn; *amour* zu jdm; *respect* vor jdm ❸ (*contre*) **~ la toux/le rhume** gegen Husten/Schnupfen ❹ (*en direction de*) nach; **partir ~ Paris/l'étranger** nach Paris/ins Ausland fahren; **~ où?** wohin? ❺ (*jusqu'à, pendant*) für; **~ demain** für [*o* bis] morgen; **~ le moment** [*o* **l'instant**] im Augenblick; **j'en ai ~ une heure!** ich brauche eine Stunde! ❻ (*à l'occasion de*) zu; **~ l'anniversaire/Noël** zum Geburtstag/zu Weihnachten ❼ (*en faveur de*) **~ qn/qc** für jdn/etw; **être ~ faire qc** dafür sein etw zu tun ❽ (*quant à*) für; **~ moi** meiner Meinung nach ❾ (*à cause de*) wegen; **~ son courage/sa paresse** wegen seines Mutes/seiner Faulheit; **fermé ~ réparations** wegen Reparaturarbeiten geschlossen; **merci ~ votre cadeau!** danke für euer Geschenk!; **remercier qn ~ avoir fait qc** jdm danken, weil er etw getan hat ❿ (*à la place de*) für, i. A.; **~ le directeur, Beate Wengel** der Direktor, i.A. Beate Wengel; **œil ~ œil, dent ~ dent** Auge um Auge, Zahn um Zahn ⓫ (*par rapport à*) für; **être grand ~ son âge** groß für sein Alter sein ⓬ (*comme*) als; **prendre ~ femme** zur Frau nehmen; **j'ai ~ principe de faire** es ist mein Prinzip etw zu tun; **avoir ~ effet** zur Folge haben ⓭ (*pour ce qui est de*) **~ être furieux, je le suis!** ich bin viel leicht wütend!; **~ autant que je sache** soviel ich weiß ⓮ (*dans le but de*) **~ faire qc** um etw zu tun; **ce n'est pas ~ me déplaire** das gefällt mir [ganz gut]; **~ que tu comprennes** damit du verstehst **II.** *m* **le ~ et le contre** das Für und [das] Wider; **avoir du ~ et du contre** ein Für und ein Wider haben; **il y a du ~ et du contre** es gibt Argumente dafür und dagegen
pourboire [puʀbwaʀ] *m* Trinkgeld *nt*
pourcentage [puʀsɑ̃taʒ] *m* ❶ *a.* COM **~ sur qc** [prozentualer] Anteil an etw (*dat*); **~ de bénéfices** Gewinnanteil; **le ~ des naissances** die Geburtenrate; **travailler/être payé au ~** auf Provisionsbasis arbeiten/bezahlt werden ❷ (*proportion pour cent*) Prozentsatz *m*
pourchasser [puʀʃase] <1> *vt* verfolgen
pourfendre [puʀfɑ̃dʀ] <14> *vt fig littér* angehen gegen
pourparlers [puʀpaʀle] *mpl* Verhandlungen *Pl,* Gespräche *Pl;* **être en ~ avec qn** mit jdm verhandeln [*o* in Verhandlungen stehen]
pourpre [puʀpʀ] **I.** *adj* purpurrot, purpurfarben **II.** *m* (*couleur*) Purpur *m*
pourpré(e) [puʀpʀe] *adj littér* purpurn
pourquoi [puʀkwa] **I.** *conj* ❶ (*pour quelle raison*) warum ❷ (*à quoi bon*) **~ continuer/chercher** warum [*o* wozu] [soll ich/sollen wir/...] weitermachen/suchen ▶ **c'est ~** deshalb, deswegen; **c'est ~?** *fam* was kann ich für Sie tun? **II.** *adv* warum; **je me demande bien ~** ich frage mich wirklich, warum; **voilà ~** deshalb; **~ pas?** [*o* **non?**] warum [eigentlich] nicht? **III.** *m inv* ❶ (*raison*) **le ~ de qc** der Grund einer S. (*gen*); **chercher le ~ et le comment** nach dem Warum und Weshalb fragen

P

❷ (*question*) Warum-Frage *f;* **les ~s** die Fragen

pourri [puʀi] *m* ❶ (*pourriture*) **ça sent le ~ dans cette pièce!** in diesem Raum riecht es muffig! (*fam*) ❷ *péj* (*homme corrompu*) Dreckskerl *m* (*fam*)

pourri(e) [puʀi] **I.** *part passé de* **pourrir II.** *adj* ❶ *fruit, œuf* faul; *poisson, viande* verdorben; *cadavre* verwest; *arbre, planche* morsch; *feuilles* verfault ❷ (*infect*) mies (*fam*); *saison, temps* verregnet; *climat* schlecht; **quel temps ~!** was für ein Mistwetter! (*fam*); **bagnole ~e** Schrottauto *nt* (*fam*) ❸ *personne, société* korrupt; *mœurs* verkommen ❹ *enfant* verzogen

pourriel [puʀjɛl] *m* CAN INET Spam *nt*

pourrir [puʀiʀ] <8> **I.** *vi* ❶ (*se putréfier*) *œuf:* faul werden; *fruit:* verfaulen; *aliment, poisson:* schlecht werden; *cadavre:* verwesen; *arbre, planche:* [ver]modern ❷ *fam* (*croupir*) **~ en prison/dans la misère** im Gefängnis/im Elend verkümmern; **il pourrit dans cet emploi/ce village** er versauert auf dieser Stelle/in diesem Dorf **II.** *vt* verderben *aliment;* verfaulen lassen *bois, végétaux;* faulen lassen *fruit;* [völlig] verziehen *enfant*

pourrissement [puʀismɑ̃] *m* ❶ *d'une situation* Verschlechterung *f; d'un conflit* Zuspitzung *f;* **espérer le ~ de la grève** hoffen, dass der Streik sich totläuft ❷ (*corruption*) Korrumpierung *f*

pourriture [puʀityʀ] *f* ❶ Fäulnis *f; d'un corps* Verwesung *f;* **odeur de ~** Fäulnisgeruch *m* ❷ (*corruption*) *de la société, d'un régime* Korruption *f* ❸ *péj* (*homme corrompu*) Dreckskerl *m* (*fam*); (*femme corrompue*) gemeines Biest (*fam*)

poursuite [puʀsɥit] *f* ❶ Verfolgung *f;* **être à la ~ de qn** jdn verfolgen ❷ (*recherche*) **la ~ du bonheur** die Jagd nach dem Glück ❸ *gén pl* **~s judiciaires** gerichtliche Verfolgung; **engager des ~s contre qn** gerichtlich gegen jdn vorgehen ❹ (*continuation*) Fortsetzung *f*

poursuivant(e) [puʀsɥivɑ̃, ɑ̃t] **I.** *adj* JUR **partie ~e** Kläger *m* **II.** *m(f)* ❶ Verfolger(in) *m(f)* ❷ JUR Kläger(in) *m(f)*

poursuivre [puʀsɥivʀ] <*irr*> **I.** *vt* ❶ (*courir après*) verfolgen ❷ (*harceler*) **~ qn** *personne:* jdn bedrängen; *souvenir, images:* jdn verfolgen; *remords:* jdn quälen ❸ (*rechercher*) streben nach *bonheur, gloire, idéal;* verfolgen *but;* suchen nach *vérité;* **~ l'argent** dem Geld nachjagen ❹ (*continuer*) fortsetzen; weiterführen *combat, enquête;* **~ son récit** in seinem Bericht fortfahren **II.** *vi* ❶ (*continuer*) fortfahren; **~ sur un sujet** bei einem Thema bleiben ❷ (*persévérer*) weitermachen **III.** *vpr* **se ~** andauern; *enquête, grève:* weitergeführt werden

pourtant [puʀtɑ̃] *adv* ❶ (*marque l'opposition, le regret*) dennoch; **cette fois ~, ...** diesmal jedoch ... ❷ (*marque l'étonnement*) [aber] doch; **c'est ~ facile!** das ist aber doch leicht!; **c'est ~ vrai, non?** das stimmt aber doch, oder?; **mais ~ tu avais dit que** du hattest aber doch gesagt, dass

pourtour [puʀtuʀ] *m* ❶ Umrandung *f;* **un ~ de cent mètres** ein Umfang *m* von hundert Metern ❷ (*bords*) Rand *m*

pourvoi [puʀvwa] *m* Berufung *f,* Einspruch *m;* **~ en appel** Berufung; **~ en cassation** Revisionsantrag *m*

pourvoir [puʀvwaʀ] <*irr*> **I.** *vt* **~ de provisions/marchandises** mit Vorräten/Waren ausstatten; **~ un poste** eine Stelle besetzen **II.** *vi* **~ à qc** sich um etw kümmern; **~ à l'entretien de la famille** für den Unterhalt der Familie aufkommen **III.** *vpr* ❶ **se ~ de provisions** sich mit Vorräten eindecken; **se ~ d'armes** sich mit Waffen ausrüsten ❷ JUR **se ~ en appel/en cassation** Berufung/Revision einlegen; **se ~ en révision** ein Wiederaufnahmeverfahren beantragen; **se ~ devant qc** bei etw Beschwerde einlegen

pourvoyeur [puʀvwajœʀ] *m* MIL Munitionskanonier *m*

pourvu [puʀvy] *conj* ❶ (*souhait*) wenn ... nur; **~ que nous ne manquions pas le train!** wenn wir nur den Zug nicht verpassen! ❷ (*condition*) **~ que cela vous convienne** vorausgesetzt, dass es euch recht ist

pousse [pus] *f* ❶ Spross *m* ❷ (*développement*) Wachstum *nt;* **la ~ des cheveux** der Haarwuchs ❸ BOT Austrieb *m*

poussé(e) [puse] *adj étude, discussion, enquête* ausführlich; *technique* hoch entwickelt; *travail* ausgefeilt; *précision* höchste(r, s); **il a fait des études très ~es** er hat es in seinem Studium sehr weit gebracht

pousse-café [puskafe] *m inv fam* Verdauungsschnaps *m*

poussée [puse] *f* ❶ *a.* ARCHIT, GEOG, PHYS Druck *m* ❷ MED Schub *m; d'acné, de boutons* plötzlicher Ausbruch *m;* **~ de fièvre** Fieberschub *m*

pousse-pousse [puspus] *m inv* Rikscha *f*

pousser [puse] <1> **I.** *vt* ❶ (*déplacer*) schieben; [an]schieben *voiture;* antreiben *troupeau;* rücken *meuble* ❷ (*pour ouvrir/*

fermer) ~ **la porte/la fenêtre** die Tür/das Fenster aufmachen/zumachen ❸ (*ouvrir/fermer en claquant*) ~ **la porte/la fenêtre** die Tür/das Fenster aufstoßen/zuschlagen ❹ (*bousculer*) stoßen; ~ **qn/qc du coude/pied** jdn/etw mit dem Ellbogen/dem Fuß anstoßen ❺ (*entraîner*) *courant, vent:* treiben ❻ (*stimuler*) antreiben *candidat, élève, cheval;* hoch drehen *moteur, machine;* **l'intérêt/l'ambition le pousse** das Interesse/der Ehrgeiz treibt ihn [an] ❼ (*inciter à*) ~ **qn à faire qc** jdn dazu bringen etw zu tun; *envie, intérêt, ambition:* jdn dazu treiben etw zu tun; ~ **qn à la consommation** jdn zum Konsum verleiten; ~ **qn au crime** jdn zum Verbrechen anstiften ❽ (*diriger*) ~ **qn vers qc/qn** jdn zu etw drängen/zu jdm hindrängen; **quelque chose le poussait vers elle** er fühlte sich von ihr angezogen ❾ (*émettre*) ausstoßen *cri, soupir;* ~ **des cris de joie** in Freudengeschrei ausbrechen; ~ **des gémissements** stöhnen; **en** ~ **une** *fam* was singen ❿ (*exagérer*) ~ **qc à l'extrême/trop loin** etw [bis] zum Äußersten/zu weit treiben; ~ **la jalousie/la gentillesse jusqu'à faire qc** in seiner Eifersucht/Freundlichkeit so weit gehen etw zu tun ⓫ (*approfondir*) ~ **plus loin les études/recherches** das Studium/die Forschung weiter vertiefen ⓬ (*poursuivre*) vorantreiben *enquête, recherches* ⓭ (*cultiver*) **faire** ~ **des salades/légumes** Salat/Gemüse [an]pflanzen; **faire** ~ **des fleurs** Blumen ziehen ⓮ (*grandir*) **se laisser** ~ **les cheveux/la barbe** sich (*dat*) die Haare/den Bart wachsen lassen **II.** *vi* ❶ (*croître*) wachsen; **sa première dent a poussé** sein/ihr erster Zahn ist [durch]gekommen ❷ (*faire un effort pour accoucher*) pressen ❸ (*faire un effort pour aller à la selle*) drücken ❹ (*aller*) ~ **jusqu'à Toulon** weiter bis Toulon fahren ❺ (*exercer une poussée*) drängen ❻ *fam* (*exagérer*) übertreiben **III.** *vpr* **se** ~ ❶ (*s'écarter*) Platz machen; **pousse-toi!** rutsch mal [zur Seite]! ❷ (*se bousculer*) sich drängen

poussette [pusɛt] *f* (*voiture d'enfant*) [Kinder]sportwagen *m*

poussière [pusjɛʀ] *f* Staub *m;* **faire la** ~ Staub wischen; **avoir une** ~ **dans l'œil** ein Staubkorn im Auge haben ▶ **réduire qn/qc en** ~ aus jdm/etw Kleinholz machen (*fam*); **tomber en** ~ zu Staub zerfallen; **200 euros et des** ~**s** *fam* 200 Euro und ein paar Zerquetschte

poussiéreux, -euse [pusjeʀø, -øz] *adj* staubig; *fenêtre* staubbedeckt; *chambre, livres* verstaubt

poussif, -ive [pusif, -iv] *adj personne* kurzatmig; *moteur* stotternd (*fam*); *cheval* dämpfig

poussin [pusɛ̃] *m* ORN Küken *nt*

poussoir [puswaʀ] *m d'une montre, sonnette* Knopf *m*

poutre [putʀ] *f* ❶ (*de bois*) Balken *m;* ~**s apparentes** frei liegende Balken *Pl* ❷ (*de métal*) Träger *m* ❸ SPORT Schwebebalken *m*

poutrelle [putʀɛl] *f* [Eisen]träger *m*

pouvoir[1] [puvwaʀ] <*irr*> **I.** *aux* ❶ (*être autorisé*) können, dürfen; **tu peux aller jouer** du kannst [*o* darfst] spielen gehen; **il ne peut pas venir** er kann [*o* darf] nicht kommen; **puis-je fermer la fenêtre?** kann ich das Fenster schließen? ❷ (*être capable de*) können; **j'ai fait ce que j'ai pu** ich habe getan, was ich konnte; **je ne peux pas m'empêcher de tousser** ich muss ständig husten ❸ (*éventualité*) **elle peut/pourrait être en France** sie kann [*o* könnte] in Frankreich sein; **quel âge peut-il bien avoir?** wie alt er wohl sein mag?; **c'est une chose qui peut arriver** das kann vorkommen ❹ (*suggestion*) **tu peux bien me prêter ton vélo** du kannst [*o* könntest] mir doch wirklich dein Fahrrad leihen; **tu aurais pu nous le dire plus tôt!** das hättest du uns früher sagen können! **II.** *aux impers* **il peut/pourrait pleuvoir** es kann/könnte regnen; **il aurait pu y avoir un accident** es hätte zu einem Unfall kommen können; **cela peut arriver** das kann vorkommen; **il peut se faire que** + *subj* es kann passieren, dass **III.** *vt* (*être capable de*) ~ **quelque chose pour qn** etwas für jdn tun können; **ne rien** ~ **[faire] pour qn** nichts für jdn tun können ▶ **on ne peut mieux** [aller]bestens; **n'en plus** ~ **de qc** nicht mehr können vor etw (*dat*); **qn n'y peut rien** (*ne peut y porter remède*) jd kann nichts dagegen tun [*o* nichts machen]; (*n'est pas responsable*) jd kann nichts dafür; **si l'on peut dire** wenn man so sagen darf; **on peut dire que qn a bien fait qc** man darf [*o* kann] wohl sagen, dass jd etw wirklich getan hat; **le moins qu'on puisse dire** das mindeste, was man sagen kann; **qu'est-ce que cela peut te faire?** was geht dich das an?; **ne rien** ~ **[y] faire** nichts [daran] ändern können **IV.** *vpr impers* **cela** [*o* **ça** *fam*] **se peut/pourrait** das kann/könnte sein; **non, ça ne se peut pas** nein, das kann nicht sein; **il se pourrait qu'elle vienne**

P

es könnte sein, dass sie kommt ▶ **autant que faire se peut** wenn nur irgend möglich

pouvoir² [puvwaʀ] *m* ❶ POL [regierende] Macht; **le parti au ~** die regierende Partei; **être au ~** an der Macht sein; **arriver au ~** an die Macht kommen; **prendre le ~** die Macht ergreifen ❷ (*autorité*) **~ sur qn** Macht *f* über jdn; **tenir qn en son ~** jdn in der Hand [*o* Gewalt] haben ❸ (*influence*) Einfluss *m* [auf jdn] ❹ (*organes de décision*) [Staats]gewalt *f;* **~ absolu** absolute Gewalt; **~ central** Zentralgewalt; **~ exécutif** Exekutive *f;* **~ législatif** Legislative *f;* **~ judiciaire** richterliche Gewalt; **la séparation des ~s** die Gewaltenteilung; **~s publics** Staatsorgane *Pl,* Behörden *Pl* ❺ *a.* JUR, POL (*droit, attribution*) Befugnis *f;* **~s exceptionnels** Sondervollmachten *Pl;* **~ de décision** Entscheidungsbefugnis ❻ ECON **~ d'achat** Kaufkraft *f*

PP [pepe] *f abr de* **préfecture de police** Polizeipräfektur *f*

P.Q. [peky] *m fam abr de* **papier cul** Klopapier *nt*

pragmatique [pʀagmatik] **I.** *adj* pragmatisch **II.** *mf* Pragmatiker(in) *m(f)* **III.** *f* LING Pragmatik *f*

pragmatisme [pʀagmatism] *m* Pragmatismus *m*

Prague [pʀag] Prag *nt*

praire [pʀɛʀ] *f* Venusmuschel *f*

prairie [pʀeʀi] *f* Wiese *f*

praline [pʀalin] *f* **~ grillée** gebrannte Mandel

praliné [pʀaline] *m* Nougat *nt o m;* (*crème*) Nougatcreme *f*

praticable [pʀatikabl] *adj* ❶ (*en véhicule*) befahrbar; (*à pied*) begehbar; *terrain de sport* bespielbar ❷ (*exécutable*) durchführbar

praticien(ne) [pʀatisjɛ̃, jɛn] *m(f)* Praktiker(in) *m(f);* MED praktizierender Arzt *m*/ praktizierende Ärztin *f*

pratiquant(e) [pʀatikɑ̃, ɑ̃t] **I.** *adj* praktizierend **II.** *m(f)* Kirchgänger(in) *m(f)*

pratique [pʀatik] **I.** *adj* ❶ (*commode*) praktisch; *solution* brauchbar; *emploi du temps* günstig ❷ (*réaliste*) praktisch; **n'avoir aucun sens ~** keinerlei praktische Veranlagung haben; **être un esprit ~** praktisch veranlagt sein; **dans la vie ~** im täglichen Leben ❸ (*opp: théorique*) praktisch; **travaux ~s** Übung *f;* **guide ~** Handbuch *nt* **II.** *f* ❶ (*opp: théorie*) Praxis *f;* **dans la** [*o* **en**] **~** in der Praxis; **mettre en ~** in die Praxis umsetzen ❷ (*expérience*) [praktische] Erfahrung; **avoir la ~ du métier** Berufserfahrung haben; **~ de la conduite** Fahrpraxis *f* ❸ (*procédé*) Praktik *f;* **c'était une ~ courante** das war allgemein [so] üblich ❹ (*coutume*) Gepflogenheit *f*

pratiquement [pʀatikmɑ̃] *adv* ❶ (*en réalité*) praktisch gesehen ❷ (*presque*) praktisch (*fam*)

pratiquer [pʀatike] <1> **I.** *vt* ❶ (*exercer*) ausüben *métier, sport;* **~ sa religion** seine Religion praktizieren; **~ le tennis/golf** Tennis/Golf spielen ❷ (*mettre en pratique*) praktizieren *méthode;* betreiben *politique;* **~ l'indulgence** Nachsicht üben ❸ (*utiliser*) verlangen *prix* **II.** *vi* ❶ MED praktizieren ❷ REL in die Kirche gehen

pré [pʀe] *m* Wiese *f*

préado [pʀeado] *mf fam abr de* **préadolescent(e)** Teeny *m*

préadolescence [pʀeadɔlesɑ̃s] *f* Vorpubertät *f*

préadolescent(e) [pʀeadɔlesɑ̃, ɑ̃t] *m(f)* Teenager *m*

préalable [pʀealabl] *adj entretien* vorhergehend; *avis, accord* vorherig; **question ~** Vorfrage *f;* **je voudrais votre accord/avis ~** ich hätte gerne vorher Ihre Zustimmung/Meinung

préalablement [pʀealabləmɑ̃] *adv* zunächst

préambule [pʀeɑ̃byl] *m* ❶ JUR Präambel *f* ❷ (*entrée en matière*) Vorrede *f* ❸ (*prélude*) Vorspiel *nt* ▶ **sans ~** ohne Umschweife

préau [pʀeo] <x> *m* [Innen]hof *m; d'une école* überdachter Pausenhof

préavis [pʀeavi] *m* ❶ JUR Kündigung *f;* **délai de ~** Kündigungsfrist *f;* **~ de licenciement** fristgemäßes Kündigungsschreiben *nt;* **être licencié sans ~** fristlos entlassen werden; **donner son ~** [fristgemäß] kündigen ❷ (*annonce*) [Vor]ankündigung *f;* **~ de grève** Streikankündigung *f;* **sans ~** ohne Vorankündigung

précaire [pʀekɛʀ] *adj position, situation* ungewiss; *emploi* unsicher; *bonheur* zerbrechlich

précarité [pʀekaʀite] *f* Ungewissheit *f; d'un emploi, d'une situation* Unsicherheit *f; d'un bonheur* Zerbrechlichkeit *f*

précaution [pʀekosjɔ̃] *f* ❶ (*disposition*) Vorsichtsmaßnahme *f* ❷ (*prudence*) Vorsicht *f;* **avec ~** vorsichtig; **sans ~** unvorsichtig; **par ~** vorsichtshalber; **s'entourer de ~s** vorsichtig sein

précédemment [presedamɑ̃] *adv* vorher

précédent(e) [presedɑ̃, ɑ̃t] *adj* vorhergehend; *année* vorige(r, s); **le jour ~** am Vortag *m;* **le mois ~** [im] vorigen [*o* letzten] Monat

précéder [presede] <5> **I.** *vt* ❶ (*dans le temps*) **~ qc** einer S. (*dat*) vorangehen; **le jour qui précédait leur départ** am Tag vor ihrer Abreise ❷ (*dans l'espace*) **~ qc** sich vor einer S. (*dat*) befinden; **l'article précède le nom** der Artikel steht vor dem Nomen ❸ (*devancer*) **~ qn** jdm vorangehen ❹ (*devancer en voiture*) **~ qn** vor jdm [her]fahren; **je vais vous ~ pour ...** ich werde vorangehen, um ...; **elle m'a précédé de quelques minutes** sie war wenige Minuten vor mir da **II.** *vi* vorausgehen; **les jours qui précédaient** an den Tagen zuvor

précepte [presɛpt] *m* ❶ Grundsatz *m* ❷ REL Gebot *nt*

précepteur, -trice [presɛptœr, -tris] *m, f* Hauslehrer(in) *m(f)*

préchauffer [preʃofe] <1> *vt* vorheizen *four;* vorglühen *diesel*

prêche [prɛʃ] *m* Predigt *f*

prêcher [preʃe] <1> **I.** *vt* verkünden *l'Évangile, croisade;* predigen *fraternité, haine;* **tu peux toujours ~ la bonne parole, ...** *hum* du kannst predigen, so viel du willst, ... (*fig*) **II.** *vi* REL predigen; *hum* Moralpredigten halten (*fig, pej*)

prêcheur, -euse [prɛʃœr, -øz] *vieilli* **I.** *adj* moralisierend (*pej*) **II.** *m, f* Moralprediger(in) *m(f)* (*pej*)

précieusement [presjøzmɑ̃] *adv* sorgsam

précieux, -ieuse [presjø, -jøz] *adj* wertvoll; *temps, moment* kostbar; **métal ~** Edelmetall *nt;* **objet ~** Wertgegenstand *m; fig* Kostbarkeit *f*

préciosité [presjozite] *f* Geziertheit *f*

précipice [presipis] *m* Abgrund *m*

précipitamment [presipitamɑ̃] *adv* hastig; *partir, s'enfuir* überstürzt

précipitation [presipitasjɔ̃] *f* ❶ (*hâte*) Hast *f; d'un départ, d'une décision* Überstürztheit *f;* **sans ~** in aller Ruhe; **avec ~** voller Hast; **partir avec ~** überstürzt aufbrechen ❷ *pl* METEO Niederschläge *Pl*

précipité(e) [presipite] *adj* ❶ *fuite, départ* überstürzt; *décision* übereilt; *personne* voreilig ❷ *pas, rythme* schnell; **sa respiration était ~e** sein/ihr Atem ging schnell

précipiter [presipite] <1> **I.** *vt* ❶ (*jeter*) **~ qn dans l'escalier** jdn die Treppe hinunterstoßen ❷ (*accélérer*) beschleunigen *pas* **II.** *vpr* ❶ (*s'élancer*) **se ~ de qc** sich von etw [hinunter]stürzen ❷ (*s'accélérer*) sich beschleunigen

précis(e) [presi, iz] *adj* ❶ (*juste*) genau; *instrument, diagnostic* exakt; *demande, ordre, idée* klar; *geste* präzise; **à 10 heures ~es** um Punkt 10 Uhr ❷ *bruit, contours* deutlich; *dessin, trait* genau; *style* präzise

précisément [presizemɑ̃] *adv* ❶ (*au moment même*) gerade ❷ (*exactement*) genau; **plus ~** genauer gesagt

préciser [presize] <1> **I.** *vt* ❶ (*donner des précisions*) genau[er] erklären *point, fait;* klar[er] ausdrücken *intention, idée;* genau angeben *date, lieu;* **précisez!** werden Sie deutlicher! ❷ (*souligner*) klarstellen; ..., **précise le commissaire** ..., erläutert der Kommissar **II.** *vpr* **se ~** sich klarer abzeichnen; *menace:* deutlicher werden; *idée, situation:* klarer werden

précision [presizjɔ̃] *f* ❶ (*justesse*) Genauigkeit *f; d'un geste, d'un instrument* Präzision *f;* **avec ~** genau; **être/ne pas être d'une grande ~** sehr genau/nicht sehr genau sein ❷ *des contours, d'un trait* Deutlichkeit *f* ❸ *souvent pl* (*détail*) [genauere] Angabe

précité(e) [presite] *adj* oben erwähnt

précoce [prekɔs] *adj* ❶ *plante, variété* früh; *hiver, gelée* [vor]zeitig; **fruits ~s** Frühobst *nt* ❷ *enfant* frühreif

précocité [prekɔsite] *f d'un fruit* frühe Reife *f; d'une gelée, de l'hiver* frühzeitiges Einsetzen *nt; d'un enfant* Frühreife *f*

préconçu(e) [prekɔ̃sy] *adj* ❶ *péj idée, opinion* vorgefasst ❷ *plan* fertig

préconiser [prekɔnize] <1> *vt* befürworten *politique, solution, méthode;* empfehlen *mode de vie, remède*

précontraint [prekɔ̃trɛ̃] *m* Spannbeton *m*

précuit(e) [prekɥi, kɥit] *adj* vorgekocht; **produits ~s** Fertigprodukte *Pl*

précurseur [prekyrsœr] **I.** *adj seulement m* **événement ~ de qc** Auftakt *m* zu etw; **signe ~ de qc** Vorbote *m* einer S. (*gen*); **l'éclair est [le signe] ~ de l'orage** der Blitz kündigt das Gewitter an **II.** *mf* Wegbereiter(in) *m(f)*

prédateur, -trice [predatœr, -tris] **I.** *adj* **animal ~** Raubtier *nt* **II.** *m, f* Raubtier *nt*

prédécesseur [predesesœr] *mf* Vorgänger(in) *m(f)*

prédécoupé(e) [predekupe] *adj planche* [schon] zugeschnitten; *viande* [schon] vorgeschnitten

P

prédéfinir [pʀedefiniʀ] <8> *vt* im Voraus festlegen
prédestination [pʀedɛstinasjɔ̃] *f* Vorherbestimmung *f*
prédestiné(e) [pʀedɛstine] *adj* **être ~** vor[her]bestimmt sein; **être ~ à qc** für etw prädestiniert sein
prédestiner [pʀedɛstine] <1> *vt* **~ qn à qc** jdn für etw vor[her]bestimmen
prédétermination [pʀedetɛʀminasjɔ̃] *f* ❶ PHILOS Determination *f* ❷ REL Vorherbestimmung *f*
prédéterminer [pʀedetɛʀmine] <1> *vt* [vorher]bestimmen
prédicat [pʀedika] *m* LING Prädikat *nt*
prédicateur, -trice [pʀedikatœʀ, -tʀis] *m, f* Prediger(in) *m(f)*
prédication [pʀedikasjɔ̃] *f* ❶ REL Predigen *nt;* **la ~ de l'Évangile** die Verkündigung des Evangeliums ❷ REL (*sermon*) Predigt *f*
prédiction [pʀediksjɔ̃] *f* Voraussage *f*
prédilection [pʀedilɛksjɔ̃] *f* Vorliebe *f;* **avoir une ~ pour qn/qc** eine Vorliebe für jdn/etw haben; **auteur/sport de ~** Lieblingsautor *m*/-sport *m*
prédire [pʀediʀ] <*irr*> *vt* vorhersagen; **~ l'avenir à qn** jdm die Zukunft voraussagen
prédisposer [pʀedispoze] <1> *vt* **~ qn à qc** bei jdm die Voraussetzungen für etw schaffen; MED jdn besonders anfällig für etw machen; **être prédisposé à qc** für etw geschaffen sein
prédisposition [pʀedispozisjɔ̃] *f* **~ à qc** Veranlagung *f* für etw; MED Veranlagung *f* zu etw; **avoir une ~ à faire qc** eine besondere Veranlagung dafür haben etw zu tun
prédominance [pʀedɔminɑ̃s] *f d'un pays, groupe social* Vorherrschaft *f; d'une couleur* Dominieren *nt*
prédominant(e) [pʀedɔminɑ̃, ɑ̃t] *adj* dominierend; *qualité* hervorstechend
prédominer [pʀedɔmine] <1> *vi* vorherrschen; *avis, préoccupation, sport:* vorherrschend sein; *couleur, impression:* überwiegen
prédosé(e) [pʀedoze] *adj café filtre* vordosiert
préélectoral(e) [pʀeelɛktɔʀal, -o] <-aux> *adj* **la période ~e** die Wahlkampfperiode, die Zeit vor den Wahlen
préemballé(e) [pʀeɑ̃bale] *adj* [verkaufsfertig] abgepackt
préencollé(e) [pʀeɑ̃kɔle] *adj* vorgeleimt
préétablir [pʀeetabliʀ] <8> *vt* vorher festlegen
préexistant(e) [pʀeɛgzistɑ̃, ɑ̃t] *adj* [bereits] vorhanden
préfabriqué [pʀefabʀike] *m* (*éléments*) Fertigbauelemente *Pl*
préface [pʀefas] *f* Vorwort *nt*
préfacer [pʀefase] <2> *vt* das Vorwort schreiben
préfectoral(e) [pʀefɛktɔʀal, -o] <-aux> *adj* **arrêté ~** Verordnung *f* des Präfekten; **par mesure ~e** durch Verfügung der Präfektur
préfecture [pʀefɛktyʀ] *f* Präfektur *f;* **~ de police** Polizeipräfektur
préférable [pʀefeʀabl] *adj* **être ~ à qc** einer S. (*dat*) vorzuziehen sein; **il est ~ de**

précision

demander des précisions	*rückfragen*
Est-ce que tu veux dire par là que ...?	*Meinst du damit, dass ...?*
Est-ce que cela signifie que ...?	*Soll das heißen, dass ...?*
Si je vous ai bien compris(e), ..., non?	*Habe ich Sie richtig verstanden, dass ...?*
Vous voulez dire que ...?	*Wollen Sie damit sagen, dass ...?*
s'assurer que le sens/le but de ses propres paroles a été compris	*sich vergewissern, ob der Inhalt/Zweck eigener Äußerungen verstanden wurde*
Compris?/Pigé? (*fam*)	*Kapiert? (fam)*
C'est clair?	*Alles klar? (fam)/Ist das klar?*
Est-ce que tu comprends ce que je veux dire (par là)?	*Verstehst du, was ich (damit) meine?*
Avez-vous compris où je veux en venir?	*Haben Sie verstanden, worauf ich hinauswill?*
Je ne sais pas si je me suis bien fait comprendre.	*Ich weiß nicht, ob ich mich verständlich machen konnte.*

se taire es ist besser zu schweigen; **il est ~ que …** + *subj* es ist besser, wenn …

préféré(e) [pʀefeʀe] **I.** *adj* *ami* beste(r, s); **chanteur ~** Lieblingssänger *m* **II.** *m(f)* Liebling *m*

préférence [pʀefeʀɑ̃s] *f* Vorliebe *f;* **avoir une ~** [*o* **des ~s**] **pour qn/qc** eine Vorliebe für jdn/etw haben; **accorder** [*o* **donner**] **la ~ à qn/qc** jdm/einer S. den Vorzug geben; **avoir la ~ sur qn** jdm vorgezogen werden ▶**de ~** vorzugsweise; **de ~ à qc** lieber als etw

préférentiel(le) [pʀefeʀɑ̃sjɛl] *adj* **tarif ~** Vorzugspreis *m*

préférer [pʀefeʀe] <5> *vt* ❶ (*aimer mieux*) **~ qn à qn** jdn lieber mögen als jdn; **~ qc à qc** etw einer S. (*dat*) vorziehen; **~ le champagne** Champagner bevorzugen; **~ la ville à la campagne** lieber in der Stadt als auf dem Land leben; **je préfère que** + *subj* mir ist es lieber, wenn; **je te préfère avec les cheveux courts** mir gefällst du mit kurzen Haaren besser; **si tu préfères** wenn es dir lieber ist ❷ (*prospérer mieux*) **~ un climat humide/un sol sablonneux** *plante:* in feuchtem Klima/sandigem Boden besonders gut gedeihen

préfet [pʀefɛ] *m* Präfekt *m;* **~ de police** Polizeipräfekt [von Paris]

préfète [pʀefɛt] *f* **Madame la ~** die Präfektin

préfigurer [pʀefigyʀe] <1> *vt* ahnen lassen

préfixe [pʀefiks] *m* Präfix *nt,* Vorsilbe *f*

préhistoire [pʀeistwaʀ] *f* Vorgeschichte *f*

préhistorique [pʀeistɔʀik] *adj* HIST vorgeschichtlich, prähistorisch

préinscription [pʀeɛ̃skʀipsjɔ̃] *f* Voreinschreibung *f,* Voranmeldung *f*

préjudice [pʀeʒydis] *m a.* JUR Schaden *m;* **causer un ~ à qn** jdm schaden; **porter ~ à la tranquillité** die Ruhe beeinträchtigen; **subir un ~** Schaden erleiden ▶**au ~ de qn/qc** zu jds Nachteil/zum Nachteil einer S.

préjudiciable [pʀeʒydisjabl] *adj* **~ à qn/qc** nachteilig für jdn/etw

préjugé [pʀeʒyʒe] *m* Vorurteil *nt;* **avoir un ~ contre qn** jdm gegenüber voreingenommen sein; **sans ~** unvoreingenommen ▶**qn bénéficie d'un ~ favorable** jdm geht ein guter Ruf voraus

préjuger [pʀeʒyʒe] <2a> *vt, vi* **~ [d'] une réaction/[d'] une conduite** eine Reaktion/ein Verhalten vorhersehen; **ne rien laisser ~ de la décision prise** keinen Hinweis auf die Entscheidung geben

prélasser [pʀelɑse] <1> *vpr* **se ~** es sich bequem machen

prélat [pʀela] *m* Prälat *m*

prélavage [pʀelavaʒ] *m* Vorwäsche *f*

prélèvement [pʀelɛvmɑ̃] *m* ❶ (*action de prélever*) Probenentnahme *f;* **~ de sang** Blutabnahme *f;* **~ d'organe** Organentnahme; **faire un ~ d'eau** eine Wasserprobe entnehmen; **faire un ~ de sang** eine Blutprobe machen ❷ FIN, ECON Abzug *m,* Einbehaltung *f;* **~ automatique** Einzugsverfahren *nt;* **~ bancaire** Bankauftrag *m;* **~ fiscal** Steuerabzug; **~s obligatoires** gesetzliche [Sozial]abgaben *Pl* ❸ (*somme retenue*) Abzugsbetrag *m* ❹ (*retrait*) Abhebung *f* ❺ (*somme retirée*) abgehobener Betrag

prélever [pʀel(ə)ve] <4> *vt* einbehalten *somme, pourcentage;* abziehen *taxe;* entnehmen *organe, tissu;* abnehmen *sang;* **~ de l'argent sur le compte** Geld vom Konto abheben

préliminaire [pʀeliminɛʀ] **I.** *adj* vorbereitend; *discours* einleitend; **remarque ~** Vorbemerkung *f* **II.** *mpl* Vorverhandlungen *Pl*

prélude [pʀelyd] *m* ❶ MUS Präludium *nt* ❷ (*début*) **~ de qc** Auftakt *m* zu etw

prématuré(e) [pʀematyʀe] **I.** *adj* vorzeitig; *démarche, décision* verfrüht; **enfant ~** zu früh geborenes Kind *nt* **II.** *m(f)* Frühgeborene(s) *nt*

prématurément [pʀematyʀemɑ̃] *adv* vorzeitig; *décider* verfrüht

préméditation [pʀemeditasjɔ̃] *f* ❶ Absicht *f* ❷ JUR Vorsatz *m;* **avec ~** vorsätzlich

préméditer [pʀemedite] <1> *vt* planen; **~ de faire qc** planen etw zu tun; **prémédité** *crime* vorsätzlich, geplant; *réponse, réaction* wohlüberlegt

prémices [pʀemis] *fpl littér* Anfänge *Pl;* **les ~ de l'hiver** die ersten Anzeichen des Winters

premier [pʀəmje] *m* ❶ (*aîné*) Erste(r, s) *f(m, nt),* erstes Kind *nt* ❷ (*jour*) Erste(r) *m;* **le ~ du mois/de l'an** am Monatsersten/Neujahrstag ❸ (*dans une charade*) erste Silbe ▶**le ~ en date** der Allererste; **~ concerné** direkt betroffen; **les ~s seront les derniers** die Ersten werden die Letzten sein; **jeune ~** (*jeune vedette*) Jungstar *m;* **en ~** (*avant les autres*) zuerst, als Erste(r, s); (*pour commencer*) zunächst, als Erstes

premier, -ière [pʀəmje, -jɛʀ] **I.** *adj* ❶ *antéposé* (*opp: dernier*) erste(r, s); *page* Titel-; **~ venu** erste(r, s), erstbeste(r, s); **en ~**

P

lieu zuerst, als Erstes; **dans les ~s temps** anfangs, in der ersten Zeit ② *besoins, rudiments* Grund-; *vocation* eigentlich; *objectif, rôle* Haupt-, wichtigste(r, s); *qualité* wichtigste(r, s); **au ~ plan** im Vordergrund; **aux premières loges** ganz vorn; **marchandise de ~ choix** [*o* **première qualité**] erstklassige [*o* erlesene] Ware **II.** *m, f* **le ~/la première** der/die/das Erste; **passez le ~/la première!** gehen Sie vor[an]!; **Luc a vu Max, le ~ a plaisanté** Luc hat Max gesehen, Ersterer hat Spaß gemacht

première [pʀəmjɛʀ] *f* ① (*vitesse*) erster Gang ② SCOL ≈ elfte Klasse ③ (*manifestation sans précédent*) erstmaliges Ereignis; **~ mondiale** Weltereignis *nt* ④ THEAT, CINE Premiere *f;* **grande ~** Galapremiere ⑤ TRANSP erste Klasse; **billet de ~** Fahrkarte *f*/Flugticket *nt* erster Klasse ▶ **être de ~** ausgezeichnet [*o* erstklassig] sein; **être de ~ pour qc** *fam personne:* einsame Spitze bei etw [*o* unübertroffen in etw (*dat*)] sein (*fam*); *v. a.* **cinquième**

premièrement [pʀəmjɛʀmɑ̃] *adv* ① (*en premier lieu*) erstens ② (*et d'abord*) im Übrigen

prémisse [pʀemis] *f* Voraussetzung *f;* PHILOS Prämisse *f* (*geh*)

prémix [pʀemiks] *m* Alcopop *m meist Pl*

prémolaire [pʀemɔlɛʀ] *f* vorderer Backenzahn *m*

prémonition [pʀemɔnisjɔ̃] *f* [Vor]ahnung *f*

prémonitoire [pʀemɔnitwaʀ] *adj symptômes* erste(r, s); **signe ~** Vorzeichen *nt*

prémunir [pʀemyniʀ] <8> **I.** *vt* **~ qn contre qc** (*prévenir*) jdn vor etw (*dat*) warnen; (*protéger*) jdn vor etw (*dat*) schützen **II.** *vpr* **se ~ contre qc** sich vor etw (*dat*) schützen

prenant(e) [pʀənɑ̃, ɑ̃t] *adj* ① (*captivant*) fesselnd ② (*absorbant*) Zeit raubend

prénatal(e) [pʀenatal] <s> *adj* vorgeburtlich; **congé ~** Schwangerschaftsurlaub *m;* **visite ~e** Schwangerschaftsvorsorgeuntersuchung *f*

prendre [pʀɑ̃dʀ] <13> **I.** *vt + avoir* ① (*saisir*) nehmen; **~ qc dans qc** etw aus etw [heraus]nehmen; **~ qn par le bras** jdn am Arm fassen; **~ qn par la main** jdn bei der Hand nehmen ② (*absorber*) [zu sich] nehmen; trinken *boisson, café;* essen *sandwich;* einnehmen *médicament;* **vous prendrez bien quelque chose?** Sie trinken doch ein Gläschen/essen doch eine Kleinigkeit? ③ (*aller chercher*) **~ qn chez lui/à la gare** jdn zu Hause/am Bahnhof abholen ④ (*emporter*) [mit]nehmen *manteau, parapluie* ⑤ TRANSP nehmen, fahren mit *train, métro, ascenseur;* nehmen, fliegen mit *avion;* **~ le volant** sich ans Steuer setzen ⑥ (*dérober*) **~ de l'argent à qn** jdm Geld wegnehmen; **~ l'idée/la place de qn** jds Idee/Stelle übernehmen ⑦ SPORT übernehmen *relais, ballon;* **~ le ballon à qn** jdm den Ball abnehmen ⑧ (*capturer*) erlegen *gibier;* fangen *poisson, mouches;* einnehmen *forteresse, ville;* **se faire ~** gefasst werden; **être pris dans qc** in etw (*dat*) gefangen sein ⑨ (*se laisser séduire*) **se laisser ~ par qn/à qc** auf jdn/etw hereinfallen (*fam*) ⑩ (*surprendre*) **~ qn** jdn ertappen; **~ qn sur le fait** jdn auf frischer Tat ertappen; **on ne m'y prendra plus!** das passiert mir nicht noch einmal! ⑪ (*s'engager dans*) nehmen *route, chemin;* einschlagen *direction;* **~ l'autoroute/un raccourci** [über die] Autobahn/eine Abkürzung fahren ⑫ (*piloter*) übernehmen *commande, gouvernail* ⑬ (*acheter*) kaufen; nehmen *chambre, couchette;* **~ de l'essence** tanken ⑭ (*accepter*) **~ qn comme locataire** jdn als Mieter nehmen; **~ qn comme cuisinier** jdn als Koch einstellen ⑮ PHOT **~ qn en photo** ein Foto von jdm machen ⑯ (*noter, enregistrer*) nehmen *empreintes;* machen *notes;* aufschreiben *adresse, nom;* einholen *renseignements;* **~ un rendez-vous** sich (*dat*) einen Termin geben lassen; **~ des nouvelles de qn** sich nach jdm erkundigen; **~ sa température** Fieber messen ⑰ (*adopter*) treffen *décision, précautions;* aufsetzen *air innocent;* ergreifen *mesure;* anschlagen *ton menaçant;* **~ l'apparence/la forme de qc** die Gestalt/die Form einer S. (*gen*) annehmen ⑱ (*se lier avec*) sich (*dat*) nehmen *amant, maîtresse* ⑲ (*acquérir*) annehmen *couleur, goût de rance;* erhalten *nouveau sens;* schöpfen *courage;* **~ du poids** zunehmen; **~ du ventre** einen Bauch bekommen ⑳ MED **~ froid** sich erkälten; **être pris d'un malaise** sich [plötzlich] unwohl fühlen ㉑ (*s'accorder*) sich (*dat*) gönnen *plaisir, repos;* nehmen *des congés, vacances;* **~ sa retraite** in den Ruhestand treten ㉒ (*durer*) **~ deux heures/jours** zwei Stunden/Tage dauern; **ça va me ~ longtemps/deux jours** ich werde lange/zwei Tage dafür brauchen ㉓ (*coûter*) **ce travail me prend tout mon temps** diese Arbeit nimmt meine ganze Zeit in Anspruch ㉔ (*prélever, faire payer*) nehmen *argent, pourcentage;* verlangen *commission, cotisation;* **être pris sur le salaire** vom Gehalt einbehalten werden

㉕ *fam* (*recevoir, subir*) abkriegen *averse, coup, reproche;* ~ **la balle/porte en pleine figure** den Ball/die Tür voll ins Gesicht kriegen ㉖ (*traiter*) umgehen mit *personne;* anpacken *problème;* ~ **qn par la douceur** jdm sanft beikommen; ~ **qn par les sentiments** an jds Gefühle appellieren ㉗ (*réagir à*) ~ **qc au sérieux/tragique** etw ernst/tragisch nehmen; **elle a bien/mal pris la chose** sie hat es/die Sache gut aufgenommen/übel genommen ㉘ (*considérer comme*) ~ **qn/qc pour qc** jdn/etw für etw halten; ~ **qn pour qn** jdn mit jdm verwechseln; ~ **qc pour prétexte** etw zum Vorwand nehmen; **pour qui me prends-tu?** für wen hältst du mich eigentlich? ㉙ (*assaillir*) *doute, faim:* überkommen; *colère, envie:* packen, überkommen; *panique:* ergreifen ㉚ (*s'écrire*) **ce mot prend deux l/une cédille** dieses Wort schreibt man mit zwei l/mit Cedille ▶ **tel est pris qui croyait** ~ *prov* wer andern eine Grube gräbt, fällt selbst hinein; **c'est à ~ ou à laisser** entweder oder; **il y a à ~ et à laisser** *fam* das ist mit Vorsicht zu genießen; **à tout ~** im Großen und Ganzen; ~ **qc sur soi** etw auf sich nehmen; ~ **sur soi de faire qc** es auf sich nehmen etw zu tun; **qu'est-ce qui te/lui prend?** was ist denn mit dir/ihm/ihr los? **II.** *vi* ❶ (*réussir*) **avec moi, ça ne prend pas!** *fam* das zieht bei mir nicht! ❷ + *avoir* (*s'enflammer*) *feu:* angehen ❸ + *avoir o être* (*durcir*) *ciment, mayonnaise:* fest werden ❹ + *avoir* (*se diriger*) ~ **à gauche/droite** *personne:* [nach] links/rechts abbiegen; *chemin:* nach rechts/links führen ❺ + *avoir* (*faire payer*) ~ **beaucoup/peu** viel/wenig verlangen; ~ **cher/bon marché** teuer/billig sein; ~ **cher de l'heure** einen hohen Stundenlohn verlangen **III.** *vpr* ❶ (*s'accrocher*) **se ~ dans qc** sich in etw (*dat*) verfangen; **se ~ le doigt dans la porte** sich den Finger in der Tür einklemmen ❷ (*se considérer*) **se ~ trop au sérieux** sich [selbst] zu ernst nehmen ❸ (*procéder*) **s'y ~ bien/mal avec qn** gut/schlecht mit jdm umgehen; **avec lui il faut savoir s'y ~** ihn muss man zu nehmen wissen; **s'y ~ bien/mal avec qc** sich bei etw geschickt/ungeschickt anstellen; **s'y ~ à trois reprises** drei Anläufe unternehmen ❹ (*en vouloir*) **s'en ~ à qn/qc** jdn/etw dafür verantwortlich machen ❺ (*s'attaquer*) **s'en ~ à qn/qc** jdn/etw angreifen ❻ (*être pris*) **se ~** *médicament:* [ein]genommen werden; **se ~ au filet/à la ligne** *poisson:* mit dem Netz gefangen/geangelt werden ❼ (*se tenir*) **se ~ par le bras** sich unterhaken; **se ~ par la main** sich an den Händen fassen ▶ **se ~ un râteau avec qn** *fam* bei jemandem nicht landen können

preneur, -euse [pʀənœʀ, -øz] *m, f* Abnehmer(in) *m(f)*

prénom [pʀenɔ̃] *m* Vorname *m*

prénommé(e) [pʀenɔme] **I.** *adj* mit dem Vornamen **II.** *m(f)* Besagte(r) *f(m)*

prénommer [pʀenɔme] <1> **I.** *vt* ~ **qn Julien** jdm den Vornamen Julian geben **II.** *vpr* **se ~ Julia** mit Vornamen Julia heißen

prénuptial(e) [pʀenypsjal, -jo] <-aux> *adj* vorehelich; **certificat ~** [ärztliches] Ehetauglichkeitszeugnis *nt*

préoccupant(e) [pʀeɔkypɑ̃, ɑ̃t] *adj* besorgniserregend

préoccupation [pʀeɔkypasjɔ̃] *f* ❶ (*souci*) Sorge *f* ❷ (*occupation*) Beschäftigung *f*

préoccupé(e) [pʀeɔkype] *adj* besorgt; **avoir l'air ~** besorgt aussehen; **être ~ par qc** um etw besorgt sein; **être ~ de faire qc** besorgt darum sein etw zu tun

préoccuper [pʀeɔkype] <1> **I.** *vt* ❶ (*inquiéter*) ~ **qn** jdm Sorge bereiten; *avenir, situation:* jdn beunruhigen ❷ (*absorber*) ~ **qn** *problème, affaire:* jdn sehr beschäftigen **II.** *vpr* **se ~ de qn/qc** sich um jdn/etw sorgen; **se ~ de faire qc** sich darum bemühen etw zu tun

prépa [pʀepa] *f abr de* **classe préparatoire** Vorbereitungsklasse *f* [auf eine der „grandes écoles"]

préparateur, -trice [pʀepaʀatœʀ, -tʀis] *m, f* UNIV Laborant(in) *m(f);* ~ **en pharmacie** pharmazeutisch-technischer Assistent *m*

préparatifs [pʀepaʀatif] *mpl* Vorbereitungen *Pl;* ~ **de la fête** Vorbereitungen für das Fest

préparation [pʀepaʀasjɔ̃] *f* ❶ (*mise au point*) Vorbereitung *f; d'un discours, plan* Ausarbeitung *f; d'un repas, poisson* Zubereitung *f; d'un médicament* Herstellung *f; d'un complot* [heimliche] Planung; **avoir qc en ~** etw in Vorbereitung haben; ~ **au Tour de France** Training *nt* für die Tour de France ❷ SCOL **classe de ~** Vorbereitungsklasse *f;* **la ~ à l'examen** die Examensvorbereitung ❸ CHIM, MED Präparat *nt*

préparatoire [pʀepaʀatwaʀ] *adj* ❶ (*qui prépare*) vorbereitend ❷ SCOL **cours ~** ≈ 1. Klasse Grundschule; **classe ~** Vorbe-

P

reitungsklasse *f* [auf eine der „grandes écoles"]

préparer [pʀepaʀe] <1> **I.** *vt* ① (*confectionner*) vorbereiten, zubereiten *repas;* zubereiten *thé, café;* herstellen *médicament, pommade;* **plat préparé** Fertiggericht *nt* ② (*apprêter*) [zusammen]packen *affaires, bagages;* herrichten *chambre, voiture;* zurechtmachen *gibier, poisson, volaille;* bearbeiten *terre* ③ (*mettre au point*) vorbereiten *fête, plan, voyage;* **~ un piège à qn** jdm eine Falle stellen ④ (*travailler à*) vorbereiten *cours, discours, leçon;* arbeiten an (+ *dat*) *nouvelle édition, roman, thèse;* sich vorbereiten auf (+ *akk*) *bac, concours* ⑤ (*réserver*) ausbrüten (*fam*) *rhume, grippe; iron* **~ une déception/des ennuis à qn** jdm eine Enttäuschung/Ärger bereiten; **que nous prépare-t-il?** was führt er im Schilde? ⑥ (*entraîner*) **j'y étais préparé** ich war darauf vorbereitet **II.** *vpr* ① (*se laver, se coiffer, s'habiller*) **se ~** sich zurechtmachen, sich fertig machen ② (*faire en sorte d'être prêt*) **se ~ à un examen/une compétition** sich auf eine Prüfung/einen Wettkampf vorbereiten ③ *soutenu* (*être sur le point de*) **se ~ à faire qc** sich anschicken etw zu tun ④ (*approcher*) **se ~** *événement:* in der Luft liegen; *orage:* im Anzug sein; *grandes choses, tragédie:* sich abzeichnen ⑤ (*devoir être préparé*) **se ~** *examen, plan, voyage:* vorbereitet werden

prépondérance [pʀepɔ̃deʀɑ̃s] *f* (*suprématie*) Vorherrschaft *f*

prépondérant(e) [pʀepɔ̃deʀɑ̃, ɑ̃t] *adj influence, part, rôle* entscheidend; *voix* ausschlaggebend; **occuper une place ~e** *personne:* eine entscheidende Rolle spielen; *chose, événement:* eine Vorrangstellung einnehmen

préposé(e) [pʀepoze] *m(f)* ① (*facteur*) Briefträger(in) *m(f)* ② ADMIN **~ des douanes/postes** Zoll-/Postbeamte(r) *m/* Zoll-/Postbeamtin *f*

préposition [pʀepozisjɔ̃] *f* Präposition *f*

pré-projet [pʀepʀɔʒɛ] <pré-projets> *m* Vorprojekt *nt*

prépuce [pʀepys] *m* Vorhaut *f*

préréglage [pʀeʀeglaʒ] *m d'un appareil, circuit* Voreinstellung *f*

prérégler [pʀeʀegle] <5> *vt* vorwählen *programme, station de radio;* **être préréglé** vorprogrammiert sein

préretraite [pʀeʀ(ə)tʀɛt] *f* vorzeitiger Ruhestand *m;* **départ en ~** vorzeitiges Ausscheiden *nt* aus dem Arbeitsleben; **être en ~** im Vorruhestand sein

préretraité(e) [pʀeʀ(ə)tʀete] *m(f)* Vorruheständler(in) *m(f);* (*pour des raisons médicales*) Frührentner(in) *m(f)*

prérogative [pʀeʀɔgativ] *f* JUR Vorrecht *nt*

près [pʀɛ] **I.** *adv* ① (*à une petite distance*) nah[e], in der Nähe ② (*dans peu de temps*) nahe; **être ~** *événement, départ, fête:* bevorstehen ▶**de ~ ou de loin** in irgendeiner Weise; **ni de ~ ni de loin** nicht im Geringsten; *ressembler* in keiner Weise; **qn en est à un euro ~** bei jdm kommt es auf jeden Euro an (*fam*); **qn n'en est pas/plus à qc ~** jdm kommt es auf etw (*akk*) nicht/nicht mehr an; **ne pas y regarder de trop ~** *fam* nicht so genau hinsehen; **à la/au ... ~** (*très exactement*) **à la minute/au centimètre ~** auf die Minute/auf den Zentimeter genau; **au franc ~** bis auf den letzten Franc; **j'ai raté le bus à quelques secondes ~** ich habe den Bus um ein paar Sekunden verpasst; **à une exception/quelques détails ~** bis auf eine Ausnahme/einige Details; **à peu [de choses] ~** beinahe; *ressembler* ziemlich; **l'hôtel était à peu ~ vide/calme** das Hotel war fast [ganz] leer/einigermaßen ruhig; **à cela ~ que qn a fait qc** abgesehen davon, dass jd etw getan hat; **de [tout/très] ~** *voir, regarder* [ganz] aus der Nähe; *frôler, approcher* [sehr] nahe; *suivre* [ganz/sehr] dicht; *examiner, surveiller, y garder* [ganz/sehr] genau; *se suivre* kurz hintereinander **II.** *prép* ① (*à côté de*) **~ d'une personne/d'un lieu** in jds Nähe (*dat*)/in der Nähe eines Ortes; **~ de Paris/Cologne** bei [*o* in der Nähe von] Paris/Köln; **habiter ~ de chez qn** nicht weit von jdm wohnen; **~ du bord** nah[e] am Rand ② (*à peu de temps de*) **être ~ du but** nahe am Ziel sein; **être ~ de la retraite** kurz vor der Pensionierung stehen ③ (*presque*) **~ de mille euros/cinq ans/cent kilomètres** fast [*o* an die] tausend Euro/fünf Jahre/hundert Kilometer; **~ de la moitié/des trois quarts** fast die Hälfte/drei Viertel ▶**ne pas être ~ de faire qc** etw bestimmt nicht mehr tun

présage [pʀezaʒ] *m* ① (*signe annonciateur*) Vorzeichen *nt;* **heureux/mauvais ~** gutes/schlechtes Vorzeichen ② (*prédiction*) Voraussagung *f*

présager [pʀezaʒe] <2a> *vt* (*être un signe annonciateur*) ankündigen *vent, beau temps, pluie;* **qc/cela ne présage rien de**

bon etw/das bedeutet nichts Gutes; **laisser ~ une catastrophe** auf eine Katastrophe hindeuten

pré-salé [presale] <prés-salés> *m Schaf, das auf zeitweise vom Meer überschwemmten Wiesen weidet;* GASTR *Fleisch dieser Schafe*

presbyte [pʀɛsbit] **I.** *adj* **être ~** weitsichtig sein **II.** *mf* Weitsichtige(r) *f(m)*

presbytère [pʀɛsbitɛʀ] *m* Pfarrhaus *nt*

prescience [pʀesjɑ̃s] *f* ❶ *soutenu* Vorahnung *f* ❷ REL Vorherwissen *nt;* **Dieu a la ~ de tout notre avenir** Gott kennt unsere Zukunft

préscolaire [pʀeskɔlɛʀ] *adj activités* vorschulisch

prescripteur, -trice [pʀɛskʀiptœʀ, tʀis] *m, f* [**médecin**] **~** verschreibender Arzt *m*

prescriptible [pʀɛskʀiptibl] *adj crime* verjährbar; *biens* ersitzbar; **droit ~** verjährbarer Anspruch *m*

prescription [pʀɛskʀipsjɔ̃] *f* ❶ *a.* JUR, ECON (*ordre formel*) Vorschrift *f,* Bestimmung *f;* (*émanant d'une autorité*) Anordnung *f;* (*morale*) Gebot *nt* ❷ MED (*action de prescrire*) Verschreiben *nt,* Verordnen *nt;* (*traitement prescrit*) Anweisung *f;* **~ médicale** Anweisung [*o* Anordnung] des Arztes; **médicament délivré sur ~ médicale** verschreibungspflichtiges Medikament ❸ JUR (*moyen d'acquérir ou de se libérer*) Verjährung *f;* **~ pénale** strafrechtliche Verjährung; **il y a ~** das ist verjährt

prescrire [pʀɛskʀiʀ] <*irr*> *vt* ❶ (*ordonner*) vorschreiben; anordnen *mesures;* **prescrit** *jour, délai* festgesetzt; **~ à qn de faire qc** jdn anweisen etw zu tun *f* ❷ MED **~ qc à qn contre qc** jdm etw gegen etw verschreiben; **ne pas dépasser la dose prescrite** die verordnete Dosis nicht überschreiten ❸ JUR **être prescrit** *dette, peine:* verjähren

présélection [pʀeselɛksjɔ̃] *f* (*choix préalable*) Vorauswahl *f*

présélectionner [pʀeselɛksjɔne] <1> *vt* eine Vorauswahl treffen von *candidats, concurrents;* **être présélectionné** *candidat, concurrent:* in der engeren Wahl sein

présence [pʀezɑ̃s] *f* ❶ *d'une personne* Anwesenheit *f; d'une chose* Vorhandensein *nt;* **mettre qn en ~ de qn/qc** jdn mit jdm/etw konfrontieren; **en ~ de qn** in jds Anwesenheit (*dat*) ❷ (*personnalité*) Ausstrahlungskraft *f;* **avoir de la ~** Ausstrahlung haben ►**~ d'esprit** Geistesgegenwart *f;* **avoir la ~ d'esprit de faire qc** so geistesgegenwärtig sein etw zu tun

présent [pʀezɑ̃] *m* ❶ (*opp: passé*) Gegenwart *f;* **pour le ~** im Moment ❷ GRAM Präsens *nt,* Gegenwart *f;* **participe ~** Partizip Präsens; **indicatif/subjonctif ~** Indikativ/Konjunktiv Präsens *nt* ►**à ~** jetzt, zur Zeit; **à ~ qu'il est parti** jetzt, wo er weggegangen ist; **dès à ~** ab sofort; **jusqu'à ~** bis jetzt

présent(e) [pʀezɑ̃, ɑ̃t] **I.** *adj* ❶ *personne* anwesend; **les personnes ~es** die Anwesenden ❷ (*qui existe*) **avoir qc ~ à l'esprit/à la mémoire** etw im Kopf/[gut] in Erinnerung haben ❸ *circonstances, état* gegenwärtig; *temps* heutig; **à la minute/l'heure ~e** im Augenblick/zur Stunde **II.** *m(f)* (*personne*) Anwesende(r) *f(m)*

présentable [pʀezɑ̃tabl] *adj* ❶ (*bien présenté*) **être ~** präsentierbar [*o* vorzeigbar] sein ❷ (*convenable, décent*) **être ~** *tenue, coiffure:* sich sehen lassen können; *personne:* vorzeigbar sein (*fam*)

présentateur, -trice [pʀezɑ̃tatœʀ, -tʀis] *m, f des informations, du journal télévisé* [Nachrichten]sprecher(in) *m(f); d'un programme* Ansager(in) *m(f); d'une émission, discussion* Moderator(in) *m(f)*

présentation [pʀezɑ̃tasjɔ̃] *f* ❶ *d'une collection, de modèles, tableaux* Vorführung *f; d'un film, invité, nouveau venu* Vorstellung *f; d'un bilan, du budget* Vorlage *f; d'un problème, d'une idée* Präsentation *f* ❷ RADIO, TV *d'une émission, du journal télévisé* Moderation *f; d'un programme* Ansage *f* ❸ *d'un billet, document, d'une pièce d'identité* Vorzeigen *nt;* **sur ~ d'une pièce d'identité** gegen Vorlage eines Ausweises ❹ (*aspect extérieur: d'une personne*) [äußere] Erscheinung; (*d'un devoir, texte*) [äußere] Form; (*d'un produit*) Aufmachung *f* ❺ (*fait d'introduire qn*) **les ~s** das Vorstellen; **faire les ~s** [Menschen einander] vorstellen; **votre fils a déjà fait les ~s** Ihr Sohn hat uns schon miteinander bekannt gemacht

présente [pʀezɑ̃t] *f* ADMIN dieses Schreiben *nt;* **par la ~ nous vous informons que ...** hiermit teilen wir Ihnen mit, dass ...

présenter [pʀezɑ̃te] <1> **I.** *vt* ❶ (*faire connaître*) vorstellen, vorführen *collection, modèles;* vorstellen *film, invité, nouveau venu;* vorführen *cheval, troupe;* **~ qn à un juge/à la justice** jdn dem Richter/dem Gericht vorführen ❷ RADIO, TV moderieren *émission;* ansagen *programme;* **~ le journal télévisé** (*en France*) die Nachrichtensen-

P

dung moderieren; (*en Allemagne*) die Nachrichten sprechen ❸ (*décrire*) ~ **qn/qc comme qn/qc** jdn/etw als jdn/etw darstellen ❹ (*montrer*) vorzeigen *billet, carte d'identité;* vorlegen *document;* zeigen *jambe, dos* ❺ (*soumettre*) unterbreiten *problème, théorie;* vorlegen *travail;* (*exprimer*) vorbringen *critique, objection;* aussprechen *condoléances, félicitations;* ausdrücken *regrets;* ~ **ses excuses à qn** jdn um Entschuldigung bitten ❻ (*donner une apparence*) präsentieren; **c'est bien présenté** das ist gut dargeboten ❼ (*avoir*) aufweisen *différence, symptôme, défaut;* mit sich bringen *inconvénients;* bereiten *difficultés;* ~ **un intérêt** von Interesse sein; ~ **un danger/des dangers** eine Gefahr darstellen/Gefahren bergen; ~ **un aspect rugueux/humide** rau/feucht aussehen ❽ (*offrir*) bieten; reichen, anbieten *plat, rafraîchissement;* anbieten *fauteuil;* überreichen *fleurs, bouquet* ❾ (*proposer*) vorlegen *devis, dossier, projet de loi;* präsentieren *addition, facture;* einreichen *motion, demande* **II.** *vi* ~ **bien/mal** *fam* einen guten/schlechten Eindruck hinterlassen **III.** *vpr* ❶ (*décliner son identité*) **se ~ à qn** sich jdm vorstellen ❷ (*se rendre, aller, venir*) **se ~ chez qn** bei jdm erscheinen; **se ~ chez un employeur** sich bei einem Arbeitgeber vorstellen ❸ (*être candidat*) **se ~ à un examen** an einer Prüfung teilnehmen; **se ~ pour un emploi** sich um [*o* für] eine Stelle bewerben ❹ (*apparaître, exister, surgir*) **se ~** *problème, difficulté, obstacle:* auftreten; *occasion, spectacle:* sich bieten; **se ~ à l'esprit de qn** jdm in den Sinn kommen ❺ (*paraître, avoir un certain aspect*) **se ~ sous forme de cachets** es als Tabletten geben; **se ~ sous un nouveau jour** *problème:* in einem ganz anderen Licht erscheinen; **ça se présente bien!** das fängt ja gut an! (*fam*)

présentoir [pʀezɑ̃twaʀ] *m* Verkaufsständer *m*

préservatif [pʀezɛʀvatif] *m* (*condom*) Kondom *nt*

préservation [pʀezɛʀvasjɔ̃] *f des biens, récoltes, de l'environnement* Schutz *m; d'une espèce, de la santé, de monuments* Erhaltung *f;* ~ **des sites** Landschaftspflege *f*

préserver [pʀezɛʀve] <1> **I.** *vt* ❶ (*protéger*) ~ **qn/qc du froid** jdn/etw vor [der] Kälte schützen; ~ **qn du danger** jdn vor einer Gefahr bewahren ❷ (*garder intact*) wahren *intérêts* **II.** *vpr* **se ~ de qc** sich vor etw (*dat*) schützen

présidence [pʀezidɑ̃s] *f* Präsidentschaft *f*

président(e) [pʀezidɑ̃, ɑ̃t] *m(f)* ❶ *d'une association, commission, d'un comité, jury* Vorsitzende(r) *f(m); d'un congrès* Leiter(in) *m(f); d'une assemblée, université, d'un tribunal* Präsident(in) *m(f); d'une entreprise* Generaldirektor(in) *m(f)* ❷ (*chef de l'État*) **le Président/la Présidente** der [Staats]präsident/die [Staats]präsidentin; **le Président de la République française** der französische Staatspräsident ❸ CH (*maire dans les cantons de Valais et de Neuchâtel*) Ammann *m* (CH)

président-directeur général, présidente-directrice générale [pʀezidɑ̃diʀɛktœʀʒeneʀal, pʀezidɑ̃tdiʀɛktʀisʒeneʀal, -o] <présidents-directeurs généraux> *m, f* Generaldirektor(in) *m(f)*

présidentiable [pʀezidɑ̃sjabl] **I.** *adj* **être ~** [ein] möglicher Präsidentschaftskandidat sein **II.** *mf* [möglicher] Präsidentschaftskandidat *m*/[mögliche] Präsidentschaftskandidatin *f*

présidentiel(le) [pʀezidɑ̃sjɛl] *adj* **élections ~les** Präsidentschaftswahlen *Pl*

présidentielle [pʀezidɑ̃sjɛl] *f gén pl* Präsidentschaftswahl[en *Pl*] *f*

présider [pʀezide] <1> **I.** *vt* ❶ den Ehrenplatz einnehmen bei *dîner, banquet* ❷ (*diriger*) ~ **une assemblée** bei einer Versammlung den Vorsitz führen, eine Versammlung präsidieren (CH); **être présidé par...** *réunion, assemblée:* unter dem Vorsitz von ... stehen **II.** *vi* (*diriger*) den Vorsitz führen

présomption [pʀezɔ̃psjɔ̃] *f* ❶ (*supposition*) Vermutung *f;* **avoir de fortes ~s que qn a fait qc** stark annehmen, dass jd etw getan hat ❷ JUR ~ **de culpabilité** Schuldvermutung; ~ **de faute** Schuldvermutung; ~ **de paternité** Vaterschaftsvermutung

présomptueux, -euse [pʀezɔ̃ptɥø, -øz] **I.** *adj* überheblich **II.** *m, f* überheblicher Mensch *m;* (*femme*) selbstgefällige Person *f*

presque [pʀɛsk] *adv* fast, beinahe; **tout le monde ou ~** alle oder fast alle; **c'est ~ sûr** das ist so gut wie sicher; **je ne l'ai ~ pas entendu** ich habe ihn kaum gehört; **je ne connais ~ personne** ich kenne fast niemanden; **il pleurait ~** er war dem Weinen nahe

presqu'île [pʀɛskil] *f* Halbinsel *f*

pressage [pʀɛsaʒ] *m* Pressen *nt*

pressant(e) [pʀɛsɑ̃, ɑ̃t] *adj* ❶ *travail* dringend; *affaire* dringlich ❷ (*insistant*) drängend; *créancier, amoureux* aufdringlich

P

press-book [pʀɛsbuk] <press-books> *m* (*attestations professionnelles*) Bewerbungsmappe *f;* (*documents reliés*) Präsentationsmappe *f*

presse [pʀɛs] *f* (*journaux*) Presse *f;* ~ **écrite** Printmedien *Pl;* ~ **à grand tirage** auflagenstarke [Tages]zeitungen *Pl;* ~ **féminine/sportive** Frauen-/Sportzeitschriften *Pl;* ~ **mensuelle** Monatsschriften *Pl;* ~ **nationale/régionale** überregionale Presse/Regionalpresse [*o* Lokalpresse]; ~ **numérique** digitale Presse *f,* Onlinepresse *f;* ~ **quotidienne** Tagespresse ▶ **avoir bonne/mauvaise** ~ einen guten/schlechten Ruf haben; **avoir une bonne/mauvaise** ~ eine gute/schlechte Presse haben

pressé(e)[1] [pʀese] *adj* (*qui se hâte*) *pas* eilig; **être** ~ **d'arriver** es eilig haben anzukommen

pressé(e)[2] [pʀese] *adj* *citron, orange* [frisch] gepresst

presse-agrumes [pʀɛsagʀym] *m inv* Saftpresse *f* **presse-citron** [pʀɛssitʀɔ̃] <presse-citrons> *m* Zitronenpresse *f*

pressentiment [pʀesɑ̃timɑ̃] *m* Vorahnung *f;* **avoir le** ~ **de qc** etw vorausahnen; **avoir le** ~ **qu'il va pleuvoir** das Gefühl haben, dass es [bald] regnen wird

pressentir [pʀesɑ̃tiʀ] <10> *vt* vorausahnen; ~ **que** das Gefühl haben, dass

presse-papiers [pʀɛspapje] *m inv* INFORM Zwischenablage *f* **presse-purée** [pʀɛspyʀe] *m inv* Kartoffelpresse *f*

presser[1] [pʀese] <1> **I.** *vt* (*hâter*) beschleunigen *cadence, pas;* überstürzen *choses;* vorantreiben *affaire, événement;* ~ **le départ** früher losfahren; ~ **qn** jdn [zur Eile] antreiben **II.** *vi temps:* drängen; *affaire:* eilen; **le temps presse** es ist höchste Zeit ▶ **ça presse!** *fam* das/es ist dringend! **III.** *vpr* **se** ~ **de faire qc** sich beeilen etw zu tun

presser[2] [pʀese] <1> **I.** *vt* ❶ (*pour extraire un liquide*) auspressen *fruit, jus;* ausdrücken *éponge;* pressen *pis d'une vache, raisin* ❷ (*serrer: avec la main, les mains*) drücken; ~ **qn contre soi/sa poitrine** jdn an sich/an seine Brust drücken; (*dans un étau*) jdn an sich/an seine Brust pressen ❸ (*comprimer*) ~ **qn contre le mur** jdn an die Wand drücken **II.** *vpr* ❶ (*se serrer*) **se** ~ **contre qn/qc** sich an jdn/etw drücken ❷ (*se bousculer*) **se** ~ **vers la sortie** zum Ausgang drängen

pressing [pʀesiŋ] *m* (*teinturerie*) [chemische] Reinigung *f*

pression [pʀɛsjɔ̃] *f* ❶ MED, METEO, PHYS Druck *m;* **zone de haute/basse** ~ Hochdruck-/Tiefdruckgebiet *nt;* ~ **atmosphérique** Luftdruck ❷ (*bouton*) Druckknopf *m* ❸ (*contrainte*) Druck *m;* ~ **sociale** gesellschaftliche Zwänge *Pl;* **céder/résister aux** ~**s** dem Druck nachgeben/nicht nachgeben; **il a subi des** ~**s** man hat Druck auf ihn ausgeübt ❹ (*bière*) **bière** [**à la**] ~ Bier *nt* vom Fass ▶ **mettre la** ~ **sur qn** jdn unter [Leistungs]druck setzen; **être sous** ~ unter Druck stehen

pressoir [pʀɛswaʀ] *m* (*machine*) Presse *f;* (*pour le raisin*) Kelter *f*

pressurer [pʀesyʀe] <1> *vt* ❶ (*exploiter*) aussaugen, ausnehmen *contribuable, peuple* ❷ (*presser*) keltern *fruits, pommes, raisin*

pressurisation [pʀesyʀizasjɔ̃] *f* Druckausgleich *m*

pressuriser [pʀesyʀize] <1> *vt* TECH ~ **une cabine d'avion** in einer Flugzeugkabine einen Druckausgleich erzeugen

prestance [pʀɛstɑ̃s] *f* *d'une personne* stattliches Aussehen *nt;* **avoir de la** ~ stattlich aussehen

prestataire [pʀɛstatɛʀ] *mf* ❶ (*bénéficiaire*) [Leistungs]empfänger(in) *m(f)* ❷ (*entreprise*) ~ **de services** Dienstleistungsunternehmen *nt*

prestation [pʀɛstasjɔ̃] *f* ❶ THEAT Darbietung *f;* SPORT Leistung *f;* ~ **télévisée** Fernsehauftritt *m* ❷ *gén pl* (*services fournis*) Leistungen *Pl;* ~ **de services** Dienstleistung *f* ❸ *pl* (*sommes versées*) Leistungen *Pl;* ~**s familiales** Familienbeihilfe *f;* ~**s sociales** Sozialversicherungsleistungen; ~**s de maladie** Leistungen [aus] der Krankenversicherung; ~**s d'invalidité/de vieillesse** Leistungen [aus] der Invaliditätsversicherung/Altersversicherung

prestement [pʀɛstəmɑ̃] *adv soutenu* schnellstens, rasch

prestidigitateur, -trice [pʀɛstidiʒitatœʀ, -tʀis] *m, f* Zauberkünstler(in) *m(f)*

prestidigitation [pʀɛstidiʒitasjɔ̃] *f* Zauberei *f;* **tour de** ~ Zauberkunststück *nt*

prestige [pʀɛstiʒ] *m* Ansehen *nt;* **avoir beaucoup de** ~ hohes Ansehen genießen

prestigieux, -ieuse [pʀɛstiʒjø, -jøz] *adj* *lieu, événement* glanzvoll; *carrière* glänzend; *objet, produits* von hohem Prestigewert; *métier, école* [hoch] angesehen; *artiste, scientifique* (*remarquable*) bemerkenswert; (*en renom*) renommiert

présumé(e) [pʀezyme] *adj* *auteur* mutmaßlich; **être** ~ **coupable/innocent/res-**

P

ponsable für schuldig/unschuldig/verantwortlich gehalten werden

présumer [pʀezyme] <1> **I.** *vt* annehmen **II.** *vi* **trop ~ de ses forces** seine Kräfte überschätzen

présupposé [pʀesypoze] *m* ❶ *d'un article, d'une doctrine* Voraussetzung *f,* Grundlage *f* ❷ LING, GRAM Präsupposition *f*

présupposer [pʀesypoze] <1> *vt* voraussetzen

présupposition [pʀesypozisjɔ̃] *f* Voraussetzung *f*

présure [pʀezyʀ] *f* Lab *nt*

prêt [pʀɛ] *m* ❶ *d'argent* [Ver]leihen *nt; d'un livre, objet* Ausleihen *nt,* Verleihen *nt* ❷ (*crédit*) Darlehen *nt,* Kredit *m;* (*prêt public*) Anleihe *f;* **~ à intérêt** verzinsliches Darlehen ❸ (*chose prêtée*) Leihgabe *f*

prêt(e) [pʀɛ, pʀɛt] *adj* ❶ (*préparé*) **être ~** fertig [*o* bereit] sein; **fin ~** *fam* fix und fertig; **tout est ~ pour la cérémonie** für die Feier ist alles vorbereitet; **~ à cuire/rôtir** koch-/bratfertig; **à vos marques; ~s? partez!** auf die Plätze, fertig, los! ❷ (*disposé*) **~ à faire qc** bereit etw zu tun; **être ~ à tout pour faire qc** zu allem bereit sein um etw zu tun

prêt-à-porter [pʀɛtapɔʀte] <prêts-à-porter> *m* Konfektionskleidung *f*

prétendant(e) [pʀetɑ̃dɑ̃, ɑ̃t] *m(f)* (*candidat*) Bewerber(in) *m(f);* **~ au trône** Thronanwärter *m;* **~e à un poste** Bewerberin *f* [für eine Stelle]

prétendre [pʀetɑ̃dʀ] <14> *vt* ❶ (*affirmer*) behaupten; **à ce qu'on prétend, il est ...** angeblich ist er ... ❷ (*avoir la prétention de*) behaupten; **je ne prétends pas vous convaincre** ich behaupte nicht [*o* ich bilde mir nicht ein], dass ich Sie überzeugen kann

prétendu(e) [pʀetɑ̃dy] **I.** *part passé de* **prétendre II.** *adj antéposé* angeblich

prétendument [pʀetɑ̃dymɑ̃] *adv* angeblich

prétentieusement [pʀetɑ̃sjøzmɑ̃] *adv* auf überhebliche Weise

prétentieux, -ieuse [pʀetɑ̃sjø, -jøz] **I.** *adj personne, ton* überheblich; **avoir l'air ~** arrogant wirken **II.** *m, f* eingebildeter Mensch; (*femme*) eingebildete Person

prétention [pʀetɑ̃sjɔ̃] *f* ❶ *sans pl* (*vanité*) Überheblichkeit *f;* **sans ~** *maison* schlicht; *repas* einfach; **avoir/ne pas avoir la ~ de faire qc** sich (*dat*) einbilden/nicht einbilden etw tun zu können; **ce diplôme n'a pas la ~ de remplacer ...** dieses Diplom erhebt nicht den Anspruch ... zu ersetzen ❷ *gén pl* (*ce à quoi on prétend*) Anspruch *m;* **avoir des ~s** Ambitionen haben

prêter [pʀete] <1> **I.** *vt* ❶ (*avancer pour un temps*) ausleihen *livre, voiture, parapluie;* **~ de l'argent/100 euros à qn** jdm Geld/100 Euro leihen ❷ (*attribuer*) **~ une intention à qn** jdm eine Absicht unterstellen **II.** *vi* ❶ (*donner matière à*) **~ à équivoque** missverständlich sein; **~ à rire** lachhaft sein ❷ (*consentir un prêt*) **~ à 8%** zu [*o* mit] 8% Zinsen [ver]leihen; **~ à intérêt/sur gage** auf Zinsen/gegen Pfand leihen **III.** *vpr* ❶ (*consentir*) **se ~ à un jeu** bei einem Spiel mitmachen ❷ (*être adapté à*) **se ~ à qc** sich für etw eignen

prétérit [pʀeteʀit] *m* Präteritum *nt*

prêteur, -euse [pʀɛtœʀ, -øz] *m, f* [Geld]verleiher(in) *m(f);* **~ sur gages** Pfandleiher(in) *m(f)*

prétexte [pʀetɛkst] *m* (*raison apparente*) Vorwand *m;* (*excuse*) Ausrede *f;* **mauvais ~** schlechte Ausrede; **prendre qc comme** [*o* **pour**] **~** etw zum Vorwand nehmen; **sous aucun ~** unter keinen Umständen; **sous ~ de manque de temps, elle est ...** aus angeblichem Zeitmangel ist sie ...

prétexter [pʀetɛkste] <1> *vt* zum Vorwand nehmen, als Ausrede benutzen; **elle prétexte qu'elle n'a pas le temps** sie gibt vor keine Zeit zu haben

prétoire [pʀetwaʀ] *m* Gerichtssaal *m*

prêtre [pʀɛtʀ] *m* REL Priester *m*

prêtre-ouvrier [pʀɛtʀuvʀije] <prêtres-ouvriers> *m* Arbeiterpriester *m*

preuve [pʀœv] *f* ❶ (*indice probant, démonstration*) Beweis *m;* **~ de qc** Beweis für etw; **~ en main** anhand von Beweisen; **jusqu'à ~ du contraire** bis zum Beweis des Gegenteils; **fournir/établir la ~ de qc** den Beweis für etw erbringen/liefern ❷ (*marque*) **une ~ d'amour/de bonne volonté** ein Liebesbeweis *m*/ein Zeichen *nt* des guten Willens ❸ MATH **~ par neuf** Neunerprobe *f* ▶ **faire ~ de bonne volonté/courage** guten Willen/Mut zeigen [*o* beweisen]; **faire ~ d'entêtement** Sturheit an den Tag legen; **faire ses ~s** *élève:* sich beweisen; *méthode:* sich bewähren

preux [pʀø] *littér* **I.** *adj antéposé chevalier* kühn **II.** *m* kühner Krieger

prévaloir [pʀevalwaʀ] <*irr*> **I.** *vi soutenu argument, opinion, position:* vorherrschen; **~ sur qc** *argument, opinion, volonté:* sich gegenüber etw durchsetzen; **faire ~ ses droits** seine Rechte geltend machen **II.** *vpr* *soutenu* (*tirer avantage*) **se ~ de sa fortune** Nutzen aus seinem Vermögen ziehen

prévenance [pʀev(ə)nɑ̃s] *f* Zuvorkommenheit *f;* **être plein de ~s** sehr zuvorkommend sein

prévenant(e) [pʀev(ə)nɑ̃, ɑ̃t] *adj personne, manières* zuvorkommend, aufmerksam

prévenir [pʀev(ə)niʀ] <9> **I.** *vt* ❶ (*aviser*) benachrichtigen; rufen *médecin;* verständigen *police;* **~ qn de qc** jdn von etw benachrichtigen ❷ (*avertir*) warnen; **je te préviens, si tu continues ainsi ...** ich warne dich, wenn du so weitermachst ...; **tu es prévenu!** jetzt weißt du Bescheid! **II.** *vi* Bescheid sagen [*o* geben]; *tremblement de terre:* sich ankündigen; **arriver sans ~** *événement:* sich nicht ankündigen

préventif, -ive [pʀevɑ̃tif, -iv] *adj* vorbeugend; **médecine préventive** Präventivmedizin *f;* **mesure préventive** Vorbeugungsmaßnahme *f*

prévention [pʀevɑ̃sjɔ̃] *f* ❶ (*mesures préventives*) Vorbeugung *f,* Vorsorge *f;* **~ d'une maladie/de la délinquance** Vorbeugung gegen eine Krankheit/gegen die Kriminalität; **~ médicale** medizinische Vorsorge ❷ (*organisme*) **la Prévention routière** die Straßenverkehrswacht

prévenu(e) [pʀev(ə)ny] **I.** *adj* ❶ JUR **être ~** unter Anklage stehen; **être ~ d'un délit** eines Delikts beschuldigt sein/werden ❷ (*qui a des préventions*) **être ~ contre qn/qc** gegen jdn/etw [vor]eingenommen sein; **être ~ en faveur de qn/qc** für jdn/etw eingenommen sein **II.** *m(f)* JUR Beschuldigte(r) *f(m)*

prévisible [pʀevizibl] *adj* vorhersehbar; **difficilement ~** schwer vorauszusehen

prévision [pʀevizjɔ̃] *f* ❶ *d'un comportement, événement, phénomène* Vorhersehen *nt;* (*prédiction*) Vorhersage *f; des dépenses, recettes* Vorausberechnung *f;* **au-delà de toute ~** wider Erwarten; **en ~ du départ** im Hinblick auf die Abreise ❷ *pl* ECON, FIN Prognosen *Pl;* **~s boursières** Börsenprognose *f;* **~s budgétaires** Haushaltsvoranschlag *m;* **~s météorologiques** Wettervorhersage *f*

prévisionnel(le) [pʀevizjɔnɛl] *adj mesures* vorausschauend; *coûts* veranschlagt; *étude, analyse* prognostisch

prévoir [pʀevwaʀ] *<irr> vt* ❶ (*envisager ce qui va se passer*) **~ qc** etw vorhersehen; **il faut ~ les conséquences de ses actes** man muss die Folgen seines Handelns [vorher] bedenken; **laisser ~ un malheur** Böses ahnen lassen; **plus beau/moins cher que prévu** schöner/billiger als erwartet ❷ (*projeter*) vorsehen; **l'arrivée de nos hôtes est prévue pour** [*o* **à**] **3 heures** wir erwarten unsere Gäste um 3 Uhr ❸ (*envisager*) vorsehen; [vor]sorgen für *casse-croûte, couvertures;* **ils avaient tout prévu** sie hatten an alles gedacht; **c'est prévu** daran ist gedacht; **tout est prévu pour ton arrivée** für deine Ankunft ist alles vorbereitet

prévoyance [pʀevwajɑ̃s] *f* ❶ (*aptitude à prévoir*) Voraussicht *f* ❷ (*mesure[s] visant la sécurité existentielle*) Vorsorge *f*

prévoyant(e) [pʀevwajɑ̃, jɑ̃t] *adj* (*qui prend des précautions*) vorsorgend; (*qui est apte à anticiper*) vorausschauend

prie-Dieu [pʀidjø] *m inv* Betstuhl *m*

prier [pʀije] <1> **I.** *vt* ❶ REL **~ Dieu/les saints** zu Gott/den Heiligen beten; **je prie Dieu/le ciel que ...** + *subj* ich bete zu Gott/zum Himmel, dass ... ❷ (*inviter, solliciter*) **~ qn de faire qc** jdn bitten etw zu tun; **se faire ~** sich [lange] bitten lassen ❸ (*ordonner*) **~ qn de faire qc** jdn bitten etw zu tun ►**je vous prie d'agréer mes sincères salutations/sentiments les meilleurs** mit freundlichen Grüßen; **je t'en/vous en prie** (*fais/faites donc*) bitte sehr; (*s'il te/vous plaît*) bitte; (*il n'y a pas de quoi: après un remerciement*) keine Ursache!; (*après une excuse*) das macht [doch] nichts!; **je te/vous prie!** wenn ich bitten darf! **II.** *vi* REL **~ pour qn/qc** für jdn/etw beten

prière [pʀijɛʀ] *f* ❶ REL Gebet *nt;* **dire** [*o* **faire**] **sa ~/ses ~s** beten ❷ (*demande*) Bitte *f;* **à la ~ de qn** auf jds Bitte [*o* Bitten] (*akk*) [hin]; **j'ai une ~ à vous faire!** ich habe eine Bitte an Sie!; **~ d'essuyer ses pieds!** bitte Füße abtreten! ►**tu peux faire ta ~!** *hum* du kannst schon mal ein Stoßgebet zum Himmel schicken!

primaire [pʀimɛʀ] **I.** *adj* **école ~** Grundschule *f;* **enseignement ~** Grundschulunterricht *m;* (*institution*) Grundschulwesen *nt;* **inspecteur ~** Schulrat *m* **II.** *m* SCOL Grundschule *f;* **être en ~** in der Grundschule sein

primate [pʀimat] *m pl* ZOOL Primaten *Pl*

primauté [pʀimote] *f* (*supériorité*) **~ de qc sur qc** Vorrang *m* einer S. (*gen*) vor etw (*dat*); **avoir la ~** eine Vorrangstellung einnehmen

prime [pʀim] *f* ❶ (*allocation*) Prämie *f;* (*en complément du salaire*) Zulage *f;* (*subvention payée par l'État*) Beihilfe *f;* **~ d'ancienneté** Betriebszugehörigkeitszulage;

~ **de fin d'année** Weihnachtsgeld *nt;* ~ **de rendement** Leistungsprämie; ~ **de risque** Gefahrenzulage; ~ **de transport** Fahrtkostenzuschuss; ~ **à la casse** Abwrackprämie *f* ❷ (*somme à payer*) ~ **d'assurance** Versicherungsprämie *f* ▶ **en** ~ als Zugabe; (*par-dessus le marché*) noch dazu

primer [pʀime] <1> *vt* prämi[i]eren; **film/livre primé** preisgekrönter Film/preisgekröntes Buch

primerose [pʀimʀoz] *f* BOT Stockrose *f*

prime time [pʀajmtajm] *m* Hauptsendezeit *f*

primeur [pʀimœʀ] *f pl* (*fruits*) Frühobst *nt;* (*légumes*) Frühgemüse *nt;* **marchand de ~s** Obst- und Gemüsehändler *m*

primevère [pʀimvɛʀ] *f* Primel *f*

primitif, -ive [pʀimitif, -iv] **I.** *adj* ❶ (*originel, initial*) ursprünglich; *sentiment* unverfälscht; **état** ~ Urzustand *m;* **les sept couleurs primitives** die sieben Grundfarben ❷ SOCIOL primitiv; **homme** ~ Urmensch *m* ❸ (*rudimentaire*) *installation, procédé* primitiv ❹ *péj* (*fruste*) *esprit, personne* primitiv ❺ LING **langue primitive** Ursprache *f;* **mot** ~ Stammwort *nt* **II.** *m, f* ART naiver Maler *m*/naive Malerin *f;* (*précurseur de la Renaissance*) Maler(in) *m(f)* der Frühromanik

primo [pʀimo] *adv* erstens

primo-infection [pʀimoɛ̃fɛksjɔ̃] <primo--infections> *f* Erstinfektion *f*

primordial(e) [pʀimɔʀdjal, -jo] <-aux> *adj* ❶ (*essentiel*) wesentlich; **être ~ pour qn/qc** äußerst wichtig für jdn/etw sein; **il est ~ que** + *subj* es ist von äußerster Wichtigkeit, dass ❷ (*fondamental*) grundlegend; **droit** ~ Grundrecht *nt*

prince, princesse [pʀɛ̃s, pʀɛ̃sɛs] *m, f* (*titre nobiliaire*) Fürst(in) *m(f);* (*fils/fille ou femme de roi*) Prinz *m*/Prinzessin *f;* ~ **charmant** Märchenprinz; ~ **héritier** Kronprinz; **élever qn au rang de** ~ jdn in den Fürstenstand erheben ▶ **être bon** ~ großmütig sein; **vivre comme un** ~ fürstlich leben

princier, -ière [pʀɛ̃sje, -jɛʀ] *adj* fürstlich; **titre** ~ Fürstentitel *m*

principal [pʀɛ̃sipal] *m* (*l'important*) **le** ~ das Wichtigste; **le ~, c'est que** + *subj* Hauptsache ist, dass

principal(e) [pʀɛ̃sipal, -o] <-aux> **I.** *adj* ❶ (*le plus important*) wichtigste(r, s) ❷ (*premier dans une hiérarchie*) **les principaux intéressés dans cette histoire** die Hauptbetroffenen in dieser Geschichte; **les raisons ~es** die Hauptgründe; **rôle ~ d'un film** Hauptrolle *f* in einem Film ❸ GRAM **proposition ~e** Hauptsatz *m* **II.** *m(f)* SCOL Schuldirektor(in) *m(f)*

principale [pʀɛ̃sipal] *f* GRAM Hauptsatz *m*

principalement [pʀɛ̃sipalmɑ̃] *adv* hauptsächlich

principauté [pʀɛ̃sipote] *f* Fürstentum *nt*

principe [pʀɛ̃sip] *m* ❶ PHYS, MATH Prinzip *nt* ❷ (*règle de conduite*) Prinzip *nt,* Grundsatz *m;* ~ **fondamental** Grundprinzip; **avoir des ~s** Prinzipien haben; **qn a pour ~ de faire qc** es ist jds Prinzip etw zu tun ❸ (*hypothèse*) Grundsatz *m;* **poser des ~s** Grundsätze aufstellen ▶ **en** ~ im Prinzip; **par** ~ aus Prinzip; **pour le** ~ um des Prinzips willen

printanier, -ière [pʀɛ̃tanje, -jɛʀ] *adj atmosphère, tenue* frühlingshaft; **soleil** ~ Frühlingssonne *f;* **robe printanière** Frühjahrskleid *nt*

printemps [pʀɛ̃tɑ̃] *m* Frühling *m,* Frühjahr *nt;* **le ~ arabe** der Arabische Frühling; *v. a.* **automne**

priori [pʀijɔʀi] *adv v.* **a priori**

prioritaire [pʀijɔʀitɛʀ] **I.** *adj* ❶ (*qui passe en premier*) vorrangig; **être** ~ Priorität haben ❷ AUT **être** ~ *automobiliste, route:* Vorfahrt haben **II.** *mf* (*personne*) Bevorrechtigte(r) *f(m)*

prioritairement [pʀijɔʀitɛʀmɑ̃] *adv* vorrangig, als Erstes

priorité [pʀijɔʀite] *f* ❶ (*urgence*) Priorität *f;* **définir les ~s** die Prioritäten festlegen ❷ (*droit*) ~ **sur qn/qc** Vorrecht *nt* gegenüber jdm; (*préséance*) Vortritt *m* vor jdm; **en** ~ als Erstes; **demander la ~ [de parole]** darum bitten als Erster sprechen zu dürfen ❸ AUT Vorfahrt *f;* **avoir la** ~ Vorfahrt haben; **il y a ~ à droite** hier gilt rechts vor links

pris [pʀi] *passé simple de* **prendre**

pris(e) [pʀi, pʀiz] **I.** *part passé de* **prendre** **II.** *adj* ❶ (*occupé*) *place* besetzt; (*emploi du temps complet*) [völlig] verplant; *personne:* beschäftigt; **avoir les mains ~es** keine Hand frei haben ❷ (*en proie à*) **être ~ de peur/de panique** von Furcht gepackt/von Panik erfasst sein/werden; **être ~ d'envie de faire qc** [plötzlich] das Verlangen haben etw zu tun

prise [pʀiz] *f* ❶ (*action de prendre avec les mains*) Griff *m;* **maintiens bien la ~!** halt dich gut fest! ❷ (*poignée, objet que l'on peut empoigner*) Halt *m;* **lâcher** ~ loslassen; *fig* nachgeben ❸ (*animal capturé*) Fang *m;* CHASSE Beute *f* ❹ ELEC ~ **de courant** Steckdose *f;* ~ **multiple** Mehr-

P

fachsteckdose ❺ CINE Aufnahme *f* ❻ (*pincée*) *de tabac, de drogue* Prise *f* ❼ MED ~ **de sang** (*prélèvement*) Blutabnahme *f;* **se faire faire une ~ de sang** sich (*dat*) Blut abnehmen lassen ❽ (*enlèvement*) ~ **d'otages** Geiselnahme *f* ❾ (*action d'assumer*) ~ **en charge** Übernahme *f* ❿ *fig* ~ **de conscience** Bewusstwerden *nt;* ~ **de contact** Kontaktaufnahme *f;* ~ **de position** Stellungnahme *f*

priser [pʀize] <1> *vt littér* (*apprécier*) schätzen; **être très prisé** hoch im Kurs stehen

prisme [pʀism] *m* Prisma *nt*

prison [pʀizɔ̃] *f* Gefängnis *nt*

prisonnier, -ière [pʀizɔnje, -jɛʀ] **I.** *adj* (*en détention*) **être ~** eingesperrt sein; *soldat:* in Gefangenschaft sein **II.** *m, f* Gefangene(r) *f(m);* **faire ~** gefangen nehmen; ~ **de guerre** Kriegsgefangene(r)

privatif, -ive [pʀivatif, -iv] *adj* ❶ JUR ausschließend; **jardin ~** Garten *m* [nur] zur Privatnutzung; **jouissance privative** alleiniger Nießnutz ❷ *particule, préfixe* privativ

privation [pʀivasjɔ̃] *f* ❶ (*action de priver*) Entzug *m;* (*par la force*) Beraubung *f* ❷ *souvent pl* (*manque*) Entbehrung *f;* **souffrir de ~s** Entbehrungen erdulden

privatisation [pʀivatizasjɔ̃] *f* Privatisierung *f*

privatiser [pʀivatize] <1> *vt* privatisieren

privé [pʀive] *m* ❶ (*vie privée*) Privatleben *nt;* **dans le ~** privat; **en ~** *déclarations, conversation* privat; **confier qc à qn en ~** jdm etw unter vier Augen anvertrauen ❷ (*secteur privé*) Privatwirtschaft *f*

privé(e) [pʀive] **I.** *adj* (*opp: public*) privat; *secteur, investissement* privatwirtschaftlich; **école ~e** Privatschule *f;* **secteur ~** Privatwirtschaft *f;* **il est ici à titre ~** er ist privat hier **II.** *m(f) fam* (*détective*) Privatdetektiv(in) *m(f)*

priver [pʀive] <1> **I.** *vt* ❶ (*refuser à*) entziehen; ~ **qn de ses droits civiques** jdm seine Staatsbürgerrechte aberkennen; ~ **qn de liberté** jdn seiner Freiheit (*gen*) berauben ❷ (*faire perdre à*) ~ **qn de tous ses moyens** jdn handlungsunfähig machen; **qn/qc est privé de qc** jdm/einer S. fehlt etw; **être privé d'électricité** keinen Strom mehr haben ❸ (*frustrer*) ~ **qn de qc** jdn um etw bringen; **je ne veux pas vous ~** ich möchte Ihnen nichts vorenthalten **II.** *vpr* ❶ (*se restreindre*) **se ~ pour qn** sich für jdn einschränken ❷ (*renoncer*) **se ~ de cigarettes/dessert** auf Zigaretten/den Nachtisch verzichten; **se ~ de fumer** darauf verzichten zu rauchen ►**ne pas se ~ de faire qc** es sich (*dat*) nicht nehmen lassen etw zu tun

privilège [pʀivilɛʒ] *m* ❶ *de fortune, naissance* Privileg *nt; de beauté* Vorzug *m* ❷ HIST Privileg *nt;* **jouir de ~s** Sonderrechte genießen; **les ~s des nobles** [*o* **de la noblesse**] die Adelsprivilegien ❸ *d'une visite, rencontre, d'un entretien* Ehre *f*

privilégié(e) [pʀivileʒje] **I.** *adj personne, ordres, lieu* privilegiert; *climat, situation* [besonders] günstig; *relations* besonders gut **II.** *m(f)* Privilegierte(r) *f(m)*

privilégier [pʀivileʒje] <1> *vt* privilegieren *personne;* ~ **qc** einer S. (*dat*) den Vorzug geben

prix [pʀi] *m* ❶ (*coût*) Preis *m;* ~ **du pain** Brotpreis; ~ **d'ami** Freundschaftspreis; ~ **coûtant** Selbstkostenpreis; **dernier ~** äußerster Preis; ~ **d'achat** Einkaufspreis; ~ **de détail** Einzelhandelspreis; ~ **de gros** Großhandelspreis; ~ **de vente** Verkaufspreis; ~ **imposé/marqué** vorgeschriebener/angegebener Preis; **à ~ d'or** für teures Geld; **à bas/moitié ~** billig/zum halben Preis; **à ~ salé** zu einem gepfefferten Preis; **hors de ~** unerschwinglich; **vendre au ~ fort** sehr teuer verkaufen; **ton/votre ~ sera le mien!** *fig* nenn mir deinen/nennen Sie mir Ihren Preis! ❷ (*contrepartie*) **le ~ de la gloire/du succès** der Preis für den Ruhm/den Erfolg; **à aucun/tout ~** um keinen/jeden Preis ❸ (*valeur*) **de ~** von großem Wert; **ne pas avoir de ~** von unschätzbarem Wert sein ❹ (*distinction*) Auszeichnung *f;* ~ **de beauté** Schönheitspreis; ~ **d'interprétation** Preis für die beste schauspielerische Leistung ❺ (*lauréat*) Preisträger *m;* ~ **Goncourt** Preisträger *m* des Prix Goncourt; ~ **Nobel** Nobelpreisträger; **être un ~ Nobel de littérature/médecine** den Nobelpreis für Literatur/Medizin bekommen haben ❻ SPORT Preis *m;* **Grand Prix** [**automobile**] Großer Preis; ~ **de consolation** Trostpreis ►**c'est le même ~** *fam* das kommt auf eins heraus; **qn paie le ~ fort** das kommt jdn teuer zu stehen; **mettre la tête de qn à ~** einen Preis auf jds Kopf aussetzen; **y mettre le ~** weder Kosten noch Mühen scheuen

pro [pʀo] *mf fam abr de* **professionnel** Profi *m*

proactif, -ive [pʀoaktif, -iv] *adj* proaktiv, vorausahandelnd

probabilité [pʀɔbabilite] *f* Wahrscheinlichkeit *f;* **calcul des ~s** Wahrscheinlich-

P

keitsrechnung *f;* **selon toute ~** höchstwahrscheinlich

probable [pʀɔbabl] *adj* **il est ~ qu'il gagnera** wahrscheinlich wird er gewinnen

probablement [pʀɔbabləmɑ̃] *adv* wahrscheinlich; **~ qu'il dira oui** wahrscheinlich wird er ja sagen

probant(e) [pʀɔbɑ̃, ɑ̃t] *adj argument, explication, raison* überzeugend

probation [pʀɔbasjɔ̃] *f* JUR Bewährung *f*

probatoire [pʀɔbatwaʀ] *adj* **période ~** Probezeit *f*

probiotique [pʀɔbjɔtik] *m* MED Probiotikum *nt*

problématique [pʀɔblematik] **I.** *adj* (*qui pose problème*) problematisch **II.** *f* Problemstellung *f;* **définir une ~** die Problematik umreißen

problème [pʀɔblɛm] *m* ① (*difficulté*) Problem *nt;* **enfant à ~s** *fam* Problemkind *nt;* **peau à ~s** *fam* sehr empfindliche Haut; **avoir des ~s** Probleme haben; **poser un ~/des ~s à qn** für jdn ein Problem darstellen; **[y a] pas de ~!** *fam* [das ist] kein Problem! ② (*question à résoudre*) Problem *nt; moral, philosophique, historique* Frage *f;* PHILOS Problem, Problematik *f;* **faux ~** Scheinproblem; **les ~s de circulation/stationnement** die Verkehrs-/Parkprobleme; **~ du logement/chômage** Wohnungs-/Arbeitslosenfrage ③ SCOL Textaufgabe *f;* **~ de géométrie/de physique** Geometrie-/Physikaufgabe *f*

procédé [pʀɔsede] *m* ① (*méthode*) Verfahren *nt;* **~ de fabrication** Herstellungsverfahren *nt* ② *souvent pl* (*façon d'agir*) Verhalten *nt;* **user de bons/mauvais ~s à l'égard de qn** sich jdm gegenüber freundlich [*o* korrekt]/unfreundlich verhalten ③ *péj* (*recette stéréotypée*) Methode *f*

procéder [pʀɔsede] <5> *vi* (*agir*) verfahren; **~ par ordre** der Reihe nach vorgehen

procédure [pʀɔsedyʀ] *f* ① *a.* JUR (*marche à suivre*) Verfahren *nt;* **quelle est la ~ à suivre?** wie muss man vorgehen [*o* verfahren]? ② (*ensemble des directives*) Maßregeln *Pl;* JUR (*ensemble des règles juridiques*) Prozessordnung *f;* **~s d'urgence** Verhaltensmaßregeln für den Notfall; **code de ~ pénale** ≈ Strafprozessordnung ③ JUR (*action en justice*) [Gerichts]verfahren *nt;* **~ accélérée** Eilverfahren; **~ civile/pénale** Zivil-/Strafverfahren; **~ de contrôle** Prüfungsverfahren

procédurier, -ière [pʀɔsedyʀje, -jɛʀ] *adj personne* pedantisch, kleinlich; *formalités* haarspalterisch

procès [pʀɔsɛ] *m* JUR Prozess *m;* **être en ~ avec qn** gegen jdn prozessieren ▶ **faire le ~ de qn/qc** mit jdm hart ins Gericht gehen

processeur [pʀɔsesœʀ] *m* INFORM Prozessor *m*

procession [pʀɔsesjɔ̃] *f* ① REL Prozession *f* ② (*défilé*) [langer] Zug *m*

processus [pʀɔsesys] *m* ① (*évolution*) Prozess *m* ② MED [Krankheits]verlauf *m* ③ TECH Ablauf *m;* **~ de fabrication** Fertigungsablauf *m*

procès-verbal [pʀɔsɛvɛʀbal, -o] <procès-verbaux> *m* ① (*contravention*) Strafmandat *nt;* **dresser un ~ à qn** jdm eine gebührenpflichtige Verwarnung geben ② (*compte rendu*) Protokoll *nt*

prochain [pʀɔʃɛ̃] *m* (*être humain*) Nächste(r) *m*

prochain(e) [pʀɔʃɛ̃, ɛn] **I.** *adj* ① *antéposé carrefour, rue, village* nächste(r, s); *postposé an, mois, semaine* nächste(r, s); **la ~e fois** nächstes Mal, das nächste Mal; **le 15 août ~** am 15. August [dieses Jahres]; **à la ~e occasion** bei der nächsten [*o* bei nächster] Gelegenheit ② *postposé arrivée, départ* baldig; *mort* nahe [bevorstehend]; *avenir* nahe **II.** *m(f)* ① (*personne suivante*) der/die Nächste ② (*bus, train, bateau*) der/die/das Nächste

prochaine [pʀɔʃɛn] *f fam* ① (*station*) die nächste Haltestelle ② (*fois*) **à la ~!** bis zum nächsten Mal!, bis dann! (*fam*)

prochainement [pʀɔʃɛnmɑ̃] *adv* demnächst; **très ~** in Kürze

proche [pʀɔʃ] **I.** *adj* ① (*à proximité*) nah[e]; **un restaurant tout ~** ein Restaurant ganz in der Nähe; **la ville la plus ~** die nächste Stadt; **être ~ de qc** nah[e] an etw (*dat*) sein; **~s l'un de l'autre/l'une de l'autre** nah[e] beieinander ② *antéposé voisin* unmittelbar ③ *avenir, dénouement, mort* nah[e]; *départ* nah[e] bevorstehend; **être ~** *départ:* kurz bevorstehen ④ *événement* nah[e]; *souvenir* lebendig ⑤ *antéposé cousin, parent* nah[e]; **être ~ de qn** (*par la pensée*) jdm nah[e] sein ⑥ *sens* verwandt; **être ~ de qc** *langue, prévision, attitude:* einer S. (*dat*) ähnlich sein ▶ **de ~ en ~** nach und nach **II.** *mf* ① (*ami intime*) Vertraute(r) *f(m)* ② *pl* (*parents*) **les ~s de qn** jds Angehörige *Pl*

Proche-Orient [pʀɔʃɔʀjɑ̃] *m* **le ~** der Nahe Osten

proclamation [pʀɔklamasjɔ̃] *f* ① (*annonce publique*) Bekanntgabe *f; de la répu-*

blique Ausrufung *f* ❷ (*manifeste*) Erklärung *f*

proclamer [pʀɔklame] <1> **I.** *vt* ❶ (*affirmer*) verkünden *conviction, vérité;* beteuern *innocence* ❷ (*annoncer publiquement*) proklamieren; ausrufen *état de siège, république;* verkünden *résultats, verdict* ❸ (*désigner comme*) ~ **qn empereur/roi** jdn zum Kaiser/König ausrufen **II.** *vpr* (*se déclarer*) **se ~ indépendant** sich für unabhängig erklären; **se ~ république autonome** sich zur freien Republik erklären

procréation [pʀɔkʀeasjɔ̃] *f littér* Zeugung *f;* ~ **artificielle** künstliche Befruchtung *f*

procuration [pʀɔkyʀasjɔ̃] *f* Vollmacht *f;* COM Prokura *f*

procurer [pʀɔkyʀe] <1> **I.** *vt* ❶ (*faire obtenir*) ~ **qc à qn** jdm zu etw verhelfen ❷ (*apporter*) bereiten *joie, ennuis* **II.** *vpr* (*obtenir*) **se ~ un travail** sich (*dat*) [eine] Arbeit verschaffen

procureur, procuratrice [pʀɔkyʀœʀ, pʀɔkyʀatʀis] *m, f* JUR Staatsanwalt *m*/-anwältin *f;* **Procureur de la République** Oberstaatsanwalt *m*

prodige [pʀɔdiʒ] *m* ❶ (*miracle*) Wunder *nt* ❷ (*merveille*) Wunder[werk *nt*] *nt;* **faire des ~s** Wunder vollbringen ❸ (*personne très douée*) Genie *nt;* **enfant ~** Wunderkind *nt* ▶ **tenir du ~** an ein Wunder grenzen

prodigieusement [pʀɔdiʒjøzmɑ̃] *adv beau, difficile* ungemein; *doué, intéressant* sehr; *agacer, s'ennuyer* über alle Maßen

prodigieux, -euse [pʀɔdiʒjø, -jøz] *adj bêtise, effort, force* ungeheuer; *personne* wunderbar

prodigue [pʀɔdig] *adj* (*dépensier*) verschwenderisch

prodiguer [pʀɔdige] <1> **I.** *vt* (*distribuer généreusement*) großzügig austeilen *biens;* ~ **des conseils/paroles à qn** jdn mit Ratschlägen/mit einem Redeschwall überschütten; ~ **des compliments à qn** jdn mit Komplimenten überhäufen; ~ **des soins à qn** jdn versorgen **II.** *vpr* **se ~** sich verausgaben

producteur, -trice [pʀɔdyktœʀ, -tʀis] **I.** *adj* COM erzeugend; ~ **de blé** Getreide anbauend; ~ **de gaz naturel/charbon** Erdgas/Kohle fördernd; **les pays ~s de pétrole** die Erdöl produzierenden Länder **II.** *m, f* ❶ AGR Erzeuger(in) *m(f)* ❷ (*fabricant*) Produzent(in) *m(f)* ❸ CINE, RADIO, TV Produzent(in) *m(f)*

productif, -ive [pʀɔdyktif, -iv] **I.** *adj* produktiv; *sol* ertragreich; *capital, investissement* gewinnbringend **II.** *mpl* produktive Kräfte *Pl*

production [pʀɔdyksjɔ̃] *f* ❶ (*fait de produire*) Produktion *f* ❷ *de produits manufacturés* Herstellung *f;* ~ **de voitures** Autoproduktion; ~ **d'électricité/énergie** Strom-/Energieerzeugung ❸ (*exploitation*) ~ **de blé/fruits** Weizen-/Obstanbau *m;* ~ **de viande** Fleischproduktion *f* ❹ (*quantité produite*) Produktionsmenge *f; d'énergie* erzeugte Menge; *de pétrole* Fördermenge *f;* AGR Erzeugnisse *Pl* ❺ CINE, RADIO, TV Produktion *f*

productiviste [pʀɔdyktivist] *adj soutenu* gewinnorientiert

productivité [pʀɔdyktivite] *f* ❶ *d'une usine, d'un employé, ouvrier* Produktivität *f* ❷ *d'un service, impôt* Rentabilität *f*

produire [pʀɔdɥiʀ] <irr> **I.** *vt* ❶ IND produzieren *matières premières;* herstellen *voitures, produits manufacturés;* erzeugen *électricité* ❷ (*donner*) *cultivateur:* erzeugen; *pays, région, terre:* hervorbringen; *arbre:* tragen **II.** *vi* FIN Gewinn abwerfen **III.** *vpr* **se ~** ❶ (*survenir*) sich ereignen; *changement, silence:* eintreten ❷ (*se montrer: en public*) sich sehen lassen; (*sur la scène*) auftreten

produit [pʀɔdɥi] *m* ❶ IND Produkt *nt,* Erzeugnis *nt;* CHIM, BIO Mittel *nt,* Produkt; ~ **alimentaire** Nahrungsmittel; ~ **brut** Rohstoff *m;* ~ **de beauté** Schönheitsmittel *nt;* ~ **de première nécessité** Grundnahrungsmittel *nt* ❷ (*rapport, bénéfice*) ~ **brut** Bruttoertrag; ~ **net** Nettoerlös, Gewinn *m;* ~ **intérieur brut** Bruttoinlandsprodukt *nt;* ~ **national brut** Bruttosozialprodukt *nt* ❸ (*résultat*) Produkt *nt* ❹ MATH Produkt *nt*

proéminent(e) [pʀɔeminɑ̃, ɑ̃t] *adj front, menton, nez* vorspringend

pro-européen(ne) [pʀoøʀɔpeɛ̃, ɛn] <pro-européens> *m(f)* Europabefürworter(in) *m(f)*

prof [pʀɔf] *mf fam abr de* **professeur**

profanateur, -trice [pʀɔfanatœʀ, -tʀis] *littér* **I.** *adj* schändlich, ruchlos (*geh*) **II.** *m, f* ~ **d'églises** Kirchenschänder *m*

profanation [pʀɔfanasjɔ̃] *f* Schändung *f*

profane [pʀɔfan] **I.** *adj* ❶ *auditoire, public* laienhaft ❷ *fête, musique* weltlich; *monde* außerkirchlich **II.** *mf* (*non initié*) Laie *m* **III.** *m* REL **le ~** das Weltliche

profaner [pʀɔfane] <1> *vt* schänden

proférer [pʀɔfeʀe] <5> *vt* laut werden lassen *paroles;* ausstoßen *injures, menaces*

P

professeur [pʀɔfesœʀ] *mf* ❶ SCOL Lehrer(in) *m(f)*; ~ **de lycée** Gymnasiallehrer(in); ~ **des écoles** Grundschullehrer(in); ~ **d'allemand/de piano** Deutsch-/Klavierlehrer(in) ❷ (*avec chaire*) Professor(in) *m(f)*; (*sans chaire*) Dozent(in) *m(f)*

profession [pʀɔfesjɔ̃] *f* ❶ (*métier*) Beruf *m*; **exercer la ~ de qc** von Beruf etw sein ❷ (*corps de métier*) Berufsstand *m*

professionnalisme [pʀɔfesjɔnalism] *m* ❶ (*opp: amateurisme*) Professionalismus *m* ❷ (*compétence*) Professionalität *f*

professionnel(le) [pʀɔfesjɔnɛl] **I.** *adj* ❶ *conscience, qualification* beruflich; *cours, enseignement* berufsbezogen; **vie ~le** Berufsleben *nt*; **lycée ~** ≈ Fachoberschule *f* ❷ *écrivain, journaliste* berufsmäßig; *fig pêcheur* begeistert; *menteur* ausgemacht ❸ (*compétent*) fachkundig **II.** *m(f)* ❶ (*homme de métier*) Fachmann *m*/Fachfrau *f*; ~ **du tourisme** Tourismusfachmann ❷ (*personne compétente*) Sachkundige(r) *f(m)* ❸ SPORT **passer ~** *fam* ins Profilager überwechseln

professionnelle [pʀɔfesjɔnɛl] *f fam* (*prostituée*) Prostituierte *f*

professionnellement [pʀɔfesjɔnɛlmɑ̃] *adv* beruflich

professoral(e) [pʀɔfesɔʀal, -o] <-aux> *adj* ❶ **corps ~** Lehrkörper *m* ❷ *péj* (*doctoral*) *attitude, ton* schulmeisterlich

professorat [pʀɔfesɔʀa] *m* Lehramt *nt*; ~ **de mathématiques** Lehramt für Mathematik

profil [pʀɔfil] *m* ❶ (*relief*) Profil *nt*; **de ~** im Profil ❷ *d'une personne* Silhouette *f*; *d'un édifice* Umriss *m* ❸ *de l'homme d'affaires* Profil *nt* ❹ INFORM ~ **utilisateur** Benutzerprofil *nt* ▶ **montrer son meilleur ~** sich von seiner besten Seite zeigen

profilage [pʀɔfilaʒ] *m* (*technique policière*) Täterprofilerstellung *f*

profilé(e) [pʀɔfile] *adj* (*aérodynamique*) profiliert

profiler [pʀɔfile] <1> **I.** *vt* ❶ TECH profilieren ❷ (*représenter en profil*) umreißen *corniche, édifice*; ~ **un visage** das Profil eines Gesichts zeichnen **II.** *vpr* **se ~** ❶ (*se détacher*) *édifice, nuages, silhouette:* sich abheben ❷ (*s'esquisser*) *ennuis, obstacles, solution:* sich abzeichnen

profileur, -euse [pʀɔfilœʀ, -øz] *m, f* Profiler(in) *m(f)*

profit [pʀɔfi] *m* ❶ COM, FIN Profit *m* ❷ (*avantage*) Gewinn *m*; **mettre à ~ une situation pour faire qc** eine Situation ausnutzen um etw zu tun; **au ~ de qn/qc** zugunsten einer Person/S. (*gen*)

profitable [pʀɔfitabl] *adj* ❶ *action* nutzbringend; **être ~ à qn** *avis, leçon:* für jdn von Nutzen sein; *voyage:* für jdn ein Gewinn sein ❷ *affaire* Gewinn bringend

profiter [pʀɔfite] <1> *vi* ❶ (*tirer avantage de*) ~ **d'une situation** von einer Situation profitieren; ~ **d'une occasion** eine Gelegenheit ausnützen [*o* nutzen] ❷ (*être utile à*) ~ **à qn** für jdn von Nutzen sein; *repos, vacances:* jdm gut tun ❸ *fam* (*se fortifier*) Speck ansetzen; *enfant:* gedeihen ❹ *fam* (*être avantageux*) *plat:* gut ausreichen; *vêtement:* lange halten ❺ (*tirer un profit*) ~ **dans un marché** bei einem Handel Profit machen

profiterole [pʀɔfitʀɔl] *f kleiner mit Eis oder Vanillecreme gefüllter Windbeutel*

profiteur, -euse [pʀɔfitœʀ, -øz] *m, f péj* Profitmacher(in) *m(f)*

profond(e) [pʀɔfɔ̃, ɔ̃d] **I.** *adj* ❶ (*qui s'enfonce loin*) tief; *cave* tief [liegend]; ~ **de 50 m** 50 Meter tief ❷ *différence, erreur, ignorance* groß; *intérêt, influence* stark; *révérence, sommeil* tief; *sentiment* tief [sitzend]; *nuit* tief[schwarz] ❸ *postposé cause* tiefere(r, s); *signification* tiefer liegend; *tendance* unterschwellig; **la France ~e** *das traditionelle Frankreich* ❹ *esprit, penseur* tiefsinnig; *pensée, réflexion* tiefgründig ❺ *soupir, voix* tief; *regard* intensiv ❻ *postposé* MED *arriéré, débile* stark; **handicapé ~** Schwerbehinderte(r) *m* **II.** *adv creuser, planter* tief

profondément [pʀɔfɔ̃demɑ̃] *adv* ❶ *creuser, s'incliner, pénétrer* tief ❷ *respirer, dormir* tief; *influencer, ressentir* stark; *réfléchir, se tromper* gründlich; *aimer* innig; *souhaiter* sehnlichst ❸ *antéposé choqué, ému, touché* tief; *vexé* schwer; *convaincu* felsenfest; ~ **différent** grundverschieden

profondeur [pʀɔfɔ̃dœʀ] *f* ❶ (*distance*) Tiefe *f*; **50 m de ~** 50 Meter tief ❷ *d'une voix* Tiefe *f*; *d'un regard* Intensität *f* ▶ **en ~** (*opp: superficiellement*) gründlich; *connaissance, réforme* tief greifend

profusion [pʀɔfyzjɔ̃] *f* (*abondance*) Fülle *f*; *de cadeaux* Überfülle *f*; **une ~ de lumières** ein Lichtermeer *nt* ▶ **à ~** in Hülle und Fülle

progéniture [pʀɔʒenityʀ] *f* ❶ LITTER Nachkommenschaft *f* ❷ *hum* (*enfants*) Sprösslinge *Pl*

programmable [pʀɔgʀamabl] *adj* ❶ INFORM programmierbar ❷ TECH vorprogrammierbar

programmateur [pʀɔgʀamatœʀ] *m d'un*

ordinateur Programmsteuerung *f; d'une cuisinière, d'un lave-vaisselle* Programmwähler *m*

programmateur, -trice [pʀɔgʀamatœʀ, -tʀis] *m, f* (*métier*) Programmplaner(in) *m(f)*

programmation [pʀɔgʀamasjɔ̃] *f* ❶ CINE, RADIO, TV Programmgestaltung *f* ❷ TECH, INFORM Programmierung *f*

programme [pʀɔgʀam] *m* ❶ (*objectif planifié*) Programm *nt;* ~ **d'action/de recherches** Aktions-/Forschungsprogramm ❷ (*livret*) Programm[heft *nt*] *nt* ❸ MEDIA Programm[zeitschrift *f*] *nt* ❹ SCOL Lehrstoff *m,* Lehrplan *m* ❺ UNIV Studienplan *m* ▶ **vaste** ~**!** *hum* da hast du dir/haben Sie sich aber viel vorgenommen!; **être au** ~ auf dem Programm stehen; THEAT auf dem Spielplan stehen; CINE laufen; **être hors** ~ nicht auf dem Programm stehen; SCOL nicht zum Lehrstoff gehören; **tout un** ~ ein weites Feld

programmer [pʀɔgʀame] <1> *vt* ❶ MEDIA, CINE ins Programm nehmen; THEAT auf den Spielplan setzen; **être programmé** *émission:* auf dem Programm stehen ❷ (*établir à l'avance*) vorausplanen/im Voraus planen *journée, réjouissances, vacances;* **être programmé à dix heures** auf zehn Uhr angesetzt sein ❸ TECH [vor]programmieren *calculatrice;* ~ **une machine à laver sur qc** eine Waschmaschine auf etw (*akk*) einstellen; **être programmé** programmgesteuert sein

programmeur, -euse [pʀɔgʀamœʀ, -øz] *m, f* Programmierer(in) *m(f)*

progrès [pʀɔgʀɛ] *m* Fortschritt *m; pl* SCOL Fortschritte *Pl;* **faire des** ~ **en qc** Fortschritte in etw (*dat*) machen ▶ **il y a du** ~ *fam* es geht voran; **on n'arrête pas le** ~ *fam* nobel geht die Welt zugrunde

progresser [pʀɔgʀese] <1> *vi* ❶ (*s'améliorer*) *écolier, malade, sciences, technique:* Fortschritte machen; *conditions de vie, culture, humanité:* sich entwickeln ❷ (*augmenter*) *difficultés:* zunehmen; *prix, salaires:* steigen ❸ (*s'étendre*) *épidémie, incendie, inondation:* um sich greifen; *idées, théories:* sich verbreiten ❹ (*avancer*) *explorateur, sauveteur, véhicule:* vorankommen; *armée:* vorrücken

progressif, -ive [pʀɔgʀesif, -iv] *adj amélioration, évolution, transformation* allmählich, progressiv; *développement* schrittweise; *difficulté* zunehmend; *amnésie, paralysie* fortschreitend; **verres** ~**s** Gleitsichtgläser *Pl*

progression [pʀɔgʀɛsjɔ̃] *f* ❶ (*amélioration*) Fortschreiten *nt; des conditions de vie* Weiterentwicklung *f; du bien-être* Steigerung *f* ❷ *du chômage, de l'alcoolisme* Zunahme *f; des prix, salaires* Ansteigen *nt* ❸ *d'une épidémie, inondation, d'un incendie* Sichausbreiten *nt; d'une maladie* Fortschreiten *nt; d'une doctrine, idée, théorie* Verbreitung *f* ❹ *d'un explorateur, sauveteur, véhicule* Vorankommen *nt; d'une armée* Vordringen *nt* ❺ MATH Reihe *f*

progressiste [pʀɔgʀesist] **I.** *adj* progressiv **II.** *mf* Progressive(r) *f(m)*

progressivement [pʀɔgʀesivmɑ̃] *adv* nach und nach; *procéder* schrittweise

progressivité [pʀɔgʀesivite] *f d'un changement, d'une évolution* langsames Fortschreiten; FIN Progression *f;* ~ **de l'impôt** Steuerprogression *f*

prohibé(e) [pʀɔibe] *adj* [gesetzlich] verboten

prohiber [pʀɔibe] <1> *vt* [gesetzlich] verbieten

prohibitif, -ive [pʀɔibitif, -iv] *adj* ❶ **tarif** ~ Prohibitivtarif *m* ❷ JUR **système** ~ Prohibitivsystem *nt;* **loi prohibitive** Verbot *nt*

prohibition [pʀɔibisjɔ̃] *f de la chasse, pêche* Verbot *nt; de denrées* Einfuhrverbot; ~ **du port d'armes** Verbot Waffen zu tragen

proie [pʀwa] *f* ❶ (*opp: prédateur*) Beute *f;* **oiseau de** ~ Raubvogel *m* ❷ (*victime*) Opfer *nt* ▶ **être en** ~ **à qc** einer S. (*dat*) ausgeliefert sein; **être en** ~ **au doute/aux remords** von Zweifel[n]/Gewissensbissen gequält werden

projecteur [pʀɔʒɛktœʀ] *m* ❶ *de cinéma, diapositives* Projektor *m* ❷ *d'un bateau, monument, stade* Scheinwerfer *m* ▶ **braquer les** ~**s sur qn/qc** jdn/etw in den Mittelpunkt stellen

projectile [pʀɔʒɛktil] *m* Wurfgeschoss *nt;* MIL Geschoss *nt*

projection [pʀɔʒɛksjɔ̃] *f* ❶ *a.* PSYCH Projektion *f* ❷ CINE Projektion *f; de diapositives, d'un film* Vorführung *f* ❸ (*lancement*) *de lave, liquide, vapeur* [Heraus]stoßen *nt; de pierres* [Herum]schleudern *nt*

projectionniste [pʀɔʒɛksjɔnist] *mf* Filmvorführer(in) *m(f)*

projet [pʀɔʒɛ] *m* ❶ (*intention*) Plan *m;* ~ **de vacances** Urlaubspläne *Pl;* ~ **de film** Filmprojekt *nt;* **avoir des** ~**s sur qn** mit jdm etwas vorhaben ❷ (*ébauche*) Entwurf *m;* ~ **de contrat** Vertragsentwurf; ~ **de loi** Gesetzesentwurf ❸ *de construction* Entwurf *m*

projeter [pʀɔʒ(ə)te] <3> **I.** *vt* ❶ (*faire un

projet) planen ② (*éjecter*) herausschleudern; ausstoßen *fumée;* verspritzen *liquide;* sprühen *étincelles* **II.** *vpr* (*se refléter*) **se ~** *ombre, silhouette:* sich abzeichnen

prolétaire [pʀɔletɛʀ] **I.** *adj classe, milieu* proletarisch; *manières* proletenhaft **II.** *mf* Proletarier *m*

prolétariat [pʀɔletaʀja] *m* Proletariat *nt*

prolétarien(ne) [pʀɔletaʀjɛ̃, jɛn] *adj* proletarisch

prolifération [pʀɔlifeʀasjɔ̃] *f* BIO, MED starke Vermehrung *f; de microbes* Vermehrung *f; de cellules* Wucherung *f; des armes nucléaires* Verbreitung *f*

proliférer [pʀɔlifeʀe] <5> *vi humains, animaux:* sich stark vermehren; *cellules:* wuchern; *doctrines, sectes, théories:* um sich greifen

prolifique [pʀɔlifik] *adj animal, famille* fruchtbar; *artiste, écrivain* produktiv

prolo [pʀolo] *abr de* **prolétaire I.** *adj péj fam* proletarisch; (*sans manières*) proletenhaft **II.** *mf péj fam* Prolet(in) *m(f)*

prologue [pʀɔlɔg] *m* ① (*introduction*) Vorrede *f* ② MUS, THEAT Vorspiel *nt* ③ *fig* **~ à un événement** Auftakt *m* zu einem Ereignis

prolongation [pʀɔlɔ̃gasjɔ̃] *f* ① *d'un congé, délai, d'une trêve* Verlängerung *f;* **~ du délai de paiement** Zahlungsaufschub *m* ② SPORT Verlängerung *f* ▶ **jouer les ~s** SPORT in der Verlängerung spielen; *hum* kein Ende finden

prolongé(e) [pʀɔlɔ̃ʒe] *adj arrêt, séjour* verlängert; *débat, exposition au soleil* ausgedehnt; *cri, rire* lang anhaltend; *effort* anhaltend

prolongement [pʀɔlɔ̃ʒmɑ̃] *m* ① (*continuation*) Verlängerung *f; d'une route* Weiterführung *f* ② (*appendice*) Fortsatz *m* ③ *gén pl* (*suites*) *d'une affaire, décision, d'un événement* Auswirkungen *Pl*

prolonger [pʀɔlɔ̃ʒe] <2a> **I.** *vt* ① (*faire durer davantage*) verlängern ② (*rendre plus long*) verlängern; weiterführen *rue* **II.** *vpr* **se ~** ① (*durer*) *séjour:* sich verlängern; *effet, trêve, séance:* andauern; *débat, maladie:* sich in die Länge ziehen ② (*s'étendre en longueur*) *chemin, rue:* sich fortsetzen

promenade [pʀɔm(ə)nad] *f* ① (*balade: à pied*) Spaziergang *m;* (*en bateau*) Bootsfahrt *f;* (*à cheval*) Ausritt *m;* **~ en voiture** Spazierfahrt *f* [mit dem Auto]; **~ à/en vélo** Fahrradtour *f;* **faire faire une ~ à qn** jdn spazieren führen ② (*lieu où l'on se promène: en ville*) Promenade *f;* (*à la campagne*) Spazierweg *m*

promener [pʀɔm(ə)ne] <4> **I.** *vt* ① (*accompagner*) **~ qn/un animal** mit jdm/einem Tier spazieren gehen ② (*laisser errer*) **~ ses doigts sur le clavier** die Finger über die Tasten gleiten lassen; **~ son regard sur la plaine** den Blick über die Ebene schweifen lassen ▶ **ça me/le promènera** *fam* da komme ich/kommt er ein bisschen raus **II.** *vpr* ① (*faire une promenade*) [**aller**] **se ~** *animal:* herumlaufen; *personne:* (*à pied*) spazieren gehen; (*à cheval*) ausreiten; (*en bateau*) eine Bootsfahrt machen; **se ~ en voiture** [mit dem Auto] spazieren fahren; **se ~ à** [*o* **en**] **vélo** eine [kleine] Fahrradtour machen ② *fig* **se ~** *rivière:* sich schlängeln; *chaussettes, livres, outils:* herumfliegen (*fam*); *imagination, regards:* schweifen

promeneur, -euse [pʀɔm(ə)nœʀ, -øz] *m, f* Spaziergänger(in) *m(f)*

promesse [pʀɔmɛs] *f* (*engagement*) Versprechen *nt* ▶ **~ en l'air** [*o* **de Gascon**] leere Versprechungen *Pl*

prometteur, -euse [pʀɔmɛtœʀ, -øz] *adj acteur, débuts, politicien* viel versprechend; *signes, sourire* verheißungsvoll

promettre [pʀɔmɛtʀ] <*irr*> **I.** *vt* ① (*s'engager à*) versprechen; zusagen *visite;* zusichern *aide;* **~ le secret à qn** jdm versprechen nichts zu verraten ② (*assurer*) versichern; **ça je te le promets!** das schwöre ich dir! ③ (*laisser présager*) versprechen *du beau temps, un séjour agréable* ▶ **c'est promis juré** *fam* das ist hoch und heilig versprochen; [**il ne**] **faut pas lui en ~** *fam* er/sie begnügt sich nicht mit Versprechungen **II.** *vi* ① (*faire une promesse*) sein Versprechen geben ② (*être prometteur*) zu Hoffnungen Anlass geben ▶ **ça promet!** *hum* das fängt ja gut an!, das kann ja heiter werden! **III.** *vpr* (*prendre la résolution de*) **se ~ de faire qc** sich (*dat*) fest vornehmen etw zu tun

promis(e) [pʀɔmi, iz] *adj* **être ~ à qn/qc** für jdn/etw bestimmt sein; **être ~ à un grand boom** mit einem Boom rechnen

promiscuité [pʀɔmiskɥite] *f* **~ d'un taudis** Zusammengepferchtsein *nt* in einem Elendsquartier; **~ du métro** [hautnahe] Tuchfühlung *f* in der Metro

promo [pʀomo] *f fam abr de* **promotion** *Jahrgang einer Hochschule*

promoteur, -trice [pʀɔmɔtœʀ, -tʀis] *m, f* CONSTR **~** [**immobilier**] Baufirma *f*

promotion [pʀɔmosjɔ̃] *f* ① (*avancement*)

P

Beförderung *f;* ~ **des ventes** Verkaufsförderung *f* ❷ (*progression*) ~ **sociale** sozialer Aufstieg ❸ SCOL *Jahrgang einer Hochschule* ❹ (*produit en réclame*) Sonderangebot *nt*

promotionnel(le) [pʀɔmosjɔnɛl] *adj* ❶ (*en promotion*) **vente ~le** Sonderangebot *nt* ❷ *argument* verkaufsfördernd; **matériel ~** Werbematerial *nt*

promouvoir [pʀɔmuvwaʀ] *<irr> vt* ❶ (*élever en grade*) **~ un mécanicien [à la fonction de] contremaître** einen Mechaniker zum Werkmeister befördern ❷ (*soutenir*) fördern *politique, recherche* ❸ COM bewerben *produit*

prompt(e) [pʀɔ̃(pt), pʀɔ̃(p)t] *adj* ❶ *antéposé rétablissement* rasch; *décision* prompt; *changement, départ* plötzlich ❷ *postposé geste* flink; *conclusion* voreilig ❸ *soutenu répartie* schlagfertig; **avoir l'esprit ~** schnell von Begriff sein; **être ~** *réaction:* nicht auf sich warten lassen; **être ~ à l'injure** schnell ausfallend werden

promptitude [pʀɔ̃(p)tityd] *f soutenu* ❶ (*rapidité*) Schnelligkeit *f; d'un geste* Flinkheit *f; d'un changement, départ* Plötzlichkeit *f;* **la ~ des secours** der prompte Einsatz der Rettungsmannschaft ❷ (*vivacité*) *d'une réaction* Schnelligkeit *f; d'une personne* Behändigkeit *f; d'un esprit* Beweglichkeit *f;* **la ~ de ses réparties** seine/ihre Schlagfertigkeit *f;* **~ à faire qc** schnelle Bereitschaft *f* etw zu tun

promu(e) [pʀɔmy] ADMIN **I.** *part passé de* **promouvoir II.** *adj* befördert **III.** *m(f)* Beförderte(r) *f(m)*

promulgation [pʀɔmylgasjɔ̃] *f* Verkündung *f*

promulguer [pʀɔmylge] <1> *vt* verkünden *loi, décret, édit*

prôner [pʀone] <1> *vt* anpreisen *idée, méthode;* empfehlen *produit, remède*

pronom [pʀɔnɔ̃] *m* Pronomen *nt*

pronominal [pʀɔnɔminal, -o] <-aux> *m* reflexives Verb

pronominal(e) [pʀɔnɔminal, -o] <-aux> *adj* pronominal; *verbe* reflexiv

prononcé [pʀɔnɔ̃se] *m* JUR *d'un arrêt, d'une sentence* Verkündung *f*

prononcer [pʀɔnɔ̃se] <2> **I.** *vt* ❶ (*articuler*) aussprechen; **ne [pas] pouvoir ~ un mot** kein Wort hervorbringen können ❷ (*dire, exprimer*) äußern *parole;* aussprechen *souhait;* halten *discours, plaidoyer* **II.** *vpr* ❶ (*être articulé*) **se ~** *lettre, mot, nom:* ausgesprochen werden ❷ (*prendre position*) **se ~ pour/contre qn/qc** sich für/gegen jdn/etw aussprechen ❸ (*formuler son point de vue, diagnostic*) **se ~ sur qc** zu etw Stellung nehmen

prononciation [pʀɔnɔ̃sjasjɔ̃] *f* ❶ LING Aussprache *f* ❷ JUR Verkündung *f*

pronostic [pʀɔnɔstik] *m* Prognose *f*

pronostiquer [pʀɔnɔstike] <1> *vt* voraussagen

pronostiqueur, -euse [pʀɔnɔstikœʀ, -øz] *m, f* Prognostiker(in) *m(f);* **être un bon ~** treffende Prognosen stellen

propagande [pʀɔpagɑ̃d] *f* Propaganda *f* ▶ **faire de la ~ à/pour qn/qc** für jdn/etw Reklame machen; POL für jdn/etw Propaganda machen

propagateur, -trice [pʀɔpagatœʀ, -tʀis] *m, f* Verbreiter(in) *m(f)*

propagation [pʀɔpagasjɔ̃] *f* ❶ (*extension*) Ausbreitung *f* ❷ *d'une idée, nouvelle* Verbreitung *f*

propager [pʀɔpaʒe] <2a> **I.** *vt* (*diffuser*) verbreiten *idée, nouvelle* **II.** *vpr* **se ~** ❶ (*s'étendre*) *épidémie, guerre, incendie:* sich ausbreiten ❷ (*se répandre*) *idée, nouvelle:* sich verbreiten

propane [pʀɔpan] *m* Propan[gas] *nt*

propension [pʀɔpɑ̃sjɔ̃] *f* Hang *m,* Neigung *f;* **avoir une ~ à la paresse** einen Hang zur Faulheit haben

prophète, prophétesse [pʀɔfɛt, pʀɔfetɛs] *m, f* Prophet(in) *m(f);* **le Prophète** der Prophet (*Mohammed*); **~ de malheur** Schwarzseher(in) *m(f)* ▶ **nul n'est ~ en son pays** *prov* der Prophet gilt nichts in seinem [Vater]land

prophétie [pʀɔfesi] *f* ❶ (*prédiction*) Prophezeiung *f* ❷ REL Prophezeiung

prophétique [pʀɔfetik] *adj* prophetisch

prophétiser [pʀɔfetize] <1> *vt* prophezeien

prophylactique [pʀɔfilaktik] *adj* vorbeugend

prophylaxie [pʀɔfilaksi] *f* Vorbeugung *f*

propice [pʀɔpis] *adj* günstig; **terrain ~** guter Nährboden

proportion [pʀɔpɔʀsjɔ̃] *f* ❶ (*rapport*) [Größen]verhältnis *nt;* **en ~ de qc** im Verhältnis zu etw; **il est grand, et gros en ~** er ist groß und entsprechend dick; **être hors de ~ avec qc** in keinem Verhältnis zu etw stehen ❷ *pl d'une personne, d'un texte, édifice* Proportionen *Pl; d'une recette* Mengenangaben *Pl;* (*importance*) Ausmaße *Pl;* **dans des ~s inattendues** in unerwartetem Ausmaß ▶ **toutes ~s gardées** relativ gesehen

proportionnalité [pʀɔpɔʀsjɔnalite] *f a.*

P

JUR Verhältnismäßigkeit *f; d'un impôt* Proportionalität *f*
proportionné(e) [pʀɔpɔʀsjɔne] *adj* proportioniert; **être ~ à qc** im Verhältnis zu etw stehen
proportionnel(le) [pʀɔpɔʀsjɔnɛl] *adj* proportional; **moyenne ~le** geometrisches Mittel; **être ~ à qc** proportional zu etw sein, im Verhältnis zu etw stehen
proportionnelle [pʀɔpɔʀsjɔnɛl] *f* POL **la ~** das Verhältniswahlrecht
proportionnellement [pʀɔpɔʀsjɔnɛlmɑ̃] *adv* verhältnismäßig
propos [pʀɔpo] *m gén pl* (*paroles*) Worte *Pl;* **tenir des ~ inacceptables** intolerable Äußerungen von sich geben ▶ **bien/mal à ~** zur rechten Zeit/zur Unzeit; **à tout ~** bei jeder Gelegenheit; **à ~ de tout et de rien** beim geringsten Anlass; **juger à ~ de faire qc** es für ratsam halten etw zu tun; **à ce ~** dazu; **hors de ~** [völlig] unangebracht; **à quel ~?** weswegen?; **à ~** übrigens; **à ~ de qc** etw betreffend
proposer [pʀɔpoze] <1> **I.** *vt* ❶ (*soumettre*) vorschlagen; unterbreiten *plan, projet;* beantragen *décret, loi;* stellen *devoir, question, sujet;* **~ une nouvelle loi** *gouvernement:* eine Gesetzesvorlage einbringen ❷ (*offrir*) anbieten *marchandise, paix, récompense, activité;* bieten *prix, spectacle* ❸ (*présenter*) **~ qn pour un poste/comme collaborateur** jdn für einen Posten/als Mitarbeiter vorschlagen **II.** *vpr* ❶ (*avoir pour objectif*) **se ~ un but** sich (*dat*) ein Ziel setzen ❷ (*offrir ses services*) **se ~ à qn comme chauffeur** sich jdm als Chauffeur anbieten
proposition [pʀɔpozisjɔ̃] *f* ❶ (*offre*) Vorschlag *m;* **~ d'emploi** Beschäftigungsangebot *nt;* **~ de loi** Gesetzesvorlage *f* ❷ *pl*

proposer

proposer	*vorschlagen*
Et si nous allions au cinéma, aujourd'hui?	*Wie wär's, wenn wir heute mal ins Kino gehen würden?*
Une tasse de thé, ça te/vous dirait?	*Wie wär's mit einer Tasse Tee?*
Si nous faisions une petite pause maintenant? Qu'en penses-tu?	*Was hältst du davon, wenn wir mal eine Pause machen würden?*
Est-ce que tu as envie de faire une promenade?	*Hättest du Lust, spazieren zu gehen?*
Je propose de reporter la réunion.	*Ich schlage vor, wir vertagen die Sitzung.*
demander à quelqu'un ce qu'il souhaite, proposer quelque chose	*jemanden nach Wünschen fragen, etwas anbieten*
Puis-je vous aider?/Vous désirez?	*Kann ich Ihnen helfen?/Was darf's sein?*
Vous désirez quelque chose?	*Haben Sie irgendeinen Wunsch?*
Qu'est-ce que tu veux?	*Was hättest du denn gern?*
Qu'est-ce que tu aimerais/veux manger/boire?	*Was möchtest/magst du essen/trinken?*
Une tasse de café, ça te/vous dirait?	*Wie wär's mit einer Tasse Kaffee?*
Puis-je vous offrir un verre de vin?	*Darf ich Ihnen ein Glas Wein anbieten?*
Vous pouvez volontiers utiliser mon téléphone.	*Sie können gern mein Telefon benutzen.*
accepter une offre	*Angebote annehmen*
Oui, s'il vous/te plaît./Oui, volontiers.	*Ja, bitte./Ja, gern.*
Merci, c'est gentil de ta part.	*Danke, das ist nett/lieb von dir.*
Oui, ce serait gentil.	*Ja, das wäre nett.*
Oh, c'est vraiment gentil!	*Oh, das ist aber nett!*
refuser une offre	*Angebote ablehnen*
Non, merci!	*Nein, danke!*
Mais ce n'est vraiment pas nécessaire!	*Aber das ist doch nicht nötig!*
Je ne peux vraiment pas accepter!	*Das kann ich doch nicht annehmen!*

(*avances*) Annäherungsversuche *Pl* ❸ MATH Lehrsatz *m* ❹ GRAM Satz *m*

propre[1] [pʀɔpʀ] **I.** *adj* ❶ (*opp: sale*) sauber ❷ (*soigné*) sauber ❸ (*opp: incontinent*) *enfant:* sauber; *animal:* stubenrein ❹ *affaire, argent* sauber ❺ (*non polluant*) umweltfreundlich ▶ **me/le voilà ~!** *fam* jetzt sitze ich/sitzt er im Schlamassel! **II.** *m* ▶ **c'est du ~!** *fam* sauber! (*iron*); **mettre qc au ~** etw ins Reine schreiben

propre[2] [pʀɔpʀ] **I.** *adj* ❶ *antéposé* (*à soi*) eigen ❷ *postposé mot, terme* treffend; *sens* eigentlich; **le sens ~ d'un mot** der wörtliche Sinn eines Wortes ❸ *biens, capitaux* eigen **II.** *m* ❶ (*particularité*) charakteristisches Kennzeichen; *de l'homme* Wesensmerkmal *nt* ❷ GRAM **au ~ et au figuré** in wörtlicher und übertragener Bedeutung ❸ (*propriété*) **en ~** als Eigentum

proprement [pʀɔpʀəmɑ̃] *adv* ❶ (*avec soin*) sauber, ordentlich; *manger* anständig ❷ (*avec honnêteté*) anständig

propret(te) [pʀɔpʀɛ, ɛt] *adj maison, chambre* schmuck; *personne* adrett

propreté [pʀɔpʀəte] *f* ❶ (*opp: saleté*) Sauberkeit *f* ❷ (*caractère non polluant*) Umweltfreundlichkeit *f*

propriétaire [pʀɔpʀijetɛʀ] *mf* ❶ (*possesseur*) Eigentümer *m*, Besitzer *m; d'un animal, d'une voiture* Halter *m* ❷ (*opp: locataire*) Hauswirt *m;* (*bailleur*) Vermieter *m*

propriété [pʀɔpʀijete] *f* ❶ (*domaine, immeuble*) [privates] Anwesen; **~ [foncière]** Grundbesitz *m* ❷ (*chose possédée*) Eigentum *nt* ❸ (*qualité propre*) Eigenschaft *f*

proprio [pʀɔpʀijo] *mf fam abr de* **propriétaire** Vermieter(in) *m(f)*

propulser [pʀɔpylse] <1> **I.** *vt* ❶ (*projeter*) wegschleudern; antreiben *engin, missile* ❷ *fig fam* **~ qn à un poste** jdm einen [höheren] Posten verschaffen **II.** *vpr fam* (*jouer des coudes*) **se ~ jusque dans les premiers rangs** sich bis zu den ersten Reihen vordrängeln

propulseur [pʀɔpylsœʀ] *m* Antriebssystem *nt*, Triebwerk *nt*

propulsion [pʀɔpylsjɔ̃] *f* Antrieb *m;* **à ~ atomique [o nucléaire]** mit Atomantrieb

prorata [pʀɔʀata] ▶ **au ~ de qc** entsprechend einer S. (*dat*)

prorogatif, -ive [pʀɔʀɔgatif, -iv] *adj soutenu* ❶ (*qui prolonge*) aufschiebend ❷ (*qui reporte*) vertagend

prosaïque [pʀozaik] *adj* prosaisch (*geh*)

proscription [pʀɔskʀipsjɔ̃] *f* ❶ *soutenu* (*interdiction*) Verbot *nt* ❷ HIST, POL Ächtung *f*

proscrire [pʀɔskʀiʀ] <*irr*> *vt* ❶ (*interdire*) untersagen *activité, drogue;* verbannen *mot;* ächten *idéologie* ❷ HIST, POL (*bannir*) ächten; **~ qn d'un pays** jdn aus einem Land verbannen

proscrit(e) [pʀɔskʀi, it] **I.** *adj* (*banni*) verbannt; (*isolé*) geächtet **II.** *m(f)* Verbannte(r) *f(m)*

prose [pʀoz] *f* ❶ LITTER Prosa *f* ❷ *fam* Geschreibsel *nt* (*fam*); **~ administrative** Beamtenstil *m*

prosélytisme [pʀozelitism] *m* Bekehrungseifer *m*

prospecter [pʀɔspɛkte] <1> **I.** *vt* (*explorer*) durchforschen; (*en quête des richesses naturelles*) nach Bodenschätzen absuchen **II.** *vi* Umschau halten

prospecteur, -trice [pʀɔspɛktœʀ, -tʀis] *m, f* COM Kundenwerber(in) *m(f)*

prospectif, -ive [pʀɔspɛktif, -iv] *adj* ❶ (*prévisionnel*) vorausschauend; **une étude prospective du marché** eine Trendanalyse ❷ (*orienté vers l'avenir*) zukunftsorientiert

prospection [pʀɔspɛksjɔ̃] *f* ❶ COM Kundenwerbung *f;* **faire de la ~** Kundenwerbung betreiben ❷ MIN Erkundung *f* von Rohstofflagerstätten

prospectus [pʀɔspɛktys] *m* Prospekt *m*

prospère [pʀɔspɛʀ] *adj affaires, commerce, entreprise* gut gehend; *mine, personne, santé* blühend; **période ~** Zeit *f* des Wohlstands

prospérer [pʀɔspeʀe] <5> *vi* ❶ (*réussir*) *affaires, commerce, entreprise:* gut gehen ❷ (*croître, bien se porter*) gedeihen

prospérité [pʀɔspeʀite] *f* ❶ (*richesse*) Wohlstand *m* ❷ *soutenu* (*santé*) Wohlergehen *nt*

prostate [pʀɔstat] *f* Prostata *f*

prosternation [pʀɔstɛʀnasjɔ̃] *f*, **prosternement** [pʀɔstɛʀnəmɑ̃] *m* ❶ Kniefall *m* ❷ *fig littér* Unterwürfigkeit *f*

prosterner [pʀɔstɛʀne] <1> *vpr* **se ~ devant qn/qc** ❶ (*s'incliner profondément*) vor jdm/etw niederknien ❷ (*s'humilier*) sich jdm/einer S. unterwerfen

prostitué(e) [pʀɔstitɥe] *m(f)* Prostituierte(r) *f(m)*

prostituer [pʀɔstitɥe] <1> **I.** *vt* ❶ **~ une femme à qn** die Liebesdienste einer Frau an jdn verkaufen ❷ *soutenu* (*déshonorer*) verkaufen *art, talent* **II.** *vpr* ❶ **se ~** sich

P

prostituieren **2** (*se déshonorer*) **se ~ à qc** sich an etw (*akk*) verkaufen

prostitution [pʀɔstitysjɔ̃] *f* (*métier*) Prostitution *f*

prostré(e) [pʀɔstʀe] *adj* [völlig] niedergeschlagen

protagoniste [pʀɔtagɔnist] *mf* **1** THEAT Protagonist(in) *m(f)* **2** (*acteur principal*) Hauptdarsteller(in) *m(f)*

protecteur, -trice [pʀɔtɛktœʀ, -tʀis] **I.** *adj* **1** (*défenseur*) [be]schützend **2** ECON, POL **mesure protectrice** Schutzmaßnahme *f* **3** (*condescendant*) gönnerhaft **II.** *m, f* **1** (*défenseur*) Beschützer(in) *m(f)* **2** (*mécène*) Gönner(in) *m(f); des arts* Förderer *m*/Förderin *f*

protection [pʀɔtɛksjɔ̃] *f* **1** (*défense*) Schutz *m;* **~ contre qc** Schutz gegen etw (*akk*) [*o* vor etw (*dat*)]; **~ de l'enfance** Kinderschutz; **~ de l'environnement** Umweltschutz **2** (*appui*) Unterstützung *f;* **avoir de hautes ~s** von/an höchster Stelle protegiert werden **3** (*élément protecteur*) Schutzvorrichtung *f* ►**~ sociale** soziales Netz; **mesures de ~** Schutzmaßnahmen *Pl*

protectionnisme [pʀɔtɛksjɔnism] *m* Protektionismus *m*

protectionniste [pʀɔtɛksjɔnist] **I.** *adj* protektionistisch **II.** *mf* Protektionist(in) *m(f)*

protectorat [pʀɔtɛktɔʀa] *m* Protektorat *nt*

protégé(e) [pʀɔteʒe] **I.** *adj site, territoire* geschützt; *passage* vorfahrtsberechtigt **II.** *m(f)* (*favori*) Günstling *m* (*pej*)

protège-cahier [pʀɔtɛʒkaje] <protège-cahiers> *m* [Schutz]umschlag *m* **protège-dents** [pʀɔtɛʒdɑ̃] *m inv* Mundschutz *m*

protéger [pʀɔteʒe] <2a, 5> **I.** *vt* **1** (*défendre*) schützen; **~ qn/qc d'un danger** jdn/etw vor einer Gefahr schützen; **~ qn/qc contre le froid/soleil** jdn/etw gegen Kälte/vor Sonne schützen **2** (*patronner*) fördern *arts, carrière, sport* **II.** *vpr* (*se défendre*) **se ~ contre qn/qc** sich vor jdm/etw schützen

protège-slip [pʀɔtɛʒslip] <protège-slips> *m* Slipeinlage *f* **protège-tibia** [pʀɔtɛʒtibja] <protège-tibias> *m* Schienbeinschützer *m*

protéine [pʀɔtein] *f* Eiweiß *nt,* Protein *nt*

protéiné(e) [pʀɔteine] *adj régime* proteinreich

protéique [pʀɔteik] *adj* BIO, CHIM Eiweiß-; **substances ~s** Eiweißstoffe *Pl*

protestant(e) [pʀɔtɛstɑ̃, ɑ̃t] **I.** *adj* protestantisch; (*en Allemagne*) evangelisch, protestantisch **II.** *m(f)* Protestant(in) *m(f);* (*en Allemagne*) Evangelische(r) *f(m),* Protestant

protestantisme [pʀɔtɛstɑ̃tism] *m* Protestantismus *m*

protestataire [pʀɔtɛstatɛʀ] **I.** *adj étudiants* protestierend; **marche ~** Protestmarsch *m* **II.** *mf* Protestierende(r) *f(m)*

protestation [pʀɔtɛstasjɔ̃] *f* (*plainte*) Protestaktion *f;* **~ écrite** Protestschreiben *nt*

protester [pʀɔtɛste] <1> *vi* (*s'opposer à*) protestieren

prothèse [pʀɔtɛz] *f* **1** (*organe artificiel*) Prothese *f;* **~ dentaire** Zahnprothese; **~ oculaire** Glasauge *nt* **2** (*technique*) Prothetik *f*

prothésiste [pʀɔtezist] *mf* Orthopädiemechaniker(in) *m(f);* **~ dentaire** Zahntechniker(in) *m(f)*

protide [pʀɔtid] *m* BIO, CHIM Proteid *nt*

protocolaire [pʀɔtɔkɔlɛʀ] *adj invitation, visite* protokollarisch [festgelegt], dem Protokoll entsprechend

protocole [pʀɔtɔkɔl] *m a.* JUR Protokoll *nt;* **~ d'accord** Vertragsprotokoll; **faire un ~** ein Protokoll erstellen

proton [pʀɔtɔ̃] *m* PHYS Proton *nt*

prototype [pʀɔtɔtip] *m* Prototyp *m*

protubérance [pʀɔtybeʀɑ̃s] *f* **1** (*saillie*) Höcker *m* **2** ANAT Vorwölbung *f* **3** ASTRON Protuberanz *f*

protubérant(e) [pʀɔtybeʀɑ̃, ɑ̃t] *adj menton, nez* vorspringend; *ventre* vorgewölbt; *yeux* hervortretend

proue [pʀu] *f* Bug *m*

prouesse [pʀuɛs] *f* (*exploit*) Meisterleistung *f* ►**faire des ~s** wahre Wunder vollbringen; *iron* eine [wahre] Heldentat vollbringen

prout [pʀut] *m fam* Pup[s] *m;* **faire [un] ~** pupsen

prouver [pʀuve] <1> **I.** *vt* **1** (*démontrer*) beweisen; **il est prouvé que ...** es ist erwiesen, dass ...; **il n'est pas prouvé que** + *subj* es gibt keinen Beweis dafür, dass **2** (*montrer*) beweisen *amour;* erweisen *reconnaissance; réponse, conduite:* beweisen **II.** *vpr* **se ~** **1** (*se convaincre*) *personne:* sich (*dat*) beweisen **2** (*être démontrable*) *chose:* sich beweisen lassen

provenance [pʀɔv(ə)nɑ̃s] *f* (*origine*) Herkunft *f* ►**être en ~ de ...** aus [*o* von] ... kommen; **de même ~** der gleichen Herkunft; **de toute ~** von überall her

provençal [pʀɔvɑ̃sal] *m* Provenzalisch *nt; v. a.* **allemand**

provençal(e) [pʀɔvɑ̃sal, -o] <-aux> *adj* provenzalisch
Provençal(e) [pʀɔvɑ̃sal, -o] <-aux> *m(f)* Provenzale *m*/Provenzalin *f*
provençale [pʀɔvɑ̃sal] *f* GASTR ▶ **à la ~** auf provenzalische Art
Provence [pʀɔvɑ̃s] *f* **la ~** die Provence
provenir [pʀɔv(ə)niʀ] <9> *vi* ❶ (*venir de*) **~ de qc** *marchandise, colis:* von etw kommen; *mot, préfixe:* aus etw stammen; **~ de qn/qc** *fortune:* von jdm/etw kommen ❷ (*être la conséquence de*) **~ de qc** von etw kommen
proverbe [pʀɔvɛʀb] *m* Sprichwort *nt;* **comme dit le ~** wie es im Sprichwort [so schön] heißt
providence [pʀɔvidɑ̃s] *f* ❶ (*chance*) glückliche Fügung *f* ❷ REL Vorsehung *f*
providentiel(le) [pʀɔvidɑ̃sjɛl] *adj* ❶ *personne* vom Schicksal gesandt; *rencontre, voyage* schicksalhaft; *pluie* segensreich; *nouvelle* glücklich ❷ REL göttlich gefügt
province [pʀɔvɛ̃s] *f* Provinz *f* ▶ **la Belle Province** *Bezeichnung für die Provinz Quebec;* **faire** [**très**] **~** *fam* [sehr] provinziell wirken
provincial(e) [pʀɔvɛ̃sjal, -jo] <-aux> **I.** *adj* ❶ *air, manières* provinziell; *rythme* der Provinz; *vie* in der Provinz ❷ CAN *mesures, décision* auf der Provinzebene **II.** *m(f)* Provinzbewohner(in) *m(f)*
proviseur [pʀɔvizœʀ] *mf* Schulleiter(in) *m(f)* (*in Gymnasien*)
provision [pʀɔvizjɔ̃] *f* ❶ *pl* (*vivres*) [Essens]vorräte *Pl*, [Lebensmittel]vorräte *Pl;* (*pour une excursion*) Proviant *m* ❷ (*réserve*) **~ d'eau** Wasservorrat *m;* **faire ~ de qc** sich (*dat*) einen Vorrat an etw (*dat*) anlegen
provisionnel(le) [pʀɔvizjɔnɛl] *adj* **acompte** [*o* **tiers**] **~** *Steuervorauszahlung*
provisoire [pʀɔvizwaʀ] **I.** *adj* ❶ (*opp: définitif*) provisorisch; *solution, mesure* vorläufig; *installation* behelfsmäßig; *bonheur, liaison* vorübergehend ❷ JUR *arrêt, jugement, sentence* einstweilig ❸ (*intérimaire*) provisorisch **II.** *m* Provisorium *nt*
provisoirement [pʀɔvizwaʀmɑ̃] *adv* vorübergehend; **asseyez-vous là ~** setzt euch vorerst mal hierher
provoc [pʀɔvɔk] *f fam abr de* **provocation**
provocant(e) [pʀɔvɔkɑ̃, ɑ̃t] *adj* ❶ (*agressif*) provozierend ❷ (*aguichant*) provozierend; *regard, sourire, fille* verführerisch; *pose* aufreizend
provocateur, -trice [pʀɔvɔkatœʀ, -tʀis] **I.** *adj* provokatorisch; **agent ~** Provokateur *m* **II.** *m, f* Aufwiegler(in) *m(f)*
provocation [pʀɔvɔkasjɔ̃] *f* (*défi*) Provokation *f*, Herausforderung *f;* **faire de la ~** provozieren
provoquer [pʀɔvɔke] <1> **I.** *vt* ❶ (*causer*) verursachen; bewirken *changement;* erregen *colère, gaieté;* herbeiführen *mort, accident;* auslösen *explosion, révolte, désordre* ❷ (*énerver*) reizen; (*défier*) herausfordern ❸ (*aguicher*) aufreizen **II.** *vpr* **se ~** sich [gegenseitig] provozieren
proxénète [pʀɔksenɛt] *m* Zuhälter(in) *m(f)*
proxénétisme [pʀɔksenetism] *m* Zuhälterei *f*
proximité [pʀɔksimite] *f* Nähe *f;* **à ~ de la gare** in der Nähe des Bahnhofs ▶ **les magasins de ~** die [kleinen] Geschäfte gleich um die Ecke; **politique/discours de ~** bürgernahe Politik/Sprache
prude [pʀyd] **I.** *adj* prüde **II.** *f* prüde Frau *f*
prudemment [pʀydamɑ̃] *adv* ❶ (*avec précaution*) vorsichtig ❷ (*par précaution*) vorsichtshalber
prudence [pʀydɑ̃s] *f* Vorsicht *f;* **avoir la ~ de faire qc** so vorsichtig sein und etw tun
prudent(e) [pʀydɑ̃, ɑ̃t] *adj* vorsichtig; *personne* bedachtsam; *pas* bedächtig; *silence* klug
prud'homme [pʀydɔm] *m* Mitglied *nt* des paritätischen Arbeitsschiedsausschusses
prune [pʀyn] *f* (*fruit*) Pflaume *f* ▶ **pour des ~s** *fam* für nichts [und wieder nichts]
pruneau [pʀyno] <x> *m* GASTR Backpflaume *f*
prunelle [pʀynɛl] *f* ❶ BOT Schlehe *f* ❷ (*liqueur*) Schlehenlikör *m* ❸ ANAT Pupille *f* ▶ **tenir à qc comme à la ~ de ses yeux** etw wie seinen Augapfel hüten
prunellier [pʀynelje] *m* Schlehdorn *m*
prunier [pʀynje] *m* Pflaumenbaum *m* ▶ **secouer qn comme un ~** *fam* jdn heftig schütteln
Prusse [pʀys] *f* HIST **la ~** Preußen *nt;* **la ~ Orientale** Ostpreußen
prussien(ne) [pʀysjɛ̃, jɛn] *adj* preußisch
Prussien(ne) [pʀysjɛ̃, jɛn] *m(f)* HIST Preuße *m*/Preußin *f*
prussienne [pʀysjɛn] *f* ▶ **à la ~** preußisch
PS [peɛs] *m abr de* **Parti socialiste** *Sozialistische Partei Frankreichs*
P.-S. [peɛs] *m abr de* **post-scriptum** PS *nt*
psaume [psom] *m* Psalm *m*
pschitt [pʃit] *interj* zisch; **faire ~** zischen

P

pseudo [psødo] *m* INFORM *fam abr de* **pseudonyme** Nick[name] *m*
pseudonyme [psødɔnim] *m* Pseudonym *nt*
PSG [peɛsʒe] *m* SPORT *abr de* **Paris Saint-Germain** PSG *m*
psi [psi] *m* Psi *nt*
ps[it]t [psit] *interj fam* pst
psoriasis [psɔʀjazis] *m* Schuppenflechte *f*
psy [psi] *mf fam abr de* **psychanalyste, psychiatre, psychologue** *Bezeichnung für Berufe, die sich mit Psychologie beschäftigen*
psychanalyse [psikanaliz] *f* Psychoanalyse *f*
psychanalyser [psikanalize] <1> *vt* [psycho]analysieren
psychanalyste [psikanalist] *mf* Psychoanalytiker(in) *m(f)*
psychanalytique [psikanalitik] *adj* psychoanalytisch
psychédélique [psikedelik] *adj* bewusstseinsverändernd
psychiatre [psikjatʀ] *mf* Psychiater *m*
psychiatrie [psikjatʀi] *f* Psychiatrie *f*
psychiatrique [psikjatʀik] *adj hôpital* psychiatrisch; *troubles* psychisch
psychique [psiʃik] *adj* seelisch
psychisme [psiʃism] *m* Psyche *f*, seelische Struktur *f*
psychologie [psikolɔʒi] *f* Psychologie *f*
psychologique [psikolɔʒik] *adj* ❶ PSYCH psychologisch; *problème, état* psychisch ❷ (*opportun*) psychologisch günstig ❸ (*qui agit sur le psychisme*) psychologisch
psychologiquement [psikolɔʒikmɑ̃] *adv* psychologisch [gesehen]
psychologue [psikolɔg] **I.** *adj* psychologisch begabt **II.** *mf* Psychologe *m*
psychomoteur, **-trice** [psikomɔtœʀ, -tʀis] *adj* psychomotorisch
psychopathe [psikopat] *mf* Psychopath(in) *m(f)*
psychophonie [psikofɔni] *f* Gesangstherapie *f*
psychorigide [psikoʀiʒid] **I.** *adj* gefühlskalt **II.** *mf* gefühlskalter Mensch *m*
psychorigidité [psikoʀiʒidite] *f* seelische Kälte *f*
psychose [psikoz] *f* ❶ MED Psychose *f* ❷ (*obsession collective*) Massenpsychose *f*
psychosomatique [psikosɔmatik] *adj* psychosomatisch
psychoter [psikote] <1> *vi fam* Paranoia schieben (*sl*)
psychothérapeute [psikoteʀapøt] *mf* Psychotherapeut(in) *m(f)*
psychothérapie [psikoteʀapi] *f* Psychotherapie *f*
psychotrope [psikotʀɔp] MED, PSYCH **I.** *adj* psychotrop **II.** *m* Psychopharmakon *nt*
P.T.A.C. [petease] *m abr de* **poids total autorisé en charge** zulässiges Gesamtgewicht *nt*
P.T.T. [petete] *mpl* HIST *abr de* **Postes, Télégraphes, Téléphones** Post- und Fernmeldewesen *nt*
pu [py] *part passé de* **pouvoir**
puant(e) [pɥɑ̃, ɑ̃t] *adj* ❶ *lieu* stinkend ❷ *fam* (*odieux*) überheblich
puanteur [pɥɑ̃tœʀ] *f* Gestank *m*
pub[1] [pyb] *f fam abr de* **publicité**
pub[2] [pœb] *m* (*bar*) Pub *m o nt*
pubard(e) [pybaʀ, aʀd] *m(f) fam* Werbetyp *m*/Werbetante *f*
pubère [pybɛʀ] *adj* **être ~** pubertieren
pubertaire [pybɛʀtɛʀ] *adj* pubertär
puberté [pybɛʀte] *f* Pubertät *f*
pubien(ne) [pybjɛ̃, jɛn] *adj* **os ~** Schambein *nt*
pubis [pybis] *m* Schamgegend *f*
publiable [pyblijabl] *adj* ❶ (*qui peut être publié*) **être ~** *œuvre, texte:* veröffentlicht werden können; (*autorisé*) veröffentlicht werden dürfen; **cette œuvre est difficilement ~** es ist schwierig dieses Werk zu veröffentlichen ❷ (*qui mérite d'être publié*) veröffentlichenswert sein
public [pyblik] *m* ❶ (*assistance*) Publikum *nt;* (*spectateurs*) Zuschauer *Pl;* (*lecteurs*) Leser[schaft] *f;* (*auditeurs*) Zuhörer[schaft] *f;* **être bon ~** ein dankbarer Zuhörer/Zuschauer/Leser sein; **le grand ~** das breite Publikum ❷ (*tous*) Allgemeinheit *f;* **en ~** (*en présence de personnes*) in der Öffentlichkeit; (*devant un auditoire*) öffentlich; (*devant tout le monde*) in [*o* vor] aller Öffentlichkeit
public, **publique** [pyblik] *adj* ❶ (*commun*) öffentlich; **sur la voie publique** in der Öffentlichkeit; **la rumeur publique veut que ce soit vrai** es geht [allgemein] das Gerücht, dass es wahr ist ❷ (*de l'État*) staatlich; *école* staatlich, öffentlich; *finances* öffentlich; **chaîne publique** öffentlich-rechtlicher Sender; **les services ~s** der öffentliche Dienst
publication [pyblikasjɔ̃] *f* Veröffentlichung *f*, Publikation *f*
publiciste [pyblisist] *mf* Werbefachmann *m*
publicitaire [pyblisitɛʀ] *adj* **pancarte ~** Werbeplakat *nt;* **vente ~** Werbeaktion *f*
publicité [pyblisite] *f* ❶ (*dans la presse*)

Anzeige *f;* (*à la radio, télé*) Werbespot *m;* **une page de ~** (*dans la presse*) eine Seite Werbung [*o* Reklame]; (*à la radio, télé*) ein Werbeblock *m;* **~ déguisée** Schleichwerbung *f* ❷ (*réclame*) Werbung *f kein Pl* ❸ *sans pl* (*métier*) Werbung *f* ❹ *sans pl* (*action de rendre public*) Werbung *f,* Publicity *f*

publier [pyblije] <1> *vt* ❶ (*faire paraître*) *auteur:* veröffentlichen; *éditeur:* herausgeben ❷ (*rendre public*) veröffentlichen; bekannt geben *nouvelle;* herausgeben *communiqué*

publiphone® [pyblifɔn] *m* öffentliches Kartentelefon *nt*

publiquement [pyblikmɑ̃] *adv* öffentlich

puce [pys] *f* ❶ ZOOL Floh *m;* **le marché aux ~s** der Flohmarkt ❷ INFORM Chip *m* ❸ (*terme d'affection*) **viens, ma ~!** komm her, mein Schatz/mein Kleiner/meine Kleine! ▸ **mettre la ~ à l'oreille de qn** (*éveiller l'attention*) jdn hellhörig machen; (*éveiller la méfiance*) jdn misstrauisch machen; **secouer les ~s à qn** *fam* (*réprimander*) jdm den Kopf waschen; (*dégourdir*) jdn auf Trab bringen; **se secouer les ~s** sich ranhalten (*fam*)

puceau, pucelle [pyso, pysɛl] <x> **I.** *adj fam* jungfräulich **II.** *m, f fam* in der Liebe noch völlig unerfahrener Junge *m*/unerfahrenes Mädchen *nt;* **la Pucelle d'Orléans** die Jungfrau von Orleans

pucelage [pys(ə)laʒ] *m fam* Unschuld *f;* **perdre son ~** seine Unschuld verlieren

puceron [pys(ə)ʀɔ̃] *m* Blattlaus *f*

pudding [pudiŋ] *m* [Plum]pudding *m*

pudeur [pydœʀ] *f* ❶ (*décence*) Scham[haftigkeit] *f;* **manque de ~** Schamlosigkeit *f* ❷ (*délicatesse*) Feingefühl *nt;* **ayez la ~ de vous taire!** seien Sie doch so taktvoll und schweigen Sie!

pudibond(e) [pydibɔ̃, ɔ̃d] *adj personne* prüde

pudibonderie [pydibɔ̃dʀi] *f* Prüderie *f*

pudique [pydik] *adj* ❶ *comportement, personne* schamhaft; *geste* züchtig ❷ (*plein de réserve*) zurückhaltend

pudiquement [pydikmɑ̃] *adv* ❶ (*par euphémisme*) verhüllend ❷ (*chastement*) schamhaft

puer [pɥe] <1> **I.** *vi péj* stinken; **il pue des pieds** *fam* seine Füße stinken **II.** *vt* ❶ *péj* (*empester*) **~ le renfermé** muffig riechen ❷ *péj fam* (*porter l'empreinte de*) **~ le fric** nach Geld stinken

puéricultrice [pɥeʀikyltʀis] *f* ❶ (*s'occupant des nouveau-nés*) *d'une maternité* Säuglingsschwester *f* ❷ (*s'occupant des tout-petits*) *d'une crèche* Kinderpflegerin *f*

puériculture [pɥeʀikyltyʀ] *f* ❶ (*s'appliquant aux nouveau-nés*) Säuglingspflege *f* ❷ (*s'appliquant aux tout-petits*) Kleinkinderpflege *f*

puéril(e) [pɥeʀil] *adj* kindisch

puérilité [pɥeʀilite] *f* ❶ *sans pl* (*caractère puéril*) kindische Art *f* ❷ *littér* (*chose peu digne d'un adulte*) Albernheit *f*

pugilat [pyʒila] *m* Schlägerei *f*

pugnace [pygnas] *adj littér* kampflustig

puis[1] [pɥi] *adv* dann; **et ~ après** [*o* **quoi**]**?** *fam* na und?; **et ~ quoi encore!?** *fam* ja, was denn noch [alles]!?; **et ~** (*en outre*) und dann [noch]; (*en fin de compte*) und überhaupt

puis[2] [pɥi] *indic prés de* **pouvoir**

puisatier [pɥizatje] *m* Brunnenbauer *m*

puiser [pɥize] <1> **I.** *vt* ❶ **~ de l'eau dans qc** Wasser aus etw schöpfen ❷ *soutenu* (*aller chercher*) **~ dans la tristesse la force de vivre** aus der Trauer Kraft schöpfen **II.** *vi* **~ dans ses réserves** an seine Reserven gehen (*fam*); **~ sur les réserves** ECON auf die Reserven zurückgreifen

puisque [pɥisk(ə)] <puisqu'> *conj* da [ja]; **mais puisqu'elle est malade!** aber sie ist doch krank!; **puisqu'il le faut!** wenn's denn sein muss!

puissamment [pɥisamɑ̃] *adv* ❶ (*avec des moyens efficaces*) heftig, mit aller Kraft ❷ (*à un haut degré*) stark

puissance [pɥisɑ̃s] *f* ❶ *sans pl* (*force*) Kraft *f; des éléments* Gewalt *f; du vent* Stärke *f* ❷ *sans pl* (*pouvoir*) Macht *f;* **volonté de ~** Wille *m* zur Macht, Machtstreben *nt* ❸ (*État*) Macht *f;* **grande ~** Großmacht *f* ❹ TECH *d'un moteur, d'une émission sonore* Leistung[sfähigkeit] *f* ❺ *pl* (*forces*) Kräfte *Pl* ❻ MATH, GEOM **dix ~ deux** zehn hoch zwei

puissant(e) [pɥisɑ̃, ɑ̃t] **I.** *adj* ❶ (*d'une grande force*) stark; *voix* kraftvoll ❷ (*qui a du pouvoir*) mächtig ❸ (*qui a un grand potentiel économique ou militaire*) stark; *pays* mächtig; *armée* schlagkräftig ❹ (*très efficace*) wirksam; TECH *moteur* leistungsfähig; *freins* gut **II.** *mpl* **les ~s** die Mächtigen

puisse [pɥis] *subj prés de* **pouvoir**

puits [pɥi] *m* ❶ (*pour l'eau*) Brunnen *m* ❷ *d'une mine* Schacht *m;* **~ de pétrole** [Erd]ölbohrloch *nt*

pull [pyl] *m abr de* **pull-over** Pulli *m*

pull-over [pylɔvɛʀ, pylɔvœʀ] <pull-overs> *m* Pullover *m*

pullulement [pylylmɑ̃] *m* ❶ *d'insectes, de*

personnes Schwarm *m,* Gewimmel *nt* ② BIO (*action de se multiplier*) Vermehrung *f*

pulluler [pylyle] <1> *vi* ① (*être en grand nombre*) **des personnes/animaux pullulent** es wimmelt von Menschen/Tieren ② (*être plein de*) **l'article pullulait d'inexactitudes** in dem Artikel wimmelte es von Ungenauigkeiten ③ (*proliférer*) sich stark vermehren

pulmonaire [pylmɔnɛʀ] *adj* **tuberculose ~** Lungentuberkulose *f*

pulpe [pylp] *f* (*chair*) [Frucht]fleisch *nt;* **~ dentaire** Zahnmark *nt*

pulpeux, -euse [pylpø, -øz] *adj lèvres* voll; *femme* drall

pulsation [pylsasjɔ̃] *f* (*battement*) *du cœur* [rhythmisches] Schlagen; *du pouls* Klopfen *nt;* **le nombre de ~s à la minute** die Pulsfrequenz; **son pouls bat à 80 ~s à la minute** er/sie hat einen Puls von 80

pulsion [pylsjɔ̃] *f* Trieb *m;* **~ sexuelle** Geschlechtstrieb *m kein Pl*

pulvérisateur [pylveʀizatœʀ] *m* Sprühgerät *nt; de peinture* Spritzgerät *nt; d'un produit insecticide* [Garten]spritze *f; d'un produit liquide* Sprühflasche *f; d'un produit médicamenteux* Zerstäuber *m;* **~ nasal/buccal** Nasen-/Mundspray *m o nt*

pulvérisation [pylveʀizasjɔ̃] *f de peinture* Sprühen *nt,* Spritzen *nt; d'un produit insecticide* Spritzen; *d'un produit médicamenteux* Sprayen *nt*

pulvériser [pylveʀize] <1> *vt* ① (*vaporiser*) sprühen, spritzen *peinture;* spritzen *insecticide;* **peinture à ~** Spritzfarbe *f* ② (*réduire à néant*) zerstören; **~ une objection** einen Einspruch widerlegen ③ *fam* (*battre très largement*) haushoch besiegen *adversaire;* [sensationell] brechen *record* ④ (*réduire en poudre*) zu Pulver zermahlen

puma [pyma] *m* Puma *m*

punaise [pynɛz] *f* ① ZOOL Wanze *f* ② (*petit clou*) Reißzwecke *f*

punaiser [pyneze] <1> *vt* mit einer Reißzwecke/mit Reißzwecken befestigen

punch[1] [pɔ̃ʃ] *m* (*boisson*) Punsch *m*

punch[2] [pœnʃ] *m inv* (*dynamisme*) Elan *m;* **avoir du ~** *fam* Schwung haben, dynamisch sein

punching-ball [pœnʃiŋbol] <punching--balls> *m* Punchingball *m*

punchy [pœnʃi] *adj inv fam silhouette* durchtrainiert; *film* Action-

punir [pyniʀ] <8> *vt* ① (*châtier*) bestrafen; **~ qn d'une peine d'emprisonnement** jdn mit Gefängnis bestrafen ② (*sévir*) **~ qc** etw bestrafen; **qc est puni de mort** auf etw (*akk*) steht die Todesstrafe ③ (*opp: récompenser*) **te voilà bien puni!** [siehst du,] das ist die Strafe!

punissable [pynisabl] *adj* strafbar, sträflich

punitif, -ive [pynitif, -iv] *adj* strafend; **expédition punitive** Strafexpedition *f*

punition [pynisjɔ̃] *f* ① (*peine*) Strafe *f* ② SCOL Strafarbeit *f* ③ (*action de punir*) Bestrafung *f* ④ (*conséquence néfaste*) Strafe *f*

punk [pœ̃k, pœnk] **I.** *adj inv lunettes, bijoux* punkig; **musique ~** Punkmusik *f* **II.** *mf* (*personne*) Punk[er] *m*

pupille[1] [pypij, pypil] *f* ANAT Pupille *f*

pupille[2] [pypij, pypil] *mf* Mündel *nt;* **~ de la Nation** *unter staatlicher Fürsorge stehende Kriegswaise;* **~ de l'État** *unter staatlicher Fürsorge stehende Waise*

pupitre [pypitʀ] *m* ① INFORM Steuerpult *nt,* Schaltpult *nt* ② MUS *d'un musicien, choriste* Notenständer *m; d'un chef d'orchestre* [Dirigenten]pult; *d'un piano* Notenablage *f* ③ (*meuble à plan incliné*) Pult *nt*

pur(e) [pyʀ] *adj* ① (*non altéré*) rein; *air, eau* klar ② (*non mélangé*) rein ③ *vérité* rein; *hasard, méchanceté* rein; **mais c'est de la folie ~e!** das ist ja heller [*o* glatter] Wahnsinn! ④ *recherche, science, mathématiques* rein ⑤ *cœur, amour* rein; *regard* klar; *jeune fille* unschuldig; *intentions* lauter (*geh*) ⑥ *ligne, son* rein; *profil* klar; *langue, style* rein ►**~ et simple** in Reinform; *refus* unmissverständlich; **un "non" ~ et simple** ein klares Nein

purée [pyʀe] *f* Püree *nt;* **~ de pommes de terre** [Kartoffel]püree *nt,* Kartoffelbrei *m*

purement [pyʀmɑ̃] *adv* rein; **~ et simplement** [schlicht und] einfach

pureté [pyʀte] *f* ① (*opp: souillure*) Reinheit *f; de l'air, eau, du ciel* Klarheit *f;* **~ de la race** Reinrassigkeit *f* ② (*perfection*) Reinheit *f; d'un visage* Makellosigkeit *f* ③ *des intentions* Lauterkeit *f; d'un regard* Klarheit *f; de l'enfance* Unschuld *f*

purgatif [pyʀgatif] *m* Abführmittel *nt*

purgatif, -ive [pyʀgatif, -iv] *adj* **être ~** abführend wirken

purgatoire [pyʀgatwaʀ] *m* Fegefeuer *nt*

purge [pyʀʒ] *f* ① (*action de vidanger*) *d'une tuyauterie, chaudière* Entleerung *f* [und Reinigung *f*]; *d'une huile* Ablassen *nt; d'un radiateur* Entlüftung *f;* **robinet de ~** Ablassventil *nt* ② POL Säuberungsaktion *f* ③ MED Abführmittel *nt*

purger [pyʀʒe] <2a> **I.** *vt* ① (*vidanger*)

P

entleeren [und reinigen] *conduite, tuyauterie, chaudière;* ablassen *huile;* entlüften *radiateur* ② JUR verbüßen *peine* ③ MED ~ **qn** jdm ein Abführmittel geben **II.** *vpr* **se** ~ ein Abführmittel nehmen; **un animal se purge avec qc** ein Tier frisst etw um abzuführen

purifiant(e) [pyʀifjɑ̃, jɑ̃t] *adj* **lotion ~e** Reinigungslotion *f*

purificateur [pyʀifikatœʀ] *m* Reinigungsgerät *nt;* ~ **d'air** Luftreiniger *m*

purification [pyʀifikasjɔ̃] *f* ① Reinigung *f; d'une eau* Klärung *f* ② REL Reinigung *f;* **rite de** ~ Reinigungsritus *m* ③ (*épuration*) Säuberung *f*

purifier [pyʀifje] <1> **I.** *vt* reinigen *air, atmosphère;* klären *eau* **II.** *vpr fig* **se ~ de qc** sich von etw reinigen

purin [pyʀɛ̃] *m* Jauche *f*

puriste [pyʀist] **I.** *adj* puristisch **II.** *m, f* Purist(in) *m(f)*

puritain(e) [pyʀitɛ̃, ɛn] **I.** *adj* ① sittenstreng ② HIST puritanisch **II.** *m(f)* ① sittenstrenger Mensch *m* ② HIST Puritaner(in) *m(f)*

puritanisme [pyʀitanism] *m* ① Sittenstrenge *f* ② HIST Puritanismus *m*

pur-sang [pyʀsɑ̃] <pur-sang *o* purs-sangs> *m* Vollblut[pferd] *nt*

purulent(e) [pyʀylɑ̃, ɑ̃t] *adj* MED *infection, plaie* eitrig; **foyer** ~ Eiterherd *m*

pus[1] [py] *m* Eiter *m*

pus[2] [py] *passé simple de* **pouvoir**

pustule [pystyl] *f* ① MED [Eiter]bläschen *nt* ② *d'un crapaud* Warze *f; d'une feuille, tige* Wucherung *f* im Gewebe

putain [pytɛ̃] **I.** *f* ① *péj vulg* Nutte *f* (*sl*), Hure *f* ② *péj fam* ~ **de voiture** Scheißkarre *f* (*vulg*) **II.** *interj* ① *fam* (*exprime la colère*) Scheiße (*vulg*); (*exprime l'étonnement, l'incrédulité*) Donnerwetter ② MIDI *fam* (*forme d'insistance*) ~**!** Mensch! ► ~ [**de bordel**] **de merde** *vulg* verdammte Scheiße

pute [pyt] *f péj vulg* Nutte *f*

putois [pytwa] *m* Iltis *m*

putréfaction [pytʀefaksjɔ̃] *f d'un corps* Verwesung *f;* **cadavre en** ~ verwesender Leichnam; **dans un état/en état de ~ avancée** stark verwest

putride [pytʀid] *adj* faul; *eau, odeur* faulig

putsch [putʃ] *m* Putsch *m*

putt [pœt] *m* SPORT Putt *m*

puzzle [pœzl, pœzœl] *m* ① (*jeu*) Puzzle[spiel *nt*] *nt* ② (*problème complexe*) Rätsel *nt*

p.-v. [peve] *m inv fam abr de* **procès-verbal** Strafzettel *m*

P.V.C. [pevese] *m inv abr de* **polyvinylchloride** PVC *nt*

pyjama [piʒama] *m* Schlafanzug *m,* Pyjama *m;* **en** ~ im Schlafanzug

pylône [pilon] *m* ① TECH Mast *m;* ~ **électrique** Leitungsmast; (*pour lignes à haute tension*) Hochspannungsmast ② ARCHIT Pylon *m*

pyramidal(e) [piʀamidal, -o] <-aux> *adj* pyramidenförmig

pyramide [piʀamid] *f* ① ARCHIT Pyramide *f* ② GEOM Pyramide *f* ③ (*empilement en forme de pyramide*) Pyramide *f;* ~ **humaine** [Menschen]pyramide ④ SOCIOL ~ **des âges** Alterspyramide *f*

pyrénéen(ne) [piʀeneɛ̃, neɛn] *adj* pyrenäisch

Pyrénées [piʀene] *fpl* **les** ~ die Pyrenäen

pyrex® [piʀɛks] *m* feuerfestes Glas *nt*

pyrograver [piʀogʀave] *vt* TECH mit Brandmalerei gestalten

pyrogravure [piʀogʀavyʀ] *f sans pl* Brandmalerei *f*

pyromane [piʀɔman] *mf* Brandstifter(in) *m(f);* PSYCH Pyromane *m*/Pyromanin *f*

pyrotechnicien(ne) [piʀotɛknisjɛ̃, jɛn] *m(f) rare* Pyrotechniker(in) *m(f),* Feuerwerker(in) *m(f)*

python [pitɔ̃] *m* Pythonschlange *f,* Python *m*

P

Qq

Q, q [ky] *m inv* Q *nt,* q *nt*
Q.C.M. [kyseɛm] *m inv abr de* **questionnaire à choix multiple** Multiple-Choice-Fragebogen *m*
Q.G. [kyʒe] *m inv fam abr de* **quartier général** ❶ MIL Hauptquartier *nt* ❷ *fig* Treffpunkt *m*
Q.I. [kyi] *m inv abr de* **quotient intellectuel** IQ *m*
qu' [k] *v.* **que**
quad [kwad] *m* Quad *nt*
quadra [kwadʀa] *mf fam (personne) abr de* **quadragénaire** Vierziger(in) *m(f)*
quadragénaire [k(w)adʀaʒenɛʀ] **I.** *adj* in den Vierzigern **II.** *mf* Mann *m*/Frau *f* in den Vierzigern
quadrangulaire [k(w)adʀɑ̃gylɛʀ] *adj* viereckig
quadrichromie [k(w)adʀikʀɔmi] *f* Vierfarbendruck *m*
quadrilatère [k(w)adʀilatɛʀ] *m* Viereck *nt*
quadrillage [kadʀijaʒ] *m* ❶ *d'un papier* karierte Linien *Pl* ❷ COM *(action d'implanter un réseau)* Errichtung *f* eines dichten Netzes von Niederlassungen ❸ MIL **~ de qc** Errichtung *f* eines dichten Netzes von Kontrollpunkten in etw *(dat)*
quadrillé(e) [kadʀije] *adj* kariert
quadriller [kadʀije] <1> *vt* ❶ *(procéder à une opération militaire, policière)* **~ qc** in etw *(dat)* ein flächendeckendes Netz von Kontrollpunkten errichten ❷ *(tracer des lignes)* **~ qc** etw in Quadrate einteilen
quadrumane [k(w)adʀyman] **I.** *adj* mit vier Händen; **les singes sont ~s** die Affen haben vier Hände **II.** *m* Vierhänder *m*
quadrupède [k(w)adʀypɛd] **I.** *adj* vierfüßig **II.** *m* Vierfüßer *m*
quadruple [k(w)adʀypl] **I.** *adj* vierfach; **une ~ rangée de chaises** vier Reihen Stühle **II.** *m* Vierfache(s) *nt;* **le ~ du prix** das Vierfache des Preises, der vierfache Preis
quadrupler [k(w)adʀyple] <1> **I.** *vi (se multiplier par quatre)* sich vervierfachen **II.** *vt (multiplier par quatre)* vervierfachen
quadruplés, quadruplées [k(w)adʀyple] *mpl, fpl* Vierlinge *Pl*
quai [ke] *m* ❶ TRANSP *d'une gare, station de métro* Bahnsteig *m* ❷ *(pour accoster)* Kai *m* ❸ *(voie publique)* Uferstraße *f;* **les ~s de la Seine** das Seineufer

Q

qualifiable [kalifjabl] *adj* **ce n'est pas ~** das ist [einfach] unbeschreiblich
qualificatif [kalifikatif] *m (expression)* Bezeichnung *f*
qualificatif, -ive [kalifikatif, -iv] *adj* GRAM **adjectif ~** Adjektiv *nt*
qualification [kalifikasjɔ̃] *f* ❶ SPORT Qualifikation *f;* **match de ~** Qualifikationsspiel *nt* ❷ *(expérience)* **~ professionnelle** berufliche Qualifikation *f*
qualifié(e) [kalifje] *adj* ❶ *(compétent) personne* kompetent ❷ *(formé)* qualifiziert; **personnel ~** Fach[arbeits]kräfte *Pl*
qualifier [kalifje] <1> *vpr* SPORT **se ~ pour qc** sich für etw qualifizieren
qualitatif, -ive [kalitatif, -iv] *adj analyse* qualitativ; **différence qualificative** Qualitätsunterschied *m*
qualitativement [kalitativmɑ̃] *adv* qualitativ, in Bezug auf die Qualität
qualité [kalite] *f* ❶ *(valeur)* Qualität *f;* **de première ~** erstklassig ❷ *(caractéristique positive)* Vorzug *m; d'une personne* gute Eigenschaft *f;* **~s morales** charakterliche Qualitäten
quand [kɑ̃] **I.** *adv* wann; **depuis/jusqu'à ~?** seit/bis wann?; **de ~ date ce livre?** wann ist dieses Buch erschienen? **II.** *conj* ❶ *(temporel: événement unique du passé ou du présent)* als; *(événement répétitif, événement unique du futur)* wenn ❷ *fam (le moment où, le fait que)* wenn ❸ *(exclamatif)* **~ je pense que ...!** wenn ich daran denke, dass ...! ► **~ même** *(malgré cela)* trotzdem; *fam (tout de même)* doch; **tu aurais ~ même pu avertir** du hättest doch Bescheid sagen können
quant [kɑ̃t] *prép (pour ce qui concerne)* **~ à qn/qc** was jdn/etw betrifft; **~ à moi** ich für mein[en] Teil
quantifier [kɑ̃tifje] <1a> *vt* ❶ *(chiffrer)* in Zahlen *(akk)* fassen ❷ PHYS quanteln
quantitatif, -ive [kɑ̃titatif, -iv] *adj* quantitativ
quantitativement [kɑ̃titativmɑ̃] *adv* mengenmäßig, quantitativ
quantité [kɑ̃tite] *f* ❶ *(nombre)* Menge *f; (au sujet d'objets dénombrables)* Anzahl *f; (au sujet de personnes)* Zahl *f;* **être ~ négligeable** unwichtig sein ❷ *(grand nombre)* **[une] ~ de personnes/choses** eine Menge Menschen/Dinge; **[des] ~s de personnes** unzählige Menschen; **[des] ~s**

de choses Unmengen *Pl* von Dingen; **en ~** unzählig

quarantaine [kaʀɑ̃tɛn] *f* ❶(*environ quarante*) **une ~ de personnes/pages** etwa vierzig Personen/Seiten ❷(*âge approximatif*) **avoir la ~** [*o* **une ~ d'années**] ungefähr vierzig [Jahre alt] sein; **approcher de la ~** auf die Vierzig zugehen; **avoir largement dépassé la ~** weit über vierzig [Jahre alt] sein ❸MED Quarantäne *f* ▶**qn/un animal est en ~** MED jd/ein Tier steht unter Quarantäne; *v. a.* **cinquantaine**

quarante [kaʀɑ̃t] **I.** *num* vierzig; **~ et un** einundvierzig; **semaine de ~ heures** Vierzigstundenwoche *f* **II.** *m inv* ❶(*cardinal*) Vierzig *f* ❷(*taille de confection*) **faire du ~** ≈ Größe 38 tragen ▶**les Quarante** die [vierzig Mitglieder der] Académie française; *v. a.* **cinq, cinquante**

quarantième [kaʀɑ̃tjɛm] **I.** *adj antéposé* vierzigste(r, s) **II.** *mf* **le/la ~** der/die/das Vierzigste **III.** *m* (*fraction*) Vierzigstel *nt; v. a.* **cinquième**

quart [kaʀ] *m* ❶(*quatrième partie d'un tout*) Viertel *nt;* **trois ~s** drei Viertel; **~ de finale** Viertelfinale *nt;* **~ de siècle** Vierteljahrhundert *nt* ❷(*25 cl*) Viertelliter *m* ❸(*15 minutes*) Viertelstunde *f;* **un ~ d'heure** eine Viertelstunde; (*dans le décompte des heures*) Viertel *nt;* **il est 3 heures et/un ~** es ist Viertel nach drei, es ist viertel vier (SDEUTSCH); **il est 4 heures moins le ~** es ist Viertel vor vier, es ist drei viertel vier (SDEUTSCH) ❹(*partie appréciable*) Großteil *m;* **je n'ai pas fait le ~ de ce que je voulais faire** ich habe nur einen Bruchteil dessen getan, was ich tun wollte; **les trois ~s de qc** der Großteil einer S. (*gen*); **les trois ~s du temps** die meiste Zeit ▶**au ~ de poil** *fam* haargenau; **au ~ de tour** sofort; **passer un mauvais** [*o* **sale**] **~ d'heure** Ärger bekommen

quarté [k(w)aʀte] *m* Rennquartett *nt* (*bei Pferdewetten*)

quartier [kaʀtje] *m* ❶(*partie de ville*) Viertel *nt;* ADMIN [Stadt]bezirk *m;* **~ résidentiel** Wohngebiet *nt;* **le Quartier latin** das Quartier Latin ❷(*lieu où l'on habite, habitants*) Viertel *nt;* **les gens du ~** die Leute aus der Nachbarschaft ❸CH (*banlieue*) **~ périphérique** Vorstadtviertel *nt,* Außenquartier *nt* (CH) ▶**avoir ~ libre** (*être autorisé à sortir*) ausgehen dürfen; **ne pas faire de ~** kein Pardon kennen

quart-monde [kaʀmɔ̃d] <quarts-mondes> *m* ❶(*pauvreté*) **le ~** die neue Armut; (*personnes défavorisées*) die Opfer *Pl* der neuen Armut ❷(*pays les plus pauvres*) die Vierte Welt

quartz [kwaʀts] *m* Quarz *m;* **montre à ~** Quarzuhr *f*

quasi [kazi] *adv* fast; **~ mort** halbtot

quasi-certitude [kazisɛʀtityd] <quasi-certitudes> *f* Quasigewissheit *f*

quasiment [kazimɑ̃] *adv fam* fast

quasi-unanimité [kaziynanimite] <quasi-unanimités> *f* Quasieinstimmigkeit *f*

quaternaire [kwatɛʀnɛʀ] **I.** *adj* **ère ~** Quartär *nt* **II.** *m* Quartär *nt*

quatorze [katɔʀz] **I.** *num* (*cardinal*) vierzehn ▶**c'est reparti comme en ~** und schon geht's wieder los **II.** *m inv* Vierzehn *f; v. a.* **cinq**

quatorzième [katɔʀzjɛm] **I.** *adj antéposé* vierzehnte(r, s) **II.** *mf* **le/la ~** der/die/das Vierzehnte **III.** *m* (*fraction*) Vierzehntel *nt; v. a.* **cinquième**

quatrain [katʀɛ̃] *m* Vierzeiler *m*

quatre [katʀ(ə)] **I.** *num* (*cardinal*) vier ▶**monter l'escalier ~ à ~** (*vu d'en bas*) die Treppe hinaufstürzen; (*vu d'en haut*) die Treppe heraufstürzen; **descendre l'escalier ~ à ~** (*vu d'en haut*) die Treppe hinunterstürzen; (*vu d'en bas*) die Treppe herunterstürzen; **manger comme ~** für zwei essen; **boire comme ~** [sehr] viel trinken; **un de ces ~** [**matins**] *fam* demnächst **II.** *m inv* Vier *f; v. a.* **cinq**

quatre-heures [katʀœʀ] *m inv fam süße Nachmittagsmahlzeit für Kinder* **quatre-quarts** [kat(ʀə)kaʀ] *m inv Butterkuchen in rechteckiger Form* **quatre-quatre** [katkatʀə] *m o f inv* AUT Auto *nt* mit Vierradantrieb [*o* Allradantrieb] **quatre-vingt** [katʀəvɛ̃] <quatre-vingts> **I.** *num* **~s** achtzig; **~ mille** achtzigtausend **II.** *m* **~s** Achtzig *f; v. a.* **cinq, cinquante**

quatre-vingt-dix [katʀəvɛ̃dis] **I.** *num* neunzig **II.** *m inv* Neunzig *f; v. a.* **cinq, cinquante** **quatre-vingt-dixième** [katʀəvɛ̃dizjɛm] <quatre-vingt-dixièmes> **I.** *adj antéposé* neunzigste(r, s) **II.** *mf* **le/la ~** der/die/das Neunzigste **III.** *m* (*fraction*) Neunzigstel *nt; v. a.* **cinquième**

quatre-vingtième [katʀəvɛ̃tjɛm] <quatre-vingtièmes> **I.** *adj antéposé* achtzigste(r, s) **II.** *mf* **le/la ~** der/die/das Achtzigste **III.** *m* (*fraction*) Achtzigstel *nt; v. a.* **cinquième**

quatre-vingt-onze [katʀəvɛ̃ɔ̃z] **I.** *num* einundneunzig **II.** *m inv* Einundneunzig *f; v. a.* **cinq, cinquante** **quatre-vingt-un(e)** [katʀəvɛ̃œ̃, -yn] **I.** *num* einundachtzig **II.** *m(f) inv* Einundachtzig *f; v. a.* **cinq, cinquante** **quatre-vingt-unième** [katʀəvɛ̃ynjɛm] **I.** *adj antéposé* einundachtzigste(r, s) **II.** *mf* **le/la** ~ der/die/das Einundachtzigste **III.** *m* (*fraction*) Einundachtzigstel *nt; v. a.* **cinquième**

quatrième [katʀijɛm] **I.** *adj antéposé* vierte(r, s) **II.** *mf* **le/la** ~ der/die/das Vierte **III.** *f* SCOL ≈ achte Klasse; *v. a.* **cinquième**

quatrièmement [katʀijɛmmɑ̃] *adv* viertens

quatuor [kwatɥɔʀ] *m* (*œuvre, musiciens*) Quartett *nt*

que [kə] <qu'> **I.** *conj* ❶ (*introduit une complétive*) dass; **je ne crois pas que** + *subj* ich glaube nicht, dass ❷ (*dans des formules de présentation*) **peut-être** ~ vielleicht ❸ (*dans des questions*) **qu'est-ce ~ c'est?** was ist das?; **qu'est-ce que c'est ~ ça?** *fam* was ist denn das?; **quand/où est-ce ~ tu pars?** wann/wohin gehst du? ❹ (*reprend une conjonction de subordination*) **si tu as le temps et qu'il fait beau** wenn du Zeit hast und es schön ist ❺ (*introduit une proposition de temps*) **ça fait trois jours qu'il est là** er ist seit drei Tagen da ❻ (*introduit une proposition de but*) damit; **taisez-vous qu'on entende l'orateur!** seien Sie still, damit man den Redner verstehen kann! ❼ (*pour comparer*) **plus/moins/autre ... ~** mehr/weniger/anders ... als; **tout aussi ... ~** genauso ... wie; **autant de ... ~** genauso viel(e) ... wie; **tel ~** [genau] so, wie ❽ (*seulement*) nur; **ne ... ~** nur; **il n'est arrivé qu'hier** er ist erst gestern angekommen; **la vérité, rien ~ la vérité** die Wahrheit, nichts als die Wahrheit **II.** *adv* (*comme*) wie; [**qu'est-ce**] **~ c'est beau!** wie schön das ist! **III.** *pron rel* ❶ (*complément direct: se rapportant à un substantif au singulier*) den/die/das; (*se rapportant à un substantif au pluriel*) die; **ce ~** (*en fonction de sujet*) [das,] was; (*en fonction d'objet direct*) was; **chose ~** was; **quoi ~ tu dises** was du auch sagst ❷ (*après une indication de temps*) **un jour qu'il faisait beau** eines Tages, als das Wetter schön war; **toutes les fois qu'il vient** jedes Mal, wenn er kommt; **le temps ~ la police arrive, ...** bis die Polizei [endlich] kommt, ... **IV.** *pron interrog* was ...?; **qu'est-ce ~ ...?** was ...?; **ce ~** was ▶**qu'est-ce qui vous prend?** was ist denn in Sie/euch gefahren?

Québec [kebɛk] *m* ❶ (*ville*) Québec *nt* ❷ (*région*) **le ~** Québec *nt*

québécois [kebekwa] *m* **le ~** *in Québec gesprochenes Französisch*

québécois(e) [kebekwa, waz] *adj* aus Québec

Québécois(e) [kebekwa, waz] *m(f)* Québecer(in) *m(f)*

quel(le) [kɛl] **I.** *adj* ❶ (*dans une question*) welche(r, s), was für ein(e); **~ temps fait-il?** wie ist das Wetter?; **~le heure est-il?** wie viel Uhr ist es?; **~ est le plus grand des deux?** welcher von beiden ist größer?; **je me demande ~le a pu être sa réaction** ich frage mich, wie er/sie wohl reagiert hat; **~ que soit son choix** ganz gleich, was er/sie wählt; **~les que soient les conséquences, ...** was für Folgen das auch immer haben wird, ... ❷ (*exclamation*) was für ein(e); **~ dommage!** wie schade!; **~ talent!** was für ein Talent! (*fam*) **II.** *pron* welche(r, s); **de nous deux, ~ est le plus grand?** wer ist der größere von uns beiden?

quelconque [kɛlkɔ̃k] *adj* ❶ (*n'importe quel*) **un ... ~** irgendein ... ❷ (*ordinaire*) mittelmäßig; **être très ~** überhaupt nichts Besonderes sein

quelque [kɛlk] **I.** *adj indéf, antéposé* ❶ *pl* (*plusieurs*) einige, ein paar; **à ~s pas d'ici** ein paar Schritte von hier entfernt ❷ *pl* (*petit nombre*) **les ~s fois où ...** die wenigen Male, die ... **II.** *adv* ▶ **~ peu** etwas, ein wenig; **et ~**[**s**] *fam* **10 kg et ~s** etwas mehr als 10 kg; **cinq heures et ~**[**s**] ein paar Minuten nach fünf

quelque chose [kɛlkəʃoz] *pron* etwas, was (*fam*); **~ de beau** etwas Schönes; **c'est déjà ~!** das ist doch immerhin etwas ▶**apporter un petit ~ à qn** *fam* jdm eine Kleinigkeit mitbringen; **prendre un petit ~** *fam* (*une collation*) einen Happen essen; (*un petit verre*) einen Schluck trinken; **il a dû y avoir ~ entre qn et qn** zwischen jdm und jdm muss [irgend]etwas vorgefallen sein; **c'est ~** [**tout de même**]! *fam* das ist [doch] allerhand!; **être pour ~ dans qc** etwas mit etw zu tun haben; **~ comme** etwa

quelquefois [kɛlkəfwa] *adv* manchmal

quelque part [kɛlkpaʀ] *adv* **voir/lire/entendre ~** irgendwo sehen/lesen/hören; **aller/jeter ~** irgendwohin gehen/werfen

quelques-uns, -unes [kɛlkəzœ̃, -yn] *pron indéf* ❶ (*un petit nombre de personnes*) einige; (*seulement une minorité*) einige wenige ❷ (*certaines personnes*) einige ❸ (*certains*) **quelques-unes des personnes/choses** einige Menschen/

Dinge; **j'en ai mangé ~/quelques-unes** ich habe einige davon gegessen

quelqu'un [kɛlkœ̃] *pron indéf* (*une personne*) jemand; **~ d'autre** jemand anders

quémander [kemɑ̃de] <1> *vt* **~ qc** um etw betteln

qu'en-dira-t-on [kɑ̃diʀatɔ̃] *m inv* **se moquer du ~** auf das Gerede der Leute pfeifen

quenelle [kənɛl] *f* GASTR ≈ [längliches] Klößchen *nt,* Nockerl *nt* (A); **~s de veau** Kalbsklößchen

quenotte [kənɔt] *f enfantin fam* Zähnchen *nt*

quenouille [kənuj] *f* Spinnrocken *m*

quéquette [kekɛt] *f enfantin fam* Piephahn *m*

querelle [kəʀɛl] *f* Streit *m kein Pl;* **une ~ sur qc** ein Streit um etw; **provoquer une ~** einen Streit vom Zaun brechen; **~ de famille** Familienstreit ▶ **chercher ~ à qn** (*provoquer*) mit jdm Streit anfangen; (*chercher à provoquer*) mit jdm Streit suchen; **embrasser la ~ de qn** für jdn Partei ergreifen

quereller [kəʀele] <1> *vpr* **se ~ avec qn** [**à propos de qc**] sich mit jdm [wegen etw] streiten

quérir [keʀiʀ] <irr, défec> *vt littér* **aller ~ qn** jdn holen gehen; **venir ~ qn** jdn holen kommen; **envoyer ~ qn** jdn holen lassen

qu'est-ce que [kɛskə] *pron interrog* was

qu'est-ce qui [kɛski] *pron interrog* was

question [kɛstjɔ̃] *f* ❶ (*demande*) Frage *f;* **poser une ~ à qn** jdm eine Frage stellen; **sans poser de ~s** ohne viel zu fragen; [**re**]**mettre qc en ~** etw infrage stellen ❷ (*problème, domaine, sujet*) Frage *f;* **c'est une ~ de temps** das ist eine Frage der Zeit; **c'est une ~ d'habitude** das ist [nur] eine Frage der Gewohnheit; **c'est toute la ~** das ist die große Frage; **ce n'est pas la ~** darum geht es [hier/jetzt] nicht; **la ~ est: ...** die Frage ist [nur], ...; **~ argent, je te conseillerais de...** *fam* was das Geld betrifft, würde ich dir empfehlen, zu ... ❸ (*ensemble de problèmes soulevés*) Problem *nt;* **la ~ du chômage** das Problem der Arbeitslosigkeit; **la ~ du pétrole/du trou d'ozone** das Erdöl-/Ozonlochproblem ▶ **il est ~ de qn/qc** (*il s'agit de*) es geht um jdn/etw; (*on parle de*) es ist die Rede von jdm/etw; **il n'est pas ~ de qc** etw ist völlig ausgeschlossen; **là n'est pas la ~!** (*ce n'est pas le but ou l'intention*) das ist nicht der Sinn der Sache!; **hors de ~** das kommt überhaupt nicht infrage; **pas ~!** *fam* [das] kommt nicht in die Tüte! (*fam*)

questionnaire [kɛstjɔnɛʀ] *m* ❶ (*formulaire*) Fragebogen *m;* **~ à choix multiple** Multiple-Choice-Fragebogen *m* ❷ (*série de questions*) Fragen *Pl*

questionner [kɛstjɔne] <1> *vt* (*interroger*) **~ qn sur qc** *jury:* jdm zu etw Fragen stellen; *police:* jdn zu etw befragen

question-piège [kɛstjɔ̃pjɛʒ] <questions-pièges> *f* ❶ (*apparemment facile*) Fußangel *f* ❷ (*pour nuire*) Fangfrage *f*

quête [kɛt] *f* (*collecte d'argent*) [Geld]sammlung *f;* **faire la ~** (*dans la rue*) *association:* [Geld] sammeln; *chanteur des rues:* Geld einsammeln

quêter [kete] <1> **I.** *vi* **~ pour qn/qc** für jdn/etw sammeln **II.** *vt* (*solliciter*) bitten um *suffrages*

quetsche [kwɛtʃ] *f* ❶ (*fruit*) Zwetsche *f,* Zwetschge *f* (SDEUTSCH, CH) ❷ (*eau-de-vie*) Zwetschenschnaps *m*/-wasser *nt,* Zwetschgenschnaps/-wasser (SDEUTSCH, CH)

queue [kø] *f* ❶ ZOOL Schwanz *m* ❷ BOT Stiel *m* ❸ *d'une casserole, poêle* Stiel *m;* **~ de billard** Queue *f* ❹ TRANSP *d'un train, métro* Zugende *nt* ❺ *fam* (*pénis*) Schwanz *m* (*vulg*) ❻ (*file de personnes*) Schlange *f;* **faire la ~** Schlange stehen; **se mettre à la ~** sich anstellen ❼ *fig* **~ de cheval** Pferdeschwanz *m* ▶ **être rond comme une ~ de pelle** *fam* sternhagelvoll sein; **faire une ~ de poisson à qn** jdn [beim Überholen] schneiden; **n'avoir ni ~ ni tête** weder Hand noch Fuß haben; **à la ~ basse** *fam* mit eingezogenem Schwanz

queue-de-pie [kød(ə)pi] <queues-de-pie> *f* Frack *m,* Schwalbenschwanz *m* (*veraltet*)

qui [ki] **I.** *pron rel* ❶ (*comme sujet: se rapportant à un substantif au singulier*) der/die/das; (*se rapportant à un substantif au pluriel*) die; **toi ~ sais tout** du weißt doch alles; **le voilà ~ arrive** da kommt er ja; **j'en connais ~ ...** ich kenne Leute, die ...; **c'est lui/elle ~ a fait cette bêtise** er/sie hat diesen Blödsinn gemacht; **ce ~ ...** (*servant de sujet*) [das,] was ...; (*se rapportant à une phrase principale*) ..., was ...; **ce ~ se passe est grave** [das,] was sich da ereignet, ist schlimm; **chose ~ ...** was ... ❷ (*comme complément, remplace une personne*) **la dame à côté de ~ tu es assis/tu t'assois** die Dame, neben der du sitzt/neben die du dich setzt; **l'ami dans la maison de ~ ...** der Freund, in dessen Haus ...; **la dame à ~ c'est arrivé** die Da-

Q

me, der das passiert ist ③ (*celui qui*) wer; **~ fait qc ...** (*introduisant un proverbe, dicton*) wer etw tut, ... ► **c'est à ~ criera le plus fort** jeder will am lautesten schreien; **~ que tu sois** ganz gleich, wer du bist; **je ne veux être dérangé par ~ que ce soit** ich möchte von niemandem gestört werden **II.** *pron interrog* ① (*qui est-ce qui*) **~ ...?** wer ...?; **~ ça?** wer?; **~ c'est qui est là?** wer ist denn da? ② (*question portant sur la personne complément direct*) **~ ...?** wen/wem ...?; **~ as-tu vu?** wen hast du gesehen?; **~ croyez-vous?** wem glauben Sie? ③ (*question portant sur la personne complément indirect*) **à/avec/pour/chez ~ ...?** wem/mit wem/für wen/bei wem ...? ④ (*marque du sujet, personne ou chose*) **qui est-ce ~ ...?** wer ...?; **qu'est-ce ~ ...?** was ...?

quiche [kiʃ] *f* **~ [lorraine]** Quiche *f* Lorraine

quiconque [kikɔ̃k] **I.** *pron rel* (*celui qui*) **~ veut venir** wer kommen will; (*toute personne qui*) jeder, der ... **II.** *pron indéf* (*personne*) **hors de question que ~ sorte** es kommt nicht infrage, dass irgendjemand hinausgeht; **elle ne veut recevoir d'ordres de ~** sie will sich (*dat*) von niemandem etwas vorschreiben lassen

quidam [k(ɥ)idam] *m hum* jemand

qui est-ce que [kiɛskə] *pron interrog* (*question portant sur une personne en position complément*) wen/wem; **avec/par/pour ~ ...?** mit wem/durch wen/für wen ...?

qui est-ce qui [kiɛski] *pron interrog* (*question portant sur une personne en position sujet*) wer

quiétude [kjetyd] *f littér* Ruhe *f*, Gelassenheit *f*

quignon [kiɲɔ̃] *m fam* **~ [de pain]** Brotkanten *m*

quille [kij] *f* ① JEUX Kegel *m*; **jouer aux ~s** kegeln ② *fam* (*fin du service militaire*) Abgang *m*; (*sortie de prison*) Entlassung *f*

quincaillerie [kɛ̃kɑjʀi] *f* ① (*magasin d'articles de ménage*) Haushaltswarengeschäft *nt* ② (*magasin de petit outillage*) Eisenwarenhandlung *f*

quincaillier, -ière [kɛ̃kɑje, -jɛʀ] *m, f* ① (*commerçant d'articles de ménage*) Haushaltswarenhändler(in) *m(f)* ② (*commerçant de petit outillage*) Eisenwarenhändler(in) *m(f)*

quinconce [kɛ̃kɔ̃s] *m* ► **en ~** versetzt [angeordnet]

quinqua [kɛ̃ka] *mf fam* (*personne*) *abr de* **quinquagénaire** Fünfziger(in) *m(f)*

quinquagénaire [kɛ̃kaʒenɛʀ, kɥɛ̃kwaʒenɛʀ] **I.** *adj* in den Fünfzigern **II.** *mf* Mann *m*/Frau *f* in den Fünfzigern

quinquennal(e) [kɛ̃kenal, -o] <-aux> *adj* (*qui a lieu tous les cinq ans*) fünfjährlich

quinquennat [kɛ̃kena] *m* fünfjährige Regierungszeit

quintal [kɛ̃tal, -o] <-aux> *m* Doppelzentner *m*

quinte [kɛ̃t] *f* MED **~ de toux** Hustenanfall *m*

quinté [kɛ̃te] *m* Rennquintett *nt*

quintuple [kɛ̃typl] **I.** *adj* ① fünffach; **~ de qc** fünfmal so groß wie etw ② *antéposé* (*au nombre de cinq*) fünffach **II.** *m* Fünffache(s) *nt*

quintupler [kɛ̃typle] <1> **I.** *vi* (*se multiplier par cinq*) sich verfünffachen **II.** *vt* (*multiplier par cinq*) verfünffachen

quintuplés, quintuplées [kɛ̃typle] *mpl, fpl* Fünflinge *Pl*

quinzaine [kɛ̃zɛn] *f* ① (*environ quinze*) **une ~ de personnes/pages** etwa fünfzehn Personen/Seiten ② (*deux semaines*) **revenir dans une ~ [de jours]** in zwei Wochen wiederkommen; **la première ~ de janvier** die erste Januarhälfte

quinze [kɛ̃z] **I.** *num* fünfzehn; **tous les ~ jours** alle vierzehn Tage [*o* zwei Wochen] **II.** *m inv* ① (*cardinal*) Fünfzehn *f* ② SPORT **le ~ d'Irlande** die irische Rugby-Nationalmannschaft; *v. a.* **cinq**

quinzième [kɛ̃zjɛm] **I.** *adj antéposé* fünfzehnte(r, s) **II.** *mf* **le/la ~** der/die/das Fünfzehnte **III.** *m* (*fraction*) Fünfzehntel *nt*; *v. a.* **cinquième**

quiproquo [kipʀɔko] *m* Verwechslung *f*

quittance [kitɑ̃s] *f* Quittung *f*, Beleg *m*; **faire une ~ à qn** jdm eine Quittung ausstellen

quitte [kit] *adj* ① (*sans dettes*) **être ~** quitt [miteinander] sein (*fam*) ② (*au risque de*) **~ à faire qc** auch auf die Gefahr hin, dass man/jd etw tut ► **~ ou double** (*le tout pour le tout*) alles oder nichts

quitter [kite] <1> *vt* ① (*prendre congé de*) **~ qn** jdn verlassen; **ne quittez pas** TELEC bleiben Sie am Apparat ② (*rompre avec*) verlassen *femme, mari, amant, famille* ③ (*sortir de*) **~ qc** etw verlassen ④ (*partir de*) verlassen *ville, pays*; **~ l'école** die Schule verlassen; **ils ont quitté Paris** sie sind aus Paris weggezogen ⑤ (*ne plus rester sur*) **la voiture a quitté la route** das Auto kam von der Straße ab ⑥ INFORM **~ un**

logiciel [*o* **un programme**] ein Programm beenden

qui-vive [kiviv] *m inv* ▶**être sur le ~** (*sur ses gardes*) sehr wachsam sein; (*en état d'alerte*) in Alarmbereitschaft sein

quiz [kwiz] *m* Quiz[sendung *f*] *nt*

quoi [kwa] **I.** *pron rel* ① (*annexe d'une phrase principale complète*) **..., ce à ~ il ne s'attendait pas** ..., womit er nicht rechnete; **..., ce en ~ elle se trompait** ..., worin sie sich täuschte ② (*dans une question indirecte*) **elle ne comprend pas ce à ~ on fait allusion** sie versteht nicht, worauf angespielt wird; **ce sur ~ je veux que nous discutions** das, worüber ich mit Ihnen/euch sprechen möchte ③ (*comme pronom relatif*) **à/de ~ ...** woran/worüber ...; **voilà de ~ je voulais te parler** [gerade] darüber wollte ich mit dir sprechen; **voilà à ~ je pensais** [gerade] daran dachte ich ④ (*cela*) **..., après ~ ...** ..., [und] danach ... ⑤ (*ce qui est nécessaire pour*) **de ~ faire qc** etwas um etw zu tun; **as-tu de ~ écrire?** hast du etwas zum Schreiben?; **elle n'a pas de ~ vivre** sie hat nicht genug zum Leben; **il y a de ~ s'énerver, non?** darüber kann man sich doch wirklich aufregen, oder?; **il est très fâché – il y a de ~!** er ist sehr böse – dazu hat er allen Grund!; **il n'y a pas de ~ rire** da gibt es nichts zu lachen ▶**il n'y a pas de ~!** keine Ursache!; **avoir de ~** *fam* gut betucht sein; **~ que ce soit** irgendetwas; **si tu as besoin de ~ que ce soit, ...** wenn du irgendetwas brauchst, ...; **elle n'a jamais dit ~ que ce soit** sie hat nie auch nur das Geringste gesagt; **~ qu'il en soit** wie dem auch sei; **comme ~** *fam* woraus folgt, dass; **comme ~ on peut se tromper!** wie man sich doch täuschen kann!; **~ que** ganz gleich, was **II.** *pron interrog* ① + *prép* **à ~ penses-tu** [*o* **est-ce que tu penses**]**?** woran denkst du?; **dites-nous à ~ cela sert** sagt uns, wozu das gut ist; **de ~ n'est-elle pas capable/a-t-elle besoin?** wozu ist sie nicht in der Lage/was braucht sie?; **cette chaise est en ~?** *fam* woraus ist dieser Stuhl?; **par ~ commençons-nous?** womit fangen wir an? ② *fam* (*qu'est-ce que*) was; **c'est ~, ce truc?** was ist denn das da [für ein Ding]?; **tu sais ~?** weißt du was?; **~ encore?** was ist denn jetzt schon wieder?; **tu es idiot, ou ~?** *fam* bist du dumm oder was? ③ (*qu'est-ce qu'il y a de ...?*) **~ de neuf?** was gibt's Neues?; **~ de plus facile/beau que ...?** was gibt es Einfacheres/Schöneres als ...? ④ *fam* (*comment?*) was? ▶**de ~**[**, de ~**]? *fam* was ist los? **III.** *interj* ① (*marque la surprise: comment!*) **~!** was! ② *fam* (*en somme*) **..., ~!** eben ...!; **il n'est pas bête, il manque un peu d'intelligence, ~!** er ist nicht dumm, [halt] nur ein bisschen beschränkt!

quoique [kwak(ə)] *conj* obwohl

quolibet [kɔlibɛ] *m* Spöttelei *f*

quota [k(w)ɔta] *m* Quote *f*

quotidien [kɔtidjɛ̃] *m* ① (*journal*) Tageszeitung *f*; **un ~ du matin/soir** eine Morgen-/Abendzeitung ② (*vie quotidienne*) Alltag *m*; (*train-train*) tägliches Einerlei

quotidien(ne) [kɔtidjɛ̃, jɛn] *adj* ① (*journalier*) täglich; **vie ~ne** Alltag *m*; (*train-train*) tägliches Einerlei ② (*banal*) banal

quotidiennement [kɔtidjɛnmɑ̃] *adv* täglich

quotient [kɔsjɑ̃] *m* Quotient *m*

Rr

R, r [ɛʀ] *m inv* R *nt,* r *nt;* **rouler les r** das R rollen

rab [ʀab] *m fam* **il y a du ~** es ist noch etwas übrig

rabâchage [ʀabɑʃaʒ] *m* ❶ (*répétition fastidieuse*) *d'une leçon* Wiederkäuen *nt* ❷ (*radotage*) immer das Gleiche

rabâcher [ʀabɑʃe] <1> *vt* (*ressasser*) **~ les mêmes choses à qn** jdm ständig dieselben Dinge sagen

rabais [ʀabɛ] *m* Rabatt *m;* **faire douze pour cent de ~** [darauf] zwölf Prozent Rabatt geben; **au ~** (*avec réduction de prix*) zu einem herabgesetzten Preis/herabgesetzten Preisen

rabaisser [ʀabese] <1> *vt* (*dénigrer*) herabsetzen; **~ qn au niveau d'un animal** jdn zu einem Tier erniedrigen

rabane [ʀaban] *f* [Raphia]bastgeflecht *nt;* **natte en ~** [geflochtene] Bastmatte

rabat [ʀaba] *m* (*partie rabattue*) *d'une poche* Klappe *f; d'une enveloppe* Lasche *f*

rabat-joie [ʀabaʒwa] *mf inv* Spielverderber *m*

rabattage [ʀabataʒ] *m* Treibjagd *f*

rabatteur [ʀabatœʀ] *m* ❶ CHASSE Treiber *m* ❷ COM *fig* Kundenfänger *m*

rabattre [ʀabatʀ] <*irr*> **I.** *vt* ❶ (*refermer*) herunterklappen *couvercle, siège;* umschlagen *col* ❷ (*faire un rabais*) *commerçant:* nachlassen ❸ CHASSE **~ le gibier** das Wild treiben **II.** *vpr* **se ~** ❶ (*changer de direction*) wieder einscheren ❷ (*accepter faute de mieux*) **se ~ sur qn/qc** sich mit jdm/etw begnügen

rabbin [ʀabɛ̃] *m* REL Rabbiner *m*

rabibocher [ʀabibɔʃe] <1> *fam* **I.** *vt* (*rafistoler*) flicken **II.** *vpr* **se ~** sich versöhnen

rabot [ʀabo] *m* Hobel *m*

raboter [ʀabɔte] <1> *vt* TECH abhobeln *planche*

rabougri(e) [ʀabugʀi] *adj personne* alt und gebückt

rabrouer [ʀabʀue] <1> *vt* anfahren

racaille [ʀakɑj] *f* Abschaum *m kein Pl* (*pej*)

raccommodable [ʀakɔmɔdabl] *adj* auszubessernd

raccommodage [ʀakɔmɔdaʒ] *m* (*réparation*) Flicken *nt,* Ausbessern *nt;* **faire du ~** Flickarbeiten ausführen

raccommoder [ʀakɔmɔde] <1> **I.** *vt* (*réparer*) flicken, stopfen *chaussettes* **II.** *vpr fam* **se ~** sich versöhnen

raccommodeur, -euse [ʀakɔmɔdœʀ, -øz] *m, f* Flicker(in) *m(f)*

raccompagner [ʀakɔ̃paɲe] <1> *vt* **~ qn à la maison** jdn nach Hause begleiten

raccord [ʀakɔʀ] *m* ❶ (*jonction*) Nahtstelle *f* ❷ (*retouche*) Ausbesserung *f* ❸ (*enchaînement*) Überleitung *f;* CINE Übergang *m* ❹ (*joint*) Verbindungsstück *nt*

raccordement [ʀakɔʀdəmɑ̃] *m* Verbindung *f,* Anschluss *m;* ELEC Schaltung *f*

raccorder [ʀakɔʀde] <1> **I.** *vt* (*joindre*) [miteinander] verbinden *tuyaux, routes;* **~ qn au réseau** TELEC jdn an das Netz anschließen **II.** *vpr* **se ~ à qc** (*se relier*) *route:* mit etw verbunden sein

raccourci [ʀakuʀsi] *m* ❶ (*chemin*) Abkürzung *f* ❷ INFORM **~ clavier** Shortcut *m,* Hotkey *m*

raccourcir [ʀakuʀsiʀ] <8> **I.** *vt* (*rendre plus court*) kürzen *texte, vêtement* **II.** *vi* (*devenir plus court*) *jour, vêtement:* kürzer werden; *vêtement:* (*au lavage*) einlaufen

raccroc [ʀakʀo] *m* ►**par ~** (*par hasard*) durch Zufall; (*par chance*) durch einen Glücksfall

raccrocher [ʀakʀɔʃe] <1> **I.** *vi* ❶ TELEC auflegen ❷ SPORT *fam* (*renoncer*) *professionnel:* aufhören **II.** *vpr* (*se cramponner*) **se ~ à qn/qc** sich an jdn/etw klammern

race [ʀas] *f* ❶ (*groupe ethnique*) Rasse *f* ❷ (*sorte*) Spezies *f,* Gattung *f; péj* Brut *f* (*fam*), Sippe *f* (*fam*); **sale ~** üble Brut (*fam*); **être de la même ~** vom gleichen Schlag sein ❸ (*espèce zoologique*) Rasse *f;* **chien/cheval de ~** Rassehund *m*/-pferd *nt* ►**déchirer sa ~** *fam* [voll] der Hammer sein; **ça déchire sa ~!** *fam* das ist ja voll der Hammer!

racé(e) [ʀase] *adj* ❶ *animaux* reinrassig ❷ *homme, femme* von Klasse, von Format

rachat [ʀaʃa] *m* ❶ JUR, FIN, ECON Rückkauf *m; d'une rente* Ablösung *f; d'un titre* Einlösung *f* ❷ (*pardon*) *d'une faute* Vergeben *nt; d'un péché* Vergebung *f*

racheter [ʀaʃte] <4> **I.** *vt* ❶ (*acheter en plus*) nachkaufen ❷ (*acheter d'autrui*) **~ une table à qn** jdm einen Tisch abkaufen **II.** *vpr* **se ~ d'une faute** einen Fehler wiedergutmachen

rachitique [ʀaʃitik] *adj* ❶ MED rachitisch ❷ (*chétif*) *personne* schwächlich

R

rachitisme [raʃitism] *m* Rachitis *f*
racial(e) [rasjal, -jo] <-aux> *adj loi, problème, haine* Rassen-
racine [rasin] *f* ❶ BOT Wurzel *f* ❷ (*origine*) Ursache *f;* **la ~ du mal** die Wurzel des Übels ▶ **prendre ~** Wurzeln schlagen
racisme [rasism] *m* ❶ (*théorie des races*) Rassismus *m* ❷ (*hostilité*) **~ anti-jeunes** Feindseligkeit *f* gegenüber Jugendlichen
raciste [rasist] **I.** *adj* rassistisch **II.** *mf* Rassist *m*
racket [rakɛt] *m* Schutzgelderpressung *f*
racketter [rakete] <1> *vt* **~ qn** Schutzgelder von jdm erpressen
racketteur, -euse [rakɛtœr, -øz] *m, f* Erpresser(in) *m(f)*
raclée [rɑkle] *f fam* ❶ (*volée de coups*) Tracht *f* Prügel ❷ (*défaite*) Schlappe *f* (*fam*)
raclement [rɑkləmɑ̃] *m* Knirschen *nt;* **~ de gorge** Räuspern *nt*
racler [rɑkle] <1> **I.** *vt* ❶ (*nettoyer*) scheuern *casserole;* abputzen *semelles, sabots;* abkratzen *boue, croûte* ❷ (*frotter*) schleifen; **le garde-boue racle le pneu** das Schutzblech schleift am Reifen **II.** *vpr* **se ~ la gorge** sich räuspern
raclette [rɑklɛt] *f* (*fromage*) Raclettekäse *m;* (*spécialité*) Raclette *f o nt*
racloir [rɑklwar] *m* Schaber *m,* Kratzer *m*
racolage [rakɔlaʒ] *m* ❶ (*recrutement*) Anwerbung *f,* Anwerben *nt;* **faire du ~** die Werbetrommel rühren ❷ (*action d'une prostituée*) Anwerben *nt* von Kunden
racoler [rakɔle] <1> *vt* werben *adeptes, clients, électeurs; prostituée:* ansprechen
racoleur, -euse [rakɔlœr, -øz] **I.** *adj publicité, affiche* ins Auge springend; *slogan* reißerisch **II.** *m, f* ❶ POL Werber(in) *m(f)* von Mitgliedern ❷ COM Kundenwerber(in) *m(f)*
racoleuse [rakɔløz] *f* (*prostituée*) Straßendirne *f*
racontar [rakɔ̃tar] *m gén pl, fam* Tratsch *m kein Pl,* Klatsch *m kein Pl*
raconter [rakɔ̃te] <1> *vt* ❶ (*narrer*) **~ une histoire à qn** jdm eine Geschichte erzählen; **~ un voyage** eine Reise schildern ❷ (*dire à la légère*) erzählen *histoires, balivernes;* **c'est du moins ce qu'elle raconte** das zumindest erzählt sie ▶ **~ sa vie à qn** *fam* jdm sein [ganzes] Leben erzählen; **je te/vous raconte pas** *fam* ich kann dir/euch sagen
radar [radar] **I.** *m* Radar[gerät *nt*] *m o nt* **II.** *app* **écran ~** Radarschirm *m*
radariser [radarize] <1> *vt* die Geschwindigkeit mit einem Radar abschätzen
rade [rad] *f* Reede *f* ▶ **être/rester en ~** *fam* festsitzen/stecken bleiben
radeau [rado] <x> *m* (*assemblage flottant*) Floß *nt;* **~ de sauvetage** Rettungsinsel *f*
radiateur [radjatœr] *m* ❶ (*de chauffage central*) Heizkörper *m* ❷ AUT Kühler *m*
radiation [radjasjɔ̃] *f* ❶ PHYS, TECH [Radio]strahlung *f* ❷ *a.* JUR (*action de rayer*) Streichung *f;* **~ du barreau** Ausschluss *m* aus der Anwaltskammer
radical [radikal, -o] <-aux> *m* LING Stamm *m*
radical(e) [radikal, -o] <-aux> *adj* ❶ (*total*) radikal, grundlegend; *refus* grundsätzlich ❷ (*énergique*) radikal; *mesure* radikal, einschneidend, tief greifend ❸ (*foncier*) fundamental; **instinct ~** Urinstinkt *m;* **principe ~** Grundprinzip *nt;* **islam ~** orthodoxer Islam
radicalement [radikalmɑ̃] *adv* ❶ (*entièrement*) radikal, grundlegend ❷ (*absolument*) vollkommen, völlig
radicalisation [radikalizasjɔ̃] *f d'un point de vue* Erhärtung *f; de la lutte* Verschärfung *f; d'un régime* Radikalisierung *f*
radicaliser [radikalize] <1> **I.** *vt* verschärfen *conflit;* verhärten *position;* radikalisieren *opinion, théorie* **II.** *vpr* **se ~** *parti, régime, théorie:* radikaler werden; *conflit:* sich verschärfen; *position:* sich verhärten
radicalisme [radikalism] *m* Radikalismus *m*
radical-socialiste, radicale-socialiste [radikalsɔsjalist, radikosɔsjalist] <radicaux-socialistes> **I.** *adj* radikalsozialistisch **II.** *m, f* Radikalsozialist(in) *m(f)*
radier [radje] <1> *vt* streichen *candidat, nom;* **~ qn du barreau/de l'ordre des médecins** jdn aus der Anwaltskammer/Ärztekammer ausschließen
radiesthésiste [radjɛstezist] *mf* Rutengänger(in) *m(f)*
radieux, -ieuse [radjø, -jøz] *adj* strahlend
radin(e) [radɛ̃, in] **I.** *adj fam* (*avare*) knauserig **II.** *m(f) fam* Geizkragen *m,* Pfennigfuchser(in) *m(f)*
radiner [radine] <1> *vpr fam* **se ~** auftauchen; **allez, radine-toi!** komm endlich!
radinerie [radinri] *f fam* Knauserigkeit *f,* Pfennigfuchserei *f*
radio [radjo] *f* ❶ (*poste*) Radio[gerät] *nt;* **allumer/éteindre la ~** das Radio ein-/ausschalten ❷ (*radiodiffusion*) Radio *nt,*

Rundfunk *m;* **passer à la ~** im Radio kommen ❸(*station*) Sender *m;* **~ locale/libre** Regionalradio/freies Radio ❹MED Röntgenaufnahme *f;* **passer une ~** eine Röntgenaufnahme machen lassen

radioactif, -ive [ʀadjoaktif, -iv] *adj* radioaktiv

radioactivité [ʀadjoaktivite] *f* Radioaktivität *f*

radioamateur, -trice [ʀadjoamatœʀ, -tʀis] *m, f* Funkamateur(in) *m(f)*

radiocassette [ʀadjokasɛt] *f* Radio[kassetten]rekorder *m*

radiocommunication [ʀadjokɔmynikasjɔ̃] *f* Funkverständigung *f*

radiodiffuser [ʀadjodifyze] <1> *vt* senden [im Rundfunk], ausstrahlen [über den Rundfunk]

radioélectrique [ʀadjoelɛktʀik] *adj* Funk-; **ondes ~s** Funkwellen *Pl*

radiographie [ʀadjɔgʀafi] *f* MED ❶(*procédé*) Röntgen *nt* ❷(*cliché*) Röntgenaufnahme *f,* Röntgenbild *nt*

radiographier [ʀadjɔgʀafje] <1a> *vt* MED röntgen *malade, organe*

radioguidage [ʀadjogidaʒ] *m* AVIAT, NAUT Funksteuerung *f;* AUT Verkehrsfunk *m*

radiologie [ʀadjɔlɔʒi] *f* Radiologie *f*

radiologique [ʀadjɔlɔʒik] *adj* **examen ~** Röntgenuntersuchung *f*

radiologue [ʀadjɔlɔg] *mf* Radiologe *m*

radiophonique [ʀadjɔfɔnik] *adj* **pièce ~** Hörspiel *nt*

radioreportage [ʀadjoʀ(ə)pɔʀtaʒ] *m* Rundfunkreportage *f*

radio-réveil [ʀadjoʀevɛj] <radios-réveils> *m* Radiowecker *m*

R

radioscopie [ʀadjɔskɔpi] *f* MED Röntgen *nt*

radio-taxi [ʀadjotaksi] <radios-taxis> *m* Funktaxi *nt*

radiotélégraphie [ʀadjotelegʀafi] *f* Funktelegrafie *f*

radiotélévisé(e) [ʀadjotelevize] *adj* **message ~ du chef de l'État** Rundfunk- und Fernsehansprache des Staatschefs

radiothérapeute [ʀadjoteʀapøt] *mf* Strahlentherapeut(in) *m(f),* Radiotherapeut(in) *m(f)*

radiothérapie [ʀadjoteʀapi] *f* Strahlentherapie *f,* Radiotherapie *f*

radis [ʀadi] *m* Radieschen *nt;* (*grand radis*) Rettich *m* ▶ **ne pas valoir un ~** *fam* keinen Pfifferling wert sein

radium [ʀadjɔm] *m* Radium *nt*

radius [ʀadjys] *m* ANAT Speiche *f*

radotage [ʀadɔtaʒ] *m* (*papotage*) Geschwätz *nt kein Pl* (*pej*)

radoter [ʀadɔte] <1> *vi* ❶(*rabâcher*) sich wiederholen ❷(*déraisonner*) Unsinn reden

radoteur, -euse [ʀadɔtœʀ, -øz] *m, f* Schwätzer(in) *m(f)* (*pej*)

radoucir [ʀadusiʀ] <8> *vpr* **se ~** ❶(*se calmer*) *personne:* sich besänftigen ❷METEO *température:* milder werden; *temps:* sich bessern

radoucissement [ʀadusismɑ̃] *m de la température* Milderung *f; du temps* Besserung *f*

rafale [ʀafal] *f* METEO Bö[e] *f;* **~ de neige/pluie** Schnee-/Regenschauer *m;* **~ de vent** Windstoß *m;* **le vent souffle en ~s** der Wind bläst in Böen

raffermir [ʀafɛʀmiʀ] <8> *vpr* **se ~** (*devenir ferme*) *voix:* fester werden; *peau, tissu:* straffer werden; *muscles:* kräftiger werden

raffermissement [ʀafɛʀmismɑ̃] *m* ❶(*durcissement*) *de la peau, des tissus* Strafferwerden *nt; des muscles* Kräftigung *f; du sol* Härterwerden *nt* ❷(*consolidation*) Stärkung *f*

raffinage [ʀafinaʒ] *m du pétrole, sucre* Raffinieren *nt; du caoutchouc, papier, des métaux* Veredelung *f*

raffiné(e) [ʀafine] *adj* ❶(*délicat*) edel, fein; *goût, plat* erlesen; *personne, esprit* vornehm, kultiviert ❷(*recherché*) subtil; *coup* raffiniert

raffinement [ʀafinmɑ̃] *m* (*délicatesse*) *du goût* Feinheit *f,* Erlesenheit *f; d'une personne* Kultiviertheit *f,* Vornehmheit *f*

raffiner [ʀafine] <1> *vt* ❶IND raffinieren *pétrole, sucre;* veredeln *métaux, papier* ❷(*affiner*) verfeinern *goût, langage*

raffinerie [ʀafinʀi] *f* Raffinerie *f;* **~ de pétrole/sucre** Öl-/Zuckerraffinerie

raffoler [ʀafɔle] <1> *vi* **~ de qn/qc** in jdn/etw vernarrt sein

raffut [ʀafy] *m fam* Radau *m* ▶ **faire du ~** (*faire un scandale*) Staub aufwirbeln (*fam*)

rafiot [ʀafjo] *m fam* Nussschale *f*

rafistolage [ʀafistɔlaʒ] *m fam* Zusammenflicken *nt; fig* Notbehelf *m*

rafistoler [ʀafistɔle] <1> *vt fam* zusammenflicken *chaussures, meuble*

rafle [ʀafl] *f* (*arrestation*) Razzia *f,* Massenverhaftung *f;* **être pris dans une ~** bei einer Razzia verhaftet werden

rafler [ʀafle] <1> *vt fam* mitgehen lassen

rafraîchir [ʀafʀeʃiʀ] <8> *vpr* **se ~** ❶(*devenir plus frais*) *air, temps, température:* abkühlen ❷(*boire*) sich erfrischen

❸ (*se laver*) sich abkühlen ❹ (*arranger sa toilette, son maquillage*) sich frisch machen

rafraîchissant(e) [ʀafʀeʃisɑ̃, ɑ̃t] *adj* ❶ (*apportant la fraîcheur*) *boisson, brise* erfrischend ❷ (*tonifiant*) erfrischend, anregend

rafraîchissement [ʀafʀeʃismɑ̃] *m* ❶ (*boisson*) Erfrischung *f* ❷ INFORM **cycle de ~ de la mémoire** Refreshzyklus *m*

raft [ʀaft] *m* Schlauchboot *nt* (für Wildwasserfahrten)

rafting [ʀaftiŋ] *m* Rafting *nt*

ragaillardir [ʀagajaʀdiʀ] <8> *vt boisson, repos:* stärken; *nouvelle:* aufmuntern

rage [ʀaʒ] *f* ❶ (*colère*) Wut *f;* **être fou de ~** rasend vor Wut sein ❷ (*envie*) Sucht *f,* Drang *m;* **la ~ de vivre** der Drang zu leben ❸ MED Tollwut *f*

rageant(e) [ʀaʒɑ̃, ɑ̃t] *adj* **c'est ~** *fam* das ist ärgerlich

rager [ʀaʒe] <2a> *vi fam* toben, wütend sein

rageusement [ʀaʒøzmɑ̃] *adv* wutentbrannt

raglan [ʀaglɑ̃] **I.** *m* Raglan *m* **II.** *app inv manteau* mit Raglanärmeln; **des manches ~** Raglanärmel *Pl*

ragondin [ʀagɔ̃dɛ̃] *m* ❶ (*animal*) Biberratte *f,* Nutria *f* ❷ (*fourrure*) Nutria *m*

ragot [ʀago] *m fam* Klatsch *m kein Pl,* Tratsch *m kein Pl*

ragoût [ʀagu] *m* Ragout *nt;* **~ de mouton/veau** Hammel-/Kalbsragout

ragoûtant(e) [ʀagutɑ̃, ɑ̃t] *adj* **être peu ~** *personne:* nicht gerade anziehend sein; *repas, plat:* nicht gerade appetitanregend sein

raï [ʀaj] *m* MUS Rai *m*

raid [ʀɛd] *m* MIL Überfall *m,* Angriff *m;* **~ aérien** Luftangriff

raide [ʀɛd] **I.** *adj* ❶ *personne* starr, unbeweglich; *corps, membre* steif; *cheveux* glatt ❷ (*escarpé*) steil ❸ *fam alcool* stark; *vin* schwer ❹ *fam* (*ivre*) breit **II.** *adv* ❶ (*en pente*) steil ❷ (*brusquement*) **tomber ~ mort** plötzlich tot umfallen

raideur [ʀɛdœʀ] *f* ❶ (*rigidité*) *du corps* Unbeweglichkeit *f; d'un geste* Eckigkeit *f; d'un membre* Steifheit *f* ❷ *du chemin* Abschüssigkeit *f; de l'escalier* Steilheit *f* ❸ *fig* (*rigidité*) *des principes* Strenge *f; d'une personne* Sturheit *f,* Unnachgiebigkeit *f*

raidir [ʀediʀ] <8> **I.** *vt* (*tendre*) spannen; anspannen *muscles;* (*durcir*) versteifen *cuir, tissu* **II.** *vpr* **se ~** ❶ (*se tendre*) *muscles:* sich anspannen; *membres:* sich versteifen; *personne:* sich verkrampfen ❷ *fig* (*résister*) sich stemmen

raidissement [ʀedismɑ̃] *m* ❶ (*tension*) *des muscles* Anspannung *f; d'une corde* Spannung *f* ❷ (*intransigeance*) *d'une attitude* Unnachgiebigkeit *f; d'une opinion* Starrsinn *m*

raie¹ [ʀɛ] *f* (*ligne*) Streifen *m*

raie² [ʀɛ] *indic et subj prés de* **rayer**

raierai [ʀɛʀɛ] *fut de* **rayer**

raifort [ʀɛfɔʀ] *m* Meerrettich *m*

rail [ʀɑj] *m* CHEMDFER, TECH Schiene *f;* **deux wagons sont sortis des ~s** zwei Wagen sind entgleist

railler [ʀɑje] <1> *vt littér* verspotten

raillerie [ʀɑjʀi] *f vieilli* ❶ (*fait de plaisanter*) Spotten *nt* ❷ *pl* (*propos moqueurs*) Spott *m*

rainette [ʀɛnɛt] *f* Laubfrosch *m*

rainure [ʀenyʀ] *f* Rille *f*

raisin [ʀɛzɛ̃] *m* Traube *f;* **~s secs** Rosinen *Pl*

raison [ʀɛzɔ̃] *f* ❶ (*motif*) Grund *m;* **~ d'être** Daseinsberechtigung *f;* **~ de vivre** Lebensinhalt *m;* **avoir de bonnes/mauvaises ~s** gute/schlechte Gründe haben; **avoir de fortes ~s de penser que** schwerwiegende Gründe haben zu glauben, dass; **ce n'est pas une ~ pour faire qc** das ist kein Grund etw zu tun; **avoir ses ~s** seine Gründe haben ❷ (*sagesse*) Vernunft *f;* **ramener qn à la ~** jdn wieder zur Vernunft bringen ❸ (*facultés intellectuelles*) Verstand *m;* **avoir toute sa ~** bei [klarem] Verstand sein; **perdre la ~** den Verstand verlieren ▶ **la ~ du plus fort est toujours la meilleure** *prov* der Stärkere hat immer Recht; **pour la bonne ~ que je le veux** aus dem einfachen Grund, weil ich es will (*fam*); **à plus forte ~** (*après une affirmation*) umso mehr; (*après une négation*) geschweige denn; **à tort ou à ~** zu Recht oder zu Unrecht; **avoir ~** Recht haben; **donner ~ à qn** jdm Recht geben; **entendre ~** Vernunft annehmen; **se faire une ~** sich damit abfinden; **pour quelle ~** weshalb, warum; **pour une ~ ou pour une autre** aus diesem oder jenem Grund

raisonnable [ʀɛzɔnabl] *adj* (*sage*) vernünftig

raisonnablement [ʀɛzɔnabləmɑ̃] *adv* ❶ (*avec sagesse*) vernünftig; (*à juste titre*) mit Recht; (*judicieusement*) richtig ❷ (*modérément*) vernünftig; *espérer, demander* vernünftigerweise

raisonné(e) [ʀɛzɔne] *adj* ❶ (*réfléchi*) *attitude* besonnen; *décision, projet* gut durch-

R

dacht; **agriculture ~e** naturnahe Landwirtschaft *f* (*Label für Landwirte in Frankreich*) ② (*systématique*) systematisch; *méthode* gezielt

raisonnement [ʀɛzɔnmɑ̃] *m* ① (*façon de penser*) Denkweise *f* ② (*argumentation*) Schlussfolgerung *f;* ~ **analogique/déductif** Analogieschluss *m*/deduktiver Schluss

raisonner [ʀɛzɔne] <1> *vt* (*ramener à la raison*) zur Vernunft bringen

rajeunir [ʀaʒœniʀ] <8> **I.** *vt* ① (*rendre plus jeune*) verjüngen ② (*abaisser l'âge moyen*) verjüngen; **ça ne me/nous rajeunit pas** *hum* tja, ich werde/wir werden eben auch nicht jünger (*fam*) **II.** *vi* ① (*se sentir plus jeune*) sich jünger fühlen ② (*sembler plus jeune*) jünger scheinen

rajeunissant(e) [ʀaʒœnisɑ̃, ɑ̃t] *adj* verjüngend; **produit ~** Verjüngungsmittel *nt*

rajeunissement [ʀaʒœnismɑ̃] *m* ① Verjüngung *f;* **cure de ~** Verjüngungskur *f* ② *d'une théorie, d'un ouvrage* Aktualisierung *f,* Überarbeitung *f*

rajout [ʀaʒu] *m* Ergänzung *f,* Zusatz *m*

rajouter [ʀaʒute] <1> *vt* ~ **une phrase à qc** einen Satz zu etw hinzufügen; **il faut ~ du sel/sucre** man muss etwas Salz/Zucker hinzugeben ►**en** ~ *fam* übertreiben

rajustement [ʀaʒystəmɑ̃] *m* Angleichung *f*

rajuster [ʀaʒyste] <1> *vt* (*remettre en place*) zurechtrücken *vêtement, lunettes*

râlant [ʀɑlɑ̃] *adj* **c'est ~** *fam* das ist ärgerlich

râle [ʀɑl] *m du mourant* Röcheln *nt; du poumon* Pfeifen *nt*

ralenti [ʀalɑ̃ti] *m* ① CINE, TV Zeitlupe *f;* **au ~** im Zeitlupentempo (*fam*); CINE, TV in Zeitlupe ② AUT Leerlauf *m*

ralentir [ʀalɑ̃tiʀ] <8> **I.** *vt* verlangsamen; bremsen *zèle, activité* **II.** *vi marcheur, véhicule:* abbremsen; *progrès:* abnehmen; *croissance:* zurückgehen **III.** *vpr* **se ~** ① (*devenir plus lent*) *allure, mouvement:* sich verlangsamen ② (*diminuer*) *ardeur, effort, zèle:* abnehmen, nachlassen; *production, croissance:* zurückgehen

ralentissement [ʀalɑ̃tismɑ̃] *m de l'allure, de la marche, circulation* Verlangsamung *f*

ralentisseur [ʀalɑ̃tisœʀ] *m* ① TECH *d'un camion* Zusatzbremse *f* ② (*dos d'âne*) Bodenwelle *f*

râler [ʀɑle] <1> *vi* (*grogner*) ~ **contre qn/qc** über jdn/etw motzen (*fam*); **faire ~ qn** jdn ärgern

râleur, -euse [ʀɑlœʀ, -øz] **I.** *adj fam* motzig **II.** *m, f fam* Meckerer *m*/Meckerziege *f,* Motzer(in) *m(f)*

ralliement [ʀalimɑ̃] *m* ① MIL Sammlung *f,* Sammeln *nt;* **point de ~** Sammelpunkt *m* ② (*adhésion*) ~ **à une cause** Unterstützung *f* einer Sache (*gen*); ~ **à un mouvement** Anschluss *m* an eine Bewegung

rallier [ʀalje] <1a> **I.** *vt* ① (*gagner*) gewinnen *adeptes* ② (*unir des personnes pour une cause commune*) vereinen ③ (*rejoindre*) ~ **une unité** sich einer Einheit (*dat*) anschließen; ~ **la côte** an der Küste (*dat*) anlegen ④ (*rassembler*) sammeln *troupes;* einsammeln *enfants* **II.** *vpr* **se ~ à l'avis de qn** sich jds Meinung anschließen

rallonge [ʀalɔ̃ʒ] *f* ① (*d'une table*) Ausziehplatte *f* ② ELEC Verlängerungskabel *nt*

rallongement [ʀalɔ̃ʒmɑ̃] *m* Verlängerung *f*

rallonger [ʀalɔ̃ʒe] <2a> *vt* verlängern

rallumer [ʀalyme] <1> *vt* (*allumer*) wieder anzünden *cigarette, feu;* wieder anmachen *lampe, lumière;* wieder einschalten *électricité, lumière*

rallye [ʀali] *m* Rallye *f*

RAM [ʀam] *f abr de* **Random Access Memory** RAM *m*

ramadan [ʀamadɑ̃] *m* Ramadan *m*

ramage [ʀamaʒ] *m* (*chant*) *des oiseaux* Gesang *m,* Gezwitscher *nt*

ramassage [ʀamɑsaʒ] *m* ① (*collecte*) *du bois mort* Sammeln *nt; des balles de tennis* Einsammeln *nt; des fruits tombés* Auflesen *nt,* Einsammeln; ~ **des déchets** Müllbeseitigung *f* ② (*récolte*) *des fruits* Lese *f,* Lesen *nt; du foin* Ernte *f* ③ TRANSP ~ **scolaire** Schulbusservice *m;* **car de ~ scolaire** Schulbus *m*

ramasse-miettes [ʀamɑsmjɛt] *m inv* Tischbesen *m*

ramasser [ʀamɑse] <1> **I.** *vt* ① (*collecter*) sammeln *champignons, bois mort, coquillages;* einsammeln *ordures, copies;* zusammentragen, zu etw kommen *argent* ② *fam* (*embarquer*) festnehmen ③ (*relever une personne qui est tombée*) ~ **qn qui est ivre mort** jdn aufrichten, der total betrunken ist ④ (*prendre ce qui est tombé par terre*) aufheben ► ~ **qn dans le ruisseau** *péj* jdn aus der Gosse auflesen (*fam*) **II.** *vpr* **se ~** *fam* (*tomber*) hinpurzeln

ramasseur [ʀamɑsœʀ] *m* TECH Greifer *m*

ramasseur, -euse [ʀamɑsœʀ, -øz] *m, f* Sammler(in) *m(f)*

ramassis [ʀamɑsi] *m péj* (*amas*) Klumpatsch *m* (*sl*); (*bande*) Haufen *m*

rambarde [ʀɑ̃baʀd] *f d'une jetée* Geländer *nt; d'un navire* Reling *f*
ramdam [ʀamdam] *m fam* Tamtam *nt*
rame¹ [ʀam] *f (aviron)* Ruder *nt*
rame² [ʀam] *f* HORT Stange *f*
rameau [ʀamo] <x> *m* ❶ BOT Zweig *m* ❷ REL **le Dimanche des Rameaux, les Rameaux** der Palmsonntag
ramener [ʀamne] <4> **I.** *vt* ❶ *(reconduire)* **~ qn chez soi** jdn nach Hause zurückbringen ❷ *(faire revenir)* zurückbringen *confiance, paix;* **~ qn à la vie** jdn ins Leben zurückbringen; **~ qn à de meilleurs sentiments** jdn auf bessere Gedanken bringen; **~ qn à la raison** jdn zur Vernunft bringen ❸ *(amener avec soi)* **~ qn/qc de Paris** jdn/etw von Paris mitbringen; **~ un cadeau à qn** *fam* jdm ein Geschenk mitbringen; **ramène-moi du pain, s'il te plaît** bring mir bitte Brot mit ▶ **la ~** *fam (être prétentieux)* angeben; *(râler)* motzen; **~ tout à soi** *(etre égocentrique)* immer nur an sich *(akk)* denken **II.** *vpr fam (arriver)* **se ~** aufkreuzen
ramequin [ʀamkɛ̃] *m (moule)* kleine Auflaufform *f*
ramer [ʀame] <1> *vi* ❶ NAUT rudern ❷ *fam (peiner)* sich abstrampeln
rameur [ʀamœʀ] *m* Rudergerät *nt*
rameuter [ʀamøte] <1> **I.** *vt* ❶ CHASSE **~ les chiens de la meute** die Hundemeute wieder zusammentreiben ❷ *(rassembler)* **~ les militants** die aktiven Mitglieder wieder zusammenholen **II.** *vpr* **se ~** sich [ver]sammeln
rami [ʀami] *m* Rommee *nt*
ramification [ʀamifikasjɔ̃] *f* ❶ BOT Verzweigung *f* ❷ *fig* Verästelung *f; d'un réseau, d'une science* Zweig *m*
ramolli(e) [ʀamɔli] **I.** *adj* ❶ *beurre, biscuit, glace* weich ❷ *péj fam personne* vertrottelt; *cerveau* eingerostet **II.** *m(f) péj fam* vertrottelte(r) Alte(r) *f(m)*
ramollir [ʀamɔliʀ] <8> **I.** *vt* weich machen *cuir, beurre* **II.** *vpr* **se ~** ❶ *asphalte, beurre:* weich werden ❷ *(s'affaiblir) ardeur, volonté:* nachlassen; **son cerveau se ramollit** er/sie leidet an Gehirnerweichung
ramollissement [ʀamɔlismɑ̃] *m de l'asphalte, du beurre* Weichwerden *nt*
ramonage [ʀamɔnaʒ] *m de la cheminée* Fegen *nt*
ramoner [ʀamɔne] <1> *vt* entrußen; fegen *cheminée*
ramoneur [ʀamɔnœʀ] *m* Schornsteinfeger(in) *m(f),* Kaminfeger(in) *m(f)* (SDEUTSCH, CH)
rampe [ʀɑ̃p] *f* ❶ *(rambarde) d'un escalier* Geländer *nt* ❷ *(plan incliné)* Rampe *f;* **~ d'accès** *(d'un ferry)* [Zufahrts]rampe *f; (d'un parking)* Einfahrt *f* ❸ *(montée)* Steigung *f* ❹ *(lumières)* Beleuchtung[sanlage *f*] *f;* THEAT Rampe *f* ❺ MIL **~ de lancement** Abschussrampe *f*
ramper [ʀɑ̃pe] <1> *vi* ❶ *(progresser par reptation) animal, enfant:* kriechen ❷ *(pousser) lierre, vigne:* klettern ❸ *(s'abaisser)* **~ devant qn** vor jdm kriechen
rancard [ʀɑ̃kaʀ] *m fam (rendez-vous)* Treff *m*
rancarder [ʀɑ̃kaʀde] <1> **I.** *vt* ❶ *pop (renseigner)* heimlich benachrichtigen ❷ *rare fam (donner un rendez-vous à)* **~ qn** mit jdm einen Treff ausmachen **II.** *vpr pop* **se ~** *(se renseigner)* sich erkundigen
rance [ʀɑ̃s] **I.** *adj* ranzig **II.** *m* **sentir le ~/avoir un goût de ~** ranzig riechen/schmecken
ranch [ʀɑ̃tʃ] <[e]s> *m* Ranch *f*
ranci [ʀɑ̃si] *m* **sentir le ~** ranzig riechen
rancir [ʀɑ̃siʀ] <8> *vi* ranzig werden
rancœur [ʀɑ̃kœʀ] *f* Groll *m;* **avoir de la ~ contre qn** einen Groll auf jdn haben
rançon [ʀɑ̃sɔ̃] *f* ❶ *(rachat)* Lösegeld *nt* ❷ *(prix)* **la ~ de la gloire/du succès/progrès** der Preis des Ruhmes/Erfolges/Fortschritts
rancune [ʀɑ̃kyn] *f* **garder ~ à qn de qc** jdm etw nachtragen ▶ **sans ~!** nichts für ungut!
rancunier, -ière [ʀɑ̃kynje, -jɛʀ] *adj* nachtragend
randonnée [ʀɑ̃dɔne] *f* **~ à pied/skis/bicyclette** Wanderung *f*/Ski-/Radtour *f*
randonneur, -euse [ʀɑ̃dɔnœʀ, -øz] *m, f* Wanderer *m*/Wanderin *f*
rang [ʀɑ̃] *m* ❶ *(suite de personnes ou de choses)* Reihe *f;* **en ~ par deux** in Zweierreihen; **mettez-vous en ~** stellt euch in einer Reihe auf ❷ *(rangée de sièges)* Reihe *f;* **se placer au premier ~** sich in die erste Reihe setzen ❸ *(position dans un ordre ou une hiérarchie)* Platz *m* ❹ *(condition)* Rang *m;* **le ~ social** die soziale Schicht; **garder/tenir son ~** seinen Stand wahren
rangé(e) [ʀɑ̃ʒe] *adj* solide
rangée [ʀɑ̃ʒe] *f* Reihe *f*
rangement [ʀɑ̃ʒmɑ̃] *m* ❶ *(fait de ranger) d'une pièce* Aufräumen *nt; d'objets* Verstauen *nt;* **faire du ~** Ordnung machen ❷ *(pos-*

R

sibilités de ranger) Stauraum *m* ③ (*classement*) Ordnen *nt*

ranger [ʀɑ̃ʒe] <2a> **I.** *vt* ① (*mettre en ordre*) aufräumen *maison, tiroir* ② (*mettre à sa place*) zurückstellen *objet;* aufräumen *vêtements* ③ (*classer*) ordnen *dossiers, fiches* **II.** *vi* **il passe son temps à ~** er verbringt seine Zeit mit Aufräumen **III.** *vpr* **se ~** ① (*s'écarter*) *piéton:* beiseitegehen; *véhicule:* den Platz freimachen ② (*se mettre en rang*) sich aufstellen ③ (*devenir plus sérieux*) *personnes:* solide werden

ranimer [ʀanime] <1> *vt* ① (*ramener à la vie*) wiederbeleben *noyé, personne évanouie* ② (*revigorer*) *air, boisson:* [wieder] aufmuntern

rap [ʀap] *m* Rap *m*

rapace [ʀapas] **I.** *adj* ① (*avide*) räuberisch; **oiseau ~** Raubvogel *m* ② (*cupide*) *homme d'affaires, usurier* habgierig, gewinnsüchtig **II.** *m* ORN Raubvogel *m*

rapatrié(e) [ʀapatʀije] *m(f)* Repatriierte(r) *f(m)*

rapatriement [ʀapatʀimɑ̃] *m* ① (*transfert de personnes*) Rückkehr *f* ins Heimatland; *d'un prisonnier de guerre* Rückführung *f* ② (*transfert de biens*) Rückbeförderung *f*

rapatrier [ʀapatʀije] <1> *vt* (*ramener*) [zurück]bringen *personne, biens;* zurückführen *prisonnier de guerre*

râpe [ʀɑp] *f* ① GASTR Raspel *f,* Reibe *f;* **~ à fromage** Käsereibe ② TECH Grobfeile *f*

râpé(e) [ʀɑpe] *adj amandes, fromage* gerieben ▶ **c'est ~** *fam* das ist geplatzt

râper [ʀɑpe] <1> *vt* reiben *fromage;* reiben, raspeln *betteraves, carottes*

rapetisser [ʀap(ə)tise] <1> **I.** *vt* ① (*rendre plus petit*) kleiner machen; kürzer machen *vêtement* ② (*dévaloriser*) abwerten **II.** *vi* kleiner werden; *jour:* kürzer werden **III.** *vpr* **se ~** kleiner werden, sich verkleinern

râpeux, -euse [ʀɑpø, -øz] *adj langue, surface* rau; *goût, vin* herb

raphia [ʀafja] *m* Raphiabast *m*

rapiat(e) [ʀapja, jat] *fam* **I.** *adj* knauserig, knickrig **II.** *m(f)* Knauser(in) *m(f)*

rapide [ʀapid] **I.** *adj* ① (*d'une grande vitesse*) schnell; *manière, progrès, réponse* rasch; *geste, main, personne* flink; **une décision trop ~** eine übereilte Entscheidung ② *décision, démarche* schnell; *besogne* flink; *examen* flüchtig **II.** *m* (*train*) Schnellzug *m*

rapidement [ʀapidmɑ̃] *adv* schnell, rasch; *travailler* flink; **parcourir le journal ~** die Zeitung flüchtig lesen

rapidité [ʀapidite] *f* (*vitesse*) Schnelligkeit *f;* **agir avec la ~ de l'éclair** blitzschnell handeln

rapidos [ʀapidos] *adv fam* schnell, fix

rapiécer [ʀapjese] <2, 5> *vt* flicken

raplapla [ʀaplapla] *adj inv fam* ① (*fatigué*) schlapp, groggy ② (*aplati*) flach; *matelas* durchgelegen

raplatir [ʀaplatiʀ] <8> *vt* glatt streichen

rappel [ʀapɛl] *m* ① (*remise en mémoire*) **~ d'un événement/d'une aventure** Erinnerung *f* an ein Ereignis/Abenteuer (*akk*) ② (*admonestation*) **~ à l'ordre** Verweis *m,* Mahnung *f* zur Ordnung; POL Ordnungsruf *m;* **~ à la raison** Appell *m* an die Vernunft (*akk*) ③ FIN *d'une facture, cotisation* Mahnung *f* ④ (*panneau de signalisation*) Wiederholungsschild *nt* ⑤ THEAT *Herausrufen vor den Vorhang;* **il y a eu trois ~s** sie bekamen drei Vorhänge

rappeler [ʀap(ə)le] <3> **I.** *vt* ① (*remémorer*) wachrufen, wecken *souvenir;* **~ un ami/une date à qn** jdn an einen Freund/ein Datum erinnern; **~ à qn que** jdn daran erinnern, dass ... ② (*appeler pour faire revenir*) zurückrufen; vor den Vorhang rufen *acteurs, comédiens* ③ TELEC zurückrufen ④ (*évoquer*) **~ un enfant/tableau à qn** jdn an ein Kind/Gemälde erinnern **II.** *vi* TELEC zurückrufen **III.** *vpr* **se ~ qn/qc** sich an jdn/etw erinnern; **se ~ qu'il est venu** sich daran erinnern, dass er gekommen ist

rapper [ʀape] <1> *vt, vi* MUS rappen

rappeur, -euse [ʀapœʀ, -øz] *m, f* Rapper(in) *m(f)*

rappliquer [ʀaplike] <1> *vi fam* auftauchen, aufkreuzen

rapport [ʀapɔʀ] *m* ① (*lien*) Zusammenhang *m;* **~ entre deux ou plusieurs choses** Gemeinsamkeit *f* zwischen zwei oder mehreren Dingen; **~ de cause à effet** Kausalzusammenhang *m;* **~ qualité-prix** Preis-Leistungs-Verhältnis *nt* ② (*relations*) Beziehungen *Pl;* **~s d'amitié/de bon voisinage** freundschaftliche/gutnachbarliche Beziehungen; **les ~s franco-allemands** die deutsch-französischen Beziehungen ③ *pl* (*relations sexuelles*) Geschlechtsverkehr *m,* Sex *m;* **avoir des ~s avec qn** Geschlechtsverkehr mit jdm haben ④ (*compte rendu*) Bericht *m;* **faire/dresser un ~ sur qn/qc** einen Bericht über jdn/etw abfassen; **faire un ~ à qn** jdm Bericht erstatten; **~ de police** Polizeibericht *m* ▶ **avoir ~ à qc** sich auf etw (*akk*) beziehen; **sous tous les ~s** in jeder Hinsicht; **en ~ avec** passend zu; **par ~ à qn/**

R

qc (*par comparaison*) im Vergleich zu jdm/etw; (*proportionnellement*) im Verhältnis zu jdm/etw

rapporté(e) [ʀapɔʀte] *adj élément, pièce* angefügt

rapporter [ʀapɔʀte] <1> **I.** *vt* ❶ (*ramener*) ~ **un livre à qn** jdm ein Buch mitbringen ❷ (*rendre*) ~ **un livre** ein Buch zurückbringen ❸ (*être profitable*) ~ **qc à qn** *action, activité:* jdm etw bringen (*fam*); *métier, travail:* jdm etw einbringen ❹ *péj* (*répéter*) weitertragen (*fam*) **II.** *vpr* (*être relatif à*) **se** ~ **à qc** sich auf etw (*akk*) beziehen, mit etw zu tun haben

rapporteur [ʀapɔʀtœʀ] *m* ❶ *d'une commission* Berichterstatter *m;* JUR, POL Referent *m,* Berichterstatter *m* ❷ (*cafteur*) Petzer *m* (*fam*) ❸ GEOM Winkelmesser *m*

rapprendre *v.* **réapprendre**

rapproché(e) [ʀapʀɔʃe] *adj* ❶ nahe; *lieu* nahe [gelegen]; **combat** ~ Nahkampf *m* ❷ (*répété*) dicht aufeinanderfolgend

rapprochement [ʀapʀɔʃmɑ̃] *m* ❶ Näherrücken *nt; d'un bruit* Näherkommen *nt* ❷ (*réconciliation*) Versöhnung *f; de partis* Verständigung *f; d'idées, de points de vue* Annäherung; ~ **franco-allemand** deutsch-französische Verständigung ❸ (*analogie*) Parallele *f,* Ähnlichkeit *f;* (*comparaison*) *de textes* Vergleich *m*

rapprocher [ʀapʀɔʃe] <1> **I.** *vt* ❶ (*avancer*) [näher] zusammenrücken *objets, chaises;* **rapproche ta chaise de la table/de moi!** rück deinen Stuhl näher an den Tisch/zu mir! ❷ (*réconcilier*) versöhnen *ennemis, familles brouillées;* **ce drame nous a beaucoup rapprochés** dieses Unglück hat uns einander sehr nahegebracht ❸ (*mettre en accord*) annähern *idées, thèses* **II.** *vpr* ❶ (*approcher*) **se** ~ **de qn/qc** sich jdm/einer S. nähern; **rapproche-toi de moi!** komm näher [zu mir]!; **l'orage/le bruit se rapproche de nous** das Gewitter/der Lärm kommt näher ❷ (*sympathiser*) **se** ~ sich näher kommen

rapsodie [ʀapsɔdi] *f v.* **rhapsodie**

rapt [ʀapt] *m* Entführung *f,* Kidnapping *nt*

raquer [ʀake] <1> *vi fam* blechen

raquette [ʀakɛt] *f* ❶ SPORT Schläger *m;* ~ **de tennis** Tennisschläger ❷ (*semelle pour la neige*) Schneeschuh *m*

rare [ʀɑʀ] *adj* ❶ *animal, édition, variété* selten; *objet, mot* ausgefallen, selten; **il est ~ qu'elle fasse des erreurs** sie macht selten Fehler ❷ (*exceptionnel*) außergewöhnlich; *beauté, moment, talent* selten, außergewöhnlich ▶**se faire** ~ sich nur selten sehen lassen

raréfaction [ʀaʀefaksjɔ̃] *f de l'air* Verdünnung *f; des denrées* Verknappung *f*

raréfier [ʀaʀefje] <1a> *vpr* **se** ~ *touristes, gibier:* selten[er] werden; *air:* dünn[er] werden; *oxygène, argent:* knapp[er] werden

rarement [ʀɑʀmɑ̃] *adv* selten

rareté [ʀɑʀte] *f* Seltenheit *f; de l'argent* Knappheit *f,* Mangel *m*

rarissime [ʀaʀisim] *adj* äußerst selten

ras [ʀɑ] *adv coupé, taillé, tondu* sehr kurz ▶**au** ~ **des pâquerettes** *fam* seicht, niveaulos; **à** ~ sehr kurz

R.A.S. [ɛʀaɛs] *interj fam abr de* **rien à signaler** alles okay

rasade [ʀɑzad] *f* bis zum Rand gefülltes Glas *nt*

rasage [ʀɑzaʒ] *m* Rasieren *nt*

rasant(e) [ʀɑzɑ̃, ɑ̃t] *adj fam* (*ennuyeux*) langweilig

rascasse [ʀaskas] *f* Drachenkopf *m*

rasé(e) [ʀɑze] *adj* rasiert

rase-mottes [ʀɑzmɔt] *inv* ▶**voler en** ~ im Tiefflug fliegen

raser [ʀɑze] <1> **I.** *vt* ❶ (*tondre*) rasieren; kahl scheren *cheveux, tête;* **rasé de près/de frais** glatt/frisch rasiert ❷ (*effleurer*) ~ **un mur** dicht an einer Mauer (*dat*) entlanggehen; ~ **le sol** *oiseaux, projectiles:* dicht über dem Boden fliegen ❸ (*détruire*) dem Erdboden gleichmachen *bâtiment, quartier* ❹ *fam* (*ennuyer*) anöden **II.** *vpr* ❶ (*se couper ras*) **se** ~ sich rasieren; **se** ~ **la barbe/les jambes/la tête** sich (*dat*) den Bart/die Beine/den Kopf rasieren ❷ *fam* (*s'ennuyer*) **se** ~ sich anöden

raseur, -euse [ʀɑzœʀ, -øz] *m, f fam* Langweiler(in) *m(f)*

ras-le-bol [ʀɑl(ə)bɔl] *m fam* Überdruss *m;* **en avoir** ~ **de qc** von etw die Nase voll haben; ~**!** mir reicht's!

rasoir [ʀɑzwaʀ] *m* Rasierapparat *m* ▶**comme un** ~ wie ein Rasiermesser *nt*

rassasié(e) [ʀasazje] *adj* ❶ (*repu*) gesättigt; **être** ~ *personne:* satt sein ❷ *fig* (*saturé*) übersättigt

rassasier [ʀasazje] <1a> **I.** *vt* ❶ (*assouvir*) stillen *faim* ❷ *fig* stillen *curiosité* **II.** *vpr* ❶ (*manger à sa faim*) **se** ~ **de qc** sich an etw (*dat*) satt essen ❷ (*se lasser*) **se** ~ **de qc** einer S. (*gen*) überdrüssig werden

rassemblement [ʀasɑ̃bləmɑ̃] *m* ❶ *de documents* Zusammentragen *nt* ❷ (*regroupement*) Treffen *nt;* POL Zusammenschluss *m;* MIL Sammeln *nt*

rassembler [ʀasɑ̃ble] <1> **I.** *vt* ❶ (*réunir*)

R

zusammentragen *documents, objets épars* ❷ (*regrouper*) ~ **des personnes** *personne:* Menschen um sich versammeln ❸ (*faire appel à*) sammeln *forces, idées;* **j'ai du mal à ~ mes idées** es fällt mir schwer mich zu konzentrieren **II.** *vpr* **se ~** *badauds, foule:* zusammenströmen; *participants:* sich versammeln

rassembleur, -euse [rasɑ̃blœr, -øz] **I.** *adj* einigend **II.** *m, f* Einiger(in) *m(f)*

rasseoir [raswar] <*irr*> *vpr* **se ~** sich wieder setzen; **va te ~!** setz dich wieder hin!

rassir [rasir] <8> **I.** *vi pain, pâtisserie:* trocken werden **II.** *vpr* **se ~** trocken werden **III.** *vt* **laisser ~ qc** etw austrocknen lassen

rassis, rassie [rasi] *adj pain, pâtisserie* alt[backen]; *viande* abgehangen

rassurant(e) [rasyrɑ̃, ɑ̃t] *adj nouvelle* beruhigend; *visage* zuversichtlich; **se montrer ~** sich zuversichtlich zeigen; **c'est ~!** das ist ja ermutigend!

rassuré(e) [rasyre] *adj personne* beruhigt; **ne pas être ~** beunruhigt sein; **je ne me sens pas ~ dans sa voiture** ich fühle mich in seinem Auto nicht sicher

rassurer [rasyre] <1> **I.** *vt* beruhigen **II.** *vpr* **se ~** sich beruhigen; **rassurez-vous!** seien Sie unbesorgt!; **que les élèves se rassurent: ...** die Schüler können beruhigt sein: ...

rasta [rasta] **I.** *adj inv fam* **musicien ~** Rastamusiker *m;* **être ~** auf Rasta (*akk*) machen **II.** *m fam* Rasta *mf*

rat [ra] *m* ❶ ZOOL Ratte *f;* **~ des champs** Feldmaus *f* ❷ *péj* (*avare*) Geizkragen *m* ▶ **~ de bibliothèque** Bücherwurm *m;* **les ~s quittent le navire** die Ratten verlassen das sinkende Schiff; **s'ennuyer comme un ~ mort** sich zu Tode langweilen; **être fait comme un ~** in der Falle sitzen

R

ratage [rataʒ] *m* Misserfolg *m*

ratatiné(e) [ratatine] *adj* ❶ (*rabougri*) *visage, pomme* runzelig, verschrumpelt (*fam*) ❷ *fig fam voiture* zerdeppert

ratatiner [ratatine] <1> *vt* (*rabougrir*) [zusammen]schrumpfen lassen *fruit, personne;* runzlig werden lassen *visage*

ratatouille [ratatuj] *f* GASTR Ratatouille *f o nt* (*Gemüsegericht aus Paprika, Auberginen, Zucchini, Tomaten und Zwiebeln*)

rate [rat] *f* ANAT Milz *f*

raté [rate] *m* (*pour les armes à feu*) Versager *m; d'un moteur* Fehlzündung *f*

raté(e) [rate] *m(f)* (*personne*) Versager(in) *m(f)*

râteau [rɑto] <x> *m du jardinier* Harke *f,* Rechen *m* (SDEUTSCH, A, CH)

râtelier [rɑtəlje] *m* ❶ AGR [Futter]raufe *f* ❷ (*support*) Ständer *m* ▶ **manger à tous les ~s** mehrere Eisen im Feuer haben

rater [rate] <1> **I.** *vt* ❶ (*manquer*) verfehlen *cible;* verpassen *occasion, train;* nicht richtig treffen *ballon* ❷ (*ne pas réussir*) verpfuschen (*fam*) *travail, vie;* **faire ~ qc** etw zum Scheitern bringen; **qn rate une affaire/la mayonnaise** jdm misslingt eine Angelegenheit/die Mayonnaise; **~ son examen** seine Prüfung nicht schaffen; **être raté** missglückt sein; *photos:* nichts geworden sein ▶ **ne pas en ~ une** in jedes Fettnäpfchen treten; **ne pas ~ qn** sich (*dat*) jdn vorknöpfen **II.** *vi affaire, coup, projet:* misslingen **III.** *vpr* ❶ *fam* (*mal se suicider*) **qn se rate** jds Selbstmordversuch missglückt ❷ (*ne pas se voir*) **se ~** sich verpassen

ratiboiser [ratibwaze] <1> *vt fam* ❶ kaputt machen; (*ruiner*) ruinieren; **se faire ~** pleitegehen ❷ (*tondre*) kahl scheren; **se faire ~** [kahl] geschoren werden

ratier [ratje] **I.** *adj* Rattenfänger- **II.** *m* (*chien*) Rattenfänger *m*

ratification [ratifikasjɔ̃] *f* Ratifizierung *f*

ratifier [ratifje] <1> *vt* ratifizieren *loi, traité*

rating [ratiŋ, retiŋ] *m* ECON Rating *nt*

ration [rasjɔ̃] *f* Ration *f* (*a. fig*); **vous avez tous eu la même ~** ihr hattet alle gleich viel; **~ de pain/viande** Brot-/Fleischration; **~ alimentaire** täglicher Nahrungsbedarf; **arrête, il a eu sa ~!** hör auf, es reicht!

rationalisation [rasjɔnalizasjɔ̃] *f* Rationalisierung *f*

rationaliser [rasjɔnalize] <1> *vt* rationalisieren

rationalisme [rasjɔnalism] *m* Rationalismus *m*

rationaliste [rasjɔnalist] **I.** *adj* rationalistisch **II.** *mf* Rationalist(in) *m(f)*

rationalité [rasjɔnalite] *f* Rationalität *f;* **dépourvu de toute ~** völlig vernunftwidrig

rationnel(le) [rasjɔnɛl] *adj* ❶ *comportement, pensée* rational; *alimentation* vernünftig; *organisation* rationell; *méthode* zweckmäßig ❷ MATH *fraction, nombre* rational

rationnellement [rasjɔnɛlmɑ̃] *adv* rational

rationnement [rasjɔnmɑ̃] *m* Rationierung *f*

rationner [ʀasjɔne] <1> *vt* rationieren; ~ **qn** jdn auf halbe Ration (*akk*) setzen (*fam*)

ratissage [ʀatisaʒ] *m* ① AGR Harken *nt*, Rechen *nt* (SDEUTSCH, A, CH) ② MIL Durchkämmen *nt*

ratisser [ʀatise] <1> *vt* ① harken, rechen (SDEUTSCH, A, CH) *allée;* zusammenharken *herbe* ② MIL durchkämmen ③ *fam* (*piller*) plündern; **il s'est fait ~ au jeu** man hat ihn beim Spiel ausgenommen

raton [ʀatɔ̃] *m* ZOOL ~ **laveur** Waschbär *m*

ratonnade [ʀatɔnad] *f* Ausschreitungen *Pl* (*gegen Minderheiten*)

RATP [ɛʀatepe] *f abr de* **Régie autonome des transports parisiens** *öffentlicher Pariser Verkehrsbetrieb*

rattachement [ʀataʃmɑ̃] *m* ① ADMIN, POL ~ **de l'Alsace-Lorraine à la France** Angliederung *f* von Elsass-Lothringen an Frankreich ② (*liaison*) ~ **d'idées** Verknüpfung *f* von Gedanken

rattacher [ʀataʃe] <1> *vt* ① (*renouer*) wieder anbinden; wieder [zu]binden *lacet;* wieder zumachen *ceinture, jupe* ② (*annexer*) ~ **un territoire à un pays** ein Gebiet an ein Land (*akk*) angliedern

rattrapable [ʀatʀapabl] *adj* **être** ~ *erreur, oubli:* wiedergutzumachen sein; **vos heures d'absence sont ~s** Sie können Ihre Fehlstunden nacharbeiten

rattrapage [ʀatʀapaʒ] *m* ① (*réparation*) Wiedergutmachen *nt* ② SCOL (*remise à niveau*) Aufholen *nt;* **cours de** ~ Förderunterricht *m*, Nachhilfestunden *Pl* ③ SCOL, UNIV (*repêchage*) Nachprüfung *f;* **examen de** ~ Zusatzprüfung; **avoir son bac au** ~ das Abitur in der Nachprüfung schaffen ④ IND, COM *des pertes, du retard* Aufholen *nt*

rattraper [ʀatʀape] <1> **I.** *vt* ① (*rejoindre*) [wieder] einholen ② (*regagner*) wettmachen *temps perdu, pertes, retard;* nachholen *sommeil;* nacharbeiten *heures d'absence* ③ (*retenir*) auffangen; ~ **qn par le bras/le manteau** jdn am Arm/Mantel fest halten **II.** *vpr* ① (*se raccrocher*) **se ~ à une branche** sich an einem Ast fest halten ② (*compenser*) **se** ~ das Versäumte nachholen ③ (*réparer*) **se** ~ es wiedergutmachen; (*corriger une erreur*) einen Fehler berichtigen

rature [ʀatyʀ] *f* Streichung *f*

raturer [ʀatyʀe] <1> *vt* [durch]streichen; (*corriger*) verbessern; **une lettre raturée** ein überall verbesserter Brief

rauque [ʀok] *adj son, toux* rau; *cri, voix* heiser, rau

ravage [ʀavaʒ] *m* ① (*dégâts*) Schäden *Pl;* **~s de la grêle/de l'orage** Hagel-/Unwetterschäden ② *pl de l'alcool, de la drogue* schädliche Auswirkungen *Pl* ▶ **faire des ~s** verheerende Schäden anrichten; **il/elle fait des ~s** *hum* er/sie verdreht allen den Kopf (*fam*)

ravagé(e) [ʀavaʒe] *adj fam* übergeschnappt, bescheuert

ravager [ʀavaʒe] <2a> *vt* verwüsten *pays, ville;* vernichten *cultures;* **être ravagé** *pays, ville:* verwüstet sein; *cultures:* vernichtet sein

ravageur, -euse [ʀavaʒœʀ, -ʒøz] *adj humour, passion* zerstörerisch

ravalement [ʀavalmɑ̃] *m* Reinigen *nt*, Säubern *nt;* (*avec du crépi*) [Neu]verputzen *nt*

ravaler [ʀavale] <1> *vt* (*retenir*) unterdrücken *larmes, émotion*

rave[1] [ʀav] *f* BOT Rübe *f*

rave[2] [ʀɛv] *f* MUS Rave *m*

raveur, -euse [ʀɛvœʀ, -øz] *m, f* Raver(in) *m(f)*

ravi(e) [ʀavi] *adj* **avoir l'air** ~ strahlen; **être ~ de faire qc** erfreut sein etw zu tun

ravigotant(e) [ʀavigɔtɑ̃, ɑ̃t] *adj fam douche, liqueur* belebend

ravigoter [ʀavigɔte] <1> *vt fam nouvelle, personne:* aufmuntern; *alcool, douche, repas:* [wieder] auf die Beine (*akk*) bringen (*fam*)

ravin [ʀavɛ̃] *m* [Fels]schlucht *f*

raviolis [ʀavjɔli] *mpl* Ravioli *Pl*

ravir [ʀaviʀ] <8> *vt* ① begeistern; **ta visite me ravit** ich freue mich sehr über deinen Besuch ② *soutenu* (*enlever*) rauben *honneur, trésor;* entführen *femme, enfant* ▶ **à** ~ bezaubernd, hinreißend

raviser [ʀavize] <1> *vpr* **se** ~ seine Meinung ändern

ravissant(e) [ʀavisɑ̃, ɑ̃t] *adj* bezaubernd; *femme, beauté* hinreißend

ravissement [ʀavismɑ̃] *m* ① Zauber *m* ② REL Ekstase *f*

ravisseur, -euse [ʀavisœʀ, -øz] *m, f* Entführer(in) *m(f)*

ravitaillement [ʀavitajmɑ̃] *m* ① *de la population, des troupes* Versorgung *f* mit Lebensmitteln; ~ **en essence/vivres** Versorgung mit Benzin/Lebensmitteln; **aller au** ~ etwas zu essen beschaffen ② (*denrées alimentaires*) Verpflegung *f* ③ SPORT Auftanken *nt* ④ AVIAT ~ **en vol** Lufttanken *nt*

ravitailler [ʀavitaje] <1> **I.** *vt* versorgen; ~ **en qc** mit etw versorgen; ~ **les avions**

R

en vol Flugzeuge in der Luft betanken **II.** *vpr* **se ~ en qc** sich mit etw eindecken

ravitailleur [ʀavitajœʀ] *m (avion)* Versorgungsflugzeug *nt; (navire)* Versorgungsschiff *nt; (véhicule)* Versorgungsfahrzeug *nt*

raviver [ʀavive] <1> **I.** *vt* wieder aufleben lassen *souvenir;* auffrischen *couleur;* [wieder] anfachen *feu;* wieder aufbrechen lassen *vieilles blessures* **II.** *vpr* **se ~** *douleur:* wieder wach werden; *inquiétude:* wieder aufkommen

ravoir [ʀavwaʀ] <irr, défec> *vt toujours à l'infin* ❶ *(récupérer)* zurückbekommen, zurückhaben ❷ *fam (détacher)* wieder sauber kriegen *casserole, cuivres, vêtements*

rayé(e) [ʀeje] *adj* ❶ *(zébré)* gestreift; *papier* liniert; **~ verticalement/de noir** längs/schwarz gestreift ❷ *(éraflé)* zerkratzt

rayer [ʀeje] <7> *vt* ❶ *(érafler)* zerkratzen *disque, vitre* ❷ *(biffer)* durchstreichen *mot, nom* ❸ *(supprimer)* **~ qn/qc de la liste** jdn/etw von der Liste streichen; **être rayé des effectifs** nicht mehr zum Personal gehören; **~ un souvenir de sa mémoire** eine Erinnerung aus seinem Gedächtnis streichen

rayon [ʀɛjɔ̃] *m* ❶ *(faisceau)* Strahl *m;* **~ laser** Laserstrahl; **~ de lumière** Lichtstrahl ❷ *pl (radiations)* Strahlen *Pl,* Strahlung *f;* **~s X** Röntgenstrahlen; **~s ultraviolets/infrarouges** UV-Strahlen/Infrarotstrahlen ❸ *d'une armoire* Fach *nt;* **ranger ses livres dans les ~s d'une bibliothèque** seine Bücher ins Regal einer Bibliothek zurückstellen ❹ COM Abteilung *f;* **~ d'alimentation** Lebensmittelabteilung; **c'est tout ce qu'il me reste en ~** das ist alles, was ich noch [anzubieten] habe ❺ *(distance)* **dans un ~ de plus de 20 km** in einem Umkreis von über 20 Kilometer ❻ *(d'une roue)* Speiche *f* ▶ **~ de soleil** Sonnenschein *m (fig),* Lichtblick *m;* **en connaître un ~** sich da auskennen; **c'est mon ~** ich kenne mich da aus

rayonnant(e) [ʀɛjɔnɑ̃, ɑ̃t] *adj* ❶ strahlend; *air* freudestrahlend ❷ *(en étoile)* sternförmig ❸ ARCHIT, ART **gothique ~** Hochgotik *f;* **chapelles ~es** Kapellenkranz *m*

rayonnement [ʀɛjɔnmɑ̃] *m* ❶ *d'un pays* Einfluss *m* ❷ *(aura)* Ausstrahlung *f; (éclat)* Glanz *m* ❸ PHYS Strahlung *f*

rayonner [ʀɛjɔne] <1> *vi (irradier)* **~ de joie** vor Freude strahlen; **~ de santé** vor Gesundheit strotzen

rayure [ʀejyʀ] *f* ❶ Streifen *m;* **à ~s** *étoffe, vêtement* gestreift ❷ *(éraflure)* Kratzer *m*

raz-de-marée [ʀadəmaʀe] *m inv* GEOG Flutwelle *f;* **être un vrai ~** *fig* eine große Wirkung haben

razzia [ʀa(d)zja] *f* Razzia *f;* **faire une ~** eine Razzia machen

razzier [ʀa(d)zje] <1a> *vt* ausplündern *village;* **~ les récoltes** über die Ernte herfallen

RDA [ɛʀdea] *f* HIST *abr de* **République démocratique allemande** DDR *f*

R.D.C. [ɛʀdese] *m,* **R.-de-ch.** *m abr de* **rez-de-chaussée** EG *nt*

ré [ʀe] *m inv* MUS D *nt,* d *nt; v. a.* **do**

réabonnement [ʀeabɔnmɑ̃] *m* Abonnement[s]verlängerung *f*

réabonner [ʀeabɔne] <1> **I.** *vt* **~ qn à un journal** jds Zeitungsabonnement verlängern **II.** *vpr* **se ~ à un journal** eine Zeitung wieder abonnieren

réac [ʀeak] *abr de* **réactionnaire I.** *adj fam* verstaubt *(pej);* POL reaktionär **II.** *mf* POL *fam* Reaktionär(in) *m(f)*

réaccoutumer [ʀeakutyme] <1> **I.** *vt* **~ qn à un travail** jdn wieder an eine Arbeit *(akk)* gewöhnen **II.** *vpr* **se ~ à qn/qc** sich wieder an jdn/etw gewöhnen

réacheminer [ʀeaʃ(ə)mine] <1> *vt* weiterbefördern *marchandise*

réacteur [ʀeaktœʀ] *m* PHYS Reaktor *m;* **~ nucléaire** Kernreaktor

réactif, -ive [ʀeaktif, -iv] *adj* PSYCH reaktiv

réaction [ʀeaksjɔ̃] *f* Reaktion *f;* **~ à une catastrophe** Reaktion auf eine Katastrophe; **~ en chaîne** Kettenreaktion; **en ~ contre qn/qc** als Reaktion auf jdn/etw; **par ~** als Reaktion; *(par opposition)* aus [bloßer] Opposition; **avoir des ~s rapides/un peu lentes** schnell/etwas langsam reagieren

réactionnaire [ʀeaksjɔnɛʀ] **I.** *adj* reaktionär **II.** *mf* Reaktionär(in) *m(f)*

réactiver [ʀeaktive] <1> *vt* neu beleben *alliance, idéologie;* wieder aufleben lassen *amitié;* wieder anfachen *feu;* MED reaktivieren *maladie, sérum*

réactualisation [ʀeaktyalizasjɔ̃] *f* ❶ *(mise à jour)* Aktualisierung *f* ❷ *(remémorisation) d'un événement* Erinnern *nt*

réactualiser [ʀeaktɥalize] <1> *vt* aktualisieren; wieder aufleben lassen *conflit*

réadaptation [ʀeadaptasjɔ̃] *f* Wiedereingliederung *f; d'un handicapé* Rehabilitation *f;* **~ à la vie civile/au travail** Wiedereingliederung in die Gesellschaft/in das Berufsleben

R

réadapter [ʀeadapte] <1> *vt, vpr* ([*se*] *réaccoutumer*) [**se**] ~ **à qc** [sich] wieder in etw (*akk*) eingliedern; [**se**] ~ **à l'école** [sich] wieder an die Schule gewöhnen
réafficher [ʀeafiʃe] <1> *vt* INFORM ~ **les copies des pages visitées** die Kopien der geladenen Seiten wieder einblenden
réaffirmer [ʀeafiʀme] <1> *vt* bekräftigen *intention, volonté;* ~ **une nécessité** auf eine Notwendigkeit (*akk*) erneut hinweisen
réagir [ʀeaʒiʀ] <8> *vi* ❶ (*répondre spontanément*) ~ **à qc** auf etw (*akk*) reagieren; ~ **mal aux antibiotiques** Antibiotika schlecht vertragen ❷ (*s'opposer à*) ~ **contre des idées** sich gegen bestimmte Vorstellungen wehren; ~ **contre un danger** eine Gefahr bekämpfen ❸ MED ~ **contre une infection** *organisme:* gegen eine Infektion ankämpfen
réajustement [ʀeaʒystəmɑ̃] *m des salaires, prix* Angleichung *f*
réajuster [ʀeaʒyste] <1> *vt v.* **rajuster**
réalimenter [ʀealimɑ̃te] <1> *vpr* **se** ~ wieder Nahrung zu sich nehmen
réalisable [ʀealizabl] *adj* realisierbar; *souhait* erfüllbar
réalisateur, -trice [ʀealizatœʀ, -tʀis] *m, f* CINE, TV Regisseur(in) *m(f)*
réalisation [ʀealizasjɔ̃] *f* ❶ (*exécution*) Verwirklichung *f,* Realisierung *f* ❷ CINE, RADIO, TV Regie *f*
réaliser [ʀealize] <1> **I.** *vt* ❶ (*accomplir*) verwirklichen, realisieren *ambition, projet, rêve;* wahr machen *intention, menace;* aufbringen *effort;* vollbringen *exploit;* erfüllen *désir* ❷ (*effectuer*) ausführen *travail;* ausarbeiten *plan, maquette;* erzielen *progrès;* tätigen *achat, vente;* durchführen *réforme;* ~ **des économies/des bénéfices** Einsparungen/Gewinne erzielen ❸ (*se rendre compte de*) ~ **l'ampleur de son erreur** sich über das Ausmaß seines Fehlers bewusst werden **II.** *vi* begreifen; **est-ce que tu réalises vraiment?** bist du dir dessen wirklich bewusst?; **j'ai du mal à** ~ ich kann das [alles] nicht recht fassen **III.** *vpr* **se** ~ *ambition, projet:* Wirklichkeit werden; *rêve:* wahr werden; *vœu:* in Erfüllung gehen
réalisme [ʀealism] *m* Realismus *m;* **manquer de** ~ wirklichkeitsfremd sein
réaliste [ʀealist] *adj* realistisch; *description, portrait* wirklichkeitsgetreu
réalité [ʀealite] *f* ❶ (*réel*) Wirklichkeit *f,* Realität *f;* **devenir** ~ Wirklichkeit werden; *rêve, souhait:* wahr werden; **la** ~ **dépasse la fiction** die Wirklichkeit übertrifft jegliche Vorstellung ❷ (*chose réelle*) Tatsache *f* ▶ **en** ~ in Wirklichkeit *f,* tatsächlich
réaménagement [ʀeamenaʒmɑ̃] *m d'un site* Neugestaltung *f*
réaménager [ʀeamenaʒe] <2a> *vt* neu gestalten *site;* ~ **le centre de la ville en zone piétonne** die Innenstadt zu einer Fußgängerzone umgestalten
réamorcer [ʀeamɔʀse] <2> *vt* ❶ wieder ködern *poisson* ❷ nachladen *pistolet* ❸ wieder in die Wege leiten *négociations*
réanimateur, -trice [ʀeanimatœʀ, -tʀis] *m, f* (*personne*) Narkosearzt *m*/-ärztin *f* (*der/die Frischoperierte bis zum Aufwachen betreut*)
réanimation [ʀeanimasjɔ̃] *f* Wiederbelebung *f,* Reanimation *f;* **service de** ~ Intensivstation *f;* **en** ~ auf der/die Intensivstation
réanimer [ʀeanime] <1> *vt* wiederbeleben
réapparaître [ʀeapaʀɛtʀ] <*irr*> *vi* + *avoir o être* wiederauftauchen
réapprendre [ʀeapʀɑ̃dʀ] <13> *vt* noch einmal lernen *leçon, poésie;* ~ **à marcher** wieder gehen lernen; ~ **à vivre** in ein normales Leben zurückfinden
réapproprier [ʀeapʀɔpʀije] <1> *vpr* **se** ~ **qc** sich etw wieder aneignen, etw wieder erlangen
réapprovisionnement [ʀeapʀɔvizjɔnmɑ̃] *m* Auffüllen *nt; d'un magasin* Neubelieferung *f*
réapprovisionner [ʀeapʀɔvizjɔne] <1> *vpr* sich wieder eindecken; **se** ~ **en chocolat** sich wieder mit Schokolade eindecken; **se** ~ **en essence/fuel** sich wieder Benzin/Öl nachliefern lassen
réarmement [ʀeaʀməmɑ̃] *m* Wiederaufrüstung *f*
réarmer [ʀeaʀme] <1> **I.** *vi* wieder aufrüsten **II.** *vt* neu spannen *fusil, appareil photo*
réassortir [ʀeasɔʀtiʀ] <8> **I.** *vt* [wieder] ergänzen; nachkaufen *tissu* **II.** *vpr* **se** ~ **en qc** sich wieder mit etw eindecken; *commerçant:* seinen Bestand an etw (*dat*) auffüllen
réassurance [ʀeasyʀɑ̃s] *f* Rückversicherung *f*
réassurer [ʀeasyʀe] <1> **I.** *vt* rückversichern **II.** *vpr* **se** ~ sich rückversichern
rebaisser [ʀ(ə)bese] <1> *vi* wieder sinken; *prix, thermomètre:* wieder fallen
rebaptiser [ʀ(ə)batize] <1> *vt* umbenennen
rébarbatif, -ive [ʀebaʀbatif, -iv] *adj air,*

mine abweisend; *style* umständlich; *sujet, tâche* undankbar

rebâtir [ʀ(ə)bɑtiʀ] <8> *vt* wieder aufbauen

rebelle [ʀəbɛl] **I.** *adj* ❶ (*insurgé*) *populations, troupes* aufständisch ❷ (*récalcitrant*) *enfant* rebellisch, widerspenstig; *mèche, animal* widerspenstig; **avoir l'esprit ~** widerspenstig sein **II.** *mf* Rebell(in) *m(f)*, Aufrührer(in) *m(f)*

rebeller [ʀ(ə)bele] <1> *vpr* **se ~ contre qc** sich gegen etw auflehnen, gegen etw rebellieren

rébellion [ʀebeljɔ̃] *f* **~ contre qn/qc** Aufstand *m* gegen jdn/etw, Rebellion *f* gegen jdn/etw

rebelote [ʀəbəlɔt] *interj fam* wie könnt's auch anders sein

rebeu [ʀəbø] <x> *mf péj fam* Araber(in) *m(f)* (*in Frankreich geborenes Kind maghrebinischer Einwanderer*)

rebiffer [ʀ(ə)bife] <1> *vpr fam* **se ~ contre qn/qc** gegen jdn/etw aufmucken

rebiquer [ʀ(ə)bike] <1> *vi fam* in die Höhe stehen

reblochon [ʀəblɔʃɔ̃] *m milder Weichkäse aus Savoyen*

reboisement [ʀ(ə)bwazmɑ̃] *m* [Wieder]aufforsten *nt*

reboiser [ʀ(ə)bwaze] <1> *vt, vi* [wieder] aufforsten

rebond [ʀ(ə)bɔ̃] *m* Aufprall *m; de l'eau* Auftreffen *nt; d'un corps* Aufschlagen *nt,* Aufprallen *nt;* **faux ~** Abspringen *nt* [des Balls]

rebondi(e) [ʀ(ə)bɔ̃di] **I.** *part passé de* **rebondir II.** *adj fesses, porte-monnaie* prall; *formes* drall; *ventre* rund

rebondir [ʀ(ə)bɔ̃diʀ] <8> *vi* **~ contre qc** *balle, ballon:* von etw (*dat*) abprallen

rebondissement [ʀ(ə)bɔ̃dismɑ̃] *m* Wiederaufleben *nt;* **nouveau ~ dans l'affaire X!** Neues *nt* im Fall X!

rebord [ʀ(ə)bɔʀ] *m* Rand *m; d'une cheminée, fenêtre* Sims *m o nt; d'un meuble* Kante *f*

reboucher [ʀ(ə)buʃe] <1> *vt* wieder zumachen *bouteille, récipient;* wieder zuschütten *tranchée*

rebours [ʀ(ə)buʀ] ❶ (*à rebrousse-poil*) **caresser/lisser à ~** gegen den Strich streicheln/streichen; **compter à ~** rückwärtszählen; **compte à ~** MIL Countdown *m* ❷ *fig* **comprendre/faire qc à ~** etw falsch verstehen/machen; **prendre qn à ~** jdn falsch anpacken (*fam*)

rebouteur, -euse [ʀ(ə)butœʀ, -øz] *m, f,* **rebouteux, -euse** [ʀ(ə)butø, -øz] *m, f fam* Knochenklempner(in) *m(f)*

reboutonner [ʀ(ə)butɔne] <1> **I.** *vt* wieder zuknöpfen **II.** *vpr* **se ~** sich wieder zuknöpfen

rebrousser [ʀ(ə)bʀuse] <1> **I.** *vt* aufstellen *cheveux, poils* **II.** *vpr* **se ~** sich aufstellen

rébus [ʀebys] *m* Bilderrätsel *nt,* Rebus *m*

rebut [ʀəby] *m* Abfälle *Pl;* (*objets*) Unrat *m* ▶ **aller au ~** in den Müll kommen

rebutant(e) [ʀ(ə)bytɑ̃, ɑ̃t] *adj* abstoßend, ekelhaft

rebuter [ʀ(ə)byte] <1> *vt* ❶ *manières:* anwidern; *aliment, odeur:* anekeln, anwidern; *spectacle, vulgarité:* abstoßen ❷ (*décourager*) **~ qn** *démarche, travail:* jdm zuwider sein

recalage [ʀ(ə)kalaʒ] *m* SCOL *fam* Durchfallen *nt kein Pl*

récalcitrant(e) [ʀekalsitʀɑ̃, ɑ̃t] **I.** *adj* eigensinnig, aufsässig; *enfant* bockig; *animal* störrisch; **se montrer ~ à qc** sich gegen etw sträuben **II.** *m(f)* Querkopf *m*

recalculer [ʀəkalkyle] <1> *vt* nachrechnen *dette*

recalé(e) [ʀ(ə)kale] *m(f)* SCOL *fam* Durchgefallene(r) *f(m)*

recaler [ʀ(ə)kale] <1> *vt* SCOL *fam* durchfallen lassen; **se faire ~ au bac/en math** durchs Abi rasseln/in Mathe (*dat*) durchrasseln

récapitulatif [ʀekapitylatif] *m* Auszug *m*

récapitulation [ʀekapitylasjɔ̃] *f* Resümee *nt*

récapituler [ʀekapityle] <1> *vt* noch einmal kurz zusammenfassen; **~ sa journée** den Tag Revue passieren lassen

recaser [ʀ(ə)kɑze] <1> *fam* **I.** *vt* ❶ (*employer*) unterbringen ❷ (*loger*) unterbringen **II.** *vpr* **se ~** ❶ (*se reloger*) unterkommen ❷ (*se remarier*) wieder heiraten

recauser [ʀ(ə)koze] <1> *vi fam* **~ de la vente à qn** noch mal mit jdm über den Verkauf reden; **elle ne m'en a jamais recausé** sie hat nie mehr mit mir darüber gesprochen

recel [ʀəsɛl] *m* Hehlerei *f;* **~ de cadavre** [unbefugte] Wegnahme einer Leiche; **~ de malfaiteur/de criminel** Personenhehlerei

receler [ʀəs(ə)le, ʀ(ə)səle], **recéler** [ʀ(ə)sele] <4> *vt* ❶ JUR verbergen ❷ (*renfermer*) *sous-sol:* bergen

receleur, -euse [ʀəs(ə)lœʀ, -øz, ʀ(ə)səlœʀ, -øz] *m, f,* **recéleur, -euse** [ʀ(ə)selœʀ, -øz] *m, f* Hehler(in) *m(f)*

récemment [resamɑ̃] *adv* vor kurzem, in letzter Zeit
recensement [ʀ(ə)sɑ̃smɑ̃] *m* ADMIN ~ [**de la population**] Volkszählung *f*
recenser [ʀ(ə)sɑ̃se] <1> *vt* ❶ zählen *population* ❷ (*dénombrer*) erfassen, zählen
recenseur, -euse [ʀ(ə)sɑ̃sœʀ, -øz] *m, f* Zähler(in) *m(f)*
récent(e) [ʀesɑ̃, ɑ̃t] *adj* *événement, période, passé* jüngste(r, s); **être ~** [ganz] neu sein
recentrage [ʀ(ə)sɑ̃tʀaʒ] *m d'une politique* Neuorientierung *f; d'un parti* Rückbesinnung *f* auf gemeinsame Ziele
recentrer [ʀ(ə)sɑ̃tʀe] <1> **I.** *vt* POL neu ausrichten; TECH neu zentrieren **II.** *vi* SPORT flanken
récépissé [ʀesepise] *m* Empfangsbestätigung *f*, Quittung *f*
réceptacle [ʀesɛptakl] *m* ❶ *des eaux* Sammelbecken *nt; d'objets hétéroclites* Ablageplatz *m;* **~ pour bouteilles consignées** CH Harasse *f* (CH) ❷ BOT Blütenboden *m*
récepteur [ʀesɛptœʀ] *m* ❶ RADIO Empfänger *m;* **~ de radio** Rundfunkempfänger ❷ TELEC **~** [**téléphonique**] [Telefon]hörer *m* ❸ (*transformateur*) Energieumwandler *m*
récepteur, -trice [ʀesɛptœʀ, -tʀis] *adj* **antenne réceptrice** Empfangsantenne *f;* **appareil ~** Energieumwandler *m;* **poste ~** Empfänger *m*
réceptif, -ive [ʀesɛptif, -iv] *adj* aufnahmebereit; (*apte à accueillir*) aufnahmefähig; **~ aux conseils** empfänglich für Ratschläge
réception [ʀesɛpsjɔ̃] *f* ❶ (*fête*) Empfang *m;* **donner une ~** einen Empfang geben ❷ (*accueil*) Empfang *m;* **faire bonne/mauvaise ~ à qn** jdn freundlich/unfreundlich empfangen ❸ (*guichet d'accueil*) Empfang *m*, Rezeption *f; d'une entreprise* Empfangsbüro *nt;* (*hall d'accueil*) [Empfangs]halle *f*
réceptionner [ʀesɛpsjɔne] <1> *vt* in Empfang (*akk*) nehmen
réceptionniste [ʀesɛpsjɔnist] *mf* Empfangschef *m*
réceptivité [ʀesɛptivite] *f* Aufnahmefähigkeit *f;* MED Anfälligkeit *f*
récession [ʀesesjɔ̃] *f* Rezession *f*
recette [ʀ(ə)sɛt] *f* ❶ GASTR Rezept *nt* ❷ (*secret, truc*) Patentrezept *nt* ❸ *sans pl* COM Einnahmen *Pl* ❹ *pl* (*opp: dépenses*) Einnahmen *Pl;* **~s annuelles** Jahresumsatz *m*
recevable [ʀəs(ə)vabl, ʀ(ə)səvabl] *adj* zulässig
receveur, -euse [ʀəs(ə)vœʀ, ʀ(ə)səvœʀ, -øz] *m, f* MED Empfänger(in) *m(f);* **~ universel** Universalempfänger
recevoir [ʀəs(ə)vwaʀ, ʀ(ə)səvwaʀ] <12> **I.** *vt* ❶ (*obtenir*) erhalten, bekommen *lettre, colis* ❷ RADIO, TV empfangen ❸ (*obtenir en cadeau*) bekommen; (*obtenir en récompense*) ernten *louanges, compliment;* **~ une décoration** eine Auszeichnung verliehen bekommen; **~ une poupée en cadeau** eine Puppe geschenkt bekommen ❹ (*percevoir*) bekommen, erhalten; **~ un bon salaire** ein gutes Gehalt bekommen ❺ (*bénéficier de*) erhalten *instruction, leçon, ordre;* genießen, erhalten *éducation* ❻ (*accueillir*) empfangen; **~ qn à dîner** jdn zum Abendessen zu Gast haben; **j'ai reçu la visite de ma sœur** ich habe Besuch von meiner Schwester bekommen; **être reçu à l'Élysée** im Elyséepalast empfangen werden ❼ (*subir*) abbekommen *coup, projectile, averse;* einstecken müssen *coups;* **~ une correction** Prügel beziehen; **elle a reçu le ballon sur la tête** der Ball hat sie am Kopf getroffen ❽ (*accepter*) annehmen *avis, conseil;* **être bien/mal reçu** gut/schlecht aufgenommen werden; **je n'ai pas de conseil/leçon à ~ de vous** Ihren weisen Rat/Ihre Belehrungen können Sie sich sparen; **recevez, cher Monsieur/chère Madame, l'expression de mes sentiments distingués/mes sincères salutations** *form* mit vorzüglicher Hochachtung/mit freundlichen Grüßen ❾ ADMIN, JUR, COM entgegennehmen *déposition, témoignage;* erhalten *commande, demande d'emploi, plainte* ❿ (*admettre*) **~ qn dans un club/une école** jdn in einen Klub/in eine Schule aufnehmen; **être reçu à un examen** eine Prüfung bestehen; **les candidats reçus** die Kandidaten, die bestanden haben ⓫ (*contenir*) **pouvoir ~ des personnes** *salle:* Menschen aufnehmen können; *hôtel:* Menschen unterbringen [*o* beherbergen] können ►**se faire** [**bien/drôlement**] **~** ganz schön was abkriegen (*fam*) **II.** *vi* ❶ (*donner une réception*) **~ à dîner** zum Abendessen Gäste haben ❷ (*jouer sur son terrain*) Gastgeber sein
rechange [ʀ(ə)ʃɑ̃ʒ] *m* **prendre un ~** etwas zum Wechseln mitnehmen ►**pièce de ~** Ersatzteil *nt;* **roue de ~** Reserverad *nt;* **solution de ~** Alternative *f;* **pantalon/chaussures de ~** Hose *f*/Schuhe *Pl* zum Wechseln
réchapper [ʀeʃape] <1> *vi* **~ de l'incendie** den Brand überstehen

R

recharge [ʀ(ə)ʃaʀʒ] *f* Nachfüllpatrone *f; d'un produit d'entretien* Nachfüllpackung *f; d'un stylo à bille* Ersatzmine *f*
rechargeable [ʀ(ə)ʃaʀʒabl] *adj briquet* nachfüllbar; **stylo ~** Patronenfüllhalter *m;* **briquet/rasoir non ~** Einwegfeuerzeug *nt*/-rasierer *m*
rechargement [ʀ(ə)ʃaʀʒəmɑ̃] *m* ❶ *d'une arme* Nachladen *nt; d'un véhicule* Wiederbeladen *nt* ❷ TECH *d'une route, voie* Neubeschotterung *f*
recharger [ʀ(ə)ʃaʀʒe] <2a> **I.** *vt* ❶ nachladen *arme;* nachfüllen *briquet;* wieder [auf]laden *accumulateurs, batterie;* **~ un stylo** eine neue Patrone in einen Füllhalter einsetzen ❷ TECH frisch [be]schottern *route, voie* **II.** *vpr* ELEC **se ~** sich wieder aufladen
réchaud [ʀeʃo] *m* Kocher *m;* **~ à gaz** Gaskocher
réchauffage [ʀeʃofaʒ] *m* ❶ GASTR Aufwärmen *nt* ❷ TECH Anwärmen *nt*
réchauffé [ʀeʃofe] *m* ❶ GASTR Aufgewärmte(s) *nt;* **ça doit être du ~** das ist sicher [nur] aufgewärmt ❷ *fig* **ça sent le ~!** das ist ja ein alter Hut! (*fam*)
réchauffé(e) [ʀeʃofe] *adj* aufgewärmt (*fam*)
réchauffement [ʀeʃofmɑ̃] *m* ❶ Erwärmung *f;* **annoncer un ~ des températures** wärmere Temperaturen ankündigen; **~ global** Erderwärmung ❷ (*normalisation*) *des relations, d'une amitié* Besserung *f*
réchauffer [ʀeʃofe] <1> **I.** *vt* ❶ GASTR aufwärmen; **faire ~ qc** etw aufwärmen lassen ❷ (*donner de la chaleur à*) wärmen *corps, membres;* **ce bouillon m'a bien réchauffé** diese Suppe hat mich wieder aufgewärmt; **cela m'a réchauffé le cœur** *fig* das hat mir das Herz erwärmt **II.** *vpr* ❶ (*devenir plus chaud*) **se ~** *eau, planète:* sich erwärmen; *temps, température:* wärmer werden ❷ (*retrouver sa chaleur*) **se ~** *pieds, mains:* wieder warm werden; **se ~ les doigts/pieds** sich (*dat*) die Finger/Füße wärmen ❸ GASTR **se ~ au bain-marie** im Wasserbad warm gemacht werden
rechausser [ʀ(ə)ʃose] <1> **I.** *vt* **~ un enfant** einem Kind die Schuhe wieder anziehen **II.** *vpr* **se ~** seine Schuhe wieder anziehen
rêche [ʀɛʃ] *adj* (*au toucher*) rau
recherche [ʀ(ə)ʃɛʀʃ] *f* ❶ (*quête*) Suche *f;* **la ~ d'un livre** die Suche nach einem Buch; **être à la ~ d'un appartement/de qn** auf der Suche nach einer Wohnung/nach jdm sein ❷ *gén pl* (*enquête*) Nachforschung *f;* **abandonner les ~s** die Fahndung einstellen; **faire des ~s sur qc** Nachforschungen über etw (*akk*) anstellen ❸ *sans pl* MED, SCOL, UNIV Forschung *f;* **faire de la ~ scientifique/fondamentale** wissenschaftliche Forschung/Grundlagenforschung betreiben
recherché(e) [ʀ(ə)ʃɛʀʃe] *adj* ❶ (*demandé*) begehrt; *acteur, produit* gefragt ❷ *expression, style* gewählt; *plaisir* erlesen
rechercher [ʀ(ə)ʃɛʀʃe] <1> *vt* ❶ (*chercher à trouver*) **~ un nom/une amie** nach einem Namen/einer Freundin suchen; **~ un terroriste** nach einem Terroristen fahnden; **~ l'albumine dans les urines** den Urin auf Eiweiß untersuchen; **~ où/quand/comment/si c'est arrivé** herauszufinden versuchen, wo/wann/wie/ob das passiert ist; **être recherché pour meurtre/vol** wegen Mordes/Diebstahls gesucht werden ❷ (*reprendre*) **aller ~ qn/qc** jdn/etw [wieder] abholen
rechigner [ʀ(ə)ʃiɲe] <1> *vi* **~ à faire un travail** sich gegen eine Aufgabe sträuben; **en rechignant** widerwillig
rechute [ʀ(ə)ʃyt] *f* MED Rückfall *m;* **avoir une ~** einen Rückfall haben
rechuter [ʀ(ə)ʃyte] <1> *vi* rückfällig werden; MED einen Rückfall haben
récidive [ʀesidiv] *f* Wiederholung *f;* JUR Rückfall *m,* Rückfälligkeit *f;* **escroquerie avec ~** Betrug im Rückfall
récidiver [ʀesidive] <1> *vi* es noch einmal tun; JUR rückfällig werden
récidiviste [ʀesidivist] **I.** *adj* rückfällig; **criminel ~** Wiederholungstäter *m;* **être ~** ein Wiederholungstäter sein **II.** *mf* JUR Wiederholungstäter *m* (*a. hum*)
récif [ʀesif] *m* Riff *nt*
récipient [ʀesipjɑ̃] *m* Gefäß *nt,* Behältnis *nt;* (*pour cuisiner*) Schüssel *f*
réciprocité [ʀesipʀɔsite] *f* Gegenseitigkeit *f,* Wechselseitigkeit *f;* **il y a ~** es beruht auf Gegenseitigkeit
réciproque [ʀesipʀɔk] **I.** *adj* wechselseitig, auf Gegenseitigkeit beruhend; *hargne, torts* beiderseitig **II.** *f* Gleiche(s) *nt;* **attendre la ~** das Gleiche [für sich] erwarten; **la ~ n'est pas toujours vraie** dies trifft umgekehrt nicht immer zu
réciproquement [ʀesipʀɔkmɑ̃] *adv* gegenseitig; **et ~** und umgekehrt
récit [ʀesi] *m* Bericht *m;* (*narration*) Erzählung *f;* THEAT Botenbericht; **~ d'aventures/de voyage** Abenteuergeschichte *f*/Reisebericht; **faire un ~ circonstancié de qc** ausführlich über etw (*akk*) berichten
récital [ʀesital] <s> *m* Konzert *nt;* **~ de**

R

piano/violon Klavier-/Violinkonzert; ~ **de chant/danse** Lieder-/Ballettabend *m;* ~ **poétique** Rezitationsabend

récitation [ʀesitasjɔ̃] *f* SCOL Aufsagen *nt* von Gedichten; (*poème*) Gedicht *nt*

réciter [ʀesite] <1> *vt* aufsagen *leçon, poème*

réclamation [ʀeklamasjɔ̃] *f* ① (*plainte*) Beschwerde *f;* COM Reklamation *f;* **faire une** ~ reklamieren ② (*service*) **les** ~**s** für Reklamationen zuständige Stelle; TELEC Störungsstelle *f*

réclame [ʀeklam] *f* (*publicité*) Reklame *f,* Werbung *f;* **faire de la** ~ **pour qn/qc** für jdn/etw werben ▶**en** ~ im [Sonder]angebot *nt*

réclamer [ʀeklame] <1> **I.** *vt* ① (*solliciter*) erbitten *aide, argent;* bitten um *indulgence, silence, parole* ② (*demander avec insistance*) fordern; ~ **qc/qn** etw/nach jdm verlangen ③ (*revendiquer*) ~ **une augmentation à qn** von jdm eine Einkommenserhöhung fordern ④ (*nécessiter*) erfordern *patience, soin, temps* **II.** *vi* sich beschweren

reclassement [ʀ(ə)klasmɑ̃] *m* ① *d'un employé* berufliche Umstellung *f; d'un chômeur* Wiederbeschäftigung *f* ② (*réajustement*) Umstufung *f* ③ (*remise en ordre*) Neuordnung *f*

reclasser [ʀ(ə)klase] <1> *vt* ① (*réaffecter*) anderweitig beschäftigen *employé, ouvrier;* wieder in den Arbeitsprozess eingliedern *chômeur;* **être reclassé** neu beschäftigt werden ② (*réajuster*) neu einstufen *fonctionnaire* ③ (*remettre en ordre*) neu ordnen

reclus(e) [ʀəkly, yz] **I.** *adj vie* abgeschieden, zurückgezogen **II.** *m(f)* Einsiedler(in) *m(f)*

réclusion [ʀeklyzjɔ̃] *f* JUR Freiheitsstrafe *f,* Freiheitsentzug *m;* ~ **criminelle** Gefängnis[strafe *f*] *nt;* **être condamné à la** ~ **criminelle à perpétuité** zu lebenslänglicher Freiheitsstrafe verurteilt sein

recoiffer [ʀ(ə)kwafe] <1> *vpr* **se** ~ sich noch einmal kämmen

recoin [ʀəkwɛ̃] *m* Winkel *m;* **fouiller jusque dans les moindres** ~**s** selbst die hintersten Winkel durchsuchen

recollage [ʀ(ə)kɔlaʒ] *m,* **recollement** [ʀ(ə)kɔlmɑ̃] *m du papier peint* Wiederankleben *nt; d'un timbre* Wiederaufkleben *nt; de morceaux* Kleben *nt*

recoller [ʀ(ə)kɔle] <1> *vt* ① (*coller à nouveau*) wieder zukleben *enveloppe;* wieder aufkleben *étiquette, timbre* ② (*raccommoder*) wieder zusammenkleben *morceaux, vase cassé* ③ *fam* (*remettre*) ~ **qn en prison** jdn wieder einbuchten ④ *fam* (*redonner*) ~ **une amende à qn** jdm noch einmal eine Geldstrafe verpassen

récoltant(e) [ʀekɔltɑ̃, ɑ̃t] **I.** *adj* **viticulteur** ~ Winzer *m;* **propriétaire** ~ Betreiber *m* eines Weinguts **II.** *m(f)* Winzer(in) *m(f)*

récolte [ʀekɔlt] *f* AGR Ernte *f;* ~ **des abricots/pommes de terre** Aprikosen-/Kartoffelernte

récolter [ʀekɔlte] <1> *vt* ① AGR ernten ② (*recueillir*) sammeln *argent;* bekommen *contraventions, coups, ennuis;* ernten *compliments, lauriers* ▶~ **ce qu'on a semé** ernten, was man gesät hat

recommandable [ʀ(ə)kɔmɑ̃dabl] *adj* empfehlenswert, zu empfehlen; **un type très peu** ~ ein recht zwielichtiger Typ

recommandation [ʀ(ə)kɔmɑ̃dasjɔ̃] *f* ① (*appui*) Empfehlung *f;* **lettre de** ~ Empfehlungsschreiben *nt;* **sur la** ~ **de qn** auf jds Empfehlung (*akk*) [hin] ② (*conseil*) Rat *m;* **faire des** ~**s à qn** jdm Ratschläge erteilen

recommandé [ʀ(ə)kɔmɑ̃de] *m* POST Einschreiben *nt;* **en** ~ per Einschreiben

recommander [ʀ(ə)kɔmɑ̃de] <1> *vt* ① (*conseiller*) empfehlen; ~ **qn/qc à qn** jdm jdn/etw empfehlen; **être recommandé** empfohlen sein; *attitude, comportement:* ratsam sein; ~ **à qn de faire qc** jdm raten etw zu tun; **il est recommandé de faire qc** es ist ratsam etw zu tun; **ce vin est à** ~ **aux amateurs de blanc** der Wein ist Weißweinliebhabern zu empfehlen ② (*appuyer*) empfehlen *candidat* ③ POST per Einschreiben schicken *lettre, paquet;* **paquet recommandé/lettre recommandée** Einschreibepäckchen *nt*/-brief *m*

recommencement [ʀ(ə)kɔmɑ̃smɑ̃] *m* Wiederaufnahme *f;* **la vie est un éternel** ~ das Leben ist ein ständiger Neubeginn

recommencer [ʀ(ə)kɔmɑ̃se] <2> **I.** *vt* ① (*reprendre*) wieder anfangen; wieder aufnehmen *combat, lutte;* ~ **une dispute** wieder zu streiten beginnen; ~ **un récit depuis le début** noch einmal von vorn erzählen ② (*refaire*) noch einmal neu beginnen *travail, vie;* **tout est à** ~ alles muss neu gemacht werden; **si c'était à** ~, **...** wenn man noch einmal von vorn beginnen könnte, ... ③ (*répéter*) noch einmal machen *erreur, expérience;* **ne recommence jamais ça!** mach das [ja] nie wieder! **II.** *vi*

❶ (*reprendre*) wieder anfangen; **les cours ont recommencé** die Schule/Uni hat wieder angefangen (*fam*); **la pluie recommence [à tomber]** es beginnt wieder zu regnen ❷ (*essayer de nouveau*) es noch einmal versuchen; (*refaire un travail, un devoir*) noch einmal anfangen; (*récidiver*) wieder anfangen ❸ (*se remettre à*) **~ à espérer/marcher** wieder hoffen/gehen; **il recommence à neiger** es fängt wieder an zu schneien ▶ **[et voilà que] ça recommence!** jetzt geht das schon wieder los!

récompense [ʀekɔ̃pɑ̃s] *f* **~ de qc** Dank *m* für etw; (*matérielle*) Belohnung *f* für etw; SCOL, SPORT Preis *m* für etw, Auszeichnung *f* für etw; **obtenir la ~ de qc** den Dank für etw ernten; **mériter une ~** Dank/eine Belohnung verdienen; **en ~ de qc** als Dank/Belohnung für etw

récompenser [ʀekɔ̃pɑ̃se] <1> *vt* belohnen *personne;* **~ qn d'un effort/service** jdn für einen Einsatz/Dienst belohnen

recomposé(e) [ʀ(ə)kɔ̃poze] *adj* zusammengesetzt; **famille ~e** Patchworkfamilie *f* (*fam*)

recomposer [ʀ(ə)kɔ̃poze] <1> **I.** *vt* zusammensetzen; rekonstruieren *scène;* noch einmal wählen *numéro de téléphone* **II.** *vpr* **se ~** POL sich wandeln; *majorité:* sich neu zusammensetzen

recomposition [ʀ(ə)kɔ̃pozisjɔ̃] *f* ❶ (*reconstitution*) [Wieder]zusammensetzen *nt; d'un puzzle* Zusammensetzen ❷ POL Umstrukturierung *f,* Wandel *m; d'une majorité* neue Zusammensetzung

recompter [ʀ(ə)kɔ̃te] <1> **I.** *vi* [noch einmal] nachzählen; (*calculer à nouveau*) [noch einmal] nachrechnen **II.** *vt* [noch einmal] nachzählen *monnaie;* [noch einmal] nachrechnen *opération*

réconciliation [ʀekɔ̃siljasjɔ̃] *f* Versöhnung *f,* Aussöhnung *f*

réconcilier [ʀekɔ̃silje] <1> **I.** *vt* [miteinander] versöhnen *personnes;* miteinander in Einklang bringen *choses;* **~ qn avec le père/une idée** jdn mit dem Vater/mit einer Idee versöhnen **II.** *vpr* **se ~** *personnes:* sich [miteinander] versöhnen; **se ~ avec qn/qc** sich mit jdm/etw aussöhnen; **se ~ avec soi-même** mit sich [selbst] ins Reine kommen

reconductible [ʀ(ə)kɔ̃dyktibl] *adj contrat* verlängerbar, erneuerbar; **être tacitement ~** sich automatisch [*o* stillschweigend] verlängern; **taxe non ~** einmalige Steuer

reconduction [ʀ(ə)kɔ̃dyksjɔ̃] *f d'une politique* Fortführung *f; d'un budget* Fortschreibung *f; d'un crédit* Verlängerung *f;* **~ d'une personne à son poste** Bestätigung einer Person im Amt

reconduire [ʀ(ə)kɔ̃dɥiʀ] <*irr*> *vt* ❶ (*raccompagner*) zurückbringen; (*chez soi*) heimbringen, nach Hause bringen; (*à la frontière*) zurückführen; **~ qn en voiture à la gare** jdn wieder zum Bahnhof fahren ❷ (*continuer*) fortführen; fortschreiben *budget;* verlängern *bail, crédit*

réconfort [ʀekɔ̃fɔʀ] *m* (*soutien*) Halt *m kein Pl* (*fig*), Hilfe *f;* (*consolation*) Trost *m;* **après l'effort, le ~** erst die Arbeit, dann das Vergnügen

réconfortant(e) [ʀekɔ̃fɔʀtɑ̃, ɑ̃t] *adj* ❶ (*rassurant*) aufmunternd; *événement* ermutigend; (*consolant*) tröstlich; (*stimulant*) ermunternd, aufmunternd; **être pour qn une personne ~e** jdm Halt geben (*fig*); **ne pas être très ~** kein großer Trost sein ❷ (*fortifiant*) aufbauend, stärkend; **être ~** *remède, aliment:* eine stärkende Wirkung haben

réconforter [ʀekɔ̃fɔʀte] <1> *vt* ❶ trösten; **~ qn par une lettre** (*consoler*) jdn mit einem Brief trösten; (*rassurer*) jdn durch einen Brief ermutigen; (*stimuler*) jdn mit einem Brief aufmuntern ❷ (*fortifier*) die Lebensgeister wecken; **cela m'a bien réconforté** das hat mir gut getan

reconnaissable [ʀ(ə)kɔnɛsabl] *adj* (*identifiable*) erkennbar

reconnaissance [ʀ(ə)kɔnɛsɑ̃s] *f* ❶ (*gratitude*) Dankbarkeit *f;* (*fait d'admettre les mérites de qn*) Anerkennung *f;* **faire un geste de ~** sich erkenntlich zeigen; **en ~ de qc** (*pour remercier*) als Dank für etw; (*pour honorer*) als Anerkennung für etw ❷ POL Anerkennung *f* ❸ JUR, ADMIN **~ de dette** Schuldanerkenntnis *nt;* **~ d'enfant naturel** (*par le père*) Anerkenntnis *nt* der Vaterschaft ❹ *d'un pays, terrain* Erkundung *f; de la situation de l'ennemi* Aufklärung *f;* **avion de ~** Aufklärungsflugzeug *nt;* **patrouille de ~** Spähtrupp *m;* **partir en ~** die Gegend erkunden ❺ INFORM **~ optique de caractères** automatische Schriftenerkennung; **~ vocale** Spracherkennung *f*

reconnaissant(e) [ʀ(ə)kɔnɛsɑ̃, ɑ̃t] *adj* dankbar

reconnaître [ʀ(ə)kɔnɛtʀ] <*irr*> **I.** *vt* ❶ (*identifier*) erkennen; **je reconnais bien là ta paresse** da kann man mal wieder sehen, wie faul du bist; **~ qn à son style** jdn an seinem Stil erkennen; (*se rappeler*) jdn an seinem Stil wiedererkennen;

R

~ **un faucon d'un aigle** einen Falken von einem Adler unterscheiden können ② (*admettre*) anerkennen, zugeben *innocence, qualité;* eingestehen *erreur, faute;* ~ **la difficulté de la tâche** zugeben, dass es sich um eine schwierige Aufgabe handelt; **il faut** ~ **que nous avons exagéré** wir haben zugegebenermaßen übertrieben ③ (*admettre comme légitime*) anerkennen *droit;* ~ **qn comme chef** jdn als Chef anerkennen ④ JUR ~ **qn innocent** jdn für unschuldig befinden (*form*) ⑤ (*être reconnaissant de*) zu schätzen wissen *service, bienfait* **II.** *vpr* ① (*se retrouver*) **se** ~ **dans qn/qc** sich in jdm/etw wiedererkennen, sich mit jdm/etw identifizieren ② (*être reconnaissable*) **se** ~ **à qc** an etw (*dat*) zu erkennen sein ③ (*s'avouer*) **se** ~ **coupable/vaincu** sich schuldig bekennen/sich geschlagen geben

reconnu(e) [ʀəkɔny] **I.** *part passé de* **reconnaître II.** *adj* ① *chef* anerkannt; *fait* anerkannt, unbestritten; **il est** ~ **que ce médicament est très efficace** dieses Medikament gilt als sehr wirksam ② (*de renom*) ~ **pour qc** für etw bekannt

reconquérir [ʀ(ə)kɔ̃keʀiʀ] <*irr*> *vt* zurückgewinnen *amour, liberté;* zurückerobern *terrain, femme*

reconquête [ʀ(ə)kɔ̃kɛt] *f* Rückeroberung *f*

reconsidérer [ʀ(ə)kɔ̃sideʀe] <5> *vt* ~ **qc** etw noch einmal überdenken, noch einmal über etw (*akk*) nachdenken

reconstituant [ʀ(ə)kɔ̃stitɥɑ̃] *m* Stärkungsmittel *nt*

reconstituer [ʀ(ə)kɔ̃stitɥe] <1> **I.** *vt* ① (*remettre dans l'ordre*) rekonstruieren *texte;* nachvollziehen *faits;* zusammensetzen *puzzle;* nachstellen *scène, bataille;* erstellen *généalogie* ② (*reformer*) wieder ausbauen *marge de manœuvre;* wiederaufbauen *organisation;* (*réorganiser*) neu ordnen *organisation;* ~ **une fortune** wieder zu einem Vermögen kommen ③ (*restaurer*) rekonstruieren; wieder aufbauen *vieux quartier, édifice* ④ BIO regenerieren (*geh*); wieder aufbauen *organe;* wiederherstellen *santé;* ~ **ses forces en mangeant** essen, um wieder zu Kräften zu kommen **II.** *vpr* **se** ~ *armée, parti:* sich neu formieren; *organe:* sich neu bilden, sich regenerieren

reconstitution [ʀ(ə)kɔ̃stitysjɔ̃] *f des faits, d'un texte* Rekonstruktion *f; d'un puzzle* Zusammensetzen *nt;* ~ **de la vérité** Wahrheitsfindung *f*

reconstruction [ʀ(ə)kɔ̃stʀyksjɔ̃] *f* Wiederaufbau *m*

reconstruire [ʀ(ə)kɔ̃stʀɥiʀ] <*irr*> *vt* wieder aufbauen *ville, édifice;* neu [er]schaffen *monde;* ~ **une fortune** wieder zu einem Vermögen kommen; ~ **sa vie** ein neues Leben beginnen

reconversion [ʀ(ə)kɔ̃vɛʀsjɔ̃] *f* ① (*recyclage*) **suivre un stage de** ~ **en informatique** an einer Umschulungsmaßnahme in Informatik teilnehmen ② ECON ~ **de l'outil industriel** Umrüstung *f* des Produktionsapparats (*gen*); ~ **économique d'une entreprise** Umstrukturierung *f* eines Unternehmens

reconvertir [ʀ(ə)kɔ̃vɛʀtiʀ] <8> **I.** *vt* ① (*adapter*) umwandeln; ~ **un entrepôt en usine** ein Lager zu einem Werk umrüsten; **être reconverti en qc** in etw (*akk*) umgewandelt werden ② (*recycler*) ~ **le personnel à l'informatique** das Personal zu Informatikern umschulen **II.** *vpr* **se** ~ **dans/en qc** auf etw (*akk*) umschulen; *chose:* in etw (*akk*) umgewandelt werden

recopier [ʀ(ə)kɔpje] <1> *vt* ① (*transcrire*) ~ **un texte d'un livre** einen Text aus einem Buch abschreiben ② (*mettre au propre*) abschreiben, ins Reine schreiben ③ INFORM ~ **un texte sur une disquette à qn** jdm einen Text auf eine Diskette kopieren

record [ʀ(ə)kɔʀ] **I.** *m* ① SPORT Rekord *m* ② (*performance*) Rekord *m;* ~ **d'affluence/de production** Besucher-/Produktionsrekord; **battre tous les** ~**s** alle Rekorde schlagen; **établir un** ~ einen Rekord aufstellen **II.** *app inv* **vitesse** ~ Rekordgeschwindigkeit *f;* **en un temps** ~ in Rekordzeit

recordman [ʀ(ə)kɔʀdman] <s> *m* Rekordhalter *m*

recordwoman [ʀ(ə)kɔʀdwuman] <s> *f* Rekordhalterin *f*

recoucher [ʀ(ə)kuʃe] <1> **I.** *vt* wieder ins Bett bringen **II.** *vpr* **se** ~ sich wieder hinlegen

recoudre [ʀ(ə)kudʀ] <*irr*> *vt* ① COUT wieder annähen ② MED nähen; wieder zunähen *opéré;* ~ **qc à un blessé** einem Verletzten etw nähen

recoupement [ʀ(ə)kupmɑ̃] *m* Vergleich *m* [von Informationen]; **faire des** ~**s** die Informationen vergleichen

recouper [ʀ(ə)kupe] <1> **I.** *vt* ① (*couper de nouveau*) ~ **un morceau à qn** noch ein Stück für jdn abschneiden ② (*confirmer*) ~ **qc** *témoignage, renseignement:* sich mit

R

etw decken, mit etw übereinstimmen **II.** *vpr* **se ~** (*coïncider*) *chiffres, faits:* [miteinander] übereinstimmen, sich decken

recourbé(e) [R(ə)kuRbe] *adj bec* krumm, gekrümmt; **cils ~s** lange geschwungene Wimpern; **nez ~** Hakennase *f*

recourber [R(ə)kuRbe] <1> **I.** *vt* umbiegen, zurechtbiegen *branche* **II.** *vpr* **se ~** sich [um]biegen, sich krümmen

recourir[1] [R(ə)kuRiR] <*irr*> *vi coureur:* wieder [bei Wettkämpfen] laufen; *cycliste, coureur automobile:* wieder [Rennen] fahren

recourir[2] [R(ə)kuRiR] <*irr*> *vt* **~ à qn** auf jdn zurückkommen, sich an jdn wenden; **~ à qc** auf etw (*akk*) zurückgreifen; **~ à une aide** Hilfe in Anspruch nehmen

recours [R(ə)kuR] *m* ❶ (*utilisation*) **~ à qc** Zurückgreifen *nt* auf etw (*akk*); **~ à la violence** Gewaltanwendung *f;* **avoir ~ à qn** sich an jdn wenden, auf jdn zurückkommen; **avoir ~ à la violence** Gewalt anwenden; **avoir ~ à un service** einen Dienst in Anspruch nehmen; **avoir ~ à une organisation** eine Einrichtung um Hilfe bitten ❷ (*ressource*) Ausweg *m;* (*personne*) Rettung *f;* **sans ~** ausweglos; *décision:* endgültig; **en dernier ~** als letzter Ausweg

recouvert(e) [RəkuvɛR, ɛRt] *part passé de* **recouvrir**

recouvrable [R(ə)kuvRabl] *adj* erhebbar, eintreibbar

recouvrement [R(ə)kuvRəmɑ̃] *m* ❶ FIN *de l'impôt* Erhebung *f; des impayés* Eintreibung *f* ❷ CONSTR Überdeckung *f*

recouvrer [R(ə)kuvRe] <1> *vt* FIN erheben, einziehen *impôt;* einfordern *créance;* eintreiben *dette*

R

recouvrir [R(ə)kuvRiR] <11> *vt* ❶ (*couvrir entièrement*) **~ un fauteuil** einen Sessel beziehen; **~ un mur de papier peint** eine Wand tapezieren; **~ le toit de tuiles** das Dach mit Ziegeln decken; **~ qc** *neige, givre:* etw bedecken, auf etw (*dat*) liegen; **être recouvert de buée/crépi** beschlagen/verputzt sein ❷ (*couvrir à nouveau*) **~ un enfant de qc** *personne:* ein Kind mit etw wieder zudecken

recracher [R(ə)kRaʃe] <1> **I.** *vi* ausspucken **II.** *vt* ❶ (*expulser*) [wieder] ausspucken ❷ *fam* (*répéter*) herunterspulen *leçon*

récré [RekRe] *f fam abr de* **récréation** Pause *f*

récréatif, -ive [RekReatif, -iv] *adj soirée* bunt; **lecture récréative** Unterhaltungslektüre *f*

récréation [RekReasjɔ̃] *f* ❶ SCOL Pause *f;* **être/aller en ~** Pause haben/in die Pause gehen ❷ (*délassement*) Erholung *f,* Entspannung *f;* (*pause*) [Erholungs]pause *f*

recréer [R(ə)kRee] <1> *vt* neu erschaffen; (*reconstruire*) rekonstruieren, wieder entstehen lassen

récriminer [RekRimine] <1> *vi* **~ contre qn/qc** gegen jdn/etw schimpfen

récrire [RekRiR] <*irr*> *vt* ❶ (*rewriter*) neu [*o* noch einmal] schreiben ❷ (*répondre*) **~ une lettre à qn** jdm einen Brief zurückschreiben

recroqueviller [R(ə)kRɔk(ə)vije] <1> *vpr* ❶ (*se rétracter*) **se ~** schrumpeln; *fleur:* welken ❷ (*se tasser*) **se ~** sich zusammenkauern; (*avec l'âge*) zusammenschrumpfen; **se ~ dans les bras de qn** sich in jds Arme (*akk*) kuscheln; **se ~ sur un objet** einen Gegenstand umklammern; **se ~ sur son passé** sich an seine Vergangenheit klammern; **se ~ sur soi-même** (*s'isoler*) sich einigeln; (*se tasser*) sich zusammenkauern

recrudescence [R(ə)kRydesɑ̃s] *f* Zunahme *f; de la criminalité* Zunahme *f,* Anstieg *m*

recrue [RəkRy] *f* ❶ MIL Rekrut *m* ❷ (*nouveau membre*) neues Mitglied *nt*

recrutement [R(ə)kRytmɑ̃] *m* ❶ MIL Rekrutierung *f,* Einberufung *f; des troupes* Aushebung *f* ❷ *d'un membre* Werbung *f; d'un employé* Anwerbung *f;* **cabinet de ~** Personalberatungsbüro *nt*

recruter [R(ə)kRyte] <1> **I.** *vt* ❶ MIL einziehen, einberufen ❷ (*engager*) finden *membres;* werben *clients, adeptes;* anwerben *employés, travailleurs* **II.** *vi* ❶ MIL rekrutieren, Soldaten einziehen ❷ (*engager*) *secte:* neue Anhänger aufnehmen; *parti, association:* neue Mitglieder aufnehmen; *entreprise, administration:* neue Mitarbeiter einstellen; **on recrute dans la police** die Polizei stellt neue Mitarbeiter ein

recruteur, -euse [R(ə)kRytœR, -øz] **I.** *m, f* Werbeoffizier *m; d'une entreprise* Personalberater(in) *m(f)* **II.** *app* **agent ~** Mitgliederwerber(in) *m(f)*

recta [Rɛkta] *adv payer* prompt

rectal(e) [Rɛktal, -o] <-aux> *adj* rektal

rectangle [Rɛktɑ̃gl] **I.** *m* Rechteck *nt* **II.** *adj triangle, trapèze* rechtwinklig

rectangulaire [Rɛktɑ̃gylɛR] *adj* rechteckig

recteur [Rɛktœr] *m* ❶ SCOL ≈ Leiter *m*/Leiterin *f* eines Oberschulamts (*Leiter/Leiterin eines Schulaufsichtsbezirks*); CAN (*chef d'une université*) Rektor(in) *m(f)* ❷ REL Rektor *m*

rectifiable [ʀɛktifjabl] *adj* korrigierbar, zu behebend *attr*

rectificatif [ʀɛktifikatif] *m* Richtigstellung *f*

rectificatif, -ive [ʀɛktifikatif, -iv] *adj* **note rectificative** Berichtigung *f*

rectification [ʀɛktifikasjɔ̃] *f d'un texte* Korrektur *f; d'une erreur* Korrektur, Berichtigung *f; d'une déclaration* Richtigstellung *f*

rectifier [ʀɛktifje] <1> *vt* ❶ (*corriger*) berichtigen, korrigieren, verbessern, richtigstellen; ~ **les défauts d'un produit** die Fehler eines Produkts ausmerzen ❷ (*redresser*) begradigen *route, tracé;* korrigieren *position;* ~ **la position** Haltung annehmen

rectiligne [ʀɛktiliɲ] *adj* gerade, geradlinig; **parfaitement** ~ schnurgerade

rectitude [ʀɛktityd] *f* ❶ *d'un caractère* Rechtschaffenheit *f; d'un raisonnement* Richtigkeit *f* ❷ *littér* (*fait d'être droit*) *d'un tracé* Geradheit *f*

recto [ʀɛkto] *m* [Blatt]vorderseite *f;* **au** ~ auf der [Blatt]vorderseite; ~ **verso** beidseitig

rectorat [ʀɛktɔʀa] *m* ❶ (*fonction*) ≈ Leitung *f* eines Oberschulamts (*Leitung eines Schulaufsichtsbezirks*) ❷ (*bureaux*) Behörde *f* der Schulverwaltung, ≈ Oberschulamt *nt*

rectrice [ʀɛktʀis] *f* CAN ≈ Leiterin *f* eines Oberschulamts

rectum [ʀɛktɔm] *m* Mastdarm *m,* Rektum *nt*

reçu [ʀ(ə)sy] *m* (*quittance*) Quittung *f*

reçu(e) [ʀ(ə)sy] I. *part passé de* **recevoir** II. *adj* ❶ (*couramment admis*) [allgemein] üblich, herkömmlich; **idée ~e** Vorurteil *nt* ❷ *candidat, élève* erfolgreich, der/die bestanden hat; **14 candidats sont ~s sur les 131 qui se sont présentés** von 131 Kandidaten haben nur 14 bestanden III. *m(f)* ~ **à un examen** Kandidat, der die Prüfung bestanden hat

recueil [ʀəkœj] *m* (*ensemble*) Sammlung *f;* (*livre*) Sammelband *m;* ~ **de poèmes** Gedichtsammlung, Anthologie *f*

recueillement [ʀ(ə)kœjmɑ̃] *m* Besinnung *f;* (*religieux*) Andacht *f;* **avec** ~ andächtig, voller Andacht

recueilli(e) [ʀ(ə)kœji] I. *part passé de* **recueillir** II. *adj* andächtig; *vie* besinnlich

recueillir [ʀ(ə)kœjiʀ] <*irr*> I. *vt* ❶ (*réunir*) sammeln, zusammenstellen *documents;* ~ **tous les suffrages** einhellige Zustimmung finden ❷ (*obtenir*) ernten *applaudissements;* sammeln *signatures;* erhalten, auf sich vereinigen *suffrages;* **ne ~ aucun bénéfice de qc** keinerlei Vorteil aus etw ziehen ❸ (*accueillir*) aufnehmen ❹ (*enregistrer*) aufnehmen *témoignage, déposition;* zusammentragen *réponses, éléments* II. *vpr* **se ~** sich sammeln; **se ~ sur la tombe d'un ami** eines Freundes an dessen Grab gedenken

recuire [ʀ(ə)kɥiʀ] <*irr*> *vt* noch kochen lassen; (*dans une casserole*) noch einmal aufkochen; (*dans une poêle*) [noch] länger braten; (*au four*) noch einmal in den Ofen stellen; [noch] länger backen *gâteau*

recul [ʀ(ə)kyl] *m* ❶ (*éloignement: dans le temps*) Abstand *m;* (*dans l'espace*) Entfernung *f;* **avoir du** ~ [genügend] Abstand haben; **prendre du** ~ (*reculer*) zurückgehen; **avec le** ~ im Nachhinein ❷ FIN Aufschub *m;* ~ **d'échéance** Zahlungsaufschub

reculé(e) [ʀ(ə)kyle] *adj époque* längst vergangen; *maison, village* abgeschieden, entlegen

reculer [ʀ(ə)kyle] <1> I. *vi* ❶ (*opp: avancer*) *véhicule:* rückwärtsfahren, zurückstoßen; (*involontairement*) zurückrollen; ~ **devant qn/qc** vor jdm/etw zurückweichen; **faire ~ qn/un animal** jdn zurückdrängen/ein Tier zurückscheuchen; ~ **de deux pas** zwei Schritte zurücktreten ❷ (*renoncer*) klein beigeben; ~ **devant une obligation** einem Zwang aus dem Weg gehen; **ne plus pouvoir** ~ nicht mehr zurück können; **faire ~ qn** jdn abschrecken; **rien ne me fera** ~ nichts kann mich aufhalten; **ne ~ devant rien** vor nichts zurückschrecken ❸ (*diminuer*) *chômage, influence:* zurückgehen, abnehmen; **faire ~ le chômage** die Arbeitslosigkeit abbauen ▶ ~ **pour mieux sauter** aufgeschoben ist nicht aufgehoben II. *vt* zurückschieben *meuble;* versetzen *mur;* [nach hinten] verschieben *frontière;* zurückfahren *véhicule;* verschieben *rendez-vous;* aufschieben *décision, échéance* III. *vpr* **se ~** zurücktreten; **recule-toi!** geh aus dem Weg!

reculons [ʀ(ə)kylɔ̃] **à ~** rückwärts; **aller à ~** rückwärtsgehen; (*régresser*) Rückschritte machen; **aller en classe à ~** (*ne pas avoir envie*) unwillig zum Unterricht gehen

récupérable [ʀekypeʀabl] *adj* ❶ (*réutilisable*) *objets* wiederverwertbar; *vieux habits* noch tragbar; *heure, congé* (*à rattraper*) nachzuholen[d], nachzuarbeiten[d]; (*à compenser*) auszugleichen[d]; **ces heures supplémentaires sont ~s sous forme de congé** diese Überstunden können

R

durch Urlaub ausgeglichen werden ❷ (*amendable*) *délinquant* resozialisierbar; **ne plus être** ~ ein hoffnungsloser Fall sein

récupération [ʀekypeʀasjɔ̃] *f* ❶ *des biens* Wiedererlangung *f*; *des forces* Wiederherstellung *f* ❷ *de la chaleur* Rückgewinnung *f*; *des chiffons, du verre* Wiederverwertung *f*; (*collecte*) Sammeln *nt*; ~ **des vieux papiers** Altpapiersammlung *f* ❸ *des heures de cours* Nachholen *nt*; *d'une journée de travail* Nachholen, Nacharbeiten *nt*; *des heures supplémentaires* (*sous forme de congés*) Ausgleichen *nt*

récupérer [ʀekypeʀe] <5> **I.** *vi* sich erholen, wieder Kräfte sammeln **II.** *vt* ❶ (*reprendre*) wiederbekommen, zurückbekommen *argent, biens* ❷ *fam* (*retrouver*) wiederhaben, zurückkriegen *stylo prêté* ❸ *fam* (*aller chercher*) abholen, holen ❹ (*recouvrer*) nachholen, nacharbeiten *journée de travail*; (*sous forme de congés*) ausgleichen *journée de travail*

récurer [ʀekyʀe] <1> *vt* scheuern

récurrence [ʀekyʀɑ̃s] *f* *littér* Wiederkehr *f* (*geh*)

récurrent(e) [ʀekyʀɑ̃, ɑ̃t] *adj* sich wiederholend; (*fréquent*) häufig; **être** ~ sich wiederholen; (*fréquent*) häufig sein; *fièvre:* wieder auftreten

récuser [ʀekyze] <1> **I.** *vt* ❶ JUR ablehnen *personne* ❷ (*rejeter*) nicht akzeptieren; ablehnen *personne;* nicht anerkennen *fait* **II.** *vpr* **se** ~ ablehnen

recyclable [ʀ(ə)siklabl] *adj* ECOL wiederverwertbar

recyclage [ʀ(ə)siklaʒ] *m* ECOL Wiederverwertung *f*, Recycling *nt*; *de l'air, l'eau* Wiederaufbereitung *f*

recycler [ʀ(ə)sikle] <1> **I.** *vt* ❶ ECOL recyceln, wiederverwerten *déchets, verre;* wiederaufbereiten *eau;* **papier recyclé** Umweltschutzpapier *nt* ❷ (*reconvertir*) umschulen; (*par une formation permanente*) weiterbilden **II.** *vpr* (*se reconvertir*) **se** ~ **dans qc** auf etw (*akk*) umschulen; (*par une formation permanente*) sich in etw (*dat*) weiterbilden; *entreprise:* auf etw (*akk*) umstellen

rédacteur, -trice [ʀedaktœʀ, -tʀis] *m, f* Redakteur(in) *m(f)*; ~ **en chef** Chefredakteur; ~ **publicitaire** Werbetexter *m*

rédaction [ʀedaksjɔ̃] *f* ❶ *d'un article* Redaktion *f*, Verfassen *nt*; *d'une encyclopédie* Redaktion *f* ❷ PRESSE Redaktion *f* ❸ SCOL Aufsatz *m*

rédactionnel(le) [ʀedaksjɔnɛl] *adj* redaktionell; **équipe** ~**le** Redaktionsteam *nt*

reddition [ʀedisjɔ̃] *f* Kapitulation *f*

redécouverte [ʀ(ə)dekuvɛʀt] *f* Wiederentdeckung *f*

redécouvrir [ʀ(ə)dekuvʀiʀ] <11> *vt* wiederentdecken

redéfaire [ʀ(ə)defɛʀ] <*irr*> **I.** *vt* wieder aufmachen; wieder lösen *nœud;* wieder aufziehen *tricot* **II.** *vpr* **se** ~ *couture:* wieder aufgehen; *nœud:* sich wieder lösen, wieder aufgehen

redéfinir [ʀ(ə)definiʀ] <8> *vt* neu definieren; neu festlegen *droit;* neu abstecken *objectif*

redéfinition [ʀədefinisjɔ̃] *f* *des lois, des objectifs* Neubestimmung *f*

redemander [ʀ(ə)dəmɑ̃de, ʀəd(ə)mɑ̃de] <1> *vt* ❶ ~ **un livre/de la sauce** noch einmal nach einem Buch fragen/um etwas Soße bitten ❷ (*exiger*) wieder zurückverlangen; ~ **toujours du chocolat** von der Schokolade nicht genug bekommen können; ~ **une bouteille de vin** um eine weitere Flasche Wein bitten

redémarrage [ʀ(ə)demaʀaʒ] *m* *d'une industrie, économie* Wiederbelebung *f*; *d'une usine* Wiederaufnahme *f* der Produktion; *d'une activité* Wiederaufnahme *f*

redémarrer [ʀ(ə)demaʀe] <1> *vi* ❶ (*repartir*) wieder losfahren ❷ *fig entreprise:* wieder in Schwung kommen; *production, machines:* wieder anlaufen; **faire** ~ **l'économie** die Wirtschaft ankurbeln; **faire** ~ **un chantier** eine Baustelle wieder in Betrieb nehmen

rédemption [ʀedɑ̃psjɔ̃] *f* *d'un péché* Erlösung *f*, Vergebung *f*

redéploiement [ʀ(ə)deplwamɑ̃] *m* *d'une économie, politique* Umstrukturierung *f*; *des personnes, postes* Umschichtung *f*; *des troupes* [Um]verlegung *f*

redéployer [ʀ(ə)deplwaje] <6> **I.** *vt* umstrukturieren *industrie, économie* **II.** *vpr* **se** ~ *secteur économique:* umstrukturiert werden

redescendre [ʀ(ə)desɑ̃dʀ] <14> **I.** *vt* + *avoir* ❶ (*vu d'en haut*) wieder hinuntergehen; wieder hinuntersteigen *escalier, échelle;* (*en courant*) [wieder] hinunterrennen *escalier;* (*en escaladant*) [wieder] hinunterklettern *escalier, échelle;* (*vu d'en bas*) wieder herunterkommen; [wieder] heruntersteigen *escalier, échelle;* (*en courant*) wieder herunterrennen *escalier;* (*en escaladant*) [wieder] herunterklettern *escalier, échelle; voiture:* (*vu d'en haut*) wieder hinunterfahren; (*vu d'en bas*) wieder herunterfahren ❷ (*porter vers le bas*) ~ **qn/qc**

au marché jdn zum Markt zurückbringen/etw zum Markt hinunterbringen; **~ qn/qc d'un arbre** jdn/etw [wieder] von einem Baum herunterholen **II.** *vi* + *être baromètre, fièvre:* wieder fallen; *marée:* zurückgehen; **~ de son échelle** wieder von der Leiter [herunter]steigen

redevable [R(ə)dəvabl, Rəd(ə)vabl] **I.** *adj* ❶ FIN **être ~ à qn d'une somme** jdm einen Betrag schulden; **être ~ d'une taxe** eine Steuer/Gebühr zahlen müssen ❷ (*tenu à reconnaissance*) **être ~ à qn d'un service** jdm für seine Hilfe zu Dank verpflichtet sein; **être ~ à qn d'un succès** jdm seinen Erfolg verdanken **II.** *mf* Steuerpflichtige(r) *f(m)*

redevance [R(ə)dəvɑ̃s, Rəd(ə)vɑ̃s] *f* ❶ TELEC, TV Gebühr *f;* **~ télé** Fernsehgebühr ❷ (*taxe*) Abgabe *f*

redevenir [R(ə)dəv(ə)niR] <9> *vi* wieder werden; **être redevenu soi-même** wieder [ganz] der/die Alte sein

redevoir [R(ə)dəvwaR, Rəd(ə)vwaR] <irr> *vt* noch schulden *somme*

rédhibitoire [Redibitwar] *adj* krass, grundlegend; **vice ~** JUR Sachmangel *m*

rediffuser [R(ə)difyze] <1> *vt* noch einmal senden, wiederholen

rediffusion [R(ə)difyzjɔ̃] *f* Wiederholung *f*

rédiger [Rediʒe] <2a> *vt* verfassen, schreiben *contrat;* redigieren *revue*

redingote [R(ə)dɛ̃gɔt] *f* taillierter Mantel *m;* HIST Gehrock *m*

redire [R(ə)diR] <irr> *vt* (*répéter*) noch einmal erzählen *histoire;* (*rapporter*) weitererzählen, weitersagen ►**n'avoir rien/ne rien trouver à ~ à qc** nichts an etw (*dat*) auszusetzen haben/finden

rediscuter [R(ə)diskyte] <1> *vt* wieder zur Debatte stellen, erneut debattieren über (+ *akk*)

redistribuer [R(ə)distRibɥe] <1> *vt* **~ qc à qn** (*répartir*) etw an jdn verteilen

redistribution [R(ə)distRibysjɔ̃] *f* Neuverteilung *f; des biens* Neuverteilung, Umverteilung *f; des terres* [Neu]aufteilung *f*

redite [R(ə)dit] *f* [unnötige] Wiederholung

redondance [R(ə)dɔ̃dɑ̃s] *f* ❶ Überflüssige(s) *nt; du style* Weitschweifigkeit *f* ❷ INFORM, LING Redundanz *f*

redondant(e) [R(ə)dɔ̃dɑ̃, ɑ̃t] *adj expression* weitschweifig; *terme* überflüssig

redonner [R(ə)dɔne] <1> *vt* ❶ (*rendre*) wieder geben, [wieder] zurückgeben; **~ de l'espoir** wieder Hoffnung machen; **~ des forces** kräftigen; **~ du courage à qn** jdm wieder Mut machen; **ça te redonnera du tonus** das bringt dich wieder in Schwung ❷ (*donner à nouveau*) wieder geben *travail, cours;* noch einmal sagen, wiederholen *nom;* wieder machen *appétit* ❸ (*resservir*) noch einmal servieren; **~ à boire à qn** jdm noch [etwas] zu trinken geben ❹ (*refaire*) **~ forme à une chose** einer S. (*dat*) wieder eine Form verleihen; **~ une couche [de peinture] à qc** etw überstreichen

redorer [R(ə)dɔRe] <1> *vt* neu vergolden

redormir [R(ə)dɔRmiR] <irr> *vi* noch einmal [ein]schlafen; **ne pas pouvoir ~ de la nuit** die ganze Nacht nicht wieder einschlafen können

redoublant(e) [R(ə)dublɑ̃, ɑ̃t] *m(f)* Wiederholer(in) *m(f);* **il n'y a pas eu de ~s** es ist niemand sitzengeblieben (*fam*)

redoublement [R(ə)dubləmɑ̃] *m* ❶ SCOL Wiederholen *nt* ❷ (*accroissement*) *de l'attention* Verstärkung *f; des douleurs* Verschlimmerung *f; de la fièvre* Ansteigen *nt* ❸ LING Verdoppelung *f*

redoubler [R(ə)duble] <1> **I.** *vt* ❶ SCOL wiederholen ❷ (*accroître*) verdoppeln *effort* **II.** *vi* sitzen bleiben (*fam*)

redoutable [R(ə)dutabl] *adj arme, maladie, adversaire* [äußerst] gefährlich; *phénomène* beängstigend, erschreckend; **avoir l'air ~** furchterregend aussehen; **être ~** sehr gefürchtet sein

redouter [Rədute] <1> *vt* **~ qn/qc** (*avoir peur de*) sich vor jdm/etw fürchten; (*craindre, pressentir*) jdn/etw fürchten; **~ de grossir** (*craindre, pressentir*) [be]fürchten zuzunehmen; (*avoir peur de*) sich davor fürchten zuzunehmen

redoux [Rədu] *m* Erwärmung *f*

redressement [R(ə)dRɛsmɑ̃] *m* ❶ *d'un poteau* [Wieder]aufrichten *nt; d'un buste* Aufrichten *nt; d'un axe* Geradebiegen *nt;* **procéder au ~ de qc** etw [wieder] aufrichten ❷ (*relèvement*) *d'une économie* Wiederbelebung *f; d'une situation* Stabilisierung *f; d'une entreprise, des finances* Sanierung *f;* (*résultat*) Erholung *f* ❸ FIN *d'un compte* Berichtigung *f*

redresser [R(ə)dRese] <1> **I.** *vt* ❶ (*remettre droit*) strecken *buste, corps;* heben *tête;* **~ qn** *personne:* jdn [wieder] aufrichten ❷ (*rétablir*) [wieder] in Ordnung bringen; [wieder] ankurbeln *économie;* sanieren *finances;* wiederaufbauen *pays;* **~ sa courbe** *entreprise:* wieder Zuwachs verzeichnen ❸ (*rediriger*) geradeaus lenken, wieder geradeaus fahren *voiture* **II.** *vpr* **se ~** ❶ (*se tenir très droit*) sich aufrichten; (*de nouveau*) sich wieder aufrichten; **re-**

R

dresse-toi! halt dich gerade! ② (*se relever*) *pays, ville:* sich [wieder] erholen; *finances, situation:* sich wieder erholen, wieder in Ordnung kommen; *économie:* wieder anlaufen

réduc [ʀedyk] *f fam abr de* **réduction 2** Ermäßigung *f*

réducteur [ʀedyktœʀ] *m* CHIM Reduktionsmittel *nt*

réducteur, -trice [ʀedyktœʀ, -tʀis] *adj* vereinfachend; **être ~** vereinfacht sein

réductible [ʀedyktibl] *adj* ① **être ~** *quantité:* reduziert werden können; *dépenses:* eingeschränkt werden können ② MATH **être ~** *fraction:* gekürzt werden können; *équation:* vereinfacht werden können ③ MED **être ~** *fracture, hernie:* sich wieder einrichten lassen

réduction [ʀedyksjɔ̃] *f* ① (*diminution*) Verringerung *f*, Reduzierung *f*; *de la durée* Verkürzung *f*; *du personnel* Abbau *m*; **~ de peine** Strafmilderung *f*; **~ d'impôts** Steuerermäßigung *f* ② (*rabais*) **~ de 5% sur un manteau** Nachlass *m* von 5% auf einen Mantel; **~s jeunes** Ermäßigungen *Pl* für Jugendliche; **~ de prix** Preisnachlass *m*; **faire une ~ à qn** jdm einen Preisnachlass gewähren

réduire [ʀedɥiʀ] <*irr*> **I.** *vt* ① (*diminuer*) reduzieren, verringern, senken; kürzen *salaire, texte;* verkürzen *temps de travail, peine;* abbauen *personnel;* einschränken *activité, responsabilités, portée* ② (*transformer*) **~ qc en bouillie** aus etw Brei machen ③ GASTR einkochen **II.** *vpr* **se ~ à qc** sich auf etw (*akk*) beschränken; *montant:* sich auf etw (*akk*) belaufen

réduit(e) [ʀedɥi, it] *adj* ① (*miniaturisé*) verkleinert ② (*diminué*) reduziert; *prix* reduziert, herabgesetzt; *tarif* ermäßigt

rééchelonnement [ʀeeʃ(ə)lɔnmɑ̃] *m* **~ [de la dette]** Umschuldung *f*

réécrire [ʀeekʀiʀ] <*irr*> *vt v.* **récrire**

rééditer [ʀeedite] <1> *vt* ① neu herausgeben, [wieder] neu auflegen ② *fam* (*recommencer*) wieder machen

réédition [ʀeedisjɔ̃] *f* ① Neuausgabe *f*, Neuauflage *f*; **~ revue et corrigée** überarbeitete und korrigierte Auflage ② (*répétition*) Neuauflage *f*, Wiederholung *f*

rééducation [ʀeedykasjɔ̃] *f* ① *d'un malade* Rehabilitation *f*; *d'un membre* Wiederherstellung *f* der Bewegungsfähigkeit ② *d'un délinquant* Resozialisierung *f*; *d'un mineur* [Um]erziehung *f*

rééduquer [ʀeedyke] <1> *vt* ① wiederherstellen, rehabilitieren *personne* ② (*éduquer de nouveau*) resozialisieren *délinquant;* umerziehen *mineur*

réel [ʀeɛl] *m* Realität *f*, Wirklichkeit *f*

réel(le) [ʀeɛl] *adj* ① (*véritable*) real, wirklich; *besoin* tatsächlich; *cause* wahr, eigentlich; **c'est un fait ~** das ist eine Tatsache ② FIN *salaire* real

réélection [ʀeelɛksjɔ̃] *f* Wiederwahl *f*

réélire [ʀeeliʀ] <*irr*> *vt* **~ qn à la présidence** jdn wieder zum Präsidenten wählen

réellement [ʀeɛlmɑ̃] *adv* (*en vérité*) wirklich, ehrlich; (*effectivement*) wirklich, tatsächlich

réembaucher [ʀeɑ̃boʃe] <1> *vt* wieder einstellen

réemploi [ʀeɑ̃plwa] *m* ① *d'un ouvrier* Wiedereinstellung *f* ② *d'un produit* Wiederverwendung *f*; *d'une somme* Reinvestition *f*

réemployer [ʀeɑ̃plwaje] <6> *vt* ① wieder einstellen ② wiederverwenden *produit;* reinvestieren *argent*

réengager [ʀeɑ̃gaʒe] <2a> *vt* wieder einstellen

réentendre [ʀeɑ̃tɑ̃dʀ] <14> *vt* noch einmal hören; (*entendre toujours de nouveau*) [immer] wieder hören

rééquilibrage [ʀeekilibʀaʒ] *m d'un budget* Ausgleich *m*; **~ d'un parti** Kräfteausgleich *m* innerhalb einer Partei; **permettre le ~ de qc** etw wieder ins Gleichgewicht bringen

rééquilibrer [ʀeekilibʀe] <1> *vt* [wieder] ins Gleichgewicht bringen; ausgleichen, wiederherstellen *majorité*

réessayer [ʀeeseje] <7> *vt* noch einmal versuchen; noch einmal anprobieren *vêtement*

réévaluation [ʀeevalɥasjɔ̃] *f des salaires* Erhöhung *f*

réévaluer [ʀeevalɥe] <1> *vt* aufwerten *image, monnaie;* erhöhen *salaires*

réexamen [ʀeɛgzamɛ̃] *m* erneute [*o* nochmalige] Prüfung, Überprüfung *f*

réexaminer [ʀeɛgzamine] <1> *vt* noch einmal überprüfen *cas;* überdenken *problème;* **~ un projet de loi** noch einmal über einen Gesetzesentwurf beraten

réexpédier [ʀeɛkspedje] <1a> *vt* **~ un colis à qn à Lyon** (*au destinataire*) jdm ein Paket nach Lyon nachsenden; (*à l'expéditeur*) jdm ein Paket wieder nach Lyon zurückschicken

réexpédition [ʀeɛkspedisjɔ̃] *f* (*au destinataire*) Nachsenden *nt;* (*à l'expéditeur*) Zurückschicken *nt;* **ordre de ~ [du courrier]** Nachsendeantrag *m*

réexporter [ReɛkspɔRte] <1> *vt* wieder ausführen, reexportieren

refaire [R(ə)fɛR] <*irr*> *vt* ❶ (*faire de nouveau*) wieder machen *plat;* neu schreiben *article;* machen *lit;* noch einmal binden *nœud* ❷ (*recommencer*) wieder machen *bruit, fautes;* wieder treiben *sport;* noch einmal abgehen *parcours;* ~ **ses comptes** noch einmal nachrechnen; **qc est à** ~ man muss mit etw noch einmal von vorn anfangen; **si c'était à** ~ wenn ich/du noch einmal von vorn anfangen könnte/könntest ❸ (*remettre en état*) restaurieren *meuble;* neu decken *toit;* renovieren *chambre;* ~ **la peinture de qc** etw neu streichen; **se faire** ~ **le nez** sich (*dat*) die Nase richten lassen

réfection [Refɛksjɔ̃] *f* Instandsetzung *f; d'un mur* Instandsetzung, Ausbesserung *f; d'une maison* Instandsetzung, Renovierung *f; d'une statue* Restaurierung *f*

réfectoire [RefɛktwaR] *m d'une école, d'un hôpital* Speisesaal *m; d'une caserne, usine* Kantine *f*

référé [RefeRe] *m* JUR (*procédure*) Antrag *m* auf Erlass einer einstweiligen Verfügung; (*arrêt*) einstweilige Verfügung *f*

référence [RefeRɑ̃s] *f* ❶ (*renvoi*) Bezug *m; d'un texte* Verweis *m; d'une citation* Quellenangabe *f;* ADMIN, COM [Akten]zeichen *nt;* **faire** ~ **à qn/qc** sich auf jdn/etw beziehen; **faire** ~ **à qn dans un livre** jdn in einem Buch erwähnen; **en** ~ **à qc** einer S. (*dat*) entsprechend ❷ (*modèle*) **faire figure de** ~ **pour qn** Maßstäbe setzen, für jdn maßgebend sein; **être une** ~ eine Schlüsselfigur sein; **ne pas être une** ~ *iron* nicht gerade eine Empfehlung sein (*fam*); **servir de** ~ **à qc** als Maßstab für etw dienen; **ouvrage de** ~ Nachschlagewerk *nt*

référencement [RefeRɑ̃smɑ̃] *m* ❶ COM *d'un produit, article* Listen *nt kein Pl* ❷ INFORM *d'un site web* Referenzierung *f*

référendum [RefeRɑ̃dɔm] *m* Volksabstimmung *f,* Volksentscheid *m,* Referendum *nt*

référentiel [RefeRɑ̃sjɛl] *m* Bezugssystem *nt;* MATH, PHYS Koordinatensystem *nt*

référer [RefeRe] <5> **I.** *vi* **en** ~ **à un supérieur** es an einen Vorgesetzten weiterleiten; **en** ~ **au tribunal** das Gericht anrufen **II.** *vpr* ❶ (*faire référence à*) **se** ~ **à qn/qc** sich auf jdn/etw beziehen ❷ (*s'en remettre à*) **s'en** ~ **à qn/qc** sich auf jdn/etw verlassen

refermer [R(ə)fɛRme] <1> **I.** *vt* ❶ (*opp: ouvrir*) [wieder] schließen; [wieder] zumachen *porte* ❷ (*verrouiller*) [wieder] abschließen, [wieder] zuschließen **II.** *vpr* **se** ~ sich [wieder] schließen, wieder zugehen; *plaie:* sich [wieder] schließen, wieder zuheilen; **se** ~ **sur qn** *porte:* sich [wieder] hinter jdm schließen

refiler [R(ə)file] <1> *vt fam* andrehen; ~ **un objet sans valeur à qn** jdm einen wertlosen Gegenstand andrehen; ~ **la grippe à qn** jdn mit ihrer/seiner Grippe anstecken

refinancement [Rəfinɑ̃s(ə)mɑ̃] *m* Refinanzierung *f*

réfléchi(e) [Refleʃi] *adj* ❶ *action, jugement* durchdacht, [wohl]überlegt ❷ GRAM *verbe* reflexiv, rückbezüglich; **pronom** ~ Reflexivpronomen *nt*

réfléchir [RefleʃiR] <8> *vi* ❶ (*penser*) nachdenken, überlegen; **donner à** ~ *chose:* zu denken geben; **demander à** ~ *personne:* sich (*dat*) Bedenkzeit erbitten ❷ (*cogiter*) ~ **à qc** über etw (*dat*) brüten; **réfléchissez à ce que vous faites** überlegen Sie sich (*dat*) genau, was Sie tun ▶**tout bien réfléchi** bei genauerer Überlegung; **c'est tout réfléchi** daran ist nicht zu rütteln

réfléchissant(e) [Refleʃisɑ̃, ɑ̃t] *adj surface* reflektierend, spiegelnd; **pouvoir** ~ Reflexionsvermögen *nt*

réflecteur [ReflɛktœR] *m* Reflektor *m*

reflet [R(ə)flɛ] *m* ❶ (*lumière réfléchie*) Reflex *m; du soleil* Widerschein *m kein Pl;* ~ **lumineux** Lichtreflex ❷ (*représentation*) *d'une époque, d'une époque* Spiegelbild *nt,* Abbild *nt;* **être le** ~ **de qc/de qn** etw [wider]spiegeln/jds Ebenbild sein ❸ (*éclat*) *d'une étoffe* Glanz *m kein Pl,* Schimmer *m kein Pl* ❹ (*image réfléchie*) Spiegelbild *nt*

refléter [R(ə)flete] <5> **I.** *vt* widerspiegeln; reflektieren *lumière;* ~ **le bonheur** *fig* vor Freude strahlen **II.** *vpr* (*se réfléchir*) **se** ~ **dans l'eau** sich im Wasser spiegeln

refleurir [R(ə)flœRiR] <8> **I.** *vi* ❶ BOT wieder blühen ❷ (*renaître*) *art, civilisation:* wieder aufblühen, zu neuer Blüte kommen; *amitié:* wieder erwachen **II.** *vt personne:* wieder mit Blumen schmücken

reflex [Reflɛks] **I.** *adj* **appareil** ~ Spiegelreflexkamera *f* **II.** *m* Spiegelreflexkamera *f*

réflexe [Reflɛks] *m* ❶ ANAT Reflex *m* ❷ (*réaction rapide*) Reflex *m;* **avoir eu un bon** ~ gut reagiert haben; ~ **de peur** Angstreaktion *f;* **avoir des/manquer de** ~**s** ein gutes/kein gutes Reaktionsvermögen haben; **avoir le** ~ **de faire qc** etw reflexartig tun

R

réflexion [ʀeflɛksjɔ̃] *f* ❶ (*analyse*) Betrachtung *f,* Reflexion *f* (*geh*); **après mûre ~** nach reiflicher Überlegung; **qc demande ~** über etw (*akk*) muss man erst noch nachdenken ❷ (*remarque*) Anmerkung *f;* **faire des ~s à qn sur un sujet** jdm seine Überlegungen zu einem Thema mitteilen; **je te dispense de tes ~s** behalte deine Kommentare für dich ❸ (*remarque désobligeante*) [spitze] Bemerkung; **faire des ~s sur la voisine/la voiture** spitze Bemerkungen über die Nachbarin/das Auto machen; **faire des ~s sur le travail de qn** sich über jds Arbeit beschweren; **ma mère me fait toujours des ~s** meine Mutter hat immer etwas an mir auszusetzen ►**~ faite** (*en fin de compte*) letztendlich; (*tout bien considéré*) eigentlich

reflux [ʀəfly] *m* ❶ ablaufendes Wasser, Ebbe *f* ❷ (*recul*) *de la foule* Zurückströmen *nt,* Zurückweichen *nt; des aliments* Rückfluss *m*

refondateur, -trice [ʀəfɔ̃datœʀ, -tʀis] *m, f* Erneuerer *m*/Erneuerin *f*

refonder [ʀəfɔ̃de] <1> *vt* auf eine neue Grundlage stellen *parti, doctrine*

refondre [ʀ(ə)fɔ̃dʀ] <14> *vt* ❶ wieder einschmelzen ❷ (*remanier*) überholen; erneuern, ändern *système;* neu organisieren *programme*

refonte [ʀ(ə)fɔ̃t] *f* ❶ Einschmelzen *nt* ❷ (*remaniement*) Überholen *nt; d'un système* Erneuerung *f,* Änderung *f; d'un programme* Neuorganisation *f*

reforestation [ʀəfɔʀɛstasjɔ̃] *f* Wiederaufforstung *f*

réformateur, -trice [ʀefɔʀmatœʀ, -tʀis] **I.** *adj* reformerisch **II.** *m, f* ❶ Reformer(in) *m(f)* ❷ HIST, REL Reformator(in) *m(f)*

réformation [ʀefɔʀmasjɔ̃] *f* REL, HIST **la Réformation** die Reformation

réforme [ʀefɔʀm] *f* ❶ ADMIN, POL Reform *f;* **~s sociales** soziale Reformen; **~ de l'orthographe** Rechtschreibreform ❷ REL, HIST **la Réforme** die Kirchenreform, die Reformation

réformé(e) [ʀefɔʀme] **I.** *adj* MIL [wehrdienst]untauglich **II.** *m(f)* [Wehrdienst]untaugliche(r) *m*

réformer [ʀefɔʀme] <1> *vt* ❶ (*modifier*) reformieren, verbessern ❷ MIL freistellen; ausmustern *appelé*

reformer [ʀ(ə)fɔʀme] <1> **I.** *vt* wiederherstellen, wieder formen, wieder bilden; formieren *armée;* wieder aufstellen *équipe* **II.** *vpr* **se ~** *nuages:* sich wieder bilden; *alliance:* wieder zu Stande [*o* zustande] kommen; *groupe:* wieder zusammen [*o* zustande] kommen

réformette [ʀefɔʀmɛt] *f péj* Reförmchen *nt*

réformisme [ʀefɔʀmism] *m* Reformismus *m*

réformiste [ʀefɔʀmist] **I.** *adj* reformistisch **II.** *mf* Reformist(in) *m(f)*

refoulé(e) [ʀ(ə)fule] **I.** *adj pulsion* verdrängt; *personne* verklemmt **II.** *m(f) fam* verklemmter Mensch *m,* Verklemmte(r) *f(m)*

refoulement [ʀ(ə)fulmɑ̃] *m* ❶ Abweisung *f; des manifestants* Zurückdrängen *nt* ❷ PSYCH Verdrängung *f*

refouler [ʀ(ə)fule] <1> *vt* ❶ (*repousser*) zurückschlagen *attaque, envahisseur;* zurückdrängen *foule;* abweisen *intrus, demande* ❷ (*réprimer*) unterdrücken, zügeln; bezähmen *colère;* unterdrücken *pulsion;* verdrängen *souvenir;* zurückhalten *larmes*

réfractaire [ʀefʀaktɛʀ] **I.** *adj* ❶ **être ~ à une influence** einem Einfluss widerstehen; **être ~ à une maladie** gegen eine Krankheit immun sein; **être ~ à la musique** keinen Zugang zur Musik haben ❷ (*rebelle*) *conscrit* fahnenflüchtig **II.** *m* HIST Fahnenflüchtige(r) *m*

refrain [ʀ(ə)fʀɛ̃] *m* ❶ MUS Refrain *m,* Kehrreim *m* ❷ (*rengaine*) Lied *nt,* Litanei *f;* **c'est toujours le même ~** es ist immer dasselbe Lied; **change de ~!** leg mal [wieder] eine andere Platte auf! (*fam*)

réfréner [ʀefʀene] <5> **I.** *vt* bremsen; zügeln, [be]zähmen *désir, envie;* dämpfen *colère;* zurückhalten, bremsen *personne* **II.** *vpr* **se ~** sich zurückhalten

réfrigérant [ʀefʀiʒeʀɑ̃] *m* (*appareil, dispositif*) Kühlaggregat *nt*

réfrigérateur [ʀefʀiʒeʀatœʀ] *m* Kühlschrank *m,* Eiskasten *m* (A)

réfrigérateur-congélateur [ʀefʀiʒeʀatœʀkɔ̃ʒelatœʀ] <réfrigérateurs-congélateurs> *m* **~ combiné** Kühl-Gefrier-Kombination *f*

réfrigération [ʀefʀiʒeʀasjɔ̃] *f* Kühlen *nt,* Kühlung *f*

réfrigérer [ʀefʀiʒeʀe] <5> *vt* ❶ TECH tiefkühlen, einfrieren *denrées;* [ab]kühlen *organisme;* kühlen *local;* **vitrine réfrigérée** Kühlvitrine *f* ❷ *fam* (*avoir froid*) **être réfrigéré** völlig durchgefroren sein ❸ (*mettre mal à l'aise, décourager*) **~ qn** jdm einen Dämpfer versetzen

refroidir [ʀ(ə)fʀwadiʀ] <8> **I.** *vt* ❶ (*rafraî-*

chir) **qc refroidit le jus** der Saft wird durch etw kalt ❷ (*décourager*) **~ qn** jdm einen Dämpfer versetzen **II.** *vi* (*devenir plus froid*) *moteur, aliment:* [sich] abkühlen; (*devenir trop froid*) kalt werden; **mettre qc à ~** etw kalt stellen **III.** *vpr* **se ~** (*devenir plus froid*) *chose:* [sich] abkühlen; (*devenir trop froid*) kalt werden; **le temps s'est refroidi** es hat heute abgekühlt

refroidissement [ʀ(ə)fʀwadismɑ̃] *m* ❶ Abkühlung *f;* AUT, TECH *de l'air, l'eau* Kühlung *f;* **~ par air** Luftkühlung *f* ❷ MED Erkältung *f*

refuge [ʀ(ə)fyʒ] *m* ❶ (*abri*) Zuflucht[sstätte] *f,* Zufluchtsort *m;* **chercher/trouver ~ chez qn** bei jdm Zuflucht suchen/finden ❷ (*échappatoire*) Zuflucht *f;* **chercher/trouver** [**un**] **~ dans la drogue** zu Drogen Zuflucht nehmen ❸ SPORT Schutzhütte *f*

réfugié(e) [ʀefyʒje] *m(f)* Flüchtling *m*

réfugier [ʀefyʒje] <1> *vpr* **se ~ chez qn** sich zu jdm flüchten

refus [ʀ(ə)fy] *m* (*résistance*) Weigerung *f;* **~ par qn de l'ésotérisme** jds Ablehnung der Esoterik (*gen*); **~ de priorité** Missachtung *f* der Vorfahrt; **ce n'est pas de ~** *fam* da sage ich nicht nein

refuser [ʀ(ə)fyze] <1> **I.** *vt* ❶ (*opp: accepter*) ablehnen; ausschlagen *cadeau, invitation;* nicht wollen, verweigern *nourriture;* **~ qc en bloc/tout net** etw en bloc/rundweg ablehnen ❷ (*opp: accorder*) nicht geben, verweigern *objet, permission;* verwehren, verweigern *entrée, accès;* nehmen *priorité* **II.** *vi* ablehnen **III.** *vpr* ❶ (*se priver de*) **se ~ un plaisir** sich (*dat*) ein Vergnügen versagen; **ne rien se ~** *hum* sich was gönnen (*fam*) ❷ (*être décliné*) **se ~** *avantage, offre:* abgelehnt werden können; **ça ne se refuse pas** dazu kann man doch nicht nein sagen

réfutable [ʀefytabl] *adj* widerlegbar, zu widerlegen

réfutation [ʀefytasjɔ̃] *f* Widerlegung *f*

réfuter [ʀefyte] <1> *vt* widerlegen

regagner [ʀ(ə)gaɲe] <1> *vt* ❶ zurückgewinnen *amitié;* zurückbekommen *argent;* (*en travaillant*) wieder verdienen *argent* ❷ (*rentrer*) **~ sa place** an seinen Platz zurückgehen; **~ sa maison** wieder nach Hause gehen; **~ son pays** in sein Land zurückkehren

regain [ʀəgɛ̃] *m* ❶ (*renouveau*) *d'optimisme* Wiederaufleben *nt,* Wiedererlangen *nt; de jeunesse* Rückkehr *f;* **~ d'espoir** neue Hoffnung *f* ❷ AGR Grummet *nt kein Pl*

régal [ʀegal] *m* Genuss *m,* Gaumenfreude *f;* **mon grand ~, c'est le strudel** Strudel esse ich für mein Leben gern; **~ pour les yeux** Augenweide *f*

régaler [ʀegale] <1> *vpr* ❶ (*savourer*) **qn se régale de qc** etw schmeckt einem, jd genießt etw; **on va se ~** das wird ein Fest[essen] (*fam*) ❷ (*éprouver un grand plaisir*) **se ~ en faisant qc** es genießen etw zu tun

regard [ʀ(ə)gaʀ] *m* Blick *m;* **~ d'envie** neidvoller Blick; **avec un ~ de convoitise** mit begierigen Blicken; **adresser un ~ à qn** jdm einen Blick zuwerfen; **attirer les ~s de qn sur qc** jds Blick auf etw (*akk*) lenken; **dévorer qn/qc du ~** jdn/etw mit den Augen verschlingen; **fusiller qn du ~** jdn mit Blicken töten; **lancer un ~/des ~s à qn** jdm einen Blick/Blicke zuwerfen

regardant(e) [ʀ(ə)gaʀdɑ̃, ɑ̃t] *adj* **être ~ sur qc** sparsam mit etw sein

regarder [ʀ(ə)gaʀde] <1> **I.** *vt* ❶ (*contempler*) ansehen, anschauen, betrachten; (*observer*) beobachten; **~ la mer pendant des heures** stundenlang aufs Meer schauen; **~ tomber la pluie** dem Regen zusehen; **il la regarde faire** er sieht ihr zu ❷ (*prêter attention*) ansehen, beobachten, anschauen ❸ (*suivre des yeux avec attention*) ansehen *chose;* **~ la télévision** [*o* **la télé** *fam*] fernsehen, Fernsehen schauen; **as-tu regardé le film?** hast du dir den Film angesehen? ❹ (*consulter: rapidement*) überfliegen; sehen in (+ *akk*); durchsehen, durchgehen *courrier;* nachsehen, nachschlagen *numéro, mot;* **~ sa montre** auf die Uhr sehen ❺ (*vérifier*) sich (*dat*) ansehen *mécanisme* ❻ (*envisager, considérer*) betrachten *situation, être;* **~ qc en face** einer S. (*dat*) ins Auge sehen ❼ (*concerner*) **ça te regarde pas!** das geht dich nichts an!; (*être l'affaire de qn*) das ist deine Angelegenheit; **je fais ce qui me regarde** ich kümmere mich um meine eigenen Angelegenheiten ►**regarde-moi cet imbécile** *fam* jetzt sieh dir mal diesen Depp an; **tu m'as** [**bien**] **regardé!** *fam* das könnte dir so passen!; **regardez-moi ça!** *fam* hat man so etwas schon gesehen! **II.** *vi* (*s'appliquer à voir*) zusehen, zuschauen; **bien ~** gut hinsehen; **~ dans un livre** in einem Buch nachsehen **III.** *vpr* ❶ (*se contempler*) **se ~ dans qc** sich in etw betrachten (*dat*) ❷ (*se mesurer du regard*) **se ~** *personnes:* sich ansehen ►**tu** [**ne**] **t'es**

[**pas**] **regardé!** *fam* sieh dich doch erst mal selbst an!

regarnir [ʀ(ə)gaʀniʀ] <8> *vt* [wieder] auffüllen, ergänzen

régate [ʀegat] *f* Regatta *f*

regel [ʀəʒɛl] *m* erneut auftretender Frost *m*

régence [ʀeʒɑ̃s] *f* Regentschaft *f;* **la Régence** die Regentschaft [Philippes von Orléans] (*1715-1723*)

régénérateur [ʀeʒeneʀatœʀ] *m* CHIM, TECH Regenerator *m;* PHYS Konverter *m*

régénération [ʀeʒeneʀasjɔ̃] *f* ❶ *du tissu osseux* Neubildung *f,* Regeneration *f* ❷ TECH, CHIM Regeneration *f*

régénérer [ʀeʒeneʀe] <5> **I.** *vt* ❶ neu bilden *chairs, tissu;* ~ **ses forces** wieder zu Kräften kommen ❷ TECH regenerieren *catalyseur, matériau* **II.** *vpr* **se** ~ sich regenerieren

régent(e) [ʀeʒɑ̃, ɑ̃t] **I.** *adj* die Regentschaft ausübend; **prince** ~ Prinzregent *m* **II.** *m(f)* Regent(in) *m(f)*

régenter [ʀeʒɑ̃te] <1> *vt, vi* ~ **qn/qc** über jdn/etw bestimmen

reggae [ʀege] *m* Reggae *m*

régie [ʀeʒi] *f* ❶ CINE, THEAT, TV Aufnahmeleitung *f,* Regieassistenz *f* ❷ (*local*) Regieraum *m*

régime [ʀeʒim] *m* ❶ (*système*) [politisches] System; ~ **capitaliste** kapitalistisches [Wirtschafts]system; ~ **constitutionnel** Verfassung[sordnung *f*] *f;* **opposants au** ~ Regimegegner *Pl;* **l'Ancien Régime** HIST das Ancien Régime, der Französische Absolutismus ❷ MED Diät *f;* ~ **végétarien** vegetarische Ernährung[sweise *f*] *f;* ~ **diététique** Diät; **il est au** ~ **sec** bei ihm ist Alkoholentzug angesagt; **être au** ~ eine Diät machen, Diät leben; **mettre qn/se mettre au** ~ jdn auf Diät setzen/eine Diät machen, jdm eine Diät verordnen/sich eine Diät verordnen

régiment [ʀeʒimɑ̃] *m* ❶ MIL Regiment *nt* ❷ (*quantité*) Unmenge *f;* **avoir un** ~ **de cousins** ein ganzes Heer von Vettern haben; **il y en a pour tout un** ~ *fam* das reicht ja für eine ganze Kompanie

région [ʀeʒjɔ̃] *f* ❶ (*contrée*) Gegend *f;* ~ **agricole** landwirtschaftliche Region, landwirtschaftliches Gebiet; ~ **équatoriale/polaire** Äquator-/Polargebiet; ~ **frontalière** Grenzgebiet; ~ **parisienne** Einzugsgebiet von Paris ❷ ADMIN Region *f*

régional(e) [ʀeʒjɔnal, -o] <-aux> *adj* (*relatif à une région*) regional

régionalisation [ʀeʒjɔnalizasjɔ̃] *f* Regionalisierung *f*

régionalisme [ʀeʒjɔnalism] *m* Regionalismus *m*

régionaliste [ʀeʒjɔnalist] **I.** *adj* regionalistisch, lokalpatriotisch (*pej*); **art** ~ Regionalkunst *f* **II.** *mf* Regionalist(in) *m(f)*

régir [ʀeʒiʀ] <8> *vt* ❶ bestimmen; *protocole, règle:* regeln ❷ GRAM, LING stehen mit

régisseur, -euse [ʀeʒisœʀ, -øz] *m, f* CINE, TV Aufnahmeleiter(in) *m(f),* Regieassistent(in) *m(f);* THEAT Inspizient(in) *m(f)*

registre [ʀəʒistʀ] *m* ❶ (*livre*) Schreibheft *nt;* ~ **d'état civil** Personenstandsregister *nt;* ~ **d'hôtel** Gästebuch *nt;* ~**s de comptabilité** [Haupt]bücher *Pl* ❷ MUS Register *nt;* **changer de** ~ einen anderen Ton anschlagen ❸ INFORM Register *nt*

réglable [ʀeglabl] *adj bretelles, siège* verstellbar; *lumière* regulierbar

réglage [ʀeglaʒ] *m* ❶ (*mise au point*) *d'un moteur* Einstellung *f; d'une montre* Regulierung *f;* **système de** ~ Regelsystem *nt* ❷ (*tracé*) *d'un papier* Linierung *f*

règle [ʀɛgl] *f* ❶ (*loi*) Regel *f;* ~ **du jeu** Spielregel; **échapper à la** ~ eine Ausnahme [von der Regel] sein; **être en** ~ in Ordnung sein; **se faire une** ~ **de faire qc** es sich (*dat*) zur Regel machen etw zu tun; **en** ~ **générale** in der Regel, im Allgemeinen; **les** ~**s** *de la morale, la politesse* die Regeln, die Grundsätze; **faire partie des** ~**s du métier** zum Beruf gehören; ~ **d'or** goldene Regel ❷ (*instrument*) Lineal *nt*

réglé(e) [ʀegle] *adj* ❶ *vie* geregelt ❷ ANAT **être** ~**e** *femme:* ihre Regel [*o* Periode] haben

règlement [ʀɛgləmɑ̃] *m* ❶ (*discipline*) Vorschriften *Pl,* Reglement *nt;* ~ **intérieur** (*d'une entreprise*) Betriebsordnung *f;* (*d'une organisation, assemblée*) Geschäftsordnung *f;* (*d'une école*) Schulordnung *f;* ~ **de police** Polizeiverordnung *f* ❷ (*différend*) ~ **de compte**[**s**] Abrechnung *f;* (*acte de vengeance*) Vergeltungsakt *m;* **avoir un** ~ **de comptes avec qn** mit jdm abrechnen ❸ (*paiement*) Zahlung, Bezahlung *f;* **faire un** ~ **par chèque/en espèces** mit Scheck/[in] bar bezahlen

réglementaire [ʀɛgləmɑ̃tɛʀ] *adj* ❶ *taille, tenue, uniforme* vorschriftsmäßig; **ce n'est pas très** ~ das verstößt eigentlich gegen die Vorschrift ❷ JUR *dispositions, procédure* durch Verordnung [gesetzlich] geregelt; *délai, temps* vorgeschrieben

réglementation [ʀɛgləmɑ̃tasjɔ̃] *f* ❶ *du code de la route* [gesetzliche] Bestimmungen [*o* Vorschriften] *Pl* ❷ (*fixation*) *des*

R

loyers, salaires [gesetzliche] Festsetzung [*o* Regelung] *f;* ~ **des prix** Preisregelung *f*
réglementer [ʀɛgləmɑ̃te] <1> *vt* gesetzlich regeln, reglementieren
régler [ʀegle] <5> **I.** *vt* ① (*résoudre*) regeln; klären *problème, question;* beilegen, schlichten *conflit, différend;* **c'est une affaire réglée** die Sache ist erledigt ② (*payer*) bezahlen ③ (*réguler*) einstellen, regulieren; regeln *circulation;* stellen *montre* ④ (*fixer*) festlegen, festsetzen *modalités, programme;* **son sort est déjà réglé** sein/ihr Schicksal ist schon besiegelt **II.** *vi* zahlen **III.** *vpr* ① (*se résoudre*) **se** ~ *affaire, question:* sich regeln lassen, sich klären ② (*être mis au point*) **se** ~ sich einstellen lassen
règles [ʀɛgl] *fpl* Regel *f,* Periode *f;* **avoir ses** ~ seine Regel haben (*fam*)
réglisse [ʀeglis] **I.** *f* (*plante*) Süßholz *nt* **II.** *m o f* (*bonbon*) Lakritzebonbon *nt;* (*bâton*) Lakritze *f*
réglo [ʀeglo] *adj fam* korrekt, **c'est** ~! das ist o.k.!; **c'est un type** ~! der Typ ist o.k.
régnant(e) [ʀeɲɑ̃, ɑ̃t] *adj prince* regierend; *famille* herrschend
règne [ʀɛɲ] *m* ① (*souveraineté*) *d'un régime* Herrschaft *f; d'un roi* Herrschaft, Regentschaft *f;* **sous le** ~ **de qn** unter jds Herrschaft (*dat*) ② (*influence prédominante*) Herrschaft *f;* **c'est le** ~ **de qc** hier regiert etw ③ BOT, ZOOL Welt *f,* Reich *nt*
régner [ʀeɲe] <5> *vi* ~ **sur qc** *prince, roi:* über etw (*akk*) regieren [*o* herrschen]
regonfler [ʀ(ə)gɔ̃fle] <1> *vt* ① (*gonfler à nouveau*) wieder aufpumpen *ballon, chambre à air;* (*avec la bouche*) wieder aufblasen *ballon, chambre à air;* ~ **un pneu** im Reifen Luft nachfüllen ② *fam* (*tonifier*) wieder aufmuntern *personne;* ~ **le moral de qn** jdm wieder Mut machen; **être regonflé** [**à bloc**] wieder in besserer Stimmung sein
regorger [ʀ(ə)gɔʀʒe] <2a> *vi* (*abonder*) ~ **d'argent** *personne:* im Geld schwimmen; ~ **de personnes/choses** *marché, magasin, pièce:* vor Menschen/Dingen überquellen
régresser [ʀegʀese] <1> *vi* zurückgehen
régressif, -ive [ʀegʀesif, -iv] *adj* regressiv, rückläufig
régression [ʀegʀesjɔ̃] *f* ① (*diminution*) *d'une douleur* Zurückgehen *nt; d'une production* Rückgang *m; d'une société* rückläufige Entwicklung *f;* **être en** ~ im Rückgang begriffen sein ② PSYCH Regression *f* ③ BIO, MED Rückbildung *f*
regret [ʀ(ə)gʀɛ] *m* ① (*contrariété*) Bedauern *nt;* **avoir le** ~ **de faire qc** [es] bedauern, etw zu tun; **ne pas avoir de** ~**s** nichts bereuen; **qn est au** ~ **de faire qc** jd bedauert, etw tun zu müssen; **tous mes** ~**s** es tut mir wirklich leid ② (*nostalgie*) **le**[**s**] ~[**s**] **de qc** die Sehnsucht nach etw; ~**s éternels** in tiefer Trauer ▶ **à** ~ *partir* ungern; *accepter* widerstrebend; **allez, sans** ~! nichts für ungut!
regrettable [ʀ(ə)gʀetabl] *adj* bedauerlich
regretter [ʀ(ə)gʀete] <1> **I.** *vt* ① (*se repentir de*) bereuen ② (*déplorer*) bedauern *attitude, décision, absence* ③ (*déplorer l'absence de*) ~ **sa jeunesse** seiner Jugend (*dat*) nachtrauern **II.** *vi* **je regrette** ich bedaure, es tut mir leid
regrossir [ʀ(ə)gʀosiʀ] <8> *vi* wieder zunehmen
regroupement [ʀ(ə)gʀupmɑ̃] *m* Versammlung *f,* Versammeln *nt; de forces, personnes* Zusammenschluss *m; de terrains* Zusammenlegung *f;* ~ **familial** JUR Familienzusammenführung *f*
regrouper [ʀ(ə)gʀupe] <1> **I.** *vt* (*mettre ensemble*) zusammenlegen; vereinen *personnes;* **des personnes sont regroupées autour de qn** Menschen scharen sich um jdn; **toute la famille regroupée** die ganze Familie [vereint] **II.** *vpr* **se** ~ **autour de qn** sich um jdn herum aufstellen; (*dans un but commun*) sich jdm anschließen; **regroupez-vous pour la photo** stellt euch für das Foto zusammen
régularisation [ʀegylaʀizasjɔ̃] *f* ① (*mise en ordre*) *d'une situation* Regelung *f,* Legalisierung *f;* **s'occuper de la** ~ **de ses papiers** seine Papiere in Ordnung bringen ② GEOG *d'une rivière* Regulierung *f*
régulariser [ʀegylaʀize] <1> *vt* (*mettre en ordre*) in Ordnung bringen; regeln *acte administratif;* legalisieren *situation* [*de couple*]
régularité [ʀegylaʀite] *f* ① (*harmonie*) *d'un dessin, d'une façade* Regelmäßigkeit *f; des traits du visage* Regelmäßigkeit, Ebenmäßigkeit *f* ② (*ponctualité*) *d'un acte, repas* Regelmäßigkeit *f* ③ (*conformité aux règles, légalité*) Ordnungsmäßigkeit *f,* Vorschriftsmäßigkeit *f*
régulateur [ʀegylatœʀ] *m* (*appareil*) Regler *m*
régulation [ʀegylasjɔ̃] *f* Regelung *f*
réguler [ʀegyle] <1> *vt* regulieren
régulier, -ière [ʀegylje, -jɛʀ] *adj* ① (*équilibré*) regelmäßig; *vie, habitudes* geregelt ② (*constant*) regelmäßig; *effort* stet (*geh*), kontinuierlich; *résultats, vitesse* gleich blei-

R

bend ③ (*à périodicité fixe*) regelmäßig; *avion, train, ligne* [fahr]planmäßig; **vol ~** Linienflug *m;* **manger à des heures régulières** seine Mahlzeiten zu festen Zeiten einnehmen ④ (*légal*) vorschriftsmäßig; **ne pas être en situation régulière** keine gültige Aufenthaltsgenehmigung haben ⑤ GRAM, LITTER regelmäßig

régulièrement [ʀegyljɛʀmɑ̃] *adv* (*périodiquement*) regelmäßig

régurgiter [ʀegyʀʒite] <1> *vt* MED, ZOOL *personne:* wieder von sich geben; *animal:* wiederkäuen

réhabilitation [ʀeabilitasjɔ̃] *f* ① (*remise en honneur*) Rehabilitierung *f* ② (*réinsertion*) Wiedereingliederung *f* in die Gesellschaft

réhabiliter [ʀeabilite] <1> **I.** *vt* ① JUR rehabilitieren; **~ qn dans ses fonctions** jdn wieder in sein Amt einsetzen ② (*réinsérer*) rehabilitieren, wieder [in die Gesellschaft] eingliedern ③ (*remettre à l'honneur*) rehabilitieren; **~ la mémoire de qn** jdn nach seinem Tode rehabilitieren **II.** *vpr* **se ~** sich rehabilitieren

réhabituer [ʀeabitɥe] <1> **I.** *vt* **~ un enfant à qn/qc** *personne:* ein Kind wieder an jdn/etw gewöhnen; **~ un élève à faire qc** einen Schüler wieder daran gewöhnen, etw zu tun **II.** *vpr* **se ~ à qn/qc** sich wieder an jdn/etw gewöhnen; **se ~ à faire qc** sich wieder daran gewöhnen, etw zu tun

rehaussement [ʀəosmɑ̃] *m* ① *d'une clôture, muraille* Erhöhen *nt; d'un immeuble, édifice* Aufstocken *nt* ② (*majoration*) *d'un forfait fiscal, impôt* Anheben *nt*

rehausser [ʀəose] <1> *vt* ① (*surélever*) höher machen (*fam*) *clôture;* aufstocken *édifice;* anheben, erhöhen *plancher* ② (*mettre en valeur*) unterstreichen, hervorheben; erhöhen, steigern *mérite, prestige;* **~ une chemise de dentelle** eine Bluse mit Spitzen verzieren

réhydrater [ʀeidʀate] <1> *vt* **~ la peau** der Haut (*dat*) wieder Feuchtigkeit geben; **~ l'organisme** dem Organismus wieder Feuchtigkeit zuführen

réimplantation [ʀeɛ̃plɑ̃tasjɔ̃] *f d'une industrie, population* Wiederansiedlung *f; d'une dent, d'un organe* Reimplantation *f,* Wiedereinpflanzung *f*

réimplanter [ʀeɛ̃plɑ̃te] <1> *vt* wieder ansiedeln *industrie;* wieder einpflanzen *dent, organe*

réimporter [ʀeɛ̃pɔʀte] <1> *vt* wieder einführen, reimportieren

réimposer [ʀeɛ̃poze] <1> *vt* neu veranlagen

réimpression [ʀeɛ̃pʀesjɔ̃] *f* Neudruck *m,* Nachdruck *m*

réimprimer [ʀeɛ̃pʀime] <1> *vt* neu drucken, nachdrucken

rein [ʀɛ̃] *m* ① (*organe*) Niere *f* ② *pl* (*bas du dos*) Kreuz *nt;* **avoir mal aux ~s** Kreuzschmerzen haben

réincarcérer [ʀeɛ̃kaʀseʀe] <5> *vt* wieder [*o* erneut] inhaftieren

réincarnation [ʀeɛ̃kaʀnasjɔ̃] *f* Wiedergeburt *f,* Reinkarnation *f;* **la ~ de qn** (*portrait*) jds Ebenbild *nt;* (*personnification*) jds Verkörperung *f*

réincarner [ʀeɛ̃kaʀne] <1> *vpr* REL **se ~ dans qc** *âme:* in etw (*dat*) wiedergeboren werden

réincorporer [ʀeɛ̃kɔʀpɔʀe] <1> *vt* ADMIN, MIL **~ qn dans un régiment** jdn wieder in eine Truppe eingliedern; **~ qn dans une fonction** jdn wieder in ein Amt einsetzen

reine [ʀɛn] *f* ① (*souveraine, première*) Königin *f* ② JEUX Dame *f* ▶ **se saper comme une ~** *fam* sich aufbrezeln

reine-claude [ʀɛnklod] <reines-claudes> *f* Reneklode *f*

reinette [ʀɛnɛt] *f* Renette *f*

réinfecter [ʀeɛ̃fɛkte] <1> *vpr* **se ~** *blessure, plaie:* sich wieder infizieren

réinitialiser [ʀeinisjalize] <1> *vt* INFORM neu starten

réinjecter [ʀeɛ̃ʒɛkte] <1> *vt* **~ des capitaux dans une entreprise** einem Unternehmen wieder neues Kapital zuführen

réinscription [ʀeɛ̃skʀipsjɔ̃] *f* Wiedereinschreibung *f;* (*chaque semestre*) Rückmeldung *f*

réinscrire [ʀeɛ̃skʀiʀ] <*irr*> **I.** *vt* (*mettre à nouveau sur une liste*) [**faire**] **~ qn/qc sur une liste** jdn/etw wieder auf eine Liste setzen; [**faire**] **~ qn dans une nouvelle école** jdn in einer neuen Schule anmelden **II.** *vpr* **se** [**faire**] **~ sur une liste** sich wieder auf eine Liste setzen lassen; **se** [**faire**] **~ à l'université** sich wieder an der Universität einschreiben; (*chaque semestre*) sich [an der Universität] zurückmelden

réinsérer [ʀeɛ̃seʀe] <5> **I.** *vt* wieder eingliedern, wieder einfügen **II.** *vpr* **se ~ dans qc** sich wieder in etw (*akk*) eingliedern

réinsertion [ʀeɛ̃sɛʀsjɔ̃] *f d'un délinquant* Wiedereingliederung, Resozialisierung *f*

réinstaller [ʀeɛ̃stale] <1> **I.** *vt* **faire ~ qc** wieder installieren lassen; **~ qn dans un appartement** jdn wieder in einer Wohnung unterbringen; **~ qn dans une fonc-**

tion jdn wieder in ein Amt einsetzen **II.** *vpr* **se ~** sich wieder niederlassen

réintégration [ʀeɛ̃tegʀasjɔ̃] *f d'un fonctionnaire, ouvrier* Wiedereingliederung *f*, Wiedereinstellung *f;* **~ dans ses fonctions** Wiedereinsetzung *f* in sein Amt

réintégrer [ʀeɛ̃tegʀe] <5> *vt* ❶ (*revenir dans*) **~ une place** an einen Platz zurückkehren; **~ sa cellule/maison** in seine Zelle/sein Haus zurückkehren ❷ (*rétablir*) **~ qn dans un groupe** jdn wieder in eine Gruppe aufnehmen; **~ qn dans la société** jdn wieder in die Gesellschaft eingliedern

réintroduire [ʀeɛ̃tʀɔdɥiʀ] <*irr*> *vt* **~ qn/qc dans un jeu** jdn/etw wieder in ein Spiel einführen; **~ une phrase dans un texte** einen Satz wieder in einen Text einfügen

réinventer [ʀeɛ̃vɑ̃te] <1> *vt* wieder neu erfinden *monde;* wieder neu entdecken *solidarité, partage, relations*

réinvestir [ʀeɛ̃vɛstiʀ] <8> *vt* FIN **~ de l'argent dans qc** wieder Geld in etw (*akk*) investieren

réinviter [ʀeɛ̃vite] <1> *vt* wieder einladen

réitérer [ʀeiteʀe] <5> *vt* wiederholen

rejaillir [ʀ(ə)ʒajiʀ] <8> *vi* ❶ *fig* (*retomber*) **~ sur qn** *honte, faute:* auf jdn zurückfallen; *gloire, renommée:* sich [positiv] auf jdn auswirken ❷ (*jaillir avec force*) *boue, liquide:* aufspritzen

rejet [ʀəʒɛ] *m* ❶ *a.* JUR (*refus*) Ablehnung *f* ❷ MED *d'une greffe* Abstoßung *f* ❸ *pl* (*déchets*) Absonderungen *Pl;* (*de liquide*) Abwässer *Pl* ❹ AGR Schössling *m*

rejeter [ʀəʒ(ə)te] <3> **I.** *vt* ❶ (*refuser*) zurückweisen, ablehnen; verwerfen *hypothèse;* nicht anerkennen *circonstances atténuantes;* **être rejeté** verstoßen sein/werden; (*exclu d'une communauté*) ausgeschlossen sein/werden ❷ (*évacuer*) abgeben *déchets;* spülen *épaves;* wieder ausspucken *nourriture* ❸ (*se décharger de*) **~ une responsabilité sur qn/qc** die Verantwortung auf jdn abwälzen; **~ une faute sur qn/qc** jdm/etw die Schuld zuschieben ❹ (*repousser*) zurückwerfen *tête;* zurück machen *épaules;* auswerfen, ausstoßen *terre* **II.** *vpr* ❶ (*faire un mouvement du corps*) **se ~ en arrière** einen Satz nach hinten machen ❷ (*s'accuser*) **se ~ la faute [l'un l'autre]** sich gegenseitig die Schuld zuschieben

rejeton [ʀəʒ(ə)tɔ̃, ʀ(ə)ʒətɔ̃] *m* ❶ AGR (*pousse*) Schössling *m*, Ableger *m* ❷ *fam* (*enfant, fils*) Sprössling *m* (*hum*)

rejoindre [ʀ(ə)ʒwɛ̃dʀ] <*irr*> **I.** *vt* ❶ (*regagner*) treffen *personne;* **~ son domicile** nach Hause zurückkehren; **~ un lieu** an einen Ort zurückkehren ❷ (*déboucher*) **~ une route** auf eine Straße stoßen ❸ (*rattraper*) einholen *personne;* **vas-y, je te rejoins** geh schon [voraus], ich komme nach **II.** *vpr* **se ~** ❶ (*être d'accord*) *idées, points de vue:* übereinstimmen; *personnes:* sich einig sein, miteinander übereinstimmen ❷ (*se réunir*) *personnes:* sich treffen; *choses:* zusammenlaufen, aufeinandertreffen

rejouer [ʀ(ə)ʒwe] <1> **I.** *vt* (*à nouveau*) wieder spielen *match, morceau de musique, pièce;* (*encore une fois*) noch einmal spielen *match, morceau de musique, pièce;* noch einmal ausspielen *carte* **II.** *vi* wieder spielen

réjoui(e) [ʀeʒwi] **I.** *part passé de* **réjouir** **II.** *adj* fröhlich, vergnügt

réjouir [ʀeʒwiʀ] <8> *vpr* **se ~ de faire qc** sich [darüber] freuen etw zu tun; (*à l'avance*) sich darauf freuen etw zu tun; **se ~ à l'idée de ...** sich bei dem Gedanken freuen, dass ...

réjouissance [ʀeʒwisɑ̃s] *f* ❶ (*divertissement, joie*) Freude *f* ❷ *pl* (*festivités*) Festlichkeiten *Pl; hum* Festivitäten *Pl*

réjouissant(e) [ʀeʒwisɑ̃, ɑ̃t] *adj* erfreulich; *histoire, spectacle* amüsant, unterhaltsam; **c'est ~!** *iron* das kann ja heiter werden! (*fam*)

rejuger [ʀəʒyʒe] <2a> *vt* neu verhandeln *affaire;* **~ un accusé** erneut über einen Angeklagten urteilen

relâche [ʀəlɑʃ] *f* (*répit*) **un moment de ~** ein Moment Ruhe; **sans ~** *poursuivre, combattre* unermüdlich; *travailler, harceler* pausenlos

relâchement [ʀ(ə)lɑʃmɑ̃] *m des mœurs* Lockerung *f; de la discipline* Nachlassen *nt*

relâcher [ʀ(ə)lɑʃe] <1> *vt* ❶ (*desserrer*) lockern; entspannen *muscles* ❷ (*libérer*) freilassen ❸ (*cesser de tenir*) loslassen *objet, proie*

relais [ʀ(ə)lɛ] *m* SPORT Staffel *f*, Staffellauf *m;* **le ~ quatre fois cent mètres** die Vier-mal-hundert-Meter-Staffel ►**prendre le ~ de qn/qc** jdn/etw ablösen

relance [ʀəlɑ̃s] *f* ❶ (*nouvel essor*) Aufschwung *m; de la consommation* [Wieder]ankurbelung *f*, [Wieder]belebung *f* ❷ SPORT [Ball]einwurf *m*

relancer [ʀ(ə)lɑ̃se] <2> *vt* ❶ (*donner un nouvel essor à*) wieder aufnehmen; wieder aufleben lassen *idée, mouvement;* wieder ankurbeln *économie, production, immobilier;* [wieder] anregen *investissement* ❷ *fam*

R

(*harceler*) bedrängen; mahnen *client, débiteur*

relater [ʀ(ə)late] <1> *vt* berichten über (+ *akk*); schildern *événement;* erzählen *aventure;* **relaté par la presse** *faits* in der Presse dargelegt

relatif [ʀ(ə)latif] *m* GRAM Relativpronomen *nt*

relatif, -ive [ʀ(ə)latif, -iv] *adj* ❶ (*opp: absolu*) relativ ❷ (*partiel*) relativ; **être d'une relative discrétion** relativ diskret sein ❸ (*en liaison avec*) **être ~ à qn/qc** sich auf jdn/etw beziehen; **~ à qn/qc** jdn/etw betreffend, bezüglich jd/etw ❹ *postposé* GRAM Relativ-

relation [ʀ(ə)lasjɔ̃] *f* ❶ (*rapport*) Beziehung *f,* Verhältnis *nt* ❷ *pl* (*rapport entre personnes*) Beziehungen *Pl;* **~s amicales/tendues** freundschaftliches/gespanntes Verhältnis *nt;* **~s d'affaires** Geschäftsbeziehungen; **avoir une ~ amoureuse/des ~s amoureuses avec qn** eine Beziehung mit jdm haben; **avoir de bonnes/mauvaises ~s avec qn** gute/schlechte Beziehungen zu jdm haben; **par ~s** durch Beziehungen ❸ (*lien logique*) Zusammenhang *m;* (*en logique*) Relation *f,* nichts mit etw zu tun haben; **~ de cause à effet** Kausalzusammenhang ❹ (*personne de connaissance*) Bekannte(r) *f(m)* ►**~s publiques** Public Relations *Pl,* Öffentlichkeitsarbeit *f;* **en ~** in Verbindung

relationnel(le) [ʀ(ə)lɑsjɔnɛl] *adj* PSYCH relational; **problèmes ~s** Kontaktschwierigkeiten *Pl*

relative [ʀ(ə)lativ] *f* GRAM Relativsatz *m*

relativement [ʀ(ə)lativmɑ̃] *adv facile, honnête, rare* relativ, verhältnismäßig

relativiser [ʀ(ə)lativize] <1> *vt* relativieren

relativisme [ʀ(ə)lativism] *m* PHILOS Relativismus *m*

relativité [ʀ(ə)lativite] *f* PHILOS, PHYS Relativität *f;* **théorie de la ~** Relativitätstheorie *f*

relaver [ʀ(ə)lave] <1> **I.** *vt* ❶ noch einmal waschen ❷ CH (*laver*) waschen **II.** *vi* CH (*faire la vaisselle*) [Geschirr] spülen

relax [ʀəlaks] *adj inv fam personne* locker; *ambiance* ungezwungen; *tenue* bequem

relaxant(e) [ʀ(ə)laksɑ̃, ɑ̃t] *adj* entspannend

relaxation [ʀ(ə)laksasjɔ̃] *f* Entspannung *f,* Erholung *f;* **exercice de ~** Entspannungsübung *f*

relaxe[1] [ʀəlaks] *f* JUR Freispruch *m*

relaxe[2] [ʀəlaks] *adj inv v.* **relax**

relaxer [ʀ(ə)lakse] <1> **I.** *vt* ❶ (*décontracter*) entspannen ❷ JUR freisprechen **II.** *vpr* **se ~** sich entspannen

relayer [ʀ(ə)leje] <7> **I.** *vt* (*remplacer*) ablösen; **se faire ~ par qn/qc** *personne:* sich von jdm/etw ablösen lassen **II.** *vpr* **se ~ pour faire qc** sich abwechseln um etw zu tun

relayeur, -euse [ʀ(ə)lɛjœʀ, -jøz] *m, f* Staffelläufer(in) *m(f)*

relecture [ʀ(ə)lɛktyʀ] *f* nochmaliges Lesen; TYP Korrekturlesen *nt*

relégation [ʀ(ə)legasjɔ̃] *f* ❶ SPORT Abstieg *m* ❷ HIST Verbannung *f*

reléguer [ʀ(ə)lege] <5> *vt* (*mettre à l'écart*) verbannen; **~ qn dans une maison de retraite** jdn in ein Altersheim abschieben; **~ qn au second plan** jdn in den Hintergrund drängen

relent [ʀ(ə)lɑ̃] *m* ❶ (*mauvaise odeur*) übler Geruch *m;* **dégager des ~s d'alcool** nach Alkohol stinken ❷ *soutenu* (*trace*) **un ~/des ~s de qc** ein [übler] Beigeschmack von etw

relevable [ʀəl(ə)vabl, ʀ(ə)ləvabl] *adj siège* zurückklappbar, Klapp-; *volet* aufklappbar; *train d'atterrissage* einziehbar

relève [ʀ(ə)lɛv] *f* Ablösung *f;* **assurer** [*o* **prendre**] **la ~** (*assurer la succession*) die Nachfolge antreten; **la ~ est assurée** (*succession*) die Nachfolge ist gesichert; (*génération montante*) es ist genügend Nachwuchs da

relevé [ʀəl(ə)ve, ʀ(ə)ləve] *m* FIN **~ de compte** Kontoauszug *m;* **~ d'identité bancaire** *Bescheinigung mit der Bankverbindung*

relevé(e) [ʀəl(ə)ve, ʀ(ə)ləve] *adj plat, sauce* gut gewürzt, pikant

relèvement [ʀ(ə)lɛvmɑ̃] *m* ❶ *d'un poteau* Wiederaufrichten *nt,* Wiederaufstellen *nt* ❷ (*augmentation*) Anhebung *f,* Erhöhung *f* ❸ (*rétablissement*) *d'une économie, d'un pays* Wiederaufbau *m* ❹ NAUT Peilung *f*

relever [ʀəl(ə)ve] <4> **I.** *vt* ❶ (*redresser*) aufheben *blessé, objet tombé;* wieder aufstellen *chaise;* **~ qn** jdm hochhelfen ❷ (*remonter*) hochschlagen *col, voile;* höher stellen *siège;* hochklappen *strapontin;* hochziehen *store, chaussettes;* hochstecken *cheveux* ❸ (*noter*) notieren *adresse, renseignement, observation;* ablesen *compteur, électricité, gaz* **II.** *vi* ❶ (*se remettre*) **~ de maladie** [gerade] eine Krankheit überstanden haben ❷ (*dépendre de*) **~ de la compétence de qn** in jds Zuständigkeit fallen; **~ du miracle** das reinste Wunder sein

R

III. *vpr* **se ~** (*se remettre debout*) [wieder] aufstehen

releveur [ʀəl(ə)vœʀ, ʀ(ə)ləvœʀ] *m* ❶ ANAT Hebemuskel *m,* Levator *m* (*Fachspr.*) ❷ NAUT **~ de mines** Minenräumboot *nt*

relief [ʀəljɛf] *m* ❶ GEOG Relief *nt* ❷ (*saillie*) **sans ~** glatt; **en ~** *carte, impression* Relief-; *caractères* in Relief [gedruckt]; *motif* plastisch herausgearbeitet ❸ ART, ARCHIT Relief *nt* ▶ **mettre qc en ~** etw hervorheben, etw herausstellen

relier [ʀəlje] <1> *vt* ❶ (*réunir*) [miteinander] verbinden *personnes, choses;* **~ un appareil à un autre** ein Gerät an ein anderes anschließen ❷ GRAM *préposition:* zueinander in Beziehung setzen; **~ une subordonnée à qc** einen Nebensatz mit etw verbinden ❸ TECH binden *livre;* **une édition reliée [en] cuir** eine in Leder gebundene Ausgabe

relieur, -euse [ʀəljœʀ, -jøz] *m, f* Buchbinder(in) *m(f)*

religieuse [ʀ(ə)liʒjøz] *f* ❶ REL Ordensschwester *f,* Nonne *f* ❷ GASTR *Windbeutel, der mit Schokoladenguss überzogen ist; in der Schweiz: Braune Kruste, die der Fonduekäse am Boden des Caquelons bildet*

religieusement [ʀ(ə)liʒjøzmɑ̃] *adv* ❶ religiös, fromm; *se marier* kirchlich ❷ (*scrupuleusement*) *agir, tenir parole* gewissenhaft ❸ (*attentivement*) *écouter* andächtig

religieux [ʀ(ə)liʒjø] *m* Ordensgeistliche(r) *m*

religieux, -ieuse [ʀ(ə)liʒjø, -jøz] *adj* REL *personne* religiös, fromm; *cérémonie, mariage* kirchlich; *musique, chant, habit* Kirchen-; *opinions, vie, tradition, art* religiös; *ordre* geistlich

religion [ʀ(ə)liʒjɔ̃] *f* ❶ (*ensemble de croyances*) Religion *f* ❷ (*culte*) Glaube *m,* Glaubenslehre *f;* **appartenir à la ~ protestante** der evangelischen Glaubensgemeinschaft angehören

religiosité [ʀ(ə)liʒjozite] *f* Religiosität *f*

relique [ʀəlik] *f* ❶ REL Reliquie *f* ❷ (*objet auquel on tient*) Reliquie *f,* Heiligtum *nt;* (*héritage*) Relikt *nt* ❸ BIO Relikt *nt*

relire [ʀ(ə)liʀ] <*irr*> **I.** *vt* noch einmal lesen *lettre, roman;* (*pour corriger ou bien comprendre*) noch einmal durchlesen *lettre, roman;* (*pour vérifier une référence*) nachlesen *passage* **II.** *vpr* **se ~** noch einmal lesen, was man geschrieben hat

reliure [ʀəljyʀ] *f* ❶ (*action*) Binden *nt* ❷ (*couverture*) Einband *m;* **~ en cuir/plastique** Leder-/Plastikeinband

relogement [ʀ(ə)lɔʒmɑ̃] *m* Neuunterbringung *f,* [neue] Unterbringung *f*

reloger [ʀ(ə)lɔʒe] <2a> **I.** *vt* **~ qn** jdm eine neue Unterkunft besorgen **II.** *vpr* **[trouver à] se ~** eine neue Wohnung finden

relookage [ʀəlukaʒ] *m d'une personne* Relooking *nt,* Typveränderung *f*

relooker [ʀ(ə)luke] <1> *vt fam* umstylen

reluire [ʀ(ə)lɥiʀ] <*irr*> *vi* glänzen; **faire ~ qc** etw blank putzen, etw polieren

reluisant(e) [ʀ(ə)lɥizɑ̃, ɑ̃t] *adj* ❶ (*brillant*) glänzend; **être ~ de propreté** blitzsauber sein (*fam*) ❷ (*réjouissant*) *perspective, situation* glänzend; *résultat* hervorragend; *avenir* erfreulich

reluquer [ʀ(ə)lyke] <1> *vt fam* **~ qn** nach jdm schielen; **~ un poste** es auf eine Stelle abgesehen haben, mit einer Stelle liebäugeln

remâcher [ʀ(ə)mɑʃe] <1> *vt* ❶ (*ressasser*) [immer wieder] nachgrübeln über (+ *akk*) ❷ ZOOL wiederkäuen

remake [ʀimɛk] *m* Neuverfilmung *f,* Remake *nt*

rémanent(e) [ʀemanɑ̃, ɑ̃t] *adj* [zurück]bleibend

remanger [ʀ(ə)mɑ̃ʒe] <2a> **I.** *vt* **~ de qc** von etw wieder [*o* noch einmal] essen **II.** *vi* wieder essen

remaniement [ʀ(ə)manimɑ̃] *m* ❶ *d'un projet, travail* [Um]änderung *f,* Abänderung *f; d'un manuscrit* Überarbeitung *f,* Umarbeitung *f* ❷ POL *d'une constitution* [Um]änderung *f;* **~ ministériel** Kabinettsumbildung *f*

remanier [ʀ(ə)manje] <1a> *vt* ❶ (*modifier*) umändern, abändern; umgestalten, neu gestalten *quartier;* umschreiben, umarbeiten *manuscrit* ❷ POL umbilden *ministère;* ändern *constitution*

remaquiller [ʀ(ə)makije] <1> **I.** *vt* [neu] schminken **II.** *vpr* **se ~** sich [neu] schminken

remarcher [ʀ(ə)maʀʃe] <1> *vi* wieder gehen

remariage [ʀ(ə)maʀjaʒ] *m* Wiederverheiratung *f*

remarier [ʀ(ə)maʀje] <1> *vpr* wieder heiraten; **il s'est remarié avec une collègue** er hat wieder geheiratet, und zwar eine Kollegin

remarquable [ʀ(ə)maʀkabl] *adj* ❶ (*extraordinaire*) bemerkenswert, beachtlich ❷ (*qui attire l'attention*) bemerkenswert, bedeutsam

remarquablement [ʀ(ə)maʀkabləmɑ̃] *adv beau, intelligent* außerordentlich, außergewöhnlich; *jouer, se porter, réussir* hervorragend, außergewöhnlich [gut]

remarque [ʀ(ə)maʀk] *f* Bemerkung *f;* (*commentaire*) Anmerkung *f;* **faire une ~ à qn sur qc** jdm gegenüber eine Bemerkung wegen etw machen; **en faire la ~ à qn** jdn darauf hinweisen

remarqué(e) [ʀ(ə)maʀke] *adj intervention, discours* bemerkenswert; *absence, entrée* auffallend, auffällig

remarquer [ʀ(ə)maʀke] <1> **I.** *vt* ❶ (*apercevoir*) bemerken ❷ (*distinguer*) **~ qn/qc par qc** auf jdn/etw wegen einer S. (*gen*) aufmerksam werden ❸ (*noter*) bemerken; **faire ~ qc à qn** jdn auf etw (*akk*) hinweisen; **se faire ~** *péj* auffallen; **sans se faire ~** unauffällig; **remarque, je m'en fiche!** nebenbei bemerkt ist es mir egal!; **remarque, il a essayé** er hat es immerhin versucht **II.** *vpr* **se ~** auffallen

remastériser [ʀəmasteʀize] <1> *vt* digital neu aufnehmen *disque*

remballer [ʀɑ̃bale] <1> **I.** *vt* ❶ (*opp: déballer*) wieder einpacken ❷ *fam* (*garder pour soi*) für sich behalten; **remballe tes commentaires!** auf deine Kommentare kann ich verzichten! **II.** *vi* zusammenpacken

rembarquer [ʀɑ̃baʀke] <1> **I.** *vt* wieder einschiffen; wieder an Bord nehmen *passagers* **II.** *vi* wieder an Bord gehen **III.** *vpr* ❶ MIL, NAUT **se ~** sich wieder einschiffen ❷ (*s'engager de nouveau*) **se ~ dans qc** sich wieder auf etw (*akk*) einlassen

rembarrer [ʀɑ̃bɑʀe] <1> *vt fam* **~ qn** jdm eine Abfuhr erteilen; **se faire ~** eine Abfuhr erteilt kriegen

remblai [ʀɑ̃blɛ] *m* ❶ (*action*) Aufschüttung *f* ❷ (*matériau*) (*en terre*) Erdmasse *f,* Aufschüttmasse *f;* (*en caillou*) Schotter *m* ❸ (*ouvrage*) Erdwall *m*

remblayer [ʀɑ̃bleje] <7> *vt* aufschütten

rembobiner [ʀɑ̃bɔbine] <1> *vt* zurückspulen *bande magnétique, film;* wieder aufwickeln *fil*

rembourrage [ʀɑ̃buʀaʒ] *m* ❶ (*action*) *d'un fauteuil* Polstern *nt,* [Auf]polsterung *f; d'un matelas* Füllen *nt* ❷ (*matière*) Polsterung *f; d'un matelas* Füllung *f*

rembourrer [ʀɑ̃buʀe] <1> *vt* ❶ (*matelasser*) **~ un siège/des épaules avec qc** einen Stuhl/die Schultern mit etw [aus]polstern; **faire ~ des fauteuils** die Sessel aufpolstern lassen ❷ *fig* **être bien rembourré** gut gepolstert sein (*fam*)

remboursable [ʀɑ̃buʀsabl] *adj emprunt* rückzahlbar, tilgbar; *billet* zahlbar, einlösbar; *montant, frais* erstattungsfähig

remboursement [ʀɑ̃buʀsəmɑ̃] *m d'un emprunt, d'une dette* Rückzahlung *f,* Tilgung *f; des frais* [Rück]erstattung *f;* **contre ~** gegen Nachnahme

rembourser [ʀɑ̃buʀse] <1> *vt* [zurück]erstatten, ersetzen; **~ une dette/un emprunt à qn** jdm seine Schulden/ein Darlehen zurückzahlen; **ce médicament n'est pas remboursé** die Kosten für dieses Medikament werden nicht [zurück]erstattet; **ça rembourse à peine les frais de fonctionnement** das deckt kaum die Betriebskosten [ab]; **je te rembourserai demain!** ich gebe dir das Geld morgen zurück!; **remboursez! remboursez!** *hum* wir wollen unser Geld zurück!

remède [ʀ(ə)mɛd] *m* (*moyen de lutte*) [Heil]mittel *nt; d'un problème* Lösung *f;* **~ miracle** Wundermittel; **~ contre l'inflation** Mittel zur Bekämpfung der Inflation ► **~ de cheval** Rosskur *f;* **le ~ est pire que le mal** man kann nicht den Teufel mit dem Beelzebub austreiben

remédier [ʀ(ə)medje] <1> *vi* **~ à qc** einer Sache (*dat*) Abhilfe schaffen; **~ à un mal** ein Übel beseitigen

remembrement [ʀ(ə)mɑ̃bʀəmɑ̃] *m* Flurbereinigung *f*

remémorer [ʀ(ə)memɔʀe] <1> *vpr* **se ~ qc** sich wieder an etw (*akk*) erinnern, sich (*dat*) etw ins Gedächtnis zurückrufen

remerciement [ʀ(ə)mɛʀsimɑ̃] *m* Dank *m;* **des ~s** Dankesbezeigungen *Pl,* Dankesworte *Pl;* **adresser ses ~s à qn** jdm seinen Dank aussprechen; **avec tous mes/nos ~s** mit bestem Dank (*form*); **lettre de ~** Dankschreiben *nt*

remercier [ʀ(ə)mɛʀsje] <1> *vt* (*dire merci à*) **~ qn/qc de qc** jdm/einer S. für etw danken, sich bei jdm für etw bedanken; **~ qn/qc de faire qc** jdm/einer S. [dafür] danken, dass er/sie/es etw tut

remettre [ʀ(ə)mɛtʀ] <*irr*> **I.** *vt* ❶ (*replacer*) wieder zurückstellen [*o* zurücklegen]; wieder annähen *bouton;* **~ debout** wieder hinstellen; **~ à cuire** noch einmal zum Kochen aufstellen; **~ qn sur la bonne voie** jdn wieder auf den richtigen Weg bringen ❷ (*rétablir*) **~ qn/faire ~ qn en liberté** jdn freilassen/jds Freilassung veranlassen; **~ une machine en marche** eine Maschine wieder in Gang bringen; **~ un moteur en marche** einen Motor wieder anlassen; **~ qc en ordre** etw wieder in Ordnung (*akk*) bringen; **~ qc à neuf** etw erneuern; **~ sa montre à l'heure** seine Uhr [richtig] stellen ❸ (*donner*) [über]geben; überreichen *récompense, prix;* einreichen *démission;* abgeben *devoir;* ~ **un paquet à qn** jdm ein Paket [über]geben ④ (*rajouter*) noch etw dazugeben *ingrédient;* ~ **de l'huile dans le moteur** Öl in den Motor nachfüllen; ~ **du sel dans les légumes** das Gemüse nachsalzen; ~ **du rouge à lèvres** sich (*dat*) die Lippen nachziehen ⑤ (*ajourner*) ~ **une décision à la semaine prochaine** eine Entscheidung auf die nächste Woche verschieben; ~ **un jugement à l'année prochaine** ein Urteil auf nächstes Jahr vertagen ⑥ (*porter de nouveau*) wieder anziehen *vêtement;* wieder aufsetzen *chapeau* ⑦ (*confier*) ~ **un enfant à qn** jdm ein Kind anvertrauen ▶ ~ **ça** *fam* wieder damit anfangen; **en** ~ *fam* dick auftragen **II.** *vpr* ① (*recouvrer la santé*) **se** ~ **de qc** sich von etw (*dat*) erholen; **remettez-vous maintenant!** nun beruhigen Sie sich doch! ② (*recommencer*) **se** ~ **au travail** sich wieder an die Arbeit machen; **se** ~ **en mouvement** sich wieder in Bewegung setzen; *mécanisme:* sich wieder in Gang setzen; **se** ~ **à faire qc** etw wieder tun, wieder anfangen etw zu tun ③ METEO **le temps se remet au beau/à la pluie** das Wetter wird wieder besser/regnerisch; **il se remet à pleuvoir** es fängt wieder an zu regnen ④ (*se replacer*) **se** ~ **en tête du groupe** sich wieder an die Spitze setzen; **se** ~ **debout/sur ses jambes** wieder aufstehen/sich wieder auf die Beine stellen; **se** ~ **à table** wieder essen ⑤ (*se réconcilier*) **se** ~ **avec qn** *fam* sich wieder mit jdm versöhnen; **ils se sont remis ensemble** sie sind wieder zusammen

réminiscence [ʀeminisɑ̃s] *f* Erinnerung *f,* Reminiszenz *f* (*geh*); ~ **de qc** Erinnerung an etw (*akk*)

remise [ʀ(ə)miz] *f* ① *d'une clé, d'une rançon* Übergabe *f; d'une décoration, d'un cadeau* Übergabe, Überreichung *nt; d'une lettre, d'un paquet* Zustellung *f;* (*en mains propre*) Aushändigung *f* ② (*dispense, grâce*) Erlass *m;* ~ **de peine** Straferlass ③ (*rabais*) Nachlass *m,* Ermäßigung *f,* Rabatt *m;* **faire une** ~ **de 5% à qn** jdm 5% Rabatt geben ④ (*local*) Schuppen *m* ▶ ~ **en état** [Wieder]instandsetzung *f,* Wiederherrichtung *f;* ~ **en forme** Fitnesstraining *nt;* **centre de** ~ **en forme** Fitnesscenter *nt;*

remercier

remercier	*sich bedanken*
Merci !	*Danke!*
Merci beaucoup !/Un grand merci !	*Danke sehr/schön!/Vielen Dank!*
Mille mercis !	*Tausend Dank!*
Merci, c'est très gentil de ta part !	*Danke, das ist sehr lieb von dir!*
Merci bien !	*Vielen (herzlichen) Dank!*
Je te/vous remercie (beaucoup) !	*Ich bedanke mich (recht herzlich)!*
répondre à un remerciement	*auf Dank reagieren*
Je t'en/vous en prie !	*Bitte!*
Je t'en/vous en prie !/ Il n'y a pas de quoi !/De rien !	*Bitte schön!/Gern geschehen!/ Keine Ursache!*
De rien !/Mais il n'y a pas de quoi !	*Bitte, bitte!/Aber bitte, das ist doch nicht der Rede wert!*
Tout le plaisir est pour moi !/ C'était tout naturel !	*(Aber) das hab ich doch gern getan!/ Das war doch selbstverständlich!*
remercier avec reconnaissance	*dankend anerkennen*
Merci bien, tu m'as beaucoup aidé(e).	*Vielen Dank, du hast mir sehr geholfen.*
Que ferions-nous sans toi !	*Was wären wir nur ohne dich!*
Nous n'y serions pas arrivé(e)s sans ton aide.	*Ohne deine Hilfe hätten wir es nicht geschafft.*
Vous nous avez été d'une très grande aide.	*Sie waren uns eine große Hilfe.*
J'apprécie beaucoup votre engagement.	*Ich weiß Ihr Engagement sehr zu schätzen.*

~ **à jour** Aktualisierung *f*; ~ **à jour des connaissances** Auffrischen *nt* der Kenntnisse; ~ **en marche** Wieder-in-Gang-setzen *nt*; ~ **en marche de l'économie** Wiederankurbeln *nt* der Wirtschaft

remiser [ʀ(ə)mize] <1> *vt* unterstellen *voiture;* räumen, wegräumen *outil*

rémission [ʀemisjɔ̃] *f* ❶ REL Vergebung *f* ❷ JUR *d'une peine* Erlassung *f*, Erlass *m* ❸ MED *d'une douleur* Zurückgehen *nt*, Nachlassen *nt*; *d'une maladie* Remission *f* (*Fachspr.*)

remix [ʀəmiks] *m* Remix *m*

remmener [ʀɑ̃m(ə)ne] <4> *vt* zurückbringen

remodeler [ʀ(ə)mɔd(ə)le] <4> *vt* neu gestalten *ville;* neu gliedern *circonscription;* richten *nez;* ~ **un visage** ein Gesicht [operativ] verändern

remontage [ʀ(ə)mɔ̃taʒ] *m* ❶ (*assemblage*) *d'une machine, d'un meuble, moteur* Wiederzusammenbauen *nt*; *d'une montre, d'un appareil* Wiederzusammensetzen *nt* ❷ (*remise en place*) *d'un moteur* Wiedereinbau *m*

remontant [ʀ(ə)mɔ̃tɑ̃] *m* Stärkungstrunk *m*

remontée [ʀ(ə)mɔ̃te] *f* ❶ *d'une côte, pente* erneuter Aufstieg *m*; SPORT [Wieder]aufstieg *m*, Aufholen *nt* ❷ (*hausse*) *des eaux, d'une popularité* erneutes Ansteigen *nt*, Wiederanstieg *m* ❸ (*machine*) ~ **mécanique** Skilift *m*

remonte-pente [ʀ(ə)mɔ̃tpɑ̃t] <remonte-pentes> *m* Schlepplift *m*

remonter [ʀ(ə)mɔ̃te] <1> **I.** *vi* ❶ + *être* (*monter à nouveau; vu d'en haut*) wieder heraufkommen; (*vu d'en bas*) wieder hinaufgehen; ~ **dans sa chambre** wieder [nach oben] auf sein Zimmer kommen/gehen; ~ **de la cuisine** wieder von der Küche heraufkommen/hinaufgehen; ~ **faire qc** [wieder] heraufkommen/hinaufgehen, um etw zu tun; ~ **à Paris** nach Paris zurückfahren, wieder nach Paris fahren; ~ **en bateau/à la nage** [wieder] stromaufwärts fahren/schwimmen; ~ **sur l'échelle** wieder auf die Leiter steigen; ~ **sur scène** auf die Bühne zurückkehren ❷ + *être* (*reprendre place*) ~ **en voiture/à bicyclette** wieder ins Auto /aufs Fahrrad steigen; ~ **à bord** wieder an Bord gehen ❸ + *avoir* (*s'élever de nouveau*) [wieder] ansteigen ❹ + *être* (*s'améliorer*) ~ **dans l'estime de qn** in jds Ansehen (*dat*) steigen ❺ + *être* (*glisser vers le haut*) *jupe, vêtement:* hochrutschen ❻ + *avoir* (*dater de*) zurückreichen; ~ **au mois dernier/à l'année dernière** *événement, fait:* auf letzten Monat/letztes Jahr zurückgehen; ~ **à quelques jours** *incident:* einige Tage zurückliegen; ~ **au Moyen Âge** [bis] ins Mittelalter zurückreichen; **cela remonte au siècle dernier** das geschah im letzten Jahrhundert **II.** *vt* + *avoir* ❶ (*monter en marchant; vu d'en haut*) wieder heraufkommen; (*vu d'en bas*) wieder hinaufgehen ❷ (*monter dans un véhicule; vu d'en haut*) wieder heraufgefahren kommen; (*vu d'en bas*) wieder hinauffahren ❸ (*monter à la nage*) ~ **le fleuve/la rivière** (*vu d'en haut*) den Fluss wieder heraufgeschwommen kommen; (*vu d'en bas*) den Fluss wieder hinaufschwimmen ❹ (*relever*) hochschlagen *col;* hochziehen *chaussettes, pantalon;* hochkrempeln, aufkrempeln *bas du pantalon, manches;* höher hängen *étagère, tableau;* höher ziehen *mur;* SCOL anheben *note* ❺ (*rapporter du bas*) ~ **une bouteille de la cave à qn** (*vu d'en haut*) jdm eine Flasche aus dem Keller heraufbringen; (*vu d'en bas*) jdm eine Flasche aus dem Keller hinaufbringen ❻ (*porter vers le haut*) ~ **la valise au grenier** (*vu d'en haut*) den Koffer auf den Dachboden bringen; (*vu d'en bas*) den Koffer auf den Dachboden tragen ❼ (*faire marcher*) aufziehen *mécanisme, montre* ❽ (*opp: démonter*) wieder anbringen *robinet;* wieder aufmontieren *roue* ❾ (*remettre en état*) wieder in Gang bringen *affaires;* wieder instand setzen *mur;* ~ **qn** (*physiquement*) jdn wieder auf die Beine bringen; (*moralement*) jdn aufmuntern; ~ **le moral à qn** jdm wieder Mut machen ►**être remonté** *hum* (*dynamique*) [ganz] aufgedreht sein (*fam*); **être remonté contre qn** (*fâché*) wütend auf jdn sein

remontrance [ʀ(ə)mɔ̃tʀɑ̃s] *f* Verweis *m*, Ermahnung *f*; **faire des ~s à qn** jdm Vorhaltungen machen

remontrer [ʀ(ə)mɔ̃tʀe] <1> **I.** *vt* (*montrer à nouveau*) wieder aufführen, noch einmal aufführen [*o* zeigen] *spectacle* **II.** *vpr* **se ~ en public** sich wieder in der Öffentlichkeit zeigen

remords [ʀ(ə)mɔʀ] *m* Schuldgefühl *nt*, Reue *f*; **des ~** Gewissensbisse *Pl*; **avoir des ~** ein schlechtes Gewissen haben; **pas de ~?** bist du/sind Sie sicher?, du bleibst/Sie bleiben dabei?

remorquage [ʀ(ə)mɔʀkaʒ] *m d'une voiture* Abschleppen *nt*; *d'un chaland, d'une péniche* Schleppen *nt*

remorque [ʀ(ə)mɔʀk] *f* (*d'un véhicule*) Anhänger *m*

remorquer [ʀ(ə)mɔʀke] <1> *vt* abschleppen *voiture;* **se faire ~** abgeschleppt werden
remorqueur [ʀ(ə)mɔʀkœʀ] *m* Schlepper *m,* Schleppkahn *m*
rémoulade [ʀemulad] *f* Remoulade[nsoße] *f*
rémouleur [ʀemulœʀ] *m* Scherenschleifer(in) *m(f)*
remous [ʀəmu] *m* ❶ (*tourbillon*) *de l'air, eau* Wirbel *m,* Strudel *m; d'un bateau* Kielwasser *nt* ❷ (*agitation*) Wirbel *m,* Aufruhr *f;* **provoquer des ~** Wirbel verursachen; **les ~ de la politique** die politischen Turbulenzen
rempailler [ʀɑ̃paje] <1> *vt* neu mit Stroh bespannen, neu flechten
rempart [ʀɑ̃paʀ] *m* MIL [Schutz]wall *m; d'une ville* Stadtmauer *f,* Befestigungsmauer *f*
rempiler [ʀɑ̃pile] <1> **I.** *vt* wieder aufstapeln **II.** *vi fam* sich weiter verpflichten; **~ pour trois ans** um drei Jahre verlängern
remplaçable [ʀɑ̃plasabl] *adj personne, objet de valeur* ersetzbar; (*interchangeable*) *pièce détachée* auswechselbar
remplaçant(e) [ʀɑ̃plasɑ̃, ɑ̃t] *m(f)* MED, SCOL Vertretung *f;* SPORT Ersatzspieler(in) *m(f)*
remplacement [ʀɑ̃plasmɑ̃] *m* ❶ (*intérim*) Vertretung *f;* **faire des ~s** Vertretung[en] machen ❷ FIN **~ des monnaies nationales** Ablösung *f* der Landeswährungen
remplacer [ʀɑ̃plase] <2> **I.** *vt* ❶ (*changer*) ersetzen ❷ (*prendre la place de*) ablösen *personne fatiguée;* **~ qn** (*temporairement*) jdn vertreten ❸ (*tenir lieu de*) ersetzen **II.** *vpr* **se ~** sich ersetzen lassen
rempli(e) [ʀɑ̃pli] **I.** *part passé de* **remplir** **II.** *adj* ❶ (*plein*) voll; **~ de personnes** voller Menschen; **tasse ~e de thé** Tasse *f* voll Tee ❷ (*rond*) voll ❸ *journée, vie* ausgefüllt; *emploi du temps* voll
remplir [ʀɑ̃pliʀ] <8> **I.** *vt* ❶ (*rendre plein*) **~ un carton de choses** einen Karton mit Dingen füllen; **~ une valise de vêtements** einen Koffer mit Kleidungsstücken voll packen ❷ (*occuper*) füllen; ausfüllen *journée, vie* ❸ (*couvrir*) voll schreiben *page* ❹ (*compléter*) ausfüllen *formulaire, chèque* ❺ (*réaliser, répondre à*) erfüllen *mission, contrat, conditions* **II.** *vpr* **se ~ de personnes/liquide** sich mit Menschen/Flüssigkeit füllen
remplissage [ʀɑ̃plisaʒ] *m* ❶ (*fait de remplir*) Füllen *nt* ❷ (*développement inutile*) Füllsel *nt*
remploi [ʀɑ̃plwa] *m v.* **réemploi 2**
remployer [ʀɑ̃plwaje] <6> *vt v.* **réemployer 2**
remplumer [ʀɑ̃plyme] <1> *vpr fam* **se ~** ❶ (*grossir*) wieder zunehmen ❷ (*financièrement*) wieder zu Geld kommen
rempocher [ʀɑ̃pɔʃe] <1> *vt* wieder einstecken
remporter [ʀɑ̃pɔʀte] <1> *vt* ❶ (*reprendre*) wieder mitnehmen; **faire ~ une livraison** eine Lieferung zurückgehen lassen ❷ (*gagner*) davontragen (*geh*); gewinnen *championnat, prix*
rempoter [ʀɑ̃pɔte] <1> *vt* umtopfen
remuant(e) [ʀəmɥɑ̃, ɑ̃t] *adj* (*turbulent*) lebhaft
remue-méninges [ʀ(ə)mymenɛ̃ʒ] *m inv* Brainstorming *nt*
remuer [ʀəmɥe] <1> **I.** *vi* (*bouger*) sich bewegen; (*continuellement*) in Bewegung sein **II.** *vt* ❶ (*bouger*) bewegen; wiegen *hanches;* **~ les oreilles** mit den Ohren wackeln; **~ la queue** mit dem Schwanz wedeln ❷ (*mélanger*) rühren *sauce, mayonnaise;* umrühren *café;* mischen *salade* ❸ (*émouvoir*) ergreifen **III.** *vpr* **se ~** ❶ (*bouger*) sich bewegen ❷ (*faire des efforts*) sich bemühen
rémunérateur, -trice [ʀemyneʀatœʀ, -tʀis] *adj* einträglich; **être très ~** sich auszahlen
rémunération [ʀemyneʀasjɔ̃] *f* Bezahlung *f,* Entlohnung *f;* (*salaire*) Vergütung *f;* ECON, JUR Leistungsentgelt *nt* (*Fachspr.*)
rémunérer [ʀemyneʀe] <5> *vt* bezahlen
renaissance [ʀ(ə)nɛsɑ̃s] *f* ❶ (*vie nouvelle*) Wiedergeburt *f* ❷ HIST, ART **la Renaissance** die Renaissance
renaître [ʀ(ə)nɛtʀ] <irr, défec> *vi* ❶ (*reparaître*) *espoir, doute:* wieder aufkommen; *désir, dispute:* wieder aufflammen; *difficultés:* wieder auftauchen; **faire ~ l'espoir chez qn** jdm wieder Hoffnung machen; **faire ~ le conflit** den Konflikt erneut heraufbeschwören ❷ (*reprendre vigueur*) *fleur:* wieder blühen; *jour:* erwachen; *économie:* wieder aufblühen; *pays:* wieder aufleben ❸ REL, MYTH wiedergeboren werden
rénal(e) [ʀenal, -o] <-aux> *adj* ANAT, MED Nieren-
renard [ʀ(ə)naʀ] *m* (*animal, fourrure*) Fuchs *m* ▶ **fin ~** schlauer Fuchs; **vieux ~** alter Fuchs
renarde [ʀ(ə)naʀd] *f* Füchsin *f*
rencard *v.* **rancard**
renchérir [ʀɑ̃ʃeʀiʀ] <8> **I.** *vi* ❶ (*faire de la surenchère*) auftrumpfen ❷ (*devenir plus cher*) teurer werden ❸ (*faire une enchère*

R

supérieure) ~ **sur qn** jdn überbieten **II.** *vt* verteuern

rencontre [Rɑ̃kɔ̃tʀ] *f* ❶ (*fait de se rencontrer*) Begegnung *f;* ~ **secrète** geheimes Treffen ❷ (*entrevue*) Zusammenkunft *f;* (*réunion*) Treffen *nt;* ~ **au sommet** Gipfeltreffen ❸ SPORT Spiel *nt;* ~ **de football/boxe/d'athlétisme** Fußballspiel/Boxkampf *m*/Leichtathletiktreffen *nt* ▶ **faire une mauvaise** ~ überfallen werden; **aller/venir à la** ~ **de qn** jdm entgegengehen/-kommen; **faire la** ~ **de qn** jdn kennenlernen

rencontrer [Rɑ̃kɔ̃tʀe] <1> **I.** *vt* ❶ (*croiser*) ~ **qn** jdm begegnen ❷ (*avoir une entrevue*) ~ **qn** sich mit jdm treffen ❸ (*faire la connaissance de*) kennenlernen ❹ SPORT ~ **qn** auf jdn treffen ❺ (*être confronté à*) ~ **qc** auf etw (*akk*) stoßen **II.** *vpr* **se** ~ ❶ (*se croiser*) sich begegnen; *regards, yeux:* sich treffen ❷ (*avoir une entrevue*) sich treffen ❸ (*faire connaissance*) sich kennenlernen; **il les a fait se** ~ er hat sie zusammengeführt

rendement [Rɑ̃dmɑ̃] *m* ❶ (*production*) *d'un champ* Ertrag *m; d'un puits de pétrole* Ausbeute *f; d'une machine* Nutzeffekt *m,* Leistung *f;* **des terres d'un bon** ~ ertragreiche Böden ❷ FIN Rendite *f;* ~ **réel** Realverzinsung *f;* **placements à fort/faible** ~ leistungsstarke/leistungsschwache Anlagen (*Fachspr.*) ❸ (*efficacité*) *d'une personne* Leistung *f;* **être payé au** ~ leistungsbezogen bezahlt werden ❹ PHYS Leistung *f*

rendez-vous [Rɑ̃devu] *m inv* ❶ (*rencontre officielle*) Termin *m;* **avoir** ~ **avec qn** einen Termin mit jdm haben; **donner un** ~ **à qn** mit jdm einen Termin ausmachen; **prendre** ~ **avec qn** mit jdm einen Termin ausmachen; **prendre** ~ **chez qn** sich bei jdm einen Termin geben lassen; **sur** ~ nach Vereinbarung ❷ (*rencontre avec un ami*) Verabredung *f;* **avoir** ~ **avec qn** mit jdm verabredet sein; **se donner** ~ sich verabreden; **donner un** ~ **à qn** sich mit jdm verabreden; ~ **à 8 heures/à la gare** wir treffen uns um 8 Uhr/am Bahnhof ❸ (*rencontre entre amoureux*) Rendezvous *nt* ❹ (*lieu de rencontre*) Treffpunkt *m* ▶ **être au** ~ *chose:* nicht auf sich warten lassen

rendormir [Rɑ̃dɔʀmiʀ] <*irr*> **I.** *vt* wieder einschläfern **II.** *vpr* **se** ~ wieder einschlafen

rendre [Rɑ̃dʀ] <14> **I.** *vt* ❶ (*restituer*) zurückgeben ❷ (*donner en retour*) zurückgeben; erwidern *invitation, visite, salut;* ~ **la monnaie sur cent euros** auf hundert Euro herausgeben ❸ (*rapporter*) zurückgeben *article défectueux* ❹ (*donner*) abgeben *devoir* ❺ (*redonner*) wiederschenken *liberté;* wiedergeben *espoir;* zurückgeben *courage, vue* ❻ (*faire devenir*) ~ **plus facile** leichter machen; ~ **triste/joyeux** traurig/fröhlich stimmen; ~ **public** veröffentlichen; ~ **moins compliqué** einfacher machen, vereinfachen; **c'est à vous** ~ **fou!** das ist doch zum Verrücktwerden! ❼ JUR fällen *jugement, verdict;* erlassen *arrêt* ❽ (*vomir*) erbrechen **II.** *vi* (*vomir*) sich übergeben **III.** *vpr* ❶ (*capituler*) **se** ~ sich ergeben; **se** ~ **à l'évidence** *fig* sich den Tatsachen beugen ❷ (*aller*) **se** ~ **chez qn/à son travail** zu jdm/zur Arbeit gehen

rendu(e) [Rɑ̃dy] *part passé de* **rendre**

rêne [Rɛn] *f* Zügel *m* ▶ **lâcher les** ~**s** aufgeben; **prendre les** ~**s de qc** die Führung einer S. (*gen*) übernehmen

renégocier [Rənegɔsje] <1a> *vt* neu verhandeln *contrat*

renfermé [Rɑ̃fɛʀme] *m* **sentir le** ~ muffig riechen

renfermé(e) [Rɑ̃fɛʀme] *adj* verschlossen

renfermer [Rɑ̃fɛʀme] <1> **I.** *vt* enthalten **II.** *vpr* **se** ~ **sur soi-même** sich in sich (*akk*) zurückziehen

renflouage [Rɑ̃fluaʒ] *m,* **renflouement** [Rɑ̃flumɑ̃] *m* Flottmachen *nt*

renflouer [Rɑ̃flue] <1> *vt* ❶ NAUT flottmachen ❷ (*fournir des fonds*) finanziell unterstützen; wieder auffüllen *caisse*

renfoncement [Rɑ̃fɔ̃smɑ̃] *m* Nische *f*

renfoncer [Rɑ̃fɔ̃se] <2> *vt* tiefer hineindrücken *bouchon;* tiefer hineinschlagen *clou;* ~ **son chapeau sur sa tête** den Hut tiefer in die Stirn ziehen

renforcement [Rɑ̃fɔʀsəmɑ̃] *m* Verstärkung *f; d'une couleur* Intensivierung *f; de la paix* Festigung *f; de l'amour, de la haine* Vertiefung *f*

renforcer [Rɑ̃fɔʀse] <2> **I.** *vt* ❶ (*consolider, intensifier*) verstärken ❷ (*affermir*) festigen *paix, position;* verstärken *soupçon;* vertiefen *sentiment* ❸ (*confirmer*) ~ **qn dans son opinion** jdn in seiner Meinung bestärken **II.** *vpr* (*s'affermir*) **se** ~ sich festigen; *popularité:* wachsen

renfort [Rɑ̃fɔʀ] *m* ❶ *souvent pl* (*personnes*) Verstärkung *f* ❷ (*supplément*) ~**s en nourriture** Nachschub *m* an Lebensmitteln ❸ AUT ~ **latéral** [**de sécurité**] Seitenaufprallschutz *m*

renfrogné(e) [Rɑ̃fʀɔɲe] *adj* mürrisch

rengagement [Rɑ̃gaʒmɑ̃] *m* Wiedereinstellung *f*

rengager [Rɑ̃gaʒe] <2a> **I.** *vt* wieder einstellen **II.** *vi* MIL sich weiterverpflich-

R

ten **III.** *vpr* **se ~** MIL sich weiterverpflichten

rengaine [Rɑ̃gɛn] *f* ❶ (*chanson*) abgedroschener Schlager *m* ❷ (*propos*) Leier *f* (*pej fam*); **c'est toujours la même ~** es ist immer die alte Leier

rengainer [Rɑ̃gene] <1> *vt* (*ranger*) in die Scheide zurückstecken *épée;* ins Halfter zurückstecken *revolver*

reniement [Rənimɑ̃] *m* Verleugnung *f; du passé, d'une promesse* Leugnung *f; de la foi* Lossagung *f*

renier [Rənje] <1> **I.** *vt* verleugnen; leugnen *idée, promesse, passé;* **~ sa foi** sich von seinem Glauben lossagen **II.** *vpr* **se ~** sich verleugnen

reniflement [R(ə)nifləmɑ̃] *m* ❶ (*fait de renifler*) Schnüffeln *nt* ❷ (*bruit*) Geschnüffel *nt*

renifler [R(ə)nifle] <1> **I.** *vi* schnüffeln **II.** *vt* ❶ (*sentir*) riechen; *animal:* wittern ❷ (*aspirer par le nez*) schnupfen *tabac,* schnüffeln *cocaïne* ❸ *fam* (*pressentir*) wittern

renne [Rɛn] *m* Ren[tier] *nt*

renom [Rənɔ̃] *m* Renommee *nt;* **de grand ~** renommiert

renommé(e) [R(ə)nɔme] *adj* bekannt

renommée [R(ə)nɔme] *f* ❶ *sans pl* (*célébrité*) Renommee *nt* ❷ (*réputation*) Ruf *m;* **de ~ mondiale** von Weltruf

renoncement [R(ə)nɔ̃smɑ̃] *m* ❶ **~ à qc** Verzicht *m* auf etw (*akk*) ❷ (*sacrifice*) Opfer *nt;* **esprit de ~** aufopferungswilliger Geist *m*

renoncer [R(ə)nɔ̃se] <2> *vi* ❶ (*abandonner*) verzichten; **~ au monde/aux plaisirs** dem weltlichen Leben/den Freuden entsagen (*geh*); **~ à sa foi** sich von seinem Glauben lossagen; **~ à fumer/boire** aufhören, zu rauchen/trinken ❷ (*refuser un droit*) **~ à qc** auf etw (*akk*) verzichten

renouer [Rənwe] <1> *vi* **~ avec qn** mit jdm wieder Verbindung aufnehmen; **~ avec qc** wieder an etw (*akk*) anknüpfen

renouveau [R(ə)nuvo] *m* Wiederaufleben *nt*

renouvelable [R(ə)nuv(ə)labl] *adj* ❶ (*prolongeable*) verlängerbar ❷ (*rééligible*) neu wählbar ❸ (*qui peut être répété*) wiederholbar ❹ (*inépuisable*) *énergie* erneuerbar

renouveler [R(ə)nuv(ə)le] <3> **I.** *vt* ❶ (*remplacer*) erneuern; neu wählen *députés, parlement;* **~ sa garde-robe** sich neu einkleiden ❷ (*répéter*) **~ une offre à qn** jdm gegenüber ein Angebot wiederholen; **~ une question à qn** jdm eine Frage erneut stellen; **~ une promesse à qn** jdm ein Versprechen erneut geben; **~ sa candidature** sich noch einmal bewerben ❸ (*prolonger*) verlängern *bail, passeport* ❹ (*rénover*) ändern; **~ l'aspect de qc** einer S. (*dat*) ein neues Gesicht geben; **version renouvelée** Neufassung *f* **II.** *vpr* **se ~** ❶ (*être remplacé*) ausgewechselt werden; *peau, cellule:* sich erneuern ❷ (*se reproduire*) sich wiederholen ❸ (*innover*) sich weiterentwickeln

renouvellement [R(ə)nuvɛlmɑ̃] *m* ❶ (*remplacement*) Erneuerung *f; des députés* Neuwahl *f;* **~ de l'air** Lüften *nt* ❷ (*répétition*) Wiederholung *f* ❸ (*prolongation*) Verlängerung *f* ❹ (*rénovation*) *de la conception, d'un genre* Veränderung *f*

rénovateur, -trice [Renɔvatœr, -tRis] **I.** *adj* reformerisch **II.** *m, f* Reformer(in) *m(f)*

rénovation [Renɔvasjɔ̃] *f* ❶ (*remise à neuf*) Renovierung *f; d'un quartier* Sanierung *f; d'un meuble* Restaurierung *f* ❷ (*modernisation*) Modernisierung *f*

rénover [Renɔve] <1> *vt* ❶ (*remettre à neuf*) renovieren; sanieren *quartier;* restaurieren *meuble* ❷ (*moderniser*) modernisieren

renseignement [Rɑ̃sɛɲmɑ̃] *m* ❶ (*information*) Information *f;* (*auprès d'un service*) Auskunft *f;* **à titre de ~** interessehalber; **de plus amples ~s** nähere Informationen ❷ TELEC **les ~s** die Auskunft ❸ MIL Geheimdienst *m;* **les ~s généraux** *französischer Geheimdienst*

renseigner [Rɑ̃seɲe] <1> **I.** *vt* informieren; **~ qn sur un élève/la route** *document:* jdm Aufschluss über einen Schüler/eine Straße geben **II.** *vpr* **se ~ sur qn/qc** sich über jdn/etw informieren

rentabilisation [Rɑ̃tabilizasjɔ̃] *f* rentable Gestaltung *f*

rentabiliser [Rɑ̃tabilize] <1> *vt* rentabel machen

rentabilité [Rɑ̃tabilite] *f* Rentabilität *f*

rentable [Rɑ̃tabl] *adj* ❶ FIN rentabel; *mesure* Kosten sparend ❷ *fam* (*qui vaut la peine*) **être ~** sich lohnen

rente [Rɑ̃t] *f* ❶ (*revenu*) [Vermögens]rente *f;* **~ viagère** Leibrente; **vivre de ses ~s** von seinem Vermögen leben ❷ (*emprunt d'État*) Rentenpapier *nt*

rentier, -ière [Rɑ̃tje, -jɛR] *m, f* Privatier *m*/Privatiere *f* (*veraltet*)

rentrée [Rɑ̃tRe] *f* ❶ SCOL Schuljahresbeginn *m;* **le jour de la ~** der erste/am ersten Schultag; **aujourd'hui, c'est la ~ [des classes]** heute fängt die Schule wieder an ❷ UNIV Semesterbeginn *m* ❸ (*après les*

R

vacances d'été) **à la ~** nach der Sommerpause; **la ~ politique/sociale/théâtrale** die Wiederaufnahme der Geschäfte nach der Sommerpause/die Wiederaufnahme der Tarifverhandlungen/der Beginn der neuen Spielzeit; **faire sa ~** POL die Geschäfte wieder aufnehmen ④ (*comeback*) Comeback *nt;* **faire sa ~** sein Comeback feiern ⑤ (*fait de rentrer*) Rückkehr *f;* **~ dans l'atmosphère** Wiedereintritt *m* in die Atmosphäre ⑥ (*somme d'argent*) Eingang *m* ⑦ (*mise à l'abri*) Einbringen *nt*

rentrer [ʀɑ̃tʀe] <1> **I.** *vi + être* ① (*retourner chez soi*) nach Hause gehen; **comment rentres-tu?** wie kommst du nach Hause?; **~ au pays natal** in seine Heimat zurückkehren ② (*revenir chez soi*) nach Hause kommen; **~ de l'école** von der Schule nach Hause kommen; **à peine rentré, ...** kaum zu Hause angekommen, ...; **elle est déjà rentrée?** ist sie schon zu Hause? ③ (*entrer à nouveau*) zurückgehen ④ (*reprendre son travail*) *professeurs:* den Unterricht wieder aufnehmen; *parlement:* [nach der Sommerpause] wieder zusammentreten; *députés:* [nach der Sommerpause] die Geschäfte wieder aufnehmen; **les écoliers rentrent** für die Schüler beginnt die Schule wieder ⑤ (*entrer*) **faire ~ qn** jdn eintreten lassen; **~ dans un café** in ein Café gehen; **~ sans frapper** eintreten ohne zu klopfen; **~ par la fenêtre** durchs Fenster einsteigen; **l'eau/le voleur rentre dans la maison** das Wasser/der Dieb dringt ins Haus ein ⑥ (*s'insérer*) **~ dans une valise/un tiroir** in einen Koffer/eine Schublade hineinpassen; **~ les uns dans les autres** *tubes:* sich ineinanderstecken lassen ⑦ (*être inclus dans*) **~ dans qc** zu etw gehören; **faire ~ qc dans une catégorie** etw einer Kategorie zuordnen ⑧ (*devenir membre*) **~ dans la police** zur Polizei gehen; **~ dans une entreprise** bei einer Firma anfangen; **~ dans les ordres/au couvent** einem Orden beitreten/ins Kloster gehen; **faire ~ qn dans une entreprise** jdm zu einer Stelle in einem Unternehmen verhelfen ⑨ (*commencer à étudier*) **~ en fac** an der Uni anfangen ⑩ (*percuter*) **~ dans qc** gegen etw prallen; *conducteur:* gegen etw fahren ⑪ COM, FIN *article:* eintreffen; *créances:* eingehen; **faire ~ des commandes/des impôts** Aufträge hereinholen/Steuern einziehen ⑫ (*recouvrer*) **~ dans ses droits** wieder zu seinem Recht kommen; **~ dans ses frais** seine Unkosten decken ▶ **qn lui rentre dedans** *fam* jd macht ihn fertig **II.** *vt + avoir* ① (*ramener à l'intérieur*) hineinbringen; einbringen *foin;* einziehen *tête, ventre;* **~ sa chemise dans le pantalon** sein Hemd in die Hose stecken; **~ la voiture au garage** den Wagen in die Garage fahren; **~ son cou dans les épaules** den Kopf einziehen ② (*enfoncer*) **~ la clé dans la serrure** den Schlüssel in das Schloss stecken ③ (*refouler*) zurückhalten *larmes;* unterdrücken *rage;* nicht zeigen *déception* **III.** *vpr* **se ~ dedans** zusammenstoßen

renversant(e) [ʀɑ̃vɛʀsɑ̃, ɑ̃t] *adj fam* umwerfend

renverse [ʀɑ̃vɛʀs] *f* **qn tombe à la ~** (*en arrière*) jd fällt hintenüber; (*n'en revient pas*) jdn haut es um (*fam*)

renversé(e) [ʀɑ̃vɛʀse] *adj* ① (*stupéfait*) verblüfft ② (*à l'envers*) umgekehrt; **être ~** auf dem Kopf stehen ③ *écriture* nach links geneigt

renversement [ʀɑ̃vɛʀsəmɑ̃] *m* ① (*changement complet*) Verkehrung *f* ins Gegenteil; *de tendance* Umschwung *m* ② POL Sturz *m;* (*par un coup d'État*) Umsturz *m* ③ (*mise à l'envers*) Umkehrung *f; de l'ordre des mots* Umstellung *f*

renverser [ʀɑ̃vɛʀse] <1> **I.** *vt* ① (*faire tomber*) umstoßen; *voiture, vélo:* umfahren; **~ des arbres** *tempête:* Bäume umstürzen ② (*répandre*) verschütten ③ (*réduire à néant*) aus dem Weg räumen *obstacles* ④ POL stürzen; umstürzen *ordre établi* ⑤ (*pencher en arrière*) nach hinten beugen *corps, tête* ⑥ (*retourner*) umdrehen ⑦ (*inverser*) umstellen *ordre des mots;* umkehren *fraction;* ins Gegenteil verkehren *situation;* auf den Kopf stellen *image* ⑧ *fam* (*étonner*) **ça me renverse** das haut mich um **II.** *vpr* ① (*se pencher en arrière*) **se ~** sich zurücklehnen; **se ~ sur le dos** sich auf den Rücken legen ② (*se retourner*) **se ~** umkippen; *bateau:* kentern

renvoi [ʀɑ̃vwa] *m* ① (*réexpédition*) **~ à qn** Rücksendung *f* an jdn ② (*avec le pied*) Abstoß *m;* (*avec la main*) Abwurf *m* ③ (*licenciement*) Entlassung *f* ④ SCOL, UNIV Verweisung *f;* **le ~ d'un élève** die Verweisung eines Schülers von der Schule ⑤ (*indication*) **~ à qc** Verweis *m* auf etw (*akk*) ⑥ JUR, POL **~ devant qc/en qc** Verweisung *f* an etw (*akk*) ⑦ (*ajournement*) **~ à qc** Vertagung *f* auf etw (*akk*) ⑧ (*rot*) Aufstoßen *nt;* **avoir des ~s** aufstoßen müssen

renvoyer [ʀɑ̃vwaje] <6> *vt* ① (*envoyer à nouveau*) **~ une lettre à un client** einem

Kunden noch einmal einen Brief schicken ② SPORT zurückspielen ③ (*retourner*) zurückschicken *ascenseur;* erwidern *compliment* ④ (*réexpédier*) zurückschicken ⑤ (*licencier*) entlassen ⑥ SCOL, UNIV ~ **un élève** einen Schüler von der Schule verweisen ⑦ (*éconduire*) hinausweisen ⑧ (*adresser*) ~ **à qn** zu jdm schicken ⑨ JUR, POL ~ **qn devant la cour d'assises** jdn an das Schwurgericht verweisen; ~ **qc en cour de cassation** etw an den Kassationsgerichtshof weiterleiten ⑩ (*ajourner*) ~ **à plus tard/à une date ultérieure** auf später/auf ein späteres Datum vertagen

réoccuper [ʀeɔkype] <1> *vt* erneut besetzen

réorganisation [ʀeɔʀganizasjɔ̃] *f* Reorganisation *f*

réorganiser [ʀeɔʀganize] <1> **I.** *vt* umorganisieren, reorganisieren (*geh*) **II.** *vpr* **se** ~ sich neu organisieren

réorientation [ʀeɔʀjɑ̃tasjɔ̃] *f* Neuorientierung *f*

réorienter [ʀeɔʀjɑ̃te] <1> **I.** *vt* ① (*changer d'orientation*) neu ausrichten ② SCOL ~ **les élèves vers la littérature** die Schüler verstärkt in Literatur unterrichten **II.** *vpr* **se** ~ **vers une branche** die Branche wechseln

réouverture [ʀeuvɛʀtyʀ] *f* Wiedereröffnung *f*

repaire [ʀ(ə)pɛʀ] *m* ① *d'un renard* Bau *m; d'un ours* Höhle *f* ② (*refuge*) Schlupfwinkel *m* ▶ **c'est un ~ de brigands** *hum fam* (*ce sont des voleurs*) da wird man regelrecht ausgenommen; (*c'est un lieu mal famé*) das ist eine üble Spelunke (*pej*)

repaître [ʀəpɛtʀ] <*irr*> *vpr* **se** ~ (*se nourrir*) sich nähren

répandre [ʀepɑ̃dʀ] <14> **I.** *vt* ① (*laisser tomber*) ~ **qc par terre/sur la table** etw auf den Boden/Tisch streuen; (*du liquide*) etw auf den Boden/Tisch schütten; (*par mégarde*) etw auf dem Boden/Tisch verstreuen, etw auf dem Boden/Tisch verschütten ② (*être source de, faire connaître, susciter*) verbreiten ③ (*épandre*) ausströmen lassen *gaz* ④ (*verser*) vergießen **II.** *vpr* ① (*s'écouler*) **se** ~ sich ergießen ② (*se disperser*) **se** ~ sich verteilen ③ (*se dégager*) **se** ~ *chaleur, fumée, odeur:* sich verbreiten; *son:* tönen ④ (*se propager*) **se** ~ *bruit, nouvelle, idées:* sich verbreiten; *doctrine, mode, coutume:* sich durchsetzen; *information:* verbreitet werden; *épidémie:* sich ausbreiten ⑤ (*se manifester*) **se ~ sur qc** sich auf etw (*dat*) breit machen ⑥ (*envahir*) **se** ~ sich verteilen ⑦ (*proférer*) **se ~ en louanges sur l'écrivain** sich in großem Lob über den Schriftsteller ergehen

répandu(e) [ʀepɑ̃dy] **I.** *part passé de* **répandre II.** *adj* ① (*épars*) ~ **sur qc** auf etw (*dat*) verstreut ② (*courant*) [weit] verbreitet

réparable [ʀepaʀabl] *adj panne, objet* reparabel; *faute, perte* wiedergutzumachen; **être** ~ *réveil:* repariert werden können; *erreur:* wiedergutzumachen sein

reparaître [ʀ(ə)paʀɛtʀ] <*irr*> *vi* ① + *avoir* (*se montrer de nouveau*) wiederauftauchen; *soleil, lune:* wieder hervorkommen ② + *avoir o être* PRESSE *journal, livre:* wieder erscheinen

réparateur, -trice [ʀepaʀatœʀ, -tʀis] **I.** *adj* Aufbau-, erquickend (*geh*); **crème de nuit réparatrice** Aufbaucreme *f* für die Nacht **II.** *m, f* Techniker(in) *m(f)*

réparation [ʀepaʀasjɔ̃] *f* ① *sans pl* (*remise en état*) Reparatur *f; d'un bâtiment* Instandsetzung *f; d'un objet d'art* Restaurierung *f; d'une route* Ausbesserung *f; d'un accroc* Flicken *nt; d'une fuite* Abdichten *nt;* **atelier de** ~ Reparaturwerkstatt *f;* AUT Autowerkstatt *f;* **frais de** ~ Reparaturkosten *Pl;* **être en** ~ repariert werden ② (*endroit réparé*) Reparaturstelle *f* ③ *pl* ARCHIT Renovierungsarbeiten *Pl* ④ *sans pl* (*correction*) Korrigieren *nt* ⑤ *sans pl* (*compensation*) Wiedergutmachung *f* ⑥ *sans pl* MED *des forces, tissus* Regenerierung *f* ⑦ (*dédommagement*) Entschädigung *f;* **demander ~ à un État de qc** von einem Staat Entschädigung für etw verlangen; **obtenir ~ de qc** für etw entschädigt werden ⑧ *pl* POL Reparationen *Pl* ▶ **donner ~ de qc** für etw büßen; **surface/coup de pied de ~** SPORT Strafraum/-stoß *m*

réparer [ʀepaʀe] <1> *vt* ① (*remettre en état*) reparieren; instand setzen *maison;* ausbessern *route;* beheben *dégât;* abdichten *fuite;* flicken *accroc* ② (*rattraper*) wiedergutmachen ③ (*régénérer*) regenerieren *forces;* wiederherstellen *santé*

reparler [ʀ(ə)paʀle] <1> **I.** *vi* ~ **de qn/qc** auf jdn/etw zurückkommen; **on reparlera bientôt de lui** er wird bald wieder von sich reden machen; ~ **à qn** wieder mit jdm sprechen ▶ **on en reparlera** *fam* darüber unterhalten wir uns später noch mal **II.** *vpr* **se** ~ wieder miteinander sprechen

repartie, répartie [ʀepaʀti] *f* **avoir de la** ~ schlagfertig sein

repartir [ʀ(ə)paʀtiʀ] <10> *vi* + *être* ① (*se remettre à avancer*) *voyageur:* wieder aufbrechen; *véhicule:* weiterfahren ② (*s'en retourner*) wieder zurückkehren; **vous voulez déjà ~?** Sie wollen schon wieder gehen? ③ (*fonctionner à nouveau*) *moteur:* wieder anspringen; *chauffage, machine:* wieder gehen; *discussion, dispute:* wieder anfangen; *affaire:* wieder in Gang kommen ►**et c'est reparti** [**pour un tour**]! *fam* und schon geht alles wieder [von vorn] los!

répartir [ʀepaʀtiʀ] <10> **I.** *vt* ① (*partager*) **~ un butin/bénéfice/une somme** eine Beute/einen Gewinn/eine Summe aufteilen; **~ les touristes entre les deux bus** die Touristen auf die zwei Busse verteilen ② (*diviser*) **~ en groupes** in Gruppen (*akk*) einteilen ③ (*disposer*) **~ des troupes aux endroits stratégiques** Truppen an strategischen Punkten aufstellen; **~ des choses sur les étagères** Dinge auf den Regalen verteilen ④ (*étaler*) **~ qc sur le corps/sur toute la semaine** etw auf dem Körper/auf die ganze Woche verteilen; **le programme est réparti sur deux ans** das Programm erstreckt sich über zwei Jahre **II.** *vpr* ① (*se partager*) **se ~ des personnes/qc** Menschen/etw unter sich aufteilen ② (*être partagé*) **se ~** verteilt werden; **le travail se répartit comme suit** die Arbeit wird folgendermaßen aufgeteilt ③ (*se diviser*) **se ~ en groupes** sich in Gruppen [auf]teilen

répartition [ʀepaʀtisjɔ̃] *f* ① (*partage*) Verteilung *f;* **la ~ des revenus en France** die Einkommensverteilung in Frankreich; **~ des frais/rôles entre trois personnes** Verteilung der Kosten/Rollen auf drei Personen; **la ~ des élèves entre les classes est la suivante** die Schüler werden wie folgt auf die Klassen verteilt ② (*division*) **la ~ des touristes en groupes** die Einteilung der Touristen in Gruppen (*akk*) ③ *des troupes* Aufstellung *f* ④ *d'une crème, lotion* Auftragen *nt; d'un programme* Verteilung *f* ⑤ *de pièces, salles* Anordnung *f*

reparution [ʀ(ə)paʀysjɔ̃] *f* Wiedererscheinen *nt*

repas [ʀ(ə)pɑ] *m* ① (*nourriture, ensemble de plats*) Essen *nt;* **faire un ~ sommaire** schnell etwas essen; **faire un bon ~** gut essen; **aimer les bons ~** gern gut essen; **partager le ~ de qn** mit jdm zusammen speisen (*geh*) ② (*fait de manger*) Mahlzeit *f;* **cinq ~ par jour** fünf Mahlzeiten am Tag; **prendre ses ~ au restaurant** seine Mahlzeiten im Restaurant einnehmen; **donner un grand ~** ein Festessen geben; **c'est l'heure du ~** es ist Essenszeit *f;* **~ d'enterrement** CH Leichenmahl *nt,* Traueressen *nt* (CH)

repassage [ʀ(ə)pɑsaʒ] *m* ① Bügeln *nt;* **faire du ~** bügeln ② (*aiguisage*) Schleifen *nt*

repasser¹ [ʀ(ə)pɑse] <1> **I.** *vi* + *avoir* bügeln **II.** *vt* ① (*défriper*) bügeln ② (*aiguiser*) schleifen **III.** *vpr* **se ~** gebügelt werden müssen; **bien/mal se ~** sich gut/schlecht bügeln lassen; **ne pas se ~** bügelfrei sein; (*s'abîmerait*) nicht gebügelt werden dürfen

repasser² [ʀ(ə)pɑse] <1> **I.** *vi* + *être* ① (*revenir*) noch einmal vorbeikommen; **ne pas ~ par la même route** nicht dieselbe Strecke zurückfahren/-gehen ② (*passer à nouveau*) *plat:* noch einmal herumgereicht werden; *film:* noch einmal laufen; **~ devant les yeux de qn** *souvenirs:* noch einmal an jdm vorbeiziehen ③ (*revoir le travail de*) **~ derrière qn** jds Arbeit überprüfen ④ (*retracer*) **~ sur qc** etw nachziehen ►**qn peut toujours ~!** *fam* darauf kann jd lange warten! **II.** *vt* + *avoir* ① (*franchir de nouveau*) von neuem überqueren ② (*refaire*) wiederholen *examen* ③ (*remettre*) **~ une couche de peinture sur qc** etw noch einmal streichen; **~ le plat au four** das Gericht noch einmal in den Ofen stellen ④ (*redonner*) noch einmal reichen *plat, outil;* **~ le standard à qn** jdn wieder mit der Vermittlung verbinden; **je te repasse maman** ich gebe dir Mutti wieder ⑤ (*rejouer*) noch einmal zeigen ⑥ (*passer à nouveau*) **~ qc dans sa tête** [*o* **son esprit**] etw noch einmal an sich vorüberziehen lassen ⑦ (*réviser*) noch einmal durchgehen ⑧ *fam* (*donner*) **~ un travail à qn** jdm eine Arbeit aufhalsen; **~ une maladie à qn** jdn mit einer Krankheit anstecken

repasseuse [ʀ(ə)pɑsøz] *f* ① (*femme*) Büglerin *f* ② (*machine*) Mangel *f*

repayer [ʀ(ə)peje] <7> *vt* noch einmal bezahlen

repêchage [ʀ(ə)peʃaʒ] *m* ① (*fait de retirer de l'eau*) Bergen *nt* ② SCOL, UNIV Durchkommenlassen *nt;* (*examen*) Nachprüfung *f* ③ SPORT Hoffnungslauf *m*

repêcher [ʀ(ə)peʃe] <1> *vt* ① (*retirer de l'eau*) bergen ② SCOL, UNIV *fam* durchkommen lassen; (*par examen complémentaire*) nachprüfen ③ SPORT nachträglich qualifizieren

repeindre [ʀ(ə)pɛ̃dʀ] <*irr*> *vt* ① (*peindre à neuf*) neu streichen ② (*peindre une autre fois*) noch einmal streichen; **être repeint** *partie:* überstrichen sein

repeint(e) [ʀəpɛ̃, ɛ̃t] *part passé de* **repeindre**

repenser [ʀ(ə)pɑ̃se] <1> **I.** *vi* ~ **à qc** etw überdenken; **je vais y** ~ ich werde es mir noch überlegen **II.** *vt* neu durchdenken

repentant(e) [ʀ(ə)pɑ̃tɑ̃, ɑ̃t] *adj* reumütig

repenti(e) [ʀ(ə)pɑ̃ti] **I.** *part passé de* **repentir II.** *adj* *buveur, fumeur* ehemalig; *malfaiteur* reuig

repentir [ʀ(ə)pɑ̃tiʀ] **I.** *m* Reue *f* **II.** <10> *vpr* **se** ~ **de qc/d'avoir fait qc** etw bereuen/bereuen etw getan zu haben

repérable [ʀ(ə)peʀabl] *adj* *grandeur* festlegbar, bestimmbar

repérage [ʀ(ə)peʀaʒ] *m* ❶ (*localisation*) Orten *nt* ❷ CINE Location *f;* **faire des** ~**s** auf Drehortsuche sein

répercussion [ʀepɛʀkysjɔ̃] *f* ❶ (*effet*) Auswirkung *f;* **avoir des** ~**s négatives** auf negative Resonanz stoßen; **avoir peu de** ~**s sur qc** sich kaum auf etw (*akk*) auswirken ❷ PHYS *d'un son* Widerhall *m; d'un choc* Wucht *f* ❸ ECON, FIN Abwälzung *f*

répercuter [ʀepɛʀkyte] <1> **I.** *vt* ❶ (*réfléchir*) zurückwerfen ❷ ECON, FIN ~ **qc sur les consommateurs/sur les prix des marchandises** etw auf die Verbraucher abwälzen/auf die Warenpreise umlegen ❸ (*transmettre*) weiterleiten **II.** *vpr* ❶ (*être réfléchi*) **se** ~ widerhallen ❷ (*se transmettre à*) **se** ~ **sur qc** sich auf etw niederschlagen

repère [ʀ(ə)pɛʀ] **I.** *m* ❶ (*signe*) Orientierungspunkt *m;* **tracer des** ~**s sur qc** etw markieren ❷ (*trait*) Markierungsstrich *m* **II.** *app* **borne** ~ Markierungsstein *m;* **des dates** ~ Meilensteine *Pl*

repérer [ʀ(ə)peʀe] <5> **I.** *vt* ❶ *fam* (*découvrir*) ausfindig machen; **se faire** ~ sich verraten; **se faire** ~ **par qn** jds Aufmerksamkeit auf sich lenken ❷ CINE erkunden *lieux* ❸ (*localiser*) orten **II.** *vpr fam* ❶ (*se retrouver, s'orienter*) **se** ~ **dans qc** sich in etw (*dat*) zurechtfinden ❷ (*se remarquer*) **se** ~ auffallen

répertoire [ʀepɛʀtwaʀ] *m* ❶ *a.* INFORM Verzeichnis *nt;* ~ **principal** Wurzelverzeichnis ❷ (*carnet*) Register *nt* ❸ THEAT Repertoire *nt* ❹ *fam* (*grand nombre*) Repertoire *nt*

répertorier [ʀepɛʀtɔʀje] <1> *vt* ❶ (*inscrire dans un répertoire*) in ein Verzeichnis aufnehmen ❷ (*classer*) ~ **des personnes/choses** ein Verzeichnis von Personen/Dingen aufstellen

répéter [ʀepete] <5> **I.** *vt* ❶ (*redire*) wiederholen; **répète après moi: ...** sprich mir nach: ...; **ne pas se faire** ~ **les choses deux fois** sich das nicht zweimal sagen lassen; ~ **à son fils de faire qc** seinem/ihrem Sohn noch einmal sagen, dass er etw tun soll; **je vous l'ai répété cent fois déjà** ich habe es euch schon hundertmal gesagt; **combien de fois vous ai-je répété que** wie oft habe ich euch schon gesagt, dass ❷ (*rapporter*) weitererzählen; wiederholen *propos;* **ne va pas le** ~**!** erzähl es nicht weiter! ❸ (*refaire*) wiederholen ❹ (*mémoriser*) lernen ❺ THEAT, MUS proben ❻ (*plagier*) wiederholen **II.** *vi* ❶ (*redire*) wiederholen; **répète un peu!** sag das noch mal! (*fam*) ❷ THEAT proben **III.** *vpr* ❶ (*redire les mêmes choses*) **se** ~ sich wiederholen ❷ (*se raconter*) **se** ~ *histoire:* erzählt werden; **se** ~ **qc** sich etw weitererzählen ❸ (*se redire la même chose*) **se** ~ **qc/que ...** sich (*dat*) etw vorsagen/sich immer wieder sagen, dass ... ❹ (*être reproduit, se reproduire*) **se** ~ sich wiederholen

répétitif, -ive [ʀepetitif, -iv] *adj* sich ständig wiederholend; *travail* monoton; **faire des gestes** ~**s** immer dieselben Handgriffe machen

répétition [ʀepetisjɔ̃] *f* ❶ (*redite, renouvellement, reproduction*) Wiederholung *f* ❷ *d'un rôle, morceau* Einstudieren *nt* ❸ THEAT, MUS Probe *f;* ~ **générale** Generalprobe; **être en** ~ proben ▸ **faire des angines à** ~ *fam* eine Angina nach der anderen haben

repeupler [ʀ(ə)pœple] <1> **I.** *vt* ❶ (*peupler à nouveau*) neu besiedeln ❷ (*regarnir*) aufforsten *forêt;* ~ **qc d'animaux** etw wieder mit Tieren besetzen **II.** *vpr* **se** ~ neu besiedelt werden

repiquage [ʀ(ə)pikaʒ] *m* ❶ HORT ~ **de qc** Pikieren *nt* von etw ❷ MEDIA Überspielen *nt;* **faire un** ~ **de cassettes** Kassetten überspielen ❸ PHOT Retusche *f*

repiquer [ʀ(ə)pike] <1> *vt* ❶ HORT pikieren ❷ MEDIA überspielen ❸ PHOT retuschieren ❹ *fam* (*attraper de nouveau*) wieder erwischen; **il a été repiqué à voler** er ist wieder beim Stehlen erwischt worden

répit [ʀepi] *m* ❶ (*pause*) Pause *f;* **sans** ~ pausenlos ❷ (*délai supplémentaire*) Aufschub *m*

replacement [ʀ(ə)plasmɑ̃] *m* Vermittlung *f* einer neuen Stelle

replacer [ʀ(ə)plase] <2> **I.** *vt* ❶ (*remettre à sa place*) zurückstellen, zurücklegen ❷ (*situer*) ~ **un événement dans son époque** ein Ereignis im Kontext seiner Zeit

R

sehen **II.** *vpr* **se ~ dans qc** sich in etw (*akk*) zurückversetzen

replanter [ʀ(ə)plɑ̃te] <1> *vt* ① (*repiquer*) umsetzen ② (*repeupler de végétaux*) neu bepflanzen; aufforsten *forêt* ③ (*planter à nouveau*) wieder einpflanzen

replat [ʀəpla] *m* Abflachung *f*

replâtrage [ʀ(ə)plɑtʀaʒ] *m* ① TECH (*renouvellement*) Erneuerung *f* des Gipsverputzes; (*amélioration*) Ausbesserung *f* des Gipsverputzes ② *fam* (*raccommodage*) **c'est du ~** das ist Flickschusterei *f*

replâtrer [ʀ(ə)plɑtʀe] <1> *vt* ① (*plâtrer de nouveau*) **~ qc** den Gipsverputz einer S. (*gen*) erneuern ② *fam* (*raccommoder*) kitten

replet, -ète [ʀəplɛ, -ɛt] *adj* wohlgenährt; *visage* voll

repleuvoir [ʀ(ə)pløvwaʀ] <irr> *vi impers* **il repleut** es regnet wieder

repli [ʀəpli] *m* ① *pl d'un drapeau, de la peau* Falten *Pl; d'une rivière, d'un intestin* Windung *f;* **~ de terrain** Erhebung *f* ② (*retraite*) Rückzug *m* ③ FIN, ECON Rückgang *m* ④ *d'un pays* Abschottung *f;* **~ sur soi-même** Abkapselung *f* ⑤ COUT [doppelter] Einschlag

repliable [ʀ(ə)plijabl] *adj* ausklappbar

repliement [ʀ(ə)plimɑ̃] *m* **~ sur soi-même** Abkapselung *f*

replier [ʀ(ə)plije] <1> **I.** *vt* ① (*plier à nouveau*) wieder zusammenfalten *journal, carte;* wieder zusammenlegen *nappe, étoffe* ② (*plier sur soi-même*) hochkrempeln *bas de pantalon, manche;* falten *feuille;* umknicken *coin d'une page;* zusammenklappen *mètre rigide* ③ (*rabattre*) anwinkeln *jambes, pattes;* wieder anlegen *ailes;* zurückschlagen *couverture, drap;* wieder einklappen *couteau, lame;* **les jambes repliées** mit angezogenen Beinen ④ MIL zurückziehen **II.** *vpr* ① (*faire retraite*) **se ~** sich zurückziehen ② (*se protéger*) **se ~ sur qc** sich hinter etw (*dat*) verschanzen ③ (*se plier*) **se ~** zusammenklappbar sein ④ (*se ramasser*) **se ~** *animal:* sich einrollen; (*chat, chien*) sich zusammenrollen ⑤ (*se renfermer*) **se ~** *pays:* sich abschotten; **se ~ sur soi-même** sich abkapseln

réplique [ʀeplik] *f* ① (*réponse*) Antwort *f;* **avoir la ~ facile** schlagfertig sein ② (*objection*) **~ à qc** Einwand *m* gegen etw ③ (*réaction*) **~ à qc** Antwort *f* auf etw (*akk*) ④ THEAT Antwort *f* ⑤ ART Nachbildung *f* ▶ **donner la ~ à qn** THEAT jdm das Stichwort geben; (*répondre*) jdm kontern; **être la vivante ~ de qn** jds lebendes Abbild sein; **sans ~** unwiderlegbar; *obéir* ohne Widerrede

répliquer [ʀeplike] <1> **I.** *vi* ① (*répondre*) erwidern ② (*protester, répondre avec impertinence*) protestieren **II.** *vt* **~ la même chose à sa mère** seiner/ihrer Mutter dasselbe erwidern; **~ qc à un argument** etw auf ein Argument erwidern

replonger [ʀ(ə)plɔ̃ʒe] <2a> **I.** *vi* ① (*faire un plongeon*) **~ dans la piscine** noch einmal ins Schwimmbecken springen ② (*aller au fond de l'eau*) **~ dans le bassin** noch einmal im Becken untertauchen **II.** *vt* ① (*plonger à nouveau*) **~ les rames dans l'eau** die Ruder noch einmal in das Wasser tauchen; **~ la main dans sa poche** noch einmal in seine Tasche greifen ② (*précipiter à nouveau*) **~ les gens/la région dans la misère** die Menschen/Region erneut ins Elend (*akk*) stürzen **III.** *vpr* **se ~ dans qc** sich wieder in etw (*akk*) vertiefen

répondant [ʀepɔ̃dɑ̃] *m* **avoir du ~** über ausreichende Geldmittel verfügen; (*de la répartie*) schlagfertig sein

répondant(e) [ʀepɔ̃dɑ̃, ɑ̃t] *m(f)* (*garant*) Bürge *m*/Bürgin *f*

répondeur [ʀepɔ̃dœʀ] *m* Anrufbeantworter *m;* **~ interrogeable à distance** Anrufbeantworter mit Fernabfrage

répondeur, -euse [ʀepɔ̃dœʀ, -øz] *adj* (*impertinent*) aufmüpfig

répondeur-enregistreur [ʀepɔ̃dœʀɑ̃ʀəʒistʀœʀ] <répondeurs-enregistreurs> *m* *Anrufbeantworter mit Aufzeichnungsgerät*

répondre [ʀepɔ̃dʀ] <14> **I.** *vi* ① (*donner une réponse*) **~ par qc** mit etw antworten; **~ à une lettre** einen Brief beantworten; **~ à une question** auf eine Frage antworten; **ne pas ~ à des injures** auf Beleidigungen nicht eingehen; **~ par monosyllabes** nur einsilbige Antworten geben; **~ en souriant/en haussant les épaules** mit einem Lächeln/einem Achselzucken antworten ② (*réagir*) **ne pas ~ au téléphone** nicht abnehmen ③ (*être impertinent*) **~ à qn** jdm freche Antworten geben **II.** *vt* **~ qc à qn** jdm etw antworten; **~ oui** ja sagen; **réponds quelque chose!** gib irgendeine Antwort!; **que dois-je ~ à ça?** was soll ich darauf antworten?; **avoir quelque chose/n'avoir rien à ~** etwas/nichts zu sagen haben; **~ à qn de faire qc** jdm antworten, er solle etw tun

réponse [ʀepɔ̃s] *f* **~ à qc** Antwort *f* auf etw (*akk*); **avoir ~ à tout** auf alles eine

Antwort haben; **rester sans ~** unbeantwortet bleiben

repopulation [ʀ(ə)pɔpylasjɔ̃] *f* Neubesied[e]lung *f*

report [ʀəpɔʀ] *m* ① (*renvoi*) *d'une date, question* Verschiebung *f; d'un paiement, d'une livraison* Aufschub *m; d'une échéance* Prolongation *f;* MIL *d'une incorporation* Zurückstellung *f;* **~ à une date ultérieure** Verschieben *nt* auf einen späteren Zeitpunkt ② (*inscription*) Übertrag *m* ③ POL *de voix* Übertragung *f* ④ PHOT, TYP Umdruck *m*

reportage [ʀ(ə)pɔʀtaʒ] *m* Reportage *f;* **~ télévisé** Fernsehreportage

reporter[1] [ʀ(ə)pɔʀtɛʀ, ʀ(ə)pɔʀtœʀ] *m* Reporter *m*

reporter[2] [ʀ(ə)pɔʀte] <1> **I.** *vt* (*différer*) verschieben *date;* **~ à une date ultérieure** auf einen späteren Zeitpunkt verschieben **II.** *vpr* (*se référer*) **se ~ à qc** sich auf etw (*akk*) beziehen; **se ~ à la page 13** siehe Seite 13

reporteur, -trice [ʀ(ə)pɔʀtœʀ, -tʀis] *m, f* Reporter(in) *m(f)*

repos [ʀ(ə)po] *m* ① (*détente*) Ruhe *f;* **prendre un peu de ~** sich (*dat*) ein wenig Ruhe gönnen ② (*congé*) **une journée de ~** ein freier Tag; **il a pris une matinée/3 jours de ~** er hat einen Vormittag/3 Tage frei genommen ▶**pas de tout ~** (*fatigant*) anstrengend

reposant(e) [ʀ(ə)pozɑ̃, ɑ̃t] *adj* erholsam; *lieu* friedlich; **~ pour la vue** wohltuend für das Auge

reposé(e) [ʀ(ə)poze] *adj* erholt; **avoir le teint ~** frisch aussehen

reposer[1] [ʀ(ə)poze] <1> **I.** *vt* ① (*poser à nouveau*) zurückstellen, zurücklegen ② (*répéter*) noch einmal stellen *question;* wieder aufwerfen *problème* **II.** *vi* (*être fondé sur*) **~ sur une hypothèse/des observations** sich auf eine Hypothese/Beobachtungen stützen **III.** *vpr* **se ~** (*se poser à nouveau*) *problème, question:* sich erneut stellen

reposer[2] [ʀ(ə)poze] <1> **I.** *vt* (*délasser*) entspannen; **il lit, ça le repose** er liest, dabei kann er ausspannen **II.** *vpr* (*se délasser*) **se ~** sich ausruhen

repose-tête [ʀ(ə)poztɛt] <repose-tête[s]> *m* Kopfstütze *f*

repositionner [ʀ(ə)pɔzisjɔne] <1> **I.** *vt* wieder in die Umlaufbahn bringen *satellite;* wieder platzieren *produit* **II.** *vpr* **se ~** sich wieder platzieren

repoussant(e) [ʀ(ə)pusɑ̃, ɑ̃t] *adj* abstoßend; *odeur* widerlich; **être d'une laideur ~e** abstoßend hässlich sein

repousse [ʀ(ə)pus] *f* Nachwachsen *nt;* **lotion qui favorise la ~ des cheveux** Haarwuchsmittel *nt*

repousser[1] [ʀ(ə)puse] <1> **I.** *vt* ① (*écarter*) abwehren *attaque, coups, agresseur;* zurückdrängen *ennemi, foule;* beiseiteschieben *objet encombrant* ② (*écarter avec véhémence*) beiseitestoßen *objet encombrant;* **~ qn sur le côté** jdn beiseitestoßen ③ (*refuser*) zurückweisen *aide, arguments, conseil;* abschlagen *demande* ④ (*remettre à sa place*) wieder zurückschieben *meuble* ⑤ (*différer*) verschieben **II.** *vpr* **se ~** sich abstoßen

repousser[2] [ʀ(ə)puse] *vi* (*croître de nouveau*) nachwachsen; **laisser ~ sa barbe/ses cheveux** seinen Bart/seine Haare wieder wachsen lassen

repoussoir [ʀ(ə)puswaʀ] *m* ① (*personne laide*) Vogelscheuche *f* ② (*faire-valoir*) Kontrast *m;* **servir de ~ à qn/qc** jdn/etw zur Geltung bringen ③ (*pour les ongles*) Nagelhautschieber *m* ④ TECH Punze *f*

répréhensible [ʀepʀeɑ̃sibl] *adj acte* sträflich

reprendre [ʀ(ə)pʀɑ̃dʀ] <13> **I.** *vt* ① (*récupérer*) wieder einstellen *employé;* zurücknehmen *objet prêté, parole, emballage;* wieder einnehmen *place;* wieder abholen *objet déposé;* zurückerobern *territoire, ville;* **~ ses enfants à l'école** seine Kinder von der Schule abholen; **~ sa voiture et ren-**

R

refuser de répondre

refuser de répondre	*Antwort verweigern*
Je le dirai pas ! (*fam*)	*Sag ich nicht! (fam)*
(Je regrette, mais) je ne peux pas te le dire.	*Das kann ich dir (leider) nicht sagen.*
Je n'ai rien à dire à ce sujet.	*Dazu möchte ich nichts sagen.*
Je me défends de tout commentaire sur cette affaire. (*form*)	*Ich möchte mich zu dieser Angelegenheit nicht äußern. (form)*

trer chez soi wieder ins Auto steigen und nach Hause fahren; **~ la voiture/le volant après un accident** sich nach einem Unfall wieder ans Steuer setzen ② (*retrouver*) wieder aufnehmen *contact, habitudes;* wieder schöpfen *espoir, courage;* wieder annehmen *nom de jeune fille;* **~ confiance** wieder zuversichtlicher sein; **~ conscience** wieder zu sich kommen; **~ des couleurs** wieder Farbe bekommen; **~ des forces** wieder zu Kräften kommen ③ COM, IND übernehmen *fonds de commerce, entreprise;* in Zahlung nehmen *marchandise usagée* ④ (*continuer après une interruption*) wieder aufnehmen; fortsetzen *promenade;* wieder ausüben *fonction;* wieder aufnehmen *travail;* wieder ergreifen *parole;* **~ une lecture** weiterlesen; **~ un récit** weiterberichten; **~ la route** weiterfahren; **~ [le chemin de] l'école** wieder in die Schule gehen; **~ son cours** *conversation:* fortgesetzt werden; *vie:* wieder seinen Lauf nehmen ⑤ (*recommencer*) **~ la lecture/le récit de qc** etw noch einmal lesen/berichten; **tout ~ à zéro** alles noch einmal von vorn anfangen ⑥ (*corriger*) verbessern *élève, faute;* korrigieren *travail;* überarbeiten *article, chapitre* ⑦ COUT ändern; (*rétrécir*) enger machen; (*raccourcir*) kürzen; (*agrandir*) weiter machen; (*rallonger*) länger machen ⑧ (*se resservir de*) noch nehmen *viande, gâteau* ⑨ (*s'approprier*) aufgreifen *idée, suggestion* ▶**ça me/le reprend** *hum* es packt mich/ihn schon wieder (*fam*); **que je ne t'y reprenne pas!** dass ich dich nicht noch einmal dabei erwische! (*fam*); **on ne m'y reprendra plus** das passiert mir nicht noch einmal **II.** *vi* ① (*se revivifier*) *affaires:* wieder bessergehen; *vie:* wieder seinen Gang gehen; *convalescent:* wieder zu Kräften kommen ② (*recommencer*) *douleurs, musique, pluie:* wieder einsetzen; *bruit, guerre:* von neuem beginnen; *classe, cours:* wieder beginnen; *conversation:* wieder aufgenommen werden ③ (*enchaîner*) fortfahren ④ (*répéter*) **je reprends: ...** ich wiederhole: ... **III.** *vpr* ① (*se corriger*) **se ~** sich verbessern ② (*s'interrompre*) **se ~** innehalten ③ *soutenu* (*recommencer*) **se ~ à faire qc** wieder beginnen etw zu tun; **s'y ~ à deux fois pour faire qc** zwei Anläufe benötigen um etw zu tun ④ (*se ressaisir*) **se ~** sich (*akk*) wieder fangen

repreneur [ʀ(ə)pʀənœʀ] *m* Aufkäufer(in) *m(f)*

représailles [ʀ(ə)pʀezɑj] *fpl* Repressalien *Pl;* **s'attendre à des ~ de la part de qn** damit rechnen, dass jd sich rächen wird; **en ~ à qc** als Vergeltung für etw

représentant(e) [ʀ(ə)pʀezɑ̃tɑ̃, ɑ̃t] *m(f)* ① COM **~ en qc** Vertreter *m* für etw; **~ de commerce** Handelsvertreter *m* ② JUR, POL, REL Vertreter(in) *m(f)*

représentatif, -ive [ʀ(ə)pʀezɑ̃tatif, -iv] *adj* ① POL repräsentativ; *mandat* frei; **assemblée représentative** gewählte Volksvertretung *f* ② (*caractéristique*) repräsentativ; **~ de qn/qc** typisch für jdn/etw

représentation [ʀ(ə)pʀezɑ̃tasjɔ̃] *f* ① (*description*) Darstellung *f* ② THEAT Aufführung *f*

représentativité [ʀ(ə)pʀezɑ̃tativite] *f* repräsentativer Charakter *m*

représenter [ʀ(ə)pʀezɑ̃te] <1> **I.** *vt* ① (*décrire*) darstellen; schildern *faits;* **~ qn comme qc** jdn als etw hinstellen ② (*correspondre à*) sein *progrès, révolution, travail;* darstellen *menace, danger, effort;* verkörpern *autorité* ③ JUR, POL, COM vertreten **II.** *vpr* ① (*s'imaginer*) **se ~ qn/qc** sich (*dat*) jdn/etw vorstellen ② (*survenir à nouveau*) **se ~ à qn** *occasion, possibilité:* sich jdm noch einmal bieten; *problème:* sich jdm erneut stellen ③ POL **se ~ à qc** sich bei etw erneut zur Wahl stellen

répressif, -ive [ʀepʀesif, -iv] *adj* ein-/beschränkend; **loi répressive** Strafgesetz *nt;* **mesure répressive** Strafmaßnahme *f*

répression [ʀepʀesjɔ̃] *f* ① JUR strafrechtliche Verfolgung ② *d'une insurrection, révolte* Niederschlagung *f*

réprimande [ʀepʀimɑ̃d] *f* Verweis *m;* **faire une ~ à qn** jdn rügen

réprimander [ʀepʀimɑ̃de] <1> *vt* zurechtweisen

réprimer [ʀepʀime] <1> *vt* ① (*retenir*) unterdrücken; zurückhalten *larmes* ② POL niederschlagen *révolte*

reprisage [ʀ(ə)pʀizaʒ] *m* Stopfen *nt*

repris de justice [ʀ(ə)pʀid(ə)ʒystis] *m inv* Vorbestrafte(r) *f(m)*

reprise [ʀ(ə)pʀiz] *f* ① (*recommencement*) *d'une activité* Wiederaufnahme *f; du froid* Wiedereinsetzen *nt; d'une œuvre* Wiederaufnahme *f* [in den Spielplan]; *d'une émission* Wiederholung *f* ② MUS Wiederholung *f* ③ ECON (*essor*) Aufschwung *m* ④ COM (*rachat*) *d'un appareil, d'une voiture* Inzahlungnahme *f; d'une usine, entreprise* Übernahme *f; de mobilier* Ablösung *f;* **pas de ~!** kein Umtausch! *f* ⑤ COM (*retour*) *d'une marchandise* Zurücknahme *f* ⑥ (*réutilisa-*

tion) *d'une idée* Wiederaufgreifen *nt* ⑦ AUT Beschleunigung *f kein Pl* ⑧ MIL, POL *d'un territoire, siège* Zurückeroberung *f* ⑨ COUT Ausbessern *nt; d'une chaussette* Stopfen *nt* ⑩ SPORT [Wieder]auftakt *m;* (*deuxième mi-temps*) zweite Halbzeit *f;* BOXE Runde *f* ▶ **à deux/trois ~s** zwei-/dreimal; **à plusieurs ~s** mehrmals

repriser [ʀ(ə)pʀize] <1> *vt* ausbessern; stopfen *chaussette*

réprobateur, -trice [ʀepʀɔbatœʀ, -tʀis] *adj* missbilligend

réprobation [ʀepʀɔbasjɔ̃] *f* ① Missbilligung *f* ② REL ewige Verdammnis *f*

reproche [ʀ(ə)pʀɔʃ] *m* Vorwurf *m;* **faire un ~ à qn** jdm einen Vorwurf machen

reprocher [ʀ(ə)pʀɔʃe] <1> **I.** *vt* (*faire grief de*) **~ qc à qn** jdm etw vorwerfen; **~ à qn de faire qc** jdm vorwerfen etw zu tun; **avoir qc à ~ à qn** jdm etw vorzuwerfen haben **II.** *vpr* **se ~ qc** sich (*dat*) Vorwürfe wegen etw machen; **se ~ de faire qc** sich (*dat*) Vorwürfe machen, dass man etw tut; **avoir qc à se ~** sich (*dat*) etw vorzuwerfen haben

reproducteur [ʀəpʀɔdyktœʀ] *m* TECH Vervielfältigungsapparat *m*

reproducteur, -trice [ʀ(ə)pʀɔdyktœʀ, -tʀis] *adj* **organe ~** Fortpflanzungsorgan *nt*

reproduction [ʀ(ə)pʀɔdyksjɔ̃] *f* (*copie*) Reproduktion *f*

reproduire [ʀ(ə)pʀɔdɥiʀ] <*irr*> *vpr* **se ~** (*se répéter*) sich wiederholen

reprogrammer [ʀ(ə)pʀɔgʀame] <1> *vt* ① INFORM wieder programmieren *mémoire* ② wieder in das Programm aufnehmen *émission, film* ③ BIO genetisch verändern *bactérie*

reprographie [ʀ(ə)pʀɔgʀafi] *f* Reprographie *f*

réprouver [ʀepʀuve] <1> *vt* ① missbilligen ② REL verdammen *personne*

reptation [ʀɛptasjɔ̃] *f* Kriechen *nt*

reptile [ʀɛptil] *m* Reptil *nt;* **les ~s** die Kriechtiere

repu(e) [ʀəpy] **I.** *part passé de* **repaître** **II.** *adj* ① (*rassasié*) satt ② *fig* **être ~ de lecture** des Lesens überdrüssig sein

républicain(e) [ʀepyblikɛ̃, ɛn] **I.** *adj* republikanisch **II.** *m(f)* Republikaner(in) *m(f)*

république [ʀepyblik] *f* Republik *f;* **République démocratique allemande** Deutsche Demokratische Republik; **République fédérale d'Allemagne** Bundesrepublik Deutschland; **République française** Französische Republik; **République populaire de Chine** Volksrepublik China; **République centrafricaine** Zentralafrikanische Republik ▶ **on est en ~** wir leben in einem freien Land

répudiation [ʀepydjasjɔ̃] *f d'une chose* Ausschlagung *f; d'une personne* Verstoßen *nt*

répudier [ʀepydje] <1a> *vt* aufgeben *principes;* ausschlagen *legs;* ablehnen *nationalité;* verstoßen *conjoint*

répugnance [ʀepyɲɑ̃s] *f* ① (*aversion*) Abscheu *m;* **avoir de la ~ pour qc** etw verabscheuen; **~ à qc** Abscheu vor etw (*dat*) ② (*dégoût*) Ekel *m;* **~ pour qn/qc** Widerwillen *m* gegen jdn/etw

répugnant(e) [ʀepyɲɑ̃, ɑ̃t] *adj* widerlich; **d'une laideur ~e** abstoßend hässlich

répugner [ʀepyɲe] <1> *vi* ① (*dégoûter*) **~ à qn** *nourriture, personne:* jdn anwidern; *action, idée:* jdn abstoßen ② (*n'avoir pas envie*) **qn répugne à qc** jdm widerstrebt etw; **il répugne à faire cela** es widerstrebt ihm das zu tun

répulsion [ʀepylsjɔ̃] *f* ① (*aversion*) Abscheu *m;* **~ pour qn/qc** Abscheu vor jdm/etw; **avoir de la ~ pour qn** jdn verabscheuen ② (*dégoût*) Ekel *m* ③ PHYS Abstoßung *f*

réputation [ʀepytasjɔ̃] *f* ① (*honneur*) [guter] Ruf ② (*renommée*) Ruf *m;* **~ mon-**

réprimander

réprimander	*zurechtweisen*
Votre comportement laisse à désirer.	*Ihr Verhalten lässt einiges zu wünschen übrig.*
Je vous défends de me parler sur ce ton !	*Ich verbitte mir diesen Ton!*
Je ne tolèrerai pas cela de votre part !	*Das brauche ich mir von Ihnen nicht gefallen zu lassen!*
Essayez un peu pour voir !	*Unterstehen Sie sich!*
Pour qui vous prenez-vous ?	*Was erlauben Sie sich!*
Qu'est-ce qui vous prend ?	*Was fällt Ihnen ein!*

diale Weltruf; **avoir bonne/mauvaise ~** einen guten/schlechten Ruf haben; **la ~ de qn n'est plus à faire** jds guter Ruf steht außer Zweifel; *iron* jds Ruf ist bereits ruiniert; **se faire une ~** sich (*dat*) einen Namen machen

réputé(e) [Repyte] *adj* (*connu*) bekannt; **ce professeur est ~ pour être sévère** dieser Lehrer ist für seine Strenge bekannt

requérir [RəkeRiR] <*irr*> *vt* ❶ (*nécessiter*) erfordern ❷ (*solliciter*) **~ l'aide de qn** jds Hilfe erbitten ❸ (*exiger*) fordern *explication, justification;* anfordern *avion spécial, protection*

requête [Rəkɛt] *f* INFORM Abfrage *f*

requiem [Rekɥijɛm] *m inv* Requiem *nt*

requin [Rəkɛ̃] *m* ZOOL Hai[fisch *m*] *m;* **~ marteau** Hammerhai *m*

requinquer [R(ə)kɛ̃ke] <1> **I.** *vt fam* aufmöbeln; **être requinqué** wieder in Form sein **II.** *vpr fam* **se ~** sich erholen

requis(e) [Rəki, iz] *part passé de* **requérir**

réquisition [Rekizisjɔ̃] *f* ❶ (*confiscation*) Beschlagnahme *f* ❷ *a.* JUR (*demande*) Anforderung *f*

réquisitionner [Rekizisjɔne] <1> *vt* (*requérir*) beschlagnahmen *biens;* dienstverpflichten *hommes* ▸ **être réquisitionné pour faire la vaisselle** *fam* zum Spülen abkommandiert worden sein

réquisitoire [RekizitwaR] *m* JUR ❶ (*réquisition*) Antrag *m* ❷ (*discours*) Anklagerede *f*

R.E.R. [ɛRøɛR] *m abr de* **réseau express régional** *S-Bahn-Netz in Paris und Umgebung*

resaler [R(ə)sale] <1> *vt* nachsalzen

resalir [R(ə)saliR] <8> **I.** *vt* wieder schmutzig machen *cuisine* **II.** *vpr* **se ~** sich wieder schmutzig machen

R

rescapé(e) [Rɛskape] **I.** *adj* **personne ~e** Überlebende(r) *f(m)* **II.** *m(f)* Überlebende(r) *f(m)*

rescousse [Rɛskus] *f* **venir à la ~ de qn** jdm zu Hilfe kommen

réseau [Rezo] <x> *m* ❶ (*structure*) Netz *nt;* **~ ferroviaire/routier** Eisenbahn-/Straßennetz; **~ téléphonique/radiophonique** Fernsprech-/Rundfunknetz; **avoir du ~** ein Netz haben, Empfang haben; **ne pas avoir de ~** kein Netz haben, keinen Empfang haben ❷ (*organisation*) Netz *nt,* Netzwerk *nt;* **~ d'espionnage/de la mafia** Spionage-/Mafianetz ❸ INFORM Netz *nt;* **~ local** lokales Netz, LAN *nt;* **le ~ Internet** das Internet ❹ INET Netzwerk *nt;* **les ~x sociaux** die sozialen Netzwerke

réseauter [Rezote] <1> *vi* netzwerken (*fam*)

réservation [RezɛRvasjɔ̃] *f* Reservierung *f*

réserve [RezɛRv] *f* ❶ (*provision*) Vorrat *m;* **faire des ~s pour l'hiver** Vorräte für den Winter anlegen ❷ (*lieu protégé*) Schutzgebiet *nt;* **~ indienne** Indianerreservat *nt;* **~ botanique/naturelle/ornithologique** Pflanzen-/Natur-/Vogelschutzgebiet; **~ de chasse** Wildschutzgebiet ▸ **avoir des ~s** *hum* Reserven haben

réservé(e) [RezɛRve] *adj* ❶ (*discret*) zurückhaltend ❷ (*retenu*) reserviert ❸ (*limité à certains*) **~ à qn/qc** jdm/einer S. vorbehalten; **~ aux handicapés/autobus** nur für Behinderte/Busse

réserver [RezɛRve] <1> **I.** *vt* ❶ (*garder*) freihalten *place;* **~ le meilleur pour la fin** das Beste bis zuletzt aufsparen ❷ (*retenir*) reservieren; buchen *voyage;* **~ un billet d'avion** einen Flug buchen **II.** *vpr* (*se ménager*) **se ~ pour le dessert** sich (*dat*) seinen Appetit für den Nachtisch aufheben; **se ~ pour une meilleure occasion** auf eine bessere Gelegenheit warten; **se ~ pour plus tard** noch etwas warten

réserviste [RezɛRvist] *m* ❶ MIL Reservist *m* ❷ SPORT Reservespieler *m*

réservoir [RezɛRvwaR] *m* ❶ (*cuve, bassin*) Tank *m;* **~ d'air** Luftbehälter *m;* **~ d'eau** Wasserreservoir *nt,* Wasserspeicher *m;* **~ d'essence** Benzintank ❷ (*lac, barrage*) Wasserreservoir *nt* ❸ (*réserve*) **~ de matières premières** Rohstoffreserven *Pl;* **~ d'images** Bildbestand *m*

résidant(e) [Rezidɑ̃, ɑ̃t] *m(f) d'un immeuble* Bewohner(in) *m(f); d'une ville, d'un pays* Einwohner(in) *m(f)*

résidence [Rezidɑ̃s] *f* ❶ (*domicile*) Wohnsitz *m;* **lieu de ~** Wohnort *m;* **~ principale** Hauptwohnsitz; **~ secondaire** zweiter Wohnsitz ❷ (*appartement pour les vacances*) Ferienwohnung *f* ❸ (*maison pour les vacances*) Ferienhaus *nt* ❹ (*immeuble*) Wohnanlage *f;* **~ universitaire** Studentenwohnheim *nt;* **~ pour personnes âgées** Altenheim *nt;* **~ pour handicapés** Behindertenwohnheim

résident(e) [Rezidɑ̃, ɑ̃t] *m(f)* (*étranger*) *in einem Gastland ansässige(r) Ausländer(in);* **les ~s allemands en France** die in Frankreich ansässigen Deutschen

résidentiel(le) [Rezidɑ̃sjɛl] *adj* ❶ (*d'habitation*) **zone ~le** Wohngebiet *nt* ❷ (*de standing*) vornehm

résider [Rezide] <1> *vi* (*habiter*) wohnen; **les étrangers qui résident en France** die in Frankreich ansässigen [*o* lebenden] Ausländer

résidu [Rezidy] *m* ❶ *a.* CHIM Rückstand *m* ❷ MATH Rest *m*

résiduel(le) [Rezidɥɛl] *adj* zurückbleibend; **produit** ~ Abfallprodukt *nt*

résignation [Reziɲasjɔ̃] *f* Resignation *f;* **avec** ~ resigniert

résigné(e) [Reziɲe] *adj* resigniert

résigner [Reziɲe] <1> *vpr* **se** ~ resignieren; **se** ~ **à faire qc** sich damit abfinden etw zu tun

résiliable [Reziljabl] *adj* kündbar

résilier [Rezilje] <1> *vt* kündigen

résille [Rezij] **I.** *f* Netz *nt* **II.** *app inv* **bas** ~ Netzstrumpf *m*

résine [Rezin] *f* Harz *nt*

résiné [Rezine] *m* (*vin*) geharzter Wein *m*

résineux [Rezinø] *m* Nadelbaum *m;* **les** ~ die Nadelhölzer; **forêt de** ~ Nadelwald *m*

résistance [Rezistɑ̃s] *f* (*opposition*) Widerstand *m;* **la Résistance** HIST die Résistance

résistant(e) [Rezistɑ̃, ɑ̃t] **I.** *adj couleur, matériau* haltbar; *personne, plante, animal* robust; **l'acier est plus** ~ **que le fer** Stahl ist härter als Eisen **II.** *m(f)* HIST Widerstandskämpfer(in) *m(f)*

résister [Reziste] <1> *vi* ❶ (*s'opposer*) ~ **à qn** sich gegen jdn wehren; ~ **à un désir/une passion/tentation** einem Verlangen/einer Leidenschaft/Versuchung widerstehen ❷ (*supporter*) **qc résiste à qc** etw hält einer S. (*dat*) stand; ~ **au feu/lavage** feuerfest/waschecht sein

resituer [Rəsitɥe] <1> *vt* in den historischen Kontext einordnen *débat*

résolu(e) [Rezɔly] **I.** *part passé de* **résoudre** **II.** *adj air, personne* entschlossen; *ton* bestimmt; **être** ~ **à qc** zu etw entschlossen sein; **être** ~ **à faire qc** entschlossen sein etw zu tun

résolument [Rezɔlymɑ̃] *adv* ❶ (*sans hésiter*) entschlossen ❷ (*délibérément*) bewusst

résolution [Rezɔlysjɔ̃] *f* ❶ (*décision*) Beschluss *m;* **prendre une** ~ einen Beschluss fassen; **prendre des** ~**s** Vorsätze fassen; **prendre de bonnes** ~**s** gute Vorsätze fassen; **prendre la** ~ **de faire qc** den Beschluss fassen etw zu tun ❷ INFORM Auflösung *f*

résonance [Rezɔnɑ̃s] *f* ❶ (*répercussion*) Resonanz *f;* **avoir une grande** ~ **dans l'opinion** in der Öffentlichkeit große Resonanz finden ❷ (*connotation*) Anklang *m*

résonner [Rezɔne] <1> *vi* hallen

résorber [Rezɔʀbe] <1> **I.** *vt* abbauen *inflation, chômage;* verringern *déficit* **II.** *vpr* **se** ~ *chômage, inflation:* zurückgehen; *déficit:* sich verringern; *embouteillage:* sich auflösen; *abcès, tumeur:* sich zurückbilden

résorption [Rezɔʀpsjɔ̃] *f* ❶ Abbau *m; d'un abcès, d'une tumeur* Rückbildung *f; d'un épanchement* Rückgang *m* ❷ (*absorption*) Aufnahme *f*

résoudre [RezudR] <*irr*> **I.** *vt* ❶ (*trouver une solution*) lösen *conflit, mystère, problème* ❷ (*décider*) ~ **de faire qc** beschließen etw zu tun; ~ **qn à faire qc** jdn überzeugen etw zu tun **II.** *vpr* (*se décider*) **se** ~ **à faire qc** sich zu etw entschließen

respect [Rɛspɛ] *m* (*égards*) Respekt *m;* ~ **de qn/qc** Respekt vor jdm/etw; **devoir le** ~ **à qn** jdm Respekt schulden; **manquer de** ~ **à qn** sich jdm gegenüber respektlos benehmen; **par** ~ **pour qn/qc** aus Achtung vor jdm/etw

respectabilité [Rɛspɛktabilite] *f* Ehrenhaftigkeit *f*

respectable [Rɛspɛktabl] *adj* ❶ (*digne de respect*) ehrbar; *motif, scrupule* ehrenhaft ❷ (*assez important*) beachtlich; *somme d'argent* ansehnlich

respecter [Rɛspɛkte] <1> *vt* ❶ (*avoir des égards pour*) achten; **être respecté** geachtet werden; **se faire** ~ sich (*dat*) Respekt verschaffen ❷ (*observer*) wahren *forme, tradition;* einhalten *loi, normes;* beachten *ordre alphabétique, priorité;* ~ **un engagement** einer Verpflichtung (*dat*) nachkommen

respectif, -ive [Rɛspɛktif, -iv] *adj* jeweilig

respectivement [Rɛspɛktivmɑ̃] *adv* jeweils

respectueusement [Rɛspɛktɥøzmɑ̃] *adv* mit Respekt; *iron* höflichst

respectueux, -euse [Rɛspɛktɥø, -øz] *adj* respektvoll; **être** ~ **de qc** (*mettre en pratique*) etw wahren; (*attacher de l'importance*) Wert auf etw (*akk*) legen; **être** ~ **de la loi** das Gesetz achten; **être** ~ **de l'environnement** auf die Umwelt Rücksicht nehmen; **être** ~ **envers qn** jdm mit Respekt begegnen; **je vous présente mes hommages** ~ (*à la fin d'une lettre*) hochachtungsvoll

respirable [RɛspiRabl] *adj fig* **ne pas être respirable** *atmosphère* unerträglich sein

respirateur [RɛspiRatœR] *m* Beatmungsgerät *nt*

respiration [RɛspiRasjɔ̃] *f* Atmung *f;* ~ **artificielle** künstliche Beatmung; **couper la** ~ **à qn** jdm den Atem verschlagen; **retenir sa** ~ den Atem anhalten

respiratoire [RɛspiRatwaR] *adj* **organes/**

voies ~s Atmungsorgane *Pl*/Atemwege *Pl;* **maladies ~s** Erkrankungen *Pl* der Atemwege; **troubles ~s** Atembeschwerden *Pl*

respirer [ʀɛspiʀe] <1> *vi* ① (*inspirer*) atmen; **respirez fort!** tief einatmen! ② (*se détendre*) Luft holen ③ (*être rassuré*) aufatmen

resplendir [ʀɛsplɑ̃diʀ] <8> *vi* ① (*rayonner*) strahlen ② *soutenu* (*briller*) ~ **de propreté** vor Sauberkeit blitzen

resplendissant(e) [ʀɛsplɑ̃disɑ̃, ɑ̃t] *adj* ① (*brillant*) strahlend; **d'un blanc ~** strahlend weiß ② (*éclatant*) *beauté* strahlend; **~ de beauté** strahlend schön; **avoir une mine ~e** glänzend aussehen; **~ de bonheur** glückstrahlend

responsabiliser [ʀɛspɔ̃sabilize] <1> *vt* **~ qn** jds Verantwortungsbewusstsein wecken

responsabilité [ʀɛspɔ̃sabilite] *f* ① (*culpabilité*) Verantwortung *f;* **avoir une ~ dans qc** für etw mitverantwortlich sein ② JUR Haftung *f;* **~ collective** Gemeinschaftshaftung; **~ civile** Haftpflicht *f;* (*assurance*) Haftpflichtversicherung *f* ③ (*charge de responsable*) **~ de qc** Verantwortung *f* für etw; **avoir/prendre des ~s** Verantwortung tragen/übernehmen; **avoir de grosses ~s** große Verantwortung tragen; **avoir la ~ de qn/qc** die Verantwortung für jdn/etw haben; **décliner/rejeter toute ~** jegliche Verantwortung ablehnen/von sich weisen; **sous la ~ de qn** unter jds Verantwortung; **il a plusieurs employés sous sa ~** ihm unterstehen mehrere Angestellte ④ (*conscience*) Verantwortungsbewusstsein *nt*

responsable [ʀɛspɔ̃sabl] **I.** *adj* ① (*coupable*) **être ~ de qc** für etw verantwortlich sein ② JUR *civilement, pénalement* haftbar; **être ~ de qn/qc devant qn** jdm gegenüber für jdn/etw haften; **être ~ de ses actes** für seine Taten verantwortlich sein ③ (*chargé de*) **~ de qc** für etw verantwortlich ④ (*conscient*) verantwortungsbewusst **II.** *mf* ① (*auteur*) Verantwortliche(r) *f(m)* ② (*personne compétente*) Verantwortliche(r) *f(m); d'une organisation, entreprise* Führungskraft *f;* **~ d'un parti/syndicat** Partei-/Gewerkschaftsfunktionär *m;* **~ politique** politische Führungskraft; **~ technique** technischer Leiter

resquiller [ʀɛskije] <1> *fam* **I.** *vi* ① (*frauder*) schummeln ② (*voyager sans payer*) schwarzfahren ③ (*dans une file d'attente*) sich vordrängeln **II.** *vt* **~ qc** sich etw organisieren

resquilleur, -euse [ʀɛskijœʀ, -jøz] *m, f fam* ① (*fraudeur*) Schummler(in) *m(f)* ② (*voyageur sans ticket*) Schwarzfahrer(in) *m(f)* ③ (*dans une file d'attente*) Vordrängler(in) *m(f)*

ressac [ʀəsak] *m* Brandung *f*

ressaisir [ʀ(ə)seziʀ] <8> *vpr* (*se maîtriser*) **se ~** sich wieder fangen

ressasser [ʀ(ə)sase] <1> *vt* bis zum Überdruss wiederholen; **~ des pensées moroses** in dumpfes Brüten verfallen sein

ressemblance [ʀ(ə)sɑ̃blɑ̃s] *f* Ähnlichkeit *f;* **avoir une ~ avec qc** einer S. (*dat*) sehr ähnlich sein; **il y a une très grande ~ entre X et Y** X und Y ähneln sich sehr

ressemblant(e) [ʀ(ə)sɑ̃blɑ̃, ɑ̃t] *adj* ähnlich; *portrait* lebensecht

ressembler [ʀ(ə)sɑ̃ble] <1> **I.** *vi* ① (*être semblable*) ähneln; **~ à qn** jdm ähneln ② (*être semblable physiquement*) jdm ähnlich sehen; **~ à qc** einer S. (*dat*) gleichen ③ *fam* (*être digne de*) **~ à qn** jdm ähnlich sehen (*fig*); **ça te ressemble de faire qc** das sieht dir ähnlich etw zu tun ▶ **à quoi ça ressemble!** *fam* (*c'est nul*) was ist das denn!; **à quoi ça ressemble de faire qc** *fam* (*qu'est-ce que ça veut dire*) was soll denn das etw zu tun; **à quoi il ressemble, ton nouveau copain?** und wie ist dein neuer Freund?; **regarde un peu à quoi tu ressembles!** *fam* du siehst vielleicht aus! **II.** *vpr* ① (*être semblables*) **se ~** sich ähneln ② (*être semblables physiquement*) **se ~** sich ähnlich sehen ▶ **qui se ressemble s'assemble** *prov* Gleich und Gleich gesellt sich gern

ressemer [ʀ(ə)səme, ʀəs(ə)me] <4> *vpr* **se ~** sich aussamen

ressentiment [ʀ(ə)sɑ̃timɑ̃] *m* Groll *m;* **éprouver du ~ à l'égard de qn** jdm böse sein; **ne garder aucun ~ à qn** jdm nicht das Geringste nachtragen

ressentir [ʀ(ə)sɑ̃tiʀ] <10> *vt* empfinden; spüren *coup, sensation;* **se faire ~ sur qc** sich auf etw (*akk*) auswirken; **température ressentie** gefühlte Temperatur; **âge ressenti** gefühltes Alter

resserré(e) [ʀ(ə)seʀe] *adj* eng

resserrement [ʀ(ə)sɛʀmɑ̃] *m* ① (*renforcement*) **~ de l'action** straffere Handlung *f* ② (*étroitesse*) *d'une route, vallée* Enge *f* ③ FIN *du crédit* Einschränkung *f*

resserrer [ʀ(ə)seʀe] <1> **I.** *vt* ① (*serrer plus fort*) nachziehen *boulon, vis;* fest ziehen *nœud;* enger schnallen *ceinture* ② (*fortifier*) festigen *amitié, relations* **II.** *vpr* **se ~** ① (*devenir plus étroit*) enger werden; *per-*

sonnes, groupe: zusammenrücken; *cercle d'amis:* schrumpfen ❷ (*se fortifier*) *amitié:* sich festigen; *relations:* enger werden

resservir [ʀ(ə)sɛʀviʀ] <irr> **I.** *vt* ❶ (*offrir à nouveau au restaurant*) noch servieren ❷ (*offrir à nouveau chez soi, des amis*) noch geben ❸ *péj* (*radoter*) noch einmal auftischen **II.** *vi* (*revenir en usage*) noch einmal Verwendung finden; **ces emballages me resserviront** ich werde diese Verpackungen weiter verwenden **III.** *vpr* ❶ (*reprendre*) **se ~ en** [*o* **de**] **qc** noch etw nehmen ❷ (*réutiliser*) **se ~ de qc** etw wieder benützen

ressort¹ [ʀ(ə)sɔʀ] *m* ❶ (*pièce métallique*) Feder *f;* **~ à boudin/à lame** Sprung-/Blattfeder; **articulation à ~** Federgelenk *nt* ❷ (*énergie*) Elan *m;* **sans ~** kraftlos ❸ (*motivation*) Triebfeder *f* ▶ **faire ~** zurückschnellen

ressort² [ʀ(ə)sɔʀ] *m* JUR, ADMIN Zuständigkeitsbereich *m;* **en premier ~** in erster Linie; **en dernier ~** schließlich; **jugement en dernier ~** JUR Urteil *nt* in letzter Instanz

ressortir [ʀ(ə)sɔʀtiʀ] <10> **I.** *vi* + *être* ❶ (*sortir à nouveau*) *personne:* noch einmal weggehen ❷ (*contraster*) **~ sur qc** *couleur, qualité:* sich von etw abheben; *détail:* von etw hervortreten; **faire ~ qc** (*mettre en relief*) *personne:* etw hervorheben; *chose:* etw zur Geltung bringen ❸ *fam* (*renouer*) **~ avec qn** wieder mit jdm gehen **II.** *vt* + *avoir* ❶ (*remettre d'actualité*) wieder hervorholen *projet;* wieder herausbringen *modèle* ❷ (*remettre dehors*) wieder rausstellen *meubles de jardin;* **peux-tu ~ l'agenda?** kannst du den Terminkalender noch einmal herausholen?

ressortissant(e) [ʀ(ə)sɔʀtisɑ̃, ɑ̃t] *m(f)* Staatsangehörige(r) *f(m);* **les ~s étrangers résidant en France** die in Frankreich wohnhaften Ausländer

ressouder [ʀ(ə)sude] <1> **I.** *vt* ❶ TECH nachschweißen; zusammenschweißen *choses* ❷ (*braser*) nachlöten; neu verlöten *choses* ❸ (*consolider*) wieder festigen *amitié, amour* **II.** *vpr* **se ~** ❶ (*se souder à nouveau*) *fracture, os:* wieder zusammenwachsen ❷ (*se consolider*) *amitié, amour:* sich wieder festigen

ressource [ʀ(ə)suʀs] *f* ❶ *pl* (*moyens*) Mittel *Pl; de l'État* Einnahmequellen *Pl;* **~s naturelles** Bodenschätze *Pl;* **~s personnelles** Eigenkapital *nt;* **sans ~s** mittellos ❷ *sans pl* (*recours*) **tu es ma seule ~** du bist meine letzte Rettung; **en dernière ~** als letzter Ausweg; **sans ~** hilflos ▶ **avoir de la ~** sich nicht unterkriegen lassen (*fam*)

ressourcer [ʀ(ə)suʀse] <2> *vpr* **se ~** ❶ (*revenir aux sources*) sich besinnen ❷ (*puiser de nouvelles forces*) neue Kraft schöpfen

ressouvenir [ʀ(ə)suvniʀ] <9> *vpr littér* **se ~ de qc** sich an etw (*akk*) erinnern

ressurgir [ʀəsyʀʒiʀ] <8> *vi v.* **resurgir**

ressuscité(e) [ʀesysite] *m(f)* ❶ REL **le Ressuscité** der Auferstandene ❷ *fig* **vous êtes un vrai ~!** Sie sind ja wiederauferstanden!

ressusciter [ʀesysite] <1> **I.** *vi* ❶ + *être* REL **être ressuscité** auferstanden sein ❷ + *avoir* (*renaître*) *malade:* wieder aufleben; *nature:* zu neuem Leben erwachen; *projet:* wieder aktuell werden; *pays, entreprise:* sich wieder erholen; *idéologie:* wieder stark werden **II.** *vt* + *avoir* ❶ REL zum Leben erwecken ❷ (*régénérer, faire revivre*) wieder auf die Beine bringen (*fam*) *entreprise, pays;* zu neuem Leben erwecken *malade, nature;* wieder aufleben lassen *idéologie, mode;* **être ressuscité** *malade:* wieder auf den Beinen sein; *entreprise, pays:* sich wieder erholt haben; *idéologie:* wieder stark sein

restant [ʀɛstɑ̃] *m* Rest *m;* **le ~ de la journée** der restliche Tag; **~ de poulet/tissu** Hühnchen-/Stoffrest

restau [ʀɛsto] *m fam abr de* **restaurant** *v.* **resto**

restaurant [ʀɛstɔʀɑ̃] *m* Restaurant *nt,* Gaststätte *f;* **aller au ~** essen gehen; **~ universitaire** Mensa *f;* **~ du cœur** *Essen für Obdachlose* [*in den Wintermonaten*]

restaurateur, -trice [ʀɛstɔʀatœʀ, -tʀis] *m, f* ❶ (*aubergiste*) [Gast]wirt(in) *m(f);* (*avec formation*) Gastronom(in) *m(f)* ❷ (*personne qui remet en état*) Restaurator(in) *m(f);* **~ de bâtiments** Gebäuderestaurator

restauration [ʀɛstɔʀasjɔ̃] *f* ❶ (*remise en état*) Restaurierung *f,* Restauration *f* ❷ (*hôtellerie*) Gastronomie *f,* Gaststättengewerbe *nt;* **~ rapide** Fastfood-Gastronomie *f* ❸ INFORM Wiederherstellung *f*

restaurer [ʀɛstɔʀe] <1> *vt* ❶ (*remettre en état*) restaurieren ❷ (*rétablir*) wiederherstellen *droits, ordre, paix*

restauroute® [ʀɛstɔʀut] *v.* **restoroute®**

reste [ʀɛst] *m* ❶ (*reliquat*) **le ~ de la journée/du temps/de ma vie** der Rest des Tages/der Zeit/meines Lebens; **tout le ~** alles Übrige; **un ~ de tissu** ein Stoffrest; **un ~ d'amour/de pitié** ein Rest [von] Lie-

R

be/Mitgefühl ② MATH Rest *m* ③ *pl d'un repas* Reste *Pl;* **ne pas laisser beaucoup de ~s** nicht viel übrig lassen ▶ **avoir de beaux ~s** *hum* sich ganz gut gehalten haben (*fam*); **partir sans demander son ~** gehen ohne einen Ton von sich zu geben; **faire le ~** ein Übriges tun; **du ~** im Übrigen, übrigens; **pour le ~** im Übrigen, ansonsten

rester [ʀɛste] <1> I. *vi + être* ① (*demeurer, ne pas s'en aller*) bleiben; **~ au lit** im Bett bleiben; **~ chez soi** zu Hause bleiben; **~ [à] dîner** zum Essen bleiben; **~ sans parler/manger/bouger** nicht sprechen/nicht essen/sich nicht bewegen ② (*continuer à être*) bleiben; **~ debout/assis toute la journée** den ganzen Tag stehen/sitzen; **~ immobile** stillhalten ③ (*subsister*) [übrig] bleiben, übrig sein; **ça m'est resté** (*dans ma mémoire*) das habe ich [im Gedächtnis] behalten; (*dans mes habitudes*) das habe ich beibehalten; **beaucoup de choses restent à faire** es bleibt noch viel zu tun ④ (*ne pas se libérer de*) **~ sur un échec** sich von einem Misserfolg lähmen lassen ▶ **en ~ là** es dabei [bewenden] lassen; **y ~** umkommen, ums Leben kommen II. *vi impers + être* ① (*être toujours là*) **il reste du vin** es ist noch Wein übrig; **il n'est rien resté** es ist nichts übrig [geblieben]; **il ne me reste [plus] que toi/cinquante euros** ich habe nur noch dich/fünfzig Euro ② (*ne pas être encore fait*) **je sais ce qu'il me reste à faire** ich weiß, was ich zu tun habe; **reste à savoir si ...** [es] bleibt abzuwarten, ob ...

restituer [ʀɛstitɥe] <1> *vt* ① (*rendre*) **~ un livre à un voisin** einem Nachbarn ein Buch zurückgeben ② MEDIA wiedergeben ③ (*reconstituer*) rekonstruieren *texte;* rekonstruieren, restaurieren *fresque* ④ (*libérer, dégager*) **être restitué sous forme de chaleur** *énergie:* als Wärme freigesetzt werden

restitution [ʀɛstitysjɔ̃] *f* ① (*action de rendre*) Rückgabe *f* ② MEDIA Wiedergabe *f* ③ JUR Rückgewähr *f*

resto [ʀɛsto] *m fam abr de* **restaurant**

restoroute® [ʀɛstoʀut] *f* Raststätte *f; de l'autoroute* Autobahnraststätte *f*

restreindre [ʀɛstʀɛ̃dʀ] <irr> I. *vt* einschränken; begrenzen, beschränken *champ d'action, étude;* verringern *production, dépenses;* zurückschrauben *ambition* II. *vpr* **se ~** ① (*s'imposer des restrictions*) sich einschränken; **se ~ dans ses dépenses** seine Ausgaben einschränken; **se ~ sur la nourriture** sich beim Essen einschränken ② (*diminuer*) *ambition:* nachlassen; *champ d'action:* sich verengen; *dépenses, production:* sich verringern, zurückgehen; *sens d'un mot:* eingeschränkt werden

restreint(e) [ʀɛstʀɛ̃, ɛ̃t] I. *part passé de* **restreindre** II. *adj vocabulaire* beschränkt; *moyens, nombre* gering, begrenzt; *autorité, choix* eingeschränkt; **~ à un petit cercle/certaines personnes** auf einen kleinen Kreis/gewisse Menschen begrenzt

restrictif, -ive [ʀɛstʀiktif, -iv] *adj loi* restriktiv (*geh*); *condition, alimentation* einschränkend; *clause* Einschränkungs-; *interprétation* eng

restriction [ʀɛstʀiksjɔ̃] *f* Einschränkung *f; des dépenses* Beschränkung *f;* **mesures de ~** restriktive Maßnahmen *Pl* (*geh*); **faire** [*o* **émettre**] **des ~s** Vorbehalte haben; **sans [faire de] ~[s]** ohne Vorbehalte; **avec des ~s** unter Vorbehalt

restructuration [ʀəstʀyktyʀasjɔ̃] *f de l'économie, d'une entreprise* Umstrukturierung *f; d'un parti* Neuordnung *f*

restructurer [ʀəstʀyktyʀe] <1> *vt* umstrukturieren *entreprise, économie;* neu ordnen *parti*

résultante [ʀezyltɑ̃t] *f* ① (*conséquence*) Ergebnis *nt,* Resultat *nt* ② MATH, SCI Resultante *f,* Resultierende *f*

résultat [ʀezylta] *m* ① MATH, SPORT, ECON Ergebnis *nt; d'une opération, d'un problème* Resultat *nt;* SCOL Leistung *f; d'un examen* Ergebnis; **les ~s des élections** das Wahlergebnis ② (*conséquence*) Folge *f;* **avoir de bons/mauvais ~s** positive/negative Folgen haben; **avoir pour ~ une augmentation des prix** eine Preiserhöhung zur Folge haben, zu einer Preiserhöhung führen ③ (*chose obtenue*) Ergebnis *nt;* (*réussite*) Resultat *nt,* Erfolg *m;* **c'est déjà un ~** das ist [doch] schon [mal] etwas; **n'obtenir aucun ~** nichts erreichen; **obtenir quelques ~s** einige Erfolge erzielen ▶ **sans ~** ohne Erfolg, ergebnislos

résulter [ʀezylte] <1> I. *vi* **~ d'un conflit** aus einem Konflikt entstehen; **~ d'une réunion/discussion** bei einer Versammlung/Diskussion herauskommen II. *vi impers* **il résulte de ce renseignement que ...** aus dieser Information folgt, dass ...; **il en résulte/est résulté une grande confusion** das Ergebnis ist/war [eine] große Verwirrung; **il en résulte/est résulté que ...** das Ergebnis ist/war, dass ...

résumé [ʀezyme] *m* Zusammenfassung *f*

▸ **en ~** (*en bref*) zusammenfassend; (*somme toute*) alles in Allem; **en ~: …** kurz und gut: …

résumer [ʀezyme] <1> *vt* (*récapituler*) zusammenfassen, resümieren (*geh*); **~ qc en une page** etw auf einer Seite zusammenfassen

résurgence [ʀezyʀʒɑ̃s] *f* ① *de difficultés, d'un phénomène* Wiederauftreten *nt; d'une idéologie* Wiederaufleben *nt* ② GEOG [Karst]quelle *f*

resurgir [ʀ(ə)syʀʒiʀ] <8> *vi personne, animal:* wieder zum Vorschein kommen, wiederauftauchen; *difficulté, phénomène:* wieder auftreten

résurrection [ʀezyʀɛksjɔ̃] *f* Auferstehung *f;* **la Résurrection** die Auferstehung

rétabli(e) [ʀetabli] **I.** *part passé de* **rétablir II.** *adj* ① (*restauré*) **être ~** *communication, contact:* wiederhergestellt sein; *trafic:* wieder fließen ② (*guéri*) *personne* genesen; **être ~** wieder gesund sein

rétablir [ʀetabliʀ] <8> **I.** *vt* ① (*remettre en fonction*) wiederherstellen *communication, courant;* wieder aufnehmen *contact, liaison* ② (*restaurer*) wiederherstellen *confiance, équilibre, ordre;* wiederherstellen *monarchie;* richtigstellen *faits;* **~ la vérité** der Wahrheit zu ihrem Recht verhelfen ③ MED wiederherstellen **II.** *vpr* **se ~** ① (*guérir*) *personne:* sich erholen, wieder gesund werden; *pays:* sich wieder erholen; **en voie de se ~** auf dem Wege der Besserung ② (*revenir*) *calme, silence:* wieder einkehren; *trafic:* wieder fließen

rétablissement [ʀetablismɑ̃] *m d'un malade* Wiederherstellung *f,* Genesung *f;* **bon ~!** gute Besserung!; **souhaiter un bon ~ à qn** jdm gute Besserung wünschen

rétamer [ʀetame] <1> *fam* **I.** *vt* ① (*fatiguer*) fertigmachen; **être rétamé** kaputt [*o* fertig] sein ② (*rendre ivre*) betrunken machen ③ (*se faire battre*) **se faire ~** abgezogen werden ④ (*échouer à un examen*) **se faire ~ au bac** durchs Abi fallen **II.** *vpr* **se ~** hinfliegen

retaper [ʀ(ə)tape] <1> **I.** *vt* ① (*remettre en état*) renovieren *maison;* überholen *voiture;* zurechtziehen *lit* ② *fam* (*rétablir*) wieder auf die Beine bringen, aufpäppeln *malade* **II.** *vpr fam* **se ~ à la mer/la montagne** sich am Meer/im Gebirge erholen

retard [ʀ(ə)taʀ] *m* ① *d'un véhicule* Verspätung *f; d'une personne* Zuspätkommen *nt;* **un ~ d'une heure** eine Verspätung von einer Stunde; **avec une heure/dix minutes de ~** mit einer Stunde/zehn Minuten Verspätung; **arriver en ~** zu spät kommen, sich verspäten; **avoir du ~/deux minutes de ~** *personne:* zu spät/zwei Minuten zu spät kommen; *moyen de transport:* Verspätung/zwei Minuten Verspätung haben; **avoir du ~ sur son planning** seiner [Termin]planung hinterher sein (*fam*); **être en ~ de dix minutes** *personne:* zehn Minuten zu spät kommen; *moyen de transport:* zehn Minuten Verspätung haben ② (*réalisation tardive*) **avoir du ~ dans un travail/paiement** mit einer Arbeit im Rückstand/einer Zahlung im Verzug sein; **être en ~ d'un mois pour payer le loyer** mit der Zahlung der Miete einen Monat im Verzug sein ③ (*développement plus lent*) Rückständigkeit *f;* SCOL Rückstand *m;* **présenter un ~ de langage/de croissance** in seiner Sprachentwicklung/im Wachstum zurück sein; **être en ~ sur son temps** nicht auf der Höhe der Zeit sein

retardataire [ʀ(ə)taʀdatɛʀ] **I.** *adj invité* verspätet; *idées, théorie* rückständig; **élève ~** Schüler, der zu spät kommt **II.** *mf* Zuspätkommende(r) *f(m),* Nachzügler(in) *m(f)*

retardé(e) [ʀ(ə)taʀde] *fam* **I.** *adj enfant* zurückgeblieben; *élève* schwach **II.** *m(f)* **~ mental** Zurückgebliebene(r) *m;* **~ scolaire** Spätentwickle(r) *m;* **classe pour ~s** Förderklasse *f*

retardement [ʀ(ə)taʀdəmɑ̃] *m* **bombe à ~** Zeitbombe *f;* **dispositif à ~** Zeitschaltvorrichtung *f;* **à ~** *rire, féliciter* mit Verspätung; **comprendre à ~** eine lange Leitung haben (*fam*)

retarder [ʀ(ə)taʀde] <1> **I.** *vt* ① (*mettre en retard*) aufhalten *personne, véhicule;* **~ l'arrivée de qn** *personne:* jds Ankunft hinauszögern; **qc retarde le départ du train** durch etw verzögert sich die Abfahrt des Zuges ② (*ralentir, empêcher*) aufhalten; **~ qn dans son travail/ses préparatifs** jdn von seiner Arbeit/seinen Vorbereitungen abhalten **II.** *vi* (*être en retard*) **~ d'une heure** *montre, horloge:* eine Stunde nachgehen

retéléphoner [ʀ(ə)telefɔne] <1> *vi* wieder telefonieren

retendre [ʀ(ə)tɑ̃dʀ] <14> *vt* ① (*raidir à nouveau*) wieder anziehen; wieder spannen *câble, chaîne;* fest ziehen *lien;* MUS nachspannen, neu spannen *corde* ② (*disposer à nouveau*) wieder auswerfen *filet de pêche* ③ (*présenter à nouveau*) **~ la main à qn** jdm wieder die Hand reichen

retenir [ʀ(ə)təniʀ, ʀət(ə)niʀ] <9> **I.** *vt*

R

① (*maintenir en place*) [fest] halten *objet, personne qui glisse;* zurückhalten *foule, personne;* fest halten *bras;* ~ **qn par la manche** jdn am Ärmel fest halten ② (*empêcher d'agir*) zurückhalten; **retiens/retenez-moi, ou je fais un malheur** halte/halten Sie mich zurück oder ich vergesse mich; **je ne sais pas ce qui me retient de le gifler** ich weiß nicht, was mich davon abhält, ihn zu ohrfeigen ③ (*empêcher de tomber*) halten ④ (*garder*) aufhalten; **je ne te retiens pas plus longtemps** ich will dich nicht länger aufhalten; ~ **qn prisonnier/en otage** jdn gefangen halten/jdn als Geisel festhalten; **j'ai été retenu** ich bin aufgehalten worden ⑤ (*requérir*) ~ **l'attention** Aufmerksamkeit erfordern ⑥ (*réserver*) reservieren *chambre, place;* reservieren, bestellen *table* ⑦ (*se souvenir de*) [im Gedächtnis] behalten, sich merken; **retenez bien la date** merken Sie sich den Termin gut ⑧ (*réprimer*) unterdrücken *colère, cri, geste;* unterdrücken, zurückhalten *larmes;* unterdrücken, sich verkneifen (*fam*) *sourire, soupir de satisfaction;* anhalten *souffle* ⑨ (*accepter, choisir*) annehmen *candidature;* ~ **une proposition** einen Vorschlag annehmen, einem Vorschlag zustimmen ⑩ (*prélever*) ~ **un montant sur le salaire** einen Betrag vom Lohn abziehen; ~ **les impôts sur le salaire** die Steuer vom Lohn einbehalten ▸**je te/le/la retiens!** *fam* das vergesse ich dir/ihm/ihr nicht so schnell! **II.** *vpr* ① (*s'accrocher*) **se ~ à qn/qc pour faire qc** sich an jdm/etw [fest]halten, um etw zu tun ② (*s'empêcher*) **se ~** sich beherrschen, sich zurückhalten, an sich halten; **se ~ pour ne pas rire** sich beherrschen, um nicht zu lachen ③ (*contenir ses besoins naturels*) **se ~** sich beherrschen

retenter [ʀ(ə)tɑ̃te] <1> *vt* noch einmal versuchen

rétention [ʀetɑ̃sjɔ̃] *f* ① MED Verhaltung *f;* ~ **d'eau** Wasseransammlung *f* ② *a.* JUR Zurückbehaltung *f*

retentir [ʀ(ə)tɑ̃tiʀ] <8> *vi* ① (*résonner*) *bruit, cri:* ertönen; *chant:* erklingen; *cloche, sonnerie:* läuten, klingeln ② (*affecter*) ~ **sur le caractère/la santé** Auswirkungen auf den Charakter/die Gesundheit haben

retentissant(e) [ʀ(ə)tɑ̃tisɑ̃, ɑ̃t] *adj* ① *cri* durchdringend, laut; *voix* dröhnend; *bruit* dröhnend; *claque* schallend ② (*fracassant*) Aufsehen erregend; *scandale, succès* Riesen-; *déclaration, discours* spektakulär

retentissement [ʀ(ə)tɑ̃tismɑ̃] *m* ① *d'un discours, de mesures politiques* [Nach]wirkung *f; d'une affaire* Auswirkung *f* ② *d'un film, d'une œuvre* Wirkung *f;* **avoir un grand ~** großes Aufsehen erregen

retenue [ʀ(ə)təny, ʀət(ə)ny] *f* ① (*somme prélevée*) einbehaltener Betrag *m;* ~ **sur le salaire** Lohnabzug *m;* (*en parlant des employés*) Gehaltsabzug *m;* ~ **sur les revenus** vom Einkommen einbehaltener Betrag ② (*action de prélever*) Einbehaltung *f* ③ (*modération*) Zurückhaltung *f,* Beherrschung *f;* **avoir de la ~** zurückhaltend sein; **n'avoir aucune ~** keinerlei Hemmungen haben; **sans ~** hemmungslos ④ MATH Übertrag *m* ⑤ SCOL Nachsitzen *nt;* **être en ~** nachsitzen [müssen]; **avoir trois heures de ~** drei Stunden nachsitzen müssen ⑥ (*bouchon*) Stau *m* ⑦ TECH (*barrage*) Damm *m;* ~ **d'eau** Wasserreservoir *nt*

réticence [ʀetisɑ̃s] *f* Vorbehalt *m;* **avec ~** widerstrebend; *accepter* unter Vorbehalt[en]

réticent(e) [ʀetisɑ̃, ɑ̃t] *adj* **être ~** Vorbehalte haben

rétif, -ive [ʀetif, -iv] *adj* störrisch, widerspenstig

rétine [ʀetin] *f* Netzhaut *f*

retiré(e) [ʀ(ə)tiʀe] *adj* (*solitaire*) *lieu* entlegen, abgelegen, abgeschieden; **mener une vie ~e** zurückgezogen leben; **vivre complètement ~ du monde** völlig weltabgeschieden leben

retirer [ʀ(ə)tiʀe] <1> **I.** *vt* ① (*enlever*) ablegen, ausziehen *vêtement, montre;* abziehen *housses;* ~ **ses lunettes** seine Brille absetzen; ~ **qc du commerce** etw aus dem Handel zurückziehen; ~ **qc du catalogue/programme** etw aus dem Katalog/Programm nehmen; ~ **son jouet à qn** jdm ihr/sein Spielzeug wegnehmen; ~ **sa confiance à qn** jdm das Vertrauen entziehen; ~ **le permis à qn** jdm den Führerschein abnehmen ② (*faire sortir*) herausnehmen; ~ **un gâteau du moule** einen Kuchen aus der Form nehmen; ~ **la clé de la serrure** den Schlüssel abziehen; ~ **qn de l'école** jdn von der Schule nehmen; ~ **qn des décombres** jdn aus den Trümmern bergen ③ (*prendre possession de*) holen *argent;* abholen *billet;* ~ **de l'argent à la banque/d'un compte** Geld von der Bank/vom Konto abheben; ~ **ses bagages de la consigne** das Gepäck von der Gepäckaufbewahrung holen ④ (*ramener en arrière*) zurückziehen *main, tête, troupes* ⑤ (*annuler*) zurücknehmen, widerrufen *(form)* *déclaration, paroles;* zurückziehen *accusation, candidature, offre* ⑥ *(obtenir)* **~ des avantages/un bénéfice de qc** Vorteile/einen Gewinn aus etw ziehen; **~ qc d'une expérience** etw aus einer Erfahrung lernen ⑦ *(extraire)* **~ de l'huile d'une substance** Öl aus einer Substanz gewinnen; **~ du minerai/du charbon** Erz/Kohle gewinnen ⑧ *(tirer de nouveau)* **~ un coup de feu** noch einen Schuss abgeben ⑨ *(faire un second tirage)* **faire ~ une photo** neue Abzüge von einem Foto machen lassen **II.** *vi* noch einmal schießen **III.** *vpr* ① *(partir)* **se ~** sich zurückziehen; **se ~ dans sa chambre** sich in sein Zimmer zurückziehen, auf sein Zimmer gehen; **se ~ à la campagne** sich aufs Land zurückziehen ② *(annuler sa candidature)* **se ~** seine Kandidatur zurückziehen ③ *(prendre sa retraite)* **se ~** sich zur Ruhe setzen ④ *(reculer)* **se ~** *armée, ennemi:* sich zurückziehen; *eau, mer:* zurückgehen; **retire-toi d'ici!** verzieh dich! *(fam)* ⑤ *(quitter)* **se ~ de la vie publique/des affaires** sich aus dem öffentlichen Leben/dem Geschäftsleben zurückziehen; **se ~ du jeu** sich zurückziehen

retombée [ʀ(ə)tɔ̃be] *f* ① *pl* *(répercussions)* Auswirkungen *Pl;* **les ~s médiatiques/publicitaires de qc** das Medienecho/die Werbewirksamkeit einer S. *(gen)* ② *(impact)* [Aus]wirkung *f,* Folge *f*

retomber [ʀ(ə)tɔ̃be] <1> *vi* + *être* ① *(tomber à nouveau)* wieder hinfallen; **~ dans l'oubli/la misère/la drogue** wieder in Vergessenheit/in Not/an Drogen geraten; **~ dans la délinquance** wieder straffällig werden; **~ sur le même sujet** wieder auf dasselbe Thema [zurück]kommen ② *(tomber après s'être élevé)* aufkommen; *ballon:* aufkommen, aufschlagen; *capot:* wieder zufallen; *fusée:* [wieder] abstürzen; **se laisser ~** sich [wieder] fallen lassen ③ *(baisser)* *curiosité, enthousiasme:* nachlassen, verfliegen; *fièvre, cote de popularité:* fallen; **~ au niveau d'il y a trois ans** *consommation:* auf den Stand von vor drei Jahren zurückgehen ④ *(redevenir)* **~ amoureux** sich wieder verlieben; **~ malade/enceinte** wieder krank/schwanger werden ⑤ METEO *brouillard:* wieder aufkommen; *neige:* wieder fallen; **la pluie/la neige retombe** es regnet/schneit wieder ⑥ *(échoir à)* **~ sur qn** auf jdn zurückfallen; **cela va me ~ dessus** das wird wieder auf mich zurückfallen; **faire ~ la faute sur qn** die Schuld auf jdn schieben; **faire ~ la responsabilité sur qn/qc** die Verantwortung auf jdn/etw abwälzen ⑦ *(revenir)* **~ au même endroit** [zufällig] wieder an denselben Ort geraten

retordre [ʀ(ə)tɔʀdʀ] <14> *vt* ① TECH verzwirnen *fils;* zusammendrehen *câble* ② *(courber de nouveau)* noch einmal biegen

rétorquer [ʀetɔʀke] <1> *vt* erwidern; **il n'a rien rétorqué** er hat nichts dazu gesagt; **~ à qn que ...** jdm erwidern, dass ...

retors(e) [ʀətɔʀ, ɔʀs] *adj* durchtrieben, hinterhältig

rétorsion [ʀetɔʀsjɔ̃] *f* **des mesures de ~** Vergeltungsmaßnahmen *Pl,* Repressalien *Pl*

retouche [ʀ(ə)tuʃ] *f* *d'un vêtement* Änderung *f;* **faire une ~ à un vêtement** ein Kleidungsstück [ab]ändern

retoucher [ʀ(ə)tuʃe] <1> **I.** *vt* ① *(corriger)* [ab]ändern *vêtement* ② *(être remboursé)* **~ 100 euros** 100 Euro zurückbekommen **II.** *vi* ① *(toucher de nouveau)* **~ à qc** etw noch einmal anfassen ② *(regoûter à)* **~ à l'alcool** wieder [Alkohol] trinken

retoucheur, -euse [ʀ(ə)tuʃœʀ, -øz] *m, f* **~ en confection** Änderungsschneider *m;* **~ photographe** Retuscheur *m*

retour [ʀ(ə)tuʀ] **I.** *m* ① *(opp: départ)* Rückkehr *f;* *(à la maison)* Heimkehr *f;* *(chemin)* Rückweg *m;* *(à la maison)* Heimweg *m;* *(voyage)* Rückreise *f;* *(à la maison)* Heimreise *f;* **prendre le chemin du ~** sich auf den Rück-/Heimweg machen; **au ~** auf dem Rückweg; *(en voiture)* auf der Rückfahrt; *(en avion)* auf dem Rückflug; *(à l'arrivée)* bei der Rückkehr; **au ~ du service militaire** nach Beendigung des Militärdienstes; **de ~ à la maison** wieder zurück zu Hause; **être de ~** [wieder] zurück sein ② *(à un état antérieur)* **~ à la nature** Rückkehr *f* zur Natur; *(slogan)* zurück zur Natur; **~ à l'Antiquité** Rückbesinnung *f* auf die Antike; **~ à la politique/terre** Rückkehr in die Politik/zum Landleben; **~ au calme** Beruhigung *f* [der Lage]; **~ en arrière** Rückblende *f* ③ *(réapparition)* **~ de la grippe** Wiederauftreten *nt* der Grippe; **un ~ du froid** ein erneuter Kälteeinbruch; **la mode des années 60 est de ~** die Mode der 60er Jahre ist wieder im Kommen; **~ en force** Comeback *nt* ④ TRANSP einfache Fahrkarte für die Rückfahrt; *(avion)* Flugschein *m* für den Rückflug; **un aller et ~ pour Paris** eine Rückfahrkarte/ein Hin- und Rückflug *m* nach Paris ⑤ MEDIA Rücklauf *m;* **touche de ~**

R

rapide Rückspultaste *f* ▶**c'est un juste ~ des choses** das ist ausgleichende Gerechtigkeit; **par ~ du courrier** postwendend, umgehend; **~ à l'expéditeur!** zurück an Absender!; *fam* (*rendre la pareille*) wie du mir, so ich dir; **~ éternel** ewige Wiederkehr **II.** *app* **match ~** Rückspiel *nt*

retournement [ʀ(ə)tuʀnəmɑ̃] *m* (*de la part d'une personne*) Kehrtwendung *f;* (*dans une situation*) Wende *f,* Umschwung *m*

retourner [ʀ(ə)tuʀne] <1> **I.** *vt* + *avoir* ❶ (*mettre dans l'autre sens*) umdrehen; wenden *matelas, omelette, viande;* auf den Kopf stellen *caisse, tableau, verre;* JEUX aufdecken ❷ (*mettre à l'envers*) [auf] links drehen *vêtement;* umkrempeln, hochkrempeln *manche, bas de pantalon;* **être retourné** *vêtement:* auf links sein; *col:* nach innen geschlagen sein ❸ (*orienter en sens opposé*) **~ une critique à qn** eine Kritik gegen jdn kehren; **~ un compliment à qn** jdm ein Kompliment zurückgeben; **~ la situation en faveur de qn** die Situation zu jds Gunsten umkehren; **~ l'opinion en sa faveur** einen Meinungsumschwung zu seinen Gunsten herbeiführen; **~ une arme contre soi-même** eine Waffe gegen sich selbst richten ❹ (*faire changer d'opinion*) umstimmen; **~ qn en faveur d'une amie/contre un projet** jdn für eine Freundin/gegen ein Projekt einnehmen ❺ (*renvoyer*) **~ une lettre à l'expéditeur** einen Brief an den Absender zurückschicken; **~ une marchandise** eine Ware zurückgehen lassen ❻ *fam* (*bouleverser*) auf den Kopf stellen *maison, pièce;* erschüttern *personne;* **le film m'a retourné** der Film hat mich aufgewühlt; **j'en suis tout retourné** ich bin ganz fassungslos **II.** *vi* + *être* ❶ (*revenir*) zurückkehren, zurückkommen; (*en bus, voiture, train*) zurückfahren; (*en avion*) zurückfliegen; **~ sur ses pas** kehrtmachen, umdrehen; **~ chez soi** nach Hause gehen ❷ (*aller de nouveau*) **~ à la montagne/chez qn** wieder ins Gebirge/zu jdm gehen; (*en bus, voiture, train*) wieder ins Gebirge/zu jdm fahren; (*en avion*) wieder ins Gebirge/zu jdm fliegen ❸ (*se remettre à*) **~ à son travail** wieder an die Arbeit gehen; (*après une maladie, des vacances*) die Arbeit wieder aufnehmen **III.** *vpr* + *être* ❶ (*se tourner dans un autre sens*) **se ~** *personne:* sich umdrehen; *voiture:* sich überschlagen; *bateau:* kentern; **se ~ sans cesse dans son lit** sich im Bett herumwälzen ❷ (*tourner la tête*) **se ~** sich umschauen; **tout le monde se retournait sur leur passage** alle haben sich nach ihnen umgedreht; **se ~ vers qn/qc** sich zu jdm/etw drehen ❸ (*prendre parti*) **se ~ en faveur de/contre qn** sich hinter/gegen jdn stellen; **se ~ contre qn** JUR [gerichtlich] gegen jdn vorgehen ❹ (*prendre un nouveau cours*) **se ~ en faveur de/contre qn** *situation:* sich zu jds Gunsten/Ungunsten kehren; *acte, action:* sich zu jds Gunsten/Ungunsten auswirken ❺ (*se tordre*) **se ~ l'épaule** sich die Schulter verrenken; **se ~ le doigt/bras** sich (*dat*) den Finger/Arm verstauchen ❻ (*repartir*) **s'en ~ dans son pays natal/en France** wieder in sein Heimatland/nach Frankreich zurückkehren ▶**s'en ~ comme on est venu** unverrichteter Dinge wieder gehen

retracer [ʀ(ə)tʀase] <2> *vt* ❶ (*raconter*) schildern, beschreiben; erzählen *histoire;* darstellen *faits* ❷ (*tracer à nouveau*) noch mal zeichnen

rétractation [ʀetʀaktasjɔ̃] *f d'une déclaration* Widerruf *m;* **faire une ~ de témoignage** seine [Zeugen]aussage widerrufen

rétracter [ʀetʀakte] <1> **I.** *vt* (*rentrer*) einziehen **II.** *vpr* **se ~** ❶ ANAT *muscle:* sich zusammenziehen ❷ TECH schwinden ❸ (*se dédire*) von seiner Meinung abgehen; JUR seine Aussage widerrufen

retraduire [ʀ(ə)tʀadɥiʀ] <*irr*> *vt* neu übersetzen

retrait [ʀ(ə)tʀɛ] *m* ❶ *d'argent* Abheben *nt; des bagages, d'un billet* Abholen *nt,* Abholung *f; d'un projet de loi, d'une candidature* Zurückziehen *nt* ❷ *d'une autorisation* Aufhebung *f;* **~ du permis [de conduire]** Führerscheinentzug *m*

retraite [ʀ(ə)tʀɛt] *f* ❶ (*cessation du travail*) [Eintritt in den] Ruhestand *m; des fonctionnaires, militaires* Pensionierung *f;* **l'âge de la ~** die Altersgrenze; *des ouvriers, employés* das Rentenalter; *des fonctionnaires* das Pensionsalter; **~ anticipée** vorzeitiger Ruhestand, Vorruhestand *m; d'un ouvrier, employé* Frührente *f;* **être à la ~** im Ruhestand sein; *ouvrier, employé:* in Rente sein; *fonctionnaire, militaire:* pensioniert sein; **mettre qn à la ~** jdn in den Ruhestand versetzen; *fonctionnaire, militaire* jdn pensionieren; **partir à la ~, prendre sa ~** in den Ruhestand gehen; *ouvrier, employé:* in Rente gehen; *fonctionnaire, militaire:* in Pension gehen; *artisans, professions libérales:* sich zur Ruhe setzen ❷ (*pension*) Altersruhegeld *nt* (*form*); *des ouvriers,* *employés* [Alters]rente *f; des fonctionnaires, militaires* Pension *f,* [Alters]ruhegehalt *nt;* ~ **complémentaire** (*assurance*) Zusatzrentenversicherung *f;* (*pension*) Zusatzrente *f*

retraité(e) [ʀ(ə)tʀete] **I.** *adj* (*à la retraite*) im Ruhestand; *ouvrier, employé* in Rente; *fonctionnaire, militaire* pensioniert, in Pension **II.** *m(f)* Ruheständler(in) *m(f);* (*ouvrier, employé*) Rentner(in) *m(f);* (*fonctionnaire, militaire*) Pensionär(in) *m(f)*

retraitement [ʀ(ə)tʀɛtmɑ̃] *m des combustibles nucléaires* Wiederaufbereitung *f; des déchets* Wiederverwertung *f,* Recycling *nt;* **centre/usine de ~ [des déchets nucléaires]** Wiederaufbereitungsanlage *f;* ~ **des vieux papiers** Altpapierrecycling *nt*

retranchement [ʀ(ə)tʀɑ̃ʃmɑ̃] *m* Verschanzung *f* ▶ **forcer** [*o* **poursuivre**] **qn** [**jusque**] **dans ses** [**derniers**] **~s** jdn in die Enge treiben

retrancher [ʀ(ə)tʀɑ̃ʃe] <1> **I.** *vt* (*retirer*) ~ **une somme de qc** eine Summe von etw abziehen; ~ **un mot d'un texte** ein Wort aus einem Text streichen **II.** *vpr* ❶ MIL **se ~** sich verschanzen ❷ (*se protéger*) **se ~ derrière la loi** sich hinter dem Gesetz verschanzen

retranscription [ʀ(ə)tʀɑ̃skʀipsjɔ̃] *f* [weitere] Abschrift *f*

retransmettre [ʀ(ə)tʀɑ̃smɛtʀ] <*irr*> *vt* übertragen; ausstrahlen, übertragen *émission;* ~ **qc en direct/en différé** etw live/als Aufzeichnung übertragen

retransmis(e) [ʀ(ə)tʀɑ̃smi, iz] *part passé de* **retransmettre**

retransmission [ʀ(ə)tʀɑ̃smisjɔ̃] *f* Übertragung *f; d'une émission* Ausstrahlung *f;* ~ **en direct** Direktübertragung, Live-Übertragung *f;* ~ **en différé** Aufzeichnung *f;* **la ~ du match aura lieu en direct/en différé** das Spiel wird live/als Aufzeichnung übertragen

retravailler [ʀ(ə)tʀavaje] <1> **I.** *vi* (*reprendre le travail*) wieder arbeiten **II.** *vt* überarbeiten; umarbeiten *discours, texte;* neu bearbeiten *matière, minerai;* [noch einmal] überdenken *question*

rétréci(e) [ʀetʀesi] **I.** *part passé de* **rétrécir II.** *adj* ❶ (*rendu plus étroit*) verengt; *pupille* eng ❷ (*borné*) *esprit* engstirnig, borniert

rétrécir [ʀetʀesiʀ] <8> **I.** *vt* (*rendre plus étroit*) verengen; enger machen *bague, vêtement* **II.** *vi, vpr laine, tissu:* einlaufen, eingehen; **le pull a rétréci au lavage** der Pulli ist beim Waschen eingegangen

rétrécissement [ʀetʀesismɑ̃] *m* ❶ (*resserrement*) *de la laine, d'un tissu* Einlaufen *nt,* Eingehen *nt; de la pupille, rue* Verengung *f* ❷ MED Verengung *f*

retremper [ʀ(ə)tʀɑ̃pe] <1> *vt* ❶ TECH noch einmal härten ❷ (*remouiller*) noch einmal einweichen ❸ *fig* (*fortifier*) stärken *courage, volonté*

rétribuer [ʀetʀibɥe] <1> *vt* bezahlen; entlohnen (*form*) *personne;* vergüten (*form*) *travail*

rétribution [ʀetʀibysjɔ̃] *f* Bezahlung *f,* Entlohnung *f* (*form*); *d'un travail* Vergütung *f* (*form*)

rétro [ʀetʀo] *abr de* **rétrograde I.** *adj inv* (*démodé*) nostalgisch; *mode* Retro- (*kann den Stil der 20er bis 70er Jahre bezeichnen*) **II.** *adv* nostalgisch (*kann im Stil der 20er bis 70er Jahre sein*)

rétroactif, -ive [ʀetʀoaktif, -iv] *adj* rückwirkend; **avoir un effet ~ sur qc** eine [Rück]wirkung auf etw (*akk*) haben; *loi:* rückwirkende Kraft auf etw (*akk*) haben

rétroactivement [ʀetʀoaktivmɑ̃] *adv* rückwirkend; **agir ~** rückwirkend in Kraft treten; *décision:* rückwirkend gelten

rétroactivité [ʀetʀoaktivite] *f a.* JUR Rückwirkung *f*

rétrocéder [ʀetʀosede] <5> *vt* ~ **qc à qn** (*à l'ancien propriétaire*) jdm etw zurückgeben; JUR (*à un tiers*) jdm etw abtreten

rétrocession [ʀetʀosesjɔ̃] *f* Rückgabe *f;* JUR Rückübertragung *f*

rétroéclairage [ʀetʀɔeklɛʀaʒ] *m* INFORM Hintergrundbeleuchtung *f*

rétrograde [ʀetʀɔgʀad] *adj* ❶ (*arriéré*) *esprit, politique* reaktionär; *idées, personne* rückschrittlich, rückständig ❷ ASTRON, MATH rückläufig

rétrograder [ʀetʀɔgʀade] <1> **I.** *vi* ❶ AUT ~ **de troisième en seconde** vom Dritten in den Zweiten zurückschalten [*o* herunterschalten] ❷ (*régresser*) zurückfallen **II.** *vt* zurückstufen; MIL degradieren

rétrolien [ʀetʀɔljɛ̃] *m* INET Trackback *m*

rétroprojecteur [ʀetʀopʀɔʒɛktœʀ] *m* Overheadprojektor *m,* Tageslichtprojektor

rétroprojeter [ʀetʀopʀɔʒ(ə)te] <3> *vt* mit dem/mit einem Overheadprojektor vorführen

rétrosexuel [ʀetʀosɛksɥɛl] *m* Retrosexuelle(r) *f(m)*

rétrospectif, -ive [ʀetʀɔspɛktif, -iv] *adj* *examen, étude* rückblickend; **jeter un regard ~ sur qc** etw rückblickend betrachten

rétrospective [ʀetʀɔspɛktiv] *f* Retrospektive *f*

rétrospectivement [ʀetʀɔspɛktivmɑ̃] *adv* im Rückblick, zurückblickend; *avoir peur, être jaloux* [noch] im Nachhinein, [noch] nachträglich

retroussé(e) [ʀ(ə)tʀuse] *adj nez* Stups-, Himmelfahrts-; *lèvres* wulstig

retrousser [ʀ(ə)tʀuse] <1> *vt* umschlagen, hochkrempeln *manche, bas de pantalon;* hochzwirbeln *moustache;* ~ **les lèvres** die Zähne blecken; ~ **les babines** die Zähne fletschen

retrouvailles [ʀ(ə)tʀuvɑj] *fpl* Wiedersehen *nt*

retrouver [ʀ(ə)tʀuve] <1> **I.** *vt* ❶ (*récupérer*) wiederfinden; finden, aufspüren *fugitif, enfant perdu;* finden *cadavre;* wiedererhalten *fonction;* wiederbekommen, wiederfinden *place;* ~ **son utilité** wieder benutzt werden; **j'ai retrouvé son portefeuille** ich habe seinen/ihren Geldbeutel wiedergefunden ❷ (*rejoindre*) ~ **qn** jdn treffen, sich mit jdm treffen; **attendez-moi, je vous retrouve dans un quart d'heure** wartet/warten Sie auf mich, ich komme in einer Viertelstunde nach ❸ (*recouvrer*) ~ **l'équilibre** sein Gleichgewicht wiederfinden; ~ **la foi** wieder zu seinem Glauben finden; ~ **son calme/ses forces/la santé** sich [wieder] beruhigen/wieder zu Kräften kommen; **avoir retrouvé le sourire/le sommeil/l'espoir** wieder lächeln/schlafen/hoffen können ❹ (*redécouvrir*) finden *situation, travail, marchandise;* **tu auras du mal à ~ une occasion aussi favorable** so eine günstige Gelegenheit findest du nicht so schnell wieder ❺ (*reconnaître*) **je te retrouve tel que je t'ai toujours connu** du bist immer noch derselbe; **je retrouve bien là mon mari!** das sieht meinem Mann ähnlich! **II.** *vpr* ❶ (*se réunir*) **se ~** *personnes:* sich [wieder] treffen; **se ~ au bistro** sich in der Kneipe treffen; **j'espère qu'on se retrouvera bientôt** ich hoffe, wir sehen uns bald wieder ❷ (*se présenter de nouveau*) **se ~** *occasion, circonstance:* sich wieder bieten ❸ (*être de nouveau*) **se ~ dans la même situation** sich wieder in der gleichen Situation befinden; **se ~ devant les mêmes difficultés** wieder vor den gleichen Schwierigkeiten stehen; **se ~ seul/désemparé** wieder allein/ratlos dastehen ❹ (*finir*) **se ~ en prison/dans le fossé** sich im Gefängnis/im Graben wiederfinden, im Gefängnis/im Graben landen (*fam*); **se ~ sur le pavé** [plötzlich] auf der Straße stehen (*fam*) ❺ (*retrouver son chemin*) **se ~ dans une ville inconnue** sich in einer fremden Stadt zurechtfinden; **j'arrive toujours à me ~** ich finde mich immer irgendwie zurecht ❻ (*voir clair*) **s'y ~** sich zurechtfinden; **je n'arrive pas à m'y ~** ich komme damit nicht zurecht; **s'y ~ dans ses calculs** mit seinen Berechnungen zurechtkommen; **s'y ~ dans des explications** Erklärungen (*dat*) folgen können ▶ **comme on se retrouve!** so sieht man sich wieder!; **on se retrouvera!** *fam* (*menace*) wir sprechen uns noch!

rétrovirus [ʀetʀoviʀys] *m* MED Retrovirus *nt*

rétroviseur [ʀetʀɔvizœʀ] *m* Rückspiegel *m;* ~ **extérieur/intérieur** Außen-/Innen[rück]spiegel *m*

réuni(e) [ʀeyni] **I.** *part passé de* **réunir** **II.** *adj* ❶ (*rassemblé*) versammelt; **le public ~** das gesamte Publikum; **nous tous ~s** wir alle zusammen ❷ *pl* COM (*associés*) **les Transporteurs Réunis** die Vereinigten Spediteure

réunification [ʀeynifikasjɔ̃] *f de nations, d'États* Wiedervereinigung *f;* **la ~ de l'Allemagne** die Wiedervereinigung Deutschlands

réunifier [ʀeynifje] <1> *vt* wieder zusammenführen; wiedervereinigen *nations, États;* **l'Allemagne réunifiée** das wiedervereinigte Deutschland

réunion [ʀeynjɔ̃] *f* ❶ (*séance*) Zusammenkunft *f*, Treffen *nt; d'un comité, d'une commission* Sitzung *f;* (*conférence*) Besprechung *f*, Konferenz *f;* SCOL Konferenz; (*rassemblement politique/public*) Versammlung *f;* ~ **de famille** Familientreffen; ~ **de parents d'élèves** Elternabend *m;* ~ **d'information** Informationsveranstaltung; **être en ~** in einer Besprechung sein ❷ (*ensemble, rapprochement*) Vereinigung *f; d'États* Zusammenschluss *m; d'amis* Kreis *m;* (*convocation*) Versammlung; **la ~ des membres de la famille** die Versammlung der Familienmitglieder

Réunion [ʀeynjɔ̃] *f* [**l'île de**] **la ~** die Insel Réunion

réunir [ʀeyniʀ] <8> **I.** *vt* ❶ (*mettre ensemble*) sammeln; einsammeln, sammeln *objets, papiers;* sammeln, zusammenstellen, zusammentragen *faits, preuves, arguments;* **les conditions sont réunies pour que la tension baisse** die Voraussetzungen für eine Entspannung der Lage sind gegeben ❷ (*cumuler*) ~ **un maximum d'avantages** maximale Vorteile mit sich

R

bringen; ~ **toutes les conditions exigées** alle erforderlichen Bedingungen erfüllen ❸ (*rassembler*) ~ **des personnes** *personne:* Menschen versammeln; ~ **des articles de presse dans un classeur** Zeitungsartikel in einem Ordner sammeln **II.** *vpr* **se** ~ (*se rassembler*) *personnes:* sich treffen, zusammenkommen

réussi(e) [ʀeysi] **I.** *part passé de* **réussir** **II.** *adj* ❶ (*couronné de succès*) gelungen; *examen* bestanden; **être vraiment** ~ wirklich gelungen sein ❷ (*bien exécuté*) gelungen; **ne pas être très** ~ nicht besonders gelungen sein ▶ **c'est** ~**!** *iron* [das war ein] Volltreffer! (*fam*)

réussir [ʀeysiʀ] <8> **I.** *vi* ❶ (*aboutir à un résultat*) *chose:* gelingen, Erfolg haben; ~ **bien/mal** Erfolg/keinen Erfolg haben ❷ (*parvenir au succès*) ~ **dans la vie/dans les affaires** im Leben/im Geschäftsleben erfolgreich sein; ~ **à l'/un examen** die/eine Prüfung bestehen; **tout lui réussit** ihm/ihr gelingt alles ❸ (*être capable de*) **il réussit à faire qc** es gelingt ihm etw zu tun; *iron* er bringt es fertig etw zu tun (*fam*); **j'ai réussi à la convaincre** ich habe sie überzeugen können **II.** *vt* ❶ (*bien exécuter*) **il réussit qc** ihm gelingt etw; ~ **son effet** seine Wirkung nicht verfehlen ❷ (*réaliser avec succès*) bestehen *épreuve, examen;* ~ **sa vie** etwas aus seinem Leben machen

réussite [ʀeysit] *f* (*bon résultat, succès*) Erfolg *m;* (*réussite sociale*) Aufstieg *m;* ~ **d'une tentative** Gelingen *nt* eines Versuchs

réutilisable [ʀeytilizabl] *adj* wiederverwendbar

réutilisation [ʀeytilizasjɔ̃] *f* Wiederverwendung *f*

réutiliser [ʀeytilize] <1> *vt* wieder benutzen; (*à d'autres fins*) [weiter] benutzen [*o* verwenden]

revaloir [ʀ(ə)valwaʀ] <*irr*> *vt* **je te/vous/lui revaudrai ça, je te/vous le revaudrai/je le lui revaudrai** (*en bien*) dafür werde ich mich [bei dir/Ihnen/ihr/ihm] erkenntlich zeigen; (*en mal*) das zahle ich dir/Ihnen/ihr/ihm heim

revalorisation [ʀ(ə)valɔʀizasjɔ̃] *f* ❶ (*opp: dépréciation*) Aufwertung *f* ❷ FIN *d'une monnaie* Aufwertung *f; d'une rente* Erhöhung *f;* ~ **des salaires** Gehaltserhöhung

revaloriser [ʀ(ə)valɔʀize] <1> *vt* ❶ (*opp: déprécier*) aufwerten ❷ FIN aufwerten *monnaie;* erhöhen *rente, traitement, salaire*

revanchard(e) [ʀ(ə)vɑ̃ʃaʀ, aʀd] *m(f)* rachsüchtiger Mensch; POL Revanchist(in) *m(f)*

revanche [ʀ(ə)vɑ̃ʃ] *f* (*vengeance*) Revanche *f;* (*jeu, match*) Revanche[spiel *nt*] *f;* **j'ai gagné! tu veux qu'on fasse la ~?** ich habe gewonnen, soll ich dir Revanche geben?; **prendre sa** ~ sich [dafür] rächen, sich dafür revanchieren; SPORT Revanche nehmen ▶ **en** ~ (*par contre*) dagegen; (*en contrepartie*) dafür

rêvasser [ʀɛvase] <1> *vi* vor sich hin träumen

rêve [ʀɛv] *m* Traum *m;* **beau/mauvais** ~ schöner Traum/Alptraum; **faire un** ~ einen Traum haben, träumen; **fais de beaux ~s!** träum was Schönes!; **une voiture de** ~ ein Traumauto *nt;* **la femme/la maison/le métier de mes ~s** meine Traumfrau/mein Traumhaus/-beruf ▶ **prendre ses ~s pour des réalités** Wunsch und Wirklichkeit verwechseln; **c'est le** ~ *fam* das ist traumhaft

rêvé(e) [ʀeve] *adj* ideal; *solution* Ideal-; *femme, homme* Traum-

revêche [ʀəvɛʃ] *adj* unfreundlich; *caractère* abweisend; *personne* mürrisch, griesgrämig

réveil [ʀevɛj] *m* ❶ (*réveille-matin*) Wecker *m;* **mettre le ~ à 6 heures** den Wecker auf 6 Uhr stellen ❷ (*retour à la réalité*) Erwachen *nt;* **un ~ douloureux** ein böses Erwachen

réveiller [ʀeveje] <1> **I.** *vt* ❶ (*sortir du sommeil*) [auf]wecken; *bruit:* wach machen; **être réveillé** wach sein; **être bien réveillé** ganz wach sein; **être mal réveillé** noch nicht [so] ganz wach sein; **être à moitié réveillé** noch [ganz] verschlafen sein ❷ (*ramener à la réalité*) wachrütteln, aufrütteln ❸ (*raviver*) wecken *curiosité, jalousie, cupidité;* anregen *appétit;* erregen *rancune* **II.** *vpr* **se** ~ ❶ (*sortir du sommeil*) aufwachen ❷ (*se raviver*) wiederkommen; *douleur:* wieder auftreten; *appétit:* sich einstellen; **dès que la douleur se réveillera** sobald Sie wieder Schmerzen bekommen ❸ (*se ranimer*) *souvenir:* wach werden, wiederkehren, zurückkehren; *volcan:* wieder aktiv werden

réveillon [ʀevɛjɔ̃] *m* (*nuit de Noël/du nouvel an*) Heiligabend *m*/Silvester[nacht *f*] *nt o m;* (*fête*) Weihnachtsfeier *f*/Silvesterparty *f;* (*repas*) Weihnachts-/Silvesteressen *nt;* **fêter le ~ de Noël/du nouvel an** Heiligabend/Silvester feiern

réveillonner [ʀevɛjɔne] <1> *vi* (*fêter*

Noël/le nouvel an) Weihnachten/Silvester feiern

révélateur [revelatœʀ] *m* ❶ (*chose qui dévoile*) **être le ~ de qc** Ausdruck *m* einer S. (*gen*) sein ❷ PHOT Entwickler *m*

révélation [revelasjɔ̃] *f* ❶ (*dévoilement*) *d'un fait, projet* Aufdeckung *f; d'un secret* Enthüllung *f; d'une intention* Eröffnung *f;* **faire la ~ d'un projet** ein Projekt bekannt geben; **faire une ~** (*révéler un fait ou projet*) etwas bekannt geben; (*révéler une intention*) seine Absichten darlegen; (*révéler un secret*) ein Geheimnis enthüllen ❷ (*mise en lumière*) *d'un artiste, talent* Entdeckung *f; d'une tendance* Offenbarung *f* ❸ (*aveu*) Enthüllung *f* ❹ (*découverte, surprise*) Entdeckung *f;* **avoir une ~** eine Eingebung haben ❺ REL **la Révélation** die Offenbarung

révéler [revele] <5> *vt* (*divulguer*) aufdecken; aufzeigen *faits;* aufdecken, enthüllen *scandale;* enthüllen, verraten *secret;* **~ son intention/opinion/ses projets à qn** jdm seine Absicht/Meinung/Pläne kundtun (*geh*); **~ qc** *enquête, journal:* etw ans Licht bringen, etw aufdecken

revenant(e) [ʀ(ə)vənɑ̃, ɑ̃t, ʀəv(ə)nɑ̃, ɑ̃t] **I.** *m(f)* Gespenst *nt,* Geist *m* **II.** *m, f fam* Totgeglaubte(r) *f(m);* **tiens, [voilà] un ~!** *hum* lebst du/leben Sie auch noch?

revendeur, -euse [ʀ(ə)vɑ̃dœʀ, -øz] *m, f* Kleinhändler(in) *m(f);* **~ de drogue** Drogenhändler *m*

revendicatif, -ive [ʀ(ə)vɑ̃dikatif, -iv] *adj* **journée revendicative** Aktionstag *m* [zur Durchsetzung von Forderungen]; **mouvement ~** Protestbewegung *f*

revendication [ʀ(ə)vɑ̃dikasjɔ̃] *f* Forderung *f;* JUR, POL Anspruch *m;* **~ salariale** Lohnanspruch; **des ~s salariales/syndicales** Lohnforderungen *Pl*/Forderungen der Gewerkschaft; **lettre de ~** Forderungskatalog *m;* **journée de ~** Aktionstag *m* [zur Durchsetzung von Forderungen]

revendiquer [ʀ(ə)vɑ̃dike] <1> *vt* ❶ (*réclamer*) fordern *droit, augmentation de salaire* ❷ (*assumer*) übernehmen, auf sich (*akk*) nehmen *responsabilité;* **l'attentat a été revendiqué par la Maffia/n'a pas été revendiqué** die Mafia/niemand hat sich zu dem Anschlag bekannt

revendre [ʀ(ə)vɑ̃dʀ] <14> *vt* ❶ (*vendre d'occasion*) **~ un piano à un collègue** einem Kollegen ein Klavier verkaufen ❷ *fig* **avoir de l'énergie à ~** überschüssige Energie haben

revenir [ʀ(ə)vəniʀ, ʀəvniʀ] <9> *vi + être* ❶ (*venir de nouveau*) *personne, printemps:* wiederkommen; *lettre:* [wieder] zurückkommen; **~ faire qc** zurückkommen um etw zu tun ❷ (*rentrer*) zurückkommen; **~ en avion/en voiture/à pied** zurückfliegen/-fahren/-laufen; **~ dans un instant** gleich wieder da sein ❸ (*recommencer*) **~ à un projet/sujet** auf ein Projekt/Thema zurückkommen; **~ à de meilleurs sentiments** wieder versöhnlicher gestimmt sein ❹ (*réexaminer*) **~ sur une affaire/un scandale** eine Affäre/einen Skandal wieder aufgreifen; **~ sur un sujet/le passé** auf ein Thema/die Vergangenheit zurückkommen; **~ sur une opinion** eine Meinung überdenken; **ne revenons pas là-dessus!** sprechen wir nicht mehr darüber! ❺ (*se dédire de*) **~ sur une décision** eine Entscheidung rückgängig machen ❻ (*se présenter à nouveau à l'esprit*) **~ à qn** jdm wieder einfallen ❼ (*être déçu par*) **~ de ses illusions** seine Illusionen verlieren ❽ (*équivaloir à*) **cela revient au même** das läuft aufs Gleiche hinaus; **cela revient à dire que ...** das heißt so viel wie dass ... ❾ (*coûter au total*) **~ à 100 euros à qn** jdn 100 Euro kosten; **~ cher/meilleur marché** teuer/günstiger kommen ❿ GASTR **faire ~ le lard** den Speck anbraten; **faire ~ les oignons/les légumes** die Zwiebeln/das Gemüse andünsten ▶ **n'en pas ~ de qc** *fam* etw gar nicht fassen können; **~ de loin** noch einmal davongekommen sein

revente [ʀ(ə)vɑ̃t] *f* Weiterverkauf *m*

revenu [ʀ(ə)vəny, ʀəvny] *m* Einkommen *nt;* **~ minimum d'insertion** *Übergangsgeld zur Eingliederung in das Berufsleben, entspricht etwa dem Hartz-IV-Satz*

rêver [ʀeve, ʀɛve] <1> *vi* ❶ (*avoir un rêve*) **~ de qn/qc** von jdm/etw träumen ❷ (*désirer*) **~ de qc** von etw träumen; **~ de faire qc** davon träumen etw zu tun ❸ (*divaguer*) **te prêter de l'argent? tu rêves!** dir Geld leihen? du träumst wohl!

réverbération [ʀevɛʀbeʀasjɔ̃] *f de la chaleur, lumière* Reflexion *f; du son* Widerhall *m*

réverbère [ʀevɛʀbɛʀ] *m* ❶ (*éclairage*) Straßenlaterne *f* ❷ TECH Reflektor *m*

reverdir [ʀ(ə)vɛʀdiʀ] <8> **I.** *vt* wieder grün machen; grün überstreichen *volets* **II.** *vi nature:* wieder grün werden

révérence [ʀeveʀɑ̃s] *f* ❶ (*salut cérémonieux*) *d'un homme* Verbeugung *f; d'une femme* Knicks *m* ❷ (*salut devant un souverain*) Hofknicks *m* ▶ **tirer sa ~** *hum* sich

R

empfehlen (*geh*); **il a tiré sa ~** *euph* (*mourir*) er hat uns [für immer] verlassen

révérencieux, -euse [ʀeveʀɑ̃sjø, -jøz] *adj littér* ehrfürchtig; **être ~ envers qn** jdm gegenüber Respekt zeigen

révérend [ʀeveʀɑ̃] *m* ① **mon ~** Euer Hochwürden ② (*pasteur*) Reverend *m*

rêverie [ʀɛvʀi] *f* (*méditation*) Träumerei *f*

revérifier [ʀ(ə)veʀifje] <1a> *vt* etw noch einmal überprüfen

revers [ʀ(ə)vɛʀ] *m* ① (*dos*) Rückseite *f; d'une étoffe* linke Seite; *de la main* Rücken *m;* **balayer qc d'un ~ de main** etw vom Tisch wischen ② (*échec*) Rückschlag *m;* MIL [militärische] Niederlage *f;* **~ de fortune** Schicksalsschlag *m* ③ (*au tennis*) Rückhand *f* ④ (*repli*) *d'un pantalon* Aufschlag *m; d'un manteau* Revers *m o nt; d'un col* Umschlag *m* ▶ **c'est le ~ de la médaille** das ist die Kehrseite der Medaille

reverser [ʀ(ə)vɛʀse] <1> *vt* ① (*verser davantage*) **~ une boisson à qn** jdm nachschenken; **~ un liquide dans un récipient** eine Flüssigkeit in einen Behälter zurückgießen ② FIN **~ une somme à qn sur un compte** jdm einen Betrag auf ein Konto überweisen

réversible [ʀevɛʀsibl] *adj* ① (*qui peut s'inverser*) *mouvement* umkehrbar; *évolution* rückgängig zu machen ② FIN, JUR, REL übertragbar ③ CHIM umkehrbar ④ (*utilisable à l'envers comme à l'endroit*) *vêtement, étoffe* beidseitig tragbar

réversion [ʀevɛʀsjɔ̃] *f* FIN, JUR Übertragung *f;* **pension de ~** Hinterbliebenenrente *f*

revêtement [ʀ(ə)vɛtmɑ̃] *m* (*couche protectrice*) Verkleidung *f; d'une route* Straßenbelag *m; d'une poêle* Beschichtung *f;* **~ de sol** Fußbodenbelag *m*

revêtir [ʀ(ə)vetiʀ] <*irr*> **I.** *vt* ① (*endosser*) anziehen ② (*poser un revêtement*) **~ une surface de bois** eine Fläche mit Holz verkleiden; **~ une surface de moquette** eine Fläche mit Teppichboden auslegen; **~ une surface de carrelage/crépi** eine Fläche fliesen/verputzen ③ (*recouvrir*) *moquette, pavés, neige:* bedecken ④ (*prendre*) annehmen *apparence* ⑤ (*avoir*) haben *caractère;* **~ une importance particulière** eine besondere Bedeutung haben ⑥ *soutenu* (*habiller*) **~ qn d'un manteau** jdm einen Mantel anlegen (*geh*) ⑦ *soutenu* (*investir*) **~ qn d'un pouvoir** jdm eine Macht verleihen; **être revêtu de qc** mit etw ausgestattet sein ⑧ ADMIN, JUR **~ un document d'une signature** eine Unterschrift unter ein Dokument setzen **II.** *vpr* (*s'habiller*) **se ~ d'un manteau** einen Mantel anziehen

revêtu(e) [ʀ(ə)vety] *part passé de* **revêtir**

rêveur, -euse [ʀɛvœʀ, -øz] **I.** *adj* ① (*songeur*) verträumt; **avoir l'esprit ~** ein Träumer sein ② (*perplexe*) **ça me laisse ~!** da kann ich nur staunen! **II.** *m, f* Träumer(in) *m(f)*

revigorant(e) [ʀ(ə)vigɔʀɑ̃, ɑ̃t] *adj* erfrischend; *paroles* ermunternd

revigorer [ʀ(ə)vigɔʀe] <1> **I.** *vt* ① (*ragaillardir*) *air frais, boisson:* wieder munter machen; *discours, promesse:* wieder aufheitern; *repas:* stärken ② (*ranimer*) wieder Leben bringen in (+ *akk*) *entreprise, structures;* wieder neu beleben *idée, doctrine* **II.** *vi* wieder munter machen

revirement [ʀ(ə)viʀmɑ̃] *m d'un goût, d'une situation* Umschlagen *nt; d'une tendance* Umschwenken *nt;* **~ d'opinion** Meinungsumschwung *m*

réviser [ʀevize] <1> *vt* SCOL wiederholen **II.** *vi* SCOL den Stoff wiederholen

révision [ʀevizjɔ̃] *f* ① *d'une opinion, d'un jugement* Revision *f* ② *pl* SCOL Wiederholung *f;* **faire ses ~s** den Stoff wiederholen

révisionnisme [ʀevizjɔnism] *m* Revisionismus *m*

révisionniste [ʀevizjɔnist] **I.** *adj thèse, doctrine* revisionistisch **II.** *mf* Revisionist(in) *m(f)*

revisser [ʀ(ə)vise] <1> *vt* ① (*visser à nouveau*) wieder festschrauben ② (*serrer plus fort*) nachziehen *écrou, vis*

revitalisant(e) [ʀ(ə)vitalizɑ̃, ɑ̃t] *adj* **crème ~e** Aufbaucreme *f;* **shampooing ~** Revitalisierungsshampoo *nt*

revitaliser [ʀ(ə)vitalize] <1> *vt* wieder kräftigen *organisme;* wieder beleben *alliance, union;* wirtschaftlich wieder beleben *région;* revitalisieren *cheveux*

revivre [ʀ(ə)vivʀ] <*irr*> **I.** *vi* (*être revigoré*) wieder aufleben **II.** *vt* (*vivre à nouveau*) noch einmal erleben (*fig*), noch einmal durchleben

révocation [ʀevɔkasjɔ̃] *f d'un fonctionnaire* Absetzung *f; d'un contrat* Widerrufung *f;* **~ de l'Édit de Nantes** Aufhebung *f* des Edikts von Nantes

revoici [ʀ(ə)vwasi] *prép fam* **me ~** da bin ich wieder; **le ~** da ist er wieder

revoilà [ʀ(ə)vwala] *prép fam* **me ~** da bin ich wieder; **le ~** da ist er wieder; **~ Nadine!** da ist Nadine schon wieder!

revoir [ʀ(ə)vwaʀ] <*irr*> **I.** *vt* ① (*voir à nouveau*) wieder sehen; **au ~** auf Wiedersehen

R

❷ (*regarder de nouveau*) sich (*dat*) noch einmal ansehen ❸ (*se souvenir*) vor sich (*dat*) sehen **II.** *vpr* **se ~** ❶ (*se retrouver*) sich wiedersehen ❷ (*se souvenir de soi*) sich noch sehen

révoltant(e) [ʀevɔltɑ̃, ɑ̃t] *adj* empörend; *injustice* himmelschreiend

révolte [ʀevɔlt] *f* (*émeute*) Revolte *f*

révolté(e) [ʀevɔlte] **I.** *adj population, paysans* aufständisch; *foule* rebellisch; *adolescent* aufsässig **II.** *m(f)* Rebell(in) *m(f)*

révolter [ʀevɔlte] <1> **I.** *vt individu:* aufbringen; *crime, injustice:* empören **II.** *vpr* **se ~ contre qn/qc** ❶ (*s'insurger*) sich gegen jdn/etw auflehnen ❷ (*s'indigner*) sich über jdn/etw empören

révolu(e) [ʀevɔly] *adj* ❶ *époque, temps* längst vergangen ❷ ADMIN (*achevé*) **à dix-huit ans ~s** mit Vollendung des achtzehnten Lebensjahres; **au bout de deux ans ~s** nach Ablauf von zwei Jahren

révolution [ʀevɔlysjɔ̃] *f* (*changement*) Revolution *f;* **~ culturelle** Kulturrevolution

Révolution [ʀevɔlysjɔ̃] *f* HIST **la ~** die Französische Revolution

révolutionnaire [ʀevɔlysjɔnɛʀ] **I.** *adj idées, procédé, technique* revolutionär **II.** *mf* Revolutionär *m*

révolutionner [ʀevɔlysjɔne] <1> *vt* ❶ (*transformer radicalement*) revolutionieren ❷ (*bouleverser*) *film, reportage:* bestürzen

revolver [ʀevɔlvɛʀ] *m* Revolver *m*

révoquer [ʀevɔke] <1> *vt* ❶ ADMIN (*destituer*) [**faire**] **~ qn pour une faute** jdn wegen eines Fehlers aus dem Amt entlassen ❷ JUR (*annuler*) widerrufen

revoter [ʀ(ə)vɔte] <1> **I.** *vi* noch einmal wählen **II.** *vt* **~ une loi** noch einmal über ein Gesetz abstimmen

revouloir [ʀ(ə)vulwaʀ] <*irr*> *vt fam* noch wollen

revoyure [ʀ(ə)vwajyʀ] ►**à la ~!** *fam* bis die Tage!

revue [ʀ(ə)vy] *f* (*magazine*) Zeitschrift *f;* **~ spécialisée** Fachzeitschrift; **~ illustrée** Illustrierte *f;* **~ de presse** Presseschau *f*

révulsé(e) [ʀevylse] *adj visage* verzerrt; *yeux* verdreht

révulser [ʀevylse] <1> **I.** *vt* zutiefst erschüttern **II.** *vpr* **le visage se révulse** das Gesicht verzerrt sich; **ses yeux se révulsent** er/sie verdreht die Augen

rewriting [ʀiʀajtiŋ, ʀəʀajtiŋ] *m* Überarbeitung *f*

Reykjavik [ʀekjavik] Reykjavik *nt*

rez-de-chaussée [ʀed(ə)ʃose] *m inv* (*niveau inférieur*) Erdgeschoss *nt;* **habiter au ~** im Erdgeschoss wohnen

RF [ɛʀɛf] *f abr de* **République française** Französische Republik *f*

RFA [ɛʀɛfɑ] *f abr de* **République fédérale d'Allemagne: la ~** die BRD

RFO [ɛʀɛfo] *abr de* **Radio-France outre--mer** *Französischer Radiosender in Übersee*

R.G. [ɛʀʒe] *mpl abr de* **renseignements généraux** *französischer Geheimdienst*

rhabillage [ʀabijaʒ] *m* (*action de se rhabiller*) Wiederankleiden *nt*

rhabiller [ʀabije] <1> *vpr* **se ~** (*remettre ses vêtements*) sich wieder anziehen ►**pouvoir aller se ~** *fam* einpacken können

rhapsodie [ʀapsɔdi] *f* Rhapsodie *f*

rhénan(e) [ʀenɑ̃, an] *adj* rheinisch; **pays ~** Rheinland *nt*

Rhénanie [ʀenani] *f* **la ~** das Rheinland

Rhénanie-du-Nord-Westphalie [ʀenanidynɔʀvɛstfali] *f* **la ~** Nordrhein-Westfalen *nt* **Rhénanie-Palatinat** [ʀenanipalatina] *f* **la ~** Rheinland-Pfalz *nt*

rhésus [ʀezys] *m* MED Rhesusfaktor *m;* [**facteur**] **~ positif/négatif** Rhesusfaktor positiv/negativ

rhétorique [ʀetɔʀik] **I.** *adj* rhetorisch **II.** *f* ❶ Rhetorik *f; péj fam* Phrasendrescherei *f* ❷ BELG **classe de ~** (*classe de terminale*) Abschlussklasse *f* der Oberstufe des Sekundarunterrichts, Abiturklasse

rhéto-roman [ʀetoʀɔmɑ̃] *m* **le ~** Rätoromanisch *nt,* das Rätoromanische; *v. a.* **allemand rhéto-roman(e)** [ʀetoʀɔmɑ̃, an] <rhéto-romans> *adj* rätoromanisch

Rhin [ʀɛ̃] *m* **le ~** der Rhein

rhinite [ʀinit] *f* Nasenschleimhautentzündung *f*

rhinocéros [ʀinɔseʀɔs] *m* Nashorn *nt*

rhinopharyngite [ʀinofaʀɛ̃ʒit] *f* Entzündung *f* der Nasen- und Rachenschleimhaut

rhizome [ʀizom] *m* Wurzelstock *m*

Rhodes [ʀɔd] [**l'île de**] **~** [die Insel] Rhodos *nt*

rhododendron [ʀɔdɔdɛ̃dʀɔ̃] *m* Rhododendron *m o nt*

Rhône [ʀon] *m* **le ~** die Rhone

rhubarbe [ʀybaʀb] *f* Rhabarber *m*

rhum [ʀɔm] *m* Rum *m*

rhumatismal(e) [ʀymatismal, -o] <-aux> *adj* rheumatisch

rhumatisme [ʀymatism] *m* Rheumatismus *m*

rhumatologue [ʀymatɔlɔg] *mf* Rheumatologe *m*/Rheumatologin *f*

R

rhume [ʀym] *m* ① (*coup de froid*) Erkältung *f;* **attraper un ~** sich erkälten ② (*rhinite*) Schnupfen *m;* **~ des foins** Heuschnupfen *m*

ri [ʀi] *part passé de* **rire**

riais [ʀ(i)jɛ] *imparf de* **rire**

riant(e) [ʀ(i)jɑ̃, jɑ̃t] *part prés de* **rire**

RIB [ʀib] *m abr de* **relevé d'identité bancaire** *Bescheinigung über die Bankverbindung*

ribambelle [ʀibɑ̃bɛl] *f* **~ de touristes** Horde *f* Touristen (*pej*); **~ d'enfants** Schar *f* Kinder

ricanement [ʀikanmɑ̃] *m* ① (*rire sarcastique*) Hohngelächter *nt* ② (*rire stupide*) albernes Gekicher *nt*

ricaner [ʀikane] <1> *vi* ① (*avec mépris*) hämisch lachen ② (*bêtement*) albern kichern

richard(e) [ʀiʃaʀ, aʀd] *m(f) péj fam* Geldsack *m*

riche [ʀiʃ] **I.** *adj* ① (*opp: pauvre*) reich ② (*nourrissant*) gehaltvoll; **~ en calories/vitamines** kalorien-/vitaminreich **II.** *mf* Reiche(r) *f(m);* **nouveau ~** Neureiche(r) *f(m)*

richesse [ʀiʃɛs] *f* ① (*fortune*) Reichtum *m* ② *pl* (*ressources*) Reichtümer *Pl; d'un musée* Schätze *Pl* ③ (*bien*) Gut *nt*

richissime [ʀiʃisim] *adj* steinreich

ricocher [ʀikɔʃe] <1> *vi* **~ sur qc** *balle:* von etw abprallen; *caillou, pierre:* springen auf etw (*dat*); **faire ~ qc** etw springen lassen

ricochet [ʀikɔʃɛ] *m* (*rebond*) Abprall *m;* **faire des ~s** *caillou:* springen; *personne:* Kieselsteine [übers Wasser] springen lassen

ric-rac [ʀikʀak] *adv fam* (*avec une exactitude rigoureuse*) **payer ~** auf Heller und Pfennig bezahlen

rictus [ʀiktys] *m* Grinsen *nt;* **~ de colère** wutverzerrtes Gesicht *nt*

ride [ʀid] *f* (*pli*) Falte *f,* Runzel *f*

ridé(e) [ʀide] *adj personne* voller Falten; *visage* faltig, runzlig

rideau [ʀido] <x> *m* ① (*voile*) Vorhang *m* ② THEAT Vorhang *m* ③ HIST **le ~ de fer** der eiserne Vorhang

rider[1] [ʀide] <1> **I.** *vt* (*marquer de rides*) faltig werden lassen *peau, front;* kräuseln *eau* **II.** *vpr* **se ~** *front, peau:* faltig werden; *pomme:* verschrumpeln (*fam*); *eau:* sich kräuseln

rider[2] [ʀajde] <1> **I.** *vi* surfen **II.** *vt* **~ des vagues** Wellen reiten

ridicule [ʀidikyl] **I.** *adj personne, vêtement, conduite* lächerlich **II.** *m* Lächerlichkeit *f;* **le ~ de cette situation** das Lächerliche an dieser Situation; **avoir peur du ~** Angst haben sich lächerlich zu machen; **couvrir qn/se couvrir de ~** jdn/sich lächerlich machen; **tourner qc en ~** etw ins Lächerliche ziehen

ridiculement [ʀidikylmɑ̃] *adv* lächerlich

ridiculiser [ʀidikylize] <1> **I.** *vt* lächerlich machen **II.** *vpr* **se ~** sich lächerlich machen

ridule [ʀidyl] *f* Fältchen *nt*

rie [ʀi] *subj prés de* **rire**

rien [ʀjɛ̃] **I.** *pron indéf* ① (*aucune chose*) nichts; **c'est ça ou ~** entweder das oder nichts; **ça ne vaut ~** das ist nichts wert; **~ d'autre** nichts weiter; **~ de nouveau/mieux** nichts Neues/Besseres; **il n'y a plus ~** es ist nichts mehr da ② (*seulement*) **~ que la chambre coûte 400 euros** das Zimmer allein kostet schon 400 Euro; **~ que d'y penser** wenn ich nur daran denke ③ (*quelque chose*) etwas; **être incapable de ~ dire** unfähig sein etwas zu sagen; **rester sans ~ faire** untätig bleiben ▶ **qn en a ~ à cirer** *fam* das ist jdm piepegal; **ce n'est ~** es ist nicht schlimm; **comme si de ~ n'était** als ob nichts gewesen wäre; **n'être pour ~ dans un problème** mit einem Problem nichts zu tun zu haben; **de ~!** keine Ursache!, gern geschehen!; **blessure de ~ du tout** ganz leichte Verletzung; **~ du tout** überhaupt nichts; **~ que ça!** *iron* (*pas plus*) ist das alles?; (*c'est abuser*) aber sonst geht's dir gut! (*fam*) **II.** *m* ① (*très peu de chose*) Kleinigkeit *f* ② (*un petit peu*) ein wenig; **un ~ de cognac** ein Schuss *m* Cognac; **un ~ trop large/moins fort** *fam* ein wenig zu weit/leiser ▶ **en un ~ de temps** im Nu; **comme un ~** *fam* wie nichts

rient [ʀi] *indic prés de* **rire**

rieur, rieuse [ʀ(i)jœʀ, ʀ(i)jøz] **I.** *adj* fröhlich; *yeux* lachend **II.** *m, f* Lacher(in) *m(f)*

riez [ʀ(i)je] *indic prés et impératif de* **rire**

rifle [ʀifl] *m Gewehr mit gezogenem Lauf*

rigide [ʀiʒid] *adj* ① (*opp: flexible*) steif; *carton* fest ② (*sévère*) unnachgiebig

rigidité [ʀiʒidite] *f* ① (*opp: flexibilité*) Steifheit *f; d'un carton* Festigkeit *f* ② ANAT *d'un cadavre, muscle* Starre *f; du pénis* Steifheit ③ (*rigueur*) Unnachgiebigkeit *f*

rigolade [ʀigɔlad] *f fam* Spaß *m* ▶ **c'est de la ~** (*c'est facile*) das ist ein Kinderspiel; (*c'est pour rire*) das ist nur ein Spaß; (*ça ne vaut rien*) das ist ein echter Schwindel; **prendre à la ~** als Spaß auffassen; **prendre un examen à la ~** eine Prüfung auf die leichte Schulter nehmen

R

rigolard(e) [ʀigɔlaʀ, aʀd] *m(f) fam* Spaßvogel *m*
rigole [ʀigɔl] *f* Rinne *f*
rigoler [ʀigɔle] <1> *vi fam* ❶ (*rire*) lachen; **faire ~ qn** jdn zum Lachen bringen ❷ (*s'amuser*) Spaß haben ❸ (*plaisanter*) **~ avec qn/qc** einen Spaß mit jdm/etw machen; **pour ~** zum Spaß; **je [ne] rigole pas!** ich mache keine Witze! ▶**tu me fais ~!** *iron* du machst mir vielleicht Spaß!
rigolo(te) [ʀigɔlo, ɔt] **I.** *adj fam* (*amusant*) lustig; *personne, film* urkomisch **II.** *m(f) fam* (*homme amusant*) lustiger Kerl; (*femme amusante*) Ulknudel *f*
rigorisme [ʀigɔʀism] *m* Strenge *f*
rigoureusement [ʀiguʀøzmɑ̃] *adv* ❶ (*sévèrement*) streng; *punir* hart ❷ (*précisément*) peinlich genau; *appliquer* strikt; *raisonner* logisch ❸ (*absolument*) *exact* peinlich; *interdit* strengstens; *authentique* hundertprozentig; **~ vrai** genau der Wahrheit entsprechend
rigoureux, -euse [ʀiguʀø, -øz] *adj* ❶ (*sévère*) streng; *punition* hart ❷ (*exact, précis*) peinlich genau; *méthode* strikt; *logique* streng; *analyse* gründlich; *raisonnement* stichhaltig; *style* streng und einfach ❸ *antéposé exactitude* peinlich; *interdiction* strikt; *authenticité* hundertprozentig ❹ *climat, froid, hiver* streng; *conditions* hart
rigueur [ʀigœʀ] *f* ❶ (*sévérité*) Strenge *f; d'une punition* Härte *f;* **appliquer la loi avec ~** das Gesetz strikt anwenden ❷ (*austérité*) Strenge *f;* **~ économique** Sparpolitik *f;* **~ salariale** restriktive Lohnpolitik ❸ (*précision*) peinliche Genauigkeit; *d'une analyse* Gründlichkeit *f; d'une logique, méthode* Strenge *f; d'un raisonnement* Stichhaltigkeit *f; d'un style* Strenge *f* und Einfachheit *f* ❹ (*épreuve*) Strenge *f; d'un climat* Rauheit *f; d'une captivité* Härte *f* ▶**tenir ~ à qn de qc** jdm etw übel nehmen; **à la ~** (*tout au plus*) allenfalls; (*si besoin est*) notfalls; **une tenue correcte est de ~** korrekte Kleidung ist unerlässlich
rikiki [ʀikiki] *v.* **riquiqui**
rillettes [ʀijɛt] *fpl* Schmalzfleisch *nt* (*meist von Schwein oder Gans*)
rime [ʀim] *f* Reim *m*
rimer [ʀime] <1> *vi* **~ avec qc** sich mit etw reimen ▶**à quoi riment ces excentricités?** wozu diese Extravaganzen?; **ne ~ à rien** keinen Sinn machen
rimmel® [ʀimɛl] *m* Wimperntusche *f*
rinçage [ʀɛ̃saʒ] *m du linge* Spülen *nt; des assiettes* Abspülen; *d'une tasse, d'un verre* Ausspülen
rince-doigts [ʀɛ̃sdwa] *m inv* ❶ (*bol*) Fingerschale *f* ❷ (*papier*) Reinigungstuch *nt*
rincer [ʀɛ̃se] <2> **I.** *vt* ❶ (*laver*) spülen; abspülen *assiettes;* ausspülen *verres, tasses* ❷ *fam* (*doucher*) **se faire ~** patschnass werden **II.** *vpr* **se ~ la bouche** sich (*dat*) den Mund ausspülen
ring [ʀiŋ] *m* SPORT Ring *m*
ringard(e) [ʀɛ̃gaʀ, aʀd] *fam* **I.** *adj* altmodisch **II.** *m(f)* (*personne démodée*) Opi *m*/Omi *f* (*fig*)
ringue [ʀɛ̃g] *adj fam abr de* **ringard(e)** ziemlich angestaubt
rions [ʀ(i)jɔ̃] *indic prés et impératif de* **rire**
ripaille [ʀipɑj] *f fam* Gelage *nt;* **faire ~** ein Gelage veranstalten
riper [ʀipe] <1> **I.** *vi* (*déraper*) **~ sur une surface** auf einer Fläche ins Rutschen kommen; *pneu:* auf einer Fläche rutschen **II.** *vt* (*faire glisser*) verrücken *meuble*
riposte [ʀipɔst] *f* ❶ schlagfertige Antwort *f;* **être prompt à la ~** immer eine Antwort parat haben ❷ SPORT Riposte *f* ❸ MIL Gegenschlag *m*
riposter [ʀipɔste] <1> **I.** *vi* ❶ (*répondre*) kontern ❷ MIL (*contre-attaquer*) zurückschlagen ❸ SPORT ripostieren **II.** *vt* (*rétorquer*) antworten mit
ripou [ʀipu] <s o x> *fam* **I.** *adj* korrupt **II.** *m* korrupter Beamter *m*
riquiqui [ʀikiki] *adj inv fam chapeau* winzig klein; *portion* mickrig
rire [ʀiʀ] <*irr*> **I.** *vi* ❶ (*opp: pleurer*) lachen; **faire ~ qn** jdn zum Lachen bringen; **laisse(z)-moi ~!** *iron* dass ich nicht lache! ❷ (*se moquer*) **~ de qn/qc** über jdn/etw lachen ❸ (*s'amuser*) Spaß haben ❹ (*plaisanter*) Spaß machen; **tu veux ~!** das ist doch nicht dein Ernst! ▶**~ dans sa barbe** sich (*dat*) ins Fäustchen lachen; **sans ~?** echt? (*fam*) **II.** *m* ❶ (*action de rire*) Lachen *nt* ❷ (*hilarité*) Gelächter *nt;* **fou ~** Lachkrampf *m*
ris [ʀi] *indic prés et passé simple de* **rire**
risée [ʀize] *f* **être la ~ des voisins/du quartier** das Gespött der Nachbarn/des ganzen Viertels sein
risette [ʀizɛt] *f* ▶**faire ~ à qn** *bébé:* jdm zulächeln, jdn anlachen
risible [ʀizibl] *adj* ❶ (*ridicule*) lachhaft ❷ (*drôle*) komisch
risotto [ʀizɔto] *m* Risotto *m*
risque [ʀisk] *m* ❶ (*péril*) Risiko *nt;* **au ~ de déplaire** auf die Gefahr hin, Missfallen zu erregen; **courir un ~/des ~s** ein Risiko/Risiken eingehen ❷ *pl* (*préjudice possible*) Risiken *Pl;* **les ~s du métier** *fam* Berufsri-

siko *nt* ▶ **à mes/ses ~s et périls** auf eigenes Risiko

risqué(e) [ʀiske] *adj* (*hasardeux*) riskant

risquer [ʀiske] <1> *vt* ① (*mettre en danger*) aufs Spiel setzen ② (*s'exposer à*) **~ le renvoi/la prison** Gefahr laufen, entlassen zu werden/ins Gefängnis zu kommen; **~ la mort** sich in Lebensgefahr begeben; **qn ne risque rien** jdm kann nichts passieren ③ (*tenter, hasarder*) riskieren; **~ le coup** es riskieren; **~ un coup d'œil** einen Blick riskieren ▶ **ça [ne] risque pas!** *fam* das ist wohl kaum drin!; **ça ne risque pas de m'arriver** das kann mir nicht passieren

rissoler [ʀisɔle] <1> **I.** *vt* goldbraun backen *beignets;* goldbraun braten *pommes de terre;* **pommes rissolées** Bratkartoffeln *Pl* **II.** *vi pommes de terre, beignets:* goldbraun werden

ristourne [ʀistuʀn] *f* (*sur achat*) Rabatt *m*

rit [ʀi] *indic prés de* **rire**

rital(e) [ʀital] <c> *m(f) péj fam* Spaghettifresser *m*

rite [ʀit] *m* ① (*coutume*) Ritual *nt* ② REL, SOCIOL (*cérémonial*) Ritus *m*

ritournelle [ʀituʀnɛl] *f* Ritornell *nt* ▶ **c'est toujours la même ~** es ist immer dieselbe Leier (*fam*)

rituel [ʀitɥɛl] *m* REL, SOCIOL Ritual *nt*

rituel(le) [ʀitɥɛl] *adj* (*coutumier*) gewohnheitsmäßig; REL, SOCIOL rituell

rituellement [ʀitɥɛlmɑ̃] *adv* ① (*invariablement*) wie gewohnt ② REL nach dem Ritus

rivage [ʀivaʒ] *m* Küste *f*

rival(e) [ʀival, -o] <-aux> **I.** *adj* rivalisierend **II.** *m(f)* ① (*concurrent*) Rivale *m*/Rivalin *f* ② (*autre prétendant*) Nebenbuhler(in) *m(f)*

rivaliser [ʀivalize] <1> *vi* ① (*soutenir la comparaison*) **~ avec qn** sich mit jdm messen; **~ avec qc** sich mit etw messen können ② (*se disputer la palme*) **~ d'élégance** miteinander um Eleganz wetteifern

rivalité [ʀivalite] *f* ① (*concurrence*) Rivalität *f;* (*commerciale, économique*) Konkurrenz *f,* Wettbewerb *m;* **~s de clocher** Streitigkeiten *Pl* auf lokaler Ebene ② (*antagonisme*) Feindschaft *f*

rive [ʀiv] *f* Ufer *nt;* **~ droite/gauche** rechtes/linkes Ufer

river [ʀive] <1> *vt* ① TECH umschlagen *clou;* einziehen *rivet;* nieten *plaque;* **~ qc à un support** etw an einen Träger annieten ② (*clouer*) **~ qn** *travail, occupations:* jdn fest halten; *fièvre:* jdn fesseln; **être rivé devant la télé** vorm Fernseher kleben (*fam*)

riverain(e) [ʀiv(ə)ʀɛ̃, ɛn] **I.** a… legen **II.** *m(f)* (*voisin*) Anwohner(in)

rivet [ʀivɛ] *m* Niet[e *f*] *m*

Riviera [ʀivjɛʀa] *f* **la ~** die Riviera

rivière [ʀivjɛʀ] *f* (*cours d'eau*) Fluss *m*

rixe [ʀiks] *f* Rauferei *f*

riz [ʀi] *m* Reis *m;* **~ au curry** Curryreis; **~ au lait** Milchreis; **~ complet** Vollkornreis; **~ long** Langkornreis

riziculture [ʀizikyltyʀ] *f* Reisanbau *m*

rizière [ʀizjɛʀ] *f* Reisfeld *nt*

R.M.I. [ɛʀɛmi] *m abr de* **Revenu Minimum d'Insertion** *Übergangsgeld zur Eingliederung in das Berufsleben, entspricht etwa dem Hartz-IV-Satz*

RMIste, RMiste [ɛʀɛmist] *v.* **érémiste**

R.N. [ɛʀɛn] *f abr de* **route nationale** ≈ Bundesstraße *f*

R.N.I.S. [ɛʀɛniɛs] *m abr de* **Réseau Numérique à Intégration de Services** ≈ ISDN *nt*

roast-beef [ʀostbif] *m v.* **rosbif**

robe [ʀɔb] *f* (*vêtement féminin*) Kleid *nt;* **~ de plage/du soir** Strand-/Abendkleid; **se mettre en ~** ein Kleid anziehen

robe de chambre [ʀɔb də ʃɑ̃bʀ] *f* Morgenrock *m*

robinet [ʀɔbinɛ] *m* Hahn *m;* **~ d'eau/du gaz** Wasser-/Gashahn

robinetterie [ʀɔbinɛtʀi] *f* ① (*matériel*) Armaturen *Pl* ② (*usine*) Armaturenfabrik *f*

roboratif, -ive [ʀɔbɔʀatif, -iv] *adj littér liqueur* stärkend; *activité* anregend; **climat ~** Reizklima *nt*

robot [ʀɔbo] *m* ① (*machine automatique*) Roboter *m* ② (*appareil ménager*) Küchenmaschine *f*

robotique [ʀɔbɔtik] *f* Robotertechnik *f*

robotisation [ʀɔbɔtizasjɔ̃] *f a. fig* Automatisierung *f*

robotiser [ʀɔbɔtize] <1> *vt* automatisieren; zum Roboter machen *personne*

robuste [ʀɔbyst] *adj* robust; *personne, plante* widerstandsfähig; *appétit* gesund; *foi* unerschütterlich

robustesse [ʀɔbystɛs] *f* Robustheit *f; d'une personne, plante* Widerstandsfähigkeit *f*

roc [ʀɔk] *m* ① (*pierre*) Fels *m* ② (*personne*) Fels *m* in der Brandung ▶ **des convictions dures comme un ~** unerschütterliche Überzeugungen; **solide comme un ~** kerngesund

rocade [ʀɔkad] *f* Umgehungsstraße *f*

rocaille [ʀɔkaj] **I.** *adj* **style ~** Rokokostil *m* **II.** *f* ① (*cailloux*) Schotter *m* ② ART Muschelwerk *nt*

R

…, **-euse** [ʀɔkajø, -jøz] *adj* …*reux*) steinig ❷ (*sans grâce*) *style* …holp[e]rig ❸ (*rauque*) *accent* hart; *voix* rau

rocambolesque [ʀɔkɑ̃bɔlɛsk] *adj* unglaublich

roche [ʀɔʃ] *f* GEOL Gestein *nt*

rocher [ʀɔʃe] *m* Felsen *m*

Rocheuses [ʀɔʃøz] *f pl* **les ~** die Rocky Mountains

rocheux, **-euse** [ʀɔʃø, -øz] *adj* felsig; **côte rocheuse** Felsenküste *f*

rock [ʀɔk] **I.** *adj inv* Rock- **II.** *m* Rock *m;* **concert de ~** Rockkonzert *nt*

rock-and-roll [ʀɔkɛnʀɔl] *m* Rock and Roll *m*

rocker, **-euse** [ʀɔkœʀ, -øz] *m, f* ❶ (*musicien*) Rockmusiker(in) *m(f)* ❷ *fam* (*jeune*) Rocker *m*/Rockerbraut *f*

rocket [ʀɔkɛt] *v.* **roquette**

rockeur, **-euse** [ʀɔkœʀ, -øz] *m, f v.* **rocker**

rocking-chair [ʀɔkiŋ(t)ʃɛʀ] <rocking-chairs> *m* Schaukelstuhl *m*

rococo [ʀɔkɔko] **I.** *adj* ❶ ART **style ~** Rokokostil *m* ❷ *péj* altmodisch **II.** *m* Rokoko *nt*

rodage [ʀɔdaʒ] *m* ❶ (*adaptation*) Anlaufzeit *f; d'un employé* Einarbeitung *f* ❷ AUT Einfahren *nt* ❸ TECH (*opération*) *des soupapes* Einschleifen *nt; d'un moteur* Einstellen *nt; des engrenages* Einrollen *nt* ▶ **être en ~** *voiture:* eingefahren werden; *entreprise:* noch in den Kinderschuhen stecken

rodéo [ʀɔdeo] *m* ❶ (*des cow-boys*) Rodeo *m o nt* ❷ (*avec moto, voiture*) wilde Verfolgungsjagd *f*

roder [ʀɔde] <1> *vt* ❶ AUT, TECH einfahren *moteur, voiture;* einschleifen *cames, soupapes;* einrollen *engrenages* ❷ (*mettre au point*) einstudieren *revue, spectacle;* ausarbeiten *méthode, scénario;* **cette actrice est bien rodée** diese Künstlerin ist gut eingearbeitet

rôder [ʀode] <1> *vi* (*errer de façon suspecte*) **~ dans les parages** sich in der Gegend herumtreiben; (*errer au hasard*) **~ dans les parages** in der Gegend herumlungern

rôdeur, **-euse** [ʀodœʀ, -øz] *m, f* Herumtreiber(in) *m(f)*

rogatoire [ʀɔgatwaʀ] *adj* **commission ~** Rechtshilfeersuchen *nt*

rogne [ʀɔɲ] *f fam* Stinkwut *f* ▶ **se mettre en ~ contre qn** *fam* eine Stinkwut auf jdn kriegen

rogner [ʀɔɲe] <1> **I.** *vt* ❶ (*couper*) schneiden *ongles;* stutzen *griffes, ailes;* beschneiden *page, pièce, plaque* ❷ (*mordre sur*) kürzen *salaire, argent de poche;* nagen an (+ *dat*) *revenus* **II.** *vi* **~ sur qc** an etw (*dat*) sparen

rognon [ʀɔɲɔ̃] *m* GASTR Niere *f*

roi [ʀwa] *m* ❶ (*souverain, a. dans les jeux*) König *m* ❷ (*premier*) **~ du pétrole** Erdölmagnat *m;* **le ~ des imbéciles** ein absoluter Dummkopf (*fam*) ▶ **galette** [*o* **gâteau** MIDI] **des Rois** Dreikönigskuchen *m;* **heureux comme un ~** überglücklich; **les Rois mages** die Heiligen Drei Könige; **être plus royaliste que le ~** päpstlicher als der Papst sein; **se saper comme un ~** *fam* sich mächtig in Schale werfen

Roi-Soleil [sɔlɛj] *m inv* **le ~** der Sonnenkönig

rôle [ʀol] *m* ❶ THEAT, CINE Rolle *f;* **le premier ~** die Hauptrolle; **~ de composition/de figurant** Charakter-/Nebenrolle *f* ❷ (*fonction*) Rolle *f* ▶ **avoir le beau ~** gut dastehen

roller [ʀɔlœʀ] *m* [**paire de**] **~s** Rollerblades *Pl,* Inlineskates *Pl;* **faire du ~** inlineskaten

roller, **-euse** [ʀɔlœʀ, -øz] *m, f* Inlineskater(in) *m(f)*

rollmops [ʀɔlmɔps] *m* Rollmops *m*

ROM [ʀɔm] *f inv abr de* **Read Only Memory** ROM *nt*

romain(e) [ʀɔmɛ̃, ɛn] *adj a.* TYP römisch

Romain(e) [ʀɔmɛ̃, ɛn] *m(f)* Römer(in) *m(f)*

roman [ʀɔmɑ̃] *m* ❶ LITTER Roman *m;* **~ épistolaire/policier** Brief-/Kriminalroman ❷ ARCHIT, ART Romanik *f*

roman(e) [ʀɔmɑ̃, an] *adj* ARCHIT, ART romanisch

romance [ʀɔmɑ̃s] *f* ❶ MUS Romanze *f* ❷ (*chanson sentimentale*) Liebeslied *nt*

romancer [ʀɔmɑ̃se] <2> *vt* ❶ (*présenter sous forme de roman*) zu einem Roman verarbeiten *événements* ❷ (*agrémenter*) romantisieren

romanche [ʀɔmɑ̃ʃ] **I.** *adj* **langue ~** Romantsch *nt* **II.** *m* Romantsch *nt; v. a.* **allemand**

romancier, **-ière** [ʀɔmɑ̃sje, -jɛʀ] *m, f* Romanschriftsteller(in) *m(f)*

romand(e) [ʀɔmɑ̃, ɑ̃d] *adj* **la Suisse ~e** die französische Schweiz

Romand(e) [ʀɔmɑ̃, ɑ̃d] *m(f)* Bewohner(in) *m(f)* der französischen Schweiz, Welschschweizer(in) *m(f)* (CH)

romanesque [ʀɔmanɛsk] *m* **le ~** das Romantische; **se réfugier dans le ~** sich in eine Scheinwelt flüchten

roman-feuilleton [ʀɔmɑ̃fœjtɔ̃] <romans-feuilletons> *m* ❶ LITTER Fortset-

zungsroman *m* ❷ (*histoire à rebondissements*) Geschichte *f* mit Fortsetzung
roman-fleuve [ʀɔmɑ̃flœv] <romans-fleuves> *m* ❶ LITTER langer Roman *m* ❷ *fig* Roman *m*
romanichel(le) [ʀɔmaniʃɛl] *m(f) péj* Zigeuner(in) *m(f)* (*pej*)
romaniste [ʀɔmanist] *mf* Romanist(in) *m(f)*
roman-photo [ʀɔmɑ̃fɔto] <romans-photos> *m* Fotoroman *m*
romantique [ʀɔmɑ̃tik] **I.** *adj* romantisch **II.** *mf* Romantiker *m*
romantisme [ʀɔmɑ̃tism] *m* ❶ LITTER Romantik *f* ❷ (*grande sensibilité*) Romantik *f*; *d'une personne* romantische Veranlagung *f*
romarin [ʀɔmaʀɛ̃] *m* Rosmarin *m*
rombière [ʀɔ̃bjɛʀ] *f fam* alte Schachtel *f* (*pej*)
Rome [ʀɔm] Rom *nt*
rompre [ʀɔ̃pʀ] <*irr*> **I.** *vt* (*interrompre*) lösen *fiançailles;* abbrechen *pourparlers, relations* **II.** *vi* (*se séparer*) ~ **avec qn** mit jdm Schluss machen (*fam*); ~ **avec une tradition** mit einer Tradition brechen
rompu(e) [ʀɔ̃py] **I.** *part passé de* **rompre** **II.** *adj* ❶ (*cassé*) *liens* abgebrochen ❷ *fig* (*annulé*) *fiançailles* aufgelöst; (*exténué*) *personne* gerädert
romsteak, romsteck [ʀɔmstɛk] *m* Rumpsteak *nt,* Hüferl *nt* (A)
ronce [ʀɔ̃s] *f* ❶ *pl* (*épineux*) Dornenranken *Pl* ❷ BOT Brombeerstrauch *m* ❸ (*bois veiné*) Maserung *f*
ronchon(ne) [ʀɔ̃ʃɔ̃, ɔn] **I.** *adj fam* miesepet[e]rig **II.** *m(f) fam* (*homme*) Meckerfritze *m;* (*femme*) Meckerliese *f*
ronchonner [ʀɔ̃ʃɔne] <1> *vi* ~ **après qn/qc** über jdn/etw meckern (*fam*)
rond [ʀɔ̃] **I.** *m* ❶ (*cercle*) Kreis *m* ❷ (*trace ronde*) Ring *m;* ~**s de fumée** Rauchringe *Pl;* ~ **de serviette** Serviettenring *m* ❸ *fam* (*argent*) **n'avoir pas un** ~ keine Knete haben **II.** *adv* **avaler qc tout** ~ etw unzerkaut herunterschlucken; **ne pas tourner** ~ *fam personne:* spinnen
rond(e) [ʀɔ̃, ʀɔ̃d] *adj* ❶ (*circulaire, net*) rund ❷ (*rebondi*) dick; *personne* rundlich ❸ *fam* (*ivre*) blau
ronde [ʀɔ̃d] *f* ❶ (*tour de surveillance*) Runde *f;* ~ **de police** Polizeistreife *f* ❷ (*danse*) Rundtanz *m;* **faire la** ~ im Kreis tanzen ❸ MUS ganze Note *f* ►**à la** ~ (*aux alentours*) im Umkreis
rondelet(te) [ʀɔ̃dlɛ, ɛt] *adj* ❶ (*rondouillard*) mollig ❷ (*coquet*) ansehnlich
rondelle [ʀɔ̃dɛl] *f* GASTR Scheibe *f;* ~ **de carotte/pommes de terre** Möhren-/Kartoffelscheibe; **concombre coupé en** ~**s** in Scheiben geschnittene Gurke
rondement [ʀɔ̃dmɑ̃] *adv* ❶ (*tambour battant*) zügig ❷ (*franchement*) ohne Umschweife
rondeur [ʀɔ̃dœʀ] *f* ❶ (*forme ronde*) Rundung *f;* **la** ~ **de ses joues** seine/ihre Pausbacken; **la** ~ **de son visage** sein/ihr rundes Gesicht ❷ *sans pl* (*franchise*) Offenheit *f*
rondin [ʀɔ̃dɛ̃] *m* ❶ (*de chauffage*) Brennholz *nt* ❷ (*de construction*) Rundholz *nt*
rondouillard(e) [ʀɔ̃dujaʀ, aʀd] *adj fam* (*grassouillet*) pummelig
rond-point [ʀɔ̃pwɛ̃] <ronds-points> *m* Kreisverkehr *m*
ronflement [ʀɔ̃fləmɑ̃] *m* ❶ (*respiration*) Schnarchen *nt* ❷ (*grondement*) *d'un avion* Brummen *nt; d'un orgue* Dröhnen *nt; d'un poêle* Bullern *nt*
ronfler [ʀɔ̃fle] <1> *vi* ❶ (*respirer*) *personne:* schnarchen ❷ *fam* (*dormir*) pennen
ronfleur, -euse [ʀɔ̃flœʀ, -øz] *m, f* (*personne*) Schnarcher(in) *m(f)*
ronger [ʀɔ̃ʒe] <2a> **I.** *vt* ❶ (*grignoter*) nagen an (+ *dat*) ❷ (*miner*) aufreiben, zermürben; **être rongé par la maladie** von der Krankheit aufgefressen werden; **être rongé de remords** von Gewissensbissen geplagt werden **II.** *vpr* ❶ (*se grignoter*) **se** ~ **les ongles** an den Nägeln kauen ❷ (*se tourmenter*) **se** ~ **d'inquiétude** sich vor Sorge (*dat*) verzehren
rongeur [ʀɔ̃ʒœʀ] *m* Nagetier *nt*
ronron [ʀɔ̃ʀɔ̃] *m* ❶ *du chat* Schnurren *nt; d'une machine, d'un moteur fam* Surren *nt* ❷ *fam* (*monotonie*) ~ **de la vie quotidienne** Alltagstrott *m*
ronronnement [ʀɔ̃ʀɔnmɑ̃] *m du chat* Schnurren *nt; d'un moteur* Surren *nt*
ronronner [ʀɔ̃ʀɔne] <1> *vi chat:* schnurren; **qn ronronne de satisfaction** jd grunzt vor Zufriedenheit
roquefort [ʀɔkfɔʀ] *m* Roquefort *m*
roquet [ʀɔkɛ] *m* ❶ (*chien*) Kläffer *m* (*pej fam*) ❷ *fam* (*personne*) Kläffer *m* (*pej*)
roquette [ʀɔkɛt] *f* Rakete[ngeschoss *nt*] *f;* ~ **antichar** Panzerfaust *f*
rosace [ʀozas] *f* Rosette *f,* Fensterrose *f*
rosâtre [ʀozɑtʀ] *adj* schmutzigrosa
rosbif [ʀɔzbif] *m* GASTR Roastbeef *nt,* Beiried *f* (A)
rose[1] [ʀoz] *f* BOT Rose *f* ►**frais comme une** ~ frisch wie der junge Morgen; **envoyer qn sur les** ~**s** *fam* jdn abblitzen lassen

R

rose[2] [ʀoz] **I.** *adj* ① (*rouge pâle*) rosa; *joue, teint* rosig ② *messagerie* Erotik-; **téléphone ~** Telefonsex *m* **II.** *m* Rosa *nt;* **~ saumon** lachsfarbener Ton; **~ bonbon** Babyrosa ▶**voir la vie/tout en ~** das Leben/alles durch die rosarote Brille sehen

rosé [ʀoze] *m* (*vin*) Rosé[wein *m*] *m*

rosé(e) [ʀoze] *adj* rosé

roseau [ʀozo] <x> *m* Schilf[rohr *nt*] *nt;* **être souple comme un ~** sehr gelenkig sein

rosée [ʀoze] *f* Tau *m*

roseraie [ʀozʀɛ] *f* Rosengarten *m*

rosette [ʀozɛt] *f* ① (*ornement, décoration*) Rosette *f* ② GASTR *luftgetrocknete Wurstspezialität aus Lyon* ③ BOT Rosette *f*

rosier [ʀozje] *m* Rosenstrauch *m,* Rosenstock *m;* **~ grimpant** Kletterrose *f*

rosir [ʀoziʀ] <8> **I.** *vi* erröten; *joues, ciel:* sich röten **II.** *vt* röten

rosser [ʀɔse] <1> *vt* (*frapper*) **~ qn** jdm eine Tracht Prügel verpassen; **se faire ~ par qn** eine Tracht Prügel von jdm bekommen

rossignol [ʀɔsiɲɔl] *m* ① ORN Nachtigall *f* ② COM *fam* Ladenhüter *m* ③ (*passe-partout*) Dietrich *m*

rot [ʀo] *m* (*renvoi*) Aufstoßen *nt,* Rülpser *m* (*fam*); **faire un ~** rülpsen (*fam*); *bébé:* ein Bäuerchen *nt* machen (*fam*)

rotatif, -ive [ʀɔtatif, -iv] *adj* Dreh-, Rotations-

rotation [ʀɔtasjɔ̃] *f* ① (*mouvement*) Drehung *f,* Rotation *f* ② (*série périodique d'opérations*) **~ du capital/des stocks** Kapital-/Lagerumschlag *m;* **~ du personnel** Personalwechsel *m*

roter [ʀɔte] <1> *vi fam* rülpsen

rôti [ʀoti] *m* Braten *m;* **~ de bœuf/porc/veau** Rinder-/Schweine-/Kalbsbraten

rotin [ʀɔtɛ̃] *m* Rattan *nt,* Peddigrohr *nt;* **des meubles en ~** Rattanmöbel *Pl*

rôtir [ʀotiʀ, ʀɔtiʀ] <8> **I.** *vt* ① GASTR braten ② *fam* (*brûler*) *soleil:* verbrennen **II.** *vi* ① GASTR garen; **faire ~ qc** etw braten ② *fam* (*être exposé au soleil*) braten **III.** *vpr fam* **se [faire] ~** in der Sonne braten

rôtisserie [ʀɔtisʀi] *f* ① (*magasin*) Grillmetzgerei *f* ② (*restaurant*) Grillrestaurant *nt*

rôtissoire [ʀɔtiswaʀ] *f* elektrisches Grillgerät *nt*

rotor [ʀɔtɔʀ] *m* Rotor *m*

rotule [ʀɔtyl] *f* ANAT Kniescheibe *f* ▶**être sur les ~s** *fam* fix und fertig sein

roturier, -ière [ʀɔtyʀje, -jɛʀ] **I.** *adj* HIST bürgerlich **II.** *m, f* HIST Bürgerliche(r) *f(m)*

rouage [ʀwaʒ] *m* ① (*élément constituant*) Maschinerie *f;* **n'être qu'un ~** nur ein Rädchen im Getriebe sein ② TECH Zahnrad *nt*

roubignoles [ʀubiɲɔl] *fpl vulg* Klöten *Pl*

rouble [ʀubl] *m* Rubel *m*

roucoulade [ʀukulad] *f,* **roucoulement** [ʀukulmɑ̃] *m* ① *du pigeon* Gurren *nt* ② *pl fig fam* (*propos tendres*) Liebesgeflüster *nt*

roucouler [ʀukule] <1> **I.** *vi* ① ZOOL gurren ② *fig, hum* (*tenir des propos tendres*) turteln **II.** *vt hum* säuseln

roue [ʀu] *f* ① (*partie d'un véhicule*) Rad *nt;* **~ arrière/avant** Hinter-/Vorderrad; **~ de secours** AUT Reserverad *nt,* Ersatzrad *nt* ② TECH Rad *nt;* **la ~ du moulin** das Mühlrad ③ (*supplice*) Rädern *nt* ▶**la cinquième ~ du carrosse** das fünfte Rad am Wagen

rouelle [ʀwɛl] *f* Beinscheibe *f*

rouer [ʀwe] <1> *vt* (*rosser*) **~ qn de coups** jdn verprügeln

rouflaquette [ʀuflakɛt] *f* (*patte de cheveux*) **des ~s** Koteletten *Pl*

rouge [ʀuʒ] **I.** *adj* ① (*de couleur rouge*) rot; *poisson* Gold-; *vin* Rot- ② (*congestionné*) rot; **~ de colère** rot vor Wut (*dat*); **~ comme une écrevisse** krebsrot ③ (*incandescent*) rot glühend; **la braise est encore ~** die Glut glimmt noch ④ POL rot ⑤ (*délicat*) **journée classée ~ pour le trafic routier** Tag *m* mit hohem Verkehrsaufkommen **II.** *m* ① (*couleur*) Rot *nt;* **le feu est au ~** die Ampel ist rot ② *fam* (*vin*) Rote(r) *m;* **un verre de ~** ein Glas Rotwein; **gros ~** *fam* einfacher Rotwein ③ (*fard*) Rouge *nt;* **~ à lèvres** Lippenstift *m;* **se mettre du ~** Rouge auflegen **III.** *adv* ▶**se fâcher tout ~** rot vor Zorn werden; **voir ~** rot sehen

rougeâtre [ʀuʒɑtʀ] *adj* rötlich; **brun ~** rotbraun

rougeaud(e) [ʀuʒo, od] *m(f)* **un gros ~** ein rotgesichtiger Dicker (*fam*)

rouge-gorge [ʀuʒgɔʀʒ] <rouges-gorges> *m* Rotkehlchen *nt*

rougeoiement [ʀuʒwamɑ̃] *m d'un incendie* roter Schein; **le ~ du ciel au couchant** das Abendrot

rougeole [ʀuʒɔl] *f* Masern *Pl*

rougeoyant(e) [ʀuʒwajɑ̃, jɑ̃t] *adj cendres* glimmend; *reflet* rötlich

rougeoyer [ʀuʒwaje] <6> *vi soleil couchant:* rot glühen; *ciel:* sich rot färben

rouget [ʀuʒɛ] *m* ① (*poisson*) Rotbarbe *f;* **~ barbet** echte Rotbarbe; **~ grondin** Knurrhahn *m* ② (*maladie*) Rotlauf *m*

rougeur [ʀuʒœʀ] *f* ① (*carnation rouge*)

Röte *f;* **la ~ de son nez** seine/ihre rote Nase; **la ~ de ses yeux** seine/ihre roten Augen ❷ (*tache*) roter Fleck *m*

rougi(e) [ʀuʒi] **I.** *part passé de* **rougir II.** *adj yeux* gerötet

rougir [ʀuʒiʀ] <8> *vi* ❶ (*exprimer une émotion*) *personne:* rot werden, erröten; **~ de colère/confusion/plaisir** vor Wut/Verwirrung/Freude rot werden ❷ (*avoir honte*) **~ de qn** sich für jdn schämen; **faire ~ qn** jdm die Röte in die Wangen treiben ❸ (*devenir rouge*) rot werden; *métal:* glühend rot werden

rouille [ʀuj] **I.** *f* (*corrosion*) Rost *m* **II.** *adj inv* rostbraun

rouillé(e) [ʀuje] *adj* ❶ (*couvert de rouille*) rostig, verrostet ❷ (*sclérosé*) eingerostet; *muscles* steif

rouiller [ʀuje] <1> *vi* (*se couvrir de rouille*) [ver]rosten

roulade [ʀulad] *f* ❶ (*roulé-boulé*) Purzelbaum *m;* SPORT Rolle *f* ❷ GASTR Roulade *f* ❸ MUS Koloratur *f*

roulant(e) [ʀulɑ̃, ɑ̃t] *adj* ❶ (*sur roues*) **fauteuil ~** Rollstuhl *m* ❷ CHEMDFER *personnel* fahrend ❸ (*mobile*) Roll-; **escalier ~** Rolltreppe *f;* **tapis ~** Förderband *nt*

roulé(e) [ʀule] *adj* **col ~** Rollkragen *m* ▶ **bien ~** *fam* gut gebaut

rouleau [ʀulo] <x> *m* ❶ (*bigoudi*) Lockenwickler *m* ❷ (*bande enroulée*) Rolle *f* ❸ *a.* TECH (*objet cylindrique*) Rolle *f;* **~ de pièces** Rolle Münzen; **~ [de peintre]** Farbroller *m;* **~ compresseur** Planierwalze *f,* Straßenwalze; **~ à pâtisserie** Nudelholz *nt* ❹ (*vague*) Welle *f* ❺ SPORT Rolle *f*

roulement [ʀulmɑ̃] *m* ❶ (*bruit sourd*) *du tonnerre* Grollen *nt; du train* Rattern *nt;* **~ de tambour** Trommelwirbel *m* ❷ (*mouvement*) *des yeux* Rollen *nt; des épaules* Kreisen *nt* ❸ (*alternance*) [Schicht]wechsel *m;* **par ~** im Turnus ❹ (*circulation*) *des capitaux, fonds* Umlauf *m* ❺ TECH Lager *nt*

rouler [ʀule] <1> **I.** *vt* ❶ (*faire avancer*) rollen; fahren *brouette, poussette* ❷ (*enrouler*) aufrollen; zusammenrollen *parapluie, crêpe;* drehen *cigarette* ❸ (*enrouler, enrober*) **~ qc dans la farine** etw in Mehl (*dat*) wälzen ❹ *fam* (*tromper*) übers Ohr hauen; **se faire ~ par qn** von jdm übers Ohr gehauen werden ❺ (*faire tourner une partie du corps*) kreisen mit *épaules;* rollen mit *yeux;* sich wiegen in (+ *dat*) *hanches* **II.** *vi* ❶ (*se déplacer sur roues*) *véhicule:* fahren, rollen; *objet:* rollen; **~ peu/vite** wenig/schnell fahren; **~ en 2 CV** mit einer Ente fahren; **~ en arrière** zurückrollen ❷ (*tourner sur soi*) rollen; **~ sous la table** *personne:* unterm Tisch landen ▶ **ça roule** *fam* alles paletti; **allez roulez!** *fam* auf geht's! **III.** *vpr* (*se vautrer*) **se ~ par terre/dans l'herbe** sich auf dem Boden/im Gras rollen; **c'est vraiment à se ~ par terre** es ist wirklich zum Totlachen (*fam*)

roulette [ʀulɛt] *f* ❶ (*petite roue*) Rolle *f,* Rädchen *nt;* **patins à ~s** Rollschuhe *Pl* ❷ (*jeu*) Roulett(e) *nt;* **~ russe** russisches Roulett(e) ▶ **marcher comme sur des ~s** *fam* wie geschmiert laufen

roulis [ʀuli] *m* Schlingern *nt*

roulotte [ʀulɔt] *f* Wohnwagen *m*

roumain [ʀumɛ̃] *m* Rumänisch *nt; v. a.* **allemand**

roumain(e) [ʀumɛ̃, ɛn] *adj* rumänisch

Roumain(e) [ʀumɛ̃, ɛn] *m(f)* Rumäne *m*/Rumänin *f*

Roumanie [ʀumani] *f* **la ~** Rumänien *nt*

round [ʀaund, ʀund] *m* SPORT *a. fig* Runde *f*

roupettes [ʀupɛt] *fpl fam* Eier *Pl* (*vulg*)

roupiller [ʀupije] <1> *vi fam* pennen, pofen

roupillon [ʀupijɔ̃] *m fam* Nickerchen *nt;* **piquer un ~** ein Nickerchen machen

rouquin(e) [ʀukɛ̃, in] **I.** *adj personne* rothaarig; *cheveux* rot **II.** *m(f)* Rothaarige(r) *f(m)*

rouspéter [ʀuspete] <4> *vi fam* **~ contre qn/qc** an jdm/etw [herum]meckern; **se faire ~** ausgeschimpft werden

rouspéteur, -euse [ʀuspetœʀ, -øz] *fam adj* meckernd; **être ~** dauernd meckern

rousse [ʀus] *v.* **roux**

roussette [ʀusɛt] *f* ❶ (*requin*) Katzenhai *m* ❷ (*chauve-souris*) Fledermaus *f*

rousseur [ʀusœʀ] *f* Rotton *m*

roussi [ʀusi] *m* ▶ **sentir le ~** (*sentir le brûlé*) angebrannt riechen; (*être suspect*) nicht [ganz] koscher sein (*fam*)

roussir [ʀusiʀ] <8> **I.** *vi* ❶ *feuillage:* rot werden; *herbe:* braun werden ❷ GASTR **faire ~** anbraten **II.** *vt* (*brûler*) ansengen; [an]bräunen *farine*

routage [ʀutaʒ] *m d'imprimés* Sortierung *f*

routard(e) [ʀutaʀ, aʀd] *m(f)* Rucksacktourist(in) *m(f)*

route [ʀut] *f* ❶ (*voie*) Straße *f;* **la ~ de Paris** die Straße nach Paris; **~ nationale/départementale** ≈ Bundes-/Landstraße; **~ secondaire** Nebenstraße ❷ (*voyage*) Fahrt *f;* **trois heures de ~** drei Stunden Fahrzeit; **être en ~ pour Paris** nach Paris unterwegs sein, auf dem Weg nach Paris sein; **bonne ~!** gute Fahrt! ❸ (*itinéraire, chemin*) Weg *m;* NAUT, AVIAT Route *f;* (*marche à suivre*) **feuille de ~** MIL, POL

R

Marschplan *m;* **demander sa ~** nach dem Weg fragen; **être sur la bonne ~** auf dem richtigen Weg sein ▶**faire fausse ~** vom Weg abkommen; (*se tromper*) auf dem Holzweg sein; **faire de la ~** viel herumreisen; **mettre qc en ~** etw in Gang setzen; **en ~!** auf geht's! (*fam*)

routeur [ʀutœʀ] *m* INFORM Router *m*

routier, -ière [ʀutje, -jɛʀ] **I.** *adj* (*relatif à la route*) Straßen-; **prévention routière** Verkehrserziehung *f* **II.** *m, f* (*camionneur*) Fernfahrer(in) *m(f)*

routine [ʀutin] *f* ❶ (*habitude*) Routine *f;* **contrôle/visite de ~** Routineuntersuchung *f*/-besuch *m* ❷ INFORM Routineprogramm *nt*

routinier, -ière [ʀutinje, -jɛʀ] *adj* Routine-; *méthodes* gängig; *vie* eintönig; *personne* Gewohnheits-

rouvert(e) [ʀuvɛʀ, vɛʀt] *part passé de* **rouvrir**

rouvrir [ʀuvʀiʀ] <11> **I.** *vt* wieder aufmachen; wieder aufreißen *blessure, plaie;* wieder in Gang setzen *débat* **II.** *vi* wieder aufmachen **III.** *vpr* **se ~** *porte:* wieder aufgehen; *blessure, plaie:* wieder aufplatzen; *débat:* wieder in Gang kommen

roux [ʀu] *m* ❶ (*couleur*) Rot *nt* ❷ GASTR Mehlschwitze *f,* Einbrenn[e] *f* (SDEUTSCH, A)

roux, rousse [ʀu, ʀus] **I.** *adj personne* rothaarig; *barbe, cheveux, feuillage* rot; *pelage, robe de cheval* rotbraun *f* **II.** *m, f* (*personne*) Rothaarige(r) *f(m)*

royal(e) [ʀwajal, -o] <-aux> *adj* ❶ (*propre à un roi*) königlich; **prince ~** Kronprinz *m* ❷ (*digne d'un roi*) fürstlich ❸ (*parfait*) *indifférence* absolut; *paix* himmlisch

royalement [ʀwajalmɑ̃] *adv* ❶ (*magnifiquement*) fürstlich ❷ *fam* (*complètement*) **je m'en moque ~** das ist mir völlig wurst

royalisme [ʀwajalism] *m* Royalismus *m*

royaliste [ʀwajalist] **I.** *adj* royalistisch **II.** *mf* Royalist(in) *m(f)*

royalties [ʀwajalti] *fpl* ❶ (*pour un brevet, une licence*) Lizenzgebühr *f* ❷ (*pour une chanson, une adaptation*) Tantiemen *Pl* ❸ (*dans le cas d'une société pétrolière*) Förderabgaben *Pl*

royaume [ʀwajom] *m* (*monarchie*) Königreich *nt*

Royaume-Uni [ʀwajomyni] *m* **le ~** das Vereinigte Königreich

royauté [ʀwajote] *f* ❶ (*régime*) Königtum *nt* ❷ (*fonction*) Krone *f*

RPR [ɛʀpeɛʀ] *m abr de* **Rassemblement pour la République** *französische konservative Partei der Gaullisten*

RSA [ɛʀɛsɑ] *m abr de* **revenu de solidarité active** *Sozialleistung für Erwerbslose und Geringverdiener, die ihnen eine Grundsicherung bzw. den Bezug des Mindestlohns ermöglicht*

RTB [ɛʀtebe] *f abr de* **Radio-Télévision belge** *Rundfunk- und Fernsehsender in Belgien*

RTL [ɛʀteɛl] *abr de* **Radio-Télévision luxembourgeoise** *Rundfunk- und Fernsehsender in Luxemburg*

RTT [ɛʀtete] *f abr de* **réduction du temps de travail** Arbeitszeitverkürzung *f;* **être en ~** Überstunden abbauen (*in Form zusätzlicher Urlaubstage*)

ruban [ʀybɑ̃] *m* Band *nt;* **~ de la Légion d'honneur** Ordensband der Ehrenlegion; **~ magnétique** Tonband; INFORM Magnetband; **~ adhésif** Klebeband, Klebestreifen *m*

rubéole [ʀybeɔl] *f* Röteln *Pl*

rubis [ʀybi] *m* (*pierre précieuse*) Rubin *m*

rubrique [ʀybʀik] *f* ❶ PRESSE Rubrik *f;* **~ littéraire/sportive** Literatur-/Sportteil *m;* **~ des spectacles** Veranstaltungskalender *m* ❷ (*titre*) Verzeichnis *nt* ❸ (*catégorie*) Rubrik *f*

ruche [ʀyʃ] *f* Bienenstock *m*

rude [ʀyd] *adj* ❶ (*pénible*) hart; *climat* rau; *montée* steil ❷ *peau, surface* rau; *étoffe* derb ❸ *personne* rau; *manières* derb; *traits* hart ❹ *antéposé gaillard* handfest ❺ *antéposé, fam appétit* gesegnet

rudement [ʀydmɑ̃] *adv fam* (*sacrément*) verdammt; **avoir ~ peur** eine Mordsangst haben

rudesse [ʀydɛs] *f* ❶ (*dureté*) *d'une personne* Grobheit *f;* **la ~ de son langage** seine/ihre ungeschliffene Sprache; **la ~ de ses manières** seine/ihre derben Manieren ❷ (*rigueur*) *des conditions de vie* Härte *f;* **la ~ du climat** das raue Klima; **la ~ de l'hiver** der harte Winter

rudiment [ʀydimɑ̃] *m pl* (*notions élémentaires*) Grundkenntnisse *Pl;* **~s d'anglais** Grundkenntnisse in Englisch

rudimentaire [ʀydimɑ̃tɛʀ] *adj connaissances* rudimentär; *installation* einfach

rue [ʀy] *f* ❶ (*artère*) Straße *f;* **~ commerçante/à sens unique** Geschäfts-/Einbahnstraße; **~ piétonne** Fußgängerzone *f;* **en pleine ~** mitten auf der Straße; **dans la ~** auf der Straße; **traîner dans les ~s** sich auf der Straße herumtreiben ❷ (*ensemble des habitants*) **toute la ~ la connaît** die ganze Straße kennt sie ▶**courir les ~s** *personne:* an jeder Ecke anzutreffen sein; *chose:* gang und gäbe sein

R

ruée [ʀɥe] *f* Ansturm *m;* ~ **vers l'issue de secours** Ansturm auf den Notausgang; ~ **vers l'or** Goldrausch *m*

ruelle [ʀɥɛl] *f* Gässchen *nt*

ruer [ʀɥe] <1> **I.** *vi cheval:* ausschlagen **II.** *vpr* **se ~ sur qn/qc** sich auf jdn/etw stürzen; **se ~ dans la rue/vers la sortie** auf die Straße/zum Ausgang stürzen

rugby [ʀygbi] *m* Rugby *nt*

rugbyman [ʀygbiman] <s *o* -men> *m* Rugbyspieler *m*

rugir [ʀyʒiʀ] <8> *vi* ① brüllen; ~ **de colère** vor Wut (*dat*) brüllen ② (*mugir, gronder*) heulen; *mer:* tosen; **faire ~ son moteur** den Motor aufheulen lassen

rugissement [ʀyʒismɑ̃] *m* ① *d'un fauve* Brüllen *nt kein Pl* ② (*grondement*) *du vent, d'un moteur* Heulen *nt kein Pl; de la mer* Tosen *nt kein Pl*

rugueux, -euse [ʀygø, -øz] *adj* rau

Ruhr [ʀuʀ] *f* ① (*région*) **la ~** das Ruhrgebiet; **aller dans la ~** ins Ruhrgebiet gehen; **les industries de la ~** die Industrie des Ruhrgebiets ② (*rivière*) **la ~** die Ruhr

ruine [ʀɥin] *f* ① *pl* (*décombres*) Trümmer *Pl* ② (*édifice délabré*) Ruine *f* ③ (*personne*) hinfälliger Mensch, Wrack *nt* ④ (*destruction*) **en ~[s]** in Trümmern; **tomber en ~[s]** zerfallen; **menacer de tomber en ~[s]** zu verfallen drohen ⑤ (*perte de biens*) wirtschaftlicher Ruin; **courir à la ~** dem Bankrott entgegengehen

ruiné(e) [ʀɥine] *adj* ① (*délabré*) *château* verfallen ② (*qui a perdu sa fortune*) *personne* ruiniert

ruiner [ʀɥine] <1> **I.** *vt* ① (*dépouiller de sa richesse*) ruinieren ② (*détruire*) ruinieren; zerstören *vie;* ~ **tous les espoirs de qn** jdm seine ganze Hoffnung nehmen ③ (*coûter cher*) **ça [ne] va pas te ~** *fam* das wird dich [schon] nicht umbringen **II.** *vpr* **se ~ pour qn** sich wegen jdm in den Ruin stürzen

ruineux, -euse [ʀɥinø, -øz] *adj voiture, voyage* horrend teuer; *dépense* horrend; **ce n'est pas ~** das kostet nicht die Welt

ruisseau [ʀɥiso] <x> *m* Bach *m*

ruisseler [ʀɥis(ə)le] <3> *vi* ① (*couler*) rinnen ② (*être couvert de*) ~ **de sueur** vor Schweiß (*dat*) triefen; ~ **d'humidité** *murs:* vor Nässe (*dat*) tropfen; **ses joues ruisselaient de larmes** Tränen rannen ihm/ihr über die Wangen

ruissellement [ʀɥisɛlmɑ̃] *m* ① Rinnen *nt* ② *fig* ~ **de lumières** Lichterglanz *m*

rumeur [ʀymœʀ] *f* (*bruit qui court*) Gerücht *nt;* ~ **publique** Gerüchteküche *f;* **faire courir une ~** ein Gerücht in Umlauf bringen

ruminant [ʀyminɑ̃] *m* Wiederkäuer *m*

ruminer [ʀymine] <1> **I.** *vt* ① (*ressasser*) brüten über (+ *dat*); ~ **son chagrin** sich dem Kummer hingeben ② ZOOL wiederkäuen **II.** *vi* wiederkäuen

rumsteck [ʀɔmstɛk] *v.* **romsteak, romsteck**

rupin(e) [ʀypɛ̃, in] **I.** *adj fam personne* betucht; *appartement* nobel; *quartier* Nobel- **II.** *m(f) fam* Steinreiche(r) *f(m)*

rupture [ʀyptyʀ] *f* ① (*cassure*) Bruch *m* ② *d'une corde* Reißen *nt; d'un tendon, d'une veine* Riss *m* ③ *de fiançailles* Entlobung *f;* ~ **de contrat/traité** Vertragsbruch *m* ④ (*séparation*) Trennung *f*

rural(e) [ʀyʀal, -o] <-aux> **I.** *adj vie, région* ländlich; *exploitation* landwirtschaftlich; **pays ~** Agrarland *nt;* **domaine ~** Landgut *nt;* **économie ~e** Landwirtschaft *f* **II.** *m(f)* Landbewohner(in) *m(f)*

rurbain(e) [ʀyʀbɛ̃, ɛn] **I.** *adj* **zone ~e** *ländliche Vororte von Städten* **II.** *m(f)* Land-Stadt-Pendler(in) *m(f)* (*auf dem Land lebender Berufspendler, der in der Stadt arbeitet*)

ruse [ʀyz] *f* (*subterfuge*) List *f*

rusé(e) [ʀyze] **I.** *adj* listig, schlau **II.** *m(f)* raffinierte Person; **c'est une ~e** sie ist raffiniert

ruser [ʀyze] <1> *vi* List anwenden

russe [ʀys] **I.** *adj* russisch **II.** *m* Russisch *nt; v. a.* **allemand**

Russe [ʀys] *mf* Russe *m;* ~ **blanc** Weißrusse *m*

Russie [ʀysi] *f* **la ~** Russland *nt*

rusticité [ʀystisite] *f* ① (*rustrerie*) Ungehobeltheit *f;* **la ~ de ses manières** sein/ihr ungehobeltes Benehmen ② *sans pl* (*robustesse*) Robustheit *f*

rustine® [ʀystin] *f* Flickzeug *nt*

rustique [ʀystik] *adj mobilier* rustikal; *objets, outils* einfach; *personne, vie* naturverbunden; *coutumes* ländlich; *arbre, plante* robust

rustre [ʀystʀ] *adj* ungehobelt

rut [ʀyt] *m* Brunft *f,* Brunst *f;* **en ~** brünstig

rutilant(e) [ʀytilɑ̃, ɑ̃t] *adj* funkelnd

rutiler [ʀytile] <1> *vi* funkeln

R.-V. *m abr de* **rendez-vous**

rythme [ʀitm] *m* ① MUS Rhythmus *m* ② (*allure, cadence*) Tempo *nt;* **ne pas pouvoir suivre le ~** das Tempo nicht halten können; **au ~ de qc** im Rhythmus von etw ③ (*mouvement régulier*) ~ **cardiaque/respiratoire** Herz-/Atemrhythmus *m*

rythmé [ʀitme] *adj* rhythmisch
rythmer [ʀitme] <1> *vt* (*cadencer*) ~ **qc** den Rhythmus einer S. (*gen*) bestimmen

rythmique [ʀitmik] **I.** *adj* rhythmisch; *guitare* Rhythmus- **II.** *f* ① (*gymnastique*) rhythmische Gymnastik *f* ② MUS (*cadence*) Tempo *nt*

Ss

S, s [ɛs] *m inv* S *nt*, s *nt* ►**virage en S** S-Kurve *f*
s *f inv abr de* **seconde** Sek.
S *abr de* **sud**
s' *v.* **se, si**
sa [sa, se] <ses> *dét poss* ① sein(e)/ihr(e); *v. a.* **ma** ② *avec un titre, form* **Sa Majesté** Seine/Ihre Majestät
SA [ɛsa] *f* ECON *abr de* **société anonyme** AG *f*
sabayon [sabajɔ̃] *m* Zaba[gl]ione *f*
sabbat [saba] *m* REL Sabbat *m;* **jour du ~** Sabbat
sabbatique [sabatik] *adj année, semestre* Forschungs-; **congé ~** Beurlaubung *f*
sablage [sɑblaʒ] *m* Sandstreuen *nt*
sable [sɑbl] **I.** *m* Sand *m;* **~s mouvants** Treibsand *m* **II.** *adj inv* sandfarben
sablé [sɑble] *m* GASTR Sandgebäck *nt*
sablé(e) [sɑble] *adj* GASTR **gâteau ~** Sandgebäck *nt;* **pâte ~e** Mürbeteig *m*
sabler [sɑble] <1> *vt* ① (*couvrir de sable*) mit Sand bestreuen ② *fig* ~ **le champagne** die Champagnerkorken knallen lassen
sableuse [sɑbløz] *f* (*appareil pour couvrir de sable*) Sandstreuwagen *m*
sableux, -euse [sɑblø, -øz] *adj* Sand-
sablier [sɑblije] *m* Sanduhr *f*
sablonneux, -euse [sɑblɔnø, -øz] *adj* sandig
sabordage [sabɔʀdaʒ] *m* ① *d'une entreprise* Schließung *f* ② NAUT Versenken *nt*
saborder [sabɔʀde] <1> **I.** *vt* ① einstellen *projet;* schließen *entreprise* ② NAUT versenken *flotte* **II.** *vpr* **se ~** ① *patron:* den Betrieb schließen; *candidat:* freiwillig ausscheiden ② NAUT sich versenken
sabot [sabo] *m* ① (*chaussure*) Holzschuh *m;* (*de ville*) Clog *m* ② ZOOL Huf *m* ③ (*pour les véhicules*) ~ **de Denver** Parkkralle *f* ►**je te vois venir avec tes gros ~s** Nachtigall, ich hör dir trapsen (*fam*); **comme un ~** (*très mal*) unter aller Kanone (*fam*)
sabotage [sabɔtaʒ] *m* ① (*destruction volontaire*) Sabotage *f;* ~ **des machines** Zerstörung *f* der Maschinen ② *fig* ~ **des négociations** Unterminierung *f* der Verhandlungen
saboter [sabɔte] <1> *vt* ① (*détruire volontairement*) sabotieren; ~ **une machine** eine Maschine zerstören ② *fig* ~ **les négociations** die Verhandlungen unterminieren ③ (*bâcler*) schludern bei
saboteur, -euse [sabɔtœʀ, -øz] *m, f* Saboteur(in) *m(f)*
sabotier, -ière [sabɔtje, -jɛʀ] *m, f* Holzschuhmacher(in) *m(f)*
sabre [sɑbʀ] *m* ① (*arme*) Säbel *m* ② SPORT Säbelfechten *nt*
sabrer [sɑbʀe] <1> *vt* ① (*biffer*) streichen ② (*raccourcir*) kürzen ③ (*ouvrir*) ~ **le champagne** einer/der Champagnerflasche den Hals brechen ④ *fam* (*bâcler*) schludern bei *affaire, travail;* hinschludern *travail écrit*
sabreur [sɑbʀœʀ] *m* (*soldat*) Draufgänger *m*
sabreur, -euse [sɑbʀœʀ, -øz] *m, f* (*escrimeur*) Säbelfechter(in) *m(f)*
sac[1] [sak] **I.** *m* ① (*contenant*) Sack *m*, Beutel *m;* ~ **à pommes de terre** Kartoffelsack; ~ **à linge** Wäschebeutel; ~ **postal** Postsack; **mettre en ~s** in Säcke füllen ② (*en plastique*) [Plastik]tüte *f;* ~ **poubelle/congélation** Müll-/Gefrierbeutel *m* ③ (*en papier*) Papiertüte *f;* ~ **aspirateur** Staubsaugerbeutel *m* ④ (*pour dormir*) ~ **de couchage** Schlafsack *m* ⑤ (*bagage*) Tasche *f;* ~ **à main** Handtasche; ~ **à provisions** Einkaufstasche; ~ **d'écolier** Schultasche; ~ **de marin** Seesack *m;* ~ **de plage/sport/voyage** Bade-/Sport-/Reisetasche; ~ **à dos** Rucksack *m;* **partir ~ au dos** mit dem Rucksack losziehen ⑥ (*contenu*) **un ~ de pommes de terre/de ciment** ein Sack *m* Kartoffeln/Zement; ~ **à malice[s]** Zauberkiste *f* ⑦ HIST *fam* (*dix francs ou mille anciens francs*) *1000 alte franz. Franc* ►~ **d'em-**

brouilles [*o* **de nœuds**] *fam* Wirrwarr *m;* **l'affaire est/c'est dans le ~** *fam* die Sache/das ist gebongt; **mettre dans le même ~** in einen Topf werfen; **vider son ~** *fam* auspacken **II.** *app inv robe* Sack-

sac² [sak] *m* (*pillage*) Plünderung *f;* **mettre à ~** plündern

saccade [sakad] *f* Ruck *m;* **par ~s** stoßweise

saccadé(e) [sakade] *adj respiration, rire* stoßweise; *bruit* in kurzen, aufeinander folgenden Stößen

saccage [sakaʒ] *m* ① (*pillage*) Plünderung *f* ② (*dévastation*) Verwüstung *f*

saccager [sakaʒe] <2a> *vt* (*dévaster*) verwüsten; vernichten *récolte*

saccharose [sakaʀoz] *m* Saccharose *f*

sacerdoce [sasɛʀdɔs] *m* ① REL Priesteramt *nt* ② (*vocation*) heiliges Amt

sachant [saʃɑ̃] *part prés de* **savoir**

sache [saʃ] *subj prés de* **savoir**

sachet [saʃɛ] *m* Tüte *f;* **~ de bonbons** Bonbontüte; **~ de lavande** Lavendelsäckchen *nt;* **~ de soupe instantanée** Suppentüte

sacoche [sakɔʃ] *f* Umhängetasche *f;* **~ de cycliste** [Fahrrad]satteltasche *f*

sac-poubelle [sakpubɛl] <sacs-poubelles> *m* Müllbeutel *m,* Müllsack *m*

sacquer [sake] <1> *vt fam* ① (*renvoyer*) feuern (*fam*); **se faire ~** gefeuert werden (*fam*) ② (*noter sévèrement*) schlecht benoten; **se faire ~** schlecht benotet werden ③ (*refuser à un examen*) durchrasseln lassen (*fam*); **il s'est fait ~** er ist durchgerasselt (*fam*) ④ (*détester*) **ne pas pouvoir ~ qn** jdn nicht riechen können (*fam*)

sacralisation [sakʀalizasjɔ̃] *f* Verehrung *f*

sacraliser [sakʀalize] <1> *vt* ① (*rendre sacral*) als heilig verehren ② (*accorder de la valeur à*) **~ qc** einer Sache (*dat*) einen hohen Wert beimessen

sacre [sakʀ] *m* ① *d'un souverain, évêque* Inthronisation *f* ② *du printemps* Krönung *f*

sacré [sakʀe] *m* Göttliche(s) *nt*

sacré(e) [sakʀe] *adj* ① REL heilig; *art, édifice* sakral; *musique* geistlich ② *fig horreur* fürchterlich; **terreur ~e** Furcht *f* vor übernatürlichen Kräften ③ *droits* unantastbar; *lois* heilig; **pour lui, le sommeil, c'est ~** der Schlaf ist ihm heilig ④ *antéposé, fam* (*maudit*) **~ nom d'un chien!** verdammt noch mal! ⑤ *antéposé, fam* (*satané*) verdammt; *farceur, gaillard* irrsinnig; **avoir un ~ talent** ein Wahnsinnstalent haben; **avoir un ~ toupet** ganz schön dreist sein; **cette ~e Lina a encore gagné!** diese verdammte Lina hat schon wieder gewonnen!

sacrebleu [sakʀəblø] *interj* Donnerwetter

Sacré-Cœur [sakʀekœʀ] *m sans pl* Sacré-Cœur *f*

sacrement [sakʀəmɑ̃] *m* Sakrament *nt;* **derniers ~s** Sterbesakramente *Pl;* **saint ~** heiliges Sakrament

sacrément [sakʀemɑ̃] *adv fam* wahnsinnig, ungeheuer; **il fait ~ beau** es ist ein irrsinnig schönes Wetter

sacrer [sakʀe] <1> *vt* ① (*introniser*) inthronisieren ② (*déclarer*) **~ qn le meilleur acteur de sa génération** jdn zum besten Schauspieler seiner Generation erklären; **être sacré le meilleur roman de l'année** zum besten Roman des Jahres erklärt werden

sacrifice [sakʀifis] *m* ① (*privation*) Opfer *nt;* **faire un ~** ein Opfer bringen ② *sans pl* (*renoncement*) Aufgabe *f;* **sens du ~** Opfergeist *m;* **faire le ~ de qc pour qc** etw für etw opfern ③ (*immolation*) Opferung *f* ▶ **Saint Sacrifice** heilige Messe

sacrifié(e) [sakʀifje] *m(f)* Opfer *nt*

sacrifier [sakʀifje] <1> **I.** *vt* ① (*renoncer à*) opfern; **~ qn à ses intérêts** jdn seinen Interessen opfern; **~ qc pour** [*o* **à**] **qc** etw für etw opfern; **~ qc pour faire qc** etw opfern, um etw zu tun ② (*négliger*) vernachlässigen *personnage, rôle* ③ COM verramschen (*fam*) *marchandises;* heruntersetzen *prix* ④ REL opfern **II.** *vpr* **se ~ pour ses enfants** sich für seine Kinder aufopfern; **se ~ à des idées/pour la patrie** sich für eine Idee/für das Vaterland opfern

sacrilège [sakʀilɛʒ] **I.** *adj* frevelhaft; REL gotteslästerlich **II.** *m* Sakrileg *nt* **III.** *mf* (*personne*) Gotteslästerer *m*/-lästerin *f*

sacristie [sakʀisti] *f* Sakristei *f*

sacro-saint(e) [sakʀosɛ̃, sɛ̃t] <sacro-saints> *adj iron* sakrosankt

sacrum [sakʀɔm] *m* Kreuzbein *nt*

sadique [sadik] **I.** *adj* sadistisch **II.** *mf* Sadist *m*

sadisme [sadism] *m* Sadismus *m*

sado [sado] **I.** *adj fam* Sado-; **ce type est ~** der Kerl ist ein Sadist **II.** *m, f fam* Sado *m*

sadomaso [sadomazo] *inv fam* **I.** *adj* Sadomaso-; **il/elle est ~** er/sie ist sadomasochistisch **II.** *mf* Sadomaso *m*

sadomasochisme [sadomazɔʃism] *m* Sadomasochismus *m*

sadomasochiste [sadomazɔʃist] **I.** *adj* sadomasochistisch **II.** *mf* Sadomasochist *m*

safari [safaʀi] *m* Safari *f*

safari-photo [safaʀifɔto] <safaris-photos> *m* Fotosafari *f*

safran [safʀɑ̃] **I.** *m* ① GASTR, BOT Safran *m* ② (*couleur*) Safrangelb *nt* **II.** *adj inv* safrangelb

saga [saga] *f* ① (*histoire familiale*) Familiensaga *f* ② (*légende*) Saga *f*

sagace [sagas] *adj* scharfsinnig

sagacité [sagasite] *f* Scharfsinn *m*

sagaie [sagɛ] *f* Lanze *f*

sage [saʒ] **I.** *adj* ① *conseil, personne* weise; *décision* klug ② *écolier, enfant* brav ③ (*chaste*) sittsam (*geh*) ④ *goût, vêtement* schlicht; *roman* anständig **II.** *m* Weise(r) *f(m)*; **conseil des ~s** Rat *m* der Weisen

sage-femme [saʒfam] <sages-femmes> *f* Hebamme *f*

sagement [saʒmɑ̃] *adv* ① (*raisonnablement*) klug ② (*modérément*) in Maßen ③ (*docilement*) artig ④ (*chastement*) sittsam

sagesse [saʒɛs] *f* Weisheit *f*; **agir avec ~** klug handeln; **la ~ de ta décision** deine kluge Entscheidung; **voie de la ~** vernünftiger Weg; **avoir la ~ de faire qc** so klug sein und etw tun ▶ **~ des nations** Volksweisheit *f*

sagittaire [saʒitɛʀ] *f* BOT Pfeilkraut *nt*

Sagittaire [saʒitɛʀ] *m* Schütze *m*; *v. a.* **Balance**

sagouin(e) [sagwɛ̃, in] *m(f) fam* (*personne malpropre*) Schwein *nt*

Sahara [saaʀa] *m* **le ~** die Sahara

saharien(ne) [saaʀjɛ̃, jɛn] *adj* ① GEOG aus der Sahara; *oasis* in der Sahara ② *température* tropisch

saharienne [saaʀjɛn] *f* Safari-Jacke *f*

Sahel [saɛl] *m* **le ~** die Sahelzone

saignant(e) [sɛɲɑ̃, ɑ̃t] *adj bifteck, viande* englisch

saignée [seɲe] *f* ① (*sillon*) *d'un arbre* Zapfstelle *f*; *du sol* Rinne *f*; *d'une pièce* Nut *f* ② MED Aderlass *m* ③ (*pertes humaines, financières*) Aderlass *m* ④ ANAT Armbeuge *f*

saignement [sɛɲmɑ̃] *m* ① (*perte de sang*) Blutung *f*; **les ~s de nez** das Nasenbluten ② (*fait de saigner*) Bluten *nt*

saigner [seɲe] <1> **I.** *vi* bluten; **~ du nez** aus der Nase bluten ▶ **ça va ~!** da werden die Fetzen fliegen! **II.** *vt* ① MED zur Ader lassen ② (*tuer*) abstechen *animal*; **~ qn** jdm die Gurgel durchschneiden ③ (*exploiter*) schröpfen *personne* **III.** *vpr* **se ~ pour qn** für jdn bluten müssen (*fig*)

saillant [sajɑ̃] *m d'un bastion* Vorsprung *m*; *d'une frontière* Ausbuchtung *f*

saillie¹ [saji] *f* (*aspérité*) Vorsprung *m*; **en ~** vorspringend

saillie² [saji] *f* ZOOL (*accouplement*) Decken *nt*

saillir¹ [sajiʀ] <*irr, déf*> *vi corniche, front:* [her]vorspringen

saillir² [sajiʀ] <8> *vt* (*couvrir la femelle*) decken

sain(e) [sɛ̃, sɛn] *adj* ① (*en bonne santé, salubre*) gesund; *constitution* kräftig ② *fruit, viande* einwandfrei; *fondations* solide ③ *affaire, gestion* seriös ④ *politique, lectures, idées* vernünftig ▶ **~ et sauf** gesund und wohlbehalten

saindoux [sɛ̃du] *m* Schweineschmalz *nt*

sainement [sɛnmɑ̃] *adv manger, vivre* gesund; *juger, réagir* vernünftig

saint(e) [sɛ̃, sɛ̃t] **I.** *adj* ① REL heilig; **~es huiles** Salböl *nt*; **~ patron** Schutzheiliger *m*; **le ~ sacrifice de la messe** die heilige Messe; **le Saint Sépulcre** das Heilige Grab; **la Sainte Vierge** die Heilige Jungfrau; **les Saintes Écritures** die Heilige Schrift; **vendredi/samedi ~** Karfreitag *m*/Karsamstag *m*; **jeudi ~** Gründonnerstag *m*; **la nuit du samedi ~** die Osternacht ② *antéposé* (*inspiré par la piété*) **une ~e colère** ein heiliger Zorn **II.** *m(f)* REL Heilige(r) *f(m)*; **le culte des ~s** die Heiligenverehrung; **~s de glace** Eisheilige(n) *Pl*; **~ des saints** Allerheiligste(s) *nt* ▶ **ne pas savoir à quel ~ se vouer** weder ein noch aus wissen

Saint-Barthélemy [sɛ̃baʀteləmi] *f sans pl* **la ~** die Bartholomäusnacht

saint-bernard [sɛ̃bɛʀnaʀ] <saint-bernard[s]> *m* ① (*chien*) Bernhardiner *m* ② (*âme secourable*) Samariter *m*

saint-cyrien(ne) [sɛ̃siʀjɛ̃, jɛn] <saint-cyriens> *m(f) Schüler(in) der Elite-Militärschule Saint-Cyr*

Sainte-Catherine [sɛ̃tkatʀin] *f sans pl* ▶ **elle coiffe ~** sie ist fünfundzwanzig Jahre alt und ledig

Sainte-Hélène [sɛ̃telɛn(ə)] GEOG Sankt Helena *nt*

saintement [sɛ̃tmɑ̃] *adv* heilig

Saint-Esprit [sɛ̃tɛspʀi] *m sans pl* **le ~** der Heilige Geist

sainteté [sɛ̃tte] *f* Heiligkeit *f*; **Sa/Votre Sainteté** Seine/Ihre Heiligkeit

saint-frusquin [sɛ̃fʀyskɛ̃] *m sans pl fam* Krempel *m*

saint-glinglin [sɛ̃glɛ̃glɛ̃] *f sans pl fam* ▶ **à la ~** am Sankt-Nimmerleins-Tag

saint-honoré [sɛ̃tɔnɔʀe] <saint-honoré[s]> *m mit Sahne oder Pudding gefüllter Brandteigkuchen*

Saint-Jean [sɛ̃ʒɑ̃] *f sans pl* **la ~** das Johannisfest

Saint-Jean-Baptiste [sɛ̃ʒɑ̃batist] *f*

sans pl **la ~** *Nationalfeiertag der Frankokanadier am 24. Juni* **Saint-Marin** [sɛ̃maʀɛ̃] *m* San Marino **Saint-Nicolas** [sɛ̃nikɔla] *f sans pl* **la ~** der Nikolaustag **Saint-Père** [sɛ̃pɛʀ] <Saints-Pères> *m* Heiliger Vater *m* **saint-pierre** [sɛ̃pjɛʀ] <saint-pierre[s]> *m* (*poisson*) Heringskönig *m* **Saint-Pierre** [sɛ̃pjɛʀ] *m sans pl* Sankt Petrus *m* **Saint-Pierre-et-Miquelon** [sɛ̃pjɛʀemikəlɔ̃] *m* Saint-Pierre-et-Miquelon *kein Art* **Saint-Siège** [sɛ̃sjɛʒ] *m sans pl* Heiliger Stuhl *m* **Saint-Sylvestre** [sɛ̃silvɛstʀ] *f sans pl* Silvester *m o nt*

sais [sɛ] *indic prés de* **savoir**

saisi(e) [sezi] **I.** *part passé de* **saisir II.** *adj* JUR *personne, chose* gepfändet

saisie [sezi] *f* ① JUR Pfändung *f*, Exekution *f* (A); **~ immobilière** Immobiliarpfändung; **~ mobilière** Pfändung einer beweglichen Sache ② (*confiscation*) Beschlagnahmung *f* ③ INFORM Erfassen *nt;* **~ de l'écran** Screenshot *m*

saisir [seziʀ] <8> **I.** *vt* ① (*prendre*) packen; **~ qn par les épaules/le chien par le collier** jdn an den Schultern/den Hund am Halsband packen; **~ qn à bras le corps** jdn mit beiden Armen umfassen ② (*attraper*) **~ le ballon au vol** den Ball auffangen; **réussir à ~ la corde** den Strick zu fassen bekommen ③ (*mettre à profit*) wahrnehmen *chance;* ergreifen *occasion;* zum Anlass nehmen *prétexte* ④ (*comprendre*) begreifen; **~ au vol une partie de la conversation** einen Teil des Gesprächs aufschnappen ⑤ (*impressionner*) **~ qn** *beauté:* jdn bezaubern; *ressemblance, changement:* jdn verblüffen ⑥ GASTR anbraten *viande* ⑦ (*confisquer*) beschlagnahmen ⑧ (*porter devant*) anrufen *commission;* **~ un tribunal d'une affaire** mit einer Sache vor Gericht gehen ⑨ INFORM erfassen **II.** *vi fam* durchblicken **III.** *vpr* **se ~ de qc** zu etw greifen

saisissant(e) [sezisɑ̃, ɑ̃t] *adj* (*qui surprend*) *beauté* ergreifend; *changement, différence* erstaunlich; *froid* schneidend

saison [sɛzɔ̃] *f* ① (*division de l'année*) Jahreszeit *f;* **belle/mauvaise ~** schöne/kalte Jahreszeit; **en toute(s) ~(s)** ganzjährig; **il n'y a plus de ~s** *fam* das Wetter ist auch nicht mehr das, was es einmal war; **fruits de ~** Früchte der Saison ② (*époque privilégiée*) **~ littéraire/lyrique** Literatur-/Lyrikwochen *Pl;* **~ théâtrale** Theatersaison *f;* **~ des amours** Paarungszeit *f;* **~ des foins** Zeit *f* der Heuernte ③ SPORT, TOUR Saison *f;* **basse/haute ~** Neben-/Hochsaison; **morte ~** flaue Saison; **en/hors ~** während/außerhalb der Saison; **faire la ~** während der Saison arbeiten ④ TV *d'une série télé* Staffel *f*

saisonnier, -ière [sɛzɔnje, -jɛʀ] **I.** *adj* ① (*propre à la saison*) jahreszeitlich ② (*limité à la saison*) saisonal **II.** *m, f* Saisonarbeiter(in) *m(f)*

sait [sɛ] *indic prés de* **savoir**

saké [sake] *m* Sake *m*

salace [salas] *adj littér plaisanterie, écrit* unanständig; *personne* lüstern

salade [salad] *f* ① BOT, GASTR Salat *m;* **~ verte** grüner Salat; **~ niçoise** Nizza-Salat; **~ de tomates/fruits** Tomaten-/Obstsalat; **~ de saison** Salat der Saison ② *fam* (*confusion*) Salat *m* ③ *pl, fam* (*mensonges*) Geschichten *Pl* ▶ **vendre sa ~ à qn** *fam* jdm seinen Kram andrehen

saladier [saladje] *m* Salatschüssel *f*

salage [salaʒ] *m* (*contre le verglas*) **le ~ des routes** das Salzstreuen [auf den Straßen]

salaire [salɛʀ] *m* ① (*rémunération*) Gehalt *nt; d'un ouvrier* Lohn *m;* **~ minimum interprofessionnel de croissance** gesetzlich garantierter dynamischer Mindestlohn; **~ de misère** Hungerlohn ② (*récompense*) Lohn *m*

salaison [salɛzɔ̃] *f* ① *gén pl* (*viande*) Pökelfleisch *nt;* **~s de bœuf** gepökeltes Rindfleisch ② (*action*) Pökeln *nt*

salamandre [salamɑ̃dʀ] *f* Salamander *m*

salami [salami] *m* Salami *f*

salant [salɑ̃] *adj* **marais ~** Salzgarten *m*

salarial(e) [salaʀjal, -jo] <-aux> *adj* **politique ~e** Lohnpolitik *f*

salariat [salaʀja] *m* ① Arbeitnehmer *Pl* ② (*condition*) Status *m* des Arbeitnehmers

salarié(e) [salaʀje] **I.** *adj travail* unselbstständig; *personne* nicht selbstständig beschäftigt **II.** *m(f)* Arbeitnehmer(in) *m(f)*

salaud [salo] **I.** *adj fam* hundsgemein (*fam*) **II.** *m fam* Dreckskerl *m* (*fam*)

sale [sal] **I.** *adj* ① (*opp: propre*) schmutzig ② *antéposé, fam* (*vilain, louche*) übel; *type, temps* mies (*fam*); *coup* hart; **avoir une ~ gueule** (*visage antipathique*) fies aussehen (*fam*) **II.** *m fam* **être au ~** in der schmutzigen Wäsche sein

salé [sale] **I.** *m* **petit ~** gepökeltes Schweinefleisch **II.** *adv manger* salzig

salé(e) [sale] *adj* ① (*contenant du sel*) gesalzen; **eau ~e** Salzwasser *nt;* **être**

S

trop ~e *soupe:* versalzen sein ❷ *fam addition* gesalzen; *histoire* schlüpfrig

salement [salmɑ̃] *adv* ❶ *manger* unmanierlich; *travailler* schludrig (*fam*); *gagner* auf unsaubere Weise ❷ *fam* (*très*) ganz schön

saler [sale] <1> **I.** *vi* ❶ GASTR salzen ❷ TECH Salz streuen **II.** *vt* ❶ GASTR salzen ❷ TECH streuen *route* ❸ *fam* (*corser*) ~ **l'addition** ganz schön abkassieren (*fam*)

saleté [salte] *f* ❶ (*malpropreté*) Schmutzigkeit *f* ❷ (*chose sale*) Dreck *m;* **faire des ~s partout** alles schmutzig machen ❸ *sans pl* (*crasse*) Dreck *m* ❹ *fam* (*objet sans valeur*) Plunder *m* ❺ *fam* (*crapule: homme*) Dreckskerl *m;* (*femme*) Miststück *nt kein Pl* (*fam*) ❻ *fam* (*maladie*) verdammte Krankheit; **ramasser une ~** sich (*dat*) etwas einfangen (*fam*) ❼ *fam* (*friandise*) süßes Zeug ❽ (*obscénité*) Unanständigkeit *f* ▶ **faire des ~s** *euph animal:* sein Geschäft machen; ~ **d'ordinateur/de Maurice!** *fam* dieser verdammte Computer/Maurice!

saleuse [saløz] *f* Streufahrzeug *nt*

salière [saljɛʀ] *f* Salzstreuer *m*

saligaud [saligo] *m fam* Mistkerl *m*

salin [salɛ̃] *m* Salzgarten *m*

saline [salin] *f* Saline *f*

salir [saliʀ] <8> **I.** *vt* schmutzig machen; (*complètement*) verschmutzen **II.** *vpr* **se ~** ❶ (*se souiller*) sich schmutzig machen; **se ~ les mains** sich (*dat*) die Hände schmutzig machen ❷ (*devenir sale*) schmutzig werden

salissant(e) [salisɑ̃, ɑ̃t] *adj* ❶ schmutzig; **des travaux ~s** Arbeiten, bei denen man sich schmutzig macht ❷ (*qui se salit*) **être ~** schnell schmutzen

salissure [salisyʀ] *f* ❶ Schmutzspur *f;* (*tache*) Schmutzfleck *m* ❷ *pl* (*ordures*) Dreck *m*

salive [saliv] *f* Speichel *m* ▶ **gaspiller sa ~** *fam* sich (*dat*) den Mund fusselig reden; **ravaler sa ~** schlucken

saliver [salive] <1> *vi* ❶ (*baver*) Speichel produzieren ❷ (*convoiter*) ~ **d'envie de faire un tour en moto** scharf darauf sein eine Motorradfahrt zu machen (*fam*); ~ **d'impatience** vor Ungeduld vergehen; **laisser qn ~ d'impatience** jdn zappeln lassen; **faire ~ qn** jdm den Mund wäss[e]rig machen (*fam*)

salle [sal] *f* ❶ (*pièce*) Saal *m;* ~ **à manger** Esszimmer *nt;* ~ **d'attente** Wartesaal *m;* (*chez un médecin*) Wartezimmer *nt;* ~ **d'audience** Gerichtssaal *m;* ~ **de bains** Badezimmer *nt;* ~ **de billard** Billardraum *m;* ~ **de cinéma** Kino[saal *m*] *nt;* ~ **de classe** Klassenzimmer *nt;* ~ **de gym** (*pour faire de la musculation*) Fitnessraum *nt;* (*pour faire de la gymnastique*) Gymnastikraum *f;* ~ **de jeux** Spielzimmer *nt;* ~ **de réanimation** Intensivstation *f;* ~ **de réunion** Sitzungssaal *m;* ~ **de séjour** Wohnzimmer *nt;* ~ **des fêtes** Festhalle *f;* ~ **des pas perdus** Bahnhofshalle *f;* ~ **de théâtre** Theater[saal *m*] *nt;* ~ **d'étude** Hausaufgabenraum *m;* ~ **d'opération** Operationssaal *m;* ~ **polyvalente** Mehrzweckhalle *f;* **faire du sport en ~** Hallensport betreiben ❷ (*cinéma*) Kino *nt;* **~s obscures** Kinos *Pl* ❸ (*spectateurs*) Publikum *nt;* **toute la ~** der ganze Saal ▶ **faire ~ comble** die Säle füllen

salmigondis [salmigɔ̃di] *m fam* Mischmasch *m*

salmis [salmi] *m* Salmi *nt*

salmonelle [salmɔnɛl] *f* Salmonelle *f*

salmonellose [salmɔneloz] *f* Salmonellose *f*

salon [salɔ̃] *m* ❶ (*salle de séjour*) Wohnzimmer *nt* ❷ (*mobilier*) Sitzgarnitur *f;* ~ **de jardin** Gartenmöbel *Pl* ❸ (*salle d'hôtel: pour les clients*) Gesellschaftsraum *m;* (*pour des conférences, réunions*) Veranstaltungsraum *m* ❹ (*exposition*) Messe *f;* **Salon du jouet** Spielwarenmesse; **Salon de l'Auto[mobile]** Automobil-Salon *m* ❺ (*commerce*) ~ **de coiffure** Friseursalon *m;* ~ **de thé** Teestube *f*

salopard [salɔpaʀ] *m fam* Dreckskerl *m;* **bande de ~s** Saubande *f* (*fam*)

salope [salɔp] *f* ❶ *vulg* (*débauchée*) Nutte *f* ❷ *fam* (*garce*) Miststück *nt*

saloper [salɔpe] <1> *vt fam* ❶ (*bâcler*) hinschludern ❷ (*salir*) versauen

saloperie [salɔpʀi] *f fam* ❶ (*objet sans valeur*) Ramsch *m kein Pl;* **vendre de la ~** Ramsch verkaufen (*fam*) ❷ *gén pl* (*saletés*) Sauerei *f* ❸ (*mauvaise nourriture*) Fraß *m kein Pl* ❹ (*maladie*) verdammte Krankheit ❺ (*méchanceté*) Gemeinheit *f;* **faire une ~ à qn** jdm übel mitspielen ❻ (*obscénité*) Schweinerei *f* ▶ **c'est de la ~** das taugt nichts; ~ **d'ordinateur/de bagnole** Scheißcomputer *m vulg*/Scheißkiste *f*

salopette [salɔpɛt] *f* Latzhose *f*

salsa [salsa] *f* Salsa *m*

salsifis [salsifi] *m* GASTR Schwarzwurzel *f*

saltimbanque [saltɛ̃bɑ̃k] *mf* Gaukler(in) *m(f)*

salubre [salybʀ] *adj* gesund

salubrité [salybʀite] *f* ① *du climat* gesundheitsfördernde Wirkung; *de l'air* Reinheit *f; d'un logement* gesundheitliche Zuträglichkeit ② (*hygiène*) Hygiene *f* ③ ADMIN **~ publique** öffentliches Gesundheitswesen

saluer [salɥe] <1> **I.** *vt* ① (*dire bonjour*) grüßen; **~ qn de la main** jdm zuwinken ② (*dire au revoir*) **~ qn** sich von jdm verabschieden ③ (*rendre hommage*) würdigen ④ (*accueillir*) begrüßen; **~ qn par des sifflets** jdn zur Begrüßung auspfeifen; **être salué par des applaudissements** mit Applaus aufgenommen werden ⑤ *soutenu* (*considérer*) **~ Brassens comme chef de file de la chanson française** Brassens als die Nr. 1 des französischen Chansons ansehen ⑥ MIL **~ un supérieur/le drapeau** vor einem Vorgesetzten/vor der Fahne salutieren **II.** *vi* ① THEAT sich verbeugen ② MIL salutieren

salut¹ [saly] **I.** *m* ① (*salutation*) Gruß *m;* **faire un ~ de la main** winken; **sans un ~** grußlos ② MIL **~ aux supérieurs/au drapeau** Salutieren *nt* vor den Vorgesetzten/vor der Fahne **II.** *interj* ① *fam* (*bonjour*) **~!** hallo! ② *fam* (*au revoir*) **~!** tschüs!

salut² [saly] *m* ① (*sauvegarde*) Rettung *f;* **le ~ de l'entreprise passe par là** das Unternehmen ist nur so zu retten ② REL Heil *nt* ③ POL **~ public** öffentliches Wohl

salutaire [salytɛʀ] *adj* heilsam; *décision* richtig; **ce séjour a été ~** dieser Aufenthalt hat gut getan; **~ à qn/qc** (*avantageux*) vorteilhaft für jdn/etw; (*secourable*) hilfreich für jdn/etw

salutation [salytasjɔ̃] *f* ① REL Gruß ② *souvent iron ou péj* (*action de saluer*) Begrüßung *f* ③ *pl form* **transmettez mes ~s à votre épouse** grüßen Sie Ihre Frau von mir; **veuillez agréer, Madame/Monsieur, mes/nos ~s distinguées** mit freundlichen Grüßen; **veuillez agréer, Madame la Présidente, mes respectueuses ~s** hochachtungsvoll

salutiste [salytist] **I.** *adj* der Heilsarmee **II.** *mf* Mitglied *nt* der Heilsarmee

Salzbourg [saltsbuʀ] Salzburg *nt*

Samaritain(e) [samaʀitɛ̃, ɛn] *m(f)* HIST, REL Samariter(in) *m(f)*

samba [sɑ̃mba] *f* Samba *f*

samedi [samdi] *m* Samstag *m; v. a.* **dimanche**

samouraï [samuʀaj] *m* Samurai *m*

samovar [samɔvaʀ] *m* Samowar *m*

S.A.M.U. [samy] *m abr de* **Service d'aide médicale d'urgence** ärztlicher Bereitschaftsdienst; (*médecin*) Notarzt *m;* **appeler le ~** den Notarzt rufen

sanatorium [sanatɔʀjɔm] *m* Sanatorium *nt*

sanctifier [sɑ̃ktifje] <1a> *vt* heiligen

sanction [sɑ̃ksjɔ̃] *f* ① (*punition*) Strafe *f;* SCOL Strafarbeit *f;* **mériter une ~** bestraft werden müssen; **être passible d'une ~** sich strafbar machen ② ECON, POL Sanktion *f*

sanctionner [sɑ̃ksjɔne] <1> **I.** *vt* (*punir*) bestrafen; ECON sanktionieren **II.** *vi* zu einer Strafmaßnahme greifen

sanctuaire [sɑ̃ktɥɛʀ] *m* ① REL Heiligtum *nt* ② (*refuge*) Refugium *nt*

sandale [sɑ̃dal] *f* Sandale *f*

sandalette [sɑ̃dalɛt] *f* Sandalette *f*

sandre [sɑ̃dʀ] *m* Zander *m*

sandwich [sɑ̃dwitʃ] <[e]s> *m* GASTR Sandwich *nt;* **~ au jambon** Schinkensandwich ▶ **prendre en ~** *fam* (*encadrer*) in die Mitte nehmen *personne, véhicule;* (*coincer*) einkeilen *personne, véhicule;* SPORT in die Zange nehmen *joueur*

sandwicherie [sɑ̃dwi(t)ʃʀi] *f* Sandwichbude *f*

sang [sɑ̃] *m* ① ANAT Blut *nt;* **donner son ~** Blut spenden; **être en ~** bluten; **se gratter jusqu'au ~** sich blutig kratzen ② (*race*) Blut *nt* ③ (*vie*) Leben *nt;* **payer qc de son ~** etw mit seinem Leben bezahlen ▶ **suer ~ et eau** Blut und Wasser schwitzen; **qn a du ~ sur les mains** an jds Händen klebt Blut; **qn a le ~ qui lui monte à la tête** jdm steigt das Blut in den Kopf; **ne pas avoir de ~ dans les veines** *fam* keinen Mumm in den Knochen haben; **avoir le ~ chaud** hitziges Blut haben; **du ~ frais** [*o* **neuf**] frischer Wind; **se faire du mauvais ~** sich (*dat*) Sorgen machen; **avoir qc dans le ~** etw im Blut haben; **baigner dans son ~** in einer Blutlache liegen; **se ronger les ~s** *fam* vor Angst umkommen

sang-froid [sɑ̃fʀwa] *m sans pl* ① (*maîtrise de soi*) Beherrschung *f;* **garder son ~** einen kühlen Kopf bewahren; **perdre son ~** seine Beherrschung verlieren ② (*froideur*) Kaltblütigkeit *f;* **agir avec ~** kaltblütig handeln; **de ~** kaltblütig

sanglant(e) [sɑ̃glɑ̃, ɑ̃t] *adj* ① (*saignant*) blutig ② (*violent*) hart; *rencontre, match* hitzig

sangle [sɑ̃gl] *f* Spanngurt *m;* **~ d'une selle** Sattelgurt *m*

sangler [sɑ̃gle] <1> *vt* **~ un cheval** einem Pferd den Sattelgurt anlegen; **~ une bâche** eine Plane mit Gurten befestigen

S

sanglier [sɑ̃glije] *m* ZOOL, GASTR Wildschwein *nt*
sanglot [sɑ̃glo] *m* Schluchzer *m;* **avec des ~s dans la voix** mit schluchzender Stimme; **éclater en ~s** in Tränen ausbrechen; **être en ~s** in Tränen aufgelöst sein
sangloter [sɑ̃glɔte] <1> *vi* schluchzen
sangria [sɑ̃gʀija] *f* Sangria *f*
sangsue [sɑ̃sy] *f* ① ZOOL Blutegel *m* ② *fam* (*personnage collant*) Klette *f*
sanguin(e) [sɑ̃gɛ̃, in] *adj* ① ANAT **plasma ~** Blutplasma *nt* ② (*coloré*) rot; **orange ~e** Blutorange *f* ③ *type* sanguinisch
sanguinaire [sɑ̃ginɛʀ] *adj littér* ① blutrünstig ② (*sanglant*) blutig
sanguine [sɑ̃gin] *f* (*orange*) Blutorange *f*
sanguinolent(e) [sɑ̃ginɔlɑ̃, ɑ̃t] *adj* blutig
sanisette® [sanizɛt] *f* öffentliche Münztoilette *f*
sanitaire [sanitɛʀ] **I.** *adj* sanitär; *mesure* gesundheitspolizeilich; **installations ~s** Sanitärinstallationen *Pl;* **cordon ~** Sperrgürtel *m;* **les services ~s** der Wirtschaftskontrolldienst **II.** *m gén pl* Sanitäranlagen *Pl*
sans [sɑ̃] **I.** *prép* ohne; **~ scrupules/manches** skrupel-/ärmellos; **~ remède** ausweglos; **~ arrêt** ununterbrochen; **~ but** ziellos; **partir ~ fermer la porte/~ que tu le saches** gehen ohne die Tür zu schließen/ohne dass du es weißt; **la situation n'est pas ~ nous inquiéter** nicht, dass wir über die Situation nicht beunruhigt wären; **vous n'êtes pas ~ savoir que** Sie wissen doch, dass ▶ **~ plus** das ist aber auch alles; **~ quoi** sonst **II.** *adv fam* ohne; **il va falloir faire ~** wir werden ohne auskommen müssen
sans-abri [sɑ̃zabʀi] *m inv* Obdachlose(r) *f(m)* **sans-cœur** [sɑ̃kœʀ] *fam* **I.** *adj inv* herzlos; **rester ~** ungerührt bleiben **II.** *mf inv* herzloser Mensch *m*
sanscrit [sɑ̃skʀi] *m* Sanskrit *nt; v. a.* **allemand**
sans-culotte [sɑ̃kylɔt] <sans-culottes> *m* Sansculotte *m* **sans-emploi** [sɑ̃zɑ̃plwa] *m inv* Arbeitslose(r) *f(m)* **sans-façon** [sɑ̃fasɔ̃] *m inv* Ungezwungenheit *f* **sans-faute** [sɑ̃fot] *m inv* hervorragende Leistung; SPORT fehlerfreier Durchgang **sans-fil** [sɑ̃fil] *m inv* Funktelefon *nt* **sans-gêne** [sɑ̃ʒɛn] *inv* **I.** *adj* ungeniert **II.** *m* (*désinvolture*) Ungeniertheit *f* **III.** *mf* (*personne désinvolte*) unverfrorene Person *f*
sanskrit [sɑ̃skʀi] *v.* **sanscrit**
sans-le-sou [sɑ̃lsu] *mf inv fam* armer Schlucker *m* **sans-logis** [sɑ̃lɔʒi] *mf inv soutenu* Obdachlose(r) *f(m)* **sans-papiers** [sɑ̃papje] *mf inv Ausländer, die sich illegal in Frankreich aufhalten* **sans-plomb** [sɑ̃plɔ̃] *m inv* (*essence*) Bleifrei *nt* **sans-souci** [sɑ̃susi] *inv* **I.** *adj personne* sorglos, gedankenlos **II.** *mf vieilli* Luftikus *m* (*hum*) **sans-travail** [sɑ̃tʀavaj] *mf inv* Arbeitslose(r) *f(m)*
santal [sɑ̃tal] *m* ① Sandelbaum *m* ② (*bois*) Sandelholz *nt* ③ (*essence*) Sandelholzöl *nt*
santé [sɑ̃te] *f* ① (*opp: malade*) Gesundheit *f;* **~ mentale** Geisteszustand *m;* **comment va la ~?** wie geht es gesundheitlich?; **être bon pour la ~** gesund sein; **avoir une ~ de fer** eine eiserne Gesundheit haben; **être en bonne/mauvaise ~** es geht einem gesundheitlich gut/schlecht ② ADMIN **le ministre de la Santé** der Gesundheitsminister; **la ~ publique** das öffentliche Gesundheitswesen; **les services de ~** das Gesundheitsamt; (*armée*) der Sanitätsdienst; **profession de la ~** Heilberuf *m* ▶ **y laisser sa ~** *fam* dabei seine Gesundheit ruinieren; **se refaire une ~** *fam* mal wieder ausspannen; **respirer la ~** *fam* vor Gesundheit strotzen; **à la ~ de qn** auf jds Wohl (*akk*); **à ta ~!** auf dein Wohl!
santiag [sɑ̃tjag] *f fam* Cowboystiefel *m*
santon [sɑ̃tɔ̃] *m* Krippenfigur *f*
saoudien(ne) [saudjɛ̃, jɛn] *adj* saudi-arabisch
Saoudien(ne) [saudjɛ̃, jɛn] *m(f)* Saudi-Araber(in) *m(f)*
saoul(e) [su, sul] *adj v.* **soûl**
saouler [sule] <1> *vt v.* **soûler**
saper [sape] <1> *vpr fam* **se ~** sich in Schale werfen; **être bien sapé** rausgeputzt sein
sapeur-pompier [sapœʀpɔ̃pje] <sapeurs-pompiers> *m* Feuerwehrmann *m;* **les ~s** die Feuerwehr, die Brandwache (CH)
saphir [safiʀ] *adj inv* saphirblau
sapidité [sapidite] *f* Schmackhaftigkeit *f;* **agent de ~** Geschmacksverstärker *m*
sapin [sapɛ̃] **I.** *m* Tanne *f;* **~ de Noël** Weihnachtsbaum *m* **II.** *app inv* dunkelgrün
sapristi [sapʀisti] *interj* ach, du meine Güte
saquer [sake] <1> *vt v.* **sacquer**
sarbacane [saʀbakan] *f* Blasrohr *nt*
sarcasme [saʀkasm] *m* Sarkasmus *m;* (*remarque*) sarkastische Bemerkung
sarcastique [saʀkastik] *adj* sarkastisch
sarcler [saʀkle] <1> *vt* jäten
sarcloir [saʀklwaʀ] *m* Jäthacke *f*

sarcophage [saʀkɔfaʒ] *m* Sarkophag *m*
Sardaigne [saʀdɛɲə] *f* **la ~** Sardinien *nt*
sarde [saʀd] I. *adj* sardisch II. *m* **le ~** Sardisch *nt*; *v. a.* **allemand**
Sarde [saʀd] *mf* Sarde *m*/Sardin *f*
sardine [saʀdin] *f* Sardine *f* ▶ **serrés comme des ~s en boîte** *fam* dicht gedrängt wie in einer Sardinenbüchse
sardinerie [saʀdinʀi] *f* Sardinenkonservenfabrik *f*
sarkozysme [saʀkozism] *m* *politische Einstellung der Sarkozy-Anhänger*
S.A.R.L. [ɛsaɛʀɛl] *f abr de* **société à responsabilité limitée** GmbH *f*
sarment [saʀmɑ̃] *m* Weinrebe *f*
sarrasin [saʀazɛ̃] *m* Buchweizen *m*
Sarre [saʀ] *f* ❶ (*région*) **la ~** Saarland *nt* ❷ (*rivière*) Saar *f*
Sarrebruck [saʀbʀyk] Saarbrücken *nt*
sas [sɑs] *m* ❶ (*dans une écluse*) Schleusenkammer *f* ❷ (*pièce intermédiaire*) Schleuse *f*
Satan [satɑ̃] *m* Satan *m*
satané(e) [satane] *adj antéposé* ❶ (*maudit*) verflucht (*fam*) ❷ (*sacré*) toll (*fam*); **~ farceur!** du Teufelskerl! *m* (*fam*)
satanique [satanik] *adj a.* REL satanisch; *ruse* teuflisch
sataniste [satanist] I. *adj* satanistisch II. *mf* Satanist(in) *m(f)*
satellisation [satelizasjɔ̃] *f* ❶ ESPACE Abschießen *nt* in die Umlaufbahn ❷ POL Abhängigkeit *f*
satelliser [satelize] <1> *vt* ❶ ESPACE in die Umlaufbahn bringen ❷ POL zu einem Satellitenstaat machen *pays*
satellite [satelit] I. *m* ❶ ESPACE Satellit *m* ❷ ASTRON Trabant *m* ❸ POL Satellitenstaat *m* II. *adj* **ville ~** Satellitenstadt *f*
satiété [sasjete] *f* ▶ **à ~** reichlich; (*jusqu'au dégoût*) bis zum Gehtnichtmehr (*fam*); **manger à ~** sich satt essen
satin [satɛ̃] *m* Satin *m*; **peau de ~** seidenweiche Haut
satiné [satine] *m* ❶ (*aspect luisant*) seidiger Glanz ❷ *de la peau* Zartheit *f*
satiné(e) [satine] *adj* seidig glänzend; *peinture* seidenmatt; **papier ~** Glanzpapier *nt*
satiner [satine] <1> *vt* satinieren
satinette [satinɛt] *f* Satin *m*
satire [satiʀ] *f* Satire *f*; **faire la ~ de qn/qc** *pièce, texte:* eine Satire auf jdn/etw sein; *auteur:* über jdn/etw spotten
satirique [satiʀik] *adj* satirisch; **poète ~** Satiriker *m*
satisfaction [satisfaksjɔ̃] *f* ❶ *sans pl* (*joie*) Zufriedenheit *f*; **à la ~ générale** zur allgemeinen Zufriedenheit ❷ (*auto-satisfaction*) Genugtuung *f* ❸ (*contentement*) Befriedigung *f* ❹ (*action de satisfaire*) **la ~ d'un instinct** die Befriedigung eines Triebs; **la ~ d'un désir** die Erfüllung eines Wunsches ❺ (*raison d'être satisfait*) Befriedigung *f*; **avoir beaucoup de ~[s] avec qn/qc** mit jdm/etw sehr zufrieden sein ▶ **qn/qc donne [toute] ~ à une personne** ein Mensch ist mit jdm/etw [sehr] zufrieden; **donner ~ à qn** jdn zufrieden stellen; **donner ~ à tout le monde** allen gerecht werden; **obtenir ~** bekommen, was man will
satisfaire [satisfɛʀ] <*irr*> I. *vt* ❶ (*contenter*) *travail, solution:* befriedigen; *personne:* zufrieden stellen ❷ (*assouvir*) befriedigen; stillen *faim, soif* ❸ (*donner droit à*) **~ une réclamation** eine Reklamation erledigen II. *vi* **~ à une obligation** einer Verpflichtung nachkommen III. *vpr* ❶ (*se contenter*) **se ~ de qc** sich mit etw begnügen ❷ *euph* (*uriner*) **se ~** sich erleichtern ❸ *euph* (*prendre son plaisir*) **se ~** seine Lust befriedigen; (*par la masturbation*) sich selbst befriedigen
satisfaisant(e) [satisfəzɑ̃, ɑ̃t] *adj* befriedigend
satisfait(e) [satisfɛ, ɛt] *adj* zufrieden; **être ~ de qn/qc** mit jdm/etw zufrieden sein
saturation [satyʀasjɔ̃] *f* ❶ Überdruss *m*; **manger du chocolat jusqu'à ~** Schokolade essen, bis man nicht mehr kann ❷ (*surcharge*) Sättigung *f*; *d'un standard téléphonique* Überlastung *f* ❸ CHIM, PHYS Sättigung *f*; *d'un réacteur* Auslastung *f* ▶ **arriver [o être] à ~** *personne, aéroport:* voll ausgelastet sein
saturé(e) [satyʀe] *adj* ❶ CHIM, GEOL, PHYS gesättigt; *sol* [wasser]gesättigt; *atome* abgesättigt ❷ (*plein*) *éponge* voll gesogen; *autoroute, aéroport* überlastet
saturer [satyʀe] <1> *vt* ❶ (*soûler*) satthaben (*fam*); **les politiciens me saturent** von den Politikern habe ich genug (*fam*); **mes élèves me saturent avec leurs questions** ich habe die Fragen meiner Schüler satt ❷ (*plus que rassasier*) **je suis saturé de poisson** *fam* ich kann keinen Fisch mehr sehen; **être saturé de publicité** mit Werbung übersättigt sein ❸ (*surcharger*) verstopfen; **être saturé** *standard:* besetzt sein; *marché:* gesättigt sein
Saturne [satyʀn] *f* Saturn *m*
saturnisme [satyʀnism] *m* Bleivergiftung *f*

S

satyre [satiʀ] *m* ① *fam* Sittenstrolch *m* (*pej*) ② MYTH Satyr *m*

sauce [sos] *f* GASTR Soße *f;* ~ **béchamel/chasseur** Béchamel-/Jägersoße; ~ **vinaigrette** Vinaigrette *f;* ~ **au vin** Weinsoße; ~ **béarnaise** Sauce béarnaise *f;* **viande en** ~ Fleisch mit Soße ▶ **la** ~ **fait passer le poisson** *fam* es kommt darauf an, wie man die bittere Pille versüßt; **mettre qc à toutes les** ~**s** *fam* etw in allen Variationen servieren; **être mis à toutes les** ~**s** für alles herhalten müssen

saucée [sose] *f fam* Guss *m*

saucer [sose] <2> *vt* ① (*essuyer*) austunken ② *fam* (*tremper*) **être saucé/se faire** ~ klatschnass sein/werden

saucier [sosje] *m* Soßenkoch *m*

saucière [sosjɛʀ] *f* Soßenschüssel *f*

sauciflard [sosiflaʀ] *m fam luftgetrocknete Salami*

saucisse [sosis] *f* GASTR Würstchen *nt*

saucisson [sosisɔ̃] *m* GASTR *luftgetrocknete Salami;* ~ **sec** Hartwurst *f* ▶ **ficeler qn comme un** ~ *fam* jdn verschnüren; **être ficelé comme un** ~ (*mal vêtu*) unmöglich angezogen sein (*fam*); (*être serré*) eingeschnürt wie eine Wurst sein (*fam*)

saucissonner [sosisɔne] <1> **I.** *vi fam* picknicken **II.** *vt* unterbrechen; **des films saucissonnés par des pubs** Filme mit eingeblendeten Werbespots

sauf [sof] *prép* ① (*à l'exception de*) bis auf (+ *akk*); ~ **quand/si** außer wenn; ~ **que** abgesehen davon, dass ② (*à moins de*) abgesehen von; JUR vorbehaltlich (+ *gen*) (*form*); ~ **erreur de ma part** wenn ich mich nicht irre; ~ **imprévu** wenn nichts dazwischen kommt; ~ **avis contraire** wenn niemand dagegen ist

sauf-conduit [sofkɔ̃dɥi] <sauf-conduits> *m* Passierschein *m*

S

sauge [soʒ] *f* Salbei *m*

saugrenu(e) [sogʀəny] *adj* albern; *idée* hirnrissig (*fam*)

saule [sol] *m* Weide *f,* Weidenbaum *m;* ~ **pleureur** Trauerweide

saumon [somɔ̃] **I.** *m* Lachs *m* **II.** *adj inv* lachsfarben **III.** *app* **rose** ~ lachsrosa

saumoné(e) [somɔne] *adj* **truite** ~**e** Lachsforelle *f*

saumure [somyʀ] *f* Salzlake *f*

sauna [sona] *m* Sauna *f*

saupoudrage [sopudʀaʒ] *m* ① GASTR ~ **de cacao** Bestreuen *nt* mit Kakao ② FIN *de crédits, subventions* Verteilung *f* nach dem Gießkannenprinzip

saupoudrer [sopudʀe] <1> *vt* ① GASTR ~ **qc de sucre/sel** etw mit Zucker/Salz bestreuen; ~ **qc de farine** etw mit Mehl bestäuben ② FIN ~ **qn de subventions** Subventionen an jdn verteilen; ~ **les crédits** Kredite nach dem Gießkannenprinzip verteilen

saupoudreuse [sopudʀøz] *f* Streudose *f*

saur [sɔʀ] *adj m* **hareng** ~ Bückling *m*

saurai [sɔʀɛ] *fut de* **savoir**

saut [so] *m* ① (*bond*) Sprung *m;* ~ **de la mort** Salto mortale *m;* ~ **de l'ange** Kopfsprung ② SPORT ~ **à la perche** Stabhochsprung *m;* ~ **à la corde** Seilspringen *nt;* ~ **en longueur** Weitsprung; ~ **en parachute** Fallschirm[ab]sprung; ~ **en chute libre** Sprung in freiem Fall; ~ **de haies** Hürdenspringen *nt;* ~ **d'obstacles** Hindernissprung; ~ **périlleux** Salto *m* ③ INFORM Sprung *m* ▶ **au** ~ **du lit** beim Aufstehen; **prendre qn au** ~ **du lit** jdn aus dem Bett holen; **faire le** ~ den Schritt wagen; **faire un** ~ **chez qn** *fam* auf einen Sprung bei jdm vorbeischauen

saut-de-mouton [sod(ə)mutɔ̃] <sauts-de-mouton> *m* Überführung *f*

saute [sot] *f* ~ **de température** plötzlicher Temperaturumschwung *m;* ~ **d'humeur** plötzlicher Stimmungsumschwung *m;* ~ **d'image** Flimmern *nt* des Bildes

sauté [sote] *m* ~ **de veau** Kalbsragout *nt*

saute-mouton [sotmutɔ̃] *m inv* Bockspringen *nt;* **jouer à** ~ Bockspringen machen

sauter [sote] <1> **I.** *vi* ① (*bondir*) springen; (*sautiller*) [herum]hüpfen; (*sauter vers le haut*) hochspringen; ~ **du lit** aus dem Bett springen; ~ **par la fenêtre/d'un train** aus dem Fenster/aus dem Zug springen ② SPORT springen; ~ **en parachute** mit dem Fallschirm abspringen; ~ **à la corde** Seil springen ③ (*se précipiter*) ~ **sur l'occasion** die Gelegenheit beim Schopf packen; ~ **sur le prétexte** den Vorwand benutzen ④ (*passer brusquement*) ~ **d'un sujet à l'autre** von einem Thema zum anderen springen; **un élève saute du CP en CE2** ein Schüler überspringt die zweite Klasse ⑤ (*jaillir*) *bouchon:* knallen; *bouton, chaîne:* abspringen ⑥ (*exploser*) *bâtiment, pont:* in die Luft fliegen (*fam*); *bombe:* hochgehen (*fam*); **faire** ~ **qn/qc** jdn/etw in die Luft sprengen ⑦ ELEC *fusibles, plombs:* durchbrennen ⑧ *fam* (*ne pas avoir lieu*) *classe, cours:* ausfallen ⑨ GASTR **faire** ~ **qc** etw braten; **des pommes de terre sautées** Bratkartoffeln *Pl* ⑩ (*clignoter*) *image:* flackern ⑪ (*annuler*) **faire** ~ **une contra-**

vention eine Geldstrafe rückgängig machen **II.** *vt* ① *(franchir)* ~ **un fossé/mur** über einen Graben/eine Mauer springen ② *(omettre)* überspringen *étape, page, classe;* vergessen *mot;* auslassen *repas* ③ *fam (avoir des relations sexuelles)* bumsen *(vulg)*

sauterelle [sotʀɛl] *f* Heuschrecke *f*

sauterie [sotʀi] *f fam* Tanzparty *f*

sauteur, -euse [sotœʀ, -øz] *m, f* SPORT Springer(in) *m(f)*

sauteuse [sotøz] *f* GASTR Bratpfanne *f*

sautillement [sotijmɑ̃] *m* [Herum]hüpfen *nt*

sautiller [sotije] <1> *vi* hüpfen

sauvage [sovaʒ] **I.** *adj* ① *camping, grève* wild; *concurrence, vente* illegal ② *(opp: domestique)* wild; *plante* wild wachsend ③ *(à l'état de nature)* wild; *lieu, pays* unberührt; *beauté* unverfälscht ④ *(violent)* brutal; *haine, horde* wild; *cris* gellend **II.** *mf* ① *(solitaire)* Einzelgänger(in) *m(f)* ② *(brute)* Rohling *m;* **comme des ~s** wie die Wilden *(fam)* ③ *(indigène)* Wilde(r) *f(m)*

sauvagement [sovaʒmɑ̃] *adv* auf bestialische Weise; *frapper, traiter* brutal

sauvageon(ne) [sovaʒɔ̃, ɔn] *m(f)* jugendlicher Randalierer *m*/jugendliche Randaliererin *f*

sauvagerie [sovaʒʀi] *f* ① Grausamkeit *f* ② *(insociabilité)* Ungeselligkeit *f*

sauvegarde [sovgaʀd] *f* ① *(protection)* Schutz *m;* ~ **de l'emploi** Sicherung *f* der Arbeitsplätze ② INFORM Sicherheitskopie *f;* **faire la ~ d'un fichier** eine Sicherungskopie einer Datei erstellen

sauvegarder [sovgaʀde] <1> *vt* ① *(protéger)* sich *(dat)* bewahren *indépendance, liberté;* wahren *droits;* schützen *biens, patrimoine;* aufrechterhalten *relations, image de marque* ② INFORM sichern

sauve-qui-peut [sovkipø] *m inv* Panik *f*

sauver [sove] <1> **I.** *vt* ① *(porter secours)* ~ **qn de la noyade** jdn vor dem Ertrinken retten; ~ **qc d'un naufrage/du feu** etw vor dem Untergang/dem Feuer retten; ~ **qn du désespoir** jdn aus der Verzweiflung retten; ~ **la vie à qn** jdm das Leben retten; **il a été sauvé par sa ceinture de sécurité** der Sicherheitsgurt war seine Rettung ② *(sauvegarder)* ~ **une entreprise de la faillite** ein Unternehmen vor dem Konkurs bewahren ③ INFORM sichern *fichiers* ▶ ~ **les meubles** retten, was zu retten ist **II.** *vi* retten; **un réflexe/geste qui sauve** ein rettender Reflex/eine rettende Geste ▶ **sauve qui peut!** rette sich wer kann! **III.** *vpr* ① *(échapper à)* **se ~ d'un mauvais pas** sich wieder herauswinden ② *(s'enfuir)* **se ~** flüchten ③ *fam (s'en aller)* **se ~** sich auf die Socken machen ④ *(déborder)* **se ~** überkochen

sauvetage [sov(ə)taʒ] *m* Rettung *f; de naufragés* Bergung *f*

sauveteur, -euse [sov(ə)tœʀ, -øz] *m, f* Retter(in) *m(f)*

sauvette [sovɛt] *f* **à la ~** *fam* auf die Schnelle; **se marier à la ~** überstürzt heiraten

sauveur [sovœʀ] **I.** *adj* rettend **II.** *m* REL **le Sauveur** der Heiland

sauveur, -euse [sovœʀ, -øz] *m, f* Retter(in) *m(f)*

S.A.V. [ɛsave] *m abr de* **service après-vente** Kundendienst *m*

savamment [savamɑ̃] *adv* ① geschickt ② *(avec érudition)* gelehrt ③ *(par expérience)* **parler ~ du chômage** über Arbeitslosigkeit aus Erfahrung sprechen

savane [savan] *f* ① *(vaste prairie)* Savanne *f* ② CAN *(terrain marécageux)* Sumpfgelände *nt*

savant(e) [savɑ̃, ɑ̃t] **I.** *adj* ① *(érudit)* gelehrt; **être ~ en histoire** in Geschichte sehr bewandert sein; **c'est trop ~ pour moi** das ist mir zu hochgestochen *(fam)* ② *antéposé péj discussion* hochgestochen; *calcul* kompliziert ③ *(habile)* geschickt; **c'est un ~ dosage** das ist wohl dosiert ④ *(dressé)* dressiert **II.** *m(f)* ① *(lettré)* Gelehrte(r) *f(m)* ② *(scientifique)* Wissenschaftler(in) *m(f)*

savarin [savaʀɛ̃] *m* Savarin *m*

savate [savat] *f* Hauslatschen *m (fam)*; *(chaussure)* Treter *m (fam)*; **en ~s** *fam* in Pantoffeln ▶ **traîner la ~** *fam* sich herumtreiben; *(vivoter)* sich so durchschlagen

saveur [savœʀ] *f* ① *(goût)* Geschmack *m;* **avoir une ~ âcre/douce** bitter/süß schmecken; **sans ~** geschmacklos ② *d'une nouveauté, d'un interdit* Reiz *m; d'une formule, d'un style* Würze *f*

Savoie [savwa] *f* **la ~** Savoyen *nt*

savoir [savwaʀ] <irr> **I.** *vt* ① *(être au courant)* wissen; ~ **la nouvelle par les journaux/sa famille** die Neuigkeit aus den Zeitungen/von seiner Familie erfahren haben; **faire ~ à qn que** jdm Bescheid sagen, dass; **on sait que** es ist bekannt, dass ② *(connaître)* können *leçon, rôle;* kennen *détails;* ~ **qc de** [*o* **sur**] **qn/qc** etw über jdn/etw wissen; **bien ~ sa leçon** seine Lektion gut gelernt haben; **tâcher d'en ~**

S

davantage versuchen mehr zu erfahren ❸ (*être capable de*) ~ **attendre/dire non** warten/nein sagen können; **je ne saurais vous renseigner** ich kann Ihnen leider keine Auskunft geben ❹ (*être conscient*) wissen ❺ BELG, NORD (*pouvoir*) **ne pas ~ venir à l'heure** nicht pünktlich sein können ▶ **~ y faire** *fam* wissen, wie man's macht; **qn ne sait plus où se mettre** *fam* jd würde sich am liebsten in ein Mauseloch verkriechen; **ne rien vouloir ~** davon nichts wissen wollen; **à ~** nämlich; **on ne sait jamais** man kann nie wissen; **en ~ quelque chose** ein Lied davon singen können (*fam*); **n'en rien ~** keine Ahnung haben **II.** *vi* wissen ▶ **pas que je sache** nicht dass ich wüsste; **pour autant que je sache!** soviel ich weiß! **III.** *vpr* ❶ (*être connu*) **se ~** bekannt sein ❷ (*avoir conscience*) **se ~ en danger/malade** wissen, dass man in Gefahr/krank ist ▶ **tout se sait** nichts bleibt verborgen **IV.** *m* Wissen *nt*

savoir-faire [savwaʀfɛʀ] *m inv* Know-how *nt* **savoir-vivre** [savwaʀvivʀ] *m inv* Benehmen *nt*

savon [savɔ̃] *m* ❶ (*savonnette*) Seife *f;* **~ de Marseille** Kernseife ❷ *fam* (*réprimande*) Rüffel *m;* **passer un ~ à qn** jdm einen Rüffel erteilen (*fam*), jdm den Kopf waschen (*fam*); **prendre un [bon] ~** was zu hören kriegen (*fam*)

savonnage [savɔnaʒ] *m* Waschen *nt* mit Seife

savonner [savɔne] <1> **I.** *vt* einseifen **II.** *vpr* **se ~** sich einseifen

savonnette [savɔnɛt] *f* Toilettenseife *f*

savonneux, -euse [savɔnø, -øz] *adj* seifig; **eau savonneuse** Seifenwasser *nt*

savourer [savuʀe] <1> **I.** *vt* genießen *mets, boisson;* auskosten *triomphe, vengeance* **II.** *vi* genießen

savoureux, -euse [savuʀø, -øz] *adj* köstlich

savoyard(e) [savwajaʀ, jaʀd] *adj* savoyisch

Savoyard(e) [savwajaʀ, jaʀd] *m(f)* Savoyarde *m*/Savoyardin *f,* Savoyer(in) *m(f)*

saxe [saks] *m* Meiß[e]ner Porzellan *nt*

Saxe [saks] *f* **la ~** Sachsen *nt*

Saxe-Anhalt [saksanalt] *f* Sachsen-Anhalt *nt*

saxo [sakso] **I.** *m* Saxophon *nt* **II.** *mf* Saxophonist(in) *m(f)*

saxon [saksɔ̃] *m* Sächsisch *nt; v. a.* **allemand**

saxon(ne) [saksɔ̃, ɔn] *adj* sächsisch

Saxon(ne) [saksɔ̃, ɔn] *m(f)* Sachse *m*/Sächsin *f*

saxophone [saksɔfɔn] *m* Saxophon *nt*

saxophoniste [saksɔfɔnist] *mf* Saxophonist(in) *m(f)*

saynète [sɛnɛt] *f* Sketch *m*

sbire [sbiʀ] *m* Scherge *m*/Schergin *f*

scabreux, -euse [skabʀø, -øz] *adj* ❶ *conversation, histoire* schlüpfrig; *allusion* anzüglich; *sujet* gewagt ❷ *soutenu* (*risqué*) gewagt

scalp [skalp] *m* Skalp *m*

scalpel [skalpɛl] *m* Skalpell *nt*

scalper [skalpe] <1> *vt* skalpieren

scampi [skɑ̃pi] *mpl* Scampi *Pl*

scandale [skɑ̃dal] *m* ❶ (*éclat*) Skandal *m;* **presse à ~** Skandalpresse *f* ❷ (*indignation*) Empörung *f* ❸ (*tapage*) Lärm *m;* **~ sur la voie publique** öffentliche Ruhestörung ▶ **faire ~** Staub aufwirbeln (*fig*)

scandaleusement [skɑ̃daløzmɑ̃] *adv* ❶ (*honteusement*) skandalös ❷ (*outrageusement*) unerhört; *exagéré, sous-estimé* maßlos

scandaleux, -euse [skɑ̃dalø, -øz] *adj* ❶ (*honteux*) skandalös; *prix, propos* unverschämt; *vie* skandalumwittert; **il est ~ que** + *subj* es ist ein Skandal, dass ❷ (*qui exploite le scandale*) **la chronique scandaleuse** die Skandalberichte *Pl*

scandaliser [skɑ̃dalize] <1> **I.** *vt* schockieren; **être scandalisé que** empört darüber sein, dass **II.** *vpr* **se ~ de qc** sich über etw (*akk*) empören; **se ~ que** + *subj* empört darüber sein, dass

scander [skɑ̃de] <1> *vt* im Sprechchor rufen *slogans*

scandinave [skɑ̃dinav] *adj* skandinavisch

Scandinave [skɑ̃dinav] *mf* Skandinavier(in) *m(f)*

Scandinavie [skɑ̃dinavi] *f* **la ~** Skandinavien *nt*

scanner¹ [skane] <1> *vt* scannen

scanner² [skanɛʀ] *m,* **scanneur** [skanœʀ] *m* Scanner *m;* **~ à main/à plat** Hand-/Flachbettscanner

scaphandre [skafɑ̃dʀ] *m* (*pour scaphandrier*) Taucheranzug *m;* (*pour astronaute*) Raumanzug *m*

scaphandrier [skafɑ̃dʀije] *m* Taucher *m*

scarabée [skaʀabe] *m* Skarabäus *m*

scarification [skaʀifikasjɔ̃] *f* ❶ AGR *d'une écorce* Einritzen *nt; du gazon* Vertikutieren *nt* ❷ MED Hautritzung *f* ❸ TRANSP Aufreißen *nt*

scarlatine [skaʀlatin] *f* Scharlach *m*

S

scarole [skaʀɔl] *f* Endivie *f*

scatologique [skatɔlɔʒik] *adj* skatologisch

sceau [so] <x> *m* Siegel *nt* ▸ **sous le ~ du secret** unter dem Siegel der Verschwiegenheit

sceller [sele] <1> *vt* ❶ TECH einzementieren *crochet, couronne dentaire;* einmauern *pierre;* einlassen *barreaux;* kleben *dalle* ❷ (*confirmer solennellement*) besiegeln; bekräftigen *engagement* ❸ (*authentifier par un sceau*) siegeln ❹ (*fermer hermétiquement*) versiegeln ❺ (*apposer les scellés*) mit Siegeln versehen

scellés [sele] *mpl* Amtssiegel *Pl;* (*plomb*) Plomben *Pl;* **mettre les ~** die Siegel anbringen; **apposer les ~ sur qc** etw amtlich versiegeln; **lever les ~** das Siegel aufbrechen; **sous ~** unter Verschluss

scénario [senaʀjo, senaʀi] <s o scénarii> *m* ❶ *d'un film* Drehbuch *nt; d'une pièce de théâtre* Gerüst *nt; d'une bande dessinée* Story *f; d'un roman* Aufbau *m* ❷ (*déroulement prévu*) Ablauf *m; d'un attentat, hold-up* Plan *m; d'une opération de police* Vorgehensweise *f;* **c'est toujours le même ~** es ist immer dasselbe Spiel

scénariste [senaʀist] *mf* Drehbuchautor(in) *m(f)*

scène [sɛn] *f* ❶ (*spectacle*) Szene *f;* **~ d'amour** Liebesszene ❷ (*querelle*) Szene *f;* **~ de jalousie** Eifersuchtsszene; **~ de ménage** Ehekrach *m;* **faire une ~ à qn** jdm eine Szene machen ❸ (*estrade*) Bühne *f;* (*séquence*) Szene *f;* **entrer en ~** auftreten; **mettre une histoire en ~** eine Geschichte auf der Bühne darstellen; **mettre une pièce de théâtre en ~** ein Theaterstück inszenieren; **en ~!** auf die Bühne! ❹ (*décor*) Bühnenbild *nt* ❺ *d'un crime, drame* Schauplatz *m*

scénique [senik] *adj gestuelle, traitement* szenisch; **les indications ~s** die Bühnenanweisungen

scepticisme [sɛptisism] *m* ❶ Skepsis *f* ❷ PHILOS Skeptizismus *m*

sceptique [sɛptik] **I.** *adj* skeptisch **II.** *mf* Skeptiker(in) *m(f)*

sceptre [sɛptʀ] *m* Zepter *nt*

schah [ʃa] *m* Schah *m*

schelem [ʃlɛm] *v.* **chelem**

schéma [ʃema] *m* ❶ (*abrégé*) Schema *nt* ❷ (*dessin*) schematische Zeichnung; **~ de montage** Montageplan *m*

schématique [ʃematik] *adj a. péj* schematisch

schématiquement [ʃematikmɑ̃] *adv* in groben Zügen

schématisation [ʃematizasjɔ̃] *f* Schematismus *m*

schématiser [ʃematize] <1> *vt* schematisch darstellen

schilling [ʃiliŋ] *m* Schilling *m*

schizo [skizo] *adj, mf abr de* **schizophrène**

schizoïde [skizɔid] **I.** *adj* schizoid **II.** *mf* Schizoide(r) *f(m)*

schizophrène [skizɔfʀɛn] **I.** *adj* schizophren **II.** *mf* Schizophrene(r) *f(m)*

schizophrénie [skizɔfʀeni] *f* Schizophrenie *f*

Schleswig-Holstein [ʃlɛsvigɔlʃtajn] *m* **le ~** Schleswig-Holstein *nt*

schleu(e) [ʃlø] *v.* **chleuh**

Schleu(e) [ʃlø] *v.* **Chleuh**

schlinguer [ʃlɛ̃ge] <1> *vi fam* müffeln

schmolitz [ʃmɔlits] *m* CH **faire ~** Brüderschaft trinken

schnaps [ʃnaps] *m* Schnaps *m*

schnock, schnoque [ʃnɔk] **I.** *adj fam* bescheuert **II.** *m fam* **vieux ~** alter Knacker

schnouf [ʃnuf] *f arg* Stoff *m*

schuss [ʃus] *m* Schussfahrt *f;* **descendre tout ~** *fam* Schuss fahren

sciage [sjaʒ] *m* Sägen *nt*

sciatique [sjatik] **I.** *adj* **nerf ~** Ischiasnerv *m* **II.** *f* Ischias *m o nt*

scie [si] *f* Säge *f;* **~ égoïne** Fuchsschwanz *m;* **~ circulaire** Kreissäge; **~ à bois** Holzsäge; **~ à découper** Laubsäge

sciemment [sjamɑ̃] *adv* absichtlich; **prendre ~ une décision** wissentlich eine Entscheidung treffen

science [sjɑ̃s] *f* ❶ (*domaine scientifique*) Wissenschaft *f* ❷ (*disciplines scolaires*) **les ~s** die Naturwissenschaften *Pl;* **~s appliquées/humaines** angewandte/Humanwissenschaften *Pl;* **~s politiques** Politologie *f;* **faculté des ~s** naturwissenschaftliche Fakultät ❸ (*connaissance*) **~ de l'être** Lehre *f* des Seins ❹ (*savoir faire*) Fertigkeit *f* ❺ (*érudition*) Wissen *nt* ▸ **avoir la ~ infuse** *fam* die Weisheit gepachtet haben (*pej*)

science-fiction [sjɑ̃sfiksjɔ̃] *f inv* Sciencefiction *f;* **roman/film de ~** Sciencefictionroman *m*/-film *m*

scientifique [sjɑ̃tifik] **I.** *adj* wissenschaftlich **II.** *mf* ❶ (*savant*) Wissenschaftler(in) *m(f)* ❷ (*élève*) Naturwissenschaftler *m*

scientifiquement [sjɑ̃tifikmɑ̃] *adv* wissenschaftlich; **~ parlant** wissenschaftlich gesehen

scientologie [sjɑ̃tɔlɔʒi] *f* Scientology® *f;* **Église de ~** Scientology-Kirche *f*

S

scientologue [siɑ̃tɔlɔg] *mf* Scientologe *m*/Scientologin *f*
scier [sje] <1> *vt* ❶ (*couper*) sägen; absägen *arbres* ❷ *fam* (*estomaquer*) umhauen; **être scié** platt sein (*fam*)
scierie [siʀi] *f* Sägewerk *nt*
scieur [sjœʀ] *m* Sägewerker *m*
scieuse [sjøz] *f* Sägemaschine *f*
scinder [sɛ̃de] <1> **I.** *vt* spalten *parti;* ~ **une question/un problème** eine Frage/ein Problem aufspalten; **scindé en deux** zweigeteilt **II.** *vpr* **se** ~ **en qc** sich in etw (*akk*) aufsplittern; *parti:* sich in etw (*akk*) spalten
scintillant(e) [sɛ̃tijɑ̃, jɑ̃t] *adj* funkelnd; *perles* schimmernd; *neige* glitzernd
scintillement [sɛ̃tijmɑ̃] *m* Funkeln *nt; de la neige* Glitzern *nt; d'un écran, d'une image* Flimmern *nt*
scintiller [sɛ̃tije] <1> *vi* funkeln; PHYS szintillieren
scission [sisjɔ̃] *f* Spaltung *f;* **faire** ~ sich abspalten
sciure [sjyʀ] *f* Sägemehl *nt*
sclérose [skleʀoz] *f* ❶ *des institutions, d'un parti* Verknöcherung *f; d'une personne* Verkalkung *f* ❷ MED Sklerose *f;* ~ **en plaques** multiple Sklerose
sclérosé(e) [skleʀoze] *adj* ❶ MED verhärtet, sklerotisch (*Fachspr.*) ❷ *fig administration, société* verkrustet; **être** ~ *personne:* festgefahren sein; *institution:* unbeweglich sein
scléroser [skleʀoze] <1> **I.** *vt* verknöchern lassen *personne;* lähmen *initiatives* **II.** *vpr* ❶ (*se figer*) **se** ~ *société:* unbeweglich werden; **se** ~ **dans ses habitudes** in seinen Gewohnheiten festgefahren sein ❷ MED **se** ~ sich verhärten
scolaire [skɔlɛʀ] *adj* ❶ (*relatif à l'école*) schulisch; **année** ~ Schuljahr *nt;* **échec** ~ Schulversagen *nt* ❷ *péj* (*livresque*) akademisch; **parler un allemand** ~ Schuldeutsch sprechen
scolarisation [skɔlaʀizasjɔ̃] *f* Einschulung *f,* Schulbesuch *m*
scolariser [skɔlaʀize] <1> *vt* ❶ (*admettre dans une école*) einschulen; **être scolarisé** eingeschult werden, eine Schule besuchen ❷ (*doter d'écoles*) ~ **un pays/une région** in einem Land/in einem Gebiet Schulen einrichten
scolarité [skɔlaʀite] *f* Schulbesuch *m;* **années de** ~ Schulzeit *f;* ~ **obligatoire** Schulpflicht *f*
scoliose [skɔljoz] *f* Skoliose *f*
scolopendre [skɔlɔpɑ̃dʀ] *f* ZOOL Tausendfüßler *m*
sconse [skɔ̃s] *m* Stinktier *nt*
scoop [skup] *m fam* Knüller *m*
scooter [skutœʀ, skutɛʀ] *m* Motorroller *m;* ~ **des mers** Jetski *m;* ~ **des neiges** Motorschlitten *m*
scorbut [skɔʀbyt] *m* Skorbut *m*
score [skɔʀ] *m* SPORT Spielergebnis *nt;* (*en cours de partie*) Spielstand *m;* POL *électoral* Ergebnis; **mener au** ~ in Führung liegen
scorpion [skɔʀpjɔ̃] *m* ZOOL Skorpion *m*
Scorpion [skɔʀpjɔ̃] *m* Skorpion *m; v. a.* **Balance**
scotch®1 [skɔtʃ] *m sans pl* (*adhésif*) Tesafilm® *m*
scotch2 [skɔtʃ] <es> *m* (*whisky*) Scotch *m*
scotcher [skɔtʃe] <1> **I.** *vt* kleben; (*pour fermer*) [mit Tesafilm] zukleben **II.** *vt fig fam* **être scotché devant la télé** vor dem Fernseher kleben [*o* hängen]
scout(e) [skut] **I.** *adj* Pfadfinder-; *fraternité* der Pfadfinder **II.** *m(f)* Pfadfinder(in) *m(f)*
scoutisme [skutism] *m* **faire du** ~ Pfadfinder sein
scratcher [skʀatʃe] <1> *vi fam* scratchen
scribe [skʀib] *m* ❶ HIST (*copiste*) Kopist *m;* (*écrivain*) Schreiber *m* ❷ BIBL Schriftgelehrter *m*
scribouillard(e) [skʀibujaʀ, jaʀd] *m(f) fam* Schreiberling *m*
script [skʀipt] *m* ❶ CINE Drehbuch *nt;* THEAT Regiebuch *nt* ❷ (*écriture*) Druckschrift *f;* **en** ~ in Druckschrift ❸ (*retranscription*) Skript *nt*
scripte [skʀipt] *f* Skriptgirl *nt*
scrotum [skʀɔtɔm] *m* ANAT Hodensack *m*
scrupule [skʀypyl] *m* ❶ *souvent pl* (*hésitation*) Skrupel *m;* **avoir des ~s à faire qc** Hemmungen haben etw zu tun; **comprendre les ~s de qn** jds Bedenken verstehen; **être sans ~[s]** keine Skrupel haben; **un individu sans ~s** ein skrupelloses Individuum ❷ (*souci*) ~ **d'exactitude** Bemühen *nt* um Genauigkeit
scrupuleusement [skʀypyløzmɑ̃] *adv* peinlich genau
scrupuleux, -euse [skʀypylø, -øz] *adj* ❶ gewissenhaft; *honnêteté* absolut ❷ (*très honnête*) ehrlich; **peu** ~ gewissenlos
scruter [skʀyte] <1> *vt* mit den Augen absuchen *horizon;* mit seinem Blick zu durchdringen suchen *pénombre;* prüfen *conscience*
scrutin [skʀytɛ̃] *m* Wahl *f;* ~ **majoritaire** Mehrheitswahl
sculpter [skylte] <1> **I.** *vt* formen; schnit-

S

zen *bois;* mit Schnitzereien verzieren *meuble, objet en bois;* behauen *marbre, pierre;* ~ **qc dans du marbre** etw in Marmor hauen **II.** *vi* sich als Bildhauer betätigen

sculpteur, -euse [skyltœʀ, -øz] *m, f* Bildhauer(in) *m(f);* ~ **sur bois** Holzschnitzer *m*

sculptural(e) [skyltyʀal, -o] <-aux> *adj* ❶ ART bildhauerisch ❷ (*bien modelé*) statuenhaft; *corps* vollendet; *beauté* klassisch

sculpture [skyltyʀ] *f* ❶ (*art*) **la** ~ die Bildhauerei; **la** ~ **sur pierre** das Meißeln; **la** ~ **sur bois** die Holzschnitzerei ❷ (*statue*) Skulptur *f*

S.D.F. [ɛsdeɛf] *mf abr de* **sans domicile fixe** Obdachlose(r) *f(m)*

SDN [ɛsdeɛn] *f abr de* **Société des Nations** Völkerbund *m*

se [sə] <*devant voyelle ou h muet* s'> *pron pers* ❶ sich; **il/elle** ~ **voit dans le miroir** er/sie sieht sich im Spiegel; **il/elle** ~ **demande s'il/si elle a raison** er/sie fragt sich, ob er/sie Recht hat ❷ (*l'un l'autre*) sich; **ils/elles** ~ **suivent/font confiance** sie folgen/vertrauen einander ❸ *avec les verbes pronominaux* sich; **ils/elles** ~ **nettoient** sie machen sich sauber; **il/elle** ~ **nettoie les ongles** er/sie macht sich (*dat*) die Nägel sauber; **il/elle** ~ **fait couper les cheveux** er/sie lässt sich (*dat*) die Haare schneiden

séance [seɑ̃s] *f* ❶ CINE, THEAT Vorstellung *f;* ~ **privée** Privatvorführung *f* ❷ (*période*) Sitzung *f;* ~ **de gymnastique** Turnstunde *f;* ~ **d'essais** AUT Probefahrt *f;* ~ **de tir** Schießübung *f;* ~ **de pose** Modellsitzen *nt;* ~ **de spiritisme** Séance *f* ❸ (*réunion*) Sitzung *f;* **en** ~ in einer Sitzung; **être en** ~ tagen; **lever la** ~ die Sitzung aufheben; (*interrompre*) die Sitzung unterbrechen ❹ *fam* (*scène*) Szene *f* ▶ ~ **tenante** unverzüglich

séant [seɑ̃] *adj v.* **seyant**

seau [so] <x> *m* Eimer *m;* **un** ~ **d'eau** ein Eimer Wasser; ~ **à glace** Eiskübel *m;* ~ **de plage** Sandeimer *m* ▶ **il pleut à** ~**x** *fam* es gießt wie aus Kübeln

SEBC [ɛsøbese] *m abr de* **Système européen de banques centrales** ESZB *nt*

sébum [sebɔm] *m* [Haut]talg *m*

sec [sɛk] **I.** *adv* ❶ *démarrer* ruckartig; *frapper* kräftig ❷ *boire* kräftig ▶ **aussi** ~ *fam* sofort; *répondre* wie aus der Pistole geschossen **II.** *m* **étang à** ~ ausgetrockneter Teich; **mettre à** ~ trockenlegen; **être à** ~ (*sans argent*) blank sein (*fam*); **mettre qc au** ~ etw ins Trockene bringen; **tenir qc au** ~ etw trocken lagern

sec, sèche [sɛk, sɛʃ] *adj* ❶ trocken ❷ *figue* getrocknet; **légumes** ~**s** Hülsenfrüchte *Pl;* **fruits** ~**s** Dörrobst *nt;* **raisins** ~**s** Rosinen *Pl* ❸ *bras* dürr; *cheveu* spröde; *peau, toux* trocken ❹ *bruit, rire* kurz und heftig; *coup* rasch ❺ *personne* kurz angebunden; *refus* klar; *réponse, merci* knapp; *lettre* kühl; *ton* schroff; *cœur* hart ❻ *style* trocken ❼ SPORT *jeu, placage* hart ❽ *whisky, gin* pur ❾ *champagne, vin* trocken ❿ JEUX *atout, valet* blank

SECAM [sekam] *m abr de* **séquentiel à mémoire** SECAM *nt*

sécateur [sekatœʀ] *m* Gartenschere *f;* (*grand*) Heckenschere

sécession [sesesjɔ̃] *f* POL Abspaltung *f;* HIST Sezession *f;* **faire** ~ sich abspalten

séchage [seʃaʒ] *m* Trocknen *nt*

sèche-cheveux [sɛʃʃəvø] *m inv* Föhn *m* **sèche-linge** [sɛʃlɛ̃ʒ] *m inv* Wäschetrockner *m* **sèche-mains** [sɛʃmɛ̃] *m inv* Händetrockner *m*

sèchement [sɛʃmɑ̃] *adv démarrer* ruckartig; *frapper, tirer* hart; *refuser, répondre* schroff

sécher [seʃe] <5> **I.** *vt* ❶ (*rendre sec*) trocknen; (*en essuyant*) abtrocknen *personne, mains* ❷ *fam* (*ne pas assister à*) schwänzen **II.** *vi* ❶ (*devenir sec*) trocknen; **mettre le linge à** ~ die Wäsche zum Trocknen aufhängen ❷ (*se déshydrater*) *bois:* trocken werden; *plante, terre:* austrocknen; *fleur, fruits:* vertrocknen ❸ *fam* (*ne pas savoir*) passen müssen; ~ **en math** in Mathe alt aussehen **III.** *vpr* **se** ~ sich abtrocknen; (*au soleil*) sich trocknen; **se** ~ **les mains** sich (*dat*) die Hände abtrocknen; **se** ~ **les cheveux** [**avec un séchoir**] sich (*dat*) die Haare föhnen

sécheresse [sɛʃʀɛs] *f* Trockenheit *f*

sèche-serviette [sɛʃsɛʀvjɛt] <sèche-serviettes> *m* Handtuchtrockner *m*

sécheuse [seʃøz] *f* CAN (*sèche-linge*) Wäschetrockner *m*

séchoir [seʃwaʀ] *m* Trockengestell *nt*

second [s(ə)gɔ̃] *m* (*dans une charade*) zweite Silbe; *v. a.* **cinquième**

second(e) [s(ə)gɔ̃, ɔ̃d] **I.** *adj antéposé* ❶ (*deuxième*) zweite(r, s); **en** ~ **lieu** dann ❷ (*qui n'a pas la primauté*) zweite(r, s); **au** ~ **plan** im Hintergrund; **au** ~ **plan du tableau** im Mittelgrund des Bildes; **de** ~ **ordre** unbedeutend ❸ *jeunesse, nature* zweite(r, s); *vie* neu **II.** *m(f)* **le/la** ~**(e)** der/die/das Zweite

secondaire [s(ə)gɔ̃dɛʀ] **I.** *adj* ❶ *action, rôle* Neben-; *détail* nebensächlich; **ne jouer qu'un rôle** ~ **dans une affaire** in einer

S

Sache nur eine untergeordnete Rolle spielen ② SCOL **l'enseignement ~** der Unterricht an weiterführenden Schulen ③ MED **effets ~s** Nebenwirkungen *Pl* ④ ECON *secteur* sekundär **II.** *m* SCOL **le ~** die weiterführende Schule; (*au lycée*) die Gymnasialstufe

seconde [s(ə)gɔ̃d] *f* ① (*unité de temps*) Sekunde *f;* GEOM, MUS Sekunde ② (*temps très court*) Augenblick *m;* **patienter deux ~s** sich einen Moment gedulden; **une ~, j'arrive!** Sekunde, ich komme! ③ (*vitesse*) zweiter Gang ④ SCOL ≈ zehnte Klasse ⑤ TRANSP zweite Klasse; **billet de ~** Fahrkarte *f*/Flugticket *nt* zweiter Klasse

secondement [s(ə)gɔ̃dmɑ̃] *adv* zweitens

seconder [s(ə)gɔ̃de] <1> *vt* **~ qn dans son travail** jdm bei einer Arbeit zur Hand gehen; **être secondé par qn** von jdm unterstützt werden

secouer [s(ə)kwe] <1> **I.** *vt* ① (*agiter*) schütteln; (*pour débarrasser*) ausschütteln *nappe, tapis;* **~ qn** [**pour le réveiller**] jdn wachrütteln; **~ la poussière de la veste** den Staub von der Jacke schütteln ② (*ballotter*) *explosion, bombardement:* erschüttern; *autobus, avion:* durchrütteln *personne;* hin und her schütteln *arbre, embarcation* ③ (*traumatiser*) *émotion:* erschüttern; *deuil, maladie:* mitnehmen ▶**il n'en a rien à ~ de qc** *fam* etw ist ihm total egal **II.** *vpr fam* **se ~** ① (*s'ébrouer*) sich schütteln ② (*réagir*) sich aufraffen

secourable [s(ə)kuʀabl] *adj* hilfreich; **tendre une main ~ à qn** jdm seine Hilfe anbieten

secourir [s(ə)kuʀiʀ] <*irr*> *vt* **~ qn** jdm Hilfe leisten

secourisme [s(ə)kuʀism] *m* erste Hilfe; **faire du ~** beim Rettungsdienst arbeiten

secouriste [s(ə)kuʀist] *mf* Sanitäter(in) *m(f)*

secours [s(ə)kuʀ] *m* ① (*sauvetage*) erste Hilfe; (*organisme*) Rettungsdienst *m;* (*en montagne*) Bergwacht *f;* **les ~** die Rettungsmannschaft; **donner les premiers ~ aux accidentés** den Unfallopfern erste Hilfe leisten ② (*aide*) Hilfe *f;* **appeler qn à son ~** jdn zu Hilfe rufen; **porter** [*o* **prêter**] **~ à qn** jdm Hilfe leisten; **aller** [*o* **courir**]/**voler au ~ de qn/qc** jdm/einer S. zu Hilfe kommen/eilen; **au ~!** [zu] Hilfe!; **sortie de ~** Notausgang *m* ③ (*subvention*) Unterstützung *f*

secousse [s(ə)kus] *f* ① (*choc*) Stoß *m;* **par ~s** stoßweise ② POL Erschütterung *f*

secret [səkʀɛ] *m* ① (*cachotterie*) Geheimnis *nt;* **~ d'alcôve** Bettgeheimnis; **~ de Polichinelle** *fam* offenes Geheimnis; **garder un ~** ein Geheimnis wahren; **ne pas avoir de ~ pour qn** vor jdm kein Geheimnis haben ② *sans pl* (*confidentialité*) Verschwiegenheit *f;* **le ~ médical/professionnel** die ärztliche Schweigepflicht/das Berufsgeheimnis; **~ de la confession** Beichtgeheimnis *nt;* **garder le ~ sur qc** [*o* **de qc**] etw geheim halten ③ POL **~ défense** Militärgeheimnis *nt* ▶**être dans le ~ des dieux** zu den Eingeweihten gehören; **l'astrologie n'a plus de ~ pour elle** sie weiß alles über die Astrologie; **être dans le ~/dans le ~ de qn** zu den Eingeweihten/zu jds Eingeweihten gehören; **mettre qn dans le ~** jdn in das Geheimnis einweihen; **cadenas/serrure à ~** Kombinationsschloss *nt;* **les personnes qui sont dans le ~** die Eingeweihten; **en** [**grand**] **~** [ganz] im Geheimen

secret, -ète [səkʀɛ, -ɛt] *adj* ① *agent, service, code* Geheim-; *ennemi* versteckt; *blessure* unsichtbar; *vice* heimlich; **garder qc ~** etw geheim halten ② *soutenu* (*renfermé*) verschlossen

secrétaire [s(ə)kʀetɛʀ] **I.** *mf* Sekretär(in) *m(f);* **~ médical** Sprechstundenhilfe *f* ② (*fonction*) **~ général d'un institut** Generalsekretär *m* eines Instituts; **~ général des Nations Unies** UNO-Generalsekretär *m* **II.** *m* Sekretär *m;* **~ de direction** Chefsekretär *m;* **~ de mairie** Stadtdirektor *m;* **~ de séance** Protokollführer *m;* **~ d'État aux Affaires étrangères/à la Guerre** Staatssekretär *m* im Auswärtigen Amt/im Kriegsministerium

secrétariat [s(ə)kʀetaʀja] *m* ① (*service administratif*) Sekretariat *nt;* **~ général des Nations Unies** Generalsekretariat der Vereinten Nationen; **~ d'État/de direction** Staats-/Chefsekretariat ② (*fonction officielle*) Amt *nt* des Sekretärs ③ (*emploi de secrétaire: pour un homme*) Sekretärberuf *m;* (*pour une femme*) Sekretärinnenberuf *m* ④ (*bureau*) Sekretariat *nt*

secrètement [səkʀɛtmɑ̃] *adv agir, informer* heimlich; *désirer, espérer* insgeheim

sécréter [sekʀete] <5> *vt* ① ANAT absondern ② (*engendrer*) führen zu, nach sich ziehen; **~ l'ennui** langweilig sein

sécrétion [sekʀesjɔ̃] *f* Absonderung *f,* Sekretion *f*

sectaire [sɛktɛʀ] **I.** *adj* sektiererisch **II.** *mf* Sektierer(in) *m(f)*

sectarisme [sɛktaʀism] *m* Sektierertum *nt*

S

secte [sɛkt] *f* ❶ (*groupe organisé*) Sekte *f* ❷ *péj* (*clan*) Klüngel *m*
secteur [sɛktœʀ] *m* ❶ (*domaine*) Bereich *m;* ~ **d'économie** Wirtschaftszweig *m;* ~ **d'activité** Betätigungsfeld *nt* ❷ ADMIN, POL Bezirk *m;* MIL ~ **de recrutement** Einzugsgebiet *nt;* ~ **sauvegardé** Schutzgebiet *nt* ❸ ELEC Netz *nt;* **panne de** ~ Netzausfall *m* ❹ ECON *primaire, secondaire, tertiaire* Sektor *m* ❺ (*coin*) Gegend *f*
section [sɛksjɔ̃] *f* ❶ ADMIN, POL Abschnitt *m; d'une voie ferrée* Streckenabschnitt; *d'un parcours* Teilstrecke *f;* TRANSP Zone *f* ❷ (*branche*) JUR Abteilung *f;* SCOL Fachrichtung *f* ❸ (*groupe*) ~ **d'un syndicat** Gewerkschaftsgruppe *f;* MIL Zug *m;* ~**s spéciales** Sondereinheiten *Pl* ❹ MED Durchtrennung *f*
sectionnement [sɛksjɔnmɑ̃] *m* Durchtrennung *f*
sectionner [sɛksjɔne] <1> **I.** *vt* ❶ (*couper*) durchtrennen *artère, fil;* **il a eu trois doigts sectionnés** ihm wurden drei Finger abgetrennt ❷ (*subdiviser*) aufteilen *circonscription, groupe* **II.** *vpr* **se** ~ *câble, fil:* reißen
sectoriel(le) [sɛktɔʀjɛl] *adj* ADMIN, POL nach Sektoren; *revendications* branchenbedingt
sectorisation [sɛktɔʀizasjɔ̃] *f* ADMIN, POL Aufteilung *f* [in Bezirke]; *d'un projet, de revendications* Aufspaltung *f*
sécu [seky] *f fam abr de* **Sécurité sociale** *staatliche Sozial- und Krankenversicherung*
séculaire [sekylɛʀ] *adj* jahrhundertealt
sécularisation [sekylaʀizasjɔ̃] *f* Säkularisierung *f*
séculariser [sekylaʀize] <1> *vt* säkularisieren *monastère*
secundo [səgɔ̃do] *adv* zweitens
sécurisant(e) [sekyʀizɑ̃, ɑ̃t] *adj atmosphère, climat* der Sicherheit (*gen*), der Geborgenheit (*gen*); **être** ~ beruhigend sein
sécuriser [sekyʀize] <1> *vt* ~ **qn** jdm ein Gefühl der Sicherheit geben; **ne pas se sentir très sécurisé** sich nicht sehr sicher fühlen
sécurité [sekyʀite] *f* ❶ (*opp: danger*) Sicherheit *f;* **règles de** ~ Sicherheitsvorschriften *Pl;* **conseils de** ~ Sicherheitshinweise *Pl;* **être en** ~ in Sicherheit sein ❷ (*sentiment*) Sicherheit *f;* **se sentir en** ~ sich sicher fühlen ❸ POL, ECON ~ **de l'emploi** sicherer Arbeitsplatz; **la** ~ **de l'emploi n'est pas assurée** die Sicherheit des Arbeitsplatzes ist nicht gewährleistet; ~ **civile** Zivilschutz *m;* ~ **publique** öffentliche Sicherheit; ~ **routière** Sicherheit *f* auf den Straßen; **Sécurité sociale** *staatliche Sozial- und Krankenversicherung* ❹ HIST ~ **d'État** Stasi *f* (*fam*), Staatssicherheit *f* ▸ **jouer la** ~ auf Nummer sicher gehen (*fam*); **en toute** ~ in aller Ruhe, ganz beruhigt
sédatif [sedatif] *m* Beruhigungsmittel *nt;* (*qui calme la douleur*) schmerzstillendes Mittel
sédentaire [sedɑ̃tɛʀ] *adj* sesshaft; *profession, travail* ortsgebunden
sédentarisation [sedɑ̃taʀizasjɔ̃] *f d'une population* Sesshaftmachung *f*
sédentariser [sedɑ̃taʀize] <1> **I.** *vt* sesshaft machen **II.** *vpr* **se** ~ sesshaft werden
sédentarité [sedɑ̃taʀite] *f* Sesshaftigkeit *f*
sédiment [sedimɑ̃] *m* GEOL Ablagerung *f,* Sediment *nt*
sédimentaire [sedimɑ̃tɛʀ] *adj* sedimentär; *roche* Schicht-, Sediment-
sédimentation [sedimɑ̃tasjɔ̃] *f* GEOL Ablagerung *f,* Sedimentation *f*
séducteur, -trice [sedyktœʀ, -tʀis] **I.** *adj* verführerisch; **manœuvres séductrices** Verführungskünste *Pl* **II.** *m, f* Verführer(in) *m(f);* (*qui séduit par son talent*) Verführungskünstler *m*
séduction [sedyksjɔ̃] *f* ❶ (*pouvoir de séduire*) verführerischer Charme; (*par le talent*) Verführungskunst *f;* **un discours plein de** ~ eine Rede voller Überzeugungskraft; **succomber à la** ~ **de qn** jdm nicht widerstehen können ❷ (*attrait*) Reiz *m; du pouvoir, de la richesse* Verlockung *f*
séduire [sedɥiʀ] <*irr*> **I.** *vt* ❶ (*tenter*) verführen; **être séduit** verführt sein; *fig* hingerissen sein; ~ **qn avec des propositions alléchantes** jdn mit verführerischen Vorschlägen locken ❷ (*plaire à*) überzeugen *personne; pièce:* begeistern *personne;* **être séduit par une idée** von einer Idee angetan sein **II.** *vi* bezaubern
séduisant(e) [sedɥizɑ̃, ɑ̃t] *adj* verführerisch; *personne* anziehend; *projet, proposition* verlockend; *style* ansprechend; *éloquence* hinreißend
segment [sɛgmɑ̃] *m* ❶ GEOM Segment *nt,* Abschnitt *m* ❷ COM ~ **de marché** Marktsegment *nt*
segmentation [sɛgmɑ̃tasjɔ̃] *f* BIO Segmentation *f*
segmenter [sɛgmɑ̃te] <1> *vt* gliedern *sujet;* aufteilen *surface;* ~ **en plusieurs parties** in mehrere Teile gliedern
ségrégation [segʀegasjɔ̃] *f* Trennung *f*

ségrégationniste [segʀegasjɔnist] **I.** *adj* segregationistisch (*geh*); *politique, problème* der Rassentrennung; *manifestation* zugunsten der Rassentrennung; *troubles* infolge der Rassentrennung; *idée, article, journal* rassistisch **II.** *mf* Befürworter(in) *m(f)* der Rassentrennung

seiche [sɛʃ] *f* ZOOL Tintenfisch *m*

seigle [sɛgl] *m* Roggen *m*

seigneur [sɛɲœʀ] *m* ❶ HIST [adeliger] Herr *m* ❷ REL **le Seigneur** der Herr ❸ (*personnage puissant*) ~ **de la finance** Boss *m* der Finanzwelt (*fam*); ~ **de l'industrie** Industriekapitän *m* (*fam*) ▶ **à tout ~ tout honneur** *prov* Ehre, wem Ehre gebührt; **grand** ~ großzügig

seigneurie [sɛɲœʀi] *f* ❶ (*fief*) herrschaftliches Gebiet *nt* ❷ (*pouvoir*) Lehnsherrschaft *f*

sein [sɛ̃] *m* ANAT Brust *f*; **donner le ~ à un enfant, nourrir un enfant au ~** einem Kind die Brust geben

Seine [sɛn] *f* **la ~** die Seine

séisme [seism] *m* Erdbeben *nt*; *fig* Erschütterung *f*

seize [sɛz] **I.** *num* sechzehn **II.** *m inv* Sechzehn *f*; *v. a.* **cinq**

seizième [sɛzjɛm] **I.** *adj antéposé* sechzehnte(r, s) **II.** *mf* **le/la ~** der/die/das Sechzehnte **III.** *m* ❶ (*fraction*) Sechzehntel *nt* ❷ SPORT ~ **de finale** Ausscheidungsrunde *f* zum Achtelfinale; *v. a.* **cinquième**

séjour [seʒuʀ] *m* ❶ (*fait de séjourner*) Aufenthalt *m*; (*vacances*) Urlaub *m* ❷ (*salon*) Esszimmer *nt* ❸ JUR **être interdit de ~** Aufenthaltsverbot haben

séjourner [seʒuʀne] <1> *vi* sich aufhalten; ~ **quelque temps à l'hôtel** einige Zeit im Hotel wohnen

sel [sɛl] *m* ❶ GASTR Salz *nt*; ~ **de cuisine/table** Speise-/Tafelsalz; **gros ~** grobes Salz; **sans ~** salzlos ❷ CHIM Salz *nt*; **~s de bain** Badesalz *nt*; **les ~s** das Riechsalz; ~ **gemme** Steinsalz ❸ (*piquant*) Würze *f*; *d'une histoire* Witz *m* ▶ **ne pas manquer de ~** *histoire, remarque:* es in sich (*dat*) haben (*fam*)

sélect(e) [selɛkt] *adj vieilli fam* exklusiv; *clientèle* [aus]erlesen; *club* nobel; *gens* piekfein

sélecteur [selɛktœʀ] *m de température* Wählschalter *m*; *de motocyclette* Schalthebel *m*; ~ **de programmes** Programmtaste *f*

sélectif, -ive [selɛktif, -iv] *adj* selektiv; **collecte sélective des déchets** getrennte Müllabfuhr; **recrutement ~** Auswahlverfahren *nt*

sélection [selɛksjɔ̃] *f* ❶ (*fait de choisir*) Auswahl *f*; SPORT [Spieler]auswahl; (*joueur sélectionné*) Auswahlspieler *m*; (*équipe sélectionnée*) Auswahl[mannschaft *f*]; **faire une ~** eine Auswahl treffen ❷ (*choix avec règles et critères*) Auswahlverfahren *nt*; **critères de ~** Auswahlkriterien *Pl*; **match de ~** Ausscheidungsspiel *nt*; **test** [*o* **épreuve**] **de ~** Eignungstest *m*; **bouton de ~** TECH Wählknopf *m* ❸ ZOOL, BIO Selektion *f*; ~ **naturelle** natürliche Auslese

sélectionné(e) [selɛksjɔne] *m(f)* SPORT Auswahlspieler(in) *m(f)*

sélectionner [selɛksjɔne] <1> *vt* ❶ (*choisir*) auswählen; aufstellen *joueur*; ~ **des élèves** eine Auswahl unter den Schülern treffen ❷ INFORM anklicken, auswählen

sélectionneur, -euse [selɛksjɔnœʀ, -øz] *m, f* Eignungsprüfer(in) *m(f)*; SPORT ≈ Bundestrainer(in) *m(f)* (*der/die die Mannschaftsaufstellung vornimmt*)

sélectivement [selɛktivmɑ̃] *adv* selektiv; **classer des livres ~** beim Ordnen der Bücher eine Auswahl treffen

sélectivité [selɛktivite] *f* TECH Trennschärfe *f*

sélénium [selenjɔm] *m* CHIM Selen *nt*

self [sɛlf] *m fam* Selbstbedienungsrestaurant *nt*

self-control [sɛlfkɔ̃tʀol] <self-controls> *m* Selbstbeherrschung *f*

selfie [sɛlfi] *m* Selfie *nt*; **perche à ~** Selfiestange *f*, Selfiestick *m*

self-service [sɛlfsɛʀvis] <self-services> *m* Selbstbedienung *f*; (*magasin*) Selbstbedienungsladen *m*; (*restaurant*) Selbstbedienungsrestaurant *nt*

selle [sɛl] *f* ❶ (*siège*) Sattel *m* ❷ GASTR Rücken *m* ❸ (*matières fécales*) **~s** Stuhl[gang] *m*

seller [sele] <1> *vt* satteln

sellerie [sɛlʀi] *f* ❶ Sattelzeug *nt* ❷ (*local*) Sattelraum *m* ❸ (*profession*) Sattlerei *f*

sellette [sɛlɛt] *f* **mettre qn sur la ~** jdn auf die Anklagebank bringen

selon [s(ə)lɔ̃] *prép* ❶ (*conformément à*) ~ **votre volonté/les instructions** gemäß Ihrem Wunsch/den Anweisungen ❷ (*en fonction de*) ~ **l'humeur** je nach Laune; ~ **leur âge et leur taille** nach Alter und Größe; ~ **mes moyens** soweit es meine finanziellen Mittel erlauben; **c'est ~** *fam* es kommt darauf an ❸ (*d'après*) ~ **les journaux** den Zeitungen zufolge; ~ **moi** meines Erachtens

semailles [s(ə)mɑj] *fpl* Aussaat *f*, Säen *nt*

semaine [s(ə)mɛn] *f* ❶ (*sept jours*) Woche *f*; **la ~ de trente-cinq heures** die

S

Fünfunddreißigstundenwoche; **la ~ du blanc** die weiße Woche; **à la ~** wochenweise; **en ~** unter der Woche ② REL **~ sainte** Karwoche *f* ▶**la ~ des quatre jeudis** *fam* Sankt Nimmerleinstag *m*

sémantique [semɑ̃tik] **I.** *adj* semantisch; **champ ~** Wortfeld *nt* **II.** *f* Semantik *f*

semblable [sɑ̃blabl] **I.** *adj* ① (*pareil*) solche(r, s); *objets, personnes* gleich; **rien de ~** nichts Derartiges ② *antéposé* (*tel*) so ein(e); **une ~ désinvolture** so eine Frechheit ③ (*ressemblant*) ähnlich; **~ à qn/qc** jdm/einer S. ähnlich **II.** *mf* ① (*prochain*) Mitmensch *m* ② (*congénère*) **mon/ton/son ~** meines-/deines-/seines-/ihresgleichen; **toi et tes ~s** *péj* du und deinesgleichen

semblant [sɑ̃blɑ̃] *m* **un ~ de jardin** so etwas [Ähnliches] wie ein Garten; **un ~ de bonheur** ein Anflug von Glück; **un ~ de vérité** ein Hauch von Wahrheit; **retrouver un ~ de calme** etwas Ruhe genießen können ▶**être des faux ~s** der Schein trügt; **faire ~ de dormir** so tun, als würde man schlafen; **elle ne pleure pas: elle fait juste ~!** sie weint nicht [wirklich], sie tut nur so [als ob]!; **faire ~ de rien** *fam* so tun, als wäre nichts gewesen

sembler [sɑ̃ble] <1> **I.** *vi* **ils semblent préoccupés** sie scheinen besorgt zu sein; **tu me sembles nerveux** mir scheint, du bist nervös **II.** *vi impers* ① (*paraître*) **il semble que la situation s'est** [*o* **se soit**] **aggravée** es sieht ganz so aus, als habe sich die Lage verschlimmert; **il semblerait que** + *subj* allem Anschein nach ② (*avoir l'impression de*) **il me semble bien vous avoir déjà rencontré** ich habe das Gefühl, Ihnen schon einmal begegnet zu sein ③ (*paraître*) **il me semble, à ce qu'il me semble** [wie] mir scheint; **semble-t-il** wie es scheint; **un film de quatre heures il [me] semblait** ein Film von gefühlt vier Stunden Länge

semelle [s(ə)mɛl] *f* Sohle *f*; **~ de cuir** Ledersohle *f*; **~ intérieure** Einlage *f* ▶**être de la [vraie] ~** *bifteck, escalope:* zäh wie Leder sein; **ne pas avancer d'une ~** keinen Schritt vorwärtskommen; **ne pas céder** [*o* **reculer**] **d'une ~** keinen Fußbreit zurückweichen; **ne pas lâcher** [*o* **quitter**] **qn d'une ~** jdm auf Schritt und Tritt folgen

semence [s(ə)mɑ̃s] *f* ① AGR Saat *f*, Saatgut *nt*; **~ de blé** Weizensaat ② (*sperme*) Samen *m*

semer [s(ə)me] <4> **I.** *vi* säen **II.** *vt* ① AGR [aus]säen *graines;* einsäen *jardin, champ;* **cette plate-bande est semée de pensées** in diesem Beet sind Stiefmütterchen gesät ② (*propager*) säen *discorde, zizanie;* verbreiten *terreur, panique* ③ (*truffer*) **~ un texte de citations** einen Text mit Zitaten spicken; **être semé de difficultés** voller Schwierigkeiten sein ④ (*se débarrasser de*) abhängen (*fam*)

semestre [s(ə)mɛstʀ] *m* Halbjahr *nt;* UNIV Semester *nt;* **par ~** halbjährlich

semestriel(le) [s(ə)mɛstʀijɛl] *adj assemblée* halbjährlich; *bulletin* Halbjahres-; *revue* halbjährlich erscheinend

semeur, -euse [s(ə)mœʀ, -øz] *m, f* AGR Sämann *m*/Säerin *f*

semi-automatique [səmiɔtɔmatik] <semi-automatiques> *adj* halbautomatisch **semi-liberté** [səmilibɛʀte] <semi-libertés> *f* überwachte Freiheit *f*

sémillant(e) [semijɑ̃, jɑ̃t] *adj hum soutenu* sprühend

séminaire [seminɛʀ] *m* Seminar *nt*

séminal(e) [seminal, -o] <-aux> *adj* Samen-

séminariste [seminaʀist] *m* Seminarist(in) *m(f)*

sémiologie [semjɔlɔʒi] *f* Semiologie *f*

sémiotique [semjɔtik] **I.** *adj* semiotisch **II.** *f* Semiotik *f*

semi-remorque [səmiʀ(ə)mɔʀk] <semi-remorques> **I.** *m* Sattelschlepper *m* **II.** *f* (*remorque*) Auflieger *m*

sémite [semit] *adj* semitisch

Sémite [semit] *mf* Semit(in) *m(f)*

semonce [səmɔ̃s] *f* Warnung *f*

semoule [s(ə)mul] **I.** *f* GASTR Grieß *m* ▶**pédaler dans la ~** *fam* nur Bahnhof verstehen; *police, enquêteurs:* im Dunkeln tappen **II.** *app sucre* Streu-

sempiternel(le) [sɑ̃pitɛʀnɛl] *adj antéposé* ewig; *chapeau, costume* unvermeidlich

sénat [sena] *m* POL, HIST Senat *m;* **le Sénat** der Senat; (*bâtiment*) das Senatsgebäude

sénateur, -trice [senatœʀ, -tʀis] *m, f* Senator(in) *m(f)*

sénatorial(e) [senatɔʀjal, -jo] <-aux> *adj dignité* Senatoren-; *élections* Senats-; *prérogatives* senatorisch

sénatoriales [senatɔʀjal] *fpl* Senatswahlen *Pl*

Sénégal [senegal] *m* **le ~** der Senegal

sénégalais(e) [senegalɛ, ɛz] *adj* senegalesisch

Sénégalais(e) [senegalɛ, ɛz] *m(f)* Senegalese *m*/Senegalesin *f*

sénile [senil] *adj* altersschwach; MED *atrophie, démence* Alters-

sénilité [senilite] *f* Altersschwäche *f; péj (débilité)* Senilität *f (geh)*

senior [senjɔʀ] **I.** *adj équipe* Senioren- **II.** *mf* ❶ *(sportif plus âgé)* Senior(in) *m(f)* ❷ *(vieillard)* **les ~s** die älteren Herrschaften

sens¹ [sɑ̃s] *m (signification)* Sinn *m;* **à double ~** doppeldeutig; **au ~ large/figuré** im weiteren/übertragenen Sinn; **être dépourvu de tout** [*o* **n'avoir aucun**] **~** völlig unsinnig sein; **être plein de ~** sehr sinnvoll sein

sens² [sɑ̃s] *m* ❶ *(direction)* Richtung *f;* **~ de la marche/flèche** Fahrt-/Pfeilrichtung; **dans le ~ contraire** andersherum; **dans le ~ de la longueur** der Länge nach; **dans le ~ des aiguilles d'une montre** im Uhrzeigersinn; **dans tous les ~** hin und her; **partir dans tous les ~** sich in alle Richtungen zerstreuen; **en ~ inverse** umgekehrt; **aller/rouler en ~ inverse** in die entgegengesetzte Richtung fahren; **revenir en ~ inverse** umkehren; **caresser dans le ~ du poil** mit dem Strich streicheln ❷ *(idée)* Sinn *m;* **dans le ~ de qn/qc** in jds Sinn *(dat)*/im Sinn einer S. *(gen)*; **aller dans le même ~** dasselbe Ziel verfolgen; **aller dans le ~ d'un compromis** auf einen Kompromiss hinauslaufen; **aller dans le bon ~** *personne:* auf dem richtigen Weg sein; **aller dans le ~ de l'Histoire** folgerichtig sein; **donner des ordres dans ce ~** in diesem Sinne Anweisungen geben ❸ AUT **~ giratoire** Kreisverkehr *m;* **~ unique** Einbahnstraße *f;* **~ interdit** Einbahnstraße *f; (panneau)* Durchfahrtsverbot *nt;* **rouler en ~ interdit** in verbotener Fahrtrichtung fahren ► **~ dessus dessous** völlig durcheinander; **tout va ~ dessus dessous** alles geht drunter und drüber *(fam)*; **mettre qc ~ dessus dessous** etw völlig durcheinanderbringen; **raisonnements à ~ unique** eingleisige Überlegungen; **en ce ~ que ...** insofern als ...; **en un** [**certain**] **~** in gewissem Sinn

sens³ [sɑ̃s] *m* ❶ ANAT Sinn *m* ❷ *(sensualité)* **les ~** die Sinne ❸ *(aptitude)* **~ moral** Moralgefühl *nt;* **~ pratique** Sinn *m* für das Praktische; **avoir le ~ du rythme** musikalisch sein; **~ de l'humour** Sinn *m* für Humor; **~ de l'orientation** Orientierungssinn *m;* **~ de la répartie** Schlagfertigkeit *f;* **avoir le ~ de la répartie/la musique** schlagfertig/musikalisch sein; **avoir le ~ des réalités** realistisch denken ❹ *(sagesse, raison)* **bon ~, ~ commun** gesunder Menschenverstand *m* ► **reprendre ses ~** wieder zur Besinnung kommen; **tomber sous le ~** sich von selbst verstehen; **à mon ~** meines Erachtens

sensas[s] [sɑ̃sas] *adj inv fam abr de* **sensationnel**

sensation [sɑ̃sasjɔ̃] *f* Empfindung *f; (émotion)* Gefühl *nt;* **avoir une ~ de chaleur** sich [unnormal] heiß fühlen; **~ de brûlure** Art *f* Brennen; **~ de bien-être** wohliges Gefühl; **~ de malaise** unangenehmes Gefühl ► **~s fortes** Nervenkitzel *m;* **faire ~** Aufsehen erregen; **presse à ~** Sensationspresse *f;* **roman/film à ~** reißerischer Roman/Film

sensationnel [sɑ̃sasjɔnɛl] *m* Sensation *f*

sensationnel(le) [sɑ̃sasjɔnɛl] *adj* ❶ *(extraordinaire)* sensationell ❷ *fam (super)* sagenhaft

sensé(e) [sɑ̃se] *adj* vernünftig

sensibilisation [sɑ̃sibilizasjɔ̃] *f* **~ à qc** Sensibilisierung *f* für etw

sensibiliser [sɑ̃sibilize] <1> *vt* **~ qn à** [*o* **sur**] **qc** jdn für etw sensibilisieren; **être sensibilisé à qc** für etw empfänglich sein

sensibilité [sɑ̃sibilite] *f* ❶ PSYCH *d'une personne* Sensibilität *f;* **être d'une grande ~** sehr sensibel sein ❷ ANAT Sensibilität *f;* **être d'une extrême ~** äußerst empfindlich sein; **~ au froid** Kälteempfindlichkeit *f*

sensible [sɑ̃sibl] *adj* ❶ *(émotif)* sensibel, empfindsam ❷ *(opp: indifférent)* **~ aux attentions** empfänglich für Aufmerksamkeiten ❸ *(fragile)* empfindlich; **être très ~ de la gorge** einen empfindlichen Hals haben; **~ au froid** kälteempfindlich ❹ *(perceptible)* spürbar; *goût, odeur* deutlich ❺ *odorat, ouïe* fein ❻ *(délicat)* heikel; **point ~** wunder Punkt ❼ PHILOS fühlend; **univers/monde ~** Sinnenwelt *f* ❽ *(difficile) quartier* sozial schwierig

sensiblement [sɑ̃sibləmɑ̃] *adv* deutlich

sensiblerie [sɑ̃sibləʀi] *f* Überempfindsamkeit *f,* Gefühlsduselei *f*

sensitif, -ive [sɑ̃sitif, -iv] *adj faculté* Empfindungs-; *nerf* sensibel, Empfindungs-

sensoriel(le) [sɑ̃sɔʀjɛl] *adj vie, organe, nerf* Sinnes-; *éducation* der Sinne; *information* sensorisch

sensualisme [sɑ̃sɥalism] *m* PHILOS Sensualismus *m*

sensualité [sɑ̃sɥalite] *f* Sinnlichkeit *f*

sensuel(le) [sɑ̃sɥɛl] *adj* sinnlich

sentence [sɑ̃tɑ̃s] *f* ❶ JUR Urteil *nt* ❷ *(adage)* Sinnspruch *m*

sentencieux, -euse [sɑ̃tɑ̃sjø, -jøz] *adj langage, style, ton* sentenziös *(geh)*; *personne* schulmeisterlich

senti(e) [sɑ̃ti] *adj* **un discours bien ~** treffende Worte; **vérité bien ~e** bittere Wahrheit

S

sentier [sɑ̃tje] *m* [Fuß]weg *m;* ~ **de grande randonnée** Hauptwanderweg ▶ **sortir des ~s battus** neue Wege gehen

sentiment [sɑ̃timɑ̃] *m* ❶ (*émotion*) Gefühl *nt;* ~ **de culpabilité** Schuldgefühl *nt;* ~ **de fierté** Stolz *m;* ~ **de tendresse** zärtliches Gefühl ❷ (*sensibilité*) Gefühl *nt* ❸ (*conscience*) ~ **de sa valeur** Selbstwertgefühl *nt* ❹ (*impression*) Meinung *f;* **le ~ d'être un raté** das Gefühl, ein Versager zu sein; **un ~ de sécurité** eine gefühlte Sicherheit ❺ *pl* (*formule de politesse*) **mes meilleurs ~s** meine besten Grüße; **veuillez agréer l'assurance de mes ~s distingués** mit freundlichen Grüßen; **veuillez agréer l'assurance de mes ~s respectueux, veuillez croire à mes ~s dévoués** hochachtungsvoll ❻ *pl* (*tendance*) Gefühle *Pl;* **avoir de bons/mauvais ~s à l'égard de qn** jdm wohl-/übelgesonnen sein ▶ **partir d'un bon ~** gut gemeint sein; **grands ~s** Gefühlskitsch *m;* **revenir à de meilleurs ~s** zur Einsicht kommen; **déborder de grands ~s** vor Schmalz triefen (*fam*); **prendre qn par les ~s** sich an jds Gefühle wenden, jds Gefühle ansprechen

sentimental(e) [sɑ̃timɑ̃tal, -o] <-aux> **I.** *adj* ❶ *nature, personne* gefühlsbetont ❷ *problème, vie* Liebes- ❸ *attachement, réaction, valeur* gefühlsmäßig ❹ *péj* (*avec sensibilité*) sentimental; *film* schnulzig (*fam*) **II.** *m(f)* Gefühlsmensch *m*

sentimentalement [sɑ̃timɑ̃talmɑ̃] *adv* vom Gefühl her

sentimentalisme [sɑ̃timɑ̃talism] *m* Gefühlsduselei *f* (*pej fam*)

sentinelle [sɑ̃tinɛl] *f* Wachposten *m*

sentir [sɑ̃tiʀ] <10> **I.** *vt* ❶ (*humer*) riechen ❷ (*goûter*) schmecken ❸ (*ressentir*) spüren; ~ **la fatigue gagner qn** spüren, wie die Müdigkeit jdn ergreift ❹ (*avoir une odeur*) ~ **la fumée** nach Rauch riechen; **ça sent le brûlé** es riecht verbrannt; **cette pièce sent le renfermé** in diesem Raum riecht es muffig ❺ (*avoir un goût*) ~ **l'ail/la vanille** nach Knoblauch/Vanille schmecken ❻ (*annoncer*) **ça sent la neige** es sieht nach Schnee aus ❼ (*pressentir*) spüren; ~ **que** spüren, dass ❽ (*rendre sensible*) **faire ~ son autorité à qn** jdn seine Autorität spüren lassen; **faire ~ à qn que** jdn merken lassen, dass ▶ **ne pas pouvoir ~ qn** jdn nicht ausstehen können **II.** *vi* ❶ (*avoir une odeur*) riechen; ~ **bon** gut riechen ❷ (*puer*) stinken; **il sent des pieds** er hat Schweißfüße **III.** *vpr* ❶ (*se trouver*) **se ~ fatigué** sich müde fühlen ❷ (*être perceptible*) **se ~** *amélioration, changement, effet:* zu spüren sein; **se faire ~** *conséquences:* seine Wirkung zeigen; *effet:* spürbar sein ▶ **ne pas se ~ bien** *fam* (*déménager*) eine Meise haben; **se ~ mal** (*s'évanouir*) ohnmächtig werden; *fam* (*déménager*) eine Meise haben; **ne pas pouvoir se ~** sich nicht ausstehen können; **ne plus se ~ de joie/bonheur** vor Freude/Glück ganz außer sich (*dat*) sein

seoir [swaʀ] <*irr*> *vi littér* ~ **à qn** *vêtement:* jdn [gut] kleiden; *comportement:* jdm gut anstehen (*geh*); **il lui sied de faire qc** es geziemt sich für ihn etw zu tun (*geh*)

séparable [sepaʀabl] *adj* trennbar

séparation [sepaʀasjɔ̃] *f* ❶ (*action de séparer*) Trennung *f; de convives, manifestants* Auseinandergehen *nt* ❷ JUR ~ **de biens** Gütertrennung *f;* ~ **de corps** Trennung von Tisch und Bett; ~ **de fait** Getrenntleben *nt* ❸ POL Trennung *f; de pouvoirs* Teilung *f* ❹ (*distinction*) Trennung *f* ❺ (*cloison*) [**mur de**] ~ Trennwand *f*

séparatisme [sepaʀatism] *m* Separatismus *m*

séparatiste [sepaʀatist] **I.** *adj* separatistisch **II.** *mf* Separatist(in) *m(f)*

séparé(e) [sepaʀe] *adj* getrennt; *étude* gesondert; *pièce* separat

séparément [sepaʀemɑ̃] *adv examiner* einzeln; *vivre* getrennt

séparer [sepaʀe] <1> **I.** *vt* ❶ (*désunir*) trennen; ~ **qc en deux groupes** etw in zwei Gruppen aufteilen; ~ **un enfant de ses parents** ein Kind von seinen Eltern trennen ❷ (*diviser*) trennen ❸ (*détacher*) abtrennen ❹ (*être interposé entre*) trennen; **le Rhin sépare la France de l'Allemagne** der Rhein bildet die Grenze zwischen Frankreich und Deutschland ❺ (*différencier*) trennen *idées, théories;* auseinanderhalten *problèmes;* ~ **la théorie de la pratique** die Theorie von der Praxis trennen **II.** *vpr* ❶ (*se défaire de*) **se ~ de qn/qc** sich von jdm/etw trennen; **ne jamais se ~ de son passeport** immer seinen Pass bei sich haben ❷ (*se diviser*) **se ~** *branche:* sich gabeln; **se ~ de qc** *route:* von etw abzweigen; **se ~ en qc** *rivière, route:* sich in etw (*akk*) teilen; **nos routes se séparent** unsere Wege trennen sich ❸ (*se détacher*) **se ~** sich voneinander lösen; **se ~ de qc** sich von etw lösen ❹ (*se disperser*) **se ~** sich trennen

sépia [sepja] *adj inv* sepia[braun]

S

sept [sɛt] I. *num* sieben II. *m inv* Sieben *f; v. a.* **cinq**
septante [sɛptɑ̃t] *num* BELG, CH (*soixante-dix*) siebzig; *v. a.* **cinq, cinquante**
septantième [sɛ̃ptɑ̃tjɛm] *adj antéposé* BELG, CH (*soixante-dixième*) siebzigste(r, s); *v. a.* **cinquième**
septembre [sɛptɑ̃bʀ] *m* September *m; v. a.* **août**
septennat [sɛptena] *m* siebenjährige Amtszeit
septentrional(e) [sɛptɑ̃tʀijɔnal, -o] <-aux> *adj* nördlich; *pays* Nord-
septicémie [sɛptisemi] *f* MED Blutvergiftung *f*
septième [sɛtjɛm] I. *adj antéposé* sieb[en]te(r, s) II. *mf* **le/la ~** der/die/das Sieb[en]te III. *m* (*fraction*) Sieb[en]tel *nt; v. a.* **cinquième**
septièmement [sɛtjɛmmɑ̃] *adv* sieb[en]tens
septique [sɛptik] *adj* MED septisch
septuagénaire [sɛptɥaʒenɛʀ] I. *adj* siebzigjährig II. *mf* Siebzigjährige(r) *f(m)*, Siebziger(in) *m(f)* (*fam*)
septupler [sɛptyple] <1> I. *vt* versiebenfachen II. *vi* sich versiebenfachen
sépulcre [sepylkʀ] *m littér* Grabmal *nt;* **le Saint Sépulcre** das Heilige Grab
sépulture [sepyltyʀ] *f* Grab[stätte *f*] *nt*
séquelle [sekɛl] *f d'un accident, d'une maladie* Folge[erscheinung] *f*
séquence [sekɑ̃s] *f* CINE, TV, LING Sequenz *f;* INFORM Folge *f*
séquentiel(le) [sekɑ̃sjɛl] *adj* INFORM fortlaufend
séquestration [sekɛstʀasjɔ̃] *f de biens* Beschlagnahmung *f;* **~ de personne** Freiheitsberaubung *f;* **~ d'enfant** Kindesraub *m*
séquestrer [sekɛstʀe] <1> *vt* ① JUR beschlagnahmen *biens* ② (*enfermer*) einsperren *personne;* gefangen halten *otage*
séquoia [sekɔja] *m* Mammutbaum *m*
sera [səʀa] *fut de* **être**
sérac [seʀak] *m* GEOG Sérac *m*
serai [səʀɛ] *fut de* **être**
seras [səʀa] *fut de* **être**
serbe [sɛʀb] I. *adj* serbisch II. *m* Serbisch *nt; v. a.* **allemand**
Serbe [sɛʀb] *mf* Serbe *m*/Serbin *f*
Serbie [sɛʀbi] *f* **la ~** Serbien *nt*
serbo-croate [sɛʀbokʀɔat] <serbo-croates> I. *adj* serbokroatisch II. *m* Serbokroatisch *nt; v. a.* **allemand**
serein(e) [səʀɛ̃, ɛn] *adj visage, âme, personne* heiter
sereinement [səʀɛnmɑ̃] *adv agir, juger* mit Ruhe
sérénade [seʀenad] *f* ① MUS Serenade *f* ② (*concert*) **donner une ~ à qn** jdm ein Ständchen bringen ③ *fam* (*scène*) Gezeter *nt*
sérénité [seʀenite] *f* Heiterkeit *f;* **en toute ~** mit aller Ruhe
serez [səʀe] *fut de* **être**
serf, serve [sɛʀ(f), sɛʀv] *m, f* Leibeigene(r) *f(m)*, Hörige(r) *f(m)*
sergent(e) [sɛʀʒɑ̃, ɑ̃t] *m(f)* Unteroffizier(in) *m(f)*
sergent-chef [sɛʀʒɑ̃ʃɛf] <sergents-chefs> *m* Stabsunteroffizier *m*
sergent-major [sɛʀʒɑ̃maʒɔʀ] <sergents-majors> *m* Hauptfeldwebel(in) *m(f)*
série [seʀi] *f* ① *de casseroles* Satz *m; de photo* Serie *f; de volumes* Reihe *f;* **~ spéciale d'un ouvrage** Sonderausgabe *f* eines Werkes ② (*succession*) Serie *f;* **[toute] une ~ de questions** eine ganze Reihe von Fragen; **~ d'accidents/de succès** Serie von Unfällen/Erfolgsserie ③ CINE, TV Serie *f* ④ COM **véhicule de ~** Serienwagen *m* ▸ **tueur en ~** Serienmörder *m;* **~ noire** (*roman*) Kriminalroman *m;* (*succession de malheurs*) Pechsträhne *f;* **en ~** serienweise; **hors ~** (*extraordinaire*) außergewöhnlich; IND in Sonderanfertigung hergestellt
sérieusement [seʀjøzmɑ̃] *adv* ① *croire, penser* im Ernst ② *agir, travailler* ernsthaft; **vous parlez ~?** meinen Sie das im Ernst? ③ (*gravement*) ernstlich; *touché, blessé* schwer
sérieux [seʀjø] *m* ① (*fiabilité*) Ernsthaftigkeit *f; d'une entreprise, d'un projet* Seriosität *f; d'un employé* Zuverlässigkeit *f* ② *d'une personne* Gewissenhaftigkeit *f* ③ (*air grave*) Ernst *m;* **garder son ~** ernst bleiben ④ *d'une situation, d'un état* Ernst *m* ▸ **prendre au ~** ernst nehmen; **se prendre au ~** sich wichtig nehmen
sérieux, -euse [seʀjø, -jøz] *adj* ① (*opp: inconséquent*) ernst; **pas ~, s'abstenir** nur ernst gemeinte Zuschriften ② *maladie, affaire, état* ernst; **être atteint d'une maladie sérieuse** ernstlich erkrankt sein ③ *personne, air* ernst ④ (*digne de confiance*) seriös; *employé* zuverlässig; *promesse* ernst gemeint ⑤ *élève, apprenti* ernsthaft ⑥ *problème* ernst zu nehmend; *renseignement* vertrauenswürdig ⑦ *études, recherches, travail* ernsthaft ⑧ *a. antéposé différence, somme* gewaltig; *raison* gewichtig ⑨ (*sage*) anständig
serin [s(ə)ʀɛ̃] *m* Kanarienvogel *m*
seriner [s(ə)ʀine] <1> *vt fam* (*rabâcher*)

S

publicité: anpreisen; ~ **qc à un enfant** einem Kind etw wieder und wieder sagen
seringue [s(ə)ʀɛ̃g] *f* MED Spritze *f*
serment [sɛʀmɑ̃] *m* (*engagement solennel*) Schwur *m;* ~ **sur l'honneur** Beteuerung auf Ehre und Gewissen *f;* ~ **professionnel** Amtseid *m;* ~ **d'Hippocrate** MED hippokratischer Eid; **prêter** ~ einen Eid ablegen; **faire un faux** ~ einen Meineid schwören; **sous** ~ unter Eid
sermon [sɛʀmɔ̃] *m* ❶ REL Predigt *f* ❷ *péj* (*discours moralisateur*) Moralpredigt *f*
sermonner [sɛʀmɔne] <1> *vt* ~ **qn** jdm eine Strafpredigt halten; (*adresser des conseils*) jdn ins Gebet nehmen (*fam*)
sérologie [seʀɔlɔʒi] *f* Serologie *f*
séronégatif, -ive [seʀonegatif, -iv] *adj* HIV-negativ
séropo [seʀopo] *mf fam v.* **séropositif**
séropositif, -ive [seʀopozitif, -iv] **I.** *adj* seropositiv; (*en parlant du sida*) HIV-positiv **II.** *m, f* Seropositive(r) *f(m);* (*atteint du sida*) HIV-Positive(r) *f(m)*
séropositivité [seʀopozitivite] *f* **constater la** ~ **de qn** feststellen, dass jd seropositiv ist; (*due au virus du sida*) feststellen, dass jd HIV-positiv ist; **un film qui traite de la** ~ ein Film über Aids
serpe [sɛʀp] *f* AGR Hippe *f*
serpent [sɛʀpɑ̃] *m* ❶ (*reptile*) Schlange *f;* ~ **à lunettes/à sonnettes** Brillen-/Klapperschlange ❷ (*personne mauvaise*) **langue de** ~ Lästerzunge *f* ❸ ECON ~ **monétaire européen** europäische Währungsschlange
serpenter [sɛʀpɑ̃te] <1> *vi chemin, rivière:* sich schlängeln
serpentin [sɛʀpɑ̃tɛ̃] *m* (*ruban*) Luftschlange *f*
serpette [sɛʀpɛt] *f* Baumhippe *f*
serpillière [sɛʀpijɛʀ] *f* Scheuertuch *nt;* **passer la** ~ feucht [auf]wischen
serpolet [sɛʀpɔlɛ] *m* Feldthymian *m*
serrage [seʀaʒ] *m d'un écrou, du frein à main* Anziehen *nt; d'un couvercle* Festschrauben *nt*
serre [sɛʀ] *f* AGR Gewächshaus *nt;* (*serre chauffée*) Treibhaus *nt;* **fruits/légumes de** ~ Treibhausobst/-gemüse
serré [seʀe] *adv* ❶ (*avec prudence*) **jouer** ~ vorsichtig spielen; *fig* taktieren ❷ *vivre* bescheiden ❸ *écrire* eng
serré(e) [seʀe] *adj* ❶ *café, alcool* stark ❷ (*petit*) **budget** ~ äußerst beschränkte Mittel *Pl;* **délai** ~ kurze Frist ❸ *forêt, foule* dicht; **en rangs** ~**s** in dichten Reihen; **des mailles** ~**es** dichte Maschen ❹ *débat, discussion* heiß; *combat* hart; *course* Kopf-an-Kopf-; *analyse, argumentation* überzeugend; *style* straff ❺ *train de vie* bescheiden; **être** ~ kein Geld haben
serre-joint [sɛʀʒwɛ̃] <serre-joints> *m* [Schraub]zwinge *f*
serrer [seʀe] <1> **I.** *vt* ❶ (*tenir en exerçant une pression*) umklammern; ~ **la main de qn** jdm die Hand schütteln; ~ **qn/qc dans ses bras/contre soi** jdn/etw an sich (*akk*) drücken; ~ **qn à la gorge** jdn würgen ❷ (*contracter*) zusammenbeißen *dents, mâchoires;* zusammenpressen *lèvres;* ballen *poings;* ~ **la gorge à qn** jdm die Kehle zuschnüren; **il a le cœur serré devant qc** ihm wird es bei etw ganz traurig ums Herz; **qn serre les fesses** *fig fam* jdm wird angst [und bange] ❸ (*rendre très étroit*) enger schnallen *ceinture;* fest ziehen *nœud* ❹ (*se tenir près de*) ~ **qn/qc** sich dicht an jdn/etw halten; ~ **une femme** *fig* sich an eine Frau heranmachen; **serre bien ta droite!** halte dich schön rechts!; ~ **qn/qc contre un mur** jdn/etw gegen eine Mauer drängen ❺ (*rapprocher*) zusammenrücken lassen *invités;* ~ **les lignes/les mots** eng schreiben; ~ **les rangs** aufschließen; **être serrés** *personnes:* eng nebeneinandersitzen/nebeneinanderstehen/...; *objets:* dicht gedrängt stehen/liegen/... ❻ (*restreindre*) kürzen *budget;* einschränken *dépenses;* ~ **les délais** knappe Fristen setzen ❼ *fam* **se faire** ~ **par la police** (*attraper*) sich von der Polizei schnappen lassen; ~ **une fille** (*séduire*) abschleppen **II.** *vi* ~ **à droite/à gauche** sich rechts/links halten **III.** *vpr* **se** ~ ❶ (*se rapprocher*) *personnes:* enger zusammenrücken; **se** ~ **contre qn** sich [eng] an jdn schmiegen; **serrons-nous autour du feu!** lasst uns näher ans Feuer rücken! ❷ (*se contracter*) **sa gorge se serre** seine/ihre Kehle ist wie zugeschnürt ▶**se** ~ **la ceinture** *fam* den Gürtel enger schnallen
serre-tête [sɛʀtɛt] <serre-tête[s]> *m* ❶ (*diadème*) Haarreif *m* ❷ (*bandeau*) Stirnband *nt*
serrure [seʀyʀ] *f* Schloss *nt;* ~ **de sûreté** Sicherheitsschloss
serrurerie [seʀyʀʀi] *f* ❶ (*objet*) Schlosserarbeit *f* ❷ (*métier*) Schlosserhandwerk *nt*
serrurier, -ière [seʀyʀje, -jɛʀ] *m, f* Schlosser(in) *m(f)*
sertir [sɛʀtiʀ] <8> *vt* ❶ (*enchâsser*) fassen *diamant* ❷ TECH falzen
sérum [seʀɔm] *m a.* MED Serum *nt;* ~ **anti-**

venimeux/antitétanique Schlangen-/Tetanusserum; ~ **physiologique** physiologische Kochsalzlösung *f*

servante [sɛʀvɑ̃t] *f* ① REL Messdienerin *f*, Ministrantin *f* ② HIST Dienerin *f*

serve [sɛʀv] *f v.* **serf**

serveur [sɛʀvœʀ] *m* INFORM Server *m;* ~ **de courrier** Mailserver *m*

serveur, -euse [sɛʀvœʀ, -øz] *m, f* ① (*employé*) Bedienung *f*, Kellner(in) *m(f)* ② SPORT (*au tennis*) Aufschläger *m;* (*au volley-ball*) Aufgeber *m*

serviabilité [sɛʀvjabilite] *f* Hilfsbereitschaft *f*

serviable [sɛʀvjabl] *adj* hilfsbereit

service [sɛʀvis] *m* ① (*au restaurant, bar*) Bedienung *f;* (*à l'hôtel, dans un magasin*) Service *m;* **manger au premier/second** ~ die frühere/spätere Tischzeit wählen; **le ~ est assuré jusqu'à .../est terminé** ≈ die Küche ist bis ... geöffnet/ist geschlossen ② (*pourboire*) Bedienung[sgeld *nt*] *f;* ~ **compris** Bedienung inbegriffen ③ *pl* (*aide*) Dienste *Pl;* **se passer des ~s de qn** *form* auf jds Mitarbeit (*akk*) verzichten ④ (*organisme officiel*) ~ **administratif** *d'État* Behörde *f; d'une commune* Dienststelle *f;* **~s de l'immigration** Einwanderungsbehörde *f;* ~ **du feu** CH Feuerwehr *f*, Brandwache *f* (CH); ~ **d'ordre** Ordnungsdienst *m;* **un ~ public** eine öffentliche Einrichtung; **le ~ public** der öffentliche Dienst; **entreprise du ~ public** staatliches Unternehmen; ~ **de santé** Gesundheitsamt *nt;* **les ~s sociaux** die sozialen Einrichtungen; **~s spéciaux/secrets** Geheimdienst *m* ⑤ (*département*) Abteilung *f;* ~ **[des] achats** Einkaufsabteilung *m;* ~ **après-vente** Kundendienst *m;* ~ **administratif/~s administratifs** *d'une entreprise* Verwaltungsabteilung *f;* ~ **[de] dépannage** Reparaturdienst *m; des appareils électroménagers* Kundendienst *m;* AUT Pannendienst *m;* ~ **du personnel** Personalabteilung ⑥ MED Abteilung *f;* ~ **de cardiologie/d'urologie** Kardiologie *f*/Urologie *f;* ~ **de réanimation** Intensivstation *f;* ~ **des urgences** Notaufnahme *f* ⑦ MIL Militärdienst *m;* ~ **civil** Zivildienst *m;* **être bon pour le** ~ [für den Wehrdienst] tauglich sein; **faire son ~ [militaire]** seinen Militärdienst ableisten ⑧ (*activité professionnelle*) Dienst *m;* **pendant le** ~ im Dienst; **heures de** ~ Dienstzeit *f;* **être de** ~ Dienst haben ⑨ (*prestations*) Dienstleistung *f* ⑩ (*action de servir*) Dienst *m;* ~ **de l'État** Staatsdienst; ~ **de permanence** Bereitschaftsdienst *m;* **escalier de** ~ Dienstbotenaufgang *m;* (*escalier des fournisseurs*) Lieferantenaufgang *m* ⑪ (*faveur*) Gefallen *m;* **demander un ~ à qn** jdn um einen Gefallen bitten; **rendre ~ à qn** jdm behilflich sein; **qu'y a-t-il pour votre ~?** womit kann ich Ihnen dienen? ⑫ (*assortiment pour la table*) Service *nt;* ~ **à fondue/raclette** Fondue-/Racletteset *nt;* ~ **à thé** Teeservice *nt* ⑬ (*engagement au tennis*) Aufschlag *m;* (*jeu où on sert au tennis*) Aufschlagspiel *nt;* (*au volley-ball*) Aufgabe *f* ⑭ REL ~ **[religieux]** Gottesdienst *m;* ~ **funèbre** Trauergottesdienst ▶**à ton/votre ~!** gern geschehen!; ~ **en ligne** Hotline *f;* **entrer en** ~ *unité de production:* den Betrieb aufnehmen; **mettre qc en** ~ etw in Betrieb nehmen; **hors** ~ außer Betrieb

serviette [sɛʀvjɛt] *f* ① (*pour la toilette*) Handtuch *nt;* ~ **de plage /de bain** Strand-/Badetuch; ~ **hygiénique** [Damen]binde *f* ② (*serviette de table*) Serviette *f;* ~ **en papier** Papierserviette ③ *d'un homme, d'une femme d'affaires* Aktentasche *f*

servile [sɛʀvil] *adj* ① (*obséquieux*) unterwürfig ② *postposé* HIST **condition** ~ Leibeigenschaft *f;* **travail** ~ Fron[arbeit *f*] *f*

servilité [sɛʀvilite] *f* (*basse soumission*) Unterwürfigkeit *f;* **la ~ de son comportement** sein/ihr unterwürfiges Verhalten

servir [sɛʀviʀ] <*irr*> I. *vt* ① (*offrir*) ~ **une boisson/un repas à qn** jdm ein Getränk/ein Gericht servieren; ~ **quelque chose à boire/à manger à qn** jdm etwas zu trinken/zu essen geben; **on lui sert le petit-déjeuner au lit** das Frühstück wird ihm/ihr ans Bett gebracht; **c'est servi!** *fam* das Frühstück/Essen ist fertig! ② (*fournir un client*) *commerçant:* bedienen; **on vous sert, Madame/Monsieur?** werden Sie schon bedient?; **bien/mal ~ qn** (*qualitativement*) jdm gute/schlechte Ware verkaufen; (*quantitativement*) großzügig/jdm zu wenig abwiegen; **qu'est-ce que je vous sers?** was darf es sein? ▶**on n'est jamais si bien servi que par soi-même** *prov* man macht am besten alles selbst II. *vi* ① (*être utile*) *voiture, outil:* von Nutzen sein; *conseil, explication:* nützlich sein; ~ **à qn à la réparation/à faire la cuisine** *machine, outil:* jdm zur Reparatur dienen/dazu dienen zu kochen; **à quoi cet outil peut-il bien ~?** wozu dient dieses Werkzeug eigentlich?; **rien ne sert de t'énerver** es bringt nichts, wenn du dich aufregst (*fam*) ② (*tenir lieu de*) ~ **de guide à qn**

S

für jdn den Fremdenführer machen; **ça te servira de leçon!** das wird dir eine Lehre sein!; **cela lui sert de prétexte** das ist für ihn/sie ein guter Vorwand ❸ (*être utilisable*) zu gebrauchen sein; **ce vélo peut encore/ne peut plus ~** dieses Rad ist noch/nicht mehr zu gebrauchen ❹ (*au tennis*) aufschlagen; (*au volley-ball*) aufgeben ▶ **rien ne sert de courir, il faut partir à point** *prov* zu spät ist zu spät **III.** *vpr* ❶ (*utiliser*) **se ~ d'un copain/article pour faire qc** einen Kumpel/Artikel benutzen, um etw zu tun; **se ~ de ses relations** seine Beziehungen spielen lassen; **ne pas savoir se ~ de ses dix doigts** zwei linke Hände haben ❷ (*prendre soi-même qc*) **se ~** sich bedienen; **se ~ de légumes** [sich (*dat*)] Gemüse nehmen ❸ (*être servi*) **ce vin se sert frais** dieser Wein wird kühl serviert

serviteur [sɛʀvitœʀ] *m* (*domestique*) Diener *m*

servitude [sɛʀvityd] *f* ❶ *pl* (*contraintes*) Zwänge *Pl* ❷ (*esclavage*) Knechtschaft *f;* **réduire qn à la ~** jdn in die Knechtschaft stürzen

ses [se] *dét poss v.* **sa, son**

sésame [sezam] *m* ❶ BOT Sesam *m* ❷ (*passe-partout*) Zauberformel *f* ▶ **Sésame, ouvre-toi!** Sesam, öffne dich!

session [sesjɔ̃] *f* ❶ *d'une assemblée, d'un tribunal* (*séance*) Sitzung *f;* (*période*) Sitzungsperiode *f;* **~ d'examens** Prüfungsphase *f* ❷ INFORM Sitzung *f;* **ouvrir/clore une ~** sich ein-/ausloggen

set [sɛt] *m* ❶ SPORT Satz *m;* **~ gagnant** Gewinnsatz ❷ (*service de table*) Set *nt* ❸ (*nécessaire*) Set *nt;* **~ de rasage** Rasierset

setter [setɛʀ] *m* Setter *m;* **~ irlandais** Irischer Setter

seuil [sœj] **I.** *m* ❶ (*pas de la porte*) [Tür]schwelle *f;* **rester sur le ~ de la porte** in der Tür stehen bleiben; **franchir le ~** über die Schwelle treten ❷ (*limite*) Grenze *f;* **~ auditif** Hörschwelle *f;* **~ de pauvreté** Armutsgrenze *f;* **~ de rentabilité** Rentabilitätsgrenze *f;* **~ de tolérance** Toleranzschwelle *f* **II.** *app inv* **valeur ~** (*minimum*) Grenzwert *m;* (*maximum*) Höchstwert *m;* **salaire ~** Einkommensgrenze *f*

seul(e) [sœl] **I.** *adj* ❶ (*sans compagnie*) allein; **tout ~** ganz allein; **~ à ~** allein; **parler à qn ~ à ~** jdn unter vier Augen sprechen; **parler tout ~** Selbstgespräche führen; **eh vous, vous n'êtes pas ~!** he, die anderen sind auch noch da!; **ça descend tout ~** *fam* das rutscht ganz von alleine ❷ (*célibataire*) allein stehend ❸ *antéposé* (*unique*) einzig; **~ et unique** einzig; **une ~e fois** ein einziges Mal; **être ~ de son espèce** einzigartig sein; **déclarer d'une ~e voix** einstimmig erklären; **pour la ~e raison que** einzig und allein deswegen, weil ❹ (*uniquement*) nur; **lui ~ est** [*o* **il est ~**] **capable de le faire** er allein ist dazu fähig; **~s les invités sont admis** nur die geladenen Gäste sind zugelassen; **~ le résultat importe** nur das Ergebnis zählt **II.** *m(f)* **le ~/la ~e** der/die Einzige; **vous n'êtes pas le ~ à ...** Sie sind nicht der Einzige, der ...; **un ~/une ~e** ein Einziger/eine Einzige

seulement [sœlmɑ̃] *adv* ❶ (*pas davantage*) nur ❷ (*opp: déjà*) erst ▶ **non ~ ..., mais** [**encore**] ... nicht nur ..., sondern auch [noch]; **pas ~** *soutenu* (*pas même*) nicht einmal; **si ~** wenn nur; **si ~ j'en avais les moyens!** wenn ich es mir nur leisten könnte!; **tu as gagné à la loterie? – Si ~!** hast du in der Lotterie gewonnen? – Schön wär's!

seum [sœm] *m arg* ▶ **avoir le ~** (*être en colère*) eine Riesenwut [im Bauch] haben (*sl*)

sève [sɛv] *f* BOT Saft *m*

sévère [sevɛʀ] *adj* ❶ (*rigoureux*) streng; *critique, jugement* hart; *climat* rau; *concurrence* scharf; *lutte* unerbittlich; **la sélection est ~** es wird eine strenge Auslese getroffen ❷ *crise, pertes* schwer; *échec* schlimm

sévèrement [sevɛʀmɑ̃] *adv* ❶ *critiquer* scharf; *éduquer, punir* streng; **juger ~ qn/qc** mit jdm/etw hart ins Gericht gehen; **être ~ battu** eine schwere Niederlage hinnehmen müssen ❷ (*gravement*) schwer

sévérité [seveʀite] *f* ❶ (*rigueur*) Strenge *f; d'une critique, d'un verdict* Härte *f; d'un climat* Rauheit *f;* **être d'une grande ~** sehr streng sein; **un regard d'une telle ~ que ...** ein dermaßen strenger Blick, dass ... ❷ (*austérité*) Strenge *f;* **style d'une grande ~** sehr strenger Stil ❸ *soutenu* (*gravité*) Schwere *f*

sévices [sevis] *mpl* Misshandlung *f;* **exercer des ~ sur qn** jdn misshandeln

sévir [seviʀ] <8> *vi* ❶ (*punir*) **~ contre qn/qc** [hart] gegen jdn/etw durchgreifen ❷ (*exercer ses ravages*) *malfaiteur:* sein Unwesen treiben; *fléau:* wüten; *grippe:* grassieren; *professeur, doctrine:* Unheil anrichten

sevrage [səvʀaʒ] *m* ❶ (*cessation de l'allaitement*) *d'un nourrisson* Abstillen *nt; d'un animal* Absetzen *nt* ❷ (*désintoxication*) Entziehung *f*, Entzug *m*

S

sevrer [səvʀe] <1> *vt* (*cesser d'allaiter*) abstillen *nourrisson;* absetzen *petit animal*
sèvres [sɛvʀ] *m* Sèvresporzellan *nt;* (*objet*) Gegenstand *m* aus Sèvresporzellan
sexagénaire [sɛksaʒenɛʀ] **I.** *adj* **un homme/une femme ~** ein Mann/eine Frau in den Sechzigern; **être ~** über sechzig Jahre alt sein **II.** *mf* Sechzigjährige(r) *f(m)*
sex-appeal [sɛksapil] <sex-appeals> *m* Sexappeal *m*
sexe [sɛks] *m* ❶ (*catégorie*) Geschlecht *nt;* **des personnes des deux ~s** Menschen beiderlei Geschlechts; **le beau ~** das schöne Geschlecht; **le ~ faible/fort** das schwache/starke Geschlecht ❷ *fam* (*sexualité*) Sex *m* ❸ (*organe*) Geschlechtsorgan *nt* ▶ **discuter du ~ des anges** sich in [endlosen] Scheindiskussionen verlieren
sexisme [sɛksism] *m* Sexismus *m*
sexiste [sɛksist] **I.** *adj* sexistisch **II.** *mf* Sexist(in) *m(f)*
sexologie [sɛksɔlɔʒi] *f* Sexualwissenschaft *f,* Sexologie *f*
sexologue [sɛksɔlɔg] *mf* Sexualwissenschaftler(in) *m(f),* Sexologe *m*/Sexologin *f*
sexothérapie [sɛksoteʀapi] *f* MED Sexualtherapie *f*
sex-shop [sɛksʃɔp] <sex-shops> *m* Sexshop *m* **sex-symbol** [sɛkssɛ̃bɔl] <sex-symbols> *m* Sexsymbol *nt*
sextant [sɛkstɑ̃] *m* Sextant *m*
sextoy [sɛkstoj] *m* Sexspielzeug *nt*
sextupler [sɛkstyple] <1> **I.** *vt* versechsfachen **II.** *vi prix:* sich versechsfachen
sexualité [sɛksɥalite] *f* ❶ (*comportement sexuel*) Sexualität *f;* **les perversions de la ~** die sexuellen Perversionen ❷ BIO Sexualität *f*
sexué(e) [sɛksɥe] *adj être, reproduction* geschlechtlich; **animaux ~s** getrenntgeschlechtige Tiere; **être ~s** geschlechtliche Wesen sein
sexuel(le) [sɛksɥɛl] *adj* ❶ (*relatif à la sexualité*) sexuell; *éducation* Sexual-; *tourisme* Sex- (*fam*); **acte ~** Geschlechtsakt *m* ❷ (*relatif au sexe*) Geschlechts-
sexuellement [sɛksɥɛlmɑ̃] *adv* sexuell
sexy [sɛksi] *adj inv fam* sexy
seyait [sɛjɛ] *imparf de* **seoir**
seyant(e) [sɛjɑ̃, jɑ̃t] *part prés de* **seoir**
S.F. [ɛsɛf] *f abr de* **science-fiction** SF *f*
shah [ʃa] *m* Schah *m*
shaker [ʃɛkœʀ] *m* Shaker *m*
shampooiner [ʃɑ̃pwine] <1> *vt* die Haare waschen; mit [Teppich]schaum reinigen *moquette*
shampooineur, -euse [ʃɑ̃pwinœʀ, -øz] *m, f* (*personne*) Shampooneur *m*/Shampooneuse *f*
shampooineuse [ʃɑ̃pwinøz] *f* (*machine*) Teppichreinigungsmaschine *f*
shampo[o]ing [ʃɑ̃pwɛ̃] *m* Shampoo *nt;* **~ colorant** Tönungsshampoo; **faire un ~ à qn** jdm die Haare waschen
shampouiner [ʃɑ̃pwine] <1> *v.* **shampooiner**
shampouineur, -euse [ʃɑ̃pwinœʀ, -øz] *v.* **shampooineur, -euse**
shérif [ʃeʀif] *m* Sheriff *m*
sherry [ʃeʀi] *m* Sherry *m*
shetland [ʃɛtlɑ̃d] *m* ❶ (*tissu*) Shetland *m* ❷ (*pull-over*) Shetlandpullover *m*
shit [ʃit] *m fam* (*cannabis*) Shit *m o nt*
shooter [ʃute] <1> **I.** *vi* SPORT schießen **II.** *vt* SPORT schießen *penalty;* treten *corner* **III.** *vpr fam* **se ~ à qc** (*se droguer*) etw fixen; **se ~ au champagne** *hum* sich an Champagner gewöhnen (*hum*)
shop[p]ing [ʃɔpiŋ] *m* Einkaufsbummel *m;* **faire du ~** einen Einkaufsbummel machen
short [ʃɔʀt] *m* Shorts *Pl;* **~ de foot** Fußballhose *f*
shorty [ʃɔʀti] <s *o* shorties> *m* Boxershorts *Pl* (*für Frauen*)
show [ʃo] <s> *m* Show *f;* **reality ~** TV Realityshow *f*
showbiz [ʃobiz] *m fam inv abr de* **show-business**
show-business [ʃobiznɛs] *m inv* Showgeschäft *nt,* Showbusiness *nt*
si[1] [si] <*devant voyelle ou h muet* s'> **I.** *conj* ❶ (*condition*) wenn; **~ tu es sage, ...** wenn du artig bist, ... ❷ (*hypothèse*) **~ je ne suis pas là, partez sans moi** wenn ich nicht pünktlich da bin, geht/fahrt ohne mich los; **~ j'étais riche, ...** wenn ich reich wäre ...; **~ j'avais su!** wenn ich das gewusst hätte! ❸ (*opposition*) auch wenn ..., so ... [doch]; **~ toi tu es mécontent, moi, je ne le suis pas!** auch wenn du unzufrieden bist, ich bin es nicht! ❹ (*éventualité*) wenn; **~ nous profitions du beau temps?** wenn wir das schöne Wetter ausnutzten? ❺ (*désir, regret*) wenn ... nur; **ah ~ je les tenais!** wenn ich sie nur zu fassen bekäme!; **~ seulement tu étais venu hier!** wenn du doch bloß gestern gekommen wärst! ▶ **~ ce n'est ...** (*ou même*) wenn nicht [sogar] ...; **~ ce n'est qn/qc** (*en dehors de*) außer jdm/etw; **~ c'est ça** *fam* ja dann **II.** *m inv* (*hypothèse*) Wenn *nt;* **je n'ai que faire de**

S

tous tes ~! du mit deinem ständigen Wenn und Aber!; **avec des ~, on mettrait Paris en bouteille** wenn das Wörtchen „wenn“ nicht wär', wär' mein Vater Millionär

si[2] [si] *adv* ❶ (*dénégation*) doch; **mais ~!** [aber ja] doch! ❷ (*tellement*) so; **ne parle pas ~ bas!** sprich nicht so leise!; **une ~ belle fille** ein so hübsches Mädchen; **elle était ~ impatiente que** sie war so ungeduldig, dass ❸ (*aussi*) **~ ... que** so ... wie; **il n'est pas ~ intelligent qu'il le paraît** er ist nicht so klug, wie er aussieht ▶ **~ bien que** so ..., dass; **j'en avais assez, ~ bien que je suis partie** ich hatte dermaßen genug, dass ich ging; **[oh] que ~!** [o] doch!

si[3] [si] *adv* (*interrogation indirecte*) ob

si[4] [si] *m inv* MUS H *nt*, h *nt*; *v. a.* **do**

SI [ɛsi] *m abr de* **système international d'unités** SI-System *nt*

siamois [sjamwa] *m* (*chat*) Siamkatze *f*

siamois, siamoises [sjamwa, sjamwaz] *mpl, fpl* (*jumeaux*) siamesische Zwillinge *Pl*

Sibérie [sibeʀi] *f* **la ~** Sibirien *nt*

sibérien(ne) [sibeʀjɛ̃, jɛn] *adj* sibirisch

Sibérien(ne) [sibeʀjɛ̃, jɛn] *m(f)* Sibirer(in) *m(f)*, Sibirier(in) *m(f)*

sibyllin(e) [sibilɛ̃, in] *adj comportement* rätselhaft; *ouvrage* unverständlich; *paroles* sibyllinisch (*geh*)

sic [sik] *adv* sic

SICAV [sikav] *f abr de* **Société d'Investissement à Capital Variable** (*société*) Investmentfondsgesellschaft *f*; (*titre*) Investmentfondsanteil *m*

Sicile [sisil] *f* **la ~** Sizilien *nt*

sicilien [sisiljɛ̃] *m* Sizilianisch *nt*; *v. a.* **allemand**

sicilien(ne) [sisiljɛ̃, jɛn] *adj* sizilianisch

Sicilien(ne) [sisiljɛ̃, jɛn] *m(f)* Sizilianer(in) *m(f)*

sida [sida] *m* **le ~** Aids *nt*

sidaïque [sidaik], **sidatique** [sidatik] **I.** *adj inv* aidskrank **II.** *mf* Aidskranke(r) *f(m)*

side-car [sidkaʀ] <side-cars> *m* (*motocyclette plus side-car*) Motorrad *nt* mit Beiwagen

sidéen(ne) [sideɛ̃, ɛn] **I.** *adj* aidskrank **II.** *m(f)* Aidskranke(r) *f(m)*

sidéral(e) [sideʀal, -o] <-aux> *adj année* siderisch, Stern-; **les observations ~es** die Beobachtung der Sterne

sidérant(e) [sideʀɑ̃, ɑ̃t] *adj* verblüffend

sidérer [sideʀe] <5> *vt fam* verblüffen; **être sidéré** sprachlos sein; **être sidéré par qc** über etw nur staunen können

sidérurgie [sideʀyʀʒi] *f* Eisen- und Stahlindustrie *f*

sidérurgique [sideʀyʀʒik] *adj* Eisen- und Stahl-; *procédé* Eisenverhüttungs-; **usine ~** Stahlwerk *nt*; **bassin ~** Eisenhüttenrevier *nt*; **grand groupe ~** großer Eisenhüttenkonzern; **produit ~** Erzeugnis *nt* der Eisen- und Stahlindustrie

sidérurgiste [sideʀyʀʒist] *mf* Hüttenarbeiter(in) *m(f)*

sidologie [sidɔlɔʒi] *f* MED (*étude, science*) Aidsforschung *f*; (*soins, traitement*) Aidstherapie *f*

sidologue [sidɔlɔg] *mf* Aids-Spezialist(in) *m(f)*

siècle [sjɛkl] *m* ❶ (*période de cent ans*) Jahrhundert *nt*; **de ~ en ~** von Jahrhundert zu Jahrhundert; **au IIIe ~ avant J.C.** im 3. Jahrhundert v. Chr. ❷ (*période remarquable*) **le ~ de Louis XIV/de Périclès** das Zeitalter Ludwigs XIV./des Perikles; **le Siècle des Lumières** das Zeitalter der Aufklärung; **le Grand Siècle** das Zeitalter Ludwigs XIV.; **le ~ de l'atome** das Atomzeitalter ❸ (*période très longue*) Ewigkeit *f* (*fam*); **depuis des ~s** seit einer Ewigkeit (*fam*); **il y a des ~s que je ne t'ai vu** *fam* ich habe dich ja seit einer Ewigkeit nicht mehr gesehen; **mais ça fait un ~ de ça!** aber das ist ja schon eine Ewigkeit her! (*fam*) ▶ **du ~** *fam combat, marché, inondation* Jahrhundert-

sied [sje] *indic prés de* **seoir**

siège [sjɛʒ] *m* ❶ (*meuble*) Sitz *m*; **~ avant/arrière** AUT Vorder-/Rücksitz; **~ pour enfant** Kindersitz; **~ pliant** Klappstuhl *m* ❷ (*action d'assiéger*) Belagerung *f* ❸ (*au Parlement*) Sitz *m* ❹ *d'une organisation* Sitz *m*; **~ social** [Firmen]sitz

siéger [sjeʒe] <2a, 5> *vi* ❶ (*avoir un siège*) *députés, procureur:* sitzen ❷ (*tenir séance*) tagen

sien(ne) [sjɛ̃, sjɛn] *pron poss* ❶ **le ~/la ~ne** der/die/das Seine/Ihre, seine(r, s)/ihre(r, s); **les ~s** die Seinen/Ihren, seine/ihre; *v. a.* **mien** ❷ *pl* (*ceux de sa famille*) **les ~s** seine/ihre Angehörigen; (*ses partisans*) seine/ihre Anhänger ▶ **faire des ~nes** *fam personne:* Unfug machen; *voiture:* verrückt spielen; **à la [bonne] ~ne!** *hum fam* auf sein/ihr Wohl!; **y mettre du ~** tun, was man kann

siéra [sjeʀa] *fut de* **seoir**

sierra [sjeʀa] *f* Sierra *f*

sieste [sjɛst] *f* Mittagsschlaf *m*

siester [sjɛste] <1> *vi fam* Siesta machen
sifflement [sifləmɑ̃] *m* Pfeifen *nt; du serpent, de la vapeur* Zischen *nt;* ~ **d'oreilles** Ohrensausen *nt;* ~ **d'admiration** bewundernder Pfiff
siffler [sifle] <1> **I.** *vi* pfeifen; *gaz, vapeur, serpent:* zischen; ~ **aux oreilles de qn** an jds Ohr (*dat*) vorbeipfeifen **II.** *vt* ❶ (*appeler*) ~ **son copain/chien** nach seinem Kumpel/Hund pfeifen; ~ **une fille** hinter einer jungen Frau herpfeifen ❷ (*signaler en sifflant*) pfeifen; ~ **le départ de la course/la fin du match** das Rennen anpfeifen/das Spiel abpfeifen ❸ (*huer*) auspfeifen; **se faire** ~ ausgepfiffen werden ❹ (*moduler*) pfeifen *chanson, mélodie* ❺ *fam* (*boire*) hinunterstürzen, kippen *verre*
sifflet [siflɛ] *m* ❶ (*instrument*) Pfeife *f;* **coup de** ~ Pfiff *m* ❷ *pl* (*huées*) Pfiffe *Pl* ▸ **couper le ~ à qn** *fam* (*couper la parole*) jdm über den Mund fahren; **ça me coupe le ~!** da bleibt mir die Spucke weg!
siffleur, -euse [siflœʀ, -øz] **I.** *adj* pfeifend **II.** *m, f* (*personne qui hue*) Person, die jdn/etw auspfeift
sifflotement [siflɔtmɑ̃] *m* Pfeifen *nt*
siffloter [siflɔte] <1> *vt, vi* [vor sich hin] pfeifen
sigle [sigl] *m* Abkürzung *f,* Kürzel *nt*
signal [siɲal, -o] <-aux> *m* ❶ (*signe conventionnel*) Signal *nt;* (*signe convenu*) Zeichen *nt;* (*signe annonciateur*) [An]zeichen *nt;* ~ **convenu** vereinbartes Zeichen; **donner le ~ du départ** das Startzeichen geben ❷ (*avertisseur*) Signal *nt;* (*système*) Signalanlage *f;* ~ **automatique** automatisches Signal; (*système*) Signalanlage; ~ **sonore** akustisches Signal; ~ **d'alarme** Alarmsignal; CHEMDFER Notbremse *f;* **déclencher le ~ d'alarme** den Alarm auslösen; ~ **de détresse** Notsignal *nt* ❸ INFORM Signal *nt;* ~ **de sollicitation** Eingabeaufforderung *f*
signalé(e) [siɲale] *adj* ❶ (*signalisé*) *virage* ausgeschildert ❷ *littér service* bedeutend
signalement [siɲalmɑ̃] *m d'une personne* Personenbeschreibung *f; d'un véhicule, malfaiteur* Beschreibung *f*
signaler [siɲale] <1> *vt* ❶ (*attirer l'attention sur*) melden *fait nouveau, perte, vol;* ~ **un détail/une erreur à qn** jdn auf ein Detail/einen Fehler hinweisen ❷ (*marquer par un signal*) ~ **la direction à qn** *carte, écriteau, balise:* jdm die Richtung weisen ❸ (*indiquer*) ~ **l'existence de qc** auf die Existenz einer S. (*gen*) hindeuten ▸ **rien à ~** keine besonderen Vorkommnisse; MED ohne Befund
signalétique [siɲaletik] *adj* **fiche ~** erkennungsdienstliche Akte *f*
signalisation [siɲalizasjɔ̃] *f d'un aéroport, port* (*par lumière*) Befeuerung *f;* (*au sol*) Pistenmarkierung *f; d'une route* (*par panneaux*) Beschilderung *f;* (*au sol*) Fahrbahnmarkierung *f;* (*par feu*) Ampelanlage[n *Pl*] *f;* **feu de ~** Ampel *f*
signaliser [siɲalize] <1> *vt* ~ **une route** (*avec des panneaux*) eine Straße ausschildern; (*avec des feux*) auf einer Straße Ampeln installieren; (*avec des marques au sol*) auf einer Straße Fahrbahnmarkierungen anbringen
signataire [siɲatɛʀ] **I.** *adj État, pays, gouvernement* Signatar-; **les membres ~s du traité** die[jenigen] Mitglieder, die das Abkommen unterzeichnet haben; **partie ~** vertragschließende Partei **II.** *mf* Unterzeichner(in) *m(f)*
signature [siɲatyʀ] *f* ❶ (*action*) Unterzeichnung *f;* **apposer sa ~ au bas de qc** seine Unterschrift unter etw (*akk*) setzen ❷ (*marque d'authenticité*) Unterschrift *f; d'un peintre* Signatur *f;* ~ **légalisée** beglaubigte Unterschrift
signe [siɲ] *m* ❶ (*geste*) Zeichen *nt;* ~ **de [la] croix** Kreuzzeichen *nt;* **faire le ~ de la croix/un ~ de croix** sich bekreuzigen; ~ **de la main** [Hand]zeichen *nt;* ~ **de la tête** Kopfbewegung *f;* ~ **de tête affirmatif/négatif** Nicken *nt*/Kopfschütteln *nt;* ~ **de bienvenue** Willkommensgeste *f;* ~ **de refus** ablehnende Bewegung; **faire ~ à qn** (*pour signaler qc*) jdm zuwinken; (*pour contacter qn*) sich bei jdm melden; **faire un ~ de la tête à son partenaire** seinem Partner zunicken; **faire ~ à son fils de faire qc** seinem/ihrem Sohn bedeuten etw zu tun; **faire ~ que oui/non** (*de la tête*) zustimmend nicken/den Kopf schütteln; (*d'un geste*) ein Zeichen der Zustimmung/Ablehnung machen ❷ (*indice*) Anzeichen *nt;* ~ **annonciateur** erstes Anzeichen; ~ **avant-coureur** Vorzeichen *nt;* MED Symptom *nt* ❸ (*trait distinctif*) Merkmal *nt;* ~**s particuliers: néant** besondere Kennzeichen: keine; ~**s extérieurs de richesse** sichtbare Zeichen von Reichtum ❹ (*symbole*) Zeichen *nt;* ~ **de ponctuation** GRAM Satzzeichen; ~ **négatif/positif** Minus-/Pluszeichen; ~ **d'égalité/de multiplication** Gleichheits-/Multiplikationszeichen ❺ ASTROL Sternzeichen *nt;* ~ **du zodiaque** Tierkreiszeichen *nt* ▸ **ne pas**

donner ~ de vie (*ne pas donner de nouvelles*) nichts von sich hören lassen; (*paraître mort*) kein Lebenszeichen von sich geben; **c'est bon/mauvais ~** das ist ein gutes/schlechtes Zeichen

signer [siɲe] <1> *vt* ❶ (*apposer sa signature*) unterschreiben; unterzeichnen *pétition, traité;* **~ un tableau** *peintre:* ein Bild signieren; **~ qc de son nom/de sa main** etw mit seinem [vollen] Namen/eigenhändig unterschreiben ❷ (*produire sous son nom*) verfassen *œuvre, pièce;* malen *tableau;* **être signé de qn** von jdm stammen ▶ **c'est signé** *fam* es ist [doch] sonnenklar, wer das war; **être signé** *fam* jds Stempel tragen

signet [siɲɛ] *m* INFORM Bookmark *f*

signifiant [siɲifjɑ̃] *m* LING Signifikant *m*

significatif, -ive [siɲifikatif, -iv] *adj* ❶ *date, décision, fait* bedeutsam; *geste, silence, sourire* vielsagend; **être ~ de qc** etw erkennen lassen ❷ (*important*) bedeutend

signification [siɲifikasjɔ̃] *f* (*sens*) Bedeutung *f*

signifié [siɲifje] *m* LING Signifikat *nt*

signifier [siɲifje] <1> *vt* ❶ (*avoir pour sens*) bedeuten; **qu'est-ce que cela signifie?** was hat das zu bedeuten? ❷ (*faire connaître*) **~ une intention à qn** jdm eine Absicht zu verstehen geben; **~ une décision à qn** JUR jdm eine Entscheidung zustellen ▶ **qu'est-ce que ça signifie?** (*se dit pour exprimer son mécontentement*) was soll denn das?

silence [silɑ̃s] *m* ❶ *sans pl* (*absence de bruit*) Stille *f;* (*calme*) Ruhe *f;* **~ de mort** Totenstille *f;* **travailler en ~** arbeiten, ohne Lärm zu machen; **souffrir en ~** vor sich hinleiden; **le ~ se fait dans la salle** im Saal kehrt Ruhe ein; **le ~ des enfants m'inquiète** die Kinder sind beunruhigend still; **quel ~!** was für eine [wohltuende] Ruhe!; **~!** Ruhe!; **~! on tourne!** Achtung, Aufnahme! ❷ (*absence de paroles, d'information*) Schweigen *nt;* **~ gêné/éloquent** betretenes/beredtes Schweigen; **~ glacial** eisiges Schweigen; **garder le ~ sur qc** über etw (*akk*) Stillschweigen bewahren; **passer qc sous ~** kein Wort über etw verlieren; **réduire qn au ~** jdn zum Schweigen bringen; **rompre le ~** das Schweigen brechen ▶ **la parole est d'argent, mais le ~ est d'or** *prov* Reden ist Silber, Schweigen ist Gold

silencieusement [silɑ̃sjøzmɑ̃] *adv* ❶ (*sans bruit*) lautlos ❷ (*en secret*) heimlich

silencieux [silɑ̃sjø] *m* Schalldämpfer *m*

silencieux, -euse [silɑ̃sjø, -jøz] *adj* ❶ (*opp: bruyant*) leise; *personne, méditation* still ❷ (*où règne le silence*) still ❸ *personne* still, schweigsam; **majorité silencieuse** schweigende Mehrheit; **rester ~** schweigen

silex [silɛks] *m* Feuerstein *m*

silhouette [silwɛt] *f* ❶ *d'une personne* Silhouette *f;* **la ~ voûtée de qn** jds gebeugte Gestalt ❷ (*figure indistincte*) Umriss *m* ❸ (*contour*) Kontur *f* ❹ (*dessin*) Schattenriss *m*

silice [silis] *f* Kieselerde *f*

siliceux, -euse [silisø, -øz] *adj* Kiesel-; *terrain* kieselsäurehaltig; **terre/roche siliceuse** Kieselerde *f*/Kieselgestein *nt*

silicium [silisjɔm] *m* Silizium *nt*

S

demander le silence

demander le silence	*um Ruhe bitten*
Chut !	*Pst!*
Silence !	*Ruhig!*
Ferme-la ! (*vulg*)/Écrase ! (*fam*)	*Halt's Maul!/Schnauze! (vulg)*
Taisez-vous,/Du calme, maintenant !	*Jetzt seien Sie doch mal ruhig!*
Écoute-moi bien, maintenant !	*Jetzt hör mir mal zu!*
Tais-toi donc !	*Jetzt sei mal still!*
Je voudrais aussi dire quelque chose !	*Ich möchte auch noch etwas sagen!*
Merci ! Moi, je pense que ...	*Danke! ICH meine dazu, ...*
(*à un public:*) Un peu de calme, s'il vous plaît !	*(an ein Publikum:) Ich bitte um Ruhe.*
Pourriez-vous vous taire, s'il vous plaît !	*Wenn ihr jetzt bitte mal ruhig sein könntet!*

silicone [silikɔn] *m* Silikon *nt*
siliconé(e) [silikɔne] *adj* **seins ~s** Silikonbrüste *Pl,* Brüste mit Silikonimplantat
silicose [silikoz] *f* [Quarz]staublunge *f*
sillage [sijaʒ] *m* NAUT Kielwasser *nt; d'un avion* Kondensstreifen *m;* **~ de l'eau** Wasserwirbel *Pl* ▶**marcher dans le ~ de qn** (*suivre son exemple*) in jds Fußstapfen (*akk*) treten; (*profiter de qn*) in jds Kielwasser (*dat*) segeln; **rester dans le ~ de qn** sich in jds Kielwasser (*dat*) halten; **entraîner qn/qc dans son ~** jdn/etw mit sich ziehen
sillon [sijɔ̃] *m* ❶ AGR Furche *f;* **creuser/tracer/ouvrir un ~** eine Furche ziehen ❷ (*trace longitudinale*) Spur *f;* (*ride*) Furche *f;* GEOG Graben *m;* **le ~ rhénan** der Rheingraben ❸ (*piste*) *d'un disque* Rille *f*
sillonner [sijɔne] <1> *vt* (*traverser*) **~ une ville** *personnes, touristes:* kreuz und quer durch eine Stadt gehen/fahren; *canaux, routes:* eine Stadt durchziehen; **~ le ciel** *avions:* am Himmel ihre Bahnen ziehen; *éclairs:* den Himmel durchzucken
silo [silo] *m* AGR (*réservoir*) Silo *m o nt;* (*fosse*) Miete *f*
silure [silyʀ] *m* Wels *m*
simagrée [simagʀe] *f gén pl* Gehabe *nt,* Getue *nt* (*fam*); **faire des ~s** einen Zirkus veranstalten
simiesque [simjɛsk] *adj* affenähnlich
similaire [similɛʀ] *adj* vergleichbar; *goûts* sehr ähnlich
simili [simili] *m* Imitation *f;* **en ~** unecht
similicuir [similikɥiʀ] *m* Kunstleder *nt*
similitude [similityd] *f* (*analogie*) Ähnlichkeit *f;* **présenter certaines ~s** gewisse Gemeinsamkeiten aufweisen
simple [sɛ̃pl] **I.** *adj* ❶ (*facile*) einfach; **être ~ à faire** einfach zu tun sein; **rien de plus ~ à réaliser!** nichts leichter als das!; **le plus ~, c'est ...** am einfachsten ist es, ... ❷ (*modeste*) einfach; *personne, revenus* bescheiden; *cérémonie* schlicht; **être issu d'une famille ~** das Kind einfacher Leute sein ❸ *feuille, nœud* einfach; **un aller ~ pour Paris, s'il vous plaît** eine einfache Fahrkarte nach Paris, bitte ❹ *postposé* (*non composé*) einfach; **temps ~** einfache Zeitform; **corps ~** CHIM chemischer Grundstoff ❺ *antéposé* (*rien d'autre que*) einfach; **~ soldat/employé de bureau** einfacher Soldat/Büroangestellter; **~ formalité** reine Formalität; **~ regard** flüchtiger Blick; **~ remarque** kleine Bemerkung; **appeler pour un ~ renseignement** nur wegen einer Auskunft anrufen; **un ~ coup de téléphone aurait suffi** ein [kurzer] Anruf hätte genügt; **"sur ~ appel"** „Anruf genügt" ❻ (*naïf*) einfältig ▶**c'est [bien] ~** *fam* das ist ganz einfach; **écoute, c'est ~, si tu ...** jetzt hör' mir mal gut zu: wenn du ...; **si tu ..., c'est bien ~, je te quitte!** wenn du ..., dann verlasse ich dich ganz einfach!; **c'est bien ~, il ne m'écoute jamais!** er hört mir einfach nie zu!; **tu penses que tu vas t'en tirer comme ça, mais ce serait trop ~!** du glaubst, du wirst ungeschoren davonkommen, aber das könnte dir so passen! **II.** *m* ❶ SPORT Einzel *nt;* **un ~ dames/messieurs** ein Damen-/Herreneinzel ❷ (*personne naïve*) **~ d'esprit** geistig Behinderte(r) *f(m)* ▶**passer du ~ au double** sich verdoppeln
simplement [sɛ̃pləmɑ̃] *adv* ❶ *s'exprimer* einfach; *se vêtir* schlicht; *recevoir, se comporter* ungezwungen ❷ (*seulement*) [einfach] nur; **ce sont ~ des hommes** das sind [einfach] nur Menschen; **tout ~** (*sans plus*) einfach nur; (*absolument*) [ganz] einfach
simplet(te) [sɛ̃plɛ, ɛt] *adj* ❶ (*niais*) [etwas] einfältig ❷ (*simpliste*) banal; *intrigue, question* simpel; *raisonnement* nichts sagend; *roman* trivial
simplicité [sɛ̃plisite] *f* ❶ (*opp: complexité*) Einfachheit *f;* **être d'une extrême/de la plus grande ~** außerordentlich/äußerst einfach sein; **être d'une ~ enfantine** kinderleicht sein ❷ (*naturel*) Schlichtheit *f;* **être resté d'une grande ~** sehr bescheiden geblieben sein; **parler avec ~** sich einfach [und verständlich] ausdrücken; **être célébré dans la ~** in schlichtem Rahmen stattfinden; **recevoir qn en toute ~** jdn empfangen ohne große Umstände zu machen ❸ (*naïveté*) Naivität *f;* **avoir la ~ de croire qc** so naiv sein etw zu glauben
simplificateur, -trice [sɛ̃plifikatœʀ, -tʀis] *adj* [zu] stark vereinfachend; **avoir l'esprit très ~** dazu neigen die Dinge zu vereinfachen
simplification [sɛ̃plifikasjɔ̃] *f* (*action de rendre simple*) Vereinfachung *f;* **~ du travail** Arbeitserleichterung *f*
simplifier [sɛ̃plifje] <1> **I.** *vt* vereinfachen; leichter machen *existence, tâche, travail* **II.** *vpr* **se ~ la vie/l'existence** sich (*dat*) das Leben/das Dasein erleichtern
simplisme [sɛ̃plism] *m* übermäßige Vereinfachung; **faire preuve de ~** die Dinge simplifizieren (*geh*)
simplissime [sɛ̃plisim] *adj* (*très simple*) kinderleicht

S

simpliste [sɛ̃plist] *adj* einseitig; **être ~** die Dinge zu einseitig sehen
simulacre [simylakʀ] *m littér* (*action simulée*) Täuschungsmanöver *nt;* **un ~ de combat** ein Scheingefecht
simulateur, -trice [simylatœʀ, -tʀis] *m, f* ❶ (*trompeur*) Heuchler(in) *m(f);* (*qui simule une maladie*) Simulant(in) *m(f)* ❷ (*appareil*) **~ de pilotage** [Lehr]simulator *m;* **~ de vol** Flugsimulator *m*
simulation [simylasjɔ̃] *f* ❶ (*reconstitution*) Simulation *f;* **jeu de ~** Rollenspiel *nt* ❷ (*action de simuler un sentiment*) Heuchelei *f;* (*action de simuler une maladie*) Simulieren *nt*
simuler [simyle] <1> *vt* ❶ (*feindre*) vortäuschen; heucheln *sentiment;* **un appel de détresse simulé** ein fingierter Notruf ❷ (*reconstituer*) simulieren
simultané(e) [simyltane] *adj* gleichzeitig; **traduction ~e** Simultandolmetschen *nt*
simultanéité [simyltaneite] *f* Gleichzeitigkeit *f*
simultanément [simyltanemɑ̃] *adv* gleichzeitig
sincère [sɛ̃sɛʀ] *adj* ❶ (*franc, loyal*) aufrichtig; *aveu* offen; *ami, repentir* echt; *explication, réponse* ehrlich ❷ (*véritable*) **~s condoléances** aufrichtiges Beileid; **croyez à mes plus ~s regrets** ich bedauere zutiefst; **veuillez agréer mes plus ~s salutations** mit [den] besten Grüßen
sincèrement [sɛ̃sɛʀmɑ̃] *adv* ❶ *avouer* offen; *regretter* aufrichtig; **il est ~ désolé de qc** etw tut ihm aufrichtig leid; **je te le dis ~** ich sage es dir [ganz] offen; **~, tu ne veux pas y aller?** du willst also wirklich nicht hingehen? ❷ (*à franchement parler*) ehrlich gesagt
sincérité [sɛ̃seʀite] *f des aveux, d'une personne, d'un sentiment* Aufrichtigkeit *f; d'une explication, réponse* Ehrlichkeit *f;* **en toute ~** ehrlich gesagt
sine qua non [sinekwanɔn] *adj v.* **condition**
Singapour [sɛ̃gapuʀ] Singapur *nt*
singe [sɛ̃ʒ] *m* ❶ ZOOL Affe *m;* **grand ~** Menschenaffe *m;* **l'homme descend du ~** der Mensch stammt vom Affen ab; *v. a.* **guenon** ❷ *fam* (*personne laide*) hässlicher Kerl *m*/hässliche Frau *f* ❸ *fam* (*personne qui imite*) Kasper *m;* **faire le ~** *fam* herumkaspern ►**être poilu comme un ~** *fam* behaart wie ein Affe sein
singer [sɛ̃ʒe] <2a> *vt* ❶ (*imiter*) äffen *personne;* nachäffen *démarche, voix* ❷ (*feindre*) heucheln *sentiment, intérêt*
singeries [sɛ̃ʒʀi] *fpl fam* (*grimaces*) Grimassen *Pl,* Faxen *Pl;* (*pitreries*) Albereien *Pl;* **faire des ~** (*des grimaces*) Grimassen schneiden; (*des pitreries*) herumalbern
singulariser [sɛ̃gylaʀize] <1> *vpr* **se ~ par qc** durch etw auffallen
singularité [sɛ̃gylaʀite] *f* ❶ *sans pl* (*caractère original*) Originalität *f;* **présenter une ~** eine Besonderheit aufweisen ❷ *pl* (*excentricité*) Absonderlichkeit *f;* **les ~s de son comportement** sein/ihr absonderliches Verhalten
singulier [sɛ̃gylje] *m* Singular *m*
singulier, -ière [sɛ̃gylje, -jɛʀ] *adj* (*bizarre*) sonderbar; (*étonnant*) erstaunlich
singulièrement [sɛ̃gyljɛʀmɑ̃] *adv* ❶ (*étrangement*) eigenartig ❷ (*fortement*) außerordentlich
sinistre [sinistʀ] **I.** *adj* ❶ (*lugubre*) trostlos; **avoir l'air ~** düster drein blicken ❷ (*inquiétant*) unheilvoll ❸ *nouvelle, spectacle* schrecklich **II.** *m* (*catastrophe*) Katastrophe *f;* **maîtriser un ~** einen Brand unter Kontrolle haben
sinistré(e) [sinistʀe] **I.** *adj bâtiment* zerstört; **personnes ~es à la suite des inondations** Opfer *Pl* der Überschwemmungskatastrophe; **zone** [*o* **région**] **~e** Katastrophengebiet *nt* **II.** *m(f)* [Katastrophen]opfer *nt;* **les ~s de la dernière guerre** die Opfer des letzten Krieges; **l'inondation a fait de nombreux ~s** durch die Überschwemmung sind viele zu Schaden gekommen
sinistrose [sinistʀoz] *f* Pessimismus *m*
sinologie [sinɔlɔʒi] *f* Chinakunde *f,* Sinologie *f*
sinologue [sinɔlɔg] *mf* Sinologe *m*/Sinologin *f*
sinon [sinɔ̃] *conj* ❶ (*dans le cas contraire*) sonst, andernfalls ❷ (*si ce n'est*) **que faire ~ attendre?** was können wir anderes tun als warten?; **à quoi sert la clé ~ à faire qc** wozu ist der Schlüssel eigentlich gut, wenn nicht dazu etw zu tun; **aucun roman ~ "Madame Bovary"** kein Roman außer „Madame Bovary"; **il ne s'intéresse à rien ~ à la musique** er interessiert sich für nichts anderes als Musik; **~ ... du** [*o* **au**] **moins** (*en tout cas*) wenn nicht ..., so doch [wenigstens] ...
sinueux, -euse [sinɥø, -øz] *adj* ❶ (*ondoyant*) gewunden ❷ (*compliqué*) verschlungen

S

sinuosité [sinɥozite] *f* (*formes sinueuses*) Windung *f,* Biegung *f*
sinus [sinys] *m* ANAT [Nasen]nebenhöhle *f*
sinusite [sinyzit] *f* [Nasen]nebenhöhlenentzündung *f*
sionisme [sjɔnism] *m* Zionismus *m*
sioniste [sjɔnist] I. *adj* zionistisch II. *mf* Zionist(in) *m(f)*
Sioux [sju] *m* Sioux *m* ▶ **des ruses de ~** teuflische Listen
siphon [sifɔ̃] *m* ❶ (*tube courbé*) Saugheber *m; d'un évier, des W.-C.* Geruchsverschluss *m,* Siphon *m* ❷ GEOG Siphon *m* ❸ (*bouteille*) Siphon *m*
siphonné(e) [sifɔne] *adj fam* **être ~** spinnen
siphonner [sifɔne] <1> *vt* (*transvaser le contenu*) absaugen; (*vider un contenant*) leeren
sire [siʀ] *m* **Sire!** Majestät! *f*
sirène [siʀɛn] *f* ❶ (*signal*) Sirene *f;* **les ~s sonnent** die Sirenen heulen; **~ d'alarme** Alarmsirene ❷ (*femme poisson*) Meerjungfrau *f* ❸ *hum* (*symbole de séduction*) **chant des ~s** Sirenengesang *m*
sirocco [siʀɔko] *m* Schirokko *m*
sirop [siʀo] *m* ❶ (*solution sucrée concentrée*) Sirup *m;* **~ de citron/framboise/fraise** Zitronen-/Himbeer-/Erdbeersirup *m* ❷ (*boisson diluée*) Saft *m* (*mit Wasser verdünnter Sirup*) ❸ (*liquide sucré des boîtes de conserve*) **pêches au ~** Pfirsiche in gezuckertem Fruchtsaft ❹ MED Sirup *m;* **~ contre la toux** Hustensaft
siroter [siʀɔte] <1> *vt fam* [langsam und mit Genuss] trinken
sismique [sismik] *adj* **secousse ~** Erdstoß *m*
sismographe [sismɔgʀaf] *m* Seismograf *m*
sismologie [sismɔlɔʒi] *f* Seismologie *f*
sismologue [sismɔlɔg] *m, f* Seismologe *m*/Seismologin *f*
sitcom [sitkɔm] *f* TV Sitcom *f*
site [sit] *m* ❶ (*paysage*) Landschaft *f;* (*région*) Gegend *f;* (*endroit*) Stätte *f;* **~ classé** Landschaftsschutzgebiet *f;* **~ historique** historische Stätte; **~ naturel** Naturschönheit *f;* **~ sauvage** Stück *nt* unberührte Natur; **~ touristique** Sehenswürdigkeit *f* ❷ (*lieu d'activité*) Standort *m;* **~ de production** Produktionsstätte *f;* **~ archéologique** Ausgrabungsstätte; **~ olympique** olympischer Austragungsort ❸ INET Site *f;* **~ Web** [*o* **sur Internet**] Website *f;* **s'offrir un ~ Web** [*o* **sur Internet**] [sich (*dat*)] eine Website einrichten; **~ de rencontres** Partnerbörse *f* ▶ **~ propre** Busspur *f*

S

sit-in [sitin] *m inv* Sit-in *nt*
sitôt [sito] I. *adv* ▶ **pas de ~** so bald nicht II. *conj* **~ entré, il enleva ses chaussures** sobald er eingetreten war, zog er seine Schuhe aus ▶ **~ dit, ~ fait** gesagt, getan
situation [sitɥasjɔ̃] *f* ❶ *d'une personne* Lage *f;* **~ de famille** Familienstand *m;* **~ délicate** schwierige Lage; **la ~ sociale de qn** jds soziale Verhältnisse; **des ~s sociales** (*des cas sociaux*) Sozialfälle *Pl;* **dans ma ~** in meiner Lage; **agir en ~ de légitime défense** in Notwehr handeln; **remettre qc en ~** etw im Kontext sehen ❷ *d'une personne* Lage; *d'un pays* [wirtschaftliche] Stellung; **la ~ de l'emploi en France** die Lage auf dem französischen Arbeitsmarkt; ECON, FIN Lage *f* ❸ (*emploi*) [An]stellung *f;* **avoir une belle ~** eine gute Stellung haben; **se faire une ~** sich hocharbeiten
situé(e) [sitɥe] *adj* gelegen; **être ~ au nord/sud** *quartier, région:* im Norden/Süden liegen; *maison:* im Norden/Süden stehen; **bien/mal ~** günstig/ungünstig gelegen; **bureaux à louer, ~s en plein centre ville** Büroräume zu vermieten, direkt im Stadtzentrum [gelegen]
situer [sitɥe] <1> I. *vt* ❶ (*localiser dans l'espace par la pensée*) **~ son film/l'action de son roman à Paris** seinen Film/seinen Roman in Paris spielen lassen; **je ne situe pas très bien ce lieu** ich weiß [im Moment] nicht genau, wo dieser Ort liegt; **pouvez-vous ~ l'endroit précis où ...?** wissen Sie, wo genau ...? ❷ (*localiser dans le temps*) **~ qc en l'an ...** etw um ... ansiedeln ❸ *fam* (*définir*) einordnen *personne* II. *vpr* **se ~** ❶ (*se localiser dans l'espace*) liegen; **l'action de ce roman se situe à Paris/dans les collines** dieser Roman spielt in Paris/in den Hügeln ❷ (*se localiser dans le temps*) **se ~ en l'an ...** im Jahr ... stattfinden ❸ (*se localiser à un certain niveau*) **se ~ entre 25 et 35%** zwischen 25 und 35% liegen; **se ~ à un niveau inférieur/supérieur** niedriger/höher sein ❹ (*se définir*) **se ~** wissen, wo jdn steht; **se ~ par rapport à qc** wissen, wie jd sich einer S. (*dat*) gegenüber verhalten soll
six [sis, *devant une voyelle* siz, *devant une consonne* si] I. *num* sechs II. *m inv* Sechs *f; v. a.* **cinq**
sixième [sizjɛm] I. *adj antéposé* sechste(r, s) II. *mf* **le/la ~** der/die/das Sechste III. *m* (*fraction*) Sechstel *nt* IV. *f* SCOL ≈ sechste Klasse; *v. a.* **cinquième**
sixièmement [sizjɛmmɑ̃] *adv* sechstens
skaï® [skaj] *m* Skai® *nt*

skate [skɛt] *m fam,* **skate-board** [skɛtbɔʀd] <skate-boards> *m* Skateboard *nt;* **faire du ~** Skateboard fahren
skating [skɛtiŋ] *m* ❶ (*patinage à roulettes*) Rollschuhlauf *m* ❷ (*technique de ski*) Schlittschuhschritt *m*
sketch [skɛtʃ] <[e]s> *m* Sketch *m*
ski [ski] *m* ❶ (*objet*) Ski *m,* Schi *m;* **à ~s** auf Skiern; **randonnée à ~s** Skiwanderung *f* ❷ (*sport*) Skilauf[en *nt*] *m,* Skifahren *nt;* **~ de fond** [Ski]langlauf; **~ de piste** Abfahrt[slauf *m*] *f;* **~ de randonnée** Skiwandern *nt;* **~ alpin** alpiner Skilauf; **~ artistique** Buckelpistenfahren *nt;* **~ acrobatique** Skiakrobatik *f;* **~ nordique** nordische Kombination; **aller au ~** Ski fahren gehen; **faire du ~** Ski fahren; **des chaussures de ~** Skistiefel *Pl;* **station de ~** Wintersportort *m*
skiable [skjabl] *adj neige* zum Skifahren geeignet; **domaine/piste/saison ~** Skigebiet *nt*/-piste *f*/-saison *f*
skier [skje] <1> *vi* Ski fahren
skieur, -euse [skjœʀ, -jøz] *m, f* Skifahrer(in) *m(f);* **~ de fond/de randonnée** [Ski]langläufer *m*/Tourenskifahrer *m*
skin[head] [skin(ɛd)] *m* Skin[head *m*] *m*
skipper [skipœʀ] *m* Skipper *m*
slalom [slalɔm] *m* ❶ (*épreuve de ski*) Slalom[lauf *m*] *m;* **~ spécial/[super-]géant** Spezial-/Riesenslalom ❷ (*en canoë-kayak*) **~ [nautique]** Kanuslalom *m* ❸ (*parcours sinueux*) Slalom[kurs] *m;* **faire du ~** (*en marchant*) im Zickzack gehen; (*en conduisant*) Slalom fahren; **en ~** im Slalom
slalomer [slalɔme] <1> *vi* ❶ SPORT Slalom fahren ❷ (*zigzaguer: en marchant*) im Zickzack gehen; (*en conduisant, en roulant*) Slalom fahren
slalomeur, -euse [slalɔmœʀ, -øz] *m, f* Slalomfahrer(in) *m(f)*
slam [slam] *m* Poetry-Slam *m*
slash [slaʃ] *m* TYP Slash *m*
slave [slav] *adj* slawisch
Slave [slav] *mf* Slawe *m*/Slawin *f*
slip [slip] *m* Slip *m;* **~ de bain** Badehose *f* ▶ **se retrouver en ~** *fam* alles bis aufs Hemd verlieren
slogan [slɔgɑ̃] *m* Slogan *m;* **~ politique** politisches Schlagwort; **~ publicitaire** Werbeslogan
slovaque [slɔvak] **I.** *adj* slowakisch **II.** *m* Slowakisch *nt; v. a.* **allemand**
Slovaque [slɔvak] *mf* Slowake *m*/Slowakin *f*
Slovaquie [slɔvaki] *f* **la ~** die Slowakei
slovène [slɔvɛn] **I.** *adj* slowenisch **II.** *m* Slowenisch *nt; v. a.* **allemand**
Slovène [slɔvɛn] *mf* Slowene *m*/Slowenin *f*
Slovénie [slɔveni] *f* **la ~** Slowenien *nt*
slow [slo] *m* Slowfox *m*
smack [smak] *m* Schmatz *m* (*fam*), Bussi *nt* (*fam*)
smala [smala] *f péj o hum fam* Sippe *f;* **avec toute sa ~** mit Kind und Kegel
smart [smaʀt] *adj* CAN (*élégant*) elegant
smartphone® [smaʀtfɔn] *m* Smartphone *nt*
smash [sma(t)ʃ] *m* Schmetterball *m*
smasher [sma(t)ʃe] <1> *vt, vi* schmettern
SME [ɛsɛmø] *m abr de* **Système monétaire européen** EWS *nt*
S.M.I.C. [smik] *m abr de* **salaire minimum interprofessionnel de croissance** tariflich festgelegter Mindestlohn; **au ~** zum tariflich festgelegten Mindestlohn
smicard(e) [smikaʀ, aʀd] *m(f) fam* Mindestlohnempfänger(in) *m(f)*
smog [smɔg] *m* Smog *m*
smoking [smɔkiŋ] *m* Smoking *m*
SMS [ɛsɛmɛs] *m abr de* **Short Message Service** (*service*) SMS *m;* (*message*) SMS *f*
smurf [smœʀf] *m* Breakdance *m*
snack [snak] *m,* **snack-bar** [snakbaʀ] <snack-bars> *m* Schnellimbiss *m*
SNCF [ɛsɛnseɛf] *f abr de* **Société nationale des chemins de fer français** *französische Eisenbahngesellschaft*
snif[f]er [snife] <1> *vt arg* schnüffeln *colle, dissolution;* schnupfen *cocaïne*
snob [snɔb] **I.** *adj* versnobt (*pej*) **II.** *mf* Snob *m* (*pej*)
snober [snɔbe] <1> *vt* von oben herab behandeln *personne;* sich (*dat*) zu gut sein für *invitation;* verschmähen *repas*
snowboard [snobɔʀd] *m* Snowboard *m*
soap-opéra [sopɔpeʀa] <soap-opéras> *m* Soap *f*
sobre [sɔbʀ] *adj* ❶ (*modéré*) genügsam; *personne, vie* genügsam, maßvoll ❷ (*qui boit peu ou pas d'alcool*) maßvoll im Trinken ❸ (*mesuré*) *paroles* einfach, nüchtern; *discours* nüchtern; *gestes* sparsam ❹ (*simple*) *art, style* nüchtern, schlicht; *coupe, look* dezent, schlicht
sobrement [sɔbʀəmɑ̃] *adv* ❶ *boire, manger* mäßig; *vivre* bescheiden ❷ *s'habiller* schlicht; *s'exprimer* einfach
sobriété [sɔbʀijete] *f* ❶ (*tempérance*) *d'une personne* Genügsamkeit *f,* Enthaltsamkeit *f; d'un animal* Genügsamkeit; **la ~ au volant** Verzicht *m* auf Alkohol am Steuer ❷ (*modération*) **la ~ de ses déclara-**

S

tions die Zurückhaltung *f* in seinen/ihren Äußerungen ❸ (*discrétion*) *d'un style* Schlichtheit *f*

sobriquet [sɔbʀikɛ] *m* Spitzname *m*

sociabilité [sɔsjabilite] *f* ❶ (*amabilité*) *d'une personne* Geselligkeit *f* ❷ SOCIOL soziales Verhalten *nt*

sociable [sɔsjabl] *adj* ❶ (*aimable*) gesellig ❷ SOCIOL sozial; *fourmi, abeille* Staaten bildend; **l'homme est de nature ~** der Mensch ist von Natur aus ein soziales Wesen

social [sɔsjal, -jo] <-aux> *m* ❶ (*questions sociales*) sozialer Bereich ❷ (*politique*) Sozialpolitik *f*

social(e) [sɔsjal, -jo] <-aux> *adj* ❶ *vie, convention* gesellschaftlich; *conflit, inégalités, classe* sozial; **partenaires sociaux** Sozialpartner *Pl*, Tarifpartner *Pl;* **mener une action ~e contre qc** sich sozial gegen etw engagieren ❷ ADMIN **aide ~e** Sozialhilfe *f;* **logement ~** Sozialwohnung *f;* **avantage ~** soziale Vergünstigung ❸ *homme* sozial; *insecte* Staaten bildend; **un être ~** ein soziales Wesen ❹ *loi, politique* sozial

social-démocrate, sociale-démocrate [sɔsjaldemɔkʀat, sɔsjodemɔkʀat] <sociaux-démocrates> **I.** *adj* sozialdemokratisch **II.** *m, f* Sozialdemokrat(in) *m(f)* **social-démocratie** [sɔsjaldemɔkʀasi] <social-démocraties> *f* Sozialdemokratie *f*

socialement [sɔsjalmɑ̃] *adv* sozial

socialisation [sɔsjalizasjɔ̃] *f* ❶ POL Sozialisierung *f* ❷ PSYCH Sozialisation *f*

socialiser [sɔsjalize] <1> *vt* POL, PSYCH sozialisieren

socialisme [sɔsjalism] *m* Sozialismus *m;* **~ d'État** Staatssozialismus

socialiste [sɔsjalist] **I.** *adj* sozialistisch **II.** *mf* Sozialist(in) *m(f)*

socialo [sɔsjalo] *mf fam abr de* **socialiste** Sozi *mf*

socialo-communiste [sɔsjalokɔmynist] <socialo-communistes> *adj* sozialistisch-kommunistisch; *alliance, coalition* zwischen Sozialisten und Kommunisten

sociétaire [sɔsjetɛʀ] *mf* ❶ (*membre*) Mitglied *nt* ❷ (*membre d'une coopérative*) [Genossenschafts]mitglied *nt;* (*membre d'une société*) Gesellschafter(in) *m(f)*

société [sɔsjete] *f* ❶ (*communauté*) Gesellschaft *f;* **~ de consommation** Konsumgesellschaft; **problème de ~** gesellschaftliches Problem; **intérêt de la ~** gesellschaftliches Interesse; **vivre en ~** *fourmis:* in Staaten leben ❷ ECON Gesellschaft *f,* Unternehmen *nt;* **~ à responsabilité limitée** Gesellschaft mit beschränkter Haftung; **~ anonyme** Aktiengesellschaft; **~ civile** Gesellschaft des bürgerlichen Rechts ❸ (*club*) **~ littéraire/savante** literarische/wissenschaftliche Gesellschaft ❹ (*ensemble de personnes*) Gruppe *f;* **la bonne ~** die feine Gesellschaft; **les gens de la bonne ~** die feinen Leute; **la haute ~** die High Society ❺ POL **Société des Nations** Völkerbund *m*

socioculturel(le) [sɔsjokyltyʀɛl] *adj* soziokulturell

socio-économique [sɔsjoekɔnɔmik] <socio-économiques> *adj* sozioökonomisch **socio-éducatif, -ive** [sɔsjoedykatif, -iv] <socio-éducatifs> *adj* sozialpädagogisch

sociolecte [sɔsjɔlɛkt] *m* LING Soziolekt *m*

sociolinguistique [sɔsjolɛ̃gɥistik] **I.** *f* Soziolinguistik *f* **II.** *adj* soziolinguistisch

sociologie [sɔsjɔlɔʒi] *f* Soziologie *f*

sociologique [sɔsjɔlɔʒik] *adj* soziologisch

sociologiquement [sɔsjɔlɔʒikmɑ̃] *adv* soziologisch

sociologue [sɔsjɔlɔg] *mf* Soziologe *m*/Soziologin *f*

sociopolitique [sɔsjopɔlitik] *adj* sozialpolitisch

socioprofessionnel(le) [sɔsjopʀɔfesjɔnɛl] **I.** *adj activité* beruflich und gesellschaftlich; *enquête* das berufliche und soziale Umfeld betreffend; **origine ~le** soziale Herkunft und Berufsausbildung; **catégorie ~le** Berufsgruppe *f* **II.** *m(f)* (*responsable*) Vertreter(in) *m(f)* beruflicher und sozialer Gruppen

socle [sɔkl] *m* ❶ *d'une lampe* Fuß *m; d'une statue* Sockel *m; d'une colonne* Basis *f* ❷ GEOG Sockel *m*

socquette [sɔkɛt] *f* Socke *f;* (*pour femmes, enfants*) Söckchen *nt*

soda [sɔda] *m* (*boisson aromatisée*) Limonade *f,* Kracherl *nt* (A *fam*)

sodium [sɔdjɔm] *m* Natrium *nt*

sodomie [sɔdɔmi] *f* Analverkehr *m*

sodomiser [sɔdɔmize] <1> *vt* **~ qn** mit jdm anal koitieren

sœur [sœʀ] **I.** *f* ❶ (*opp: frère*) Schwester *f;* **~ de lait** Milchschwester; **~ d'infortune** *soutenu* Leidensgefährtin *f* ❷ (*objet semblable*) Gegenstück *nt* ❸ REL [Ordens]schwester *f;* **ma ~** Schwester; **bonne ~** *fam* fromme Schwester; **se faire [bonne] ~** ins Kloster gehen ▸ **et ta ~ [, elle bat le beurre]**? *fam* kümmere dich um deinen eigenen Mist! **II.** *adj* ❶ (*sem-*

blable) verwandt ② (*apparentés*) **être ~s** *choses:* einander ähnlich sein

sœurette [sœʀɛt] *f* Schwesterchen *nt*

sofa [sɔfa] *m* Sofa *nt*

Sofia [sɔfja] Sofia *nt*

SOFRES [sɔfʀɛs] *f abr de* **Société française d'enquêtes par sondages** *kommerzielles Meinungsforschungsinstitut in Frankreich*

software [sɔftwɛʀ, sɔftwaʀ] *m* Software *f*

soi [swa] **I.** *pron pers avec une préposition* sich (*akk o dat*); **chez ~** [bei sich (*dat*)] zu Hause; **malgré ~** (*à contrecœur*) gegen seinen Willen; (*par hasard*) unabsichtlich ▶ **avoir qc sur ~** etw bei sich haben; **en ~** an sich; **un genre en ~** eine Gattung für sich **II.** *m* Selbst *nt;* **la conscience du ~** das Ich-Bewusstsein

soi-disant [swadizɑ̃] **I.** *adj inv, antéposé* sogenannt **II.** *adv* angeblich; **~ qu'il serait en vacances** *fam* anscheinend ist er im Urlaub

soie [swa] *f* ① (*tissu*) Seide *f;* **~ grège/sauvage** Roh-/Wildseide; **peinture sur ~** Seidenmalerei *f* ② (*poils*) Borste *f;* **en ~s de sanglier** aus Wildschweinborsten

soient [swa] *subj prés de* **être**

soif [swaf] *f* ① (*besoin de boire*) Durst *m;* **avoir ~** Durst haben; *plante:* ausgedörrt sein; **donner ~ à qn** jdn durstig machen; **boire à sa ~** ausreichend trinken ② (*désir*) **~ d'indépendance** Unabhängigkeitsstreben *nt;* **~ de vengeance** Rachsucht *f;* **~ de vivre** Lebenshunger *m* ▶ **il fait ~** *fam* es ist ziemlich trockene Luft hier (*fig*) (*Aufforderung zum Trinken*); **laisser qn sur sa ~** *livre, spectacle:* jds Erwartungen nicht erfüllen; *personne:* jdn hinhalten; **mourir de ~** verdursten; **rester sur sa ~** (*avoir encore soif*) noch Durst haben; (*rester insatisfait*) [noch] nicht befriedigt sein; **boire jusqu'à plus ~** *fam* sich volllaufen lassen

soignant(e) [swaɲɑ̃, ɑ̃t] *adj* **personnel ~** Pflegepersonal *nt*

soigné(e) [swaɲe] *adj* ① (*impeccable*) gepflegt ② (*consciencieux*) gründlich; **être ~** *travail:* sorgfältig gemacht sein ③ *iron fam* **attraper un rhume ~** sich (*dat*) einen ordentlichen Schnupfen holen; **l'addition est ~e** die Rechnung ist gesalzen

soigner [swaɲe] <1> **I.** *vt* ① (*traiter*) *médecin:* behandeln; *infirmier:* pflegen; **~ son rhume à la maison** seinen Schnupfen zu Hause auskurieren; **se faire ~** sich behandeln lassen ② (*avoir soin de*) sich kümmern um, umsorgen *personne;* versorgen *animal, plante;* pflegen *mains, chevelure, plante;* achten auf (+ *akk*) *style, tenue;* viel Sorgfalt verwenden auf (+ *akk*) *travail, repas;* **savoir ~ ses invités** seine Gäste verwöhnen ③ *iron fam* (*forcer l'addition*) schröpfen, ausnehmen *client;* (*maltraiter*) fertigmachen *adversaire* ▶ **va** [*o* **tu devrais**] **te faire ~!** *fam* du hast sie wohl nicht alle! **II.** *vpr* ① (*essayer de se guérir*) **se ~** sich pflegen; **se ~ tout seul** sich selbst kurieren ② *hum* (*avoir soin de soi*) **se ~** es sich (*dat*) gut gehen lassen ③ (*pouvoir être soigné*) **se ~ par** [*o* **avec**] **une thérapie** mit einer Therapie behandelt werden ▶ **ça se soigne!** *fam* du hast/der hat sie wohl nicht alle!; **la paresse, ça se soigne** gegen Faulheit ist ein Kraut gewachsen

soigneur, -euse [swaɲœʀ, -øz] *m, f* SPORT Betreuer(in) *m(f); d'un boxeur* Sekundant *m*

soigneusement [swaɲøzmɑ̃] *adv travailler* gewissenhaft; *installer* sorgfältig; *ranger* ordentlich; *éviter* peinlich

soigneux, -euse [swaɲø, -øz] *adj* ① (*appliqué*) sorgfältig; (*ordonné*) ordentlich; **être ~ dans son travail** gewissenhaft arbeiten ② (*soucieux*) **être ~ de ses affaires** mit seinen Sachen sorgfältig umgehen; **être ~ de sa personne** auf ein gepflegtes Äußeres achten ③ *soutenu* (*minutieux*) eingehend

soi-même [swamɛm] *pron pers* selbst; **on se sent ~ heureux** man fühlt sich [selbst] glücklich; **le respect de ~** die Selbstachtung

soin [swɛ̃] *m* ① *sans pl* (*application*) Sorgfalt *f;* (*ordre et propreté*) Ordnungssinn *m;* **avec beaucoup de ~** sehr sorgfältig ② *pl* (*traitement médical*) Behandlung *f,* Pflege *f;* **~s intensifs/palliatifs** Intensiv-/Palliativpflege; **~s à domicile** häusliche Pflege; **les premiers ~s** erste Hilfe; **donner des ~s à qn** jdn pflegen, jdn behandeln; **donner les premiers ~s** erste Hilfe leisten ③ *pl* (*hygiène*) **~s du visage/corps** Gesichts-/Körperpflege *f* ④ *sans pl* (*responsabilité*) **confier à un voisin le ~ de la maison** einem Nachbarn auftragen, sich um das Haus zu kümmern; **laisser à sa mère le ~ de faire qc** es seiner/ihrer Mutter überlassen etw zu tun ⑤ *pl* (*attention*) Zuwendung *f* ▶ **aux bons ~s de qn** zu Händen von jdm; **être aux petits ~s pour qn** jdm jeden Wunsch von den Augen ablesen

soir [swaʀ] **I.** *m* Abend *m;* **le ~ tombe** es wird Abend; **au ~** am Abend; **hier au ~** gestern Abend; **pour le repas de ce ~**

S

heute zum Abendessen; **8 heures du ~** 8 Uhr abends, 20 Uhr; **le ~** abends; **un beau ~** eines schönen Abends; **l'autre ~** neulich Abend ▶ **du ~ au matin** die ganze Nacht [über]; **le Grand Soir** der Tag der Wende; **être du ~** *fam* (*être en forme le soir*) ein Nachtmensch sein; (*être de l'équipe du soir*) Spätdienst haben **II.** *adv* abends; **hier ~** gestern Abend; **mardi ~** [am] Dienstagabend; **tous les lundis ~[s]** jeden Montagabend

soirée [swaʀe] *f* ❶ (*fin du jour*) Abend *m;* **en ~** abends; **demain en ~** morgen Abend; **en fin de ~** am späten Abend; **toute la ~** den ganzen Abend [über]; **dans la ~** im Laufe des Abends; **lundi dans la ~, dans la ~ de lundi** im Laufe des Montagabends ❷ (*fête*) [Abend]gesellschaft *f;* **~ dansante/costumée** Tanzabend *m*/Kostümfest *nt;* **tenue de ~** Abendkleidung *f* ❸ THEAT, CINE Abendvorstellung *f;* **en ~** in der Abendvorstellung

sois [swa] *subj prés de* **être**

soit I. [swat] *adv* (*d'accord*) einverstanden; **eh bien ~!** also gut! **II.** [swa] *conj* ❶ (*alternative*) **~ ..., ~ ...** [entweder] ... oder ...; **~ qu'il soit malade, ~ qu'il n'ait pas envie** entweder ist er krank oder er hat keine Lust ❷ (*c'est-à-dire*) das heißt

soixantaine [swasɑ̃tɛn] *f* ❶ (*environ soixante*) **une ~ de personnes/pages** etwa sechzig Personen/Seiten ❷ (*âge approximatif*) **avoir la ~** [*o* **une ~ d'années**] ungefähr sechzig [Jahre alt] sein; **approcher de la ~** auf die Sechzig zugehen; **avoir largement dépassé la ~** weit über sechzig [Jahre als] sein

soixante [swasɑ̃t] **I.** *num* sechzig; **~ et un** einundsechzig; **~ et onze** einundsiebzig **II.** *m inv* Sechzig *f; v. a.* **cinq, cinquante**

soixante-dix [swasɑ̃tdis] **I.** *num* siebzig **II.** *m inv* Siebzig *f; v. a.* **cinq, cinquante**

soixante-dixième [swasɑ̃tdizjɛm] <soixante-dixièmes> **I.** *adj antéposé* siebzigste(r, s) **II.** *mf* **le/la ~** der/die/das Siebzigste **III.** *m* (*fraction*) Siebzigstel *nt; v. a.* **cinquième**

soixante-huitard(e) [swasɑ̃tɥitaʀ, aʀd] <soixante-huitards> *m(f)* Achtundsechziger(in) *m(f)*

soixantième [swasɑ̃tjɛm] **I.** *adj antéposé* sechzigste(r, s) **II.** *mf* **le/la ~** der/die/das Sechzigste **III.** *m* (*fraction*) Sechzigstel *nt; v. a.* **cinquième**

soja [sɔʒa] *m* Soja[bohne *f*] *f*

sol[1] [sɔl] *m* ❶ (*terre*) Boden *m;* **~ argileux/calcaire/sablonneux** Ton-/Kalk-/Sandboden ❷ (*croûte terrestre*) [Erd]boden *m;* **être allongé sur le ~** auf dem Boden liegen; **personnel au ~** AVIAT Bodenpersonal *nt* ❸ *d'une pièce, maison* [Fuß]boden *m;* **exercices au ~** SPORT Bodenübungen *Pl* ❹ (*territoire*) Boden *m* ▶ **le ~ se dérobe sous les pieds de qn** jdm schwankt der Boden unter den Füßen

sol[2] [sɔl] *m inv* MUS G *nt,* g *nt; v. a.* **do**

solaire [sɔlɛʀ] *adj* ❶ ASTROL, ASTRON **système ~** Sonnensystem *nt;* **cadran ~** Sonnenuhr *f* ❷ (*utilisant la force du soleil*) **centrale ~** Solarkraftwerk *nt;* **capteur ~** Sonnenkollektor *m;* **architecture ~** eine die Solarenergie nutzende Bauweise ❸ (*protégeant du soleil*) **huile ~** Sonnenöl *nt*

solarium [sɔlaʀjɔm] *m* (*dans une piscine*) Liegewiese *f;* (*appareil*) Solarium *nt;* (*établissement de bronzage*) Sonnenstudio *nt*

soldat [sɔlda] *m* ❶ MIL Soldat *m;* **le Soldat inconnu** der Unbekannte Soldat; **se faire ~ [de métier]** Berufssoldat werden ❷ JEUX **~ de plomb** Zinnsoldat *m;* **jouer aux petits ~s** mit [Spielzeug]soldaten spielen ❸ (*militant*) **~ du droit** Kämpfer *m* für das Recht; **~ de la liberté** Freiheitskämpfer *m;* **~ du Christ** Soldat *m* Christi ▶ **jouer au petit ~ avec qn** *fam* jdm gegenüber den wilden Mann spielen

soldate [sɔldat] *f fam* Soldatin *f*

solde[1] [sɔld] *m* ❶ *pl* (*marchandises*) Sonderangebot[e *Pl*] *nt;* **dans les ~s de lainage** bei den herabgesetzten Strickwaren ❷ (*braderie*) Ausverkauf *m;* (*en fin de saison*) Schlussverkauf *m;* **~s d'été/d'hiver** Sommer-/Winterschlussverkauf; **en ~** im Sonderangebot; *acheter, vendre* im Sonderangebot ❸ (*balance*) Saldo *m;* (*reliquat*) Restbetrag *m;* **~ débiteur/créditeur** Passiv-/Aktivsaldo

solde[2] [sɔld] *f d'un soldat* Sold *m; d'un matelot* Heuer *f* ▶ **être à la ~ de qn** in jds Sold (*dat*) stehen

solder [sɔlde] <1> **I.** *vt* ❶ COM herabsetzen; **~ qc à un client** einem Kunden etw billiger verkaufen; **~ tout son stock** einen Räumungsverkauf machen ❷ FIN begleichen, bezahlen *dette;* (*fermer*) abschließen *compte* **II.** *vpr* **se ~ par un échec/succès** *conférence, tentative:* mit einem Misserfolg/Erfolg enden; **se ~ par un bénéfice/déficit** *budget, compte, opération:* mit einem Überschuss/Defizit abschließen

solderie® [sɔldəʀi] *f* Discountgeschäft *nt,* Discounter *m*

soldeur, -euse [sɔldœʀ, -øz] *m, f* Discounter(in) *m(f)*

sole [sɔl] *f* (*poisson*) Seezunge *f*

soleil [sɔlɛj] *m* ❶ ASTRON Sonne *f;* **le Soleil** die Sonne; ~ **de minuit** Mitternachtssonne; ~ **couchant/levant** Sonnenuntergang/-aufgang *m;* **au ~ levant** bei Sonnenaufgang ❷ (*rayonnement*) Sonne *f;* (*temps ensoleillé*) Sonne[nschein *m*] *f;* **se mettre au ~** sich in die Sonne legen; **déteindre au ~** in der Sonne bleichen; **un coin au ~** ein sonniges Plätzchen; **il fait ~** die Sonne scheint; **prendre le ~** Sonne abbekommen ❸ (*fleur*) **grand ~** gemeine Sonnenblume ❹ (*acrobatie*) Welle *f;* **grand ~** Riesenwelle; **faire un ~** *personne:* einen Salto machen; *voiture:* sich überschlagen ►**ôte-toi de mon ~!** geh mir aus der Sonne! (*fam*)

solennel(le) [sɔlanɛl] *adj* ❶ *cérémonie, obsèques* feierlich; **rendre des honneurs ~s à qn** jdn feierlich ehren ❷ *occasion, promesse* feierlich; *avertissement* ernst ❸ *péj* (*affecté*) gekünstelt (*pej*)

solennellement [sɔlanɛlmɑ̃] *adv* ❶ (*avec éclat*) in feierlichem Rahmen ❷ *jurer* feierlich; *promettre* hoch und heilig; *s'exprimer* gewählt

solennité [sɔlanite] *f* ❶ *d'un événement, d'une cérémonie* Feierlichkeit *f; d'un lieu* Würde; **avec ~** in feierlichem Ton, mit feierlicher Miene ❷ *péj* (*gravité affectée*) übertriebene Förmlichkeit ❸ (*fête*) Feierlichkeit[en *Pl*] *f*

solfège [sɔlfɛʒ] *m* ❶ (*théorie*) musikalische Elementarlehre *f* ❷ (*livre*) Musiklehrbuch *nt*

solidaire [sɔlidɛʀ] *adj* ❶ (*lié*) **être ~(s)** solidarisch sein; **se montrer ~(s)** sich solidarisch zeigen; **être ~ de** [*o* **avec**] **qn/de qc** hinter jdm/etw stehen ❷ (*interdépendant*) **être ~s** *questions, phénomènes:* zusammenhängen; *mécanismes, matériaux:* fest miteinander verbunden sein; **être ~ de qc** fest mit etw verbunden sein

solidairement [sɔlidɛʀmɑ̃] *adv* gemeinsam, gemeinschaftlich

solidariser [sɔlidaʀize] <1> *vpr* **se ~** sich zusammenschließen; **se ~ avec qn** sich mit jdm solidarisch erklären; **se ~ avec qc** sich mit etw einverstanden erklären

solidarité [sɔlidaʀite] *f* Solidarität *f;* **la ~ entre les collègues** die Solidarität unter den Kollegen; **~ professionnelle** Solidarität innerhalb des Berufsstandes; **~ ouvrière** Solidarität der Arbeiter[klasse]

solide [sɔlid] **I.** *adj* ❶ (*opp: liquide*) fest; **corps ~** Festkörper *m* ❷ *construction, outil* stabil; *matériau* haltbar; *personne, santé* robust ❸ *connaissances* fundiert; *amitié* unerschütterlich; *source, base* zuverlässig; *position* gesichert; **être doué d'un ~ bon sens** einen gesunden Menschenverstand haben ❹ (*robuste, vigoureux*) kräftig; **ne pas être très ~ sur ses jambes** nicht ganz sicher auf den Beinen sein ❺ *antéposé, fam fortune, repas, coup de poing* ordentlich; *appétit* gesund **II.** *m* ❶ GEOM, PHYS [geometrischer] Körper ❷ (*aliments*) **du ~** feste Nahrung; **ne pas pouvoir encore manger de ~** noch keine feste Nahrung zu sich nehmen können ❸ *fam* (*chose sûre, résistante*) **c'est du ~!** das ist was Solides!

solidement [sɔlidmɑ̃] *adv* ❶ *fixer* gut; *construire* solide; **tenir ~ le bout d'une corde** das Seilende gut festhalten ❷ *s'établir, s'installer* fest; *structurer* schlüssig; **être/rester ~ attaché à ses amis** mit seinen Freunden eng verbunden sein/bleiben

solidification [sɔlidifikasjɔ̃] *f d'un liquide* Verfestigung *f,* Erstarren *nt; d'un corps gazeux* Sublimation *f*

solidifier [sɔlidifje] <1a> **I.** *vt* verfestigen *liquide;* sublimieren *corps gazeux* **II.** *vpr* **se ~** *cire, lave:* erstarren, fest werden; *ciment:* abbinden, fest werden

solidité [sɔlidite] *f* ❶ *d'une machine* Robustheit *f; d'un meuble* Stabilität *f; d'un tissu, vêtement* Strapazierfähigkeit *f; d'une personne* Robustheit *f; d'un ouvrage* Solidität *f; d'un nœud* Festigkeit *f;* **être d'une grande ~** *ouvrage:* sehr solide sein; **avoir la ~ d'un roc** *personne:* unverwüstlich sein ❷ *d'une position* Sicherheit *f; d'une personne* Unerschütterlichkeit *f* ❸ *d'un argument, raisonnement* Stichhaltigkeit *f*

soliloquer [sɔlilɔke] <1> *vi* einen Monolog halten; (*avec soi-même*) Selbstgespräche führen

soliste [sɔlist] *mf* Solist(in) *m(f)*

solitaire [sɔlitɛʀ] **I.** *adj* ❶ *vie* zurückgezogen; *vieillard* vereinsamt; *caractère* einzelgängerisch ❷ *arbre, rocher* einzeln; *maison* abgelegen ❸ *parc, chemin* einsam; *demeure* verlassen **II.** *mf* Einzelgänger(in) *m(f);* (*ermite*) Einsiedler(in) *m(f)* ►**en ~** allein[e]; **un tour du monde en ~** eine Einhandweltumsegelung **III.** *m* ❶ (*diamant*) Solitär *m* ❷ (*jeu*) Solitär[spiel *nt*] *m*

solitairement [sɔlitɛʀmɑ̃] *adv* (*sans compagnie*) allein[e]; (*dans la solitude*) einsam, zurückgezogen

solitude [sɔlityd] *f* ❶ (*isolement*) Einsamkeit *f* ❷ (*tranquillité*) Alleinsein *nt* ❸ (*lieu solitaire*) Abgeschiedenheit *f*

sollicitation [sɔlisitasjɔ̃] *f* ❶ *gén pl* (*démarche*) dringende Bitte, Ersuchen *nt*

S

kein Pl (*form*); (*par écrit*) Gesuch *nt* ❷ (*action exercée sur qc*) Einwirkung *f*

solliciter [sɔlisite] <1> *vt form* (*demander*) ~ **une autorisation de qn** jdn um eine Genehmigung ersuchen; ~ **de qn une audience/explication** von jdm eine Audienz/eine Erklärung erbitten; ~ **de qn des dommages et intérêts** jdm gegenüber Schadenersatz fordern; ~ **un emploi** sich auf eine Stelle bewerben

solliciteur, -euse [sɔlisitœʀ, -øz] *m, f* Bittsteller(in) *m(f)*

sollicitude [sɔlisityd] *f* Fürsorge *f;* **avec ~** fürsorglich

solo [sɔlo, sɔli] <s *o* soli> **I.** *m* Solo *nt;* (*chant*) Sologesang *m;* (*partie musicale*) Solopart *m;* **jouer en ~** solo spielen **II.** *app inv* Solo-

solstice [sɔlstis] *m* Sonnenwende *f;* ~ **d'été/d'hiver** Sommer-/Wintersonnenwende

solubilité [sɔlybilite] *f* Löslichkeit *f;* **la ~ d'une substance dans l'eau** die Wasserlöslichkeit einer Substanz (*gen*)

soluble [sɔlybl] *adj* ❶ *substance, café* löslich; ~ **dans l'eau** wasserlöslich ❷ (*pouvant être résolu*) **être ~** *problème:* lösbar sein

soluté [sɔlyte] *m* Lösung *f*

solution [sɔlysjɔ̃] *f* ❶ (*issue*) Lösung *f;* ~ **à un** [*o* **d'un**] **problème** Lösung für ein Problem; ~ **de facilité** [zu] einfache Lösung; ~ **de repli** Ausweichlösung; ~ **miracle** Patentrezept *nt* ❷ (*résultat*) Lösung *f;* **trouver la ~ d'une équation** eine Gleichung lösen ❸ *d'une énigme, d'un rébus* [Auf]lösung *f* ❹ CHIM, MED Lösung *f;* ~ **pharmaceutique/médicamenteuse** flüssiges Medikament ► ~ **finale** HIST, NS Endlösung *f*

solutionner [sɔlysjɔne] <1> *vt* lösen *problème;* beantworten, lösen *question*

solvabilité [sɔlvabilite] *f d'un client, d'une entreprise* Zahlungsfähigkeit *f,* Liquidität *f; d'un débiteur* Kreditwürdigkeit *f*

solvable [sɔlvabl] *adj client, pays* zahlungsfähig; *débiteur* kreditwürdig; **non ~** *client, pays* zahlungsunfähig; *débiteur* nicht kreditwürdig; **marché/demande ~** kaufkräftiger Markt

solvant [sɔlvɑ̃] *m* Lösungsmittel *nt*

sombre [sɔ̃bʀ] *adj* ❶ *lieu* dunkel; *nuit* finster; **il fait ~** es ist dunkel ❷ (*foncé*) **un bleu/rouge ~** ein dunkles Blau/Rot; **gris ~** dunkelgrau ❸ *heure, année* dunkel; *avenir, réalité, tableau* düster; *pensée* trübe ❹ *roman* düster; *visage* bedrückt; *caractère, personne* trübsinnig ❺ *antéposé, fam histoire* finster; (*bizarre*) konfus

sombrer [sɔ̃bʀe] <1> *vi* ❶ (*faire naufrage*) untergehen; ~ **au fond de la mer** auf den Meeresgrund hinabsinken ❷ (*se perdre*) *personne:* den Boden unter den Füßen verlieren; *œuvre:* der Vergessenheit anheimfallen (*geh*); ~ **dans la folie/l'alcool** dem Wahnsinn/dem Alkohol verfallen

sommaire [sɔmɛʀ] **I.** *adj* ❶ *analyse, réponse, exposé* kurz[gefasst] ❷ *examen* flüchtig; *réparation* oberflächlich; *repas* schnell ❸ *exécution* standrechtlich; **justice ~** Standrecht *nt;* **procédure ~** Schnellverfahren *nt* **II.** *m* ❶ (*table des matières*) Inhaltsverzeichnis *nt* ❷ (*résumé*) Zusammenfassung *f*

sommairement [sɔmɛʀmɑ̃] *adv* ❶ (*brièvement*) kurz ❷ (*simplement*) sparsam ❸ (*de façon expéditive*) im Schnellverfahren

sommation [sɔmasjɔ̃] *f* ❶ Aufforderung *f;* JUR (*de paraître en justice*) Vorladung *f;* (*de satisfaire à une obligation*) Mahnung *f* ❷ MIL Anruf *m;* **tirer sans ~** ohne Vorwarnung schießen

somme[1] [sɔm] *f* ❶ (*quantité d'argent*) Summe *f* ❷ (*total*) Summe *f;* **faire la ~ de qc** etw zusammenrechnen; **la ~ des angles d'un triangle** die Winkelsumme im Dreieck ❸ (*ensemble*) Gesamtheit *f;* **la ~ des dégâts/des besoins** der Gesamtschaden/alle Bedürfnisse ► **en ~, ~ toute** alles in allem

somme[2] [sɔm] *m* (*sieste*) Schläfchen *nt;* **piquer un ~** *fam* ein Nickerchen machen

sommeil [sɔmɛj] *m* ❶ (*fait de dormir*) Schlaf *m;* (*envie de dormir*) Schläfrigkeit *f;* **avoir ~** müde sein; **tomber de ~** zum Umfallen müde sein; **être réveillé en plein ~** mitten aus dem Schlaf gerissen werden; ~ **réparateur** Erholungsschlaf; ~ **paradoxal** REM-Schlaf; **dans le premier ~** kurz nach dem Einschlafen ❷ *de la nature* Schlaf *m; d'une ville* Verschlafenheit *f; de la conscience, des sens* Trägheit *f;* **être en ~** ruhen; **laisser qc en ~** etw auf sich (*dat*) beruhen lassen ► **dormir du ~ du juste** *hum* den Schlaf des Gerechten schlafen (*hum*)

sommeiller [sɔmeje] <1> *vi* (*somnoler*) im Halbschlaf liegen

sommelier, -ière [sɔməlje, -jɛʀ] *m, f* (*garçon*) Weinkellner(in) *m(f);* (*personne chargée des vins*) Kellermeister(in) *m(f)*

sommelière [sɔməljɛʀ] *f* CH (*serveuse*) Kellnerin *f,* Bedienung *f*

S

sommer [sɔme] <1> *vt* JUR, COM ~ **qn de comparaître** jdn auffordern vor Gericht zu erscheinen; ~ **qn de payer** jdn zur Zahlung auffordern

sommes [sɔm] *indic prés de* **être**

sommet [sɔmɛ] *m* ❶ *d'une montagne* Gipfel *m; d'une tour, hiérarchie* Spitze *f; d'une pente, vague* Kamm *m; d'un arbre* Wipfel *m; d'un crâne* Scheitel *m;* ~ **d'un toit** Dachfirst *m;* **sur les** ~**s** in den Bergen; **au** ~ **d'une tour** (*sans mouvement*) [oben] auf einem Turm; (*avec mouvement*) auf einen Turm [hinauf] ❷ (*apogée*) Höhepunkt *m;* **être au** ~ **de la gloire** am Gipfel des Ruhmes angelangt sein ❸ POL Gipfel[treffen *nt*] *m;* ~ **européen** europäisches Gipfeltreffen; **au** ~ *accord, négociation* auf höchster Ebene

sommier [sɔmje] *m* [Bett]rahmen *m;* ~ **avec pieds** Bettgestell *nt;* ~ **à lattes** Lattenrost *m;* ~ **à ressorts** Sprungfederrahmen

sommité [sɔ(m)mite] *f* Kapazität *f,* prominente Persönlichkeit *f;* ~ **de la médecine** medizinische Kapazität

somnambule [sɔmnɑ̃byl] **I.** *adj* mondsüchtig **II.** *mf* Schlafwandler(in) *m(f);* **comme un** ~ wie in Trance

somnifère [sɔmnifɛʀ] *m* Schlafmittel *nt;* (*cachet, pilule*) Schlaftablette *f*

somnolence [sɔmnɔlɑ̃s] *f* (*demi-sommeil*) Schläfrigkeit *f,* Halbschlaf *m*

somnolent(e) [sɔmnɔlɑ̃, ɑ̃t] *adj* ❶ (*à moitié endormi*) schläfrig ❷ (*amorphe*) *conscience, esprit* lethargisch, träge

somnoler [sɔmnɔle] <1> *vi* (*dormir à moitié*) halb schlafen

somptueusement [sɔ̃ptɥøzmɑ̃] *adv* verschwenderisch, aufwendig

somptueux, -euse [sɔ̃ptɥø, -øz] *adj vêtement* luxuriös; *résidence* prunkvoll; *repas* feudal; *cadeau* großzügig

somptuosité [sɔ̃ptɥozite] *f d'une résidence* Prunk *m,* Pracht *f; d'un repas* Üppigkeit *f*

son[1] [sɔ̃] **I.** *m* ❶ (*sensation auditive*) Ton *m; d'une voix, cloche, d'un instrument* Klang *m;* (*ondes*) Schall *m;* LING Laut *m;* ~ **guttural** Guttural[laut]; **au** ~ **de l'accordéon** zu den Klängen des Akkordeons ❷ CINE, RADIO, TV Ton *m; d'un appareil* Klang *m;* (*bruit*) Lautstärke *f;* **baisser le** ~ leiser machen; **synchroniser le** ~ **et l'image** Ton und Bild aufeinander abstimmen ▶ ~ **de cloche** Version *f;* **c'est un autre** ~ **de cloche** das sind ganz andere Töne; **n'entendre qu'un** ~ **de cloche** nur eine Seite hören **II.** *app* [**spectacle**] ~ **et lumière** TOUR Licht-Ton-Inszenierung *f* (*an historischen Bauwerken*)

son[2] [sɔ̃, se] <ses> *dét poss* ❶ sein(e)/ihr(e); ~ **vase** seine/ihre Vase; *v. a.* **mon** ❷ *après un indéfini* sein; **à chacun** ~ **dû** jedem das Seine; **c'est chacun** ~ **tour** immer der Reihe nach ❸ *avec un titre, form* **Son Altesse Royale** Seine/Ihre Königliche Hoheit

sonal [sɔnal] *m* Jingle *m*

sonar [sɔnaʀ] *m* Sonargerät *nt,* Sonar *nt*

sonate [sɔnat] *f* Sonate *f;* ~ **pour piano** Klaviersonate

sondage [sɔ̃daʒ] *m* ❶ (*enquête*) Umfrage *f;* ~ **d'opinion** Meinungsumfrage; ~ **d'écoute** Hörerumfrage ❷ (*contrôle rapide*) Überprüfung *f;* **faire quelques** ~**s dans qc** etw durch Stichproben überprüfen

sonde [sɔ̃d] *f* MED Sonde *f;* (*cathéter*) Katheter *m*

sondé(e) [sɔ̃de] *m(f)* Befragte(r) *f(m)*

sonder [sɔ̃de] <1> *vt* ❶ ADMIN befragen *personnes;* erforschen *intentions;* ~ **l'opinion** Meinungsumfragen machen ❷ (*interroger insidieusement*) ausfragen *personne* ❸ (*pénétrer*) erforschen *conscience, cœur, sentiments;* ~ **l'avenir** ergründen, was die Zukunft bringt

sondeur [sɔ̃dœʀ] *m* NAUT Peilgerät *nt;* TECH Sondiergerät *nt;* ~ **à ultrasons** Ultraschallecholot *nt*

songe [sɔ̃ʒ] *m littér* ❶ (*rêve*) Traum *m;* **faire un** ~ einen Traum haben; **en** ~ im Traum ❷ (*rêverie*) Träumerei *f*

songer [sɔ̃ʒe] <2a> **I.** *vi* (*penser*) ~ **à qn/qc** an jdn/etw denken; (*réfléchir*) über jdn/etw nachdenken; ~ **à faire qc** daran denken etw zu tun **II.** *vt* **tout cela est bien étrange, songeait-il** das ist alles sehr eigenartig, dachte er bei sich

songeur, -euse [sɔ̃ʒœʀ, -ʒøz] *adj* ❶ (*perdu dans ses pensées*) nachdenklich ❷ (*perplexe*) **être** ~ nachdenklich werden; **laisser qn** ~ jdn nachdenklich stimmen

sonnant(e) [sɔnɑ̃, ɑ̃t] *adj* **à minuit** ~**/à 4 heures** ~**es** Punkt Mitternacht/4 Uhr

sonné(e) [sɔne] *adj* ❶ *fam* (*cinglé*) bescheuert ❷ *fam* (*groggy*) groggy ❸ (*annoncé par la cloche*) **il est minuit** ~**/4 heures** ~**es** es schlägt Mitternacht/4 Uhr ▶ **avoir cinquante ans bien** ~**s** *fam* gut und gerne über die Fünfzig sein

sonner [sɔne] <1> **I.** *vt* ❶ (*tirer des sons de*) läuten *cloche;* blasen *clairon;* ~ **trois coups** dreimal klingeln [*o* läuten A] ❷ (*an-

S

noncer) ~ **l'alarme** *personne:* Alarm schlagen; *sirène:* heulen; *tocsin:* Sturm läuten ❸ (*appeler*) ~ **qn** [nach] jdm klingeln [*o* läuten A] ❹ *fam* (*étourdir, secouer*) fertigmachen; *coup, maladie, nouvelle:* umhauen; **être sonné** groggy sein ❺ *fam* (*réprimander*) **se faire ~ par qn** von jdm eins aufs Dach bekommen ▶**on [ne] t'a pas sonné** *fam* du hast hier gar nichts zu melden **II.** *vi* ❶ (*produire un son*) *cloche:* läuten; *réveil, téléphone:* klingeln, läuten (A); *angélus, trompette:* ertönen ❷ (*produire un effet*) ~ **bien** *proposition:* gut klingen; ~ **juste** echt klingen; *film:* echt wirken; ~ **faux** *aveux:* unaufrichtig klingen ❸ (*être annoncé*) *heure:* schlagen; *fin:* gekommen sein; **midi/minuit sonne** es schlägt Mittag/Mitternacht; **la récréation sonne** es klingelt [*o* läutet A] zur Pause; **quand sonne l'heure de qc** wenn die Zeit für etw gekommen ist ❹ (*s'annoncer*) klingeln, läuten (A) ❺ (*tinter*) *monnaie, clé:* klimpern; *marteau:* klingen; **faire ~ qc** mit etw klimpern

sonnerie [sɔnʀi] *f* ❶ (*action de sonner*) Läuten *nt; d'un téléphone* Klingeln *nt,* Läuten (A) ❷ (*signal sonore spécifique*) Klingelton *m* ❸ (*mécanisme*) Klingel *f; d'un réveil* Läutwerk *nt;* ~ **électrique** elektrische Klingel; **remonter la ~ du réveil** das Läutwerk des Weckers stellen

sonnet [sɔnɛ] *m* Sonett *nt*

sonnette [sɔnɛt] *f d'une porte d'entrée* Klingel *f;* (*mécanisme*) Alarmanlage *f;* ~ **d'alarme** Alarmglocke ▶**tirer la ~ d'alarme** Alarm schlagen; **tirer les ~s** (*pour s'amuser*) Klingeln putzen gehen (*fam*); (*pour demander de l'aide*) überall um Hilfe betteln

sono [sɔno] *f fam abr de* **sonorisation** ❶ Verstärkeranlage *f* ❷ (*équipe*) Tontechniker *Pl*

sonore [sɔnɔʀ] *adj* ❶ *voix* klangvoll; *gifle, rire* schallend; *baiser* schmatzend ❷ (*relatif au son*) **onde ~** Schallwelle *f;* **bande/film/piste ~** Tonband *nt*/-film *m*/-spur *f;* **ambiance/fond ~** Geräuschkulisse *f;* **nuisances ~s** Lärmbelästigung *f* ❸ *lieu, voûte* hallend ❹ LING *consonne* stimmhaft

sonorisation [sɔnɔʀizasjɔ̃] *f d'un film* Vertonung *f; d'une salle* Beschallung *f;* (*équipement*) Lautsprecheranlage *f,* Verstärkeranlage

sonoriser [sɔnɔʀize] <1> *vt* vertonen *film;* beschallen *salle*

sonorité [sɔnɔʀite] *f* ❶ (*qualité sonore*) *d'un instrument, d'une voix* Klang[farbe *f*] *m; d'un transistor* Tonqualität *f,* Wiedergabequalität; *d'une salle* Akustik *f* ❷ (*résonance*) Resonanz *f* ❸ PHON Stimmhaftigkeit *f*

sonotone® [sɔnɔtɔn, sonoton] *m* Hörgerät *nt*

sont [sɔ̃] *indic prés de* **être**

sophistiqué(e) [sɔfistike] *adj* ❶ (*perfectionné*) hoch entwickelt; (*fonctionnel*) durchdacht ❷ (*complexe*) kompliziert ❸ *beauté* künstlich; *manières* gekünstelt; *tenue* aufwendig; *mise en scène* raffiniert; *argumentation* subtil

sophistiquer [sɔfistike] <1> *vt* (*perfectionner*) perfektionieren

soporifique [sɔpɔʀifik] *adj* ❶ schlaffördernd; **cachet ~** Schlaftablette *f* ❷ (*endormant, ennuyeux*) einschläfernd, langweilig

soprane [sɔpʀan] *mf v.* **soprano²**

soprano¹ [sɔpʀano] <s *o* soprani> *m* (*voix*) Sopran[stimme *f*] *m*

soprano² [sɔpʀano] <sopranes> *mf* (*chanteur/chanteuse*) Sopran *m,* Sopranist *m*/Sopranistin *f*

sorbet [sɔʀbɛ] *m* Sorbet[t] *m o nt;* ~ **[au] citron** Zitronensorbet *m o nt*

sorbetière [sɔʀbətjɛʀ] *f* Eismaschine *f*

sorbier [sɔʀbje] *m* Eberesche *f;* ~ **commun** [*o* **des oiseleurs**] Vogelbeerbaum *m*

sorcellerie [sɔʀsɛlʀi] *f* Hexerei *f*

sorcier, -ière [sɔʀsje, -jɛʀ] **I.** *adj* ▶**ce n'est pas [bien] ~** das ist leichter als es aussieht **II.** *m, f* (*femme*) Hexe *f;* (*homme*) Hexer *m* ▶**ne pas être ~** *fam* (*ne pas pouvoir faire*) nicht hexen können; (*ne pas pouvoir savoir*) nicht hellsehen können

sordide [sɔʀdid] *adj* ❶ *quartier, ruelle* heruntergekommen ❷ *circonstances* widerwärtig; *crime, individu* niederträchtig; *avarice, égoïsme* schnöde

sort [sɔʀ] *m* ❶ (*condition*) Schicksal *nt;* (*situation*) Lage *f* ❷ (*destinée*) Schicksal *nt;* **quel a été le ~ de ton ami/votre voiture?** was ist aus deinem Freund/Ihrem Auto geworden?; **connaître le même ~ que** dasselbe Schicksal erleiden wie; **abandonner qn à son triste ~** jdn seinem traurigen Schicksal überlassen ❸ (*hasard*) Zufall *m;* **c'est le ~ qui décidera** wir überlassen es dem Zufall; **le ~ a tourné** das Blatt hat sich gewendet; **tirer le vainqueur/les numéros gagnants au ~** den Sieger/die Gewinnzahlen auslosen ▶**faire un ~ à un gigot/à une bouteille** *fam* eine Lammkeule verspachteln/eine Flasche niedermachen; **le ~ en est jeté** die Würfel sind gefallen

S

sortable [sɔʀtabl] *adj fam* vorzeigbar; **elle est ~** sie kann sich sehen lassen, man kann sich mit ihr sehen lassen; **il n'est pas ~** er kann sich nirgends sehen lassen, man kann sich mit ihm nirgends sehen lassen

sortant(e) [sɔʀtɑ̃, ɑ̃t] **I.** *adj* ❶ *coalition, député, ministre* scheidend *attr;* bisherig *attr* ❷ (*tiré au sort*) durch das Los bestimmt; **les numéros ~s** die Gewinnzahlen **II.** *m(f)* (*député*) Abgeordnete(r) *f(m)* mit auslaufendem Mandat; (*ministre*) scheidender Minister *m;* **les entrants et les ~s** die Ein- und Ausgehenden

sorte [sɔʀt] *f* Art *f,* Sorte *f;* **plusieurs ~s de pommes** mehrere Apfelsorten; **toutes ~s de personnes/choses** alle möglichen Menschen/Dinge; **des disques de toutes ~s** Schallplatten aller Art; **ne plus avoir de marchandises d'aucune ~** keinerlei Waren mehr haben ▶ **en quelque ~** in gewisser Weise; **faire en ~ que tout se passe bien** es so einrichten, dass alles gut geht; **de la ~** auf diese Art und Weise

sortie [sɔʀti] *f* ❶ *d'une personne* Herauskommen *nt; d'une personne* Hinausgehen *nt;* **~ de prison/d'hôpital** Entlassung *f* aus dem Gefängnis/Krankenhaus; **la ~ de piste** AUT das Abkommen von der Fahrbahn ❷ (*promenade*) Spaziergang *m;* (*en voiture, à bicyclette*) Spazierfahrt *f;* (*excursion*) Ausflug *m;* SCOL Exkursion *f;* **la première ~ depuis une maladie** der erste Ausgang nach einer Krankheit; **être de ~** *personne:* ausgehen; **tu es de ~ aujourd'hui?** willst du heute ausgehen? ❸ *d'un bâtiment* Ausgang *m; d'une autoroute, d'un garage* Ausfahrt *f; d'une localité* Ortsausgang *m;* (*grande route*) Ausfallstraße *f;* **~ de secours** Notausgang *m;* **~ des ateliers/de l'usine** Werkstor *nt;* **~ des artistes** Künstlereingang *m* ❹ (*panneau*) **~ de camions** (*devant une usine*) Werksausfahrt; (*devant un chantier*) Baustellenausfahrt; **~ d'école** [Vorsicht] Schulkinder!; **~ de garage** Ausfahrt freihalten! ❺ *d'un spectacle, d'une saison* Ende *nt;* **~ de l'école/des bureaux** Schul-/Büroschluss *m;* **à la ~ [du magasin/du bureau]** nach der Arbeit; **à la ~ de l'usine** bei Betriebsschluss ❻ *d'une publication* Erscheinen *nt,* Veröffentlichung *f; d'un disque* Erscheinen; *d'un film* Anlaufen *nt; d'un nouveau modèle, véhicule* Markteinführung *f;* **la ~ de ce film est prévue pour le mois prochain** dieser Film soll nächsten Monat in die Kinos kommen ❼ SPORT *d'un ballon* Aus *nt; d'un gardien* Herauslaufen *nt;* **~ [de but]** Torlinie *f* ❽ *de capitaux, devises* Abfluss *m,* Ausfuhr ❾ (*output*) Ausgabe *f;* (*édition*) **~ [sur imprimante]** Ausdruck *m* ▶ **fausse ~** THEAT vorgetäuschter Abgang; **attendre qn à la ~** *fam* jdn schon noch [dran]kriegen

sortilège [sɔʀtilɛʒ] *m* Zauber *m kein Pl;* (*moyen*) Zaubermittel *nt;* (*acte de sorcellerie*) Zauberei *f*

sortir [sɔʀtiʀ] <10> **I.** *vi* + *être* ❶ (*partir*) hinausgehen; (*venir*) herauskommen; **~ par la fenêtre** aus dem Fenster steigen; **faire ~ qn** jdn hinausschicken; **faire ~ un animal** ein Tier hinausjagen; **laisser ~ qn** jdn [weg]gehen lassen; **laisser ~ un animal** ein Tier hinauslassen ❷ (*quitter*) **~ du magasin** aus dem Geschäft gehen, das Geschäft verlassen, (*venir*) aus dem Geschäft kommen, das Geschäft verlassen; **~ du lit** aus dem Bett kommen; **[mais] d'où sors-tu?** woher kommst du denn?; **~ de chez ses amis** bei seinen Freunden weggehen; **elle vient justement de ~ d'ici** sie ist gerade weggegangen; **à quelle heure sors-tu du bureau?** um wie viel Uhr verlässt du das Büro?; **~ de prison** aus dem Gefängnis kommen; **en sortant du théâtre** beim Verlassen des Theaters; **~ du garage** *voiture:* aus der Garage fahren; **~ de la piste/route** von der Fahrbahn/Straße abkommen; **la faim fait ~ le loup du bois** der Hunger treibt den Wolf aus dem Wald ❸ (*quitter son domicile*) weggehen; **~ de chez soi** aus dem Haus gehen; **~ faire les courses** einkaufen gehen; **faire ~ un enfant/un animal** mit einem Kind an die [frische] Luft gehen/ein Tier ausführen; **laisser ~ un enfant/un animal** ein Kind/ein Tier hinauslassen ❹ (*se divertir*) ausgehen; **~ en boîte/en ville** in die Disko/in die Stadt gehen ❺ *fam* (*avoir une relation amoureuse avec*) **~ avec qn** mit jdm gehen ❻ (*en terminer avec*) **~ d'une période difficile** eine schwierige Zeit hinter sich (*dat*) haben; **ne pas être encore sorti d'embarras** noch nicht aus dem Schneider sein (*fam*); **être à peine sorti de convalescence** [noch] kaum genesen sein ❼ (*être tel après un événement*) **~ indemne d'un accident** einen Unfall unverletzt überstehen; **~ vainqueur/vaincu d'un concours** als Sieger/Verlierer aus einem Wettbewerb hervorgehen; **être sorti grandi d'une épreuve** an einer Prüfung gewachsen sein; **être sorti diminué d'une maladie** nach einer Krankheit angeschlagen sein ❽ (*faire sail-*

lie) ~ **de qc** aus etw (*dat*) vorstehen; (*en haut*) aus etw (*dat*) herausragen; (*en bas*) unter etw (*dat*) hervorschauen; **les yeux lui sortaient de la tête** *fig* ihm/ihr fielen fast die Augen aus dem Kopf (*fig*) ⑨ COM *capitaux, devises:* abfließen, ausgeführt werden ⑩ (*s'écarter*) ~ **du sujet/de la question** vom Thema/von der Frage abkommen; **ça m'était complètement sorti de l'esprit** das war mir völlig entfallen ⑪ SPORT ins Aus gehen; ~ **en touche** ins Seitenaus gehen; **être sorti** im Aus sein; **être sorti en touche** im Seitenaus sein ⑫ (*être issu de*) ~ **de qc** aus etw (*dat*) kommen; ~ **de l'école de musique** die Musikschule besucht haben ⑬ (*apparaître*) *bourgeons, plante:* sprießen; *dent:* durchkommen; ~ **de terre** aus der Erde kommen ⑭ (*paraître*) *livre, disque:* erscheinen; *film:* anlaufen; *nouveau modèle, voiture:* auf den Markt kommen; **vient de** ~ soeben erschienen; ~ **sur les écrans** in die Kinos kommen ⑮ JEUX *numéro:* fallen, gewinnen; *couleur:* ausgespielt werden ▶ **[mais] d'où tu sors?** *fam* wo lebst du denn?; **ne pas en** ~ *fam* bei etw kein Land sehen **II.** *vt* + *avoir* ① (*mener dehors*) ausführen; (*porter dehors*) hinausbringen; **ça vous sortira** so kommen Sie auch mal raus (*fam*) ② (*expulser*) hinauswerfen ③ (*libérer*) ~ **qn d'une situation difficile** jdn aus einer schwierigen Lage befreien; ~ **qn de l'ordinaire** *chose:* für jdn eine Abwechslung sein ④ (*retirer d'un lieu*) herausholen; ~ **les disques/les robes légères** die Schallplatten/die leichten Kleider hervorholen; ~ **qc d'un sac/d'un tiroir/d'une valise** etw aus einer Tasche/einem Schubfach/einem Koffer herausnehmen; **ne pas arriver à** ~ **qc** etw nicht herausbekommen; ~ **la voiture du garage** das Auto aus der Garage fahren; ~ **les mains de ses poches** die Hände aus den Taschen nehmen ⑤ COM ~ **des marchandises** Waren ausführen; (*en fraude*) Waren schmuggeln ⑥ (*lancer sur le marché*) herausbringen *nouveau modèle, véhicule, film, livre, disque* ⑦ *fam* (*débiter*) von sich geben (*pej*) *âneries, sottises;* ~ **des âneries à qn** jdm dummes Zeug auftischen (*pej*) ⑧ *fam* (*éliminer*) aus dem Rennen werfen, rauswerfen; **se faire** ~ **par qn** gegen jdn ausscheiden ⑨ *fam* (*tirer*) ziehen *numéro, carte* **III.** *vpr* + *être* ① (*se tirer*) **se** ~ **d'une situation/d'un piège** aus einer Situation/Falle herauskommen ② (*réussir*) **s'en** ~ klarkommen (*fam*); (*échapper à un danger, un ennui*) noch einmal davonkommen (*fam*); (*survivre*) durchkommen (*fam*); **je ne m'en sors plus** *fam* ich komme damit nicht mehr klar **IV.** *m* **au** ~ **du lit** beim Aufstehen; **au** ~ **d'une réunion** beim Verlassen einer Versammlung

S.O.S. [ɛsoɛs] *m* ① (*appel*) SOS *nt* ② (*organisation*) ~ **médecins** medizinischer Not[fall]dienst; ~ **dépannage** Pannenhilfe *f;* ~ **femmes battues** Hilfe für Frauen in Not; ~ **Racisme** *franz. Organisation gegen Rassismus* ▶ **lancer un** ~ SOS funken; *fig fam* einen Hilferuf loslassen

sosie [sɔzi] *m* Doppelgänger(in) *m(f)*

sot(te) [so, sɔt] *adj* dumm; *comportement, réflexion* töricht, dumm

sottement [sɔtmɑ̃] *adv* dummerweise

sottise [sɔtiz] *f* ① (*acte sot*) Dummheit *f* ② *sans pl* (*caractère sot*) Dummheit *f,* Beschränktheit *f;* **avoir la** ~ **de faire qc** so dumm sein etw zu tun ③ (*paroles niaises*) Dummheit *f*

sottisier [sɔtizje] *m* Stilblütensammlung *f*

sou [su] *m pl, fam* (*argent*) Geld *nt,* Kröten *Pl;* **ça en fait des** ~**s!** *fam* das ist ein ganzer Haufen Geld! ▶ **ne pas avoir un** ~ **en poche** *fam* keinen Pfennig [Geld] in der Tasche haben; **propre comme un** ~ **neuf** blitzsauber; **être beau comme un** ~ **neuf** zum Anbeißen schön sein; **de quatre** ~**s** Billig- (*pej*); **L'Opéra de quat'** ~**s** Die Dreigroschenoper; **ne pas avoir** [*o* **être sans**] **le** ~ *fam* blank sein; **compter ses** ~**s** *fam* nachsehen, ob man genügend Geld hat; (*être avare*) jeden Groschen dreimal umdrehen; **un** ~ **[c']est un** ~ *prov* wer den Pfennig nicht ehrt, ist des Talers nicht wert (*prov*); **avec lui un** ~ **est un** ~ für ihn zählt jeder Pfennig; **être près de ses** ~**s** *fam* auf den Pfennig schauen; **ne pas être rigolo pour un** ~ kein bisschen lustig sein

souabe [swab] **I.** *adj* schwäbisch **II.** *m, f* Schwabe *m*/Schwäbin *f*

soubassement [subasmɑ̃] *m* CONSTR Sockel *m;* GEOL Grundgebirge *nt*

soubresaut [subʀəso] *m* ① (*cahot*) *d'un véhicule* Satz *m; d'un cheval* Sprung *m* ② (*tressaillement*) Zuckung *f;* **avoir un** ~ **de peur** vor Angst zusammenzucken

souche [suʃ] *f* ① BOT Baumstumpf *m;* ~ **de vigne** Weinstock *m* ② (*famille*) Ursprung *m,* Herkunft *f;* **de** ~ der Herkunft nach, von Geburt; **de vieille** ~ aus einer alten Familie; **être de** ~ **paysanne** bäuerlicher Herkunft sein ③ LING Wurzel *f;* **être de** ~ **grecque** *langue:* griechischen Ursprungs sein ④ BIO Stamm *m* ⑤ (*talon*)

S

Kontrollabschnitt *m* ▶ **dormir comme une** ~ wie ein Stein schlafen; **faire** ~ eine Familie gründen

souci [susi] *m* ① *souvent pl* (*inquiétude*) Sorge *f;* **se faire du ~ pour qn/qc** sich (*dat*) Sorgen um jdn/wegen etw machen; **sans ~** ohne Sorgen ② (*préoccupation*) Anliegen *nt* ③ (*respect*) **le ~ de la vérité/perfection** das Bemühen um Wahrhaftigkeit/Vollkommenheit; **par ~ de vérité** im Bemühen um Wahrhaftigkeit; **par ~ d'égalité** wegen der Gleichberechtigung

soucier [susje] <1> *vpr* **se ~ de qn/de la nourriture** sich um jdn/um die Verpflegung kümmern; **se ~ de l'avenir** für die Zukunft vorsorgen; **se ~ de l'heure** die [Uhr]zeit beachten; **ne pas se ~ de la vérité** sich nicht um die Wahrheit kümmern

soucieux, -euse [susjø, -jøz] *adj* ① *personne, air, ton* besorgt ② (*préoccupé*) **être ~ de qn/de l'avenir** sich um jdn/um die Zukunft sorgen; **être ~ de la vérité** auf die Wahrheit bedacht sein

soucoupe [sukup] *f* Untertasse *f* ▶ **~ volante** fliegende Untertasse

soudage [sudaʒ] *m* TECH Schweißen *nt;* (*brasure*) Löten *nt*

soudain(e) [sudɛ̃, ɛn] **I.** *adj* *événement, geste* unerwartet; *sentiment* jäh; **ce fut très ~** das kam völlig unerwartet **II.** *adv* plötzlich

soudainement [sudɛnmɑ̃] *adv* plötzlich

soudaineté [sudɛnte] *f* Plötzlichkeit *f;* *d'un geste* Abruptheit *f*

soudard [sudaʀ] *m* brutaler Soldat *m;* **les ~s** die Soldateska

soudé(e) [sude] *adj* ① (*uni par soudure*) verschweißt ② (*joint, uni*) *pétales, sépales* zusammengewachsen

souder [sude] <1> **I.** *vt* ① TECH schweißen; verschweißen, zusammenschweißen *pièces;* (*braser*) verlöten, zusammenlöten *pièces* ② (*réunir*) zusammenschweißen *amis;* **être soudés** fest zusammenhalten ③ (*attacher*) **être soudé** verwurzelt sein; **être soudé à sa région natale** in seiner Heimat verwurzelt sein **II.** *vpr* **se ~** zusammenwachsen

soudeur, -euse [sudœʀ, -øz] *m, f* Schweißer(in) *m(f)*

soudoyer [sudwaje] <6> *vt* dingen, kaufen, bestechen *assassin*

soudure [sudyʀ] *f* ① (*action*) Schweißen *nt;* (*brasure*) Löten *nt* ② (*substance*) Lot *nt* ③ (*résultat*) Schweißnaht *f;* (*brasure*) Lötstelle *f*

soufflage [suflaʒ] *m* TECH Glasbläserei *f;* **~ du verre** Glasblasen *nt*

souffle [sufl] *m* ① (*expiration*) Atemzug *m;* (*respiration*) Atmen *nt;* (*capacité pulmonaire*) Atmung *f;* **le dernier ~** der letzte Atemzug; **~ au cœur** Herzgeräusche *Pl;* **avoir le ~ court** kurzatmig sein; **arriver le ~ haletant** außer Atem ankommen; **éteindre les bougies d'un unique ~** alle Kerzen auf einmal ausblasen; **il faut du ~** man braucht einen guten Atem; **manquer de ~** atemlos sein; **perdre le ~** außer Atem kommen ② *d'une explosion* Druckwelle *f;* *d'un incendie* Sog *m;* *d'un ventilateur* Luftzug *m* ③ (*vent*) Wehen *nt;* **~ d'air** Luftzug *m;* **~ du vent** Wind[hauch *m*] *m;* **il n'y a pas un ~ [d'air/de vent]** es regt sich kein Lüftchen ④ (*vitalité*) Tatkraft *f;* (*persévérance*) Stehvermögen *nt;* **il faut du ~ pour cela** man braucht dafür einen langen Atem; **second ~** neuer Schwung ⑤ *d'un écrivain, poète* Schöpferkraft *f;* *d'une œuvre, histoire* Inspiration *f;* **le ~ d'un génie** die geniale Inspiration; **le ~ créateur de Dieu** der schöpferische Atem Gottes ▶ **avoir du ~** Kondition haben; (*avoir du culot*) Nerven haben; **couper le ~ à qn** jdm die Sprache verschlagen; **être à couper le ~** atemberaubend sein; **ne pas manquer de ~** ziemlich dreist sein; **reprendre son ~** (*respirer*) Luft holen; (*se calmer*) tief durchatmen; **dans un ~** kaum hörbar; **d'un ~** um Haaresbreite

soufflé [sufle] *m* GASTR Auflauf *m,* Soufflee *nt;* **~ au fromage** Käseauflauf

soufflé(e) [sufle] *adj fam* (*stupéfait*) **[en] être ~** platt sein

souffler [sufle] <1> **I.** *vi* ① METEO *vent:* wehen; **ça souffle** es ist windig ② (*insuffler de l'air*) **~ sur/dans qc** auf/in etw (*akk*) blasen; **~ sur ses doigts** in die Hände hauchen ③ (*haleter*) keuchen ④ (*se reposer*) verschnaufen ⑤ (*prendre du recul*) **laisser ~ qn** jdm [noch] etwas Zeit lassen **II.** *vt* ① (*éteindre*) ausblasen ② (*déplacer en soufflant*) [weg]pusten; *vent:* wegwehen; **~ la poussière dans les yeux** den Staub in die Augen pusten; **~ la fumée au visage de qn** jdm den Rauch ins Gesicht pusten ③ *fam* (*enlever*) **~ une affaire à qn** jdm einen Auftrag [vor der Nase] wegschnappen; **~ un pion** JEUX einen Stein kassieren (*fam*) ④ (*détruire*) zerstören ⑤ (*dire discrètement*) **~ un secret à qn** jdm ein Geheimnis zuflüstern; **~ un poème à l'oreille de qn** jdm ein Gedicht ins Ohr

S

flüstern; THEAT jdm ein Gedicht soufflieren; SCOL jdm ein Gedicht vorsagen ❻ *fam* (*stupéfier*) umhauen ❼ TECH ~ **le verre** Glas *nt* blasen

soufflerie [suflǝʀi] *f* ❶ Gebläse *nt* ❷ AVIAT, AUT Windkanal *m*

soufflet [suflɛ] *m* ❶ (*instrument*) Blasebalg *m* ❷ (*partie pliante*) Balg[en] *m*; **classeur à ~** Pultordner *m*

souffleur, -euse [suflœʀ, -øz] *m, f* ❶ THEAT Souffleur *m*/Souffleuse *f* ❷ (*ouvrier*) ~ **de verre** Glasbläser(in) *m(f)*

souffleuse [sufløz] *f* CAN (*chasse-neige*) Schneefräse *f*

souffrance [sufʀɑ̃s] *f* ❶ (*douleur physique ou morale*) Schmerz *m* ❷ (*fait de souffrir*) Leiden *nt*

souffrant(e) [sufʀɑ̃, ɑ̃t] *adj* (*légèrement malade*) **être ~** [leicht] erkrankt sein

souffre-douleur [sufʀǝdulœʀ] *mf inv* Prügelknabe *m*

souffrir [sufʀiʀ] <11> **I.** *vi* ❶ (*avoir mal*) leiden; **faire ~ qn** jdm wehtun; **ses dents le font ~** er hat Zahnschmerzen ❷ (*avoir mal quelque part*) ~ **de la tête/de l'estomac/des reins** Kopf-/Magen-/Nierenschmerzen haben ❸ (*avoir mal à cause de*) ~ **du froid/de la chaleur** unter der Kälte/Hitze leiden; ~ **de la faim/de la soif** Hunger/Durst leiden; ~ **de malnutrition/d'un manque de lumière** an den Folgen falscher Ernährung/an Lichtmangel (*dat*) leiden ❹ (*être malheureux*) leiden; **faire ~ qn** *personne:* jdn unglücklich machen; *échec, séparation:* schmerzen; ~ **d'être seul** darunter leiden alleine zu sein ❺ (*être endommagé à cause de*) ~ **du gel** *cultures:* unter dem Frost leiden; ~ **d'une grave crise** *pays:* in einer schweren Krise stecken; **sa réputation souffre de ce scandale** dieser Skandal schadet seinem Ruf ❻ *fam* (*avoir des difficultés*) **il a souffert pour avoir l'examen** es war nicht einfach für ihn die Prüfung zu bestehen **II.** *vt* ❶ (*endurer*) [er]dulden ❷ (*admettre*) **ne ~ aucun retard** keine Verspätung dulden; ~ **quelques exceptions** gewisse Ausnahmen dulden

soufisme [sufism] *m* Sufismus *m*

soufre [sufʀ] **I.** *adj inv* **jaune ~** schwefelgelb **II.** *m* Schwefel *m* ▶ **sentir le ~** spüren, dass etw faul ist (*fam*)

souhait [swɛ] *m* ❶ (*désir*) Wunsch *m*; **exprimer le ~ de faire qc** den Wunsch äußern etw zu tun ❷ (*très, très bien*) **joli à ~** bildhübsch; **paisible à ~** herrlich friedlich; **marcher à ~** *entreprise, affaire:* [ganz] nach Wunsch [ver]laufen ▶ **à tes/vos ~s!** Gesundheit!

souhaitable [swɛtabl] *adj* wünschenswert; **il est ~ que chacun soit au courant** es ist wünschenswert jeden auf dem Laufenden zu halten

souhaiter [swete] <1> *vt* ❶ (*désirer*) ~ **qc** sich (*dat*) etw wünschen; ~ **que** hoffen, dass; **nous souhaitons manger** wir möchten essen; **je souhaiterais t'aider davantage** ich würde dir gern[e] noch mehr helfen ❷ (*espérer pour quelqu'un*) ~ **bonne nuit/beaucoup de bonheur à qn** jdm gute Nacht/viel Glück wünschen; ~ **bien des choses pour la nouvelle année à qn** jdm alles Gute für das neue Jahr wünschen; ~ **un joyeux anniversaire à qn** jdm alles Gute zum Geburtstag wünschen

souiller [suje] <1> *vt littér* ❶ (*salir*) beschmutzen, schmutzig machen ❷ (*entacher*) in den Schmutz ziehen *nom, réputation*

souillon [sujɔ̃] *f* Schmutzfink *m* (*fam*)

souk [suk] *m* ❶ (*bazar*) Souk *m* ❷ *fam* (*désordre*) Durcheinander *nt*

soûl [su] *m* **tout mon/ton ~** nach Herzenslust *f*

soul [sul] *f* **la musique ~** Soulmusik *f*

soûl(e) [su, sul] *adj fam* (*ivre*) blau; **être complètement ~** total blau sein

soulagement [sulaʒmɑ̃] *m* (*fait de ne plus être inquiet*) Erleichterung *f*; **un soupir de ~** ein Seufzer der Erleichterung

soulager [sulaʒe] <2a> **I.** *vt* ❶ *a. fig* (*ôter une charge lourde*) entlasten ❷ (*calmer la douleur*) ~ **qn** jds Schmerzen lindern ❸ (*rassurer*) ~ **qn** *nouvelle, aveu:* jdn erleichtern; **être soulagé** *personne:* erleichtert sein **II.** *vpr* ❶ (*se défouler*) **se ~ en faisant qc** sich (*dat*) Erleichterung verschaffen, indem man etw tut ❷ *fam* (*satisfaire un besoin naturel*) **se ~** sich erleichtern

soûlant(e) [sulɑ̃, ɑ̃t] *adj* ❶ (*enivrant*) berauschend; (*grisant*) betörend ❷ *péj* (*épuisant*) ermüdend

soûlard(e) [sulaʀ, aʀd] *m(f) fam* Säufer(in) *m(f)*

soûler [sule] <1> **I.** *vt* ❶ (*enivrer*) ~ **qn à la bière/au whisky** jdn mit Bier/Whiskey betrunken machen; **ça soûle!** das macht blau! (*fam*) ❷ (*tourner la tête*) ~ **qn** jdn [ganz] benommen machen (*fam*) **II.** *vpr* ❶ (*s'enivrer*) **se ~ à la bière/au whisky** sich mit Bier/Whiskey betrinken ❷ (*se griser*) **se ~ de musique** sich an der Musik berauschen

S

soûlerie [sulʀi] *f fam* ❶ (*beuverie*) Saufgelage *nt* ❷ (*ivresse*) Rausch *m*

soulèvement [sulɛvmɑ̃] *m* ❶ (*révolte*) Aufstand *m*, Erhebung *f* ❷ GEOL [Er]hebung *f*

soulever [sul(ə)ve] <4> *vt* ❶ (*lever*) [hoch]heben *poids* ❷ (*relever légèrement*) anheben ❸ (*susciter*) aufwerfen *problème, question*

soulier [sulje] *m* Schuh *m*; **~s à talons hauts** CAN Schuhe mit hohen Absätzen; **~s bas** CAN Halbschuhe ▶**qn est dans ses petits ~s** jd würde sich am liebsten in einem Mauseloch verkriechen (*fam*)

souligner [suliɲe] <1> *vt* ❶ (*tirer un trait sous*) unterstreichen; **souligné de deux traits/en rouge** doppelt/rot unterstrichen ❷ (*accentuer, marquer*) betonen; **être souligné de bleu** *yeux:* durch einen blauen Lidstrich betont sein ❸ (*insister sur*) unterstreichen, betonen *importance, risques*

soûlographie [sulɔgʀafi] *f fam* Sauferei *f*

soumettre [sumɛtʀ] <irr> **I.** *vt* ❶ (*asservir*) **~ un joueur à qn/qc** einen Spieler jdm/einer S. unterwerfen ❷ (*faire subir*) **~ qn à des tests/analyses** jdn [einer Reihe von] Untersuchungen/Analysen unterwerfen; **~ qn à une épreuve** jdm eine Prüfung auferlegen ❸ (*présenter*) **~ une idée/un projet à qn** jdm einen Vorschlag/ein Projekt unterbreiten **II.** *vpr* ❶ (*obéir*) **se ~** sich unterwerfen; **se ~ à la loi/à une décision** sich dem Gesetz/einer Entscheidung fügen ❷ (*se plier à, suivre*) **se ~ à un entraînement spécial** sich einem speziellen Training unterziehen

soumis(e) [sumi, iz] *part passé de* **soumettre**

soumission [sumisjɔ̃] *f* ❶ (*obéissance*) Fügsamkeit *f*, Unterwürfigkeit *f* (*pej*) ❷ (*reddition*) *d'un pays* Unterwerfung *f* ❸ COM [schriftliches] Angebot *nt*

soupape [supap] *f a. fig* Ventil *nt*

soupçon [supsɔ̃] *m* ❶ (*suspicion*) Verdacht *m kein Pl*; **de graves ~s** ein schwerer Verdacht; **être au-dessus de tout ~** über jeden Verdacht erhaben sein (*geh*); **éveiller les ~s de qn** jds Verdacht erregen ❷ (*très petite quantité*) **un ~ de sel/poivre** eine Spur Salz/Pfeffer; **un ~ d'ironie** ein Hauch von Ironie

soupçonner [supsɔne] <1> *vt* (*suspecter*) **~ qn de vol** jdn des Diebstahls verdächtigen; **être soupçonné de meurtre** des Totschlags verdächtigt werden

soupçonneux, -euse [supsɔnø, -øz] *adj* misstrauisch

soupe [sup] **I.** *adj inv fam concert, film:* ziemlich lasch **II.** *f* ❶ (*potage*) Suppe *f*; **assiette/cuillère à ~** Suppenteller *m*/-löffel *m*; **~ à l'oignon/de légumes** Zwiebel-/Gemüsesuppe; **à la ~!** *fam* Essen ist fertig! ❷ (*neige fondue*) Schneematsch *m* ❸ (*organisme charitable*) **~ populaire** Armenküche *f* ▶**être trempé comme**

soulagement, sérénité

exprimer le soulagement	*Erleichterung ausdrücken*
Ça y est !	*Geschafft!*
Ça me libère d'un gros poids !	*Mir fällt ein Stein vom Herzen!*
Dieu merci !	*Gott sei Dank!*
Enfin !	*Endlich!*
Heureusement que ça s'est passé comme ça !	*Bin ich froh, dass es so gekommen ist!*
Quelle chance que tu sois venu(e) !	*Ein Glück, dass du gekommen bist!*

exprimer la sérénité	*Gelassenheit ausdrücken*
Ça va aller.	*Es wird schon werden.*
Ce n'est pas si grave.	*Alles halb so schlimm.*
N'aie/N'ayez pas peur, nous finirons bien par y arriver.	*Keine Angst, das werden wir schon hinkriegen.*
Ne vous faites pas de souci.	*Machen Sie sich keine Sorgen.*
Nous verrons bien (ce qui se passera).	*Abwarten und Tee trinken. (fam)*
Pas de panique/d'affolement !	*Nur keine Panik/Aufregung!*
Restons calme !/Ne nous affolons pas !	*Ganz ruhig bleiben!*

une ~ *fam* klatschnass sein; **cracher dans la** ~ *fam* in die eigene Suppe spucken

soupente [supɑ̃t] *f* (*en haut d'une pièce*) Hängeboden *m;* (*sous l'escalier*) Verschlag *m*

souper[1] [supe] *m* ❶ (*repas tard dans la nuit*) spätes Abendessen *nt* ❷ BELG, CAN, CH (*dîner*) [Abend]essen *nt*

souper[2] [supe] <1> *vi* ❶ (*prendre un souper*) spät am Abend/in der Nacht essen ❷ BELG, CAN, CH (*dîner*) zu Abend essen; **vous restez à ~?** bleiben Sie zum Abendessen?

soupeser [supəze] <4> *vt* ❶ (*peser*) mit der Hand abwiegen ❷ (*évaluer*) abwägen

soupière [supjɛʀ] *f* Suppenschüssel *f*

soupir [supiʀ] *m* (*signe d'émotion*) Seufzer *m;* **pousser un ~ de soulagement** (*être soulagé*) [erleichtert] aufatmen

soupirail [supiʀaj, -o] <-aux> *m* Kellerfenster *nt*

soupirant [supiʀɑ̃] *m hum* Verehrer *m*

soupirer [supiʀe] <1> *vi* seufzen

souple [supl] *adj* ❶ (*opp: rigide*) biegsam; *lentilles de contact* weich; *cuir* geschmeidig ❷ *bras, jambes, personne* gelenkig ❸ (*adaptable*) flexibel

souplesse [suplɛs] *f* (*adaptabilité*) Flexibilität *f; d'une personne* Anpassungsfähigkeit *f*

source [suʀs] **I.** *f* ❶ (*point d'eau*) Quelle *f;* **~ thermale/d'eau minérale** Thermal-/Mineralquelle; **eau de ~** Quellwasser *nt* ❷ (*naissance d'un cours d'eau*) Quelle *f,* Ursprung *m;* **prendre sa ~ en Suisse** in der Schweiz entspringen ❸ PHYS, OPT **~ lumineuse/d'énergie** Licht-/Energiequelle *f* ❹ (*origine de l'information*) **de ~ sûre/bien informée** aus sicherer/gut unterrichteter Quelle ▶ **couler de ~** [doch] klar sein (*fam*) **II.** *app* INFORM **langage ~** Programmiersprache *f*

sourcer [suʀse] <1> *vt* Quellen angeben für

sourcier, -ière [suʀsje, -jɛʀ] *m, f* [Wünschel]rutengänger(in) *m(f)*

sourcil [suʀsi] *m* [Augen]braue *f;* **lever/froncer les ~s** die Augenbrauen hochziehen/runzeln

sourciller [suʀsije] <1> *vi* **sans ~** ohne mit der Wimper zu zucken (*fam*)

sourcilleux, -euse [suʀsijø, -øz] *adj* ❶ *littér* (*sévère*) gestreng (*geh*) ❷ (*pointilleux*) kleinlich

sourd(e) [suʀ, suʀd] **I.** *adj* ❶ (*qui n'entend pas*) taub; (*qui n'entend pas bien*) schwerhörig; **~ d'une oreille** auf einem Ohr taub/schwerhörig ❷ *bruit* dumpf **II.** *m(f)* (*personne: qui n'entend pas*) Gehörlose(r) *f(m);* (*qui n'entend pas bien*) Schwerhörige(r) *f(m)*

sourdine [suʀdin] *f* MUS (*dispositif*) Dämpfer *m* ▶ **en ~** leise

sourdingue [suʀdɛ̃g] *adj péj fam* taub

sourd-muet, sourde-muette [suʀmɥɛ, suʀd(ə)mɥɛt] <sourds-muets> *m, f* Taubstumme(r) *f(m)*

souriant(e) [suʀjɑ̃, jɑ̃t] *adj* freundlich

souriceau [suʀiso] <x> *m* junge Maus *f*

souricière [suʀisjɛʀ] *f* ❶ (*piège à souris*) Mausefalle *f* ❷ (*traquenard*) Falle *f*

sourire [suʀiʀ] **I.** *m* Lächeln *nt;* **faire un ~** lächeln; **faire un ~ à qn** jdn anlächeln; **avoir le ~** *fam* gut gelaunt sein; **garder le ~** [immer] freundlich bleiben **II.** <*irr*> *vi* ❶ (*avoir un sourire*) lächeln ❷ (*adresser un sourire*) **~ à qn** jdn anlächeln

souris [suʀi] *f a.* INFORM Maus *f*

sourisodrome [suʀizodʀom] *m fam* Mauspad *nt*

sournois(e) [suʀnwa, waz] **I.** *adj* ❶ (*hypocrite*) falsch, verschlagen ❷ (*insidieux*) heimtückisch, hinterhältig **II.** *m(f)* falscher Kerl *m*/falsche Schlange *f* (*fam*)

sournoisement [suʀnwazmɑ̃] *adv* ❶ *observer* lauernd ❷ (*insidieusement*) heimtückisch

sous [su] *prép* ❶ (*spatial avec direction*) unter (+ *akk*); **mettre qc ~ le bras** etw unter den Arm nehmen; **pousser sa chaise ~ la table** seinen Stuhl unter den Tisch schieben ❷ (*spatial sans direction*) unter (+ *dat*); **nager ~ l'eau** unter Wasser schwimmen ❸ (*temporel: pour exprimer un délai*) **~ huitaine** innerhalb einer Woche (*gen*); **~ peu** binnen kurzem ❹ (*manière*) **~ les applaudissements de la foule** unter dem Beifall der Menge ❺ (*dépendance*) unter (+ *dat*); **~ les ordres de qn** unter jdm; **~ ma responsabilité/surveillance** unter meiner Verantwortung/Aufsicht; **~ contrôle médical** unter ärztlicher Kontrolle ❻ (*causal*) unter (+ *dat*); **casser ~ le poids de qc** unter dem Gewicht einer S. (*gen*) zusammenbrechen ❼ METEO in (+ *dat*); **~ la pluie** im Regen; **~ le soleil** in der Sonne ❽ MED **être ~ perfusion** am Tropf hängen; **être ~ antibiotiques/cortisone** mit Antibiotika/Kortison behandelt werden

sous-alimentation [suzalimɑ̃tasjɔ̃] <sous-alimentations> *f* Unterernährung *f* **sous-alimenté(e)** [suzalimɑ̃te] <sous-alimentés> *adj* unterernährt

sous-bois [subwɑ] *m inv* Unterholz *nt* **sous-brigadier** [subʀigadje] <sous--brigadiers> *m* ≈ Wachtmeister *m* (*unterster Dienstgrad bei der Gendarmerie nationale*)

souscripteur, -trice [suskʀiptœʀ, -tʀis] *m, f* ① (*personne qui s'engage à acheter*) Subskribent(in) *m(f)* ② FIN **~ à un emprunt** Zeichner *m* einer Anleihe

souscription [suskʀipsjɔ̃] *f* ① (*action de contribuer*) Spendenaktion *f* ② (*contribution*) Spende *f* ③ (*engagement d'achat*) Subskription *f*

souscrire [suskʀiʀ] <*irr*> **I.** *vi* ① (*participer financièrement*) spenden; **~ pour mille euros** für einen Betrag von tausend Euro zeichnen ② (*s'engager à acheter*) **~ à un emprunt** FIN eine Anleihe zeichnen ③ (*donner son approbation à*) zustimmen **II.** *vt* ① (*signer et s'engager à payer*) unterzeichnen; abschließen *police d'assurance* ② (*à la bourse*) zeichnen *action*

sous-développé(e) [sudev(ə)lɔpe] <sous-développés> *adj* unterentwickelt; **pays ~** Entwicklungsland *nt* **sous-développement** [sudev(ə)lɔpmɑ̃] <sous--développements> *m* Unterentwicklung *f* **sous-directeur, -trice** [sudiʀɛktœʀ, -tʀis] <sous-directeurs> *m, f* stellvertretender Direktor *m*/stellvertretende Direktorin *f* **sous-emploi** [suzɑ̃plwa] *m sans pl* Unterbeschäftigung *f* **sous-entendre** [suzɑ̃tɑ̃dʀ] <14> *vt* (*dire implicitement*) zu verstehen geben; **~ par qc que ...** mit etw andeuten wollen, dass ... **sous-entendu** [suzɑ̃tɑ̃dy] <sous-entendus> *m* Anspielung *f;* **parler par ~s** in Andeutungen sprechen **sous-équipé(e)** [suzekipe] <sous--équipés> *adj* unzureichend ausgerüstet; *région* strukturschwach **sous-estimer** [suzɛstime] <1> *vt* ① (*évaluer au-dessous de son prix*) **~ un bijou/une maison** den Wert eines Schmuckstückes/Hauses unterschätzen ② (*mal juger la valeur*) unterschätzen *adversaire, difficulté* **sous-évaluer** [suzevalɥe] <1> *vt* unterbewerten **sous-fifre** [sufifʀ] <sous-fifres> *m fam* kleiner Angestellter *m* **sous-jacent(e)** [suʒasɑ̃, ɑ̃t] <sous-jacents> *adj* ① (*placé en dessous*) darunterliegend ② (*caché*) *sentiment, problème* tiefer liegend **sous--lieutenant** [suljøt(ə)nɑ̃] <sous-lieutenants> *m* Unterleutnant *m* **sous-locataire** [sulɔkatɛʀ] <sous-locataires> *mf* Untermieter(in) *m(f)* **sous-location** [sulɔkasjɔ̃] <sous-locations> *f* Untervermietung *f* **sous-louer** [sulwe] <1> *vt* ① (*donner en location*) **~ une chambre à qn** an jdn ein Zimmer untervermieten ② (*prendre en location*) zur Untermiete mieten **sous-main** [sumɛ̃] *m inv* Schreibunterlage *f* ▸ **en ~** unter der Hand, heimlich **sous-marin** [sumaʀɛ̃] <sous--marins> *m* U-Boot *nt;* **~ nucléaire** Atom-U-Boot **sous-menu** [suməny] <sous--menus> *m* Untermenü *nt* **sous-officier** [suzɔfisje] <sous-officiers> *m* Unteroffizier *m* **sous-préfecture** [supʀefɛktyʀ] <sous-préfectures> *f* (*chef-lieu d'arrondissement*) Sitz *m* einer Unterpräfektur, ≈ Kreisstadt *f* **sous-préfet, -ète** [supʀefɛ, -ɛt] <sous-préfets> *m, f* Unterpräfekt(in) *m(f)*, ≈ Landrat *m*/Landrätin *f* **sous-pull** [supyl] <sous-pulls> *m* Unterziehpullover *m* **sous-qualifié(e)** [sukalifje] <sous-qualifiés> *adj* unterqualifiziert **sous-secrétaire** [sus(ə)kʀetɛʀ] <sous-secrétaires> *mf* **~ d'État** Unterstaatssekretär(in) *m(f)*

soussigné(e) [susiɲe] *adj* JUR unterzeichnet

sous-sol [susɔl] <sous-sols> *m* (*dans un immeuble*) Untergeschoss *nt* **sous-tasse** [sutɑs] <sous-tasses> *f* Untertasse *f* **sous-titre** [sutitʀ] <sous-titres> *m* Untertitel *m* **sous-titrer** [sutitʀe] <1> *vt* untertiteln; **version originale sous-titrée** Originalfassung *f* mit Untertiteln

soustraction [sustʀaksjɔ̃] *f* MATH Subtraktion *f;* **faire une ~** subtrahieren

soustraire [sustʀɛʀ] <*irr*> **I.** *vi* subtrahieren **II.** *vpr* **se ~ à une obligation** sich (*akk*) einer Verpflichtung entziehen

sous-traitance [sutʀɛtɑ̃s] <sous-traitances> *f* ECON Zulieferung *f* **sous-traitant** [sutʀɛtɑ̃] <sous-traitants> *m* Zulieferer *m*, Subunternehmer *m;* **engager un ~** einen Subunternehmer verpflichten **sous-traiter** [sutʀete] <1> *vt* ① (*donner en sous-traitance*) an Subunternehmer *Pl* vergeben ② (*agir comme sous-traitant*) als Subunternehmer ausführen **sous-verre** [suvɛʀ] <sous-verres> *m* Glasrahmen *m* **sous-vêtement** [suvɛtmɑ̃] <sous-vêtements> *m* **des ~s** Unterwäsche *f*

soutane [sutan] *f* Soutane *f*

soute [sut] *f d'un avion, bateau* Laderaum *m;* **~ à bagages** Gepäckraum *m*

soutenance [sut(ə)nɑ̃s] *f* Disputation *f*

souteneur [sut(ə)nœʀ] *m* Zuhälter *m*

soutenir [sut(ə)niʀ] <9> *vt* ① (*porter*) halten; *colonne, poutre:* tragen ② (*étayer, maintenir droit*) abstützen ③ (*maintenir*

S

debout, en bonne position) stützen ❹ (*assister*) ~ **qn dans le malheur** jdm im Unglück eine Hilfe sein ❺ (*aider*) ~ **financièrement/moralement** finanziell/moralisch unterstützen ❻ (*empêcher de faiblir*) stärken; stützen *monnaie;* wach halten *intérêt;* ~ **ses efforts** in seinen Anstrengungen nicht nachlassen ❼ (*prendre parti pour*) verteidigen; sich einsetzen für *cause;* ~ **qn** zu jdm halten; ~ **un gouvernement** zu einer Regierung stehen ❽ (*affirmer*) ~ **que** behaupten, dass ❾ (*résister à*) ~ **le regard de qn** jds Blick standhalten

soutenu(e) [sut(ə)ny] **I.** *part passé de* **soutenir** **II.** *adj* ❶ *attention, effort* beständig ❷ *style, langue* gehoben

souterrain [suteʀɛ̃] *m* (*passage*) unterirdischer Gang; (*pour piétons*) Unterführung *f*

souterrain(e) [suteʀɛ̃, ɛn] *adj* (*sous terre*) unterirdisch; **passage** ~ Unterführung *f*

soutien [sutjɛ̃] *m* ❶ (*aide, appui*) Unterstützung *f;* ~ **de famille** Ernährer *m* der Familie; **apporter son** ~ **à qn** jdn unterstützen ❷ SCOL Nachhilfe *f;* **cours de** ~ Stützkurs *m*

soutien-gorge [sutjɛ̃gɔʀʒ] <soutiens-gorge[s]> *m* Büstenhalter *m;* ~ **ampliforme** Push-up-BH *m*

soutif [sutif] *m fam* BH *m*

soutirer [sutiʀe] <1> *vt* (*escroquer*) ~ **de l'argent à qn** jdm Geld abluchsen (*fam*)

souvenir[1] [suv(ə)niʀ] <9> *vpr* ❶ (*se rappeler*) **se** ~ **de qn/qc** sich an jdn/etw erinnern ❷ (*se remémorer*) **qn se souvient à qui il a parlé** jd weiß [noch], mit wem er gesprochen hat ❸ (*se venger*) **je m'en souviendrai!** das werde ich mir merken!

souvenir[2] [suv(ə)niʀ] **I.** *m* ❶ (*image dans la mémoire*) **le** ~ **de qc** die Erinnerung an etw (*akk*); **si mes** ~**s sont exacts, ...** wenn ich mich recht erinnere, ...; **garder un bon/mauvais** ~ **de qn/qc** jdn/etw in guter/schlechter Erinnerung behalten ❷ (*ce qui rappelle qn/qc*) **un** ~ **de ma grand-mère/de mon enfance** eine Erinnerung an meine Großmutter/Kindheit; **en** ~ **de qc/qn** zum Andenken an etw/jdn ❸ (*objet touristique*) Andenken *nt,* Souvenir *nt* **II.** *app* **photo-**~ Erinnerungsfoto *nt*

souvent [suvɑ̃] *adv* oft, häufig; **le plus** ~ meistens

souverain(e) [suv(ə)ʀɛ̃, ɛn] **I.** *adj* ❶ *État, puissance, peuple* souverän; *pouvoir* höchster; **être** ~ *assemblée:* uneingeschränkte Entscheidungsbefugnis haben; *cour, juge:* vollkommen unabhängig sein ❷ (*suprême*) *bien, bonheur* höchster; *indifférence, mépris* völliger ❸ (*très efficace*) *remède* unübertroffen **II.** *m(f)* Herrscher(in) *m(f)*

souverainement [suv(ə)ʀɛnmɑ̃] *adv* ❶ (*extrêmement*) äußerst ❷ (*en toute indépendance*) souverän

souveraineté [suv(ə)ʀɛnte] *f d'un État, peuple* Souveränität *f*

souverainisme [suv(ə)ʀenism] *m* POL ❶ CAN Souveränismus *m* ❷ (*en France*) *politisches Konzept, das auf der nationalstaatlichen Souveränität und politischen Unabhängigkeit Frankreichs von äußeren Einflüssen beruht*

souverainiste [suv(ə)ʀenist] **I.** *adj* POL ❶ CAN souveränistisch ❷ (*en France*) **mouvement** ~ souveränistische Bewegung *f* **II.** *mf* ❶ CAN Souveränist(in) *m(f)* ❷ (*en France*) *Anhänger einer Politik, die auf der nationalstaatlichen Souveränität und Unabhängigkeit Frankreichs von äußeren Einflüssen beruht*

soviétique [sɔvjetik] *adj* sowjetisch; **l'Union** ~ die Sowjetunion

Soviétique [sɔvjetik] *mf* Sowjetrusse *m/*-russin *f;* **les** ~**s** die Sowjets

soya [soja] *v.* **soja**

soyeux, -euse [swajø, -jøz] *adj* ❶ (*doux*) seidenweich ❷ (*brillant*) seidig

soyez [swaje] *impératif de* **être**

soyons [swajɔ̃] *impératif de* **être**

spa [spa] *m* Wellnesshotel *nt,* Spa *nt*

S.P.A. [ɛspea] *f abr de* **Société protectrice des animaux** *französischer Tierschutzverein*

spacieux, -euse [spasjø, -jøz] *adj* geräumig

spaghettis [spageti] *mpl* Spaghetti *Pl*

spam [spam] *m* Spam *nt*

sparadrap [spaʀadʀa] *m* [Heft]pflaster *nt*

spasme [spasm] *m* Krampf *m*

spasmodique [spasmɔdik] *adj* krampfartig

spasmophilie [spasmɔfili] *f* MED Spasmophilie *f* (*Fachspr.*)

spatial(e) [spasjal, -jo] <-aux> *adj* ❶ (*de l'espace*) räumlich ❷ ESPACE **voyage** ~ [Welt]raumfahrt *f*

spationaute [spasjonot] *mf* [Welt]raumfahrer(in) *m(f)*

spatiotemporel(le) [spasjotɑ̃pɔʀɛl] *adj* raumzeitlich

spatule [spatyl] *f* ❶ (*ustensile*) Spachtel *m;* (*en cuisine*) Pfannenwender *m; d'un médecin* Spatel *m* ❷ *d'un ski* Spitze *f*

speaker, speakerine [spikœʀ, spikʀin]

m, f vieilli Ansager(in) *m(f),* Sprecher(in) *m(f)*

spécial(e) [spesjal, -jo] <-aux> *adj* ❶ (*opp: général*) spezielle(r, s); **équipement ~** Spezialausrüstung *f;* **autorisation ~e** Sondergenehmigung *f;* **pouvoirs spéciaux** Sondervollmachten *Pl;* **rien de ~** nichts Besonderes ❷ (*bizarre*) eigenartig

spécialement [spesjalmɑ̃] *adv* ❶ (*en particulier*) [ganz] besonders ❷ (*tout exprès*) extra ❸ *fam* (*pas vraiment*) **tu as faim? – non, pas ~** hast du Hunger? – nein, nicht besonders

spécialisation [spesjalizasjɔ̃] *f* Spezialisierung *f*

spécialisé(e) [spesjalize] *adj* spezialisiert; **être ~ dans qc** auf etw (*akk*) spezialisiert sein

spécialiser [spesjalize] <1> **I.** *vt* **~ qn dans un domaine précis** jdn auf einem speziellen Gebiet einsetzen **II.** *vpr* **se ~ dans** [*o* **en**] **qc** sich (*akk*) auf etw (*akk*) spezialisieren

spécialiste [spesjalist] *mf* ❶ (*expert*) Spezialist(in) *m(f);* **~ de l'art moderne** Spezialist für moderne Kunst ❷ (*technicien*) Fachmann *m/*-frau *f* ❸ MED Facharzt *m/*-ärztin *f*

spécialité [spesjalite] *f* ❶ SCI, TECH Spezialgebiet *f* ❷ (*produit caractéristique*) Spezialität *f;* **~ gastronomique** Spezialität

spécification [spesifikasjɔ̃] *f* Spezifizierung *f*

spécificité [spesifisite] *f* spezifische Besonderheit

spécifier [spesifje] <1> *vt* genau angeben; *loi:* genau festlegen; **~ qu'il est interdit de faire qc** ausdrücklich verbieten etw (*akk*) zu tun

spécifique [spesifik] *adj* spezifisch

spécifiquement [spesifikmɑ̃] *adv* spezifisch

spécimen [spesimɛn] *m* ❶ (*exemplaire*) Exemplar *nt* ❷ (*exemplaire publicitaire*) Probeexemplar *nt*

spectacle [spɛktakl] *m* ❶ (*ce qui s'offre au regard*) Anblick *m;* **~ de la nature** Naturschauspiel *nt* ❷ THEAT, MEDIA Vorstellung *f;* **~ dramatique/chorégraphique** Bühnenstück *nt*/Ballett *nt;* **aller au ~** ins Theater/Kino/... gehen ❸ (*show-business*) **le monde du ~** das Showgeschäft ❹ (*avec de gros moyens*) **à grand ~** mit großem Aufwand

spectaculaire [spɛktakylɛʀ] *adj* spektakulär

spectateur, -trice [spɛktatœʀ, -tʀis] *m, f* ❶ THEAT, SPORT Zuschauer(in) *m(f)* ❷ (*observateur*) Beobachter(in) *m(f)*

spectre [spɛktʀ] *m* ❶ Spektrum *nt;* **~ solaire/sonore** Sonnen-/Schallspektrum; **antibiotique à large ~** Breitspektrumantibiotikum *nt* ❷ *a. fig* (*fantôme*) Gespenst *nt*

spéculateur, -trice [spekylatœʀ, -tʀis] *m, f* Spekulant(in) *m(f)*

spéculatif, -ive [spekylatif, -iv] *adj* spekulativ; **gain ~** Spekulationsgewinn *m*

spéculation [spekylasjɔ̃] *f* ❶ FIN, COM Spekulation *f* ❷ (*supposition*) Spekulation *f;* **faire des ~s sur qc** Spekulationen über etw (*akk*) anstellen

spéculer [spekyle] <1> *vi* ❶ FIN, COM **~ sur qc** mit etw spekulieren ❷ (*compter sur*) **~ sur qc** auf etw (*akk*) spekulieren (*fam*)

speech [spitʃ] *m* Rede *f*

speed [spid] *adj,* **speedé(e)** [spide] *adj fam* (*agité*) hektisch

speeder [spide] <1> *vi fam* sich beeilen, sich ranhalten

spéléologie [speleɔlɔʒi] *f* ❶ (*science*) Höhlenkunde *f* ❷ (*loisirs*) Erkundung *f* von Höhlen

spéléologue [speleɔlɔg] *mf* Höhlenforscher(in) *m(f)*

spencer [spɛnsœʀ, spɛnsɛʀ] *m* Spenzer *m*

spermatozoïde [spɛʀmatɔzɔid] *m* Spermium *nt*

sperme [spɛʀm] *m* Sperma *nt*

spermicide [spɛʀmisid] *adj* samenabtötend

sphère [sfɛʀ] *f* ❶ SCI Kugel *f* ❷ (*domaine*) Bereich *m;* **~ d'influence** Einflussbereich; **~ d'action** Wirkungskreis *m;* **~ d'activité** Betätigungsfeld *nt*

sphérique [sfeʀik] *adj* kugelförmig

sphincter [sfɛ̃ktɛʀ] *m* Schließmuskel *m*

sphinx [sfɛ̃ks] *m* ❶ Sphinx *f* ❷ ZOOL (*papillon*) Schwärmer *m*

spirale [spiʀal] *f a. fig* (*forme, fil métallique*) Spirale *f;* **cahier à ~** Heft *nt* mit Spiralbindung; **~ de prix** Preisspirale *f*

spiritisme [spiʀitism] *m* Spiritismus *m*

spiritualité [spiʀitɥalite] *f* ❶ REL Spiritualität *f* (*geh*) ❷ PHILOS Geistigkeit *f*

spirituel(le) [spiʀitɥɛl] *adj* ❶ (*plein d'esprit*) geistreich ❷ REL geistlich ❸ (*qui se rapporte à l'esprit*) geistig

spirituellement [spiʀitɥɛlmɑ̃] *adv* (*avec esprit*) geistreich

spiritueux [spiʀitɥø] *m* Spirituose *f*

spleen [splin] *m* Schwermut *m*

S

splendeur [splɑ̃dœʀ] *f* ❶ *a. iron* (*grande beauté, merveille*) Pracht *f kein Pl* ❷ (*gloire*) Glanz *m*
splendide [splɑ̃did] *adj* prächtig
spoiler [spɔjlɛʀ] *m* Spoiler *m*
spolier [spɔlje] <1a> *vt* ~ **qn de qc** jdn um etw bringen, jdn einer S. (*gen*) berauben
spongieux, **-euse** [spɔ̃ʒjø, -jøz] *adj a.* ANAT (*consistance molle*) schwammartig; (*structure poreuse*) porös; (*qui s'imbibe*) schwammähnlich; *sol* schwammig
sponsor [spɔ̃sɔʀ, spɔnsɔʀ] *m* Sponsor(in) *m(f)*
sponsoring [spɔ̃sɔʀiŋ] *m*, **sponsorisation** [spɔ̃sɔʀizasjɔ̃] *f* Sponsoring *nt*
sponsoriser [spɔ̃sɔʀize] <1> *vt* sponsern
spontané(e) [spɔ̃tane] *adj* ❶ *geste, mouvement* spontan ❷ *personne, caractère* impulsiv
spontanéité [spɔ̃taneite] *f* Spontaneität *f*
spontanément [spɔ̃tanemɑ̃] *adv* ❶ (*sans réfléchir*) spontan ❷ (*librement*) freiwillig
sporadique [spɔʀadik] *adj* vereinzelt, sporadisch
spore [spɔʀ] *f* BIO Spore *f*
sport [spɔʀ] **I.** *adj inv coupe* sportlich; **s'habiller** ~ sich sportlich kleiden **II.** *m* ❶ (*activité sportive*) Sport *m*; ~ **de combat** Kampfsport; ~**s de combat** Kampfsportarten *Pl*; ~ **de compétition** Leistungssport; ~ **professionnel** Profisport; **faire du** ~ Sport treiben; **chaussures de** ~ Sportschuhe *Pl* ❷ (*forme d'activité sportive*) Sportart *f*; ~**s nautiques** Wassersportarten *Pl*; ~ **d'hiver** (*activité*) Wintersport *m*; ~**s d'hiver** Wintersportarten *Pl*; (*séjour*) Winterurlaub *m*; **pratiquer plusieurs** ~**s** mehrere Sportarten betreiben ▶ **ça, c'est du** ~ da gehört allerhand dazu
sportif, **-ive** [spɔʀtif, -iv] **I.** *adj* ❶ (*de sport*) **les pages sportives d'un journal** der Sportteil einer Zeitung ❷ (*de compétition*) **pratiquer la danse/la natation sportive** das Tanzen/das Schwimmen als Sport betreiben ❸ (*qui fait du sport*) sportlich ❹ *allure, démarche* sportlich **II.** *m, f* Sportler(in) *m(f)*; ~ **en chambre** sportbegeisterter Fernsehzuschauer *m*
sportivité [spɔʀtivite] *f* sportliche Haltung *f*, Sport[s]geist *m*
sportswear [spɔʀtswɛʀ] *m sans pl* Sportswear *f*, Sportbekleidung *f*
spot [spɔt] *m* ❶ (*lampe*) Spot *m* ❷ (*projecteur*) Scheinwerfer *m* ❸ (*message publicitaire*) ~ **publicitaire** Werbespot *m*
spray [spʀɛ] *m* ❶ (*pulvérisation*) Spray *m o nt* ❷ (*atomiseur*) Spraydose *f*
sprint [spʀint] *m* ❶ (*course sur petite distance*) Sprint *m* ❷ (*fin de course*) ~ [**final**] Endspurt *m*
sprinter[1] [spʀintœʀ] *m v.* **sprinteur**
sprinter[2] [spʀinte] <1> *vi* sprinten
sprinteur, **-euse** [spʀintœʀ, -øz] *m, f* Sprinter(in) *m(f)*; (*en athlétisme*) Kurzstreckenläufer *m*
squale [skwal] *m* Hai[fisch *m*] *m*
square [skwaʀ] *m* [kleine] Grünanlage *f* (*inmitten eines Platzes*)
squash [skwaʃ] *m* Squash *nt*
squat [skwat] *m* ❶ (*action de squatter*) Hausbesetzung *f* ❷ (*logement*) besetztes Haus *nt*
squatter[1] [skwatœʀ] *m v.* **squatteur**
squatter[2] [skwate] <1> *vt* [ein Haus] besetzen
squatteur, **-euse** [skwatœʀ, -øz] *m, f* Hausbesetzer(in) *m(f)*
squelette [skəlɛt] *m* ❶ ANAT, ARCHIT Skelett *nt* ❷ *fam* (*personne très maigre*) Klappergestell *nt*
squelettique [skəletik] *adj* (*très maigre*) spindeldürr
Sri Lanka [sʀilɑ̃ka] *m* **le** ~ Sri Lanka *nt*
S.S. [ˈɛsɛs] *m* HIST, NS *abr de* **Schutzstaffel** SS *f*
stabilisateur [stabilizatœʀ] *m* ❶ (*dispositif*) *d'une bicyclette* Stützrad *nt;* NAUT, AVIAT Stabilisierungsflosse *f;* AUT Stabilisator *m* ❷ CHIM Stabilisator *m*
stabilisation [stabilizasjɔ̃] *f a.* ECON Stabilisierung *f*
stabiliser [stabilize] <1> **I.** *vt* ❶ (*consolider, équilibrer*) stabilisieren; befestigen *accotement, terrain* ❷ (*rendre stable*) stabilisieren *monnaie, situation* ❸ (*éviter toute fluctuation*) [konstant] halten *poids, vitesse* **II.** *vpr* **se** ~ (*devenir stable*) *monnaie, situation, maladie* sich stabilisieren
stabilité [stabilite] *f* ECON, POL Stabilität *f*; ~ **des prix** Preisstabilität
stable [stabl] *adj* ❶ (*ferme, équilibré*) stabil; *terrain* befestigt ❷ (*durable*) dauerhaft ❸ *monnaie, prix, situation* stabil; *temps* beständig
stade [stad] *m* ❶ SPORT Stadion *nt;* ~ **olympique** Olympiastadion ❷ (*phase*) Stadium *nt*
staff [staf] *m* Stab *m*
stage [staʒ] *m* ❶ (*en entreprise*) Praktikum *nt;* (*en rédaction*) Volontariat *nt;* **faire un** ~ ein Praktikum/Volontariat machen ❷ (*séminaire*) Kurs *m;* ~ **de perfec-**

tionnement Fortbildungskurs; ~ **d'initiation à qc** Einführungskurs in etw (*akk*) ❸ (*période avant la titularisation*) ≈ Referendariat *nt*

stagiaire [staʒjɛʀ] **I.** *adj* **avocat** ~ ≈ [Gerichts]referendar; **professeur** ~ ≈ [Studien]referendar **II.** *mf* (*en entreprise*) Praktikant(in) *m(f)*; (*en rédaction*) Volontär(in) *m(f)*

stagnation [stagnasjɔ̃] *f* Stillstand *m*, Stagnation *f*

stagner [stagne] <1> *vi* ❶ (*croupir*) stehen ❷ ECON stagnieren

stalactite [stalaktit] *f* [hängender] Tropfstein *m*

stalagmite [stalagmit] *f* [stehender] Tropfstein *m*

stalinisme [stalinism] *m* Stalinismus *m*

stand [stɑ̃d] *m* ❶ (*dans une exposition*) [Messe]stand *m* ❷ (*dans une fête*) Bude *f*; ~ **de tir** (*dans une fête*) Schießbude ❸ SPORT ~ **de ravitaillement** (*dans une course cycliste, pédestre*) Verpflegungsstelle *f*; (*dans une course automobile*) Box *f*

standard[1] [stɑ̃daʀ] *m* TELEC [Telefon]zentrale *f*

standard[2] [stɑ̃daʀ] **I.** *adj inv* ❶ (*fabriqué en grande série*) **modèle** ~ Serienmodell *nt* ❷ (*normalisé*) genormt; **pièce** ~ Serienteil *nt* ❸ (*dépourvu d'originalité*) [allgemein] üblich; IND standardisiert; *voiture* mit Standardausrüstung; **modèle** ~ Standardmodell *nt* ❹ LING **langue** ~ Hochsprache *f* **II.** *m* (*norme*) Standard *m*, Norm *f*; ~ **de sécurité** Sicherheitsnorm; ~ **de vie** Lebensstandard *m*

standardisation [stɑ̃daʀdizasjɔ̃] *f* Vereinheitlichung *f*; IND Normung *f*, Standardisierung *f*

standardiser [stɑ̃daʀdize] <1> *vt* standardisieren

standardiste [stɑ̃daʀdist] *mf* Telefonist(in) *m(f)*

stand-by [stɑ̃dbaj] *inv* **I.** *adj* **billet** ~ Stand-by-Ticket *nt* **II.** *m* **voyager en** ~ Stand-by fliegen

standing [stɑ̃diŋ] *m* ❶ (*niveau de vie*) [hoher] Lebensstandard *m* ❷ (*confort*) **hôtel de [grand]** ~ Luxushotel *nt*

staphylocoque [stafilɔkɔk] *m* Staphylokokkus *m* (*Fachspr.*)

star [staʀ] *f* Star *m*; ~ **de cinéma** Filmstar *m*

stariser [staʀize] <1> *vt* ~ **qn** jdn zum Star machen

starlette [staʀlɛt] *f iron* Starlet[t] *nt*

starter [staʀtɛʀ] *m* ❶ AUT Choke[r] *m*; ~ **automatique** Startautomatik *f* ❷ SPORT Starter *m*

starting-block [staʀtiŋblɔk] <starting--blocks> *m* Startblock *m*

start-up [staʀtœp] *f inv* ECON Start-up-Unternehmen *nt*

station [stasjɔ̃] *f* ❶ TRANSP Station *f*, Haltestelle *f*; ~ **de taxis** Taxistand *m* ❷ (*émetteur*) Sender *m* ❸ TECH, REL Station *f*; ~ **d'épuration** Kläranlage *f*; ~ **[d']essence** Tankstelle *f*; ~ **de recharge** Stromtankstelle; ~ **météorologique** Wetterstation; ~ **orbitale/spatiale** [Welt]raumstation; ~ **radar** Radarstation; **les quatorze ~s du chemin de Croix** die vierzehn Stationen des Kreuzwegs ❹ TOUR ~ **balnéaire/de sports d'hiver** Bade-/Wintersportort *m*; ~ **thermale** Thermalkurort *m*

stationnaire [stasjɔnɛʀ] *adj* (*qui n'évolue pas*) unverändert

stationnement [stasjɔnmɑ̃] *m* Parken *nt*; **voitures en** ~ parkende Autos *Pl*; **ticket/disque de** ~ Parkschein *m*/Parkscheibe *f*; ~ **payant** gebührenpflichtiges Parken; ~ **interdit** Parken verboten; **panneau de** ~ **interdit** Halteverbotsschild *nt*

stationner [stasjɔne] <1> *vi* (*être garé*) parken; **interdiction de** ~ Parkverbot *nt*

station-service [stasjɔ̃sɛʀvis] <stations--service[s]> *f* Tankstelle *f*

statique [statik] *adj* statisch

statisticien(ne) [statistisjɛ̃, jɛn] *m(f)* Statistiker(in) *m(f)*

statistique [statistik] **I.** *adj* statistisch **II.** *f* ❶ (*science*) Statistik *f*; **les ~s** die Statistik ❷ (*chiffres*) Statistik *f*; **faire des ~s** Statistiken erstellen

statistiquement [statistikmɑ̃] *adv* statistisch

statue [staty] *f* Statue *f*; ~ **de marbre/de bronze/de bois** Marmor-/Bronze-/Holzstatue; **la** ~ **de la Liberté** die Freiheitsstatue

statuer [statɥe] <1> *vi* ~ **sur qc** über etw (*akk*) entscheiden

statuette [statɥɛt] *f* Figur *f*, Statuette *f*

statufier [statyfje] <1a> *vt* ❶ *fam* (*élever une statue à*) ~ **qn** jdn auf den Sockel heben ❷ (*pétrifier*) versteinern

statu quo [statykwo] *m inv* Status quo *m*

stature [statyʀ] *f* ❶ (*taille*) Statur *f*; **de ~ moyenne/de haute ~** von mittlerer/großer Statur ❷ (*envergure*) Format *nt*

statut [staty] *m* ❶ *a.* ADMIN Status *m*; ~ **de fonctionnaire** Beamtenstatus; ~ **social** gesellschaftlicher Status ❷ *pl* JUR *d'une association, société* Satzung *f*

S

steak [stɛk] *m* Steak *nt*
stèle [stɛl] *f* Stele *f*
sténo [steno] **I.** *mf abr de* **sténographe** Stenograf(in) *m(f)* **II.** *mf abr de* **sténodactylo** Stenotypist(in) *m(f)* **III.** *f abr de* **sténographie** Steno *f* (*fam*); **en ~** in Steno
sténodactylo [stenodaktilo] *mf* Stenotypist(in) *m(f)*
sténodactylographie [stenodaktilɔgʀafi] *f* Stenotypieren *nt*
sténographie [stenɔgʀafi] *f* Stenografie *f*
sténographier [stenɔgʀafje] <1a> *vt* stenografieren
stentor [stɑ̃tɔʀ] *m v.* **voix**
steppe [stɛp] *f* Steppe *f*
stère [stɛʀ] *m* Ster *m*
stéréo [steʀeo] **I.** *adj inv abr de* **stéréophonique**: **chaîne ~** Stereoanlage *f* **II.** *f abr de* **stéréophonie** Stereo *nt*
stéréophonie [steʀeɔfɔni] *f* Stereofonie *f*
stéréophonique [steʀeɔfɔnik] *adj* stereofon
stéréotype [steʀeɔtip] *m* Stereotyp *nt*
stéréotypé(e) [steʀeɔtipe] *adj* stereotyp
stérile [steʀil] *adj* ❶ BIO, AGR unfruchtbar ❷ (*sans microbes*) steril ❸ LITTER, ART unschöpferisch
stérilet [steʀilɛ] *m* Spirale *f* (*fam*)
stérilisant(e) [steʀilizɑ̃, ɑ̃t] *adj* ❶ (*désinfectant*) *produit* desinfizierend ❷ (*improductif*) lähmend
stérilisateur [steʀilizatœʀ] *m* Sterilisator *m*
stérilisation [steʀilizasjɔ̃] *f* ❶ (*pour tuer les microbes*) Sterilisieren *nt* ❷ (*contre la procréation*) Sterilisation *f*
stériliser [steʀilize] <1> *vt* sterilisieren
stérilité [steʀilite] *f* ❶ BIO, AGR Unfruchtbarkeit *f* ❷ (*absence de microbes*) Keimfreiheit *f* ❸ ART, LITTER Unproduktivität *f* ❹ *fig d'un débat* Unfruchtbarkeit *f*
sterling [stɛʀliŋ] *adj inv* **une livre ~** ein Pfund Sterling *nt*
sternum [stɛʀnɔm] *m* Brustbein *nt*
stéthoscope [stetɔskɔp] *m* Hörrohr *nt*, Stethoskop *nt*
steward [stiwaʀt] *m* Steward *m*
stick [stik] *m* Stift *m*; **~ de colle** Klebestift; **~ à lèvres** Lippenstift
stigmate [stigmat] *m* ❶ (*cicatrice*) Narbe *f* ❷ *pl* REL Stigmen *Pl*, Stigmata *Pl* ❸ BOT Narbe *f* ❹ ZOOL Atemöffnung *f*
stigmatiser [stigmatize] <1> *vt* brandmarken, anprangern
stimulant [stimylɑ̃] *m* ❶ (*médicament*) anregendes Mittel ❷ (*incitation*) Ansporn *m*
stimulant(e) [stimylɑ̃, ɑ̃t] *adj* ❶ (*fortifiant*) anregend ❷ (*qui ouvre l'esprit*) anregend ❸ (*encourageant*) aufmunternd
stimulateur [stimylatœʀ] *m* **~ cardiaque** Herzschrittmacher *m*
stimulation [stimylasjɔ̃] *f* ❶ *de l'appétit* Anregung *f*; *d'un nerf, muscle* Reizung *f*; (*sexuel, psychique*) Erregung *f* ❷ (*motivation*) Anreiz *m*, Ansporn *m*
stimuler [stimyle] <1> *vt* ❶ (*activer, augmenter*) anregen ❷ (*encourager*) anspornen
stimulus [stimylys] <stimuli *o* stimulus> *m* Reiz *m*, Stimulus *m* (*Fachspr.*)
stipulation [stipylasjɔ̃] *f* (*clause*) [vertragliche] Vereinbarung *f*, Klausel *f*
stipuler [stipyle] <1> *vt* ❶ JUR [vertraglich] festlegen ❷ (*préciser*) *personne:* ausdrücklich sagen; **il est stipulé dans l'annonce que ...** in der Anzeige steht ausdrücklich, dass ...
stock [stɔk] *m* ❶ COM Lager *nt*, Bestand *m*; **avoir en ~** auf Lager haben; **liquider son ~** seinen Lagerbestand verkaufen; **~ de marchandises** Warenlager ❷ (*réserve*) Vorrat *m*; **~ de sucre** Zuckervorrat ❸ (*grande quantité*) **garde ce stylo, j'en ai tout un ~** *fam* behalte den Stift, ich habe jede Menge davon
stockage [stɔkaʒ] *m* Lagerung *f*
stocker [stɔke] <1> *vt* ❶ (*mettre en réserve*) [ein]lagern; **~ des noisettes** *animal:* sich (*dat*) einen Vorrat Haselnüsse anlegen ❷ INFORM **~ les données sur une disquette** die Daten auf einer Diskette [ab]speichern
Stockholm [stɔkˊɔlm] Stockholm *nt*
stoïcisme [stɔisism] *m* Stoizismus *m*
stoïque [stɔik] *adj* unerschütterlich
stoïquement [stɔikmɑ̃] *adv* unerschütterlich
stomatologie [stɔmatɔlɔʒi] *f* Stomatologie *f*
stop [stɔp] **I.** *interj* ❶ (*halte*) stopp; **~ à l'inflation** stoppt die Inflation ❷ (*dans un télégramme*) stop **II.** *m* ❶ (*panneau*) Stoppschild *nt*; (*feu*) Haltesignal *nt* ❷ (*feu arrière*) Bremslicht *nt* ❸ (*auto-stop*) **faire du ~** *fam* trampen, per Anhalter fahren; **en ~** *fam* per Anhalter **III.** *app* **panneau ~** Stoppschild *nt*
stopper [stɔpe] <1> **I.** *vi* stehen bleiben, anhalten **II.** *vt* ❶ (*arrêter la marche de*) stoppen ❷ (*arrêter*) stoppen *inflation, chômage*
stoppeur, -euse [stɔpœʀ, -øz] *m, f* ❶ *fam*

S

(*auto-stoppeur*) Tramper(in) *m(f)* ❷ FBALL Vorstopper(in) *m(f)*
store [stɔʀ] *m* ❶ (*rideau à enrouler*) Rollo *nt* ❷ (*rideau de magasin*) Rollladen *m* ❸ (*à lamelles*) ~ **vénitien** Jalousie *f*
S.T.P. [ɛstepe] *abr de* **s'il te plaît** bitte
strabisme [stʀabism] *m* Schielen *nt;* **avoir un ~** schielen
stradivarius [stʀadivaʀjys] *m* Stradivari *f*
strangulation [stʀɑ̃gylasjɔ̃] *f* Erdrosselung *f*
strapontin [stʀapɔ̃tɛ̃] *m* ❶ (*siège*) Notsitz *m* ❷ (*place secondaire*) zweitrangiger Platz *m*
Strasbourg [stʀasbuʀ] Straßburg *nt*
strasbourgeois(e) [stʀasbuʀʒwa, ʒwaz] *adj* Straßburger, aus Straßburg
strass [stʀas] *m* Strass *m*
stratagème [stʀataʒɛm] *m* List *f*
strate [stʀat] *f* Schicht *f*
stratège [stʀatɛʒ] *mf* Stratege *m*/Strategin *f*
stratégie [stʀateʒi] *f* Strategie *f;* **jeu de ~** Strategiespiel; **~ électorale d'un parti** Wahlkampfstrategie einer Partei
stratégique [stʀateʒik] *adj objectif, repli, intérêt* strategisch; *matière première, position* strategisch wichtig
stratifié [stʀatifje] *m* Schicht[press]stoff *m*
stratosphère [stʀatɔsfɛʀ] *f* Stratosphäre *f*
streaming [stʀimiŋ] *m* INET Livestream *m,* Streaming *nt*
stress [stʀɛs] *m* Stress *m kein Pl*
stressant(e) [stʀesɑ̃, ɑ̃t] *adj* stressig (*fam*)
stresser [stʀese] <1> **I.** *vt* stressen (*fam*); **être stressé** im Stress sein (*fam*) **II.** *vi* sich stressen
stretch® [stʀɛtʃ] *m* Stretch *m*
stretching [stʀɛtʃiŋ] *m* Stretching *nt*
strict(e) [stʀikt] *adj* ❶ (*sévère*) streng; **être très ~ sur le règlement** es sehr genau mit den Bestimmungen nehmen; **être ~ avec qn** streng mit jdm sein ❷ *principe, observation, respect* streng, strikt ❸ *antéposé* (*exact*) **c'est la ~e vérité** das ist die reine Wahrheit ❹ *antéposé minimum* absolut; **le ~ nécessaire** das Allernötigste; **dans la plus ~e intimité** im engsten Familienkreis ❺ (*littéral*) **au sens ~** im engeren Sinne ❻ *vêtement, tenue* streng geschnitten
strictement [stʀiktəmɑ̃] *adv* ❶ (*pour renforcer*) strikt; **~ interdit** streng verboten; **c'est ~ pareil** das ist genau das Gleiche; **~ confidentiel** streng vertraulich ❷ (*littéralement, au sens restreint*) **~ parlant** genau genommen ❸ (*sobrement*) **~ vêtu** streng gekleidet
strident(e) [stʀidɑ̃, ɑ̃t] *adj* schrill
stridulation [stʀidylasjɔ̃] *f* Zirpen *nt*
strie [stʀi] *f rare au sing* ❶ (*en relief*) **les ~s** die Rillen *Pl* ❷ (*de couleur*) Streifen *m*
strié(e) [stʀije] *adj* ❶ gerillt ❷ ANAT *muscle* quer gestreift
string [stʀiŋ] *m* Stringtanga *m*
strip[-]tease [stʀiptiz] <strip[-]teases> *m* (*spectacle*) Striptease *m o nt;* **faire un ~** strippen
strip[-]teaseur, -euse [stʀiptizœʀ, -øz] <strip[-]teaseurs> *m, f* Stripteasetänzer(in) *m(f)*
stroboscope [stʀɔbɔskɔp] *m* Stroboskop *nt*
strophe [stʀɔf] *f* Strophe *f*
structuralisme [stʀyktyʀalism] *m* Strukturalismus *m*
structuration [stʀyktyʀasjɔ̃] *f d'un projet* Strukturierung *f*
structure [stʀyktyʀ] *f* ❶ (*organisation*) Struktur *f;* **~ de la personnalité** Persönlichkeitsstruktur; **réforme de ~** Strukturreform *f* ❷ (*lieu, service social*) **~ d'accueil** soziale Einrichtung
structuré(e) [stʀyktyʀe] *adj* gegliedert, strukturiert
structurel(le) [stʀyktyʀɛl] *adj chômage, inflation* strukturell
structurer [stʀyktyʀe] <1> **I.** *vt* strukturieren; gliedern *exposé, ouvrage* **II.** *vpr* **se ~** sich organisieren
strychnine [stʀiknin] *f* Strychnin *nt*
stuc [styk] *m* Stuck *m;* **~ de marbre** Stuckmarmor *m*
studieux, -euse [stydjø, -jøz] *adj* ❶ (*appliqué*) fleißig, arbeitsam ❷ (*consacré au travail, aux études*) *vacances, soirée* der Arbeit/dem Studium gewidmet
studio [stydjo] *m* ❶ MEDIA Studio *nt;* **~ de télévision/cinéma** Fernseh-/Filmstudio; **~ d'enregistrement** Aufnahmestudio; **à vous, les ~s** wir schalten zurück ins Studio ❷ (*logement*) Einzimmerwohnung *f,* Studio *nt*
stup [styp] *m gén pl, fam abr de* **stupéfiant: la brigade des ~s** Drogenfahndung *f*
stupéfaction [stypefaksjɔ̃] *f* (*étonnement*) Verblüffung *f*
stupéfait(e) [stypefɛ, ɛt] *adj* (*étonné*) verblüfft
stupéfiant [stypefjɑ̃] *m* Betäubungsmittel *nt,* Rauschgift *nt*
stupéfiant(e) [stypefjɑ̃, jɑ̃t] *adj* verblüffend

stupéfié(e) [stypefje] *adj* (*très étonné*) verblüfft

stupéfier [stypefje] <1> *vt* (*étonner*) verblüffen

stupeur [stypœʀ] *f* (*étonnement*) Verblüffung *f;* **être frappé de ~** verblüfft sein

stupide [stypid] *adj* ❶ (*inintelligent*) dumm; *vie, travail* stumpfsinnig ❷ *accident, pari* dumm

stupidement [stypidmɑ̃] *adv* ❶ *se conduire* dumm; *rire* dummerweise; **répondre ~** eine dumme Antwort geben ❷ (*absurdement*) sinnlos

stupidité [stypidite] *f* ❶ (*inintelligence, bêtise*) Dummheit *f* ❷ (*action, propos stupide*) Dummheit *f,* Blödsinn *f*

style [stil] *m* ❶ (*écriture*) Stil *m;* **~ parlé/écrit** gesprochene/geschriebene Sprache; **~ administratif/publicitaire** Behörden-/Werbesprache *f;* **avoir un ~ soutenu/négligé** sich gewählt/nachlässig ausdrücken; **en ~ télégraphique** im Telegrammstil ❷ (*discours*) Rede *f;* **~ direct/indirect** direkte/indirekte Rede; **~ indirect libre** erlebte Rede ❸ (*genre*) Art *f; d'un vêtement* Stil *m; d'un immeuble, d'une maison* [Bau]stil; **des meubles de ~** Stilmöbel *Pl* ❹ ART, LITTER Stil *m;* **sculpture de ~ expressionniste** Skulptur *f* im Stil des Expressionismus ❺ (*manière personnelle*) Stil *m;* **~ de vie** Lebensstil; **avoir du ~** Stil haben; **arriver en retard, c'est bien dans son ~!** zu spät zu kommen ist typisch für ihn!

stylé(e) [stile] *adj* [gut] geschult

stylet [stilɛ] *m* (*poignard*) Stilett *nt*

styliser [stilize] <1> *vt a.* ART stilisieren

stylisme [stilism] *m* Design *nt*

styliste [stilist] *mf* Stilist(in) *m(f);* IND Designer(in) *m(f)*

stylistique [stilistik] **I.** *adj* stilistisch **II.** *f* Stilistik *f*

stylo [stilo] *m* Füller *m;* **~ à plume** Füllfederhalter *m;* **~ à bille** Kugelschreiber *m;* **tu n'aurais pas un ~?** *fam* hast du mal einen Stift für mich?

stylo-bille [stilobij] <stylos-bille> *m* Kugelschreiber *m* **stylo-feutre** [stiloføtʀ] <stylos-feutres> *m* Filzstift *m*

su [sy] *part passé de* **savoir**

suant(e) [syɑ̃, ɑ̃t] *adj* ❶ (*en sueur*) *personnes* schwitzend ❷ *fam* (*fatiguant*) *cours, film* sterbenslangweilig

suave [sɥav] *adj* lieblich; *couleur, ton, forme* zart; *sourire, voix* sanft

suavité [sɥavite] *f d'une odeur, musique* Lieblichkeit *f; des manières, de la voix* Sanftheit *f*

subalterne [sybaltɛʀn] **I.** *adj* ❶ (*inférieur*) untergeordnet, subaltern ❷ (*secondaire*) untergeordnet, zweitrangig **II.** *mf* Untergebene(r) *f(m)*

subaquatique [sybakwatik] *adj faune, flore* Unterwasser-

subconscient [sybkɔ̃sjɑ̃] *m* Unterbewusstsein *nt*

subdiviser [sybdivize] <1> *vt* (*diviser encore*) **~ une échelle en qc** eine Skala [weiter] in etw (*akk*) unterteilen

subdivision [sybdivizjɔ̃] *f* (*fait de subdiviser*) erneute Unterteilung

subir [sybiʀ] <8> *vt* ❶ (*être victime de*) erleiden; **des injustices subies** erlittenes Unrecht ❷ (*endurer*) erdulden; über sich ergehen lassen *événements;* auf sich nehmen *conséquences* ❸ (*être soumis à*) **~ le charme/l'influence** dem Charme/Einfluss erliegen; **~ une opération/un interrogatoire** operiert/vernommen werden ❹ (*être l'objet de*) erfahren *modification* ❺ *fam* (*devoir supporter*) ertragen *personne*

subit(e) [sybi, it] *adj* [ganz] plötzlich

subitement [sybitmɑ̃] *adv* [ganz] plötzlich

subjectif, -ive [sybʒɛktif, -iv] *adj* subjektiv

subjectivité [sybʒɛktivite] *f* Subjektivität *f*

subjonctif [sybʒɔ̃ktif] *m* GRAM Subjonctif *m*

subjuguer [sybʒyge] <1> *vt* (*fasciner*) in seinen Bann ziehen

sublimation [syblimasjɔ̃] *f* ❶ CHIM Sublimation *f* (*Fachspr.*) ❷ PSYCH Sublimierung *f* (*Fachspr.*)

sublime [syblim] **I.** *adj* ❶ (*admirable*) überwältigend ❷ (*d'une haute vertu*) erhaben **II.** *m* Erhabene *nt*

sublimer [syblime] <1> *vt* sublimieren

subliminal(e) [sybliminal] *adj* unterschwellig

submerger [sybmɛʀʒe] <2a> *vt* ❶ (*inonder*) unter Wasser (*akk*) setzen, fluten *digue, rives;* überschwemmen *plaine, terres;* **être submergé** unter Wasser stehen ❷ (*envahir*) **~ qn de travail/de questions** jdn mit Arbeit/Fragen überhäufen

submersible [sybmɛʀsibl] *adj navire, sous-marin* tauchfähig; **terre ~** Überschwemmungsland *nt*

submersion [sybmɛʀsjɔ̃] *f* ❶ (*inondation*) Überschwemmung *f* ❷ AGR, TECH Überflutung *f*

subordination [sybɔʀdinasjɔ̃] *f* untergeordnete Stellung *f,* Unterstelltsein *nt*

subordonné(e) [sybɔʀdɔne] **I.** *m(f)* Untergebene(r) *f(m)* **II.** *adj proposition* untergeordnet
subordonnée [sybɔʀdɔne] *f* Nebensatz *m*
subordonner [sybɔʀdɔne] <1> *vt* ~ **une décision à qc** eine Entscheidung von etw abhängig machen; **être subordonné à qn/qc** von jdm/etw abhängig sein, von jdm/etw abhängen
subornation [sybɔʀnasjɔ̃] *f* Bestechung *f*
suborner [sybɔʀne] <1> *vt* (*corrompre*) verderben *personnel;* JUR bestechen *témoin*
subrepticement [sybʀɛptismɑ̃] *adv* heimlich, unbemerkt
subsidiaire [sybzidjɛʀ, sypsidjɛʀ] *adj* zusätzlich; *raison* weitere(r, s)
subsidiarité [sybzidjaʀite] *f* Subsidiarität *f*
subsistance [sybzistɑ̃s] *f* Lebensunterhalt *m*
subsistant(e) [sybzistɑ̃, ɑ̃t] *adj* restlich; *partie* übrig geblieben, noch vorhanden; *question* noch offen [*o* ungeklärt]
subsister [sybziste] <1> *vi* ❶ (*subvenir à ses besoins*) [über]leben ❷ (*demeurer*) *doute, erreur:* weiter bestehen; ~ **de qc** von etw bleiben
subsonique [sypsɔnik] *adj* Unterschall-
substance [sypstɑ̃s] *f* ❶ (*matière*) Substanz *f* ❷ *d'un article, livre* wesentlicher Inhalt; **en** ~ im Wesentlichen
substantiel(le) [sypstɑ̃sjɛl] *adj* ❶ (*nourrissant*) nahrhaft ❷ (*important*) wesentlich, bedeutend; *augmentation, avantage* beträchtlich
substantif [sypstɑ̃tif] *m* Substantiv *nt,* Hauptwort *nt*
substituer [sypstitɥe] <1> **I.** *vt* ~ **un collègue/un mot à un autre** (*volontairement*) einen Kollegen durch einen anderen/ein Wort durch ein anderes ersetzen; (*involontairement*) einen Kollegen/ein Wort mit einem anderen vertauschen **II.** *vpr* **se** ~ **à qn** sich an jds Stelle *f* (*akk*) setzen
substitut [sypstity] *m* ❶ (*remplacement*) Ersatz *m;* **être le** ~ **de qn/qc** jdn/etw ersetzen ❷ JUR ~ **du procureur** Staatsanwalt *m*/-anwältin *f* ❸ (*succedané, imitation*) ~ **de fromage** Analogkäse *m*
substitution [sypstitysjɔ̃] *f* (*volontaire*) Austauschen *nt;* (*involontaire*) Vertauschen *nt*
subterfuge [syptɛʀfyʒ] *m* Ausflucht *f*
subtil(e) [syptil] *adj personne* scharfsinnig; *raisonnement* feinsinnig; *distinction, nuance* fein; *parfum* zart
subtilement [syptilmɑ̃] *adv* ❶ *argumenter, raisonner* feinsinnig; *exprimer* nuanciert ❷ (*habilement*) geschickt
subtiliser [syptilize] <1> *vt* ~ **un livre à qn** jdm ein Buch stehlen
subtilité [syptilite] *f soutenu* ❶ (*finesse*) Subtilität *f* (*geh*); *d'une analyse* Nuanciertheit *f;* ~ **d'esprit** Scharfsinnigkeit *f* ❷ *d'un art, d'une langue* Feinheit *f*
subtropical(e) [sybtʀɔpikal, -o] <-aux> *adj* subtropisch
subvenir [sybvəniʀ] <9> *vi* ~ **à qc** für etw aufkommen
subvention [sybvɑ̃sjɔ̃] *f* Subvention *f*
subventionner [sybvɑ̃sjɔne] <1> *vt* subventionieren
subversif, -ive [sybvɛʀsif, -iv] *adj* umstürzlerisch, subversiv (*geh*)
subversion [sybvɛʀsjɔ̃] *f* Umsturz *m,* Subversion *f* (*geh*)
suc [syk] *m* Saft *m*
succédané [syksedane] *m* Ersatz *m*
succéder [syksede] <5> **I.** *vi* ❶ (*venir après*) ~ **à qc** auf etw (*akk*) folgen ❷ (*assurer la succession*) ~ **à qn** jds Nachfolge *f* antreten ❸ (*hériter*) erben **II.** *vpr* **se** ~ einander folgen
succès [syksɛ] *m* ❶ (*opp: échec*) Erfolg *m;* ~ **en qc** Erfolg bei etw; ~ **fou** *fam* Wahnsinnserfolg; ~ **de circonstance** Augenblickserfolg; **avoir du** ~ **auprès de qn** bei jdm Erfolg haben; **être couronné de** ~ von Erfolg gekrönt sein; **remporter un** ~ einen Erfolg erzielen; **à** ~ Erfolgs-; **avec/sans** ~ mit/ohne Erfolg ❷ (*conquête amoureuse*) Erfolg *m kein Pl;* ~ **féminins** Erfolg bei den Frauen ❸ SPORT, MIL Sieg *m*
successeur [syksesœʀ] *mf* Nachfolger(in) *m(f)*
successif, -ive [syksesif, -iv] *adj époques, générations* aufeinanderfolgend; *tâches* stets neu anfallend
succession [syksesjɔ̃] *f* ❶ (*transmission du pouvoir*) Nachfolge *f;* **prendre la** ~ **de qn/qc** die Nachfolge einer Person/S. (*gen*) antreten ❷ (*héritage*) Erbschaft *f,* Verlassenschaft *f* (A); **droits de** ~ Erbschaftssteuer *f*
successivement [syksesivmɑ̃] *adv* nacheinander
succinct(e) [syksɛ̃, ɛ̃t] *adj* ❶ kurz, knapp ❷ (*peu abondant*) **un repas** ~ ein frugales Mahl (*geh*)
succinctement [syksɛ̃tmɑ̃] *adv* kurz [und bündig]

S

succion [sy(k)sjɔ̃] *f* Saugen *nt; d'une plaie, blessure* Aussaugen *nt*

succomber [sykɔ̃be] <1> *vi* ❶ (*mourir*) sterben; ~ **à qc** einer S. (*dat*) erliegen ❷ (*être vaincu*) ~ **sous qc** einer S. (*dat*) erliegen; ~ **sous le poids de qc** unter dem Gewicht einer S. (*gen*) zusammenbrechen ❸ (*céder à*) ~ **à la tentation/au charme de qn/qc** der Versuchung/dem Charme einer Person/S. (*gen*) erliegen

succulent(e) [sykylɑ̃, ɑ̃t] *adj* köstlich

succursale [sykyʀsal] *f* Filiale *f*

sucer [syse] <2> **I.** *vt* ❶ (*aspirer*) aussaugen *sang, suc d'une plante, citron* ❷ (*lécher*) lutschen *bonbon;* ~ **le crayon/le pouce** am Bleistift/Daumen lutschen ❸ *vulg* (*faire une fellation*) ~ **qn** jdm einen blasen **II.** *vpr* **se** ~ gelutscht werden

sucette [sysɛt] *f* (*bonbon*) Lutscher *m*

suçon [sysɔ̃] *m fam* (*ecchymose*) Knutschfleck *m*

suçoter [sysɔte] <1> *vt* lutschen

sucrant(e) [sykʀɑ̃, ɑ̃t] *adj* süßend

sucre [sykʀ] *m* Zucker *m;* (*morceau*) Stück *nt* Zucker; ~ **candi/cristallisé/glace** Kandis-/[mittelgrober] Kristall-/Puderzucker; ~ **en morceaux** Würfelzucker; ~ **en poudre** feiner Kristallzucker; ~ **de canne** Rohrzucker *m* ▸ **casser du** ~ **sur le dos de qn** *fam* jdn durch den Dreck ziehen; **être tout** ~ **tout miel** zuckersüß sein

sucré(e) [sykʀe] *adj* süß; (*par addition de sucre*) gesüßt

sucrer [sykʀe] <1> **I.** *vt* ❶ (*mettre du sucre*) zuckern, süßen ❷ *fam* (*supprimer*) ~ **l'argent de poche à un enfant** einem Kind das Taschengeld streichen **II.** *vi* (*rendre sucré*) süßen **III.** *vpr fam* **se** ~ absahnen

sucrerie [sykʀəʀi] *f* (*friandise*) Süßigkeit *f*

sucrette® [sykʀɛt] *f* Süßstofftablette *f*

sucrier [sykʀije] *m* Zuckerdose *f*

sud [syd] *inv* **I.** *m* (*point cardinal*) Süden *m;* **le** ~ der Süden; **au** ~ (*dans/vers la région*) im/in den Süden; (*vers le point cardinal*) nach Süden; **au** ~ **de qc** südlich von etw; **dans le** ~ **de** im Süden von; **du** ~ aus dem Süden; **les Allemands du** ~ die Süddeutschen; **vers le** ~ nach Süden **II.** *adj* Süd-; *banlieue, latitude* südlich

Sud [syd] *inv m* (*région, pays*) Süden *m;* **le** ~ der Süden; **l'autoroute du** ~ die Autobahn nach Süden; **les gens du** ~ die Leute aus dem Süden

sud-africain(e) [sydafʀikɛ̃, ɛn] <sud--africains> *adj* südafrikanisch **Sud-Africain(e)** [sydafʀikɛ̃, ɛn] <Sud-Africains> *m(f)* Südafrikaner(in) *m(f)*

sud-américain(e) [sydameʀikɛ̃, ɛn] <sud-américains> *adj* südamerikanisch

Sud-Américain(e) [sydameʀikɛ̃, ɛn] <Sud-Américains> *m(f)* Südamerikaner(in) *m(f)*

sudation [sydasjɔ̃] *f* Schwitzen *nt*

sud-coréen(ne) [sydkɔʀeɛ̃, ɛn] <sud-coréens> *adj* südkoreanisch **Sud-Coréen(ne)** [sydkɔʀeɛ̃, ɛn] <Sud-Coréens> *m(f)* Südkoreaner(in) *m(f)*

sud-est [sydɛst] *inv* **I.** *adj* südöstlich; **vent** ~ Südostwind *m* **II.** *m* Südosten *m*

sudiste [sydist] HIST **I.** *adj* südstaatlich **II.** *mf* Südstaatler(in) *m(f)*

sudoku [sydoky] *m* Sudoku *nt*

sud-ouest [sydwɛst] *inv* **I.** *adj* südwestlich; **vent** ~ Südwestwind *m* **II.** *m* Südwesten *m* **sud-vietnamien(ne)** [sydvjɛtnamjɛ̃, jɛn] <sud-vietnamiens> *adj* HIST südvietnamesisch **Sud-Vietnamien(ne)** [sydvjɛtnamjɛ̃, jɛn] <Sud-Vietnamiens> *m(f)* HIST Südvietnamese *m*/Südvietnamesin *f*

Suède [sɥɛd] *f* **la** ~ Schweden *nt*

suédine [sɥedin] *f* Wildlederimitation *f*

suédois [sɥedwa] *m* Schwedisch *nt; v. a.* **allemand**

suédois(e) [sɥedwa, waz] *adj* schwedisch

Suédois(e) [sɥedwa, waz] *m(f)* Schwede *m*/Schwedin *f*

suée [sɥe] *f fam* Schweißausbruch *m;* **attraper une bonne** ~ kräftig ins Schwitzen kommen

suer [sɥe] <1> *vi* ❶ (*transpirer*) ~ **de qc** vor etw (*dat*) schwitzen ❷ (*se donner beaucoup de mal*) ~ **sur qc/pour faire qc** sich mit etw quälen/sich abmühen etw zu tun

sueur [sɥœʀ] *f* Schweiß *m;* **avoir des** ~**s** Schweißausbrüche *Pl* haben; **être en** ~ schweißnass sein ▸ **à la** ~ **de son front** im Schweiße seines/ihres Angesicht[e]s; **qn a des** ~**s froides** jdm bricht der kalte Schweiß aus

suffire [syfiʀ] <*irr*> **I.** *vi* ❶ (*être assez*) ~ **à qn** jdm genügen ❷ (*satisfaire*) ~ **aux besoins** für die Bedürfnisse *Pl* aufkommen; ~ **aux obligations** den Verpflichtungen (*dat*) nachkommen **II.** *vi impers* (*être suffisant*) **il suffit d'une fois** einmal reicht; **il suffit que vous soyez là pour qu'il se calme** um ihn zu beruhigen genügt es, wenn Sie da sind; **ça suffit [comme ça]!** *fam* jetzt reicht's! **III.** *vpr* **se** ~ **à soi-même** (*matériellement*) sich

S

selbst versorgen; (*intellectuellement*) sich (*dat*) selbst genügen

suffisamment [syfizamɑ̃] *adv* ~ **grand** groß genug; ~ **affranchie** ausreichend frankiert; ~ **de temps/livres** genügend Zeit/Bücher; ~ **à boire** genug zu trinken

suffisance [syfizɑ̃s] *f* Selbstgefälligkeit *f*, Süffisanz *f*

suffisant(e) [syfizɑ̃, ɑ̃t] *adj nombre, techniques* ausreichend; *place* genügend *inv; résultat, somme* erforderlich, notwendig; **ne pas être** ~ nicht reichen; ~ **pour faire qc** ausreichend um etw zu tun

suffixe [syfiks] *m* Nachsilbe *f*, Suffix *nt*

suffocant(e) [syfɔkɑ̃, ɑ̃t] *adj fumée, odeur* erstickend, den Atem raubend; *chaleur* erdrückend

suffocation [syfɔkasjɔ̃] *f* Atemnot *f*

suffoquer [syfɔke] <1> **I.** *vt* ❶ (*étouffer*) ~ **qn** jdm den Atem nehmen ❷ (*stupéfier*) ~ **qn** jdm den Atem verschlagen; (*s'emparer de*) *colère, joie:* jdn überwältigen **II.** *vi* ❶ (*perdre le souffle*) ersticken ❷ (*ressentir une vive émotion*) ~ **de colère** vor Wut außer sich (*dat*) sein

suffrage [syfʀaʒ] *m* ❶ (*voix*) [Wahl]stimme *f*; ~ **universel** allgemeines Wahlrecht; **les ~s exprimés** die abgegebenen Stimmen ❷ *pl* (*approbation*) Zustimmung *f*; **remporter tous les ~s** allgemeinen Beifall finden

suggérer [sygʒeʀe] <5> *vt* ❶ (*proposer*) ~ **un voyage à qn** jdm eine Reise vorschlagen ❷ (*inspirer*) ~ **une solution à qn** jdn auf eine Lösung bringen

suggestif, -ive [sygʒɛstif, -iv] *adj* ❶ (*érotique*) aufreizend ❷ (*évocateur*) suggestiv

suggestion [sygʒɛstjɔ̃] *f* Vorschlag *m*; **faire une ~ à qn** (*proposer*) jdm einen Vorschlag machen; (*conseiller*) jdm etw raten

suicidaire [sɥisidɛʀ] *adj* selbstmörderisch

suicide [sɥisid] **I.** *m* ❶ (*mort volontaire*) Selbstmord *m* ❷ (*entreprise suicidaire*) Selbstmord *m*; **c'est du ~** das ist glatter Selbstmord (*fam*) **II.** *app opération* selbstmörderisch; *commando* Selbstmord-; *avion* Kamikaze-

suicidé(e) [sɥiside] *m(f)* Selbstmörder(in) *m(f)*

suicider [sɥiside] <1> *vpr* **se ~** ❶ (*se tuer*) Selbstmord begehen ❷ (*se détruire*) sich [selbst] zugrunde richten

suie [sɥi] *f* Ruß *m*

suif [sɥif] *m* Talg *m*

suinter [sɥɛ̃te] <1> *vi* ~ **de qc** *eaux:* aus/durch etw sickern; *mur:* schwitzen; *plaie:* nässen

suis [sɥi] *indic prés de* **être**

suisse [sɥis] **I.** *adj* Schweizer *attr; peuple* schweizerisch; ~ **romand** welsch[schweizerisch] **II.** *m* (*garde*) Schweizer Gardist *m*; (*bedeau*) Küster *m* ▶ **petit** ~ GASTR *Rahmquark in kleinen Portionen;* **boire/manger en ~** *fam* heimlich trinken/essen

Suisse [sɥis] **I.** *f* **la ~** die Schweiz **II.** *mf* Schweizer(in) *m(f)*; **c'est un ~ allemand/romand** er ist Deutsch-/Französischschweizer [*o* Welschschweizer CH]

Suissesse [sɥisɛs] *f* Schweizerin *f*; ~ **romande** Welschschweizerin *f*

suite [sɥit] *f* ❶ *d'une lettre, d'un roman* Rest *m*; *d'une affaire* Nachspiel *nt*; **attendre la ~** abwarten, wie es weiter geht ❷ *d'événements, de nombres* [Ab]folge *f*; *d'objets, de personnes* Reihe *f* ❸ (*conséquence*) Folge *f*; **sans ~** ohne Folgen *Pl* ❹ (*nouvel épisode*) Fortsetzung *f*, Folge *f*; **la ~ au prochain numéro** Fortsetzung folgt ❺ (*cohérence*) Zusammenhang *m* ❻ (*appartement*) Suite *f* ❼ INFORM ~ **bureautique** Office-Paket *nt* ▶ **tout de ~** sofort; **tout de ~ avant/après** kurz davor/gleich danach; **donner ~ à qc** auf etw (*akk*) reagieren; **entraîner qc à sa ~** etw mit sich bringen; **faire ~ à qc** auf etw (*akk*) folgen; **prendre la ~ de qn/qc** jdn/etw ablösen; ~ **à qc** Bezug *m* nehmend auf etw (*akk*); **à la ~** [**l'un de l'autre**] nacheinander; **à la ~ de qc** nach etw; **et ainsi de ~** und so weiter; **de ~** (*d'affilée*) hintereinander; **par la ~** später; **par ~ de qc** infolge einer S. (*gen*)

suivant [sɥivɑ̃] *prép* ❶ (*conformément à*) gemäß (+ *dat*); (*en fonction de*) je nach (+ *dat*) ❷ (*le long de*) entlang (+ *dat*)

suivant(e) [sɥivɑ̃, ɑ̃t] **I.** *adj* ❶ (*qui vient ensuite*) nächste(r, s) ❷ (*ci-après*) folgende(r, s) **II.** *m(f)* Nächste(r) *f(m)*; **au ~!** der Nächste!

suiveur, -euse [sɥivœʀ, -øz] *m, f* ❶ SPORT Begleiter(in) *m(f)* ❷ (*opp: meneur*) Mitläufer(in) *m(f)*

suivi [sɥivi] *m d'une affaire* Weiterverfolgung *f*; *d'un produit* Kundendienst *m*; ~ **médical** medizinische Betreuung

suivi(e) [sɥivi] *adj* ❶ (*continu*) regelmäßig; *effort* kontinuierlich ❷ *conversation, raisonnement* zusammenhängend; *politique* konsequent

suivre [sɥivʀ] <*irr*> **I.** *vt* ❶ (*aller derrière*) ~ **qn/une route** jdm/einer Straße folgen; **faire ~ qn** jdn beschatten lassen ❷ (*venir*

S

ensuite) ~ **qn sur une liste** auf einer Liste gleich nach jdm kommen; **l'hiver suit l'automne** auf den Herbst folgt der Winter ❸ (*hanter*) verfolgen ❹ (*se conformer à*) ~ **qn/qc** jdm/einer S. folgen; ~ **la mode** mit der Mode gehen ❺ SCOL besuchen *classe, cours* ❻ (*observer*) beobachten, beaufsichtigen *élève, malade;* verfolgen *actualité, affaire, compétition* ❼ COM ständig führen *article, produit* ❽ (*comprendre*) ~ **qn/qc** jdm/einer S. [geistig] folgen ▶ [**être**] **à** ~ *personne:* vorbildlich [sein]; *exemple:* mustergültig [sein]; **à** ~ Fortsetzung *f* folgt **II.** *vi* ❶ (*venir après*) folgen ❷ (*réexpédier*) **faire** ~ **qc** etw nachsenden lassen ❸ (*être attentif*) aufpassen; (*assimiler*) mitkommen ❹ (*évoluer parallèlement*) gleichziehen **III.** *vi impers* **comme suit** wie folgt **IV.** *vpr* **se** ~ ❶ (*se succéder*) aufeinander folgen ❷ (*être cohérent*) einen Zusammenhang haben

sujet [syʒɛ] *m* ❶ (*thème*) Thema *nt* ❷ (*cause*) Grund *m;* **sans** ~ grundlos ❸ (*individu*) Mensch *m;* **brillant** ~ glänzender Schüler *m;* ~ **d'élite** Spitzenschüler *m;* **mauvais** ~ übles Subjekt *nt* (*pej*) ❹ GRAM Subjekt *nt* ❺ PHILOS Subjekt *nt* ▶ **c'est à quel ~?** *fam* worum geht's?; **à ce** ~ diesbezüglich; **au** ~ **de qn/qc** bezüglich einer Person/S. (*gen*), was jdn/etw betrifft

sujet(te) [syʒɛ, ʒɛt] **I.** *adj* **être** ~ **à la migraine** für Migräne anfällig sein; **être** ~ **au mal de mer** leicht seekrank werden; **être** ~ **à faire qc** dazu neigen, etw zu tun **II.** *m(f)* (*personne soumise à une autorité*) Untertan(in) *m(f)*

sujétion [syʒesjɔ̃] *f soutenu* ❶ (*dépendance*) ~ **à qn/qc** Abhängigkeit *f* von jdm/etw ❷ (*contrainte*) Bürde *f*

S

sujette [syʒɛt] *f v.* **sujet(te) II.**

sulfate [sylfat] *m* Sulfat *nt*

sulfure [sylfyʀ] *m* Sulfid *nt*

sulfuré(e) [sylfyʀe] *adj* CHIM Schwefel-

sulfureux, -euse [sylfyʀø, -øz] *adj* CHIM schwefelig; **gaz** ~ Schwefeldioxyd *nt*

sulfurique [sylfyʀik] *adj* CHIM **acide** ~ Schwefelsäure *f*

sulfurisé(e) [sylfyʀize] *adj* mit Schwefelsäure *f* behandelt; **papier** ~ Pergamentpapier *nt*

sultan [syltɑ̃] *m* Sultan *m*

sultanat [syltana] *m* Sultanat *nt*

summum [sɔ(m)mɔm] *m* ❶ *d'une civilisation, de la gloire* Höhepunkt *m* ❷ *iron* (*comble*) Gipfel *m*

sumo [symo] *m* ❶ (*sport*) Sumo[ringen *nt*] *nt* ❷ (*lutteur*) Sumoringer *m*

sunnite [synit] REL **I.** *adj* sunnitisch **II.** *mf* Sunnit(in) *m(f)*

super[1] [sypɛʀ] *m abr de* **supercarburant** Super *nt;* ~ **sans plomb/plombé** Super bleifrei/verbleit

super[2] [sypɛʀ] *adj inv fam* super

superbe [sypɛʀb] *adj repas, vin* erstklassig; *corps, yeux, paysage* wunderschön; *performance, résultat* erstklassig, fantastisch; *enfant* prächtig; *temps* herrlich; **elle a une mine** ~ sie sieht blendend aus

superbement [sypɛʀbəmɑ̃] *adv* großartig

supercarburant [sypɛʀkaʀbyʀɑ̃] *m* Superbenzin *nt*

superchampion(ne) [sypɛʀʃɑ̃pjɔ̃, jɔn] *m(f)* Spitzensportler(in) *m(f)*

supercherie [sypɛʀʃəʀi] *f* Schwindel *m,* Betrug *m*

supérette [sypeʀɛt] *f* kleinerer Supermarkt *m*

superficie [sypɛʀfisi] *f d'un terrain, pays* Fläche *f; d'un appartement* Grundfläche; **unité de** ~ Flächenmaß *nt*

superficiel(le) [sypɛʀfisjɛl] *adj* oberflächlich

superficiellement [sypɛʀfisjɛlmɑ̃] *adv* oberflächlich

superflu [sypɛʀfly] *m* Überflüssige(s) *nt*

superflu(e) [sypɛʀfly] *adj* überflüssig

superforme [sypɛʀfɔʀm] *f fam* Höchstform *f*

supergrand [sypɛʀgʀɑ̃] *m fam* Supermacht *f*

supérieur [sypeʀjœʀ] *m* Hochschulwesen *nt*

supérieur(e) [sypeʀjœʀ] **I.** *adj* ❶ (*plus haut dans l'espace*) obere(r, s); *lèvre, mâchoire* Ober- ❷ (*plus élevé dans la hiérarchie*) höhere(r, s); *animal, plante* höher entwickelt; *cadre* leitend; **enseignement** ~ Hochschulwesen *nt;* **d'ordre** ~ höherwertig ❸ (*de grande qualité*) hervorragend; *produit* erstklassig ❹ (*qui dépasse*) **être** ~ **à un coureur par la vitesse/en vitesse** einem Läufer in Bezug auf Geschwindigkeit (*akk*) überlegen sein; ~ **en nombre/par la qualité** zahlenmäßig größer/qualitativ besser; **être** ~ **à la moyenne** über dem Durchschnitt *m* liegen ❺ *air, regard, ton* überlegen **II.** *m(f)* Vorgesetzte(r) *f(m);* REL Superior(in) *m(f)*

supériorité [sypeʀjɔʀite] *f* ~ **sur qn/qc** Überlegenheit *f* jdm/etw gegenüber; **complexe de** ~ Größenwahn *m*

superlatif [sypɛʀlatif] *m* Superlativ *m*

supermarché [sypɛʀmaʀʃe] *m* Supermarkt *m*
superposable [sypɛʀpozabl] *adj* aufeinandersetzbar; GEOM deckungsgleich
superposé(e) [sypɛʀpoze] *adj couches* übereinanderliegend; *livres, pierres* aufeinandergetürmt; **lits ~s** Etagenbett *nt*
superposer [sypɛʀpoze] <1> **I.** *vt* ❶ (*faire chevaucher*) übereinanderlegen ❷ (*empiler*) auftürmen **II.** *vpr* ❶ (*se recouvrir*) **se ~** *figures géométriques:* sich decken; *images:* sich überdecken ❷ (*s'ajouter*) **se ~ à qc** *couche:* etw überlagern; *élément, renseignements:* zu etw hinzukommen
superposition [sypɛʀpozisjɔ̃] *f* Übereinanderschichtung *f*, Übereinanderlagerung *f;* (*action de superposer*) Übereinanderlegen *nt*
superproduction [sypɛʀpʀɔdyksjɔ̃] *f* Monumentalfilm *m*
superpuissance [sypɛʀpɥisɑ̃s] *f* Großmacht *f*, Supermacht *f*
supersonique [sypɛʀsɔnik] *m* Überschallflugzeug *nt*
superstar [sypɛʀstaʀ] *f* Superstar *m*
superstitieux, -euse [sypɛʀstisjø, -jøz] *adj* abergläubisch
superstition [sypɛʀstisjɔ̃] *f* Aberglaube[n] *m*
superviser [sypɛʀvize] <1> *vt* überprüfen; beaufsichtigen *travail*
superviseur [sypɛʀvizœʀ] *m* INFORM Kontrollprogramm *nt*
superviseur, -euse [sypɛʀvizœʀ, -øz] *m, f* Aufsichtführende(r) *f(m)*
supervision [sypɛʀvizjɔ̃] *f* Überprüfung *f; d'un travail* Beaufsichtigung *f;* PSYCH Supervision *f*
supplanter [syplɑ̃te] <1> *vt* verdrängen; verdrängen, ausstechen *rival*
suppléance [sypleɑ̃s] *f* Vertretung *f*
suppléant(e) [sypleɑ̃, ɑ̃t] **I.** *adj instituteur* Aushilfs-; *député, juge* stellvertretend **II.** *m(f)* Stellvertreter(in) *m(f);* MED, SCOL Vertretung *f*
suppléer [syplee] <1> **I.** *vt personne:* vertreten; *chose:* ersetzen **II.** *vi* ❶ (*remplacer*) **~ à la main-d'œuvre par le recours à la machine** die Handarbeit durch die Maschine ersetzen ❷ (*compenser*) **~ [à] un défaut par qc** einen Fehler durch etw ausgleichen
supplément [syplemɑ̃] *m* ❶ (*surplus*) zusätzliche Menge; **un ~ de salaire** eine Gehalts-/Lohnzulage; **en ~** zusätzlich ❷ *d'un journal, d'une revue* Beilage *f; d'un dictionnaire* Ergänzungsband *m* ❸ (*somme d'argent à payer*) Aufpreis *m;* CHEMDFER Zuschlag *m*
supplémentaire [syplemɑ̃tɛʀ] *adj* zusätzlich; *édition, train* Sonder-; **heure ~** Überstunde *f*
supplétif, -ive [sypletif, -iv] *adj* (*temporaire*) *personnel* Aushilfs-
suppliant(e) [syplijɑ̃, jɑ̃t] *adj* flehend
supplication [syplikasjɔ̃] *f* inständige Bitte *f*
supplice [syplis] *m* (*souffrance*) Qual *f* ▶ **être au ~** [wie] auf glühenden Kohlen sitzen; **mettre qn au ~** jdn quälen
supplicié(e) [syplisje] *m(f)* [zu Tode] Gefolterte(r) *f(m)*
supplicier [syplisje] <1a> *vt* [zu Tode] foltern
supplier [syplije] <1> *vt* **~ qn de faire qc** jdn inständig bitten etw zu tun
suppo [sypo] *m fam abr de* **suppositoire**
support [sypɔʀ] *m* ❶ (*soutien*) Stütze *f; d'un meuble, d'une statue* Sockel *m* ❷ INFORM **~ d'information** Datenträger *m*, Medium *nt*
supportable [sypɔʀtabl] *adj* erträglich
supporter[1] [sypɔʀte] <1> **I.** *vt* ❶ (*psychiquement*) ertragen; hinnehmen *malheur;* sich (*dat*) gefallen lassen *mauvais traitement;* **~ de faire qc** es ertragen etw zu tun; **mal ~/ne pas ~ que** + *subj* es nicht ausstehen können, wenn; **je ne peux pas le ~** ich kann ihn nicht ausstehen ❷ (*physiquement*) vertragen *alcool, chaleur;* aushalten *douleur;* überstehen *opération;* **ne pas ~ l'avion/la vue du sang** das Fliegen nicht vertragen/kein Blut *nt* sehen können; **~ la chaleur** *plat:* hitzebeständig sein ❸ (*subir*) hinnehmen müssen *affront, avanies, échec;* **~ les conséquences de qc** die Folgen einer S. zu tragen haben ❹ SPORT **~ qn/qc** (*donner son appui*) jdn/etw unterstützen; (*encourager*) jdn/etw anfeuern **II.** *vpr* **se ~** miteinander auskommen
supporter[2] [sypɔʀtɛʀ] *m* Anhänger(in) *m(f)*, Fan *m*
supposé(e) [sypoze] *adj* mutmaßlich
supposer [sypoze] <1> *vt* ❶ (*imaginer*) annehmen; **je suppose qu'il va revenir** ich nehme an, dass er zurückkommen wird; **supposons qu'il revienne** nehmen wir [einmal] an, er käme zurück ❷ (*présumer*) **~ qc** etw vermuten ❸ (*impliquer*) voraussetzen
supposition [sypozisjɔ̃] *f* Vermutung *f*
suppositoire [sypozitwaʀ] *m* Zäpfchen *nt*
suppôt [sypo] *m littér* Handlanger(in) *m(f)*

S

suppression [sypʀesjɔ̃] *f* ① *d'une phrase, subvention* Streichung *f; de personnel, d'emplois* Abbau *m; d'une difficulté, d'un objet* Beseitigung *f* ② (*abrogation*) *d'une disposition légale* Aufhebung *f; de la peine de mort, d'un privilège* Abschaffung *f*

supprimer [sypʀime] <1> **I.** *vt* ① (*enlever*) ~ **un avantage/emploi à qn** jdm einen Vorteil/eine Stelle streichen; ~ **le permis à qn** jdm den Führerschein entziehen ② (*abolir*) abschaffen *libertés, peine de mort* ③ (*faire disparaître*) beseitigen *fatigue, trace;* stillen *douleur;* ~ **le sucre** auf Zucker (*akk*) verzichten ④ (*tuer*) beseitigen **II.** *vpr* **se** ~ sich umbringen

suppuration [sypyʀasjɔ̃] *f* MED Eiterung *f*

suppurer [sypyʀe] <1> *vi* eitern

supraconducteur [sypʀakɔ̃dyktœʀ] *m* PHYS Supraleiter *m*

supranational(e) [sypʀanasjɔnal, -o] <-aux> *adj* supranational, überstaatlich

supranationalité [sypʀanasjɔnalite] *f* Überstaatlichkeit *f*

suprématie [sypʀemasi] *f* Überlegenheit *f,* Vorherrschaft *f*

suprême [sypʀɛm] **I.** *adj bonheur, degré* höchste(r, s); *cour, instance* oberste(r, s); *pouvoir* größte(r, s) **II.** *m* GASTR ~ **de volaille/poissons** Geflügelbrust *f*/Fischfilet *nt* mit Sahnesoße

suprêmement [sypʀɛmmɑ̃] *adv* äußerst

sur [syʀ] *prép* ① (*spatial*) ~ **qn/qc** (*vers*) auf jdn/etw; (*au-dessus de*) über jdn/etw; (*non directionnel*) auf jdm/etw; (*au-dessus de*) über jdm/etw ② (*temporel*) ~ **le soir** gegen Abend *m;* ~ **ses vieux jours** auf seine/ihre alten Tage; ~ **le coup** (*immédiatement*) auf der Stelle; (*au début*) im ersten Augenblick; ~ **ce je vous quitte** und nun gehe ich ③ (*successif*) **coup** ~ **coup** Schlag auf Schlag (*akk*) ④ (*causal*) ~ **sa recommandation** auf seine/ihre Empfehlung hin; ~ **présentation d'une pièce d'identité** gegen Vorlage eines Ausweises ⑤ (*modal*) **ne me parle pas** ~ **ce ton!** sprich nicht in diesem Ton mit mir!; ~ **mesure** nach Maß; ~ **le mode mineur** in Moll (*dat*); ~ **l'air de ...** auf die Melodie ... ⑥ (*au sujet de*) ~ **qn/qc** über jdn/etw ⑦ (*proportionnalité, notation, dimension*) **neuf fois** ~ **dix** neun von zehn Mal; **un enfant** ~ **deux** jedes zweite Kind; **faire 5 mètres** ~ **4** 5 mal 4 Meter groß sein

sûr(e) [syʀ] *adj* ① (*convaincu*) ~ **de qn/qc** jds/einer S. sicher; **j'en suis** ~ ich bin [mir] dessen sicher, da bin ich [mir] ganz sicher; **être** ~ **de faire qc/qu'il va réussir** sicher sein etw zu tun/, dass er Erfolg haben wird ② (*certain*) sicher ③ (*sans danger*) sicher; **en lieu** ~ an einem sicheren Ort ④ (*digne de confiance*) zuverlässig; *temps* beständig; *valeur* sicher ⑤ (*solide*) sicher; *raisonnement* gesund ▶ **bien** ~ sicherlich, selbstverständlich; **bien** ~ **que oui/non** *fam* aber sicher/sicherlich nicht; **être** ~ **et certain** absolut sicher sein; **rien n'est moins** ~ das ist höchst unwahrscheinlich; **le plus** ~ **est de faire qc** es ist das Beste etw zu tun; **c'est** ~ *fam* na klar; **pas [si]** ~**!** *fam* nicht gesagt

surabondance [syʀabɔ̃dɑ̃s] *f* Überfluss *m;* ~ **de produits** Überangebot *nt* an Produkten (*dat*)

surabondant(e) [syʀabɔ̃dɑ̃, ɑ̃t] *adj* überreichlich

surabonder [syʀabɔ̃de] <1> *vi* im Übermaß vorhanden sein; ~ **en qc** etw in Hülle und Fülle besitzen, etw im Überfluss haben

suractivité [syʀaktivite] *f* Überaktivität *f*

surajouter [syʀaʒute] <1> **I.** *vt* ~ **une strophe à un poème** einem Gedicht eine Strophe hinzufügen **II.** *vpr* **se** ~ **à qc** noch zu etw hinzukommen

suralimentation [syʀalimɑ̃tasjɔ̃] *f* Überernährung *f*

suralimenter [syʀalimɑ̃te] <1> *vt* ① überernähren; überfüttern *animal;* **être suralimenté** überernährt sein ② AUT vorverdichten, aufladen

suranné(e) [syʀane] *adj style* veraltet, antiquiert; *beauté, charme* verlebt

surarmement [syʀaʀməmɑ̃] *m* Überrüstung *f*

surbooké(e) [syʀbuke] *adj* ① (*surréservé*) *avion* überbucht ② *fam* ausgebucht; *manager* overbooked

surbooking [syʀbukiŋ] *m* Überbuchung *f*

surcharge [syʀʃaʀʒ] *f* ① (*excès de charge*) Überladung *f* ② (*excédent de poids*) Übergewicht *nt;* ~ **de bagages** Übergepäck *nt* ③ (*surcroît*) ~ **de dépenses** Mehrausgaben *Pl;* ~ **des programmes scolaires** Überlastung *f* der Lehrpläne

surchargé(e) [syʀʃaʀʒe] *adj* ① (*bondé*) *véhicule, ascenseur* überfüllt ② (*qui a trop de travail*) überlastet; **être** ~ **de travail** in Arbeit (*dat*) ersticken ③ SCOL *emploi du temps* zu voll

surcharger [syʀʃaʀʒe] <2a> *vt* ① (*charger à l'excès*) überladen ② (*imposer une charge à*) ~ **une machine/un ouvrier de travail** eine Maschine/einen Arbeiter mit Arbeit überlasten

surchauffe [syʀʃof] *f* ❶ PHYS, TECH Überhitzen *nt;* **être en ~** überhitzt sein ❷ ECON [Konjunktur]überhitzung *f*
surchauffé(e) [syʀʃofe] *adj* ❶ *bureau, salle de sport* überheizt ❷ *fig* überhitzt; *esprit* überreizt; **imagination ~e** übersteigerte Fantasie *f*
surchauffer [syʀʃofe] <1> *vt* überheizen
surchemise [syʀʃ(ə)miz] *f* Jackenhemd *nt*
surclasser [syʀklɑse] <1> *vt* ❶ (*dominer*) **~ qn** jdm [weit] überlegen sein; **être surclassé** unterlegen sein ❷ (*être de qualité supérieure à*) **~ un produit** einem Produkt überlegen sein
surconsommation [syʀkɔ̃sɔmasjɔ̃] *f* übermäßiger Konsum; **~ de qc** übermäßiger Konsum von etw (*dat*)
surcoût [syʀku] *m* Mehrkosten *Pl*
surcroît [syʀkʀwa] *m* **~ de travail** Mehrarbeit *f,* zusätzliche Arbeit; **~ de passagers** zusätzliche Passagiere *Pl* ▶ **de ~** *soutenu* überdies
surdimensionné(e) [syʀdimɑ̃sjɔne] *adj* überdimensional
surdité [syʀdite] *f* (*perte totale de l'ouïe*) Taubheit *f;* (*perte partielle de l'ouïe*) Schwerhörigkeit *f*
surdose [syʀdoz] *f* Überdosis *f*
surdoué(e) [syʀdwe] **I.** *adj* hoch begabt **II.** *m(f)* Hochbegabte(r) *f(m)*
sureau [syʀo] *m* Holunder *m*
sureffectif [syʀefɛktif] *m* Überbesetzung *f;* **entreprise en ~** Unternehmen mit zu großer Belegschaft; **classe en ~** Klasse mit zu vielen Schülern
surélever [syʀel(ə)ve] <4> *vt* aufstocken *maison;* erhöhen *mur;* **rez-de-chaussée surélevé** Hochparterre *nt*
sûrement [syʀmɑ̃] *adv* sicher[lich], bestimmt
surenchère [syʀɑ̃ʃɛʀ] *f* (*exagération*) gegenseitiges Überbieten *nt;* **~ électorale** Überbietung *f* in Wahlversprechungen (*dat*)
surenchérir [syʀɑ̃ʃeʀiʀ] <8> *vi* mehr bieten; (*en rajouter*) auftrumpfen; **~ sur qn/qc** jdn/etw überbieten
surendetté(e) [syʀɑ̃dete] *adj* überschuldet
surendettement [syʀɑ̃dɛtmɑ̃] *m* Überschuldung *f*
suréquipement [syʀekipmɑ̃] *m* übertriebene Ausstattung *f*
surestimation [syʀɛstimasjɔ̃] *f d'une valeur* zu hohe Schätzung *f; des effectifs, d'une puissance* Überschätzung *f*
surestimer [syʀɛstime] <1> *vt* zu hoch schätzen *valeur;* überschätzen, zu hoch einschätzen *force, personne*
sûreté [syʀte] *f* ❶ (*précision*) Sicherheit *f* ❷ (*sécurité*) Sicherheit *f;* **épingle/serrure de ~** Sicherheitsnadel *f*/-schloss *nt;* **mettre qn/qc en ~** jdn/etw in Sicherheit bringen; **pour plus de ~** sicherheitshalber
surévaluer [syʀevalɥe] <1> *vt* überschätzen *personne;* zu hoch schätzen *immeuble, nombre;* zu hoch ansetzen *prix*
surexcitation [syʀɛksitasjɔ̃] *f* übermäßige Erregung *f*
surexcité(e) [syʀɛksite] *adj* übermäßig erregt
surexciter [syʀɛksite] <1> *vt* überreizen *personne;* entflammen *passions*
surexploiter [syʀɛksplwate] <1> *vt* übermäßig ausnutzen, ausbeuten; übermäßig abholzen *forêt*
surexposition [syʀɛkspozisjɔ̃] *f* Überbelichtung *f*
surf [sœʀf] *m* ❶ (*sport*) Surfen *nt;* (*sur la neige*) Snowboardfahren *nt;* **faire du ~** surfen; (*sur la neige*) Snowboard *nt* fahren ❷ (*planche: pour l'eau*) Surfbrett *nt;* (*pour la neige*) Snowboard *nt* ❸ INFORM Surfen *nt;* **faire du ~ sur le Net** im Internet surfen
surface [syʀfas] *f* ❶ (*aire*) Fläche *f; d'un appartement, d'une pièce* [Wohn]fläche; GEOM Flächeninhalt *m;* **~ de réparation** SPORT Strafraum *m;* **~ corrigée** JUR *durch Bewertungsziffern korrigierte Wohnfläche* (*zur Mietpreisberechnung*) ❷ (*couche superficielle*) Oberfläche *f;* **~ de l'eau** Wasseroberfläche; **à la ~** auf der/die Oberfläche ❸ (*apparence des choses*) Oberfläche *f* ▶ **grande ~** Supermarkt *m;* **faire ~** auftauchen; **refaire ~** wiederauftauchen, wieder zu sich kommen; **en ~** an der Oberfläche, oberflächlich
surfait(e) [syʀfɛ, ɛt] *adj auteur, œuvre* überbewertet; **une réputation ~e** ein übertriebener guter Ruf
surfer [sœʀfe] <1> *vi* ❶ (*sur l'eau*) surfen ❷ INFORM surfen; **~ sur le Web** im Web surfen
surfeur, -euse [sœʀfœʀ, -øz] *m, f* ❶ (*sur l'eau*) Surfer(in) *m(f)* ❷ (*sur la neige*) Snowboardfahrer(in) *m(f)* ❸ INFORM Surfer(in) *m(f)*
surfiler [syʀfile] <1> *vt* versäubern
surfin(e) [syʀfɛ̃, in] *adj* extrafein
surfing [sœʀfiŋ] *m* INFORM Surfen *nt;* **faire du ~ sur le Net** im Internet surfen
surgelé(e) [syʀʒəle] *adj* tiefgekühlt
surgelés [syʀʒəle] *mpl* Tiefkühlkost *f*

S

surgénérateur [syʀʒeneʀatœʀ] *m* schneller Brüter

surgir [syʀʒiʀ] <8> *vi* auftauchen

surhomme [syʀɔm] *m* Übermensch *m*

surhumain(e) [syʀymɛ̃, ɛn] *adj* übermenschlich

surimi [syʀimi] *m* Surimi *nt* (*Krabbenersatz auf Fischbasis*)

surimposer [syʀɛ̃poze] <1> *vt* übermäßig besteuern

surimpression [syʀɛ̃pʀesjɔ̃] *f* PHOT Doppelbelichtung *f*

surinfection [syʀɛ̃fɛksjɔ̃] *f* Superinfektion *f*

surjet [syʀʒɛ] *m* Überwendlingsnaht *f*

sur-le-champ [syʀləʃɑ̃] *adv* auf der Stelle

surlendemain [syʀlɑ̃d(ə)mɛ̃] *m* übernächster Tag *m*; **le ~ de qc** zwei Tage nach etw

surligner [syʀliɲe] <1> *vt* INFORM markieren

surligneur [syʀliɲœʀ] *m* Textmarker *m*

surmédiatisation [syʀmedjatizasjɔ̃] *f* übermäßige Medienvermarktung *f*

surmenage [syʀmənaʒ] *m* (*intellectuel, scolaire*) Überbeanspruchung *f*; (*physique*) Überanstrengung *f*

surmené(e) [syʀməne] *adj* (*fatigué*) übermüdet; (*en état de surmenage*) überarbeitet

surmener [syʀməne] <4> **I.** *vt* **~ qn/qc** jdn/etw überbeanspruchen **II.** *vpr* **se ~** sich übernehmen

sur[-]mesure [syʀməzyʀ] *m inv* Fertigung *f* nach Maß

surmontable [syʀmɔ̃tabl] *adj* überwindbar

surmonter [syʀmɔ̃te] <1> **I.** *vt* überwinden **II.** *vpr* **se ~** ① (*se maîtriser*) sich beherrschen ② (*être maîtrisé*) *timidité:* überwunden werden

surnager [syʀnaʒe] <2a> *vi* oben schwimmen

surnatalité [syʀnatalite] *f* Geburtenüberschuss *m*

surnaturel(le) [syʀnatyʀɛl] *adj* übernatürlich; REL überirdisch

surnom [syʀnɔ̃] *m* ① (*sobriquet*) Spitzname *m* ② (*qualificatif*) Beiname *m*

surnombre [syʀnɔ̃bʀ] *m* Überzahl *f*

surnommer [syʀnɔme] <1> *vt* **~ qn Junior** jdm den Spitznamen Junior geben

suroffre [syʀɔfʀ] *f* COM höheres Angebot

surpasser [syʀpɑse] <1> *vpr* **se ~** sich selbst übertreffen

surpayer [syʀpeje] <1> *vt* überbezahlen *personne;* zu teuer bezahlen *chose*

surpeuplé(e) [syʀpœple] *adj pays* über[be]völkert; *salle* überfüllt

surpeuplement [syʀpœpləmɑ̃] *m d'un pays* Über[be]völkerung *f; d'une salle* Überfüllung *f*

surpiqûre [syʀpikyʀ] *f* COUT Ziernaht *f*

surplace [syʀplas] *m d'une économie* Stagnation *f; d'un gouvernement* Auf-der-Stelle-Treten *nt;* **faire du ~** auf der Stelle treten; SPORT einen Stehversuch unternehmen

surplomber [syʀplɔ̃be] <1> *vt* **~ qc** *étage:* in etw (*akk*) hineinragen; *lumière:* über etw (*akk*) strahlen

surplus [syʀply] *m d'une somme* Rest *m; d'une récolte* Überschuss *m;* **~ d'un stock/de marchandises** Restbestände *Pl* ▶ **au ~** zudem

surpopulation [syʀpɔpylasjɔ̃] *f* Über[be]völkerung *f*

surprenant(e) [syʀpʀənɑ̃, ɑ̃t] *adj* überraschend; *effets d'un médicament, progrès* erstaunlich

surprendre [syʀpʀɑ̃dʀ] <13> **I.** *vt* ① (*étonner*) überraschen; **être surpris de qc/que qn fasse qc** über etw (*akk*) überrascht sein/überrascht sein, dass jd etw tut ② (*prendre sur le fait*) **~ qn à faire qc** jdn dabei überraschen, wie er etw tut ③ (*découvrir*) zufällig aufdecken *complot, secret;* mitanhören *conversation;* herauslesen *sourire* ④ (*prendre au dépourvu*) **~ qn dans son bureau** jdn in seinem Büro überfallen ⑤ (*prendre à l'improviste*) **la pluie nous a surpris** wir wurden vom Regen überrascht **II.** *vpr* **se ~ à faire qc** sich dabei ertappen, wie man etw tut

surpris(e) [syʀpʀi, iz] *part passé de* **surprendre**

surprise [syʀpʀiz] *f* ① (*étonnement*) Überraschung *f;* **faire la ~ à qn** jdn überraschen; **à la grande ~ de qn** zu jds großer Überraschung; **avec/par ~** überrascht/überraschend ② (*chose inattendue*) Überraschung *f*

surproduction [syʀpʀɔdyksjɔ̃] *f* Überproduktion *f*

surprotéger [syʀpʀɔteʒe] <2a> *vt* zu sehr behüten

surpuissant(e) [syʀpɥisɑ̃, ɑ̃t] *adj moteur* mit extrem hoher Leistung

surréalisme [syʀʀealism] *m* Surrealismus *m*

surréaliste [syʀʀealist] **I.** *adj* ① ART, LITTER surrealistisch ② *fam* (*extravagant*) irre **II.** *mf* Surrealist(in) *m(f)*

sursaut [syʀso] *m* ① Zusammenzucken *nt;* **avoir un ~ [de surprise]** wie vom

Donner gerührt sein ② (*haut-le-corps*) Hochschrecken *nt;* **se réveiller en ~** aus dem Schlaf hochfahren ③ *de colère* Ausbruch *m; d'énergie* Schub *m*

sursauter [syʀsote] <1> *vi* zusammenzucken; (*de peur*) aufschrecken; **faire ~ qn** *personne:* jdn aufschrecken; *nouvelle, bruit:* jdn zusammenzucken lassen

sursis [syʀsi] *m* ① (*délai*) Fristverlängerung *f;* (*pour payer*) Aufschub *m* ② JUR Bewährung *f*

sursitaire [syʀsitɛʀ] **I.** *adj appelé, étudiant* [vom Wehrdienst] zurückgestellt **II.** *mf* MIL [vom Wehrdienst] Zurückgestellte(r) *m;* JUR Verurteilte(r) auf Bewährung *f(m)*

surtaxe [syʀtaks] *f* (*pour une lettre mal affranchie*) Nachporto *nt;* (*pour un envoi exprès*) Zuschlag[sporto *nt*] *m*

surtaxé(e) [syʀtakse] *adj* **appel ~** überteuerter Anruf *m*

surtaxer [syʀtakse] <1> *vt* Nachporto *nt* erheben für *lettre mal affranchie;* mit einem Zuschlag[sporto] belegen *envoi exprès*

surtension [syʀtɑ̃sjɔ̃] *f* Überspannung *f*

surtout [syʀtu] *adv* ① (*avant tout*) vor allem ② *fam* (*d'autant plus*) **j'ai peur de lui, ~ qu'il est si fort** ich habe Angst vor ihm, besonders, wo er doch so stark ist ► **~ pas** auf keinen Fall

surveillance [syʀvɛjɑ̃s] *f* (*contrôle*) Aufsicht *f; des travaux, de la police* Überwachung *f; des études* Beaufsichtigung *f;* **être sous étroite/haute ~** unter strenger Aufsicht stehen/streng überwacht werden; **service de ~** Überwachungsdienst *m*

surveillant(e) [syʀvɛjɑ̃, jɑ̃t] *m(f)* Aufsicht[sperson *f*] *f; de prison* Wärter(in) *m(f); de magasin* Detektiv(in) *m(f);* **~e [de salle]** MED Stationsschwester *f*

surveillé(e) [syʀveje] *adj* ① SCOL *étude* unter Aufsicht ② JUR *liberté* mit Bewährungsaufsicht

surveiller [syʀveje] <1> *vt* ① (*prendre soin de*) beaufsichtigen *enfant;* **~ un malade** bei einem Kranken Wache halten ② (*suivre l'évolution*) überwachen; wachen über (+ *akk*) *éducation des enfants;* beobachten *comportement* ③ (*garder*) aufpassen auf (+ *akk*) ④ (*assurer la protection de*) bewachen ⑤ GASTR aufpassen auf (+ *akk*) ⑥ SCOL beaufsichtigen *élèves;* **~ un examen** bei einer Prüfung die Aufsicht führen

survenir [syʀvəniʀ] <9> *vi + être événement:* sich plötzlich [*o* unerwartet] ereignen; *incident:* plötzlich [*o* unerwartet] eintreten; *complications:* sich plötzlich [*o* unerwartet] ergeben

survêt [syʀvɛt] *m fam abr de* **survêtement**

survêtement [syʀvɛtmɑ̃] *m* Freizeitkleidung *f;* SPORT Trainingsanzug *m*

survie [syʀvi] *f* ① (*maintien en vie*) Überleben *nt* ② REL Leben *nt* nach dem Tod[e]

survivant(e) [syʀvivɑ̃, ɑ̃t] **I.** *adj* überlebend **II.** *m(f)* (*rescapé*) Überlebende(r) *f(m)*

survivre [syʀvivʀ] <*irr*> *vi* ① (*demeurer en vie*) **~ à qc** etw überleben ② (*vivre plus longtemps que*) **~ à qn/qc** jdn/etw überleben

survol [syʀvɔl] *m d'une ville, d'un exposé* Überfliegen *nt*

survoler [syʀvɔle] <1> *vt* ① AVIAT überfliegen ② (*examiner*) überfliegen *article;* flüchtig streifen *question*

survolté(e) [syʀvɔlte] *adj* ① ELEC *lampe* mit zu hoher Spannung versorgt ② *fig* (*surexcité*) überreizt

sus [sy(s)] *adv* **~ à l'ennemi!** nieder mit dem Feind!

susceptibilité [sysɛptibilite] *f* Empfindlichkeit *f*

susceptible [sysɛptibl] *adj* ① (*ombrageux*) empfindlich ② (*en mesure de*) **être ~ de faire qc** imstande sein etw zu tun

susciter [sysite] <1> *vt* ① (*faire naître*) hervorrufen; verursachen *querelle;* erregen *jalousie* ② (*provoquer*) in den Weg legen *obstacle;* stiften *troubles*

susdit(e) [sysdi, dit] *adj form* oben genannt

sushi [suʃi] *m* GASTR Sushi *nt*

susmentionné(e) [sysmɑ̃sjɔne] *adj form* oben erwähnt

susnommé(e) [sysnɔme] *adj form* oben genannt

suspect(e) [syspɛ, ɛkt] **I.** *adj* ① (*louche*) verdächtig; **être ~ à qn** jdm verdächtig sein ② (*soupçonné*) **être ~ de qc** einer S. (*gen*) verdächtig sein ③ (*douteux*) verdächtig **II.** *m(f)* Verdächtige(r) *f(m)*

suspecter [syspɛkte] <1> *vt* (*soupçonner*) **~ un collègue de qc** einen Kollegen einer S. (*gen*) verdächtigen

suspendre [syspɑ̃dʀ] <14> *vt* ① (*accrocher*) aufhängen; **~ qc au porte-manteau/au mur** etw an den Kleiderständer/an die Wand hängen ② (*rester collé à*) **être suspendu à la radio/aux lèvres de qn** am Radiogerät kleben/an jds Lippen (*dat*) hängen (*fam*) ③ (*interrompre*) aussetzen, unterbrechen *séance, réunion;* vorüberge-

S

hend einstellen *paiement* ④ (*remettre*) aufschieben, hinauszögern *décision;* verschieben *jugement* ⑤ (*destituer*) suspendieren *fonctionnaire;* sperren *joueur*
suspendu(e) [syspɑ̃dy] **I.** *part passé de* **suspendre** **II.** *adj* ① AUT gefedert ② (*en hauteur*) *jardin* hängend; *pont* Hänge-
suspens [syspɑ̃] ▸ **procès en** ~ ruhendes Verfahren; **projet en** ~ Projekt in der Schwebe; **dossier en** ~ nicht geschlossene Akte
suspense [syspɛns] *m* Spannung *f;* **à** ~ spannend
suspension [syspɑ̃sjɔ̃] *f* ① *d'une grève, réunion* Unterbrechung *f,* Aussetzung *f; d'un travail* Einstellung *f; d'un contrat, d'une sanction* Aufhebung *f; d'un paiement* vorübergehende Einstellung *f* ② AUT *d'une voiture* Federung *f* ③ (*luminaire*) Hängelampe *f* ④ (*installation*) Aufhängen *nt* ▸ **en** ~ hängend
suspicieux, -euse [syspisjø, -jøz] *adj* misstrauisch
suspicion [syspisjɔ̃] *f* Verdacht *m;* ~ **légitime** Besorgnis *f* der Befangenheit; **avoir des** ~**s de qc envers un employé** einen Angestellten bei etw in Verdacht haben
susurrer [sysyʀe] <1> **I.** *vt* ~ **des mots à qn/à l'oreille de qn** jdm Worte zuflüstern/ins Ohr flüstern **II.** *vi personne:* flüstern; *source:* murmeln; *vent:* säuseln
sut [sy] *passé simple de* **savoir**
sût [sy] *subj imparf de* **savoir**
suture [sytyʀ] *f* MED Naht *f;* ANAT [Knochen]naht, Sutur *f* (*Fachspr.*)
suzerain(e) [syz(ə)ʀɛ̃, ɛn] HIST **I.** *adj* Lehns- **II.** *m(f)* Lehnsherr(in) *m(f)*
svelte [svɛlt] *adj* schlank
S.V.P. [ɛsvepe] *abr de* **s'il vous plaît** bitte
sweat-shirt [switʃœʀt] <sweat-shirts> *m* Sweatshirt *nt*
swing [swiŋ] *m* ① MUS Swing *m* ② BOXE Schwinger *m*
swinguer [swiŋge] <1> *vi* swingen; *musique:* heiß sein
syllabe [sil(l)ab] *f* Silbe *f*
symbiose [sɛ̃bjoz] *f* Symbiose *f*
symbole [sɛ̃bɔl] *m* ① (*image*) Symbol *nt* ② CHIM, MATH Symbol *nt* ③ REL Glaubensbekenntnis *nt*
symbolique [sɛ̃bɔlik] **I.** *adj* ① (*emblématique, très modique*) symbolisch ② (*figuratif*) Bilder-; **signe** ~ Symbol *nt* **II.** *f* Symbolik *f*
symboliquement [sɛ̃bɔlikmɑ̃] *adv* symbolisch
symboliser [sɛ̃bɔlize] <1> *vt* ① (*matérialiser par un symbole*) versinnbildlichen ② (*être le symbole de*) symbolisieren
symbolisme [sɛ̃bɔlism] *m* ① Symbolik *f* ② ART, LITTER Symbolismus *m*
symétrie [simetʀi] *f a.* GEOM Symmetrie *f*
symétrique [simetʀik] *adj* ① (*pendant*) ~ **de qc** symmetrisch zu etw ② GEOM symmetrisch
symétriquement [simetʀikmɑ̃] *adv* symmetrisch
sympa [sɛ̃pa] *adj fam abr de* **sympathique**
sympathie [sɛ̃pati] *f* ① (*inclination*) ~ **pour qn/qc** Sympathie *f* für jdn/etw; **inspirer la** ~ sympathisch sein ② (*affinité*) Zuneigung *f*
sympathique [sɛ̃patik] *adj* ① *personne, animal* sympathisch ② *fam* (*charmant*) nett; *accueil* freundlich; *ambiance* angenehm; *plat* lecker
sympathiquement [sɛ̃patikmɑ̃] *adv accueillir* freundlich; *offrir ses services* netterweise
sympathisant(e) [sɛ̃patizɑ̃, ɑ̃t] **I.** *adj* sympathisierend **II.** *m(f)* Sympathisant(in) *m(f)*
sympathiser [sɛ̃patize] <1> *vi* ~ **avec qn** mit jdm sympathisieren
symphonie [sɛ̃fɔni] *f* Sinfonie *f*
symphonique [sɛ̃fɔnik] *adj orchestre* Sinfonie-
symphoniste [sɛ̃fɔnist] *mf* Sinfoniker(in) *m(f)*
symposium [sɛ̃pozjɔm] *m* Symposium *nt*
symptomatique [sɛ̃ptɔmatik] *adj* ~ **de qc** symptomatisch für etw
symptôme [sɛ̃ptom] *m* ① *d'une guerre, crise* Anzeichen *nt; de la méfiance* Zeichen *nt* ② MED Symptom *nt*
synagogue [sinagɔg] *f* (*édifice*) Synagoge *f*
synchrone [sɛ̃kʀon] *adj* synchron; *moteur* Synchron-
synchronique [sɛ̃kʀɔnik] *adj* synchronistisch; LING synchron, synchronisch
synchronisation [sɛ̃kʀɔnizasjɔ̃] *f* ① MEDIA Synchronisation *f* ② (*concordance*) Koordinierung *f*
synchroniser [sɛ̃kʀɔnize] <1> *vt* ① (*coordonner*) synchronisieren; **ne pas être synchronisé** nicht im Takt sein ② (*mettre en concordance*) ~ **une grève avec celle d'un autre syndicat** einen Streik mit dem einer anderen Gewerkschaft abstimmen
syncope [sɛ̃kɔp] *f* Ohnmacht *f;* **avoir une** [*o* **tomber en**] ~ ohnmächtig werden
syndic [sɛ̃dik] *m* ① *d'un immeuble*

[Haus]verwalter(in) *m(f)* ② HIST Syndikus *m* ③ CH (*maire dans les cantons de Vaud et de Fribourg*) Ammann *m* (CH)

syndical(e) [sɛ̃dikal, -o] <-aux> *adj* Gewerkschafts-; *action* gewerkschaftlich

syndicalisation [sɛ̃dikalizasjɔ̃] *f* Mitgliedschaft *f* in einer Gewerkschaft

syndicalisme [sɛ̃dikalism] *m* ① Gewerkschaftsbewegung *f;* **faire du ~** in einer Gewerkschaft aktiv sein ② HIST Gewerkschaftsbewegung *f,* Syndikalismus *m*

syndicaliste [sɛ̃dikalist] **I.** *adj* Gewerkschafts- **II.** *mf* Gewerkschaft[l]er(in) *m(f)*

syndicat [sɛ̃dika] *m* ① (*syndicat de salariés*) Gewerkschaft *f* ② (*pour les touristes*) **~ d'initiative** Fremdenverkehrsamt *nt*

syndiqué(e) [sɛ̃dike] **I.** *adj* gewerkschaftlich organisiert **II.** *m(f)* Gewerkschaftsmitglied *nt*

syndiquer [sɛ̃dike] <1> *vpr* **se ~** in die Gewerkschaft eintreten; *personnes:* sich gewerkschaftlich organisieren

syndrome [sɛ̃dʀom] *m* Syndrom *nt*

synergie [sinɛʀʒi] *f* Synergie *f,* Zusammenwirken *nt*

synonyme [sinɔnim] **I.** *adj* synonym; **être ~ de qc** ein Synonym *nt* für etw sein **II.** *m* Synonym *nt*

synonymie [sinɔnimi] *f* Synonymie *f*

synopsis [sinɔpsis] *f* Übersicht *f,* Synopsis *f* (*geh*)

syntaxe [sɛ̃taks] *f* Syntax *f*

syntaxique [sɛ̃taksik] *adj* syntaktisch

synthé [sɛ̃te] *m fam abr de* **synthétiseur**

synthèse [sɛ̃tɛz] *f* Synthese *f;* (*exposé d'ensemble*) Gesamtüberblick *m;* **~ de qc/entre des choses** Synthese aus etw/aus Dingen; **faire la ~ de qc** einen Gesamtüberblick über etw (*akk*) geben ▶ **~ vocale** elektronisch erzeugte Sprache; **résine/produit de ~** Kunstharz *nt*/Syntheseprodukt *nt*

synthétique [sɛ̃tetik] **I.** *adj matériau* synthetisch; *fibres, caoutchouc* Kunst-; *fibres* Chemie- **II.** *m* Synthetics *Pl*

synthétiser [sɛ̃tetize] <1> *vt* zusammenfassen; BIO, CHIM synthetisieren

synthétiseur [sɛ̃tetizœʀ] *m* MUS Synthesizer *m*

syphilis [sifilis] *f* MED Syphilis *f*

systématique [sistematik] **I.** *adj* systematisch; *refus* kategorisch **II.** *f* Systematik *f*

systématiquement [sistematikmɑ̃] *adv* systematisch; *refuser* kategorisch

systématisation [sistematizasjɔ̃] *f* Systematisierung *f*

systématiser [sistematize] <1> *vt* systematisieren

système [sistɛm] *m* ① (*structure*) System *nt;* **~ économique/solaire** Wirtschafts-/Sonnensystem; **~ nerveux/digestif** Nervensystem/Verdauungsapparat *m;* **~ de vie** Lebensform *f;* **~ international d'unités** SI-System *nt* ② *de fermeture* Vorrichtung *f* ③ *fam* (*combine*) Taktik *f;* **connaître le ~** *fam* den Dreh raushaben; **~ D** *fam* Kunst *f* sich aus der Affäre zu ziehen ④ (*institution*) System *nt* ⑤ INFORM **~ d'exploitation** Betriebssystem *nt;* **~ de gestion de base de données** Datenbankverwaltungssystem *nt;* **~ expert** Expertensystem *nt* ⑥ AUT **~ de guidage** Navigationssystem *nt;* **~ de signalisation** (*feux*) Ampelsystem *nt;* (*signaux de route*) Beschilderung *f;* (*marques*) Markierung *f* ▶ **taper** *fam* **sur le ~ à qn** jdm auf den Wecker gehen

Système [sistɛm] *m* System *nt;* **~ européen de banques centrales** Europäisches System der Zentralbanken; **~ monétaire européen** Europäisches Währungssystem

S

Tt

T, t [te] *m inv* T *nt,* t *nt;* **en T** T-förmig

t *f abr de* **tonne** t

t' *pron v.* **te, tu**

ta [ta, te] <tes> *dét poss* dein(e); *v. a.* **ma**

tabac [taba] **I.** *m* ❶ (*plante*) Tabak[pflanze *f*] *m* ❷ (*produit*) Tabak *m;* **~ à priser** Schnupftabak *m* ❸ *fam* (*magasin*) Laden *m* für Tabakwaren ▸ **faire un ~** *fam* einen Bombenerfolg haben; **passer qn à ~** *fam* jdn zusammenschlagen **II.** *adj inv* tabakfarben

tabagie [tabaʒi] *f* ❶ (*pièce enfumée*) verrauchtes Zimmer *nt* ❷ CAN (*bureau de tabac*) Tabakladen *m*

tabagisme [tabaʒism] *m* übermäßiger Tabakkonsum *m;* **~ passif** passives Rauchen

tabasser [tabase] <1> *fam* **I.** *vt* zusammenschlagen, verdreschen **II.** *vpr* **se ~** *personnes:* sich prügeln

tabatière [tabatjɛʀ] *f* ❶ Tabak[s]dose *f* ❷ (*lucarne*) Dachluke *f*

tabernacle [tabɛʀnakl] **I.** *m* (*armoire*) Tabernakel *m o nt* **II.** *interj* CAN *fam* verdammt [noch mal]

table [tabl] *f* ❶ (*meuble*) Tisch *m; d'autel* Platte *f;* **dresser** [*o* **mettre**] **la ~** den Tisch decken; **être à ~** bei Tisch sitzen; **à ~!** zu Tisch!; **~ d'hôte** Stammtisch *m;* **~ d'écoute** Abhöranlage *f;* **service de ~** Tafelservice *nt* ❷ (*tablée*) Tafel *f,* Tischgesellschaft *f* ❸ (*nourriture*) Essen *nt* ❹ (*tablette*) **~ mortuaire** Grabtafel *f* ❺ (*tableau*) **~ alphabétique** alphabetisch geordnete Liste; **~ des matières** Inhaltsverzeichnis *nt* ▸ **s'asseoir à la même ~** *personnes:* sich am runden Tisch zusammensetzen; **~ ronde** (*conférence*) Gespräch *nt* am runden Tisch; (*tablée*) Tafelrunde *f;* **se mettre à ~** (*aller manger*) sich zu Tisch setzen; *fam* (*avouer sa faute*) auspacken

tableau [tablo] <x> *m* ❶ ART Bild *nt;* (*peinture*) Gemälde *nt* ❷ (*scène, paysage*) Bild *nt* ❸ (*description*) Bild *nt* ❹ SCOL [Schul]tafel *f;* **~ noir** [Wand]tafel *f* ❺ (*panneau*) schwarzes Brett; **~ indicateur de vitesse** Tachometer *m o nt;* **~ de service** Dienstplan *m;* **~ de bord** *d'une voiture* Armaturenbrett *nt; d'un bateau, avion* Instrumentenbrett *nt* ❻ (*présentation graphique*) Tabelle *f* ❼ (*présentoir mural*) **~ des clés** Schlüsselbrett *nt;* **~ des fusibles** Sicherungskasten *m* ❽ INFORM Tabelle *f* ▸ **gagner/miser sur les deux ~x** es mit beiden Seiten halten (*fam*); **~ d'honneur** SCOL *Lob für gute Leistungen am Trimesterende*

tablée [table] *f* Tischgesellschaft *f*

tabler [table] <1> *vi* **~ sur qc** mit etw rechnen

tablette [tablɛt] *f* ❶ (*plaquette*) Lutschtablette *f;* **~ de chocolat** Tafel *f* Schokolade; *fam* (*abdominaux*) Waschbrettbauch *m* ❷ (*planchette*) *d'un lavabo* [Ablage]platte *f; d'une armoire* Brett *nt* ❸ INFORM Tablet-Computer *m,* Tablet *nt* ❹ HIST [Schreib]tafel *f* ❺ CAN (*bloc de papier à lettres*) Schreibblock *m*

tableur [tablœʀ] *m* INFORM Tabellenkalkulationsprogramm *nt*

tablier [tablije] *m* ❶ (*vêtement*) Schürze *f; d'un écolier* Kittel *m* ❷ *d'une cheminée* Schutzgitter *nt* ❸ AUT Spritzwand *f*

tabloïd[e] [tablɔid] *m* [**journal**] **~** kleinformatige Zeitung *f*

tabou [tabu] *m* Tabu *nt*

tabou(e) [tabu] *adj* ❶ *sujet, mot* Tabu-; *lieu* mit einem Tabu belegt ❷ (*intouchable*) unantastbar

taboulé [tabule] *m Salat aus Weizengrieß und Gemüse*

tabouret [tabuʀɛ] *m* ❶ (*petit siège*) Hocker *m,* Stockerl *nt* (A) ❷ (*support pour les pieds*) Fußschemel *m*

tabulateur [tabylatœʀ] *m* Tabulator *m*

tac [tak] *m* (*bruit sec*) **~ d'une mitrailleuse** Knattern *nt* eines Maschinengewehrs ▸ **répondre du ~ au ~** wie aus der Pistole geschossen kontern (*fam*)

tache [taʃ] *f* ❶ (*salissure*) Fleck *m;* **~ de rousseur** Sommersprosse *f;* **~ de vin** Feuermal *nt* ❷ (*flétrissure*) Makel *m* ❸ (*impression visuelle*) Fleck *m; de couleur, peinture* Klecks *m* ▸ **faire ~ d'huile** um sich greifen; **faire ~ dans une soirée** nicht in die Abendgesellschaft passen; **quelle ~!** *fam* was für ein Idiot!

tâche [tɑʃ] *f* ❶ (*besogne*) Arbeit *f* ❷ (*mission*) Aufgabe *f* ▸ **être dur à la ~** Durchhaltevermögen haben; **à la ~** (*au travail*) bei der Arbeit; (*selon le travail rendu*) nach Auftrag

tacher [taʃe] <1> **I.** *vi* Flecken *Pl* machen **II.** *vt* ❶ (*faire des taches sur*) **~ qc** etw beflecken; **taché de sang** blutbefleckt ❷ (*moucheter*) **~ la peau de qc** die Haut mit etw sprenkeln ③ (*souiller*) beflecken **III.** *vpr* **se ~** *tissu:* Flecken *Pl* bekommen; *personne:* sich schmutzig machen

tâcher [tɑʃe] <1> *vi* ① (*s'efforcer*) **~ de faire qc** versuchen etw zu tun ② (*faire en sorte*) **~ que** + *subj* zusehen, dass

tâcheron [tɑʃʀɔ̃] *m péj* (*obscur travailleur*) Hilfsarbeiter(in) *m(f)*; (*ouvrier agricole autrefois*) Tagelöhner(in) *m(f)*; (*dans une entreprise*) Handlanger(in) *m(f)*

tacheter [taʃte] <3> *vt* sprenkeln

tachycardie [takikaʀdi] *f* Herzjagen *nt*

tachymètre [takimɛtʀ] *m* Tachometer *m o nt*

tacite [tasit] *adj* stillschweigend

tacitement [tasitmɑ̃] *adv* stillschweigend

taciturne [tasityʀn] *adj* ① (*silencieux*) schweigsam ② (*morose*) wortkarg

tacle [takl] *m* Tackling *nt*

tacot [tako] *m fam* (*vieille voiture*) alte Kiste *f*

tact [takt] *m* Takt *m;* **avoir du/manquer de ~** taktvoll/taktlos sein

tacticien(ne) [taktisjɛ̃, jɛn] *m(f)* Taktiker(in) *m(f)*

tactile [taktil] *adj* Tast-; *écran* berührungsempfindlich, Touch-; **pavé ~** Touchpad *nt*

tactique [taktik] **I.** *adj* taktisch **II.** *f* Taktik *f*

taekwondo [tekwɔ̃do] *m* SPORT Taekwondo *nt*

taf[fe] [taf] *m arg* ① (*peur*) Schiss *m* ② (*part*) Anteil *m* ③ (*travail*) Job *m*

taffe [taf] *f fam* (*bouffée de cigarette*) Zug *m*

taffer [tafe] *vi fam* (*travailler*) jobben; SCOL pauken, büffeln

taffetas [tafta] *m* Taft *m*

tag [tag] *m* ① INFORM Tag *nt* ② (*graffiti*) Graffito *nt o m*

tagliatelles [taljatɛl] *fpl* Tagliatelle *Pl*

taguer [tage] <1> *vi* Graffiti anbringen [*o* sprühen]

tagueur, -euse [tagœʀ, -øz] *m, f* Sprayer(in) *m(f)*

taie [tɛ] *f d'un oreiller* Bezug *m*

taïga [taiga] *f* Taiga *f*

taïkonaute [tajkɔnot] *m* ESPACE Taikonaut *m*

taillader [tɑjade] <1> **I.** *vt* aufschlitzen *sièges;* einschneiden *rôti* **II.** *vpr* **se ~ le doigt** sich (*dat*) in den Finger schneiden

taille[1] [tɑj] *f* ① *d'une personne* [Körper]größe *f* ② (*dimension, importance*) Größe *f;* **de ~** *fam* riesengroß ③ (*pointure*) [Konfektions]größe *f;* **la ~ en dessous** eine Nummer kleiner; **quelle ~ faites-vous?** welche Größe haben Sie? ④ (*partie du corps, d'un vêtement*) Taille *f* ▸ **être de ~ à faire qc** Manns genug sein etw zu tun; **ne pas être à sa ~** *vêtement:* nicht seine/ihre Größe sein; *personne:* jdm nicht gewachsen sein

taille[2] [tɑj] *f* ① *d'un diamant* Schleifen *nt; d'une pierre* Behauen *nt; du bois* Schnitzen *nt* ② HORT [Be]schneiden *nt*

taillé(e) [tɑje] *adj* ① (*bâti*) **~ en qc** geformt wie etw ② (*destiné*) **~ pour qc** für etw gemacht

taille-crayon [tɑjkʀɛjɔ̃] <taille-crayon[s]> *m* Blei[stift]anspitzer *m*

tailler [tɑje] <1> **I.** *vt* ① (*couper*) zurückschneiden *arbre;* [an]spitzen *crayon;* [sich (*dat*)] schneiden *ongles;* [be]hauen *pierre;* schleifen *diamant;* schnitzen *pièce de bois* ② (*découper*) [zu]schneiden *robe* ③ (*creuser*) **~ un trou dans qc** ein Loch in etw (*akk*) graben **II.** *vpr* ① (*conquérir*) **se ~ une place au soleil** sich (*dat*) einen Platz an der Sonne sichern ② (*se couper*) **se ~ la barbe** sich (*dat*) den Bart stutzen

tailleur [tɑjœʀ] *m* ① (*couturier*) Schneider *m* ② (*tenue*) Kostüm *nt* ③ *de diamants* Schleifer *m;* **~ de pierre[s]** Steinmetz *m* ▸ **être assis en ~** im Schneidersitz sitzen

tailleur-pantalon [tɑjœʀpɑ̃talɔ̃] <tailleurs-pantalons> *m* Hosenanzug *m*

taillis [tɑji] *m* Dickicht *nt*

tain [tɛ̃] *m* Spiegelbelag *m;* **glace sans ~** Spionspiegel *m*

taire [tɛʀ] <*irr*> **I.** *vpr* ① (*être silencieux*) **se ~** schweigen ② (*faire silence*) **se ~** verstummen ③ (*s'abstenir de parler*) **se ~ sur qc** über etw (*akk*) schweigen **II.** *vt* ① (*celer*) verschweigen ② (*refuser de dire*) nicht nennen *raison;* nicht sagen *vérité* **III.** *vi* **faire ~ qn** dafür sorgen, dass jd ruhig ist

Taiwan [tajwan] *m* Taiwan *nt*

tajine [taʒin] *f* GASTR Tajine *f*

talc [talk] *m* Talk *m*

talé(e) [tale] *adj fruit* mit Druckstellen

talent [talɑ̃] *m* ① (*aptitude particulière*) Talent *nt*, Begabung *f;* **avoir du ~** begabt sein; **un chanteur sans aucun ~** ein talentfreier Sänger (*iron*) ② *sans pl* (*valeur exceptionnelle*) Talent *nt;* **forcer son ~** sich überanstrengen ③ (*personne*) Talent *nt*

talentueux, -euse [talɑ̃tɥø, -øz] *adj* talentiert

taliban [talibɑ̃] *m* **les ~[s]** die Taliban *Pl*

talisman [talismɑ̃] *m* Talisman *m*

talkie-walkie [tokiwoki, tɔlkiwɔlki] <talkies-walkies> *m* Walkie-Talkie *nt*

talk-show [tɔ(l)kʃo] <talk-shows> *m* Talkshow *f*

T

Talmud [talmyd] *m* **le ~** der Talmud

taloche [talɔʃ] *f* ❶ *fam* (*gifle*) Backpfeife *f;* **donner une ~ à qn** jdm eine kleben ❷ TECH Reibebrett *nt*

talon [talɔ̃] *m* ❶ ANAT Ferse *f* ❷ (*pièce de chaussure*) Absatz *m;* **~ aiguille** Pfennigabsatz *m* ❸ (*bout*) Ende *nt; d'un jambon, fromage* letztes Stück ❹ (*partie non détachable d'une feuille de carnet*) Durchschrift *f* ❺ TECH *d'un ski* Ende *nt; d'une lame de couteau* Angel *f* ❻ JEUX Talon *m* ► **qn a qn sur ses ~s** jd ist jdm auf den Fersen; **être sur les ~s de qn** jdm auf den Fersen sein

talonnade [talɔnad] *f* SPORT Hackentrick *m*

talonner [talɔne] <1> *vt* ❶ (*suivre de près*) **~ qn** jdm auf den Fersen sein ❷ (*harceler*) *personne:* bedrängen ❸ (*frapper du talon: au rugby*) hakeln; (*au football*) mit der Hacke treten

talonnette [talɔnɛt] *f d'une chaussure* Einlegesohle *f; d'un pantalon* Stoßband *nt*

talquer [talke] <1> *vt* mit Talk einreiben

talus [taly] *m* Böschung *f*

tambouille [tɑ̃buj] *f fam* ❶ (*plat*) Fraß *m* ❷ (*cuisine*) Essen *nt*

tambour [tɑ̃buʀ] *m* ❶ MUS, ARCHIT, TECH Trommel *f* ❷ (*musicien*) Trommler *m* ❸ (*tourniquet*) Drehtür *f* ► **sans ~ ni trompette** sang- und klanglos; **~ battant** im Eiltempo

tambourin [tɑ̃buʀɛ̃] *m* Tamburin *nt*

tambouriner [tɑ̃buʀine] <1> *vi* **~ à** [*o* **sur**] **qc** an [*o* gegen] etw (*akk*) trommeln

tambour-major [tɑ̃buʀmaʒɔʀ] <tambours-majors> *m* Tambourmajor *m*

tamis [tami] *m* ❶ (*crible*) Sieb *nt* ❷ SPORT Saitenbespannung *f* ► **passer une région au ~** eine Gegend durchkämmen

Tamise [tamiz] *f* **la ~** die Themse

tamiser [tamize] <1> *vt* ❶ (*passer au tamis*) [durch]sieben ❷ (*filtrer*) dämpfen *lumière*

tampon [tɑ̃pɔ̃] **I.** *m* ❶ (*en coton*) Bausch *m* ❷ (*périodique*) Tampon *m* ❸ (*à récurer*) Topfkratzer *m* ❹ (*pansement*) Tupfer *m* ❺ (*cachet*) Stempel *m;* **~ encreur** Stempelkissen *nt* ❻ (*bouchon*) Pfropfen *m* ❼ CHEMDFER Puffer *m* ► **~ buvard** Löscher *m;* **~ marqueur** Textmarker *m* **II.** *app inv* Puffer-

tamponner [tɑ̃pɔne] <1> **I.** *vt* ❶ (*essuyer*) abtupfen ❷ (*nettoyer*) säubern *plaie* ❸ (*heurter*) **~ qc** *voiture:* mit etw zusammenstoßen ❹ (*timbrer*) [ab]stempeln **II.** *vpr* (*se heurter*) **se ~** *voitures:* zusammenstoßen

tamponneur, -euse [tɑ̃pɔnœʀ, -øz] *adj* **auto tamponneuse** Autoskooter *m*

tam-tam [tamtam] *m inv* ❶ MUS afrikanische Trommel ❷ (*tapage*) Tamtam *nt* (*fam*)

tan [tɑ̃] *m* [Gerber]lohe *f*

tancer [tɑ̃se] <2> *vt littér* schelten (*geh*) *personne*

tanche [tɑ̃ʃ] *f* Schleie *f*

tandem [tɑ̃dɛm] *m* ❶ (*cycle*) Tandem *nt* ❷ (*duo*) Gespann *nt*

tandis que [tɑ̃dikə] *conj + indic* während [hingegen]

tanga [tɑ̃ga] *m* Tanga *m*

tangage [tɑ̃gaʒ] *m* NAUT Stampfen *nt*

tangent(e) [tɑ̃ʒɑ̃, ʒɑ̃t] *adj* ❶ (*très juste*) knapp; **élève ~** Schüler, der noch um Haaresbreite versetzt worden ist ❷ GEOM tangential

tangente [tɑ̃ʒɑ̃t] *f* ❶ GEOM Tangente *f* ❷ MATH Tangens *m* ► **prendre la ~** sich aus dem Staub machen

tangentiel(le) [tɑ̃ʒɑ̃sjɛl] *adj* tangential

tangible [tɑ̃ʒibl] *adj* greifbar; *preuve* handfest

tango [tɑ̃go] *m* Tango *m*

tanguer [tɑ̃ge] <1> *vi* ❶ NAUT stampfen ❷ *fam* (*tituber*) torkeln ❸ *fam* (*vaciller*) **~ autour de qn** *objets:* sich um jdn drehen

tanière [tanjɛʀ] *f* ❶ *d'un animal* Unterschlupf *m; d'un malfaiteur* Schlupfwinkel *m* ❷ (*lieu retiré*) Schlupfloch *nt*

tanin [tanɛ̃] *m* Tannin *nt*

tank [tɑ̃k] *m* ❶ (*réservoir*) Tank *m* ❷ *fam* (*grosse voiture*) Straßenkreuzer *m*

tanker [tɑ̃kœʀ] *m* NAUT Tanker *m*

tanner [tane] <1> *vt* ❶ (*préparer des peaux*) gerben ❷ *fam* (*harceler*) nerven *personne* ❸ (*hâler*) gerben *visage*

tannerie [tanʀi] *f* ❶ (*opérations*) [Loh]gerbung *f* ❷ (*établissement*) [Loh]gerberei *f*

tanneur, -euse [tanœʀ, -øz] *m, f* [Loh]gerber(in) *m(f)*

tannin [tanɛ̃] *m v.* **tanin**

tant [tɑ̃] **I.** *adv* ❶ *aimer, vouloir* so sehr; *manger, travailler* so viel; *aimé, attendu, espéré* so [sehr] ❷ (*une telle quantité*) **~ de choses** so viele Dinge; **~ de fois** so oft; **comme il y en a ~** wie es derer viele gibt ❸ (*autant*) **~ qu'il peut** so viel er kann; **ne pas en demander ~** gar nicht umso viel bitten ❹ (*aussi longtemps que*) **~ que tu seras là** solange du da bist; **~ que j'y suis** wenn ich schon [mal] dabei bin ❺ (*dans la mesure où*) **~ qu'à faire la vaisselle, tu**

peux aussi ... wenn du schon mal abspülst, kannst du auch gleich ... ▶ **vous m'en direz ~!** *fam* nein, so was!; **~ qu'à faire** *fam* wenn es schon sein muss; **en ~ que** [in der Eigenschaft] als **II.** *m* (*date*) **le ~** der Soundsovielte

tante [tɑ̃t] *f* ❶ (*parente*) Tante *f* ❷ *vulg* (*homosexuel*) Tunte *f*

tantième [tɑ̃tjɛm] **I.** *adj* soundsovielte(r, s) **II.** *m* Tantieme *f*

tantinet [tɑ̃tinɛ] ▶ **un ~** ein bisschen

tantôt [tɑ̃to] *adv* ❶ (*en alternance*) **~ à pied ~ à vélo** mal zu Fuß, mal mit dem Fahrrad ❷ BELG (*tout à l'heure*) später

taoïsme [taoism] *m* Taoismus *m*

taon [tɑ̃] *m* ZOOL Bremse *f*

tapage [tapaʒ] *m* ❶ (*vacarme*) Krach *m* ❷ (*publicité*) Wirbel *m*

tapageur, -euse [tapaʒœʀ, -ʒøz] *adj liaison, vie* skandalös; *enfant* laut; *publicité* marktschreierisch; *toilette* Aufsehen erregend

tapant(e) [tapɑ̃, ɑ̃t] *adj* auf die Minute genau

tape [tap] *f* Klaps *m*

tapé(e) [tape] *adj fam* (*fou*) übergeschnappt

tape-à-l'œil [tapalœj] *inv* **I.** *adj toilette* auffällig **II.** *m* Kitsch *m*

tapecul [tapky] *m* ❶ (*balançoire*) Wippe *f* ❷ SPORT **faire du ~** ohne Steigbügel reiten

taper [tape] <1> **I.** *vi* ❶ (*donner des coups*) klopfen; **~ à la porte** an die Tür klopfen; **~ sur qn** jdn schlagen ❷ (*frapper*) **~ de la main sur la table** mit der Hand auf den Tisch schlagen; **~ dans le ballon** gegen den Ball treten; **~ des mains** in die Hände klatschen ❸ (*dactylographier*) tippen ❹ *fam* (*dire du mal de*) **~ sur qn** über jdn herziehen ❺ *fam* (*cogner*) *soleil:* knallen ▶ **~ à côté** *fam* danebentippen **II.** *vt* ❶ (*battre*) klopfen *tapis;* **~ qn/un animal** jdn/ein Tier schlagen; (*amicalement*) jdm/einem Tier einen Klaps geben ❷ (*cogner*) **~ le pied contre qc** den Fuß gegen etw schlagen ❸ (*frapper de*) **~ la table du poing** mit der Faust auf den Tisch hauen ❹ (*produire en tapant*) **~ trois coups à la porte** dreimal an die Tür klopfen ❺ (*dactylographier*) tippen ❻ INFORM eingeben *texte, code, 3615* **III.** *vpr* ▶ **c'est à se ~ la tête contre les murs!** das ist zum Auswachsen! (*fam*); **s'en ~ de qn/qc** *fam* auf jdn/etw pfeifen; **je m'en tape** *fam* das ist mir wurst [*o* total egal]; **je m'en tape de tes histoires** deine Geschichten jucken mich überhaupt nicht

tapette [tapɛt] *f* ❶ (*petite tape*) Klaps *m* ❷ (*ustensile: pour les tapis*) Teppichklopfer *m;* (*pour les mouches*) Fliegenklatsche *f* ❸ (*piège*) Falle *f*

tapin [tapɛ̃] ▶ **faire le ~** *arg* auf den Strich gehen (*fam*)

tapiner [tapine] <1> *vi arg* auf den Strich gehen (*fam*)

tapioca [tapjɔka] *m* Tapioka *f*

tapir¹ [tapiʀ] *m* ZOOL Tapir *m*

tapir² [tapiʀ] <8> *vpr* **se ~ sous/derrière qc** *animal, personne:* sich unter/hinter etw (*dat*) verkriechen

tapis [tapi] *m* ❶ (*ouvrage*) Teppich *m* ❷ (*textile protecteur*) Matte *f* ❸ JEUX Tuch *nt* ❹ (*vaste étendue*) Teppich *m* ❺ INFORM **~ [pour] souris** Mauspad *nt* ▶ **~ roulant** Laufband *nt;* NAUT Rollsteg *m;* (*pour bagages*) Gepäckband *nt;* **aller au ~** SPORT zu Boden gehen; (*être vaincu*) eine Schlappe erleiden (*fam*); **envoyer qn au ~** SPORT jdn auf die Bretter schicken; (*vaincre*) jdn ausstechen; **mettre qc sur le ~** etw zur Sprache bringen; **revenir sur le ~** *sujet, thème:* wieder zur Sprache kommen

tapisser [tapise] <1> *vt* ❶ (*revêtir*) tapezieren *mur, pièce;* beziehen *fauteuil* ❷ (*recouvrir*) *lierre, mousse:* bedecken

tapisserie [tapisʀi] *f* ❶ (*revêtement*) Tapete *f* ❷ (*pose du papier peint*) Tapezieren *nt* ❸ (*activité*) Teppichweben *nt;* (*tapis*) Wandteppich *m* ▶ **faire ~** ein unbeteiligter Zuschauer sein; (*à un bal*) ein Mauerblümchen *nt* sein

tapissier, -ière [tapisje, -jɛʀ] *m, f* ❶ (*artisan*) Tapezierer(in) *m(f);* (*pour fauteuils*) Polsterer(in) *m(f);* ART Teppichweber(in) *m(f)* ❷ (*marchand*) Dekorateur(in) *m(f),* Raumausstatter(in) *m(f)*

tapotement [tapɔtmɑ̃] *m des doigts* Trommeln *nt*

tapoter [tapɔte] <1> *vt* (*taper à petits coups répétés*) tätscheln *joues*

taquet [takɛ] *m* ❶ (*cale*) Keil *m* ❷ (*verrou*) Riegel *m* ❸ TECH Knagge *f;* CHEMDFER Gleissperre *f*

taquin(e) [takɛ̃, in] **I.** *adj caractère, personne* schelmisch **II.** *m(f)* Schelm *m*

taquiner [takine] <1> **I.** *vt* ❶ (*s'amuser à agacer*) necken ❷ (*faire légèrement souffrir*) *choses:* plagen **II.** *vpr* **se ~** sich necken

taquinerie [takinʀi] *f* Neckerei *f*

tarabiscoté(e) [taʀabiskɔte] *adj* überladen; *histoire* völlig verdreht

tarabuster [taʀabyste] <1> *vt* ❶ (*importuner*) drängen ❷ (*causer de l'inquiétude*) **~ qn** *choses:* jdm keine Ruhe lassen

T

tarama [taRama] *m* Tarama *m*
taratata [taRatata] *interj* papperlapapp
tarauder [taRode] <1> *vt* ❶ TECH ein Gewinde schneiden in (+ *akk*) ❷ (*creuser*) ~ **qc** *insecte:* etw anbohren ❸ *littér* (*tourmenter*) quälen
tard [taR] **I.** *adv* (*tardivement*) spät; **le plus ~ possible** so spät wie möglich; **au plus ~** spätestens; **pas plus ~ que ...** erst ... ▶ **mieux vaut ~ que jamais** *prov* besser spät als nie **II.** *m* **sur le ~** spät
tarder [taRde] <1> *vi* ❶ (*traîner*) trödeln; **sans ~** umgehend; **~ à faire qc** zögern etw zu tun ❷ (*se faire attendre*) auf sich warten lassen; **tu ne vas pas ~ à t'endormir** du wirst gleich einschlafen
tardif, -ive [taRdif, -iv] *adj* ❶ (*qui vient, qui se fait tard*) spät ❷ AGR *fruits, fleurs* spät
tardivement [taRdivmɑ̃] *adv* spät
tare [taR] *f* ❶ *d'une personne, société* Makel *m* ❷ MED Vorbelastung *f* ❸ (*poids de l'emballage*) Tara *f* ❹ (*contrepoids*) Gewicht[stein *m*] *nt;* **faire la ~** austarieren
taré(e) [taRe] *m(f)* ❶ *fam* (*idiot*) Verrückte(r) *f(m)* ❷ MED geistig Behinderte(r) *f(m)*
tarentule [taRɑ̃tyl] *f* Tarantel *f*
tari(e) [taRi] **I.** *part passé de* **tarir** **II.** *adj rivière* ausgetrocknet; *source, imagination* versiegt; *ressources* erschöpft
tarif [taRif] *m* (*barème*) Tarif *m; d'une réparation* Preis *m;* **~ au volume** TELEC Volumentarif
tarifaire [taRifɛR] *adj* Tarif-
tarifé(e) [taRife] *adj services* preislich festgelegt; *marchandises* mit festgelegtem Preis
tarifer [taRife] <1> *vt* **~ la marchandise** den Preis der Ware festlegen
tarification [taRifikasjɔ̃] *f* COM Preis-/Gebühren-/Zollfestsetzung *f*
tarin [taRɛ̃] *m fam* (*nez*) Zinken *m*
tarir [taRiR] <8> **I.** *vi* (*cesser de couler*) versiegen (*geh*) **II.** *vt* (*assécher*) austrocknen *mare, fleuve;* versiegen lassen (*geh*) *puits, source* **III.** *vpr* **se ~** (*s'assécher*) versiegen
tarissement [taRismɑ̃] *m* (*dessèchement*) *d'une source* Versiegen *nt* (*geh*); *d'un cours d'eau* Austrocknen *nt*
tarlouze [taRluz] *f vulg* Schwuchtel *f*
tarot [taRo] *m* ❶ (*jeu, carte*) Tarock *nt o m* ❷ (*en cartomancie*) Tarot *nt o m*
tarse [taRs] *m* Fußwurzelknochen *m*
tartare [taRtaR] *adj* ❶ HIST **les populations ~s** die Tatarenvölker ❷ GASTR **steak ~** Tatarsteak *nt*
Tartare [taRtaR] *mf* HIST Tatare *m*/Tatarin *f*
tarte [taRt] **I.** *f* ❶ GASTR Kuchen *m;* **~ aux cerises/prunes** Kirschkuchen/Pflaumenkuchen ❷ *fam* (*gifle*) Schelle *f* **II.** *adj fam* doof
tartelette [taRtəlɛt] *f* Törtchen *nt*
Tartempion [taRtɑ̃pjɔ̃] *m péj fam* [Herr] Soundso *m*
tartiflette [taRtiflɛt] *f* GASTR *Kartoffelgratin mit Reblochon-Käse aus dem Savoyen*
tartine [taRtin] *f* ❶ GASTR Brot *nt;* **~ beurrée** Butterbrot; **~ grillée** Toast *m* ❷ *péj fam* (*long développement*) **écrire des ~s** einen ganzen Roman schreiben
tartiner [taRtine] <1> *vt* GASTR bestreichen
tartre [taRtR] *m* Kesselstein *m; des dents* Zahnstein *m*
tartuf(f)e [taRtyf] **I.** *m* Heuchler(in) *m(f)* **II.** *adj* scheinheilig
tas [tɑ] *m* ❶ (*amas*) Haufen *m* ❷ *fam* (*beaucoup de*) **un ~ de choses/personnes** eine Menge Dinge/Menschen
tasse [tɑs] *f* Tasse *f;* **~ de café** Tasse Kaffee; **~ à café** Kaffeetasse ▶ **ce n'est pas ma ~ de thé** *fam* das ist nichts für mich
tassé(e) [tɑse] *adj café, pastis* stark
tasseau [tɑso] <x> *m* Leiste *f*
tassement [tɑsmɑ̃] *m* ❶ *des sédiments, des neiges* Sichsetzen *nt; de terrain* Absacken *nt* ❷ *du sol* Befestigen *nt* ❸ MED *des vertèbres* Zusammensacken *nt;* (*dû à un traumatisme*) Stauchung *f* ❹ (*diminution*) Rückgang *m*
tasser [tɑse] <1> **I.** *vt* (*comprimer*) zusammendrücken; zusammenpressen *paille, foin;* fest stampfen *terre;* (*en tapant*) fest klopfen *neige, sable* **II.** *vpr* **se ~** ❶ (*s'affaisser*) in sich (*akk*) zusammensinken; *terrain, neige:* sich setzen ❷ *fam* (*s'arranger*) *difficulté, chose:* sich regeln; *ennui, querelle:* sich legen
tata [tata] *f* ❶ *enfantin* (*tante*) Tante *f* ❷ *pop* (*homosexuel efféminé*) Tunte *f* (*fam*)
tatami [tatami] *m* SPORT Tatamimatte *f*
tatane [tatan] *f fam* Treter *m*
tâter [tɑte] <1> **I.** *vt* ❶ (*palper*) befühlen; fühlen *pouls* ❷ (*sonder*) sondieren (*geh*) *terrain* **II.** *vi* (*faire l'expérience*) **~ de qc** die Erfahrung einer S. (*gen*) machen **III.** *vpr* **se ~** *fam* (*hésiter*) noch überlegen
tatillon(ne) [tatijɔ̃, jɔn] **I.** *adj* pedantisch (*pej*) **II.** *m(f)* Pedant(in) *m(f)*
tâtonnement [tɑtɔnmɑ̃] *m* ❶ (*essai hésitant*) Versuch *m* ❷ (*marche incertaine*) Tasten *nt*
tâtonner [tɑtɔne] <1> *vi* ❶ (*chercher en hésitant*) ausprobieren ❷ (*se déplacer sans voir*) sich vorantasten

tâtons [tɑtɔ̃] *mpl* **à ~** tastend
tatou [tatu] *m* Gürteltier *nt*
tatouage [tatwaʒ] *m* ❶ (*action*) Tätowieren *nt* ❷ (*dessin sur la peau*) Tätowierung *f*, Tattoo *nt o m*
tatouer [tatwe] <1> *vt* tätowieren
tatoueur, -euse [tatwœʀ, -øz] *m, f* Tätowierer(in) *m(f)*
taudis [todi] *m* (*logement misérable*) Elendsbehausung *f*
taulard(e) [tolaʀ, aʀd] *m(f) arg* Knastbruder *m*/-schwester *f*
taule [tol] *f* ❶ *arg* (*prison*) Knast *m;* **faire de la ~** [im Knast] sitzen ❷ *fam* (*chambre*) Bude *f*
taulier, -ière [tolje, -jɛʀ] *m, f fam* Wirt(in) *m(f)*
taupe [top] *f* ZOOL Maulwurf *m*
taupinière [topinjɛʀ] *f* Maulwurfshügel *m*
taureau [tɔʀo] <x> *m* ZOOL Stier *m*
Taureau [tɔʀo] <x> *m* Stier *m; v. a.* **Balance**
tauromachie [tɔʀɔmaʃi] *f* Stierkampf *m*
taux [to] *m* ❶ (*pourcentage administrativement fixé*) Satz *m* ❷ (*mesure statistique*) Quote *f;* **~ d'activité/de chômage** Beschäftigungs-/Arbeitslosenquote; **~ de change** Wechselkurs *m;* **~ de conversion** *pl* Konversionskurse *Pl;* **~ de mortalité** Sterblichkeitsziffer *f;* **~ de natalité** Geburtenrate *f;* **~ d'intérêt** Zinssatz *m* ❸ MED **~ de cholestérol/sucre** Cholesterin-/Zuckerspiegel *m* ❹ TECH **~ de compression** Druckverhältnis *nt*
tavelé(e) [tav(ə)le] *adj* fleckig
taverne [tavɛʀn] *f* ❶ (*gargote*) Wirtshaus *nt* ❷ HIST Herberge *f*
tavernier, -ière [tavɛʀnje, -jɛʀ] *m, f* Wirt(in) *m(f)*
taxable [taksabl] *adj* ❶ (*imposable*) abgabenpflichtig ❷ (*à la douane*) zollpflichtig
taxation [taksasjɔ̃] *f des prix* Festsetzung *f; des marchandises, produits* Besteuerung *f;* **~ des salaires** Lohnsteuerveranlagung *f*
taxe [taks] *f* (*impôt*) Steuer *f;* **~ professionnelle** Gewerbesteuer; **~ de séjour** Kurtaxe *f;* **~ à la valeur ajoutée** Mehrwertsteuer *f;* **toutes ~s comprises** Steuer und Abgaben inbegriffen; **hors ~s** Steuer nicht inbegriffen; (*sans T.V.A.*) ohne Mehrwertsteuer
taxer [takse] <1> *vt* ❶ (*imposer*) besteuern ❷ (*fixer le prix*) den Preis festsetzen für *marchandise, produit*
taxi [taksi] *m* ❶ (*véhicule*) Taxi *nt* ❷ *fam* (*chauffeur*) Taxifahrer(in) *m(f)*
taxidermie [taksidɛʀmi] *f* Tierpräparation *f*, Taxidermie *f* (*Fachspr.*)
taxidermiste [taksidɛʀmist] *mf* Tierpräparator(in) *m(f)*
taxiphone® [taksifɔn] *m vieilli* Münzfernsprecher *m*
taylorisme [tɛlɔʀism] *m* ECON Taylorismus *m*
Tchad [tʃad] *m* ❶ (*État*) **le ~** der Tschad ❷ (*lac*) **le [lac] ~** der Tschadsee
tchador [tʃadɔʀ] *m* Tschador *m*
tchao [tʃao] *interj fam* tschau
tchatche [tʃatʃ] *f* MIDI **avoir de la ~** *fam* eine Quasselstrippe sein
tchatcher [tʃatʃe] <1> *vi fam* quatschen
tchécoslovaque [tʃekɔslɔvak] *adj* HIST tschechoslowakisch
Tchécoslovaque [tʃekɔslɔvak] *mf* HIST Tschechoslowake *m*/Tschechoslowakin *f*
Tchécoslovaquie [tʃekɔslɔvaki] *f* HIST Tschechoslowakei *f*
tchèque [tʃɛk] **I.** *adj* tschechisch **II.** *m* Tschechisch *nt; v. a.* **allemand**
Tchèque [tʃɛk] *mf* Tscheche *m*/Tschechin *f*
Tchéquie [tʃeki] *f* **la ~** Tschechien *nt*
tchétchène [tʃetʃɛn] **I.** *adj* tschetschenisch **II.** *m* Tschetschenisch *nt; v. a.* **allemand**
Tchétchène [tʃetʃɛn] *mf* Tschetschene *m*/Tschetschenin *f*
tchin[-tchin] [tʃin(tʃin)] *interj fam* prost
TD [tede] *m* UNIV *abr de* **travaux dirigés** Übung *f*
TDA [tedea] *m abr de* **trouble du déficit de l'attention** MED, PSYCH Aufmerksamkeitsdefizit-Syndrom *nt*, ADS *nt*
te [tə] <*devant voyelle ou h muet* t'> *pron pers* dich, dir; *v. a.* **me**
té [te] *m* ❶ (*règle*) Reißschiene *f* ❷ (*ferrure*) T-Stück *nt*
technicien(ne) [tɛknisjɛ̃, jɛn] **I.** *adj* technisch **II.** *m(f)* ❶ (*professionnel qualifié*) Techniker(in) *m(f)* ❷ (*expert*) Fachmann *m*/-frau *f*
technicité [tɛknisite] *f* hohe Spezialisiertheit
technico-commercial(e) [tɛknikokɔmɛʀsjal, -jo] <technico-commerciaux> **I.** *adj* kaufmännisch-technisch **II.** *m(f)* COM kaufmännisch-technische(r) Angestellte(r) *f(m)*
technicolor® [tɛknikɔlɔʀ] *m* Technicolor® *nt*
technique [tɛknik] **I.** *adj* technisch; *ouvrage, revue, terme* Fach-; **lycée ~** Fachoberschule *f* **II.** *m* SCOL Fachschulwesen *nt* **III.** *f* Technik *f*

techniquement [tɛknikmɑ̃] *adv* technisch

techno [tɛkno] **I.** *adj* **musique ~** Technomusik *f* **II.** *f* Techno *m o nt*

technocrate [tɛknɔkʀat] *mf péj* Technokrat(in) *m(f)*

technocratie [tɛknɔkʀasi] *f péj* Technokratie *f*

technologie [tɛknɔlɔʒi] *f* Technologie *f;* **~ de pointe** Spitzentechnologie *f*

technologique [tɛknɔlɔʒik] *adj* technologisch

technopole [tɛknɔpɔl] *m* ≈technologisches Ballungszentrum *nt* (*Stadtteil, in dem ausschließlich Forschungs- und Hochschultechnologieunternehmen sitzen*)

technopôle [tɛknopol] *m* ① Technologiepark *m* (*kombiniert mit Unterrichts- und Forschungsanstalten*) ② *v.* **technopole**

teck [tɛk] *m* ① (*bois*) Teak[holz] *nt* ② (*arbre*) Teakbaum *m*

teckel [tekɛl] *m* Dackel *m,* Teckel *m*

tectonique [tɛktɔnik] GEOL **I.** *adj* tektonisch **II.** *f* Tektonik *f*

tee [ti] *m* Tee *nt*

teenager [tinɛdʒœʀ] *mf* Teenager *m*

teen movie [tinmuvi] <teen movies> *m* Teeniefilm *m*

tee-shirt [tiʃœʀt] <tee-shirts> *m* T-Shirt *nt*

Téfal® [tefal] *adj inv* Teflon®-

téflon® [teflɔ̃] *m* Teflon® *nt*

teigne [tɛɲ] *f* ① ZOOL Motte *f* ② MED Grind *m* ③ *fam* (*personne méchante*) [Gift]schlange *f*

teigneux, -euse [tɛɲø, -øz] **I.** *adj fam* verbissen **II.** *m, f* ① *fam* (*hargneux*) Fiesling *m* ② MED an Grind Erkrankte(r) *f(m)*

teindre [tɛ̃dʀ] <*irr*> **I.** *vt* färben; **~ qc en rouge/noir** etw rot/schwarz färben **II.** *vpr* (*se donner une teinte*) **se ~** sich (*dat*) die Haare färben

teint [tɛ̃] *m* (*couleur de la peau*) Teint *m* ▶ **bon ~** *hum* waschecht; **grand ~** farbecht

teint(e) [tɛ̃, tɛ̃t] *part passé de* **teindre**

teinte [tɛ̃t] *f* (*couleur*) Farbe *f*

teinter [tɛ̃te] <1> **I.** *vt* (*colorer*) tönen **II.** *vpr* ① (*se colorer*) **se ~ de roux** sich rot färben ② (*se nuancer*) **son discours se teintait d'ironie/d'amertume** er/sie wurde ironisch/bitter

teinture [tɛ̃tyʀ] *f* ① (*colorant*) Färbemittel *nt* ② MED **~ d'arnica/iode** Arnika-/Jodtinktur *f* ③ (*fait de teindre*) Färben *nt*

teinturerie [tɛ̃tyʀʀi] *f* ① (*magasin*) [chemische] Reinigung *f* ② (*industrie*) Färberei *f*

teinturier, -ière [tɛ̃tyʀje, -jɛʀ] *m, f* ① (*commerçant*) **porter qc chez le ~** etw zur Reinigung bringen ② (*artisan*) Färber(in) *m(f)*

tek [tɛk] *m v.* **teck**

tel(le) [tɛl] **I.** *adj indéf* ① (*semblable, si fort/grand*) **un ~/une ~le ...** solch ein(e) ...; **de ~(s) ...** solche ... ② (*ainsi*) **~le n'est pas mon intention** das ist nicht meine Absicht; **~ père, ~ fils** wie der Vater, so der Sohn ③ (*comme*) **~ que qn/qc** wie jd/etw; **un homme ~ que lui** ein Mann wie er ④ (*un certain*) **~ jour et à ~le heure** an dem und dem Tag und um die und die Zeit ▶ **passer pour ~** dafür gehalten werden; **en tant que ~** als solche(r, s); **~ quel, ~ que** *fam* (*dans le même état*) **je vous rends vos livres ~s quels** ich gebe Ihnen die Bücher so zurück, wie ich sie bekommen habe; **il n'y a rien de ~** es gibt nichts Besseres **II.** *pron indéf* **si ~ ou ~ te dit ...** wenn dir dieser oder jener sagt, ...

télé [tele] *f fam abr de* **télévision** ① (*organisme*) Fernsehen *nt;* **regarder la ~** fernsehen; **la ~ poubelle** TV-Schrott ② (*récepteur*) Fernseher *m*

téléachat [teleaʃa] *m* Teleshopping *nt*

télébenne [telebɛn] *f,* **télécabine** [telekabin] *f* Gondel[bahn *f*] *f*

téléboutique [telebutik] *f* TELEC Call-Shop *m*

télécarte [telekaʀt] *f* Telefonkarte *f*

téléchargement [teleʃaʀʒəmɑ̃] *m* INFORM (*sur son ordinateur*) Herunterladen *nt,* Download *m o nt* (*Fachspr.*)

télécharger [teleʃaʀʒe] *vt* INFORM (*vers l'amont*) hochladen, uploaden; (*vers l'aval*) herunterladen, downloaden

Télécom [telekɔm] **France ~** *französische Telefongesellschaft, entspricht der deutschen Telekom*

télécommande [telekɔmɑ̃d] *f* ① (*boîtier*) Fernsteuerung *f; d'une télé, d'un magnétoscope* Fernbedienung *f* ② (*procédé*) Fernbedienung *f*

télécommander [telekɔmɑ̃de] <1> *vt* ① TECH mit Fernbedienung steuern ② (*organiser à distance*) [aus der Ferne] lenken

télécommunication [telekɔmynikasjɔ̃] *f gén pl* ① (*administration*) Fernmeldewesen *nt* ② (*technique*) Fernmeldetechnik *f*

télécoms [telekɔm] *fpl fam abr de* **télécommunications**

téléconférence [telekɔ̃feʀɑ̃s] *f* Videokonferenz *f,* Konferenzschaltung *f*

télécopie [telekɔpi] *f* Fax *nt*

télécopieur [telekɔpjœʀ] *m* Faxgerät *nt*

télédiffuser [teledifyze] <1> *vt* im Fernsehen übertragen

télédiffusion [teledifyzjɔ̃] *f* Fernsehübertragung *f*

télédistribution [teledistʀibysjɔ̃] *f* Kabelfernsehen *nt*

téléenquêteur, -trice [teleɑ̃kɛtœʀ, -tʀis] *m, f* Telefonbefrager(in) *m(f)*

téléenseignement [teleɑ̃sɛɲəmɑ̃] *m* Fernstudium *nt*

téléfax [telefaks] *m* Telefax *nt*

téléférique *v.* **téléphérique**

téléfilm [telefilm] *m* Fernsehfilm *m*

télégénique [teleʒenik] *adj* telegen

télégramme [telegʀam] *m* Telegramm *nt*

télégraphe [telegʀaf] *m* Telegraf *m*

télégraphie [telegʀafi] *f* Telegrafie *f*

télégraphier [telegʀafje] <1> *vt* ❶ (*envoyer un message en morse*) telegrafieren ❷ NAUT funken

télégraphique [telegʀafik] *adj* ❶ TELEC telegrafisch ❷ (*abrégé*) **style ~** Telegrammstil *m*

télégraphiste [telegʀafist] *mf* ❶ (*opérateur*) Telegrafist(in) *m(f)* ❷ (*messager*) Telegrammbote *m*/Telegrammbotin *f*

téléguidage [telegidaʒ] *m* Fernlenkung *f*

téléguider [telegide] <1> *vt* ❶ (*diriger à distance*) durch Fernlenkung steuern ❷ (*influencer à distance*) lenken

téléinformatique [teleɛ̃fɔʀmatik] *f* Datenfernverarbeitung *f*

télémarketing [telemaʀketiŋ] *m* Telemarketing *nt*

télématique [telematik] **I.** *adj* telematisch; **journal ~** Btx-Zeitung *f* **II.** *f* Datenfernübertragung *f*

telenovela [telenovela] *f* Telenovela *f*

téléobjectif [teleɔbʒɛktif] *m* Teleobjektiv *nt*

téléopérateur, -trice [teleɔpeʀatœʀ, -tʀis] *m, f* Mitarbeiter(in) *m(f)* eines Callcenters

télépaiement [telepɛmɑ̃] *m* elektronische Zahlungsweise *f*

télépathe [telepat] *adj* telepathisch

télépathie [telepati] *f* Telepathie *f*

télépendulaire [telepɑ̃dylɛʀ] *m* Telearbeit *f*

téléphérique [telefeʀik] *m* Seilbahn *f*

téléphone [telefɔn] *m* Telefon *nt;* **~ à touches** Tastentelefon *nt;* **~ sans fil** schnurloses Telefon; **~ arabe** *hum* Buschtrommel *f* (*fam*); **~ portable** Mobiltelefon, Handy *nt;* **~ public** Telefonzelle *f;* **~ à cartes** Kartentelefon *nt;* **~ visuel** Bildtelefon; **appeler/avoir qn au ~** jdn anrufen/mit jdm telefonieren; **être au ~** telefonieren

téléphoner [telefɔne] <1> **I.** *vt* (*transmettre par téléphone*) **~ une nouvelle à une amie** einer Freundin telefonisch eine Neuigkeit mitteilen **II.** *vi* (*parler au téléphone*) telefonieren; **~ à qn** jdn anrufen **III.** *vpr* **se ~** sich anrufen

téléphonie [telefɔni] *f* (*secteur*) Fernmeldewesen *nt;* **~ [numérique] mobile** [digitaler] Mobilfunk *m*

téléphonique [telefɔnik] *adj* telefonisch

téléphoniste [telefɔnist] *m, f* Telefonist(in) *m(f)*

téléprompteur [telepʀɔ̃ptœʀ] *m* Teleprompter® *m*

téléréalité [teleʀealite] *f* Reality-TV *nt*

téléreportage [teleʀ(ə)pɔʀtaʒ] *m* Fernsehreportage *f*

télescopage [teleskɔpaʒ] *m* Kollision *f*

télescope [teleskɔp] *m* Teleskop *nt*

télescoper [telɛskɔpe] <1> **I.** *vt* (*heurter violemment*) **~ une voiture/un train/qn** mit einem Auto/Zug/jdm zusammenprallen **II.** *vpr* **se ~** (*se percuter*) aufeinanderprallen

télescopique [telɛskɔpik] *adj* ❶ ASTRON teleskopisch ❷ TECH ausziehbar

téléscripteur [teleskʀiptœʀ] *m* Fernschreiber *m*

télésiège [telesjɛʒ] *m* Sessellift *m*

téléski [teleski] *m* Schlepplift *m*

téléspectateur, -trice [telespɛktatœʀ, -tʀis] *m, f* Fernsehzuschauer(in) *m(f)*

télésurveillance [telesyʀvɛjɑ̃s] *f* Fernüberwachung *f*

Télétel® [teletɛl] *m* Bildschirmtext® *m*

Télétex® [teletɛks] *m* Teletex® *m*

télétexte [teletɛkst] *m* Videotext *m*

téléthon [teletɔ̃] *m* ≈ Spendenmarathon *m* (*interaktive TV-Sendung, die Spenden sammelt*)

télétransmission [teletʀɑ̃smisjɔ̃] *f* Fernübertragung *f*

télétravail [teletʀavaj] *m* Telearbeit *f*

télévendeur, -euse [televɑ̃dœʀ, -øz] *m, f* Teleshopverkäufer(in) *m(f)*

télévente [televɑ̃t] *f* Telemarketing *nt*, Teleselling *nt*

téléviser [televize] <1> *vt* im Fernsehen übertragen

téléviseur [televizœʀ] *m* Fernseher *m*

télévision [televizjɔ̃] *f* ❶ (*organisme*) Fernsehen *nt;* **~ en ligne** Internetfernsehen, Onlinefernsehen ❷ (*technique*) Fernsehtechnik *f* ❸ (*programmes*) Fernsehen *nt;* **regarder la ~** fernsehen; **à la ~** im

Fernsehen; ~ **à péage** Pay-TV *nt;* ~ **par câble/satellite** Kabel-/Satellitenfernsehen *nt* ④ (*chaîne*) [Fernseh]programm *nt* ⑤ (*récepteur*) Fernseher *m*

télévisuel(le) [televizɥɛl] *adj* Fernseh-

télex [telɛks] *m* ① (*appareil*) Fernschreiber *m* ② (*message*) Telex *nt*

télexer [telɛkse] <1> *vt* telexen

tellement [tɛlmɑ̃] *adv* ① (*si*) so; **ce serait ~ mieux** das wäre weitaus besser ② (*tant*) [so] sehr ③ (*beaucoup*) **pas/plus ~** *fam venir* nicht oft/nicht mehr oft; *boire, manger, travailler* nicht so viel/nicht mehr so viel; *aimer* nicht sehr/nicht mehr sehr ④ *fam* (*tant de*) **avoir ~ d'amis/de courage** so viele Freunde/so viel Mut haben ⑤ (*parce que*) so; **on le comprend à peine ~ il parle vite** man versteht ihn kaum, so schnell spricht er

tellurique [telyʀik] *adj courant, prospection* Erd-; *planète* terrestrisch

téméraire [temeʀɛʀ] *adj* ① (*audacieux*) gewagt ② (*imprudent*) gewagt

témérité [temeʀite] *f* Kühnheit *f*

témoignage [temwaɲaʒ] *m* ① JUR [Zeugen]aussage *f* ② (*récit*) Aussage *f* ③ (*attestation*) Zeugnis *nt* ④ (*manifestation*) Beweis *m*

témoigner [temwaɲe] <1> **I.** *vi* ① (*déposer*) **~ en faveur de/contre qn** zugunsten von jdm/gegen jdn aussagen ② (*faire un récit*) berichten ③ (*attester, jurer*) **~ de qc** etw bezeugen ④ (*démontrer*) **~ de qc** etw beweisen ⑤ (*manifester*) **~ de qc** *choses:* von etw zeugen **II.** *vt* ① (*certifier*) bezeugen ② (*exprimer*) zeigen; hegen *aversion;* entgegenbringen *sympathie*

témoin [temwɛ̃] **I.** *m* ① (*personne qui a vu, entendu ou qui témoigne*) Zeuge *m*/Zeugin *f* ② (*à un mariage*) Trauzeuge ③ JUR **faux ~** falscher Zeuge; **~ oculaire** Augenzeuge; **~ à charge/décharge** Belastungs-/Entlastungszeuge ④ *d'une époque, d'un événement* Zeuge *m*/Zeugin *f* ⑤ (*preuve*) **être [un] ~ de qc** Zeuge einer S. (*gen*) sein ⑥ SPORT Staffelstab *m* ⑦ (*voyant lumineux*) Kontrollleuchte *f* **II.** *app* **lampe ~** Kontrolllampe *f;* **appartement ~** Musterwohnung *f*

tempe [tɑ̃p] *f* Schläfe *f*

tempérament [tɑ̃peʀamɑ̃] *m* ① (*caractère*) Natur *f* ② (*forte personnalité*) Temperament *nt* ► **vente à ~** Ratenkauf *m*

température [tɑ̃peʀatyʀ] *f* ① METEO, PHYS Temperatur *f;* **~ ambiante** Raumtemperatur; **~ d'ébullition/de fusion** Siede-/Schmelzpunkt *m* ② (*chaleur du corps*) [Körper]temperatur *f* ③ (*fièvre*) Fieber *nt;* **prendre la ~ de qn** bei jdm Fieber messen ④ (*ambiance*) Stimmung *f*

tempéré(e) [tɑ̃peʀe] *adj* ① *a.* METEO (*modéré*) gemäßigt ② MUS temperiert; **bien ~** wohltemperiert

tempérer [tɑ̃peʀe] <5> **I.** *vt* ① METEO mildern ② (*modérer*) bremsen; zügeln *ardeur, enthousiasme;* lindern *douleur, peine* **II.** *vpr soutenu* **se ~** sich mäßigen

tempête [tɑ̃pɛt] *f* ① METEO Unwetter *nt,* Sturm *m;* **~ de neige** Schneesturm ② (*agitation*) Unruhe *f* ③ (*déchaînement*) **~ d'injures** Flut *f* [von] Beleidigungen; **~ d'applaudissements/de rires** Beifallssturm *m*/Lachsalve *f*

tempêter [tɑ̃pete] <1> *vi* **~ contre qn/qc** gegen jdn/etw wettern

temple [tɑ̃pl] *m* ① ART, HIST Tempel *m* ② REL *protestant* Kirche *f;* **le Temple** der Templerorden ③ HIST der „Temple"

templier [tɑ̃plije] *m* HIST Templer *m,* Tempelritter *m*

tempo [tɛmpo, tɛmpi] <tempi *o* s> *m a.* MUS Tempo *nt*

temporaire [tɑ̃pɔʀɛʀ] *adj* ① (*intérimaire*) befristet; **travail ~** Zeitarbeit *f;* **à titre ~** vorübergehend ② (*passager*) momentan; **exposition ~** Sonderausstellung *f*

temporairement [tɑ̃pɔʀɛʀmɑ̃] *adv* vorübergehend

temporel [tɑ̃pɔʀɛl] *m* Zeitliche *nt*

temporel(le) [tɑ̃pɔʀɛl] *adj* ① LING temporal ② (*opp: spatial*) zeitlich ③ (*opp: éternel*) vergänglich

temporisateur, -trice [tɑ̃pɔʀizatœʀ, -tʀis] *m, f* jd, der mit der Verzögerungstaktik agiert

temporisation [tɑ̃pɔʀizasjɔ̃] *f* Abwarten *nt*

temporiser [tɑ̃pɔʀize] <1> *vi* abwarten

temps[1] [tɑ̃] *m* ① (*durée*) Zeit *f;* **passer tout son ~ à faire qc** seine ganze Zeit damit verbringen etw zu tun; **avoir/ne pas avoir le ~ de faire qc** Zeit haben/keine Zeit haben etw zu tun; **avoir tout son ~** viel Zeit haben; **~ libre** Freizeit *f;* **à plein ~** ganztags; **emploi à ~ complet** Vollzeitbeschäftigung *f;* **emploi à ~ partiel** Teilzeitbeschäftigung *f* ② (*déroulement du temps*) Zeit *f* ③ (*moment*) Zeitpunkt *m* ④ *pl* (*époque*) Zeiten *Pl* ⑤ (*période*) Zeitalter *nt;* **les jeunes de notre ~** die heutige Jugend; **le bon vieux ~** die gute alte Zeit ⑥ (*saison*) **le ~ des cerises/moissons** die Kirschen-/Erntezeit ⑦ GRAM, LING Zeit *f* ⑧ TECH Takt *m;* **moteur**

à deux ~ Zweitaktmotor *m* ❾ MUS Takt *m* ❿ SPORT Zeit *f* ▶**le ~ c'est de l'argent** *prov* Zeit ist Geld; **en ~ et lieu** zur rechten Zeit am rechten Ort; **en deux ~ trois mouvements** im Handumdrehen; **la plupart** [*o* **les trois quarts**] **du ~** die meiste Zeit; **le plus clair de mon/ton ~** der Großteil meiner/deiner Zeit; **ces derniers ~** in letzter Zeit; **trouver le ~ long** (*s'impatienter*) ungeduldig werden; (*s'ennuyer*) sich langweilen; **~ mort** Leerlauf *m;* SPORT Auszeit *f;* **dans un premier/second ~** zunächst/anschließend; **tout le ~** ständig; **il y a un ~ pour tout** alles zu seiner Zeit; **n'avoir qu'un ~** nicht von Dauer sein; **il est** [**grand**] **~ de faire qc/qu'il parte** es ist [höchste] Zeit etw zu tun/, dass er geht; **il était ~!** es war allerhöchste Zeit!; **mettre du ~ à faire qc** lange brauchen um etw zu tun; **passer le ~** die Zeit totschlagen; **à ~** rechtzeitig; **faire qc à ~ perdu** wenn [gerade] nichts zu tun ist, etw machen; **dans le ~** früher; **de ~ en ~** von Zeit zu Zeit; **de tout ~** immer schon; **depuis le ~** seither; **depuis le ~ que ...** es ist schon ewig her, dass ...; **depuis ce ~-là** seitdem; **en même ~** gleichzeitig; **en ~ de crise/guerre/paix** in Krisen/-Kriegs-/Friedenszeiten *Pl;* **en ~ normal** [*o* **ordinaire**] normalerweise; **en peu de ~** in kurzer Zeit; **ces ~-ci** in letzter Zeit

temps² [tɑ̃] *m* METEO Wetter *nt;* **il fait beau/mauvais ~** das Wetter ist schön/schlecht; **quel ~ fait-il?** wie ist das Wetter? ▶**un ~ à ne pas mettre un chien** [*o* **le nez**] **dehors** *fam* ein Wetter, bei dem man nicht einmal einen Hund vor die Tür jagt; **par tous les ~** bei Wind und Wetter

tenable [t(ə)nabl] *adj* **ne pas être ~** unerträglich sein; *position, point de vue:* nicht haltbar sein

tenace [tənas] *adj* ❶ (*persistant*) hartnäckig; *haine* erbittert; *croyance* unerschütterlich ❷ *personne, résistance* hartnäckig

ténacité [tenasite] *f* ❶ (*obstination*) Hartnäckigkeit *f* ❷ (*persévérance*) Beharrlichkeit *f* ❸ (*persistance*) Hartnäckigkeit *f; d'un préjugé* Unausrottbarkeit *f*

tenailler [tənɑje] <1> *vt faim:* quälen

tenailles [t(ə)nɑj] *fpl* [Beiß]zange *f*

tenancier, -ière [tənɑ̃sje, -jɛʀ] *m, f* Geschäftsführer(in) *m(f)*

tenant(e) [tənɑ̃, ɑ̃t] *m(f)* SPORT **le ~ de la coupe** der [derzeitige] Pokalsieger; **la ~e du titre** die Titelverteidigerin ▶**les ~s et les aboutissants** (*circonstances*) die Begleitumstände; **d'un seul ~** zusammenhängend

tendance [tɑ̃dɑ̃s] **I.** *f* ❶ PSYCH Neigung *f* ❷ (*propension*) **~ à la rêverie** Hang *m* zur Träumerei ❸ (*opinion*) Gesinnung *f* ❹ (*orientation*) Trend *m* **II.** *adj inv* Trend-; **les couleurs les plus ~ de l'hiver** die absoluten Trendfarben für den Winter; **le noir restera très ~** Schwarz bleibt weiterhin Trendfarbe

tendanceur [tɑ̃dɑ̃sœʀ] *m* Trendscout *m*

tendancieusement [tɑ̃dɑ̃sjøzmɑ̃] *adv* voreingenommen

tendancieux, -euse [tɑ̃dɑ̃sjø, -jøz] *adj* voreingenommen

tendeur [tɑ̃dœʀ] *m* (*câble pour fixer*) [Gummi]spanner *m*

tendineux, -euse [tɑ̃dinø, -øz] *adj* ❶ (*coriace*) sehnig ❷ ANAT Sehnen-

tendinite [tɑ̃dinit] *f* Sehnenentzündung *f*

tendon [tɑ̃dɔ̃] *m* Sehne *f*

tendre¹ [tɑ̃dʀ] <14> **I.** *vt* ❶ (*raidir*) spannen ❷ (*installer*) aufhängen *tapisserie* ❸ (*présenter*) ausstrecken *bras;* recken *cou;* hinhalten *joue;* entgegenstrecken *main* ▶**~ la main** (*mendier*) betteln; **~ la main à qn** (*offrir son aide à qn*) jdm die Hand reichen **II.** *vpr* **se ~** (*se raidir*) sich spannen; *relations:* angespannt werden **III.** *vi* ❶ (*aboutir à*) **~ à faire qc** letztlich etw tun ❷ (*viser à*) **~ à qc** auf etw (*akk*) abzielen ❸ MATH **~ vers zéro/l'infini** gegen null/unendlich streben

tendre² [tɑ̃dʀ] **I.** *adj* ❶ (*opp: dur*) weich; *peau, viande* zart ❷ (*affectueux*) zärtlich; *ami* liebevoll ❸ (*jeune, délicat*) zart ❹ *couleur* zart **II.** *mf* **c'est un/une ~** er/sie ist zart besaitet

tendrement [tɑ̃dʀəmɑ̃] *adv* liebevoll; *aimer* innig[lich]

tendresse [tɑ̃dʀɛs] *f* ❶ *sans pl* (*affection*) [zärtliche] Liebe ❷ *pl* (*marques d'affection*) Zärtlichkeit *f* ❸ *fam* (*complaisance*) Nachsicht *f*

tendreté [tɑ̃dʀəte] *f* Zartheit *f*

ténèbres [tenɛbʀ] *fpl* REL Finsternis *f*

ténébreux [tenebʀø] *m* **beau ~** *hum schöner dunkler Jüngling, der an einen spanischen Helden erinnert*

ténébreux, -euse [tenebʀø, -øz] *adj soutenu* (*malaisé à comprendre*) dunkel

teneur [tənœʀ] *f* ❶ (*contenu exact*) Wortlaut *m* ❷ (*proportion*) Gehalt *m*

tenir [t(ə)niʀ] <9> **I.** *vt* ❶ halten ❷ (*rester dans un lieu*) **~ la chambre/le lit** im Zimmer/Bett bleiben ❸ (*avoir*) führen *article, marchandise* ❹ MUS halten *note* ❺ (*avoir*

T

sous son contrôle) ~ **son cheval** sein Pferd halten ❻ (*s'occuper de*) führen *comptes, hôtel, magasin, maison* ❼ (*assumer*) halten *conférence, meeting;* spielen *rôle* ❽ (*avoir reçu*) ~ **une information de qn** eine Information von jdm haben ❾ (*occuper*) einnehmen *largeur, place* ❿ (*résister à*) ~ **l'eau** wasserdicht sein ⓫ (*habiter*) ~ **qn** *jalousie, colère, envie:* packen ⓬ (*être contraint*) **être tenu à qc/de faire qc** an etw (*akk*) gebunden sein/etw tun müssen ▶ ~ **lieu de qc** die Stelle von etw einnehmen **II.** *vi* ❶ (*être attaché*) ~ **à qn** an jdm hängen ❷ (*vouloir absolument*) ~ **à faire qc/à ce que ...** + *subj* Wert darauf legen etw zu tun/, ... ❸ (*être fixé*) halten ❹ (*être cohérent*) *raisonnement, théorie:* haltbar sein; *argument:* stichhaltig sein; *histoire:* glaubhaft sein ❺ (*être contenu dans*) ~ **dans une voiture** in einem Auto Platz haben ❻ (*se résumer*) ~ **en un mot** in einem Wort zusammenfassen ❼ (*durer*) [sich] halten ❽ (*ressembler à*) ~ **de qn/qc** jdm/einer S. ähneln ❾ (*être maître*) stechen ▶ ~ **bon** durchhalten; **tiens/tenez!** hier!; **tiens! il pleut** schau [mal]! es regnet **III.** *vpr* ❶ (*se prendre*) **se ~ par la main** Hand in Hand gehen ❷ (*s'accrocher*) **se ~ à qc** sich an etw (*dat*) fest halten ❸ (*rester, demeurer*) **se ~ debout/assis/couché** stehen/sitzen/liegen ❹ (*se comporter*) **se ~** sich benehmen ❺ (*avoir lieu*) **se ~ dans une ville/le mois prochain** *réunion, conférence:* in einer Stadt/nächsten Monat stattfinden ❻ (*être cohérent*) **se ~** *événements, faits:* stimmig sein ❼ (*se limiter à*) **s'en ~ à qc** es bei etw bewenden lassen ❽ (*respecter*) **se ~ à qc** sich an etw (*akk*) halten ❾ (*se considérer comme*) **se ~ pour qc** sich für etw halten ▶ **se le ~ pour dit** sich (*dat*) das gesagt sein lassen **IV.** *vi impers* (*dépendre de*) **ça tient à qn/qc** das hängt von jdm/etw ab

T

tennis [tenis] **I.** *m* ❶ SPORT Tennis *nt;* **jouer au ~** Tennis spielen; ~ **de table** Tischtennis *nt* ❷ (*court*) Tennisplatz *m* **II.** *mpl* (*chaussures*) Turnschuhe *Pl*

tennis-elbow [tenisɛlbo] <tennis-elbows> *m* Tennisarm *m*

tennisman [tenisman, -mɛn] <s *o* -men> *m* Tennisspieler *m*

ténor [tenɔʀ] **I.** *m* ❶ (*soliste*) Tenor *m* ❷ (*grande figure*) Kopf *m* (*fig*) **II.** *adj* **le saxophone ~** das Tenorsaxophon

tensiomètre [tɑ̃sjɔmɛtʀ] *m* ❶ TECH Spannungsmesser *m* ❷ MED Blutdruckmesser *m*

tension [tɑ̃sjɔ̃] *f* ❶ *d'une corde, d'un muscle, ressort* Spannung *f* ❷ TECH, ELEC, PHYS Spannung *f* ❸ MED Blutdruck *m;* **avoir** [*o* **faire**] **de la ~** zu hohen Blutdruck haben

tentaculaire [tɑ̃takylɛʀ] *adj* ❶ (*envahissant*) weit verzweigt ❷ ZOOL Fang-

tentacule [tɑ̃takyl] *m* ZOOL Tentakel *m o nt*

tentant(e) [tɑ̃tɑ̃, ɑ̃t] *adj* verlockend

tentateur, -trice [tɑ̃tatœʀ, -tʀis] **I.** *adj* ❶ (*séducteur*) verführerisch ❷ REL *esprit, démon* der Versuchung (*gen*) **II.** *m, f* ❶ (*personne*) Verführer(in) *m(f)* ❷ (*diable*) **le Tentateur** der Versucher

tentation [tɑ̃tasjɔ̃] *f* ❶ (*désir*) Versuchung *f* ❷ REL Versuchung *f*

tentative [tɑ̃tativ] *f* Versuch *m;* ~ **de meurtre/vol** versuchter Mord/Diebstahl; ~ **de viol** versuchte Vergewaltigung

tente [tɑ̃t] *f* Zelt *nt*

tenter [tɑ̃te] <1> *vt* ❶ (*allécher*) reizen ❷ (*essayer*) versuchen

tenture [tɑ̃tyʀ] *f* ❶ (*tapisserie*) Wandteppich *m,* Wandbehang *m* ❷ (*rideau*) Vorhang *m*

tenu [t(ə)ny] *m* SPORT Zeitspiel *nt*

tenu(e) [t(ə)ny] *part passé de* **tenir**

ténu(e) [teny] *adj* ❶ *son, bruit* schwach; *nuance, distinction* fein ❷ *fil* fein

tenue [t(ə)ny] *f* ❶ (*comportement*) Verhalten *nt; d'un élève* Betragen *nt;* **avoir de la ~/manquer de ~** gute Manieren/keine Manieren haben ❷ (*vêtements*) Kleidung *f;* **changer de ~** sich umziehen ❸ MIL Uniform *f* ❹ *d'une maison, d'un compte, restaurant* Führung *f;* **la ~ des livres de comptes** die Buchhaltung ❺ *d'un congrès, d'une assemblée* Tagung *f* ❻ *d'un film, roman, journal* Niveau *nt* ❼ FIN *d'une monnaie* Stand *m;* **bonne ~** Stabilität *f* ❽ AUT ~ **de route** Straßenlage *f*

tequila [tekila] *f* Tequila *m*

ter [tɛʀ] *adv* **habiter au 12 ~** in [Nummer] 12/3 wohnen

téraoctet [teʀaɔktɛ] *m* INFORM Terabyte *nt*

tercet [tɛʀsɛ] *m* Terzett *nt*

tergal® [tɛʀgal] *m* Tergal® *nt*

tergiversation [tɛʀʒivɛʀsasjɔ̃] *f gén pl* ❶ (*hésitation*) Zaudern *nt* ❷ *pl* (*faux-fuyants*) Ausflüchte *Pl*

tergiverser [tɛʀʒivɛʀse] <1> *vi* ❶ (*user de faux-fuyants*) Ausflüchte machen ❷ (*hésiter*) zaudern

terme[1] [tɛʀm] *m* ❶ *d'un stage, voyage* Ende *nt; d'un travail* Abschluss *m;* **toucher à son ~** *stage, soirée:* zu Ende gehen; *entreprise, travail, délai:* sich dem Ende nähern ❷ (*date limite*) Frist *f;* **à court/moyen/**

long ~ kurz-/mittel-/langfristig ③ ECON **marché/vente à** ~ Terminmarkt *m*/-verkauf *m* ④ (*date de l'accouchement*) Geburtstermin *m;* **naissance avant** ~ Frühgeburt *f* ⑤ (*échéance*) Zahlungstermin *m* ⑥ (*loyer*) Miete *f*

terme² [tɛʀm] *m* ① (*mot*) Ausdruck *m* ② TECH Fachausdruck ③ LING Terminus *m;* **en d'autres** ~**s** mit anderen Worten ④ GRAM, MATH Element *nt; d'une phrase, équation* Term *m* ⑤ *pl d'un contrat, d'une loi* Wortlaut *m* ▶ **être en bons/mauvais** ~**s avec qn** ein gutes/gespanntes Verhältnis zu jdm haben

terminaison [tɛʀminɛzɔ̃] *f* Endung *f*

terminal [tɛʀminal, -o] <-aux> *m* Terminal *nt*

terminal(e) [tɛʀminal, -o] <-aux> *adj* **formule** ~**e** Schlussformel *f;* **phase** ~**e** Endphase *f*

terminale [tɛʀminal] *f* SCOL ≈ dreizehnte Klasse

terminer [tɛʀmine] <1> **I.** *vt* ① (*finir*) beenden; erledigen *devoirs, travail;* fertig stellen *œuvre;* zu Ende führen *démonstration, explication;* abschließen *études;* aufessen *plat, salade;* leer essen *assiette;* austrinken *boisson, verre, bouteille* ② (*passer la fin de*) beenden *soirée, vacances* ③ (*être le dernier élément de*) abschließen **II.** *vi* ~ **de lire le journal** die Zeitung zu Ende lesen; **en** ~ **avec un sujet/une tâche** ein Thema/eine Aufgabe beenden; **pour** ~**, ...** zum Abschluss ... **III.** *vpr* **se** ~ *année, vacances, stage:* zu Ende gehen; **se** ~ **bien/mal** *histoire:* gut/schlecht ausgehen

terminologie [tɛʀminɔlɔʒi] *f* Terminologie *f*

terminus [tɛʀminys] *m* Endstation *f*

termite [tɛʀmit] *m* Termite *f*

termitière [tɛʀmitjɛʀ] *f* Termitenhügel *m*

terne [tɛʀn] *adj* ① *cheveux* stumpf; *œil, regard* trüb; *visage* fahl; *teint* farblos; *couleur* matt; *miroir, glace* blind; *métal* angelaufen ② *vie, conversation* eintönig; *journée* ereignislos; *style* farblos; *personne* unscheinbar

terni(e) [tɛʀni] *adj couleur* verblichen; *coloris* blass; *métal, chandelier* angelaufen

ternir [tɛʀniʀ] <8> **I.** *vt* ① (*défraîchir*) ausbleichen *rideau, tissu;* verblassen lassen *couleur;* anlaufen lassen *métal* ② (*nuire à*) beflecken *honneur* **II.** *vpr* **se** ~ *rideau, tissu:* ausbleichen; *couleur, coloris:* verblassen; *métal, chandelier:* anlaufen

ternissement [tɛʀnismɑ̃] *m rare d'un rideau, tissu* Ausbleichen *nt; d'une couleur* Verblassen *nt; d'un métal* Anlaufen *nt*

terrain [teʀɛ̃] *m* ① (*parcelle*) Grundstück *nt* ② AGR Parzelle *f;* (*terrain à bâtir*) [Bau]grundstück *nt* ③ (*espace réservé*) ~ **de camping/jeu** Campingplatz *m*/Spielfeld *nt* ④ (*sol*) ~ **plat/accidenté/vague** ebenes/unebenes/unbebautes Gelände; **véhicule tout** ~ Geländefahrzeug *nt* ⑤ *gén pl* GEOL Formation *f* ⑥ (*prédisposition*) ~ **allergique** Veranlagung *f* zu Allergien ⑦ (*domaine*) Gebiet *nt* ⑧ MIL Gelände *nt* ⑨ ~ **d'entente avec qn** Verständigungsbasis *f* mit jdm ▶ **aller sur le** ~ sich an Ort und Stelle begeben; **céder du** ~ zurückweichen; *fig* Zugeständnisse machen; **connaître le** ~ sich auskennen; **être sur son** ~ in seinem Element sein; **homme/femme de** ~ Praktiker(in) *m(f)*

terrarium [teʀaʀjɔm] *m* Terrarium *nt*

terrasse [teʀas] *f* ① *a.* GEOG (*plateforme en plein air*) Terrasse *f* ② (*toit plat*) [**toit en**] ~ Flachdach *nt*

terrassement [teʀasmɑ̃] *m* (*travaux*) Erdarbeiten *Pl;* (*matériaux déplacés*) Aufschüttung *f*

terrasser [teʀase] <1> *vt* ① (*vaincre*) vernichtend schlagen ② (*accabler*) *mauvaise nouvelle:* [völlig] niederschmettern; *émotion, fatigue:* überwältigen ③ (*tuer*) **être terrassé par une embolie/un infarctus** einer Embolie/einem Infarkt erliegen

terrassier [teʀasje] *m* Bauarbeiter *m* für Erdarbeiten

terre [tɛʀ] *f* ① *sans pl* (*planète*) **la Terre** die Erde ② *sans pl* (*le monde*) **la** ~ die Erde ③ *sans pl* (*croûte terrestre*) **la** ~ die Erde; **sous** ~ (*avec mouvement*) unter die Erde; (*sans mouvement*) unter der Erde; **par** ~ (*avec mouvement*) auf den Boden; (*sans mouvement*) auf dem Boden ④ (*matière*) Erde *f* ⑤ (*terre cultivable*) Boden *m;* **cultiver la** ~ das Land bewirtschaften; ~ **battue** [fest] gestampfter Boden; **légumes de pleine** ~ Freilandgemüse *nt* ⑥ SPORT Sandplatz *m* ⑦ *gén pl* (*propriété*) Grundbesitz *m kein Pl* ⑧ (*contrée, pays*) Land *nt;* ~ **natale** Heimat[land *nt*] *f;* ~ **d'élection** (*d'une personne*) Wahlheimat *f* ⑨ (*continent*) Land *nt;* ~ **ferme** Festland ⑩ *sans pl* (*vie à la campagne*) **la** ~ das Land ⑪ *sans pl* (*argile*) Ton *m;* ~ **cuite** (*matière*) Terrakotta *f* ⑫ *sans pl* ELEC Erde *f;* **la mise à la** ~ die Erdung ⑬ (*opp: ciel*) Erde *f;* **être sur** ~ auf der Welt sein ▶ **revenir** [*o* **redescendre**] **sur** ~ *fam* auf den Boden der Tatsachen zurückkehren; **être par** ~ *projet, plan:* gescheitert sein; *entreprise:* bankrott sein

T

terre à terre [tɛʀatɛʀ] *adj inv personne* nüchtern; *préoccupations* alltäglich
terreau [teʀo] *m sans pl* Komposterde *f*
terre-plein [tɛʀplɛ̃] <terre-pleins> *m* Erdwall *m*
terrer [teʀe] <1> **I.** *vt* häufeln *pommes de terre, asperges;* mit [frischer] Erde bedecken *pelouse* **II.** *vpr* **se ~** ① (*se cacher*) *animal:* sich verkriechen; *fuyard, criminel:* sich verstecken; *soldat:* in Deckung gehen ② (*vivre reclus*) sich zurückziehen
terrestre [teʀɛstʀ] *adj* ① (*de la Terre*) **croûte/surface ~** Erdkruste *f*/-oberfläche *f* ② *espèce* auf der Erde lebend; *vie* auf der Erde ③ *animal* landlebend; *espèce, variété* terrestrisch ④ (*opp: aérien, maritime*) auf dem Landweg; *moyens de transport* zu Lande ⑤ *plaisirs* irdisch; *séjour* auf Erden
terreur [teʀœʀ] *f* ① (*peur violente*) Entsetzen *nt* ② (*terrorisme*) Terror *m;* **la Terreur** die Schreckensherrschaft ③ (*personne ou chose terrifiante*) **être une ~** *fam personne:* ein Tyrann *m* sein; *enfant:* ein [kleines] Ungeheuer sein
terreux, -euse [teʀø, -øz] *adj* ① *goût, odeur* erdig ② *mains, chaussures, salade* voller Erde; *route* mit Erde bedeckt ③ *façade* grau; *visage* fahl
terrible [teʀibl] **I.** *adj* ① *crime* entsetzlich; *catastrophe, dirigeant de parti* furchtbar; *jugement, année, arme* schrecklich; *personnage* Furcht erregend ② (*très intense*) schrecklich, fürchterlich ③ (*turbulent*) furchtbar ④ *fam* (*super*) toll **II.** *adv fam* echt stark
terriblement [teʀibləmɑ̃] *adv* schrecklich; *dangereux, sévère* äußerst
terrien(ne) [teʀjɛ̃, jɛn] **I.** *adj* ① (*qui possède des terres*) **il est propriétaire ~** er ist Grundbesitzer ② *tradition, mœurs* ländlich; *ascendance, racines* bäuerlich **II.** *m(f)* (*habitant de la Terre*) Erdbewohner(in) *m(f)*
terrier [tɛʀje] *m* **~ de renard/lapin** Fuchs-/Kaninchenbau *m*
terrifiant(e) [teʀifjɑ̃, jɑ̃t] *adj* Furcht erregend; *nouvelle* erschreckend
terrifier [teʀifje] <1> *vt* in Angst und Schrecken versetzen
terrine [teʀin] *f* ① (*récipient*) Terrine *f* ② (*pâté*) Pastete *f*
territoire [teʀitwaʀ] *m d'un animal* Revier *nt; d'un pays, d'une nation* Territorium *nt; d'une ville* Gebiet *nt; d'un juge, évêque* Zuständigkeitsbereich *m;* **~ d'outre-mer** HIST überseeisches Gebiet
territorial(e) [teʀitɔʀjal, -jo] <-aux> *adj* territorial
terroir [tɛʀwaʀ] *m* Gegend *f;* **vin/accent du ~** Landwein *m*/regionaler Akzent; **écrivain/poète du ~** Heimatdichter *m*
terrorisant(e) [teʀɔʀizɑ̃, ɑ̃t] *adj* furchterregend, schreckenerregend
terroriser [teʀɔʀize] <1> *vt* ① (*faire très peur*) **~ qn** jdm große Angst machen ② (*opprimer*) terrorisieren
terrorisme [teʀɔʀism] *m* Terrorismus *m*
terroriste [teʀɔʀist] **I.** *adj* terroristisch, Terror-; **acte/attentat ~** Terroranschlag *m;* **réseau ~** Terrornetzwerk *nt* **II.** *mf* Terrorist(in) *m(f)*
tertiaire [tɛʀsjɛʀ] **I.** *adj emploi* im Dienstleistungsgewerbe; *activité* des Dienstleistungsbereichs **II.** *m* Dienstleistungssektor *m*
tertio [tɛʀsjo] *adv* drittens
tes [te] *dét poss v.* **ta, ton**
tesson [tesɔ̃] *m* Scherbe *f*
test [tɛst] *m* Test *m;* **~ de dépistage du sida** [*o* **de séropositivité**] Aidstest *m*
testable [tɛstabl] *adj* prüfbar
testament [tɛstamɑ̃] *m* ① JUR Testament *nt* ② ART, LITTER, POL Vermächtnis *nt*
► **l'Ancien/le Nouveau Testament** das Alte/das Neue Testament
testamentaire [tɛstamɑ̃tɛʀ] *adj héritier* testamentarisch
tester [tɛste] <1> *vt* (*mettre à l'épreuve*) testen; prüfen *élève, candidat*
testeur [tɛstœʀ] *m* (*appareil*) Testgerät *nt*
testeur, -euse [tɛstœʀ, -øz] *m, f* Tester(in) *m(f)*
testicule [tɛstikyl] *m* Hoden *m*
testostérone [tɛstosteʀɔn] *f* Testosteron *nt*
tétanie [tetani] *f* MED Tetanie *f*
tétanisation [tetanizasjɔ̃] *f* MED Verkrampfung *f,* Erstarrung *f*
tétaniser [tetanize] <1> *vpr muscle, membre:* verkrampfen
tétanos [tetanos] *m* ① MED (*maladie*) Tetanus *m* ② (*contraction du muscle*) Muskelstarre *f*
têtard [tɛtaʀ] *m* ZOOL Kaulquappe *f*
tête [tɛt] *f* ① (*partie du corps*) Kopf *m;* **baisser/courber la ~** den Kopf einziehen ② (*mémoire, raison*) **ne pas avoir de ~** *fam* ein Gedächtnis wie ein Sieb haben; **perdre la ~** (*devenir fou*) den Verstand verlieren; (*perdre son sang-froid*) den Kopf verlieren ③ (*mine, figure*) **avoir une bonne ~** *fam* nett aussehen; **avoir une sale ~** *fam* (*avoir mauvaise mine*) mies aussehen; (*être antipathique*) unsympathisch wirken ④ (*longueur*) **avoir** [*o* **faire**]

une ~ de moins/plus que qn einen Kopf kleiner/größer als jd sein ⑤ (*vie*) **jouer** [*o* **risquer**] **sa ~** Kopf und Kragen riskieren ⑥ (*personne*) **~ couronnée** gekröntes Haupt; **~ de linotte** [*o* **en l'air**] *fam* Schussel *m;* **~ de mule** [*o* **cochon**] *fam* Dickschädel *m;* **~ de Turc** Prügelknabe *m* ⑦ (*chef*) **être la ~ de qc** *fam* der Kopf einer S. (*gen*) sein ⑧ (*première place*) Spitze *f;* (*les premiers*) Spitzengruppe *f;* **wagon de ~** vorderster Wagen; **prendre la ~ d'un gouvernement/d'une entreprise** die Führung einer Regierung/die Leitung einer Firma übernehmen; **prendre la ~ de la classe** Klassenbeste(r) sein; **à la ~ de qc** an der Spitze einer S. (*gen*) ⑨ *d'un chapitre, d'une liste* Anfang *m* ⑩ *d'un clou, d'une épingle* Kopf *m; d'un lit* Kopfende *nt; d'un champignon* Hut *m;* **~ d'un arbre** Baumkrone *f;* **~ de ligne** Endstation *f* ⑪ BOT *d'ail* Zwiebel *f; de céleri* Knolle *f; d'artichaut* Kopf *m* ⑫ TECH **~ chercheuse d'une fusée** Suchkopf *m* einer Rakete; **~ de lecture** *d'un magnétophone* Tonkopf *m;* **~ nucléaire** Atomsprengkopf *m* ⑬ INFORM **~ de lecture-écriture** Schreib-Lesekopf *m* ⑭ SPORT Kopfball *m* ▶ **à la ~ du client** *fam* nach Sympathie; **avoir la ~ de l'emploi** *fam* einem seinen Beruf ansehen; *acteur:* für die Rolle wie geschaffen sein; **agir ~ baissée** überstürzt handeln; **se jeter dans qc ~ baissée** sich Hals über Kopf in etw stürzen; **avoir la ~ dure** eigensinnig sein; **garder la ~ froide** einen kühlen Kopf bewahren; **avoir la grosse ~** *fam* die Nase hoch tragen; **faire qc à ~ reposée** etw in aller Ruhe tun; **avoir toute sa ~** noch gut beisammen sein; **ne plus avoir toute sa ~** langsam senil werden; **avoir la ~ à ce qu'on fait** bei der Sache sein; **en avoir par-dessus la ~** *fam* die Nase voll haben; **se casser la ~** sich (*dat*) den Kopf zerbrechen; **enfoncer qc dans la ~ de qn** (*forcer à se rappeler*) jdm etw einbläuen; (*faire comprendre*) jdm etw begreiflich machen; **faire la ~ à qn** *fam* mit jdm schmollen; **n'en faire qu'à sa ~** nur das tun, was einem passt; **se mettre en ~ de faire qc** (*décider*) es sich (*dat*) in den Kopf setzen etw zu tun; **se mettre dans la ~ que ...** (*imaginer*) sich einreden, dass ...; **se monter la ~** *fam* (*se faire des idées*) sich (*dat*) etwas einbilden; (*se faire des illusions*) sich (*dat*) etw vormachen; **monter à la ~ de qn** *vin:* jdm in den Kopf steigen; *succès:* jdm zu Kopf steigen; **passer au-dessus de la ~ de qn** über jds Horizont (*akk*) gehen; **se payer la ~ de qn** *fam* jdn auf den Arm nehmen; **piquer une ~ dans qc** *fam* (*plonger*) einen Kopfsprung in etw (*akk*) machen; (*tomber*) kopfüber in etw (*akk*) fallen; **redresser** [*o* **relever**] **la ~** (*redevenir fier*) den Kopf wieder hoch tragen; (*reprendre du poil de la bête*) wieder auf dem Weg nach oben sein; **il a une ~ qui ne me revient pas** *fam* seine Nase passt mir nicht; **ne pas savoir où donner de la ~** *fam* nicht [mehr] wissen, wo einem der Kopf steht; **[faire] tourner la ~ à qn** *personne:* jdm den Kopf verdrehen; *succès, gloire:* jdm zu Kopf steigen; *vin, manège:* jdn benommen machen; **pensées de derrière la ~** *fam* Hintergedanken *Pl;* **avoir quelque chose derrière la ~** etwas im Schilde führen

tête-à-queue [tɛtakø] *m inv* **faire un ~** *voiture:* sich um die eigene Achse drehen

tête-à-tête [tɛtatɛt] *m inv* (*entretien*) Gespräch *nt* unter vier Augen

tête-de-nègre [tɛtdənɛgʀ] **I.** *adj inv* dunkelbraun **II.** *f* Negerkuss *m*

tétée [tete] *f* ① (*action de téter*) Saugen *nt* ② (*repas*) **donner la ~ à un enfant** einem Kind die Brust geben; (*avec un biberon*) einem Kind die Flasche geben

téter [tete] <5> **I.** *vt* **~ le sein/le biberon** an der Brust/am Fläschchen saugen; **~ sa mère** *bébé:* gestillt werden; *chaton:* gesäugt werden **II.** *vi* saugen; **donner à ~ à un animal** ein Tier mit der Flasche füttern

tétine [tetin] *f* ① (*biberon*) Sauger *m* ② (*sucette pour calmer*) Schnuller *m*

téton [tetɔ̃] *m* ① *fam* (*sein*) Brust *f* ② TECH Zapfen *m*

tétraplégie [tetʀapleʒi] *f* Lähmung *f* aller vier Gliedmaßen

tétraplégique [tetʀapleʒik] **I.** *adj personne* an Armen und Beinen gelähmt **II.** *mf* an Armen und Beinen Gelähmte(r) *f(m)*

têtu(e) [tety] **I.** *adj* starrköpfig; *air* eigensinnig; *front* eigenwillig **II.** *m(f)* Starrkopf *m*

teuf [tœf] *f fam* Party *f*

teufeur, -euse [tœfœʀ, -øz] *m, f fam* Partygänger(in) *m(f)*

teuf-teuf [tœftœf] <teufs-teufs> *m enfantin fam* Töfftöff *nt*

teuton(ne) [tøtɔ̃, ɔn] *adj* teutonisch

Teuton(ne) [tøtɔ̃, ɔn] *m(f)* Teutone *m/* Teutonin *f*

texte [tɛkst] *m* ① (*écrit*) Text *m* ② *d'un télégramme, d'une lettre* Wortlaut *m*

texter [tɛkste] <1> *vt* simsen, texten; **~ qc à qn** jdm etw simsen [*o* texten]

T

textile [tɛkstil] **I.** *adj* ❶ (*susceptible d'être tissé*) textil; **matière ~** Faserstoff *m* ❷ (*qui concerne la fabrication*) **industrie/usine ~** Textilindustrie *f*/-fabrik *f* **II.** *m* ❶ (*matière*) Faserstoff *m; pl* Textilien *Pl* ❷ (*industrie*) Textilindustrie *f*

texto® [tɛksto] *m* SMS *f;* **envoyer un ~ à qn** jdm eine SMS schicken, jdm simsen

textoter [tɛkstɔte] <1> *vi* simsen, texten; **~ à qn** jdm simsen, jdm eine SMS/mehrere SMS schicken

textuel(le) [tɛkstɥɛl] *adj* ❶ *copie, traduction* wörtlich ❷ *réponse, contenu* wortgetreu

textuellement [tɛkstɥɛlmɑ̃] *adv* wörtlich; *répéter* Wort für Wort; *reproduire* wortgetreu

texture [tɛkstyʀ] *f du sol* Beschaffenheit *f; d'une crème, huile* Konsistenz *f*

TF1 [teɛfœ̃] *f abr de* **Télévision Française 1ère chaîne** *erstes Programm des französischen Fernsehens*

T.G.V. [teʒeve] *m abr de* **train à grande vitesse** TGV *m* (*Hochgeschwindigkeitszug*)

thaï [taj] *m* ❶ (*groupe de langues*) **le ~** die Thaisprachen *Pl* ❷ (*langue officielle de Thaïlande*) Thai *nt; v. a.* **allemand**

thaï(e) [taj] *adj* **langues ~es** Thaisprachen *Pl*

Thaï(e) [taj] *m(f)* Thai *mf*

thaïlandais(e) [tajlɑ̃dɛ, ɛz] *adj* thailändisch

Thaïlandais(e) [tajlɑ̃dɛ, ɛz] *m(f)* Thailänder(in) *m(f)*

Thaïlande [tajlɑ̃d] *f* **la ~** Thailand *nt*

thalasso [talaso] *f fam abr de* **thalassothérapie**

thalassothérapie [talasoteʀapi] *f* Thalassotherapie *f*

thaumaturge [tomatyʀʒ] *mf* Wundertäter(in) *m(f)*

thé [te] *m* [schwarzer] Tee

théâtral(e) [teɑtʀal, -o] <-aux> *adj effet, geste* theatralisch

théâtralement [teɑtʀalmɑ̃] *adv fig* theatralisch

théâtre [teɑtʀ] *m* ❶ (*édifice, spectacle*) Theater *nt;* **~ de verdure** Freilichtbühne *f* ❷ (*art dramatique*) Theater *nt;* **école de ~** Schauspielschule *f* ❸ (*genre littéraire*) Theater *nt* ❹ (*œuvres*) Dramen *Pl* ❺ *des combats, d'une dispute* Schauplatz *m*

théier [teje] *m* Teestrauch *m*

théière [tejɛʀ] *f* Teekanne *f*

théine [tein] *f* Thein *nt*

thématique [tematik] **I.** *adj* thematisch **II.** *f* Thematik *f*

thème [tɛm] *m* ❶ (*sujet*) Thema *nt; d'une discussion* Gegenstand *m; d'une peinture* Motiv *nt* ❷ SCOL Übersetzung *f* in die Fremdsprache; **~ allemand** Übersetzung ins Deutsche ❸ MUS Thema *nt* ❹ ASTROL **~ astral** [Geburts]horoskop *nt*

théologie [teɔlɔʒi] *f* Theologie *f*

théologien(ne) [teɔlɔʒjɛ̃, jɛn] *m(f)* Theologe *m*/Theologin *f*

théorème [teɔʀɛm] *m* Lehrsatz *m;* **~ de Pythagore** Satz des Pythagoras

théoricien(ne) [teɔʀisjɛ̃, jɛn] *m(f)* Theoretiker(in) *m(f)*

théorie [teɔʀi] *f* ❶ (*conception*) Theorie *f;* **~ de l'hérédité/des ensembles** Vererbungs-/Mengenlehre *f* ❷ *sans pl* (*opp: pratique*) Theorie *f;* **en ~** in der Theorie

théorique [teɔʀik] *adj* theoretisch

théoriquement [teɔʀikmɑ̃] *adv* ❶ (*logiquement*) theoretisch ❷ *fondé, justifié* theoretisch

théoriser [teɔʀize] <1> **I.** *vt* eine Theorie aufstellen zu **II.** *vi* **~ sur qn/qc** über jdn/etw Theorien aufstellen

thérapeute [teʀapøt] *mf* ❶ (*médecin*) Therapeut(in) *m(f)* ❷ (*psychothérapeute*) [Psycho]therapeut(in) *m(f)*

thérapeutique [teʀapøtik] **I.** *adj* therapeutisch **II.** *f* ❶ (*science*) Therapeutik *f* ❷ (*traitement*) Therapie *f*

thérapie [teʀapi] *f* ❶ (*science*) Therapeutik *f* ❷ (*traitement*) Therapie *f;* **~ génique** Gentherapie *f* ❸ (*psychothérapie*) [Psycho]therapie *f;* **être en ~** eine Therapie machen

thermal(e) [tɛʀmal, -o] <-aux> *adj* **source/station ~e** Thermalquelle *f*/-bad *nt*

thermes [tɛʀm] *mpl* ❶ (*dans une station thermale*) Thermalbad *nt* ❷ HIST Thermen *Pl*

thermique [tɛʀmik] **I.** *adj énergie* thermisch; **effet/conductibilité ~** Wärmeübertragung *f*/-leitfähigkeit *f;* **moteur ~** Verbrennungsmotor *m* **II.** *f* Wärmelehre *f*

thermoactif, -ive [tɛʀmoaktif, -iv] *adj* atmungsaktiv

thermodynamique [tɛʀmodinamik] **I.** *adj* thermodynamisch **II.** *f* Thermodynamik *f*

thermoélectrique [tɛʀmoelɛktʀik] *adj* thermoelektrisch

thermomètre [tɛʀmɔmɛtʀ] *m* Thermometer *nt; de l'opinion, la conjoncture* Barometer *nt*

thermonucléaire [tɛʀmonykleɛʀ] *adj* thermonuklear

thermorésistant(e) [tɛʀmoʀezistɑ̃, -ɑ̃t] *adj* TECH wärmebeständig, thermostabil (*Fachspr.*)

T

thermos® [tɛʀmos] *m o f* Thermosflasche® *f*
thermostat [tɛʀmɔsta] *m* Thermostat *m;* **~ d'ambiance** Raumthermostat *m*
thésard(e) [tezaʀ, aʀd] *m(f) fam* Doktorand(in) *m(f)*
thésaurus [tezɔʀys] *m* Thesaurus *m*
thèse [tɛz] *f* ❶ (*point de vue défendu*) These *f* ❷ (*recherches, ouvrage*) **~ de troisième cycle** Doktorarbeit *f;* (*thèse de doctorat d'État*) Habilitationsschrift *f;* (*soutenance*) Rigorosum *nt*
thon [tɔ̃] *m* Thunfisch *m*
thonier [tɔnje] *m* Schiff *nt* für den Thunfischfang
Thora [tɔʀa] *f* ❶ (*Pentateuque*) Thora *f* ❷ (*rouleau*) Thora[rolle *f*]
thoracique [tɔʀasik] *adj coupe* des Brustkorbs
thorax [tɔʀaks] *m d'un homme* Brustkorb *m; d'un insecte* Thorax
thriller [sʀilœʀ] *m* Thriller *m*
thrombose [tʀɔ̃boz] *f* Thrombose *f*
thune [tyn] *f pop* **avoir de la ~** Kies haben; **ne pas/plus avoir une ~** völlig blank sein
Thurgovie [tyʀgovi] *f* **la ~** der Thurgau
Thuringe [tyʀɛ̃ʒ] *f* **la ~** Thüringen *nt*
thuya [tyja] *m* Thuja *f*
thym [tɛ̃] *m* Thymian *m*
thyroïde [tiʀɔid] **I.** *adj* **cartilage/glande ~** Schildknorpel *m*/-drüse *f* **II.** *f* Schilddrüse *f*
thyroïdien(ne) [tiʀɔidjɛ̃, jɛn] *adj* **hormone ~ne/hyperfonctionnement ~** Schilddrüsenhormon *nt*/-überfunktion *f*
tibia [tibja] *m* Schienbein *nt*
tic [tik] *m* ❶ (*contraction nerveuse*) **~ nerveux** nervöser Tick ❷ (*manie*) Tick *m*
ticket [tikɛ] *m* (*de train, bus, métro*) [Fahr]karte *f;* (*de match, manège*) [Eintritts]karte; (*de cantine*) Essensmarke *f;* (*numéro d'attente*) Nummer *f;* **~ de caisse** Kassenzettel *m;* **~ de cinéma/quai** Kino-/Bahnsteigkarte ▶ **avoir le ~ avec qn** *fam* bei jdm gut ankommen
ticket-repas [tikɛ-ʀəpa] <tickets-repas> *m* Essensmarke *f* **ticket-restaurant** [tikɛ-ʀɛstɔʀɑ̃] *m* Essensmarke *f*
tic-tac [tiktak] *m inv* Ticken *nt*
tie-break [tajbʀɛk] <tie-breaks> *m* Tie-break *nt o m*
tiède [tjɛd] *adj* ❶ *eau, repas, café* lauwarm; *lit, gâteau* [noch] warm ❷ *engagement, accueil, soutien* lau; *sentiment, foi* halbherzig
tiédeur [tjedœʀ] *f* ❶ *de la température, de l'air, d'un hiver* Milde *f; de l'eau* Wärme *f* ❷ *d'un sentiment, accord, d'une participation* Lauheit *f*
tiédir [tjediʀ] <8> **I.** *vi* ❶ (*refroidir*) abkühlen ❷ (*se réchauffer*) sich erwärmen **II.** *vt* ❶ (*réchauffer*) erwärmen; wärmen *mains* ❷ (*refroidir*) abkühlen [lassen]
tiédissement [tjedismɑ̃] *m* ❶ (*réchauffement*) Erwärmung *f* ❷ (*refroidissement*) Abkühlen *nt*
tien(ne) [tjɛ̃, tjɛn] *pron poss* ❶ (*ce que l'on possède*) **le ~/la ~ne** der/die/das deine, deine(r, s); **les ~s** die deinen, deine; *v. a.* **mien** ❷ *pl* (*ceux de ta famille*) **les ~s** deine Angehörigen; (*tes partisans*) deine Anhänger ▶ **à la ~ne[, Étienne]!** *fam* prost!; **tu pourrais y mettre du ~!** auch du könntest mithelfen!
tiendrai [tjɛ̃dʀɛ] *fut de* **tenir**
tienne [tjɛn] *subj prés de* **tenir**
tiennent [tjɛn] *indic prés et subj prés de* **tenir**
tiens, tient [tjɛ̃] *indic prés de* **tenir**
tierce [tjɛʀs] *f* ❶ JEUX Folge *f* von drei Karten einer Farbe ❷ MUS Terz *f* ❸ (*en escrime*) Terz *f*
tiercé [tjɛʀse] *m* ❶ SPORT Dreierwette *f* [im Pferdetoto] ❷ (*série de trois éléments arrivant en tête*) **le ~ gagnant/vainqueur de qc** die drei Bestplatzierten einer Sache (*gen*)
tiers [tjɛʀ] *m* ❶ (*fraction*) Drittel *nt* ❷ (*tierce personne*) **un ~** ein Dritter; **assurance au ~** Haftpflichtversicherung *f* ▶ **~ payant** Selbstkostenanteil *m* [des Krankenversicherten]; **~ provisionnel** Steuervorauszahlung *f*
tiers, tierce [tjɛʀ, tjɛʀs] *adj* dritte(r, s)
tiers-monde [tjɛʀmɔ̃d] <tiers-mondes> *m* **le ~** die Dritte Welt **tiers-mondisation** [tjɛʀmɔ̃dizasjɔ̃] *f sans pl wirtschaftliche Verarmung eines Landes, das nicht zur Dritten Welt gehört* **tiers-mondisme** [tjɛʀmɔ̃dism] *m sans pl* Solidarität *f* mit der Dritten Welt **tiers-mondiste** [tjɛʀmɔ̃dist] <tiers-mondistes> **I.** *adj actions* zur Unterstützung der Dritten Welt **II.** *mf* Interessenvertreter(in) *m(f)* der Dritten Welt
tif [tif] *m fam souvent pl* Haar *nt*
TIG [teiʒe] *m abr de* **travaux d'intérêt général** gemeinnützige Arbeit *f* (*anstelle einer Gefängnisstrafe*)
tige [tiʒ] *f* ❶ *d'une fleur, feuille* Stiel *m,* Stängel *m; d'une céréale, graminée* Halm *m* ❷ (*partie mince et allongée*) Stange *f;* (*plus mince*) Stift *m; d'une clé, plume, colonne, de botte* Schaft *m*

tignasse [tiɲas] *f fam* Wuschelkopf *m*
tigre [tigʀ] *m* Tiger *m; fig* Bestie *f; v. a.* **tigresse**
tigré(e) [tigʀe] *adj chat, pelage* getigert; *cheval* gescheckt
tigresse [tigʀɛs] *f* Tigerin *f; fig* [wilde] Furie *f; v. a.* **tigre**
tilleul [tijœl] *m* ① BOT Linde *f* ② (*infusion*) Lindenblütentee *m*
tilt [tilt] *m d'un flipper* Signal *nt* für das Spielende ▸ **ça a fait ~ dans ma tête** der Groschen ist bei mir gefallen (*fam*)
timbale [tɛ̃bal] *f* ① (*gobelet*) Trinkbecher *m* [aus Metall]; (*contenu*) Becher ② MUS [Kessel]pauke *f* ▸ **décrocher la ~** *fam* (*gagner*) das Große Los ziehen
timbre[1] [tɛ̃bʀ] *m* ① POST Briefmarke *f* ② (*cachet, instrument*) Stempel *m;* POST Poststempel ③ *d'une carte d'adhérent* Gebührenmarke *f;* **~ fiscal** Steuermarke ④ MED Pflaster *nt*
timbre[2] [tɛ̃bʀ] *m* (*qualité du son*) Klang *m; d'une flûte, voix* Klang[farbe *f*]
timbré(e)[1] [tɛ̃bʀe] *adj* POST frankiert
timbré(e)[2] [tɛ̃bʀe] *adj fam* (*un peu fou*) übergeschnappt
timbre-amende [tɛ̃bʀamɑ̃d] <timbres-amendes> *m* Strafgebührenmarke *f*
timbre-poste [tɛ̃bʀəpɔst] <timbres-poste> *m* Briefmarke *f*
timbrer [tɛ̃bʀe] <1> *vt* ① (*affranchir*) frankieren ② (*marquer d'un cachet*) [ab]stempeln
timide [timid] **I.** *adj* ① *personne* schüchtern ② *sourire, voix* zaghaft; *manières, air* schüchtern ③ *avancée, pas, réponse, critique* zaghaft; *tentative* schüchtern **II.** *mf* schüchterner Mensch
timidement [timidmɑ̃] *adv* schüchtern
timidité [timidite] *f d'une personne* Schüchternheit *f; d'une démarche, avancée* Zaghaftigkeit *f*
timing [tajmiŋ] *m* Timing *nt*
timonerie [timɔnʀi] *f* NAUT ① (*lieu*) Ruderhaus *nt* ② (*matelots*) Rudergänger *Pl* ③ (*service*) Ruderwache *f*
timonier [timɔnje] *m* NAUT Steuermann *m*
timoré(e) [timɔʀe] **I.** *adj péj* [über]ängstlich **II.** *m(f) péj* [über]ängstlicher Mensch
tins [tɛ̃] *passé simple de* **tenir**
tintamarre [tɛ̃tamaʀ] *m* Getöse *nt*
tintement [tɛ̃tmɑ̃] *m d'une cloche* Läuten *nt; d'une clochette, sonnette* Klingeln *nt; de bouteilles* Klirren *nt*
tinter [tɛ̃te] <1> **I.** *vi cloche:* läuten; *grelot, clochette:* klingeln; *verres:* klingen; *bouteilles:* klirren **II.** *vt* läuten *cloche*
tintin [tɛ̃tɛ̃] *m fam* **~!** Pustekuchen!; **faire ~** in die Röhre gucken
tintouin [tɛ̃twɛ̃] *m fam* ① (*vacarme*) Radau *m* ② (*souci, tracas*) Sorge *f*
tique [tik] *f* Zecke *f*
tiquer [tike] <1> *vi fam* das Gesicht verziehen
tir [tiʀ] *m* ① MIL Schießen *nt;* (*série de projectiles*) Feuer *nt;* **~ à blanc** Schießen *nt* mit Platzpatronen ② SPORT Schuss *m;* **~ au but** Torschuss *m;* (*penalty*) Elfmeterschuss ③ (*projectile tiré*) Schuss *m* ④ (*stand*) Schießstand *m;* (*forain*) Schießbude *f* ▸ **rectifier** [*o* **rajuster**] **le ~** (*changer de direction*) den Kurs ändern
tirade [tiʀad] *f* ① *souvent péj* (*paroles*) Wortschwall *m kein Pl* (*pej*) ② THEAT Monolog *m*
tirage [tiʀaʒ] *m* ① *d'une carte, lettre, d'un numéro* Ziehen *nt; d'un numéro gagnant, nom* Auslosung *f; de la loterie, du loto* Ziehung *f* ② FIN *d'un chèque* Ausstellung *f* ③ *d'un livre, ouvrage* Druck *m;* (*ensemble des exemplaires*) Auflage *f* ④ ART *d'une estampe, lithographie* Druck *m* ⑤ PHOT *d'un film, négatif, d'une photo* Abziehen *nt* ⑥ *d'un vin, porto, whisky* Abziehen *nt* ⑦ *d'une cheminée, d'un poêle* Zug *m*
tiraillement [tiʀajmɑ̃] *m* ① *gén pl* (*sensation douloureuse*) ziehende Schmerzen *Pl* ② (*conflit: chez une personne*) Hin- und Hergerissensein *nt;* (*entre plusieurs personnes*) Spannungen *Pl*
tirailler [tiʀaje] <1> **I.** *vt* ① (*tirer à petits coups*) zerren an (*pej*); glatt ziehen *pli* ② (*harceler*) **~ qn** *personne:* jdn bedrängen; *chose, personne:* jdm zusetzen **II.** *vi* Schüsse abgeben
tirailleur [tiʀajœʀ] *m* Einzelschütze *m*
Tirana [tiʀana] Tirana *nt*
tirant [tiʀɑ̃] *m* ① (*cordon*) Schnur *f* ② *d'une chaussure* Besatz *m* ③ NAUT **~ d'eau** Tiefgang *m*
tire [tiʀ] *f arg* (*voiture*) Schlitten *m,* Kiste *f* ▸ **vol à la ~** Taschendiebstahl *m*
tiré [tiʀe] *m* **~ à part** Sonderdruck *m*
tiré(e) [tiʀe] **I.** *adj* (*fatigué*) abgespannt **II.** *m(f)* FIN Bezogene(r) *f(m)*
tire-au-flanc [tiʀoflɑ̃] *m inv* Drückeberger *m* (*fam*) **tire-botte** [tiʀbɔt] <tire-bottes> *m* ① (*planchette*) Stiefelknecht *m* ② (*crochet*) Schuhanzieher *m*
tire-bouchon [tiʀbuʃɔ̃] <tire-bouchons> *m* Korkenzieher *m,* Stoppelzieher *m* (A) ▸ **avoir des boucles en ~** Korkenzieherlocken *Pl* haben **tire-bouchonner** [tiʀbuʃɔne] <1> *vi chaussettes,*

T

pantalon: Falten werfen **tire-d'aile** [tiʀdɛl] **à ~** flügelschlagend **tire-fesses** [tiʀfɛs] *m inv fam* Schlepplift *m* **tire-lait** [tiʀlɛ] *m inv* Milchpumpe *f* **tire-larigot** [tiʀlaʀigo] **à ~** *fam* reichlich

tirelire [tiʀliʀ] *f* Sparbüchse *f*

tirer [tiʀe] <1> **I.** *vt* ① (*exercer une force de traction*) ziehen *signal d'alarme, chasse d'eau;* (*vers le bas*) herunter ziehen *jupe, manche;* (*vers le haut*) hoch ziehen *chaussettes, collant;* (*pour lisser*) glatt ziehen *drap, collant;* (*pour tendre/maintenir tendu*) spannen *corde, toile;* **~ la sonnette** klingeln ② (*tracter*) ziehen *chariot, véhicule, charge* ③ (*éloigner*) wegziehen ④ (*fermer*) zuziehen *porte;* vorschieben *verrou;* (*ouvrir*) aufziehen *tiroir, porte coulissante, rideau;* zurückschieben *verrou* ⑤ (*aspirer*) **~ une longue bouffée** einen langen Zug machen ⑥ (*lancer un projectile*) abfeuern *balle;* abgeben *coup de fusil, revolver* ⑦ (*toucher, tuer*) [ab]schießen *perdrix, lièvre* ⑧ (*tracer*) ziehen *trait, ligne* ⑨ (*prendre au hasard*) ziehen *carte, numéro, lettre* ⑩ (*faire sortir*) **~ qn du lit** jdn aus dem Bett holen; **~ qn de son sommeil** jdn aus dem Schlaf reißen; **~ qn du pétrin** jdm aus der Patsche helfen; **~ une citation/un extrait d'un roman** ein Zitat/einen Auszug [aus] einem Roman entnehmen ⑪ (*emprunter à*) **~ son origine de qc** *coutume:* auf etw (*akk*) zurückgehen ⑫ (*déduire*) **~ une conclusion/leçon de qc** eine Schlussfolgerung/Lehre aus etw ziehen ⑬ FIN ausstellen *chèque* ⑭ PHOT abziehen *film, négatif, photo* ⑮ ART, TYP drucken *ouvrage, estampe, lithographie* ⑯ (*transvaser*) [auf Flaschen] abziehen *vin* ▶ **on ne peut rien ~ de qn** (*qn refuse de parler*) aus jdm ist nichts herauszubekommen **II.** *vi* ① (*exercer une traction*) **~ sur les rênes de son cheval** seinem Pferd die Zügel anziehen ② (*aspirer*) **~ sur sa pipe/cigarette** an seiner Pfeife/Zigarette ziehen ③ (*gêner*) *peau, cicatrice:* spannen ④ CHASSE, MIL *personne, arme, fusil:* schießen ⑤ (*au football*) schießen; (*au basket*) werfen ⑥ (*avoir une certaine ressemblance avec*) **~ sur qc** *couleur:* in etw (*akk*) spielen; **~ sur qn** BELG, NORD nach jdm schlagen ⑦ TYP **~ à 2000 exemplaires** eine Auflage von 2000 Exemplaren haben ⑧ (*avoir du tirage*) **~ bien/mal** *cheminée, poêle:* gut/schlecht ziehen **III.** *vpr* ① *fam* (*s'en aller*) **se ~** sich verdrücken ② (*se sortir*) **se ~ d'une situation/d'embarras** sich aus einer Situation/schwierigen Lage lavieren ③ (*se blesser*) **se ~ une balle dans la tête** sich (*dat*) eine Kugel in den Kopf schießen ▶ **s'en ~** *fam* **il s'en tire bien/mal** (*à la suite d'un accident, d'une maladie*) er ist noch einmal glimpflich davongekommen/es hat ihn schwer getroffen; (*à la suite d'un ennui*) er zieht sich gut/schlecht aus der Affäre; (*réussir*) er macht seine Sache gut/schlecht

tiret [tiʀɛ] *m* Gedankenstrich *m;* (*division*) Trennungsstrich

tireur, -euse [tiʀœʀ, -øz] *m, f* ① MIL Schütze *m*/Schützin *f* ② (*au football*) Torschütze *m*/-schützin *f;* (*au basket*) Werfer(in) *m(f);* **~ à l'arc** Bogenschütze ③ FIN *d'un chèque, d'une lettre de change* Aussteller(in) *m(f)*

tireuse [tiʀøz] *f* PHOT Kopiergerät *nt*

tiroir [tiʀwaʀ] *m* Schublade *f*

tiroir-caisse [tiʀwaʀkɛs] <tiroirs-caisses> *m* Geldschublade *f* der Registrierkasse

tisane [tizan] *f* [Kräuter]tee *m;* **~ à la menthe** Pfefferminztee *m*

tisanière [tizanjɛʀ] *f* Aufgussgefäß *nt*

tiser [tize] <1> *vi pop* saufen (*sl*)

tison [tizɔ̃] *m* glimmendes Stück Holz

tisonner [tizɔne] <1> *vt* schüren

tisonnier [tizɔnje] *m* Schürhaken *m*

tissage [tisaʒ] *m* ① (*activité manuelle*) Weben *nt;* **~ des tapis** Teppichweben ② (*usine*) Weberei *f* ③ (*industrie*) Webereien *Pl*

tisser [tise] <1> *vt* ① TEXTIL weben *tapis;* verweben *laine* ② (*ourdir*) *araignée:* spinnen ③ (*constituer*) spinnen *intrigue;* in die Hand nehmen *destin*

tisserand(e) [tisʀɑ̃, ɑ̃d] *m(f)* Weber(in) *m(f)*

tisseur, -euse [tisœʀ, -øz] *m, f* Weber(in) *m(f)*

tissu [tisy] *m* ① TEXTIL Stoff *m;* **~ éponge** Frottee *m o nt* ② *de contradictions, d'intrigues* Netz *nt; d'inepties* Aneinanderreihung *f* ③ BIO [Zell]gewebe *nt* ④ SOCIOL **~ social** soziales Gefüge

titane [titan] *m* CHIM Titan *nt*

titanesque [titanɛsk] *adj travail* gewaltig; *entreprise, œuvre* gigantisch

titi [titi] *m* **~ parisien** Pariser Straßenjunge *m*

titiller [titije] <1> *vt* ① (*chatouiller*) kitzeln ② *fam* (*asticoter*) **l'envie de tout raconter la titille** es juckt sie alles zu erzählen

titre [titʀ] *m* ① (*intitulé*) Titel *m; d'un chapitre, article de journal* Überschrift *f;* **faire les gros ~s de qc** MEDIA in etw Schlagzei-

T

len machen ② (*qualité*) Titel *m;* **~ de citoyen** Eigenschaft *f* als Staatsbürger ③ (*trophée*) Titel *m* ④ (*pièce justificative*) Bescheinigung *f;* **~ de transport** Fahrausweis *m* ⑤ (*valeur, action*) Wertpapier *nt* ⑥ CHIM (*proportion*) *d'un alcool, d'une solution* Gehalt *m* ►**à double ~** in zweierlei Hinsicht; **à juste ~** mit [vollem] Recht; **à ce ~** in dieser Eigenschaft; **à ~ de qn** als jd

titre-phare [titʀfaʀ] <titres-phares> *m d'un album* Erfolgstitel *m,* Megahit *m*

titrer [titʀe] <1> *vt* ① (*donner un titre à*) **~ qc sur qc** *journal:* mit einer Schlagzeile über etw (*akk*) aufmachen ② CHIM **~ 12/25 degrés** einen Gehalt von 12/25 Prozent haben

titubant(e) [titybɑ̃, ɑ̃t] *adj démarche* schwankend; *ivrogne* torkelnd

tituber [titybe] <1> *vi* **~ d'ivresse** vor Trunkenheit (*dat*) torkeln

titulaire [titylɛʀ] **I.** *adj* ① *professeur, instituteur* verbeamtet ② (*détenteur*) **~ d'un poste** ein Amt bekleidend; **~ d'un diplôme/permis** ein Diplom/eine Erlaubnis besitzend **II.** *mf* ① SCOL, UNIV, ADMIN Beamte(r) *m*/Beamtin *f* ② (*détenteur*) **~ d'une carte/d'un permis** Besitzer einer Karte/Erlaubnis (*gen*); **~ d'un poste** Inhaber eines Amtes (*gen*)

titularisation [titylaʀizasjɔ̃] *f* ADMIN, SCOL Verbeamtung *f; d'un professeur d'université* Berufung *f*

titulariser [titylaʀize] <1> *vt* verbeamten *fonctionnaire;* ernennen zu *professeur d'université*

T.N.T.[1] [teɛnte] *m abr de* **trinitrotoluène** TNT *nt*

T.N.T.[2] [teɛnte] *f abr de* **télévision numérique terrestre** DVB-T *nt* (*digitales terrestrisches Fernsehen*)

To [teo] *m abr de* **téraoctet** INFORM TByte *nt*

toast [tost] *m* ① (*pain grillé*) Toast *m* ② (*allocution*) Trinkspruch *m*

toaster [toste] <1> *vt* toasten

toasteur [tostœʀ] *m* Toaster *m*

toboggan [tɔbɔgɑ̃] *m* ① TECH Rutsche *f* ② (*piste glissante*) Rutschbahn *f*

toc [tɔk] *m fam* (*imitation*) **du ~** Ramsch *m;* **en ~** unecht

tocade [tɔkad] *f fam* [vorübergehender] Spleen *m,* Marotte *f*

tocard [tɔkaʀ] *m* ① *fam* (*personne*) Flasche *f* ② (*cheval*) Klepper *m* (*fam*)

tocsin [tɔksɛ̃] *m* Alarmglocke *f*

tofu [tɔfu] *m* GASTR Tofu *m o nt*

toge [tɔʒ] *f* Talar *m,* Robe *f;* HIST Toga *f*

Togo [tɔgo] *m* **le ~** Togo *nt*

tohu-bohu [tɔybɔy] *m inv fam* Tohuwabohu *nt*

toi [twa] *pron pers* ① *fam* (*pour renforcer*) du; **~, tu n'as pas ouvert la bouche** du hast den Mund nicht aufgemacht; **c'est ~ qui l'as dit** du hast das gesagt; **il veut t'aider, ~?** dir möchte er helfen? ② *avec un verbe à l'impératif* **regarde-~** sieh dich an; **imagine-toi ...** stell dir vor ...; **lave-~ les mains** wasch dir die Hände ③ *avec une préposition* **avec/sans ~** mit dir/ohne dich; **à ~ seul** du allein ④ *dans une comparaison* du; **je suis comme ~** ich bin wie du; **plus fort que ~** stärker als du ⑤ (*emphatique*) **c'est ~?** bist du's?; **si j'étais ~** wenn ich du wäre; *v. a.* **moi**

toile [twal] *f* ① (*tissu*) Stoff *m* ② (*pièce de tissu*) Tuch *nt* ③ *fig* **~ de fond** Hintergrund *m* ④ ART Gemälde *nt* ⑤ NAUT Segel *Pl* ⑥ INFORM **~ [d'araignée] mondiale** World Wide Web *nt* ►**~ d'araignée** Spinnennetz *nt;* (*poussière*) Spinnwebe *f;* **tisser sa ~** seine Fäden ziehen

Toile [twal] *f* **la ~** das Web

toilettage [twalɛtaʒ] *m d'un chat* Pflege *f; d'un chien* Pflege; **salon de ~** Hunde- und Katzensalon *m*

toilette [twalɛt] *f* ① (*soins corporels*) Waschen *nt;* **faire sa ~** *personne:* sich waschen; *animal:* sich putzen ② *d'un édifice, monument* Reinigung *f* ③ (*vêtements*) Kleidung *f* ④ *pl* (*W.-C.*) Toilette *f;* **aller aux ~s** auf die Toilette gehen

toiletter [twalete] <1> *vt* pflegen *chat;* trimmen *chien*

toi-même [twamɛm] *pron pers* (*toi en personne*) du selbst; *v. a.* **moi-même**

toiser [twaze] <1> **I.** *vt* verächtlich anschauen **II.** *vpr* **se ~** sich [gegenseitig] verächtlich anschauen

toison [twazɔ̃] *f* ① (*pelage*) Schaffell *nt* ② (*chevelure*) Haarpracht *f* ③ (*poils*) Behaarung *f* ►**la Toison d'or** HIST das Goldene Vlies

toit [twa] *m* ① (*couverture*) Dach *nt* ② (*maison*) Bleibe *f*

toiture [twatyʀ] *f* Bedachung *f*

Tokyo [tɔkjo] Tokio *nt*

tôlard(e) [tolaʀ, aʀd] *m(f) fam v.* **taulard**

tôle [tol] *f* ① METAL Blech *nt* ② AUT [Karosserie]blech *nt*

tôlé(e) [tole] *adj neige* vereist

tolérable [tɔleʀabl] *adj* zumutbar; *douleur* erträglich

tolérance [tɔleʀɑ̃s] *f* ① (*largeur d'esprit*) Toleranz *f* ② MED **~ à qc** Verträglichkeit *f* einer S. (*gen*) ③ (*marge admise*) Spielraum *m*

tolérant(e) [tɔleʀɑ̃, ɑ̃t] *adj* tolerant

tolérer [tɔleʀe] <5> **I.** *vt* ① (*autoriser*) dulden *infraction, pratique* ② (*supporter*) ertragen; aushalten *douleur;* dulden *contradiction, retard, comportement* ③ MED vertragen **II.** *vpr* (*se supporter*) **se ~** sich vertragen

tôlerie [tolʀi] *f* (*atelier*) Blechbearbeitungswerkstatt *f;* (*pour voitures*) Karosseriewerkstatt *f*

tôlier [tolje] *m* Blechschmied *m;* **~ en voitures** Autoschlosser *m*

tollé [tɔle] *m* Aufschrei *m* der Empörung

T.O.M. [tɔm] *m abr de* **territoire d'outre-mer** HIST französisches Überseegebiet

tomate [tɔmat] *f* Tomate *f,* Paradeiser *m* (A)

tombal(e) [tɔ̃bal, -o] <s o -aux> *adj* Grab-

tombant(e) [tɔ̃bɑ̃, ɑ̃t] *adj* herabhängend; *épaules* hängend

tombe [tɔ̃b] *f* Grab *nt*

tombeau [tɔ̃bo] <x> *m* Grabmal *nt*

tombée [tɔ̃be] *f* **~ de la nuit** [*o* **du jour**] Einbruch *m* der Dunkelheit

tomber [tɔ̃be] <1> *vi* + *être* ① (*chuter*) *personne:* [hin]fallen; *animal:* stürzen; **~ en arrière/en avant** nach hinten/nach vorne fallen; **~ dans les bras de qn** jdm in die Arme fallen; **~ du troisième étage** aus dem dritten Stock fallen; **~ [par terre]** *personne, bouteille, chaise:* umfallen; *arbre, pile d'objets, poteau:* umstürzen; *échafaudage:* einstürzen; *branches, casseroles:* herunterfallen ② (*s'abattre*) **~ du ciel** vom Himmel fallen ③ (*être affaibli*) **~ de fatigue/sommeil** vor Erschöpfung/Müdigkeit (*dat*) umfallen ④ (*se détacher*) *cheveux, dent:* ausfallen; *feuille, masque:* fallen ⑤ (*arriver*) *nouvelle, télex:* eintreffen; **qc tombe un lundi** etw fällt auf [einen] Montag (*akk*) ⑥ (*descendre*) *nuit, soir:* hereinbrechen; *neige, pluie, averse:* fallen; *foudre:* einschlagen ⑦ THEAT *rideau:* fallen ⑧ (*être vaincu*) fallen; *dictateur, gouvernement:* gestürzt werden; *record:* gebrochen werden ⑨ (*mourir*) fallen ⑩ (*baisser*) *vent:* sich legen; *colère:* nachlassen; *enthousiasme, exaltation:* nachlassen ⑪ (*disparaître, échouer*) *obstacle:* beseitigt sein/werden; *plan, projet:* fallen gelassen werden ⑫ (*pendre*) fallen; **bien/mal ~** *vêtement:* gut/schlecht fallen ⑬ *fam* (*se retrouver*) **~ enceinte** schwanger werden; **~ d'accord** sich einig werden ⑭ (*être pris*) **~ dans un piège** in einen Hinterhalt geraten ⑮ (*être entraîné*) **~ dans l'oubli** in Vergessenheit (*akk*) geraten ⑯ (*concerner par hasard*) **~ sur qn** jdn treffen; *sort:* auf jdn fallen ⑰ (*rencontrer, arriver par hasard*) **~ sur un article** auf einen Artikel stoßen; **~ sur qn** jdn [zufällig] treffen ⑱ (*abandonner*) **laisser ~ un projet/une activité** ein Projekt fallen lassen/eine Tätigkeit sein lassen ⑲ (*se poser*) **~ sur qn/qc** *conversation:* auf jdn/etw kommen; *regard:* auf jdn/etw fallen ⑳ *fam* (*attaquer*) **~ sur qn** über jdn herfallen ▶**bien/mal ~** gelegen/ungelegen kommen; **ça tombe bien/mal** das trifft sich gut/schlecht

tombeur, -euse [tɔ̃bœʀ, -øz] *m, f* ① SPORT **~ de qn** Sieger(in) *m(f)* über jdn ② *fig fam* (*séducteur*) Playboy *m;* (*séductrice*) Vamp *nt*

tombola [tɔ̃bɔla] *f* Tombola *f*

tome [tɔm] *m* Band *m*

tom[m]e [tɔm] *f Käsesorte aus Savoyen*

ton¹ [tɔ̃] *m* ① (*manière de s'exprimer*) Ton *m;* **d'un** [*o* **sur un**] **~ convaincu/humoristique** in einem überzeugten/humoristischen Ton ② *d'une voix* Klang *m;* **baisser/hausser le ~** zu schreien aufhören/zu schreien anfangen; (*se calmer/s'échauffer*) sich beruhigen/sich erhitzen ③ (*couleur*) Farbton *m* ④ MUS Tonart *f,* Ton *m* ▶**il est de bon ~ de faire qc** es gehört zum guten Ton etw zu tun

ton² [tɔ̃, te] <tes> *dét poss* (*à toi*) dein(e); *v. a.* **mon** ▶**ne fais pas ~ malin!** gib nicht so an!

tonalité [tɔnalite] *f* ① TELEC Freizeichen *nt* ② *d'une voix* Klang *m* ③ (*échelle*) Tonalität *f* ④ LING Klang *m* ⑤ *d'un tableau, paysage, texte* Grundstimmung *f*

tondeuse [tɔ̃døz] *f* ① (*pour les cheveux, la barbe*) Haar-/Bartschneider *m* ② (*pour le jardin*) **~ [à gazon]** Rasenmäher *m*

tondre [tɔ̃dʀ] <14> *vt* scheren; mähen *gazon;* schneiden *haie*

tondu(e) [tɔ̃dy] **I.** *part passé de* **tondre** **II.** *adj cheveux* geschoren; *personne, tête* [kahl] geschoren; *pelouse, pré* gemäht; *haie* geschnitten

tong [tɔ̃g] *f* Sandale *f* mit Zehenriemchen, Flip-Flop® *m*

tonicité [tɔnisite] *f d'une personne* Spannkraft *f; des muscles* Tonus *m; d'une peau* Spannung *f*

tonifiant [tɔnifjɑ̃] *m* Tonikum *nt*

tonifier [tɔnifje] <1> **I.** *vt* kräftigen *cheveux, muscles, peau;* stärken *organisme, personne;* beleben *esprit, personne* **II.** *vi* anregen

tonique [tɔnik] **I.** *adj* ① *froid* belebend; *boisson* tonisch ② *idée, lecture* anregend

❸ LING *syllabe, voyelle* betont **II.** *m* MED Tonikum *nt*

tonitruant(e) [tɔnitʀyɑ̃, ɑ̃t] *adj* laut; *voix* durchdringend; *fig* lautstark

tonnage [tɔnaʒ] *m* Tonnage *f;* ~ **brut/net** brutto/netto Raumgehalt *m*

tonne [tɔn] *f* ❶ (*unité*) Tonne *f* ❷ *fam* (*énorme quantité*) [ganze] Tonne ▸ **en faire des ~s** *fam* dick auftragen

tonneau [tɔno] <x> *m* ❶ (*récipient*) Fass *nt* ❷ (*accident de voiture*) Überschlag *m* ❸ (*acrobatie aérienne*) Rolle *f*

tonnelet [tɔnlɛ] *m* Fässchen *nt*

tonnelier, -ière [tɔnəlje, -jɛʀ] *m, f* Böttcher(in) *m(f)*

tonnelle [tɔnɛl] *f* [Garten]laube *f*

tonner [tɔne] <1> **I.** *vi* ❶ (*retentir*) *artillerie, canons:* donnern ❷ (*parler*) ~ **contre qc** gegen etw wettern **II.** *vi impers* **il tonne** es donnert

tonnerre [tɔnɛʀ] *m* ❶ METEO Donner *m* ❷ (*manifestation bruyante*) ~ **de protestations** Proteststurm *m;* ~ **d'applaudissements** Beifallssturm *m* ▸ **fille/type/voiture du ~** *fam* super Mädchen/Typ/Auto

tonsure [tɔ̃syʀ] *f* ❶ REL Tonsur *f* ❷ *fam* (*calvitie*) Platte *f*

tonte [tɔ̃t] *f* ❶ (*action*) Scheren *nt; d'un gazon* Mähen *nt; d'une haie* Schneiden *nt* ❷ (*époque*) Scherzeit *f*

tonton [tɔ̃tɔ̃] *m enfantin* Onkel *m*

tonus [tɔnys] *m* ❶ (*dynamisme*) Tatkraft *f* ❷ ANAT ~ **musculaire** Muskeltonus *m*

top [tɔp] **I.** *adj inv, antéposé* ❶ *fam* (*super*) voll super; **la boutique la plus ~** die absolute Topboutique ❷ COUT ~ **model** Topmodel *nt* **II.** *m* ❶ RADIO Gongschlag *m* ❷ (*signal de départ*) ~ **[de départ]** Startsignal *nt* ❸ SPORT Startschuss *m* ❹ *fam* (*niveau maximum*) **le ~** das Beste

topaze [tɔpɑz] *f* Topas *m*

toper [tɔpe] <1> *vi* **tope-là!** *fam* geritzt!

topinambour [tɔpinɑ̃buʀ] *m* BOT Topinambur *m*

top-modèle [tɔpmɔdɛl] <top-modèles> *mf* Topmodel *nt*

topo [tɔpo] *m fam* ❶ (*exposé oral*) Kurzvortrag *m* ❷ (*exposé écrit*) kurze Darstellung ❸ *péj* (*répétition ennuyeuse*) Sermon *m*

topographique [tɔpɔgʀafik] *adj* topografisch

topologie [tɔpɔlɔʒi] *f* Topologie *f*

topométrie [tɔpɔmetʀi] *f* [Erd]vermessung *f*

toponyme [tɔpɔnim] *m* Ortsname *m*

toponymie [tɔpɔnimi] *f* Ortsnamenkunde *f*

top-secret [tɔpsəkʀɛ] *adj inv* topsecret

toquade [tɔkad] *v.* **tocade**

toquard(e) [tɔkaʀ, aʀd] *v.* **tocard**

toque [tɔk] *f* ❶ *d'un juge, magistrat* Toque *f; d'un cuisinier* Mütze *f* ❷ (*distinction*) Stern *m*

toqué(e) [tɔke] **I.** *adj fam* (*cinglé*) bekloppt **II.** *m(f) fam* Bekloppte(r) *f(m)*

toquer [tɔke] <1> *vi fam* ~ **à qc** an etw (*akk*) klopfen

Torah [tɔʀa] *f* Thora *f*

torche [tɔʀʃ] *f* ❶ (*flambeau*) Fackel *f* ❷ (*lampe électrique*) Taschenlampe *f*

torcher [tɔʀʃe] <1> **I.** *vt* ❶ *fam* (*essuyer*) abwischen ❷ *fam* (*bâcler*) hinschmieren ▸ **être bien torché** *fam* gelungen sein **II.** *vpr pop* **se ~ [le derrière]** sich (*dat*) den Hintern abwischen

torchis [tɔʀʃi] *m* Strohlehm *m*

torchon [tɔʀʃɔ̃] *m* ❶ (*tissu*) Tuch *nt;* **donner un coup de ~ sur/à qc** etw abwischen ❷ *fam* (*mauvais journal*) Käseblatt *nt* ❸ (*sale travail*) Geschmiere *nt* (*fam*) ▸ **il ne faut pas mélanger les ~s et les serviettes** *fam* man darf nicht alles in einen Topf werfen

tordant(e) [tɔʀdɑ̃, ɑ̃t] *adj fam* (*drôle*) zum Brüllen

tord-boyaux [tɔʀbwajo] *m inv fam* Fusel *m*

tordre [tɔʀdʀ] <14> **I.** *vt* ❶ (*serrer en tournant*) [aus]wringen *linge;* zwirnen *brins, fils* ❷ (*plier*) verbiegen; **être tordu** *jambe, nez, règle:* krumm sein ❸ (*déformer*) ~ **la bouche/les traits de qn** jdm den Mund/die Züge von jdm verzerren **II.** *vpr* ❶ (*faire des contorsions*) **se ~ de douleur** sich vor Schmerz (*dat*) verziehen; **se ~ de rire** sich vor Lachen biegen (*fam*) ❷ (*se luxer*) **se ~ un membre** sich (*dat*) ein Glied verrenken

tordu(e) [tɔʀdy] **I.** *part passé de* **tordre** **II.** *adj fam esprit, personne, idée* verschroben; *raisonnement* seltsam **III.** *m(f) fam* Verrückte(r) *f(m)*

toréador [tɔʀeadɔʀ] *m* Stierkämpfer *m*

toréer [tɔʀee] <1> *vi* gegen den Stier kämpfen

torero [tɔʀeʀo] *m* Torero *m*

torgnole [tɔʀɲɔl] *f fam* Backpfeife *f*

tornade [tɔʀnad] *f* Tornado *m*

torpédo [tɔʀpedo] *f* AUT, HIST *offener Tourenwagen*

torpeur [tɔʀpœʀ] *f* Erstarrung *f;* (*dans un pays*) Lähmung *f*

torpillage [tɔʀpijaʒ] *m* ❶ MIL Torpedierung *f* ❷ *a. fig* (*sabotage*) Sabotieren *nt*

torpille [tɔʀpij] *f* MIL Torpedo *m*

torpiller [tɔʀpije] <1> *vt* ❶ MIL torpedieren ❷ (*faire échouer*) sabotieren; hintertreiben *plan, projet*

torpilleur [tɔʀpijœʀ] *m* Torpedoboot *nt*

torréfacteur [tɔʀefaktœʀ] *m* ❶ TECH Röster *m;* ~ **à cacao/café** Kakao-/Kaffeeröster ❷ (*marchand*) Kaffeeröster *m*

torréfaction [tɔʀefaksjɔ̃] *f* Rösten *nt*

torréfier [tɔʀefje] <1> *vt* rösten

torrent [tɔʀɑ̃] *m* ❶ (*cours d'eau*) Gebirgsbach *m* ❷ (*flot abondant*) ~ **de boue** Schlammmasse *f;* ~ **de larmes** Strom von Tränen ▶ **il pleut à ~s** es gießt in Strömen

torrentiel(le) [tɔʀɑ̃sjɛl] *adj pluies* Sturz-

torride [tɔʀid] *adj* ❶ (*brûlant*) heiß; *chaleur* brütend ❷ (*passionné*) heiß (*fam*)

torsade [tɔʀsad] *f* ❶ (*cordelette*) Kordel *f* ❷ (*coiffure*) geflochtener Zopf

torsader [tɔʀsade] <1> *vt* flechten *brins, cheveux*

torse [tɔʀs] *m* ❶ (*poitrine*) Oberkörper *m* ❷ ANAT Rumpf *m* ❸ ART Torso *m*

torsion [tɔʀsjɔ̃] *f de la bouche, des traits* Verzerren *nt*

tort [tɔʀ] *m* ❶ (*erreur*) Fehler *m* ❷ (*préjudice*) Nachteil *m;* (*moral*) Unrecht *nt;* **avoir [grand] ~ de faire qc** etw zu Unrecht tun; **faire du ~ à qn/qc** jdm/einer S. schaden ▶ **à ~ ou à raison** zu Recht oder zu Unrecht; **à ~ et à travers** unüberlegt

torticolis [tɔʀtikɔli] *m* steifer Hals

tortillard [tɔʀtijaʀ] *m fam* Bummelzug *m*

tortillement [tɔʀtijmɑ̃] *m* Verrenkung *f; des fesses, hanches* Wackeln *nt*

tortiller [tɔʀtije] <1> **I.** *vt* zwirbeln *cheveux;* [zer]knittern *cravate, mouchoir* **II.** *vi* ~ **des hanches/fesses** mit der Hüfte/dem Hintern wackeln ▶ **y a pas à ~** *fam* daran gibt es nichts zu rütteln **III.** *vpr* **se ~** (*se tourner sur soi-même*) *personne:* herumzappeln; *animal:* sich winden

tortionnaire [tɔʀsjɔnɛʀ] *mf* Folterknecht *m*

tortue [tɔʀty] *f* ❶ ZOOL Schildkröte *f* ❷ *fam* (*personne très lente*) Schnecke *f*

tortueux, -euse [tɔʀtɥø, -øz] *adj* ❶ *chemin* verschlungen; *escalier, ruelle* verwinkelt ❷ *conduite* undurchsichtig; *manœuvres* undurchschaubar

torturant(e) [tɔʀtyʀɑ̃, ɑ̃t] *adj attente* qualvoll; *pensée, réflexion* quälend

torture [tɔʀtyʀ] *f* ❶ (*supplice*) Folter *f* ❷ (*souffrance*) Qual *f* ▶ **mettre qn à la ~** jdn auf die Folter spannen

torturer [tɔʀtyʀe] <1> **I.** *vt* ❶ (*supplicier*) foltern *personne;* quälen *animal* ❷ (*faire souffrir*) *douleur, doute, faim, jalousie, remords:* plagen ❸ (*déformer*) **être torturé par qc** *traits, visage:* durch etw entstellt sein **II.** *vpr* **se ~** grübeln

tôt [to] *adv* ❶ (*de bonne heure*) früh ❷ (*à une date ou une heure avancée*) früh ❸ (*vite*) **plus ~** früher; **le plus ~ possible** so bald wie möglich ▶ **~ ou tard** früher oder später; **pas plus ~ ... que** (*à peine*) kaum ..., da

total [tɔtal, -o] <-aux> *m* (*somme*) Gesamtbetrag *m* ▶ **faire le ~ de qc** die Bilanz aus etw ziehen; **au ~** (*en tout*) insgesamt; (*somme toute*) alles in Allem

total(e) [tɔtal, -o] <-aux> *adj* ❶ (*absolu*) total; *maîtrise* vollkommen; *désespoir, obscurité, ruine* völlig ❷ FIN, MATH *hauteur, somme* Gesamt-

totale [tɔtal] *f pop* MED Totaloperation *f* ▶ **c'est la ~** das ist echt die Härte

totalement [tɔtalmɑ̃] *adv* völlig; *détruit, ruiné* vollkommen

totaliser [tɔtalize] <1> *vt* ❶ (*additionner*) zusammenzählen ❷ (*atteindre*) kommen auf (+ *akk*) *nombre, points, voix;* zählen *habitants*

totalitaire [tɔtalitɛʀ] *adj* totalitär

totalitarisme [tɔtalitaʀism] *m* Totalitarismus *m*

totalité [tɔtalite] *f* Gesamtheit *f*

totem [tɔtɛm] *m* ❶ (*symbole*) Totem *nt* ❷ (*statue*) Totempfahl *m*

toubib [tubib] *m fam* Arzt *m*/Ärztin *f*

toucan [tukɑ̃] *m* ORN Tukan *m*

touchant(e) [tuʃɑ̃, ɑ̃t] *adj* (*émouvant*) rührend; *situation, histoire* ergreifend

touche [tuʃ] *f* ❶ *a.* INFORM *d'un accordéon, piano* Taste *f* ❷ (*coup de pinceau*) Strich *m* ❸ PECHE Anbiss *m;* **qn a une ~** bei jdm beißt ein Fisch an ❹ (*en escrime*) Treffer *m;* (*au football, rugby: ligne*) Seitenlinie *f;* (*sortie du ballon*) Aus *nt* ❺ *fam* (*aspect*) Outfit *nt* ▶ **faire une ~** *fam* eine Eroberung machen; **sur la ~** (*au bord du terrain*) auf der Ersatzbank; *fam* (*à l'écart*) im/ins Abseits

touche-à-tout [tuʃatu] *mf inv fam* ❶ (*enfant*) *Kind, das alles anfasst* ❷ (*personne aux activités multiples*) Hansdampf in allen Gassen *m* (*fam*) ❸ (*personne aux talents multiples*) Tausendsassa *m* (*fam*)

toucher [tuʃe] <1> **I.** *vt* ❶ (*porter la main sur*) berühren ❷ (*entrer en contact avec*) berühren *ballon, fond, sol;* reichen bis an (+ *akk*) *plafond* ❸ (*être contigu à*) ~ **qc** an etw (*akk*) grenzen ❹ (*frapper*) *balle, coup, explosion, mesure, politique:* treffen ❺ (*concerner*) betreffen; *histoire, affaire:* angehen ❻ (*émouvoir*) *critique, reproche:* treffen; *drame, deuil, scène:* berühren ❼ (*recevoir*) bekommen *argent, ration, commission;* beziehen *pension, traitement;* (*à la banque*) abheben *argent* ❽ (*contacter*) erreichen *personne* ❾ (*atteindre*) erreichen *port, côte* **II.** *vi* ❶ (*porter la main sur*) ~ **à qc** etw anfassen ❷ (*se servir de*) ~ **à ses économies** an sein Erspartes gehen ❸ (*tripoter*) ~ **à qn** jdn anrühren ❹ (*modifier*) ~ **au règlement** die Regeln antasten ❺ (*concerner*) ~ **à un domaine** ein Gebiet berühren ❻ (*aborder*) ~ **à un problème/sujet** ein Problem/Thema ansprechen ❼ (*être proche de*) ~ **à un lieu/objet** an einen Ort/ein Objekt fast angrenzen; ~ **à sa fin** dem Ende zugehen **III.** *vpr* **se** ~ (*être en contact*) *personnes:* sich berühren; *immeubles, localités, propriétés:* aneinandergrenzen **IV.** *m* ❶ (*sens*) Tastsinn *m* ❷ (*impression*) Beschaffenheit *f* ❸ MUS Anschlag *m;* SPORT Ballgefühl *nt* ▶ **au** ~ beim Berühren

touffe [tuf] *f* Büschel *nt*

touffu(e) [tufy] *adj* (*épais*) dicht; *sourcils* buschig; *végétation* üppig

touiller [tuje] <1> *vt fam* rühren *sauce;* wenden *salade;* umrühren *café*

toujours [tuʒuʀ] *adv* ❶ (*constamment*) immer ❷ (*encore*) immer noch ❸ (*en toutes occasions*) immer ❹ (*malgré tout*) dennoch ▶ **qn peut** ~ **faire qc** (*qn aura beau*) jd kann etw tun, so viel er will; **depuis** ~ seit eh und je

toundra [tundʀa] *f* Tundra *f*

toupet [tupɛ] *m* ❶ (*touffe*) Büschel *nt* ❷ *fam* (*culot*) Frechheit *f*

toupie [tupi] *f* ❶ (*jouet*) Kreisel *m* ❷ TECH Fräsmaschine *f*

tour¹ [tuʀ] *f* ❶ (*monument*) Turm *m;* MIL Wehrturm; ~ **de contrôle** Tower *m;* ~ **de forage** Bohrturm *m;* ~ **de guet** Wachturm *m* ❷ (*immeuble*) Hochhaus *nt* ❸ JEUX Turm *m* ▶ **une vraie** ~ *fam* ein richtiger Kleiderschrank

tour² [tuʀ] *m* ❶ (*circonférence*) Umfang *m; des yeux* Ränder *Pl;* ~ **de cou** Halsband *nt;* ~ **de hanches/poitrine** Hüftweite *f*/Brustumfang ❷ (*brève excursion*) Tour *f;* **faire un** ~ eine Runde machen; ~ **de France** SPORT Tour *f* de France; HIST *Wanderschaft eines Handwerksgesellen;* ~ **d'horizon** Überblick *m* ❸ (*succession alternée*) ~ **de garde/surveillance** Wachdienst *m;* **c'est au** ~ **de qn de faire qc** jd ist dran etw zu tun (*fam*) ❹ (*rotation*) Umdrehung *f* ❺ (*duperie*) Streich *m* ❻ (*tournure*) [Rede]wendung *f* ❼ (*exercice habile*) Kunststück *nt;* ~ **de force** Kraftakt *m;* (*exploit moral*) Heldentat *f;* ~ **de prestidigitation** [*o* **de magie**] Zaubertrick *m;* ~ **de main** Fingerfertigkeit *f* ❽ (*séance*) Runde *f;* ~ **de chant** Konzert *nt* ❾ POL Wahlgang *m;* ~ **de scrutin** Wahlgang *m* ▶ **faire le** ~ **du cadran** zwölf volle Stunden schlafen; **en un** ~ **de main** im Handumdrehen; **à** ~ **de rôle** abwechselnd; **jouer un** ~ **à qn** jdm übel mitspielen; **prendre un** ~ **désagréable/inquiétant** einen unangenehmen/beunruhigenden Verlauf nehmen; **c'est un** ~ **à prendre** das ist eine Frage der Übung

tourbe [tuʀb] *f* AGR Torf *m*

tourbière [tuʀbjɛʀ] *f* [Torf]moor *nt*

tourbillon [tuʀbijɔ̃] *m* ❶ (*vent*) Wirbelsturm *m;* ~ **de neige** Schneegestöber *nt* ❷ (*masse d'eau*) Strudel *m* ❸ (*colonne tournoyante*) ~ **de sable** Sandsturm *m* ❹ (*agitation*) ~ **de la vie** Lauf *m* des Leben

tourbillonnant(e) [tuʀbijɔnɑ̃, ɑ̃t] *adj vent* Wirbel-; *eau* strudelnd; *feuilles, fumée* wirbelnd

tourbillonnement [tuʀbijɔnmɑ̃] *m* (*tournoiement*) ~ **des feuilles/de la fumée** Blätter-/Rauchwirbel *m*

tourbillonner [tuʀbijɔne] <1> *vi feuilles:* [herum]wirbeln; *eaux:* strudeln; *fumée, neige, poussière:* aufwirbeln

tourelle [tuʀɛl] *f* ❶ Türmchen *nt* ❷ MIL, NAUT Geschützturm *m*

tourisme [tuʀism] *m* Tourismus *m;* **voiture de grand** ~ AUT Grand-Tourisme-Wagen *m;* ~ **vert,** ~ **équitable** Ökotourismus *m,* Naturtourismus *m;* **agence/office de** ~ Reisebüro *nt*/Fremdenverkehrsamt *nt*

touriste [tuʀist] *mf* Tourist(in) *m(f)*

touristique [tuʀistik] *adj* ❶ (*relatif au tourisme*) touristisch; *activités* Freizeit-; *attrait* für Touristen; *billet, menu* Touristen-; *renseignement* Touristen- ❷ *région* Ferien-; **ville** ~ Ferienort *m*

tourment [tuʀmɑ̃] *m littér* ❶ (*souffrance morale*) Pein *f* ❷ (*douleur physique*) Marter *f*

tourmente [tuʀmɑ̃t] *f littér* (*tempête*) Unwetter *nt*

tourmenté(e) [tuʀmɑ̃te] *adj* ❶ (*angoissé*)

gequält ② *côte, formes, paysages* zerklüftet; *style* verzerrt ③ *mer* stürmisch ④ *littér vie* bewegt

tourmenter [tuʀmɑ̃te] <1> **I.** *vt* ① (*tracasser*) *ambition, envie, jalousie:* quälen; *doute, remords, scrupules:* plagen ② (*importuner*) ~ **qn de qc** jdn mit etw bedrängen **II.** *vpr* **se** ~ sich (*dat*) Sorgen machen

tournage [tuʀnaʒ] *m* ① CINE Dreharbeiten *Pl;* ~ **d'un film** Dreharbeiten für einen Film ② TECH Drehbankarbeiten *Pl*

tournant [tuʀnɑ̃] *m* ① (*virage*) Kurve *f* ② *d'une carrière, histoire, vie* Wendepunkt *m; d'un match, d'une politique* Wende *f*

tournant(e) [tuʀnɑ̃, ɑ̃t] *adj plaque, pont, scène* Dreh-

tournante [tuʀnɑ̃nt] *f arg Mehrfachvergewaltigung durch Minderjährige*

tourné(e) [tuʀne] *adj* (*aigri*) schlecht geworden; *sauce, vin* umgekippt; *lait* sauer geworden ▶ **article/lettre bien/mal** ~ gut/schlecht formulierter Artikel/Brief

tournebroche [tuʀnəbʀɔʃ] *m* Drehspieß *m*

tourne-disque [tuʀnədisk] <tourne-disques> *m* Plattenspieler *m*

tournedos [tuʀnədo] *m* GASTR Tournedos *nt*

tournée [tuʀne] *f* ① (*circuit*) Tour *f; d'un artiste* Tournee *f;* **être en** ~ auf Tournee sein; *d'un conférencier* [Vortrags]reise *f* ② *fam* (*au café*) Runde *f*

tournemain [tuʀnəmɛ̃] ▶ **en un** ~ *littér* im Handumdrehen

tourner [tuʀne] <1> **I.** *vt* ① (*mouvoir en rond*) drehen; herumdrehen *clé;* drehen *poignée* ② (*orienter*) ~ **la lampe vers la gauche/le haut** die Lampe nach links/nach oben drehen; ~ **le dos à qn/qc** jdm/etw den Rücken zuwenden ③ (*retourner*) umdrehen *disque;* umblättern *page;* umdrehen *feuille* ④ (*remuer*) umrühren ⑤ (*contourner*) umgehen; (*en voiture, à vélo*) umfahren ⑥ (*détourner*) abwenden *regard;* wegdrehen *tête* ⑦ (*formuler*) formulieren ⑧ (*transformer*) ~ **qn/qc en ridicule** [*o* **dérision**] jdn/etw lächerlich machen; ~ **à son avantage** zu seinen/ihren Gunsten wenden ⑨ CINE drehen ⑩ TECH drehen; drechseln *bois* **II.** *vi* ① (*pivoter sur son axe*) sich drehen ② (*avoir un déplacement circulaire*) *personne, animal:* im Kreis herumlaufen; **la terre tourne autour du soleil** die Erde dreht sich um die Sonne ③ (*fonctionner*) laufen; ~ **à vide** leerlaufen; *moteur:* im Leerlauf sein; ~ **à plein rendement** [*o* **régime**] auf vollen Touren laufen; **faire** ~ **un moteur** einen Motor laufen lassen ④ (*avoir trait à*) **la conversation tourne autour de qn/qc** die Unterhaltung dreht sich um jdn/etw ⑤ (*bifurquer*) abbiegen ⑥ (*s'inverser*) umschlagen; *vent:* drehen; **la chance a tourné** das Blatt hat sich gewendet ⑦ (*évoluer*) ~ **à/en qc** sich zu etw entwickeln; *événement:* als etw enden; **le temps tourne au beau** es heitert sich auf ⑧ (*devenir aigre*) *crème, lait:* sauer werden ⑨ CINE [Filme] drehen ⑩ (*approcher*) ~ **autour de qc** *prix, nombre:* [ungefähr] bei etw liegen ▶ ~ **bien/mal** *personne:* sich positiv entwickeln/auf die schiefe Bahn geraten; *chose:* gut/schlecht ausgehen **III.** *vpr* ① **se** ~ **vers qn/qc** (*s'adresser à*) sich an jdn/etw wenden; (*s'orienter*) sich jdm/etw zuwenden; *chose:* sich auf jdn/etw richten ② (*changer de position*) **se** ~ **vers qn/de l'autre côté** sich zu jdm/andersherum drehen

tournesol [tuʀnəsɔl] *m* Sonnenblume *f*

tourneur, -euse [tuʀnœʀ, -øz] *m, f* Dreher(in) *m(f);* (*sur bois*) Drechsler(in) *m(f)*

tournevis [tuʀnəvis] *m* Schraubendreher *m,* Schraubenzieher *m*

tourniquet [tuʀnikɛ] *m* ① (*barrière*) Drehkreuz *nt* ② (*porte*) Drehtür *f* ③ (*pour arroser*) Rasensprenger *m* ④ (*présentoir*) Drehständer *m*

tournis [tuʀni] *m fam* Drehwurm *m*

tournoi [tuʀnwa] *m* Turnier *nt*

tournoiement [tuʀnwamɑ̃] *m* Kreisen *nt; des feuilles* Herumwirbeln *nt*

tournoyer [tuʀnwaje] <6> *vi* sich [im Kreis] drehen; (*plus vite*) herumwirbeln

tournure [tuʀnyʀ] *f* ① (*évolution*) Wendung *f;* **prendre bonne** ~ sich zum Guten wenden ② LING Wendung *f;* (*idiomatique*) Redewendung ③ (*apparence*) Erscheinung *f* ④ ~ **d'esprit** Denkweise *f* ▶ **prendre** ~ Gestalt annehmen

tour-opérateur [tuʀɔpeʀatœʀ] <tour-opérateurs> *m* Reiseveranstalter *m*

tourte [tuʀt] *f* Pastete *f*

tourteau¹ [tuʀto] <x> *m* ZOOL Taschenkrebs *m*

tourteau² [tuʀto] <x> *m* AGR Ölkuchen *m*

tourtereau [tuʀtəʀo] <x> *m* ① *pl hum* (*amoureux*) Turteltäubchen *Pl* ② ORN Turteltaubenjunge(s) *nt*

tourterelle [tuʀtəʀɛl] *f* Turteltaube *f*

tourtière [tuʀtjɛʀ] *f* (*moule à tarte*) runde Pastetenform

tous [tu, tus] *v.* **tout**

Toussaint [tusɛ̃] *f* **la** ~ Allerheiligen *nt*
tousser [tuse] <1> *vi* ❶ (*avoir un accès de toux*) husten ❷ (*s'éclaircir la gorge*) sich räuspern ❸ (*pour avertir*) hüsteln ❹ (*avoir des ratés*) *moteur:* stottern
toussotement [tusɔtmɑ̃] *m* [leichter] Husten; (*pour avertir, de gêne*) Hüsteln *nt*
toussoter [tusɔte] <1> *vi* ❶ (*tousser légèrement*) leicht husten ❷ (*pour avertir, de gêne*) hüsteln
tout(e) [tu, tut, *pl:* tu(s), tut] <tous, toutes> **I.** *adj indéf* ❶ *sans pl* (*entier*) ~ **le temps/l'argent** die ganze Zeit/das ganze Geld; ~ **le monde** jeder[mann]; **il a plu ~e la journée** es hat den ganzen Tag geregnet; **de ~ son poids** mit seinem ganzen Gewicht; ~ **ce bruit** dieser ganze Lärm, all dieser Lärm; **nous avons ~ notre temps** wir können uns Zeit lassen ❷ *sans pl* (*tout à fait*) **c'est ~ le contraire** ganz im Gegenteil ❸ *sans pl* (*seul, unique*) **c'est ~ l'effet que ça te fait** mehr fällt dir dazu nicht ein? ❹ *sans pl* (*complet*) **j'ai lu ~ Balzac** ich habe alles von Balzac gelesen; ~ **Londres** ganz London; **à ~ prix** um jeden Preis; **à ~e vitesse** in aller Eile, schleunigst ❺ *sans pl* (*quel qu'il soit*) ~ **homme** jeder [Mensch]; **de ~e manière** auf jeden Fall ❻ *pl* (*l'ensemble des*) **~es les places** alle Plätze; **tous les jours** jeden Tag; **dans tous les cas** in jedem Fall, in allen Fällen ❼ *pl* (*chaque*) **tous les quinze jours** alle vierzehn Tage; **tous les deux jours** jeden zweiten Tag ❽ *pl* (*ensemble*) **nous avons fait tous les cinq ce voyage** wir fünf haben diese Reise gemacht ❾ *pl* (*la totalité des*) **à tous égards** in jeder Beziehung; **de tous côtés** *arriver* von allen Seiten; *regarder* nach allen Seiten; **de ~es sortes** aller Art; **un film tous publics** ein Film für jedes Publikum; **chiffon ~ usage** Allzwecktuch *nt* **II.** *pron indéf* ❶ *sans pl* (*opp: rien*) alles ❷ *pl* (*opp: personne/aucun*) alle; **un film pour tous** ein Film *m* für jedermann; **nous tous** wir alle; **tous/~es ensemble** alle zusammen ❸ *sans pl* (*l'ensemble des choses*) ~ **ce qui bouge** alles, was sich bewegt ▸ **il/elle a ~ pour lui/elle** *fam* alles spricht für ihn/sie; **et c[e n]'est pas ~!** und das ist [noch] nicht alles!; **être ~ pour qn** jds Ein und Alles sein; **c[e n]'est pas ~ [que] de faire qc** es reicht nicht etw zu tun; ~ **est bien qui finit bien** *prov* Ende gut, alles gut (*prov*); **et ~ [et ~]** *fam* und so weiter [und so fort]; ~ **ou rien** alles oder nichts; **en ~** (*au total*) im Ganzen; (*dans toute chose*) in allem; **en ~ et pour ~** alles in allem **III.** *adv* ❶ (*totalement*) ganz; **le ~ premier/dernier** der Allererste/-letzte; **c'est ~ autre chose** das ist etwas ganz Anderes ❷ (*très, vraiment*) ganz; ~ **autrement/simplement** ganz anders/einfach; ~ **près** ganz in der Nähe; ~ **près de** ganz nahe bei; ~ **à côté** gleich daneben; ~ **à côté de qn/qc** genau neben jdm/etw; ~ **autour** ringsherum; ~ **autour de** rings um ❸ (*aussi*) **~e maligne qu'elle soit** so schlau sie auch ist ❹ *inv* (*en même temps*) ~ **en faisant qc** während jd etw tut; (*quoique*) obwohl jd etw tut ❺ (*en totalité*) ganz; **tissu ~ laine/soie** Stoff *m* aus reiner Wolle/Seide ▸ ~ **à coup** plötzlich; ~ **d'un coup** (*en une seule fois*) gleichzeitig; (*soudain*) plötzlich; ~ **à fait** ganz; **être ~ à fait charmant** äußerst charmant sein; **c'est ~ à fait possible** das ist sehr gut möglich; ~ **de suite** sofort; **c'est ~ comme** *fam* es läuft auf dasselbe hinaus; **c'est ~ vu** das ist todsicher (*fam*); ~ **de même** (*quand même*) trotz alledem; **le ~ Paris** alles, was in (*dat*) Paris Rang und Namen hat **IV.** *m(f)* ❶ (*totalité*) Gesamtheit *f* ❷ (*ensemble*) **le ~** das Ganze ▸ **[pas] du ~!** [ganz und] gar nicht!; **elle n'avait pas du ~ de pain** sie hatte überhaupt kein Brot [im Haus]
tout-à-l'égout [tutalegu] *m inv* Abwasseranschluss *m*
toutefois [tutfwa] *adv* jedoch
tout-en-un [tutɑ̃nɛ̃] *adj inv produit, ordinateur, pack* All-in-one-
toute-puissance [tutpɥisɑ̃s] *f sans pl* Allmacht *f;* **exercer sa ~ sur qn** seine/ihre grenzenlose Macht über jdn ausüben
toutou [tutu] *m enfantin* (*chien*) Wauwau *m* ▸ **suivre qn comme un ~** *fam* jdm wie ein Hündchen nachlaufen
tout-petit [tup(ə)ti] <tout-petits> *m* Kleinkind *nt* **tout-puissant, toute-puissante** [tupɥisɑ̃, tutpɥisɑ̃t] <tout-puissants> **I.** *adj* allmächtig **II.** *m, f* ❶ (*souverain absolu*) allmächtiger Herrscher *m*/allmächtige Herrscherin *f* ❷ REL **le Tout-Puissant** der Allmächtige **tout-répressif** [tuʀepʀesif] *m sans pl* **le ~** staatliche Repressionen *Pl;* **politique du ~** staatliche Repressionspolitik **tout-sécuritaire** [tusekyʀitɛʀ] *m sans pl* **politique du ~** Politik *f* der öffentlichen Sicherheit **tout-terrain** [tuteʀɛ̃] <tout-terrains> **I.** *adj* Gelände-; **vélo ~** Mountainbike *nt* **II.** *m* (*véhicule*) Geländewagen *m* **tout-venant** [tuv(ə)nɑ̃] *m inv* **le ~** (*gens*

T

banals) jeder x-Beliebige; (*choses courantes*) nichts Besonderes

toux [tu] *f* Husten *m*

toxicité [tɔksisite] *f* Giftigkeit *f*

toxico [tɔksikɔ] *adj, mf fam abr de* **toxicomane**

toxicologie [tɔksikɔlɔʒi] *f* Toxikologie *f*

toxicologique [tɔksikɔlɔʒik] *adj* toxikologisch

toxicologue [tɔksikɔlɔg] *mf* Toxikologe *m*/Toxikologin *f*

toxicomane [tɔksikɔman] **I.** *adj* drogensüchtig **II.** *mf* [Drogen]süchtige(r) *f(m)*

toxicomanie [tɔksikɔmani] *f* Drogensucht *f*

toxine [tɔksin] *f* Toxin *nt*

toxique [tɔksik] *adj* giftig, toxisch; *gaz* Gift-; **pouvoir ~** Giftigkeit *f*

toxoplasmose [tɔksoplasmoz] *f* MED Toxoplasmose *f*

T.P. [tepe] *mpl* ❶ SCOL *abr de* **travaux pratiques** praktische Übungen *Pl* ❷ CONSTR *abr de* **travaux publics** Bauarbeiten *Pl* der öffentlichen Hand

trac [tʀak] *m fam* Lampenfieber *nt;* **avoir le ~** Lampenfieber haben

traçage [tʀasaʒ] *m* TECH Planzeichnen *nt kein Pl*

tracas [tʀaka] *m* Sorgen *Pl;* **se faire du ~** sich (*dat*) Sorgen machen

tracasser [tʀakase] <1> **I.** *vt* **~ qn** jdm Sorgen bereiten; *administration:* jdn schikanieren **II.** *vpr* **se ~ pour qn/qc** sich (*dat*) um jdn/etw Sorgen machen

tracasserie [tʀakasʀi] *f gén pl* Scherereien *Pl* (*fam*)

tracassier, -ière [tʀakasje, -jɛʀ] *adj* lästig; *administration, bureaucratie* schikanös

trace [tʀas] *f* ❶ (*empreinte*) Spur *f; d'un animal* Fährte *f* ❷ (*marque laissée*) Spur *f;* (*cicatrice*) Narbe *f;* **~s de fatigue** Anzeichen *Pl* von Müdigkeit; **disparaître sans laisser de ~s** spurlos verschwinden ❸ (*voie tracée*) Pfad *m;* (*au ski*) Spur *f* ❹ (*quantité minime*) **~s de poison** Spuren *Pl* von Gift ▶ **marcher sur les ~s de qn** in jds Fußstapfen (*akk*) treten; **suivre qn à la ~** jdm auf den Fersen sein

tracé [tʀase] *m* ❶ (*parcours*) Verlauf *m* ❷ *du réseau routier/ferroviaire* Streckenführung *f; d'un bâtiment, d'installations* Grundriss *m* ❸ (*graphisme*) Linienführung *f*

tracer [tʀase] <2> **I.** *vt* ❶ (*dessiner*) zeichnen; schreiben *chiffre, mot;* ziehen *ligne* ❷ (*frayer*) bahnen *piste;* anlegen *route* ❸ (*décrire*) skizzieren *portrait, tableau* **II.** *vi fam* (*aller vite*) düsen

traceur [tʀasœʀ] *m* ❶ CHIM, MED, RADIO Indikator *m* ❷ INFORM Plotter *m*

trachée [tʀaʃe] *f* Luftröhre *f*

trachée-artère [tʀaʃeaʀtɛʀ] <trachées-artères> *f vieilli* Luftröhre *f*

trachéite [tʀakeit] *f* Luftröhrenentzündung *f*

trachéotomie [tʀakeɔtɔmi] *f* MED Luftröhrenschnitt *m*

tract [tʀakt] *m* Flugblatt *nt;* **~ publicitaire** Werbeprospekt *m*

tractable [tʀaktabl] *adj* Zug-; **poids/charge ~** Zugleistung *f*/Anhängerlast *f*

tractation [tʀaktasjɔ̃] *f gén pl* Mauschelei *f* (*pej*)

tracter [tʀakte] <1> *vt* schleppen; ziehen *caravane*

tracteur [tʀaktœʀ] *m* ❶ AUT [Sattel]schlepper *m* ❷ AGR Traktor *m*

traction [tʀaksjɔ̃] *f* ❶ TECH Zugkraft *f* ❷ AUT Antrieb *m;* **~ avant/arrière** Vorder-/Hinterradantrieb; **c'est une ~ avant/arrière** das Auto hat Vorder-/Hinterradantrieb ❸ (*à la barre, aux anneaux*) Klimmzug *m* ❹ CHEMDFER Antrieb *m*

tradition [tʀadisjɔ̃] *f* ❶ (*coutume*) Tradition *f* ❷ *sans pl* (*coutumes transmises*) Tradition *f* ❸ REL Tradition *f* ❹ JUR Übergabe *f* ▶ **dans la [grande] ~ de qn/qc** wie es bei jdm/etw Tradition ist; **de ~** traditionell

traditionalisme [tʀadisjɔnalism] *m* Traditionalismus *m*

traditionaliste [tʀadisjɔnalist] **I.** *adj* traditionalistisch **II.** *mf* Traditionalist(in) *m(f)*

traditionnel(le) [tʀadisjɔnɛl] *adj* ❶ (*conforme à la tradition*) traditionell; *idée* althergebracht ❷ (*habituel*) üblich

traditionnellement [tʀadisjɔnɛlmɑ̃] *adv* ❶ (*selon la tradition*) traditionsgemäß ❷ (*habituellement*) üblicherweise ❸ (*comme toujours*) wie üblich

traducteur [tʀadyktœʀ] *m* INFORM **~ de poche** Sprachcomputer *m*

traducteur, -trice [tʀadyktœʀ, -tʀis] *m, f* (*interprète*) Übersetzer(in) *m(f)*

traduction [tʀadyksjɔ̃] *f* ❶ (*dans une autre langue*) Übersetzung *f;* **~ en allemand/français** Übersetzung ins Deutsche/Französische; **~ simultanée** Simultandolmetschen *nt* ❷ *d'un sentiment* Ausdruck *m*

traductrice [tʀadyktʀis] *f v.* **traducteur, -trice**

traduire [tʀadɥiʀ] <*irr*> **I.** *vt* ❶ (*dans une autre langue*) **~ Goethe de l'allemand en français** Goethe vom Deutschen ins Französische übersetzen ❷ (*exprimer*)

T

~ **une pensée/un sentiment** *chose:* der Ausdruck eines Gedankens/eines Gefühls sein; *personne:* einen Gedanken/ein Gefühl zum Ausdruck bringen ③ JUR ~ **en justice** [*o* **devant les tribunaux**] dem Gericht überstellen **II.** *vpr* ① (*être traduisible*) **se ~ en qc** sich in etw (*akk*) übersetzen lassen ② (*s'exprimer*) **se ~ par qc** *sentiment:* sich in etw (*dat*) ausdrücken

traduisible [tʀadɥizibl] *adj* übersetzbar; *doctrine* umsetzbar

trafic [tʀafik] *m* ① (*circulation*) Verkehr *m* ② *péj* (*commerce*) Schwarzhandel *m;* ~ **de drogue** Drogenhandel *m* ③ *fam* (*activité suspecte*) Machenschaften *Pl*

traficoter [tʀafikɔte] <1> *vt fam* ① (*falsifier*) frisieren; verfälschen *produit* ② (*bricoler*) ~ **un appareil** an einem Gerät herumbasteln ③ (*manigancer*) aushecken

trafiquant(e) [tʀafikɑ̃, ɑ̃t] *m(f)* Schieber(in) *m(f);* ~ **de drogue** Dealer

trafiquer [tʀafike] <1> *vt fam* ① (*falsifier*) frisieren *comptes, moteur;* verfälschen *produit* ② (*bricoler*) ~ **qc** an etw (*dat*) herumbasteln ③ (*manigancer*) aushecken

tragédie [tʀaʒedi] *f* Tragödie *f*

tragédien(ne) [tʀaʒedjɛ̃, jɛn] *m(f)* Tragödiendarsteller(in) *m(f)*

tragicomique [tʀaʒikɔmik] *adj* tragikomisch

tragique [tʀaʒik] **I.** *adj auteur* Tragödien-; *accident* tragisch **II.** *m* ① *sans pl* (*genre littéraire*) Tragödie *f* ② *sans pl* (*gravité*) Tragik *f*

tragiquement [tʀaʒikmɑ̃] *adv* tragisch; *mourir* auf tragische [Art und] Weise

trahir [tʀaiʀ] <8> **I.** *vt* ① (*tromper*) verraten; hintergehen *ami;* betrügen *femme;* missbrauchen *confiance* ② (*révéler*) verraten ③ (*dénaturer*) verfälschen *auteur, pièce* ④ (*lâcher*) *sens:* täuschen **II.** *vi* Verrat begehen **III.** *vpr* **se ~ par une action/un geste** sich durch eine Handlung/Geste verraten

trahison [tʀaizɔ̃] *f* ① (*traîtrise*) Verrat *m kein Pl; d'une femme* Treuebruch *m* ② *d'une œuvre* Verfälschung *f*

train [tʀɛ̃] *m* ① CHEMDFER Zug *m;* ~ **express/omnibus/rapide** Eilzug/Nahverkehrszug/Schnellzug; ~ **à grande vitesse** Hochgeschwindigkeitszug *m;* ~ **électrique/à vapeur** Eisenbahn mit Elektrolokomotive/mit Dampflokomotive; **le ~ en direction/venant de Lyon** der Zug nach/aus Lyon; **prendre le ~** mit dem Zug fahren ② (*allure*) Tempo *nt;* ~ **de sénateur** Schneckentempo *nt;* **à ce ~** bei diesem Tempo; ~ **de vie** Lebensstandard *m* ③ (*jeu*) Satz *m;* **un ~ de roues/pneus** ein Satz Räder/Reifen; ~ **d'atterrissage** Fahrwerk *nt* ④ *de textes, négociations* Reihe *f;* ~ **de réformes** Reformpaket *nt;* ~ **d'expulsions/de licenciements** Ausweisungs-/Entlassungsflut *f* ⑤ AUT ~ **avant/arrière** Vorder-/Hinterachse *f* ►**prendre le ~ en <u>marche</u>** sich noch anschließen; **mener <u>grand</u> ~** auf großem Fuße leben; **un ~ peut en <u>cacher</u> un autre** der erste Eindruck kann täuschen; **<u>être</u> en ~ de faire qc** gerade etw tun, [gerade] dabei sein etw zu tun; **<u>en</u> ~** (*en forme*) fit; **mettre en ~** (*moralement*) aufmuntern; (*physiquement*) fit machen; (*personne*) in Stimmung bringen

traînailler [tʀɛnɑje] <1> *vi* ① (*lambiner*) [herum]trödeln (*fam*) ② (*être inoccupé*) herumlungern (*fam*)

traînant(e) [tʀɛnɑ̃, ɑ̃t] *adj* ① (*lent*) schleppend; *démarche* schlurfend ② (*qui traîne à terre*) hängend

traînard(e) [tʀɛnaʀ, aʀd] *m(f) fam* (*lambin*) Trödelfritze *m*/Trödelliese *f*

traînasser [tʀɛnase] <1> *vi v.* **traînailler**

traîne [tʀɛn] *f* COUT Schleppe *f* ►**<u>à</u> la ~** (*en retard*) zu spät

traîneau [tʀɛno] <x> *m* Schlitten *m*

traînée [tʀene] *f* (*trace*) Spur *f; d'une étoile filante* Schweif *m* ►**comme une ~ de <u>poudre</u>** wie ein Lauffeuer

traînement [tʀɛnmɑ̃] *m* Nachschleppen *nt;* ~ **de pieds** Schlurfen *nt*

traîner [tʀene] <1> **I.** *vt* ① (*tirer*) ziehen; *véhicule:* schleppen; nachziehen *jambe* ② (*emmener de force*) schleppen ③ (*être encombré de*) mitschleppen (*fam*); ~ **avec soi** mit sich herumschleppen (*fam*) ④ (*ne pas se séparer de*) ~ **une idée** an einer Idee festhalten **II.** *vi* ① (*lambiner*) *personne:* trödeln; *discussion, maladie, procès:* sich [hin]ziehen ② (*vadrouiller*) *personne:* herumhängen ③ (*être en désordre*) herumliegen ④ (*pendre à terre*) schleifen ⑤ (*être lent*) **elle a l'accent qui traîne** sie hat einen schleppenden Tonfall **III.** *vpr* ① (*se déplacer difficilement*) **se ~** sich dahinschleppen ② (*se forcer*) **se ~ pour faire qc** sich richtig aufraffen müssen etw zu tun

traîne-savate[s] [tʀɛnsavat] <traîne--savates> *mf fam* ① (*indigent*) Penner(in) *m(f)* ② (*oisif*) Faulenzer(in) *m(f)*

train-ferry [tʀɛ̃feʀi] <s *o* train-ferries> *m* Eisenbahnfähre *f*

T

training [tʀeniŋ] *m* (*entraînement*) [Fitness]training *nt*

train-train [tʀɛ̃tʀɛ̃] *m sans pl fam* [Alltags]trott *m*

traire [tʀɛʀ] <irr, défec> *vt* melken

trait [tʀɛ] *m* ❶ (*ligne*) Strich *m* ❷ (*caractéristique*) [Grund]zug *m; distinctif, dominant* Merkmal *nt* ❸ *gén pl* (*lignes du visage*) [Gesichts]züge *Pl* ❹ (*preuve*) Beweis *m* ❺ (*courroie*) Zugriemen *m* ❻ MUS Passage *f* ❼ LING Merkmal *nt;* ~ **d'union** LING Bindestrich *m;* (*lien*) Bindeglied *nt* ▸ ~ **de génie** Geistesblitz *m;* **boire à longs** ~**s** in langen Zügen trinken; **avoir** ~ **à qc** etw betreffen; *film, livre:* von etw handeln; **tirer un** ~ **sur qc** (*renoncer*) etw aufgeben; (*mettre un terme*) einen Schlussstrich unter etw (*akk*) ziehen; **d'un** ~ in einem Zug; ~ **pour** ~ ganz genau

traitant(e) [tʀɛtɑ̃, ɑ̃t] *adj* pflegend; *shampoing, lotion* Pflege-; *médecin* behandelnd

traite [tʀɛt] *f* ❶ (*achat à crédit*) ~ **de qc** Rate *f* für etw ❷ AGR *des vaches* Melken *nt* ❸ (*trafic*) Handel *m;* **la** ~ **des noirs/blanches** der Sklaven-/Mädchenhandel ▸ [**tout**] **d'une** [**seule**] ~ in einem [einzigen] Zug

traité [tʀete] *m* ❶ POL Vertrag *m;* ~ **de Maastricht** Maastrichtabkommen *nt;* ~ **de Versailles** Versailler Vertrag *m* ❷ (*ouvrage*) Abhandlung *f*

traitement [tʀɛtmɑ̃] *m* ❶ MED Behandlung *f* ❷ *du chômage, d'un problème, d'une question* Handhabung *f* ❸ (*comportement*) ~ **de qn** Art *f* mit jdm umzugehen; ~ **de faveur** Sonderbehandlung *f* ❹ TECH Behandeln *nt; de l'eau, de déchets radioactifs* [Wieder]aufbereitung *f* ❺ INFORM ~ **multitâche** Multitasking *nt;* ~ **de l'information** [*o* **des données**] Datenverarbeitung *f;* ~ **de texte** Textverarbeitung *f* ❻ (*rémunération*) Gehalt *nt*

traiter [tʀete] <1> **I.** *vt* ❶ (*se comporter envers*) behandeln ❷ MED behandeln; **se faire** ~ **pour qc** wegen etw in Behandlung sein ❸ (*qualifier*) ~ **qn de fou/menteur** jdn einen Spinner/Lügner nennen ❹ (*analyser*) behandeln *sujet* ❺ (*régler*) erledigen *affaire, question;* bearbeiten *dossier* ❻ TECH behandeln; [wieder]aufbereiten *déchets, eaux;* raffinieren *pétrole;* **oranges non traitées** ungespritzte Orangen ❼ INFORM verarbeiten *données, texte* ❽ (*recevoir à table*) bewirten **II.** *vi* ❶ (*avoir pour sujet*) ~ **de qc** sich mit etw befassen; *conférencier:* über etw (*akk*) sprechen; *film:* von etw handeln ❷ (*négocier*) ~ **avec qn** mit jdm verhandeln **III.** *vpr* (*être réglé*) **se** ~ erledigt werden

traiteur [tʀɛtœʀ] *m* Feinkostgeschäft *nt;* (*à domicile*) Partyservice *m*

traître, traîtresse [tʀɛtʀ, tʀɛtʀɛs] **I.** *adj* ❶ (*qui trahit*) verräterisch ❷ (*sournois*) tückisch; *escalier, virage* gefährlich; *paroles* trügerisch **II.** *m, f* (*judas*) ~ **à qn/qc** Verräter an jdm/etw ▸ **en** ~ hinterrücks

traîtrise [tʀetʀiz] *f* ❶ (*déloyauté*) Hinterlist *f* ❷ (*acte perfide*) Verrat *m* ❸ (*danger caché*) Tücke *f; d'un escalier, virage* Gefährlichkeit *f*

trajectoire [tʀaʒɛktwaʀ] *f* ❶ *d'un véhicule* Kurs *m; d'un projectile* Flugbahn *f; d'une planète* Umlaufbahn *f* ❷ (*carrière*) Laufbahn *f*

trajet [tʀaʒɛ] *m* Strecke *f; d'une artère, d'un nerf* Bahn *f*

tralala [tʀalala] *m fam* Drum und Dran *nt,* Trara *nt;* **et tout le** ~ und das ganze Trara

tram [tʀam] *m fam abr de* **tramway**

tram-bus [tʀambys] *m inv* Spurbus *m*

trame [tʀam] *f* ❶ TEXTIL Schuss[faden *m*] *m* ❷ *d'un récit, film, livre* Gerüst *nt;* **sur cette** ~ vor diesem Hintergrund ▸ **usé jusqu'à la** ~ fadenscheinig

tramer [tʀame] <1> **I.** *vt* ❶ (*ourdir*) planen *coup;* schmieden *complot* ❷ TEXTIL weben **II.** *vpr* **se** ~ **contre qn/qc** *intrigue:* gegen jdn/etw im Gange sein; *complot:* gegen jdn/etw geschmiedet werden

traminot [tʀamino] *m* Straßenbahnangestellte(r) *f(m)*

tramontane [tʀamɔ̃tan] *f* Tramontana *f*

trampoline [tʀɑ̃pɔlin] *m* Trampolin *nt*

tramway [tʀamwɛ] *m* Straßenbahn *f*

tranchant [tʀɑ̃ʃɑ̃] *m* ❶ (*côté coupant*) Schneide *f* ❷ *d'un argument* Durchschlagskraft *f; d'un reproche* Härte *f* ▸ **être à double** ~ zweischneidig sein

tranchant(e) [tʀɑ̃ʃɑ̃, ɑ̃t] *adj* ❶ (*coupant*) scharf ❷ (*péremptoire*) scharf; *reproche* heftig; *personne* kategorisch ❸ (*trop vif*) hart

tranche [tʀɑ̃ʃ] *f* ❶ (*portion*) Scheibe *f* ❷ *de travaux* Abschnitt *m; de remboursement* Rate *f;* ~ **d'âge** Altersstufe *f;* ~ **de revenus** Einkommensklasse *f;* ~ **de vie** Lebensabschnitt *m* ❸ *d'une pièce de monnaie* Rand *m; d'une planche* Kante *f; d'un livre* Schnitt *m* ❹ (*viande*) *Stück Rindfleisch aus einem Teil der Blume* ▸ **s'en payer une** ~ *fam* seinen Spaß haben

tranché(e) [tʀɑ̃ʃe] *adj* klar

tranchée [tʀɑ̃ʃe] *f* ❶ (*fossé*) Graben *m;*

des câbles Kanal *m* ② MIL [Schützen]graben *m*

trancher [tʀɑ̃ʃe] <1> **I.** *vt* ① (*couper au couteau*) durchschneiden; (*couper à l'épée*) durchschlagen ② (*résoudre*) entscheiden *différend, débat;* klären *question* **II.** *vi* (*décider*) ~ **en faveur de qn/qc** eine Entscheidung zugunsten von jdm/etw treffen

tranchoir [tʀɑ̃ʃwaʀ] *m* ① (*planche*) Tranchierbrett *nt* ② (*couteau*) Tranchiermesser *nt*

tranquille [tʀɑ̃kil] **I.** *adj* ① (*calme*) ruhig; *eau* still; *élève, enfant* brav ② *endroit* friedlich ③ (*en paix*) **être** ~ *personne:* seine/ihre Ruhe haben; **laisser** ~ in Ruhe lassen ④ (*rassuré*) beruhigt ⑤ *conviction* still; *courage* fest ⑥ *iron fam* (*certain*) **là, je suis** ~ da kann man Gift drauf nehmen ▶ **pouvoir dormir** ~ beruhigt sein können; **se tenir** ~ stillhalten **II.** *adv fam* ① (*facilement*) mit links ② (*sans crainte*) in aller [Seelen]ruhe

tranquillement [tʀɑ̃kilmɑ̃] *adv* ① (*paisiblement*) in [aller] Ruhe; *vivre* in Frieden ② (*avec maîtrise de soi*) ruhig ③ (*sans risque*) unbesorgt ④ (*sans se presser*) in [aller] Ruhe

tranquillisant [tʀɑ̃kilizɑ̃] *m* Beruhigungsmittel *nt*

tranquillisant(e) [tʀɑ̃kilizɑ̃, ɑ̃t] *adj* beruhigend

tranquilliser [tʀɑ̃kilize] <1> **I.** *vt* beruhigen **II.** *vpr* **se** ~ sich beruhigen

tranquillité [tʀɑ̃kilite] *f* ① (*calme*) Ruhe *f; d'un lieu, de la mer, rue* Stille *f* ② (*sérénité*) Ruhe *f; matérielle* Sicherheit *f* ▶ **en toute** ~ ungestört

transaction [tʀɑ̃zaksjɔ̃] *f* COM Geschäft *nt;* ~ **boursière** Börsentransaktion

transactionnel(le) [tʀɑ̃zaksjɔnɛl] *adj* JUR Vergleichs-

transalpin(e) [tʀɑ̃zalpɛ̃, in] *adj* ① (*italien*) italienisch ② GEOG, HIST transalpin[isch]

transat [tʀɑ̃zat], **transatlantique** [tʀɑ̃zatlɑ̃tik] **I.** *adj* überseeisch **II.** *m* ① (*paquebot*) Ozeandampfer *m* ② (*chaise*) Liegestuhl *m* **III.** *f* [Trans]atlantikregatta *f*

transbahuter [tʀɑ̃sbayte] <1> *fam vt* wegschleppen

transbordement [tʀɑ̃sbɔʀdəmɑ̃] *m d'une cargaison* Umschlagen *nt; de passagers* Umsteigen *nt;* NAUT Umschiffen *nt*

transborder [tʀɑ̃sbɔʀde] <1> *vt* umschlagen *marchandises;* umsteigen lassen *personnes;* NAUT umschiffen *personnes*

transbordeur [tʀɑ̃sbɔʀdœʀ] **I.** *adj* **navire** ~ Fähre *f* **II.** *m* (*car-ferry*) Autofähre *f*

transcanadien(ne) [tʀɑ̃skanadjɛ̃, djɛn] *adj* **route ~ne** Trans-Kanada-Highway *m*

transcendance [tʀɑ̃sɑ̃dɑ̃s] *f* Transzendenz *f*

transcendantal(e) [tʀɑ̃sɑ̃dɑ̃tal, -o] <-aux> *adj* transzendental

transcender [tʀɑ̃sɑ̃de] <1> **I.** *vt* (*dépasser*) ~ **qc** die Grenzen einer S. (*gen*) überschreiten **II.** *vpr* **se** ~ über sich selbst hinauswachsen

transcodage [tʀɑ̃skɔdaʒ] *m* (*action*) Übersetzen *nt;* (*résultat*) Übersetzung *f*

transcoder [tʀɑ̃skɔde] <1> *vt* umkodieren

transcodeur [tʀɑ̃skɔdœʀ] *m* Transcoder *m*

transcontinental(e) [tʀɑ̃skɔ̃tinɑ̃tal, -o] <-aux> *adj* transkontinental

transcription [tʀɑ̃skʀipsjɔ̃] *f* ① (*copie*) Abschrift *f; d'une émission, conversation* Niederschrift *f* ② LING, MUS, BIO Transkription *f;* ~ **phonétique** Lautschrift *f*

transcrire [tʀɑ̃skʀiʀ] <*irr*> *vt* ① (*copier*) abschreiben *manuscrit, texte;* aufschreiben *message oral* ② ADMIN, JUR eintragen ③ LING, BIO, MUS transkribieren

transculturel(le) [tʀɑ̃skyltyʀɛl] *adj* kulturübergreifend

transdisciplinaire [tʀɑ̃sdisiplinɛʀ] *adj* fächerübergreifend

transe [tʀɑ̃s] *f* ① *pl* (*affres*) Ängste *Pl* ② (*état second*) Trance *f*

transept [tʀɑ̃sɛpt] *m* Querschiff *nt*

transeuropéen(ne) [tʀɑ̃sœʀɔpeɛ̃, ɛn] *adj* Trans-Europa-

transférable [tʀɑ̃sfeʀabl] *adj* ① (*transportable*) transportfähig ② FIN transferabel; *propriété, valeur* übertragbar

transférer [tʀɑ̃sfeʀe] <5> *vt* ① (*déplacer*) verlegen *bureaux, gouvernement;* überführen *cendres, dépouille;* überführen *prisonnier;* versetzen *fonctionnaire;* **nos bureaux ont été transférés** wir sind umgezogen ② JUR transferieren ③ FIN ~ **une somme à qn** jdm einen Betrag überweisen ④ PSYCH ~ **une émotion sur qn/qc** eine Emotion auf jdn/etw übertragen

transfert [tʀɑ̃sfɛʀ] *m* ① *du gouvernement* Verlegung *f; d'un bureau* Umzug *m; de cendres* Überführung *f; de prisonnier* Verlegung *f; de fonctionnaire* Versetzung *f; de population* Umsiedlung *f; de documents* Umlagerung *f;* ~ **d'appel[s]** TELEC [automatische] Rufumleitung *f* ② SPORT Transfer *m*

❸ FIN Überweisung *f* ❹ PSYCH, INFORM Übertragung *f*

transfiguration [tʀɑ̃sfigyʀasjɔ̃] *f* ❶ (*transformation*) Verwandlung *f* ❷ REL **la Transfiguration** die Verklärung [Christi]

transfigurer [tʀɑ̃sfigyʀe] <1> *vt* völlig verwandeln; verklären *visage, réalité*

transfo [tʀɑ̃sfo] *m fam abr de* **transformateur** Trafo *m*

transformable [tʀɑ̃sfɔʀmabl] *adj* veränderbar; **être ~ en qc** sich in etw (*akk*) verwandeln lassen

transformateur [tʀɑ̃sfɔʀmatœʀ] *m* ELEC Transformator *m*

transformation [tʀɑ̃sfɔʀmasjɔ̃] *f* ❶ (*changement*) Veränderung *f; d'une maison, pièce* Umbau *m kein Pl; de matières premières* Verarbeitung *f kein Pl* ❷ (*métamorphose*) **~ en qc** Verwandlung *f* in etw (*akk*) ❸ SPORT Erhöhung *f*

transformer [tʀɑ̃sfɔʀme] <1> **I.** *vt* ❶ (*modifier*) verwandeln; umstrukturieren *entreprise;* [ab]ändern *vêtement;* verarbeiten *matière première* ❷ (*opérer une métamorphose*) **~ une pièce en bureau** einen Raum in ein Arbeitszimmer umgestalten ❸ SPORT verwandeln *pénalité, penalty;* erhöhen *essai* ❹ MATH umformen **II.** *vpr* ❶ (*changer*) **se ~** sich verändern ❷ (*changer de nature*) **se ~ en jeune homme sérieux** zu einem ernsthaften jungen Mann werden ❸ CHIM, PHYS **l'eau se transforme en glace** Wasser wird zu Eis

transfuge [tʀɑ̃sfyʒ] *mf* Überläufer(in) *m(f)*

transfusé(e) [tʀɑ̃sfyze] *m(f)* Empfänger(in) *m(f)* einer [Blut]transfusion

transfuser [tʀɑ̃sfyze] <1> *vt* übertragen *sang;* **~ qn** jdm Blut übertragen

transfusion [tʀɑ̃sfyzjɔ̃] *f* [Blut]transfusion *f*

transgénique [tʀɑ̃sʒenik] *adj* BIO *fruits, légumes* gentechnisch verändert

transgenre [tʀɑ̃sʒɑ̃ʀ] **I.** *adj* transsexuell **II.** *mf* Transsexuelle(r) *f(m)*

transgresser [tʀɑ̃sgʀese] <1> *vt* **~ la loi** das Gesetz übertreten

transgression [tʀɑ̃sgʀesjɔ̃] *f* **~ d'une interdiction** Verstoß *m* gegen ein Verbot

transhumance [tʀɑ̃zymɑ̃s] *f* Almauftrieb *m*, Herdenwanderung *f*

transhumer [tʀɑ̃zyme] <1> *vi animal:* das Weidegebiet wechseln

transiger [tʀɑ̃ziʒe] <2a> *vi* (*faire un compromis*) **~ avec qn/qc** sich mit jdm/einer S. abfinden; **~ avec le collègue** mit dem Kollegen einen Kompromiss schließen; **~ sur un point** in einem Punkt nachgeben

transistor [tʀɑ̃zistɔʀ] *m* ❶ RADIO Transistorradio *nt* ❷ ELEC Transistor *m*

transit [tʀɑ̃zit] *m* ❶ COM *des voyageurs, marchandises* Transit *m* ❷ ANAT Verdauung *f* ▶ **en ~** Transit-

transitaire [tʀɑ̃zitɛʀ] *adj* Transit-

transiter [tʀɑ̃zite] <1> *vi* **~ par qc** durch etw reisen; (*en avion*) über etw (*akk*) fliegen; *marchandise:* transitieren

transitif, -ive [tʀɑ̃zitif, -iv] *adj* transitiv; **verbe ~ direct/indirect** Verb *nt* mit direktem Objekt/mit indirektem Objekt

transition [tʀɑ̃zisjɔ̃] *f* (*passage*) **~ de l'enfance à qc** Übergang *m* von der Kindheit zu etw; MUS Überleitung *f;* CINE Überblendung *f;* PHYS Übergang *m;* **sans ~** übergangslos ▶ **de ~** Übergangs-

transitivité [tʀɑ̃zitivite] *f* Transitivität *f*

transitoire [tʀɑ̃zitwaʀ] *adj* vorübergehend; *période* Übergangs-

transitoirement [tʀɑ̃zitwaʀmɑ̃] *adv* vorläufig

translation [tʀɑ̃slasjɔ̃] *f* GEOM Parallelverschiebung *f*

translucide [tʀɑ̃slysid] *adj* durchscheinend

translucidité [tʀɑ̃slysidite] *f* ❶ (*transparence*) Transparenz *f* ❷ TECH Lichtdurchlässigkeit *f*

transmanche [tʀɑ̃smɑ̃ʃ] *adj* **trafic ~** Verkehr *m* über den Ärmelkanal

transmetteur [tʀɑ̃smetœʀ] *m* Sender *m*

transmettre [tʀɑ̃smɛtʀ] <*irr*> **I.** *vt* ❶ (*léguer*) weitergeben ❷ (*faire parvenir*) übermitteln *message;* weiterleiten *renseignement, ordre* ❸ RADIO, TELEC, TV übertragen ❹ BIO, MED **~ une maladie à qn** jdn mit einer Krankheit anstecken ❺ SCI **~ de l'énergie/un signal** Energie/ein Signal übertragen; *corps conducteur:* leiten **II.** *vpr* ❶ (*se passer*) **se ~ qc** sich (*dat*) etw übergeben; **se ~ une maladie/des nouvelles** sich [gegenseitig] anstecken/benachrichtigen ❷ (*se communiquer*) **se ~** *secret:* weitergesagt werden; *métier:* weitergereicht werden; *maladie:* übertragen werden

transmissible [tʀɑ̃smisibl] *adj* ❶ MED ansteckend ❷ JUR vererbbar

transmission [tʀɑ̃smisjɔ̃] *f* ❶ (*passation*) Weitergabe *f;* **~ de l'autorité à qn** Übertragung *f* der Machtbefugnisse auf jdn ❷ (*diffusion*) **~ d'une information à qn** Weiterleitung *f* einer Information an jdn; **~ d'une lettre à qn** Zustellung *f* einer Briefsendung an jdn; **~ de données** Da-

T

tenübertragung *f;* ~ **de pensée** Gedankenübertragung *f* ❸ RADIO, TELEC, TV Übertragung *f;* ~ **à distance** Fernübertragung ❹ SPORT *d'un ballon* Übergabe *f* ❺ BIO, MED, TECH Übertragung *f* ❻ AUT Getriebe *nt*

transmuer [tʀɑ̃smɥe] <1> *vt* ❶ CHIM ~ **un métal en or** ein Metall in Gold (*akk*) verwandeln [*o* umwandeln] ❷ (*changer de nature*) ~ **une ébauche en qc** einen Entwurf zu etw umgestalten

transmutation [tʀɑ̃smytasjɔ̃] *f* PHYS, CHIM Umwandlung *f*

transmuter [tʀɑ̃smyte] <1> *vt v.* **transmuer**

transocéanique [tʀɑ̃zɔseanik] *adj* transozeanisch; *navigation, télégraphie* Übersee-

transparaître [tʀɑ̃spaʀɛtʀ] <irr> *vi forme, jour, idées, sentiment:* durchscheinen

transparence [tʀɑ̃spaʀɑ̃s] *f* ❶ *du cristal, verre* Transparenz *f; de l'air, de l'eau* Klarheit *f* ❷ (*absence de secret*) Transparenz *f; d'une allusion* Deutlichkeit *f*

transparent [tʀɑ̃spaʀɑ̃] *m* [Transparent]folie *f*

transparent(e) [tʀɑ̃spaʀɑ̃, ɑ̃t] *adj* ❶ (*opp: opaque*) durchsichtig; *air, eau* klar; **papier** ~ Pauspapier *nt* ❷ (*sans secret*) transparent; *affaire, négociation* offen ❸ *regard, yeux* klar; *personne* leicht zu durchschauen ❹ (*évident*) offensichtlich; *allusion* deutlich

transpercer [tʀɑ̃spɛʀse] <2> *vt* ❶ (*percer*) durchbohren; *balle:* durchschlagen ❷ (*passer au travers*) *froid:* durchdringen; *regard:* durchbohren; ~ **qc** *pluie:* durch etw dringen

transpiration [tʀɑ̃spiʀasjɔ̃] *f* ❶ (*processus*) Schwitzen *nt* ❷ (*sueur*) Schweiß *m;* (*soudaine*) Schweißausbruch *m*

transpirer [tʀɑ̃spiʀe] <1> *vi* ❶ (*suer*) schwitzen ❷ *fam* (*se donner du mal*) ~ **sur qc** über etw ins Schwitzen geraten

transplant [tʀɑ̃splɑ̃] *m* Transplantat *nt*

transplantable [tʀɑ̃splɑ̃tabl] *adj* ❶ MED transplantierbar ❷ AGR umpflanzbar

transplantation [tʀɑ̃splɑ̃tasjɔ̃] *f* ❶ BIO, MED Transplantation *f; d'un organe* Verpflanzung *f* ❷ AGR Umpflanzen *nt* ❸ (*déplacement*) Verpflanzung *f; d'une population* Umsiedlung *f*

transplanté(e) [tʀɑ̃splɑ̃te] *m(f)* ❶ MED Organempfänger(in) *m(f)* ❷ SOCIOL Fremdling *m;* (*d'une autre région/ville*) Zugezogene(r) *f(m)*

transplanter [tʀɑ̃splɑ̃te] <1> **I.** *vt* ❶ BIO, MED verpflanzen ❷ AGR umpflanzen ❸ (*déplacer*) umsiedeln *population* **II.** *vpr* **se** ~ umsiedeln

transport [tʀɑ̃spɔʀ] *m* ❶ (*acheminement*) Transport *m; de bagages, voyageurs* Beförderung *f; d'énergie* Übertragung *f* ❷ *pl* TRANSP **les ~s** das Verkehrswesen; **~s aériens/routiers** Luft-/Straßenverkehr *m;* **le ministre des ~s** der Verkehrsminister ▶**entreprise de** ~ Spedition *f;* **moyens de** ~ Verkehrsmittel *Pl;* **~s en commun** öffentliche Verkehrsmittel *Pl*

transportable [tʀɑ̃spɔʀtabl] *adj marchandise* transportabel; *blessé, malade* transportfähig

transporter [tʀɑ̃spɔʀte] <1> *vt* ❶ (*acheminer*) transportieren *blessé, prisonnier;* befördern *voyageur* ❷ TECH übertragen *énergie, son* ❸ (*transférer*) versetzen; verlagern *scène, action*

transporteur [tʀɑ̃spɔʀtœʀ] *m* ❶ TECH Förderer *m* ❷ (*entreprise*) Transportunternehmen *nt*

transposable [tʀɑ̃spozabl] *adj* ❶ (*qui peut être transposé*) übertragbar ❷ MUS transponierbar

transposer [tʀɑ̃spoze] <1> *vt* ❶ (*transférer*) übertragen ❷ MUS transponieren *morceau*

transposition [tʀɑ̃spozisjɔ̃] *f* ❶ (*transfert*) Übertragung *f;* (*dans une autre époque*) Verlagerung *f* ❷ MUS Transposition *f*

transsexuel(le) [tʀɑ̃(s)sɛksɥɛl] **I.** *adj* transsexuell **II.** *m(f)* Transsexuelle(r) *f(m)*

transsibérien [tʀɑ̃(s)sibeʀjɛ̃] *m* Transsibirische Eisenbahn *f*

transvaser [tʀɑ̃svɑze] <1> *vt* umfüllen

transversal(e) [tʀɑ̃svɛʀsal, -o] <-aux> *adj* quer verlaufend; **rue ~e** Querstraße *f*

transversale [tʀɑ̃svɛʀsal] *f* ❶ (*itinéraire*) Querverbindung *f* ❷ (*route*) Querstraße *f*

transversalement [tʀɑ̃svɛʀsalmɑ̃] *adv* quer

transverse [tʀɑ̃svɛʀs] *adj* ANAT **colon** ~ Quergrimmdarm *m*

trapèze [tʀapɛz] *m* ❶ GEOM Trapez *nt* ❷ SPORT Trapez *nt* ❸ ANAT Trapezmuskel *m*

trapéziste [tʀapezist] *mf* Trapezkünstler(in) *m(f)*

trapézoïdal(e) [tʀapezɔidal, -o] <-aux> *adj* trapezförmig

trappe [tʀap] *f* ❶ (*ouverture*) Klappe *f;* (*dans le plancher*) Falltür *f;* ~ **d'évacuation** Notausstieg *m* ❷ THEAT [Bühnen]versenkung *f* ❸ (*piège*) Falle *f* ▶**passer à la** ~ in der Versenkung verschwinden (*fam*)

trappeur [tʀapœʀ] *m* Trapper *m*

T

trapu(e) [tʀapy] *adj* gedrungen
traque [tʀak] *f du gibier* Treibjagd *f; d'un malfaiteur, d'une vedette* Verfolgung *f*
traquenard [tʀaknaʀ] *m a. fig* Falle *f*
traquer [tʀake] <1> *vt* verfolgen *abus, injustices;* Jagd machen auf (+ *akk*) *vedette, voleur*
trash [tʀaʃ] *adj inv fam* Trash-
traumatique [tʀomatik] *adj* traumatisch
traumatisant(e) [tʀomatizɑ̃, ɑ̃t] *adj* schockierend; **une expérience ~e** ein traumatisches Erlebnis
traumatiser [tʀomatize] <1> *vt* ❶ (*choquer*) **~ qn** jdm einen Schock versetzen; *échec, culpabilité:* für jdn zu einem Trauma werden; **être traumatisé par qc** durch etw einen Schock erleiden ❷ MED **~ qn** bei jdm ein Trauma hinterlassen
traumatisme [tʀomatism] *m* Trauma *nt*
traumatologie [tʀomatɔlɔʒi] *f* ❶ (*science*) Unfallmedizin *f* ❷ (*service*) Unfallstation *f*
traumatologiste [tʀomatɔlɔʒist] *mf* Unfallarzt *m*/-ärztin *f;* (*chirurgien*) Unfallchirurg(in) *m(f)*
travail [tʀavaj, -o] <-aux> *m* ❶ (*activité*) Arbeit *f;* **travaux dirigés** [*o* **pratiques**] SCOL [praktische] Übungen *Pl;* **~ d'amateur** stümperhafte Arbeit; **~ de force** Schwerstarbeit *f;* **~ de fourmi** Fleißarbeit *f;* **~ d'équipe** Teamarbeit *f* ❷ (*tâche*) Arbeit *f* ❸ (*activité professionnelle*) Arbeit *f;* **~ [au] noir** Schwarzarbeit; **~ intérimaire** [*o* **temporaire**] Zeitarbeit; **se mettre au ~** sich an die Arbeit machen; **~ à la chaîne** Fließbandarbeit *f;* **~ à plein temps** Ganztagsbeschäftigung *f;* **~ à temps partiel** Teilzeitarbeit *f;* **travaux d'utilité collective** (*emploi*) ABM-Stelle *f* ❹ *pl* (*ensemble de tâches*) **les travaux domestiques/ménagers** die Hausarbeit; **travaux d'urbanisme** städtebauliche Maßnahmen *Pl* ❺ (*réalisation*) Arbeit *f;* (*résultat*) Werk *nt* ❻ (*publication*) Arbeit *f* ❼ ECON Arbeit *f* ❽ (*façonnage*) Bearbeitung *f;* **~ de la pâte** Kneten *nt* des Teiges ❾ (*fonctionnement*) Arbeit *f;* **~ des reins** Nierenfunktion *f* ❿ (*effet*) [Ein]wirkung *f;* **~ de l'érosion/de la fermentation** Erosions-/Gärprozess *m* ⓫ PHYS Arbeit *f* ⓬ ADMIN **travaux publics** Bauarbeiten *Pl* der öffentlichen Hand; (*opp: secteur du bâtiment*) Tiefbau *m;* **ingénieur des travaux publics** [Hoch- und] Tiefbauingenieur; **travaux!** Bauarbeiten! ⓭ HIST **travaux forcés** Zwangsarbeit *f* ►**mâcher le ~ à qn** jdm alles vorkauen (*fam*); **se tuer au ~** sich totarbeiten (*fam*)
travailler [tʀavaje] <1> **I.** *vi* ❶ (*accomplir sa tâche*) arbeiten ❷ (*exercer un métier*) arbeiten; **~ à son compte** selbstständig sein ❸ (*s'exercer*) arbeiten; *musicien:* üben; *sportif:* trainieren ❹ (*viser un but*) **~ à un reportage/sur un projet** an einer Reportage/einem Projekt arbeiten; **~ à satisfaire les clients** bestrebt sein die Kunden zufriedenzustellen ❺ (*fonctionner*) *esprit, muscle:* arbeiten; **faire ~ sa tête** (*l'utiliser*) den Kopf gebrauchen; (*réfléchir beaucoup*) angestrengt nachdenken ❻ (*subir des modifications*) arbeiten; *cidre, vin:* gären **II.** *vt* ❶ bearbeiten; [durch]kneten *pâte;* bearbeiten *terre;* feilen an (+ *dat*) *phrase, style;* **travaillé à la main** handgearbeitet ❷ (*s'entraîner à*) üben; [ein]üben *morceau de musique* ❸ (*tourmenter*) **~ qn** jdm zu schaffen machen; *douleur, fièvre:* jdn plagen; *problème, question:* jdn beschäftigen ❹ (*opp: chômer*) **les jours non travaillés** die Tage, an denen nicht gearbeitet wurde
travailleur, -euse [tʀavajœʀ, -jøz] **I.** *adj* fleißig **II.** *m, f* ❶ (*salarié*) Arbeiter(in) *m(f),* Erwerbstätige(r) *f(m);* **~ de force** Schwerarbeiter *m;* **~ indépendant** Selbstständiger *m;* **~ immigré/étranger** Gastarbeiter/ausländischer Arbeitnehmer *m* ❷ (*personne laborieuse*) fleißiger Mensch, Arbeitsmensch *m*
travailleuse [tʀavajøz] *f* (*boîte*) Nähkasten *m*
travailliste [tʀavajist] **I.** *adj* POL **parti ~** Labour Party *f* **II.** *mf* Mitglied *nt* der Labour Party
travée [tʀave] *f* ❶ *d'une église* [Bank]reihe *f; d'un théâtre* [Sitz]reihe ❷ ARCHIT Joch *nt; d'une nef* Travée *f*
traveller [tʀavlœʀ], **traveller's chèque** [tʀavlœʀ(s)ʃɛk] <traveller's chèques> *m* Reisescheck *m*
travelling [tʀavliŋ] *m* CINE Kamerafahrt *f*
travelo [tʀavlo] *m fam* Tunte *f* (*pej sl*)
travers [tʀavɛʀ] *m* (*petit défaut*) Schwäche *f* ►**à ~ champs** querfeldein; **avoir qc en ~ de la gorge** etw noch nicht geschluckt haben (*fam*); **prendre qc de ~** etw in den falschen Hals bekommen (*fam*); **regarder qn de ~** (*avec suspicion*) jdn schief ansehen (*fam*); (*avec animosité*) jdn böse ansehen; **à ~ qc, au ~ de qc** (*en traversant*) durch etw hindurch; (*par l'intermédiaire de*) durch etw; **passer à ~ les mailles du filet** *fam* der Polizei entkom-

T

men; **à ~ les siècles** über Jahrhunderte [hinweg]; **à ~ le monde** überall in der Welt; **de ~** (*en biais*) schief; (*mal*) verkehrt; **en ~** quer

traversable [tʀavɛʀsabl] *adj* passierbar; *rue* überquerbar; *rivière, forêt* durchquerbar

traverse [tʀavɛʀs] *f* ❶ CHEMDFER Schwelle *f* ❷ TECH Querbalken *m; d'une fenêtre* Querholz *nt*

traversée [tʀavɛʀse] *f* (*franchissement*) **~ d'une rue/d'un pont** Überqueren *nt* einer Straße/Brücke; **~ d'une région/d'une ville en voiture** Fahrt *f* durch eine Gegend/Stadt; **la ~ de l'Atlantique** die Überquerung des Atlantiks ▶ **~ du désert** Durststrecke *f*

traverser [tʀavɛʀse] <1> *vt* ❶ (*franchir*) überqueren; (*à pied*) gehen über (+ *akk*); (*en voiture, à vélo*) fahren über (+ *akk*); (*à la nage*) durchschwimmen; **faire ~ qn** jdn über die Straße führen ❷ (*se situer en travers de*) *route:* durchqueren; *fleuve:* fließen durch; *pont:* führen über (+ *akk*) ❸ (*transpercer*) dringen durch; *clou:* sich bohren in (+ *akk*) ❹ (*subir*) durchmachen ❺ (*se manifester dans*) **cette idée lui traverse l'esprit** diese Idee schießt ihm/ihr durch den Kopf ❻ (*fendre*) sich (*dat*) einen Weg bahnen durch ❼ (*barrer*) **une balafre lui traversait le front** eine Narbe zog sich quer über seine/ihre Stirn

traversier [tʀavɛʀsje] *m* CAN (*bac*) Fähre *f*

traversier, -ière [tʀavɛʀsje, -jɛʀ] *adj* quer [gestellt]; **flûte traversière** Querflöte *f*

traversin [tʀavɛʀsɛ̃] *m lange, mit Federn gefüllte Kopfkissenrolle*

travesti [tʀavɛsti] *m* ❶ (*homosexuel*) Transvestit *m* ❷ (*rôle: pour un homme*) Frauenrolle *f;* (*pour une femme*) Hosenrolle *f;* (*artiste*) Travestiekünstler *m*

travesti(e) [tʀavɛsti] *adj* verkleidet; **bal ~** Maskenball *m*

T

travestir [tʀavɛstiʀ] <8> *vt* ❶ (*falsifier*) verfälschen; falsch wiedergeben *pensée;* verstellen *voix* ❷ (*déguiser*) **~ qn en fée** jdn als Fee verkleiden

travestissement [tʀavɛstismɑ̃] *m* ❶ (*déformation*) Verfälschung *f; de la vérité, réalité* verzerrte Darstellung; *d'une pensée* verzerrte Wiedergabe; *de la voix* Verstellung *f* ❷ (*déguisement*) Verkleidung *f*

traviole [tʀavjɔl] ▶ **de ~** *fam* **mettre qc de ~** etw schief hinstellen; **comprendre/faire qc de ~** etw falsch verstehen/machen

trayeuse [tʀɛjøz] *f* (*machine*) Melkmaschine *f*

trébuchant(e) [tʀebyʃɑ̃, ɑ̃t] *adj* ❶ (*chancelant*) schwankend; *ivrogne* torkelnd ❷ *voix* stockend; *diction* holprig

trébucher [tʀebyʃe] <1> *vi* ❶ (*buter*) **~ sur une pierre** über einen Stein stolpern ❷ (*être arrêté par*) **faire ~ qn** jdm ein Bein stellen; *fig* jdn in Schwierigkeiten bringen

trèfle [tʀɛfl] *m* ❶ BOT Klee *m* ❷ JEUX Kreuz *nt* ❸ (*figure*) Kleeblatt *nt* ❹ ARCHIT Dreipass *m*

treille [tʀɛj] *f* ❶ (*tonnelle*) Weinlaube *f* ❷ (*vigne*) Spalierwein *m*

treillis[1] [tʀeji] *m* ❶ CONSTR Gitterwerk *nt* ❷ (*clôture en bois*) Scherenzaun *m;* (*en métal*) Gitter *nt* ❸ (*grillage grossier*) Maschendraht *m*

treillis[2] [tʀeji] *m* TEXTIL ❶ Drillich *m* ❷ (*vêtement*) Drillichanzug *m,* Drillichzeug *nt*

treize [tʀɛz] **I.** *num* dreizehn **II.** *m inv* Dreizehn *f; v. a.* **cinq**

treizième [tʀɛzjɛm] **I.** *adj antéposé* dreizehnte(r, s) **II.** *mf* **le/la ~** der/die/das Dreizehnte **III.** *m* (*fraction*) Dreizehntel *nt; v. a.* **cinquième**

trekkeur, -euse [tʀekœʀ, -øz] *m, f* SPORT Trekker(in) *m(f)*

trekking [tʀekiŋ] *m* SPORT Trekking *nt*

tréma [tʀema] **I.** *m* Trema *nt* **II.** *app* **e/i/u ~** e/i/u [mit] Trema; **a/o/u ~** (*en allemand*) ä/ö/ü

tremblant(e) [tʀɑ̃blɑ̃, ɑ̃t] *adj* zitternd; *lueur* flackernd

tremblement [tʀɑ̃bləmɑ̃] *m* ❶ (*frissonnement*) Zittern *nt; des jambes* Schlottern *nt; d'une lumière, flamme* Flackern *nt;* **~s de fièvre** Schüttelfrost *m;* **~ de terre** Erdbeben *nt* ❷ (*vibration*) Beben *nt; des feuilles* Zittern; **des ~s** Erschütterungen *Pl*

trembler [tʀɑ̃ble] <1> *vi* ❶ (*frissonner*) zittern; *flamme, lumière:* flackern; **~ de colère** vor Wut beben ❷ (*vibrer*) beben; *voix:* zittern ❸ (*avoir peur*) erschauern; **faire ~ qn** jdm Angst [und Bange] machen

tremblotant(e) [tʀɑ̃blɔtɑ̃, ɑ̃t] *adj* zitt[e]rig; *lumière* flackernd

tremblote [tʀɑ̃blɔt] *f fam* Zittern *nt;* **avoir la ~** zittern, schlottern; (*de peur*) das große Zittern haben; (*de vieillesse*) den Tatterich haben

trembloter [tʀɑ̃blɔte] <1> *vi* [leicht] zittern

trémolo [tʀemɔlo] *m* ❶ MUS Tremolo *nt* ❷ (*tremblement*) Beben *nt,* Zittern *nt;* **avec des ~s dans la voix** mit bebender Stimme

trémoussement [tʀemusmɑ̃] *m* Zappeln *nt; d'un danseur* Verrenkung *f; des hanches* Wiegen *nt,* Wackeln *nt* (*pej*)

trémousser [tʀemuse] <1> *vpr* **se ~** *danseur:* sich verrenken; *enfant:* zappeln

trempe [tʀɑ̃p] *f* ❶ (*fermeté*) Charakterstärke *f* ❷ *fam* (*correction*) Dresche *f* ❸ TECH *de l'acier, du verre* Härten *nt*

trempé(e) [tʀɑ̃pe] *adj* ❶ (*mouillé*) durchnässt; **~ de sueur** schweißgebadet ❷ TECH *acier* gehärtet; **en verre ~** aus Sicherheitsglas ▶**bien ~** stark

tremper [tʀɑ̃pe] <1> **I.** *vt* ❶ (*mouiller*) durchnässen; durchtränken *sol* ❷ (*humecter*) quellen lassen *grains, semence* ❸ (*plonger*) **~ sa plume dans l'encre** seine Feder in die Tinte eintauchen; **~ son croissant dans son café au lait** sein Croissant in den Milchkaffee tunken ❹ TECH härten *acier* **II.** *vi* ❶ (*rester immergé*) **laisser ~ des légumes secs** Hülsenfrüchte quellen lassen ❷ (*participer à*) **~ dans qc** in etw (*akk*) verwickelt sein

trempette [tʀɑ̃pɛt] *f* ❶ **faire ~** eintauchen, eintunken (DIAL) ❷ *fam* **faire ~ dans le lac** mal kurz in den See springen

tremplin [tʀɑ̃plɛ̃] *m* ❶ SPORT Sprungbrett *nt;* (*au ski*) Sprungschanze *f* ❷ (*aide, soutien*) Sprungbrett *nt*

trench-coat [tʀɛnʃkot] <trench-coats> *m* Trenchcoat *m*

trentaine [tʀɑ̃tɛn] *f* ❶ (*environ trente*) **une ~ de personnes/pages** etwa dreißig Personen/Seiten ❷ (*âge approximatif*) **avoir la ~** [*o* **une ~ d'années**] ungefähr dreißig [Jahre alt] sein; **approcher de la ~** auf die Dreißig zugehen; **avoir largement dépassé la ~** weit über dreißig [Jahre alt] sein

trente [tʀɑ̃t] **I.** *num* dreißig **II.** *m inv* Dreißig *f; v. a.* **cinq, cinquante**

trentenaire [tʀɑ̃tnɛʀ] *adj* dreißigjährig; **prescription ~** Verjährungsfrist *f* von dreißig Jahren

trente-six [tʀɑ̃tsis] **I.** *num* ❶ (*chiffre*) sechsunddreißig; *v. a.* **cinq** ❷ *fam* (*une grande quantité*) x ▶**voir ~ chandelles** Sterne sehen (*fam*) **II.** *m fam* ▶**tous les ~ du mois** alle Jubeljahre [mal]

trentième [tʀɑ̃tjɛm] **I.** *adj antéposé* dreißigste(r, s) **II.** *mf* **le/la ~** der/die/das Dreißigste **III.** *m* (*fraction*) Dreißigstel *nt; v. a.* **cinquième**

trépasser [tʀepɑse] <1> *vi littér* entschlafen (*geh*), verscheiden (*geh*), dahinscheiden (*geh*)

trépidant(e) [tʀepidɑ̃, ɑ̃t] *adj* ❶ *danse* rhythmisch; *rythme* pulsierend ❷ (*fébrile*) pulsierend

trépidation [tʀepidasjɔ̃] *f* ❶ *des vitres* Vibrieren *nt; du plancher* Beben *nt,* Vibrieren; *d'une machine* Dröhnen *nt* ❷ (*fébrilité*) Trubel *m,* Hektik *f*

trépider [tʀepide] <1> *vi* vibrieren; *machine:* dröhnen

trépied [tʀepje] *m* ❶ (*siège*) Dreifuß *m* ❷ (*support*) Dreibein *nt; d'un appareil photo* Stativ *nt*

trépignement [tʀepiɲmɑ̃] *m* Trampeln *nt;* (*de colère*) Aufstampfen *nt*

trépigner [tʀepiɲe] <1> *vi* **~ d'impatience** vor Ungeduld von einem Fuß auf den anderen treten

très [tʀɛ] *adv* sehr; *nécessaire* dringend; **avoir ~ faim/peur** großen Hunger/große Angst haben; **faire ~ attention** gut aufpassen

Très-Haut [tʀɛo] *m* **le ~** der Allerhöchste (*geh*)

trésor [tʀezɔʀ] *m* ❶ (*richesse enfouie*) Schatz *m* ❷ *pl* (*richesses*) Schätze *Pl* ❸ (*source précieuse*) **dépenser des ~s d'ingéniosité** sich äußerst einfallsreich zeigen ❹ ADMIN, FIN **Trésor [public]** (*moyens financiers*) Staatskasse *f;* (*l'État*) öffentliche Hand; (*administration*) Finanzverwaltung *f;* (*bureau*) Finanzamt *nt*

trésorerie [tʀezɔʀʀi] *f* ❶ (*budget*) Finanzen *Pl* ❷ (*gestion*) Haushaltsführung *f; d'une entreprise* (*budget*) [Firmen]gelder *Pl;* (*gestion*) [betriebliches] Rechnungswesen *nt* ❸ ADMIN, FIN Finanzverwaltung *f;* (*bureau*) Finanzamt *nt;* (*gestion du budget de l'État*) Etatverwaltung *f*

trésorier, -ière [tʀezɔʀje, -jɛʀ] *m, f* Kassenführer(in) *m(f); d'une association, d'un club* Kassenwart *m; d'un parti, syndicat* Schatzmeister(in) *m(f)*

tressage [tʀesaʒ] *m* Flechten *nt*

tressaillement [tʀesajmɑ̃] *m* Zucken *nt; du corps* [Zusammen]zucken *nt*

tressaillir [tʀesajiʀ] <irr> *vi* zusammenzucken; *maison:* erzittern; *cœur:* beben

tressauter [tʀesote] <1> *vi* ❶ (*être secoué*) *personne:* hin- und hergeworfen werden; (*dans un véhicule*) durchgerüttelt werden ❷ (*sursauter*) zusammenzucken; (*dans son sommeil, dans ses pensées*) hochschrecken

tresse [tʀɛs] *f* Zopf *m*

tresser [tʀese] <1> *vt* flechten

tréteau [tʀeto] <x> *m* ❶ (*support*) Bock *m* ❷ THEAT **les ~x** die Bühne

treuil [tʀœj] *m* Winde *f*

T

trêve [tʀɛv] *f* ❶ (*répit*) Ruhepause *f* ❷ (*arrêt des hostilités*) Waffenruhe *f* ▶ **mettre une ~ à qc** einer S. (*dat*) ein Ende setzen; **~ de plaisanteries!** Spaß beiseite!

Trèves [tʀɛv] Trier *nt*

trévise [tʀeviz] *f* Radicchio *m*

tri [tʀi] *m* ❶ (*choix*) [Aus]sortieren *nt;* **~ des déchets** Mülltrennung *f;* **faire le ~ de qc** eine Auswahl zwischen etw (*dat*) treffen ❷ POST Sortieren *nt* ❸ INFORM **effectuer un ~ croissant/décroissant** aufsteigend/absteigend sortieren

triade [tʀijad] *f* Dreiergruppe *f*

triage [tʀijaʒ] *m* CHEMDFER Rangieren *nt;* **gare de ~** Rangierbahnhof *m*

trial [tʀijal] *m* ❶ (*moto*) Moto-Cross-Rad *nt* ❷ (*course*) Moto-Cross[-Rennen *nt*] *nt*

triangle [tʀijɑ̃gl] *m* ❶ GEOM Dreieck *nt* ❷ AUT **~ de présignalisation** Warndreieck *nt* ❸ MUS Triangel *m*

triangulaire [tʀijɑ̃gylɛʀ] **I.** *adj* ❶ (*à trois côtés*) dreieckig; *prisme, pyramide* dreiseitig ❷ (*à trois*) zwischen drei Parteien **II.** *f* POL Dreikampf *m*

triathlon [tʀi(j)atlɔ̃] *m* Triathlon *m*

triathlonien(ne) [tʀi(j)atlɔnjɛ̃, jɛn] *m(f)* Triathlet(in) *m(f)*

tribal(e) [tʀibal, -o] <-aux> *adj* **organisation ~e** Stammesorganisation *f*

tribord [tʀibɔʀ] *m* Steuerbord *nt kein Pl*

tribu [tʀiby] *f* ❶ SOCIOL Stamm *m* ❷ *iron* (*grande famille*) Sippe *f*

tribulations [tʀibylasjɔ̃] *fpl* unerfreuliche Abenteuer *Pl*

tribunal [tʀibynal, -o] <-aux> *m* ❶ (*juridiction*) Gericht *nt;* **~ administratif** Verwaltungsgericht; **~ correctionnel** Strafgericht [der zweiten Instanz]; **le ~ compétent** das zuständige Gericht; **~ de commerce** Handelsgericht; **~ fédéral** CH (*cour suprême de la Suisse*) Bundesgericht; **~ de grande instance** Zivilgericht [der zweiten Instanz]; **~ de police** ≈ Amtsgericht für Strafsachen; **~ d'instance** Zivilgericht [der ersten Instanz]; **~ pour enfants** Jugendgericht ❷ (*bâtiment*) Gericht[sgebäude *nt*] *nt* ❸ REL **~ suprême** höchstes Gericht

tribune [tʀibyn] *f* ❶ (*estrade*) [Redner]tribüne *f* ❷ (*galerie surélevée*) [Zuhörer]tribüne *f;* SPORT *d'un champ de courses, stade* [Zuschauer]tribüne ❸ (*lieu d'expression*) Forum *nt;* (*dans un journal*) Kolumne *f* ▶ **monter à la ~** auf die [Redner]tribüne steigen; (*prendre la parole*) das Wort ergreifen

tribut [tʀiby] *m* ❶ HIST Tribut *m* ❷ (*sacrifice*) Tribut *m;* **le ~ du sang** der Blutzoll

tributaire [tʀibytɛʀ] *adj* **~ de qn/qc** abhängig von jdm/etw

tricentenaire [tʀisɑ̃tnɛʀ] **I.** *adj* dreihundertjährig **II.** *m d'une personne* dreihundertster Geburtstag; *d'un événement* dreihundertster Jahrestag; (*cérémonie*) Dreihundertjahrfeier *f*

triceps [tʀisɛps] *m* Trizeps *m*

triche [tʀiʃ] *f fam* Betrug *m,* Beschiss *m* (*sl*); (*au jeu*) Schummeln *nt,* Mogelei *f;* **c'est de la ~** das ist Beschiss; (*au jeu*) das ist gemogelt

tricher [tʀiʃe] <1> *vi* ❶ (*frauder*) betrügen; **~ aux cartes/à l'examen** beim Kartenspiel/in der Prüfung mogeln (*fam*) ❷ (*tromper*) **~ sur le prix** den Preis verfälschen

tricherie [tʀiʃʀi] *f* Betrügerei *f;* (*au jeu, à l'examen*) Schummeln *nt* (*fam*)

tricheur, -euse [tʀiʃœʀ, -øz] **I.** *adj* **être ~** [gern] schummeln **II.** *m, f* Betrüger(in) *m(f);* (*au jeu, à l'examen*) Schummler(in) *m(f);* (*aux cartes*) Falschspieler(in) *m(f)*

tricolore [tʀikɔlɔʀ] **I.** *adj* ❶ (*bleu, blanc, rouge*) blauweißrot ❷ (*français*) französisch ❸ (*de trois couleurs*) dreifarbig **II.** *mpl* SPORT **les ~s** die französische Nationalmannschaft

tricot [tʀiko] *m* ❶ (*vêtement*) Pullover *m;* (*gilet tricoté*) Strickweste *f;* **~ de corps** Unterhemd *nt* ❷ (*étoffe*) Strickware *f* ❸ (*action*) Stricken *nt*

tricotage [tʀikɔtaʒ] *m* Stricken *nt*

tricoter [tʀikɔte] <1> **I.** *vt* stricken; **tricoté à la main/à la machine** hand-/maschinengestrickt **II.** *vi* (*faire du tricot*) stricken; **aiguille à ~** Stricknadel *f* ▶ **~ des jambes** *fam* die Beine unter den Arm nehmen

tricoteur, -euse [tʀikotœʀ, -øz] *m, f* Stricker(in) *m(f)*

tricoteuse [tʀikɔtøz] *f* Strickmaschine *f*

tricycle [tʀisikl] *m* Dreirad *nt*

trident [tʀidɑ̃] *m* ❶ PECHE dreizackiger Fischspeer ❷ AGR [dreizinkige] Heugabel ❸ HIST Dreizack *m*

tridimensionnel(le) [tʀidimɑ̃sjɔnɛl] *adj* dreidimensional

triennal(e) [tʀijenal, -o] <-aux> *adj* ❶ (*qui dure trois ans*) dreijährig ❷ (*qui a lieu tous les trois ans*) alle drei Jahre stattfindend

trier [tʀije] <1> *vt* ❶ (*sélectionner*) auswählen; aussortieren *fruits, habits* ❷ (*classer*) sortieren

trieur [tʀijœʀ] *m* ❶ AGR Trieur *m* ❷ ADMIN Vorordner *m;* (*fixé au mur*) Sortieranlage *f*

trieur, -euse [tʀijœʀ, -jøz] *m, f* Sortierer(in) *m(f);* ~ **de légumes** Mann, der Gemüse sortiert

trieuse [tʀijøz] *f* TECH (*machine*) Sortiermaschine *f;* (*pour des cartes perforées*) Lochkartenmaschine *f*

trifouiller [tʀifuje] <1> *vi fam* herumwühlen, herumkramen; ~ **dans son moteur** am/an seinem Motor herumfummeln

trigo [tʀigo] *fam,* **trigonométrie** [tʀigɔnɔmetʀi] *f* Trigonometrie *f*

trigonométrique [tʀigɔnɔmetʀik] *adj* trigonometrisch

trilatéral(e) [tʀilateʀal, -o] <-aux> *adj* ECON, POL trilateral

trilingue [tʀilɛ̃g] **I.** *adj* dreisprachig **II.** *mf* Dreisprachige(r) *f(m)*

trilobé(e) [tʀilɔbe] *adj* BOT dreilappig

trilogie [tʀilɔʒi] *f* Trilogie *f*

trimaran [tʀimaʀɑ̃] *m* Trimaran *m*

trimbal[l]er [tʀɛ̃bale] <1> **I.** *vt fam* herumschleppen; (*en voiture*) herumkutschieren; schleppen *bagages* **II.** *vpr fam* **se ~ dans les rues** durch die Straßen schlendern

trimer [tʀime] <1> *vi* schuften (*fam*)

trimestre [tʀimɛstʀ] *m* ① (*période de trois mois*) Quartal *nt;* SCOL Trimester *nt* ② (*somme*) vierteljährliche Zahlung

trimestriel(le) [tʀimɛstʀijɛl] *adj paiement* vierteljährlich; *publication* vierteljährlich erscheinend

trimestriellement [tʀimɛstʀijɛlmɑ̃] *adv* vierteljährlich

tringle [tʀɛ̃gl] *f* Stange *f*

tringler [tʀɛ̃gle] <1> *vt vulg* ficken

Trinité [tʀinite] *f* **la** [**Sainte**] ~ die Dreifaltigkeit

trinôme [tʀinom] *m* MATH Trinom *nt*

trinquer [tʀɛ̃ke] <1> *vi* ~ **à la santé de qn** auf jdn anstoßen

trio [tʀijo] *m a.* MUS Trio *nt*

triolisme [tʀijolism] *m* flotter Dreier *m* (*fam*)

triomphal(e) [tʀijɔ̃fal, -o] <-aux> *adj* triumphal; *accueil* begeistert

triomphalement [tʀijɔ̃falmɑ̃] *adv* triumphierend; *accueillir* jubelnd

triomphalisme [tʀijɔ̃falism] *m* Siegesgewissheit *f;* (*après un succès*) Triumphgefühl *nt*

triomphant(e) [tʀijɔ̃fɑ̃, ɑ̃t] *adj* triumphierend; *personne* siegreich, triumphierend

triomphateur, -trice [tʀijɔ̃fatœʀ, -tʀis] **I.** *adj air* triumphierend; *nation, parti* siegreich **II.** *m, f* Sieger(in) *m(f)*

triomphe [tʀijɔ̃f] *m* ① (*victoire éclatante*) Triumph *m* ② (*grand succès*) triumphaler Erfolg ③ (*joie rayonnante*) Triumph[gefühl *nt*] *m* ④ HIST Triumphzug *m*

triompher [tʀijɔ̃fe] <1> *vi* ① (*remporter une victoire*) triumphieren; *personne:* siegen; *vérité:* ans Licht kommen; *doctrine, mode:* sich durchsetzen ② (*crier victoire*) triumphieren ③ (*faire un triomphe*) einen [großen] Triumph feiern

trip [tʀip] *m fam* [Drogen]trip *m* ▶ **qu'est-ce qu'il nous fait comme ~?** was reitet den denn?

triparti(e) [tʀipaʀti] *adj v.* **tripartite**

tripartisme [tʀipaʀtism] *m* Dreiparteiensystem *nt*

tripartite [tʀipaʀtit] *adj* dreiseitig; **gouvernement ~** Dreiparteienregierung *f*

tripatouillage [tʀipatujaʒ] *m fam* Machenschaften *Pl* (*pej*)

tripatouiller [tʀipatuje] <1> *vt fam* ① (*trafiquer*) manipulieren, verfälschen; herumpfuschen an (+ *dat*); manipulieren *texte* ② befummeln, betatschen *personne;* herumfummeln an (+ *dat*) *objet*

tripe [tʀip] *f* ① *pl* GASTR Kaldaunen *Pl* ② *pl, fam* (*boyau de l'homme*) Eingeweide *Pl* ③ *pl, fam* (*ventre*) Bauch *m* ▶ **prendre qn aux ~s** *fam nouvelle, accident:* jdm unter die Haut gehen; *misère, violence:* jdm an die Nieren gehen; **faire qc avec ses ~s** *fam* (*avec enthousiasme*) etw mit Leib und Seele tun; (*intuitivement*) etw aus dem Bauch heraus tun

triperie [tʀipʀi] *f Metzgerei, die auf Innereien spezialisiert ist*

triphasé [tʀifɑze] *m* Drehstrom *m*

triphasé(e) [tʀifɑze] *adj* **courant ~** Drehstrom *m*

tripier, -ière [tʀipje, -jɛʀ] *m, f Metzger(in) in einer „triperie"*

triple [tʀipl] **I.** *adj* dreifach **II.** *m* **le ~ du prix** das Dreifache des Preises; **le ~ de temps** dreimal so viel Zeit

triplé [tʀiple] *m* SPORT dreifacher Sieg; (*trois victoires de suite*) Hattrick *m*

triplement [tʀipləmɑ̃] **I.** *adv* ① (*trois fois*) dreifach ② (*tout à fait*) hundertprozentig; *vrai* absolut **II.** *m* ① (*multiplication*) Verdreifachung *f* ② (*agrandissement*) Erweiterung *f; d'une autoroute, voie* Bau *m* einer dritten Spur

tripler [tʀiple] <1> **I.** *vt* ① (*multiplier par trois*) verdreifachen ② (*agrandir de trois éléments*) ~ **l'autoroute** eine dritte Autobahnspur [aus]bauen **II.** *vi* sich verdreifachen

triplés, triplées [tʀiple] *mpl, fpl* Drillinge *Pl*

triplex [tʀiplɛks] *m* dreigeschossige [Maisonette]wohnung *f,* Wohnung *f* über drei Etagen

triporteur [tʀipɔʀtœʀ] *m* Lieferdreirad *nt*

tripot [tʀipo] *m péj* Spielhölle *f*

tripotage [tʀipɔtaʒ] *m* ❶ Manipulationen *Pl,* Machenschaften *Pl* (*pej*); **~s électoraux** Wahlmanipulationen ❷ (*tripatouillage*) Herumwühlen *nt;* **~ dans un moteur** Herumbasteln *nt* an einem Motor (*fam*) ❸ (*toucher avec insistance*) Betatschen *nt* (*fam*), Befingern *nt* (*fam*)

tripoter [tʀipɔte] <1> **I.** *vt* ❶ (*triturer*) herumspielen mit (+ *dat*) (*fam*) *objets;* begrapschen (*fam*) *fruits;* herumfummeln an (+ *dat*) (*fam*) *bouton;* herumspielen an (+ *dat*) (*fam*) *appareil* ❷ (*toucher avec insistance*) betatschen (*fam*) **II.** *vi* ❶ (*fouiller*) **~ dans un tiroir** in einer Schublade [herum]kramen (*fam*) ❷ (*trafiquer*) dunkle Geschäfte machen **III.** *vpr* ❶ (*se caresser*) **se ~** sich befummeln (*fam*) ❷ (*triturer*) **se ~ la barbe en parlant** beim Sprechen an seinem Bart herumzwirbeln

tripoteur, -euse [tʀipɔtœʀ, -øz] *m, f* ❶ Fummler(in) *m(f)* (*fam*), Grapscher(in) *m(f)* (*pej fam*) ❷ (*bricoleur*) Stümper *m* (*pej*) ❸ (*trafiquant*) Schieber *m*

trique [tʀik] *f* (*gourdin*) Knüppel *m* ▶ **être sec comme un coup de ~** nur Haut und Knochen sein

trisomie [tʀizɔmi] *f* Trisomie *f*

trisomique [tʀizɔmik] *adj* MED *enfant* mit Downsyndrom, mit Trisomie 21

triste [tʀist] *adj* ❶ (*affligé*) traurig; *air* trübselig; **avoir l'air ~** traurig aussehen ❷ *a. antéposé* traurig; *pensée* trübselig; *paysage, région, couleur, bâtiment* trist ❸ *antéposé nouvelle* traurig; *événements, destin* tragisch; *mine* kläglich; **avoir une ~ mine** schlecht aussehen ❹ *antéposé péj époque, mémoire* traurig; *affaire* unerfreulich; *résultats* kläglich ▶ **ne pas être ~** *fam personne:* eine Nummer für sich sein; *soirée, voyage:* ein Erlebnis sein

tristement [tʀistəmɑ̃] *adv* ❶ *regarder* traurig; *parler, raconter* betrübt ❷ (*de façon lugubre*) traurig ❸ (*cruellement*) auf traurige Weise

tristesse [tʀistɛs] *f* ❶ (*état de mélancolie*) Traurigkeit *f* ❷ (*chagrin*) Trauer *f*

tristounet(te) [tʀistunɛ, ɛt] *adj fam* traurig; *temps* trist

trithérapie [tʀiteʀapi] *f* (*contre le sida*) Kombitherapie *f*

tristesse/déception/consternation

exprimer la tristesse	*Traurigkeit ausdrücken*
Ça me rend triste que nous ne nous entendions pas bien.	*Es macht/stimmt mich traurig, dass wir uns nicht verstehen.*
C'est tellement dommage qu'il/qu'elle se laisse aller de la sorte.	*Es ist so schade, dass er/sie sich so gehen lässt.*
Ces événements me dépriment.	*Diese Ereignisse deprimieren mich.*
exprimer la déception	*Enttäuschung ausdrücken*
Je suis (très) déçu(e) par sa réaction.	*Ich bin über seine/ihre Reaktion (sehr) enttäuscht.*
Tu m'as (terriblement) déçu(e).	*Du hast mich (schwer) enttäuscht.*
Je n'aurais pas cru ça de lui/d'elle.	*Das hätte ich nicht von ihm/ihr erwartet.*
J'aurais souhaité autre chose.	*Ich hätte mir etwas anderes gewünscht.*
exprimer la consternation	*Bestürzung ausdrücken*
Ce n'est pas croyable !	*Das ist (ja) nicht zu fassen!*
Mais c'est monstrueux !	*Das ist (ja) ungeheuerlich!*
C'est le bouquet !/C'est le comble !	*Das ist ja (wohl) die Höhe!*
Mais tu veux rire !	*Das kann doch nicht dein Ernst sein!*
Je n'y crois pas !	*Ich fass es nicht!*
Je suis bouleversé(e).	*Das bestürzt mich.*
Mais ce n'est pas possible !	*Das kann/darf (doch wohl) nicht wahr sein!*

triton [tʀitɔ̃] *m* ❶ ZOOL [Wasser]molch *m* ❷ HIST **Triton** Triton *m*
trituration [tʀityʀasjɔ̃] *f* ❶ (*mastication*) Zermahlen *nt* ❷ (*broyage*) Zerreiben *nt;* (*pilage*) Zerstoßen *nt;* (*malaxage*) Durchkneten *nt*
triturer [tʀityʀe] <1> *vt* ❶ (*broyer*) zerkleinern; zerkauen *aliments;* zerstoßen *médicament, sel* ❷ (*tripoter*) knautschen (*fam*) *veste;* knüllen (*fam*) *mouchoir;* herumkauen auf (+ *dat*) (*fam*) *crayon*
trivial(e) [tʀivjal, -jo] <-aux> *adj* ❶ (*vulgaire*) ordinär ❷ (*ordinaire*) banal ❸ (*évident*) trivial
trivialement [tʀivjalmɑ̃] *adv* ordinär
trivialité [tʀivjalite] *f* ❶ (*vulgarité*) Primitivität *f* ❷ (*banalité*) Banalität *f*
TRM [teɛʀɛm] *f abr de* **toile du réseau mondial** WWW *nt*
troc [tʀɔk] *m* ❶ (*échange*) **un ~** ein Tausch[geschäft *nt*] *m* ❷ (*système économique*) **le ~** der Tauschhandel
troglodyte [tʀɔglɔdit] **I.** *adj v.* **troglodytique II.** *m* ❶ (*habitant d'une grotte*) Höhlenmensch *m* ❷ ORN Zaunkönig *m*
troglodytique [tʀɔglɔditik] *adj* **habitations ~s** Höhlenwohnungen *Pl*
trogne [tʀɔɲ] *f fam* Rübe *f;* (*d'un buveur*) Säufergesicht *nt*
trognon [tʀɔɲɔ̃] *m* Kerngehäuse *nt; de chou* Strunk *m*
trois [tʀwa] **I.** *num* (*cardinal*) drei ►**en ~ mots** mit zwei, drei Worten **II.** *m inv* Drei *f; v. a.* **cinq**
trois-étoiles [tʀwazetwal] **I.** *adj inv* mit drei Sternen **II.** *m inv* ❶ (*hôtel*) Dreisternehotel *nt* ❷ (*restaurant*) Dreisternerestaurant *nt* **trois-huit** [tʀwaɥit] *mpl inv* **faire les ~** in drei Schichten arbeiten
troisième [tʀwazjɛm] **I.** *adj antéposé* dritte(r, s); **le ~ âge** (*période de vie*) der Ruhestand; (*personnes âgées*) die Senioren; **le ~ cycle** *Studium nach Abschluss der Magisterprüfung, das mit einem Doktortitel oder einer Spezialisierung abschließt* **II.** *mf* **le/la ~** der/die/das Dritte **III.** *f* SCOL ≈ neunte Klasse; *v. a.* **cinquième**
troisièmement [tʀwazjɛmmɑ̃] *adv* drittens
trois-mâts [tʀwama] *m inv* Dreimaster *m* **trois-pièces** [tʀwapjɛs] *m inv* ❶ Dreizimmerwohnung *f* ❷ COUT **costume ~** dreiteiliger Anzug **trois-quarts** [tʀwakaʀ] *m inv* ❶ COUT **manteau ~** Dreiviertelmantel *m* ❷ MUS (*violon*) Dreiviertelgeige *f* ❸ SPORT Dreiviertelspieler *m* **trois-quatre** [tʀwakatʀ] *m inv* MUS Dreivierteltakt *m*
trolleybus [tʀɔlɛbys] *m* Trolleybus *m*
trombe [tʀɔ̃b] *f* ❶ (*forte averse*) Wolkenbruch *m* ❷ METEO Windhose *f* ►**en ~** *fam* wie ein Wirbelwind *m;* **passer en ~** vorbeirasen
trombine [tʀɔ̃bin] *f fam* Gesicht *nt;* **elle a fait une drôle de ~!** sie hat vielleicht ein Gesicht gemacht!
trombone [tʀɔ̃bɔn] **I.** *m* ❶ MUS Posaune *f* ❷ (*attache*) Büroklammer *f* **II.** *mf* Posaunist(in) *m(f)*
trompe [tʀɔ̃p] *f* ❶ MUS Horn *nt* ❷ AUT Hupe *f* ❸ HIST [Signal]horn ❹ ZOOL Rüssel *m; d'un insecte* Saugrüssel ❺ ANAT *souvent pl* Eileiter *m* ❻ TECH **~ à eau/à mercure** Wasserstrahl-/Quecksilberpumpe *f*
trompe-l'œil [tʀɔ̃plœj] *m inv* ART Trompe-l'œil *m*
tromper [tʀɔ̃pe] <1> **I.** *vt* ❶ (*duper*) täuschen; **~ qn sur le prix** jdn mit dem Preis betrügen ❷ (*être infidèle à*) **~ qn avec qn** jdn mit jdm betrügen ❸ (*déjouer*) überlisten ❹ (*décevoir*) enttäuschen *attente, espoir* ❺ (*faire oublier*) hinweghelfen über (+ *akk*); lindern *faim, soif* **II.** *vi* täuschen **III.** *vpr* ❶ (*faire erreur*) **se ~** sich irren; **se ~ dans son calcul** sich verrechnen ❷ (*confondre*) **se ~ de direction** die falsche Richtung nehmen; (*en voiture*) sich verfahren; **se ~ de numéro** [**de téléphone**] sich verwählen ►**à s'y ~** zum Verwechseln ähnlich
tromperie [tʀɔ̃pʀi] *f* Betrug *m kein Pl*
trompeter [tʀɔ̃pete] <3> *vt fig* (*claironner*) **~ qc** etw an die große Glocke hängen
trompette [tʀɔ̃pɛt] **I.** *f* MUS Trompete *f* ►**nez en ~** Stupsnase *f* **II.** *m* ❶ MUS Trompeter(in) *m(f)* ❷ MIL Hornist(in) *m(f)*
trompettiste [tʀɔ̃petist] *mf* Trompeter(in) *m(f)*
trompeur, -euse [tʀɔ̃pœʀ, -øz] *adj* trügerisch; *promesse* falsch; *distance, résultats* irreführend; *ressemblance* täuschend; *personne* betrügerisch; *discours* lügnerisch
trompeusement [tʀɔ̃pøzmɑ̃] *adv* in betrügerischer Absicht
tronc [tʀɔ̃] *m* ❶ BOT Stamm *m* ❷ ANAT Rumpf *m* ❸ ARCHIT *d'une colonne* Schaft *m* ❹ SCOL **~ commun** (*cycle commun*) *Unter- und Mittelstufe einer Gesamtschule;* (*partie de programme commune*) Pflichtfächer *Pl;* UNIV Pflichtkurse *Pl*
tronche [tʀɔ̃ʃ] *f fam* (*visage*) Visage *f* (*sl*); **avoir une sale ~** fies aussehen
tronçon [tʀɔ̃sɔ̃] *m* ❶ (*partie*) Teil *m; d'une*

T

voie ferrée, route, autoroute Teilstrecke *f* ② (*morceau coupé*) Stück *nt; d'une colonne* Trommel *f*

tronçonnage [tʀɔ̃sɔnaʒ] *m*, **tronçonnement** [tʀɔ̃sɔnmɑ̃] *m* Zersägen *nt*

tronçonner [tʀɔ̃sɔne] <1> *vt* ① (*diviser en tronçons*) zerteilen ② (*découper*) zerschneiden ③ (*scier*) zersägen

tronçonneuse [tʀɔ̃sɔnøz] *f* Motorsäge *f*

trône [tʀon] *m* Thron *m*

trôner [tʀone] <1> *vi* thronen; *tableau:* prangen

tronquer [tʀɔ̃ke] <1> *vt* auslassen *détail;* nicht zu Ende führen *conclusion;* verstümmeln *texte, citation;* verfälschen *données*

trop [tʀo] *adv* ① *grand, cher* zu; *manger, faire* zu viel; *insister, négliger* zu sehr ② (*en quantité excessive*) **~ de temps/travail** zu viel Zeit *f*/Arbeit *f* ③ (*pas tellement*) **ne pas ~ aimer** nicht besonders mögen; **ne pas ~ savoir** nicht genau wissen; **je n'ai pas ~ envie** ich habe keine große Lust ④ *fam* (*beaucoup, extrêmement*) voll; **c'est ~ bien** das ist voll gut ▶ **c'est ~!** (*il ne fallait pas*) das wäre doch nicht nötig gewesen!; (*c'est la meilleure*) das gibt's doch nicht!

trophée [tʀɔfe] *m* Trophäe *f*

tropical(e) [tʀɔpikal, -o] <-aux> *adj* **climat ~** tropisches Klima

tropique [tʀɔpik] *m* ① GEOG Wendekreis *m* ② (*région tropicale*) **les ~s** die Tropen

trop-perçu [tʀopɛʀsy] <trop-perçus> *m* ① ADMIN zu viel erhobener Betrag ② COM Überschuss *m* **trop-plein** [tʀoplɛ̃] <trop-pleins> *m* ① (*tuyau d'évacuation*) Überlauf[rohr *nt*] *m* ② (*surplus*) Überfülle *f* ③ (*excès*) **~ d'amour/d'énergie** Übermaß *nt* an Liebe/Energie

troquer [tʀɔke] <1> *vt* tauschen

troquet [tʀɔkɛ] *m fam* Kneipe *f*

trot [tʀo] *m* ① (*allure*) Trab *m* ② (*discipline*) **course de ~ attelé** Trabrennen [mit Sulky] *nt*

trotte [tʀɔt] *f fam* Stück *nt* [Weg]

trotter [tʀɔte] <1> *vi* ① *fam* (*aller à petits pas*) *animal:* trippeln; *personne:* trotten ② (*aller au trot*) *cheval:* traben

trotteur, -euse [tʀɔtœʀ, -øz] *m, f* (*cheval*) Traber *m*

trotteuse [tʀɔtøz] *f* Sekundenzeiger *m*

trottiner [tʀɔtine] <1> *vi* trappeln; *enfant:* trippeln

trottinette [tʀɔtinɛt] *f* Roller *m;* **~ électrique** Elektroscooter *m*

trottoir [tʀɔtwaʀ] *m* Bürgersteig *m*

trou [tʀu] *m* ① (*cavité*) Loch *nt; d'une aiguille* Öhr *nt;* **~ de la serrure** Schlüsselloch ② (*moment de libre*) freier Augenblick ③ (*déficit*) Loch *nt;* **~ [dans la couche] d'ozone** Ozonloch *nt* ④ *d'un témoignage, d'une œuvre* Lücke *f;* **~ de mémoire** Black-out *m o nt* ▶ **rester dans son ~** *fam* zu Hause herumhocken

troubadour [tʀubaduʀ] *m* Troubadour *m*

troublant(e) [tʀublɑ̃, ɑ̃t] *adj* ① (*déconcertant*) irritierend; *élément* störend ② (*inquiétant*) beunruhigend ③ (*étrange*) merkwürdig ④ (*qui inspire le désir*) aufregend

trouble¹ [tʀubl] **I.** *adj* ① *image, vue* verschwommen; *liquide, lumière* trüb ② *période* zwiespältig **II.** *adv voir* unscharf

trouble² [tʀubl] *m* ① *pl* MED Beschwerden *Pl;* (*troubles psychiques, mentaux*) Störungen *Pl;* **~ du déficit de l'attention** Aufmerksamkeitsdefizit-Syndrom *nt,* ADS *nt* ② *pl* (*troubles politiques, sociaux*) Unruhen *Pl* ③ (*désarroi*) Aufregung *f* ④ (*agitation*) Durcheinander *nt*

trouble-fête [tʀubləfɛt] <trouble-fêtes> *mf* Spielverderber(in) *m(f)*

troubler [tʀuble] <1> **I.** *vt* ① (*gêner fortement*) stören ② (*perturber*) beunruhigen ③ (*déranger*) stören ④ (*émouvoir*) verwirren ⑤ (*altérer*) beeinträchtigen *digestion, facultés mentales* ⑥ (*altérer la clarté*) verdüstern *atmosphère, ciel;* trüben *eau* **II.** *vpr* **se ~** (*devenir trouble*) sich trüben; *mémoire:* nachlassen

troué(e) [tʀue] *adj* durchlöchert

trouée [tʀue] *f* (*ouverture*) Loch *nt; d'une forêt* Schneise *f*

trouer [tʀue] <1> **I.** *vt* ① (*faire un trou*) ein Loch machen ② (*faire plusieurs trous*) zerlöchern; *balles:* durchlöchern ③ (*traverser*) *rayon de lumière:* durchdringen **II.** *vpr* **se ~** ein Loch/Löcher bekommen

troufignon [tʀufiɲɔ̃] *m fam* (*anus*) [Arsch]loch *nt* (*vulg*)

troufion [tʀufjɔ̃] *m fam* einfacher Soldat *m*

trouillard(e) [tʀujaʀ, jaʀd] **I.** *adj fam* ängstlich **II.** *m(f) fam* Angsthase *m*

trouille [tʀuj] *f fam* Bammel *m;* **avoir la ~** Bammel haben; **ficher** [*o* **flanquer**] **la ~ à qn** jdm eine Mordsangst einjagen

troupe [tʀup] *f* THEAT, MIL Truppe *f*

troupeau [tʀupo] <x> *m* Herde *f*

trousse [tʀus] *f* (*étui à compartiments*) Beutel *m;* **~ à outils** Werkzeugset *nt;* **~ d'écolier** [Feder]mäppchen *nt;* **~ de toilette** [*o* **voyage**] Kulturbeutel *m* ▶ **avoir qn à ses ~s** jdn im Nacken haben; **être aux ~s de qn** jdm auf den Fersen sein

trousseau [tʀuso] <x> *m* ① (*clés*) Schlüs-

T

selbund *m o nt* ❷ (*vêtements*) Kleidung *f kein Pl; d'une mariée* Aussteuer *f*

trousser [tʀuse] <1> *vt* ❶ GASTR zusammenbinden ❷ *fam* (*posséder sexuellement*) nehmen (*sl*)

trouvaille [tʀuvɑj] *f* [glücklicher] Fund *m*

trouver [tʀuve] <1> **I.** *vt* ❶ (*découvrir*) finden; bekommen *information;* aufbringen *capitaux* ❷ (*avoir le sentiment*) ~ **étrange que** + *subj* es merkwürdig finden, dass ❸ (*voir*) ~ **du plaisir à faire qc** Gefallen finden etw zu tun; **aller/venir ~ qn** jdn besuchen gehen/kommen **II.** *vpr* ❶ (*être situé*) **se ~** sich befinden ❷ (*être*) **se ~ bloqué/coincé** blockiert/eingeklemmt sein; **se ~ dans l'obligation de partir** sich gezwungen sehen zu gehen ❸ (*se sentir*) **se ~ bien/mal** sich gut/schlecht fühlen ❹ (*exprime la coïncidence*) **se ~ être nés le même jour** *personnes:* [zufällig] am gleichen Tag geboren sein ❺ (*se rencontrer*) **un bon job se trouve toujours** es findet sich immer eine gute Stelle **III.** *vpr impers* ❶ (*par hasard*) **il se trouve que ...** zufällig ... ❷ (*on trouve, il y a*) **il se trouve toujours un pour faire qc** es findet sich immer einer, mit dem man etw machen kann ►**si ça se trouve, il va pleuvoir** *fam* es kann gut sein, dass es regnen wird

truand [tʀyɑ̃] *m* Gauner(in) *m(f)*

truander [tʀyɑ̃de] <1> *vt fam* reinlegen

trublion [tʀyblijɔ̃] *m* Unruhestifter(in) *m(f)*

truc [tʀyk] *m* ❶ *fam* (*chose*) Ding *nt* ❷ *fam* (*personne*) Dings *mf;* **c'est Truc, tu sais** das ist der/die Dings, du weißt schon ❸ *fam* (*combine*) Trick *m* ❹ (*tour*) [Zauber]trick *m* ►**c'est mon ~** *fam* das ist meine Sache; **c'est pas mon ~** *fam* das ist nicht mein Fall

trucage [tʀykaʒ] *m* ❶ *de statistiques, de la réalité* Verfälschung *f; des élections* Fälschung *f; du vin* Panschen *nt* ❷ CINE, PHOT Trickaufnahme *f*

trucider [tʀyside] <1> *vt fam* umbringen

trucmuche [tʀykmyʃ] *m pop* Dingsbums *nt* (*fam*)

truculence [tʀykylɑ̃s] *f* Urwüchsigkeit *f*

truculent(e) [tʀykylɑ̃, ɑ̃t] *adj* urwüchsig

truelle [tʀyɛl] *f* Kelle *f*

truffe [tʀyf] *f* ❶ BOT, GASTR Trüffel *f* ❷ (*museau*) Schnauze *f*

truffer [tʀyfe] <1> *vt* ❶ GASTR trüffeln ❷ *fig* ~ **un texte de citations** einen Text mit Zitaten spicken

truie [tʀɥi] *f* Sau *f*

truite [tʀɥit] *f* Forelle *f*

truquage [tʀykaʒ] *m v.* **trucage**

truquer [tʀyke] <1> *vt* fälschen; panschen *vin*

trust [tʀœst] *m* ECON Trust *m*

tsar [tsaʀ] *m* Zar *m*

tsarine [tsaʀin] *f* Zarin *f*

tsariste [tsaʀist] *adj* zaristisch

tsé-tsé [tsetse] *f inv* [**mouche**] ~ Tsetsefliege *f*

T.S.F. [teɛsɛf] *m vieilli abr de* **télégraphie sans fil** ❶ drahtlose Telegrafie *f* ❷ (*radiodiffusion*) **écouter la ~** Rundfunk *m* hören

t-shirt [tiʃœʀt] <t-shirts> *m* T-Shirt *nt*

tsigane [tsigan] **I.** *adj* **musique ~** Zigeunermusik *f* (*pej*) **II.** *mf* Zigeuner(in) *m(f)* (*pej*)

tsoin-tsoin [tswɛ̃tswɛ̃] **I.** *interj* dideldumm **II.** *adj inv* elegant

TSVP *abr de* **tournez s'il vous plaît** b.w.

T.T.C. [tetese] *abr de* **toutes taxes comprises** inkl. MwSt.

tu [ty] <*fam, devant voyelle ou h muet* t'> **I.** *pron pers* ~ **es grand** du bist groß **II.** *m* **dire ~ à qn** du zu jdm sagen

tu(e) [ty] *part passé de* **taire**

tuant(e) [tɥɑ̃, ɑ̃t] *adj fig fam* (*fatigant, pénible*) tödlich; **être ~** (*pénible*) einem auf die Nerven gehen

tuba [tyba] *m* ❶ MUS Tuba *f* ❷ SPORT Schnorchel *m*

tube [tyb] *m* ❶ (*tuyau*) Rohr *nt;* (*petit*) Röhrchen *nt;* ~ **à essai** Reagenzglas *nt* ❷ ELEC Röhre *f* ❸ (*emballage à presser*) Tube *f* ❹ ANAT ~ **digestif** Verdauungstrakt *m* ❺ *fam* (*chanson*) Hit *m*

tubercule [tybɛʀkyl] *m* BOT [Wurzel]knolle *f*

tuberculeux, -euse [tybɛʀkylø, -øz] **I.** *adj personne* tuberkulosekrank **II.** *m, f* MED Tuberkulosekranke(r) *f(m)*

tuberculose [tybɛʀkyloz] *f* Tuberkulose *f*

tubéreux, -euse [tybeʀø, -øz] *adj* BOT knollenartig

tubulaire [tybylɛʀ] *adj lampe* röhrenförmig

tubulure [tybylyʀ] *f* ❶ (*ensemble de tubes*) Rohrsystem *nt* ❷ (*conduit*) Rohr *nt;* ~ **d'alimentation** TECH Versorgungsleitung *f*

T.U.C. [tyk] *m abr de* **travail d'utilité collective** ABM-Stelle

tucard(e) [tykaʀ, kaʀd] *m(f)* junge(r) ABM-Stelleninhaber(in) *f(m)*

tuciste [tysist] *m, f v.* **tucard**

tué(e) [tɥe] *m(f)* Todesopfer *nt*

tue-mouche[s] [tymuʃ] **I.** *adj inv* **papier/ruban ~** Fliegenfänger *m* **II.** *m* Fliegenklatsche *f*

tuer [tɥe] <1> **I.** *vt* ① (*donner la mort à*) töten; erlegen *gibier;* **se faire ~** umkommen ② (*nuire à*) zerstören *espoir, environnement;* vernichten *initiative, insectes* **II.** *vi animal, personne:* töten; *poison, arme:* tödlich sein; *catastrophe:* Menschenleben fordern ▸ **ça tue** *fam* das ist [echt] ätzend **III.** *vpr* ① (*être victime d'un accident*) **se ~** umkommen ② (*se donner la mort*) **se ~** sich umbringen ③ (*se fatiguer*) **se ~ à qc** sich mit etw abmühen

tuerie [tyʀi] *f* Gemetzel *nt*

tue-tête [tytɛt] **à ~** lauthals

tueur, -euse [tɥœʀ, -øz] *m, f* Mörder(in) *m(f)*

tuf [tyf] *m* Tuff[stein *m*] *m*

tuile [tɥil] *f* ① *d'un toit* [Dach]ziegel *m* ② *fam* (*événement fâcheux*) unangenehme Überraschung ③ GASTR Teegebäck *nt*

tuilerie [tɥilʀi] *f* Ziegelei *f*

tulipe [tylip] *f* Tulpe *f*

tulle [tyl] *m* Tüll *m*

tuméfié(e) [tymefje] *adj* geschwollen

tumeur [tymœʀ] *f* Tumor *m*

tumulte [tymylt] *m d'une foule* Tumult *m; des flots, d'un orage* Toben *nt; des passions* Sturm *m; de la rue, de la ville* (*agitation*) Treiben *nt;* (*bruit*) Lärm *m*

tumultueux, -euse [tymyltɥø, -øz] *adj* ① (*agité*) stürmisch; *période, vie* bewegt; *discussion* hitzig; *flots* tosend ② (*bruyant*) lärmend

tune [tyn] *f v.* **thune**

tuner [tynœʀ] *m* Tuner *m*

tuning [tyniŋ] *m* AUT Tuning *nt*

tunique [tynik] *f* ① (*vêtement ample*) Tunika *f* ② MIL Uniformrock *m*

Tunisie [tynizi] *f* **la ~** Tunesien *nt*

tunisien(ne) [tynizjɛ̃, jɛn] *adj* tunesisch

Tunisien(ne) [tynizjɛ̃, jɛn] *m(f)* Tunesier(in) *m(f)*

tunnel [tynɛl] *m* ① (*galerie*) Tunnel *m* ② (*période difficile*) Durststrecke *f*

turban [tyʀbɑ̃] *m* Turban *m*

turbine [tyʀbin] *f* Turbine *f*

turbo[1] [tyʀbo] *adj inv véhicule, version* mit Turbomotor; **moteur ~** Turbomotor *m*

turbo[2], turbocompresseur [tyʀbokɔ̃pʀesœʀ] *m* Turbokompressor *m* (*als Verdichter arbeitende Turbomaschine in einem Abgasturbolader*)

turbot [tyʀbo] *m* Steinbutt *m*

turbulence [tyʀbylɑ̃s] *f* ① *a.* PHYS, METEO (*agitation*) Turbulenz *f* ② (*caractère*) Lebhaftigkeit *f*

turbulent(e) [tyʀbylɑ̃, ɑ̃t] *adj* ① (*agité*) wild ② (*rebelle*) aufsässig

turc [tyʀk] *m* Türkisch *nt; v. a.* **allemand**

turc, turque [tyʀk] *adj* türkisch

Turc, Turque [tyʀk] *m, f* Türke *m*/Türkin *f*

turf [tœʀf, tyʀf] *m* Pferderennsport *m*

turfiste [tœʀfist, tyʀfist] *mf* jd, der/die bei Pferderennen wettet

turlupiner [tyʀlypine] <1> *vt fam* **~ qn** jdn plagen, jdm keine Ruhe lassen

turlutte [tyʀlyt] *f fam* Blasen *nt;* **faire une ~ à qn** jdm einen blasen (*vulg*)

turlututu [tyʀlytyty] *interj* ▸ **~ chapeau pointu!** papperlapapp!

turpitude [tyʀpityd] *f gén pl* Schandtat *f*

turque [tyʀk] *v.* **turc** ▸ **W.-C. à la ~** Stehklo[sett] *nt*

Turquie [tyʀki] *f* **la ~** Türkei *f*

turquoise [tyʀkwaz] **I.** *f* (*pierre*) Türkis *m* **II.** *m* (*couleur*) Türkis *nt* **III.** *adj inv* türkis[farben]; **bleu ~** türkisblau

tus [ty] *passé simple de* **taire**

tutélaire [tytelɛʀ] *adj* JUR schützend; *service* Aufsicht führend

tutelle [tytɛl] *f* ① (*protection abusive*) Bevormundung *f* ② JUR *d'un mineur* Vormundschaft *f; d'un aliéné* Betreuung *f* ③ ADMIN, POL Kontrolle *f;* **en** [*o* **sous**] **~** unter Aufsicht ▸ **prendre qn sous sa ~** JUR die Vormundschaft für jdn übernehmen; (*protéger*) jdn unter seine Fittiche nehmen (*fam*)

tuteur [tytœʀ] *m* (*support*) Stütze *f*

tuteur, -trice [tytœʀ, -tʀis] *m, f* ① JUR *d'un mineur* Vormund *m; d'un aliéné* Betreuer(in) *m(f)* ② SCOL, UNIV Tutor(in) *m(f)*

tuto [tytɔ] *m fam abr de* **tutoriel** INFORM, INET Tutorial *nt*

tutoiement [tytwamɑ̃] *m* Duzen *nt*

tutorat [tytɔʀa] *m* Tutorium *nt*

tutoriel [tytɔʀjɛl] *m* INFORM, INET Tutorial *nt*

tutoyer [tytwaje] <6> **I.** *vt* duzen **II.** *vpr* **se ~** sich duzen

tutrice [tytʀis] *f v.* **tuteur, -trice**

tutu [tyty] *m* Tutu *nt*

tuyau [tɥijo] <x> *m* ① (*tube rigide*) Rohr *nt;* (*tube souple*) Schlauch *m; d'une cheminée* Schacht *m;* **~ d'alimentation** Zulauf *m;* **~ d'arrosage** [Wasser]schlauch *m;* **~ d'aspiration** Saugrohr *nt;* **~ d'échappement** Ablauf *m;* AUT Auspuff[rohr *nt*] *m* ② *fam* (*conseil*) Tipp *m*

tuyauter [tɥijote] <1> *vt fam* einen Tipp/Tipps geben

tuyauterie [tɥijotʀi] *f d'une installation, chaudière* Leitungsnetz *nt*

TV [teve] *f abr de* **télévision** Fernsehen *nt*

TV5 [tevesɛ̃k] *f abr de* **télévision cinq** TV5 (*frankophoner Fernsehsender*)
T.V.A. [tevea] *f abr de* **taxe à la valeur ajoutée** MwSt.
TVHD [teveaʃde] *f abr de* **télévision [à] haute définition** HDTV *nt* (*hochauflösendes Fernsehen*)
tweed [twid] *m* Tweed *m*
twitter [twite] <1> *vi* TELEC, INET twittern
tympan [tɛ̃pɑ̃] *m* ❶ ANAT Trommelfell *nt* ❷ ARCHIT Tympanon *nt*
type [tip] **I.** *m* ❶ (*archétype*) Prototyp *m* ❷ (*genre*) Art *f; asiatique, humain* Typus *m* ❸ (*modèle*) Typ *m;* ~ **de véhicule** Fahrzeugtyp ❹ (*individu quelconque*) Typ *m* (*fam*) ▶**du troisième** ~ der dritten Art **II.** *app inv* typisch
typé(e) [tipe] *adj* **être très** ~ sehr typisch sein
typhoïde [tifɔid] **I.** *adj* **fièvre** ~ Typhusfieber *nt* **II.** *f* Typhus *m*
typhon [tifɔ̃] *m* Taifun *m*
typhus [tifys] *m* Typhus *m*
typique [tipik] *adj* ❶ (*caractéristique*) ~ **de qn/qc** typisch für jdn/etw ❷ (*spécifique*) **caractère** ~ spezifisches Merkmal
typiquement [tipikmɑ̃] *adv* **c'est** ~ **français** das ist typisch französisch
typographe [tipɔgʀaf] *mf* [Schrift]setzer(in) *m(f)*
typographie [tipɔgʀafi] *f* Typografie *f*
typographique [tipɔgʀafik] *adj* typografisch
typologie [tipɔlɔʒi] *f* Typologie *f*
tyran [tiʀɑ̃] *m* Tyrann *m*
tyrannie [tiʀani] *f* ❶ *d'un monarque* Tyrannei *f; d'un régime* Gewaltherrschaft *f* ❷ *d'une personne* Tyrannei *f; des médias* Diktatur *f; d'une mode* Diktat *nt*
tyrannique [tiʀanik] *adj* ❶ HIST *pouvoir* tyrannisch; **régime** ~ Gewaltherrschaft *f* ❷ (*autoritaire*) herrschsüchtig; *mode* diktatorisch
tyranniser [tiʀanize] <1> *vt* tyrannisieren
Tyrol [tiʀɔl] *m* **le** ~ Tirol *nt*
tyrolien(ne) [tiʀɔljɛ̃, jɛn] *adj* tirol[er]isch; *chant, population* Tiroler *inv;* **danse** ~**ne** Schuhplattler *m*
Tyrolien(ne) [tiʀɔljɛ̃, jɛn] *m(f)* Tiroler(in) *m(f)*
tyrolienne [tiʀɔljɛn] *f* MUS Jodler *m*
tzar [tsaʀ] *m v.* **tsar**
tzarine [tsaʀin] *f v.* **tsarine**
tzigane [tsigan] *adj v.* **tsigane**

U u

U, u [y] *m inv* U *nt,* u *nt;* **en U** in U-Form
UCT [ysete] *f abr de* **Unité Centrale de Traitement** CPU *f*
UDF [ydeɛf] *f abr de* **Union pour la démocratie française** *liberal-konservative Parteienkonföderation Frankreichs*
UE [yə] *f abr de* **Union européenne** EU *f;* **pays [non-]membre de l'**~ [Nicht-]EU--Land *nt*
UEFA [yefa] *f abr de* **Union of European Football Associations** UEFA *f*
UEM [yøɛm] *f abr de* **Union économique et monétaire** WWU *f* (*Wirtschafts- und Währungsunion*)
UEO [yøo] *f abr de* **Assemblée de l'union de l'Europe occidentale** WEU *f* (*Westeuropäische Union*)
UFC [yɛfse] *f abr de* **Union fédérale des consommateurs** *französische Verbraucherschutzsorganisation*
UFR [yɛfɛʀ] *f abr de* **unité de formation et de recherche** [*universitärer*] *Fachbereich*
U.H.T. [yaʃte] *f abr de* **Ultra-Haute Température** *v.* **lait**
UIT [yite] *f abr de* **Union internationale des télécommunications** Internationale Fernmeldeunion *f*
Ukraine [ykʀɛn] *f* **l'**~ die Ukraine
ukrainien [ykʀɛnjɛ̃] *m* Ukrainisch *nt; v. a.* **allemand**
ukrainien(ne) [ykʀɛnjɛ̃, jɛn] *adj* ukrainisch
Ukrainien(ne) [ykʀɛnjɛ̃, jɛn] *m(f)* Ukrainer(in) *m(f)*
ulcère [ylsɛʀ] *m* Geschwür *nt*
ulcérer [ylseʀe] <5> *vt* tief kränken
ulcéreux, -euse [ylseʀø, -øz] **I.** *adj* MED geschwürig; *personne* mit einer Ulkuskrankheit **II.** *m, f* Geschwürkranke(r) *f(m)*
U.L.M. [yɛlɛm] *m inv abr de* **Ultra-Léger Motorisé** Ultraleichtflugzeug *nt*

ultérieur(e) [ylteʀjœʀ] *adj* spätere(r, s)
ultérieurement [ylteʀjœʀmɑ̃] *adv* später; *regretter* im Nachhinein
ultimatum [yltimatɔm] *m* Ultimatum *nt*
ultime [yltim] *adj a. antéposé* [aller]letzte(r, s); *ironie* äußerste(r, s)
ultra [yltʀa] *mf* (*extrémiste de droite/gauche*) Ultrarechte(r)/-linke(r) *f(m)*
ultraconfidentiel(le) [yltʀakɔ̃fidɑ̃sjɛl] *adj fam* streng vertraulich
ultraconservateur, -trice [yltʀakɔ̃sɛʀvatœʀ, -tʀis] *adj fam* extrem konservativ
ultraléger, -ère [yltʀaleʒe, -ɛʀ] *adj* extraleicht
ultralibéral(e) [yltʀalibeʀal, -o] <-aux> ECON, POL **I.** *adj* ≈ radikal-liberal **II.** *m(f)* ≈ Radikalliberale(r) *f(m)*
ultralibéralisme [yltʀalibeʀalism] *m* ECON, POL extremer Liberalismus *m*
ultramoderne [yltʀamɔdɛʀn] *adj* hochmodern
ultrarapide [yltʀaʀapid] *adj fam* superschnell
ultrasensible [yltʀasɑ̃sibl] *adj* hoch empfindlich
ultrason [yltʀasɔ̃] *m* Ultraschall *m*
ultraviolet [yltʀavjɔlɛ] *m* Ultraviolett *nt;* **les ~s** ultraviolette Strahlen
ultraviolet(te) [yltʀavjɔlɛ, ɛt] *adj* ultraviolett
ululement [ylylmɑ̃] *m v.* **hululement**
ululer [ylyle] <1> *v.* **hululer**
Ulysse [ylis(ə)] *m* Odysseus *m*
UME [yɛmø] *f abr de* **Union monétaire européenne** EWU *f* (*Europäische Währungsunion*)
UMP [yɛmpe] *f abr de* **Union pour un mouvement populaire** *2002 neu gegründete französische, konservative Partei der Gaullisten*
un [œ̃] **I.** *m inv* Eins *f* **II.** *adv* erstens; **~, je suis fatigué, deux, j'ai faim** erstens bin ich müde, und zweitens habe ich Hunger; *v. a.* **cinq**
un, une [œ̃, yn] **I.** *art indéf* ① (*un certain*) ein(e); **avec ~ grand courage** mit großer Tapferkeit; **ce n'est pas ~ Picasso!** das ist kein Picasso! ② (*intensif*) **il y a ~ [de ces] bruit** ein derartiger Lärm; **ce type est d'~ culot!** der Kerl ist vielleicht frech! **II.** *pron* ① (*chose/personne parmi d'autres*) ein(e); **en connaître ~ qui ...** jemanden kennen, der ...; **être l'~ de ceux qui ...** zu denen gehören, die ...; **~ de ces jours, il va tomber!** eines schönen Tages wird er hinfallen! ② (*chose/personne opposée à une autre*) **les ~s et les autres** die einen und die anderen; **ils sont assis en face l'~ de l'autre** sie sitzen einander gegenüber; **ils sont aussi menteurs l'~ que l'autre** sie lügen alle beide; **s'injurier l'~ l'autre** sich gegenseitig beschimpfen ▸**l'~ dans l'autre** alles in allem; **l'~[e] ou l'autre** [entweder] der/die/das eine oder der/die/das andere; **comme pas ~[e]** wie kein anderer/keine andere; **et d'~[e]!** *fam* das wäre das Erste!; **~[e] par ~[e]** einer/eine/eines nach dem/der/dem anderen **III.** *num* ① ein(e) ② (*non divisible*) einzig; **Dieu est ~** es gibt nur einen Gott ▸**c'est tout ~** das ist alles eins; **ne faire qu'~** ein Herz und eine Seele sein; **ne faire ni ~e ni deux** nicht lange überlegen; **c'était moins ~e!** *fam* das war haarscharf!; *v. a.* **cinq**
unanime [ynanim] *adj consentement* einhellig; *avis* übereinstimmend; *vote* einstimmig
unanimement [ynanimmɑ̃] *adv approuver* einhellig; *décider* einstimmig; **être ~ convaincu de qc** ausnahmslos von etw überzeugt sein
unanimité [ynanimite] *f* Übereinstimmung *f; des suffrages* Einstimmigkeit *f;* **à l'~** einstimmig
une [yn] *f* **la ~** (*première page du journal*) die Titelseite; TV das erste Programm; (*premier sujet*) das Thema des Tages; (*table/chambre/... numéro un*) die Eins
uni(e) [yni] **I.** *part passé de* **unir** **II.** *adj* ① (*sans motifs*) ungemustert; (*unicolore*) einfarbig ② (*en union*) vereint; **les Etats Unis d'Amérique** die Vereinigten Staaten von Amerika; **~s par qc** durch etw verbunden ③ *surface* glatt; *chemin* eben
unicité [ynisite] *f d'un cas* Einmaligkeit *f; d'un phénomène* Einzigartigkeit *f*
unicolore [ynikɔlɔʀ] *adj* einfarbig
unidirectionnel(le) [ynidiʀɛksjɔnɛl] *adj* unidirektional; **courant ~** Gleichstrom *m*
unième [ynjɛm] *adj* **vingt et ~** einundzwanzigste(r, s)
unificateur, -trice [ynifikatœʀ, -tʀis] *adj principe* einigend; **mouvement ~** Sammelbewegung *f*
unification [ynifikasjɔ̃] *f* Vereinigung *f; des tarifs* Vereinheitlichung *f; de l'Allemagne* Wiedervereinigung
unifier [ynifje] <1> **I.** *vt* ① (*unir*) vereinen; zusammenschließen *partis* ② (*uniformiser*) vereinheitlichen *programmes* **II.** *vpr* **s'~** sich vereinigen
uniforme [ynifɔʀm] **I.** *adj* ① (*pareil*) gleich[artig]; **des goûts ~s** Einheitsge-

schmack *m* ② (*standardisé*) vereinheitlicht ③ *vitesse* gleich bleibend; *paysage, vie* eintönig; *mouvement* gleichförmig **II.** *m* Uniform *f*

uniformément [ynifɔʀmemɑ̃] *adv* ① (*de façon monotone*) eintönig ② (*de la même façon*) gleichermaßen

uniformisation [ynifɔʀmizasjɔ̃] *f du mode de vie* Angleichung *f; des tarifs* Vereinheitlichung *f*

uniformiser [ynifɔʀmize] <1> *vt* vereinheitlichen, einander anpassen *programmes*

uniformité [ynifɔʀmite] *f* ① *des mœurs* Übereinstimmung *f; des produits* Einheitlichkeit *f* ② (*monotonie*) Eintönigkeit *f*

unijambiste [ynizɑ̃bist] **I.** *adj* einbeinig **II.** *mf* Einbeinige(r) *f(m)*

unilatéral(e) [ynilateʀal, -o] <-aux> *adj jugement* einseitig; *garantie* nur für eine Seite verbindlich; POL unilateral; **stationnement ~** Parken *nt* auf nur einer der beiden Straßenseiten

unilatéralement [ynilateʀalmɑ̃] *adv* im Alleingang; POL einseitig

unilatéralisme [ynilateʀalism] *m* POL Unilateralismus *m*

unilingue [ynilɛ̃g] *adj* einsprachig

uninominal(e) [yninɔminal, -o] <-aux> *adj* (*opp: de liste*) **scrutin ~** Persönlichkeitswahl *f*

union [ynjɔ̃] *f* ① (*alliance*) Vereinigung *f; de partis* Zusammenschluss *m;* **en ~ avec qn** gemeinsam mit jdm ② (*vie commune*) Lebensgemeinschaft *f;* **l'~ conjugale** der Bund der Ehe ③ *des éléments* Zusammenstellung *f* ④ (*association*) Verband *m;* **~ syndicale** Gewerkschaftsbund *m*

Union économique [ynjɔ̃ ekɔnɔmik] *f* Wirtschaftsunion *f*

Union européenne [ynjɔ̃ øʀɔpeɛn] *f* Europäische Union *f*

unioniste [ynjɔnist] *mf* ① POL, HIST Unionist(in) *m(f)* ② CAN (*membre du parti de l'Union nationale*) Parteimitglied *nt* der Nationalen Union

Union monétaire [ynjɔ̃ mɔnetɛʀ] *f* Währungsunion *f*

Union Soviétique [ynjɔ̃ sɔvjetik] *f* HIST Sowjetunion *f*

unique [ynik] *adj* ① (*seul*) einzig; *monnaie* einheitlich; **prix ~** Einheitspreis *m;* **enfant ~** Einzelkind *nt;* **à voie ~** einspurig; **rue à sens ~** Einbahnstraße *f* ② (*exceptionnel*) einzigartig

uniquement [ynikmɑ̃] *adv* nur

unir [yniʀ] <8> **I.** *vt* ① (*associer*) verein[ig]en ② (*marier*) trauen ③ (*combiner*) verbinden mit ④ (*relier*) *chemin de fer, langage:* verbinden **II.** *vpr* ① (*s'associer*) **s'~** sich vereinigen ② (*se marier*) **s'~** heiraten ③ (*se combiner*) **s'~ à qc** sich mit etw verbinden

unisexe [ynisɛks] *adj* für Mann und Frau

unisson [ynisɔ̃] *m* Unisono *nt; a.* MUS **être à l'~ de qc** gleichstimmig mit etw sein; **se mettre à l'~ de qn** mit jdm harmonieren

unitaire [ynitɛʀ] *adj* ① POL *revendications* einheitlich; *mouvement* geschlossen ② COM *production* auf ein Produkt beschränkt

unité [ynite] *f* ① *d'une famille* Zusammenhalt *m; d'une classe* Einheit *f; d'un texte* Zusammenhang *m;* **~ d'action** gemeinsames Handeln; **~ de vues** gleiche Standpunkte ② POL Einheit *f* ③ (*étalon de mesure*) Einheit *f;* **~ de distance** Längenmaß *nt* ④ MATH Einer *m* ⑤ *a.* MIL (*section*) Einheit *f;* **~ de réanimation** Intensivstation *f* ⑥ INFORM, TECH **~ de stockage** Speicher[einheit *f*] *m;* **~ de bande magnétique/disque** Band-/Diskettenlaufwerk *nt;* **~ de sortie** Ausgabegerät *nt* ⑦ COM **prix à l'~** Einzelpreis *m*

univers [ynivɛʀ] *m* ① ASTRON Universum *nt,* Weltall *nt;* **~ parallèle** Paralleluniversum ② (*milieu*) Welt *f; familier* Umgebung *f; politique* Umfeld *nt*

universalisation [ynivɛʀsalizasjɔ̃] *f* ① (*mondialisation*) [allgemeine] Verbreitung *f* ② (*du particulier à l'universel*) Verallgemeinerung *f,* Universalisierung *f*

universaliser [ynivɛʀsalize] <1> **I.** *vt* verallgemeinern **II.** *vpr* **s'~** sich verbreiten

universalisme [ynivɛʀsalism] *m* REL, PHILOS Universalismus *m*

universaliste [ynivɛʀsalist] REL, PHILOS **I.** *adj* universalistisch **II.** *mf* Universalist(in) *m(f)*

universalité [ynivɛʀsalite] *f* Universalität *f; d'une idée* Allgemeingültigkeit *f*

universel(le) [ynivɛʀsɛl] *adj* ① (*mondial*) weltweit; **exposition ~le** Weltausstellung *f* ② (*opp: particulier*) allgemein; *proposition* allgemein verbindlich ③ *remède* universell; **clé ~le** Universalschlüssel *m*

universellement [ynivɛʀsɛlmɑ̃] *adv* ① allgemein ② (*mondialement*) weltweit

universitaire [ynivɛʀsitɛʀ] **I.** *adj* universitär; *titre* akademisch; **résidence ~** Studentenwohnheim *nt;* **diplôme ~** Hochschuldiplom *nt;* **restaurant ~** Mensa *f* **II.** *mf* Hochschullehrer(in) *m(f)*

université [ynivɛʀsite] *f* Universität *f;* **~ d'été** Sommerkurs *m;* **~ du troisième**

U

âge Seniorenstudium *nt;* ~ **populaire** Volkshochschule *f*

Untel [œ̃tɛl] **Monsieur/Madame ~** Herr/Frau Sowieso

uploader [œplode] <1> *vt* INFORM hochladen

uppercut [ypɛʀkyt] *m* BOXE Aufwärtshaken *m*

uranium [yʀanjɔm] *m* Uran *nt*

Uranus [yʀanys] *f* Uranus *m*

urbain(e) [yʀbɛ̃, ɛn] *adj* städtisch; *aménagement, paysage* Stadt-

urbanisation [yʀbanizasjɔ̃] *f* ① *d'une région, d'un pays* Urbanisierung *f* ② *d'un secteur, d'une zone* städtische Bebauung *f*

urbaniser [yʀbanize] <1> *vt* urbanisieren *région*

urbanisme [yʀbanism] *m* Städtebau *m*

urbaniste [yʀbanist] *mf* Stadtplaner(in) *m(f)*

urbanité [yʀbanite] *f* ① (*politesse*) Gewandheit *f* ② (*caractère de la ville*) städtische Atmosphäre *f*

urée [yʀe] *f* Harnstoff *m*

uretère [yʀ(ə)tɛʀ] *f* ANAT Harnleiter *m*

urètre [yʀɛtʀ] *m* ANAT Harnröhre *f*

urgemment [yʀʒamɑ̃] *adv* dringend

urgence [yʀʒɑ̃s] *f* ① (*caractère urgent*) Dringlichkeit *f;* **il y a ~** es eilt; **d'~** unverzüglich ② (*cas urgent*) dringende Angelegenheit; *a.* MED Notfall *m;* **les ~s** Notfallstation *f;* **le secours de première ~** die erste Hilfe

urgent(e) [yʀʒɑ̃, ʒɑ̃t] *adj cas* dringend; *affaire* dringlich; **~!** eilt!

urgentiste [yʀʒɑ̃tist] *mf* MED Notarzt *m*/-ärztin *f*

urger [yʀʒe] <2a> *vi* **ça urge!** *fam* es brennt!

urinaire [yʀinɛʀ] *adj* **maladie ~** Erkrankung *f* der Harnwege; **calcul ~** Harnstein *m*

urine [yʀin] *f* Urin *m*

uriner [yʀine] <1> *vi* urinieren

urinoir [yʀinwaʀ] *m* Pissoir *nt*

URL [yɛʀɛl] *f inv* INFORM *abr de* **Uniform Resource Locator** URL *f*

urne [yʀn] *f* ① Urne *f* ② POL [Wahl]urne *f;* **aller aux ~s** wählen gehen

urologie [yʀɔlɔʒi] *f* Urologie *f*

urologue [yʀɔlɔg] *mf* Urologe *m*/Urologin *f*

URSS [yɛʀɛsɛs] *f* HIST *abr de* **Union des républiques socialistes soviétiques: l'~** die UdSSR

urticaire [yʀtikɛʀ] *f* [allergischer] Hautausschlag ▶ **qn/qc donne de l'~ à qn** *fam* jd ist gegen jdn/etw allergisch

us [ys] *mpl* ~ **et coutumes** Sitten und Bräuche *Pl*

US [yɛs] *f abr de* **Union sportive** SV *m*

usage [yzaʒ] *m* ① (*utilisation*) Gebrauch *m; d'un appareil* Benutzen *nt; d'une méthode* Anwendung *f; d'une salle* Benutzung *f;* **à l'~ de qn/qc** für jdn/etw; **hors d'~** außer Betrieb; **méthode en ~** verbreitete Methode; **être d'~ courant** häufig benutzt werden; (*habituel*) gang und gäbe sein ② JUR ~ **de faux** Verwendung *f* gefälschter Urkunden *m* ③ (*façon de se servir*) Bedienung *f* ④ (*consommation*) Verbrauch *m* ⑤ (*faculté*) **retrouver l'~ de la vue** wieder sehen können; **perdre l'~ de la parole** die Sprache verlieren ⑥ (*coutume*) Brauch *m;* **c'est contraire aux ~s** das verstößt gegen die Sitten; **c'est l'~ de faire qc** es ist üblich, etw zu tun ▶ **à l'~** in der Praxis

usagé(e) [yzaʒe] *adj* abgenutzt; *pile* verbraucht

usager, -ère [yzaʒe, -ɛʀ] *m, f* Benutzer(in) *m(f); du gaz* Verbraucher(in) *m(f);* ~ **de la route** Verkehrsteilnehmer *m*

usant(e) [yzɑ̃, ɑ̃t] *adj* anstrengend

usé(e) [yze] *adj* (*détérioré*) abgenutzt; *semelles* abgelaufen

user [yze] <1> **I.** *vt* ① (*détériorer*) abnutzen; abtragen *roche;* verschleißen *mécanique* ② (*épuiser*) ruinieren *santé;* ~ **qn** jdm zusetzen ③ (*consommer*) verbrauchen **II.** *vi* ~ **d'un droit** von einem Recht Gebrauch machen; ~ **de termes** Ausdrücke *Pl* gebrauchen ▶ ~ **et abuser de qc** etw schamlos ausnutzen **III.** *vpr* **s'~** sich abnutzen; **s'~ à qc** sich bei etw aufreiben; **s'~ les yeux** sich (*dat*) die Augen verderben

usinage [yzinaʒ] *f d'une pièce* Bearbeitung *f; d'un produit* Verarbeitung *f*

usine [yzin] *f* Fabrik *f;* ~ **d'automobiles** Automobilwerk *nt;* ~ **d'incinération des déchets** Müllverbrennungsanlage *f;* ~ **de traitement des déchets radioactifs** Wiederaufbereitungsanlage *f*

usiner [yzine] <1> *vt* bearbeiten *pièce;* verarbeiten *produit*

usité(e) [yzite] *adj* gebräuchlich

ustensile [ystɑ̃sil] *m* Gerät *nt,* Utensil *nt meist Pl*

usuel(le) [yzɥɛl] *adj* gebräuchlich; *emploi* allgemein üblich; *mot* gängig; *objet* weit verbreitet

usufruit [yzyfʀɥi] *m* JUR Nutznießung *f*

usure [yzyʀ] *f* ① (*détérioration*) Abnutzung *f* ② (*état*) abgenutzter Zustand ③ (*érosion*) Abschleifung *f* ④ (*affaiblissement*) Verschleiß *m* ▶ **avoir qn à l'~** *fam* jdn herumkriegen

usurier, -ière [yzyʀje, -jɛʀ] *m, f* Wucherer *m*/Wucherin *f*

usurpateur, -trice [yzyʀpatœʀ, -tʀis] *m, f* Usurpator(in) *m(f)*

usurpation [yzyʀpasjɔ̃] *f* ① JUR (*appropriation*) Anmaßung *f*, widerrechtliche Aneignung *f* ② POL Usurpation *f*

usurper [yzyʀpe] <1> *vt* ~ **le pouvoir** widerrechtlich die Macht an sich (*akk*) reißen; ~ **un titre** sich (*dat*) einen Titel widerrechtlich aneignen

ut [yt] *m inv* MUS C *nt*, c *nt*

utérin(e) [yteʀɛ̃, in] *adj* ① (*de la même mère*) *frères, sœurs* Halb- (*von derselben Mutter*) ② MED *grossesse, hémorragie* Gebärmutter-

utérus [yteʀys] *m* Gebärmutter *f*

utile [ytil] **I.** *adj* (*profitable*) *cadeau* nützlich; *action* sinnvoll **II.** *m* Nützliche(s) *nt*; **joindre l'~ à l'agréable** das Angenehme mit dem Nützlichen verbinden

utilement [ytilmɑ̃] *adv* nützlich; *employer* nutzbringend

utilisable [ytilizabl] *adj* verwendbar; *matériel* brauchbar; *livre* benutzbar; **ce n'est plus ~** das ist nicht mehr zu gebrauchen

utilisateur, -trice [ytilizatœʀ, -tʀis] *m, f* Benutzer(in) *m(f)*

utilisation [ytilizasjɔ̃] *f d'un téléphone* Benutzung *f*; *d'un produit* Verwendung *f*; *de l'énergie* Nutzung *f*

utiliser [ytilize] <1> *vt* ① (*se servir de*) benutzen; ~ **de l'huile pour la cuisine** Speiseöl zum Kochen verwenden ② (*recourir à*) nutzen *avantage;* anwenden *moyen;* gebrauchen *mot* ③ (*exploiter*) ausnutzen *personne;* verwerten *restes*

utilitaire [ytilitɛʀ] **I.** *adj* ① (*susceptible d'être utilisé*) für den Gebrauch bestimmt; *objet* Gebrauchs- ② (*intéressé*) auf Nutzen ausgerichtet **II.** *m* ① INFORM Utility *nt* ② AUT Nutzfahrzeug *nt*

utilité [ytilite] *f* ① (*aide*) Nutzen *m* ② (*caractère utile*) Nützlichkeit *f*; **association reconnue d'~ publique** gemeinnütziger Verein; **je n'en ai pas l'~** dafür habe ich keine Verwendung

utopie [ytɔpi] *f* Utopie *f*

utopique [ytɔpik] *adj* utopisch

utopiste [ytɔpist] *mf* Utopist(in) *m(f)*

U.V.[1] [yve] *mpl abr de* **ultra-violets** UV-Strahlen *Pl*

U.V.[2] [yve] *f inv* UNIV *abr de* **unité de valeur** Schein *m*

Vv

V, v [ve] *m inv* V *nt,* v *nt* ② (*forme*) **décolleté en V** V-Ausschnitt *m*
va [va] *indic prés de* **aller**
vacance [vakɑ̃s] *f* ① *pl* SCOL, UNIV Ferien *Pl;* **~s scolaires** Schulferien; **être en ~s** Ferien haben; **bonnes ~s!** schöne Ferien! ② *pl* (*congé*) Urlaub *m kein Pl;* **partir en ~s** in Urlaub fahren ③ (*poste*) unbesetzte Stelle
vacancier, -ière [vakɑ̃sje, -jɛʀ] *m, f* Urlauber(in) *m(f)*
vacant(e) [vakɑ̃, ɑ̃t] *adj* unbesetzt
vacarme [vakaʀm] *m* Lärm *m*
vacataire [vakatɛʀ] *mf* SCOL, UNIV Vertretung *f;* ADMIN Aushilfe *f*
vacation [vakasjɔ̃] *f* ① (*rémunération*) Honorar *nt* ② (*remplacement*) Vertretung *f*
vaccin [vaksɛ̃] *m* **~ contre le tétanos** Tetanusimpfstoff *m*
vaccinal(e) [vaksinal, -o] <-aux> *adj* **complication ~e** Impfkomplikation *f*
vaccination [vaksinasjɔ̃] *f* Impfung *f*
vacciner [vaksine] <1> *vt* MED impfen
vache [vaʃ] **I.** *f* ① ZOOL Kuh *f* ② (*cuir*) Rindsleder *nt* ► **années/période de ~s grasses/maigres** [sieben] fette/magere Jahre; **la ~!** *fam* Donnerwetter! **II.** *adj fam* (*méchant*) gemein
vachement [vaʃmɑ̃] *adv fam* echt
vacher, -ère [vaʃe, -ɛʀ] *m, f* Kuhhirt(in) *m(f)*
vacherie [vaʃʀi] *f fam* Gemeinheit *f*
vacherin [vaʃʀɛ̃] *m* ① (*fromage*) *Weichkäse aus dem französischen Jura* ② (*dessert*) *eisgekühltes Baisergebäck mit Crème fraîche*
vachette [vaʃɛt] *f* ① kleine Kuh ② (*cuir*) Vachetteleder *nt*
vacillant(e) [vasijɑ̃, jɑ̃t] *adj* schwankend; *lumière* flackernd
vacillement [vasijmɑ̃] *m* ① (*oscillation d'un côté et de l'autre*) *des jambes, meubles* Wackeln *nt; d'une personne, d'un arbre* Schwanken *nt;* (*avant la chute*) Wanken *nt* ② (*tremblement*) *de la flamme, lumière* Flackern *nt* ③ (*hésitation*) *d'une personne* Unentschlossenheit *f; de la détermination* Wanken *nt*
vaciller [vasije] <1> *vi personne:* taumeln; *poteau:* wackeln; *lumière:* flackern
vacuité [vakɥite] *f* Nichtigkeit *f*
vadrouille [vadʀuj] *f* **être en ~** *fam* auf Achse sein
vadrouiller [vadʀuje] <1> *vi fam* (*traînasser*) sich herumtreiben
va-et-vient [vaevjɛ̃] *m inv* ① (*mouvement alternatif*) Hin und Her *nt* ② ELEC Wechselschalter *m*
vagabond(e) [vagabɔ̃, ɔ̃d] **I.** *adj* ① (*errant*) **vie ~e** Vagabundenleben *nt* ② (*sans règles*) rastlos **II.** *m(f)* (*sans domicile fixe*) Landstreicher(in) *m(f)*
vagabondage [vagabɔ̃daʒ] *m* ① JUR Landstreicherei *f* ② (*errance*) Herumziehen *nt* ③ *fig* (*rêverie*) *de l'imagination, la pensée* Umherschweifen *nt*
vagabonder [vagabɔ̃de] <1> *vi* (*errer*) umherziehen
vagin [vaʒɛ̃] *m* Scheide *f*
vaginal(e) [vaʒinal, -o] <-aux> *adj* vaginal
vagissement [vaʒismɑ̃] *m* Wimmern *nt*
vague[1] [vag] **I.** *adj* ① *a. antéposé* (*indistinct*) undeutlich ② *antéposé* (*lointain*) entfernt ③ *manteau* weit **II.** *m* (*imprécision*) Unklarheit *f;* **dans le ~** im Unklaren
vague[2] [vag] *f* ① GEOG Welle *f* ② METEO **~ de chaleur/de froid** Hitze-/Kältewelle *f* ③ (*afflux*) **des ~s d'immigrants** Zustrom *m* von Einwanderern
vaguement [vagmɑ̃] *adv* ① (*opp: précisément*) ungefähr ② (*un peu*) **avoir l'air ~ surpris** etwas überrascht aussehen
vaguer [vage] <1> *vi* ① *littér* umhergehen ② *fig pensées, yeux:* schweifen
vaillamment [vajamɑ̃] *adv* beherzt; (*au combat*) tapfer
vaillance [vajɑ̃s] *f* Beherztheit *f*
vaillant(e) [vajɑ̃, ʒɑ̃t] *adj* beherzt
vaille [vaj] *subj prés de* **valoir**
vain(e) [vɛ̃, vɛn] *adj* (*inutile*) vergeblich ► **en ~** vergeblich
vaincre [vɛ̃kʀ] <*irr*> *soutenu* **I.** *vi* siegen **II.** *vt* ① MIL besiegen *pays* ② SPORT schlagen ③ (*surmonter*) überwinden
vaincu(e) [vɛ̃ky] **I.** *part passé de* **vaincre** **II.** *adj* besiegt; **s'avouer ~** sich geschlagen geben **III.** *m(f)* (*perdant*) Verlierer(in) *m(f)*
vainement [vɛnmɑ̃] *adv* vergeblich
vainqueur [vɛ̃kœʀ] **I.** *adj* (*victorieux*) siegreich **II.** *mf* MIL, SPORT, POL Sieger(in) *m(f)*
vairon [vɛʀɔ̃] *adj* **yeux ~s** verschieden[farbig]e Augen
vais [vɛ] *indic prés de* **aller**
vaisseau[1] [vɛso] <x> *m* ANAT Gefäß *nt*
vaisseau[2] [vɛso] <x> *m* ① ESPACE **~ spatial** Raumschiff *nt* ② ARCHIT Mittelschiff *nt*

V

vaisselier [vɛsəlje] *m* Geschirrschrank *m*
vaisselle [vɛsɛl] *f* ① (*service de table*) [Tafel]geschirr *nt kein Pl* ② (*objets à nettoyer*) Geschirr *nt;* **faire** [*o* **laver**] **la ~** das Geschirr spülen
val [val, vo] <vaux> *m* Tal *nt*
valable [valabl] *adj a.* JUR, COM [rechts]gültig
valablement [valabləmɑ̃] *adv* ① (*légitimement*) rechtmäßig ② (*convenablement*) zufriedenstellend ③ (*d'une manière efficace*) sinnvoll
Valais [valɛ] *m* **le ~** das Wallis
valdinguer [valdɛ̃ge] <1> *vi fam* **~ contre qc** gegen etw knallen
valence [valɑ̃s] *f* CHIM Wertigkeit *f*
valériane [valeʀjan] *f* Baldrian *m*
valet [valɛ] *m* ① (*domestique*) [Haus]diener *m* ② JEUX Bube *m*
valeur [valœʀ] *f* ① (*prix*) Wert *m;* **~ marchande** Handelswert; **de ~** wertvoll ② POST **envoi en ~ déclarée** Wertsendung *f* ③ (*cours*) [Kurs]wert *m;* (*titre*) Wertpapier *nt* ④ ECON [Waren]wert *m;* **~ ajoutée** Mehrwert; **~ d'échange** Tauschwert ⑤ (*importance*) Bedeutung *f;* **accorder** [*o* **attacher**] **de la ~ à qc** Wert auf etw (*akk*) legen; **mettre qn/qc en ~** jdn/etw zur Geltung bringen ⑥ (*équivalent*) **la ~ d'un litre** ungefähr ein Liter ⑦ MATH, MUS, JEUX Wert *m;* **la ~ de x** der Wert von x
valeureux, -euse [valœʀø, -øz] *adj antéposé littér* tapfer, couragiert (*geh*)
validation [validasjɔ̃] *f* ① *d'un passeport* Gültigkeitserklärung *f* ② INFORM Bestätigung *f*
valide [valid] *adj* ① *personne* gesund; **être ~** fit sein (*fam*) ② (*valable*) gültig
valider [valide] <1> *vt* ① (*certifier*) für gültig erklären *passeport;* entwerten *titre de transport* ② INFORM bestätigen
validité [validite] *f* Gültigkeit *f*
valise [valiz] *f* [Reise]koffer *m;* **faire sa ~** den Koffer packen
vallée [vale] *f* Tal *nt*
vallon [valɔ̃] *m* kleines Tal
vallonné(e) [valɔne] *adj* hügelig
valoche [valɔʃ] *f fam* Koffer *m*
valoir [valwaʀ] <irr> **I.** *vi* ① (*coûter*) kosten; **combien ça vaut?** wie viel kostet das? ② (*mettre en avant*) **faire ~ un argument** ein Argument geltend machen **II.** *vt* ① (*avoir de la valeur*) taugen; **~ qc/ne pas ~ grand-chose** etw/nicht viel wert sein ② (*être valable*) sinnvoll sein; **autant vaut** [*o* **vaudrait**] **faire qc** da kann man genauso gut etw tun ③ (*être équivalent à*) den gleichen Wert haben wie; JEUX zählen; **rien ne vaut un bon lit quand on est fatigué** es geht nichts über ein gutes Bett, wenn man müde ist ④ (*mériter*) lohnen; **cette ville vaut le détour** diese Stadt ist einen Umweg wert ⑤ (*avoir pour conséquence*) **~ qc à qn** jdm etw einbringen; **qu'est-ce qui nous vaut cet honneur?** was verschafft uns die Ehre? **III.** *vpr* **se ~** ① COM gleich viel kosten; **ces deux vases se valent** diese Vasen sind gleich im Preis ② (*être comparable*) *personnes, choses:* [ver]gleich[bar] sein
valorisant(e) [valɔʀizɑ̃, ɑ̃t] *adj* dem Ansehen förderlich
valorisation [valɔʀizasjɔ̃] *f d'une région* Aufwertung *f; des déchets* [Wieder]verwertung *f*
valoriser [valɔʀize] <1> *vt* ECON aufwerten *région;* [wieder]verwerten *déchets*
valse [vals] *f* Walzer *m*
valser [valse] <1> *vi* einen Walzer tanzen
valseur, -euse [valsœʀ, -øz] *m, f* Walzertänzer(in) *m(f)*
valve [valv] *f* ① TECH Ventil *nt* ② ZOOL [Muschel]schale *f*
valvule [valvyl] *f* Klappe *f*
vamp [vɑ̃p] *f* Vamp *m*
vamper [vɑ̃pe] <1> *vt fam* anmachen
vampire [vɑ̃piʀ] *m* Vampir *m*
vampiriser [vɑ̃piʀize] *vt fam* **~ qn** jdn hörig machen
van [vɑ̃] *m* Pferdetransporter *m*
vandale [vɑ̃dal] *mf* (*destructeur*) Vandale *m*/Vandalin *f*
vandaliser [vɑ̃dalize] <1> *vt* zerstören
vandalisme [vɑ̃dalism] *m* Vandalismus *m*
vanille [vanij] *f* GASTR, BOT Vanille[schote] *f*
vanillé(e) [vanije] *adj crème, sucre* Vanille-
vanillier [vanije] *m* Vanillepflanze *f*
vanité [vanite] *f* Eitelkeit *f;* **être d'une immense ~** äußerst eingebildet sein
vaniteux, -euse [vanitø, -øz] *adj* eingebildet
vanity-case [vanitikɛz] <vanity-cases> *m* Kosmetikkoffer *m,* Beautycase *nt o m*
vanne [van] *f* ① NAUT *d'une écluse* Schleusentor *nt* ② *fam* (*plaisanterie*) **lancer des ~s à qn** über jdn witzeln
vanné(e) [vane] *adj fam personne* [völlig] kaputt
vanner¹ [vane] <1> *vt* ① AGR schwingen *blé* ② *fig* erschöpfen *personne*
vanner² [vane] <1> *vt fam* **~ qn** (*se moquer de*) jdn aufziehen

V

vannerie [vanʀi] *f* ① (*fabrication*) Korbmacherei *f* ② (*objets*) Korbware *f*
vannier [vanje] *m* Korbmacher(in) *m(f)*
vantail [vɑ̃taj, -o] <-aux> *m* [Tür-, Fenster]flügel *m*
vantard(e) [vɑ̃taʀ, aʀd] **I.** *adj* prahlerisch **II.** *m(f)* Prahler(in) *m(f)*
vantardise [vɑ̃taʀdiz] *f* Prahlerei *f*
vanter [vɑ̃te] <1> **I.** *vt* [in den höchsten Tönen] loben; [an]preisen *marchandise* **II.** *vpr* **se ~** prahlen; **se ~ de qc** sich einer S. (*gen*) rühmen
va-nu-pieds [vanypje] *mf inv* Landstreicher(in) *m(f)*
vapes [vap] *fpl* ▸ **être dans les ~** *fam* benebelt sein
vapeur [vapœʀ] **I.** *f* ① (*buée*) **~ d'eau** Wasserdampf *m* ② (*énergie*) **bateau/machine à ~** Dampfschiff *nt*/-maschine *f* ③ *pl* (*émanation*) Dämpfe *Pl;* **~s d'essence** Benzindämpfe ▸ **renverser la ~** das Steuer herumreißen; **à toute ~** mit Volldampf (*fam*) **II.** *m* Dampfschiff *nt*
vapocuiseur [vapɔkɥizœʀ] *m* Schnellkochtopf *m*
vaporeux, -euse [vapɔʀø, -øz] *adj tissu, cheveux* duftig
vaporisateur [vapɔʀizatœʀ] *m* Zerstäuber *m*
vaporisation [vapɔʀizasjɔ̃] *f d'un parfum* Zerstäuben *nt; d'une plante* Besprühen *nt*
vaporiser [vapɔʀize] <1> **I.** *vt* ① (*pulvériser*) zerstäuben ② (*imprégner*) besprühen; **~ les cheveux avec de la laque** die Haare mit Haarlack besprühen **II.** *vpr* **se ~ qc quelque part** [sich (*dat*)] etw irgendwohin sprühen
vaquer [vake] <1> *vi* **~ à ses occupations** seiner Beschäftigung nachgehen
varappe [vaʀap] *f* Klettern *nt;* **faire de la ~** klettern
varech [vaʀɛk] *m* [See]tang *m*
vareuse [vaʀøz] *f* (*blouse*) Matrosenjacke
variabilité [vaʀjabilite] *f* ① *du temps* Wechselhaftigkeit *f; des humeurs* Veränderlichkeit *f* ② BIO Variabilität *f*
variable [vaʀjabl] **I.** *adj* ① (*opp: constant*) variabel ② METEO veränderlich; **vent ~** Wind *m* aus wechselnden Richtungen **II.** *f* Variable *f*
variante [vaʀjɑ̃t] *f* (*forme différente*) Variante *f*
variateur [vaʀjatœʀ] *m* **~ de lumière** Dimmer *m*
variation [vaʀjasjɔ̃] *f* ① (*changement*) Veränderung *f* ② MUS Variation *f*
varice [vaʀis] *f souvent pl* Krampfader *f*
varicelle [vaʀisɛl] *f* Windpocken *Pl*
varié(e) [vaʀje] *adj* ① (*divers*) abwechslungsreich ② (*très différent*) unterschiedlich
varier [vaʀje] <1> **I.** *vi* ① (*évoluer*) sich [ver]ändern ② (*être différent*) unterschiedlich sein **II.** *vt* ① (*diversifier*) abwechslungsreich[er] gestalten ② (*changer*) wechseln
variété [vaʀjete] *f* ① (*diversité*) Vielfalt *f* ② (*changement*) Abwechslung *f* ③ ZOOL, BOT [Ab]art *f* ④ THEAT *pl* Varietee[theater *nt*] *nt* ⑤ MEDIA *pl* [bunte] Unterhaltungssendung
variole [vaʀjɔl] *f* Pocken *Pl*
variolique [vaʀjɔlik] *adj* Pocken-
Varsovie [vaʀsɔvi] Warschau *nt*
vas [va] *indic prés de* **aller**
vasculaire [vaskylɛʀ] *adj* ANAT, MED Gefäß-; **troubles ~s** Durchblutungsstörungen *Pl*
vase[1] [vɑz] *m* ① (*récipient*) [Blumen]vase *f* ② PHYS **le principe des ~s communicants** das Prinzip der kommunizierenden Röhren
vase[2] [vɑz] *f* (*boue*) Schlamm *m*
vasectomie [vazɛktɔmi] *f* MED Vasektomie *f*
vaseline [vaz(ə)lin] *f* Vaseline *f*
vaseux, -euse [vɑzø, -øz] *adj* ① (*boueux*) schlammig ② *fam* (*confus*) verworren ③ *fam* (*mal en point*) **être complètement ~** völlig daneben sein
vasistas [vazistɑs] *m* ARCHIT Oberlicht *nt*
vasouillard(e) [vazujaʀ, aʀd] *adj fam réponse* unklar, schwammig
vasque [vask] *f* niedriges Wasserbecken *nt*
vassal(e) [vasal, -o] <-aux> *m(f)* HIST Vasall(in) *m(f)*
vaste [vast] *adj antéposé* ① (*immense*) weit; *appartement* geräumig ② *vêtement* weit ③ (*puissant*) mächtig
Vatican [vatikɑ̃] *m* **le ~** der Vatikan
vaudeville [vodvil] *m* Vaudeville *nt*
vaudevillesque [vodvilɛsk] *adj* wie in einem Vaudeville; *situation* grotesk
vaudou [vodu] *m inv* Wodu[kult] *m*
vaudrai [vodʀɛ] *fut de* **valoir**
vau-l'eau [volo] *adv* ▸ **aller à ~** Schiffbruch erleiden
vaurien(ne) [voʀjɛ̃, jɛn] *m(f)* Taugenichts *m* (*pej*)
vaut [vo] *indic prés de* **valoir**
vautour [votuʀ] *m* ORN Geier *m*
vautrer [votʀe] <1> *vpr* (*s'étendre*) sich wälzen; **se ~ dans un fauteuil** sich in einen Sessel lümmeln (*fam*)
vaux [vo] *indic prés de* **valoir**

va-vite [vavit] *adv fam* ▶ **à la ~** auf die Schnelle

V.D.Q.S. [vedekyɛs] *m abr de* **vin délimité de qualité supérieure** *Qualitätsstufe der französischen Weine*

veau [vo] <x> *m* ① ZOOL Kalb *nt;* **~ marin** Seehund *m* ② (*viande*) Kalbfleisch *nt*

vecteur [vɛktœʀ] *m* ① MATH Vektor *m* ② (*support*) **~ de culture** Kulturträger *m*

vectoriel(le) [vɛktɔʀjɛl] *adj* MATH, INFORM vektoriell

vécu [veky] *m* **le ~** das Erlebte

vécu(e) [veky] **I.** *part passé de* **vivre** **II.** *adj* ① (*réel*) erlebt ② (*éprouvé*) selbst empfunden

vécus [veky] *passé simple de* **vivre**

vedettariat [vədetaʀja] *m* (*condition de vedette*) Berühmtheit *f*

vedette [vədɛt] **I.** *f* ① (*rôle principal*) Hauptdarsteller(in) *m(f);* **avoir** [*o* **tenir**] **la ~** die Hauptrolle spielen ② (*personnage connu*) Star *m* ③ (*centre de l'actualité*) **avoir** [*o* **tenir**] **la ~** im Mittelpunkt stehen **II.** *app* **mannequin ~** Topmodel *nt;* **émission ~** MEDIA Quotenhit *m*

vedettisation [vədetizasjɔ̃] *f Verwandlung einer Person in einen Star*

végan(e) [vegɑ̃, an] **I.** *adj* vegan **II.** *m(f)* Veganer(in) *m(f)*

véganisme [veganism] *m* Veganismus *m*

végétal [veʒetal, -o] <-aux> *m* Pflanze *f*

végétal(e) [veʒetal, -o] <-aux> *adj* pflanzlich

végétarien(ne) [veʒetaʀjɛ̃, jɛn] **I.** *adj* vegetarisch **II.** *m(f)* Vegetarier(in) *m(f)*

végétarisme [veʒetaʀism] *m* Vegetarismus *m*

végétatif, -ive [veʒetatif, -iv] *adj* ANAT vegetativ

végétation [veʒetasjɔ̃] *f* ① BOT Vegetation *f* ② *pl* MED Polypen *Pl*

végéter [veʒete] <5> *vi plante:* kümmern; *personne:* dahinvegetieren

véhémence [veemɑ̃s] *f d'une discussion* Heftigkeit *f*

véhément(e) [veemɑ̃, ɑ̃t] *adj* heftig

véhiculaire [veikylɛʀ] *adj* **langue ~** Verkehrssprache *f*

véhicule [veikyl] *m* ① TRANSP Fahrzeug *nt* ② *d'une maladie* Überträger *m; d'une information* Übermittler *m* ③ (*support*) Medium *nt*

véhiculer [veikyle] <1> *vt* ① TRANSP transportieren ② (*transmettre*) übertragen *maladie;* vermitteln *savoir;* mitteilen *émotions*

veille [vɛj] *f* ① (*la journée précédente*) Vortag *m* ② (*indication temporelle*) **la ~** am Vortag; **la ~ au soir** am Vorabend; **la ~ de Noël** am Heiligen Abend ③ (*fait de ne pas dormir*) Wachsein *nt* ④ (*garde de nuit*) [Nacht]wache *f* ⑤ ELEC, INFORM Stand-by-Betrieb *m,* Stand-by-Modus *m* ▶ **à la ~ de qc** (*peu avant*) kurz vor etw (*dat*)

veillée [veje] *f* ① (*soirée*) abendliche Zusammenkunft ② (*action de veiller*) Wache *f*

veiller [veje] <1> **I.** *vi* ① (*faire attention à*) **~ à qc** auf etw (*akk*) achten ② (*surveiller*) Wache halten; **~ sur qn/qc** auf jdn/etw aufpassen ③ (*ne pas dormir*) wach sein **II.** *vt* **~ qn** bei jdm Wache halten

veilleur [vɛjœʀ] *m* **~ de nuit** Nachtwächter *m*

veilleuse [vɛjøz] *f* ① (*petite lampe*) Nachtlicht *nt* ② *pl* (*feu de position*) Standlicht *nt* ③ *d'un réchaud* Zündflamme *f;* **mettre la flamme en ~** die Flamme klein[er] stellen ▶ **se mettre en ~** kürzertreten (*fam*)

veinard(e) [vɛnaʀ, aʀd] *m(f) fam* Glückspilz *m*

veine [vɛn] *f* ① ANAT Vene *f* ② (*inspiration*) künstlerische Ader ③ *fam* (*chance*) Dusel *nt* ④ (*veinure*) Maserung *f*

veiné(e) [vene] *adj peau, marbre* geädert; *bois* gemasert

veineux, -euse [vɛnø, -øz] *adj* venös

velcro® [vɛlkʀo] *m* Klettverschluss *m*

vêler [vele] <1> *vi* kalben

véliplanchiste [veliplɑ̃ʃist] *mf* [Wind]surfer(in) *m(f)*

velléitaire [veleitɛʀ] *adj* willensschwach

velléité [veleite] *f soutenu* Anwandlung *f*

vélo [velo] *m* ① (*bicyclette*) [Fahr]rad *nt;* **à** [*o* **en** *fam*] **~** mit dem [Fahr]rad; **~ électrique** [*o* **à assistance électrique**] Elektrofahrrad, E-Bike *nt* ② (*activité*) Radfahren *nt*

vélocité [velɔsite] *f* Geschwindigkeit *f*

vélocross [velokʀɔs] *m* Mountainbike *nt*

vélodrome [velodʀom] *m* Radrennbahn *f*

vélomoteur [velomɔtœʀ] *m* Moped *nt*

véloski [veloski] *m* Skibob *m*

velours [v(ə)luʀ] *m* ① (*tissu*) Samt *m,* Velours *m* ② *d'une pêche* samtige Beschaffenheit

velouté [vəlute] *m d'une peau* samtige Beschaffenheit *f; d'un vin* Milde *f; d'un potage* Sämigkeit *f; de la voix* Weichheit *f*

velouté(e) [vəlute] *adj* ① (*doux au toucher*) samtweich ② GASTR sämig ③ *teint* samtig

velu(e) [vəly] *adj* behaart

venaison [vənɛzɔ̃] *f* Wild[bret] *nt*

vénal(e) [venal, -o] <-aux> *adj* käuflich; *péj personne* bestechlich

venant [vənɑ̃] ▶**à tout ~** dem ersten Besten

vendable [vɑ̃dabl] *adj* verkäuflich

vendange [vɑ̃dɑ̃ʒ] *f souvent pl* (*récolte*) Weinlese *f*

vendanger [vɑ̃dɑ̃ʒe] <2a> I. *vi* Trauben lesen II. *vt* lesen *raisin;* abernten *vigne*

vendangeur, -euse [vɑ̃dɑ̃ʒœʀ, -ʒøz] *m* Weinleser(in) *m(f)*

vendangeuse [vɑ̃dɑ̃ʒøz] *f* (*machine*) Weinlesemaschine *f*

Vendée [vɑ̃de] *f* **la ~** die Vendée

vendéen(ne) [vɑ̃deɛ̃, ɛn] *adj* [aus] der Vendée

vendetta [vɑ̃deta, vɑ̃dɛtta] *f* Blutrache *f*

vendeur, -euse [vɑ̃dœʀ, -øz] I. *m, f* ① (*opp: acheteur*) Verkäufer(in) *m(f)* ② (*marchand*) **~ de légumes** Gemüsehändler II. *adj* ① (*qui fait vendre*) verkaufsfördernd ② (*qui vend*) **les pays ~s de pétrole** die Erdöl exportierenden Länder

vendre [vɑ̃dʀ] <14> I. *vi* COM verkaufen; **faire ~** den Absatz fördern; **être à ~** zu verkaufen sein II. *vt* ① (*céder*) **~ une maison à qn** jdm ein Haus verkaufen; **~ qc aux enchères** etw versteigern; **~ qc par correspondance** etw im Versandhandel vertreiben ② *péj* (*marchander*) **~ son âme** seine Seele verkaufen ③ *fam* (*trahir*) verpfeifen III. *vpr* ① COM **se ~** sich verkaufen lassen; **se ~ bien/mal** sich gut/schlecht verkaufen ② *fig* **se ~** *candidat:* sich gut verkaufen

vendredi [vɑ̃dʀədi] *m* Freitag *m;* **Vendredi saint** Karfreitag; *v. a.* **dimanche**

vendu(e) [vɑ̃dy] I. *part passé de* **vendre** II. *adj* (*corrompu*) gekauft

vénéneux, -euse [venenø, -øz] *adj* giftig

vénérable [veneʀabl] *adj* ehrwürdig

vénération [veneʀasjɔ̃] *f* Verehrung *f*

vénère [venɛʀ] *adj fam* (*énervé*) **être ~** geladen [*o* genervt] sein

vénérer [veneʀe] <5> *vt* verehren

vénérien(ne) [veneʀjɛ̃, jɛn] *adj* **maladie ~ne** Geschlechtskrankheit *f*

vénézolan(e) [venezolɑ̃, an] *adj* venezolanisch

Vénézolan(e) [venezolɑ̃, an] *m(f)* Venezolaner(in) *m(f)*

Venezuela [venezɥɛla] *m* **le ~** Venezuela *nt*

vengeance [vɑ̃ʒɑ̃s] *f* Rache *f*

venger [vɑ̃ʒe] <2a> I. *vt* rächen II. *vpr* **se ~ de qn/qc** sich an jdm/für etw rächen

vengeur, -geresse [vɑ̃ʒœʀ, -ʒ(ə)ʀɛs] *adj* rachsüchtig (*geh*)

venimeux, -euse [vənimø, -øz] *adj* giftig

venin [vənɛ̃] *m* Gift *nt*

venir [v(ə)niʀ] <9> I. *vi + être* ① (*arriver*) kommen; **viens avec moi!** komm mit!; **faire ~ le médecin** den Arzt rufen; **faire ~ les touristes** Touristen anlocken ② (*se présenter à l'esprit*) **l'idée m'est venue de chercher dans ce livre** mir kam die Idee in diesem Buch zu suchen ③ (*parvenir*) **~ jusqu'à qn/qc** bis zu jdm/etw dringen ④ (*arriver*) kommen; *nuit:* hereinbrechen; **laisser ~** [erst mal] abwarten; **alors, ça vient?** *fam* na wird's bald? ⑤ (*se situer dans un ordre*) kommen; **à ~** folgend; (*temps*) zukünftig ⑥ (*se développer*) *plante:* gedeihen ⑦ (*étendre ses limites*) **~ jusqu'à qc** bis an etw (*akk*) reichen ⑧ (*provenir*) **~ d'Angleterre** aus England stammen; **ce mobilier lui vient de sa mère** die Möbel sind von seiner/ihrer Mutter ⑨ (*découler, être la conséquence*) **~ de qc** von etw kommen ⑩ (*aboutir à*) **où veut-il en ~?** worauf will er hinaus? II. *aux + être* ① (*se déplacer pour*) **je viens manger** ich komme essen ② (*avoir juste fini*) **je viens [juste/à peine] de finir** ich habe gerade aufgehört ③ (*être conduit à*) **s'il venait à passer par là** wenn er hier vorbeikommen sollte; **elle en vint à penser que** sie fing [langsam] an zu glauben, dass III. *vi impers + être* ① **il viendra un temps où** es wird eine Zeit kommen, wo ② (*provenir*) **de là vient que …** daher kommt es, dass …; **d'où vient que …** wie kommt es, dass …

vénitien [venisjɛ̃] *m* Venezianisch *nt; v. a.* **allemand**

vénitien(ne) [venisjɛ̃, jɛn] *adj* venezianisch; **blond ~** rotblond

Vénitien(ne) [venisjɛ̃, jɛn] *m(f)* Venezianer(in) *m(f)*

vent [vɑ̃] *m* ① METEO, NAUT Wind *m;* **~ du nord** Nordwind; **il y a du ~** es ist windig; **à tous les ~s** bei Wind und Wetter ② (*courant d'air*) Luftzug *m;* **instrument à ~** Blasinstrument *nt* ③ (*tendance*) **dans le ~** in Mode ▶**quel bon ~ vous/t'amène?** *hum* was führt Sie/dich hierher?; **avoir eu ~ de qc** Wind von etw bekommen haben (*fam*); **mettre un ~ à qn** *fam* jdn verscheißern; **[se] prendre un ~** *fam* einen Korb kriegen

vente [vɑ̃t] *f* ① (*action*) Verkauf *m;* **~ flash** Sonderverkauf *m;* **~ au détail** Einzelhandel *m;* **~ par correspondance** Versand-

handel; **mettre en ~** auf den Markt bringen ❷ (*service*) Vertrieb *m* ❸ *pl* (*chiffre d'affaires*) Umsatz *m* ❹ (*réunion où l'on vend*) **~ aux enchères** (*action*) Versteigerung *f;* (*réunion*) Auktion *f*
venté(e) [vɑ̃te] *adj* windig
venter [vɑ̃te] <1> *vi impers* **il vente** es ist windig
venteux, -euse [vɑ̃tø, -øz] *adj* windig
ventilateur [vɑ̃tilatœʀ] *m* Ventilator *m*
ventilation [vɑ̃tilasjɔ̃] *f* ❶ (*aération*) [Be]lüftung *f* ❷ *du courrier* Verteilung *f*
ventiler [vɑ̃tile] <1> *vt* ❶ (*aérer*) [be]lüften *pièce* ❷ (*répartir*) **~ des dépenses sur plusieurs mois** die Ausgaben auf mehrere Monate verteilen
ventilo [vɑ̃tilo] *m fam abr de* **ventilateur**
ventouse [vɑ̃tuz] *f* ❶ (*dispositif*) Saugfuß *m;* **faire ~** sich festsaugen ❷ ZOOL Saugnapf *m;* BOT Haftwurzel *f* ❸ MED Schröpfkopf *m*
ventral(e) [vɑ̃tʀal, -o] <-aux> *adj* **douleurs ~es** Bauchschmerzen *Pl*
ventre [vɑ̃tʀ] *m* Bauch *m;* **avoir mal au ~** Bauchschmerzen *Pl* haben; **prendre du ~** Bauch ansetzen ▶ **courir ~ à terre** wie der Blitz rennen (*fam*); **avoir quelque chose dans le ~** etwas drauf haben (*fam*)
ventrée [vɑ̃tʀe] *f fam* **s'en mettre une ~** ordentlich zulangen
ventricule [vɑ̃tʀikyl] *m* Kammer *f;* **~ droit/gauche** rechte/linke Herzkammer
ventriloque [vɑ̃tʀilɔk] **I.** *adj* **être ~** bauchreden können **II.** *mf* Bauchredner(in) *m(f)*
ventru(e) [vɑ̃tʀy] *adj personne* dickbäuchig; *cruche* bauchig
venu(e) [v(ə)ny] **I.** *part passé de* **venir** **II.** *adj* **bien/mal ~** angebracht/unangebracht **III.** *m(f)* **nouveau ~** Neuankömmling *m*
venue [v(ə)ny] *f* Kommen *nt*
Vénus [venys] *f* Venus *f*
vêpres [vɛpʀ] *fpl* REL Vesper *f*
ver [vɛʀ] *m* Wurm *m;* **~ blanc** Engerling *m;* **~ de terre** Regenwurm *m;* **~ luisant** Leuchtkäfer *m;* **~ solitaire** Bandwurm *m;* **~ à soie** Seidenraupe *f;* **être mangé** [*o* **piqué**] **aux ~s** *bois, fruit:* wurmstichig sein ▶ **tirer les ~s du nez à qn** jdm die Würmer aus der Nase ziehen (*fam*); **nu comme un ~** *fam* splitternackt
véracité [veʀasite] *f* Wahrhaftigkeit *f*
véranda [veʀɑ̃da] *f* Veranda *f*
verbal(e) [vɛʀbal, -o] <-aux> *adj accord* mündlich; *expression* **~e** sprachlicher Ausdruck
verbalement [vɛʀbalmɑ̃] *adv* mündlich, mit Worten, verbal
verbalisation [vɛʀbalizasjɔ̃] *f* ❶ *par un agent de police* gebührenpflichtige Verwarnung *f* ❷ PSYCH Verbalisieren *nt*
verbaliser [vɛʀbalize] <1> **I.** *vi* **~ contre qn** jdn gebührenpflichtig verwarnen **II.** *vt* (*mettre une contravention*) **~ qn** jdm einen Strafzettel verpassen (*fam*)
verbatim [vɛʀbatim] **I.** *adv* wörtlich **II.** *m* wortwörtlicher Bericht *m*
verbe [vɛʀb] *m* GRAM Verb *nt*
verdâtre [vɛʀdɑtʀ] *adj* grünlich; *teint* fahl
verdeur [vɛʀdœʀ] *f* (*acidité*) Säure *f; d'un vin* Herbheit *f*
verdict [vɛʀdikt] *m* Urteil *nt;* **~ d'acquittement** Freispruch *m*
verdir [vɛʀdiʀ] <8> **I.** *vi nature:* grünen **II.** *vt* grün färben
verdoyant(e) [vɛʀdwajɑ̃, jɑ̃t] *adj* [satt]grün
verdoyer [vɛʀdwaje] <6> *vi* (*être vert*) grün leuchten; (*devenir vert*) grünen
verdure [vɛʀdyʀ] *f* ❶ (*végétation, couleur*) Grün *nt;* **un tapis de ~** ein grüner Teppich ❷ (*légumes*) Grüne(s) *nt*
véreux, -euse [veʀø, -øz] *adj* ❶ *fruit* wurmig ❷ *personne* zwielichtig
verge [vɛʀʒ] *f* ❶ ANAT [männliches] Glied ❷ (*baguette*) Stock *m*
verger [vɛʀʒe] *m* Obstgarten *m*
vergeture [vɛʀʒətyʀ] *f* Schwangerschaftsstreifen *m*
verglaçant(e) [vɛʀglasɑ̃, ɑ̃t] *adj* **pluie ~e** überfrierende Nässe *f;* (*survenant soudain*) Blitzeis *nt*
verglacé(e) [vɛʀglase] *adj* vereist
verglacer [vɛʀglase] <2> *vi impers* **ça verglace** es bildet sich Glatteis
verglas [vɛʀglɑ] *m* Glatteis *nt*
vergogne [vɛʀgɔɲ] *f* **sans ~** schamlos
véridique [veʀidik] *adj information* richtig; *histoire* wahr
vérifiable [veʀifjabl] *adj* nachprüfbar
vérificateur [veʀifikatœʀ] *m* INFORM **~ orthographique** Rechtschreibkontrolle *f*
vérificateur, -trice [veʀifikatœʀ, -tʀis] *m, f* Kontrolleur(in) *m(f)*
vérification [veʀifikasjɔ̃] *f* ❶ (*contrôle*) Überprüfung *f* ❷ (*confirmation*) Bestätigung *f*
vérifier [veʀifje] <1> **I.** *vt* ❶ (*contrôler*) überprüfen ❷ (*confirmer*) bestätigen **II.** *vpr* **se ~** *soupçon:* sich bestätigen
vérin [veʀɛ̃] *m* TECH Winde *f*
véritable [veʀitabl] *adj* ❶ (*réel*) wirklich

V

attr ② *antéposé* (*vrai*) richtig *attr,* wahr *attr* ③ *postposé* (*authentique*) echt

véritablement [veʀitabləmɑ̃] *adv* ① (*réellement*) wirklich ② (*à proprement parler*) eigentlich

vérité [veʀite] *f* ① (*opp: mensonge*) Wahrheit *f* ② *sans pl* (*connaissance du vrai*) Wahrheit *f;* **dire la ~** die Wahrheit sagen ③ *sans pl* (*réalisme*) Wirklichkeitstreue *f* ④ *sans pl* (*sincérité*) Aufrichtigkeit *f* ▶ **il n'y a que la ~ qui blesse** *prov* getroffene Hunde bellen (*prov*); **à la ~** ehrlich gesagt; **en ~** eigentlich

verjus [vɛʀʒy] *m* Saft *m* von unreifen Trauben

verlan [vɛʀlɑ̃] *m Art Geheimsprache, in der die Silben gewisser Wörter in umgekehrter Reihenfolge gesprochen werden*

vermeil [vɛʀmɛj] *m* vergoldetes Silber *nt*

vermeil(le) [vɛʀmɛj] *adj* [leuchtend] rot

vermicelle [vɛʀmisɛl] *m* Fadennudel *f*

vermifuge [vɛʀmifyʒ] *adj* **remède ~** Wurmmittel *nt*

vermillon [vɛʀmijɔ̃] **I.** *adj inv* zinnoberrot **II.** *m* Zinnoberrot *nt*

vermine [vɛʀmin] *f* ① *sans pl* (*parasites*) Ungeziefer *nt* ② *sans pl* (*racaille*) Gesindel *nt* (*pej*)

vermisseau [vɛʀmiso] <x> *m* Würmchen *nt*

vermoulu(e) [vɛʀmuly] *adj* wurmstichig

vermoulure [vɛʀmulyʀ] *f* [Holz]wurmloch *nt*

vermout[h] [vɛʀmut] *m* Wermut[wein *m*] *m*

verni(e) [vɛʀni] **I.** *part passé de* **vernir** **II.** *adj* ① *ongles, bois* lackiert; *peinture* gefirnisst; **chaussures ~es** Lackschuhe *Pl* ② *fam* (*chanceux*) **on peut dire qu'il est ~** der hat vielleicht ein Glück

vernir [vɛʀniʀ] <8> **I.** *vt* lackieren *bois;* firnissen *peinture* **II.** *vpr* **se ~ les ongles** sich (*dat*) die Nägel lackieren

vernis [vɛʀni] *m* ① (*laque*) Firnis *m;* **~ à ongles** Nagellack *m* ② (*aspect brillant*) Glanz *m* ③ (*façade*) Fassade *f* (*fig*)

vernissage [vɛʀnisaʒ] *m* ① (*action*) Lackieren *nt* ② (*inauguration*) Vernissage *f* (*geh*)

vernisser [vɛʀnise] <1> *vt* glasieren

vérole [veʀɔl] *f fam* Syphilis *f;* **petite ~** Pocken *Pl*

vérolé(e) [veʀɔle] *adj* INFORM fehlerhaft

véronique [veʀɔnik] *f* Ehrenpreis *m*

verrai [vɛʀɛ] *fut de* **voir**

verrat [vɛʀa] *m* Zuchteber *m*

verre [vɛʀ] *m* ① (*matière*) Glas *nt kein Pl;* **~ à vitre** Fensterglas; **~ de sécurité** Sicherheitsglas ② (*récipient*) Glas *nt;* **~ à pied** Stielglas ③ (*contenu*) Glas *nt;* **deux ~s de vin** zwei Glas Wein; **prendre un ~** ein Gläschen trinken (*fam*) ④ *d'une montre* Glas *nt;* OPT [Brillen]glas *nt;* **~ de contact** Kontaktlinse *f*

verrerie [vɛʀʀi] *f* ① (*fabrication*) Glasherstellung *f* ② (*objet*) Glas *nt kein Pl,* Glaswaren *Pl* ③ (*fabrique*) Glashütte *f*

verrier [vɛʀje] *m* Glasbläser *m*

verrière [vɛʀjɛʀ] *f* ① (*toit*) Glasdach *nt* ② (*paroi*) Glaswand *f*

verrou [veʀu] *m* ① (*loquet*) Riegel *m* ② (*serrure*) Schloss *nt*

verrouillage [veʀujaʒ] *m* ① (*fermeture*) Verriegelung *f; d'un ordinateur* Sperren *nt;* **~ central** Zentralverriegelung *f* ② (*blocage*) Blockade *f*

verrouiller [veʀuje] <1> *vt* ① (*fermer*) verriegeln ② (*bloquer*) blockieren; INFORM durch Code sperren *disquette*

verrue [veʀy] *f* MED Warze *f*

vers[1] [vɛʀ] *prép* ① (*en direction de*) **~ qn/qc** auf jdn/etw zu, zu jdm/etw hin; **~ le sud** nach Süden; **se tourner ~ qn/qc** sich jdm/etw zuwenden ② (*aux environs de: lieu*) bei, in der Nähe von; (*temps*) gegen, etwa um; **~ midi** gegen Mittag; **~ la mi-juin** etwa Mitte Juni

vers[2] [vɛʀ] *m* Vers[zeile *f*] *m;* **faire des ~** dichten; **en ~** in Versform

versaillais(e) [vɛʀsajɛ, ɛz] *adj* (*de Versailles*) Versailler, von Versailles

versant [vɛʀsɑ̃] *m* (*pente*) [Berg]hang *m; d'un toit* [Dach]schräge *f*

versatile [vɛʀsatil] *adj personne, caractère* unbeständig; **humeur ~** Launenhaftigkeit *f*

versatilité [vɛʀsatilite] *f* Unbeständigkeit *f*

verse [vɛʀs] *f* **il pleut à ~** es gießt in Strömen

Verseau [vɛʀso] <x> *m* Wassermann *m; v. a.* **Balance**

versement [vɛʀsəmɑ̃] *m* Zahlung *f;* (*sur un compte*) Einzahlung *f*

verser [vɛʀse] <1> **I.** *vt* ① (*faire couler*) **~ de l'eau à qn** jdm Wasser eingießen; **~ du riz dans un plat** Reis in eine Schüssel schütten ② (*payer*) **~ une somme à qn** jdm einen Betrag zahlen; **~ qc sur un compte** etw auf ein Konto einzahlen ③ (*ajouter*) **~ qc au dossier** etw zu den Akten legen **II.** *vi* ① (*basculer*) umkippen ② (*faire couler*) **cette cafetière verse bien** aus dieser Kaffeekanne gießt es sich gut

verset [vɛʀsɛ] *m* ❶ REL *de la Bible, du Coran* Vers *m* ❷ (*couplet*) Strophe *f*
verseur, -euse [vɛʀsœʀ, -øz] *adj* **bec ~** Tülle *f*
verseuse [vɛʀsøz] *f* Kaffeekanne *f*
versificateur, -trice [vɛʀsifikatœʀ, -tʀis] *m, f* ❶ (*poète*) Dichter(in) *m(f)* ❷ *péj* Versemacher(in) *m(f)* (*pej*)
versification [vɛʀsifikasjɔ̃] *f d'un poète* Verskunst *f;* (*système*) Verslehre *f*
versifier [vɛʀsifje] <1> **I.** *vi* dichten **II.** *vt* in Verse setzen
version [vɛʀsjɔ̃] *f* ❶ MUS, THEAT, CINE Version *f*, Fassung *f;* **en ~ originale sous-titrée** in Originalfassung mit Untertiteln ❷ (*modèle*) Modell *nt;* **la ~ 5 portes d'une voiture** der Fünftürer ❸ (*interprétation*) Version *f;* **ma ~ de ce qui c'est passé** meine Version der Ereignisse ❹ SCOL Übersetzung *f* aus der Fremdsprache
verso [vɛʀso] *m* Rückseite *f*
versus [vɛʀsys] *prép* versus
vert [vɛʀ] *m* Grün *nt;* **le feu est passé au ~** die Ampel hat auf Grün geschaltet; **passer au ~** *voiture:* bei Grün fahren
vert(e) [vɛʀ, vɛʀt] **I.** *adj* ❶ (*de couleur verte*) grün ❷ (*blême*) **~ de peur/jalousie** blass vor Angst/Neid (*dat*) ❸ (*écologiste*) grün ❹ (*de végétation*) **espaces ~s** Grünflächen *Pl* ❺ (*à la campagne*) **classe ~e** [Aufenthalt *m* im] Schullandheim *nt* ❻ *fruit* grün; *vin* sauer ❼ *bois* grün; *légumes* frisch ❽ (*vaillant*) rüstig ❾ (*agricole*) **l'Europe ~e** der europäische Agrarmarkt ▶**en avoir déjà vu de[s] ~es et de[s] pas <u>mûres</u>** *fam* schon allerhand erlebt haben; **en raconter** [*o* **en dire**] **de[s] ~es et de[s] pas <u>mûres</u>** *fam* anzügliche Geschichten erzählen **II.** *m(f)* (*écologiste*) Grüne(r) *f(m)*
vert-de-gris [vɛʀdəgʀi] *inv* **I.** *adj* graugrün **II.** *m* Grünspan *m*
vertébral(e) [vɛʀtebʀal, -o] <-aux> *adj* **colonne ~e** Wirbelsäule *f*
vertèbre [vɛʀtɛbʀ] *f* Wirbel *m*
vertébré [vɛʀtebʀe] *m* Wirbeltier *nt*
vertébré(e) [vɛʀtebʀe] *adj* **animal ~** Wirbeltier *nt*
vertement [vɛʀtəmɑ̃] *adv répliquer* schroff; *réprimander* scharf
vertical(e) [vɛʀtikal, -o] <-aux> *adj* (*opp: horizontal*) senkrecht, vertikal; TECH lotrecht
verticale [vɛʀtikal] *f* Senkrechte *f*, Vertikale *f;* TECH Lot *nt*
verticalement [vɛʀtikalmɑ̃] *adv* senkrecht, vertikal
vertige [vɛʀtiʒ] *m* ❶ *sans pl* (*peur du vide*) Schwindel[gefühl *nt*] *m;* **être sujet au ~** nicht schwindelfrei sein ❷ (*malaise*) Schwindelanfall *m;* **il a le ~** ihm wird schwind[e]lig; **donner le ~ à qn** *personne, situation:* jdn schwind[e]lig machen; *hauteur:* Schwindel erregend sein ❸ (*égarement*) Taumel *m;* **~ du pouvoir** Machtrausch *m*
vertigineux, -euse [vɛʀtiʒinø, -øz] *adj* Schwindel erregend
vertu [vɛʀty] *f* ❶ (*qualité*) Tugend *f* ❷ *sans pl* (*moralité*) Tugend[haftigkeit *f*] *f* ❸ (*pouvoir*) Kraft *f;* (*effet bénéfique*) [positive] Wirkung ▶**<u>en</u> ~ de** kraft, aufgrund (+ *gen*); **en ~ de la loi** kraft Gesetzes
vertueusement [vɛʀtɥøzmɑ̃] *adv* tugendhaft
vertueux, -euse [vɛʀtɥø, -øz] *adj* tugendhaft
verve [vɛʀv] *f* Witz *m*, Geist *m;* **être en ~** *personne:* in Form sein; **avec beaucoup de ~** mitreißend
verveine [vɛʀvɛn] *f* Eisenkraut *nt*
vésicule [vezikyl] *f* ❶ ANAT Blase *f;* **~ biliaire** Gallenblase *f* ❷ MED Bläschen *nt*
vespasienne [vɛspazjɛn] *f* Pissoir *nt*
vespéral(e) [vɛspeʀal, -o] <-aux> *adj littér* abendlich
vessie [vesi] *f* [Harn]blase *f; d'un poisson* Schwimmblase *f* ▶**faire prendre à qn des ~s pour des <u>lanternes</u>** *fam* jdm einen Bären aufbinden
veste [vɛst] *f* ❶ (*vêtement court*) Jacke *f* ❷ (*veston*) Jackett *nt* ❸ (*gilet*) Strickjacke *f*
vestiaire [vɛstjɛʀ] *m* Garderobe *f*
vestibule [vɛstibyl] *m d'un appartement* Flur *m; d'une maison* Diele *f*
vestige [vɛstiʒ] *m souvent pl* [Über]rest *m*
vestimentaire [vɛstimɑ̃tɛʀ] *adj* **dépenses ~s** Ausgaben *Pl* für Kleidung
veston [vɛstɔ̃] *m* Sakko *m o nt*
vêtement [vɛtmɑ̃] *m* Kleidungsstück *nt;* **des ~s** Kleidung *f;* **changer de ~s** sich umziehen
vétéran(e) [veteʀɑ̃, an] *m(f)* ❶ MIL Veteran *m* ❷ (*personne expérimentée*) [alter] Routinier ❸ SPORT **~s** Senioren; (*hommes*) Alte Herren
vétérinaire [veteʀinɛʀ] **I.** *adj* tierärztlich *f* **II.** *mf* Tierarzt *m*/-ärztin *f*
vététiste [vetetist] *mf* Mountainbiker(in) *m(f)*
vétille [vetij] *f* Lappalie *f*
vêtir [vetiʀ] <*irr*> *vpr soutenu* **se ~** sich ankleiden; **se ~ de qc** sich in etw (*akk*) kleiden

vétiver [vetivɛʀ] *m* ① (*plante*) Vetivergras *nt* ② (*huile*) Vetiveröl *nt*

veto [veto] *m inv* Veto *nt;* **droit de ~** Vetorecht *nt*

vét[t]étiste [vetetist] *mf* Mountainbiker(in) *m(f)*

vêtu(e) [vety] **I.** *part passé de* **vêtir** **II.** *adj* bekleidet, angezogen; **~ de qc** in etw (*dat*) [gekleidet]

vétuste [vetyst] *adj littér* alt; *installations* veraltet; *bâtiment* baufällig

vétusté [vetyste] *f littér des installations* Überalterung *f; des bâtiments* Baufälligkeit *f*

veuf, veuve [vœf, vœv] **I.** *adj* verwitwet **II.** *m, f* Witwer *m*/Witwe *f;* **~ de qn** jds Witwer

veuille [vœj] *subj prés de* **vouloir**

veulent [vœl] *indic prés de* **vouloir**

veut [vø] *indic prés de* **vouloir**

veuvage [vœvaʒ] *m* (*d'un veuf*) Witwerschaft *f,* Witwertum *nt;* (*d'une veuve*) Witwenschaft *f,* Witwentum *nt*

veuve [vœv] *adj, f v.* **veuf, veuve**

veux [vø] *indic prés de* **vouloir**

vexant(e) [vɛksɑ̃, ɑ̃t] *adj* ① (*blessant*) beleidigend ② (*rageant*) ärgerlich

vexation [vɛksasjɔ̃] *f* Demütigung *f*

vexer [vɛkse] <1> **I.** *vt* kränken **II.** *vpr* **se ~** gekränkt sein; **se ~ de qc** etw übel nehmen

V.F. [veɛf] *f* CINE *abr de* **version française** französische Fassung *f*

V.H.F. [veaʃɛf] *abr de* **very high frequency** VHF

VHS [veaʃɛs] *m abr de* **Video Home System** VHS *nt*

via [vja] *prép* über, via (+ *akk*)

viabiliser [vjabilize] <1> *vt* erschließen *terrain*

viabilité [vjabilite] *f* ① *d'une route* Befahrbarkeit *f* ② *d'un terrain* Erschließung *f* ③ (*aptitude à vivre*) Lebensfähigkeit *f*

viable [vjabl] *adj* lebensfähig

viaduc [vjadyk] *m* Viadukt *m o nt*

viager [vjaʒe] *m* Leibrente *f*

viager, -ère [vjaʒe, -ɛʀ] *adj* auf Lebenszeit

V

viande [vjɑ̃d] *f* Fleisch *nt;* **~ froide** kalter Braten

viander [vjɑ̃de] <1> *vpr fam* **se ~** einen Unfall bauen

viatique [vjatik] *m* ① (*équipement de voyage*) [Marsch]gepäck *nt* ② (*communion*) letzte Kommunion

vibrant(e) [vibʀɑ̃, ɑ̃t] *adj* ① (*tremblant*) leidenschaftlich; **~ de colère** bebend vor Wut (*dat*) ② MUS *corde* vibrierend

vibraphone [vibʀafɔn] *m* Vibraphon *nt*

vibrateur [vibʀatœʀ] *m* TECH (*appareil*) Vibrator *m*

vibration [vibʀasjɔ̃] *f d'une voix* Beben *nt; d'un moteur* Vibrieren *nt; d'une corde* Schwingung *f; de l'air* Flimmern *nt*

vibrato [vibʀato] *m* MUS Vibrato *nt*

vibratoire [vibʀatwaʀ] *adj* **mouvement ~** Schwingung *f*

vibrer [vibʀe] <1> **I.** *vi* ① (*trembler*) *mur, voix:* beben; *corde, moteur:* vibrieren ② (*trahir une émotion*) **~ de colère** *personne:* vor Zorn beben (*dat*) **II.** *vt* rütteln *béton*

vibreur [vibʀœʀ] *m d'un haut-parleur* Schwingungserzeuger *m*

vibromasseur [vibʀomasœʀ] *m* MED Massagegerät *nt;* (*objet érotique*) Vibrator *m*

vicaire [vikɛʀ] *m* Kaplan *m;* **~ général** Generalvikar *m*

vice [vis] *m* ① *sans pl* (*débauche, immoralité*) Laster *nt* ② (*anomalie*) Mangel *m;* **~ de construction** Konstruktionsfehler *m*

vice-consul [viskɔ̃syl] <vice-consuls> *m* Vizekonsul *m*

vicelard(e) [vislaʀ, aʀd] *fam* **I.** *adj* ① *personne* gewieft (*fam*) ② *air* lüstern **II.** *m(f)* (*homme*) zudringlicher Kerl (*fam*); (*femme*) zudringliches Weib (*fam*)

vice-présidence [vispʀezidɑ̃s] <vice--présidences> *f* Vizepräsidentschaft *f* **vice-président(e)** [vispʀezidɑ̃, ɑ̃t] <vice-présidents> *m(f)* Vizepräsident(in) *m(f)* **vice-roi, vice-reine** [visʀwa, visʀɛn] <vice-rois> *m, f* Vizekönig(in) *m(f)*

vice versa [vis(e)vɛʀsa] *adv* **et ~** und umgekehrt

vichy [viʃi] **I.** *m* ① (*tissu*) Vichy[stoff] *m* ② (*eau minérale*) **un ~** ein Mineralwasser **II.** *f* Mineralwasser *nt*

vicié(e) [visje] *adj* ① JUR ungültig ② (*impur, pollué*) **l'air ~** (*d'une pièce*) die verbrauchte Luft; (*des grandes villes*) die verschmutzte Luft

vicier [visje] <1> *vt* verderben *goût, relations*

vicieux, -euse [visjø, -jøz] **I.** *adj* ① (*obsédé sexuel*) lüstern (*geh*), geil (*pej*) ② *fam* (*vache, tordu*) gemein, fies ③ *cheval* heimtückisch ④ SPORT *balle, tir* angetäuscht **II.** *m, f* ① (*cochon*) Perverse(r) *f(m)* ② *fam* (*tordu: homme*) Fiesling *m;* (*femme*) fiese Person

vicinal(e) [visinal, -o] <-aux> *adj* **chemin ~** Gemeindeweg *m*

vicomte, -esse [vikɔ̃t, -ɛs] *m, f* Vicomte *m*/Vicomtesse *f*

victimaire [viktimɛʀ] *adj culture, posture* Opfer-

victime [viktim] *f* ① (*blessé*) Opfer *nt;* (*mort*) [Todes]opfer *nt* ② (*personne/chose qui subit*) Opfer *nt;* **être [la] ~ de qn/qc** jds Opfer/[das] Opfer einer S. (*gen*) sein ③ REL Opfer[tier *nt*] *nt*

victimisation [viktimizasjɔ̃] *f* Viktimisierung *f* (*Fachspr.*)

victimiser [viktimize] <1> *vt* ~ **qn** jdn zum Opfer machen [*o* stilisieren]

victoire [viktwaʀ] *f* Sieg *m;* ~ **sur qn/qc** Sieg über jdn/etw

victorieux, -euse [viktɔʀjø, -jøz] *adj* ① (*vainqueur*) siegreich ② (*fanfaron*) siegessicher

victuailles [viktɥaj] *fpl* Lebensmittel *Pl*

vidage [vidaʒ] *m fam* (*expulsion*) Rausschmiss *m*

vidange [vidɑ̃ʒ] *f* ① *d'un circuit* [Ent]leerung *f;* AUT Ölwechsel *m* ② *d'un évier* Abfluss *m* ③ *pl* (*effluents*) Fäkalien *Pl*

vidanger [vidɑ̃ʒe] <2a> *vt* ① AUT **faire ~ une voiture** bei einem Auto einen Ölwechsel machen lassen ② (*vider*) ~ **un circuit** das Wasser aus einem Kreislauf ablassen

vidangeur [vidɑ̃ʒœʀ] *m* [Fäkalien]grubenentleerer(in) *m(f)*

vide [vid] **I.** *adj* ① (*opp: plein*) leer ② *discussion* sinnlos; ~ **de qc** ohne etw ③ (*opp: occupé*) frei, leer **II.** *m* ① *sans pl* (*abîme*) Abgrund *m* ② PHYS luftleerer Raum; ~ **absolu** absolutes Vakuum; **emballé sous ~** vakuumverpackt ③ (*espace vide*) Lücke *f* ④ (*néant*) Leere *f* ▸ **faire le ~** (*débarrasser*) gründlich aufräumen; (*évacuer ses soucis*) abschalten (*fam*); **à ~** (*pour rien*) ins Leere; (*sans chargement*) leer

vidé(e) [vide] *adj* ① *poisson, poulet* ausgenommen ② *fam personne* ausgepowert

vide-grenier [vidgʀənje] <vide-greniers> *m* Flohmarkt *m* (*nur mit privaten Anbietern*)

vidéo [video] **I.** *f* ① (*technique*) Videotechnik *f,* Video *nt* ② (*film, émission*) Video *nt* **II.** *adj inv* **caméra ~** Videokamera *f;* **cassette ~** Videokassette *f;* **film ~** Videofilm *m;* **jeu ~** Videospiel *nt*

vidéoblog[ue] [videoblɔg] *m* INFORM Videoblog *nt o m*

vidéocassette [videokasɛt] *f* Videokassette *f*

vidéocast [videokast] *m* Videocast *m o nt*

vidéoclip [videoklip] *m* Videoclip *m*

vidéoclub [videoklœb] *m* Videothek *f*

vidéoconférence [videokɔ̃feʀɑ̃s] *f* Videokonferenz *f*

vidéophone [videɔfɔn] *m* Bildtelefon *nt*

vide-ordures [vidɔʀdyʀ] *m inv* Müllschlucker *m*

vidéosurveillance [videosyʀvɛjɑ̃s] *f* Videoüberwachung *f*

vidéotex® [videɔtɛks] *m* Videotext *m;* (*interactif*) Bildschirmtext *m*

vidéothèque [videɔtɛk] *f* Videothek *f*

vidéotransmission [videotʀɑ̃smisjɔ̃] *f* Übertragung *f* auf [eine] Videowand

vide-poche [vidpɔʃ] <vide-poches> *m* ① AUT Ablage *f;* (*latéral*) Türtasche *f;* (*au dos du siège*) Kartentasche *f* ② (*récipient*) Ablageschale *f* **vide-pomme** [vidpɔm] <vide-pommes> *m* Apfelausstecher *m*

vider [vide] <1> **I.** *vt* ① (*retirer le contenu de*) leeren; ~ **un bassin de son eau** das Wasser aus einem Becken ablassen ② (*verser*) ausgießen *bouteille;* auskippen *boîte* ③ (*faire s'écouler*) ausgießen *substance liquide;* ausschütten *substance solide* ④ (*consommer*) ~ **son verre** sein Glas leeren ⑤ (*voler le contenu de*) ausräumen (*fam*) *appartement* ⑥ *fam* (*expulser*) rausschmeißen ⑦ *fam* (*fatiguer*) **être vidé** total geschafft sein ⑧ GASTR ausnehmen *poisson* **II.** *vpr* ① (*perdre son contenu*) **se ~** *bouteille:* auslaufen; *ville:* sich leeren ② (*s'écouler*) **se ~ dans le caniveau** *eaux usées:* in den Rinnstein abfließen

videur, -euse [vidœʀ, -øz] *m, f* (*laissant entrer les désirables*) Türsteher(in) *m(f);* (*expulsant les indésirables*) Rausschmeißer(in) *m(f)* (*fam*)

vie [vi] *f* ① (*existence*) Leben *nt;* **revenir à la ~** (*reprendre conscience*) wieder zu sich (*dat*) kommen; (*reprendre goût à la vie*) wieder aufleben; **être en ~** am Leben sein; **être sans ~** leblos sein ② (*façon de vivre*) Lebensweise *f;* **la ~ active** das Berufsleben; **voir la ~ en rose** alles durch die rosa Brille sehen; **c'est la ~!** so ist das Leben! ③ (*biographie*) Lebensgeschichte *f* ▸ **à la ~, à la <u>mort</u>** auf Gedeih und Verderb; **<u>gagner</u> sa ~** seinen Lebensunterhalt verdienen; **<u>refaire</u> sa ~ avec qn** mit jdm ein neues Leben anfangen; **<u>à</u> ~** auf Lebenszeit

vieil [vjɛj] *adj v.* **vieux**

vieillard [vjɛjaʀ] *m* Greis *m*

vieille [vjɛj] *v.* **vieux**

vieillerie [vjɛjʀi] *f* **~s** alter Trödel (*fam*); (*vêtements*) alte Klamotten *Pl* (*fam*)

vieillesse [vjɛjɛs] *f* ① (*opp: jeunesse*) Alter *nt* ② *sans pl* (*personnes âgées*) **la ~** die Alten *Pl*

vieilli(e) [vjɛji] *adj* ① (*marqué par l'âge*)

V

personne gealtert ② (*dépassé*) **être ~** *expression, mot* veraltet sein

vieillir [vjɛjiʀ] <8> **I.** *vi* ① (*prendre de l'âge*) *personne:* alt werden; *chose:* altern; *fromage, vin:* reifen ② *péj* (*diminuer*) *personne:* altern ③ (*se démoder*) an Aktualität verlieren **II.** *vt* (*faire paraître plus vieux*) *coiffure, vêtements:* älter machen **III.** *vpr* **se ~** (*se faire paraître plus vieux*) sich älter machen

vieillissant(e) [vjɛjisɑ̃, ɑ̃t] *adj personne* alternd; *population, pays* in steigendem Maße überaltert, vergreisend

vieillissement [vjɛjismɑ̃] *m d'une personne* Älterwerden *nt; d'une population* Überalterung *f; d'une idéologie* Veralten *nt*

vieillot(te) [vjɛjo, jɔt] *adj* altmodisch

vielle [vjɛl] *f* [Dreh]leier *f*

viendrai [vjɛ̃dʀɛ] *fut de* **venir**

vienne [vjɛn] *subj prés de* **venir**

Vienne [vjɛn] Wien *nt*

viennent [vjɛn] *indic prés de* **venir**

viennois(e) [vjɛnwa, waz] *adj* Wiener *inv*, wienerisch

Viennois(e) [vjɛnwa, waz] *m(f)* Wiener(in) *m(f)*

viennoiserie [vjɛnwazʀi] *f* Feingebäck *nt*

viens, vient [vjɛ̃] *indic prés de* **venir**

vierge [vjɛʀʒ] *adj* ① *fille, garçon* unschuldig; *fille* unberührt ② *disquette, page* leer; *film* unbelichtet ③ (*inexploré*) unberührt; **la forêt ~** der Urwald ④ (*pur*) rein

Vierge [vjɛʀʒ] *f* ① REL **la ~ Marie** die Jungfrau Maria; **la Sainte ~** die Heilige Jungfrau ② ASTROL Jungfrau *f*; *v. a.* **Balance**

Vietnam, Viêt-nam [vjɛtnam] *m* **le ~** Vietnam *nt*

vietnamien [vjɛtnamjɛ̃] *m* Vietnamesisch *nt*; *v. a.* **allemand**

vietnamien(ne) [vjɛtnamjɛ̃, jɛn] *adj* vietnamesisch

Vietnamien(ne) [vjɛtnamjɛ̃, jɛn] *m(f)* Vietnamese *m*/Vietnamesin *f*

vieux [vjø] **I.** *m* (*choses anciennes*) alte Sachen *Pl* **II.** *adv faire, s'habiller* alt; **faire ~** *coiffure, habits:* alt machen

vieux, vieil, vieille [vjø, vjɛj] **I.** *adj* ① alt; **être ~ d'un mois/de deux ans** einen Monat/zwei Jahre alt sein; **la vieille ville de Heidelberg** die Altstadt von Heidelberg ② *antéposé* (*de longue date*) langjährig; **mon vieil ami** mein alter Freund ③ *antéposé péj fam con, schnock* fies, gemein ▶ **se faire ~** alt werden; **vivre ~** ein hohes Alter erreichen **II.** *m, f* ① (*vieille personne*) Alte(r) *f(m)*; **un petit ~/une petite vieille** *fam* ein alter Opa/eine alte Oma ② *fam* (*mère/père*) Alte(r) *f(m)*; **mes ~** meine Alten (*fam*) ▶ **mon [petit] ~!/ma [petite] vieille!** *fam* mein Lieber!/meine Liebe!

vif [vif] *m* PECHE Köderfisch *m* ▶ **le ~ du sujet** der Kern der Sache; **au ~** zutiefst; **sur le ~** (*sur place*) vor Ort

vif, vive [vif, viv] *adj* ① *personne* lebhaft ② (*rapide*) schnell, rasch; **avoir l'esprit ~** aufgeweckt sein ③ *douleur* heftig; *soleil* sengend; *froid* schneidend; *couleur* kräftig; *lumière* hell ④ *antéposé plaisir, intérêt* groß; *souvenir, regret* lebhaft; *impression, chagrin* tief ⑤ (*vivant*) lebend; **eau vive** fließendes Wasser ⑥ *angle* scharf; **plaie à ~** offene Wunde

vigie [viʒi] *f* ① (*en marine*) Ausguck[posten *m*] *m* ② (*surveillance*) Wache *f*

vigilance [viʒilɑ̃s] *f* Wachsamkeit *f*

vigilant(e) [viʒilɑ̃, ɑ̃t] *adj personne* wachsam

vigile [viʒil] *mf* Wächter(in) *m(f)*, Wachmann *m*

vigne [viɲ] *f* ① BOT Wein *m*; **pied de ~** Rebstock *m* ② (*vignoble*) Weinberg *m* ③ *sans pl* (*activité viticole*) Weinbau *m*

vigneron(ne) [viɲ(ə)ʀɔ̃, ɔn] **I.** *adj* **activité ~ne** Weinbau *m* **II.** *m(f)* Winzer(in) *m(f)*, Weinhauer(in) *m(f)* (A)

vignette [viɲɛt] *f* ① HIST *d'une automobile* Kfz-Steuermarke *f* ② (*attestant un paiement*) Kontrollmarke *f* ③ (*image*) Sammelbild *nt* ④ (*petite illustration*) Vignette *f*

vignoble [viɲɔbl] *m* ① (*terrain*) Weinberg *m* ② *sans pl* (*ensemble de vignobles*) Weinbaugebiet *nt*

vigogne [vigɔɲ] *f* Vikunja *nt*

vigoureusement [viguʀøzmɑ̃] *adv* (*avec force*) kräftig; (*avec détermination*) energisch

vigoureux, -euse [viguʀø, -øz] *adj* ① (*fort*) kräftig ② (*ferme*) kraftvoll ③ (*énergique*) energisch

vigueur [vigœʀ] *f* ① *d'une personne* Vitalität *f*; **sans ~** kraftlos ② *d'un argument* Kraft *f*; *d'une réaction* Heftigkeit *f*; **avec ~** mit Nachdruck ▶ **en ~** in Kraft, geltend

Viking [vikiŋ] *m* Wikinger *m*

vilain [vilɛ̃] *m* (*grabuge*) **il va y avoir du ~** das wird Ärger geben

vilain(e) [vilɛ̃, ɛn] **I.** *adj* ① (*laid*) hässlich ② *antéposé mot* unanständig; *coup* gemein; **jouer un ~ tour à qn** jdm übel mitspielen ③ *antéposé* (*inquiétant*) schlimm ④ *antéposé enfantin* (*personne, animal*) ungezogen ⑤ *antéposé* (*désagréable*)

V

schlecht **II.** *m(f) enfantin* böser Junge *m*/böses Mädchen *nt*

vilebrequin [vilbʀəkɛ̃] *m* AUT Kurbelwelle *f*

vilenie [vil(ə)ni] *f*, **vilénie** [vileni] *f littér* Gemeinheit *f*

villa [villa] *f* Villa *f*

village [vilaʒ] *m* Dorf *nt*

villageois(e) [vilaʒwa, waz] *m(f)* Dorfbewohner(in) *m(f)*

village-vacances [vilaʒvakɑ̃s] *m* Feriendorf *nt*

ville [vil] *f* ❶ (*agglomération*) Stadt *f*; **~ jumelée** Partnerstadt *f* ❷ (*quartier*) Stadtteil *m*; **vieille ~** Altstadt *f* ❸ (*opp: la campagne*) **la ~** die Stadt ❹ (*municipalité*) Stadt[verwaltung] *f* ▶ **en ~** in der/die Stadt

ville-dortoir [vildɔʀtwaʀ] <villes-dortoirs> *f* Schlafstadt *f*

villégiature [vi(l)leʒjatyʀ] *f* (*vacances*) Ferien *Pl*, Sommerfrische *f*

ville-satellite [vilsatelit] <villes-satellites> *f* Satellitenstadt *f*

vin [vɛ̃] *m* Wein *m*; **~ blanc/rosé/rouge** Weißwein/Rosé[wein]/Rotwein; **~ de pays** Landwein ▶ **quand le ~ est tiré, il faut le boire** *prov* wer A sagt, muss auch B sagen (*prov*); **cuver son ~** *fam* seinen Rausch ausschlafen

vinaigre [vinɛɡʀ] *m* Essig *m* ▶ **tourner au ~** eine schlechte Wendung nehmen

vinaigrer [vineɡʀe] <1> *vt* mit Essig abschmecken

vinaigrette [vinɛɡʀɛt] *f* Vinaigrette *f*

vinaigrier [vinɛɡʀije] *m* ❶ (*ustensile*) Essigtopf *m* ❷ (*flacon*) Essigfläschchen *nt*

vinasse [vinas] *f fam* billiger Wein *m*

vindicatif, -ive [vɛ̃dikatif, -iv] *adj* rachsüchtig

vindicte [vɛ̃dikt] *f littér* **désigner qn à la ~ publique** [*o* **populaire**] jdn anprangern

vineux, -euse [vinø, -øz] *adj couleur* weinrot

vingt [vɛ̃] **I.** *num* ❶ (*cardinal*) zwanzig ❷ (*dans l'indication des époques*) **les années ~** die zwanziger Jahre **II.** *m inv* Zwanzig *f*; *v. a.* **cinq**

vingtaine [vɛ̃tɛn] *f* ❶ (*environ vingt*) **une ~ de personnes/pages** etwa zwanzig Personen/Seiten ❷ (*âge approximatif*) **avoir la ~** [*o* **une ~ d'années**] ungefähr zwanzig [Jahre alt] sein

vingt-deux [vɛ̃tdø] **I.** *num* ❶ zweiundzwanzig ❷ (*dans l'indication de l'âge, la durée*) **avoir/avoir bientôt ~ ans** zweiundzwanzig [Jahre alt] sein/werden; **personne/période de ~ ans** Zweiundzwanzigjährige(r) [*o* 22-Jährige(r)]/Zeitraum von zweiundzwanzig Jahren ❸ (*dans l'indication de l'heure*) **il est ~ heures** es ist zweiundzwanzig [Uhr] ❹ (*dans l'indication de la date*) **le ~ mars**, *écrit:* **le 22 mars** der zweiundzwanzigste März, *écrit:* der 22. März ❺ (*dans l'indication de l'ordre*) **arriver ~ ou vingt-troisième** als Zweiundzwanzigste(r) oder Dreiundzwanzigste(r) kommen ▶ **~!** *fam* Achtung! **II.** *m inv* ❶ Zweiundzwanzig *f* ❷ (*numéro*) Nummer *f* zweiundzwanzig ❸ TRANSP **le ~** die Linie [*o* Nummer] zweiundzwanzig ❹ JEUX Zweiundzwanzig *f* **III.** *f* (*table/chambre/... numéro vingt-deux*) Zweiundzwanzig *f*; *v. a.* **cinq**

vingt-et-un [vɛ̃teœ̃] **I.** *num* einundzwanzig **II.** *m inv* ❶ (*cardinal*) Einundzwanzig *f* ❷ JEUX **quatre cent ~** Siebzehnundvier *nt*; *v. a.* **cinq**

vingtième [vɛ̃tjɛm] **I.** *adj antéposé* zwanzigste(r, s) **II.** *mf* **le/la ~** der/die/das Zwanzigste **III.** *m* ❶ (*fraction*) Zwanzigstel *nt* ❷ (*siècle*) zwanzigstes Jahrhundert; *v. a.* **cinquième**

vinicole [vinikɔl] *adj* **région ~** Weinbaugebiet *nt*

vinification [vinifikasjɔ̃] *f* Keltern *nt*

vinifier [vinifje] <1> *vt, vi* keltern

vînmes [vɛ̃m], **vinrent** [vɛ̃ʀ], **vins** [vɛ̃], **vint** [vɛ̃] *passé simple de* **venir**

vintage [vɛ̃taʒ, vintɛdʒ] *adj inv* COUT *vêtements* Vintage-, original erhalten

vîntes [vɛ̃t] *passé simple de* **venir**

vinyle [vinil] *m* Vinyl *nt*

vioc *v.* **vioque**

viol [vjɔl] *m* Vergewaltigung *f*

violacé(e) [vjɔlase] *adj rouge* ins Violett gehend; *teinte, tache, visage* bläulich; *main* blau

violateur, -trice [vjɔlatœʀ, -tʀis] *m, f d'un secret* Verräter(in) *m(f)*; *d'un domicile* Einbrecher(in) *m(f)*; *d'un lieu sacré* Schänder(in) *m(f)*; **~ des lois** Gesetzesbrecher

violation [vjɔlasjɔ̃] *f* ❶ *d'un secret* Verrat *m*; *d'un serment* Bruch *m*; **~ des correspondances** Verletzung *f* des Briefgeheimnisses ❷ (*effraction*) **~ de domicile** Hausfriedensbruch *m* ❸ *d'un lieu sacré* Schändung *f*

viole [vjɔl] *f* Viola *f*

violemment [vjɔlamɑ̃] *adv* heftig

violence [vjɔlɑ̃s] *f* ❶ (*brutalité*) Gewalt *f*; **par la ~** mit Gewalt ❷ (*acte de violence: physique*) Gewalttätigkeit *f*; (*morale*) Zwang *m*; **se faire ~** sich zwingen ❸ *du comportement, d'une tempête* Heftigkeit *f*

V

violent(e) [vjɔlɑ̃, ɑ̃t] *adj* ❶ *personne* gewalttätig; *mort* gewaltsam; **acte ~** Gewalttat *f* ❷ (*intense*) heftig ❸ *désir* stark
violenter [vjɔlɑ̃te] <1> *vt* **~ qn** jdm Gewalt antun
violer [vjɔle] <1> *vt* ❶ (*abuser de*) vergewaltigen; **se faire ~ par qn** von jdm vergewaltigt werden ❷ (*transgresser*) verletzen *droit, traité;* brechen *promesse;* verraten *secret* ❸ (*profaner*) verletzen *frontière;* schänden *lieu sacré*
violet [vjɔlɛ] *m* Violett *nt*
violet(te) [vjɔlɛ, ɛt] *adj* violett
violette [vjɔlɛt] *f* BOT Veilchen *nt*
violeur [vjɔlœʀ] *m* Vergewaltiger *m*
violon [vjɔlɔ̃] *m* Violine *f*, Geige *f*
violoncelle [vjɔlɔ̃sɛl] *m* [Violon]cello *nt*
violoncelliste [vjɔlɔ̃selist] *mf* Cellist(in) *m(f)*
violoneux [vjɔlɔnø] *m* HIST Dorffiedler(in) *m(f)*
violoniste [vjɔlɔnist] *mf* Geiger(in) *m(f)*, Violinist(in) *m(f)*
vioque [vjɔk] **I.** *adj fam* oll **II.** *mf pop* Olle(r) *f(m)*
V.I.P. [veipe, viajpi] *mf inv fam abr de* **Very Important Person** VIP *m*
vipère [vipɛʀ] *f* ❶ ZOOL Viper *f* ❷ (*personne*) [Gift]schlange *f*
virage [viʀaʒ] *m* ❶ (*tournant*) Kurve *f* ❷ *d'une politique* Wende *f* ❸ CHIM **~ au bleu/rouge** Blau-/Rotfärbung *f* ▶ **faire un ~** *route:* eine Kurve machen
viral(e) [viʀal, -o] <-aux> *adj* ❶ MED Virus-, viral ❷ INET viral
virée [viʀe] *f fam* Spritztour *f*
virement [viʀmɑ̃] *m* FIN Überweisung *f*
virer [viʀe] <1> **I.** *vi véhicule:* abbiegen; *temps:* umschlagen; *personne:* umschwenken; *visage, couleur:* sich verfärben **II.** *vt* ❶ FIN **~ une somme à qn/ sur le compte de qn** [jdm] einen Betrag überweisen/einen Betrag auf jds Konto überweisen ❷ *fam* (*renvoyer*) feuern ❸ *fam* (*se débarrasser de*) rausschmeißen
virevolter [viʀvɔlte] <1> *vi* eine plötzliche Drehung vollführen
virginal(e) [viʀʒinal, -o] <-aux> *adj soutenu* jungfräulich
virginité [viʀʒinite] *f* Jungfräulichkeit *f*
virgule [viʀgyl] *f* Komma *nt*
viril(e) [viʀil] *adj* (*mâle*) männlich; *attitude* mannhaft
virilement [viʀilmɑ̃] *adv* mannhaft
viriliser [viʀilize] <1> *vt* ❶ (*opp: féminiser*) männlicher machen ❷ MED **~ qn** jds Potenz steigern
virilité [viʀilite] *f* ❶ ANAT Potenz *f* ❷ (*caractère viril*) Männlichkeit *f*
virole [viʀɔl] *f* Zwinge *f*
virologie [viʀɔlɔʒi] *f* Virologie *f*
virologiste [viʀɔlɔʒist] *mf*, **virologue** [viʀɔlɔg] *mf* Virologe *m*/Virologin *f*
virtualité [viʀtɥalite] *f* Virtualität *f*
virtuel(le) [viʀtɥɛl] *adj* ❶ (*possible*) virtuell; *réussite* potentiell ❷ INFORM virtuell
virtuellement [viʀtɥɛlmɑ̃] *adv* (*pratiquement*) so gut wie
virtuose [viʀtɥoz] *mf* MUS Virtuose *m*/Virtuosin *f*
virtuosité [viʀtɥozite] *f d'un pianiste* Virtuosität *f; d'un artiste* Kunstfertigkeit *f*
virulence [viʀylɑ̃s] *f* ❶ *d'une critique* Heftigkeit ❷ MED *d'un microbe* Virulenz *f*
virulent(e) [viʀylɑ̃, ɑ̃t] *adj* ❶ (*véhément*) heftig ❷ MED *microbe* virulent; *poison* stark
virus [viʀys] *m* ❶ MED Virus *m o nt* ❷ INFORM [Computer]virus *m o nt*
vis¹ [vis] *f* Schraube *f*; **~ platinée** AUT Unterbrecherkontakt *m*
vis² [vi] *indic prés de* **vivre**
vis³ [vi] *passé simple de* **voir**
visa [viza] *m* ❶ (*autorisation de résider*) Visum *nt;* **~ d'entrée/de sortie** Einreise-/Ausreisevisum ❷ (*signature*) [Genehmigungs]vermerk *m*
visage [vizaʒ] *m* ❶ (*figure*) Gesicht *nt;* **Visage pâle** Bleichgesicht *nt* ❷ (*mine*) Miene *f* ❸ (*aspect*) [Erscheinungs]bild *nt;* **à ~ humain** mit menschlichem Gesicht
visagiste® [vizaʒist] *mf* Visagist(in) *m(f)*
vis-à-vis [vizavi] **I.** *prép* ❶ (*en face de*) **~ de l'église** gegenüber der Kirche ❷ (*envers*) **~ de qn/qc** jdm/einer S. gegenüber ❸ (*comparé à*) **~ de qn/qc** im Vergleich zu jdm/etw **II.** *m inv* (*personne, immeuble*) Gegenüber *nt*
viscéral(e) [viseʀal, -o] <-aux> *adj* ❶ *peur* tief sitzend ❷ ANAT **muscle ~** Organmuskel *m*
viscéralement [viseʀalmɑ̃] *adv* zutiefst
viscère [visɛʀ] *f* inneres Organ *nt;* **les ~s** die Eingeweide *Pl*
viscose [viskoz] *f* Viskose *f*
viscosité [viskozite] *f* ❶ *de la peau* Klebrigkeit *f* ❷ PHYS *d'un liquide* Zähflüssigkeit *f*
visée [vize] *f* ❶ *d'une arme* Zielen *nt; d'un appareil* Ausrichten *nt* ❷ *pl* (*dessein*) **~s sur qc** Streben *nt* nach etw
viser¹ [vize] <1> **I.** *vi* ❶ (*avec une arme*) zielen ❷ (*avoir pour but*) **~ au succès** nach Erfolg (*dat*) streben; **~ haut** hoch hinaus wollen **II.** *vt* ❶ (*mirer*) *tireur:* zielen auf (+ *akk*) ❷ (*ambitionner*) anstreben *car-*

rière ③ (*concerner*) ~ **qn/qc** *remarque:* jdm/etw (*dat*) gelten; *mesure:* jdm/etw (*akk*) betreffen ④ (*chercher à atteindre*) es abgesehen haben auf (+ *akk*)

viser² [vize] <1> *vt* (*mettre un visa sur*) beglaubigen *document;* mit einem Sichtvermerk versehen *passeport*

viseur [vizœʀ] *m* Visier *nt*

visibilité [vizibilite] *f* ① METEO [Fern]sicht *f;* TRANSP Sichtverhältnisse *Pl* ② *d'un objet* Sichtbarkeit *f*

visible [vizibl] *adj* ① (*qui peut être vu*) sichtbar; **~ à l'œil nu** mit bloßem Auge erkennbar; **être ~** *personne:* zu sprechen sein ② (*évident*) merklich

visiblement [viziblәmɑ̃] *adv* [offen]sichtlich

visière [vizjɛʀ] *f* Mützenschirm *m; d'une casquette* Schild *m*

visioconférence [vizjokɔ̃feʀɑ̃s] *f* Videokonferenz *f*

vision [vizjɔ̃] *f* ① (*faculté*) Sehvermögen *nt* ② (*perception avec appareil*) Sicht *f* ③ (*action de voir qc*) Anblick *m* ④ (*conception*) [An]sicht *f;* **~ du monde** Weltanschauung *f* ⑤ *a.* REL (*apparition*) Vision *f*

visionnage [vizjɔnaʒ] *m d'une émission, de diapositives* Vorführung *f*

visionnaire [vizjɔnɛʀ] **I.** *adj* ① (*intuitif*) [hell]seherisch ② (*halluciné*) zu Halluzinationen neigend **II.** *mf* ① *a.* REL (*intuitif*) Visionär(in) *m(f)* ② *péj* (*illuminé*) Phantast *m*

visionner [vizjɔne] <1> *vt* sich (*dat*) ansehen *film, diapositives*

visionneuse [vizjɔnøz] *f* ① (*appareil*) Bildbetrachter *m* ② INFORM Viewer *m*

visiophone [vizjɔfɔn] *m* Bildtelefon *nt*

visite [vizit] *f* ① (*action de visiter*) Besuch *m; d'un musée* Besichtigung *f;* **~ guidée** Führung *f;* **rendre ~ à qn** jdn besuchen; **en ~** zu Besuch ② *des bagages* Durchsuchung *f* ③ MED *d'un médecin* Hausbesuch *m;* **~ médicale** ärztliche Untersuchung

visiter [vizite] <1> **I.** *vt* ① (*explorer*) besichtigen ② MED besuchen *malades* ③ COM, MED, REL **~ qn** bei jdm einen Hausbesuch machen **II.** *vpr* **se ~** zu besichtigen sein

visiteur, -euse [vizitœʀ, -øz] *m, f* ① (*personne qui visite*) Besucher(in) *m(f);* (*hôte*) Gast *m* ② (*métier*) **~ des douanes** Zollinspektor

vison [vizɔ̃] *m* Nerz[mantel *m*] *m*

visqueux, -euse [viskø, -øz] *adj liquide* zähflüssig; *peau* klebrig

vissage [visaʒ] *m d'un écrou, d'une pièce* [Fest]schrauben *nt*

visser [vise] <1> **I.** *vt* TECH zuschrauben *couvercle* **II.** *vi* schrauben **III.** *vpr* **se ~** sich schrauben lassen

visu¹ [vizy] *adv* **de ~** mit eigenen Augen, durch persönlichen Augenschein

visu² [vizy] *m abr de* **visuel**

visualisation [vizɥalizasjɔ̃] *f* bildliche Darstellung; INFORM Anzeige *f;* **~ de la page** Seitenansicht *f*

visualiser [vizɥalize] <1> *vt* bildlich darstellen; *écran:* anzeigen

visuel [vizɥɛl] *m* INFORM Display *nt*

visuel(le) [vizɥɛl] *adj mémoire* visuell; *panneau* anschaulich

visuellement [vizɥɛlmɑ̃] *adv* ① (*quant à la vue*) optisch ② (*de visu*) mit eigenen Augen

vit¹ [vi] *indic prés de* **vivre**

vit² [vi] *passé simple de* **voir**

vital(e) [vital, -o] <-aux> *adj* ① BIO, PHILOS *fonction* lebenswichtig; **principe ~** Lebensprinzip *nt* ② (*essentiel*) vital; *question* existenziell

vitalité [vitalite] *f* ① (*énergie*) Vitalität *f* ② (*longévité*) Lebenskraft *f*

vitamine [vitamin] *f* Vitamin *nt*

vitaminé(e) [vitamine] *adj* vitaminhaltig

vite [vit] *adv* schnell; **ce sera ~ fait** das geht schnell; **faire ~** sich beeilen; **au plus ~** so schnell wie möglich

vîtes [vit] *passé simple de* **voir**

vitesse [vitɛs] *f* ① (*rapidité*) Geschwindigkeit *f;* **à la ~ de 100 km/h** mit einer Geschwindigkeit von 100 km/h; **~ maximale** Höchstgeschwindigkeit; **en grande/petite ~** CHEMDFER, POST als Expressgut/als Frachtgut ② (*promptitude*) Schnelligkeit *f* ③ AUT Gang *m;* **changer de ~** schalten ▶ **à la ~ grand V** *fam* in Windeseile; **prendre** [*o* **gagner**] **qn de ~** jdn überrunden; **à toute ~** (*à vive allure*) mit hoher Geschwindigkeit; (*rapidement*) in aller Eile; **en** [**quatrième**] **~** *fam* in aller Eile

viticole [vitikɔl] *adj* **production ~** Weinproduktion *f*

viticulteur, -trice [vitikyltoœʀ, -tʀis] *m, f* Winzer(in) *m(f)*

viticulture [vitikyltyʀ] *f* Weinbau *m*

vitrage [vitʀaʒ] *m* Verglasung *f*

vitrail [vitʀaj, -o] <-aux> *m* buntes [Kirchen]fenster *nt*

vitre [vitʀ] *f* ① (*carreau*) [Fenster]scheibe *f* ② (*fenêtre*) Fenster *nt*

vitré(e) [vitʀe] *adj* verglast; **porte ~e** Glastür *f*

vitrer [vitʀe] <1> *vt* verglasen

V

vitrerie [vitʀəʀi] *f* ① *(activité)* Glaserei *f* ② *(marchandise)* Glaserartikel *m*

vitreux, -euse [vitʀø, -øz] *adj yeux* glasig

vitrier [vitʀije] *m* Glaser(in) *m(f)*

vitrification [vitʀifikasjɔ̃] *f* ① *d'un émail, d'une substance* Verschmelzung *f* zu Glas ② *d'un parquet* Versiegelung *f*

vitrifier [vitʀifje] <1> *vt* ① *(action)* zu Glas verschmelzen *substance* ② *(recouvrir)* versiegeln *parquet*

vitrine [vitʀin] *f* ① *(étalage)* Schaufenster *nt* ② *(armoire vitrée)* Vitrine *f*

vitriol [vitʀijɔl] *m fig* **critique au ~** ätzende Kritik

vitrioler [vitʀijɔle] <1> *vt* **~ qn** jdm Säure ins Gesicht schütten

vitro [vitʀo] *adv v.* **in vitro**

vitrocéramique [vitʀoseʀamik] *f* Glaskeramik *f*

vitupérer [vitypeʀe] <5> *vi* **~ contre qn** auf jdn schimpfen

vivable [vivabl] *adj personne* angenehm; *monde* lebenswert

vivace [vivas] *adj* ① BOT *plante* mehrjährig ② *(tenace)* lebendig; *haine* tief sitzend

vivacité [vivasite] *f* ① *(promptitude)* Lebhaftigkeit *f*; **~ d'esprit** schnelle Auffassungsgabe *f* ② *d'un langage* Heftigkeit *f* ③ *d'une couleur* Leuchtkraft *f*; *d'une émotion* Heftigkeit *f*

vivant [vivɑ̃] *m* ① *(personne en vie)* Lebende(r) *f(m)*; **bon ~** Genießer *m* ② REL **les ~s** die Lebenden *Pl* ▶ **du ~ de qn** zu jds Lebzeiten *Pl*

vivant(e) [vivɑ̃, ɑ̃t] *adj* ① *(en vie)* lebend; **être encore ~** noch am Leben sein ② *souvenir* lebhaft; *rue* belebt ③ *(doué de vie)* lebend; **être ~** Lebewesen *nt* ④ *(expressif)* lebendig, anschaulich ⑤ *(en usage)* gebräuchlich

vivarium [vivaʀjɔm] *m* Vivarium *nt*

vivat [viva] *m gén pl* Hochruf *m*

vive[1] [viv] **I.** *adj v.* **vif** **II.** *interj* **~ la mariée/la liberté!** es lebe die Braut/die Freiheit!

vive[2] [viv] *f* ZOOL Petermännchen *nt*

vivement [vivmɑ̃] **I.** *adv* ① *(intensément)* lebhaft; *regretter* zutiefst ② *(brusquement)* barsch ③ *briller* hell **II.** *interj (souhait)* **~ les vacances!** wenn nur schon Ferien wären!

vivier [vivje] *m (étang)* Fischteich *m*; *(bac)* Frischwasserbehälter *m*

vivifiant(e) [vivifjɑ̃, jɑ̃t] *adj air* kräftigend, stärkend; *ambiance* anregend, belebend

vivifier [vivifje] <1> *vt* ① *(stimuler)* beleben; kräftigen *personne, plante* ② *(animer)* Leben bringen in (+ *akk*) *région, ville*

vivipare [vivipaʀ] *adj* ZOOL lebend gebärend

vivisection [viviseksjɔ̃] *f* Vivisektion *f*

vivoir [vivwaʀ] *m* CAN *(living-room)* Wohnzimmer *nt*

vivoter [vivɔte] <1> *vi fam* dahin vegetieren; *(avec des petits moyens)* sich durchschlagen

vivre [vivʀ] <irr> **I.** *vi* ① *(exister, habiter, mener sa vie)* leben; **~ bien/pauvrement** ein gutes/ärmliches Leben führen ② *(subsister)* **~ de son salaire/ses rentes** von seinem Gehalt/seiner Rente leben; **faire ~ qn** jdn ernähren ③ *(persister) coutume:* lebendig sein ④ *(être plein de vie) portrait:* Lebendigkeit ausstrahlen; *rue:* voller Leben sein ▶ **il faut bien ~** irgendwie muss man sich *(dat)* die Brötchen verdienen; **qui vivra verra** *prov* kommt Zeit, kommt Rat **II.** *vt* ① *(passer)* erleben *moment;* leben *vie* ② *(être mêlé à)* erleben *événement* ③ *(éprouver intensément)* miterleben *époque*

vivres [vivʀ] *mpl* Verpflegung *f* ▶ **couper les ~ à qn** jdm den Unterhalt streichen

vizir [viziʀ] *m* Wesir *m*

vlan [vlɑ̃] *interj fam* peng

vlog [vlɔg] *m* INFORM Vlog *nt*

V.O. [veo] *f inv* CINE *abr de* **version originale** Originalfassung *f*; **en ~ sous-titrée** in Originalfassung mit Untertiteln

vocabulaire [vɔkabylɛʀ] *m* ① *(terminologie)* Vokabular *nt* ② *d'une langue* Wortschatz *m* ③ *(dictionnaire)* Grundwortschatz *m*

vocal(e) [vɔkal, -o] <-aux> *adj* ① *corde* Stimm- ② *(du chant)* **musique ~e** Vokalmusik *f*; **technique ~e** Stimmtechnik *f*

vocalique [vɔkalik] *adj* vokalisch

vocalisation [vɔkalizasjɔ̃] *f* Vokalisation *f*

vocalise [vɔkaliz] *f* Stimmübung *f*

vocaliser [vɔkalize] <1> **I.** *vi* vokalisieren **II.** *vt* vokalisieren *consonne* **III.** *vpr* **se ~** *consonne:* vokalisiert werden

vocatif [vɔkatif] *m* Vokativ *m*

vocation [vɔkasjɔ̃] *f* ① *(disposition)* Berufung *f*; **il faut avoir la ~!** *fam* dazu muss man wirklich berufen sein! ② *d'une personne, d'un peuple* Bestimmung *f* ③ REL [innere] Berufung; **avoir la ~** berufen sein

vocifération [vɔsifeʀasjɔ̃] *f souvent pl* Geschrei *nt kein Pl*

vociférer [vɔsifeʀe] <5> **I.** *vi* schreien; **~ contre qn** jdn anschreien **II.** *vt* brüllen *ordre*

V

vocodeur [vɔkɔdœʀ] *m* INFORM Spracherkennungs-PC *m*

vodka [vɔdka] *f* Wodka *m*

vœu [vø] <x> *m* ① (*désir*) Wunsch *m;* **faire un ~** sich (*dat*) etwas wünschen ② *pl* (*souhaits*) [Glück]wunsch *m* ③ REL Gelübde *nt*

vogue [vɔg] *f* Beliebtheit *f;* **en ~** in Mode

voguer [vɔge] <1> *vi* NAUT *littér* [dahin]fahren/segeln; (*dériver*) [dahin] treiben

voici [vwasi] **I.** *adv* hier; **~ mon père et voilà ma mère** hier mein Vater und da meine Mutter **II.** *prép soutenu* (*il y a*) **~ quinze ans que ...** vor 15 Jahren ...; (*depuis*) **~ bien des jours que ...** schon einige Tage ... **III.** *interj soutenu* ① (*réponse*) hier! ② (*présentation*) bitte [sehr]!

voie [vwa] *f* ① (*passage*) Weg *m;* **~ d'accès** Zufahrtstraße; **~ de garage** Abstellgleis *nt;* **~ sans issue** Sackgasse *f* ② *d'une route* [Fahr]spur *f;* **~ d'eau** (*brèche*) Leck *nt* ③ CHEMDFER **~ [ferrée]** [Bahn]gleis *nt* ④ (*moyen de transport*) **~ aérienne** Luftweg *m;* **par ~ postale** per Post; **~ des ondes** Funk *m* ⑤ (*filière*) Weg *m;* **~ de la réussite** Weg zum Erfolg ⑥ (*ligne de conduite*) Weg *m;* **s'engager sur la ~ du mal** sich auf Abwege begeben; **~ de fait** (*violence*) Gewalttat *f;* **~ de recours** JUR Rechtsmittel *nt* ⑦ (*conduit*) Weg *m,* Kanal *m;* **~s respiratoires** Atemwege *Pl* ⑧ AUT Spurweite *f* ⑨ ASTRON **~ lactée** Milchstraße *f* ► **par ~ de conséquence** als logische Folge; **être en bonne ~** *affaire:* gut vorankommen; **être en ~ de guérison** auf dem Wege der Besserung sein

voilà [vwala] **I.** *adv* ① (*opp: voici*) da, dort; **voici ma maison, et ~ le jardin** hier mein Haus und da der Garten ② (*pour désigner*) **~ mes amis** das sind meine Freunde; **~ pour toi** das ist für dich; **~ pourquoi/où ...** deshalb also/dort[hin] also ...; **et ~ tout** und das ist alles; **la jeune femme que ~** die junge Frau dort; **en ~ une histoire!** das ist vielleicht eine Geschichte!; **me ~/te ~** hier bin ich/da bist du ③ *explétif* **~ que** jetzt; **et le ~ qui recommence** jetzt fängt er schon wieder an (*fam*); **en ~ assez!** jetzt aber genug! ► **~ ce que c'est de faire une bêtise** *fam* das hat man davon, wenn man eine Dummheit macht; **en veux-tu, en ~** *fam* mehr als genug; **nous y ~** das ist es also **II.** *prép* (*il y a*) **~ quinze ans que ...** es ist 15 Jahre her, dass ...; (*depuis*) **~ bien une heure que ...** schon seit einer Stunde ... **III.** *interj* ① (*réponse*) hier! ② (*présentation*) bitte [sehr]! ③ (*naturellement*) **et ~!** natürlich!

voilage [vwalaʒ] *m* Store *m*

voile[1] [vwal] *m* ① (*foulard*) Schleier *m;* **prendre le ~** REL den Schleier nehmen (*geh*) ② (*tissu fin, pour cacher*) Tuch *nt* ③ (*léger écran*) Schleier *m;* **~ de brume** Dunstschleier ④ *fig de l'oubli* Schleier *m* ⑤ PHOT Schleier *m* ⑥ MED Schatten *m* ⑦ ANAT *du palais* Gaumensegel *nt* ⑧ BOT *d'un champignon* Schleier *m* ► **sous le ~ de la dévotion** unter dem Deckmantel der Frömmigkeit

voile[2] [vwal] *f* ① NAUT Segel *nt;* **bateau à ~s** Segelboot *nt* ② SPORT **la ~** [das] Segeln; **faire de la ~** segeln

voilé(e)[1] [vwale] *adj* ① *femme* verschleiert; *statue* verhüllt ② *allusion* versteckt

voilé(e)[2] [vwale] *adj* (*déformé*) *planche* verzogen; **être ~** *roue:* eine Acht haben

voilement [vwalmɑ̃] *m d'une planche* Verwerfung *f; d'une roue* Acht *f*

voiler[1] [vwale] <1> **I.** *vpr* **se ~** ① (*se dissimuler*) sich verschleiern ② (*perdre sa clarté*) *ciel:* sich bedecken; *horizon:* verschwimmen; *regard:* sich trüben; *voix:* heiser werden **II.** *vt* (*cacher*) verhüllen, bedecken *visage*

voiler[2] [vwale] <1> **I.** *vpr* (*se fausser*) **se ~** *roue:* sich verbiegen **II.** *vt* (*fausser*) verbiegen *roue, étagère*

voilerie [vwalʀi] *f* Segelmacherwerkstatt *f*

voilette [vwalɛt] *f* [Hut]schleier *m*

voilier [vwalje] *m* ① NAUT Segelboot *nt,* Segeljacht *f* ② (*fabricant*) Segelmacher(in) *m(f)*

voilure [vwalyʀ] *f* ① NAUT Segelfläche *f* ② AVIAT Tragfläche *f*

voir [vwaʀ] <*irr*> **I.** *vt* ① (*percevoir par la vue*) sehen; **je l'ai vu comme je vous vois** ich habe ihn/es mit eigenen Augen gesehen ② (*montrer*) **fais-moi donc ~ ce que** lass mich doch mal sehen, was ③ (*rencontrer*) sehen; (*rendre visite à*) zusammenkommen mit *personne;* **aller/venir ~ qn** jdn besuchen ④ (*examiner*) [sich (*dat*)] ansehen *dossier, leçon;* **~ page 6** siehe Seite 6 ⑤ (*constater*) sehen; **on le voit: ...** eins steht fest: ...; **~ qn/qc faire qc** erleben, wie jd/etw etw macht ⑥ (*connaître*) erleben *drame, guerre;* **elle a vu son chiffre d'affaires tripler** ihr Umsatz hat sich verdreifacht; **en ~ [de dures]** *fam* Schlimmes erleben ⑦ (*comprendre*) sehen, begreifen *problème;* **faire ~ à qn que ...** *personne:* jdm klarmachen, dass ...; *expérience:* jdm zeigen, dass ... ⑧ (*se repré-*

V

senter) ~ **qc/qn sous un autre jour** etw/jdn ganz anders sehen; ~ **ça** [**d'ici**]! *fam* sich (*dat*) etw lebhaft vorstellen können ⑨ (*trouver*) ~ **une solution à qc** eine Lösung für etw sehen ⑩ (*apparaître*) **faire/laisser ~ sa déception** sich (*dat*) seine/ihre Enttäuschung anmerken lassen ⑪ (*sentir*) ~ **venir la catastrophe** die Katastrophe kommen sehen ▶**je voudrais bien t'y/vous y** ~ *fam* du hast/Sie haben gut reden; **on aura tout vu!** *fam* das ist nicht zu fassen!; **avoir quelque chose/n'avoir rien à ~ avec** [*o* **dans**] **cette histoire** etwas/nichts mit dieser Geschichte zu tun haben; ~ **venir** abwarten **II.** *vi* ① **tu** [**y** *fam*] **vois sans tes lunettes?** kannst du [was] ohne deine Brille sehen? ② (*prévoir*) ~ **grand/petit** großzügig/knapp kalkulieren ③ (*constater*) sehen; **on verra bien** wir werden [schon] sehen ④ (*veiller*) **il faut ~ à ce que** + *subj* man sollte darauf achten, dass ⑤ *fam* (*donc*) **essaie/regarde ~!** probier/sieh mal! ▶**à toi de ~** du musst es wissen; **pour ~** zum Ausprobieren; **vois-tu** weißt du **III.** *vpr* ① (*être visible*) **se ~ bien la nuit** *couleur:* in der Nacht deutlich zu sehen sein ② (*se rencontrer*) **se ~** sich sehen ③ (*se produire*) **se ~** *phénomène:* sich ereignen; **ça ne s'est jamais vu** das hat es [ja] noch nie gegeben ④ (*se trouver*) **se ~ contraint de faire qc** sich gezwungen sehen etw zu tun ⑤ (*constater*) **se ~ mourir** spüren, dass man stirbt; **il s'est vu refuser l'entrée** man hat ihm den Eintritt verwehrt ⑥ (*s'imaginer*) **se ~ faire qc** sich (*dat*) vorstellen können etw zu tun

voire [vwaʀ] *adv* ja sogar

voirie [vwaʀi] *f* ① (*routes*) [öffentliche] Straßen *Pl* ② (*entretien des routes*) Straßenmeisterei *f;* (*service administratif*) Straßenbauamt *nt* ③ (*enlèvement des ordures*) Müllabfuhr *f;* (*dépotoir*) Müllhalde *f*

voisin(e) [vwazɛ̃, in] **I.** *adj* ① *maison* Nachbar-; *rue* benachbart; *pièce* Neben-; **région ~e de la frontière** Grenzregion *f;* **être ~ de qc** an etw (*akk*) angrenzen ② *sens* ähnlich; *espèce animale* verwandt; **être ~ de qc** einer S. (*dat*) ähnlich sein **II.** *m(f)* Nachbar(in) *m(f);* **passe à ton ~!** weitergeben!

voisinage [vwazinaʒ] *m* ① (*voisins*) Nachbarschaft *f;* **des relations de bon ~** gutnachbarliche Beziehungen ② (*proximité*) [unmittelbare] Nähe ③ (*environs*) Umgebung *f*

voisiner [vwazine] <1> *vi* ~ **avec qn/qc** sich neben jdm/etw (*dat*) befinden

voiture [vwatyʀ] *f* ① AUT Auto *nt;* ~ **particulière** Personen[kraft]wagen, Pkw; ~ **de course** Rennwagen; ~ **de location/d'occasion** Mietwagen/Gebrauchtwagen; ~ **d'enfant** Kinderwagen *m* ② CHEMDFER [Eisenbahn]wagen *m* ③ (*véhicule attelé*) Fuhrwerk *nt;* ~ **à cheval** Pferdewagen *m* ④ (*véhicule utilitaire*) ~ **de livraison** Lieferwagen *m;* ~ **de dépannage** Abschleppwagen; ~ **d'infirme** Rollstuhl *m* ▶**en ~** mit dem Auto; **en ~, s'il vous plaît!** CHEMDFER bitte einsteigen!

voiture-balai [vwatyʀbalɛ] <voitures-balais> *f* SPORT Begleitfahrzeug *nt* **voiture-bar** [vwatyʀbaʀ] <voitures-bars> *f* CHEMDFER Büfettwagen *m* **voiture-école** [vwatyʀekɔl] <voitures-écoles> *f* Fahrschule *f* **voiture-lit** [vwatyʀli] <voitures-lits> *f* Schlafwagen *m* **voiture-radio** [vwatyʀʀadjo] <voitures-radio> *f* Funkwagen *m* **voiture-restaurant** [vwatyʀʀɛstɔʀɑ̃] <voitures-restaurants> *f* Speisewagen *m*

voiturette [vwatyʀɛt] *f* AUT Kleinwagen *m*

voix [vwɑ] *f* ① (*organe de la parole*) Stimme *f;* **d'une ~ forte** mit einer lauten Stimme; **à ~ basse** leise; ~ **de stentor** dröhnende Stimme ② (*organe du chant*) [Sing]stimme *f;* **avoir la ~ fausse/juste** falsch/richtig singen; ~ **de ténor/tête** Tenor-/Kopfstimme; **à une/deux ~** ein-/zweistimmig ③ *d'un animal* Stimme *f; d'un instrument* Ton *m; du vent* Lied *nt* ④ (*suffrage*) [Wähler]stimme *f;* **d'une seule ~** einstimmig ⑤ *du peuple, de la conscience* Stimme *f; d'un ami* Rat *m;* **faire entendre la ~ de qn** in jds Namen (*dat*) sprechen ⑥ LING Form *f;* ~ **passive/active** Passiv/Aktiv *nt;* **être utilisé à la ~ passive** *verbe:* im Passiv stehen ▶**avoir ~ au chapitre** [ein Wort] mitzureden haben; **de vive ~** mündlich; **élever la ~** (*hausser le ton*) seine Stimme heben, lauter werden; (*s'exprimer*) die Stimme erheben (*geh*)

vol¹ [vɔl] *m* ① AVIAT, ZOOL Flug *m;* ~ **de nuit** Nachtflug; ~ **domestique** Inlandsflug ② SPORT ~ **libre** Drachenfliegen *nt;* ~ **à voile** Segelfliegen ▶**à ~ d'oiseau** in der Luftlinie; **en ~ plané** im Gleitflug; **prendre son ~** *oiseau:* fortfliegen; *adolescent:* flügge werden; **rattraper qc au ~** etw im Flug fangen

vol² [vɔl] *m* (*larcin*) Diebstahl *m;* (*avec violence*) Raub *m;* ~ **à l'arraché** (*d'un sac à main*) Handtaschenraub *m;* ~ **à main**

armée bewaffneter Raubüberfall *m;* ~ **avec effraction** Einbruchsdiebstahl *m*

volage [vɔlaʒ] *adj personne* flatterhaft, leichtfertig; *époux* treulos; *humeur* wechselhaft

volaille [vɔlɑj] *f* Geflügel[fleisch *nt*] *nt*

volailler, -ère [vɔlɑje, -ɛʀ] *m, f* Geflügelhändler(in) *m(f)*

volant [vɔlɑ̃] *m* ① AUT Lenkrad *nt;* **être au** ~ am Steuer sitzen; **se mettre au** [*o* **prendre le**] ~ sich ans Steuer setzen ② TECH Schwungrad *nt* ③ *d'un rideau* Volant *m* ④ SPORT Federball *m* ⑤ *pl* (*personnel volant*) Flugpersonal *nt*

volant(e) [vɔlɑ̃, ɑ̃t] *adj* ① (*qui vole*) fliegend; **machine** ~**e** Flugmaschine *f* ② *feuille* lose; *personnel* mobil; *pont* beweglich; **douane** ~**e** Zollstreife *f*

volatil(e) [vɔlatil] *adj* ① CHIM flüchtig ② *soutenu* (*qui disparaît*) vergänglich; **mémoire** ~**e** INFORM Arbeitsspeicher *m*

volatile [vɔlatil] *m* Geflügel *nt*

volatilisation [vɔlatilizasjɔ̃] *f* ① CHIM Verdunstung *f* ② (*disparition*) spurloses Verschwinden

volatiliser [vɔlatilize] <1> **I.** *vt* verdunsten lassen **II.** *vpr* **se** ~ ① CHIM verdunsten ② (*disparaître*) spurlos verschwinden

volatilité [vɔlatilite] *f* Flüchtigkeit *f*

vol-au-vent [vɔlovɑ̃] *m inv* Blätterteigpastete *f*

volcan [vɔlkɑ̃] *m* Vulkan *m*

volcanique [vɔlkanik] *adj* vulkanisch

volcanologie [vɔlkanɔlɔʒi] *f* Vulkanologie *f*

volcanologue [vɔlkanɔlɔg] *mf* Vulkanologe *m*/Vulkanologin *f*

volée [vɔle] *f* ① (*groupe*) **une** ~ **de moineaux** ein Schwarm *m* Spatzen ② (*décharge*) **une** ~ **de projectiles** ein Kugelhagel *m* ③ (*raclée*) Schläge *Pl;* **une** ~ **de coups** eine Tracht Prügel ④ SPORT Volley *m;* **jouer/monter à la** ~ am Netz spielen/ans Netz gehen ▸ ~ **de bois vert** (*critiques violentes*) harte Kritik; **personnage de haute** ~ hervorragende Persönlichkeit; **prendre sa** ~ (*s'émanciper*) flügge werden; **à la** ~ (*d'un geste ample*) ausladend; (*au passage*) im Vorbeigehen; **à toute** ~ mit viel Schwung

voler[1] [vɔle] <1> *vi* ① (*se mouvoir dans l'air*) fliegen ② (*être projeté*) *feuilles, pierre:* fliegen; *information:* kursieren; ~ **au vent** *feuilles:* im Wind flattern; **faire** ~ **des feuilles** Blätter aufwirbeln ③ (*courir*) eilen

voler[2] [vɔle] <1> **I.** *vt* ① (*dérober*) stehlen; wegnehmen *place* ② (*tromper*) ~ **qn sur la quantité** jdn in Bezug auf die Menge betrügen ▸ **il ne l'a pas volé** *fam* das geschieht ihm recht **II.** *vi* stehlen

volet [vɔlɛ] *m* ① (*persienne*) [Fenster]laden *m;* ~ **roulant** Rollladen *m,* Rollbalken *m* (A) ② *d'une pièce administrative* [Falt]blatt *nt; d'un triptyque* Flügel *m* ③ AVIAT, TECH, AUT Klappe *f* ④ *d'un plan* Teil *m* ▸ **trier des personnes/choses sur le** ~ Menschen/Dinge sorgfältig aussuchen

voleter [vɔlte] <4> *vi* (*voltiger*) flattern

voleur, -euse [vɔlœʀ, -øz] **I.** *adj* (*qui dérobe*) diebisch **II.** *m, f* Dieb(in) *m(f);* ~ **à la tire** Taschendieb; ~ **de grand chemin** Wegelagerer ▸ **au** ~**!** haltet den Dieb!; **partir** [*o* **filer**] **comme un** ~ sich [wie ein Dieb] davonschleichen

volière [vɔljɛʀ] *f* Voliere *f*

volley[-ball] [vɔlɛ(bol), vɔlɛ(bal)] *m sans pl* Volleyball *m*

volleyer [vɔleje] <1> *vi* Volleyball spielen

volleyeur, -euse [vɔlɛjœʀ, -jøz] *m, f* ① (*joueur de volley*) Volleyballspieler(in) *m(f)* ② SPORT Netzspieler(in) *m(f)*

volontaire [vɔlɔ̃tɛʀ] **I.** *adj* ① (*voulu*) beabsichtigt; **incendie** ~ Brandstiftung *f* ② (*non contraint*) freiwillig; **engagé** ~ Freiwillige(r) *m* ③ (*décidé*) energisch; *péj personne* eigensinnig **II.** *mf* ① *a.* MIL Freiwillige(r) *f(m)* ② *péj* (*personne têtue*) Starrkopf *m* (*pej*)

volontairement [vɔlɔ̃tɛʀmɑ̃] *adv* ① (*exprès*) absichtlich ② (*de son plein gré*) freiwillig ③ JUR in gegenseitigem Einvernehmen

volontariat [vɔlɔ̃taʀja] *m* ① (*bénévolat*) Freiwilligkeit *f* ② MIL freiwilliger Dienst

volontarisme [vɔlɔ̃taʀism] *m* Voluntarismus *m*

volontariste [vɔlɔ̃taʀist] **I.** *adj* voluntaristisch **II.** *mf* PHILOS Voluntarist(in) *m(f)*

volonté [vɔlɔ̃te] *f* ① (*détermination*) Wille *m* ② (*désir*) Wunsch *m* ③ (*énergie*) Willensstärke *f* ▸ **avec la meilleure** ~ **du monde** beim besten Willen; **à** ~ nach Belieben

volontiers [vɔlɔ̃tje] *adv* ① (*avec plaisir*) gern[e]; **plus** ~**/le plus** ~ lieber/am liebsten ② (*souvent*) gern

volt [vɔlt] *m* Volt *nt*

voltage [vɔltaʒ] *m* ELEC Spannung *f*

volte [vɔlt] *f* Volte *f*

volte-face [vɔltəfas] *f inv a. fig* Kehrtwendung *f*

voltige [vɔltiʒ] *f* ① (*au cirque*) **numéro de**

haute ~ Trapeznummer *f* ② AVIAT Kunstfliegen *nt* ③ (*équitation*) Kunstreiten *nt*

voltiger [vɔltiʒe] <2a> *vi* ① (*voler çà et là*) hin- und herfliegen ② (*flotter légèrement*) **faire** ~ **qc** etw durch die Luft wirbeln

voltigeur, -euse [vɔltiʒœʀ, -ʒøz] *m, f* ① (*acrobate au trapèze*) Trapezkünstler(in) *m(f)* ② (*acrobate sur un cheval*) Voltigierer(in) *m(f)*

voltmètre [vɔltmɛtʀ] *m* Spannungsmesser *m*

volubile [vɔlybil] *adj* redselig

volubilité [vɔlybilite] *f* Redseligkeit *f*

volume [vɔlym] *m* ① SCI Volumen *nt* ② COM [Gesamt]menge *f; des investissements* Umfang *m* ③ (*intensité de la voix*) Volumen *nt;* ~ **sonore** [*o* **du son**] Lautstärke *f* ④ (*tome*) Band *m* ⑤ (*objet*) Körper *m*

volumétrique [vɔlymetʀik] *adj* volumetrisch; **analyse** ~ Maßanalyse *f;* **compteur** ~ Volumenzähler *m*

volumineux, -euse [vɔlyminø, -øz] *adj dossier* umfangreich; *paquet* voluminös

volumique [vɔlymik] *adj* **masse** ~ Dichte *f*

volupté [vɔlypte] *f* ① (*plaisir sensuel*) Genuss *m* ② (*plaisir sexuel*) Wollust *f* (*geh*) ③ (*plaisir intellectuel*) Wonne *f*

voluptueusement [vɔlyptɥøzmɑ̃] *adv* genüsslich

voluptueux, -euse [vɔlyptɥø, -øz] **I.** *adj* sinnlich **II.** *m, f* Sinnenmensch *m*

volute [vɔlyt] *f* ① (*spirale*) Windung *f* ② ARCHIT Volute *f*

vomi [vɔmi] *m fam* Erbrochene *nt*

vomir [vɔmiʀ] <8> **I.** *vt* (*régurgiter*) [er]brechen, speiben (A) **II.** *vi* sich übergeben

vomissement [vɔmismɑ̃] *m* ① (*action*) Erbrechen *nt* ② (*vomissure*) Erbrochene *nt*

vomissure [vɔmisyʀ] *f souvent pl* Erbrochene *nt*

vomitif [vɔmitif] *m* MED Brechmittel *nt*

vomitif, -ive [vɔmitif, -iv] *adj* MED Brechreiz auslösend

vont [vɔ̃] *indic prés de* **aller**

vorace [vɔʀas] *adj animal, personne* gefräßig

voracement [vɔʀasmɑ̃] *adv* gierig

voracité [vɔʀasite] *f* Gier *f* (*a. fig*)

vortex [vɔʀtɛks] *m* ① (*dans un fluide*) Strudel *m* ② METEO Wirbel *m*

vos [vo] *dét poss v.* **votre**

Vosges [voʒ] *fpl* **les** ~ die Vogesen *Pl*

vosgien(ne) [voʒjɛ̃, jɛn] *adj* der Vogesen (*gen*)

votant(e) [vɔtɑ̃, ɑ̃t] *m(f)* ① (*participant au vote*) Wähler(in) *m(f)* ② (*électeur*) Stimmberechtigte(r) *f(m)*

votation [vɔtasjɔ̃] *f* CH ~ **populaire** Volksabstimmung *f*

vote [vɔt] *m* ① *des crédits* Bewilligung *f; d'un projet de loi* Annahme *f* ② (*suffrage*) Abstimmung *f;* POL Wahl *f;* ~ **de confiance** Vertrauensvotum *nt;* ~ **par correspondance** Briefwahl

voter [vɔte] <1> **I.** *vi* wählen; ~ **contre/pour qn/qc** gegen/für jdn/etw stimmen; ~ **sur qc** über etw (*akk*) abstimmen; ~ **à main levée** durch Handzeichen abstimmen **II.** *vt* bewilligen *crédits;* verabschieden *loi*

vote-sanction [vɔtsɑ̃ksjɔ̃] <votes-sanctions> *m* Protestwahl *f*

votre [vɔtʀ, vo] <vos> *dét poss* ① (*à une/plusieurs personne(s) vouvoyée(s)*) Ihr(e); ~ **chaise** Ihr Stuhl; **à** ~ **approche** als Sie näher kommen ② (*à plusieurs personnes tutoyées*) euer/eu[e]re; ~ **maison** euer Haus; **à** ~ **avis** eu[e]rer Meinung nach; *v. a.* **ma, mon** ③ *avec un titre, form* **Votre Majesté** Eu[e]re Majestät

vôtre [votʀ] *pron poss* ① **le/la** ~ (*à une/plusieurs personne(s) vouvoyée(s)*) der/die/das Ihre/ihre, Ihre(r, s); (*à plusieurs personnes tutoyées*) der/die/das Eu[e]re/eu[e]re, eurer/eu[e]re(s) ② *pl* (*ceux de votre famille*) **les** ~**s** Ihre/eure Angehörigen; (*vos partisans*) Ihre/eu[e]re Anhänger; **il est des** ~**s** er gehört zu Ihnen/euch, er ist einer von Ihnen/euch ►**à la** [**bonne**] ~**!** *fam* auf Ihr/euer Wohl!; *v. a.* **mien**

vouer [vwe] <1> **I.** *vt* ① (*condamner*) verdammen; ~ **qn/qc à l'échec** jdn/etw zum Scheitern verurteilen ② (*consacrer*) widmen *son temps* ③ REL ~ **qc à un saint/une sainte** etw einem/einer Heiligen weihen ④ (*ressentir*) ~ **de la haine à qn** Hass gegen jdn hegen **II.** *vpr* **se** ~ **à qn/qc** sich jdm/einer Sache widmen

vouloir [vulwaʀ] <*irr*> **I.** *vt* ① (*exiger*) wollen; ~ **un livre de qn** ein Buch von jdm verlangen; **que lui voulez-vous?** was wollen Sie von ihm/ihr? ② (*souhaiter*) **il veut/voudrait ce gâteau/deux kilos de pommes** er will/möchte diesen Kuchen/zwei Kilo Äpfel; **il voudrait être médecin** er wäre gerne Arzt ③ (*consentir à*) **veux-tu/voulez-vous** [*o* **veuillez**] [*o* **voudriez-vous**] **prendre place** (*poli*) würdest du/würden Sie bitte Platz nehmen; (*impératif*) nimm/nehmen Sie bitte Platz ④ (*attendre*) erwarten *décision, réponse;* **que**

V

veux-tu/voulez-vous que je te/vous dise? was erwartest Du/erwarten Sie von mir? ⑤ (*nécessiter*) brauchen *soins* ⑥ (*faire en sorte*) **le hasard a voulu que** + *subj* der Zufall wollte es, dass ⑦ (*prétendre*) vorschreiben; **la loi veut que** + *subj* das Gesetz schreibt vor, dass ▸**bien ~ que** + *subj* einverstanden sein, dass; **il l'a voulu!** er hat es [ja] so gewollt! **II.** *vi* ① (*être disposé*) wollen ② (*souhaiter*) wollen, mögen ③ (*accepter*) **ne plus ~ de qn/qc** von jdm/etw nichts mehr wissen wollen ④ (*avoir des griefs envers*) **en ~ à un collègue de qc** einem Kollegen wegen etw böse sein ⑤ (*avoir des visées sur*) **en ~ à qc/qn** es auf etw/jdn abgesehen haben ▸**[moi,] je veux bien** (*volontiers*) [oh ja,] gerne; ich möchte gerne; (*concession douteuse*) [na ja,] von mir aus; **en** ~ *fam* ehrgeizig sein; **en veux-tu, en voilà!** in Hülle und Fülle **III.** *vpr* **se ~ honnête** nett sein wollen ▸**s'en ~ de qc** sich Vorwürfe wegen etw machen

voulu(e) [vuly] **I.** *part passé de* **vouloir** **II.** *adj* ① *effet* gewünscht; *moment* richtig; **en temps ~** rechtzeitig ② (*délibéré*) absichtlich; **c'est ~** *fam* das ist gewollt

vous [vu] **I.** *pron pers, 2. pers. pl* ① *sujet* ihr; **~ êtes grands** ihr seid groß; **nous avons fini, mais pas ~** wir sind fertig, aber ihr [noch] nicht; **~ autres** ihr ② *complément d'objet direct et indirect* euch; **je ~ aime** ich liebe euch; **il ~ demande le chemin** er fragt euch nach dem Weg; **il ~ laisse/fait conduire [la voiture]** er lässt euch [das Auto] fahren ③ *avec être, devenir, sembler, soutenu* **cela ~ semble bon** das erscheint euch gut; *v. a.* **me** ④ *avec les verbes pronominaux* **vous ~ nettoyez [les ongles]** ihr macht euch [die Nägel] sauber ⑤ *fam* (*pour renforcer*) **~, vous n'avez pas ouvert la bouche** ihr habt den Mund nicht aufgemacht; **c'est ~ qui l'avez dit** ihr habt das gesagt; **il veut ~ aider, ~?** euch möchte er helfen? ⑥ (*avec un sens possessif*) **le cœur ~ battait fort** eure Herzen schlugen heftig ⑦ *avec un présentatif* ihr; **~ voici!** hier seid ihr! ⑧ *avec une préposition* **avec/sans ~** mit/ohne euch; **à ~ deux** ihr beide; **la maison est à ~?** gehört das Haus euch?; **c'est à ~ de décider** ihr müsst entscheiden; **c'est à ~!** ihr seid dran! ⑨ *dans une comparaison* ihr; **nous sommes comme ~** wir sind wie ihr; **plus fort que ~** stärker als ihr **II.** *pron pers, forme de politesse* ① **~ habitez ici?** wohnen Sie hier?; **nous avons fini, mais pas ~** wir sind fertig, aber Sie [noch] nicht ② *complément d'objet direct et indirect* **je ~ aime** ich liebe Sie; **il ~ explique le chemin** er erklärt Ihnen den Weg; **il ~ laisse/fait conduire [la voiture]** er lässt Sie [das] Auto fahren ③ *avec être, devenir, sembler, soutenu* **cela ~ semble bon** das erscheint Ihnen gut; *v. a.* **me** ④ *avec les verbes pronominaux* **vous ~ nettoyez [les ongles]** Sie machen sich [die Nägel] sauber ⑤ *fam* (*pour renforcer*) **~, vous n'avez pas ouvert la bouche** Sie haben den Mund nicht aufgemacht; **c'est ~ qui l'avez dit** Sie haben das gesagt; **il veut ~ aider, ~?** Ihnen möchte er helfen? ⑥ (*avec un sens possessif*) **le cœur ~ battait fort** Ihr Herz schlug heftig ⑦ *avec un présentatif* Sie; **~ voici!** hier sind Sie! ⑧ *avec une préposition* **avec/sans ~** mit Ihnen/ohne Sie; **à ~ deux** Sie beide; **la maison est à ~?** gehört das Haus Ihnen?; **c'est à ~ de décider** Sie müssen entscheiden; **c'est à ~!** Sie sind dran!; **de ~ à moi** unter uns ⑨ *dans une comparaison* Sie; **je suis comme ~** ich bin wie Sie; **plus fort que ~** stärker als Sie **III.** *pron* ① (*on*) man; **~ ne pouvez même pas dormir** man kann nicht einmal schlafen ② ([*à*] *quelqu'un*) **des choses qui ~ gâchent la vie** Dinge, die einem das Leben schwer machen **IV.** *m* **dire ~ à qn** Sie zu jdm sagen

vous-même [vumɛm] <vous-mêmes> **I.** *pron pers, 2. pers. pl* ① (*toi et toi en personne*) **~s n'en saviez rien** ihr selbst wusstet nichts davon; **vous êtes venus de ~s** ihr seid von selbst (*dat*) gekommen ② (*toi et toi aussi*) ebenfalls, auch; *v. a.* **nous-mêmes** **II.** *pron pers, forme de politesse* ① (*toi de politesse en personne*) **~ n'en saviez rien** Sie selbst wussten nichts davon; **vous êtes venu de ~** Sie sind von selbst (*dat*) gekommen ② (*toi de politesse aussi*) ebenfalls, auch; *v. a.* **moi-même**

voussure [vusyʀ] *f* Wölbung *f*; **~ de la fenêtre** Fensterbogen *m*

voûte [vut] *f* ① ARCHIT Gewölbe *nt* ② ANAT **~ crânienne** Schädeldach *nt* ③ (*ciel*) **~ étoilée** Sternenzelt *nt* (*geh*)

voûté(e) [vute] *adj* ① ARCHIT (*couvert d'une voûte*) überwölbt; **être ~** gewölbt sein; **cave ~** Gewölbekeller *m* ② *dos, personne* krumm, gebeugt

voûter [vute] <1> **I.** *vt* ① ARCHIT mit einem Gewölbe versehen ② (*courber*) krümmen; **l'âge avait voûté son dos** sein Rücken

war vom Alter [ganz] gekrümmt **II.** *vpr* **se ~** sich krümmen
vouvoiement [vuvwamɑ̃] *m* Siezen *nt*
vouvoyer [vuvwaje] <6> **I.** *vt* siezen, mit Sie anreden **II.** *vpr* **se ~** sich siezen
voyage [vwajaʒ] *m* ① (*le fait de voyager*) Reise *f;* **~ en avion/train** Flug-/Bahnreise ② (*trajet*) Fahrt *f;* **~ aller/retour** Hin-/Rückfahrt ③ *fam* (*trip*) Trip *m*
voyager [vwajaʒe] <2a> *vi* ① (*aller en voyage*) reisen ② COM **~ pour une entreprise** Handelsreisende(r) *f(m)* eines Unternehmens sein ③ (*être transporté*) *marchandises:* befördert werden
voyageur, -euse [vwajaʒœʀ, -ʒøz] **I.** *adj* **être d'humeur voyageuse** reiselustig sein **II.** *m, f* ① (*personne qui voyage*) Reisende(r) *f(m)* ② (*dans un avion/sur un bateau*) Fluggast *m*/Passagier *m* ③ COM **~ de commerce** [Handels]reisende(r) *f(m)*
voyagiste [vwajaʒist] *m* Reiseveranstalter *m*
voyais [vwajɛ] *imparf de* **voir**
voyance [vwajɑ̃s] *f* (*occultisme*) Hellsehen *nt*
voyant [vwajɑ̃] *m* Kontrolllampe *f*
voyant(e) [vwajɑ̃, jɑ̃t] **I.** *part prés de* **voir** **II.** *adj* (*qui se remarque*) auffallend **III.** *m(f)* ① (*devin*) Hellseher(in) *m(f)* ② (*opp: aveugle*) Sehende(r) *f(m)*
voyelle [vwajɛl] *f* Vokal *m*
voyeur, -euse [vwajœʀ, -jøz] *m, f* ① (*amateur de scènes lubriques*) Voyeur *m* ② (*curieux*) Schaulustige(r) *f(m)*
voyeurisme [vwajœʀism] *m* ① (*perversion du voyeur*) Voyeurismus *m* ② (*curiosité*) Schaulust *f*
voyez [vwaje], **voyons** [vwajɔ̃] *indic prés et impératif de* **voir**
voyou [vwaju] **I.** *adj* **il/elle est un peu ~** er/sie ist ein kleiner Gauner **II.** *m* ① (*délinquant*) Gauner *m* ② (*garnement*) Schlingel *m*
VPC [vepese] *f abr de* **vente par correspondance** Versandhandel *m*
vrac [vʀak] *m* Schüttgut *nt;* **en ~** lose
vrai [vʀɛ] **I.** *m* **le ~** das Wahre; **être dans le ~** Recht haben; **il y a du ~** da ist etwas Wahres daran ▶ **à dire ~** [*o* **à ~ dire**] offen gestanden; **pour de ~** *fam* im Ernst **II.** *adv* **dire** [*o* **parler**] **~** die Wahrheit sagen; **faire ~** echt aussehen
vrai(e) [vʀɛ] *adj* ① (*véridique*) wahr; *événement* tatsächlich ② *postposé* (*conforme à la réalité*) lebensecht ③ *antéposé* (*authentique*) echt; *cause, délice* wahr; *nom* richtig ④ *antéposé* (*digne de ce nom*) echt ⑤ *antéposé méthode, moyen* [einzig] richtig ▶ **il n'en est pas moins ~ qu'il est trop jeune** nichtsdestoweniger ist er zu jung; **pas ~?** *fam* oder?; **~ de ~** *fam* waschecht; **~!/?** wirklich!/?
vrai-faux, vraie-fausse [vʀɛfo, vʀɛfos] <vrais-faux> *adj* nachgemacht; **il s'est acheté de vraies-fausses lunettes Christian Dior** er hat sich ein Imitat einer Christian-Dior-Brille gekauft
vraiment [vʀɛmɑ̃] *adv* wirklich
vraisemblable [vʀɛsɑ̃blabl] *adj* ① (*plausible*) einleuchtend ② (*probable*) wahrscheinlich
vraisemblablement [vʀɛsɑ̃blabləmɑ̃] *adv* wahrscheinlich
vraisemblance [vʀɛsɑ̃blɑ̃s] *f* ① (*crédibilité*) Glaubwürdigkeit *f* ② (*probabilité*) Wahrscheinlichkeit *f*
vrille [vʀij] *f* ① TECH Nagelbohrer *m* ② AVIAT Schraube *f* ③ BOT Ranke *f* ▶ **partir en ~** *fam personne:* durchdrehen; *chose:* außer Kontrolle geraten; **en ~** spiralenförmig
vrillé(e) [vʀije] *adj* ① BOT mit Ranken ② (*tordu*) verdreht
vriller [vʀije] <1> **I.** *vi avion:* trudeln; *cordon, fil:* sich verdrehen **II.** *vt a. fig* (*percer*) [durch]bohren (*a. fig*)
vrombir [vʀɔ̃biʀ] <8> *vi* brummen
vrombissement [vʀɔ̃bismɑ̃] *m* Dröhnen *nt,* Brummen *nt*
vroom, vroum [vʀum] *interj* brumm
V.R.P. [veɛʀpe] *mf inv abr de* **voyageur représentant placier** Handelsreisende(r) *f(m)*
vs *prép abr de* **versus** vs
VTC [vetese] *m abr de* **vélo tout chemin** Trekkingrad *nt,* Trekkingbike *nt*
VTT [vetete] *m abr de* **vélo tout-terrain** ① (*vélo*) Mountainbike *nt* ② (*sport*) Mountainbiking *nt*
vu [vy] **I.** *prép* in Anbetracht (+ *gen*) **II.** *conj* **~ que ...** da ... **III.** *m* **c'est du déjà/jamais ~** das ist nichts Neues/völlig neu ▶ **au ~ et au su de tous** vor aller Augen **IV.** *adv* **ni ~ ni connu** ohne dass jd etw bemerkt **V.** *adj* (*compris*) alles klar; **~?** *fam* klar?
vu(e) [vy] **I.** *part passé de* **voir** **II.** *adj* ① (*d'accord*) in Ordnung ② *form* (*lu*) zur Kenntnis genommen ③ (*observé*) **la remarque est bien/mal ~e** die Bemerkung ist [zu]treffend/unzutreffend ④ (*apprécié*) **être bien/mal ~ de qn** von jdm gern/nicht gern gesehen sein ▶ **c'est tout ~!** *fam* Schluss jetzt!
vue [vy] *f* ① (*sens*) Sehvermögen *nt;*

V

bonne ~ gute Augen *Pl;* **organe de la ~** Sehorgan *nt;* **~ d'aigle** Adlerauge *nt* ❷ (*regard*) Blick *m;* **perdre qn/qc de ~** jdn/etw aus den Augen verlieren ❸ (*panorama*) Aussicht *f* ❹ *d'une personne, du sang* Anblick *m* ❺ (*photo, peinture*) Ansicht *f;* **~ d'ensemble** *fig* Überblick *m* ❻ *des événements* Vorstellung *f;* **les ~s de qn** jds Ansichten *Pl* ❼ (*visées*) **avoir qn/qc en ~** jdn/etw im Auge haben ▶ **à ~ de nez** *fam* über den Daumen gepeilt; **à ~ d'œil** merklich; **garder à ~** unter Aufsicht stellen; **dessiner à ~** nach Augenmaß zeichnen; **à la ~ de qn** (*en voyant qn*) bei jds Anblick; (*sous le regard de qn*) vor jds Augen; **en ~** (*visible*) im Blickfeld; (*tout proche*) in Sicht; (*envié*) begehrt; (*célèbre*) sehr bekannt; **en ~ de [faire] qc** im Hinblick auf etw

vulcanisation [vylkanizasjɔ̃] *f* Vulkanisierung *f*

vulcaniser [vylkanize] <1> *vt* vulkanisieren

vulcanologie *v.* **volcanologie**

vulcanologue [vylkanɔlɔg] *v.* **volcanologue**

vulgaire [vylgɛʀ] **I.** *adj* ❶ (*grossier*) vulgär ❷ *antéposé* (*quelconque*) gewöhnlich ❸ *postposé* (*populaire*) volkstümlich **II.** *m* **le ~** das Gewöhnliche; **tomber dans le ~** vulgär werden

vulgairement [vylgɛʀmɑ̃] *adv* ❶ (*grossièrement*) vulgär ❷ (*couramment*) für gewöhnlich

vulgarisateur, -trice [vylgaʀizatœʀ, -tʀis] **I.** *adj* populärwissenschaftlich **II.** *m, f* **jouer le rôle de ~ de qc** etw allgemein zugänglich machen

vulgarisation [vylgaʀizasjɔ̃] *f* allgemeine Verbreitung; *de la connaissance, de la science* Popularisierung *f* (*geh*); **revue de ~** populärwissenschaftliche Zeitschrift

vulgariser [vylgaʀize] <1> **I.** *vt* allgemein zugänglich machen **II.** *vpr* **se ~** zum Allgemeingut werden

vulgarité [vylgaʀite] *f* ❶ *d'un langage* vulgärer Stil; *d'une personne* vulgäre Art ❷ (*parole vulgaire*) vulgärer Ausdruck

vulnérabilité [vylneʀabilite] *f* Verletzbarkeit *f;* **la ~ de ma situation** meine prekäre Situation

vulnérable [vylneʀabl] *adj* verletzbar; *situation* prekär

vulve [vylv] *f* **la ~** die äußeren Geschlechtsorgane *Pl* [der Frau]

Ww

W, w [dubləve] *m inv* W *nt,* w *nt*

wagon [vagɔ̃] *m* CHEMDFER Wagen *m,* Waggon *m*

wagon-bar [vagɔ̃baʀ] <wagons-bars> *m* CHEMDFER *vieilli* Büfettwagen *m* **wagon-citerne** [vagɔ̃sitɛʀn] <wagons-citernes> *m* Tankwagen *m* **wagon-lit** [vagɔ̃li] <wagons-lits> *m* Schlafwagen *m*

wagonnet [vagɔnɛ] *m* [Kipp]lore *f*

wagon-restaurant [vagɔ̃ʀɛstɔʀɑ̃] <wagons-restaurants> *m* Speisewagen *m*

walkie-talkie [wokitoki, wɔlkitɔlki] <walkie-talkies> *m* Walkie-Talkie *nt*

walkman® [wɔ(l)kman] <s> *m* Walkman *m*

walkyrie [valkiʀi] *f* Walküre *f*

Wallis-et-Futuna [walisefytyna] *französisches Territorium auf den Fidschiinseln*

wallon [walɔ̃] *m* Wallonisch *nt; v. a.* **allemand**

wallon(ne) [walɔ̃, ɔn] *adj* wallonisch

Wallon(ne) [walɔ̃, ɔn] *m(f)* Wallone *m/* Wallonin *f*

Wallonie [walɔni] *f* **la ~** Wallonien *nt*

wannabe [wanabi] *mf fam* Möchtegern *m*

waouh [wau] *interj* (*ouah*) wau

WAP [wap] *m abr de* **Wireless Application Protocol** WAP *nt*

wapnaute [wapnot] *mf* Handysurfer(in) *m(f)*

warning [waʀniŋ] *m* Warnblinkanlage *f*

water-closet[s] [watɛʀklozɛt] *mpl* WC *nt*

Waterloo [watɛʀlo] *m* (*ville belge*) Waterloo *nt*

water-polo [watɛʀpɔlo] <water-polos> *m* Wasserball *m*

waterproof [watɛʀpʀuf] *adj inv* wasserfest

waters [watɛʀ] *mpl vieilli* Toilette *f*

watt [wat] *m* Watt *nt*

wattheure [watœʀ] *m* Wattstunde *f*

W.-C. [vese, dubləvese] *mpl abr de* **water-closet[s]** WC *nt*
web, **Web** [wɛb] **I.** *m abr de* **World Wide Web**: **le ~** das Web **II.** *app* Web-; **chercheur ~** Suchmaschine *f*; **page ~** Webseite *f*
webcam [wɛbkam] *f* INFORM Webcam *f*
webcamer [wɛbkamœʀ] *m* Webcamer *m* (*Verkaufsberater, der/Verkaufsberaterin, die in großen französischen Kaufhäusern direkt mit Onlinekunden verbunden ist, ausgestattet mit Inlineskates, Webcam und tragbarem Mikrofon*)
webdesign [wɛbdizajn] *m* INFORM Webdesign *nt*
webmagazine [wɛbmagazin] *m* Internetzeitschrift *f*, Webmagazin *nt*
webmane [wɛbman] *mf* Internetfreak *m*
webmaster [wɛbmastɛʀ] *m*, **webmestre** [wɛbmɛstʀ] *m* INFORM Webmaster *m*
webnaute [wɛbnot] *mf* [Internet]surfer(in) *m(f)*
webzine [wɛbzin] *m* Internetzeitschrift *f*, Webmagazin *nt*
week-end [wikɛnd] <week-ends> *m* Wochenende *nt*
welsch(e) [vɛlʃ] *adj* CH *iron* welsch[schweizerisch]
Welsch(e) [vɛlʃ] *m(f)* CH *iron* Welschschweizer(in) *m(f)*
western [wɛstɛʀn] *m* Western *m*
Westphalie [vɛsfali] *f* **la ~** Westfalen *nt*
whisky [wiski] <s *o* whiskies> *m* Whisky *m*
white-spirit [wajtspiʀit] *m inv* Terpentinersatz *m*
wi-fi [vifi] *m inv* INFORM, TELEC WLAN *nt*
win [win] *fam* **être la ~** voll der Bringer sein
wisigoth(e) [vizigo, ɔt] *adj* HIST westgotisch; **le peuple ~** die Westgoten
Wisigoth(e) [vizigo, ɔt] *m(f)* HIST Westgote *m*/-gotin *f*
wok [wɔk] *m* Wok *m*
World Wide Web [wœʀldwaidwɛb] *m* World Wide Web *nt*
Wurtemberg [vyʀtɛ̃bɛʀ] *m* **le ~** Württemberg *nt*
Wurtzbourg [vyʀtsbuʀ] Würzburg *nt*
WWW [dubləvedubləvedubləve] *v.* **World Wide Web**

Xx

X, **x** [iks] *m inv* ❶ X *nt*, x *nt* ❷ *fam* (*plusieurs*) **x fois** x-mal gesagt ❸ (*Untel*) [Herr/Frau] X; **X ou Y** irgendeiner; **contre X** gegen unbekannt ❹ CINE **film classé X** nicht jugendfreier Film
xénon [gzenɔ̃] *m* CHIM Xenon *nt*
xénophobe [gzenɔfɔb] **I.** *adj* ausländerfeindlich **II.** *mf* ausländerfeindliche Person
xénophobie [gzenɔfɔbi] *f* Fremdenfeindlichkeit *f*, Xenophobie *f* (*geh*)
xérès [keʀɛs, gzeʀɛs] *m* Sherry *m*
xl [iksɛl] *adj inv abr de* **extra-large** XL
xxl [iksiksɛl] *adj inv abr de* **extra-extra-large** XXL
xylophone [gzilɔfɔn] *m* Xylophon *nt*

Y y

Y, y [igʀɛk] *m inv* Y *nt*, y *nt*
y [i] **I.** *adv* dort **II.** *pron pers* (*à/sur cela*) **s'y entendre** sich damit auskennen; **ne pas y tenir** keinen Wert darauf legen
yacht [jɔt] *m* Jacht *f*
yacht-club [jɔtklœb] <yacht-clubs> *m* Jachtklub *m*
yachting [jɔtiŋ] *m* Segelsport *m*
yacht[s]man [jɔtman, -mɛn] <s *o* -men> *m* Segler *m*
ya[c]k [jak] *m* Yak *m*
yaourt [jauʀt] *m* Jog[h]urt *m o nt*
yaourtière [jauʀtjɛʀ] *f* Jog[h]urtbereiter *m*
Yémen [jemɛn] *m* **le** ~ Jemen *m*
yen [jɛn] *m* Yen *m*
yéti [jeti] *m* ❶ (*homme des neiges*) Yeti *m* ❷ (*glace à l'eau*) Wassereis *nt*
yeux [jø] *mpl v.* **œil**
yéyé [jeje] <yéyés>, **yé-yé** *inv vieilli* **I.** *adj* **musique** ~ ≈ Beatmusik *f* **II.** *m* (*style*) *Musik-/Modestil der Beatgeneration* **III.** *mf* (*adepte*) ≈ Beatnik *m*
yiddish [jidiʃ] **I.** *adj inv* jiddisch **II.** *m* Jiddisch *nt; v. a.* **allemand**
yoga [jɔga] *m* Joga, Yoga *m o nt*
yogourt [jɔguʀt] *m* CH, BELG, CAN *v.* **yaourt**
yole [jɔl] *f* Jolle *f*
yougoslave [jugɔslav] *adj* HIST jugoslawisch
Yougoslave [jugɔslav] *mf* HIST Jugoslawe *m*/Jugoslawin *f*
Yougoslavie [jugɔslavi] *f* HIST **République fédérale de** ~ Bundesrepublik *f* Jugoslawien
youpi, youppie [jupi] *interj* hurra
yoyo® [jojo] <s>, **yo-yo®** [jojo] *m inv* Jo-Jo *nt*
yucca [juka] *m* Yucca[palme *f*] *f*
yuppie [jupi] *mf* Yuppie *m*

Z z

Z, z [zɛd] *m inv* Z *nt*, z *nt*
Zaïre [zaiʀ] *m* HIST **le** ~ Zaire *nt*
Zambie [zɑ̃bi] *f* **la** ~ Sambia *nt*
zappette [zapɛt] *f fam* Fernbedienung *f*
zapper [zape] <1> *vi* zappen
zappeur, -euse [zapœʀ, -øz] *m, f* Zapper(in) *m(f)*
zapping [zapiŋ] *m sans pl* Zappen *nt*
zarb[i] [zaʀb(i)] *adj fam* voll komisch (*sl*)
zèbre [zɛbʀ] *m* ZOOL Zebra *nt*
zébrer [zebʀe] <5> *vt* **être zébré de qc** mit etw gestreift sein
zébrure [zebʀyʀ] *f* ❶ (*rayure*) Streifen *Pl* ❷ (*marques sur la peau*) Striemen *Pl*
zébu [zeby] *m* Zebu *m o nt*
Zélande [zelɑ̃d] *f* **la** ~ Seeland *nt*
zélateur, -trice [zelatœʀ, -tʀis] *m, f littér d'une cause, personne* Jünger *m*
zèle [zɛl] *m* Eifer *m;* **faire du** ~ *péj* übereifrig sein (*pej*)
zélé(e) [zele] *adj* eifrig
zen [zɛn] **I.** *adj inv* Zen-; **le bouddhisme** ~ der Zenbuddhismus; **être** ~ *fam* [total] relaxed sein **II.** *m* Zen *nt*
zénith [zenit] *m a. fig* Zenit *m*
Z.E.P. [zɛp] *f abr de* **zone d'éducation prioritaire** *sozial problematisches Gebiet, das gezielte [Schul]bildungsmaßnahmen erfordert*
zeppelin [zɛplɛ̃] *m* Zeppelin *m*
zéro [zeʀo] **I.** *num* ❶ *antéposé* (*aucun*) null ❷ *fam* (*nul*) **qn/qc est** ~ jd/etw ist eine Null **II.** *m* ❶ *inv* (*nombre*) Null *f* ❷ METEO, PHYS *a. fig* Nullpunkt *m* (*a. fig*) ❸ (*rien*) Nichts *nt;* **compter pour** ~ *fam* nicht[s] zählen ❹ (*personne incapable*) Null *f* (*fig*)
zeste [zɛst] *m* ❶ (*écorce*) ~ **de citron râpé** geriebene Zitronenschale ❷ *fig* Spur *f* (*fig*)
zézaiement [zezɛmɑ̃] *m* Lispeln *nt*
zézayer [zezeje] <7> *vi* lispeln
Z.I. [zɛdi] *abr de* **zone industrielle** Gewerbegebiet *nt*, Industriegebiet *nt*
zic[mu] [zik(my)] *f arg* (*musique*) Mucke *f*
zieuter [zjøte] <1> *vt fam* anglotzen
zig [zig] *m fam* Typ *m*, Kerl *m*
zigoto [zigɔto] *m fam* Typ[e *f*] *m*
zigouiller [ziguje] <1> *vt fam* (*tuer*) ~ **qn** jdn in Stücke schneiden

zigue [zig] *v.* **zig**
zigzag [zigzag] *m* Zickzack[linie *f*] *m*
zigzaguer [zigzage] <1> *vi* zickzacken; (*à pied/en véhicule*) im Zickzack gehen/fahren; *route:* im Zickzack verlaufen
Zimbabwe [zimbabwe] *m* **le** ~ Simbabwe *nt*
zinc [zɛ̃g] *m* ① (*métal*) Zink *nt* ② *fam* (*comptoir*) Theke *f* ③ *fam* (*avion*) Vogel *m*
zingueur [zɛ̃gœʀ] *m* Galvaniseur *m*
zinzin [zɛ̃zɛ̃] *fam* **I.** *adj* plemplem **II.** *m* Ding *nt*
zip®[1] [zip] *m* (*fermeture à glissière*) Reißverschluss *m*
zip[2] [zip] *m* INFORM Zip-Programm *nt*
zipper[1] [zipe] <1> *vt* einen Reißverschluss einnähen; **être zippé** *vêtement:* einen Reißverschluss haben
zipper[2] [zipe] <1> *vt* INFORM zippen, komprimieren *fichier, données*
zizanie [zizani] *f vieilli* Zwietracht *f*
zizi [zizi] *m enfantin fam* Schniedel *m,* Pullermann *m* (DIAL)
zob [zɔb] *m vulg* Schwanz *m*
zodiacal(e) [zɔdjakal, -o] <-aux> *adj* **signe** ~ Sternzeichen *nt*
zodiaque [zɔdjak] *m* Tierkreis *m*
zombi[e] [zɔ̃bi] *m* Zombie *m*
zona [zona] *m* Gürtelrose *f*
zonard(e) [zonaʀ, aʀd] *péj fam* **I.** *adj* asozial **II.** *m(f)* (*marginal*) Asoziale(r) *f(m)* (*pej*)
zone [zon] *f* ① (*secteur*) Zone *f;* ~ **bleue** Kurzparkzone; ~ **d'influence** Einflussbereich *m* ② GEOG Zone *f;* ~ **côtière** Küstengebiet *nt;* ~ **de dépression** Tiefdruckgebiet *nt* ③ FIN ~ **monétaire** Geldwirtschaftszone *f;* ~ **douanière** Zollgebiet *nt* ④ ECON ~ **euro** Euro-Währungsgebiet *nt* ⑤ INFORM ~ **de dialogue** Dialogbox *f* ⑥ HIST **la** ~ **libre** die freie Zone
zoner [zone] <1> **I.** *vi fam* ① *in den sozial problematischen Randbezirken leben* ② (*traîner sans but*) herumhängen **II.** *vpr* **se** ~ (*se coucher*) sich flachlegen
zonzon [zɔ̃zɔ̃] *f fam* Knast *m*
zoo [z(o)o] *m* Zoo *m*
zoologie [zɔɔlɔʒi] *f* Zoologie *f*
zoologique [zɔɔlɔʒik] *adj* zoologisch; **parc** ~ Tierpark *m*
zoologiste [zɔɔlɔʒist] *mf* Zoologe *m*/Zoologin *f*
zoom [zum] *m* (*effet, objectif*) Zoom *nt*
zoomer [zume] <1> *vi* zoomen
zoophile [zɔɔfil] **I.** *adj* ① (*qui aime les animaux*) [übertrieben] tierlieb ② (*qui pratique la zoophilie*) sodomitisch **II.** *mf* ① (*qui aime les animaux*) Tierliebhaber(in) *m(f)* ② (*qui pratique la zoophilie*) Sodomit(in) *m(f)*
zoophilie [zɔɔfili] *f* ① (*amour des animaux*) Tierliebe *f* ② (*déviation sexuelle*) Sodomie *f*
zoophobie [zɔɔfɔbi] *f* Angst *f* vor Tieren
zou [zu] *interj fam* hopp [hopp]
zouave [zwav] *m* HIST, MIL Zuave *m*
zouk [zuk] *m Tanzmusik von den Kleinen Antillen und der entsprechende Tanz*
zozoter [zɔzɔte] <1> *vi fam* lispeln, zuzeln (SDEUTSCH, A)
Z.U.P. [zyp] *f abr de* **zone à urbaniser en priorité** *Gebiet mit vorrangigen städtebaulichen Entwicklungsmaßnahmen*
zuper [zype] *vt in ein Gebiet mit vorrangigen städtebaulichen Entwicklungsmaßnahmen umwandeln*
Zurich [zyʀik] Zürich
zurichois(e) [zyʀikwa, waz] *adj* aus Zürich, Zürcher (CH)
zut [zyt] *interj fam* verdammt
zyeuter *v.* **zieuter**

Aa

A, a [a:] <-, -> *nt* ① (*Buchstabe*) A *m*/a *m* ② MUS la *m* ▶ **das A und [das] O einer S.** (*gen*) l'essentiel *m* de qc; **von A bis Z** *fam* de A à Z

à [a] *präp + nom* **à ein Liter/drei Euro** à un litre/trois euros

Ä, ä [ɛ:] <-, -> *nt* A *m*/a *m* tréma

AA ① *Abk von* **Auswärtiges Amt** *le ministère des Affaires étrangères allemand* ② *Abk von* **Anonyme Alkoholiker** alcooliques *mpl* anonymes

Aachen ['a:xən] <-s> *nt* Aix-la-Chapelle

Aal [a:l] <-[e]s, -e> *m* anguille *f*

aalen ['a:lən] *vr fam* **sich ~** se prélasser

aalglatt *adj* glissant(e) comme une anguille

a.a.O. *Abk von* **am angegebenen Ort** ib[id].

Aargau ['a:ɐ̯gau̯] <-s> *m* **der ~** l'Argovie *f*

Aas [a:s] <-es, -e *o* Äser> *nt* ① (*Tierleiche*) charogne *f* ② <Äser> *fam* (*Schimpfwort*) salaud *m*/salope *f*

aasen ['a:zən] *vi fam* **mit etw ~** gaspiller qc; **mit dem Geld ~** balancer l'argent par les fenêtres

Aasfresser <-s, -> *m* charognard *m*

Aasgeier *m* vautour *m*

ab [ap] **I.** *präp + dat* ① (*räumlich*) **~ hier** à partir d'ici; **der Zug fährt ~ Hamburg** le train part de Hambourg ② (*zeitlich*) **~ nächster Woche** à partir de la semaine prochaine; **~ sofort** dès maintenant ③ COM **der Preis ~ Werk** le prix au départ usine **II.** *adv* ① (*weg, fort*) **zur Post geht es links ~** pour aller à la poste, il faut tourner à gauche; **Berlin ~ 14.15 Uhr** départ de Berlin [à] 14 h 15 ② *fam* (*abgelöst*) **ein Knopf ist ab** j'ai perdu un bouton; **erst muss die alte Farbe ~** il faut d'abord enlever l'ancienne peinture ▶ **~ und zu** NDEUTSCH de temps en temps

ab|ändern *vt* remanier *Text;* amender *Gesetzentwurf*

Abänderung *f eines Textes* modification *f; eines Urteils* réformation *f*

Abänderungsantrag *m* amendement *m*

ab|arbeiten *vt* ① (*tilgen*) travailler pour rembourser *Schulden* ② (*der Reihe nach erledigen*) exécuter

Abart ['apʔa:ɐ̯t] *f* variété *f*

abartig **I.** *adj* ① *fam* (*pervers*) déviant(e) ② *fam* (*unglaublich*) dingue **II.** *adv* (*pervers*) de manière anormale

Abb. *Abk von* **Abbildung** Ill.

Abbau <-s> *m* ① *eines Gerüsts* démontage *m* ② MIN (*von Kohle*) exploitation *f* ③ (*Verringerung*) *von Arbeitskräften* réduction *f; von Leistungen* suppression *f; von Vorurteilen* élimination *f;* **sozialer ~** dégradation *f* des conditions sociales ④ CHEM *von Alkohol* décomposition *f; von Schadstoffen* filtrage *m*

abbaubar *adj* CHEM, ÖKOL décomposable; **biologisch ~** biodégradable

ab|bauen **I.** *vt* ① (*zerlegen*) démonter *Gerüst* ② MIN **Kohle ~** exploiter du charbon ③ (*verringern*) supprimer *Arbeitsstellen;* éliminer *Vorurteile* ④ CHEM **etw ~** *Körper:* décomposer qc; *Leber:* filtrer qc **II.** *vi fam* connaître une baisse de régime

ab|beißen *irr* **I.** *vt* ① (*abtrennen*) **etw ~** couper qc avec les dents; **sich** (*dat*) **die Zunge ~** se mordre la langue ② (*bissenweise essen*) **ein Stück von einer Wurst ~** croquer un morceau de saucisse **II.** *vi* mordre

ab|beizen *vt* décaper *Tür*

Abbeizmittel *nt* décapant *m*

ab|bekommen* *vt irr fam* ① (*als Anteil erhalten*) recevoir; **jeder bekommt etwas ab!** tout le monde en aura! ② (*getroffen werden*) recevoir *Spritzer, Prügel;* récolter *Kratzer;* **etwas ~** *Person:* être amoché; *Auto:* être esquinté ③ (*loslösen können*) enlever

ab|berufen* *vt irr* rappeler

ab|bestellen* *vt* décommander *Ware;* annuler la réservation de *Hotelzimmer*

Abbestellung *f einer Ware, eines Taxis* annulation *f; einer Zeitung* résiliation *f*

ab|bezahlen* *vt* achever de payer *Schulden;* **etw ~** payer qc à crédit

ab|biegen *vi irr + sein* tourner; **nach links/rechts ~** tourner à gauche/à droite; **von der Straße ~** quitter la route

Abbiegespur *f* (*Rechtsabbiegespur*) file *f* de droite; (*Linksabbiegespur*) file de gauche

Abbild *nt* ① *a. fig* (*Bild*) image *f* ② (*Plastik*) représentation *f*

ab|bilden *vt* représenter

Abbildung <-, -en> *f* ① illustration *f; einer Person* représentation *f* ② MATH projection *f*

ab|binden *irr* **I.** *vt* ① (*losbinden*) dénouer *Krawatte* ② MED mettre un garrot à *Arm;* ligaturer *Arterie* ③ (*andicken*) **etw mit etw ~** lier qc avec qc **II.** *vi Beton:* prendre

Abbitte *f geh* excuses *fpl* ▶ **~ leisten** faire amende honorable

A

ab|blasen *vt irr fam* (*absagen*) annuler
ab|blättern *vi + sein* ① *Pflanze:* s'effeuiller ② (*sich lösen*) **von etw ~** *Farbe:* s'écailler de qc
ab|bleiben *vi irr + sein fam* **wo ist er abgeblieben?** où est-il passé?
ab|blenden **I.** *vi* CINE couper **II.** *vt* **die Scheinwerfer ~** se mettre en code[s]
Abblendlicht *nt* codes *mpl*
ab|blitzen *vi + sein fam* **jdn ~ lassen** envoyer balader qn
ab|blocken *fam* **I.** *vt* faire barrage; **jdn/etw mit etw ~** faire barrage à qn/qc par qc **II.** *vi* refuser la discussion
ab|brausen **I.** *vi + sein fam* (*davonfahren*) démarrer sur les chapeaux de roues **II.** *vt + haben* rincer *Person, Pflanze*
ab|brechen *irr* **I.** *vt + haben* ① (*lösen*) casser *Ast;* cueillir *Blüte;* **ein Stück von etw ~** couper un morceau de qc ② (*abbauen*) lever *Lager;* démonter *Zelt* ③ (*niederreißen*) détruire *Gebäude* ④ (*beenden*) interrompre *Kontakt;* rompre *Beziehungen* ⑤ INFORM annuler ▶**sich** (*dat*) **einen ~** *fam* (*viel reden, erklären*) se casser la tête **II.** *vi* ① *+ sein* (*kaputtgehen*) se casser ② (*beendet werden*) *Verhandlungen:* s'interrompre
ab|bremsen **I.** *vt* réduire la vitesse de *Fahrzeug* **II.** *vi Person:* ralentir sa vitesse
ab|brennen *irr* **I.** *vt + haben* ① brûler *Bewuchs* ② (*niederbrennen*) incendier *Dorf* ③ (*brennen lassen*) tirer *Feuerwerk* **II.** *vi + sein* ① (*niederbrennen*) *Dorf:* être détruit par un incendie ② (*sich aufbrauchen*) *Kerze:* se consumer ▶**abgebrannt sein** (*kein Geld haben*) être à sec (*fam*)
ab|bringen *vt irr* **jdn vom Weg/vom Thema ~** détourner qn du chemin/du sujet; **jdn davon ~ etw zu tun** dissuader qn de faire qc; **sich von einer Meinung nicht ~ lassen** ne pas vouloir se défaire d'une opinion
ab|bröckeln *vi + sein* s'effriter
Abbruch *m* ① (*Abriss*) démolition *f* ② (*Beendigung*) *von Beziehungen* rupture *f; einer Reise* arrêt *m* ③ MED *einer Schwangerschaft* interruption *f* ▶**einer S.** (*dat*) **keinen ~ tun** *fam* ne pas ternir qc
abbruchreif *adj* ① (*baufällig*) bon(ne) pour la démolition ② CH (*schrottreif*) bon(ne) pour la casse
ab|buchen *vt* prélever; **das Abbuchen** le prélèvement
Abbuchung *f* prélèvement *m*
Abbuchungsauftrag *m* demande *f* de prélèvement automatique

ab|bürsten **I.** *vt* (*reinigen*) brosser **II.** *vr* **sich ~** brosser ses vêtements
ab|büßen *vt* purger *Strafe;* expier *Schuld*
Abc [a(:)be(:)'t͜se:] <-, -> *nt* alphabet *m*
ab|checken *vt fam* (*kontrollieren*) vérifier; **~, ob ...** vérifier que ...
Abchecker ['aptʃɛkɐ] <-s, -> *m sl* super mâle *m* (*fam*)
Abc-Schütze *m hum* petit écolier *m*
ABC-Waffen *Pl* MIL armes *fpl* ABC
Abdampf *m* TECH vapeur *f* d'échappement
ab|danken *vi Minister:* démissionner; *Herrscher:* abdiquer
Abdankung <-, -en> *f* (*Rücktritt*) *eines Ministers* démission *f; eines Herrschers* abdication *f*
ab|decken *vt* ① débarrasser *Tisch* ② (*bedecken*) recouvrir ③ (*von den Dachziegeln befreien*) **das Dach ~** *Person:* démonter la toiture; *Sturm:* arracher les tuiles du toit ④ FIN **etw mit etw ~** couvrir qc par qc
Abdeckung *f* (*Material*) revêtement *m*
ab|dichten *vt* ① colmater *Ritzen;* étancher *Rohr* ② (*isolieren*) **~ gegen** isoler contre
Abdichtung *f* ① *kein Pl* (*das Abdichten*) **zur ~ des Rohrs** pour refaire l'étanchéité du tuyau ② (*Dichtungsmaterial*) isolement *m*
ab|drängen *vt* repousser; **jdn vom Tor ~** écarter qn du but
ab|drehen **I.** *vt + haben* ① (*abstellen*) fermer *Gas;* éteindre *Licht* ② CINE tourner *Film, Szene* **II.** *vi + haben o sein Schiff, Flugzeug:* changer de cap
Abdrift ['apdrɪft] <-, -en> *f* NAUT, AVIAT dérive *f*
ab|driften *vi + sein* ① (*abgetrieben werden*) dériver ② *fig* (*abgleiten*) **nach rechts ~** *Person:* virer à droite; **in den Suff ~** tourner à l'alcoolo (*fam*)
Abdruck[1] <-drücke> *m* (*in Gips, Wachs*) empreinte *f*
Abdruck[2] <-drucke> *m* ① (*Veröffentlichung*) parution *f* ② *kein Pl* (*das Nachdrucken*) reproduction *f*
ab|drucken *vt* faire paraître; **abgedruckt werden** *Artikel:* paraître
ab|drücken **I.** *vt* ① MED comprimer ② *fam* (*bezahlen*) raquer *Betrag* **II.** *vi* tirer
ab|dunkeln *vt* ① (*abschirmen*) tamiser la lumière de *Lampe* ② (*dunkler machen*) obscurcir *Farbe;* occulter *Fenster*
ab|duschen **I.** *vt* doucher **II.** *vr* **sich ~** se doucher
ab|ebben *vi + sein Wut:* passer; *Streit:* se calmer; *Lärm:* diminuer

abendALT *adv s.* **Abend**

Abend ['a:bənt] <-s, -e> *m* (*Tageszeit*) soir *m;* **jeden ~** tous les soirs; **am ~** (*heute Abend*) ce soir; (*jeden Abend*) le soir; **heute/gestern/morgen ~** ce/hier/demain soir; **am frühen/späten ~** tôt/tard dans la soirée; **am ~ des 13.** le 13 au soir; **~ für ~** soir après soir; **eines schönen ~s** un beau soir; **gegen ~** vers le soir; **es wird ~** le soir tombe; **es ist ~** il fait nuit; **zu ~ essen** *geh* dîner; **guten ~!** bonsoir!

Abendblatt *nt* journal *m* du soir

Abendbrot *nt repas froid du soir;* **~ essen** dîner [froid] **Abenddämmerung** *f* crépuscule *m* **Abendessen** *nt* dîner *m* **abendfüllend** *adj* qui occupe toute la soirée **Abendgymnasium** *nt* cours *mpl* secondaires du soir **Abendkasse** *f* caisse *f* **Abendkleid** *nt* robe *f* du soir **Abendkleidung** *f* tenue *f* de soirée **Abendkurs** *m* cours *m* du soir **Abendland** *nt kein Pl geh* **das ~** l'Occident *m*

abendländisch ['a:bəntlɛndɪʃ] *adj* occidental(e)

abendlich ['a:bəntlɪç] *adj Nachrichten, Stille* du soir; *Veranstaltung* en soirée

Abendmahl *nt kein Pl* REL **das ~** la sainte Cène **Abendprogramm** *nt* programme *m* de la soirée; **im ~ sehen Sie heute ...** au programme [de] ce soir, vous pourrez voir ... **Abendrot** *nt* coucher *m* de soleil

abends ['a:bənts] *adv* (*heute Abend*) ce soir; (*jeden Abend*) le soir

Abendschule *f* cours *mpl* du soir **Abendsonne** *f* soleil *m* du soir **Abendstern** *m kein Pl geh* étoile *f* du berger **Abendstunde** *f* heure *f* de la soirée; **bis in die ~n** jusqu'au soir **Abendunterhaltung** *f kein Pl* soirée *f* de divertissement **Abendvorstellung** *f* séance *f* du soir

Abenteuer ['a:bəntɔyɐ] <-s, -> *nt a. fig* aventure *f*

abenteuerlich ['a:bəntɔyɐlɪç] **I.** *adj* ❶ *Reise* riche en aventures; *Leben* aventureux(-euse); **ein ~es Erlebnis** une aventure ❷ *Geschichte* rocambolesque **II.** *adv* (*fantastisch*) **~ klingen** sembler extravagant

Abenteuerlust *f* attrait *m* de l'aventure **abenteuerlustig** *adj* qui a l'esprit aventureux **Abenteuerroman** *m* roman *m* d'aventures **Abenteuerspielplatz** *m* terrain *m* d'aventures

Abenteurer(in) ['a:bəntɔyrɐ] <-s, -> *m(f)* aventurier(-ière) *m(f)*

aber ['a:bɐ] **I.** *konj* ❶ (*jedoch*) mais; **~ dennoch, ...** et pourtant ... ❷ (*wirklich*) **das ist ~ nett von Ihnen** ça, c'est sympa de votre part; **~ selbstverständlich!** mais bien sûr!; **oder ~** ou bien [alors] ❸ (*oh*) voyons; **~, ~!** [voyons,] voyons! **II.** *adv* ▶ **~ und abermals** *geh* à de nombreuses reprises

Aber <-s, - *o fam* -s> *nt* ❶ (*Einwand*) mais *m* ❷ (*Schwierigkeit, Haken*) **etw hat ein ~** il y a un hic dans qc

Aberglaube[n] *m* superstition *f*

abergläubisch ['a:bɐglɔybɪʃ] *adj* superstitieux(-euse)

aberhundert ['a:bɐhʊndɐt] *num geh* des centaines

ab|erkennen* *vt irr* **jdm einen Titel ~** retirer un titre à qn; **jdm ein Recht ~** priver qn d'un droit

Aberkennung <-, -en> *f eines Titels* dépossession *f; eines Rechts* privation *f*

abermalig *adj attr* nouveau(-velle) *antéposé*

abermals ['a:bɐma:ls] *adv* une nouvelle fois

ab|ernten *vt* récolter; **die Obstbäume ~** récolter les fruits des arbres

abertausend *num geh* des milliers [et des milliers] **Abertausende** *Pl geh* des milliers *mpl* [et des milliers]; **zu ~n** par milliers **aberwitzig** *adj geh* insensé(e); **~ sein** être un défi au bon sens

ab|erziehen* *vt irr* **jdm etw ~** déshabituer qn de qc

Abf. *Abk von* **Abfahrt 1**

ab|fackeln *vt* ❶ brûler *Gase* ❷ *fam* (*niederbrennen*) incendier

abfahrbereit *s.* **abfahrtbereit**

ab|fahren *irr* **I.** *vi + sein* ❶ (*losfahren*) partir ❷ SPORT descendre [à skis] ❸ *fam* (*beeindruckt sein*) **auf jdn/etw ~** craquer pour qn/qc **II.** *vt* ❶ *+ haben o sein* (*bereisen*) **ein Land ~** parcourir un pays [de long en large] ❷ *+ haben o sein* (*inspizieren*) inspecter *Strecke* **III.** *vr + haben* **sich ~** *Reifen:* s'user

Abfahrt *f* ❶ *eines Zugs* départ *m* ❷ *fam* (*Autobahnabfahrt*) sortie *f* ❸ SPORT descente *f;* (*Abfahrtsstrecke*) piste *f* [de ski]

abfahrtbereit *adj* prêt(e) à partir

Abfahrtslauf *m* descente *f* **Abfahrtszeit** *f* heure *f* de départ

Abfall <-[e]s, Abfälle> *m* ❶ (*unbrauchbare Überreste*) déchets *mpl;* (*Müll*) ordures *fpl* ❷ *kein Pl* POL sécession *f* ❸ REL apostasie *f* ❹ *kein Pl* (*Neigung*) *eines Geländes* déclivité *f*

A

Abfallbeseitigung *f* collecte *f* et traitement des déchets **Abfalleimer** *m* poubelle *f*

ab|fallen *vi irr + sein* ❶ (*herunterfallen*) **von etw ~** tomber de qc ❷ (*abtrünnig sein*) *Gläubiger:* apostasier; *Gruppierung:* faire sécession ❸ (*schwinden*) **von jdm ~** *Scheu:* disparaître de qn ❹ (*sich neigen*) **gegen etw ~** *Gelände, Hang:* descendre vers qc; **~d** en pente ❺ (*sich vermindern*) *Druck, Temperatur:* baisser ❻ (*zurückfallen*) *Sportler:* rétrograder

Abfallentsorgung *f* élimination *f* des déchets; (*Müllentsorgung*) élimination des ordures **Abfallexperte** *m*, **-expertin** *f* expert(e) *m(f)* en matière de traitement des déchets **Abfallhaufen** *m* tas *m* d'ordures

abfällig **I.** *adj* dédaigneux(-euse) **II.** *adv* avec dédain

Abfallprodukt *nt* ❶ CHEM résidu *m* ❷ (*Nebenprodukt*) sous-produit *m* **Abfallverwertung** *f* recyclage *m* [des déchets] **Abfallwirtschaft** *f* industrie *f* des déchets

ab|fälschen *vt* SPORT [faire] dévier

ab|fangen *vt irr* ❶ (*aufhalten*) intercepter ❷ (*abwehren*) amortir *Schlag*

Abfangjäger *m* AVIAT, MIL avion *m* d'interception

ab|färben *vi a. fig* déteindre

ab|fassen *vt* rédiger

Abfassung *f* rédaction *f*

ab|faulen *vi + sein* pourrir

ab|federn **I.** *vt + haben* ❶ (*dämpfen*) amortir *Sprung, Stoß;* améliorer la suspension de *Wagen* ❷ (*abmildern*) freiner *Verlust* **II.** *vi + haben o sein* SPORT ❶ (*hochfedern*) prendre de l'élan ❷ (*zurückfedern*) se recevoir [au sol]; **das Abfedern** la réception

ab|feiern *vt fam* **Überstunden ~** récupérer des heures supplémentaires en jours de congé

ab|feilen *vt* limer

ab|fertigen *vt* ❶ (*versandfertig machen*) enregistrer ❷ (*be- und entladen*) s'occuper du fret de ❸ (*bedienen*) servir *Passagier;* **jdn am Zoll ~** contrôler qn à la douane ❹ (*behandeln*) **jdn barsch/kurz ~** expédier qn durement/rapidement

Abfertigung *f* ❶ *von Paketen* expédition *f* ❷ (*Abfertigungsstelle*) enregistrement *m* ❸ (*Bedienung*) *eines Kunden* service *m* ❹ (*Kontrolle*) *von Reisenden* contrôle *m* ❺ A (*Abfindung*) dédommagement *m*

Abfertigungshalle *f* hall *m* d'enregistrement **Abfertigungsschalter** *m* guichet *m* d'enregistrement

ab|feuern *vt* tirer *Schuss*

ab|finden *irr* **I.** *vt* dédommager **II.** *vr* **sich mit jdm/etw ~** s'accommoder de qn/qc

Abfindung <-, -en> *f* dédommagement *m*

ab|flachen **I.** *vi + sein Niveau:* baisser; *Kultur:* décliner; *Diskussion:* s'effriter **II.** *vt + haben* niveler *Wall*

Abflachung <-, -en> *f* ❶ (*abgeflachte Form*) aplatissement *m* ❷ (*das Abflachen*) *eines Hangs* nivellement *m* ❸ (*Sinken*) *des Niveaus* baisse *f*

ab|flauen ['apflaʊ̯ən] *vi + sein* ❶ (*schwächer werden*) *Wind:* faiblir; **~d** faible ❷ (*zurückgehen*) *Interesse:* retomber

ab|fliegen *vi irr + sein Passagier:* partir; *Flugzeug:* décoller; **nach München ~** s'envoler pour Munich; **von Hamburg ~** décoller de Hambourg

ab|fließen *vi irr + sein* ❶ (*wegfließen*) s'écouler ❷ (*sich entleeren*) se vider ❸ FIN **ins Ausland ~** *Kapital:* fuir à l'étranger

Abflug *m eines Passagiers* départ *m* [en avion]; *eines Flugzeugs* décollage *m*

abflugbereit *adj* **~ sein** *Passagier:* être prêt à s'envoler; *Flugzeug* être prêt au décollage **Abflughalle** *f* salle *f* d'embarquement **Abflugzeit** *f* heure *f* de décollage, horaire *m* de départ

Abfluss[RR] *m* ❶ *kein Pl* (*das Abfließen*) écoulement *m; fig von Kapital* fuite *f* ❷ (*Abflussrohr*) [conduit *m* d']écoulement *m*

Abflussreiniger[RR] *m* déboucheur *m* **Abflussrinne**[RR] *f* caniveau *m* **Abflussrohr**[RR] *nt* collecteur *m*

Abfolge *f geh* succession *f*

ab|fordern *vt* **[jdm etw] ~** exiger [qc de qn]; **jdm ein Versprechen ~** faire promettre qc à qn

Abfrage *f* INFORM requête *f*

ab|fragen *vt* ❶ interroger; **jdn etw ~** interroger qn sur qc ❷ INFORM consulter *Daten*

ab|frieren *irr* **I.** *vi + sein* geler **II.** *vt + haben* ▶ **sich** (*dat*) __**einen**__ ~ *fam* se les geler

Abfuhr <-, -en> *f* ❶ *kein Pl form* (*Abtransport*) ramassage *m* ❷ (*Zurückweisung*) fin *f* de non-recevoir; **jdm eine ~ erteilen** opposer une fin de non-recevoir à qn ❸ (*sportliche Niederlage*) **jdm eine ~ erteilen** infliger une défaite à qn

ab|führen **I.** *vt* ❶ (*wegbringen*) emmener *Person;* **~!** emmenez-le! ❷ (*bezahlen*) **etw an jdn/etw ~** verser qc à qn/qc **II.** *vi* MED être laxatif

abführend *adj* MED laxatif(-ive); **eine ~e Wirkung haben** avoir un effet laxatif

Abführmittel *nt* MED laxatif *m*
ab|füllen *vt* ① (*abziehen*) tirer; **etw in Flaschen ~** mettre qc en bouteilles ② *fam* (*betrunken machen*) soûler la gueule à
ab|füttern *vt fam* [**jdn**] ~ donner à bouffer [à qn]
Abgabe *f* ① *kein Pl* (*das Abgeben*) *eines Urteils* délivrance *f* ② *kein Pl* (*das Abliefern*) *eines Passes* dépôt *m* ③ *kein Pl* (*Verkauf*) *von Alkoholika* vente *f* ④ *kein Pl* (*Abstrahlung*) *von Wärme, Energie* rayonnement *m* ⑤ *kein Pl* (*das Abspielen*) *des Balls* passe *f* ⑥ (*Steuer*) taxe *f*; **jährliche ~n** impôts *mpl*
abgabenfrei *adj* exonéré(e) d'impôts
abgabenpflichtig *adj* assujetti(e) à l'impôt
Abgabetermin *m* date *f* limite de remise
Abgang <-gänge> *m* ① (*von der Schule*) **sich für einen vorzeitigen ~ von der Schule entscheiden** se décider à quitter l'école prématurément ② *kein Pl* (*Ausscheiden aus einem Amt*) départ *m;* (*in den Ruhestand*) départ en retraite ③ *kein Pl* THEAT sortie *f* ④ *kein Pl* (*Absendung*) *von Briefen* expédition *f* ⑤ (*Absprung*) sortie *f* ⑥ MED *form eines Embryos* expulsion *f* ⑦ A (*Fehlbetrag*) débit *m*
Abgänger(in) <-s, -> *m(f) form* élève *mf* qui quitte l'école
abgängig *adj* A *form* porté(e) disparu(e)
Abgangszeugnis *nt* certificat *m* de fin de scolarité
Abgas *nt meist Pl* gaz *mpl* d'échappement
abgasarm *adj Auto* propre; ~ **sein** polluer peu **abgasfrei** I. *adj* non polluant(e); ~ **sein** ne pas produire de gaz d'échappement II. *adv* sans polluer **Abgassonderuntersuchung** *f* contrôle *m* antipollution
abgearbeitet *adj* vanné(e)
ab|geben *irr* I. *vt* ① (*verschenken*) donner; **etw an jdn ~** donner qc à qn ② (*verkaufen*) **etw an jdn ~** céder qc à qn ③ (*hinterlegen*) **etw bei jdm ~** déposer qc chez qn ④ (*äußern*) donner *Meinung;* **eine Stellungnahme zu etw ~** émettre une opinion à propos de qc ⑤ POL donner *Stimme;* **die abgegebenen Stimmen** les suffrages *mpl* [exprimés] ⑥ (*einreichen*) rendre *Doktorarbeit* ⑦ (*überlassen, übergeben*) laisser *Arbeit, Auftrag* ⑧ (*liefern*) **den Rahmen für etw ~** constituer le cadre de qc; **den Stoff für etw ~** fournir la matière pour qc ⑨ *fam* (*sein*) **eine gute Lehrerin ~** faire une bonne enseignante ⑩ (*abfeuern*) **einen Schuss auf jdn/etw ~** tirer sur qn/qc ⑪ (*ausströmen lassen*) émettre *Wärme* ⑫ (*abspielen*) passer *Ball* ⑬ (*verlieren*) **Punkte/den Platz an jdn ~** *Mannschaft:* céder des points/la place à qn II. *vr* ① **sich nicht mit Kleinigkeiten ~** ne pas perdre son temps avec des babioles ② *pej* (*sich einlassen*) **sich mit jdm ~** fréquenter qn III. *vi Spieler:* faire une passe
abgebrannt *adj fam* fauché(e)
abgebrochen *adj Ausbildung* interrompu(e)
abgebrüht *adj fam* (*skrupellos*) pourri(e); (*dreist*) culotté(e)
abgedreht *adj fam* (*verrückt*) déjanté(e)
abgedroschen *adj pej fam* rebattu(e)
abgefahren *adj fam* loufoque
abgefuckt ['apgəfakt] *adj vulg* (*heruntergekommen*) nase (*fam*)
abgegriffen *adj* ① (*abgenutzt*) abîmé(e) ② *pej* (*sinnentleert*) usé(e)
abgehackt I. *adj Sprechweise* haché(e) II. *adv* ~ **sprechen** avoir un débit haché
abgehangen *adj Fleisch* rassis(rassie)
abgehärmt ['apgəhɛrmt] *adj* ravagé(e) par le chagrin
abgehärtet *adj* **gegen Schnupfen ~ sein** être résistant aux rhumes; **gegen Vorwürfe/Kritik ~ sein** être vacciné contre les reproches/critiques (*fam*)
ab|gehen *irr* I. *vi + sein* ① partir; **von etw ~** *Farbe:* partir de qc; *Knopf:* se détacher de qc ② (*abgezogen werden*) **von dieser Summe gehen fünf Prozent Rabatt ab** il faut déduire cinq pour cent de la somme totale ③ (*abzweigen*) **von etw ~** *Straße, Weg:* quitter qc ④ (*Abstand nehmen*) **von einer Forderung ~** renoncer à une revendication ⑤ (*abfahren*) *Zug:* partir; *Schiff:* appareiller ⑥ *fam* (*fehlen*) **jdm geht etw ab** qn manque de qc ⑦ (*fortgehen*) **von der Schule ~** quitter l'école ⑧ MED *Embryo:* être expulsé ⑨ (*verlaufen*) **ohne Komplikationen ~** se passer sans complications ⑩ *fam* (*passieren*) se passer; **da geht doch nichts ab!** il n'y a pas d'ambiance! II. *vt + sein* ① (*absuchen*) **die Straße ~** repasser dans la rue ② (*in Augenschein nehmen*) **eine Strecke ~** parcourir un itinéraire
abgehetzt *adj* stressé(e)
abgehoben *adj* ① *Sprache* abstrait(e); *Vorstellung* irréaliste ② (*weltfremd*) coupé(e) du réel
abgekämpft *adj* éreinté(e)
abgekartet ['apgəkartət] *adj fam* goupillé(e) à l'avance
abgeklärt ['apgəklɛːɐ̯t] I. *adj* serein(e) II. *adv* sereinement

A

abgelagert *adj* ① GEOL déposé(e) ② *Wein* qui a vieilli
abgelegen *adj Dorf* isolé(e)
ab|gelten *vt irr* acquitter *Ansprüche*
abgeneigt *adj* **jdm nicht ~ sein** ne pas être mal disposé envers qn; **nicht ~ sein etw zu tun** avoir bien envie de faire qc
Abgeordnete(r) *f(m) dekl wie adj* député(e) *m(f)*
abgerissen *adj Person* déguenillé(e); *Kleidung* en lambeaux
Abgesandte(r) *f(m) dekl wie adj geh* émissaire *m;* POL ambassadeur(-drice) *m(f)*
abgeschieden ['apgəʃi:dən] *geh adj, adv* loin de tout
Abgeschiedenheit <-> *f* isolement *m*
abgeschlafft *adj fam* ① (*erschöpft*) flagada ② (*energielos, ideenlos*) mollasson(ne)
abgeschlagen *adj* ① *Läufer, Mannschaft* distancé(e); *Politiker, Partei* battu(e); **~ sein** *Firma:* ne plus être compétitif ② (*ermüdet*) abattu(e)
abgeschlossen *adj* ① *attr Wohnung* indépendant(e) ② *Grundstück* clos(e)
abgeschmackt ['apgəʃmakt] *adj* de mauvais goût
abgesehen *adv* **~ von ihm/dieser Frage** [mis] à part lui/cette question; **~ davon, dass ...** mis à part [le fait] que ...
abgespannt *adj Aussehen* fatigué(e)
Abgespanntheit <-> *f* fatigue *f*
abgestanden ['apgəʃtandən] *adj* ① *Bier* éventé(e); *Wasser* pas frais(fraîche) ② *Luft* vicié(e)
abgestumpft *adj Person* endurci(e); *Gewissen, Gefühle* émoussé(e)
abgetakelt ['apgəta:kəlt] *adj pej fam* sur le retour (*hum*)
abgetragen *adj Kleidungsstück* usé(e) jusqu'à la corde
abgewetzt *adj Stoff* élimé(e)
ab|gewinnen* *vt irr* (*mögen*) **einer S.** (*dat*) **etwas/nichts ~** apprécier quelque chose/ne trouver aucun plaisir à qc
ab|gewöhnen* *vt* **jdm etw ~** faire perdre qc à qn; **sich** (*dat*) **etw ~** arrêter de faire qc ▸**zum Abgewöhnen sein** *fam* être écœurant
abgezehrt *adj* étique
ab|gießen *vt irr* jeter; **das Wasser vom Gemüse ~** égoutter les légumes
Abglanz *m* reflet *m;* **ein schwacher/matter ~ einer S.** (*gen*) un faible/pâle reflet de qc
ab|gleichen *vt irr* [**etw mit etw**] **~** comparer [qc avec qc]
ab|gleiten *vi irr + sein geh* ① (*abrutschen*) glisser ② (*abschweifen*) **in etw** (*akk*) **~** tomber dans qc; **von etw** (*akk*) **~** s'écarter de qc ③ (*absinken*) déraper ④ (*abprallen*) **an jdm ~** *Beleidigung:* laisser qn indifférent
Abgott *m*, **-göttin** *f* idole *f*
abgöttisch ['apgœtɪʃ] **I.** *adj* idolâtre (*soutenu*) **II.** *adv* jusqu'à l'idolâtrie; **jdn ~ lieben** idolâtrer qn
ab|grasen *vt* ① (*abfressen*) **etw ~** *Tier:* brouter qc ② *fam* (*besuchen*) **ein Vertriebsgebiet ~** *Vertreter:* ratisser un district de distribution ③ *fam* (*bearbeiten*) épuiser *Gebiet, Thema*
ab|grenzen **I.** *vt* (*einfrieden*) délimiter **II.** *vr* **sich gegen jdn/etw ~** se démarquer de qn/qc
Abgrenzung <-, -en> *f* ① *kein Pl* (*das Einfrieden*) délimitation *f* ② (*Einfriedung*) *eines Grundstücks* clôture *f* ③ (*Eingrenzung*) *von Begriffen* définition *f* ④ (*das Abgrenzen*) démarcation *f*
Abgrund *m a. fig* abîme *m*
abgrundhässlich[RR] *adj* laid(e) comme un pou
abgrundtief *adj* très profond(e)
ab|gucken **I.** *vt fam* pomper; **eine Lösung von jdm ~** pomper une solution sur qn ▸**jdm etwas ~** *euph fam* reluquer qn **II.** *vi* **bei jdm ~** *Schüler:* copier sur qn
Abguss[RR] *m* ① KUNST moulage *m* ② DIAL (*Ausguss*) évier *m*
ab|haben *vt irr fam* **etw von etw ~ dürfen** pouvoir avoir qc de qc; **etw von etw ~ wollen** vouloir qc de qc; **jdn etw ~ lassen** donner qc à qn
ab|hacken *vt* abattre [à la hache]; **einen Baum/Ast ~** abattre un arbre/couper une branche [à la hache]; **sich** (*dat*) **etw ~** se trancher qc
ab|haken *vt* ① (*markieren*) cocher ② (*den Schlussstrich ziehen*) tirer un trait sur *Affäre;* classer *Sache*
ab|halftern *vt* débrider *Pferd*
ab|halten *vt irr* ① (*hindern*) empêcher; **jdn davon ~ etw zu tun** empêcher qn de faire qc; **sich von etw ~ lassen** se laisser dissuader par qc ② (*am Eindringen hindern*) protéger de *Kälte* ③ (*durchführen*) organiser *Wahlen*
ab|handeln *vt* (*behandeln*) traiter *Thema*
abhanden|kommen[RR] [ap'handən-] *vi irr + sein* disparaître
Abhandlung *f* (*wissenschaftliche Arbeit*) étude *f*
Abhang *m* versant *m*

A

ab|hängen[1] *vi irr* ① *+ haben (abhängig sein)* **von jdm/etw ~** dépendre de qn/qc ② *+ sein Fleisch:* rassir ③ *+ sein fam (herumhängen)* traîner

ab|hängen[2] *vt + haben* ① *(abkuppeln)* décrocher ② *fam (hinter sich lassen)* **jdn/etw ~** semer qn/qc

abhängig *adj* ① *(bedingt)* **von etw ~ sein** dépendre de qc ② *euph (süchtig)* dépendant(e)

Abhängige(r) *f(m) dekl wie adj* ① *(abhängiger Mensch)* personne *f* dépendante ② *(Süchtiger)* toxicomane *mf*

Abhängigkeit <-, -en> *f* ① *(Angewiesensein)* dépendance *f;* **~ von jdm** dépendance à l'égard de qn; **ihre gegenseitige ~** leur interdépendance ② *euph (Sucht)* dépendance *f* ③ *kein Pl (Bedingtheit)* **in ~ von einer S. erfolgen** avoir lieu en relation étroite avec qc

Abhängigkeitsverhältnis *nt* rapport *m* de dépendance

ab|härten **I.** *vt* endurcir; **jdn gegen etw ~** endurcir qn à qc **II.** *vi* **gegen etw ~** endurcir à qc **III.** *vr* **sich gegen Kälte ~** s'endurcir au froid

Abhärtung <-> *f* ① *(das Abhärten)* endurcissement *m* ② *(Widerstandsfähigkeit)* **~ gegen etw** *(akk)* résistance *f* à qc

ab|hauen[1] <hieb ab *o fam* haute ab, abgehauen> *vt* abattre [à la hache]; **einen Baum ~** abattre un arbre [à la hache]

ab|hauen[2] <haute ab, abgehauen> *vi + sein fam (fortgehen)* se casser

ab|heben *irr* **I.** *vi* ① *Flugzeug:* décoller ② *(abnehmen)* décrocher *Hörer* ③ SPIEL couper ④ JUR *form (sich beziehen)* **auf etw** *(akk)* **~** *Gericht:* faire référence à qc ⑤ *fam (spinnen)* déconner; *(ins Träumen kommen)* planer **II.** *vt irr* ① **Geld vom Konto ~** retirer de l'argent de son compte ② SPIEL tirer *Karte* ③ *(herunterheben)* rabattre *Masche* **III.** *vr* ① *(sich unterscheiden)* **sich von jdm/etw ~** se distinguer de qn/qc ② *(sich abzeichnen)* **sich vom Himmel ~** *Silhouette:* se détacher du ciel

ab|heften *vt* archiver *Papiere*

ab|heilen *vi Wunde:* guérir

ab|helfen *vi irr* **einem Missstand ~** remédier à un inconvénient

ab|hetzen *vr* **sich ~** se presser; *s. a.* **abgehetzt**

Abhilfe *f* remède *m;* **~ schaffen** trouver le remède qui s'impose

ab|hobeln *vt* raboter

abholbereit *adj* prêt(e) à emporter

ab|holen *vt* ① *(hingehen und mitnehmen)* aller chercher; *(kommen und mitnehmen)* venir chercher; **jdn/etw ~ lassen** faire chercher qn/qc ② *euph (verhaften)* emmener

Abholmarkt *m* libre-service *m* **Abholpreis** *m* prix *m* à emporter

Abholung <-, -en> *f* **Ihre Bestellung steht bei uns zur ~ bereit** votre commande est prête, vous pouvez venir la chercher

ab|holzen *vt* abattre *Bäume, Wald;* déboiser *Gebiet;* **das Abholzen** déboisement *m*

Abhöraktion *f* écoutes *fpl* téléphoniques **Abhöranlage** *f* table *f* d'écoute

ab|horchen *vt* MED ausculter

ab|hören *vt* ① *(belauschen)* écouter *Gespräch, Telefonat* ② *(überwachen)* **von jdm abgehört werden** être mis sur écoute par qn ③ *(abfragen)* interroger *Schüler* ④ MED ausculter *Patienten*

Abhörgerät *nt* micro *m* **abhörsicher** *adj* anti-écoute *inv*

Abi ['abi] <-s, -s> *nt fam Abk von* **Abitur** ≈ bac *m*

Abitur [abi'tuːɐ̯] <-s, -e> *nt* ≈ baccalauréat *m*

Abiturient(in) [abitu'ri̯ɛnt] <-en, -en> *m(f)* bachelier(-ière) *m(f)*

Abiturklasse *f* [classe *f* de] terminale *f* **Abiturzeugnis** *nt* [diplôme *m* du] baccalauréat *m*

ab|jagen *vt fam* **jdm etw ~** piquer qc à qn

Abk. *Abk von* **Abkürzung** abrév.

ab|kanzeln ['apkantsəln] *vt fam* engueuler; **sich nicht einfach ~ lassen** ne pas se laisser engueuler comme ça

ab|kapseln *vr* ① *(sich isolieren)* **sich ~** s'isoler du monde; **sich von jdm/etw ~** s'isoler de qn/qc ② MED **sich ~** s'enkyster

ab|kassieren* **I.** *vt* ① **jdn/etw ~** *Bedienung:* encaisser qn/qc ② *fam (einnehmen)* empocher **II.** *vi* ① *(abrechnen)* **bei jdm ~** *Bedienung:* encaisser l'addition de qn ② *fam (finanziell profitieren)* palper; **beim Lotto ganz schön ~** gagner un sacré paquet au loto

ab|kauen *vt* ronger *Fingernagel*

ab|kaufen *vt* ① *(von jdm kaufen)* **jdm etw ~** acheter qc à qn ② *fam (glauben)* **ich kaufe dir das nicht ab!** tu me feras pas gober ça!

Abkehr <-> *f* éloignement *m*

ab|kehren *geh* **I.** *vt* détourner *Blick* **II.** *vr* **sich von etw ~** se détourner de qc

ab|kippen *vt* déverser

ab|klappern *vt fam* ratisser; **die Gegend nach jdm/etw ~** ratisser la région pour

A

trouver qn/qc; **alle Läden nach jdm/etw ~** faire tous les magasins pour trouver qn/qc

ab|klären *vt* clarifier; **mit jdm ~, ob ...** élucider avec qn si ...

Abklatsch <-[e]s, -e> *m* (*schlechte Kopie*) pâle imitation *f*

ab|klemmen *vt* ❶ (*abbinden*) comprimer *Arterie* ❷ ELEC débrancher *Kabel*

ab|klingen *vi irr + sein* ❶ (*leiser werden*) **etw klingt ab** [l'intensité de] qc diminue ❷ (*schwinden*) *Wut:* [re]tomber; *Erkältung:* guérir; *Fieber:* baisser

ab|klopfen *vt* ❶ (*abschlagen*) **etw ~** enlever qc [en tapant dessus] ❷ (*reinigen*) battre *Teppich* ❸ MED percuter *Brustkorb;* **jdn ~** ausculter qn par percussion

ab|knabbern *vt fam* ronger

ab|knallen *vt pej fam* descendre

ab|knapsen ['apknapsən] *vt fam* **sich** (*dat*) **hundert Euro ~** se serrer la ceinture pour mettre cent euros de côté

ab|knicken **I.** *vt + haben* ❶ (*abbrechen*) [plier et] casser *Blume, Stängel* ❷ (*falten*) plier *Papier* **II.** *vi + sein* ❶ (*umknicken und abbrechen*) *Blume, Stängel:* [plier et] casser ❷ (*abzweigen*) bifurquer; **von etw ~** *Straße:* quitter qc

ab|knöpfen *vt* ❶ (*durch Knöpfen entfernen*) déboutonner; **etw von etw ~** déboutonner qc de qc ❷ *fam* (*abverlangen*) **jdm etw ~** taxer qc à qn

ab|knutschen *vt pej fam* (*küssen*) **jdn ~** rouler une pelle à qn; **sich ~** se rouler des pelles

ab|kochen *vt* faire bouillir *Wasser*

ab|kommandieren* *vt* détacher; **jdn ins Gebirge ~** détacher qn à la montagne

ab|kommen *vi irr + sein* ❶ (*abweichen*) **vom Weg ~** dévier du chemin ❷ (*aufgeben*) **von einer Gewohnheit ~** perdre une habitude ❸ (*abschweifen*) perdre le fil; **vom Thema/Punkt ~** s'écarter d'un sujet/point

Abkommen <-s, -> *nt* accord *m*

abkömmlich ['apkœmlɪç] *adj* disponible; **~ sein** être disponible

Abkömmling ['apkœmlɪŋ] <-s, -e> *m geh* (*Nachkomme*) descendant *m*

ab|können *vt irr fam* (*leiden können*) **jdn nicht ~** ne pas pouvoir blairer qn; **etw nicht ~** ne pas supporter qc

ab|koppeln **I.** *vt* décrocher; **etw von etw ~** décrocher qc de qc **II.** *vr fam* **sich von etw ~** se séparer de qc

ab|kratzen **I.** *vt + haben* gratter *Tapete* **II.** *vi + sein fam* (*sterben*) crever

ab|kriegen *s.* **abbekommen**

ab|kühlen **I.** *vi + sein* ❶ (*kälter werden*) refroidir ❷ (*an Intensität verlieren*) se refroidir **II.** *vt + haben* ❶ (*kalt stellen*) **etw ~** mettre qc au frais ❷ (*weniger intensiv machen*) refroidir *Beziehung;* faire retomber *Zorn* **III.** *vr + haben* ❶ **es kühlt [sich] ab** ça se rafraîchit ❷ (*an Intensität verlieren*) **sich ~** *Beziehungen:* se refroidir

Abkühlung *f* ❶ METEO rafraîchissement *m* ❷ (*kühlende Erfrischung*) **sich** (*dat*) **eine leichte ~ verschaffen** se rafraîchir un peu

Abkunft ['apkʊnft] <-> *f geh* origine *f;* **edler/asiatischer ~ sein** être d'origine noble/asiatique

ab|kupfern *pej fam* **I.** *vt* pomper *Text, Passage;* **etw von jdm ~** pomper qc de qn **II.** *vi* **aus etw ~** pomper des passages de qc

ab|kürzen **I.** *vt* ❶ (*verkürzt schreiben*) **„Doktor" wird mit „Dr." abgekürzt** en abrégé, "Docteur" s'écrit "Dr" ❷ (*verkürzen*) **etw um etw ~** écourter qc de qc **II.** *vi* ❶ (*als Abkürzung schreiben*) écrire en abrégé ❷ (*einen kürzeren Weg nehmen*) prendre un raccourci

Abkürzung *f eines Worts* abréviation *f; eines Wegs* raccourci *m*

ab|küssen **I.** *vt* [**jdn**] **~** couvrir [qn] de baisers **II.** *vr* **sich ~** s'embrasser à bouche que veux-tu

ab|laden *vt irr* ❶ (*deponieren*) déposer *Schutt* ❷ (*entladen*) décharger *Anhänger* ❸ (*absetzen*) déposer *Passagiere* ❹ *fam* (*abwälzen*) décharger *Schuld*

Ablage *f* ❶ (*Ablagemöglichkeit*) **etw als ~ für die Zeitungen benutzen** utiliser qc pour y poser les journaux ❷ (*Archiv*) archives *fpl;* (*für Akten*) classeurs *mpl* d'archivage ❸ *kein Pl* (*das Ablegen*) archivage *m;* **die ~ machen** archiver ❹ (*Ablagekorb*) corbeille *f* à courrier

ab|lagern **I.** *vt + haben* ❶ GEOL déposer *Schlamm* ❷ (*lagern*) entreposer *Müll* **II.** *vi + haben o sein Holz:* sécher **III.** *vr + haben* **sich auf/in etw** (*dat*) **~** *Kalk, Sediment:* se déposer sur/dans qc

Ablagerung *f* ❶ *kein Pl* (*Trocknung*) *von Holz* séchage *m* ❷ (*Sedimentbildung*) sédiment *m*

AblassRR ['aplas, *Pl:* 'aplɛsə] <-es, -lässe>, **Ablaß**ALT <-sses, -lässe> *m* REL indulgence *f*

ab|lassen *irr* **I.** *vt* ❶ (*abfließen lassen*) vider; **Wasser/Luft aus etw ~** vider l'eau/enlever l'air de qc ❷ (*leeren*) vidanger *Teich* **II.** *vi* ❶ *geh* (*abgehen*) **von etw ~**

renoncer à qc ② *(in Ruhe lassen)* **von jdm ~** laisser qn tranquille

Ablativ ['aplati:f, 'aplati:f] <-s, -e> *m* LING ablatif *m*

Ablauf *m* ① *(Verlauf)* déroulement *m* ② *(das Verstreichen) einer Frist* expiration *f;* **nach ~ von drei Tagen** passé le délai de trois jours ③ LITER *(Handlungsablauf)* action *f*

ab|laufen I. *vi irr + sein* ① *(abfließen)* s'écouler; **aus etw ~** s'écouler de qc ② *(sich leeren) Becken:* se vider ③ *(ungültig werden) Ausweis, Visum:* expirer; **abgelaufen** périmé ④ *(verstreichen) Frist:* expirer; *Zeit:* s'achever ⑤ *(auslaufen) Vertrag:* arriver à échéance ⑥ *(vonstattengehen)* **gut/friedlich ~** *Demonstration:* se dérouler bien/sans heurts ⑦ MEDIA *Tonband, Videokassette:* passer ⑧ *fam (unbeeindruckt lassen)* **an ihr läuft alles ab** rien ne réussit à la perturber II. *vt irr* ① *+ haben (abnützen)* **[sich** *(dat)***] die Absätze/Sohlen ~** user ses talons/semelles ② *+ haben o sein (abgehen)* **eine Strecke ~** parcourir un trajet [à pied]

Ablaut *m* LING apophonie *f*

Ableben *nt kein Pl form* décès *m*

ab|lecken *vt* lécher

ab|legen I. *vt* ① *(hinlegen)* déposer ② *(archivieren)* ranger *Akten* ③ *(ausziehen)* retirer *Hut, Mantel* ④ *(aufgeben)* se départir de *Scheu;* se défaire de *Gewohnheit* ⑤ *(absolvieren)* passer *Prüfung* ⑥ *(aussprechen, leisten)* faire *Geständnis;* prêter *Eid;* **die Beichte ~** se confesser ⑦ SPIEL écarter ⑧ ZOOL pondre *Eier;* déposer *Laich* II. *vi* ① *Schiff:* lever l'ancre; **vom Hafen ~** quitter le port ② *geh (den Mantel ausziehen)* se débarrasser

Ableger <-s, -> *m* ① BOT bouture *f* ② *fam (Filiale)* filiale *f* ③ *hum fam (Sprössling)* rejeton *m*

ab|lehnen I. *vt* ① *(zurückweisen)* refuser *Bewerber;* rejeter *Angebot* ② *(sich weigern)* **es ~ etw zu tun** refuser de faire qc ③ *(missbilligen)* désapprouver *Benehmen* II. *vi* refuser

ablehnend I. *adj Antwort, Haltung* négatif(-ive); *Einstellung* de refus II. *adv sich äußern* négativement; **ich stehe dieser Sache eher ~ gegenüber** je suis plutôt hostile à cette affaire

Ablehnung <-, -en> *f* ① *kein Pl (die Zurückweisung) eines Bewerbers* refus *m; eines Angebots, Vorschlags* rejet *m;* **auf ~ stoßen** *Bewerber:* se heurter à un refus; *Vorschlag:* être rejeté ② *(Schreiben)* refus *m* ③ *(Missbilligung)* réprobation *f*

ab|leisten *vt form* effectuer

ab|leiten I. *vt* ① *(umleiten)* détourner *Bach* ② *(ausströmen lassen)* évacuer *Gase* ③ *(herleiten)* déduire *Anspruch* ④ MATH déduire *Formel;* dériver *Funktion* ⑤ LING dériver *Form* II. *vr* **sich aus/von etw ~** *Anspruch:* découler de qc; *Vorrecht:* provenir de qc; LING dériver de qc

Ableitung *f* ① LING *einer Form* dérivation *f;* *(abgeleitetes Wort)* dérivé *m* ② MATH *einer Funktion* dérivée *f; einer Formel* déduction *f*

ab|lenken I. *vt (zerstreuen)* distraire II. *vi* ① *(ausweichen)* dévier; **vom Thema ~** détourner la conversation ② *(der Zerstreuung dienen)* changer les idées III. *vr* **sich mit Sport ~** se changer les idées en faisant du sport

Ablenkung *f* ① *(Zerstreuung)* distraction *f* ② *(Störung)* diversion *f* ③ PHYS diffraction *f*

Ablenkungsmanöver *nt* manœuvre *f* de diversion

ab|lesen *irr* I. *vt* ① relever *Zählerstand;* consulter *Messgerät* ② *(vorlesen)* **etw vom Blatt ~** lire qc sur le papier ③ *(erkennen)* **etw an bestimmten Vorkommnissen ~** déduire qc de certains incidents II. *vi* ① *(den Zählerstand feststellen)* relever le[s] compteur[s] ② *(vorlesen)* lire son texte; **vom Blatt ~** lire sa feuille

ab|lichten *vt* ① *fam (fotografieren)* photographier ② *(fotokopieren)* photocopier

ab|liefern *vt* ① remettre *Schlüssel;* rendre *Diplomarbeit* ② *(zustellen)* livrer *Ware* ③ *hum fam (übergeben)* **sein Kind/seinen Hund bei jdm ~** laisser son enfant/chien chez qn

Ablöse <-, -n> *f* ① A *(Abstand)* reprise *f* de mobilier ② *s.* **Ablösesumme**

ab|lösen I. *vt* ① relayer *Kollegen;* relever *Wachposten* ② *(ersetzen)* remplacer *Politiker* ③ *(abmachen)* décoller *Etikett* ④ *(abkratzen)* enlever *Lack* ⑤ FIN purger *Hypothek* II. *vr* ① *(sich abwechseln)* **sich beim Fahren ~** se relayer pour conduire ② *(abgehen)* **sich ~** *Etikett:* s'enlever; *Lack:* s'écailler; *Netzhaut:* se décoller

Ablösesumme *f* [montant *m* du] transfert *m*

Ablösung *f* ① *(Auswechslung) eines Mitarbeiters* relève *f* ② *(Ersatzmann)* remplaçant(e) *m(f)* ③ *(Entlassung) eines Ministers* remplacement *m*

ab|luchsen [aplʊksn] *vt fam* **jdm etw ~** soutirer qc à qn

A

Abluft *f eines Betriebs* rejets *mpl* dans l'atmosphère
ABM [a:be:'ʔɛm] <-> *f Abk von* **Arbeitsbeschaffungsmaßnahme** mesure *f* d'aide à l'emploi
ab|machen *vt* ❶ *fam* (*entfernen*) enlever; **etw von etw ~** enlever qc de qc ❷ (*vereinbaren*) **etw mit jdm ~** convenir de qc avec qn; **abgemacht!** d'accord!
Abmachung <-, -en> *f* accord *m*
ab|magern *vi + sein* maigrir
Abmagerungskur *f* cure *f* d'amaigrissement
ab|mahnen *vt* [**jdn**] **~** rappeler [qn] à l'ordre
Abmahnung *f* rappel *m* à l'ordre
ab|malen *vt* peindre; (*kopieren*) copier
Abmarsch *m* départ *m*
ab|marschieren* *vi + sein* se mettre en marche
ab|melden I. *vt* ❶ retirer *Schüler* ❷ (*nicht mehr nutzen*) demander la résiliation de *Telefon* ❸ *fam* (*unten durch sein*) **der ist bei mir abgemeldet** je ne veux plus entendre parler de lui **II.** *vr* ❶ (*seinen Umzug anzeigen*) **sich ~** faire une déclaration de changement de domicile ❷ (*sein Fortgehen melden*) **sich bei jdm ~** demander une autorisation de sortie à qn; MIL prendre congé de qn
Abmeldung *f* ❶ *eines Telefons* résiliation *f; eines Autos* déclaration *f* de non-utilisation ❷ (*Anzeige des Umzugs*) déclaration *f* de changement de domicile
ab|messen *vt irr* mesurer
Abmessung *f meist Pl* dimension *f*
ab|mildern *vt* atténuer *Aufprall, Sturz;* édulcorer *Äußerung*
ab|montieren* *vt* démonter; **etw von der Decke ~** démonter qc du plafond
ABM-Stelle [a:be:'ʔɛm-] *f* ÖKON *emploi créé dans le cadre des mesures d'aide à l'emploi*
ab|mühen *vr* **sich ~** se donner du mal; **sich mit jdm/etw ~** se donner du mal avec qn/pour faire qc
ab|murksen ['apmʊrksən] *vt sl* zigouiller (*fam*)
ab|nabeln I. *vt* couper le cordon ombilical de *Neugeborenes* **II.** *vr fig* **sich ~** couper le cordon [ombilical]
ab|nagen *vt* ronger
Abnäher <-s, -> *m* pince *f*
Abnahme ['apna:mə] <-, -n> *f* ❶ (*Rückgang*) *des Umsatzes* baisse *f; des Gewichts* perte *f;* **~ des Interesses** baisse d'intérêt ❷ (*Kauf*) achat *m* ❸ (*Prüfung*) *eines Neubaus* réception *f; eines Fahrzeugs* contrôle *m* technique ❹ (*das Herunternehmen*) décrochage *m*
abnehmbar *adj Verdeck* amovible
ab|nehmen *irr* **I.** *vi* ❶ (*dünner werden*) perdre du poids; **an den Hüften/im Gesicht ~** maigrir des hanches/du visage ❷ (*zurückgehen*) *Anzahl:* baisser; *Interesse:* décliner ❸ TELEC décrocher **II.** *vt* ❶ (*wegnehmen*) **jdm etw ~** retirer qc à qn ❷ *fam* (*rauben*) **jdm viel Geld ~** piquer beaucoup d'argent à qn; (*abgewinnen*) soutirer au jeu beaucoup d'argent à qn ❸ (*herunternehmen*) décrocher *Wäsche* ❹ (*tragen helfen*) **jdm die Tasche/den Mantel ~** débarrasser qn de son sac/manteau ❺ (*entgegennehmen*) prendre livraison de *Ware* ❻ (*übernehmen*) **jdm Arbeit/Sorgen ~** soulager qn du travail/des soucis ❼ SPIEL piocher ❽ (*amputieren*) couper ❾ *fam* (*glauben*) gober ❿ (*begutachten*) réceptionner *Gebäude;* **sein Auto vom TÜV ~ lassen** soumettre sa voiture au contrôle technique ⓫ (*durchführen*) effectuer *Inspektion;* faire passer *Prüfung*
Abnehmer(in) <-s, -> *m(f)* acheteur(-euse) *m(f);* **~ finden** trouver preneur
Abneigung *f* aversion *f*
abnorm [ap'nɔrm], **abnormal** ['apnɔrma:l] A, CH **I.** *adj* anormal(e) **II.** *adv* ❶ MED de façon anormale ❷ (*überdurchschnittlich*) anormalement
Abnormität [apnɔrmi'tɛ:t] <-, -en> *f* ❶ *kein Pl eines Verhaltens* anormalité *f* ❷ MED (*geistige Auffälligkeit*) anomalie *f*
ab|nötigen *vt geh* **jdm Respekt/Bewunderung ~** ne pouvoir que susciter le respect/l'admiration de qn
ab|nutzen I. *vt* user; **abgenutzt** usé **II.** *vr* **sich ~** ❶ (*verschleißen*) *Reifen:* s'user; *Möbel:* s'abîmer ❷ (*unwirksam werden*) *Worte:* finir par être usé; *Drohung:* finir par tomber à plat
Abnutzung *f* usure *f*
Abnutzungserscheinung *f* signe *m* d'usures
Abo ['abo] <-s, -s> *nt fam Abk von* **Abonnement** abonnement *m*
Abonnement [abɔnə'mã:] <-s, -s> *nt* abonnement *m*
Abonnent(in) [abɔ'nɛnt] <-en, -en> *m(f)* abonné(e) *m(f)*
abonnieren* [abɔ'ni:rən] *vt* s'abonner à *Zeitung;* prendre un abonnement à *Konzerte*
ab|ordnen *vt* envoyer en mission; **jdn ~** envoyer qn en mission

Abordnung *f* délégation *f*
Abort [a'bɔrt] <-s, -e> *m* MED (*Fehlgeburt*) fausse couche *f;* (*Schwangerschaftsabbruch*) avortement *m*
ab|packen *vt* emballer
ab|passen *vt* ❶ guetter *Zeitpunkt* ❷ (*auflauern*) **jdn ~** guetter qn
ab|pausen *vt* décalquer
ab|perlen *vi + sein* perler
ab|pfeifen *irr* **I.** *vt* siffler *Halbzeit* **II.** *vi* (*zur Halbzeit/am Spielende pfeifen*) siffler la mi-temps/la fin du match
Abpfiff *m* coup *m* de sifflet final
ab|placken DIAL, **ab|plagen** *vr* **sich ~** se coltiner (*fam*); **sich mit den Kindern ~** se coltiner les enfants (*fam*)
Abprall <-[e]s, -e> *m eines Balls* rebond *m; einer Kugel* ricochet *m*
ab|prallen *vi + sein* ❶ (*zurückprallen*) rebondir; **von etw/an etw** (*dat*) **~** *Ball:* rebondir sur qc; *Geschoss:* ricocher sur qc ❷ (*nicht treffen*) **an jdm ~** *Beleidigung:* glisser sur qn
ab|pumpen *vt* pomper; **Wasser aus etw ~** pomper de l'eau de qc
ab|putzen *vt* (*reinigen*) nettoyer
ab|quälen *vr* ❶ (*sich abmühen*) **sich mit einer Arbeit ~** s'acharner sur un travail ❷ (*sich abzwingen*) **sich** (*dat*) **ein Lächeln ~** se forcer pour/à sourire
ab|qualifizieren *vt* dénigrer; **jdn ~** *Person:* dénigrer qn; *Bemerkung:* discréditer qn
ab|rackern *vr fam* **sich ~** se crever
ab|rahmen *vt* écrémer
ab|raten *vi irr* **jdm von etw ~** déconseiller qc à qn
ab|räumen *vt* débarrasser *Tisch*
Abräumer ['aprɔymɐ] <-s, -> *m fam* grand(e) gagnant(e) *m(f);* **der Film war ein echter ~ auf der Berlinale** ce film a été le grand gagnant de la Berlinale
ab|reagieren* ['apreagi:rən] **I.** *vt* défouler *Aggressionen;* **seine Wut an jdm ~** passer sa rage sur qn **II.** *vr fam* **sich ~** se défouler
ab|rechnen *vi* ❶ (*das Gehalt berechnen*) faire les comptes ❷ (*die Zeche berechnen*) encaisser; **beim Abrechnen** en faisant la caisse ❸ (*zur Rechenschaft ziehen*) **mit jdm ~** régler ses comptes avec qn
Abrechnung *f* ❶ (*Schlussrechnung*) comptes *mpl* ❷ (*Aufstellung*) facture *f*

A

Abneigung ausdrücken

Antipathie ausdrücken	exprimer l'antipathie
Ich mag ihn/sie nicht (besonders).	*Je ne l'aime pas (beaucoup).*
Ich finde diesen Typ unmöglich.	*Je trouve que ce type est impossible.*
Das ist ein (richtiges) Arschloch. (*vulg*)	*C'est un (sacré) connard. (vulg)*
Ich kann ihn/sie nicht leiden/riechen/ausstehen. (*fam*)	*Je ne peux pas le/la voir/sentir/ l'encadrer. (fam)*
Diese Frau geht mir auf den Geist/ Wecker/Keks. (*fam*)	*Cette femme me tape sur le système/les nerfs. (fam)*
Langeweile ausdrücken	***exprimer l'ennui***
Wie langweilig!/So was von langweilig!	*Comme c'est ennuyeux !/Mais qu'est-ce que c'est ennuyeux !*
Ich schlaf gleich ein! (*fam*)/Das ist ja zum Einschlafen!	*Ça m'endort !/C'est un vrai soporifique ! (fam)*
Der Film ist ja zum Gähnen. (*fam*)	*Ce film fait bâiller (d'ennui).*
Diese Disco ist total öde.	*On s'ennuie (à mourir) dans cette boîte.*
Abscheu ausdrücken	***exprimer le dégoût***
Igitt! (*fam*)	*Be(u)rk !/Quelle horreur !*
Du widerst mich an!	*Tu me dégoûtes !*
Das ist geradezu widerlich!	*C'est absolument répugnant !*
Das ist (ja) ekelhaft!	*C'est (vraiment) dégoûtant/ dégueulasse! (fam)*
Das ekelt mich an.	*Ça me dégoûte.*
Ich finde das zum Kotzen. (*sl*)	*Ça me fait gerber ! (fam)*

A

détaillée ③ (*Abzug*) von Steuern déduction *f* ④ (*Rache*) règlement *m* de comptes

Abrede *f* ► **etw in ~ stellen** *form* contester qc

ab|regen *vr fam* **sich ~** se calmer

ab|reiben *vt irr* ① (*entfernen*) **etw ~** enlever qc en frottant ② (*säubern*) **sich** (*dat*) **die Hände an etw** (*dat*) ~ se frotter les mains sur qc ③ (*trockenreiben*) **jdn/sich mit einem Handtuch ~** essuyer qn/s'essuyer avec une serviette

Abreibung *f fam* raclée *f*

Abreise *f* départ *m*

ab|reisen *vi + sein* partir en voyage; **ich reise ab** je m'en vais; *Hotelgast:* je quitte la chambre

ab|reißen *irr* **I.** *vt + haben* ① (*abtrennen*) arracher; **etw von der Wand ~** arracher qc du mur ② (*niederreißen*) raser *Gebäude* **II.** *vi + sein* ① (*reißen*) *Seil:* se casser ② (*aufhören*) *Kontakt:* s'interrompre

Abreißkalender *m* éphéméride *f*

ab|richten *vt* dresser

ab|riegeln *vt* boucler *Straße*

ab|ringen *vt irr* **sich** (*dat*) **ein Lächeln ~** se forcer à sourire

Abriss[RR] *m* ① *eines Gebäudes* démolition *f* ② (*Übersicht*) abrégé *m*

ab|rollen I. *vi + sein* ① *Kabel, Schnur:* se dérouler ② *Ereignisse, Programm:* se dérouler; **vor jds Augen** (*dat*) ~ défiler devant les yeux de qn ③ SPORT faire une roulade **II.** *vt + haben* **ein Kabel von etw ~** dérouler un câble de qc

ab|rücken *vi + sein* ① (*wegrücken*) s'écarter; **von jdm/etw ~** s'écarter de qn/qc ② (*abmarschieren*) se mettre en marche

Abruf *m* ① FIN *einer Summe* retrait *m* ② INFORM *von Daten* consultation *f* ► **auf ~ bereitstehen** être à disposition

abrufbar *adj Daten* consultable

abrufbereit *adj* ① *Person* prêt(e) à intervenir; *Ware* disponible ② FIN encaissable; **~ sein** *Kredit:* pouvoir être retiré

ab|rufen *vt irr* ① prendre livraison de *Waren* ② FIN retirer *Kredit* ③ INFORM consulter *Daten*

ab|runden *vt* ① arrondir; **eine Zahl [nach unten] ~** arrondir un nombre au chiffre inférieur ② (*vollkommen machen*) parfaire *Abend, Geschmack* ③ (*rund machen*) arrondir *Kanten*

abrupt [ap'rʊpt] *adj* brusque

ab|rüsten I. *vi* réduire les armements **II.** *vt* réduire *Atomwaffen*

Abrüstung *f kein Pl* désarmement *m*

Abrüstungsverhandlungen *Pl* négociations *fpl* pour le désarmement

ab|rutschen *vi + sein* glisser; **an etw** (*dat*)/**von etw ~** glisser sur qc

ABS [aːbeː'ʔɛs] <-> *nt Abk von* **Antiblockiersystem** A.B.S. *m*

Abs. ① *Abk von* **Absender** Exp. ② *Abk von* **Absatz 2**

ab|sacken *vi + sein* ① (*einsinken*) s'affaisser ② *Flugzeug:* perdre brusquement de l'altitude ③ *fam* (*sich verschlechtern*) dégringoler

Absage ['apzaːgə] *f* réponse *f* négative

ab|sagen I. *vt* décommander *Teilnahme;* annuler *Spiel* **II.** *vi* **jdm ~** se décommander auprès de qn

ab|sägen *vt* ① scier *Ast* ② POL *fam* **jdn ~** faire sauter qn

ab|sahnen *fam* **I.** *vt* se mettre dans les poches; **etw ~** se mettre qc dans les poches **II.** *vi* **bei jdm ~** s'en ficher plein les poches sur le dos de qn

ab|satteln *vt, vi* desseller

Absatz *m* ① (*Schuhabsatz*) talon *m* ② (*Abschnitt*) paragraphe *m* ③ (*Treppenabsatz*) palier *m* [de repos] ④ (*Verkauf*) ventes *fpl;* **guten/reißenden ~ finden** se vendre bien/comme des petits pains ► **auf dem ~ kehrtmachen** tourner les talons

Absatzchance *f* débouché *m* **Absatzflaute** *f* marasme *m* des ventes **Absatzgebiet** *nt* secteur *m* commercial **Absatzmarkt** *m* débouché *m*

ab|saufen *vi irr + sein* ① *sl* (*ertrinken*) se noyer ② *fam* (*untergehen*) *Schiff:* couler ③ *fam* (*nicht mehr laufen*) **hör auf, der Motor säuft ab!** arrête, tu vas noyer le moteur!

ab|saugen *vt* ① aspirer; **etw aus etw/von etw ~** aspirer qc de qc ② (*Staub saugen*) passer l'aspirateur sur *Teppich*

ab|schaben *vt* (*entfernen*) racler; **den Putz/den Rost von etw ~** racler le crépi/la rouille de qc

ab|schaffen *vt* (*beseitigen*) supprimer *Zoll, Strafe;* abroger *Gesetz;* abolir *Privileg*

Abschaffung *f* ① *eines Gesetzes* abrogation *f; einer Institution* abolition *f* ② (*Weggabe*) **zur ~ seines Autos gezwungen sein** être forcé à se débarrasser de sa voiture

ab|schalten I. *vt* éteindre *Fernseher;* couper *Strom;* arrêter *Motor* **II.** *vi fam Person:* décrocher **III.** *vr* **sich ~** *Maschine, Strom:* se couper

ab|schätzen *vt* évaluer *Kosten;* prévoir *Reaktion*

abschätzig ['apʃɛtsɪç] *adj Bemerkung* désobligeant(e); *Blick* méprisant(e)
Abschätzung *f a.* COM évaluation *f*
ab|schauen *vt* A *fam* (*abgucken*) copier; **etw von jdm ~** copier qc sur qn
Abschaum *m kein Pl pej* rebut *m*
ab|scheiden *irr* **I.** *vt + haben* ❶ (*absondern*) sécréter ❷ CHEM séparer **II.** *vr* CHEM **sich von etw ~** se séparer de qc
Abscheu ['apʃɔy] <-[e]s> *m* dégoût *m*
ab|scheuern **I.** *vt* ❶ (*reinigen*) récurer *Pfanne* ❷ (*entfernen*) enlever en frottant *Schmutz* ❸ (*abwetzen*) user **II.** *vr* **sich ~** *Kragen:* s'user
abscheulich [ap'ʃɔylɪç] *adj* ❶ (*entsetzlich*) abominable ❷ *fam Schmerzen* atroce; *Kälte* épouvantable
Abscheulichkeit <-, -en> *f* abomination *f; eines Anblicks* atrocité *f*
ab|schicken *vt* expédier *Brief;* envoyer *Kurier*
Abschiebehaft *f* maintien *m* administratif; **in ~ kommen** faire l'objet d'une mesure de rétention administrative avant l'expulsion
ab|schieben *vt irr + haben* ❶ (*ausweisen*) expulser ❷ (*abwälzen*) **die Schuld auf jdn ~** faire endosser la culpabilité à qn
Abschiebepraxis *f* conditions *fpl* d'expulsion
Abschiebung *f* reconduite *f* à la frontière
Abschiebungshaft *s.* **Abschiebehaft**
Abschiebungsverfahren *nt* procédure *f* d'expulsion
Abschied ['apʃiːt] <-[e]s, -e> *m* adieu *m souvent pl;* **von jdm ~ nehmen** faire ses adieux à qn
Abschiedsbrief *m* lettre *f* d'adieu[x] **Abschiedsfeier** *f* fête *f* d'adieu[x] **Abschiedsgruß** *m* (*Wort*) mot *m* d'adieu; (*Geste*) geste *m* d'adieu **Abschiedskuss**[RR] *m* baiser *m* d'adieu **Abschiedsrede** *f* discours *m* d'adieu[x] **Abschiedsschmerz** *m* douleur *f* de la séparation **Abschiedsszene** *f* scène *f* d'adieu[x]
ab|schießen *vt irr* ❶ MIL, JAGD abattre ❷ (*abfeuern*) tirer *Pfeil;* lancer *Rakete* ❸ *fam* (*erschießen*) descendre ❹ *fam* (*entlassen*) dégommer
Abschirmdienst *m* **militärischer ~** ≈ services *mpl* de contre-espionnage; (*in Frankreich*) D.G.S.E. *f*
ab|schirmen *vt* ❶ (*schützen*) isoler; **jdn von jdm/etw ~** isoler qn de qn/qc ❷ (*dämpfen*) tamiser [la lumière de] *Lampe*
Abschirmung <-, -en> *f* ❶ (*Isolierung*) einer *Person* isolement *m* ❷ (*Schutzschirm*) écran *m* protecteur
ab|schlachten **I.** *vt* massacrer **II.** *vr* **sich [gegenseitig] ~** se massacrer
ab|schlaffen *vi + sein fam* avoir un coup de pompe; (*schlapp sein*) être ramollo
Abschlag *m* ❶ (*Preisnachlass*) réduction *f,* rabais *m* ❷ (*Vorschuss*) **ein ~ auf etw** (*akk*) un acompte sur qc ❸ SPORT remise *f* en jeu
ab|schlagen *irr* **I.** *vt* ❶ (*abtrennen*) casser *Henkel;* ébrécher *Ecke* ❷ (*fällen*) abattre *Baum* ❸ (*ablehnen*) décliner *Einladung;* **jdm eine Bitte ~** repousser une demande à qn ❹ SPORT **den Ball ~** remettre le ballon en jeu **II.** *vi Torwart:* dégager
abschlägig ['apʃlɛːgɪç] *adj* négatif(-ive); **jdn/etw ~ bescheiden** *form* donner une réponse négative à qn/rejeter qc
Abschlag[s]zahlung *f* acompte *m*
ab|schleifen *irr* **I.** *vt* ❶ (*entfernen*) **etw ~** éliminer qc par ponçage ❷ (*glätten*) poncer *Oberfläche* **II.** *vr* **sich ~** ❶ (*sich abnutzen*) s'émousser ❷ (*nachlassen, sich verlieren*) se dégrossir
Abschleppdienst *m* service de dépannage *m*
ab|schleppen *vt* ❶ (*wegziehen*) remorquer ❷ *fam* (*mitnehmen*) **jdn/etw ~** embarquer qn/qc
Abschleppfahrzeug *nt s.* **Abschleppwagen** **Abschleppseil** *nt* câble *m* de remorquage **Abschleppwagen** *m* dépanneuse *f*
ab|schließen *irr* **I.** *vt* ❶ (*zuschließen*) **etw ~** fermer qc à clé ❷ (*absolvieren*) achever *Schule;* **mit abgeschlossenem Studium** avec un diplôme en poche ❸ (*vereinbaren*) conclure *Geschäft;* passer *Vertrag;* souscrire *Versicherung* ❹ (*beenden*) conclure *Rede;* clôturer *Konferenz;* clore *Geschäftsjahr* **II.** *vi* ❶ (*zuschließen*) fermer à clé ❷ (*Vertrag schließen*) **mit jdm ~** *Kunde:* faire affaire avec qn ❸ FIN, COM **mit Gewinn/Verlust ~** se solder par des gains/pertes ❹ (*zum Abschluss bringen*) **mit der Vergangenheit ~** tirer un trait sur le passé ❺ (*eingefasst sein*) **mit einer Borte/Verzierung ~** être bordé d'un galon/d'une décoration
abschließend **I.** *adj Bemerkung* final(e) **II.** *adv bemerken* en conclusion
Abschluss[RR] *m* ❶ *kein Pl* (*Ende*) conclusion *f; eines Geschäftsjahrs* clôture *f;* **etw zum ~ bringen** conclure qc; **zum ~ kommen** *Redner:* conclure ❷ (*Abschlussprüfung*) diplôme *m* [de fin d'études]; (*Haupt-*

A

schulabschluss) certificat *m* de fin d'études ③ (*Zustandekommen*) *eines Geschäfts* conclusion *f; eines Vertrags* souscription *f;* ~ **einer Wette** pari *m* ④ (*Geschäft*) marché *m;* **einen ~ tätigen** conclure un marché ⑤ FIN *von Konten* bilan *m* ▶ **der krönende** ~ le clou

AbschlussarbeitRR *f* mémoire *m* de fin d'études **Abschlussball**RR *m* bal *m* de clôture **Abschlussklasse**RR *f* [classe *f* de] terminale *f* **Abschlussprüfung**RR *f* examen *m* de fin d'études **Abschlusszeugnis**RR *nt* diplôme *m* de fin d'études

ab|schmecken *vt* vérifier l'assaisonnement de *Gericht;* **etw mit Gewürz/Salz ~** assaisonner qc avec des épices/du sel

ab|schmettern *vt fam* (*zurückweisen*) envoyer valser *Antrag;* rejeter *Klage*

ab|schmieren **I.** *vt + haben* TECH graisser **II.** *vi + sein sl Flugzeug:* s'abattre

ab|schminken **I.** *vr* **sich ~** se démaquiller **II.** *vt* démaquiller *Gesicht* ▶ **sich** (*dat*) **etw ~ können** *fam* pouvoir faire une croix sur qc

ab|schnallen **I.** *vi fam* (*fassungslos sein*) être scié; **da schnallst du ab!** ça t'en bouche un coin! **II.** *vt* [**sich** (*dat*)] **den Rucksack ~** décrocher son sac à dos; [**sich** (*dat*)] **die Skier ~** enlever ses skis

ab|schneiden *irr* **I.** *vt* ① (*abtrennen, versperren*) couper ② (*unterbinden*) **jdm das Wort ~** couper la parole à qn **II.** *vi fam* **bei etw gut/schlecht ~** s'en tirer bien/mal avec qc

Abschnitt *m* ① (*Passus*) *eines Textes* paragraphe *m; eines Formulars* partie *f* ② (*abtrennbares Stück*) *einer Bestellkarte* coupon *m; einer Eintrittskarte* partie *f* détachable ③ (*Zeitabschnitt*) période *f* ④ (*Teil, Bereich*) *eines Gebäudes* partie *f; einer Autobahn* tronçon *m; einer Strecke* étape *f*

ab|schnüren *vt* garrotter *Arm, Bein;* **jdm die Luft ~** asphyxier qn

ab|schöpfen *vt* ① (*herunternehmen*) **das Fett ~** dégraisser; **den Schaum ~** écumer; **den Rahm von der Milch ~** écrémer le lait ② ÖKON résorber *Gewinn*

ab|schotten ['apʃɔtən] **I.** *vr* **sich ~** s'isoler; **sich gegen äußere Einflüsse ~** se fermer aux influences externes; **abgeschottet leben** mener une vie recluse **II.** *vt* NAUT cloisonner

ab|schrägen ['apʃrɛːgən] *vt* biseauter *Brett;* incliner *Dach*

ab|schrauben *vt* dévisser

ab|schrecken **I.** *vt* ① faire peur à; **jdn von etw ~** dissuader qn de qc; **sich nicht ~ lassen** ne pas se laisser intimider ② GASTR refroidir *Eier* **II.** *vi Waffen:* être dissuasif

abschreckend **I.** *adj Beispiel, Wirkung* dissuasif(-ive); *Eindruck* défavorable; *Hässlichkeit* repoussant(e) **II.** *adv* **~ wirken** *Strafe:* avoir un effet dissuasif

Abschreckung <-, -en> *f* ① MIL dissuasion *f* ② (*das Fernhalten*) **der ~ dienen** servir d'intimidation

ab|schreiben *irr* **I.** *vt* ① (*kopieren*) recopier ② (*plagiieren*) **etw bei jdm/aus etw ~** copier qc sur qn/dans qc ③ FIN déduire *Betrag* ④ *fam* (*verloren geben*) **ich hatte ihn schon abgeschrieben** j'en avais [déjà] fait mon deuil ▶ **bei jdm abgeschrieben sein** *fam* être mort et enterré pour qn **II.** *vi* (*plagiieren*) **von jdm/etw ~** copier sur qn/qc

Abschreiber(in) *m(f) fam* copieur(-euse) *m(f)*

Abschreibung *f* FIN déduction *f*

Abschrift *f* duplicata *m*

ab|schrubben *fam* **I.** *vt* ① briquer *Kacheln, Fußboden* ② brosser *Schmutz* **II.** *vr* **sich ~** se récurer

ab|schuften *vr fam* **sich ~** se défoncer

ab|schürfen *vr* **sich** (*dat*) **die Haut ~** s'écorcher la peau

Abschürfung <-, -en> *f* écorchure *f*

AbschussRR *m* ① (*das Abfeuern*) *eines Geschützes* tir *m; einer Rakete* lancement *m* ② (*Zerstörung*) *eines Flugkörpers* destruction *f* ③ JAGD **zehn Abschüsse erzielen** abattre dix pièces de gibier ▶ **zum ~ freigeben** JAGD autoriser le tir de *Tier; fig fam* lâcher la meute sur *Politiker*

abschüssig ['apʃʏsɪç] *adj Straße* escarpé(e); *Hang* abrupt(e)

AbschusslisteRR *f* ▶ **auf der ~ stehen** *fam* être sur la liste des gens à abattre **Abschussrampe**RR *f* rampe *f* de lancement

ab|schütteln *vt* ① secouer; **die Krümel von etw ~** secouer les miettes de qc ② (*sich befreien von*) semer *Verfolger* ③ (*vertreiben*) évacuer *Ärger*

ab|schütten *vt* jeter *Wasser;* vider *Eimer, Wanne;* égoutter *Gemüse, Kartoffeln*

ab|schwächen **I.** *vt* atténuer *Wirkung;* édulcorer *Formulierung;* amortir *Aufprall* **II.** *vr* **sich ~** *Lärm:* s'atténuer

Abschwächung *f* ① *einer Wirkung* diminution *f;* METEO *eines Tiefs* affaiblissement *m* ② (*Abfederung*) *eines Aufpralls* amortissement *m*

ab|schwatzen *vt fam* **jdm etw ~** soutirer

qc à qn en le baratinant, réussir à extorquer qc à qn en le baratinant

ab|schweifen *vi + sein* faire une digression; **vom Thema ~** s'écarter du sujet

Abschweifung <-, -en> *f* digression *f*

ab|schwellen *vi irr + sein* ❶ *Entzündung, Füße:* désenfler ❷ (*sich vermindern*) *Lärm:* faiblir

ab|schwirren *vi + sein* ❶ *Vogelschwarm:* s'envoler dans un bruissement d'ailes ❷ *fam* (*weggehen*) se tirer

ab|schwören *vi irr* **dem Glauben ~** abjurer sa foi; **dem Alkohol ~** décider de renoncer à l'alcool

Abschwung *m* ❶ SPORT sortie *f* ❷ ÖKON récession *f*

ab|segnen *vt fam* donner sa bénédiction à

absehbar *adj* prévisible; **es ist ~, dass ...** on peut s'attendre à ce que ... + *subj*

ab|sehen *irr* **I.** *vt* (*voraussehen*) **etw ~ können** pouvoir prévoir qc ►**es auf jdn abgesehen haben** (*jdn schikanieren wollen*) avoir qn dans le collimateur; (*an jdm interessiert sein*) avoir jeté son dévolu sur qn; **es auf etw** (*akk*) **abgesehen haben** en vouloir à qc **II.** *vi* **von einer Strafe ~** renoncer à une peine

ab|seilen *vr* **sich ~** ❶ (*sich hinunterlassen*) descendre avec une corde; *Bergsteiger:* descendre en rappel ❷ *fam* (*verschwinden*) reprendre ses billes

ab|seinALT *s.* **ab II.2**

abseits ['apzaits] **I.** *adv* à l'écart **II.** *präp + gen* **~ des Dorfs liegen** être à l'écart du village

Abseits <-, -> *nt* ❶ SPORT hors-jeu *m* ❷ (*das Aus*) **im gesellschaftlichen ~ leben** être marginalisé sur le plan social

Abseitsposition *f* SPORT position *f* de hors-jeu **abseits|stehen**RR *vi irr + sein* SPORT être hors-jeu

ab|senden *vt irr o reg* expédier

Absender(in) <-s, -> *m(f)* expéditeur(-trice) *m(f)*

ab|sengen ['apzɛŋən] *vt* roussir; brûler *Gras*

Absenker <-s, -> *m* BOT marcotte *f*

ab|servieren* *vt* ❶ (*abräumen*) débarrasser *Tisch* ❷ *fam* (*kaltstellen*) balancer ❸ *fam* (*umbringen*) liquider

absetzbar *adj* ❶ *Artikel, Produkt* vendable; **schwer/nicht ~** difficile à vendre/invendable ❷ *Ausgabe, Anschaffung* déductible; **steuerlich ~ sein** être déductible des impôts ❸ (*kündbar, abwählbar*) **~ sein** pouvoir être destitué

Absetzbarkeit *f* FIN déductibilité *f*

ab|setzen **I.** *vt* ❶ (*des Amtes entheben*) destituer ❷ (*abnehmen*) enlever *Hut* ❸ (*hinstellen*) poser *Trinkgefäß* ❹ (*aussteigen lassen*) déposer *Mitfahrer* ❺ COM écouler *Produkt* ❻ FIN **etw von der Steuer ~** déduire qc des impôts ❼ (*nicht stattfinden lassen*) annuler *Veranstaltung* ❽ MED arrêter *Medikament* ❾ (*wegnehmen*) lever *Feder, Flöte;* **trinken ohne das Glas abzusetzen** boire d'un trait **II.** *vr* ❶ *a.* CHEM, GEOL **sich ~** se déposer ❷ *fam* (*verschwinden*) **sich ~** se tirer ❸ (*sich unterscheiden*) **sich von jdn/etw ~** trancher sur qn/qc **III.** *vi* **trinken ohne abzusetzen** boire d'un trait

Absetzung <-, -en> *f einer Fernsehsendung* déprogrammation *f*

ab|sichern **I.** *vr* **sich ~** prendre des précautions; **sich gegen etw ~** se prémunir contre qc **II.** *vt* ❶ (*garantieren*) garantir ❷ (*sicher machen*) **einen Raum durch etw ~** protéger une pièce au moyen de qc

Absicht <-, -en> *f* ❶ intention *f;* **mit etw eine ~ verfolgen** poursuivre un but avec qc ❷ (*Mutwillen*) **etw mit ~ tun** faire qc exprès; **das war keine/das war ~** ce n'était pas/c'était intentionnel

absichtlich ['apzɪçtlɪç] *adj* intentionnel(le)

ab|sinken *vi irr + sein* ❶ *Leistung:* baisser; *Boden:* s'affaisser ❷ *Schiff:* sombrer [au fond de la mer]

Absinth [ap'zɪnt] <-[e]s, -e> *m* absinthe *f*

ab|sitzen *irr* **I.** *vt + haben* ❶ (*verbringen*) laisser passer *Zeit* ❷ (*verbüßen*) purger *Haftstrafe* **II.** *vi + sein Reiter:* mettre pied à terre

absolut [apzo'lu:t] **I.** *adj* ❶ *Verbot, Ruhe* absolu(e); *Ablehnung* catégorique ❷ *fam* (*völlig*) total(e) **II.** *adv fam unverständlich* absolument

Absolution [apzolu'tsi̯o:n] <-, -en> *f* REL absolution *f;* **jdm die ~ erteilen** donner l'absolution à qn

Absolutismus [apzolu'tɪsmʊs] <-> *m* absolutisme *m*

absolutistisch *adj Herrscher* absolu(e); *Herrschaftsanspruch* absolutiste

Absolvent(in) [apzɔl'vɛnt] <-en, -en> *m(f)* (*Universitätsabsolvent*) diplômé(e) *m(f)*

absolvieren* [apzɔl'vi:rən] *vt* effectuer *Ausbildung;* passer *Prüfung;* accomplir *Wehrdienst*

absonderlich [ap'zɔndɐlɪç] *adj, adv* bizarre

A

Absonderlichkeit <-, -en> *f* bizarrerie *f*
ab|sondern I. *vt* ① (*isolieren*) isoler ② (*ausscheiden*) sécréter II. *vr* **sich von jdm** ~ s'isoler de qn
Absonderung <-, -en> *f* ANAT (*Sekret*) sécrétion *f*
absorbieren* [apzɔr'biːrən] *vt a. fig* absorber
Absorption [apzɔrp'tsi̯oːn] <-, -en> *f* absorption *f*
ab|spalten I. *vr* ① REL, POL **sich von etw** ~ se séparer de qc ② CHEM **sich von etw** ~ se libérer de qc II. *vt* CHEM **Moleküle von etw** ~ libérer des molécules de qc
Abspann <-[e]s, -e> *m* CINE, TV générique *m*
ab|sparen *vt* **sich** (*dat*) **etw von seinem Taschengeld** ~ économiser sur son argent de poche pour payer qc
ab|specken ['apʃpɛkən] *fam* I. *vi* ① (*abnehmen*) perdre du lard ② (*verkleinert werden*) *Abteilung:* dégraisser II. *vt* (*reduzieren*) **eine abgespeckte Version** une version allégée
ab|speichern *vt* INFORM sauvegarder; **etw auf der Festplatte** ~ sauvegarder qc sur le disque dur
ab|speisen *vt* éconduire gentiment; **ich lasse mich von Ihnen nicht einfach so** ~**!** vous ne vous en tirerez pas à si bon compte!
abspenstig ['apʃpɛnstɪç] *adj* **jdm jdn/etw** ~ **machen** détourner qn/qc de qn
ab|sperren I. *vt* ① (*versperren*) barrer ② (*abstellen*) couper *Gas* ③ SDEUTSCH (*zuschließen*) **die Tür** ~ fermer la porte à clé II. *vi* SDEUTSCH fermer à clé
Absperrung *f* ① *kein Pl* (*das Absperren*) barrage *m* ② (*Sperre*) barrage *m;* (*Absperrgitter*) barrière *f*
ab|spielen I. *vr* **sich** ~ *Szene:* se dérouler II. *vt* ① passer *CD* ② SPORT passer *Ball*
ab|splittern I. *vi* + *sein* [**von etw**] ~ *Lack, Holz:* sauter [*o* se détacher] [de qc] II. *vr* + *haben* **sich von etw** ~ (*sich abspalten*) se scinder de qc
Absprache *f* accord *m;* **nach** ~ après accord
ab|sprechen *irr* I. *vt* ① convenir de *Plan;* s'entendre sur *Aussagen;* **wir haben abgesprochen, dass ...** nous avons convenu que ... ② (*aberkennen*) dénier *Recht* II. *vr* **sich** ~ (*eine Vereinbarung treffen*) se concerter
ab|springen *vi irr* + *sein* ① SPORT sauter ② (*sich lösen*) **von etw** ~ *Farbe, Lack:* s'écailler de qc ③ *fam* (*sich zurückziehen*) se raviser

Absicht ausdrücken

nach Absicht fragen	*demander l'intention*
Was bezwecken Sie damit?	*Que voulez-vous faire avec cela ?*
Was hat das alles für einen Zweck?	*À quoi ça sert, tout ça ?*
Was wollen Sie damit behaupten/sagen?	*Que voulez-vous dire ?*
Absicht ausdrücken	*exprimer l'intention*
Ich werde noch diesen Monat das Wohnzimmer tapezieren.	*Je vais tapisser le salon, ce mois-ci.*
Ich habe für nächstes Jahr eine Reise nach Italien vor/geplant.	*J'envisage/Je projette de faire un voyage en Italie l'année prochaine.*
Ich beabsichtige, eine Klage gegen die Firma zu erheben.	*J'ai l'intention de déposer une plainte contre l'entreprise.*
Ich habe bei dem Menü als Dessert eine Mousse au Chocolat ins Auge gefasst.	*Au menu, j'ai en vue une mousse au chocolat comme dessert.*
Ich habe mir in den Kopf gesetzt, den Pilotenschein zu machen.	*Je me suis mis en tête de passer la licence de pilote.*
Absichtslosigkeit ausdrücken	*exprimer le manque d'intention*
Das war nicht von mir beabsichtigt.	*Je ne l'ai pas fait exprès.*
Das liegt mir fern.	*Ça ne me viendrait pas à l'idée.*
Ich habe nicht die Absicht, dir irgendwelche Vorschriften zu machen.	*Je n'ai pas l'intention de te donner des ordres.*
Ich habe es nicht auf Ihr Geld abgesehen.	*Je n'en veux pas à votre argent.*

ab|spritzen **I.** *vt* (*reinigen*) **jdn mit Wasser ~** asperger qn avec de l'eau; **etw** [**mit dem Schlauch**] **~** passer qc au jet **II.** *vr* **sich mit etw ~** s'asperger avec qc **III.** *vi vulg* décharger (*fam*)
Absprung *m* ① (*Absprungstelle*) saut *m* ② (*Abgang vom Gerät*) sortie *f* ③ *fam* (*Ausstieg*) **den ~ schaffen** sauter le pas; **den ~ verpasst haben** avoir raté le coche
ab|spulen *vt* ① laisser défiler *Film;* dérouler *Kabel* ② *fam* (*vorbringen, vortragen*) débiter
ab|spülen *vt* ① (*reinigen*) rincer ② (*entfernen*) **den Schmutz von etw ~** enlever la saleté sur qc à grande eau ③ SDEUTSCH (*abwaschen*) laver *Geschirr*
ab|stammen *vi kein PP* **von jdm ~** descendre de qn
Abstammung <-, -en> *f* origine *f*
Abstammungslehre *f* BIO théorie *f* de l'évolution
Abstand *m* ① (*räumliche Distanz*) écart *m;* **~ halten** (*im Straßenverkehr*) garder les distances ② (*zeitliche Distanz*) intervalle *m* ③ (*innere Distanz*) recul *m* ④ SPORT (*Unterschied in der Wertung*) avance *f;* (*Rückstand*) retard *m;* **mit großem ~ führen** mener très largement ▶ **von etw ~ nehmen** *form* renoncer à qc; **mit ~** de loin
ab|statten ['apʃtatən] *vt* **jdm einen Besuch ~** rendre visite à qn
ab|stauben **I.** *vt* ① dépoussiérer *Möbel* ② *fam* (*sich aneignen*) **etw von/bei jdm ~** resquiller qc à qn **II.** *vi* faire la poussière
Abstauber ['apʃtaʊbɐ] <-s, -> *m fig fam* resquilleur(-euse) *m(f)*
ab|stechen *irr* **I.** *vt* saigner (*fam*) **II.** *vi* **von jdm/etw ~** se distinguer de qn/qc
Abstecher <-s, -> *m* (*Ausflug*) virée *f* (*fam*); (*Umweg*) crochet *m*
ab|stecken *vt* ① (*markieren*) jalonner *Grundstück* ② (*feststecken*) épingler *Saum* ③ (*umreißen*) esquisser les contours de *Ziel*
ab|stehen *vi irr Haare:* être hérissé; *Zöpfe:* être écarté; *Ohren:* être décollé
Absteige *f fam* ① (*Stundenhotel*) hôtel *m* de passe ② (*schäbiges Hotel*) hôtel *m* borgne
ab|steigen *vi irr + sein* ① (*heruntersteigen*) *Bergsteiger:* descendre; **vom Fahrrad/Pferd ~** descendre de vélo/de cheval ② *fam* (*sich einquartieren*) **in einer kleinen Pension ~** descendre dans une petite pension ③ (*sich verschlechtern*) **in die zweite Liga ~** descendre en deuxième division; **beruflich/sozial ~** régresser professionnellement/socialement
Absteiger <-s, -> *m* SPORT relégué *m*
ab|stellen *vt* ① (*hinstellen*) déposer; **etw bei jdm ~** déposer qc chez qn ② (*parken*) garer *Wagen* ③ (*ausschalten*) débrancher *Computer;* arrêter *Motor;* couper *Gas* ④ (*abkommandieren*) détacher
Abstellgleis *nt* voie *f* de garage **Abstellkammer** *f,* **Abstellraum** *m* débarras *m*
ab|stempeln *vt* ① tamponner *Brief* ② *pej* (*abwerten*) **jdn als Wichtigtuer ~** cataloguer qn comme frimeur
ab|sterben *vi irr + sein* ① mourir ② (*gefühllos werden*) *Arm:* s'engourdir
Abstieg ['apʃtiːk] <-[e]s, -e> *m* ① (*das Hinabklettern*) descente *f* ② (*Verlust der sozialen Stellung*) déchéance *f* ③ SPORT descente *f;* **vom ~ bedroht sein** être au bord de la relégation
ab|stillen **I.** *vt* sevrer *Baby* **II.** *vi* cesser d'allaiter
ab|stimmen **I.** *vi* voter; **über etw** (*akk*) **~ lassen** soumettre qc au vote **II.** *vt* (*in Einklang bringen*) accorder *Instrumente;* coordonner *Termine;* **den Teppich und die Vorhänge aufeinander ~** assortir le tapis et les rideaux **III.** *vr* **sich mit jdm ~** se mettre d'accord avec qn
Abstimmung *f* (*Stimmabgabe*) vote *m,* scrutin *m;* **in geheimer ~** à bulletin secret
abstinent [apsti'nɛnt] *adj* abstinent(e)
Abstinenz [apsti'nɛnts] <-> *f* abstinence *f*
Abstinenzler(in) <-s, -> *m(f) pej* non-buveur(-euse) *m(f)*
Abstoß *m* SPORT dégagement *m*
ab|stoßen *irr* **I.** *vt* ① MED rejeter *Transplantat* ② (*anwidern*) dégoûter ③ (*abschlagen*) écorner *Ecke, Stück* ④ (*verkaufen*) vendre *Wertpapiere* ⑤ (*nicht eindringen lassen*) être imperméable à *Wasser* ⑥ (*wegstoßen*) **das Boot vom Ufer ~** éloigner le bateau de la rive **II.** *vr* (*sich wegbewegen*) **sich ~** s'élancer **III.** *vi Aussehen:* être répugnant
abstoßend *adj* répugnant(e)
ab|stottern *vt fam* [**etw**] **~** payer [qc] à tempérament; **etw mit hundert Euro pro Monat ~** payer qc à raison de cent euros par mois
abstrahieren* [apstra'hiːrən] *vi* abstraire
abstrakt [ap'strakt] *adj* abstrait(e)
Abstraktion <-, -en> *f* abstraction *f*
ab|streifen *vt* ① retirer *Ring;* ôter *Handschuhe* ② DIAL (*reinigen*) essuyer *Schuhe, Füße*
ab|streiten *vt irr* ① nier *Tat;* dénier *Beteili-*

A

gung ② (*absprechen*) contester; **das kann man nicht ~** il faut bien le reconnaître
Abstrich *m* ① *meist Pl* (*Streichung von Mitteln*) réduction *f;* **erhebliche ~e an etw** (*dat*) des coupes *fpl* sombres dans qc ② *Pl* (*Einschränkung*) **~e machen müssen** (*ideell*) devoir en rabattre; (*finanziell*) devoir se restreindre ③ MED frottis *m*
abstrus [ap'struːs] *adj geh* abscons(e), abstrus(e)
ab|stufen *vt* ① (*terrassieren*) étager ② (*staffeln*) échelonner *Gehälter* ③ (*herabstufen*) rétrograder *Mitarbeiter;* réduire *Tarif* ④ (*nuancieren*) dégrader *Farbtöne*
Abstufung <-, -en> *f* ① (*Geländestufe*) terrasse *f* ② *kein Pl* (*das Herabstufen*) *eines Mitarbeiters* rétrogradation *f; eines Tarifs* réduction *f* ③ (*Staffelung*) barème *m* ④ (*Nuance*) dégradé *m*
ab|stumpfen I. *vt + haben* abrutir *Person;* émousser *Gewissen* **II.** *vi* ① *+ sein Person:* s'abrutir; *Gewissen:* s'émousser ② *+ haben* (*abstumpfend wirken*) être abrutissant
Absturz *m* ① *eines Flugzeugs* écrasement *m; eines Bergsteigers* chute *f* ② INFORM *Computers* plantage *m* (*fam*)
ab|stürzen *vi + sein* ① *Flugzeug:* s'écraser; *Bergsteiger:* dévisser ② INFORM *Computer:* se bloquer
ab|stützen I. *vt* étayer *Decke* **II.** *vr* **sich mit etw/an etw** (*dat*) **~** s'appuyer sur qc/à qc
ab|suchen *vt* ① ratisser *Gegend* ② (*ableuchten*) **etw ~** *Scheinwerfer:* balayer qc
absurd [ap'zʊrt] *adj* absurde
Absurdität [apzʊrdi'tɛːt] <-, -en> *f* absurdité *f*
AbszessRR [aps'tsɛs] <-es, -e>, **Abszeß**ALT <-sses, -sse> *m* abcès *m*
Abszisse [aps'tsɪsə] <-, -n> *f* MATH abscisse *f*
Abt [apt, *Pl:* ɛptə] <-[e]s, Äbte> *m* abbé *m*
Abt. *Abk von* **Abteilung 1**
ab|tasten *vt* ① *a.* MED palper ② (*durchsuchen*) fouiller ③ INFORM **etw ~** *Scanner:* lire qc par balayage
ab|tauchen *vi + sein fam* (*verschwinden*) se planquer
ab|tauen I. *vt + haben* dégivrer *Kühlschrank* **II.** *vi + sein Eis:* fondre
Abtei [ap'tai] <-, -en> *f* abbaye *f*
Abteil [ap'tail] *nt* compartiment *m*
ab|teilen *vt* délimiter *Raum;* **von etw eine Ecke ~** séparer un coin de qc
Abteilung [ap'tailʊŋ] *f* ① *einer Firma, eines Krankenhauses* service *m; eines Geschäfts* rayon *m* ② MIL détachement *m*
Abteilungsleiter(in) *m(f) einer Firma* chef *mf* de service; *eines Geschäfts* chef de rayon
ab|tippen *vt fam* taper
Äbtissin [ɛp'tɪsɪn] <-, -nen> *f* abbesse *f*
ab|törnen ['aptœrnən] *vt fam* mettre les glandes à; **das hat mich abgetörnt** ça m'a mis les glandes
ab|töten *vt* tuer
ab|tragen *vt irr* ① user *Kleidung* ② *geh* (*abbezahlen*) s'acquitter de *Schulden* ③ *geh* (*abräumen*) enlever *Geschirr* ④ (*entfernen*) niveler *Gelände;* déblayer *Boden;* démolir *Mauer* ⑤ GEOL éroder *Boden*
abträglich ['aptrɛːklɪç] *adj Bemerkung* préjudiciable
ab|trainieren* *vt* **überflüssige Kilos ~** éliminer les kilos superflus par l'exercice physique
Abtransport *m* ① *von Baumaterial* transport *m; von Müll* enlèvement *m* ② *von Verletzten* évacuation *f; von Gefangenen* transfert *m*
ab|transportieren* *vt* ① (*wegfahren*) transporter *Bauschutt;* enlever *Müll* ② (*evakuieren*) évacuer *Opfer;* transférer *Gefangene*
ab|treiben *irr* **I.** *vt + haben* ① MED **ein Kind ~ lassen** se faire avorter d'un enfant ② (*forttreiben*) déporter *Ballon;* entraîner *Schwimmer* ③ (*zu Tal treiben*) faire redescendre *Vieh;* **die Kühe von der Alm ~** ramener les vaches du pâturage **II.** *vi* ① *+ haben* MED **~ lassen** se faire avorter ② *+ sein* (*abkommen*) *Boot, Ballon:* dériver; **vom Kurs ~** *Boot, Ballon:* dévier de sa route; **vom Ufer ~** être entraîné au large
Abtreibung <-, -en> *f* avortement *m*
Abtreibungspille *f fam* pilule *f* abortive
ab|trennen *vt* ① (*abreißen*) détacher; **etw von etw ~** détacher qc de qc ② (*abmachen*) **die Ärmel von etw ~** découdre les manches de qc ③ (*abteilen*) délimiter *Raum* ④ (*abschneiden*) couper ⑤ (*amputieren*) amputer
ab|treten *irr* **I.** *vt + haben* ① JUR céder ② *fam* (*überlassen*) refiler ③ (*abnutzen*) user *Teppich;* **abgetretene Schuhe** des chaussures *fpl* usées ④ (*durch Treten entfernen*) secouer *Schnee;* gratter *Schmutz* **II.** *vi + sein* ① (*abgehen*) **von der Bühne ~** sortir de scène ② *fam* (*sterben*) claquer ③ MIL rompre les rangs
Abtreter <-s, -> *m fam* (*Fußmatte*) paillasson *m;* (*Gitterrost*) décrottoir *m*
Abtretung <-, -en> *f* JUR cession *f*

ab|trocknen I. *vt* essuyer II. *vi* essuyer [la vaisselle] III. *vr* **sich ~** s'essuyer
ab|tropfen *vi + sein* [s']égoutter
abtrünnig ['aptrʏnɪç] *adj Ketzer* renégat(e); *Provinz* dissident(e); **dem Glauben ~ werden** renier sa foi
Abtrünnige(r) *f(m) dekl wie adj* dissident(e) *m(f)*
ab|tun *vt irr* ① (*nicht beachten*) ignorer *Argument;* **etw mit einem Achselzucken ~** écarter qc d'un haussement d'épaules ② (*erledigen*) **die Sache war mit einem Brief abgetan** l'affaire était réglée par une lettre
ab|tupfen *vt* ① (*entfernen*) éponger *Blut;* essuyer *Tränen* ② (*reinigen*) essuyer *Gesicht;* nettoyer *Wunde*
ab|turnen ['aptœrnən] *s.* **abtörnen**
Aburteilung <-, -en> *f* condamnation *f*
ab|verlangen* *vt* exiger; **jdm etw ~** exiger qc de qn
ab|wägen ['apvɛːgən] *vt irr* peser *Vorteile;* examiner avec soin *Angebot*
Abwahl *f* destitution *f*
ab|wählen *vt* blackbouler *Person;* abandonner *Schulfach*
ab|wälzen *vt* se décharger de *Verantwortung;* répercuter *Kosten;* **die Schuld/Arbeit auf jdn ~** rejeter la faute/se décharger de la corvée sur qn
ab|wandeln *vt* modifier *Melodie*
ab|wandern *vi + sein* ① (*wegziehen*) déménager ② *fig fam Kapital:* fuir
Abwanderung *f* ① *der Bewohner, Fachkräfte* émigration *f* ② *fig des Kapitals* fuite *f*
Abwärme *f* TECH chaleur *f* perdue
Abwart(in) ['apvart] <-s, -e> *m(f)* CH gardien(ne) *m(f)* d'un/de l'immeuble
ab|warten *vt, vi* attendre *Ergebnis;* **er kann es nicht ~ sie anzurufen** il est impatient de lui téléphoner
abwärts ['apvɛrts] *adv* ① (*nach unten*) en bas; **weiter ~** plus bas ② *fig* **vom Chef ~** depuis le chef jusqu'en bas de la hiérarchie
abwärts|gehen *vi irr + sein* (*schlechter werden*) **es geht mit jdm/etw ~** qn/qc est sur la mauvaise pente **Abwärtstrend** *m* tendance *f* à la baisse
Abwasch ['apvaʃ] <-[e]s> *m fam* **den ~ machen** faire la vaisselle
abwaschbar *adj* lavable
ab|waschen *irr* I. *vt* ① (*säubern*) laver ② (*entfernen*) enlever II. *vi* faire la vaisselle
Abwasser <-wässer> *nt* eaux *fpl* usées; **industrielle Abwässer** eaux industrielles
Abwasseraufbereitung *f* traitement *m* des eaux usées **Abwasserkanal** *m* égout *m* **Abwasserreinigung** *f* épuration *f* des eaux usées
ab|wechseln *vr* (*im Wechsel handeln*) **sich ~** alterner; **sich mit jdm ~** alterner avec qn; **sich beim Kochen/Spülen ~** se relayer pour faire la cuisine/vaisselle
abwechselnd *adv* (*einer nach dem anderen*) à tour de rôle; (*eins nach dem anderen*) tour à tour
Abwechslung <-, -en> *f* (*Zerstreuung*) distraction *f;* (*Veränderung*) changement *m;* **zur ~** pour changer
abwechslungsreich *adj* varié(e)
Abweg *m meist Pl* **auf ~e geraten** sortir du droit chemin
abwegig ['apveːgɪç] *adj* aberrant(e)
Abwehr ['apveːɐ̯] *f* ① SPORT défense *f* ② MIL riposte *f* ③ (*Spionageabwehr*) contre-espionnage *m* ④ MED (*das Abwehren*) défense *f;* (*Abwehrsystem*) défenses *fpl* ⑤ (*Ablehnung*) résistance *f*
ab|wehren I. *vt* ① *a.* MIL (*zurückschlagen*) repousser ② SPORT repousser *Strafstoß;* stopper *Angriff* ③ (*abblocken*) parer *Schlag* ④ (*abwenden*) écarter *Gefahr;* enrayer *Auswirkungen* II. *vi* ① (*ablehnen*) refuser; **~d die Hände heben** lever les mains en signe de dénégation ② SPORT dégager
Abwehrkräfte *Pl* MED défenses *fpl* [immunitaires] **Abwehrreaktion** *f* MED réaction *f* de défense
ab|weichen *vi irr + sein* ① (*nicht befolgen*) **von etw ~** s'écarter de qc ② (*sich unterscheiden*) **von etw ~** *Auffassung:* s'écarter de qc; **voneinander ~** diverger; **~d** *Meinung* différent ③ (*abkommen*) **vom Kurs ~** dévier de sa route
Abweichler(in) <-s, -> *m(f) pej* déviationniste *mf*
Abweichung <-, -en> *f* ① (*Unterschiedlichkeit*) divergence *f* ② (*Kursabweichung*) déviation *f* ③ TECH (*Differenz*) écart *m*
ab|weiden *vt* brouter
ab|weisen *vt irr* ① (*wegschicken*) renvoyer ② (*ablehnen*) rejeter *Bitte;* refuser *Bewerber*
abweisend *adj* rebutant(e); **~ zu jdm sein** être bourru avec qn
Abweisung *f* ① *einer Person* renvoi *m* ② (*das Ablehnen*) *eines Antrags, einer Bitte* rejet *m*
ab|wenden *irr o reg* I. *vr geh* (*sich wegdrehen*) **sich ~** se détourner; **sich von jdm/der Tür ~** tourner le dos à qn/la porte II. *vt* ① (*verhindern*) éviter *Folgen;* détour-

ner *Unheil;* écarter *Gefahr* ② *geh* (*zur Seite wenden*) détourner *Blick*

ab|werben *vt irr* débaucher *Mitarbeiter;* racoler *Kunden*

ab|werfen *irr* **I.** *vt* ① (*aus der Luft werfen*) lâcher *Ballast;* parachuter *Hilfsgüter;* lancer *Flugblätter;* larguer *Bomben* ② (*zu Boden werfen*) **jdn ~** *Reittier:* désarçonner qn ③ (*verlieren*) perdre *Blätter* ④ (*erzielen*) rapporter *Gewinn* ⑤ *geh* (*abschütteln*) secouer *Joch;* briser *Fesseln* ⑥ SPIEL se défausser de *Karte* **II.** *vi Torwart:* dégager [à la main]

ab|werten *vt* FIN dévaluer *Währung*

abwertend *adj* péjoratif(-ive)

Abwertung *f einer Währung* dévaluation *f*

abwesend ['apve:zənt] *adj* absent(e)

Abwesende(r) *f(m) dekl wie adj* absent(e) *m(f)*

Abwesenheit <-, -en> *f* (*opp: Anwesenheit*) absence *f*

ab|wetzen *vt* élimer *Kleidung, Sofa*

ab|wickeln *vt* ① (*herunterwickeln*) défaire *Verband;* **etw von einer Rolle ~** dérouler qc d'un rouleau; **die Wolle von der Spule ~** débobiner la laine ② (*erledigen*) exécuter *Auftrag;* réaliser *Geschäft*

Abwicklung <-, -en> *f* (*Erledigung*) *eines Auftrags* exécution *f; eines Geschäfts* réalisation *f*

ab|wiegeln *vi* minimiser

ab|wiegen *vt irr* peser

ab|wimmeln *vt fam* envoyer balader *Vertreter;* **sich nicht so leicht ~ lassen** ne pas se laisser rebuter si facilement

ab|winkeln *vt* plier *Arm, Bein*

ab|winken *vi* faire un geste de dénégation ▶ **bis zum Abwinken** *fam* à faire crier grâce

ab|wischen *vt* essuyer

ab|wracken *vt* mettre à la ferraille *Auto, Schiff*

Abwrackprämie *f* POL, ÖKON prime *f* à la casse

Abwurf *m* ① *von Ballast* lâchage *m; von Bomben* largage *m* ② SPORT dégagement *m* [à la main]

ab|würgen *vt fam* ① caler *Motor* ② (*im Keim ersticken*) couper court à *Diskussion;* étouffer *Forderung*

ab|zahlen *vt* ① (*zurückzahlen*) rembourser *Kredit* ② (*in Raten bezahlen*) **etw ~** payer qc à tempérament; **etw in Raten ~** payer qc en plusieurs versements

ab|zählen **I.** *vt* compter *Betrag;* **das Fahrgeld abgezählt bereithalten** préparer l'appoint du prix du billet **II.** *vi* compter

Abzählreim *m* comptine *f*

Abzahlung *f eines Kredits* remboursement *m*

ab|zapfen ['aptsapfən] *vt* ① (*zapfen*) tirer *Bier* ② *fam* (*abnehmen*) **jdm Blut ~** prélever du sang à qn

ab|zäumen ['aptsɔymən] *vt* débrider *Pferd*

Abzeichen *nt* insigne *m*

ab|zeichnen **I.** *vt* ① (*abmalen*) reproduire ② (*signieren*) signer **II.** *vr* **sich ~** ① (*erkennbar werden*) se profiler ② (*durchscheinen*) *Unterwäsche, Träger:* se dessiner

Abziehbild *nt* décalcomanie *f*

ab|ziehen *irr* **I.** *vi* ① + *sein* MIL se retirer ② + *sein fam* (*weggehen*) décamper; **zieh ab!** *fam* fiche le camp! ③ + *sein* (*wegziehen*) *Rauch:* se dissiper; *Gewitter:* s'éloigner **II.** *vt* + *haben* ① (*einbehalten*) retenir *Steuern* ② (*abrechnen*) déduire *Betrag* ③ (*subtrahieren*) retrancher *Zahlen* ④ (*entnehmen*) retirer ⑤ (*entfernen*) **jdm die Haut ~** écorcher qn; **einem Tier das Fell ~** dépouiller un animal ⑥ (*von den Bezügen befreien*) **das Bett ~** retirer les draps [du lit] ⑦ (*abfüllen*) tirer *Most, Wein;* **Wein auf Flaschen ~** mettre du vin en bouteilles ⑧ (*vervielfältigen*) tirer *Text, Vorlage*

ab|zielen *vi* ① (*treffen wollen*) **auf jdn/etw ~** *Bemerkung, Seitenhieb:* viser qn/qc; **worauf zielst du mit deiner Bemerkung ab?** où veux-tu en venir avec ta remarque? ② (*zum Ziel haben*) **auf etw** (*akk*) **~** *Person:* avoir qc en vue; *Gesetz, Maßnahme:* viser à qc

Abzocke ['aptsɔkə] <-> *f fam* (*Übervorteilung*) arnaque *f;* **das ist die reinste ~!** c'est vraiment de l'arnaque!

ab|zocken *vt fam* arnaquer

Abzug *m* ① (*Einbehalt*) *von Sozialabgaben* retenue *f* ② (*das Abziehen*) *eines Rabatts* déduction *f* ③ (*Vervielfältigung*) copie *f* ④ (*Bilderabzug*) épreuve *f* ⑤ *kein Pl* MIL retrait *m* ⑥ FIN *von Kapital* retrait *m* ⑦ (*Luftzufuhr*) *eines Kamins* tirage *m;* (*Abzugsöffnung*) conduit *m* de fumée ⑧ (*Drücker*) *einer Schusswaffe* détente *f*

abzüglich ['aptsy:klɪç] *präp* + *gen* déduction faite de

abzugsfähig *adj Aufwendungen* déductible

Abzugsrohr *nt* tuyau *m* de cheminée

ab|zweigen **I.** *vi* + *sein* bifurquer; **von etw ~** *Weg, Gleis:* bifurquer de qc; **an etw** (*dat*)**/von etw ~** *Kabel:* partir de qc **II.** *vt* + *haben fam* **hundert Euro von etw ~** prélever cent euros sur qc

Abzweigung <-, -en> *f eines Wegs* embranchement *m; eines Kabels* branchement *m*
ab|zwicken *vt* couper [avec une pince]
Accessoire [aksɛ'so̯aːɐ̯] <-s, -s> *nt* accessoire *m*
Account [ə'kau̯nt] <-s, -s> *m o nt* INFORM compte *m;* **sich** (*dat*) **ein** [*o* **einen**] ~ **einrichten** créer un compte
Acetat [atse'taːt] *s.* **Azetat**
Aceton [atse'toːn] *s.* **Azeton**
ach [ax] *interj* ① (*Ausruf der Verärgerung*) ah; ~ **was!** allons donc! ② (*Ausruf der Überraschung*) ah; ~ **nein!** *fam* allons bon!; ~ **wirklich?** ah oui?; ~ **so!** (*nun gut*) bon, bon!; (*aha*) ah bon!
Ach [ax] <-s, -[s]> *nt* ▶ **mit ~ und Krach** *fam* de justesse
Achat [a'xaːt] <-[e]s, -e> *m* agate *f*
Achillesferse [a'xɪlɛs-] *f* talon *m* d'Achille
Achse ['aksə] <-, -n> *f* ① *eines Fahrzeugs* essieu *m* ② PHYS, MATH axe *m* ▶ **auf ~ sein** *fam* être [toujours] sur les chemins
Achsel ['aksəl] <-, -n> *f* ① (*Achselhöhle*) aisselle *f* ② (*Schulter*) épaule *f;* **mit den ~n zucken** hausser les épaules
Achselhaare *Pl* poils *mpl* des aisselles **Achselhöhle** *f* aisselle *f* **Achselzucken** <-s> *nt* haussement *m* d'épaules **achselzuckend** *adv* en haussant les épaules
Achsenbruch *m* rupture *f* d'essieu
acht[1] [axt] *num* huit; ~ [**Jahre alt**] **sein** avoir huit ans; **mit ~** [**Jahren**] à huit ans; **es ist ~** [**Uhr**] il est huit heures; **um/gegen ~** [**Uhr**] à/vers huit heures; **kurz vor ~** peu avant huit heures; **es ist schon kurz nach ~** il est déjà huit heures passées; **es ist ~** [**Minuten**] **nach/vor drei** il est trois heures huit/moins huit; **alle ~ Stunden** toutes les huit heures; **heute/**[**am**] **Montag in ~ Tagen** dans huit jours/lundi en huit; **es steht ~ zu drei** le score est de huit à trois
acht[2] [axt] *adv* huit; **zu ~ sein** être huit; **etw zu ~ tun** faire qc à huit
Acht[1] [axt] <-, -en> *f* ① (*Zahl, Spielkarte*) huit *m* ② *kein Pl* (*U-Bahn-, Bus-, Straßenbahnlinie*) huit *m* ③ (*einer Acht ähnelnde Form, Linie*) **eine ~ haben/laufen** faire un huit
Acht[2] [axt] <-> *f* ~ **geben** faire attention; **auf jdn/etw ~ geben** surveiller qn/qc; ~ **geben, dass ...** veiller à ce que ... + *subj;* **außer ~ lassen** ne pas tenir compte de; **nicht außer ~ lassen** ne pas négliger; **nimm dich in ~!** prends garde [à toi]!; **sich in ~ nehmen** se tenir sur ses gardes; **sich vor jdm/etw in ~ nehmen** se méfier de qn/qc
achtbar *adj geh* honorable
achte(**r, s**) *adj* ① huitième; **jeder ~ Franzose** un Français sur huit ② (*bei Datumsangaben*) **der ~ März** le huit mars; **am ~n März** le huit mars; **am Freitag, den ~n März** le vendredi huit mars; **Bonn, den ~n März** Bonn, le huit mars
Achte(**r**) *f*(*m*) *dekl wie adj* ① **als ~r/~** en huitième position; **jeder ~** une personne sur huit ② (*bei Datumsangabe*) **der ~ / am ~n** le huit ③ (*als Namenszusatz*) **Karl der ~** Charles VIII
Achteck ['axtʔɛk] *nt* octogone *m* **achteckig** *adj* octogonal(e)
achteinhalb ['axtʔai̯n'halp] *num* ~ **Meter** huit mètres et demi
achtel ['axtəl] *adj* **ein ~ Gramm** un huitième de gramme
Achtel ['axtəl] <-s, -> *nt* ① *a.* MATH huitième *m* ② (*Achtelliter*) ballon *m* ③ (*achtel Pfund*) **ein ~ Butter** une demi-plaquette de beurre
Achtelfinale *nt* huitième *m* de finale **Achtelnote** *f* croche *f* **Achtelpause** *f* demi-soupir *m*
achten ['axtən] **I.** *vt* ① (*wertschätzen*) estimer; **jdn hoch ~** tenir qn en haute estime; **etw hoch ~** estimer beaucoup qc ② (*respektieren*) respecter *Gesetze* **II.** *vi* ① (*aufpassen*) **auf jdn/etw ~** surveiller qn/qc ② (*beachten*) **auf jdn/etw ~** faire attention à qn/qc ③ (*sehen auf*) **darauf ~ etw zu tun** veiller à faire qc
ächten ['ɛxtən] *vt* ① HIST proscrire ② (*verdammen*) **jdn ~** frapper qn d'ostracisme
achtens ['axtəns] *adv* huitièmement
achtenswert *adj Person* respectable; *Leistung* méritoire
Achter ['axtɐ] <-s, -> *m* (*Ruderboot*) huit *m*
Achterbahn *f* grand huit *m*
achterlei *adj inv* ~ **Sorten Brot** huit sortes de pain; **in ~ Größen** en huit tailles
achtfach I. *adj* octuple; **eine ~e Vergrößerung** un agrandissement huit fois plus grand; **die ~e Menge nehmen** prendre huit fois cette quantité; **in ~er Ausfertigung** en huit exemplaires **II.** *adv falten* huit fois; *ausfertigen* en huit exemplaires
Achtfache(**s**) *nt dekl wie adj* octuple *m;* **das ~ verdienen** gagner huit fois plus; **um das ~** de huit fois; **um das ~ höher** huit fois plus élevé
acht|geben *s.* **Acht**[2]

A

achthundert ['axt'hʊndɐt] *num* huit cents

achtjährig ['axtjɛːrɪç] *adj Kind* de huit ans

achtkantig I. *adj* à huit arêtes II. *adv* ▶ **jdn ~ rauswerfen** *fam* ficher qn dehors

achtlos I. *adj* inattentif(-ive); **~ sein** ne pas faire attention II. *adv* sans faire attention

Achtlosigkeit <-> *f* inattention *f*

achtmal *adv* huit fois; **~ so viel** huit fois plus; **~ so viele ...** huit fois plus de ...

achtsam I. *adj geh* précautionneux(-euse); **~ mit etw sein** faire attention à qc II. *adv geh* soigneusement

Achtsamkeit <-> *f geh* soin *m*

Achtstundentag [axt'ʃtʊndənta:k] *m* journée *f* de huit heures

achtstündig ['axtʃtʏndɪç] *adj attr* de huit heures

achttägig ['axttɛːgɪç] *adj attr* de huit jours

achttausend ['axt'taʊzənt] *num* huit mille

Achtundsechziger(in) <-s, -> *m(f)* soixante-huitard(e) *m(f)* (*fam*)

Achtung ['axtʊŋ] <-> *f* ❶ (*Wertschätzung*) respect *m;* **sich** (*dat*) **~ bei jdm verschaffen** imposer le respect à qn ❷ (*Vorsicht*) **~!** attention!; **~, fertig, los!** attention! prêts? partez! ▶ **alle ~!** chapeau bas!

Ächtung ['ɛçtʊŋ] <-, -en> *f* ❶ *a.* HIST proscription *f* ❷ (*Verdammung*) *von Gewalt, von Kriegen* condamnation *f*

achtzehn *num* dix-huit; *s. a.* **acht**[1] **achtzehnte(r, s)** *adj* dix-huitième; *s. a.* **achte(r, s)**

achtzeilig *adj Gedicht, Strophe* de huit vers; *Text* de huit lignes

achtzig ['axtsɪç] *num* quatre-vingts, huitante (CH), octante (BELG); **~ [Jahre alt] sein** avoir quatre-vingts ans; **mit ~ [Jahren]** à quatre-vingts ans; **mit ~ Stundenkilometern** à quatre-vingts kilomètres à l'heure ▶ **jdn mit etw auf ~ bringen** *fam* mettre qn en pétard avec qc; **auf ~ sein** *fam* être en pétard

Achtzig ['axtsɪç] <-, -en> *f* quatre-vingts *m*

achtziger ['axtsɪgɐ] *adj inv* **die ~ Jahre** les années *fpl* quatre-vingts; **der ~ Jahrgang** (*Wein*) la cuvée quatre-vingts; *fig* (*Menschen*) la promotion quatre-vingts

Achtziger[1] <-s, -> *m* ❶ (*Mann in den Achtzigern*) octogénaire *m* ❷ *s.* **Achtzigjährige(r)**

Achtziger[2] *Pl* ❶ *eines Jahrhunderts* **die ~** les années *fpl* quatre-vingts ❷ (*Lebensalter*) **in den ~n sein** être octogénaire

achtzigjährig ['axtsɪçjɛːrɪç] *adj attr* de quatre-vingts ans

Achtzigjährige(r) *f(m) dekl wie adj* homme *m*/femme *f* de quatre-vingts ans

achtzigste(r, s) ['axtsɪçstə, -stɐ, -stəs] *adj* quatre-vingtième; **jdn zum ~n Geburtstag gratulieren** féliciter qn pour son quatre-vingtième anniversaire

Achtzylindermotor ['axttsilɪndɐ-] *m* moteur *m* [à] huit cylindres

ächzen ['ɛçtsən] *vi* ❶ gémir; **vor Schmerzen/Anstrengung ~** gémir de douleur/sous l'effort; **das/ein Ächzen** les gémissements/un gémissement; **~ und stöhnen** *fam* geindre ❷ (*knarren*) *Baum, Haus:* grincer

Acker ['akɐ, *Pl:* 'ɛkɐ] <-s, Äcker> *m* champ *m*

Ackerbau *m kein Pl* agriculture *f* **Ackerland** *nt kein Pl* terre *f* arable

ackern *vi fam* bosser

a conto [a 'kɔnto] *adv* FIN à titre d'acompte

Acryl [a'kry:l] <-s> *nt* CHEM acrylique *m*

Acrylfarbe *f* peinture *f* acrylique **Acrylglas** *nt* verre *m* acrylique

Action ['ɛkʃən] <-> *f fam* (*spannende Handlung*) action *f;* (*lebhafte Stimmung*) animation *f*

Actionfilm *m* film *m* d'action

a.D. [aː'deː] *Abk von* **außer Dienst** E.R.

ad absurdum [at ap'zʊrdʊm] *adv* **etw ~ führen** *geh* prouver l'absurdité de qc

ADAC [aːdeːʔaː'tseː] <-> *m Abk von* **Allgemeiner Deutscher Automobil-Club** *club automobile allemand*

ad acta [at 'akta] *adv* **etw ~ legen** *geh* classer [définitivement] qc

Adam ['aːdam] <-s> *m* Adam *m* ▶ **bei ~ und Eva anfangen** *fam* remonter au déluge; **das macht nach ~ Riese ...** *fam* si mes comptes sont bons, ça fait ...

Adamsapfel *m fam* pomme *f* d'Adam **Adamskostüm** *nt* costume *m* d'Adam; **im ~** *hum fam* en costume d'Adam

Adaptation [adapta'tsi̯oːn] <-, -en> *f* ❶ *kein Pl* (*Anpassung*) *der Augen* accommodation *f; des Organismus* adaptation *f* ❷ (*Bearbeitung*) adaptation *f*

Adapter [a'daptɐ] <-s, -> *m* TECH adaptateur *m*

adaptieren* [adap'tiːrən] *vt* ❶ adapter; **etw fürs Fernsehen ~** adapter qc pour la télévision ❷ A (*einrichten*) aménager *Wohnung*

adäquat [adɛ'kvaːt] *adj Honorar* convenable; *Übersetzung* juste; *Verhalten* adéquat(e)

addieren* [a'diːrən] *vt* additionner *Zahlen*

Addition [adi'tsi̯oːn] <-, -en> *f* addition *f*

ade [a'deː] *interj* SDEUTSCH au revoir
Adel ['aːdəl] <-s> *m* (*Adelsgeschlechter*) noblesse *f;* **von ~ sein** être noble
adelig *adj s.* **adlig**
adeln *vt* (*den Adel verleihen*) anoblir
Adelstitel *m* titre *m* nobiliaire
Ader ['aːdɐ] <-, -n> *f* ① ANAT veine *f* ② MIN filon *m* ③ ELEC fil *m* ④ BOT nervure *f* ▶ **eine künstlerische ~ haben** avoir un don pour l'art
AderlassRR ['aːdɐlas] <-es, -lässe>, **Aderlaß**ALT <-lasses, -lässe> *m geh* (*Verlust*) hémorragie *f*
ad hoc [at 'hɔk] *adv geh* sur-le-champ
adieu [a'di̯øː] *interj s.* **ade**
Adjektiv ['atjɛktiːf] <-s, -e> *nt* adjectif *m*
adjektivisch ['atjɛktiːvɪʃ] *adj* adjectival(e)
Adler ['aːdlɐ] <-s, -> *m* aigle *m*
Adlerauge *nt* œil *m* d'aigle ▶ **~n haben** avoir un regard d'aigle **Adlerhorst** *m* aire *f* **Adlernase** *f* nez *m* aquilin
adlig ['aːdlɪç] *adj* noble **Adlige(r)** *f(m) dekl wie adj* noble *mf*
Administration [atminɪstra'ts̯i̯oːn] <-, -en> *f* administration *f*
administrativ [atminɪstra'tiːf] *adj* administratif(-ive)
Administrator [atminɪs'traːtoːɐ̯] <-s, -toren> *m*, **Administratorin** *f* INFORM administrateur(-trice) *m(f)*
Admiral(in) [atmi'raːl] <-s, -e *o* Admiräle> *m(f)* MIL amiral *m*
Admiralität [atmirali'tɛːt] <-, -en> *f* amirauté *f*
adoptieren* [adɔp'tiːrən] *vt* adopter
Adoption [adɔp'ts̯i̯oːn] <-, -en> *f* adoption *f*
Adoptiveltern *Pl* parents *mpl* adoptifs **Adoptivkind** *nt* [enfant *m*] adopté *m*
Adrenalin [adrena'liːn] <-s> *nt* adrénaline *f*
Adrenalinschub *m* montée *f* d'adrénaline **Adrenalinstoß** *m* décharge *f* d'adrénaline
Adressat(in) [adrɛ'saːt] <-en, -en> *m(f) geh* (*Empfänger*) destinataire *mf*
AdressbuchRR *nt* ① (*amtliches Verzeichnis*) annuaire *m* ② (*Notizbuch*) carnet *m* d'adresses
Adresse [a'drɛsə] <-, -n> *f* ① *a.* INFORM adresse *f* ② (*Firma, Firmenname*) **die ersten ~n** les meilleures maisons *fpl;* **eine der besten ~n für Software** une des meilleures marques de logiciels ▶ **bei jdm mit etw an der falschen ~ sein** *fam* se tromper d'adresse pour qc en s'adressant à qn
adressieren* [adrɛ'siːrən] *vt* mettre l'adresse sur; **etw an jdn/etw ~** adresser qc à qn/qc
adrett [a'drɛt] **I.** *adj* coquet(te) **II.** *adv* coquettement
Adria ['aːdria] <-> *f* **die ~** l'Adriatique *f*
ADS [aːdeː'ʔɛs] <-> *nt Abk von* **Aufmerksamkeitsdefizit-Syndrom** MED, PSYCH TDA *m*
A-Dur ['aːduːɐ̯] *nt* la *m* majeur
Advent [at'vɛnt] <-s, -e> *m* avent *m*
Adventskalender *m* calendrier *m* de l'avent **Adventskranz** *m* couronne *f* de l'avent **Adventszeit** *f* temps *m* de l'avent
Adverb [at'vɛrp] <-s, -ien> *nt* adverbe *m*
adverbial [atvɛr'bi̯aːl] *adj* adverbial(e)
Adverbialsatz *m* GRAM subordonnée *f* circonstancielle
Advokat(in) [atvo'kaːt] <-en, -en> *m(f)* A, CH avocat(e) *m(f)*
Aerobic [ɛ'roːbɪk] <-s> *nt* aérobic *f*
Aerodynamik [aerody'naːmɪk] *f* ① PHYS aérodynamique *f* ② AUT aérodynamisme *m* **aerodynamisch** [aerody'naːmɪʃ] *adj Verhalten, Form* aérodynamique
Affäre [a'fɛːrə] <-, -n> *f* ① (*Angelegenheit*) affaire *f* ② (*Liebesabenteuer*) aventure *f* ▶ **sich mit etw aus der ~ ziehen** *fam* se dépatouiller en faisant qc
Affe ['afə] <-n, -n> *m* ① singe *m* ② *fam* (*unangenehmer Mensch*) conard *m* ▶ **ich glaub', mich laust der ~!** *fam* les bras m'en tombent!
Affekt [a'fɛkt] <-[e]s, -e> *m* JUR [im]pulsion *f;* **etw im ~ tun** faire qc sous le coup d'une émotion
Affekthandlung *f* acte *m* impulsif
affektiert [afɛk'tiːɐ̯t] *pej* **I.** *adj Person* maniéré(e); *Benehmen, Stil* affecté(e) **II.** *adv* avec affectation
affenartig *adj* simiesque
Affenbrotbaum *m* BOT baobab *m*
affengeil ['afən'gai̯l] *adj fam* génial(e) **Affenhitze** *f fam* chaleur *f* à crever **Affentempo** *nt fam* vitesse *f* dingue; **in einem ~** à fond la caisse **Affentheater** *nt fam* cirque *m* **Affenzahn** *s.* **Affentempo**
Affiche [a'fɪʃ(ə)] <-, -n> *f* CH affiche *f*
affig ['afɪç] *pej fam* **I.** *adj Benehmen* chichiteux(-euse); *Eindruck* ridicule **II.** *adv* **sich ~ anstellen** faire des simagrées
Äffin ['ɛfɪn] <-, -nen> *f* guenon *f*
affirmativ [afɪrma'tiːf] *adj* affirmatif(-ive)
Afghane [af'gaːnə] <-n, -n> *m*, **Afghanin** *f* Afghan(e) *m(f)*
afghanisch [af'gaːnɪʃ] **I.** *adj* afghan(e)

A

II. *adv* ~ **miteinander sprechen** discuter en afghan; *s. a.* **deutsch**
Afghanisch [afˈgaːnɪʃ] <-[s]> *nt kein Art* afghan *m; s. a.* **Deutsch**
Afghanistan [afˈgaːnɪstaːn] <-s> *nt* l'Afghanistan *m*
Afghanistan-Einsatz *m* POL intervention *f* en Afghanistan
Afrika [ˈaːfrika] <-s> *nt* l'Afrique *f*
Afrikaans [afriˈkaːns] <-> *nt* afrika[a]ns *m*
Afrikaner(in) [afriˈkaːnɐ] <-s, -> *m(f)* Africain(e) *m(f)*
afrikanisch *adj* africain(e)
After [ˈaftɐ] <-s, -> *m* anus *m*
Afterhour [ˈaːftɐʔau̯ɐ] <-, -s> *f,* **After-Hour-Party** *f* after *f*
AftershaveRR [ˈaːftɐʃeɪf] <-[s], -s> *nt* après-rasage *m*
AftershowpartyRR, **After-Show-Party**RR [ˈaːftɐʃoʊ-] *f* aftershow *m*
After-Work-PartyRR, **Afterworkparty**RR [ˈaːftɐ(ˈ)wɔːk-] *f* [soirée *f*] afterwork *m*
AG [aːˈgeː] <-, -s> *f Abk von* **Aktiengesellschaft** S.A. *f*
Ägäis [ɛˈgɛːɪs] <-> *f* **die** ~ la mer Égée
Agave [agaːvə] <-, -n> *f* agave *m*
Agenda [aˈgɛnda] <-, Agenden> *f* agenda *f;* **die** ~ **2010** POL l'Agenda 2010
Agent(in) [aˈgɛnt] <-en, -en> *m(f)* agent *m*
Agentur [agɛnˈtuːɐ̯] <-, -en> *f* COM, MEDIA agence *f*
Agenturmeldung *f* dépêche *f* d'agence
AGG [aːgeːˈgeː] <-s> *nt Abk von* **Allgemeines Gleichbehandlungsgesetz** JUR *loi allemande pour l'égalité de traitement*
Agglomeration [aglomeraˈt͡si̯oːn] <-, -en> *f geh* région *f* à forte concentration urbaine
Aggregat [agreˈgaːt] <-[e]s, -e> *nt* TECH organe *m;* (*Stromaggregat*) groupe *m* électrogène
Aggregatzustand *m* CHEM état *m* physique [de la matière]; **flüssiger/fester/gasförmiger** ~ état liquide/solide/gazeux
Aggression [agrɛˈsi̯oːn] <-, -en> *f* ❶ PSYCH agressivité *f pas de pl* ❷ MIL agression *f*
aggressiv [agrɛˈsiːf] *adj* ❶ agressif(-ive) ❷ CHEM *Stoff* corrosif(-ive)
Aggressivität [agrɛsiviˈtɛːt] <-, -en> *f* agressivité *f*
Aggressor [aˈgrɛsoːɐ̯] <-s, -ssoren> *m form* agresseur *m*
agieren* [aˈgiːrən] *vi geh* agir; **als Vermittler** ~ faire fonction d'intermédiaire

agil [aˈgiːl] *adj geh* ❶ (*beweglich*) ingambe ❷ (*geistig regsam*) alerte
Agitation [agitaˈt͡si̯oːn] <-, -en> *f* agitation *f*
Agitator [agiˈtaːtoːɐ̯] <-s, -toren> *m,* **Agitatorin** *f* agitateur(-trice) *m(f)*
Agonie [agoˈniː] <-, -ien> *f geh* agonie *f*
Agrarerzeugnis *nt* produit *m* agricole **Agrarland** *nt* pays *m* agricole **Agrarmarkt** *m* marché *m* agricole **Agrarpolitik** *f* politique *f* agricole **Agrarreform** *f* réforme *f* agraire **Agrarwirtschaft** *f kein Pl* agriculture *f pas de pl* **Agrarwissenschaft** *f* agronomie *f*
Ägypten [ɛˈgʏptən] <-s> *nt* l'Égypte *f*
Ägypter(in) [ɛˈgʏptɐ] <-s, -> *m(f)* Égyptien(ne) *m(f)*
ägyptisch [ɛˈgʏptɪʃ] *adj* égyptien(ne)
Ägyptisch *nt* l'égyptien *m*
Ägyptologie [ɛgʏptoloˈgiː] <-> *f* égyptologie *f*
ah [aː] *interj* (*Ausruf des Erstaunens*) ah
äh [ɛː] *interj* (*Pausenfüller*) euh
aha [aˈha(ː)] *interj* ❶ (*ach so*) ha [ha] ❷ (*sieh da*) tiens [tiens]
Aha-Erlebnis *nt* déclic *m*
Ahle [ˈaːlə] <-, -n> *f* alène *f*
Ahn [aːn] <-[e]s *o* -en, -en> *m geh* ancêtre *m;* **unsere** ~**en** nos aïeux *mpl*
ahnden [ˈaːndən] *vt form* sanctionner *Verstoß;* punir *Verbrechen*
ähneln [ˈɛːnəln] **I.** *vi* ressembler; **jdm/einer S.** ~ ressembler à qn/qc **II.** *vr* **sich** (*dat*) ~ *geh* se ressembler
ahnen [ˈaːnən] *vt* ❶ se douter de *Ereignis;* pressentir *Gefahr;* **nichts** ~**d** pris au dépourvu; *handeln* sans se douter de rien; **das konnte ich doch nicht** ~**!** je ne pouvais pas le deviner! ❷ (*undeutlich wahrnehmen*) deviner *Umrisse*
Ahnenforschung *f* généalogie *f* **Ahnengalerie** *f* galerie *f* des ancêtres
ähnlich [ˈɛːnlɪç] **I.** *adj* semblable; **in** ~**er Weise** de façon similaire; **jdm sehr** ~ **sehen** ressembler beaucoup à qn **II.** *adv* de la même façon; **sie ist** ~ **unverfroren wie ihr Bruder** elle est aussi effrontée que son frère **III.** *präp + dat* comme
Ähnlichkeit <-, -en> *f* ❶ (*ähnliches Aussehen*) ressemblance *f;* **mit jdm/etw** ~ **haben** ressembler à qn/qc ❷ (*Vergleichbarkeit*) *einer Tat* similitude
ähnlich|sehenRR *vi irr* (*typisch oder bezeichnend sein*) **das sieht ihm/ihr [wieder mal] ähnlich!** c'est bien de lui/d'elle!
Ahnung <-, -en> *f* ❶ (*Vorgefühl*) pressen-

timent *m* ❷ (*Vermutung*) présomption *f*; **er hatte keine ~, dass** il ne s'est pas douté que + *subj*; **ich hatte ja keine ~!** je n'étais pas du tout au courant!; **keine ~!** *fam* aucune idée! ❸ *fam* (*Wissen*) **~/keine ~ von EDV haben** s'y connaître/n'y rien connaître en informatique ▶ **keine blasse ~ von etw haben** *fam* ne pas avoir la moindre idée de qc

ahnungslos I. *adj* ❶ (*arglos*) inconscient(e) [du danger]; **~ sein** ne se douter de rien ❷ (*unwissend*) **~ sein** être ignorant II. *adv* (*arglos*) sans se douter de rien

Ahnungslosigkeit <-> *f* ❶ (*Arglosigkeit*) inconscience *f*; **in völliger ~** en toute innocence ❷ (*Unwissenheit*) ignorance *f*

ahoi [a'hɔy] *interj* ohé

Ahorn ['a:hɔrn] <-s, -e> *m* érable *m*

Ähre ['ɛ:rə] <-, -n> *f* (*Blütenstand*) épi *m*

Aids [əɪds, e:ts] <-> *nt* sida *m*

Aidshilfe *f* association *f* antisida **aidsinfiziert** *adj* séropositif(-ive) **aidskrank** *adj* sidaïque **Aidskranke(r)** *f(m) dekl wie adj* sidaïque *mf* **Aidsspezialist(in)** *m(f)* sidologue *m* **Aidstest** *m* test *m* de dépistage du sida **Aidsvirus** *nt* virus *m* du sida

Aikido [ai'ki:do] <-[s]> *nt* SPORT aïkido *m*

Airbag ['ɛ:ɐ̯bɛk] <-s, -s> *m* airbag® *m*

Airbus® ['ɛ:ɐ̯bʊs] *m* airbus® *m*

Ajatollah [aja'tɔla] <-s, -s> *m* ayatollah *m*

Akademie [akade'mi:] <-, -ien> *f* ≈ institut *m* universitaire de technologie; (*Kunstakademie*) école *f* des beaux-arts

Akademiker(in) [aka'de:mikɐ] <-s, -> *m(f)* diplômé(e) *m(f)* de l'enseignement supérieur

akademisch [aka'de:mɪʃ] *adj* universitaire

Akazie [a'ka:tsi̯ə] <-, -n> *f* acacia *m*

akklimatisieren* [aklimati'zi:rən] *vr* **sich ~** s'acclimater

Akklimatisierung <-> *f* **~ an etw** acclimatement *m* à qc

Akkord [a'kɔrt] <-[e]s, -e> *m* ❶ MUS accord *m* ❷ IND **im ~ arbeiten** travailler aux pièces

Akkordarbeit *f* travail *m* à la tâche **Akkordarbeiter(in)** *m(f)* ouvrier(-ière) *m(f)* aux pièces

Akkordeon [a'kɔrdeɔn] <-s, -s> *nt* accordéon *m*

akkreditieren* [akredi'ti:rən] *vt* POL accréditer

Akkreditiv [akredi'ti:f] <-s, -e> *nt* FIN accréditif *m*; **ein ~ eröffnen** établir un accréditif

Akku ['aku] <-s, -s> *m Abk von* **Akkumulator** *fam* accu *m*

akkurat [aku'ra:t] *adj Person* minutieux(-euse)

Akkusativ ['akuzati:f] <-s, -e> *m* accusatif *m*

Akkusativobjekt *nt* complément *m* à l'accusatif

Akne ['aknə] <-, -n> *f* acné *f*

Akontozahlung [a'kɔnto-] *f* acompte *m*

Akribie [akri'bi:] <-> *f geh* méticulosité *f* (*littér*)

akribisch [a'kri:bɪʃ] *adj geh* méticuleux(-euse)

Akrobat(in) [akro'ba:t] <-en, -en> *m(f)* acrobate *mf*

Akrobatik [akro'ba:tɪk] <-> *f* acrobatie *f*

akrobatisch *adj* acrobatique

Akronym [akro'ny:m] <-s, -e> *nt* LING acronyme *m*

Akt¹ [akt] <-[e]s, -e> *m* ❶ KUNST nu *m* ❷ THEAT acte *m* ❸ (*Handlung*) acte *m*; **ein ~ der Verzweiflung** un acte désespéré ❹ *form* (*Geschlechtsakt*) acte *m* sexuel ▶ **das ist doch kein ~!** *fam* c'est pas la mer à boire!

Akt² [akt] <-[e]s, -en> *m* SDEUTSCH, A *s.* **Akte**

Akte ['aktə] <-, -n> *f* dossier *m* ▶ **etw zu den ~n legen** (*ablegen*) classer qc; (*als erledigt betrachten*) classer qc [définitivement]

Aktenkoffer *m* mallette *f* **aktenkundig** *adj* **~ sein** *Vorfall:* être consigné **Aktenmappe** *f* ❶ (*Hefter*) chemise *f* ❷ (*Aktentasche*) porte-documents *m inv* **Aktenordner** *m* classeur *m* **Aktenschrank** *m* classeur *m* **Aktentasche** *f* serviette *f* **Aktenzeichen** *nt* numéro *m* de dossier

Akteur(in) [ak'tø:ɐ̯] <-s, -e> *m(f)* ❶ *a.* THEAT, CINE acteur *m*/actrice *f* ❷ SPORT joueur(-euse) *m(f)*

Aktfoto *nt* photo *f* de nu **Aktfotografie** *f kein Pl* photographie *f* de nus

Aktie ['aktsi̯ə] <-, -n> *f* action *f* ▶ **jds ~n fallen/steigen** les actions de qn baissent/montent

Aktiengesellschaft *f* société anonyme *f* **Aktienindex** *m* indice *m* boursier **Aktienkurs** *m* cours *m* **Aktienmarkt** *m* marché *m* boursier

Aktion [ak'tsi̯o:n] <-, -en> *f* ❶ *a.* MIL action *f*; **in ~ treten** *Person:* passer à l'action; *Plan, Vorschrift:* entrer en vigueur ❷ (*Verkaufsmaßnahme*) promotion *f*

A

Aktionär(in) [aktsi̯o'nɛːɐ̯] <-s, -e> *m(f)* actionnaire *mf*
Aktionismus [aktsi̯o'nɪsmʊs] <-> *m pej* activisme *m*
Aktionsradius *m* ❶ *eines Schiffs, Flugzeugs* rayon *m* d'action ❷ (*Wirkungsbereich*) champ *m* d'action
aktiv [ak'tiːf] *adj* ❶ (*rührig*) actif(-ive) ❷ (*berufstätig*) en activité
Aktiv ['aktiːf] <-s, *selten* -e> *nt* GRAM forme *f* active
Aktiva [ak'tiːva] *Pl* ÖKON actif *m*
aktivieren* [akti'viːrən] *vt* ❶ (*mobilisieren*) stimuler ❷ MED activer ❸ (*auslösen*) déclencher *Mechanismus*
Aktivierung <-, -en> *f a.* CHEM activation *f*
Aktivist(in) [akti'vɪst] <-en, -en> *m(f)* homme *m*/femme *f* d'action; (*politisch aktiver Mensch*) militant(e) *m(f)*
Aktivität [aktvi'tɛːt] <-, -en> *f* activité *f*
Aktivposten *m* COM poste *m* de l'actif **Aktivurlaub** *m* vacances *fpl* actives
Aktmalerei *f* peinture *f* de nus **Aktmodell** *nt* modèle *m* nu
aktualisieren* [aktu̯ali'ziːrən] *vt* ❶ [ré]actualiser ❷ INFORM mettre à jour
Aktualisierung <-, -en> *f* actualisation *f*; *eines Textes, von Daten* mise *f* à jour
Aktualität [aktu̯ali'tɛːt] <-, -en> *f* actualité *f*
Aktuar(in) [aktu̯'aːɐ̯] <-s, -e> *m(f)* CH secrétaire *mf*
aktuell [ak'tu̯ɛl] *adj* actuel(le); *Buch, Film* d'actualité
Aktzeichnung *f* académie *f*, dessin *m* de nus
Akupressur [akuprɛ'suːɐ̯] <-, -en> *f* massage *m* par pression
Akupunkteur(in) [akupʊŋk'tøːɐ̯] <-s, -e> *m(f)* acupuncteur(-trice) *m(f)*
akupunktieren* [akupʊŋk'tiːrən] *vt* **akupunktiert werden** se faire soigner par acupuncture
Akupunktur [akupʊŋk'tuːɐ̯] <-, -en> *f* acupuncture *f*
Akustik [a'kʊstɪk] <-> *f* acoustique *f*
akustisch **I.** *adj* acoustique; *Frage* d'acoustique **II.** *adv schlecht* du point de vue de l'acoustique
akut [a'kuːt] *adj* ❶ MED aigu(ë) ❷ *Problem* urgent(e); *Mangel* aigu(ë)
AKW [aːkaː'veː] <-s, -s> *nt Abk von* **Atomkraftwerk** centrale *f* nucléaire
Akzent [ak'tsɛnt] <-[e]s, -e> *m* accent *m*; **den ~ auf etw** (*akk*) **legen** *fig* mettre l'accent sur qc; **~e setzen** *fig* marquer un tournant
akzentfrei *adj, adv* sans accent
akzentuieren* [aktsɛntu'iːrən] *vt* accentuer *Silbe*
Akzept [ak'tsɛpt] <-[e]s, -e> *nt* FIN acceptation *f*; **einen Wechsel mit ~ versehen** accepter une traite
akzeptabel [aktsɛp'taːbəl] *adj* acceptable
Akzeptanz [aktsɛp'tants] <-> *f* admission *f*; **~ einer S.** (*gen*) admission de qc; **die hohe/geringe ~ dieses Produkts** la bonne/mauvaise acceptation de ce produit
akzeptieren* [aktsɛp'tiːrən] *vt, vi* accepter
Alabaster [ala'bastɐ] <-s, -> *m* albâtre *m*
Alarm [a'larm] <-[e]s, -e> *m* ❶ (*Warnsignal*) alarme *f* ❷ MIL (*Alarmzustand*) alerte *f* ▶ **~ schlagen** donner l'alarme; (*warnen*) tirer la sonnette d'alarme
Alarmanlage *f* système *m* d'alarme **alarmbereit** *adj* en [état d']alerte; *Rakete, Flugzeug* prêt(e) à décoller **Alarmbereitschaft** *f* état *m* d'alerte; **jdn/etw in ~ versetzen** mettre qn/qc en alerte **Alarmglocke** *f* sonnette *f* d'alarme ▶ **bei jdm geht die ~** *fam* qn s'alarme
alarmieren* [alar'miːrən] *vt* ❶ alerter *Feuerwehr, Polizei* ❷ (*beunruhigen*) **jdn ~** *Gerücht:* alarmer qn
alarmierend *adj* alarmant(e)
Alarmruf *m* cri *m* d'alarme **Alarmsignal** *nt* signal *m* d'alarme **Alarmstufe** *f* seuil *m* d'alerte; **~ Rot** l'alerte rouge
Alaska [a'laska] <-s> *nt* l'Alaska *m*
Alb <-> *f* **die Schwäbische ~** le Jura souabe
Albaner(in) [al'baːnɐ] <-s, -> *m(f)* Albanais(e) *m(f)*
Albanien [al'baːni̯ən] <-s> *nt* l'Albanie *f*
albanisch **I.** *adj* albanais(e) **II.** *adv* **~ miteinander sprechen** discuter en albanais; *s. a.* **deutsch**
Albanisch <-[s]> *nt kein Art* albanais *m*; *s. a.* **Deutsch**
Albatros ['albatrɔs] <-, -se> *m* albatros *m*
Alben *Pl von* **Album**
albern[1] ['albɐn] **I.** *adj* (*kindisch*) un peu niais(e) **II.** *adv sich benehmen* de façon puérile
albern[2] ['albɐn] *vi* bêtifier
Albernheit <-, -en> *f* ❶ *kein Pl* (*alberne Art*) *einer Person* niaiserie *f* ❷ (*Handlung*) enfantillage *m*; (*Äußerung*) bêtise *f*
Albino [al'biːno] <-s, -s> *m* albinos *mf*
Albtraum[RR] *s.* **Alptraum**
Album ['albʊm, *Pl:* 'albən] <-s, Alben> *nt* album *m*
Alchimie [alçi'miː] <-> *f* alchimie *f*

Alcopop ['alkopɔp] <-s, -s> *m o nt* pré-mix *m*
Alemanne [alə'manə] <-n, -n> *m*, **Alemannin** *f* HIST Alaman(e) *m(f)*
alemannisch [alə'manɪʃ] *adj* HIST alémanique
Alge ['algə] <-, -n> *f* algue *f*
Algebra ['algebra] <-> *f* algèbre *f*
algebraisch [alge'braːɪʃ] *adj Formel* algébrique; *Regel* d'algèbre
Algerien [al'geːri̯ən] <-s> *nt* l'Algérie *f*
Algerier(in) <-s, -> *m(f)* Algérien(ne) *m(f)*
algerisch [al'geːrɪʃ] *adj* algérien(ne)
Algier ['alʒiːɐ̯] <-s> *nt* Alger
Algorithmus [algo'rɪtmʊs] <-, -men> *m* MATH algorithme *m*
alias ['aːli̯as] *adv* alias
Alibi ['aːlibi] <-s, -s> *nt* alibi *m*
Alimente [ali'mɛntə] *Pl* pension *f* alimentaire
alkalisch [al'kaːlɪʃ] *adj* CHEM alcalin(e)
Alkohol ['alkohoːl] <-s, -e> *m* alcool *m*
alkoholabhängig *adj* alcoolique **Alkoholeinfluss**RR *m form* effet *m* de l'alcool; **unter ~ stehen** être en état d'ébriété **Alkoholfahne** *f fam* haleine *f* qui sent l'alcool; **eine ~ haben** puer l'alcool **alkoholfrei** *adj* sans alcool **Alkoholgehalt** *m eines Getränks* teneur *f* en alcool; *des Bluts* alcoolémie *f*
alkoholhaltig *adj* alcoolisé(e)
Alkoholika [alko'hoːlika] *Pl* alcools *mpl*
Alkoholiker(in) [alko'hoːlikɐ] <-s, -> *m(f)* alcoolique *mf*
alkoholisch [alko'hoːlɪʃ] *adj* ❶ *Getränk* alcoolisé(e) ❷ CHEM à base d'alcool
alkoholisiert I. *adj Person* ivre; **in ~em Zustand** en état d'ébriété II. *adv* en état d'ébriété
Alkoholismus [alkoho'lɪsmʊs] <-> *m* alcoolisme *m*
Alkoholkonsum *m* consommation *f* d'alcool **Alkoholmissbrauch**RR *m kein Pl* abus *m* d'alcool **Alkoholpegel** *m hum*, **Alkoholspiegel** *m* taux *m* d'alcool dans le sang **Alkoholtest** *m* alcootest® *m* **Alkoholverbot** *nt* interdiction *f* de consommer de l'alcool **Alkoholvergiftung** *f* intoxication *f* par l'alcool
Alkopop ['alkopɔp] <-s, -s> *m o nt s.* **Alcopop**
all [al] *pron indef* **~ die Arbeit** tout le travail
All [al] <-s> *nt* cosmos *m*
allabendlich [al'ʔabəntlɪç] I. *adj* du soir II. *adv* tous les soirs
Allah ['ala] <-s> *m* REL Allah *m*
allbekannt ['albəkant] *adj Phänomen* notoire
alle ['alə] *Adj fam* (*verbraucht, verkauft*) **das Brot/die Seife ist ~** il n'y a plus de pain/de savon
alle(r, s) ['alə, -lɐ, -ləs] *pron indef* ❶ *attr* (*der/die/das gesamte ...*) **ich wünsche dir ~s Gute** je te souhaite bien des choses; **das ~s** tout ça; **~s, was du willst** tout ce que tu veux; **trotz ~m** malgré tout; **jdn über ~s lieben** aimer qn par-dessus tout; **vor ~m** avant tout ❷ (*die gesamten ...*) **~ Kollegen/Kolleginnen** tous/toutes les collègues; **~ beide** tous/toutes les deux ❸ (*alle Leute*) **bitte ~s aussteigen!** tout le monde descend! ❹ *fam* (*im Einzelnen und insgesamt*) **wer war ~s da?** qui donc était là?; **was sie ~s weiß!** incroyable tout ce qu'elle sait! ❺ (*regelmäßig jeder/jede ...*) **~ zwei Stunden** toutes les deux heures ❻ (*jeder/jede erdenkliche ...*) **er hat ~n Grund, dankbar zu sein** il a de bonnes raisons pour être reconnaissant ▶**hast du sie noch ~?** *fam* tu es sonné?; **der hat sie [wohl] nicht mehr ~!** *fam* il déménage!; **~s in ~m** (*zusammengerechnet*) en tout; (*insgesamt betrachtet*) tout compte fait
Allee [a'leː] <-, -een> *f* allée *f*
Allegorie [alego'riː] <-, -ien> *f* allégorie *f*
allein [a'lai̯n] I. *adj* ❶ **~ sein** être seul(e); **etw ~ entscheiden** décider qc en son nom propre ❷ (*isoliert, ohne Hilfe*) [tout(e)] seul(e) II. *adv* ❶ (*bereits*) rien que ❷ (*ausschließlich*) uniquement; **das ist ganz ~ deine Sache** c'est exclusivement ton affaire ❸ (*selbständig, selbsttätig*) **etw von ~ tun** faire qc de soi-même; **das läuft von ~** ça roule tout seul
alleine *adj, adv fam s.* **allein I.1, 2, II.3**
Alleinerbe *m*, **-erbin** *f* unique héritier(-ière) *m(f)*
alleinerziehend *adj Mutter, Vater* qui est parent unique; **~ sein** être parent unique
Alleinerziehende(r) *f(m) dekl wie adj* parent *m* unique **Alleingang** <-gänge> *m* initiative *f* individuelle; SPORT action *f* isolée; **etw im ~ tun** faire qc en solitaire **Alleinherrschaft** *f einer Person* autocratie *f* **Alleinherrscher(in)** *m(f)* souverain(e) *m(f)* absolu(e)
alleinige(r, s) *adj, nicht präd* **der ~ Erbe** l'unique héritier; **die ~ Vertretung einer S.** (*gen*) **haben** être le représentant exclusif de qc
Alleinsein *nt* solitude *f*
alleinstehend *adj* seul(e), qui vit seul(e); (*ledig*) célibataire

A

Alleinunterhalter(in) *m(f) a. fig* artiste *mf* **Alleinvertrieb** *m* ① (*Vertriebsrecht*) exclusivité *f* ② (*Firma*) distributeur *m* exclusif

alle|machen *vt fam* (*töten*) bousiller (*pop*)

allemal ['alə'ma:l] *adv fam* ① (*ohne Schwierigkeit*) à tous les coups; **~!** sans problème! ② (*in jedem Falle*) de toute façon

allenfalls ['alən'fals] *adv* ① (*höchstens*) tout au plus ② (*bestenfalls*) au mieux

allerbeste(r, s) ['alɐ'bɛstə, -stɐ, -stəs] **I.** *adj* **der/die/das ~ ...** le meilleur/la meilleure ...; **ich wünsche dir das Allerbeste!** je t'adresse tous mes meilleurs vœux! **II.** *adv* **es ist am ~n, wenn** le mieux serait que + *subj* **allerdings** ['alɐ'dɪŋs] *adv* ① (*jedoch*) toutefois ② (*in der Tat*) en effet ③ (*gewiss*) **~!** et comment! **allererste(r, s)** ['alɐ'ʔe:ɐ̯stə, -stɐ, -stəs] *adj* ① **das Allererste, was wir tun müssen** la première chose à faire ② (*ausgezeichnet*) **~ Qualität** qualité *f* première **allerfrühestens** *adv* au plus tôt

Allergen [alɛr'ge:n] <-s, -e> *nt* MED allergène *m*

Allergie [alɛr'gi:] <-, -i̱en> *f* allergie *f*; **eine ~ gegen etw haben** avoir une allergie à qc

Allergietest *m* test *m* d'allergie

Allergiker(in) <-s, -> *m(f)* personne *f* allergique

allergisch *adj* allergique; **gegen jdn/etw ~ sein** être allergique à qn/qc

allerhand ['alɐ'hant] *adj inv fam* ① (*allerlei*) **~ Süßigkeiten** un tas de sucreries ② *erzählen, verdrücken* pas mal de choses; *gewinnen, transportieren* un paquet ▸ **das ist [ja] ~!** (*das ist unverschämt*) c'est un peu fort!; (*das ist erstaunlich*) eh ben dis donc!

Allerheiligen ['alɐ'hailɪgən] <-> *nt* Toussaint *f*; **an ~** à la Toussaint

allerhöchstens *adv* ① (*allenfalls*) tout au plus ② (*spätestens*) **in ~ einer Stunde** dans une heure au plus tard

allerlei ['alɐ'lai̯] *adj inv* **~ Spielzeug** toutes sortes de jouets; **~ erzählen** raconter toutes sortes de choses

allerletzte(r, s) *adj* ① (*letzte, neueste*) **der/die/das ~ ...** le tout dernier/la toute dernière ... ② *fam* (*geschmacklos*) **das/er ist das Allerletzte!** c'est/il est pire que tout!

allerliebst ['alɐ'li:pst] **I.** *adj* ravissant(e) **II.** *adv* d'une manière charmante

allerliebste(r, s) **I.** *adj* ① (*Lieblings-*) favori(te), préféré(e); **das wäre mir das Allerliebste** [*o* **am ~n**] c'est ce que je préférerais ② (*Anrede im Brief*) **mein ~r Martin/meine ~ Brigitte!** mon très cher Martin/ma très chère Brigitte, **II.** *adv* **etw am ~n tun** préférer [de loin] faire qc **allermeiste(r, s)** *adj* **die ~n** la très grande majorité; **die ~n Menschen** la très grande majorité des gens **allernächste(r, s)** **I.** *adj* ① (*unmittelbar bevorstehend*) tout(e) prochain(e) ② (*räumlich nah*) le/la plus proche ③ (*sehr eng, vertraut*) **die ~n Verwandten/Freunde** les parents/amis les plus proches **II.** *adv* ① (*räumlich nah*) **dem Wald am ~n liegen** être le plus proche de la forêt ② (*sehr eng, vertraut*) **ihre Tante steht ihr am ~n** sa tante lui est la plus proche **allerneu[e]ste(r, s)** *adj* **auf dem ~n Stand sein** être absolument à jour; **weißt du schon das Allerneueste?** tu connais la dernière? (*fam*)

Allerseelen ['alɐ'ze:lən] <-> *nt* jour *m* des Morts; **an ~** le jour des Morts

allerseits ['alɐ'zai̯ts] *adv* **guten Morgen ~!** bonjour tout le monde!

allerspätestens *adv* au plus tard **allerwenigste(r, s)** ['alɐ've:nɪçstə, -tɐ, -təs] *adj* (*Mindeste*) **das ~** la moindre des choses; **das ist das ~, was man erwarten kann!** c'est le moins qu'on puisse attendre!

Allerwerteste(r) ['alɐ've:ɐ̯tətə, -tɐ] *m dekl wie adj hum* [précieux] postérieur *m*

alles ['alɛs] *s.* **alle(r, s)**

allesamt ['alə'zamt] *adv fam* tous/toutes

Allesfresser ['aləsfrɛsɐ] <-s, -> *m* omnivore *m*

Alleskleber *m* colle *f* universelle

Alleswisser(in) <-s, -> *m(f) pej* esprit *m* omniscient; **ein ~** quelqu'un qui sait tout

allgegenwärtig ['alge:gənvɛrtɪç] *adj geh* omniprésent(e)

allgemein ['algə'mai̯n] **I.** *adj* ① (*nicht speziell*) général(e); **im Allgemeinen** en général, en règle générale ② *Wahlrecht* universel(le); *Wehrpflicht* obligatoire ③ (*allen gemeinsam*) général(e) **II.** *adv* ① *formulieren* de façon générale ② généralement; *verbreitet* communément; **es ist ~ bekannt, dass ...** tout le monde sait que... ③ **~ zugänglich** *Informationen* accessible au public; **~ verständlich** accessible à tous; *darstellen, sich ausdrücken* de manière intelligible

Allgemeinbefinden *nt* état *m* général **allgemeinbildend** *adj Schule* d'enseignement général **Allgemeinbildung** *f kein Pl* culture *f* générale **allgemeingültig** *adj* valable pour tout le monde [*o* pour tous]; **~e Aussage** déclaration *f* universelle **Allgemeingültigkeit** *f* universalité *f*

Allgemeinheit <-> *f* ① (*Öffentlichkeit*) collectivité *f*; **der ~** (*dat*) **zugänglich sein** *Einrichtung:* être ouvert au public; *Daten:* être accessible au public ② (*Unbestimmtheit*) *einer Äußerung* généralité *f*

Allgemeininteresse *nt kein Pl* intérêt *m* général **Allgemeinmedizin** *f* médecine *f* générale **Allgemeinplatz** *m* lieu *m* commun **allgemeinverständlich** *s.* **allgemein II.3** **Allgemeinwissen** *nt* connaissances *fpl* générales **Allgemeinwohl** *nt* intérêt *m* général

Allheilmittel [al'hailmɪtəl] *nt* panacée *f*

Allianz [a'li̯ants] <-, -en> *f* alliance *f*

Alligator [ali'gaːtoːɐ̯] <-s, -toren> *m* alligator *m*

alliiert *adj* allié(e)

Alliierte(r) [ali'iːɐ̯tə, -tɐ] *f(m) dekl wie adj* **die ~n** HIST les Alliés *mpl*

All-inclusive-Urlaub ['ɔːlɪn'kluːsɪf-] *m* séjour *m* tout compris

alljährlich [al'jɛːɐ̯lɪç] **I.** *adj attr* annuel(le) **II.** *adv* tous les ans **Allmacht** *f kein Pl* toute-puissance *f* **allmächtig** [al'mɛçtɪç] *adj* tout(e)-puissant(e) **Allmächtige(r)** *m dekl wie adj* REL *geh* **der ~** le Tout-Puissant; **~r!** *fam* sacrebleu!

allmählich [al'mɛːlɪç] **I.** *adj attr* progressif(-ive) **II.** *adv* **es wird ~ Zeit, dass** il sera bientôt temps que + *subj*

allmonatlich ['al'moːnatlɪç] **I.** *adj attr* mensuel(le) **II.** *adv* tous les mois **allmorgendlich** **I.** *adj attr* de chaque matin; **das ~e Aufstehen fällt ihm schwer** il lui est difficile de se lever tous les matins **II.** *adv* tous les matins **allnächtlich** ['al'nɛçtlɪç] **I.** *adj attr* nocturne **II.** *adv* toutes les nuits

Allradantrieb ['alraːtʔantriːp] *m* quatre roues *fpl* motrices

Allroundsportler(in) [ɔːl'raʊnd-] *m(f)* sportif *m* polyvalent/sportive *f* polyvalente

allseitig ['alzaitɪç] **I.** *adj* unanime; *Zufriedenheit* général(e); *Unruhe* généralisé(e) **II.** *adv begabt* universellement; *informiert* sur tout

allseits *adv* ① partout; *bekannt* de tous ② *informiert* sur tout; *vorbereitet* à fond

Alltag ['altaːk] *m* ① (*tägliches Leben*) vie *f* de tous les jours ② (*Einerlei*) *einer Ehe* quotidien *m*

alltäglich [al'tɛːklɪç] *adj* ① *attr* (*tagtäglich*) quotidien(ne) ② (*gang und gäbe*) **~ sein** *Situation:* être habituel ③ (*gewöhnlich*) ordinaire

alltags ['altaːks] *adv* en semaine

Alltagskleidung *f* tenue *f* de tous les jours **Alltagsleben** *nt* quotidien *m*

allumfassend *adj geh* universel(le)

Allüren [a'lyːrən] *Pl* manières *fpl*

allwissend ['al'vɪsənt] *adj* ① *fam* au courant de tout ② REL omniscient(e)

Allwissenheit <-> *f* omniscience *f*

allwöchentlich ['al'vœçəntlɪç] **I.** *adj* hebdomadaire **II.** *adv* toutes les semaines; **~ einmal/zweimal** une/deux fois par semaine

allzeit ['al'tsait] *adv geh* toujours; **~ bereit sein** être toujours prêt

allzu ['altsuː] *adv* bien trop; **~ früh** bien trop tôt; **~ lang[e]** bien trop long; **~ oft** bien trop souvent; **~ sehr** que trop; **nicht ~ sehr!** pas plus que ça!; **~ viel** trop (*fam*); **etw ~ gern tun** adorer faire qc; **etw nicht ~ gern mögen** ne pas raffoler de qc

allzufrühALT *s.* **allzu**

allzugernALT *s.* **allzu**

allzulang[e]ALT *s.* **allzu**

allzusehrALT *s.* **allzu**

allzuvielALT *s.* **allzu**

Allzweckreiniger <-s, -> *m* nettoyant *m* multiusage **Allzwecktuch** *nt* chiffon *m* multiusage

Alm [alm] <-, -en> *f* alpage *m*

Almosen ['almoːzən] <-s, -> *nt* ① (*Spende*) aumône *f* ② (*geringer Betrag*) misère *f*

Alpaka <-s, -s> *nt* (*Lama, Wolle*) alpaga *m*

Alpen ['alpən] *Pl* **die ~** les Alpes *fpl*

AlpenpassRR *m* col *m* des Alpes **Alpenveilchen** *nt* cyclamen *m* **Alpenvorland** *nt* **das ~** les Préalpes *fpl*

Alphabet [alfa'beːt] <-[e]s, -e> *nt* alphabet *m*

alphabetisch [alfa'beːtɪʃ] **I.** *adj* alphabétique **II.** *adv* par ordre alphabétique

alphabetisieren* [alfabeti'ziːrən] *vt* ① (*unterrichten*) alphabétiser ② (*ordnen*) **etw ~** classer qc par ordre alphabétique

Alphabetisierung <-, -en> *f* ① alphabétisation *f* ② (*Anordnung*) classement *m* par ordre alphabétique

alphanumerisch [alfanu'meːrɪʃ] *adj* alphanumérique

Alphastrahlen *Pl* PHYS rayons *mpl* alpha

alpin [al'piːn] *adj* alpin(e)

Alpinist(in) [alpi'nɪst] <-en, -en> *m(f)* alpiniste *mf*

A

Alptraum ['alptraum, *Pl:* 'alptrɔymə] *m* cauchemar *m*
alptraumhaft *adj inv* cauchemardesque
al-Qaida [al'kaida] <-> *f* **die** ~ Al-Qaïda *f*
als [als] *konj* ❶(*zeitlich*) quand; (*zu der Zeit, da*) alors que; **damals, ~ ...** à l'époque où ...; **gerade, ~ ...** au moment précis où ... ❷(*vergleichend*) **größer ~ ...** plus grand que ... ❸(*gleichsam*) **es klang, ~ ob ein Glas zerbrach** ça a fait un bruit comme si un verre se cassait; **er sah aus, ~ ob er schliefe** il avait l'air de dormir; **es sieht aus, ~ würde es bald schneien** on dirait qu'il va bientôt neiger ❹(*ausschließend*) **es ist zu spät, ~ dass** il est trop tard pour que + *subj* ❺(*zur Bezeichnung einer Eigenschaft*) ~ **Lehrer** en tant que professeur; **schon ~ Kind hatte er ...** déjà enfant, il avait ...; **ich ~ dein Onkel ...** moi qui suis ton oncle, je ...; **noch ~ alte Frau ...** devenue une vieille femme, ...; ~ **Held gefeiert werden** être fêté en héros; ~ **Beweis** comme preuve
also ['alzo] **I.** *adv* ❶(*folglich*) donc ❷(*nun ja*) eh bien; ~ **wie ich schon sagte** bon, comme je l'ai déjà dit ❸(*tatsächlich*) donc; **das ist ~ dein letztes Wort?** bon alors, c'est ton dernier mot? **II.** *interj* ❶(*ach*) [ainsi] donc; ~ **so was!** non mais ça alors!; ~ **doch!** donc c'était bien ça!; **na ~!** ah quand même! ❷(*überleitender Pausenfüller*) bon; ~ **gut** bon d'accord
Alsterwasser ['alstɐvasɐ] <-wässer> *nt* NDEUTSCH panaché *m*
alt [alt] <älter, älteste> *adj* ❶(*betagt*) vieux(vieille); **ein ~er Mann** un vieil homme; ~ **werden** vieillir ❷(*ein bestimmtes Alter habend*) **zwanzig Jahre ~ sein** avoir vingt ans; **ein drei Jahre ~es Mädchen** une fille [âgée] de trois ans; **wie ~ bist du?** quel âge as-tu?; **mein älterer Bruder** mon frère aîné ❸ *Gegenstand* vieux(vieille) *antéposé*; **~es Brot** du pain rassis ❹ *attr* (*ehemalig*) **mein ~er Kollege** mon ancien collègue; **das ~e Paris** le vieux Paris ❺ *attr* (*unverändert*) **der Alte sein** être le même; **alles bleibt beim Alten** les choses ne changent pas ► **Alt und Jung** jeunes et vieux; ~ **aussehen** *fam* avoir bonne mine (*iron*); **man ist so ~, wie man sich fühlt** on a l'âge qu'on veut bien avoir; **hier werde ich nicht ~** *fam* je ne vais pas m'encroûter ici
Alt[1] [alt] <-s, -e> *m* MUS [contr]alto *m*
Alt[2] [alt] *s.* **Altbier**
Altar [al'taːɐ̯, *Pl:* al'tɛːrə] <-s, Altäre> *m* autel *m*
altbacken ['altbakən] *adj* ❶ *Brot* rassis(rassie) ❷ *Person* vieux jeu *inv*; *Ansichten* dépassé(e)
Altbau <-bauten> *m* ❶(*Gebäude*) construction *f* ancienne ❷ *s.* **Altbauwohnung**
Altbauwohnung *f* logement *m* ancien
altbekannt ['altbə'kant] *adj Tatsache, Witz* archiconnu(e); *Lokal* de vieille réputation
altbewährt ['altbə'vɛːɐ̯t] *adj* ❶ *Freundschaft, Verbindung* de longue date; *Tradition* bien établi(e) ❷ *Methode, Mittel* qui a fait ses preuves **Altbier** *nt* bière *maltée à haute fermentation* **altdeutsch** ['altdɔytʃ] *adj* rustique
Alte(r) *f(m) dekl wie adj* ❶ *fam* (*Mensch*) vieux *m*/vieille *f*; **die ~n** les vieux *mpl* ❷ *pej fam* (*Ehemann/-frau*) bonhomme *m*/bonne femme *f* ❸ *pej fam* (*Vater/Mutter*) vieux *m*/vieille *f*; **meine ~n** mes vieux *mpl*
altehrwürdig ['alt'ʔeːɐ̯vʏrdɪç] *adj geh* vénérable *antéposé*
Altenheim *s.* **Altersheim** **Altenpflege** *f* assistance *f* aux personnes âgées **Altenpflegeheim** *nt* maison *f* de retraite médicalisée **Altenpfleger(in)** *m(f)* infirmier(-ière) *m(f)* en gériatrie
Alter ['altɐ] <-s, -> *nt* ❶(*Lebensalter*) âge *m*; **im ~ von fünfzig Jahren** à l'âge de cinquante ans; **ein Mann mittleren ~s** un homme entre deux âges; **sie ist in meinem ~** elle a mon âge ❷(*Bejahrtheit*) vieillesse *f*; **im ~** devenu vieux
älter *adj* ❶ *Komp von* **alt** ❷ *Person* âgé(e)
altern *vi* + *sein* vieillir
alternativ [altɛrna'tiːf] **I.** *adj* alternatif(-ive) **II.** *adv leben* de façon alternative
Alternative [altɛrna'tiːvə] <-, -n> *f* alternative *f*; **vor eine ~ gestellt werden** être face à une alternative
Alternative(r) *f(m) dekl wie adj* ❶(*Umweltschützer*) écolo *mf* (*fam*) ❷ POL alternatif(-ive) *m(f)*
alters ► **von** *geh* ~ [**her**] de tout temps
altersbedingt *adj* dû(due) à l'âge; ~ **sein** être lié à l'âge **Altersbeschwerden** *Pl* maux *mpl* liés à l'âge **Alterserscheinung** *f* signe *m* de vieillesse **Altersforschung** *f* gérontologie *f* **Altersgeilheit** *f* (*Lüsternheit*) lubricité *f* sénile **Altersgenosse** *m*, **-genossin** *f* personne *f* du même âge **Altersgrenze** *f* ❶ âge *m* limite ❷(*für die Rente*) âge *m* de la retraite **Altersgruppe** *f* tranche *f* d'âge **Altersheim** *nt* maison *f* de retraite **Altersklasse** *f* ❶ SPORT catégorie *f* d'âge ❷ *s.* **Altersgruppe** **Alterspyramide** *f* pyra-

mide *f* des âges **Altersruhegeld** *nt form* [pension *f* de] retraite *f* **altersschwach** *adj* ❶ *Person, Tier* diminué(e) [par l'âge] ❷ *fam Auto, Gerät* foutu(e); *Möbel* bien malade **Altersschwäche** *f kein Pl* décrépitude *f* **Altersstufe** *f* ❶ (*Altersgruppe*) tranche *f* d'âge ❷ (*Lebensabschnitt*) étape *f* de la vie **Altersteilzeit** <-> *f* cessation *f* progressive d'activité **Altersunterschied** *m* différence *f* d'âge **Altersversicherung** *f* assurance *f* vieillesse **Altersversorgung** *f* (*Rente*) prestations *fpl* vieillesse; (*Vorsorge*) retraite *f* complémentaire **Altersvorsorge** *f* prévention *f* vieillesse; **private** ~ régime *m* de retraite privé

Altertum ['altɐtu:m] <-s> *nt* Antiquité *f*

Altertümer *Pl* œuvres *fpl* d'art antiques

altertümlich ['altɐty:mlɪç] *adj* ❶ (*altmodisch*) passé(e) de mode ❷ *Brauchtum* [très] ancien(ne); *Begriff, Wort* archaïque

Altertumswert *m* valeur *f* d'ancienneté ▶ ~ **haben** *hum fam* être une véritable antiquité

Alterung <-, -en> *f* vieillissement *m*

AlterungsprozessRR *m* processus *m* de vieillissement

älteste(r, s) *Superl von* **alt**

Älteste(r) *f(m) dekl wie adj* plus âgé(e) *m(f)*; (*bei Geschwistern*) aîné(e) *m(f)*; (*in einer Gruppe*) doyen(ne) *m(f)* [d'âge]

Ältestenrat *m* POL ≈ comité *m* des sages; *eines Stammes* Conseil *m* des Anciens

Altglas *nt* verre *m* usagé

Altglascontainer *m* container *m* à verre

altgriechisch *adj Literatur, Text* en grec ancien; *Grammatik* du grec ancien **Altgriechisch** <-[s]> *nt kein Art* le grec ancien; **auf** ~ en grec ancien **althergebracht** ['althe:ɐgəbraxt] *adj Art, Brauch* traditionnel(le); *Tradition* très ancien(ne) **althochdeutsch** ['altho:xdɔytʃ] *adj Literatur, Text* en ancien haut allemand **Althochdeutsch** <-[s]> *nt kein Art* l'ancien haut allemand *m*; **auf** ~ en ancien haut allemand

Altist(in) [al'tɪst] <-en, -en> *m(f)* MUS alto *mf*

altjüngferlich [alt'jʏŋfɐlɪç] *adj* de vieille fille **Altkanzler(in)** *m(f)* ancien(ne) chancelier(-ière) *m(f)* **Altkleidersammlung** *f* collecte *f* de vieux vêtements **altklug** *adj Kind, Gesicht* précoce; *Bemerkung* d'une maturité précoce **Altkommunist(in)** *m(f)* ancien(ne) communiste *m(f)* **Altlast** *f meist Pl* ❶ ÖKOL déchet *m* toxique ❷ (*Überbleibsel*) vieille baderne *f* (*fam*)

ältlich ['ɛltlɪç] *adj* plus tout(e) jeune

Altmaterial *nt* déchets *mpl* **Altmeister(in)** *m(f)* ❶ (*Könner*) maître(-esse) *m(f)* incontesté(e) ❷ SPORT ex-champion(ne) *m(f)* **Altmetall** *nt* vieux métaux *mpl* **altmodisch** ['altmo:dɪʃ] **I.** *adj* ❶ *Kleidung* démodé(e); *Einrichtung, Möbelstück* vieillot(te) ❷ *Ansicht, Methode* dépassé(e); ~ **sein** être vieux jeu **II.** *adv gekleidet* de façon démodée; *eingerichtet* de façon vieillotte **Altöl** *nt* huile *f* usagée **Altpapier** *nt* vieux papiers *mpl*

Altpapiercontainer *m* container *m* pour les vieux papiers **Altpapiersammlung** *f* collecte *f* de vieux papiers

Altphilologe *m*, **-philologin** *f* philologue *mf* classique

Altruismus [altru'ɪsmʊs] <-> *m geh* altruisme *m*

altruistisch [altru'ɪstɪʃ] *geh adj* altruiste

altsprachlich *adj* classique; **die ~en Fächer** les langues anciennes **Altstadt** *f* vieille ville *f* **Altstimme** *f* voix *f* d'alto

Alt-Taste *f* INFORM touche *f* "option"

Altweibersommer [alt'vaibɐzɔmɐ] *m* ❶ (*Nachsommer*) été *m* indien ❷ (*Spinnfäden*) filandres *fpl*

Alu ['a:lu] <-[s]> *nt Abk von* **Aluminium** alu *m*

Alufolie *f fam* papier *m* [d']alu

Aluminium [alu'mi:ni̯ʊm] <-s> *nt* aluminium *m*

Aluminiumfolie *f* feuille *f* d'aluminium; (*Haushaltsfolie*) papier *m* d'aluminium

Alzheimer ['alt͡shaimɐ] <-s> *m* MED *fam* maladie *f* d'Alzheimer

am = **an dem** ❶ (*zur Bildung des Superlativs*) ~ **schnellsten rennen** courir le plus vite; **das ist ~ besten** c'est ce qu'il y a de mieux ❷ *fam* (*beim*) ~ **Arbeiten sein** être en train de travailler

Amalgam [amal'ga:m] <-s, -e> *nt* amalgame *m*

Amaryllis [ama'rʏlɪs] <-, Amaryllen> *f* BOT amaryllis *f*

Amateur(in) [ama'tø:ɐ] <-s, -e> *m(f)* amateur *m*

Amateurkicker(in) *m(f) fam* footeux *m* amateur **Amateurmannschaft** *f* équipe *f* amateur **Amateursport** *m* sport *m* amateur

Amazone [ama't͡so:nə] <-, -n> *f* amazone *f*

Ambiente [am'bi̯ɛntə] <-> *nt geh* ambiance *f*

Ambition [ambi't͡si̯o:n] <-, -en> *f meist Pl*

A

ambition *f;* **~en auf etw** (*akk*) **haben** ambitionner qc

ambitioniert [ambitsi̯o'niːɐ̯t] *adj* ambitieux(-euse)

ambivalent [ambiva'lɛnt] *adj geh* ambivalent(e); *Gefühle, Beziehung* ambigu(ë)

AmbossRR ['ambɔs] <-es, -e>, **Amboß**ALT <-sses, -sse> *m* enclume *f*

ambulant [ambu'lant] **I.** *adj* ambulatoire; *Patient* en consultation externe; *Kosten* sans hospitalisation **II.** *adv behandeln* en ambulatoire

Ambulanz [ambu'lants] <-, -en> *f* ❶ *einer Klinik* consultation *f* externe ❷ (*Rettungswagen*) ambulance *f*

Ameise ['aːmaizə] <-, -n> *f* fourmi *f*

Ameisenbär *m* fourmilier *m* **Ameisenhaufen** *m* fourmilière *f* **Ameisensäure** *f* acide *m* formique

amen ['aːmɛn] *interj* amen

Amen <-s, *selten* -> *nt* amen *m* ▶ **das ist so sicher wie das ~ in der Kirche** c'est aussi sûr que deux et deux font quatre

Amerika [a'meːrika] <-s> *nt* l'Amérique *f*

Amerikaner [ameri'kaːnɐ] <-s, -> *m* ❶ Américain *m* ❷ GASTR ≈ palet *m* glacé

Amerikanerin <-, -nen> *f* Américaine *f*

amerikanisch [ameri'kaːnɪʃ] *adj* américain(e)

Amerikanistik [amerika'nɪstɪk] <-> *f* philologie *f* américaine

Amethyst [ame'tʏst] <-s, -e> *m* améthyste *f*

Ami ['ami] <-s, -s> *m fam* (*US-Bürger*) Ricain *m*

Aminosäure [a'miːnozɔyrə] *f* CHEM acide *m* aminé

Ami-Schlitten <-s, -> *m sl* tire *f* américaine

Ammann ['aman] <-männer> *m* CH ❶ (*Landammann*) président *m* du canton; (*Gemeindeammann*) maire *m* ❷ JUR (*Vollstreckungsbeamter*) huissier *m*

Amme ['amə] <-, -n> *f* nourrice *f*

Ammenmärchen *nt fam* histoire *f* à dormir debout

Ammer ['amɐ] <-, -n> *f* ORN bruant *m*

Ammoniak [amo'ni̯ak] <-s> *nt* CHEM ammoniac *m*

Amnesie [amne'ziː] <-, -ien> *f* amnésie *f*

Amnestie [amnɛs'tiː] <-, -ien> *f* amnistie *f*

amnestieren* [amnɛs'tiːrən] *vt* amnistier

Amöbe [a'møːbə] <-, -n> *f* BIO amibe *f*

Amok ['aːmɔk] <-s> *m* **~ laufen** être pris de folie furieuse

Amokläufer(in) *m(f)* fou *m* furieux/folle *f* furieuse **Amokschütze** *m*, **-schützin** *f* tireur *m* fou/tireuse *f* folle

Amor ['aːmoːɐ̯] <-s> *m* MYTH Amour *m*

amoralisch ['amoraːlɪʃ] *adj* amoral(e)

Amortisation [amɔrtiza'tsi̯oːn] <-, -en> *f* ÖKON amortissement *m*

amortisieren* [amɔrti'ziːrən] **I.** *vt* amortir **II.** *vr* **sich ~** être amorti

amourös [amu'røːs] *adj geh Verwicklungen, Abenteuer* amoureux(-euse)

Ampel ['ampəl] <-, -n> *f* feu *m*

Ampere [am'peːɐ̯] <-[s], -> *nt* PHYS ampère *m*

Amperemeter [ampeːrə'meːtɐ] *nt* PHYS ampèremètre *m*

Amphetamin [amfeta'miːn] <-s, -e> *nt* amphétamine *f*

Amphibie [am'fiːbi̯ə] <-, -n> *f* ZOOL amphibien *m*

amphibisch [am'fiːbɪʃ] *adj* ZOOL, MIL amphibie

Amphitheater [am'fiː-] *nt* amphithéâtre *m*

Amphore [am'foːrə] <-, -n> *f* amphore *f*

Amplitude [ampli'tuːdə] <-, -n> *f* MATH, PHYS amplitude *f*

Ampulle [am'pʊlə] <-, -n> *f* ampoule *f*

Amputation [amputa'tsi̯oːn] <-, -en> *f* amputation *f*

amputieren* [ampu'tiːrən] *vt, vi* amputer

Amputierte(r) *f(m) dekl wie adj* amputé(e) *m(f)*

Amsel ['amzəl] <-, -n> *f* merle *m*

Amt [amt, *Pl:* 'ɛmtɐ] <-[e]s, Ämter> *nt* ❶ (*Behörde*) administration *f;* **das Auswärtige ~** *le ministère des Affaires étrangères allemand* ❷ (*Abteilung einer Behörde*) service *m* [administratif] ❸ (*Stellung*) fonction *f;* **noch im ~ sein** être encore en fonction; **kraft meines ~es** en vertu des pouvoirs qui me sont conférés; **von ~s wegen** à titre officiel ❹ (*offizielle Aufgabe*) charge *f* ❺ (*Fernamt*) central *m* ❻ (*Amtsleitung*) ligne *f* [avec l'extérieur] ❼ (*Hochamt*) célébration *f* ▶ **seines ~es walten** *geh* remplir son office

amtieren* [am'tiːrən] *vi* être en fonction; **als Bürgermeister ~** exercer les fonctions de maire; (*vorübergehend*) faire fonction de maire; **~d** en fonction

amtlich *adj Dokument* officiel(le)

Amtsantritt *m* entrée *f* en fonctions **Amtsarzt** *m*, **-ärztin** *f* médecin-conseil *mf* **Amtsblatt** *nt* bulletin *m* officiel **Amtsdeutsch** *nt pej* jargon *m* administratif **Amtseid** *m* serment *m* professionnel **Amtsenthebung** *f*, **Amtsentsetzung** <-, -en> *f* CH, A destitution *f*

Amtsgeheimnis *nt* ① *kein Pl* (*Schweigepflicht*) devoir *m* de réserve ② (*vertrauliche Mitteilung*) secret *m* professionnel **Amtsgericht** *nt* tribunal *m* d'instance **Amtshandlung** *f* acte *m* administratif **Amtsinhaber(in)** *m(f)* titulaire *mf* d'un/du poste **Amtsmissbrauch**RR *m* abus *m* de pouvoir **Amtsrichter(in)** *m(f)* juge *m* d'instance **Amtssprache** *f* ① (*Landessprache*) langue *f* officielle ② *kein Pl* (*Behördensprache*) langage *m* administratif **Amtsweg** *m* voie *f* hiérarchique **Amtszeit** *f* mandat *m*

Amulett [amu'lɛt] <-[e]s, -e> *nt* amulette *f*

amüsant [amy'zant] I. *adj* (*lustig*) amusant(e); (*unterhaltsam*) divertissant(e) II. *adv* de façon divertissante

amüsieren* [amy'ziːrən] I. *vr* ① (*sich vergnügen*) **sich ~** s'amuser ② (*komisch finden*) **sich über jdn/etw ~** trouver qn/qc amusant II. *vt* amuser

Amüsierviertel *nt* quartier *m* chaud

an [an] I. *präp + dat* ① (*direkt bei*) **~ der Tür** près de la porte; **~ der Wand** contre le mur; **am Fluss** sur le fleuve; **Frankfurt am Main** Francfort-sur-le-Main; **~ dieser Stelle** à cet endroit; **am Tisch sitzen** être [assis] à la table; **am Computer arbeiten** travailler sur ordinateur ② (*in Berührung mit*) **~ der Wand stehen** *Person:* être adossé au mur; *Gegenstand:* être contre le mur; **einen Ring am Finger tragen** porter au doigt une alliance; **jdn ~ der Hand nehmen** prendre qn par la main ③ (*auf, in*) **~ der Universität** à l'université ④ (*zur Zeit von*) **am Morgen** le matin; **~ Weihnachten** à Noël ⑤ (*verbunden mit*) **das Schöne ~ jdm/etw** ce qu'il y a de beau chez qn/dans qc ⑥ (*nebeneinander*) **Tür ~ Tür** porte à porte; **Haus ~ Haus wohnen** habiter l'un à côté de l'autre II. *präp + akk* ① (*räumlich*) **~s Telefon gehen** répondre au téléphone ② (*zeitlich*) **bis ~ mein Lebensende** jusqu'à la fin de ma vie ▶ **~ [und für] sich** en soi III. *adv* ① (*ungefähr*) **~ die zwanzig Personen** dans les vingt personnes ② (*Ankunftszeit*) **Köln ~ 16 Uhr 15** arrivée à Cologne 16 h 15 ③ *fam* (*eingeschaltet*) **~ sein** *Elektrogerät:* être allumé; *Strom:* être ouvert; **Licht ~!** allume/allumez! ④ *fam* (*angezogen*) **ohne etwas ~** sans rien sur le dos ⑤ (*ab*) **von jetzt ~** à partir de maintenant

Anabolikum [ana'boːlikʊm] <-s, -lika> *nt* MED anabolisant *m*

Anachronismus [anakro'nɪsmʊs] <-, -nismen> *m geh* anachronisme *m*

anal [a'naːl] I. *adj* anal(e) II. *adv messen, einführen* par voie rectale

Analgetikum [anʔal'geːtikʊm] <-s, -tika> *nt* MED analgésique *m*

analog [ana'loːk] I. *adj* ① (*entsprechend*) analogue; **~ zu etw** analogue à qc ② INFORM analogique II. *adv* ① (*entsprechend*) **~ zu etw** par analogie avec qc ② INFORM analogiquement

Analogie [analo'giː] <-, -ien> *f* analogie *f*; **in ~ zu etw** par analogie avec qc

Analogkäse *m* substitut *m* de fromage **Analoguhr** *f* (*Wanduhr*) horloge *f* [à affichage] analogique; (*Armbanduhr*) montre *f* [à affichage] analogique

Analphabet(in) [anʔalfa'beːt, 'anʔalfabeːt] <-en, -en> *m(f)* a. *pej* analphabète *mf*

Analphabetismus [anʔalfabe'tɪsmʊs] <-> *m* analphabétisme *m*

Analverkehr *m* coït *m* anal

Analyse [ana'lyːzə] <-, -n> *f* analyse *f*

analysieren* [analy'ziːrən] *vt* analyser

Analysis [a'naːlyzɪs] <-> *f* MATH analyse *f*

Analytiker(in) [ana'lyːtikɐ] <-s, -> *m(f)* analyste *mf*

analytisch [ana'lyːtɪʃ] I. *adj Person, Denken* analytique; *Arbeit, Fähigkeit* d'analyse II. *adv* de façon analytique

Anämie [anɛ'miː] <-, -ien> *f* MED anémie *f*

Ananas ['ananas] <-, - *o* -se> *f* ananas *m*

Anarchie [anar'çiː] <-, -ien> *f* anarchie *f*

Anarchismus [anar'çɪsmʊs] <-> *m* anarchisme *m*

Anarchist(in) [anar'çɪst] <-en, -en> *m(f)* anarchiste *mf*

anarchistisch *adj Person, Partei* anarchiste; *Auftreten* anarchique

Anästhesie [anʔɛste'ziː] <-, -ien> *f* anesthésie *f*

Anästhesist(in) [anʔɛste'zɪst] <-en, -en> *m(f)* MED anesthésiste *mf*

Anatomie [anato'miː] <-, -ien> *f* anatomie *f*

anatomisch [ana'toːmɪʃ] *adj* anatomique

an|baggern ['anbagɐn] *vt fam* draguer

an|bahnen I. *vt* amorcer *Gespräche* II. *vr* **sich ~** *Freundschaft:* s'amorcer; *Unheil:* se préparer

an|bandeln ['anbandəln] A, SDEUTSCH, **an|bändeln** ['anbɛndəln] *vi fam* (*anbaggern*) draguer

Anbau <-bauten> *m* ① (*Gebäude*) bâtiment *m* annexe; (*freistehend*) annexe *f* ② *kein Pl* (*das Anpflanzen*) culture *f* ③ *kein Pl* (*das Errichten*) ajout *m*

an|bauen **I.** *vt* ① (*anpflanzen*) cultiver ② (*bauen*) ajouter **II.** *vi* [s']agrandir
Anbaufläche *f* terre *f* cultivable **Anbaugebiet** *nt* zone *f* cultivée
an|behalten* *vt irr* **etw ~** garder qc [sur soi]
anbei [an'bai̯] *adv form* ci-joint(e)
an|beißen *irr* **I.** *vi* ① *Fisch:* mordre ② *fam* (*Interesse haben*) mordre à l'hameçon; **bisher hat noch keiner angebissen!** j'ai pas encore fait de touche! **II.** *vt* entamer *Obst, Kuchen* ▶ **zum Anbeißen** *fam* à croquer
an|belangen* ['anbəlaŋən] *vt geh* concerner; **was mich anbelangt ...** en ce qui me concerne...
an|bellen *vt* aboyer; **jdn ~** *Hund:* aboyer après qn
an|beraumen* ['anbəraumən] *vt form* fixer
an|beten *vt* adorer
Anbeter(in) <-s, -> *m(f)* REL adorateur(-trice) *m(f)*
Anbetracht ['anbətraxt] ▶ **in ~ dessen, dass ...** compte tenu du fait que ...
an|betreffen* *s.* **anbelangen**
an|betteln *vt* [**jdn um etw**] ~ mendier [qc auprès de qn]
Anbetung <-, *selten* -en> *f* adoration *f*
an|biedern ['anbi:dɐn] *vr pej* **sich ~** fayoter (*fam*); **sich bei jdm ~** fayoter auprès de qn
Anbiederung <-, -en> *f pej* fayotage *m* (*fam*)
an|bieten *irr* **I.** *vt* ① (*zur Auswahl vorschlagen*) offrir; **jdm etw ~** offrir qc à qn ② (*verkaufen*) proposer ③ (*zur Verfügung stellen*) **jdm seinen Platz ~** offrir sa place à qn **II.** *vr* ① (*sich zur Verfügung stellen*) **sich ~ etw zu tun** [se] proposer de faire qc ② (*naheliegen*) **sich geradezu ~** *Lösung:* s'imposer de toute évidence; *Ort:* faire parfaitement l'affaire
Anbieter(in) *m(f)* offreur(-euse) *m(f); einer Ware* fournisseur(-euse) *m(f); einer Dienstleistung* prestataire *mf*
an|binden *vt irr* (*festbinden*) attacher; **jdn/etw an etw** (*akk o dat*) ~ attacher qn/qc à qc
Anblick *m* ① (*Bild*) spectacle *m* ② *kein Pl* (*das Blicken, Erblicken*) vue *f*
an|blicken *vt geh* regarder
an|blinken *vt* (*mit einer Taschenlampe*) éblouir
an|braten *vt irr* faire revenir
an|brechen *irr* **I.** *vi + sein Tag:* se lever; *Nacht:* tomber; *Jahreszeit:* commencer **II.** *vt + haben* ① entamer *Packung* ② (*teilweise*

anbieten

nach Wünschen fragen, etwas anbieten	*demander à quelqu'un ce qu'il souhaite, proposer quelque chose*
Kann ich Ihnen helfen?/Was darf's sein?	*Puis-je vous aider ?/Vous désirez ?*
Haben Sie irgendeinen Wunsch?	*Vous désirez quelque chose ?*
Was hättest du denn gern?	*Qu'est-ce que tu veux ?*
Was möchtest/magst du essen/trinken?	*Qu'est-ce que tu aimerais/veux manger/boire ?*
Wie wär's mit einer Tasse Kaffee?	*Une tasse de café, ça te/vous dirait ?*
Darf ich Ihnen ein Glas Wein anbieten?	*Puis-je vous offrir un verre de vin ?*
Sie können gern mein Telefon benutzen.	*Vous pouvez volontiers utiliser mon téléphone.*
Angebote annehmen	*accepter une offre*
Ja, bitte./Ja, gern.	*Oui, s'il vous/te plaît./Oui, volontiers.*
Danke, das ist nett/lieb von dir.	*Merci, c'est gentil de ta part.*
Ja, das wäre nett.	*Oui, ce serait gentil.*
Oh, das ist aber nett!	*Oh, c'est vraiment gentil !*
Angebote ablehnen	*refuser une offre*
Nein, danke!	*Non, merci !*
Aber das ist doch nicht nötig!	*Mais ce n'est vraiment pas nécessaire !*
Das kann ich doch nicht annehmen!	*Je ne peux vraiment pas accepter !*

brechen) **angebrochen werden/sein** *Stuhlbein, Knochen:* se fêler/être fêlé
an|brennen *irr* **I.** *vi + sein* brûler; (*anhängen*) attacher; **angebrannt sein** être brûlé; **angebrannt riechen/schmecken** sentir le brûlé/avoir un goût de brûlé ▶**nichts ~ lassen** *fam* [ne] faire ni une ni deux **II.** *vt + haben* faire prendre
an|bringen *vt irr* ❶ (*befestigen*) fixer; **etw an etw** (*dat*) **~** fixer qc à qc ❷ (*montieren*) poser *Regal;* installer *Telefon* ❸ (*vorbringen*) **etw als Argument ~** présenter qc comme argument ❹ (*äußern*) émettre *Bemerkung*
Anbruch *m kein Pl geh einer Epoche* commencement *m;* **bei ~ des Tags** au lever du jour; **bei ~ der Nacht** à la tombée de la nuit
an|brüllen *vt* ❶ **jdn ~** *Löwe:* rugir en direction de qn ❷ *fam* (*anschreien*) **jdn ~** *Person:* gueuler après qn; **angebrüllt werden** se faire engueuler
Anchovis [an'ʃoːvɪs] <-, -> *f* anchois *m*
Andacht ['andaxt] <-, -en> *f* ❶ REL prière *f* ❷ (*Kontemplation*) **in ~ versunken sein** être plongé dans la méditation
andächtig ['andɛçtɪç] **I.** *adj* ❶ *Stille* recueilli(e) ❷ *Blick* admiratif(-ive) **II.** *adv beten* avec recueillement
an|dauern *vi* persister; *Gespräche, Schießereien:* se poursuivre
andauernd *adj* ❶ qui persiste; *Gespräche, Schießereien* qui se poursuit ❷ (*ständig*) continuel(le)
Anden ['andən] *Pl* **die ~** les Andes *fpl*
Andenken <-s, -> *nt* ❶ (*Gegenstand*) souvenir *m;* **~ an jdn/etw** souvenir de qn/qc ❷ *kein Pl* (*Erinnerung*) **im ~ an jdn/etw** en souvenir de qn/qc
andere(r, s) ['andərə, -rɐ, -rəs] *pron indef* ❶ **[etwas] ~s** autre chose; **ich möchte nichts ~s tun als schlafen** je ne souhaite rien d'autre que dormir; **ein ~r/eine ~** un/une autre; **und ~** et autres; **etwas/nichts ~s** quelque chose/rien d'autre ❷ (*zusätzlich*) **ich habe noch ~** j'en ai encore d'autres ▶**alles ~ als zufrieden sein** être tout sauf content; **unter ~m/~n** entre autres; **und ~s** et cætera
andererseits ['andərɐzaits] *adv* d'un autre côté
Anderkonto *nt* JUR, FIN compte *m* de consignation
andermal ['andɐmaːl] *adv* ▶**ein ~** une autre fois
ändern ['ɛndɐn] **I.** *vt* ❶ (*verändern*) changer *Lage, Umstände* ❷ (*abändern*) changer de *Namen, Richtung;* modifier *Daten* ❸ (*umnähen*) retoucher *Kleidungsstück* **II.** *vr* **sich ~** changer
andernfalls ['andɐnfals] *adv* sinon
andernorts ['andɐnʔɔrts] *adv geh* ailleurs
anders ['andɐs] **I.** *adv* ❶ (*auf andere Weise*) différemment; **~ schmecken** avoir un autre goût; **ganz ~ aussehen** avoir une tout autre allure; **es sich** (*dat*) **~ überlegen** changer d'avis; **es geht nicht ~** il n'y a pas moyen de faire autrement ❷ (*sonst*) sinon; **jemand ~** quelqu'un d'autre ▶**jd kann nicht ~** *fam* qn ne peut pas faire autrement; **jdm wird ganz ~** (*jdm wird schwindelig*) qn se sent mal **II.** *adj* (*von anderer Art*) différent(e); **~ sein** différent(e)
andersartig ['andɐsʔaːɐtɪç] *adj* différent(e)
andersdenkend *adj, nicht präd Bürger* dissident(e); *Kritiker* non-conformiste
Andersdenkende(r) *f(m) dekl wie adj* dissident(e) *m(f)*
andersfarbig **I.** *adj* de couleur différente **II.** *adv* d'une autre couleur **andersgläubig** *adj* de confession différente **andersherum** *adv* ❶ (*in die andere Richtung*) dans l'autre sens ❷ (*aus der anderen Richtung*) en sens inverse ❸ (*in Bezug auf Kleidung*) de l'autre côté
anderslautend *adj, nicht präd Informationen* divergent(e)
andersrum *fam* **I.** *adv s.* **andersherum** **II.** *adj* ▶**~ sein** être homo **anderswo** *adv* ailleurs **anderswoher** *adv* d'ailleurs **anderswohin** *adv* ailleurs
anderthalb ['andɐt'halp] *num* un(e) et demi(e)
Änderung <-, -en> *f* ❶ *eines Entwurfs* modification *f; eines Gesetzes* amendement *m* ❷ (*Schneiderarbeit*) retouche *f*
Änderungsantrag *m* [demande *f* d']amendement *m* **Änderungsschneider(in)** *m(f)* retoucheur(-euse) *m(f)* **Änderungsvorschlag** *m* proposition *f* de modification; (*für ein Gesetz*) proposition *f* d'amendement **Änderungswunsch** *m* demande *f* de modification
anderweitig ['andɐvaitɪç] **I.** *adj attr* autre **II.** *adv beschäftigt, hören* par ailleurs; *informiert* ailleurs
an|deuten **I.** *vt* ❶ (*erwähnen*) évoquer *Angelegenheit* ❷ (*zu verstehen geben*) **jdm ~, dass ...** laisser entendre à qn que ... ❸ (*skizzieren*) esquisser *Thema* **II.** *vr* **sich bei jdm ~** *Veränderungen:* s'esquisser chez qn

A

Andeutung *f* ❶ *(Hinweis)* allusion *f;* **eine ~ über jdn/etw machen** faire une insinuation à propos de qn/qc ❷ *(Spur) einer Farbe* soupçon *m* ❸ *(Anflug) eines Lächelns* ébauche *f*
andeutungsweise *adv* ❶ *(indirekt)* à mots couverts ❷ *(rudimentär)* très vaguement
Andorra [an'dɔra] <-s> *nt* l'Andorre *f*
Andorraner(in) <-s, -> *m(f)* Andorran(e) *m(f)*
andorranisch *adj* andorran(e)
Andrang *m kein Pl* ❶ *(Menschenmenge)* affluence *f* ❷ *(Zustrom) von Wassermassen* afflux *m*
Andreaskreuz *nt a.* REL croix *f* de Saint-André
an|drehen *vt* ❶ *(anstellen)* ouvrir *Gas;* allumer *Licht, Heizung* ❷ *(festdrehen)* serrer *Schraube* ❸ *fam (verkaufen)* **jdm etw ~** refiler qc à qn
andrerseits ['andrɐ'zaits] *s.* **andererseits**
an|dressieren* *vt* dresser; **einem Tier etw ~** dresser un animal à faire qc
androgyn [andro'gy:n] *adj* BIO androgyne
an|drohen *vt* menacer; **jdm etw ~** menacer qn de qc
Androhung *f* menace *f;* **unter ~ von Gewalt** en menaçant d'utiliser la violence
an|ecken *vi + sein fam* choquer; **bei jdm mit etw ~** choquer qn par qc
an|eignen *vr* ❶ *(erwerben)* **sich** *(dat)* **Kenntnisse ~** acquérir des connaissances ❷ *(nehmen)* **sich** *(dat)* **etw ~** s'approprier qc
Aneignung <-, *selten* -en> *f* ❶ *von Kenntnissen* acquisition *f* ❷ *(Inbesitznahme)* appropriation *f;* **widerrechtliche ~** appropriation illégale
aneinander [anʔai'nandɐ] *adv* **~ hängen** être attaché l'un à l'autre; **~ vorbeigehen** passer l'un à côté de l'autre; **~ vorbeisehen** se croiser sans se regarder
aneinander|fügen I. *vt* **die Dominosteine ~** mettre les dominos bout à bout II. *vr* **sich ~** se combiner **aneinander|geraten*** *vi irr + sein* **mit jdm ~** s'empoigner avec qn **aneinander|hängen** *vt* **Waggons ~** attacher des wagons l'un à l'autre **aneinander|reihen** *vt* ❶ *(räumlich)* **Perlen auf einer Schnur ~** enfiler des perles sur un fil ❷ *(zeitlich)* **sich ~** se succéder **aneinander|stoßen** *vi irr* s'entrechoquer
Anekdote [anɛk'do:tə] <-, -n> *f* anecdote *f*
an|ekeln *vt* dégoûter

Anemone [ane'mo:nə] <-, -n> *f* anémone *f*
anerkannt ['anʔɛɐ̯kant] *adj* ❶ *Tatsache* reconnu(e) ❷ *Experte* agréé(e); *Diplom* reconnu(e); *Prüfung* validé(e); *Schule* habilité(e); **staatlich ~** reconnu par l'État
an|erkennen* *vt irr* ❶ *(würdigen)* reconnaître ❷ SPORT homologuer *Leistung* ❸ *(akzeptieren)* accepter *Meinung;* **~, dass ...** reconnaître que ...
anerkennend I. *adj* approbateur(-trice) II. *adv* en signe d'approbation
Anerkennung *f* ❶ *(Würdigung)* reconnaissance *f* ❷ *(lobende Zustimmung)* approbation *f;* **jds ~ finden** *Leistung:* recevoir les faveurs de qn ❸ SPORT homologation *f*
an|erziehen* *vt irr* **[jdm] etw ~** inculquer qc [à qn]; **dieses Benehmen ist anerzogen** ce comportement vient de son éducation
an|fachen ['anfaxən] *vt a. fig geh* attiser
an|fahren *irr* I. *vi + sein* *(losfahren)* démarrer II. *vt + haben* ❶ *(streifen)* accrocher *Person, Auto* ❷ *(liefern)* livrer *Ware* ❸ NAUT mettre le cap sur *Hafen* ❹ *(schelten)* houspiller
Anfahrt *f* ❶ *(Strecke, Zeit)* trajet *m* ❷ *(das Kommen)* **zwanzig Euro für die ~ verlangen** *Taxifahrer, Handwerker:* exiger vingt euros pour la course
Anfall *m* ❶ *(Herzanfall, Asthmaanfall)* crise *f;* *(Schwächeanfall)* malaise *m;* *(Ohnmachtsanfall)* syncope *f* ❷ *(Wutanfall)* accès *m;* **einen ~ kriegen** *fam* piquer sa crise
an|fallen *irr* I. *vt + haben* *(angreifen)* attaquer II. *vi + sein* ❶ *(entstehen) Nebenprodukte, Müll:* être produit ❷ FIN *Kosten:* être dû ❸ *(sich anhäufen) Papier:* s'accumuler; **die ~de Arbeit** le travail à effectuer
anfällig ['anfɛlɪç] *adj* *(kränklich) Person* de santé fragile; **für etw ~ sein/werden** être/devenir réceptif à qc
Anfälligkeit *f* fragilité *f;* **seine ~ für Infekte** sa réceptivité aux infections
Anfang ['anfaŋ, *Pl:* 'anfɛŋə] <-[e]s, Anfänge> *m* ❶ *(Beginn)* début *m,* commencement *m;* **den ~ machen** prendre l'initiative; **einen neuen ~ machen** prendre un nouveau départ; **am ~** au début; **von ~ an** dès le départ; **~ September** début septembre; **~ des Jahres** au début de l'année; **~ vierzig sein** avoir la quarantaine; **von ~ bis Ende** du début [jusqu']à la fin ❷ *(Ursprung) des Lebens* commencement *m; einer Firma* débuts *mpl* ►**der ~**

vom **Ende** le commencement de la fin (*fam*); **aller ~ ist schwer** *prov* tous les débuts sont difficiles

an|fangen *irr* **I.** *vt* ① (*beginnen*) commencer *Arbeit;* **~ mit** commencer par ② *fam* (*anbrechen*) entamer *Packung* ③ (*angehen*) **etw richtig/anders ~** s'y prendre bien/autrement avec qc ▶**mit jdm ist nichts anzufangen** il n'y a rien à tirer de qn; **nichts mit sich anzufangen wissen** ne pas savoir quoi faire de ses dix doigts **II.** *vi* ① **mit seinem Vortrag ~** commencer sa conférence ② (*beginnen*) *Veranstaltung:* commencer ③ (*ins Berufsleben gehen*) **als Vertreter ~** débuter comme représentant

Anfänger(in) ['anfɛŋɐ] <-s, -> *m(f)* débutant(e) *m(f)*

anfänglich ['anfɛŋlɪç] *adj attr Übelkeit* initial(e); **nach ~em Zögern** après avoir hésité au début

anfangs ['anfaŋs] **I.** *adv* au début **II.** *präp + gen* CH **~ des Monats** en début de mois; **~ des Jahres** au début de l'année

Anfangsbuchstabe *m* [lettre *f*] initiale *f*

Anfangsstadium *nt einer Krankheit* premier stade *m; eines Projekts, Versuchs* phase *f* initiale **Anfangszeit** *f* premiers temps *mpl*

an|fassen I. *vt* ① (*berühren*) toucher; **jdn am Ärmel ~** saisir qn par la manche; **jdn grob ~** empoigner qn sans ménagement ② (*ergreifen*) **die Flasche am Hals ~** prendre la bouteille par le goulot ③ (*angehen*) aborder *Angelegenheit, Problem* ④ (*behandeln*) traiter; **jdn richtig/falsch ~** s'y prendre bien/mal avec qn ▶**zum Anfassen** *fam* (*verständlich*) accessible [à tous]; (*volksnah*) proche des gens **II.** *vi* ① (*berühren*) toucher ② (*helfen*) [**mit**] **~** filer un coup de main (*fam*) **III.** *vr* (*sich bei der Hand nehmen*) **sich ~** se donner la main

an|fauchen *vt* ① **jdn ~** *Katze:* feuler en direction de qn ② *fam* (*zurechtweisen*) engueuler

anfechtbar ['anfɛçtbaːɐ̯] *adj* contestable; JUR attaquable

Anfechtbarkeit <-> *f* caractère *m* contestable

an|fechten *vt irr* ① contester *Aussage, These* ② JUR contester la validité de *Abkommen, Vertrag;* faire appel de *Beschluss, Urteil*

an|feinden ['anfaindən] **I.** *vt* manifester de l'hostilité envers **II.** *vr* **sich ~** s'agresser

Anfeindung <-, -en> *f* attaque *f*

an|fertigen *vt* confectionner *Kleidungsstück;* fabriquer *Möbelstück;* dresser *Protokoll*

Anfertigung *f eines Kleidungsstücks* confection *f; eines Möbelstücks* fabrication *f; eines Protokolls* rédaction *f*

an|feuchten *vt* humecter

an|feuern *vt* ① (*anspornen*) encourager; **~de Zurufe** des cris d'encouragement ② (*anheizen*) allumer *Ofen*

an|flehen *vt* supplier

an|fliegen *irr* **I.** *vt + haben* **eine Stadt ~** (*sich nähern*) approcher d'une ville; (*eine Flugverbindung unterhalten*) desservir une ville **II.** *vi + sein* **angeflogen kommen** *Vogel:* arriver; *Geschoss:* fuser

Anflug *m* ① AVIAT approche *f;* **beim ~ auf Rom** à la descente sur Rome ② (*Spur*) **der ~ eines Lächelns** l'ébauche *f* d'un sourire

an|fordern *vt* demander

Anforderung *f* ① *kein Pl* (*das Anfordern*) demande *f* ② *meist Pl* (*Anspruch*) exigences *fpl;* **große ~en an jdn stellen** être très exigeant avec qn; **den ~en genügen** remplir les conditions

Anfrage *f* ① demande *f* [de renseignement]; **auf ~** sur demande ② INFORM demande *f*

an|fragen *vi* demander; (*Auskunft erfragen*) se renseigner

an|freunden *vr* ① **sich ~** se lier d'amitié; **sich mit jdm ~** se lier d'amitié avec qn ② (*sich gewöhnen an*) **sich mit jdm/etw ~** se faire à qn/qc

an|fügen ['anfyːgən] *vt* ① (*beilegen*) [r]ajouter ② (*hinzufügen*) **~, dass ...** ajouter que ...

an|fühlen I. *vt* toucher **II.** *vr* **sich weich/rau ~** être doux/rêche [au toucher]

an|führen *vt* ① (*befehligen*) commander *Truppe* ② (*vorbringen*) donner *Grund;* fournir *Beweise;* mentionner *Zitat*

Anführer(in) *m(f)* ① *einer Truppe* commandant *m; einer Bande* chef *mf* ② *pej* (*Rädelsführer*) meneur(-euse) *m(f)*

Anführungsstriche, Anführungszeichen *Pl* guillemets *mpl;* **~ unten/oben** guillemets ouvrants/fermants

Angabe <-, -n> *f* ① *meist Pl* (*Aussage*) déclaration *f;* **~n über etw** (*akk*)/**zu etw machen** donner des indications à propos de qc/sur qc; **~n zur Person** renseignements *mpl* sur l'identité ② SPORT service *m* ③ *kein Pl fam* (*Prahlerei*) frime *f*

an|gaffen *vt pej* [**jdn**] **~** regarder [qn] bouche bée; **was gaffst du mich so an?**

A

qu'est-ce que tu as à me regarder avec des yeux pareils?

an|geben *irr* **I.** *vt* ❶ (*nennen*) donner *Grund, Namen* ❷ (*behaupten*) fournir *Gründe* ❸ (*anzeigen*) indiquer *Preis* **II.** *vi* ❶ (*prahlen*) frimer (*fam*) ❷ SPORT servir

Angeber(in) <-s, -> *m(f)* frimeur(-euse) *m(f)* (*fam*)

Angeberei [ange:bəˈrai] <-, -en> *f fam* ❶ *kein Pl* (*das Prahlen*) frime *f* ❷ *meist Pl* (*Äußerung, Handlung*) fanfaronnade *f*

angeberisch **I.** *adj* de fanfaron(ne); **wie ~!** quelle frime! (*fam*) **II.** *adv* en fanfaronnant

Angebetete(r) *f(m) dekl wie adj geh* bien-aimé(e) *m(f);* **seine ~** sa bien-aimée

angeblich [ˈange:plɪç] **I.** *adj* prétendu(e) **II.** *adv* soi-disant

angeboren *adj* ❶ *Behinderung* congénital(e) ❷ *fam* (*chronisch*) inné(e)

Angebot <-[e]s, -e> *nt* ❶ offre *f* ❷ (*Warenangebot*) choix *m;* **~ und Nachfrage** l'offre et la demande ❸ (*Sonderangebot*) promotion *f*

angebracht [ˈangəbraxt] *adj* ❶ (*sinnvoll*) opportun(e) ❷ (*angemessen*) **für jdn/etw ~ sein** être approprié pour qn/qc

angegossen [ˈangəgɔsən] *adj* ▶ **wie ~ passen** *fam* aller comme un gant

angehaucht *adj* POL *fam* **kommunistisch ~ sein** avoir des tendances communistes; **rechts ~ sein** être légèrement marqué à droite

angeheiratet *adj* par alliance

angeheitert [ˈangəhaitɐt] *adj fam* éméché(e)

an|gehen *irr* **I.** *vi + sein* ❶ *Licht:* s'allumer; *Elektrogerät:* se mettre en route ❷ (*zu brennen beginnen*) *Feuer:* prendre ❸ (*vorgehen, ankämpfen*) **gegen jdn ~** agir contre qn; **gegen die Flammen ~** combattre le feu; **gegen den Drogenhandel ~** s'attaquer au trafic de drogue ❹ (*vertretbar sein*) être possible; **es geht nicht an, dass** il est inacceptable que + *subj* **II.** *vt* ❶ + *haben o* SDEUTSCH *sein* (*in Angriff nehmen*) s'attaquer à *Problem;* entamer *Verhandlungen* ❷ + *sein* aborder *Hindernis* ❸ + *haben* (*attackieren*) attaquer ❹ + *haben* (*betreffen*) concerner; **das geht dich nichts an!** ça ne te regarde pas!; **was geht dich das an?** de quoi je me mêle? (*fam*); **was mich angeht, ...** pour ma part, ...

angehend *adj* futur(e)

an|gehören* *vi* faire partie de; **einer Partei ~** être membre d'un parti; **einer Gruppe ~** faire partie d'un groupe; **der Vergangenheit ~** appartenir au passé

Angehörige(r) *f(m) dekl wie adj* ❶ (*Familienangehöriger*) [proche] parent(e) *m(f);* **meine ~n wohnen alle in Süddeutschland** toute ma famille vit en Allemagne du Sud ❷ (*Mitglied*) membre *m*

Angeklagte(r) *f(m) dekl wie adj* accusé(e) *m(f)*

Angel [ˈaŋəl] <-, -n> *f* ❶ canne *f* à pêche ❷ (*Türangel, Fensterangel*) gond *m*

Angelegenheit *f* ❶ affaire *f;* **in welcher ~ wollen Sie mich sprechen?** à quel sujet désirez-vous me voir? ❷ (*Aufgabe*) **das ist seine/ihre ~** cela lui incombe

angelernt *adj* ❶ *Arbeiter* spécialisé(e) ❷ *Wissen* approximatif(-ive)

Angelgerät *nt* accessoires *mpl* de pêche **Angelhaken** *m* hameçon *m*

angeln [ˈaŋəln] **I.** *vi* ❶ pêcher; **~ gehen** aller à la pêche ❷ (*greifen*) **nach dem Telefon ~** essayer d'attraper le téléphone **II.** *vt* ❶ (*fischen*) pêcher; **wir haben noch nicht viel geangelt** nous n'avons pas pris grand-chose ❷ *fam* (*ergattern*) **sich** (*dat*) **einen Millionär ~** mettre le grappin sur un millionnaire

Angelpunkt *m* question *f* centrale **Angelrute** *f* canne *f* à pêche

Angelsachse [ˈaŋəlzaksə] *m*, **-sächsin** *f* Anglo-Saxon(ne) *m(f)* **angelsächsisch** [ˈaŋəlzɛksɪʃ] *adj* anglo-saxon(ne)

Angelschein *m* carte *f* de pêche **Angelschnur** *f* fil *m* à pêche

angemessen **I.** *adj* *Preis* raisonnable; *Honorar* adapté(e); *Kleidung* approprié(e); *Verhalten* convenable; **der Leistung** (*dat*) **~ sein** être proportionnel au rendement **II.** *adv* *würdigen* à sa/leur juste valeur; *bezahlen* en conséquence; *sich verhalten* convenablement

angenehm [ˈangəne:m] **I.** *adj* agréable; **es wäre mir ~er, wenn** je préférerais que + *subj;* **[sehr] ~!** enchanté! **II.** *adv* **~ riechen** sentir bon; **~ überrascht sein** être agréablement surpris

angenommen [ˈangənɔmən] *PP von* **annehmen**

angepasst[RR] [ˈangəpast], **angepaßt**[ALT] **I.** *adj* conformiste **II.** *adv* *sich verhalten* selon la norme

Angepasstheit[RR], **Angepaßtheit**[ALT] <-> *f* conformisme *m*

angeregt [ˈangəre:kt] **I.** *adj* *Atmosphäre, Diskussion* animé(e) **II.** *adv* de façon animée

angeschlagen *adj fam* *Person* mal fichu(e); *Gesundheit* chancelant(e); *Nerven* en pelote

angeschmutzt ['angəʃmʊtst] *adj* un peu sale
angesehen *adj Person* estimé(e); *Firma* de renom; **hoch ~** très estimé
Angesicht <-[e]s, -er> *nt geh* face *f;* **von ~ zu ~** seul à seul ▸ **im ~ des Todes** devant la mort
angesichts *präp + gen* face à; **~ der Tatsache, dass ...** du fait que ...
angespannt ['angəʃpant] **I.** *adj* tendu(e) **II.** *adv* [très] attentivement
angestammt ['angəʃtamt] *adj Rechte, Privilegien* héréditaire; *Platz, Rolle* habituel(le); *Besitz* reçu(e) en héritage
angestaubt ['angəʃtaupt] *adj fig fam* poussiéreux(-euse)
Angestellte(r) *f(m) dekl wie adj* employé(e) *m(f)*
angestrengt ['angəʃtrɛŋt] **I.** *adj* ① *Gesicht* fatigué(e) ② *(intensiv) Nachdenken* intense; *Arbeiten* intensif(-ive) **II.** *adv arbeiten, nachdenken* assidûment
angetan *adj (erbaut)* conquis; **von jdm/etw sehr ~ sein** être tout à fait conquis par qn/qc
angetrunken *adj* un peu gris(e)
angewandt ['angəvant] *adj attr Wissenschaft* appliqué(e)
angewiesen ['angəviːzən] *adj* **auf jdn/etw ~ sein** dépendre de qn/qc; **sie sind auf jeden Euro ~** ils en sont à compter chaque euro
an|gewöhnen* **I.** *vt* habituer; **jdm etw ~** habituer qn à qc **II.** *vr* **sich** *(dat)* **etw ~** prendre l'habitude de faire qc
Angewohnheit *f* habitude *f*
angewurzelt *adj* ▸ **wie ~ stehen bleiben** rester planté [là]
angezeigt *adj form Maßnahme, Schritt* approprié(e), opportun(e)
Angina [aŋ'giːna] <-, Anginen> *f* angine *f*
an|gleichen *irr* **I.** *vt* harmoniser; **etw einer S.** *(dat)* **~** harmoniser qc avec qc **II.** *vr* **sich jdm ~** s'adapter à qn; **sich aneinander ~** *Kulturen, Systeme:* s'harmoniser les uns/unes avec les autres
Angleichung *f* harmonisation *f; der Preise, Gehälter* réajustement *m;* **~ an etw** *(akk)* harmonisation à qc
Angler(in) ['aŋlɐ] <-s, -> *m(f)* pêcheur(-euse) *m(f)* à la ligne
an|gliedern *vt* annexer; **etw einem Staat ~** annexer qc à un État; **etw einem Konzern ~** rattacher qc à un groupe
Angliederung *f eines Gebiets* annexion *f; einer Organisation, Firma* rattachement *m*
anglikanisch [aŋgli'kaːnɪʃ] *adj Kirche* anglican(e)
Anglist(in) [aŋ'glɪst] <-en, -en> *m(f)* ① *(Wissenschaftler)* angliciste *mf* ② *(Student)* étudiant(e) *m(f)* en anglais
Anglistik [aŋ'glɪstɪk] <-> *f* lettres *fpl* et civilisation anglaises
Anglizismus [aŋgli'tsɪsmʊs] <-, -zismen> *m* LING anglicisme *m*
an|glotzen *vt fam* **jdn ~** regarder qn avec des yeux ronds
Angola [aŋ'goːla] <-s> *nt* l'Angola *m*
Angorakatze [aŋ'goːra-] *f* chat *m* angora **Angorawolle** *f* laine *f* angora
angreifbar *adj Person* critiquable; *Theorie* contestable
an|greifen *irr* **I.** *vt* ① **jdn/etw ~** attaquer qn/qc ② *(schädigen)* **etw ~** attaquer qc ③ *(beeinträchtigen)* **jdn ~** *Nachricht:* affecter qn; *Stress:* altérer la santé de qn ④ *(anbrechen)* puiser dans *Geld* **II.** *vi* attaquer
Angreifer(in) <-s, -> *m(f)* ① MIL assaillant(e) *m(f)* ② *meist Pl* SPORT attaquant(e) *m(f)*
an|grenzen *vi* être limitrophe; **an etw** *(akk)* **~** *Land:* être limitrophe de qc; *Fluss, See:* être en bordure de qc
angrenzend *adj attr Gebäude* voisin(e); *Hecke* avoisinant(e); *Land* limitrophe
Angriff *m* ① MIL, SPORT offensive *f* ② *(Kritik)* attaque *f* ▸ **etw in ~ nehmen** s'attaquer à qc
Angriffsfläche *f* cible *f* **Angriffslust** *f* agressivité *f;* SPORT combativité *f* **angriffslustig** *adj Journalist, Opposition* combatif(-ive); SPORT offensif(-ive)
an|grinsen *vt* [**jdn**] **~** regarder [qn] en ricanant; **warum grinst du mich so an?** qu'est-ce que tu as à me ricaner au nez?
angst ▸ **jdm wird ~ [und bange]** qn prend peur
Angst [aŋst, *Pl:* 'ɛŋstə] <-, Ängste> *f* ① peur *f;* **vor jdm/etw ~ haben** avoir peur de qn/qc; **um jdn/etw ~ haben** avoir peur pour qn/qc; **~ bekommen** prendre peur; **keine ~!** *fam* pas de panique! ② PSYCH angoisse *f*
Angstgegner(in) *m(f)* adversaire *mf* redouté(e) **Angsthase** *m fam* trouillard(e) *m(f)*
ängstigen ['ɛŋstɪgən] **I.** *vt* faire peur à; **jdn ~** *(in Furcht versetzen)* faire peur à qn; *(in Sorge versetzen)* inquiéter qn **II.** *vr* ① *(sich fürchten)* **sich vor jdm/etw ~** avoir peur de qn/qc ② *(sich sorgen)* **sich**

A

um jdn/wegen etw ~ s'inquiéter pour qn/de qc
ängstlich ['ɛŋstlɪç] I. *adj* ① *Person, Blick* craintif(-ive) ② (*besorgt*) ~ **werden/sein** s'inquiéter/être inquiet II. *adv hüten, verbergen* jalousement
Ängstlichkeit <-> *f* ① (*Furcht*) crainte *f* ② (*Besorgtheit*) inquiétude *f*
Angstneurose *f* MED, PSYCH névrose *f* phobique **Angstschweiß** *m* sueur *f* d'angoisse
angstvoll I. *adj* angoissé(e) II. *adv* **jdn ~ anblicken** lancer un regard angoissé à qn
Angstzustand *m* état *m* d'angoisse
an|gucken *vt fam* regarder
an|gurten I. *vr* **sich ~** mettre sa ceinture [de sécurité] II. *vt* attacher
an|haben *vt irr* ① *fam* (*angezogen haben*) porter; **nichts ~** être tout nu ② *fam* (*angeschaltet haben*) **den Fernseher ~** avoir la télé allumée ③ (*zuleide tun*) **jdm etwas ~ können** pouvoir faire du mal à qn; *Konkurrent, Widersacher:* pouvoir nuire à qn; **die Kälte kann mir nichts ~** le froid n'a aucune prise sur moi
an|haften *vi* ① **an etw ~** *Schnee, Schmutz:* coller à qc; *Schlamm:* s'attacher à qc ② (*zugehören*) **einer S.** (*dat*) ~ être inhérent à qc
an|halten *irr* I. *vi* ① (*stehen bleiben*) s'arrêter ② (*fortdauern*) *Wetter:* continuer; *Beschwerden:* persister; *Lärm:* durer ③ (*werben*) **um die Hand der Tochter ~** demander la main de la fille II. *vt* ① (*stoppen*) stopper *Person, Fahrzeug;* retenir *Luft* ② (*anleiten*) **jdn zu Ordnung ~** éduquer qn à être ordonné
anhaltend *adj Hitze* persistant(e); *Lärm* continuel(le)
Anhalter(in) *m(f)* auto-stoppeur(-euse) *m(f);* **per ~ fahren** faire de l'auto-stop
Anhaltspunkt *m* indice *m*
anhand [an'hant] *präp + gen* à l'aide de
Anhang <-[e]s, Anhänge> *m* appendice *m*
an|hängen I. *vt* ① (*befestigen*) accrocher *Schild* ② (*ankuppeln*) atteler *Wohnwagen* ③ (*hinzufügen*) ajouter *Bemerkung* ④ *fam* (*anlasten*) **jdm einen Diebstahl ~** coller un vol sur le dos de qn II. *vr* (*hinterherfahren*) **sich an jdn/etw ~** *Fahrer, Wagen:* coller qn/qc (*fam*) III. *vi irr* **jdm ~** *Vorwurf, Makel:* coller à la peau de qn (*fam*)
Anhänger <-s, -> *m* ① SPORT supporter *m* ② (*Gefolgsmann*) partisan *m* ③ (*Wagen*) remorque *f* ④ (*Schmuckstück*) pendentif *m*
Anhängerin <-, -nen> *f* ① SPORT supporter *m*, supportrice *f* (*rare*) ② (*Gefolgsfrau*) partisane *f*

Angst/Sorge ausdrücken

Angst/Befürchtungen ausdrücken	*exprimer la peur/les craintes*
Ich habe (da) ein ungutes Gefühl.	*J'ai un mauvais pressentiment.*
Mir schwant nichts Gutes.	*Je ne pressens rien de bon.*
Ich rechne mit dem Schlimmsten.	*Je m'attends au pire.*
Diese Menschenmengen machen mir Angst.	*J'ai peur de la foule.*
Diese Rücksichtslosigkeit beängstigt mich.	*Ce sans-gêne m'inquiète.*
Ich habe Angst, dass du dich verletzen könntest.	*J'ai peur que tu te blesses.*
Ich habe Angst vorm Zahnarzt.	*J'ai peur du dentiste.*
Ich habe Bammel/Schiss vor der Prüfung. (*fam*)	*J'ai la frousse/trouille de l'examen. (fam)*

Sorge ausdrücken	*exprimer le souci*
Sein Gesundheitszustand macht mir große Sorgen.	*Son état de santé m'inquiète beaucoup.*
Ich mache mir Sorgen um dich.	*Je me fais du souci pour toi.*
Die steigenden Arbeitslosenzahlen beunruhigen mich.	*L'augmentation des chiffres du chômage m'inquiète.*
Die Sorge um ihn bereitet mir schlaflose Nächte.	*Je passe des nuits blanches à me faire du souci pour lui.*

Anhängerkupplung *f* AUT attelage *m* de remorque
Anhängerschaft <-> *f* ❶ SPORT supporte[u]rs *mpl* ❷ (*Gefolgsleute*) partisans *mpl*
anhängig *adj* JUR ~ **sein** être en instance
anhänglich ['anhɛŋlɪç] *adj Kind* très attaché(e); *Haustier* attaché(e)
Anhänglichkeit <-> *f eines Kindes* attachement *m; eines Haustiers* fidélité *f*
Anhängsel ['anhɛŋzəl] <-s, -> *nt* (*Mensch*) fardeau *m;* (*Nachtrag*) appendice *m*
an|hauchen *vt* souffler en direction de
an|hauen *vt irr sl* aborder; **jdn um Geld ~** taper qn (*fam*)
an|häufen I. *vt* amasser *Geld;* entasser *Müll* **II.** *vr* **sich ~** s'accumuler
Anhäufung <-, -en> *f* accumulation *f*
an|heben *vt irr* ❶ soulever *Möbelstück;* lever *Glas* ❷ (*erhöhen*) augmenter *Abgaben;* élargir *Freigrenze*
Anhebung <-, -en> *f von Abgaben, Steuern* hausse *f*
an|heften *vt* fixer; **etw mit Heftklammern ~** agrafer qc
anheimelnd ['anhaimәlnt] *adj geh Klänge* familier(-ère)
anheim|fallen [an'haimfalən] *vi irr geh* **dem Staat ~** *Vermögen, Erbschaft:* tomber en déshérence; **einem Betrug ~** être victime d'une escroquerie **anheim|stellen** *vt geh* **es jdm ~ etw zu tun** laisser qn libre de faire qc
an|heizen *vt* ❶ allumer *Kamin* ❷ *fam* (*verschlimmern*) renforcer *Inflation;* aggraver *Krise*
an|heuern I. *vt* enrôler **II.** *vi* **auf einem Schiff ~** s'engager sur un bateau
Anhieb ['anhi:p] ▶ **auf ~** *fam* d'emblée
an|himmeln ['anhɪməln] *vt fam* **jdn ~** (*verehren*) adorer qn; (*schwärmerisch ansehen*) dévorer qn des yeux
Anhöhe *f* hauteur *f*
an|hören I. *vt* ❶ (*bewusst hören*) écouter ❷ (*mithören*) entendre **II.** *vr* ❶ **sich komisch/heiser ~** *Person:* avoir une drôle de voix/la voix enrouée ❷ (*Klänge wiedergeben*) **sich gut ~** *Anlage:* avoir un bon son
Anhörung <-, -en> *f* audition *f*
animalisch [ani'ma:lɪʃ] *adj pej* animal(e)
Animateur(in) [anima'tø:ɐ] <-s, -e> *m(f)* animateur(-trice) *m(f)*
Animation [anima'tsio:n] <-, -en> *f* animation *f*
Animierdame [ani'mi:ɐ-] *f* entraîneuse *f*
animieren* [ani'mi:rən] **I.** *vt* inciter; **jdn zu etw ~** inciter qn à [faire] qc **II.** *vi* stimuler
animierend *adj* (*anregend*) stimulant(e)
Animosität [animozi'tɛ:t] <-, -en> *f* animosité *f*
Anis [a'ni:s] <-[es], -e> *m* ❶ (*Pflanze, Gewürz*) anis *m* ❷ (*Schnaps*) anisette *f*
an|kämpfen *vi* lutter; **gegen jdn/etw ~** lutter contre qn/qc
Ankauf *m* achat *m; eines Grundstücks* acquisition *f;* **An- und Verkauf** vente *f* et achat
an|kaufen *vt* acheter
Anker ['aŋkɐ] <-s, -> *m* ancre *f;* **den ~ werfen/lichten** jeter/lever l'ancre
ankern *vi* ❶ (*den Anker werfen*) jeter l'ancre ❷ (*vor Anker liegen*) mouiller
Ankerplatz *m* mouillage *m*
an|ketten *vt* ❶ attacher *Fahrrad* ❷ (*fesseln*) enchaîner *Sträfling*
Anklage *f* ❶ JUR (*Tatvorwurf*) inculpation *f;* (*Anklagevertreter*) accusation *f;* **gegen jdn ~ wegen etw erheben** engager des poursuites contre qn pour qc; **wegen etw unter ~ stehen** faire l'objet de poursuites pour qc ❷ (*Vorwurf, Klage*) accusation *f*
Anklagebank <-bänke> *f* banc *m* des accusés **Anklageerhebung** *f* demande *f* de mise en accusation
an|klagen I. *vt* ❶ JUR inculper ❷ (*anprangern*) dénoncer *Missstände, Politik* ❸ (*beschuldigen*) accuser **II.** *vi Person:* accuser; *Rede:* être une accusation
anklagend I. *adj* accusateur(-trice) **II.** *adv ansehen* d'un air accusateur
Anklagepunkt *m* chef *m* d'accusation
Ankläger(in) *m(f)* accusateur(-trice) *m(f)*
Anklageschrift *f* acte *m* d'accusation
Anklagevertreter(in) *m(f)* JUR ≈ procureur *mf* de la République
an|klammern I. *vt* **ein Blatt Papier an etw** (*akk o dat*) **~** accrocher une feuille à qc **II.** *vr* **sich an jdn/etw ~** *Kind, Ertrinkender:* s'agripper à qn/qc
Anklang *m* ❶ *kein Pl* (*Zustimmung*) accueil *m* favorable, écho *m* [favorable]; **bei jdm ~ finden** *Person:* avoir du succès auprès de qn; *Plan:* être bien accueilli par qn ❷ (*Reminiszenz*) **~ an jdn/etw** référence *f* à qn/qc
an|kleben *vt + haben* coller
Ankleidekabine *f eines Geschäfts* cabine *f* d'essayage
an|kleiden I. *vt geh* vêtir **II.** *vr geh* **sich ~** s'habiller
Ankleideraum *m eines Schwimmbads* vestiaire *m*

A

an|klicken *vt* INFORM cliquer sur
an|klopfen *vi* frapper
an|knabbern *vt fam* grignoter
an|knacksen I. *vr fam* **sich** (*dat*) **den Fuß ~** se faire une fêlure au pied II. *vt fam* ébranler; **angeknackst sein** *Person:* être patraque [*o* mal fichu(e)]
an|knipsen *vt fam* allumer
an|knüpfen I. *vt* 1 (*befestigen*) attacher *Schnur* 2 (*aufnehmen*) nouer *Beziehung* II. *vi* **an alte Zeiten ~** renouer avec le passé
an|kommen *irr* I. *vi* + *sein* 1 (*das Ziel erreichen*) arriver 2 *fam* (*Anklang finden*) **bei jdm ~** *Idee:* être bien accueilli par qn; *Mode:* avoir du succès auprès de qn; **nicht** [**gut**] **~** faire un bide 3 *fam* (*Eindruck machen*) **bei jdm ~ /gut ~** avoir la cote auprès de qn 4 (*sich behaupten*) **gegen jdn ~ können** arriver à s'imposer face à qn II. *vi unpers* + *sein* **es kommt darauf an, dass** il importe que + *subj* ►**es darauf ~ lassen** *fam* risquer le coup; **es auf etw** (*akk*) **~ lassen** *fam* se laisser embarquer dans qc
Ankömmling ['ankœmlɪŋ] <-s, -e> *m* arrivant(e) *m(f)*
an|koppeln I. *vt* atteler *Waggon* II. *vi* **an etw** (*akk*) **~** *Raumfähre:* arrimer à qc
an|kotzen *vt fam* (*anwidern*) faire gerber
an|kreiden *vt* reprocher; **jdm etw ~** reprocher qc à qn
an|kreuzen *vt* cocher
an|kündigen *vt, vr* [**sich**] **~** [s']annoncer
Ankündigung *f* 1 *kein Pl* (*das Ankündigen*) annonce *f* 2 (*Vorzeichen*) *einer Katastrophe* signe *m* avant-coureur
Ankunft ['ankʊnft] <-, Ankünfte> *f* arrivée *f*; **bei ~ des Zuges** lors de l'entrée [du train] en gare
Ankunftshalle *f* hall *m* d'arrivée **Ankunftszeit** *f* heure *f* d'arrivée
an|kurbeln *vt* 1 relancer *Wirtschaft* 2 (*in Gang setzen*) **den Motor ~** mettre le moteur en marche
Anl. *Abk von* **Anlage**
an|lächeln *vt* sourire à
an|lachen *vt* regarder en riant; **jdn ~** regarder qn en riant; *Sonne:* sourire à qn
Anlage <-, -n> *f* 1 (*Produktionsgebäude*) complexe *m* 2 *kein Pl* (*das Schaffen*) *eines Stausees* construction *f*; *eines Parks* aménagement *m* 3 (*Einrichtung*) **sanitäre ~n** installations sanitaires 4 (*Briefbeilage*) annexe *f*; INFORM attachement *m*; **als ~** en annexe 5 *meist Pl* (*Veranlagung*) [pré]dispositions *fpl* 6 *kein Pl* (*Gliederung*) *eines Romans* plan *m*
an|langen *vt* + *haben* 1 (*betreffen*) concerner; **was das Projekt anlangt, ...** en ce qui concerne le projet, ... 2 SDEUTSCH (*anfassen*) toucher
AnlassRR ['anlas, *Pl:* 'anlɛsə] <-es, Anlässe>, **Anlaß**ALT <-sses, Anlässe> *m* 1 (*Grund*) raison *f* 2 (*Gelegenheit*) occasion *f*; **beim geringsten ~** pour un oui ou pour un non; **aus gegebenem ~** puisque l'occasion en est/était/... donnée 3 (*Veranstaltung*) **ein festlicher ~ sein** être l'occasion de festivités
an|lassen *irr* I. *vt* 1 [faire] démarrer *Auto* 2 *fam* (*anbehalten*) garder *Schuhe* 3 *fam* (*nicht abstellen*) laisser tourner *Motor;* laisser brûler *Kerze* II. *vr fam* **sich gut/schlecht ~** *Geschäft, Tag:* se présenter bien/mal
Anlasser <-s, -> *m* démarreur *m*
anlässlichRR ['anlɛslɪç], **anläßlich**ALT *präp* + *gen* à l'occasion de
an|lasten *vt* reprocher; **jdm etw ~** reprocher qc à qn
Anlauf *m* 1 SPORT élan *m* 2 (*Versuch*) essai *m*
an|laufen *irr* I. *vi* + *sein* 1 (*beginnen*) *Saison, Verhandlungen:* commencer 2 (*herauskommen*) *Film:* sortir 3 (*Anlauf nehmen*) prendre de l'élan 4 (*beschlagen*) *Brille, Spiegel:* s'embuer 5 (*die Hautfarbe ändern*) **blau ~** devenir tout bleu 6 (*oxidieren*) *Metall:* s'oxyder II. *vt* + *haben* faire escale dans *Bucht, Hafen*
Anlaufstelle *f* lieu *m* d'accueil
Anlaut *m* son *m* initial
Anlegebrücke *f* embarcadère *m*
an|legen I. *vt* 1 (*erstellen*) constituer *Akte;* établir *Liste* 2 aménager *Garten* 3 (*ansammeln*) constituer *Vorratslager* 4 FIN placer 5 (*ausgeben*) mettre 6 (*beabsichtigen*) **es auf einen Streit ~** chercher une dispute 7 (*anlehnen*) mettre *Leiter* 8 (*hinlegen*) appliquer *Lineal* 9 *geh* (*anziehen, antun*) mettre *Schmuck* 10 (*ausrichten*) **ein Projekt auf sechs Jahre ~** concevoir un projet sur six ans II. *vi* 1 **im Hafen ~** faire escale dans le port 2 (*zielen*) **mit einem Gewehr auf jdn ~** mettre qn en joue avec un fusil III. *vr* **sich mit jdm ~** entrer en conflit avec qn
Anlegeplatz *m* embarcadère *m,* débarcadère *m*
Anleger(in) <-s, -> *m(f)* investisseur(-euse) *m(f)*
Anlegestelle *f* NAUT *s.* **Anlegeplatz**

an|lehnen I. *vt* ❶ poser; **etw an etw** (*akk*) ~ poser qc contre qc ❷ (*offen lassen*) **das Fenster** ~ laisser la fenêtre entrouverte II. *vr* ❶ **sich an jdn/etw** ~ s'appuyer contre qn/qc ❷ (*sich orientieren*) **sich an etw** (*akk*) ~ *Inszenierung:* s'inspirer de qc
Anlehnung <-, -en> *f* (*Orientierung*) **in ~ an jdn/etw** en référence à qn/qc
anlehnungsbedürftig *adj* qui a besoin de se sentir entouré(e)
an|leiern *vt fam* goupiller
Anleihe <-, -n> *f* emprunt *m;* **eine ~ aufnehmen** contracter un emprunt
an|leimen *vt* [**etw an etw**] ~ coller [qc à qc]
an|leiten *vt* (*unterweisen*) instruire; **jdn ~ etw zu tun** apprendre à qn à faire qc
Anleitung *f* directives *fpl*
an|lernen *vt* (*einarbeiten*) former
an|lesen *vt irr* ❶ lire le début de *Buch* ❷ (*aneignen*) **sich** (*dat*) **etw** ~ assimiler qc par la lecture
an|liefern *vt* livrer à domicile; **etw** ~ livrer qc à domicile
Anlieferung *f* livraison *f* [à domicile]
an|liegen *vi irr* ❶ *Problem:* être à régler ❷ **eng** ~ *Kleid:* être moulant
Anliegen <-s, -> *nt* (*Bitte*) demande *f*
anliegend *adj* ❶ *Schreiben* ci-joint(e) ❷ *Grundstück* attenant(e) ❸ (*den Körper betonend*) **ein eng ~es Kleid** un robe moulante ❹ *Haare* plaqué(e)
Anlieger(in) <-s, -> *m(f)* riverain(e) *m(f);* **~ frei!** accès réservé aux riverains!
Anliegerstaat *m* État *m* riverain
an|locken *vt* attirer *Käufer;* appâter *Tier*
an|löten *vt* souder
an|lügen *vt irr* mentir à
Anm. *Abk von* **Anmerkung**
Anmache <-> *f fam* drague *f*
an|machen *vt* ❶ (*anstellen*) allumer ❷ (*zubereiten*) assaisonner *Salat* ❸ *fam* (*befestigen*) fixer ❹ *fam* (*gefallen*) **jdn total** ~ *Projekt, Film:* intéresser vachement qn ❺ *fam* (*flirten, ansprechen*) draguer ❻ *fam* (*rüde ansprechen*) **jdn** ~ prendre qn à partie
an|malen I. *vt* (*bemalen*) peindre II. *vr pej fam* **sich** ~ se peinturlurer
Anmarsch *m kein Pl* ❶ MIL approche *f* ❷ (*Marschweg*) marche *f* ▶ **im ~ sein** *fig fam Person:* rappliquer; *Unwetter:* approcher
an|maßen ['anmaːsən] *vr* **sich** (*dat*) **etw** ~ se permettre qc
anmaßend *adj* prétentieux(-euse)
Anmaßung <-, -en> *f* prétention *f*
Anmeldeformular *nt* formulaire *m* d'inscription **Anmeldefrist** *f* délai *m* d'inscription **Anmeldegebühr** *f* frais *mpl* d'inscription
an|melden I. *vt* ❶ (*ankündigen*) annoncer *Gast, Besucher;* **ich bin angemeldet** j'ai rendez-vous ❷ (*vormerken lassen*) inscrire ❸ (*polizeilich melden*) déclarer *Wohnsitz* ❹ (*registrieren lassen*) déclarer *Radio;* déposer *Patent* ❺ (*geltend machen*) faire valoir *Anspruch;* exprimer *Bedenken* II. *vr* ❶ (*ankündigen*) **sich** ~ annoncer sa venue ❷ (*sich eintragen lassen*) **sich zu einem Kurs** ~ s'inscrire à un cours ❸ (*einen Termin vereinbaren*) **sich** ~ prendre rendez-vous ❹ (*sich polizeilich melden*) **sich in Stuttgart** ~ déclarer son domicile à Stuttgart
Anmeldung *f* ❶ *kein Pl* (*Ankündigung*) *eines Besuchs* annonce *f* ❷ (*Terminvereinbarung*) rendez-vous *m* ❸ (*Einschreibung*) inscription *f* ❹ (*Registrierung*) *eines Einwohners* enregistrement *m; eines Radiogeräts* déclaration *f; eines Patents* dépôt *m*
an|merken *vt* ❶ (*ansehen*) **sich** (*dat*) **den Ärger ~ lassen** laisser transparaître sa colère; **ich merke dir an, dass ...** je lis à ton visage que ... ❷ (*bemerken, äußern*) **etwas** ~ faire une remarque
Anmerkung <-, -en> *f* commentaire *m*
Anmoderation *f* TV, RADIO présentation *f* d'ouverture
an|motzen *vt fam* **jdn** ~ traiter qn de tous les noms
Anmut ['anmuːt] <-> *f geh* grâce *f*
an|muten *geh* I. *vt* **jdn gefährlich** ~ faire à qn l'effet d'être dangereux II. *vi* **sonderbar** ~ procurer une impression étrange
anmutig *adj geh Person* gracieux(-euse); *Gemälde* charmant(e)
an|nageln *vt* clouer; **etw an die Wand** ~ clouer qc au mur ▶ **wie angenagelt** comme cloué sur place
an|nähen *vt* coudre; **eine Tasche an etw** (*akk o dat*) ~ coudre une poche à qc; **einen Knopf wieder** ~ recoudre un bouton
an|nähern I. *vr* **sich** [**einander**] ~ se rapprocher II. *vt* rapprocher
annähernd *adj* approximatif(-ive)
Annäherung <-, -en> *f* rapprochement *m*
Annäherungsversuch *m* tentative *f* de rapprochement; **~e machen** faire des avances
annäherungsweise *adv* approximativement

A

Annahme ['anna:mə] <-, -n> *f* ❶ (*Vermutung*) supposition *f;* **in der ~, dass ...** en supposant que ...; **der ~** (*gen*) **sein, dass ...** supposer que ... ❷ *kein Pl* (*das Annehmen*) *eines Angebots* acceptation *f* ❸ *kein Pl* JUR, POL *eines Gesetzes* adoption *f*
Annahmestelle *f* ❶ (*Lottoannahmestelle*) bureau *m* de validation ❷ (*Anlieferstelle*) point *m* de récupération
Annalen [a'na:lən] *Pl* annales *fpl;* **in die ~ eingehen** rester dans les annales
annehmbar *adj* ❶ (*akzeptabel*) acceptable ❷ *Qualität, Preis* convenable; *Duft, Geschmack* correct(e)
an|nehmen *irr* **I.** *vt* ❶ (*akzeptieren*) accepter *Angebot;* relever *Herausforderung* ❷ (*meinen*) supposer; **~, dass ...** supposer que ...; **du nimmst doch nicht etwa an, dass ...** tu n'imagines quand même pas que ... ❸ (*billigen*) adopter *Gesetz* ❹ (*sich zulegen*) prendre *Angewohnheit;* adopter *Staatsangehörigkeit* ❺ (*zulassen*) accepter *Anmeldung;* admettre *Patienten* ❻ (*bekommen*) prendre *Aussehen* **II.** *vr* **sich einer Angelegenheit** (*gen*) **~** se charger d'une affaire
Annehmlichkeit <-, -en> *f* ❶ (*Bequemlichkeit*) commodité *f* ❷ (*Vorteil*) avantage *m*
annektieren* [anɛk'ti:rən] *vt* annexer
Annexion [anɛ'ksi̯o:n] <-, -en> *f* annexion *f*
anno ['ano] *adv* **~ 1810** en 1810 ▶**Anno Domini ...** en l'an de grâce ...; **von ~ dazumal** *fam* qui date de Mathusalem
Annonce [a'nõ:sə] <-, -n> *f* [petite] annonce *f*
annoncieren* [anõ'si:rən] **I.** *vi* passer une annonce/des annonces **II.** *vt* mettre une annonce/des annonces pour *Haus, Auto*
annullieren* [anʊ'li:rən] *vt* annuler
Annullierung <-, -en> *f* annulation *f*
Anode [a'no:də] <-, -n> *f* PHYS anode *f*
an|öden ['anʔø:dən] *vt fam* barber
anomal ['anoma:l] *adj* anormal(e)
Anomalie [anoma'li:] <-, -i̯en> *f* anomalie *f*
anonym [ano'ny:m] *adj* anonyme; **~ bleiben** garder l'anonymat
Anonymität [anonymi'tɛ:t] <-> *f* anonymat *m*
Anorak ['anorak] <-s, -s> *m* anorak *m*
an|ordnen *vt* ❶ (*festsetzen*) décréter *Maßnahme;* imposer *Überstunden* ❷ (*ordnen*) classer
Anordnung <-, -en> *f* ❶ (*Verfügung*) *einer Behörde* disposition *f; eines Vorgesetzten* ordre *m;* **auf ~ der Geschäftsleitung** sur ordre de la direction ❷ (*Ordnung*) *von Karteikarten* classement *m*
Anorexie [anʔorɛ'ksi:] <-, -i̯en> *f* MED anorexie *f*
anorganisch ['anʔɔrga:nɪʃ] *adj* inorganique
anormal ['anɔrma:l] *s.* **anomal**
an|packen **I.** *vt fam* ❶ (*anfassen*) empoigner ❷ (*beginnen*) se mettre à *Arbeit, Aufgabe, Projekt* **II.** *vi fam* [**mit**] **~** filer un coup de main
an|passen **I.** *vt* ❶ (*passend machen*) **etw einer S.** (*dat*) **~** adapter qc à qc; *Handwerker:* ajuster qc à qc ❷ (*anmessen, anprobieren*) **jdm etw ~** essayer qc à qn **II.** *vr* **sich jdm ~** s'adapter à qn; **sich einer S.** (*dat*) **~** *Mieten, Preise:* évoluer en fonction de qc
Anpassung <-, -en> *f* (*Abstimmung*) adaptation *f;* (*Neufestsetzung*) réajustement *m*
anpassungsfähig *adj* capable de s'adapter **Anpassungsfähigkeit** *f* adaptabilité *f* **Anpassungsschwierigkeiten** *Pl* difficultés *fpl* d'adaptation
an|peilen *vt* ❶ (*orten*) repérer ❷ (*ansteuern*) mettre le cap sur *Hafen* ❸ *fam* (*anstreben*) loucher sur *Position*
an|pfeifen *irr* **I.** *vi Schiedsrichter:* siffler [le coup d'envoi] **II.** *vt fam* (*zurechtweisen*) engueuler
Anpfiff *m* ❶ SPORT **der ~** le coup d'envoi ❷ *fam* (*Zurechtweisung*) engueulade *f;* **einen ~ bekommen** se prendre un savon
an|pflanzen *vt* planter *Blumen;* cultiver *Nutzpflanzen*
an|pflaumen *vt fam* [**jdn**] **~** mettre [qn] en boîte
an|piepsen *vt* biper (*fam*)
an|pirschen *vr* **sich ~** ❶ *Jäger:* s'approcher [sans bruit] ❷ *fam* (*sich nähern*) s'approcher en douce
an|pissen *vt fig, pej vulg* **jdn ~** pisser sur qn
an|pöbeln *vt fam* chercher des noises à
Anprall <-[e]s, -e> *m* collision *f*
an|prangern ['anpraŋɐn] *vt* vilipender; **etw als Missstand ~** dénoncer qc comme étant inacceptable
an|preisen *vt irr* vanter
Anprobe *f* essayage *m*
an|probieren* *vt, vi* essayer; **zum Anprobieren in die Kabine gehen** aller dans la cabine d'essayage
an|pumpen *vt fam* taper; **jdn um zehn Euro ~** taper dix euros à qn

an|quatschen *vt fam* tenir la jambe à; **von jdm angequatscht werden** se faire tenir la jambe par qn

an|rechnen *vt* ① (*gutschreiben*) déduire *Anzahlung;* faire la reprise de *Gebrauchtwagen* ② (*berechnen*) **jdm etw ~** facturer qc à qn ③ (*bewerten*) compter *Fehler* ④ (*einschätzen, würdigen*) **jdm/sich etw als Verdienst ~** mettre qc à l'actif de qn/s'attribuer le mérite de qc

Anrecht *nt* droit *m;* **~ auf etw** (*akk*) droit à qc

Anrede *f* titre *m*

an|reden *vt* s'adresser à; **jdn mit einem Titel ~** appeler qn par un titre; **jdn mit „du" ~** dire "tu" à qn

an|regen **I.** *vt* ① (*ermuntern*) stimuler; **jdn zu etw ~** inciter qn à qc ② *geh* (*vorschlagen*) **~ etw zu tun** suggérer de faire qc ③ BIO ouvrir *Appetit* **II.** *vi Kaffee:* stimuler

anregend *adj* stimulant(e); (*sexuell stimulierend*) excitant(e)

Anregung *f* ① (*Vorschlag*) suggestion *f* ② (*Impuls*) impulsion *f* ③ *kein Pl* BIO stimulation *f*

an|reichern ['anraɪçɐn] **I.** *vt* ① CHEM enrichir; **etw mit etw ~** enrichir qc avec qc ② **etw mit Vitaminen ~** rehausser qc avec des vitamines **II.** *vr* BIO, CHEM **sich im Körper ~** s'accumuler dans le corps

Anreicherung <-, -en> *f* enrichissement *m*

Anreise *f* ① (*Anfahrt*) voyage *m* ② (*Ankunft*) arrivée *f*

an|reisen *vi + sein* ① (*ein Ziel anfahren*) voyager ② (*eintreffen*) arriver

an|reißen *vt irr* ① aborder *Thema, Problem* ② (*anbrechen*) **eine Packung [an der gestrichelten Linie] ~** déchirer un emballage [suivant les pointillés]

Anreiz *m* invite *f;* **~e bieten etw zu tun** donner des motifs *mpl* pour faire qc

an|rempeln ['anrɛmpəln] *vt* bousculer

an|rennen *vi irr + sein* ① **angerannt kommen** *Person:* arriver en courant; *Pferd:* arriver au galop; *Hund, Katze:* arriver à toute allure ② (*anstürmen*) **gegen die feindlichen Stellungen ~** se lancer contre les positions ennemies

Anrichte ['anrɪçtə] <-, -n> *f* buffet *m*

an|richten *vt* ① (*garnieren*) présenter *Essen* ② (*verursachen*) causer *Schaden, Unheil;* **was hast du da wieder angerichtet!** qu'est-ce que t'as encore fabriqué! (*fam*)

anrüchig ['anrʏçɪç] *adj* ① *Lokal, Viertel* mal famé(e); *Etablissement* douteux(-euse); *Geschäft* louche ② *Abbildung* indécent(e)

an|rücken *vi + sein fam* (*herbeikommen*) rappliquer

Anruf *m* ① TELEC coup *m* de téléphone ② MIL sommation *f*

Anrufbeantworter <-s, -> *m* répondeur *m* [téléphonique]

an|rufen *irr* **I.** *vt* ① TELEC **jdn ~** téléphoner à qn ② JUR **eine höhere Instanz ~** en appeler à une plus haute instance **II.** *vi* **bei jdm/für jdn ~** appeler chez/pour qn

Anrufer(in) <-s, -> *m(f)* correspondant(e) *m(f)*

an|rühren *vt* ① (*berühren*) **jdn/etw ~** toucher qn/à qc ② *geh* (*innerlich bewegen*) toucher ③ (*zubereiten*) préparer *Teig* ④ (*mischen, verrühren*) mélanger *Farbe*

ans [ans] = **an das** *s.* **an**

Ansage ['anza:gə] *f* ① *der Nachrichten* présentation *f; des Programms* annonce *f* ② SPIEL **jd hat die ~** c'est à qn de parler; (*beim Skat*) qn fait les annonces

an|sagen **I.** *vt* (*durchsagen*) présenter *Nachrichten;* annoncer *Programm* **II.** *vr* (*sich ankündigen*) **sich ~** s'annoncer **III.** *vi* RADIO, TV présenter

Ansager(in) <-s, -> *m(f)* (*Conférencier*) animateur(-trice) *m(f)*

an|sammeln **I.** *vt* amasser *Dinge;* accumuler *Zinsen, Vermögen* **II.** *vr* **sich ~** *Personen:* se rassembler; *Staub:* s'accumuler; *Gegenstände:* s'entasser

Ansammlung *f* ① *von Gegenständen* amoncellement *m* ② (*Menschenmenge*) foule *f* ③ (*das Anstauen*) *von Hass, Wut* accumulation *f*

ansässig ['anzɛsɪç] *adj form* domicilié(e)

Ansatz *m* ① *der Haare* base *f* ② (*Anzeichen*) signe *m* ③ (*Beginn*) **im ~ richtig/falsch sein** être juste dans les grandes lignes/faux dès le départ ④ (*Schicht, Ablagerung*) *von Kalk* dépôt *m; von Rost* couche *f*

Ansatzpunkt *m* point *m* de départ *pas de pl*

ansatzweise *adv* dans les grandes lignes

an|saugen **I.** *vt* aspirer **II.** *vr* **sich ~** *Blutegel:* s'accrocher

an|schaffen **I.** *vt* (*kaufen*) acheter; **[sich** (*dat*)**] etw ~** [s']acheter qc **II.** *vi fam* **für jdn ~ gehen** faire le tapin pour qn

Anschaffung <-, -en> *f* achat *m*

Anschaffungskosten *Pl* frais *mpl* d'achat

an|schalten **I.** *vt* mettre en marche *Anlage;* allumer *Strom* **II.** *vr* **sich ~** *Anlage:* se mettre en marche; *Licht, Strom:* s'allumer

A

an|schauen *vt* regarder

anschaulich *adj Vortrag* clair(e); *Beispiel* parlant(e); **jdm etw ~ machen** illustrer qc pour qn

Anschaulichkeit <-> *f einer Beschreibung* clarté *f; eines Vortrags, Beispiels* caractère *f* explicite

Anschauung <-, -en> *f* ① *(Ansicht)* façon *f* de voir; **nach unserer ~** à notre avis; **eine andere ~ vertreten** concevoir les choses différemment ② *geh (Vorstellung)* idée *f* ③ *geh (Erfahrung)* **aus eigener ~** de ma/sa/... propre expérience

Anschauungsmaterial *nt* documents *mpl*

Anschein *m* apparence *f;* **dem äußeren ~ nach** vu de l'extérieur; **es hat den ~, als ob ...** on dirait que ... ▶**allem ~ nach** selon toute apparence

anscheinend *adv* apparemment

an|schicken *vr geh* **sich ~ etw zu tun** se disposer à faire qc

an|schieben *vt irr* ① pousser ② *fig fam* faire avancer *Projekt, Unternehmen, Karriere*

an|schießen *irr* **I.** *vt (verletzen)* **jdn ~** blesser qn [d'un coup de fusil/revolver] **II.** *vi* **angeschossen kommen** *Fahrzeug:* arriver comme une flèche

an|schirren *vt* atteler

Anschiss[RR] <-es, -e>, **Anschiß**[ALT] <-sses, -sse> *m vulg* engueulade *f (fam)*; **einen ~ bekommen** se faire engueuler *(fam)*

Anschlag *m* ① *(Attentat)* attentat *m;* **auf jdn/etw einen ~ verüben** commettre un attentat contre qn/qc ② *(Bekanntmachung)* avis *m; (Plakat)* affiche *f* ③ *(geschriebenes Zeichen)* **250 Anschläge in der Minute schreiben** taper 250 signes à la minute ④ MUS *eines Pianisten* toucher *m* ⑤ *(Widerstand) eines Pedals* seuil *m* de résistance; **einen leichten ~ haben** *Tastatur:* avoir une frappe douce; **bis zum ~** à fond ⑥ *(schussbereite Stellung)* **das Gewehr im ~ haben** tenir braqué le fusil

Anschlagbrett *nt* panneau *m* d'affichage

an|schlagen *irr* **I.** *vt + haben* ① *(befestigen)* apposer *Plakat;* fixer *Brett;* **etw am schwarzen Brett ~** afficher qc sur le tableau d'affichage ② MUS jouer *Ton, Akkord;* frapper *Taste* ③ *(beschädigen)* ébrécher *Teller* ④ *(anstimmen)* prendre *Ton;* **einen anderen Ton ~** changer de ton **II.** *vi* ① *+ haben* SPORT *Schwimmer:* toucher ② *+ haben (wirken)* **bei jdm ~** *Therapie:* agir chez qn **III.** *vr* **sich ~** se cogner

Anschlagsserie *f* série *f* d'attentats

an|schleichen *vr irr* **sich ~** s'approcher tout doucement; **sich an jdn/etw ~** s'approcher tout doucement de qn/qc

an|schleppen *vt* ① traîner *Koffer* ② *fam* apporter *Essen* ③ *fam (mitbringen)* **jdn ~** trimballer qn ④ *(zu schleppen beginnen)* remorquer *Auto*

an|schließen *irr* **I.** *vt* ① brancher *Elektrogerät;* **etw ~** raccorder qc ② *(befestigen)* **das Fahrrad am Geländer ~** attacher le vélo à la rampe **II.** *vr* ① *(mitgehen)* **sich jdm ~** se joindre à qn; **sich einer Partei** *(dat)* **~** s'engager dans un parti; **einer Organisation angeschlossen sein** être rattaché à une organisation ② *(beipflichten)* **sich jdm/einer Theorie ~** se rallier à qn/une théorie ③ *(folgen)* **sich an die Preisverleihung ~** succéder à la remise des prix **III.** *vi* **an etw** *(akk)* **~** succéder à qc

anschließend **I.** *adj* qui suit/suivait/... [immédiatement] **II.** *adv* ensuite

Anschluss[RR] *m* ① *(Telefonanschluss)* branchement *m* [téléphonique] ② *(Telefonverbindung)* **der ~ ist besetzt** la ligne est occupée; **kein ~ unter dieser Nummer!** le numéro que vous avez demandé n'est plus en service actuellement! ③ *kein Pl (das Anschließen) eines Computers* connexion *f* ④ *(Anschlusszug)* **~ an einen Zug/nach Marseille haben** avoir une correspondance avec un train/pour Marseille ⑤ *kein Pl (Kontakt)* contacts *mpl;* **~ finden** nouer des contacts

an|schmiegen ['anʃmiːgən] *vr (sich anlehnen)* **sich ~** se blottir; **sich an jdn/etw ~** se blottir contre qn/qc

anschmiegsam *adj* ① *Person* câlin(e) ② *Material* souple

an|schmieren **I.** *vt* ① *(bemalen)* barbouiller ② *fam* **jdn mit etw ~** arnaquer qn avec qc; **du bist ganz schön angeschmiert worden!** tu t'es bien fait arnaquer! **II.** *vr* **sich mit etw ~** se barbouiller de qc *(fam)*

an|schnallen *vt* ① *(angurten)* attacher *Kind;* **sich ~** attacher sa ceinture [de sécurité] ② *(unterschnallen)* attacher *Schlittschuhe*

Anschnallpflicht *f* port *m* obligatoire de la ceinture [de sécurité]

an|schnauzen *vt fam* engueuler

an|schneiden *vt irr* ① *(anbrechen)* entamer *Brot* ② *(ansprechen)* aborder *Problem*

Anschnitt *m (erstes Stück) eines Laibs* entame *f*

Anschovis [an'ʃoːvɪs] *s.* **Anchovis**

an|schrauben *vt* visser; **ein Schild an etw** (*akk o dat*) ~ visser un écriteau à qc

an|schreiben *irr* **I.** *vt* ❶ écrire; **etw an die Tafel** ~ écrire qc au tableau ❷ (*sich wenden an*) **jdn wegen etw** ~ envoyer un courrier à qn à cause de qc ❸ *fam* (*auf Kredit geben*) **jdm etw** ~ mettre qc sur le compte de qn **II.** *vi fam* (*Kredit gewähren*) faire crédit; **bei jdm** ~ **lassen** faire mettre sur sa note chez qn

an|schreien *vt irr* crier contre; **jdn wegen etw** ~ crier contre qn [*o* après qn *pop*] à cause de qc

Anschrift *f* adresse *f*

an|schuldigen ['anʃʊldɪgən] *vt* accuser; **jdn einer S.** (*gen*) ~ accuser qn de qc

Anschuldigung <-, -en> *f* accusation *f*

an|schwärzen *vt fam* ❶ (*schlechtmachen*) débiner; **jdn bei jdm** ~ débiner qn auprès de qn ❷ (*denunzieren*) **jdn wegen etw** ~ balancer qn à cause de qc

an|schweigen *irr* **I.** *vt* opposer son mutisme à **II.** *vr* **sich** [**gegenseitig**] ~ ne plus s'adresser la parole

an|schweißen *vt* souder; **ein Metallstück an etw** (*akk o dat*) ~ souder un morceau de métal à qc

an|schwellen *vi irr* + *sein Arm:* enfler

an|schwemmen *vt* + *haben* **etw** ~ *Meer:* rejeter qc [sur la rive]

an|schwindeln *vt fam* raconter des bobards à

an|sehen *vt irr* ❶ (*anblicken*) regarder; **jdn unschuldig/böse** ~ regarder qn d'un air innocent/méchant ❷ (*besichtigen*) **sich** (*dat*) **etw** ~ visiter qc ❸ (*Zuschauer sein*) **sich** (*dat*) **etw** ~ voir qc; (*Fernsehzuschauer sein*) regarder qc ❹ (*halten für*) **jdn als seinen Freund** ~ considérer qn comme son ami ❺ (*anmerken*) **jdm die Erleichterung** ~ pouvoir lire le soulagement sur le visage de qn; **man sieht ihm sein Alter nicht an** il ne paraît pas son âge ▶ **sieh mal einer an!** *fam* eh ben, voyons! (*iron*)

Ansehen <-s> *nt* (*Reputation*) réputation *f;* **bei jdm großes** ~ **genießen** jouir d'une grande estime auprès de qn

ansehnlich *adj* ❶ *Erbschaft* important(e); *Leistung* beau(belle) ❷ *Person, Gebäude* beau(belle) *antéposé*

an|seilen *vt* encorder; **jdn/sich** ~ encorder qn/s'encorder

an|seinALT *s.* **an III.3**

an|sengen *vt* + *haben* roussir

an|setzen **I.** *vt* ❶ (*anfügen*) ajouter; **ein Verlängerungsstück an etw** (*akk o dat*) ~ ajouter un raccord à qc ❷ (*positionieren*) placer *Werkzeug;* **das Glas** [**zum Trinken**] ~ porter le verre à sa bouche ❸ (*veranschlagen*) estimer; **die Kosten zu niedrig** ~ sous-estimer les coûts ❹ (*festlegen*) fixer *Termin* ❺ (*hetzen*) **einen Detektiv auf jdn/etw** ~ mettre un détective derrière qn/sur qc ❻ (*bilden*) **Grünspan/Rost** ~ se couvrir de vert-de-gris/de rouille ❼ (*zubereiten*) préparer *Bowle* **II.** *vi* ❶ (*beginnen*) **zum Sprechen/Trinken** ~ s'apprêter à parler/boire ❷ (*dick machen*) **bei jdm** ~ *Essen:* faire grossir qn

Ansicht <-, -en> *f* ❶ (*Meinung*) avis *m;* **der** ~ **sein, dass ...** être d'avis que ...; **ich teile Ihre** ~ je suis tout à fait de votre avis; **nach** ~ **ihrer Eltern** selon ses parents; **meiner/seiner** ~ **nach** à mon/son avis ❷ (*Abbildung*) vue *f* ❸ *kein Pl* (*das Prüfen*) examen *m;* **zur** ~ pour examen

Ansichtskarte *f* carte *f* postale **Ansichtssache** *f* [**reine**] ~ **sein** être une question de point de vue

an|siedeln ['anzi:dəln] **I.** *vt* installer *Volk;* introduire *Tierart;* implanter *Industrie* **II.** *vr* **sich** ~ *Personen, Keime:* se fixer; *Industrie:* s'implanter

Ansiedler(in) *m(f)* colon *m*

Ansiedlung *f* colonie *f*

Ansinnen ['anzɪnən] <-s, -> *nt* exigence *f*

Ansitz *m* JAGD affût *m*

ansonsten [an'zɔnstən] *adv fam* ❶ (*im Übrigen*) pour le reste ❷ (*sonst*) à part ça ❸ (*andernfalls*) sinon

an|spannen *vt* ❶ bander *Muskel;* crisper *Nerven* ❷ (*anschirren*) atteler *Pferd, Wagen*

Anspannung *f* (*Spannung, Konzentration*) tension *f*

Anspiel *nt kein Pl* SPORT (*das Anspielen*) coup *m* d'envoi; (*das Zuspielen*) passe *f*

an|spielen **I.** *vi* ❶ (*andeuten*) faire allusion; **mit einer Bemerkung auf jdn/etw** ~ faire allusion par une remarque à qn/qc ❷ SPORT donner le coup d'envoi **II.** *vt* passer le ballon à *Spieler*

Anspielung <-, -en> *f* allusion *f*

an|spitzen *vt* tailler *Bleistift*

Ansporn <-[e]s> *m* motivation *f*

an|spornen *vt* ❶ (*ermuntern*) motiver; **jdn** ~ **etw zu tun** pousser qn à faire qc ❷ (*antreiben*) éperonner *Pferd*

Ansprache *f* allocution *f*

ansprechbar *adj* (*nicht beschäftigt*) disponible; *Kranker:* lucide

an|sprechen *irr* **I.** *vt* ❶ (*anreden*) adresser la parole à ❷ (*betiteln*) **wie soll ich Sie** ~**?** comment dois-je vous appeler?

A

❸ (*sich wenden an*) **jdn auf etw** (*akk*) **~** parler à qn de qc ❹ (*erwähnen*) aborder *Thema* ❺ (*beeindrucken*) **jdn ~** *Person:* impressionner qn; *Kunstwerk:* interpeller qn; (*gefallen*) plaire à qn **II.** *vi* ❶ **auf etw** (*akk*) **~** *Patient:* réagir à qc; **bei jdm ~** *Medikament:* faire de l'effet à qn ❷ (*reagieren*) *Bremse:* répondre

ansprechend *adj Äußeres* charmant(e); *Verpackung* attrayant(e); *Umgebung* plaisant(e)

Ansprechpartner(in) *m(f)* interlocuteur(-trice) *m(f)*

an|springen *irr* **I.** *vi + sein* ❶ *Fahrzeug:* démarrer ❷ *fam* (*reagieren*) **auf etw** (*akk*) **~** réagir à qc **II.** *vt + haben* **jdn ~** bondir sur qn

Anspruch *m* ❶ (*Anrecht*) droit *m;* **~ auf etw** (*akk*) **haben** avoir droit à qc ❷ (*Forderung*) **~ auf etw** (*akk*) **erheben** *Person:* revendiquer qc; *Theorie:* prétendre à qc ❸ (*Gebrauch*) **ein Angebot in ~ nehmen** profiter d'une offre; **ein Recht in ~ nehmen** faire valoir un droit ❹ *Pl* (*Anforderung*) exigences *fpl;* **hohe Ansprüche an jdn stellen** *Person:* être très exigeant avec qn; *Aufgabe:* exiger beaucoup de qn ▶**jdn in ~ nehmen** accaparer qn

anspruchslos *adj* ❶ *Person, Pflanze* peu exigeant(e) ❷ (*trivial*) sans prétention

Anspruchslosigkeit <-> *f* ❶ *einer Person* simplicité *f; einer Pflanze* manque *m* d'exigence ❷ (*Trivialität*) trivialité *f*

anspruchsvoll *adj* ❶ *Person, Tätigkeit* exigeant(e) ❷ (*niveauvoll*) ambitieux(-euse)

an|spucken *vt* cracher sur

an|stacheln ['anʃtaxəln] *vt* aiguillonner; **jdn [dazu] ~ etw zu tun** inciter qn à faire qc

Anstalt ['anʃtalt] <-, -en> *f* ❶ (*Heilanstalt*) établissement *m* spécialisé (*euph*) ❷ *geh* (*Einrichtung*) établissement *m;* (*Privateinrichtung*) institution *f*

Anstalten *Pl* préparatifs *mpl;* **~ machen** [*o* **treffen**] **das Land zu verlassen** prendre des dispositions en vue de quitter le pays; **keine ~ machen aufzubrechen** ne pas sembler disposé à partir

Anstand *m* courtoisie *f;* **keinen ~ haben** n'avoir aucun sens des convenances

anständig ['anʃtɛndɪç] **I.** *adj* ❶ *Person* décent(e); *Verhalten* honorable; *Lokal* convenable ❷ *fam* (*akzeptabel*) bon(ne) *antéposé* **II.** *adv fam* (*akzeptabel*) *bezahlen, essen* correctement

Anständigkeit <-> *f* honorabilité *f*

anstandshalber *adv* par souci des convenances

anstandslos *adv einwilligen* sans hésitation; *bezahlen* sans difficulté; *durchkommen* sans encombre

an|starren *vt* regarder fixement

anstatt [an'ʃtat] **I.** *präp + gen* **~ der Eltern** à la place des parents; **~ eines Briefs** au lieu d'une lettre **II.** *konj* **~ zu antworten** au lieu de répondre

an|stauen *vr* **sich ~** *Wasser, Hass:* s'accumuler

an|stechen *vt irr* ❶ piquer *Braten* ❷ (*beschädigen*) crever *Reifen* ❸ (*anzapfen*) **ein Fass ~** mettre un tonneau en perce

an|stecken **I.** *vt* ❶ épingler *Orden* ❷ (*anzünden*) **sich** (*dat*) **eine Zigarette ~** s'allumer une cigarette ❸ (*in Brand stecken*) faire brûler *Papier;* incendier *Gebäude* ❹ (*infizieren*) contaminer; **jdn mit etw ~** passer qc à qn ❺ *fig* **jdn mit seiner Begeisterung ~** communiquer son enthousiasme à qn **II.** *vr* **sich bei jdm ~** être contaminé par qn; **sich bei jdm mit etw ~** attraper qc au contact de qn

ansteckend *adj* contagieux(-euse)

Anstecker *m* insigne *m;* (*Werbeanstecker*) pin's *m*

Anstecknadel *f* épingle *f*

Ansteckung <-, -en> *f* contamination *f*

Ansteckungsgefahr *f* risque *m* de contagion

an|stehen *vi irr + haben o* SDEUTSCH *sein* ❶ (*Schlange stehen*) faire la queue; **nach etw ~** faire la queue pour qc ❷ (*zu erledigen sein*) *Arbeit:* rester en suspens; *Termin:* être à l'ordre du jour ❸ (*bevorstehen*) **etw steht bei jdm an** qn a qc de prévu

an|steigen *vi irr + sein* ❶ (*sich erhöhen*) grimper ❷ (*steiler werden*) *Weg:* monter

anstelle [an'ʃtɛlə] *präp + gen* **~ eines Menschen** à la place d'un homme

an|stellen **I.** *vt* ❶ allumer *Licht;* mettre *Wasser;* ouvrir *Gas;* brancher *Klingel;* **eine Maschine ~** mettre une machine en route ❷ (*beschäftigen*) **jdn als Drucker ~** embaucher qn comme imprimeur; **bei jdm als Sekretärin angestellt sein** être employé chez qn comme secrétaire ❸ *form* (*durchführen*) **Nachforschungen ~** procéder à des recherches ❹ *fam* (*bewerkstelligen*) **es geschickt ~** s'en sortir bien ❺ *fam* (*anrichten*) **etw ~** faire des conneries **II.** *vr* ❶ **sich ~** faire la queue ❷ *fam* (*sich verhalten*) **sich geschickt ~** s'y prendre bien

anstellig ['anʃtɛlɪç] **I.** *adj* adroit(e) **II.** *adv* habilement
Anstellung *f* emploi *m*
an|steuern *vt* ❶ **etw ~** *Schiff:* mettre le cap sur qc ❷ (*anvisieren*) viser *Fortschritt;* poursuivre *Zweck*
Anstich *m eines Fasses* mise *f* en perce
Anstieg ['anʃtiːk] <-[e]s, -e> *m* ❶ *kein Pl* (*das Ansteigen*) *der Kosten* hausse *f* ❷ (*Aufstieg*) **der ~ zum Gipfel** l'ascension *f* du sommet ❸ *kein Pl* (*Steigung*) *einer Straße* pente *f*
an|stiften *vt* ❶ inciter; **jdn [dazu] ~ Unfug zu machen** inciter qn à faire des bêtises ❷ (*anzetteln*) fomenter *Komplott*
Anstifter(in) *m(f)* instigateur(-trice) *m(f)*
Anstiftung *f* incitation *f;* **~ zu einer Straftat** incitation à un délit
an|stimmen *vt* entonner *Lied*
an|stinken *vt fam* gaver
Anstoß *m* ❶ (*Ansporn*) impulsion *f* ❷ *geh* (*Ärgernis*) **bei jdm ~ erregen** scandaliser qn; **an etw** (*dat*) **~ nehmen** être choqué par qc ❸ SPORT coup *m* d'envoi
an|stoßen *irr* **I.** *vi* ❶ + *sein* (*dagegen stoßen*) se cogner ❷ + *haben* (*prosten*) **auf jdn/etw ~** trinquer à la santé de qn/à qc **II.** *vt* + *haben* ❶ (*berühren*) **jdn mit dem Fuß ~** pousser qn du pied ❷ (*in Bewegung setzen*) frapper *Kugel* ❸ (*in Gang setzen*) déclencher
Anstößer(in) ['anʃtøːsɐ] <-s, -> *m(f)* CH riverain(e) *m(f)*
anstößig ['anʃtøːsɪç] *adj* choquant(e)
Anstößigkeit <-, -en> *f* ❶ *kein Pl einer Bemerkung* inconvenance *f; eines Kleidungsstücks* indécence *f* ❷ (*Bemerkung, Handlung*) obscénité *f*
an|strahlen *vt* (*anleuchten*) illuminer
an|streben *vt* aspirer à; ambitionner *Stelle*
an|streichen *vt irr* ❶ **etw rot ~** peindre qc en rouge ❷ (*markieren*) marquer
Anstreicher(in) <-s, -> *m(f)* peintre *mf*
an|strengen ['anʃtrɛŋən] **I.** *vr* ❶ (*sich einsetzen*) **sich ~** se fatiguer ❷ (*sich Mühe geben*) **sich in der Schule ~** se donner de peine à l'école **II.** *vt* ❶ (*strapazieren*) fatiguer ❷ (*beanspruchen*) concentrer *Kräfte;* **sein Gehör/seine Augen ~** tendre l'oreille/écarquiller les yeux ❸ JUR (*einleiten*) intenter *Prozess*
anstrengend *adj* fatigant(e)
Anstrengung <-, -en> *f* ❶ (*Kraftaufwand*) dépense *f* physique ❷ (*Bemühung*) effort *m*
Anstrich *m* ❶ *kein Pl* (*das Anstreichen*) *eines Gebäudes* peinture *f* ❷ (*Farbüberzug*) couche *f* [de peinture] ❸ *kein Pl* (*Note*) **ein künstlerischer ~** une touche artistique
Ansturm *m* (*Andrang*) ruée *f;* **~ auf die Geschäfte/Banken** ruée sur les magasins/banques
Antagonist(in) <-en, -en> *m(f)* antagoniste *mf*
an|tanzen *vi* + *sein fam* se pointer; **bei jdm ~** se pointer chez qn
Antarktis [ant'ʔarktɪs] <-> *f* **die ~** l'Antarctique *m*
antarktisch *adj* antarctique
an|tasten *vt* (*beeinträchtigen*) porter atteinte à *Würde*
an|täuschen *vi* SPORT feinter; **[nach] links/rechts ~** feinter à gauche/droite
Anteil ['antai̯l] *m* ❶ (*Teil*) part *f;* **~ an etw** (*dat*) part de qc; **~ an etw** (*dat*) **haben** prendre une part active à qc ❷ (*Kapitalbeteiligung*) **~ an etw** (*dat*) participation *f* dans qc ❸ (*Anteilnahme*) **an etw** (*dat*) **~ nehmen** prendre part à qc
anteilig *adj* proportionnel(le)
Anteilnahme ['antai̯lnaːmə] <-> *f* ❶ (*Beileid*) condoléances *fpl* ❷ (*Interesse*) intérêt *m*
Anteilschein *m* titre *m* de participation
an|telefonieren* *vt fam* **[jdn] ~** passer un coup de fil [à qn]
Antenne [an'tɛnə] <-, -n> *f* antenne *f*
Anthologie [antolo'giː] <-, -ien> *f* anthologie *f*
Anthrax *m* MED anthrax *m*
Anthrazit [antra'tsiːt] <-s, -e> *m* anthracite *m*
anthrazitfarben, **anthrazitfarbig** *adj* anthracite *inv*
Anthropologe [antropo'loːgə] <-n, -n> *m*, **Anthropologin** *f* anthropologue *mf*
Anthropologie [antropolo'giː] <-> *f* anthropologie *f*
Anthroposophie [antropozo'fiː] <-> *f* anthroposophie *f*
anthroposophisch [antropo'zoːfɪʃ] *adj* anthroposophique
Anti-Aging-Creme [anti'eɪdʒɪŋ-] *s.* **Antifaltencreme**
Antialkoholiker(in) [antiʔalko'hoːlikɐ] *m(f)* antialcoolique *mf* **antiautoritär** [antiʔau̯tori'tɛːɐ̯] *adj* antiautoritaire
Antibabypille [anti'beːbipɪlə] *f fam* pilule *f*
antibakteriell [antibakte'ri̯ɛl] *adj* antibactérien(ne)
Antibiotikum [anti'bi̯oːtikʊm] <-s, -biotika> *nt* MED antibiotique *m*

A

Antiblockiersystem *nt* système *m* antiblocage
Antidepressivum [antidepʀɛ'siːvʊm] <-s, -depressiva> *nt* MED, PHARM antidépresseur *m*
Antifaltencreme *f* crème *f* anti-âge
Antifaschismus [antifa'ʃɪsmʊs] *m* antifascisme *m* **Antifaschist(in)** [antifa'ʃɪst] *m(f)* antifasciste *mf* **antifaschistisch** *adj* antifasciste
Antigen [anti'geːn] <-s, -e> *nt* MED antigène *m*
antik [an'tiːk] *adj* ❶ (*aus der Antike stammend*) antique ❷ (*als Antiquität anzusehen*) ancien(ne)
Antike [an'tiːkə] <-> *f* Antiquité *f*
antiklerikal [antikleri'kaːl] *adj* anticlérical(e) **Antikörper** ['antikœrpɐ] *m* anticorps *m*
Antikriegskundgebung *f* manifestation *f* anti-guerre
Antillen *Pl* **die** ~ les Antilles *fpl*
Antilope [anti'loːpə] <-, -n> *f* antilope *f*
Antimon [anti'moːn] <-s> *nt* CHEM antimoine *m*
Antioxidans [anti'ʔɔksidans] <-, -danzien *o* -dantien> *nt*, **Antioxydans** [anti'ʔɔksydans] <-, -danzien *o* -dantien> *nt* CHEM antioxydant *m*
Antipathie [antipa'tiː] <-, -ien> *f* antipathie *f*; ~ **gegen jdn** antipathie envers qn
an|tippen *vt* tapoter *Person, Taste;* effleurer *Bremse, Bildschirm*
Antiqua [an'tiːkva] <-> *f* TYP caractères *mpl* romains
Antiquar(in) [anti'kvaːɐ̯] <-s, -e> *m(f)* bouquiniste *mf*
Antiquariat [antikva'ri̯aːt] <-[e]s, -e> *nt* (*Geschäft*) librairie *f* d'occasion
antiquarisch [anti'kvaːrɪʃ] *adj, adv* d'occasion
antiquiert *adj geh* suranné(e)
Antiquität [antikvi'tɛːt] <-, -en> *f* antiquité *f*
Antiquitätenhändler(in) *m(f)* antiquaire *mf*
Antisemit(in) [antize'miːt] *m(f)* antisémite *mf* **antisemitisch** *adj* antisémite **Antisemitismus** [antizemi'tɪsmʊs] <-> *m* antisémitisme *m* **Antiseptikum** [anti'zɛptikʊm] <-s, -septika> *nt* MED antiseptique *m* **antiseptisch** [anti'zɛptɪʃ] *adj* antiseptique **antistatisch** [anti'staːtɪʃ] *adj* PHYS antistatique
Antiterrorkampf *m* lutte *f* contre le terrorisme
Antithese [anti'teːzə, 'antiteːzə] *f* antithèse *f*
Antivirenprogramm *nt* INFORM antivirus *m*
an|törnen ['antœrnən] *vt fam* **jdn** ~ *Droge:* speeder qn; *Musik:* faire vibrer qn
Antrag ['antraːk, *Pl:* 'antrɛːgə] <-[e]s, Anträge> *m* ❶ demande *f*; **einen ~ auf etw** (*akk*) **stellen** faire une demande de qc ❷ (*Antragsformular*) [formulaire *m* de] demande *f* ❸ JUR requête *f* ❹ POL motion *f*
Antragsformular *nt* formulaire *m* de demande
Antragsteller(in) ['antraːkʃtɛlɐ] <-s, -> *m(f) form* demandeur(-euse) *m(f);* JUR requérant(e) *m(f)*
an|treffen *vt irr* ❶ rencontrer; **jdn zu Hause** ~ rencontrer qn à la maison ❷ (*vorfinden*) **jdn beim Essen** ~ trouver qn en train de manger
an|treiben *vt irr + haben* ❶ faire avancer *Person, Tier* ❷ (*drängen*) pousser *Mitarbeiter;* **jdn zur Eile** ~ presser qn ❸ **etw an den Strand/ans Ufer** ~ rejeter qc sur la plage/sur le rivage ❹ (*veranlassen*) **jdn ~ etw zu tun** *Sehnsucht:* pousser qn à faire qc
an|treten *irr* **I.** *vt + haben* ❶ (*beginnen*) **eine Reise** ~ partir en voyage; **eine Strafe** ~ commencer à purger une peine ❷ (*übernehmen*) prendre *Stellung;* entrer en possession de *Erbe;* **sein Amt** ~ prendre ses fonctions **II.** *vi + sein* ❶ (*sich aufstellen*) *Soldaten:* se rassembler; **im Hof** ~ *Häftlinge:* se placer dans la cour; **in Reihen** ~ se mettre en rang[s] ❷ (*erscheinen*) **zum Wettkampf** ~ se présenter en compétition; **gegen jdn** ~ *Sportler:* affronter qn
Antrieb [an'triːp] *m* ❶ (*Antriebskraft*) propulsion *f* ❷ (*Impuls*) motivation *f*; **etw aus eigenem ~ tun** faire qc de sa propre initiative
Antriebsaggregat *nt* TECH groupe *m* motopropulseur **Antriebskraft** *f* force *f* motrice **antriebsschwach** *adj* PSYCH indolent(e) **Antriebswelle** *f* arbre *m* de transmission
an|trinken *vt irr fam* ❶ entamer *Flasche* ❷ **sich** (*dat*) **Mut** ~ se donner du courage en buvant un verre ▶ **sich** (*dat*) **einen** ~ se prendre une cuite
Antritt *m kein Pl* ❶ (*Beginn*) début *m* ❷ (*Übernahme*) *eines Amtes* prise *f* en charge; *einer Erbschaft* entrée *f* en possession
an|trocknen *vi + sein* ❶ sécher; **an etw** (*dat*) ~ sécher sur qc ❷ (*ein wenig trocknen*) commencer à sécher

an|tun *vt irr* **jdm ein Leid ~** faire du mal à qn; **sich** (*dat*) **etwas ~** *euph* attenter à ses jours ▶ **das hat es ihm angetan** cela l'a séduit

an|turnen ['antœrnən] *s.* **antörnen**

Antwerpen [ant'vɛrpən] <-s> *nt* Anvers

Antwort ['antvɔrt] <-, -en> *f* réponse *f;* **~ auf etw** (*akk*) réponse à qc; **um ~ wird gebeten!** répondez s'il vous plaît! ▶ **nie um eine ~ verlegen sein** ne jamais être à court de réponses

antworten ['antvɔrtən] **I.** *vi* ① répondre; **jdm ~** répondre à qn; **jdm auf seine Frage/seinen Brief ~** répondre à la question/lettre de qn ② (*reagieren*) **mit einem Lächeln ~** répondre par un sourire **II.** *vt* **~, dass ...** répondre que ...

Antwortkarte *f* carte-réponse *f;* **frankierte ~** carte-réponse affranchie **Antwortschreiben** *nt form* [lettre-]réponse *f*

an|vertrauen* **I.** *vt* confier; **er hat ihr ein Geheimnis anvertraut** il lui a confié un secret **II.** *vr* **sich jdm ~** se confier à qn

an|visieren* *vt* ① (*ins Visier nehmen*) viser ② (*anstreben*) envisager

an|wachsen *vi irr + sein* ① (*Wurzeln schlagen*) prendre racine ② (*zunehmen*) *Bevölkerung:* augmenter; *Lärm, Lautstärke:* s'intensifier

Anwachsen *nt* ① *einer Pflanze* enracinement *m* ② (*Zunahme*) augmentation *f*

Anwalt ['anvalt, *Pl:* 'anvɛltə] <-[e]s, Anwälte> *m,* **Anwältin** *f* avocat(e) *m(f)*

Anwaltsbüro *nt* ① (*Anwaltssozietät*) cabinet *m* d'avocats ② (*Büro*) étude *f*

Anwaltschaft <-, *selten* -en> *f* ① *kein Pl* (*das Verteidigen*) défense *f* ② (*Gesamtheit der Anwälte*) ordre *m* des avocats

Anwaltshonorar *nt* honoraires *fpl* d'un avocat **Anwaltskanzlei** *f s.* **Anwaltsbüro**

Anwandlung *f* lubie *f;* **etw in einer ~ von Großzügigkeit tun** faire qc dans un [soudain] accès de générosité

an|wärmen *vt* réchauffer *Milch;* chauffer *Bett*

Anwärter(in) *m(f)* ① (*Kandidat*) candidat(e) *m(f)* ② SPORT favori(te) *m(f)*

an|weisen *vt irr* (*beauftragen*) donner des instructions; **jdn ~ etw zu tun** donner des instructions à qn pour qu'il fasse qc

Anweisung *f* instruction *f;* **auf ~ der Geschäftsleitung** sur ordre de la direction

anwendbar *adj* applicable

an|wenden *vt reg o irr* employer *Technologie;* se servir de *Programm;* appliquer *Regel*

Anwender(in) <-s, -> *m(f)* INFORM utilisateur(-trice) *m(f)*

Anwendung *f* ① *kein Pl* (*der Gebrauch*) utilisation *f; einer Regel* application *f;* **~ von Gewalt** recours *m* à la force ② INFORM application *f*

Anwendungsgebiet *nt eines Gesetzes, Vertrages* champ *m* d'application

an|werben *vt irr a.* MIL recruter

Anwerbung *f a.* MIL recrutement *m*

an|werfen *vt irr* ① lancer *Motor* ② *fam* (*anstellen*) allumer *Elektrogerät*

Anwesen ['anve:zən] <-s, -> *nt geh* propriété *f*

anwesend ['anve:zənt] *adj* présent(e); **bei einer Besprechung ~ sein** être présent à une discussion

Anwesende(r) *f(m) dekl wie adj* personne *f* présente

Anwesenheit <-> *f* présence *f;* **in seiner/ihrer ~** en sa présence

Anwesenheitsliste *f* feuille *f* de présence **Anwesenheitspflicht** *f kein Pl* présence *f* obligatoire

an|widern ['anvi:dɐn] *vt* dégoûter

Anwohner(in) <-s, -> *m(f)* riverain(e) *m(f)*

Anwohnerparkplatz *m* place *f* de stationnement réservée aux riverains

an|wurzeln *vi* ▶ **wie angewurzelt dastehen** rester figé sur place

Anzahl *f kein Pl* nombre *m*

an|zahlen *vt* verser un acompte sur le prix de *Auto*

Antwort verweigern

Antwort verweigern	*refuser de répondre*
Sag ich nicht! (*fam*)	*Je le dirai pas ! (fam)*
Das kann ich dir (leider) nicht sagen.	*(Je regrette, mais) je ne peux pas te le dire.*
Dazu möchte ich nichts sagen.	*Je n'ai rien à dire à ce sujet.*
Ich möchte mich zu dieser Angelegenheit nicht äußern. (*form*)	*Je me défends de tout commentaire sur cette affaire. (form)*

A

Anzahlung *f* acompte *m;* **eine ~ machen** verser un acompte

an|zapfen *vt* ❶ **ein Fass ~** mettre un tonneau en perce ❷ *fam (technisch manipulieren)* se brancher clandestinement sur *Stromnetz;* **das Telefon ~** mettre le téléphone sur écoute

Anzeichen *nt* ❶ *(Indiz)* signe *m* ❷ MED symptôme *m*

an|zeichnen *vt* ❶ *(markieren)* marquer ❷ **etw an die Tafel ~** dessiner qc au tableau

Anzeige <-, -n> *f* ❶ JUR plainte *f;* **~ erstatten** porter plainte; **~ gegen unbekannt** plainte *f* contre X ❷ *(Inserat)* annonce *f* ❸ *(Bekanntgabe) einer Heirat* faire-part *m* ❹ *kein Pl (das Anzeigen) eines Messwerts* indication *f; des Spielstands* affichage *m*

an|zeigen *vt* ❶ JUR signaler *Straftat;* **jdn wegen etw ~** porter plainte contre qn pour qc ❷ *(angeben)* indiquer *Messwert;* signaler *Richtung*

Anzeigenblatt *nt* journal *m* de petites annonces **Anzeigenteil** *m* rubrique *f* des petites annonces

Anzeiger *m (Amtsanzeiger)* bulletin *m; (in Zeitungsnamen)* courrier *m*

Anzeigetafel *f* panneau *m* d'affichage; SPORT tableau *m* d'affichage

an|zetteln *vt* fomenter *Verschwörung;* déclencher *Streit*

an|ziehen *irr* **I.** *vt* ❶ mettre *Kleid;* **sich** *(dat)* **etw ~** mettre qc; **jdm etw ~** mettre qc à qn; **die Kinder warm ~** habiller les enfants chaudement ❷ *(straffen)* tirer *Schlinge* ❸ *(festziehen)* serrer *Handbremse* ❹ *(an den Körper ziehen)* ramener *Bein* ❺ *(anlocken)* attirer *Besucher* ❻ PHYS *Magnet:* attirer **II.** *vr* ❶ **sich ~** s'habiller ❷ *(sich attraktiv finden)* **sich [gegenseitig] ~** *Verliebte:* se sentir attirés l'un vers l'autre

anziehend *adj Äußeres* attirant(e); *Werbung* attrayant(e)

Anziehung *f* ❶ *(Reiz)* attrait *m* ❷ PHYS attraction *f*

Anziehungskraft *f* ❶ *(Attraktivität)* attrait *m* ❷ PHYS attraction *f*

Anzug *m* ❶ costume *m* ❷ *(Hosenanzug)* tailleur-pantalon *m* ▶ **im ~ sein** *Armee:* être en marche; *Gewitter:* se préparer; *Gefahr:* être imminent

anzüglich ['antsy:klɪç] *adj* ❶ *Bemerkung* désobligeant(e) ❷ *Witz* scabreux(-euse); *Geste* obscène

Anzüglichkeit <-> *f* ❶ *(unangenehme Art)* aspect *m* désobligeant ❷ *(zweideutige Art) eines Witzes* grivoiserie *f; einer Geste* caractère *m* équivoque

an|zünden *vt* ❶ allumer; **sich** *(dat)* **eine Zigarette ~** s'allumer une cigarette ❷ *(in Brand stecken)* incendier *Gebäude*

Anzünder *m (für Gasherde)* allume-gaz *m inv; (für Kohle)* allume-feu *m*

an|zweifeln *vt* douter de; **etw ~** douter de qc

AOK [a:ʔo:'ka:] <-, -s> *f Abk von* **Allgemeine Ortskrankenkasse** *caisses d'assurance-maladie allemande*

Aorta [a'ɔrta] <-, Aorten> *f* MED aorte *f*

apart [a'part] **I.** *adj Frau* qui a du cachet; **~ aussehen** avoir de la classe **II.** *adv sich kleiden, sich einrichten* avec recherche

Apartheid [a'pa:ɐthait] <-> *f* POL apartheid *m*

Apartment [a'partmənt] <-s, -s> *nt* studio *m*

Apartmenthaus *nt* résidence *f*

Apathie [apa'ti:] <-, *selten* -ien> *f* apathie *f*

apathisch [a'pa:tɪʃ] *adj* apathique

aper ['a:pɐ] *adj* SDEUTSCH, A, CH *Hang* sans neige

Aperitif [aperi'ti:f] <-s, -s *o* -e> *m* apéritif *m*

Apfel ['apfəl, *Pl:* 'ɛpfəl] <-s, Äpfel> *m* pomme *f* ▶ **der ~ fällt nicht weit vom Stamm** *prov* tel père, tel fils; **in den sauren ~ beißen** *fam* avaler la pilule

Apfelbaum *m* pommier *m* **Apfelkuchen** *m* tarte *f* aux pommes **Apfelmost** *m* ❶ *s.* **Apfelsaft** ❷ SDEUTSCH *s.* **Apfelwein** **Apfelmus** *nt* compote *f* de pommes **Apfelsaft** *m* jus *m* de pomme **Apfel[saft]schorle** *f o nt mélange de jus de pomme et d'eau minérale gazeuse*

Apfelsine [apfəl'zi:nə] <-, -n> *f* orange *f*

Apfelstrudel *m sorte de chausson aux pommes qui se consomme habituellement avec de la crème à la vanille* **Apfeltasche** *f* ≈ chausson *m* aux pommes **Apfelwein** *m* ≈ cidre *m*

Aphorismus [afo'rɪsmʊs] <-, -rismen> *m geh* aphorisme *m*

Aphrodisiakum [afrodi'zi:akʊm] <-s, -disiaka> *nt geh* aphrodisiaque *m*

apodiktisch [apo'dɪktɪʃ] *geh* **I.** *adj* apodictique **II.** *adv* apodictiquement

Apokalypse [apoka'lʏpsə] <-, -n> *f* ❶ BIBL **die ~** L'Apocalypse *f* ❷ *fig geh* apocalypse *f*

apokalyptisch [apoka'lʏptɪʃ] *adj* apocalyptique

Apostel [a'pɔstəl] <-s, -> *m* REL *a. fig geh* apôtre *m*
Apostelbrief *m* épître *f* des apôtres
Apostroph [apo'stro:f] <-s, -e> *m* apostrophe *f*
Apotheke [apo'te:kə] <-, -n> *f* pharmacie *f*
apothekenpflichtig *adj* vendu(e) uniquement en pharmacie
Apotheker(in) [apo'te:kɐ] <-s, -> *m(f)* pharmacien(ne) *m(f)*
App [ɛp] <-, -s> *f o nt* INET appli *f* (*fam*)
Apparat [apa'ra:t] <-[e]s, -e> *m* ❶ (*elektrisches Gerät*) appareil *m* ❷ (*Fernsehapparat*) poste *m* ❸ (*Telefon*) appareil *m;* **bleiben Sie am ~!** ne quittez pas! ❹ *Pl selten* (*Verwaltungsapparat*) appareil *m*
Apparatur [apara'tu:ɐ̯] <-, -en> *f* appareillage *m*
Appartement [apartə'mã:] <-s, -s *o* CH -e> *nt* ❶ *s.* **Apartment** ❷ (*Hotelsuite*) suite *f*
Appell [a'pɛl] <-s, -e> *m a.* MIL appel *m;* **~ an die Vernunft** appel à la raison; **einen ~ an jdn richten** lancer un appel à qn; **zum ~ antreten** se présenter à l'appel
appellieren* [apɛ'li:rən] *vi* ❶ (*sich wenden*) exhorter; **an jdn ~ etw zu tun** exhorter qn à faire qc ❷ (*ansprechen*) **an etw** (*akk*) **~** en appeler à qc
Appetit [ape'ti:t] <-[e]s> *m* appétit *m;* **~ auf etw** (*akk*) **haben** avoir envie de qc; **jdm den ~ verderben** couper l'appétit à qn; **guten ~!** bon appétit!
appetitanregend *adj Speise* appétissant(e) **Appetithappen** *m* amuse-gueule *m* (*fam*)
appetitlich *adj Speise, Aussehen* appétissant(e)
appetitlos *adj* sans appétit; **~ sein** ne pas avoir d'appétit
Appetitlosigkeit <-> *f* manque *m* d'appétit
Appetitzügler <-s, -> *m* coupe-faim *m*
applaudieren* [aplau̯'di:rən] *vi* applaudir; **jdm ~** applaudir qn
Applaus [a'plau̯s] <-es> *m* applaudissements *mpl*
apportieren* [apɔr'ti:rən] *vt, vi Hund:* rapporter
Apposition [apozi'ts̯i̯o:n] <-, -en> *f* LING apposition *f*
appretieren* [apre'ti:rən] *vt* TEXTIL apprêter
Appretur [apre'tu:ɐ̯] <-, -en> *f* TEXTIL apprêt *m*
approbiert [apro'bi:ɐ̯t] *adj* inscrit(e) à l'ordre des médecins
Après-Ski [aprɛ'ʃi:] <-> *nt* sortie *f* [sympa] au ski
Aprikose [apri'ko:zə] <-, -n> *f* abricot *m*
April [a'prɪl] <-[s], -e> *m* avril *m;* **im ~** en avril, au mois d'avril; **Anfang/Ende ~** début/fin avril; **ab [dem] ersten ~** à partir du premier avril; **sie ist am 10. ~ 1963 geboren** elle est née le 10 avril 1963; **es ist ~** c'est le mois d'avril; **Berlin, den 9. ~ 2014** Berlin, le 9 avril 2014; **Freitag, den 6. ~ 2012** vendredi 6 avril 2012 ▶ **jdn in den ~ schicken** faire un poisson d'avril à qn
Aprilscherz *m* poisson *m* d'avril **Aprilwetter** *nt* giboulées *fpl* de mars
a priori [a: pri'o:ri] *adv a.* PHILOS *geh* a priori
apropos [apro'po:] *adv geh* à propos; **~ Kino, da fällt mir ein, dass ...** à propos cinéma, ça me fait penser que ...
Apsis ['apsɪs] <-, Apsiden> *f* ARCHIT abside *f*
Aquädukt [akvɛ'dʊkt] <-[e]s, -e> *m o nt* aqueduc *m*
Aquamarin [akvama'ri:n] <-s, -e> *m* aigue-marine *f*
Aquaplaning [akva'pla:nɪŋ] <-s> *nt* aquaplaning *m*
Aquarell [akva'rɛl] <-s, -e> *nt* aquarelle *f*
Aquarellmalerei *f* aquarelle *f*
Aquarium [a'kva:ri̯ʊm] <-s, -rien> *nt* aquarium *m*
Äquator [ɛ'kva:to:ɐ̯] <-s, -toren> *m* équateur *m*
äquatorial [ɛkvato'ri̯a:l] *adj* GEOG équatorial(e)
Aquitanien [akvi'ta:ni̯ən] <-s> HIST l'Aquitaine *f*
äquivalent [ɛkviva'lɛnt] *adj geh* équivalent(e)
Äquivalent [ɛkviva'lɛnt] <-s, -e> *nt* équivalent *m*
Äquivalenz [ɛkviva'lɛnts] <-, -en> *f a.* MATH, LING *geh* équivalence *f*
Ar [a:ɐ̯] <-s, -e> *nt o m* are *m*
Ära ['ɛ:ra] <-, Ären> *f geh* ère *f*
Araber(in) ['arabɐ] <-s, -> *m(f)* Arabe *mf*
Arabeske [ara'bɛskə] <-, -n> *f* KUNST arabesque *f*
arabisch [a'ra:bɪʃ] **I.** *adj* arabe; *Klima, Wüste* d'Arabie **II.** *adv* **~ miteinander sprechen** discuter en arabe; *s. a.* **deutsch**
Arabisch <-[s]> *nt kein Art* arabe *m; s. a.* **Deutsch**
Arbeit ['arbai̯t] <-, -en> *f* ❶ (*Tätigkeit*) travail *m;* **sich an die ~ machen** se mettre

au travail; **bei der ~ sein** être au travail ② (*Arbeitsplatz*) travail *m;* ~ **haben** avoir du travail; **ohne ~ sein** être sans travail; ~ **suchend** à la recherche d'un emploi ③ (*Werk*) travail *m,* ouvrage *m* ④ SCHULE (*Klassenarbeit*) contrôle *m;* (*Hausarbeit*) devoir *m* ⑤ *kein Pl* (*Mühe*) travail *m;* **jdm ~ /viel ~ machen** donner du travail/ beaucoup de travail à qn

arbeiten ['arbaitən] **I.** *vi* ① (*tätig sein*) travailler; **an etw** (*dat*) ~ travailler à qc ② (*berufstätig sein*) ~ [**gehen**] travailler; **die ~de Bevölkerung** la population active ③ (*funktionieren*) *Maschine:* fonctionner ④ (*sich chemisch, physikalisch verändern*) travailler **II.** *vr* (*sich vorwärtsbewegen*) **sich durch das Gestein ~** se frayer un chemin dans la roche; **sich durch die Akten ~** venir à bout des dossiers **III.** *vt* ① (*herstellen*) fabriquer ② (*beruflich tun*) **etwas/nichts ~** faire quelque chose/ne rien faire

Arbeiter(in) <-s, -> *m(f)* ① (*Industriearbeiter*) ouvrier(-ière) *m(f);* **ungelernter ~** manœuvre *m* ② (*tätiger Mensch*) **ein gewissenhafter ~** un travailleur consciencieux

Arbeiterbewegung *f* mouvement *m* ouvrier **Arbeiterfamilie** *f* famille *f* ouvrière **Arbeiterklasse** *f* classe *f* ouvrière

Arbeiterschaft <-> *f* ouvriers *mpl,* travailleurs *mpl*

Arbeiterviertel *nt* quartier *m* ouvrier **Arbeiterwohlfahrt** *f association comparable à une mutualité ouvrière*

Arbeitgeber(in) <-s, -> *m(f)* employeur(-euse) *m(f)*

Arbeitgeberanteil *m* cotisation *f* patronale **Arbeitgeberverband** *m* syndicat *m* patronal

Arbeitnehmer(in) *m(f)* salarié(e) *m(f)*

Arbeitnehmeranteil *m* cotisation *f* salariale **Arbeitnehmervertreter(in)** *m(f)* représentant(e) *m(f)* des salariés [*o* travailleurs]

Arbeitsablauf *m* processus *m* de fabrication **Arbeitsagentur** *f* agence *f* pour l'emploi

arbeitsam *adj geh* travailleur(-euse)

Arbeitsamt *nt s.* **Arbeitsagentur** **Arbeitsaufwand** *m* somme *f* de travail; **der ~ für die Reparatur** le temps de travail nécessaire à la réparation **Arbeitsausfall** *m* perte *f* de travail **Arbeitsbedingungen** *Pl* conditions *fpl* de travail **Arbeitsbeschaffungsmaßnahme** *f* mesure *f* d'aide à l'emploi **Arbeitsdienst** *m* NS service *m* du travail obligatoire **Arbeitseifer** *m* ardeur *f* au travail **Arbeitsentgelt** *nt form* rémunération *f* du travail **Arbeitserlaubnis** *f* ① (*Recht*) autorisation *f* de travail ② (*Bescheinigung*) carte *f* de travail **Arbeitserleichterung** *f* allégement *m* du travail **Arbeitsessen** *nt* repas *m* d'affaires **arbeitsfähig** *adj Person* apte au travail **Arbeitsfläche** *f* plan *m* de travail **Arbeitsgang** <-gänge> *m* ① (*Produktionsabschnitt*) phase *f* de fabrication ② (*Bearbeitungsabschnitt*) phase *f* [de travail] **Arbeitsgemeinschaft** *f* (*Projektgruppe*) groupe *m* d'études **Arbeitsgericht** *nt* ≈ conseil *m* des prud'hommes (*constitué par des juges professionnels en Allemagne*) **Arbeitsgruppe** *f* groupe *m* de travail **arbeitsintensiv** *adj* qui exige un travail intensif **Arbeitskleidung** *f* tenue *f* de travail **Arbeitsklima** *nt* ambiance *f* de travail **Arbeitskollege** *m,* **-kollegin** *f* collègue *mf* de travail **Arbeitskraft** *f* ① *kein Pl* (*Leistungskraft*) puissance *f* de travail ② (*Mitarbeiter*) travailleur(-euse) *m(f)* **Arbeitskreis** *m* ① (*ständige Institution*) commission *f* ② (*Arbeitsgruppe bei Konferenzen*) groupe *m* de travail **Arbeitslager** *nt* camp *m* de travail **Arbeitsleben** *nt kein Pl* vie *f* professionnelle **Arbeitslohn** *m* salaire *m*

arbeitslos *adj* au chômage; ~ **werden/ sein** se retrouver/être au chômage

Arbeitslose(r) *f(m) dekl wie adj* chômeur(-euse) *m(f)*

Arbeitslosengeld *nt* allocation *f* [de] chômage (*accordée pendant les 18 premiers mois de chômage*) **Arbeitslosenhilfe** *f allocation* [*de*] *chômage accordée aux chômeurs de longue durée dans le besoin* **Arbeitslosenquote** *f* taux *m* de chômage **Arbeitslosenversicherung** *f* assurance *f* chômage **Arbeitslosenzahl** *f* nombre *m* des chômeurs

Arbeitslosigkeit <-> *f* chômage *m*

Arbeitsmarkt *m* marché *m* de l'emploi **Arbeitsmaterial** *nt* (*Ausrüstung*) équipement *m* [professionnel] **Arbeitsmedizin** *f* médecine *f* du travail **Arbeitsminister(in)** *m(f)* ministre *mf* du Travail **Arbeitsministerium** *nt* ministère *m* du Travail **Arbeitsmoral** *f* conscience *f* professionnelle **Arbeitsniederlegung** *f* arrêt *m* du travail **Arbeitsort** *m* lieu *m* de travail **Arbeitspapier** *nt Pl* (*Dokument*) **die ~e** le dossier **Arbeitspensum** *nt* tâche *f* **Arbeitsplan** *m* planning *m* [de travail] **Arbeitsplatz** *m* ① (*Platz*) poste *m* de travail ② (*Stelle*) emploi *m* **Arbeitsprobe** *f* échantillon *m* de travail **Arbeitsrecht** *nt* droit *m* du travail **arbeitsreich** *adj Leben, Zeit* bien rempli(e) **Arbeitsrichter(in)** *m(f)* ≈ prud'homme *m* (*juge professionnel en Allemagne*) **arbeitsscheu** *adj pej* réfractaire au travail **Arbeitsschutz** *m* protection *f* contre les maladies et les accidents du travail **Arbeitsspeicher** *m* INFORM mémoire *f* vive **Arbeitsstätte** *f* lieu *m* de travail **Arbeitsstelle** *f* ① (*Anstellung*) emploi *m* ② (*Arbeitsort*) lieu *m* de travail **Arbeitsstunde** *f* heure *f* de travail **Arbeitssuche** *f* recherche *f* d'un emploi **Arbeitstag** *m* ① journée *f* de travail ② (*Werktag*) jour *m* ouvrable **Arbeitsteilung** *f* répartition *f* du travail **Arbeitstier** *nt* ① (*Zugtier*) bête *f* de trait; (*Lasttier*) bête de somme ② *fig fam* (*Mensch*) bourreau *m* de travail

arbeitsuchend *adj s.* **Arbeit 2**

Arbeitsuchende(r) *f(m) dekl wie adj* demandeur(-euse) *m(f)* d'emploi

arbeitsunfähig *adj* en incapacité de travail **Arbeitsunfähigkeit** *f* incapacité *f* de travail

Arbeitsunfähigkeitsbescheinigung *f* certificat *m* d'incapacité de travail

Arbeitsunfall *m* accident *m* du travail **Arbeitsverhältnis** *nt* contrat *m* de travail **Arbeitsvermittlung** *f* ① (*das Vermitteln*) recrutement *m* ② (*Abteilung im Arbeitsamt*) agence *f* pour l'emploi ③ (*private Agentur*) bureau *m* de placement **Arbeitsvertrag** *m* contrat *m* de travail **Arbeitsverweigerung** *f* refus *m* d'effectuer un travail **Arbeitsweise** *f* ① (*Vorgehensweise*) méthode *f* de travail ② (*Funktionsweise*) *eines Geräts* mode *m* de fonctionnement **Arbeitswelt** *f* monde *m* du travail **Arbeitswoche** *f* semaine *f* de travail **Arbeitswut** *f hum fam* frénésie *f* de travail

arbeitswütig *adj hum fam* acharné(e) au travail

Arbeitszeit *f* temps *m* de travail; **gleitende ~** horaire *m* flexible

Arbeitszeitverkürzung *f* réduction *f* du temps de travail

Arbeitszeugnis *nt* certificat *m* de travail **Arbeitszimmer** *nt* bureau *m*

archaisch [ar'ça:ɪʃ] *adj* archaïque

Archäologe [arçεo'lo:gə] <-n, -n> *m*, **Archäologin** *f* archéologue *mf*

Archäologie [arçεolo'gi:] <-> *f* archéologie *f*

archäologisch [arçεo'lo:gɪʃ] *adj* archéologique

Arche ['arçə] <-, -n> *f* arche *f*; **die ~ Noah** BIBL l'Arche de Noé

Archipel [arçi'pe:l] <-s, -e> *m* GEOG archipel *m*

Architekt(in) [arçi'tεkt] <-en, -en> *m(f)* architecte *mf*

architektonisch [arçitεk'to:nɪʃ] *adj* architectural(e)

Architektur [arçitεk'tu:ɐ̯] <-, -en> *f* architecture *f*

Archiv [ar'çi:f] <-s, -e> *nt* archives *fpl*

Archivar(in) [arçi'va:ɐ̯] <-s, -e> *m(f)* archiviste *mf*

archivieren* *vt* archiver

ARD [a:ʔεɐ̯'de:] <-> *f Abk von* **Arbeitsgemeinschaft der Rundfunkanstalten Deutschlands** *première chaîne publique de radio et de télévision allemande*

Ardennen *Pl* **die ~** les Ardennes *fpl*

Areal [are'a:l] <-s, -e> *nt* ① (*Fläche*) superficie *f* ② (*Gelände*) terrain *m*

Ären *Pl von* **Ära**

Arena [a're:na] <-, Arenen> *f* ① *eines Stadions* terrain *m* ② (*Stierkampfarena*) arène *f* ③ (*Zirkusarena*) piste *f*

arg [ark] <ärger, ärgste> SDEUTSCH **I.** *adj* ① grave; *Schicksal* cruel(le); *Enttäuschung* grand(e) *antéposé;* **unser ärgster Feind** notre pire ennemi; **das Ärgste befürchten** craindre le pire ② *attr fam Freude* grand(e) *antéposé* ▶ **im Argen liegen** *geh* être en mauvaise posture **II.** *adv* (*schlimm, übel*) **~ in der Klemme stecken** être dans un sacré pétrin (*fam*)

Argentinien [argεn'ti:ni̯ən] <-s> *nt* l'Argentine *f*

Argentinier(in) [argεn'ti:ni̯ɐ] <-s, -> *m(f)* Argentin(e) *m(f)*

argentinisch [argεn'ti:nɪʃ] *adj* argentin(e)

Ärger ['εrgɐ] <-s> *m* ① (*Unmut*) colère *f* ② (*Unannehmlichkeiten*) ennuis *mpl;* **mit jdm ~ haben** avoir des ennuis avec qn; **jetzt gibt es ~** maintenant ça va aller mal; **mach [mir] keinen ~!** *fam* [ne] me fais pas d'histoires!

ärgerlich *adj* ① *Blick* irrité(e) ② *Angelegenheit* ennuyeux(-euse)

ärgern ['εrgɐn] **I.** *vt* ① **jdn ~** énerver qn; **es ärgert mich, dass er nie pünktlich ist** cela m'énerve qu'il ne soit jamais à l'heure ② (*mutwillig reizen, necken*) agacer **II.** *vr* **sich über jdn/etw ~** se mettre en colère contre qn/à cause de qc

Ärgernis <-ses, -se> *nt* [objet *m* de] scandale
Arglist ['arklɪst] <-> *f geh* perfidie *f*
arglistig *geh adj* perfide (*littér*)
arglos *adj Person* confiant(e); *Bemerkung* innocent(e)
Arglosigkeit <-> *f* candeur *f,* innocence *f*
Argument [argu'mɛnt] <-[e]s, -e> *nt* argument *m;* **ein ~ für/gegen etw** un argument à l'appui de/contre qc
Argumentation [argumɛnta'tsi̯oːn] <-, -en> *f* argumentation *f*
argumentieren* [argumɛn'tiːrən] *vi* argumenter; **mit etw ~** argumenter de qc
Argwohn ['arkvoːn] <-s> *m geh* suspicion *f*
argwöhnen ['arkvøːnən] *vt geh* soupçonner
argwöhnisch *geh adj* soupçonneux(-euse)
Arie ['aːri̯ə] <-, -n> *f* aria *f;* (*Opernarie*) air *m* d'opéra
Arier(in) ['aːri̯ɐ] <-s, -> *m(f)* Aryen(ne) *m(f)*
arisch ['aːrɪʃ] *adj* aryen(ne)
Aristokrat(in) [arɪsto'kraːt] <-en, -en> *m(f)* aristocrate *mf*
Aristokratie [arɪstokra'tiː] <-, -i̯en> *f* aristocratie *f*
aristokratisch *adj* aristocratique
Arithmetik [arɪt'meːtɪk] <-> *f* arithmétique *f*
arithmetisch [arɪt'meːtɪʃ] *adj* arithmétique
Arkade [ar'kaːdə] <-, -n> *f* arcade *f*
Arktis ['arktɪs] <-> *f* **die ~** l'Arctique *m*
arktisch *adj* ① GEOG arctique ② *fig Temperaturen* polaire
arm [arm] <ärmer, ärmste> **I.** *adj* ① (*mittellos*) pauvre; **jdn ~ machen** ruiner qn ② (*bedauernswert*) pauvre *antéposé;* **das ~e Kind!** le pauvre enfant! ③ (*karg*) pauvre ▶ **Arm und Reich** pauvres *mpl* et riches *mpl* **II.** *adv* ▶ **~ dran sein** *fam* être à plaindre
Arm [arm] <-[e]s, -e> *m* ① bras *m;* **jdm den ~ reichen** *geh* offrir le bras à qn; **~ in ~** bras dessus, bras dessous; **ein Kind im ~ halten** tenir un enfant dans ses bras; **jdn in den ~ nehmen** prendre qn dans ses bras; **sich** (*dat*) **in den ~en liegen** être enlacés ② *kein Pl* (*Machtinstrument*) bras *m;* **der ~ des Gesetzes** *geh* le bras de la justice ③ (*Flussarm*) bras *m* ④ (*armähnlicher Teil*) *eines Krans* bras *m; eines Leuchters* branche *f* ▶ **jdm unter die ~e greifen** tirer qn d'affaire; **jdm in die ~e laufen** *fam* tomber sur qn; **jdn auf den ~ nehmen** faire marcher qn (*fam*), se payer la tête de qn (*fam*)
Armatur [arma'tuːɐ̯] <-, -en> *f meist Pl* ① (*Schalt- und Messgerät*) AUT commande *f;* AVIAT instrument *m* de bord ② (*Badarmatur*) **die ~en** la robinetterie
Armaturenbrett *nt* tableau *m* de bord
Armband <-bänder> *nt* bracelet *m* **Armbanduhr** *f* montre-bracelet *f* **Armbinde** *f* ① *eines Blinden* brassard *m* ② (*Armschlinge*) écharpe *f* **Armbrust** *f* arbalète *f* **Armdrücken** <-s> *nt* SPORT bras *m* de fer

Ärger ausdrücken

Unzufriedenheit ausdrücken	*exprimer l'insatisfaction*
Das entspricht nicht meinen Erwartungen.	*Cela ne répond pas à mes attentes.*
Ich hätte erwartet, dass Sie sich nun mehr Mühe geben.	*J'aurais espéré que vous vous donniez plus de mal.*
So hatten wir es nicht vereinbart.	*Nous n'en avions pas convenu ainsi.*

Verärgerung ausdrücken	*exprimer l'irritation*
Das ist (ja) unerhört!	*C'est (vraiment) incroyable/inouï !*
Eine Unverschämtheit ist das!/So eine Frechheit!	*Mais c'est une honte !/Quel culot !/ Quelle impertinence !*
Das ist doch wohl die Höhe!	*Alors là, c'est le bouquet/le comble !*
Das darf doch wohl nicht wahr sein!	*Mais ce n'est pas vrai/possible !*
Das nervt! Das geht mir langsam auf den Geist. (*fam*)	*C'est énervant !/Ça commence à m'énerver !*
Das ist ja nicht mehr auszuhalten! (*fam*)	*C'est/Ça devient insupportable !*

A

Arme(r) *f(m) dekl wie adj* ❶ (*mittelloser Mensch*) pauvre(-esse) *m(f)* ❷ (*bedauernswerter Mensch*) **du ~r!** mon pauvre [petit]!
Armee [ar'meː] <-, -een> *f* ❶ MIL armée *f;* **die Rote ~** HIST l'armée rouge ❷ (*riesige Menge*) **eine ~ von Heuschrecken** une armée de sauterelles
Ärmel ['ɛrməl] <-s, -> *m* manche *f* ▶ **[sich** (*dat*)**] die ~ hochkrempeln** retrousser ses manches; **etw aus dem ~ schütteln** *fam* sortir qc de son chapeau
Ärmelaufschlag *m* revers *m,* parement *m*
Ärmelkanal *m* **der ~** la Manche
ärmellos *adj* sans manches
Armenhaus *nt* HIST asile *m*
Armenien [ar'meːniən] <-s> *nt* l'Arménie *f*
Armenier(in) [ar'meːniɐ] <-s, -> *m(f)* Arménien(ne) *m(f)*
armenisch [ar'meːnɪʃ] **I.** *adj* arménien(ne) **II.** *adv* **~ miteinander sprechen** discuter en arménien; *s. a.* **deutsch**
Armenisch <-[s]> *nt kein Art* arménien *m; s. a.* **Deutsch**
Armenviertel *nt* quartier *m* pauvre
armieren* [ar'miːrən] *vt* TECH armer
Armlehne *f* accoudoir *m* **Armleuchter** *m* ❶ (*Leuchter*) candélabre *m* ❷ *pej fam* (*Dummkopf*) andouille *f*
ärmlich ['ɛrmlɪç] *adj* ❶ *Verhältnisse* misérable ❷ *Essen* maigre *antéposé*
Armreif *m* bracelet *m*
armselig ['armseːlɪç] *adj* ❶ (*sehr arm*) miteux(-euse) ❷ (*dürftig*) maigre *antéposé* ❸ *Feigling* misérable *antéposé; Ausrede* minable; *Summe* misérable
Armseligkeit *f* ❶ misère *f* ❷ (*Dürftigkeit*) pauvreté *f*
Armsessel *m* fauteuil *m* [à accoudoirs]
ärmste(r, s) *adj Superl von* **arm**
Armstütze *f* accoudoir *m*
Armut ['armuːt] <-> *f* ❶ (*Bedürftigkeit*) pauvreté *f* ❷ (*Dürftigkeit*) *des Stils* indigence *f;* **geistige ~** pauvreté *f* intellectuelle
Armutsgrenze *f* seuil *m* de pauvreté **Armutszeugnis** ▶ **sich** (*dat*) **mit einer Bemerkung ein ~ ausstellen** démontrer son incapacité en faisant une remarque
Aroma [a'roːma] <-s, Aromen *o* -s *o* -ta> *nt* arôme *m*
Aromaforschung *f* aromacologie *f*
aromatisch [aro'maːtɪʃ] *adj* ❶ *Duft* aromatique ❷ (*wohlschmeckend*) savoureux(-euse)
aromatisieren* [aromati'ziːrən] *vt* aromatiser
Arrangement [arɑ̃ʒə'mɑ̃ː, araŋʒə'mɑ̃ː] <-s, -s> *nt* ❶ *geh* (*Übereinkunft*) disposition *f,* arrangement *m;* **mit jdm ein ~ treffen** prendre des arrangements avec qn ❷ MUS arrangement *m* ❸ (*Organisation*) *einer Veranstaltung* organisation *f*
arrangieren* [arɑ̃'ʒiːrən, araŋ'ʒiːrən] **I.** *vt* ❶ (*organisieren*) organiser ❷ (*gestalten*) arranger **II.** *vr* (*übereinkommen*) **sich mit jdm ~** s'arranger avec qn
Arrest [a'rɛst] <-[e]s, -e> *m* ❶ (*Freiheitsentzug*) détention *f* ❷ (*Schularrest*) consigne *f* ❸ MIL arrêts *mpl*
arrogant [aro'gant] *adj* arrogant(e)
Arroganz [aro'gants] <-> *f* arrogance *f*
Arsch [arʃ, *Pl:* 'ɛrʃə] <-[e]s, Ärsche> *m vulg* ❶ (*Gesäß*) cul *m* (*fam*) ❷ (*blöder Mensch*) conard *m* ▶ **am ~ der Welt** en pleine cambrousse (*fam*); **sich** (*dat*) **den ~ abfrieren** se geler le cul; **leck mich [doch] am ~!** va te faire foutre!; **jdm geht etw am ~ vorbei** qn n'a rien à cirer de qc
Arschbacke *f vulg* fesse *f* **Arschkarte** *f kein Pl* ▶ **die ~ ziehen** [*o* **haben**] *sl* tirer le mauvais numéro **Arschkriecher(in)** *m(f) vulg* lèche-cul *mf* **Arschloch** *nt vulg* trou *m* du cul
Arsen [ar'zeːn] <-s> *nt* CHEM arsenic *m*
Arsenal [arze'naːl] <-s, -e> *nt* (*Waffenlager*) arsenal *m*
Art [aːɐt] <-, -en> *f* ❶ (*Spezies*) espèce *f* ❷ (*Sorte*) genre *m;* **jede ~ von Gewalt ablehnen** refuser toute forme de violence ❸ (*Weise*) façon *f;* **auf diese ~ und Weise** de cette façon; **auf natürliche/seltsame ~** d'une manière naturelle/étrange ❹ *kein Pl* (*Wesensart*) nature *f* ❺ *kein Pl* (*Benehmen*) manières *fpl* ▶ **etw nach ~ des Hauses zubereiten** préparer qc maison
Art. *Abk von* **Artikel** art.
Artdirector ['aːɐtdirɛktɐ] <-s, -toren> *m,* **Artdirectorin** *f* directeur(-trice) *m(f)* artistique
Artenschutz *m* protection *f* des espèces **Artensterben** *nt* disparition *f* des espèces **Artenvielfalt** *f* variété *f* des espèces
Arterhaltung *f* conservation *f* de l'espèce
Arterie [ar'teːriə] <-, -n> *f* ANAT artère *f*
arteriell [arte'riɛl] *adj* MED artériel(le)
Arterienverkalkung *f* MED artériosclérose *f*
artfremd *adj* atypique **Artgenosse** *m,* **-genossin** *f* congénère *mf* **artgerecht** *adj Tierhaltung* qui respecte les besoins des animaux

A

Arthritis [ar'tri:tɪs] <-, tiden> *f* MED arthrite *f*
Arthrose [ar'tro:zə] <-, -n> *f* MED arthrose *f*
artig ['artɪç] *adj Kind* sage
Artikel [ar'ti:kəl] <-s, -> *m* article *m*
Artikulation [artikula'tsi̯o:n] <-, -en> *f* articulation *f*
artikulieren* [artiku'li:rən] **I.** *vt* articuler **II.** *vr geh* **sich in etw** (*dat*) ~ s'exprimer dans qc
Artillerie [artɪlə'ri:] <-> *f* artillerie *f*
Artischocke [arti'ʃɔkə] <-, -n> *f* artichaut *m*
Artist(in) [ar'tɪst] <-en, -en> *m(f)* ❶ (*Zirkusartist*) artiste *mf* de cirque; (*Zirkusakrobat*) acrobate *mf* ❷ (*Können*) artiste *mf*
artistisch *adj* ❶ *Kunststück* artistique ❷ (*geschickt*) acrobatique
artverwandt *adj* d'espèce voisine
Arznei [a:ɐ̯ts'nai̯] <-, -en> *f* médicament *m*
Arzneimittel *nt* médicament *m*
Arzneimittelhersteller *m* fabricant *m* de produits pharmaceutiques
Arzneipflanze *f* plante *f* médicinale
Arzt [a:ɐ̯tst, *Pl:* 'ɛ:ɐ̯tstə] <-es, Ärzte> *m*, **Ärztin** *f* médecin *m*, docteur *m*; **zum ~ gehen** aller chez le médecin
Arztberuf ['a:ɐ̯tst-] *m* profession *f* de médecin **Arztbesuch** *m* visite *f* du médecin
Ärztekammer *f* conseil *m* de l'ordre des médecins
Ärzteschaft <-> *f* corps *m* médical
Arzthelfer(in) *m(f)* auxiliaire *mf* médical(e)
Ärztin ['ɛ:ɐ̯tstɪn] *s.* **Arzt**
ärztlich ['ɛ:ɐ̯tstlɪç] **I.** *adj Attest* médical(e) **II.** *adv* **sich ~ behandeln lassen** suivre un traitement médical
Arztpraxis *f* cabinet *m* médical
AsALT1 [as] <-ses, -se> *s.* **Ass**
As² [as] <-, -> *nt* MUS la *m* bémol
A-Saft *m sl* jus *m* de pomme
Asbest [as'bɛst] <-[e]s, -e> *m* amiante *m*
Asbestsanierung *f* désamiantage *m* **asbestverseucht** *adj* contaminé(e) par l'amiante
aschblond *adj* blond cendré *inv*
Asche ['aʃə] <-, -n> *f* cendre *f souvent pl*
Aschenbahn *f* [piste *f*] cendrée *f* **Aschenbecher** *m* cendrier *m* **Aschenputtel** ['aʃənpʊtəl] <-s> *nt* Cendrillon *f*
Ascher <-s, -> *m fam* cendrier *m*
Aschermittwoch [aʃɐ'mɪtvɔx] *m* mercredi *m* des Cendres
Aschewolke *f* nuage *m* de cendres
aschfahl *adj Gesicht* livide **aschgrau** *adj Haar* cendré(e); *Kleidung* [d'un] gris cendré *inv*
ASCII-Code ['askiko:t] *m* INFORM code *m* ASCII
äsen ['ɛ:zən] *vi Wild:* brouter
aseptisch [a'zɛptɪʃ] *adj* aseptique
asexuell ['azeksu̯ɛl] *adj* asexué(e)
Asiat(in) [a'zi̯a:t] <-en, -en> *m(f)* Asiatique *mf*
asiatisch [a'zi̯a:tɪʃ] *adj* asiatique
Asien ['a:zi̯ən] <-s> *nt* l'Asie *f*
Askese [as'ke:zə] <-> *f* ascèse *f*
Asket(in) [as'ke:t] <-en, -en> *m(f)* ascète *mf*
asketisch [as'ke:tɪʃ] *adj* ascétique
asozial ['azotsi̯a:l] *adj* asocial(e)
Asoziale(r) *f(m) dekl wie adj pej* asocial(e) *m(f)*
Aspekt [as'pɛkt] <-[e]s, -e> *m* aspect *m*
Asphalt [as'falt] <-[e]s, -e> *m* asphalte *m*, bitume *m*
Asphaltdecke *f* revêtement *m* en asphalte
asphaltieren* [asfal'ti:rən] *vt* asphalter
Asphaltstraße *f* (*in Ortschaften*) rue *f* asphaltée [*o* goudronnée]; (*außerhalb von Ortschaften*) route *f* asphaltée [*o* goudronnée]
Aspik [as'pi:k] <-s, -e> *m o* A *nt* aspic *m*
Aspirin® [aspi'ri:n] <-s> *nt* aspirine *f*
AssRR [as] <-es, -e> *nt* ❶ (*Spielkarte*) as *m* ❷ (*fähiger Mensch*) as *m*; **ein ~ in Physik sein** être un as de la physique
aß [a:s] *Imp von* **essen**
Assel ['asəl] <-, -n> *f* cloporte *m*
Assembler [ɛ'sɛmblɐ] <-s, -> *m* INFORM assembleur *m*
Assessment-Center, Assessmentcenter [ə'sɛsmɛntsɛntɐ] <-s, -> *nt* assessment center *m*
Assessor [a'sɛso:ɐ̯] <-s, -ssoren> *m*, **Assessorin** *f* ❶ JUR *magistrat débutant dans le métier* ❷ SCHULE professeur *mf* débutant(e)
Assimilation [asimila'tsi̯o:n] <-, -en> *f* assimilation *f*
assimilieren* [asimi'li:rən] *vt a.* BIO assimiler
Assistent(in) [asɪs'tɛnt] <-en, -en> *m(f)* assistant(e) *m(f)*
Assistenz <-> *f geh* (*Mithilfe*) concours *m*
Assistenzarzt *m*, **-ärztin** *f* ≈ interne *mf* des hôpitaux
assistieren* [asɪs'ti:rən] *vi* assister; **jdm bei etw ~** assister qn dans qc

Assoziation [asots̯i̯a'ts̯i̯o:n] <-, -en> *f* *geh* association *f*
assoziativ [asots̯i̯a'ti:f] *adj* associatif(-ive)
assoziieren* [asots̯i'i:rən] *vt geh* **etw mit etw ~** associer qc à qc
Ast [ast, *Pl:* 'ɛstə] <-[e]s, Äste> *m* (*Zweig*) branche *f* ▸**auf dem absteigenden ~ sein** *fam* être en perte de vitesse
Aster ['astɐ] <-, -n> *f* aster *m*
Asteroid [astero'i:t] <-en, -en> *m* astéroïde *m*
Astgabel *f* fourche *f*
Ästhet(in) [ɛs'te:t] <-en, -en> *m(f)* esthète *mf*
Ästhetik [ɛs'te:tɪk] <-, -en> *f* ❶ (*Wissenschaft*) esthétique *f* ❷ *kein Pl* (*Schönheit*) caractère *m* esthétique
ästhetisch *adj* esthétique
Asthma ['astma] <-s> *nt* asthme *m*
Asthmatiker(in) [ast'ma:tikɐ] <-s, -> *m(f)* asthmatique *mf*
asthmatisch *adj* *Beschwerden* asthmatique; *Anfall* d'asthme
Astloch *nt* trou *m* laissé par un nœud
astrein *adj fam* (*hervorragend*) impec
Astrologe [astro'lo:gə] <-n, -n> *m*, **Astrologin** *f* astrologue *mf*
Astrologie [astrolo'gi:] <-> *f* astrologie *f*
astrologisch [astro'lo:gɪʃ] *adj* *Zeitschrift* d'astrologie; *Gutachten* astrologique
Astronaut(in) [astro'nau̯t] <-en, -en> *m(f)* astronaute *mf*
Astronom(in) [astro'no:m] <-en, -en> *m(f)* astronome *mf*
Astronomie [astrono'mi:] <-> *f* astronomie *f*
astronomisch [astro'no:mɪʃ] *adj* *Instrument* astronomique; *Werk* d'astronomie; *Kenntnisse* en astronomie
Astrophysik [astrofy'zi:k] *f* astrophysique *f*
ASU ['a:zu] <-, -s> *f Abk von* **Abgassonderuntersuchung** HIST contrôle *m* antipollution
Asyl [a'zy:l] <-s, -e> *nt* ❶ *Pl selten* (*Zuflucht*) asile *m*; **jdm ~ gewähren** *Staat:* accorder le droit d'asile à qn; *Privatperson:* offrir un asile à qn ❷ (*Obdachlosenheim*) asile *m* de nuit [pour les sans-abri]
Asylant(in) *m(f)* demandeur(-euse) *m(f)* d'asile
Asylantenwohnheim *nt* foyer *m* pour les demandeurs d'asile
Asylantrag *m* demande *f* d'asile **Asylbewerber(in)** *m(f)* demandeur(-euse) *m(f)* d'asile **Asylrecht** *nt* (*Recht auf Asyl*) droit *m* d'asile

Asymmetrie [azyme'tri:] <-, -ien> *f* asymétrie *f*
asymmetrisch ['azyme:trɪʃ] *adj* asymétrique
asynchron ['azynkro:n, azyn'kro:n] *geh adj* asynchrone
Aszendent [asts̯ɛn'dɛnt] <-en, -en> *m* ASTRON, ASTROL ascendant *m*
at [ɛt] INFORM ar[r]obase *f*
Atavismus [ata'vɪsmʊs] <-, -ismen> *m* BIO atavisme *m*
atavistisch [ata'vɪstɪʃ] *adj* BIO atavique
Atelier [ate'li̯e:] <-s, -s> *nt* ❶ (*Künstlerwerkstatt*) atelier *m* ❷ (*Filmatelier*) studio *m* [de production]
Atem ['a:təm] <-s> *m* ❶ (*Atemluft*) souffle *m*; **außer ~ sein** être hors d'haleine ❷ (*Atemgeruch*) haleine *f* ❸ (*das Atmen*) respiration *f* ▸**den längeren ~ haben** tenir le coup (*fam*); **den ~ anhalten** retenir sa respiration; (*sehr gespannt sein*) retenir son souffle; **jdn in ~ halten** (*jdn auf Trab halten*) tenir qn en mouvement; (*jdn in Spannung halten*) tenir qn en haleine; **das/es verschlägt einem [glatt] den ~!** c'est à en avoir le souffle coupé!
atemberaubend *adj* *Schönheit* vertigineux(-euse) **Atembeschwerden** *Pl* troubles *mpl* respiratoires
atemlos *adj* ❶ (*außer Atem*) essoufflé(e) ❷ *Stille* absolu(e)
Atemlosigkeit <-> *f* essoufflement *m*
Atemnot *f* crise *f* d'étouffements **Atempause** *f* pause *f* pour respirer **Atemstillstand** *m* arrêt *m* respiratoire **Atemwege** *Pl* voies *fpl* respiratoires **Atemzug** *m* inspiration *f* ▸**im selben ~** en même temps
Atheismus [ate'ɪsmʊs] <-> *m* athéisme *m*
Atheist(in) [ate'ɪst] <-en, -en> *m(f)* athée *mf*
atheistisch [ate'ɪstɪʃ] *adj* athée
Athen [a'te:n] <-s> *nt* Athènes
Äther ['ɛ:tɐ] <-s> *m* CHEM éther *m*
ätherisch [ɛ'te:rɪʃ] *adj* CHEM *Öl* essentiel(le)
Äthiopien [ɛ'ti̯opi̯ən] <-s> *nt* l'Éthiopie *f*
Äthiopier(in) [ɛ'ti̯o:pi̯ɐ] <-s, -> *m(f)* Éthiopien(ne) *m(f)*
äthiopisch [ɛ'ti̯o:pɪʃ] *adj* éthiopien(ne)
Athlet(in) [at'le:t] <-en, -en> *m(f)* athlète *mf*
athletisch [at'le:tɪʃ] *adj* *Körperbau* athlétique
Atlanten *Pl von* **Atlas**
Atlantik [at'lantɪk] <-s> *m* **der ~** l'Atlantique *m*

A

Atlantikküste *f* côte *f* Atlantique; **an der ~ liegen** *Dorf, Stadt:* être situé sur la côte Atlantique
atlantisch *adj* atlantique
Atlas ['atlas, *Pl:* 'at'lantən] <- *o* -ses, Atlanten *o* -se> *m* atlas *m*
atmen ['a:tmən] *vt, vi* respirer
Atmosphäre [atmo'sfɛ:rə] <-, -n> *f* atmosphère *f*
atmosphärisch [atmo'sfɛ:rɪʃ] *adj* atmosphérique
Atmung <-> *f* respiration *f*
atmungsaktiv *adj* thermoactif(-ive)
Atmungsorgane *Pl* organes *mpl* de la respiration
Ätna ['ɛ:tna, 'ɛtna] <-[s]> *m* **der ~** l'Etna *m*
Atoll [a'tɔl] <-s, -e> *nt* atoll *m*
Atom [a'to:m] <-s, -e> *nt* atome *m*
Atomangriff *m* attaque *f* nucléaire
atomar [ato'ma:ɐ̯] *adj* ❶ PHYS atomique ❷ MIL *Bedrohung* nucléaire
Atombombe *f* bombe *f* atomique **Atomenergie** *f* énergie nucléaire *f* **Atomexplosion** *f* explosion *f* nucléaire **Atomgemeinschaft** *f* **Europäische ~** Communauté *f* européenne de l'énergie atomique **Atomindustrie** *f kein Pl* ÖKON industrie *f* nucléaire
atomisieren* [atomi'zi:rən] *vt* pulvériser
Atomkern *m* noyau *m* [de l'atome] **Atomkraft** *f kein Pl* énergie *f* nucléaire **Atomkraftwerk** *nt* centrale *f* nucléaire **Atomkrieg** *m* guerre *f* nucléaire **Atommacht** *f* puissance *f* nucléaire **Atommeiler** *m* réacteur *m* nucléaire **Atommüll** *m* déchets *mpl* nucléaires **Atomphysik** *f* physique *f* nucléaire **Atomrakete** *f* fusée *f* nucléaire **Atomreaktor** *m* réacteur *m* nucléaire **Atomsprengkopf** *m* ogive *f* nucléaire **Atomstreit** *m* querelle *f* nucléaire **Atomtest** *m* essai *m* nucléaire **Atom-U-Boot** *nt* sous-marin *m* nucléaire **Atomwaffe** *f* arme *f* nucléaire
atomwaffenfähig *adj inv Material, Plutonium* utilisable pour la fabrication d'armes nucléaires **atomwaffenfrei** *adj Zone* dénucléarisé(e) **Atomwaffensperrvertrag** *m* traité *m* de non-prolifération [des armes nucléaires]
Atomzeitalter *nt kein Pl* **das ~** l'ère *f* atomique
Atrium ['a:triʊm] <-s, Atrien> *nt* ❶ patio *m* ❷ HIST atrium *m*
Atrophie [atro'fi:] <-, -ien> *f* MED atrophie *f*
ätsch [ɛ:tʃ] *interj fam* bien fait
Attaché [ata'ʃe:] <-s, -s> *m* attaché(e) *m(f)*
Attacke [a'takə] <-, -n> *f* ❶ MIL (*Reiterangriff*) charge *f* de cavalerie ❷ SPORT, MED *a. fig* attaque *f*
attackieren* [ata'ki:rən] *vt* attaquer
Attentat ['atənta:t] <-[e]s, -e> *nt* attentat *m;* **ein ~ auf jdn verüben** commettre un attentat contre qn
Attentäter(in) [atəntɛ:tɐ] *m(f)* auteur *m* de l'attentat
Attest [a'tɛst] <-[e]s, -e> *nt* certificat *m* [médical]
attestieren* *vt* attester
Attraktion [atrak'tsi̯o:n] <-, -en> *f* ❶ *kein Pl* (*Anziehungskraft*) attrait *m* ❷ (*Glanznummer*) attraction *f*
attraktiv [atrak'ti:f] *adj* ❶ *Person* séduisant(e) ❷ *Stadt* attrayant(e); *Angebot* intéressant(e)
Attraktivität [atraktivi'tɛ:t] <-> *f* ❶ *einer Person* pouvoir *m* de séduction ❷ (*Anreiz*) *einer Stadt* caractère *m* attrayant; *eines Angebots* caractère intéressant
Attrappe [a'trapə] <-, -n> *f* ❶ (*Nachbildung*) objet *m* factice ❷ (*gemalte optische Täuschung*) trompe-l'œil *m*
Attribut [atri'bu:t] <-[e]s, -e> *nt* ❶ *geh* (*Eigenschaft*) particularité *f* ❷ GRAM *eines Substantivs* épithète *f*
attributiv [atribu'ti:f] *adj Adjektiv* épithète
atypisch ['aty:pɪʃ] *adj* atypique
ätzen ['ɛtsən] *vi Säure:* corroder
ätzend *adj* ❶ CHEM corrosif(-ive) ❷ *Geruch* délétère ❸ *fam* (*sehr schlecht*) chiant(e)
au [au̯] *interj* ❶ (*Ausruf des Schmerzes*) aïe ❷ (*Ausruf der Freude*) **~ ja/klasse!** *fam* ouah super!
AU [a:'ʔu:] <-, -s> *f Abk von* **Abgasuntersuchung** contrôle *m* antipollution
aua ['au̯a] *interj fam* aïe, ouille
Aubergine [obɛr'ʒi:nə] <-, -n> *f* aubergine *f*
auch [au̯x] *adv* ❶ (*ebenfalls*) aussi; **ich möchte ~ mitkommen** moi aussi, j'aimerais venir; **~ die Regierung** le gouvernement [lui] aussi; **nicht nur ich, sondern ~ er** non seulement moi, mais lui aussi; **ich ~ nicht** moi non plus ❷ (*sogar*) même; **~ wenn** même si ❸ (*verstärkend*) effectivement; **wozu [denn] ~?** de toute façon, à quoi bon?; **ich habe das nicht nur gesagt, ich meine das ~!** je ne l'ai pas seulement dit, je le pense [effectivement]! ❹ (*immer*) **was er ~ sagen wird** quoi qu'il dise; **wie dem ~ sei** quoi qu'il en soit

▸ ~ **gut!** [eh bien] tant pis!; ~ **das noch!** il ne manquait plus que ça!

Audienz [au̯'di̯ɛnts] <-, -en> *f* audience *f*

Audiodatei ['au̯di̯o-] *f* fichier *m* audio

Audioguide [-gai̯d] <-s, -s> *m* audioguide *m* **audiovisuell** [au̯di̯ovi'zu̯ɛl] *adj* audiovisuel(le)

Auditorium [au̯di'toːri̯ʊm] <-s, -rien> *nt* ① *geh* (*Zuhörerschaft*) auditoire *m* ② (*Hörsaal*) amphithéâtre *m*

Auerhahn ['au̯ɐhaːn] *m* coq *m* de bruyère

Auerochse ['au̯ɐɔksə] *m* aurochs *m*

auf [au̯f] **I.** *präp + dat* ① sur; ~ **dem Tisch/dem Teller** sur la table/dans l'assiette; ~ **dem Boden** par terre; ~ **der Straße** dans la rue; ~ **dem Meeresgrund** au fond de la mer; ~ **dem Land** à la campagne; ~ **einer Insel** sur une île; **auf Mallorca/Korsika** à Majorque/en Corse ② (*in, bei*) à; ~ **der Schule/Post/Bank** à l'école/la poste/la banque; ~ **einem Sparkonto** sur un compte [d']épargne ③ (*während*) pendant; ~ **dem Weg** en chemin; ~ **der Feier** à la fête ④ (*für*) ~ **einen Tee bleiben** rester le temps de boire un thé **II.** *präp + akk* ① sur; ~ **den Tisch/den Teller** sur la table/dans l'assiette; ~ **den Boden** par terre; ~ **die Straße gehen** sortir dans la rue; ~**s Land fahren** aller à la campagne ② (*zu*) à; ~ **die Schule/Post/Bank** à l'école/la poste/la banque; ~ **das Fest gehen** aller à la fête ③ (*bei Zeitangaben*) ~ **einen Dienstag fallen** tomber un mardi; **etw ~ die nächste Woche verschieben** repousser qc à la semaine prochaine; **in der Nacht ~ Dienstag** dans la nuit de lundi [à mardi] ④ (*bei Maß- und Mengenangaben*) à; **sich ~ zehn Meter nähern** s'approcher à dix mètres; ~ **die Sekunde/den Pfennig genau** à la seconde/au centime près ⑤ (*pro*) pour; **fünf Liter ~ hundert Kilometer verbrauchen** consommer cinq litres aux cent [kilomètres] ⑥ (*aufgrund, infolge*) sur; ~ **Wunsch des Chefs** sur la demande du chef; ~ **den Rat des Arztes** [**hin**] suite au conseil du médecin ⑦ (*mittels*) ~ **diese Art** de cette manière ⑧ (*in Trinksprüchen*) ~ **dein Wohl!** à la tienne! ⑨ (*mit Superlativen*) **jdn ~ das herzlichste begrüßen** saluer qn de la manière la plus cordiale **III.** *adv* ① (*los*) ~ **geht's!** on y va!; ~ **nach Kalifornien!** en route pour la Californie! ② *fam* (*setz/setzt auf!*) **Helm ~!** mets ton/mettez votre casque! ③ *fam* (*offen*) ~ **sein** être ouvert; **Mund ~!** ouvre/ouvrez la bouche! ④ *fam* (*aufgestanden*) ~ **sein** être debout ⑤ (*nach oben*) ~ **und ab fahren** *Aufzug:* monter et descendre ▸ ~ **und ab gehen** faire les cent pas; **mit etw geht es ~ und ab** qc a des hauts et des bas; ~ **und davon sein** avoir filé **IV.** *konj* ~ **dass** *geh* souhaitons que + *subj*

Auf [au̯f] *nt* **das ~ und Ab** (*Höhen und Tiefen*) les hauts *mpl* et les bas

auf|arbeiten *vt* ① traiter *Akten* ② (*auswerten*) exploiter *Literatur* ③ (*bewältigen*) assumer *Vergangenheit*

auf|atmen *vi* ① respirer profondément ② (*erleichtert sein*) respirer

auf|bahren *vt* exposer *Sarg*

Aufbau *m kein Pl* ① (*Zusammenbauen*) *eines Regals* montage *m; einer Stereoanlage* installation *f* ② (*Wiederaufbau*) ~ **Ost** reconstruction *f* de l'Est ③ (*Errichtung*) *einer Wirtschaftsordnung* instauration *f; eines Unternehmens* mise *f* sur pied ④ (*das Herstellen*) *von Kontakten* établissement *m* ⑤ (*Struktur*) *eines Unternehmens* organisation *f; eines Geräts* agencement *m; eines Romans* composition *f; eines Atoms* structure *f*

auf|bauen I. *vt* ① monter *Regal;* installer *Stereoanlage* ② (*errichten*) [**wieder**] ~ reconstruire *Haus* ③ (*schaffen*) instaurer *Wirtschaftsordnung;* mettre sur pied *Unternehmen;* **sich** (*dat*) **eine Existenz ~** organiser sa vie ④ (*herstellen*) établir *Kontakt* ⑤ (*arrangieren*) installer *Spielfiguren;* dresser *Büfett* ⑥ (*basieren*) **etw auf der Vermutung ~, dass ...** fonder qc en supposant que ... ⑦ ELEC, PHYS établir *Spannung* ⑧ PHYS, CHEM **symmetrisch aufgebaut sein** avoir une structure symétrique **II.** *vi* **auf etw** (*dat*) ~ *Theorie:* se fonder sur qc **III.** *vr* ① *fam* (*sich postieren*) **sich vor jdm/etw ~** se planter devant qn/qc ② INFORM **sich ~** *Homepage:* s'afficher

auf|bäumen *vr* **sich ~** se cabrer; **sich gegen jdn/etw ~** se cabrer contre qn/qc

auf|bauschen *vt* (*übertreiben*) gonfler *Kleinigkeit;* **etw zu einem Skandal ~** faire tout un scandale de qc

Aufbaustudium *nt* complément *m* de formation [universitaire]

auf|begehren* *vi geh* se soulever; **gegen jdn/etw ~** se soulever contre qn/qc

auf|behalten* *vt irr* garder *Hut*

auf|bekommen* *vt irr fam* ① **Hausaufgaben ~** avoir des devoirs [à faire] ② (*öffnen können*) arriver à ouvrir

auf|bereiten* *vt* ÖKOL traiter *Wasser;* retraiter *Brennelemente*

Aufbereitung <-, -en> *f* ① *von Wasser*

traitement *m* ❷ (*Wiederaufbereitung*) *von Brennelementen* retraitement *m*

auf|bessern *vt* (*erhöhen*) augmenter *Gehalt;* arrondir *Taschengeld*

Aufbesserung <-, -en> *f* (*Erhöhung*) augmentation *f;* **zur ~ seines Taschengeldes** pour arrondir son argent de poche

auf|bewahren* *vt* garder

Aufbewahrung <-, -en> *f* ❶ (*Verwahrung*) dépôt; **jdm etw zur ~ geben** confier la garde de qc à qn ❷ (*Ort der Gepäckaufbewahrung*) consigne *f*

auf|bieten *vt irr* ❶ mobiliser *Mittel* ❷ (*Eheschließungsabsichten veröffentlichen*) publier les bans du mariage de

Aufbietung <-> *f von Polizei, Fähigkeiten* mise *f* en œuvre; **unter ~ aller meiner Kräfte** en mobilisant toute mon énergie

auf|binden *vt irr* défaire *Krawatte;* délacer *Schuh*

auf|blähen I. *vt* ❶ ballonner *Darm* ❷ *fig* **aufgebläht** *Verwaltungsapparat* hypertrophié **II.** *vr* **sich ~** *Ballon:* [se] gonfler; *Darm:* ballonner

aufblasbar *adj* gonflable

auf|blasen *irr* **I.** *vt* gonfler **II.** *vr* ❶ **sich automatisch ~** se gonfler automatiquement ❷ *pej fam* (*sich wichtigmachen*) **sich ~** se rengorger

auf|bleiben *vi irr + sein fam* ❶ (*geöffnet bleiben*) rester ouvert(e) ❷ (*nicht zu Bett gehen*) rester debout

auf|blenden *vi* ❶ (*das Fernlicht einschalten*) se mettre en pleins phares; (*die Lichthupe betätigen*) faire un appel de phares ❷ PHOT ouvrir le diaphragme

auf|blicken *vi* ❶ lever les yeux; **zu jdm/etw ~** lever les yeux en direction de qn/qc ❷ *fig* (*als Vorbild verehren*) **zu jdm ~** admirer qn

auf|blitzen *vi* ❶ + *haben* (*aufleuchten*) *Leuchtturm:* jeter un éclair de lumière ❷ + *sein fig* **in jdm ~** *Erinnerung:* jaillir dans l'esprit de qn

auf|blühen *vi + sein* ❶ (*sich öffnen*) *Knospe:* s'épanouir ❷ (*aufleben*) *Person:* s'épanouir ❸ (*sich entwickeln*) *Kultur:* fleurir

auf|bocken *vt* soulever avec un cric *Auto;* mettre sur [sa] béquille *Motorrad*

auf|bohren *vt* ouvrir à la perceuse

auf|brauchen *vt* épuiser *Vorräte;* finir *Packung*

auf|brausen *vi + sein* ❶ *Beifall:* éclater ❷ (*wütend werden*) *Person:* monter comme une soupe au lait

aufbrausend *adj Person* soupe au lait *inv*

auf|brechen *irr* **I.** *vt + haben* forcer *Verschluss;* fracturer *Pkw* **II.** *vi + sein* ❶ *Eisdecke:* se fendre; *Wunde:* s'ouvrir ❷ (*sich auf den Weg machen*) **zu einer Reise/nach Prag ~** partir en voyage/à Prague

auf|brezeln *vr fam* **sich ~** se pomponner (*fam*)

auf|bringen *vt irr* ❶ (*bezahlen*) réunir *Summe;* régler *Miete* ❷ (*mobilisieren*) trouver *Geduld* ❸ (*erzürnen*) **jdn gegen jdn/etw ~** monter [la tête à] qn contre qn/qc

Aufbruch *m kein Pl* ❶ (*das Fortgehen*) départ *m* ❷ *geh* (*Erneuerung*) renouveau *m*

auf|brühen *vt* préparer; **sich** (*dat*) **einen Tee ~** se faire un thé

auf|brummen *vt fam* **jdm eine Strafe/Arbeit ~** coller une punition/un travail à qn

auf|bürden *vt geh* **jdm eine Arbeit ~** accabler qn d'un travail; **jdm die ganze Verantwortung ~** imputer toute la responsabilité à qn

auf|decken *vt* ❶ découvrir *Schlafenden;* défaire *Decke* ❷ (*enthüllen*) découvrir *Wahrheit;* élucider *Zusammenhänge;* démasquer *Komplott* ❸ SPIEL retourner *Spielkarte*

Aufdeckung <-, -en> *f* (*Enthüllung*) découverte *f;* (*Aufklärung*) élucidation *f*

auf|donnern *vr pej fam* **sich ~** se faire un look d'allumeuse

auf|drängen I. *vt* forcer à prendre; **jdm etw ~** forcer qn à prendre qc **II.** *vr* **sich jdm ~** *Person:* imposer sa présence à qn; *Verdacht:* s'imposer à [l'esprit de] qn

auf|drehen I. *vt* ❶ ouvrir *Hahn* ❷ *fam* (*lauter stellen*) **das Radio voll ~** mettre la radio à plein[s] tube[s] **II.** *vi fam* (*loslegen*) *Person:* s'éclater; **aufgedreht sein** être remonté

aufdringlich *adj* ❶ *Person* envahissant(e) ❷ *Parfüm* pénétrant(e); *Kleidung* voyant(e)

Aufdringlichkeit <-, -en> *f* ❶ *kein Pl einer Person* caractère *m* importun ❷ (*Penetranz*) *eines Kleidungsstücks* côté *m* tape-à-l'œil

Aufdruck <-drucke> *m* (*Zeichen*) inscription *f;* (*Text*) impression *f*

auf|drücken *vt* ❶ (*öffnen*) **etw ~** ouvrir qc en poussant dessus ❷ (*drücken auf*) apposer *Stempel*

auf|drucken *vt* imprimer; **etw auf etw** (*akk*) **~** imprimer qc sur qc

aufeinander [au̯fʔai̯ˈnandɐ] *adv* ❶ (*gegen*) **~ losgehen** *Personen:* s'élancer l'un sur l'autre/les uns sur les autres ❷ (*gegenseitig*) **~ angewiesen sein** *Personen:* être tributaires l'un de l'autre/les uns des autres

aufeinander|folgen *vi* se succéder **aufeinanderfolgend** *adj Ereignisse* successif(-ive); *Tage* de suite **aufeinander|legen** *vt* **zwei Scheiben Brot ~** mettre deux tartines de pain l'une sur l'autre **aufeinander|liegen** *vi irr Personen, Tiere:* être couché(e)s l'un(e) sur l'autre/les un(e)s sur les autres; *Gegenstände:* être empilé(e)s **aufeinander|prallen** *vi + sein Fahrzeuge:* se télescoper; *Kontrahenten, Truppen:* se heurter **aufeinander|stoßen, aufeinander|treffen** *vi irr + sein Truppen, Meinungen:* s'affronter

Aufenthalt ['aufʔɛnthalt] <-[e]s, -e> *m* ① séjour *m* ② (*Halt eines Zugs*) arrêt *m*

Aufenthaltsdauer *f* durée *f* du séjour **Aufenthaltserlaubnis** *f*, **Aufenthaltsgenehmigung** *f* permis *m* de séjour **Aufenthaltsort** *m* lieu *m* de résidence **Aufenthaltsraum** *m* salle *f* de détente **Aufenthaltsrecht** *nt* autorisation *f* de séjourner

auf|erlegen* *vt geh* **jdm eine Prüfung/Strafe ~** imposer un examen/infliger une punition à qn

auf|erstehen* *vi irr + sein* ressusciter

Auferstehung <-, -en> *f* résurrection *f*

auf|essen *irr* **I.** *vt* terminer *Essen* **II.** *vi* finir son assiette

auf|fädeln *vt* enfiler

auf|fahren *irr* **I.** *vi + sein* ① **auf eine Rampe/Fähre ~** monter sur une rampe/un ferry ② (*kollidieren mit*) **auf jdn/ein Fahrzeug ~** emboutir qn/un véhicule ③ (*näher heranfahren*) **dicht auf seinen Vordermann ~** talonner le véhicule qui précède ④ (*hochschrecken*) sursauter; **aus dem Schlaf ~** s'éveiller en sursaut **II.** *vt + haben* ① MIL (*in Stellung bringen*) **Geschütze ~** mettre des pièces d'artillerie en batterie ② *fam* (*herbeischaffen*) sortir *Speisen*

Auffahrt *f* ① *kein Pl* (*das Hinauffahren*) montée *f* ② (*Zufahrt*) accès *m;* (*Autobahnauffahrt*) bretelle *f* d'accès [à l'autoroute]

Auffahrunfall *m* carambolage *m*

auf|fallen *vi irr + sein* ① (*ins Auge springen*) *Person:* ne pas passer inaperçu(e); *Sache:* se remarquer; **jdm ~** *Person:* attirer l'attention de qn; *Sache:* frapper qn; **mir fällt auf, dass ...** je remarque que ... ② (*auf angenehme/unangenehme Weise bemerkt werden*) *Person:* se distinguer/se faire remarquer; **angenehm/unangenehm ~** produire une impression agréable/désagréable

auffallend **I.** *adj Kleidungsstück* voyant(e); *Ähnlichkeit* frappant(e); *Intelligenz* remarquable **II.** *adv ruhig* étonnamment

auffällig **I.** *adj Kleidung* qui ne passe pas inaperçu(e); *Farbe* voyant(e) **II.** *adv nervös* visiblement; *sich verhalten* étrangement

auf|fangen *vt irr* ① attraper *Ball* ② (*sammeln*) recueillir *Regenwasser* ③ (*zufällig hören*) intercepter *Funkspruch;* saisir [au vol] *Gesprächsfetzen* ④ (*kompensieren*) compenser *Verluste* ⑤ (*dämpfen*) amortir *Aufprall*

Auffanggesellschaft *f* ÖKON société *f* de défaisance **Auffanglager** *nt* centre *m* d'accueil

auf|fassen *vt* concevoir; **etw als Einladung/Beleidigung ~** concevoir qc comme une invitation/offense; **etw richtig/falsch/anders ~** comprendre qc comme il faut/de travers/autrement

Auffassung *f* (*Vorstellung*) conception *f;* (*Meinung*) avis *m*

Auffassungsgabe *f kein Pl* intelligence *f*

auffindbar *adj* **~ sein** pouvoir être retrouvé; **nicht ~ sein** être introuvable

auf|finden *vt irr* retrouver; **nirgends aufzufinden sein** être introuvable

auf|fischen *vt* ① *fam* repêcher *Person, Gegenstand* ② *sl* (*aufgabeln*) dégoter (*fam*)

auf|flackern *vi + sein* ① *Feuer, Kerze:* se raviver ② *Kämpfe:* se rallumer

auf|flammen ['aufflamən] *vi + sein* ① *Feuer:* flamboyer ② *Empörung:* éclater

auf|fliegen *vi irr + sein* ① (*hochfliegen*) *Vogel:* prendre son envol ② *fam* (*entdeckt werden*) *Bande:* se faire pincer; *Betrug:* être démasqué

auf|fordern *vt* ① **jdn zum Bleiben/Gehen ~** prier qn de rester/partir ② (*zum Tanz bitten*) **jdn ~** inviter qn [à danser]

Aufforderung *f* ① (*Bitte*) demande *f* pressante; (*Bitte um einen Tanz*) invitation *f* ② (*Anordnung*) *der Polizei* ordre *m; eines Gerichts* injonction *f*

auf|forsten ['aufforstən] *vt* boiser *Wald;* **das Aufforsten** le [re]boisement

auf|fressen *vt irr* dévorer

auf|frischen **I.** *vt + haben* ① rafraîchir *Kenntnisse;* renouer *Freundschaft* ② (*erneuern*) ravaler *Anstrich* ③ MED faire le rappel de *Impfung* ④ (*ergänzen*) renouveler *Vorrat* **II.** *vi unpers + sein* **es frischt auf** ça se rafraîchit

auf|führen **I.** *vt* ① représenter *Theaterstück;* interpréter *Komponisten;* jouer *Oper* ② (*auf-*

A

listen) produire *Zeugen;* énumérer *Fakten;* citer *Beispiele* **II.** *vr* **sich gut/schlecht ~** bien/mal se comporter

Aufführung *f eines Stücks* représentation *f*

auf|füllen *vt* ❶ remplir *Tank* ❷ (*nachfüllen*) **Benzin ~** reprendre de l'essence; **Öl ~** remettre de l'huile

Aufgabe <-, -n> *f* ❶ tâche *f;* **die ~ haben etw zu tun** avoir pour tâche de faire qc ❷ (*Pflicht*) devoir *m* ❸ (*Auftrag*) mission *f* ❹ SCHULE (*Übung*) exercice *m* ❺ (*Zweck*) *eines Gerätes* fonction *f* ❻ *kein Pl* (*Ablieferung*) *von Gepäck* dépôt *m; eines Pakets* expédition *f* ❼ *kein Pl* (*Verzicht*) renoncement *m* ❽ *kein Pl a.* SPORT (*Nichtfortführen*) abandon *m* ❾ *kein Pl* (*Kapitulation*) reddition *f*

auf|gabeln *vt fam* dégoter *Person*

Aufgabenbereich *m* ressort *m*

Aufgabenheft *nt* cahier *m* d'exercices

Aufgabenstellung *f* ❶ (*gestellte Aufgabe*) mission *f* ❷ SCHULE (*Formulierung*) **die ~ ist ziemlich unklar** l'exercice *m* n'est pas posé clairement

Aufgang <-gänge> *m* ❶ *der Sonne* lever *m* ❷ (*Treppe*) escalier *m;* (*Treppenhaus*) cage *f* d'escalier

auf|geben *irr* **I.** *vt* ❶ abandonner *Studium, Hoffnung;* quitter *Freunde, Wohnort;* fermer [définitivement] *Geschäft;* se défaire de *Gewohnheit;* **gib's auf!** *fam* laisse tomber! ❷ (*auftragen*) **jdm Hausaufgaben ~** donner des devoirs à qn ❸ (*zu lösen geben*) **jdm Fragen/ein Rätsel ~** poser des questions/une énigme à qn ❹ (*abliefern*) faire enregistrer *Gepäck;* poster *Brief, Paket;* [faire] passer *Annonce* **II.** *vi* abandonner

aufgeblasen *adj fam* (*eingebildet*) bouffi(e) d'orgueil

Aufgebot *nt* ❶ (*große Menge*) **ein großes ~ von Freiwilligen** une multitude de bénévoles ❷ (*Heiratsankündigung*) publication *f* des bans; **das ~ bestellen** faire publier les bans

aufgebracht **I.** *adj* en colère; **wegen jdm/etw ~ sein** être déchaîné contre qn/à cause de qc **II.** *adv reden, gestikulieren* sous l'emprise de la colère

aufgedreht *adj fam* **~ sein** (*lebhaft*) être remonté

aufgedunsen *adj Gesicht* bouffi(e); *Bauch* gonflé(e)

auf|gehen *vi irr + sein* ❶ *Sonne:* se lever ❷ (*sich öffnen*) *Tür:* s'ouvrir; *Vorhang:* se lever ❸ (*sich lösen*) *Knoten:* se défaire ❹ (*sich lösen, verwirklichen lassen*) *Rechnung:* tomber juste; *Planung:* se réaliser ❺ (*klar werden*) **jdm geht etw auf** qn commence à comprendre qc ❻ (*Erfüllung finden*) **völlig in etw** (*dat*) **~** s'investir entièrement dans qc ❼ (*wachsen*) *Saat:* lever

auffordern

jemanden auffordern etwas zu tun	*demander à quelqu'un de faire quelque chose*
Kannst du grade mal kommen?	*Pourrais-tu venir une minute ?*
Besuch mich doch mal.	*Passe donc me voir !*
Denk dran, mich heute Abend anzurufen.	*N'oublie pas de me téléphoner ce soir !*
Ich muss Sie bitten, den Raum zu verlassen. (*form*)	*Je dois vous prier de quitter la pièce. (form)*
zu gemeinsamem Handeln auffordern	*inviter quelqu'un à une action commune*
Auf geht's! (*fam*)	*Allons-y !*
An die Arbeit!/Fangen wir mit der Arbeit an!	*(Allez,) au travail !/Mettons-nous au travail !*
Lasst uns mal in Ruhe darüber reden.	*Parlons-en tranquillement !*
Wollen wir jetzt nicht endlich mal damit anfangen?	*Et si nous commencions/nous nous y mettions à la fin ?*
verlangen	*exiger*
Ich will/bestehe darauf, dass du gehst.	*Je veux/J'exige que tu partes.*
Ich verlange eine Erklärung von Ihnen.	*J'exige une explication de votre part.*
Das ist das Mindeste, was man verlangen kann.	*C'est le minimum qu'on puisse demander.*

aufgehoben *adj* **bei jdm gut/schlecht ~ sein** être en de bonnes/mauvaises mains chez qn
auf|geilen *sl* **I.** *vt* faire bander (*fam*) *Mann* **II.** *vr* **sich ~** *Mann:* bander (*fam*); **sich an jdm/etw ~** s'exciter en regardant qn/qc
aufgeklärt *adj* PHILOS *Person* éclairé(e)
aufgekratzt *adj fam* excité(e)
aufgelegt *adj* **gut/schlecht ~ sein** être de bonne/mauvaise humeur
aufgelöst *adj* ❶ (*außer sich*) bouleversé(e); **völlig ~ sein** être complètement bouleversé ❷ (*erschöpft*) fourbu(e); **ganz ~ sein** n'en plus pouvoir
aufgeräumt ['au̯fgərɔymt] *adj geh Person* de belle humeur
aufgeregt *adj Person* excité(e); (*nervös*) énervé(e)
aufgeschlossen *adj Person* ouvert(e)
Aufgeschlossenheit <-> *f* ouverture *f* d'esprit
aufgeschmissen *adj fam* paumé(e); **~ sein** être dans le potage
aufgesetzt **I.** *adj Lächeln, Fröhlichkeit* forcé(e) **II.** *adv* **~ wirken** faire l'effet d'être forcé
aufgeweckt *adj* vif(vive) [d'esprit]; *Kind* dégourdi(e)
auf|gießen *vt irr* (*aufbrühen*) **[den] Kaffee/Tee ~** verser de l'eau sur le café/thé
auf|gliedern *vr* **sich [in etw** (*akk*)**] ~** se décomposer [en qc]
Aufgliederung *f* décomposition *f*
auf|graben *vt irr* creuser *Erde, Boden*
auf|greifen *vt irr* ❶ saisir *Vorschlag;* s'emparer de *Fall;* **eine Idee/ein Thema wieder ~** reprendre une idée/un sujet ❷ (*festnehmen*) arrêter *Täter*
aufgrund [au̯f'grʊnt] *präp + gen* en raison de; **~ zahlreicher Beschwerden** suite à de nombreuses plaintes
Aufguss[RR] *m* ❶ MED infusion *f* ❷ (*in der Sauna*) projection *f* d'eau
auf|haben *irr fam* **I.** *vt* ❶ (*geöffnet haben*) ouvrir *Geschäft* ❷ (*aufgesetzt haben*) avoir [mis] *Hut* ❸ (*als Aufgabe bekommen haben*) avoir *Hausaufgaben;* **heute haben wir nichts/viel auf** aujourd'hui, on n'a pas/on a beaucoup de devoirs **II.** *vi Geschäft:* être ouvert
auf|hacken *vt* ❶ ouvrir à coups de pioche *Boden* ❷ **etw ~** *Vogel:* casser qc [à coups de bec]
auf|halsen *fam* **I.** *vt* coller; **jdm eine Arbeit ~** coller un travail à qn **II.** *vr* **sich** (*dat*) **etw ~** se coller qc sur le dos
auf|halten *irr* **I.** *vt* ❶ *a. fig* (*am Weiterkommen hindern*) retenir *Person;* arrêter *Fahrzeug* ❷ *fam* (*offen hinhalten*) tendre *Hand;* **seine Tasche ~** tendre son sac ouvert **II.** *vr* ❶ **sich in der Wohnung/im Garten ~** se trouver dans l'appartement/le jardin; **sich drei Tage in Paris ~** rester trois jours à Paris; **sich einige Jahre in Wien ~** séjourner quelques années à Vienne ❷ (*verweilen*) **sich bei einem Punkt ~** s'attarder sur un point ❸ *fam* (*sich weiterhin befassen*) **sich mit jdm/etw ~** passer du temps avec qn/à faire qc
auf|hängen **I.** *vt* ❶ [sus]pendre, accrocher *Bild, Mantel;* pendre, étendre *Wäsche;* raccrocher *Hörer* ❷ (*erhängen*) pendre **II.** *vr* **sich an etw** (*dat*) **~** se pendre à qc
Aufhänger <-s, -> *m* ❶ COUT bride *f* ❷ *fam* (*Anknüpfungspunkt*) point *m* de départ
Aufhängung <-, -en> *f* TECH suspension *f*
auf|häufen *vt, vr* **[sich] ~** [s']amasser
auf|heben *vt irr* ❶ ramasser; **etw von der Erde/vom Teppich ~** ramasser qc à terre/sur le tapis ❷ (*aufbewahren*) garder ❸ (*abschaffen*) abroger *Gesetz;* casser *Urteil* ❹ (*beenden*) lever *Embargo*
Aufheben ▶ **viel/nicht viel ~ [s] machen** *geh* faire/ne pas faire toute une histoire
Aufhebung <-, -en> *f* ❶ *eines Gesetzes, einer Verfügung* abrogation *f; eines Urteils* invalidation *f* ❷ (*Beendigung*) levée *f*
auf|heitern **I.** *vt* dérider *Person;* détendre *Stimmung* **II.** *vr* **sich ~** ❶ *Gesicht:* s'éclairer ❷ METEO *Himmel:* se dégager
Aufheiterung <-, -en> *f* ❶ **zur allgemeinen ~** pour détendre l'atmosphère ❷ METEO éclaircie *f*
auf|heizen **I.** *vt* [é]chauffer *Stimmung;* réchauffer *Atmosphäre* **II.** *vr* **sich ~** *Atmosphäre, Stimmung:* s'enfiévrer
auf|helfen *vi irr* **jdm ~** aider qn à se mettre debout
auf|hellen **I.** *vt* éclaircir *Haare* **II.** *vr* **sich ~** *Gesicht:* s'éclairer; *Wetter:* s'éclaircir
auf|hetzen *vt* exciter; **jdn gegen jdn/etw ~** exciter qn contre qn/qc; **jdn zu Gewalttaten ~** pousser qn à des actes de violence
auf|heulen *vi* ❶ *Person, Tier:* pousser un hurlement ❷ (*laut tönen*) *Sirene:* se mettre à mugir; *Sturm:* se mettre à rugir; *Motor:* s'emballer; **seinen Motor ~ lassen** faire rugir son moteur
auf|holen **I.** *vt* rattraper *Rückstand* **II.** *vi* rattraper son retard
auf|horchen *vi* dresser l'oreille

A

auf|hören *vi* arrêter ▶**da hört sich doch alles auf!** *fam* là, c'est le bouquet!
auf|kaufen *vt* accaparer *Sammlung;* acheter en grande quantité *Immobilien*
Aufkäufer(in) *m(f)* [r]acheteur(-euse) *m(f); von Firmen* repreneur *m*
auf|keimen *vi + sein* ❶ *Saat:* germer ❷ (*sich entwickeln*) **in jdm ~** *Zweifel:* naître en qn; **~d** naissant
aufklappbar *adj* rabattable
auf|klappen *vt + haben* soulever *Deckel;* ouvrir *Buch;* déplier *Liegestuhl*
auf|klaren ['au̯fkla:rən] *vi Himmel, Wetter:* se dégager; **es klart auf** le temps s'éclaircit
auf|klären I. *vt* ❶ (*aufdecken*) **ein Rätsel/Verbrechen ~** tirer une énigme/un crime au clair ❷ (*erklären*) expliquer *Missverständnis* ❸ (*informieren*) **jdn über etw** (*akk*) **~** mettre qn au courant de qc ❹ (*über Sexuelles unterrichten*) **jdn ~** faire l'éducation sexuelle de qn; **aufgeklärt sein** avoir reçu une éducation sexuelle ❺ MIL reconnaître *Lage* **II.** *vr* **sich ~** *Rätsel, Himmel:* s'éclaircir; *Missverständnis:* s'expliquer
Aufklärer <-s, -> *m* ❶ PHILOS esprit *m* éclairé ❷ (*Aufklärungsflugzeug*) avion *m* de reconnaissance
Aufklärung *f* ❶ (*Aufdeckung*) élucidation *f* ❷ (*Klärung*) explication *f* ❸ (*Information*) **~ über etw** (*akk*) éclaircissements *mpl* sur qc ❹ (*sexuelle Aufklärung*) éducation *f* sexuelle ❺ MIL reconnaissance *f* ❻ *kein Pl* PHILOS **die ~** les lumières *fpl*
Aufklärungsfilm *m* film *m* d'éducation sexuelle **Aufklärungsflugzeug** *s.* **Aufklärer 2**
auf|kleben *vt* coller; **etw auf etw** (*akk*) **~** coller qc sur qc
Aufkleber *m* autocollant *m*
auf|knacken *vt* ❶ casser *Nuss* ❷ *fam* fracturer *Auto, Tresor*
auf|knöpfen *vt* déboutonner *Bluse;* défaire *Knopf*
auf|knoten *vt* dénouer *Schnürsenkel, Tuch;* défaire *Knoten*
auf|kochen *vt + haben* **die Milch/Suppe ~** porter le lait/la soupe à ébullition
auf|kommen *vi irr + sein* ❶ (*finanzieren*) **für jdn** [*o* **jds Unterhalt**] **~** subvenir aux besoins de qn; **für die Kosten/den Schaden ~** prendre les coûts/les dégâts en charge ❷ (*entstehen*) *Zweifel:* se faire jour; *Gerücht:* commencer à circuler ❸ METEO *Wind:* se lever ❹ (*landen*) **hart/weich auf dem Boden ~** *Person:* se recevoir rudement/en douceur au sol
Aufkommen <-s, -> *nt* ❶ (*Gesamtmenge*) **~ an Steuern** produit *m* des impôts; **das ~ an Verkehr** le trafic routier ❷ *kein Pl* (*das Entstehen*) apparition *f*
auf|kratzen *vt* gratter *Oberfläche;* **eine Wunde ~** gratter une plaie jusqu'au sang
auf|kreischen *vi* pousser des cris; **vor Freude/Schreck ~** pousser des cris de joie/d'épouvante
auf|krempeln *vt* retrousser *Ärmel*
auf|kreuzen *vi + sein fam* (*erscheinen*) se pointer; **bei jdm ~** se pointer chez qn
auf|kriegen *vt fam* ❶ arriver à ouvrir *Tür* ❷ (*aufgetragen bekommen*) **Hausaufgaben ~** avoir des devoirs [à faire]
Aufl. *Abk von* **Auflage** ❶ éd.
auf|lachen *vi* éclater de rire
auf|laden *irr* **I.** *vt* ❶ charger; **etw auf etw** (*akk*) **~** charger qc sur qc ❷ *fam* (*aufbürden*) **jdm die ganze Arbeit/Verantwortung ~** mettre tout le travail/toute la responsabilité sur le dos de qn ❸ ELEC [re]charger *Batterie* **II.** *vr* **sich ~** *Batterie:* se charger d'électricité
Auflage <-, -n> *f* ❶ (*Ausgabe*) édition *f* ❷ (*Auflagenhöhe, -zahl*) tirage *m* ❸ (*Verpflichtung*) condition *f;* **jdm eine ~ /~n machen** imposer un cahier des charges à qn
Auflage[n]höhe *f* tirage *m*
auf|lassen *vt irr* ❶ *fam* (*geöffnet lassen*) **etw ~** laisser qc ouvert ❷ *fam* (*aufbehalten*) garder *Hut*
auf|lauern *vi* guetter; **jdm ~** guetter qn
Auflauf *m* ❶ (*Speise*) soufflé *m* ❷ (*Menschenauflauf*) attroupement *m*
auf|laufen *vi irr + sein* ❶ rentrer; **auf etw** (*akk o dat*) **~** *Person:* rentrer dans qc; *Schiff:* s'échouer sur qc ❷ (*scheitern*) échouer ❸ (*sich ansammeln*) *Zinsen:* s'accumuler
Auflaufform *f* moule *m* à soufflé
auf|leben *vi + sein* ❶ *Person:* s'animer ❷ (*wiederbelebt werden*) *Erinnerungen:* se ranimer
auf|lecken *vt* lécher
auf|legen I. *vt* ❶ mettre *Schallplatte;* reposer *Telefonhörer;* [re]mettre *Holz, Kohle* ❷ (*veröffentlichen*) éditer *Buch;* **neu aufgelegt werden** être réédité **II.** *vi Person:* raccrocher
auf|lehnen *vr* se rebeller; **sich gegen jdn/etw ~** se rebeller contre qn/qc
Auflehnung <-, -en> *f* rébellion *f*
auf|lesen *vt irr* ❶ ramasser ❷ *pej fam*

(*zufällig finden und mitnehmen*) dégoter *Person*

auf|leuchten *vi + haben o sein Augen, Sterne:* se mettre à briller; *Licht:* s'allumer; *Blitz:* déchirer le ciel

auf|liegen *vi irr* reposer; **auf etw** (*dat*) ~ reposer sur qc

auf|listen *vt* faire la liste de

auf|lockern I. *vt* ❶ SPORT détendre *Muskulatur* ❷ (*ansprechender machen*) détendre *Stimmung;* adoucir *Frisur;* **den Unterricht** ~ rendre le cours plus attrayant **II.** *vr* **sich** ~ ❶ SPORT *Person:* se détendre ❷ METEO *Bewölkung:* se dissiper

Auflockerung *f* ❶ SPORT *der Muskeln* assouplissement *m* ❷ (*ansprechendere Gestaltung*) **zur ~ des Unterrichts** pour rendre plus attrayant le cours ❸ METEO *der Bewölkung* dissipation *f*

auf|lodern *vi + sein* ❶ *Flammen:* jaillir [en flamboyant] ❷ (*beginnen*) *Kämpfe:* se déchaîner

auf|lösen I. *vt* ❶ **etw** ~ *Person:* [faire] dissoudre qc; *Säure:* décomposer qc ❷ (*beenden*) disperser *Versammlung;* dissoudre *Parlament;* fermer *Konto;* liquider *Haushalt* ❸ MATH, MUS résoudre *Klammern* **II.** *vr* **sich** ~ (*sich zersetzen*) se décomposer; *Pulver, Tablette:* se dissoudre; *Nebel:* se dissiper

Auflösung *f* ❶ *kein Pl* (*Zersetzung*) dissolution *f; von Nebel* dissipation *f* ❷ *kein Pl* (*Beendigung der Existenz*) *eines Parlaments* dissolution *f; einer Versammlung* dispersion *f; eines Haushalts* liquidation *f; eines Kontos* fermeture *f; eines Vertrags* résolution *f* ❸ (*Bildauflösung*) définition *f;* INFORM résolution *f*

Auflösungszeichen *nt* MUS bécarre *m*

auf|machen I. *vt* ❶ *fam* ouvrir; défaire *Mantel, Schnürsenkel* ❷ (*eröffnen*) monter *Firma* ❸ (*präsentieren*) **einen Bericht spannend** ~ présenter un reportage de façon captivante **II.** *vi* **jdm** ~ ouvrir à qn **III.** *vr* (*aufbrechen*) **sich in die Stadt** ~ partir en ville

Aufmacher *m* PRESSE [article *m*] leader *m*

Aufmachung <-, -en> *f einer Person* tenue *f; einer Titelseite* présentation *f*

auf|malen *vt* peindre; **etw auf etw** (*akk*) ~ (*mit einem Pinsel*) peindre qc sur qc; (*mit einem Stift*) dessiner qc sur qc

Aufmarsch *m* ❶ défilé *m* ❷ MIL déploiement *m*

auf|marschieren* *vi + sein* MIL se déployer

auf|merken *vi* ❶ dresser l'oreille ❷ *geh* (*Acht geben*) faire attention

aufmerksam *adj* ❶ attentif(-ive); **auf jdn/etw ~ werden** remarquer qn/qc; **jdn auf etw** (*akk*) **~ machen** faire remarquer qc à qn ❷ (*zuvorkommend*) attentionné(e); [**das ist**] **sehr ~ von Ihnen!** c'est très aimable à vous!

Aufmerksamkeit <-, -en> *f* ❶ *kein Pl* (*Wachsamkeit*) attention *f* ❷ *kein Pl* (*Zuvorkommenheit*) attentions *fpl* ❸ (*Geschenk*) **kleine ~** gentille attention *f*

auf|möbeln *vt fam* ❶ **etw ~** retaper qc ❷ (*aufmuntern*) requinquer *Person*

auf|mucken *vi fam* râler; **gegen jdn/etw ~** râler contre qn/qc

auf|muntern *vt* ❶ **jdn ~** *Person:* remonter [le moral à] qn; *Kaffee:* ragaillardir qn ❷ (*ermutigen*) **jdn zu etw ~** encourager qn à [faire] qc

aufmunternd I. *adj Lächeln, Zurufe* d'encouragement **II.** *adv* **jdm ~ zulächeln** sourire à qn pour l'encourager

Aufmunterung <-, -en> *f* ❶ (*Belebung*) **einen Kaffee zur ~ trinken** boire un café pour se donner un coup de fouet ❷ (*Ermutigung*) encouragement *m*

aufmüpfig *adj fam Schüler* récalcitrant(e)

auf|nähen *vt* coudre; **etw auf etw** (*akk*) ~ coudre qc sur qc

Aufnahme <-, -n> *f* ❶ *kein Pl* (*Empfang*) accueil *m; von Gästen* réception *f* ❷ *kein Pl* (*Rezeption*) *eines Theaterstücks* accueil *m* ❸ *kein Pl* (*das Aufnehmen in ein Krankenhaus*) admission *f;* (*das Aufnehmen in eine Liste*) insertion *f* ❹ *kein Pl* (*Beginn*) *einer Tätigkeit* début *m* ❺ *kein Pl* (*Einverleibung*) *von Nahrung* prise *f; von Nährstoffen* absorption *f* ❻ (*Fotografie*) photo[graphie] *f* ❼ (*Tonbandaufnahme, Videoaufnahme*) enregistrement *m*

aufnahmefähig *adj* réceptif(-ive); **für etw ~ sein** être réceptif à qc **Aufnahmefähigkeit** *f kein Pl einer Person* réceptivité *f pas de pl* **Aufnahmegebühr** *f* droits *mpl* d'admission **Aufnahmeleiter(in)** *m(f)* CINE, TV responsable *mf* des prises de vue[s] **Aufnahmeprüfung** *f* examen *m* d'entrée **Aufnahmestudio** *nt* studio *m* d'enregistrement

auf|nehmen *vt irr* ❶ (*empfangen*) accueillir *Gast* ❷ (*beherbergen*) héberger *Gäste;* accueillir *Asylbewerber* ❸ (*rezipieren*) prendre *Nachricht;* accueillir *Buch* ❹ (*zulassen*) **jdn ~** *Internat:* admettre qn ❺ (*beginnen*) entamer *Tätigkeit;* prendre *Kontakt;* **Verbindung zu jdm ~** entrer en

A

relation avec qn ⑥ (*sich einverleiben*) prendre *Nahrung;* absorber *Nährstoffe* ⑦ (*fotografieren*) **jdn/etw ~** prendre qn/qc en photo; (*filmen*) filmer qn/qc ⑧ (*auf Tonband, Video festhalten*) enregistrer ⑨ (*feststellen*) prendre *Personalien* ⑩ (*geistig verarbeiten*) enregistrer ⑪ FIN prendre *Kredit* ▶ **es mit jdm/etw ~ können** pouvoir se mesurer avec qn/qc

auf|nötigen *vt* imposer; **jdm seine Meinung ~** imposer son opinion à qn; **jdm einen Nachtisch ~** forcer qn à prendre un dessert

auf|opfern *vr* **sich ~** se sacrifier; **sich für jdn/etw ~** se sacrifier pour qn/qc

aufopfernd *s.* **aufopferungsvoll**

Aufopferung *f* dévouement *m*

aufopferungsvoll I. *adj Person, Haltung* dévoué(e) II. *adv* avec dévouement

auf|päppeln *vt fam* retaper

auf|passen *vi* ① faire attention; **im Unterricht ~** être attentif en cours ② (*beaufsichtigen*) **auf jdn ~** surveiller qn; **auf einen Hund/eine Wohnung ~** garder un chien/un appartement

Aufpasser(in) <-s, -> *m(f) pej* surveillant(e) *m(f);* SCHULE pion(ne) *m(f)* (*fam*)

auf|peitschen *vt* ① fouetter *Meer* ② exciter *Menschen, Sinne*

auf|peppen ['aufpɛpən] *vt fam* relooker

auf|pflanzen I. *vt* planter *Fahne* II. *vr fam* **sich vor jdm ~** se planter devant qn

auf|pfropfen ['aufpfrɔpfən] *vt a. fig* greffer

auf|picken *vt* picorer *Futter*

auf|platzen *vi + sein Frucht:* éclater; *Naht:* craquer; *Wunde:* s'ouvrir

auf|plustern I. *vt* gonfler *Gefieder* II. *vr* **sich ~** ① *Vogel:* gonfler ses plumes ② *pej fam* (*sich wichtigmachen*) faire de l'esbroufe

auf|polieren* *vt* ① [re]polir *Möbelstück* ② *fig fam* rafraîchir *Kenntnisse;* redorer *Image*

Aufprall <-[e]s, -e> *m* choc *m; eines Geschosses* impact *m*

auf|prallen *vi + sein* s'écraser; **auf etw** (*akk o dat*) **~** s'écraser contre qc

Aufpreis *m* supplément *m*

auf|pumpen *vt* gonfler

auf|putschen *vt* ① doper ② (*aufwiegeln*) exciter

Aufputschmittel *nt* dopant *m*

auf|quellen *vi irr + sein* gonfler

auf|raffen *vr* ① **sich von seinem Lager ~** se soulever de sa couche ② (*sich entschließen*) **sich zu einem Brief ~** [parvenir à] se décider à écrire une lettre

auf|ragen *vi Berg, Turm:* se dresser

auf|rappeln *vr fam* ① **sich ~** se ramasser; (*zu Kräften kommen*) se retaper ② **sich endlich ~ etw zu tun** se décider enfin à faire qc

auf|rauenRR, **auf|rauhen**ALT *vt* gratter [légèrement] *Oberfläche*

auf|räumen I. *vt* ranger *Zimmer* II. *vi* ① (*Ordnung schaffen*) ranger ② *fam* (*beseitigen*) **mit etw ~** mettre fin à qc

Aufräumungsarbeiten *Pl* travaux *mpl* de déblaiement

auf|rechnen *vt* (*verrechnen*) **etw gegen etw ~** défalquer qc de qc

aufrecht ['aufrɛçt] *adj Gang* en position verticale; *Körperhaltung* le dos droit

aufrecht|erhalten* *vt irr* maintenir *Kontakt, These;* persister dans *Anklage, Behauptung*

Aufrechterhaltung *f des Kontakts* maintien *m*

auf|regen I. *vt* énerver II. *vr* **sich über jdn/etw ~** s'énerver contre qn/à cause de qc

aufregend *adj* passionnant(e); **wie ~!** *fam* comme c'est palpitant!

Aufregung *f* ① (*aufgeregte Stimmung*) excitation *f;* (*Beunruhigung*) énervement *m* ② (*Durcheinander*) agitation *f*

auf|reiben *irr* I. *vt* ① (*zermürben*) user ② (*wund reiben*) écorcher; **sich** (*dat*) **etw ~** s'écorcher qc ③ MIL anéantir *Truppen* II. *vr* (*sich zermürben*) **sich ~** s'user

aufreibend *adj Arbeit* usant(e)

auf|reihen I. *vt* enfiler *Perlen* II. *vr* **sich ~** *Personen:* s'aligner; **aufgereiht** en rangs

auf|reißen *irr* I. *vt + haben* ① ouvrir *Brief, Straße;* déchirer *Umschlag;* **das Fenster/die Tür ~** ouvrir la fenêtre/la porte d'un geste brusque ② (*beschädigen*) déchirer *Kleid;* égratigner *Haut* ③ *fam* (*kennen lernen*) lever II. *vi + sein Wolkendecke:* se déchirer

auf|reizen *vt* ① (*sexuell erregen*) exciter ② (*provozieren*) **jdn zu etw ~** exciter qn à qc

aufreizend *adj* excitant(e)

auf|richten I. *vt* ① relever; **den Oberkörper ~** redresser le buste ② (*aufrecht hinstellen*) monter *Zelt;* dresser *Maibaum* II. *vr* **sich ~** se redresser

aufrichtig *adj* sincère

Aufrichtigkeit <-> *f* sincérité *f*

AufrissRR *m* ARCHIT élévation *f*

auf|rollen I. *vt* ① rouler *Teppich;* enrouler *Kabel* ② (*entrollen*) dérouler *Poster* ③ (*erneut aufgreifen*) **wieder ~** rouvrir *Fall*

II. *vr* **sich automatisch ~** *Bandmaß:* se rembobiner automatiquement
auf|rücken *vi + sein* ❶ (*weiterrücken*) se pousser ❷ (*aufsteigen*) monter en grade
Aufruf *m* ❶ appel *m;* **ein ~ zum Streik** un appel à la grève ❷ *kein Pl* (*das Aufrufen*) *einer Person* appel *m; eines Flugs* annonce *f* ❸ *kein Pl* INFORM *eines Programms* appel *m*
auf|rufen *irr* **I.** *vt* ❶ **jdn ~ etw zu tun** appeler qn à faire qc ❷ (*rufen*) faire l'appel de *Teilnehmer* ❸ (*auffordern*) appeler *Passagier;* désigner *Schüler* ❹ (*bekannt geben*) annoncer *Flug* ❺ INFORM appeler *Programm* **II.** *vi* **zum Streik/Widerstand ~** appeler à la grève/résistance
Aufruhr ['aufruːɐ] <-[e]s, -e> *m* ❶ (*Aufstand*) émeute *f* ❷ *kein Pl geh* (*Unruhe*) *der Bevölkerung* [vive] agitation *f;* **jdn in ~ versetzen** mettre qn en ébullition
Aufrührer(in) ['aufryːrɐ] <-s, -> *m(f)* rebelle *mf,* émeutier(-ière) *m(f)*
aufrührerisch ['aufryːrərɪʃ] *adj attr* ❶ *Bevölkerung* rebelle; *Stimmung* insurrectionnel(le) ❷ *Flugblatt* séditieux(-euse)
auf|runden *vt* arrondir
auf|rüsten I. *vi* s'armer **II.** *vt* ❶ armer *Land* ❷ INFORM augmenter la capacité de *Rechner*
Aufrüstung *f* ❶ armement *m;* **atomare/konventionelle ~** armement nucléaire/conventionnel ❷ INFORM *eines Rechners* augmentation *f* de la capacité
auf|rütteln *vt* ❶ **jdn aus dem Schlaf ~** tirer qn du sommeil ❷ (*aufstören*) provoquer un choc chez *Person;* réveiller *Gewissen*
aufs [aufs] = **auf das** ❶ *fam s.* **auf** ❷ *bei Superl* **~ Äußerste** à l'extrême
auf|sagen *vt* réciter
auf|sammeln *vt* ramasser
aufsässig ['aufzɛsɪç] *adj* récalcitrant(e); *Mitarbeiter* insoumis(e)
Aufsatz *m* ❶ (*Schulaufsatz*) rédaction *f;* (*in der Oberstufe*) dissertation *f* ❷ (*Essay*) essai *m*
auf|saugen *vt reg o irr* éponger *Flüssigkeit;* absorber *Tintenklecks;* aspirer *Staub*
auf|schauen *s.* **aufblicken**
auf|scheuchen *vt* effaroucher *Reh, Vogel*
auf|schichten *vt* empiler
auf|schieben *vt irr* ❶ (*öffnen*) ouvrir *Schiebetür* ❷ (*zurückschieben*) tirer *Riegel* ❸ (*verschieben*) **etw auf den nächsten Tag ~** remettre qc au lendemain ▶ **aufgeschoben ist nicht aufgehoben** *prov* ce n'est que partie remise
auf|schießen *vi irr + sein* ❶ *Flammen:* jaillir ❷ *Jugendlicher:* monter en graine
Aufschlag *m* ❶ (*Aufprall*) impact *m* ❷ SPORT service *m* ❸ (*Aufpreis*) majoration *f*
auf|schlagen *irr* **I.** *vi* ❶ *+ sein* (*auftreffen*) s'écraser; **auf etw** (*akk o dat*) **~** s'écraser sur qc; *Meteorit:* tomber sur qc; **mit dem Kopf auf dem Boden ~** se cogner la tête par terre ❷ *+ haben* SPORT servir **II.** *vt + haben* ❶ ouvrir *Buch* ❷ (*öffnen*) ouvrir *Augen* ❸ (*aufbauen*) monter *Zelt* ❹ (*einrichten*) installer *Lager* ❺ (*zusätzlich berechnen*) **hundert Euro auf etw** (*akk*) **~** majorer le prix de qc de cent euros
Aufschläger(in) *m(f)* SPORT serveur(-euse) *m(f)*
auf|schließen *irr* **I.** *vt* ouvrir *Schrank* **II.** *vi* **jdm ~** ouvrir à qn
auf|schlitzen *vt* ❶ (*beschädigen*) taillader ❷ (*verletzen*) **jdm/einem Tier den Bauch ~** éventrer qn/un animal
Aufschluss^RR *m* (*Aufklärung*) éclaircissements *mpl;* **jdm ~ über jdn/etw geben** donner des éclaircissements à qn sur qn/qc
auf|schlüsseln *vt* ❶ (*zuordnen*) établir un calcul détaillé de *Kosten* ❷ (*analysieren*) **etw nach Altersgruppen ~** analyser qc par tranches d'âge
aufschlussreich^RR *adj* instructif(-ive); *Information* révélateur(-trice)
auf|schnappen *vt fam* (*mitbekommen*) saisir au vol
auf|schneiden *irr* **I.** *vt* ❶ (*tranchieren*) découper *Kuchen* ❷ (*auseinanderschneiden*) couper *Knoten* ❸ MED inciser *Geschwür* **II.** *vi fam* (*prahlen*) frimer
Aufschneider(in) *m(f) fam* frimeur(-euse) *m(f)*
Aufschnitt *m kein Pl* (*Wurstaufschnitt*) charcuterie *f* en tranches; (*Käseaufschnitt*) fromage *m* en tranches
auf|schnüren *vt* défaire *Paket, Schnürsenkel;* délacer *Schuh*
auf|schrauben *vt* (*öffnen*) ouvrir *Marmeladenglas;* dévisser *Deckel*
auf|schrecken <schreckte *o* schrak auf, aufgeschreckt> *vi + sein Person:* sursauter; (*aus dem Schlaf*) se réveiller en sursaut
Aufschrei *m* cri *m* strident
auf|schreiben *vt irr* (*niederschreiben*) noter
auf|schreien *vi irr* pousser un cri
Aufschrift *f* inscription *f*
Aufschub *m* ❶ (*Verzögerung*) report *m* ❷ FIN (*Stundung*) délai *m*
auf|schürfen *vt* **sich** (*dat*) **das Knie ~** s'écorcher le genou

A

auf|schütteln *vt* secouer *Kissen*
auf|schütten *vt* (*aufhäufen*) déverser *Sand*
auf|schwatzen *vt fam* fourguer; **jdm etw ~** fourguer qc à qn; **sich** (*dat*) **etw von jdm ~ lassen** se faire refiler qc par qn
auf|schwemmen *vt, vi* rendre boursouflé(e) [*o* bouffi(e)]
auf|schwingen *irr vr + haben* ① (*sich aufraffen*) **sich ~** prendre son courage à deux mains; **na, kannst du dich jetzt ~ mitzukommen?** alors, tu vas enfin te décider à venir avec nous? ② *geh* **sich ~** *Vogel:* prendre son essor
Aufschwung *m* ① (*Auftrieb*) élan *m* ② ÖKON essor *m* ③ SPORT rétablissement *m*
auf|sehen *vi irr* lever les yeux; **von etw ~** lever les yeux de qc; **zu jdm ~** lever les yeux vers qn; (*bewundern*) vénérer qn
Aufsehen *nt* remue-ménage *m;* **~ erregen** faire sensation; **~ erregend** *Neuigkeit* sensationnel; *Modell* qui fait sensation; *Bericht* qui fait du bruit
aufsehenerregend *s.* **Aufsehen**
Aufseher(in) <-s, -> *m(f)* gardien(ne) *m(f)*
auf|seinALT *s.* **auf III.3, 4**
aufseitenRR [a͜uf'za͜itən] *präp + gen* du côté de
auf|setzen I. *vt* ① mettre *Brille* ② (*auf den Boden*) poser *Fuß* ③ (*verfassen*) rédiger *Schreiben* ④ (*zur Schau tragen*) **ein aufgesetztes Lächeln** un sourire de façade **II.** *vr* **sich ~** se redresser **III.** *vi* **auf der Piste ~** *Flugzeug:* se poser sur la piste
auf|seufzen *vi* soupirer
Aufsicht <-, -en> *f* ① *kein Pl* (*Überwachung*) surveillance *f* ② (*Person*) personne *f* [chargée] de [la] surveillance
Aufsichtführende(r) *f(m) dekl wie adj form* surveillant(e) *m(f)*
Aufsichtsbehörde *f* autorité *f* de contrôle **Aufsichtspflicht** *f* devoir *m* de surveillance **Aufsichtsrat** <-räte> *m* conseil *m* de surveillance
auf|sitzen *vi irr* ① *+ sein Reiter:* monter en selle ② *+ sein fam* (*hereinfallen*) **jdm ~** se faire avoir par qn
Aufspaltung *f* CHEM décomposition *f*
auf|spannen *vt* ① tendre *Netz* ② ouvrir *Schirm, Trockenständer*
auf|sparen *vt* économiser *Kräfte;* [**sich** (*dat*)] **etwas Käse ~** [se] mettre un peu de fromage de côté
auf|sperren *vt* ① **den Schnabel ~** ouvrir le bec en grand ② SDEUTSCH, A ouvrir *Tür*
auf|spielen *vr fam* **sich ~** faire de l'esbroufe; **sich als Held ~** jouer au héros
auf|spießen *vt* piquer; (*mit einem Spieß*) embrocher; (*mit einer Nadel*) épingler
auf|springen *vi irr + sein* ① (*hochspringen*) bondir ② (*auf etw springen*) **auf den Zug ~** sauter dans le train [en marche] ③ (*sich öffnen*) s'ouvrir d'un seul coup
auf|spritzen *vt* **sich** (*dat*) **die Lippen ~ lassen** se faire gonfler les lèvres
auf|sprühen *vt* bomber (*fam*) *Graffiti;* **Farbe/Lack auf etw** (*akk*) **~** appliquer de la peinture/laque au pistolet sur qc
auf|spulen ['a͜ufʃpu:lən] *vt* embobiner
auf|spüren *vt* dépister; **jdn/ein Tier ~** *Person:* dépister qn/un animal; *Tier:* flairer qn/un animal
auf|stacheln *vt* exciter; **jdn zum Widerstand ~** exciter qn à la résistance; **jdn gegen jdn ~** monter qn contre qn
auf|stampfen *vi* [**mit dem Fuß**] **~** trépigner
Aufstand *m* soulèvement *m,* insurrection *f*
aufständisch *adj* insurgé(e)
Aufständische(r) *f(m) dekl wie adj* insurgé(e) *m(f)*
auf|stapeln *vt* empiler
auf|stauen *vr* **sich ~** *Wasser, Ärger:* s'accumuler
auf|stechen *vt irr* percer
auf|stecken *vt* ① relever *Haare* ② *fam* (*aufgeben*) laisser tomber
auf|stehen *vi irr + sein* ① (*sich erheben*) se lever ② (*das Bett verlassen*) se lever ③ (*offen sein*) être [grand] ouvert
auf|steigen *vi irr + sein* ① (*in die Luft steigen*) s'élever [dans les airs]; *Rauch:* monter ② (*besteigen*) **auf ein Pferd ~** monter sur un cheval; **zum Gipfel ~** grimper jusqu'au sommet ③ (*befördert werden*) monter en grade; **zum Abteilungsleiter ~** être promu chef de service ④ SPORT **in die Bundesliga ~** ≈ monter en première division
aufsteigend *adj* croissant(e)
Aufsteiger <-s, -> *m* ① (*erfolgreicher Mensch*) homme *m* qui gravit [tous] les échelons ② SPORT promu *m*
Aufsteigerin <-, -nen> *m fam* femme *f* qui gravit [tous] les échelons
auf|stellen I. *vt* ① (*aufbauen*) installer *Gerät;* ériger *Denkmal;* poser *Falle* ② (*äußern*) poser *Behauptung;* avancer *Vermutung* ③ (*ausarbeiten*) échafauder *Theorie* ④ (*erstellen*) dresser *Liste;* établir *Rechnung* ⑤ (*postieren*) poster *Wachposten* ⑥ (*nominieren*) désigner *Kandidaten;* sélectionner *Spieler;* composer *Mannschaft;* lever *Truppen* ⑦ (*erzielen*) établir *Rekord*

II. *vr* **sich** ~ (*sich hinstellen*) *Sportler:* se placer
Aufstellung *f kein Pl* ❶ (*das Aufstellen*) *eines Geräts* installation *f; eines Denkmals* érection *f* ❷ (*Äußerung*) *einer Behauptung* formulation *f* ❸ (*Ausarbeitung*) *einer Theorie* élaboration *f* ❹ (*Erstellung*) *einer Liste* établissement *m* ❺ MIL *einer Wache* mise *f* en place; *einer Truppe* levée *f* ❻ (*Nominierung*) *eines Kandidaten* désignation *f; eines Spielers* sélection *f; einer Mannschaft* composition *f* ❼ SPORT *eines Rekords* établissement *m*
Aufstieg ['aufʃti:k] <-[e]s, -e> *m* ascension *f;* **der berufliche** ~ la promotion professionnelle; **der** ~ **in die Bundesliga** ≈ la montée en première division
Aufstiegschance [-ʃã:s(ə), -ʃaŋs(ə)] *f* perspective *f* de promotion
auf|stöbern *vt* ❶ (*entdecken*) dénicher ❷ JAGD débusquer
auf|stocken *vt* ❶ (*erhöhen*) augmenter; **etw auf tausend Euro/um zehn Prozent** ~ augmenter qc jusqu'à mille euros/de dix pour cent ❷ ARCHIT surélever *Gebäude*
auf|stöhnen *vi* pousser un gémissement
auf|stoßen *irr* **I.** *vi* ❶ + *haben* (*rülpsen*) avoir un renvoi; *Baby:* faire son rot ❷ + *sein fam* (*auffallen*) **jdm** ~ frapper qn **II.** *vt* + *haben* (*öffnen*) **die Tür** ~ ouvrir la porte d'un coup
aufstrebend *adj* ❶ *Stadt* en plein développement ❷ (*ehrgeizig*) ambitieux(-euse)
Aufstrich *m* préparation *f* à tartiner
auf|stülpen *vt* **sich** (*dat*) **etw** ~ s'enfoncer qc sur la tête; **sie stülpte ihm die Mütze auf** elle lui a enfoncé la casquette sur la tête
auf|stützen I. *vt* s'appuyer sur *Arme* **II.** *vr* **sich auf etw** (*akk*) ~ s'appuyer sur qc
auf|suchen *vt geh* ❶ (*besuchen*) aller consulter *Arzt* ❷ (*sich begeben*) **die Toilette** ~ aller aux toilettes
auf|takeln *vr pej fam* **sich** ~ s'attifer
Auftakt *m* ❶ (*Beginn*) ouverture *f;* **der** ~ **zu etw** le début de qc ❷ MUS anacrouse *f*
Auftaktszene *f* scène *f* d'ouverture
auf|tanken I. *vt* faire le plein [de carburant] de *Wagen* **II.** *vi* ❶ (*voll tanken*) faire le plein [de carburant] ❷ *fam* (*sich erholen*) se requinquer
auf|tauchen *vi* + *sein* ❶ *U-Boot:* remonter à la surface ❷ (*zum Vorschein kommen*) *Person, Beweisstück:* apparaître
auf|tauen I. *vi* + *sein* ❶ (*tauen*) *Tiefkühlkost:* décongeler; *Erdreich:* dégeler ❷ *fig Person:* se dégeler **II.** *vt* + *haben* décongeler *Tiefkühlkost;* dégeler *Autoschloss*
auf|teilen *vt* ❶ (*aufgliedern*) diviser; **etw in Bereiche/Parzellen** ~ diviser qc en secteurs/parcelles ❷ (*verteilen*) répartir
Aufteilung *f* (*Einteilung*) division *f;* ~ **in Teams** (*akk*) division en équipes
auf|tischen *vt* ❶ servir *Essen* ❷ *fam* (*erzählen*) **jdm etw** ~ faire gober qc à qn
Auftrag ['auftra:k, *Pl:* 'auftrɛ:gə] <-[e]s, Aufträge> *m* ❶ (*Bestellung von Produkten*) commande *f;* (*Bestellung von Leistungen*) contrat *m;* **den** ~ **für ein Projekt bekommen** obtenir le marché pour un projet; **im** ~ **von ...** d'ordre de ... (*form*) ❷ (*Anweisung*) ordre *m;* **jdm den** ~ **geben etw zu tun** charger qn de faire qc; **etw im** ~ **von jdm tun** faire qc sur ordre de qn ❸ *kein Pl geh* (*Mission*) mission *f*
auf|tragen *irr* **I.** *vt* ❶ (*aufstreichen*) appliquer; **etw auf etw** (*akk*) ~ appliquer qc sur qc ❷ *form* (*beauftragen*) **jdm** ~ **etw zu tun** charger qn de faire qc **II.** *vi* ▶ **dick** ~ *pej fam* en rajouter
Auftraggeber(in) *m(f)* mandant(e) *m(f); eines Lieferanten* client(e) *m(f); eines Autors* commanditaire *mf*
Auftragsarbeit *f* travail *m* sur commande **Auftragsbestätigung** *f* confirmation *f* de commande **auftragsgemäß I.** *adj* conforme à l'ordre **II.** *adv* conformément à l'ordre **Auftragslage** *f* état *m* des carnets de commandes
auf|treffen *vi irr* + *sein* **auf der Linie** ~ *Ball:* toucher la ligne
auf|treiben *vt irr* + *haben fam* (*ausfindig machen*) dégoter
auf|trennen *vt* défaire *Naht;* découdre *Saum*
auf|treten *irr* **I.** *vi* + *sein* ❶ (*den Fuß aufsetzen*) poser le pied; **leise** ~ ne pas faire de bruit en marchant ❷ (*eintreten*) *Schwierigkeiten:* apparaître; *Verzögerungen:* survenir ❸ (*erscheinen*) **als Zeuge** ~ comparaître comme témoin ❹ THEAT (*spielen*) se produire; (*auftauchen*) entrer en scène ❺ (*sich benehmen*) **arrogant/bescheiden** ~ se montrer arrogant/modeste ❻ (*handeln*) **als Vermittler** ~ intervenir en tant que médiateur **II.** *vt* + *haben* enfoncer *Tür*
Auftreten <-s> *nt* ❶ (*Benehmen*) comportement *m,* conduite *f* ❷ (*Erscheinen*) *einer Person, Krankheit* apparition *f*
Auftrieb *m* ❶ *kein Pl* PHYS poussée *f* verticale ❷ *kein Pl* (*frischer Schwung*) impulsion *f*

A

Auftritt *m* ❶(*Erscheinen*) apparition *f* ❷THEAT entrée *f* en scène
auf|trumpfen *vi* ([*sich*] *großtun*) parader; **mit etw ~** parader avec qc
auf|tun *irr* **I.** *vr* ❶*geh* (*sich öffnen*) s'ouvrir; **sich vor jdm ~** *Tür, Abgrund:* s'ouvrir devant qn ❷(*sich ergeben*) **sich ~** *Möglichkeit:* se présenter **II.** *vt fam* (*entdecken*) découvrir
auf|türmen **I.** *vt* empiler **II.** *vr geh* **sich ~** *Probleme:* s'accumuler
auf|wachen *vi + sein* se réveiller
auf|wachsen *vi irr + sein* grandir
auf|wallen *vi + sein* ❶*Wasser:* frémir ❷*geh* **in jdm ~** *Emotionen:* monter en qn
Aufwand ['aufvant] <-[e]s> *m kein Pl* ❶(*Einsatz*) investissement *m;* (*finanziell*) dépense *f;* **der zeitliche ~** le temps investi ❷(*Luxus*) faste *m;* [**großen**] **~ treiben** (*viel Geld ausgeben*) mener grand train; (*viel einsetzen*) investir beaucoup
aufwändig[RR] *adj* ❶(*teuer*) coûteux(-euse) ❷(*umfangreich*) de longue haleine
Aufwandsentschädigung *f* indemnités *fpl* de représentation
auf|wärmen **I.** *vt* ❶réchauffer *Essen* ❷*fam* (*zur Sprache bringen*) **etw** [**wieder**] **~** remettre qc sur le tapis **II.** *vr* **sich ~** se réchauffer; *Sportler:* s'échauffer
auf|warten *vi geh* (*zu bieten haben*) **mit etw ~** avoir qc à offrir
aufwärts ['aufvɛrts] *adv* ❶(*nach oben*) vers le haut ❷(*ab*) **von fünf Euro ~** à partir de cinq euros
aufwärts|gehen *vi irr + sein* (*besser werden*) **es geht mit jdm/etw aufwärts** la situation de qn/qc s'améliore **Aufwärtshaken** *m* BOXEN uppercut *m* **Aufwärtstrend** *m der Preise* tendance *f* à la hausse; *der Konjunktur* tendance *f* ascendante
Aufwasch ['aufvaʃ] *m* DIAL *s.* **Abwasch** ▶**ich werde das in einem ~ tun** *fam* pendant que j'y suis, je vais faire ça
auf|wecken *vt* réveiller
auf|weichen **I.** *vt + haben* ❶(*morastig machen*) détremper *Boden* ❷(*weich machen*) ramollir *Brot* **II.** *vi + sein* (*morastig werden*) *Boden, Erde:* se ramollir
auf|weisen *vt irr* ❶(*haben*) présenter; **Kenntnisse aufzuweisen haben** avoir des connaissances à son actif ❷(*enthalten*) comporter *Fehler*
auf|wenden *vt reg o irr* (*einsetzen*) déployer *Energie;* consacrer *Zeit;* engager *Material*
aufwendig *adj, adv s.* **aufwändig**
Aufwendung *f Pl* (*Ausgaben*) dépenses *fpl*
auf|werfen *vt irr* soulever *Frage*
auf|werten *vt* ❶ÖKON réévaluer; **etw um zwei Prozent ~** réévaluer qc de deux pour cent ❷*fig* rehausser *Ansehen*
Aufwertung *f* ❶ÖKON réévaluation *f* ❷*fig des Ansehens* renforcement *m; einer Rolle* revalorisation *f*
auf|wickeln *vt* (*aufrollen*) enrouler *Garn*
auf|wiegeln ['aufvi:gəln] *vt* exciter à la révolte; **jdn ~** exciter qn à la révolte; **Menschen gegeneinander ~** monter les gens les uns contre les autres
auf|wiegen *vt irr* compenser
Aufwiegler(in) ['aufvi:glɐ] <-s, -> *m(f)* *pej* agitateur(-trice) *m(f)*
Aufwind *m* ❶*kein Pl* (*Aufschwung*) reprise *f* ❷METEO courant *m* ascendant
auf|wirbeln **I.** *vi + sein* s'envoler en tourbillonnant **II.** *vt + haben* soulever des tourbillons de *Staub*
auf|wischen **I.** *vt* essuyer *Wasser;* passer la serpillière sur *Fußboden* **II.** *vi* passer la serpillière
auf|wühlen *vt* ❶*geh* (*stark bewegen*) bouleverser ❷(*aufwerfen*) **aufgewühlt sein** *Meer:* être démonté; *Wasser:* être très agité
auf|zählen *vt* énumérer
Aufzählung *f* énumération *f*
auf|zäumen *vt* brider ▶**etw von hinten ~** *fam* prendre qc par le mauvais bout
auf|zehren *vt geh* grignoter *Vorrat;* épuiser *Kräfte*
auf|zeichnen *vt* ❶enregistrer *Sendung* ❷(*aufmalen*) **etw auf etw** (*akk*) **~** dessiner qc sur qc; (*erklärend*) faire un croquis de qc sur qc
Aufzeichnung *f* ❶*einer Sendung* enregistrement *m* ❷*meist Pl* (*Notizen*) notes *fpl*
auf|zeigen *vt* démontrer
auf|ziehen *irr* **I.** *vt + haben* ❶(*öffnen*) ouvrir *Vorhang;* défaire *Schleife* ❷(*herausziehen*) tirer *Schublade* ❸(*befestigen*) monter *Saite* ❹(*spannen*) remonter *Uhr* ❺(*großziehen*) élever *Kind* ❻*fam* (*verspotten*) **jdn mit etw ~** charrier qn à cause de qc ❼(*veranstalten*) organiser *Fest* **II.** *vi + sein Gewitter:* s'approcher
Aufzucht *f kein Pl* (*das Großziehen*) élevage *m*
Aufzug *m* ❶(*Fahrstuhl*) ascenseur *m;* (*Lastenaufzug*) monte-charge *m;* (*Speisenaufzug*) monte-plat *m* ❷(*Festzug*) défilé *m* ❸*kein Pl* (*das Herannahen*) *eines Gewitters* arrivée *f* ❹THEAT acte *m* ❺*kein Pl pej fam* (*Kleidung*) accoutrement *m*
auf|zwingen *irr* **I.** *vt* (*gewaltsam auferle-*

gen) **jdm etw ~** imposer qc à qn **II.** *vr* **sich jdm ~** *Gedanke:* s'imposer à qn

Augapfel *m* ANAT globe *m* oculaire ▶**jdn/etw wie seinen ~ hüten** surveiller qn/qc comme la prunelle de ses yeux

Auge ['augə] <-s, -n> *nt* ❶ œil *m;* **grüne/braune ~n haben** avoir les yeux verts/marron; **jdm in die ~n schauen** regarder qn dans les yeux ❷ (*Sehfähigkeit*) **gute/schlechte ~n haben** avoir une bonne/mauvaise vue ❸ (*Punkt beim Würfeln*) point *m* ❹ BOT *einer Kartoffel* œil *m* ❺ (*Fettauge*) œil *m* ▶**keine ~n im Kopf haben** *fam* ne pas avoir les yeux en face des trous; **aus den ~n, aus dem Sinn** *prov* loin des yeux, loin du cœur; **~ um ~, Zahn um Zahn** REL œil pour œil, dent pour dent; **mit einem blauen ~ davonkommen** *fam* s'en tirer à bon compte; **mit bloßem ~** à l'œil nu; **etw mit [seinen] eigenen ~n gesehen haben** avoir vu qc de ses propres yeux; **jdn mit großen ~n anschauen** regarder qn en ouvrant de grands yeux; **die ~n offen halten** ouvrir l'œil; **jdm schöne ~n machen** faire les yeux doux à qn; **jdm wird schwarz vor ~n** tout se brouille devant les yeux de qn; **unter vier ~n** entre quat'z'yeux (*fam*); **so weit das ~ reicht** à perte de vue; **jdm etw von den ~n ablesen** lire qc dans les yeux de qn; **jdn/etw im ~ behalten** (*beobachten*) ne pas quitter qn/qc des yeux; (*sich vormerken*) marquer qn/qc sur ses tablettes; **jdm etw aufs ~ drücken** *fam* imposer qc à qn; **ins ~ fassen** avoir en vue *Projekt;* envisager *Möglichkeit;* **jdm etw vor ~n führen** montrer qc à qn; **ins ~ gehen** *fam* foirer; **ein ~ auf jdn/etw haben** (*aufpassen*) avoir l'œil sur qn/qc; **nur ~n für jdn haben** n'avoir d'yeux que pour qn; **jdn nicht aus den ~n lassen** ne pas quitter qn des yeux; **[große] ~n machen** *fam* ouvrir de grands yeux; **ins ~ fallen** sauter aux yeux; **seinen ~n nicht trauen** n'en pas croire ses yeux; **sich aus den ~n verlieren** se perdre de vue; **ein ~ zudrücken** *fam* fermer les yeux; **kein ~ zutun** *fam* ne pas fermer l'œil; **in jds ~n** (*dat*) aux yeux de qn; **vor aller ~n** aux yeux de tous; **~n zu und durch!** *fam* foncer tête baissée!

äugen ['ɔygən] *vi fam* zieuter

Augenarzt *m*, **-ärztin** *f* oculiste *mf* **Augenaufschlag** *m* œillade *f* **Augenblick** *m* instant *m,* moment *m;* **im ersten ~** dans un premier temps; **im richtigen ~** au bon moment; **im ~** pour le moment; **einen ~, bitte** un instant, s'il vous plaît; **jeden ~** à tout moment

augenblicklich *adj* ❶ (*sofortig*) instantané(e) ❷ (*derzeitig*) actuel(le) ❸ *Besserung* momentané(e); *Modeerscheinung* passager(-ère)

Augenbraue *f* sourcil *m;* **die ~n hochziehen** froncer les sourcils

augenfällig *adj* *Abweichen* évident(e); *Unterschied* qui saute aux yeux

Augenfarbe *f* couleur *f* des yeux/d'yeux **Augengläser** *Pl* A *fam* lunettes *fpl* **Augenheilkunde** *f* ophtalmologie *f* **Augenhöhe** *f* niveau *m* des yeux; **in ~** au niveau des yeux **Augenhöhle** *f* orbite *f* **Augenklappe** *f* cache-œil *m* **Augenklinik** *f* MED clinique *f* ophtalmologique **Augenlicht** *nt kein Pl geh* vue *f* **Augenlid** *nt* paupière *f* **Augenmaß** *nt kein Pl* ❶ (*für Entfernungen*) **nach ~** à vue d'œil ❷ *fig* juste vision *f* des choses **Augenmerk** <-s> *nt* attention *f;* **sein ~ auf etw** (*akk*) **richten** fixer son attention sur qc **Augenoptiker** *s.* **Optiker(in)** **Augenringe** *Pl* cernes *mpl* **Augenschein** *m kein Pl* (*Anschein*) apparence *f;* **dem ~ nach** en apparence ▶**jdn/etw in ~ nehmen** examiner qn/qc

augenscheinlich **I.** *adj* évident(e) **II.** *adv* manifestement

Augentropfen *Pl* gouttes *fpl* pour les yeux **Augenweide** *f* régal *m* pour les yeux **Augenwinkel** *m* coin *m* de l'œil **Augenwischerei** <-, -en> *f pej* poudre *f* aux yeux **Augenzeuge** *m*, **-zeugin** *f* témoin *m* oculaire **Augenzwinkern** <-s> *nt* clignement *m* d'œil **augenzwinkernd** *adv* en clignant de l'œil

Augur ['augʊr] <-s *o* -guren, -guren> *m* HIST augure *m*

August [au'gʊst] <-[e]s, -e> *m* août *m;* *s. a.* **April**

Auktion [auk'tsi̯o:n] <-, -en> *f* vente *f* aux enchères

Auktionator [auktsi̯o'na:to:ɐ̯] <-s, -toren> *m*, **Auktionatorin** *f* commissaire-priseur(-euse) *m(f)*

Aula ['aula] <-, Aulen> *f* salle *f* des fêtes

Aupairmädchen[RR], **Au-pair-Mädchen** [o'pɛ:r'mɛ:tçən] *nt* [jeune] fille *f* au pair

Aura ['aura] <-> *f geh* aura *f*

aus [aus] **I.** *präp + dat* ❶ (*räumlich*) de; **~ dem Zimmer gehen** sortir de la chambre; **~ dem Fenster sehen** regarder par la fenêtre; **einen Artikel ~ der Zeitung ausschneiden** découper un article dans le journal; **Zigaretten ~ dem Auto-**

A

maten ziehen prendre des cigarettes au distributeur; ~ **der Flasche trinken** boire à la bouteille ② (*zur Angabe der Ursache*) par; ~ **Angst/Liebe** par peur/amour ③ (*zur Angabe der Herkunft*) de; ~ **Hamburg/Frankreich** d'Hambourg/de France ④ (*zur Angabe der Beschaffenheit*) en; ~ **Gold/Wolle** en or/laine **II.** *adv fam* ① (*beendet*) ~ **sein** être fini; **zwischen ihnen ist es** ~ c'est fini entre eux ② (*nicht an*) ~ **sein** *Gerät, Feuer:* être éteint; *Motor:* être arrêté; **Licht ~!** éteins/éteignez la lumière! ③ SPORT ~ **sein** *Ball:* être hors jeu ④ (*ausgerichtet*) **auf jdn ~ sein** avoir jeté son dévolu sur qn; **auf etw** (*akk*) ~ **sein** ne viser que qc ⑤ (*ausgegangen*) **mit jdm ~ sein** être sorti avec qn

Aus [aus] <-> *nt* ① SPORT sortie *f;* **ins ~ gehen** *Ball:* sortir ② (*Spielende*) **das ~** la fin du match ③ (*Ende*) fin *f;* **das soziale ~** la mort sociale; **das ist das ~ für die Verhandlungen** cela signifie la rupture des négociations

aus|arbeiten *vt* élaborer, mettre au point

Ausarbeitung <-, -en> *f* élaboration *f,* mise *f* au point

aus|arten *vi + sein* dégénérer; **in einen Streit ~** dégénérer en dispute

aus|atmen *vt, vi* expirer

aus|baden *vt fam* **das musst du alleine ~** c'est à toi seul de payer les pots cassés

aus|baggern *vt* creuser *Graben*

aus|balancieren* [-balãsi:rən] *vt a. fig* équilibrer

Ausbau *m kein Pl* ① (*das Ausbauen*) *eines Dachgeschosses* aménagement *m* ② (*das Herausmontieren*) *eines Geräteteils* démontage *m* ③ (*das Verbessern*) *von Beziehungen* renforcement *m; einer Freundschaft* consolidation *f*

aus|bauen *vt* ① (*baulich erweitern*) aménager; **etw zu einem Studio ~** aménager qc en studio ② (*herausmontieren*) **etw aus etw ~** démonter qc de qc ③ (*verbessern*) renforcer *Kontakte;* consolider *Freundschaft, Markt*

ausbaufähig *adj* ① *fam Idee* perfectible ② *Absatz, Markt* qui peut être consolidé; *Beziehung* qui peut être renforcé

aus|bedingen* *vt irr* se réserver; **sich** (*dat*) **von jdm ein Recht ~** se réserver un droit de la part de qn

aus|beißen *vt irr* **sich** (*dat*) **einen Zahn ~** se casser une dent

aus|bessern *vt* raccommoder *Kleidungsstück;* réparer *Dach*

Ausbesserung <-, -en> *f eines Kleidungsstücks* raccommodage *m; eines Dachs* réparation *f*

aus|beulen I. *vt* déformer *Kleidungsstück* **II.** *vr* **sich ~** se déformer

Ausbeute *f* ① MIN **die ~ an Erz/Kohle** le rendement en minerai/charbon ② (*Gewinn*) gain *m*

aus|beuten *vt a.* MIN exploiter

Ausbeuter(in) <-s, -> *m(f) pej* exploiteur(-euse) *m(f)*

Ausbeutung <-, -en> *f a.* MIN exploitation *f*

aus|bezahlen* *vt* verser *Geld;* payer *Person*

aus|bilden I. *vt* ① (*beruflich unterweisen*) former *Azubi;* entraîner *Nachwuchssportler;* **jdn zum Arzt/Sänger ~** former qn à la médecine/au chant ② (*entwickeln*) développer; **eine ausgebildete Stimme** une voix qui a été travaillée **II.** *vr* (*sich schulen*) **sich zum Pianisten ~** se former au piano

Ausbilder(in) <-s, -> *m(f)* (*in einem Betrieb*) formateur(-trice) *m(f)*

Ausbildung *f* (*Schulung*) formation *f*

Ausbildungsbeihilfe *f* allocation *f* de formation professionnelle **Ausbildungsplatz** *m* place *f* d'apprenti **Ausbildungsvertrag** *m* contrat *m* d'apprentissage

aus|bitten *vr irr geh* **sich** (*dat*) [**von jdm**] **Ruhe ~** exiger le silence [de la part de qn]

aus|blasen *irr vt* souffler *Kerze*

aus|bleiben *vi irr + sein* (*nicht erfolgen*) ne pas venir; *Symptome:* ne pas se manifester

aus|blenden I. *vt* ① (*herausnehmen*) couper *Szene* ② (*ausklingen lassen*) **den Ton** [**langsam**] **~** éteindre le son en fondu **II.** *vr* **wir müssen uns leider ~** nous sommes malheureusement obligés de rendre l'antenne

Ausblick *m* ① (*Aussicht*) vue *f;* **der ~ auf etw** (*akk*) la vue sur qc ② (*Zukunftsvision*) perspective *f*

aus|bomben *vt* **ausgebombt werden** être sinistré suite à un bombardement

aus|booten *vt fam* débarquer *Konkurrenten;* mettre au placard *Mitarbeiter*

aus|borgen *vt fam* ① (*verleihen*) filer; **jdm etw ~** filer qc à qn ② (*sich ausleihen*) [**sich** (*dat*)] **etw von jdm ~** piquer qc à qn

aus|brechen *vi irr + sein* ① s'évader; **aus dem Gefängnis ~** s'évader de prison; **aus dem Käfig ~** s'échapper de la cage ② *fig* **aus der Ehe/einer Beziehung ~** rompre avec le mariage/une relation ③ (*zur Eruption gelangen*) *Vulkan:* entrer en éruption

A

4 (*losbrechen*) *Krieg:* éclater; *Hass:* se déchaîner; *Seuche:* se déclarer 5 (*verfallen in*) **in Jubel ~** laisser éclater sa joie; **in Tränen ~** fondre en larmes; **in Gelächter ~** éclater de rire

Ausbrecher(in) <-s, -> *m(f)* évadé(e) *m(f)*

aus|breiten **I.** *vt* 1 (*hinlegen*) étaler; **etw vor jdm ~** étaler qc devant qn 2 (*ausstrecken*) déployer *Flügel;* **die Arme ~** ouvrir [grand] les bras 3 (*darlegen*) **seine Pläne vor jdm ~** exposer ses plans à qn **II.** *vr* 1 (*sich erstrecken*) **sich ~** s'étendre 2 (*übergreifen*) **sich auf etw** (*akk o dat*) **~** *Feuer, Seuche:* se propager à/sur qc; *Krieg:* s'étendre à qc

Ausbreitung <-, -en> *f eines Feuers, einer Seuche* propagation *f; eines Kriegs* extension *f*

ausbrennen *vi irr + sein* 1 *Haus:* brûler 2 *Feuer:* s'éteindre 3 *sl* (*energielos sein*) **ausgebrannt sein** être nase (*fam*)

aus|bringen *vt irr* porter; **einen Toast auf jdn ~** porter un toast à l'honneur de qn

Ausbruch *m* 1 (*das Ausbrechen*) évasion *f;* **~ aus etw** évasion de qc 2 MIL percée *f* 3 (*Beginn*) déclenchement *m* 4 (*Eruption*) éruption *f; eines Geysirs* jaillissement *m* 5 (*Entladung*) **~ von Hass/Wut** explosion *f* de haine/colère

aus|brüten *vt* 1 **etw ~** *Vogel:* couver qc [jusqu'à éclosion] 2 *fam* (*aushecken*) mijoter

aus|buchen *vt* FIN, COM sortir d'un compte

aus|buchten ['au̯sbʊxtən] *vi Küste:* former une échancrure [*o* des échancrures]; **ein ausgebuchtetes Ufer** une rive échancrée

Ausbuchtung <-, -en> *f* échancrure *f*

aus|buddeln *vt fam* (*ausgraben*) déterrer

aus|bügeln *vt fam* (*bereinigen*) arranger

Ausbund *m kein Pl* modèle *m* (*soutenu*); **ein ~ an Frömmigkeit** un modèle de piété

aus|bürgern ['au̯sbʏrgɐn] *vt* déclarer déchu de sa nationalité; **jdn ~** déclarer qn déchu de sa nationalité

Ausbürgerung <-, -en> *f* déchéance *f* de la nationalité

aus|bürsten *vt* brosser *Mantel;* **einen Fleck ~** enlever une tache à la brosse

aus|chillen ['au̯sʔtʃɪlən] *vi sl* poser un cul (*fam*)

Ausdauer *f kein Pl* persévérance *f;* (*körperlich*) endurance *f*

ausdauernd *adj Mitarbeiter* persévérant(e); *Bemühungen* constant(e); *Sportler* résistant(e)

ausdehnbar *adj* extensible

aus|dehnen **I.** *vr* 1 **sich ~** *Ballonhülle:* se gonfler; *Metall, Gas:* se dilater 2 (*sich ausbreiten*) **sich auf ein Land ~** *Krieg, Seuche:* s'étendre à un pays 3 **sich ~** *Wartezeit:* se prolonger **II.** *vt* 1 (*verlängern*) prolonger *Urlaub* 2 (*erweitern*) **etw auf das Nachbarland ~** étendre qc au pays voisin

Ausdehnung *f* 1 (*Verlängerung*) *eines Aufenthalts* prolongation *f* 2 (*Ausbreitung*) *eines Kriegs* extension *f; eines Brands, einer Seuche* propagation *f* 3 (*Fläche*) étendue *f*

aus|denken *vt irr* **sich** (*dat*) **eine Ausrede ~** inventer une excuse; **sich** (*dat*) **einen Plan ~** imaginer un plan

aus|diskutieren* *vt* discuter [à fond]; **etw ~** discuter qc [à fond]

aus|dörren **I.** *vt + haben* déshydrater *Person;* dessécher *Land* **II.** *vi + sein* se dessécher

aus|drehen *vt fam* fermer

Ausdruck[1] <-drücke> *m* 1 (*Bezeichnung*) expression *f* 2 *kein Pl* (*Gesichtsausdruck*) expression *f* 3 *kein Pl* (*Bekundung*) **in etw** (*dat*) **zum ~ kommen** s'exprimer à travers qc; **als ~ meiner Dankbarkeit** en témoignage de ma gratitude

Ausdruck[2] <-drucke> *m* (*ausgedruckter Text*) imprimé *m*

aus|drucken *vt* lister *Statistik, Tabelle;* imprimer *Text*

aus|drücken **I.** *vt* 1 (*bekunden*) *Blick:* exprimer 2 (*formulieren*) exprimer *Meinung* 3 (*auspressen*) presser *Orange;* [**sich** (*dat*)] **einen Pickel ~** [se] percer un bouton 4 (*löschen*) écraser *Zigarette* **II.** *vr* 1 (*formulieren*) **sich ~** s'exprimer 2 (*sich widerspiegeln*) **sich in etw** (*dat*) **~** s'exprimer dans qc

ausdrücklich ['au̯sdrʏklɪç] **I.** *adj attr Erlaubnis* exprès(-esse); *Zuwiderhandlung* caractérisé(e) **II.** *adv* expressément

Ausdruckskraft *f* force *f* expressive

ausdruckslos *adj* inexpressif(-ive)

ausdrucksvoll *adj* expressif(-ive)

Ausdrucksweise *f* façon *f* de s'exprimer

aus|dünsten *vt* dégager

Ausdünstung <-, -en> *f einer Person, eines Tiers* transpiration *f; von Farbe* émanation *f;* **giftige ~en** des émanations toxiques

auseinander [au̯sʔai̯'nandɐ] *adv* 1 (*räumlich entfernt*) [**weit**] **~ sein** être [très] écartés 2 (*zeitlich entfernt*) **drei Jahre ~ sein** *Personen:* avoir trois ans de dif-

A

férence ③ *fam* (*getrennt*) ~ **sein** *Paar:* être séparés

auseinander|brechen *irr* **I.** *vt* rompre **II.** *vi* + *sein Möbelstück, Familie:* se disloquer **auseinander|bringen** *vt irr* **zwei Menschen** ~ bousiller un couple (*fam*) **auseinander|falten** *vt* déplier **auseinander|gehen** *vi irr* + *sein Paar:* se séparer; *Beziehung, Ehe:* se briser; *Menschenmenge:* se disperser; *Ansichten:* diverger **auseinander|halten** *vt irr* distinguer **auseinander|klaffen** *vi Wunde:* s'ouvrir; *Riss:* s'écarter; *Meinungen:* différer **auseinander|laufen** *vi irr* + *sein fam Demonstranten, Menge:* se disperser; *Wege:* se séparer **auseinander|leben** *vr* **sich** ~ *Eheleute:* devenir [des] étrangers l'un pour l'autre **auseinander|liegen** *vi irr* + *sein* ① (*räumlich entfernt sein*) **weit** ~ *Ortschaften:* être [très] loin les uns des autres ② (*zeitlich entfernt sein*) **zeitlich weit** ~ *Ereignisse:* être éloignés dans le temps **auseinander|machen** *vt fam* (*ausbreiten*) détacher *Seiten;* déplier *Karte, Zeitung;* écarter *Beine;* ouvrir *Arme* **auseinander|nehmen** *vt irr* (*zerlegen*) démonter *Maschine* **auseinander|reißen** *vt irr* (*zerstören*) déchirer *Stoff, Karton;* séparer *Familie* **auseinander|rücken** **I.** *vt* pousser *Tische, Stühle* **II.** *vi Personen:* se pousser **auseinander|schreiben** *vt irr* **etw** ~ écrire qc séparément **auseinander|setzen** **I.** *vt* (*erklären*) **jdm etw** ~ expliquer qc à qn **II.** *vr* **sich** ~ se mettre/placer séparément; **sich mit jdm/etw** ~ (*sich befassen*) se pencher sur qn/qc; (*wahrnehmen*) prêter attention à qn/qc

Auseinandersetzung <-, -en> *f* ① (*Streit*) explication *f* ② (*Beschäftigung*) **die** ~ **mit etw** la prise en compte de qc

auseinander|streben *vi* + *sein geh* (*sich bewegen*) *Menschen:* s'éparpiller **auseinander|treiben** *irr* **I.** *vt* disperser *Menge, Herde* **II.** *vi* + *sein Wolken:* se disperser

auserkoren *adj geh* élu(e); **dazu** ~ **sein etw zu tun** être appelé à faire qc

auserlesen *adj* de choix

aus|ersehen* *vt irr geh* élire; **jdn zu etw** ~ élire qn comme qc

aus|erwählen* *vt geh* **jdn zu etw** ~ élire qn pour qc; **jdn** ~ **etw zu tun** choisir qn pour faire qc

Auserwählte(r) *f(m) dekl wie adj* ① *geh* élu(e) *m(f)* ② *hum* **der/die** ~ l'heureux élu/l'heureuse élue

ausfahrbar *adj Fahrgestell* escamotable; *Antenne* télescopique

aus|fahren *irr* **I.** *vt* + *haben* ① (*ausliefern*) livrer *Waren* ② (*herauslassen*) sortir *Antenne* **II.** *vi* + *sein* (*sich nach außen bewegen*) *Antenne:* sortir

Ausfahrt *f* (*Hofausfahrt, Autobahnausfahrt*) sortie *f;* ~ **freihalten!** sortie de voitures!

Ausfahrt[s]schild *nt* panneau *m* de sortie d'autoroute

Ausfall *m* ① (*Fehlbetrag*) déficit *m;* (*Verlust*) perte *f* ② (*Versagen*) défaillance *f; eines Organs* arrêt *m* ③ *kein Pl* (*das Nichtstattfinden*) annulation *f* ④ *kein Pl* (*Fehlen*) *von Mitarbeitern* absence *f*

aus|fallen *vi irr* + *sein* ① (*herausfallen*) *Haare:* tomber; **ihr fallen die Haare aus** elle perd ses cheveux ② (*nicht stattfinden*) être supprimé; ~ **lassen** laisser tomber (*fam*) *Termin;* faire sauter *Unterrichtsstunde;* sauter *Mahlzeit* ③ (*nicht funktionieren*) *Apparat:* tomber en panne; *Atmung:* s'arrêter; *Organ:* cesser de fonctionner ④ (*entfallen*) *Verdienst:* disparaître ⑤ (*nicht zur Verfügung stehen*) *Person:* manquer; *Maschine:* lâcher ⑥ (*beschaffen sein*) **groß/klein/eng** ~ *Kleidungsstück:* tailler grand/petit/étroit; **gut/schlecht** ~ *Klassenarbeit:* être bon/mauvais

aus|fällen *vt* CHEM **etw aus einer Lösung** ~ précipiter qc dans une solution

ausfallend *adj* offensant(e); ~ **werden** se faire insultant

Ausfallstraße *f* voie *f* de dégagement

aus|fechten *vt irr* vider *Streit*

aus|fegen *vt* balayer

aus|feilen *vt fig* peaufiner (*soutenu*) *Rede*

aus|fertigen *vt form* établir *Dokument*

Ausfertigung *f form* ① *kein Pl eines Dokuments* établissement *m* ② (*Abschrift*) exemplaire *m*

ausfindig *adj* **jdn/etw** ~ **machen** trouver qn/qc

aus|fliegen *vi irr* + *sein* ① *Vogel:* s'envoler ② *fam* (*weggehen*) s'envoler

aus|fließen *vi irr* + *sein Öl:* s'écouler

aus|flippen ['aʊsflɪpən] *vi* + *sein fam* ① (*wütend werden*) piquer sa crise; **völlig** ~ péter les plombs ② (*sich freuen*) ne plus se sentir ③ (*durchdrehen*) débloquer; **total ausgeflippt sein** être complètement cinglé

Ausflucht ['aʊsflʊxt] <-flüchte> *f* faux-fuyant *m*

Ausflug *m* (*Betriebsausflug*) excursion *f;* (*Wanderung*) randonnée *f*

Ausflügler(in) <-s, -> *m(f)* excursionniste *mf*

Ausflugslokal *nt* restaurant *m* touristique **Ausflugsort** *m* lieu *m* d'excursion **Ausflugsziel** *nt* but *m* d'excursion

AusflussRR *m* ❶ (*Abflussstelle*) *eines Beckens* écoulement *m* ❷ *kein Pl* MED pertes *fpl* [blanches]

aus|fragen *vt* interroger en détail; **jdn ~** interroger qn en détail

aus|fransen *vi + sein Stoffrand:* s'effilocher

aus|fressen *vt irr fam* **hast du wieder was ausgefressen?** tu as encore fait quelque chose de travers?

Ausfuhr <-, -en> *f* (*Export*) exportation *f*

ausführbar *adj* réalisable

Ausfuhrbestimmungen *Pl* dispositions *fpl* réglementant les exportations

aus|führen *vt* ❶ (*durchführen*) exécuter *Befehl;* remplir *Auftrag;* réaliser *Plan, Bauarbeiten;* faire *Operation* ❷ (*exportieren*) exporter ❸ (*erläutern*) **jdm etw ~** exposer qc à qn ❹ (*spazieren führen*) sortir

Ausführende(r) *f(m) dekl wie adj* THEAT, MUS interprète *mf*

Ausfuhrgenehmigung *f* ÖKON licence *f* d'exportation

ausführlich ['aʊsfyːɐ̯lɪç] **I.** *adj* détaillé(e) **II.** *adv* en détail

Ausführlichkeit <-> *f* présentation *f* détaillée; **in aller ~** dans les moindres détails

Ausfuhrprämie *f* prime *f* à l'exportation **Ausfuhrsperre** *f* embargo *m*

Ausführung *f* ❶ *kein Pl* (*Durchführung*) exécution *f; einer Anweisung* application *f; eines Entwurfs* réalisation *f* ❷ (*Modell*) modèle *m;* **einfache/elegante ~** version *f* ordinaire/de luxe ❸ *meist Pl* (*Darlegung*) exposé *m*

Ausfuhrverbot *nt* interdiction *f* d'exporter **Ausfuhrzoll** *m* COM droit *m* de douane à l'exportation

aus|füllen *vt* ❶ (*Antworten eintragen*) remplir *Antrag* ❷ (*befriedigen*) **jdn ganz ~** *Beschäftigung:* satisfaire parfaitement qn

Ausgabe *f* ❶ *kein Pl* (*das Austeilen*) *von Proviant* distribution *f; von Fahrkarten, Dokumenten* délivrance *f* ❷ *kein Pl* FIN *von Aktien* émission *f* ❸ INFORM *einer Datei, von Daten* édition *f* ❹ (*Schalter, Bücherausgabe*) guichet *m;* (*Schalter, Essensausgabe*) comptoir *m* ❺ (*Edition*) *eines Buchs* édition *f;* (*Version*) version *f* ❻ *Pl* (*Kosten*) dépenses *fpl*

Ausgabegerät *nt* INFORM périphérique *m* de sortie

Ausgabenbeleg *m* facture *f,* ticket *m* de caisse

Ausgang <-gänge> *m* ❶ *eines Gebäudes, einer Ortschaft* sortie *f* ❷ AVIAT porte *f* ❸ (*Ausgeherlaubnis*) **~ haben** pouvoir sortir ❹ *kein Pl* (*Ende*) *einer Epoche* fin *f* ❺ *kein Pl* (*Ergebnis*) issue *f*

Ausgangsbasis *f* base *f* de départ; **wir haben die gleiche ~** nous démarrons sur la même base **Ausgangsposition** *f* position *f* initiale **Ausgangspunkt** *m* point *m* de départ **Ausgangssperre** *f* (*für Zivilisten*) couvre-feu *m;* (*für Soldaten*) consigne *f* **Ausgangssprache** *f* LING langue-source *f*

aus|geben *irr* **I.** *vt* ❶ (*austeilen*) distribuer; **Essen/Medikamente an jdn ~** distribuer des repas/médicaments à qn ❷ (*aushändigen, verkaufen*) délivrer *Ausweise, Fahrkarten;* donner *Karten* ❸ INFORM **etw ~** *Drucker:* sortir qc ❹ FIN émettre *Aktie* ❺ (*aufwenden*) dépenser *Geld* ❻ *fam* (*spendieren*) **eine Runde/ein Bier ~** payer une tournée/bière **II.** *vr* **sich jdm gegenüber als Arzt ~** se faire passer pour un médecin aux yeux de qn

ausgebrannt ['aʊsgəbrant] *adj* vanné(e) (*fam*); (*körperlich*) sur les genoux (*fam*); (*geistig*) vidé(e) (*fam*)

ausgebucht *adj Hotel* complet(-ète); *Reise* complètement réservé(e)

ausgebufft *adj fam Person* roublard(e); *Methode* pas très catholique

ausgedehnt *adj* ❶ (*zeitlich*) prolongé(e) ❷ (*räumlich*) vaste, étendu(e)

ausgedient *adj fam Möbel* vieux; **~ haben** pouvoir être mis au rancart

ausgefallen *adj Person* original(e); *Hobby, Speise* peu ordinaire

ausgeglichen *adj Person* pondéré(e)

Ausgeglichenheit <-> *f einer Person* pondération *f*

aus|gehen *vi irr + sein* ❶ (*aus dem Haus gehen*) sortir ❷ (*ausfallen*) *Haare:* tomber; **ihm gehen die Haare aus** il perd ses cheveux ❸ (*zugrunde legen*) **von einem geringen Umsatz ~** escompter un chiffre d'affaire modeste; **davon ~, dass …** partir du principe que … ❹ (*herrühren*) **von jdm ~** *Vorschlag:* être de qn ❺ (*seinen Ursprung haben*) **von etw ~** *Straße:* partir de qc; *Strahlung:* se dégager de qc ❻ (*erlöschen*) *Feuer:* s'éteindre ❼ (*enden*) **gut/schlecht ~** *Spiel, Verhandlungen:* bien/mal se terminer; *Film:* bien/mal finir ❽ (*schwinden*) *Vorräte:* s'épuiser

A

ausgehend *adj attr* **im ~en 19. Jahrhundert** à la fin du 19e siècle
ausgehungert *adj* ❶ *fam (sehr hungrig)* affamé(e); **~ sein** avoir les crocs ❷ *(ausgezehrt)* famélique
Ausgehverbot *nt* interdiction *f* de sortir; **jdm ~ erteilen** interdire à quelqu'un de sortir
ausgekocht *adj pej fam (durchtrieben)* roublard(e)
ausgelassen **I.** *adj Kind* turbulent(e); *Stimmung* débridé(e) **II.** *adv* avec entrain
Ausgelassenheit <-> *f (ausgelassene Stimmung)* exubérance *f; (auf einer Party)* ambiance *f* du tonnerre *(fam); von Kindern* turbulence *f*
ausgemacht *adj* ❶ **es ist ~, dass ...** il est convenu que ... ❷ *attr fam Witzbold* sacré(e) *antéposé; Lügner* fieffé(e) *antéposé*
ausgemergelt *adj* décharné(e)
ausgenommen *präp + akk* à l'exception de; **ihn/sie ~** excepté lui/elle
ausgepowert ['au̯sgəpau̯ɐt] *adj fam Person* vidé(e)
ausgeprägt *adj* ❶ prononcé(e); *Stolz* grand(e) ❷ *Gesichtszüge* accusé(e); *Kinn* proéminent(e)
ausgerechnet ['au̯sgə(')rɛçnət] *adv* **~ jetzt/heute** juste maintenant/aujourd'hui; **~ mir muss das passieren!** c'est justement à moi que ça arrive!
ausgeschlafen **I.** *PP von* **ausschlafen** **II.** *adj* bien reposé(e)
ausgeschlossen **I.** *PP von* **ausschließen** **II.** *adj* **völlig ~!** c'est absolument hors de question!
ausgeschnitten *adj Kleid* décolleté(e)
ausgesorgt ▶ **~ haben** avoir assuré ses vieux jours
ausgesprochen *adj* ❶ extrême; *Begabung* affirmé(e); *Ähnlichkeit* grand(e) ❷ *(ausgeprägt)* prononcé(e); **eine ~e Schönheit sein** être une vraie beauté *(fam)*; **du hast wirklich ~es Pech!** tu n'as vraiment pas de chance!
aus|gestalten* *vt* aménager, décorer *Zimmer, Haus;* développer *Theorie*
ausgestorben *adj* ❶ *Tierart* disparu(e) ❷ **[wie] ~ sein** *Gegend* être désert
Ausgestoßene(r) *f(m) dekl wie adj* exclu(e) *m(f)*
ausgesucht *adj* ❶ *Wein* fin(e); *Qualität* choisi(e) ❷ *Worte* choisi(e); *Gesellschaft* trié(e) sur le volet
ausgewachsen *adj* ❶ *Tier* adulte ❷ *fam Blödsinn* achevé(e); *Skandal* parfait(e)
ausgewählt *adj* ❶ *Werke* choisi(e) ❷ *(erlesen)* sélectionné(e); *Kreise* d'élite; *Weine* fin(e)
ausgewogen *adj Ernährung* équilibré(e); *Programm* bien réparti(e)
Ausgewogenheit <-> *f* équilibre *m*
ausgezeichnet ['au̯sgə(')t͡sai̯çnət] *adj* excellent(e)
ausgiebig ['au̯sgi:bɪç] **I.** *adj Mahlzeit* copieux(-euse); *Mittagsschlaf* réparateur(-trice); *Bericht* détaillé(e); *Gebrauch* abondant(e) **II.** *adv schlafen* bien; *berichten* par le menu; *gebrauchen* abondamment
aus|gießen *vt irr* ❶ *(weggießen)* jeter *Kaffee* ❷ *(leeren)* vider *Krug*
Ausgleich <-[e]s, -e> *m* ❶ *(Kompensierung, Entschädigung)* compensation *f;* **zum ~** pour compenser ❷ *kein Pl* SPORT égalisation *f;* **den ~ erzielen** égaliser [le score] ❸ FIN *der Schuld* remboursement *m*
aus|gleichen *irr* **I.** *vt* ❶ *(wettmachen)* compenser ❷ FIN balancer *Konto;* rembourser *Schulden;* régler *Rechnung* ❸ *(ausbalancieren)* régler *Konflikte* **II.** *vi* SPORT **zum 1:1 ~** égaliser 1 à 1 **III.** *vr* **sich durch etw ~** *Ungleichheiten:* être compensé par qc
Ausgleichsgetriebe *nt* AUT [engrenage *m*] différentiel *m* **Ausgleichssport** *m* sport *m* de compensation **Ausgleichstor** *nt* but *m* égalisateur
aus|gleiten *vi irr + sein geh* glisser; **auf etw** *(dat)* **~** glisser sur qc
aus|graben *vt irr* exhumer *Leiche;* déterrer *Pflanzen;* mettre à jour *Altertümer*
Ausgrabung *f* ❶ *eines Schatzes, einer Leiche* exhumation *f* ❷ ARCHÄOL *(Grabungsarbeiten)* fouilles *fpl; (Grabungsfund)* trouvaille *f* due aux fouilles
aus|grenzen *vt* exclure; **jdn/etw aus einem Bereich ~** exclure qn/qc d'un domaine
Ausguck ['au̯sgʊk] <-[e]s, -e> *m* NAUT vigie *f*
aus|gucken *vr fam* **sich** *(dat)* **jdn/etw ~** repérer qn/qc
AusgussRR *m (Spüle)* évier *m*
aus|haben *irr* **I.** *vt fam* ❶ *(beendet haben)* avoir fini [de lire] *Buch;* **Schule ~** sortir de l'école ❷ *(ausgezogen haben)* avoir enlevé *Schuhe* **II.** *vi fam Schüler:* sortir [de l'école]
aus|hacken *vt* crever *Augen*
aus|haken **I.** *vt* décrocher *Fensterladen, Kette* **II.** *vi unpers* ▶ **bei jdm hakt es aus** *fam (jd versteht nichts mehr)* qn patauge; *(jd wird wütend)* qn pique une crise
aus|halten *irr* **I.** *vt* ❶ *(ertragen können)*

supporter; **das ist ja nicht auszuhalten!** c'est insupportable! ❷ (*standhalten*) supporter *Belastungen* ❸ *pej fam* (*unterhalten*) entretenir **II.** *vi* tenir

aus|handeln *vt* négocier; **etw mit jdm ~** négocier qc avec qn

aus|händigen ['aushɛndɪgən] *vt* remettre; **jdm etw ~** remettre qc à qn

Aushändigung <-, -en> *f* remise *f*

Aushang *m* affiche *f*

aus|hängen I. *vt* ❶ (*bekannt machen*) afficher *Nachricht* ❷ (*aus den Angeln heben*) décrocher *Tür;* faire sauter *Haken* **II.** *vi irr Ankündigung:* être affiché

Aushängeschild *nt* ❶ (*Reklametafel*) enseigne *f* ❷ (*Renommierstück*) figure *f* de proue

aus|harren *vi* persévérer

aus|härten *vt, vi* TECH durcir

aus|hauchen *vt geh* expirer *Atem;* **sein Leben ~** rendre l'âme

aus|heben *vt irr* ❶ (*ausschaufeln*) déblayer *Erde;* creuser *Grab* ❷ (*hochgehen lassen*) débusquer *Bande;* neutraliser *Schlupfwinkel*

aus|hecken *vt fam* manigancer

aus|heilen I. *vt* guérir [complètement] **II.** *vi + sein* guérir [complètement]

aus|helfen *vi irr* donner un coup de main; **jdm ~** donner un coup de main à qn; **jdm mit etw ~** dépanner qn en lui prêtant qc

aus|heulen *vr fam* **sich bei jdm ~** aller pleurer chez qn

Aushilfe *f* ❶ (*Hilfe*) intérim *m* ❷ (*Hilfskraft*) intérimaire *mf*

Aushilfsarbeit *f* travail *m* occasionnel **Aushilfskellner(in)** *m(f)* extra *mf* **Aushilfskraft** *f* intérimaire *mf* **Aushilfspersonal** *nt* personnel *m* intérimaire

aushilfsweise *adv* **in einer Firma ~ tätig sein** être intérimaire dans une entreprise

aus|höhlen *vt* évider *Kürbis;* éroder *Ufer*

aus|holen *vi* ❶ *Boxer:* lever la main/le bras [pour frapper]; *Tennisspieler:* prendre son élan; **mit dem Hammer ~** brandir le marteau; **mit weit ~den Schritten** à grandes enjambées ❷ (*ausschweifen*) **weit ~** *Redner:* se perdre dans les détails

aus|horchen *vt fam* cuisiner; **jdn über jdn/etw ~** cuisiner qn sur qn/qc

aus|hungern *vt* réduire par la famine; **jdn ~** réduire qn par la famine

aus|kennen *vr irr* **sich ~** s'y connaître; **sich in Paris ~** bien connaître Paris; **sich mit Kindern ~** savoir s'y prendre avec les enfants; **sich mit Computern ~** s'y connaître en ordinateurs

aus|kippen *vt fam* vider

aus|klammern *vt* mettre entre parenthèses; **etw ~** mettre qc entre parenthèses

Ausklang *m geh kein Pl* fin *f*

ausklappbar *adj* escamotable

aus|klappen *vt* sortir

aus|kleiden I. *vt* (*beziehen*) **etw mit einer Tapete ~** recouvrir qc de papier peint **II.** *vr geh* **sich ~** se dévêtir

aus|klingen *vi irr + sein geh Tag:* décliner; **etw mit einem Lied ~ lassen** terminer qc en chantant

aus|klinken *vr fam* (*nicht mehr mitmachen*) **sich ~** tirer son épingle du jeu

aus|klopfen *vt* battre *Teppich;* débourrer *Pfeife*

aus|klügeln *vt fam* goupiller *System;* **ausgeklügelt** ingénieux

aus|knipsen *vt fam* éteindre *Licht*

ausknöpfbar *adj Futter* amovible

aus|kochen *vt* ❶ faire bouillir *Knochen, Wäsche* ❷ *fam* (*ausdenken*) mijoter; *s. a.* **ausgekocht**

aus|kommen *vi irr + sein* ❶ (*zurechtkommen*) s'en sortir; **mit dem Geld ~** s'en sortir avec l'argent; **ohne Auto ~** pouvoir se passer de voiture ❷ (*sich vertragen*) **mit jdm gut/nicht gut ~** s'entendre bien/mal avec qn

Auskommen <-s> *nt* ressources *fpl;* **sein ~ haben/finden** [bien] s'en sortir

aus|kontern *vt fig fam* **jdn/etw ~** contrer qn/qc

aus|kosten *vt* (*genießen*) savourer; profiter de *Leben*

aus|kotzen *vt, vr sl* [**sich**] **~** dégueuler (*pop*)

aus|kramen *vt fam* ❶ (*hervorkramen*) ressortir *alte Briefe, Fotos* ❷ (*leeren*) vider en fouillant *Schublade* ❸ (*ausplaudern*) déballer *Geheimnisse*

aus|kratzen *vt* gratter *Bratpfanne*

aus|kristallisieren* **I.** *vi + sein* cristalliser **II.** *vr + haben* **sich ~** se cristalliser

aus|kugeln *vt* **sich** (*dat*) **den Arm/das Gelenk ~** se démettre le bras/l'articulation; **ausgekugelt** démis

aus|kühlen *vi + sein Person:* prendre froid; *Raum:* se refroidir; *Speise:* refroidir

aus|kundschaften *vt* reconnaître *Weg;* explorer *Lage;* espionner *feindliche Stellungen*

Auskunft ['auskʊnft, *Pl:* -kʏnftə] <-, -künfte> *f* ❶ (*Information*) renseignement *m;* **bei jdm eine ~ über jdn/etw einholen** se renseigner sur qn/qc auprès de qn ❷ (*Auskunftsschalter*) information *f*

A

A

③ (*Fernsprechauskunft*) renseignements *mpl*

Auskunftei [auskʊnfˈtai] <-, -en> *f* agence *f* de renseignements

Auskunftsbüro *nt* bureau *m* de renseignements

aus|kuppeln *vi* débrayer

aus|kurieren* **I.** *vt fam* **etw ~** soigner qc jusqu'à complète guérison **II.** *vr fam* **sich ~** bien se soigner

aus|lachen *vt* se moquer de

aus|laden *vt irr* ① (*entladen*) décharger ② (*Einladung zurücknehmen*) décommander *Gast*

ausladend *adj Äste* retombant(e); *Hüften* large; *Bewegung* ample

Auslage *f* ① (*Schaufenster*) vitrine *f* ② (*ausgestellte Ware*) choix *m* ③ *meist Pl* FIN frais *mpl*

aus|lagern *vt* (*verlagern*) transférer; délocaliser *Produktion*

Ausland *nt kein Pl* étranger *m*

Ausländer(in) [ˈauslɛndɐ] <-s, -> *m(f)* étranger(-ère) *m(f)*

ausländerfeindlich *adj* xénophobe **Ausländerfeindlichkeit** *f* xénophobie *f* **ausländerfreundlich** *adj* xénophile

ausländisch [ˈauslɛndɪʃ] *adj attr* (*aus dem Ausland stammend*) *Freunde, Erzeugnisse* étranger(-ère); *Pflanze* exotique

Auslandsabteilung *f* service *m* des relations avec l'étranger **Auslandsaufenthalt** *m* séjour *m* à l'étranger **Auslandsgeschäft** *nt* affaire *f* avec l'étranger **Auslandsgespräch** *nt* communication *f* avec l'étranger **Auslandskorrespondent(in)** *m(f)* correspondant(e) *m(f)* à l'étranger **Auslandsreise** *f* voyage *m* à l'étranger **Auslandsvertretung** *f* ① POL légation *f* ② COM représentation *f* [à l'étranger]

aus|lassen *irr* **I.** *vt* ① (*weglassen*) omettre; oublier *Satz* ② (*verpassen*) laisser passer *Gelegenheit* ③ (*abreagieren*) **seine Wut/Launen an jdm ~** passer sa colère/mauvaise humeur sur qn ④ *fam* (*ausgeschaltet lassen*) ne pas allumer *Radio* **II.** *vr* **sich über jdn/etw ~** se prononcer sur qn/qc

Auslassung <-, -en> *f kein Pl* (*das Weglassen*) omission *f*

Auslassungspunkte *Pl* points *mpl* de suspension

aus|lasten *vt* ① (*voll beanspruchen*) **etw ~** utiliser qc à plein rendement ② (*voll fordern*) **jdn ~** *Arbeit:* occuper qn à plein temps

Auslauf *m kein Pl* (*Bewegungsfreiheit*) espace *m* [pour se dépenser]

aus|laufen *vi irr + sein* ① (*herauslaufen*) *Flüssigkeit:* [s'é]couler; *Behälter:* fuir ② NAUT appareiller ③ (*nicht fortgeführt werden*) *Modell:* être en fin de série ④ (*enden*) *Vertrag:* expirer

Ausläufer <-s, -> *m* ① METEO prolongement *m* ② *meist Pl* GEOG contreforts *mpl*

Auslaufmodell *nt* ÖKON fin *f* de série

aus|laugen *vt* ① (*Nährstoffe entziehen*) épuiser *Boden* ② (*erschöpfen*) épuiser *Person*

Auslaut *m* son *m* final

aus|leben **I.** *vr* **sich ~** ① (*das Leben auskosten*) profiter de la vie ② (*sich verwirklichen*) *Phantasie:* s'exprimer **II.** *vt geh* objectiver *Neigungen*

aus|lecken *vt* lécher

aus|leeren *vt* vider *Eimer;* **etw in den Abfluss ~** déverser qc dans la canalisation

aus|legen *vt* ① (*ausbreiten*) étaler *Waren* ② (*hinlegen*) placer *Köder* ③ (*bedecken*) **etw mit Stoff ~** revêtir qc de tissu ④ (*deuten*) **etw richtig/falsch ~** interpréter qc bien/mal ⑤ (*vorstrecken*) **jdm zehn Euro ~** avancer dix euros à qn

Ausleger <-s, -> *m eines Krans* flèche *f*

Auslegeware *f kein Pl* moquette *f*

Auslegung <-, -en> *f* (*Deutung*) interprétation *f*

aus|leiern **I.** *vi + sein* se détendre **II.** *vr + haben* **sich ~** se détendre **III.** *vt + haben* détendre *Gummizug*

Ausleihe <-, -n> *f* ① *kein Pl* (*das Ausleihen*) prêt *m* ② (*Schalter*) guichet *m* de prêt

aus|leihen *vt irr* prêter; **jdm etw ~** prêter qc à qn; **sich** (*dat*) **etw bei/von jdm ~** emprunter qc à qn

aus|lernen *vi* **ausgelernt haben** *Auszubildender:* avoir terminé son apprentissage; **ausgelernt** diplômé ▶ **man lernt nie aus** *prov* on apprend à tout âge

Auslese <-, -n> *f* ① (*Elite*) élite *f* ② (*Wein*) grand cru *m* ③ *kein Pl* (*Auswahl*) sélection *f;* **natürliche ~** sélection naturelle

aus|lesen *vt irr* ① **ein Buch ~** lire un livre jusqu'au bout ② (*aussondern*) trier

aus|leuchten *vt* ① éclairer *Raum, Bühne* ② faire la lumière sur *Angelegenheit*

aus|liefern *vt* ① (*liefern*) livrer *Waren* ② (*überstellen*) **jdn an ein Land ~** extrader qn dans un pays ③ (*preisgeben*) **jdm/einer S. ausgeliefert sein** être livré à qn/qc

A

Auslieferung *f* ❶ (*Lieferung*) *einer Ware* livraison *f* ❷ (*Überstellung*) *einer Person* extradition *f*

aus|liegen *vi irr* (*bereitliegen*) être étalé; *Prospekte:* être à disposition

Auslinie *f* (*beim Fußball*) ligne *f* de touche; (*beim Tennis, Hockey*) limite *f*

aus|loben *vt* offrir une récompense; **etw für etw ~** offrir une récompense de qc pour qc

aus|löffeln *vt* **die Suppe ~** manger la soupe [à la cuillère] ▶**etw ~ müssen** *fam* trinquer pour qc

aus|loggen ['aʊslɔgən] *vr* INFORM **sich ~** se déconnecter, clôturer une session

aus|löschen *vt* ❶ (*ausschalten*) éteindre *Feuer, Licht;* souffler *Kerze* ❷ (*tilgen*) effacer *Erinnerung* ❸ (*vernichten*) éliminer *Volk;* détruire *Existenz*

aus|losen *vt, vi* tirer au sort; **jdn/etw ~** tirer qn/qc au sort

aus|lösen *vt* (*in Gang setzen, hervorrufen*) déclencher

Auslöser <-s, -> *m* ❶ PHOT déclencheur *m* ❷ (*Anlass*) motif *m;* PSYCH déclencheur *m*

Auslosung <-, -en> *f* tirage *m* au sort

Auslösung *f eines Alarms, einer Reaktion* déclenchement *m*

aus|loten ['aʊslo:tən] *vt* ❶ NAUT sonder ❷ *geh* (*ergründen*) sonder

aus|machen *vt* ❶ *fam* (*ausschalten*) éteindre ❷ (*entdecken*) apercevoir *Gestalt;* (*ermitteln*) repérer *Position* ❸ (*vereinbaren*) fixer *Termin;* **etw mit jdm ~** convenir de qc avec qn ❹ (*klären*) **das müsst ihr unter euch** (*dat*) **~** il vous faut régler ça entre vous ❺ (*darstellen*) **den Zauber einer Landschaft ~** faire le charme d'un paysage ❻ *fam* (*Wirkung haben*) **etwas/viel/nichts ~** faire de l'effet/beaucoup d'effet/ne faire aucun effet ❼ (*stören*) **jdm etwas/nichts ~** déranger/ne pas déranger qn

aus|malen **I.** *vr* **sich** (*dat*) **etw ~** s'imaginer qc **II.** *vt* (*kolorieren*) colorier

Ausmaß *nt* ❶ (*Ausdehnung*) étendue *f;* (*Größe*) dimensions *fpl* ❷ (*Umfang*) ampleur *f;* **immer größere ~e annehmen** prendre des proportions de plus en plus grandes

aus|merzen *vt* ❶ (*ausrotten*) éliminer ❷ (*beseitigen*) supprimer *Fehler*

aus|messen *vt irr* mesurer

aus|misten *vt* ❶ nettoyer *Stall* ❷ *fam* (*ausräumen*) faire le tri dans *Schrank*

aus|mustern *vt* ❶ (*aussortieren*) éliminer *Maschine* ❷ MIL réformer

Ausnahme ['aʊsna:mə] <-, -n> *f* exception *f;* **bei etw die ~ sein** faire exception dans qc; **mit ~ von ein paar Zuschauern** excepté quelques spectateurs; **mit einer ~** à une exception près

Ausnahmefall *m* cas *m* d'exception **Ausnahmesituation** *f* situation *f* exceptionnelle **Ausnahmezustand** *m* état *m* d'urgence

ausnahmslos *adj, adv* sans exception

ausnahmsweise *adv* exceptionnellement

aus|nehmen *vt irr* ❶ (*ausweiden*) vider *Geflügel* ❷ (*ausschließen*) excepter ❸ *fam* (*beim Glücksspiel um Geld erleichtern*) plumer; (*bei einem Handel um Geld erleichtern*) arnaquer

ausnehmend *geh* **I.** *adj Erscheinung* exceptionnel(le) **II.** *adv* extraordinairement

aus|nüchtern *vi + sein* dessoûler

Ausnüchterungszelle *f* cellule *f* de dégrisement

aus|nutzen, **aus|nützen** *vt bes.* SDEUTSCH, A, CH ❶ (*ausbeuten*) exploiter ❷ (*sich zunutze machen*) profiter de

Ausnutzung, **Ausnützung** <-> *f bes.* SDEUTSCH, A ❶ (*Ausbeutung*) *einer Person* exploitation *f* ❷ (*das Wahrnehmen*) *einer Gelegenheit, Chance* mise *f* à profit

aus|packen **I.** *vt* défaire *Koffer;* ouvrir *Geschenk;* déballer *Ware* **II.** *vi fam* (*gestehen*) se mettre à table

aus|peitschen *vt* fouetter

aus|pfeifen *vt irr* siffler

aus|plaudern *vt* rapporter

aus|plündern *vt* (*ausrauben*) dévaliser *Person;* piller *Ortschaft, Laden*

aus|posaunen* *vt fam* **etw ~** crier qc sur les toits

aus|prägen *vr* (*sich entwickeln*) **sich ~** se manifester

aus|pressen *vt* presser *Frucht*

aus|probieren* *vt* essayer; **~, ob/wie ...** faire un essai pour voir si/comment ...; **etw an jdm ~** tester qc sur qn

Auspuff <-[e]s, -e> *m,* **Auspufftopf** *m* AUT pot *m* d'échappement

aus|pumpen *vt* ❶ **den Keller ~** vider la cave [avec une pompe]; **jdm den Magen ~** faire un lavage d'estomac à qn ❷ *fam* (*erschöpfen*) **ausgepumpt sein** être pompé

aus|pusten *vt fam* souffler

aus|quartieren* *vt* déloger

aus|quetschen *vt* ❶ (*auspressen*) presser *Frucht* ❷ *fam* (*ausfragen*) **jdn über jdn/etw ~** cuisiner qn sur qn/qc

aus|radieren* *vt* ❶ (*wegradieren*) gom-

A

mer ② *fam* (*vernichten*) exterminer *Menschheit;* rayer de la carte *Stadt*

aus|rangieren* *vt fam* **etw ~** mettre qc au rancart

aus|rasten *vi + sein fam* (*durchdrehen*) craquer, péter les plombs

Ausraster ['au̯srastɐ] <-s, -> *m fam* pétage *m* de plombs

aus|rauben *vt* dévaliser; piller *Grabstätte*

aus|räuchern *vt* enfumer *Ungeziefer*

aus|räumen *vt* ① vider *Schrank* ② *fam* (*ausrauben*) vider ③ (*beseitigen*) régler *Missverständnis;* balayer *Zweifel*

aus|rechnen *vt* ① (*ermitteln*) calculer *Gewicht* ② (*lösen*) résoudre *Mathematikaufgabe* ③ (*vermuten*) **sich** (*dat*) **Chancen ~** compter sur ses chances

Ausrede *f* prétexte *m;* **faule ~** *fam* faux prétexte

aus|reden I. *vi* finir de parler; **jdn ~ lassen** laisser qn terminer **II.** *vt* **jdm etw ~** dissuader qn de [faire] qc

aus|reichen *vi* suffire; **für jdn/etw ~** suffire pour qn/qc

ausreichend *adj* ① (*genügend*) suffisant(e) ② (*Schulnote*) ≈ passable; (*in Frankreich*) neuf/dix sur vingt

aus|reifen *vi + sein* ① *Frucht, Wein:* mûrir ② **ausgereift sein** *Technik, Idee:* être au point

Ausreise *f* sortie *f* [du territoire]

Ausreiseantrag *m* demande *f* [d'autorisation] de sortie du territoire **Ausreisegenehmigung** *f* autorisation *f* de sortie du territoire, visa *m*

aus|reisen *vi + sein* quitter le territoire

Ausreisevisum *nt* visa *m* de sortie

aus|reißen *irr* **I.** *vt + haben* arracher *Haare* **II.** *vi + sein fam* (*davonlaufen*) se sauver

Ausreißer(in) <-s, -> *m(f)* ① (*Person, Tier*) fugueur(-euse) *m(f)* ② *fam* (*Ausnahme*) exception *f*

aus|reiten *vi irr + sein* sortir à cheval

aus|renken *vt* **sich** (*dat*) **den Arm ~** se déboîter le bras

aus|richten I. *vt* ① (*übermitteln*) transmettre *Gruß;* **jdm ~, dass ...** dire à qn que ... ② (*bewirken*) **etwas ~ können** réussir à obtenir quelque chose; **nichts ~ können** ne rien pouvoir obtenir ③ (*einstellen*) **das Teleskop auf etw** (*akk*) **~** orienter le télescope sur qc ④ (*konzipieren*) **die Produkte auf den Markt ~** adapter les produits en fonction du marché ⑤ (*veranstalten*) organiser *Hochzeit* **II.** *vr* **sich an etw** (*dat*) **~** se ranger à qc

Ausrichtung *f kein Pl* ① (*Einstellung*) *einer Antenne* orientation *f; eines Teleskops* mise *f* au point ② (*Veranstaltung*) *einer Hochzeit* organisation *f*

Ausritt *m* sortie *f* à cheval

aus|rollen *vt + haben* ① (*entrollen*) dérouler *Kabel* ② (*rollen*) **den Teig ~** étendre la pâte [au rouleau]

aus|rotten *vt* exterminer *Volk;* éliminer *Schädlinge, Ideen*

Ausrottung <-, -en> *f* extermination *f*

aus|rücken *vi + sein Truppen:* se mettre en marche; *Feuerwehr:* sortir

Ausruf *m* exclamation *f*

aus|rufen *vt irr* ① (*laut rufen*) s'exclamer ② (*bekannt geben*) annoncer *Haltestelle* ③ (*über Lautsprecher suchen*) **jdn ~ lassen** faire appeler qn ④ (*proklamieren*) proclamer *Streik, Krieg*

Ausrufezeichen *nt,* **Ausrufungszeichen** *nt,* **Ausrufzeichen** *nt* CH point *m* d'exclamation

aus|ruhen I. *vi, vr* [**sich**] **~** se reposer **II.** *vt* reposer *Füße*

aus|rupfen *vt* arracher *Federn, Unkraut*

aus|rüsten *vt* armer *Armee;* équiper *Fahrzeug*

Ausrüstung *f* équipement *m; einer Armee* armement *m*

aus|rutschen *vi + sein* (*ausgleiten*) glisser; **auf etw** (*dat*) **~** glisser sur qc

Ausrutscher <-s, -> *m fam* (*Fehlleistung*) faux pas *m;* (*Fehltritt*) gaffe *f*

Aussaat *f* ① *kein Pl* (*das Säen*) semis *mpl; des Getreides* semailles *fpl* ② (*Saat*) semence *f*

aus|säen *vt* semer

Aussage *f* ① (*Darstellung*) déclaration *f;* (*Zeugenaussage*) déposition *f* ② (*Sinngehalt*) *eines Romans* message *m*

Aussagekraft *f kein Pl* force *f* d'expression **aussagekräftig** *adj* expressif(-ive)

aus|sagen I. *vt* ① JUR déclarer ② (*deutlich machen*) **viel/wenig über jdn/etw ~** *Foto:* en dire long/peu sur qn/qc **II.** *vi* JUR **vor Gericht** (*dat*) **~** *Angeklagter:* déposer en justice; *Zeuge:* témoigner en justice

Aussagesatz *m* proposition *f* énonciative

aussätzig ['au̯szɛt͡sɪç] *adj* lépreux(-euse)

aus|saugen *vt* ① (*leer saugen*) sucer ② (*ausbeuten*) **jdn/etw ~** saigner qn/qc à blanc

Ausschabung <-, -en> *f* MED curetage *m*

aus|schachten ['au̯sʃaxtən] *vt, vi* creuser

aus|schalten *vt* ① (*abstellen*) éteindre *Gerät, Licht;* couper *Strom* ② (*eliminieren*) éliminer *Gegner*

Ausschaltung *f* (*Eliminierung*) élimination *f*

Ausschank ['a͜usʃaŋk] <-[e]s> *m* (*das Ausschenken*) ~ **von 18 bis 24 Uhr** service *m* de 18 à 24 heures

Ausschau <-> *f* **nach jdm/etw ~ halten** regarder pour trouver qn/qc

aus|schauen *vi* (*entgegensehen*) **nach jdm/etw ~** chercher qn/qc des yeux

aus|scheiden *irr* **I.** *vi* + *sein* ① (*nicht weitermachen*) **aus seinem Amt ~** quitter ses fonctions; **aus einem Wettkampf/Rennen ~** se retirer d'une compétition/course ② (*nicht in Betracht kommen*) *Plan:* ne pas être retenu; *Kandidat:* être éliminé **II.** *vt* + *haben* éliminer *Giftstoffe*

Ausscheidung <-, -en> *f Pl* (*Exkrement*) excréments *mpl*

Ausscheidungskampf *m*, **Ausscheidungsspiel** *nt* SPORT match *m* éliminatoire

aus|schenken *vt* (*verkaufen*) servir; **Wein an jdn ~** servir du vin à qn

aus|scheren *vi* + *sein* (*abschwenken*) déboîter; **nach links/rechts ~** *Fahrzeug:* déboîter à gauche/droite

aus|schicken *vt* envoyer

aus|schiffen **I.** *vt* débarquer *Waren, Passagiere* **II.** *vr* **sich ~** débarquer

aus|schildern *vt* signaler; **ausgeschildert** indiqué(e)

aus|schimpfen *vt* gronder; **jdn wegen etw ~** gronder qn à cause de qc

aus|schlachten *vt fam* ① **ein altes Auto ~** mettre une vieille auto en pièces ② **ein Ereignis ~** mettre un événement à profit

aus|schlafen *irr* **I.** *vi, vr* [**sich**] **~** dormir tout son soûl **II.** *vt* **seinen Rausch ~** cuver son vin/sa bière (*fam*)

Ausschlag *m* ① *einer Kompassnadel* déviation *f* ② MED éruption *f* [cutanée] ▶ **bei etw den ~ geben** être déterminant pour/dans qc

aus|schlagen *irr* **I.** *vt* + *haben* ① (*herausschlagen*) **jdm einen Zahn ~** casser une dent à qn ② (*ablehnen*) décliner *Angebot* **II.** *vi* ① + *haben* (*treten*) *Pferd:* ruer ② + *haben o sein* (*sich bewegen*) *Kompassnadel:* osciller; *Wünschelrute:* vibrer

ausschlaggebend *adj Umstand* déterminant(e); *Stimme* prépondérant(e)

aus|schließen *vt irr* ① (*entfernen*) exclure; **jdn aus einer Gemeinschaft/von den Verhandlungen ~** exclure qn d'une communauté/des négociations ② (*für unmöglich halten*) exclure *Fehler*

ausschließlich **I.** *adj attr Vertretung* exclusif(-ive) **II.** *präp* + *gen* sauf

aus|schlüpfen *vi* + *sein Küken:* éclore

AusschlussRR *m* exclusion *f*; **unter ~ der Öffentlichkeit** à huis clos

AusschlussprinzipRR *nt* principe *m* d'exclusion

aus|schmücken *vt* décorer; **etw mit etw ~** (*dekorieren*) décorer qc avec qc; (*ausgestalten*) enjoliver qc avec qc

aus|schneiden *vt irr* découper; **etw aus einer Zeitung ~** découper qc dans un journal

Ausschnitt *m* ① (*Zeitungsausschnitt*) coupure *f* [de presse] ② MATH (*Sektor*) secteur *m* ③ (*Dekolleté*) décolleté *m* ④ (*kleiner Auszug*) **ein ~ aus einem Foto/Film** un détail d'une photo/un extrait d'un film

aus|schöpfen *vt* ① vider *Flüssigkeit* ② (*Gebrauch machen von*) user de *Befugnisse;* exploiter à fond *Möglichkeiten;* épuiser *Reserven*

aus|schreiben *vt irr* ① (*ungekürzt schreiben*) écrire en toutes lettres *Wort* ② (*ausstellen*) établir *Rechnung;* libeller *Scheck;* rédiger *Rezept* ③ (*bekannt machen*) annoncer *Wahlen;* **eine Stelle ~** mettre un poste au concours

Ausschreibung <-, -en> *f eines Projekts, einer Arbeit* mise *f* en adjudication, appel *m* d'offres; *einer Stelle* mise au concours

Ausschreitung <-, -en> *f meist Pl* (*Gewalttaten*) acte *m* de violence

AusschussRR *m* ① (*Komitee*) comité *m*, commission *f* ② *kein Pl* (*Fehlproduktion*) rebut *m*

AusschusssitzungRR *f* réunion *f* du comité **Ausschussware**RR *f* marchandise *f* de rebut

aus|schütteln *vt* secouer *Tischtuch*

aus|schütten *vt* ① (*ausleeren*) vider ② (*absondern*) sécréter *Hormon* ③ FIN verser *Dividende*

Ausschüttung <-, -en> *f* FIN *einer Dividende* distribution *f*

aus|schwärmen *vi* + *sein Soldaten:* se déployer [en tirailleurs]; *Bienen:* essaimer

aus|schweifen *vi* + *sein* vagabonder

ausschweifend *adj Fantasie* débordant(e); *Leben* de débauche

Ausschweifung <-, -en> *f* excès *mpl*

aus|schweigen *vr irr* **sich ~** garder le silence; **sich über etw** (*akk*) **~** ne rien dire au sujet de qc

aus|schwenken *vi* + *sein* se déporter;

A

zur Seite ~ *Anhänger:* se déporter sur le côté
aus|schwitzen *vt* ① éliminer en transpirant; **eine Erkältung** ~ guérir un rhume en transpirant ② (*absondern*) **die Wand schwitzt Feuchtigkeit aus** le mur suinte, l'humidité suinte du mur
aus|sehen *vi irr* ① **gut/schlecht** ~ avoir bonne/mauvaise mine; **wie sieht ein Leguan aus?** à quoi ressemble un iguane?; **gut** ~**d** beau ② (*den Anschein haben*) **sie sieht [ganz so] aus, als ...** on dirait qu'elle ...; **nach etwas/nichts** ~ *Haus, Mantel:* faire de l'effet/ne ressembler à rien; **es sieht nach Schnee/Regen aus** on dirait qu'il va neiger/pleuvoir ▶ **so siehst du [gerade] aus!** *fam* à d'autres!; **sehe ich so aus?** *fam* est-ce que j'en ai l'air?
Aussehen <-s, -> *nt* aspect *m;* **jdn nach dem** ~ **beurteilen** juger qn sur les apparences
aus|sein[ALT] *s.* **aus II.**
außen ['aʊsən] *adv* à l'extérieur; **von** ~ de l'extérieur; **nach** ~ **aufgehen** *Tür:* s'ouvrir sur l'extérieur ▶ ~ **vor bleiben** *Person:* être laissé à l'écart; *Angelegenheit:* être laissé de côté
Außenbezirk *m* quartier *m* périphérique
Außenborder <-s, -> *m* NAUT *fam* hors-bord *m inv*
Außenbordmotor *m* moteur *m* hors-bord
aus|senden *vt irr geh* ① (*ausschicken*) envoyer *Boten* ② (*ausstrahlen*) émettre *Signal*
Außendienst *m* visites *fpl* à la clientèle **Außenhandel** *m* commerce *m* extérieur **Außenminister(in)** *m(f)* ministre *mf* des Affaires étrangères **Außenministerium** *nt* ministère *m* des Affaires étrangères **Außenpolitik** *f* politique *f* extérieure **außenpolitisch I.** *adj Debatte* concernant la politique extérieure; *Kurs* de la politique extérieure **II.** *adv* en politique extérieure **Außenseite** *f eines Kleidungsstücks* endroit *m; eines Gebäudes* façade *f* extérieure
Außenseiter(in) <-s, -> *m(f)* marginal(e) *m(f);* SPORT outsider *m*
Außenspiegel *m* rétroviseur *m* extérieur **Außenstände** *Pl* dettes *fpl* actives **Außenstehende(r)** *f(m) dekl wie adj* personne *f* extérieure **Außenstelle** *f* filiale *f* **Außenstürmer(in)** *m(f)* ailier(-ière) *m(f)* **Außentemperatur** *f* température extérieure *f* **Außenverteidiger(in)** *m(f)* SPORT défenseur(-euse) *m(f)* latéral(e) **Außenwand** *f* mur *m* extérieur **Außenwelt** *f kein Pl* monde *m* extérieur
außer ['aʊsɐ] **I.** *präp + dat* ① (*ausgenommen*) **alle** ~ **dir** tous sauf toi, tous toi excepté; ~ **den Kindern habe ich niemanden gesehen** à part les enfants, je n'ai vu personne; **man hörte nichts** ~ **ihrem Atem** on n'entendait rien que sa respiration ② (*außerhalb*) ~ **Sicht/Gefahr sein** être hors de vue/danger ▶ ~ **sich** (*dat*) **sein** être hors de soi **II.** *präp + akk* **etw** ~ **[jeden] Zweifel stellen** mettre qc hors de doute ▶ ~ **sich geraten** sortir de ses gonds **III.** *konj* ~ **dass ...** si ce n'est que ...; ~ **[wenn] ...** sauf si ...
außerberuflich *adj* extra-professionnel(le) **außerbetrieblich** *adj, adv* hors entreprise
außerdem ['aʊsɐde:m] *adv* en plus
außerdienstlich *adj Telefonat* privé(e)
äußere(r, s) *adj* ① *Rand, Verletzung* externe; *Planet* supérieur(e) ② *Anlass* apparent(e)
Äußere(s) ['ɔysərə(s)] *nt dekl wie adj* apparence *f;* **ein angenehmes** ~**s haben** avoir un physique agréable
außerehelich I. *adj Geschlechtsverkehr* extraconjugal(e); *Kind* illégitime **II.** *adv* hors mariage **außergewöhnlich** ['aʊsɐgə'vø:nlɪç] **I.** *adj Person, Begabung* exceptionnel(le) **II.** *adv* particulièrement
außerhalb ['aʊsɐhalp] **I.** *adv* à l'extérieur; ~ **wohnen** habiter en dehors [de la ville] **II.** *präp + gen* en dehors de; ~ **der Stadt** à la périphérie de la ville
außerirdisch *adj* extraterrestre
äußerlich ['ɔysɐlɪç] *adj* ① *Ähnlichkeit* extérieur(e); *Verletzung* externe ② (*oberflächlich*) superficiel(le); **[rein]** ~ **betrachtet** au premier abord
Äußerlichkeit <-, -en> *f* ① (*äußere Form*) superficialité *f* ② (*Unwesentliches*) détails *mpl* superficiels
äußern ['ɔysɐn] **I.** *vt* exprimer *Meinung;* émettre *Kritik* **II.** *vr* ① **sich zu etw** ~ (*Stellung nehmen*) se prononcer sur qc; (*seine Meinung sagen*) donner son avis sur qc ② (*in Erscheinung treten*) **sich durch etw** ~ *Krankheit, Unzufriedenheit:* se manifester par qc
außerordentlich ['aʊsɐ'ʔɔrdəntlɪç] **I.** *adj* (*ungewöhnlich*) exceptionnel(le) **II.** *adv* extrêmement
außerorts *adv* CH, A hors agglomération
außerparlamentarisch *adj* extraparlementaire **außerplanmäßig** ['aʊsɐpla:nmɛ:sɪç] **I.** *adj Besuch, Ausgaben* non

prévu(e) **II.** *adv* en dehors des horaires prévus **außerschulisch** *adj* extrascolaire **außersinnlich** *adj Wahrnehmung* extrasensoriel(le)

äußerst ['ɔysɐst] *adv* (*höchst*) extrêmement; (*absolut*) vraiment

außerstande [aușɐ'ʃtandə] *adj* **~ sein etw zu tun** être dans l'impossibilité de faire qc; (*körperlich unfähig sein*) être hors d'état de faire qc

äußerste(r, s) *adj* **1 der ~ Punkt** le point le plus éloigné; **am ~n Ende des Tisches** à l'extrémité de la table **2** *Zugeständnis, Preis* dernier(-ière); **mit ~r Kraft** de toutes ses/mes/... forces

Äußerste(s) *nt dekl wie adj* **auf das ~ gefasst sein** s'attendre au pire; **bis zum ~n gehen** aller jusqu'au bout

äußerstenfalls ['ɔysɐstən'fals] *adv* [tout] au plus

Äußerung <-, -en> *f* (*Bemerkung*) observation *f;* (*Aussage*) propos *mpl*

aus|setzen I. *vt* **1** abandonner *Kind, Haustier;* lâcher *Wild* **2** (*preisgeben*) **jdn/etw einer Gefahr** (*dat*) exposer qn/qc à un danger; **heftigen Vorwürfen ausgesetzt sein** faire l'objet de reproches virulents **3** (*festsetzen*) offrir *Belohnung;* accorder *Summe* **4** (*unterbrechen*) suspendre *Verhandlung;* cesser *Rückzahlung, Zinsen* **5** JUR surseoir *Strafverfolgung* **6** (*bemängeln*) **an jdm/etw etwas auszusetzen haben** avoir quelque chose à redire à qn/qc **II.** *vr* **sich einer Gefahr** (*dat*) **~** s'exposer à un danger **III.** *vi* **1** (*pausieren*) **bei etw ~** faire une pause au cours de qc; **eine Runde ~** passer son tour **2** (*versagen*) *Atmung, Herz:* s'arrêter; *Motor:* caler; *Zündung:* avoir des ratés

Aussetzer <-s, -> *m* TECH *fam* raté *m*

Aussicht *f* **1** (*Blick*) vue *f;* **~ auf etw** (*akk*) vue sur qc **2** (*Chance*) chance *f;* **das sind ja schöne ~en!** *iron fam* ça promet! ▶ **etw in ~ haben** avoir qc en vue; **jdm etw in ~ stellen** laisser entrevoir qc à qn

aussichtslos *adj* vain(e); **so gut wie ~ sein** être quasiment impossible

Aussichtslosigkeit <-> *f einer Situation* caractère *m* désespéré

Aussichtspunkt *m* point *m* de vue **aussichtsreich** *adj* prometteur(-euse) **Aussichtsturm** *m* belvédère *m*

aus|sieben *vt fam* **1** sélectionner; **die Besten aus einer Gruppe ~** sélectionner les meilleurs d'un groupe **2 ungeeignete Bewerber ~** trier les candidats non qualifiés

aus|siedeln *vt* expatrier

Aussiedler(in) <-s, -> *m(f)* (*Emigrant*) émigrant(e) *m(f);* (*Zurückgekehrte*) rapatrié(e) *m(f)*

aus|sitzen *vt irr fam* résoudre par l'attentisme *Problem*

aus|söhnen ['auszø:nən] *vr* **sich ~** se réconcilier; **sich mit jdm ~** se réconcilier avec qn

Aussöhnung <-, -en> *f* réconciliation *f*

aus|sondern *vt* (*als nicht geeignet ansehen*) trier; (*als geeignet ansehen*) sélectionner

aus|sortieren* *vt* trier

aus|spannen I. *vt fam* (*abspenstig machen*) **er hat ihm die Freundin ausgespannt** il lui a piqué sa petite amie **II.** *vi Person:* se détendre

aus|sparen *vt* **1** (*frei lassen*) ne pas recouvrir *Fläche, Platz* **2** (*ausnehmen*) laisser de côté *Frage, Thema*

Aussparung <-, -en> *f* emplacement *m*

aus|sperren I. *vt* **1 jdn ~** enfermer qn dehors **2** (*von der Arbeit ausschließen*) lock-outer **II.** *vr* **sich ~** s'enfermer dehors (*en laissant les clés à l'intérieur*)

Aussperrung <-, -en> *f* lock-out *m*

aus|spielen I. *vt* **1** jouer *Karte, Trumpf* **2** (*manipulativ einsetzen*) **jdn gegen jdn ~** se servir de qn contre qn **II.** *vi* (*das Spiel eröffnen*) ouvrir la partie; (*eine Karte ablegen*) jouer une carte

aus|spinnen *irr* **I.** *vt* développer *Gedanken, Ideen* **II.** *vr fam* **sich ~** se défouler

aus|spionieren* *vt* espionner

Aussprache *f* **1** *kein Pl* (*Artikulation*) prononciation *f* **2** (*Unterredung*) explication *f*

aus|sprechen *irr* **I.** *vt* **1** (*artikulieren*) prononcer *Laut, Wort* **2** (*äußern*) dire *Satz, Verleumdung;* exprimer *Meinung, Verdächtigung;* donner *Warnung* **3** (*ausdrücken*) **jdm sein Bedauern ~** exprimer son regret à qn **4** JUR prononcer *Scheidung, Strafe* **II.** *vr* **1** (*offen sprechen*) **sich mit jdm über etw** (*akk*) **~** s'expliquer à propos de qc avec qn **2** (*Stellung beziehen*) **sich für/gegen jdn/etw ~** se prononcer pour/contre qn/qc **III.** *vi* finir [de parler]; **lassen Sie mich doch ~!** laissez-moi finir!

Ausspruch *m* **1** (*Bemerkung*) remarque *f* **2** (*geflügeltes Wort*) bon mot *m*

aus|spucken *vt, vi* cracher; **vor jdm ~** cracher devant qn

aus|spülen *vt* rincer *Geschirr;* **sich** (*dat*) **den Mund ~** se rincer la bouche

aus|staffieren* *vt* **1** (*einrichten*) aménager *Raum* ② (*einkleiden*) **jdn mit etw ~** affubler qn de qc (*fam*)

Ausstand *m* ① (*Streik*) grève *f;* **in den ~ treten** se mettre en grève ② SDEUTSCH, A, CH (*Abschiedsfeier*) retrait *m;* **seinen ~ geben** fêter son départ

aus|stanzen *vt* découper; **etw aus einer Metallfolie ~** découper qc dans une feuille de métal

aus|statten ['aʊsʃtatən] *vt* ① installer *Raum* ② (*versehen, ausrüsten*) **jdn mit etw ~** équiper qn de qc

Ausstattung <-, -en> *f* ① (*Ausrüstung*) équipement *m* ② (*Einrichtung*) agencement *m*

aus|stechen *vt irr* ① (*zerstören, entfernen*) crever *Auge* ② (*übertreffen*) supplanter

aus|stehen *irr* **I.** *vt* supporter *Qualen;* **große Angst um jdn ~** avoir très peur pour qn ▶**jdn/etw nicht ~ können** *fam* ne pas pouvoir supporter qn/qc **II.** *vi* ① (*anstehen*) [**noch**] **~** *Antwort:* ne pas être encore là; *Stellungnahme:* être attendu ② COM, FIN être dû

aus|steigen *vi irr + sein* ① descendre; **aus dem Bus/Zug ~** descendre du bus/train ② *fam* (*aufgeben*) **aus etw ~** abandonner qc

Aussteiger(in) <-s, -> *m(f)* (*sich von der Gesellschaft Abwendender*) marginal(e) *m(f)*

aus|stellen **I.** *vt* ① (*zur Schau stellen*) exposer *Waren, Bilder* ② (*ausfertigen*) établir *Rechnung;* délivrer *Bescheinigung;* **einen Scheck auf jdn ~** émettre un chèque au nom de qn ③ *fam* (*abstellen*) éteindre *Radio;* arrêter *Kaffeemaschine* **II.** *vi Künstler:* exposer

Aussteller(in) <-s, -> *m(f)* ① exposant(e) *m(f)* ② *eines Schecks* tireur(-euse) *m(f)* ③ (*ausstellende Behörde*) bureau *m* de délivrance

Ausstellfenster *nt* AUT déflecteur *m*

Ausstellung <-, -en> *f* ① (*Kunstausstellung, Messe*) exposition *f* ② *kein Pl* (*Ausfertigung*) *einer Rechnung* établissement *m; einer Urkunde* délivrance *f; eines Schecks* émission *f*

Ausstellungsdatum *nt* date *f* de délivrance **Ausstellungskatalog** *m* catalogue *m* [de l'exposition] **Ausstellungsstück** *nt* modèle *m* d'exposition

aus|sterben *vi irr + sein Familie, Geschlecht:* s'éteindre; *Tierart, Pflanzenart:* disparaître

Aussterben *nt einer Familie* extinction *f; einer Tierart* disparition *f*

Aussteuer <-, -n> *f* trousseau *m*

Ausstieg <-[e]s, -e> *m* ① *kein Pl* (*das Aussteigen*) descente *f* ② (*Ausgang*) *eines Busses, Wagens* sortie *f* ③ *kein Pl* (*das Aufgeben*) **der ~ aus der Atomenergie** la sortie du nucléaire

aus|stopfen *vt* ① (*präparieren*) empailler *Tier* ② (*ausfüllen*) bourrer *Kissen;* calfeutrer *Ritze*

Ausstoß *m* ① (*Produktion*) production *f* ② (*Emission*) *von Schadstoffen* émission *f*

aus|stoßen *vt irr* ① (*von sich geben*) pousser *Laut, Schrei;* proférer *Drohung* ② (*herausstoßen*) rejeter *Staub, Gas;* expulser *Plazenta* ③ (*aus einer Organisation ausschließen*) exclure; (*aus einer Gemeinschaft ausschließen*) rejeter

aus|strahlen **I.** *vt + haben* ① (*abstrahlen, senden*) diffuser ② (*verbreiten*) exprimer *Ruhe;* répandre *Unruhe* **II.** *vi + sein* ① (*sich ausdehnen*) *Wärme:* se diffuser; *Licht:* jaillir ② (*übergehen*) **auf jdn/etw ~** gagner qn/qc

Ausstrahlung *f* ① (*Wirkung*) *einer Person* rayonnement *m* ② (*das Senden*) diffusion *f*

aus|strecken **I.** *vt* tendre *Arm;* sortir *Fühler* **II.** *vr* **sich ~** s'étirer; **ausgestreckt daliegen** être étendu là de tout son long

aus|streichen *vt irr* ① (*wegstreichen*) rayer *Wörter, Zeilen* ② (*innen bestreichen*) enduire *Auflaufform;* **eine Backform mit Butter ~** beurrer un moule à gâteau ③ (*glätten*) lisser *Knitterfalten*

aus|streuen *vt* (*verstreuen*) répandre *Vogelfutter*

aus|strömen **I.** *vt + haben* ① (*austreten lassen*) exhaler *Duft;* dégager *Kälte, Wärme* ② (*verbreiten*) répandre *Ruhe* **II.** *vi + sein* ① (*herauskommen*) **aus etw ~** *Wasser:* s'écouler de qc; *Gas:* s'échapper de qc ② (*ausgehen*) **von jdm/etw ~** *Duft:* émaner de qn/qc ③ (*ausstrahlen*) **von etw ~** *Hitze, Wärme:* se dégager de qc

aus|suchen *vt* choisir

Austausch *m* échange *m;* **im ~ gegen etw** en échange de qc

austauschbar *adj* ① *Teil* remplaçable; *Begriffe* interchangeable ② (*nicht unverwechselbar*) **~ sein** *Person:* être permutable

aus|tauschen **I.** *vt* ① (*ersetzen*) remplacer *Spieler;* échanger *Motor* ② (*wechselseitig geben*) échanger *Gefangene, Erfahrungen* **II.** *vr* **sich über jdn/etw ~** parler de qn/qc

Austauschschüler(in) *m(f)* élève *mf* qui participe à un échange scolaire

aus|teilen *vt* ❶ (*verteilen*) distribuer *Essen, Spielkarten* ❷ (*erteilen*) donner *Schläge;* administrer *Sakrament*

Auster ['austɐ] <-, -n> *f* huître *f*

Austernbank <-bänke> *f* banc *m* d'huîtres **Austernpilz** *m* pleurote *m*

aus|toben *vr* **sich ~** *Kind:* se défouler; *Erwachsener:* mener une vie de bâton de chaise

aus|tragen *vt irr* ❶ (*zustellen*) **die Post ~** distribuer le courrier [à domicile] ❷ (*stattfinden lassen*) régler *Konflikt;* disputer *Wettkampf* ❸ (*bis zur Geburt behalten*) garder *Kind*

Austragung <-, -en> *f eines Wettkampfs* déroulement *m*

Austragungsort *m* lieu *m* organisateur de la compétition

Australien [aus'traːli̯ən] <-s> *nt* l'Australie *f*

Australier(in) <-s, -> *m(f)* Australien(ne) *m(f)*

australisch *adj* australien(ne)

aus|treiben *vt irr* ❶ (*abgewöhnen*) **jdm seine Launen ~** faire passer ses humeurs à qn ❷ *geh* (*verbannen*) exorciser *Dämon*

aus|treten *irr* **I.** *vi + sein* ❶ (*nach außen treten*) *Flüssigkeit:* s'écouler; *Gas:* s'échapper; *Blut:* couler ❷ *nur Infin fam* (*zur Toilette gehen*) aller quelque part ❸ (*ausscheiden*) **aus einer Partei ~** quitter un parti; **aus der Kirche ~** se détourner de l'Église **II.** *vt + haben* ❶ (*auslöschen*) **das Feuer ~** éteindre le feu avec les pieds; **eine Zigarettenkippe ~** écraser un mégot [du pied] ❷ (*abnutzen*) élargir *Schuhe*

aus|tricksen *vt fam* feinter *Fußballspieler*

aus|trinken *irr* **I.** *vt* finir *Getränk;* vider *Tasse, Glas* **II.** *vi* vider son verre

Austritt *m* ❶ *kein Pl* (*das Herauskommen*) *von Wasser* fuite *f; von Gas* émission *f; von Blut* écoulement *m* ❷ (*das Ausscheiden*) démission *f*

aus|trocknen **I.** *vt + haben* ❶ (*trockenlegen*) assécher *Sumpf* ❷ (*trocken machen*) dessécher *Haut* **II.** *vi + sein Wasserlauf:* tarir; *Haut:* se déshydrater; *Brot, Käse:* se dessécher

aus|tüfteln *vt fam* bricoler *Konstruktion, Computerprogramm;* mijoter *Plan*

aus|üben *vt* ❶ (*praktizieren, innehaben*) exercer ❷ (*wirksam werden lassen*) **Einfluss auf jdn ~** exercer une influence sur qn; **auf jdn Druck ~** faire pression sur qn

Ausübung *f* exercice *m;* **in ~ ihrer Pflicht** dans l'exercice de ses fonctions

aus|ufern *vi + sein* dégénérer; **in eine endlose Diskussion ~** dégénérer en une discussion interminable

Ausverkauf *m* soldes *mpl*

aus|verkaufen* *vt* ❶ **die Sandalen ~** vendre toutes les sandalettes ❷ (*räumen*) **das Lager ~** liquider totalement les stocks

ausverkauft *adj Artikel, Sonderangebot* épuisé(e); *Konzert, Veranstaltung* complet(-ète)

aus|wachsen *irr* **I.** *vi + sein* (*keimen*) *Getreide:* germer sur pied ►**es ist zum Auswachsen!** *fam* c'est à s'[en] arracher les cheveux! **II.** *vr + haben* ❶ (*verschwinden*) **sich ~** *Narbe, Missbildung:* disparaître ❷ (*ausufern*) **sich zu einem Skandal ~** dégénérer en scandale

Auswahl *f* (*Wahl, Sortiment*) choix *m*

aus|wählen **I.** *vt* choisir; **sich** (*dat*) **jdn/etw ~** choisir qn/qc; **jdn unter mehreren Bewerbern ~** choisir qn parmi plusieurs candidats **II.** *vi* choisir

Auswahlmenü *nt* INFORM barre *f* de sélection **Auswahlspieler(in)** *m(f)* joueur(-euse) *m(f)* sélectionné(e) **Auswahlverfahren** *nt* sélection *f*

Auswanderer *m*, **Auswanderin** *f* émigrant(e) *m(f)*

aus|wandern *vi + sein* émigrer; **nach Australien/in die USA ~** émigrer en Australie/aux Etats-Unis

Auswanderung *f* émigration *f*

auswärtig ['ausvɛrtɪç] *adj attr* ❶ (*auswärts befindlich*) étranger(-ère) ❷ (*von auswärts stammend*) [qui vient] de l'extérieur ❸ POL *Angelegenheiten* extérieur(e); *Vertretung* étranger(-ère)

auswärts ['ausvɛrts] *adv wohnen, spielen* à l'extérieur; **von ~ kommen** venir de l'extérieur; **~ essen** manger en ville

Auswärtsspiel *nt* match *m* à l'extérieur

aus|waschen *irr* **I.** *vt* ❶ (*beseitigen*) **die Flecken aus einem Kleid ~** faire partir les taches d'une robe en la lavant ❷ (*säubern*) laver *Geschirr, Wunde;* rincer *Pinsel, Wäsche* **II.** *vr* **sich ~** *Farbe:* passer

auswechselbar *adj Begriff* interchangeable; *Teil, Element* remplaçable

aus|wechseln *vt* remplacer *Spieler;* changer *Zündkerzen*

Auswechselspieler(in) *m(f)* remplaçant(e) *m(f)*

Auswechs[e]lung <-, -en> *f einer Person* remplacement *m; einer Geschäftsleitung, eines Teils* changement *m*

A

Ausweg *m* issue *f*
ausweglos *adj Lage* sans issue; *Situation* désespéré(e)
Ausweglosigkeit <-> *f* désespoir *m*
aus|weichen *vi irr + sein* ① éviter; **jdm/einer S. ~** éviter qn/qc; **nach links/rechts ~** (*ein Hindernis umgehen*) faire une embardée sur la gauche/droite ② *fig* **jdm/einer S. ~** se défiler devant qn *fam/* esquiver qc; **~de Antworten geben** répondre évasivement ③ (*als Alternative wählen*) **auf etw** (*akk*) **~** se rabattre sur qc
Ausweichmanöver *nt* ① manœuvre *f* d'évitement ② (*Ausflucht*) échappatoire *f* **Ausweichmöglichkeit** *f* possibilité *f* d'évitement
aus|weinen *vr* **sich ~** soulager son cœur; **sich bei jdm ~** soulager son cœur auprès de qn
Ausweis ['a͜usva͜is] <-es, -e> *m* carte *f;* (*Personalausweis*) carte *f* d'identité
aus|weisen *irr* **I.** *vt* ① (*des Landes verweisen*) expulser ② (*Identität nachweisen*) **jdn als Betrüger ~** *Papiere:* prouver que qn est un fraudeur **II.** *vr* **sich ~** justifier son identité
Ausweiskontrolle *f* contrôle *m* d'identité **Ausweispapiere** *Pl* pièce *f* d'identité
Ausweisung *f* (*Abschiebung*) expulsion *f*
aus|weiten **I.** *vt* ① (*weiter machen*) élargir ② (*verbessern*) développer *Kontakte, Handel* **II.** *vr* ① **sich ~** *Kleidung:* s'élargir; *Gummiband:* se distendre ② (*sich ausdehnen*) **sich zu etw ~** *Konflikt:* dégénérer en qc
Ausweitung <-, -en> *f eines Konflikts* extension *f*
auswendig *adv* **etw ~ lernen/können** apprendre/savoir qc par cœur
aus|werfen *vt irr* ① jeter *Anker, Netz* ② (*ausstoßen*) cracher *Lava, Asche* ③ INFORM sortir *Informationen* ④ (*verteilen*) allouer *Dividende*
aus|werten *vt* éplucher *Zeitungen, Prospekte;* dépouiller *Statistiken*
Auswertung *f von Zeitungen, Prospekten* épluchage *m; einer Statistik* dépouillement *m*
aus|wickeln *vt* enlever le papier de *Geschenk*
aus|wiegen *vt irr* peser
aus|wirken *vr* **sich ~** avoir des répercussions; **sich negativ/positiv auf etw** (*akk*) **~** avoir des répercussions négatives/positives sur qc
Auswirkung *f* répercussion *f souvent pl*
aus|wischen *vt* ① (*löschen*) effacer ② (*säubern*) essuyer ▶**jdm eins ~** *fam* jouer un sale tour à qn
aus|wringen ['a͜usvrɪŋən] *vt irr* tordre
Auswuchs <-es, -wüchse> *m* ① MED excroissance *f* ② (*Missstand*) excès *m;* **Auswüchse der Fantasie** aberrations *fpl* de l'imagination
aus|wuchten *vt* équilibrer
Auswurf *m* ① MED expectoration *f* ② *kein Pl* (*das Auswerfen*) *von Asche, Lava* projection *f*
aus|zahlen *vt* ① (*Betrag aushändigen*) verser *Gehalt;* rembourser *Pflichtteil* ② (*abfinden*) régler *Arbeiter;* désintéresser *Gläubiger;* rembourser *Kompagnon, Miterben*
aus|zählen *vt* ① dépouiller *Stimmen* ② SPORT **jdn ~** compter qn K.-O.
Auszahlung *f* ① *eines Gehalts, von Spesen* versement *m; eines Erbteils* paiement *m; eines Pflichtteils* remboursement *m;* **die ~ der Löhne** la paie ② (*Abfindung*) *einer Person* remboursement *m*
Auszählung *f von Stimmen* dépouillement *m*
aus|zeichnen **I.** *vt* ① (*mit Preisschild versehen*) étiqueter *Ware* ② (*ehren*) **jdn mit einem Preis/Orden ~** décerner un prix/une médaille à qn ③ (*hervorheben*) distinguer *Person* **II.** *vr* **sich durch etw ~** se distinguer par qc
Auszeichnung *f* ① *kein Pl* (*das Auszeichnen*) *eines Artikels* étiquetage *m* ② *kein Pl* (*das Ehren*) distinction *f* honorifique ③ (*Orden*) décoration *f* ④ (*Preis*) prix *m;* **etw mit ~ bestehen** réussir qc avec mention
Auszeit *f* SPORT temps *m* mort
ausziehbar *adj Antenne* télescopique; *Tisch* à rallonges
aus|ziehen *irr* **I.** *vt* + *haben* ① (*entkleiden*) déshabiller *Person* ② (*ablegen*) enlever *Kleidungsstück* ③ (*verlängern*) [r]allonger *Tisch;* [é]tirer *Antenne* **II.** *vi* + *sein* (*Wohnung aufgeben*) déménager **III.** *vr* + *haben* **sich ~** se déshabiller
Ausziehplatte *f* rallonge *f* **Ausziehtisch** *m* table *f* à rallonges
Auszubildende(r) <-n, -n> *f(m) dekl wie adj* apprenti(e) *m(f)*
Auszug <-[e]s, -züge> *m* ① (*Umzug*) déménagement *m* ② (*Auswanderung*) procession *f;* **der ~ aus Ägypten** l'Exode *m* [des Hébreux] ③ (*Ausschnitt*) *eines Textes, einer Rede* extrait *m* ④ (*Kontoauszug*) relevé *m*
auszugsweise *adv* par extraits
aus|zupfen *vt* épiler *Haare*

autark [au̯'tark] *adj Land* qui vit dans l'autarcie; *Wirtschaft* autosuffisant(e)
Autarkie [au̯tar'kiː] <-, -ien> *f* (*wirtschaftlich*) autosuffisance *f;* (*landwirtschaftlich*) autarcie *f*
authentisch [au̯'tɛntɪʃ] *adj* authentique
Authentizität [au̯tɛntitsi'tɛːt] <-> *f* authenticité *f*
Autismus [au̯'tɪsmʊs] <-> *m* MED autisme *m*
autistisch *adj* MED autiste
Auto ['au̯to] <-s, -s> *nt* voiture *f;* ~ **fahren** conduire; (*mitfahren*) aller en voiture; **mit dem ~ fahren** prendre la voiture; (*mitfahren*) aller en voiture
Autoantenne *f* antenne *f* de voiture **Autoatlas** *m* atlas *m* routier **Autobahn** *f* autoroute *f*
Autobahnausfahrt *f* sortie *f* d'autoroute **Autobahndreieck** *nt* échangeur *m* **Autobahngebühr** *f* péage *m* **Autobahnkreuz** *nt* échangeur *m* **Autobahnpolizei** *f* gendarmerie *f* **Autobahnraststätte** *f* restoroute *m*
Autobiografie[RR] [au̯tobiogra'fiː] *f* autobiographie *f* **autobiografisch**[RR] [au̯tobio'graːfɪʃ] *adj* autobiographique **Autobiographie** *s.* **Autobiografie** **autobiographisch** *s.* **autobiografisch**
Autobombe *f* voiture *f* piégée
Autodidakt(in) [au̯todi'dakt] <-en, -en> *m(f)* autodidacte *mf* **autodidaktisch** *adj* autodidacte
Autodieb(in) *m(f)* voleur(-euse) *m(f)* de voiture[s] **Autofähre** *f* [car-]ferry *m* **Autofahren** <-s> *nt* ~ **ist seine Lieblingsbeschäftigung** rouler en voiture est son occupation favorite **Autofahrer(in)** *m(f)* automobiliste *mf* **Autofahrt** *f* trajet *m* en voiture **autofrei** *adj Tag* sans voiture; *Straße, Zone* interdit(e) aux voitures **Autofriedhof** *m hum fam* cimetière *m* de voitures **Autogas** *nt* gaz *m* de pétrole liquéfié, G.P.L. *m*
autogen [au̯to'geːn] *adj* TECH, PSYCH autogène
Autogramm [au̯to'gram] <-s, -e> *nt* autographe *m*
Autohändler(in) *m(f)* vendeur(-euse) de voitures *m* **Autokino** *nt* ciné-parc *m* **Autoknacker(in)** ['au̯toknakɐ] <-s, -> *m(f) fam* cambrioleur(-euse) *m(f)* de voitures **Autokolonne** *f* file *f* de voitures
Autokrat(in) [au̯to'kraːt] <-en, -en> *m(f)* autocrate *mf*
Autokratie [au̯tokra'tiː] <-, -ien> *f* autocratie *f*
autokratisch *adj* autocratique
Automarke *f* marque *f* [de voiture]
Automat [au̯to'maːt] <-en, -en> *m* (*Verkaufsautomat*) distributeur *m* [automatique]; (*Musikautomat*) juke-box *m;* (*Spielautomat*) machine *f* à sous
Automatenrestaurant [-rɛstorɑ̃ː] *nt* restaurant *m* à distributeurs automatiques
Automatik [au̯to'maːtɪk] <-, -en> *f* ❶ (*Steuerungsautomatik*) automatisme *m* ❷ AUT embrayage *m* automatique
Automatikgetriebe *nt* boîte *f* [de vitesses] automatique
Automation [au̯toma'tsi̯oːn] <-> *f* automatisation *f*
automatisch [au̯to'maːtɪʃ] *adj* automatique
automatisieren* [au̯tomati'ziːrən] *vt* automatiser
Automatisierung <-, -en> *f* automatisation *f*
Automatismus [au̯toma'tɪsmʊs] <-, -tismen> *m* MED automatisme *m*
Automechaniker(in) *m(f)* mécanicien [-auto] *m*/mécanicienne [-auto] *f* **Automobilindustrie** *f* industrie *f* automobile
autonom [au̯to'noːm] *adj* autonome
Autonome(r) *f(m) dekl wie adj* autonomiste *mf*
Autonomie [au̯tono'miː] <-, -ien> *f* autonomie *f*
Autonummer *f* numéro *m* d'immatriculation
Autopilot *m* TECH pilotage *m* automatique
Autopsie [au̯tɔ'psiː] <-, -ien> *f* autopsie *f*
Autor ['au̯toːɐ̯] <-s, -toren> *m,* **Autorin** *f* auteur *m*
Autoradio *nt* autoradio *m* **Autoreifen** *m* pneu *m* [de voiture] **Autoreisezug** *m* train *m* autos-couchettes **Autorennen** *nt* course *f* automobile
autorisieren* [au̯tori'ziːrən] *vt* autoriser
autoritär [au̯tori'tɛːɐ̯] *adj* autoritaire
Autorität [au̯tori'tɛːt] <-, -en> *f* autorité *f*
autoritätsgläubig *adj pej Person* qui accepte aveuglément une autorité
Autoschlange *f* file *f* de voitures **Autoschlüssel** *m* clé *f* de voiture **Autoskooter** ['au̯toskuːtɐ] <-s, -> *m* auto *f* tamponneuse **Autostopp** ['au̯toʃtɔp] *m kein Pl* auto-stop *m;* ~ **machen** faire de l'auto-stop **Autostunde** *f* heure *f* de voiture; **eine ~ von Köln entfernt** à une heure de voiture de Cologne
Autosuggestion [au̯tozʊgɛs'ti̯oːn] *f* autosuggestion *f* **autosuggestiv** [au̯tozʊgɛs'tiːf] *adj Methode, Techniken* autosuggestif(-ive)

B

Autotelefon *nt* radiotéléphone *m* **Autotür** *f* portière *f* **Autounfall** *m* accident *m* de voiture **Autoverkehr** *m* circulation *f* [automobile] **Autoverleih** *m*, **Autovermietung** *f* ① (*Unternehmen*) société *f* de location de voitures; (*Niederlassung*) agence *f* de location de voitures ② *kein Pl* (*das Vermieten*) location *f* de voitures **Autowerkstatt** *f* garage *m* **Autowrack** *nt* épave *f* de voiture **Autozug** *s.* **Autoreisezug**

autsch [autʃ] *interj fam* aïe

auweh [au̯'ve:], **auwei[a]** [au̯'vai̯(a)] *interj* oh là là

avancieren* [avɑ̃'si:rən] *vi* + *sein* **zur Geschäftsführerin** ~ être promue gérante

Avantgarde [avɑ̃'gardə] <-, -n> *f geh* avant-garde *f*

avantgardistisch [avɑ̃gar'dɪstɪʃ] *adj* avant-gardiste

Avatar [ava'ta:ɐ̯] <-s, -e *o* -s> *m* INET avatar *m*

Aversion [avɛr'zi̯o:n] <-, -en> *f* aversion *f*; **eine ~ gegen jdn/etw haben** avoir qn/qc en aversion

Avitaminose [avitami'no:zə] <-, -n> *f* MED avitaminose *f*

Avocado [avo'ka:do] <-, -s> *f* avocat *m*

Axt [akst, *Pl:* 'ɛkstə] <-, Äxte> *f* hache *f*

Ayurveda [ajʊr've:da] <-[s]> *m* ayurvéda *m*

Azalee [at͜sa'le:ə] <-, -n> *f* azalée *f*

Azetat [at͜se'ta:t] <-s, -e> *nt* CHEM acétate *m*

Azeton [at͜se'to:n] <-s> *nt* CHEM acétone *f*

Azoren [a'tso:rən] *Pl* **die ~** les Açores *fpl*

Azteke [at͜s'te:kə] <-n, -n> *m*, **Aztekin** *f* Aztèque *mf*

Azubi [a't͜su:bi] <-s, -s> *m*, <-, -s> *f Abk von* **Auszubildende(r)** apprenti(e) *m(f)*

azurblau [a't͜su:ɐ̯-] *adj geh* bleu azur *inv*

Bb

B, b [be:] <-, -> *nt* ① (*Buchstabe*) B *m*/b *m* ② MUS (*Note, Ton*) si *m* bémol; (*Erniedrigungszeichen*) bémol *m*

babbeln ['babəln] DIAL **I.** *vt* jacasser; **Unsinn ~** raconter des âneries **II.** *vi Baby:* babiller

Baby ['be:bi] <-s, -s> *nt* bébé *m*

Babyboom ['be:bibu:m] *m* baby-boom *m* **Babyfon®** [be:bi'fo:n] <-s, -e> *nt* babyphone *m* **Babyjahr** *nt fam* congé *m* parental d'éducation

Babylon ['ba:bylɔn] <-s> *nt* HIST Babylone

babysitten ['be:bizɪtən] *vi nur Infin* faire du baby-sitting

Babysitter(in) ['be:bizɪtɐ] <-s, -> *m(f)* baby-sitter *mf*

Babyspeck *m hum fam* rondeurs *fpl* de bébé **Babywäsche** *f kein Pl* layette *f*

Bach [bax, *Pl:* 'bɛçə] <-[e]s, Bäche> *m* ruisseau *m*; (*Gebirgsbach*) torrent *m*

Bache ['baxə] <-, -n> *f* laie *f*

Bachelor ['bɛt͜ʃəlɐ] <-[s], -s> *m* bachelor *m*; **das Studium mit dem ~ abschließen** terminer ses études de licence; **den ~ machen** faire une licence

Bachelorstudiengang ['bɛt͜ʃəlɐ-] *m* études *fpl* de licence

Bachforelle *f* truite *f* de rivière **Bachstelze** *f* bergeronnette *f*

Backblech *nt* plaque *f* de four

Backbord ['bakbɔrt] <-[e]s, *selten* -e> *nt* NAUT bâbord *m*

backbord[s] *adv* NAUT à bâbord

Backe ['bakə] <-, -n> *f* ① (*Wange*) joue *f* ② *fam* (*Pobacke*) fesse *f* ③ TECH *eines Schraubstocks, einer Bremse* mâchoire *f*

backen ['bakən] <backt *o* bäckt, backte, gebacken> **I.** *vt* faire *Brot, Kuchen;* **selbst gebacken** fait maison **II.** *vi* cuire

Backenbart *m* favoris *mpl* **Backenknochen** *m* pommette *f* **Backenzahn** *m* molaire *f*

Bäcker ['bɛkɐ] <-s, -> *m* ① boulanger *m* ② (*Bäckerei*) **zum ~ gehen** aller à la boulangerie; **beim ~** chez le boulanger

Bäckerei [bɛkə'rai̯] <-, -en> *f* boulangerie *f*

Bäckerin <-, -nen> *f* boulangère *f*

Bäckerladen *m* boulangerie *f* **Bäckermeister(in)** *m(f)* maître *m* boulanger

Bäckersfrau *f* femme *f* du boulanger

Backfisch *m* poisson *m* frit **Backform** *f* moule *m* à gâteau

Background ['bɛkgraunt] <-s, -s> *m*

① *geh* (*Milieu*) milieu *m* ② (*Berufserfahrung*) expérience *f* ③ MUS fond *m* musical
Backmischung *f* préparation *f* instantanée pour gâteaux **Backobst** *nt* fruits *mpl* secs **Backofen** *m* four *m*
Backpacker(in) ['bɛkpɛkɐ] <-s, -> *m(f)* routard(e) *m(f)*
Backpfeife *f* DIAL gifle *f*
Backpflaume *f* pruneau *m* **Backpulver** *nt* levure *f* chimique
Backslash ['bɛkslɛʃ] <-s, -s> *m* INFORM barre *f* oblique inverse [*o* inversée]
Backspace-Taste ['bɛkspe:stastə] *f* INFORM touche *f* "retour arrière"
backstage ['bɛkste:tʃ] *adv* backstage
Backstein *m* brique *f* **Backstube** *f* fournil *m*
Backup [bɛk'ʔap] *nt* INFORM copie *f* de sauvegarde
Backwaren *Pl* pâtisseries *fpl*
Bad [ba:t, *Pl:* 'bɛ:dɐ] <-[e]s, Bäder> *nt* ① *a.* CHEM bain *m* ② (*das Schwimmen*) baignade *f* ③ (*Badezimmer*) salle *f* de bains ④ (*Schwimmbad*) piscine *f* ⑤ (*Kurort*) station *f* thermale; (*Seebad*) station balnéaire
Badeanzug *m* maillot *m* de bain [une pièce] **Badehandtuch** *nt* drap *m* de bain **Badehose** *f* maillot *m* de bain **Badekappe** *f* bonnet *m* de bain **Badelatschen** *m fam* tongs *fpl* **Bademantel** *m* peignoir *m* **Badematte** *f* tapis *m* de bain **Bademeister(in)** *m(f)* maître-nageur *m* **Bademütze** *s.* **Badekappe**
baden ['ba:dən] **I.** *vi* ① prendre un bain; **heiß ~** prendre un bain bouillant ② (*schwimmen*) **in einem See ~** se baigner dans un lac **II.** *vt* donner un bain à *Kind*
Baden ['ba:dən] <-s> *nt* le Bade
Baden-Württemberg ['ba:dən'vʏrtəmbɛrk] <-s> *nt* le Bade-Wurtemberg
Badeort *s.* **Bad** **Badesaison** [-zɛzõ:, -zɛzɔŋ] *f* saison *f* balnéaire **Badesalz** *nt* sels *mpl* de bain **Badetuch** *s.* **Badehandtuch** **Badewanne** *f* baignoire *f* **Badewasser** *nt* eau *f* du bain **Badezimmer** *nt* salle *f* de bains **Badezusatz** *m* (*Salz*) sels *mpl* de bain; (*Öl*) huile *f* de bain
Badminton ['bɛtmɪntən] <-> *nt* badminton *m*
Badreiniger <-s, -> *m* produit *m* d'entretien pour la salle de bains
baff [baf] *adj fam* **da bist du ~, was?** ça t'en bouche un coin, hein?
BAföG ['ba:fœk] <-[s]> *nt Abk von* **Bundesausbildungsförderungsgesetz** *fam* (*Stipendium*) ≈ bourse *f* d'études (*en partie à titre de prêt*); **~ bekommen** recevoir une bourse
Bagage [ba'ga:ʒə] <-> *f pej fam* smala *f*
Bagatelldelikt [baga'tɛl-] *nt* affaire *f* mineure
Bagatelle [baga'tɛlə] <-, -n> *f* bagatelle *f*
bagatellisieren* [bagatɛli'zi:rən] **I.** *vt* minimiser **II.** *vi* minimiser l'affaire
Bagatellschaden *m* dommage *m* minime
Bagger ['bagɐ] <-s, -> *m* excavatrice *f*
baggern ['bagɐn] **I.** *vt* creuser *Baugrube;* **Sand ~** excaver du sable **II.** *vi* creuser
Baggersee *m* lac *m* artificiel
Baguette [ba'gɛt] <-s, -s> *nt* baguette *f*
bäh [bɛ:] *interj* ① (*Ausdruck des Ekels*) be[u]rk, pouah ② (*Ausdruck der Schadenfreude*) tralalalalère
Bahn [ba:n] <-, -en> *f* ① (*Eisenbahn*) train *m;* **mit der ~** par le train; **per ~** par voie ferrée ② (*Verkehrsnetz, Verwaltung der Eisenbahn*) chemins *mpl* de fer ③ (*Straßenbahn*) tram *m* ④ SPORT piste *f; eines Schwimmbeckens* couloir *m* ⑤ *einer Rakete* trajectoire *f; eines Himmelskörpers* orbite *f* ⑥ (*Stoffbahn*) lé *m;* (*Tapetenbahn*) panneau *m* ⑦ (*Fahrbahn*) voie *f* ▶ **~ frei!** cédez le passage!; **aus der ~!** barrez-vous! (*fam*)
Bahnbeamte(r) *m dekl wie adj,* **-beamtin** *f* employé(e) *m(f)* des chemins de fer
bahnbrechend *adj* révolutionnaire
Bahndamm *m* remblai *m*
bahnen ['ba:nən] *vt* **sich** (*dat*) **einen Weg ~** *Person:* se frayer un chemin; *Fluss:* se creuser un passage
Bahnfahrt *f* voyage *m* en train **Bahngleis** *nt* voie *f* ferrée **Bahnhof** *m* gare *f*
Bahnhofsgaststätte *f* restaurant *m* de la gare **Bahnhofshalle** *f* hall *m* de la gare **Bahnhofsmission** *f* centre *m* d'accueil de la gare **Bahnhofsvorsteher(in)** *m(f)* chef *mf* de gare
Bahnkörper *m* plate-forme *f* de la voie ferrée **Bahnlinie** *f* ligne *f* de chemin de fer **Bahnpolizei** *f* ① *service de police chargé du maintien de l'ordre dans les gares* ② (*Polizeistation*) commissariat *m* [de police] de la gare **Bahnschranke** *f,* **Bahnschranken** *m* A barrière *f* de passage à niveau **Bahnsteig** ['ba:nʃtaik] *m* quai *m* de gare **Bahnstrecke** *f* (*Anlage*) ligne *f* [de chemin de fer] **Bahnübergang** *m* passage *m* à niveau; **beschrankter/unbeschrankter ~** passage à niveau muni de barrières/sans barrières **Bahnverbindung** *f* liaison *f* ferroviaire **Bahnwärter(in)** *m(f)* garde-barrière *mf*

Bahre ['ba:rə] <-, -n> *f* (*Krankenbahre*) civière *f;* (*Totenbahre*) catafalque *m*

Baiser [bɛ'ze:] <-s, -s> *nt* GASTR meringue *f*

Baisse ['bɛ:sə] <-, -n> *f* FIN baisse *f*

Bajonett [bajo'nɛt] <-[e]s, -e> *nt* baïonnette *f*

Bake ['ba:kə] <-, -n> *f* TRANSP, AVIAT, NAUT balise *f*

Bakschisch ['bakʃɪʃ] <-s, -e *o* -s> *nt* bakchich *m*

Bakterie [bak'te:ri̯ə] <-, -n> *f meist Pl* bactérie *f*

bakteriell [bakte'ri̯ɛl] **I.** *adj* bactérien(ne) **II.** *adv* par des bactéries

bakteriologisch [bakteri̯o'lo:gɪʃ] *adj* bactériologique

bakterizid [bakteri'tsi:t] *adj* MED bactéricide

Balalaika [bala'laika] <-, -s *o* Balalaiken> *f* balalaïka *f*

Balance [ba'lã:s(ə)] <-, -n> *f* équilibre *m*

Balanceakt *m eines Artisten* numéro *m* d'équilibre

balancieren* [balã'si:rən] **I.** *vt* + *haben* tenir en équilibre; **etw auf dem Kopf ~** tenir qc en équilibre sur sa tête **II.** *vi* + *sein* (*sich bewegen*) se tenir en équilibre

Balancierstange [balã'si:ɐ̯-] *f* balancier *m*

bald [balt] <eher, am ehesten> **I.** *adv* ❶ (*in Kürze*) bientôt; **so ~ wie möglich** le plus tôt possible; **nicht so ~** pas de si tôt; **bis ~!** à bientôt! ❷ (*schnell*) vite; **~ darauf** peu après ❸ (*fast*) presque; **~ wäre ich hingefallen** j'ai failli tomber ❹ *fam* (*endlich*) enfin ▶ **wird's ~?** *fam* alors, ça vient? **II.** *konj geh* **~ regnet es** il va pleuvoir sous peu

Baldachin <-s, -e> *m* baldaquin *m*

baldig ['baldɪç] *adj attr Antwort* rapide; *Besuch, Wiedersehen* prochain(e); *Genesung* prompt(e)

baldigst *adv* aussi tôt que possible

baldmöglichst *adj form* dans les plus brefs délais

Baldrian ['baldria:n] <-s, -e> *m* valériane *f*

Balearen [bale'a:rən] *Pl* **die ~** les Baléares *fpl*

Balg¹ [balk, *Pl:* 'bɛlgə] <-[e]s, Bälge> *m* ❶ soufflet *m* ❷ (*Tierhaut*) peau *f*

Balg² [balk, *Pl:* 'bɛlgɐ] <-[e]s, Bälger> *m o nt pej fam* (*Kind*) mioche *m*

balgen ['balgən] *vr* **sich ~** se chamailler; **sich um etw ~** se chamailler pour qc

Balgerei [balgə'rai] <-, -en> *f* bagarre *f*

Balkan ['balka:n] <-s> *m* **der ~** les Balkans *mpl;* (*das Gebirge*) le [mont] Balkan; **auf dem ~** dans les Balkans

Balken ['balkən] <-s, -> *m* ❶ (*Holzbalken*) poutre *f* ❷ (*Stützbalken*) pilier *m* ❸ SPORT (*Schwebebalken*) poutre *f* ❹ TYP barre *f*

Balkendiagramm *nt* diagramme *m* en bâtons **Balkenüberschrift** *f* manchette *f* **Balkenwaage** *f* balance *f* à fléau

Balkon [bal'kõ:, bal'kɔŋ] <-s, -s> *m* balcon *m*

Balkonpflanze *f* plante *f* de balcon **Balkontür** *f* porte *f* du balcon

Ball¹ [bal, *Pl:* 'bɛlə] <-[e]s, Bälle> *m* ❶ balle *f;* (*in der Größe eines Fußballs*) ballon *m;* **~ spielen** jouer à la balle/au ballon ❷ (*runder Gegenstand*) boule *f* ▶ **am ~ bleiben** *Spieler:* avoir la balle; *fig* se tenir au courant

Ball² [bal, *Pl:* 'bɛlə] <-[e]s, Bälle> *m* (*Tanzfest*) bal *m*

Ballade [ba'la:də] <-, -n> *f* ballade *f*

Ballast [ba'last] <-[e]s, -e> *m* ❶ NAUT, AVIAT lest *m* ❷ (*Unnützes*) poids *m* mort ❸ (*lästiger Mensch*) charge *f*

Ballaststoffe *Pl* fibres *fpl* [alimentaires]

ballen ['balən] **I.** *vt* serrer; **die Faust ~** serrer le poing **II.** *vr* **sich ~** *Verkehr:* se concentrer; *Probleme:* s'accumuler

Ballen ['balən] <-s, -> *m* ❶ (*Packen*) balle *f;* (*klein*) ballot *m* ❷ ANAT éminence *f;* (*Teil der Pfote*) coussinet *m*

Ballerina [balə'ri:na] <-, Ballerinen> *f* ballerine *f*

Ballermann ['balɐman] <-männer> *m fam* (*Revolver*) flingue *m*

ballern ['balɐn] *fam* **I.** *vi* ❶ tirailler ❷ (*Knallkörper zünden*) faire du boucan avec des pétards **II.** *vt* ▶ **jdm eine ~** en mettre une à qn

Ballett [ba'lɛt] <-[e]s, -e> *nt* ballet *m*

Balletttänzer(in)RR *m(f)* danseur(-euse) *m(f)* **Balletttruppe** *f* troupe *f* de danseurs

Ballistik [ba'lɪstɪk] <-> *f* PHYS balistique *f*

ballistisch [ba'lɪstɪʃ] *adj* balistique

Balljunge *m* ramasseur *m* de balles

Ballkleid *nt* robe *f* de bal

Ballmädchen *nt* ramasseuse *f* de balles

Ballon [ba'lõ:, ba'lɔŋ] <-s, -s> *m* ballon *m*

Ballsaal *m* salle *f* de bal

Ballspiel *nt* jeu *m* de ballon

Ballung [ba'lʊŋ] <-, -en> *f* concentration *f*

Ballungsgebiet *nt,* **Ballungsraum** *m* région *f* à forte concentration urbaine

Ballungszentrum *nt* zone *f* à forte concentration urbaine
Ballwechsel *m* échange *m* [de balles]
Balsam ['balza:m] <-s, Balsame> *m* baume *m*
Balte ['baltə] <-n, -n> *m*, **Baltin** *f* Balte *mf*
Baltikum ['baltikʊm] <-s> *nt* **das** ~ les pays *mpl* baltes
baltisch ['baltɪʃ] *adj* balte
Balustrade [balʊs'tra:də] <-, -n> *f* balustrade *f*
Balz [balts] <-> *f* ❶ parade *f* nuptiale ❷ (*Balzzeit*) pariade *f*
balzen ['baltsən] *vi* ❶ *Vogel:* effectuer une parade nuptiale ❷ *hum Mann:* se pavaner
Bambus ['bambʊs] <-[ses], -se> *m* bambou *m*
Bambusrohr *nt* bambou *m* **Bambussprossen** *Pl* pousses *fpl* de bambou
Bammel <-s> *m fam* trouille *f;* **vor jdm/etw ~ haben** avoir la trouille de qn/qc
banal [ba'na:l] *adj* banal(e)
banalisieren* [banali'zi:rən] *vt geh* banaliser
Banalität [banali'tɛ:t] <-, -en> *f* banalité *f*
Banane [ba'na:nə] <-, -n> *f* banane *f*
Bananendampfer *m* bananier *m* **Bananenrepublik** *f pej* république *f* bananière **Bananenschale** *f* peau *f* de banane **Bananenstaude** *f* bananier *m*
Banause [ba'nauzə] <-n, -n> *m pej* **du ~!** espèce d'ignare!
band [bant] *Imp von* **binden**
Band¹ [bant, *Pl:* 'bɛndɐ] <-[e]s, Bänder> *nt* ❶ ruban *m* ❷ (*Tonband*) bande *f* [magnétique] ❸ (*Fließband*) chaîne *f;* (*Förderband*) tapis *m* ❹ *meist Pl* ANAT ligament *m* ▶ **am laufenden ~** *fam* sans arrêt; *produzieren* en série
Band² [bant, *Pl:* 'bɛndə] <-[e]s, Bände> *m* volume *m;* **in zwei Bänden** en deux volumes ▶ **etw spricht Bände** qc en dit long
Band³ [bɛnt] <-, -s> *f* groupe *m;* (*Jazzband*) orchestre *m*
Bandage [ban'da:ʒə] <-, -n> *f* bandage *m*
bandagieren* [banda'ʒi:rən] *vt* bander
Bandbreite *f von Gehältern* échelle *f; von Meinungen* éventail *m; von Wechselkursen* marge *f* de fluctuation
Bande¹ ['bandə] <-, -n> *f* ❶ (*Verbrecherbande*) gang *m* ❷ *fam* (*Kinder*) bande *f*
Bande² ['bandə] <-, -n> *f* SPORT bande *f*
BändelRR ['bɛndəl] *m* lacet *m*
Bandenkriminalität *f* délinquance *f* de groupe
Banderole [bandə'ro:lə] <-, -n> *f* bande *f* fiscale
BänderrissRR *m* MED déchirure *f* des ligaments **Bänderzerrung** *f* claquage *m*
bändigen ['bɛndɪgən] *vt* ❶ dompter *Tier, Temperament* ❷ (*beruhigen*) en venir à bout avec *Kind*
Bändigung <-, -en> *f* ❶ (*Zähmung*) domptage *m* ❷ (*Bezwingung*) *einer Person* neutralisation *f*
Bandit(in) [ban'di:t] <-en, -en> *m(f)* bandit *m*
Bandmaß *nt* mètre *m* souple; (*aus Metall*) mètre à ruban **Bandnudeln** *Pl* tagliatelles *fpl* **Bandscheibe** *f* disque *m* [intervertébral]
Bandscheibenvorfall *m* MED hernie *f* discale
Bandwurm *m* ver *m* solitaire
bang[e] ['baŋ(ə)] <-er *o* bänger, -ste *o* bängste> *adj Augenblick* angoissant(e); *Schweigen* plein(e) d'inquiétude; **jdm ist ~** qn a peur
Bange ['baŋə] <-> *f* [**nur**] **keine ~!** *fam* pas de panique!
bangen ['baŋən] *vi geh* trembler; **um jdn/etw ~** trembler pour qn/qc; **jdm bangt [es] vor etw** qn s'inquiète pour qc
Bangladesch [baŋgla'dɛʃ] <-> *nt* le Bangladesh
Bank¹ [baŋk, *Pl:* 'bɛŋkə] <-, Bänke> *f* ❶ banc *m* ❷ (*Werkbank*) établi *m*
Bank² <-, -en> *f* (*Geldinstitut, Spielbank*) banque *f* ▶ **eine sichere ~ sein** *Person, Projekt:* être bancable, être banquable
Bankangestellte(r) *f(m) dekl wie adj* employé(e) *m(f)* de banque **Bankautomat** *m* distributeur *m* automatique de billets **Bankbürgschaft** *f* garantie *f* bancaire **Bankdirektor(in)** *m(f)* directeur(-trice) *m(f)* de banque **Bankeinzug** *m* prélèvement *m* bancaire; **per** [*o* **mit**] **~ zahlen** payer par prélèvement bancaire
Bankenkrise *f* ÖKON crise *f* bancaire **Bankenviertel** *nt* quartier *m* des banques
Banker(in) ['bɛŋkɐ] <-s, -> *m(f) fam* banquier(-ière) *m(f)*
Bankett [baŋ'kɛt] <-[e]s, -e> *nt* banquet *m*
Bankfach *nt* ❶ (*Schließfach*) coffre[-fort] *m* ❷ (*Bankgewerbe*) secteur *m* bancaire **Bankgeheimnis** *nt* secret *m* bancaire **Bankguthaben** *nt* avoir *m* en banque **Bankhalter(in)** *m(f)* SPIEL banquier(-ière) *m(f)*
Bankier [baŋ'ki̯e:] <-s, -s> *m* banquier *m*

B

Bankkaufmann *m,* **-kauffrau** *f* employé(e) *m(f)* de banque diplômé(e) **Bankkonto** *nt* compte *m* en banque **Bankkredit** *m* crédit *m* bancaire **Banklehre** *f* apprentissage *m* dans une banque **Bankleitzahl** *f* code *m* banque **Banknote** *f* billet *m* [de banque] **Bankraub** *m* hold-up *m* **Bankräuber(in)** *m(f)* cambrioleur(-euse) *m(f)* de banque

bankrott [baŋ'krɔt] *adj* en faillite

Bankrott [bank'rɔt] <-[e]s, -e> *m* faillite *f;* **~ machen** faire faillite

Bankschließfach *nt* coffre[-fort] *m* **Banküberfall** *m* hold-up *m inv* **Bankverbindung** *f* coordonnées *fpl* bancaires; **jdm seine ~ mitteilen** communiquer ses coordonnées bancaires à qn; (*in Frankreich*) donner son RIB à qn **Bankvollmacht** *f* procuration *f* bancaire **Bankwesen** *nt kein Pl* ÖKON système *m* bancaire

Bann [ban] <-[e]s> *m* ① *geh* (*Einfluss*) envoûtement *m;* **in den ~ einer Person/Sache geraten** se laisser envoûter par qn/qc ② HIST bannissement *m;* REL anathème *m* ▶**jdn in seinen ~ ziehen** fasciner qn

bannen ['banən] *vt* ① *geh* (*faszinieren*) fasciner *Zuschauer* ② (*abwenden*) conjurer *Gefahr* ③ (*exkommunizieren*) anathématiser

Banner ['banɐ] <-s, -> *nt* étendard *m*

Bannkreis *m* sphère *f* d'influence **Bannmeile** *f* périmètre *m* de sécurité

Bantamgewicht ['bantam-] *nt* SPORT poids *m* coq

Baptist(in) [bap'tɪst] <-en, -en> *m(f)* baptiste *mf*

bar [baːɐ̯] **I.** *adj* ① en liquide; **in ~** en espèces ② *Zufall* pur(e) **II.** *adv* **~ zahlen** payer en espèces

Bar [baːɐ̯] <-, -s> *f* ① (*Nachtlokal*) boîte *f* de nuit ② (*Theke*) bar *m*

Bär [bɛːɐ̯] <-en, -en> *m* ours *m*

Baracke [ba'rakə] <-, -n> *f* baraque *f*

Barauszahlung *f* paiement *m* en espèces

Barbar(in) [bar'baːɐ̯] <-en, -en> *m(f)* barbare *mf* ▶**sich wie die ~en benehmen** se comporter comme des sauvages

Barbarei [barba'rai̯] <-, -en> *f* barbarie *f*

barbarisch [bar'baːrɪʃ] **I.** *adj a.* HIST barbare **II.** *adv* sauvagement

Barbe ['barbə] <-, -n> *f* ZOOL barbeau *m*

bärbeißig ['bɛːɐ̯bai̯sɪç] *adj fam Miene* renfrogné(e); **ein ~er Mensch** un ours [mal léché]

Barbiturat [barbitu'raːt] <-[e]s, -e> *nt* PHARM barbiturique *m*

barbusig **I.** *adj* avec les seins nus; **~ sein** être seins nus **II.** *adv* seins nus

Bardame *f* barmaid *f*

Barde ['bardə] <-n, -n> *m* barde *m*

Bärendienst ▶**jdm einen ~ erweisen** rendre un mauvais service à qn **Bärenhunger** *m* faim *f* de loup; **einen ~ haben** *fam* avoir une faim de loup **bärenstark** *adj fam* ① fort(e) comme un bœuf ② (*ausgezeichnet*) *Typ, Mode, Musik* génial(e)

Barett [ba'rɛt] <-[e]s, -e *o* -s> *nt* ① MIL béret *m* ② UNIV, JUR toque *f* ③ REL barrette *f*

barfuß ['baːɐ̯fuːs] *adj* pieds nus; **~ gehen** marcher pieds nus

barfüßig *adj* pieds nus; **ein ~es Kind** un enfant aux pieds nus

barg [bark] *Imp von* **bergen**

Bargeld *nt* argent *m* liquide

bargeldlos *adj* **der ~e Zahlungsverkehr** la transaction par virement

barhäuptig *adj geh* nu-tête

Barhocker *m* tabouret *m* de bar

Bärin *f* ourse *f*

Barista [ba'rɪsta] <-[s], -s> *m* barista *m*

Bariton ['baːritɔn] <-s, -e> *m* baryton *m*

Barium ['baːri̯ʊm] <-s> *nt* CHEM baryum *m*

Barkauf *m* achat *m* au comptant

Barke ['barkə] <-, -n> *f* barque *f*

Barkeeper(in) ['baːɐ̯kiːpɐ] <-s, -> *m(f)* barman *m*/barmaid *f*

Bärlapp ['bɛːɐ̯lap] <-s, -e> *m* BOT lycopode *m*

barmherzig [barm'hɛrt͜sɪç] *adj* charitable; miséricordieux(-euse) *Gott*

Barmherzigkeit <-> *f* charité *f; Gottes* miséricorde *f*

Barmittel *Pl form* liquidités *fpl*

Barmixer(in) *s.* **Barkeeper(in)**

barock [ba'rɔk] *adj* baroque

Barock <-[s]> *nt o m* baroque *m*

Barometer [baro'meːtɐ] <-s, -> *nt a. fig* baromètre *m*

Baron(in) [ba'roːn] <-s, -e> *m(f)* baron(ne) *m(f)*

BaronessRR <-, -en> *f* baronne *f*

Barrel ['bɛrəl, 'barəl] <-s, -s> *nt* baril *m*

Barren ['barən] <-s, -> *m* ① barres *fpl* parallèles; (*Stufenbarren*) barre *f* fixe ② (*Goldbarren*) lingot *m*

Barrengold *nt* or *m* en lingot

Barriere [ba'ri̯eːrə] <-, -n> *f* ① barrière *f* ② PSYCH blocage *m*

Barrikade [bari'kaːdə] <-, -n> *f* barricade *f*

barsch [barʃ] **I.** *adj* brusque **II.** *adv* brutalement

Barsch [baːɐ̯ʃ] <-[e]s, -e> *m* perche *f*
Barscheck *m* chèque *m* de retrait
barst [barst] *Imp von* **bersten**
Bart [baːɐ̯t, *Pl:* ˈbɛːɐ̯tə] <-[e]s, Bärte> *m* ① (*Vollbart*) barbe *f;* (*Schnurrbart*) moustache *f;* (*Kinnbart*) bouc *m* ② (*Tasthaare*) moustaches *fpl* ③ (*Teil eines Schlüssels*) panneton *m*
Barthaar *nt* ① poil *m* de barbe ② *Pl* (*Schnurrhaare*) moustaches *fpl*
bärtig [ˈbɛːɐ̯tɪç] *adj* barbu(e)
bartlos *adj* imberbe **Bartstoppeln** *Pl* barbe *f* piquante **Bartwisch** *m* A balayette *f* **Bartwuchs** *m eines Mannes* barbe *f; einer Frau* pilosité *f*
Barzahlung *f* paiement *m* en espèces
Basalt [baˈzalt] <-[e]s, -e> *m* MINER basalte *m*
Basar [baˈzaːɐ̯] <-s, -e> *m* ① (*Markt*) bazar *m* ② (*Wohltätigkeitsbasar*) vente *f* de charité
Base [ˈbaːzə] <-, -n> *f* CHEM base *f*
Baseball [ˈbeːsboːl] <-s> *m* base-ball *m*
Baseballschläger *m* batte *f* de base-ball
Basel [ˈbaːzəl] <-s> *nt* Bâle
Basen *Pl von* **Basis, Base**
basieren* [baˈziːrən] *vi* s'appuyer; **auf einer S. ~** s'appuyer sur qc
Basilika [baˈziːlika] <-, Basiliken> *f* basilique *f*
Basilikum [baˈziːlikʊm] <-s> *nt* basilic *m*
Basis [ˈbaːzɪs] <-, Basen> *f* base *f*
basisch [ˈbaːzɪʃ] CHEM *adj* basique
Basisdemokratie *f* démocratie *f* directe
Baske [ˈbaskə] <-n, -n> *m,* **Baskin** *f* Basque *mf*
Baskenland *nt* **das ~** le Pays basque **Baskenmütze** *f* béret *m* basque
Basketball *m* basket[-ball] *m*
baskisch [ˈbaskɪʃ] *adj* basque
Bass[RR] [bas, *Pl:* ˈbɛsə] <-es, Bässe>, **Baß**[ALT] <-sses, Bässe> *m* ① MUS (*Stimme, Sänger*) basse *f* ② RADIO, TV basses *fpl*
Bassin [baˈsɛ̃ː] <-s, -s> *nt* ① (*Schwimmbecken*) bassin *m* ② (*Behälter*) citerne *f*
Bassist(in) <-en, -en> *m(f)* ① (*Sänger*) basse *f* ② (*Streicher*) [contre]bassiste *mf*
Bassschlüssel[RR] *m* clé *f* de fa **Bassstimme**[RR] *f* [voix *f* de] basse *f*
Bast [bast] <-[e]s, -e> *m* raphia *m*
basta [ˈbasta] *interj fam* basta
Bastard [ˈbastart] <-[e]s, -e> *m* ① *pej fam* (*Schimpfwort*) fils *m* de pute ② HIST bâtard(e) *m(f)* ③ BOT hybride *m*
Bastei [basˈtai̯] <-, -en> *f* bastion *m*
Bastelarbeit *f* ① (*das Basteln*) bricolage *m* ② (*gebastelter Gegenstand*) travail *m* manuel; **das ist eine ~ von mir** c'est moi qui ai bricolé cela
Bastelei [bastəˈlai̯] <-, -en> *f pej fam* (*knifflige Arbeit*) travail *m* fastidieux
basteln [ˈbastəln] **I.** *vi* bricoler; **an etw** (*dat*) **~** bricoler à qc; **das Basteln** le bricolage **II.** *vt* **jdm etw ~** bricoler qc pour qn
Bastion [basˈti̯oːn] <-, -en> *f* bastion *m*
Bastler(in) [ˈbastlɐ] <-s, -> *m(f)* bricoleur(-euse) *m(f)*
Bastmatte *f* natte *f* en [*o* de] raphia
bat [baːt] *Imp von* **bitten**
Bataillon [batalˈjoːn] <-s, -e> *nt* bataillon *m*
Batik [ˈbaːtɪk] <-, -en> *f* batik *m*
Batist [baˈtɪst] <-[e]s, -e> *m* batiste *f*
Batterie [batəˈriː] <-, -i̯en> *f* ① pile *f;* (*Autobatterie*) batterie *f* ② (*Mischbatterie*) mélangeur *m* ③ *fam* (*Ansammlung*) **eine ganze ~ von ...** tout un stock de ... ④ MIL batterie *f*
batteriebetrieben *adj* [qui fonctionne] à piles
Batzen <-s, -> *m* (*Klumpen*) motte *f* ▶ **ein schöner ~ [Geld]** *fam* un joli magot
Bau[1] [bau̯] <-[e]s, -ten> *m* ① *kein Pl* (*das Bauen*) construction *f;* **im ~ befindlich** en [cours de] construction ② (*Gebäude*) bâtiment *m* ③ (*Bauwerk*) édifice *m* ④ *kein Pl fam* (*Baustelle*) chantier *m;* **auf dem ~ arbeiten** travailler sur des chantiers ⑤ *kein Pl fam* (*Arrestzelle*) trou *m*
Bau[2] [bau̯] <-[e]s, -e> *m* (*Fuchsbau*) terrier *m*
Bauabschnitt *m* tranche *f* de travaux **Bauamt** *nt* office *m* d'urbanisme **Bauarbeiten** *Pl* travaux *mpl* **Bauarbeiter(in)** *m(f)* ouvrier(-ière) *m(f)* du bâtiment **Bauaufsichtsbehörde** *f* service *m* de surveillance des travaux
Bauch [bau̯x, *Pl:* ˈbɔy̯çə] <-[e]s, Bäuche> *m* ① ventre *m* ② *fig eines Schiffs* coque *f; eines Flugzeugs* soute *f; einer Flasche* ventre *m* ▶ **aus dem ~ [heraus]** *entscheiden* instinctivement; *spielen* avec ses tripes (*fam*)
Bauchansatz *m* brioche *f* (*fam*); **zum ~ neigen** avoir tendance à prendre du ventre **Bauchfell** *nt* ANAT péritoine *m* **Bauchhöhle** *f* cavité *f* abdominale
Bauchhöhlenschwangerschaft *f* MED grossesse *f* extra-utérine
bauchig [ˈbau̯xɪç] *adj* bombé(e)
Bauchklatscher <-s, -> *m fam* plat *m*
Bauchladen *m* éventaire *m* **Bauchlandung** *f eines Flugzeugs* atterrissage *m* sur

B

le ventre ▶**eine ~ mit etw machen** *fam* se planter avec qc
bäuchlings ['bɔyçlɪŋs] *adv* à plat ventre
Bauchmuskeln *Pl* abdominaux *mpl* **Bauchnabel** *m* nombril *m* **bauchpinseln** *vt nur Infin und PP hum fam* **jdn ~** flatter qn **Bauchredner(in)** *m(f)* ventriloque *mf* **Bauchschmerzen** *Pl* mal *m* au ventre **Bauchspeck** *m* ❶ *fam* ventre *m* ❷ GASTR lard *m* maigre **Bauchspeicheldrüse** *f* ANAT pancréas *m* **Bauchtanz** *m* danse *f* du ventre **Bauchtänzerin** *f* danseuse *f* du ventre **Bauchweh** *s.* **Bauchschmerzen**
Baudenkmal *nt* construction *f* à caractère historique **Bauelement** *nt eines Gebäudes* élément *m* [préfabriqué]; *einer Maschine* composant *m*
bauen ['bauən] **I.** *vt* ❶ construire *Gebäude;* faire *Nest* ❷ (*herstellen*) fabriquer *Möbel;* construire *Maschine* ❸ *fam* (*verursachen*) provoquer *Unfall* **II.** *vi* ❶ (*ein Haus bauen*) [faire] construire ❷ (*vertrauen*) **auf jdn/etw ~** compter sur qn/qc
Bauer[1] ['baue] <-n *o* -s, -n> *m* ❶ paysan *m;* (*Landwirt*) agriculteur *m* ❷ *pej fam* plouc *m* ❸ SPIEL pion *m* ▶**was der ~ nicht kennt, frisst er nicht** *prov* ≈ on ne mange que ce qu'on connaît
Bauer[2] ['baue] <-s, -> *nt o m* (*Vogelkäfig*) cage *f*
Bäuerchen <-s, -> *nt Kinderspr.* rot *m* (*fam*); [**ein**] **~ machen** faire son rot
Bäuerin ['bɔyərɪn] *f* paysanne *f;* (*Landwirtin*) agricultrice *f*
bäuerlich ['bɔyelɪç] *adj* (*ländlich*) agricole
Bauernbrot *nt* pain *m* de campagne
Bauernfängerei <-> *f pej fam* arnaque *f*
Bauernfrühstück *nt plat composé de pommes de terre sautées, d'œufs brouillés et de lard* **Bauernhaus** *nt* ferme *f* **Bauernhof** *m* ferme *f* **Bauernregel** *f* dicton *m* paysan **bauernschlau** *adj* finaud(e)
Bauersfrau *f* fermière *f*
Bauerwartungsland ['bauʔɛrvartʊŋslant] *nt* zone *f* urbanisable
baufällig *adj* délabré(e)
Baufirma *f* entreprise *f* de construction **Baugenehmigung** *f* permis *m* de construire **Baugerüst** *nt* échafaudage *m* **Baugesellschaft** *f* société *f* de construction **Baugewerbe** *nt* [industrie *f* du] bâtiment *m* **Baugrube** *f* fouille *f* de construction **Baugrundstück** *nt* terrain *m* à bâtir **Bauherr(in)** *m(f)* maître *m* d'ouvrage **Bauholz** *nt* bois *m* de charpente **Bauingenieur(in)** *m(f)* ingénieur *mf* du bâtiment **Baujahr** *nt eines Gebäudes* année *f* de construction; *eines Autos* année *f* de fabrication **Baukasten** *m* jeu *m* de construction **Bauklotz** *m* pièce *f* de jeu de construction **Baukunst** *f kein Pl geh* architecture *f* **Bauland** *nt kein Pl* terrain *m* constructible **Baulärm** *m* bruit *m* de[s] travaux [de construction], bruit *m* de chantier **Bauleiter(in)** *m(f)* chef *mf* de chantier
baulich *adj* **~e Veränderungen vornehmen** faire des transformations
Baum [baum, *Pl:* 'bɔymə] <-[e]s, Bäume> *m* ❶ arbre *m* ❷ *fam* (*Weihnachtsbaum*) sapin *m*
Baumarkt *m* ❶ (*Geschäft*) hypermarché *m* de l'outillage et des matériaux ❷ (*Baugewerbe*) [industrie *f* du] bâtiment *m* **Baumaterial** *nt* matériaux *mpl* de construction **Baumeister(in)** *m(f)* ❶ HIST maître *m* d'œuvre ❷ *geh* (*Architekt*) architecte *mf*
baumeln ['bauməln] *vi fam* pendouiller
Baumgruppe *f* bouquet *m* d'arbres **Baumkrone** *f* cime *f* de l'arbre **Baumnuss**[RR] *f* CH noix *f* **Baumrinde** *f* écorce *f* d'arbre **Baumschere** *f* sécateur *m* **Baumschule** *f* pépinière *f* **Baumstamm** *m* tronc *m* d'arbre **baumstark** *adj Kerl* fort(e) comme un chêne **Baumsterben** *nt* dépérissement *m* des arbres **Baumstruktur** *f* INFORM structure *f* arborescente **Baumstumpf** *m* souche *f* [d'arbre] **Baumwolle** *f* coton *m*
Bauordnung *f* législation *f* sur les constructions **Bauplan** *m* ❶ (*Planzeichnung*) plan *m* de construction ❷ *fig* **genetischer ~** structure *f* génétique ❸ *Pl* (*Bauvorhaben*) projets *mpl* de construction **Bauplatz** *m* terrain *m* à bâtir
bäurisch ['bɔyrɪʃ] *adj pej* grossier(-ière)
Bauruine *f* construction *f* inachevée **Bausatz** *m* kit *m*
Bausch [bauʃ] <-es, -e *o* Bäusche> *m* (*Wattebausch*) tampon *m*
bauschen *vr* **sich ~** *Kleidung, Vorhang:* bouffer
bauschig *adj* bouffant(e)
Bauschutt *m* gravats *mpl* **bausparen** *vi nur Infin* souscrire une épargne-logement **Bausparer(in)** *m(f)* titulaire *mf* d'un plan d'épargne-logement
Bausparkasse *f* caisse *f* d'épargne-logement **Bausparvertrag** *m* plan *m* d'épargne-logement
Baustein *m* ❶ (*Stein*) pierre *f* de construc-

tion ② INFORM **elektronischer ~** composant *m* électronique ③ (*Bestandteil*) élément *m* constitutif **Baustelle** *f* chantier *m* **Baustil** *m* style *m* [architectural] **Baustoff** *s.* **Baumaterial** **Baustopp** *m* arrêt *m* des travaux **Bausubstanz** *f* état *m* du gros œuvre **Bauteil** *nt* ① TECH élément *m* préfabriqué ② (*Maschinenbauteil*) constituant *m*

Bauten *Pl von* **Bau**[1]

Bauträger(in) *m(f)* promoteur *m* immobilier **Bauunternehmen** *nt* entreprise *f* de bâtiment **Bauunternehmer(in)** *m(f)* entrepreneur(-euse) *m(f)* de bâtiment **Bauvorhaben** *nt* projet *m* de construction **Bauweise** *f* (*Bauart*) méthode *f* de construction; (*Stil*) style *m* **Bauwerk** *nt* construction *f;* (*Gebäude*) édifice *m* **Bauwesen** *nt kein Pl* bâtiment *m*

Bauxit [bau̯ˈksiːt] <-s, -e> *m* bauxite *f*

Bauzaun *m* clôture *f* de chantier

Bayer(in) [ˈbai̯ɐ] <-n, -n> *m(f)* Bavarois(e) *m(f)*

bayerisch [ˈbai̯ərɪʃ] *adj* bavarois(e)

Bayern [ˈbai̯ɐn] <-s> *nt* la Bavière

bayrisch [ˈbai̯rɪʃ] *s.* **bayerisch**

Bazi [ˈbaːt͡si] <-s, -s> *m* A, SDEUTSCH *hum* (*Gauner*) canaille *f*

Bazillus [baˈt͡sɪlʊs] <-, Bazillen> *m* ① MED bacille *m* ② *fig geh* virus *m*

Bd., **Bde.** *Abk von* **Band, Bände**

B-Dur [beːˈduːɐ̯] <-> *nt* MUS si *m* bémol majeur

BE *Abk von* **Broteinheit**

beabsichtigen* [bəˈʔapzɪçtɪgən] *vt* ① (*planen*) **~ etw zu tun** envisager de faire qc; **wie beabsichtigt** comme prévu ② (*wollen, bezwecken*) **das war beabsichtigt** c'était voulu

beachten* *vt* ① (*befolgen*) suivre *Ratschlag;* respecter *Vorfahrt* ② (*berücksichtigen*) tenir compte de ③ (*mit Aufmerksamkeit bedenken*) faire attention à

beachtenswert *adj* remarquable

beachtlich *adj* ① considérable; *Leistung* remarquable ② *Stellung* important(e)

Beachtung <-> *f* ① *einer Anleitung* observation *f; einer Vorschrift* respect *m* ② (*Aufmerksamkeit*) **jdm/einer S. ~ schenken** prêter attention à qn/qc

Beamte(r) [bəˈʔamtə, -tɐ] *m dekl wie adj,* **Beamtin** *f* fonctionnaire *mf;* (*Bahnbeamter, Beamte(r) in öffentlichen Ämtern*) employé(e) *m(f)*

Beamtenbeleidigung *f* outrage *m* à magistrat **Beamtenlaufbahn** *f* carrière *f* de fonctionnaire

Beamtentum <-s> *nt* ① (*Stand der Beamten*) fonctionnariat *m* ② (*Beamtenschaft*) fonction *f* publique

Beamtenverhältnis *nt* statut *m* de fonctionnaire; **im ~ stehen** être fonctionnaire

beamtet *adj* fonctionnarisé(e); *Lehrer* titulaire

Beamtin [bəˈʔamtɪn] *s.* **Beamte(r)**

beängstigen* [bəˈʔɛŋstɪgən] *vt geh* inquiéter

beängstigend I. *adj* inquiétant(e) II. *adv* **~ schön** d'une beauté troublante

beanspruchen* [bəˈʔanʃprʊxən] *vt* ① (*fordern*) demander *Schadenersatz;* **ein Territorium für sich ~** revendiquer un territoire pour soi ② (*erfordern*) prendre *Zeit* ③ (*in Anspruch nehmen*) accaparer *Kraft;* **jds Gastfreundschaft ~** abuser de l'hospitalité de qn ④ (*strapazieren*) **beruflich sehr beansprucht sein** être très pris par le travail

Beanspruchung <-, -en> *f* ① (*das Fordern*) *eines Territoriums* revendication *f; eines Schadenersatzes* réclamation *f* ② (*Inanspruchnahme*) sollicitation *f*

beanstanden* *vt* critiquer; **etw an jdm/etw ~** critiquer qc chez qn/dans qc

Beanstandung <-, -en> *f* critique *f; von Waren* réclamation *f*

beantragen* *vt* ① demander *Kredit, Sozialhilfe* ② JUR requérir ③ POL proposer

beantworten* [bəˈʔantvɔrtən] *vt* répondre à

Beantwortung <-, -en> *f* réponse *f;* **~ einer Frage** réponse à une question

bearbeiten* *vt* ① s'occuper de *Antrag* ② (*herrichten*) travailler *Material, Boden* ③ (*behandeln*) traiter ④ (*überarbeiten*) remanier *Manuskript;* arranger *Musikstück;* adapter *Buch* ⑤ *fam* (*schlagen*) battre ⑥ *fam* (*einwirken auf*) travailler; **jdn politisch ~** influencer qn politiquement

Bearbeiter(in) *m(f)* ① (*Sachbearbeiter*) personne *f* compétente; *einer Akte* personne chargée ② (*Autor*) rédacteur(-trice) *m(f);* MUS arrangeur(-euse) *m(f);* CINE, THEAT adaptateur(-trice) *m(f)*

Bearbeitung <-, -en> *f* ① *eines Werkstoffs* travail *m* ② (*das Behandeln*) *eines Antrags* traitement *m* ③ (*die Überarbeitung*) remaniement *m;* MUS arrangement *m;* CINE, THEAT adaptation *f* ④ (*bearbeitete Fassung*) *eines Buchs* nouvelle édition *f*

Bearbeitungsgebühr *f* frais *mpl* de dossier

beargwöhnen* [bəˈʔarkvøːnən] *vt* regar-

B

der d'un mauvais œil; **jdn/etw ~** regarder qn/qc d'un mauvais œil

Beat [biːt] <-[s], -s> *m* beat *m*

beatmen* *vt* (*Mund zu Mund*) faire du bouche-à-bouche; (*künstlich*) pratiquer la respiration artificielle

Beatmung *f* **künstliche ~** respiration *f* artificielle

beaufsichtigen* [bəˈʔaufzɪçtɪgən] *vt* surveiller

Beaufsichtigung <-, -en> *f* surveillance *f*

beauftragen* *vt* charger; **jdn mit etw ~** charger qn de qc

Beauftragte(r) *f(m) dekl wie adj* mandataire *mf*

beäugen* *vt fam* zieuter; **jdn misstrauisch ~** regarder qn de travers

Beautysalon [ˈbjuːti-] *m* salon *m* de beauté

bebauen* *vt* ① construire; **dicht bebaut sein** être fortement urbanisé ② (*Anbau*) cultiver *Acker*

Bebauung <-, -en> *f* ① (*das Bebauen*) aménagement *m* ② (*Bauten*) construction *f* ③ (*das Anbauen*) culture *f*

beben [ˈbeːbən] *vi* trembler

Beben [ˈbeːbən] <-s, -> *nt* tremblement *m*

bebildern* [bəˈbɪldɐn] *vt* illustrer

Bebilderung <-, -en> *f* ① *kein Pl* (*das Bebildern*) illustration *f* ② (*Illustrationen*) illustrations *fpl*

bebrillt [bəˈbrɪlt] *adj hum fam* porteur(-euse) de lunettes

Béchamelsoße [beʃaˈmɛl-] *f* sauce *f* béchamel

Becher [ˈbɛçɐ] <-s, -> *m* gobelet *m;* (*Plastikbecher, Pappbecher*) verre *m*

bechern [ˈbɛçɐn] *vi hum fam* picoler

becircen* [bəˈt͡sɪrt͡sən] *s.* **bezirzen**

Becken [ˈbɛkən] <-s, -> *nt* ① *a.* GEOL, ANAT bassin *m* ② (*Spülbecken*) bac *m* [à évier]; (*Waschbecken*) lavabo *m* ③ *meist Pl* MUS cymbales *fpl*

Beckenbruch *m* fracture *f* du bassin **Beckenknochen** *m* os *m* du bassin

Becquerel [bɛkəˈrɛl] <-s, -> *nt* PHYS becquerel *m*

bedacht [bəˈdaxt] **I.** *adj* ① (*überlegt*) réfléchi(e) ② (*besorgt*) **auf etw** (*akk*) **~ sein** être très soucieux de qc; **darauf ~ sein, dass** accorder une grande importance à ce que + *subj* **II.** *adv* avec circonspection

Bedacht ▶ **mit ~** *geh* (*vorsichtig*) avec circonspection; (*absichtlich*) volontairement

bedächtig [bəˈdɛçtɪç] **I.** *adj* ① (*gemessen*) posé(e) ② (*besonnen*) réfléchi(e) **II.** *adv* ① (*gemessen*) posément ② (*vorsichtig*) avec circonspection

bedachtsam [bəˈdaxtzaːm] *adj geh* réfléchi(e)

Bedachung <-, -en> *f form* couverture *f*

bedanken* *vr* **sich ~** dire merci; **sich bei jdm für etw ~** remercier qn de qc

Bedarf [bəˈdarf] <-[e]s> *m* besoins *mpl;* **bei ~** en cas de besoin; **je nach ~** selon les besoins ▶ **[danke,] kein ~!** *iron fam* merci bien!

Bedarfsartikel *m* article *m* de consommation courante **Bedarfsfall** *m form* **im ~** en cas de besoin

bedauerlich [bəˈdauɐlɪç] *adj* regrettable

bedauerlicherweise [bəˈdauɐlɪçɐˈvaizə] *adv* malheureusement

bedauern* [bəˈdauɐn] *vt* ① regretter ② (*bemitleiden*) plaindre

Bedauern <-s> *nt* ① (*Kummer*) regret *m* ② (*Mitgefühl*) sympathie *f*

bedauernswert *adj,* **bedauernswürdig** *adj geh* malheureux(-euse) *antéposé;* **~ sein** être à plaindre

bedecken* **I.** *vt* ① (*zudecken*) recouvrir ② (*verhüllen, überhäufen*) couvrir **II.** *vr* **sich mit etw ~** se couvrir de qc

bedeckt *adj Himmel* couvert(e)

bedenken* *vt irr* ① penser à ② (*durchdenken*) réfléchir à *Maßnahmen;* **jdm zu ~ geben, dass ...** faire remarquer à qn que ...

Bedenken <-s, -> *nt* ① *Pl* (*Zweifel*) doutes *fpl;* **~ haben** émettre des réserves ② *kein Pl* (*das Überlegen*) réflexion *f;* **ohne ~** sans hésitation

bedenkenlos **I.** *adj* (*nicht zögernd*) inconditionnel(le) **II.** *adv* ① (*ohne Überlegung*) sans hésitation ② (*skrupellos*) sans scrupules

Bedenkenträger(in) *m(f)* personne *f* qui émet des réserves

bedenklich *adj* ① *Methoden* douteux(-euse) ② *Neuigkeiten* inquiétant(e); *Gesundheitszustand* critique ③ *Miene* préoccupé(e)

Bedenkzeit *f* délai *m* de réflexion

bedeuten* *vt* ① (*ausdrücken*) signifier; (*meinen*) vouloir dire; (*versinnbildlichen*) symboliser; **was hat das zu ~?** qu'est-ce que ça veut dire?; **das hat nichts zu ~** ça ne veut rien dire ② (*ankündigen*) présager ③ (*gelten*) **Geld bedeutet mir viel** j'attache beaucoup d'importance à l'argent; **was bedeute ich dir?** qu'est-ce que je représente pour toi?

bedeutend **I.** *adj* important(e); *Leistung*

remarquable; *Erfolg* considérable **II.** *adv* (*beträchtlich*) nettement

bedeutsam *adj* ① important(e); *Fortschritt* considérable ② (*viel sagend*) significatif(-ive)

Bedeutung <-, -en> *f* ① (*Sinn*) sens *m;* **in wörtlicher/übertragener ~** au sens propre/figuré ② (*Wichtigkeit*) importance *f;* (*Geltung*) valeur *f*

bedeutungslos *adj* insignifiant(e)

Bedeutungslosigkeit <-> *f* insignifiance *f*

bedeutungsvoll *s.* **bedeutsam** **Bedeutungswandel** *m* changement *m* de sens

bedienen* **I.** *vt* ① servir; **werden Sie schon bedient?** on s'occupe de vous? ② (*umsorgen*) **sich von jdm ~ lassen** se faire servir par qn ③ (*benutzen*) se servir de *Telefon;* faire fonctionner *Computer;* faire marcher *Maschine* ④ SPIEL fournir à **II.** *vi* ① servir ② SPIEL fournir **III.** *vr* **sich ~** se servir; **~ Sie sich!** servez-vous!

bedienerfreundlich *adj* facile d'utilisation; INFORM convivial(e)

Bedienerin <-, -nen> *f* A femme *f* de ménage

Bedienstete(r) *f(m) dekl wie adj* ADMIN agent *m* de la fonction publique

Bedienung <-, -en> *f* ① *kein Pl* (*Handhabung*) utilisation *f; einer Schaltzentrale* fonctionnement *m; eines Geschützes* service *m* ② *kein Pl* (*das Bedienen*) *eines Kunden* service *m* ③ (*Kellner*) garçon *m;* (*Kellnerin*) serveuse *f;* **~!** garçon/Mademoiselle!

Bedienungsanleitung *f* mode *m* d'emploi **Bedienungsfehler** *m* erreur *f* de manipulation

bedingen* [bəˈdɪŋən] *vt* ① (*verursachen*) provoquer; **durch etw bedingt sein** être dû à qc ② (*verlangen*) nécessiter

bedingt **I.** *adv* (*eingeschränkt*) partiellement; **~ gültig/richtig** partiellement valable/correct; **das ist nur ~ richtig** c'est vrai en partie **II.** *adj* conditionnel(le)

Bedingung <-, -en> *f* condition *f*

bedingungslos **I.** *adj* sans condition **II.** *adv* inconditionnellement; **jdm ~ vertrauen** avoir une confiance absolue en qn

Bedingungssatz *m* GRAM proposition *f* conditionnelle

bedrängen* *vt* ① (*bestürmen*) harceler; **jdn mit etw ~** harceler qn de qc; **jdn ~ etw zu tun** presser qn de faire qc ② SPORT pousser ③ (*belasten*) tourmenter

Bedrängnis <-, -se> *f geh* détresse *f*

bedrohen* *vt* menacer

bedrohlich **I.** *adj* menaçant(e) **II.** *adv* de façon menaçante

Bedrohung *f* menace *f*

bedrucken* *vt* imprimer

bedrücken* *vt* tourmenter

bedrückend *adj Nachricht* déprimant(e); *Schweigen* oppressant(e)

bedrückt **I.** *adj Person* abattu(e); *Schweigen* pesant(e) **II.** *adv schweigen* lugubrement

Bedrückung <-> *f* accablement *m*

Beduine [beduˈiːnə] <-n, -n> *m,* **Beduinin** *f* Bédouin(e) *m(f)*

bedürfen <bedarf, bedurfte, bedurft> *vi geh* ① (*brauchen*) avoir besoin; **das bedarf einer Erklärung** ça demande une explication ② *unpers* (*vonnöten sein*) **es hätte nur eines Wortes bedurft** il aurait suffi d'un mot

Bedürfnis [bəˈdʏrfnɪs] <-ses, -se> *nt* besoin *m*

bedürfnislos *adj* frugal(e)

bedürftig *adj Person* dans le besoin

Bedürftigkeit <-> *f* dénuement *m*

Beefsteak [ˈbiːfsteːk] *nt* ① (*Steak*) bifteck *m* ② (*Frikadelle*) steak *m* haché

beehren* *vt iron geh* honorer

beeiden* *vt* affirmer sous serment; **etw ~** affirmer qc sous serment

beeilen* *vr* ① (*schnell machen*) **sich ~** se dépêcher ② *geh* (*nicht zögern*) **sich ~ etw zu tun** s'empresser de faire qc

beeindrucken* *vt* impressionner

beeindruckend *adj* impressionnant(e)

beeinflussbar[RR], **beeinflußbar**[ALT] *adj* influençable

beeinflussen* [bəˈʔainflʊsən] *vt* influencer

Beeinflussung <-, -en> *f* influence *f*

beeinträchtigen* [bəˈʔaintrɛçtɪgən] *vt* nuire à; restreindre *Freiheit;* **der Lärm beeinträchtigt meine Konzentration** le bruit m'empêche de bien me concentrer

Beeinträchtigung <-, -en> *f einer Beziehung* dégradation *f; der Qualität* détérioration *f; der Arbeit* perturbation *f; der Bewegungsfreiheit* restriction *f*

beenden* *vt* mettre fin à *Gespräch, Verhandlungen;* terminer *Studium;* mettre un terme à *Streit;* lever *Blockade;* cesser *Krieg;* INFORM quitter *Programm*

beendigen* *s.* **beenden**

Beendigung <-> *f* fin *f*

beengen* [bəˈɛŋən] *vt* étouffer; **jdn ~** *Person:* étouffer qn; *Zimmerdecke:* oppresser qn; *Kleidungsstück:* serrer qn

beengt **I.** *adj* étroit(e); **in sehr ~en Ver-**

B

hältnissen wohnen être logé très à l'étroit **II.** *adv* *wohnen* à l'étroit
beerben* *vt* ❶ hériter *Verstorbenen* ❷ (*nachfolgen*) succéder à
beerdigen* [bəˈʔeːɐ̯dɪgən] *vt* enterrer
Beerdigung <-, -en> *f* enterrement *m*
Beerdigungsfeier *f* funérailles *fpl* (*form*) **Beerdigungsinstitut** *nt* [entreprise *f* de] pompes *fpl* funèbres
Beere [ˈbeːrə] <-, -n> *f* baie *f;* (*Weinbeere*) grain *m*
Beerenfrucht *f* baie *f*
Beet [beːt] <-[e]s, -e> *nt* plate-bande *f;* (*Blumenbeet*) parterre *m;* (*Gemüsebeet*) carré *m*
befähigen* [bəˈfɛːɪgən] *vt* ❶ **jdn zu etw ~** rendre qn capable de qc ❷ (*berechtigen*) **jdn zu etw ~** *Ausbildung:* qualifier qn pour qc
befähigt *adj* (*fähig*) compétent(e); (*qualifiziert*) qualifié(e)
Befähigung <-> *f* (*Können*) compétence *f;* (*naturgegebene Eignung*) aptitude *f;* (*Qualifikation*) qualification *f*
Befähigungsnachweis *m* certificat *m* d'aptitude
befahl [bəˈfaːl] *Imp von* **befehlen**
befahrbar *adj* *Straße* praticable; *Wasserweg* navigable
befahren* *vt irr* ❶ emprunter *Straße;* naviguer sur *Seeweg* ❷ MIN descendre dans *Schacht;* exploiter *Grube*
Befall <-[e]s> *m* invasion *f;* **~ einer Pflanze** invasion d'une plante; **bei ~ der inneren Organe** si les organes sont attaqués
befallen*[1] *vt irr* ❶ **jdn ~** *Virus:* contaminer qn; **eine Pflanze ~** *Schädlinge:* infester une plante ❷ (*überkommen*) **jdn befällt hohes Fieber** qn est pris d'une forte fièvre
befallen[2] *adj* *Organ* contaminé(e); *Pflanze* infesté(e)
befangen *adj* ❶ (*gehemmt*) inhibé(e) ❷ (*parteiisch*) partial(e)
Befangenheit <-> *f* ❶ (*Gehemmtheit*) inhibitions *fpl* ❷ (*Parteilichkeit*) partialité *f*
befassen* **I.** *vr* **sich mit jdm/etw ~** s'occuper de qn/qc; **sich mit einem Angebot ~** étudier une offre; **sich mit etw näher ~** examiner qc de plus près **II.** *vt* *form* **jdn mit etw ~** charger qn de qc
Befehl [bəˈfeːl] <-[e]s, -e> *m* ❶ ordre *m* ❷ (*Befehlsgewalt*) **den ~ über etw** (*akk*) **haben** avoir le commandement de qc ❸ INFORM instruction *f* ▶ **auf ~** *fam* sur commande; MIL selon les ordres
befehlen [bəˈfeːlən] <befiehlt, befahl, befohlen> *vt* ordonner; **~, dass** ordonner que + *subj;* **du hast mir gar nichts zu ~!** tu n'as pas d'ordres à me donner!
befehligen* [bəˈfeːlɪgən] *vt* commander
Befehlsempfänger(in) *m(f)* exécutant(e) *m(f)* **Befehlsform** *f* GRAM impératif *m* **befehlsgemäß** *adj* conforme aux ordres [reçus] **Befehlsgewalt** *f* commandement *m*
Befehlshaber(in) [bəˈfeːlshaːbɐ] <-s, -> *m(f)* commandant(e) *m(f)*
Befehlston *m* ton *m* impérieux **Befehlsverweigerung** *f* MIL insubordination *f* **Befehlszeile** *f* INFORM ligne *f* de commande
befestigen* [bəˈfɛstɪgən] *vt* ❶ (*anbringen*) fixer; **etw an etw** (*dat*) **~** fixer qc à qc ❷ (*fest machen*) stabiliser *Fahrbahn;* consolider *Deich* ❸ MIL fortifier
Befestigung <-, -en> *f* ❶ fixation *f* ❷ MIL fortification *f* ❸ (*bauliche Konsolidierung*) *einer Fahrbahn* stabilisation *f;* *eines Damms* consolidation *f*
Befestigungsanlage *f* fortifications *fpl*
befeuchten* *vt* humidifier
befeuern* *vt* ❶ *s.* **beheizen** ❷ (*beschießen*) mitrailler ❸ NAUT, AVIAT baliser
Befeuerung <-, -en> *f* NAUT, AVIAT balisage *m*
befiehlt [bəˈfiːlt] *3. Pers Präs von* **befehlen**
befinden* *irr* **I.** *vr* ❶ (*sich aufhalten*) **sich im Ausland ~** être à l'étranger ❷ *form* (*sich fühlen*) **sich gut/schlecht ~** se porter bien/mal **II.** *vt* *form* **jdn für kompetent ~** déclarer qn compétent; **etw für angemessen ~** considérer qc comme convenable **III.** *vi* *geh* **über jdn/etw ~** se prononcer sur qn/qc
Befinden <-s> *nt* ❶ (*Gesundheitszustand*) état *m* [de santé] ❷ *geh* (*Meinung*) position *f*
befindlich *adj* *meist attr* *form* étant; **die an der Macht ~e Regierung** le gouvernement [qui est/était] au pouvoir; **im Bau ~ sein** être en construction
Befindlichkeit *f* disposition *f* affective
befingern* *vt* *fam* tripoter
beflecken* *vt* ❶ tacher ❷ *geh* (*entehren*) salir *Ehre*
befliegen* *vt irr* **eine Strecke ~** *Fluggesellschaft:* assurer une liaison
beflissen [bəˈflɪsən] **I.** *adj* *Schüler* appliqué(e); *Mitarbeiter* zélé(e); *Diener* empressé(e) **II.** *adv* avec empressement
Beflissenheit <-> *f* *geh* *eines Schülers* application *f;* *eines Mitarbeiters* zèle *m*

beflügeln* *vt geh* **jdn ~** stimuler qn; *Liebe, Angst:* donner des ailes à qn
befohlen [bə'fo:lən] *PP von* **befehlen**
befolgen* *vt* suivre; respecter *Vorschrift;* exécuter *Befehl*
befördern* *vt* ❶ (*transportieren*) transporter; acheminer *Briefe;* **etw mit/durch etw ~ lassen** expédier qc par qc ❷ (*aufrücken lassen*) **jdn ~** promouvoir qn; **befördert werden** avoir de l'avancement
Beförderung *f* ❶ *von Personen, Waren* transport *m; von Postsendungen* acheminement *m* ❷ (*das Aufrücken*) *eines Mitarbeiters, Soldaten* promotion *f; eines Beamten* avancement *m*
Beförderungsmittel *nt* moyen *m* de transport
befrachten* *vt* charger
befragen* *vt* ❶ interroger; entendre *Zeugen;* **jdn nach seiner Meinung ~** demander son avis à qn ❷ (*um Rat fragen*) consulter
Befragte(r) *f(m) dekl wie adj* personne *f* interrogée
Befragung <-, -en> *f* ❶ interrogation *f; eines Zeugen* interrogatoire *m* ❷ (*Umfrage*) sondage *m*
befreien* **I.** *vt* ❶ libérer *Person, Land* ❷ (*freistellen*) **jdn von einer Pflicht ~** exempter qn d'une obligation; **jdn vom Wehrdienst ~** dispenser qn du service militaire ❸ (*entlasten, erlösen*) **jdn von einer Verantwortung/von seinen Schmerzen ~** soulager qn d'une charge/de ses douleurs ❹ (*reinigen*) **die Straße vom Abfall ~** débarrasser les rues des détritus **II.** *vr* **sich ~** ❶ (*entkommen*) s'évader ❷ *Volk:* se libérer ❸ (*sich lösen*) se débarrasser *Vorurteil*
befreiend **I.** *adj* *Lachen* libérateur(-trice) **II.** *adv* **~ wirken** soulager
Befreier(in) <-s, -> *m(f)* libérateur(-trice) *m(f)*
befreit **I.** *adj* *Person* soulagé(e); *Lächeln* de soulagement **II.** *adv* de soulagement
Befreiung <-, -en> *f* ❶ (*das Befreien*) *einer Person, eines Landes* libération *f; eines Tiers* délivrance *f* ❷ (*Freistellung*) dispense *f;* (*Steuerbefreiung*) exonération *f* ❸ (*Erlösung*) soulagement *m*
Befreiungsschlag *m* ❶ SPORT dégagement *m* ❷ POL *a. fig* bouffée *f* d'oxygène
befremden* [bə'frɛmdən] **I.** *vt* déconcerter **II.** *vi* paraître insolite
Befremden <-s> *nt* **zu meinem ~** à ma [grande] stupeur
befremdet *adj* stupéfait(e)
befremdlich *adj geh* déconcertant(e)
befreunden* [bə'frɔyndən] *vr* **sich ~** se lier d'amitié; **sich mit jdm ~** se lier d'amitié avec qn
befreundet *adj* *Person* ami(e); *Staat* allié(e)
befrieden* [bə'fri:dən] *vt geh* POL rétablir la paix dans *Land*
befriedigen* [bə'fri:dɪgən] **I.** *vt* ❶ satisfaire ❷ (*sexuell befriedigen*) donner du plaisir à **II.** *vi* *Lösung:* être satisfaisant **III.** *vr* **sich [selbst] ~** se masturber
befriedigend *adj a.* SCHULE satisfaisant(e)
befriedigt **I.** *adj* satisfait(e); (*sexuell erfüllt*) comblé(e) sur le plan sexuel **II.** *adv* avec satisfaction
Befriedigung <-> *f* ❶ (*das Zufriedenstellen*) satisfaction *f* ❷ (*das Stillen*) assouvissement *m* ❸ (*sexuelle Befriedigung*) satisfaction *f* [sexuelle]
befristen* *vt* fixer un délai pour *Tätigkeit, Projekt;* **etw auf ein Jahr ~** limiter qc à un an
befristet **I.** *adj* ❶ temporaire; *Arbeitsverhältnis* à durée déterminée ❷ FIN *Anlage* à [court/long] terme **II.** *adv* **~ gelten** avoir une durée de validité déterminée
Befristung <-, -en> *f* ❶ limitation *f* de durée ❷ (*Gültigkeitsdauer*) durée *f* de validité
befruchten* *vt* ❶ féconder; **jdn/ein Tier künstlich ~** inséminer qn/un animal artificiellement ❷ (*geistig anregen*) enrichir
Befruchtung <-, -en> *f* fécondation *f;* **künstliche ~** insémination *f* artificielle
Befugnis [bə'fu:knɪs] <-, -se> *f form* habilitation *f*
befugt [bə'fu:kt] *adj form* **~ sein etw zu tun** avoir autorité pour faire qc
befühlen* *vt* tâter
Befund <-[e]s, -e> *m* résultat *m;* **ärztlicher ~** résultat de l'analyse médicale
befürchten* *vt* craindre
Befürchtung <-, -en> *f* craintes *fpl;* **die ~ haben, dass** craindre que + *subj*
befürworten* [bə'fy:ɐ̯vɔrtən] *vt* appuyer; **~, dass** préconiser que + *subj*
befürwortend *adj* favorable
Befürworter(in) <-s, -> *m(f) einer Haltung, eines Vorgehens* partisan(e) *m(f); einer Idee* avocat(e) *m(f)*
Befürwortung <-, -en> *f* recommandation *f;* **durch die ~ dieses Plans** en soutenant ce projet
begabt [bə'ga:pt] *adj* doué(e); **hoch ~** surdoué
Begabtenförderung *f* (*Verfahren*) *attri-*

B

B

bution d'une bourse d'études aux élèves et étudiants particulièrement doués

Begabung [bəˈgaːbʊŋ] <-, -en> *f* ① (*Talent*) don *m* ② (*Mensch*) talent *m*

begann [bəˈgan] *Imp von* **beginnen**

begatten* I. *vt* couvrir II. *vr* **sich ~** ZOOL s'accoupler

Begattung <-, -en> *f* ZOOL saillie *f*

begeben* *vr irr geh* ① (*gehen, fahren*) **sich in den Garten ~** se rendre dans le jardin; **sich ins Haus ~** entrer dans la maison; **sich an die Arbeit ~** se mettre au travail ② *fig* **sich in eine schwierige Lage ~** se mettre dans une situation difficile; **sich in Gefahr ~** s'exposer au danger; **sich in Behandlung ~** aller se faire soigner

Begebenheit <-, -en> *f geh* événement *m*

begegnen* [bəˈgeːgnən] I. *vi + sein* ① (*treffen*) **jdm/einer S. ~** rencontrer qn/qc ② *geh* (*entgegentreten*) **einer S.** (*dat*) **mit Misstrauen ~** accueillir qc avec méfiance ③ (*widerfahren*) **jdm begegnet etw** qc arrive à qn II. *vr* **sich** (*dat*) **~** se rencontrer

Begegnung <-, -en> *f* ① *a.* SPORT rencontre *f* ② (*das Kennenlernen*) **~ mit etw** contact *m* avec qc

begehbar *adj* praticable à pied

begehen* *vt irr* ① (*verüben*) commettre *Tat, Verbrechen;* faire *Dummheit* ② *geh* (*feiern*) célébrer ③ (*betreten*) passer sur *Weg*

begehren* [bəˈgeːrən] *vt geh* désirer

Begehren <-s, -> *nt geh* désir *m*

begehrenswert *adj Person* désirable; *Gegenstand* tentant(e)

begehrlich *geh* I. *adj* de convoitise II. *adv* avec convoitise

begehrt *adj Person* courtisé(e); *Stellung* convoité(e); *Urlaubsort* prisé(e)

Begehung <-, -en> *f* JUR perpétration *f*

begeistern* [bəˈgaistɐn] I. *vt* enthousiasmer; **jdn für seine Ziele ~** rallier qn à ses visées II. *vr* **sich für jdn/etw** [*o* **an etw** (*dat*)] **~** s'enthousiasmer pour qn/qc

begeistert I. *adj* ① (*hingerissen*) enthousiaste; **von etw ~ sein** être enthousiasmé par qc ② (*leidenschaftlich*) passionné(e) II. *adv* avec enthousiasme

Begeisterung <-> *f* enthousiasme *m*

begeisterungsfähig *adj* capable de s'enthousiasmer **Begeisterungsfähigkeit** *f* capacité *f* à s'enthousiasmer

Begierde [bəˈgiːɐ̯də] <-, -n> *f geh* ① soif *f;* **~ nach Besitz/Macht** soif de possession/pouvoir ② (*sexuelles Verlangen*) concupiscence *f*

begierig *adj* ① avide ② (*voll sexuellem Verlangen*) concupiscent(e) (*hum*)

begießen* *vt irr* arroser

Beginn [bəˈgɪn] <-[e]s> *m* (*zeitlicher Anfang*) commencement *m;* (*räumlicher Anfang*) début

beginnen <begann, begonnen> I. *vi* commencer; (*wieder beginnen*) recommencer II. *vt* (*anfangen*) commencer

beglaubigen* [bəˈglaubɪgən] *vt* légaliser *Unterschrift;* authentifier *Testament;* **eine Kopie ~ lassen** faire certifier une copie conforme

Beglaubigung <-, -en> *f* ① *einer Kopie* attestation *f* de conformité; *einer Unterschrift* légalisation *f; eines Testaments* authentification *f* ② POL accréditation *f*

begleichen* *vt irr* régler

Begleichung <-, *selten* -en> *f* règlement *m*

Begleitagentur *f* agence *f* d'escorte **Begleitbrief** *s.* **Begleitschreiben**

begleiten* *vt a.* MUS accompagner

Begleiter(in) <-s, -> *m(f)* accompagnateur(-trice) *m(f)*

Begleiterscheinung *f* effet *m* secondaire **Begleitmusik** *f eines Films* musique *f* de/du film **Begleitperson** *f form* accompagnateur(-trice) *m(f)* **Begleitschreiben** *nt* lettre *f* d'accompagnement; *einer Warensendung* notice *f* explicative **Begleitumstände** *Pl* circonstances *fpl* concomitantes

Begleitung <-, -en> *f* ① *kein Pl* (*das Begleiten*) compagnie *f* ② *kein Pl* (*Gesellschaft*) **in ~** accompagné; **in ~ eines Freundes** en compagnie d'un ami ③ *kein Pl* (*Begleiter*) accompagnateur(-trice) *m(f);* **ohne ~** non accompagné ④ MUS accompagnement *m* [musical]

beglücken* *vt* combler d'aise; **jdn mit etw ~** combler d'aise qn avec qc

beglückt I. *adj* heureux(-euse), ravi(e) II. *adv* comblé(e)

beglückwünschen* *vt* féliciter

begnadet* [bəˈgnaːdət] *adj Künstler* d'un talent exceptionnel; **er ist ein ~er Sänger** il chante comme un dieu

begnadigen* [bəˈgnaːdɪgən] *vt* gracier

Begnadigung <-, -en> *f* grâce *f*

begnügen* [bəˈgnyːgən] *vr* **sich mit etw ~** se contenter de qc

Begonie [beˈgoːni̯ə] <-, -n> *f* bégonia *m*

begonnen [bəˈgɔnən] *PP von* **beginnen**

begraben* *vt irr* ① enterrer ② (*verschütten*) ensevelir

Begräbnis [bəˈgrɛːpnɪs] <-ses, -se> *nt* enterrement *m*
begradigen* [bəˈgraːdɪgən] *vt* rectifier
Begradigung <-, -en> *f* rectification *f*
begreifen* *irr* **I.** *vt* ❶ (*verstehen*) comprendre ❷ (*nachvollziehen, mitempfinden*) concevoir *Verhalten, Gefühl;* comprendre *Person* ❸ (*auffassen*) **etw als Herausforderung ~** considérer qc comme un défi **II.** *vi* **schnell/langsam ~** comprendre facilement/difficilement **III.** *vr* **sich als Künstler ~** se considérer comme artiste
begreiflich *adj* compréhensible; **jdm etw ~ machen** faire comprendre qc à qn
begreiflicherweise [bəˈgraiflɪçɐˈvaizə] *adv* bien entendu
begrenzen* *vt* ❶ (*die Grenze bilden*) [dé]limiter ❷ (*beschränken*) limiter
begrenzt **I.** *adj* limité(e); *Rahmen* étroit(e) **II.** *adv* de façon limitée
Begrenztheit <-> *f* caractère *m* limité
Begrenzung <-, -en> *f* ❶ *kein Pl* (*das Begrenzen*) délimitation *f;* (*Geschwindigkeit*) limitation *f* ❷ (*Grenze*) limite *f*
Begriff <-[e]s, -e> *m* ❶ (*Wort*) terme *m;* (*Inhalt*) notion *f* ❷ (*Vorstellung*) conception *f;* **sich** (*dat*) **einen ~ von etw machen** se faire une idée de qc; **für meine/seine ~e** selon moi/lui ❸ (*Inbegriff*) symbole *m* ▶**im ~ sein etw zu tun** être sur le point de faire qc
begriffen *adj form* **im Gehen ~ sein** être sur le point de partir
begrifflich *adj attr* sémantique
begriffsstutzig *adj* borné(e); **~ sein** avoir du mal à comprendre **Begriffsvermögen** *nt* entendement *m*
begründen* *vt* ❶ justifier ❷ (*gründen*) fonder *Geschäft;* créer *Ruhm*
Begründer(in) *m(f)* *eines Staats* fondateur(-trice) *m(f);* *einer Theorie* créateur(-trice) *m(f)*
begründet *adj* fondé(e) ▶**in etw** (*dat*) **~ sein** s'expliquer par qc
Begründung *f* ❶ (*Erläuterung, Rechtfertigung*) justification *f* ❷ (*Urteilsbegründung*) exposé *m* des motifs ❸ *geh* (*Gründung*) fondation *f*
Begrünung <-, -en> *f* ❶ (*das Begrünen*) aménagement *m* d'espaces verts ❷ (*Pflanzen*) verdure *f*
begrüßen* *vt* saluer
begrüßenswert *adj* *Vorschlag* qui mérite d'être salué; **es ist ~, dass** je me félicite/nous nous félicitons de ce que + *subj*
Begrüßung <-, -en> *f* souhaits *mpl* de bienvenue
Begrüßungsansprache *f* discours *m* de bienvenue **Begrüßungscocktail** *m* cocktail *m* de bienvenue
begünstigen* [bəˈgʏnstɪgən] *vt* favoriser; JUR prêter assistance à
Begünstigung <-, -en> *f* ❶ *kein Pl* (*das Begünstigen*) **eine ~ des öffentlichen Verkehrs bewirken** *Maßnahme:* favoriser les transports en commun ❷ *kein Pl* (*das Bevorzugen*) **~ eines Kindes** favoritisme *m* à l'égard d'un enfant ❸ JUR **~ des Täters** assistance *f* prêtée à l'auteur du crime
begutachten* *vt* ❶ (*fachlich prüfen*) expertiser *Gegenstand, Schaden* ❷ *fam* (*ansehen*) examiner
Begutachtung *f* expertise *f*
begütert [bəˈgyːtɐt] *adj geh* fortuné(e)
begütigend **I.** *adj* apaisant(e) **II.** *adv* de façon apaisante
behaart [bəˈhaːɐ̯t] *adj* poilu(e)
Behaarung <-, -en> *f* ❶ pilosité *f* ❷ ZOOL pelage *m*
behäbig [bəˈhɛːbɪç] *adj* *Person* flegmatique; *Bewegung* posé(e)
behaftet [bəˈhaftət] *adj* **mit einer Krankheit ~ sein** être atteint d'une maladie; **mit Mängeln ~ sein** être défectueux
behagen* [bəˈhaːgən] *vi* plaire; **jdm ~** plaire à qn
Behagen <-s> *nt* plaisir *m*
behaglich [bəˈhaːklɪç] *adj* agréable
Behaglichkeit <-> *f* confort *m*
behalten* *vt irr* ❶ garder ❷ (*nicht vergessen*) retenir
Behälter [bəˈhɛltɐ] <-s, -> *m,* **Behältnis** [bəˈhɛltnɪs] <-ses, -se> *nt* récipient *m;* (*groß*) réservoir *m*
behämmert [bəˈhɛmɐt] *s.* **bescheuert**
behandeln* *vt* ❶ *a. fig* traiter; **jdn/etw schlecht ~** maltraiter qn/qc ❷ (*pflegen*) **etw mit Wachs ~** entretenir qc avec de la cire
Behandlung <-, -en> *f* ❶ (*Umgang*) traitement *m* ❷ (*Versorgung*) *eines Patienten* consultation *f* [médicale]; *einer Verletzung* soins *mpl* [médicaux]; (*Therapie*) traitement *m* [médical]; **bei jdm in ~ sein** être en traitement chez qn ❸ (*Pflege*) entretien *m* ❹ (*chemische Bearbeitung*) traitement *m* ❺ (*Abhandlung*) **bei der ~ dieser Frage** en traitant cette question
Behandlungskosten *Pl* frais *mpl* médicaux **Behandlungsmethode** *f* méthode *f* de traitement
behängen* *vt* couvrir; **jdn/sich mit Orden ~** *pej* couvrir qn/se couvrir de

B

décorations; **die Wände mit Bildern ~** accrocher des tableaux aux murs

beharren* [bəˈharən] *vi* ne pas démordre de; **auf seiner Meinung ~** ne pas démordre de son opinion

beharrlich I. *adj Person* persévérant(e); *Schweigen* obstiné(e) II. *adv* avec ténacité; *schweigen, sich weigern* obstinément

Beharrlichkeit <-> *f* ténacité *f*

behauen* *vt* tailler

behaupten* [bəˈhaʊptən] I. *vt* ① (*sagen*) prétendre ② (*erfolgreich verteidigen*) maintenir *Vorsprung* II. *vr* **sich gegen jdn/etw ~** s'imposer face à qn/qc

Behauptung <-, -en> *f* ① (*Äußerung*) affirmation *f* ② (*Verteidigung, das Sichbehaupten*) maintien *m*

Behausung <-, -en> *f hum geh* logis *m* (*littér*)

beheben* *vt irr* ① réparer *Fehler, Schaden;* remédier à *Störung, Missstände;* aplanir *Schwierigkeit* ② A retirer *Geldbetrag*

beheimatet *adj* **in Berlin ~** originaire de Berlin

beheizbar *adj Raum, Freibad* disposant d'un chauffage; *Heckscheibe* chauffant(e); **~ sein** *Raum, Freibad:* avoir un chauffage

beheizen* *vt* chauffer *Wohnung*

Behelf <-[e]s, -e> *m* moyen *m* de fortune

behelfen* *vr irr* ① (*als Ersatz verwenden*) **sich mit etw ~** se contenter provisoirement de qc ② (*auskommen*) **sich ~** se débrouiller

behelfsmäßig *adj* (*provisorisch*) provisoire; (*improvisiert*) de fortune

behelligen* [bəˈhɛlɪgən] *vt* importuner (*soutenu*)

beherbergen* [bəˈhɛrbɛrgən] *vt* héberger

beherrschen* I. *vt* ① (*können*) maîtriser ② (*herrschen über*) dominer ③ (*verfolgen*) **von einer Idee beherrscht werden** être dominé par une idée II. *vr* **sich ~** se dominer

beherrscht *adj* contrôlé(e)

Beherrschung <-> *f* ① (*das Können*) *eines Instruments, einer Sprache* maîtrise *f; eines Handwerks* connaissance *f* ② (*Kontrolle*) maîtrise *f* de soi; **die ~ verlieren** perdre la maîtrise de soi ③ (*das Herrschen*) domination *f*

beherzigen* [bəˈhɛrtsɪgən] *vt* suivre *Rat*

beherzt [bəˈhɛrtst] I. *adj* courageux(-euse); (*entschlossen*) résolu(e) II. *adv* résolument

Beherztheit <-> *f* vaillance *f*

behilflich [bəˈhɪlflɪç] *adj* **jdm ~ sein** aider qn; **jdm beim Aussteigen ~ sein** aider qn à descendre

behindern* *vt* gêner; **jdn ~** *Person, Kleid:* gêner qn; *Verletzung:* handicaper qn; **die Verhandlungen ~** *Aktionen:* entraver les négociations

behindert *adj* handicapé(e); **schwer ~** lourdement handicapé

Behinderte(r) *f(m) dekl wie adj* handicapé(e) *m(f);* **geistig/körperlich ~** handicapé mental/physique

behindertengerecht *adj* adapté(e) aux handicapés **Behindertenparkplatz** *m* place *f* de parking réservée aux handicapés **Behinderten-WC** *nt* toilettes *fpl* pour handicapés

Behinderung <-, -en> *f* ① handicap *m;* **geistige/körperliche ~** handicap mental/physique ② *kein Pl* gêne *f;* **~ des Straßenverkehrs** entrave *f* à la circulation

Behörde [bəˈhøːɐ̯də] <-, -n> *f* ① (*Dienststelle*) service *m* [administratif] ② (*Amtsgebäude*) bâtiment *m* public

Behördenschikane *f* chicanerie *f* administrative *gén pl*

behördlich [bəˈhøːɐ̯tlɪç] *adj* officiel(le)

behüten* *vt* veiller sur

behütet I. *adj* protégé(e) II. *adv* à l'abri du monde

behutsam [bəˈhuːtzaːm] I. *adj* précautionneux(-euse) II. *adv* avec précaution

Behutsamkeit <-> *f* précaution *f*

bei [baɪ] *präp + dat* ① (*räumlich*) **~ jdm** chez qn; (*in der Nähe von jdm*) auprès de qn; **~m Bäcker** chez le boulanger ② (*mit*) **etw ~ sich haben** avoir qc sur soi ③ (*zur Angabe eines Tätigkeitsbereichs*) **~ einer Behörde/der Post arbeiten** travailler dans une administration/à la poste ④ (*an*) **jdn ~ der Hand fassen** prendre qn par la main ⑤ (*anlässlich, während*) **~ der Vorführung** pendant la présentation; **~ seiner Ankunft** à son arrivée; **störe mich nicht ~ der Arbeit!** ne me dérange pas quand je travaille! ⑥ (*zur Angabe der Umstände*) **~ Kerzenlicht** aux chandelles; **~ einer Flasche Wein** en buvant une bouteille de vin; **~ vierzig Grad** par quarante degrés; **~ Eis und Schnee** qu'il gèle ou qu'il neige; **Paris ~ Regen** Paris sous la pluie ⑦ (*im Fall von*) **~ Gefahr/Feuer/Nebel** en cas de danger/d'incendie/de brouillard ⑧ (*zur Angabe der Herkunft, Urheberschaft*) **der Fehler lag ~ ihr** l'erreur venait d'elle; **~ Camus** chez Camus ⑨ (*zur Angabe annähernder Größen*) **der Preis liegt ~ hundert Euro** le prix est d'environ cent euros ⑩ (*trotz*) ~ **all seinen Bemühungen** malgré tous ses efforts ⑪ (*in Schwurformeln*) ~ **meiner Ehre/meinem Leben** sur mon honneur/ma vie; **ich schwöre** ~ **Gott** je jure devant Dieu

bei|behalten* *vt irr* garder

Beibehaltung <-> *f* maintien *m; einer Tradition* conservation *f*

Beiblatt *nt* feuille *f* jointe

Beiboot *nt* canot *m* de bord

bei|bringen *vt irr* ① (*lehren, mitteilen*) apprendre; (*zu verstehen geben*) faire comprendre ② (*zufügen*) **jdm eine Wunde** ~ faire une blessure à qn ③ (*herbeibringen*) amener *Person;* apporter *Gegenstand*

Beichte ['baiçtə] <-, -n> *f* confession *f;* **zur** ~ **gehen** aller se confesser

beichten I. *vt a. fig, hum fam* (*gestehen*) confesser **II.** *vi* se confesser

Beichtgeheimnis *nt* secret *m* de la confession **Beichtstuhl** *m* confessionnal *m* **Beichtvater** *m* confesseur *m*

beide ['baidə] *pron, adj* ① **die** ~**n Frauen/Häuser** les deux femmes/maisons; **welches von den** ~**n Kleidern willst du?** laquelle des deux robes veux-tu?; **die** ~**n lieben sich** ils s'aiment tous les deux; **euch/uns** ~**n** vous/nous deux ② (*zwei Dinge*) ~**s** les deux [choses]; **eins von** ~**n!** c'est l'un ou [c'est] l'autre! ③ SPORT **fünfzehn/dreißig** ~ quinze/trente partout

beiderlei ['baidɐ'lai] *adj inv, attr* **Kinder** ~ **Geschlechts** des enfants des deux sexes

beiderseitig ['baidɐzaitɪç] *adj* réciproque

beiderseits ['baidɐ'zaits] **I.** *adv* ① (*auf beiden Seiten*) des deux côtés ② (*gegenseitig*) chacun(e) de son côté **II.** *präp + gen* ~ **des Rheins** des deux côtés du Rhin

beidhändig I. *adj Person* ambidextre; *Rückhand* à deux mains **II.** *adv* à deux mains

bei|drehen *vi* NAUT (*die Fahrt verlangsamen*) ralentir

beidseitig ['baitzaitɪç] **I.** *adj Beschichtung* des deux côtés; *Lähmung* bilatéral(e) **II.** *adv* des deux côtés; ~ **gelähmt sein** avoir une paralysie bilatérale

beidseits SDEUTSCH, CH *s.* **beiderseits II.**

beieinander [baiʔai'nandɐ] *adv* l'un(e) près de l'autre/les un(e)s près des autres; ~ **sein** être réunis

beieinander|haben *vt irr* **seine Sachen** ~ avoir ses affaires au complet

beieinander|sein[ALT] *s.* **beieinander**

beieinander|wohnen *vi* **sehr dicht** ~ (*in einer Siedlung*) habiter les uns sur les autres

Beifahrer(in) *m(f)* passager(-ère) *m(f)* avant

Beifahrersitz *m* siège *m* du passager avant

Beifall <-[e]s> *m* ① applaudissements *mpl* ② (*Zustimmung*) approbation *f*

beifällig ['baifɛlɪç] **I.** *adj* approbateur(-trice) **II.** *adv nicken, schmunzeln* d'un air approbateur

Beifallsruf *m* acclamation *f* **Beifallssturm** *m* tempête *f* d'applaudissements

bei|fügen *vt* ① (*mitsenden*) joindre ② (*ergänzend sagen*) ajouter *Bemerkung*

Beifügung <-> *f* (*das Mitsenden*) **unter** ~ **eines Lebenslaufs** *form* en joignant un C.V.

Beigabe <-, -n> *f* ① *kein Pl* (*das Beigeben*) addition *f* ② (*Beilage*) accompagnement *m*

beige [beːʃ, bɛːʃ] *adj inv* beige

Beige [beːʃ, bɛːʃ] <-, - *o fam* -s> *nt* beige *m*

bei|geben *vt irr* (*hinzufügen*) ajouter

Beigeordnete(r) *f(m) dekl wie adj* adjoint(e) *m(f)*

Beigeschmack *m* ① petit goût *m* ② *fig eines Wortes* connotation *f*

Beiheft *nt* (*beigegebenes Heft*) encart *m;* PRESSE supplément *m*

Beihilfe *f* ① (*finanzielle Unterstützung*) aide *f* financière ② JUR ~ **zum Diebstahl** complicité *f* de vol

bei|kommen *vi irr + sein* **jdm/einer S.** ~ venir à bout de qn/qc

Beil [bail] <-[e]s, -e> *nt* ① (*Werkzeug*) hache *f* ② (*Fallbeil, Hackbeil*) couperet *m*

Beilage *f* ① GASTR garniture *f* ② *kein Pl* (*das Beilegen*) **wir bitten Sie um** ~ **der Rechnung** nous vous prions de joindre la facture à votre envoi ③ (*Publikation*) supplément *m;* (*Werbebeilage*) encart *m* publicitaire ④ A, CH (*Anlage*) annexe *f*

beiläufig ['bailɔyfɪç] **I.** *adj* incident(e) **II.** *adv* ① (*nebenbei*) incidemment ② A (*ungefähr*) à peu près

bei|legen *vt* ① (*dazulegen*) joindre ② (*schlichten*) régler

Beilegung <-, -en> *f eines Konflikts* règlement *m;* ~ **der Rechtsstreitigkeiten** règlement du litige

beileibe [bai'laibə] *adv* ~ **nicht!** surtout pas!

Beileid *nt kein Pl* condoléances *fpl* ▶ **mein herzliches** ~**!** mes sincères condoléances!

Beileidsbesuch *m* visite *f* de condo-

B

léances **Beileidskarte** *f* carte *f* de condoléances

bei|liegen *vi irr* **einer S.** (*dat*) ~ être joint à qc

beiliegend I. *adj* joint(e) II. *adv* ~ **übersenden wir Ihnen …** veuillez trouver ci-joint …

beim [bai̯m] = **bei dem** *s.* **bei**

bei|mengen *vt* ajouter *Gewürze;* mélanger *Gift*

bei|messen *vt irr* **einer S.** (*dat*) **Bedeutung** ~ accorder de l'importance à qc

bei|mischen *s.* **beimengen**

Bein [bai̯n] <-[e]s, -e> *nt* ① *einer Person* jambe *f; eines Tiers* patte *f* ② (*Tischbein, Stuhlbein*) pied *m* ③ (*Hosenbein*) jambe *f* ▶ **auf eigenen ~en stehen** voler de ses propres ailes; **sich** (*dat*) **kein ~ ausreißen** *fam* ne pas se casser la nénette; **jdn wieder auf die ~e bringen** remettre qn d'aplomb; **etw auf die ~e stellen** mettre qc sur pied; **jdm ein ~ stellen** faire un croche-pied à qn; (*hereinlegen*) mettre des bâtons dans les roues à qn (*fam*)

beinah[e] ['bai̯na:(ə)] *adv* ~ **immer/nie** presque toujours/jamais; ~ **hätte es einen Unfall gegeben** il a failli y avoir un accident

Beinahezusammenstoß *m* collision *f* évitée de justesse

Beiname *m* surnom *m*

Beinarbeit *f kein Pl* jeu *m* de jambes **Beinbruch** *m* fracture *f* de la jambe

beinern ['bai̯nɐn] *adj* (*aus Knochen*) en os; (*aus Elfenbein*) en ivoire

beinhalten* [bə'ʔɪnhaltən] *vt* ① (*enthalten*) comporter ② (*bedeuten*) signifier

Beinhaus *nt* ossuaire *m*

Beinprothese *f* jambe *f* artificielle **Beinschiene** *f* MED gouttière *f*

bei|ordnen *vt* adjoindre; **jdm einen Pflichtverteidiger** ~ commettre un avocat d'office à la défense de qn

Beiordnung *f* JUR commission *f* d'office

Beipackzettel *m* notice *f*

bei|pflichten *vi* approuver; **jdm/einer S.** ~ approuver qn/qc

Beirat <-räte> *m* conseil *m* consultatif

Beiried <-, -> *f* A rosbif *m*

beirren* [bə'ʔɪrən] *vt* troubler; **sich nicht ~ lassen** ne pas se laisser troubler

beisammen [bai̯'tsamən] *adv* ① l'un(e) près de l'autre/les un(e)s près des autres; ~ **sein** être réunis ② *fig* **körperlich/geistig noch gut ~ sein** être encore très alerte/avoir encore toute sa tête

beisammen|haben *vt irr fam* avoir [réuni] ▶ **[sie] nicht alle ~** *fam* débloquer

beisammen|sein^ALT *s.* **beisammen 1**

Beisammensein *nt* réunion *f* **beisammen|stehen** *vi irr* **zu dicht** ~ être trop près l'un de l'autre **beisammen|wohnen** *vi* **sehr dicht** ~ (*in einer Siedlung*) habiter les uns sur les autres

Beischlaf *m form* coït *m;* **den ~ vollziehen** accomplir l'acte sexuel

Beisein ▶ **im** ~ en présence; **ohne sein** ~ en son absence

beiseite|gehen^RR [bai̯'zai̯tə-] *vi irr + sein* **geh bitte etwas beiseite!** écarte-toi un peu, s'il te plaît! **beiseite|lassen**^RR *vt irr fig* **etw** ~ laisser qc de côté **beiseite|legen**^RR *vt* **etw** ~ mettre qc de côté **beiseite|schaffen**^RR *vt fig* **jdn/etw** ~ supprimer qn/détourner qc **beiseite|schieben**^RR *vt irr* **jdn/etw** ~ pousser qn/qc de côté

Beis[e]l <-s, -n> *nt* A *fam* bistro[t] *m*

bei|setzen *vt geh* inhumer *Toten;* déposer *Urne*

Beisetzung <-, -en> *f geh eines Toten* inhumation *f; einer Urne* dépôt *m*

Beisitzer(in) <-s, -> *m(f)* assesseur *mf*

Beispiel ['bai̯ʃpi:l] *nt* exemple *m*

beispielhaft I. *adj* ① (*vorbildlich*) modèle ② (*veranschaulichend*) exemplaire II. *adv* de manière exemplaire

beispiellos *adj* ① (*einzigartig gut*) unique ② (*einzigartig schlecht*) sans précédent; *Frechheit* inouï(e)

Beispielsatz *m* phrase *f* modèle

beispielsweise *adv* par exemple

bei|springen *vi irr + sein* (*helfen*) [**jdm**] ~ venir au secours [de qn]

beißen ['bai̯sən] <biss, gebissen> I. *vt* mordre II. *vi* ① mordre ② (*brennen*) brûler; **in der Nase/den Augen** ~ *Rauch:* irriter le nez/les yeux III. *vr* ① **sich** (*akk o dat*) **auf die Zunge** ~ se mordre la langue ② (*nicht harmonieren*) **diese Farben beißen sich** ces couleurs jurent entre elles

beißend *adj* ① *Rauch, Geruch* âcre ② *fig Spott, Ironie* caustique

Beißring *m* anneau *m* de dentition **Beißzange** *f* tenailles *fpl*

Beistand *m kein Pl* soutien *m; eines Priesters* assistance *f;* **jdm seelischen ~ leisten** soutenir qn moralement

bei|stehen *vi irr* **jdm** ~ assister qn

bei|steuern *vt* verser *Summe;* apporter *Teil, Gegenstand*

bei|stimmen *s.* **zustimmen**

Beistrich *m bes.* A virgule *f*

Beitrag ['baitraːk, *Pl:* 'baitrɛːgə] <-[e]s, Beiträge> *m* ① (*Mitgliedsbeitrag*) cotisation *f;* (*Versicherungsbeitrag*) prime *f* ② (*Artikel, Aufsatz*) article *m* ③ (*Filmbeitrag, Radiobeitrag*) sujet *m* ④ (*Mitwirkung*) **einen ~ zu etw leisten** apporter sa contribution à qc

bei|tragen *vt, vi irr* contribuer

Beitragserhöhung *f* augmentation *f* de la contribution **Beitragssatz** *m* taux *m* de cotisation; (*bei einer Versicherung*) tarif *m* de la prime **Beitragszahler(in)** *m(f)* cotisant(e) *m(f)*

bei|treiben *vt irr* JUR recouvrir

bei|treten *vi irr + sein* **einem Verein ~** adhérer à un club

Beitritt *m* adhésion *f;* **seinen ~ erklären** s'inscrire

Beitrittserklärung *f* déclaration *f* d'adhésion

Beiwagen *m* side-car *m*

Beiwerk *nt geh* rajout *m*

bei|wohnen *vi form* (*miterleben*) **einer S.** (*dat*) **~** assister à qc

Beiwort <-wörter> *nt* ① qualificatif *m* ② (*Adjektiv*) adjectif *m*

Beize ['baitsə] <-, -n> *f* ① (*Holzbeize*) teinture *f* ② (*das Färben*) teinture *f* ③ GASTR marinade *f* ④ JAGD fauconnerie *f*

beizeiten [bai'tsaitən] *adv* (*rechtzeitig*) à temps; (*früh*) assez tôt

beizen ['baitsən] *vt* ① teinter ② GASTR [faire] mariner

Beizmittel *nt* teinture *f*

bejahen* [bə'jaːən] *vt* ① répondre par l'affirmative à *Frage* ② (*gutheißen*) approuver

bejahend *adj* affirmatif(-ive)

bejammern* *vt* se lamenter sur

bejammernswert *adj Person* pitoyable; *Schicksal* lamentable

bejubeln* *vt* fêter

bekämpfen* I. *vt* ① combattre ② (*eindämmen*) lutter contre *Krankheit, Arbeitslosigkeit* II. *vr* **sich gegenseitig ~** se combattre mutuellement

Bekämpfung <-, -en> *f* lutte *f;* **zur ~ der Kriminalität** pour combattre la criminalité

bekannt [bə'kant] *adj* ① (*berühmt*) **~ werden** accéder à la notoriété; **durch etw in der Öffentlichkeit ~ werden** se faire connaître du public par qc; **~ für etw sein** être connu pour qc; **wohl ~** bien connu ② (*nicht unbekannt*) connu(e); **das war mir nicht ~** je n'étais pas au courant de cela; **das ist doch allgemein ~** tout le monde sait cela ③ (*nicht fremd*) **jdm ~ sein** être connu à qn; **jdn mit jdm ~ machen** présenter qn à qn; **mit jdm ~ sein** connaître qn ④ (*öffentlich*) **~ geben** proclamer *Wahlergebnis;* **~ machen** publier *Aufruf;* révéler *Information;* **~ werden** être divulgué; **das darf nicht ~ werden** personne ne doit l'apprendre

Bekannte(r) *f(m) dekl wie adj* connaissance *f;* (*Freund*) ami(e) *m(f)*

Bekanntenkreis *m* relations *fpl*

bekanntermaßen *s.* **bekanntlich**

Bekanntgabe *f einer Nachricht, Hochrechnung* annonce *f; eines Wahlergebnisses* proclamation *f*

bekannt|geben *s.* **bekannt 4**

Bekanntheit <-> *f* notoriété *f*

Bekanntheitsgrad *m* degré *m* de notoriété

bekanntlich *adv* comme chacun sait

bekannt|machen *s.* **bekannt 3, 4**

Bekanntmachung <-, -en> *f* ① publication *f* ② (*Anschlag*) avis *m*

Bekanntschaft <-, -en> *f* ① *kein Pl* (*das Kennenlernen*) connaissance *f;* **jds ~ machen** faire la connaissance de qn ② *fam* (*Bekanntenkreis*) connaissances *fpl*

bekannt|werden *s.* **bekannt 4**

bekehren* *vt, vr* [**sich**] **~** [se] convertir; **jdn/sich zu etw ~** convertir qn/se convertir à qc

Bekehrung <-, -en> *f* conversion *f*

bekennen* *irr* I. *vt* ① (*eingestehen*) reconnaître ② REL confesser, proclamer II. *vr* ① **sich zu jdm ~** se prononcer pour qn; **sich schuldig ~** s'avouer coupable; **sich zu einer Tat ~** reconnaître un fait ② (*sich zeigen als*) **~ der Christ sein** être chrétien déclaré

Bekennerbrief *m,* **Bekennerschreiben** *nt* lettre *f* pour revendiquer une action

Bekenntnis [bə'kɛntnɪs] *nt* ① (*Eingeständnis*) aveu *m* ② (*das Eintreten*) **~ zu etw** profession *f* de foi en faveur de qc ③ REL *des Glaubens, von Sünden* confession *f*

beklagen* I. *vt* déplorer II. *vr* **sich bei jdm/über etw ~** se plaindre à qn/de qc

beklagenswert *adj* regrettable

beklauen* *vt fam* voler *Personen;* faucher dans *Kaufhaus, Supermarkt;* **ich bin beklaut worden** je me suis fait dévaliser

bekleben* *vt* **eine Wand mit etw ~** coller qc sur un mur

bekleckern* *fam* I. *vt* tacher II. *vr* **sich mit etw ~** se tacher avec qc

bekleiden* *geh* I. *vt* occuper *Posten, Rang;* exercer *Amt* II. *vr* **sich mit etw ~** se vêtir de qc

B

bekleidet *adj* vêtu(e); **mit etw ~ sein** être vêtu de qc
Bekleidung *f* ❶ vêtements *mpl* ❷ *kein Pl form* (*das Innehaben*) *eines Amtes* exercice *m*
Bekleidungsindustrie *f* industrie *f* du vêtement
beklemmend I. *adj* ❶ *Enge* oppressant(e) ❷ *Gefühl, Schweigen* angoissant(e) II. *adv* **~ wirken** *Zimmer:* avoir quelque chose d'oppressant
Beklemmung <-, -en> *f* oppression *f*; **~en bekommen** être pris d'angoisses
beklommen [bəˈklɔmən] I. *adj* angoissé(e) II. *adv* avec angoisse
Beklommenheit <-> *f* angoisse *f*
bekloppt [bəˈklɔpt] *s.* **bescheuert**
beknackt *s.* **bescheuert**
beknien* *vt fam* tanner
bekommen* *irr* I. *vt + haben* ❶ (*erhalten*) recevoir; percevoir *Ration;* obtenir *Anschluss, Mehrheit;* **sie hat das Buch geliehen ~** on lui a prêté ce livre; **soeben ~ wir die Nachricht, dass ...** nous venons d'apprendre que ...; **was ~ Sie für die Fahrt?** combien vous dois-je pour la course?; **wann bekommt man hier etwas zu essen?** quand est-ce que l'on peut manger, ici? ❷ *fig* **etw zu tun ~** aller avoir de quoi faire; **etw an den Kopf ~** recevoir qc à la tête; **sie hat ihren Wunsch erfüllt ~** elle a eu ce qu'elle a souhaité ❸ (*sich einhandeln*) avoir *Ärger;* prendre (*fam*) *Gefängnisstrafe* ❹ (*erdulden, sich zuziehen*) attraper *Krankheit;* avoir *Schlaganfall* ❺ (*entwickeln*) avoir *Angst, Bedenken;* **Risse ~** se fissurer; **Flecken ~** se tacher; **eine Glatze ~** se dégarnir; **einen Zahn ~** [être en train de] faire une dent ❻ (*zur Welt bringen*) **sie hat gestern ein Mädchen ~** elle a eu une fille hier ❼ (*erwarten*) **sie ~ Nachwuchs** ils attendent une naissance ❽ (*erreichen*) avoir (*fam*) *Bus, Zug* ❾ (*behandelt werden mit*) **ein Kreislaufmittel ~** devoir prendre un veinotonique; **dieser Patient bekommt eine Spritze** on fait une piqûre à ce patient ❿ (*wünschen*) **was ~ Sie bitte?** (*im Restaurant*) qu'est-ce que je vous sers?; (*im Laden*) qu'est-ce que vous désirez?; **ich bekomme ein Brötchen** pour moi, ce sera un petit pain ⓫ (*bewegen können*) **jdn ins Bett/aus dem Bett ~** faire aller qn au lit/tirer qn du lit; **etw nach oben/unten ~** arriver à monter/descendre qc ▶ **jdn dazu ~, etw zu tun** *fam* arriver à faire faire qc à qn II. *vi + sein* **das Essen ist ihr gut/nicht ~** elle a bien/n'a pas supporté le repas
bekömmlich [bəˈkœmlɪç] *adj* digeste; **nicht sehr ~** peu digeste
beköstigen* [bəˈkœstɪgən] *vt* nourrir
bekräftigen* *vt* confirmer
Bekräftigung <-, -en> *f* confirmation *f*
bekränzen* *vt* couronner
bekreuzigen* *vr* **sich ~** se signer
bekriegen* I. *vr* **sich [gegenseitig] ~** se faire la guerre II. *vt* faire la guerre à
bekritzeln* *vt* griffonner sur
bekümmert *adj* (*sorgenvoll*) préoccupé(e); (*traurig*) affligé(e)
bekunden* [bəˈkʊndən] *vt* manifester; **sein Interesse/seine Abneigung ~** manifester son intérêt/sa réprobation
Bekundung <-, -en> *f* manifestation *f*
belächeln* *vt* sourire de
beladen*[1] *irr* I. *vt* charger *Wagen* II. *vr* **sich mit etw ~** transporter qc; *fig* prendre qc sur soi
beladen[2] *adj* chargé(e); **mit Säcken ~** chargé de sacs; **schwer ~** lourdement chargé
Belag [bəˈlaːk, *Pl:* bəˈlɛːgə] <-[e]s, Beläge> *m* ❶ *einer Pizza, eines Kuchens* garniture *f* ❷ (*Zahnbelag*) plaque *f* dentaire; (*Zungenbelag*) dépôt *m* ❸ (*Schicht*) dépôt *m* ❹ (*Bremsbelag*) garniture *f* ❺ (*Fußbodenbelag, Straßenbelag*) revêtement *m*
Belagerer <-s, -> *m*, **Belagerin** *f* assiégeant(e) *m(f)*
belagern* [bəˈlaːgɐn] *vt a. fig fam* assiéger
Belagerung <-, -en> *f* MIL siège *m*
Belagerungszustand *m* état *m* de siège
Belang [bəˈlaŋ] <-[e]s, -e> *m* ❶ *Pl* (*Interesse, Angelegenheit*) affaires *fpl;* **er vertritt die ~e seiner Mandantin** il défend les intérêts de sa cliente ❷ (*Bedeutung*) **ohne/von ~ sein** être sans importance/avoir de l'importance
belangen* *vt* JUR poursuivre [en justice]; **jdn wegen etw ~** poursuivre qn [en justice] pour qc
belanglos *adj* insignifiant(e)
Belanglosigkeit <-, -en> *f* ❶ *kein Pl* insignifiance *f* ❷ (*Bemerkung*) futilité *f*
belassen* *vt irr* ❶ (*bewenden lassen*) **es bei etw ~** s'en tenir à qc ❷ *form* (*bleiben lassen*) **ein Möbel an seinem Platz ~** laisser un meuble à sa place ❸ (*verhaftet sein lassen*) **jdn in seinem Glauben ~** laisser croire qn
belastbar *adj* ❶ **eine bis zu zwanzig Tonnen ~e Brücke** un pont pouvant por-

ter une charge allant jusqu'à vingt tonnes ② (*beanspruchbar*) ~ **sein** être performant ③ ÖKOL **die Atmosphäre ist nicht unbegrenzt** ~ on ne peut indéfiniment polluer l'atmosphère; **die Gewässer sind immer weniger** ~ l'équilibre hydrographique est de plus en plus fragile ④ FIN **wie hoch ist mein Konto ~?** de quel découvert puis-je disposer sur mon compte?

Belastbarkeit <-, -en> *f* ① *einer Brücke, Straße* charge *f* admissible; *eines Aufzugs* poids *m* autorisé ② *fig* possibilités *fpl* ③ ÖKOL **die ~ der Atmosphäre ist überschritten** les limites de la pollution atmosphérique sont dépassées ④ FIN *eines Steuerzahlers* capacité *f* fiscale

belasten* I. *vt* ① (*beschweren*) charger ② (*stark fordern*) exiger trop de *Person;* **jdn mit Arbeit** ~ accabler qn de travail ③ (*bedrücken*) **jdn mit etw** ~ encombrer qn de qc; **etw belastet ihn** qc pèse sur lui ④ ÖKOL polluer *Umwelt;* **stark belastet sein** *Gewässer, Luft:* être très pollué ⑤ MED solliciter *Körper, Kreislauf* ⑥ JUR charger; **~des Material** pièces *fpl* à conviction ⑦ FIN débiter *Konto;* **jdn mit hohen Gebühren** ~ grever qn avec des taxes élevées II. *vr* ① (*sich aufbürden*) **sich mit etw** ~ s'encombrer de qc ② JUR **sich [selbst]** ~ se charger soi-même

belästigen* [bəˈlɛstɪɡən] *vt* incommoder; **jdn** ~ *Person:* incommoder qn; *Lärm:* gêner qn; **jdn sexuell** ~ harceler qn sexuellement

Belästigung <-, -en> *f* (*Störung, Nachstellung*) harcèlement *m;* **sexuelle** ~ harcèlement sexuel

Belastung [bəˈlastʊŋ] <-, -en> *f* ① (*schweres Gewicht*) charge *f* ② (*Anstrengung*) *einer Person* charges *fpl;* (*Last*) corvée *f* ③ (*Bürde*) poids *m* ④ ÖKOL pollution *f;* **eine ~ der Umwelt darstellen** représenter une nuisance pour l'environnement ⑤ (*Beanspruchung*) **eine ~ für die Nerven sein** mettre les nerfs à l'épreuve ⑥ JUR charges *fpl* ⑦ FIN *eines Steuerzahlers* charge *f; eines Kontos* débit *m;* **die steuerliche** ~ la pression fiscale ⑧ *Pl* (*Ausgaben*) dépenses *fpl*

Belastungsprobe *f* ① TECH charge *f* d'essai; MED test *m* d'endurance ② *fig einer Ehe, Koalition* épreuve *f* de vérité **Belastungszeuge** *m*, **-zeugin** *f* témoin *m* à charge

belaubt [bəˈlaupt] *adj* feuillu(e); **ein dunkelgrün ~er Baum** un arbre couvert de feuilles vert foncé

belauern* *vt* épier

belaufen* *vr irr* **sich auf hundert Euro** (*akk*) ~ se monter à cent euros

belauschen* *vt* épier

beleben* I. *vt* ① (*anregen*) ragaillardir *Person;* activer *Kreislauf* ② (*lebendig gestalten*) animer *Unterhaltung;* **etw neu** ~ ranimer qc ③ (*ankurbeln*) stimuler *Konjunktur, Wirtschaft;* **etw neu** ~ relancer qc II. *vr* ① **sich [wieder]** ~ *Konjunktur, Wirtschaft:* connaître une reprise ② (*sich bevölkern*) **sich** ~ *Straßen:* s'animer III. *vi* stimuler

belebend *adj* (*anregend*) stimulant(e); (*erfrischend*) tonifiant(e)

belebt *adj* ① (*bevölkert*) animé(e) ② *Natur* vivant(e)

Belebung <-, -en> *f* stimulation *f*

Beleg [bəˈleːk] <-[e]s, -e> *m* ① (*Kassenbon*) ticket *m* de caisse; (*Quittung*) quittance *f* ② (*Nachweis*) justificatif *m;* (*Unterlage*) document *m* [à l'appui] ③ (*Quellennachweis*) référence *f*

belegen* *vt* ① GASTR garnir; **mit etw** ~ garnir de qc; **ein mit Schinken belegtes Brot** ≈ un sandwich au jambon ② (*beweisen*) prouver *Abstammung;* justifier *Behauptung* ③ (*bestrafen*) **jdn mit einem Bußgeld** ~ frapper qn d'une amende ④ UNIV suivre *Kurs* ⑤ (*innehaben, bewohnen*) occuper

Belegexemplar *nt* exemplaire *m* justificatif

Belegschaft <-, -en> *f* effectif *m*

belegt *adj Zunge* chargé(e); *Mandeln* blanc (blanche); *Stimme* enroué(e)

Belegung <-, -en> *f* inscription *f;* **~ eines Kurses** inscription à un cours

Belegungsrecht *nt* JUR droit *m* d'occupation

belehren* *vt* ① *pej* faire la leçon à ② (*informieren*) **jdn über etw** (*akk*) ~ informer qn de qc; JUR renseigner qn sur qc ③ **sich ~ lassen** accepter d'entendre raison

belehrend *pej adj* doctoral(e)

Belehrung <-, -en> *f* ① *pej* (*Lehre*) conseil *m* ② (*Zurechtweisung*) *eines Zeugen, Angeklagten* information *f; eines Verkehrssünders* avertissement *m*

beleibt [bəˈlaipt] *adj geh* corpulent(e)

Beleibtheit <-> *f geh* corpulence *f*

beleidigen* [bəˈlaidɪɡən] *vt* offenser; **~d** offensant

beleidigt *adj* offensé(e); ~ **sein** être vexé

Beleidigung <-, -en> *f* injure *f*

beleihen* *vt irr* hypothéquer *Haus;* **Schmuck** ~ prendre des bijoux en gage

B

belesen [bə'le:zən] *adj* cultivé(e)
Belesenheit <-> *f* culture *f* [littéraire]
beleuchten* *vt* ① (*erhellen*) éclairer ② (*mit Festbeleuchtung versehen*) illuminer ③ *geh* (*betrachten*) examiner *Problem*
Beleuchter(in) <-s, -> *m(f)* éclairagiste *mf*
Beleuchtung <-, -en> *f* ① éclairage *m* ② (*Festbeleuchtung*) illumination *f*
Belgien ['bɛlgi̯ən] <-s> *nt* la Belgique
Belgier(in) ['bɛlgi̯ɐ] <-s, -> *m(f)* Belge *mf*
belgisch *adj* belge
Belgrad ['bɛlgra:t] <-s> *nt* Belgrade
belichten* *vt* exposer
Belichtung <-, -en> *f* exposition *f*
Belichtungsmesser <-s, -> *m* posemètre *m* **Belichtungszeit** *f* temps *m* de pose
belieben* *geh* **I.** *vt iron* ~ **etw zu tun** se plaire à faire qc **II.** *vi* **wie es euch beliebt** *geh* comme il vous plaira
Belieben <-s> *nt* guise *f;* **ganz nach** ~ tout à sa/ma/... guise
beliebig I. *adj* quelconque; **einen ~en Stift nehmen** prendre un stylo quelconque; **jedes ~e Argument/Rätsel** n'importe quel argument/quelle énigme **II.** *adv* à volonté; ~ **viele Versuche machen** faire autant d'essais que l'on veut; ~ **lange/oft** aussi longtemps/souvent que l'on veut
beliebt *adj* apprécié(e); **sich ~ machen** se faire bien voir
Beliebtheit <-> *f* popularité *f; eines Buchs, Films* audience *f; eines Orts* renommée *f;* **sich großer ~ erfreuen** être très apprécié
beliefern *vt* fournir; **ein Geschäft mit Getränken** ~ fournir un magasin en boissons
Belieferung *f* livraison *f*
bellen ['bɛlən] *vi* aboyer
Belletristik [bɛle'trɪstɪk] <-> *f* [belles-]-lettres *fpl*
belletristisch *adj* littéraire
Belobigung <-, -en> *f form* félicitations *fpl;* **offizielle** ~ citation *f* officielle
belohnen* *vt* récompenser
Belohnung <-, -en> *f* récompense *f*
belüften* *vt* aérer
Belüftung *f* ① *kein Pl* (*das Belüften*) aération *f* ② (*Anlage*) ventilation *f*
belügen* *irr* **I.** *vt* mentir à **II.** *vr* **sich [selbst]** ~ se faire des illusions
belustigen* [bə'lʊstɪgən] **I.** *vt* amuser; **jdn** ~ *Person:* amuser qn; **~d** amusant **II.** *vr geh* **sich über jdn/etw** ~ s'amuser de qn/qc
belustigt I. *adj* **über etw** (*akk*) ~ **sein** être amusé par qc **II.** *adv* ~ **lächeln** avoir un sourire amusé
Belustigung <-, -en> *f* amusement *m;* **zu jds** ~ pour amuser qn
bemächtigen* [bə'mɛçtɪgən] *vr geh* **sich jds/einer S.** (*gen*) ~ s'emparer de qn/qc
bemalen* *vt* peindre
Bemalung <-, -en> *f* ① *kein Pl* (*das Bemalen*) ornementation *f* ② (*Motiv*) décor *m*
bemängeln* [bə'mɛŋəln] *vt* se plaindre; ~, **dass** se plaindre [de ce] que + *subj;* **etw an jdm/einer S.** ~ critiquer qc chez qn/à propos de qc
bemannen* [bə'manən] *vt* pourvoir d'un équipage *Schiff, Rakete*
bemannt *adj* habité(e); ~ **sein** *Raumschiff, U-Boot:* avoir un équipage
bemänteln* [bə'mɛntəln] *vt* camoufler
bemerkbar *adj* perceptible; **sich durch etw ~ machen** se manifester par qc
bemerken* *vt* ① (*wahrnehmen*) remarquer ② (*äußern*) faire une remarque
bemerkenswert *adj* remarquable
Bemerkung <-, -en> *f* remarque *f*
bemessen* *irr* **I.** *vt* calculer; **knapp/reichlich ~ sein** *Zeit:* être calculé juste/large **II.** *vr form* **sich nach etw** ~ *Gehalt:* se mesurer à qc; *Steuer, Strafe:* se calculer selon qc
Bemessungsgrundlage *f* base *f* de calcul
bemitleiden* [bə'mɪtlai̯dən] **I.** *vt* prendre en pitié; **jdn** ~ prendre qn en pitié **II.** *vr* **sich selbst** ~ se lamenter sur son propre sort
bemitleidenswert *adj* pitoyable
bemittelt [bə'mɪtəlt] *adj geh* fortuné(e); **nicht sehr ~ sein** n'avoir guère les moyens
bemühen* [bə'my:ən] **I.** *vr* ① (*sich Mühe geben*) **sich** ~ faire des efforts; **bitte ~ Sie sich nicht!** je vous en prie, ne vous dérangez pas! ② (*sich kümmern*) **sich um jdn** ~ être aux petits soins avec qn; **sich um eine Stelle** ~ s'efforcer d'obtenir un poste ③ *geh* (*gehen*) **sich zu jdm** ~ rendre visite à qn; **sich nach nebenan** ~ aller dans la pièce à côté **II.** *vt geh* ① (*beauftragen*) faire appel à ② (*benutzen*) avoir recours à *Ausrede;* consulter *Notizbuch*
Bemühen <-s> *nt geh* efforts *mpl* (*littér*)
bemüht *adj Mitarbeiter* sérieux(-euse); *Schüler* appliqué(e); **um Gerechtigkeit ~ sein** s'efforcer d'être juste
Bemühung <-, -en> *f* ① effort *m* ② *Pl*

(Dienstleistung) eines Arztes soins *mpl; eines Anwalts* services *mpl*
bemuttern* [bəˈmʊtɐn] *vt* materner
benachbart [bəˈnaxbaːɐ̯t] *adj* voisin(e)
benachrichtigen* [bəˈnaːxrɪçtɪgən] *vt* informer; **jdn von etw ~** informer qn de qc
Benachrichtigung <-, -en> *f* ❶ *kein Pl (das Benachrichtigen)* **sich um die ~ der Eltern kümmern** se charger d'informer les parents; **ich bitte um sofortige ~** je désire être mis au courant immédiatement ❷ *(Nachricht)* notification *f*
benachteiligen* [bəˈnaːxtai̯lɪgən] *vt* ❶ *(zurücksetzen)* désavantager; **jdn wegen etw ~** désavantager qn en raison de qc ❷ *(behindern)* **jdn jdm gegenüber ~** *Umstand:* handicaper qn par rapport à qn
Benachteiligte(r) *f(m) dekl wie adj* déshérité(e) *m(f)*
Benachteiligung <-, -en> *f* ❶ *kein Pl (das Benachteiligen)* **die ständige ~ von Minderheiten** le fait que les minorités sont constamment défavorisées; **die ~ eines Menschen aus religiösen Gründen ist verboten** personne ne doit être l'objet de discrimination religieuse ❷ *(Nachteil)* handicap *m*
BendelALT *s.* **Bändel**
benebeln* *vt fam* abrutir; **benebelt sein** être dans les vapes
Benediktiner(in) [benedɪkˈtiːnɐ] <-s, -> *m(f)* bénédictin(e) *m(f)*
Benefizkonzert [beneˈfiːts-] *nt* concert *m* [au bénéfice d'une œuvre] de bienfaisance
benehmen* *vr irr* ❶ *(sich gesittet verhalten)* **sich ~** se tenir bien; **benimm dich!** tiens-toi bien! ❷ *(sich verhalten)* **sich anständig/schlecht ~** se tenir correctement/mal
Benehmen <-s> *nt* comportement *m;* **kein ~ haben** ne pas savoir se tenir
beneiden* [bəˈnai̯dən] *vt* envier; **jdn um etw ~** envier qc à qn
beneidenswert *adj* enviable
Beneluxländer [beneˈlʊkslɛndɐ] *Pl* **die ~** le Benelux, les pays *mpl* du Benelux
benennen* *vt irr* ❶ *(mit Namen versehen)* nommer ❷ *(nennen)* désigner
Benennung <-, -en> *f* ❶ *(Bezeichnung)* dénomination *f* ❷ *(Ernennung) eines Kandidaten* désignation *f; eines Zeugen* citation *f*
benetzen* *vt geh* mouiller; humecter *Lippen*
Bengel [ˈbɛŋəl] <-s, -[s]> *m* ❶ *(frecher Junge)* garnement *m;* **du frecher/unverschämter ~!** espèce d'effronté/de petit voyou! ❷ *fam (netter Junge)* gamin *m*
Benin [beˈniːn] <-s> *nt* le Bénin
benommen [bəˈnɔmən] *adj (vom Schlaf, durch Drogen)* abruti(e); *(durch einen Schlag)* sonné(e); *(durch einen Schock)* étourdi(e)
Benommenheit <-> *f* engourdissement *m*
benoten* *vt* noter
benötigen* [bəˈnøːtɪgən] *vt* avoir besoin de
Benotung <-, -en> *f (Note)* note *f*
benutzbar *adj Gegenstand* utilisable
benutzen*, benützen* *vt* ❶ utiliser; consulter *Literatur;* **nach dem Benutzen** après usage ❷ *(wahrnehmen)* saisir *Gelegenheit;* profiter de *Nachmittag* ❸ *(fahren mit)* prendre *Bus, Straßenbahn* ❹ *(ausnutzen)* se servir de *Person;* **sich benutzt fühlen** se sentir exploité
Benutzer(in) <-s, -> *m(f) einer Software* utilisateur(-trice) *m(f); eines Verkehrsmittels* usager(-ère) *m(f)*
benutzerfreundlich *adj Gerät, Wörterbuch* pratique; *Computer, Programm* convivial(e) **Benutzerfreundlichkeit** *f kein Pl* facilité *f* d'utilisation; *eines Computers* convivialité *f* **Benutzername** *m* INFORM nom *m* d'utilisateur **Benutzeroberfläche** *f* INFORM interface *f* d'utilisateur
Benutzung *f kein Pl eines Gegenstands* usage *m; eines Wegs, Zimmers* utilisation *f; eines Nachschlagewerks* consultation *f*
Benutzungsgebühr *f* taxe *f* d'utilisation; *(Leihgebühr)* taxe de location
Benzin [bɛnˈtsiːn] <-s, -e> *nt* essence *f*
Benzinkanister *m* bidon *m* d'essence **Benzinpumpe** *f* pompe *f* à essence **Benzintank** *m* AUT réservoir *m* [d'essence] **Benzinuhr** *f* AUT jauge *f* **Benzinverbrauch** *m* consommation *f* d'essence
Benzol [bɛnˈtsoːl] <-s, -e> *nt* CHEM benzène *m*
beobachten* [bəˈʔoːbaxtən] *vt* ❶ *(genau betrachten)* observer ❷ *(observieren)* **beobachtet werden** être surveillé ❸ *(bemerken)* **an jdm/etw ~** observer chez qn/dans qc
Beobachter(in) <-s, -> *m(f)* observateur(-trice) *m(f)*
Beobachtung <-, -en> *f* ❶ observation *f* ❷ *(Kontrolle)* surveillance *f*
Beobachtungsgabe *f kein Pl* esprit *m* d'observation **Beobachtungsposten** *m* **auf ~ sein** *fam* être en faction
beordern* [bəˈʔɔrdɐn] *vt* envoyer; **jdn**

nach Bonn/zu sich ~ envoyer qn à Bonn/convoquer qn

bepacken* I. *vt* charger II. *vr* **sich mit etw ~** se charger de qc

bepflanzen* *vt* planter *Beet*

Bepflanzung *f* (*die Pflanzen*) plantations *fpl*

bequatschen* *vt fam* ① (*bereden*) discuter ② (*überreden*) baratiner

bequem [bə'kveːm] *adj* ① (*angenehm*) confortable; **es sich** (*dat*) **~ machen** se mettre à l'aise ② *Bedienung* commode ③ *Elektrogerät* pratique ④ *pej Person* paresseux(-euse)

bequemen* *vr* consentir à

Bequemlichkeit <-> *f* ① (*Behaglichkeit*) confort *m* ② (*Trägheit*) paresse *f*

berappen* *vt fam* payer

beraten* *irr* I. *vt* ① (*informieren*) conseiller ② (*besprechen*) délibérer sur II. *vr* **sich über jdn/etw ~** débattre de qn/qc; **sich mit jdm über jdn/etw ~** se concerter avec qn au sujet de qn/qc

beratend I. *adj* consultatif(-ive) II. *adv* **jdm ~ zur Seite stehen** assister qn à titre de conseiller

Berater(in) <-s, -> *m(f)* conseiller(-ère) *m(f);* COM, FIN, JUR conseil *m*

beratschlagen* [bə'raːtʃlaːgən] *vt, vi* délibérer [de]

Beratung <-, -en> *f* ① *kein Pl* (*Besprechung*) délibération *f* ② (*das Beratenwerden*) **auf die ~ durch Experten angewiesen sein** devoir s'en remettre aux conseils des experts ③ (*Information*) *eines Patienten* consultation *f*

Beratungsstelle *f* service *m* de consultation

berauben* *vt* ① (*bestehlen*) dévaliser; **jdn einer S.** (*gen*) **~** dépouiller qn de qc ② *geh* (*entziehen*) **jdn seiner Rechte ~** priver qn de ses droits

berauschen* *geh* I. *vt* enivrer II. *vr* ① (*sich betrinken*) s'enivrer ② (*in Ekstase geraten*) se délecter

berauschend I. *adj Droge* euphorisant(e); *Getränk, Wirkung* grisant(e) II. *adv* **~ wirken** avoir un effet euphorisant

Berber <-s, -> *m* ① Berbère *m* ② *sl* (*Obdachloser*) clodo *m* (*pop*) ③ (*Teppich*) tapis *m* berbère

Berberin <-, -nen> *f* ① Berbère *f* ② *sl* (*Obdachlose*) clodo *f* (*pop*)

Berberteppich *m* tapis *m* berbère

berechenbar [bə'rɛçənbaːɐ̯] *adj* ① *Kosten, Projekt* évaluable ② *Person* dont on peut prévoir les réactions; *Politik* prévisible

berechnen* *vt* ① (*ausrechnen*) calculer ② (*in Rechnung stellen*) facturer ③ (*veranschlagen*) prévoir

berechnend *adj pej* calculateur(-trice)

Berechnung *f a. pej* calcul *m*

berechtigen* [bə'rɛçtɪgən] *vt* **berechtigt sein etw zu tun** avoir le droit de faire qc; **sich zu etw berechtigt fühlen** se sentir autorisé à faire qc

berechtigt *adj* légitime

berechtigterweise [bə'rɛçtɪçtɐ'vaɪ̯zə] *adv form* à juste titre

Berechtigung <-, -en> *f* ① (*Befugnis*) autorisation *f;* **die/keine ~ haben etw zu tun** être/ne pas être autorisé à faire qc ② (*Rechtmäßigkeit*) *einer Forderung* légitimité *f*

bereden* I. *vt* ① discuter ② (*überreden*) convaincre II. *vr* **sich ~** se concerter; **sich mit jdm über etw** (*akk*) **~** discuter avec qn de qc

Beredsamkeit <-> *f geh* éloquence *f*

beredt [bə'reːt] *adj geh* ① *Gestik, Mimik* expressif(-ive) ② (*viel sagend, redegewandt*) éloquent(e)

Bereich [bə'raɪ̯ç] <-[e]s, -e> *m* ① (*Gebiet*) zone *f* ② (*Verantwortungsbereich*) domaine *m,* secteur *m*

bereichern* [bə'raɪ̯çɐn] I. *vr* **sich ~** s'enrichir; **sich an jdm/etw ~** s'enrichir grâce à qn/avec qc II. *vt* enrichir [de]

Bereicherung <-, -en> *f* enrichissement *m*

Bereifung <-, -en> *f* pneumatiques *mpl*

bereinigen* *vt* régler

Bereinigung *f* règlement *m*

bereisen* *vt* parcourir

bereit [bə'raɪ̯t] *adj* ① (*fertig, vorbereitet*) prêt(e) ② (*willens*) disposé(e)

bereiten* *vt* ① (*verursachen*) **jdm Freude ~** causer de la joie à qn; **jdm Kopfschmerzen ~** donner mal à la tête à qn ② (*zuteilwerden lassen*) **jdm eine Überraschung ~** réserver une surprise à qn ③ *geh* (*zubereiten*) préparer

bereit|halten I. *vt irr* ① (*griffbereit haben*) préparer *Ausweis, Geld;* tenir prêt(e) *Gerät, Spritze* ② (*in petto haben*) **für jdn eine Überraschung ~** réserver une surprise à qn II. *vr* **sich für etw ~** se tenir prêt pour qc

bereit|legen *vt* préparer; **jdm etw ~** préparer qc à qn

bereit|liegen *vi irr* être prêt; **für jdn ~** être à la disposition de qn

bereit|machen *vr* **sich ~** se préparer; **sich für jdn/etw ~** se préparer pour qn/qc

bereits [bə'raits] *adv* déjà
Bereitschaft <-, -en> *f* ❶ *kein Pl* (*Bereitwilligkeit*) bonne volonté *f* ❷ *kein Pl* (*Bereitschaftsdienst*) service *m* de garde; **~ haben** être de [service de] garde ❸ (*Alarmbereitschaft*) **in ~ sein** être en alerte ❹ (*Einheit der Polizei*) unité *f* de gardes mobiles
Bereitschaftsarzt *m*, **-ärztin** *f* médecin *m* de garde **Bereitschaftsdienst** *m* service *m* de garde **Bereitschaftspolizei** *f* *corps de police correspondant aux Compagnies Républicaines de Sécurité*
bereit|stehen *vi irr* être prêt
bereit|stellen *vt* ❶ (*zur Verfügung stellen*) préparer; **etw für jdn ~** mettre qc à la disposition de qn ❷ (*einsetzen*) prévoir *Zug, Sonderzug;* **Truppen ~** mettre des troupes en place
Bereitstellung *f von Material, Fahrzeugen* mise *f* à disposition; *von Zügen, Truppen* mise *f* en place
bereitwillig I. *adj* empressé(e) II. *adv* avec empressement
Bereitwilligkeit <-> *f* empressement *m*
bereuen* [bə'rɔyən] *vt* se repentir de
Berg [bɛrk] <-[e]s, -e> *m* ❶ montagne *f;* (*Hügel*) colline *f* ❷ *Pl* (*Gebirge*) montagne *f;* **in die ~e fahren** aller à la montagne ❸ (*große Menge*) **~e von Zeitschriften** des monceaux de revues ▶ **über den ~ /noch nicht über den ~ sein** *fam* avoir passé le cap [difficile]/ne pas être sorti de l'auberge
bergab [bɛrk'ʔap] *adv* en descente; **~ gehen** descendre ▶ **mit etw geht es ~** qc est sur la mauvaise pente
Bergakademie *f* école *f* des mines
Bergamotte [bɛrga'mɔtə] <-, -n> *f* bergamote *f*
Bergamt *nt* service *m* des mines
bergan [bɛrk'ʔan] *s.* **bergauf**
Bergarbeiter(in) *m(f)* mineur *m*
bergauf [bɛrk'ʔauf] *adv* en montant; **~ gehen** grimper ▶ **mit jdm geht es ~** qn remonte la pente; **mit dem Umsatz geht es wieder ~** les affaires reprennent
Bergbahn *f* (*Zahnradbahn*) train *m* de montagne; (*Seilbahn*) téléphérique *m* **Bergbau** *m kein Pl* industrie *f* minière; **im ~ arbeiten** travailler à la mine **Bergbewohner(in)** *m(f)* montagnard(e) *m(f)*
bergen ['bɛrgən] <birgt, barg, geborgen> *vt* ❶ (*retten, sicherstellen*) sauver *Personen, Kunstschätze;* remonter *Ertrunkenen;* récupérer *Giftfässer, Ladung;* renflouer *Schiffswrack* ❷ (*befreien*) dégager *Unfallopfer* ❸ *geh* (*enthalten*) **Kunstschätze [in sich** (*dat*)**] ~** receler des trésors ❹ (*mit sich bringen*) **eine Gefahr/Vorteile [in sich] ~** présenter un danger/des avantages ❺ *geh* (*verstecken*) **sein Gesicht in den Händen ~** dissimuler son visage dans ses mains
Bergfahrt *f* [re]montée *f*
Bergfried <-[e]s, -e> *m* donjon *m*
Bergführer(in) *m(f)* guide *mf* de montagne **Berggipfel** *m* sommet *m* **Berghang** *m* versant *m* **Berghütte** *f* refuge *m*
bergig ['bɛrgɪç] *adj* montagneux(-euse)
Bergkamm *m* crête *f d'une montagne* **Bergkette** *f* chaîne *f* de montagnes **Bergland** *nt* région *f* montagneuse **Bergmann** <-leute> *m* mineur *m* **Bergmassiv** *nt* GEOG massif *m* montagneux **Bergpredigt** *f* Sermon *m* sur la Montagne **Bergrücken** *m* arête *f* **Bergspitze** *f* pic *m* **Bergstation** *f* station *f* supérieure **bergsteigen** *vi irr, nur Infin und PP + haben o sein* faire de l'alpinisme; **das Bergsteigen** l'alpinisme *m* **Bergsteiger(in)** <-s, -> *m(f)* alpiniste *mf* **Bergtour** [-tuːɐ̯] *f* randonnée *f* en montagne
Berg-und-Tal-Bahn *f* montagnes *fpl* russes **Berg-und-Tal-Fahrt** *f* parcours *m* de montagnes russes
Bergung ['bɛrgʊŋ] <-, -en> *f von Verletzten* sauvetage *m; eines Schiffswracks* renflouement *m; einer Ladung* récupération *f*
Bergungsarbeiten *Pl* (*Rettungsarbeiten*) opérations *fpl* de sauvetage; (*bei Unfällen, Erdbeben*) opérations *fpl* de dégagement **Bergungsmannschaft** *f* équipe *f* de secours
Bergwacht ['bɛrkvaxt] *f* secours *m* en montagne **Bergwand** *f* paroi *f* rocheuse **Bergwanderung** *f* randonnée *f* en montagne **Bergwerk** *nt* mine *f*
Bericht [bə'rɪçt] <-[e]s, -e> *m* ❶ (*Report*) rapport *m* ❷ (*Reportage, Nachricht*) reportage *m;* **ein ausführlicher ~ über etw** (*akk*) un compte rendu détaillé de qc
berichten* I. *vi* ❶ (*mitteilen*) informer; **jdm über etw** (*akk*) **~** informer qn de qc; **jdm darüber ~, dass ...** informer qn que ...; **es wird berichtet, dass ...** on raconte que ... ❷ **aus aller Welt ~** *Journalist:* envoyer des reportages du monde entier; **das Fernsehen berichtet über das Tagesgeschehen** la télévision nous informe sur les faits du jour; **wie uns soeben berichtet wird** comme on nous

B

B

le communique à l'instant **II.** *vt* **jdm etw ~** raconter qc à qn
Berichterstatter(in) [bəˈrɪçtʔɛɐ̯ʃtatɐ] <-s, -> *m(f)* correspondant(e) *m(f)* **Berichterstattung** *f* ① (*Nachrichteninformation*) reportage *m* ② POL consultation *f*
berichtigen* [bəˈrɪçtɪgən] *vt a.* JUR corriger
Berichtigung <-, -en> *f* ① correction *f* ② JUR rectification *f*
beriechen* *irr* **I.** *vt* renifler **II.** *vr fam* **sich ~** faire connaissance
berieseln* *vt* (*bewässern*) arroser
Berieselung <-, -en> *f* AGR arrosage *m*
beritten [bəˈrɪtən] *adj* à cheval
Berlin [bɛrˈliːn] <-s> *nt* Berlin
Berliner¹ [bɛrˈliːnɐ] <-s, -> *m* ① Berlinois *m* ② DIAL (*Gebäck*) beignet *m*
Berliner² [bɛrˈliːnɐ] *adj attr* berlinois(e); **das ~ Wappen** les armoiries de Berlin
Berlinerin <-, -nen> *f* Berlinoise *f*
Bermudadreieck [bɛrˈmuːda-] *nt* triangle *m* des Bermudes
Bermudas¹ [bɛrˈmuːdas] *Pl* GEOG **die ~** les Bermudes *fpl*
Bermudas² [bɛrˈmuːdas] *Pl*, **Bermudashorts** [bɛrˈmuːdaʃoːɐ̯ts] *Pl* bermuda *m*
Bern [bɛrn] <-s> *nt* Berne
Berner(in) [ˈbɛrnɐ] <-s, -> *m(f)* Bernois(e) *m(f)*
Bernhardiner [bɛrnharˈdiːnɐ] <-s, -> *m* (*Hund*) saint-bernard *m*
Bernstein [ˈbɛrnʃtain] *m kein Pl* ambre *m* jaune
bernsteinfarben *adj* ambré(e), ambre
Berserker [bɛrˈzɛrkɐ] <-s, -> *m* ▶ toben **wie ein ~** être [comme] fou furieux
bersten [ˈbɛrstən] <birst, barst, geborsten> *vi + sein geh* ① *Glasgefäß, Vase:* se fendre; *Erde, Damm:* exploser; *Ballon:* éclater; *Reifen:* crever ② *fig* crever de
berüchtigt [bəˈrʏçtɪçt] *adj Person* tristement célèbre; *Gegend* mal famé(e)
berücksichtigen* [bəˈrʏkzɪçtɪgən] *vt* ① tenir compte de; **berücksichtigt werden** être pris en compte ② (*wohlwollend prüfen*) prendre en considération; **eine Bewerbung ~** retenir une candidature
Berücksichtigung <-> *f* prise *f* en considération; **unter ~ seines Alters** compte tenu de son âge
Beruf [bəˈruːf] <-[e]s, -e> *m* profession *f;* (*Handwerksberuf*) métier *m*
berufen¹ *adj* ① (*kompetent*) compétent(e) ② (*auserwählt*) **sich für etw ~ fühlen** se sentir une vocation pour qc; **sich ~ fühlen etw zu tun** se sentir la vocation de faire qc
berufen*² *irr* **I.** *vt* nommer; **jdn in ein Amt ~** nommer qn à une fonction **II.** *vr* **sich auf jdn/etw ~** se référer à qn/qc
beruflich *adj* professionnel(le)
Berufsausbildung *f* formation *f* professionnelle **Berufsaussichten** *Pl* débouchés *mpl* **Berufsberater(in)** *m(f)* conseiller(-ère) *m(f)* d'orientation **Berufsberatung** *f* orientation *f* professionnelle **Berufsbezeichnung** *f* profession *f* **Berufsbild** *nt* profil *m* **Berufserfahrung** *f* expérience *f* professionnelle **Berufsethos** *nt* déontologie *f* [professionnelle] **Berufsfachschule** *f* ≈ lycée *m* d'enseignement professionnel **Berufsfeuerwehr** *f* [sapeurs-]pompiers *mpl* professionnels **Berufsfreiheit** *f* libre choix *m* de la profession **Berufsgeheimnis** *nt* secret *m* professionnel **Berufsgenossenschaft** *f* caisse *f* de prévoyance des accidents du travail **Berufsgruppe** *f* catégorie *f* professionnelle **Berufskrankheit** *f* maladie *f* professionnelle **Berufsleben** *nt* vie *f* professionnelle; **im ~ stehen** exercer une activité professionnelle
berufsmäßig **I.** *adj* professionnel(le) **II.** *adv* professionnellement; **etw ~ betreiben** pratiquer qc à titre professionnel
Berufsrisiko *nt* risques *mpl* du métier **Berufsschule** *f* centre *m* de formation [professionnelle] **Berufssoldat(in)** *m(f)* soldat(e) *m(f)* de métier **Berufsstand** *m* corps *m* de métier; *von Ärzten, Anwälten* ordre *m* **berufstätig** *adj* actif(-ive); **~ sein** travailler **Berufstätige(r)** *f(m) dekl wie adj* personne *f* active **berufsunfähig** *adj* qui ne peut plus exercer de profession **Berufsunfähigkeit** *f* incapacité *f* à exercer une profession **Berufsverband** *m* association *f* professionnelle **Berufsverbot** *nt* interdiction *f* professionnelle **Berufsverkehr** *m* circulation *f* aux heures de pointe **Berufswahl** *f* choix *m* d'une profession
Berufung [bəˈruːfʊŋ] <-, -en> *f* ① JUR appel *m;* (*in Frankreich*) cassation *f;* **in die ~ gehen** se pourvoir en appel; (*in Frankreich*) se pourvoir en cassation; **gegen ein Urteil ~ einlegen** faire appel d'un jugement ② (*Angebot für ein Amt*) **~ auf einen Lehrstuhl** nomination *f* à une chaire ③ (*innere Bestimmung*) vocation *f;* **aus ~** par vocation ④ (*Bezugnahme*) **unter ~ auf jdn/etw** en se référant à qn/qc

Berufungsgericht *nt* cour *f* d'appel

beruhen* *vi* **auf etw** (*dat*) ~ *Angelegenheit, Bericht:* reposer sur qc; *Brauch:* remonter à qc ▶ **etw auf sich** (*dat*) ~ **lassen** ne pas donner suite à qc

beruhigen* [bəˈruːɪgən] **I.** *vt* ① **jdn** ~ *Musik, Medikament:* calmer qn; *Nachricht:* rassurer qn ② (*Bedenken zerstreuen*) rassurer; (*trösten*) calmer ③ (*reduzieren, entlasten*) réduire *Verkehr* **II.** *vr* **sich** ~ se calmer

beruhigend **I.** *adj* ① *Gewissheit, Nachricht* rassurant(e); *Musik* apaisant(e) ② MED *Medikament* calmant(e) **II.** *adv* de façon rassurante; ~ **wirken** *Medikament:* avoir un effet calmant

beruhigt [bəˈruːɪçt] *adj, adv* rassuré(e)

Beruhigung <-> *f* ① (*das Beruhigen*) **zur** ~ **der Nerven** pour calmer les nerfs ② (*das Beruhigtsein*) apaisement *m* ③ (*Versicherung*) **zu deiner** ~ **kann ich sagen: ...** pour te rassurer, je peux te dire: ...

Beruhigungsmittel *nt* calmant *m*

berühmt [bəˈryːmt] *adj* célèbre

Berühmtheit <-, -en> *f* célébrité *f;* ~ **erlangen** devenir célèbre

berühren* **I.** *vt* ① toucher; **etw leicht** ~ effleurer qc ② (*seelisch bewegen*) toucher; **jdn peinlich** ~ gêner qn; **jdn schmerzlich** ~ faire mal à qn ③ (*kurz erwähnen*) évoquer; **etw nur kurz** ~ ne faire qu'effleurer qc **II.** *vr* **sich** ~ *Personen, Gegenstände:* se toucher

Berührung <-, -en> *f* ① (*Anfassen*) contact *m;* (*leicht, vorsichtig*) effleurement *m* ② (*Erwähnung*) *eines Themas* évocation *f* ▶ **mit jdm/etw in** ~ **kommen** toucher qn/qc; *fig* entrer en contact avec qn/qc

Berührungsangst *f meist Pl* peur des contacts **Berührungspunkt** *m* point *m* commun; GEOM point *m* de contact

bes. *Abk von* **besonders**

besagen* *vt* vouloir dire; **was besagt das schon?** qu'est-ce que ça prouve?

besagt *adj attr form* **der ~e Schriftsteller** ledit écrivain; **~e Frau Braun** ladite Madame Braun; **der Besagte** le susnommé

besaiten* *vt* mettre des cordes à

besamen* *vt* inséminer

besänftigen* [bəˈzɛnftɪgən] *vt* calmer

Besänftigung <-, -en> *f* **zu seiner** ~ pour le calmer; **zur** ~ **ihres Zornes** pour calmer sa colère

besät *adj* ① recouvert(e); **mit Blumen** ~ recouvert de fleurs ② *fig* **mit Sternen** ~ parsemé d'étoiles

Besatz <-es, -sätze> *m* (*Einfassung*) garniture *f;* (*Borte*) bordure *f*

Besatzung <-, -en> *f eines Schiffes, Panzers* équipage *m; einer Festung* garnison *f*

Besatzungsarmee *f* armée *f* d'occupation **Besatzungsmacht** *f* occupant *m* **Besatzungszone** *f* zone *f* d'occupation

besaufen* *vr irr fam* **sich** ~ se soûler la gueule

Besäufnis [bəˈzɔɪfnɪs] <-ses, -se> *nt fam* beuverie *f*

beschädigen* *vt* abîmer *Gegenstand, Lack;* endommager *Fahrzeug, Haus, Gerät*

Beschädigung <-, -en> *f* ① *kein Pl* (*das Beschädigen*) endommagement *m* ② (*beschädigte Stelle*) dégâts *mpl*

beschaffen*[1] [bəˈʃafən] *vt* procurer

beschaffen[2] [bəˈʃafən] *adj form* **so** ~ **sein, dass ...** être tel que ...

Beschaffenheit <-> *f* texture *f*

Beschaffung <-> *f* **jdm bei der** ~ **falscher Papiere helfen** aider qn à se procurer de faux papiers; **sich um die** ~ **einer Unterkunft kümmern** s'occuper de trouver un hébergement

Beschaffungskriminalität *f* délits *mpl* commis pour se procurer de la drogue

beruhigen

beruhigen	*calmer*
Nur keine Panik/Aufregung!	*Pas de panique/d'affolement !*
Machen Sie sich keine Sorgen.	*Ne vous faites pas de souci.*
Keine Angst, das werden wir schon hinkriegen.	*N'aie/N'ayez pas peur, nous finirons bien par y arriver.*
Abwarten und Tee trinken. (*fam*)	*Nous verrons bien (ce qui se passera).*
Es wird schon werden.	*Ça va aller.*
Alles halb so schlimm.	*Ce n'est pas si grave.*
Ganz ruhig bleiben!	*Restons calme !/Ne nous affolons pas !*

B

beschäftigen* [bəˈʃɛftɪgən] **I.** *vr* **sich ~** s'occuper; **sich mit jdm ~** s'occuper de qn; **sich mit etw ~** s'intéresser à qc **II.** *vt* ❶ **jdn mit etw ~** *Eltern, Lehrer:* occuper qn à qc ❷ (*interessieren*) **jdn ~** *Frage, Problem:* préoccuper qn ❸ (*an-, einstellen*) employer

beschäftigt *adj* ❶ occupé(e); **mit jdm/etw ~ sein** être occupé avec qn/à qc; **viel ~** très occupé ❷ (*angestellt*) **als Sekretärin/bei einer Bank ~ sein** travailler comme secrétaire/dans une banque

Beschäftigte(r) *f(m) dekl wie adj* **die ~n** (*Werktätige*) les employé(e)s; (*Belegschaft*) le personnel; **die ~n in den Banken** les employés de banque

Beschäftigung <-, -en> *f* ❶ (*Tätigkeit*) occupation *f* ❷ *kein Pl* (*geistige Tätigkeit*) **~ mit etw** étude *f* de qc ❸ *kein Pl* (*Beschäftigungsverhältnis*) emploi *m*

Beschäftigungstherapie *f* ergothérapie *f*

beschämen* *vt* faire honte à

beschämend **I.** *adj* ❶ (*demütigend*) humiliant(e) ❷ (*schändlich*) honteux(-euse) **II.** *adv* de honte

beschämt *adj Person* honteux(-euse)

beschatten* *vt* prendre en filature; **jdn ~** prendre qn en filature; **jdn ~ lassen** faire suivre qn

Beschattung <-, -en> *f* (*Überwachung*) filature *f*

beschauen* *vt* ❶ contrôler *Fleisch* ❷ DIAL (*betrachten*) [**sich** (*dat*)] **jdn/etw ~** contempler qn/qc

beschaulich **I.** *adj* paisible; REL contemplatif(-ive) **II.** *adv leben* au calme; *gestalten* tranquillement

Beschaulichkeit <-> *f* calme *m*

Bescheid [bəˈʃait] <-[e]s, -e> *m* ❶ ADMIN réponse *f*; **positiver ~** confirmation *f*; **negativer ~** réponse *f* négative ❷ (*Nachricht*) information *f*; **jdm ~ über etw** (*akk*) **geben** informer qn de qc ▶**jdm ~ sagen** dire à qn; **über etw** (*akk*) **~ wissen** être au courant de qc; **ich weiß ~!** oui, oui, je sais!

bescheiden[1] [bəˈʃaidən] **I.** *adj* ❶ (*genügsam, einfach*) modeste ❷ *fam* (*gering*) assez minable ❸ *Frage* modeste ❹ *euph fam Essen* infect(e); *Gefühl, Situation* désagréable; *Wetter* sale *antéposé; Zustand* minable **II.** *adv* ❶ (*selbstgenügsam, einfach*) modestement ❷ *euph fam* (*miserabel*) **ihm geht es ~** il est mal foutu

bescheiden*[2] [bəˈʃaidən] *irr* **I.** *vt* ❶ *form* (*entscheiden*) statuer sur *Antrag;* **etw positiv/abschlägig ~** accepter/rejeter qc ❷ *geh* (*zuteilwerden lassen*) **jdm beschieden sein** être donné à qn **II.** *vr geh* **sich mit etw ~** se contenter de qc

Bescheidenheit <-> *f* ❶ *einer Person* modestie *f* ❷ (*Einfachheit*) *eines Lebensstils* simplicité *f* ❸ (*Geringfügigkeit*) *eines Gehalts* modicité *f*; *einer Leistung* médiocrité *f* ▶[**nur**] **keine <u>falsche</u> ~!** pas de fausse modestie!

bescheinen* *vt irr Feuer, Mond:* éclairer; **von der Sonne beschienen werden** *Gebäude, Tal:* être exposé au soleil

bescheinigen* [bəˈʃainɪgən] *vt* faire un certificat; **jdm etw ~** faire un certificat de qc à qn; **den Empfang einer S.** (*gen*) **~** accuser réception de qc

Bescheinigung <-, -en> *f* ❶ *kein Pl* (*das Bescheinigen*) attestation *f* ❷ (*Dokument*) certificat *m*

bescheißen* *irr fam* **I.** *vt* entuber **II.** *vi* **bei etw ~** tricher à qc

beschenken* *vt* faire un cadeau/des cadeaux; **jdn ~** faire un cadeau/des cadeaux à qn

bescheren* [bəˈʃeːrən] *vt* ❶ (*schenken*) **jdm etw ~** offrir qc à qn pour Noël ❷ (*beschenken*) **jdn mit etw ~** faire cadeau de qc à qn pour Noël ❸ (*zuteilwerden lassen*) **jdm etw ~** accorder qc à qn

Bescherung <-, -en> *f* distribution *f* des cadeaux de Noël

bescheuert [bəˈʃɔyɐt] *fam* **I.** *adj* ❶ (*blöd*) débile ❷ *Gefühl, Situation* emmerdant(e); *Wetter* dégueulasse **II.** *adv* **sich ~ anstellen** faire le con; **~ aussehen** avoir l'air débile

beschichten* *vt* recouvrir

Beschichtung <-, -en> *f* TECH ❶ (*das Beschichten*) application *f* ❷ (*Schicht*) couche *f*

beschicken* *vt* ❶ présenter; **eine Ausstellung mit etw ~** présenter qc lors d'une exposition ❷ TECH alimenter

beschießen* *vt irr* ❶ **jdn/etw ~** *Geschütze:* mitrailler qn/qc; *Flugzeug, Kriegsschiff:* bombarder qn/qc ❷ PHYS bombarder

beschildern* *vt* signaliser *Straße;* étiqueter *Exponate*

Beschilderung <-, -en> *f* signalisation *f*

beschimpfen* *vt* insulter

Beschimpfung <-, -en> *f* ❶ *kein Pl* (*das Beschimpfen*) injure *f* ❷ (*Schimpfworte*) insultes *fpl*

Beschiss[RR] <-es>, **Beschiß**[ALT] <-sses> *m sl* arnaque *f* (*fam*)

beschissen [bəˈʃɪsən] *fam* I. *adj Situation, Gefühl* emmerdant(e); *Wetter, Bezahlung* dégueulasse II. *adv* **sich ~ fühlen** être mal foutu; **ihm geht es ~** il est dans la merde (*vulg*)

Beschlag [bəˈʃlaːk, *Pl:* bəˈʃlɛːgə] <-[e]s, Beschläge> *m* ferrure *f* ▶ **jdn/etw in ~ nehmen** monopoliser qn/qc

beschlagen*[1] [bəˈʃlaːgən] *irr* I. *vt + haben* ferrer *Pferd* II. *vi + sein* (*anlaufen*) se couvrir de buée

beschlagen[2] [bəˈʃlaːgən] *adj* **in etw** (*dat*) **sehr ~ sein** être très ferré en qc (*fig*)

Beschlagnahme [bəˈʃlaːknaːmə] <-, -n> *f* saisie *f*

beschlagnahmen* [bəˈʃlaːknaːmən] *vt* ① JUR saisir ② *hum* (*in Anspruch nehmen*) **jdn ~** accaparer qn

Beschlagnahmung <-, -en> *f* JUR, ADMIN saisie *f*

beschleichen* *vt irr geh* envahir

beschleunigen* [bəˈʃlɔynɪgən] I. *vt, vi* accélérer; **seine Schritte ~** presser le pas II. *vr* **sich ~** s'accélérer

Beschleunigung <-, -en> *f* accélération *f*

Beschleunigungsstreifen *m* AUT voie *f* d'accélération

beschließen* *vt irr* ① décider ② (*verbindlich festlegen*) adopter *Gesetz, Plan* ③ *geh* (*beenden*) terminer

Beschluss[RR] <-es, -schlüsse>, **Beschluß**[ALT] <-sses, -schlüsse> *m* ① (*Entscheidung*) décision *f;* **einen ~ fassen** prendre une décision ② JUR *eines Gerichts* arrêt *m;* **auf ~ des Gerichts** par décret du tribunal

beschlussfähig[RR] *adj* **~ sein** atteindre le quorum **Beschlussfähigkeit**[RR] *f* capacité *f* de statuer **beschlussunfähig**[RR] *adj* **~ sein** ne pas atteindre le quorum

beschmieren* I. *vt* ① (*besudeln*) barbouiller *Tafel;* faire des taches *Tischdecke* ② (*bestreichen*) tartiner II. *vr* **sich ~** se tacher

beschmutzen* *vt a. fig* salir

Beschmutzung <-, -en> *f* salissures *fpl*

beschneiden* *vt irr* ① tailler *Baum;* rogner *Bogen, Flügel* ② REL circoncire *Jungen;* exciser *Mädchen* ③ (*beschränken*) réduire; amputer *Rechte*

Beschneidung <-, -en> *f* ① *von Bäumen* taille *f; von Bögen, der Flügel* rognage *m* ② REL *eines Jungen* circoncision *f; eines Mädchens* excision *f* ③ (*Beschränkung*) réduction *f; von Rechten* amputation *f*

beschnitten *adj* REL *Mann* circoncis; *Frau* excisée

beschnüffeln* *vt, vr* [**sich**] **~** [se] renifler

beschnuppern* I. *vt* ① **jdn/etw ~** *Tier:* flairer qn/qc ② *fam* (*kennen lernen*) tâter II. *vr* **sich** [**gegenseitig**] **~** *Tiere:* se renifler; *fig fam Personen:* se jauger

beschönigen* [bəˈʃøːnɪgən] *vt* embellir *Vorfall;* **~d** *Darstellung* édulcoré

Beschönigung <-, -en> *f* embellissement *m;* **ohne ~en** sans édulcorer

beschränken* [bəˈʃrɛŋkən] I. *vt* limiter II. *vr* **sich auf etw** (*akk*) **~** se limiter à qc; **sich darauf ~ etw zu tun** se contenter de faire qc

beschränkt *adj* ① (*eingeschränkt*) limité(e); **räumlich ~ sein** être à l'étroit ② *pej* (*geistig*) limité(e) (*fam*); (*engstirnig*) borné(e)

Beschränktheit <-> *f* ① (*Begrenztheit*) *von Mitteln* insuffisance *f* ② (*mangelnde Intelligenz*) manque *m* d'intelligence; (*Engstirnigkeit*) étroitesse *f* d'esprit

Beschränkung <-, -en> *f* limitation *f*

beschreiben* *vt irr* ① (*darstellen*) décrire ② (*voll schreiben*) remplir *Heft* ③ (*vollführen*) décrire *Kreis*

Beschreibung *f* ① (*das Schildern*) description *f; eines Täters* signalement *m* ② *fam* (*Beipackzettel, Gebrauchsanweisung*) notice *f*

beschreiten* *vt irr geh* ① emprunter *Pfad, Weg* ② *fig* prendre *Weg*

beschriften* [bəˈʃrɪftən] *vt* mettre une adresse sur *Umschlag;* étiqueter *Marmeladenglas*

Beschriftung <-, -en> *f* ① *kein Pl* (*das Beschriften*) inscription *f; einer Gedenktafel* gravure *f; eines Marmeladenglases* étiquetage *m* ② (*Aufschrift*) inscription *f; eines Marmeladenglases* étiquette *f*

beschuldigen* [bəˈʃʊldɪgən] *vt* accuser de; JUR inculper de

Beschuldigte(r) *f(m) dekl wie adj* accusé(e) *m(f)*

Beschuldigung <-, -en> *f* accusation *f*

beschummeln* *fam* I. *vt* rouler; **jdn beim Kartenspiel/um zehn Euro ~** rouler qn aux cartes/de dix euros II. *vi* **bei etw ~** tricher à qc

Beschuss[RR], **Beschuß**[ALT] *m* ① (*mit Munition*) tir *m;* (*mit Granaten, Raketenwerfern*) bombardement *m;* (*mit automatischen Waffen*) mitraillage *m* ② PHYS (*Neutronenbeschuss*) bombardement *m*

beschützen* *vt* (*behüten*) protéger

Beschützer(in) <-s, -> *m(f)* protecteur(-trice) *m(f)*

B

beschwatzen* *vt fam* ① (*überreden*) baratiner ② (*bereden*) discuter de

Beschwerde [bə'ʃveːɐ̯də] <-, -n> *f* ① plainte *f* ② JUR recours *m;* (*gegen das Urteil einer höheren Instanz*) pourvoi *m* ③ *Pl* MED (*Leiden, Schmerzen*) douleurs *fpl*

beschweren* [bə'ʃveːrən] **I.** *vr* **sich** ~ se plaindre; **sich über jdn/etw** ~ se plaindre de qn/qc **II.** *vt* **die Briefe mit etw** ~ poser qc sur les lettres

beschwerlich *adj* pénible

beschwichtigen* [bə'ʃvɪçtɪgən] *vt* calmer *Person, Zorn;* soulager *Gewissen*

beschwichtigend **I.** *adj* apaisant(e) **II.** *adv* ~ **auf jdn einreden** parler à qn en essayant de le calmer

Beschwichtigung <-, -en> *f* apaisement *m*

Beschwichtigungspolitik *f* politique *f* d'apaisement

beschwindeln* *vt fam* ① (*belügen*) raconter des bobards *mpl* à ② (*betrügen*) rouler

beschwingt [bə'ʃvɪŋt] *adj Person* plein(e) d'entrain; *Musik* entraînant(e); *Gang* léger(-ère)

beschwipst *adj fam* éméché(e)

beschwören* *vt irr* ① (*beeiden*) jurer ② (*anflehen*) **jdn** ~ **etw zu tun** supplier qn de faire qc ③ (*magisch beeinflussen*) conjurer *Dämon, Geist, Teufel;* charmer *Schlange* ④ *geh* (*hervorrufen*) évoquer *Erinnerung, Vergangenheit*

Beschwörung <-, -en> *f* ① (*das Anflehen*) supplication *f* ② (*das Hervorrufen*) *von Bildern* évocation *f* ③ *eines Geistes* conjuration *f*

beseelen* [bə'zeːlən] *vt* ① (*durchdringen*) **jdn** ~ *Mut, Zuversicht:* remplir qn; *Geist:* animer qn ② (*mit Leben erfüllen*) animer

besehen* *irr vt* examiner; **sich** (*dat*) **etw** ~ regarder qc de [plus] près

beseitigen* [bə'zaitɪgən] *vt* ① faire disparaître *Spuren, Hindernisse;* enlever *Schmutz, Müll;* dissiper *Zweifel* ② *euph* (*umbringen*) supprimer

Beseitigung <-> *f* ① *von Spuren* élimination *f; von Flecken, Schmutz* enlèvement *m; eines Zweifels* dissipation *f; eines Hindernisses* suppression *f* ② *euph* (*Tötung*) *einer Person* suppression *f*

Besen ['beːzən] <-s, -> *m* balai *m*

Besenkammer *f,* **Besenschrank** *m* placard *m* à balais **Besenstiel** *m* manche *m* à balai

besessen [bə'zɛsən] *adj* ① (*unter einem Zwang stehend*) obsédé(e); **von etw** ~ **sein** être obsédé par qc ② REL **vom Teufel** ~ **sein** être possédé du démon ▶ **wie** ~ comme un forcené

Besessene(r) *f(m) dekl wie adj* ① (*fanatischer Mensch*) fanatique *mf* ② REL possédé(e) *m(f)* ▶ **wie ein ~r** comme un forcené

Besessenheit <-> *f* ① obsession *f* ② REL possession *f*

besetzen* *vt* ① (*belegen*) réserver *Platz, Stuhl* ② (*widerrechtlich beziehen*) occuper; squatter *Haus* ③ (*ausfüllen*) pourvoir *Stelle, Amt;* distribuer *Rolle;* **eine Stelle/eine Rolle mit jdm** ~ attribuer un poste/un rôle à qn ④ (*verzieren*) **etw mit Pailletten** ~ garnir qc de paillettes

besetzt *adj* ① *Platz, Leitung, WC* occupé(e) ② (*gefüllt*) *Saal:* comble; *Theater, Kino:* plein(e) à craquer ③ (*bezogen*) occupé(e); **ein ~es Haus** un squat

Besetztzeichen *nt* signal *m* “occupé”

Besetzung <-, -en> *f* ① *eines Postens, einer Stelle* attribution *f* ② (*Vergabe*) *einer Rolle* distribution *f* ③ (*Mannschaftskonstellation*) formation *f* ④ *a.* MIL (*das Okkupieren*) occupation *f; eines Hauses* squat *m*

besichtigen* [bə'zɪçtɪgən] *vt* visiter

Besichtigung <-, -en> *f* visite *f*

besiedeln* [bə'ziːdəln] *vt* ① *Volk, Pflanzenart:* peupler ② (*kolonisieren*) **etw** ~ *Siedler:* coloniser qc; (*bewohnen*) habiter dans qc

Besied[e]lung <-, -en> *f* ① *kein Pl* (*das Besiedeln*) *einer Landschaft* colonisation *f; eines Wirtschaftsraums* peuplement *m* ② (*Ansiedlung*) peuplement *m*

besiegeln* *vt* ① (*bestärken*) sceller; confirmer *Versprechen, Zusage* ② (*endgültig machen*) sceller *Schicksal, Untergang;* sanctionner *Scheitern*

besiegen* *vt* vaincre *Person, Land;* battre *Mannschaft*

Besiegte(r) *f(m) dekl wie adj* vaincu(e) *m(f)*

besingen* *vt irr* (*rühmen*) chanter

besinnen* *vr irr* ① (*überlegen*) **sich** ~ réfléchir; **sich eines anderen** ~ *geh* changer d'avis; **sich eines Besseren** ~ *geh* se raviser ② (*sich erinnern*) **sich auf jdn/etw** ~ se souvenir de qn/qc

besinnlich *adj Person* méditatif(-ive); *Zeit* de méditation; **ein paar ~e Minuten** quelques minutes de recueillement

Besinnung <-> *f* ① (*Bewusstsein*) connaissance *f;* **bei/ohne** ~ **sein** être conscient/sans connaissance ❷ (*Reflexion*) recueillement *m*

besinnungslos *adj* sans connaissance

Besinnungslosigkeit <-> *f* inconscience *f*

Besitz [bəˈzɪts] <-es> *m* ❶ (*Eigentum*) biens *mpl;* (*Grundbesitz*) propriété *f;* (*landwirtschaftlicher Besitz*) terres *fpl* ❷ (*das Besitzen*) possession *f; einer Schusswaffe* détention *f* ▶ **von jdm ~ ergreifen** *geh Leere, Verzweiflung:* s'emparer de qn

Besitzanspruch *m* droit *m* de possession

besitzanzeigend *adj* GRAM possessif(-ive)

besitzen* *vt irr* posséder

besitzend *adj* possédant(e)

Besitzer(in) <-s, -> *m(f)* propriétaire *mf*

besitzergreifend *adj* possessif(-ive)

Besitzergreifung *f form* appropriation *f*

besitzlos *adj* (*ohne Besitz*) sans biens; (*mittellos*) démuni(e)

Besitzstand *m* acquis *m*

Besitztum <-s, -tümer> *nt* (*Grundbesitz*) terres *fpl;* (*Eigentum*) propriété *f*

Besitzverhältnisse *Pl* répartition *f* des biens

besoffen [bəˈzɔfən] *adj fam* bourré(e)

besohlen* [bəˈzoːlən] *vt* mettre une semelle à

besolden* [bəˈzɔldən] *vt* rétribuer

Besoldung <-, -en> *f* ❶ (*das Besolden*) rétribution *f* ❷ (*Gehalt*) traitement *m*

besondere(r, s) [bəˈzɔndərə, -rɐ, -rəs] *adj* ❶ particulier(-ière); *Fall, Umstand* spécial(e); *Ehre, Freude* tout(e) particulier(-ière); *Qualität, Schönheit* exceptionnel(le) ❷ *Raum, Tür* à part; *Weinkarte* séparé(e)

Besondere(s) *nt dekl wie adj* ❶ (*Eigenschaft*) **das ~ an diesem Gerät** ce que cet appareil a de particulier ❷ (*Person*) **jemand/nichts ~s** quelqu'un de spécial/d'ordinaire ❸ (*Sache*) **etwas/nichts ~s** quelque chose/rien de spécial ▶ **im ~n** en particulier

Besonderheit <-, -en> *f* particularité *f; einer Person* signe *m* particulier

besonders [bəˈzɔndɐs] *adv* ❶ particulièrement; **nicht ~ warm/teuer** pas tellement chaud/cher; **nicht ~ viel** pas vraiment beaucoup ❷ (*vor allem*) surtout; **~ du müsstest das wissen** toi le premier/la première tu devrais savoir ça

besonnen [bəˈzɔnən] **I.** *adj Charakter, Vorgehen* réfléchi(e); *Art* posé(e) **II.** *adv* avec circonspection; **sich ~ verhalten** garder son sang-froid

Besonnenheit <-> *f* circonspection *f*

besorgen* *vt* ❶ (*beschaffen*) procurer ❷ (*kaufen*) acheter ❸ (*erledigen*) effectuer *Arbeit;* se charger de *Auftrag*

Besorgnis [bəˈzɔrknɪs] <-, -se> *f* inquiétude *f*

besorgniserregend **I.** *adj* inquiétant(e), préoccupant(e) **II.** *adv* de manière inquiétante [*o* préoccupante]

besorgt *adj* ❶ *Person* inquiet(-ète); *Miene* soucieux(-euse) ❷ (*fürsorglich*) **um jdn ~ sein** être aux petits soins pour qn; **um etw ~ sein** être très soucieux de qc

Besorgung <-, -en> *f* ❶ (*Einkauf*) course *f;* **~en machen** faire des courses ❷ *kein Pl* (*das Kaufen*) achat *m*

bespaßen* *vt fam* divertir *Kind*

bespannen* *vt* tapisser *Wand;* recouvrir *Stuhl;* [re]corder *Gitarre, Tennisschläger*

Bespannung *f* ❶ (*Stoffbespannung*) tenture *f* ❷ (*Saiten*) *eines Instruments* cordes *fpl; eines Tennisschlägers* cordage *m*

bespielbar *adj* SPORT *Rasen* praticable

bespielen* *vt* ❶ enregistrer *Kassette* ❷ SPORT jouer sur *Platz, Feld*

bespitzeln* *vt* espionner

besprechen* *irr* **I.** *vt* ❶ discuter de; **etw mit jdm ~** discuter de qc avec qn; **wie besprochen** comme convenu ❷ (*rezensieren*) faire la critique de ❸ MEDIA enregistrer **II.** *vr* **sich ~** se concerter; **sich mit jdm ~** s'entretenir avec qn

Besprechung <-, -en> *f* ❶ (*Konferenz*) réunion *f;* (*Unterredung*) entretien *m* ❷ (*Rezension*) critique *f* ❸ *kein Pl* (*das Besprechen*) discussion *f*

bespritzen* **I.** *vt* ❶ (*befeuchten*) asperger ❷ (*beschmutzen*) éclabousser ❸ (*besprühen*) vaporiser *Pflanze* **II.** *vr* **sich ~** ❶ (*sich befeuchten*) s'asperger ❷ (*sich beschmutzen*) s'éclabousser

besprühen* *vt* ❶ **etw mit Wasser ~** vaporiser de l'eau sur qc ❷ (*bemalen*) bomber *Wand*

bespucken* *vt* cracher sur

besser [ˈbɛsɐ] **I.** *adj Komp von* **gut** ❶ (*von höherer Qualität*) meilleur(e); **ein ~er Computer** un ordinateur de meilleure qualité; **das Wetter wird ~** le temps s'améliore ❷ (*von höherer Qualifikation*) **~ sein** (*höher befähigt*) être meilleur; (*besser geeignet*) être mieux ❸ (*vernünftiger, angebrachter*) **es ist ~, wenn** il vaut mieux que + *subj;* **es ist ~, zuerst das hier zu machen** c'est mieux de commencer par faire ceci ❹ (*sozial höhergestellt*) supérieur(e); **er wohnt in einer ~en Gegend** il habite dans les beaux quartiers **II.** *adv Komp von* **gut, wohl** *schwimmen,* *tanzen, singen* mieux; **dieser Käse/Apfel schmeckt ~ als der andere** ce fromage est meilleur/cette pomme est meilleure que l'autre; **ich kann das ~!** je sais mieux le faire! ▶ ~ **gehen** aller mieux; **jdm/etw geht es ~** qn/qc va mieux; **oder ~ gesagt** plus exactement; **es ~ haben** avoir une vie plus agréable; **immer alles ~ wissen [wollen]** se croire plus malin que tout le monde; **um so ~!** *fam* tant mieux!

besser|gehen *s.* **besser II.** ▶

bessergestellt *adj* **finanziell ~ sein** être plus à l'aise financièrement

bessern I. *vr* **sich ~** s'améliorer **II.** *vt* corriger *Person;* améliorer *Lage*

Besserung <-> *f* ① amélioration *f* ② (*Gesundung*) **gute ~!** bon rétablissement!

Besserverdienende(r) *f(m) dekl wie adj* **die ~n** les gros [*o* hauts] salaires *mpl*

Besserverdiener(in) *m(f) s.* **Besserverdienende(r)**

Besserwisser(in) <-s, -> *m(f) pej* pédant(e) *m(f)*

besserwisserisch I. *adj* pédant(e) **II.** *adv* comme un(e) pédant(e)

Bestallung <-, -en> *f form* nomination *f;* ~ **zum Beamten** titularisation *f* comme fonctionnaire

Bestand [bəˈʃtant, *Pl:* bəˈʃtɛndə] <-[e]s, Bestände> *m* ① *kein Pl* (*Fortdauer*) persistance *f; einer Regierung, Koalition* stabilité *f;* ~ **haben** être durable ② (*vorhandene Menge*) ~ **an Medikamenten** stock *m* de médicaments; ~ **an Bäumen** peuplement *m* [forestier]; **den ~ von etw aufnehmen** faire l'inventaire de qc ③ *kein Pl* A (*das Bestehen*) existence *f*

bestanden I. *PP von* **bestehen II.** *adj* SCHULE, UNIV réussi(e)

beständig *adj* ① *Verhalten* constant(e); *Wetter* stable ② *Freundschaft* durable ③ (*widerstandsfähig*) résistant(e) ④ *attr* continuel(le); *Regen* ininterrompu(e)

Beständigkeit <-> *f* ① *des Wetters* stabilité *f* ② (*Dauerhaftigkeit*) constance *f* ③ (*Widerstandsfähigkeit*) résistance *f*

Bestandsaufnahme *f* ① inventaire *m* ② *fig* bilan *m*

Bestandteil *m* composant *m;* (*Einzelteil*) élément *m*

bestärken* *vt* appuyer; **jdn in seinem Entschluss ~** conforter qn dans sa décision

Bestärkung *f* ① (*Unterstützung*) appui *m* ② (*Erhärtung*) *eines Verdachts, Vorsatzes* renforcement *m*

bestätigen* [bəˈʃtɛːtɪgən] *vt* ① renforcer la certitude de *Person;* confirmer *Theorie, Aussage;* entériner *Urteil* ② (*quittieren*) attester *Anwesenheit, Teilnahme;* confirmer *Auftrag, Bestellung;* valider *Befehl, Eingabe;* **hiermit wird bestätigt, dass ...** par la présente, nous certifions que ...

Bestätigung <-, -en> *f* ① *a.* JUR (*das Bestätigen*) confirmation *f* ② *kein Pl* (*das Attestieren*) *der Anwesenheit* attestation *f; eines Auftrags* confirmation *f;* INFORM *eines Befehls, einer Eingabe* validation *f* ③ (*Schriftstück*) *der Teilnahme* attestation *f; eines Auftrags, einer Bestellung* confirmation *f*

bestatten* [bəˈʃtatən] *vt geh* inhumer

Bestattung <-, -en> *f geh* inhumation *f,* obsèques *fpl*

Bestattungsinstitut *nt* [entreprise *f* de] pompes *fpl* funèbres

bestäuben* [bəˈʃtɔybən] *vt* ① **etw ~** *Biene:* féconder qc ② GASTR saupoudrer

Bestäubung <-, -en> *f* pollinisation *f*

bestaunen* *vt* admirer

bestbezahlt *adj attr* **der ~e Tennisspieler** le joueur de tennis le mieux payé

beste(r, s) [ˈbɛstə, -tɐ, -təs] **I.** *adj Superl von* **gut** ① *attr* meilleur(e); **von ~r Qualität** de la meilleure qualité; **aus ~m Hause** de très bonne famille ② (*am besten qualifiziert, geeignet*) **der/die Beste** le meilleur/la meilleure ▶ **der erste Beste** le premier venu; **sein Bestes tun** faire de son mieux; **zu seinem Besten** pour son bien **II.** *adv* **er/sie singt am ~n** c'est lui/elle qui chante le mieux; **es wäre [wohl] am ~n, wenn** le mieux serait que + *subj*

bestechen* *irr* **I.** *vt* ① soudoyer ② (*für sich einnehmen*) séduire **II.** *vi* (*beeindrucken*) *Person:* fasciner; *Gemälde, Garten:* séduire

bestechend I. *adj* séduisant(e) **II.** *adv einfach, schön* étonnamment; *klar* admirablement

bestechlich [bəˈʃtɛçlɪç] *adj* vénal(e)

Bestechlichkeit <-> *f* vénalité *f*

Bestechung <-, -en> *f* corruption *f; eines Zeugen* subornation *f*

Bestechungsaffäre *f* affaire *f* de pots-de-vin **Bestechungsgeld** *nt meist Pl* pot-de-vin *m* **Bestechungsversuch** *m* tentative *f* de corruption

Besteck [bəˈʃtɛk] <-[e]s, -e> *nt* ① couverts *mpl* ② (*medizinische Instrumente*) instruments *mpl* ③ (*Drogenbesteck*) matériel *m* de drogué

Besteckkasten *m* ménagère *f*

bestehen* *irr* **I.** *vt* ① réussir *Prüfung* ② (*durchstehen*) surmonter *Gefahr, Probe;* sortir vainqueur de *Kampf* **II.** *vi* ① (*gegeben *sein*) **es besteht die Möglichkeit, dass** il se peut que + *subj* ② (*existieren*) **seit langem ~** *Brauch, Tradition:* exister depuis longtemps; **~ bleiben** *Hoffnung, Verdacht:* demeurer; *Vorschrift:* rester valable ③ (*sich zusammensetzen*) **aus Einzelteilen ~** se composer d'éléments ④ (*zum Inhalt haben*) **die Aufgabe besteht darin etw zu tun** notre tâche consiste à faire qc ⑤ (*standhalten*) **vor jdm/etw ~ können** pouvoir affronter qn/qc ⑥ (*insistieren*) **auf etw** (*dat*) **~** tenir à qc

Bestehen <-s> *nt* ① (*Vorhandensein*) existence *f* ② (*Beharren*) insistance *f* ③ (*erfolgreiches Absolvieren*) **~ einer Prüfung** réussite *f* à un examen

bestehen|bleibenALT *s.* **bestehen II.2**

bestehend *adj* ① *Vorschrift* en vigueur ② *Gesellschaftsordnung* existant(e); *Verhältnisse* actuel(le)

bestehlen* *vt irr* voler

besteigen* *vt irr* ① (*erklettern*) escalader *Berg;* monter au sommet de *Turm;* monter sur *Gerüst, Thron;* monter à *Leiter, Tribüne* ② (*aufsteigen*) monter sur *Pferd* ③ (*einsteigen*) monter dans *Bus, Flugzeug, Auto;* monter sur *Fahrrad, Motorrad, Fähre*

Besteigung *f* ascension *f*

bestellen* *vt* ① (*kaufen wollen*) commander; **etw bei jdm ~** commander qc chez qn ② (*reservieren*) réserver *Hotelzimmer* ③ (*ausrichten*) transmettre ④ (*kommen lassen*) faire venir *Mitarbeiter;* appeler *Taxi* ⑤ (*bearbeiten*) cultiver *Acker* ▶**wie bestellt und nicht abgeholt** *hum fam* tout bête

Besteller(in) <-s, -> *m(f)* client(e) *m(f)*

Bestellkarte *f* bon *m* de commande **Bestellnummer** *f* numéro *m* de commande **Bestellschein** *m* bon *m* de commande

Bestellung <-, -en> *f* ① commande *f* ② (*Reservierung*) réservation *f* ③ (*Bearbeitung*) *eines Ackers* culture *f* ④ (*Berufung*) *eines Gutachters, Vormundes* désignation *f* ▶**auf ~** sur commande

Bestellzettel *s.* **Bestellschein**

bestenfalls *adv* au mieux

bestens *adv* ① très bien; *bedienen, sich bewähren* parfaitement; **das hat sich ~ bewährt** cela s'est avéré parfait ② (*herzlich*) cordialement

besteuern* *vt* imposer *Person, Firma;* taxer *Alkohol, Tabak*

Besteuerung <-, -en> *f von Einkünften* imposition *f; von Gütern* taxation *f*

Bestform *f* top niveau *m*

bestialisch [bɛsˈti̯aːlɪʃ] **I.** *adj* ① (*grausam*) sauvage ② *fam* (*unerträglich*) infect(e) **II.** *adv fam stinken, wehtun* vachement

Bestialität [bɛsti̯aliˈtɛːt] <-, -en> *f* bestialité *f; einer Tat* atrocité *f*

besticken* *vt* broder

Bestie [ˈbɛsti̯ə] <-, -n> *f* ① (*Tier*) bête *f* féroce ② *pej* (*Mensch*) monstre *m*

bestimmen* **I.** *vt* ① (*festsetzen*) fixer *Preis, Ort;* déterminer *Grenze* ② (*entscheiden*) décider; *Gesetzgeber, Parlament:* décréter; *Gesetz, Vorschrift:* stipuler ③ (*prägen*) caractériser *Landschaft, Epoche* ④ (*beeinflussen*) déterminer *Wert, Konjunktur* ⑤ (*wissenschaftlich einordnen*) identifier *Tier, Pflanze;* déterminer *Alter, Herkunft* ⑥ (*vorsehen*) désigner *Nachfolger;* destiner *Erbteil* **II.** *vi* ① (*befehlen*) décider ② (*verfügen*) **über jdn/etw ~** disposer de qn/qc

bestimmend *adj* ① *Faktor, Einfluss* déterminant(e) ② *Person* déterminé(e); *Persönlichkeit* fort(e)

bestimmt **I.** *adj* ① *Buch, Vorstellung* précis(e) ② *Preis, Summe* fixé(e); **am ~en Tag/Ort** au jour/lieu dit; **zur ~en Stunde** à l'heure dite ③ GRAM *Artikel* défini(e) ④ *Auftreten* décidé(e); *Ton* ferme ⑤ *Personen, Kreise* certain(e) **II.** *adv* ① (*sicher*) certainement; **~ wissen, dass ...** être sûr que ... ② (*entschieden*) catégoriquement; **sehr ~ auftreten** être très déterminé

Bestimmtheit <-> *f* détermination *f; eines Tons* fermeté *f;* **etw mit ~ sagen können** pouvoir dire qc avec certitude

Bestimmung <-, -en> *f* ① (*Vorschrift*) règlement *m;* (*vertraglich*) clause *f;* (*administrativ*) disposition *f* ② *kein Pl* (*Zweck*) destination *f* ③ (*Schicksal*) destinée *f;* (*Berufung*) vocation *f* ④ (*Festlegung*) fixation *f* ⑤ (*Analyse, Ermittlung*) *eines Fundes* identification *f; des Alters* détermination *f* ⑥ (*Definition*) définition *f*

Bestimmungsbahnhof *m* gare *f* de destination **bestimmungsgemäß** **I.** *adj Nutzung* conforme à la disposition/aux dispositions **II.** *adv* conformément à la disposition/aux dispositions **Bestimmungsort** *m* [lieu *m* de] destination *f*

Bestleistung *f* meilleure performance *f* **Bestmarke** *f* SPORT record *m*

Best.-Nr. *Abk von* **Bestellnummer** réf.

bestrafen* *vt* ① punir; pénaliser *Sportler* ② JUR condamner

Bestrafung <-, -en> *f* punition *f; eines Sportlers* pénalisation *f*

bestrahlen* *vt* ① MED **jdn ~** traiter qn

aux rayons X ② (*beleuchten*) illuminer *Gebäude*

Bestrahlung *f* ① MED radiothérapie *f* ② (*Beleuchtung*) illumination *f*

Bestreben *nt* souci *m;* **im ~ etw zu tun** soucieux de faire qc; **in seinem/ihrem ~ etw zu tun** dans son souci de faire qc

bestrebt *adj* **~ sein etw zu tun** s'efforcer de faire qc

Bestrebung *f meist Pl* effort *m*

bestreichen* *vt irr* enduire; **etw mit Salbe/Farbe ~** enduire qc de pommade/peinture; **das Brot mit Butter/Marmelade ~** beurrer le pain/tartiner le pain de confiture

bestreiken* *vt* faire grève dans *Firma;* **der Betrieb wird bestreikt** l'entreprise est en grève; **bestreikt** en grève

bestreiten* *vt irr* ① (*leugnen*) contester; **~ etw zu tun** nier faire qc ② (*finanzieren*) payer *Kosten, Unterhalt;* financer *Studium* ③ (*gestalten*) assurer *Veranstaltung, Gestaltung*

bestreuen* *vt* saupoudrer; **den Kuchen mit etw ~** saupoudrer le gâteau de qc

Bestseller ['bɛstzɛlɐ] <-s, -> *m* best-seller *m*

Bestsellerautor(in) *m(f)* auteur *m* de best-sellers **Bestsellerliste** *f* meilleures ventes *fpl*

bestücken* *vt* équiper *Küche, Rakete;* remplir *Lager, Keller;* **das Regal mit Büchern ~** garnir l'étagère de livres

bestürmen* *vt* assaillir

bestürzen* *vt Ereignis, Vorgang:* bouleverser

bestürzt [bəˈʃtʏrʦt] **I.** *adj Person, Gesicht* bouleversé(e); *Miene* consterné(e) **II.** *adv* avec consternation

Bestürzung <-> *f* consternation *f*

Bestzeit *f* meilleur temps *m*

Besuch [bəˈzuːx] <-[e]s, -e> *m* ① visite *f;* **einen ~ bei jdm machen** aller voir qn ② (*Frequentieren*) fréquentation *f* ③ (*Besucher*) visiteur *m;* (*Gast*) invité(e) *m(f);* **~ haben** avoir de la visite

besuchen* *vt* ① aller voir *Freund, Verwandten* ② (*aufsuchen*) aller voir *Kunden;* visiter *Patienten* ③ (*frequentieren*) aller à *Schule, Theater;* visiter *Museum;* assister à *Gottesdienst;* suivre *Kurs*

Besucher(in) <-s, -> *m(f)* ① visiteur(-euse) *m(f);* (*Gast*) invité(e) *m(f)* ② (*Interessent, Kunde*) *einer Veranstaltung, Ausstellung* visiteur(-euse) *m(f); eines Lokals* client(e) *m(f)* ③ (*Zuschauer*) spectateur(-trice) *m(f);* (*Zuhörer*) auditeur(-trice) *m(f)* ④ (*Teilnehmer*) participant(e) *m(f)*

Besuchszeit *f* heures *fpl* de visite

besucht *adj* **gut/schlecht ~** *Ausstellung, Museum* beaucoup/peu visité; **viel ~** qui attire un grand nombre de personnes

besudeln* *geh* **I.** *vt a. fig* souiller **II.** *vr* **sich mit etw ~** se salir avec qc

Betablocker ['beːtablɔkɐ] <-s, -> *m* PHARM, MED bêtabloquant *m*

betagt [bəˈtaːkt] *adj geh* âgé(e)

betasten* *vt* palper; tâter *Frucht, Käse*

Betatest ['beːta-] *m* INFORM test *m* bêta

betätigen* [bəˈtɛːtɪgən] **I.** *vt* actionner *Hebel;* appuyer sur *Pedal, Bremse, Schalter;* tourner *Knopf;* tirer *Wasserspülung* **II.** *vr* (*aktiv sein*) **sich politisch ~** faire de la politique; **sich künstlerisch ~** avoir une activité artistique

Betätigung <-, -en> *f* ① *kein Pl* (*das Betätigen*) **durch ~ dieses Hebels/Knopfes** en actionnant ce levier/en appuyant sur ce bouton; **vor ~ des Schalters** avant d'actionner le commutateur ② (*Tätigkeit*) activité *f*

Betätigungsfeld *nt* domaine *m*

betatschen* *vt pej fam* peloter; *Kind:* tripoter

betäuben* [bəˈtɔybən] *vt* ① MED endormir ② (*unterdrücken*) **seinen Kummer mit Alkohol/durch Arbeit ~** noyer son chagrin dans l'alcool/le travail ▶**wie betäubt sein** *Person:* être comme assommé

betäubend *adj Lärm* assourdissant(e); *Duft* entêtant(e)

Betäubung <-, -en> *f* ① MED anesthésie *f;* **örtliche ~** anesthésie locale ② (*Benommenheit*) étourdissement *m* ③ (*Unterdrückung*) *des Kummers* refoulement *m*

Betäubungsmittel *nt* anesthésique *m*

Betaversion ['beːta-] *f* INFORM version *f* bêta

Betbruder *m*, **-schwester** *f pej fam* bigot(e) *m(f)*

Bete ['beːtə] <-, -n> *f* **Rote ~** betterave *f* rouge

beteiligen* [bəˈtailɪgən] **I.** *vt* **jdn am Gewinn ~** attribuer une part du bénéfice à qn; **jdn an einer Firma ~** faire participer qn aux bénéfices d'une entreprise **II.** *vr* **sich an etw** (*dat*) **~** participer à qc

beteiligt *adj* ① **an etw** (*dat*) **~ sein** (*teilnehmen, mitwirken*) être associé à qc; (*verwickelt sein*) être impliqué dans qc ② FIN, COM **an einer Firma ~ sein** avoir une part dans une entreprise

Beteiligte(r) *f(m) dekl wie adj* (*Mitwirkender*) participant(e) *m(f)*; (*Betroffener*) personne *f* concernée

Beteiligung <-, -en> *f* ① *kein Pl* (*Teilnahme*) participation *f*; **~ an etw** (*dat*) participation à qc ② FIN, COM (*Anteil*) **~ an etw** (*dat*) participation *f* dans qc

beten ['beːtən] **I.** *vi* prier; **zu Gott ~** prier Dieu; **für jdn ~** prier pour qn **II.** *vt* dire *Vaterunser*

beteuern* [bəˈtɔyɐn] *vt* assurer

betiteln* *vt* ① intituler *Buch, Film* ② *pej* (*beschimpfen*) traiter de ③ (*anreden*) appeler

Beton [beˈtɔŋ] <-s> *m* béton *m*

betonen* [bəˈtoːnən] *vt* ① LING accentuer ② MUS soutenir ③ (*zur Geltung bringen*) souligner, mettre en valeur *Figur, Formen* ④ (*nachdrücklich erwähnen*) insister sur; **~, dass ...** souligner que ...

betonieren* [betoˈniːrən] *vt* bétonner

Betonmischer <-s, -> *m* bétonnière *f*; (*Lkw*) toupie *f*

Betonmischmaschine *f* bétonnière *f*

betont [bəˈtoːnt] **I.** *adj Höflichkeit, Sachlichkeit* marqué(e); *Eleganz* prononcé(e); *Gleichgültigkeit, Lässigkeit* ostensible **II.** *adv* ostensiblement

Betonung <-, -en> *f* ① LING accentuation *f*; **die ~ liegt auf der ersten Silbe** la première syllabe est accentuée ② *kein Pl* (*das Hervorheben*) mise *f* en valeur ③ *kein Pl* (*nachdrückliche Erwähnung*) **die ~ einer S.** (*gen*) l'accent *m* mis sur qc ④ *kein Pl* (*Nachdruck*) insistance *f*

betören* [bəˈtøːrən] *vt* envoûter

betörend **I.** *adj* envoûtant(e) **II.** *adv* d'une façon envoûtante

betr. *Abk von* **betreffend, betreffs**

Betr. *Abk von* **Betreff**

Betracht [bəˈtraxt] <-[e]s> *m* ►**in ~ / nicht in ~ kommen** entrer/ne pas entrer en ligne de compte; **etw außer ~ lassen** ne pas prendre qc en considération; **in ~ ziehen, dass** envisager que + *subj*

betrachten* **I.** *vt* ① (*anschauen*) contempler *Person, Kunstwerk*; regarder *Foto*; **einen Gegenstand genau ~** examiner un objet ② (*bedenken, untersuchen*) considérer; **genau betrachtet** tout bien considéré ③ (*halten für*) **jdn als Freund ~** considérer qn comme un ami **II.** *vr* ① (*sich anschauen*) **sich ~** se contempler ② (*sich halten für*) **sich als jds Freund ~** se considérer comme l'ami de qn

Betrachter(in) <-s, -> *m(f)* *eines Kunstwerks* contemplateur(-trice) *m(f)*; *eines Geschehens* observateur(-trice) *m(f)*

beträchtlich [bəˈtrɛçtlɪç] **I.** *adj* considérable **II.** *adv erhöhen, steigen, zurückgehen* considérablement; *höher, niedriger* nettement

Betrachtung <-, -en> *f* ① *kein Pl* (*das Anschauen*) contemplation *f*; *eines Gegenstands* observation *f* ② (*Untersuchung, Analyse*) étude *f*; **bei genauerer ~** en y regardant de plus près ③ *meist Pl* (*Überlegung*) réflexion *f*

Betrachtungsweise *f* façon *f* de voir

Betrag [bəˈtraːk, *Pl:* bəˈtrɛːgə] <-[e]s, Beträge> *m* (*Rechnungsbetrag*) montant *m*; (*Geldbetrag*) somme *f*; **~ dankend erhalten** pour acquit

betragen* *irr* **I.** *vi* s'élever à; **hundert Euro/drei Prozent ~** s'élever à cent euros/trois pour cent; **zwei Meter/fünf Tonnen ~** représenter deux mètres/cinq tonnes **II.** *vr* **sich gut/schlecht ~** se conduire bien/mal

Betragen <-s> *nt* conduite *f*; **~: ungenügend** zéro de conduite

betrauen* *vt* confier; **jdn mit etw ~** confier qc à qn

betrauern* *vt* pleurer *Toten, Tod;* déplorer *Verlust*

beträufeln* *vt* mettre quelques gouttes de; **etw mit Rum ~** mettre quelques gouttes de rhum sur qc

Betreff [bəˈtrɛf] <-[e]s, -e> *m form* objet *m*

betreffen* *vt irr* (*angehen*) concerner; **was mich/dich betrifft** quant à moi/toi; **was die Feier betrifft** pour ce qui est de la fête

betreffend *adj attr* ① (*besagt*) **die ~e Zeitung** le journal en question ② (*zuständig*) **die ~e Kollegin** la collègue compétente ③ (*bezüglich*) **den Vertrag ~** concernant le contrat

Betreffende(r) *f(m) dekl wie adj* (*betroffene Person*) personne *f* concernée; (*zuständige Person*) personne *f* compétente

betreffs *präp + gen form* **~ Ihres Angebots** concernant votre offre

betreiben* *vt irr* ① (*ausüben, treiben*) exercer *Gewerbe;* effectuer *Forschung;* pratiquer *Politik* ② (*unternehmerisch führen*) tenir *Firma;* exploiter *Kraftwerk;* régir *Sender* ③ (*hinarbeiten auf*) travailler à *Stilllegung;* mener *Untersuchung, Prozess* ④ TECH **elektrisch/mit Batterien betrieben werden** fonctionner à l'électricité/à pile

Betreiber(in) <-s, -> *m(f)* exploitant(e)

B

m(f); eines Geschäfts, eines Restaurants gérant(e) *m(f)*

Betreibung <-, -en> *f* ① conduite *f* ② COM exploitation *f* ③ *eines Kraftwerks* exploitation *f; eines Fernsehers, eines Radiogerätes* utilisation *f*, mise *f* en service

betreten*[1] *vt irr* ① entrer dans *Gebäude, Raum;* monter sur *Podium;* entrer en *Bühne* ② (*treten auf*) marcher sur *Teppich* ③ *fig* **gefährliches Terrain** ~ aborder un sujet dangereux

betreten[2] *adj Person* gêné(e); *Schweigen* embarrassé(e); *Gesicht, Miene* déconfit(e)

betreuen* [bəˈtrɔyən] *vt* prendre en charge *Kind, Patienten;* s'occuper de *Kunden, Tier;* être responsable de *Abteilung*

Betreuer(in) <-s, -> *m(f) einer Reisegruppe* responsable *mf; einer Mannschaft* dirigeant(e) *m(f);* **medizinischer** ~ soigneur *m*

Betreuung <-> *f* ① (*das Betreuen*) prise *f* en charge ② (*Betreuer*) *von Pflegebedürftigen* aide-soignant(e) *m(f); einer Mannschaft* encadrement *m*

Betreuungskosten *Pl* frais *mpl* de garde

Betrieb [bəˈtriːp] <-[e]s, -e> *m* ① (*Industriebetrieb*) entreprise *f* ② (*Belegschaft*) personnel *m* ③ *kein Pl* (*Betriebsamkeit*) activité *f* ④ (*Tätigkeit, Ablauf*) activité *f; einer Maschine, Fabrik* fonctionnement *m; einer Bahnlinie* exploitation *f;* **etw in** ~ **setzen** mettre qc en marche; **in/außer** ~ **sein** être en/hors service

betrieblich *adj attr* ① (*zur Firma gehörend*) de l'entreprise ② (*firmenintern*) interne à l'entreprise

betriebsam *adj* actif(-ive)

Betriebsamkeit <-> *f* activité *f*

Betriebsangehörige(r) *f(m) dekl wie adj* employé(e) *m(f)* de l'entreprise **Betriebsanleitung** *f* notice *f* d'utilisation **Betriebsausflug** *m* sortie *f* d'entreprise **betriebsbereit** *adj* prêt(e) à fonctionner **betriebseigen** *adj Kindergarten* de l'entreprise **Betriebsferien** *Pl* fermeture *f* annuelle **Betriebsfest** *nt* fête *f* d'entreprise **Betriebsgeheimnis** *nt* information *f* confidentielle; (*Produktionsgeheimnis*) secret *m* de fabrication **Betriebsgelände** *nt* enceinte *f* de l'entreprise **betriebsintern** *s.* **betrieblich** **Betriebskapital** *nt* fonds *m* de roulement **Betriebsklima** *nt* climat *m* de l'entreprise **Betriebskosten** *Pl einer Firma, Maschine* frais *mpl* d'exploitation; *eines Kraftfahrzeugs* frais fixes **Betriebskrankenkasse** *f* caisse *f* de maladie de l'entreprise **Betriebsleiter(in)** *m(f)* directeur(-trice) *m(f)* d'entreprise **Betriebsleitung** *f* (*Person, Büro*) direction *f* **Betriebsprüfung** *f* contrôle *m* fiscal **Betriebsrat** <-räte> *m* comité *m* d'entreprise **Betriebsrat** <-räte> *m*, **-rätin** *f* délégué(e) *m(f)* du personnel **Betriebsschluss**[RR] *m* fermeture *f* [de l'entreprise] **betriebssicher** *adj* fiable **Betriebssicherheit** *f kein Pl* TECH, INFORM sécurité *f* d'exploitation **Betriebsstörung** *f* panne *f* **Betriebssystem** *nt* INFORM système *m* d'exploitation **Betriebsunfall** *m* accident *m* du travail **Betriebsvereinbarung** *f* accord *m* d'entreprise **Betriebswirt(in)** *m(f)* diplômé(e) *m(f)* en gestion d'entreprise **Betriebswirtschaft** *f* (*Schulfach*) économie *f* d'entreprise; (*Studienfach*) gestion *f* [d'entreprise]

Betriebswirtschaftslehre *f kein Pl* gestion *f* d'entreprise

Betriebszugehörigkeit *f* **nach dreijähriger** ~ après trois ans de maison

betrinken* *vr irr* **sich** ~ se soûler; **sich mit etw** ~ se soûler à qc

betroffen [bəˈtrɔfən] **I.** *adj* ① (*beteiligt*) concerné(e); **von etw** ~ **sein** être concerné par qc ② (*bestürzt*) consterné(e) **II.** *adv* avec consternation

Betroffene(r) *f(m) dekl wie adj* personne *f* concernée

Betroffenheit <-> *f* consternation *f*

betrüben* *vt* faire de la peine à; **jdn** ~ *Person:* faire de la peine à qn; *Verhalten:* désoler qn

betrüblich [bəˈtryːplɪç] *adj* attristant(e); ~ **sein** être fâcheux

betrübt *adj* désolé(e)

Betrug [bəˈtruːk, *Pl:* bəˈtryːgə] <-[e]s> *m* ① (*Straftat*) escroquerie *f* ② (*Schwindel*) duperie *f*

betrügen* [bəˈtryːgən] *irr* **I.** *vt* ① (*finanziell hintergehen*) frauder; **jdn um etw** ~ escroquer qc à qn ② (*beschwindeln*) duper; **sich in etw** (*dat*) **betrogen sehen** se sentir abusé dans qc ③ (*untreu sein*) **jdn mit jdm** ~ tromper qn avec qn **II.** *vr* **sich [selbst]** ~ s'abuser

Betrüger(in) <-s, -> *m(f)* fraudeur(-euse) *m(f);* (*beim Spielen*) tricheur(-euse) *m(f)*

Betrügerei <-, -en> *f pej* ① (*finanzieller Betrug*) escroquerie *f* ② (*Schwindel*) duperie *f;* (*beim Spielen*) tricherie *f* ③ *meist Pl* (*Seitensprung*) infidélités *fpl*

betrügerisch *adj pej* frauduleux(-euse)

betrunken [bəˈtrʊŋkən] *adj* ivre

B

Betrunkene(r) *f(m)* *dekl wie adj* personne *f* ivre
Betrunkenheit <-> *f* ivresse *f*
Betschwester *f s.* **Betbruder**
Bett [bɛt] <-[e]s, -en> *nt* ① (*Möbel*) lit *m;* **französisches ~** grand lit; **ins ~ gehen** aller se coucher; **im ~ sein** être dans son lit; **im ~ liegen** être couché; **jdn ins ~ bringen** coucher qn ② (*Bettdecke*) couverture *f;* (*Daunenbett*) couette *f* ③ (*Flussbett*) lit *m* ▶ **ans ~ gefesselt sein** *geh* être cloué au lit; **mit jdm ins ~ gehen** *euph* coucher avec qn
Bettbezug *m* housse *f* de couette **Bettdecke** *f* couverture *f;* (*Daunendecke*) couette *f*
Bettel ['bɛtəl] <-s> *m* ▶ **den ~ hinschmeißen** *fam* envoyer balader le bordel
bettelarm ['bɛtəl'ʔarm] *adj* totalement démuni(e)
Bettelei [bɛtə'lai̯] <-, -en> *f pej* mendicité *f*
Bettelmönch *m* moine *m* mendiant
betteln ['bɛtəln] *vi* mendier
Bettelorden *m* ordre *m* mendiant
betten ['bɛtən] *vt* (*hinlegen*) coucher; **weich gebettet** douillettement couché
Bettflasche *f* SDEUTSCH, CH bouillotte *f* **Bettgestell** *nt* bois *m* de lit **Betthupferl** ['bɛthʊpfɐl] <-s, -> *nt* bonbon *m* (*avant d'aller au lit*) **Bettkante** *f* [re]bord *m* du lit
bettlägerig ['bɛtlɛːgərɪç] *adj* (*momentan*) alité(e); (*dauernd*) grabataire
Bettlaken *nt* drap *m* **Bettlektüre** *f* livre *m* de chevet
Bettler(in) ['bɛtlɐ] <-s, -> *m(f)* mendiant(e) *m(f)*
Bettnässen ['bɛtnɛsən] <-s> *nt* incontinence *f* nocturne
Bettnässer(in) <-s, -> *m(f)* incontinent(e) *m(f)*
Bettruhe *f* repos *m* **Betttuch**RR <-tücher> *nt* drap *m* **Bettvorleger** *m* descente *f* de lit **Bettwäsche** *f* parure *f* de lit **Bettzeug** *nt fam* literie *f*
betucht [bə'tuːxt] *adj fam* rupin(e); **~/nicht ~ sein** rouler/ne pas rouler sur l'or
betulich [bə'tuːlɪç] **I.** *adj* ① (*gemächlich*) apathique ② (*besorgt*) soucieux(-ieuse) ③ (*wenig einfallsreich*) fade **II.** *adv* (*gemächlich*) nonchalamment
betupfen* *vt* tamponner *Wunde, Pickel;* moucheter *Stoff, Leinwand*
Beuge ['bɔygə] <-, -n> *f* ① *eines Knies* pliure *f* ② (*Rumpfbeuge*) flexion *f*
beugen ['bɔygən] **I.** *vt* ① (*neigen*) pencher *Kopf, Rumpf, Oberkörper;* fléchir *Knie, Arm* ② GRAM conjuguer *Verb;* décliner *Adjektiv, Substantiv* **II.** *vr* ① (*sich neigen*) **sich nach links/nach vorn/zur Seite ~** se pencher sur la gauche/en avant/sur le côté ② (*sich unterwerfen*) **sich ~** s'incliner
Beugung <-, -en> *f* ① (*das Beugen*) *eines Arms* flexion *f* ② GRAM flexion *f* ③ (*Brechung*) *von Licht* diffraction *f*
Beule ['bɔylə] <-, -n> *f* bosse *f*
beunruhigen* [bə'ʔʊnruːɪgən] **I.** *vt* inquiéter; **~d** inquiétant **II.** *vr* **sich wegen jdm/etw ~** s'inquiéter au sujet de qn/qc
beunruhigt *adj* inquiet(-ète); **über etw** (*akk*) **~ sein** être inquiet de qc
Beunruhigung <-, -en> *f* inquiétude *f*
beurkunden* [bə'ʔuːɐ̯kʊndən] *vt* authentifier
Beurkundung <-, -en> *f* ① *kein Pl* (*das Beurkunden*) authentification; **notarielle ~** authentification d'un acte *f* ② (*Urkunde*) attestation *f*
beurlauben* [bə'ʔuːɐ̯lau̯bən] *vt* ① (*Urlaub geben, bewilligen*) donner un congé à; MIL donner une permission à; **einen Schüler vom Unterricht ~** dispenser un élève de cours ② (*vom Dienst suspendieren*) **jdn ~** mettre qn en disponibilité; **von etw beurlaubt sein** être suspendu de qc ③ UNIV **sich ~ lassen** *Lehrkraft:* se mettre en disponibilité; *Student:* demander l'autorisation d'interrompre ses études
Beurlaubung <-, -en> *f* ① *kein Pl* congé *m;* MIL permission *f;* **~ vom Unterricht** dispense *f* de cours ② (*Suspendierung*) suspension *f* ③ UNIV mise *f* en disponibilité
beurteilen* *vt* juger *Person;* estimer *Kunstobjekt, Wertgegenstand*
Beurteilung <-, -en> *f* ① *kein Pl* (*das Beurteilen*) jugement *m* ② (*Einschätzung*) *einer Publikation, Aufführung* critique *f; eines Kunstobjekts, Wertgegenstands* estimation *f* ③ (*schriftliches Urteil*) appréciation *f*
Beute ['bɔytə] <-> *f* ① (*Jagdbeute*) *eines Jägers* prise *f; eines Tiers* proie *f* ② (*Diebesbeute, Kriegsbeute*) butin *m* ③ *geh* (*Opfer*) proie *f*
Beutel ['bɔytəl] <-s, -> *m* ① sac *m* ② *fam* (*Geldbeutel*) bourse *f* ③ ZOOL poche *f*
beuteln ['bɔytəln] *vt* A, SDEUTSCH *fam* secouer; **das Leben hat sie tüchtig gebeutelt** elle en a vu de toutes les couleurs
Beuteltier *nt* marsupial *m*
bevölkern* [bə'fœlkɐn] *vt* ① (*besiedeln*) peupler *Gebiet, Land* ② (*beleben*) remplir

B

bevölkert *adj* ❶ (*besiedelt*) peuplé(e) ❷ (*belebt*) fréquenté(e)
Bevölkerung <-, -en> *f* population *f*
Bevölkerungsdichte *f* densité *f* de population **Bevölkerungsentwicklung** *f* évolution *f* démographique **Bevölkerungsexplosion** *f* explosion *f* démographique **Bevölkerungsgruppe** *f* groupe *m* de population **Bevölkerungsmehrheit** *f* majorité *f* de la population **Bevölkerungsschicht** *f* couche *f* de [la] population **Bevölkerungsstruktur** *f* structure *f* démographique **Bevölkerungswachstum** *nt* croissance *f* démographique **Bevölkerungszahl** *f* chiffre *m* de [la] population **Bevölkerungszunahme** *f* croissance *f* démographique
bevollmächtigen* [bəˈfɔlmɛçtɪɡən] *vt* donner pouvoir; **jdn ~ etw zu tun** donner pouvoir à qn de faire qc
Bevollmächtigte(r) *f(m) dekl wie adj* fondé(e) *m(f)* de pouvoir; POL mandataire *mf*
Bevollmächtigung <-, -en> *f* autorisation *f;* (*Vollmacht*) procuration *f*
bevor [bəˈfoːɐ̯] *konj* ❶ (*ehe*) avant que + *subj;* **~ ich abreise, möchte ich gerne ...** avant de partir en voyage, je voudrais ... ❷ (*solange*) **~ du nicht aufräumst, darfst du nicht gehen** tu ne partiras pas tant que tu n'auras pas rangé
bevormunden* [bəˈfoːɐ̯mʊndən] *vt* tenir en tutelle; **jdn ~** tenir qn en tutelle
Bevormundung <-, -en> *f* tutelle *f;* (*durch einen Chef, Staat*) paternalisme *m*
bevorraten* [bəˈfoːɐ̯raːtən] *vt* stocker, mettre en réserve
bevorrechtigt [bəˈfoːɐ̯rɛçtɪçt] *adj* privilégié(e)
bevor|stehen *vi irr* ❶ (*zu erwarten haben*) **jdm ~** attendre qn ❷ (*in Kürze eintreten*) **etw steht bevor** on est à la veille de qc
bevorstehend *adj* imminent(e)
bevorzugen* [bəˈfoːɐ̯tsuːɡən] *vt* ❶ (*begünstigen*) favoriser ❷ (*lieber mögen*) préférer
bevorzugt I. *adj* ❶ privilégié(e) ❷ (*beliebt*) préféré(e) II. *adv bedienen, behandeln* avec des égards particuliers; *zustellen* en priorité
Bevorzugung <-, -en> *f* préférence *f*
bewachen* *vt* ❶ (*beaufsichtigen*) surveiller ❷ SPORT marquer *Spieler;* garder *Tor*
Bewacher(in) <-s, -> *m(f)* (*Wächter*) gardien(ne) *m(f)*
bewachsen* [bəˈvaksən] I. *vt irr* recouvrir II. *adj* **mit Moos ~** recouvert de mousse
Bewachung <-, -en> *f* ❶ *kein Pl* surveillance *f* ❷ (*Wachmannschaft*) garde *f*
bewaffnen* [bəˈvafnən] *vt, vr* [**sich**] ~ [s']armer; **jdn/sich mit etw ~** armer qn/s'armer de qc
bewaffnet *adj* armé(e); **mit etw ~** armé de qc; **schwer ~** solidement armé
Bewaffnung <-, -en> *f* armement *m*
bewahren* [bəˈvaːrən] *vt* ❶ (*schützen*) préserver ❷ (*behalten*) préserver *Ehre, Traditionen;* garder *Geheimnis* ❸ *geh* (*aufbewahren*) garder
bewähren* [bəvɛːrən] *vr* **sich ~** *Person, Methode:* faire ses preuves; *Freundschaft:* résister au temps
bewahrheiten* [bəˈvaːɐ̯haitən] *vr* **sich ~** se vérifier
bewährt [bəˈvɛːɐ̯t] *adj* éprouvé(e), qui a fait ses preuves
Bewahrung <-, -en> *f* ❶ (*Erhaltung*) préservation *f* ❷ (*Aufbewahrung*) garde *f*
Bewährung <-, -en> *f* JUR sursis *m*
Bewährungsfrist *f* période *f* de probation **Bewährungshelfer(in)** *m(f)* agent *m* de probation **Bewährungsprobe** *f* mise *f* à l'épreuve; **die ~ bestehen** réussir la mise à l'épreuve
bewaldet [bəˈvaldət] *adj* boisé(e)
bewältigen* [bəˈvɛltɪɡən] *vt* ❶ (*meistern*) venir à bout de ❷ (*verarbeiten*) assumer *Vergangenheit;* digérer (*fam*) *Erlebnis*
Bewältigung <-, -en> *f* ❶ *kein Pl* (*das Meistern*) **jdm bei der ~ seiner Schwierigkeiten helfen** aider qn à surmonter ses difficultés ❷ (*Verarbeitung*) *der Vergangenheit* prise *f* en compte
bewandert [bəˈvandɐt] *adj* **~ sein** être expert
Bewandtnis [bəˈvantnɪs] <-, -se> *f geh* **mit jdm/etw hat es eine besondere ~** qn/qc est un cas particulier; **das hat folgende ~** *geh* voilà ce qui en est
bewässern* [bəˈvɛsɐn] *vt* arroser; irriguer *Feld*
Bewässerung <-, -en> *f* arrosage *m; eines Feldes* irrigation *f*
Bewässerungskanal *m* canal *m* d'irrigation
bewegen*[1] [bəˈveːɡən] I. *vt* ❶ (*rühren*) déplacer ❷ (*beschäftigen*) **jdn ~** *Gedanke, Vorstellung:* occuper l'esprit de qn; (*aufwühlen*) *Ereignis, Erlebnis:* remuer qn ❸ (*bewirken*) **viel/wenig ~** faire bouger beaucoup/peu de choses II. *vr* ❶ **sich ~** *Person:* bouger ❷ (*verkehren, rotieren*) **sich frei/um die Sonne ~** se déplacer librement/autour du soleil ❸ (*schwanken*)

sich um die hundert Euro ~ *Preis:* tourner autour de cent euros

bewegen² [bə'veːgən] <bewog, bewogen> *vt* amener; **jdn zum Nachgeben/Einlenken ~** amener qn à céder/composer; **sich ~ lassen etw zu tun** se laisser convaincre de faire qc ▶**sich bewogen fühlen etw zu tun** *geh* se sentir poussé à faire qc

bewegend *adj* émouvant(e)

Beweggrund *m* mobile *m*

beweglich [bə'veːklɪç] *adj* ① *Gelenk, Feiertag* mobile ② *Person* mobile; *Fahrzeug* maniable ③ (*geistig beweglich*) **~ sein** être vif

Beweglichkeit <-> *f* mobilité *f;* (*geistige Wendigkeit*) vivacité *f*

bewegt [bə'veːkt] *adj* ① *Oberfläche, Wasser* agité(e) ② (*erlebnisreich*) mouvementé(e) ③ (*innerlich gerührt*) **von etw ~ sein** être touché par qc

Bewegung <-, -en> *f* ① mouvement *m;* (*Geste*) geste *m;* (*Fortbewegung*) déplacement *m;* **sich in ~ setzen** se mettre en mouvement; **keine [falsche] ~!** pas un geste! ② (*körperliche Betätigung*) exercice *m* ③ (*Ergriffenheit*) émotion *f* ④ POL, KUNST mouvement *m* ⑤ (*Dynamik, Änderung*) changement *m*

Bewegungsablauf *m* enchaînement *m* des mouvements **Bewegungsfreiheit** *f kein Pl* liberté *f* de mouvement

bewegungslos *adj, adv* immobile

Bewegungslosigkeit <-, -en> *f* immobilité *f*

bewegungsunfähig *adj, adv* incapable de se mouvoir

bewehrt *adj* armé(e); **~ mit etw** armé(e) de qc

beweihräuchern* [bə'vaɪrɔyçərn] **I.** *vt* ① REL encenser ② *pej* (*mit Lob bedenken*) **jdn ~** porter qn aux nues **II.** *vr pej* **sich [selbst] ~** s'envoyer des fleurs

beweinen* *vt* pleurer *Verstorbenen;* déplorer *Scheitern, Tod*

Beweis [bə'vaɪs] <-es, -e> *m a.* JUR preuve *f* ▶**etw unter ~ stellen** prouver qc

Beweisaufnahme *f* examen *m* des preuves

beweisbar *adj* prouvable

beweisen* *irr* **I.** *vt* ① (*nachweisen*) prouver; **jdm etw ~** (*anlasten*) prouver qc contre qn ② (*erkennen lassen*) **Takt ~** faire preuve de tact; **das beweist, dass ...** cela prouve que ... **II.** *vr* **sich ~** faire ses preuves

Beweisführung *f* exposé *m* des preuves

Beweiskraft *f* force *f* probante **beweiskräftig** *adj* probant(e) **Beweislage** *f* preuves *fpl* rassemblées **Beweismaterial** *nt* pièces *fpl* à conviction **Beweismittel** *nt,* **Beweisstück** *nt* pièce *f* à conviction

bewenden *vt* **es bei [*o* mit] etw ~ lassen** s'en tenir à qc; **es dabei ~ lassen etw zu tun** se contenter de faire qc

bewerben* *irr* **I.** *vr* **sich ~** (*akk*) poser sa candidature **II.** *vt* promouvoir *Produkt*

Bewerber(in) <-s, -> *m(f)* candidat(e) *m(f)*

Bewerbertraining *nt* cours *m* de candidature

Bewerbung <-, -en> *f* ① candidature *f;* **~ um eine Stelle** candidature à un emploi ② (*Werbemaßnahmen*) promotion *f*

Bewerbungsformular *nt* formulaire *m* de candidature **Bewerbungsgespräch** *nt* entretien *m* [d'embauche] **Bewerbungsmappe** *f* dossier *m* de candidature **Bewerbungsschreiben** *nt* lettre *f* de candidature **Bewerbungsunterlagen** *Pl* dossier *m* de candidature

bewerfen* *vt irr* bombarder

bewerkstelligen* [bə'vɛrkʃtɛlɪgən] *vt* (*zuwege bringen*) réussir [à faire]

bewerten* *vt* ① (*benoten*) évaluer ② (*schätzen*) estimer

Bewertung *f* ① (*Benotung*) évaluation *f* ② (*Schätzung*) estimation *f*

Bewertungsmaßstab *m* SCHULE barème *m*

bewilligen* [bə'vɪlɪgən] *vt* approuver *Geldmittel;* accorder *Antrag*

Bewilligung <-, -en> *f* ① *kein Pl* (*das Bewilligen*) *eines Etats, einer Stelle* approbation *f; von Geldmitteln* octroi *m; von Krediten* accord *m* ② (*schriftliche Genehmigung*) autorisation *f*

bewirken* *vt* ① (*verursachen*) provoquer ② (*erreichen*) obtenir

bewirten* [bə'vɪrtən] *vt* régaler; (*im Restaurant*) restaurer; **jdn mit etw ~** servir qc à qn

bewirtschaften* *vt* ① exploiter *Land, Betrieb* ② (*staatlich kontrollieren*) réglementer; rationner *Lebensmittel*

Bewirtschaftung <-, -en> *f* ① *kein Pl* exploitation *f* ② (*staatliche Kontrolle*) réglementation *f*

Bewirtung <-, -en> *f* ① (*Bedienung*) service *m* ② (*Speisen und Getränke*) boire *m* et manger

bewog [bə'voːk] *Imp von* **bewegen²**

bewogen [bə'voːgən] *PP von* **bewegen²**

bewohnbar *adj* habitable

B

bewohnen* *vt* habiter
Bewohner(in) <-s, -> *m(f)* habitant(e) *m(f)*
bewölken* [bəˈvœlkən] *vr* **sich ~** *Himmel:* se couvrir
bewölkt *adj* nuageux(-euse)
Bewölkung <-, -en> *f* nuages *mpl*
Bewölkungsauflockerung *f* éclaircie *f*
Bewunderer <-s, -> *m*, **Bewunderin** *f* admirateur(-trice) *m(f)*
bewundern* *vt* admirer
bewundernd **I.** *adj* admiratif(-ive) **II.** *adv* d'un air admiratif; *aufblicken* avec admiration
bewundernswert *adj geh* admirable
Bewunderung <-, -en> *f* admiration *f*
bewusstRR, **bewußt**ALT [bəˈvʊst] **I.** *adj* ❶ *attr* (*vorsätzlich*) délibéré(e) ❷ *attr Handlung* réfléchi(e); *Ernährung* équilibré(e) ❸ *attr Nichtraucher* convaincu(e); *Ablehnung, Einstellung* délibéré(e) ❹ PSYCH conscient(e) ❺ *attr* (*besagt*) fameux(-euse) *antéposé* **II.** *adv* ❶ *leben* de façon équilibrée ❷ (*vorsätzlich*) délibérément ❸ (*klar*) **sich** (*dat*) **etw ~ machen** prendre conscience de qc
bewusstlosRR, **bewußtlos**ALT [bəˈvʊstloːs] *adj Person* inconscient(e); *Verfassung, Zustand* d'inconscience; **~ werden** perdre connaissance; **~ sein** être inconscient
BewusstlosigkeitRR, **Bewußtlosigkeit**ALT <-, -en> *f* inconscience *f*; (*kurzfristig*) évanouissement *m*; (*Koma*) coma *m*
bewusst|machenRR *s.* **bewusst II.3**
BewusstseinRR, **Bewußtsein**ALT <-s> *nt* ❶ (*bewusster Zustand*) conscience *f*; **bei vollem/klarem ~ sein** être conscient/lucide; **das ~ verlieren** perdre conscience ❷ PHILOS, PSYCH conscient *m* ❸ (*explizites Wissen*) conscience *f*
BewusstseinsveränderungRR *f* évolution *f* des esprits
bez. ❶ *Abk von* **bezahlt** ❷ *Abk von* **bezüglich**
Bez. ❶ *Abk von* **Bezirk** ❷ *Abk von* **Bezeichnung**
bezahlbar *adj* (*erschwinglich, günstig*) abordable
bezahlen* *vt, vi* payer
Bezahlfernsehen *nt fam* chaîne *f* à péage
bezahlt *adj* payé(e); **gut ~** *Position, Stellung* bien payé ▶ **sich für jdn ~ machen** être payant pour qn
Bezahlung *f* ❶ *kein Pl* (*das Bezahlen*) paiement *m* ❷ (*Entlohnung*) rémunération *f*; (*Lohn, Gehalt*) paie *f*
bezähmen* *geh* **I.** *vt* réfréner **II.** *vr* **sich ~** se retenir
bezaubern* **I.** *vt* charmer *Person;* **bezaubert sein** être sous le charme **II.** *vi* avoir du charme
bezaubernd *adj* ❶ *Person, Klang* charmant(e); *Gegenstand, Schönheit* ravissant(e) ❷ *iron* (*wenig erfreulich*) charmant(e) *antéposé*
bezeichnen* **I.** *vt* ❶ (*bedeuten*) désigner ❷ (*kennzeichnen*) indiquer ❸ (*benennen*) qualifier **II.** *vr* **sich als liberal ~** se qualifier de libéral
bezeichnend *adj* typique
bezeichnenderweise *adv* **er hat das ~ verschwiegen** il est typique qu'il ait gardé le silence à ce sujet
Bezeichnung *f* ❶ (*Name, Beschreibung*) désignation *f* ❷ (*Kennzeichnung*) indication *f*
bezeugen* [bəˈt͜sɔygən] *vt* ❶ (*bestätigen*) *Person:* certifier; *Äußerung, Verhalten:* attester; **etw unter Eid ~** témoigner qc sous serment ❷ *geh* (*nachweisen*) certifier *Richtigkeit, Umstand*
bezichtigen* [bəˈt͜sɪçtɪgən] *vt* accuser; **jdn einer S.** (*gen*) **~** accuser qn de qc
beziehbar *adj* ❶ *Wohnung* habitable ❷ (*erhältlich*) disponible
beziehen* *irr* **I.** *vt* ❶ recouvrir *Polster;* **die Betten frisch ~** changer les draps ❷ (*einnehmen*) emménager dans *Wohnung;* prendre *Posten, Stellung, Standpunkt* ❸ COM recevoir *Lieferung, Zeitschrift* ❹ FIN percevoir *Einkommen, Rente;* CH percevoir *Steuern* ❺ *fam* (*bekommen*) [se] prendre *Ohrfeige, Schelte* ❻ (*in Beziehung setzen*) **etw auf jdn/etw ~** rapporter qc à qn/qc **II.** *vr* ❶ **sich ~** *Himmel:* se couvrir ❷ (*betreffen*) **sich auf jdn/etw ~** *Bemerkung:* se rapporter à qn/qc ❸ (*sich berufen*) **sich auf jdn/etw ~** se référer à qn/qc
Bezieher(in) <-s, -> *m(f)* ❶ FIN bénéficiaire *mf; von Sozialleistungen* prestataire *mf* ❷ (*Abonnent*) abonné(e) *m(f)* ❸ COM *eines Artikels, einer Ware* acheteur(-euse) *m(f)*
Beziehung <-, -en> *f* ❶ (*Verbindung*) rapport *m* ❷ *meist Pl* (*nützliche Bekanntschaften*) relation *f souvent pl* ❸ (*Verhältnis, Liebesbeziehung*) relation *f* ❹ (*Hinsicht*) **in mancher/jeder ~ Recht haben** avoir raison à bien des égards/à tous [les] égards
Beziehungskiste *f sl* histoires *fpl* de couple (*fam*)
beziehungslos *adj* indépendant(e)

beziehungsweise *konj* (*oder auch*) ou bien; (*oder vielmehr*) ou plutôt; (*respektive*) respectivement

beziffern* [bəˈt͡sɪfɐn] **I.** *vt* chiffrer *Schaden, Verlust;* estimer *Anzahl* **II.** *vr* **sich auf tausend Euro ~** *Schaden, Verlust:* se chiffrer à mille euros; **die Zahl der Opfer beziffert sich auf hundert** le nombre des sinistrés s'élève à cent

Bezirk [bəˈt͡sɪrk] <-[e]s, -e> *m* ❶ (*Gebiet*) région *f* ❷ COM secteur *m* ❸ (*Verwaltungsbezirk*) district *m* administratif; A, CH district *m* ❹ (*Stadtbezirk*) ≈ arrondissement *m*

bezirzen* [bəˈt͡sɪrt͡sən] *vt fam* faire du charme à

Bezug [bəˈt͡suːk, *Pl:* bəˈt͡syːgə] <-[e]s, Bezüge> *m* ❶ (*Bettbezug*) housse *f;* (*Kissenbezug*) taie *f;* **die Bezüge wechseln** changer la literie ❷ (*Bezugsstoff*) revêtement *m* ❸ COM achat *m; von Zeitschriften* abonnement *m* ❹ (*das Erhalten*) *von Einkommen* perception *f* ❺ *Pl* (*Einkünfte*) *eines Verwaltungsangestellten* émoluments *mpl; eines Abgeordneten* indemnités *fpl;* (*Honorar*) honoraires *mpl* ❻ (*Beziehung*) **~ zu etw** rapport *m* à qc; **keinen ~ zur Wirklichkeit haben** ne pas avoir le sens des réalités ❼ CH (*das Beziehen*) *eines Hauses* emménagement *m* ▶ **auf etw** (*akk*) **~ nehmen** faire référence à qc; **~ nehmend auf etw** (*akk*) en référence à qc; **in ~ auf etw** concernant qc

Bezüger(in) [bəˈt͡syːgɐ] <-s, -> *m(f)* CH *von Strom, Gas* abonné(e) *m(f); von Rente* bénéficiaire *mf*

bezüglich [bəˈt͡syːklɪç] **I.** *präp + gen* **~ Ihres Angebots** *form* concernant votre offre **II.** *adj* relatif(-ive)

Bezugnahme [bəˈt͡suːknaːmə] *f form* ▶ **unter ~ auf etw** (*akk*) en référence à qc

bezugsfertig *adj* habitable **Bezugsperson** *f* personne *f* d'identification **Bezugsquelle** *f* source *f* d'approvisionnement

bezwecken* [bəˈt͡svɛkən] *vt* ❶ (*bewirken*) **etwas/nichts ~** servir à quelque chose/ne servir à rien ❷ (*beabsichtigen*) **etwas mit etw ~** rechercher quelque chose avec qc; **etw ~** *Maßnahme:* viser qc

bezweifeln* *vt* mettre en doute; **etw ~** mettre qc en doute; **~, dass** douter que + *subj*

bezwingen* *irr* **I.** *vt* ❶ (*besiegen*) vaincre ❷ (*überwinden*) prendre *Festung* ❸ (*bezähmen*) maîtriser *Neugierde, Wut* **II.** *vr* **sich ~** se maîtriser

BGB [beːgeːˈbeː] <-> *nt Abk von* **Bürgerliches Gesetzbuch** code *m* civil

BGH [beːgeːˈhaː] <-> *m Abk von* **Bundesgerichtshof** cour *f* suprême fédérale

BGS *Abk von* **Bundesgrenzschutz**

BH [beˈhaː] <-[s], -[s]> *m fam Abk von* **Büstenhalter** soutif *m*

Bhagwan [ˈbagvan] <-s, -s> *m* Bhagwan *m*

Bhf. *Abk von* **Bahnhof**

bi [biː] *adj fam* **~ sein** être bi

Biathlon [ˈbiːatlɔn] <-s, -s> *nt* biathlon *m*

bibbern [ˈbɪbɐn] *vi fam* trembloter; **vor Aufregung ~** trembloter d'excitation

Bibel [ˈbiːbəl] <-, -n> *f* bible *f*

bibelfest *adj Person* qui connaît bien sa Bible **Bibelspruch** *m* verset *m* biblique **Bibelstelle** *f* passage *m* de la Bible

Biber [ˈbiːbɐ] <-s, -> *m* ❶ (*Tier, Fell*) castor *m* ❷ (*Baumwollflanell*) flanelle *f*

Biberpelz *m* fourrure *f* de castor

Bibliografie[RR] [bibliograˈfiː] <-, -ien> *f* bibliographie *f*

bibliografisch[RR] [biblioˈgraːfɪʃ] *adj* bibliographique

Bibliographie *s.* **Bibliografie**

bibliographisch *s.* **bibliografisch**

Bibliothek [biblioˈteːk] <-, -en> *f* bibliothèque *f*

Bibliothekar(in) [biblioteˈkaːɐ̯] <-s, -e> *m(f)* bibliothécaire *mf*

biblisch [ˈbiːblɪʃ] *adj* ❶ (*aus der Bibel*) biblique ❷ *hum Alter* canonique

Bidet [biˈdeː] <-s, -s> *nt* bidet *m*

bieder [ˈbiːdɐ] *adj* ❶ (*brav*) bien sage ❷ *pej* (*einfältig*) simplet(te)

Biedermann <-männer> *m pej* brave homme *m*

biegen [ˈbiːgən] <bog, gebogen> **I.** *vt + haben* ❶ tordre; plier *Zweig, Weidengerte* ❷ GRAM A décliner *Adjektiv, Substantiv;* conjuguer *Verb* ▶ **auf Biegen und Brechen** *fam* envers et contre tout **II.** *vi + sein* **nach rechts/links ~** tourner à droite/gauche; **zu schnell um die Kurve ~** *Fahrer, Fahrzeug:* prendre son virage trop vite **III.** *vr + haben* ❶ **sich nach vorne/rechts ~** se pencher en avant/à droite ❷ (*sich verziehen*) **sich ~** *Baum:* plier; *Kerze, Metallstab:* se tordre; *Regalbrett:* ployer

biegsam *adj* souple

Biegsamkeit <-> *f* souplesse *f*

Biegung <-, -en> *f* ❶ (*Kurve*) *einer Straße* tournant *m; eines Flusses* courbe *f;* **eine ~ machen** *Straße:* faire un virage; *Fluss:* faire une courbe ❷ (*Krümmung*) *einer Wirbelsäule* courbure *f* ❸ GRAM A flexion *f*

B

B

Biene ['bi:nə] <-, -n> *f* abeille *f*
Bienenfleiß *m* obstination *f* de fourmi **Bienenhonig** *m* miel *m* d'abeilles **Bienenkönigin** *f* reine *f* des abeilles **Bienenkorb** *m* ruche *f* en paille **Bienenschwarm** *m* essaim *m* [d'abeilles] **Bienenstich** *m* ① (*Stich*) piqûre *f* d'abeille ② GASTR amandine *f* (*gâteau aux amandes*) **Bienenstock** *m* ruche *f* [en bois] **Bienenvolk** *nt* colonie *f* d'abeilles **Bienenwabe** *f* rayon *m*, gâteau *m* de cire **Bienenwachs** *nt* cire *f* d'abeille **Bienenzucht** *f* apiculture *f*
Bier [bi:ɐ̯] <-[e]s, -e> *nt* bière *f*
Bierbauch *m fam* abdo[minaux] *mpl* Kronenbourg® **Bierbrauer(in)** *m(f)* brasseur(-euse) *m(f)* **Bierbrauerei** *f* brasserie *f* **Bierdeckel** *m* sous-bock *m* **Bierdose** *f* canette *f* [de bière] **bierernst** ['bi:ɐ̯ʔɛrnst] *adj fam* sérieux(-euse) comme un pape **Bierfass**RR *nt* tonneau *m* à bière **Bierflasche** *f* bouteille *f* à bière **Biergarten** *m* brasserie *f* en plein air **Bierglas** *nt* verre *m* à bière **Bierhefe** *f kein Pl* levure *f* de bière **Bierkasten** *m* caisse *f* de bouteilles de bière **Bierkrug** *m* chope *f* [à bière] **Bierzelt** *nt* chapiteau *m* (*grande tente où est installée une brasserie*)
Biest [bi:st] <-[e]s, -er> *nt pej fam* ① (*bösartiges Tier*) sale bête *f;* (*Insekt*) bestiole *f* ② (*Mensch*) teigne *f*
biestig *fam adj* hargneux(-euse)
bieten ['bi:tən] <bot, geboten> **I.** *vt* ① offrir ② *pej* (*zumuten*) infliger; **sich** (*dat*) **etw ~ /nicht ~ lassen** tolérer/ne pas tolérer qc **II.** *vi* ① SPIEL annoncer ② (*ein Angebot machen*) enchérir **III.** *vr* ① (*sich anbieten*) **sich ~** *Chance, Lösung:* se présenter ② (*sich darbieten*) **sich jdm ~** *Anblick, Schauspiel:* s'offrir à qn
Bieter(in) <-s, -> *m(f)* enchérisseur(-euse) *m(f)*
Bigamie [biga'mi:] <-, -ien> *f* bigamie *f*
bigott [bi'gɔt] *adj* bigot(e)
biken ['baikən] *vi* ① (*Motorrad fahren*) faire de la moto ② (*Fahrrad fahren*) faire de la bicyclette
Bikini [bi'ki:ni] <-s, -s> *m* deux-pièces *m*
Bilanz [bi'lants] <-, -en> *f* bilan *m;* **eine ~ aufstellen** dresser un bilan ▶ **~ ziehen** faire le bilan
Bilanzbuchhalter(in) *m(f) [expert-]comptable chargé(e) du bilan*
bilateral ['bi(:)latera:l] *adj* bilatéral(e)
Bild [bɪlt] <-[e]s, -er> *nt* ① (*Gemälde*) tableau *m;* (*Zeichnung*) dessin *m* ② (*Foto*) photo *f;* **ein ~ machen** prendre une photo ③ TV, CINE image *f* ④ (*Spiegelbild*) image *f* ⑤ (*Anblick*) spectacle *m;* (*Aussehen*) aspect *m* ⑥ (*Vorstellung*) image *f* ▶ **über jdn/etw im ~e sein** être renseigné sur qn/qc; **jetzt bin ich im ~e** maintenant je suis au courant
Bildauflösung *f* définition *f* [d'image] **Bildband** <-bände> *m* livre *m* illustré **Bilddatei** *f* INFORM fichier *m* vidéo
bilden ['bɪldən] **I.** *vt* ① former ② (*darstellen*) constituer *Gruppe, Höhepunkt* ③ KUNST **etw aus etw ~** modeler qc en qc **II.** *vr* **sich ~** ① (*entstehen*) se former ② (*sich Bildung verschaffen*) se cultiver **III.** *vi* former
Bilderbogen *m* planche *f* **Bilderbuch** *nt* livre *m* d'images **Bildergeschichte** *f* histoire *f* en images **Bilderrahmen** *m* cadre *m* **Bilderrätsel** *nt* rébus *m* **Bilderstürmer(in)** *m(f)* HIST iconoclaste *mf*
Bildfläche *f* écran *m* ▶ **auf der ~ erscheinen** *fam* faire son apparition
bildhaft **I.** *adj* imagé(e) **II.** *adv* de façon imagée
Bildhauer(in) <-s, -> *m(f)* sculpteur(-euse) *m(f)*
Bildhauerei ['bɪlthauərai] <-> *f* sculpture *f*
bildhübsch ['bɪlt'hʏpʃ] *adj* ravissant(e)
bildlich **I.** *adj* ① *Darstellung* imagé(e) ② (*in bildhafter Sprache*) figuré(e), métaphorique **II.** *adv* ① *darstellen* en images; **stell dir das mal ~ vor!** représente-toi la scène! ② (*in bildhafter Sprache*) au [sens] figuré
Bildnis ['bɪltnɪs] <-ses, -se> *nt geh* portrait *m;* (*auf Münzen*) effigie *f*
Bildplatte *f* vidéodisque *m* **Bildpunkt** *m* INFORM pixel *m* **Bildqualität** *f* ① TV, CINE qualité *f* de l'image ② PHOT qualité *f* d'image **Bildröhre** *f* tube *m* cathodique **Bildschärfe** *f* netteté *f* de l'image **Bildschirm** *m* écran *m*
Bildschirmarbeit *f* travail *m* sur écran **Bildschirmschoner** *m* INFORM économiseur *m* d'écran **Bildschirmtext** *m* ≈ minitel® *m*
bildschön *s.* **bildhübsch** **Bildstock** *m* REL SDEUTSCH, A calvaire *m* **Bildstörung** *f* perturbation *f* de l'image; (*Bildausfall*) panne *f* d'image **Bildtelefon** *nt* visiophone *m*
Bildung ['bɪldʊŋ] <-, -en> *f* ① *kein Pl* (*Kenntnisse*) culture *f;* (*Erziehung*) formation *f* ② *kein Pl a.* BOT (*das Hervorbringen*) formation *f* ③ *kein Pl* (*das Bilden*) *einer Regierung, von Vermögen* constitution *f;*

einer Meinung, Theorie formation *f* ④ GRAM formation *f* ⑤ LING (*Wort*) forme *f*

Bildungseinrichtung *f form* établissement *m* de formation **Bildungsgang** <-gänge> *m* cursus *m* de formation **Bildungsgut** *nt* bien *m* culturel **Bildungslücke** *f* lacune *f* **Bildungsniveau** [-nivo:] *nt* niveau *m* culturel **Bildungsnotstand** *m* situation *f* critique de l'enseignement **Bildungspolitik** *f* politique *f* éducative **Bildungsreform** *f* POL réforme *f* de l'enseignement **Bildungsreise** *f* voyage *m* éducatif **Bildungsstand** *m* niveau *m* culturel **Bildungsurlaub** *m* congé-formation *m* **Bildungsweg** *m* formation *f*; **auf dem zweiten ~** en formation parallèle **Bildungswesen** *nt kein Pl* enseignement *m*

Bildzuschrift *f* réponse *f* avec photo

bilingual [bilɪŋ'gu̯a:l] *adj* bilingue

Billard ['bɪljart] <-s, -e *o* A -s> *nt* billard *m*

Billardkugel *f* boule *f* de billard **Billardtisch** *m* billard *m*

Billett [bɪl'jɛt] <-[e]s, -e *o* -s> *nt* ① A (*Brief*) lettre *f* ② CH (*Fahrkarte*) billet *m*

Billiarde [bɪ'li̯ardə] <-, -n> *f* mille billions *mpl*

billig ['bɪlɪç] *adj* ① (*preisgünstig*) bon marché; **~ einkaufen** acheter à bon prix; **nicht ganz ~ sein** ne pas être bon marché; **jdm etw ~ /~er verkaufen** vendre qc à qn à prix réduit/moins cher; **diese Äpfel sind ~er** ces pommes sont meilleur marché ② *fam Preis* bas(se) ③ *pej* (*minderwertig*) bon marché ④ *pej* (*primitiv*) **eine ~e Ausrede** une pauvre excuse (*fam*)

Billiganbieter *m* discounter *m*

billigen ['bɪlɪgən] *vt* approuver

Billigflieger *m fam s.* **Billigfluglinie** **Billigflug** *m* vol *m* économique **Billigfluglinie** *f* compagnie *f* aérienne low-cost

Billiglohnland *nt* pays *m* à faibles coûts salariaux

Billigpreis *m* prix *m* bas

Billigung <-, -en> *f* approbation *f*

Billigwaren *Pl* ÖKON marchandises *fpl* bas de gamme

Billion [bɪ'li̯o:n] <-, -en> *f* billion *m*

bimbam ['bɪm'bam] *interj* ding, ding, dong

bimmeln ['bɪməln] *vi fam* carillonner; *Telefon, Wecker:* sonner

Bimsstein ['bɪmsʃtai̯n] *m* ① pierre *f* ponce ② (*Baustein*) béton *m* ponce

bin [bɪn] *1. Pers Präs von* **sein**[1]

binär [bi'nɛ:ɐ̯] *adj* binaire

Binärcode *m* INFORM code *m* binaire **Binärdatei** *f* INFORM binaire *m* **Binärdaten** *Pl* INFORM données *fpl* binaires

Binde ['bɪndə] <-, -n> *f* ① MED bande *f*; (*Schlinge*) écharpe *f* ② (*Monatsbinde*) serviette *f* hygiénique ③ (*Armbinde*) brassard *m* ④ (*Augenbinde*) bandeau *m*

Bindegewebe *nt* tissu *m* conjonctif **Bindeglied** *nt* lien *m* **Bindehaut** *f* conjonctive *f*

Bindehautentzündung *f* conjonctivite *f*

Bindemittel *nt* agglutinant *m*; TECH liant *m*

binden ['bɪndən] <band, gebunden> **I.** *vt* ① (*zusammenbinden durch Bündeln*) lier; (*zusammenbinden durch Knoten*) nouer ② (*herstellen*) fabriquer *Kranz, Strauß* ③ (*verpflichten*) **jdn an etw** (*akk*) **~** lier qn à qc ④ CHEM fixer ⑤ GASTR, TECH épaissir ⑥ FIN **Kapital ~** immobiliser des capitaux ⑦ (*mit einem Einband versehen*) relier *Buch* **II.** *vi* (*eine Gefühlsbindung schaffen*) lier **III.** *vr* ① (*eine Beziehung eingehen*) **sich an jdn ~** se lier avec qn ② (*sich verpflichten*) **sich ~** s'engager

bindend *adj* ferme; **eine ~e Zusage machen** faire une promesse ferme; **für jdn ~ sein** engager qn

Bindestrich *m* trait *m* d'union **Bindewort** <-wörter> *nt* conjonction *f*

Bindfaden *m* ficelle *f*

Bindung <-, -en> *f* ① (*Verbundenheit*) attachement *m* ② (*Verpflichtung*) engagement *m* ③ (*Beziehung*) liaison *f* ④ SPORT fixation *f* ⑤ TEXTIL armure *f* ⑥ CHEM liaison *f* ⑦ PHYS combinaison *f*

binnen ['bɪnən] *präp + dat o gen* **~ einem Jahr** [*o* **eines Jahres** *form*] dans un délai d'un an; **~ kurzem** sous peu

Binnengewässer *nt* eaux *fpl* continentales **Binnenhafen** *m* port *m* fluvial **Binnenhandel** *m* commerce *m* intérieur **Binnenmarkt** *m* marché *m* intérieur; **der europäische ~** le marché intérieur européen **Binnenmeer** *nt* mer *f* intérieure **Binnenschifffahrt**RR *f* navigation *f* fluviale **Binnensee** *m* lac *m* intérieur

Binse ['bɪnzə] <-, -n> *f* jonc *m* ►**in die ~n gehen** *fam* foirer

Binsenweisheit *f* truisme *m*

Bio ['bi:o] <-> *kein Artikel* SCHULE *fam* sciences *fpl* nat; **sie ist gut in ~** elle est bonne en bio

bioaktiv [bio?ak'ti:f] *adj* à activateur biologique **Biochemie** [bioçe'mi:] *f* biochimie *f* **Biochemiker(in)** [bio'çe:mikɐ] *m(f)* biochimiste *mf* **Biodiesel** ['bi:o-

B

di:zəl] *m* biodiesel *m* **biodynamisch** [biody'na:mɪʃ] *adj* biologique **Bioethik** ['bi:oʔe:tɪk] *f* bioéthique *f* **Biogas** *nt* biogaz *m*

Biograf(in)RR [bio'gra:f] <-en, -en> *m(f)* biographe *mf*

BiografieRR [biogra'fi:] <-, -ien> *f* ❶ (*Buch*) biographie *f* ❷ (*Lebenslauf*) curriculum *m* [vitæ]

biografischRR [bio'gra:fɪʃ] *adj* biographique

Biograph(in) *s.* **Biograf(in)**

Biographie *s.* **Biografie**

biographisch *s.* **biografisch**

Biokraftstoff *m* biocarburant *m* **Bioladen** *m fam* magasin *m* bio

Biologe [bio'lo:gə] <-n, -n> *m*, **Biologin** *f* biologiste *mf*

Biologie [biolo'gi:] <-> *f* biologie *f*

biologisch [bio'lo:gɪʃ] **I.** *adj* biologique **II.** *adv* biologiquement; ~ **abbaubar** biodégradable

Biomasse *f kein Pl* biomasse *f* **Biomechanik** *f* biomécanique *f* **Biometrie** [biome'tri:] <-> *f* biométrie *f* **biometrisch** [bio'me:trɪʃ] *adj* biométrique; ~**e Daten** données biométriques **Biomüll** *m* déchets *mpl* biodégradables [*o* organiques] **Biophysik** [biofy'zi:k] *f* biophysique *f*

Biopic ['baiɔpɪk] <-[s], -s> *nt* TV, CINE biopic *m*

Biopsie [biɔ'psi:] <-, -ien> *f* biopsie *f*

Biorhythmus ['bi:orʏtmʊs] *m* biorythme *m* **Biosiegel** *nt* label *m* agriculture biologique **Biosphäre** [bio'sfɛ:rə] *f* biosphère *f* **Biosupermarkt** *m* supermarché *m* bio **Biotechnik** [bio'tɛçnɪk] *f* biotechnique *f* **Biotonne** *f* poubelle *f* pour déchets organiques

Biotop [bio'to:p] <-s, -e> *nt* biotope *m*

BIP ['be:ʔi:ʔpe:] <-> *nt Abk von* **Bruttoinlandsprodukt** P.I.B. *m*

birgt [bɪrkt] *3. Pers Präs von* **bergen**

Birke ['bɪrkə] <-, -n> *f* bouleau *m*

Birkhuhn *nt* tétras-lyre *m*

Birnbaum *m* poirier *m*

Birne ['bɪrnə] <-, -n> *f* ❶ (*Frucht*) poire *f* ❷ (*Glühbirne*) ampoule *f* ❸ *fam* (*Kopf*) caboche *f*

birnenförmig ['bɪrnənfœrmɪç] *adj* en forme de poire

birst [bɪrst] *3. Pers Präs von* **bersten**

bis [bɪs] **I.** *präp + akk* ❶ (*zeitlich*) jusqu'à; (*nicht später als*) d'ici; **warte ~ nächste Woche** attends jusqu'à la semaine prochaine; **vom ersten ~ dritten März** du premier au trois mars ❷ (*räumlich*) ~ **Frankfurt fahren** aller jusqu'à Francfort **II.** *präp mit adv o pron* ❶ (*zeitlich*) ~ **jetzt** jusqu'à maintenant; ~ **dahin** d'ici là; **er hat ~ jetzt noch nicht angerufen** il n'a pas encore appelé; ~ **bald!** à bientôt!; ~ **dann!** à tout à l'heure!; ~ **gleich!** à tout de suite!; ~ **später!** à plus tard! ❷ (*räumlich*) ~ **hierhin** jusqu'ici; **von oben ~ unten** de haut en bas; ~ **wohin ...?** jusqu'où ...? ❸ (*einschließlich*) **alles ~ auf den letzten Krümel aufessen** manger tout jusqu'à la dernière miette ❹ (*mit Ausnahme von*) **alle ~ auf Robert** tous sauf Robert; **alle ~ auf einen** tous à l'exception d'un seul **III.** *adv* ~ **zum Herbst muss es fertig sein** ça doit être fini d'ici l'automne; **ich bin ~ gegen acht Uhr noch da** je serai encore là jusque vers huit heures; ~ **zum 17. Lebensjahr** jusqu'à l'âge de 17 ans; ~ **zu zehn Metern hoch werden** atteindre jusqu'à dix mètres de haut **IV.** *konj* ❶ (*ungefähr*) **zwei ~ drei Stunden** entre deux et trois heures ❷ (*so lange, bis*) jusqu'à ce que + *subj;* **warte hier, ~ ich wiederkomme** attends ici jusqu'à ce que je revienne

Bisam ['bi:zam] <-s, -e *o* -s> *m* (*Bisampelz*) rat *m* musqué

Bisamratte *f* rat *m* musqué

Bischof ['bɪʃɔf, *Pl:* 'bɪʃœfə] <-s, Bischöfe> *m*, **Bischöfin** *f* évêque *m*

bischöflich ['bɪʃœflɪç] *adj* épiscopal(e)

Bischofsamt *nt* épiscopat *m* **Bischofssitz** *m* évêché *m* **Bischofsstab** *m* crosse *f*

Bisexualität [bizɛksu̯ali'tɛ:t, 'bi:zɛksu̯alitɛ:t] *f* bisexualité *f*

bisexuell [bizɛ'ksu̯ɛl, 'bi:zɛksu̯ɛl] *adj* bisexuel(le)

bisher [bɪs'he:ɐ̯] *adv* jusqu'à présent; ~ **noch nicht!** pas encore!

bisherig [bɪs'he:rɪç] *adj attr* **die ~e Personalchefin** (*gegenwärtig/ehemalig*) la chef du personnel actuelle/en poste jusqu'ici; **sein ~es Verhalten** le comportement qu'il a eu jusqu'à présent

Biskaya [bɪs'ka:ja] <-> *f* GEOG **die ~** le golfe de Gascogne

Biskuit [bɪs'kvi:t] <-[e]s, -s *o* -e> *nt o m* génoise *f*

bislang [bɪs'laŋ] *s.* **bisher**

Bismarckhering *m* hareng *m* mariné

Bison ['bi:zɔn] <-s, -s> *m* bison *m*

bissRR, **biß**ALT [bɪs] *Imp von* **beißen**

BissRR [bɪs] <-es, -e>, **Biß**ALT <-sses, -sse> *m* ❶ (*das Beißen*) **mit einem kräf-**

tigen ~ d'un bon coup de dent ② (*Bissverletzung, -wunde*) morsure *f*

bisschenRR, **bißchen**ALT ['bɪsçən] I. *pron indef, inv* **ein ~ Milch** un peu de lait; **kein ~ Geduld haben** n'avoir pas du tout de patience; **ein ~ mehr** un peu plus; **ein ~ wenig/zu wenig** pas assez/trop peu; **kein ~ besser/schlechter** pas mieux/pas pire II. *nt kleingeschrieben* **ein ~** un peu; **das ~, das** le peu qui/que

Bissen ['bɪsən] <-s, -> *m* ① (*Happen*) morceau *m* ② (*Mundvoll*) bouchée *f*

bissig ['bɪsɪç] I. *adj* ① *Hund* qui mord; **~ sein** mordre; **Vorsicht, ~er Hund!** attention, chien méchant! ② (*sarkastisch*) virulent(e); *Ton, Antwort* mordant(e) II. *adv reagieren* avec virulence; *antworten* d'une manière mordante

Bissigkeit <-, -en> *f* ① *kein Pl* (*Sarkasmus*) virulence *f* ② (*Bemerkung*) sarcasme *m*

BisswundeRR *f* morsure *f*

bist [bɪst] *2. Pers Präs von* **sein**¹

Bistum ['bɪstuːm, *Pl:* 'bɪstyːmɐ] <-s, -tümer> *nt* évêché *m*

bisweilen [bɪs'vailən] *adv geh* de temps à autre

Bit [bɪt] <-[s], -[s]> *nt* INFORM bit *m*

bitte ['bɪtə] *adv* ① (*Höflichkeitsformel in Bitten, Aufforderungen*) s'il vous plaît; (*wenn man den Gesprächspartner duzt*) s'il te plaît; **Herr Ober, ~ zahlen!** garçon, l'addition s'il vous plaît! ② (*Höflichkeitsformel in Antworten*) ~ [**schön**]! je vous en prie!/je t'en prie!; **~, gern geschehen!** il n'y a pas de quoi!, de rien!; **~ nach Ihnen!** mais je vous en prie, après vous! ③ (*in ironischen, sarkastischen Antworten*) **na ~!** ah, vous voyez [bien]!/ah, tu vois [bien]!; **~, wie du willst!** c'est comme tu voudras! ④ (*Höflichkeitsformel in Nachfragen*) [**wie**] **~?** pardon?

Bitte <-, -n> *f* demande *f*; **ich habe eine ~ an Sie** je veux vous demander une faveur

bitten <bat, gebeten> I. *vt* ① **jdn um etw ~** demander qc à qn; **jdn ~ etw zu tun** prier qn de faire qc; **darf ich Sie um das Brot ~?** pourriez-vous me passer le pain, s'il vous plaît? ② (*einladen*) **jdn zum Abendessen ~** inviter qn à dîner ③ (*bestellen*) **jdn zu sich ~** demander à voir qn ▸ **sich gerne ~ lassen** aimer [bien] se faire prier; **aber ich bitte Sie/dich!** mais enfin, voyons!; (*schockiert*) je vous en/t'en prie! II. *vi* ① **darf ich um Ihre Aufmerksamkeit ~?** puis-je vous demander un peu d'attention?; **darf ich ~?** (*beim Tanzen*) puis-je me permettre?; **es wird gebeten nicht zu rauchen** *form* (*als Hinweis*) on est prié de ne pas fumer; (*als Schildinschrift*) prière de ne pas fumer ② (*flehen*) supplier; **um Gnade ~** demander grâce ③ (*hereinbitten*) **ich lasse ~!** faites entrer!

bitten

bitten	*demander*
Kannst/Könntest du bitte mal den Müll runterbringen?	*Peux-tu/Pourrais-tu descendre la poubelle, s'il te plaît ?*
Bitte sei so gut und bring mir meine Jacke.	*Sois gentil(le), apporte-moi ma veste.*
Wärst du so nett und würdest mir die Zeitung mitbringen?	*Aurais-tu la gentillesse de me rapporter le journal ?*
Würden Sie bitte so freundlich sein und Ihr Gepäck etwas zur Seite rücken?	*Auriez-vous l'amabilité de pousser votre valise sur le côté ?*
Darf ich Sie bitten, Ihre Musik etwas leiser zu stellen?	*Puis-je vous demander de baisser un peu votre musique ?*
um Hilfe bitten	*demander de l'aide*
Kannst du mir einen Gefallen tun?	*Peux-tu me rendre un service ?*
Darf/Dürfte ich Sie um einen Gefallen bitten?	*Puis-je/Pourrais-je vous demander un service ?*
Könntest du mir bitte helfen?	*Pourrais-tu m'aider, s'il te plaît ?*
Könnten Sie mir bitte behilflich sein?	*Pourriez-vous m'aider, s'il vous plaît ?*
Ich wäre Ihnen dankbar, wenn Sie mir dabei helfen könnten.	*Je vous serais très reconnaissant(e) de bien vouloir m'aider.*

B

▶**wenn ich ~ darf!** (*auffordernd*) si possible!; (*befehlend*) je vous prie!
Bitten <-s> *nt* supplications *fpl*
bitter I. *adj* ❶ *Geschmack* amer(-ère); **~e Schokolade** chocolat *m* noir ❷ *Enttäuschung* amer(-ère); *Verlust* douloureux(-euse); *Unrecht* cruel(le); *Kälte, Frost* rigoureux(-euse) ❸ *Hohn, Ironie* amer(-ère) ❹ *Lachen, Worte* amer(-ère) II. *adv* ❶ **~ schmecken** avoir un goût amer ❷ *lachen* avec amertume ❸ *bereuen* amèrement
bitterböse ['bɪtɐ'bøːzə] I. *adj Person* très fâché(e); *Kommentar, Brief* très méchant(e); *Blick* mauvais(e); **~ werden** se mettre en colère II. *adv antworten, sich ausdrücken* sur un ton méchant; **jdn ~ ansehen** regarder qn d'un œil mauvais
bitterernst ['bɪtɐ'ʔɛrnst] I. *adj Person* très sérieux(-euse); *Lage* très grave II. *adv* **es ~ meinen** être tout ce qu'il y a de plus sérieux **bitterkalt** *adj Tag, Nacht* glacial(e)
Bitterkeit <-> *f a. fig* amertume *f*
bitterlich *adj* amer(-ère)
bittersüß *adj* (*süßsauer*) doux-amer (douce-amère); **ein ~es Gefühl** un sentiment mi-figue, mi-raisin
Bittsteller(in) <-s, -> *m(f)* pétitionnaire *mf*
Bitumen [bi'tuːmən] <-s, - *o* Bitumina> *nt* CHEM bitume *m*
Biwak ['biːvak] <-s, -s *o* -e> *nt* bivouac *m*
biwakieren* [biva'kiːrən] *vi* bivouaquer
bizarr [bi'tsar] *adj* bizarre
Bizeps ['biːtsɛps] <-es, -e> *m* biceps *m*
BKA [beːkaː'ʔaː] <-> *nt Abk von* **Bundeskriminalamt** *direction générale de la police judiciaire*
Blabla [bla'blaː] <-s> *nt pej fam* [bla]blabla *m*
Blackout, Black-out[RR] ['blɛkʔaut] <-[s], -s> *m o nt* (*Bewusstseinstrübung*) perte *f* de conscience momentanée; (*in einer Prüfung*) trou *m* [noir]
Blag <-s, -en> *nt*, **Blage** ['blaːgə] <-, -n> *f pej fam* galopin *m*
blähen ['blɛːən] I. *vt* gonfler II. *vr* **sich ~** *Segel, Vorhänge:* se gonfler III. *vi Hülsenfrüchte:* ballonner
Blähung <-, -en> *f meist Pl* ballonnement *m*
blamabel [bla'maːbəl] *adj geh* honteux(-euse)
Blamage [bla'maːʒə] <-, -n> *f geh* honte *f*
blamieren* [bla'miːrən] I. *vt* ridiculiser II. *vr* **sich durch etw ~** se couvrir de ridicule par qc
blanchieren* [blɑ̃'ʃiːrən] *vt* blanchir
blank [blaŋk] *adj* ❶ (*glänzend*) brillant(e); (*sauber*) étincelant(e) [de propreté]; (*abgescheuert*) lustré(e); **~ sein** (*glänzend*) briller ❷ (*rein, pur*) pur(e) ❸ (*bloß*) nu(e) ▶**~ sein** *fam* être fauché
Blank [blɛŋk] *nt* TYP, INFORM blanc *m*
blanko ['blaŋko] *adv* en blanc; **etw ~ unterschreiben** signer qc en blanc
Blankoscheck *m* chèque *m* en blanc **Blankovollmacht** *f* blanc-seing *m*; **jdm ~ geben** donner les pleins pouvoirs à qn
Bläschen ['blɛːsçən] <-s, -> *nt Dim von* **Blase 2** ❸ MED bouton *m*; (*im Mund*) aphte *m*
Blase ['blaːzə] <-, -n> *f* ❶ ANAT vessie *f* ❷ MED ampoule *f*; (*Brandblase*) cloque *f* ❸ (*Luftblase*) bulle *f* ❹ (*Sprechblase*) bulle *f* ❺ *pej fam* (*Clique*) bande *f*
Blasebalg <-[e]s, -bälge> *m* soufflet *m*
blasen ['blaːzən] <bläst, blies, geblasen> I. *vi* souffler II. *vt* ❶ **den Staub vom Buch ~** souffler sur la poussière du livre ❷ (*spielen*) jouer *Melodie;* jouer de *Trompete* ❸ *vulg* (*fellationieren*) **jdm einen ~** tailler une pipe à qn
Blasenentzündung *f* MED cystite *f*
Bläser(in) ['blɛːzɐ] <-s, -> *m(f)* joueur(-euse) *m(f)* d'instrument à vent; **die ~ und die Streicher** les cuivres *mpl* et les cordes
blasiert [bla'ziːɐ̯t] I. *adj pej geh* hautain(e) II. *adv sich benehmen* de manière snob; *sprechen* sur un ton hautain
Blasinstrument *nt* instrument *m* à vent **Blaskapelle** *f* fanfare *f* **Blasmusik** *f* musique *f* de fanfare **Blasorchester** *nt* orchestre *m* d'instruments à vent
Blasphemie [blasfe'miː] <-, -ien> *f geh* blasphème *m*
blasphemisch [blas'feːmɪʃ] *adj geh* blasphématoire
Blasrohr *nt* sarbacane *f*
blass[RR], **blaß**[ALT] [blas] *adj* ❶ (*bleich, hell*) pâle ❷ (*schwach*) vague ❸ (*nichts sagend*) fade
Blässe ['blɛsə] <-, -n> *f* ❶ (*blasse Farbe*) pâleur *f* ❷ (*nichts sagende Art*) fadeur *f*
blässlich[RR], **bläßlich**[ALT] *adj* pâlot(te)
bläst [blɛːst] *3. Pers Präs von* **blasen**
Blatt [blat, *Pl:* 'blɛtɐ] <-[e]s, Blätter> *nt* ❶ *einer Pflanze* feuille *f* ❷ (*Blatt Papier*) feuille *f* ❸ (*Seite*) page *f* ❹ (*Grafik*) feuillet *m* ❺ (*Zeitung*) journal *m* ❻ (*flächiger Teil*) *eines Ruders, Propellers* pale *f* ❼ SPIEL jeu *m* ❽ JAGD, GASTR (*Schulter*) épaule *f* ▶**kein ~ vor den Mund neh-**

men ne pas mâcher ses mots; **noch ein unbeschriebenes ~ sein** être encore novice

Blättchen ['blɛtçən] <-s, -> *nt Dim von* **Blatt** ① *einer Pflanze* foliole *f* ② (*Blatt Papier*) petite feuille *f*

blättern ['blɛtɐn] **I.** *vi* ① **in etw** (*dat*) **~** feuilleter qc; (*suchend*) chercher dans qc ② INFORM dérouler; **nach oben/unten ~** faire défiler vers le haut/le bas **II.** *vt* **etw auf den Tisch ~** aligner qc sur la table

Blätterteig *m* pâte *f* feuilletée

Blätterteiggebäck *nt* feuilleté *m;* (*mit Puddingfüllung*) mille-feuille *m*

Blätterwald *m kein Pl hum* ensemble *m* de la presse

Blattfeder *f* ressort *m* à lames **Blattgold** *nt* feuille *f* d'or **Blattgrün** *nt* chlorophylle *f* **Blattlaus** *f* puceron *m* **Blattpflanze** *f* plante *f* verte **Blattsalat** *m* salade *f* verte **Blattwerk** *nt kein Pl* feuillage *m*

blau [blaʊ̯] *adj* ① bleu(e) ② *fam* (*betrunken*) **~ sein** être soûl

Blau [blaʊ̯] <-s, - *fam* -s> *nt* bleu *m*

blauäugig *adj* ① (*mit blauen Augen*) aux yeux bleus ② (*naiv*) naïf(-ïve)

Blaubeere *f* myrtille *f*

blaublütig *adj* de sang bleu

Blaue ▶**er lügt das ~ vom Himmel [herunter]** *fam* il ment comme il respire

blaugrau *adj* gris bleu *inv* **blaugrün** *adj* bleu vert *inv* **Blauhelm** *m* casque *m* bleu **Blaukraut** *nt* SDEUTSCH, A chou *m* rouge

bläulich ['blɔylɪç] *adj* bleuté(e); (*ins Blaue spielend*) bleuâtre

Blaulicht *nt* gyrophare *m;* **mit ~** avec le gyrophare en marche **blau|machen I.** *vi fam* (*krankfeiern*) se passer d'aller au boulot, se faire porter pâle [*o* malade] **II.** *vt fam* **einen Tag ~** sécher une journée de travail **Blaumann** *m fam* bleu *m* [de travail]; **im ~** en bleu de travail **Blaumeise** *f* mésange *f* bleue **Blaupause** *f* bleu *m* **blaurot** *adj* rouge bleu *inv* **Blausäure** *f* CHEM acide *m* prussique **Blauschimmelkäse** *m* fromage *m* bleu **blauschwarz** *adj* bleu nuit *inv* **Blauwal** *m* [grande] baleine *f* bleue

Blazer ['ble:zɐ] <-s, -> *m* blazer *m*

Blech [blɛç] <-[e]s, -e> *nt* ① *kein Pl* (*Material*) tôle *f;* (*Weißblech*) fer-blanc *m* ② (*Stück Blech*) [morceau *m* de] tôle *f* ③ (*Backblech*) plaque *f* [de four] ④ *kein Pl fam* (*Unsinn*) bêtises *fpl*

Blechblasinstrument *nt* cuivre *m*

Blechdose *f* boîte *f* en fer-blanc

blechen ['blɛçən] *fam* **I.** *vt* raquer **II.** *vi* casquer

blechern ['blɛçɐn] *adj* ① *attr* en tôle; (*aus Weißblech*) en fer-blanc ② *Geräusch* creux(-euse); *Klang* métallique

Blechgeschirr *nt* vaisselle *f* en fer-blanc **Blechinstrument** *s.* **Blechblasinstrument** **Blechnapf** *m* gamelle *f* **Blechschaden** *m* dégâts *mpl* matériels [de tôle] **Blechschere** *f* cisaille *f* [à tôle] *souvent pl* **Blechtrommel** *f* tambour *m* en fer-blanc

blecken ['blɛkən] *vt* montrer *Zähne*

Blei [blaɪ̯] <-[e]s, -e> *nt* ① *kein Pl* (*Metall*) plomb *m* ② (*Lot*) fil *m* à plomb ③ (*Kugeln*) plomb *m*

Bleibe ['blaɪ̯bə] <-, -n> *f* demeure *f;* (*vorübergehend*) abri *m;* **eine/keine ~ haben** avoir un logement/être sans logis

bleiben ['blaɪ̯bən] <blieb, geblieben> **I.** *vi* + *sein* ① (*verweilen*) rester; **zu Hause/bei jdm/im Büro ~** rester à la maison/chez qn/au bureau; **sie möchten unter sich ~** ils préfèrent rester entre eux; **wo bleibst du so lange?** mais qu'est-ce que tu fais [encore]? ② (*weiterhin sein*) **gleich ~** rester stable; **es soll regnerisch ~** les pluies doivent persister; **offen ~** *Tür:* rester ouvert ③ (*zurückbleiben*) **liegen ~** *Gegenstände:* rester là; **im Zug liegen ~** rester dans le train ④ (*übrig bleiben*) **drei Fehler sind stehen geblieben** on a oublié trois fautes ⑤ (*in der Erinnerung bleiben*) **an jdm hängen ~** *Verdacht:* peser sur qn ⑥ (*festsitzen*) **hängen ~** rester accroché; **kleben ~** rester collé ⑦ (*nicht vorankommen*) **liegen ~** *Fahrzeug:* rester immobilisé; **mit einer Panne liegen ~** rester en panne; **stecken ~** *Fahrer, Fahrzeug:* s'enliser; **stehen ~** *Person:* s'arrêter; *Uhr:* être arrêté; *Fahrzeug:* s'immobiliser; **~ Sie sofort stehen!** halte! ⑧ (*hinkommen, hingeraten*) **wo ist meine Brille geblieben?** où sont passées mes lunettes? ⑨ *fam* (*unterkommen*) **wo sollen die Leute alle ~?** où vont-ils tous crécher?; **sieh zu, wo du bleibst!** débrouille-toi [tout seul]! ⑩ (*verharren*) **bei einer Marke ~** rester fidèle à une marque; **es bleibt bei meiner Entscheidung** je maintiens ma décision ⑪ (*übrig bleiben*) **stehen ~** *Getränk, Essen:* rester; **mir bleibt keine andere Wahl** je n'ai pas le choix ▶**das bleibt sich gleich** ça revient au même; **etw ~ lassen das Rauchen ~ lassen** *fam* arrêter de fumer; **wo waren wir stehen geblieben?** où en étions-nous [restés]?; **das bleibt unter uns**

B

cela reste entre nous **II.** *vi unpers* **es bleibt zu hoffen, dass ...** il ne reste qu'à espérer que ...; **es bleibt abzuwarten, ob ...** il ne reste plus qu'à attendre si ...

bleibend *adj* ① (*beständig*) permanent(e) ② (*unveränderlich*) **gleich ~** constant; **gleich ~ sein** rester constant

bleiben|lassen *s.* **bleiben I.12**

Bleiberecht *nt kein Pl* POL droit *m* de séjour [pour réfugiés]

bleich [blaiç] *adj* blême; *Gesichtsfarbe, Haut* pâle

bleichen ['blaiçən] <bleichte, gebleicht> **I.** *vt + haben* blanchir *Farbe, Wäsche;* éclaircir *Haare* **II.** *vi + sein* **diese Tapeten ~ schnell** ces papiers [peints] perdent vite leurs couleurs

Bleichgesicht *nt fam* visage *m* pâle **Bleichmittel** *nt* agent *m* blanchissant

bleiern ['blaiɐn] *adj* ① *attr* (*aus Blei*) en plomb ② (*bleifarben*) plombé(e) ③ (*schwer lastend*) accablant(e)

bleifrei *adj Benzin* sans plomb

bleihaltig ['blaihaltɪç] *adj* plombifère; *Benzin* contenant du plomb

Bleikristall *nt* cristal *m* de plomb **Bleikugel** *f* balle *f* de plomb **bleischwer** ['blai'ʃveːɐ̯] *adj* de plomb **Bleistift** *m* crayon *m* [à papier]

Bleistiftspitzer *m* taille-crayon *m*

Bleivergiftung *f* intoxication *f* par le plomb

Blende ['blɛndə] <-, -n> *f* ① PHOT (*Öffnung*) diaphragme *m;* (*Blendenzahl*) ouverture *f* ② (*Lichtschutz*) écran *m* ③ ARCHIT (*blinder Bogen*) arcade *f* aveugle; (*blinde Tür*) fausse porte *f* ④ (*Stoffblende*) garniture *f*

blenden ['blɛndən] **I.** *vt* ① éblouir ② (*täuschen*) abuser ③ (*blind machen*) aveugler **II.** *vi* ① *Sonne:* éblouir ② (*hinters Licht führen*) chercher à impressionner

blendend **I.** *adj* excellent(e) **II.** *adv* ① (*großartig*) merveilleusement bien ② (*strahlend*) **~ weiß** d'un blanc éclatant

Blender(in) <-s, -> *m(f)* charlatan *m*

blendfrei *adj* ① *Glas, Bildschirm* antireflet *inv* ② *Beleuchtung* indirect(e)

Blendung <-, -en> *f* aveuglement *m*

Blick [blɪk] <-[e]s, -e> *m* ① (*das Schauen*) regard *m;* (*flüchtig*) coup *m* d'œil ② (*Augen*) **den ~ heben/senken** lever/baisser les yeux; **alle ~e auf sich** (*akk*) **ziehen** attirer tous les regards [sur soi] ③ *kein Pl* (*Augenausdruck*) regard *m* ④ *kein Pl* (*Ausblick*) vue *f* ⑤ *kein Pl* (*Urteilskraft*) coup *m* d'œil ⑥ (*Hinblick, Hinsicht*) **mit ~ auf die kommenden Wahlen** eu égard aux prochaines élections ▶ **auf den ersten ~** (*sofort*) du premier coup d'œil; (*beim ersten flüchtigen Hinsehen*) à première vue; **auf den zweiten ~** en [y] regardant de plus près; **auf einen ~, mit einem ~** d'un [seul] coup d'œil

blicken **I.** *vi* regarder **II.** *vt* **sich ~ lassen** se montrer; **sich bei jdm ~ lassen** aller voir qn

Blickfang *m* point *m* de mire **Blickfeld** *nt* champ *m* de vision **Blickkontakt** *m* contact *m* visuel; **mit jdm ~ haben** regarder qn dans les yeux **Blickpunkt** *m* point *m* de vue **Blickrichtung** *f* ① direction *f* [du regard] ② (*Richtung der Gedanken*) ligne *f* de vision **Blickwinkel** *m* angle *m;* **aus diesem ~** sous cet angle

blieb [bliːp] *Imp von* **bleiben**

blies [bliːs] *Imp von* **blasen**

blind [blɪnt] **I.** *adj* ① aveugle ② *Fenster* mat(e) ③ (*ohne Ausgang*) en cul-de-sac ④ (*ohne Sicht*) sans visibilité **II.** *adv* ① (*wahllos*) au hasard ② (*unkritisch*) aveuglément

Blindbewerbung *f* candidature *f* spontanée **Blinddarm** *m* ANAT appendice *m*

Blinddarmentzündung *f* appendicite *f*

Blind Date ['blaint 'deːt] <- -[s], - -s> *nt* blind date *f,* rendez-vous *m* avec un(e) inconnu(e); **ein ~ haben** avoir un rendez-vous avec un inconnu

Blinde(r) *f(m) dekl wie adj* aveugle *mf*

Blindekuh ['blɪndəkuː] *kein Art* colin-maillard *m;* **~ spielen** jouer à colin-maillard

Blindenhund *m* chien *m* d'aveugle **Blindenschrift** *f* [écriture *f*] braille *m* **Blindenstock** *m* canne *f* blanche

Blindflug *m* vol *m* sans visibilité

Blindgänger <-s, -> *m* MIL engin *m* explosif non éclaté

Blindheit <-> *f kein Pl* cécité *f*

blindlings ['blɪntlɪŋs] *adv* aveuglément

Blindschleiche ['blɪntʃlaiçə] <-, -n> *f* orvet *m*

Blindversuch *m* essai *m* en [simple] aveugle

blindwütig **I.** *adj* aveuglé(e) par la colère **II.** *adv* dans une rage aveugle

blinken ['blɪŋkən] **I.** *vi* ① *Edelstein:* scintiller ② (*blitzen*) **vor Sauberkeit ~** étinceler ③ (*Zeichen geben*) clignoter; **rechts/links ~** *Autofahrer:* mettre son clignotant à droite/gauche **II.** *vt* **SOS ~** émettre des signaux de S.O.S.

Blinker <-s, -> *m* ❶ AUT clignotant *m* ❷ (*Angelköder*) cuillère *f*
Blinklicht *nt* ❶ (*Signal*) feu *m* clignotant ❷ *fam* (*Blinkleuchte*) clignotant *m* **Blinkzeichen** *nt* signal *m* optique; ~ **geben** faire des signaux lumineux
blinzeln ['blɪntsəln] *vi* cligner des yeux; (*zwinkern*) faire un clin d'œil
Blitz [blɪts] <-es, -e> *m* ❶ éclair *m;* (*Blitzschlag*) foudre *f;* **vom ~ getroffen werden** être frappé par la foudre ❷ (*das Aufblitzen*) éclair *m* ❸ PHOT flash *m* ►**wie ein ~ einschlagen** faire l'effet d'une bombe; **wie der ~** *fam* comme l'éclair
Blitzableiter <-s, -> *m* ❶ paratonnerre *m* ❷ *fig* souffre-douleur *m inv*
blitzartig I. *adj* d'une rapidité foudroyante II. *adv* en un éclair
blitzblank ['blɪts'blaŋk] *adj fam* nickel *inv*
Blitzeis <-es> *nt* pluie *f* verglaçante
blitzen ['blɪtsən] I. *vi unpers* **es blitzt** il y a des éclairs II. *vi* (*strahlen*) étinceler III. *vt fam* **geblitzt werden** *Autofahrer:* se faire prendre par un radar
Blitzgerät *nt* radar *m* **Blitzkrieg** *m* guerre *f* éclair **Blitzlicht** *nt* flash *m* **blitzsauber** ['blɪts'zaubɐ] *s.* **blitzblank** **Blitzschlag** *m* foudre *f* **blitzschnell** ['blɪts'ʃnɛl] *s.* **blitzartig**
Block[1] [blɔk, *Pl:* 'blœkə] <-[e]s, Blöcke> *m* (*Quader*) bloc *m;* (*aus Schokolade*) plaque *f*
Block[2] [blɔk, *Pl:* 'blœkə] <-[e]s, Blöcke *o* -s> *m* ❶ (*Häuserblock*) pâté *m* de maisons; (*großes Mietshaus*) bloc *m* ❷ (*Schreibblock*) bloc *m;* (*Notizblock*) bloc-notes *m;* (*Fahrkartenblock*) carnet *m* ❸ POL bloc *m* ❹ (*Kernreaktorblock*) réacteur *m*
Blockade [blɔ'kaːdə] <-, -n> *f* ❶ (*Absperrung, Isolierung*) blocus *m* ❷ (*Denkblockade*) blocage *m*
Blockbuchstabe *m* lettre *f* en caractères d'imprimerie
Blockbuster ['blɔkbastɐ] <-s, -> *m* blockbuster *m*
Blockflöte *f* flûte *f* à bec
blockfrei *adj* non-aligné(e)
Blockhaus *nt* cabane *f* en rondins
blockieren* [blɔ'kiːrən] I. *vt* bloquer; couper *Stromzufuhr* II. *vi Bremsen, Rad:* [se] bloquer
Blocksatz *m* composition *f* en carré **Blockschokolade** *f* chocolat *m* à cuire **Blockschrift** *f* caractères *mpl* d'imprimerie
blöd[e] *fam* I. *adj* ❶ (*dumm*) idiot(e) ❷ *Situation* embêtant(e); **zu ~!** c'est con! II. *adv* comme un idiot/une idiote; *gucken* bêtement; *sich verhalten* comme un manche
Blödelei <-, -en> *f fam* ❶ *kein Pl* (*das Blödeln*) conneries *fpl* ❷ (*Bemerkung*) bêtises *fpl*
blödeln *vi fam* déconner
blöderweise ['bløːdɐ'vaizə] *adv fam* bêtement
Blödheit <-, -en> *f fam* connerie *f*
Blödian ['bløːdi̯aːn] <-[e]s, -e> *m,* **Blödmann** <-männer> *m fam* imbécile *m*
Blödsinn *m kein Pl pej fam* bêtise *f*
blödsinnig *adj pej fam Idee* stupide
Blog [blɔg] <-s, -s> *nt o m* INET blog *m,* blogue *m*
bloggen ['blɔgən] *vi* INET bloguer
Blogger(in) ['blɔgɐ] <-s, -> *m(f)* INET blogueur(-euse) *m(f)*
Blogosphäre *f* INET blogosphère *f*
blöken ['bløːkən] *vi* bêler
blond [blɔnt] *adj Person, Haare* blond(e)
Blond <-s> *nt* blond *m*
Blonde(r) *f(m) dekl wie adj* blond(e) *m(f)*
blondieren* [blɔn'diːrən] *vt* teindre en blond; **die Haare ~** teindre les cheveux en blond
Blondine [blɔn'diːnə] <-, -n> *f* blonde *f*
bloß [bloːs] I. *adj* ❶ (*unbedeckt*) nu(e) ❷ *attr* (*alleinig*) pur(e) II. *adv fam* ❶ (*nur*) seulement ❷ (*eine Frage oder Aufforderung verstärkend*) **was hat sie ~?** qu'est-ce qui lui prend?; **hör ~ auf damit!** arrête donc!
Blöße ['bløːsə] <-, -n> *f geh* (*Nacktheit*) nudité *f*
bloß\|legen *vt* ❶ (*ausgraben*) dégager ❷ (*enthüllen*) dévoiler **bloß\|stellen** I. *vt* ridiculiser II. *vr* **sich ~** se couvrir de ridicule
Blouson [blu'zõː] <-[s], -s> *m o nt* blouson *m*
blubbern *vi fam* gargouiller
Bluejeans ['bluːdʒiːns] *Pl* blue-jean *m*
Blues [bluːs] <-, -> *m* (*Musik*) blues *m;* (*Tanz*) slow *m*
Bluff [blʊf, blaf, blœf] <-[e]s, -s> *m* bluff *m*
bluffen ['blœfən] *vt, vi fam* bluffer
blühen ['blyːən] *vi* ❶ *Pflanze:* fleurir; *Garten, Park:* être en fleurs ❷ (*florieren*) être florissant ❸ *fam* (*bevorstehen*) **das kann mir auch noch ~!** ça me pend au nez!
blühend *adj* ❶ *Pflanze, Garten* en fleur[s] ❷ *Gesichtsfarbe, Gesundheit* florissant(e); **ein ~es Aussehen** une mine resplendis-

B

B

sante ③ (*florierend*) florissant(e) ④ *Unsinn, Phantasie* délirant(e) (*fam*)

Blume ['blu:mə] <-, -n> *f* ① (*Blüte, Pflanze*) fleur *f* ② (*Duftnote*) *des Weins, Weinbrands* bouquet *m* ③ (*Bierschaum*) mousse *f* ▸ **etw durch die ~ sagen** faire comprendre qc à demi-mot

Blumenbeet *nt* parterre *m* [de fleurs] **Blumenerde** *f* terreau *m* **blumengeschmückt** *adj* fleuri(e) **Blumenhändler(in)** *m(f)* fleuriste *mf* **Blumenkasten** *m* jardinière *f* [de fleurs] **Blumenkohl** *m* chou-fleur *m* **Blumenladen** *m* fleuriste *m* **Blumenstrauß** <-sträuße> *m* bouquet *m* [de fleurs] **Blumentopf** *m* ① (*Topf*) pot *m* à fleurs ② (*Topfpflanze*) pot *m* de fleurs **Blumenvase** *f* vase *m* **Blumenzwiebel** *f* bulbe *m*

blumig I. *adj* ① *Parfüm* fleuri(e); *Wein* bouqueté(e) ② *Sprache* fleuri(e) II. *adv* **sich ~ ausdrücken** utiliser un langage fleuri

Bluse ['blu:zə] <-, -n> *f* (*mit Kragen*) chemisier *m;* (*Hemdbluse*) chemise *f*

Blut [blu:t] <-[e]s> *nt* sang *m*

Blutabnahme *f* prise *f* de sang **blutarm** ['blu:tʔarm] *adj* MED anémié(e) **Blutarmut** *f* MED anémie *f* **Blutbad** *nt* bain *m* de sang; **ein ~ anrichten** faire un carnage **Blutbahn** *f* circuit *m* sanguin **Blutbank** <-banken> *f* banque *f* du sang **blutbefleckt** *adj* taché(e) de sang **Blutbild** *nt* formule *f* sanguine **Blutdiamanten** *Pl* diamants *mpl* de sang [*o* de conflits] **Blutdruck** *m kein Pl* tension *f* [artérielle]; **zu hohen/niedrigen ~ haben** faire de l'hypertension/l'hypotension

Blutdruckmesser <-s, -> *m* tensiomètre *m*

blutdrucksenkend I. *adj* hypotenseur(-euse); **ein ~es Mittel** un hypotenseur II. *adv* **~ wirken** avoir un effet hypotenseur

Blüte ['bly:tə] <-, -n> *f* ① *einer Pflanze* fleur *f* ② *kein Pl* (*das Blühen*) floraison *f* ③ *fam* (*falsche Banknote*) faux billet *m* ④ *kein Pl geh* (*Höhepunkt*) apogée *m*

Blutegel ['blu:tʔe:gəl] *m* sangsue *f*

bluten ['blu:tən] *vi* saigner

Blütenblatt *nt* pétale *m* **Blütenhonig** *m* miel *m* de fleurs **Blütenstaub** *m* pollen *m*

Bluter ['blu:tɐ] <-s, -> *m* hémophile *m*

Bluterguss[RR] ['blu:tʔɛɐ̯gʊs] *m* hématome *m*

Bluterkrankheit *f* hémophilie *f*

Blütezeit *f* ① (*Zeit des Blühens*) floraison *f* ② (*Zeit hoher Blüte*) *einer Kultur* prospérité *f*

Blutfleck *m* tache *f* de sang **Blutgefäß** *nt* vaisseau *m* sanguin **Blutgerinnsel** *nt* caillot *m* [de sang] **Blutgerinnung** *f* coagulation *f* **Blutgruppe** *f* groupe *m* sanguin **Bluthochdruck** *m kein Pl* hypertension *f* **Bluthund** *m* limier *m* ▸ **ein ~ sein** être un monstre sanguinaire

blutig ['blu:tɪç] *adj* ① (*blutend*) en sang ② (*blutbefleckt*) taché(e) de sang; **~ sein** être plein de sang ③ GASTR saignant(e) ④ *Schlacht* sanglant(e) ⑤ *fam* (*völlig*) **ein ~er Anfänger** un novice complet

blutjung ['blu:t'jʊŋ] *adj* tout(e) jeune **Blutkonserve** *f* poche *f* de sang (*destinée à la transfusion*) **Blutkörperchen** ['blu:tkœrpɐçən] *nt* globule *m;* **rotes/weißes ~** globule rouge/blanc **Blutkrebs** *m* leucémie *f* **Blutkreislauf** *m* circulation *f* sanguine **Blutlache** *f* mare *f* de sang **blutleer** *adj* MED *Gesicht, Kopf* exsangue **Blutorange** [-orɑ̃ʒə, -oraŋʒə] *f* sanguine *f* **Blutplasma** *nt* plasma *m* sanguin **Blutplättchen** ['blu:tplɛtçən] <-s, -> *nt* plaquette *f* [sanguine] **Blutprobe** *f* prise *f* de sang **Blutrache** *f* vendetta *f*

blutrünstig ['blu:trʏnstɪç] *adj* sanguinaire

Blutsauger *m* ① (*Insekt*) suceur *m* de sang ② (*Vampir*) suceur *m* de sang

Blutsbruder *m* frère *m* de sang

Blutsenkung *f* sédimentation *f* du sang **Blutspende** *f* don *m* du sang **Blutspenden** <-s> *nt* don *m* du sang **Blutspender(in)** *m(f)* donneur(-euse) *m(f)* de sang **Blutspur** *f* trace *f* de sang **blutstillend** *adj* hémostatique

Blutstropfen *m* goutte *f* de sang **blutsverwandt** *adj* consanguin(e) **Blutsverwandte(r)** *f(m) dekl wie adj* consanguin(e) *m(f)*

Bluttat *f geh* assassinat *m* **Bluttransfusion** *f* transfusion *f* sanguine

blutüberströmt *adj* tout ensanglanté(e) **Blutübertragung** *f s.* **Bluttransfusion**

Blutung <-, -en> *f* ① saignement *m;* **innere ~en** hémorragie *f* interne ② (*Monatsblutung*) règles *fpl*

blutunterlaufen *adj Augen* injecté(e) de sang; **eine ~e Stelle** une ecchymose

Blutuntersuchung *f* analyse *f* de sang **Blutvergießen** <-s> *nt geh* effusion *f* de sang *souvent pl* **Blutvergiftung** *f* empoisonnement *m* du sang **Blutverlust** *m* perte *f* de sang **Blutwurst** *f* boudin *m* [noir] **Blutzucker** *m* MED glycémie *f*

Blutzuckerwert *m* MED glycémie *f*

BLZ *f Abk von* **Bankleitzahl** code *m* banque

BMI [beːʔɛmˈʔiː] <-> *m Abk von* **Body-Mass-Index** MED IMC *m*

b-Moll [ˈbeːmɔl] *nt* si *m* bémol mineur

BND [beːʔɛnˈdeː] <-> *m Abk von* **Bundesnachrichtendienst** *service de renseignements fédéral allemand*

Bö [bøː] <-, -en> *f* rafale *f*

Boa [ˈboːa] <-, -s> *f* ZOOL, COUT boa *m*

Bob [bɔp] <-s, -s> *m* bob[sleigh] *m*

Bobbahn *f* piste *f* de bob[sleigh]

Boccia [ˈbɔtʃa] <-, -s> *nt o f* jeu *m* de boules

Bock [bɔk, *Pl:* ˈbœkə] <-[e]s, Böcke> *m* ① (*Schafbock*) bélier *m;* (*Ziegenbock*) bouc *m;* (*Rehbock*) chevreuil *m;* (*Rammler*) bouquin *m* ② (*Untergestell*) tréteau *m* ③ (*Sportgerät*) cheval *m* d'arçons ④ *fam* (*Lust*) **~/keinen ~ haben etw zu tun** avoir/ne pas avoir envie de faire qc ⑤ *fam* (*Schimpfwort*) **so ein sturer ~!** quelle tête de mule! ⑥ (*Kutschbock*) siège *m* du cocher

Bockbier *nt* bière *f* forte

bocken *vi fam Person:* faire la tête; *Tier:* refuser d'avancer

bockig *adj Erwachsener* récalcitrant(e); *Tier* rétif(-ive); **ein ~es Kind** un enfant entêté

Bockshorn ▶ **sich von jdm ins ~ jagen lassen** *fam* se laisser intimider par qn

Bockspringen *nt* SPORT saut *m* au cheval d'arçons **Bockwurst** *f* saucisse *f* (*réchauffée à l'eau bouillante*)

Boden [ˈboːdən, *Pl:* ˈbøːdən] <-s, Böden> *m* ① (*Erde, Grundfläche*) sol *m;* **zu ~ fallen/sinken** *Person:* s'effondrer ② (*Acker*) sol *m;* (*Erdreich*) terre *f* ③ *kein Pl* (*Grund und Boden*) terrain *m* ④ (*Territorium*) sol *m* ⑤ (*Fußboden*) sol *m* ⑥ (*Teppichboden*) moquette *f* ⑦ NDEUTSCH (*Dachboden*) grenier *m* ⑧ (*unterster Teil*) *eines Behälters, Gewässers* fond *m; einer Flasche* cul *m* ⑨ (*Tortenboden*) fond *m* de tarte ⑩ (*Grundlage*) base *f* ▶ **den ~ unter den Füßen verlieren** perdre pied; **auf dem ~ der Tatsachen bleiben** s'en tenir aux faits; **an ~ gewinnen/verlieren** gagner/perdre du terrain

Bodenbelag *m* revêtement *m* de sol **Bodenfrost** *m* gelée *f* au sol **Bodenhaftung** *f* AUT adhérence *f* au sol ▶ **die ~ verlieren** perdre le contact avec la réalité

bodenlos *adj* ① *fam* (*unerhört*) inouï(e) ② (*sehr tief*) sans fond

Bodenpersonal *nt* AVIAT personnel *m* au sol **Bodenreform** *f* réforme *f* agraire **Bodensatz** *m* ① dépôt *m;* (*im Kaffee*) marc *m;* (*im Wein*) lie *f* ② CHEM résidu *m* ③ *fig* (*Abschaum*) rebut *m* **Bodenschätze** *Pl* richesses *fpl* minières

Bodensee [ˈboːdənzeː] *m* **der ~** le lac de Constance

bodenständig *adj* ① (*lange ansässig*) autochtone ② (*fest in einer Region verwurzelt*) attaché(e) ③ (*unkompliziert*) nature

Bodenständigkeit <-> *f* ① (*lange Ansässigkeit*) autochtonie *f* ② (*Verwurzelung*) enracinement *m* ③ (*Charaktereigenschaft*) esprit *m* terre-à-terre

Bodenturnen *nt* gymnastique *f* au sol **Bodenwelle** *f* dos *m* d'âne

Body [ˈbɔdi] <-s, -s> *m* body *m*

Bodybuilding [ˈbɔdibɪldɪŋ] <-s> *nt* body-building *m*

Bodyguard [ˈbɔdigaːɐ̯t] <-s, -s> *m* garde *m* du corps

Body-Mass-Index [ˈbɔdimɛsʔɪndɛks] <-[es]> *m* MED indice *m* de masse corporelle

Böe [ˈbøːə] <-, -n> *f* bourrasque *f*

bog [boːk] *Imp von* **biegen**

Bogen [ˈboːgən, *Pl:* ˈbøːgən] <-s, - *o* Bögen> *m* ① *a.* MATH (*Bogenlinie*) arc *m;* **einen ~ machen** *Straße, Fluss:* faire un coude ② (*Papierbogen*) feuille *f* ③ (*Schusswaffe*) arc *m* ④ MUS *eines Streichinstruments* archet *m;* (*Haltebogen*) [signe *m* de] liaison *f* ⑤ ARCHIT arc *m* ⑥ (*Brückenbogen*) arche *f*

bogenförmig [ˈboːgənfœrmɪç] *adj* arqué(e)

Bogengang <-gänge> *m* arcades *fpl* **Bogenlampe** *f* lampe *f* à arc **Bogenschießen** <-s> *nt* tir *m* à l'arc **Bogenschütze** *m*, **-schützin** *f* archer *m*/archère *f;* SPORT tireur *m*/tireuse *f* à l'arc

Boheme [boˈ(h)eːm, boˈ(h)ɛːm] <-> *f geh* bohème *f*

Bohle [ˈboːlə] <-, -n> *f* madrier *m*

Böhme [ˈbøːmə] <-n, -n> *m*, **Böhmin** *f* Bohémien(ne) *m(f)*

Böhmen [ˈbøːmən] <-s> *nt* la Bohême

böhmisch [ˈbøːmɪʃ] *adj* bohémien(ne)

Bohne [ˈboːnə] <-, -n> *f* ① haricot *m* ② (*Kaffeebohne*) grain *m* [de café]

Bohnenkaffee *m* café *m;* (*ungemahlen*) café *m* en grains **Bohnenstange** *f* ① rame *f* ② *hum fam* (*großer Mensch*) grande perche *f* **Bohnensuppe** *f* soupe *f* aux haricots

Bohnerbesen *m* cireuse *f* **Bohnermaschine** *f* cireuse *f* [électrique]

B

bohnern ['bo:nɐn] **I.** *vt* cirer **II.** *vi* passer la cireuse
Bohnerwachs *nt* encaustique *f*
bohren ['bo:rən] **I.** *vt* ① creuser *Brunnen* ② TECH percer *Beton, Holz, Metall* ③ (*graben*) **ein Loch ~** *Insekt:* creuser un trou ④ (*hineinstoßen*) **etw in etw** (*akk*) **~** enfoncer qc dans qc **II.** *vi* ① (*stochern*) **in der Nase ~** se mettre les doigts dans le nez ② MED *Zahnarzt:* passer la roulette ③ MIN creuser ④ *fam* (*fragen*) revenir à la charge ⑤ (*quälend nagen*) **in jdm ~** *Zweifel:* ronger qn **III.** *vr* **sich in die Erde ~** *Speer:* se planter dans le sol
bohrend *adj Schmerz* lancinant(e)
Bohrer <-s, -> *m* ① (*Bohrmaschine*) perceuse *f;* (*Bohreinsatz*) mèche *f* ② (*Handbohrer*) chignole *f* ③ MED (*Zahnarztbohrer*) fraise *f*
Bohrinsel *f* plate-forme *f* de forage **Bohrloch** *nt* ① MIN puits *m* de forage ② (*gebohrtes Loch*) trou *m* **Bohrmaschine** *f* perceuse *f* [électrique] **Bohrturm** *m* derrick *m*
Bohrung <-, -en> *f* ① *kein Pl* (*das Bohren*) **eine ~ nach Erdöl** un forage pour trouver du pétrole ② (*Bohrloch*) forage *m*
böig ['bø:ɪç] *adj Wetter* venteux(-euse); **~er Wind** vent *m* en rafales
Boiler ['bɔylɐ] <-s, -> *m* chauffe-eau *m inv*
Boje ['bo:jə] <-, -n> *f* balise *f*
Bolero [bo'le:ro] <-s, -s> *m* MUS, COUT boléro *m*
Bolivien [bo'li:vi̯ən] <-s> *nt* la Bolivie
Böller ['bœlɐ] <-s, -> *m* ① MIL petit mortier *m,* crapouillot *m* ② (*Feuerwerkskörper*) pétard *m*
Bollwerk ['bɔlvɛrk] *nt geh* bastion *m*
Bologna-Reform [bo'lɔnja-] *f* **die ~** la réforme de Bologne
Bolschewismus [bɔlʃe'vɪsmʊs] <-> *m* HIST bolchevisme *m*
bolschewistisch *adj* HIST bolchevique
bolzen ['bɔltsən] *vi fam* jouer au foot
Bolzen ['bɔltsən] <-s, -> *m* ① TECH boulon *m* ② (*Geschoss*) flèche *f*
Bombardement [bɔmbardə'mã:] <-s, -s> *nt* MIL bombardement *m*
bombardieren* [bɔmbar'di:rən] *vt* ① (*mit Bomben*) bombarder; (*mit Granaten*) pilonner ② (*überschütten*) **jdn mit Fragen ~** assaillir qn de questions
Bombardierung <-, -en> *f* (*mit Bomben*) bombardement *m;* (*mit Granaten*) pilonnage *m*
bombastisch [bɔm'bastɪʃ] *pej adj* ① (*schwülstig*) ronflant(e) ② (*pompös*) pompeux(-euse)
Bombe ['bɔmbə] <-, -n> *f* ① MIL bombe *f* ② (*Geldbombe*) sacoche *f* ▶ **wie eine ~ einschlagen** faire l'effet d'une bombe
Bombenalarm *m* alerte *f* à la bombe; (*Fliegeralarm*) alerte *f* aérienne **Bombenangriff** *m* bombardement *m* **Bombenanschlag** *m,* **Bombenattentat** *nt* attentat *m* à la bombe **Bombendrohung** *f* alerte *f* à la bombe **Bombenerfolg** *m fam* succès *m* fou **Bombengeschäft** *nt fam* affaire *f* en or **bombensicher** ['bɔmbən(')zɪçɐ] *adj* ① *Bunker* anti-bombe ② *fam Tipp* absolument sûr(e) **Bombenterror** *m* attentats *mpl* à la bombe
Bomber ['bɔmbɐ] <-s, -> *m fam* bombardier *m*
Bomberjacke *f* bombardier *m*
bombig ['bɔmbɪç] *adj fam* **eine ~e Stimmung** une ambiance du tonnerre
Bon [bɔŋ, bõ:] <-s, -s> *m* ① (*Kassenzettel*) ticket *m* de caisse ② (*Gutschein*) bon *m*
Bonbon [bõ'bõ:, bɔŋ'bɔŋ] <-s, -s> *nt o m* bonbon *m*
Bond [bɔnt] <-s, -s> *m* FIN titre *m* d'emprunt
Bonmot [bõ'mo:] <-s, -s> *nt geh* bon mot *m*
Bonn [bɔn] <-s> *nt* Bonn
Bonsai ['bɔnzai̯] <-[s], -s> *m* bonsaï *m*
Bonus ['bo:nʊs] <-[ses], -[se] *o* Boni> *m* ① (*Versicherungsrabatt*) bonus *m* ② (*Punktgutschrift*) bonification *f* ③ (*Vorteil*) bonus *m*
Bonze ['bɔntsə] <-n, -n> *m* ① *pej* pontife *m* (*fam*) ② REL bonze *m*
Bookmark ['bʊkma:k] <-, -s> *f* INFORM signet *m*
Boom [bu:m] <-s, -s> *m* boom *m*
boomen ['bu:mən] *vi* connaître un boom
Boot [bo:t] <-[e]s, -e> *nt* bateau *m;* (*Ruderboot*) barque *f;* (*Segelboot*) voilier *m;* **~ fahren** faire du bateau ▶ **jdn mit ins ~ holen** *fam* impliquer qn; **wir sitzen alle in einem ~** *fam* nous sommes tous logés à la même enseigne
booten ['bu:tən] *vt* INFORM démarrer
Bootsfahrt *f* promenade *f* en bateau **Bootshaus** *nt* hangar *m* à bateaux **Bootsmann** <-leute> *m* NAUT quartier-maître *m;* MIL premier-maître *m* **Bootssteg** *m* ponton *m* **Bootsverleih** *m* location *f* de bateaux
Bor [bo:ɐ̯] <-s> *nt* CHEM bore *m*

Bord[1] [bɔrt] <-[e]s> *m* **an ~ gehen/kommen** monter à bord; **über ~ gehen** passer par-dessus bord ▶**etw über ~ werfen** jeter qc par-dessus bord; *fig* mettre qc au panier
Bord[2] [bɔrt] <-[e]s, -e> *nt* (*Wandbrett*) tablette *f*
Bordell [bɔr'dɛl] <-s, -e> *nt* maison *f* close
Bordfunk *m* radio *f* de bord **Bordkarte** *f* carte *f* d'embarquement **Bordpersonal** *nt* AVIAT équipage *m* **Bordstein** *m* bordure *f* de trottoir
Bordsteinkante *f* bordure *f* de trottoir
Bordüre [bɔr'dy:rə] <-, -n> *f* bordure *f*
Bordwaffen *Pl* armes *fpl* de bord
borgen ['bɔrgən] **I.** *vr* **sich ~** emprunter; **sich** (*dat*) **etw von jdm ~** emprunter qc à qn **II.** *vt* **jdm etw ~** prêter qc à qn
Borke ['bɔrkə] <-, -n> *f* ❶ BOT écorce *f* ❷ NDEUTSCH (*Schorf*) croute *f*
Borkenkäfer *m* ZOOL bostryche *m*
borniert [bɔr'ni:ɐt] *adj pej* borné(e)
Börse ['bœrzə] <-, -n> *f* (*Wertpapierhandel, Gebäude*) Bourse *f*
Börsenbericht *m* bulletin *m* de la Bourse **Börsengang** <-gänge> *m* introduction *f* en Bourse **Börsengeschäft** *nt* opération *f* boursière **Börsenkrach** *m* krach *m* boursier **Börsenkurs** *m* cours *m* de Bourse **Börsenmakler(in)** *m(f)* agent *m* de change **börsennotiert** *adj* FIN *Firma* coté(e) en Bourse **Börsenspekulation** *f* spéculation *f* en Bourse **Börsenstart** *m* FIN introduction *f* en Bourse
Börsianer(in) [bœr'zi̯a:nɐ] <-s, -> *m(f)* *fam* ❶ (*Börsenmakler*) boursier(-ière) *m(f)* ❷ (*Spekulant*) spéculateur(-trice) *m(f)*
Borste ['bɔrstə] <-, -n> *f* ❶ *einer Bürste* poil *m;* (*fein*) soie *f* ❷ (*Schweineborste*) soie *f*
borstig *adj* poilu(e)
Borte ['bɔrtə] <-, -n> *f* galon *m*
bösartig ['bø:sʔa:ɐtɪç] *adj* ❶ méchant(e) ❷ MED malin(-igne)
Bösartigkeit <-, -en> *f* ❶ méchanceté *f* ❷ MED malignité *f*
Böschung ['bœʃʊŋ] <-, -en> *f* *einer Straße, eines Bahndamms* talus *m;* *eines Flusses, Kanals* berge *f*
böse ['bø:zə] **I.** *adj* ❶ *Person, Grinsen* méchant(e); *Absicht, Geist* mauvais(e) *antéposé; Kräfte* maléfique ❷ *fam* (*unartig*) vilain(e); **du ~s Kind!** sale gosse! ❸ *attr Angelegenheit, Sache* sale *antéposé; Folgen, Konsequenzen* fâcheux(-euse); *Streich* mauvais(e) *antéposé* ❹ *Gesicht* fâché(e); **sei [mir] nicht ~, aber ...** ne m'en veux pas, mais ... ❺ *fam* (*schlimm*) méchant(e) *antéposé* **II.** *adv* ❶ (*übelwollend*) méchamment; **ich habe es nicht ~ gemeint!** je n'ai pas pensé à mal! ❷ (*schlimm*) **~ aussehen** ne pas être beau [à voir]; **das/es sieht ~ für ihn aus** ça se présente mal pour lui ❸ *fam sich blamieren* méchamment
Böse(r) *f(m) dekl wie adj* ❶ CINE, THEAT méchant(e) *m(f)* ❷ *geh* (*Teufel*) **der ~** le malin
Bösewicht ['bø:zəvɪçt] <-[e]s, -e *o* -er> *m* ❶ *veraltet* (*Schurke*) gredin *m* ❷ *hum fam* **na, du kleiner ~!** espèce de petit galopin!
boshaft ['bo:shaft] *adj* méchant(e)
Bosheit ['bo:shai̯t] <-, -en> *f* méchanceté *f*
Bosnien ['bɔsni̯ən] <-s> *nt* la Bosnie
Bosnien-Herzegowina ['bɔsni̯ənhɛrtse'go:vina] <-s> *nt* la Bosnie-Herzégovine
Bosnier(in) ['bɔsni̯ɐ] <-s, -> *m(f)* Bosniaque *mf*
bosnisch ['bɔsnɪʃ] *adj* bosniaque
Boss[RR] [bɔs] <-es, -e>, **Boß**[ALT] <-sses, -sse> *m fam* boss *m*
böswillig **I.** *adj* ❶ *Bemerkung* méchant(e); *Plan* malveillant(e) ❷ JUR *Absicht, Verlassen* délictueux(-euse) **II.** *adv* avec malveillance; **~ handeln** agir dans une mauvaise intention
Böswilligkeit <-> *f* malveillance *f*
bot [bo:t] *Imp von* **bieten**
Botanik [bo'ta:nɪk] <-> *f* botanique *f*
Botaniker(in) [bo'ta:nikɐ] <-s, -> *m(f)* botaniste *mf*
botanisch [bo'ta:nɪʃ] **I.** *adj* botanique **II.** *adv betrachten* du point de vue botanique
Bote ['bo:tə] <-n, -n> *m*, **Botin** *f* ❶ (*Kurier*) messager(-ère) *m(f)* ❷ (*Laufbursche*) coursier(-ière) *m(f); einer Kanzlei, Firma* commissionnaire *mf*
Botengang <-gänge> *m* course *f*
Botox® ['bo:tɔks] <-> *nt* botox® *m*
Botox-Behandlung *f* traitement *m* au botox
Botschaft ['bo:tʃaft] <-, -en> *f* ❶ (*Gesandtschaft*) ambassade *f* ❷ *geh* (*Nachricht*) annonce *f;* (*Mitteilung, Nachricht*) message *m* ❸ (*Aussage*) *eines Werks* message *m*
Botschafter(in) <-s, -> *m(f)* ambassadeur(-drice) *m(f)*

B

Böttcher(in) ['bœtçɐ] <-s, -> *m(f)* tonnelier(-ière) *m(f)*

Bottich ['bɔtɪç] <-[e]s, -e> *m* baquet *m*

Bouillon [bʊl'jõː, bʊl'jɔŋ] <-, -s> *f* bouillon *m* gras

Boulevard [bulə'vaːɐ̯] <-s, -s> *m* boulevard *m*

Boulevardjournalist(in) *m(f)* journaliste *mf* people **Boulevardpresse** *f pej* presse *f* à sensation **Boulevardzeitung** *f* journal *m* à sensation

Boutique [bu'tiːk] <-, -n> *f* boutique *f*

Bowle ['boːlə] <-, -n> *f boisson alcoolisée à base de vin ou de champagne à laquelle on ajoute du sucre et des fruits*

Bowling ['boːlɪŋ] <-s, -s> *nt* bowling *m*

Box [bɔks] <-, -en> *f* ① (*Pferdebox, Einstellplatz*) box *m* ② (*Montageplatz für Rennwagen*) stand *m* ③ (*Behälter*) mallette *f* ④ (*Lautsprecherbox*) enceinte *f*

boxen ['bɔksən] **I.** *vi* boxer; **gegen jdn/um etw ~** boxer contre qn/pour qc **II.** *vt* ① (*schlagen*) donner des coups de poing à ② SPORT *fam* boxer

Boxen <-s> *nt* boxe *f*

Boxer(in) ['bɔksɐ] <-s, -> *m(f)* boxeur(-euse) *m(f)*

Boxershorts *Pl* boxer-short *m*

Boxhandschuh *m* gant *m* de boxe **Boxkampf** *m* ① match *m* de boxe ② *kein Pl* (*Boxsport*) boxe *f* **Boxring** *m* ring *m* **Boxsport** *m* boxe *f*

Boygroup ['bɔygruːp] <-, -s> *f* boys band *m*

Boykott [bɔy'kɔt] <-[e]s, -e *o* -s> *m* boycott[age] *m*

boykottieren* [bɔykɔ'tiːrən] *vt* boycotter

brabbeln ['brabəln] *fam vt, vi* marmonner

brach [braːx] *Imp von* **brechen**

brachial [bra'xi̯aːl] *adj* ① MED brachial(e) ② *geh* brutal(e)

Brachland *nt* friche *f* **brachliegen** *vi irr a. fig* (*generell*) être en friche; (*vorübergehend*) être en jachère

brachte ['braxtə] *Imp von* **bringen**

Brachvogel *m* ZOOL courlis *m*

Brahmane [bra'maːnə] <-n, -n> *m* brahmane *m*

BraindrainRR ['breːndreːn] <-s> *m* fuite *f* des cerveaux

Brainstorming ['breːnstoːɐ̯mɪŋ] <-s> *nt* brainstorming *m*, remue-méninges *m inv*

Branche ['brãːʃə] <-, -n> *f* (*Wirtschaftszweig, Tätigkeitsbereich*) branche *f*

Branchenbuch *nt s.* **Branchenverzeichnis** **Branchenkenntnis** *f* connaissance *f* dans la branche **Branchenverzeichnis** *nt* ≈ pages jaunes® *fpl*

Brand [brant, *Pl:* 'brɛndə] <-[e]s, Brände> *m* ① (*Feuer*) incendie *m*; **etw in ~ stecken** mettre le feu à qc; **in ~ geraten** prendre feu ② *fam* (*Durst*) **einen ~ haben** avoir la pépie ③ MED gangrène *f* ④ BOT rouille *f*

brandaktuell *adj fam Thema, Frage, Buch* d'une brûlante actualité **Brandanschlag** *m* incendie *m* criminel **Brandblase** *f* cloque *f* **Brandbombe** *f* bombe *f* incendiaire

branden ['brandən] *vi* déferler; **an [*o* gegen] etw ~** déferler contre qc

Brandenburg ['brandənbʊrk] <-s> *nt* (*Bundesland*) le Brandebourg

Brandenburger *adj* de Brandenbourg; **das ~ Tor** la porte de Brandenbourg

Brandfleck *m* [trace *f* de] brûlure *f* **Brandgefahr** *f* risque *m* d'incendie

brandmarken *vt* (*anprangern*) dénoncer; **jdn als Betrüger ~** dénoncer qn comme étant un escroc

Brandmauer *f* mur *m* coupe-feu **Brandmeister(in)** *m(f)* capitaine *m* des pompiers **brandneu** ['brant'nɔy] *adj fam Computer, Auto* flambant neuf(neuve); **~ sein** *CD, Buch, Film:* venir de sortir **Brandschaden** *m* dégâts *mpl* causés par le feu **Brandstifter(in)** *m(f)* incendiaire *mf* **Brandstiftung** *f* incendie *m* criminel

Brandung <-, -en> *f* déferlement *m* des vagues

Brandwache *f* ① piquet *m* d'incendie ② CH (*Feuerwehr*) [sapeurs-]pompiers *mpl* **Brandwunde** *f* brûlure *f* **Brandzeichen** *nt* marque *f* au fer rouge

brannte ['brantə] *Imp von* **brennen**

Branntwein ['brantvai̯n] *m* eau-de-vie *f*

Brasilianer(in) [brazi'li̯aːnɐ] <-s, -> *m(f)* Brésilien(ne) *m(f)*

brasilianisch [brazi'li̯aːnɪʃ] *adj* brésilien(ne)

Brasilien [bra'ziːli̯ən] <-s> *nt* le Brésil

brät [brɛːt] *3. Pers Präs von* **braten**

Bratapfel *m* pomme *f* [cuite] au four

braten ['braːtən] <brät, briet, gebraten> **I.** *vt* faire cuire; **etw in der Pfanne/im Ofen ~** faire cuire qc à la poêle/au four **II.** *vi* (*gar werden*) cuire

Braten <-s, -> *m* rôti *m*

Bratensoße *f* sauce *f* de rôti

Bratfett *nt* matière *f* grasse **Brathähnchen** *nt*, **Brathendl** ['braːthɛndl] <-s, -[n]> *nt* A, SDEUTSCH poulet *m* rôti **Brathering** *m* hareng *m* frit puis mariné

Bratkartoffeln *Pl* pommes *fpl* de terre sautées **Bratpfanne** *f* poêle *f* [à frire] **Bratrost** *m* gril *m*

Bratsche ['braːtʃə] <-, -n> *f* alto *m*

Bratschist(in) [bra'tʃɪst] <-en, -en> *m(f)* altiste *mf*

Bratspieß *m* broche *f;* (*klein*) brochette *f* **Bratwurst** *f* ① (*gebratene Wurst*) saucisse *f* grillée ② (*Wurst zum Braten*) saucisse *f* à griller

Brauch [braux, *Pl:* 'brɔyçə] <-[e]s, Bräuche> *m* coutume *f*

brauchbar *adj* ① (*geeignet*) adéquat(e) ② (*verwendbar*) utilisable ③ (*gut*) valable

brauchen ['brauxən] **I.** *vt* ① (*nötig haben*) avoir besoin de; **jdn/etw ~** avoir besoin de qn/qc ② (*aufwenden müssen*) **eine Stunde ~ um etw zu tun** mettre une heure pour faire qc; **wie lange ~ Sie noch?** il vous faut encore combien de temps? ③ (*gebrauchen*) **jdn/etw nicht ~ können** n'avoir vraiment pas besoin de qn/qc ④ (*verbrauchen*) consommer *Strom, Wasser* **II.** *aux modal* **du brauchst nur anzurufen** tu dois juste téléphoner; **Sie ~ es gar nicht erst zu versuchen** ce n'est pas la peine d'essayer

Brauchtum <-[e]s, -tümer> *nt* coutumes *fpl*

Braue ['brauə] *f* sourcil *m*

brauen ['brauən] *vt* ① brasser *Bier* ② *fam* (*zubereiten*) concocter

Brauer(in) <-s, -> *m(f)* brasseur(-euse) *m(f)*

Brauerei [brauə'rai] <-, -en> *f* ① (*Betrieb*) brasserie *f* ② *kein Pl* (*das Brauen*) brassage *m*

Brauhaus *nt* brasserie *f*

braun [braun] *adj* ① *Haar, Haarfarbe* brun(e); *Augen, Pullover* marron *inv* ② *Hautfarbe* mat(te) ③ (*sonnengebräunt*) **~ [gebrannt]** bronzé ④ *pej* (*nationalsozialistisch*) nazi(e)

Braun <-s, -> *nt* marron *m; der Haut, Augen* couleur *f* brune; *der Haare* brun *m*

Braunbär *m* ours *m* brun

Bräune ['brɔynə] <-> *f* couleur *f* brune; (*Sonnenbräune*) bronzage *m*

bräunen **I.** *vt* ① **jdn/die Haut ~** faire bronzer qn/brunir la peau ② GASTR faire revenir *Speck;* faire dorer *Zwiebeln, Butter;* faire brunir *Mehl* **II.** *vi* ① *Sonne:* bronzer ② (*braun werden*) **in der Sonne ~** bronzer au soleil ③ GASTR *Braten:* dorer; *Butter:* rissoler **III.** *vr* **sich ~** *Person:* se [faire] bronzer; *Haut:* brunir

braungebrannt *s.* **braun 3** **Braunkohle** *f* lignite *m*

bräunlich ['bɔynlɪç] *adj* brunâtre

Braunschweig ['braunʃvaik] <-s> *nt* Brunswick

Bräunung <-> *f* (*das Braunwerden*) bronzage *m*

Bräunungscreme [-kreːm] *f* crème *f* bronzante

brausen ['brauzən] *vi* ① + *haben Wind, Wellen:* mugir; **~ der Beifall** un tonnerre d'applaudissements ② + *sein fam* (*rasen*) **durch die Stadt ~** foncer à travers la ville

Brausepulver *nt* limonade *f* en poudre **Brausetablette** *f* comprimé *m* effervescent

Braut [braut, *Pl:* 'brɔytə] <-, Bräute> *f* mariée *f*

Brautführer *m* garçon *m* d'honneur

Bräutigam ['brɔytɪgam] <-s, -e> *m* marié *m*

Brautjungfer *f* demoiselle *f* d'honneur **Brautkleid** *nt* robe *f* de mariée **Brautpaar** *nt* [jeunes] mariés *mpl* **Brautschleier** *m* voile *m* de mariée

brav [braːf] *adj* ① sage; *Haustier* brave *antéposé* ② (*bieder*) sage

bravo ['braːvo] *interj* bravo

Bravour [bra'vuːɐ̯] <-> *f geh* (*Meisterschaft*) virtuosité *f;* (*Kühnheit*) bravoure *f;* **etw mit ~ tun** (*meisterhaft*) faire qc avec brio; (*mit Kühnheit*) faire qc avec entrain

BravurRR *s.* **Bravour**

BRD [beːʔɛr'deː] <-> *f Abk von* **Bundesrepublik Deutschland: die ~** la R.F.A.

Breakdance ['breːkdaːns] <-[s]> *m* MUS smurf *m*

Brechdurchfall *m* gastroentérite *f*

Brecheisen *nt* pince-monseigneur *f*

brechen ['brɛçən] <bricht, brach, gebrochen> **I.** *vt* + *haben* ① casser *Knochen* ② (*zerbrechen*) briser *Eis;* rompre *Brot* ③ (*herausbrechen*) **die Steine aus der Mauer ~** arracher les pierres du mur ④ (*abbauen*) **Marmor ~** extraire du marbre ⑤ (*nicht einhalten*) rompre *Vertrag, Schwur* ⑥ (*übertreffen*) battre *Rekord* ⑦ (*niederkämpfen*) briser *Widerstand;* détruire *Willen* ⑧ *geh* (*pflücken*) cueillir *Blume* ⑨ (*abprallen lassen*) réfracter *Licht;* briser *Wellen* ⑩ (*erbrechen*) vomir **II.** *vi* ① + *sein Achse, Ast:* [se] casser ② + *sein* (*brüchig sein*) *Leder:* se fendre; *Teppich:* se couper ③ + *sein* (*hindurchbrechen*) **durch die Wolken ~** *Sonne:* faire une percée à travers les nuages ④ + *haben* (*den Kontakt, die Gewohnheit beenden*) **mit**

B

B

jdm/etw ~ rompre avec qn/qc ⑤ + *haben* (*sich erbrechen*) vomir **III.** *vr* + *haben* **sich an etw ~** *Wellen:* se briser contre qc; *Licht:* se réfracter sur qc; *Schall:* se répercuter sur qc

Brecher ['brɛçɐ] <-s, -> *m* lame *f* brisante

Brechmittel *nt* MED vomitif *m* **Brechreiz** *m* nausée *f*

Brechstange *f* pince-monseigneur *f*

Brechung <-, -en> *f des Lichts* réfraction *f; des Schalls* répercussion *f; der Meereswellen* déferlement *m*

Brei [brai] <-[e]s, -e> *m* ① (*Speise*) bouillie *f;* (*Püree*) purée *f;* **etw zu ~ zerstampfen** réduire qc en purée ② (*dickflüssige Masse*) pâte *f*

breiig ['braiɪç] *adj* visqueux(-euse)

breit [brait] **I.** *adj* ① large; *Schrift* étendu(e); *Nase* plat; **drei Meter ~ sein** avoir trois mètres de large; **etw ~er machen** élargir qc ② (*breitschultrig*) large [d'épaules] ③ *Publikum* vaste; *Zustimmung* large *antéposé;* **die ~e Öffentlichkeit** le grand public ④ *Grinsen* large *antéposé; Lachen* gros(se) *antéposé* ⑤ *Dialekt* prononcé(e) ⑥ DIAL *fam* (*betrunken*) **~ sein** être bourré **II.** *adv* ① **etw ~ drücken** aplatir qc ② (*kräftig*) **~ gebaut sein** être carré d'épaules ③ (*ungeniert*) **~ grinsen** arborer un large sourire; **~ lachen** éclater d'un gros rire ④ (*breitbeinig*) **sich ~ hinsetzen** s'étendre

Breitbandantibiotikum *nt* MED antibiotique *m* de spectre large

breitbeinig *adj, adv* les jambes écartées

Breite ['braitə] <-, -n> *f* ① largeur *f* ② (*Ausgedehntheit*) étendue *f* ③ GEOG latitude *f* ④ (*Ausführlichkeit*) **in aller ~** en long et en large

Breitengrad *m* GEOG degré *m* de latitude **Breitenkreis** *m* GEOG parallèle *m* **Breitensport** *m* sport *m* populaire [*o* de masse]

breit|machen *vr* (*viel Raum einnehmen*) **sich ~** *Person:* prendre beaucoup de place; *Stimmung:* monter; *Ideologie:* se répandre **breit|schlagen** *vt irr fam* baratiner; **sich von jdm ~ lassen** se laisser baratiner par qn

breitschult[e]rig *adj* large d'épaules

Breitseite *f* ① NAUT bordée *f* ② (*scharfe Attacke*) attaque *f* cinglante **breit|treten** *irr fam* s'appesantir sur *Thema;* étaler *Geschichte, Details* **Breitwand** *f* grand écran *m*

Breitwandfilm *m* film *m* sur grand écran [*o* en cinémascope®]

Bremen ['bre:mən] <-s> *nt* Brême

Bremsbacke *f* mâchoire *f* de frein **Bremsbelag** *m* plaquette *f* de frein[s]

Bremse ['brɛmzə] <-, -n> *f* ① AUT frein *m* ② ZOOL taon *m*

bremsen ['brɛmzən] **I.** *vi* ① freiner ② (*hinhaltend reagieren*) *Partei, Opposition:* faire barrage **II.** *vt* ① (*abbremsen*) [faire] freiner *Fahrzeug, Zug* ② (*verzögern*) freiner *Entwicklung* ③ (*dämpfen*) refréner *Begeisterung* ④ *fam* (*zurückhalten*) retenir *Person, Redefluss*

Bremsfallschirm *m* parachute *m* de freinage **Bremsflüssigkeit** *f* liquide *m* de frein[s] **Bremsklotz** *m* cale *f,* sabot *m* de frein **Bremslicht** *nt* [feu *m* de] stop *m* **Bremspedal** *nt* pédale *f* de frein **Bremsspur** *f* trace *f* de freins

Bremsung <-, -en> *f* freinage *m*

Bremsvorrichtung *f form* dispositif *m* de freinage **Bremsweg** *m* distance *f* de freinage

brennbar *adj* combustible

Brennelement *nt* PHYS élément *m* combustible

brennen ['brɛnən] <brannte, gebrannt> **I.** *vi* ① (*in Flammen stehen*) brûler ② (*angezündet sein*) brûler; *Zigarette:* être allumé ③ (*sich entzünden*) **nicht ~** ne pas s'allumer; *Streichholz, Kohle:* ne pas s'enflammer ④ (*angeschaltet sein*) être allumé ⑤ (*schmerzen*) brûler; **auf der Haut/Zunge ~** piquer la peau/langue ⑥ (*inständig sinnen*) **auf Rache** (*akk*) **~** avoir soif de vengeance ⑦ (*ungeduldig sein*) **darauf ~ etw zu tun** brûler de faire qc **II.** *vi unpers* **es brennt!** au feu! ▸ **wo brennt's denn?** *fam* il y a le feu quelque part? **III.** *vt* ① (*rösten*) griller *Mandeln;* torréfier *Kaffee* ② (*destillieren*) distiller *Schnaps* ③ (*härten*) cuire *Ton* ④ (*einbrennen, aufbrennen*) marquer *Rind;* **ein Loch in den Teppich ~** faire un trou sur le tapis **IV.** *vr* **sich an etw** (*dat*) **~** se brûler à qc

brennend **I.** *adj* ① *Hitze* torride; *Durst* ardent(e) ② *Frage, Problem* brûlant(e); *Wichtigkeit* capital(e); *Interesse* vif(vive) *antéposé* **II.** *adv fam interessiert* vivement

Brenner ['brɛnɐ] <-s, -> *m* TECH brûleur *m*

Brennerei [brɛnə'rai] <-, -en> *f* distillerie *f*

Brennessel[ALT] *s.* **Brennnessel**

Brennglas *nt* miroir *m* ardent **Brennholz** *nt* bois *m* de chauffage **Brennnessel**[RR] *f* ortie *f* **Brennpunkt** *m* ① OPT foyer *m* ② MATH focale *f* ③ (*Zentrum*) *der Ereignisse* centre *m;* **ein sozialer ~** un quartier sensible **Brennspiritus** *m* alcool *m* à brûler **Brennstab** *m* [barre *f* de] combustible *m* nucléaire **Brennstoff** *m* combustible *m* **Brennstoffzelle** *f* pile *f* à combustible **Brennweite** *f* OPT distance *f* focale

brenzlig ['brɛntslɪç] *adj fam Situation* critique; **das ist/wird mir zu ~** ça sent le roussi

Bresche ['brɛʃə] <-, -n> *f* HIST brèche *f;* **eine ~ in die Mauer schlagen** ouvrir une brèche dans le mur ▶**für jdn in die ~ springen** (*verteidigen*) monter au créneau pour défendre qn; (*einspringen*) monter en première ligne à la place de qn

Bretagne [bre'tanjə] <-> *f* **die ~** la Bretagne

Bretone [bre'to:nə] <-n, -n> *m*, **Bretonin** *f* Breton(ne) *m(f)*

bretonisch [bre'to:nɪʃ] **I.** *adj* breton(ne) **II.** *adv* en breton; *s. a.* **deutsch**

Brett [brɛt] <-[e]s, -er> *nt* ❶ (*Planke*) planche *f* ❷ (*Regalbrett*) étagère *f* ❸ (*Holzplatte*) planche *f;* (*klein*) planchette *f* ❹ (*Sprungbrett*) plongeoir *m* ❺ (*Spielbrett*) plateau *m* [de jeu]; (*Schachbrett*) échiquier *m;* (*Damebrett*) damier *m* ▶**das schwarze ~** le tableau d'affichage

brettern ['brɛtɐn] *vi + sein fam* rouler à toute berzingue

Bretterzaun *m* palissade *f*

Brettspiel *nt* jeu *m* de table

Brevier [bre'vi:ɐ̯] <-s, -e> *nt* bréviaire *m*

Brezel ['bre:tsəl] <-, -n> *f* bretzel *m*

bricht [brɪçt] *3. Pers Präs von* **brechen**

Bridge [brɪdʒ] <-> *nt* bridge *m*

Brief [bri:f] <-[e]s, -e> *m* ❶ lettre *f* ❷ (*Versendungsart*) **etw als ~ schicken** envoyer qc comme lettre ❸ REL épître *f* ▶**blauer ~** SCHULE *fam* avertissement *m*

Briefbeschwerer <-s, -> *m* presse-papiers *m* **Briefblock** *m* bloc *m* de correspondance **Briefbogen** *m* feuille *f* de papier à lettres **Briefbombe** *f* lettre *f* piégée **Briefdrucksache** *f* imprimé-lettre *m*

briefen ['bri:fən] *vt* briefer *Mitarbeiter, Journalisten*

Brieffreund(in) *m(f)* correspondant(e) *m(f)* **Briefgeheimnis** *nt* secret *m* postal

Briefing ['bri:fɪŋ] <-s, -s> *nt* briefing *m*

Briefkasten *m* boîte *f* aux lettres; **elektronischer ~** boîte aux lettres électronique **Briefkastenfirma** *f* société *f* boîte aux lettres **Briefkopf** *m* en-tête *m* [de lettre]

brieflich *adj, adv* par écrit

Briefmarke *f* timbre[-poste] *m*

Briefmarkenalbum *nt* album *m* de timbres **Briefmarkenautomat** *m* distributeur *m* [automatique] de timbres[-poste] **Briefmarkensammler(in)** *m(f)* philatéliste *mf* **Briefmarkensammlung** *f* collection *f* de timbres

Brieföffner *m* coupe-papier *m* **Briefpapier** *nt* papier *m* à lettres **Briefpart-**

Briefe

Anrede in Briefen	*Formules de début de lettre*
Liebe/r ...,	*Ma chère/Mon cher ...,*
Hallo ...!/Hi ...! (*fam*)	*Salut, ... ! (fam)*
Liebe/r Frau/Herr ...,	*Chère Madame/Cher Monsieur ...,*
Sehr geehrte/r Frau/Herr ... (*form*)	*Madame/Monsieur (form)*
Sehr geehrte Damen und Herren (*form*)	*Madame, Monsieur/Mesdames, Messieurs (form)*

Schlussformeln in Briefen	*Formules de fin de lettre*
Tschüs! (*fam*)/Ciao! (*fam*)/ Alles Gute! (*fam*)	*Salut ! (fam)*
Herzliche/Liebe Grüße (*fam*)	*Je vous/t'embrasse bien fort/ Grosses bises (fam)*
Viele Grüße	*Salutations*
Mit (den) besten Grüßen	*Je vous prie/Nous vous prions d'agréer, Madame/Monsieur ..., mes/nos très sincères salutations. (form)*
Mit freundlichen Grüßen (*form*)	*Je vous prie/Nous vous prions de croire, Madame/Monsieur ..., à l'assurance de mes/nos sentiments distingués. (form)*

B

ner(in) *m(f)* correspondant(e) *m(f)* **Brieftasche** *f* portefeuille *m* **Brieftaube** *f* pigeon *m* voyageur **Briefträger(in)** *m(f)* facteur(-trice) *m(f)* **Briefumschlag** *m* enveloppe *f* **Briefwaage** *f* pèse-lettres *m* **Briefwahl** *f* vote *m* par correspondance **Briefwechsel** *m* correspondance *f*

Bries [bri:s] <-es, -e> *nt* GASTR ris *m*

briet [bri:t] *Imp von* **braten**

Brigade [bri'ga:də] <-, -n> *f* brigade *f*

Brikett [bri'kɛt] <-s, -s> *nt* briquette *f*

brillant [brɪl'jant] *adj* brillant(e)

Brillant [brɪl'jant] <-en, -en> *m* brillant *m*

Brillanz [brɪl'jants] <-> *f einer Rede, Darbietung* virtuosité *f; eines Einfalls* ingéniosité *f; des Klangs* pureté *f; eines Fotos* netteté *f*

Brille ['brɪlə] <-, -n> *f* lunettes *fpl*

Brillenetui [-ɛtvi:] *nt* étui *m* à lunettes **Brillengestell** *nt* monture *f* de lunettes **Brillenglas** *nt* verre *m* de lunettes **Brillenschlange** *f* ① ZOOL naja *m* ② *pej fam* (*Brillenträgerin*) serpent *m* à lunettes **Brillenträger(in)** *m(f)* porteur(-euse) *m(f)* de lunettes; **~ sein** porter des lunettes

brillieren* [brɪl'ji:rən] *vi geh* briller; **mit etw ~** briller par qc

Brimborium [brɪm'bo:riʊm] <-s> *nt pej fam* ① (*unnötiges Drumherum*) chichis *mpl* ② (*viel Aufheben*) cinéma *m;* **viel ~ um etw machen** faire tout un cinéma de qc

bringen ['brɪŋən] <brachte, gebracht> *vt* ① apporter ② (*servieren*) servir ③ (*wegbringen*) [ap]porter ④ (*vermitteln*) apporter *Nachricht* ⑤ (*befördern*) amener; *Fahrer:* conduire ⑥ (*begleiten*) **jdn nach Hause ~** ramener qn à la maison; **jdn zur Tür ~** [r]accompagner qn à la porte ⑦ (*darbieten*) **etw ~** *Artist, Theater:* présenter qc; *Kino:* passer qc; *Schauspieler:* jouer qc; *Fernsehen:* diffuser qc ⑧ (*veröffentlichen*) publier ⑨ (*bescheren*) apporter *Regen;* donner *Ernte* ⑩ (*schicken, versetzen*) **jdn vor Gericht ~** mener qn devant le tribunal; **jdn in Bedrängnis ~** mettre qn dans l'embarras ⑪ (*rauben*) **jdn um den Schlaf ~** empêcher qn de dormir; **du wirst mich noch um den Verstand ~** tu me feras perdre la tête ⑫ (*lenken*) **das Gespräch auf jdn/etw ~** amener la conversation sur qn/qc ⑬ (*einbringen*) rapporter *Geld* ⑭ *fam* (*hin-, wegbekommen*) **etw nicht von der Stelle ~** ne pas arriver à bouger qc ⑮ (*bewegen*) **jdn dazu ~ etw zu tun** amener qn à faire qc; **jdn so weit ~, dass er aufgibt** forcer qn à céder ⑯ (*bewerkstelligen*) **jdn zum Weinen ~** faire pleurer qn ⑰ (*erreichen*) **sie brachte es auf 105 Jahre** elle a atteint 105 ans; **es auf eine Zwei in Deutsch ~** ≈ réussir à avoir un quinze en allemand ⑱ (*Erfolg haben*) **es zu etwas/nichts ~** arriver à quelque chose/n'arriver à rien ⑲ *fam* (*machen*) **das kannst du doch nicht ~!** tu vas pas faire ça! ⑳ *fam* (*gut sein*) **es voll ~** assurer un max ㉑ *fam* (*funktionieren*) **es nicht mehr ~** *Motor:* ne plus tenir le coup ㉒ (*sich aneignen*) **etw an sich** (*akk*) **~** s'approprier qc ㉓ (*bewältigen*) **etw hinter sich** (*akk*) **~** en finir avec qc ㉔ (*zur Folge haben*) **etw mit sich ~** avoir qc pour conséquence ㉕ (*fertigbringen*) **es nicht über sich** (*akk*) **~, etw zu tun** ne pas pouvoir se résoudre à faire qc ▶ **das bringt nichts** *fam* c'est pas la peine

brisant [bri'zant] *adj* ① *geh* (*heikel*) brûlant(e) ② *Sprengstoff* explosif(-ive)

Brisanz [bri'zants] <-> *f geh eines Problems* caractère *m* brûlant

Brise ['bri:zə] <-, -n> *f* brise *f*

Britannien [bri'taniən] <-s> *nt* HIST les îles *fpl* Britanniques

Brite ['brɪtə] <-n, -n> *m*, **Britin** *f* Britannique *mf*

britisch *adj* britannique

bröckelig *adj Brot, Gestein, Mauer* friable; **~ werden** *Gestein, Mauer:* s'effriter

bröckeln *vi* ① + *haben Gestein:* s'effriter; *Brot:* s'émietter ② + *sein* **von etw ~** *Putz:* s'effriter de qc; *Farbe:* se détacher de qc

Brocken ['brɔkən] <-s, -> *m* ① (*Erdbrocken*) motte *f* ② (*Steinbrocken*) bloc *m* [de pierre] ③ *Pl fig* **ein paar ~ Französisch** quelques bribes *fpl* de français ④ *fam* (*massiger Mensch*) costaud *m* ▶ **ein harter ~ sein** *fam Gegner, Aufgabe:* être un gros morceau

brodeln ['bro:dəln] *vi* bouillonner

Brokat [bro'ka:t] <-[e]s, -e> *m* brocart *m*

Broker(in) ['bro:kɐ] <-s, -> *m(f)* agent *m* de change

Brokkoli ['brɔkoli] *Pl* brocoli *m*

Brom [bro:m] <-s> *nt* CHEM brome *m*

Brombeere ['brɔmbe:rə] *f* ① (*Frucht*) mûre *f* ② (*Strauch*) ronce *f*

Brombeerstrauch *m* ronce *f*, roncier *m*

Bronchialasthma [brɔn'çia:lʔastma] *nt* asthme *m* bronchique **Bronchialkatarr(h)**[RR] *m* bronchite *f*

Bronchie ['brɔnçiə] <-, -n> *f meist Pl* bronche *f*

Bronchitis [brɔn'çi:tɪs] <-, -tiden> *f* bronchite *f*

Bronze ['brõ:sə] <-, -n> *f* bronze *m*
Bronzemedaille ['brõ:səmedaljə] *f* médaille *f* de bronze
bronzen ['brõ:sən] *adj* ❶ (*aus Bronze*) en [*o* de] bronze ❷ (*von bronzener Farbe*) [de] couleur bronze
Bronzezeit *f* âge *m* du bronze
Brosche ['brɔʃə] <-, -n> *f* broche *f*
broschiert [brɔ'ʃi:ɐ̯t] *adj Ausgabe, Buch* broché(e)
Broschüre [brɔ'ʃy:rə] <-, -n> *f* brochure *f*
Brösel ['brø:zəl] <-s, -> *m bes.* A (*Krümel*) miette *f*
bröseln ['brø:zəln] *vi* ❶ *Brot:* s'émietter; *Gestein:* s'effriter ❷ (*Brösel machen*) faire des miettes
Brot [bro:t] <-[e]s, -e> *nt* pain *m;* **belegtes ~** sandwich *m*
Brotaufstrich *m* préparation *f* [*o* pâte *f*] à tartiner; **was willst du als ~?** qu'est-ce que tu veux sur ton pain? **Brotbelag** *m* garniture *f* sur le pain
Brötchen ['brø:tçən] <-s, -> *nt* petit pain *m*
Broteinheit *f* unité *f* pain **Broterwerb** *m* gagne-pain *m inv;* **etw zum ~ betreiben** faire qc pour gagner sa vie **Brotkasten** *m* boîte *f* à pain **Brotkorb** *m* corbeille *f* à pain **Brotkrume** *f,* **Brotkrümel** *m* miette *f* de pain **Brotkruste** *f* croûte *f* du pain
brotlos *adj* (*stellungslos*) sans emploi
Brotmaschine *s.* **Brotschneidemaschine** **Brotrinde** *f* croûte *f* du pain **Brotschneidemaschine** *f* trancheuse *f* à pain **Brotzeit** *f* DIAL ❶ (*Pause*) heure *f* du casse-croûte ❷ (*Essen*) casse-croûte *m inv*
Brownie ['brauni] <-s, -s> *m* brownie *m*
browsen ['brauzən] *vi* INFORM [**im Internet**] **~** chercher [sur le Net]; **das Browsen** la recherche
Browser ['brauzɐ] *m* INFORM logiciel *m* de recherche [*o* de navigation]
brr [br] *interj* (*Befehl an ein Zugtier*) ho; (*Ausruf bei Kälte*) brr
Bruch [brʊx, *Pl:* 'brʏçə] <-[e]s, Brüche> *m* ❶ (*das Brechen*) *einer Achse, eines Damms* rupture *f* ❷ (*Nichteinhaltung*) *eines Vertrags* rupture *f; eines Gesetzes* violation *f* ❸ MED (*Knochenbruch*) fracture *f;* (*Eingeweidebruch*) hernie *f* ❹ *fig einer Entwicklung* cassure *f; mit der Tradition* rupture *f* ❺ (*Zerwürfnis, Entzweiung*) rupture *f* ❻ MATH fraction *f* ❼ *kein Pl* (*zerbrochene Ware*) débris *mpl* ❽ *fam* (*Einbruch*) casse *m* ▶ **zu ~ gehen** *Geschirr, Vase:* se casser; **in die Brüche gehen** *Beziehung, Ehe:* se solder par un échec
Bruchbude *f pej fam* taudis *m* **bruchfest** *adj* robuste
brüchig ['brʏçɪç] *adj* ❶ *Gestein* friable; *Leder, Pergament* cassant(e) ❷ *Stimme* cassé(e) ❸ (*überholt, hinfällig*) fragile
Bruchlandung *f* atterrissage *m* forcé **Bruchrechnen** *nt,* **Bruchrechnung** *f kein Pl* calcul *m* de fractions **Bruchstelle** *f* cassure *f;* (*in einem Knochen*) fracture *f* **Bruchstrich** *m* barre *f* de fraction **Bruchstück** *nt* ❶ (*Scherbe*) morceau *m* ❷ (*Ausschnitt*) *eines Lieds* fragment *m; einer Rede* bribes *fpl*
bruchstückhaft I. *adj* morcelé(e); *Beweis* incomplet(-ète) II. *adv* partiellement; *mitbekommen* par bribes
Bruchteil *m* fraction *f* **Bruchzahl** *f* nombre *m* fractionnaire
Brücke ['brʏkə] <-, -n> *f* ❶ *a. fig* pont *m* ❷ NAUT passerelle *f* ❸ (*Zahnersatz*) bridge *m* ❹ (*Teppich*) carpette *f* ❺ SPORT pont *m*
Brückenkopf *m* MIL tête *f* de pont **Brückenpfeiler** *m* pilier *m* du pont **Brückentag** *m* pont *m* ▶ **einen ~ machen** faire le pont
Bruder ['bru:dɐ, *Pl:* 'bry:dɐ] <-s, Brüder> *m* frère *m*
Brüderchen <-s, -> *nt* ❶ petit frère *m* ❷ (*als Anrede*) frangin *m* (*fam*)
Bruderkrieg *m* guerre *f* fratricide
brüderlich *adj* fraternel(le)
Brüderlichkeit <-> *f* fraternité *f*
Brudermord *m* fratricide *m*
Bruderschaft <-, -en> *f* REL confrérie *f*
Brüderschaft <-, -en> *f* **mit jdm ~ trinken** trinquer avec qn (*pour marquer le début du tutoiement*)
Brügge ['brʏgə] <-s> *nt* Bruges
Brühe ['bry:ə] <-, -n> *f* ❶ (*Suppe*) bouillon *m;* **eine kräftige ~** un consommé ❷ *pej fam* (*Schmutzwasser*) eau *f* cradingue
brühen *vt* [**sich** (*dat*)] **einen Kaffee/Tee ~** se faire un café/un thé
brühwarm ['bry:'varm] *fam* I. *adj* tout(e) chaud(e) II. *adv weitererzählen* illico
Brühwürfel *m* cube *m* de bouillon
brüllen ['brʏlən] I. *vi* ❶ *Person:* crier; (*lang und heftig*) hurler ❷ (*Laute von sich geben*) *Affe:* hurler; *Raubtier:* rugir; *Stier, Vieh:* mugir II. *vt* **er brüllte mir etwas ins Ohr** il m'a crié quelque chose à l'oreille
Brüller ['brʏlɐ] <-s, -> *m fam* blague *f* hilarante

Brummbär *m fam* (*brummiger Mensch*) râleur(-euse) *m(f)*
brummeln ['brʊməln] *vt, vi* grommeler
brummen ['brʊmən] **I.** *vi* ① *Insekt, Kreisel:* bourdonner; *Bär:* grogner; *Motor:* ronfler; *Triebwerk:* vrombir ② (*singen*) chanter d'une voix caverneuse ③ *fam* (*in Haft sein*) être en cabane ④ (*murren*) ronchonner **II.** *vt* grommeler *Antwort, Namen*
Brummer ['brʊmɐ] <-s, -> *m fam* ① (*Insekt*) espèce *f* de bourdon ② (*Lastwagen*) gros-cul *m*
Brummi ['brʊmi] <-s, -s> *m hum fam* bahut *m*
Brummkreisel *m* toupie *f* bourdonnante **Brummschädel** *m fam* **einen ~ haben** avoir mal aux cheveux; (*verkatert sein*) avoir la gueule de bois
Brunch [brantʃ] <-[e]s, -[e]s *o* -e> *nt* brunch *m*
brunchen ['brantʃən] *vi* prendre un brunch
brünett [bry'nɛt] *adj* brun(e)
Brunft [brʊnft, *Pl:* 'brʏnftə] <-, Brünfte> *f* rut *m*
Brunftzeit *f* période *f* du rut
Brunnen ['brʊnən] <-s, -> *m* ① (*Ziehbrunnen*) puits *m* ② (*Zierbrunnen*) fontaine *f*
Brunnenbauer(in) <-s, -> *m(f)* puisatier *m*
Brunnenschacht *m* puits *m*
Brunst [brʊnst, *Pl:* 'brʏnstə] *s.* **Brunft**
brünstig ['brʏnstɪç] *adj* ① *Tier* en rut ② *hum* (*lüstern*) lubrique
Bruschetta <-, -s *o* Bruschette> [brʊs'kɛta] *f* bruschetta *f*
brüsk [brʏsk] **I.** *adj* brutal(e) **II.** *adv sich abwenden* brusquement; *sagen, abfertigen* brutalement
brüskieren* [brʏs'kiːrən] *vt* brusquer
Brüssel ['brʏsəl] <-s> *nt* Bruxelles
Brüsseler(in) <-s, -> *m(f)* Bruxellois(e) *m(f)*
Brust [brʊst, *Pl:* 'brʏstə] <-, Brüste> *f* ① (*Brustkasten*) thorax *m* ② (*weibliche Brust*) sein *m;* (*Büste*) poitrine *f* ③ GASTR poitrine *f; von Geflügel* blanc *m* ④ (*Brustschwimmen*) **die 200 Meter ~ gewinnen** gagner le 200 mètres brasse
Brustbein *nt* ANAT sternum *m* **Brustbeutel** *m* pochette *f* de sécurité (*portée sur la poitrine autour du cou*)
brüsten ['brʏstən] *vr* **sich ~** se vanter; **sich mit etw ~** se vanter de qc
Brustfell *nt* ANAT plèvre *f* **Brustkasten** *m fam* coffre *m* **Brustkorb** *m* cage *f* thoracique **Brustkrebs** *m* cancer *m* du sein **Brust-OP** ['brʊstʔoː'peː] <-, -s> *f fam,* **Brustoperation** <-, -en> *f* opération *f* des seins **Brustschwimmen** <-s> *nt* brasse *f* **Brusttasche** *f* (*außen*) poche *f* de poitrine; (*innen*) poche intérieure **Brustton** <-töne> *m* MUS son *m* émis avec une voix de poitrine ▶**im ~ der Überzeugung** d'un ton profondément convaincu **Brustumfang** *m* tour *m* de poitrine
Brüstung ['brʏstʊŋ] <-, -en> *f* ① (*Balkonbrüstung*) balustrade *f* ② (*Fensterbrüstung*) appui *m* de fenêtre
Brustvergrößerung *f* augmentation *f* [du volume] des seins **Brustwarze** *f* mamelon *m*
Brut [bruːt] <-, -en> *f* ① *kein Pl* (*das Brüten*) couvaison *f* ② (*die Jungtiere*) *von Hühnern, Vögeln* couvée *f; von Bienen* couvain *m*
brutal [bru'taːl] *adj* ① *Person, Vorgehen, Misshandlung* brutal(e); **ein ~er Kerl** une brute ② *Gesicht* de brute
Brutalität [brutali'tɛːt] <-, -en> *f* brutalité *f*
Brutapparat *m* incubateur *m*
brüten ['bryːtən] *vi* ① *Vogel:* couver ② (*grübeln*) **über etw** (*dat*) **~** cogiter sur qc
brütendheißALT *s.* **heiß I.1**
Brüter <-s, -> *m* **schneller ~** sur[ré]générateur *m*
Brutkasten *m* MED couveuse *f* **Brutstätte** *f* ① (*Nistplatz*) nid *m* ② *fig* **eine ~ des Lasters** un lieu de perdition
brutto ['brʊto] *adv* brut
Bruttoeinkommen *nt* revenu *m* brut **Bruttogehalt** *nt* salaire *m* brut **Bruttoinlandsprodukt** *nt* produit *m* intérieur brut **Bruttolohn** *m* salaire *m* brut **Bruttosozialprodukt** *nt* produit *m* national brut
brutzeln ['brʊtsəln] **I.** *vi* cuire; **in der Pfanne ~** cuire à la poêle **II.** *vt fam* **sich etw ~** [se] faire cuire qc
BSE [beːʔɛs'eː] <-> *f Abk von* **bovine spongiforme Enzephalopathie** encéphalopathie *f* spongiforme bovine
Btx [beːteː'ʔɪks] *Abk von* **Bildschirmtext** HIST ≈ minitel® *m*
Bub [buːp] <-en, -en> *m* SDEUTSCH, A, CH gamin *m*
Bubbletea ['bʌbəltiː] <-s, -s> *m* thé *m* aux bulles, bubble tea *m*
Bube <-n, -n> *m* SPIEL valet *m*
Buch [buːx, *Pl:* 'byːçɐ] <-[e]s, Bücher> *nt*

1 livre *m* 2 *meist Pl* (*Geschäftsbuch*) livre *m* de comptes ▶ **..., wie er/es im ~e steht** ..., tel qu'on se l'imagine
Buchbinder(in) <-s, -> *m(f)* relieur(-euse) *m(f)* **Buchbinderei** [bu:xbɪndə'raj] <-, -en> *f* 1 (*Betrieb*) atelier *m* de relieur 2 *kein Pl* (*das Binden*) reliure *f* **Buchdruck** *m kein Pl* typographie *f* **Buchdrucker(in)** *m(f)* typographe *mf* **Buchdruckerei** [bu:xdrʊkə'raj] *f* 1 (*Betrieb*) atelier *m* de typographie 2 *kein Pl* (*das Drucken*) typographie *f*
Buche ['bu:xə] <-, -n> *f* hêtre *m*
Buchecker <-, -n> *f* faine *f*
buchen ['bu:xən] *vt* 1 réserver; s'inscrire à *Reise* 2 COM (*verbuchen*) **etw ~** *Person:* comptabiliser qc; *Registrierkasse:* enregistrer qc
Bücherbord <-borde> *nt* (*Brett*) tablette *f;* (*Regal*) étagères *fpl* **Bücherbrett** *nt* tablette *f* **Bücherbus** *m* bibliobus *m*
Bücherei [by:çə'raj] <-, -en> *f* bibliothèque *f*
Bücherfreund *m* bibliophile *m* **Büchernarr** *m* bibliomane *m* **Bücherregal** *nt* étagères *fpl;* (*in einer Bibliothek*) rayon *m* de bibliothèque **Bücherschrank** *m* bibliothèque *f* **Büchersendung** *f* colis *m* de livres **Bücherverbrennung** *f* autodafé *m* de livres **Bücherwurm** *m hum* rat *m* de bibliothèque (*fam*)
Buchfink *m* pinson *m*
Buchführung *f* comptabilité *f*
Buchhalter(in) *m(f)* comptable *mf*
buchhalterisch *adj Pflichten, Tätigkeit* de comptable; *Arbeit* de comptabilité
Buchhaltung *f* 1 (*Rechnungsabteilung*) [service *m* de la] comptabilité *f* 2 (*Buchführung*) comptabilité *f* **Buchhandel** *m* (*Handel*) commerce *m* du livre; **im ~ erhältlich** disponible en librairie **Buchhändler(in)** *m(f)* libraire *mf* **Buchhandlung** *f* librairie *f* **Buchmacher(in)** *m(f)* bookmaker *m* **Buchmalerei** *f* enluminure *f* **Buchmesse** *f* foire *f* du livre **Buchprüfer(in)** *m(f)* expert-comptable *m* **Buchprüfung** *f* vérification *f* des livres, expertise *f* comptable
Buchs [bʊks] <-es, -e> *m,* **Buchsbaum** *m* buis *m*
Buchse ['bʊksə] <-, -n> *f* 1 ELEC douille *f* 2 TECH manchon *m*
Büchse ['bʏksə] <-, -n> *f* 1 (*Behälter, Konserve*) boîte *f* 2 (*Sammelbüchse*) tronc *m* 3 (*Jagdgewehr*) carabine *f*
Büchsenmilch *f* lait *m* concentré (*en boîte*) **Büchsenöffner** *m* ouvre-boîte *m*
Buchstabe ['bu:xʃta:bə] <-n[s], -n> *m* lettre *f;* (*Druckbuchstabe*) caractère *m* [d'imprimerie]
buchstabengetreu *adj, adv* à la lettre
buchstabieren* [bu:xʃta'bi:rən] *vt* épeler
buchstäblich ['bu:xʃtɛ:plɪç] *adv* littéralement
Buchstütze *f* serre-livres *m*
Bucht [bʊxt] <-, -en> *f* 1 (*Meeresbucht*) baie *f;* (*klein*) crique *f;* **die Deutsche ~** la baie allemande 2 (*Parkbucht*) place *f* [de parking]
Buchtel ['bʊxtəl] <-, -n> *f* A beignet *m*
Buchtitel *m* titre *m* du livre **Buchumschlag** *m* jaquette *f*
Buchung <-, -en> *f* 1 TOUR réservation *f* 2 (*Verbuchung*) écriture *f*
Buchweizen *m* sarrasin *m*
Buckel ['bʊkəl] <-s, -> *m* 1 (*Verwachsung*) bosse *f* 2 *fig* **einen ~ machen** *Katze:* faire le gros dos 3 *fam* (*Rücken*) dos *m* 4 *fam* (*Bergkuppe*) mamelon *m* 5 (*Wölbung*) bosse *f* ▶ **rutsch mir [doch] den ~ runter!** *fam* lâche-moi les baskets!
buckelig *s.* **bucklig**
Buckelige(r) *s.* **Bucklige(r)**
buckeln *vi fam* 1 *Katze:* faire le gros dos 2 *pej* (*devot sein*) **vor jdm ~** courber l'échine devant qn
bücken ['bʏkən] *vr* **sich ~** se pencher; **sich nach etw ~** se pencher pour ramasser qc
bucklig *adj fam* 1 *Person* bossu(e) 2 *Straße, Fläche* bosselé(e)
Bucklige(r) *f(m) dekl wie adj* bossu(e) *m(f)*
Bückling ['bʏklɪŋ] <-s, -e> *m* (*Hering*) hareng *m* saur
Budapest <-s> *nt* Budapest
buddeln ['bʊdəln] *fam* **I.** *vi* faire un trou/des trous **II.** *vt* creuser *Loch*
Buddhismus [bʊ'dɪsmʊs] <-> *m* bouddhisme *m*
Buddhist(in) [bʊ'dɪst] <-en, -en> *m(f)* bouddhiste *mf*
buddhistisch [bʊ'dɪstɪʃ] **I.** *adj* bouddhiste **II.** *adv* selon le rite bouddhiste
Bude ['bu:də] <-, -n> *f* 1 cabane *f* 2 (*Kiosk*) stand *m*
Budget [bʏ'dʒe:] <-s, -s> *nt* budget *m*
Büfett [by'fe:] <-[e]s, -e *o* -s> *nt* 1 (*Anrichte*) buffet *m* 2 (*angerichtete Speisen*) **kaltes ~** buffet *m* froid 3 (*Schanktisch*) comptoir *m*
Büffel ['bʏfəl] <-s, -> *m* buffle *m*
büffeln *vt, vi fam* bûcher

B

B

Buffet [bʏ'fe:] <-s, -s> *nt,* **Büffet** [bʏ'fe:] <-s, -s> *nt* CH (*Bahnhofsgaststätte*) buffet *m*

Bug¹ [bu:k] <-[e]s, -e> *m* ❶ *eines Schiffs* proue *f; eines Flugzeugs* nez *m* ❷ <Büge> GASTR épaule *f*

Bug² [bʌg] <-s, -s> *m* INFORM bug *m,* bogue *m*

Bügel ['by:gəl] <-s, -> *m* ❶ (*Kleiderbügel*) cintre *m* ❷ (*Brillenbügel*) branche *f* ❸ (*Steigbügel*) étrier *m* ❹ (*Einfassung*) *einer Geldbörse, Handtasche* monture *f* ❺ (*Schlepppliftbügel*) perche *f* ❻ (*Handtaschengriff*) poignée *f*

Bügelbrett *nt* table *f* à repasser **Bügeleisen** *nt* fer *m* à repasser **Bügelfalte** *f* pli *m* [de pantalon] **bügelfrei** *adj* infroissable; ~ **sein** ne pas se repasser

bügeln ['by:gəln] *vt, vi* repasser; **etw glatt** ~ repasser qc [pour enlever les faux plis]

Buggy ['bagi] <-s, -s> *m* (*Kinderwagen*) poussette-canne *f*

bugsieren* [bʊ'ksi:rən] *vt* ❶ remorquer *Schiff* ❷ *fam* (*drängen*) **jdn aus dem Zimmer** ~ pousser qn hors de la pièce

buh [bu:] *interj* [h]ou

buhen ['bu:ən] *vi fam* pousser des huées de mécontentement

buhlen ['bu:lən] *vi pej geh* **um etw** ~ chercher à s'attirer qc

Buhmann ['bu:man] <-männer> *m fam* bouc *m* émissaire; **jdn zum ~ machen** prendre qn comme bouc émissaire

Bühne ['by:nə] <-, -n> *f* ❶ *eines Theaters* scène *f;* **auf der ~ stehen** se produire [sur scène] ❷ (*Theater*) théâtre *m* ❸ (*Tribüne*) estrade *f* ❹ (*Hebebühne*) pont *m* élévateur ▶**etw über die ~ bringen** *fam* en finir avec qc

Bühnenanweisung *f* indication *f* scénique **Bühnenautor(in)** *m(f)* auteur *m* dramatique **Bühnenbild** *nt* décors *mpl* **Bühnenbildner(in)** ['by:nənbɪltnɐ] <-s, -> *m(f)* scénographe *mf* **bühnenreif** *adj* ❶ *Stück* prêt [à être représenté] ❷ *iron Auftritt, Szene* théâtral(e)

Buhruf *m* huées *fpl*

buk [bu:k] *Imp von* **backen**

Bukarest ['bu:karɛst] <-s> *nt* Bucarest

Bukett [bu'kɛt] <-s, -s *o* -e> *nt* (*Strauß, Duft*) bouquet *m*

bukolisch [bu'ko:lɪʃ] *adj geh* bucolique

Bulette [bu'lɛtə] <-, -n> *f* DIAL boulette *f* [de viande] ▶**ran an die ~n!** *fam* faut y aller!

Bulgare [bʊl'ga:rə] <-n, -n> *m,* **Bulgarin** *f* Bulgare *mf*

Bulgarien [bʊl'ga:ri̯ən] <-s> *nt* la Bulgarie

bulgarisch [bʊl'ga:rɪʃ] **I.** *adj* bulgare **II.** *adv* ~ **miteinander sprechen** discuter en bulgare; *s. a.* **deutsch**

Bulgarisch <-[s]> *nt kein Art* bulgare *m; s. a.* **Deutsch**

Bulimie [buli'mi:] <-> *f* MED boulimie *f*

Bullauge ['bʊlʔau̯gə] *nt* hublot *m* **Bulldogge** <-, -n> *f* ZOOL bouledogue *m*

Bulldozer ['bʊldo:zɐ] <-s, -> *m* bulldozer *m*

Bulle ['bʊlə] <-n, -n> *m* ❶ (*Rind*) taureau *m* ❷ (*männliches Tier*) mâle *m* ❸ *fam* (*starker Mann*) gros balèze *m* ❹ *fam* (*Polizist*) flic *m*

Bullenhitze *f fam* chaleur *f* à crever

Bulletin [bʏl'tɛ̃:] <-s, -s> *nt* communiqué *m*

bullig ['bʊlɪç] *adj fam Kerl, Mann* balèze

bum [bʊm] *interj* boum; **es machte ~** ça a fait boum

Bumerang ['bu:məraŋ] <-s, -s *o* -e> *m* boomerang *m*

Bummel <-s, -> *m* balade *f*

Bummelei <-, -en> *f pej fam* **Schluss mit der ~!** arrête/arrêtez de traînasser!

bummeln *vi* ❶ + *sein* (*schlendern, spazieren*) ~ **gehen** aller se balader ❷ + *haben fam* (*trödeln*) traînasser

Bummelstreik *m* grève *f* du zèle **Bummelzug** *m fam* tortillard *m*

bums *interj s.* **bum**

bumsen ['bʊmzən] **I.** *vi unpers* + *haben fam* **es bumst** (*es kracht*) ça fait boum; (*ein Unfall passiert*) ça cartonne **II.** *vi* ❶ + *haben fam* (*schlagen*) **gegen die Tür** ~ tambouriner à la porte [en faisant un boucan pas possible] ❷ + *sein* (*prallen*) **auf/gegen etw** ~ rentrer dans qc ❸ + *haben vulg* (*koitieren*) baiser (*fam*); **mit jdm** ~ coucher avec qn **III.** *vt* + *haben vulg* **jdn** ~ baiser qn (*fam*)

Bund¹ [bʊnt, *Pl:* 'bʏndə] <-[e]s, Bünde> *m* ❶ (*Vereinigung, Verband*) association *f* ❷ (*Konföderation*) fédération *f* ❸ (*Bündnis*) alliance *f* ❹ POL **[der] ~ und [die] Länder** le Bund et les Länder ❺ *fam* (*Bundeswehr*) **der ~** l'armée [allemande] ❻ (*Rockbund, Hosenbund*) ceinture *f* ❼ MUS *eines Zupfinstruments* touche *f* ▶**den ~ fürs Leben schließen** *geh* contracter mariage; **mit jdm im ~e sein** être le complice de qn

Bund² [bʊnt] <-[e]s, -e> *nt* botte *f;* **zwei ~ Radieschen** deux bottes de radis

BUND [beːʔuːʔɛnˈdeː] <-> *m* ÖKOL *Abk von* **Bund für Umwelt und Naturschutz Deutschland** *association pour l'environnement et la protection de la nature en Allemagne*

Bündchen [ˈbʏntçən] <-s, -> *nt* ① (*am Hals*) col *m* ② (*am Ärmel*) poignet *m*

Bündel [ˈbʏndəl] <-s, -> *nt* ① **ein ~ Wäsche/Kleidung** un paquet de linge/vêtements; **ein ~ Banknoten** une liasse de billets de banque; **ein ~ Stroh** une botte de paille ② (*große Menge*) **ein ganzes ~ von Fragen** tout un tas de questions ►**jeder hat sein ~ zu tragen** chacun doit porter sa croix

bündeln [ˈbʏndəln] *vt* ① (*zusammenschnüren*) faire un paquet/des paquets avec *Zeitungen, Altpapier;* faire une liasse/des liasses avec *Banknoten;* faire une botte/des bottes avec *Radieschen, Stroh* ② OPT focaliser *Strahlen*

bündelweise *adv verkaufen* en bottes

Bundesagentur *f* **~ für Arbeit** Agence *f* fédérale pour l'emploi **Bundesanstalt** *f* office *m* fédéral **Bundesanwalt** *m,* **-anwältin** *f* procureur *mf* fédéral(e) **Bundesausbildungsförderungsgesetz** *nt loi fédérale visant à promouvoir la formation et déterminant les bourses d'études* **Bundesbahn** *f* chemins *mpl* de fer; **die Deutsche ~** HIST les chemins de fer allemands; **die Östereichischen/Schweizerischen ~en** les chemins de fer autrichiens/suisses **Bundesbank** *f* banque *f* fédérale; **die Deutsche ~** la banque fédérale allemande **Bundesbehörde** *f* administration *f* [d'un Land] **Bundesbürger(in)** *m(f)* citoyen(ne) *m(f)* de la République fédérale d'Allemagne **Bundesgebiet** *nt* territoire *m* fédéral **Bundesgenosse** *m,* **-genossin** *f* allié(e) *m(f)* **Bundesgericht** *nt* CH Tribunal *m* fédéral [suprême] **Bundesgerichtshof** *m* cour *f* suprême fédérale **Bundesgrenzschutz** *m police fédérale allemande pour la protection des frontières* **Bundeshauptstadt** *f* capitale *f* fédérale **Bundeshaus** *nt* ① siège *m* du Parlement fédéral ② CH siège *m* du Parlement de la Confédération **Bundeskanzler(in)** *m(f)* chancelier *m* fédéral; CH chancelier *m* de la Confédération **Bundeskanzleramt** *nt* chancellerie *f* fédérale **Bundesland** *nt* Land *m* **Bundesliga** *f* SPORT ≈ première division *f* **Bundesminister(in)** *m(f)* ministre *mf* fédéral **Bundesministerium** *nt* ministère *m* fédéral **Bundesnachrichtendienst** *m service de renseignements fédéral allemand* **Bundespost** *f* poste *f* fédérale; **die Deutsche ~** HIST la poste fédérale allemande; **die Österreichische ~** la poste fédérale autrichienne **Bundespräsident(in)** *m(f)* président(e) *m(f)* de la République fédérale; CH président(e) *m(f)* de la Confédération **Bundesrat** *m kein Pl* Conseil *m* fédéral; A, CH Conseil *m* fédéral **Bundesrecht** *nt kein Pl* JUR droit *m* fédéral **Bundesregierung** *f* gouvernement *m* fédéral **Bundesrepublik** *f* République *f* fédérale; **die ~ Deutschland** la République fédérale d'Allemagne **Bundesstaat** *m* ① (*Staatenbund*) État *m* fédéral ② (*Gliedstaat*) État *m* fédéré **Bundesstraße** *f* ≈ route *f* nationale **Bundestag** *m* Bundestag *m*

Bundestagsabgeordnete(r) *f(m) dekl wie adj* député(e) *m(f)* au Bundestag **Bundestagspräsident(in)** *m(f)* président(e) *m(f)* du Bundestag **Bundestagswahl** *f* élections *fpl* au Bundestag

Bundestrainer(in) *m(f)* entraîneur *m/*entraîneuse *f* de l'équipe nationale **Bundesverdienstkreuz** *nt* croix *f* fédérale du Mérite **Bundesverfassung** *f* constitution *f* fédérale

Bundesverfassungsgericht *nt* tribunal *m* constitutionnel suprême **Bundesversammlung** *f* Assemblée *f* fédérale **Bundeswehr** [ˈbʊndəsveːɐ̯] *f* armée *f* fédérale **bundesweit** *adj, adv* dans l'ensemble du territoire fédéral

Bundfaltenhose *f* pantalon *m* à pinces

bündig [ˈbʏndɪç] **I.** *adj* ① *Antwort, Auskunft* concis(e) ② (*auf gleicher Ebene*) plan(e) **II.** *adv antworten* de manière concise

Bündnis [ˈbʏntnɪs] <-ses, -se> *nt* alliance *f;* **~ 90/Die Grünen** POL *parti allemand écologiste et alternatif*

Bündnispartner(in) *m(f)* partenaire *mf* de l'alliance

Bundweite *f* taille *f*

Bungalow [ˈbʊŋgalo] <-s, -s> *m* bungalow *m*

Bungeejumping [ˈbandʒidʒampɪŋ] <-s> *nt* saut *m* à l'élastique

Bunker [ˈbʊnkɐ] <-s, -> *m* bunker *m*

bunkern [ˈbʊnkɐn] *vt* ① (*einlagern*) entreposer *Kohle, Erz* ② *fam* (*verstecken*) planquer

Bunsenbrenner [ˈbʊnzənbrɛnɐ] *m* bec *m* Bunsen

B

bunt [bʊnt] I. *adj* ① de toutes les couleurs; *Stoff, Vorhang* multicolore; **sehr ~ sein** être très coloré ② (*ungeordnet*) disparate ③ *Menge, Gewirr* bigarré(e); *Mischung, Auswahl* varié(e) II. *adv* ① *anstreichen* de toutes les couleurs; **~ bemalt** peint [de multiples couleurs]; **sich ~ färben** *Laub:* devenir multicolore ② (*ungeordnet*) **~ verstreut im Zimmer liegen** être posé pêle-mêle dans la pièce ③ (*abwechslungsreich*) **~ gemischt** varié ▶**jdm wird es zu ~** *fam* qn en a marre

buntgemischt *s.* **bunt II.3** **Buntsandstein** *m* grès *m* bigarré **Buntspecht** *m* pic *m* épeiche **Buntstift** *m* crayon *m* de couleur **Buntwäsche** *f* linge *m* de couleur

Bürde ['bʏrdə] <-, -n> *f geh* fardeau *m*

Burenwurst ['bu:rənvʊrst] *f* A saucisse *f* (*réchauffée à l'eau bouillante*)

Bürette [by'rɛtə] <-, -n> *f* CHEM burette *f*

Burg [bʊrk] <-, -en> *f* ① HIST château *m* fort ② (*Sandburg*) château *m* de sable

Bürge ['bʏrgə] <-n, -n> *m*, **Bürgin** *f* JUR garant(e) *m(f)*, caution *f*

bürgen ['bʏrgən] *vi* ① JUR se porter garant ② (*Qualität verbürgen*) garantir

Bürger(in) ['bʏrgɐ] <-s, -> *m(f)* citoyen(ne) *m(f)*

Bürgerinitiative *f* comité *m* de défense **Bürgerkrieg** *m* guerre *f* civile

bürgerlich ['bʏrgɐlɪç] *adj* ① *attr Recht* civil(e) ② (*dem Bürgertum entsprechend*) bourgeois(e)

Bürgerliche(r) *f(m)* *dekl wie adj* roturier(-ière) *m(f)*

Bürgermeister(in) *m(f)* maire *m* **Bürgerrecht** *nt meist Pl* droit *m* civique

Bürgerrechtler(in) ['bʏrgɐrɛçtlɐ] <-s, -> *m(f)* défenseur *mf* des droits du citoyen

Bürgerschaft <-, -en> *f* ① (*die Bürger*) citoyens *mpl* ② (*Bürgervertretung*) municipalité *f*

Bürgersteig ['bʏrgɐʃtaik] <-[e]s, -e> *m* trottoir *m*

Bürgertum <-[e]s> *nt* bourgeoisie *f*

Bürgin ['bʏrgɪn] *s.* **Bürge**

Burgruine *f* ruines *fpl* d'un château

Bürgschaft ['bʏrkʃaft] <-, -en> *f* caution *f*; **für jdn/etw ~ leisten** se porter garant pour qn/de qc

Burgund [bʊr'gʊnt] <-[s]> *nt* la Bourgogne

Burgunder [bʊr'gʊndɐ] <-s, -> *m* (*Wein*) bourgogne *m*

burlesk [bʊr'lɛsk] *adj* burlesque

Burleske [bʊr'lɛskə] <-, -n> *f* pièce *f* burlesque

Burn-out ['bø:ɐ̯n?aut] <-s, -s> *m* épuisement *m* physique et moral

Burn-out-Syndrom ['bø:ɐ̯n?aut-] *nt* MED syndrome *m* d'épuisement professionnel, burn[-]out *m*

Burnus ['bʊrnʊs] <-[ses], -se> *m* burnous *m*

Büro [by'ro:] <-s, -s> *nt* bureau *m*

Büroangestellte(r) *f(m)* *dekl wie adj* employé(e) *m(f)* de bureau **Büroarbeit** *f* travail *m* de bureau **Bürobedarf** *m* fournitures *fpl* de bureau **Bürogebäude** *nt*, **Bürohaus** *nt* immeuble *m* de bureaux **Bürohengst** *m pej* rond-de-cuir *m* **Bürokaufmann** *m*, **-kauffrau** *f* secrétaire *mf* commercial(e) **Büroklammer** *f* trombone *m* **Bürokommunikation** *f* bureautique® *f* **Bürokraft** *f* employé(e) *m(f)* de bureau

Bürokrat(in) [byro'kra:t] <-en, -en> *m(f)* *pej* bureaucrate *mf*

Bürokratie [byrokra'ti:] <-, -ien> *f* bureaucratie *f*

bürokratisch [byro'kra:tɪʃ] I. *adj* bureaucratique II. *adv* de façon bureaucratique

Büromaschine *f* machine *f* de bureau **Büromaterial** *nt* matériel *m* de bureau **Büromöbel** *nt meist Pl* meuble *m* de bureau **Büroschluss**RR *m* fermeture *f* des bureaux **Bürostunden** *Pl* heures *fpl* de bureau

Bursche ['bʊrʃə] <-n, -n> *m* ① (*Halbwüchsiger*) jeune *m*; **na warte, ~!** attends un peu, mon gaillard! ② *fam* (*Kerl*) **ein [ganz] übler ~** un sale type ③ *fam* (*Exemplar*) engin *m*

Burschenschaft <-, -en> *f* corporation *f* d'étudiants

burschikos [bʊrʃi'ko:s] *adj* *Mädchen* sans façons; *Art, Benehmen* décontracté(e) (*fam*); *Ausdrucksweise* relâché(e)

Bürste ['bʏrstə] <-, -n> *f* brosse *f*

bürsten *vt* brosser

Bürzel ['bʏrtsəl] <-s, -> *m* croupion *m*

Bus [bʊs] <-ses, -se> *m* ① bus *m*; (*Reisebus*) car *m* ② INFORM bus *m*

Busbahnhof *m* gare *f* routière

Busch [bʊʃ, *Pl:* 'bʏʃə] <-[e]s, Büsche> *m* ① (*Strauch*) buisson *m* ② (*Buschwald*) brousse *f*

Büschel ['bʏʃəl] <-s, -> *nt* touffe *f*

büschelweise *adv* par touffes

Buschfeuer *nt* feu *m* de brousse

buschig I. *adj* touffu(e); *Augenbrauen* en broussaille II. *adv* *wachsen* en buisson

Buschmesser *nt* machette *f*
Buschwindröschen [-rø:sçən] *nt* anémone *f*
Busen ['bu:zən] <-s, -> *m* poitrine *f*
Busenfreund(in) *m(f)* ami(e) *m(f)* intime **Busenwunder** *nt fam* super poitrine *f*
Busfahrer(in) *m(f)* conducteur *m*/conductrice *f* de bus **Bushaltestelle** *f* arrêt *m* de bus
Business ['bɪznɪs, 'bɪznɛs] <-> *nt* ❶ (*Geschäftsleben, Berufsleben*) travail *m* ❷ (*Firma, Unternehmen*) affaire *f*
BusinessclassRR ['bɪznɪskla:s] <-> *f* classe *f* affaires
Buslinie *f* ligne *f* de bus
Bussard ['bʊsart] <-s, -e> *m* buse *f*
Buße ['bu:sə] <-, -n> *f* ❶ *kein Pl* REL pénitence *f* ❷ (*Schadenersatz*) amende *f*
büßen ['by:sən] I. *vt* ❶ **er hat seinen Leichtsinn mit dem Leben gebüßt** son inconscience lui a coûté la vie; **das wirst** [*o* **sollst**] **du mir ~!** tu vas me le payer! ❷ CH (*mit einer Geldbuße belegen*) **jdn ~** frapper qn d'une amende II. *vi* **für etw ~** subir les conséquences de qc; **dafür wird er mir ~!** il me le paiera!
Büßer(in) ['by:sɐ] <-s, -> *m(f)* pénitent(e) *m(f)*
Bußgeld *nt* amende *f* **Bußgeldbescheid** *m* contravention *f*
Bussi ['bʊsi] <-s, -s> *nt fam* bisou *m*
Busspur *f* voie *f* réservée aux autobus
Buß- und Bettag *m jour férié protestant consacré à la pénitence et au recueillement*
Büste ['bʏstə] <-, -n> *f* ❶ *a.* KUNST buste *m* ❷ (*Schneiderpuppe*) mannequin *m*
Büstenhalter *m* soutien-gorge *m*
Busverbindung *f* correspondance *f* [de bus]
Butan [bu'ta:n] <-s, -e> *nt* CHEM butane *m*
Butangas *nt* [gaz *m*] butane *m*
Butt [bʊt] <-[e]s, -e> *m* turbot *m*
Bütte ['bʏtə] <-, -n> *f* DIAL baquet *m*
Büttenpapier *nt* papier *m* [à la] cuve **Büttenrede** *f* DIAL discours *m* de carnaval
Butter ['bʊtɐ] <-> *f* beurre *m*
Butterblume *f* bouton *m* d'or **Butterbrot** *nt* tartine *f* [de beurre] **Butterbrotpapier** *nt* papier *m* sulfurisé **Butterdose** *f* beurrier *m* **Butterkeks** *m* petit-beurre *m* **Buttermilch** *f* babeurre *m*
buttern ['bʊtɐn] I. *vt* ❶ beurrer *Toast* ❷ *fam* **viel Geld in etw** (*akk*) **~** fourrer beaucoup d'argent dans qc II. *vi* faire le beurre
butterweich ['bʊtɐ'vaiç] I. *adj* ❶ *Frucht* fondant(e) ❷ *Landung* en douceur II. *adv landen* en douceur
Button ['batən] <-s, -s> *m* badge *m*
Butzenscheibe ['bʊtsən-] *f* vitre *f* en cul de bouteille
b.w. *Abk von* **bitte wenden** T.S.V.P.
BWL [be:ve:'ʔɛl] *Abk von* **Betriebswirtschaftslehre** économie *f* [*o* gestion *f*] d'entreprise
Bypass ['baipas, *Pl:* -pɛsə] <-es, -pässe> *m* MED pontage *m*
Byte [bait] <-s, -s> *nt* INFORM octet *m*
byzantinisch [bytsan'ti:nɪʃ] *adj* byzantin(e)
bzgl. *Abk von* **bezüglich**
bzw. *Abk von* **beziehungsweise**

Cc

C, c [tse:] <-, -> *nt* ❶ (*Buchstabe*) C *m*/ c *m* ❷ MUS do *m*
ca. *Abk von* **circa** env.
Cabrio *s.* **Kabrio**
Cache [kɛʃ] <-, -s> *m* INFORM cache *m;* **etw im ~ speichern** sauvegarder qc en cache
CAD [tse:ʔa:'de:] <-> *nt Abk von* **computer-aided design** C.A.O. *f*
Caddie ['kɛdi] <-s, -> *m* SPORT ❶ (*Mensch*) caddie *m* ❷ (*Wagen*) chariot *m* de golf
Cadmium ['katmiʊm] <-> *nt* CHEM *s.* **Kadmium**
Café [ka'fe:] <-s, -s> *nt* ≈ salon *m* de thé
Cafeteria [kafetə'ri:a] <-, -s> *f* cafétéria *f*
cal *Abk von* [**Gramm**]**kalorie** cal.
Calcium ['kaltsi̯ʊm] *s.* **Kalzium**
Callboy ['kɔ:lbɔy] <-s, -s> *m* call-boy *m* **Callcenter** ['kɔ:lsɛntɐ] <-s, -> *nt* centre *m* d'appels **Callgirl** ['kɔ:lgø:ɐ̯l] <-s, -s> *nt* call-girl *f*
CAM [tse:ʔa:'ɛm] <-> *nt Abk von* **computer-aided manufacturing** fabrication *f* assistée par ordinateur
Camcorder ['kɛmkɔrdɐ] <-s, -> *m* caméscope *m*
Camembert ['kaməmbɛ:ɐ̯] <-s, -s> *m* camembert *m*
Camp [kɛmp] <-s, -s> *nt* camp *m*
campen ['kɛmpən] *vi* faire du camping
Camper(in) ['kɛmpɐ] <-s, -> *m(f)* campeur(-euse) *m(f)*
Camping ['kɛmpɪŋ] <-s> *nt* camping *m*
Campingplatz *m* terrain *m* de camping
Campus ['kampʊs] <-, -> *m* campus *m*
Canasta [ka'nasta] <-s> *nt* canasta *f*
Cancan [kã'kã:] <-s, -s> *m* [french] cancan *m*
canceln ['kɛntsəln] *vt a.* INFORM annuler
Cannabis ['kanabɪs] <-> *m* cannabis *m*
Cañon ['kanjɔn] <-s, -s> *m* canyon *m*
Cape [ke:p, keɪp] <-s, -s> *nt* cape *f*
CapsLock-Taste ['kɛpslɔk-] *f* INFORM touche *f* "verrouillage majuscule"
Captcha ['kɛptʃɐ] <-s, -s> *m o nt* INET captcha *m*
Caravan ['karavan] <-s, -s> *m* (*Wohnwagen*) caravane *f*
Carepaket ['kɛ:ɐ̯pake:t, 'kɛə-] *nt* HIST colis *m* de ravitaillement
Carport ['ka:ɐ̯pɔ:ɐ̯t] <-s, -s> *m* *auvent servant d'abri à une voiture*
Carsharing ['ka:ɐ̯ʃɛ:ɐ̯rɪŋ] <-s> *nt* autopartage *m*
Cartoon [kar'tu:n] <-s, -s> *m o nt* dessin *m* [humoristique]
Casanova [kaza'no:va] <-[s], -s> *m fam* don Juan *m*
Cashewkern[RR] ['kɛʃukɛrn] *f* noix *f* de cajou
Cäsium ['tsɛ:zi̯ʊm] <-s> *nt* CHEM *s.* **Zäsium**
Casting ['ka:stɪŋ] <-[s], -s> *nt* CINE, TV casting *m*
Castingshow ['ka:stɪŋʃo:] *f* soirée *f* casting
Catcher(in) ['kɛtʃɐ] <-s, -> *m(f)* catcheur(-euse) *m(f)*
Cateringservice ['ke:tərɪŋsœrvɪs] *m* traiteur *m*
Cayennepfeffer [ka'jɛn-] *m* poivre *m* de Cayenne
CB-Funk [tse:'be:fʊŋk] *m* C.B. *f* **CB-Funker(in)** *m(f)* cibiste *mf*
CD[1] [tse:'de:] <-, -s> *f Abk von* **compact disc** CD *m*, compact *m*
CD[2] [tse:'de:] <-s, -s> *nt Abk von* **corporate design** identité *f* graphique
CD-Brenner [tse:'de:brɛnɐ] <-s, -> *m* graveur *m* de CD **CD-Player** [tse:'de:pleɪɐ] <-s, -> *m* lecteur *m* laser **CD-ROM** [tse:de:'rɔm] <-, -s> *f* INFORM CD-ROM *m*, cédérom *m* **CD-ROM-Laufwerk** *nt* INFORM lecteur *m* de CD-ROM **CD-Spieler** *s.* **CD-Player**
CDU [tse:de:'ʔu:] <-> *f Abk von* **Christlich-Demokratische Union** *parti chrétien-démocrate d'Allemagne*
C-Dur ['tse:du:ɐ̯] <-> *nt* do *m* majeur
CD-Wechsler [tse:'de:-] *m* changeur *m* de disques compacts
Cellist(in) [tʃɛ'lɪst] <-en, -en> *m(f)* violoncelliste *mf*
Cello ['tʃɛlo] <-s, -s *o* Celli> *nt* violoncelle *m*
Cellophan® [tsɛlo'fa:n] <-s> *nt* cellophane® *f*
Celsius ['tsɛlzi̯ʊs] *kein Art, inv* Celsius
Cembalo ['tʃɛmbalo] <-s, -s *o* Cembali> *nt* clavecin *m*
Cent [sɛnt] <-[s], -[s]> *m* cent *m*, centime [d'euro] *m*
ces, Ces [tsɛs] <-, -> *nt* do *m* bémol
Ceylon ['tsailɔn] <-s> *nt* HIST le Ceylan
Chalet [ʃa'le:] <-s, -s> *nt* CH chalet *m*

Chamäleon [ka'mɛːleɔn] <-s, -s> *nt* caméléon *m*
Champagner [ʃam'panjɐ] <-s, -> *m* champagne *m*
Champignon ['ʃampɪnjɔŋ] <-s, -s> *m* champignon *m* de Paris
Champion ['tʃɛmpi̯ən] <-s, -s> *m* champion(ne) *m(f)*
Chance ['ʃãːs(ə)] <-, -n> *f* ❶ (*Möglichkeit*) chance *f;* **keine ~ ungenutzt lassen** ne pas laisser passer sa chance ❷ (*Torchance*) occasion *f* ❸ *Pl* (*Aussichten*) chances *fpl;* **die ~n auf einen Erfolg** les chances de succès; **wie stehen die ~n?** *fam* comment ça se présente?
Chancengleichheit ['ʃãːsn] *f kein Pl* égalité *f* des chances
chancenlos ['ʃãːsnloːs] *adj* malchanceux(-euse); ~ **sein** n'avoir aucune chance
Chanson [ʃã'sõː] <-s, -s> *nt* chanson *f* (*à texte*)
Chansonsänger(in) *m(f)* chanteur(-euse) *m(f)* (*à texte*)
Chaos ['kaːɔs] <-> *nt* chaos *m;* **in der Wohnung herrscht ein einziges ~** c'est le chaos total dans l'appartement
Chaostheorie *f* théorie *f* du chaos
Chaot(in) [ka'oːt] <-en, -en> *m(f) pej* personne *f* bordélique (*fam*)
chaotisch [ka'oːtɪʃ] **I.** *adj Person* bordélique (*fam*); *Durcheinander* chaotique (*fam*) **II.** *adv* **bei den Nachbarn geht es ~ zu** c'est le bordel chez les voisins (*fam*); **ziemlich ~ klingen** avoir l'air bien confus
Charakter [ka'raktɐ] <-s, -tere> *m* ❶ (*Wesen*) caractère *m;* **den ~ prägen** former le caractère ❷ (*Mensch*) personnalité *f;* **sie sind ganz gegensätzliche ~e** ils ont des personnalités opposées ❸ *Pl* (*Gestalt*) caractère *m;* **die typischen ~e in den Komödien Molières** les personnages typiques des comédies de Molière ▶ **~ haben** avoir du caractère
Charakterdarsteller(in) *m(f)* acteur *m*/actrice *f* qui joue des rôles de caractère **Charaktereigenschaft** *f* trait *m* de caractère **charakterfest** *adj* de caractère; ~ **sein** avoir du caractère
charakterisieren* [karakteri'ziːrən] *vt* ❶ (*schildern*) décrire ❷ (*kennzeichnen*) caractériser
Charakterisierung <-, -en> *f* description *f*
Charakteristik [karakte'rɪstɪk] <-, -en> *f* ❶ (*Schilderung*) portrait *m* ❷ TECH (*Eigenschaft*) caractéristique *f*
Charakteristikum [karakte'rɪstikʊm] <-s, Charakteristika> *nt geh* caractéristique *f*
charakteristisch [karakte'rɪstɪʃ] *adj* caractéristique; **für jdn/etw ~ sein** être caractéristique chez qn/de qc
charakterlich **I.** *adj* de caractère; **das ist eine seiner ~en Stärken** c'est une des forces de son caractère **II.** *adv sich verändern* en ce qui concerne le caractère
charakterlos *adj Person* sans caractère; *Verhalten* méprisable
Charakterrolle *f* rôle *m* de caractère **Charakterschwäche** *f* faiblesse *f* de caractère **Charakterschwein** *nt pej fam* salaud *m* **Charakterstärke** *f* force *f* de caractère
charaktervoll *adj* ❶ *Verhalten* droit(e) ❷ *Gesichtszüge* qui a du caractère
Charakterzug *m* trait *m* de caractère
Charge ['ʃarʒə] <-, -n> *f* ❶ **die höheren/unteren ~n** les personnes haut placées/les sous-fifres ❷ THEAT rôle *m* de composition
Charisma ['çaːrɪsma, ça'rɪsma] <-s, Charismen *o* Charismata> *nt geh* charisme *m*
charismatisch [çarɪs'maːtɪʃ] *adj* charismatique
charmant [ʃar'mant] **I.** *adj* charmant(e); **sehr ~ von dir!** très gentil de ta part! **II.** *adv* de façon charmante
Charme [ʃarm] <-s> *m* charme *m;* **~ haben** avoir du charme
Charmeur [ʃar'møːɐ̯] <-s, -e> *m* charmeur *m*
Charta ['karta] <-, -s> *f* charte *f*
Charterflug ['tʃartɐfluːk] *m* [vol *m*] charter *m* **Charterfluggesellschaft** *f* compagnie *f* de charters **Charterflugzeug** *s.* **Chartermaschine** **Chartergesellschaft** *s.* **Charterfluggesellschaft** **Chartermaschine** *f* [avion *m*] charter *m*
chartern ['tʃartɐn] *vt* affréter
Charts [tʃaːts] *Pl* hit-parade *m*
Chassis [ʃa'siː, 'ʃasiː] <-, -> *nt* châssis *m*
Chat [tʃɛt] *m* INFORM chat *m*
Chatroom ['tʃɛtruːm] <-s, -s> *m* INET chatroom *m*
chatten ['tʃɛtən] *vi fam* INFORM chatter
Chauffeur(in) [ʃɔ'føːɐ̯] <-s, -e> *m(f)* chauffeur *m*
Chauvi ['ʃoːvi] <-s, -s> *m fam* macho *m*
Chauvinismus [ʃovi'nɪsmʊs] <-> *m pej* ❶ POL chauvinisme *m* ❷ (*männlicher Chauvinismus*) machisme *m*
Chauvinist [ʃovi'nɪst] <-en, -en> *m pej*

C

C

❶ POL chauvin(e) *m(f)* ❷ (*Sexist*) machiste *m*
chauvinistisch [ʃoviˈnɪstɪʃ] *adj pej* ❶ POL chauvin(e) ❷ (*sexistisch*) machiste
checken [ˈtʃɛkən] *vt* ❶ (*überprüfen*) vérifier ❷ *fam* (*begreifen*) piger ❸ SPORT contrer *Mitspieler*
Check-in [ˈtʃɛkˈin] <-s, -s> *m* enregistrement *m*
Checkliste *f* ❶ (*Passagierliste*) liste *f* des passagers ❷ (*Kontrollliste des Piloten*) liste *f* de vérification ❸ (*allgemeine Aufstellung*) liste *f*
Check-up [ˈtʃɛkap] <-s, -s> *m* ❶ MED bilan *m* de santé ❷ TECH révision *f*
Chef [ˈʃɛf] <-s, -s> *m einer Firma* patron *m; einer Abteilung* chef *m* (*fam*)
Chefarzt *m*, **-ärztin** *f* médecin-chef *mf* **Chefetage** *f* bureaux *mpl* de la direction
Chefin [ˈʃɛfɪn] <-, -nen> *f* ❶ *einer Firma* patronne *f; einer Abteilung* chef *f* (*fam*); *eines Kabinetts* directrice *f* ❷ *fam* (*Frau des Chefs*) patronne *f*
Chefkoch [ˈʃɛf-] *m*, **-köchin** *f* chef *mf* [de cuisine] **Chefredakteur(in)** [ˈʃɛfredaktøːɐ̯] *m(f)* rédacteur(-trice) *m(f)* en chef **Chefsekretär(in)** *m(f)* secrétaire *mf* de direction
chem. *adj Abk von* **chemisch**
Chemie [çeˈmiː] <-> *f* ❶ chimie *f* ❷ *fam* (*Chemikalie*) produit *m* chimique
Chemiefaser *f* fibre *f* synthétique
Chemikalie [çemiˈkaːli̯ə] <-, -n> *f meist Pl* produit *m* chimique
Chemiker(in) [ˈçeːmikɐ] <-s, -> *m(f)* chimiste *mf*
chemisch [ˈçeːmɪʃ] **I.** *adj* chimique; *Labor* de chimie **II.** *adv* ~ **behandelt sein** avoir subi un traitement chimique; **etw ~ untersuchen** faire une analyse chimique de qc
Chemotechniker(in) [çemoˈtɛçnikɐ] *m(f)* technicien(ne)-chimiste *m(f)* **Chemotherapie** [çemoteraˈpiː] *f* chimiothérapie *f*
Cherub [ˈçeːrʊp, ˈkeːrʊp, *Pl:* ˈçeːrubiːm, çeruˈbiːnən] <-s, -bim *o* -binen> *m* chérubin *m*
Chicorée [ʃikoˈreː, ˈʃɪkore] <-> *f*, <-s> *m* endive *f*
Chiffre [ˈʃɪfrə] <-, -n> *f* ❶ *einer Annonce* numéro *m* [d'identification] ❷ (*Zeichen*) code *m* secret
chiffrieren* [ʃɪˈfriːrən] *vt* coder
Chile [ˈtʃiːle, ˈçiːle] <-s> *nt* le Chili
Chilene [tʃiˈleːnə, çiˈleːnə] <-n, -n> *m*, **Chilenin** *f* Chilien(ne) *m(f)*
chilenisch [tʃiˈleːnɪʃ, çiˈleːnɪʃ] *adj* chilien(ne)
Chili [ˈtʃiːli] <-s> *m* ❶ (*Schote*) piment *m* fort ❷ (*Soße*) chili *m*
chillen [ˈtʃɪlən] *vi fam* glander, buller
China [ˈçiːna] <-s> *nt* la Chine
Chinakohl *m* chou *m* de Chine
Chinchilla [tʃɪnˈtʃɪla] <-, -s> *f*, <-s, -s> *nt* ZOOL chinchilla *m*
Chinese [çiˈneːzə] <-n, -n> *m*, **Chinesin** *f* Chinois(e) *m(f)*
chinesisch [çiˈneːzɪʃ] **I.** *adj* chinois(e) ▶ **das ist ~ für mich** *fam* pour moi, c'est du chinois **II.** *adv* ~ **miteinander sprechen** discuter en chinois; *s. a.* **deutsch**
Chinesisch <-[s]> *nt kein Art* chinois *m*; *s. a.* **Deutsch**
Chinin [çiˈniːn] <-s> *nt* quinine *f*
Chintz [tʃɪnts] <-[es], -e> *m* TEXTIL chintz *m*
Chip [tʃɪp] <-s, -s> *m* ❶ INFORM puce *f* ❷ *meist Pl* (*Kartoffelchip*) chips *f* ❸ (*runde Spielmarke*) jeton *m*; (*rechteckige Spielmarke*) plaque *f*
Chipkarte *f* INFORM carte *f* à puce
Chiropraktiker(in) [çiroˈpraktikɐ] *m(f)* chiropraticien(ne) *m(f)*
Chirurg(in) [çiˈrʊrk] <-en, -en> *m(f)* chirurgien(ne) *m(f)*
Chirurgie [çirʊrˈgiː] <-, -ien> *f* chirurgie *f*
chirurgisch [çiˈrʊrgɪʃ] *adj* chirurgical(e); **~e Abteilung** service *m* de chirurgie
Chlor [kloːɐ̯] <-s> *nt* chlore *m*
Chlorid [kloˈriːt] <-[e]s, -e> *nt* CHEM chlorure *m*
chlorig [ˈkloːrɪç] *adj Wasser* chloré(e)
Chloroform [kloroˈfɔrm] <-s> *nt* chloroforme *m*
Chlorophyll [kloroˈfʏl] <-s> *nt* BOT chlorophylle *f*
Choke [tʃoːk] <-s, -s> *m* starter *m*
Cholera [ˈkoːlera] <-> *f* MED choléra *m*
Choleriker(in) [koˈleːrikɐ] <-s, -> *m(f)* homme *m* coléreux/femme *f* coléreuse
cholerisch [koˈleːrɪʃ] *adj* colérique
Cholesterin [kolɛsteˈriːn, çolɛsteˈriːn] <-s> *nt* cholestérol *m*
Cholesterinspiegel *m* taux *m* de cholestérol
Chor [koːɐ̯, *Pl:* ˈkøːrə] <-[e]s, Chöre> *m* ❶ (*Gruppe von Sängern*) chorale *f*; (*in der Kirche, Armee*) chœur *m*; (*Opernchor*) chœurs *mpl*; **im ~ rufen** crier en chœur ❷ (*Komposition, Altarraum*) chœur *m*
Choral [koˈraːl, *Pl:* koˈrɛːlə] <-s, Choräle> *m* choral *m*

Choreograf(in)RR [koreo'gra:f] <-en, -en> *m(f)* chorégraphe *mf*
ChoreografieRR [koreogra'fi:] <-, -ien> *f* chorégraphie *f*
choreografischRR [koreo'gra:fɪʃ] *adj* chorégraphique
Choreograph(in) [koreo'gra:f] *s.* **Choreograf**
Choreographie [koreogra'fi:] *s.* **Choreografie**
choreographisch [koreo'gra:fɪʃ] *s.* **choreografisch**
Chorgesang *m* chœur *m* **Chorknabe** *m* petit chanteur *m* **Chorleiter(in)** *m(f)* chef *mf* de chorale **Chorsänger(in)** *m(f)* choriste *mf*
Chose ['ʃo:zə] <-, -n> *f fam* ❶ (*Angelegenheit*) truc *m* ❷ (*Dinge*) **die ganze ~** tout le bazar
Chr. *Abk von* **Christus, Christi** J.C.
Christ(in) ['krɪst] <-en, -en> *m(f)* chrétien(ne) *m(f)*
Christbaum *m* DIAL arbre *m* de Noël
Christbaumschmuck *m* décorations *fpl* de l'arbre de Noël
Christdemokrat(in) *m(f)* chrétien(ne)-démocrate *m(f)*
Christenheit ['krɪstənhait] <-> *f* chrétienté *f*
Christentum ['krɪstntu:m] <-[e]s> *nt* christianisme *m*
Christi *gen von* **Christus**
christianisieren* [krɪstiani'zi:rən] *vt* évangéliser
Christin *s.* **Christ**
Christkind *nt* ❶ enfant *m* Jésus ❷ (*Symbolfigur für Weihnachten*) petit Jésus *m*
christlich **I.** *adj* chrétien(ne) **II.** *adv* dans la foi chrétienne
Christmesse, Christmette ['krɪst-] *f* messe *f* de minuit
Christus ['krɪstʊs] <Christi> *m* REL le Christ; KUNST christ *m;* **vor/nach Christi [Geburt]** avant/après Jésus-Christ; **Christi Himmelfahrt** l'Ascension *f*
Chrom [kro:m] <-s> *nt* CHEM chrome *m*
chromatisch [kro'ma:tɪʃ] *adj* chromatique
Chromosom [kromo'zo:m] <-s, -en> *nt* chromosome *m*
Chronik ['kro:nɪk] <-, -en> *f* chronique *f*
chronisch ['kro:nɪʃ] **I.** *adj* chronique **II.** *adv* **~ kranke Menschen** des malades chroniques
Chronist(in) [kro'nɪst] <-en, -en> *m(f)* chroniqueur(-euse) *m(f)*
Chronologie [kronolo'gi:] <-, -ien> *f* chronologie *f*
chronologisch [krono'lo:gɪʃ] **I.** *adj* chronologique **II.** *adv* dans l'ordre chronologique
Chronometer [krono'me:tɐ] <-s, -> *nt* montre *f* de précision
Chrysantheme [kryzan'te:mə] <-, -n> *f* chrysanthème *m*
CI [tse:'ʔi:] <-, -s> *f Abk von* **corporate identity** identité *f* visuelle
CIA ['si:ʔai'ʔe:] <-> *f o m Abk von* **Central Intelligence Agency** CIA *f*
Cineast(in) [sine'ast] <-en, -en> *m(f) geh* ❶ (*Filmschaffender*) cinéaste *mf* ❷ (*Filmkenner*) cinéphile *mf*
circa ['tsɪrka] *adv* environ
cis, Cis [tsɪs] <-, -> *nt* do *m* dièse
City ['sɪti] <-, -s> *f* centre-ville *m*
cl *Abk von* **Zentiliter** cl
Clan [kla:n] <-s, -e *o* -s> *m a. fig, pej* clan *m*
clean [kli:n] *adj fam* **~ sein** *Person:* être clean
Clementine [klemɛn'ti:nə] *f* clémentine *f*
clever ['klɛvɐ] *adj fam* ❶ (*gewitzt, geschickt*) futé(e); **nicht ~ genug sein** ne pas être assez fute-fute ❷ *pej* (*raffiniert*) habile
ClevernessRR, **Cleverneß**ALT ['klɛvɐnɛs] <-> *f* (*Aufgewecktheit*) astuce *f*
Clinch [klɪntʃ] <-[e]s> *m* ❶ SPORT (*beim Boxen*) corps à corps *m* ❷ *fam* (*Auseinandersetzung*) partie *f* de bras de fer; **mit jdm im ~ sein** être en désaccord avec qn
Clip <-s, -s> *m* ❶ (*Videoclip*) clip *m* [vidéo] ❷ (*Ohrclip*) clip *m*
Clique ['klɪkə] <-, -n> *f* ❶ (*Freundeskreis*) bande *f* ❷ *pej* clique *f*
Cliquenwirtschaft *f pej fam* copinage *m*
Clou [klu:] <-s, -s> *m* ❶ (*Glanzpunkt*) clou *m* ❷ (*Kernpunkt*) nœud *m*
Cloud [klaud] <-, -s> *f* INET nuage *m* informatique, cloud *m*
Clown(in) [klaʊn] <-s, -s> *m(f)* clown *m* ▶ **sich zum ~ machen** se ridiculiser; **den ~ spielen** faire le clown
Club [klʊp] <-s, -s> *m* club *m*
Clutch [klʌtʃ] <-, -[e]s> *f,* **Clutchbag** ['klʌtʃbɛk] <-, -s> *f* pochette *f*
cm *Abk von* **Zentimeter** cm
c-Moll ['tse:mɔl] <-> *nt* do *m* mineur
Co. *Abk von* **Kompagnon, Kompanie** Co
Coach [ko:tʃ] <-[s], -s> *m* entraîneur *m*
coachen ['ko:tʃən, 'koʊtʃən] *vt* coacher
Coaching-Zone ['ko:tʃɪŋ-] *f* FBALL zone *f* technique

C

Coca-Cola® [koka'ko:la] <-, -[s]> *f*, <-[s], -[s]> *nt* coca-cola *m inv*
Cockerspaniel ['kɔkɐʃpa:ni̯əl] <-s, -s> *m* cocker *m*
Cockpit ['kɔkpɪt] <-s, -s> *nt* cockpit *m*
Cocktail ['kɔkteɪl] <-s, -s> *m* cocktail *m*
Cocktailparty ['kɔkteɪlpa:ɐ̯ti] *f* cocktail *m*
Cocooning [kə'ku:nɪŋ] <-s> *nt* cocooning *m*
Code [ko:t] *m* code *m*
Codex ['ko:dɛks] <- *o* -es, -e *o* Codizes> *m* ❶ (*Verhaltensregeln*) code *m* ❷ (*Handschrift*) manuscrit *m*
CoffeeshopRR, **Coffee-Shop**RR ['kɔfiʃɔp] <-s, -s> *m* coffee-shop *m*, ≈ café *m*
Cognac® ['kɔnjak] <-s, -s> *m* cognac *m*
Coitus interruptus ['ko:itʊs ɪnte'rʊptʊs] <- -, - -> *m* coït *m* interrompu
Cola ['ko:la] <-, -[s]> *f fam* coca *m*
Collage [kɔ'la:ʒə] <-, -n> *f* collage *m*
Colt® [kɔlt] <-s, -s> *m* colt *m*
Comeback, **Come-back**RR [kam'bɛk] <-[s], -s> *nt* come-back *m*; **sein ~ feiern** faire son come-back
Comic ['kɔmɪk] <-s, -s> *m* bande *f* dessinée, B.D. *f* (*fam*)
Comicheft ['kɔmɪkhɛft] *nt* bande *f* dessinée
Coming-out [kamɪŋ'ʔau̯t] <-[s], -s> *nt eines Homosexuellen* aveu *m* public de son homosexualité; **sein ~ haben** avouer ouvertement son homosexualité
Community [kɔ'mju:niti] <-, -s> *f* INFORM communauté *f* [virtuelle]
Compact Disc [kɔm'pakt 'dɪsk] <- -, - -s> *f* disque *m* compact
Compiler [kɔm'pai̯lɐ] <-s, -> *m* INFORM compilateur *m*
Computer [kɔm'pju:tɐ] <-s, -> *m* ordinateur *m*
Computerarbeitsplatz *m* poste *m* de travail informatisé **Computerausdruck** *m* listing *m* **Computerfreak** [kɔm'pju:tɐfri:k] *m fam* mordu(e) *m(f)* d'ordinateur **computergesteuert** *adj Fertigung* informatisé(e); *Ampel* commandé(e) par ordinateur **computergestützt** *adj, adv* assisté(e) par ordinateur **Computergrafik** *f* graphique *m* sur ordinateur **Computergrafiker(in)** *m(f)* infographiste *mf*
computerisieren* [kɔmpjutəri'zi:rən] *vt* informatiser
computerlesbar *adj* lisible informatiquement **Computerlinguistik** *f* linguistique *f* informatique **Computerprogramm** *nt* programme *m* informatique **Computersimulation** *f* simulation *f* par ordinateur **Computerspiel** *nt* ❶ jeu *m* vidéo ❷ *meist Pl* (*Spielesoftware*) ludiciel *m* **Computerspieler(in)** *m(f)* joueur(-euse) *m(f)* d'ordinateur **Computertechnik** *f* technique *f* informatique **Computertomographie** *f* MED scanographie *f* **computerunterstützt** *s.* **computergestützt** **Computervirus** *m* virus *m* [informatique] **Computerzeitalter** *nt* époque *f* de l'informatique
Conférencier [kõferã'si̯e:] <-s, -s> *m* animateur *m*
Container [kɔn'te:nɐ] <-s, -> *m* ❶ COM conteneur *m* ❷ (*Müllcontainer*) benne *f* [à ordures]
Containerschiff *nt* porte-conteneurs *m*
Content ['kɔntənt] <-s, -s> *m* INFORM contenu *m*
Contergan® [kɔntɛr'ga:n] *nt* thalidomide *f*
Conterganki nd *nt fam* enfant *mf* victime de la thalidomide
Controller(in) [kɔn'tro:lɐ] <-s, -> *m(f)* ÖKON contrôleur(-euse) de gestion *m*
Controlling [kɔn'tro:lɪŋ] <-s> *nt* contrôle *m* de gestion
Cookie ['kʊki] <-s, -s> *nt* INFORM mouchard *m* électronique
cool [ku:l] *adj fam* cool
Copilot(in) ['ko:pilo:t] *m(f)* copilote *mf*
Copyright ['kɔpirai̯t] <-s, -s> *nt* copyright *m* **Copyshop** ['kɔpiʃɔp] <-s, -s> *m* magasin *m* de reprographie
Cord [kɔrt] <-s> *m* velours *m* [côtelé]
Cordhose *f* pantalon *m* en velours **Cordjeans** [kɔrtdʒi:nz] *Pl* jean *m* en velours
CornflakesRR ['ko:ɐ̯nfle:ks, 'kɔrnfle:ks] *Pl* corn-flakes *mpl*
Cornichon [kɔrni'ʃõ:] <-s, -s> *nt* cornichon *m*
Cortison [kɔrti'zo:n] <-s, -e> *nt* MED cortisone *f*
Couch [kau̯tʃ] <-, -es *o* -en> *f o* CH *m* canapé *m*
Couchgarnitur *f* salon *m* **Couchtisch** *m* table *f* de salon
Couleur [ku'lø:ɐ̯] <-, -s> *f geh* **Journalisten jeder ~** des journalistes de toutes couleurs politiques
Countdown, **Count-down**RR ['kau̯nt-'dau̯n] <-s, -s> *m o nt* compte *m* à rebours
Coup [ku:] <-s, -s> *m* coup *m*; **einen ~ landen** réussir un coup [de maître]
Coupé [ku'pe:] <-s, -s> *nt* ❶ (*Limousine*) coupé *m* ❷ A (*Zugabteil*) compartiment *m*
Coupon [ku'põ:] <-s, -s> *m* ❶ ticket *m*

détachable ② (*Antwortschein*) coupon-réponse *m* ③ FIN coupon *m* [d'action]

Courage [ku'ra:ʒə] <-> *f fam* courage *m*

couragiert [kura'ʒi:ɐt] I. *adj* courageux(-euse) II. *adv* courageusement; **sich ~ verhalten** avoir une attitude courageuse

Courtage [kʊr'ta:ʒə] <-, -n> *f* courtage *m*

Cousin [ku'zɛ̃:] <-s, -s> *m* cousin *m*

Cousine [ku'zi:nə] <-, -n> *f* cousine *f*

Cover ['kavɐ] <-s, -[s]> *nt* ① (*Titelseite*) couverture *f* ② (*Plattenhülle*) pochette *f*

Covergirl ['kavɐgœ:l] <-s, -s> *nt* covergirl *f* **Coverversion** *f* reprise *f*

Cowboy ['kaubɔy] <-s, -s> *m* cow-boy *m*

Crack [krɛk] <-s, -s> *m* crack *m*

Crashkurs ['krɛʃkʊrs] *m* cours *m* accéléré

Crashtest ['krɛʃtɛst] *m* essai *m* de collision

Crema ['kre:ma] <-> *f* crème *f*

Creme [kre:m, krɛ:m] <-, -s> *f* crème *f*

Crème [krɛ:m] ▶ **die ~ de la ~** *geh* la fine fleur

Cremedusche ['kre:m-] *f* gel *m* douche crème

cremefarben ['kre:m-, 'krɛ:m-] *adj* [de couleur] crème

Cremetorte ['kre:m-, 'krɛ:m-] *f* gâteau *m* à la crème

cremig ['kre:mɪç] I. *adj* crémeux(-euse) II. *adv* *rühren* jusqu'à consistance crémeuse

Crêpe [krɛp] <-, -s> *f* GASTR crêpe *f*

Creutzfeldt-Jakob-Krankheit ['krɔytsfɛlt'ja:kɔp-] *f* MED maladie *f* de Creutzfeldt-Jakob

Crew [kru:] <-, -s> *f* ① AVIAT, NAUT équipage *m* ② (*Arbeitsgruppe*) équipe *f*

Croissant [kroa'sõ:] <-[s], -s> *nt* croissant *m*

Crosstrainer ['krɔstre:nɐ] <-s, -> *m* vélo *m* elliptique

Croupier [kru'pi̯e:] <-s, -s> *m* croupier *m*

CSU [tse:ʔɛs'ʔu:] <-> *f Abk von* **Christlich-Soziale Union** *aile bavaroise du parti chrétien-démocrate*

Cup [kap] <-s, -s> *m* SPORT coupe *f*

Cupcake ['kʌpke:k] <-s, -s> *m* cupcake *m*

Cupfinale ['kap-] *nt* finale *f* de coupe

Curry ['kœri] <-s, -s> *m o nt* curry *m*

Currywurst *f saucisse grillée au curry*

Cursor ['kœ:zɐ] <-s, -> *m* INFORM curseur *m*

Cut [kat] <-s, -s> *m* CINE coupe *f*

cutten ['katən] I. *vi* faire un montage II. *vt* faire le montage de *Filmszene*

Cutter(in) ['katɐ] <-s, -> *m(f)* monteur(-euse) *m(f)*

CVJM [tse:faujɔt'ʔɛm] *m Abk von* **Christlicher Verein Junger Menschen** Union *f* des jeunes chrétiens

C-Waffe ['tse:vafə] *f* arme *f* chimique

Cybercafé ['saibɐkafe:] *nt* cybercafé *m*

Cybersex ['saibɐsɛks] *m* cybersexe *m*

Cyberspace ['saibɐspeɪs] *m* cyberespace *m*

C

Dd

D

D, d [deː] <-, -> *nt* ① (*Buchstabe*) D *m*/d *m* ② MUS ré *m*

da [daː] **I.** *adv* ① (*dort, an dieser Stelle*) là; **~ ist ein Bach** voilà un ruisseau; **~ drüben** là-bas; **~, wo ...** là où ...; **schau mal, ~!** regarde voir!; **dieses Haus ~** cette maison-là; **~ kommst du [ja]!** te voilà! ② (*hier*) **~!** tiens/tenez!; **~ hast du dein Buch!** voilà ton livre!; **wo ist denn nur meine Brille? – Da!** où sont passées mes lunettes? – Les voilà! ③ *fam* (*anwesend*) **~ sein** être là; **ich bin gleich wieder ~!** je reviens tout de suite! ④ (*gekommen*) **es ist jemand für dich ~** il y a [là] quelqu'un qui te demande; **war der Postbote schon ~?** le facteur est passé?; **ist die Überweisung inzwischen ~?** est-ce que mon virement est arrivé? ⑤ (*verfügbar*) **für jdn ~ sein** être là pour qn ⑥ *fam* (*geistig anwesend*) **nur halb ~ sein** avoir la tête ailleurs; **wieder voll ~ sein** être de nouveau frais et dispos ⑦ (*in diesem Augenblick*) [juste] à ce moment ⑧ (*daraufhin*) alors; **~ lachte sie nur** elle s'est contentée de rire ⑨ *fam* (*in diesem Fall*) **~ hast du Glück gehabt!** tu as eu de la chance!; **was gibt's denn ~ zu lachen?** il n'y a pas de quoi rire!; **und ~ wunderst du dich noch?** et ça t'étonne?; **~ fällt mir gerade ein, ...** tiens, au fait, ...; **~ kann man nichts machen** tant pis ▶ **~ und dort** ici et là **II.** *konj* ① (*weil*) comme ② *geh* (*als, wenn*) où; **die Stunde, ~ ...** l'heure où ...

da|behalten* *vt irr* ① garder ② (*in Haft halten*) incarcérer

dabei [da'bai] *adv* ① (*daneben*) avec; (*in der Nähe*) à côté; **ich stand direkt ~** je me trouvais juste à côté ② (*währenddessen*) en même temps; (*bei dieser Gelegenheit, diesem Ereignis*) à cette occasion ③ (*im Begriff*) **[gerade] ~ sein etw zu tun** être en train de faire qc ④ (*bei dieser Aktion, in diesem Zusammenhang*) **~ wurde er leider erwischt** malheureusement, on l'a surpris en train de faire cela; **kauf diesen Wagen, aber denk ~ daran, dass ...** tu peux acheter cette voiture, mais n'oublie pas que ...; **ein wenig Angst war schon [mit] ~** ce n'était pas sans une certaine crainte; **ich habe ~ nicht viel gelernt** je n'y ai pas appris grand-chose; **es kommt nichts ~ heraus** il n'en sortira rien; **ich habe mir nichts ~ gedacht** j'ai dit ça comme ça ⑤ (*bei einer Veranstaltung, Unternehmung*) **bei etw ~ sein** participer à qc; **ich war ~** j'y étais; **ich bin [mit] ~** je suis partant; **ich bin mit zehn Euro ~** je veux bien mettre dix euros; **~ sein ist alles** l'essentiel, c'est de participer ⑥ (*obgleich*) et pourtant ⑦ (*wie es vereinbart ist*) **wir sollten es ~ belassen** nous devrions en rester là; **es bleibt ~, dass ihr morgen alle mitkommt** c'est toujours d'accord, vous venez tous demain; **..., und ~ bleibt es!** ..., un point, c'est tout! ▶ **nichts ~ finden** ne pas voir ce qu'il y a de mal; **da ist [doch] nichts ~!** (*das ist nicht schwierig*) ça n'est pas sorcier!; (*das ist nicht schlimm*) ça n'a pas d'importance!; **was ist schon ~?** qu'est-ce que ça peut faire?

dabei|bleiben *vi irr + sein* rester

dabei|haben *vt irr* **jdn ~** avoir qn avec soi; **etw ~** avoir qc sur soi

dabei|seinALT *s.* **dabei 3, 5**

dabei|stehen *vi irr* **[mit] ~** être là; **bei etw [mit] ~** être présent à qc

da|bleiben *vi irr + sein* rester

Dach [dax, *Pl:* 'dɛçɐ] <-[e]s, Dächer> *nt* ① toit *m;* **unterm ~ wohnen** habiter sous les combles ② (*Schutzdach*) auvent *m* ▶ **etw unter ~ und Fach bringen** (*in Sicherheit bringen*) mettre qc à l'abri; (*zum Abschluss bringen*) conclure qc; **kein ~ über dem Kopf haben** *fam* être sans abri; **jdm aufs ~ steigen** *fam* sonner les cloches à qn

Dacharbeiten *Pl* réparations *fpl* de toiture **Dachbalken** *m* entrait *m* **Dachboden** *m* grenier *m;* **auf dem ~** au grenier **Dachdecker(in)** <-s, -> *m(f)* couvreur(-euse) *m(f)*

Dachfenster *nt* fenêtre *f* mansardée **Dachfirst** *m* faîte *m* **Dachgepäckträger** *m* galerie *f* **Dachgeschoss**RR *nt* étage *m* mansardé **Dachkammer** *f* mansarde *f* **Dachluke** *f* lucarne *f* **Dachorganisation** *f* centrale *f* **Dachrinne** *f* gouttière *f*

Dachs [daks] <-es, -e> *m* blaireau *m*

Dachschaden *m* dégât *m* de toiture ▶ **einen ~ haben** *fam* avoir une araignée au plafond **Dachstube** *f* DIAL mansarde *f* **Dachstuhl** *m* charpente *f*

dachte ['daxtə] *Imp von* **denken**

Dachterrasse *f* toit *m* en terrasse **Dach-**

verband *m* confédération *f* **Dachwohnung** *f* appartement *m* mansardé
Dachziegel *m* tuile *f*
Dackel <-s, -> *m* ① teckel *m* ② DIAL *fam* (*Schimpfwort*) idiot *m*
Dadaismus <-> *m* dadaïsme *m*
dadurch [da'dʊrç] *adv* ① (*da hindurch*) par-là ② (*aus diesem Grund*) de ce fait; (*auf diese Weise*) de cette façon; **~, dass ...** du fait que ...
dafür [da'fyːɐ̯] *adv* ① (*für das*) pour cela; **was wohl der Grund ~ sein mag?** quelle peut bien en être la raison?; **das ist kein Beweis ~, dass er es war** cela ne prouve pas que c'était lui ② (*deswegen*) pour ça; **~ bin ich ja da** je suis là pour ça; **ich bezahle Sie nicht ~, dass ...** je ne vous paie pas pour que ... + *subj* ③ (*als Gegenleistung*) en échange; **er packte aus, ~ ließ man ihn laufen** il a parlé, c'est pour cela qu'on l'a relâché ④ (*andererseits*) en revanche ⑤ (*im Hinblick darauf*) **~, dass du angeblich nichts weißt** pour quelqu'un qui prétend ne rien savoir ⑥ (*für das, für dieses*) **ich kann nichts ~, dass ...** je n'y peux rien, moi, si ...; **was kann ich denn ~?** que veux-tu/voulez-vous que j'y fasse?; **ich interessiere mich nicht ~** ça ne m'intéresse pas; **sie opfert ihre ganze Freizeit ~** elle y consacre tous ses loisirs; **es ist zwar kein Silber, man könnte es aber ~ halten** ce n'est pas de l'argent, mais on pourrait croire que c'en est ⑦ (*befürwortend*) **~ sein** être pour; **ich bin ~, dass ...** je suis d'avis que ... + *subj*
dafür|können *s.* **dafür 6**
DAG [deːʔaː'geː] <-> *f Abk von* **Deutsche Angestellten-Gewerkschaft** *syndicat des employés et cadres*
dagegen [da'geːgən] **I.** *adv* ① (*örtlich*) là contre; **er setzte sich an den Baumstamm und lehnte sich ~** il s'assit au pied de l'arbre et s'appuya contre ② (*gegen das, gegen dieses*) contre cela; **~ sein, dass** être contre le fait que + *subj;* **sie kann doch nichts ~ haben** elle ne peut pas ne pas être d'accord; **haben Sie etwas ~, wenn ich rauche?** ça vous dérange si je fume?; **sollen wir ausgehen? – Ich hätte nichts ~!** on sort? – Je veux bien!; **ich kann nichts ~ machen** je n'y peux rien ③ (*im Vergleich dazu*) en comparaison **II.** *konj* en revanche
dagegen|halten *vt irr* ① (*einwenden*) **etwas ~** [y] opposer quelque chose; **~, dass ...** [y] objecter que ... ② (*vergleichend hinhalten*) **etw ~** mettre qc à côté **dagegen|setzen** *vt* y opposer; **etwas ~** y opposer quelque chose **dagegen|stellen** *vr* **sich ~** s'y opposer **dagegen|stemmen** *vr* **sich ~** s'y opposer avec force
da|haben *vt irr, Zusammenschreibung nur bei Infin und PP fam* ① (*vorrätig/zur Hand haben*) **etw ~** avoir qc [en réserve/sous la main] ② (*zu Besuch haben*) **jdn ~** avoir la visite de qn
daheim [da'haim] *adv* SDEUTSCH, A, CH ① (*in Bezug auf die Wohnung*) chez moi/soi/...; **bei ihm ~** chez lui ② (*in Bezug auf den Wohnort*) **wie jetzt wohl das Wetter ~ sein mag?** quel temps peut-il bien faire chez nous? ③ (*in Bezug auf die Heimat*) **von ~ fortgehen** quitter son pays natal; **in Augsburg ~ sein** être d'Augsbourg
Daheim <-s> *nt* SDEUTSCH, A, CH chez-soi *m*
daher [da'heːɐ̯] *adv* ① (*von dort*) de là; **ich komme gerade ~** j'en viens ② (*aus diesem Grund*) c'est pourquoi; ...; **... ~ war sie verärgert ...** de là son énervement
daher|bringen *vt irr* A apporter
dahergelaufen *adj pej* **ein ~er Kerl** un pas grand-chose (*fam*)
daher|kommen *vi irr + sein* ① (*herankommen*) arriver ② *fam* (*sich zeigen*) **schick ~** être bien habillé
daher|reden **I.** *vi* parler sans réfléchir **II.** *vt* **etw ~** dire qc sans réfléchir; **was der wieder daherredet!** [il dit] n'importe quoi! (*fam*)
dahin [da'hɪn] **I.** *adv* ① (*an diesen Ort*) y; **ich will nicht ~** je ne veux pas y aller ② (*in dem Sinne*) **~ gehend** en ce sens; **sie haben sich ~ gehend geeinigt, dass** ils se sont mis d'accord pour que + *subj;* **all unsere Bestrebungen gehen ~, dass** tous nos efforts tendent à ce que + *subj* ▶ **es kommt noch ~, dass** on va en arriver à ce que + *subj;* **bis ~** (*solange*) d'ici là; (*inzwischen*) entre-temps **II.** *adj* **~ sein** *Vase, Kanne:* être irréparable; *Teppich:* être irrécupérable; **all meine Hoffnungen sind ~** tous mes espoirs se sont évanouis
dahin|gehen *vi irr + sein geh* ① (*vergehen*) *Zeit, Jahre:* passer ② *euph* (*sterben*) disparaître **dahingestellt** *adj* ▶ **das bleibt ~** la question reste posée **dahin|schleppen** *vr* ① (*mit Mühe gehen*) **sich ~** se traîner ② (*sich hinziehen*) **sich ~** *Verhandlungen:* traîner [en longueur]
dahin|schwinden *vi irr + sein geh* ① (*weniger werden*) *Vorräte, Ersparnisse:* diminuer, fondre ② (*vergehen*) *Tage:* s'écouler

D

dahinten [da'hɪntən] *adv* là-bas
dahinter [da'hɪntɐ] *adv* ① *(räumlich)* [là] derrière ② *(zeitlich)* après
dahinter|klemmen *vr fig fam* **sich ~ [, dass]** mettre le turbo[, pour que + *subj*] **dahinter|kommen** *vi irr fig fam* **~, warum ...** arriver à comprendre pourquoi ... **dahinter|stecken** *vi irr fig fam* **da steckt dein Bruder dahinter** derrière tout ça, il y a ton frère; **da steckt [doch] was dahinter!** ça cache quelque chose!; **da steckt [doch] nichts dahinter!** il n'y a rien là-dessous; *(das sind leere Versprechungen)* c'est du vent! **dahinter|stehen** *vi irr fig fam* **voll ~** apporter pleinement son soutien
dahin|vegetieren* *vi + sein* végéter
Dahlie ['da:li̯ə] <-, -n> *f* dahlia *m*
Dakapo [da'ka:po] <-s, -s> *nt* bis *m*
da|lassen *vt irr* ① *(an Ort und Stelle lassen)* **jdn ~** laisser qn; **etw ~** laisser qc là ② *(überlassen)* **jdm etw ~** laisser qc à qn
da|liegen *vi irr* ① *(liegen)* *Person:* être étendu là; *Gegenstand:* être là; **bewegungslos ~** gésir inanimé ② *(sein)* **der See lag ruhig da** rien ne troublait le calme du lac
dalli *adv fam* ▶ **nun mach mal ~!** allez, magne-toi!; **~, ~!** et que ça saute!
Dalmatiner [dalma'ti:nɐ] <-s, -> *m* *(Hund)* dalmatien(ne) *m(f)*
damalig ['da:ma:lɪç] *adj attr* d'alors
damals ['da:ma:ls] *adv* à l'époque; **seit ~** depuis lors; **von ~** de l'époque
Damast <-[e]s, -e> *m* damas *m*
Dame ['da:mə] <-, -n> *f* ① *(Frau)* dame *f*; **eine ältere ~** une dame d'un certain âge; **die ~ des Hauses** la maîtresse de maison; **meine sehr verehrten ~n und Herren!** *form* Mesdames et Messieurs! ② *Pl* SPORT dames *fpl*; **unsere ~n** notre équipe féminine ③ *kein Pl* *(Spiel)* jeu *m* de dames; **~ spielen** jouer aux dames ④ *(Schach, Karten)* dame *f*
Damebrett *nt* damier *m*
Damenbart *m* moustache *f* *(chez une femme)* **Damenbinde** *f* serviette *f* périodique **Damenfußball** *m* football *m* féminin **Damengesellschaft** *f* ① *(Damenrunde)* cercle *m* féminin ② *(Damenbegleitung)* **in ~ sein** être en galante compagnie
damenhaft I. *adj* *Kleidungsstück* féminin(e); **ein sehr ~es Aussehen haben** avoir vraiment l'air d'une dame II. *adv* *sich verhalten* comme une dame
Damenmode *f* mode *f* féminine **Damensattel** *m* selle *f* de femme; **im ~ reiten** monter en amazone **Damentoilette** [-to̯alɛtə] *f* toilettes *fpl* pour dames **Damenwahl** *f* quart *m* d'heure américain
Damespiel *nt* jeu *m* de dames
Damhirsch ['damhɪrʃ] *m* daim *m*
damisch ['da:mɪʃ] *fam* I. *adj* SDEUTSCH, A ① *(dämlich)* idiot(e); **dieser ~e Kerl!** quel idiot! ② *(schwindlig)* **jdn ~ machen** donner le tournis à qn II. *adv* SDEUTSCH, A *(sehr)* drôlement
damit [da'mɪt] I. *adv* ① *(mit diesem Gegenstand)* avec; **~ kann man Wasser erhitzen** on peut chauffer de l'eau avec; **was soll ich ~?** que veux-tu/voulez-vous que j'en fasse? ② *(mit dieser Angelegenheit)* **nichts ~ zu tun haben** n'avoir rien à voir là-dedans; **~ fing alles an** c'est ainsi que tout a commencé; **~ ist noch bis Oktober Zeit** ça peut attendre octobre; **musst du denn immer wieder ~ anfangen?** est-il vraiment nécessaire de revenir sans arrêt là-dessus? ③ *(mit diesen Worten, diesem Verhalten)* **~ hatte ich nicht gerechnet** je ne m'y attendais pas; **was willst du ~ sagen?** qu'entends-tu par là?; **sind Sie ~ einverstanden?** vous êtes d'accord? ④ *(in Befehlen)* **weg ~!** enlève-moi ça!; **Schluss ~!** ça suffit!; **her ~, das ist mein Geld!** donne-moi ça, c'est mon argent! ⑤ *(somit)* ainsi II. *konj* pour que + *subj*; **halt dich fest, ~ du nicht fällst!** tiens-toi bien pour ne pas tomber!
dämlich ['dɛ:mlɪç] *pej fam* I. *adj* ① *(dumm)* stupide; **dieser ~e Kerl** cet imbécile ② *(ungeschickt)* **zu ~!** c'est trop bête! II. *adv* **sich ~ anstellen** s'y prendre comme un manche; **guck nicht so ~!** ne prends pas cet air idiot!
Dämlichkeit <-, -en> *f pej fam* bêtise *f*, connerie *f*
Damm [dam, *Pl:* 'dɛmə] <-[e]s, Dämme> *m* ① *(Staudamm)* barrage *m*; *(Deich)* digue *f* ② *(Schutzwall)* digue *f* ③ ANAT périnée *m* ▶ **wieder auf dem ~ sein** *fam* être de nouveau d'attaque
dämmen ['dɛmən] *vt* amortir *Schall;* isoler *Rohr, Wand*
dämmerig ['dɛmərɪç] *adj* ① **es ist ~** il commence à faire nuit ② *Licht* faible *antéposé*
Dämmerlicht *nt* ① *(Halbdunkel)* pénombre *f* ② *(nach Sonnenuntergang)* crépuscule *m*
dämmern ['dɛmɐn] I. *vi* ① *geh* *Tag:* se lever; *Abend:* tomber ② *fam* *(klar werden)*

so langsam dämmert es mir, was er meinte je commence à piger ce qu'il a voulu dire **II.** *vi unpers* **es dämmert** (*morgens*) il commence à faire jour; (*abends*) la nuit tombe

Dämmerung ['dɛmərʊŋ] <-, -en> *f* ❶ (*Abenddämmerung*) crépuscule *m;* **in der ~** au crépuscule ❷ (*Morgendämmerung*) aube *f*

Dämmerzustand *m* ❶ (*Halbschlaf*) demi-sommeil *m;* **im ~** dans un demi-sommeil ❷ MED trouble *m* momentané de la conscience

Dämmung <-> *f* amortissement *m*

Dämon ['dɛːmɔn] <-s, Dämonen> *m* démon *m*

dämonisch [dɛ'moːnɪʃ] **I.** *adj* démoniaque **II.** *adv* d'une façon démoniaque

Dampf [dampf, *Pl:* 'dɛmpfə] <-[e]s, Dämpfe> *m* ❶ (*Wasserdampf*) vapeur *f* ❷ *Pl* CHEM émanation *f* ▶ **~ ablassen** *fam* décompresser; **jdm ~ machen** *fam* secouer les puces à qn

Dampfbad *nt* ❶ bain *m* de vapeur ❷ (*Raum*) étuve *f* humide **Dampfbügeleisen** *nt* fer *m* [à] vapeur **Dampfdruck** <-drücke> *m* pression *f* de la vapeur

dampfen ['dampfən] *vi + haben Schüssel:* fumer; *Badezimmer:* être plein de vapeur; *Pferd:* être fumant

dämpfen ['dɛmpfən] *vt* ❶ étouffer *Geräusch;* baisser *Stimme;* **gedämpft** *Farben* estompé; *Licht* tamisé ❷ (*mindern*) amortir *Stoß* ❸ (*mäßigen*) freiner *Person;* tempérer *Begeisterung;* apaiser *Wut* ❹ (*mit Dampf glätten*) **ein Kleid ~** repasser une robe à la vapeur ❺ GASTR **etw ~** cuire qc à l'étuvée

Dämpfer ['dɛmpfɐ] <-s, -> *m einer Trompete* sourdine *f; eines Klaviers* étouffoir *m* ▶ **jdm einen ~ aufsetzen** freiner qn; **einen ~ bekommen** être refroidi

Dampfer <-s, -> *m* vapeur *m*

Dampfkessel *m* chaudière *f* à vapeur **Dampfkochtopf** *m* autocuiseur *m* **Dampflokomotive** *f* locomotive *f* à vapeur **Dampfmaschine** *f* machine à vapeur *f* **Dampfnudel** *f* SDEUTSCH *boule au levain cuite à l'étuvée* **Dampfreiniger** *m,* **Dampfsauger** *m* nettoyeur *m* vapeur **Dampfschiff** <-s, -e> *nt* vapeur *m* **Dampfstrahler** *m* éjecteur *m* à vapeur

Dämpfung <-, -en> *f* ❶ (*Abschwächung*) *von Schall, Geräuschen* amortissement *m* ❷ (*Milderung*) *der Inflation, Konjunktur* ralentissement *m*

Dampfwalze *f* rouleau *m* compresseur

Damwild ['damvɪlt] *nt* daims *mpl*

danach [da'naːx] *adv* ❶ (*zeitlich, örtlich*) après ❷ (*zielgerichtet*) **das Kind sah den Ball und wollte ~ greifen** l'enfant a aperçu le ballon et a voulu l'attraper ❸ (*demnach*) **es liegen Zeugenaussagen vor; ~ war er in der fraglichen Zeit dort** il y a des témoignages, selon lesquels il était à cet endroit pendant le laps de temps en question ❹ (*hiernach*) **ich sehne mich so ~** j'en aurais tellement envie; **bitte richten Sie sich ~!** veuillez vous y conformer! ❺ *fam* (*zumute*) **ein Spaziergang? Irgendwie ist mir ~!** une promenade? J'en ai bien envie!

Dandy ['dɛndi] <-s, -s> *m* dandy *m*

Däne ['dɛːnə] <-n, -n> *m,* **Dänin** *f* Danois(e) *m(f)*

daneben [da'neːbən] *adv* ❶ *legen, stellen* à côté; **rechts ~** à sa/leur/... droite; **links ~** à sa/leur/... gauche ❷ (*verglichen damit*) à côté ❸ (*außerdem*) **tagsüber ist sie im Büro, ~ muss sie sich noch um den Haushalt kümmern** pendant la journée, elle est au bureau, et il faut en plus qu'elle s'occupe des tâches ménagères ▶ **~ sein** *fam* (*verwirrt sein*) être à côté de la plaque

daneben|benehmen* *vr irr fam* **sich ~** se comporter mal **daneben|gehen** *vi irr + sein* ❶ *Schuss:* manquer son but ❷ *fig fam* foirer **daneben|hauen** *vi irr* ❶ (*vorbeihauen*) frapper à côté ❷ *fam* (*sich irren*) se planter **daneben|liegen** *vi irr fam* être à côté de la plaque **daneben|schießen** *vi irr* ❶ (*das Ziel verfehlen*) rater son coup ❷ *fam s.* **danebenliegen**

daneben|sein^ALT *vi irr fam s.* **daneben** ▶

daneben|treffen *vi irr* (*vorbeitreffen*) *Person:* manquer son coup; *Pfeil, Schuss:* manquer son but; **danebengetroffen!** raté!

Dänemark ['dɛːnəmark] <-s> *nt* le Danemark

Dänin ['dɛːnɪn] *s.* **Däne, Dänin**

dänisch **I.** *adj* danois(e) **II.** *adv* **~ miteinander sprechen** discuter en danois; *s. a.* **deutsch**

Dänisch <-[s]> *nt kein Art* danois *m; s. a.* **Deutsch**

dank [daŋk] *präp + dat o gen* grâce à; **~ deiner Hilfe** grâce à ton aide

Dank [daŋk] <-[e]s> *m* ❶ (*Anerkennung*) remerciement *m;* **vielen ~** merci beaucoup; **herzlichen ~** je vous remercie de tout cœur ❷ *iron* (*Undank*) **zum ~ dafür**

D

pour tout remerciement; **das ist der ~ dafür** voilà le remerciement ③ (*Dankbarkeit*) gratitude *f*

Dankadresse *f form* remerciements *mpl* officiels

dankbar ['daŋkbaːɐ̯] **I.** *adj* ① *Person, Blick* reconnaissant(e); **ich wäre Ihnen ~, wenn ...** je vous serais reconnaissant de ... + *infin* ② *Aufgabe* gratifiant(e); (*finanziell*) lucratif(-ive) ③ *Zuhörer* facile **II.** *adv* avec gratitude; **jdn ~ anlächeln** adresser un sourire reconnaissant à qn

Dankbarkeit <-> *f* gratitude *f*

danke *adv* merci; **~ schön** merci bien; **jdm für etw ~ sagen** dire merci à qn pour qc; **ja, ~** oui, merci

danken ['daŋkən] **I.** *vi* remercier; **jdm für seine Hilfe/sein Geschenk ~** remercier qn de son aide/pour son cadeau; **nichts zu ~!** de rien!, [il n'y a] pas de quoi! **II.** *vt* **jdm etw ~** dire merci à qn pour qc

dankend *adv* **~ annehmen** accepter avec joie; **~ ablehnen** refuser poliment; **Betrag ~ erhalten** pour acquit

dankenswert ['daŋkənsveːɐ̯t] *adj* méritoire

Dankeschön <-s> *nt* remerciement *m*

Dankesworte *Pl geh* mots *mpl* de remerciement

Danksagung <-, -en> *f* remerciement *m souvent pl*

Dankschreiben *nt* lettre *f* de remerciement

dann [dan] *adv* ① (*danach*) ensuite; **noch drei Tage, ~ habe ich Geburtstag** encore trois jours et c'est mon anniversaire ② (*irgendwann später*) un peu plus tard ③ (*zu dem Zeitpunkt*) **~, wenn ...** au moment où ... ④ (*unter diesen Umständen*) alors; **ich fahre nur ~, wenn du mitkommst** je ne partirai qu'à condition que tu m'accompagnes; **~ eben nicht!** comme vous voulez! ⑤ (*sonst*) **wenn nicht du, wer ~?** si ce n'est pas toi, qui est-ce? ⑥ (*außerdem*) **erst zu spät kommen und ~ auch noch stören** non seulement il arrive en retard, mais en plus il dérange tout le monde ▶ **~ und wann** de temps en temps

daran [da'ran] *adv* ① *befestigen* y; *vorbeigehen* à côté ② (*zeitlich*) ensuite; **~ knüpfte sich eine lebhafte Diskussion** il s'ensuivit une vive discussion ③ (*an dieser Sache*)

sich bedanken

sich bedanken	*remercier*
Danke!	*Merci !*
Danke sehr/schön!/Vielen Dank!	*Merci beaucoup !/Un grand merci !*
Tausend Dank!	*Mille mercis !*
Danke, das ist sehr lieb von dir!	*Merci, c'est très gentil de ta part !*
Vielen (herzlichen) Dank!	*Merci bien !*
Ich bedanke mich (recht herzlich)!	*Je te/vous remercie (beaucoup) !*
auf Dank reagieren	*répondre à un remerciement*
Bitte!	*Je t'en/vous en prie !*
Bitte schön!/Gern geschehen!/Keine Ursache!	*Je t'en/vous en prie !/Il n'y a pas de quoi !/De rien !*
Bitte, bitte!/Aber bitte, das ist doch nicht der Rede wert!	*De rien !/Mais il n'y a pas de quoi !*
(Aber) das hab ich doch gern getan!/Das war doch selbstverständlich!	*Tout le plaisir est pour moi !/C'était tout naturel !*
dankend anerkennen	*remercier avec reconnaissance*
Vielen Dank, du hast mir sehr geholfen.	*Merci bien, tu m'as beaucoup aidé(e).*
Wo wären wir ohne dich!	*Que ferions-nous sans toi !*
Ohne deine Hilfe hätten wir es nicht geschafft.	*Nous n'y serions pas arrivé(e)s sans ton aide.*
Sie waren uns eine große Hilfe.	*Vous nous avez été d'une très grande aide.*
Ich weiß Ihr Engagement sehr zu schätzen.	*J'apprécie beaucoup votre engagement.*

erinnerst du dich noch ~? tu t'en souviens?; **~ denken** y penser; **bist du ~ interessiert?** ça t'intéresse?; **~ ist nichts Wort wahr** il n'y a rien de vrai dans tout ça

daran|gehen *vi irr + sein* **~ etw zu tun** se mettre à faire qc **daran|machen** *vr fam* **sich ~** s'y mettre; **sich ~ etw zu tun** se mettre à faire qc **daran|setzen** [da'ranzɛtsən] **I.** *vt* **alles ~ etw zu tun** mettre tout en œuvre pour faire qc **II.** *vr* **sich ~** s'y mettre

darauf [da'rauf] *adv* ❶ (*örtlich*) dessus; **ein Gebäude mit sechs Schornsteinen ~** un bâtiment surmonté de six cheminées ❷ (*danach*) puis; **bald ~** peu après; **einen Monat ~** un mois après ❸ (*auf einen Bezugspunkt zurückführend*) **~ basieren** se fonder là dessus; **sich ~ beziehen** s'y référer; **sich ~ stützen, dass ...** s'appuyer sur le fait que ... ❹ (*als Reaktion*) là-dessus ❺ (*auf eine Sache*) y; **sich ~ vorbereiten** s'y préparer; **sich ~ verlassen** compter dessus; **~ kannst du stolz sein** tu peux en être fier

daraufffolgend *adj* suivant(e); **am ~ Tag** le lendemain

daraufhin [darauf'hɪn] *adv* ❶ (*infolgedessen*) dans la suite ❷ (*im Hinblick darauf*) **etw ~ untersuchen, ob ...** inspecter qc pour voir si ...

daraus [da'raus] *adv* ❶ (*aus diesem Material*) en ❷ (*aus diesem Gefäß*) **~ kann man essen** on peut manger dedans ❸ (*aus dieser Sache, Angelegenheit*) **~ ergibt sich ...** il en résulte ...; **was ist ~ eigentlich geworden?** qu'est-ce que ça a donné?

darben ['darbən] *vi geh* être dans le besoin

dar|bieten ['daːɐ̯biːtən] *irr* **I.** *vt geh* ❶ (*vorführen*) présenter *Schauspiel;* dire *Gedicht* ❷ (*anbieten*) offrir *Speisen;* tendre *Hand* **II.** *vr* **sich jdm ~** *Anblick, Gelegenheit:* se présenter à qn

Darbietung ['daːɐ̯biːtʊŋ] <-, -en> *f* ❶ (*das Vorführen*) représentation *f* ❷ (*Nummer*) numéro *m*

dar|bringen *vt irr geh* ❶ **jdm Glückwünsche ~** féliciter qn ❷ (*hingeben*) faire *Opfer*

darf [darf] *3. Pers Präs von* **dürfen**

darin [da'rɪn] *adv* ❶ (*in dem/der*) à l'intérieur ❷ (*in dieser Hinsicht*) **sie stimmen ~ überein, dass ...** ils/elles sont d'accord sur le fait que ...; **~ irrst du dich!** là, tu te trompes!

dar|legen ['daːɐ̯leːgən] *vt* exposer

Darlegung <-, -en> *f* exposé *m*

Darlehen ['daːɐ̯leːən] <-s, -> *nt* (*aus Sicht der Bank*) prêt *m;* (*aus Sicht des Kunden*) emprunt *m;* **ein ~ gewähren** consentir un prêt; **ein ~ von ... aufnehmen** faire un emprunt de ...

Darm [darm, *Pl:* 'dɛrmə] <-[e]s, Därme> *m* ❶ ANAT intestin *m* ❷ (*von Schlachttieren*) boyau *m*

Darmgrippe *f* grippe *f* intestinale **Darminfektion** *f* entérite *f*

dar|stellen ['daːɐ̯ʃtɛlən] **I.** *vt* ❶ (*wiedergeben*) représenter ❷ (*verkörpern*) interpréter ❸ (*beschreiben*) exposer *Theorie;* établir *Verlauf* ❹ (*bedeuten*) constituer *Fortschritt* **II.** *vr* ❶ **sich als schwierig ~** s'avérer difficile ❷ (*sich ausgeben als*) **er stellt sich immer als großzügig dar** il raconte toujours qu'il est généreux

Darsteller(in) ['daːɐ̯ʃtɛlɐ] <-s, -> *m(f)* interprète *mf*

darstellerisch **I.** *adj* **das ~e Können** le talent d'interprétation **II.** *adv* **der Film ist ~ hervorragend** dans ce film, l'interprétation est excellente

Darstellung <-, -en> *f* ❶ *kein Pl* (*das Darstellen*) représentation *f* ❷ *kein Pl* THEAT *einer Rolle* interprétation *f; eines Stoffes* représentation *f* ❸ (*objektive/subjektive Wiedergabe*) *von Ereignissen, Fakten* présentation *f*

Darts [daːɐ̯ts] <-> *nt* fléchettes *fpl*

darüber [da'ryːbɐ] *adv* ❶ (*örtlich*) [par-]dessus ❷ (*höher, weiter oben*) au-dessus ❸ (*über ... hinweg*) par-dessus; **der Graben ist nicht breit, man kann ~ springen** le fossé n'est pas large, on peut l'enjamber d'un saut ❹ (*mehr*) **die Teilnehmer waren 50 Jahre alt und ~** les participants avaient 50 ans et plus ❺ (*währenddessen*) pendant ce temps; **sie hatte gelesen und war ~ eingeschlafen** elle s'était endormie en lisant ❻ (*über diese/dieser Angelegenheit*) à ce sujet; **~ reden** en parler; **~ nachdenken** y réfléchir ▶ **~ hinweg sein** (*über den Ärger*) avoir dépassé ce stade; (*über einen Verlust*) en avoir fait son deuil; **~ hinaus** au delà

darüber|liegen *vi irr* se situer au-dessus; *Nebel:* recouvrir; **er lag mit seinem Angebot noch darüber** il proposait davantage **darüber|stehen** *vi irr* être au-dessus de ça

darum [da'rʊm] *adv* ❶ (*deshalb*) c'est pourquoi; **sie ist zwar klein, aber ~ nicht schwach** elle est petite, mais pas faible pour autant; **warum? – ~!** pourquoi? – Parce que! ❷ (*örtlich*) **~ [herum]** tout autour ❸ (*um diese Angelegenheit*) **jdn ~**

bitten etw zu tun demander à qn de faire qc; **es geht ~, wer am schnellsten laufen kann** il s'agit de savoir qui court le plus vite

darunter [da'rʊntɐ] *adv* ① (*unter diesem/diesen Gegenstand*) en dessous; **~ hervorsehen** *Person:* apparaître; *Gegenstand:* dépasser ② (*unter dieser Etage*) en dessous ③ (*mitten unter diesen*) parmi eux/elles; **einige Länder der EU, ~ Dänemark, Frankreich, ...** quelques pays de l'Union européenne, dont le Danemark, la France, ... ④ (*unter dieser Angelegenheit*) **~ leiden** en souffrir; **was verstehst du denn ~?** qu'est-ce que tu entends par là?; **~ kann ich mir nichts vorstellen** ça ne me dit rien

darunter|fallen *vi irr* (*zu einer Kategorie gehören*) en faire partie; (*davon betroffen sein*) être concerné **darunter|liegen** *vi irr Werte:* être inférieur **darunter|mischen** *vt* **etw ~** y mélanger qc **darunter|setzen** *vt* **seine Unterschrift ~** y apposer sa signature

Darwinismus [darvi'nɪsmʊs] <-> *m* darwinisme *m*

das¹ [das] *art def, Neutrum, nom und akk Sing* le/la; **~ kleine Mädchen** la petite fille; **~ Arbeiten** le travail; **~ Schöne** le beau

das² [das] **I.** *pron dem, Neutrum, nom und akk Sing* **~ Kind da** cet enfant-là; **was ist denn ~ da?** qu'est-ce que c'est que ça? **II.** *pron rel, Neutrum, nom Sing* qui; **ein Pferd, ~ nicht gehorcht** un cheval qui n'obéit pas **III.** *pron rel, Neutrum, akk Sing* que; **ein Kind, ~ alle mögen** un enfant que tous apprécient

da|sein^ALT *s.* **da I.3, 5**

Dasein ['da:zain] <-s> *nt* ① *a.* PHILOS existence *f* ② (*Anwesenheit*) présence *f*

Daseinsberechtigung *f* ① *eines Menschen* droit *m* à l'existence ② *einer Sache* raison *f* d'être **Daseinskampf** *s.* **Existenzkampf**

da|sitzen *vi irr* ① être là; **untätig ~** rester assis sans rien faire ② *fam* (*zurechtkommen müssen*) **ohne einen Pfennig ~** se retrouver sans un sou

dasjenige *pron dem* **~ Baby, das ...** ce bébé qui ...; **unser Haus ist kleiner als ~ unserer Freunde** notre maison est plus petite que celle de nos amis

dass^RR, **daß**^ALT [das] *konj* ① que + *indic o subj;* **schade, ~** dommage que + *subj;* **ich bin dagegen, ~** je ne suis pas d'accord que + *subj;* **das liegt daran, ~ ...** cela vient du fait que ... ② (*zur Angabe der Folge*) que; **er hupte so laut, ~ alle wach wurden** il a klaxonné si fort que tous se sont réveillés ③ (*als Einleitung einer Aufforderung*) **und ~ du pünktlich zurückkommst!** et tâche de rentrer à l'heure!

dasselbe *pron dem, nom und akk Sing* le/la même

da|stehen *vi irr* ① être là; **ratlos ~** rester là perplexe ② (*erscheinen*) **allein ~** se retrouver seul; **als Lügner ~** faire figure de menteur

Date [de:t] <-s, -s> *nt fam* rendez-vous *m,* rancard *m;* **ein ~ ausmachen** se donner rendez-vous; **mit jdm ein ~ haben** avoir un rendez-vous [*o* un rancard] avec qn

Datei [da'tai] <-, -n> *f* INFORM fichier *m*

Dateianhang *m* fichier *m* attaché **Dateimanager** *m* INFORM gestionnaire *m* de fichiers **Dateiname** *m* nom *m* de fichier

Daten¹ ['da:tən] *Pl von* **Datum**

Daten² ['da:tən] *Pl* ① *a.* INFORM (*Angaben*) données *fpl* ② TECH informations *fpl;* **technische ~** caractéristiques *fpl*

Datenaustausch *m* échange *m* de données **Datenautobahn** *f* autoroute *f* de l'information **Datenbank** <-banken> *f* banque *f* de données **Datenbestand** *m* stock *m* de données **Datenerfassung** *f* saisie *f* de données **Datenfernübertragung** *f* télétransmission *f* **Datenfernverarbeitung** *f* télétraitement *m* **Datenformat** *nt* format *m* de données

Datenklau <-s> *m kein Pl fam* piratage *m* de données

Datenkomprimierung *f* compression *f* de données **Datenmenge** *f* masse *f* de données **Datenmissbrauch**^RR *m* utilisation *f* abusive de données **Datenmüll** *m,* **Datenschrott** *m* données *fpl* inutiles [*o* non exploitables] **Datenschutz** *m* protection *f* des données **Datenschützer(in)** <-s, -> *m(f) fam* contrôleur(-euse) *m(f)* de l'utilisation des données informatiques **Datensicherung** *f* sauvegarde *f* des données **Datensperre** *f* système *m* de verrouillage d'accès **Datenträger** *m* support *m* de données **Datentypist(in)** ['da:təntypɪst] <-en, -en> *m(f)* opérateur(-trice) *m(f)* de saisie **Datenübernahme** *f* réception *f* de données **Datenübertragung** *f* transmission *f* de données **Datenverarbeitung** *f* traitement *m* des données **Datenzentrum** *nt* serveur *m* de réseau

datieren* [da'ti:rən] **I.** *vt* (*mit Datum ver-*

sehen) dater; **etw auf den 5. Mai** ~ dater qc du 5 mai **II.** *vi* ① (*stammen*) **aus der Steinzeit** ~ dater de l'âge de pierre ② (*mit Datum versehen sein*) **vom 30. April** ~ être daté du 30 avril ③ (*bestehen*) **seit letzten Sommer** ~ *Freundschaft:* dater de l'été dernier

Datierung <-, -en> *f* datation *f*

Dativ ['da:ti:f] <-s, -e> *m* datif *m*

Dativobjekt *nt* complément *m* au datif

DAT-Kassette *f* cassette *f* D.A.T.

dato ['da:to] *adv geh* ▶**bis** ~ jusqu'à ce jour

Datscha ['datʃa] <-, -s *o* Datschen> *f*, **Datsche** ['datʃə] <-, -n> *f* DIAL datcha *f*

Dattel ['datəl] <-, -n> *f* datte *f*

Dattelpalme *f* [palmier *m*] dattier *m*

Datum ['da:tʊm] <-s, Daten> *nt* date *f;* **was für ein** ~ **haben wir heute?** quel jour sommes-nous aujourd'hui?

Datumsgrenze *f* ligne *f* de changement de date **Datumsstempel** *m* ① (*Stempel*) dateur *m* ② (*Aufdruck*) cachet *m*

Dauer ['daʊɐ] <-> *f* durée *f* ▶**von** ~ **sein** durer; **auf die** ~ à la longue; **auf** ~ pour une durée illimitée

Dauerarbeitslose(r) *f(m) dekl wie adj* chômeur(-euse) *m(f)* de longue durée **Dauerarbeitslosigkeit** *f* chômage *m* de longue durée **Dauerauftrag** *m* FIN virement *m* permanent; **per** ~ par virement permanent

Dauerbrenner <-s, -> *m fam* ① (*Thema*) question *f* qui reste d'actualité ② *fam* (*Erfolg*) succès *m;* **der Film war ein** ~ le film a fait un tabac

Dauergast *m* ① (*Stammgast*) habitué(e) *m(f)* ② (*im Hotel*) pensionnaire *mf*

dauerhaft *adj* ① *Material* résistant(e) ② *Bündnis* durable; *Einrichtung* permanent(e)

Dauerhaftigkeit <-> *f* ① *eines Materials* résistance *f* ② *eines Bündnisses, Friedens* stabilité *f*, durabilité *f*

Dauerkarte *f* carte *f* d'abonnement **Dauerlauf** *m* jogging *m* **Dauerlutscher** *m* sucette *f*

dauern ['daʊɐn] *vi* ① (*andauern*) durer ② (*Zeit benötigen*) **es dauerte lange, bis er den Weg gefunden hatte** il a mis longtemps à trouver le chemin ▶**das dauert und dauert!** *fam* que c'est long!

dauernd ['daʊɐnt] **I.** *adj Frieden* durable; *Ausstellung* permanent(e); *Anstellung* stable; *Wohnsitz* fixe; *Ärger* continuel(le) **II.** *adv* ① (*für immer*) définitivement ② (*immer wieder*) sans arrêt

Dauerparker(in) <-s, -> *m(f)* abonné(e) *m(f)* [au parking] **Dauerstellung** *f* emploi *m* stable **Dauerwelle** *f* permanente *f* **Dauerzustand** *m* **ein** ~ **werden** devenir la règle

Däumchen ['dɔymçən] <-s, -> *nt Dim von* **Daumen** ▶~ **drehen** *fam* se tourner les pouces

Daumen ['daʊmən] <-s, -> *m* pouce *m* ▶**jdm die** ~ **drücken** croiser les doigts pour porter chance à qn; **über den** ~ **gepeilt** grosso modo

Daumennagel *m* ongle *m* du pouce

Daune ['daʊnə] <-, -n> *f* plumule *f;* ~**n** du duvet

Daunendecke *f* couette *f* en duvet **Daunenjacke** *f* doudoune *f* **Daunenschlafsack** *m* duvet *m*

DaviscupRR ['de:viskap] <-[s]> *m* coupe *f* Davis

davon [da'fɔn] *adv* ① (*von diesem Ort*) **nicht weit** ~ un peu plus loin; **hier bin ich auf dem Foto, links** ~ **meine Tante** c'est moi sur la photo, et à ma gauche ma tante ② (*von diesem*) ~ **essen** en manger; **möchten Sie mehr** ~**?** vous en voulez plus?; **das ist nicht alles, sondern nur ein Teil** ~ ce n'est pas tout mais seulement une partie ③ (*von dieser Sache*) **sich kaum** ~ **unterscheiden** ne s'en distinguer que par un petit détail ④ (*dadurch*) ~ **wird man dick** ça fait grossir; ~ **stirbst du nicht!** tu n'en mourras pas!; **sie wachte** ~ **auf** ça la réveilla ⑤ (*mittels dieser Sache*) **ich lebe doch** ~**!** j'en vis! ⑥ (*hinsichtlich dieser Sache*) **was halten Sie** ~**?** qu'en pensez-vous?; **reden wir nicht mehr** ~**!** n'en parlons plus!; **wissen Sie etwas** ~**?** vous êtes au courant? ▶**ich habe nichts** ~**!** je n'en ai que faire!; **was hast du denn** ~**?** qu'est-ce que tu y gagnes?; **das kommt** ~**!** voilà ce qui arrive!

davon|fliegen *vi irr + sein geh* s'envoler **davon|gehen** *vi irr + sein geh* s'en aller, partir **davon|jagen I.** *vt + haben* chasser **II.** *vi + sein Person:* s'enfuir; *Auto:* s'éloigner à toute allure **davon|kommen** [da'fɔnkɔmən] *vi irr + sein* **mit einer Geldstrafe** ~ s'en sortir avec une amende; **nicht ungeschoren** ~ y laisser des plumes **davon|laufen** *vi irr + sein* ① (*weglaufen*) se sauver; (*von zu Hause fortlaufen*) fuguer ② (*hinter sich lassen*) **jdm** ~ distancer qn ③ *fam* (*verlassen*) **jdm** ~ lâcher qn ④ (*eskalieren*) *Kosten:* s'envoler **davon|machen** *vr* **sich** ~ *fam* se casser **davon|rennen** *vi irr* partir en courant

D

davon|schleichen *irr* **I.** *vi + sein* s'esquiver, s'éclipser **II.** *vr* **sich ~** s'esquiver, s'éclipser **davon|stehlen** *s.* **davonschleichen II. davon|tragen** *vt irr* ① (*wegtragen*) emporter ② (*erringen*) remporter *Sieg;* retirer *Ruhm* ③ (*erleiden*) subir *Schaden;* recevoir *Prellung* **davon|ziehen** *vi irr + sein* ① *geh* (*sich weiterbewegen*) continuer son chemin ② SPORT *fam* prendre de l'avance; **jdm ~** distancer qn, lâcher qn

davor [da'foːɐ̯ *hinweisend:* 'daːfoːɐ̯] *adv* ① (*räumlich*) devant; **dort ist das Rathaus, und ~ befindet sich ...** la mairie est là-bas, et juste devant se trouve ... ② (*zeitlich*) avant; **ich muss zur Post gehen und ~ noch zum Bäcker** il faut que j'aille à la poste et avant chez le boulanger ③ (*in Bezug auf eine Sache*) **jdn ~ warnen etw zu tun** avertir qn de ne pas faire qc; **Angst ~ haben etw zu tun** avoir peur de faire qc; (*auf eine bestimmte Sache hinweisend*) **~ fürchtet er sich** c'est ça qu'il craint

dazu [da'tsuː *hinweisend:* 'daːtsuː] *adv* ① (*gleichzeitig*) **sie singt, und ~ spielt sie Harfe** elle chante tout en jouant de la harpe ② (*außerdem*) par-dessus le marché ③ (*zu dem Gegenstand*) **dies ist die Tischdecke, und dies sind die Servietten ~** voici la nappe, et voici les serviettes qui vont avec ④ (*zu der Konsequenz*) **das führte ~, dass ...** ça a eu pour résultat que ...; **wie konnte es nur ~ kommen?** comment a-t-on pu en arriver là? ⑤ (*zu der Sache*) **du musst mir helfen! – Wie komme ich ~!** *fam* il faut que tu m'aides! – Tu veux rire ou quoi!; **ich würde gern etwas ~ sagen** je voudrais dire quelques mots à ce propos; **was meinst du ~?** qu'en penses-tu?; (*auf eine bestimmte Sache hinweisend*) **wozu gehört dieses Teil? – Dazu!** avec quoi va cette pièce? – Avec ça! ⑥ (*dafür*) **~ ist er zu unerfahren** pour ça, il n'a pas assez d'expérience

dazu|geben *vt irr* ① (*zusätzlich geben*) **jdm etw ~** donner à qn qc en plus ② (*dazutun*) ajouter **dazu|gehören*** *vi* ① *Freund:* être à sa place; *Zubehör:* aller avec ② (*erforderlich sein*) **es gehört schon einiges dazu, das zu tun** il faut une certaine dose de courage pour oser faire ça

dazugehörig *adj attr* qui va avec

dazu|kommen *vi irr + sein* ① arriver en plus ② (*hinzugefügt werden*) venir s'ajouter; **kommt noch etwas dazu?** et avec ceci? **dazu|lernen** *vt* apprendre **dazu|rechnen** *vt* ajouter en plus; **etw ~** (*in Betracht ziehen*) prendre aussi qc en compte **dazu|setzen I.** *vt* ① (*dazuschreiben*) ajouter *Gruß, Namen* ② (*platzieren*) asseoir *Person* **II.** *vr* **sich ~** s'asseoir **dazu|tun** *vt irr fam* ajouter

dazwischen [da'tsvɪʃən] *adv* ① (*zwischen zwei Dingen*) entre les deux; (*zwischen mehreren Dingen*) y ② (*in der Zwischenzeit*) entre-temps

dazwischen|funken *vi fam* y mettre son grain de sel; **jdm ~** venir enquiquiner qn **dazwischen|gehen** *vi irr fam* intervenir **dazwischen|kommen** *vi irr + sein* ① (*räumlich*) **mit dem Finger ~** s'y coincer le doigt ② (*zeitlich*) **leider ist mir etwas dazwischengekommen** j'ai malheureusement eu un empêchement; **wenn nichts dazwischenkommt, ...** sauf imprévu, ... **dazwischen|reden** *vi* couper la parole; **jdm ~** couper la parole à qn **dazwischen|treten** *vi irr + sein* ① s'interposer ② *geh* (*störend auftreten*) s'immiscer

dB *Abk von* **Dezibel** dB

DB [deː'beː] <-> *f Abk von* **Deutsche Bahn** *société des chemins de fer allemands*

DD-Diskette [deː'deː-] *f* disquette *f* double densité

DDR [deːdeː'ʔɛr] <-> *f Abk von* **Deutsche Demokratische Republik** HIST **die ~** la R.D.A.; **die ehemalige ~** l'ex-R.D.A.

Deadline ['dɛtlaɪn] <-, -s> *f* date *f* butoir

Deal [diːl] <-s, -s> *m fam* deal *m;* **mit jdm einen ~ machen** passer un marché avec qn

dealen ['diːlən] *vi fam* **mit etw ~** dealer qc

Dealer(in) ['diːlɐ] <-s, -> *m(f) fam* deale[u]r(-euse) *m(f)*

Debakel [de'baːkəl] <-s, -> *nt geh* échec *m* [total]

Debatte [de'batə] <-, -n> *f* ① (*Streitgespräch*) débat *m;* **zur ~ stehen** être à l'ordre du jour; **sich auf keine ~ einlassen** refuser la discussion ② POL débats *mpl*

debattieren* [deba'tiːrən] *vt, vi* débattre [de]

Debet ['deːbɛt] <-s, -s> *nt* FIN débit *m;* **mit tausend Euro im ~ sein** avoir un débit de mille euros

debil [de'biːl] *adj* débile [mental(e)]

Debugger [di'bʌgɐ] <-s, -> *m* INFORM débogueur *m,* débugueur *m*

Debüt [de'byː] <-s, -s> *nt* débuts *mpl;* **sein ~ liefern** faire ses débuts

Debütant(in) [deby'tant] <-en, -en> *m(f)* débutant(e) *m(f)*

debütieren* [deby'tiːrən] *vi a. fig* débuter; **mit einem Werk ~** faire ses débuts avec une œuvre

dechiffrieren* [deʃɪ'friːrən] *vt* déchiffrer

Deck [dɛk] <-[e]s, -s> *nt* ① (*Schiffsdeck*) pont *m* ② (*Parkdeck*) niveau *m*

Deckbett *nt* couette *f* **Deckblatt** *nt eines Papierstapels* couverture *f*

Deckchen <-s, -> *nt Dim von* **Decke 3** napperon *m*

Decke ['dɛkə] <-, -n> *f* ① (*Zimmerdecke*) plafond *m* ② (*Wolldecke*) couverture *f* ③ (*Tischdecke*) nappe *f* ④ (*Bettdecke*) couette *f* ▶ **jdm fällt die ~ auf den Kopf** *fam* qn a l'impression d'avoir la tête dans un bocal; **an die ~ gehen** *fam* exploser; **mit jdm unter einer ~ stecken** *fam* être de mèche avec qn

Deckel ['dɛkəl] <-s, -> *m* (*Verschluss*) couvercle *m* ▶ **jdm eins auf den ~ geben** *fam* remonter les bretelles à qn

decken ['dɛkən] **I.** *vt* ① couvrir; *Tisch* mettre ② SPORT marquer **II.** *vr* **sich ~** ① *Aussagen:* se recouper ② GEOM *Figuren:* coïncider

Deckfarbe *f* peinture *f* couvrante **Deckmantel** *m* prétexte *m* **Deckname** *m* pseudonyme *m*

Deckung ['dɛkʊŋ] <-, -en> *f* ① SPORT (*das Decken*) marquage *m;* (*Verteidigung*) défense *f* ② (*Feuerschutz*) couverture *f;* **jdm ~ geben** couvrir qn ③ MIL abri *m* ④ (*das Verheimlichen*) dissimulation *f* ⑤ COM, FIN *eines Schecks* provision *f;* **zur ~ der Schulden** pour couvrir les dettes ⑥ (*Übereinstimmung*) **unterschiedliche Interessen zur ~ bringen** faire coïncider des intérêts différents

deckungsgleich *adj* ① GEOM coïncident(e) ② *Aussage* concordant(e); **~ sein** coïncider

Deckweiß *nt* blanc *m* couvrant

Decoder [de'koːdɐ, dɪ'koʊdə] <-s, -> *m* décodeur *m*

decodieren* [deko'diːrən] *s.* **dekodieren**

deduktiv [dedʊk'tiːf] *adj* déductif(-ive)

Deeskalation [deʔɛskala'tsi̯oːn] *f* désescalade *f*

deeskalieren* [deʔɛska'liːrən] *vt* **etw ~** dépassionner qc

de facto [deː 'fakto] *adv* de facto

Defätismus [defɛ'tɪsmʊs] <-> *m geh* défaitisme *m*

defekt [de'fɛkt] *adj* défectueux(-euse)

Defekt <-[e]s, -e> *m* ① TECH panne *f;* **einen ~ haben** avoir un problème ② MED (*Missbildung*) malformation *f;* (*psychische Störung*) troubles *mpl*

defensiv [defɛn'ziːf] *adj* défensif(-ive)

Defensive [defɛn'ziːvə] <-, -n> *f* MIL défensive *f;* SPORT défense *f*

defilieren* [defi'liːrən] *vi + haben o sein* défiler

definierbar [defi'niːɐ̯baːɐ̯] *adj* définissable

definieren* [defi'niːrən] *vt* définir

Definition [defini'tsi̯oːn] <-, -en> *f* définition *f*

definitiv [defini'tiːf] **I.** *adj* précis(e) **II.** *adv* (*in endgültiger oder eindeutiger Weise*) *sich entscheiden* définitivement; **das ist ~ zu teuer** c'est trop cher, décidément; **nein, es ist ~ anders gewesen!** non, c'était définitivement différent!

Defizit ['deːfitsɪt] <-s, -e> *nt* ① FIN, COM déficit *m* ② (*Mangel*) **~ an Zuwendung** (*dat*) manque *m* d'attention; **ein ~ an etw haben** manquer de qc

defizitär [defitsi'tɛːɐ̯] **I.** *adj Haushalt, Politik* déficitaire **II.** *adv sich entwickeln* en générant un déficit

Deflation [defla'tsi̯oːn] <-, -en> *f* ÖKON déflation *f*

deflationär [deflatsi̯o'nɛːɐ̯] *adj* ÖKON déflationniste

deflorieren* [deflo'riːrən] *vt* déflorer

deformieren* [defɔr'miːrən] *vt* déformer

Deformierung <-, -en> *f* MED, PHYS déformation *f;* (*das Deformieren*) difformité *f*

deftig ['dɛftɪç] *adj* ① *Mahlzeit* consistant(e) ② *Prügel* bon(ne) *antéposé* ③ *Witz* cru(e) ④ *Preis* sacré(e) *antéposé* (*fam*)

Degen ['deːgən] <-s, -> *m* épée *f*

Degeneration [degenera'tsi̯oːn] <-, -en> *f a.* MED dégénérescence *f*

degeneriert *adj* dégénéré(e)

Degenfechten <-s> *nt* [escrime *f* à l']épée *f*

degradieren* [degra'diːrən] *vt* dégrader

Degradierung <-, -en> *f* dégradation *f*

degressiv [degrɛ'siːf] *adj* FIN, ÖKON dégressif(-ive)

dehnbar ['deːnbaːɐ̯] *adj a. fig* élastique

Dehnbarkeit <-> *f a. fig* élasticité *f*

dehnen ['deːnən] *vt Gummizug* détendre; *Glieder* étirer; *Wörter* allonger

Dehnung <-, -en> *f* ① (*das Ausdehnen*) tension *f* ② (*gedehnte Aussprache*) allongement *m*

dehydrieren* [dehy'driːrən] *vt* déshydrogéner

Deich [dai̯ç] <-[e]s, -e> *m* digue *f*

Deichsel ['dai̯ksəl] <-, -n> *f* timon *m*

deichseln *vt fam* goupiller

D

D

dein [dain] *pron poss* ① **~ Bruder** ton frère; **~e Freundin** ta copine; **~e Eltern** tes parents; **dieses Buch ist ~ [e]s** ce livre est à toi ② *substantivisch* **der/die/das Deine** le tien/la tienne; **du hast das Deine bekommen** tu as eu ta part; **du hast das Deine getan** tu as fait ce que tu avais à faire

deiner *pron pers, gen von* **du** *geh* **ich werde ~ gedenken** je me souviendrai de toi

deinerseits ['dainɐ'zaits] *adv* ① (*du wiederum*) de ton côté ② (*was dich betrifft*) pour ta part

deinesgleichen ['dainəs'glaiçən] *pron inv* ① *pej* (*Menschen deines Schlags*) **du und ~** toi et tes semblables *mpl* ② (*Menschen wie du*) **du verkehrst nur mit ~** tu ne fréquentes que les gens de ta sorte

deinetwegen ['dainət've:gən] *adv* ① (*wegen dir*) à cause de toi ② (*dir zuliebe*) pour toi ③ (*wenn es nach dir ginge*) s'il ne tient qu'à toi

deinetwillen ['dainət'vɪlən] **um ~** pour ton bien

Déjà-vu-Erlebnis [deʒa'vy:-] *nt* impression *f* de déjà-vu

Dekade [de'ka:də] <-, -n> *f* (*zehn Tage*) décade *f;* (*zehn Jahre*) décennie *f*

dekadent [deka'dɛnt] *adj* décadent(e)

Dekadenz [deka'dɛnts] <-> *f* décadence *f*

Dekagramm [deka'gram, 'dɛkagram] *nt* décagramme *m*

Dekan(in) [de'ka:n] <-s, -e> *m(f)* doyen(ne) *m(f)*

Dekanat [deka'na:t] <-[e]s, -e> *nt* décanat *m*

deklarieren* [dekla'ri:rən] *vt* déclarer

deklassieren* *vt* ① (*sozial benachteiligen*) dégrader ② (*im ökonomischen Wettbewerb, im Sport überflügeln*) surclasser

Deklination [deklina'tsio:n] <-, -en> *f* GRAM déclinaison *f*

deklinieren* [dekli'ni:rən] *vt* GRAM décliner

dekodieren* [deko'di:rən] *vt* décoder

Dekolleté, DekolleteeRR [dekɔl'te:] <-s, -s> *nt* décolleté *m*

dekolletiert [dekɔl'ti:ɐt] *adj* décolleté(e)

Dekontamination [dekɔntamina'tsio:n] *f* décontamination *f*

dekontaminieren* [dekɔntami'ni:rən] *vt* décontaminer

Dekonzentration [dekɔntsɛntra'tsio:n] <-, -en> *f* déconcentration *m*

Dekor [de'ko:ɐ] <-s, -s *o* -e> *m o nt* ① (*Muster*) motif *m* ② THEAT décor *m*

Dekorateur(in) [dekora'tø:ɐ] <-s, -e> *m(f)* décorateur(-trice) *m(f)*

Dekoration [dekora'tsio:n] <-, -en> *f* ① *kein Pl* (*Ausschmückung*) décoration *f* ② (*Schaufensterdekoration*) vitrine *f* ③ THEAT décors *mpl*

dekorativ [dekora'ti:f] *adj* décoratif(-ive)

dekorieren* [deko'ri:rən] *vt* décorer

Dekret [de'kre:t] <-[e]s, -e> *nt* décret *m*

Delegation [delega'tsio:n] <-, -en> *f* délégation *f*

delegieren* [dele'gi:rən] *vt* déléguer; **etw an jdn ~** déléguer qc à qn

Delegierte(r) *f(m) dekl wie adj* délégué(e) *m(f)*

DelfinRR [dɛl'fi:n] <-s, -e> *m* dauphin *m*

DelfinschwimmenRR <-s> *nt* [brasse *f*] papillon *m*

delikat [deli'ka:t] *adj* ① (*wohlschmeckend*) délicieux(-euse); **sehr ~** succulent ② (*behutsam*) subtil(e) ③ (*heikel*) délicat(e) ④ *geh* (*empfindlich*) sensible

Delikatesse [delika'tɛsə] <-, -n> *f* mets *m* de choix

Delikt [de'lɪkt] <-[e]s, -e> *nt* délit *m*

Delinquent(in) <-en, -en> *m(f) geh* délinquant(e) *m(f)*

delirieren* [deli'ri:rən] *vi geh* délirer

Delirium [de'li:rium] <-s, -rien> *nt* délire *m;* **im ~ sein** délirer

Delle ['dɛlə] <-, -n> *f fam* bosse *f*

Delphin [dɛl'fi:n] *s.* **Delfin**

Delphinschwimmen *s.* **Delfinschwimmen**

Delta ['dɛlta] <-s, -s *o* Delten> *nt* delta *m*

dem1 [de:m] **I.** *art def, maskulin, dat Sing von* **der**1**, I.** ① **von ~ Nachbarn sprechen** parler du voisin; **sie folgte ~ Mann** elle suivit l'homme; **er gab ~ Großvater den Brief** il donna la lettre à son grand-père ② *fam* (*in Verbindung mit Eigennamen*) **ich werde es ~ Frank sagen** je le dirai à Frank **II.** *art def, Neutrum, dat Sing von* **das**1: **von ~ Kind sprechen** parler de l'enfant; **an ~ Fenster klopfen** frapper à la fenêtre; **die Frau auf ~ Foto** la femme sur la photo

dem2 [de:m] **I.** *pron dem, maskulin, dat Sing von* **der**2**, I.** ce/cette; **zeig deine Eintrittskarte ~ Mann da!** présente ton billet d'entrée à ce monsieur-là! **II.** *pron dem, Neutrum, dat Sing von* **das**2: **möchtest du mit ~ Plüschtier hier spielen?** veux-tu jouer avec cette peluche-là? **III.** *pron rel, maskulin, dat Sing von* **der**2**, I.**: **der Kollege, ~ ich den Brief geben soll** le collègue à qui je dois donner la lettre; **der Freund, mit ~ ich mich gut verstehe** l'ami avec qui je m'entends bien **IV.** *pron* *rel, Neutrum, dat Sing von* **das[2], II.: das Kind, ~ dieses Spielzeug gehört** l'enfant à qui appartient ce jouet

Demagoge [dema'go:gə] <-n, -n> *m*, **Demagogin** *f pej* démagogue *mf*

Demagogie [demago'gi:] <-, -i̱en> *f pej* démagogie *f*

demagogisch [dema'go:gɪʃ] *pej* **I.** *adj* démagogique **II.** *adv* avec démagogie

Demarkationslinie [demarka'tsi̯o:ns-] *f* ligne *f* de démarcation

Dementi [de'mɛnti] <-s, -s> *nt* démenti *m*

dementieren* [demɛn'ti:rən] **I.** *vt* démentir **II.** *vi* donner un démenti

dementsprechend ['de:m?ɛnt'ʃprɛçənt] *adj Anordnung* en conséquence; *Bemerkung* dans ce sens; ~ **sein** être à l'avenant

demgegenüber ['de:mge:gən'?y:bɐ] *adv* en revanche

demgemäß *s.* **dementsprechend**

Demission [demɪ'si̯o:n] <-, -en> *f* démission *f*

demnach ['de(:)mna:x] *adv* ① *(danach)* il ressort que ... ② *(folglich)* en conséquence

demnächst ['de:m'nɛ:çst] *adv* prochainement

Demo ['de:mo] <-, -s> *f fam Abk von* **Demonstration** manif *f*

demobilisieren* [demobili'zi:rən] *vt* démobiliser

Demographie [demogra'fi:] <-, -i̱en> *f* *(Wissenschaft)* démographie *f*

demographisch [demo'gra:fɪʃ] *adj* démographique

Demokrat(in) [demo'kra:t] <-en, -en> *m(f)* démocrate *mf*

Demokratie [demokra'ti:] <-, -i̱en> *f* démocratie *f*

demokratisch [demo'kra:tɪʃ] *adj* démocratique

demokratisieren* [demokrati'zi:rən] *vt* démocratiser

Demokratisierung <-, -en> *f* démocratisation *f*

demolieren* [demo'li:rən] *vt* ① *(zerstören)* démolir ② *(beschädigen)* endommager *Fahrzeug;* **völlig demoliert** complètement défoncé

Demonstrant(in) [demɔn'strant] <-en, -en> *m(f)* manifestant(e) *m(f)*

Demonstration [demɔnstra'tsi̯o:n] <-, -en> *f* ① *(Protestkundgebung)* manifestation *f* ② *(Bekundung, Veranschaulichung)* démonstration *f;* **eine ~ des guten Willens** une marque de bonne volonté

Demonstrationsrecht *nt kein Pl* droit *m* de manifester

demonstrativ [demɔnstra'ti:f] *adj* ostensible

Demonstrativpronomen *nt* *(adjektivisches/substantivisches Pronomen)* adjectif *m*/pronom *m* démonstratif

demonstrieren* [demɔn'stri:rən] **I.** *vi* manifester **II.** *vt* ① *(bekunden)* manifester ② *(veranschaulichen)* démontrer

Demontage [demɔn'ta:ʒə] <-, -n> *f* *(das Demontieren)* démontage *m; einer Anlage, Fabrik* démantèlement *m*

demontieren* [demɔn'ti:rən] *vt* *(abmontieren)* démanteler *Fabrik*

demoralisieren* [demorali'zi:rən] *vt* ① *(entmutigen)* démoraliser ② *(moralisch untergraben)* avilir *Bevölkerung*

Demoskopie [demosko'pi:] <-, -i̱en> *f* *(Meinungsumfrage)* sondage *m* d'opinion

demotivieren* [demoti'vi:rən] *vt geh* PSYCH démotiver

Demoversion ['de:movɛrzi̯o:n] *f* version *f* de démonstration

demselben *pron dem, dat Sing von* **derselbe/dasselbe** au même; **~ Mann helfen** aider le même homme

Demut ['de:mu:t] <-> *f* humilité *f;* **in ~** humblement

demütig ['de:my:tɪç] *adj* humble

demütigen *vt* humilier

Demütigung <-, -en> *f* humiliation *f*

demzufolge ['de(:)mtsu'fɔlgə] *adv* ① *(wonach)* il en ressort que ... ② *(folglich)* donc

den[1] [de:n] **I.** *art def, maskulin, akk Sing von* **der[1]** le/la; **sie begrüßt ~ Nachbarn** elle salue le voisin; **~ Salat essen** manger la salade **II.** *art def, dat Pl von* **der[1], die[1], das[1]** aux; **mit ~ Freundinnen sprechen** parler avec les copines; **von ~ Kollegen sprechen** parler des collègues; **sie folgte ~ Leuten** elle suivit les gens

den[2] [de:n] **I.** *pron dem, maskulin, akk Sing von* **der[2], I.** ce/cette; **~ Angeber kann ich nicht leiden!** je ne supporte pas ce frimeur!; **darf ich ~ streicheln?** je peux le caresser, celui-là? **II.** *pron rel, akk Sing von* **der[2], II.** que

denaturieren* [denatu'ri:rən] *vt* dénaturer

denen ['de:nən] **I.** *pron dem, dat Pl von* **der[2], I., die[2], I., das[2], I.** à ceux **II.** *pron rel, dat Pl von* **die[2]** à qui

Den Haag [de:n'ha:k] <-s> *m* La Haye *f*

Denkanstoß *m* piste *f* de réflexion **Denkaufgabe** *f* énigme *f*

denkbar *adj* concevable; **sich** *(dat)* **alle nur ~e Mühe geben** se donner toutes les peines possibles et imaginables; **es ist durchaus ~, dass** il n'est pas impensable que + *subj*

Denke <-, -n> *f fam* façon *f* de penser

denken ['dɛnkən] <dachte, gedacht> **I.** *vi* ① (*überlegen*) penser ② (*meinen*) penser que ...; **ich denke ja** je pense que oui ③ (*urteilen*) **gut von jdm ~** penser du bien de qn; **inzwischen denke ich anders** j'ai changé d'avis; **wie ~ Sie darüber?** qu'en pensez-vous? ④ (*sich vorstellen*) **denk nur, Eva heiratet!** imagine, Eva se marie! ▶ **ich denke nicht daran!** je n'en ai pas la moindre intention!; **jdm zu ~ geben** donner à réfléchir à qn; **wo denkst du hin!** qu'est-ce que tu crois! **II.** *vt* ① (*annehmen*) **nur das Schlechteste von jdm ~** penser tout mal possible de qn ② (*ahnen*) **das habe ich mir fast gedacht** j'en étais à peu près sûr ③ (*sich vorstellen*) **sich** (*dat*) **etw ~** s'imaginer qc; **ich habe mir das so gedacht: ...** je vois les choses comme ça: ... ④ (*beabsichtigen*) **sich** (*dat*) **nichts Böses ~** ne pas penser à mal

Denken <-s> *nt* pensée *f*

Denker(in) <-s, -> *m(f)* penseur(-euse) *m(f)*

Denkfabrik *f* usine *f* à concepts **Denkfehler** *m* erreur *f* de raisonnement **Denkfigur** *f geh* figure *f* de pensée

Denkmal ['dɛŋkma:l, *Pl:* -mɛ:lɐ] <-s, -mäler *o* -e> *nt* monument *m*; **jdm ein ~ errichten** ériger un monument à [la gloire de] qn; **sich** (*dat*) **mit etw ein ~ setzen** passer à la postérité avec qc

Denkmalschutz *m* protection *f* des monuments historiques

Denkpause *f* pause *f* [de réflexion]; **eine ~ einlegen** faire une pause [pour réfléchir] **Denkprozess**[RR] *m* évolution *f* des mentalités

Denksportaufgabe *s.* **Denkaufgabe**

Denkvermögen *nt kein Pl* capacité *f* de réflexion **Denkweise** *f* façon *f* de penser **denkwürdig** *adj* mémorable **Denkzettel** *m* **jdm einen ~ verpassen** *fam* flanquer une bonne leçon à qn

denn [dɛn] **I.** *konj* ① (*weil*) car ② (*vorausgesetzt*) **es sei ~, ...** à moins que ... + *subj* **II.** *adv* ① (*eigentlich*) donc; **he, was soll das ~?** holà, qu'est-ce qui se passe?; **wo ~ sonst?** où d'autre? ② NDEUTSCH *fam* (*dann*) alors

dennoch ['dɛnɔx] *adv* malgré tout; **und ~** et pourtant

denselben **I.** *pron dem, akk von* **derselbe** le/la même; **für ~ Sänger schwärmen** raffoler du même chanteur **II.** *pron dem, dat von* **dieselben** aux mêmes

dental [dɛn'ta:l] *adj* ① MED dentaire ② PHON dental(e)

Dental [dɛn'ta:l] <-s, -e> *m* PHON dentale *f*

Denunziant(in) [denʊn'ts̮i̯ant] <-en, -en> *m(f) pej* délateur(-trice) *m(f)*

Denunziation [denʊnts̮i̯a'ts̮i̯o:n] <-, -en> *f pej* dénonciation *f*

denunzieren* [denʊn'ts̮i:rən] *vt pej* (*anzeigen*) dénoncer; **jdn bei jdm ~** dénoncer qn à qn

Deo ['de:o], **Deodorant** [deʔodo'rant] <-s, -s> *nt* déodorant *m*

deodorierend **I.** *adj* déodorant(e) **II.** *adv* **~ wirken** avoir un effet déodorant

Deoroller *m* déodorant *m* à bille **Deospray** *nt o m* déodorant *m* **Deostift** *m* déodorant *m* en stick

Departement [departə'mã:] <-s, -s> *nt* département *m*

deplatziert[RR] [depla'ts̮i:ɐ̯t] *adj* incongru(e)

Deponie [depo'ni:] <-, -i̯en> *f* décharge *f*

deponieren* [depo'ni:rən] *vt* ① (*hinterlegen*) **etw bei der Bank ~** mettre qc en dépôt à la banque ② (*hinstellen*) **etw im Keller ~** mettre qc dans la cave

Deportation [depɔrta'ts̮i̯o:n] <-, -en> *f* déportation *f*

deportieren* [depɔr'ti:rən] *vt* déporter

Deportierte(r) *f(m) dekl wie adj* déporté(e) *m(f)*

Depositen [depo'zi:tən] *Pl* FIN dépôts *mpl* à court terme

Depot [de'po:] <-s, -s> *nt* ① (*Lager*) entrepôt *m* ② FIN coffre-fort *m* ③ TRANSP dépôt *m* ④ (*Bodensatz*) *von Wein* dépôt *m* ⑤ CH (*Flaschenpfand*) consigne *f*

Depp [dɛp] <-en *o* -s, -e[n]> *m* SDEUTSCH, A, CH *fam* andouille *f*

Depression [deprɛ'si̯o:n] <-, -en> *f* dépression *f*

depressiv *adj* dépressif(-ive)

deprimieren* [depri'mi:rən] *vt* déprimer

Deputierte(r) *f(m) dekl wie adj* député(e) *m(f)*

der[1] [de:ɐ̯] **I.** *art def, maskulin, nom Sing* le/la; **~ Nachbar** le voisin; **~ Salat** la salade **II.** *art def, feminin, gen Sing von* **die**[1], **I.** de la/du **III.** *art def, feminin, dat Sing von* **die**[1], **I.** à la/au; **mit ~ Nachbarin sprechen** parler avec la voisine; **sie folgte ~ Frau/Menge** elle suivit la femme/foule **IV.** *art def, gen Pl von* **die**[1],

II. des; **das Ende ~ Ferien** la fin des vacances

der² [deːɐ̯] I. *pron dem, maskulin, nom Sing* ce/cette; **~ Mann da** cet homme-là; **beißt ~?** est-ce qu'il mord? II. *pron rel, maskulin, nom Sing* qui; **ein Mann, ~ es eilig hatte** un homme qui était pressé III. *pron dem, feminin, gen Sing von* **die², I.** de cette/de ce IV. *pron dem, feminin, dat Sing von* **die², I.** à cette/à ce; **mit ~ Freundin verstehe ich mich gut** je m'entends bien avec cette copine; **glaub ~ bloß nicht!** ne la crois surtout pas, celle-là! V. *pron dem, gen Pl von* **die¹, II.** de ces VI. *pron rel, feminin, dat Sing von* **die², III.** à qui; **die Freundin, mit ~ ich mich gut verstehe** l'amie avec qui je m'entends bien; **die Kälte, unter ~ sie leiden** le froid dont ils souffrent

derart ['deːɐ̯'ʔaːɐ̯t] *adv* à tel point; **~ reizen, dass ...** provoquer à tel point que ...; **es ist ~ heiß, dass ...** il fait tellement chaud que ...

derartig I. *adj* tel(le) II. *adv* si

derb [dɛrp] I. *adj* ① *Manieren* grossier(-ère) ② *Stoff* solide II. *adv* ① *anfahren* brutalement ② *sich ausdrücken* grossièrement

Derby ['dɛrbi] <-s, -s> *nt* derby *m*

deregulieren* [deregu'liːrən] *vt* POL, ÖKON déréguler

Deregulierung *f* dérégulation *f*

deren ['deːrən] I. *pron dem, gen Sing von* **die², II.: seine Mutter, seine Schwester und ~ Hund** sa mère, sa sœur et le chien de cette dernière II. *pron dem, gen Pl von* **die², III.: ein Ehepaar mit seinen Freunden und ~ Kindern** un couple avec ses amis et les enfants de ces derniers III. *pron rel, gen Sing von* **die², III.** dont; **die Frau, ~ Namen ich vergessen habe** la femme dont j'ai oublié le nom; **die Freundin, mit ~ Hilfe ich eine Wohnung gefunden habe** l'amie avec l'aide de qui j'ai trouvé un logement IV. *pron rel, gen Pl von* **die², V.** dont

derentwillen ['deːrənt'vɪlən] *adv* ① (*auf eine Person bezogen*) **um ~** pour qui; (*wegen dieser*) pour celle-là ② (*auf eine Sache bezogen*) **um ~** *Sing* pour lequel/laquelle; *Pl* pour lesquels/lesquelles

derer ['deːrɐ] *pron dem, gen Pl von* **die², II.** de ceux

dergestalt ['deːɐ̯gə'ʃtalt] *adv geh* ainsi; **~, dass ...** à tel point que ...

dergleichen ['deːɐ̯'glaɪ̯çən] *pron dem, inv* ce genre de choses; **~ Fälle sind selten** ce genre de cas est rare; **und ~ mehr** et cetera

Derivat [deri'vaːt] <-[e]s, -e> *nt* dérivé *m*

derjenige ['deːɐ̯jeːnɪgə] *pron dem, maskulin, nom Sing* ce/cette; **~ Mann, der ...** l'homme qui ...; **~, der das gesagt hat** celui qui a dit cela ▶ **das ist ~, welcher!** *fam* c'est lui notre homme!

derlei *pron dem, inv* ce genre de choses; **~ Probleme** ce genre de problèmes

dermaßen ['deːɐ̯'maːsən] *s.* **derart**

Dermatologe [dɛrmato'loːgə] <-n, -n> *m*, **Dermatologin** *f* dermatologue *mf*

Dermatologie [dɛrmatolo'giː] <-> *f* dermatologie *f*

Dermatose [dɛrma'toːzə] <-, -n> *f* MED dermatose *f*

derselbe [deːɐ̯'zɛlbə] *pron dem, nom Sing* le/la même

derzeit ['deːɐ̯'tsaɪ̯t] *adv* actuellement

derzeitig *adj attr* actuel(le); **mein ~es Befinden ist ausgezeichnet** je suis en excellente forme actuellement

des [dɛs] I. *art def, maskulin o Neutrum, gen Sing von* **der¹, I., das** I. du/de la; **der Name ~ Hundes** le nom du chien II. *pron dem, maskulin o Neutrum, gen Sing von* **der², I., das** II. de ce/de cette; **der Name ~ Kindes** le nom de cet enfant

Des <-> *nt* MUS ré *m* bémol

Desaster [de'zastɐ] <-s, -> *nt* désastre *m*

desensibilisieren* [dezɛnzibili'ziːrən] *vt* désensibiliser

Deserteur(in) [dezɛr'tøːɐ̯] <-s, -e> *m(f)* déserteur *m*

desertieren* [dezɛr'tiːrən] *vi + sein* déserter

desgleichen ['dɛs'glaɪ̯çən] *adv* également

deshalb ['dɛs'halp] *adv* **~ ist das nicht möglich** c'est la raison pour laquelle cela n'est pas possible; **~ müssen Sie sich nicht gleich aufregen!** ce n'est pas une raison pour vous énerver!

Design [di'zaɪ̯n] <-s, -s> *nt* design *m*; *eines Kleidungsstücks* style *m*

Designer(in) [di'zaɪ̯nɐ] <-s, -> *m(f)* designer *mf*; (*Modeschöpfer*) styliste *mf*

Designerdroge [di'zaɪ̯nɐ-] *f* drogue *f* de synthèse **Designermöbel** *Pl* meubles *mpl* design **Designermode** *f* mode *f* de créateurs

designiert [dezɪ'gniːɐ̯t] *adj attr* désigné(e)

desillusionieren* [dɛsʔɪluzi̯o'niːrən, dezɪ-] *vt* désillusionner

Desinfektion [dɛsʔɪnfɛk'tsi̯oːn, dezɪ-] <-, -en> *f* désinfection *f*

D

D

Desinfektionsmittel *nt* désinfectant *m*
desinfizieren* [dɛsʔɪnfiˈtsiːrən, dezɪ-] *vt* désinfecter
Desinfizierung <-, -en> *s.* **Desinfektion**
Desinformation [dɛsʔɪnfɔrmaˈtsi̯oːn, dezɪ-] *f* ❶ (*Verfahrensweise*) désinformation *f* ❷ (*falsche Information*) fausse information *f*
Desinteresse [ˈdɛsʔɪntərɛsə, dezɪ-] *nt* manque *m* d'intérêt; ~ **an etw** manque d'intérêt pour qc
desinteressiert [dɛsʔɪntərɛˈsiːɐ̯t, dezɪ-] *adj Zuschauer* peu intéressé(e); **an etw** ~ ne pas intéressé par qc
Desktop [ˈdɛsktɔp] <-s, -s> *m* INFORM (*Mikrocomputer, Bildschirmdarstellung*) bureau *m*
DesktoppublishingRR, **Desktop-Publishing**RR [ˈdɛsktɔppablɪʃɪŋ] <-[s]> *nt* INFORM publication *f* assistée par ordinateur
desolat [dezoˈlaːt] *adj geh* piteux(-euse) *antéposé*
desorientiert [dɛsʔori̯ɛnˈtiːɐ̯t, dezo-] *adj* désorienté(e)
Despot(in) [dɛsˈpoːt] <-en, -en> *m(f)* despote *mf*
despotisch [dɛsˈpoːtɪʃ] **I.** *adj* despotique **II.** *adv* en despote
desselben [dɛsˈzɛlbən] *pron dem* du même/de la même
dessen [ˈdɛsən] **I.** *pron dem* **mein Onkel und ~ Haus** mon oncle et la maison de ce dernier **II.** *pron rel* dont; **der Freund, mit ~ Hilfe ich das Auto repariert habe** l'ami avec l'aide de qui j'ai réparé la voiture
dessentwillen [ˈdɛsəntˈvɪlən] *adv* **das Kind, um ~ sie sich gesorgt hatten** l'enfant pour qui ils s'étaient fait des soucis; **der Frieden, um ~ sie zu Verhandlungen bereit waren** la paix pour laquelle ils étaient prêts à entamer des négociations
dessenungeachtetALT [ˈdɛsənʔʊngəˈʔaxtət] *s.* **ungeachtet**
Dessert [dɛˈseːɐ̯] <-s, -s> *nt* dessert *m*
Dessous [dɛˈsuː] <-, -> *nt meist Pl* dessous *mpl*
destabilisieren [destabiliˈziːrən] *vt* déstabiliser
Destabilisierung <-, -en> *f geh* déstabilisation *f*
Destillat [dɛstɪˈlaːt] <-[e]s, -e> *nt* distillat *m*
Destillation [dɛstɪlaˈtsi̯oːn] <-, -en> *f* distillation *f*
destillieren* [dɛstɪˈliːrən] *vt* distiller
Destillierkolben [dɛstɪˈliːɐ̯-] *m* alambic *m*
desto [ˈdɛsto] *konj* **je eher du dich daranmachst, ~ schneller bist du fertig** plus vite tu t'y mettras, plus vite tu auras terminé; **je länger ich darüber nachdenke, ~ fragwürdiger finde ich dieses Angebot** plus je réfléchis, plus cette offre me paraît louche
destruktiv [destrʊkˈtiːf] *adj* négatif(-ive)
deswegen [ˈdɛsˈveːgən] *s.* **deshalb**
Detail [deˈtai̯] <-s, -s> *nt* détail *m*; **in allen ~s** dans les moindres détails
detaillieren* [detaˈjiːrən] *vt* [**jdm**] **etw** ~ détailler qc [à qn]
detailliert [detaˈjiːɐ̯t] **I.** *adj* détaillé(e); *Vorstellung* précis(e) **II.** *adv* en détail
Detektei [detɛkˈtai̯] *s.* **Detektivbüro**
Detektiv(in) [detɛkˈtiːf] <-s, -e> *m(f)* ❶ (*Privatdetektiv*) détective *m* ❷ (*Zivilfahnder*) inspecteur(-trice) *m(f)*
Detektivbüro *nt* agence *f* de détectives
detektivisch [detɛkˈtiːvɪʃ] **I.** *adj* de détective; *Kleinarbeit* de fourmi **II.** *adv* à la manière d'un détective
Detektivroman *m* roman *m* policier
determinieren* [detɛrmiˈniːrən] *vt geh* déterminer
Determinismus [detɛrmiˈnɪsmʊs] <-> *m* déterminisme *m*
Detonation [detonaˈtsi̯oːn] <-, -en> *f* détonation *f*
detonieren* [detoˈniːrən] *vi + sein* exploser
Deut [dɔyt] ▶ **du bist** [**um**] **keinen ~ besser** tu ne vaux pas mieux; **er kümmert sich keinen ~ um seine Familie** il ne s'occupe pas d'un pouce de sa famille
deuten [ˈdɔytən] **I.** *vt* interpréter *Traum, Text;* **jdm die Zukunft ~** prédire l'avenir à qn **II.** *vi* ❶ (*zeigen*) **auf etw ~** montrer qc ❷ (*hinweisen*) **auf etw ~** faire penser à qc
deutlich [ˈdɔytlɪç] **I.** *adj* ❶ *Konturen* net(te); *Aussprache* distinct(e); *Skizze* clair(e); *Schrift* lisible ❷ (*eindeutig*) clair(e) **II.** *adv* ❶ distinctement; *schreiben* lisiblement ❷ *sagen* clairement; *merken* sans le moindre doute
Deutlichkeit <-, -en> *f* clarté
deutsch [dɔytʃ] **I.** *adj* allemand(e); **die ~e Staatsangehörigkeit** la nationalité allemande **II.** *adv* en allemand; **~ miteinander sprechen** discuter en allemand
Deutsch [dɔytʃ] <-[s]> *nt kein Art* ❶ (*Sprache*) l'allemand *m*; **~ lernen/verstehen** apprendre/comprendre l'allemand; **~ können** savoir parler l'allemand; **sprechen Sie ~?** parlez-vous allemand?; **sich auf ~ unterhalten** discuter en allemand; **wie heißt „demain" auf ~?** com-

ment dit-on “demain” en allemand? ② (*Unterrichtsfach*) **gut in ~ sein** être bon en allemand ▶ **auf gut ~** *fam* ≈ en bon français

Deutsche *nt dekl wie adj* **das ~** l'allemand *m;* **das Futur im ~n** le futur en allemand; **etw aus dem ~n übersetzen** traduire qc de l'allemand

Deutsche(r) *f(m) dekl wie adj* Allemand(e) *m(f);* **~r sein** être Allemand

deutschfeindlich *adj* germanophobe **deutsch-französisch** *adj* **ein ~es Wörterbuch** un dictionnaire allemand-français; **die ~e Freundschaft** l'amitié franco-allemande **deutschfreundlich** *adj* germanophile **Deutschland** ['dɔytʃlant] *nt* l'Allemagne *f;* **in ~** en Allemagne **Deutschlehrer(in)** ['dɔytʃle:rɐ] *m(f)* professeur *mf* d'allemand

deutschsprachig ['dɔytʃʃpra:xɪç] *adj Bevölkerung, Gebiet* germanophone; *Literatur* en langue allemande

deutschstämmig ['dɔytʃʃtɛmɪç] *adj* d'origine allemande

Deutschtürke *m,* **-türkin** *f* Allemand(e) *m(f)* d'origine turque **deutschtürkisch** *adj inv* germano-turque

Deutung ['dɔytʊŋ] <-, -en> *f* interprétation *f*

Devise [de'vi:zə] <-, -n> *f* (*Wahlspruch*) devise *f*

Devisen [de'vi:zən] *Pl* (*Währung*) devises *fpl*

Devisenbringer <-s, -> *m fam* source *f* de devises **Devisengeschäft** *nt* opération *f* en devises **Devisenhandel** *m* marché *m* des changes **Devisenkurs** *m* taux *m* de change

devot [de'vo:t] *pej* **I.** *adj* soumis(e) **II.** *adv* dans une attitude servile

Devotionalien [devotsio'na:liən] *Pl* objets *mpl* de piété

Dezember [de'tsɛmbɐ] <-s, -> *m* décembre *m; s. a.* **April**

dezent [de'tsɛnt] **I.** *adj Farbe, Lächeln* discret(-ète) **II.** *adv andeuten* discrètement; *gekleidet* avec discrétion

dezentral [detsɛn'tra:l] *adj* décentralisé(e)

dezentralisieren* [detsɛntrali'zi:rən] *vt* décentraliser

Dezentralisierung <-, -en> *f* décentralisation *f*

Dezernat [detsɛr'na:t] <-[e]s, -e> *nt* service *m*

Dezernent(in) [detsɛr'nɛnt] <-en, -en> *m(f)* chef *mf* de service

Dezibel ['de:tsibɛl] <-s, -> *nt* décibel *m*

Dezigramm [detsi'gram, 'de:tsigram] *nt* décigramme *m* **Deziliter** [detsi'li:tɐ, 'de:tsili:tɐ] *m o nt* décilitre *m*

dezimal [detsi'ma:l] *adj* décimal(e)

Dezimalbruch *m* MATH fraction *f* décimale **Dezimalstelle** *f* décimale *f* **Dezimalsystem** *nt* système *m* décimal **Dezimalzahl** *f* nombre *m* décimal

Dezimeter [detsi'me:tɐ, 'de:tsime:tɐ] *m o nt* décimètre *m*

dezimieren* [detsi'mi:rən] *vt* décimer

DFB [de:ʔɛf'be:] <-> *m* SPORT *Abk von* **Deutscher Fußball-Bund** *fédération allemande de football*

DFÜ [de:ʔɛf'ʔy:] <-> *f Abk von* **Datenfernübertragung** télétransmission *f* des données

DGB [de:ge:'be:] <-> *m Abk von* **Deutscher Gewerkschaftsbund** *confédération des syndicats allemands*

dgl. *Abk von* **dergleichen, desgleichen** de même

d. Gr. *Abk von* **der/die Große** le Grand/la Grande

d.h. *Abk von* **das heißt** c.-à-d.

Dia ['di:a] <-s, -s> *nt* diapo *f* (*fam*)

Diabetes [dia'be:tɛs] <-> *m* MED diabète *m*

diabeteskrank *adj inv* MED diabétique

Diabetiker(in) [dia'be:tikɐ] <-s, -> *m(f)* diabétique *mf*

Diabetrachter *m* (*Gerät*) visionneuse *f*

diabolisch [dia'bo:lɪʃ] *geh adj* diabolique

Diadem [dia'de:m] <-s, -e> *nt* diadème *m*

Diagnose [dia'gno:zə] <-, -n> *f* MED diagnostic *m*

Diagnosezentrum *nt* centre *m* de médecine préventive

diagnostizieren* [diagnɔsti'tsi:rən] *vt* diagnostiquer; **etw bei jdm ~** diagnostiquer qc chez qn

diagonal [diago'na:l] *adj* diagonal(e)

Diagonale <-, -n> *f* diagonale *f*

Diagramm [dia'gram] <-s, -e> *nt* diagramme *m*

Diakon(in) <-s *o* -en, -e[n]> *m(f)* diacre *m*

Diakonie <-> *f* diaconat *m*

Diakonissin <-, -nen> *f* diaconesse *f*

Dialekt [dia'lɛkt] <-[e]s, -e> *m* dialecte *m*

dialektal [dialɛk'ta:l] *adj* dialectal(e)

Dialektik [dia'lɛktɪk] <-> *f* PHILOS dialectique *f*

Dialog [dia'lo:k] <-[e]s, -e> *m* dialogue *m;* **in ~ treten** entamer un dialogue

Dialogfeld *nt* INFORM boîte *f* de dialogue **Dialogfenster** *nt* INFORM fenêtre *f* de dialogue conversationnel

D

D

Dialyse [dia'ly:zə] <-, -n> *f* CHEM, MED dialyse *f*
Diamant [dia'mant] <-en, -en> *m* diamant *m*
Diamantschleifer(in) <-s, -> *m(f)* diamantaire *mf*
diametral [diame'tra:l] *adv geh* diamétralement; **~ entgegengesetzt** diamétralement opposé
Diaphragma [dia'fragma] <-s, -phragmen> *nt* MED diaphragme *m*
Diapositiv [diapozi'ti:f, 'di:apoziti:f] *nt* diapositive *f* **Diaprojektor** ['di:aprojɛkto:ɐ] *m* projecteur *m* de diapositives **Diarahmen** *m* cadre-cache *m*
Diaspora [di'aspora] <-> *f* REL diaspora *f*
Diät [di'ɛ:t] <-, -en> *f* (*Ernährungsregeln*) régime *m* alimentaire; **jdn auf ~ setzen** *fam* mettre qn au régime
Diätassistent(in) *m(f)* diététicien(ne) *m(f)*
Diäten [di'ɛ:tən] *Pl* indemnité *f* parlementaire
diätetisch [diɛ'te:tɪʃ] *adj a.* MED diététique
Diätkost *f* aliments *mpl* diététiques
dich [dɪç] **I.** *pron pers, akk von* **du**: **ich habe ~ gesehen** je t'ai vu; **er hat ~ gemeint** c'est de toi qu'il parlait; **ohne ~** sans toi **II.** *pron refl* **du hast ~ verändert** tu as changé; **du darfst ~ nicht wundern, wenn ...** ne t'étonne pas si ...
dicht [dɪçt] **I.** *adj* ❶ épais(se); *Verkehr* dense; *Reihe* serré(e) ❷ (*undurchdringlich*) *Nebel* épais(se); *Regen* dru(e) ❸ (*undurchlässig*) étanche; *Fenster* hermétique; *Stoff* imperméable; *Vorhänge* épais(se) ❹ (*fest*) *Gewebe* serré(e) ▶ **nicht ganz ~ sein** *fam* déconner **II.** *adv* ❶ (*nah*) **~ beieinanderstehen** être près les uns des autres; **~ hinter jdm stehen** être juste derrière qn ❷ (*unmittelbar*) **~ bevorstehen** être imminent ❸ (*stark*) **~ besiedelt sein** être très peuplé; **~ bewölkt sein** être très nuageux; **~ gedrängt** *Menschenmenge* [très] dense ❹ (*fest*) *schließen* hermétiquement; *weben* serré
dichtbesiedelt *s.* **dicht II.3** **dichtbewölkt** *s.* **dicht II.3**
Dichte <-, -n> *f a.* PHYS densité *f*; *eines Waldes* épaisseur *f*
dichten ['dɪçtən] **I.** *vt* composer *Ode, Ballade* **II.** *vi* faire de la poésie
Dichter(in) ['dɪçtɐ] <-s, -> *m(f)* poète *m*/poétesse *f*
dichterisch ['dɪçtərɪʃ] *adj* poétique
dichtgedrängt *s.* **dicht II.3** **dicht|halten** ['dɪçthaltən] *vi irr fam* ne pas lâcher le morceau
Dichtkunst *f* art *m* poétique
dicht|machen *vt, vi fam* fermer *Laden, Fabrik, Grenze*
Dichtung ['dɪçtʊŋ] <-, -en> *f* ❶ (*Dichtkunst*) poésie *f*; (*Fiktion*) fiction *f* ❷ TECH joint *m*
Dichtungsmasse *f* mastic *m* [pour joints] **Dichtungsring** *m*, **Dichtungsscheibe** *f* joint *m* [d'étanchéité]
dick [dɪk] **I.** *adj* ❶ gros(se) *antéposé* ❷ (*stark*) **ein zwei Zentimeter ~es Brett** une planche de deux centimètres d'épaisseur ❸ (*dickflüssig*) *Sauce, Nebel* épais(se); *Milch* caillé(e) ❹ *fam* (*eng*) *Freundschaft* grand(e) *antéposé* ▶ **mit jdm durch ~ und dünn gehen** suivre qn jusqu'en enfer **II.** *adv* ❶ (*warm*) **sich ~ anziehen** bien se couvrir ❷ (*deutlich*) *unterstreichen* en gros ❸ (*reichlich*) **etw ~ auftragen** étaler une grosse couche de qc ❹ *fam* (*sehr gut*) **~ befreundet sein** être comme cul et chemise; **~ im Geschäft sein** faire son beurre ▶ **~ auftragen** *pej fam* en rajouter; **etw ~e haben** *fam* en avoir ras le bol de qc
dickbäuchig ['dɪkbɔyçɪç] *adj* ventru(e)
Dickdarm *m* gros intestin *m*
Dicke ['dɪkə] <-, -n> *f* grosseur *f*; *einer Schicht* épaisseur *f*; **eine ~ von einem Meter haben** avoir un mètre d'épaisseur
Dickerchen ['dɪkɐçən] <-s, -> *nt hum fam* petit gros *m*/petite grosse *f*
dickfellig *adj pej fam* buté(e)
Dickfelligkeit <-> *f pej fam* entêtement *m*
dickflüssig *adj* visqueux(-euse); *Sauce* épais(se)
Dickhäuter ['dɪkhɔytɐ] <-s, -> *m hum fam* pachyderme *m* ▶ **ein ~ sein** avoir la peau dure
Dickicht ['dɪkɪçt] <-[e]s, -e> *nt* ❶ (*Gebüsch*) fourré *m* ❷ (*Unübersichtlichkeit*) maquis *m*
Dickkopf *m fam* ❶ (*Starrsinn*) entêtement *m*; **einen ~ haben** être tête de mule; **seinen ~ durchsetzen** faire ses quatre volontés ❷ (*Mensch*) tête *f* de mule
dickköpfig ['dɪkkœpfɪç] *adj fam* têtu(e)
dicklich *adj* ❶ *Person* grassouillet(te) ❷ (*dickflüssig*) épais(se)
Dickmilch *f* lait *m* caillé **Dickschädel** *m s.* **Dickkopf**
dickschalig ['dɪkʃalɪç] *adj Orange* à écorce épaisse
Dickwanst *m pej fam* gros *m* plein de soupe
Didaktik [di'daktɪk] <-, -en> *f* didactique *f*

didaktisch [di'daktɪʃ] *adj* didactique
die¹ [diː] **I.** *art def, feminin, nom und akk Sing* le/la; ~ **Großmutter anrufen** téléphoner à la grand-mère **II.** *art def, nom und akk Pl von* **der¹**, **die¹ I.**, **das¹** les
die² [diː] **I.** *pron dem, feminin, nom und akk Sing* ce/cette; ~ **weiß das doch nicht!** celle-là, elle ne le sait pas! **II.** *pron dem, nom und akk Pl von* **der²**,**I.**, **die²**, **I.**, **das²**, **I.** ces; ~ **wissen das doch nicht!** ils ne la savent pas, eux! **III.** *pron rel, feminin, nom Sing* qui; **eine Frau,** ~ **es eilig hatte** une femme, qui était pressée **IV.** *pron rel, feminin, akk Sing* que; **eine Frau,** ~ **man schätzt** une femme qu'on apprécie **V.** *pron rel, nom Pl* qui; **Menschen,** ~ **es eilig hatten** des gens qui étaient pressés **VI.** *pron rel, akk Pl* que; **drei Städte,** ~ **wir besichtigen werden** trois villes que nous allons visiter **VII.** *pron dem o rel, feminin, nom Sing* celle qui; ~ **dieses Amt anstrebt** celle qui brigue ce fauteuil
Dieb(in) [diːp] <-[e]s, -e> *m(f)* voleur(-euse) *m(f)*; **haltet den** ~**!** au voleur! ▶**Gelegenheit macht** ~**e** *prov* l'occasion fait le larron
Diebesbande ['diːbəs-] *f* bande *f* de voleurs **Diebesgut** *nt kein Pl* butin *m*
diebisch ['diːbɪʃ] *adj* ① *Person* voleur(-euse) ② (*heimlich*) *Freude* furtif(-ive)
Diebstahl ['diːpʃtaːl] <-[e]s, -stähle> *m* vol *m*; **schwerer** ~ vol qualifié; **geistiger** ~ plagiat *m*
diejenige ['diːjenɪgə] *pron dem, feminin, nom und akk Sing* cette; ~ **Kollegin, die ...** cette collègue qui ...; **für** ~ **Schülerin mit den besten Noten** pour l'élève ayant obtenu les meilleurs résultats
diejenigen *pron dem, nom und akk Pl von* **derjenige, diejenige, dasjenige**: ~ **Schüler, die teilnehmen wollen** ceux parmi les élèves qui souhaitent participer; **eine Überraschung für** ~**n unter Ihnen, die ...** une surprise pour ceux d'entre vous qui ...; **für meine Schuhe und** ~ **meiner Kinder** pour mes chaussures à moi et celles de mes enfants
Diele ['diːlə] <-, -n> *f* (*Flur*) vestibule *m*
dienen ['diːnən] *vi* ① (*nützlich sein*) **der Verteidigung** (*dat*) ~ servir à la défense; **wozu soll das alles** ~**?** ça sert à quoi, tout ça? ② (*helfen*) **mit etw** ~ **können** pouvoir être utile en qc; **womit kann ich** ~**?** en quoi puis-je être utile?; **mit dieser Auskunft ist mir wenig gedient** ce renseignement ne m'avance pas beaucoup; **ist dir mit einem Schraubenzieher gedient?** est-ce qu'un tournevis t'irait? ③ (*verwendet werden*) **jdm als Brieföffner** ~ servir de coupe-papier à qn ④ MIL **bei der Marine** ~ faire son service dans la marine
Diener ['diːnɐ] <-s, -> *m* ① serviteur *m* (*vieilli*) ② *fam* (*Verbeugung*) **einen** ~ **machen** s'incliner
Dienerin <-, -nen> *f* servante *f* (*vieilli*)
dienern ['diːnɐn] *vi pej* faire des courbettes; **vor jdm** ~ faire des courbettes à qn
Dienerschaft <-, -en> *f* domestiques *mpl*
dienlich *adj* **einer S.** ~ **sein** être utile à qc
Dienst [diːnst] <-[e]s, -e> *m* ① service *m*; **bei jdm** ~ **tun** travailler chez qn; **jdn vom** ~ **befreien** donner un congé à qn; **außer** ~ (*in der Freizeit*) en congé; (*im Ruhestand*) en retraite; **öffentlicher** ~ fonction *f* publique ② (*Bereitschaftsdienst*) service *m*; ~ **haben** être de service; ~ **habend** de garde ③ *meist Pl* (*Unterstützung, Gefallen*) services *mpl*; **jdm einen** ~ **erweisen** rendre service à qn
Dienstag ['diːnstaːk] *m* mardi *m*; **am** ~ (*dienstags*) le mardi; (*kommenden Dienstag*) mardi prochain; (*letzten Dienstag*) mardi dernier; ~ **vormittags/abends/nachts** le mardi matin/soir/dans la nuit; **jeden** ~ tous les mardis; **[am] letzten** ~ mardi dernier; **am nächsten** ~ mardi prochain; **an einem** ~ un mardi; **hast du diesen** ~ **Zeit?** tu as le temps mardi?; **heute ist** ~**, der 31. Mai** aujourd'hui nous sommes le mardi 31 mai
Dienstagabend [diːnstaːk'ʔaːbənt] *m* mardi *m* soir **Dienstagmorgen** *m* mardi *m* matin
dienstags ['diːnstaːks] *adv* le mardi
Dienstalter *nt* années *fpl* de service **Dienstantritt** *m* prise *f* de service **Dienstanweisung** *f* instructions *fpl* [de service] **Dienstausweis** *m* carte *f* d'identité de service
dienstbar *adj* serviable; **sich** (*dat*) **jdn/etw** ~ **machen** mettre qn/qc à profit
dienstbeflissen *adj* zélé(e) **dienstbereit** *adj Apotheke* de garde **Dienstbereitschaft** *f kein Pl* (*Notbereitschaft*) garde *f* **diensteifrig** *s.* **dienstbeflissen** **dienstfrei** *adj Tag* de libre **Dienstgebrauch** *m* **nur für den** ~ réservé au service **Dienstgeheimnis** *nt* secret *m* professionnel **Dienstgrad** *m* (*Rangstufe*) grade *m*
diensthabend *s.* **Dienst 2**
Dienstherr *m* ① (*Arbeitgeber*) employeur *m* ② (*vorgesetzte Dienstbehörde*)

D

autorité *f* supérieure **Dienstjahr** *nt meist Pl* année *f* de service **Dienstleistung** *f* prestation *f* de services

Dienstleistungsberuf *m* métier *m* du [secteur] tertiaire **Dienstleistungsbetrieb** *m* entreprise *f* du tertiaire **Dienstleistungsgewerbe** *m* secteur *m* tertiaire **Dienstleistungsverkehr** *m* JUR échange *m* des services

D

dienstlich I. *adj Angelegenheit* professionnel(le); *Schreiben* officiel(le) II. *adv verreisen* à titre professionnel; *sprechen* pour affaires

Dienstmädchen *nt* bonne *f* **Dienstpersonal** *nt* personnel *m* de services **Dienstplan** *m* tableau *m* de service **Dienstreise** *f* déplacement *m* professionnel; **auf ~ gehen** partir en déplacement **Dienstschluss**RR *m* fermeture *f* **Dienststelle** ['diːnstʃtɛlə] *f* bureau *m;* **die höhere ~** l'autorité *f* supérieure **diensttauglich** *adj* apte au service **Dienstverhältnis** *nt* état *m* de service **Dienstvorschrift** *f* règlement *m* [intérieur]; MIL consigne *f* **Dienstwaffe** *f* arme *f* de service **Dienstwagen** *m* voiture *f* de fonction **Dienstweg** *m* voie *f* hiérarchique **Dienstwohnung** *f* logement *m* de fonction **Dienstzeit** *f* ❶ (*Arbeitszeit*) horaire *m* de travail ❷ (*Dienstjahre*) années *fpl* de service

dies [diːs] *pron dem, inv* ❶ (*das hier*) ~ **ist meine Tante** voici ma tante; ~ **ist der Freund, der bei uns wohnt** c'est l'ami qui habite chez nous; ~ **alles gehört mir** tout ça est à moi ❷ (*dieses*) ce/cette ▶ **über ~ und das sprechen** parler de choses et d'autres

diesbezüglich *adj, adv form* à ce sujet

diese(r, s) ['diːzə, -zɐ, -zəs] *pron dem* ce/cette; **~s Kind** cet enfant; **in ~n Jahren** ces années-là ▶ **~s und jenes** différentes choses *fpl*

Diesel ['diːzəl] <-s> *nt fam* gasoil *m*

dieselbe [diː'zɛlbə] *pron dem, nom und akk Sing von* **derselbe** le/la même; **diese beiden Bücher hat ~ Journalistin geschrieben** c'est la même journaliste qui a écrit ces deux livres

dieselben *pron dem, nom und akk Pl von* **derselbe, dieselbe, dasselbe** les mêmes

Diesellok[omotive] *f* locomotive *f* diesel **Dieselmotor** *m* [moteur *m*] diesel *m* **Dieselöl** *s.* **Diesel**

dieser ['diːzɐ], **dieses** ['diːzəs] *s.* **diese(r, s)**

diesig ['diːzɪç] *adj* brumeux(-euse)

diesjährig ['diːsjɛːrɪç] *adj attr* de cette année

diesmal ['diːsmaːl] *adv* cette fois-ci

diesseitig ['diːszaitɪç] *adj* ❶ (*auf dieser Seite*) de ce côté-ci ❷ *geh* (*irdisch*) *Leben* d'ici-bas; *Denken* temporel(le)

diesseits ['diːszaits] *präp + gen* ~ **des Flusses** de ce côté-ci du fleuve

Diesseits <-> *nt* **das** ~ (*die Welt*) les choses *fpl* d'ici-bas; (*das Leben*) la vie ici-bas; **im** ~ dans ce bas monde

Dietrich ['diːtrɪç] <-s, -e> *m* rossignol *m*

diffamieren* [dɪfa'miːrən] *vt* diffamer; **jdn als Verrückten ~** diffamer qn en l'accusant d'être fou

diffamierend *adj* diffamatoire

Diffamierung <-, -en> *f* diffamation *f*

Differential [dɪfərɛn'tsi̯aːl] *s.* **Differenzial**

Differentialrechnung *s.* **Differenzialrechnung**

Differenz [dɪfə'rɛnts] <-, -en> *f* ❶ différence *f* ❷ (*zeitlicher Abstand*) écart *m* ❸ *meist Pl* (*Meinungsverschiedenheit*) différend *m*

DifferenzialRR [dɪfərɛn'tsi̯aːl] <-s, -e> *nt* MATH différentielle *f*

DifferenzialgetriebeRR *nt* [engrenage *m*] différentiel *m* **Differenzialrechnung**RR *f* MATH calcul *m* différentiel

differenzieren* [dɪfərɛn'tsiːrən] *geh* I. *vi* différencier; **zwischen zwei Phänomenen ~** faire la distinction entre deux phénomènes II. *vt* nuancer *Behauptung;* modifier *Angebot*

differenziert [dɪfərɛn'tsiːɐt] *geh adj* nuancé(e); *Methode* subtil(e)

differieren* [dɪfə'riːrən] *vi geh* différer; **um zehn Grad ~** *Temperaturen:* différer de dix degrés

diffus [dɪ'fuːs] I. *adj* ❶ *Licht* diffus(e) ❷ (*verworren*) confus(e) II. *adv leuchten* diffusément

digital [digi'taːl] I. *adj Daten, Anzeige* numérique; *Technik* digital(e); *Kassette* audionumérique II. *adv* ~ **erfolgen** s'effectuer par numérisation; **etw ~ darstellen** digitaliser qc

Digitalfernsehen *nt* télévision *f* numérique

digitalisieren* [digitali'ziːrən] *vt* ❶ numériser *Daten, Anzeige* ❷ (*digital darstellen*) digitaliser

Digitalkamera *f* appareil *m* photo numérique

Digital Native ['dɪdʒɪtəl 'neɪtɪv] <-s, -s> *m meist Pl* INFORM natif *m* numérique

Digitalschrott *m pej fam* (*Apparat*) [truc *m*] numérique *m* merdique **Digitaluhr** *f* (*Wanduhr*) horloge *f* (à affichage) numérique; (*Armbanduhr*) montre *f* (à affichage) numérique **Digitalzeitalter** *nt* ère *f* numérique

Diktat [dɪk'ta:t] <-[e]s, -e> *nt* 1 dictée *f* 2 (*Zwang, Willkür*) diktat *m*

Diktator [dɪk'ta:to:ɐ̯] <-s, -toren> *m*, **Diktatorin** *f pej* dictateur(-trice) *m(f)*

diktatorisch [dɪkta'to:rɪʃ] *pej* **I.** *adj* dictatorial(e) **II.** *adv* en dictateur

Diktatur [dɪkta'tu:ɐ̯] <-, -en> *f pej* dictature *f*

diktieren* [dɪk'ti:rən] *vt* dicter; **jdm etw ~** dicter qc à qn

Diktiergerät *nt* dictaphone *m*

Dildo ['dɪldo] <-[s], -s> *m* godemiché *m*

Dilemma [di'lɛma] <-s, -s *o* -ta> *nt geh* dilemme *m*

Dilettant(in) [dilɛ'tant] <-en, -en> *m(f) a. pej* dilettante *mf*

dilettantisch [dilɛ'tantɪʃ] *pej* **I.** *adj* de dilettante; **auf ~e Weise** en dilettante **II.** *adv* en dilettante

Dilettantismus [dilɛtan'tɪsmʊs] <-> *m a. pej* dilettantisme *m*

Dill [dɪl] <-[e]s, -e> *m* aneth *m*

Dimension [dimɛn'zi̯o:n] <-, -en> *f* dimension *f*

Dimmer ['dɪmɐ] <-s, -> *m* variateur *m*

DIN [di:n] <-> *f Abk von* **Deutsche Industrie-Norm** *norme industrielle allemande;* **im Format ~ A4** de format A4

DIN-Format ['di:n-] *nt* format *m* standard (*aux normes allemandes*)

Ding [dɪŋ] <-[e]s, -e *o fam* -er> *nt* 1 (*Gegenstand, Sache*) machin *m;* **persönliche ~e** des affaires *fpl* personnelles 2 *Pl* (*Angelegenheit, Frage*) **so, wie die ~e liegen** au point où en sont les choses; **wie ich die ~e sehe, wird das nicht einfach sein** il me semble que cela ne sera pas facile ▶ **die ~e beim Namen nennen** appeler les choses par leur nom; **das ist ein ~ der Unmöglichkeit** cela relève de l'impossible; **aller guten ~e sind drei** *prov* jamais deux sans trois; **ein krummes ~ drehen** *fam* faire un mauvais coup; **über den ~en stehen** être au-dessus de ça

dingfest *adj* **jdn ~ machen** arrêter qn

Dings[bums][1] ['dɪŋs(bʊms)] <-> *nt fam* (*Gegenstand*) truc *m*, bidule *m*

Dings[bums][2] ['dɪŋs(bʊms)] <-> *mf fam* machin(e) *m(f);* **hat der/die ~ angerufen?** est-ce que Machin/Machine [Chouette] a téléphoné?

Dingsda[1] ['dɪŋsda:] <-> *nt fam s.* **Dings[bums]**[1]

Dingsda[2] ['dɪŋsda:] <-> *mf fam s.* **Dings[bums]**[2]

Dinosaurier [dino'zau̯ri̯ɐ] *m* dinosaure *m*

Diode [di'ʔo:də] <-, -n> *f* diode *f*

Dioptrie [diɔp'tri:] <-, -ien> *f* dioptrie *f*

Dioxid ['di:ʔɔksi:t, diʔɔ'ksi:t] <-s, -e> *nt* CHEM dioxyde *m*

Dioxin [diɔ'ksi:n] <-s, -e> *nt* CHEM dioxine *f*

Diözese [diø'ʦe:zə] <-, -n> *f* diocèse *m*

Dip [dɪp] <-s, -s> *m* GASTR sauce *f* dip

Diphtherie [dɪfte'ri:] <-, -ien> *f* MED diphtérie *f*

Diphthong [dɪf'tɔŋ] <-s, -e> *m* PHON diphtongue *f*

Dipl. *Abk von* **Diplom** diplôme

Dipl.-Ing. *Abk von* **Diplomingenieur**

Diplom [di'plo:m] <-s, -e> *nt* diplôme *m*

Diplomarbeit *f* mémoire *m*

Diplomat(in) [diplo'ma:t] <-en, -en> *m(f)* diplomate *mf*

Diplomatenlaufbahn *f* carrière *f* diplomatique

Diplomatie [diploma'ti:] <-> *f* diplomatie *f*

diplomatisch [diplo'ma:tɪʃ] *adj* diplomatique

Diplomingenieur(in) *m(f)* ingénieur *mf* diplômé(e) **Diplomlandwirt(in)** *m(f)* ingénieur *mf* agronome **Diplomprüfung** *f* examen *m* [pour l'obtention d'un/du diplôme]

dippen ['dɪpən] *vt* **etw [in etw** (*akk*)**] ~** tremper qc [dans qc]

dir [di:ɐ̯] **I.** *pron pers, dat von* **du**: **das wird ~ gut tun** ça te fera du bien; **gehört das Fahrrad ~?** c'est à toi, ce vélo?; **geht es ~ heute besser?** tu vas mieux aujourd'hui? **II.** *pron refl* **stell ~ vor, es klappt!** figure-toi, ça marche!; **was hast du ~ dabei gedacht?** qu'est-ce que tu avais en tête?

direkt [di'rɛkt] **I.** *adj* direct(e) **II.** *adv* (*ohne Umweg*) directement; *antworten, fragen* sans détour; **etw ~ übertragen** retransmettre qc en direct

Direktbank *f* banque *f* directe

Direktbanking [di'rɛktbɛŋkɪŋ] <-s> *nt* télébanking *m*

Direktflug *m* AVIAT vol *m* direct

Direktion [dirɛk'ʦi̯o:n] <-, -en> *f* 1 (*Geschäftsleitung, Büro*) direction *f* 2 CH (*Ressort*) ministère *m* cantonal

Direktive [dirɛk'tiːvə] <-, -n> *f geh* directive *f*
Direktor [di'rɛktoːɐ̯] <-s, -toren> *m*, **Direktorin** *f* directeur(-trice) *m(f)*
Direktorium [dirɛk'toːri̯ʊm] <-s, -rien> *nt* directoire *m*
Direktrice [dirɛk'triːsə] <-, -n> *f* styliste *f*
Direktübertragung *f* retransmission *f* en direct **Direktverbindung** *f* liaison *f* directe **Direktzugriff** *m* INFORM accès *m* direct
Dirigent(in) [diri'gɛnt] <-en, -en> *m(f)* chef *mf* d'orchestre
dirigieren* [diri'giːrən] *vt* ❶ diriger *Orchester* ❷ (*leiten*) diriger *Firma, Wirtschaft;* régler *Verkehr*
Dirigismus [diri'gɪsmʊs] <-> *m* ÖKON dirigisme *m*
Dirndl ['dɪrnd(ə)l] <-s, -> *nt*, **Dirndlkleid** *nt* dirndl *m* (*costume bavarois ou autrichien*)
Dirne ['dɪrnə] <-, -n> *f* prostituée *f*
Discjockey ['dɪskdʒɔki] <-s, -s> *m* disque-jockey *m*
Disclaimer [dɪs'kleɪmɐ] <-s, -> *m* INET exclusion *f* de responsabilité
Disco ['dɪsko] <-, -s> *f fam* boîte *f;* **in die ~ gehen** aller en boîte
Discounter [dɪs'kau̯ntɐ] <-s, -> *m* ❶ (*Person*) discounte[u]r *m* ❷ (*Geschäft*) magasin *m* discount
Discountmarkt [dɪs'kau̯nt-] *m s.* **Discounter 2**
Disharmonie [dɪsharmo'niː] *f* ❶ MUS discordance *f* ❷ *geh* (*Unstimmigkeit*) discorde *f*
disharmonisch [dɪshar'moːnɪʃ] *adj* ❶ MUS discordant(e) ❷ (*unpassend*) *Farbgebung* discordant(e) ❸ (*unharmonisch*) *Atmosphäre* de discorde (*soutenu*)
Diskette [dɪs'kɛtə] <-, -n> *f* disquette *f;* **eine ~ in das Laufwerk legen** introduire une disquette dans le lecteur
Diskettenbox *f* boîte *f* à disquettes **Diskettenlaufwerk** *nt* lecteur *m* de disquettes
Diskjockey ['dɪskdʒɔki] *s.* **Discjockey**
Disko ['dɪsko] *s.* **Disco**
Diskont [dɪs'kɔnt] <-s, -e> *m* FIN ❶ (*Vorzinsen*) escompte *m* ❷ (*Diskontsatz*) taux *m* d'escompte
Diskontsatz *m* FIN taux *m* d'escompte
Diskothek [dɪsko'teːk] <-, -en> *f* discothèque *f*
Diskrepanz [dɪskre'pants] <-, -en> *f* décalage *m*
diskret [dɪs'kreːt] *geh* **I.** *adj Person* discret(-ète); *Angelegenheit* confidentiel(le) **II.** *adv* avec discrétion
Diskretion [dɪskre'tsi̯oːn] <-> *f* discrétion *f*
diskriminieren* [dɪskrimi'niːrən] *vt geh* discriminer
diskriminierend *adj geh* discriminatoire
Diskriminierung <-, -en> *f geh* discrimination *f*
Diskriminierungsverbot *nt* interdiction *f* de la discrimination
Diskus ['dɪskʊs] <-[ses], Disken *o* -se> *m* disque *m*
Diskussion [dɪskʊ'si̯oːn] <-, -en> *f* débat *m;* **zur ~ stehen** être à l'ordre du jour; **das steht nicht zur ~** là n'est pas la question
Diskussionsgrundlage *f* base *f* de discussion **Diskussionsleiter(in)** *m(f)* personne *f* qui mène les débats
Diskuswerfen <-s> *nt* lancer *m* du disque; **im ~** au lancer du disque **Diskuswerfer(in)** *m(f)* lanceur(-euse) *m(f)* de disque
diskutabel [dɪsku'taːbəl] *adj geh* intéressant(e)
diskutieren* [dɪsku'tiːrən] *vi* discuter; **mit jdm über etw** (*akk*) **~** discuter avec qn de qc
dispensieren* [dɪspɛn'ziːrən] *vt geh* dispenser
Display [dɪs'pleɪ] <-s, -s> *nt* INFORM écran *m* de visualisation
Dispokredit ['dɪspo-] *s.* **Dispositionskredit**
disponieren* [dɪspo'niːrən] *vi geh* disposer
Disposition [dɪspozi'tsi̯oːn] <-, -en> *f geh* disposition; **jdm zur ~ stehen** être disponible à qn
Dispositionskredit *m* découvert *m* autorisé
Disput [dɪs'puːt] <-[e]s, -e> *m geh* discussion *f*
Disqualifikation [dɪskvalifika'tsi̯oːn] <-, -en> *f* disqualification *f*
disqualifizieren* [dɪskvalifi'tsiːrən] *vt* disqualifier
Disse ['dɪsə] <-, -s> *f sl Abk von* **Diskothek** boîte *f* (*fam*)
Dissertation [dɪsɛrta'tsi̯oːn] <-, -en> *f* thèse *f* [de troisième cycle]
Dissident(in) [dɪsi'dɛnt] <-en, -en> *m(f)* dissident(e) *m(f)*
Dissonanz [dɪso'nants] <-, -en> *f a.* MUS dissonance *f*

Distanz [dɪsˈtants] <-, -en> *f a. fig* distance *f*
distanzieren* [dɪstanˈtsiːrən] *vr* **sich von jdm ~** prendre ses distances par rapport à qn
distanziert *geh* **I.** *adj* distant(e) **II.** *adv sich verhalten* de façon distante
Distel [ˈdɪstəl] <-, -n> *f* chardon *m*
Distelfink *m* ORN chardonneret *m*
Distrikt [dɪsˈtrɪkt] <-[e]s, -e> *m* district *m*
Disziplin [dɪstsiˈpliːn] <-, -en> *f* discipline *f;* **~ üben** faire preuve de discipline
disziplinarisch [dɪstsipliˈnaːrɪʃ] *adj* disciplinaire
Disziplinarstrafe [dɪstsipliˈnaːɐ̯-] *f* sanction *f* disciplinaire **Disziplinarverfahren** *nt* procédure *f* disciplinaire
diszipliniert [dɪstsipliˈniːɐ̯t] *geh* **I.** *adj* discipliné(e) **II.** *adv* de façon disciplinée
disziplinlos **I.** *adj* indiscipliné(e) **II.** *adv* de façon indisciplinée
Disziplinlosigkeit <-, -en> *f* ❶ *kein Pl* (*Einstellung*) indiscipline *f* ❷ (*Handlung*) acte *m* d'indiscipline
dito [ˈdiːto] *adv* de même
Diva [ˈdiːva] <-, -s o Diven> *f* (*Sängerin*) diva *f;* (*Filmschauspielerin*) star *f*
Divergenz [divɛrˈgɛnts] <-, -en> *f a.* MATH divergence *f*
divergieren* [divɛrgiːrən] *vi geh* diverger
divers [diˈvɛrs] *adj attr geh* **~e Fragen** diverses questions; **Diverses besprechen** discuter de diverses choses
Diversifikation [divɛrzifikaˈtsi̯oːn] <-, -en> *f* diversification *f*
Diversität [divɛrziˈtɛːt] <-> *f geh* diversité *f*
Dividend [diviˈdɛnt] <-en, -en> *m* MATH dividende *m*
Dividende [diviˈdɛndə] <-, -n> *f* ÖKON dividende *m*
dividieren* [diviˈdiːrən] *vt, vi* MATH diviser; **eine Zahl durch drei ~** diviser un nombre par trois
Division [diviˈzi̯oːn] <-, -en> *f* MATH, MIL division *f*
Divisor [diˈviːzoːɐ̯] <-s, -soren> *m* MATH (*Teiler*) diviseur *m*
DJ [ˈdiːdʒeː] <-[s], -s> *m Abk von* **Discjockey** D.J. *m*
DJH [deːjɔtˈhaː] <-[s]> *nt Abk von* **Deutsches Jugendherbergswerk** fédération *f* des auberges de jeunesse allemandes
DKP [deːkaːˈpeː] <-> *f Abk von* **Deutsche Kommunistische Partei** *parti communiste ouest-allemand*
dl *Abk von* **Deziliter** dl
dm *Abk von* **Dezimeter** dm
DM HIST *Abk von* **Deutsche Mark** DM

DNA [deːʔɛnˈʔaː] <-> *f Abk von* **deoxyribonucleic acid** BIO, CHEM ADN *m*
DNA-Analyse *f* test *m* ADN **DNA-Spur** *f* empreinte *f* ADN
D-Netz [ˈdeːnɛts] *nt* réseau *m* de radiotéléphone à couverture européenne
DNS [deːʔɛnˈʔɛs] <-> *f Abk von* **Desoxyribonukleinsäure** A.D.N. *m*
doch [dɔx] **I.** *konj* mais **II.** *adv* ❶ (*dennoch*) quand même; **kommen Sie ~ morgen wieder** revenez donc demain ❷ (*wirklich*) tout de même ❸ (*Widerspruch ausdrückend*) si ❹ (*hoffentlich*) **du hast dich ~ bei ihr bedankt?** j'espère bien que tu l'as remerciée?; **du hast mir ~ die Wahrheit gesagt, oder?** tu m'as bien dit la vérité, n'est-ce pas? ❺ (*zweifellos*) **du weißt ~, wie das ist** tu sais bien comment c'est; **Sie kennen sich hier ~ aus** vous connaissez certainement l'endroit
Docht [dɔxt] <-[e]s, -e> *m* mèche *f*
Dock [dɔk] <-s, -s o -e> *nt* dock *m*
Docker(in) <-s, -> *m(f)* docker *m*
Dogge [ˈdɔgə] <-, -n> *f* dogue *m*
Dogma [ˈdɔgma] <-s, Dogmen> *nt* dogme *m*
dogmatisch [dɔˈgmaːtɪʃ] *adj pej* dogmatique
Dohle [ˈdoːlə] <-, -n> *f* choucas *m*
Doktor [ˈdɔktoːɐ̯] <-s, -toren> *m,* **Doktorin** *f* ❶ (*Arzt*) docteur *m;* **guten Tag, Frau/Herr ~!** bonjour, docteur! ❷ (*akademischer Grad*) docteur *m;* **~ der Philosophie** docteur ès lettres
Doktorand(in) [dɔktoˈrant] <-en, -en> *m(f)* doctorant(e) *m(f)*
Doktorarbeit *f* thèse *f* [de troisième cycle]
Doktorin *s.* **Doktor**
Doktortitel *m* titre *m* de docteur; **den ~ haben** posséder le titre de docteur
Doktrin [dɔkˈtriːn] <-, -en> *f* ❶ (*Programm*) principe *m* ❷ *geh* (*Lehre*) doctrine *f*
doktrinär [dɔktriˈnɛːɐ̯] *adj geh* doctrinal(e)
Dokument [dokuˈmɛnt] <-[e]s, -e> *nt* ❶ (*Schriftstück*) document *m* ❷ (*Zeugnis*) témoignage *m*
Dokumentar(in) [dokumɛnˈtaːɐ̯] <-s, -e> *m(f)* documentaliste *mf*
Dokumentarfilm *m* [film *m*] documentaire *m*
dokumentarisch [dokumɛnˈtaːrɪʃ] **I.** *adj* documentaire **II.** *adv beweisen* par des documents; **etw ~ belegen** documenter qc
Dokumentation [dokumɛntaˈtsi̯oːn] <-,

-en> *f* ① (*Nachweissammlung*) dossier *m* ② (*Beschreibung*) documentation *f*

dokumentieren* [dokumɛn'ti:rən] *vt* (*aufzeigen*) **etw ~** *Person:* manifester qc; *Schriftstück:* témoigner de qc

Dokumentvorlage *f* INFORM modèle *m* de document

D

Dokusoap ['do:kusoʊp] <-, -s> *f* TV feuilleton *m* docudrame

Dolch [dɔlç] <-[e]s, -e> *m* poignard *m*

doll [dɔl] *fam* **I.** *adj* ① (*schlimm*) méchant(e) *antéposé* ② (*großartig*) super ③ (*unerhört*) dingue **II.** *adv* DIAL *sich freuen* drôlement; **so ~, dass ...** tellement que ...

Dollar ['dɔlar] <-[s], -s> *m* dollar *m*

Dollarkurs *m* cours *m* du dollar **Dollarzeichen** *nt* symbole *m* du dollar ►**~ in den Augen haben** *hum fam* avoir des dollars dans les yeux

dolmetschen ['dɔlmɛtʃən] **I.** *vi* servir d'interprète; **für jdn ~** servir d'interprète à qn **II.** *vt* traduire *Gespräch*

Dolmetscher(in) <-s, -> *m(f)* interprète *mf*

Dolomiten *Pl* **die ~** les Dolomites *fpl*

Dom [do:m] <-[e]s, -e> *m* cathédrale *f*

Domain [do'meɪn] <-, -s> *f* INET domaine *m*

Domäne [do'mɛ:nə] <-, -n> *f* domaine *m*

domestizieren* [domɛsti'tsi:rən] *vt* domestiquer

Domina ['do:mina] <-, -s> *f* prostituée *f* sadomasochiste

dominant [domi'nant] *adj* ① *Person* dominateur(-trice); **eine ~e Persönlichkeit** une forte personnalité ② BIO dominant(e); **~ vererbt werden** être un caractère héréditaire dominant

Dominante <-, -n> *f* MUS dominante *f*

Dominanz [domi'nants] <-, -en> *f* ① autorité *f* ② BIO dominance *f*

dominieren* [domi'ni:rən] **I.** *vi* ① (*vorherrschen*) commander ② (*überwiegen*) prédominer **II.** *vt* dominer

dominierend *adj geh Ereignis* dominant(e); *Rolle* prépondérant(e)

Dominikaner[1] [domini'ka:nɐ] <-s, -> *m* REL dominicain *m*

Dominikaner[2] [domini'ka:nɐ] <-s, -> *m* GEOG Dominicain *m*

Dominikanerin <-, -nen> *f* Dominicaine *f*

Domino ['do:mino] <-s, -s> *nt* SPIEL dominos *mpl*

Dominostein *m* ① (*Spielstein*) domino *m* ② GASTR *bouchée de pain d'épice fourré nappé de chocolat*

Domizil [domi'tsi:l] <-s, -e> *nt geh* domicile *m*

Dompfaff ['do:mpfaf] <-en, -en> *m* bouvreuil *m*

Dompteur(in) [dɔmp'tø:ɐ̯] <-s, -e> *m(f)* dompteur(-euse) *m(f)*

Dompteuse [dɔmp'tø:zə] <-, -n> *f* dompteuse *f*

Donau ['do:naʊ̯] <-> *f* **die ~** le Danube

Döner ['dø:nɐ] <-s, -> *m Abk von* **Dönerkebab** kébab *m*, kebab *m*

Dönerbude *f fam* stand *m* de kébabs [*o* kebabs]

Donner ['dɔnɐ] <-s, -> *m* tonnerre *m*

donnern **I.** *vi unpers + haben* **es donnert** il tonne **II.** *vi + sein fam* ① (*prallen*) **auf das Dach ~** s'abattre à grand fracas sur le toit; **mit dem Auto gegen den Baum ~** s'écraser avec fracas contre un arbre en voiture ② (*sich bewegen*) **durch den Bahnhof ~** *Zug:* traverser la gare dans un bruit fracassant **III.** *vt + haben fam* **etw gegen die Wand ~** claquer qc contre le mur

Donnerschlag *m* coup *m* de tonnerre

Donnerstag *m* jeudi *m*; *s. a.* **Dienstag**

Donnerstagabend *m* jeudi *m* soir **Donnerstagmorgen** *m* jeudi *m* matin

donnerstags *adv* le jeudi

Donnerwetter *nt fam* (*Schelte*) tempête *f*; **ein ~ über sich** (*akk*) **ergehen lassen müssen** devoir laisser passer l'orage ►**~!** *fam* chapeau!; **zum ~!** *fam* mille tonnerres!

doof [do:f] <döfer, döfste> *adj fam* ① (*unsinnig*) débile ② (*geistig beschränkt*) **~ sein** *Person:* être un crétin ③ (*ärgerlich*) **eine ~e Sache** une affaire à la con; **zu ~ aber auch!** c'est vraiment trop bête!

Doofheit <-, -en> *f fam* connerie *f*

Doofmann <-männer> *m pej sl* con[n]ard *m* (*vulg*); **du ~!** espèce de con[n]ard! (*vulg*)

Dope [do:p] <-s, -s> *nt fam* dope *f*

dopen ['do:pən] *vt* doper

Doping ['do:pɪŋ] <-s, -s> *nt* dopage *m*

Dopingfall *m* cas *m* de dopage **Dopingkontrolle** *f* contrôle *m* antidopage **Dopingmittel** *nt* [produit *m*] dopant *m*

Doppel ['dɔpəl] <-s, -> *nt a.* SPORT double *m*

Doppelbelastung *f* double charge *f* **Doppelbett** *nt* lit *m* à deux places

Doppeldecker <-s, -> *m* ① *fam* (*Bus*) bus *m* à deux étages ② (*Flugzeug*) biplan *m*

Doppeldeckerbus *m* [auto]bus *m* à deux étages

doppeldeutig ['dɔpəldɔytɪç] *adj* à double sens
Doppeldeutigkeit <-, -en> *f* ambiguïté *f*
Doppelfehler *m* SPORT double faute *f*
Doppelgänger(in) <-s, -> *m(f)* sosie *m*
Doppelglasfenster *nt* fenêtre *f* à double vitrage
doppelgleisig I. *adj Strecke* à double voie II. *adv* **etw ~ ausbauen** élargir qc à deux voies ▶**~ fahren** jouer sur [les] deux tableaux
Doppelhaus *nt* maisons *fpl* jumelées
Doppelhaushälfte *f* maison *f* jumelée
Doppelkinn *nt* double menton *m* **Doppelklick** <-s, -s> *m* INFORM double-clic *m;* **per ~** en double-cliquant **doppelklicken** <*PP* doppelgeklickt, *Infin* doppelzuklicken> *vi* double-cliquer **Doppelkopf** *m kein Pl jeu de cartes pour 4 joueurs avec deux jeux de 24 cartes* **Doppelleben** *nt* double vie *f* **Doppelmoral** ['dɔpəlmora:l] *f* double morale *f* **Doppelname** *m* (*Nachname*) nom *m* double; (*Vorname*) prénom *m* double **Doppelpack** *m fam* ▶**im ~** en pack de deux **Doppelpunkt** *m* deux-points *mpl;* **hier steht ein ~** ici il y a deux-points
doppelseitig I. *adj* ① *Lungenentzündung* double; *Lähmung* bilatéral(e) ② (*zweiseitig*) sur une double page II. *adv* **~ gelähmt sein** avoir une paralysie bilatérale
Doppelspiel *nt pej* double jeu *m* **Doppelstecker** *m* prise *f* multiple
doppelstöckig *adj Haus, Bett, Bus* à deux étages; **~ sein** avoir deux étages
Doppelstunde *f* heure *f* double
doppelt I. *adj* (*zweifach*) **das ~e Gehalt** le double salaire; **die ~e Menge** deux fois la quantité II. *adv* ① **~ so groß wie ...** deux fois plus grand que ... ② (*zweifach*) *prüfen, bezahlen* deux fois ③ (*um so mehr*) *vorsichtig, zählen* doublement ▶**~ und dreifach** plutôt deux fois qu'une; **~ genäht hält besser!** deux précautions valent mieux qu'une
Doppelte(s) *nt dekl wie adj* **das ~** le double; **auf das ~ ansteigen** doubler
Doppeltür *f* contre-porte *f* **Doppelverdiener(in)** *m(f)* ① *Pl* (*Paar*) couple *m* avec deux salaires ② (*Einzelperson*) **~ sein** cumuler deux salaires **Doppelwährungsphase** *f* période *f* de double circulation **Doppelzentner** *m* quintal *m* **Doppelzimmer** *nt* chambre *f* double
Dorf [dɔrf, *Pl:* 'dœrfɐ] <-[e]s, Dörfer> *nt* village *m;* **auf dem ~** dans le village; **er ist vom ~** il est de la campagne; **die Leute vom ~** les villageois *mpl*
Dorfbewohner(in) *m(f)* villageois(e) *m(f)*
dörflich *adj* rural(e)
Dorfschaft <-, -en> *f* CH petite commune *f*
Dorftrottel *m fam* idiot *m* du village
Dorn [dɔrn] <-[e]s, -en> *m* ① (*Stachel*) épine *f* ② <Dorne> (*Metallstift*) *einer Gürtelschnalle* ardillon *m;* (*Werkzeug*) mandrin *m* ▶**jdm ein ~ im Auge sein** *Person:* hérisser qn; *Sache:* être une insulte permanente pour qn
Dornenhecke *f* haie *f* d'épines
dornig ['dɔrnɪç] *adj* épineux(-euse)
Dornröschen [dɔrn'rø:sçən] *nt* la Belle au bois dormant
dörren ['dœrən] I. *vt* + *haben* **etw ~** *Person:* sécher qc; *Hitze, Sonne:* dessécher qc II. *vi* + *sein Obst, Fisch:* sécher
Dörrfleisch *nt* viande *f* séchée **Dörrobst** *nt* fruits *mpl* secs
Dorsch [dɔrʃ] <-[e]s, -e> *m* morue *f*
dort [dɔrt] *adv* là-bas; **~ oben** là-haut; **~ unten** là en bas; **von ~** de là; **ich komme gerade von ~** j'en reviens juste
dorther ['dɔrt'he:ɐ̯] *adv* **ich komme doch gerade ~!** mais je viens juste d'en revenir!
dorthin ['dɔrt'hɪn] *adv* **~ gehen** aller là-bas; **bis ~** jusque là-bas; **wie komme ich ~?** comment je peux y aller? **dorthinaus** ['dɔrthɪ'naus] *adv* **~ bitte!** la sortie est là-bas! ▶**frech bis ~ sein** *fam* être insolent à un point pas possible **dorthinein** ['dɔrthɪ'nain] *adv* là-dedans
dortig *adj attr Einrichtungen* sur place; *Gepflogenheiten* de là-bas
Dose ['do:zə] <-, -n> *f* (*Büchse*) boîte *f;* (*Getränkedose*) canette *f*
Dosen *Pl von* **Dosis, Dose**
dösen ['dø:zən] *vi fam* somnoler
Dosenmilch *f* lait *m* en boîte **Dosenöffner** *m* ouvre-boîte *m* **Dosenpfand** *nt kein Pl* consigne *f* sur les canettes
dosieren* [do'zi:rən] *vt* doser; **etw sparsam ~** doser qc avec parcimonie
Dosierkapsel *f* dosette *f*
Dosierung <-, -en> *f* ① (*Dosis*) dose *f* ② *kein Pl* (*das Dosieren*) dosage *m*
Dosis ['do:zɪs] <-, Dosen> *f* dose *f;* **in kleinen Dosen** à petites doses
Dossier [dɔ'si̯e:] <-s, -s> *nt* dossier *m*
Dotcom-Unternehmen *nt* [entreprise *f*] dotcom *f*
dotieren* [do'ti:rən] *vt* rémunérer; **eine Stelle mit ... Euro ~** rémunérer un emploi à hauteur de ... euros; **gut dotiert** lucratif

D

Dotter ['dɔtɐ] <-s, -> *m o nt* jaune *m* d'œuf
doubeln ['du:bəln] **I.** *vt* doubler *Schauspieler, Szene* **II.** *vi* faire des doublages
Double ['du:bəl] <-s, -s> *nt* doublure *f*
down [daun] *adj fam* ~ **sein** être à plat
Download ['daʊnloʊd, 'daunlo:t] <-s, -s> *m o nt* INFORM téléchargement *m*
downloaden ['daʊnloʊdən, 'daunlo:-dən] *vt* INFORM télécharger *Text*
Dozent(in) [do'tsɛnt] <-en, -en> *m(f)* (*Universitätsdozent*) maître *m* de conférences; (*Volkshochschuldozent*) formateur(-trice) *m(f)*; ~ **für Linguistik sein** être chargé de cours de linguistique
Dozentur [dotsɛn'tu:ɐ̯] <-, -en> *f* charge *f* d'enseignement
dozieren* [do'tsi:rən] *vi geh* ❶ (*lehren*) [**über etw** (*akk*)] ~ donner un cours/des cours [sur qc] ❷ (*belehren*) pontifier
dpa [de:pe:'ʔa:] <-> *f Abk von* **Deutsche Presse-Agentur** agence *f* dpa
Dr. *Abk von* **Doktor** Dr; **guten Tag, Herr ~ Bauer!** bonjour Monsieur Bauer!
Drache ['draxə] <-n, -n> *m* HIST dragon *m*
Drachen ['draxən] <-s, -> *m* ❶ (*Spielzeug*) cerf-volant *m*; **einen ~ steigen lassen** lancer un cerf-volant ❷ (*Flugdrachen*) deltaplane® *m* ❸ *pej fam* (*zänkische Frau*) dragon *m*
Drachenfliegen *nt* deltaplane® *m* **Drachenflieger(in)** *m(f)* libériste *mf*
Dragee, Dragée [dra'ʒe:] <-s, -s> *nt* dragée *f*
Draht [dra:t, *Pl:* 'drɛ:tə] <-[e]s, Drähte> *m* fil *m* métallique ▶ **zu jdm einen guten ~ haben** être bien avec qn; **der heiße ~** le téléphone rouge; **auf ~ sein** *fam* être dans le coup
Drahtbürste *f* brosse *f* métallique **Drahtgitter** *nt* grillage *m* métallique
drahtig ['dra:tɪç] *adj* ❶ *Person* nerveux(-euse) ❷ (*rau*) *Haar* dur(e)
drahtlos *adj* sans fil; **~e Telegrafie** radiotélégraphie *f*
Drahtseil *nt* câble *m* métallique
Drahtseilakt *m* numéro *m* de haute voltige ▶ **ein ~ sein** être très risqué **Drahtseilbahn** *f* (*Schwebebahn*) téléphérique *m*; (*Schienenbahn*) funiculaire *m*
Drahtzaun *m* grillage *m*
Drahtzieher(in) <-s, -> *m(f)* instigateur(-trice) *m(f)*; **er soll der ~ sein** on dit qu'il tire les ficelles
drakonisch [dra'ko:nɪʃ] *adj* draconien(ne)
drall [dral] *adj* *Busen* plantureux(-euse); *Backen* rebondi(e); *Arme, Beine* bien en chair
Drall [dral] <-[e]s, -e> *m* dérivation *f*; *eines Balls* effet *m*
Drama ['dra:ma] <-s, Dramen> *nt* drame *m*
Dramatik <-> *f* intensité *f* dramatique; (*Dichtkunst*) dramaturgie *f*
Dramatiker(in) [dra'ma:tɪkɐ] <-s, -> *m(f)* dramaturge *mf*
dramatisch **I.** *adj* dramatique **II.** *adv* de façon dramatique
dramatisieren* [dramati'zi:rən] *vt, vi* dramatiser
Dramatisierung <-, -en> *f* dramatisation *f*
Dramaturg(in) [drama'tʊrk] <-en, -en> *m(f)* conseiller(-ère) *m(f)* artistique
Dramaturgie [dramatʊr'gi:] <-, -ien> *f* ❶ (*Lehre*) dramaturgie *f* ❷ (*Gestaltung*) adaptation *f* ❸ (*Abteilung*) réalisation *f*
dran [dran] *adv fam* ▶ **früh/spät ~ sein** être en avance/en retard; **gut ~ sein** *fam* être bien loti; **schlecht ~ sein** *fam* être en mauvaise posture; **er ist ~** c'est à lui
Dränage [drɛ'na:ʒə] <-, -n> *f* MED drainage *m*
dran|bleiben ['dranblaibən] *vi irr + sein fam* ❶ *Anrufer:* ne pas quitter ❷ SPORT **an jdm ~** s'accrocher à qn
drang *Imp von* **dringen**
Drang [draŋ, *Pl:* 'drɛŋə] <-[e]s, Dränge> *m* besoin *m*; **sein/ihr ~ nach Anerkennung** son besoin d'approbation; **der ~ nach Osten** la poussée vers l'Est
dran|gehen *vi irr + sein fam* **an etw** (*akk*) ~ toucher à qc
Drängelei [drɛŋə'lai] <-, -en> *f fam* ❶ (*Gedränge*) bousculade *f* ❷ *kein Pl* (*das Drängeln*) harcèlement *m*
drängeln ['drɛŋəln] **I.** *vi* *Wartende:* pousser; **bitte nicht ~!** ne bousculez pas, s'il vous plaît! **II.** *vt* **jdn ~** harceler qn; **das Drängeln** le harcèlement **III.** *vr* **sich an der Kasse ~** jouer des coudes à la caisse
drängen ['drɛŋən] **I.** *vi* ❶ **zum Ausgang ~** pousser vers la sortie; **in den Bus ~** se bousculer pour entrer dans le bus ❷ (*fordern*) **zum Aufbruch ~** vouloir hâter le départ; **auf eine Antwort ~** insister pour obtenir une réponse; **warum drängst du so zur Eile?** pourquoi nous presses-tu ainsi?; **das Drängen** l'insistance *f* ❸ (*eilig sein*) **die Zeit drängt** le temps presse **II.** *vt* ❶ (*drücken*) **jdn zur Seite ~** pousser qn sur le côté ❷ (*auffordern*) **jdn ~ etw zu tun** presser qn de faire qc; **sich nicht ~**

lassen ne pas se laisser stresser ③ (*treiben*) **jdn ~ etw zu tun** *Umstände, Unruhe:* pousser qn à faire qc; **meine Termine ~ mich zur Eile** mes rendez-vous m'obligent à me dépêcher **III.** *vr* ① **sich zum Eingang ~** se bousculer vers l'entrée; **sich durch die Menge ~** se frayer un chemin dans la foule ② (*sich häufen*) *Termine:* s'accumuler
drängend *adj* pressant(e)
drangsalieren* [draŋza'li:rən] *vt* harceler
dran|hängen *fam* **I.** *vt* ① (*befestigen*) accrocher; **etw daran ~** y accrocher qc ② (*erübrigen*) **an eine Sendung noch eine halbe Stunde ~** prolonger une émission d'une demi-heure **II.** *vr* **sich an jdn ~** ne pas lâcher qn d'une semelle
dränieren* [drɛ'ni:rən] *vt* MED drainer
dran|kommen *vi irr + sein fam* ① (*erreichen*) **an etw** (*akk*) **~** arriver à attraper qc; **kommst du dran?** tu peux l'attraper/les attraper? ② (*an die Reihe kommen*) **du kommst dran** c'est ton tour ③ (*aufgerufen werden*) se faire interroger ④ (*durchgenommen werden*) être traité; **was kommt im Unterricht dran?** quel est le sujet du cours? **dran|kriegen** *vt fam* (*hereinlegen*) entuber **dran|nehmen** *vt irr fam* interroger *Schüler;* prendre *Patienten* **dran|setzen** ['dranzɛtsən] *fam* **I.** *vt* **alles ~ um zu ...** mettre tout en œuvre pour ... **II.** *vr* **sich ~** s'y mettre
drapieren* [dra'pi:rən] *vt* ① (*falten*) draper; **ein Tuch um etw ~** draper une étoffe autour de qc ② (*dekorieren*) **das Fenster mit etw ~** draper la fenêtre de qc
drastisch ['drastɪʃ] **I.** *adj* ① (*einschneidend*) draconien(ne) ② (*überdeutlich*) radical(e) **II.** *adv* ① (*einschneidend*) de façon draconienne ② (*überdeutlich*) **um es ~ auszudrücken** pour le dire tout à fait clairement
drauf [drauf] *adv fam* dessus ▶ **gut ~ sein** *fam* avoir la pêche; **~ und dran sein etw zu tun** être à deux doigts de faire qc (*fam*)
Draufgänger(in) ['draufgɛŋɐ] <-s, -> *m(f)* fonceur(-euse) *m(f)* (*fam*)
draufgängerisch *adj* fonceur(-euse) (*fam*); **ein ~er Typ sein** être un fonceur (*fam*)
drauf|gehen *vi irr + sein fam* ① (*sterben*) y rester; **bei einem Unfall ~** y rester lors d'un accident ② (*ausgegeben werden*) **beim Pokern ~** *Geld:* y passer dans une partie de poker ③ (*beschädigt werden*) **bei etw ~** *Anzug, Geschirr:* être bousillé au cours de qc **drauf|haben** *vt irr fam* ① (*kennen*) **seinen Text ~** connaître son texte sur le bout du doigt; **viele Witze ~** être un sacré déconneur; **etwas ~** être calé; **nichts ~** être un nullard/une nullarde ② (*fahren*) **ein hohes Tempo ~** tracer; **gut hundert Sachen ~** faire bien du cent
drauf|hauen *vi irr fam* cogner dessus
drauf|kommen *vi irr + sein fam* **jdm ~** démasquer qn (*fig*) **drauf|legen** *vt fam* **hundert Euro ~** y mettre cent euros de plus
drauflos [drauf'lo:s] *adv* **immer munter ~!** allez, du nerf! (*fam*)
drauflos|fahren *vi fam* partir à l'aventure **drauflos|gehen** *vi irr + sein fam* (*zielstrebig gehen*) y aller carrément **drauflos|reden** *vi fam* se mettre à causer à tort et à travers **drauflos|schreiben** *vi fam* écrire comme ça vient
drauf|machen *vt* ▶ **einen ~** *fam* faire la java
drauf|sein^ALT *s.* **drauf**
Draufsicht *f* vue *f* plongeante **drauf|zahlen** *fam* **I.** *vt* mettre une rallonge de; **hundert Euro ~** (*zusätzlich bezahlen*) mettre une rallonge de cent euros; (*zu viel bezahlen*) se faire carotter de cent euros **II.** *vi* **~ müssen** devoir y laisser des plumes
draus [draus] *adv fam s.* **daraus**
draußen ['drausən] *adv* ① dehors; **nach ~** dehors; **von ~** de dehors ② (*nicht im Hafen*) en mer; **~ auf dem Meer** en pleine mer
drechseln ['drɛksəln] **I.** *vt* façonner au tour; **etw ~** façonner qc au tour **II.** *vi* travailler au tour
Drechsler(in) ['drɛkslɐ] <-s, -> *m(f)* tourneur(-euse) *m(f)* sur bois
Dreck [drɛk] <-[e]s> *m* ① *fam* (*Schlamm*) gadoue *f;* (*Schmutz*) saloperie *f;* **~ machen** faire des cochonneries; **vor ~ starren** être dégueulasse ② *pej fam* (*Schund*) merde *f* ③ *pej fam* (*nichts*) **einen ~ davon verstehen** y piger que dalle; **einen ~ wert sein** valoir des clopinettes; **sich einen ~ um jdn kümmern** *fam* en avoir rien à branler de qn (*vulg*) ▶ **~ am Stecken haben** *fam* traîner une casserole; **der letzte ~ sein** *fam* n'être qu'une merde (*vulg*); **jdn durch den ~ ziehen** *fam* traîner qn dans la boue
Dreckarbeit *f fam* ① (*Schmutzarbeit*) travail *m* salissant ② *pej* (*niedere Arbeit*) sale boulot *m*
dreckig **I.** *adj* ① (*schmutzig*) sale; **sich ~ machen** se salir ② *fam* (*gemein*) sale *antéposé* **II.** *adv fam* ① (*abstoßend*) **~ lachen**

D

avoir un sale rire ② (*miserabel*) **es geht ihr ~** elle est mal foutue; (*finanziell*) elle est dans la mouise

Drecksack *m sl* saligaud *m* (*fam*)

Drecksarbeit *f pej fam s.* **Dreckarbeit 2**

Drecksau *f pej vulg* (*Frau*) salope *f*; (*Mann*) salaud *m*

D

Dreckskerl *s.* **Drecksack**

Dreckspatz *m fam* [petit] cochon *m* **Dreckwetter** *nt fam* temps *m* de chien

Dreh [dre:] <-s, -s *o* -e> *m fam* truc *m*; **den ~ heraushaben** *fam* avoir trouvé le truc ▶ [**so**] **um den ~** *fam* à quelque chose près

Drehbank <-bänke> *f* tour *m*

drehbar *adj* pivotant(e)

Drehbewegung *f* rotation *f* **Drehbuch** *nt* scénario *m*

Drehbuchautor(in) *m(f)* scénariste *mf*

Drehbühne *f* scène *f* tournante

drehen ['dre:ən] **I.** *vt* ① (*herumdrehen*) bouger *Hand;* tourner *Kopf, Schlüssel;* **nach links ~** tourner à gauche ② (*rollen*) rouler *Zigarette;* faire *Pillen* ③ CINE tourner ④ (*stellen*) **die Musik leiser ~** baisser le son; **die Heizung höher ~** monter le chauffage ⑤ *fam* (*hinkriegen*) goupiller ▶ **wie man es auch dreht und wendet** qu'on prenne le problème par n'importe quel bout (*fam*) **II.** *vi* ① **an einem Knopf ~** tourner un bouton ② (*umdrehen*) *Fahrer:* faire demi-tour; *Wind:* tourner ③ (*Filmaufnahmen machen*) tourner **III.** *vr* ① (*rotieren*) **sich ~** tourner ② (*sich umdrehen*) **sich nach rechts/links ~** se tourner à droite/gauche ③ (*betreffen*) **sich um Politik ~** traiter de politique; **es dreht sich darum, dass ...** ce qu'il y a, c'est que ...; **alles dreht sich um ihn** il est le centre du monde ▶ **mir dreht sich alles** j'ai la tête qui tourne

Dreher(in) ['dre:ɐ] <-s, -> *m(f)* tourneur(-euse) *m(f)*

Drehkreuz *nt* tourniquet *m* **Drehmoment** *nt* PHYS moment *m* de rotation **Drehorgel** *f* orgue *m* de Barbarie **Drehscheibe** *f a. fig* plaque *f* tournante **Drehstrom** *m* ELEC [courant *m*] triphasé *m* **Drehstuhl** *m* chaise *f* pivotante **Drehtag** *m* CINE jour *m* de tournage **Drehtür** *f* porte *f* à tambour

Drehung <-, -en> *f* rotation *f*; (*Kreis*) tour *m*; **eine ~ zur Seite machen** pivoter sur le côté

Drehwurm ▶ **einen ~ kriegen** *fam* attraper le tournis **Drehzahl** *f* nombre *m* de tours

Drehzahlmesser <-s, -> *m* compte-tours *m inv*

drei [drai̯] *num* trois; *s. a.* **acht**[1]

Drei <-, -en> *f* ① trois *m* ② (*Schulnote*) *note située entre onze et treize sur vingt; s. a.* **Acht**[1]

Dreiakter <-s, -> *m* THEAT, MUS pièce *f* en trois actes

dreibeinig *adj* à trois pieds

Drei-D-Drucker, 3-D-Drucker [drai̯-'de:-] *m* INFORM imprimante *f* 3D **Drei-D-Effekt, 3-D-Effekt** *m* effet *m* de relief **Drei-D-Film, 3-D-Film** *m* film *m* en 3D

dreidimensional ['drai̯dimɛnzi̯ona:l] **I.** *adj* tridimensionnel(le); *Raum* à trois dimensions **II.** *adv darstellen, wiedergeben* en trois dimensions

Dreieck ['drai̯ʔɛk] *nt* triangle *m* **dreieckig** ['drai̯ʔɛkɪç] *adj* triangulaire

Dreiecksverhältnis *nt* ménage *m* à trois

dreieinhalb ['drai̯ʔai̯n'halp] *num* trois et demi(e); **~ Meter** trois mètres et demi; *s. a.* **achteinhalb**

Dreier ['drai̯ɐ] <-s, -> *m fam* ① (*Schulnote*) *note convenable située entre onze et treize sur vingt* ② (*kleinster Lottogewinn*) trois bons numéros *mpl* ▶ **ein flotter ~** une partouze à trois

Dreierkonferenz ['drai̯ɐ-] *f* TELEC conférence *f* à trois

dreierlei ['drai̯ɐ'lai̯] *adj inv* **~ Sorten Brot** trois sortes de pain; *s. a.* **achterlei**

dreifach ['drai̯fax] **I.** *adj* triple; **die ~e Menge nehmen** en prendre trois fois plus **II.** *adv falten* trois fois; *s. a.* **achtfach**

Dreifaltigkeit [drai̯'faltɪçkai̯t] <-> *f* REL Trinité *f*

dreifarbig *adj* tricolore **Dreifuß** *m* trépied *m*

Dreigangschaltung *f* dérailleur *m* à trois vitesses

dreihundert ['drai̯'hʊndɐt] *num* trois cents

dreijährig *adj Kind* de trois ans

Dreikampf *m* triathlon *m*

Dreikäsehoch [drai̯'kɛ:zəho:x] <-s, -[s]> *m hum fam* demi-portion *f*

Dreiklang *m* triple accord *m*

Dreikönige [drai̯'kø:nigə] *Pl,* **Dreikönigsfest** *nt* Épiphanie *f* **Dreikönigstag** *m* jour *m* des Rois

Dreiländereck [drai̯'lɛndɐʔɛk] *nt* triangle *m* de trois pays **Dreiliterauto, 3-Liter-Auto** *nt* trois litres *f*

dreimal ['drai̯ma:l] *adv* trois fois ▶ **~ darfst du raten!** *fam* je te le donne en mille!; *s. a.* **achtmal**

Dreimaster <-s, -> *m* trois-mâts *m inv*
Dreimeilenzone [draiˈmailəntsoːnə] *f* zone *f* des eaux territoriales [de trois milles marins]
Dreimeterbrett *nt* plongeoir *m* de trois mètres
dreimotorig [ˈdraimotoːrɪç] *adj* trimoteur
drein|blicken [ˈdrainblɪkən] *vi* **traurig ~** avoir l'air triste **drein|reden** *vi fam* ① (*belehren*) **lass dir nicht ~!** n'écoute pas les autres! ② (*unterbrechen*) **jdm ~** couper la parole à qn **drein|schauen** *s.* **dreinblicken**
Dreirad *nt* ① (*Spielzeug*) tricycle *m* ② (*Lieferfahrzeug*) triporteur *m* **Dreisatz** *m* règle *f* de trois
Dreisatzrechnung *f* calcul *m* par la règle de trois
dreiseitig *adj Brief* de trois pages
Dreisprung *m* triple saut *m*
dreispurig *adj, adv* à trois voies
dreißig [ˈdraisɪç] *num* trente; *s. a.* **achtzig**
Dreißig <-, -en> *f* trente *m*
dreißiger *adj inv* **die ~ Jahre** les années trente; *s. a.* **achtziger**
dreißigjährig [ˈdraisɪçjɛːrɪç] *adj attr* de trente ans; *s. a.* **achtzigjährig**
dreißigste(r, s) *adj* trentième; *s. a.* **achtzigste(r, s)**
Dreißigstel <-s, -> *nt* trentième *m*
dreist [draist] *adj* impudent(e); **immer ~er werden** avoir de plus en plus d'aplomb
dreistellig *adj Betrag* à trois chiffres; *Zahl* de trois chiffres
Dreistigkeit <-, -en> *f einer Person, eines Verhaltens* impudence *f*; *eines Einbruchs* audace *f*
dreistufig *adj* à trois couches
Dreitagebart *m* barbe *f* de trois jours
dreitägig *adj attr* de trois jours
dreitausend [ˈdraiˈtauzənt] *num* trois mille
dreiteilig *adj* en trois parties; **ein ~er Anzug** un costume trois-pièces
dreiviertel^ALT [draiˈfɪrtəl] *s.* **viertel**
Dreiviertelstunde [ˈdraifɪrtəlˈʃtʊndə] *f* trois quarts *mpl* d'heure **Dreivierteltakt** [draiˈfɪrtəltakt] *m* mesure *f* à trois temps
dreiwertig *adj* trivalent(e)
Dreizack [ˈdraitsak] <-s, -e> *m* trident *m*
dreizehn [ˈdraitseːn] *num* treize; *s. a.* **acht**[1] ▶ **jetzt schlägt's ~** *fam* alors là, c'est le bouquet! **dreizehnte(r, s)** *adj* treizième; *s. a.* **achte(r, s)**
Dreizimmerwohnung [draiˈtsɪmɐvoːnʊŋ] *f* trois-pièces *m inv*

Dresche [ˈdrɛʃə] <-> *f fam* dérouillée *f*; **~ bekommen** se prendre une dérouillée
dreschen [ˈdrɛʃən] <drischt, drosch, gedroschen> *vt* ① battre *Getreide* ② *fam* (*prügeln*) **jdn windelweich ~** flanquer une bonne dérouillée à qn
Dreschflegel *m* fléau *m* **Dreschmaschine** *f* batteuse *f*
Dresden [ˈdreːsdən] <-s> *nt* Dresde
dressieren* [drɛˈsiːrən] *vt* ① (*abrichten*) dresser; **ein Tier darauf ~ etw zu tun** apprendre à un animal à faire qc; **ein dressierter Hund** un chien savant ② *pej* (*erziehen*) dresser *Person*
Dressing [ˈdrɛsɪŋ] <-s, -s> *nt* sauce *f* de salade
Dressman [ˈdrɛsmən] <-s, -men> *m* mannequin *m* [homme]
Dressur [drɛˈsuːɐ̯] <-, -en> *f* dressage *m*
dribbeln [ˈdrɪbəln] *vi* SPORT dribbler
Dribbling [ˈdrɪblɪŋ] <-s, -s> *nt* SPORT dribble *m*
Drift [drɪft] <-, -en> *f* NAUT dérive *f*
driften [ˈdrɪftən] *vi + sein* ① (*auf dem Wasser treiben*) dériver ② (*hintreiben*) **zur Mitte ~** *Partei:* dériver vers le centre; **in die Isolation ~** *Staat:* s'isoler de plus en plus
Drill [drɪl] <-[e]s> *m* ① MIL mise *f* au pas ② SCHULE *pej* rabâchage *m* (*fam*)
drillen [ˈdrɪlən] *vt* ① MIL **jdn ~** mettre qn au pas ② (*erziehen*) **jdn ~** faire travailler qn à la baguette; **auf absoluten Gehorsam gedrillt sein** *Kind:* être dressé à obéir au doigt et à l'œil
Drillich [ˈdrɪlɪç] <-s, -e> *m* coutil *m*
Drilling [ˈdrɪlɪŋ] <-s, -e> *m* ① triplé *m*; **~e bekommen** avoir des triplés *mpl* ② (*Jagdgewehr*) drilling *m*
drin [drɪn] *adv fam* ① dedans; **in der Vase ist noch Wasser ~** il y a encore de l'eau dans le vase ② (*möglich*) **~ sein** pouvoir se faire; **das ist nicht ~** c'est pas possible
dringen [ˈdrɪŋən] <drang, gedrungen> *vi* ① + *sein* (*stoßen*) **durch etw ~** *Person, Tier:* pénétrer dans qc; *Speer, Regen:* traverser qc; *Licht:* percer qc; **in etw** (*akk*) **~** *Geschoss:* traverser qc ② + *sein* (*vordringen*) **an die Öffentlichkeit ~** *Nachricht:* être connu du grand public ③ + *sein geh* (*einwirken*) **mit Bitten in jdn ~** presser qn de prières; **in jdn ~ etw zu tun** presser qn de faire qc ④ + *haben* (*fordern*) **auf etw** (*akk*) **~** exiger qc; **darauf ~, dass etw getan wird** insister que qc soit fait
dringend [ˈdrɪŋənt] **I.** *adj Anruf* urgent(e); *Operation* d'urgence; *Warnung* pressant(e)

D

II. *adv benötigen* de toute urgence; *operieren* d'urgence; *warnen, bitten* avec insistance; *erforderlich* absolument

dringlich ['drɪŋlɪç] *s.* **dringend**

Dringlichkeit <-> *f* urgence *f*

Dringlichkeitsantrag *m* demande *f* d'urgence

Drink [drɪnk] <-s, -s> *m* boisson *f;* (*mit Alkohol*) drink *m*

drinnen ['drɪnən] *adv* à l'intérieur

drin|stecken ['drɪnʃtɛkən] *vi fam* ❶ **in etw** (*dat*) ~ *Schlüssel:* être dans qc ❷ (*verwickelt sein*) **in etw** (*dat*) **mit** ~ être dans le coup; **in was steckst du da wieder drin?** dans quoi tu t'es encore embarqué? ❸ (*investiert sein*) **in diesem Haus steckt viel Arbeit drin** on a mis beaucoup de travail dans cette maison **drin|stehen** *vi irr fam* ❶ être dedans ❷ (*verzeichnet sein*) **in einem Buch** ~ se trouver dans un livre

drischt *3. Pers Präs von* **dreschen**

dritt [drɪt] *adv* **zu ~ sein** être à trois; *s. a.* **acht**[2]

dritte(r, s) *adj* ❶ troisième ❷ (*bei Datumsangaben*) **der ~ Mai** le trois mai; *s. a.* **achte(r, s)**

Dritte(r) *f(m) dekl wie adj* ❶ troisième *mf* ❷ (*bei Datumsangaben*) **der ~ /am ~n** *geschrieben:* **der 3./am 3.** le trois *geschrieben:* le 3 ❸ (*als Namenszusatz*) **Karl der ~** *geschrieben:* **Karl III.** Charles trois *geschrieben:* Charles III ❹ JUR tiers *m* ▶ **der lachende ~** le troisième larron; **wenn zwei sich streiten, freut sich der ~** *prov* les disputes des uns font le bonheur des autres; *s. a.* **Achte(r)**

drittel *adj* troisième; *s. a.* **achtel**

Drittel ['drɪtəl] <-s, -> *nt* ❶ *a.* MATH tiers *m* ❷ (*Teil der Spielzeit*) période *f*

drittens ['drɪtəns] *adv* troisièmement

Dritte-Welt-Laden ['drɪtə'vɛltla:dən] *m* magasin *m* de produits du tiers-monde

Drittland *nt* pays *m* tiers

DRK [de:ʔɛr'ka:] <-> *nt Abk von* **Deutsches Rotes Kreuz** Croix-Rouge *f* allemande

droben ['dro:bən] *adv geh* là-haut

Droge ['dro:gə] <-, -n> *f* drogue *f;* **~n nehmen** prendre de la drogue; **harte/weiche ~n** des drogues dures/douces; **unter ~n stehen** être drogué

drogenabhängig *adj* toxicomane **Drogenabhängige(r)** *f(m) dekl wie adj* toxicomane *mf* **Drogenabhängigkeit** *f* toxicomanie *f* **Drogenberatungsstelle** *f* association *f* d'aide pour les drogués **Drogenbulle** *m pej fam* flic *m* des stups **Drogenhandel** *m* trafic *m* de drogue **Drogenkonsum** *m* consommation *f* de drogue **Drogenmissbrauch**[RR] *m* consommation *f* abusive de stupéfiants **Drogensucht** *f* toxicomanie *f* **drogensüchtig** *s.* **drogenabhängig** **Drogensüchtige(r)** *s.* **Drogenabhängige(r)** **Drogenszene** *f* milieu *m* de la drogue **Drogentote(r)** *f(m) dekl wie adj* mort(e) *m(f)* par overdose

Drogerie [drogə'ri:] <-, -ien> *f* droguerie-herboristerie *f*

Drogist(in) <-en, -en> *m(f)* droguiste-herboriste *mf*

Drohbrief *m* lettre *f* de menace

drohen ['dro:ən] *vi* ❶ menacer; **jdm mit etw ~** menacer qn de qc; **jdm ~ etw zu tun** menacer qn de faire qc ❷ (*bevorstehen*) *Gefahr:* menacer; **ihnen droht die Verurteilung** leur condamnation semble inévitable ❸ (*im Begriff sein*) **einzustürzen ~** menacer de s'écrouler

drohend *adj Blick, Wolken* menaçant(e); *Gefahr* imminent(e)

Drohgebärde *f* geste *m* de menace

Drohmittel *nt* moyen *m* de menace

Drohne ['dro:nə] <-, -n> *f* ZOOL faux bourdon *m*

dröhnen ['drø:nən] *vi* ❶ (*dumpf klingen*) *Stimme, Musik:* résonner; *Donner:* gronder ❷ (*dumpf widerhallen*) *Wand:* résonner; **ihm dröhnt der Schädel** il a la tête qui bourdonne

dröhnend *adj Stimme* de stentor; *Gelächter* sonore; *Applaus* vibrant(e); **ein ~er Lärm** un grondement

Drohung ['dro:ʊŋ] <-, -en> *f* menace *f;* **eine leere ~** une menace en l'air

drollig ['drɔlɪç] *adj* ❶ (*belustigend*) *Art, Anekdote* drôle ❷ (*niedlich*) mignon(ne)

Dromedar ['dro:meda:ɐ̯] <-s, -e> *nt* dromadaire *m*

Drop-down-Menü [drɔp'daʊ̯n-] *nt* INFORM menu *m* déroulant

Drops [drɔps] <-, - *o* -e> *m o nt* bonbon *m*

drosch *Imp von* **dreschen**

Drossel ['drɔsəl] <-, -n> *f* grive *f*

drosseln ['drɔsəln] *vt* réduire *Heizung;* **das Tempo auf 30 km/h ~** réduire la vitesse à 30 km/h

drüben ['dry:bən] *adv* en face

drüber ['dry:bɐ] *adv s.* **darüber**

Druck[1] [drʊk, *Pl:* 'drʏkə] <-[e]s, Drücke> *m* ❶ PHYS pression *f* ❷ (*drückendes Gefühl*) (*in der Brust*) oppression *f;* (*im

Magen, Kopf) lourdeur *f;* ~ **auf der Blase haben** avoir une envie pressante ③ *kein Pl* (*das Drücken*) **mit einem ~ auf diese Taste** par simple pression sur cette touche ④ *kein Pl* (*Zwang, Zeitnot*) contrainte *f;* **unter ~ stehen** être sous pression; (*in Zeitnot sein*) être pressé par le temps; **jdn unter ~ setzen** presser qn; **hinter etw** (*akk*) **~ machen** *fam* faire accélérer qc ⑤ *fam* (*Drogeninjektion*) shoot *m*

Druck² [drʊk] <-[e]s, -e> *m* ① *kein Pl* (*das Drucken*) impression *f;* **etw in ~ geben** faire imprimer qc ② (*gedrucktes Werk*) imprimé *m*

Druckabfall *m kein Pl* chute *f* de la pression **Druckausgleich** *m kein Pl* PHYS compensation *f* de pression **Druckbehälter** *m* récipient *m* sous pression **Druckbleistift** *m* portemine *m*

Druckbogen *m* feuille *f* d'impression **Druckbuchstabe** *m* caractère *m* d'imprimerie

Drückeberger(in) ['drʏkəbɛrgɐ] <-s, -> *m(f) pej fam* ① (*Faulenzer*) tire-au-cul *m* ② (*Feigling*) dégonflé(e) *m(f)*

druckempfindlich *adj Stelle* sensible

drucken ['drʊkən] *vt, vi* imprimer

drücken ['drʏkən] **I.** *vt* ① appuyer sur *Klinke, Knopf* ② (*pressen*) **jdn an sich** (*akk*) **~** étreindre qn; **jdm einen Kuss auf die Stirn ~** déposer un baiser sur le front de qn ③ (*schieben*) **etw nach vorne ~** pousser qc en avant; **den Hut in die Stirn ~** enfoncer le chapeau jusqu'aux oreilles ④ (*behindern, schmerzen*) **jdn ~** *Schuhe, Gürtel:* serrer qn; *Rucksack, Last:* peser sur qn ⑤ (*herabsetzen*) faire baisser *Leistung, Niveau* ⑥ (*bedrücken*) **jdn ~** *Sorgen, Schulden:* oppresser qn ⑦ *fam* (*Rauschgift spritzen*) **sich** (*dat*) **Heroin ~** se shooter à l'héroïne **II.** *vi* ① (*ein Druckgefühl verursachen*) *Brille, Schuhe:* serrer; **im Magen ~** *Essen:* peser sur l'estomac ② (*pressen*) **auf einen Knopf ~** appuyer sur un bouton; **bitte ~!** poussez S.V.P.! ③ (*bedrückend sein*) *Verantwortung:* être oppressant ④ *fam* (*Rauschgift spritzen*) se shooter **III.** *vr* ① **sich an die Wand ~** se plaquer contre le mur; **sich in eine Ecke ~** se blottir dans un coin ② *fam* (*sich entziehen*) **sich ~** se défiler; **sich vor einem Problem ~** essayer de couper à un problème

drückend *adj* ① (*lastend*) *Last* lourd(e); *Armut, Verantwortung* accablant(e) ② (*schwül*) lourd(e)

Drucker <-s, -> *m* ① TECH imprimante *f* ② (*Person*) imprimeur *m*

Drücker <-s, -> *m* ① ELEC (*Knopf*) bouton *m;* (*Türöffner*) loquet *m* ② (*Gewehrabzug*) détente *f* ▶ **auf den letzten ~** *fam* à la dernière minute; **am ~ sein** *fam* être aux commandes

Druckerei [drʊkə'raj] <-, -en> *f* imprimerie *f*

Druckerin <-, -nen> *f* imprimeuse *f*

Druckerlaubnis *f* imprimatur *m*

Druckerschwärze *f* encre *f* d'imprimerie **Druckertreiber** *m* INFORM driver *m*

Druckerzeugnis *nt* imprimé *m* **Druckfehler** *m* faute *f* d'impression **druckfertig** *s.* **druckreif** **druckfrisch** *adj* tout juste sorti(e) des presses; **~ sein** venir de sortir des presses

Druckknopf *m* bouton-pression *m* **Druckluft** *f kein Pl* air *m* comprimé **Druckluftbremse** *f* frein *m* à air comprimé **Druckmesser** <-s, -> *m* manomètre *m* **Druckmittel** *nt* moyen *m* de pression

druckreif *adj* prêt(e) à imprimer **Drucksache** *f* imprimé *m* **Druckschrift** *f* ① (*Schriftart*) [écriture *f* en] lettres *fpl* d'imprimerie ② MEDIA imprimé *m*

drucksen ['drʊksən] *vi fam* bafouiller

Drucksorte *f* A (*Formblatt*) formulaire *m*

Druckstelle *f* meurtrissure *f* **Drucktaste** *f* touche *f* **Druckverband** *m* bandage *m* compressif

Druckvorlage *f* original *m*

Druckwelle ['drʊkvɛlə] *f* onde *f* de choc

Druckwerk *nt* ouvrage *m* [imprimé]

Druide [dru'iːdə] <-n, -n> *m* druide *m*

drum [drʊm] *adv fam* ① (*um den, die, das*) **~ herum** tout autour ② (*deswegen*) **~ sagt er nichts** c'est pour ça qu'il ne dit rien ▶ **mit allem Drum und Dran** avec tout le tralala; **sei's ~!** soit!

Drumherum [drʊmhɛ'rʊm] <-s> *nt fam* **das ganze ~** le tralala

drunten ['drʊntən] *adv* DIAL en bas

drunter ['drʊntɐ] *adv* ▶ **das Drunter und Drüber** le remue-ménage; **alles geht ~ und drüber** c'est la pagaille (*fam*)

Drüse ['dryːzə] <-, -n> *f* glande *f*

Dschungel ['dʒʊŋəl] <-s, -> *m* jungle *f*

Dschunke ['dʒʊŋkə] <-, -n> *f* jonque *f*

DSL [deːʔɛs'ʔɛl] <-> *nt Abk von* **digital subscriber line** TELEC DSL *f*

dt. *adj, adv Abk von* **deutsch** alld.

DTP [deːteː'peː] <-> *nt Abk von* **Desktoppublishing** P.A.O. *f*

Dtzd. *Abk von* **Dutzend**

D

D

du [duː] *pron pers, 2. Pers, Sing* ① tu; **hast ~ Zeit?** as-tu le temps?; **wenn ich ~ wäre** si j'étais toi ② (*als Anrede*) toi; **zu jdm ~ sagen** dire tu à qn; **~ Arme!** ma pauvre!; **~ Mutti, kannst ~ mir mal helfen?** dis, maman, est-ce que tu peux m'aider? ▶ **mit jdm per ~ sein** tutoyer qn

Du <-[s]> *nt* **sie hat ihm das ~ angeboten** elle lui a proposé de la tutoyer ▶ **mit jdm auf ~ und ~ stehen** être à tu et toi avec qn (*fam*)

dual [du'aːl] *adj* dual(e)

Dualsystem [du'aːlzʏsteːm] *nt* système *m* binaire

Dübel ['dyːbəl] <-s, -> *m* cheville *f*

dübeln ['dyːbəln] *vt* cheviller

dubios [du'bi̯oːs] *adj geh* douteux(-euse)

Dublee [du'bleː] <-s, -s> *nt* plaqué *m*

Dublette [du'blɛtə] <-, -n> *f* ① (*doppeltes Exemplar*) doublet *m* ② (*Edelsteinimitat*) imitation *f*

ducken ['dʊkən] *vr* ① (*sich bücken*) se baisser; **sich vor etw** (*dat*) **~** se baisser pour éviter qc; **sich in eine Ecke ~** se tapir dans un coin ② *pej* (*unterwürfig sein*) **sich ~** plier l'échine

Duckmäuser(in) ['dʊkmɔyzɐ] <-s, -> *m(f) pej* dégonflé(e) *m(f)* (*fam*)

dudeln I. *vi pej fam Radio:* seriner la même rengaine II. *vt pej fam* seriner

Dudelsack ['duːdəlzak] *m* cornemuse *f*

Duell [du'ɛl] <-s, -e> *nt* duel *m;* **jdn zum ~ herausfordern** provoquer qn en duel

duellieren* [duɛ'liːrən] *vr* **sich ~** se battre; **sich mit jdm ~** se battre en duel avec qn

Duett [du'ɛt] <-[e]s, -e> *nt* duo *m*

Duft [dʊft, *Pl:* 'dʏftə] <-[e]s, Düfte> *m von Blumen, Gewürzen* parfum *m; eines Essens, Kaffees, Parfüms* arôme *m; eines Bratens* fumet *m*

dufte ['dʊftə] *adj* DIAL *fam* d'enfer

duften ['dʊftən] I. *vi* sentir bon; **nach Harz ~** sentir la résine II. *vi unpers* **es duftet** ça sent bon; **es duftet nach Veilchen** ça sent la violette

duftend *adj attr* odorant(e)

duftig ['dʊftɪç] *adj Stoff* vaporeux(-euse)

Duftnote *f von Parfüms* note *f* parfumée **Duftöl** *nt* huile *f* aromatique **Duftstoff** *m* CHEM substance *f* aromatique; BIO substance *f* odorante

dulden ['dʊldən] *vt* tolérer; supporter [le poids de] *Leid*

duldsam ['dʊltzaːm] I. *adj* tolérant(e); **einer S. gegenüber ~ sein** être tolérant face à qc II. *adv* d'une façon tolérante

Duldung <-, *selten* -en> *f eines Verhaltens* acceptation *f;* **mit** [*o* **unter**] **stillschweigender ~ der Behörden** avec l'accord *m* implicite de l'administration

dumm [dʊm] <dümmer, dümmste> I. *adj* ① bête ② (*albern, unsinnig*) stupide; **~es Zeug reden** dire des bêtises ③ *fam* (*ärgerlich*) *Sache, Geschichte* sale *antéposé;* **ich habe das ~e Gefühl, dass ...** j'ai le sentiment désagréable que ... II. *adv* **~ fragen** poser des questions idiotes; **~ dastehen** se retrouver comme un idiot; **sich ~ anstellen** faire l'idiot ▶ **sich** (*akk*) **~ und dämlich zahlen** *fam* dépenser un pognon fou; **jdm ~ kommen** *fam* marcher sur les pieds de qn; **jdn für ~ verkaufen** *fam* prendre qn pour une andouille

Dumme(r) *f(m) dekl wie adj fam* gros bêta *m*/grosse bêtasse *f;* **der ~ sein** être le dindon; **einen ~n finden** trouver une bonne poire

dummerweise ['dʊmɐvai̯zə] *adv* ① (*leider*) **~ habe ich kein Geld dabei** c'est bête, je n'ai pas d'argent sur moi ② (*unklugerweise*) bêtement

Dummheit <-, -en> *f* bêtise *f*

Dummkopf *m pej fam* andouille *f;* **sei kein ~!** ne fais pas le con!

dümmlich ['dʏmlɪç] I. *adj* niais(e) II. *adv* niaisement

Dummy ['dami] <-, -s> *m* mannequin *m*

dumpf [dʊmpf] I. *adj* ① (*hohl klingend*) sourd(e); *Ton* grave ② (*feucht, muffig*) *Luft* moite; *Geruch* de renfermé ③ (*unbestimmt*) *Ahnung* vague; *Schmerz* diffus(e) ④ (*stumpfsinnig*) *Geist, Sinn* obtus(e) II. *adv* ① (*hohl*) *klingen* sourdement; *aufprallen* avec un son sourd ② (*stumpfsinnig*) *starren* d'un air stupide

Dumpfbacke *f fam* pauvre tache *f*

Dumping ['dampɪŋ] <-s> *nt* ÖKON dumping *m*

Düne ['dyːnə] <-, -n> *f* dune *f*

Dung [dʊŋ] <-[e]s> *m* fumier *m*

Düngemittel *nt* engrais *m*

düngen ['dʏŋən] I. *vt* mettre de l'engrais dans *Acker, Garten;* mettre de l'engrais à *Beet, Pflanzen;* **die Pflanzen mit Kompost ~** composter les plantes II. *vi* ① mettre de l'engrais ② (*düngende Wirkung haben*) **schlecht ~** être un mauvais engrais

Dünger <-s, -> *m* engrais *m*

dunkel ['dʊŋkəl] *adj* ① *Zimmer, Nacht* sombre; **es wird ~** il fait de plus en plus sombre; **im Dunkeln** dans l'obscurité ② (*von düsterer Farbe*) *Kleidung, Haut, Wolke* sombre; *Haare* foncé(e); *Brot* bis(e)

3 (*tief*) *Stimme, Klang* grave 4 (*unklar*) *Andeutung, Erinnerung* confus(e); *Ursprung* obscur(e); *Verdacht* vague *antéposé* 5 *pej* (*zwielichtig*) *Punkt, Vergangenheit* obscur(e); *Geschäfte* louche ▶**jdn im Dunkeln lassen** laisser qn dans le vague; **im Dunkeln tappen** être dans le brouillard

Dunkel <-s> *nt geh* 1 (*Dunkelheit*) obscurité *f* 2 (*Undurchschaubarkeit*) mystère *m*

Dünkel ['dʏŋkəl] <-s> *m pej* suffisance *f*

dunkelblau ['dʊŋkəlblau̯] *adj* bleu foncé *inv* **dunkelblond** *adj* blond foncé *inv* **dunkelgrün** *adj* vert foncé *inv;* **~e Decken** des couvertures vert foncé **dunkelhaarig** ['dʊŋkəlhaːrɪç] *adj* brun(e)

dünkelhaft I. *adj pej* prétentieux(-euse); **~ sein** être imbu de sa personne II. *adv pej* avec suffisance

dunkelhäutig ['dʊnkəlhɔʏtɪç] *adj* à la peau brune; **~ sein** être brun de peau

Dunkelheit <-> *f* obscurité *f;* **bei einbrechender ~** à la nuit tombante

Dunkelkammer *f* chambre *f* noire

Dunkelrestaurant *nt restaurant dans l'obscurité totale*

dunkelrot *adj Kleidung, Stoff* rouge foncé *inv*

Dunkelziffer *f* chiffres *mpl* non connus

Dünkirchen ['dyːnkɪrçən] <-s> *nt* Dunkerque

dünn [dʏn] I. *adj* 1 (*schlank*) mince; (*mager*) maigre; **~er werden** maigrir; **sich ~ machen** *fam* rentrer son ventre 2 (*nicht konzentriert*) *Brei* liquide; *Kaffee, Tee* léger(-ère); *Suppe* clair(e) 3 (*fein, leicht*) *Stoff* fin(e) 4 (*spärlich*) *Haarwuchs, Besiedlung* clairsemé(e) II. *adv* **~ besiedelt** [*o* **bevölkert**] **sein** être peu peuplé ▶**~ gesät sein** ne pas courir les rues

dünnbesiedelt *s.* **dünn** II. **dünnbevölkert** *s.* **dünn** II. **Dünndarm** *m* ANAT intestin *m* grêle **dünnflüssig** *adj* liquide

dünnhäutig *adj* 1 *Insektenflügel* fin(e) 2 (*zart besaitet*) sensible

dünn|machen *vr fam* **sich ~** se casser **Dünnschiss**RR *m sl* chiasse *f*

Dunst [dʊnst, *Pl:* 'dʏnstə] <-[e]s, Dünste> *m* 1 (*Nebel*) brume *f* 2 (*Dampf*) vapeur *f* 3 (*Geruch*) odeur *f;* (*Ausdünstung*) émanation *f* ▶**keinen blassen ~ von etw haben** *fam* y connaître que dalle à qc

Dunstabzugshaube *f* hotte *f* [aspirante]

dünsten ['dʏnstən] *vt* faire cuire à la vapeur; **etw ~** faire cuire qc à la vapeur

Dunstglocke *f* nappe *f* de pollution

dunstig ['dʊnstɪç] *adj* 1 (*neblig*) brumeux(-euse) 2 (*verraucht*) *Kneipe, Wartesaal* enfumé(e)

Dunstkreis *m geh einer Persönlichkeit* entourage *m* **Dunstschleier** *m* voile *m* de brume **Dunstwolke** *f* nuage *m* de fumée

Dünung ['dyːnʊŋ] <-, -en> *f* NAUT houle *f*

Duo ['duːo] <-s, -s> *nt* 1 MUS duo *m* 2 (*Paar*) tandem *m;* **ihr zwei seid mir ein feines ~!** vous deux, vous me faites une sacrée paire!

Duplikat [dupli'kaːt] <-[e]s, -e> *nt* double *m;* ADMIN duplicata *m*

Dur [duːɐ̯] <-> *nt* mode *m* majeur

durch [dʊrç] I. *präp + akk* 1 (*hindurch*) **~ das Fenster** par la fenêtre; **~ die Stadt bummeln** faire un tour en ville; **~ den Fluss waten** passer une rivière à gué; **quer ~ das Tal gehen** traverser la vallée; **~ sein** (*passiert haben*) *Zug:* être passé 2 (*mit Hilfe*) **etw ~ einen Boten bekannt geben** faire savoir qc par un messager 3 (*aufgrund, infolge*) **~ Zufall** par hasard; **~ Fragen** à force de demander; **~ den Unfall das Bewusstsein verlieren** perdre conscience à la suite de l'accident 4 (*dank*) **~ jdn** grâce à qn 5 (*während*) **das ganze Jahr ~ arbeiten** travailler pendant toute l'année; **~ den Winter kommen** tenir tout l'hiver 6 MATH **vier geteilt ~ zwei** quatre divisé par deux II. *adv* 1 *fam* (*vorbei*) **es ist Mittag ~** il est midi passé 2 *fam* (*fertig*) **mit etw ~ sein** *Buch, Hausaufgaben* avoir fini [de lire] qc 3 *fam* (*kaputt*) **~ sein** *Seil, Sohlen:* être nase 4 *fam* (*genehmigt*) **~ sein** *Gesetz:* être passé; *Antrag:* être accordé 5 *fam* (*gar*) **~ sein** être bien cuit 6 *fam* (*reif*) **~ sein** *Käse:* être bien fait ▶**~ und ~ ehrlich sein** être on ne peut plus intègre; **~ und ~ nass sein** être mouillé jusqu'aux os

durch|ackern ['dʊrçʔakɐn] *fam* I. *vt* potasser *Lehrbuch;* éplucher *Akten* II. *vr* **sich ~** s'en sortir; **sich durch etw ~** se farcir qc **durch|arbeiten** ['dʊrçʔarbai̯tən] I. *vt* 1 **ein Buch ~** étudier un livre à fond 2 (*durchkneten*) travailler *Teig* II. *vi* travailler sans interruption III. *vr* 1 **sich durch die Post ~** venir à bout du courrier 2 (*sich durchkämpfen*) **sich durch ein Dickicht ~** se frayer un passage à travers le fourré **durch|atmen** ['dʊrçʔaːtmən] *vi* respirer profondément

durchaus [dʊrç'ʔau̯s] *adv* 1 (*unbedingt*) absolument 2 (*völlig, sehr*) tout à fait;

eine ~ unerfreuliche Nachricht une très très mauvaise nouvelle ③ (*überhaupt*) **~ nicht schlecht sein** être loin d'être mauvais

durch|beißen ['dʊrçbaisən] *irr* **I.** *vt* couper avec ses dents; **etw ~** couper qc avec ses dents **II.** *vr fam* **sich ~** s'en sortir à force de persévérance **durch|bekommen*** ['dʊrçbəkɔmən] *vt irr fam* ① (*durchtrennen*) arriver à couper ② *s.* **durchbringen**

durch|biegen ['dʊrçbi:gən] *irr vt, vr* [**sich**] ~ [se] courber **durch|blättern** ['dʊrçblɛtɐn] *vt*, **durchblättern*** [dʊrç'blɛtɐn] *vt* feuilleter

Durchblick ['dʊrçblɪk] *m* ① (*Ausblick*) **der ~ auf das Tal** la vue sur la vallée ② *fam* (*Überblick*) **den ~ bei etw haben** assurer dans qc; **keinen ~ haben** n'y piger rien **durch|blicken** ['dʊrçblɪkən] *vi* ① (*hindurchsehen*) **durch etw ~** regarder à travers qc ② *fam* (*den Überblick haben*) **ich blicke da nicht mehr durch** j'y pige plus rien ③ (*erkennbar werden*) **etw ~ lassen** laisser paraître qc; **~ lassen, dass ...** laisser entendre que ...

durchbluten* [dʊrç'blu:tən] *vt* irriguer; **gut durchblutet sein** être bien irrigué; **schlecht durchblutete Hände haben** avoir des problèmes de circulation dans les mains **Durchblutung** [dʊrç'blu:tʊŋ] *f* circulation *f* sanguine

Durchblutungsstörung *f* problème *m* de circulation

durchbohren*¹ [dʊrç'bo:rən] *vt* ① (*durchdringen*) *Kugel:* transpercer ② *fig* **jdn mit Blicken ~** fusiller qn du regard

durch|bohren² ['dʊrçbo:rən] **I.** *vt* percer; **ein Loch durch etw ~** percer un trou dans qc **II.** *vr* **sich durch etw ~** *Pfeil:* s'enfoncer dans qc; *Insekt:* creuser des galeries dans qc

durch|boxen ['dʊrçbɔksən] *vr fam* **sich ~** se battre **durch|braten** ['dʊrçbra:tən] *vt irr + haben* faire [bien] rôtir

durch|brechen¹ ['dʊrçbrɛçən] *irr* **I.** *vt + haben* **etw ~** casser qc en deux **II.** *vi + sein* ① *Brett:* se casser ② (*hervorkommen*) *Sonne, Zahn:* percer; *Knospen:* sortir ③ (*sich zeigen*) *Eifersucht:* transparaître

durchbrechen*² [dʊrç'brɛçən] *vt irr* ① (*gewaltsam passieren*) enfoncer *Mauer* ② (*überwinden*) franchir *Schallmauer;* forcer *Blockade*

durch|brennen ['dʊrçbrɛnən] *vi irr* ① *+ sein Glühbirne:* griller; *Sicherung:* sauter ② *+ haben* (*ununterbrochen brennen*) *Ofen:* continuer de brûler; *Lampe:* brûler ③ *+ sein fam* (*davonlaufen*) **jdm ~** *Kind:* fuguer [de chez qn]; **mit jdm ~** *Ehepartner:* se barrer avec qn **durch|bringen** ['dʊrçbrɪŋən] *vt irr* ① (*durchsetzen*) réussir à faire passer *Gesetz, Kandidaten* ② (*mit Unterhalt versorgen*) **jdn ~** subvenir aux besoins de qn ③ (*ausgeben*) dilapider *Vermögen*

durchbrochen *adj Stoff* ajouré(e)

Durchbruch *m* ① (*Erfolg*) percée *f;* **sein ~ zur Spitze** son pas décisif vers la tête; **einer S.** (*dat*) **zum ~ verhelfen** permettre à qc de percer ② MIL percée *f* ③ *kein Pl* (*das Hindurchkommen*) *eines Zahnes* percée *f;* **zum ~ kommen** *Eifersucht:* se faire jour ④ MED *des Blinddarms* perforation *f* ⑤ (*Öffnung*) brèche *f* **durch|checken** ['dʊrçtʃɛkən] *vt fam* ① **jdn ~** *Arzt:* examiner qn ② (*überprüfen*) **die Passagierliste ~** passer la liste des passagers en revue

durchdacht *adj* **wohl ~** mûrement réfléchi(e)

durchdenken* ['dʊrçdɛŋkən] *vt irr* **etw ~** réfléchir mûrement à qc

durch|diskutieren* ['dʊrçdɪskuti:rən] *vt* discuter à fond; **etw mit jdm ~** discuter à fond de qc avec qn **durch|drehen** ['dʊrçdre:ən] **I.** *vi* ① *+ haben Räder:* tourner dans le vide ② *+ haben o sein fam* (*die Nerven verlieren*) disjoncter; **durchgedreht sein** *fam* avoir pété les plombs **II.** *vt + haben* GASTR mouliner *Gemüse, Kartoffeln;* hacher *Fleisch*

durch|dringen¹ ['dʊrçdrɪŋən] *vi irr + sein* ① (*eindringen*) passer à travers; **durch etw ~** *Regen, Kälte:* passer à travers qc ② (*hindringen*) *Stimme, Geräusch:* passer à travers; **bis zu jdm ~** parvenir jusqu'à qn

durchdringen*² [dʊrç'drɪŋən] *vt irr* ① (*durch etw dringen*) passer à travers *Material;* percer *Dunkelheit* ② *geh* (*erfüllen*) **jdn ~** *Gefühl:* s'emparer de qn

durchdringend ['dʊrçdrɪŋənt] *adj Kälte* mordant(e); *Schmerz* aigu(ë); *Schrei, Blick* perçant(e); *Geruch* pénétrant(e)

durch|drücken ['dʊrçdrʏkən] *vt* ① tendre *Knie* ② *fam* (*durchsetzen*) faire passer *Vorhaben, Änderungen;* **~, dass** réussir à obtenir que + *subj*

durcheinander [dʊrçʔai̯'nandɐ] *adj fam* ① (*unordentlich*) **~ sein** *Wohnung:* être en pagaille; *Karteikarten:* être tout mélangé; **hier ist alles ~** c'est le foutoir ici ② (*verwirrt*) **~ sein** être tourneboulé

Durcheinander [dʊrçʔai̯'nandɐ] <-s> *nt*

① (*Unordnung*) désordre *m* ② (*Wirrwarr*) confusion *f*

durcheinander|bringen *vt irr* **etw ~** (*in Unordnung bringen*) déranger qc; (*verwechseln*) confondre qc **durcheinander|essen**RR *vt irr* **viel ~** manger beaucoup et n'importe comment **durcheinander|geraten** *vi irr + sein Person:* perdre le nord; *Unterlagen:* se mélanger **durcheinander|reden** *vi* **alle reden durcheinander** tous parlent en même temps **durcheinander|wirbeln** *vt, vi* **die Unterlagen ~** *Wind:* faire virevolter les documents

durch|fahren¹ ['dʊrçfa:rən] *vi irr + sein* ① **durch etw ~** passer par qc ② (*nicht anhalten*) **bei Rot ~** passer au [feu] rouge; **bis Frankfurt ~** *Zug:* ne pas s'arrêter avant Francfort ③ (*ununterbrochen fahren*) rouler sans arrêt; **die ganze Nacht ~** rouler toute la nuit

durchfahren*² [dʊrç'fa:rən] *vt irr* ① (*fahrend durchqueren*) traverser *Gegend, Land;* parcourir *Strecke* ② (*durchzucken*) **jdn ~** *Schreck:* s'emparer de qn

Durchfahrt ['dʊrçfa:ɐ̯t] *f* ① (*Öffnung*) passage *m;* **~ bitte freihalten!** ne pas stationner! ② *kein Pl* (*das Durchfahren*) passage *m;* **~ verboten!** passage interdit! ③ *kein Pl* (*das Fahren im Transitverkehr*) **auf der ~ sein** être en transit **Durchfall** ['dʊrçfal] *m* ① MED diarrhée *f* ② *fam* (*Misserfolg*) échec *m* **durch|fallen** ['dʊrçfalən] *vi irr + sein* ① (*fallen*) passer à travers; **durch ein Loch ~** passer à travers un trou ② *fam* (*nicht bestehen*) **bei etw ~** se faire étendre à qc ③ (*einen Misserfolg haben*) *Aufführung:* être un fiasco **durch|fechten** ['dʊrçfɛçtən] *vt irr* mener à terme **durch|feiern** ['dʊrçfaiɐn] *vt, vi fam* faire la java

durch|fliegen¹ ['dʊrçfli:gən] *vi irr + sein* ① (*fliegen*) **durch etw ~** passer [en volant] par qc ② (*ohne Zwischenstopp fliegen*) voler sans escale ③ *fam* (*durchfallen*) se faire étendre

durchfliegen*² [dʊrç'fli:gən] *vt irr* traverser *Wolken, Gewitter*

durch|fließen¹ ['dʊrçfli:sən] *vi irr + sein* s'écouler à travers; **durch etw ~** *Wasser:* s'écouler à travers qc

durchfließen*² [dʊrç'fli:sən] *vt irr* traverser, arroser *Tal*

DurchflussmengeRR *f* débit *m*

durchfluten* [dʊrç'flu:tən] *vt geh* ① (*erhellen*) baigner ② (*durchströmen*) **jdn ~** *Gefühl:* submerger qn **durchforschen*** [dʊrç'fɔrʃən] *vt* ① (*durchstreifen*) explorer *Gegend* ② (*durchsuchen*) **Bücher nach etw ~** consulter des livres à la recherche de qc **durchforsten*** [dʊrç'fɔrstən] *vt fam* éplucher; **etw nach etw ~** éplucher qc à la recherche de qc

durch|fragen ['dʊrçfra:gən] *vr* **sich ~** finir par trouver [à force de poser des questions] **durch|fressen** ['dʊrçfrɛsən] *irr* **I.** *vr* ① **sich ~** *Säure, Rost:* finir par traverser; **sich durch etw ~** ronger complètement qc ② (*nagen*) **sich ~** *Tier:* se frayer un passage ③ *pej fam* **sich bei jdm ~** jouer les pique-assiettes chez qn **II.** *vt* **das Metall ~** *Säure, Rost:* corroder le métal

durchfroren *adj* [complètement] gelé(e)

Durchfuhr ['dʊrçfu:ɐ̯] *f* transit *m*

durchführbar *adj* réalisable

durch|führen ['dʊrçfy:rən] **I.** *vt* ① faire *Messung, Reform;* **einen Plan ~** mettre un plan à exécution ② (*hindurchführen*) **jdn durch etw ~** *Führer:* guider qn à travers qc ③ (*durchleiten*) **ein Kabel unter einer Mauer ~** faire passer un câble sous un mur **II.** *vi* (*verlaufen*) **durch etw ~** traverser qc

Durchführung *f eines Projekts* mise *f* en œuvre

durch|füttern ['dʊrçfʏtɐn] *vt fam* entretenir; **sich von jdm ~ lassen** vivre aux crochets de qn (*péj*) **Durchgang** ['dʊrçgaŋ] <-gänge> *m* ① passage *m;* **kein ~!** passage interdit! ② (*Phase*) *eines Wettkampfs* tour *m*

durchgängig ['dʊrçgɛŋɪç] **I.** *adj* (*allgemein feststellbar*) général(e) **II.** *adv ablehnen, befürworten* à l'unanimité; *feststellen* de manière constante

Durchgangsstraße *f* grand axe *m*

durch|geben ['dʊrçge:bən] *vt irr* (*über Radio, Fernsehen*) communiquer **durchgefroren** *adj* [complètement] gelé(e)

durch|gehen ['dʊrçge:ən] *irr* **I.** *vi + sein* ① *Person:* avancer; **durch den Zoll ~** passer la douane ② *fam* (*durchpassen*) **unter der Tür ~** passer sous la porte ③ (*keinen Zwischenhalt machen*) *Flug, Zug:* être direct ④ *fam* (*ohne Unterbrechung andauern*) être non-stop ⑤ (*durchdringen*) **durch etw ~** *Strahlung, Regen:* traverser qc ⑥ (*angenommen werden*) *Antrag:* être adopté ⑦ (*außer Kontrolle geraten*) *Pferd:* s'emballer [et s'enfuir]; **seine Nerven gingen ihm durch** ses nerfs le lâchèrent ▶ **etw ~ lassen** laisser passer qc **II.** *vt + sein* (*prüfend durchlesen*) revoir *Text*

durchgehend ['dʊrçge:ənt] **I.** *adj* ① *Öffnungszeiten* sans interruption ② (*ohne Zwi-*

D

schenhalt fahrend) *Zug* direct(e) **II.** *adv* *(ständig)* en permanence; ~ **geöffnet** ouvert sans interruption

durchgeknallt *adj fam Person* à la masse

durch|greifen ['dʊrçgraifən] *vi irr* ① *(eingreifen)* prendre des mesures énergiques; **hart** ~ sévir ② *(hindurchfassen)* **durch etw** ~ passer la main à travers qc

durchgreifend *adj Maßnahme* énergique

durch|haben ['dʊrçhabən] *vt irr fam* ① avoir fini de lire *Buch, Artikel;* avoir révisé *Vokabeln* ② *(durchtrennt haben)* **etw** ~ avoir coupé qc en deux **durch|halten** ['dʊrçhaltən] *irr* **I.** *vt* ① *(ertragen)* supporter ② *(weiterhin durchführen)* poursuivre *Streik* ③ *(beibehalten)* tenir *Tempo;* aller jusqu'au bout de *Strecke* ④ *(aushalten)* résister à *Beanspruchung* **II.** *vi* *(standhalten, funktionieren)* tenir bon

Durchhaltevermögen *nt kein Pl* endurance *f* **Durchhaltewille[n]** *m kein Pl* volonté *f* de tenir bon

durch|hängen ['dʊrçhɛŋən] *vi irr + haben o sein* ① *(schlaff hängen)* *Hängebrücke:* être arqué; *Seil:* être lâche ② *fam* *(abgespannt sein)* être à plat; *(deprimiert sein)* avoir le blues; **lass dich nicht so ~!** ne te laisse pas aller comme ça!

Durchhänger <-s, -> *m fam* ▶ **einen ~ haben** *(körperlich)* être mal fichu(e); *(moralisch)* déprimer

durch|hecheln ['dʊrçhɛçəln] *vt pej fam* se régaler des histoires sur *Verwandte*

durch|kämmen[1] ['dʊrçkɛmən] *vt* peigner; *(durchbürsten)* coiffer

durchkämmen*[2] [dʊrç'kɛmən] *vt* *(durchsuchen)* passer au peigne fin; **etw nach jdm** ~ passer qc au peigne fin pour trouver qn

durch|kämpfen ['dʊrçkɛmpfən] **I.** *vr* ① *(sich einen Weg bahnen)* **sich [durch etw]** ~ se frayer un chemin [à travers qc] ② *(durcharbeiten)* **sich** ~ en venir à bout ③ *(sich behaupten)* **sich [hart/mühsam]** ~ se battre [beaucoup/péniblement] pour s'imposer **II.** *vt* *(erkämpfen)* réussir à imposer; **etw ~ müssen** devoir se battre pour imposer qc **III.** *vi* *Soldaten:* continuer les combats **durch|kauen** ['dʊrçkauən] *vt* ① [bien] mâcher *Essen, Fleisch* ② *fam* *(behandeln)* **etw mit jdm** ~ rabâcher qc avec qn **durch|kneten** *vt* ① GASTR bien pétrir *Teig* ② *fam* *(massieren)* **jdn** ~ masser [vigoureusement] qn

durch|kommen ['dʊrçkɔmən] *vi irr + sein* ① *(durchfahren)* passer; **durch ein Dorf** ~ traverser un village ② *(passieren)* pouvoir passer ③ *(durchdringen)* **durch etw** ~ *Feuchtigkeit:* s'infiltrer à travers qc ④ *(in Erscheinung treten)* **bei jdm** ~ *Eifersucht:* se faire sentir chez qn ⑤ *(Erfolg haben)* **bei jdm mit etw** ~ avoir du succès avec qc auprès de qn; **mit Englisch kommt man überall durch** avec l'anglais on passe partout ⑥ *(Prüfung bestehen)* réussir ⑦ *fam* *(überleben)* s'en tirer ⑧ *(durchgesagt werden)* **im Radio** ~ *Meldung:* passer à la radio

durchkreuzen*[1] [dʊrç'krɔytsən] *vt geh* ① *(vereiteln)* contrarier *Pläne* ② *(durchqueren)* parcourir

durch|kreuzen[2] ['dʊrçkrɔytsən] *vt* *(durchstreichen)* barrer

durch|kriechen ['dʊrçkriːçən] *vi irr + sein* ramper; **durch etw/unter etw** *(dat)* ~ ramper dans qc/sous qc

durch|kriegen *s.* **durchbekommen**

Durchlass[RR] ['dʊrçlas, *Pl:* -lɛsə] <-es, -lässe> *m* ① *(Durchgang)* passage *m* ② *kein Pl geh* *(Einlass)* **jdm ~ gewähren** accorder le droit de passage à qn

durch|lassen ['dʊrçlasən] *vt irr* ① laisser passer *Person, Licht* ② *fam* *(durchgehen lassen)* **jdm etw** ~ passer qc à qn

durchlässig ['dʊrçlɛsɪç] *adj* ① *(porös)* perméable ② *fig* ~ **sein** *System:* être souple; *Grenze:* être facile à passer

Durchlauf *m* ① INFORM exécution *f* ② SPORT manche *m*

durch|laufen[1] ['dʊrçlaufən] *irr* **I.** *vi + sein* passer; **ohne Pause** ~ marcher sans s'arrêter **II.** *vt + haben* user *Sohlen*

durchlaufen*[2] [dʊrç'laufən] *vt irr* ① *(durchqueren)* traverser *Gebiet* ② SPORT parcourir *Strecke* ③ *(absolvieren)* faire *Ausbildung;* traverser *Phase;* **die Schule** ~ effectuer sa scolarité ④ *(erfassen)* **jdn** ~ *Schauder:* parcourir qn; **es durchlief mich siedend heiß** j'en ai eu des bouffées de chaleur

durchlaufend *adj Geländer* continu(e)

Durchlauferhitzer <-s, -> *m* chauffe-eau *m inv*

durchleben* [dʊrç'leːbən] *vt* ① *(erleben)* vivre *Zeit* ② *(durchmachen)* passer par *Angst* **durchleiden*** [dʊrç'laidən] *vt irr* endurer *Qualen, Entbehrungen*

durch|lesen ['dʊrçleːzən] *vt irr* **etw** ~ *(dat)* lire qc; *(bis zum Ende)* lire qc en entier; **etw auf Fehler** ~ *(dat)* relire qc pour trouver des fautes; **das Durchlesen** la lecture

durchleuchten* [dʊrç'lɔyçtən] *vt* ① MED radiographier *Patienten* ② *fam* *(überprü-*

fen) éplucher *Angelegenheit;* **einen Bewerber ~** examiner un candidat à la loupe

durch|liegen ['dʊrçli:gən] *irr* **I.** *vt* user *Matratze, Bett* **II.** *vr* **sich ~** avoir des escarres

durchlöchern* [dʊrç'lœçɐn] *vt* ❶ perforer *Karosserie;* transpercer *Opfer;* **durchlöchert** perforé(e); *Kleidung:* troué(e) ❷ (*schwächen*) miner *Gesetzeswerk*

durch|lüften ['dʊrçlʏftən] *vt, vi* aérer [à fond] **durch|machen** ['dʊrçmaxən] **I.** *vt* ❶ (*mitmachen*) avoir *Krankheit;* traverser *schwere Zeiten;* vivre *Unangenehmes* ❷ (*durchlaufen*) faire *Ausbildung;* passer par *Phase* **II.** *vi fam* ❶ (*durchfeiern*) faire la bringue jusqu'au petit matin ❷ (*durcharbeiten*) travailler en non-stop **Durchmarsch** ['dʊrçmarʃ] *m* ❶ *von Truppen, von Soldaten* passage *m;* **auf dem ~ sein** être de passage ❷ *fam* (*Sieg*) victoire *f*

Durchmesser ['dʊrçmɛsɐ] <-s, -> *m* diamètre *m; einer Gewehrkugel* calibre *m;* **im ~** de diamètre/calibre

durch|mogeln ['dʊrçmo:gəln] *vr fam* **sich durch die Kontrolle ~** se débrouiller pour passer le contrôle; **sich durch die Schule ~** ne pas être très catholique à l'école

durchnässen* [dʊrç'nɛsən] *vt* tremper; **völlig durchnässt sein** être complètement trempé

durch|nehmen ['dʊrçne:mən] *vt irr* faire **durch|nummerieren*RR** ['dʊrçnʊməri:rən] *vt* numéroter **durch|pausen** ['dʊrçpauzən] *vt* calquer **durch|peitschen** ['dʊrçpaitʃən] *vt fam* faire passer à la va-vite

durchqueren* [dʊrç'kve:rən] *vt* traverser

durch|rasen ['dʊrçra:zən] *vi + sein fam* passer à toute berzingue **durch|rasseln** ['dʊrçrasəln] *vi fam s.* **durchfallen** **durch|rechnen** ['dʊrçrɛçnən] *vt* (*vollständig rechnen*) calculer; [**noch einmal**] **~** (*prüfen*) recompter [encore une fois] **durch|regnen** ['dʊrçre:gnən] *vi unpers* ❶ (*Regen durchlassen*) passer; **es regnet durch etw durch** la pluie passe à travers qc ❷ (*weiterregnen*) **es regnet durch** il n'arrête pas de pleuvoir

Durchreiche ['dʊrçraiçə] <-, -n> *f* passe-plat *m*

Durchreise ['dʊrçraizə] *f* ❶ (*das Durchreisen*) traversée *f;* **die ~ durch ein Land** la traversée d'un pays ❷ (*Durchfahrt*) **auf der ~ sein** être de passage

durch|reisen¹ ['dʊrçraizən] *vi + sein* ❶ voyager sans s'arrêter; **die Nacht ~** voyager toute la nuit ❷ (*durchqueren*) traverser

durchreisen*² [dʊrç'raizən] *vt* parcourir *Gegend*

Durchreisende(r) *f(m) dekl wie adj* (*Transitreisende(r)*) voyageur(-euse) *m(f)* en transit; **~ nach Bangkok** les passagers pour Bangkok

Durchreisevisum *nt* visa *m* de transit

durch|reißen ['dʊrçraisən] *irr* **I.** *vt + haben* déchirer **II.** *vi + sein Seil:* se casser; *Stoff:* se déchirer **durch|ringen** ['dʊrçrɪŋən] *vr irr* **sich dazu ~ etw zu tun** se résoudre à faire qc **durch|rosten** ['dʊrçrɔstən] *vi + sein* rouiller [complètement] **durch|rühren** *vt* remuer

durchs [dʊrçs] = *fam* **durch das** *s.* **durch**

Durchsage ['dʊrçza:gə] *f* communiqué *m;* (*Verkehrsdurchsage*) point *m* sur la circulation routière; (*Wetterdurchsage*) bulletin *m* météo

durch|sagen ['dʊrçza:gən] *vt* ❶ RADIO, TV communiquer; **die Zeit im Radio ~** donner l'heure à la radio ❷ (*mündlich weitergeben*) transmettre *Parole;* **nach hinten ~!** faites passer derrière! **durch|sägen** *vt* scier [en deux]; **etw ~** scier qc [en deux]

durchschaubar [dʊrç'ʃauba:ɐ̯] *adj* ❶ clair(e); **schwer ~** peu clair ❷ *Charakter* transparent(e); **ein schwer ~er Mensch** une personne impénétrable

durchschauen*¹ [dʊrç'ʃauən] *vt* voir clair dans *Intrige;* deviner *Absichten;* **leicht zu ~ sein** être facile à déceler; **jdn ~** voir clair dans le jeu de qn; **du bist durchschaut!** tu es découvert!

durch|schauen² ['dʊrçʃauən] *s.* **durchsehen**

durch|scheinen ['dʊrçʃainən] *vi irr* luire; **durch etw ~** *Licht, Sonne:* luire à travers qc **durchscheinend** *adj* transparent(e) **durch|scheuern** ['dʊrçʃɔyɐn] *vt* user; **durchgescheuert sein** être élimé **durch|schimmern** ['dʊrçʃɪmɐn] *vi* **durch etw ~** luire à travers qc **durch|schlafen** ['dʊrçʃla:fən] *vi irr* dormir d'une traite **Durchschlag** ['dʊrçʃla:k] *m* ❶ (*Kopie*) copie *f* ❷ (*Sieb*) passoire *f*

durch|schlagen¹ ['dʊrçʃla:gən] *irr* **I.** *vt + haben* ❶ (*durchbrechen*) fendre *Ziegelstein;* enfoncer *Wand;* **ein Brett ~** couper une planche en deux ❷ (*einschlagen*) **einen Nagel durch etw ~** enfoncer un

D

clou à travers qc **II.** *vi + sein* ❶ **bei jdm ~** *Eigenschaft:* ressortir chez qn; **in ihm schlägt der Vater durch** c'est tout son père ❷ (*durchdringen*) **durch etw ~** *Geschoss:* passer à travers qc **III.** *vr + haben* (*sich durchbringen*) **er muss sich ~** il doit se débrouiller comme il peut (*fam*); **sich mit Mühe ~** tirer le diable par la queue

D

durchschlagen*² [dʊrç'ʃla:gən] *vt irr* (*durchdringen*) *Geschoss:* traverser

durchschlagend ['dʊrçʃla:gənt] *adj Erfolg* éclatant(e); *Argument* décisif(-ive)

Durchschlagpapier *nt* (*Kohlepapier*) [papier *m*] carbone *m*

Durchschlagskraft *f kein Pl* ❶ *eines Geschosses* force *f* de pénétration ❷ (*überzeugende Wirkung*) impact *m*

durch|schlängeln ['dʊrçʃlɛŋəln] *vr* **sich [zu jdm/etw] ~** se faufiler [jusqu'à qn/qc]; **sich durch etw ~** *Bach:* serpenter à travers qc **durch|schleusen** ['dʊrçʃlɔyzən] *vt* ❶ NAUT écluser *Schiff* ❷ *fam* faire passer; **jdn durch eine Kontrolle ~** faire passer un contrôle à qn **durch|schneiden** ['dʊrçʃnaidən] *vt irr* couper *Brot, Draht;* **etw in der Mitte ~** couper qc au milieu; **jdm die Kehle ~** trancher la gorge à qn **Durchschnitt** ['dʊrçʃnɪt] *m* ❶ (*Mittelwert*) moyenne *f;* **unter dem ~** en dessous de la moyenne ❷ (*die Mehrzahl*) **der ~ der Kunden** la majorité des clients

durchschnittlich ['dʊrçʃnɪtlɪç] **I.** *adj* moyen(ne) **II.** *adv* ❶ (*im Durchschnitt*) en moyenne ❷ (*mäßig*) moyennement

Durchschnittsalter *nt* âge *m* moyen **Durchschnittseinkommen** *nt* revenu *m* moyen **Durchschnittsgeschwindigkeit** *f* vitesse *f* moyenne **Durchschnittsmensch** *m* Monsieur *m*/Madame *f* Tout-le-monde; **kein ~ sein** ne pas être une personne ordinaire

Durchschreibeblock *m* bloc *m* à calquer

durchschreiten* [dʊrç'ʃraitən] *vt irr geh* franchir *Saal;* parcourir *Park*

Durchschrift *f* double *m*

Durchschuss^RR^ ['dʊrçʃʊs] *m* ❶ (*Schuss*) perforation *f* par balle; **es war ein glatter ~** la balle est ressortie ❷ TYP interligne *m*

durch|schütteln ['dʊrçʃʏtəln] *vt* secouer

durch|schwimmen ['dʊrçʃvɪmən] *vi irr + sein* ❶ (*hindurchschwimmen*) passer à la nage; **durch etw/unter etw** (*dat*) **~** passer à travers/sous qc à la nage ❷ (*ohne Pause schwimmen*) nager sans s'arrêter

durch|schwitzen ['dʊrçʃvɪtsən] *vt* tremper de sueur; **etw ~** tremper qc de sueur **durch|sehen** ['dʊrçze:ən] *irr* **I.** *vt* ❶ (*überprüfen*) vérifier; **etw auf Fehler** (*akk*) **~** relire qc pour corriger ❷ (*durchblättern*) feuilleter **II.** *vi* (*hindurchsehen*) **durch etw ~** regarder à travers qc; **durch das Kleid kann man ~** on peut voir à travers la robe

durch|sein^ALT^ *s.* **durch I.1, II.**

durch|setzen¹ ['dʊrçzɛtsən] **I.** *vt* ❶ (*erzwingen*) imposer ❷ (*verwirklichen*) imposer *Plan;* faire aboutir *Forderung* ❸ (*bewilligt bekommen*) **etw bei jdm ~** faire accepter qc par qn; **bei jdm ~, dass** obtenir de qn que + *subj* **II.** *vr* ❶ (*sich Geltung verschaffen*) **sich gegen jdn ~** s'imposer face à qn; **sich mit etw nicht ~ können** ne pas avoir beaucoup de succès avec qc ❷ (*sich verbreiten*) **sich ~** *Idee:* s'imposer

durchsetzen*² [dʊrç'zɛtsən] *vt* (*infiltrieren*) **eine Organisation mit etw ~** noyauter une organisation avec qc

Durchsetzungsvermögen *nt kein Pl* capacité *f* de s'imposer

Durchseuchung <-, -en> *f* contamination *f*

Durchsicht ['dʊrçzɪçt] *f* examen *m;* **bei ~ der Rechnungen** en vérifiant les factures; **die Post zur ~** le courrier à dépouiller

durchsichtig ['dʊrçzɪçtɪç] *adj* ❶ transparent(e) ❷ (*offensichtlich*) évident(e)

Durchsichtigkeit *f* transparence *f*

durch|sickern ['dʊrçzɪkɐn] *vi + sein* ❶ (*bekannt werden*) filtrer; **zu jdm ~** filtrer jusqu'à qn; **es ist durchgesickert, dass ...** on a divulgué que ...; **etw ~ lassen** laisser filtrer qc; **~ lassen, dass** laisser filtrer l'information selon laquelle ❷ (*durchdringen*) **durch etw ~** *Flüssigkeit:* s'infiltrer à travers qc **durch|spielen** *vt* envisager **durch|sprechen** ['dʊrçʃprɛçən] *vt irr* discuter; **etw mit jdm ~** discuter de qc avec qn

durch|stechen¹ ['dʊrçʃtɛçən] *vt irr* piquer à travers

durchstechen*² [dʊrç'ʃtɛçən] *vt irr* (*durchdringen*) percer; **etw mit einer Nadel ~** percer qc avec une aiguille; **sich** (*dat*) **die Ohrläppchen ~ lassen** se faire percer les oreilles

durch|stehen ['dʊrçʃte:ən] *vt irr* ❶ (*ertragen*) surmonter *harte Zeiten;* endurer *Entbehrungen* ❷ (*standhalten*) résister *Beanspruchung;* réussir *Test* **durch|steigen** ['dʊrçʃtaigən] *vi irr + sein* ❶ (*steigen*) passer; **durch etw ~** passer par qc ❷ *sl* (*verstehen*) y piger quelque chose (*fam*); **nicht ~** y piger que dalle (*fam*)

durch|stellen ['dʊrçʃtɛlən] **I.** *vt* passer *Gespräch* **II.** *vi* **einen Moment, ich stelle durch!** un moment, je vous mets en communication!

durchstöbern* [dʊrç'ʃtøːbɐn] *vt fam* farfouiller; **einen Schrank nach etw ~** farfouiller dans une armoire pour trouver qc

durchstoßen*[1] [dʊrç'ʃtoːsən] *vt irr* ① (*durchbohren*) transpercer ② MIL percer

durch|stoßen[2] ['dʊrçʃtoːsən] *irr* **I.** *vi* + *sein* ① (*durchdringen*) s'enfoncer; **durch etw ~** s'enfoncer dans qc ② MIL (*vorstoßen*) **bis zu etw ~** faire une percée jusqu'à qc **II.** *vt* + *haben* **eine Stange durch etw ~** enfoncer une barre dans qc

durch|streichen ['dʊrçʃtraiçən] *vt irr* (*ausstreichen*) rayer

durchstreifen* [dʊrç'ʃtraifən] *vt geh* parcourir *Gegend*

durch|strömen ['dʊrçʃtrøːmən] *vi* + *sein* **durch/zwischen etw ~** *Fluss:* se jeter dans/entre qc; *Menschenmenge:* affluer par/entre qc

durchsuchen* [dʊrç'zuːxən] *vt* fouiller *Person, Wohnung;* explorer *Gegend;* **eine Wohnung nach etw ~** fouiller un appartement à la recherche de qc; *Polizei:* perquisitionner un appartement à la recherche de qc

Durchsuchung [dʊrç'zuːxʊŋ] <-, -en> *f* ① fouille *f* ② (*durch die Polizei*) *einer Wohnung* perquisition *f; einer Gegend* exploration *f*

Durchsuchungsbefehl *m* mandat *m* de perquisition

durch|trennen ['dʊrçtrɛnən] *vt,* **durchtrennen*** [dʊrç'trɛnən] *vt* sectionner

durch|treten ['dʊrçtreːtən] *irr* **I.** *vt* + *haben* ① (*betätigen*) appuyer à fond sur *Pedal* ② (*abnutzen*) user *Teppich, Schuhe* **II.** *vi* + *sein* (*durchsickern*) [**durch etw**] **~** passer à travers [qc], traverser [qc]

durchtrieben [dʊrç'triːbən] *adj pej* rusé(e)

durchwachsen [dʊrç'vaksən] *adj* ① *Speck* maigre ② *hum fam* (*mittelmäßig*) **~ sein** être couci-couça

Durchwahl ['dʊrçvaːl] *f* ① ligne *f* directe ② *fam* (*Durchwahlnummer*) numéro *m* de poste **durch|wählen** ['dʊrçvɛːlən] *vi* appeler directement

durch|wandern[1] ['dʊrçvandɐn] *vi* + *sein* marcher; **bis zur Brücke ~** continuer à marcher jusqu'au pont

durchwandern*[2] [dʊrç'vandɐn] *vt* parcourir à pied *Gegend*

durchweg ['dʊrçvɛk] *adv* **sie sind ~ zufrieden** ils sont tous contents

durch|wühlen[1] ['dʊrçvyːlən] **I.** *vt* fouiller; **etw nach etw ~** fouiller qc à la recherche de qc **II.** *vr* ① (*sich durcharbeiten*) **sich ~** voir le bout; **sich durch etw ~** venir à bout de qc ② (*durch Wühlen gelangen*) **sich durch etw ~** (*dat*) *Maulwurf:* se creuser un passage dans qc

durchwühlen*[2] [dʊrç'vyːlən] *vt* ① (*durchstöbern*) retourner *Schrank, Zimmer* ② (*aufwühlen*) **die Erde ~** fouiller la terre; **den Boden ~** *Granaten:* ravager le sol

durch|wurschteln *vr,* **durch|wursteln** *vr sl* **sich ~** se démerder (*fam*)

durch|zählen ['dʊrçtsɛːlən] *vt, vi* compter

durch|ziehen[1] ['dʊrçtsiːən] *irr* **I.** *vt* + *haben* ① (*hindurchziehen*) **einen Faden durch etw ~** faire passer un fil par qc ② *fam* (*zu Ende führen*) **einen Plan ~** mener à bien un plan **II.** *vi* + *sein* ① (*durchkommen*) **durch die Stadt ~** traverser la ville ② GASTR (*marinieren*) macérer **III.** *vr* + *haben* **sich durch etw ~** *Motiv, Thema:* se retrouver tout au long de qc

durchziehen*[2] [dʊrç'tsiːən] *vt irr* ① (*durchqueren*) parcourir ② (*enthalten sein*) **ein Buch ~** *Thema:* traverser un livre ③ (*durch etw verlaufen*) *Verkehrswege:* traverser; **von Flüssen durchzogenen** traversé de fleuves

durchzucken* [dʊrç'tsʊkən] *vt* ① *geh Blitz:* sillonner ② (*einfallen*) *Gedanke:* traverser

Durchzug ['dʊrçtsuːk] *m* ① *kein Pl* (*Luftzug*) courant *m* d'air ② (*das Durchziehen*) passage *m* ▶ **auf ~ schalten** *fam* faire la sourde oreille

dürfen[1] ['dʏrfən] <darf, durfte, dürfen> *aux modal* ① pouvoir; **etw tun ~** pouvoir faire qc; (*Erlaubnis haben*) avoir le droit de faire qc ② (*Anlass haben, können*) **ich darf annehmen, dass ...** je peux supposer que ...; **wir ~ uns nicht beklagen** on n'a pas à se plaindre; **Sie ~ mir das ruhig glauben** vous pouvez me croire; **man wird doch wohl noch fragen ~!** on a tout de même le droit de poser la question! ③ (*sollen, müssen*) **wir ~ den Bus nicht verpassen** il ne faut pas que nous rations notre bus; **wir ~ uns nichts anmerken lassen** nous ne devons rien laisser transparaître; **das hätte er nicht tun ~** il n'aurait pas dû faire ça; **du darfst**

ihm das nicht übel nehmen il ne faut pas lui en vouloir; **es darf nicht sein, dass** il est inadmissible que + *subj* ④ (*in Höflichkeitsformeln*) **darf ich noch ein Stück Kuchen haben?** puis-je avoir encore un morceau de gâteau?; **dürfte ich um Ihre Aufmerksamkeit bitten!** pourrais-je avoir votre attention s'il vous plaît!; **darf ich um den nächsten Tanz bitten?** m'accorderez-vous la prochaine danse?; **was darf es denn sein?** vous désirez? ⑤ (*zum Ausdruck der Wahrscheinlichkeit*) **es dürfte genügen, wenn ...** cela devrait suffire si ...; **es dürfte wohl das Beste sein, wenn ...** le mieux serait de ... + *infin;* **es klingelt, das dürfte Christina sein** ça sonne, ça doit être Christina

dürfen² ['dʏrfən] <darf, durfte, gedurft> **I.** *vi* pouvoir; (*Erlaubnis haben*) avoir la permission; **darf ich? – Ja, du darfst** je peux? – Oui, tu peux **II.** *vt* **er darf alles** il peut faire tout ce qu'il veut; **darf sie das wirklich?** elle a vraiment la permission?; **das hätten Sie nicht ~!** vous n'auriez pas dû faire ça!

dürftig ['dʏrftɪç] **I.** *adj* ① (*kärglich*) *Essen* frugal(e); *Unterkunft* rudimentaire; *Bekleidung* miteux(-euse) ② *pej* (*kümmerlich*) *Einkommen* dérisoire ③ (*nicht ausreichend*) *Ergebnis* piètre *antéposé* ④ (*spärlich*) *Vegetation* clairsemé(e) **II.** *adv* (*kümmerlich*) *beleuchtet* faiblement; *bekleidet* misérablement

Dürftigkeit <-> *f der Verpflegung* frugalité *f; einer Unterkunft* caractère *m* rudimentaire; *eines Einkommens* insuffisance *f*

dürr [dʏr] *adj* ① (*trocken*) *Ast, Laub* mort(e); *Boden* sec(sèche) ② *pej* (*dünn*) maigre ③ (*knapp*) succinct(e)

Dürre ['dʏrə] <-, -n> *f* sécheresse *f*

Durst [dʊrst] <-[e]s> *m* soif *f;* **großen ~ haben** avoir très soif; **~ auf etw** (*akk*) **haben** avoir envie de boire qc; **~ machen** *Essen:* donner soif ▶ **einen über den ~ getrunken haben** *fam* avoir bu un coup de trop

durstig *adj Person* assoiffé(e); **jdn ~ machen** donner soif à qn

durststillend *adj* désaltérant(e) **Durststrecke** *f* période *f* difficile

Dusche ['dʊʃə, 'du:ʃə] <-, -n> *f* douche *f*

duschen ['dʊʃən, 'du:ʃən] **I.** *vi, vr* [**sich**] ~ se doucher **II.** *vt* doucher

Duschgel ['dʊʃ-, 'du:ʃ-] *nt* gel *m* douche **Duschkabine** *f* cabine *f* de douche **Duschvorhang** *m* rideau *m* de douche

Düse ['dy:zə] <-, -n> *f a.* AVIAT tuyère *f*

Dusel ['du:zəl] <-s> *m* ① (*Glück*) **~ haben** *fam* avoir du pot; **so ein ~!** *fam* quel pot! ② (*Benommenheit*) **im ~ sein** *fam* être dans les vapes

düsen ['dy:zən] *vi + sein fam* **nach München ~** (*fliegen*) filer en avion à Munich; (*fahren*) filer à Munich; **zum Bäcker ~** (*schnell gehen*) foncer chez le boulanger

Düsenantrieb *m* propulsion *f* par réaction; **mit ~** à réaction **Düsenflugzeug** *nt* avion *m* à réaction **düsengetrieben** *adj* à moteur à réaction **Düsenjäger** ['dy:zənjɛ:gɐ] *m* MIL chasseur *m* à réaction **Düsentriebwerk** *nt* propulseur *m* à réaction

Dussel ['dʊsəl] <-s, -> *m fam* andouille *f*

dusselig ['dʊsəlɪç], **dusslig**[RR] ['dʊslɪç] *fam* **I.** *adj* con(ne) **II.** *adv* (*dämlich*) **sich ~ anstellen** faire le con; **~ herumstehen** rester debout comme un con

düster ['dy:stɐ] *adj* ① (*finster*) *Stimmung* sombre; **es ist ~ draußen** il fait sombre dehors ② (*bedrückend*) sombre *antéposé; Gestalten* sinistre; **mit der Prüfung sieht es ~ aus** l'examen ne s'annonce pas très bien

Dutzend ['dʊtsənt] <-s, -e> *nt* ① (*zwölf Stück*) douzaine *f* ② *Pl fam* (*jede Menge*) douzaines *fpl;* **~e von Schülern kamen angelaufen** des douzaines d'élèves sont arrivés en courant

dutzendfach **I.** *adj* (*sehr häufig*) mille et un(e) *antéposé;* **in ~en Varianten** sous de multiples variantes **II.** *adv zeigen, erklären* x fois; **es gibt ~ Belege** il y a des dizaines de références

dutzendmal *adv fam* des dizaines de fois

dutzendweise ['dʊtsəntvaizə] *adv* ① (*im Dutzend*) *kaufen* à la douzaine ② *fam* (*in großen Mengen*) par douzaines

duzen ['du:tsən] *vt, vr* [**sich**] ~ [se] tutoyer

Duzfreund(in) *m(f)* ami(e) *m(f)* intime

DV <-> *f Abk von* **Datenverarbeitung** informatique *f*

DVD [de:fau'de:] <-, -s> *f Abk von* **digital versatile disc** DVD *m*

DVD-Brenner *m* graveur *m* [de] DVD **DVD-Player** [-pleɪɐ] <-s, -> *m* lecteur *m* DVD

Dynamik [dy'na:mɪk] <-> *f* ① PHYS dynamique *f* ② (*Triebkraft*) *einer Idee* dynamique *f; einer Person* dynamisme *m*

dynamisch [dy'na:mɪʃ] **I.** *adj* ① *Entwicklung* dynamique ② (*regelmäßig ange-*

passt) *Rente* indexé(e) **II.** *adv* avec dynamisme

dynamisieren* [dynami'zi:rən] *vt* indexer

Dynamit [dyna'mi:t] <-s> *nt a. fig* dynamite *f*

Dynamo [dy'na:mo, 'dy:namo] <-s, -s> *m* dynamo *f*

Dynastie [dynas'ti:] <-, -ien> *f* dynastie *f*

D-Zug ['de:tsu:k] *m* express *m* ▶ **ich bin [doch] kein ~!** *hum fam* je ne suis pas aux pièces!

Ee

E, e [e:] <-, -> *nt* ❶ E *m*/e *m* ❷ MUS mi *m*

E-Auto ['e:ʔauto] *nt Abk von* **Elektroauto** voiture *f* électrique

Ebbe ['ɛbə] <-, -n> *f* marée *f* basse; **~ und Flut** le flux et le reflux

eben¹ ['e:bən] **I.** *adj* (*flach, glatt*) plat(e); **zu ~er Erde** (*im Erdgeschoss*) au rez-de--chaussée; (*auf dem Erdboden*) à même le sol **II.** *adv verlaufen* sur le plat

eben² ['e:bən] *adv* ❶ (*gerade*) **was hast du ~ gesagt?** qu'est ce que tu viens de dire?; **dein Bruder war ~ noch hier/da** ton frère était encore ici/là à l'instant ❷ (*nämlich*) justement; **na ~!** alors, tu vois/vous voyez! ❸ (*nun einmal*) tout simplement; **es ist ~ so** c'est comme ça ❹ (*gerade noch*) (*mengenmäßig*) [tout] juste; (*zeitlich*) de justesse

Ebenbild *nt* portrait *m;* **ganz sein/dein ~** tout son/ton portrait

ebenbürtig ['e:bənbʏrtɪç] *adj Gegner, Partner* de même valeur

Ebenbürtigkeit <-> *f* valeur *f* égale

ebenda ['e:bən'da:] *adv* (*genau dort*) là--même; (*in Verweisen*) ibidem **ebendarum** ['e:bənda'rʊm] *adv* voilà justement pourquoi **ebendas, ebender** ['e:bən-'de:ɐ̯] *pron dem* justement ce(tte) **ebendeshalb** ['e:bəndɛs'halp] *s.* **ebendarum** **ebendeswegen** ['e:bəndɛs've:gən] *s.* **ebendarum** **ebendie** *pron dem* justement ce(tte) **ebendiese(r, s)** ['e:bən'di:zə, -zɐ, -zəs] *pron dem, geh* justement ce(tte)

Ebene ['e:bənə] <-, -n> *f* ❶ (*ebene Gegend*) plaine *f* ❷ GEOM, PHYS plan *m* ❸ (*Stufe*) échelon *m,* niveau *m*

ebenerdig *adj* de plain-pied

ebenfalls ['e:bənfals] *adv* aussi, également; **ich ~** moi aussi; **ich war ~ nicht eingeladen** moi non plus, je n'étais pas invité; **danke, ~!** merci, pareillement!

Ebenholz ['e:bənhɔlts] *nt* [bois *m* d']ébène *m;* **schwarz wie ~** noir comme l'ébène **Ebenmaß** *nt kein Pl geh* harmonie *f*

ebenmäßig **I.** *adj Proportionen* harmonieux(-euse); *Gestalt* bien proportionné(e) **II.** *adv* **~ geformt sein** être bien proportionné

ebenso ['e:bənzo:] *adv* ❶ (*genauso*) **~ gern/gut** tout aussi bien; **~ lang[e]/oft** [tout] aussi longtemps/souvent; **~ sehr/viel** tout autant; **~ wenig** tout aussi peu; **~ intelligent wie ...** tout aussi intelligent que ... ❷ (*desgleichen*) également

ebensogern^ALT *s.* **ebenso 1**

ebensogut^ALT *s.* **ebenso 1**

ebensolang[e]^ALT *s.* **ebenso 1**

ebensooft^ALT *s.* **ebenso 1**

ebensosehr^ALT *s.* **ebenso 1**

ebensoviel^ALT *s.* **ebenso 1**

ebensowenig^ALT *s.* **ebenso 1**

Eber ['e:bɐ] <-s, -> *m* verrat *m;* (*wilder Eber*) sanglier *m*

Eberesche ['e:bɐʔɛʃə] *f* BOT sorbier *m*

E-Bike ['i:baik] <-s, -s> *nt* vélo *m* électrique, vélo à assistance électrique

ebnen ['e:bnən] *vt* aplanir ▶ **jdm den Weg ~** frayer le chemin à qn

E-Book ['i:bʊk] <-s, -s> *nt* INFORM livre *m* électronique **E-Book-Reader** ['i:bʊk-ri:dɐ] <-s, -> *m* INFORM liseuse *f*

E-Business ['i:bɪznɪs] <-> *f* e-commerce *m*

EC [e:'tse:] <-s, -s> *m* ❶ *Abk von* **Eurocity[-Zug]** Eurocity *m* ❷ FIN *Abk von* **Euroscheck** eurochèque *m*

Echo ['ɛço] <-s, -s> *nt* ❶ (*Widerhall, Reaktion*) écho *m* ❷ (*Person ohne eigene Meinung*) réplique *f*

Echolot *nt* sonde *f* acoustique

Echse ['ɛksə] <-, -n> *f* saurien *m*

echt [ɛçt] **I.** *adj* ❶ (*nicht künstlich*) véritable; *Haar, Bräunung* naturel(le); (*nicht gefälscht*) *Unterschrift, Gemälde* authentique; **ein ~er Geldschein** un vrai billet ② (*aufrichtig*) *Liebe* sincère; *Schmerz* vrai(e) ③ (*typisch*) vrai(e) *antéposé* ④ (*beständig*) *Farbe* grand teint *inv* ⑤ (*wirklich*) *Problem, Reinfall* véritable *antéposé* **II.** *adv* ① (*typisch*) typique ② (*rein*) ~ **Gold/Silber sein** être de l'or/l'argent véritable ③ *fam* (*wirklich*) vraiment

Echtheit <-> *f* (*echte Beschaffenheit*) authenticité *f;* (*Aufrichtigkeit*) sincérité *f*

Echtzeit *f* INFORM temps *m* réel

E

Eck [ɛk] <-[e]s, -e> *nt* ① A, SDEUTSCH (*Ecke*) coin *m* ② SPORT (*Ecke des Tores*) coin *m*

EC-Karte, ec-Karte [e'tse:-] *f* ≈ carte *f* bancaire [*o* de paiement]; **mit** [**der**] ~ **bezahlen** payer par carte bancaire

Eckball *m* corner *m;* **einen ~ verwandeln** marquer un but sur corner

Ecke ['ɛkə] <-, -n> *f* ① *eines Zimmers, Buches* coin *m;* GEOM *einer Fläche, eines Körpers* angle *m* ② (*Straßenecke*) coin *m;* **gleich um die ~** juste au coin ③ *fam* (*Gegend*) coin *m* ④ *fam* (*Strecke*) bout *m* de chemin ⑤ SPORT corner *m* ▶ **an allen ~n und Enden sparen** économiser sur tout [et n'importe quoi]

eckig ['ɛkɪç] *adj* ① *Tisch* carré(e); *Skulptur, Gesicht* anguleux(-euse) ② (*ungelenk*) raide

Ecklohn *m* salaire *m* de référence **Eckpfeiler** *m* ARCHIT pilier *m* d'angle **Eckzahn** *m* canine *f*

ECOFIN *m Abk von* **Rat der Wirtschafts- und Finanzminister** ECOFIN *m*

E-Commerce ['i:kɔmø:ɐ̯s] <-> *m* commerce *m* électronique

Economyklasse [i'kɔnəmi-] *f kein Pl* AVIAT classe *f* économique

Ecstasy ['ɛkstəzi] <-[s], -s> *nt* (*Droge*) ecstasy *f*

Ecu [e'ky:] <-[s], -[s]> *m,* <-, -> *f* HIST *Abk von* **European currency unit** écu *m*

Edamer ['e:damɐ] <-s, -> *m* édam *m*

edel ['e:dəl] **I.** *adj* ① *geh* noble ② (*hochwertig*) *Hölzer* précieux(-euse); *Wein* noble ③ (*reinrassig*) *Pferd* de race ④ *geh* (*schön geformt*) *Profil* aristocratique **II.** *adv handeln* noblement; *verarbeitet* élégamment; ~ **denken** avoir des pensées nobles

Edelfrau *f* dame *f* de la noblesse **Edelgas** *nt* gaz *m* rare **Edelmann** <-leute> *m* gentilhomme *m* **Edelmetall** *nt* métal *m* précieux **Edelmut** ['e:dəlmu:t] *m kein Pl geh* noblesse *f* d'âme

edelmütig ['e:dəlmy:tɪç] **I.** *adj geh* noble **II.** *adv* avec magnanimité; ~ **handeln** se montrer magnanime

Edelpilzkäse *m* fromage *m* à moisissure noble

Edelstahl *m* acier *m* affiné **Edelstein** *m* pierre *f* précieuse **Edeltanne** *f* sapin *m* argenté **Edelweiß** ['e:dəlvai̯s] <-[es], -e> *nt* edelweiss *m*

Edikt [e'dɪkt] <-[e]s, -e> *nt* édit *m*

editieren* *vt* INFORM éditer *Datei, Text*

Edition [edi'tsi̯o:n] <-, -en> *f* ① (*Ausgabe*) édition *f* ② (*Verlag*) maison *f* d'édition

Editor ['e:dito:ɐ̯] <-s, -toren> *m* ① *geh* (*Herausgeber*) éditeur *m* ② INFORM éditeur *m* [de textes]

Editorin <-, -nen> *f geh* éditrice *m*

EDV [e:de:'fau̯] <-> *f kein Pl* INFORM *Abk von* **elektronische Datenverarbeitung** informatique *f*

EDV-Anlage *f* installation *f* informatique **EDV-Fachmann** *m,* **-frau** *f* informaticien(ne) *m(f)*

EEG[1] [e:ʔe:'ge:] <-s, -s> *nt Abk von* **Elektroenzephalogramm** MED EEG *m*

EEG[2] [e:ʔe:'ge:] <-s> *nt Abk von* **Erneuerbare-Energien-Gesetz** *loi sur les énergies renouvelables*

Efeu ['e:fɔy] <-s> *m* lierre *m*

Effeff ▶ **aus dem ~** *fam* sur le bout des doigts

Effekt [ɛ'fɛkt] <-[e]s, -e> *m* (*Wirkung*) effet *m*

Effekthascherei [ɛfɛkthaʃə'rai̯] <-, -en> *f pej* fla[-]fla *m* (*fam*)

effektiv [ɛfɛk'ti:f] *adj* ① (*wirksam*) *Maßnahme* efficace ② (*tatsächlich*) *Verbesserung* effectif(-ive); *Zinsen* réel(le)

Effektivität [ɛfɛktivi'tɛ:t] <-> *f* efficacité *f*

effektvoll [ɛ'fɛktfɔl] *adj* qui fait de l'effet

effizient [ɛfi'tsi̯ɛnt] **I.** *adj geh* performant(e) **II.** *adv geh* avec efficience

Effizienz [ɛfi'tsi̯ɛnts] <-, -en> *f geh* efficacité *f*

EFTA ['ɛfta] <-> *f Abk von* **European Free Trade Association** A.E.L.E. *f*

EG [e:'ge:] <-> *f* ① HIST *Abk von* **Europäische Gemeinschaft** C.E. *f* ② COM *Abk von* **Eingetragene Genossenschaft** coopérative *f* inscrite au registre

egal [e'ga:l] **I.** *adj fam* ① (*gleich aussehend*) identique ② (*gleichgültig*) **jdm ~ sein** ne pas avoir d'importance pour qn; **~, was** quoi que + *subj;* **~, wie/wo/warum ...** peu importe comment/où/pourquoi ...; **das ist mir ~** ça m'est égal **II.** *adv fam* (*gleich*) pareillement

Egge ['ɛgə] <-, -n> *f* herse *f*

Ego ['e:go] <-s, -s> *nt* PHILOS, PSYCH ego *m*

Egoismus [ego'ɪsmʊs] <-, -ismen> *m* égoïsme *m*
Egoist(in) [ego'ɪst] <-en, -en> *m(f)* égoïste *mf*
egoistisch [ego'ɪstɪʃ] **I.** *adj* égoïste **II.** *adv* d'une manière égoïste
egomanisch [ego'ma:nɪʃ] *adj* égomaniaque
Egotrip ['e:go-] <-s, -s> *m fam* nombrilisme *m;* **auf dem ~ sein** *fam* ne penser qu'à sa pomme
Egozentriker(in) [ego'tsɛntrikɐ] <-s, -> *m(f) geh* égocentriste *mf*
egozentrisch [ego'tsɛntrɪʃ] *adj geh* égocentriste
eh[1] [e:] *interj fam* ❶ (*he*) eh ❷ (*wie bitte*) hein
eh[2] [e:] *adv* ▶ **seit/wie ~ und je** depuis/comme toujours
ehe ['e:ə] *konj* (*bevor*) avant que [ne] + *subj;* **sie verabschiedet sich, ~ sie fährt** elle dit au revoir avant de partir
Ehe ['e:ə] <-, -n> *f* mariage *m;* **die ~ schließen** *Standesbeamter:* procéder au mariage; **eine glückliche ~ führen** former un couple heureux; **~ ohne Trauschein** union *f* libre
eheähnlich *adj* **mit jdm in einer ~en Gemeinschaft leben** vivre maritalement avec qn **Eheberatung** *f* ❶ (*das Beraten*) consultation *f* conjugale ❷ (*Stelle*) cabinet *m* de consultation conjugale **Ehebett** *nt* lit *m* conjugal
Ehebrecher(in) <-s, -> *m(f)* homme *m*/femme *f* adultère
ehebrecherisch *adj* adultère **Ehebruch** *m* adultère *m* **Ehefrau** *f* femme *f* **Ehegatte** *m* ❶ *form* époux *m* ❷ *Pl* JUR **die ~n** les époux
Ehegattensplitting *nt* FIN imposition *f* séparée des époux
Ehegattin *f form* épouse *f* **Ehekrach** *m fam* scène *f* de ménage **Ehekrise** *f* crise *f* conjugale **Eheleben** *nt kein Pl* vie *f* conjugale **Eheleute** *Pl form* conjoints *mpl*
ehelich ['e:əlɪç] **I.** *adj* conjugal(e); *Kind* légitime; *Rechte* matrimonial(e) **II.** *adv* **ein ~ geborenes Kind** un enfant légitime
ehelos *adv bleiben* célibataire; *leben* dans le célibat
Ehelosigkeit <-> *f* célibat *m*
ehemalig ['e:əma:lɪç] *adj attr* (*früher*) ancien(ne) *antéposé*
ehemals ['e:əma:ls] *adv form* jadis (*soutenu*)
Ehemann <-männer> *m* mari *m* **Ehepaar** *nt* couple *m* **Ehepartner(in)** *m(f)* conjoint(e) *m(f)*
eher ['e:ɐ] *adv* ❶ (*früher*) *kommen, gehen* plus tôt; **je ~, desto besser** plus tôt ce sera, mieux ce sera ❷ (*wahrscheinlicher*) plutôt; **das ist ~ möglich** c'est plus probable ❸ (*lieber, mehr*) plutôt
Ehering *m* alliance *f* **Ehescheidung** *f* divorce *m* **Eheschließung** *f* mariage *m*
ehest ['e:əst] *adv* A [très] bientôt
Ehestand *m kein Pl geh* vie *f* conjugale
eheste(r, s) **I.** *adj* **der ~ Termin** le prochain rendez-vous possible; **bei ~r Gelegenheit** à la première occasion **II.** *adv* **am ~n** (*am wahrscheinlichsten*) très vraisemblablement; (*am liebsten*) de préférence
ehestens ['e:əstəns] *adv* ❶ (*frühestens*) au plus tôt ❷ A *s.* **ehest**
Eheverkündigung *f* CH publication *f* des bans **Ehevermittlung** *f* ❶ *kein Pl* (*das Vermitteln*) conseil *m* matrimonial ❷ (*Büro*) agence *f* matrimoniale **Ehevertrag** *m* contrat *m* de mariage
ehrbar ['e:ɐba:ɐ] *adj* respectable
Ehre ['e:rə] <-, -n> *f* honneur *m;* **zu ~n kommen** être à l'honneur; **jdm zu ~n** en l'honneur de qn; **in ~n halten** respecter *Andenken;* **wir geben uns** (*dat*) **die ~, ...** *form* nous avons l'honneur de ...; **jdm die letzte ~ erweisen** *geh* rendre les derniers honneurs à qn ▶ **auf ~ und Gewissen** en son/ton/... âme et conscience; **mit wem habe ich die ~?** *iron form* à qui ai-je l'honneur?; **was verschafft mir die ~?** *iron form* qu'est-ce qui me vaut l'honneur?
ehren ['e:rən] *vt* honorer; **jdn durch/mit etw ~** honorer qn de qc; **hoch geehrt** très honoré *antéposé;* **sich durch etw geehrt fühlen** être honoré de qc
Ehrenamt *nt* fonction *f* honorifique **ehrenamtlich** *adj Mitarbeiter, Tätigkeit* bénévole; *Vorsitzender* honoraire **Ehrenbürger(in)** *m(f)* citoyen(ne) *m(f)* d'honneur **Ehrendoktor** *m* docteur *m* honoris causa **Ehrengast** *m* invité(e) *m(f)* d'honneur
ehrenhaft ['e:rənhaft] *adj* honorable
Ehrenhaftigkeit <-> *f* honorabilité *f*
ehrenhalber *adv* ❶ à titre honorifique ❷ (*ohne Bezahlung*) bénévolement
Ehrenkodex *m* code *m* de l'honneur **Ehrenlegion** *f* Légion *f* d'honneur **Ehrenmal** *nt* monument *m* aux morts **Ehrenmann** <-männer> *m* homme *m* d'honneur **Ehrenmitglied** *nt* membre *m* d'honneur **Ehrenplatz** *m* place *f* d'hon-

E

neur **Ehrenpreis** *m* (*Auszeichnung*) prix *m* d'honneur **Ehrenrettung** *f* réhabilitation *f;* **zu seiner/ihrer ~** pour sa réhabilitation **Ehrenrunde** *f* ① SPORT tour *m* d'honneur ② SCHULE *iron* redoublement *m* **Ehrensache** *f* affaire *f* d'honneur **Ehrentag** *m geh* grand jour *m;* **zum heutigen ~** en ce jour solennel **Ehrenurkunde** *f* diplôme *m* d'honneur

E

ehrenvoll *adj Auftrag, Aufgabe, Friede* honorable; *Begräbnis* solennel(le); **etw als ~ betrachten** considérer qc comme un honneur

Ehrenwache *f* garde *f* d'honneur

ehrenwert *s.* **ehrbar**

Ehrenwort <-worte> *nt* parole *f* d'honneur; **sein ~ brechen** manquer à sa parole; **sein ~ halten** tenir parole

ehrerbietig ['eːɐ̯ʔɛɐ̯biːtɪç] *geh* **I.** *adj* déférent(e) **II.** *adv* avec déférence

Ehrfurcht *f* respect *m;* **die ~ vor jdm/etw** le respect pour qn/de qc

ehrfürchtig **I.** *adj* respectueux(-euse) **II.** *adv* avec respect

ehrfurchtsvoll **I.** *adj* respectueux(-euse) **II.** *adv* avec respect

Ehrgefühl *nt kein Pl* sens *m* de l'honneur

Ehrgeiz *m* ambition *f*

ehrgeizig *adj* ambitieux(-euse)

ehrlich **I.** *adj* ① (*aufrichtig*) sincère; *Absicht, Angebot* honnête ② (*verlässlich*) *Mitarbeiter, Finder* honnête **II.** *adv* ① *teilen, verdienen, spielen* honnêtement ② (*aufrichtig, offen*) **~ gesagt, ...** franchement ...; **um ~ zu sein, ...** pour parler franchement, ... ③ *fam* (*wirklich*) **ich kann nichts dafür, ~!** je n'y peux rien, vraiment!

Ehrlichkeit <-> *f* ① (*Aufrichtigkeit*) sincérité *f* ② (*Verlässlichkeit*) honnêteté *f*

ehrlos **I.** *adj Person* sans honneur **II.** *adv* de façon infâme

Ehrung ['eːrʊŋ] <-, -en> *f* (*Beweis der Wertschätzung*) distinction *f*

ehrwürdig *adj* ① *Gebäude, Alter* vénérable ② REL révérend(e)

ei *interj* (*Ausdruck der Verwunderung*) et bien, tiens

Ei [ai̯] <-[e]s, -er> *nt* ① œuf *m;* **hartes/weiches ~** œuf dur/à la coque ② ANAT ovule *m* ③ *Pl vulg* (*Hoden*) couilles *fpl* ④ *Pl vulg* (*Euro*) balles *fpl* (*fam*) ▶ **wie aus dem ~ gepellt** *fam* tiré à quatre épingles; **jdn wie ein rohes ~ behandeln** prendre des gants avec qn; **sich** (*dat*) [*o* **einander**] **gleichen wie ein ~ dem anderen** se ressembler comme deux gouttes d'eau

Eibe ['ai̯bə] <-, -n> *f* if *m*

Eibisch ['ai̯bɪʃ] <-[e]s, -e> *m* BOT guimauve *f*

Eiche ['ai̯çə] <-, -n> *f* (*Baum, Holz*) chêne *m*

Eichel ['ai̯çəl] <-, -n> *f* BOT, ANAT gland *m*

Eichelhäher ['ai̯çəlhɛːɐ̯] *m* ORN geai *m*

eichen[1] ['ai̯çən] *adj* de [*o* en] chêne

eichen[2] ['ai̯çən] *vt* étalonner *Maß, Gewicht;* jauger *Gefäß* ▶ **auf etw** (*akk*) **geeicht sein** *fam* être calé en qc

Eichhörnchen ['ai̯çhœrnçən] *nt* écureuil *m*

Eichmaß *nt* étalon *m*

Eid [ai̯t] <-[e]s, -e> *m* JUR serment *m;* **einen ~ auf jdn/etw leisten** prêter serment sur qn/qc; **unter ~ stehen** être assermenté

eidbrüchig *adj* parjure; **~ werden** se parjurer (*soutenu*)

Eidechse ['ai̯dɛksə] *f* lézard *m*

eidesstattlich *adj Erklärung* sur l'honneur

Eidgenosse *m*, **-genossin** *f* citoyen(ne) *m(f)* helvétique **Eidgenossenschaft** *f* **die Schweizerische ~** la Confédération helvétique

eidgenössisch ['ai̯tgənœsɪʃ] *adj* helvétique; (*im Gegensatz zu kantonal*) fédéral(e)

eidlich ['ai̯tlɪç] **I.** *adj Abmachung* passé(e) sous serment **II.** *adv gebunden, verpflichtet* par serment

Eidotter ['ai̯dɔtɐ] *m o nt* jaune *m* d'œuf

Eierbecher *m* coquetier *m* **Eierbrikett** *nt* boulet *m* **Eierkocher** *m* œufrier *m* **Eierkuchen** *m* ≈ crêpe *f* **Eierlikör** *m* liqueur *f* au jaune d'œuf **Eierlöffel** *m* cuillère *f* à œufs

eiern ['ai̯ɐn] *vi fam Rad:* être voilé; *Schallplatte:* être gondolé

Eierschale *f* coquille *f* d'œuf **Eierschwamm** *m* DIAL, CH, **Eierschwammerl** <-s, -e> *nt* A *fam* chanterelle *f*, girolle *f* **Eierspeise** *f* ① (*Gericht aus Eiern*) ≈ plat *m* à base d'œufs ② A (*Rührei*) œufs *mpl* brouillés **Eierstock** *m* ANAT ovaire *m* **Eieruhr** *f* sablier *m* [de cuisine]

Eifer ['ai̯fɐ] <-s> *m* ① zèle *m;* **mit ~ bei der Sache sein** se donner à fond ② (*Eile, Aufregung*) **er hat im ~ die Schlüssel vergessen** dans son agitation, il a oublié les clés ▶ **im ~ des Gefechts** *fam* dans le feu de l'action

eifern ['ai̯fɐn] *vi geh* **gegen etw ~** fulminer contre qc

Eifersucht ['ai̯fɐzʊxt] *f kein Pl* jalousie *f* **eifersüchtig** ['ai̯fɐzʏçtɪç] *adj* jaloux(-ouse); **jdn ~ machen** rendre qn jaloux

Eifersuchtsszene *f* scène *f* de jalousie

Eiffelturm ['ai̯fəltʊrm] *m* tour *f* Eiffel

eifrig ['ai̯frɪç] **I.** *adj Schüler* studieux(-euse); *Leser, Sammler* fervent(e); *Theater-, Museumsbesucher* assidu(e); *Bemühen* empressé(e); *Suche* intensif(-ive) **II.** *adv lernen* avec assiduité; **~ bemüht sein etw zu tun** s'efforcer avec zèle de faire qc

Eigelb <-s> *nt* jaune *m* d'œuf

eigen ['ai̯gən] *adj* ① *Zimmer, Haus, Auto* propre *antéposé;* **er besitzt kein ~es Land** il n'a pas de terrain à lui ② *(ganz persönlich) Meinung* personnel(le) ③ *(separat) Bad, Eingang* particulier(-ière) ④ *(typisch)* **jdm ~ sein** être propre à qn ⑤ *(eigenartig) Reiz, Schönheit* particulier(-ière) ⑥ DIAL *(pingelig)* **in etw** *(dat)* **~ sein** être pointilleux sur qc ▶ **etw sein Eigen nennen** *geh* détenir qc

Eigenart *f einer Person* particularité *f; einer Landschaft, Stadt* caractère *m* particulier

eigenartig **I.** *adj* particulier(-ière) **II.** *adv sich benehmen* bizarrement; **~ riechen** sentir une drôle d'odeur

Eigenbedarf *m* besoins *mpl* personnels

Eigenbrötler(in) ['ai̯gənbrøːtlɐ] <-s, -> *m(f)* original(e) *m(f)*

Eigendynamik *f* dynamique *f* interne **Eigenfinanzierung** *f* autofinancement *m* **Eigengewicht** *nt eines Fahrzeugs* poids *m* à vide; *einer Ware* poids *m* net

eigenhändig ['ai̯gənhɛndɪç] **I.** *adj* **Ihre ~e Unterschrift** votre propre signature **II.** *adv* moi-même/lui-même/...

Eigenheim *nt* maison *f* individuelle

Eigenheimzulage *f* aide *f* à l'accession à la propriété

Eigenheit *f s.* **Eigenart**

Eigeninitiative *f* initiative *f* individuelle; **in ~** de sa/leur/... propre initiative **Eigenkapital** *nt einer Person* apport *m* personnel; *einer Firma* capital *m* propre **eigenmächtig** ['ai̯gənmɛçtɪç] **I.** *adj Entscheidung* pris(e) sans concertation préalable; **~es Vorgehen** initiative *f* individualiste et non concertée **II.** *adv anordnen, handeln* de son/mon/... propre chef **Eigenname** *m* nom *m* propre

Eigennutz ['ai̯gənnʊts] <-es> *m* intérêt *m* personnel

eigennützig ['ai̯gənnʏtsɪç] **I.** *adj* intéressé(e) **II.** *adv* par intérêt [personnel]

Eigenregie *f* **etw in ~ machen** faire qc de son propre chef

eigens ['ai̯gəns] *adv* ① *(extra)* spécialement ② *(ausschließlich)* tout exprès

Eigenschaft ['ai̯gənʃaft] <-, -en> *f* ① *(Charaktereigenschaft)* trait *m* de caractère; **gute und schlechte ~en** des qualités et des défauts ② CHEM, PHYS propriété *f*

Eigenschaftswort <-wörter> *nt* adjectif *m*

Eigensinn *m kein Pl* obstination *f;* **aus ~** par entêtement

eigensinnig ['ai̯gənzɪnɪç] *adj* obstiné(e)

eigenständig ['ai̯gənʃtɛndɪç] **I.** *adj* autonome **II.** *adv* de façon autonome

Eigenständigkeit <-> *f* autonomie *f*

eigentlich ['ai̯gəntlɪç] **I.** *adj* ① *(wirklich) Name, Wesen, Zweck* véritable; *Tatsache, Wert* réel(le) ② *(ursprünglich)* d'origine **II.** *adv* ① *(normalerweise)* en principe ② *(überhaupt)* au juste; **wie reden Sie ~ mit mir?** qu'est-ce que c'est, cette façon de [me] parler? ③ *(wirklich)* en fait; **wie alt bist du ~?** mais quel âge as-tu au fait?

Eigentor *nt* but *m* contre son camp

Eigentum ['ai̯gəntuːm] <-s> *nt* propriété *f;* *(Besitzgüter)* biens *mpl*

Eigentümer(in) ['ai̯gəntyːmɐ] <-s, -> *m(f)* propriétaire *mf*

eigentümlich ['ai̯gəntyːmlɪç] **I.** *adj* ① *(merkwürdig)* particulier(-ière); *Verhalten* singulier(-ière) ② *geh (typisch)* **jdm/einer S. ~ sein** être caractéristique de qn/qc ③ *(übel)* **mir ist/wird ganz ~** je me sens/commence à me sentir tout drôle **II.** *adv sich verhalten* bizarrement; **~ aussehen** avoir un drôle d'aspect

Eigentümlichkeit <-, -en> *f* ① *einer Person* particularité *f; eines Minerals, einer Pflanze* propriété *f* ② *kein Pl (Merkwürdigkeit)* bizarrerie *f*

Eigentumsrecht *nt* droit *m* de propriété **Eigentumswohnung** *f* appartement *m* en copropriété

eigenverantwortlich **I.** *adj Handeln* autonome **II.** *adv* de son/mon/... propre chef, en prenant la responsabilité sur soi **Eigenverantwortung** *f* autoresponsabilité *f*

eigenwillig ['ai̯gənvɪlɪç] *adj* ① *(eigensinnig)* obstiné(e) ② *(unkonventionell)* original(e)

eignen ['ai̯gnən] *vr* **sich ~** être apte; **sich für eine bestimmte Arbeit ~** être apte à faire un certain travail; **sich als Illustration ~** pouvoir servir d'illustration; **die CD eignet sich sehr gut zum Verschenken** le CD fera sûrement un beau cadeau

E

E

Eigner(in) ['aigne] <-s, -> *m(f) form* propriétaire *mf*
Eignung ['aignʊŋ] <-> *f* aptitude *f;* **seine ~ für diese Arbeit** son aptitude à faire ce travail; **die ~ zum Lehrer** l'aptitude pour être enseignant
Eignungstest *m* examen *m* d'aptitude
Eilauftrag *m* commande *f* urgente **Eilbote** *m*, **-botin** *f* porteur(-euse) *m(f)* spécial(e) **Eilbrief** *m* lettre *f* [par] exprès; **als ~** en exprès
Eile ['ailə] <-> *f* hâte *f;* **in ~ sein** être pressé; **jdn zur ~ antreiben** inciter qn à se dépêcher [davantage]; **nur keine ~!** doucement!
Eileiter ['ai-] *m* (*bei Menschen*) trompe *f* de Fallope
eilen ['ailən] **I.** *vi* ❶ + *sein* **nach Hause ~** se dépêcher de rentrer; **durch die Straßen ~** courir dans les rues ❷ + *sein fig* **von Erfolg zu Erfolg ~** accumuler les succès ❸ + *haben* (*dringlich sein*) *Angelegenheit:* être urgent; **Eilt!** urgent! **II.** *vi unpers* + *haben* **es eilt** c'est urgent
eilends ['ailənts] *adv* d'urgence
eilig ['ailɪç] **I.** *adj* ❶ (*dringend*) urgent(e); **es mit etw ~ haben** être pressé de faire qc ❷ (*schnell*) pressé(e) **II.** *adv* rapidement
Eilmarsch *m* marche *f* forcée **Eiltempo** *nt* **im ~** *fam* en quatrième vitesse **Eilzustellung** *f* distribution *f* exprès
Eimer ['aime] <-s, -> *m* seau *m* ▶ **im ~ sein** *fam* être foutu
eimerweise *adv* par seaux entiers; (*in Eimern*) par seaux
ein [ain] *adv* **auf „~" drücken** appuyer sur "marche" ▶ **weder ~ noch aus wissen, weder aus noch ~ wissen** ne savoir plus quoi faire
ein(e) **I.** *num* un(e); **es ist ~ Uhr** il est une heure; **~e Stunde/~en Tag dauern** durer une heure/une journée; **~ Pfund/Kilo wiegen** peser une livre/un kilo; **sie hat nicht ~ Wort gesagt** elle n'a pas dit un seul mot; *s. a.* **eins** ▶ **mein/sein Ein und Alles** tout ce que j'ai/qu'il a de plus cher; **das ist doch ~ und dasselbe** c'est du pareil au même (*fam*); **~ und derselbe/dieselbe** (*dieselbe Person*) une seule et même personne **II.** *art indef* ❶ un/une; **~ Buch/Tisch** un livre/une table; **~e Tür** une porte; **als Tochter ~er Lehrerin** en tant que fille d'enseignante; **so ~e Frechheit!** quelle insolence!; *s. a.* **eine(r, s)** ❷ (*jeder*) **~ Wal ist ein Säugetier** les baleines sont des mammifères

Einakter ['ain?akte] <-s, -> *m* pièce *f* en un acte
einander [ai'nande] *pron geh* se/nous/vous; **wir respektieren ~** nous nous respectons mutuellement; **reicht ~ die Hände** donnez-vous la main
ein|arbeiten **I.** *vr* **sich ~** (*am Arbeitsplatz*) s'adapter; **sich in etw** (*akk*) **~** se mettre au courant de qc **II.** *vt* (*einweisen*) former; **jdn in etw** (*akk*) **~** initier qn à qc
einarmig ['ain?armɪç] **I.** *adj Person* manchot(e) **II.** *adv* avec un [seul] bras
ein|äschern ['ain?ɛʃen] *vt* incinérer *Toten*
Einäscherung <-, -en> *f* incinération *f*
ein|atmen **I.** *vt* respirer; inhaler *Gas, Dämpfe* **II.** *vi* inspirer
einäugig ['ain?ɔygɪç] *adj* borgne
Einbahnstraße *f* [rue *f* à] sens *m* unique
ein|balsamieren* ['ainbalzami:rən] **I.** *vt* embaumer **II.** *vr hum fam* **sich mit etw ~** s'enduire le corps de qc
Einband <-bände> *m* reliure *f*
einbändig ['ainbɛndɪç] *adj* en un volume
Einbau <-bauten> *m meist Pl* (*eingebautes Teil*) équipement *m*
ein|bauen *vt* ❶ (*montieren*) installer *Möbel;* poser, monter *Motor, Geräteteil* ❷ (*einfügen*) insérer *Hinweis, Zitat;* intégrer *Theorie*
Einbauküche *f* cuisine *f* intégrée **Einbauschrank** *m* placard *m*
einbegriffen *adj* compris(e); *Mehrwertsteuer* inclus(e)
ein|behalten* *vt irr* retenir
einbeinig *adj Person* unijambiste; *Hocker* à un pied
ein|berufen* *vt irr* ❶ (*zusammenkommen lassen*) convoquer ❷ MIL incorporer
Einberufene(r) *f(m) dekl wie adj* appelé(e) *m(f)*
Einberufung *f* ❶ *kein Pl* convocation *f;* MIL incorporation *f* ❷ *s.* **Einberufungsbefehl, -bescheid**
Einberufungsbefehl *m*, **Einberufungsbescheid** *m* avis *m* d'incorporation
ein|betten *vt* implanter *Fundament;* insérer *Implantat*
Einbettzimmer *nt* chambre *f* à un lit; (*im Krankenhaus*) chambre *f* privée
ein|beulen **I.** *vt* cabosser **II.** *vr* **sich ~** se déformer
ein|beziehen* *vt irr* ❶ (*beteiligen*) impliquer; **jdn in etw** (*akk*) **[mit] ~** (*mitreden lassen*) impliquer qn dans qc; (*mitwirken lassen*) associer qn à qc ❷ (*berücksichti-*

gen) **etw in etw** (*akk*) **[mit]** ~ prendre en compte qc pour qc

ein|biegen *vi irr + sein* tourner; **in eine Straße** ~ tourner dans une rue

ein|bilden *vr* ❶ (*phantasieren*) **sich** (*dat*) **etw** ~ s'imaginer qc ❷ (*stolz sein*) **sich** (*dat*) **etwas/einiges auf seine Leistungen** ~ être fier/ne pas être peu fier de ses performances; **was bildest du dir eigentlich ein?** *fam* pour qui tu te prends?

Einbildung *f* ❶ *kein Pl* (*Phantasie*) imagination *f* ❷ *kein Pl* (*Arroganz*) prétention *f*

Einbildungskraft *f kein Pl* imagination *f*

ein|binden *vt irr* ❶ (*mit Einband versehen*) relier; **ein Buch in Leder** (*akk*) ~ relier un livre en cuir ❷ (*einbeziehen*) engager *Kollegen, Freund;* intégrer *Gebiet, Land;* **jdn in die Verantwortung** ~ impliquer qn sur le plan de la responsabilité

ein|bläuenRR ['aɪnblɔyən] *vt fam* (*einschärfen*) **jdm etw** ~ rabâcher qc à qn

ein|blenden **I.** *vt* CINE, TV insérer; RADIO intercaler **II.** *vr* TV, RADIO **sich in etw** (*akk*) ~ passer l'antenne à qc

ein|bleuenALT *s.* **einbläuen**

Einblick *m* ❶ (*Einsichtnahme*) aperçu *m;* ~ **in etw** (*akk*) aperçu de qc; **jdm** ~ **in etw** (*akk*) **gewähren** (*betrachten lassen*) laisser qn regarder dans qc; (*kennen lernen lassen*) laisser qn recueillir des informations sur qc; ~ **in etw** (*akk*) **gewinnen** pouvoir se faire une idée de qc; ~ **in die Unterlagen haben/nehmen** avoir/prendre connaissance des documents ❷ *Pl* (*Kenntnisse*) **jdm interessante ~e eröffnen** ouvrir des perspectives intéressantes à qn ❸ (*Sicht*) **[einen]** ~ **in den Garten haben** avoir vue sur le jardin

ein|brechen *irr* **I.** *vi* ❶ *+ haben o sein* (*einen Einbruch verüben*) cambrioler; **bei jdm/in etw** (*akk o dat*) ~ cambrioler qn/qc ❷ *+ sein* (*eindringen*) **in ein Land** ~ envahir un pays ❸ *+ sein* (*einsinken*) **auf dem Eis** ~ passer au travers de la glace ❹ *+ sein* (*einstürzen*) *Decke:* s'effondrer; *Stollen, Tunnel:* s'ébouler **II.** *vt + haben* enfoncer *Tür, Wand*

Einbrecher(in) *m(f)* cambrioleur(-euse) *m(f)*

ein|bringen *irr* **I.** *vt* ❶ (*eintragen*) rapporter; **jdm etw** ~ rapporter qc à qn ❷ (*beitragen*) apporter *Kapital, Know-how* ❸ (*einfahren*) rentrer *Ernte* ❹ (*vorschlagen*) **etw im Parlament** ~ déposer qc au Parlement **II.** *vr* **sich bei etw/in etw** (*akk*) ~ s'investir dans qc

ein|brocken *fam vt* **jdm etwas [Schönes]** ~ mettre qn dans le pétrin

Einbruch ['aɪnbrʊx] *m* ❶ cambriolage *m;* ~ **in etw** (*akk*) cambriolage de qc ❷ *kein Pl* (*Einsturz*) effondrement *m* ❸ *kein Pl* (*das Fallen*) *des Kurses* chute *f* ❹ (*Verluste*) échec *m* ❺ (*Beginn*) *des Winters* irruption *f*

Einbruch[s]diebstahl *m* vol *m* avec effraction

ein|buchten ['aɪnbʊxtən] *vt sl* mettre en taule

ein|buddeln *fam* **I.** *vt* enterrer, enfouir **II.** *vr* **sich** ~ s'enterrer

ein|bürgern ['aɪnbʏrgɐn] **I.** *vt* ❶ ADMIN naturaliser; **sich in der** [*o* **die**] **Schweiz** ~ **lassen** se faire naturaliser Suisse ❷ (*heimisch machen*) acclimater *Tier, Pflanze* ❸ (*verbreiten*) importer *Fremdwort, Brauch* **II.** *vr* ❶ (*übernommen werden*) **sich** ~ *Fremdwort, Brauch:* s'implanter ❷ (*üblich werden*) **das hat sich bei uns/in der Firma so eingebürgert** c'est devenu une habitude chez nous/dans l'entreprise

Einbürgerung <-, -en> *f* ❶ ADMIN naturalisation *f* ❷ *kein Pl eines Tieres, einer Pflanze* acclimatation *f* ❸ *kein Pl eines Fremdworts, Brauchs* importation *f*

Einbürgerungsantrag *m* ADMIN, POL demande *f* de naturalisation

Einbuße *f* perte *f;* **finanzielle ~n erleiden** subir des pertes financières

ein|büßen **I.** *vt* perdre; **sein Leben** ~ perdre la vie **II.** *vi* **sehr an Ansehen** ~ perdre beaucoup de son crédit

ein|checken ['aɪntʃɛkən] **I.** *vi* ❶ *Fluggast:* se faire enregistrer; **nach dem Einchecken** après l'enregistrement ❷ (*absteigen*) **im Hotel** ~ descendre dans l'hôtel; (*sich anmelden*) se présenter à l'hôtel **II.** *vt* enregistrer *Fluggast;* faire enregistrer *Gepäck*

ein|cremen **I.** *vt* mettre de la crème; **er cremt ihr den Rücken ein** il lui met de la crème sur le dos **II.** *vr* **sich** (*dat*) **das Gesicht** ~ se mettre de la crème sur le visage

ein|dämmen ['aɪndɛmən] *vt a. fig* endiguer; enrayer *Seuche;* circonscrire *Brand*

ein|decken **I.** *vr* **sich mit Gemüse/Fleisch** ~ s'approvisionner en légumes/viande; **sich mit Holz/Kohle** ~ faire des provisions de bois/charbon **II.** *vt* ❶ **das Dach mit etw** ~ couvrir le toit de qc ❷ *fam* (*überhäufen*) **jdn mit etw** ~ submerger qn de qc

eindeutig ['aɪndɔytɪç] **I.** *adj* ❶ (*unmissver-*

E

ständlich) clair(e); *Absage, Weigerung, Bitte* explicite ② (*unzweifelhaft*) *Beweis, Niederlage, Sieg* indiscutable **II.** *adv* (*ohne jeden Zweifel*) manifestement; **ganz ~** de toute évidence

Eindeutigkeit <-> *f* (*Unzweifelhaftigkeit*) netteté *f*, évidence *f*; *eines Beweises* caractère *m* indiscutable

ein|deutschen ['aindɔytʃən] *vt* LING, POL germaniser

E

ein|dicken **I.** *vt + haben* épaissir *Soße* **II.** *vi + sein Soße:* épaissir

eindimensional *adj* ① unidimensionnel(le) ② *Denkweise* monolithique

ein|dösen *vi + sein fam* s'assoupir

ein|dringen *vi irr + sein* ① **in etw** (*akk*) **~** *Einbrecher:* s'introduire dans qc; *Truppen, Wasser:* pénétrer dans qc ② (*sich einarbeiten*) **in die Materie ~** étudier plus à fond le sujet ③ (*bestürmen*) **mit etw auf jdn ~** harceler qn de qc

eindringlich **I.** *adj Bitte, Stimme, Warnung* pressant(e); *Rede* suppliant(e) **II.** *adv bitten, warnen* avec insistance

Eindringlichkeit *f* insistance *f*

Eindringling ['aindrɪŋlɪŋ] <-s, -e> *m* intrus(e) *m(f)*

Eindruck ['aindrʊk] <-drücke> *m* ① impression *f*; **den ~ haben, dass ...** avoir l'impression que ...; **von jdm/etw den ~ gewinnen, dass ...** avoir peu à peu le sentiment à propos de qn/qc que ...; **den ~ erwecken, als sei alles in Ordnung** donner l'impression que tout va bien; **Eindrücke sammeln** emmagasiner des impressions ② (*Wirkung, Effekt*) **unter dem ~ einer S.** (*gen*) **stehen** être sous le coup de qc ③ (*Abdruck*) empreinte *f*

ein|drücken **I.** *vt* ① (*beschädigen*) **etw ~** *Person, Wassermassen:* enfoncer qc; *Sturm, Explosion:* défoncer qc, démolir qc ② (*verletzen*) **das Lenkrad hat ihm den Brustkorb eingedrückt** le volant lui a écrasé la cage thoracique **II.** *vr* **sich in etw** (*akk*) **~** *Tischbeine, Reifen:* laisser des marques sur qc

eindrücklich ['aindrʏklɪç] CH, **eindrucksvoll** **I.** *adj* impressionnant(e) **II.** *adv* de façon saisissante

eine(r, s) *pron indef* ① (*jemand*) quelqu'un; **~ aus der Nachbarschaft** une voisine; **~s der Kinder** un des enfants; **der ~ von diesen Männern** [l']un de ces hommes; **du bist mir ~r!** *fam* [non mais,] toi alors!; **das ist ~r!** c'est quelqu'un!; *s. a.* **ein** ② *fam* (*man*) **und das soll ~r glauben?** laisse-moi rire!; **dieser Film macht ~n traurig** ce film [vous] rend triste ③ (*eine Sache*) **~s gefällt mir nicht an ihm** il y a une chose qui me déplaît en lui; *s. a.* **eins** ▶ **~r für alle, alle für ~n** *prov* un pour tous, tous pour un

ein|ebnen *vt* aplanir

eineiig ['ainʔaiɪç] *adj* **~e Zwillinge** de vrais jumeaux

eineinhalb *num* un(e) ... et demi(e)

eineinhalbmal *adv* une fois et demie; *s. a.* **achtmal**

einem *pron indef, dat von* **man: solch ein Entschluss fällt ~ schwer** on a du mal à prendre une telle décision; **wenn ~ das nicht gefällt** si on n'aime pas cela

einen ['ainən] *pron indef, akk von* **man: das freut ~** on s'en réjouit; **er grüßt ~ nie** il ne vous dit jamais bonjour

ein|engen *vt* ① (*bedrängen*) étouffer ② (*beschränken*) **jdn in etw** (*dat*) **~** restreindre qn dans qc ③ (*beengen*) *Kleidungsstück:* serrer

einer *pron s.* **eine(r, s)**

Einer <-s, -> *m* ① MATH unité *f* ② SPORT skif[f] *m*

einerlei ['ainɐ'lai] *adj inv* **~ sein** être égal; **das ist mir/ihm ~** ça m'est/lui est égal

Einerlei <-s> *nt* monotonie *f*

einerseits ['ainɐ'zaits] *adv* **~ ... andererseits ...** d'un côté ..., de l'autre [côté] ...

eines *pron s.* **eine(r, s)**

Ein-Euro-Job, **Eineurojob** [ain'ʔɔyro-] <-s, -s> *m pej* job *m* à un euro (*emploi réservé aux bénéficiaires de l'allocation chômage*)

einfach ['ainfax] **I.** *adj* ① (*nicht schwierig, nicht kompliziert*) facile; **eine ganz ~e Konstruktion** une construction élémentaire; **es sich** (*dat*) **mit etw zu ~ machen** s'en tirer un peu vite avec qc ② (*nicht doppelt*) *Knoten, Faden* simple; *Ausfertigung* en un exemplaire ③ (*nicht hin und zurück*) **eine ~e Fahrkarte** un aller simple **II.** *adv* ① (*leicht*) *erklären* simplement; **~ zu verstehen sein** être facile à comprendre ② (*geradezu*) vraiment ③ (*ohne Umstände*) *weggehen, hinunterschlingen* tout bonnement ④ (*verstärkend*) **es will ~ nichts werden** ça ne veut pas marcher

Einfachheit <-> *f* simplicité *f*; **der ~ halber** pour plus de simplicité

ein|fädeln ['ainfɛːdəln] **I.** *vt* ① enfiler; **einen Faden/einen Film in etw** (*akk*) **~** faire passer un fil/engager une pellicule dans qc ② *fam* (*einleiten*) combiner *Geschäft;* manigancer *Intrige* **II.** *vr* **sich in etw** (*akk*) **~** *Autofahrer:* s'insérer dans qc

ein|fahren *irr* **I.** *vi* + *sein* ① faire son entrée; **in etw** (*akk*) ~ *Rennfahrer:* faire son entrée dans/sur qc; **in den Bahnhof/Hafen** ~ entrer en gare/dans le port ② MIN **in etw** (*akk*) ~ descendre dans qc **II.** *vt* + *haben* ① (*kaputtfahren*) défoncer *Mauer* ② (*einziehen*) rentrer *Antenne, Fahrgestell* ③ (*zu benutzen beginnen*) roder *Auto*

Einfahrt *f* ① *kein Pl des Zuges* entrée *f* en gare; *des Schiffes* arrivée *f* au port; ~ **haben** *Zug:* entrer en gare ② (*Zufahrt*) voie *f* d'accès; ~ **freihalten!** sortie de véhicules!

Einfall ['ai̯nfal] *m* ① (*Idee*) idée *f* ② MIL **der ~ des Feindes in unser Land** l'invasion de notre pays par l'ennemi ③ *kein Pl* (*das Einfallen*) *des Lichtes, der Strahlen* pénétration *f*

ein|fallen *vi irr* + *sein* ① (*in den Sinn kommen*) **jdm** ~ venir à l'esprit de qn; **sich** (*dat*) **etwas** ~ **lassen** trouver quelque chose; **was fällt Ihnen ein!** qu'est-ce qui vous prend? (*fam*) ② (*in Erinnerung kommen*) **jdm fällt etw [wieder] ein** qn retrouve qc ③ (*einstürzen*) s'écrouler ④ (*eindringen*) **in etw** (*akk*) ~ envahir qc ⑤ (*hereinströmen*) **in etw** (*akk*) ~ *Licht:* rentrer dans qc ⑥ (*einsinken*) *Gesicht, Wangen:* se creuser

einfallslos *adj, adv* sans imagination

Einfallslosigkeit <-> *f einer Person* manque *m* d'imagination

einfallsreich **I.** *adj* qui fait preuve d'imagination **II.** *adv* de façon ingénieuse; (*originell*) de manière originale **Einfallsreichtum** *m kein Pl* ingéniosité *f* **Einfallswinkel** *m* angle *m* d'incidence

Einfalt ['ai̯nfalt] <-> *f* naïveté *f*

einfältig ['ai̯nfɛltɪç] *adj Person, Frage* naïf(-ïve); *Gemüt* candide

Einfaltspinsel *m pej fam* gogo *m*, nigaud(e) *m(f)*

Einfamilienhaus *nt* maison *f* individuelle

ein|fangen *irr* **I.** *vt* ① prendre *Person;* capturer *Tier* ② (*wiedergeben*) **die Stimmung in einem Bild** ~ rendre l'ambiance dans un tableau **II.** *vr fam* **sich** (*dat*) **einen Schnupfen** ~ attraper un rhume

einfarbig **I.** *adj* d'une seule couleur; *Stoff* uni(e) **II.** *adv streichen* d'une seule couleur

ein|fassen *vt* ① border *Beet* ② (*mit Borte*) galonner ③ sertir *Edelstein*

Einfassung *f* ① (*Umrandung*) *eines Beets* bordure *f* ② (*Borte*) galon *m* ③ *eines Edelsteins* sertissage *m*

ein|fetten *vt* graisser *Leder, Backform*

ein|finden *vr irr form* **sich** ~ *Gäste:* arriver

ein|flechten *vt irr* ① tresser *Band, Muster;* entrelacer *Bänder* ② (*einfließen lassen*) glisser *Kommentare*

ein|fliegen *irr* **I.** *vt* + *haben* (*transportieren*) acheminer par avion **II.** *vi* + *sein* arriver par avion

ein|fließen *vi irr* + *sein* ① (*einen Zuschuss darstellen*) être alloué(e); **in etw** (*akk*) ~ être alloué à qc ② (*nebenbei bemerken*) **etw ~ lassen** mentionner [incidemment] qc

ein|flößen *vt* ① (*geben*) **jdm Arznei** ~ faire prendre des médicaments à qn ② (*erwecken*) **jdm Ehrfurcht/Vertrauen** ~ inspirer du respect/[de la] confiance à qn; **du flößt ihm Angst ein** tu lui fais peur

Einflugschneise *f* axe *m* d'atterrissage

Einfluss[RR] *m* ① (*Wirkung*) *einer Person* influence *f; der Witterung, des Windes* action *f;* **auf etw** (*akk*) ~ **nehmen** peser sur qc ② (*Beziehungen*) **seinen ~ geltend machen** faire jouer son crédit

Einflussbereich[RR] *m* ① POL sphère *f* d'influence ② METEO zone *f* d'influence **einflussreich**[RR] *adj* influent(e)

ein|fordern ['ai̯nfɔrdən] *vt geh* exiger; **etw von jdm** ~ exiger qc de qn

einförmig ['ai̯nfœrmɪç] **I.** *adj* uniforme **II.** *adv verlaufen* de façon uniforme

ein|frieden ['ai̯nfriːdən] *vt geh* enclore

Einfriedung <-, -en> *f geh* enclos *m*

ein|frieren *irr* **I.** *vi* + *sein Wasserleitung:* geler; **im See** ~ *Boot, Pflanzen:* être pris dans les glaces du lac **II.** *vt* + *haben* ① (*konservieren*) congeler *Lebensmittel* ② (*suspendieren*) geler *Projekt, Gehälter*

ein|fügen **I.** *vt* rajouter **II.** *vr* ① (*sich anpassen*) **sich in eine Gemeinschaft** ~ s'adapter à une communauté ② (*hineinpassen*) **sich gut in die Landschaft** ~ *Bauwerk:* bien s'intégrer dans l'environnement

Einfügetaste *f* INFORM touche *f* "insertion"

ein|fühlen *vr* **sich in jdn** ~ se mettre à la place de qn

einfühlsam ['ai̯nfyːlzaːm] **I.** *adj Person, Verhalten, Worte* compréhensif(-ive) **II.** *adv vorgehen, sich verhalten* avec tact; *schildern* avec beaucoup de sensibilité

Einfühlungsvermögen *nt* (*gegenüber Menschen*) faculté *f* d'identification

Einfuhr ['ai̯nfuːɐ̯] <-, -en> *f* importation *f*

ein|führen **I.** *vt* ① (*importieren*) importer ② (*bekannt machen*) introduire; établir *Sitte;* lancer *Artikel* ③ (*einweisen*) **jdn in seine Arbeit** ~ initier qn à son travail

E

❹(*hineinschieben*) **etw in etw** (*akk*) **~** introduire qc dans qc **II.** *vr* **sich gut/hervorragend ~** *Person:* faire bonne/très bonne impression **III.** *vi* **in etw** (*akk*) **~** *Person, Vortrag:* initier à qc; **~de Worte** paroles d'introduction

Einfuhrgenehmigung *f* licence *f* d'importation **Einfuhrsperre** *f* arrêt *m* des importations

Einführung *f* ❶(*Einweisung*) initiation *f;* **die ~ in eine Tätigkeit/neue Aufgabe** l'initiation à une activité/une nouvelle tâche; **die ~ in ein Amt** l'installation *f* dans une fonction ❷(*Einleitung*) **die ~ in etw** (*akk*) l'introduction *f* à qc

Einführungspreis *m* prix *m* de lancement

Einfuhrverbot *nt s.* **Einfuhrsperre** **Einfuhrzoll** *m* taxe *f* à l'importation

ein|füllen *vt* verser; **etw in einen Behälter ~** verser qc dans un récipient

Eingabe *f* ❶ADMIN pétition *f* ❷INFORM entrée *f*

Eingabegerät *nt* INFORM périphérique *m* d'entrée-sortie **Eingabetaste** *f* INFORM touche *f* "entrée"

Eingang ['aɪ̯ngaŋ] <-gänge> *m* ❶entrée *f;* **kein ~!** entrée interdite! ❷*Pl* (*Eingangspost im Büro*) courrier *m* ❸*kein Pl* (*Erhalt*) réception *f*

eingängig **I.** *adj* ❶(*einprägsam*) *Spruch, Slogan* évocateur(-trice) ❷(*einleuchtend*) *Erklärung, Theorie* limpide **II.** *adv* d'une façon limpide

eingangs ['aɪ̯ngaŋs] **I.** *adv* au début **II.** *präp + gen* au début de

Eingangsbestätigung *f* accusé *m* de réception **Eingangsdatum** *nt* date *f* de réception **Eingangshalle** *f* hall *m* d'entrée

ein|geben *vt irr* ❶(*verabreichen*) **jdm etw ~** administrer qc à qn ❷INFORM **etw in den Computer ~** entrer qc dans l'ordinateur ❸*geh* (*inspirieren*) **jdm einen Gedanken/eine Idee ~** inspirer une pensée/idée à qn

eingebildet *adj* ❶*pej* (*hochmütig*) prétentieux(-euse) ❷(*imaginär*) imaginaire

eingeboren *adj* (*einheimisch*) autochtone

Eingeborene(r) *f(m) dekl wie adj* autochtone *mf*

Eingebung <-, -en> *f* inspiration *f*

eingefahren *adj* *Verhaltensweise* conventionnel(le)

eingefallen *adj* *Gesicht* émacié(e); *Wangen* creux(-euse)

eingefleischt ['aɪ̯ngəflaɪ̯ʃt] *adj attr* *Junggeselle, Optimist* endurci(e); *Demokrat* convaincu(e)

ein|gehen *irr* **I.** *vi + sein* ❶(*ankommen*) arriver; **im Sekretariat ~** *Post:* arriver au secrétariat ❷FIN **auf dem Konto ~** être viré sur le compte ❸(*sterben*) **an etw** (*dat*) **~** *Tier, Pflanze:* mourir de qc ❹(*einlaufen*) **beim Waschen ~** *Kleidung:* rétrécir au lavage ❺(*sich auseinandersetzen*) **auf jdn/etw ~** s'occuper de qn/aborder qc ❻(*zustimmen*) **auf ein Angebot ~** accepter une offre ❼(*Aufnahme finden*) **in die Geschichte ~** entrer dans l'histoire ❽*fam* (*einleuchten*) **es will mir nicht ~, dass ...** je n'arrive pas à comprendre que ... **II.** *vt + sein* accepter *Kompromiss;* courir *Risiko;* prendre *Verpflichtung;* faire *Wette;* conclure *Bündnis*

eingehend ['aɪ̯ngeːənt] **I.** *adj* détaillé(e) **II.** *adv* à fond

Eingemachte(s) *nt dekl wie adj* conserves *fpl*

ein|gemeinden* ['aɪ̯ngəmaɪ̯ndən] *vt* rattacher [administrativement]

eingenommen *adj* **gegen jdn/etw ~ sein** avoir des préjugés contre qn/qc; **von sich** (*dat*) **~ sein** *pej* être imbu de soi-même

eingeschnappt *adj pej fam* vexé(e) ▶**gleich ~ sein** prendre la mouche

eingeschränkt ['aɪ̯ngəʃrɛnkt] *adj* *Möglichkeiten* limité(e)

eingeschrieben **I.** *adj* *Mitglied* inscrit(e); *Brief, Sendung* recommandé(e) **II.** *adv* en recommandé

eingespannt *adj* [**sehr**] **~ sein** être [très] pris

eingespielt *adj* bien rodé(e); **gut aufeinander ~ sein** former une bonne équipe

Eingeständnis *nt* aveu *m*

ein|gestehen* *irr* **I.** *vt* admettre *Irrtum, Schwäche* **II.** *vr* **sich** (*dat*) **~, dass ...** s'avouer que ...

eingestellt *adj* ❶(*gesinnt*) **konservativ ~ sein** être conservateur; **fortschrittlich ~e Menschen** des partisans du progrès ❷(*vorbereitet*) **auf Besuch ~ sein** s'attendre à [recevoir] de la visite ❸(*ausgerichtet*) **sie war auf einen ruhigen Tag ~** elle pensait passer un jour tranquille

eingetragen *adj* *Mitglied* inscrit(e); *Verein* déclaré(e); *Warenzeichen* déposé(e)

Eingeweide <-s, -> *nt meist Pl* viscères *mpl*

Eingeweihte(r) *f(m) dekl wie adj* (*Experte*) initié(e) *m(f)*

ein|gewöhnen* *vr* **sich [in etw** (*akk*)**] ~** s'acclimater [à qc]
Eingewöhnung *f* acclimatation *f*
ein|gießen *vt irr* verser; **[jdm] Saft ~** servir du jus [à qn]; **sich** (*dat*) **noch etwas ~** se reverser [quelque chose] à boire
ein|gipsen *vt* ① plâtrer *Fuß* ② CONSTR sceller [avec du plâtre]
eingleisig ['ai̯nglai̯zɪç] *adj Strecke* à voie unique
ein|gliedern I. *vt* ① (*integrieren*) réinsérer; **jdn [wieder] in etw** (*akk*) **~** réinsérer qn dans qc ② ADMIN, POL **etw in ein Unternehmen ~** incorporer qc dans une entreprise II. *vr* **sich in etw** (*akk*) **~** s'intégrer dans qc
Eingliederung *f* réinsertion *f*; *einer Behörde* incorporation *f*; (*Integration*) intégration *f*
ein|graben *irr* I. *vt* enterrer; **jdn/etw in etw** (*akk*) **~** enterrer qn/qc dans qc II. *vr* **sich in etw** (*akk*) **~** *Fluss:* s'enfoncer dans qc
ein|gravieren* *vt* graver; **etw in etw** (*akk*) **~** graver qc dans qc
ein|greifen *vi irr* ① (*einschreiten*) intervenir; **durch das Eingreifen der Polizei** grâce à l'intervention de la police ② (*sich einschalten*) **in etw** (*akk*) **~** intervenir dans qc; **helfend ~** donner un coup de main
ein|grenzen *vt* ① délimiter *Grundstück, Gebiet* ② *fig* limiter
Eingriff *m* ① MED intervention *f* ② (*Übergriff*) **ein ~ in etw** (*akk*) une atteinte à qc
ein|haken I. *vt* accrocher; **etw in etw** (*akk*) **~** accrocher qc dans qc II. *vi fam* **bei einem Thema/an einem Punkt ~** réagir aussitôt à propos d'un sujet/sur un point III. *vr* **sich bei jdm ~** prendre le bras à qn
Einhalt ['ai̯nhalt] *m geh* **jdm/einer S.** (*akk*) **~ gebieten** arrêter qn/qc
ein|halten *irr* I. *vt* ① (*beachten*) respecter *Abmachung;* suivre *Diät* ② (*beibehalten*) maintenir *Geschwindigkeit, Kurs* II. *vi geh* s'interrompre
ein|hämmern I. *vt* rabâcher; **jdm ~, dass ...** *Werbung, Propaganda:* rabâcher à qn que ... II. *vi* (*einschlagen*) **mit etw auf einen Gegenstand ~** taper avec qc sur un objet III. *vr* **sich** (*dat*) **~, dass ...** se mettre dans la tête que ...
ein|handeln *vt fam* (*hinnehmen müssen*) **sich** (*dat*) **Probleme/Ärger ~** s'attirer des problèmes/des ennuis
einhändig ['ai̯nhɛndɪç] I. *adj* manchot(e) II. *adv* d'une [seule] main
ein|hängen I. *vt* ① (*montieren*) accrocher *Tür, Fenster* ② (*auflegen*) raccrocher *Hörer* II. *vi* raccrocher III. *vr* **sich bei jdm ~** prendre le bras à qn
ein|hauen *irr* I. *vt* démolir II. *vi* **auf jdn/etw ~** taper sur qn/qc
ein|heben *vt irr* A encaisser *Geld, Steuern*
ein|heften *vt* classer
einheimisch ['ai̯nhai̯mɪʃ] *adj* ① (*ortsansässig*) *Bevölkerung, Pflanzen, Tiere* local(e); (*in dem Land, der Gegend ansässig*) indigène ② (*opp: ausländisch*) *Produkt, Industrie* national(e); *Mannschaft* local(e)
Einheimische(r) *f(m) dekl wie adj* (*Ortsansässiger*) habitant(e) *m(f)*; (*Inländer*) personne *f* du pays; **die ~n** (*Ortsbewohner*) les gens *mpl* du coin; (*Inländer*) les gens *mpl* du pays
ein|heimsen ['ai̯hai̯mzən] *vt fam* récolter *Gewinn*
ein|heiraten *vi* entrer par alliance
Einheit ['ai̯hai̯t] <-, -en> *f* ① *a.* MIL unité *f*; **eine [geschlossene] ~ bilden** former un tout ② (*Einigkeit*) union *f* ③ (*Telefoneinheit*) unité *f*
einheitlich ['ai̯hai̯tlɪç] I. *adj* ① (*gleich*) *Farbe, Kleidung* uniforme ② (*in sich geschlossen*) *Gestaltung, Werk* homogène; *Front* unitaire II. *adv handeln, vorgehen* de façon unitaire; *gestalten* de façon homogène; *sich kleiden* de façon uniforme
Einheitlichkeit <-> *f* ① (*Gleichheit*) uniformité *f* ② (*Geschlossenheit*) homogénéité *f*
Einheitsbrei *m kein Pl pej fam* bouillie *f* uniforme **Einheitslook** [-lʊk] <-s, -s> *m* look *m* uniforme **Einheitspartei** *f* parti *m* unique **Einheitspreis** *m* prix *m* unique **Einheitstarif** *m* tarif *m* unique
ein|heizen *vi* ① mettre le chauffage; **tüchtig ~** bien chauffer ② *fam* **jdm ~** (*die Meinung sagen*) secouer les puces à qn
einhellig ['ai̯hɛlɪç] *adj* unanime
Einhelligkeit *f* unanimité *f*
ein|holen *vt* ① (*einziehen*) [r]amener *Netz;* amener *Fahne, Segel* ② (*anfordern*) demander *Gutachten* ③ (*erreichen*) rattraper ④ (*wiedereinholen*) rattraper *Versäumtes, Zeit*
Einhorn *nt* licorne *f*
ein|hüllen I. *vt geh* envelopper II. *vr geh* **sich in eine Decke ~** s'envelopper dans une couverture
einhundert *num* cent
einig ['ai̯nɪç] *adj* ① (*geeint*) uni(e) ② (*einer Meinung*) **sich** (*dat*) **über etw** (*akk*) **~ sein/werden** être/se mettre d'accord sur

E

qc; **sich** (*dat*) [**darüber**] ~ **sein, dass** être d'accord pour que + *subj*
einige(**r, s**) ['ai̯nɪɡə, -ɡɐ, -ɡəs] *pron indef* ① (*ziemlich viel, ziemlich groß*) ~**s Geld**/~ **Zeit** pas mal d'argent/de temps; **in ~r Entfernung** à une certaine distance; **~s an Mut** une certaine dose de courage; **das kostet aber ~s!** ça n'est pas donné! ② (*mehrere*) plusieurs; ~ **tausend Teilnehmer** plusieurs milliers de participants; **in/vor ~n Tagen** dans/il y a quelques jours; ~ **Mal** plusieurs fois; ~ **von euch** quelques-uns d'entre vous; **nur ~ wenige** seuls quelques-uns; **mit Ausnahme ~r weniger** à l'exception d'un petit nombre de gens; ~ **andere** certains autres
einigemal^ALT^ *s.* **einige**(**r, s**) **2**
einigen **I.** *vr* **sich** ~ se mettre d'accord; **sich auf/über etw** (*akk*) ~ se mettre d'accord sur qc **II.** *vt* **Menschen/ein Volk** ~ unifier des personnes/un peuple
einiger *pron s.* **einige**(**r, s**)
einigermaßen **I.** *adv* ① (*ziemlich*) relativement; **ich bin ~ überrascht, dass** je suis relativement surpris que + *subj* ② (*leidlich*) moyennement; **er hat sich wieder ~ erholt** il s'est à peu près remis **II.** *adj fam* **der Film/der Nachtisch war** ~ le film/le dessert n'était pas trop mal
einiges *s.* **einige**(**r, s**)
Einigkeit <-> *f* ① (*Eintracht*) *einer Nation, eines Volkes* union *f* ② (*Übereinstimmung*) entente *f*; **in diesem Punkt herrscht** ~ tous les avis sont unanimes sur ce point
Einigung <-, -en> *f* ① *kein Pl* (*das Vereinen*) *von Staaten* unification *f*; **die ~ Europas** l'union *f* de l'Europe ② (*Übereinstimmung, Vereinbarung*) accord *m*
ein|jagen *vt* **jdm Furcht/Schrecken** ~ effrayer qn; **jdm Angst** ~ faire peur à qn
einjährig ['ai̯njɛːrɪç] *adj* ① *Kind, Tier* [âgé(e)] d'un an ② BOT annuel(le) ③ (*ein Jahr dauernd*) d'un an
ein|kalkulieren* *vt* ① (*mit bedenken*) [**mit**] ~**, dass ...** tenir compte du fait que ... ② (*mit einrechnen*) **etw in seine Berechnungen** [**mit**] ~ inclure qc dans ses calculs
ein|kassieren* *vt* ① (*kassieren*) encaisser; **einen Betrag von jdm** ~ encaisser une somme auprès de qn ② *fam* (*wegnehmen*) embarquer
Einkauf *m* (*das Einkaufen*) achat *m*
ein|kaufen **I.** *vt* acheter; **etw billig/teuer** ~ acheter qc bon marché/cher **II.** *vi* ~ **gehen** aller faire des/les courses **III.** *vr* (*einen Anteil erwerben*) **sich in etw** (*akk*) ~ acheter des parts dans qc
Einkäufer(**in**) *m(f)* acheteur(-euse) *m(f)*
Einkaufsabteilung *f* service *m* des achats **Einkaufsbummel** *m* lèche-vitrine[s] *m* **Einkaufspassage** *f* passage *m* commercial **Einkaufspreis** *m* prix *m* coûtant; **zum** ~ à prix coûtant **Einkaufstasche** *f* sac *m* à provisions **Einkaufstüte** *f* sac *m* à provisions **Einkaufswagen** *m* chariot *m* **Einkaufszeile** *f* alignement *m* de boutiques; (*Haupteinkaufsstraße*) rue *f* commerçante **Einkaufszentrum** *nt* centre *m* commercial **Einkaufszettel** *m* liste *f* des commissions
ein|kehren *vi* + *sein geh* s'installer; **bei jdm** [**wieder**] ~ *Ruhe, Friede, Not:* s'installer chez qn
ein|kerben *vt* graver
ein|kesseln *vt* encercler
ein|klagen *vt* opposer juridiquement *Anspruch, Zusage;* poursuivre le recouvrement de *Schulden*
ein|klammern *vt* (*mit runden/eckigen Klammern*) mettre entre parenthèses/crochets; **etw** ~ mettre qc entre parenthèses/crochets
Einklang *m geh* harmonie *f*
ein|kleben *vt* coller
ein|kleiden **I.** *vt* habiller *Rekruten, Novizen* **II.** *vr* **sich neu** ~ renouveler sa garde-robe
ein|klemmen *vt* (*quetschen*) coincer
einknöpfbar *adj* qui se boutonne
ein|kochen **I.** *vt* + *haben* **etw** ~ mettre qc en conserve **II.** *vi* + *sein* réduire
Einkommen <-s, -> *nt* revenu *m*
Einkommensgrenze *f* (*obere Grenze*) plafond *m* de ressources; (*untere Grenze*) seuil *m* de revenus **Einkommensgruppe** *f* catégorie *f* de revenus **einkommensschwach** *adj* à faibles revenus **Einkommen**[**s**]**steuer** *f* impôt *m* sur le revenu
ein|kreisen *vt* ① (*kennzeichnen*) entourer *Zahl, Wort, Stelle* ② (*umschließen*) encercler *Person, Tier* ③ (*eingrenzen*) cerner
ein|kriegen *vr fam* **sich** [**wieder**] ~ se reprendre; **sich nicht mehr ~ können** ne plus en pouvoir
Einkünfte ['ai̯nkʏnftə] *Pl* revenus *mpl*
ein|kuppeln *vi* embrayer
ein|laden[1] *vt irr* ① inviter; **jdn zum Essen/in ein Restaurant/zu sich** ~ inviter qn à manger/au restaurant/chez soi ② CH (*auffordern*) **jdn ~ etw zu tun** inviter qn à faire qc
ein|laden[2] *vt irr* charger *Waren*
einladend **I.** *adj* ① (*auffordernd*) *Geste* engageant(e); *Blick, Lächeln* enjôleur(-euse)

❷ (*appetitlich*) *Essen* appétissant(e); *Lokal* attrayant(e) **II.** *adv dekorieren, Tisch decken* de façon charmante

Einladung *f* invitation *f*

Einlage <-, -n> *f* ❶ (*Schuheinlage*) semelle *f* [intérieure] ❷ THEAT intermède *m* ❸ GASTR **Brühe mit ~** *bouillon enrichi de vermicelles, de légumes ou de petits morceaux de viande* ❹ FIN (*Spareinlage*) dépôt *m;* (*Beteiligung*) apport *m*

ein|lagern *vt* faire [sa] provision de *Vorräte, Kartoffeln, Kohlen;* entreposer *Brennstäbe, Raketen;* **eingelagert** stocké

Einlagerung *f* ❶ (*das Einlagern*) stockage *m* ❷ MINER incrustation *f*

ein|langen ['ai̯nlaŋən] *vi* A arriver

EinlassRR ['ai̯nlas, *Pl:* -lɛsə] <-es, -lässe>, **Einlaß**ALT <-sses, -lässe> *m* ❶ *kein Pl* (*Zutritt*) accès *m;* **~ ab 19 Uhr** ouverture *f* des portes à partir de 19 heures; **~ finden** être admis ❷ TECH admission *f*

ein|lassen *irr* **I.** *vt* ❶ (*eintreten lassen*) faire entrer ❷ (*einlaufen lassen*) **sich** (*dat*) **ein Bad ~** se faire couler un bain ❸ (*einarbeiten*) **etw in Holz/Metall ~** incruster qc dans du bois/métal ❹ A (*bohnern*) cirer *Boden* **II.** *vr* ❶ (*eingehen auf*) **sich auf eine Diskussion ~** s'embarquer dans une discussion ❷ *pej* (*Kontakt aufnehmen*) **sich mit jdm ~** s'acoquiner avec qn ❸ JUR **sich zu etw ~** déposer des conclusions concernant qc

Einlauf *m* ❶ *kein Pl* (*das Betreten*) **~ ins Stadion** entrée *f* dans le stade ❷ *kein Pl* (*das Hineinlaufen*) **~ ins Ziel** franchissement *m* de la ligne d'arrivée ❸ MED lavement *m*

ein|laufen *irr* **I.** *vi + sein* ❶ (*kleiner werden*) *Pullover:* rétrécir ❷ (*hineinströmen*) *Badewasser:* couler ❸ (*hineinlaufen*) **ins Stadion ~** faire son entrée dans le stade; **in die Zielgerade ~** aborder la dernière ligne droite ❹ (*einfahren*) **in den Hafen ~** entrer dans le port **II.** *vt + haben* **Schuhe ~** faire des chaussures [à son pied] **III.** *vr* **sich ~** *Sprinter:* [courir pour] s'échauffer; *Maschine:* se roder

ein|läuten *vt* ❶ sonner [pour annoncer] ❷ SPORT **eine neue Runde ~** sonner le début d'un nouveau round ❸ *fig* **den Wahlkampf ~** ouvrir la campagne électorale

ein|leben *vr* **sich ~** s'acclimater; **sich bei jdm/in etw** (*akk o dat*) **~** s'intégrer chez qn/s'acclimater à qc

Einlegearbeit *f* (*Intarsie*) incrustations *fpl,* marqueterie *f*

ein|legen *vt* ❶ (*hineintun*) introduire *Kassette;* mettre *Sohlen* ❷ (*die Gangschaltung betätigen*) passer *Gang* ❸ GASTR faire mariner *Heringe* ❹ (*machen*) faire *Pause, Sonderschicht* ❺ (*geltend machen*) émettre *Protest* ❻ (*einzahlen*) déposer *Gelder* ❼ (*einarbeiten*) incruster *Intarsien*

Einleger(in) <-s, -> *m(f)* FIN déposant(e) *m(f)*

Einlegesohle *f* semelle *f*

ein|leiten *vt* ❶ ouvrir *Untersuchung;* engager *Verfahren;* **gegen jdn Maßnahmen/Schritte ~** prendre des mesures/entamer une action contre qn ❷ MED provoquer *Geburt* ❸ (*den Beginn darstellen*) marquer le début de *Zeitalter* ❹ (*den Auftakt bilden*) introduire *Buch* ❺ (*hineinleiten*) **Abwässer in einen See ~** déverser des eaux usées dans un lac

einleitend **I.** *adj* préliminaire **II.** *adv* en [guise d']introduction

Einleitung *f* ❶ (*Beginn*) préface *f* ❷ *kein Pl* (*die Inangriffnahme*) *einer Untersuchung* ouverture *f; eines Verfahrens* introduction *f; von Maßnahmen* prise *f; von Schritten* mise *f* en œuvre ❸ *kein Pl* (*das Einleiten*) *von Abwasser* déversement *m*

ein|lenken *vi* (*sich versöhnlich zeigen*) lâcher du lest

einladen

einladen	*inviter*
Besuch mich doch, ich würde mich sehr freuen.	*Viens me voir, ça me ferait très plaisir.*
Nächsten Samstag mache ich eine Party. Kommst du auch?	*Je fais une fête samedi prochain. Tu viens aussi ? (fam)*
Darf ich Sie zu einem Arbeitsessen einladen?	*Puis-je vous inviter à un repas/dîner d'affaires ?*
Ich würde Sie gern zum Abendessen einladen.	*J'aimerais vous inviter à dîner.*

E

E

ein|lesen ['ainle:zən] *irr* **I.** *vt* INFORM entrer par lecture directe; **etw in den Rechner ~** entrer qc dans l'ordinateur par lecture directe **II.** *vr* **sich in ein Sachgebiet ~** se familiariser avec un domaine

ein|leuchten *vi Argument:* être clair; **es leuchtet mir nicht ein, wieso ...** je ne vois pas bien pourquoi ...

einleuchtend **I.** *adj Erklärung* clair(e); *Argument* convaincant(e) **II.** *adv erklären* clairement; *begründen* de façon convaincante

ein|liefern *vt* déposer; **etw beim Postamt ~** déposer qc à la poste; **jdn ins Krankenhaus/Gefängnis ~** hospitaliser/incarcérer qn

Einlieferung *f eines Patienten* hospitalisation *f; eines Häftlings* incarcération *f; von Briefen, Paketen* dépôt *m*

Einlieferungsschein *m* POST récépissé *m*

ein|lochen *vt* ❶ *fam* (*inhaftieren*) coffrer; **jdn wegen etw ~** coffrer qn pour qc ❷ (*ins Loch befördern*) **den Ball ~** rentrer la balle [dans le trou]

ein|loggen ['ainlɔgən] *vr* INFORM **sich ~** se connecter; **sich ins Netz/ins Internet ~** se connecter au réseau/sur Internet

ein|lösen *vt* ❶ FIN honorer *Scheck* ❷ (*auslösen*) retirer *Pfand* ❸ (*wahr machen*) honorer *Versprechen*

Einlösung *f* ❶ *eines Schecks* paiement *m* ❷ (*Auslösung*) *eines Pfands* retrait *m* ❸ (*das Wahrmachen*) *eines Versprechens* accomplissement *m*

ein|lullen *vt a. fig fam* endormir; **jdn mit Versprechungen ~** endormir qn par des promesses

ein|machen *vt* mettre en bocaux; **Obst/Gemüse ~** mettre des fruits/légumes en bocaux

Einmachglas *nt* (*für Obst, Gemüse*) bocal *m;* (*für Marmelade*) pot *m* [à confitures]

einmal ['ainma:l] *adv* ❶ (*ein einziges Mal*) une fois; **wieder ~** encore une fois; **~ mehr** une fois de plus; **~ vier ist vier** une fois quatre quatre ❷ (*mal*) un jour; **~ sagt er dies, ~ das** il dit tantôt blanc, tantôt noir; **nicht ~** [ne] ... même pas ❸ (*irgendwann in der Vergangenheit*) autrefois; **es war ~** il était une fois ❹ (*irgendwann in der Zukunft*) un jour; **ich will ~ Pilot werden** plus tard, je veux être pilote ►**auf ~** (*plötzlich*) tout d'un coup; (*an einem Stück*) d'un seul coup

Einmaleins [ainma:l'ʔains] <-> *nt* table *f* de multiplication

Einmalhandtuch ['ainma:l-] *nt* essuie-mains *m* jetable

einmalig [ain'ma:lɪç] **I.** *adj* unique **II.** *adv schön, gut* extraordinairement

Einmalspritze ['ainma:l-] *f* seringue *f* jetable

Einmarsch *m* ❶ MIL **~ in ein Land** invasion *f* d'un pays ❷ (*Einzug*) **~ ins Stadion** entrée *f* dans le stade

ein|marschieren* *vi + sein a.* MIL **in ein Gebiet/Land ~** envahir un territoire/pays

ein|mauern *vt* ❶ (*einfügen*) sceller ❷ (*ummauern*) emmurer

ein|mischen *vr* **sich [in etw** (*akk*)**] ~** s'immiscer [dans qc], se mêler [de qc] (*péj*); **misch dich da nicht ein!** ne te mêle pas de ça!

Einmischung *f* ingérence *f;* **~ in fremde Angelegenheiten** ingérence dans les affaires des autres

einmotorig *adj* monomoteur

ein|motten *vt* ranger avec de l'antimite *Kleider*

ein|münden *vi + sein* **in etw** (*akk*) **~** *Straße:* déboucher sur qc; *Fluss, Rohr:* se jeter dans qc

Einmündung ['ainmʏndʊŋ] *f* ❶ **an der ~ dieser Straße** au débouché de cette rue ❷ (*Mündung*) *eines Flusses* confluent *m; eines Stromes* embouchure *f; eines Rohrs* sortie *f*

einmütig ['ainmy:tɪç] **I.** *adj* unanime **II.** *adv befürworten* d'une seule voix

Einnahme ['ainna:mə] <-, -n> *f* ❶ (*eingenommenes Geld*) rentrée *f* [d'argent] ❷ *Pl* (*Einkünfte*) revenus *mpl* ❸ *kein Pl* (*das Einnehmen*) *eines Medikaments* prise *f* ❹ *kein Pl* (*das Erobern*) *einer Stellung, Stadt* prise *f*

Einnahmequelle *f* source *f* de revenus, ressources *fpl*

ein|nehmen *vt irr* ❶ (*verdienen*) encaisser *Geld* ❷ (*einziehen*) percevoir *Steuern* ❸ (*zu sich nehmen*) prendre *Medikament* ❹ (*besetzen*) occuper *Position;* **seinen Platz ~** prendre place ❺ (*vertreten*) adopter *Standpunkt* ❻ MIL prendre; **eingenommen** conquis ►**von sich eingenommen sein** *pej* être imbu de sa personne

einnehmend *adj* plein(e) de séduction

ein|nicken *vi + sein fam* piquer du nez

ein|nisten *vr* ❶ *pej* (*sich niederlassen*) **sich bei jdm ~** *Person:* s'incruster chez qn (*fam*); *Ungeziefer:* s'installer chez qn ❷ (*nisten*) **sich ~** *Vogel:* nicher ❸ ANAT **sich in der Gebärmutter ~** *Ei:* s'implanter dans l'utérus

Einöde ['ai̯nʔøːdə] *f* étendue *f* déserte
ein|ölen **I.** *vt* ❶ **jdn** ~ mettre [*o* passer] de l'huile sur le corps de qn ❷ huiler *Holzboden* **II.** *vr* **sich** ~ se mettre de l'huile [sur le corps]
ein|ordnen **I.** *vt* ❶ (*einsortieren*) classer *Karteikarten* ❷ (*klassifizieren*) **ein Kunstwerk zeitlich** ~ déterminer l'époque d'une œuvre **II.** *vr* ❶ (*sich einfügen*) **sich in etw** (*akk*) ~ s'intégrer dans qc ❷ (*Fahrspur wählen*) **sich** [**richtig**] ~ se mettre dans la bonne file
ein|packen **I.** *vt* ❶ (*verpacken*) emballer; **etw in Papier** ~ emballer qc dans du papier ❷ (*einstecken*) **sich** (*dat*) **warme Sachen** ~ prendre des vêtements chauds ❸ *fam* (*einmummeln*) emmitoufler **II.** *vi* faire sa valise ▶ ~ **können** *fam* pouvoir remballer ses gaules **III.** *vr fam* **sich in etw** (*akk*) ~ s'emmitoufler dans qc
ein|parken ['ai̯nparkən] *vt, vi* [se] garer
Einparkhilfe *f* système *m* d'aide au stationnement
ein|passen **I.** *vt* ajuster **II.** *vr* **sich in etw** (*akk*) ~ s'adapter à qc
ein|pauken *vt fam* faire potasser
ein|pendeln ['ai̯npɛndəln] *vr* **sich** ~ se stabiliser; **sich auf etw** (*akk*) ~ se stabiliser à qc
ein|pferchen *vt* parquer, entasser
ein|pflanzen ['ai̯nplant͡sən] *vt* ❶ planter ❷ MED **jdm etw** ~ implanter qc à qn
ein|pinseln *vt* badigeonner
ein|planen *vt* **etw** [**mit**] ~ prévoir qc
ein|prägen **I.** *vr* **sich leicht** ~ être facile à retenir **II.** *vt* ❶ (*einschärfen*) **sich** (*dat*) **einen Namen** ~ retenir un nom; **jdm etw** ~ inculquer qc à qn ❷ (*prägen*) **etw in Metall** ~ graver qc dans du métal
einprägsam *adj* facile à retenir
ein|programmieren* *vt* INFORM installer
ein|prügeln *vi* **mit Gummiknüppeln auf jdn** ~ rosser qn de coups de matraque
ein|quartieren* **I.** *vt* loger; MIL cantonner **II.** *vr* **sich bei jdm** ~ *Gast:* s'installer chez qn
Einquartierung <-, -en> *f* ❶ hébergement *m* ❷ (*das Sicheinquartieren*) installation *f*
ein|rahmen *vt a. fig* encadrer
ein|rammen *vt* défoncer *Tür;* enfoncer *Pfahl*
ein|rasten *vi* + *sein* s'enclencher; **in etw** (*akk*) ~ s'enclencher dans qc
ein|räumen *vt* ❶ (*hineinstellen*) ranger ❷ (*zugeben*) admettre ❸ (*gewähren*) accorder *Frist, Kredit* ❹ (*zugestehen*) reconnaître *Rechte*
Einrede *f* JUR exception *f*
ein|reden **I.** *vt* faire croire; **jdm etw** ~ faire croire qc à qn; **sich** (*dat*) ~**, dass ...** se persuader que ... **II.** *vi* **auf jdn** ~ harceler qn [de paroles]
ein|regnen *vr unpers* **es regnet sich ein** la pluie s'installe
ein|reiben *irr* **I.** *vt* ❶ (*reiben*) **etw in die Haut/Haare** ~ frictionner la peau/les cheveux avec qc ❷ (*massieren*) **jdm den Rücken** ~ frictionner le dos de qn **II.** *vr* **sich mit etw** ~ se frictionner avec qc
ein|reichen *vt* ❶ (*übersenden*) déposer *Bewerbungen, Unterlagen* ❷ (*beantragen*) remettre *Entlassung;* déposer une demande de *Versetzung, Pensionierung*
ein|reihen **I.** *vt* classer **II.** *vr* **sich in eine Schlange** ~ prendre place dans une file d'attente
Einreiher <-s, -> *m* COUT costume *m* droit
Einreise *f* entrée *f*
ein|reisen *vi* + *sein form* entrer; **in die USA/nach Großbritannien** ~ entrer aux États-Unis/en Grande-Bretagne
Einreisevisum *nt* visa *m* d'entrée
ein|reißen *irr* **I.** *vi* + *sein* ❶ *Stoff, Papier:* se déchirer ❷ *fam* (*zur Gewohnheit werden*) devenir une [mauvaise] habitude **II.** *vt* + *haben* ❶ abattre *Mauer* ❷ déchirer *Papier*
ein|renken ['ai̯nrɛŋkən] *vt* MED remboîter *Arm, Schulter*
ein|richten **I.** *vt* ❶ (*möblieren*) aménager *Wohnung* ❷ (*ausstatten*) aménager *Hobbyraum;* installer *Labor, Praxis* ❸ (*eröffnen*) ouvrir *Konto* ❹ (*arrangieren*) **es so ~, dass alle dabei sein können** s'arranger pour que tous soient là ❺ MED réduire *Bruch* **II.** *vr* ❶ (*sich möblieren*) **sich neu** ~ se meubler de neuf ❷ (*sich der Lage anpassen*) **sich** ~ s'adapter ❸ (*sich einstellen*) **sich auf lange Wartezeiten** ~ se préparer mentalement à une longue attente
Einrichtung <-, -en> *f* ❶ (*Wohnungseinrichtung*) mobilier *m* ❷ (*Ausstattung*) *eines Labors* aménagement *m* [intérieur] ❸ *kein Pl* (*das Möblieren*) *einer Wohnung* ameublement *m;* (*das Ausstatten*) *eines Labors* équipement *m* ❹ *kein Pl* (*das Schaffen*) *einer Dienststelle* création *f; einer Behörde* installation *f* ❺ *kein Pl* (*das Eröffnen*) *eines Kontos* ouverture *f* ❻ *Pl* (*Anlage*) **sanitäre ~en** installations *fpl* sanitaires ❼ (*Institution*) organisation *f*
ein|rollen **I.** *vt* rouler *Teppich, Plakat* **II.** *vr* + *haben* **sich** ~ *Person:* se pelotonner; *Igel,*

Katze: se rouler en boule; *Schlange:* se lover **III.** *vi + sein Zug:* entrer en gare

ein|rosten *vi + sein a. fig* (*rostig werden*) [se] rouiller

ein|rücken **I.** *vi + sein* ❶ (*eindringen*) **in ein Land ~** pénétrer dans un pays ❷ (*eingezogen werden*) *Soldat:* être incorporé; **zum Militär ~** partir à l'armée **II.** *vt + haben* TYP **etw ~** mettre qc en retrait

E

eins [ainṡ] **I.** *num* un; **es ist ~** il est une heure; **etw ~ zu ~ umsetzen** appliquer qc à la lettre; *s. a.* **acht[1]** **II.** *adj* ❶ (*eine Einheit*) **~ sein** être une seule et même chose; **das ist alles ~** *fam* c'est du pareil au même ❷ *fam* (*egal*) **das ist mir ~** je m'en balance ❸ (*einig*) **mit jdm/etw ~ sein** être en harmonie avec qn/qc

Eins <-, -en> *f* ❶ un *m* ❷ (*Schulnote*) *excellente note entre dix-huit et vingt*

ein|sacken[1] *vt fam* ❶ (*an sich bringen*) empocher ❷ (*einheimsen*) ramasser *Prämien*

ein|sacken[2] *vi + sein fam* (*einsinken, sich senken*) s'affaisser

einsam ['ainza:m] **I.** *adj* ❶ (*verlassen*) *Person* seul(e); *Leben* solitaire ❷ (*abgelegen, menschenleer*) *Dorf, Alm, Strand* isolé(e) ❸ (*vereinzelt*) *Boot, Fasan* isolé(e) ❹ (*allein getroffen*) *Entschluss* unilatéral(e) **II.** *adv leben, liegen* à l'écart

Einsamkeit <-, -en> *f* solitude *f*

ein|sammeln *vt* ❶ ramasser *Schulhefte;* collecter *Spenden* ❷ (*aufsammeln*) ramasser *Gegenstände*

Einsatz <-es, -sätze> *m* ❶ (*Leistungsbereitschaft*) engagement *m* ❷ SPIEL mise *f* ❸ FIN mise *f* de fonds ❹ *kein Pl* (*die Aufbietung, Verwendung*) *eines Spielers* entrée *f* en jeu; *von Truppen* engagement *m;* **der ~ von Atomwaffen** le recours aux armes nucléaires ❺ (*Aktion*) *der Polizei, Feuerwehr* intervention *f; von Truppen* opération *f;* **im ~ sein** *Feuerwehr:* être en action; *Soldaten:* être en opération ❻ MUS départ *m*

Einsatzbefehl *m der Polizei* ordre *m* d'intervention; *der Truppen* ordre *m* d'engagement **einsatzbereit** *adj Truppen, Geschütze* opérationnel(le); *Feuerwehr, Wasserwerfer* prêt(e) à intervenir **Einsatzbereitschaft** *f kein Pl* **in ~ sein** être à pied d'œuvre **einsatzfähig** *adj* disponible; *Spieler* prêt(e) à jouer; *Truppen, Panzer* opérationnel(le) **Einsatzfahrzeug** *nt* véhicule *m* d'intervention **einsatzfreudig** *adj* toujours motivé(e) **Einsatztruppe** *f* MIL troupe *f* d'intervention

ein|saugen *vt* aspirer *Luft, Duft*

ein|scannen ['ainskɛnən] *vt* scanner; **das Einscannen** le scannage

ein|schalten **I.** *vt* ❶ (*in Betrieb setzen*) allumer ❷ (*hinzuziehen*) **jdn in die Ermittlungen ~** avoir recours à qn pour l'enquête **II.** *vr* **sich in etw** (*akk*) **~** intervenir dans qc

Einschaltquote *f* audimat *m*

ein|schärfen *vt* recommander

ein|schätzen *vt* estimer; **jdn/etw richtig ~** estimer qn/qc à sa juste valeur; **jdn/etw falsch ~** se tromper sur qn/qc

Einschätzung ['ainʃɛtsʊŋ] *f* jugement *m* porté; **die ~ einer S.** (*gen*) le jugement porté sur qc

ein|schenken *vt* verser

Einschicht *f kein Pl* A désert *m*

ein|schicken *vt* envoyer

ein|schieben *vt irr* ❶ (*hineinschieben*) introduire; **eine CD-ROM in das Laufwerk ~** introduire un CD-ROM dans le lecteur ❷ (*zusätzlich einsetzen*) ajouter *Sonderzug* ❸ *fam* (*zwischendurch drannehmen*) **einen Patienten ~** prendre un patient en plus ❹ (*einfügen*) se ménager *Unterbrechung*

ein|schießen *irr* **I.** *vt + haben* ❶ (*kaputtschießen*) briser; (*mit einer Schusswaffe*) faire sauter ❷ (*gebrauchsfähig machen*) faire des essais de tir avec *Schusswaffe* **II.** *vr + haben* ❶ (*Schießübungen abhalten*) **sich ~** s'exercer au tir ❷ *fig* **sich auf jdn/etw ~** *Kritiker, Presse:* prendre qn/qc pour cible **III.** *vi* ❶ *+ haben* SPORT **zum 3:0 ~** marquer le but du 3:0 ❷ *+ sein* (*hineinströmen*) *Wasser:* s'engouffrer

ein|schiffen **I.** *vt* embarquer **II.** *vr* **sich in Hamburg/nach Australien ~** [s']embarquer à Hambourg/pour l'Australie

ein|schlafen *vi irr + sein* ❶ (*in Schlaf fallen*) s'endormir; **bei/über etw** (*dat*) **~** s'endormir pendant/sur qc ❷ (*gefühllos werden*) s'engourdir ❸ (*nachlassen*) *Beziehung:* s'espacer puis s'interrompre; *Freundschaft:* ne plus être entretenu

ein|schläfern ['ainʃlɛ:fɐn] *vt* ❶ endormir *Kind* ❷ (*schläfrig machen*) **jdn ~** *Hitze:* endormir qn ❸ *euph* (*töten*) piquer *Tier*

einschläfernd *adj a.* MED soporifique; **ein ~es Mittel** un somnifère

Einschlag *m* ❶ **der ~ des Blitzes** la foudre ❷ MIL *eines Geschosses* impact *m* ❸ (*Schussloch*) [point *m* d']impact *m* ❹ (*Anteil*) **ein leichter asiatischer ~** un petit air asiatique

ein|schlagen *irr* **I.** *vt + haben* ❶ planter *Nagel* ❷ (*aufbrechen*) défoncer *Tür;* fracasser *Fenster* ❸ (*zerschmettern*) **jdm den Schädel ~** fracasser le crâne de qn ❹ (*einwickeln*) **etw in Zeitungspapier ~** (*akk*) emballer qc dans du papier journal ❺ (*wählen*) prendre *Richtung;* entrer dans *Laufbahn* **II.** *vi* ❶ + *haben o sein* **in etw** (*akk*) ~ *Blitz:* tomber sur qc ❷ + *sein* MIL (*auftreffen*) **in etw** (*akk*) ~ *Geschoss:* tomber sur qc ❸ + *haben o sein fam* (*für Aufsehen sorgen*) *Nachricht:* faire grand bruit ❹ + *haben* (*einprügeln*) **auf jdn/etw ~** taper comme un sourd sur qn/qc ❺ + *haben* (*seinen Handschlag geben*) toper; **schlag ein!** tope là!

einschlägig ['ai̯nʃlɛgɪç] **I.** *adj Literatur, Paragraph* s'y rapportant **II.** *adv* JUR à ce titre

ein|schleichen *vr irr* ❶ (*hineinschleichen*) **sich in ein Haus ~** se glisser dans une maison ❷ *fig* **sich ~** *Verdacht:* s'insinuer; *Fehler:* se glisser

ein|schleimen *vr pej fam* **sich [bei jdm] ~** faire de la lèche [à qn]

ein|schleppen *vt* introduire

ein|schleusen *vt* introduire clandestinement

ein|schließen *vt irr* ❶ (*einsperren*) enfermer ❷ (*wegschließen*) enfermer; **eingeschlossen** mis sous clé ❸ (*inbegriffen sein*) **im Preis eingeschlossen sein** être compris dans le prix ❹ MIL (*einkesseln*) encercler

einschließlich ['ai̯nʃliːslɪç] **I.** *präp* + *gen* **~ aller Ausgaben** y compris toutes les dépenses **II.** *adv* inclus(e)

ein|schmeicheln *vr* **sich ~** s'insinuer; **sich bei jdm ~** s'insinuer dans les bonnes grâces de qn

einschmeichelnd *adj Stimme* enjôleur(-euse); *Musik* langoureux(-euse)

ein|schmelzen *vt irr* [re]fondre

ein|schmieren **I.** *vt fam* ❶ (*einölen*) graisser *Metallteil* ❷ (*eincremen*) **jdm den Rücken mit etw ~** enduire le dos de qn de qc **II.** *vr fam* **sich mit Sonnenöl ~** s'enduire le corps d'huile solaire

ein|schmuggeln **I.** *vt* ❶ (*einschleusen*) introduire clandestinement ❷ (*hineinschaffen*) **Devisen in ein Land ~** introduire des devises en fraude dans un pays **II.** *vr* **sich ~** s'infiltrer

ein|schnappen *vi* + *sein* ❶ *Tür, Türschloss:* se [re]fermer ❷ *fam* (*beleidigt sein*) **eingeschnappt sein** faire la gueule

ein|schneiden *irr* **I.** *vt* ❶ (*einen Schnitt machen*) entailler *Papier, Stoff* ❷ (*hineinschneiden*) **einen Namen/ein Zeichen in etw** (*akk*) **~** graver un nom/un signe dans qc ❸ GEOG **in den Fels eingeschnitten sein** *Tal, Flussbett:* être entaillé dans la roche **II.** *vi* **[in die Haut] ~** rentrer dans la peau

einschneidend ['ai̯nʃnai̯dənt] *adj Bedeutung* décisif(ive); *Veränderung, Wirkung* radical(e)

ein|schneien *vi* + *sein Auto:* se couvrir de neige; **eingeschneit [sein]** *Person:* [être] bloqué par la neige

Einschnitt *m* ❶ GEOG **ein ~ im Fels** une entaille dans la roche ❷ (*Schnitt*) coupure *f* [accidentelle]; (*in eine Baumrinde*) entaille *f* ❸ MED incision *f* ❹ (*Zäsur*) tournant *m*

ein|schränken ['ai̯nʃrɛŋkən] **I.** *vt* ❶ (*reduzieren*) restreindre *Ausgaben* ❷ (*beschränken*) restreindre *Rechte, Vollmachten* **II.** *vr* **sich ~** se restreindre

einschränkend **I.** *adj* restrictif(-ive) **II.** *adv* à titre restrictif

Einschränkung <-, -en> *f* ❶ (*Beschränkung*) restriction *f;* **~en machen** apporter des restrictions; **mit der ~, dass** sous réserve que + *subj;* **ohne ~ [en]** sans restriction ❷ *kein Pl* (*das Reduzieren*) *des Alkoholkonsums* réduction *f*

ein|schrauben *vt* visser

Einschreib[e]brief *m* lettre *f* recommandée

ein|schreiben *irr* **I.** *vt* **eingeschrieben** *Brief, Päckchen* recommandé **II.** *vr* **sich in eine Liste/für einen Kurs ~** s'inscrire sur une liste/pour un cours

Einschreiben *nt* [envoi *m*] recommandé *m;* **~ mit Rückschein** envoi recommandé avec accusé de réception; **etw als [*o* per] ~ schicken** envoyer qc en recommandé

Einschreibung *f* inscription *f*

ein|schreiten *vi irr* + *sein* **gegen jdn ~** intervenir contre qn; **gegen etw ~** prendre des mesures contre qc

Einschub *m* rajout *m*

ein|schüchtern ['ai̯nʃʏçtɐn] *vt* intimider

Einschüchterung <-, -en> *f* intimidation *f*

ein|schulen *vt* **eingeschult werden** être scolarisé

Einschulung *f* scolarisation *f*

EinschussRR *m* (*in einem Gebäude*) impact *m;* (*im Körper*) blessure *f* par balle

EinschusslochRR *nt,* **Einschussstelle**RR *f* [point *m* d']impact *m* [d'une balle]

ein|schweißen *vt* ❶ **Nahrungsmittel ~** emballer des aliments sous vide ❷ TECH souder *Rohrstück, Blechstück*

E

E

ein|schwenken *vi + sein fig* **auf eine neue Linie ~** changer de cap

Einsegnung *f* ① *einer Kirche* consécration *f; eines Hauses* bénédiction *f* ② (*Konfirmation*) confirmation *f*

einsehbar *adj inv Gelände, Raum* visible

ein|sehen *vt irr* ① (*begreifen*) reconnaître; **das sehe ich nicht ein!** je ne suis pas d'accord! ② (*eingehend prüfen*) examiner; (*flüchtig prüfen*) prendre connaissance de ③ (*hineinsehen*) avoir vue sur *Garten, Gelände*

Einsehen <-> *nt* **kein ~ haben** ne rien vouloir entendre

ein|seifen *vt* ① **jdn/sich ~** savonner qn/se savonner ② *fam* (*hintergehen*) rouler

einseitig I. *adj* ① *Liebe, Zuneigung* non partagé(e); *Willenserklärung, Absicht* unilatéral(e) ② MED localisé(e) d'un côté ③ (*unausgewogen*) *Ausbildung, Studium* trop spécialisé(e); *Begabung* limité(e) [à un seul domaine]; *Ernährung* peu varié(e) ④ (*voreingenommen*) partial(e) II. *adv* ① (*auf einer Seite*) d'un [seul] côté ② (*unausgewogen*) **sich ~ ernähren** avoir une alimentation peu variée ③ (*parteiisch*) avec partialité

Einseitigkeit <-, -en> *f* ① (*Voreingenommenheit*) partialité *f* ② (*Unausgewogenheit*) *der Ausbildung* manque *m* de diversité; *der Ernährung* déséquilibre *m*

ein|senden *vt irr* envoyer

Einsender(in) *m(f)* expéditeur(-trice) *m(f)*

Einsendeschluss[RR] *m* date *f* limite; **der ~ für etw** la date limite d'envoi de qc

Einser ['ai̯nzɐ] <-s, -> *m fam* (*Schulnote*) *excellente note entre dix-huit et vingt*

ein|setzen I. *vt* ① (*einfügen*) poser *Fensterscheibe, Ersatzteil* ② (*einnähen*) mettre *Flicken;* monter *Ärmel* ③ (*hineinschreiben*) inscrire *Lösungswort, Ziffer* ④ (*ernennen*) instituer *Komitee;* **jdn zum** [*o* **als**] **Erben ~** instituer qn héritier ⑤ (*zum Einsatz bringen*) faire appel à *Truppen, Polizei;* avoir recours à *Waffen;* mettre en service *Sonderzug* ⑥ (*aufbieten*) déployer *Kraft;* mettre en œuvre *Mittel;* mettre en jeu *Leben* ⑦ SPIEL jouer *Los;* miser *Geldbetrag* II. *vi* (*beginnen*) commencer; *Sturm:* se mettre à souffler; *Regen:* se mettre à tomber III. *vr* ① (*sich engagieren*) **sich ~** s'investir; **sich voll ~** se donner à fond ② (*sich verwenden für*) **sich für jdn/etw ~** intervenir en faveur de qn/œuvrer pour qc

Einsicht *f* ① (*Vernunft*) raison *f* ② (*Erkenntnis*) révélation *f* ③ (*Durchsicht*) **~ in die Akten/Unterlagen** consultation *f* des dossiers/documents; **jdm etw zur ~ vorlegen** présenter qc à qn pour examen

einsichtig ['ai̯nzɪçtɪç] *adj* ① (*vernünftig*) sensé(e); **~ sein** se montrer raisonnable ② (*verständlich*) plausible

ein|sickern *vi + sein* s'infiltrer

Einsiedler(in) ['ai̯nzi:dlɐ] *m(f) a. fig* ermite *m*

einsilbig ['ai̯nzɪlbɪç] *adj* ① *Wort* monosyllabique ② (*wortkarg*) *Person* peu loquace; *Antwort* laconique

Einsilbigkeit <-> *f einer Person* caractère *m* peu loquace

ein|sinken *vi irr + sein* [s']enfoncer; **in etw** (*akk o dat*) **~** [s']enfoncer dans qc

ein|sitzen *vi irr form Sträfling:* purger une peine de prison

Einsitzer <-s, -> *m* monoplace *m o f*

ein|sortieren* *vt* classer *Dias, Papiere;* **etw in etw ~** ranger qc dans qc

ein|spannen *vt* ① atteler *Ochsen, Pferd* ② (*hineinspannen*) serrer *Werkstück;* placer *Briefbogen* ③ *fam* (*heranziehen*) **jdn für etw ~** mettre qn à contribution pour qc

ein|sparen *vt* ① ÖKOL économiser, faire des économies de *Energie, Strom, Wasser* ② FIN économiser sur *Ausgaben, Geld, Löhne*

Einsparung <-, -en> *f* ÖKOL *von Energie, Strom, Wasser* économie *f*

ein|speichern *vt* INFORM entrer; **Daten in den Rechner ~** entrer des données dans l'ordinateur

ein|speisen *vt* ① **Strom in das Netz ~** alimenter le réseau en courant [électrique] ② INFORM entrer *Daten, Programme*

ein|sperren *vt* enfermer

ein|spielen I. *vr* ① **sich ~** *Regelung, Zusammenarbeit:* se roder ② (*sich aneinander gewöhnen*) **sich aufeinander ~** *Beziehungspartner:* apprendre à se connaître; *Kollegen:* apprendre à travailler ensemble ③ SPORT **sich ~** *Spieler:* s'échauffer; *Mannschaft:* trouver ses automatismes II. *vt* ① (*einbringen*) couvrir *Kosten* ② (*senden*) diffuser *Beitrag*

Einsprache CH *s.* **Einspruch**

einsprachig ['ai̯nʃpra:xɪç] *adj Wörterbuch* monolingue

ein|springen *vi irr + sein* ① (*vertreten*) venir à la rescousse; **für jdn ~** remplacer qn au pied levé ② (*finanziell aushelfen*) mettre la main au porte-monnaie

ein|spritzen *vt a.* AUT injecter

Einspruch *m* ① (*Einwand*) objection *f* ② (*Rechtsmittel*) recours *m*

Einspruchsfrist *f* JUR délai *m* d'opposition

einspurig ['ai̯nʃpu:rɪç] I. *adj* ① *Strecke* à

une voie ❷ *pej Denken* sectaire **II.** *adv* ❶ *befahrbar* sur une [seule] voie ❷ *pej denken* de façon sectaire
einst [ˈa͜inst] *adv* ❶ *(früher)* autrefois; **Russland ~ und heute** la Russie d'hier et d'aujourd'hui ❷ *geh (in Zukunft)* un jour
ein|stampfen *vt* ❶ fouler *Kohl* ❷ mettre au pilon *Bücher*
Einstand *m* ❶ *(Arbeitsanfang)* entrée *f* en fonction; **seinen ~ geben** arroser son entrée en fonction[s] ❷ *kein Pl* SPORT égalité *f*
ein|stäuben *vt* saupoudrer
ein|stecken *vt* ❶ *(in die Tasche tun)* **etw ~** mettre qc dans sa poche ❷ *(mitnehmen)* **ich habe vergessen, Geld einzustecken** j'ai oublié de prendre de l'argent [avec moi] ❸ *fam (in die eigene Tasche stecken)* rafler ❹ *fam (einwerfen)* **einen Brief ~** mettre une lettre à la boîte ❺ *fam (hinnehmen, erleiden)* encaisser ❻ *(anschließen)* brancher *Stecker*
Einstecktuch *nt* pochette *f*
ein|stehen *vi irr + sein (sich verbürgen)* **für jdn/etw ~** répondre de qn/qc; **mit seinem Wort dafür ~, dass ...** donner sa parole que ...
ein|steigen *vi irr + sein* ❶ *(besteigen)* monter; **in ein Auto/einen Zug ~** monter en voiture/dans un train; **bitte ~!** en voiture, s'il vous plaît! ❷ *fam (sich beteiligen)* **in ein Geschäft ~** entrer dans une affaire; **in die Politik ~** se lancer dans la politique
einstellbar *adj* réglable
ein|stellen **I.** *vt* ❶ embaucher; **jdn als Buchhalter ~** embaucher qn comme comptable ❷ *(beenden)* cesser *Arbeit, Erscheinen;* stopper *Projekt;* suspendre *Prozess;* **ein Verfahren ~** rendre un non-lieu ❸ *(regulieren, justieren)* régler ❹ *(hineinstellen)* ranger *Buch;* garer *Auto* ❺ *(egalisieren)* égaler *Rekord* **II.** *vr* ❶ *(auftreten)* **sich ~** *Zweifel:* se manifester; *Beschwerden:* survenir; *Schmerzen:* se faire sentir ❷ *(sich anpassen)* **sich auf jdn/etw ~** se mettre au diapason de qn/qc ❸ *(sich einfinden)* **sich ~** *Person:* paraître **III.** *vi Firma:* embaucher
einstellig *adj* à un chiffre; **~ sein** avoir un seul chiffre
Einstellknopf *m* bouton *m* de réglage
Einstellung *f* ❶ *von Mitarbeitern* embauche *f* ❷ *(Beendigung) einer Arbeit, eines Projekts* interruption *f* ❸ *(Justierung)* réglage *m; der Entfernung* réglage *m* ❹ *(Kameraeinstellung)* plan *m;* **eine lange ~** un plan-séquence ❺ *meist Pl* INFORM paramètre *m* ❻ *(Haltung, Meinung)* **die richtige ~ mitbringen** faire preuve du bon état d'esprit; **das ist die falsche ~** c'est la mauvaise attitude
Einstellungsbescheid *m* avis *m* d'embauche **Einstellungsgespräch** *nt* entretien *m* d'embauche
Einstich *m* piqûre *f*
Einstieg [ˈa͜inʃtiːk] <-[e]s, -e> *m* ❶ *(Tür, Öffnung)* porte *f* ❷ *kein Pl (das Einsteigen)* **der ~ ist hinten** la montée se fait à l'arrière ❸ *(Zugang)* **der ~ in die Materie** l'initiation *f* à cette matière ❹ *kein Pl (Übernahme, Anwendung)* **~ in die Marktwirtschaft/Kernenergie** entrée *f* dans l'économie de marché/adoption *f* de l'énergie nucléaire
Einstiegsdroge *f* drogue *f* douce *(favorisant l'escalade vers les substances dures)*
einstig [ˈa͜instɪç] *adj attr* ancien(ne) *antéposé*
ein|stimmen **I.** *vi* ❶ *(mitsingen)* se mettre également à chanter; **in einen Kanon [mit] ~** reprendre un canon ❷ *(sich anschließen)* faire chorus; **in etw** *(akk)* **~** s'associer à qc **II.** *vt* **jdn/sich auf ein Fest ~** mettre qn/se mettre dans l'ambiance de la fête
einstimmig **I.** *adj* ❶ *Lied* à une [seule] voix ❷ *(einmütig) Beschluss, Wahl* unanime **II.** *adv* ❶ *singen* à l'unisson ❷ *(einmütig) beschließen, wählen* à l'unanimité
Einstimmigkeit <-> *f* unanimité *f*
einstöckig [ˈa͜inʃtœkɪç] *adj* à un étage
ein|stöpseln *vt fam* brancher
ein|stoßen *vt irr* enfoncer
Einstrahlung *f* METEO irradiation *f*
ein|streichen *vt irr* ❶ *fam (einheimsen)* empocher ❷ *(bestreichen)* **etw mit Kleister ~** passer une couche de colle sur qc
ein|streuen *vt* ❶ *(einflechten)* glisser; **eine Bemerkung in etw** *(akk)* **~** glisser une remarque dans qc ❷ *(ganz bestreuen)* **etw mit Streusalz ~** saler qc
ein|strömen *vi + sein* ❶ *Luft, Wind:* arriver ❷ *(hineindringen) Gas:* se répandre; *Wasser:* s'engouffrer
ein|studieren* *vt* répéter, étudier *Lied, Gedicht, Rolle;* **einstudiert** *Antwort* préparé, tout prêt; *Gebärde* étudié
ein|stufen [ˈa͜inʃtuːfən] *vt* [re]classer *Person;* classer *Produkt*
Einstufung <-, -en> *f* classification *f;* *(Umstufung)* [re]classement *m*
einstündig [ˈa͜inʃtʏndɪç] *adj attr* d'une heure
ein|stürmen *vi + sein* **auf jdn ~** *Fans:* se

précipiter sur qn; **mit Fragen auf jdn ~** assaillir qn de questions

Einsturz *m eines Gebäudes* écroulement *m; einer Decke* effondrement *m; einer Mauer* éboulement *m*

ein|stürzen *vi + sein* ❶ (*zusammenbrechen*) *Gebäude:* s'écrouler; *Decke:* s'effondrer; *Mauer:* s'ébouler ❷ (*eindringen*) **auf jdn ~** *Ereignisse:* s'abattre sur qn

E

Einsturzgefahr *f* risque *m* d'écroulement

einsturzgefährdet *adj* susceptible de s'effondrer; *Bereich* à risques d'effondrement

einstweilen *adv* ❶ (*vorläufig*) momentanément ❷ (*in der Zwischenzeit*) entre-temps

einstweilig *adj attr Schließung, Sperrung* temporaire; *Anordnung* provisoire

eintägig ['aɪntɛːgɪç] *adj attr* d'une [seule] journée

Eintagsfliege *f* ❶ ZOOL éphémère *m o f* ❷ *fig* chose *f* éphémère

ein|tauchen **I.** *vt + haben* tremper **II.** *vi + sein* **in etw** (*akk*) **~** *Person:* plonger dans qc; *U-Boot:* s'enfoncer dans qc

ein|tauschen *vt* ❶ (*tauschen*) échanger ❷ (*umtauschen*) changer *Devisen*

eintausend ['aɪn'taʊzənt] *num form* mille

ein|teilen *vt* ❶ (*aufteilen*) répartir *Vorräte, Urlaub;* **ich habe mir das so eingeteilt, dass** je me suis organisé de telle sorte que *+ indic o subj* ❷ (*verpflichten*) **jdn zu etw ~** affecter qn à qc ❸ (*unterteilen*) subdiviser *Skala;* **etw in Unterarten ~** classer qc en sous-espèces

Einteiler <-s, -> *m* maillot *m* une pièce

einteilig ['aɪntaɪlɪç] *adj* une pièce; **ein ~er Badeanzug** un [maillot] une pièce

Einteilung *f* ❶ *der Vorräte, Zeit, des Geldes* répartition *f* ❷ **~ zum Wachdienst** affectation *f* au service de garde

ein|tippen *vt* saisir *Daten, Text;* **etw in den Computer ~** entrer qc dans l'ordinateur

eintönig ['aɪntøːnɪç] **I.** *adj* monotone; *Stimme* monocorde **II.** *adv vortragen* de façon monotone

Eintönigkeit <-> *f* monotonie *f; des Lebens* uniformité *f*

Eintopf *m* potée *f*

Eintracht ['aɪntraxt] <-> *f* concorde *f* (*soutenu*)

einträchtig ['aɪntrɛçtɪç] **I.** *adj Stimmung* cordial(e) **II.** *adv* dans la concorde (*soutenu*)

Eintrag ['aɪntraːk, *Pl:* 'aɪntrɛːgə] <-[e]s, Einträge> *m* ❶ (*Vermerk*) note *f* ❷ JUR inscription *f* ❸ SCHULE avertissement *m* ❹ (*Artikel in einem Wörterbuch, Lexikon*) article *m* ❺ *form* (*Einleiten*) *von Schadstoffen, Abwässern* émission *f*

ein|tragen *vt irr* ❶ (*einschreiben*) inscrire; **jdn/sich in eine Liste ~** inscrire qn/s'inscrire sur une liste ❷ JUR **jdn/etw ins Handelsregister ~** inscrire qn/qc au registre du commerce ❸ (*einzeichnen*) inscrire, porter

einträglich ['aɪntrɛːklɪç] *adj* lucratif(-ive)

Eintragung *s.* **Eintrag**

ein|treffen *vi irr + sein* ❶ (*ankommen*) arriver; **am Ziel/in Frankfurt/bei jdm ~** arriver au but/à Francfort/chez qn ❷ (*in Erfüllung gehen*) *Prophezeiung:* s'accomplir; *Vorhersage:* se vérifier; *Katastrophe:* se produire

ein|treiben *vt irr* ❶ rentrer *Vieh* ❷ (*einziehen*) recouvrer *Geld*

ein|treten *irr* **I.** *vi* ❶ *+ sein* entrer ❷ *+ sein* (*beginnen*) **mit jdm in Verhandlungen/eine Diskussion ~** entrer en négociations/discussion avec qn ❸ *+ sein* (*sich ereignen*) *Fall, Besserung:* se produire; *Verschlechterung, Übelkeit:* se manifester; *Bewusstlosigkeit, Tod:* intervenir; **das Eintreten** l'apparition *f* ❹ *+ sein* (*auftreten*) *Stille:* se faire; *Tauwetter:* arriver ❺ *+ sein* (*gelangen*) **in die Umlaufbahn ~** se mettre sur orbite ❻ *+ sein* (*sich einsetzen*) **für jdn/etw ~** prendre fait et cause pour qn/défendre qc ❼ *+ haben* (*treten*) **auf jdn ~** donner des coups de pied à qn **II.** *vt + haben* ❶ (*zerstören*) **die Tür ~** défoncer la porte [à coups de pied] ❷ (*sich eindrücken*) **sich** (*dat*) **einen Dorn ~** s'enfoncer une épine dans le pied

ein|trichtern *vt fam* **jdm etw ~** seriner qc à qn

Eintritt *m* (*das Betreten, Eintrittsgeld*) entrée *f;* **~ frei** entrée libre; (*bei Besichtigungen*) entrée gratuite

Eintrittsgeld *nt* [prix *m* d']entrée *f* **Eintrittskarte** *f* ticket *m* d'entrée **Eintrittspreis** *m* prix *m* d'entrée

ein|trocknen *vi + sein* ❶ *Blut, Farbe:* sécher ❷ (*verdunsten*) s'assécher

ein|trudeln ['aɪntruːdəln] *vi + sein fam* se pointer

ein|tunken *vt* DIAL tremper; **Brot in etw** (*akk*) **~** tremper du pain dans qc

ein|üben *vt* répéter *Rolle, Stück*

ein|verleiben* ['aɪnfɛɐlaɪbən] *vt* ❶ (*eingliedern*) **einem Land ein Gebiet ~** annexer un territoire à un pays; **einem Konzern eine Firma ~** absorber une firme dans un groupe ❷ (*hinzufügen*) **etw einer Ausstellung** ~ s'approprier qc pour enrichir une exposition ❸ *hum fam* (*verzehren*) **sich** (*dat*) **etw** ~ engouffrer qc

Einvernehmen <-s> *nt* accord *m;* **in gutem** ~ en bonne intelligence

einvernehmlich *form* **I.** *adj* consensuel(le) **II.** *adv* à l'amiable

einverstanden ['ainfɛɐ̯ʃtandən] *adj* d'accord; **mit jdm/etw** ~ **sein** être d'accord avec qn/sur qc; **sich mit etw** ~ **erklären** donner son accord pour qc; ~**!** d'accord!

Einverständnis ['ainfɛɐ̯ʃtɛntnɪs] *nt* accord *m*

Einwand ['ainvant, *Pl:* -vɛndə] <-[e]s, -wände> *m* objection *f*

Einwanderer *m*, **Einwanderin** *f* immigrant(e) *m(f)*

ein|wandern *vi* + *sein* **nach Neuseeland/in die USA** ~ immigrer en Nouvelle Zélande/aux États-Unis

Einwanderung ['ainvandərʊŋ] *f* immigration *f*

Einwanderungsbehörde *f* office *m* d'immigration **Einwanderungspolitik** *f* politique *f* de l'immigration

einwandfrei ['ainvantfrai] **I.** *adj* ❶ (*tadellos*) impeccable; *Leumund* irréprochable; *Lebensmittel* [de qualité] irréprochable ❷ (*unzweifelhaft*) *Beweis, Tatsache* incontestable **II.** *adv* (*unzweifelhaft*) *zeigen* formellement; *beweisen* de façon irréfutable; *erlogen* incontestablement

einwärts ['ainvɛrts] *adv* vers l'intérieur

ein|wechseln *vt* ❶ changer *Geldschein;* **Euro in** [*o* **gegen**] **Dollar** ~ changer des euros en [*o* contre] dollars ❷ SPORT **jdn** ~ faire jouer qn en remplacement

ein|wecken *vt* mettre en conserve *Obst, Gemüse*

Einwegflasche *f* bouteille *f* non consignée **Einwegspritze** *f* seringue *f* à usage unique **Einwegverpackung** *f* emballage *m* perdu

ein|weichen *vt* ramollir *Zwieback;* faire tremper *Linsen, Wäsche*

ein|weihen *vt* ❶ (*eröffnen*) inaugurer ❷ (*vertraut machen*) **jdn in etw** (*akk*) ~ mettre qn au courant de qc

Einweihung <-, -en> *f* inauguration *f*

Einweihungsfeier *f* cérémonie *f* inaugurale [*o* d'inauguration]

ein|weisen *vt irr* ❶ MED **jdn** [**in ein Krankenhaus**] ~ hospitaliser qn; **jdn in eine psychiatrische Klinik** ~ interner qn dans une clinique psychiatrique ❷ (*unterweisen*) **jdn in seine Aufgaben** ~ mettre qn au courant en ce qui concerne ses tâches ❸ (*Zeichen machen*) guider

Einweisung *f* ❶ MED (*in ein Krankenhaus*) hospitalisation *f;* (*in eine psychiatrische Klinik*) internement *m* ❷ (*Unterweisung*) instruction *f*

ein|wenden *vt irr* **etwas gegen jdn** ~ reprocher quelque chose à qn; **etwas/nichts gegen etw einzuwenden haben** avoir quelque chose/n'avoir rien à objecter à qc

Einwendung *f* ❶ objection *f* ❷ JUR contestation *f*

ein|werfen *irr* **I.** *vt* ❶ poster *Brief, Umschlag;* glisser *Münze;* **etw in den Postkasten** ~ mettre qc à la boîte aux lettres ❷ (*zerschlagen*) [fra]casser *Fensterscheibe* ❸ SPORT **den Ball** ~ remettre le ballon en jeu **II.** *vi Spieler:* faire la remise en jeu

einwertig ['ainveːɐ̯tɪç] *adj* CHEM monovalent(e)

ein|wickeln **I.** *vt* ❶ envelopper ❷ *fam* (*überlisten*) embobiner **II.** *vr* **sich in etw** (*akk*) ~ s'enrouler dans qc

ein|willigen *vi* donner son accord; **in etw** (*akk*) ~ donner son accord pour qc

Einwilligung <-, -en> *f* accord *m*

ein|wirken *vi* ❶ (*beeinflussen*) **auf jdn/etw** ~ exercer une influence sur qn/qc ❷ (*Wirkung haben*) **auf etw** (*akk*) ~ *Kraft:* exercer une action sur qc; *Salbe:* agir sur qc

Einwirkung *f* ❶ (*Einfluss*) influence *f;* ~ **auf jdn/etw** influence sur qn/qc ❷ (*Wirkung*) *einer Kraft* effet *m; eines Mittels* action *f*

E

einwilligen

einwilligen	*donner son accord*
Einverstanden!/Okay!/Abgemacht!	*D'accord !/O.k. !/Marché conclu !*
Kein Problem!	*Pas de problème !*
Geht in Ordnung!	*D'accord !/Ça marche !*
Wird gemacht!/Mach ich!	*Ça sera fait !/Je m'en occupe !*

Einwohner(in) ['ainvo:nɐ] <-s, -> *m(f)* habitant(e) *m(f)*

Einwohnermeldeamt *nt administration locale où chaque changement de domicile doit être déclaré*

Einwohnerzahl *f* nombre *m* d'habitants

Einwurf *m* ① *kein Pl* (*das Einwerfen*) *eines Briefs* postage *m; einer Münze, Altglasflasche* introduction *f* ② (*Einwurföffnung*) *eines Briefkastens* fente *f; eines Automaten, Containers* ouverture *f* ③ SPORT [re]mise *f* en jeu; **den ~ ausführen** effectuer la touche ④ (*Bemerkung*) remarque *f*

Einzahl *f kein Pl* GRAM singulier *m*

ein|zahlen *vt* verser; **Geld auf ein Konto ~** verser de l'argent sur un compte

Einzahlung *f* versement *m*

ein|zäunen ['aintsɔynən] *vt* clôturer

Einzäunung <-, -en> *f* clôture *f*

ein|zeichnen *vt* faire figurer; **auf einer Karte eingezeichnet sein** figurer sur une carte

Einzel ['aintsəl] <-s, -> *nt* SPORT simple *m*

Einzelbett *nt* lit *m* pour une personne

Einzelblatteinzug *m* alimentation *f* feuille à feuille

Einzelfahrschein *m* ticket *m* à l'unité **Einzelfall** *m* cas *m* isolé **Einzelfrage** *f meist Pl* question *f* particulière

Einzelgänger(in) ['aintsəlgɛŋɐ] <-s, -> *m(f)* ① solitaire *mf* ② ZOOL animal *m* solitaire

einzelgängerisch *adj* solitaire

Einzelhaft *f* isolement *m* cellulaire **Einzelhandel** *m* commerce *m* de détail

Einzelhandelskaufmann *m*, **-kauffrau** *f* détaillant(e) *m(f)* **Einzelhandelspreis** *m* prix *m* de détail

Einzelhändler(in) *m(f)* détaillant(e) *m(f)*

Einzelheit <-, -en> *f* détail *m*

Einzelkämpfer(in) *m(f) fig* combattant(e) *m(f)* solitaire **Einzelkind** *nt* enfant *mf* unique

einzellig ['aintsɛlɪç] *adj* unicellulaire

einzeln ['aintsəln] **I.** *adj* ① (*separat*) **ein ~er Teller kostet ...** une assiette seule coûte ...; **die ~en Teile des Regals** les différentes parties de l'étagère ② (*individuell*) **ein ~er Mensch** un individu seul; **jeder ~e Bürger** chaque citoyen à lui tout seul ③ (*gesondert, einsam*) isolé(e) ④ (*einige wenige*) **~e Gäste** quelques rares invités; **~e Fragen** des questions isolées ⑤ *substantivisch* (*Mensch*) **der Einzelne** l'individu *m* ⑥ *substantivisch* (*manches*) **Einzelnes habe ich nicht verstanden** je n'ai pas compris certaines choses ▸ **im Einzelnen** en détail **II.** *adv abgeben, verkaufen, kaufen* séparément; **bitte ~ eintreten!** une seule personne à la fois, s'il vous plaît!

Einzelperson *f* personne *f* seule **Einzelpreis** *m* prix *m* à l'unité **Einzelstück** *nt* pièce *f* unique **Einzelteil** *nt* pièce *f*; **etw in ~e zerlegen** mettre qc en pièces détachées **Einzelzimmer** *nt* chambre *f* individuelle

ein|zementieren* *vt* cimenter

ein|ziehen *irr* **I.** *vt + haben* ① rentrer ② (*nach innen ziehen*) accepter *Geldschein;* tirer *Papier* ③ (*kassieren*) prélever *Steuern, Gebühren* ④ (*beschlagnahmen*) confisquer ⑤ (*aus dem Umlauf nehmen*) **etw ~** retirer qc de la circulation ⑥ (*einberufen*) **jdn zum Militärdienst ~** incorporer qn au service militaire ⑦ (*einbauen*) monter *Wand;* poser *Zwischendecke* ⑧ (*einsaugen*) aspirer *Flüssigkeit;* inspirer *Luft;* inhaler *Rauch* **II.** *vi + sein* ① (*in eine Wohnung ziehen*) **in etw** (*akk*)/**bei jdm ~** emménager dans qc/chez qn ② (*aufgesogen werden*) **in etw** (*akk*) **~** pénétrer dans qc ③ (*einmarschieren*) entrer ④ (*gewählt werden*) **ins Parlament ~** faire son entrée au parlement

einzig **I.** *adj* ① (*alleinig*) seul(e); **etw als Einziger tun** être le seul à faire qc; **kein Einziger** pas un; **kein** [*o* **nicht ein**] **~er Schüler** pas le moindre élève ② *substantivisch* (*einziges Kind*) **unser Einziger/unsere Einzige** notre fils/fille unique ③ (*unvergleichlich*) **~ in seiner Art sein** être unique en son genre ④ (*völlig*) **eine ~e Qual** une vraie torture **II.** *adv* **die ~ mögliche Lösung** la seule et unique solution possible; **das ~ Richtige** la seule chose de correcte

einzigartig ['aintsɪça:ɐtɪç] **I.** *adj* unique en son genre **II.** *adv* extraordinairement; **~ schön sein** être d'une beauté sans nom

Einzigartigkeit <-> *f* caractère *m* unique

Einzimmerappartement *nt*, **Einzimmerwohnung** *f* studio *m*

ein|zuckern *vt* sucrer

Einzug *m* ① (*Bezug einer Wohnung*) emménagement *m* ② (*Einmarsch*) *von Sportlern, Truppen* entrée *f* ③ (*Wahlerfolg*) **~ ins Parlament** entrée *f* au parlement ④ TYP retrait *m*

ein|zwängen *vt* serrer *Person, Hals, Taille;* **zwischen Koffern eingezwängt sitzen** être coincé entre des valises

Eis [ais] <-es> *nt* ① glace *f*; **Champagner auf ~ legen** mettre du champagne au frais ② (*Speiseeis*) glace *f*; **~ am Stiel** esquimau® *m* ▶**jdn/etw auf ~ legen** *fam* mettre qn/qc au placard

Eisbahn *f* patinoire *f* **Eisbär** *m* ours *m* blanc **Eisbecher** *m* ❶(*Gefäß*) coupe *f* à glace; (*Pappbecher*) petit pot *m* à glace ❷(*Portion*) coupe *f* de glace; (*in einem Pappbecher*) petit pot *m* de glace **Eisbein** *nt* GASTR jambonneau *m* **Eisberg** *m* iceberg *m* **Eisblume** *f* fleur *f* de givre **Eisbombe** *f* bombe *f* glacée **Eisbrecher** *m* brise-glace *m* **Eiscafé** *m s.* **Eisdiele**

Eischnee ['ai̯-] *m* (*von einem Ei/mehreren Eiern*) blanc *m* [battu]/blancs [battus] en neige

Eiscreme *f* crème *f* glacée **Eisdiele** *f* glacier *m*

Eisen ['ai̯zən] <-s, -> *nt* ❶*kein Pl a.* MED fer *m* ❷(*Eisenbeschlag*) ferrure *f* ▶**mehrere/noch ein ~ im Feuer haben** *fam* avoir plus d'une corde à son arc; **man muss das ~ schmieden, solange es heiß ist** *prov* il faut battre le fer pendant qu'il est chaud; **ein heißes ~** un sujet brûlant

Eisenbahn ['ai̯zənba:n] *f* ❶(*Zug*) train *m* ❷(*Spielzeugeisenbahn*) train *m* [électrique]

Eisenbahnbrücke *f* pont *m* de chemin de fer

Eisenbahner(in) <-s, -> *m(f) fam* cheminot(e) *m(f)*

Eisenbahnfähre *f* ferry-boat *m* **Eisenbahnknotenpunkt** *m* nœud *m* ferroviaire **Eisenbahnnetz** *nt* réseau *m* ferroviaire **Eisenbahnstrecke** *f* ligne *f* de chemin de fer **Eisenbahnwagen** *m* wagon *m*

Eisendraht *m* fil *m* de fer **Eisenerz** ['ai̯zənʔe:ɐ̯ts] *nt* minerai *m* de fer **Eisengitter** *nt* grille *f* en fer

eisenhaltig ['ai̯zənhaltɪç] *adj Erz* ferreux(-euse); *Nahrungsmittel* riche en fer

Eisenhut ['ai̯zənhu:t] *m* BOT **blauer ~** aconit *m* **Eisenmangel** *m kein Pl* carence *f* en fer **Eisenoxid** *nt* oxyde *m* de fer **Eisenstange** *f* barre *f* de fer

Eisen- und Stahlindustrie *f* sidérurgie *f*

Eisenwaren *Pl* articles *mpl* de quincaillerie

Eisenwarenhandlung *f* quincaillerie *f*

Eisenzeit *f kein Pl* âge *m* du fer

eisern ['ai̯zɐn] **I.** *adj a. fig* de fer **II.** *adv* ❶(*unerschütterlich*) *schweigen* obstinément; *sparen, trainieren* inlassablement; *einhalten* résolument ❷(*hart*) *durchgreifen* d'une façon implacable

Eisfach *nt* compartiment *m* à glace **Eisfläche** *f* surface *f* gelée **eisgekühlt** *adj* glacé(e) **Eisglätte** *f* verglas *m* **Eishockey** [ai̯shɔki] *nt* hockey *m* sur glace **Eishockeyschläger** *m* crosse *f* **Eishockeyspieler(in)** *m(f)* joueur(-euse) *m(f)* de hockey sur glace, hockeyeur(-euse) *m(f)*

eisig ['ai̯zɪç] **I.** *adj* ❶(*kalt*) glacial(e) ❷*fig* glacial(e); *Schrecken, Grauen* glaçant(e) **II.** *adv empfangen* de manière glaciale

Eiskaffee *m café froid avec une boule de glace à la vanille et de la chantilly* **eiskalt** ['ai̯s'kalt] **I.** *adj* ❶glacé(e); *Wohnung* glacial(e) ❷*fig* glacé(e); *Mörder* implacable **II.** *adv handeln, vorgehen* de sang froid; **~ reagieren** rester de glace **Eiskasten** *m* A, SDEUTSCH (*Kühlschrank*) réfrigérateur *m* **Eiskübel** *m* seau *m* à glace **Eiskunstlauf** *m* patinage *m* artistique **Eiskunstläufer(in)** *m(f)* patineur(-euse) *m(f)* artistique **eis|laufen** *vi irr* faire du patin à glace **Eisläufer(in)** *m(f)* patineur(-euse) *m(f)* **Eispickel** *m* piolet *m*

Eisprung ['ai̯-] *m* ovulation *f*

Eisregen *m* grésil *m;* (*gefrierender Regen*) pluie *f* verglaçante **Eisrevue** *f* spectacle *m* sur glace **Eisschnelllauf**[RR] *m* patinage *m* de vitesse **Eisscholle** *f* bloc *m* de glace **Eisschrank** *m* (*Kühlschrank*) réfrigérateur *m* **Eisvogel** *m* martin-pêcheur *m* **Eiswürfel** *m* glaçon *m* **Eiszapfen** *m* stalactite *f* de glace **Eiszeit** *f* ❶période *f* glaciaire ❷*fig* période *f* de refroidissement

eitel ['ai̯təl] *pej adj* (*selbstgefällig*) vaniteux(-euse); (*in Bezug auf das Äußere*) coquet(te)

Eitelkeit <-> *f pej* (*Selbstgefälligkeit*) vanité *f;* (*in Bezug auf das Äußere*) coquetterie *f*

Eiter ['ai̯tɐ] <-s> *m* pus *m*

eiterig *s.* **eitrig**

eitern *vi* suppurer

eitrig *adj Wunde* purulent(e)

Eiweiß *nt* ❶protéine *f* ❷GASTR blanc *m* d'œuf

Eizelle *f* ovule *m*

Ejakulation <-, -en> *f* éjaculation *f*

ejakulieren* [ejaku'li:rən] *vi* éjaculer

Ekel[1] ['e:kəl] <-s> *m* (*Abscheu*) dégoût *m;* (*Überdruss*) nausée *f;* **~ erregend** répugnant

Ekel[2] ['e:kəl] <-s, -> *nt pej fam* (*ekelhafter Mensch*) salaud *m*/salope *f;* **du ~!** espèce de dégueulasse!

ekelerregend *s.* **Ekel**[1]

E

ekelhaft **I.** *adj* ① répugnant(e) ② *fam* (*heftig*) *Schmerzen* affreux(-euse) **II.** *adv* ① *stinken, sich benehmen* de façon dégoûtante (*fam*); ~ **schmecken** avoir un goût dégoûtant ② *fam* (*unangenehm*) *jucken* affreusement
ekelig ['e:kəlɪç] *s.* **ekelhaft**
ekeln **I.** *vt* dégoûter **II.** *vt unpers* **mich ekelt es vor jdm/etw** je suis dégoûté par qn/qc **III.** *vr* **sich vor jdm/etw** ~ éprouver de la répulsion pour qn/qc

E

EKG [e:ka:'ge:] <-s, -s> *nt Abk von* **Elektrokardiogramm** électrocardiogramme *m*
Eklat [e'kla:] <-s, -s> *m* éclat *m*
eklatant [ekla'tant] *adj geh* flagrant(e)
eklig ['e:klɪç] *s.* **ekelhaft**
Eklipse [ɛk'lɪpsə] <-, -n> *f* éclipse *f*
Ekstase [ɛk'sta:zə] <-, -n> *f* extase *f*
ekstatisch [ɛk'sta:tɪʃ] *adj geh* exalté(e)
Ekzem [ɛk'tse:m] <-s, -e> *nt* MED eczéma *m*
Elan [e'la:n] <-s> *m geh* entrain *m*
elastisch [e'lastɪʃ] *adj* élastique; *Gelenk* mobile
Elastizität [elastitsi'tɛ:t] <-, -en> *f a. fig* élasticité *f*
Elbe ['ɛlbə] <-> *f* **die** ~ l'Elbe *f*
Elch [ɛlç] <-[e]s, -e> *m* élan *m*
Elchtest *m* test *m* de la baïonnette
E-Learning ['i:lə:nɪŋ] <-s> *nt Abk von* **electronic learning** formation *f* en ligne, e-formation *f*, e-learning *m*
Electronic Banking [ɪlɛk'trɔnɪk'bɛŋkɪŋ] <- -[s]> *nt* règlement *m* électronique des opérations bancaires
Electronic Cash-Service [ɪlɛktrɔnɪk'kɛʃsœrvɪs] <- -> *m* paiement *m* par carte
Elefant [ele'fant] <-en, -en> *m* éléphant *m*
Elefantenbulle *m* éléphant *m* mâle
elegant [ele'gant] **I.** *adj* élégant(e) **II.** *adv* avec élégance
Eleganz [ele'gants] <-> *f* élégance *f*
Elegie [ele'gi:] <-, -ien> *f* élégie *f*
elegisch [e'le:gɪʃ] *adj Dichtung* élégiaque
elektrifizieren* [elɛktrifi'tsi:rən] *vt* électrifier
Elektrifizierung <-, -en> *f* électrification *f*
Elektrik [e'lɛktrɪk] <-, -en> *f* installation *f* électrique
Elektriker(in) [e'lɛktrikɐ] <-s, -> *m(f)* électricien(ne) *m(f)*
elektrisch [e'lɛktrɪʃ] **I.** *adj* électrique **II.** *adv funktionieren* à l'électricité; *sich rasieren* au rasoir électrique
elektrisieren* [elɛktri'si:rən] *vt* électriser
Elektrizität [elɛktritsi'tɛ:t] <-> *f* électricité *f*
Elektrizitätswerk *nt* centrale *f* électrique
Elektroauto *nt* voiture *f* électrique **Elektrochemie** [e'lɛktroçemi:, elɛktroçe'mi:] *f* électrochimie *f*
Elektrode [elɛk'tro:də] <-, -n> *f* électrode *f*
Elektroenzephalogramm [elɛktroʔɛntsefalo'gram] *nt* MED électro-encéphalogramme *m* **Elektrofahrrad** *nt* vélo *m* électrique **Elektrogerät** *nt* appareil *m* électrique **Elektrogeschäft** *nt* magasin *m* d'électroménager **Elektroherd** *m* cuisinière *f* électrique **Elektroingenieur(in)** *m(f)* ingénieur *mf* électricien **Elektrokardiogramm** [elɛktrokardi̯o'gram] *nt* MED électrocardiogramme *m*
Elektrolyse [elɛktro'ly:zə] <-, -n> *f* électrolyse *f*
Elektrolyt [elɛktro'ly:t] <-s, -e> *m meist Pl* CHEM, MED électrolyte *m*
Elektromagnet *m* électroaimant *m* **elektromagnetisch** **I.** *adj* électromagnétique **II.** *adv* par électromagnétisme **Elektromotor** *m* moteur *m* électrique
Elektron ['e:lɛktrɔn, e'lɛktrɔn] <-s, -tronen> *nt* électron *m*
Elektronenblitz *m* flash *m* électronique **Elektronenmikroskop** *nt* microscope *m* électronique **Elektronenrechner** *m* INFORM calculatrice *f* électronique
Elektronik [elɛk'tro:nɪk] <-> *f* électronique *f*
elektronisch [elɛk'tro:nɪʃ] *adj* électronique
Elektroofen *m* ① radiateur *m* électrique ② (*Schmelzofen*) four *m* électrique **Elektrorasierer** *m* rasoir *m* électrique **Elektroschock** [e'lɛktroʃɔk] *m* électrochoc *m* **Elektroschocker** <-s, -> *m* pistolet *m* à électrochoc **Elektrosmog** *m* pollution *f* électromagnétique **Elektrotechnik** [elɛktro'tɛçnɪk] *f kein Pl* électrotechnique *f* **Elektrotechniker(in)** *m(f)* électrotechnicien(ne) *m(f)* **elektrotechnisch** *adj* électrotechnique **Elektrotherapie** [elɛktrotera'pi:] *f* électrothérapie *f*
Element [ele'mɛnt] <-[e]s, -e> *nt* élément *m*
elementar [elemɛn'ta:ɐ̯] *adj* ① élémentaire ② (*urwüchsig, mächtig*) primaire
Elementarbegriff *m* notion *f* fondamentale **Elementargewalt** *f* forces *fpl* élémentaires
elend ['e:lɛnt] *adj* ① *Leben, Verhältnisse, Hütte* misérable ② (*krank*) *Aussehen* pi-

toyable; **sich ~ fühlen** se sentir mal ❸ *pej fam* (*gemein*) misérable
Elend <-[e]s> *nt* misère *f* ▶**das heulende ~ kriegen** *fam* attraper le blues
elendig ['eːlɛndɪç] DIAL *s.* **elend**
Elendsquartier *nt* taudis *m* **Elendsviertel** *nt* quartier *m* miséreux
elf [ɛlf] *num* onze; *s. a.* **acht**[1]
Elf [ɛlf] <-, -en> *f* (*Zahl, Fußballmannschaft*) onze *m*
Elfe ['ɛlfə] <-, -n> *f* sylphide *f*
Elfenbein ['ɛlfənbain] *nt* ivoire *m*
elfenbeinfarben *adj* couleur d'ivoire
Elfenbeinküste *f* Côte-d'Ivoire *f;* **die Republik ~** la République de Côte-d'Ivoire
Elfmeter [ɛlf'meːtɐ] *m* penalty *m*
Elfmeterschießen <-s> *nt* tir *m* au but
elfte(r, s) *adj* ❶ onzième ❷ (*bei Datumsangaben*) **der ~ März** le onze mars; *s. a.* **achte(r, s)**
eliminieren* [elimi'niːrən] *vt* éliminer *Gegner, Konkurrenten;* supprimer *Fehler*
Eliminierung <-, -en> *f* (*geh*) *eines Gegners* élimination *f; eines Fehlers* suppression *f*
elitär [eli'tɛːɐ] **I.** *adj Person, Einstellung* élitiste; *Gruppe, Schicht* élitaire **II.** *adv denken, handeln* de façon élitiste
Elite [e'liːtə] <-, -n> *f* élite *f*
Eliteschule *f* école *f* prestigieuse **Eliteuniversität** *f* université *f* d'élite; (*in Frankreich*) grande école *f*
Elixier [elɪ'ksiːɐ] <-s, -e> *nt* élixir *m*
El Kaida [ɛl'kaida] <-> *f* **die ~** Al-Qaïda
Ellbogen ['ɛlboːgən] <-s, -> *m* coude *m*
Ellbogengesellschaft *f* société *f* d'arrivistes
Elle ['ɛlə] <-, -n> *f* ❶ ANAT cubitus *m* ❷ (*Maßstock*) aune *f* ❸ (*altes Längenmaß*) coudée *f*
Ellenbogen *s.* **Ellbogen**
ellenlang *adj fam Liste, Roman* interminable; **ein ~er Kerl** une grande perche
Ellipse [ɛ'lɪpsə] <-, -n> *f* ellipse *f*
elliptisch [ɛ'lɪptɪʃ] *adj* elliptique
E-Lok ['eːlɔk] <-, -s> *f Abk von* **elektrische Lokomotive** locomotive *f* électrique
Elsass[RR] ['ɛlzas] <-[es]>, **Elsaß**[ALT] <-[sses]> *nt* **das ~** l'Alsace *f*
Elsässer(in) ['ɛlzɛsɐ] <-s, -> *m(f)* Alsacien(ne) *m(f)*
elsässisch ['ɛlzɛsɪʃ] *adj* alsacien(ne); **die ~e Hauptstadt** la capitale de l'Alsace
Elsässisch <-[s]> *nt* l'alsacien *m;* **auf ~** en alsacien
Elsass-Lothringen[RR] ['ɛlzas 'loːtrɪŋən] *nt* HIST l'Alsace-Lorraine *f*
Elster ['ɛlstɐ] <-, -n> *f* pie *f*
elterlich ['ɛltɐlɪç] *adj Fürsorge* des parents; **~e Sorge** autorité *f* parentale
Eltern ['ɛltɐn] *Pl* parents *mpl*
Elternabend *m* réunion *f* parents-professeurs **Elterngeld** *nt kein Pl* allocation *f* parentale **Elternhaus** *nt* ❶ (*Gebäude*) maison *f* familiale ❷ (*familiäres Umfeld*) milieu *m* familial
elternlos I. *adj* orphelin(e) **II.** *adv aufwachsen* sans avoir de parents
Elternschaft <-, *selten* -en> *f* ❶ parents *mpl* ❷ *kein Pl* (*das Elternsein*) fait *m* d'être parent
Elternteil *m* **einen ~ verlieren** perdre l'un de ses deux parents **Elternzeit** *f kein Pl* congé *m* parental
Email [e'mai] <-s, -s> *nt* émail *m*
E-Mail ['iːmeɪl, 'iːmeːl] <-, -s> *f,* <-s, -s> *nt* (*Nachricht*) courrier *m* électronique
E-Mail-Adresse ['iːmeɪl-] *f* adresse *f* électronique
e-mailen ['iːmeɪlən, 'iːmeːlən] INFORM **I.** *vt* (*per E-Mail schicken*) **jdm etw ~** envoyer qc à qn par courriel [*o* mail] **II.** *vi* (*eine E-Mail schreiben*) **jdm ~** envoyer [*o* écrire] un mail à qn
Emaille [e'maljə] <-, -n> *s.* **Email**
Emanze [e'mantsə] <-, -n> *f pej fam* féministe *f*
Emanzipation [emantsipa'tsioːn] <-, -en> *f* émancipation *f*
emanzipatorisch [emantsipa'toːrɪʃ] *adj* émancipateur(-trice)
emanzipieren* [emantsi'piːrən] *vr* **sich [von etw] ~** s'émanciper [de qc]
emanzipiert *adj* émancipé(e)
Embargo [ɛm'bargo] <-s, -s> *nt* embargo *m*
Emblem [ɛm'bleːm, ã'bleːm] <-[e]s, -e> *nt* ❶ (*Hoheitszeichen*) emblème *m* ❷ (*Sinnbild*) symbole *m*
Embolie [ɛmbo'liː] <-, -ien> *f* embolie *f*
Embryo ['ɛmbryo] <-s, -s *o* Embryonen> *m o* A *nt* MED embryon *m*
embryonal [ɛmbryo'naːl] *adj* MED embryonal(e)
emeritieren* [emeri'tiːrən] *vt* accorder des droits à la retraite; **emeritierter Professor/emeritierte Professorin** professeur *mf* honoraire
Emigrant(in) [emi'grant] <-en, -en> *m(f)* émigré(e) *m(f)*
Emigration [emigra'tsioːn] <-, -en> *f* émigration *f*
emigrieren* [emi'griːrən] *vi + sein* **nach**

Frankreich/in die USA ~ émigrer en France/aux Etats-Unis
Emirat [emiˈraːt] <-[e]s, -e> *nt* émirat *m*
Emission [emɪˈsi̯oːn] <-, -en> *f* ÖKOL, FIN émission *f*
Emissionshandel *m* ÖKOL commerce *m* des émissions
emittieren* [emɪˈtiːrən] *vt* ÖKOL dégager *Abgase, Schadstoffe*

Emmentaler [ˈɛməntaːlɐ] <-s, -> *m* (*Käsesorte*) emmenthal *m*
Emoticon [eˈmoːtikɔn] <-s, -s> *nt* INFORM émoticone *m*
Emotion [emoˈtsi̯oːn] <-, -en> *f* émotion *f*
emotional [emotsi̯oˈnaːl] *adj* émotif(-ive)
emotionalisieren* [emotsi̯onaliˈziːrən] *vt* **eine Diskussion ~** s'emporter dans une discussion
emotionslos *adj* qui n'éprouve aucune émotion
empfahl [ɛmˈpfaːl] *Imp von* **empfehlen**
empfand [ɛmˈpfant] *Imp von* **empfinden**
Empfang [ɛmˈpfaŋ, *Pl:* ɛmˈpfɛŋə] <-[e]s, Empfänge> *m* ① *kein Pl* (*das Entgegennehmen*) réception *f*; **etw in ~ nehmen** réceptionner qc; **jdn in ~ nehmen** *fam* accueillir qn ② *kein Pl* TV, RADIO réception *f* ③ (*Rezeption*) réception *f* ④ *kein Pl* (*Begrüßung*) accueil *m*; **jdm einen stürmischen ~ bereiten** réserver un accueil enthousiaste à qn ⑤ (*Festveranstaltung*) réception *f*
empfangen <empfängt, empfing, empfangen> *vt* ① *geh* (*erhalten*) recevoir *Post, Auftrag* ② *geh* (*begrüßen*) accueillir *Gäste, Freunde* ③ TV, RADIO **einen Sender über Satellit ~** capter une chaîne par satellite
Empfänger [ɛmˈpfɛŋɐ] <-s, -> *m* ① *eines Briefs, Pakets* destinataire *m*; *einer Zahlung, Überweisung* bénéficiaire *m*; **~ verzogen** n'habite plus à l'adresse indiquée ② MED *eines Organs, einer Blutspende* receveur *m* ③ (*Empfangsgerät*) récepteur *m*
Empfängerin <-, -nen> *f* ① *eines Briefs, Pakets* destinataire *f*; *einer Zahlung, Überweisung* bénéficiaire *f* ② MED *eines Organs, einer Blutspende* receveuse *f*
empfänglich [ɛmˈpfɛŋlɪç] *adj* ① (*anfällig*) sensible ② (*offen, aufgeschlossen*) réceptif(-ive)
Empfängnis [ɛmˈpfɛŋnɪs] <-> *f* conception *f*; **die ~ verhüten** éviter une conception
empfängnisverhütend *adj Mittel* contraceptif(-ive) **Empfängnisverhütung** *f* contraception *f*
Empfangsbestätigung *f* accusé *m* de réception **Empfangschef(in)** *m(f)* chef *mf* de la réception **Empfangsdame** *s.* **Empfangschef(in)**
empfängt *3. Pers Präs von* **empfangen**
empfehlen [ɛmˈpfeːlən] <empfiehlt, empfahl, empfohlen> **I.** *vt* recommander; **jdm ~ etw zu tun** recommander à qn de faire qc **II.** *vr unpers* (*ratsam sein*) **es empfiehlt sich etw zu tun** il est recommandé de faire qc **III.** *vr* ① **sich jdm als Sachverständiger ~** se présenter à qn comme expert ② *hum geh* (*sich verabschieden*) **sich ~** tirer sa révérence
empfehlenswert *adj* ① (*ratsam*) préférable ② (*gut*) *Lokal, Hotel* recommandable
Empfehlung <-, -en> *f* ① (*Rat, Referenz*) recommandation *f* ② *meist Pl form* (*höflicher Gruß*) **... verbleibe ich mit den besten ~en, Ihr/Ihre ...** ... avec mes sentiments les plus dévoués ...
Empfehlungsschreiben *nt* lettre *f* de recommandation
empfiehlt *3. Pers Präs von* **empfehlen**
empfinden [ɛmˈpfɪndən] <empfand, empfunden> *vt* ① éprouver *Gefühl* ② (*auffassen*) ressentir
Empfinden <-s> *nt* impression *f*; **für mein ~** à mon sens
empfindlich I. *adj* ① (*leicht reizbar*) susceptible ② (*leicht zu beschädigen*) fragile; **gegen Sonnenlicht ~ sein** craindre la lumière du soleil; **hoch ~** *Material* très fragile ③ (*anfällig, wenig robust*) fragile ④ (*spürbar*) sévère; *Kälte* vif(vive) ⑤ (*fein reagierend*) *Messgerät, Film* sensible **II.** *adv* **~ auf etw** (*akk*) **reagieren** réagir vivement à qc
Empfindlichkeit <-, -en> *f* ① (*Reizbarkeit*) susceptibilité *f* ② *kein Pl* (*Beschaffenheit*) *eines Materials* fragilité *f*; PHOT, TECH sensibilité *f* ③ *kein Pl* MED **~ gegen eine Krankheit** sensibilité *f* à une maladie
empfindsam *adj* sensible
Empfindung <-, -en> *f* ① (*Gefühlsregung*) sentiment *m* ② (*sinnliche Wahrnehmung*) sensation *f* ③ (*Eindruck*) impression *f*
empfing *Imp von* **empfangen**
empfunden [ɛmˈpfʊndən] *PP von* **empfinden**
emphatisch [ɛmˈfaːtɪʃ] *geh* **I.** *adj* emphatique **II.** *adv* avec emphase
empirisch [ɛmˈpiːrɪʃ] **I.** *adj* empirique **II.** *adv* empiriquement
empor [ɛmˈpoːɐ̯] *adv geh* en haut

empor|arbeiten *vr geh* **sich zu etw ~** parvenir par son travail à devenir qc
Empore [ɛmˈpoːrə] <-, -n> *f* galerie *f;* (*Orgelempore*) tribune *f*
empören* [ɛmˈpøːrən] **I.** *vt* indigner **II.** *vr* ❶ (*sich entrüsten*) **sich über jdn/etw ~** s'indigner contre qn/de qc ❷ (*rebellieren*) **sich gegen jdn/etw ~** se révolter contre qn/qc
empörend *adj* révoltant(e)
empor|kommen [ɛmˈpoːɐ̯kɔmən] *vi irr + sein geh* ❶ (*nach oben kommen*) monter [à la surface] ❷ (*erfolgreich sein*) faire son chemin
Emporkömmling [ɛmˈpoːɐ̯kœmlɪŋ] <-s, -e> *m pej* parvenu(e) *m(f)*
empor|ragen [ɛmˈpoːɐ̯raːgən] *vi geh* se dresser; **über etw** (*akk*) **~** se dresser au dessus de qc **empor|steigen** *irr geh* **I.** *vi + sein* ❶ *Nebel:* s'élever ❷ *fig* **in jdm ~** *Angst:* monter en qn **II.** *vt + sein* monter *Stufen, Treppe;* gravir *Berg*
empört [ɛmˈpøːɐ̯t] **I.** *adj* indigné(e); **über jdn/etw ~ sein** être indigné contre qn/de qc **II.** *adv* avec indignation
Empörung <-, -en> *f* ❶ *kein Pl* (*Entrüstung*) indignation *f* ❷ (*Rebellion*) révolte *f*
Ems [ˈɛms] <-> *f* **die ~** l'Ems *f*
emsig [ˈɛmzɪç] **I.** *adj Person* travailleur(-euse); *Ameise, Biene* laborieux(-euse); *Tätigkeit* intense **II.** *adv arbeiten* avec ardeur; *lernen* avec assiduité; *sammeln* infatigablement
Emu [ˈeːmu] <-s, -s> *m* émeu *m*
Emulgator [emʊlˈgaːtoːɐ̯] *m* CHEM émulsifiant *m*
Emulsion [emʊlˈzi̯oːn] <-, -en> *f* émulsion *f*
E-Musik [ˈeːmuziːk] *f kein Pl* musique *f* classique
Endabnehmer(in) *m(f)* ÖKON client(e) *m(f)* en bout de chaîne **Endabrechnung** *f* facture *f* définitive **Endbetrag** *m* montant *m* définitif
Ende [ˈɛndə] <-s, -n> *nt* ❶ *kein Pl* (*zeitlicher Abschluss*) fin *f; eines Projekts* aboutissement *m;* **zu ~ gehen** *Urlaub, Vertrag:* se terminer; *Vorräte:* s'épuiser; **etw zu ~ bringen** mener qc à son terme ❷ *kein Pl* (*bei Zeit-, Altersangaben*) **~ Januar** fin janvier; **~ 1990** à la fin de l'année 1990; **er ist ~ zwanzig** il approche de la trentaine ❸ (*räumlicher Abschluss*) bout *m* ❹ *kein Pl geh* (*Tod*) fin *f* ❺ DIAL (*Stückchen*) bout *m* ▸ **~ gut, alles gut** *prov* tout est bien qui finit bien; **letzten ~s** au bout du compte; (*schließlich*) en fin de compte; (*sogar, vielleicht*) des fois (*fam*); **am ~ sein** *fam* (*erschöpft sein*) être vidé; (*ruiniert, mittellos sein*) être raide
Endeffekt *m* résultat *m;* **im ~** en fin de compte
endemisch [ɛnˈdeːmɪʃ] *adj* MED, BIO endémique
enden [ˈɛndən] *vi* ❶ (*zu Ende gehen*) *Jahr, Urlaub:* se terminer; **nicht ~ wollender Beifall** des applaudissements à n'en plus finir ❷ (*ablaufen*) *Frist, Ultimatum:* expirer ❸ (*räumlich*) *Rock, Weg:* s'arrêter
Endergebnis *nt* résultat *m* définitif; **im ~** en fin de compte **Endgerät** *nt* INFORM terminal *m* **endgültig** *adj* définitif(-ive) **Endgültigkeit** *f* irrévocabilité *f* **Endhaltestelle** *f* terminus *m*
Endivie [ɛnˈdiːvi̯ə] <-, -n> *f* chicorée *f*
Endkampf *m* finale *f*
endlich [ˈɛntlɪç] **I.** *adv* enfin; **na ~!** *fam* c'est pas trop tôt! **II.** *adj* MATH, PHILOS fini(e)
endlos **I.** *adj* ❶ (*ständig*) *Ärger* sans fin ❷ (*sehr lang, ausgedehnt*) interminable; *Weite* infini(e) **II.** *adv* (*sehr lange*) indéfiniment
Endlosigkeit <-> *f* infinitude *f*
Endlospapier *nt* papier *m* en continu
Endlösung *f* NS solution *f* finale
endogen [ɛndoˈgeːn] *adj* MED, PSYCH endogène
Endoskop [ɛndoˈskoːp] <-s, -e> *nt* MED endoscope *m*
Endphase *f* phase *f* finale **Endprodukt** *nt* produit *m* final **Endpunkt** *m* point *m* d'arrivée **Endrunde** *f* SPORT finale *f* **Endsilbe** *f* syllabe *f* finale **Endspiel** *nt* SPORT finale *f* **Endspurt** *m* SPORT sprint *m* **Endstadium** *nt einer Krankheit* stade *m* terminal **Endstation** *f* TRANSP *a. fig* terminus *m* **Endsumme** *f* somme *f* totale
Endung <-, -en> *f* terminaison *f*
Endverbraucher(in) *m(f)* consommateur *m* final/consommatrice *f* finale **Endziffer** *f* dernier chiffre *m*
Energie [enɛrˈgiː] <-, -i̯en> *f* ❶ PHYS énergie *f* ❷ *kein Pl* (*Tatkraft*) énergie *f;* **viel/wenig ~ haben** être très/peu dynamique
Energieausweis *m* diagnostic *m* de performance énergétique, DPEB *m* **Energiebedarf** *m* besoins *mpl* énergétiques **energiebewusst**[RR] **I.** *adj* économe en énergie **II.** *adv* de façon économe en énergie **energieeffizient** *adj Bauen, Gebäude* à efficacité énergétique **Energieform** *f* forme *f* d'énergie **Energiekrise** *f* crise *f* de l'énergie

E

E

energielos *adj* indolent(e)
Energielosigkeit <-> *f* manque *m* d'énergie
EnergiepassRR *m s.* **Energieausweis**
Energiepolitik *f* politique *f* énergétique **Energiequelle** *f* source *f* d'énergie **Energiesparen** <-s> *nt* économies *fpl* d'énergie **energiesparend** *adj* à faible consommation d'énergie
Energiesparlampe *f* lampe *f* à économie d'énergie
Energieträger *m* vecteur *m* énergétique [*o* d'énergie] **Energieverbrauch** *m* consommation *f* d'énergie **Energieverlust** *m* perte *f* d'énergie **Energieversorgung** *f* approvisionnement *m* en énergie **Energievorrat** *m* ressources *fpl* énergétiques **Energiewende** *f* tournant *m* dans le domaine de l'énergie **Energiewirtschaft** *f* secteur *m* de l'énergie
energisch [e'nɛrgɪʃ] *adj* énergique
eng [ɛŋ] **I.** *adj* ❶ *Öffnung* étroit(e) ❷ (*beengt*) *Raum* exigu(ë) ❸ (*knapp sitzend*) *Kleidung* étroit(e); **jdm zu ~ sein** serrer trop qn ❹ (*dicht gedrängt*) *Pflanzung* rapproché(e) ❺ (*beschränkt*) étroit(e); *Horizont* limité(e); *Rahmen* strict(e) ❻ (*eingeschränkt*) **im ~eren Sinne** dans un sens plus strict; **in die ~ere Wahl kommen** être parmi les premiers choix ❼ (*nah, vertraut*) *Beziehung, Freundschaft* étroit(e); *Verwandtschaft* proche ❽ *fam* (*schwierig*) **das wird ~** *fam* ça va être dur **II.** *adv* ❶ (*knapp*) **~ anliegen** *Kleidung:* être moulant; **~ anliegend** moulant; **einen Rock ~er machen** ajuster une jupe ❷ (*dicht*) **~ nebeneinandersitzen** être serrés l'un contre l'autre; **sehr ~ tanzen** danser étroitement enlacés ❸ (*nah, vertraut*) *liiert* étroitement; **~ befreundet sein** avoir des liens d'amitié étroits ❹ *fam* (*kleinlich, intolerant*) **etw [zu] ~ sehen** être trop à cheval sur qc; **etw nicht so ~ sehen** ne pas être trop pointilleux sur qc
Engagement [ãgaʒə'mã:] <-s, -s> *nt* ❶ *geh* engagement *m* ❷ (*Verpflichtung*) *eines Künstlers* engagement *m*
engagieren* [ãga'ʒi:rən] **I.** *vt* engager **II.** *vr* **sich für jdn/etw ~** s'engager pour qn/qc
engagiert [ãga'ʒi:ɐt] *adj geh Person, Kunstwerk* engagé(e)
enganliegend *s.* **eng II.1** **engbefreundet** *s.* **eng II.3**
Enge ['ɛŋə] <-> *f einer Kurve* étroitesse *f*; *eines Raums* exiguïté *f* ▶ **jdn in die ~ treiben** pousser qn dans ses derniers retranchements
Engel ['ɛŋəl] <-s, -> *m* ange *m*
Engelsgeduld *f* patience *f* angélique
Engerling ['ɛŋɐlɪŋ] <-s, -e> *m* ver *m* blanc
engherzig *adj* mesquin(e)
England ['ɛŋlant] *nt* l'Angleterre *f*
Engländer(in) ['ɛŋlɛndɐ] <-s, -> *m(f)* Anglais(e) *m(f)*
englisch ['ɛŋlɪʃ] **I.** *adj* anglais(e) **II.** *adv* ❶ **~ miteinander sprechen** discuter en anglais; *s. a.* **deutsch** ❷ (*auf britische Art*) **das Fleisch ~ braten** faire griller la viande de façon saignante
Englisch <-[s]> *nt kein Art* anglais *m; s. a.* **Deutsch**
Englischhorn *nt* MUS cor *m* anglais
englischsprachig *adj* ❶ *Buch* en anglais ❷ *Bevölkerung* anglophone
engmaschig ['ɛŋmaʃɪç] *adj Netz* à mailles serrées
EngpassRR *m* ❶ GEOG défilé *m* ❷ (*Fahrbahnverengung*) rétrécissement *m* ❸ ÖKON goulot *m* d'étranglement
en gros [ã: 'gro:] *adv* en gros
engstirnig *pej* **I.** *adj Person* borné(e); *Denken* étroit(e) **II.** *adv handeln* à courte vue
Engstirnigkeit <-> *f* étroitesse *f* d'esprit
Enkel(in) ['ɛŋkəl] <-s, -> *m(f)* ❶ petit-fils *m*/petite-fille *f*; **die ~** les petits-enfants *mpl* ❷ (*Nachfahre*) descendant(e) *m(f)*
Enkelkind *s.* **Enkel(in) 1** **Enkelsohn** *m* petit-fils *m* **Enkeltochter** *f* petite-fille *f*
Enklave [ɛn'kla:və] <-, -n> *f* enclave *f*
enorm [e'nɔrm] **I.** *adj* ❶ (*sehr groß*) *Belastung* énorme; *Hitze, Kälte* terrible; *Kraft, Geschwindigkeit* inouï(e); *Summe* exorbitant(e) ❷ *fam* (*beeindruckend*) **das ist ja ~!** ça, c'est vraiment super! **II.** *adv fam* (*sehr*) *günstig, praktisch* vachement
Ensemble [ã'sã:bəl] <-s, -s> *nt* ❶ THEAT troupe *f* ❷ MUS, COUT ensemble *m*
entarten* [ɛnt'ʔartən] *vi + sein* dégénérer
Entartung <-, -en> *f* ❶ *kein Pl a. fig* dégénérescence *f* ❷ (*Phänomen*) phénomène *m* de dégénérescence
entbehren* [ɛnt'be:rən] *vt* (*verzichten auf*) **jdn/etw ~ können** pouvoir se passer de qn/qc
entbehrlich [ɛnt'be:ɐlɪç] *adj* superflu(e)
Entbehrung <-, -en> *f* privation *f*
entbinden* *irr* **I.** *vt* (*dispensieren*) **jdn von seinem Versprechen ~** délier qn de sa promesse **II.** *vi* MED accoucher
Entbindung *f* ❶ MED accouchement *m* ❷ *kein Pl* (*Dispensierung*) déliement *m*

Entbindungsstation *f* maternité *f*
entblättern* **I.** *vt* **die Bäume ~** *Sturm:* faire tomber les feuilles des arbres **II.** *vr* ① **sich ~** *Bäume:* perdre ses feuilles ② *hum fam* **sich** [**vor jdm**] **~** faire un strip-tease [devant qn]
entblöden* [ɛnt'bløːdən] *vr* ▸ **sich nicht ~ etw zu tun** *pej geh* avoir le front de faire qc
entblößen* [ɛnt'bløːsən] *geh* **I.** *vt* ① dénuder *Beine, Oberkörper* ② MIL, SPORT découvrir **II.** *vr* **sich ~** se découvrir; *Exhibitionist:* s'exhiber
entblößt *geh adj Person* nu(e); *Schultern* dénudé(e); **mit ~em Oberkörper arbeiten** travailler torse nu
entbrennen* *vi irr + sein geh* ① *Kampf, Streit:* éclater ② *fig* s'enflammer
entdecken* *vt* ① dénicher *Person, Gegenstand;* trouver *Fehler, Versteck* ② (*durch Forschung finden*) découvrir *Virus, Kontinent*
Entdecker(in) <-s, -> *m(f)* explorateur(-trice) *m(f)*
Entdeckung *f* (*das Entdecken, das Entdeckte*) découverte *f;* (*talentierter Mensch*) révélation *f*
Entdeckungsreise *f* voyage *m* d'exploration **Entdeckungstour** *f* circuit *m* de découverte
Ente ['ɛntə] <-, -n> *f* ① canard *m;* (*weibliches Tier*) cane *f* ② *fam* (*Falschmeldung*) bobard *m* ③ *fam* (*Auto*) deuche *f*
entehren* [ɛnt'ʔeːrən] *vt* déshonorer
enteignen* [ɛnt'ʔaignən] *vt* exproprier
Enteignung <-, -en> *f* expropriation *f*
enteisen* [ɛnt'ʔaizən] *vt* dégivrer
Entenbraten *m* canard *m* rôti **Entenei** *nt* œuf *m* de cane **Entenjagd** *f* chasse *f* aux canards **Entenküken** *nt* caneton *m*
Entente [ã'tãːt(ə)] <-, -n> *f* entente *f*
enterben* *vt* déshériter
Enterich ['ɛntərɪç] <-s, -e> *m* canard *m* [mâle]
entern ['ɛntɐn] **I.** *vt + haben* prendre à l'abordage *Schiff* **II.** *vi + sein* monter à l'abordage; **das Entern** l'abordage *m*
Entertainer(in) ['ɛntɐteːnɐ] <-s, -> *m(f)* animateur(-trice) *m(f)*
Entertaste ['ɛntɐ-] *f* INFORM touche *f* "entrée"
entfachen* [ɛnt'faxən] *vt geh* ① déclencher *Brand, Feuer* ② (*entfesseln*) attiser *Leidenschaft;* déclencher *Streit*
entfahren* *vi irr + sein* **jdm ~** *Seufzer, Schrei:* échapper à qn
entfallen* *vi irr + sein* ① (*aus dem Gedächtnis kommen*) **jdm ~** sortir de l'esprit à qn, échapper à qn ② (*wegfallen, nicht stattfinden*) *Punkt:* être laissé de côté; *Veranstaltung:* être annulé ③ (*zukommen*) **auf jdn ~** *Anteil:* revenir à qn ④ *geh* (*entgleiten*) **die Vase entfiel ihr** le vase lui tomba des mains
entfalten* **I.** *vt* ① déplier *Zeitung, Brief* ② (*entwickeln*) déployer *Aktivität;* épanouir *Fähigkeiten, Kräfte* ③ (*zur Geltung bringen*) déployer *Pracht* **II.** *vr* **sich ~** ① *Fallschirm:* s'ouvrir ② (*sich entwickeln*) *Persönlichkeit, Talent:* s'épanouir
Entfaltung <-, -en> *f* ① *eines Fallschirms* ouverture *f* ② (*Entwicklung*) *von Aktivitäten* déploiement *m; eines Talents, der Persönlichkeit* épanouissement *m* ③ (*Demonstration*) *von Pracht* déploiement *m*
entfärben* *vt, vr* [**sich**] **~** [se] décolorer
Entfärber <-s, -> *m,* **Entfärbungsmittel** *nt* décolorant *m*
entfernen* [ɛnt'fɛrnən] **I.** *vt* ① enlever *Fleck, Blinddarm, Hindernis* ② (*forttun, fortbringen*) **jdn aus der Schule ~** exclure qn de l'école **II.** *vr* **sich von/aus etw ~** s'éloigner de qc
Entfernentaste *f* INFORM touche *f* "effacement"
entfernt **I.** *adj* ① reculé(e); **von jdm/etw ~ sein** être loin de qn/qc; **fünf Kilometer/drei Stunden von etw ~ sein** être à cinq kilomètres/trois heures de qc ② (*weitläufig*) *Verwandtschaft* éloigné(e) ③ (*gering*) *Ähnlichkeit* vague *antéposé* **II.** *adv* ① (*geringfügig*) de loin; *erinnern* vaguement ② (*weitläufig*) **~ verwandt sein mit ...** être parent éloigné de ...
Entfernung <-, -en> *f* ① distance *f;* **in einer ~ von drei Metern, in drei Metern ~** à une distance de trois mètres; **aus der ~** de loin ② *kein Pl* (*das Entfernen*) *eines Flecks, Hindernisses* élimination *f* ③ *kein Pl* (*das Weggehen*) **unerlaubte ~ von der Truppe** absence *f* illégale de la troupe
Entfernungsmesser <-s, -> *m* télémètre *m*
entfesseln* *vt* déclencher *Begeisterung, Krieg;* **entfesselt** déchaîné
entfetten* *vt* dégraisser *Haut, Haar*
entflammbar [ɛnt'flambaːɐ̯] *adj* inflammable
entflammen* *geh* **I.** *vt + haben* ① enflammer ② (*verliebt machen*) conquérir **II.** *vi + sein* ① *Streit:* éclater; *Liebe:* s'enflammer ② (*verliebt sein*) **für jdn entflammt sein** être épris de qn

entflechten* *vt irr* ❶ ÖKON scinder *Großkonzern* ❷ (*entwirren*) dénouer

entfliegen* *vi irr + sein* s'échapper; **aus einem Käfig ~** s'échapper d'une cage

entfliehen* *vi irr + sein* ❶ (*fliehen*) s'enfuir; **aus der Haft ~** s'évader de prison ❷ *geh* (*entkommen*) **dem Lärm/der Hektik ~** échapper au bruit/à l'agitation

entflohen *PP von* **entfliehen**

entfremden* **I.** *vt* ❶ (*fremd machen*) **zwei Menschen einander ~** rendre deux personnes étrangères l'une à l'autre ❷ (*zweckentfremden*) **etw seinem Zweck ~** détourner qc de son usage **II.** *vr* **sich jdm ~** se détacher de qn

Entfremdung <-, -en> *f* détachement *m*

entfrosten* *vt* dégivrer

Entfroster <-s, -> *m* dégivreur *m*

entführen* *vt* ❶ enlever, kidnapper *Kind, Geisel;* détourner *Flugzeug* ❷ *hum fam* (*wegnehmen*) emprunter

Entführer(in) *m(f)* ravisseur(-euse) *m(f);* (*Luftpirat*) pirate *mf* de l'air

Entführung *f eines Kindes, einer Geisel* enlèvement *m; eines Flugzeugs* détournement *m*

entgegen [ɛnt'ge:gən] **I.** *adv* **dem Ziel ~** au devant du but; **dem Morgen/Sommer ~** vers le matin/l'été **II.** *präp + dat* ❶ (*zuwider*) **~ unserer Abmachung** contrairement à notre accord ❷ (*im Gegensatz zu*) **~ allen Erwartungen** contre toute attente

entgegen|arbeiten *vi* **einer S.** (*dat*) **~** ralentir qc **entgegen|bringen** *vt irr* **jdm Vertrauen/Achtung ~** faire preuve de confiance/respect à l'égard de qn; **einer S.** (*dat*) **Interesse/Verständnis ~** manifester de l'intérêt/de la compréhension pour qc **entgegen|fiebern** *vi* **einer S.** (*dat*) **~** attendre qc avec impatience **entgegen|gehen** *vi irr + sein* ❶ **jdm ~** aller à la rencontre de qn ❷ (*zu erwarten haben*) **einer Gefahr/dem Tod ~** aller au devant d'un danger/de la mort **entgegengesetzt** [ɛnt'ge:gəngəzɛtst] **I.** *adj Richtung, Interessen* opposé(e) **II.** *adv* **~ handeln** faire le contraire **entgegen|halten** *vt irr* ❶ (*hinhalten*) **jdm etw ~** tendre qc à qn ❷ (*als Gegenargument anführen*) présenter *Einwand, Beweis* **entgegen|kommen** [ɛnt'ge:gənkɔmən] *vi irr + sein* ❶ **jdm ~** venir à la rencontre de qn; (*fahrend*) arriver en sens inverse de qn ❷ (*Zugeständnisse machen*) **jdm ~** faire une concession à qn ❸ (*entsprechen*) **jds Interessen** (*dat*) **~** aller dans le sens des intérêts de qc

Entgegenkommen <-s> *nt* ❶ (*gefällige Haltung*) compréhension *f* ❷ (*Zugeständnis*) concession *f* **entgegenkommend** *adj* bienveillant(e)

Entgegennahme <-, -n> *f einer Bestellung, Ware* réception *f*

entgegen|nehmen *vt irr* accepter *Brief, Ware;* encaisser *Geldbetrag* **entgegen|setzen** *vt* **nichts entgegenzusetzen haben** n'avoir rien à redire à qc **entgegen|stehen** *vi irr* **dem steht nichts entgegen** rien ne s'y oppose **entgegen|steuern** *vi* combattre; **einem Trend ~** combattre une tendance **entgegen|treten** *vi irr + sein* ❶ (*in den Weg treten*) faire front à ❷ (*sich zur Wehr setzen*) **jdm/einer S. ~** lutter contre qn/qc **entgegen|wirken** *vi* **einer S.** (*dat*) **~** agir contre qc

entgegnen* [ɛnt'ge:gnən] *vt* rétorquer

Entgegnung <-, -en> *f* réplique *f*

entgehen* *vi irr + sein* ❶ (*nicht bemerkt werden, entkommen*) échapper ❷ (*ungenutzt bleiben*) **sich** (*dat*) **etw ~ lassen** laisser passer qc

entgeistert [ɛnt'gaistɐt] **I.** *adj* hébété(e) **II.** *adv anstarren* l'air hébété

Entgelt [ɛnt'gɛlt] <-[e]s, -e> *nt form* rétribution *f;* **gegen ~** moyennant finances

entgiften* *vt* ÖKOL, MED épurer

Entgiftung <-, -en> *f* ÖKOL, MED épuration *f*

entgleisen* [ɛnt'glaizən] *vi + sein* ❶ *Zug, Straßenbahn:* dérailler ❷ (*ausfallend werden*) commettre un impair

Entgleisung <-, -en> *f* ❶ déraillement *m* ❷ (*Taktlosigkeit*) impair *m*

entgleiten* *vi irr + sein* ❶ **jds Händen ~** glisser des mains de qn ❷ (*verloren gehen*) *Kontrolle, Leitung:* échapper

entgräten* [ɛnt'grɛ:tən] *vt* enlever les arêtes de; **entgrätet** sans arêtes

enthaaren* [ɛnt'ha:rən] *vt* épiler

Enthaarung <-, -en> *f* épilation *f*

enthalten* *irr* **I.** *vt* ❶ contenir ❷ (*einschließen*) **im Preis [mit] ~ sein** être compris dans le prix **II.** *vr* (*nicht abstimmen*) **sich [der Stimme] ~** s'abstenir

enthaltsam [ɛnt'haltza:m] **I.** *adj Person* modéré(e); *Leben* d'abstinence **II.** *adv* **~ leben** vivre dans l'abstinence

Enthaltsamkeit <-> *f* abstinence *f;* (*sexuelle Abstinenz*) chasteté *f*

Enthaltung [ɛnt'haltʊŋ] *f* (*Stimmenthaltung*) abstention *f*

enthärten* *vt* adoucir *Wasser*

enthaupten* [ɛnt'hauptən] *vt* décapiter

entheben* *vt irr geh* ❶ **jdn seines Amtes/Dienstes ~** relever qn de ses fonctions ❷ (*entbinden*) **jdn aller Verpflichtungen ~** dégager qn de toute obligation

enthüllen* **I.** *vt* dévoiler **II.** *vr* **sich jdm ~** se révéler à qn

Enthüllung <-, -en> *f* ❶ *eines Denkmals* dévoilement *m* ❷ (*Aufdeckung*) révélation *f*

Enthusiasmus [ɛntuˈzi̯asmʊs] <-> *m* enthousiasme *m*

Enthusiast(in) [ɛntuˈzi̯ast] <-en, -en> *m(f)* enthousiaste *mf*

enthusiastisch [ɛntuˈzi̯astɪʃ] **I.** *adj* enthousiaste **II.** *adv* avec enthousiasme

entjungfern* [ɛntˈjʊŋfɐn] *vt* dépuceler

Entjungferung <-, -en> *f* dépucelage *m*

entkalken* *vt* détartrer *Kaffeemaschine;* adoucir *Wasser*

entkeimen* *vt* désinfecter

entkernen* *vt* dénoyauter *Kirsche, Pfirsich, Olive;* épépiner *Apfel, Birne, Orange*

entkleiden* *vt, vr geh* [**sich**] **~** [se] dévêtir

entknoten* *vt* dénouer

entkommen* *vi irr + sein* s'échapper; **jdm ~** échapper à qn

entkorken* [ɛntˈkɔrkən] *vt* déboucher

entkräften* [entˈkrɛftən] *vt* ❶ (*schwächen*) épuiser ❷ (*widerlegen*) réfuter *Behauptung, Verdacht*

Entkräftung <-, -en> *f* ❶ (*Erschöpfung*) épuisement *m* ❷ (*Widerlegung*) infirmation *f*

entkrampfen* *vt, vr* [**sich**] **~** ❶ *Muskulatur, Körper:* [se] décontracter ❷ *Atmosphäre, Lage:* [se] décrisper

entladen* *irr* **I.** *vt* décharger **II.** *vr* ❶ **sich über jdm/etw ~** *Gewitter:* éclater au-dessus de qn/qc ❷ ELEC **sich ~** se décharger ❸ (*ausbrechen*) **sich über jdm ~** *Emotionen:* éclater contre qn

entlang [ɛntˈlaŋ] **I.** *präp + dat o gen* le long de **II.** *präp + akk* le long de **III.** *adv* **hier ~** par ici; **wir müssen die Grenze ~** nous devons longer la frontière

entlang|gehen *vi irr + sein* **eine Straße ~** longer une route

entlarven* [ɛntˈlarfən] **I.** *vt* ❶ (*enttarnen*) démasquer ❷ (*aufdecken*) **ein Angebot als Falle ~** découvrir qu'une offre est un piège **II.** *vr* **sich selbst als Lügner ~** se démasquer soi-même comme étant un menteur

entlassen* *vt irr* ❶ licencier *Mitarbeiter* ❷ (*gehen lassen*) laisser sortir *Patienten;* libérer *Häftling;* **aus der Haft ~ werden** sortir de prison ❸ *geh* (*verabschieden*) congédier *Besucher, Bittsteller*

Entlassung <-, -en> *f* (*Kündigung*) licenciement *m*

Entlassungspapiere *Pl* ❶ papiers *mpl* de licenciement ❷ *eines Häftlings* papiers *mpl* de libération

entlasten* *vt* ❶ JUR décharger ❷ (*von einer Belastung befreien*) soulager *Person;* délester *Verkehr* ❸ (*ausgleichen*) créditer *Konto* ❹ (*bestätigen*) donner quitus à *Vorstand, Hausverwaltung*

Entlastung <-, -en> *f* ❶ JUR décharge *f* ❷ (*Hilfe*) soulagement *m;* **zu deiner ~** pour te soulager ❸ (*Bestätigung*) quitus *m*

Entlastungsmaterial *nt* documents *mpl* à décharge

entlauben* [ɛntˈlau̯bən] **I.** *vt* défolier **II.** *vr* **sich ~** perdre ses feuilles

entlaufen* *vi irr + sein* ❶ (*fliehen*) *Häftling, Sklave:* s'évader; *Heimkind:* faire une fugue ❷ (*fortlaufen*) **Hund/Katze ~!** perdu chien/chat!

entlausen* *vt* épouiller

entledigen* [ɛntˈleːdɪgən] *vr geh* ❶ (*aus dem Wege räumen*) **sich eines Komplizen ~** se débarrasser d'un complice ❷ (*erfüllen*) **sich eines Auftrags ~** s'acquitter d'une mission

entleeren* *vt* vider *Behälter, Darm;* vidanger *Grube, Becken*

entlegen [ɛntˈleːgən] *adj* ❶ (*abgelegen*) isolé(e) ❷ *Gedanke, Vorstellung* saugrenu(e)

entlehnen* *vt* emprunter

Entleiher(in) <-s, -> *m(f)* emprunteur(-euse) *m(f)*

Entlein <-s, -> *nt* caneton *m*

entloben* *vr* **sich ~** rompre ses fiançailles

Entlobung <-, -en> *f* rupture *f* des fiançailles

entlocken* *vt* soutirer; **einem Instrument Töne ~** tirer des sons d'un instrument

entlohnen* *vt* CH **jdn für etw ~** rétribuer qn pour qc

entlüften* *vt* ❶ aérer *Raum* ❷ TECH purger *Heizung*

Entlüftung <-, -en> *f* ❶ *eines Raums* ventilation *f* ❷ TECH *von Bremsen* purge *f*

entmachten* [ɛntˈmaxtən] *vt* renverser

entmenscht [ɛntˈmɛnʃt] *adj* inhumain(e)

entmilitarisieren* [ɛntmilitariˈziːrən] *vt* démilitariser

Entmilitarisierung *f* démilitarisation *f*

entmündigen* [ɛntˈmʏndɪgən] *vt* mettre sous tutelle; **jdn wegen etw ~** mettre qn sous tutelle pour qc

E

E

Entmündigung <-, -en> *f* ① JUR mise *f* sous tutelle ② (*Bevormundung*) déresponsabilisation *f*
entmutigen* [ɛnt'muːtɪɡən] *vt* décourager
Entmutigung <-, -en> *f* découragement *m*
Entnahme [ɛnt'naːmə] <-, -n> *f* prélèvement *m*
entnazifizieren* [ɛntnatsifi'tsiːrən] *vt* HIST, POL dénazifier
Entnazifizierung <-, -en> *f* HIST, POL dénazification *f*
entnehmen* *vt irr* ① (*herausnehmen*) **etw [aus] der Schublade ~** retirer qc du tiroir ② MED **jdm Blut ~** prélever du sang à qn ③ (*schlussfolgern*) **einem Artikel ~, dass ...** déduire d'un article que ...
entnerven* *vt* énerver
entnervt *adj, adv* excédé(e), à bout [de nerfs]
entprivatisieren* *vt* étatiser
entpuppen* [ɛnt'pʊpən] *vr* se révéler; **sich als Betrüger ~** se révéler être un escroc
entrahmen* *vt* écrémer
enträtseln* *vt* déchiffrer *Schrift*
entrechten* *vt* priver de ses droits
entreißen* *vt irr* arracher
entrichten* *vt form* régler
Entrichtung *f form* règlement *m*
entriegeln* *vt* déverrouiller
entrinnen* *vi irr + sein geh* **jdm/einer S. ~** échapper à qn/qc
entrollen* *vt* déployer *Segel*
entrosten* *vt* dérouiller; **entrostet werden** être débarrassé de sa rouille
entrücken* *vt geh* **jdn einer S.** (*dat*) **~** retrancher qn de qc
entrückt [ɛnt'rʏkt] *adj geh* absent(e); **der Wirklichkeit** (*dat*) **~ sein** être détaché de la réalité
entrümpeln* [ɛnt'rʏmpəln] *vt* débarrasser
entrüsten* [ɛnt'rʏstən] *vr* **sich über jdn ~** être scandalisé par qn; **sich über etw ~** s'indigner de qc
entrüstet I. *adj* indigné(e) II. *adv* d'un air outré; *rufen, sagen* d'un ton outré
Entrüstung *f* indignation *f*; **~ über jdn/etw** indignation contre qn/qc
entsaften* *vt* (*auspressen*) presser le jus de
Entsafter <-s, -> *m* (*Presse*) centrifugeuse *f*
entsagen* *vi geh* **einer S.** (*dat*) **~** renoncer à qc
entsalzen* *vt* dessaler
entschädigen* *vt a.* JUR dédommager
Entschädigung *f* (*Leistung*) indemnité *f*
entschärfen* *vt* ① désamorcer *Bombe, Mine* ② (*entspannen*) décrisper *Debatte, Konflikt*
Entscheid [ɛnt'ʃait] *s.* **Entscheidung**
entscheiden* *irr* I. *vt* ① (*beschließen*) **~, dass/ob/wann ...** décider que/si/quand ... ② (*klären*) trancher *Fall* ③ (*gewinnen*) **etw [für sich] ~** avoir une influence décisive sur qc; **das Spiel ist entschieden** le match est joué II. *vi* décider; **für jdn/etw ~** se prononcer en faveur de qn/qc III. *vr* (*beschließen*) **sich ~** se décider
entscheidend I. *adj* (*ausschlaggebend*) décisif(-ive); *Fehler, Irrtum* grave II. *adv* de manière décisive
Entscheidung *f* ① (*Beschluss*) décision *f*; **jdn vor eine ~ stellen** mettre qn au pied du mur ② JUR verdict *m* ③ SPORT résultat *m*
Entscheidungsbefugnis *f* pouvoir *m* de décision **Entscheidungsspiel** *nt* match *m* décisif
entschieden [ɛnt'ʃiːdən] I. *PP von* **entscheiden** II. *adj* ① (*entschlossen*) *Befürworter, Gegner* résolu(e) ② (*eindeutig*) *Ablehnung* catégorique; *Befürwortung* total(e); *Stellungnahme* clair(e) [et net(te)] III. *adv* ① (*entschlossen*) *ablehnen* catégoriquement ② (*eindeutig*) incontestablement
Entschiedenheit <-> *f* détermination *f*; **mit [aller] ~** catégoriquement
entschlacken* I. *vt* désintoxiquer II. *vi* avoir un effet dépuratif
Entschlackung <-, -en> *f* **der ~** (*dat*) **des Blutes dienen** servir à libérer le sang de ses toxines
entschlafen* *vi irr + sein geh* rendre le dernier soupir
entschließen* *vr irr* **sich ~** se décider; **sich für/zu etw ~** opter pour qc; **sich zu nichts ~ können** ne pas arriver à se décider
entschlossen [ɛnt'ʃlɔsən] I. *PP von* **entschließen** II. *adj* décidé(e); **fest ~** déterminé; **wild ~** *fam* remonté à bloc; **zu allem ~** prêt à tout III. *adv* avec détermination
Entschlossenheit <-> *f* détermination *f*
entschlüpfen* *vi + sein* ① (*entkommen*) se sauver; **jdm ~** échapper à qn ② **jdm ~** *Äußerung:* échapper à qn
EntschlussRR [ɛnt'ʃlʊs] *m* décision *f*; **einen ~ fassen** prendre une décision
entschlüsseln* *vt* décoder

EntschlusskraftRR *f* esprit *m* de décision
entschuldbar [ɛnt'ʃʊltbaːɐ̯] *adj* excusable
entschuldigen* [ɛnt'ʃʊldɪgən] **I.** *vi* excuser; ~ **Sie, können Sie mir sagen, ...** s'il vous plaît, pouvez-vous me dire ...; **Sie müssen [schon] ~, ...** excusez-moi, ... **II.** *vr* ① **sich bei jdm ~** s'excuser auprès de qn ② (*sich abwesend melden*) **sich ~** *Schüler:* s'excuser **III.** *vt* ① **jdn ~** excuser qn ② (*als abwesend melden*) **jdn/etw bei jdm ~** excuser qn/qc auprès de qn ③ (*verzeihlich machen*) **etw ~** *Umstand, Tatsache:* excuser qc
Entschuldigung <-, -en> *f* ① (*Bitte um Verzeihung*) excuses *fpl;* **sie hat ihre Eltern wegen etw um ~ gebeten** elle a prié ses parents de l'excuser de qc; **ich bitte vielmals um ~** je vous demande mille fois pardon; **~!** pardon!, excuse-moi/excusez-moi!; **~, wie spät ist es bitte?** excusez-moi, vous avez l'heure s'il vous plaît? ② (*Rechtfertigung*) excuse *f;* **als ~ für etw** pour excuser qc; **zu meiner/deiner ~** à ma/ta décharge ③ (*Entschuldigungsschreiben*) mot *m* d'excuse
entschwinden* *vi irr + sein geh* (*verschwinden*) disparaître; **ins Haus ~** disparaître dans la maison; **den Blicken der Menge ~** se dérober aux regards de la foule
entsenden* *vt irr o reg geh* ① (*offiziell*) **jdn zu einer Tagung ~** déléguer qn à une conférence ② (*schicken*) **jdn zu jdm ~** envoyer qn auprès de qn
Entsendung *f* envoi *m*
entsetzen* **I.** *vt* effarer; **jdn ~** *Umstand, Tatsache:* effarer qn **II.** *vr* **sich über jdn/etw ~** être horrifié par qn/qc; (*fassungslos sein*) être effaré par qn/qc
Entsetzen <-s> *nt* horreur *f*
entsetzlich [ɛnt'zɛtslɪç] *adj* horrible
Entsetzlichkeit <-, -en> *f* atrocité *f*

E

sich entscheiden

nach Entschlossenheit fragen	*s'assurer d'une décision*
Sind Sie sicher, dass Sie das wollen?	*Êtes-vous sûr(e) de vouloir cela ?*
Haben Sie sich das gut überlegt?	*Y avez-vous bien réfléchi ?*
Wollen Sie nicht lieber dieses Modell?	*Ne préféreriez-vous pas plutôt ce modèle ?*
Entschlossenheit ausdrücken	*exprimer sa détermination*
Ich habe mich entschieden: Ich werde an der Feier nicht teilnehmen.	*Je me suis décidé(e) : je ne participerai pas à la cérémonie.*
Ich habe mich dazu durchgerungen, ihm/ihr alles zu sagen.	*Je me suis résolu(e) à tout lui dire.*
Wir sind (fest) entschlossen, nach Australien auszuwandern.	*Nous sommes (fermement) décidé(e)s à émigrer en Australie.*
Ich lasse mich von nichts/niemandem davon abbringen, es zu tun.	*Rien/Personne ne me dissuadera de le faire.*
Ich werde auf keinen Fall kündigen.	*Il est hors de question que je démissionne.*
Unentschlossenheit ausdrücken	*exprimer son hésitation*
Ich weiß immer noch nicht, was ich tun soll.	*Je ne sais toujours pas quoi faire.*
Wir sind uns noch im Unklaren darüber, was wir tun werden.	*Nous ne savons pas encore ce que nous ferons.*
Ich bin mir noch unschlüssig, ob ich die Wohnung mieten soll oder nicht.	*J'hésite encore si je prends l'appartement ou non.*
Ich habe mich noch nicht entschieden.	*Je ne me suis pas encore décidé(e).*
Ich bin noch zu keinem Entschluss darüber gekommen.	*Je n'ai pas encore pris de décision à ce sujet.*
Ich muss darüber noch nachdenken.	*Je dois y réfléchir encore.*
Ich kann Ihnen noch nicht zusagen.	*Je ne peux pas encore vous donner de réponse positive.*

E

entsetzt [ɛntˈzɛtst] I. *adj* horrifié(e); (*fassungslos*) effaré(e) II. *adv* l'air épouvanté; ~ **aufschreien** pousser un cri d'épouvante
entseuchen* [ɛntˈzɔyçən] *vt* décontaminer
entsichern* *vt* enlever le cran de sûreté de *Pistole*
entsinnen* *vr irr geh* se souvenir; **wenn ich mich recht entsinne** si mes souvenirs sont exacts
entsorgen* *vt* ① (*wegschaffen*) évacuer ② (*von Abfallstoffen befreien*) éliminer les déchets de *Stadt, Fabrik*
Entsorgung <-, -en> *f von Müll* évacuation *f*
entspannen* I. *vr* **sich** ~ *Person, Lage:* se détendre; **entspannt** détendu II. *vt* ① (*lockern*) détendre *Muskeln, Nerven* ② (*beruhigen*) détendre *Lage*
Entspannung *f* détente *f;* **zur** ~ pour se détendre
Entspannungspolitik *f* politique *f* de détente
entspinnen* *vr irr* **sich** ~ se tisser
entsprechen* *vi irr* ① (*übereinstimmen mit*) **einer S.** (*dat*) ~ correspondre à qc ② (*genügen*) **den Anforderungen/Bedingungen** ~ satisfaire aux exigences/conditions
entsprechend [ɛntˈʃprɛçənt] I. *adj* ① (*angemessen*) *Entschädigung, Gehalt* correspondant(e) ② (*gemäß*) *Benehmen, Kleidung* approprié(e) ③ (*zuständig*) *Sachbearbeiter* compétent(e) II. *adv bezahlen, handeln* en conséquence III. *präp + dat* ~ **Ihrem Vorschlag/unserer Abmachung** conformément à votre proposition/notre accord
Entsprechung <-, -en> *f* ① (*Gegenstück*) pendant *m* ② (*Übereinstimmung*) point *m* commun
entspringen* *vi irr + sein* **in den Bergen** ~ *Fluss:* prendre sa source dans les montagnes
entstammen* *vi + sein* **einer armen Familie** (*dat*) ~ être issu d'une famille pauvre
entstauben* *vt* dépoussiérer
entstehen* *vi irr + sein* ① (*zu existieren beginnen*) se constituer; *Kunstwerk, Gebäude, Stadtteil:* naître; **das Haus ist in**

sich entschuldigen

zugeben, eingestehen	*admettre, avouer*
Ich bin Schuld daran.	*C'est de ma faute.*
Ja, es war mein Fehler.	*Oui, c'était de ma faute.*
Da habe ich Mist gebaut. (*sl*)	*Là, j'ai fait une connerie. (fam)*
Ich gebe es ja zu: Ich habe vorschnell gehandelt.	*Je l'admets : j'ai agi trop vite.*
Sie haben Recht, ich hätte mir die Sache gründlicher überlegen sollen.	*Vous avez raison, j'aurais dû mieux réfléchir à la question.*
sich entschuldigen	*s'excuser*
(Oh,) das habe ich nicht gewollt!	*(Oh,) je ne l'ai pas fait exprès !*
Das tut mir leid!	*Je suis désolé(e) !*
Entschuldigung!/Verzeihung!/Pardon!	*Excuse-moi !/Excusez-moi !/Pardon !/Je te/vous demande pardon !*
Entschuldigen Sie bitte!	*Excusez-moi !/Je suis désolé(e) !*
Das war nicht meine Absicht.	*Ce n'était pas dans mes intentions.*
Ich muss mich dafür wirklich entschuldigen.	*Excusez-moi, je suis vraiment désolé(e).*
auf Entschuldigungen reagieren	*accepter des excuses*
Schon okay! (*fam*)/Das macht doch nichts!	*Ça va !/Ça ne fait rien !*
Keine Ursache!/Macht nichts!	*Ce n'est pas grave !/Ça ne fait rien !*
Machen Sie sich darüber keine Gedanken.	*Ne vous faites pas de souci pour ça !*
Lassen Sie sich darüber keine grauen Haare wachsen. (*fam*)	*Ne vous faites pas de cheveux blancs pour ça !*

acht Monaten entstanden la maison a été construite en l'espace de huit mois ❷ (*verursacht werden*) *Brand, Streit, Unruhe:* se déclencher ❸ CHEM se former ❹ (*sich ergeben*) **ihm ~ durch den Unfall Kosten** l'accident lui a occasionné des frais

Entstehung <-, -en> *f* ❶ (*das Werden*) *des Lebens* origine *f; eines Kunstwerkes* création *f; eines Gebäudes* construction *f* ❷ (*Verursachung*) *eines Streits, Brandes* origine *f* ❸ CHEM formation *f*

Entstehungsgeschichte *f* genèse *f*

entsteinen* *vt* dénoyauter

entstellen* *vt* ❶ (*verunstalten*) défigurer *Person, Gesicht* ❷ (*verzerren*) **etw ~** *Hass, Schmerz:* déformer qc ❸ (*verzerrt wiedergeben*) déformer *Vorfall, Wahrheit*

Entstellung *f* ❶ (*Verunstaltung*) défiguration *f* ❷ (*Verzerrung*) déformation *f*

Entstörung *f* déparasitage *m*

entströmen* *vi + sein geh Flüssigkeit:* s'écouler, couler; *Gas:* se dégager

enttarnen* *vt* **jdn ~** démasquer qn

enttäuschen* **I.** *vt* décevoir **II.** *vi Sportler, Mannschaft:* être décevant; *Auto, Elektrogerät:* se révéler décevant(e)

enttäuschend **I.** *adj* décevant(e) **II.** *adv schlecht, kurz* étonnamment

enttäuscht [ɛnt'tɔyʃt] **I.** *adj* déçu(e); **von jdm/etw ~ sein** être déçu par qn/qc **II.** *adv dreinschauen* d'un air déçu; *sagen* d'un ton déçu

Enttäuschung *f* déception *f;* **jdm eine ~ bereiten** décevoir [les espérances de] qn

entthronen* *vt geh* détrôner

entwachsen* *vi irr + sein geh* **einer S.** (*dat*) **~** dépasser qc

entwaffnen* [ɛnt'vafnən] *vt a. fig* désarmer

entwaffnend **I.** *adj* désarmant(e) **II.** *adv* **~ lächeln** avoir un sourire désarmant

Entwaffnung <-, -en> *f* désarmement *m*

entwarnen* *vi* donner le signal de fin d'alerte

Entwarnung *f* signal *m* de fin d'alerte; **~ geben** donner le signal de fin d'alerte

entwässern* [ɛnt'vɛsɐn] *vt* drainer

Entwässerung <-, -en> *f* ❶ (*Entwässern*) dessèchement *m; eines Moores, Geländes* drainage *m* ❷ MED déshydratation *f*

entweder ['ɛntveːdɐ, ɛnt'veːdɐ] *konj* **~ ..., oder ...** ou [bien] ..., ou [bien] ... ▶ **~ oder!** [c'est] l'un ou l'autre!

entweichen* *vi irr + sein* ❶ (*austreten*) fuir; **aus etw ~** *Gas, Luft:* fuir de qc ❷ *geh* (*fliehen*) **aus etw ~** s'échapper de qc

entweihen* *vt* profaner

Entweihung <-, -en> *f* profanation *f*

entwenden* *vt geh* dérober; **jdm etw ~** dérober qc à qn

entwerfen* *vt irr* ❶ (*zeichnerisch*) concevoir; faire les plans de *Gartenanlage, Gebäude* ❷ (*ausarbeiten*) élaborer

entwerten* *vt* ❶ (*abstempeln*) valider *Fahrschein, Eintrittskarte;* oblitérer *Briefmarke* ❷ (*im Wert mindern*) dévaluer *Banknoten, Münzen* ❸ *fig* déprécier *Argument*

Entwertung *f* ❶ (*das Abstempeln*) validation *f; von Briefmarken* oblitération *f* ❷ (*Wertminderung*) *von Banknoten, Münzen* dévaluation *f*

entwickeln* **I.** *vt* ❶ (*erfinden*) développer ❷ (*am Bildschirm entwerfen*) concevoir ❸ (*ausarbeiten*) élaborer; **hoch entwickelt** (*technisch fortschrittlich*) ultraperfectionné ❹ (*entfalten*) développer *Talent;* déployer *Energie* ❺ PHOT développer ❻ (*entstehen lassen*) dégager *Gas, Hitze* **II.** *vr* **sich ~** ❶ (*sich entfalten*) se développer; **aus der Raupe entwickelt sich der Schmetterling** la chenille se transforme en papillon; **hoch entwickelt** *Volk, Kultur* très développé ❷ (*vorankommen*) *Verhandlungen:* évoluer ❸ CHEM *Gase, Wärme:* se former

Entwicklung <-, -en> *f* ❶ (*das Entwickeln*) mise *f* au point; *eines Präparats, Verfahrens* développement *m* ❷ (*das Entwerfen*) élaboration *f* ❸ (*Entfaltung*) développement *m; von Kräften* déploiement *m* ❹ PHOT développement *m* ❺ (*das Vorankommen*) *eines Projektes* évolution *f* ❻ CHEM formation *f*

Entwicklungshelfer(in) *m(f)* coopérant(e) *m(f)* **Entwicklungshilfe** *f* POL aide *f* au[x pays en voie de] développement **Entwicklungsland** *nt* pays *m* en voie de développement **Entwicklungsstufe** *f* stade *m* de développement

entwirren* *vt* démêler, débrouiller

entwischen* [ɛnt'vɪʃən] *vi + sein* se sauver; **aus etw ~** se sauver de qc; **jdm ~** échapper à qn

entwöhnen* *vt* sevrer *Säugling*

Entwöhnung <-> *f* sevrage *m*

entwürdigend [ɛnt'vʏrdɪgənt] *adj* dégradant(e)

Entwürdigung *f* avilissement *m*

Entwurf *m* ❶ (*Skizze*) projet *m;* (*eines Modemachers*) dessin *m* ❷ (*Konzept*) ébauche *f*

E

E

entwurzeln* *vt* déraciner
entziehen* *irr* **I.** *vt* ❶ (*wegnehmen*) retirer *Hand, Führerschein, Vertrauen* ❷ (*fernhalten*) **jdn den Blicken der Schaulustigen ~** soustraire qn à la vue des badauds ❸ (*entnehmen*) **einer S.** (*dat*) **das Wasser ~** extraire l'eau de qc **II.** *vr* **sich jdm/einer S. ~** se dérober à qn/qc
Entziehung *f* ❶ retrait *m* ❷ *s.* **Entziehungskur**
Entziehungsanstalt *f* établissement *m* de désintoxication **Entziehungskur** *f* cure *f* de désintoxication
entziffern* [ɛntˈt͡sɪfɐn] *vt* déchiffrer
Entzifferung <-, -en> *f* déchiffrement *m*
entzücken* [ɛntˈt͡sʏkən] *vt* ravir; **von jdm entzückt sein** être sous le charme de qn; **über etw** (*akk*) **entzückt sein** être ravi de qc
Entzücken [ɛnˈt͡sʏkən] <-s> *nt* ravissement *m*
entzückend *adj* ravissant(e)
Entzug <-[e]s> *m* ❶ ADMIN *eines Führerscheins, einer Lizenz* retrait *m* ❷ MED désaccoutumance *f* ❸ *fam* (*Entziehungskur*) cure *f* de désintoxication; **auf ~ sein** être en cure de désintoxication
Entzugserscheinung *f* syndrome *m* de manque
entzündbar [ɛntˈt͡sʏntbaːɐ̯] *adj* inflammable
entzünden* **I.** *vt geh* allumer; [faire] craquer *Streichholz* **II.** *vr* (*erkranken, in Brand geraten*) **sich ~** s'enflammer; **entzündet** enflammé
entzündlich *adj* ❶ *Erkrankung* inflammatoire ❷ *Gas, Brennstoff* inflammable; **leicht ~** *Material* facilement [*o* très] inflammable
Entzündung *f* inflammation *f*
entzündungshemmend *adj* anti-inflammatoire
entzwei [ɛntˈt͡svai̯] *adj* **~ sein** être cassé
entzwei|brechen *irr* **I.** *vi + sein* se casser **II.** *vt + haben* casser *Stock;* **Brot ~** rompre le pain
entzweien* [ɛntˈt͡svai̯ən] *geh* **I.** *vt* diviser *Freunde* **II.** *vr* **sich mit jdm** [**wegen etw**] **~** se brouiller avec qn [à cause de qc]
entzwei|gehen *vi irr + sein* se casser
Entzweiung <-, -en> *f* brouille *f*
Enzephalitis [ɛnt͡sefaˈliːtɪs] <-, -litiden> *f* MED encéphalite *f*
Enzian [ˈɛnt͡si̯aːn] <-s, -e> *m* (*Blume, Schnaps*) gentiane *f*
Enzyklika [ɛnˈt͡syːklika] <-, Enzykliken> *f* encyclique *f*
Enzyklopädie [ɛnt͡syklopɛˈdiː] <-, -ien> *f* encyclopédie *f*
enzyklopädisch [ɛnt͡sykloˈpɛːdɪʃ] *adj* encyclopédique
Enzym [ɛnˈt͡syːm] <-s, -e> *nt* MED, BIO enzyme *f*
Epidemie [epideˈmiː] <-, -ien> *f* MED épidémie *f*
Epidemiologie [epidemi̯oloˈgiː] <-> *f* MED épidémiologie *f*
Epidermis [epiˈdɛrmɪs] <-, Epidermen> *f* ANAT épiderme *m*
Epigramm [epiˈgram] <-s, -e> *nt* épigramme *f*
Epik [ˈeːpɪk] <-> *f* littérature *f* épique
Epilepsie [epilɛˈpsiː] <-, -ien> *f* MED épilepsie *f*
Epileptiker(in) [epiˈlɛptikɐ] <-s, -> *m(f)* MED épileptique *mf*
epileptisch [epiˈlɛptɪʃ] MED **I.** *adj* épileptique **II.** *adv* **~ veranlagt sein** être prédisposé à l'épilepsie
Epilog [epiˈloːk] <-s, -e> *m* épilogue *m*
episch [ˈeːpɪʃ] *adj Gedicht* épique
Episode [epiˈzoːdə] <-, -n> *f* épisode *m*
Epistel [eˈpɪstəl] <-, -n> *f* épître *f*
Epizentrum [epiˈt͡sɛntrʊm] *nt* GEOL épicentre *m*
Epoche [eˈpɔxə] <-, -n> *f* époque *f*
Epos [ˈeːpɔs] <-, Epen> *nt* épopée *f*
er [eːɐ̯] *pron pers, 3. Pers Sing, nom* ❶ (*auf eine Person, ein männliches Tier bezogen*) il; (*betont*) lui; **~ ist nicht da** il n'est pas là; **sie ist größer als ~** elle est plus grande que lui; **da kommt ~!** le voilà qui arrive!; **~ ist es** [**wirklich**]! c'est bien lui! ❷ (*allgemein auf ein Tier, eine Sache bezogen*) **einem Storch/Hubschrauber zuschauen, wie ~ fliegt** regarder voler une cigogne/un hélicoptère
erachten* [ɛɐ̯ˈʔaxtən] *vt geh* considérer
Erachten <-s> *nt* **meines ~s** à mon avis
erahnen* *vt geh* entrevoir
erarbeiten* *vt* ❶ (*durch Arbeit erwerben*) **sich** (*dat*) **sein Wissen hart ~** acquérir ses connaissances à la sueur de son front ❷ (*ausarbeiten*) réaliser *Entwurf, Vorschlag*
Erbadel [ˈɛrpʔaːdəl] *m* noblesse *f* héréditaire **Erbanlage** [ˈɛrpʔanlaːgə] *f meist Pl* caractère *m* héréditaire
erbarmen* [ɛɐ̯ˈbarmən] **I.** *vt* faire pitié à **II.** *vr* ❶ (*Mitleid haben*) **sich eines Bettlers/einer S. ~** avoir pitié d'un mendiant/de qc ❷ *hum fam* (*sich annehmen*) **sich ~** se dévouer
Erbarmen <-s> *nt* pitié *f;* **~ mit jdm/etw**

haben avoir de la pitié pour qn/qc; **voller** ~ pris de pitié; **~!** pitié!
erbärmlich [ɛɐ̯'bɛrmlɪç] **I.** *adj* ❶ (*gemein*) *Kerl, Schuft* infâme ❷ (*furchtbar*) *Angst, Hunger, Kälte* terrible ❸ (*jämmerlich*) lamentable; *Hütte, Unterkunft* misérable **II.** *adv pej* ❶ (*gemein*) **sich ~ verhalten** se conduire de façon déplorable ❷ (*furchtbar*) *kalt, frieren, wehtun* terriblement ❸ (*jämmerlich*) *schluchzen* à fendre l'âme
Erbärmlichkeit <-> *f* ❶ (*Gemeinheit*) bassesse *f* ❷ (*Elend, Jämmerlichkeit*) misère *f*
erbarmungslos *adj* impitoyable
erbauen* **I.** *vt* ❶ (*errichten*) bâtir, construire *Gebäude, Ortschaft* ❷ *geh* (*seelisch bereichern*) **jdn ~** *Kunstwerk, Musik:* enrichir spirituellement qn **II.** *vr geh* **sich an etw** (*dat*) **~** savourer spirituellement qc
erbaulich *adj* édifiant(e)
Erbauung <-, -en> *f eines Gebäudes* construction *f*
Erbe¹ ['ɛrbə] <-s> *nt* JUR *a. fig* héritage *m*
Erbe² ['ɛrbə] <-n, -n> *m* (*Person*) héritier *m*
erbeben* *vi + sein geh* (*beben*) *Erde, Gebäude:* trembler
erben ['ɛrbən] **I.** *vt* ❶ hériter; **etw von jdm ~** hériter qc de qn ❷ *hum fam* (*geschenkt bekommen*) **etw von jdm ~** récupérer qc de qn **II.** *vi* hériter
erbetteln* *vt* [**sich** (*dat*)] **etw ~** quémander qc
erbeuten* [ɛɐ̯'bɔytən] *vt* capturer; **etw ~** *Tier:* capturer qc; *Verbrecher, Soldat:* s'emparer de qc
Erbfaktor *m* MED facteur *m* héréditaire **Erbfeind(in)** *m(f)* ennemi(e) *m(f)* héréditaire **Erbfolge** *f* [ordre *m* de] succession *f* **Erbgut** *nt kein Pl* MED patrimoine *m* héréditaire
Erbin <-, -nen> *f* héritière *f*
erbitten* *vr irr* demander; **etw von jdm ~** demander qc à qn
erbittern* [ɛɐ̯'bɪtɐn] *vt* ulcérer
erbittert *adj* acharné(e)
Erbitterung <-> *f* acharnement *m*
Erbkrankheit *f* MED maladie *f* héréditaire
erblassen* [ɛɐ̯'blasən] *vi + sein* blêmir
Erblast *f* passif *m*
erbleichen* *vi + sein geh* pâlir, blêmir; **vor Angst ~** pâlir de peur
erblich ['ɛrplɪç] *adj* héréditaire
erblicken* *vt geh* ❶ (*sehen*) apercevoir ❷ (*erkennen*) **in jdm/einer S. eine Gefahr ~** voir en qn/dans qc un danger
erblinden* [ɛɐ̯'blɪndən] *vi + sein* perdre la vue
Erblindung <-, -en> *f* cécité *f*
erblühen* *vi + sein geh* fleurir
erbrechen **I.** *vt, vi irr* vomir ▶ **bis zum Erbrechen** *fam* jusqu'à la nausée **II.** *vr* **sich ~** vomir
Erbrecht *nt* droit *m* de succession
erbringen* [ɛɐ̯'brɪŋən] *vt irr* ❶ (*aufbringen*) régler *Summe, Ratenzahlung;* verser *Kaution;* réaliser *Leistung* ❷ (*einbringen*) rapporter *Gewinn* ❸ (*ergeben*) aboutir à *Kenntnisse, Ergebnisse* ❹ JUR apporter *Beweis;* produire *Alibi*
Erbrochene(s) *nt dekl wie adj* vomi *m*
Erbschaft ['ɛrpʃaft] <-, -en> *f* héritage *m*
Erbschaft[s]steuer *f* droits *mpl* de succession
Erbschein *m* certificat *m* d'hérédité
Erbschleicher(in) <-s, -> *m(f)* captateur(-trice) *m(f)* [de testament]
Erbse ['ɛrpsə] <-, -n> *f* pois *m*
Erbsensuppe *f* soupe *f* aux pois
Erbstück *nt* bien *m* reçu en héritage **Erbsünde** *f* péché *m* originel **Erbteil** *nt* ❶ part *f* d'héritage ❷ (*Veranlagung*) **das ist ihr mütterliches ~** elle tient cela de sa mère
Erdachse ['e:ɐ̯tʔaksə] *f* axe *m* terrestre
erdacht [ɛɐ̯'daxt] *adj* inventé(e)
Erdapfel *m* A, SDEUTSCH pomme *f* de terre **Erdatmosphäre** *f* atmosphère *f* terrestre **Erdball** *s.* **Erdkugel** **Erdbeben** *nt* tremblement *m* de terre, séisme *m*
Erdbebengebiet *nt* région *f* sismique **Erdbebenopfer** *nt* victime *f* d'un séisme
Erdbeere ['e:ɐ̯tbe:rə] *f* (*Frucht*) fraise *f* **Erdbewohner(in)** *m(f)* terrien(ne) *m(f)* **Erdboden** *m* sol *m* ▶ **etw dem ~ gleichmachen** raser qc
Erde ['e:ɐ̯də] <-, -n> *f* ❶ *kein Pl* (*Welt*) terre *f;* **auf der ganzen ~** au monde ❷ (*Planet*) Terre *f* ❸ (*Erdboden, Erdreich*) terre *f;* **auf der ~** par terre; **über/unter der ~** au dessus du niveau du sol/sous terre
erden ['e:ɐ̯dən] *vt* mettre à la terre
erdenken* *vt irr* imaginer
erdenklich *adj attr* imaginable; **alles ~ Gute/Schlechte** tout le bien/mal possible
Erderwärmung *f* ÖKOL réchauffement *m* de la Terre **Erdgas** *nt* gaz *m* naturel **Erdgeschichte** *f* géologie *f* **Erdgeschoss**RR *nt* rez-de-chaussée *m* **Erdhalbkugel** *f* GEOG hémisphère *m*
erdichten* *vt geh* inventer
erdig ['e:ɐ̯dɪç] *adj* terreux(-euse)

E

Erdinnere(s) *nt dekl wie adj* profondeurs *fpl* de la Terre **Erdkruste** *f* croûte *f* [*o* écorce *f*] terrestre **Erdkugel** *f* globe *m* terrestre

Erdkunde <-> *f* géographie *f*

ErdnussRR *f* (*Frucht*) cacah[o]uète *f*

ErdnussbutterRR *f* beurre *m* de cacah[o]uète **Erdnussflips**RR [-flɪps] *Pl* cacah[o]uètes *fpl* soufflées

E

Erdoberfläche *f* surface *f* terrestre **Erdöl** *nt* pétrole *m*

erdolchen* [ɛɐ̯'dɔlçən] *vt geh* poignarder

Erdreich *nt* terre *f*

erdreisten* [ɛɐ̯'draistən] *vr* **sich ~ etw zu tun** ne pas se gêner pour faire qc, avoir l'audace de faire qc

erdröhnen* *vi + sein* ❶ (*widerhallen*) résonner; **von Musik/Gehämmer ~** *Gebäude, Raum:* résonner de musique/coups de marteau ❷ (*dröhnen*) *Lautsprecher, Wand:* vibrer

erdrosseln* *vt* étrangler

erdrücken* *vt* ❶ (*zermalmen*) **jdn ~** écraser qn; *Schlange:* étouffer qn ❷ *fig* **jdn mit etw ~** étouffer qn avec qc ❸ *fig* (*überwältigen*) **jdn ~** *Sorgen:* étouffer qn; *Schulden:* prendre qn à la gorge

erdrückend *adj Beweise* accablant(e); *Übermacht* écrasant(e)

Erdrutsch ['eːɐ̯trʊtʃ] *m* ❶ (*Erdbewegung*) glissement *m* de terrain ❷ (*überwältigender Wahlsieg*) raz *m* de marée **Erdstoß** *m* secousse *f* sismique **Erdteil** *m* continent *m*

erdulden* *vt* endurer

Erdumdrehung *f* rotation *f* de la Terre [sur elle-même] **Erdumlaufbahn** *f* orbite *f* terrestre

Erdung ['eːɐ̯dʊŋ] <-, -en> *f* ❶ (*das Erden*) mise *f* à la terre ❷ (*Verbindung*) prise *f* de terre

Erdwärme *f* géothermie *f*

E-Reader ['iːriːdɐ] <-s, -> *m* INFORM liseuse *f*

ereifern* *vr* **sich über etw** (*akk*) **~** s'emporter au sujet de qc

ereignen* [ɛɐ̯'ʔaignən] *vr* **sich ~** se produire

Ereignis [ɛɐ̯'ʔaignɪs] <-ses, -se> *nt* événement *m*

ereignislos **I.** *adj* calme **II.** *adv* **~ verlaufen** se dérouler sans incident

ereignisreich *adj* mouvementé(e)

ereilen* *vt geh Schicksal, Tod:* rattraper; *Nachricht:* parvenir à

Erektion [erɛk'tsi̯oːn] <-, -en> *f* érection *f*

Eremit(in) [ere'miːt] <-en, -en> *m(f)* ermite *m*

ererbt *adj* hérité(e)

erfahren1 [ɛɐ̯'faːrən] *irr* **I.** *vt* ❶ (*zu hören bekommen*) apprendre *Neuigkeit;* être informé(e) de *Plan, Absichten;* **etw über jdn/etw ~** apprendre qc au sujet de qn/qc ❷ (*erleben*) faire l'expérience de *Liebe, Leid* ❸ *fig form* **eine Veränderung ~** faire l'objet d'un changement **II.** *vi* **von etw/über etw** (*akk*) **~** être informé de qc

erfahren2 [ɛɐ̯'faːrən] *adj* (*kundig*) expérimenté(e); **auf einem Gebiet ~ sein** avoir de l'expérience dans un domaine

Erfahrenheit <-> *f geh* expérience *f*

Erfahrung <-, -en> *f* expérience *f;* **~ haben** avoir de l'expérience; **~en sammeln** faire ses propres expériences; **ein Mann mit ~** un homme d'expérience; **die ~ machen, dass ...** faire l'expérience que ...

erfahrungsgemäß *adv* comme l'expérience le prouve

erfassen* *vt* ❶ (*mitreißen*) **jdn/etw ~** *Auto, Strömung:* happer qn/qc ❷ (*befallen*) **jdn ~** *Traurigkeit, Verlangen:* saisir qn ❸ (*begreifen*) comprendre ❹ (*registrieren*) recenser ❺ INFORM saisir *Daten, Text*

Erfassung *f* ❶ ADMIN recensement *m* ❷ INFORM saisie *f*

erfinden* *vt irr* ❶ (*neu hervorbringen*) inventer ❷ (*erdichten*) inventer *Geschichte;* **frei erfunden sein** *Behauptung:* être inventé de toutes pièces; *Namen, Personen:* être imaginaire

Erfinder(in) [ɛɐ̯'fɪndɐ] *m(f)* inventeur(-trice) *m(f)*

Erfindergeist *m kein Pl* esprit *m* d'invention

erfinderisch [ɛɐ̯'fɪndərɪʃ] *adj* inventif(-ive), ingénieux(-euse)

Erfindung <-, -en> *f* invention *f;* **eine ~ machen** inventer quelque chose

erfindungsreich *adj* imaginatif(-ive)

erflehen* *vt geh* implorer

Erfolg [ɛɐ̯'fɔlk] <-[e]s, -e> *m* succès *m;* **mit etw/bei jdm keinen ~ haben** ne pas avoir de succès avec qc/auprès de qn; **viel ~!** bonne chance!

erfolgen* *vi + sein form* avoir lieu

erfolglos **I.** *adj* ❶ *Person* malchanceux(-euse) ❷ (*vergeblich*) *Bestrebungen, Versuch* infructueux(-euse); **~ bleiben** rester vain **II.** *adv* sans succès

Erfolglosigkeit <-> *f* ❶ *eines Autors, Künstlers* insuccès *m* ❷ (*Vergeblichkeit*) inutilité *f*

erfolgreich **I.** *adj* couronné(e) de succès; ~ **sein** réussir **II.** *adv* avec succès

Erfolgserlebnis *nt* réussite *f* **Erfolgsrezept** *nt* recette *f* du succès

erfolgversprechend **I.** *adj* prometteur(-euse) **II.** *adv* de façon prometteuse; ~ **aussehen** avoir l'air prometteur

erforderlich [ɛɐ̯'fɔrdɐlɪç] *adj* nécessaire; **es ist ~, dass** il est nécessaire que + *subj;* **etw ~ machen** rendre qc nécessaire

erfordern* *vt* exiger; demander *Zeit*

Erfordernis <-ses, -se> *nt* exigence *f*

erforschen* *vt* explorer; étudier *Verhalten, Zusammenhänge;* rechercher *Hintergründe, Wahrheit*

Erforschung *f einer Gegend* exploration *f; eines Verhaltens* étude *f; der Wahrheit* recherche *f;* ~ **des Gewissens** examen *m* de conscience

erfragen* *vt* demander; **etw von jdm ~** demander qc à qn

erfreuen* **I.** *vt* faire plaisir; **jdn mit etw ~** faire plaisir à qn avec qc **II.** *vr* ① (*Freude haben*) **er hat sich an ihrem Geschenk erfreut** son cadeau lui a fait plaisir ② *geh* (*genießen*) **sich großer Beliebtheit ~** jouir d'une grande popularité

erfreulich [ɛɐ̯'frɔɪ̯lɪç] **I.** *adj* qui fait plaisir; **es wäre ~, wenn Sie mir ...** cela me ferait plaisir si vous ... + *subj* **II.** *adv* remarquablement

erfreulicherweise *adv* heureusement, par bonheur

erfreut **I.** *adj* content(e); **sehr ~!** *geh* enchanté! **II.** *adv antworten* l'air réjoui

erfrieren* *vi irr + sein* ① (*eingehen*) *Pflanze:* geler ② (*absterben*) **ihm sind die Finger/Zehen erfroren** il a les doigts/orteils gelés ③ (*sterben*) mourir de froid; **erfroren** gelé

Erfrierung <-, -en> *f meist Pl* gelure *f*

erfrischen* **I.** *vt* ① (*abkühlen*) **jdn ~** *Dusche, Getränk:* rafraîchir qn ② (*beleben*) **jdn ~** *Kaffee, Ruhepause:* faire du bien à qn; **wieder erfrischt sein** être de nouveau en forme **II.** *vi* rafraîchir **III.** *vr* **sich ~** se rafraîchir

erfrischend **I.** *adj Getränk, Dusche, Humor* rafraîchissant(e) **II.** *adv* ~ **wirken** *Getränk, Dusche:* avoir un effet rafraîchissant; ~ **kühl** rafraîchissant

Erfrischung <-, -en> *f* ① (*Getränk*) rafraîchissement *m;* **zur ~** comme rafraîchissement ② (*Abkühlung*) **eine ~ brauchen** avoir besoin de se rafraîchir

Erfrischungsgetränk *nt* boisson *f* rafraîchissante

erfüllen* **I.** *vt* ① remplir *Funktion, Zweck;* satisfaire *Forderung, Bitte;* accomplir *Aufgabe;* **sich** (*dat*) **einen Wunsch ~** se faire [un petit] plaisir ② (*anfüllen*) **den Raum ~** *Duft, Klänge:* emplir la pièce ③ (*durchdringen*) **jdn ~** *Gefühl:* envahir qn **II.** *vr* **sich ~** *Wunsch:* se réaliser

Erfüllung *f* ① satisfaction *f; einer Pflicht, eines Vertrags* respect *m;* **in ~ gehen** se réaliser ② (*Befriedigung*) épanouissement *m*

Erfüllungsort *m* JUR lieu *m* d'exécution d'une prestation

ergänzen* [ɛɐ̯'gɛntsən] **I.** *vt* (*vervollständigen*) compléter **II.** *vr* **sich** [*o* **einander** *geh*] ~ se compléter

ergänzend **I.** *adj* complémentaire **II.** *adv* pour compléter

Ergänzung <-, -en> *f* ① [r]ajout *m* ② (*das Auffüllen*) *eines Lagers* [ré]approvisionnement *m; einer Sammlung* enrichissement *m* ③ GRAM complément *m*

Ergänzungsband <-bände> *m* supplément *m*

ergattern* [ɛɐ̯'gatɐn] *vt fam* dégot[t]er

ergaunern* *vt, vr fam* escroquer; [**sich** (*dat*)] **etw ~** escroquer qc

ergeben*[1] *irr* **I.** *vt* ① (*als Resultat haben*) montrer ② (*reichen für*) correspondre à ③ MATH donner *Betrag* **II.** *vr* ① MIL **sich jdm ~** se rendre à qn ② (*sich fügen*) **sich in sein Schicksal ~** se résigner à son sort ③ (*sich hingeben*) **sich dem Alkohol ~** s'adonner à l'alcool ④ (*folgen*) **sich aus etw ~** résulter de qc

ergeben[2] *adj* ① *Gesicht, Blick* résigné(e) ② (*treu*) *Person* dévoué(e)

Ergebenheit <-> *f* ① (*Demut*) résignation *f* ② (*Treue*) dévouement *m*

Ergebnis [ɛɐ̯'ge:pnɪs] <-ses, -se> *nt* résultat *m;* **zu dem ~ führen, dass ...** avoir pour conséquence que ...

ergebnislos **I.** *adj* sans résultat **II.** *adv* sans [qu'on parvienne à un] résultat

ergebnisorientiert *adj* orienté(e) vers un résultat

ergehen* *irr* **I.** *vi + sein form* **an jdn ~** *Bescheid:* être adressé à qn ►**etw über sich** (*akk*) **~ lassen** supporter qc **II.** *vr + haben* (*sich auslassen*) **sich in Schmähungen gegen jdn/etw ~** se répandre en invectives contre qn/qc

ergiebig [ɛɐ̯'gi:bɪç] *adj* ① (*sparsam*) *Waschmittel, Shampoo* économique ② (*fruchtbar*) *Diskussion* fertile

Ergiebigkeit <-> *f eines Waschmittels* pouvoir *m* concentré

E

ergießen* *vr irr* **sich ~** ① se répandre ② *fig Wortschwall:* se déverser
erglühen* *vi + sein geh* rougir
Ergonomie [ɛrgonoˈmiː] <-> *f* ergonomie *f*
ergonomisch [ɛrgoˈnoːmɪʃ] **I.** *adj* ergonomique **II.** *adv* dans un souci d'ergonomie
ergötzen* [ɛɐ̯ˈgœt͜sən] *geh* **I.** *vt* divertir; **zu seinem Ergötzen** à son grand divertissement **II.** *vr* **sich an etw** (*dat*) **~** se délecter de qc
ergrauen* *vi + sein* grisonner; **ergraut** grisonnant
ergreifen* *vt irr* ① (*fassen*) saisir ② (*übergreifen*) **von den Flammen ergriffen werden** être pris dans les flammes ③ (*in die Wege leiten*) prendre *Maßnahmen*
ergreifend I. *adj* bouleversant(e) **II.** *adv schildern, berichten* de façon bouleversante
Ergreifung <-, -en> *f* prise *f*
ergriffen [ɛɐ̯ˈgrɪfən] *adj* bouleversé(e)
Ergriffenheit <-> *f* émotion *f*, bouleversement *m*
ergründen* *vt* étudier *Phänomen;* pénétrer *Sinn*
Erguss[RR] [ɛɐ̯ˈgʊs] *m* ① (*Bluterguss*) hématome *m* ② (*Samenerguss*) éjaculation *f* ③ GEOL *von Lava* coulée *f* ④ *pej* (*Gefühlsausbruch*) épanchement *m*
erhaben [ɛɐ̯ˈhaːbən] *adj* sublime; *Gedanke* noble
Erhabenheit <-> *f* majesté *f; eines Augenblicks* solennité *f; eines Gedankens* noblesse *f*
Erhalt *m* ① *form* (*Empfang*) *einer Lieferung, Zahlung* réception *f;* **den ~ einer S.** (*gen*) **bestätigen** accuser réception de qc ② (*das Bewahren*) **~ der Macht** maintien *m* au pouvoir
erhalten* *irr* **I.** *vt* ① (*bekommen*) recevoir *Erlaubnis, Urlaub, Preis* ② (*bewahren*) sauvegarder *Bauwerk, Fassade;* maintenir *Leistungsfähigkeit;* conserver *Gesundheit, Vitamine;* **sich** (*dat*) **seinen Optimismus ~** garder son optimisme ③ *fam* (*treu*) **jdm ~ bleiben** *Person:* rester aux côtés de qn **II.** *vr* **sich ~** *Brauch:* se maintenir
erhältlich [ɛɐ̯ˈhɛltlɪç] *adj* disponible; **kaum noch ~** pratiquement introuvable
Erhaltung *f einer Fassade, eines Kunstwerks* sauvegarde *f; der Arbeitskraft, Gesundheit* préservation *f; des Friedens, Einvernehmens* maintien *m*
erhängen* **I.** *vt* pendre *f* **II.** *vr* **sich ~** se pendre
erhärten* **I.** *vt Zeuge:* confirmer; *Aussage, Beweis:* renforcer **II.** *vr* **sich ~** *Verdacht:* se confirmer
erhaschen* *vt geh* ① (*ergreifen*) attraper, se saisir de ② (*wahrnehmen*) percevoir furtivement *Bild*
erheben* *irr* **I.** *vt* ① (*hochheben*) lever *Glas, Waffe* ② (*einfordern*) **eine Steuer auf etw** (*akk*) **~** percevoir un impôt sur qc **II.** *vr* ① (*aufstehen*) **sich von seinem Platz ~** se lever de son siège ② (*sich auflehnen*) **sich gegen jdn/etw ~** se révolter contre qn/qc ③ (*aufragen*) **sich über etw** (*akk*) **~** s'élever au-dessus de qc ④ (*herabblicken auf*) **sich über jdn ~** s'élever au-dessus de qn
erhebend *adj geh* exaltant(e)
erheblich [ɛɐ̯ˈheːplɪç] **I.** *adj Belastung, Verspätung, Vorteil* considérable; *Nachteil* sérieux(-euse) **II.** *adv* ① *stören* considérablement; *beeinträchtigen* sérieusement ② (*deutlich*) *teurer, besser, weniger, mehr* nettement
Erhebung *f* ① (*Einforderung*) *von Steuern* levée *f; von Abgaben* perception *f* ② (*Aufstand*) insurrection *f* ③ (*Ermittlung*) *von Daten* relevé *m* ④ GEOG hauteur *f*
erheitern* [ɛɐ̯ˈhait̮ɐn] *vt* dérider
Erheiterung <-, *selten* -en> *f* gaieté *f*, hilarité *f;* **zu jds ~** pour la plus grande joie de qn
erhellen* **I.** *vt* (*hell machen*) éclairer **II.** *vr* **sich ~** *Himmel:* s'éclaircir
erhitzen* [ɛɐ̯ˈhɪt͜sən] **I.** *vt* ① (*heiß machen*) faire chauffer; **etw auf 70 °C ~** faire chauffer qc à 70° C ② (*zum Schwitzen bringen*) **jdn ~** donner chaud à qn **II.** *vr* **sich an etw** (*dat*) **~** s'échauffer à propos de qc
erhoffen* *vr* **sich ~** espérer; **sich** (*dat*) **etw von jdm/etw ~** espérer qc de qn/qc
erhöhen* [ɛɐ̯ˈhøːən] **I.** *vt* ① rehausser; **etw um einen Meter ~** rehausser qc d'un mètre ② FIN accroître *Zahl* ③ (*verstärken*) intensifier *Wirkung;* faire monter *Spannung* ④ MUS hausser *Note* **II.** *vr* ① FIN **sich um drei Prozent ~** augmenter de trois pour cent; **sich auf hundert Euro ~** s'élever à cent euros ② (*sich verstärken*) **sich ~** *Blutdruck:* augmenter; *Wirkung:* s'intensifier
erhöht [ɛɐ̯ˈhøːt] *adj* ① MED *Blutdruck* élevé(e); *Wert* en augmentation; *Herzschlag, Puls* accéléré(e); **bei ~em Blutdruck** en cas d'hypertension ② (*gesteigert*) *Aufmerksamkeit* accru(e)
Erhöhung <-, -en> *f* ① (*Anhebung*) *von Gehältern, Gebühren* augmentation *f; von Zahlen* accroissement *m* ② (*Zunahme*)

einer Spannung renforcement *m; einer Wirkung* intensification *f; des Blutdrucks, der Produktion* augmentation *f; der Frequenz* accélération *f*

erholen* *vr* ① **sich ~** se remettre; **sich von einer Krankheit/Operation ~** se remettre d'une maladie/opération ② (*ausspannen*) **sich ~** se reposer

erholsam [ɛɐ̯'hoːlzaːm] *adj Urlaub* reposant(e); *Schlaf* réparateur(-trice)

Erholung <-> *f einer Person* repos *m*

Erholungsaufenthalt *m* séjour *m* de repos **Erholungsgebiet** *nt* région *f* de détente **Erholungsort** *m* lieu *m* de repos

erhören* *vt geh* ① exaucer *Bitte, Gebet;* accéder à *Flehen* ② (*sich erweichen lassen*) **jdn ~** céder à qn

erigieren* [eri'giːrən] *vi* entrer en érection; **erigiert** en érection

Erika ['eːrika] <-, Eriken> *f* BOT bruyère *f*

erinnern* [ɛɐ̯'ʔɪnɐn] **I.** *vt* rappeler; **jdn an etw** (*akk*) **~** rappeler qc à qn **II.** *vr* **sich an jdn/etw ~** se souvenir de qn/qc; **soweit ich mich ~ kann** autant que je me souvienne **III.** *vi* ① (*hinweisen auf*) **daran ~, dass ...** rappeler que ... ② (*denken lassen an*) **an jdn/etw ~** faire penser à qn/qc

Erinnerung <-, -en> *f* ① (*Gedächtnis*) mémoire *f;* **jds ~** (*dat*) **nachhelfen** rafraîchir la mémoire de qn ② *meist Pl* (*Eindruck*) **~ an etw** (*akk*) souvenir *m* de qc ③ *Pl* (*Memoiren*) mémoires *fpl* ④ *form* (*Zahlungserinnerung*) rappel *m*

Erinnerungsvermögen *nt kein Pl* mémoire *f* **Erinnerungswert** *m* valeur *f* sentimentale

erkalten* [ɛɐ̯'kaltən] *vi + sein* ① (*kalt werden*) *Toter, Hände:* se refroidir ② (*abkühlen*) *Pudding, Lava:* refroidir

erkälten* [ɛɐ̯'kɛltən] *vr* **sich ~** prendre froid

erkältet [ɛɐ̯'kɛltət] *adj* enrhumé(e); **~ klingen** avoir une voix enrhumée

Erkältung <-, -en> *f* rhume *m*

erkämpfen* *vt* ① [**sich** (*dat*)] **etw ~** conquérir qc, obtenir qc de haute lutte ② SPORT arracher *Platz, Sieg;* décrocher *Medaille;* **ein hart erkämpfter zweiter Platz** une seconde place remportée de haute lutte

erkaufen* *vt* ① (*sich mit Geld verschaffen*) acheter ② *fig* (*durch Opfer erreichen*) **etw teuer ~** payer cher qc

erkennen* *irr* **I.** *vt* ① (*wahrnehmen*) distinguer *Einzelheiten, Details;* s'apercevoir de *Fehler;* **jdm zu ~ geben, dass ...** faire comprendre à qn que ...; **~ lassen, dass ...** indiquer que ... ② (*identifizieren*) reconnaître *Person, Stimme;* déceler *Krankheit, Motorschaden;* **jdn an etw** (*dat*) **~** reconnaître qn à qc **II.** *vi* ① JUR **auf Freispruch ~** prononcer un non-lieu ② SPORT **auf Elfmeter** (*akk*) **~** accorder un penalty

erkenntlich [ɛɐ̯'kɛntlɪç] *adj* **sich jdm für etw ~ zeigen** témoigner à qn sa reconnaissance pour qc

Erkenntnis [ɛɐ̯'kɛntnɪs] *f a.* PHILOS, PSYCH connaissance *f;* **zu der ~ kommen, dass ...** arriver à la conclusion que ...

Erkenntnisstand *m form* état *m* des connaissances

Erkennung <-> *f von Sprache* reconnaissance *f*

Erkennungsdienst *m* service *m* anthropométrique **erkennungsdienstlich** *adj* anthropométrique; **~e Erfassung** saisie de données anthropométriques **Erkennungszeichen** *nt* signe *m* de reconnaissance

Erker ['ɛrkɐ] <-s, -> *m* encorbellement *m*

Erkerfenster *nt* fenêtre *f* en encorbellement, oriel *m*

erklärbar [ɛɐ̯'klɛːɐ̯baːɐ̯] *adj* explicable

erklären* **I.** *vt* ① (*erläutern*) expliquer; **jdm ~, dass/warum ...** expliquer à qn que/pourquoi ...; **das lässt sich nur schwer ~** c'est difficile à expliquer ② KUNST, LITER interpréter *Bild, Text* ③ (*bekannt geben*) annoncer *Rücktritt;* exprimer *Einverständnis;* déclarer *Krieg* ④ (*deklarieren*) **jdn für tot/schuldig/vermisst ~** déclarer qn mort/coupable/disparu **II.** *vr* ① (*sich aufklären*) **sich ~** *Vorfall:* s'expliquer ② (*sich bezeichnen*) **sich mit jdm solidarisch ~** se déclarer solidaire de qn

erklärend **I.** *adj* explicatif(-ive) **II.** *adv* à titre explicatif

erklärt *adj attr Gegner, Liebling* déclaré(e); *Ziel* avoué(e); **der ~e Favorit dieses Rennens** le super-favori de cette course

Erklärung *f* ① (*Darlegung*) explication *f* ② (*Presseerklärung, öffentliche Stellungnahme*) déclaration *f*

Erklärungsnot *f* panne *f* d'explications

erklettern* *vt* escalader

erklingen* *vi irr + sein geh* retentir

erkranken* *vi + sein Person, Tier:* tomber malade; **an etw** (*dat*) **~** attraper qc; **an Krebs** (*dat*) **erkrankt sein** être atteint du cancer

Erkrankung <-, -en> *f* maladie *f*

erkunden* [ɛɐ̯'kʊndən] *vt* ① MIL reconnaître ② (*sondieren*) sonder

erkundigen* [ɛɐ̯'kʊndɪgən] *vr* ① (*fragen nach*) **sich ~** se renseigner; **sich bei jdm**

E

nach jdm/etw ~ se renseigner auprès de qn sur qn/qc ② (*Informationen einholen*) **sich bei jdm über jdn/etw** ~ prendre des renseignements sur qn/qc auprès de qn

Erkundigung <-, -en> *f* recherche *f*, investigation *f*; ~**en über jdn/etw einholen** prendre des renseignements sur qn/qc

Erkundung <-, -en> *f* MIL reconnaissance *f*

E

erlahmen* *vi* + *sein* ① (*kraftlos werden*) s'engourdir ② (*nachlassen*) s'émousser

erlangen* [ɛɐ̯'laŋən] *vt geh* obtenir

ErlassRR [ɛɐ̯'las, *Pl:* ɛɐ̯'lasə, ɛɐ̯'lɛsə] <-es, -e o A Erlässe>, **Erlaß**ALT <-sses, -sse o A Erlässe> *m* ① (*Verordnung*) arrêté *m* ② *kein Pl* (*das Erlassen*) *einer Strafe, von Schulden* remise *f*; *von Sünden* rémission *f*

erlassen* *vt irr* ① **jdm die Gebühren** ~ exonérer qn des taxes; **jdm seine Strafe** ~ gracier qn; **jdm die Schulden** ~ remettre les dettes à qn ② (*verkünden*) édicter *Befehl;* promulguer *Verfügung*

erlauben* [ɛɐ̯'laubən] **I.** *vt* ① (*gestatten*) permettre; **jdm etw** ~ permettre qc à qn; ~ **Sie/erlaubst du, dass** vous permettez/tu permets que + *subj;* ~ **Sie, dass ich mich vorstelle!** permettez-moi de me présenter! ② *form* (*ermöglichen*) **jdm etw** ~ *Finanzen, Mittel:* permettre qc à qn **II.** *vr* ① (*sich leisten*) **sich** (*dat*) **etw** ~ s'offrir qc ② (*wagen*) **sich** (*dat*) **eine Bemerkung** ~ se permettre [de faire] une remarque; **was** ~ **Sie sich** [**eigentlich**]! pour qui vous prenez-vous?

Erlaubnis <-, -se> *f* ① (*Genehmigung*) permission *f* ② (*Schriftstück*) autorisation *f*

erlaucht [ɛɐ̯'lauxt] *adj Gäste* éminent(e), honorable *antéposé; Gesellschaft* distingué(e)

erläutern* [ɛɐ̯'lɔytɐn] *vt* expliquer; **jdm etw** ~ expliquer qc à qn

Erläuterung <-, -en> *f* explication *f*; ~**en zum Text** des explications relatives au texte

Erle ['ɛrlə] <-, -n> *f* (*Baum, Holz*) aulne *m*

erleben* *vt* ① vivre *Ereignis;* passer *Urlaub* ② (*durchmachen*) endurer *Schlimmes;* connaître *Enttäuschung;* essuyer *Misserfolg;* **der/die kann was** ~! *fam* ça va barder pour lui/elle! ③ (*Zeitzeuge sein von*) connaître *Herrscher* ④ (*kennen lernen, mit ansehen*) entendre *Redner, Musiker;* voir *Schauspieler*

Erlebnis [ɛɐ̯'le:pnɪs] <-ses, -se> *nt* expérience *f* [vécue]

erlebnisreich *adj* aventureux(-euse)

Erlebnistourismus *m* tourisme *m* d'aventure

erledigen* [ɛɐ̯'le:dɪgən] **I.** *vt* ① (*ausführen*) accomplir *Aufgabe, Formalitäten;* effectuer *Besorgung;* [**das**] **wird erledigt!** *fam* ça roule! ② *fam* (*erschöpfen*) **jdn** ~ *Arbeit:* crever qn ③ *fam* (*umbringen*) liquider ▶**das ist erledigt!** *fam* (*Schwamm drüber*) c'est réglé! **II.** *vr* **sich von selbst** ~ s'arranger tout seul

erledigt [ɛɐ̯'le:dɪçt] *adj* ① *fam* (*erschöpft*) crevé(e) ② *sl* (*verloren*) ~ **sein** être foutu ③ (*nicht mehr interessant*) **für jdn** ~ **sein** *Fall:* être réglé pour qn

Erledigung <-, -en> *f* ① (*Ausführung*) exécution *f*; **für die** ~ **der Korrespon-**

erlauben

um Erlaubnis bitten	*demander la permission*
Darf ich Sie kurz stören/unterbrechen?	*Puis-je vous déranger/interrompre un instant ?*
Haben/Hätten Sie was dagegen, wenn ich das Fenster aufmache?	*Cela vous dérange si j'ouvre la fenêtre ?*
Sind Sie damit einverstanden, wenn ich im Juli Urlaub nehme?	*Êtes-vous d'accord pour que je prenne mes vacances en juillet ?*
erlauben	*permettre*
Wenn du mit deinen Hausaufgaben fertig bist, darfst du raus spielen.	*Tu pourras aller jouer dehors quand tu auras fini tes devoirs.*
Sie dürfen gern hereinkommen.	*Entrez (donc), je vous prie.*
In diesem Bereich dürfen Sie rauchen.	*Vous avez le droit de fumer dans cette zone.*
Wenn Sie möchten, können Sie hier parken.	*Vous pouvez vous garer ici, si vous voulez/si vous le souhaitez.*

denz zuständig sein** être responsable de la correspondance ② (*Besorgung*) **~en machen müssen** avoir des choses à faire

erlegen* [ɛɐ̯'le:gən] *vt* ① abattre *Tier* ② A (*bezahlen*) acquitter

erleichtern* [ɛɐ̯'laiçtɐn] **I.** *vt* ① (*einfacher machen*) faciliter *Arbeit, Aufgabe;* adoucir *Los* ② (*beruhigen*) **jdn ~** *Nachricht:* soulager qn ③ (*leichter machen*) alléger *Tasche, Rucksack* ④ *hum fam* (*bestehlen*) **jdn um hundert Euro ~** soulager qn de cent euros **II.** *vr euph geh* **sich ~** se soulager

erleichtert **I.** *adj* soulagé(e) **II.** *adv* **~ aufatmen** pousser un soupir de soulagement

Erleichterung <-, -en> *f* soulagement *m;* **zu deiner ~ kann ich dir sagen, dass ...** pour te rassurer, je peux te dire que ...

erleiden* *vt irr* subir *Niederlage, Verluste;* endurer *Schmerzen*

erlernbar [ɛɐ̯'lɛrnba:ɐ̯] *adj* qui s'apprend

erlernen* *vt* apprendre

erlesen *adj Geschmack* raffiné(e); *Kunstwerk, Teppich* de qualité; *Wein* de choix

erleuchten* *vt* ① (*erhellen*) éclairer ② (*inspirieren*) **jdn ~** *Gott:* éclairer qn; *Eingebung:* illuminer qn

Erleuchtung <-, -en> *f* (*Inspiration*) illumination *f*

erliegen* *vi irr + sein* **einem Irrtum ~** être dans l'erreur; **der Krankheit ~** succomber à la maladie

Erlös [ɛɐ̯'lø:s] <-es, -e> *m* recette *f,* produit *m;* **~ aus Kapitalvermögen** revenus du capital

erlöschen <erlischt, erlosch, erloschen> *vi + sein Feuer, Leidenschaft:* s'éteindre

erlösen* *vt* délivrer; **jdn aus/von etw ~** délivrer qn de qc

Erlösung *f* ① (*Erleichterung*) soulagement *m;* **der Tod war für ihn eine ~** la mort fut pour lui une délivrance ② REL Rédemption *f*

ermächtigen* [ɛɐ̯'mɛçtɪgən] *vt* habiliter; **jdn zu etw ~** habiliter qn à faire qc

Ermächtigung <-, -en> *f* autorisation *f*

ermahnen* *vt* (*warnend mahnen*) **jdn ~** rappeler qn à l'ordre

Ermahnung *f* rappel *m* à l'ordre

Ermang[e]lung <-> *f geh* **in ~ eines Besseren** faute de mieux

ermäßigen* [ɛɐ̯'mɛ:sɪgən] *vt* faire une réduction; **etw um drei Prozent ~** faire une réduction sur qc de trois pour cent

Ermäßigung <-, -en> *f* réduction *f*

ermatten* *geh* **I.** *vt + haben* épuiser; **von etw ermattet sein** être harassé par qc **II.** *vi + sein* faiblir

ermessen* *vt irr* concevoir

Ermessen <-s> *nt* appréciation *f;* **nach menschlichem/freiem ~** pour autant qu'on puisse juger/en toute liberté

Ermessensspielraum *m* JUR pouvoirs *mpl* discrétionnaires

ermitteln* [ɛɐ̯'mɪtəln] **I.** *vt* ① (*herausfinden*) identifier *Täter;* retrouver *Gesuchten;* découvrir *Versteck;* établir *Identität* ② (*feststellen*) déterminer; désigner *Sieger* ③ (*errechnen*) calculer *Wert* **II.** *vi* JUR **gegen jdn wegen etw ~** enquêter sur qn pour qc

Ermittler <-s, -> *m* enquêteur *m*

Ermittlung <-, -en> *f* ① *kein Pl* (*das Feststellen*) *eines Siegers* désignation *f* ② JUR **~en durchführen** mener une enquête

ErmittlungsausschussRR *m* commission *f* d'enquête **Ermittlungsverfahren** *nt* information *f* judiciaire

ermöglichen* [ɛɐ̯'mø:klɪçən] *vt* permettre; **jdm etw ~** permettre qc à qn; **es jdm ~ etw zu tun** permettre à qn de faire qc

ermorden* *vt* assassiner

Ermordung <-, -en> *f* assassinat *m*

ermüden* [ɛɐ̯'my:dən] **I.** *vt + haben* fatiguer *Person* **II.** *vi + sein* ① (*müde werden*) se fatiguer ② TECH fatiguer

ermüdend *adj* fatigant(e)

Erleichterung ausdrücken

Erleichterung ausdrücken	*exprimer le soulagement*
Bin ich froh, dass es so gekommen ist!	*Heureusement que ça s'est passé comme ça !*
Mir fällt ein Stein vom Herzen!	*Ça me libère d'un gros poids !*
Ein Glück, dass du gekommen bist!	*Quelle chance que tu sois venu(e) !*
Gott sei Dank!	*Dieu merci !*
Geschafft!	*Ça y est !*
Endlich!	*Enfin !*

Ermüdung <-, -en> *f* 1 (*das Ermüden*) fatigue *f* 2 TECH usure *f*

ermuntern* [ɛɐ̯'mʊntɐn] *vt* 1 (*ermutigen*) **jdn ~ etw zu tun** encourager qn à faire qc 2 (*beleben*) revigorer

Ermunterung <-, -en> *f* encouragement *m*

ermutigen* [ɛɐ̯'muːtɪɡən] *vt* encourager; **jdn zu einer Bewerbung ~** encourager qn à poser sa candidature

ermutigend I. *adj* encourageant(e); *Worte* d'encouragement II. *adv* en guise d'encouragement

Ermutigung <-, -en> *f* encouragement *m*

ernähren* I. *vt* 1 (*mit Nahrung versorgen*) nourrir *Person;* donner à manger à *Tier* 2 (*unterhalten*) **jdn ~** *Person:* entretenir qn; *Tätigkeit:* faire vivre qn II. *vr* 1 **sich von etw ~** se nourrir de qc; **sich ungesund ~** se nourrir de manière peu variée 2 (*seinen Unterhalt bestreiten*) **sich ~** assurer sa subsistance; **sich von etw ~** vivre de qc

Ernährer(in) <-s, -> *m(f)* **der ~ sein** être celui qui entretient la famille

Ernährung <-> *f* 1 (*Art des Ernährens*) alimentation *f;* **richtige ~** alimentation équilibrée; **falsche ~** mauvaise alimentation 2 (*Unterhalt*) entretien *m* 3 (*Nahrung*) **pflanzliche ~** nourriture *f* végétarienne

Ernährungsweise *f* alimentation *f* **Ernährungswissenschaft** *f* diététique *f* **Ernährungswissenschaftler(in)** *m(f)* nutritionniste *mf*

ernennen* *vt irr* nommer

Ernennung *f* nomination *f;* **ihre ~ zur Ministerin** sa nomination en qualité de ministre

erneuerbar [ɛɐ̯'nɔyɐbaːɐ̯] *adj* 1 (*austauschbar*) *Teil, Material* remplaçable 2 ÖKOL, BIO renouvelable

Erneuerbare-Energien-Gesetz *nt* loi *f* sur les énergies renouvelables

erneuern* [ɛɐ̯'nɔyɐn] *vt* 1 changer *Bettwäsche, Reifen;* renouveler *Verband, Ausweis, Pass* 2 (*renovieren*) rénover

Erneuerung *f* 1 *von Bettwäsche, Reifen* changement *m; eines Verbands, Ausweises, Passes* renouvellement *m* 2 (*Renovierung*) rénovation *f*

erneut [ɛɐ̯'nɔyt] I. *adj attr* nouveau(-velle) *antéposé* II. *adv* de nouveau

erniedrigen* [ɛɐ̯'niːdrɪɡən] I. *vt* 1 (*demütigen*) humilier 2 MUS [a]baisser II. *vr* **sich ~** s'abaisser

Erniedrigung <-, -en> *f* (*Demütigung*) humiliation *f*

ernst [ɛrnst] *adj* 1 (*gravierend*) *Krankheit, Lage* grave; *Zustand* sérieux(-euse); **es steht ~ um ihn** son état est sérieux 2 (*nicht heiter*) *Person* sérieux(-euse); *Miene, Blick, Stimmung* austère 3 (*aufrichtig*) *Absicht* réel(le); **es ~ meinen** être sérieux; **damit ist es ihr ~** cela lui tient à cœur; **~ gemeint** sérieux 4 (*wichtig*) *Anlass* grave; *Anliegen* important(e); **jdn/etw ~ nehmen** prendre qn/qc au sérieux

Ernst [ɛrnst] <-[e]s> *m* 1 (*Ernsthaftigkeit*) *eines Blicks, einer Stimme* gravité *f; von Worten* sérieux *m;* **feierlicher ~** ferme résolution *f;* **allen ~es** sérieusement 2 (*Bedrohlichkeit*) *einer Situation, Lage* gravité *f* 3 (*Entschlossenheit*) détermination *f*

Ernstfall *m* situation *f* de crise; **im ~** en cas de coup dur; **den ~ proben** procéder à des exercices d'alerte simulée **ernstgemeint** *s.* **ernst**

ernsthaft I. *adj* 1 *Person, Vorschlag* sérieux(-euse) 2 (*eindringlich*) *Ton, Worte* grave; *Miene* sévère 3 MED grave II. *adv* 1 (*wirklich*) *glauben, verliebt* sérieusement 2 (*ernstlich, gravierend*) *erkranken, krank* gravement 3 (*eindringlich*) *ermahnen, warnen* sérieusement

Ernsthaftigkeit <-> *f* (*Aufrichtigkeit*) sérieux *m*

ernstlich I. *adj attr Absicht* ferme *antéposé; Bedenken* sérieux(-euse) II. *adv s.* **ernsthaft II.**

Ernte ['ɛrntə] <-, -n> *f* 1 (*Ertrag*) récolte *f* 2 *kein Pl* (*Getreideernte*) moisson *f;* (*Obsternte*) cueillette *f;* (*Kartoffelernte*) récolte *f*

Erntedankfest *nt,* **Erntefest** *nt* jour *f* d'action de grâce (*pour les moissons et les récoltes*)

erntefrisch *adj* tout juste récolté(e)

ernten ['ɛrntən] *vt* 1 récolter; moissonner *Getreide;* cueillir *Obst* 2 (*erlangen*) **etw mit/für etw ~** récolter qc avec/pour qc

Ernteschäden *Pl* dommages *mpl* causés aux récoltes **Erntezeit** *f* saison *f* des récoltes

ernüchtern* [ɛɐ̯'nʏçtɐn] *vt* **jdn ~** *Alltag:* ramener qn à la réalité; *Wirklichkeit:* faire retomber qn sur terre; **~d** *Vorfall* qui fait l'effet d'une douche froide; *Gespräch* qui ramène à la réalité

Ernüchterung <-, -en> *f* désillusion *f*

Eroberer [ɛɐ̯'ʔoːbərɐ] <-s, -> *m,* **Eroberin** *f* conquérant(e) *m(f)*

erobern* [ɛɐ̯'ʔoːbɐn] *vt* MIL *a. fig* conquérir

Eroberung <-, -en> *f* conquête *f*

eröffnen* **I.** *vt* ❶ouvrir *Geschäft, Praxis;* inaugurer *Ausstellung, Museum* ❷JUR engager *Verfahren* ❸(*beginnen*) ouvrir *Diskussion, Schachpartie, Feuer* ❹(*mitteilen*) **jdm etw ~** révéler qc à qn ❺(*bieten*) **jdm gute Aussichten ~** ouvrir de bonnes perspectives à qn **II.** *vr* **sich jdm durch etw ~** *Möglichkeiten, Wege:* s'ouvrir à qn grâce à qc **III.** *vi* FIN **ruhig/hektisch ~** débuter calmement/très vite

Eröffnung *f* ❶*eines Geschäfts, einer Praxis* ouverture *f; einer Ausstellung, eines Museums* inauguration *f* ❷*a.* JUR, MIL (*Beginn*) ouverture *f*

Eröffnungsansprache *f* discours *m* d'ouverture **Eröffnungsspiel** *nt* SPORT match *m* d'ouverture

erogen [ero'geːn] *adj* érogène

erörtern* [ɛɐ̯'ʔœrtɐn] *vt* discuter

Erörterung <-, -en> *f* ❶(*Erörterungsaufsatz*) dissertation *f* ❷*kein Pl* (*das Erörtern*) discussion *f*

Erosion [ero'zi̯oːn] <-, -en> *f* érosion *f*

Erotik [e'roːtɪk] <-> *f* érotisme *m*

erotisch [e'roːtɪʃ] *adj* érotique

Erpel ['ɛrpəl] <-s, -> *m* canard *m* [mâle]

erpicht [ɛɐ̯'pɪçt] *adj* **darauf/nicht darauf ~ sein etw zu tun** brûler d'envie/n'avoir aucune envie de faire qc

erpressen* *vt* ❶(*nötigen*) faire chanter ❷(*abpressen*) **Geld von jdm ~** extorquer de l'argent à qn

Erpresser(in) <-s, -> *m(f)* maître *m* chanteur

Erpresserbrief *m* lettre *f* de chantage

erpresserisch [ɛɐ̯'prɛsərɪʃ] **I.** *adj Verhalten* de maître chanteur; **ein ~es Vorgehen** un chantage **II.** *adv* en maître chanteur

Erpressung <-, -en> *f* ❶(*das Erpressen*) *einer Person* chantage *m* ❷(*das Abpressen*) *von Geld, eines Zugeständnisses* extorsion *f*

erproben* *vt* tester *Gerät, Verfahren*

erprobt [ɛɐ̯'proːbt] *adj* ❶(*erfahren*) *Person* chevronné(e) ❷(*zuverlässig*) *Gerät* fiable; *Verfahren* éprouvé(e)

Erprobung <-, -en> *f* essai *m*

erquicken* [ɛɐ̯'kvɪkən] *vt* rafraîchir; **jdn ~** *Quelle, Getränk:* rafraîchir qn; *Schlaf:* revigorer qn

erquicklich *adj iron* réjouissant(e)

erraten* [ɛɐ̯'raːtən] *vt irr* deviner

errechnen* *vt* calculer

erregbar [ɛɐ̯'reːkbaːɐ̯] *adj* (*leicht aufzuregen*) susceptible; **leicht ~ sein** être hypersusceptible

erregen* [ɛɐ̯'reːgən] **I.** *vt* ❶(*aufregen*) **jdn ~** *Vorwurf, Streit:* irriter qn ❷(*sexuell anregen*) exciter ❸(*hervorrufen*) susciter *Neid, Heiterkeit;* éveiller *Zweifel;* **Aufsehen/Anstoß ~** faire sensation/scandale **II.** *vr* **sich über jdn/etw ~** être énervé par qn/qc

Erreger [ɛɐ̯'reːgɐ] <-s, -> *m* agent *m* pathogène

Erregung *f* ❶(*das Aufgewühltsein*) énervement *m* ❷(*das Aufgebrachtsein*) irritation *f;* **in ~ geraten** se mettre dans tous ses états ❸(*sexuelle Erregung*) excitation *f* ❹*kein Pl* (*Erzeugung*) *von Missfallen, Zweifel* apparition *f;* **~ öffentlichen Ärgernisses** outrage *m* à la pudeur publique

erreichbar *adj* ❶**~ sein** *Person:* être joignable; *Ort:* être accessible ❷(*nicht abgelegen*) **der Bahnhof ist zu Fuß/in zehn Minuten ~** on peut rejoindre la gare à pied/en dix minutes

erreichen* *vt* ❶(*reichen an*) attraper; **etw mit der Hand ~** (*in der Entfernung/Höhe*) attraper qc avec la main ❷(*erlangen*) atteindre *Zweck, Alter* ❸(*bewirken*) **etw bei jdm ~** obtenir qc de qn; **damit erreichst du nur, dass sie ärgerlich wird** [comme ça,] tu ne vas réussir qu'à l'énerver ❹(*antreffen*) **jdn ~** *Person:* joindre qn; *Nachricht:* parvenir à qn ❺(*nicht verpassen*) avoir *Zug, Flugzeug, Fähre* ❻(*eintreffen*) **den Bahnhof ~** *Zug:* atteindre la gare; **sein Ziel ~** arriver à destination ❼(*hingelangen*) arriver à *Amt, Gebäude*

erretten* *vt geh* ❶sauver ❷(*befreien*) délivrer

errichten* *vt* ❶(*erbauen*) construire *Haus;* ériger *Bauwerk* ❷(*aufstellen*) dresser ❸(*begründen*) instaurer *Herrschaft, Tyrannei;* fonder *Reich*

Errichtung *f* ❶*eines Gebäudes* construction *f; eines Denkmals* édification *f* ❷*von Barrikaden* construction *f; eines Podiums* installation *f* ❸*einer Herrschaft* instauration *f*

erringen* *vt irr* ❶(*erkämpfen*) remporter *Sieg* ❷(*erlangen*) gagner *Vertrauen*

erröten* [ɛɐ̯'røːtən] *vi + sein* rougir; **vor Freude/Scham ~** rougir de plaisir/honte

Errungenschaft [ɛɐ̯'rʊŋənʃaft] <-, -en> *f* ❶(*Erfolg*) conquête *f;* **die neuesten ~en der Technik** les toutes dernières nouveau-

E

tés *fpl* techniques ② *hum* (*Anschaffung*) acquisition *f*

Ersatz [ɛɐ̯ˈzats] <-es> *m* ① (*Mensch*) remplaçant(e) *m(f)*; (*Gerät*) appareil *m* de remplacement; (*Stoff, Ware*) produit *m* de remplacement ② (*Entschädigung*) dédommagement *m*

Ersatzdienst *m* service *m* civil **Ersatzmann** <-männer *o* -leute> *m* remplaçant(e) *m(f)* **Ersatzreifen** *m* pneu *m* de rechange **Ersatzspieler(in)** *m(f)* SPORT remplaçant(e) *m(f)* **Ersatzteil** *nt* pièce *f* de rechange

E

Ersatzteillager *nt* dépôt *m* de pièces de rechange

ersatzweise *adv* en remplacement; ~ **für etw** en remplacement de qc

ersaufen* *vi irr + sein fam* boire le bouillon

ersäufen* *vt* (*ertränken*) noyer

erschaffen *vt irr a.* REL créer

Erschaffung *f a.* REL création *f*

erschallen <erscholl *o* erschallte, erschollen *o* erschallt> *vi + sein Stimme, Lachen:* résonner; *Fanfare:* retentir; *Posaune:* sonner

erschaudern* *vi + sein geh* frémir

erschauern* *vi + sein geh* frissonner; **jdn ~ lassen** donner le frisson à qn

erscheinen* *vi irr + sein* ① (*sichtbar werden*) apparaître ② (*veröffentlicht werden*) *Buch, Zeitschrift:* sortir ③ (*scheinen, vorkommen*) **jdm ruhig ~** paraître calme [à qn] ④ (*sich einfinden*) **zum Dienst ~** prendre son service; **wieder auf der Bildfläche ~** *hum* réapparaître ⑤ (*sich als Vision zeigen*) **jdm ~** *Geist, Verstorbener:* apparaître à qn

Erscheinen <-s> *nt* ① (*das Auftreten*) *von Gästen, Besuchern* arrivée *f* ② (*Veröffentlichung*) sortie *f* ③ (*Vision*) *von Verstorbenen, Geistern* apparition *f*

Erscheinung <-, -en> *f* ① (*Phänomen*) phénomène *m*; **in ~ treten** se manifester; **persönlich in ~ treten** apparaître en personne ② (*Persönlichkeit*) **eine elegante ~** une figure élégante ③ (*Vision*) apparition *f*

Erscheinungsbild *nt einer Person* apparence *f* [extérieure]; *einer Stadt, eines Gebäudes* aspect *m* extérieur

erschießen* *irr* **I.** *vt* abattre **II.** *vr* **sich ~** se tuer [d'un coup d'une arme à feu]

Erschießung <-, -en> *f* exécution *f*

erschlaffen* [ɛɐ̯ˈʃlafən] *vi + sein Muskeln:* se relâcher; *Arme, Penis:* mollir; *Haut:* se ramollir; **etw ~ lassen** relâcher qc

erschlagen*¹ *vt irr* ① (*töten*) tuer; **von einem Baum ~ werden** être écrasé par un arbre; **von einem Blitz ~ werden** être touché mortellement par l'éclair ② *fig* **von den Informationen ~ werden** être submergé d'informations

erschlagen² *adj fam* **~ sein** être crevé

erschleichen* *vr irr* **sich** (*dat*) **jds Gunst ~** s'arroger la bienveillance de qn

erschließen* *vt irr* ① viabiliser *Grundstück, Baugebiet* ② (*sich zugänglich machen*) ouvrir *Gebiet;* conquérir *Käufer-, Wählerschicht;* dégager *Einnahmequelle;* **Bodenschätze ~** mettre des ressources minières en exploitation ③ (*zugänglich werden*) **sich jdm ~** *Gedicht:* se révéler à qn; *Wunderwelt:* s'ouvrir à qn

Erschließung <-, -en> *f* mise *f* en valeur

erschöpfen* **I.** *vt* ① (*ermüden*) épuiser ② (*aufbrauchen*) épuiser *Kräfte, Geduld;* absorber *Mittel* **II.** *vr* (*zu Ende gehen*) **sich ~** s'épuiser; *Interesse:* s'émousser

erschöpfend **I.** *adj* ① (*zur Erschöpfung führend*) épuisant(e) ② (*ausführlich*) complet(-ète), exhaustif(-ive) **II.** *adv berichten* de façon complète, par le menu

Erschöpfung <-, -en> *f* épuisement *m*

erschossen **I.** *PP von* **erschießen** **II.** *adj fam* **völlig ~ sein** être complètement vidé

erschrecken¹ <erschreckte, erschreckt> *vt + haben* ① (*in Schrecken versetzen*) faire peur à ② (*bestürzen*) **das erschreckt mich** ça m'effraie, je suis effrayé par cela; **es erschreckt einen, zu sehen, wie …** c'est effrayant de voir comment …

erschrecken² <erschrickt, erschrak, erschrocken> *vi + sein* avoir peur, être effrayé(e); **vor jdm/etw ~** avoir peur de qn/qc; **sie erschrak bei dem Gedanken, dass** elle a été effrayée à l'idée que *+ subj;* **~ Sie nicht, ich bin's nur!** n'ayez pas peur, ce n'est que moi!

erschrecken³ <erschrickt, erschreckte *o* erschrak, erschreckt *o* erschrocken> *vr + haben fam* **sich ~** être effrayé; **sich über eine Nachricht ~** être effrayé par un message

erschreckend **I.** *adj* effrayant(e) **II.** *adv* ① (*schrecklich*) de façon épouvantable; **~ aussehen** avoir un aspect effrayant ② (*unglaublich*) *wenig, wenige* vraiment

erschrocken **I.** *PP von* **erschrecken², erschrecken³** **II.** *adj* effrayé(e)

erschüttern* [ɛɐ̯ˈʃʏtɐn] *vt* ① (*zum Beben bringen*) **etw ~** *Erdstoß, Explosion:* secouer qc ② (*infrage stellen*) ébranler *Glaubwürdigkeit* ③ (*tief bewegen*) **jdn ~** *Nachricht:*

bouleverser qn; **das hat mich sehr erschüttert** ça m'a beaucoup frappé; **sie kann nichts mehr ~** plus rien ne peut l'atteindre

erschütternd *adj Nachricht, Szene* bouleversant(e); *Umstand* dramatique

erschüttert *adj Person* bouleversé(e); *Gesichtsausdruck* décomposé(e); **über etw** (*akk*) **~ sein** être consterné par qc

Erschütterung <-, -en> *f* 1 (*Stoß, Bewegung*) secousse *f* 2 *fig eines Staates, Preisgefüges* déstabilisation *f pas de pl* 3 (*Beeinträchtigung*) affaiblissement *m* 4 (*Ergriffenheit*) consternation *f*

erschweren* [ɛɐ̯'ʃveːrən] *vt* compliquer; **jdm etw ~** compliquer qc à qn

erschwerend I. *adj Umstand* qui complique les choses; JUR aggravant(e) II. *adv* **~ kommt hinzu, dass ...** ce qui complique les choses, c'est que ...

erschwindeln* *vt* [**sich** (*dat*)] **etw von jdm ~** escroquer qc à qn

erschwinglich [ɛɐ̯'ʃvɪŋlɪç] *adj Preis* abordable; *Lebensstandard* accessible; **kaum noch ~e Mieten** des loyers presque inabordable

ersehen* *vt irr* **aus etw ~, dass ...** voir d'après qc que ...

ersehnen* *vt geh* désirer ardemment; **heiß ersehnt** tant attendu

ersetzbar [ɛɐ̯'zɛtsbaːɐ̯] *adj Mitarbeiter, Ring* remplaçable; *Schaden, Verlust* réparable; **ein kaum ~er Verlust** une perte quasiment irréparable

ersetzen* *vt* 1 (*erstatten*) rembourser *Unkosten* 2 (*austauschen*) **etw durch etw ~** remplacer qc par qc 3 (*vertreten*) **den Kindern die Mutter ~** remplacer la mère auprès des enfants

ersichtlich [ɛɐ̯'zɪçtlɪç] *adj Ursache* apparent(e); **aus etw ist ~, dass ...** il ressort de qc que ...

ersinnen* *vt irr geh* imaginer, échafauder

erspähen* *vt* repérer

ersparen* *vt* 1 **jdm etw ~** épargner qc à qn 2 FIN [**sich** (*dat*)] **ein Vermögen ~** mettre une fortune de côté

Ersparnis [ɛɐ̯'ʃpaːɐ̯nɪs] <-, -se> *f*, <-ses, -se> *nt* A 1 *kein Pl* (*Einsparung*) **eine ~ an Kosten** une économie de frais; **eine ~ von einer Stunde** un gain d'une heure 2 *meist Pl* FIN économies *fpl*

ersprießlich [ɛɐ̯'ʃpriːslɪç] *adj geh* fructueux(-euse)

erst [eːɐ̯st] *adv* 1 (*zuerst*) d'abord 2 (*nicht früher, jünger als*) **~ jetzt** seulement maintenant; **~ als ich dich sah** ce n'est que lorsque je t'ai vu 3 (*schon*) seulement 4 (*gerade, unlängst*) **gerade ~** à l'instant; **er hat eben ~ das Büro verlassen** il vient de quitter son travail; **~ gestern/heute** pas plus tard qu'hier/seulement aujourd'hui; **~ vor kurzem** tout récemment ▶**jetzt ~ recht** eh bien, raison de plus

erstarken* [ɛɐ̯'ʃtarkən] *vi + sein geh* se renforcer

erstarren* *vi + sein* 1 (*fest werden*) se solidifier; **bei 0 °C erstarrt Wasser zu Eis** l'eau gèle à 0° C 2 (*steif werden*) **vor Kälte** (*dat*) **~** *Person:* être transi de froid; *Finger, Hände:* s'engourdir de froid 3 *fig* se figer; **vor Schrecken** (*dat*) **~** être paralysé par la peur

Erstarrung <-> *f* raideur *f;* (*durch Kälte*) engourdissement *m; von Lava* solidification *f*

erstatten* [ɛɐ̯'ʃtatən] *vt* 1 rembourser *Unkosten* 2 *form* (*mitteilen*) signaliser qc; **jdm Bericht über etw** (*akk*) **~** faire un rapport à qn sur qc; **gegen jdn Anzeige ~** déposer plainte contre qn

Erstattung <-, -en> *f* (*Vergütung*) remboursement *m*

Erstaufführung *f* première *f*

erstaunen* I. *vt + haben* **jdn ~** étonner qn II. *vi + sein* **über etw** (*akk*) **~** s'étonner par qc

Erstaunen <-s> *nt* étonnement *m*

erstaunlich [ɛɐ̯'ʃtaunlɪç] I. *adj* étonnant(e); **es ist ~, dass/wie** c'est étonnant que + *subj*/de voir comment II. *adv gut, billig, wenig* étonnamment

erstaunt I. *adj* étonné(e) II. *adv* avec étonnement; **du schaust so ~!** tu en as un air étonné!

Erstausgabe *f* (*erste Veröffentlichung*) première édition *f* **erstbeste(r, s)** ['eːɐ̯st'bɛstə, -tɐ, -təs] *adj attr* **der ~ Mann** le premier homme venu; **das ~ Auto** la première voiture venue

erste(r, s) ['eːɐ̯stə, -tɐ, -təs] *adj* 1 premier(-ière) *antéposé;* **die ~n drei Häuser** les trois premières maisons; **das ~ Mal/beim ~n Mal** la première fois; **zum ~n Mal** pour la première fois 2 (*bei Datumsangaben*) **am ~n September** le premier septembre 3 (*führend*) **das ~ Hotel am Ort** le premier hôtel de la ville ▶**der/das ~ beste ...** le premier ... venu; **fürs Erste, als Erstes** pour commencer; *s. a.* **achte(r, s)**

Erste(r) *f(m) dekl wie adj* 1 premier(-ière) *m(f);* **~r werden/sein** terminer/être pre-

E

mier; **als ~r/~ kommen** être le premier/la première à arriver ② (*bei Datumsangaben*) **der ~** le premier; **vor dem jeweiligen ~n** avant le premier du mois ③ (*als Namenszusatz*) **Friedrich der ~** *geschrieben:* **Friedrich I.** Frédéric premier *geschrieben:* Frédéric Ier

erstechen* *vt irr* poignarder; **jdn mit etw ~** poignarder qn avec qc

erstehen* *irr vt + haben* acheter

Erste-Hilfe-Kurs [eːɐ̯stəˈhɪlfə-] *m* cours *m* de secourisme

ersteigern* *vt* ÖKON acquérir aux enchères

Ersteigerung *f* acquisition *f* dans une vente aux enchères

Erste-Klasse-Abteil *nt* compartiment *m* de première classe

erstellen* *vt* ① (*bauen*) construire; **etw in Beton** (*dat*) **~** construire qc en béton ② (*anfertigen*) dresser *Gutachten, Liste*

erstemalALT *s.* **erste(r, s) 1**

erstenmalALT *s.* **erste(r, s) 1**

erstens [ˈeːɐ̯stəns] *adv* premièrement

erstere(r, s) [ˈeːɐ̯stərə, -rɐ, -rəs] *adj* **der Erstere** le premier

erstgeboren [ˈeːɐ̯stgəboːrən] *adj attr* aîné(e); **der Erstgeborene** l'aîné *m* **erstgenannt** [ˈeːɐ̯stgənant] *adj attr* nommé(e) en premier

ersticken* [ɛɐ̯ˈʃtɪkən] **I.** *vi + sein* ① (*sterben*) s'étouffer; **am Rauch/Gas ~** s'étouffer avec de la fumée/asphyxier par le gaz; **an einer Fischgräte ~** s'étrangler avec une arête ② (*erlöschen*) *Feuer:* s'éteindre ③ *fig* **im Geld ~** crouler sous l'or **II.** *vt + haben* étouffer

erstickt *adj Stimme* étouffé(e)

Erstickung <-> *f* étouffement *m*

Erstickungsanfall *m* crise *f* d'étouffement

erstklassig [ˈeːɐ̯stklasɪç] **I.** *adj* ① excellent(e); *Service, Stoff* de première qualité; *Ware* de premier choix ② (*sehr kompetent*) *Chirurg, Anwalt* de premier plan **II.** *adv* à la perfection; *sich kleiden* impeccablement; **~ schmecken** être excellent

Erstling [ˈeːɐ̯stlɪŋ] <-s, -e> *m* (*erstes Werk*) première œuvre *f*

erstmalig [ˈeːɐ̯stmaːlɪç] **I.** *adj* premier(-ière) *antéposé* **II.** *adv form* pour la première fois

erstmals [ˈeːɐ̯stmaːls] *adv* pour la première fois

erstrahlen* *vi + sein geh* resplendir; **in weihnachtlichem Glanz ~** resplendir de l'éclat des lumières de Noël

erstrangig [ˈeːɐ̯straŋɪç] *adj* ① (*wichtig*) primordial(e) ② FIN de premier rang

erstreben* *vt geh* aspirer à

erstrebenswert [ɛɐ̯ˈʃtreːbənsveːɐ̯t] *adj* tentant(e)

erstrecken* **I.** *vr* ① (*sich ausdehnen*) **sich ~** s'étendre; **sich in beide Richtungen/über große Weiten ~** s'étendre des deux côtés/sur de grandes étendues ② (*beziehen*) **sich auf Details ~** s'étendre aux détails **II.** *vt* CH **eine Frist/einen Abgabetermin um eine Woche ~** prolonger un délai/une date limite de remise d'une semaine

Erstschlag *m* MIL attaque *f* préventive

erstürmen* *vt* prendre d'assaut

Erstürmung <-, -en> *f* prise *f*

Erstwähler(in) *m(f)* nouvel électeur *m*/nouvelle électrice *f*

ersuchen* *vt form* ① (*auffordern*) **jdn um etw ~** requérir qc de qn; **jdn ~ etw zu tun** demander à qn de faire qc ② (*bitten*) **[jdn] um etw ~** solliciter qc [de la part de qn]

Ersuchen <-s, -> *nt form* requête *f;* **auf ~ des/von ...** à la requête [*o* sur demande] du ...

ertappen* **I.** *vt* prendre sur le fait; **jdn ~** prendre qn sur le fait **II.** *vr* **sich bei dem Gedanken an jdn/etw ~** se surprendre à penser à qn/qc

erteilen* *vt form* ① (*zukommen lassen*) donner *Auftrag;* accorder *Genehmigung;* décerner *Lob* ② SCHULE **jdm Unterricht ~** donner un cours à qn

ertönen* [ɛɐ̯ˈtøːnən] *vi + sein* se faire entendre; **seine Stimme ~ lassen** faire retentir sa voix

Ertrag [ɛɐ̯ˈtraːk, *Pl:* ɛɐ̯ˈtrɛːgə] <-[e]s, Erträge> *m* AGR rendement *m;* FIN revenu *m;* **gute Erträge bringen** [*o* **abwerfen**] AGR avoir un bon rendement; FIN assurer des bénéfices

ertragen* *vt irr* supporter

erträglich [ɛɐ̯ˈtrɛːklɪç] *adj* supportable

ertragreich *adj* ayant un bon rendement

Ertragslage *f* résultats *mpl*

ertränken* **I.** *vt* noyer **II.** *vr* **sich ~** se noyer

erträumen* *vr* **sich** (*dat*) **jdn/etw ~** rêver de qn/qc

ertrinken* *vi irr + sein* se noyer; **in etw** (*dat*) **~** se noyer dans qc

Ertrinken <-s> *nt* noyade *f;* **Tod durch ~** mort *f* par noyade

Ertüchtigung <-, -en> *f geh* entraînement *m*

erübrigen* [ɛɐ̯ˈʔyːbrɪgən] **I.** *vr* **sich ~** être

superflu; **da erübrigt sich jeder Kommentar!** ça se passe de commentaire! **II.** *vt* **etw ~ können** ne plus avoir besoin de qc; **etwas Zeit für jdn ~ können** s'arranger pour accorder un peu de temps à qn

eruieren* [eru'iːrən] *vt form* ❶ (*in Erfahrung bringen*) élucider, tirer au clair ❷ A, CH (*ausfindig machen*) identifier *Person*

Eruption [erʊp'tsi̯oːn] <-, -en> *f* éruption *f*

erwachen* *vi + sein geh* ❶ (*aufwachen*) se réveiller; **aus einem Traum ~** sortir d'un rêve; **vom Lärm ~** être réveillé par le bruit ❷ (*sich regen*) *Gefühle:* s'éveiller

Erwachen <-s> *nt geh* réveil *m;* **beim ~** au réveil ►**ein böses ~** un réveil douloureux

erwachsen*[1] [ɛɐ̯'vaksən] *vi irr + sein geh* *Probleme:* retomber; *Kosten:* incomber; *Vorteile:* revenir; **jdm ~** *Probleme:* retomber sur qn; *Kosten:* incomber à qn; *Vorteile:* revenir à qn

erwachsen[2] [ɛɐ̯'vaksən] *adj* *Person* adulte; **als ~er Mensch** en tant qu'adulte; **eine ~e Tochter haben** avoir une grande fille

Erwachsene(r) *f(m) dekl wie adj* adulte *mf*

erwägen* [ɛɐ̯'vɛːgən] *vt irr* étudier *Angebot;* envisager *Möglichkeit;* réfléchir *Schritt;* **~ etw zu tun** envisager de faire qc

Erwägung <-, -en> *f* réflexion *f;* **etw in ~ ziehen** envisager qc

erwählen* *vt geh* choisir

erwähnen* [ɛɐ̯'vɛːnən] *vt* ❶ (*nennen*) citer *Person;* mentionner *Angebot* ❷ (*bemerken*) **jdm gegenüber ~, dass ...** évoquer devant qn le fait que ...

erwähnenswert *adj* digne d'être mentionné(e) [*o* signalé(e)]; **das ist nicht weiter ~** ça ne vaut pas la peine d'en parler

Erwähnung <-, -en> *f* mention *f*

erwärmen* **I.** *vt* ❶ (*warm machen*) faire chauffer *Essen;* réchauffer *Luft;* **auf 30 °C erwärmt werden** être chauffé à 30° C ❷ (*begeistern*) **jdn für etw ~** gagner qn à qc **II.** *vr* ❶ **sich ~** se réchauffer; **sich auf 30 °C ~** atteindre 30° C [en se réchauffant] ❷ (*sich begeistern*) **sich für etw ~** se passionner pour qc

Erwärmung <-, -en> *f* réchauffement *m;* **globale ~** réchauffement global [*o* climatique]

erwarten* *vt* ❶ (*entgegensehen*) attendre *Kind, Besuch, Post* ❷ (*voraussetzen*) **von jdm ~, dass** attendre [de qn] que + *subj* ❸ (*rechnen mit*) attendre *Unheil*

Erwartung <-, -en> *f* ❶ *Pl* (*Hoffnung*) attentes *fpl;* **den ~en entsprechen** *Person:* répondre aux espoirs; *Leistung:* être conforme aux espérances; **große ~en an etw** (*akk*) **knüpfen** fonder de grands espoirs sur qc ❷ *kein Pl* (*Anspannung*) **voller ~** rendu fébrile par l'attente

erwartungsgemäß *adv* comme prévu

erwartungsvoll **I.** *adj* plein(e) d'espoir; **zu ~ sein** en attendre trop **II.** *adv* plein(e) d'espoir

erwecken* *vt* ❶ (*hervorrufen*) susciter *Interesse, Zweifel;* donner *Eindruck* ❷ *geh* (*aufwecken*) réveiller

erwehren* *vr geh* **sich eines Angreifers ~** faire face à [*o* se défendre contre] un agresseur

erweichen* *vt* ❶ (*umstimmen*) fléchir; **sich ~ lassen** se laisser fléchir ❷ (*weich machen*) ramollir *Wachs, Asphalt*

erweisen* [ɛɐ̯'vai̯zən] *irr* **I.** *vt* ❶ **jdm einen Gefallen ~** rendre un service [à qn] ❷ (*nachweisen*) établir *Schuld;* **es ist erwiesen, dass ...** il est prouvé que ... **II.** *vr* ❶ **sich als richtig/falsch ~** se révéler [être] juste/faux ❷ (*sich zeigen*) **sich jdm gegenüber dankbar ~** se montrer reconnaissant envers qn

erweitern* [ɛɐ̯'vai̯tɐn] **I.** *vt* ❶ (*verbreitern*) élargir *Öffnung* ❷ (*umbauen*) agrandir *Flughafen* ❸ (*vergrößern*) élargir *Angebot;* augmenter *Kapazität;* enrichir *Produktpalette* **II.** *vr* ❶ **sich auf etw** (*akk*)/**um etw ~** *Straße, Tunnel:* s'élargir à/de qc ❷ ANAT **sich ~** *Gefäß:* se dilater

Erweiterung <-, -en> *f* ❶ (*Verbreiterung*) *einer Straße* élargissement *m* ❷ (*Umbau*) *eines Flughafens* extension *f* ❸ (*Vergrößerung*) *eines Angebots* élargissement *m; eines Katalogs* enrichissement *m; der Kapazität* accroissement *m*

Erwerb [ɛɐ̯'vɛrp] <-[e]s, -e> *m form* ❶ *kein Pl* (*Kauf*) acquisition *f* ❷ (*Erwerbstätigkeit*) gagne-pain *m*

erwerben* *vt irr* ❶ (*erlangen*) acquérir *Besitz, Titel, Würde;* conquérir *Achtung;* gagner *Vertrauen* ❷ (*kaufen*) faire l'acquisition de

erwerbsfähig *adj form* apte à exercer un emploi **Erwerbsfähigkeit** *f kein Pl* capacité *f* de travail **Erwerbsleben** *nt form* **im ~ stehen** être dans la vie active

erwerbslos *adj form* sans-emploi *inv*

Erwerbsquelle *f* source *f* de revenus **erwerbstätig** *adj* actif(-ive) **Erwerbstätige(r)** [ɛɐ̯'vɛrpstɛːtɪgə, -gɐ] *f(m) dekl wie adj* actif(-ive) *m(f)* **erwerbsunfä-**

E

hig *adj form* inapte à exercer un emploi; ~ **sein** être en incapacité de travail

Erwerbung *f* acquisition *f*

erwidern* [ɛɐ̯'viːdɐn] *vt* ❶ (*antworten*) répliquer ❷ (*zurückgeben*) rendre *Gruß, Kuss;* retourner *Kompliment*

Erwiderung <-, -en> *f* réponse *f;* **die ~ seiner Liebe** la réponse à son amour

E

erwiesen [ɛɐ̯'viːzən] *PP von* **erweisen**

erwirken* [ɛɐ̯'vɪrkən] *vt* **etw gegen jdn ~** obtenir qc à l'encontre de qn

erwirtschaften* *vt* réaliser *Gewinn;* enregistrer *Verlust*

erwischen* *vt fam* ❶ (*ertappen*) pincer; **jdn beim Stehlen ~** pincer qn en train de voler ❷ (*zu fassen bekommen*) choper *Person, Tier* ❸ (*erreichen*) réussir à avoir *Bus, Bahn;* **jdn gerade noch ~** trouver qn encore ❹ (*treffen*) **die Kugel hat ihn am Arm erwischt** il s'est pris une balle dans le bras

erworben [ɛɐ̯'vɔrbən] *adj* MED acquis(e)

erwünscht [ɛɐ̯'vʏnʃt] *adj* ❶ (*gewünscht*) *Effekt* escompté(e); *Eigenschaft, Kenntnisse* souhaité(e) ❷ (*willkommen*) *Gelegenheit* attendu(e); *Anwesenheit* souhaité(e); **Rauchen nicht ~!** prière de ne pas fumer!

erwürgen* [ɛɐ̯'vʏrgən] *vt* étrangler

Erz [eːɐ̯ts] <-es, -e> *nt* minerai *m*

erzählen* *vt, vi* raconter

erzählenswert *adj* digne d'être raconté(e)

Erzähler(in) [ɛɐ̯'tsɛːlɐ] *m(f)* ❶ (*Novellist*) conteur(-euse) *m(f)* ❷ LITER (*im Roman*) narrateur(-trice) *m(f)* ❸ (*Geschichtenerzähler*) conteur(-euse) *m(f)*

Erzählung *f* ❶ (*Prosawerk*) conte *m* ❷ *kein Pl* (*das Erzählen*) récit *m*

Erzbischof ['ɛrtsbɪʃɔf] *m,* **-bischöfin** *f* archevêque *m* **Erzbistum** ['ɛrtsbɪstuːm] *nt* archevêché *m* **Erzengel** ['ɛrtsʔɛŋəl] *m* archange *m*

erzeugen* *vt* ❶ (*produzieren, hervorbringen*) produire ❷ (*hervorrufen*) provoquer *Ärger;* **es verstehen Spannung zu ~** s'y entendre pour créer le suspense

Erzeuger(in) <-s, -> *m(f)* ❶ *landwirtschaftlicher Produkte* producteur(-trice) *m(f)* ❷ *hum fam* (*Vater*) géniteur *m*

Erzeugnis [ɛɐ̯'tsɔyknɪs] <-ses, -se> *nt* produit *m*

Erzeugung <-, -en> *f* production *f*

Erzfeind(in) ['ɛrts-] *m(f)* ennemi(e) juré(e) *m* **Erzgauner** ['ɛrts-] *m* escroc *m* consommé

Erzgebirge ['eːɐ̯tsgəbɪrgə] *nt* **das ~** les monts Métallifères

Erzherzog(in) ['ɛrtshɛrtsoːk] *m(f)* archiduc *m*/archiduchesse *f*

erziehbar *adj* **leicht/schwer ~ sein** s'élever [*o* s'éduquer] facilement/difficilement; **schwer ~** inadapté

erziehen* *vt irr* ❶ élever *Kind;* **jdn streng katholisch ~** donner une éducation strictement catholique à qn ❷ (*anleiten*) **jdn zur Ordnung/Selbständigkeit ~** apprendre l'ordre/l'indépendance à qn

Erzieher(in) [ɛɐ̯'tsiːɐ] <-s, -> *m(f)* éducateur(-trice) *m(f)*

erzieherisch *adj* éducatif(-ive)

Erziehung *f* éducation *f*

erziehungsberechtigt [ɛɐ̯'tsiːʊŋsbərɛçtɪçt] *adj* investi(e) de l'autorité parentale **Erziehungsberechtigte(r)** *f(m) dekl wie adj* responsable *mf* légal(e) **Erziehungscamp** *nt* camp *m* de redressement **Erziehungsgeld** *nt* allocation *f* parentale d'éducation **Erziehungsjahr** *nt* année *f* de congé parental **Erziehungsmethode** *f* méthode *f* éducative **Erziehungswissenschaft** *f* pédagogie *f*

erzielen* *vt* ❶ (*erreichen*) parvenir à *Einigung;* obtenir *Ergebnis;* remporter *Gewinn, Preis;* tirer *Treffer;* atteindre *Geschwindigkeit* ❷ SPORT établir *Rekord;* réaliser *Jahresbestzeit;* marquer *Punkt*

erzittern* *vi + sein* se mettre à trembler; **etw ~ lassen** faire trembler qc

erzkonservativ *adj* ultraconservateur(-trice)

erzürnen* [ɛɐ̯'tsʏrnən] *geh* **I.** *vt* mettre en colère; **jdn ~** mettre qn en colère **II.** *vr* **sich über jdn/etw ~** se mettre en colère contre qn/à propos de qc

erzwingen* *vt irr* forcer *Entscheidung;* **ein erzwungenes Geständnis** un aveu obtenu sous la contrainte

es [ɛs] **I.** *pron pers, 3. Pers Sing, nom* ❶ (*Person, Tier, Sache*) il/elle; **wo ist mein Buch/Hemd? – Es liegt auf dem Bett!** où est mon livre/ma chemise? – Il/Elle est sur le lit! ❷ (*das*) **~ ist Onkel Paul/Tante Inge** c'est l'oncle Paul/la tante Inge; **ich bin ~** c'est moi; **~ sind meine Kinder/Bücher** ce sont mes enfants/livres; **hoffentlich macht ~ Ihnen nichts aus** j'espère que cela ne vous gêne pas (*fam*) ❸ (*einem Subjektsatz vorausgehend*) **~ gefällt ihr, dass** ça lui plaît que + *subj;* **~ freut mich, dass es dir gut geht** je suis content que tu ailles bien ❹ (*in unpersönlichen Ausdrücken*) **~ regnet/schneit** il pleut/neige; **~ ist warm** il fait chaud; **~ geht ihr/ihnen gut** elle va/

ils vont bien; ~ **ist schon drei Uhr** il est déjà trois heures; **jetzt reicht ~!** cela suffit maintenant! (*fam*) ❺ (*in passivischen Ausdrücken*) ~ **wurde getanzt** on dansait ❻ (*in reflexiven Ausdrücken*) **hier lebt ~ sich angenehm** ici, la vie est agréable ❼ (*als Einleitewort mit folgendem Subjekt*) ~ **meldete sich niemand** personne ne se manifesta; ~ **fehlen zehn Euro** il manque dix euros **II.** *pron pers, 3. Pers Sing, akk* ❶ (*Person, Tier, Sache*) le/la; **möchtest du dieses Brötchen/Stück Kuchen oder kann ich ~ nehmen?** veux-tu ce petit pain/cette part de gâteau ou puis-je le/la prendre? ❷ (*das*) le; **ich glaube ~ nicht** je ne le crois pas ❸ (*einem Objektsatz vorausgehend*) ~ **nicht mögen, dass/wenn** ne pas aimer que + *subj*

Es <-, -> *nt* MUS mi *m* bémol

ESA ['e:za:] <-> *f Abk von* **European Space Agency** ASE *f*

Escapetaste [ɪs'keɪptastə] *f* INFORM touche *f* "échappement"

Esche ['ɛʃə] <-, -n> *f* (*Baum, Holz*) frêne *m*

Esel ['e:zəl] <-s, -> *m* ❶ âne *m* ❷ *fam* (*Dummkopf*) **ich ~!** ce que je suis bête!

Eselin <-, -nen> *f* ânesse *f*

Eselsbrücke *f fam* moyen *m* mnémotechnique **Eselsohr** *nt fam* corne *f*

Eskalation [ɛskala'ts̮i̯o:n] <-, -en> *f eines Konflikts* aggravation *f; von Gewalt* escalade *f*

eskalieren* [ɛska'li:rən] **I.** *vi* dégénérer; **zu etw ~** dégénérer en qc **II.** *vt* accroître *Spannungen;* envenimer *Konflikt*

Eskapade [ɛska'pa:də] <-, -n> *f geh* ❶ incartade *f* ❷ (*Seitensprung*) frasque *f*

Eskimo ['ɛskimo] <-s, -s> *m*, **-frau** *f* Esquimau(de) *m(f)*

Eskorte [ɛs'kɔrtə] <-, -n> *f* escorte *f*

eskortieren* [ɛskɔr'ti:rən] *vt* escorter

Esoterik [ezo'te:rɪk] <-> *f* ésotérisme *m*

Esoteriker(in) [ezo'te:rikɐ] <-s, -> *m(f)* ésotérique *mf*

esoterisch [ezo'te:rɪʃ] *adj* ésotérique

Espe ['ɛspe] <-, -n> *f* tremble *m*

Esperanto [ɛspe'ranto] <-[s]> *nt* espéranto *m*

Espresso [ɛs'prɛso] <-[s], -s *o* Espressi> *m* [café *m*] express *m*

Espressomaschine *f* machine *f* à expresso[s]

Esprit [ɛs'pri:] <-s> *m geh* esprit *m;* **eine Frau mit ~** une femme d'esprit

Essay ['ɛse] <-s, -s> *m o nt* essai *m*

Essayist(in) [ɛse'ɪst] <-en, -en> *m(f)* essayiste *mf*

essbar[RR], **eßbar**[ALT] ['ɛsba:ɐ̯] *adj Pilz* comestible

Essbesteck[RR], **Eßbesteck**[ALT] *nt* couverts *mpl*

Esse ['ɛsə] <-, -n> *f* DIAL (*Schornstein*) cheminée *f*

essen ['ɛsən] <isst, aß, gegessen> **I.** *vt* manger; **gern Obst ~** aimer les fruits ▶ **das [*o* der Fall] ist gegessen** *fam* c'est classé **II.** *vi* ❶ manger; **gut/warm ~** manger bien/chaud; **chinesisch ~ gehen** aller manger chinois; **von einem Teller ~** manger dans une assiette ❷ (*probieren*) **von etw ~** prendre de qc

Essen <-s, -> *nt* ❶ (*Mahlzeit, Speise*) repas *m;* **das ~ kochen** faire à manger ❷ (*Festessen*) banquet *m* ❸ (*Nahrung*) nourriture *f*

Essen[s]marke *f* ticket *m* [de] repas **Essenszeit** *f* heure *f* du repas

essentiell [ɛsɛn'ts̮i̯ɛl] *adj s.* **essenziell**

Essenz [ɛ'sɛnts] <-, -en> *f a. fig* essence *f*

essenziell[RR] [ɛsɛn'ts̮i̯ɛl] *adj* essentiel(le)

Esser(in) ['ɛsɐ] <-s, -> *m(f)* mangeur(-euse) *m(f);* **ein guter ~ [sein]** [être] un gros mangeur

Essgeschirr[RR], **Eßgeschirr**[ALT] *nt* service *m* de table

Essig ['ɛsɪç] <-s, -e> *m* vinaigre *m*

Essiggurke *f* cornichon *m* à la russe **Essigsäure** *f* acide *m* acétique

Esskastanie[RR], **Eßkastanie**[ALT] *f* châtaigne *f*

Esslöffel[RR], **Eßlöffel**[ALT] *m* cuillère *f* à soupe

Esstisch[RR], **Eßtisch**[ALT] *m* table *f* [de salle à manger]

Esszimmer[RR], **Eßzimmer**[ALT] *nt* salle *f* à manger

Este ['e:stə] <-n, -n> *m*, **Estin** *f* Estonien(ne) *m(f)*

Estland ['e:stlant] *nt* l'Estonie *f*

estnisch ['e:stnɪʃ] **I.** *adj* estonien **II.** *adv* ~ **miteinander sprechen** discuter en estonien; *s. a.* **deutsch**

Estnisch <-[s]> *nt kein Art* estonien *m; s. a.* **Deutsch**

Estragon ['ɛstragɔn] <-s> *m* estragon *m*

Estrich ['ɛstrɪç] <-s, -e> *m* ❶ chape *f* de ciment ❷ CH (*Dachboden*) grenier *m*

ESZB [e:ʔɛstsɛt'be:] <-> *nt Abk von* **Europäisches System der Zentralbanken** SEBC *m*

etablieren* [eta'bli:rən] **I.** *vt* établir **II.** *vr* **sich als Arzt ~** s'établir comme médecin

E

E

etabliert *adj geh* établi(e)
Etablissement [etablɪsəˈmãː] <-s, -s> *nt geh* ① (*Lokal*) établissement *m* ② (*Bordell*) maison *f* [de tolérance]
Etage [eˈtaːʒə] <-, -n> *f* étage *m*; **in der obersten ~** au dernier étage
Etagenbett *nt* lits *mpl* superposés
Etappe [eˈtapə] <-, -n> *f a.* SPORT étape *f*; **in ~n** par étapes
Etat [eˈtaː] <-s, -s> *m a.* POL budget *m*; **Eingriffe in den ~** ponctions *fpl* budgétaires
etc. [ɛtˈtseːtera] *Abk von* **et cetera** etc.
etepetete [ˈeːtəpəˈteːtə] *adj fam* **~ sein** être chichiteux
Ethik [ˈeːtɪk] <-> *f* éthique *f*
ethisch [ˈeːtɪʃ] *adj* éthique
ethnisch [ˈɛtnɪʃ] *adj* ethnique
EthnografieRR, **Ethnographie** [ɛtnograˈfiː] <-, -ien> *f* ethnographie *f*
Ethnologie [ɛtnoloˈgiː] <-, -ien> *f* ethnologie *f*
Ethos [ˈeːtɔs] <-> *nt* éthique *f*
Etikett [etiˈkɛt] <-[e]s, -e[n]> *nt* étiquette *f*
Etikette [etiˈkɛtə] <-> *f* (*Verhaltensregeln*) étiquette *f*
etikettieren* [etikɛˈtiːrən] *vt* étiqueter
etliche(r, s) [ˈɛtlɪçə, -çɐ, -çəs] *pron indef* ① *attr* pas mal de ② (*zahlreiche Personen*) **~ waren zum ersten Mal da** [un] bon nombre d'entre eux étaient là pour la première fois ③ (*einiges*) **~s** pas mal de choses; **um ~s älter/größer sein** être bien plus âgé/grand
Etüde [eˈtyːdə] <-, -n> *f* MUS étude *f*
Etui [ɛtˈviː, eˈtÿiː] <-s, -s> *nt* étui *m*
etwa [ˈɛtva] *adv* ① (*ungefähr*) [**in**] **~** à peu près ② (*zum Beispiel*) par exemple ③ (*womöglich*) par hasard; **willst du ~ hierbleiben?** tu veux vraiment rester ici?; **oder ~ nicht?** ou [bien] non?
etwaige(r, s) [ˈɛtvaɪgə, -gɐ] *adj attr* éventuel(le)
etwas [ˈɛtvas] *pron indef* ① quelque chose; **~/nichts sagen** dire quelque chose/ne rien dire; **kannst du mir ~ davon abgeben?** peux-tu m'en donner?; **hast du ~ von ihr gehört?** as-tu eu de ses nouvelles?; **hast du ~?** il y a quelque chose qui ne va pas? ② *attr* **~ Nettes/Neues** quelque chose de gentil/de nouveau; **~ anderes wäre es, wenn ...** ce serait [tout] autre chose si ...; **so ~ Dummes!** que c'est bête! ③ (*ein wenig*) un peu; **~ Kaffee** un peu de café; **~ arbeiten** travailler un peu
Etwas [ˈɛtvas] <-> *nt* **ein kleines ~** quelque chose de petit ▶ **das gewisse ~** un je ne sais quoi
Etymologie [etymoloˈgiː] <-, -ien> *f* étymologie *f*
etymologisch [etymoˈloːgɪʃ] *adj* étymologique
Et-Zeichen [ˈɛttsaiçən] *nt* esperluette *f*
EU [eːˈʔuː] <-> *f Abk von* **Europäische Union** UE *f*
EU-Asylpolitik *f* politique *f* européenne du droit d'asile **EU-Außengrenze** *f* frontière *f* extérieure de l'Union européenne **EU-Außenminister** *m* ministre *m* européen des Affaires étrangères **EU-Außenministerkonferenz** *f* conférence *f* des ministres européens des Affaires étrangères **EU-Beitritt** *m* entrée *f* dans l'UE
euch [ɔyç] **I.** *pron pers, dat von* **ihr**[1] ① vous; **mit ~** avec vous; **alle außer ~** tous excepté vous; **eine Bekannte von ~** une de vos connaissances; **weg mit ~!** allez-vous-en! ② *refl* vous; **stellt ~ vor, sie heiraten!** figurez-vous, ils vont se marier! **II.** *pron pers, akk von* **ihr**[1] ① vous; **er beobachtet ~** il vous regarde ② *refl* **beeilt ~!** dépêchez-vous!
Eucharistie [ɔyçarɪsˈtiː] <-> *f* eucharistie *f*
euer [ˈɔyɐ] *pron poss* ① **~ Bruder** votre frère; **eure Schwester** votre sœur; **eure Bücher** vos livres; **dieser Koffer ist eurer** cette valise est à vous; **ist das mein Schlüssel oder eurer?** est-ce ma clé ou la vôtre?; **alles Liebe, eure Petra/Eltern** affectueusement, Petra/vos parents ② *substantivisch geh* **der/die/das eure** le/la vôtre; **sind das unsere Schlüssel oder die euren?** est-ce que ce sont nos clés ou les vôtres?; **tut ihr das Eure!** faites ce que vous avez à faire!; **die Euren** les vôtres *mpl* (*soutenu*) ③ (*gewohnt, üblich*) **wollt ihr jetzt ~ Nickerchen machen?** vous voulez faire votre petite sieste habituelle?
Eugenik [ɔyˈgeːnɪk] <-> *f* MED eugénique *f*
Eukalyptus [ɔykaˈlʏptʊs] <-, Eukalypten> *m* eucalyptus *m*
EU-Kommission [eːˈʔuː-] *f* Commission *f* européenne **EU-Länder** [eːˈʔuː-] *Pl* pays *mpl* membres de l'UE
Eule [ˈɔylə] <-, -n> *f* chouette *f*; (*mit Ohrfedern*) hibou *m*
EU-Ministerrat *m* Conseil *m* européen **EU-Mitgliedstaaten** *Pl* Etats *mpl* membres de l'UE
Eunuch [ɔyˈnuːx] <-en, -en> *m* eunuque *m*

EU-Osterweiterung *f* élargissement *m* à l'Est de l'Union européenne
Euphemismus [ɔyfe'mɪsmʊs] <-, -mismen> *m* euphémisme *m*
Euphorie [ɔyfo'riː] <-, -ien> *f* euphorie *f*
euphorisch [ɔy'foːrɪʃ] *adj* euphorique
EUR *Abk von* **Euro** EUR
Euratom [ɔyra'toːm] <-> *f Abk von* **Europäische Atomgemeinschaft** Euratom *m*
EU-Ratspräsident(in) *m(f)* Président(e) *m(f)* du Conseil de l'UE
eurerseits ['ɔyrɐ'zaits] *adv* ❶ (*ihr wiederum*) de votre côté ❷ (*was euch betrifft*) pour votre part
eures ['ɔyrəs] *s.* **euer**
euresgleichen ['ɔyrəs'glaiçən] *pron inv* ❶ *pej* (*Menschen eures Schlags*) vos semblables *mpl;* **ihr und ~** vous et vos semblables ❷ (*Menschen wie ihr*) **ihr verkehrt nur mit ~** vous ne fréquentez que les gens de votre sorte
euretwegen ['ɔyrət've:gən] *adv* (*wegen euch*) à cause de vous; (*euch zuliebe*) pour vous
euretwillen ['ɔyrət'vɪlən] *adv* **um ~** pour [l'amour de] vous
Eurhythmie [ɔyrʏt'miː] <-> *f* MED eurythmie *f*
Euro ['ɔyro] <-[s], -[s]> *m* euro *m;* **der Übergang zum ~** le passage à l'euro; **auf ~ lauten** être libellé en euros; **am ~ teilnehmen** participer au passage à l'euro
Eurobanknoten *Pl* billets *mpl* [en] euro **Eurobond** [-bɔnt] <-s, -s> *m* FIN euro-obligation *f* **Eurocent** *m* cent *m,* centime *m* d'euro **Eurocheque** *s.* **Euroscheck**
Eurocity® ['ɔyrosɪti] <-s, -s> *m* Eurocity *m*
Eurodollars *Pl* ÖKON eurodollars *mpl*
Eurokrat(in) [ɔyro'kraːt] <-en, -en> *m(f)* eurocrate *mf* (*péj fam*)
Eurokrise *f* crise *f* de l'euro **Eurokurs** *m* cours *m* de l'euro; **der steigende ~** le cours de l'euro en hausse **Euromarkt** *m* marché *m* européen **Euromünzen** *Pl* pièces *fpl* [en] euro
Europa [ɔy'roːpa] <-s> *nt* l'Europe *f*
Europaabgeordnete(r) *f(m) dekl wie adj* eurodéputé(e) *m(f)*
Europäer(in) [ɔyro'pɛːɐ] <-s, -> *m(f)* Européen(ne) *m(f)*
europäisch [ɔyro'pɛːɪʃ] *adj* européen(ne)
Europäisierung <-> *f* européisation *f*
Europameister(in) *m(f)* champion(ne) *m(f)* d'Europe **Europameisterschaft** *f* championnat *m* d'Europe **Europaparlament** *nt kein Pl* Parlement *m* européen **Europapokal** *m* SPORT coupe *f* d'Europe **Europarat** *m kein Pl* Conseil *m* de l'Europe **Europarecht** *nt kein Pl* droit *m* européen **Europawahl** *f* élections *fpl* européennes **europaweit** **I.** *adj* à l'échelle européenne **II.** *adv* dans l'Europe entière
Euroraum *m* zone *f* euro **Euroscheck** ['ɔyroʃɛk] *m* eurochèque *m* **Euro-Rettungsschirm**, **Eurorettungsschirm** *m* FIN, POL fonds *m* de sauvetage de la zone euro **Euroskeptiker(in)** *m(f)* eurosceptique *mf* **euroskeptisch** *Adj* eurosceptique **Eurotunnel** *m* tunnel *m* sous la Manche
Eurovision [ɔyrovi'zi̯oːn] *f* eurovision *f*
Eurowährung *f* eurodevise *f* **Eurowährungsgebiet** *nt,* **Eurozone** *f* zone *f* euro
Euter ['ɔytɐ] <-s, -> *nt o m* pis *m*
Euthanasie [ɔytana'ziː] <-> *f* euthanasie *f*
EU-Verfassung [eː'ʔuː-] *f* constitution *f* [de l'Union] européenne [*o* de l'UE] **EU-Vertrag** [eː'ʔuː-] *m* traité *m* [de l']UE
ev. *Abk von* **evangelisch** protestant(e)
e.V., E.V. [eː'fau̯] *Abk von* **eingetragener Verein** association *f* déclarée
evakuieren* [evaku'iːrən] *vt* évacuer *Bewohner, Stadt, Region*
Evakuierung <-, -en> *f* évacuation *f*
evangelisch [evaŋ'geːlɪʃ] *adj* protestant(e)
Evangelist [evaŋge'lɪst] <-en, -en> *m* évangéliste *m*
Evangelium [evaŋ'geːli̯ʊm] <-s, -lien> *nt* évangile *m*
Evaskostüm ['eːfaːs-] ▶ **im ~** *hum* en tenue d'Ève
Event [i'vɛnt] <-s, -s> *nt o m* évènement *m,* événement *m*
Eventualität [evɛntu̯ali'tɛːt] <-, -en> *f* éventualité *f*
eventuell [evɛn'tu̯ɛl] *adj* éventuel(le)
Evolution [evolu'tsi̯oːn] <-, -en> *f* évolution *f*
evtl. *adj, adv Abk von* **eventuell**
E-Werk ['eːvɛrk] *nt Abk von* **Elektrizitätswerk** centrale *f* électrique
EWG [eːveː'geː] <-> *f* HIST *Abk von* **Europäische Wirtschaftsgemeinschaft** C.E.E. *f*
EWI [eːveːʔ'iː] <-> *nt Abk von* **Europäisches Währungsinstitut** IME *m*
ewig ['eːvɪç] **I.** *adj* (*immer während*) éternel(le) **II.** *adv* ❶ (*seit jeher*) *bestehen* de toute éternité ❷ (*für immer*) **auf ~** pour

toujours ③ *fam* (*ständig*) toujours ④ *fam* (*eine lange Zeit*) une éternité; (*seit langem*) depuis une éternité

Ewigkeit <-, -en> *f* éternité *f*

EWS [eːveː'ʔɛs] <-> *nt Abk von* **Europäisches Währungssystem** S.M.E. *m*

EWU [eːveː'ʔuː] <-> *f Abk von* **Europäische Währungsunion** U.M.E. *f*

ex [ɛks] *adv fam* ▸ **etw** [**auf**] ~ **trinken** boire qc cul sec

E

exakt [ɛ'ksakt] **I.** *adj* exact(e) **II.** *adv* exactement; *arbeiten* avec [beaucoup de] précision

Exaktheit <-> *f* exactitude *f*

exaltiert [ɛksal'tiːɐ̯t] *adj Benehmen* excentrique

Examen [ɛ'ksaːmən] <-s, - *o* Examina> *nt* examen *m*; ~ **machen** passer ses examens

exekutieren* [ɛkseku'tiːrən] *vt form* exécuter

Exekution [ɛkseku'tsi̯oːn] <-, -en> *f* ① exécution *f* ② A (*Pfändung*) saisie *f*

Exekutive [ɛkseku'tiːvə] <-, -n> *f* POL exécutif *m*

Exekutivgewalt [ɛkseku'tiːf-] *f* POL pouvoir *m* exécutif

Exekutor(in) [ɛkse'kuːtoːɐ̯] <-s, -en> *m(f)* A (*Gerichtsvollzieher*) huissier *m*

Exemplar [ɛksɛm'plaːɐ̯] <-s, -e> *nt* exemplaire *m*; **ein seltenes** ~ un spécimen rare

exemplarisch [ɛksɛm'plaːrɪʃ] **I.** *adj* (*beispielhaft*) exemplaire **II.** *adv bestrafen* de façon exemplaire

exerzieren* [ɛksɛr'tsiːrən] **I.** *vi* MIL faire l'exercice **II.** *vt* ① répéter ② *geh* (*praktizieren*) pratiquer

Exhibitionismus [ɛkshibitsi̯o'nɪsmʊs] <-> *m* exhibitionnisme *m*

Exhibitionist(in) [ɛkshibitsi̯o'nɪst] <-en, -en> *m(f)* exhibitionniste *mf*

exhumieren* [ɛkshu'miːrən] *vt* exhumer

Exil [ɛ'ksiːl] <-s, -e> *nt* exil *m*; **ins** ~ **nach Südamerika gehen** s'exiler en Amérique du Sud

Exilregierung *f* gouvernement *m* en exil

Existentialismus [ɛksɪstɛntsi̯a'lɪsmʊs] *s.* **Existenzialismus**

existentiell [ɛksɪstɛn'tsi̯ɛl] *s.* **existenziell**

Existenz [ɛksɪs'tɛnts] <-, -en> *f* ① *kein Pl* (*das Existieren*) existence *f* ② (*Lebensgrundlage*) moyens *mpl* d'existence

Existenzangst *f* angoisse *f* existentielle **Existenzberechtigung** *f kein Pl einer Person* droit *m* à l'existence; *einer Sache* raison *f* d'être **Existenzgründer(in)** *m(f)* créateur(-trice) *m(f)* d'entreprise **Existenzgründung** *f* création *f* d'entreprise

Existenzgründungsseminar *nt* séminaire *m* pour créateurs d'entreprise

ExistenzialismusRR [ɛksɪstɛntsi̯a'lɪsmʊs] <-> *m* existentialisme *m*

Existenzialist(in)RR [ɛksɪstɛntsi̯a'lɪst] <-en, -en> *m(f)* existentialiste *mf*

existenziellRR [ɛksɪstɛn'tsi̯ɛl] *adj* vital(e)

Existenzkampf *m* lutte *f* pour l'existence **Existenzminimum** *nt* minimum *m* vital

existieren* [ɛksɪs'tiːrən] *vi* ① (*vorhanden sein*) exister ② (*leben*) **von etw** ~ vivre de qc

exklusiv [ɛksklu'ziːf] *adj* raffiné(e)

Exklusivbericht *m* reportage *m* exclusif

exklusive [ɛksklu'ziːvə] *präp* + *gen* non compris(e); **Preis: tausend Euro** ~ **Mehrwertsteuer** prix: mille euros, non compris la T.V.A. [*o* T.V.A. non comprise]

Exklusivrecht *nt* droit *m* exclusif

Exkommunikation [ɛkskɔmunika'tsi̯oːn] *f* excommunication *f*

exkommunizieren* [ɛkskɔmuni'tsiːrən] *vt* excommunier

Exkrement [ɛkskre'mɛnt] <-[e]s, -e> *nt meist Pl geh* excrément *m*

Exkurs [ɛks'kʊrs] <-es, -e> *m* digression *f*

Exkursion [ɛkskʊr'zi̯oːn] <-, -en> *f* excursion *f*

Exmatrikulation [ɛksmatrikula'tsi̯oːn] <-, -en> *f radiation de la liste des étudiants inscrits à l'université*

exmatrikulieren* [ɛksmatriku'liːrən] *vt* radier; **jdn/sich** ~ radier qn/se faire radier de la liste des étudiants

Exodus ['ɛksodʊs] <-, -se> *m geh der Bevölkerung* exode *f*

Exot(in) [ɛ'ksoːt] <-en, -en> *m(f)* ① (*Mensch*) habitant(e) *m(f)* d'un pays lointain; *fam* (*ausgefallene Person*) drôle *m* de spécimen ② (*Pflanze*) plante *f* exotique; (*Tier*) animal *m* exotique; *fam* (*ausgefallenes Exemplar*) modèle *m* rare

exotisch [ɛ'ksoːtɪʃ] *adj* ① (*fremdländisch*) *Person* d'un pays lointain; *Pflanze, Aussehen* exotique ② *fam* (*ausgefallen*) *Person* farfelu(e); *Exemplar* extravagant(e); *Hobby, Beruf* insolite

Expander [ɛks'pandɐ] <-s, -> *m* extenseur *m*

expandieren* [ɛkspan'diːrən] *vi* ① (*sich vergrößern*) *Firma:* s'agrandir ② PHYS *Gas, Wasserdampf:* se dilater; *Universum:* être en expansion

Expansion [ɛkspan'zi̯oːn] <-, -en> *f* POL, COM expansion *f*

Expansionspolitik *f* politique *f* expansionniste
expedieren* [ɛkspe'diːrən] *vt geh* expédier
Expedition [ɛkspedi'ts̮i̯oːn] <-, -en> *f* ❶(*Forschungsreise*) expédition *f* ❷(*Versandabteilung*) [service *m* d']expédition *f*
Experiment [ɛksperi'mɛnt] <-[e]s, -e> *nt* expérience *f*; (*wissenschaftlicher Versuch*) expérimentation *f*
experimentell [ɛksperimɛn'tɛl] **I.** *adj* expérimental(e); **auf ~e Weise** expérimentalement **II.** *adv* **~ vorgehen** expérimenter
experimentieren* [ɛksperimɛn'tiːrən] *vi* faire des expériences; **mit etw/an Tieren ~** faire des expériences avec qc/sur des animaux
Experte [ɛks'pɛrtə] <-n, -n> *m*, **Expertin** *f* expert(e) *m(f)*
Expertensystem *nt* INFORM système *m* expert
explizit [ɛkspli'ts̮iːt] *geh adj Anordnung* explicite
explodieren* [ɛksplo'diːrən] *vi + sein a. fig* exploser
Explorer [ɪk'splɔːrɐ] <-s, -> *m* INFORM explorateur *m*
Explosion [ɛksplo'zi̯oːn] <-, -en> *f a. fig* explosion *f*
explosionsartig **I.** *adj* ❶**ein ~es Geräusch** un bruit d'explosion ❷(*rasant*) *Zunahme* explosif(-ive) **II.** *adv* à une vitesse fulgurante
Explosionsgefahr *f* danger *m* d'explosion
explosiv [ɛksplo'ziːf] *adj* explosif(-ive)
Exponat [ɛkspo'naːt] <-[e]s, -e> *nt* pièce *f* d'exposition
Exponent [ɛkspo'nɛnt] <-en, -en> *m* ❶représentant *m* ❷MATH exposant *m*
Export [ɛks'pɔrt] <-[e]s, -e> *m* exportation *f*
Exportartikel *m* produit *m* d'exportation
Exporteur(in) [ɛkspɔr'tøːɐ̯] <-s, -e> *m(f)* exportateur(-trice) *m(f)*
Exportfirma *f* entreprise *f* d'exportation **Exportgeschäft** *nt* (*Firma*) société *f* d'exportation; (*Handel*) activité *f* d'exportation **Exporthandel** *m* commerce *m* d'exportation
exportieren* [ɛkspɔr'tiːrən] *vt* ❶exporter; **etw ins Ausland/nach Australien ~** exporter qc à l'étranger/vers l'Australie ❷*fig* exporter *Inflation;* transmettre *Virus*
Exportschlager *m* meilleure exportation *f*

ExpressRR [ɛks'prɛs] <-es>, **Expreß**ALT <-sses> *m* **per ~** par exprès
Expressionismus [ɛksprɛsi̯o'nɪsmʊs] <-> *m* expressionnisme *m*
Expressionist(in) [ɛksprɛsi̯o'nɪst] <-en, -en> *m(f)* expressionniste *mf*
exquisit [ɛkskvi'ziːt] **I.** *adj Essen, Wein* exquis(e); *Lokal* excellent(e) **II.** *adv* **~ schmecken** être exquis
extensiv [ɛkstɛn'ziːf] *adj Landwirtschaft* extensif(-ive)
extern [ɛks'tɛrn] *adj Schüler* externe; *Kandidat* venu(e) de l'extérieur; *Prüfung* subi(e) à l'extérieur
Externe(r) *f(m) dekl wie adj* (*Schüler*) externe *mf*
extra ['ɛkstra] *adv* ❶(*besonders*) extra[-]; **~ dünne Scheiben** des tranches *fpl* extrafines ❷(*zusätzlich*) en plus ❸(*eigens*) exprès ❹(*gesondert*) à part
Extra ['ɛkstra] <-s, -s> *nt* accessoire *m* [optionnel]
Extrablatt *nt* édition *f* spéciale **extrafein** *adj fam* très fin(e)
extrahieren* [ɛkstra'hiːrən] *vt* extraire *Zahn, Wirkstoffe*
Extrakt [ɛks'trakt] <-[e]s, -e> *m* extrait *m*
extravagant [ɛkstrava'gant] **I.** *adj* extravagant(e) **II.** *adv* de façon extravagante
Extravaganz [ɛkstrava'gants̮] <-, -en> *f* extravagance *f*
extravertiert [ɛkstravɛr'tiːɐ̯t] *adj* extraverti(e)
Extrawurst *f fam* régime *m* spécial ▶**jdm eine ~ braten** faire une fleur à qn; **immer eine ~ [gebraten haben] wollen** vouloir qu'on fasse toujours ses quatre volontés **Extrazug** *m* CH train *m* spécial
extrem [ɛks'treːm] **I.** *adj* extrême **II.** *adv* ❶*mit adj* (*äußerst*) **~ links/rechts stehen** *Politiker:* être d'extrême gauche/droite ❷*mit Verb* **sich ~ konzentrieren** se concentrer énormément
Extrem [ɛks'treːm] <-s, -e> *nt* extrême *m*
Extremfall *m* cas *m* extrême; **im ~** au grand maximum; (*bestenfalls*) dans le meilleur des cas; (*schlimmstenfalls*) dans le pire des cas
Extremismus [ɛkstre'mɪsmʊs] <-, -mismen> *m* extrémisme *m*
Extremist(in) [ɛkstre'mɪst] <-en, -en> *m(f)* extrémiste *mf*
extremistisch [ɛkstre'mɪstɪʃ] *adj* extrémiste
Extremitäten [ɛkstremi'tɛːtən] *Pl* extrémités *fpl*

E

Extremsportart *f* sport *m* extrême **Extremsportler(in)** *m(f)* sportif(-ive) *m(f)* extrême
extrovertiert [ɛkstrovɛrˈtiːɐt] *s.* **extravertiert**
exzellent [ɛkstsɛˈlɛnt] **I.** *adj* excellent(e) **II.** *adv sich fühlen* en excellente forme; *speisen* extrêmement bien
Exzellenz [ɛkstseˈlɛnts] <-, -en> *f* Excellence *f*; **Eure ~!** Votre Excellence!
Exzentriker(in) [ɛksˈtsɛntrɪkɐ] <-s, -> *m(f)* excentrique *mf*
exzentrisch [ɛksˈtsɛntrɪʃ] *adj* excentrique
ExzessRR [ɛksˈtsɛs] <-es, -e>, **Exzeß**ALT <-sses, -sse> *m meist Pl* excès *m*; **etw bis zum ~ treiben** pousser qc à l'extrême
exzessiv [ɛkstsɛˈsiːf] *adj* excessif(-ive)
Eyeliner [ˈaɪlaɪnɐ] <-s, -> *m* eye-liner *m*
EZB [eːtsɛtʔˈbeː] <-> *f Abk von* **Europäische Zentralbank** BCE *f*

F

Ff

F, f [ɛf] <-, -> *nt* 1 (*Buchstabe*) F *m/f m* 2 MUS fa *m*
f. 1 *Abk von* **folgende** [**Seite**] et la page qui suit, sq. 2 *Abk von* **für** pour
Fa. *Abk von* **Firma** Sté
Fabel [ˈfaːbəl] <-, -n> *f a. fig* fable *f*
fabelhaft *adj Aussehen, Wetter* merveilleux(-euse); *Qualität* fabuleux(-euse); **das ist ja ~!** c'est vraiment sensationnel!
Fabeltier *nt* animal *m* fabuleux **Fabelwesen** *nt* être *m* fabuleux
Fabrik [faˈbriːk] <-, -en> *f* usine *f*
Fabrikant(in) [fabriˈkant] <-en, -en> *m(f)* 1 (*Fabrikbesitzer*) industriel(le) *m(f)* 2 (*Hersteller*) fabricant(e) *m(f)*
Fabrikarbeiter(in) *m(f)* ouvrier(-ière) *m(f)* d'usine
Fabrikat [fabriˈkaːt] <-[e]s, -e> *nt* 1 (*Produkt*) produit *m* 2 (*Marke*) marque *f*
Fabrikation [fabrikaˈtsi̯oːn] <-, -en> *f* fabrication *f*
Fabrikationsfehler *m* défaut *m* de fabrication
Fabrikbesitzer(in) *m(f)* propriétaire *mf* d'usine **Fabrikgelände** *nt* terrain *m* industriel **Fabrikhalle** *f* atelier *m* de production **fabrikneu** *adj* fraîchement sorti(e) d'usine
fabrizieren* [fabriˈtsiːrən] *vt a. fig* fabriquer
fabulieren* [fabuˈliːrən] *vi* raconter des histoires
Facelifting [ˈfeɪslɪftɪŋ] <-s, -s> *nt* lifting *m*
Facette [faˈsɛtə] <-, -n> *f* facette *f*
Facettenauge [faˈsɛtən-] *nt* ZOOL œil *m* à facettes
Fach [fax, *Pl:* ˈfɛçɐ] <-[e]s, Fächer> *nt* 1 *einer Tasche* compartiment *m*; *eines Schranks* rayon *m* 2 (*Schubfach*) tiroir *m* 3 (*Schulfach*) matière *f* 4 (*Sachgebiet*) domaine *m*; **vom ~ sein** être du métier
Facharbeiter(in) *m(f)* ouvrier(-ière) *m(f)* qualifié(e) **Facharzt** *m*, **-ärztin** *f* [médecin *m*] spécialiste *mf* **fachärztlich** *adj Behandlung* par un(e) spécialiste; *Gutachten* d'un(e) spécialiste **Fachausdruck** <-ausdrücke> *m* terme *m* technique **Fachbereich** *m einer Universität* ≈ unité *f* de formation et de recherche **Fachbuch** *nt* ouvrage *m* spécialisé
fächeln [ˈfɛçəln] **I.** *vi* **mit etw ~** agiter qc pour produire un courant d'air **II.** *vt* **jdn/sich mit etw ~** éventer qn/s'éventer avec qc
Fächer [ˈfɛçɐ] <-s, -> *m* éventail *m*
fächerartig *adj* en éventail
Fachfrau *f* spécialiste *f* **fachfremd** **I.** *adj* non spécialisé(e) **II.** *adv* [en de]hors de sa compétence **Fachgebiet** *nt* spécialité *f* **fachgerecht** *adj* approprié(e); *Ausbildung* spécialisé(e) **Fachgeschäft** *nt* magasin *m* spécialisé **Fachhandel** *m* commerce *m* spécialisé **Fachhochschule** *f école supérieure spécialisée où on peut faire des études techniques ou artistiques* **Fachidiot(in)** *m(f) pej fam* spécialiste *mf* borné(e) **Fachkenntnisse** *Pl* connaissances *fpl* professionnelles **Fachkraft** *f* spécialiste *mf*; **Fachkräfte** personnel *m* qualifié **fachkundig** *adj* compétent(e) **Fachlehrer(in)** *m(f)* enseignant(e) *m(f)* qualifié(e) **Fachleute** *Pl von* **Fachmann**
fachlich **I.** *adj Qualifikation* professionnel(le); *Beratung* compétent(e) **II.** *adv* sur le plan professionnel

Fachliteratur *f* littérature *f* spécialisée **Fachmann** <-leute> *m* spécialiste *m*

fachmännisch ['faxmɛnɪʃ] **I.** *adj* de spécialiste **II.** *adv prüfen* en connaisseur; *beraten* avec compétence

Fachpersonal *nt* personnel *m* qualifié **Fachrichtung** *f* branche *f*

Fachschaft <-, -en> *f* étudiants *mpl* de la discipline; **die ~ Romanistik** la section romaniste

Fachschule *f* école *f* professionnelle

Fachsimpelei [faxzɪmpə'lai] <-, -en> *f fam* discussion *f* entre gens du métier

fachsimpeln ['faxzɪmpəln] *vi fam* parler boutique; **mit jdm ~** parler boutique avec qn

Fachsprache *f* jargon *m* **Fachwerk** *nt kein Pl* colombage *m*

Fachwerkhaus *nt* maison *f* à colombages

Fachwissen *nt* savoir *m* technique **Fachwort** *nt* terme *m* technique **Fachzeitschrift** *f* revue *f* spécialisée

Fackel ['fakəl] <-, -n> *f* torche *f*

Fackellauf *m* SPORT parcours *m* de la flamme; **Olympischer ~** parcours de la flamme olympique

fackeln ['fakəln] *vi fam* **nicht [lange] ~** ne faire ni une ni deux

Fackelzug *m* retraite *f* aux flambeaux

fad [fa:t], **fade** ['fa:də] **I.** *adj* ❶ *Geschmack* fade ❷ (*langweilig*) *Person* insipide **II.** *adv* **~ schmecken** être fade, avoir un goût fade

Faden ['fa:dən, *Pl:* 'fɛ:dən] <-s, Fäden> *m a.* MED fil *m* ▶ **alle Fäden [fest] in der Hand halten** tenir les rênes; **der rote ~** le fil conducteur; **dort laufen alle Fäden zusammen** c'est là qu'on tire [toutes] les ficelles; **den ~ verlieren** perdre le fil

Fadenkreuz *nt* OPT réticule *m*

fadenscheinig ['fa:dənʃaɪnɪç] *adj* ❶ *pej Ausrede* cousu(e) de fil blanc ❷ (*abgewetzt*) usé(e) jusqu'à la corde

Fadheit <-> *f* fadeur *f*

fadisieren* [fadi'zi:rən] *vt, vr* A *fam* (*langweilen*) **[sich] ~** [s']ennuyer

Fagott [fa'gɔt] <-[e]s, -e> *nt* basson *m*

Fagottbläser(in) *m(f)*, **Fagottist(in)** [fagɔ'tɪst] <-en, -en> *m(f)* basson *m*

fähig ['fɛ:ɪç] *adj* capable; *Mitarbeiter* qualifié(e); **zu allem ~ sein** être capable de tout

Fähigkeit <-, -en> *f* ❶ *kein Pl* (*das Imstandesein*) faculté *f*, capacité *f* ❷ (*Begabung*) aptitude *f*

fahl [fa:l] *adj* blafard(e)

Fähnchen <-s, -> *nt Dim von* **Fahne** petit drapeau *m*

fahnden ['fa:ndən] *vi* rechercher; **nach jdm/etw ~** rechercher qn/qc

Fahndung <-, -en> *f* recherches *fpl*

Fahndungsliste *f* liste *f* des personnes recherchées

Fahne ['fa:nə] <-, -n> *f* ❶ (*Banner*) drapeau *m* ❷ *fam* (*Alkoholfahne*) haleine *f* qui pue l'alcool; **eine ~ haben** *fam* puer l'alcool ❸ TYP placard *m*

Fahneneid *m* serment *m* de fidélité au drapeau **Fahnenflucht** *f kein Pl* désertion *f*; **~ begehen** déserter **fahnenflüchtig** *adj* **~ werden** déserter **Fahnenflüchtige(r)** *f(m) dekl wie adj* déserteur *m* **Fahnenmast** *m* mât *m*

Fähnrich ['fɛ:nrɪç] <-s, -e> *m* aspirant *m*

Fahrausweis *m* ❶ titre *m* de transport ❷ CH (*Führerschein*) permis *m* de conduire **Fahrbahn** *f* ❶ (*Straße*) chaussée *f* ❷ (*Fahrspur*) voie *f* [de circulation]

fahrbar *adj Serviertisch* roulant(e); *Garderobenständer* mobile

Fähre ['fɛ:rə] <-, -n> *f* bac *m;* (*Autofähre*) [car-]ferry *m*

fahren ['fa:rən] <fährt, fuhr, gefahren> **I.** *vi* ❶ + *sein* (*Fahrgast sein*) **nach Hamburg/Frankreich ~** aller à Hambourg/en France; **mit dem Zug ~** prendre le train; **auf der Autobahn ~** rouler sur l'autoroute; **wollen wir ~ oder zu Fuß gehen?** nous y allons en voiture ou à pied? ❷ + *sein* (*sich bewegen*) *Fahrzeug:* rouler; **nach oben/unten ~** *Fahrstuhl:* monter/descendre ❸ + *sein* (*ein Fahrzeug lenken*) conduire; **links ~** rouler à gauche; **gegen etw ~** rentrer dans qc ❹ + *sein* (*losfahren*) partir ❺ + *sein* (*verkehren*) passer; **alle zehn Minuten ~** *Verkehrsmittel:* passer toutes les dix minutes; **~ heute keine Busse?** les bus ne circulent pas aujourd'hui?; **welche Linie fährt zum Bahnhof?** quelle ligne va jusqu'à la gare? ❻ + *sein* (*reisen*) **mit der Bahn ~** voyager en train ❼ + *sein* (*zucken*) **der Schreck fuhr ihr in die Glieder** la peur lui a coupé les jambes; **was ist [denn] in dich gefahren?** qu'est-ce qui t'a pris? ❽ + *haben o sein* (*streichen*) **sich** (*dat*) **mit der Hand über die Stirn ~** se passer la main sur le front ❾ + *sein fam* (*zurechtkommen*) **mit jdm/etw gut ~** être satisfait de qn/qc ▶ **einen ~ lassen** *fam* lâcher un pet **II.** *vt* ❶ + *haben* (*lenken*) conduire *Auto;* rouler sur *Fahrrad* ❷ + *haben* (*befördern*) conduire *Personen;* transporter *Sachen* ❸ + *sein* (*benutzen*) **Autobahn ~** *Person:* prendre l'autoroute ❹ + *sein* (*als*

F

Geschwindigkeit haben) **90 km/h ~** rouler à 90 km/h ❺+ *haben o sein* SPORT effectuer *Rennen*
fahrend *adj Musikant* ambulant(e); *Volk* nomade
Fahrenheit ['fa:rənhait] Fahrenheit
fahren|lassen* ALT *s.* **fahren I.**
Fahrer(in) ['fa:rɐ] <-s, -> *m(f)* ❶(*Autofahrer*) conducteur(-trice) *m(f);* (*Motorradfahrer*) motard(e) *m(f)* ❷(*Chauffeur*) chauffeur *m*

F

Fahrerflucht *f* délit *m* de fuite **Fahrerhaus** *nt* cabine *f*
Fahrerlaubnis *f form* permis *m* de conduire
Fahrersitz *m* siège *m* du conducteur
Fahrgast *m* passager(-ère) *m(f)* **Fahrgeld** *nt* (*für den Bus*) argent *m* pour le ticket; (*für den Zug*) argent pour le billet **Fahrgemeinschaft** *f* covoiturage *m* **Fahrgestell** *nt eines Autos* châssis *m*
fahrig ['fa:rɪç] *adj Person* surexcité(e); *Bewegung* nerveux(-euse)
Fahrkarte *f* ticket *m;* (*für den Zug*) billet *m*
Fahrkartenautomat *m* distributeur *m* [automatique] de tickets **Fahrkartenschalter** *m* guichet *m* [de vente] des billets
fahrlässig ['fa:ɐ̯lɛsɪç] *adj* imprudent(e); JUR *Tötung* par imprudence
Fahrlässigkeit <-, -en> *f* imprudence *f*
Fahrlehrer(in) *m(f)* moniteur(-trice) *m(f)* d'auto-école
Fährmann ['fɛ:ɐ̯man] <-männer *o* -leute> *m* passeur *m*
Fahrplan *m* [indicateur *m*] horaire *m*
Fahrplanauszug *m* fiche-horaire *f* des trains
fahrplanmäßig **I.** *adj* prévu(e) [selon l'horaire] **II.** *adv* selon l'horaire prévu
Fahrpraxis *f kein Pl* pratique *f* de la conduite **Fahrpreis** *m* prix *m* du transport **Fahrprüfung** *f* examen *m* du permis de conduire **Fahrrad** ['fa:ɐ̯ra:t] *nt* vélo *m,* bicyclette *f*
Fahrradfahrer(in) *m(f)* cycliste *mf* **Fahrradkette** *f* chaîne *f* de vélo **Fahrradkurier** *m* coursier(-ière) *m(f)* à bicyclette **Fahrradständer** *m* (*am Fahrrad*) béquille *f;* (*Gestell für Fahrräder*) support *m* pour vélos **Fahrradweg** *m* piste *f* cyclable
Fahrrinne *f* chenal *m* **Fahrschein** *s.* **Fahrkarte**
Fahrscheinautomat *m* distributeur *m* automatique [de tickets]
Fährschiff *s.* **Fähre**
Fahrschule *f* auto-école *f* **Fahrschüler(in)** *m(f)* élève *mf* d'auto-école **Fahrspur** *f* voie *f* [de circulation]; **die rechte/linke ~** la voie de droite/gauche **Fahrstil** *m* façon *f* de conduire; **einen nervösen ~ haben** avoir une conduite nerveuse **Fahrstuhl** *m* ascenseur *m* **Fahrstunde** *f* leçon *f* de conduite
Fahrt [fa:ɐ̯t] <-, -en> *f* ❶(*das Fahren*) trajet *m;* **freie ~** circulation *f* fluide; (*für Züge*) voie *f* libre; **gute ~!** bonne route! ❷(*Geschwindigkeit*) allure *f;* **mit voller ~** à pleine vitesse ❸(*Reise*) voyage *m;* **hattet ihr eine angenehme ~?** vous avez fait bon voyage?; **eine einfache ~ nach London** un aller simple pour Londres ▶**eine ~ ins Blaue** une excursion surprise; **in ~ kommen** *fam* (*in Schwung kommen*) trouver la forme
fährt [fɛ:ɐ̯t] *3. Pers Präs von* **fahren**
Fährte ['fɛ:ɐ̯tə] <-, -n> *f* trace *f,* piste *f* ▶**auf der falschen ~ sein** être sur la mauvaise piste
Fahrtenbuch *nt* AUT carnet *m* de route **Fahrtenmesser** *nt* poignard *m* scout **Fahrtenschreiber** *m* tachygraphe *m*
Fahrtkosten *Pl* frais *mpl* de transport **Fahrtrichtung** *f* destination *f;* **in ~** dans le sens de la marche; **entgegen der ~** dans le sens contraire
Fahrtrichtungsanzeiger *m* AUT indicateur *m* de direction
fahrtüchtig *adj Person* en état de conduire; *Kraftfahrzeug* en [bon] état de marche
Fahrtunterbrechung *f* interruption *f* de trajet **Fahrtwind** *m* déplacement *m* d'air
Fährverbindung *f* liaison *f* ferry
Fahrverbot *nt* (*generelles Fahrverbot*) interdiction *f* de circuler; (*gegen Einzelpersonen*) suspension *f* de permis **Fahrwasser** ▶**in jds ~** (*dat*) **schwimmen** *fam* naviguer dans les eaux de qn **Fahrweise** *f* façon *f* de conduire **Fahrwerk** *nt eines Autos* châssis *m; eines Flugzeugs* train *m* d'atterrissage **Fahrzeit** *f* durée *f* du trajet
Fahrzeug <-, -e> *nt* véhicule *m*
Fahrzeugbrief *m titre de propriété du véhicule* **Fahrzeughalter(in)** *m(f)* propriétaire *mf* du véhicule **Fahrzeugpapiere** *Pl* papiers *mpl* du véhicule **Fahrzeugschein** *m* ≈ carte *f* grise
Faible ['fɛ:bl] <-s, -s> *nt* faible *m*
fair [fɛ:ɐ̯] **I.** *adj Person* fair-play; *Angebot, Spiel* correct(e); **das ist nicht ~!** ce n'est pas juste! **II.** *adv spielen* avec fair-play;

kämpfen loyalement; *sich verhalten* de façon correcte
FairnessRR, FairneßALT ['fɛːɐ̯nɛs] <-> *f* fair-play *m*
Fäkalien [fɛ'kaːli̯ən] *Pl* matières *fpl* fécales
Fake [feɪk] <-s, -s> *m o nt fam* fake *m*
Fakir ['faːkiːɐ̯] <-s, -e> *m* fakir *m*
Faksimile [fak'ziːmilə] <-s, -s> *nt* fac-similé *m*
Fakt [fakt] <-[e]s, -en> *m o nt* fait *m*
faktisch ['faktɪʃ] **I.** *adj attr* effectif(-ive) **II.** *adv* en fait
Faktor ['faktoːɐ̯] <-s, -toren> *m* facteur *m*
Faktotum [fak'toːtʊm] <-s, -s *o* Faktoten> *nt geh* (*Arbeitskraft*) factotum *m*
Faktum ['faktʊm] <-s, Fakten> *nt geh* fait *m*
Fakultät [fakʊl'tɛːt] <-, -en> *f* faculté *f*
fakultativ [fakʊlta'tiːf] *adj geh* facultatif(-ive)
Falke ['falkə] <-n, -n> *m a.* POL faucon *m*
Fall [fal, *Pl:* 'fɛlə] <-[e]s, Fälle> *m* ❶ *a.* GRAM, MED, JUR cas *m;* **in diesem ~** dans ce cas; **für den ~, dass** au cas où + *cond;* **das ist nicht der ~** ce n'est pas le cas; **gesetzt den ~** à supposer que + *subj;* **auf jeden ~** en tout cas; **auf keinen ~** en aucun cas; **für alle Fälle** pour tous les cas; **auf alle Fälle** en tout cas; **er ist ein hoffnungsloser ~** on ne peut plus rien faire pour lui ❷ *kein Pl a. fig* (*das Fallen*) chute *f;* **der freie ~** la chute libre ▶ **klarer ~!** *fam* évidemment!; **sein/mein/... ~ sein** *fam Person:* être son/mon/... genre; *Sache:* être son/mon/... truc; **von ~ zu ~** cas par cas
Fallbeil *nt* guillotine *f*
Falle ['falə] <-, -n> *f* ❶ *a. fig* piège *m;* **jdm eine ~ stellen** *fig* tendre un piège à qn; **in der ~ sitzen** *fig* être pris au piège ❷ *fam* (*Bett*) pieu *m*
fallen ['falən] <fällt, fiel, gefallen> *vi* + *sein* ❶ (*hinabfallen, umfallen*) tomber; **auf den Boden/ins Wasser ~** tomber par terre/dans l'eau; **auf/durch/in etw** (*akk*) **~** *Licht:* tomber sur/passer par/pénétrer dans qc ❷ (*stolpern*) **über etw** (*akk*) **~** buter sur qc ❸ *fam* (*nicht bestehen*) **durch die Prüfung ~** être recalé à l'examen ❹ (*sinken*) *Wert, Preise:* baisser; **die Aktien sind gefallen** les actions ont connu une baisse ❺ MIL *Soldat:* tomber à la guerre; *Festung:* tomber ❻ (*treffen*) **auf jdn ~** *Wahl, Verdacht:* se porter sur qn; **auf einen Dienstag ~** tomber un mardi ❼ JUR **an den Erben ~** revenir à l'héritier ❽ (*ergehen*) *Entscheidung:* être pris; *Urteil:* tomber ❾ (*sich ereignen*) *Ausgleichstreffer:* être marqué; *Schuss:* être tiré ❿ (*geäußert werden*) *Wort:* être prononcé; *Bemerkung:* être fait ▶ **~ lassen** abandonner *Plan;* laisser échapper *Bemerkung*
fällen ['fɛlən] *vt* ❶ abattre *Baum* ❷ JUR prendre *Entscheidung;* rendre *Urteil*
fallen\|lassen* *s.* **fallen** ▶
Fallgeschwindigkeit *f* PHYS vitesse *f* de chute **Fallgrube** *f* trappe *f*
fällig ['fɛlɪç] *adj* ❶ FIN *Rechnung* parvenu(e) à échéance; **~ sein** être exigible; **bis zum 23./innerhalb von zehn Tagen ~ sein** être payable avant le 23/dans les dix jours ❷ (*erforderlich*) *Entschuldigung* dû(e); *Reform* attendu(e)
Fälligkeit <-, -en> *f* échéance *f;* **bei/nach/vor ~** à/après/avant l'échéance
Fallobst *nt* fruits *mpl* tombés
Fallout, Fall-outRR [foːl'ʔaut, fɔɪl'aut] <-s, -s> *m* PHYS retombées *fpl*
falls [fals] *konj* au cas où + *cond;* **~ möglich/nötig** si possible/nécessaire
Fallschirm *m* parachute *m;* **mit dem ~ abspringen** sauter en parachute
Fallschirmjäger(in) *m(f)* MIL parachutiste *mf* **Fallschirmspringen** <-s> *nt* parachutisme *m* **Fallschirmspringer(in)** *m(f)* parachutiste *mf*
Fallstrick *m* piège *m* **Fallstudie** *f* étude *f* de cas
fällt [fɛlt] *3. Pers Präs von* **fallen**
Falltür *f* trappe *f*
falsch [falʃ] **I.** *adj* ❶ (*nicht richtig*) faux(fausse); *Schlüssel, Zug* mauvais(e); *Verdacht* non fondé(e); **hier sind Sie ~** vous n'êtes pas où il faut ❷ (*nicht aufrichtig*) *Versprechen* mensonger(-ère); *Person* faux(fausse) ❸ (*gefälscht*) *Schmuck, Banknote* faux(fausse) ❹ (*unangebracht*) *Scham* faux(fausse) ▶ **an den Falschen geraten** ne pas avoir choisi la bonne adresse **II.** *adv* mal; *singen* faux
Falschaussage *f* JUR faux témoignage *m*
Falscheid *m* JUR faux serment *m*
fälschen ['fɛlʃən] *vt* falsifier *Urkunde;* contrefaire *Banknoten, Unterschrift*
Fälscher(in) <-s, -> *m(f)* faussaire *mf*
Falschfahrer(in) *m(f)* automobiliste *mf* circulant à contresens **Falschgeld** *nt* fausse monnaie *f*
Falschheit <-> *f* fausseté *f*
fälschlich ['fɛlʃlɪç] *adj Annahme* erroné(e); *Behauptung* faux(fausse)
fälschlicherweise *adv* (*irrtümlicherweise*) de façon erronée
falsch\|liegen *vi irr fam* (*sich irren*) **mit**

F

etw ~ se fourrer le doigt dans l'œil à propos de qc **Falschmeldung** *f* fausse nouvelle *f* **Falschmünzer(in)** ['falʃmʏntsɐ] <-s, -> *m(f)* faux-monnayeur *m*/fausse-monnayeuse *f* **Falschparker(in)** ['falʃparkɐ] *m(f)* automobiliste *mf* mal garé(e) **Falschspieler(in)** *m(f)* tricheur(-euse) *m(f)*

Fälschung ['fɛlʃʊŋ] <-, -en> *f* ❶ *kein Pl* (*das Fälschen*) falsification *f* ❷ (*das Gefälschte*) faux *m*

fälschungssicher *adj* infalsifiable

Faltblatt *nt* dépliant *m* **Faltboot** *nt* canot *m* pliant

Fältchen <-s, -> *nt Dim von* **Falte 2** ridule *f*

Falte ['faltə] <-, -n> *f* ❶ *eines Kleidungsstücks, Papiers* pli *m; eines Stoffs* fronce *f;* **~n werfen** faire des plis ❷ (*Hautfalte*) ride *f;* **die Stirn in ~n legen** plisser le front

falten ['faltən] *vt* plier *Papier, Wäschestück;* joindre *Hände*

Faltenrock *m* jupe *f* plissée **Faltenwurf** *m kein Pl eines Stoffes* draperie *f*

Falter ['faltɐ] <-s, -> *m* papillon *m*

faltig ['faltɪç] *adj* ❶ (*zerknittert*) froissé(e) ❷ (*runzelig*) *Haut* ridé(e)

Faltkarton *m* carton *m* pliant **Faltprospekt** *m* dépliant *m*

Falz [falts] <-es, -e> *m* TECH rainure *f*

falzen ['faltsən] *vt* plier *Papier*

Fam. *Abk von* **Familie** famille *f*

familiär [fami'li̯ɛːɐ̯] *adj* ❶ familial(e) ❷ (*zwanglos*) *Atmosphäre* décontracté(e); *Umgangston* familier(-ière)

Familie [fa'miːli̯ə] <-, -n> *f* famille *f;* **aus guter ~ sein** être de bonne famille; **eine ~ gründen** fonder une famille ▶ **das kommt in den <u>besten</u> ~n vor** ça peut arriver à tout le monde

Familienangehörige(r) *f(m) dekl wie adj* membre *m* de la famille **Familienbeihilfe** *f* A ≈ allocations *fpl* familiales **Familienbesitz** *m* propriété *f* familiale [*o* de famille] **Familienbetrieb** *m* entreprise *f* familiale **Familienbuch** *nt* livret *m* de famille **Familienehre** *f* honneur *m* de la famille **Familienfeier** *f* réunion *f* familiale **Familienkreis** *m* **im engsten ~** dans la plus stricte intimité **Familienleben** *nt* vie *f* de famille **Familienmitglied** *s.* **Familienangehörige(r) Familienname** *m* nom *m* de famille **Familienoberhaupt** *nt* chef *m* de famille **Familienplanung** *f* planning *m* familial **Familienpolitik** *f* politique *f* familiale **Familienstand** *m* situation *f* de famille **Familienvater** *m* père *m* de famille **Familienverhältnisse** *Pl* situation *f* familiale

Fan [fɛn] <-s, -s> *m* fan *mf*

Fanal <-s, -e> *nt geh* signal *m*

Fanatiker(in) [fa'naːtɪkɐ] <-s, -> *m(f)* fanatique *mf*

fanatisch [fa'naːtɪʃ] *adj Person* fanatique; *Schrei* excité(e)

Fanatismus [fana'tɪsmʊs] <-> *m* fanatisme *m*

Fanclub *s.* **Fanklub**

fand [fant] *Imp von* **finden**

Fanfare [fan'faːrə] <-, -n> *f* (*Instrument*) clairon *m*

Fang [faŋ, *Pl:* 'fɛŋə] <-[e]s, Fänge> *m* ❶ *kein Pl* (*das Fangen von Fischen*) pêche *f;* (*das Fangen von Tieren*) chasse *f* ❷ (*Beute*) *einer Person* prise *f; eines Tiers* proie *f* ▶ **mit jdm/etw einen <u>guten</u> ~ machen** faire une belle prise avec qn/qc

Fangarm *m* tentacule *m*

fangen [faŋən] <fängt, fing, gefangen> **I.** *vt* ❶ attraper *Ball* ❷ arrêter *Verbrecher* ❸ *Jäger:* attraper *Tier;* capturer *Pelztier;* prendre *Fisch* ▶ **<u>eine</u> ~** *fam* en attraper une **II.** *vr* ❶ (*nicht stürzen*) **sich ~** reprendre l'équilibre ❷ (*sich seelisch beruhigen*) **sich wieder ~** se ressaisir

Fangen <-s> *nt* **~ spielen** jouer au chat

Fangflotte *f* flotte *f* de pêche **Fangfrage** *f* question *f* piège

Fangopackung ['faŋgo-] *f* cataplasme *m* [chaud] de boue minérale

Fangschaltung *f* système *m* de détection de la provenance des appels

fängt [fɛŋt] *3. Pers Präs von* **fangen**

Fangzahn *m* croc *m*

Fanklub ['fɛnklʊp] *m* fan-club *m* **Fanmeile** *f* FBALL zone *f* réservée aux supporters

Fantasie [fanta'ziː] <-, -ien> *f* ❶ *kein Pl* imagination *f* ❷ *meist Pl* (*Träumerei*) fantasme *m* ❸ MUS fantaisie *f*

fantasielos *adj Person* dépourvu(e) d'imagination; *Sache* banal(e)

fantasieren* [fanta'ziːrən] *vi* ❶ [af]fabuler; **von jdm/etw ~** [af]fabuler à propos de qn/qc ❷ MED délirer

fantasievoll I. *adj Person* imaginatif(-ive); *Darstellung* plein(e) d'imagination **II.** *adv gestalten* avec beaucoup d'imagination

Fantast(in) [fan'tast] <-en, -en> *m(f) pej* rêveur(-euse) *m(f)*

fantastisch [fan'tastɪʃ] **I.** *adj* ❶ *fam* (*großartig*) formidable; *Figur, Stimme* fantastique

② *fam* (*erstaunlich*) incroyable ③ *geh* (*illusionär*) *Vorstellung, Geschichte* fantastique **II.** *adv fam* (*großartig*) merveilleusement [bien]; ~ **schmecken** avoir vachement bon goût

Fantasyfilm ['fɛntəzi-] *m* film *m* de fantasy

Farbband <-bänder> *nt* ruban *m* **Farbbild** *nt* photo *f* en couleurs **Farbdruck** <-drucke> *m* ① *kein Pl* impression *f* en couleurs ② (*Erzeugnis*) imprimé *m* en couleurs **Farbdrucker** *m* imprimante *f* couleur

Farbe ['farbə] <-, -n> *f* ① (*Farbton*) couleur *f; eines Stoffs* coloris *m;* **in ~** en couleurs ② (*Gesichtsfarbe*) teint *m;* **~ bekommen** prendre des couleurs ③ (*Druckfarbe*) couleur *f;* (*Malfarbe*) peinture *f;* (*Färbemittel*) teinture *f* ▶ **~ bekennen** annoncer la couleur

farbecht *adj* grand teint *inv*

Färbemittel *nt* teinture *f*

färben ['fɛrbən] **I.** *vt* teindre; **sich** (*dat*) **die Haare rot ~** se teindre les cheveux en roux **II.** *vi fam* (*abfärben*) déteindre **III.** *vr* **sich ~** *Laub:* se colorer; **sich orange ~** prendre des teintes orangées

farbenblind *adj* daltonien(ne) **farbenfreudig, farbenfroh** *adj* [très] coloré(e) **Farbenlehre** *f* théorie *f* des couleurs **Farbenpalette** *f* palette *f* de couleurs **Farbenpracht** *f* couleurs *fpl* somptueuses **farbenprächtig** *adj* aux couleurs somptueuses **Farbenspiel** *nt* jeu *m* des couleurs

Färber(in) ['fɛrbɐ] <-s, -> *m(f)* teinturier(-ière) *m(f)*

Färberei [fɛrbə'raj] <-, -en> *f* teinturerie *f*

Farbfernsehen *nt* télévision *f* en couleur **Farbfernseher** *m fam* télé *f* couleur **Farbfilm** *m* film *m* couleur **Farbfoto** *s.* **Farbbild**

Farbgebung <-, -en> *f* teinte *f*

farbig ['farbɪç] **I.** *adj* ① (*mehrfarbig*) coloré(e); (*einfarbig*) de couleur ② *Foto, Film* en couleur ③ *Hautfarbe, Person* de couleur ④ (*anschaulich*) coloré(e) **II.** *adv* ① *anstreichen* en couleur ② (*anschaulich*) d'une manière colorée

Farbige(r) *f(m) dekl wie adj* homme *m*/femme *f* de couleur

Farbkasten *m* boîte *f* de couleurs **Farbkopierer** *m* [photo]copieur *m* couleur

farblich ['farplɪç] *adj* de couleurs

farblos ['farplo:s] *adj* ① incolore ② (*unauffällig*) terne; (*langweilig*) insipide

Farbmonitor *m* moniteur *m* couleur **Farbscanner** *m* scanne[u]r *m* couleur **Farbstift** *m* crayon *m* de couleur **Farbstoff** *m* (*Färbemittel*) colorant *m* **Farbton** <-töne> *m* ① (*Farbe*) ton *m* ② (*Tönung, Nuance*) teinte *f*

Färbung ['fɛrbʊŋ] <-, -en> *f* ① *kein Pl* (*das Färben*) *von Textilien* teinture *f* ② (*Tönung*) couleur *f*

Farce [fars] <-, -n> *f* farce *f;* **zur ~ werden** devenir ridicule

Farm [farm] <-, -en> *f* ① ranch *m* ② (*Nutztierfarm*) ferme *f* d'élevage intensif

Farmer(in) <-s, -> *m(f)* exploitant(e) *m(f)* agricole

Farn [farn] <-[e]s, -e> *m* fougère *f*

Färse ['fɛrzə] <-, -n> *f* ZOOL génisse *f*, taure *f*

Fasan [fa'za:n] <-s, -e[n]> *m* faisan *m*

faschieren* [fa'ʃi:rən] *vt* A hacher

Fasching ['faʃɪŋ] <-s, -e o -s> *m* SDEUTSCH carnaval *m*

Faschingsdienstag ['faʃɪŋs'di:nsta:k] *m* SDEUTSCH mardi *m* gras

Faschismus [fa'ʃɪsmʊs] <-> *m* fascisme *m*

Faschist(in) [fa'ʃɪst] <-en, -en> *m(f)* fasciste *mf*

faschistisch *adj* fasciste

Fascho ['faʃo] <-s, -s> *m pej fam* facho *m*

faseln ['fa:zəln] *pej fam* **I.** *vi* débloquer **II.** *vt* radoter

Faser ['fa:zɐ] <-, -n> *f* fibre *f*

faserig ['fa:zərɪç] *adj* fibreux(-euse); *Fleisch* filandreux(-euse)

fasern ['fa:zɐn] *vi Gewebe:* s'effilocher

Faserschreiber *m* crayon *m* feutre **Faserstoff** *m kein Pl* fibre *f*

Fasnacht ['fasnaxt] SDEUTSCH, CH *s.* **Fastnacht**

Fass[RR] [fas, *Pl:* 'fɛsɐ] <-es, Fässer>, **Faß**[ALT] <-sses, Fässer> *nt* (*Holzfass*) tonneau *m;* (*Metallfass*) fût *m* métallique; (*Ölfass*) bidon *m;* **Bier vom ~** bière *f* [à la] pression *m* ▶ **ein ~ ohne Boden** un vrai gouffre; **das schlägt dem ~ den Boden aus!** *fam* c'est le bouquet!

Fassade [fa'sa:də] <-, -n> *f a. fig* façade *f*

fassbar[RR], **faßbar**[ALT] *adj* ① (*konkret, benennbar*) concret(-ète) ② (*begreiflich*) **es ist kaum ~, dass** c'est à peine croyable que + *subj*

Fassbier[RR] *nt* bière *f* [à la] pression

Fässchen[RR], **Fäßchen**[ALT] ['fɛsçən] <-s, -> *nt Dim von* **Fass** (*klein*) baril *m;* (*sehr klein*) tonnelet *m*

fassen ['fasən] **I.** *vt* ① (*ergreifen*) saisir; **jdn an der Hand ~** prendre qn par la

F

main; **etw zu ~ bekommen** attraper qc; **fass!** mords! ❷ (*festnehmen*) arrêter ❸ (*zu etw gelangen*) prendre *Entschluss;* **keinen klaren Gedanken ~ können** ne pas arriver à se concentrer ❹ (*begreifen*) réaliser; **ich kann es nicht ~!** je n'arrive pas à y croire! ❺ (*aufnehmen können*) pouvoir contenir ❻ (*einfassen*) monter *Edelstein* **II.** *vr* **sich wieder ~** se ressaisir

FassetteRR [fa'sɛtə] *f* facette *f*

Fasson [fa'sõː, fa'sɔŋ] ▶**jeder soll nach seiner ~ selig werden** *prov* chacun mène sa vie comme il l'entend

Fassung ['fasʊŋ] <-, -en> *f* ❶ *einer Glühbirne* douille *f; eines Edelsteins, einer Brille* monture *f* ❷ (*Version*) version *f* ❸ *kein Pl* (*Selbstbeherrschung*) maîtrise *f* de soi/de lui-même/d'elle-même/...; **die ~ bewahren/verlieren** garder/perdre son sang-froid; **etw mit ~ tragen** prendre qc avec stoïcisme

Fassungskraft <-> *f* compréhension *f*

fassungslos *adj* décontenancé(e); **~ sein** être stupéfait

Fassungslosigkeit <-> *f* stupeur *f*

Fassungsvermögen *nt eines Behälters* contenance *f*

fast [fast] *adv* presque; **~ immer/drei Uhr** presque toujours/trois heures; **er wäre ~ gestürzt** il a failli tomber; **~ hätte ich's vergessen** pour un peu, je l'aurais oublié

fasten ['fastən] *vi* être à la diète; REL jeûner

Fastenkur *f* cure *f* d'amaigrissement **Fastenzeit** *f* carême *m*

FastfoodRR ['faːstfuːd] <-[s]>, **Fast Food**RR <- -[s]> *nt* restauration *f* rapide

Fastnacht ['fastnaxt] *f kein Pl* carnaval *m*

Fastnachtsdienstag *m* mardi *m* gras

Faszination [fastsina'tsi̯oːn] <-, -en> *f* fascination *f*

faszinieren* [fastsi'niːrən] *vt* fasciner

faszinierend *adj* fascinant(e)

fatal [fa'taːl] *adj geh* fatal(e); *Irrtum* affreux(-euse)

Fatalismus [fata'lɪsmʊs] <-> *m geh* fatalisme *m*

Fatalist(in) [fata'lɪst] <-en, -en> *m(f)* fataliste *mf*

fatalistisch [fata'lɪstɪʃ] *adj* fataliste

Fata Morgana ['faːtamɔr'gaːna] <- -, - Morganen *o* -s> *f* mirage *m*

Fatzke ['fatskə] <-n *o* -s, -n *o* -s> *m pej fam* bêcheur *m*

fauchen ['fau̯xən] *vi Tier:* feuler; *Person:* grogner

faul [fau̯l] *adj* ❶ (*nicht fleißig*) paresseux(-euse) ❷ (*verfault*) *Lebensmittel* avarié(e); *Wasser* putride; *Obst, Holz, Laub* pourri(e); *Zahn* gâté(e) ❸ *fam* (*zweifelhaft*) *Kompromiss* boiteux(-euse); *Ausrede* mauvais(e) *antéposé;* **an der Sache ist etwas ~** il y a quelque chose de pas net dans cette affaire

Fäule ['fɔylə] <-> *f geh* pourriture *f*

faulen ['fau̯lən] *vi + haben o sein* pourrir; *Wasser:* croupir

faulenzen ['fau̯lɛntsən] *vi* fainéanter

Faulenzer(in) ['fau̯lɛntsɐ] <-s, -> *m(f) pej* fainéant(e) *m(f)*

Faulenzerei [fau̯lɛntsə'rai̯] <-, *selten* -en> *f pej* fainéantise *f*

Faulheit <-> *f* paresse *f*

faulig ['fau̯lɪç] *s.* **faul 2**

Fäulnis ['fɔylnɪs] <-> *f von Getreide, Holz* pourriture *f; von Fleisch* décomposition *f*

Faulpelz *m pej fam* feignant(e) *m(f)* **Faultier** *nt* ZOOL paresseux *m*

Faun [fau̯n] <-[e]s, -e> *m* faune *m*

Fauna ['fau̯na] <-, Faunen> *f* faune *f*

Faust [fau̯st, *Pl:* 'fɔystə] <-, Fäuste> *f* poing *m;* **die ~ ballen** serrer le poing ▶**auf eigene ~** *vorgehen* de sa/ma/... propre initiative; *handeln* de son/mon/... propre chef

Fäustchen ['fɔystçən] <-s, -> *nt* ▶**sich** (*dat*) **ins ~ lachen** rire dans sa barbe (*fam*), rire sous cape (*fam*)

faustdick ['fau̯st'dɪk] *adj fam Lüge* grossier(-ière)

fausten ['fau̯stən] *vt* dégager du poing; **etw ~** dégager qc du poing

faustgroß *adj* gros(se) comme le poing

Fausthandschuh *m,* **Fäustling** ['fɔystlɪŋ] <-s, -e> *m* moufle *f*

Faustregel *f* règle *f* générale **Faustschlag** *m* coup *m* de poing

Fauxpas [fo'pa] <-, -> *m geh* manque *m* de savoir-vivre; **einen ~ begehen** commettre un impair

favorisieren* [favori'ziːrən] *vt geh* favoriser

Favorit(in) [favo'riːt] <-en, -en> *m(f)* favori(te) *m(f)*

Fax ['faks] <-, -e> *nt* fax *m;* (*Gerät*) [télé]fax *m*

FaxanschlussRR *m* prise *f* [de] fax

faxen ['faksən] **I.** *vi* envoyer un fax **II.** *vt* faxer

Faxen *Pl fam* (*Albereien*) gamineries *fpl*

Faxgerät *nt* [télé]fax *m* **Faxnummer** *f* numéro *m* de fax

Fayence [fa'jɑ̃ːs] <-, -n> *f* faïence *f*

Fazit ['faːtsɪt] <-s, -s *o* -e> *nt* bilan *m;*

(*Ergebnis*) résultat *m;* **das ~ aus etw ziehen** dresser le bilan de qc
FC [ɛfˈtseː] <-[s]> *m* SPORT *Abk von* **Fußballclub** FC *m*
FCKW [ɛftseːkaːˈveː] <-s, -s> *m Abk von* **Fluorchlorkohlenwasserstoff** C.F.C. *m*
FCKW-frei *adj* sans C.F.C.
F-Dur [ˈɛfduːɐ̯] <-> *nt* fa *m* majeur
Feber [ˈfeːbɐ] <-s, -> *m* A *s.* **Februar**
Februar [ˈfeːbruaːɐ̯] <-[s], -e> *m* février *m; s. a.* **April**
fechten [ˈfɛçtən] <ficht, focht, gefochten> *vi* ❶ faire de l'escrime ❷ (*sich einsetzen*) **für etw ~** combattre pour qc
Fechten <-s> *nt* escrime *f*
Fechter(in) [ˈfɛçtɐ] <-s, -> *m(f)* escrimeur(-euse) *m(f)*
Feder [ˈfeːdɐ] <-, -n> *f* ❶ (*Vogelfeder*) plume *f;* (*Hutfeder*) plumet *m* ❷ TECH ressort *m* ❸ (*Schreibfeder*) plume *f* ▶ **sich mit fremden ~n schmücken** se parer des plumes du paon; **noch in den ~n liegen** *fam* être encore au plumard
Federball *m* ❶ volant *m* ❷ *kein Pl* (*Spiel*) badminton *m* **Federbett** *nt* couette *f*
federführend I. *adj* responsable II. *adv* **an etw** (*dat*) **~ beteiligt sein** prendre une part prépondérante à qc **Federgewicht** *nt* SPORT poids *m* plume
Federkernmatratze *f* matelas *m* à ressorts
federleicht [ˈfeːdɐˈlaiçt] *adj* ultraléger(-ère)
Federlesen ▶ **ohne viel ~ [s]** purement et simplement
federn [ˈfeːdɐn] I. *vi* faire ressort; **in den Knien ~** se recevoir en souplesse II. *vt* **gut/schlecht gefedert sein** avoir une bonne/mauvaise suspension
federnd *adj Gang, Schritt* souple
Federung <-, -en> *f* suspension *f*
Federvieh *nt fam* volailles *fpl*
Federweiße(r) *m dekl wie adj* vin *m* nouveau
Federzeichnung *f* dessin *m* à la plume
Fee [feː] <-, -een> *f* fée *f*
Feedback, Feed-back[RR] [ˈfiːdbɛk] <-s, -s> *nt* réactions *fpl*
Feeling [ˈfiːlɪŋ] <-s> *nt* (*Feinfühligkeit*) feeling *m*
Fegefeuer [ˈfeːgəfɔyɐ] *nt* purgatoire *m*
fegen [ˈfeːgən] I. *vt* + *haben* ❶ balayer *Straße;* ramoner *Schornstein* ❷ CH (*feucht wischen*) laver II. *vi* ❶ + *haben* (*ausfegen*) balayer ❷ + *haben* CH (*feucht wischen*) passer la serpillière ❸ + *sein fam* (*jagen*) **um die Ecke ~** tourner en sprintant au coin de la rue; **über die Dächer ~** balayer les toits
Fehde [ˈfeːdə] <-, -n> *f geh* querelle *f*
fehl [feːl] *s.* **Platz**
Fehl [feːl] ▶ **ohne ~ [und Tadel]** *geh* irréprochable
Fehlanzeige *f* **~!** *fam* le bide complet!
fehlbar *adj selten* faillible
Fehlbarkeit <-> *f* faillibilité *f*
Fehlbesetzung *f einer Stelle* mauvaise attribution *f* de poste; *einer Rolle* mauvaise distribution *f* **Fehlbetrag** *m* COM déficit *m* **Fehldiagnose** *f* erreur *f* de diagnostic **Fehleinschätzung** *f* erreur *f* d'appréciation
fehlen [ˈfeːlən] I. *vi* ❶ manquer; **mir fehlen hundert Euro** il me manque cent euros ❷ (*abwesend sein*) **im Unterricht ~** être absent du cours ❸ (*krank sein*) **fehlt dir etwas?** tu ne vas pas bien? ▶ **das hat mir gerade noch gefehlt!** *fam* il ne me manquait plus que ça! II. *vi unpers* **es fehlt etw** il manque qc; **es fehlt jdm an etw** (*dat*) qn manque de qc
Fehlentscheidung *f* mauvaise décision *f*
Fehler [ˈfeːlɐ] <-s, -> *m* ❶ faute *f;* **einen ~ machen** faire une faute; **das ist mein ~** c'est [de] ma faute ❷ (*Mangel*) défaut *m*
fehlerfrei *s.* **fehlerlos**
fehlerhaft I. *adj* ❶ (*mangelhaft*) *Arbeit* incorrect(e); *Ware* défectueux(-euse); *Rechnung* erroné(e) ❷ (*beschädigt*) endommagé(e) II. *adv* mal
fehlerlos *adj Arbeit* impeccable
Fehlermeldung *f* information *f* d'une faute **Fehlerquelle** *f* source *f* d'erreur **Fehlerquote** *f* pourcentage *m* d'erreurs
Fehlgeburt *f* fausse couche *f* **fehl|gehen** *vi irr* + *sein geh* (*sich irren*) faire erreur **Fehlgriff** *m* erreur *f* **Fehlinformation** *f* fausse information *f* **Fehlinvestition** *f* mauvais placement *m* **Fehlkonstruktion** *f* **eine ~ sein** être mal conçu **Fehlschlag** *m* échec *m* **fehl|schlagen** *vi irr* + *sein* échouer **Fehlstart** *m* SPORT faux départ *m;* TECH lancement *m* raté **Fehlstunde** *f* SCHULE heure *f* d'absence **Fehltritt** *m* ❶ faux pas *m* ❷ *geh* (*Verstoß gegen die Moral*) écart *m* de conduite **Fehlurteil** *nt* JUR erreur *f* judiciaire **Fehlverhalten** *nt* mauvais comportement *m* **Fehlzündung** *f* AUT raté *m* [d'allumage]
Feier [ˈfaiɐ] <-, -n> *f* (*Fest*) fête *f;* (*Festakt*) cérémonie *f* ▶ **zur ~ des Tages** en cet honneur
Feierabend *m* (*Arbeitsschluss*) fin *f* de la journée de travail; (*Geschäftsschluss*)

heure *f* de fermeture; **~!** la journée est finie!; (*in Gaststätten*) on ferme!

Feierabendverkehr *m* trafic *m* de fin de journée

feierlich *adj* solennel(le) ▸ **das ist ja [schon] nicht mehr ~!** *fam* c'est vraiment lamentable!

Feierlichkeit <-, -en> *f* festivité *f; kein Pl eines Augenblicks* solennité *f*

feiern ['faiɐn] **I.** *vt* ① fêter *Fest;* organiser *Party;* **das muss gefeiert werden!** ça se fête! ② (*umjubeln*) fêter *Sieger* **II.** *vi* faire la fête

F

Feierstunde *f* cérémonie *f* **Feiertag** ['faiɐta:k] *m* jour *m* férié **feiertags** ['faiɐta:ks] *adv* les jours fériés

feig [faik], **feige** ['faigə] *adj* lâche

Feige ['faigə] <-, -n> *f* (*Frucht*) figue *f*

Feigenbaum *m* figuier *m* **Feigenblatt** *nt* BOT feuille *f* de figuier

Feigheit <-> *f* lâcheté *f*

Feigling ['faiklɪŋ] <-s, -e> *m* lâche *mf;* **du ~!** espèce de lâche!

Feile ['failə] <-, -n> *f* lime *f*

feilen ['failən] *vt* limer

feilschen ['failʃən] *vi pej* marchander; **um etw ~** marchander qc

fein [fain] **I.** *adj* ① *Staub, Linie, Gehör, Humor* fin(e) ② (*erlesen*) *Geruch, Geschmack* subtil(e); *Gericht* fin(e); **etwas Feines** quelque chose d'exquis ③ *fam* (*anständig*) *Charakter* sympathique ④ (*vornehm*) distingué(e) ⑤ (*sehr gut*) **~!** super! (*fam*) ▸ **~ [he]raus sein** *fam* ne pas avoir à se plaindre **II.** *adv Kinderspr.* **sei ~ artig!** sois bien sage!

Feinabstimmung *f* réglage *m* minutieux **Feinarbeit** *f* fignolage *m*

Feind(in) [faint] <-[e]s, -e> *m(f)* ennemi(e) *m(f);* **sich** (*dat*) **jdn zum ~ machen** se faire un ennemi de qn

Feindbild *nt* spectre *m*

feindlich ['faintlɪç] *adj* ① MIL ennemi(e) ② (*feindselig*) hostile

Feindlichkeit <-> *f* hostilité *f*

Feindschaft <-, -en> *f* (*Haltung*) hostilité *f;* (*Verhältnis*) haine *f*

feindselig *adj* hostile

Feindseligkeit <-, -en> *f* hostilité *f*

feinfühlig ['fainfy:lɪç] *adj* sensible; (*taktvoll*) qui a du tact

Feingefühl *nt kein Pl* sensibilité *f,* délicatesse *f* **Feingehalt** *m einer Legierung* titre *m*

feinglied[e]rig ['faingli:d(ə)rɪç] *adj* gracile (*soutenu*)

Feingold *nt* or *m* fin

Feinheit <-, -en> *f a. fig* finesse *f*

feinkörnig *adj* fin(e) **Feinkost** *f* épicerie *f* fine

Feinkostgeschäft *nt* épicerie *f* fine

feinmaschig *adj* aux mailles serrées

Feinmechanik *f* mécanique *f* de précision **Feinmechaniker(in)** *m(f)* mécanicien(ne) *m(f)* de précision

Feinschmecker(in) <-s, -> *m(f)* gourmet *m*

Feinschmeckerlokal *nt* [très] bon restaurant *m*

Feinschnitt *m* scaferlati *m*

feinsinnig ['fainzɪnɪç] *adj geh* subtil(e)

Feinwäsche *f* linge *m* délicat **Feinwaschmittel** *nt* lessive *f* basse température

feist [faist] *adj pej* gras(se)

Feitel ['faitəl] <-s, -n> *m* A, SDEUTSCH *fam* (*Taschenmesser*) canif *m*

feixen ['faiksən] *vi fam* ricaner

Feld [fɛlt] <-[e]s, -er> *nt* ① *kein Pl* (*offenes Gelände*) campagne *f;* **freies ~** rase campagne ② (*Acker*) champ *m* ③ (*abgeteilte Fläche*) *eines Formulars* cadre *m; eines Spielbretts* case *f* ④ SPORT (*Spielfeld*) terrain *m* ⑤ PHYS champ *m* ▸ **ein weites ~** un vaste sujet; **etw ins ~ führen** *geh* avancer qc; **das ~ räumen** (*Platz machen*) libérer le terrain

Feldarbeit *f* travail *m* des champs **Feldbett** *nt* lit *m* de camp **Feldblume** *f* fleur *f* des champs **Feldflasche** *f* gourde *f* **Feldfrüchte** *Pl* produits *mpl* de la terre **Feldherr** *m* général *m* en chef **Feldjäger(in)** *m(f)* MIL *Pl* **die ~** la police militaire **Feldküche** *f* cuisine *f* roulante **Feldlazarett** *nt* hôpital *m* de campagne **Feldmarschall(in)** *m(f)* feld-maréchal(e) *m(f)* **Feldmaus** *f* campagnol *m* **Feldpost** *f* poste *f* militaire **Feldsalat** *m* mâche *f* **Feldspat** ['fɛltʃpa:t] *m* feldspath *m* **Feldspieler(in)** *m(f)* joueur(-euse) *m(f)* de terrain

Feldstecher <-s, -> *m* jumelles *fpl*

Feldstudie *f* étude *f* sur le terrain **Feldversuch** *m* essai *m* in situ

Feldwebel(in) ['fɛltve:bəl] <-s, -> *m(f)* feldwebel *m;* (*in der französischen Armee*) adjudant(e) *m(f)*

Feldweg *m* chemin *m* de terre **Feldzug** *m* campagne *f*

Felge ['fɛlgə] <-, -n> *f* ① jante *f* ② SPORT tour *m* d'appui

Felgenbremse *f* frein *m* sur jante

Fell [fɛl] <-[e]s, -e> *nt* pelage *m* ▸ **jdm das ~ über die Ohren ziehen** *fam* doubler qn; **ein dickes ~ haben** *fam* être blindé

Fels [fɛls] <-ens, -en> *m* ❶ rocher *m* ❷ (*Felsgestein*) roche *f*

Felsblock <-blöcke> *m* bloc *m* de pierre

Felsen ['fɛlzən] <-s, -> *m* rocher *m*

felsenfest I. *adj* inébranlable II. *adv überzeugt sein* absolument; *glauben* dur comme fer

Felsgestein *nt* roche *f*

felsig *adj Küste* rocheux(-euse); *Gegend* couvert(e) de rochers

Felsspalte *f* crevasse *f* **Felswand** *f* paroi *f* rocheuse

feminin [femi'ni:n] *adj a.* GRAM féminin(e)

Femininum <-s, Feminina> *nt* féminin *m*

Feminismus [femi'nɪsmʊs] <-> *m* féminisme *m*

Feminist(in) [femi'nɪst] <-en, -en> *m(f)* féministe *mf*

feministisch *adj* féministe

Fenchel ['fɛnçəl] <-s> *m* fenouil *m*

Feng-Shui [fɛŋ'ʃui] <-> *nt* feng shui *m*

Fenster ['fɛnstɐ] <-s, -> *nt a.* INFORM fenêtre *f* ▶**weg vom ~ sein** *fam* être hors circuit

Fensterbank <-bänke> *f* tablette *f* d'appui **Fensterflügel** *m* battant *m* de fenêtre **Fensterglas** *nt* verre *m* à vitre

Fensterheber ['fɛnstɐhe:bɐ] <-s, -> *m* lève-glace *m*

Fensterladen *m* volet *m* **Fensterleder** *nt* peau *f* de chamois

fensterln ['fɛnstɐln] *vi* SDEUTSCH, A *passer par la fenêtre pour rejoindre sa bien-aimée*

Fensterplatz *m* place *f* côté fenêtre **Fensterputzer(in)** <-s, -> *m(f)* laveur(-euse) *m(f)* de carreaux **Fensterrahmen** *m* châssis *m* de fenêtre **Fensterscheibe** *f* vitre *f*

Ferien ['fe:ri̯ən] *Pl* vacances *fpl;* (*Betriebsferien*) fermeture *f* annuelle; **die großen ~** les grandes vacances; **in die ~ fahren** partir en vacances; **~ haben** être en vacances

Feriendorf *nt* village-vacances *m* **Feriengast** *m* vacancier(-ière) *m(f)* en pension **Ferienhaus** *nt* maison *f* de vacances **Ferienkurs** *m* cours *m* de vacances **Ferienlager** *nt* camp *m* de vacances **Ferienort** *m* lieu *m* de vacances **Ferientag** *m* jour *m* de vacances **Ferienwohnung** *f* appartement *m* de vacances **Ferienzeit** *f* [période *f* des] vacances *fpl*

Ferkel ['fɛrkəl] <-s, -> *nt* ❶ ZOOL porcelet *m* ❷ *pej fam* (*unsauberer Mensch*) cochon(ne) *m(f)*

Ferkelei <-, -en> *f pej fam* cochonnerie *f*

fern [fɛrn] I. *adj* ❶ (*räumlich*) lointain(e) ❷ (*zeitlich*) loin *attr* II. *adv* (*räumlich*) loin; **von ~** de loin

Fernabfrage *f* interrogation *f* à distance

Fernamt *nt* HIST central *m* [téléphonique]

Fernbedienung *f* télécommande *f* **Fernbeziehung** *f* relation *f* à distance **fern|bleiben** *vi irr + sein geh* **dem Unterricht ~** ne pas venir au cours

Ferne ['fɛrnə] <-> *f* lointain *m;* **in der ~** au loin; **für die ~** *Brille* pour voir de loin; **in weiter ~ liegen** être encore très loin

ferner ['fɛrnɐ] I. *adv* encore et toujours ▶**unter ~ liefen** *fam* dans la catégorie "ne fait pas le poids" II. *konj* de plus

Fernfahrer(in) *m(f)* routier(-ière) *m(f)* **Fernflug** *m* vol *m* long-courrier **Ferngespräch** *nt* communication *f* à moyenne et grande distance **Fernglas** *nt* [paire *f* de] jumelles *fpl* **fern|halten** *vt irr* **sich von etw ~** ne pas s'approcher de qc **Fernheizung** *f* chauffage *m* à distance **Fernkopierer** *m* télécopieur *m* **Fernkurs(us)** *m* cours *m* par correspondance **Fernlastzug** *m* poids *m* lourd **Fernleitung** *f* circuit *m* interurbain **Fernlenkung** *f* téléguidage *m;* **mit ~** téléguidé **Fernlicht** *nt* phares *mpl* **fern|liegen** *vi irr, unpers fig* **jdm ~** ne venir pas à l'esprit de qn

Fernmeldeamt *nt* centre *m* télécoms (*fam*) **Fernmeldesatellit** *m* satellite *m* de télécommunications **Fernmeldetechnik** *f kein Pl* télécommunications *fpl* **Fernmeldewesen** *nt kein Pl* TELEC télécommunications *fpl*

fernmündlich I. *adj form* téléphonique II. *adv form* par téléphone **Fernost** ['fɛrn'ʔɔst] *kein Art* **in/nach ~** en Extrême-Orient **fernöstlich** ['fɛrn'ʔœstlɪç] *adj* d'Extrême-Orient **Fernrohr** *nt* télescope *m* **Fernschreiben** *nt* télex *m* **Fernschreiber** *m* téléscripteur *m*

Fernsehansager(in) *m(f)* speaker/ine *m/f* **Fernsehansprache** *f* allocution *f* télévisée **Fernsehanstalt** *f* société *f* de télévision **Fernsehantenne** *f* antenne *f* de télévision **Fernsehapparat** *m form* poste *m* de télévision **Fernsehbericht** *m* reportage *m* télévisé **Fernsehduell** *nt* duel *m* télévisé

fern|sehen ['fɛrnze:ən] *vi irr* regarder la télévision

Fernsehen <-s> *nt* télévision *f;* **im ~** à la télé[vision]

Fernseher <-s, -> *m fam* télé *f*

Fernsehfilm *m* téléfilm *m* **Fernsehge-**

bühren *Pl* redevance *f* télé (*fam*) **Fernsehgerät** *nt form* téléviseur *m* **Fernsehkamera** *f* caméra *f* de télévision **Fernsehkoch** *m*, **-köchin** *f* animateur(-trice) *m(f)* gastronomique (*à la télé*) **Fernsehprogramm** *nt* ❶ programme *m* de télévision ❷ (*Kanal*) chaîne *f* de télévision **Fernsehreportage** *f* reportage *m* télévisé **Fernsehsender** *m* émetteur *m* de télévision **Fernsehsendung** *f* émission *f* de télévision **Fernsehserie** *f* (*Fortsetzungsreihe*) série *f* [télévisée] **Fernsehstudio** *nt* studio *m* de télévision **Fernsehturm** *m* tour *f* de télévision **Fernsehübertragung** *f* retransmission *f* télévisée **Fernsehzuschauer(in)** *m(f)* téléspectateur(-trice) *m(f)*

Fernsicht *f* vue *f*

Fernsprecher <-s, -> *m form* téléphone *m*

Fernsprechteilnehmer(in) *m(f)* abonné(e) *m(f)* du téléphone

fern|steuern *vt* télécommander **Fernsteuerung** *f* (*Gerät*) télécommande *f*

Fernstraße *f* grande route *f* **Fernstudium** *nt* cours *m* universitaire à distance **Fernüberwachung** *f* télécontrôle *m* **Fernuniversität** *f* institut *m* universitaire de téléenseignement **Fernverkehr** *m* trafic *m* routier sur les grands axes; EISENBAHN trafic grandes lignes **Fernwärme** *f* chauffage *m* urbain **Fernweh** <-s> *nt geh* besoin *m* de courir le monde **Fernziel** *nt* but *m* lointain

Ferse ['fɛrzə] <-, -n> *f* talon *m* ▶ **jdm auf den ~n sein** être sur les talons de qn

Fersengeld ▶ **~ geben** *fam* foutre le camp

fertig ['fɛrtɪç] **I.** *adj* ❶ (*abgeschlossen*) *Arbeit* terminé(e); **~ werden** finir; **mit etw ~ sein** avoir fini qc ❷ (*bereit*) *Speise* prêt(e); **~ zum Aufbruch** prêt à partir ▶ **~ sein** *fam* (*erschöpft*) être crevé; (*verblüfft*) être scié; **mit jdm ~ werden** *fam* arriver à tenir qn; **mit etw ~ werden** (*bewältigen*) venir à bout de qc **II.** *adv* ❶ **etw ~ stellen** finir qc ❷ (*bereit*) **sich für etw ~ machen** se préparer pour qc

Fertigbau <-bauten> *m* ❶ *kein Pl* (*Bauweise*) préfabriqué *m* ❷ (*Gebäude*) construction *f* préfabriquée **fertig|bringen** *vt* (*übers Herz bringen*) **etw ~** arriver à faire qc; **der bringt das ~!** *iron fam* il le fera!

fertigen ['fɛrtɪgən] *vt form* fabriquer

Fertigerzeugnis *nt* produit *m* fini **Fertiggericht** *nt* plat *m* cuisiné **Fertighaus** *nt* maison *f* préfabriquée

Fertigkeit <-, -en> *f* ❶ *kein Pl* (*Geschicklichkeit*) adresse *f* ❷ *Pl* (*Fähigkeiten*) aptitudes *fpl*

fertig|machen *vt fig* **jdn ~** *fam Person:* mettre qn dans un état épouvantable; *Situation:* démolir qn **Fertignahrung** *f* GASTR prêt-à-consommer *m* **Fertigprodukt** *nt* produit *m* fini **fertig|stellen** *s.* **fertig II.1**

Fertigstellung *f kein Pl* achèvement *m;* **bei pünktlicher ~ der Arbeit** si le travail est fini dans les délais

Fertigteil *nt* élément *m* préfabriqué

Fertigung <-, -en> *f* fabrication *f*

Fertigungsstandort *m* lieu *m* de fabrication **Fertigungsstraße** *f* chaîne *f* de production

Fes [fɛs] <-, -> *nt* MUS fa *m* bémol

fesch [fɛʃ] *adj* A *fam* ❶ (*hübsch*) joli(e) ❷ (*nett*) **sei ~!** sois sympa!

Fessel ['fɛsəl] <-, -n> *f* ❶ lien *m;* (*Kette*) chaîne *f;* **jdn in ~n legen** mettre qn aux fers (*soutenu*) ❷ ANAT *eines Menschen* attaches *fpl* (*soutenu*); *eines Pferds* paturon *m* (*soutenu*)

Fesselballon *m* ballon *m* captif

fesseln ['fɛsəln] *vt* ❶ attacher; **jdn mit etw an etw ~** attacher qn avec qc à qc; **ans Bett gefesselt sein** *fig* être cloué au lit; **jdn an sich** (*akk*) **~** *fig geh* s'attacher qn ❷ (*faszinieren*) *Buch, Film:* captiver; *Anblick:* envoûter

fesselnd *adj Bericht* passionnant(e)

fest [fɛst] **I.** *adj* ❶ solide; **~ werden** *Lava:* se solidifier ❷ (*endgültig*) *Entschluss* ferme; *Absicht* ferme *antéposé; Plan* bien arrêté(e) ❸ (*nicht locker*) *Händedruck* ferme; *Knoten* serré(e) ❹ (*dauerhaft*) *Anstellung* définitif(-ive); *Mitarbeiter, Wohnsitz* permanent(e); *Kosten, Einkommen* fixe **II.** *adv* ❶ (*kräftig*) fort ❷ (*nicht locker*) *zudrehen* à fond; *zubinden* solidement ❸ (*nachdrücklich*) *zusagen* formellement; *glauben* fermement ❹ (*dauernd*) *vereinbaren* définitivement; **~ angestellt** sous contrat à durée indéterminée ❺ (*tief*) *schlafen* profondément

Fest [fɛst] <-[e]s, -e> *nt* fête *f;* **frohes ~!** joyeuse fête!

Festakt *m* cérémonie *f*

festangestellt *s.* **fest II.4** **fest|beißen** *vr irr* ❶ **sich ~** s'accrocher avec ses dents; **sich an jdm/etw ~** s'accrocher avec ses dents à qn/qc ❷ *fig* **sich an etw** (*dat*) **~** *Person:* s'accrocher sur qc

Festbeleuchtung *f* éclairage *m* des grandes occasions

fest|binden *vt irr* attacher; **etw an etw**

(*dat*) ~ attacher qc à qc **festǀbleiben** *vi irr* + *sein* se montrer ferme

Festessen *nt* banquet *m*

festǀfahren *vr irr a. fig* **sich** ~ s'enliser **festǀfrieren** *vi irr* + *sein* **etw friert an etw** (*dat*) **fest** le froid colle qc à qc **Festgeld** *nt* FIN dépôt *m* à terme fixe

Festgeldkonto *nt* FIN compte *m* de dépôt à terme

Festhalle *f* salle *f* des fêtes

festǀhalten *irr* **I.** *vt* ① retenir ② (*konstatieren*) mettre en exergue; (*schriftlich*) consigner par écrit **II.** *vi* **an jdm/etw** ~ être fidèle à qn/qc **III.** *vr* **sich an jdm/etw** ~ s'accrocher à qn/qc

festigen ['fɛstɪgən] *vt, vr* [**sich**] ~ [se] consolider

Festiger <-s, -> *m* fixateur *m*

Festigkeit ['fɛstɪçkait] <-> *f* (*Stabilität*) résistance *f*

Festigung <-, -en> *f* consolidation *f*

Festival ['fɛstivəl] <-s, -s> *nt* festival *m*

festǀklammern *vr* **sich** ~ s'agripper; **sich an jdm/etw** ~ s'agripper à qn/qc **festǀkleben** **I.** *vt* + *haben* coller **II.** *vi* + *sein* **an etw** (*dat*) ~ coller à qc **festǀklemmen** *vt* coincer; **etw mit etw** ~ coincer qc avec qc **Festkörper** *m* PHYS corps *m* solide **Festland** ['fɛstlant] *nt* ① (*Landmasse*) continent *m* ② *kein Pl* (*opp: Wasserfläche*) continents *mpl* **festǀlegen** **I.** *vt* fixer **II.** *vr* **sich auf etw** (*akk*) ~ s'engager à propos de qc

Festlegung <-, -en> *f eines Themas* détermination *f; einer Tagesordnung* fixation *f*

festlich ['fɛstlɪç] **I.** *adj Anlass* solennel(le); *Stimmung* de fête; *Kleidung* de cérémonie; *Beleuchtung* des grands jours **II.** *adv* ~ **begehen** *geh* célébrer

Festlichkeit <-, -en> *f* (*Feier*) fête *f*, festivité *f*; **die** ~**en** les festivités *fpl*

festǀliegen *vi irr* ① (*festgesetzt sein*) être fixé(e) ② (*nicht weiterkönnen*) être bloqué(e) **festǀmachen** **I.** *vt* ① (*befestigen*) fixer ② (*vereinbaren*) fixer *Termin;* conclure *Geschäft* **II.** *vi* NAUT **an etw** (*dat*) ~ accoster qc

Festmahl *nt geh* banquet *m*

Festmeter *m o nt* stère *m* **festǀnageln** *vt* ① clouer ② *fam* (*festlegen*) **jdn auf etw** (*akk*) ~ coincer qn sur qc

Festnahme ['fɛstna:mə] <-, -n> *f* arrestation *f*

festǀnehmen *vt irr* arrêter **Festnetz** *nt* TELEC réseau *m* fixe; **im** ~ **telefonieren** appeler [*o* téléphoner] sur le [réseau] fixe

Festplatte *f* INFORM disque *m* dur **Festpreis** *m* prix *m* fixe

Festrede *f* discours *m* officiel **Festredner(in)** *m(f)* orateur *m*/oratrice [officiel(le)] *f* **Festsaal** *m* salle *f* des fêtes

festǀschnallen *vr* **sich** ~ boucler sa ceinture **festǀschrauben** *vt* serrer

Festschrift *f* brochure *f* commémorative

festǀsetzen **I.** *vt* fixer *Preis;* déterminer *Wert* **II.** *vr* **sich** ~ *Schmutz:* s'incruster

Festsetzung <-, -en> *f des Preises* fixation *f; der Rente* liquidation *f; des Werts* détermination *f*

festǀsitzen *vi irr* ① ne plus bouger; (*halten*) tenir bien; *Schmutz:* être incrusté ② (*stecken geblieben sein*) *Fahrzeug:* être enlisé; *Schiff:* être immobilisé **Festspeicher** *m* INFORM mémoire *f* morte

Festspiele *Pl* festival *m;* **die** ~ **dauern zwei Wochen** le festival dure deux semaines

Festspielhaus *nt* palais *m* des festivals

festǀstehen *vi irr* ① (*festgelegt sein*) être fixé ② (*unveränderlich sein*) *Entschluss:* être irrévocable; *Meinung:* être fait; **es steht fest, dass ...** il est clair que ...

feststehend *adj attr Redewendung* tout(e) fait(e); *Reihenfolge* déterminé(e)

Feststellbremse *f* frein *m* parking

festǀstellen *vt* ① (*ermitteln*) établir *Sachverhalt* ② (*konstatieren*) constater *Veränderung* ③ (*arretieren*) bloquer

Feststelltaste *f* touche *f* "verrouillage majuscule"

Feststellung *f* ① (*Bemerkung*) remarque *f* ② (*Ermittlung*) *eines Täters* identification *f; eines Sachverhalts* établissement *m* ③ (*Beobachtung*) observation *f;* (*das Bemerken*) constatation *f*

Festtafel *f geh* table *f* des convives **Festtag** *m* jour *m* de fête

Festung ['fɛstʊŋ] <-, -en> *f* forteresse *f*

festverzinslich ['fɛstfɛɐ̯tsɪnslɪç] *adj* à revenu fixe

Festwoche *f* semaine *f* de festivités **Festzelt** *nt* chapiteau *m*

festǀziehen *vt irr* serrer; (*strammer ziehen*) resserrer

Festzug *m* cortège *m*

Fete ['fe:tə, 'fɛ:tə] <-, -n> *f* fête *f*

Fetisch ['fe:tɪʃ] <-[e]s, -e> *m* fétiche *m*

Fetischismus [fetɪ'ʃɪsmʊs] <-> *m* fétichisme *m*

Fetischist(in) [fetɪ'ʃɪst] <-en, -en> *m(f)* fétichiste *mf*

fett [fɛt] **I.** *adj* ① (*fetthaltig*) gras(se) ② *pej* (*dick*) *Person, Tier* gros(se) *antéposé,*

F

énorme 3 TYP gras(se) 4 (*üppig*) *Boden* gras(se); *fam Gewinn* gros(se) *antéposé* II. *adv* 1 *essen* gras 2 TYP ~ **gedruckt** [imprimé] en caractères gras

Fett [fɛt] <-[e]s, -e> *nt* graisse *f* ▸ **sein ~ abkriegen** *fam* se faire remettre en place

Fettabsaugen <-s> *nt* liposuccion *f*, micro-ponction *f* graisseuse

fettarm I. *adj* allégé(e) II. *adv essen, kochen* léger

Fettauge *nt* rond *m* de graisse **Fettcreme** *f* crème *f* grasse **Fettdruck** <-drucke> *m* [caractères *mpl*] gras *m*

fetten ['fɛtən] I. *vt* graisser II. *vi Haut, Haare:* être gras; *Creme:* être huileux

Fettfleck *m* tache *f* de graisse **fettgedruckt** *s.* **fett II.2** **Fettgehalt** *m* teneur *f* en matières grasses

fettig ['fɛtɪç] *adj* gras(se)

Fettkloß *m pej* boule *f* de graisse **Fettleber** *f* MED cirrhose *f* graisseuse

fettleibig ['fɛtlaibɪç] *adj geh* obèse

Fettleibigkeit <-> *f geh* obésité *f*

fettlöslich *adj* liposoluble **Fettnäpfchen** ['fɛtnɛpfçən] <-s, -> *nt fam* ▸ **ins ~ treten** faire une gaffe **Fettpolster** *nt fam* bourrelet *m* de graisse **fettreich** *adj* très gras(se) **Fettsack** *m sl* gros lard *m* (*pop*) **Fettsäure** *f* acide *m* gras **Fettschicht** *f* couche *f* de graisse **Fettsucht** *f kein Pl* obésité *f* **fettsüchtig** *adj* obèse **Fettwanst** *m pej* tas *m* de graisse (*fam*)

Fetus ['fe:tʊs] <-[ses], -se *o* Feten> *m* MED fœtus *m*

fetzen ['fɛtsən] I. *vt fam* arracher II. *vi + haben fam* (*mitreißen*) déménager

Fetzen ['fɛtsən] <-s, -> *m von Papier, Stoff* lambeau *m; der Haut* morceau *m; eines Gesprächs* bribe *f;* **etw in ~ reißen** déchirer qc en morceaux

fetzig *adj fam Musik* qui déménage; *Frisur, Kleidung* d'enfer

feucht [fɔyçt] *adj* humide

Feuchtbiotop *nt o m* biotope *m* humide **feuchtfröhlich** *adj hum fam Abend* bien arrosé(e); *Gesellschaft* joyeux(-euse)

Feuchtigkeit <-> *f* humidité *f*

Feuchtigkeitscreme [-kre:m] *f* crème *f* hydratante **Feuchtigkeitsgehalt** *m der Luft* taux *m* d'humidité

feuchtkalt *adj* froid(e) et humide **feuchtwarm** *adj* chaud(e) et humide

feudal [fɔy'da:l] *adj* 1 HIST féodal(e) 2 *fam* (*luxuriös*) *Essen* royal(e); *Restaurant* de luxe

Feudalismus <-> *m* régime *m* féodal

Feuer ['fɔyɐ] <-s, -> *nt* 1 feu *m;* **das olympische ~** la flamme olympique; **jdm ~ geben** donner du feu à qn; **~ speiend** *Drache* qui crache du feu; *Vulkan* qui vomit du feu; **~ legen** mettre le feu 2 (*Brand*) incendie *m;* **~!** au feu! 3 *kein Pl* MIL (*Beschuss*) tir *m;* **das ~ eröffnen/einstellen** *Militär:* ouvrir/cesser le feu 4 *kein Pl* (*Schwung*) passion *f* ▸ **~ und Flamme für jdn/etw sein** *fam* être tout feu tout flamme pour qn/qc; **jdm ~ unter dem Hintern machen** *fam* pousser qn aux fesses; **~ fangen** prendre feu; *fig* s'enflammer; **für jdn durchs ~ gehen** se jeter dans le feu pour qn

Feueralarm *m* alerte *f* au feu **Feuerbefehl** *m* MIL ordre *m* de tirer **feuerbeständig** *adj* résistant(e) au feu; *Material* ininflammable **Feuerbestattung** *f* incinération *f* **Feuereifer** *m* ardeur *f*

feuerfest *adj Glas* résistant(e) aux températures élevées; *Porzellan* à feu

Feuergefahr *f* danger *m* d'incendie **feuergefährlich** *adj* [facilement] inflammable **Feuergefecht** *nt* fusillade *f* **Feuerleiter** *f eines Gebäudes* échelle *f* de secours; *eines Feuerwehrfahrzeugs* grande échelle [des pompiers]

Feuerlöscher *m* extincteur *m*

Feuermelder <-s, -> *m* avertisseur *m* d'incendie

feuern I. *vi* 1 (*schießen*) faire feu 2 (*heizen*) **mit Holz ~** se chauffer au bois II. *vt fam* (*entlassen*) virer

Feuerpause *f* MIL trêve *f* **Feuerprobe** *f fig* épreuve *f* du feu; **die ~ bestehen** faire ses preuves **feuerrot** ['fɔyɐ'ro:t] *adj* rouge vif *inv;* **~ werden** devenir écarlate

Feuersbrunst ['fɔyɐsbrʊnst] *f geh* incendie *m* dévastateur

Feuerschaden *m* sinistre *m* [causé par l'incendie]

Feuerschlucker(in) *m(f)* cracheur(-euse) *m(f)* de feu

feuerspeiend *s.* **Feuer 1**

Feuerspritze *f* lance *f* à eau **Feuerstein** *m* 1 *eines Feuerzeugs* pierre *f* à briquet 2 MINER silex *m* **Feuerstelle** *f* foyer *m* **Feuertaufe** *f* MIL baptême *m* du feu **Feuertreppe** *f* escalier *m* de secours

Feuerung <-, -en> *f kein Pl* (*Brennstoff*) combustible *m*

Feuerversicherung *f* assurance *f* incendie **Feuerwache** *f* caserne *f* de pompiers **Feuerwehr** ['fɔyɐve:ɐ] <-, -en> *f* [sapeurs-]pompiers *mpl;* **die freiwillige ~** les pompiers volontaires

Feuerwehrauto *nt* camion *m* de pom-

piers **Feuerwehrmann** <-leute *o* -männer> *m* [sapeur-]pompier *m*
Feuerwerk *nt* feu *m* d'artifice
Feuerwerker(in) <-s, -> *m(f)* artificier *m*
Feuerwerkskörper *m* pièce *f* d'artifice
Feuerzange *f* pincettes *fpl*
Feuerzangenbowle *f boisson chaude à base de rhum, de vin rouge et de jus de fruit qu'on fait flamber*
Feuerzeug <-[e]s, -e> *nt* briquet *m*
Feuilleton [føjə'tõ:] <-s, -s> *nt* pages *fpl* culturelles
Feuilletonist(in) [føjəto'nɪst] <-en, -en> *m(f)* feuilletoniste *mf*
feurig ['fɔyrɪç] *adj* (*temperamentvoll*) *Liebhaber* ardent(e); *Blick* enflammé(e); *Pferd* fougueux(-euse)
ff. *Abk von* **folgende Seiten** ss.
FH [ɛf'ha:] *f Abk von* **Fachhochschule** *école supérieure technique*
Fiaker ['fi̯akɐ] <-s, -> *m* A (*Kutsche*) fiacre *m*
Fiasko ['fi̯asko] <-s, -s> *nt* fiasco *m*
Fibel ['fi:bəl] <-, -n> *f* (*Handbuch*) manuel *m*
Fiber ['fi:bɐ] <-, -n> *f* MED, BIO fibre *f*
Fiche [fi:ʃ] <-s, -s> *m o nt* microfiche *f*
ficht [fɪçt] *3. Pers Präs von* **fechten**
Fichte ['fɪçtə] <-, -n> *f* épicéa *m;* (*Holz*) sapin *m*
Fichtenholz *nt* [bois *m* d']épicéa *m*
Fick [fɪk] <-s, -s> *m vulg* coup *m*
ficken ['fɪkən] *vt, vi vulg* tringler (*vulg*), baiser (*fam*)
fidel [fi'de:l] *adj fam* joyeux(-euse)
Fieber ['fi:bɐ] <-s> *nt a. fig* fièvre *f;* ~ **haben** avoir de la fièvre
Fieberbläschen *nt* bouton *m* de fièvre **fieberfrei** *adj* ~/**wieder** ~ **sein** ne pas/ne plus avoir de fièvre **fieberglänzend** *adj* brillant(e) de fièvre
fieberhaft *adj* ① *Eile* fébrile ② MED accompagné(e) de fièvre
fieberkrank *adj* fiévreux(-euse) **Fieberkurve** *f* courbe *f* de température **Fiebermittel** *nt* MED fébrifuge *m*
fiebern ['fi:bɐn] *vi* ① être fiévreux ② (*sich sehnen*) **nach etw** ~ attendre fébrilement qc
fiebersenkend *adj* ~**es Mittel** [médicament *m*] fébrifuge *m*
Fieberthermometer *nt* thermomètre *m* médical
fiebrig ['fi:brɪç] *adj* ① MED fiévreux(-euse) ② (*aufgeregt*) fébrile
Fiedel ['fi:dəl] <-, -n> *f hum fam* violon *m*
fiedeln *vt, vi hum* violoner (*fam*)
fiel [fi:l] *Imp von* **fallen**
fiepen ['fi:pən] *vi Hund:* gémir; *Vogel:* piailler
fies [fi:s] *fam adj Verhalten* vache; **ein** ~**er Kerl** un type infect
Fiesling ['fi:slɪŋ] <-s, -e> *m pej fam* ordure *f*, fumier *m*
fifty-fifty ['fɪfti'fɪfti] *adv* **die Chancen stehen** ~ il y a une chance sur deux
Figur [fi'gu:ɐ̯] <-, -en> *f* ① (*Körperbau*) silhouette *f;* **auf seine** ~ **achten** faire attention à sa ligne ② (*Schachfigur*) pièce *f* ③ LITTER personnage *m* ④ (*Skulptur, Zeichnung*) figure *f* ▶ **eine gute** ~ **machen** faire une bonne impression
figurativ [figura'ti:f] *adj* ① *geh* figuratif(-ive) ② LING figuré(e)
Figürchen [fi'gy:ɐ̯çən] <-s, -> *nt Dim von* **Figur** ① (*Skulptur*) figurine *f* ② (*Spielfigur*) petite pièce *f* ③ *fam* (*Körperbau*) **sie hat ein hübsches** ~ elle est bien foutue ④ (*Zeichnung*) petit dessin *m*
figürlich [fi'gy:ɐ̯lɪç] *adj Darstellung* figuré(e)
Fiktion [fɪk'ts̯i̯o:n] <-, -en> *f geh* fiction *f*
fiktiv [fɪk'ti:f] *adj geh* fictif(-ive)
Filet [fi'le:] <-s, -s> *nt* filet *m*
Filetsteak *nt* steak *m* dans le filet
Filiale [fi'li̯a:lə] <-, -n> *f* succursale *f; einer Bank, Versicherung* agence *f*
Filialleiter(in) *m(f)* gérant(e) *m(f)* de succursale; *einer Bank, Versicherung* responsable *mf* d'agence
filigran [fili'gra:n] **I.** *adj* filigrane **II.** *adv* finement
Filigran [fili'gra:n] <-s, -e> *nt* filigrane *m*
Filigranarbeit *f* ouvrage *m* de filigrane
Film [fɪlm] <-[e]s, -e> *m* ① (*Kinofilm, Fernsehfilm*) film *m* ② PHOT pellicule *f* ③ (*Branche*) cinéma *m;* **zum** ~ **gehen** *fam* se lancer dans le cinéma ④ (*dünne Schicht*) pellicule *f*
Filmarchiv *nt* (*für Spielfilme*) cinémathèque *f;* (*für Dokumentarfilme*) filmothèque *f* **Filmatelier** *nt* studio *m* **Filmbranche** *f* cinéma *m* **Filmemacher(in)** *m(f)* cinéaste *mf*
filmen ['fɪlmən] **I.** *vt* filmer **II.** *vi* tourner
Filmfestspiele *Pl* festival *m* du film
filmisch *adj* cinématographique
Filmkamera *f* caméra *f* **Filmmusik** *f* musique *f* de film
Filmproduzent(in) *m(f)* producteur(-trice) *m(f)* de cinéma **Filmprojektor** *m* projecteur *m* de film **Filmregisseur(in)** *m(f)* réalisateur(-trice) *m(f)* **Filmriss**[RR] *m* ▶ **einen** ~ **haben** *fam* avoir un trou [de mé-

F

moire] **Filmschauspieler(in)** *m(f)* acteur(-trice) *m(f)* de cinéma **Filmstar** *m* vedette *f* de cinéma **Filmverleih** *m* société *f* de distribution de films **Filmvorführer(in)** *m(f)* projectionniste *mf*

Filter ['fɪltɐ] <-s, -> *nt o m* filtre *m*

Filterkaffee *m* café *m* filtre

filtern *vt* filtrer

Filterpapier *nt* papier-filtre *m* **Filtertüte** *f* filtre *m* **Filterzigarette** *f* cigarette *f* [à bout] filtre

F

Filtrat [fɪl'tra:t] <-[e]s, -e> *nt* filtrat *m*

filtrieren* [fɪl'tri:rən] *vt* filtrer

Filz [fɪlts] <-es, -e> *m* ① *(Wollmaterial)* feutre *m* ② POL *pej* magouille *f (fam)*

filzen ['fɪltsən] **I.** *vi Wolle:* feutrer **II.** *vt fam* fouiller *Person*

Filzhut *m* feutre *m*

filzig *adj Wolle* feutré(e); *Haare* rêche

Filzlaus *f* ZOOL pou *m* du pubis **Filzpantoffel** *m* charentaise *f* **Filzstift** *m* [crayon-]feutre *m*

Fimmel ['fɪməl] <-s, -> *m pej fam* marotte *f*

Finale [fi'na:lə] <-s, - *o* -s> *nt* ① SPORT finale *f* ② MUS finale *m*

Finalist(in) [fina'lɪst] *m(f)* finaliste *mf*

Finalsatz *m* GRAM proposition *f* subordonnée de but

Finanzamt *nt* fisc *m*; *(Gebäude)* perception *f* **Finanzausgleich** *m* péréquation *f* financière **Finanzbeamte(r)** *m dekl wie adj*, **-beamtin** *f* fonctionnaire *mf* aux finances

Finanzen [fi'nantsən] *Pl* finances *fpl*

Finanzhoheit *f* souveraineté *f* fiscale

finanziell [finan'tsi̯ɛl] *adj* financier(-ière)

Finanzier [finan'tsi̯e:] <-s, -s> *m geh* financier *m*

finanzierbar *adj* financièrement réalisable

finanzieren* [finan'tsi:rən] *vt* financer

Finanzierung <-, -en> *f* financement *m*

Finanzjahr *nt* exercice *m* financier **finanzkräftig** *adj Unternehmen* qui dispose de ressources solides **Finanzkrise** *f* crise *f* budgétaire **Finanzlage** *f* situation *f* financière **Finanzmarkt** *m* marché *m* financier **Finanzminister(in)** *m(f)* ministre *mf* des Finances **Finanzministerium** *nt* ministère *m* des Finances **Finanzpolitik** *f* politique *f* budgétaire **finanzschwach** *adj* économiquement faible **Finanzverwaltung** *f* gestion *f* financière

Finanzwesen *nt* finances *fpl*

Findelkind ['fɪndəlkɪnt] *nt* enfant *mf* trouvé(e)

finden ['fɪndən] <fand, gefunden> **I.** *vt* ① trouver; **bei jdm Hilfe ~** trouver de l'aide auprès de qn ② *(einschätzen)* **jdn/etw gut ~** trouver qn/qc bon; **das finde ich nicht/auch!** je ne trouve pas/je trouve aussi! ▸**nichts an etw** *(dat)* **~** ne rien trouver d'extraordinaire à qc; **nichts dabei ~ etw zu tun** ne rien voir de mal à faire qc **II.** *vi* ① **nach Hause ~** trouver son chemin pour rentrer chez soi; **zu sich selbst ~** se retrouver ② *(meinen)* **~, [dass]** ... trouver que ... **III.** *vr* ① *(sich ausfindig machen lassen)* **es findet sich keiner, der ...** il n'y a personne pour ... ② *(sich begegnen)* **sich ~** se trouver

Finder <-s, -> *m* **der [ehrliche] ~** la personne qui le rapportera

Finderlohn *m* récompense *f*

findig ['fɪndɪç] *adj* futé(e)

Findling ['fɪntlɪŋ] <-s, -e> *m* ① GEOL bloc *m* erratique ② *s.* **Findelkind**

Finesse [fi'nɛsə] <-, -n> *f geh Pl (Detail)* détails *mpl* sophistiqués

fing [fɪŋ] *Imp von* **fangen**

Finger ['fɪŋɐ] <-s, -> *m* doigt *m*; **der kleine ~** le petit doigt; **mit dem ~ auf jdn/etw zeigen** montrer qn/qc du doigt ▸**die ~ im Spiel haben** *fam* tremper dans une affaire; **keinen ~ krumm machen** *fam (nicht helfen)* ne pas remuer le petit doigt; **sich** *(dat)* **etw an den fünf ~n abzählen können** *fam* pouvoir [bien] se douter de qc; **jdn in die ~ kriegen** *fam* attraper qn; **die ~ von etw lassen** *fam* laisser tomber qc; **sich** *(dat)* **etw aus den ~n saugen** *fam* inventer qc [de toutes pièces]; **jdm auf die ~ gucken** *fam* avoir qn à l'œil; **sich** *(dat)* **bei etw die ~ verbrennen** *fam* se brûler les ailes dans qc; **jdn um den kleinen ~ wickeln** *fam* mener qn par le bout du nez

Fingerabdruck <-abdrücke> *m* empreinte *f* digitale **Fingerbreit** <-, -> *m* ▸**keinen ~ nachgeben** ne pas céder d'un pouce **Fingerfarbe** *f* peinture *f* au doigt **fingerfertig** *adj* habile de ses doigts **Fingerfertigkeit** *f* dextérité *f* **Fingerhandschuh** *m* gant *m* **Fingerhut** *m* ① *(Nähutensil)* dé *m* [à coudre] ② BOT digitale *f* [pourprée] **Fingerkuppe** *f* bout *m* du doigt

fingern *vi* tripoter; **an etw** *(dat)* **~** tripoter qc *(fam)*

Fingernagel *m* ongle *m* **Fingerspitze** *f* bout *m* du doigt **Fingerspitzengefühl** *nt kein Pl* doigté *m*; *(Takt)* tact *m*

Fingerzeig <-s, -e> *m Gottes* signe *m*

fingieren* [fɪŋ'giːrən] *vt* simuler
Finish ['fɪnɪʃ] <-s, -s> *nt* finish *m*
Fink [fɪŋk] <-en, -en> *m* pinson *m*
Finne ['fɪnə] <-n, -n> *m*, **Finnin** *f* Finlandais(e) *m(f)*
finnisch ['fɪnɪʃ] **I.** *adj* finlandais(e); *Kultur, Literatur, Sprache* finnois(e) **II.** *adv* ~ **miteinander sprechen** discuter en finnois; *s. a.* **deutsch**
Finnisch <-[s]> *nt kein Art* finnois *m; s. a.* **Deutsch**
Finnland ['fɪnlant] *nt* la Finlande
finster ['fɪnstɐ] *adj* ❶ (*dunkel*) sombre; *Nacht* noir(e); **im Finstern** dans le noir ❷ (*düster, schrecklich*) *Miene, Gedanken* sinistre; *Zeit* obscur(e); *Gestalt* lugubre ▶ **im Finstern tappen** être dans le brouillard
Finsternis <-, -se> *f* ❶ (*Dunkelheit*) obscurité *f* ❷ ASTRON éclipse *f*
Finto ['fɪnto] <-, -n> *f* feinte *f*
Firlefanz <-es> *m fam* (*überflüssige Dinge*) gadgets *mpl*
Firma ['fɪrma] <-, Firmen> *f* entreprise *f*, firme *f*
Firmament [fɪrma'mɛnt] <-s> *nt* firmament *m*
firmen *vt* confirmer
Firmen *Pl von* **Firma**
Firmenchef(in) *m(f)* chef *mf* d'entreprise **firmeneigen** *adj* appartenant à l'entreprise **Firmeninhaber(in)** *m(f)* propriétaire *mf* d'une/de l'entreprise **Firmenname** *m* raison *f* sociale **Firmenwagen** *m* voiture *f* d'entreprise **Firmenzeichen** *nt* emblème *m* de l'entreprise
firmieren* [fɪr'miːrən] *vi* **als ...** ~ avoir comme raison sociale ...
Firmling ['fɪrmlɪŋ] <-s, -e> *m* confirmand(e) *m(f)*
Firmung ['fɪrmʊŋ] <-, -en> *f* confirmation *f*
Firn [fɪrn] <-[e]s, -e> *m* névé *m*
Firnis ['fɪrnɪs] <-ses, -se> *m* vernis *m*
First [fɪrst] <-[e]s, -e> *m* faîte *m*
Fis [fɪs] <-, -> *nt* fa *m* dièse
Fisch [fɪʃ] <-[e]s, -e> *m* ❶ poisson *m* ❷ ASTROL **er ist** ~ il est Poissons ▶ **weder** ~ **noch Fleisch sein** *fam* être ni chair ni poisson; **munter wie ein** ~ **im Wasser** *fam* [heureux] comme un poisson dans l'eau; **das sind kleine** ~**e** *fam* (*unwichtige Dinge*) ce sont des broutilles; **stumm wie ein** ~ *fam* muet comme une carpe
Fischauge *nt* ❶ ZOOL œil *m* de poisson ❷ PHOT objectif *m* à très grand angle
fischen *vt, vi* pêcher
Fischer(in) <-s, -> *m(f)* pêcheur(-euse) *m(f)*
Fischerboot *nt* bateau *m* de pêche **Fischerdorf** *nt* village *m* de pêcheurs
Fischerei [fɪʃə'raɪ] <-> *f kein Pl* pêche *f*
Fischereihafen *m* port *m* de pêche
Fischernetz *nt* filet *m* de pêche
Fischfabrik *f* conserverie *f* de poisson **Fischfang** *m kein Pl* pêche *f*
Fischfanggebiet *nt* zone *f* de pêche
Fischfilet *nt* filet *m* de poisson **Fischgeschäft** *nt* poissonnerie *f* **Fischgründe** *Pl* fonds *mpl* de pêche **Fischhändler(in)** *m(f)* poissonnier(-ière) *m(f)*, marchand(e) *m(f)* de poisson **Fischkutter** *m* chalutier *m* **Fischmarkt** *m* marché *m* aux poissons **Fischmehl** *nt* farine *f* de poisson **Fischotter** *m* loutre *f* **Fischstäbchen** ['fɪʃʃtɛːpçən] *nt* [tranche *f* de] poisson *m* pané **Fischsterben** *nt* hécatombe *f* de poissons **Fischteich** *m* bassin *m* de pisciculture **Fischzucht** *f kein Pl* (*Tätigkeit*) pisciculture *f*
Fisimatenten [fizima'tɛntən] *Pl fam* simagrées *fpl*
Fiskus ['fɪskʊs] <-, -se *o* Fisken> *m* fisc *m*
Fisole [fi'zoːlə] <-, -n> *f* A haricot *m* vert
Fistel ['fɪstəl] <-, -n> *f* MED fistule *f*
Fistelstimme *f* voix *f* de fausset
fit [fɪt] *adj* en forme; **sich** ~ **halten** entretenir sa forme
Fitness[RR], **Fitneß**[ALT] ['fɪtnɛs] <-> *f* [bonne] condition *f* physique
Fitnesscenter[RR] ['fɪtnɛssɛntɐ] *nt*, **Fitnessstudio**[RR] *nt* centre *m* de culturisme **Fitnesstraining**[RR] *nt* culturisme *m*, musculation *f* **Fitnessübung** *f* exercice *m* de fitness
Fittich ['fɪtɪç] <-[e]s, -e> *m geh* aile *f* ▶ **jdn unter seine** ~**e nehmen** *hum* prendre qn sous son aile
fix [fɪks] *adj* ❶ (*feststehend*) fixe ❷ *fam* (*flink*) rapide ▶ **jdn** ~ **und fertig machen** *fam* (*demütigen*) passer un savon à qn; (*erschöpfen*) crever qn
Fixa *Pl von* **Fixum**
fixen ['fɪksən] *vi fam* se shooter
Fixer(in) ['fɪksɐ] <-s, -> *m(f) fam* camé(e) *m(f)*
Fixierbad *nt* PHOT bain *m* de fixage
fixieren* [fɪ'ksiːrən] *vt* ❶ *geh* (*schriftlich festhalten*) fixer ❷ (*anstarren*) **jdn** ~ fixer qn [du regard] ❸ PSYCH **auf jdn/etw fixiert sein** faire une fixation sur qn/qc ❹ PHOT fixer
Fixiermittel [fɪ'ksiːɐ̯-] *nt* ❶ PHOT fixateur *m* ❷ KUNST fixatif *m*

Fixierung <-, -en> *f a.* PSYCH fixation *f*
Fixkosten *Pl* coûts *mpl* fixes **Fixpunkt** *m* point *m* fixe **Fixstern** *m* étoile *f* fixe
Fixum ['fɪksʊm] <-s, Fixa> *nt* fixe *m*
Fjord [fjɔrt] <-[e]s, -e> *m* fjord *m*
FKK [ɛfkak'aː] <-> *Abk von* **Freikörperkultur** nudisme *m*
FKK-Strand *m* plage *f* de nudistes
flach [flax] **I.** *adj* ❶ *Land, Stirn* plat(e); *Dach* en terrasse ❷ (*niedrig*) *Gebäude, Hügel* peu élevé(e); *Absatz* plat(e); *Gewässer* peu profond(e); *Teller* plat(e) ❸ (*nicht steil*) *Küste, Hang* peu escarpé(e) ❹ (*oberflächlich*) *Unterhaltung* superficiel(le) **II.** *adv liegen* à plat; *atmen* faiblement
Flachbau *m* construction *f* basse **Flachbildschirm** *m* INFORM, TV écran *m* plat
flachbrüstig *adj Mann* sans pectoraux; *Frau* à la poitrine plate
Flachdach *nt* toit *m* en terrasse **Flachdruck** *m kein Pl* (*Verfahren*) [procédé *m*] offset *m*
Fläche ['flɛçə] <-, -n> *f* ❶ (*Oberfläche, Ebene*) surface *f; eines Würfels* face *f* ❷ (*messbare Oberfläche*) superficie *f*
Flächenbrand *m* incendie *m* gigantesque **flächendeckend** *adj* généralisé(e); *Netz* vaste; *Maßnahmen* sur une grande échelle **Flächeninhalt** *m* GEOM superficie *f* **Flächenmaß** *nt* mesure *f* de superficie **Flächenstilllegung**[RR] *f* AGR mise *f* en jachère
flach|fallen *vi irr + sein fam* tomber à l'eau
Flachheit <-> *f* ❶ (*flache Beschaffenheit*) planéité *f* ❷ *pej* (*Geistlosigkeit*) platitude *f*
flächig ['flɛçɪç] *adj Gesicht* plein(e)
Flachland *nt* pays *m* plat **flach|legen** *fam* **I.** *vt* **jdn ~** (*niederschlagen*) mettre qn sur le carreau **II.** *vr* **sich ~** s'étendre, s'allonger **flach|liegen** *vi irr fam* (*krank sein*) être sur le flanc **Flachmann** <-männer> *m fam* flasque *f* **Flachrelief** *nt* bas-relief *m*
Flachs [flaks] <-es> *m* ❶ BOT, TEXTIL lin *m* ❷ *fam* (*Witzelei*) blague *f*
flachsblond *adj Haare* blond filasse
Flachschuss[RR] *m* FBALL tir *m* au ras du sol
flachsen ['flaksən] *vi fam* déconner
flachsig ['flaksɪç] *adj* (*sehnig*) filandreux(-euse)
flackern ['flakɐn] *vi Feuer:* vaciller; *Licht:* clignoter
Fladen ['flaːdən] <-s, -> *m* ❶ GASTR galette *f* ❷ (*Kuhfladen*) bouse *f*
Fladenbrot *nt pain plat en forme de galette*
Flagge ['flagə] <-, -n> *f* drapeau *m;* NAUT pavillon *m;* **unter französischer ~ fahren** battre pavillon français
flaggen *vi* hisser le drapeau
Flaggschiff *nt* vaisseau *m* amiral
Flair [flɛːɐ̯] <-s> *nt o geh m einer Person* aura *f; eines Ortes* ambiance *f; einer Stadt* charme *m*
Flak [flak] <-, - *o* -s> *f Abk von* **Flug[zeug]abwehrkanone** (*Kanone*) canon *m* antiaérien
Flakon [fla'kõː] <-s, -s> *nt o m* flacon *m*
flambieren* [flam'biːrən] *vt* flamber
Flame ['flaːmə] <-n, -n> *m*, **Flamin** *o* **Flämin** *f* Flamand(e) *m(f)*
Flamingo [fla'mɪŋgo] <-s, -s> *m* flamant *m* rose
flämisch ['flɛːmɪʃ] **I.** *adj* flamand(e) **II.** *adv* **~ miteinander sprechen** discuter en flamand; *s. a.* **deutsch**
Flämisch <-[s]> *nt kein Art* flamand *m; s. a.* **Deutsch**
Flamme ['flamə] <-, -n> *f* flamme *f;* **etw auf kleiner ~ kochen** cuire qc à feu doux; **in ~n aufgehen** prendre feu; **in ~n stehen** être en flammes
flammend *adj* ❶ (*leuchtend*) **ein ~es Rot** un roux ardent ❷ (*leidenschaftlich*) *Rede* enflammé(e)
Flammenmeer *nt geh* mer *f* de feu
Flammenwerfer <-s, -> *m* lance-flammes *m inv*
Flandern ['flandɐn] <-s> *nt* la Flandre
flandrisch *adj* flamand(e)
Flanell [fla'nɛl] <-s, -e> *m* flanelle *f*
flanieren* [fla'niːrən] *vi + haben o sein* flâner
Flaniermeile *f* espace *m* de flânerie
Flanke ['flaŋkə] <-, -n> *f* ❶ *a.* MIL flanc *m* ❷ SPORT tir *m* au centre
flanken *vi* SPORT passer au centre
flankieren* [flaŋ'kiːrən] *vt* **von jdm/etw flankiert werden** être encadré par qn/qc
Flansch <-[e]s, -e> *m* collet *m*
flapsig *fam* **I.** *adj Benehmen* désinvolte **II.** *adv sich benehmen* avec impertinence
Fläschchen <-s, -> *nt eines Säuglings* biberon *m*
Flasche ['flaʃə] <-, -n> *f* ❶ bouteille *f;* **eine ~ Wasser** une bouteille d'eau; **aus der ~ trinken** boire à la bouteille ❷ (*Säuglingsflasche*) biberon *m* ❸ *fam* (*Versager*) minable *mf* ▶ **zur ~ greifen** se mettre à boire
Flaschenbier *nt* bière *f* en bouteille **Flaschengärung** *f* fermentation *f* en bouteilles **Flaschenhals** *m* goulot *m* [de bouteille] **Flaschennahrung** *f* nourri-

ture *f* de bébé spéciale biberon **Flaschenöffner** *m* ouvre-bouteille *m* **Flaschenpfand** *nt* consigne *f* [pour bouteilles] **Flaschenpost** *f* bouteille *f* à la mer

flaschenweise *adv verkaufen* à la bouteille; *trinken* par bouteilles entières

Flaschenzug *m* palan *m*

Flaschner(in) ['flaʃnɐ] <-s, -> *m(f)* SDEUTSCH, CH plombier *m*

Flat [flɛt] <-, -s> *f*, **Flatrate** ['flɛtreɪt] <-, -s> *f* TELEC, INFORM accès *m* forfaitaire illimité, forfait *m* illimité

flatterhaft *adj pej* inconstant(e)

flattern ['flatɐn] *vi* ① + *haben Tier:* battre des ailes; *Hände:* trembler; *Fahne:* flotter ② + *sein* (*irgendwohin flattern*) *Schmetterling:* papillonner; *Vogel:* voleter; **zu Boden ~** *Papier:* s'envoler sur le sol

Flattersatz *m* composition *f* en drapeau

flau [flau̯] *adj* ① (*unwohl*) **mir ist ~** je me sens mal ② *Geschäft, Börse* morose

Flaum [flau̯m] <-[e]s> *m* duvet *m*

Flausch <-[e]s, -e> *m* molleton *m*

flauschig *adj* moelleux(-euse)

Flausen ['flau̯zən] *Pl fam* ① (*Unsinn*) sottises *fpl;* **nichts als ~ im Kopf haben** ne penser qu'à faire des conneries ② (*Ausflüchte*) balivernes *fpl*

Flaute ['flau̯tə] <-, -n> *f* ① NAUT calme *m* ② COM marasme *m;* (*nicht sehr betriebsame Zeit*) période *f* creuse

Flechte ['flɛçtə] <-, -n> *f* ① BOT lichen *m* ② MED dartre *m*

flechten ['flɛçtən] <flicht, flocht, geflochten> *vt* tresser *Haare, Korb, Kranz*

Fleck [flɛk] <-[e]s, -e *o* -en> *m* ① (*Schmutzfleck, Farbfleck*) tache *f;* **blauer ~** bleu *m* ② (*Stelle*) endroit *m;* (*Stück Land*) bout *m* de terrain ▶**nicht vom ~ kommen** ne pas avancer; **sich nicht vom ~ rühren** ne pas bouger [d'un pouce]

Fleckchen <-s, -> *nt* (*Gegend*) endroit *m*

Flecken ['flɛkən] <-s, -> *m* (*Fleck*) tache *f*

Fleckenentferner <-s, -> *m* détachant *m*

fleckenlos *adj* sans tache

Fleckentferner *s.* **Fleckenentferner**

Fleckfieber *nt* typhus *m* [exanthématique]

fleckig ['flɛkɪç] *adj Kleidungsstück* taché(e); *Haut, Frucht* tacheté(e)

Fledermaus ['fle:dɐmau̯s] *f* chauve-souris *f*

Fleece [fli:s] <-> *nt* TEXTIL polaire *m*

Flegel ['fle:gəl] <-s, -> *m pej* (*Kind*) garnement *m;* (*Mann*) mufle *m*

Flegelei [fle:gə'lai̯] <-, -en> *f pej* sans-gêne *m inv*, grossièreté *f*

flegelhaft *adj pej* sans-gêne *inv*

flehen ['fle:ən] *vi geh* supplier; **um Gnade ~** demander grâce

flehentlich ['fle:əntlɪç] *geh* **I.** *adj Blick, Bitte* implorant(e) **II.** *adv* en suppliant; *bitten* instamment

Fleisch [flai̯ʃ] <-[e]s> *nt* ① (*Nahrungsmittel*) viande *f;* **~ fressend** carnivore ② ANAT chair *f* ③ (*Fruchtfleisch*) chair *f* ▶**jdm in ~ und Blut übergehen** devenir une habitude pour qn; **sich** (*akk o dat*) **ins eigene ~ schneiden** se nuire à soi-même [par qc]

Fleischbrühe *f* (*Bouillon*) bouillon *m* de viande; (*Kraftbrühe*) consommé *m*

Fleischer(in) ['flai̯ʃɐ] <-s, -> *m(f)* boucher(-ère) *m(f)*

Fleischerei [flai̯ʃə'rai̯] <-, -en> *f* boucherie *f*

Fleischextrakt *m* extrait *m* de viande

fleischfarben *adj* [de] couleur chair

fleischfressend *s.* **Fleisch 1**

Fleischfresser <-s, -> *m* ZOOL carnassier *m*, carnivore *m*

Fleischgericht *nt* plat *m* de viande

Fleischhauer(in) *m(f)* A boucher(-ère) *m(f)*

fleischig ['flai̯ʃɪç] *adj Person* dodu(e); *Frucht* charnu(e)

Fleischkäse *m préparation de viande hachée, d'œufs et d'épices, traditionnelle dans le Sud de l'Allemagne* **Fleischkloß** *m* GASTR boulette *f* de viande

fleischlich *adj attr* ① *Kost* à base de viande ② *geh Begierden* charnel(le)

fleischlos *adj Kost* sans viande

Fleischpastete *f* pâté *m* **Fleischsalat** *m lanières de cervelas préparées avec des cornichons et de la mayonnaise* **Fleischspieß** *m* brochette *f* de viande **Fleischtomate** *f* tomate *f* charnue [à farcir] **Fleischvergiftung** *f* intoxication *f* alimentaire causée par de la viande avariée **Fleischwolf** *m* hache-viande *m* **Fleischwunde** *f* lésion *f* profonde **Fleischwurst** *f sorte de cervelas*

Fleiß [flai̯s] <-[e]s> *m kein Pl* zèle *m*, application *f* ▶**ohne ~ kein Preis** *prov* on n'a rien sans peine

Fleißarbeit *f* ① travail *m* assidu ② *pej* [**reine**] **~** travail *m* de gratte-papier

fleißig ['flai̯sɪç] **I.** *adj Mitarbeiter* travailleur(-euse); *Schüler* appliqué(e); *fam Sammler* assidu(e) **II.** *adv arbeiten* avec application

flektieren* *vt* décliner *Substantiv;* conjuguer *Verb*

flennen ['flɛnən] *vi pej fam* pleurnicher

F

fletschen ['flɛtʃən] *vt* **die Zähne ~** montrer les dents
flexibel [flɛ'ksi:bəl] *adj* flexible; *Material* souple
Flexibilität [flɛksibili'tɛ:t] <-> *f* ① (*Anpassungsfähigkeit*) flexibilité *f* ② (*Elastizität*) souplesse *f*
Flexion [flɛ'ksi̯o:n] <-, -en> *f eines Substantivs, Adjektivs* déclinaison *f*; *eines Verbs* conjugaison *f*
Flexitarier(in) [flɛksi'ta:ri̯ɐ] <-s, -> *m(f)* *fam* flexitarien(ne) *m(f)*, semi-végétarien(ne) *m(f)*
flicht [flɪçt] *3. Pers Präs von* **flechten**
flicken ['flɪkən] *vt* rapiécer *Kleidung;* réparer *Fahrradschlauch, Schuhe*
Flicken <-s, -> *m* (*Stück Stoff*) pièce *f*; (*Stück Gummi*) rustine *f*
Flickschuster(in) *m(f)* *pej fam* rafistoleur(-euse) *m(f)* **Flickwerk** *nt kein Pl pej* rafistolage *m* (*fam*)
Flickzeug <-[e]s, -e> *nt* nécessaire *m* de réparation
Flieder ['fli:dɐ] <-s, -> *m* lilas *m*
fliederfarben *adj* [de couleur] lilas
Fliege ['fli:gə] <-, -n> *f* ① ZOOL mouche *f* ② COUT nœud *m* papillon ▶ **zwei ~n mit einer Klappe schlagen** *fam* faire d'une pierre deux coups; **er tut keiner ~ etwas zuleide** il ne ferait pas de mal à une mouche (*fam*); **die ~ machen** *fam* se casser
fliegen ['fli:gən] <flog, geflogen> **I.** *vi + sein* ① voler; **nach Paris ~** *Flugzeug:* voler vers Paris; *Fluggesellschaft:* desservir Paris; *Person:* aller à Paris en avion; **auf den Boden ~** *Ball:* voler sur le sol ② (*eilen*) voler; **jdm um den Hals ~** sauter au cou de qn ③ *fam* (*hinausgeworfen werden*) se faire virer ④ *fam* (*durchfallen*) **durch eine Prüfung ~** se ramasser à un examen ⑤ *fam* (*angezogen werden*) **auf jdn/etw ~** craquer pour qn/qc **II.** *vt* ① *+ haben o sein* (*steuern*) piloter *Flugzeug* ② *+ haben* (*befördern*) transporter par avion *Passagiere, Güter* ③ *+ haben o sein* (*zurücklegen*) faire *Route, Strecke*
fliegend *adj attr* ① volant(e) ② (*nicht stationär*) *Händler* ambulant(e)
Fliegendreck *m* chiure *f* de mouche **Fliegenfänger** <-s, -> *m* attrape-mouche *m* **Fliegenfenster** *nt* moustiquaire *f* **Fliegengewicht** *nt* SPORT poids *m* mouche **Fliegengitter** *nt* moustiquaire *f* **Fliegenklatsche** <-, -n> *f* tapette *f* **Fliegenpilz** *m* amanite *f* tue-mouche
Flieger ['fli:gɐ] <-s, -> *m* ① (*Pilot*) aviateur *m* ② *fam* (*Flugzeug*) avion *m*
Fliegeralarm *m* alerte *f* aérienne
Fliegerei [fli:gə'rai̯] <-> *f* aviation *f*
Fliegerhorst *m* base *f* aérienne
Fliegerin <-, -nen> *f* aviatrice *f*
fliegerisch *adj attr* en matière d'aviation
fliehen ['fli:ən] <floh, geflohen> *vi + sein* s'enfuir; **zu jdm ~** se réfugier chez qn
fliehend *adj Kinn* fuyant(e)
Fliehkraft *f* force *f* centrifuge
Fliese ['fli:zə] <-, -n> *f* carreau *m* [de céramique]
fliesen *vt* carreler
Fliesenleger(in) <-s, -> *m(f)* carreleur(-euse) *m(f)*
Fließband <-bänder> *nt* chaîne *f* [de montage]; **am ~ arbeiten** travailler à la chaîne
Fließbandarbeit *f* travail *m* à la chaîne
fließen ['fli:sən] <floss, geflossen> *vi + sein* ① *Flüssigkeit:* couler; **durch Paris ~** *Fluss:* traverser Paris; **in die Seine ~** se jeter dans la Seine ② (*sich bewegen*) *Luftmassen:* affluer; *elektrischer Strom:* passer; **~ der Verkehr** circulation *f* fluide
fließend **I.** *adj Grenze, Übergang* flou(e) **II.** *adv lesen, sprechen* couramment
Fließheck *nt* arrière *m* liftback
flimmerfrei *adj Bildschirm* avec une stabilité parfaite de l'image **Flimmerkiste** *f* *pej fam* télé *f*
flimmern ['flɪmɐn] *vi Bild* trembler; *Luft:* vibrer; **es flimmert ihr vor den Augen** elle a un éblouissement
flink [flɪŋk] **I.** *adj Person, Finger* agile; *Bewegung* vif(vive) **II.** *adv sich bewegen* avec agilité; *arbeiten* avec adresse
Flinte ['flɪntə] <-, -n> *f* (*Schrotflinte*) fusil *m* [de chasse] ▶ **die ~ ins Korn werfen** *fam* jeter le manche après la cognée
FlipchartRR ['flɪptʃart, 'flɪptʃa:ɐ̯t] <-s, -s> *nt* paperboard *m*
Flipflop®, **Flip-Flop®** ['flɪpflɔp] <-s, -s> *m meist Pl* tong *f gén pl*
Flipper ['flɪpɐ] <-s, -> *m* flipper *m*
flippern ['flɪpɐn] *vi* jouer au flipper
flippig ['flɪpɪç] *fam* **I.** *adj* farfelu(e), loufoque **II.** *adv herumlaufen, sich kleiden* de manière farfelue [*o* loufoque]
flirren ['flɪrən] *vi Luft:* trembloter, vaciller
Flirt [flø:ɐ̯t, flœrt] <-s, -s> *m* flirt *m*
flirten ['flø:ɐ̯tən, 'flœrtən] *vi* flirter
Flittchen ['flɪtçən] <-s, -> *nt pej fam* traînée *f*
Flitter ['flɪtɐ] <-s, -> *m* ① (*Pailletten*)

paillettes *fpl* ② *kein Pl pej* (*Tand*) clinquant *m*
Flitterwochen *Pl* lune *f* de miel
flitzen ['flɪtsən] *vi + sein fam* (*sich schnell fortbewegen*) filer
Flitzer <-s, -> *m fam* bolide *m*
floaten ['floʊtən, 'flo:tən] *vi* ÖKON flotter
flocht [flɔxt] *Imp von* **flechten**
Flocke ['flɔkə] <-, -n> *f* (*Schneeflocke, Getreideflocke*) flocon *m*; (*Staubflocke*) mouton *m*
flockig *adj* floconneux(-euse)
flog [flo:k] *Imp von* **fliegen**
floh [flo:] *Imp von* **fliehen**
Floh [flo:, *Pl:* 'flø:ə] <-[e]s, Flöhe> *m* ① ZOOL puce *f* ② *Pl fam* (*Geld*) fric *m* ▶ **jdm einen ~ ins Ohr setzen** *fam* fourrer une idée dans le crâne de qn
Flohmarkt *m* marché *m* aux puces
Flop [flɔp] <-s, -s> *m fam* bide *m*
Flor [flo:ɐ̯] <-s, -e> *m* ① (*dünnes Gewebe*) voile *m*, crêpe *m* ② (*Teppichflor*) poil *m*
Flora ['flo:ra] <-, Floren> *f* flore *f*
Florenz [flo'rɛnts] <-> *nt* Florence
Florett [flo'rɛt] <-[e]s, -e> *nt* ① fleuret *m* ② *kein Pl* (*Fechtdisziplin*) escrime *f* au fleuret
florieren* [flo'ri:rən] *vi Geschäft:* prospérer; *Wirtschaft:* être florissant
Florist(in) [flo'rɪst] <-en, -en> *m(f)* fleuriste *mf*
Floskel ['flɔskəl] <-, -n> *f* figure *f* de rhétorique
floskelhaft **I.** *adj* ronflant(e) (*péj*) **II.** *adv* pompeusement
floss[RR], **floß**[ALT] [flɔs] *Imp von* **fließen**
Floß [flo:s, *Pl:* 'flø:sə] <-es, Flöße> *nt* radeau *m*
Flosse ['flɔsə] <-, -n> *f* ① ZOOL nageoire *f* ② (*Schwimmflosse*) palme *f* ③ *fam* (*Hand*) patte *f*
flößen ['flø:sən] *vt* (*einflößen*) faire avaler
Flößer(in) <-s, -> *m(f)* flotteur(-euse) *m(f)*
Flöte ['flø:tə] <-, -n> *f* (*Instrument*) flûte *f*
flöten **I.** *vi* ① MUS jouer de la flûte ② (*zwitschern*) siffler ▶ **~ gehen** *fam* s'envoler en fumée **II.** *vt* jouer à la flûte *Melodie*
flöten|gehen[ALT] *s.* **flöten I.** ▶
Flötenspieler(in) *m(f)* joueur(-euse) *m(f)* de flûte
Flötist(in) [flø'tɪst] <-en, -en> *m(f)* flûtiste *mf*
flott [flɔt] *fam* **I.** *adj* ① (*zügig*) *Arbeiter* rapide; *Bedienung* dégourdi(e); *Musik* entraînant(e) ② (*schick*) *Person* smart(e); *Auto, Kleidung* fringant(e) ③ (*unbeschwert*) *Lebensstil* dépensier(-ière) **II.** *adv* ① (*zügig*) vite; **aber ein bisschen ~!** *fam* plus vite que ça! ② (*schick*) *sich anziehen* chic
Flotte ['flɔtə] <-, -n> *f* MIL flotte *f*
Flottenstützpunkt *m* base *f* navale
flott|machen *vt* mettre à flot *Schiff*; *fam* mettre en état *Fahrzeug*
Flöz [flø:ts] <-es, -e> *nt* filon *m*, couche *f* [sédimentaire]
Fluch [flu:x, *Pl:* 'fly:çə] <-[e]s, Flüche> *m* ① (*Schimpfwort*) juron *m* ② *kein Pl* (*Verwünschung*) malédiction *f*
fluchen ['flu:xən] *vi* jurer; **auf jdn/etw ~** jurer contre qn/qc
Flucht [flʊxt] <-, -en> *f* ① fuite *f*; (*aus dem Gefängnis*) évasion *f*; **auf der ~ sein** être en fuite; **die ~ ergreifen** *geh* prendre la fuite; **jdn in die ~ schlagen** faire fuir qn; **die ~ nach vorn** *fig* la fuite en avant ② ARCHIT alignement *m* ③ *geh* (*Zimmerflucht*) enfilade *f*
fluchtartig **I.** *adj* précipité(e) **II.** *adv* avec précipitation
flüchten ['flʏçtən] **I.** *vi + sein* [s'en]fuir **II.** *vr + haben* **sich ins Haus/in den Alkohol ~** se réfugier dans la maison/l'alcool
Fluchtgefahr *f* risque *m* de fuite **Fluchthelfer(in)** *m(f)* (*Schleuser*) passeur(-euse) *m(f)* **Fluchthilfe** *f* complicité *f* de fuite
flüchtig ['flʏçtɪç] **I.** *adj* ① *Person* fugitif(-ive); **~ sein** être en fuite ② (*kurz*) *Berührung* fugitif(-ive); *Blick* furtif(-ive); *Arbeit* superficiel(le); *Bekanntschaft* vague ③ CHEM volatil(e) **II.** *adv grüßen* rapidement; *kennen* superficiellement
Flüchtigkeit <-, -en> *f* ① *kein Pl* (*kurze Dauer*) caractère *m* éphémère ② *kein Pl* (*Oberflächlichkeit*) caractère *m* superficiel ③ (*Unachtsamkeit*) inattention *f* ④ *kein Pl* CHEM volatilité *f*
Flüchtigkeitsfehler *m* faute *f* d'inattention
Flüchtling ['flʏçtlɪŋ] <-s, -e> *m* réfugié(e) *m(f)*
Flüchtlingskrise *f* POL [**europäische**] **~** crise *f* migratoire [en Europe] **Flüchtlingslager** *nt* camp *m* de réfugiés **Flüchtlingsstrom** *m* afflux *m* de réfugiés
Fluchtversuch *m* tentative *f* de fuite; (*Ausbruchsversuch*) tentative *f* d'évasion **Fluchtweg** *m* ① *eines Häftlings* chemin d'évasion ② (*in Gebäuden*) issue *f* de secours
Flug [flu:k, *Pl:* 'fly:gə] <-[e]s, Flüge> *m* vol *m*; **einen ~ buchen** réserver un billet sur un vol; **guten ~!** bon vol! ▶ **wie im ~[e] vergehen** filer à toute allure
Flugabwehr *f* défense *f* antiaérienne

F

Flugangst *f* peur *f* de monter en avion **Flugbahn** *f* trajectoire *f* **Flugbegleiter(in)** *m(f)* AVIAT steward *m*/hôtesse *f* de l'air **Flugblatt** *nt* tract *m* **Flugdauer** *f* durée *f* de vol

Flügel ['fly:gəl] <-s, -> *m* ① *a.* AVIAT, POL, SPORT aile *f;* **mit den ~n schlagen** battre des ailes ② (*Fensterflügel, Türflügel*) battant *m;* (*Altarflügel*) volet *m* ③ *eines Propellers* pale *f; einer Windmühle, eines Gebäudes* aile *f* ④ MIL flanc *m* ⑤ MUS piano *m* à queue ▶ **jdm die ~ stutzen** rogner les ailes à qn; **die ~ hängen lassen** *fam* baisser les bras; **jdm ~ verleihen** *geh* donner des ailes à qn

Flügelfenster *nt* fenêtre *f* à battants **flügellahm** *adj Vogel* blessé(e) à l'aile **Flügelmutter** <-muttern> *f* papillon *m* **Flügeltür** *f* porte *f* à deux battants

flugfähig *adj* capable de voler **Fluggast** *m* passager(-ère) *m(f)*

flügge ['flʏgə] *adj* **~ sein** *Vogel:* savoir voler; *Kind:* voler de ses propres ailes

Fluggeschwindigkeit *f* vitesse *f* de vol **Fluggesellschaft** *f* compagnie *f* aérienne **Flughafen** *m* aéroport *m* **Flughöhe** *f* altitude *f* [de vol] **Flugkapitän(in)** *m(f)* commandant(e) *m(f)* de bord **Flugkörper** *m* engin *m* volant **Fluglärm** *m* bruit *m* [du trafic] aérien **Fluglehrer(in)** *m(f)* moniteur(-trice) *m(f)* d'aviation **Fluglinie** *f* ligne *f* aérienne **Fluglotse** *m*, **-lotsin** *f* contrôleur(-euse) *m(f)* de la navigation aérienne **Flugnummer** *f* numéro *m* de vol **Flugobjekt** *nt* objet *m* volant; **unbekanntes ~** objet volant non identifié **Flugpersonal** *nt* personnel *m* volant **Flugplan** *m* horaire *m* des vols **Flugplatz** *m* aérodrome *m* **Flugreise** *f* voyage *m* en avion **Flugschein** *m* (*Pilotenschein*) brevet *m* de pilote **Flugschreiber** *m* boîte *f* noire **Flugsicherung** *f* sécurité *f* aérienne **Flugsimulator** *m* simulateur *m* de vol **Flugsteig** <-[e]s, -e> *m* porte *f* d'embarquement **flugtauglich** *adj* apte à voler **Flugticket** *nt* billet *m* d'avion **Flugverbindung** *f* liaison *f* aérienne **Flugverbot** *nt* interdiction *f* de vol **Flugverkehr** *m* trafic *m* aérien **Flugzeit** *f* durée *f* de vol

Flugzeug ['flu:ktsɔyk] <-[e]s, -e> *nt* avion *m;* **per ~** par avion

Flugzeugabsturz *m* crash *m* **Flugzeugbau** *m kein Pl* construction *f* aéronautique **Flugzeugbesatzung** *f* équipage *m* de l'avion **Flugzeugentführung** *f* détournement *m* d'avion **Flugzeughalle** *f* hangar *m* **Flugzeugträger** *m* porte-avions *m inv* **Flugzeugunglück** *nt* accident *m* d'avion

Flugziel *nt* destination *f*

Fluidum ['flu:idʊm] <-s, Fluida> *nt* fluide *m*

Fluktuation [flʊktu̯a'tsi̯o:n] <-, -en> *f geh* fluctuations *fpl*

fluktuieren* [flʊktu'i:rən] *vi geh* fluctuer

Flummi ['flʊmi] <-s, -s> *m* balle *f* rebondissante

Flunder ['flʊndɐ] <-, -n> *f* flétan *m*

Flunkerei [flʊŋkə'rai̯] <-, -en> *f fam* ① (*Lüge*) bobard *m* ② *kein Pl* (*das Flunkern*) fanfaronnade *f*

flunkern ['flʊŋkɐn] *vi fam* raconter des bobards

Flunsch [flʊnʃ] <-[e]s, -e> *m fam* moue *f;* **einen ~ ziehen** faire la moue

Fluor ['flu:o:ɐ̯] <-s> *nt* CHEM fluor *m*

Fluorchlorkohlenwasserstoff ['flu:o:ɐ̯-klo:ɐ̯-] *m* CHEM chlorofluorocarbone *m*

Fluoreszenz [fluorɛs'tsɛnts] <-> *f* fluorescence *f*

fluoreszieren* [fluorɛs'tsi:rən] *vi* être fluorescent

fluoreszierend *adj* fluorescent(e)

Fluorid [fluo'ri:t] <-[e]s, -e> *nt* CHEM fluorure *m*

Flur[1] [flu:ɐ̯] <-[e]s, -e> *m* (*Korridor*) couloir *m;* (*Diele*) vestibule *m*

Flur[2] [flu:ɐ̯] <-, -en> *f geh* (*freies Land*) campagne *f* ▶ **allein auf weiter ~ sein** être seul à perte de vue; (*ohne Gleichgesinnte sein*) rester à l'écart

Flurbereinigung *f* remembrement *m* **Flurschaden** *m* ① AGR dégâts *mpl* causés aux cultures ② *fig* dégâts *mpl*

Fluse ['flu:zə] <-, -n> *f* peluche *f*

Fluss[RR] [flʊs, *Pl:* 'flʏsə] <-es, Flüsse>, **Fluß**[ALT] <-sses, Flüsse> *m* (*Strom*) fleuve *m;* (*Nebenfluss*) rivière *f*

flussabwärts[RR] [flʊs'ʔapvɛrts] *adv* en aval; **~ fahren** descendre le cours de la rivière **Flussarm**[RR] *m* bras *m* [de rivière] **flussaufwärts**[RR] [flʊs'ʔaufvɛrts] *adv* en amont; **~ fahren** remonter le cours de la rivière **Flussbett**[RR] *nt* lit *m* du fleuve/de la rivière

Flüsschen[RR] ['flʏsçən] <-s, -> *nt Dim von* **Fluss** petite rivière *f*

Flussdiagramm[RR] *nt* INFORM ordinogramme *m*

flüssig ['flʏsɪç] **I.** *adj* ① (*opp: fest*) liquide; *Glas, Metall, Wachs* fondu(e) ② (*fließend*) *Verkehr, Stil* fluide ③ (*verfügbar*) *Mittel* disponible; **Geld ~ machen** débloquer des fonds ▶ **~/nicht ~ sein** *fam* être en fonds/à sec **II.** *adv lesen, sprechen* aisément; *schreiben* avec aisance

Flüssiggas *nt* gaz *m* liquide

Flüssigkeit <-, -en> *f* (*flüssige Substanz*) liquide *m*

Flüssigkeitsbremse *f* frein *m* hydraulique

Flüssigkristallanzeige *f* affichage *m* à cristaux liquides

FlusskrebsRR *m* écrevisse *f* **Flusslauf**RR *m* cours *m* du fleuve/de la rivière **Flussmündung**RR *f* embouchure *f* du fleuve **Flusspferd**RR *nt* hippopotame *m* **Flussufer**RR *nt* rive *f*

flüstern ['flʏstɐn] **I.** *vi* chuchoter **II.** *vt* chuchoter; **jdm etwas ins Ohr ~** chuchoter quelque chose à l'oreille de qn ▶ **das kann ich dir ~!** *fam* ça, fais-moi confiance!; **dem werde ich was ~!** celui-là, il va m'entendre!

Flüsterpropaganda *f* bouche à oreille *m* **Flüsterton** <-töne> *m* chuchotement *m*; **im ~** à voix basse

Flut [flu:t] <-, -en> *f* ❶ *kein Pl* (*opp: Ebbe*) marée *f* montante/haute; **die ~ kommt** la marée monte; **die ~ geht zurück** la marée se retire ❷ *meist Pl geh* (*Wassermassen*) flots *mpl* ❸ (*große Menge*) **eine ~ von Briefen** un déferlement de lettres

fluten **I.** *vi* + *sein geh Hochwasser:* couler à flots; **ins Zimmer ~** *Licht:* inonder la pièce **II.** *vt* + *haben* (*volllaufen lassen*) remplir d'eau; (*unter Wasser setzen*) submerger

Flutkatastrophe *f* inondation *f* catastrophique **Flutlicht** *nt kein Pl* projecteurs *mpl*

flutschen **I.** *vi* + *sein fam* glisser; **aus der Hand ~** glisser des mains **II.** *vi* + *haben fam Arbeit:* marcher comme sur des roulettes

Flutwelle *f* raz *m* de marée

Flyer ['flaɪɐ] <-s, -> *m* flyer *m*; (*Flugblatt*) tract *m*

focht [fɔxt] *Imp von* **fechten**

Fock <-, -en> *f* NAUT [voile *f* de] misaine *f*

föderal *adj* fédéral(e)

Föderalismus [fødera'lɪsmʊs] <-> *m* fédéralisme *m*

föderalistisch [fødera'lɪstɪʃ] *adj Verfassung* fédéral(e); *Tendenzen* fédéraliste

Föderation [fødera'tsi̯o:n] <-, -en> *f* fédération *f*

Föderationsrat *m* POL Conseil *m* de la fédération

fohlen ['fo:lən] *vi* pouliner

Fohlen ['fo:lən] <-s, -> *nt eines Pferds* poulain *m*

Föhn [fø:n] <-[e]s, -e> *m* ❶ METEO fœhn *m*, föhn *m* ❷ (*Haartrockner*) sèche-cheveux *m*

föhnenRR ['fø:nən] *vt* sécher; **sich** (*dat*) **die Haare ~** se sécher les cheveux au séchoir

FöhnfrisurRR *f* brushing *m*

Föhre ['fø:rə] <-, -n> *f* DIAL pin *m* sylvestre

Fokus ['fo:kʊs] <-, -se> *m* OPT, MED foyer *m*

Folge ['fɔlgə] <-, -n> *f* ❶ (*Auswirkung*) conséquence *f*; **zur ~ haben** avoir pour conséquence; **das wird für Sie ~n haben!** vous en subirez les conséquences! ❷ (*Reihe*) *von Eindrücken, Zahlen* série *f*; INFORM *von Befehlen* séquence *f*; **in ~** de suite ❸ RADIO, TV épisode *m*

Folgeerscheinung *f* effet *m* **Folgekosten** *Pl* frais *mpl* consécutifs

folgen ['fɔlgən] *vi* ❶ + *sein a. fig* **jdm/einer S. ~** suivre qn/qc; **können Sie mir ~?** vous me suivez? ❷ + *sein* (*als Nächstes kommen*) venir ensuite; **auf jdn/etw ~** succéder à qn/qc; **wie folgt** comme suit ❸ + *haben* (*gehorchen*) **jdm ~** obéir à qn ❹ + *sein* (*resultieren*) **aus etw ~** résulter de qc

folgend *adj Seite* suivant(e); **im Folgenden** comme suit; **es handelt sich um Folgendes** voici de quoi il s'agit

folgendermaßen *adv* de la manière suivante

folgenlos *adj* **~ bleiben** ne pas tirer à conséquence

folgenschwer *adj* lourd(e) de conséquences

folgerichtig *adj* logique

folgern ['fɔlgɐn] **I.** *vt* conclure **II.** *vi* déduire

Folgerung <-, -en> *f* conclusion *f*

Folgesatz *m* GRAM [proposition *f*] consécutive *f* **Folgezeit** *f* **in der ~** par la suite; (*in der Zukunft*) à l'avenir

folglich ['fɔlklɪç] *adv* par conséquent

folgsam ['fɔlkza:m] **I.** *adj* docile **II.** *adv* bravement

Folgsamkeit <-> *f* docilité *f*

Folie ['fo:li̯ə] <-, -n> *f* (*Plastikfolie*) film *m* plastique; (*Aluminiumfolie*) feuille *f* d'alu[minium]

Folklore [fɔlk'lo:rə] <-> *f* folklore *m*

folkloristisch [fɔlklo:'rɪstɪʃ] *adj* folklorique

Folter ['fɔltɐ] <-, -n> *f* torture *f* ▶ **jdn auf die ~ spannen** faire languir qn

Folterbank <-bänke> *f* chevalet *m* de torture **Folterkammer** *f* chambre *f* de torture **Folterknecht** *m* bourreau *m*

foltern ['fɔltɐn] *vt* torturer

Folterung <-, -en> *f* torture *f*

Fon[RR] [fo:n] *s.* **Phon**

Fön® <-[e]s, -e> *m* sèche-cheveux *m inv*

Fond [fõ:] <-s, -s> *m* ❶ (*Hintergrund*) *eines Stoffs, Gemäldes* fond *m* ❷ (*Rücksitz*) arrière *m* ❸ (*Fleischsaft*) jus *m* de viande

F

Fonds [fõ:(s)] <-, -> *m* FIN fonds *m*

Fondsmanager(in) *m(f)* manageur(-euse) *m(f)* de fonds

Fondue [fõ'dy:] <-s, -s> *nt,* <-, -s> *f* fondue *f*

fönen[ALT] *s.* **föhnen**

Fonotypistin[RR] *s.* **Phonotypistin**

Fontäne [fɔn'tɛ:nə] <-, -n> *f* jet *m* [d'eau]

foppen ['fɔpən] *vt fam* faire marcher

forcieren* [fɔr'si:rən] *vt geh* accélérer *Arbeiten;* redoubler *Anstrengungen*

forciert *adj geh Lächeln* forcé(e)

Förderanlage *f* équipements *mpl* d'extraction

Förderband <-bänder> *nt* tapis *m* roulant; MIN convoyeur *m*

Förderer <-s, -> *m,* **Förderin** *f* protecteur(-trice) *m(f); eines Künstlers* mécène *m*

Fördergelder *Pl* ADMIN subvention *f*

Förderkorb *m* monte-charge *m*

förderlich *adj* **einer S.** (*dat*) **~ sein** être utile à qc

Fördermenge *f* MIN débit *m* d'extraction **Fördermittel** *Pl* aide[s] *f* financière[s]

fordern ['fɔrdɐn] **I.** *vt* ❶ (*verlangen*) *Person, Gewerkschaft:* revendiquer *Rechte* ❷ (*abverlangen*) exiger; **viel von jdm ~** *Person:* exiger beaucoup de qn; *Sache:* demander beaucoup de qn ❸ (*kosten*) **zehn Menschenleben ~** coûter la vie à dix personnes **II.** *vi* **~, dass** exiger que + *subj*

fördern ['fœrdɐn] *vt* ❶ (*unterstützen*) aider *Personen;* favoriser *Karriere;* encourager *Projekt, Talent* ❷ (*finanzieren*) financer *Projekt* ❸ MIN, TECH extraire

fordernd *adj* exigeant(e)

Förderschacht *m* puits *m* d'extraction **Förderturm** *m* tour *f* d'extraction

Forderung <-, -en> *f* ❶ *von Rechten* revendication *f* ❷ (*Erwartung*) exigence *f;* **~en an jdn stellen** poser des exigences à qn ❸ FIN créance *f*

Förderung <-, -en> *f* ❶ (*Unterstützung*) encouragement *m; von Künstlern, Sportlern* aide *f* ❷ (*finanzielle Hilfe*) aide *f* financière; (*durch Steuergelder*) subvention *f* ❸ MIN, TECH extraction *f*

Förderunterricht *m* cours *m* de rattrapage

Forelle [fo'rɛlə] <-, -n> *f* truite *f*

Foren *Pl von* **Forum**

Forke ['fɔrkə] <-, -n> *f* NDEUTSCH fourche *f*

Form [fɔrm] <-, -en> *f* ❶ forme *f;* **in ~ von** sous forme de ❷ *Pl* (*Umgangsform*) manières *fpl;* **die ~ wahren** *geh* observer les convenances; **der ~ halber** pour la forme ❸ *kein Pl* (*Kondition*) forme *f;* **in ~ bleiben** garder sa forme ❹ (*Back-, Gussform*) moule *m* ▶ **in aller ~** en bonne et due forme; **~ annehmen** prendre forme

formal [fɔr'ma:l] *adj* formel(le)

Formaldehyd ['fɔrmʔaldehy:t] <-s> *m* CHEM formaldéhyde *m*

Formalie [fɔr'ma:li̯ə] <-, -n> *f meist Pl* formalité *f*

Formalin® [fɔrma'li:n] <-s> *nt* formol *m*

Formalität [fɔrmali'tɛ:t] <-, -en> *f* formalité *f*

Format [fɔr'ma:t] <-[e]s, -e> *nt* ❶ (*Größe*) format *m* ❷ (*Bedeutung*) *einer Person* carrure *f;* **~ haben** *Person:* avoir de l'envergure

formatieren* *vt* INFORM formater

Formatierung <-, -en> *f* INFORM formatage *m*

Formation [fɔrma'tsi̯o:n] <-, -en> *f* formation *f*

formbar *adj* malléable

formbeständig *adj* indéformable **Formblatt** *nt* formulaire *m*

Formel ['fɔrməl] <-, -n> *f a.* MATH, CHEM formule *f* ▶ **etw auf eine einfache ~ bringen** résumer qc à une formule simple

Formel-1-Rennen [fɔrməl'ʔains-] *nt* course *f* de formule 1

formell [fɔr'mɛl] *adj* ❶ (*offiziell*) officiel(le) ❷ (*förmlich*) formaliste

Formelsammlung *f* recueil *m* de formules

formen ['fɔrmən] *vt* former

Formenlehre *f* ❶ GRAM morphologie *f* ❷ MUS théorie *f* des formes musicales

Formfehler *m* JUR vice *m* de forme; (*Fehlverhalten*) inconvenance *f*

Formgebung <-, -en> *f* façonnage *m*

formieren* [fɔr'mi:rən] *vt, vr* [**sich**] **~** [se] former

Formierung <-, -en> *f* formation *f*

förmlich ['fœrmlɪç] **I.** *adj* ❶ (*formell*) *Bitte* dans les formes ❷ (*unpersönlich*) *Person*

formaliste; *Begrüßung* cérémonieux(-euse) **II.** *adv* (*regelrecht*) vraiment
Förmlichkeit <-, -en> *f* ❶ *kein Pl* (*Steifheit*) formalisme *m* ❷ *meist Pl* formes *fpl;* **ohne ~en** sans cérémonie
formlos *adj* ❶ (*gestaltlos*) informe ❷ (*zwanglos*) sans cérémonie ❸ ADMIN **ein ~er Antrag** une demande sur papier libre
Formsache *f* formalité *f;* **eine reine ~ sein** n'être qu'une simple formalité
Formular [fɔrmu'laːɐ̯] <-s, -e> *nt* formulaire *m*
formulieren* [fɔrmu'liːrən] **I.** *vt* formuler **II.** *vi* s'exprimer
Formulierung <-, -en> *f* ❶ *kein Pl* (*das Formulieren*) formulation *f* ❷ (*Ausdruck*) expression *f*
Formung <-> *f des Charakters* formation *f*
formvollendet *adj Design* de finition parfaite
forsch [fɔrʃ] *adj Auftreten* fringant(e); *Vorgehen* dynamique
forschen ['fɔrʃən] *vi* ❶ faire de la recherche ❷ (*suchen*) **nach etw ~** chercher qc
forschend *adj Blick* scrutateur(-trice) (*littér*)
Forscher(in) <-s, -> *m(f)* chercheur(-euse) *m(f)*
Forschheit <-> *f* mordant *m*
Forschung <-, -en> *f* recherche *f* scientifique
Forschungsauftrag *m* mission *f* scientifique **Forschungsergebnis** *nt* résultat *m* de la recherche scientifique **Forschungslabor** *nt* laboratoire *m* de recherche **Forschungsreise** *f* voyage *m* d'exploration **Forschungszentrum** *nt* centre *m* de recherches
Forst [fɔrst] <-[e]s, -e[n]> *m* bois *m*
Forstamt *nt* ≈ administration *f* des bois et forêts; (*in Frankreich*) Eaux et Forêts *fpl*
Förster(in) ['fœrstɐ] <-s, -> *m(f)* garde *m* forestier
Forsthaus *nt* maison *f* forestière
Forstwirt(in) *m(f)* ≈ titulaire *m* du diplôme d'une école supérieure des forêts; (*in Frankreich*) ingénieur *mf* des Eaux et Forêts **Forstwirtschaft** *f* exploitation *f* forestière
Forsythie [fɔr'zyːtsi̯ə] <-, -n> *f* forsythia *m*
fort [fɔrt] *adv* **~ sein** *Geld, Schlüssel:* avoir disparu; *Person:* être parti; **~ mit euch!** allez-vous-en!; **schnell ~!** déguerpissons!; **~ damit!** à la poubelle! ▶ **in einem ~** sans arrêt; **und so ~** et ainsi de suite
Fort [foːɐ̯] <-s, -s> *nt* fort *m*
fortan [fɔrt'ʔan] *adv geh* dorénavant
Fortbestand ['fɔrtbəʃtant] *m kein Pl einer Institution* maintien *m; einer Tierart* subsistance *f* **fort|bestehen*** *vi irr Institution:* se maintenir; *Tradition:* persister; *Zustand:* continuer **fort|bewegen*** *vt, vr* [se] déplacer **Fortbewegung** *f kein Pl* locomotion *f*
Fortbewegungsmittel *nt* moyen *m* de locomotion
fort|bilden **I.** *vr* **sich ~** se perfectionner **II.** *vt* donner des cours de formation [continue] à **Fortbildung** *f kein Pl* formation *f* continue **fort|bleiben** *vi irr + sein* **nicht lange ~** ne pas être parti longtemps **Fortdauer** *f* persistance *f* **fort|dauern** *vi* persister **fortdauernd** *adj* persistant(e)
forte ['fɔrtə] *adv* MUS forte
Fortentwicklung *f* ❶ *einer Person* évolution *f;* **geistige ~** développement *m* intellectuel ❷ *einer Maschine, eines Autos* développement *m* permanent **fort|fahren** **I.** *vi* ❶ + *sein* (*wegfahren*) partir ❷ + *haben o sein* (*weitermachen*) poursuivre; **~ etw zu tun** continuer à faire qc **II.** *vt* + *haben* emmener *Person;* emporter *Gegenstand* **fort|fallen** *s.* **wegfallen** **fort|fliegen** *vi + sein* s'envoler; **ihm ist der Hut fortgeflogen** son chapeau s'est envolé **fort|führen** *vt* ❶ (*fortsetzen*) continuer ❷ (*wegführen*) emmener
Fortführung *f* continuation *f*
Fortgang *m kein Pl* ❶ (*Weggang*) départ *m* ❷ (*weiterer Verlauf*) poursuite *f* **fort|gehen** *vi + sein* ❶ partir; **von jdm/aus einer Stadt ~** quitter qn/une ville ❷ (*sich fortsetzen*) se poursuivre **fortgeschritten** ['fɔrtgəʃrɪtən] *adj* avancé(e)
Fortgeschrittene(r) *f(m) dekl wie adj* personne *f* au niveau perfectionnement
fortgesetzt ['fɔrtgəzɛtst] **I.** *adj* permanent(e) **II.** *adv* continuellement **fort|jagen** *vt + haben* chasser *Tier, Person* **fort|kommen** *vi + sein* ❶ (*sich entfernen*) partir; **mach, dass du fortkommst!** *fam* dégage! ❷ (*Erfolg haben*) avancer **Fortkommen** <-> *nt* (*Karriere*) avancement *m* **fort|können** *vi irr* (*abkömmlich sein*) pouvoir s'absenter **fort|laufen** *vi irr + sein Person:* s'échapper; *Tier:* se sauver **fortlaufend** **I.** *adj* continu(e) **II.** *adv erscheinen* régulièrement; *nummerieren* dans l'ordre **fort|leben** *vi geh* **in jdm/etw ~** se survivre dans qn/qc **fort|pflanzen** *vr* **sich ~** se reproduire **Fortpflanzung** *f kein Pl* reproduction *f*

F

fortpflanzungsfähig *adj* capable de se reproduire **Fortpflanzungsorgan** *nt* organe *m* de reproduction

fort|reißen *vt irr* **jdn/etw mit sich ~** *Menge, Flut, Strom:* emporter qn/qc avec soi **Fortsatz** *m* appendice *m* **fort|schaffen** *s.* **wegschaffen** **fort|schicken** *vt* renvoyer **fort|schreiben** *vt irr* actualiser *Statistik, Wert;* reprendre *Planung, Trend* **fort|schreiten** *vi irr + sein* progresser **fortschreitend** *adj* croissant(e) **Fortschritt** *m* progrès *m;* **~e erzielen** progresser

F

fortschrittlich *adj Einstellung* progressiste; *Methode* avancé(e)

fort|setzen I. *vt* poursuivre; **fortgesetzt werden** continuer II. *vr* **sich ~** (*andauern*) se poursuivre; (*sich erstrecken*) s'étendre

Fortsetzung <-, -en> *f* ❶ *kein Pl* (*das Fortsetzen*) poursuite *f* ❷ (*folgender Teil*) suite *f;* **~ folgt** à suivre

Fortsetzungsroman *m* roman-feuilleton *m*

fort|treiben *irr* I. *vt + haben* ❶ (*verjagen*) chasser *Schafe* ❷ **jdn/etw ~** *Sturm, Strömung, Wellen:* emporter qn/qc II. *vi + sein Boot:* dériver **fortwährend** *adj attr* perpétuel(le) **fort|wollen** *vi* vouloir partir **fort|ziehen** *s.* **wegziehen**

Forum ['fo:rʊm] <-s, Foren> *nt* ❶ (*Diskussionsforum*) forum *m* ❷ (*Personenkreis*) cercle *m*

fossil [fɔ'si:l] *adj* fossile

Fossil <-s, -ien> *nt* fossile *m*

Föten *Pl von* **Fötus**

Foto ['fo:to] <-s, -s> *nt* photo[graphie] *f*

Fotoalbum *nt* album *m* de photos **Fotoapparat** *m* appareil *m* photo[graphique]

fotogen [foto'ge:n] *adj* photogénique

Fotograf(in) [foto'gra:f] <-en, -en> *m(f)* photographe *mf*

Fotografie [fotogra'fi:] <-, -ien> *f* photo[graphie] *f*

fotografieren* [fotogra'fi:rən] I. *vt* prendre une photo de II. *vi* prendre des photos

fotografisch [foto'gra:fɪʃ] *adj* photographique

Fotohandy [-hɛndi] *nt* portable *m* avec appareil [photo] numérique

Fotokopie [fotoko'pi:] *f* photocopie *f*

fotokopieren* [fotoko'pi:rən] *vt* photocopier

Fotokopierer <-s, -> *m fam,* **Fotokopiergerät** *nt* photocopieur *m,* photocopieuse *f*

Fotolabor *nt* laboratoire *m* photo **Fotomodell** ['fo:tomodɛl] *nt* modèle *m* **Fotomontage** *f* photomontage *m* **Fotosafari** *f* safari-photo *m* **Fotosatz** *m kein Pl* TYP photocomposition *f*

Fotothek [foto'te:k] <-, -en> *f* photothèque *f*

FotozelleRR *f* cellule *f* photoélectrique

Fötus ['fø:tʊs] <-[ses], Föten *o* -se> *m* MED fœtus *m*

Fotze ['fɔtsə] <-, -n> *f vulg* con *m*

Foul [faul] <-s, -s> *nt* SPORT faute *f*

foulen ['faulən] SPORT *vt, vi* commettre une faute; **jdn ~** commettre une faute sur qn

Foxtrott <-s, -e *o* -s> *m* fox-trot *m*

Foyer [foa'je:] <-s, -s> *nt* foyer *m*

FPÖ ['ɛfpe:ʔø:] *f Abk von* **Freiheitliche Partei Österreichs** *parti libéral de droite autrichien à tendance nationaliste*

Fr. *Abk von* **Frau** Mme

Fracht [fraxt] <-, -en> *f* ❶ *eines Schiffs* cargaison *f; eines Lastwagens* chargement *m; eines Flugzeugs* fret *m* aérien ❷ (*Gebühr*) fret *m*

Frachtbrief *m* COM connaissement *m;* (*beim Straßentransport*) lettre *f* de voiture

Frachter ['fraxtɐ] <-s, -> *m* cargo *m*

Frachtflugzeug *nt* avion-cargo *m* **Frachtgut** *nt* marchandise *f* en petite vitesse **Frachtkosten** *Pl* frais *mpl* de transport **Frachtraum** *m eines Schiffs* cale *f; eines Flugzeugs* soute *f* **Frachtschiff** *nt* cargo *m* **Frachtverkehr** *m* trafic *m* de marchandises

Frack [frak, *Pl:* 'frɛkə] <-[e]s, Fräcke *o fam* -s> *m* frac *m*

Fracking ['frɛkɪŋ] <-s> *nt* GEOL fracturation *f* hydraulique, fracking *m*

Frage ['fra:gə] <-, -n> *f* question *f* ▶ **das ist die [große] ~** c'est là toute la question; **in ~ kommen** entrer en ligne de compte; **das kommt nicht in ~** il n'en est pas question; **außer ~ stehen** être évident; **etw in ~ stellen** remettre qc en question; **[das ist] gar keine ~!** la question ne se pose même pas!; **ohne ~** sans aucun doute

Fragebogen *m* questionnaire *m*

Fragefürwort <-wörter> *nt* pronom *m* interrogatif

fragen ['fra:gən] I. *vi* ❶ poser des questions/une question; **frag nicht so dumm!** *fam* ne pose pas de questions idiotes! ❷ (*verlangen*) **nach jdm ~** demander [à parler à] qn; **nach etw ~** demander qc ▶ **da fragst du noch?** et tu me poses encore la question? II. *vr* **sich ~, ob ...** se demander si ... III. *vt* **jdn etw ~** demander qc à qn;

das dürfen Sie mich nicht ~! ce n'est pas à moi qu'il faut le demander!

fragend I. *adj* interrogateur(-trice) II. *adv* d'une manière interrogative

Fragesatz *m* phrase *f* interrogative **Fragestellung** *f* ① (*Formulierung*) façon *f* de formuler une question ② (*Problem*) problème *m* **Fragestunde** *f* questions *fpl* orales **Fragewort** <-wörter> *nt* [pronom *m*] interrogatif *m* **Fragezeichen** *nt* point *m* d'interrogation

fragil [fra'gi:l] *adj geh* fragile

fraglich ['fra:klɪç] *adj* ① (*unsicher*) douteux(-euse); **es ist ~, ob ...** il est à se demander si ... ② *attr* (*betreffend*) en question

fraglos *adv* incontestablement

Fragment [fra'gmɛnt] <-[e]s, -e> *nt* fragment *m*

fragmentarisch [fragmɛn'ta:rɪʃ] *adj* fragmentaire

fragwürdig *adj* (*zweifelhaft*) douteux(-euse); *pej* (*anrüchig*) louche

Fraktion [frak'tsi̯o:n] <-, -en> *f* POL groupe *m* parlementaire

Fraktionsführer(in) *m(f)* président(e) *m(f)* du groupe parlementaire

fraktionslos *adj* non-inscrit(e)

Fraktionssitzung *f* séance *f* du groupe parlementaire **Fraktionsvorsitzende(r)** *f(m) dekl wie adj* président(e) *m(f)* du groupe parlementaire **Fraktionszwang** *m* discipline *f* de vote

Fraktur [frak'tu:ɐ̯] <-, -en> *f* MED fracture *f*

Franc [frã:] <-, -s> *m* HIST franc *m*

frank [fraŋk] ►**~ und frei** en toute franchise

Franke ['fraŋkə] <-n, -n> *m*, **Fränkin** *f* GEOG Franconien(ne) *m(f)*

Franken¹ ['fraŋkən] <-s> *nt* GEOG Franconie *f*

Franken² ['fraŋkən] <-s, -> *m* franc *m* suisse

Frankfurt ['fraŋkfʊrt] <-s> *nt* Francfort

Frankfurter <-, -> *f* GASTR saucisse *f* de Francfort

frankieren* [fraŋ'ki:rən] *vt* affranchir

Frankiermaschine *f* machine *f* à affranchir

Frankierung <-, -en> *f* affranchissement *m*

fränkisch ['frɛŋkɪʃ] *adj* franconien(ne)

franko ['fraŋko] *adv inv* franco

Frankokanadier(in) ['fraŋkokana:di̯ɐ] *m(f)* Canadien *m* français/Canadienne *f* française, Québécois(e) *m(f)* **frankokanadisch** ['fraŋkokana:dɪʃ] *Adj* québécois(e)

frankophil [fraŋko'fi:l] *adj geh* francophile

frankophon [fraŋko'fo:n] *adj geh* francophone

Frankreich ['fraŋkrai̯ç] <-s> *nt* la France

Franse ['franzə] <-, -n> *f* frange *f*

Fransenpony *m* frange *f* effilée **Fransenschnitt** *m* coupe *f* effilée

fransig ['franzɪç] *adj* effrangé(e)

Franz [frants] <-> *m* ① François *m* ② HIST ~ I. François Ier

Franziskaner(in) [frantsɪs'ka:nɐ] <-s, -> *m(f)* franciscain(e) *m(f)*

Franzose [fran'tso:zə] <-n, -n> *m*, **Französin** *f* Français(e) *m(f)*

französisch [fran'tsø:zɪʃ] I. *adj* français(e) II. *adv* **~ miteinander sprechen** discuter en français; *s. a.* **deutsch**

Französisch <-[s]> *nt kein Art* français *m*; *s. a.* **Deutsch**

französischsprachig *adj* francophone

frappant [fra'pant] *adj geh* surprenant(e); *Ähnlichkeit* frappant(e)

frappieren* [fra'pi:rən] *vt geh* surprendre

Fräse ['frɛ:zə] <-, -n> *f* (*Fräsmaschine*) fraiseuse *f*

fräsen ['frɛ:zən] *vt* fraiser

Fräsmaschine ['frɛ:s-] *f* fraiseuse *f*

fraß [fra:s] *Imp von* **fressen**

Fraß [fra:s] <-es, -e> *m* ① *pej fam* (*Essen*) tambouille *f* ② (*für Tiere*) pâture *f*

Fratz [frats] <-es, -e *o* A -en, -en> *m fam* petit chou *m*/petite choute *f*

Fratze ['fratsə] <-, -n> *f* ① *pej* (*Gesicht*) face *f* hideuse ② (*Grimasse*) grimace *f*

frau [frau̯] *pron* on (*formation féministe par opposition au "man" soi-disant masculin*)

Frau [frau̯] <-, -en> *f* ① (*a. Ehefrau*) femme *f* ② (*in der Anrede*) **~ Müller** madame Müller; **~ Ministerin/Doktor** Madame la Ministre/la docteur

Frauchen ['frau̯çən] <-s, -> *nt fam* (*Haustierbesitzerin*) maîtresse *f*

Frauenarzt *m*, **-ärztin** *f* gynécologue *mf* **Frauenbeauftragte(r)** *f(m) dekl wie adj* délégué(e) *m(f)* à la condition féminine **Frauenbewegung** *f kein Pl* mouvement *m* féministe **frauenfeindlich** *adj* misogyne **Frauenhaus** *nt* foyer *m* pour femmes **Frauenheilkunde** *f* gynécologie *f* **Frauenheld** *m* tombeur *m* **Frauenklinik** *f* clinique *f* gynécologique **Frauenquote** *f* quota *m* féminin

Frauenrechtler(in) ['frau̯ənrɛçtlɐ] <-s, -> *m(f)* combattant(e) pour les droits de la femme *m*

Frauenstimme *f* voix *f* de femme **Frau-**

enwahlrecht *nt* [droit *m* de] vote *m* des femmes **Frauenzimmer** *nt pej* bonne femme *f* (*fam*)

Fräulein ['frɔylai̯n] <-s, - *o* -s> *nt* (*in der Anrede*) ~ **Schmidt** mademoiselle Schmidt

fraulich *adj* féminin(e)

Freak [friːk] <-s, -s> *m fam* mordu(e) *m(f)*

frech [frɛç] *adj* ① *Person, Antwort* effronté(e); *Lüge* éhonté(e); ~ **sein** (*in den Äußerungen*) être insolent; (*im Benehmen*) être impudent ② *Kleidung* osé(e)

Frechdachs *m fam* galopin(e) *m(f)*

Frechheit <-, -en> *f* effronterie *f;* **die ~ besitzen etw zu tun** avoir l'audace de faire qc

Freesie ['freːzi̯ə] <-, -n> *f* freesia *m*

Freeware ['friːvɛːɐ̯] <-, -s> *f* INFORM freeware *m,* grat[u]iciel *m*

Fregatte [fre'gatə] <-, -n> *f* NAUT frégate *f*

frei [frai̯] **I.** *adj* ① libre; *Einstellung* libéral(e); *Mitarbeiter* indépendant(e); *Beruf* libéral(e); *Stunde* [de] libre; *Tag* de congé; **einen Tag ~ nehmen** prendre un jour de congé; **sich von etw ~ machen** s'affranchir de qc ② *Platz* libre; *Zimmer, Wohnung* [de] libre; *Stelle* vacant(e) ③ (*kostenlos*) gratuit(e) ④ (*unverheiratet*) libre ⑤ (*leer*) blanche; **eine Seite ~ lassen** laisser une page ⑥ *Gelände, Natur* plein(e) ⑦ *Rede* sans notes; *Übersetzung* libre ▶ **ich bin so ~!** *form* si vous [me] permettez! **II.** *adv* ① (*unbeeinträchtigt*) librement; ~ **laufend** *Huhn* en liberté; ~ **stehend** *Gebäude:* isolé(e) ② (*ungezwungen*) de manière décontractée ③ (*improvisiert*) librement; ~ **nach Goethe** en citant très librement Goethe

Freibad *nt* piscine *f* en plein air **frei|bekommen*** *irr* **I.** *vi fam Schüler:* avoir un jour de libre **II.** *vt* faire libérer *Häftling*

Freiberufler(in) <-s, -> *m(f)* travailleur *m* indépendant/travailleuse *f* indépendante

freiberuflich **I.** *adj* (*selbständig*) indépendant(e) **II.** *adv arbeiten* à son compte **Freibetrag** *m* montant *m* exonéré **Freibier** *nt* bière *f* gratuite **Freibrief** ▶ **kein ~ für etw sein** ne pas être un passe-droit pour qc

Freiburg ['frai̯bʊrk] *nt* ~ [**im Breisgau**] Fribourg [en Brisgau]

Freidenker(in) *m(f)* libre penseur *m*/libre penseuse *f*

Freie(s) *nt dekl wie adj* **ins ~ gehen** aller dehors; **im ~n** *stattfinden* en plein air; *übernachten* à la belle étoile

Freier ['frai̯ɐ] <-s, -> *m* (*Kunde einer Prostituierten*) client *m*

Freiexemplar *nt* exemplaire *m* gratuit

Freigabe *f des Wechselkurses* libération *f*

Freigänger(in) <-s, -> *m(f)* détenu(e) *m(f)* qui a un droit de sortie

frei|geben *irr* **I.** *vt* libérer *Gefangenen, Aktienkurs;* débloquer *Mieten, Preise;* autoriser la sortie de *Film;* ouvrir à la circulation *Strecke* **II.** *vi* **jdm zwei Stunden ~** donner deux heures de libre à qn

freigebig ['frai̯geːbɪç] *adj* généreux(-euse)

Freigebigkeit <-> *f* générosité *f*

Freigehege *nt* réserve *f* d'animaux **Freigeist** *s.* **Freidenker(in)** **Freigepäck** *nt* bagages *mpl* en franchise **Freigrenze** *f* FIN plafond *m* d'exonération **frei|haben** *vi irr fam* être en congé; *Schüler:* ne pas avoir cours **Freihafen** *m* port *m* franc **frei|halten** *vt irr* ① ne pas stationner devant *Einfahrt;* **Einfahrt ~!** sortie de voitures! ② garder *Platz* **Freihandel** *m* libre-échange *m*

Freihandelszone *f* zone *f* de libre-échange

freihändig ['frai̯hɛndɪç] *adj, adv Rad fahren* sans les mains

Freiheit ['frai̯hai̯t] <-, -en> *f* liberté *f;* **in ~ leben** vivre en liberté; **sich** (*dat*) **~en erlauben** se permettre des libertés ▶ **~, Gleichheit, Brüderlichkeit** liberté, égalité, fraternité; **sich** (*dat*) **die ~ nehmen, etw zu tun** prendre la liberté de faire qc

freiheitlich **I.** *adj* libéral(e) **II.** *adv gesinnt* de tendance libérale

Freiheitsberaubung *f* atteinte *f* à la liberté [individuelle] **Freiheitsdrang** *m kein Pl* besoin *m* de liberté **Freiheitsentzug** *m* réclusion *f;* **zu sieben Jahren ~ verurteilt werden** être condamné à sept ans de réclusion **Freiheitskampf** *m* lutte *f* pour la liberté **Freiheitskämpfer(in)** *m(f)* combattant(e) *m(f)* pour la liberté **Freiheitsstatue** *f* statue *f* de la Liberté **Freiheitsstrafe** *f* peine *f* de prison

freiheraus [frai̯hɛ'rau̯s] *adv* franchement

Freiherr *m* baron *m* **Freikarte** *f* place *f* gratuite **frei|kaufen** *vt* racheter **Freiklettern** <-s> *nt* escalade *f* libre **frei|kommen** *vi irr + sein* être remis en liberté

Freikörperkultur *f kein Pl* nudisme *m*

Freiland *nt kein Pl* AGR pleine terre *f*

Freilandgemüse *nt* légume *m* cultivé en pleine terre **Freilandhuhn** *nt* poule *f* élevée en plein air

frei|lassen *vt irr* relaxer *Verhafteten;* relâcher *Geisel*

Freilassung <-, -en> *f einer Geisel* libération *f*
Freilauf *m* roue *f* libre **freilaufend** *s.* **frei II.1** **frei|legen** *vt* mettre au jour **Freileitung** *f* ELEC ligne *f* aérienne
freilich ['frailɪç] *adv* ❶ (*allerdings*) toutefois ❷ *bes.* SDEUTSCH (*natürlich*) bien sûr
Freilichtbühne *f* théâtre *m* de plein air
Freilos *nt* billet *m* de loterie gratuit
frei|machen I. *vt* ❶ POST affranchir ❷ (*entkleiden*) dénuder; **den Oberkörper ~** enlever le haut II. *vi fam* prendre un repos III. *vr* **sich ~** se déshabiller **Freimaurer** ['fraimaurɐ] *m* franc-maçon *m*
Freimaurerei <-> *f* franc-maçonnerie *f*
Freimut ['fraimu:t] *m* franchise *f*
freimütig ['fraimy:tɪç] *adj* franc(franche)
Freimütigkeit <-> *f* franchise *f*
frei|nehmen *vt, vi irr* prendre des congés **Freiraum** *m* liberté *f* d'action **freischaffend** *adj attr* indépendant(e)
Freischaffende(r) *f(m) dekl wie adj* free-lance *mf*
Freischärler(in) <-s, -> *m(f)* milicien(ne) *m(f)*
frei|schaufeln *vt* **etw ~** déblayer qc à la pelle **frei|schwimmen** *vr irr* ►**sich ~** passer son brevet de natation premier degré **frei|setzen** *vt* ❶ *a.* CHEM libérer ❷ *euph* (*entlassen*) remercier **Freisetzung** <-, -en> *f* ❶ *a.* CHEM libération *f* ❷ *euph* (*Entlassung*) congédiement *m* **frei|spielen** *vr* SPORT **sich ~** se démarquer
Freisprechanlage *f*, **Freisprecheinrichtung** *f* TELEC kit *m* main-libre
frei|sprechen *vt irr* JUR **jdn ~** déclarer qn non coupable
Freisprechmikrofon *nt* TECH micro[phone] *m* mains-libres
Freispruch *m* JUR non-lieu *m* **Freistaat** *m* État *m* libre; **der ~ Bayern** l'État libre de Bavière **frei|stehen** *irr* I. *vi unpers* **es steht ihr frei, das zu tun** elle est libre de faire cela II. *vi* *Gebäude:* être inoccupé **frei|stellen** *vt* ❶ **es jdm ~, ob ...** laisser à qn le choix de décider si ... ❷ (*beurlauben*) suspendre, dispenser du cours *Schüler* **Freistil** *m kein Pl* (*beim Schwimmen*) nage *f* libre; (*beim Ringen*) lutte *f* libre **Freistoß** *m* FBALL coup *m* franc **Freistunde** *f* heure *f* de libre
Freitag ['fraita:k] *m* vendredi *m*; *s. a.* **Dienstag**
freitags ['fraita:ks] *adv* le vendredi
Freitod *m euph* suicide *m* **Freitreppe** *f* perron *m* **Freiumschlag** *m* enveloppe *f* affranchie **Freiwild** *nt* ❶ gibier *m* ❷ *fig* proie *f* facile **freiwillig** ['fraivɪlɪç] I. *adj* *Dienst, Helfer* bénévole; *Versicherung, Teilnahme* facultatif(-ive) II. *adv* de son plein gré **Freiwillige(r)** ['fraivɪlɪgə, -gɐ] *f(m) dekl wie adj a.* MIL volontaire *mf*
Freiwilligkeit <-> *f* volontariat *m*
Freiwurf *m* coup *m* franc **Freizeichen** *nt* tonalité *f* **Freizeit** *f kein Pl* loisirs *mpl*
Freizeitangebot *nt* liste *f* des loisirs **Freizeitbeschäftigung** *f* occupation *f* **Freizeitgestaltung** *f* organisation *f* des loisirs **Freizeitindustrie** *f* industrie *f* des loisirs **Freizeitkleidung** *f* tenue *f* décontractée **Freizeitpark** *m* parc *m* de loisirs **Freizeitverhalten** *nt* manière *f* de concevoir les loisirs **Freizeitwert** *m* **einen hohen ~ haben** *Region:* offrir un large éventail de loisirs
Freizone *f* ÖKON zone *f* franche
freizügig ['fraitsy:gɪç] *adj* ❶ *Moral* libéral(e); *Kleidung* audacieux(-euse) ❷ (*großzügig*) abondant(e)
Freizügigkeit <-, -en> *f einer Person* largeur *f* d'esprit; *der Sitten* liberté *f*
fremd [frɛmt] *adj* ❶ (*nicht einheimisch*) étranger(-ère); **ich bin hier ~** je ne suis pas d'ici ❷ (*opp: eigen*) de quelqu'un d'autre; *Leute, Angelegenheiten* autre; *Eigentum* d'autrui ❸ (*unbekannt*) étranger(-ère), inconnu(e)
fremdartig ['frɛmtʔa:ɐ̯tɪç] *adj* étrange; (*exotisch*) exotique
fremdbestimmt *adj* dépendant(e)
Fremde ['frɛmdə] <-> *f geh* **in die/der ~** à l'étranger *m*
Fremde(r) *f(m) dekl wie adj* (*Unbekannter*) inconnu(e) *m(f)*; (*Ortsfremder, Ausländer*) étranger(-ère) *m(f)*
fremdenfeindlich *adj* xénophobe **Fremdenführer(in)** *m(f)* guide *mf* **Fremdenlegion** *f* Légion *f* [étrangère] **Fremdenverkehr** *m* tourisme *m*
Fremdenverkehrsamt *nt*, **Fremdenverkehrsverein** *m* syndicat *m* d'initiative
Fremdenzimmer *nt* chambre *f* d'hôte
fremd|gehen *vi irr* + *sein fam* être infidèle
Fremdheit <-> *f* étrangeté *f*
Fremdherrschaft *f kein Pl* domination *f* étrangère **Fremdkörper** *m* MED corps *m* étranger **fremdländisch** ['frɛmtlɛndɪʃ] *adj* exotique **fremd|schämen**, **fremdschämen** *vr fam* **sich ~** avoir honte à la place d'autrui **Fremdsprache** *f* langue *f* étrangère **Fremdsprachenkorrespondent(in)** *m(f)* secrétaire *mf* bilingue/trilingue
fremdsprachig *adj* *Literatur, Unterricht* en

F

langue étrangère; *Besucher, Tourist* parlant une langue étrangère

fremdsprachlich *adj* *Unterricht* de langues étrangères **Fremdwort** <-wörter> *nt* mot *m* étranger **Fremdwörterbuch** *nt* dictionnaire *m* des mots étrangers

frenetisch *adj* frénétique

frequentieren* *vt geh* fréquenter

Frequenz [fre'kvɛnts] <-, -en> *f a.* PHYS, MED fréquence *f*

Frequenzmodulation *f* RADIO modulation *f* de fréquence

Fresko ['frɛsko] <-s, Fresken> *nt* KUNST fresque *f*

Fressalien [frɛ'saːli̯ən] *Pl fam* bouffe *f*

Fresse ['frɛsə] <-, -n> *f vulg* gueule *f* (*fam*); **die ~ halten** fermer sa gueule (*fam*); **jdm eine in die ~ hauen** casser la gueule à qn (*fam*); [**eins** [*o* **was**]] **auf die ~ kriegen** se faire casser la gueule (*fam*)

fressen ['frɛsən] <frisst, fraß, gefressen> **I.** *vt, vi* ① manger; **aus/von etw ~** *Tier:* manger dans qc ② *pej fam* (*essen*) bouffer ▶ **jdn zum Fressen gern haben** *fam* adorer qn; **jdn gefressen haben** *fam* ne pas pouvoir sentir qn **II.** *vr* (*eindringen*) **sich in etw** (*akk*) **~** *Bohrer:* s'enfoncer dans qc; *Rost, Säure:* ronger qc

Fressen <-s> *nt* ① (*Futter*) nourriture *f* ② *pej fam* (*Essen*) bouffe *f* ▶ **ein gefundenes ~ für jdn sein** *fam* être une bonne aubaine pour qn

Fresserei [frɛsə'rai̯] <-, -en> *f pej sl* (*Gelage*) bouffe *f* (*fam*)

FressgierRR, **Freßgier**ALT *f pej* goinfrerie *f*

FresslustRR, **Freßlust**ALT *f pej* gloutonnerie *f*

FressnapfRR, **Freßnapf**ALT *m* gamelle *f*

FresssackRR, **Freßsack**ALT *m pej fam* goinfre *m*

FresstempelRR, **Freßtempel**ALT *m sl* resto *m* (*fam*)

Frettchen ['frɛtçən] <-s, -> *nt* furet *m*

Freude ['frɔydə] <-, -n> *f* ① *kein Pl* joie *f*; **jdm eine ~ machen** faire plaisir à qn; **~ am Leben haben** avoir goût à la vie; **vor ~** (*dat*) **jubeln** exulter de joie; **es macht jdm ~ etw zu tun** cela fait plaisir à qn de faire qc; **es ist mir eine ~** c'est une joie pour moi; **zu meiner großen ~** à ma grande joie ② *Pl* (*Wonnen*) joies *fpl*; **die kleinen ~n des Alltags** les petites joies de la vie ▶ **Freud und Leid** *geh* les joies et les peines

Freudenfest *nt* joyeuse fête *f* **Freudengeschrei** *nt* cris *mpl* de joie **Freudenhaus** *nt* maison *f* close **Freudenmädchen** *nt euph* fille *f* de joie **Freudenschrei** *m* cri *m* de joie; **~e ausstoßen** laisser éclater sa joie **Freudensprung** *m* saut *m* de joie **Freudentanz** *m* ▶ **einen ~ aufführen** danser de joie **Freudentaumel** *m* joie *f* folle **Freudentränen** *Pl* larmes *fpl* de joie

freudestrahlend *adj* rayonnant(e) [de joie]

freudig ['frɔydɪç] **I.** *adj* ① (*voller Freude*) joyeux(-euse) ② (*erfreulich*) heu-

Freude/Begeisterung ausdrücken

Freude ausdrücken	*exprimer sa joie*
Wie schön, dass du gekommen bist!	*Je suis content(e) que tu sois venu(e) !*
Ich bin sehr froh, dass wir uns wieder sehen.	*Je suis très heureux(-euse) de te/vous revoir.*
Sie haben mir damit eine große Freude bereitet.	*Vous m'avez fait très plaisir.*
Ich könnte vor lauter Freude in die Luft springen. (*fam*)	*J'en saute de joie.*
Begeisterung ausdrücken	*exprimer son enthousiasme*
Fantastisch!	*Fantastique !*
Toll! (*fam*)/Wahnsinn! (*sl*)/Super! (*sl*)/Cool! (*sl*)/Krass! (*sl*)	*Génial ! (fam)/Dingue ! (fam)/Super ! (fam)/Cool ! (fam)/Trop cool ! (fam)*
Auf diesen Sänger fahre ich voll ab. (*sl*)	*Je suis dingue de ce chanteur. (fam)*
Ich bin ganz hin und weg. (*fam*)	*Je craque complètement. (fam)*
Seine/Ihre Darbietung hat mich richtig mitgerissen.	*J'ai vraiment été emballé(e) par sa représentation.*

reux(-euse) **II.** *adv* joyeusement; ~ **erregt** excité(e) de joie

freudlos ['frɔytloːs] *adj* sans joie

freuen ['frɔyən] **I.** *vr* **sich** ~ être heureux; **sich über jdn/etw** ~ être content de qn/qc; **sich für jdn/mit jdm** ~ se réjouir pour qn/avec qn; **sich auf jdn/etw** ~ se réjouir [d'avance] de qn/qc **II.** *vt* **jdn** ~ *Geschenk, Nachricht:* réjouir qn; **es freut mich, dass** je me réjouis que + *subj*

Freund(in) [frɔynt] <-[e]s, -e> *m(f)* ① ami(e) *m(f)*; **unter** ~**en** *fam* entre amis ② (*Anhänger*) amateur *m* ▸ **mein lieber** ~**!** *iron* mon petit ami!; **du bist mir ein schöner** ~**!** *iron fam* tu parles d'un ami!

Freundchen ['frɔyntçən] <-s, -> *nt fam* ▸ ~**!** ~**!** mon petit ami!

Freundeskreis ['frɔyndəskrais] *m* cercle *m* d'amis; **im engsten** ~ **feiern** fêter dans la plus stricte intimité

freundlich ['frɔyntlɪç] **I.** *adj* ① (*liebenswürdig*) aimable; ~ **zu jdm sein** être aimable envers qn; **das ist sehr** ~ **von Ihnen** c'est très aimable à vous; **so** ~ **sein und etw tun** avoir l'amabilité de faire qc ② *Himmel* serein(e); *Wetter* agréable; *Zimmer* accueillant(e) **II.** *adv* de façon amicale

freundlicherweise ['frɔyntlɪçɐ'vaizə] *adv* aimablement; **könnten Sie mir** ~ **sagen, ...?** auriez-vous l'amabilité de me dire ...?

Freundlichkeit <-, -en> *f* ① *kein Pl* (*Liebenswürdigkeit*) amabilité *f* ② (*Handlung*) aimable attention *f*; (*Bemerkung*) parole *f* aimable

Freundschaft <-, -en> *f* amitié *f*; **mit jdm** ~ **schließen** se lier d'amitié avec qn; **da hört die** ~ **auf!** il y a des limites! (*fam*)

freundschaftlich **I.** *adj* amical(e) **II.** *adv* amicalement; **mit jdm** ~ **verbunden sein** être lié d'amitié avec qn

Freundschaftsbesuch *m* visite *f* amicale **Freundschaftsdienst** *m* service *m* d'ami **Freundschaftspreis** *m* prix *m* d'ami **Freundschaftsspiel** *nt* rencontre *f* amicale

Frevel ['freːfəl] <-s, -> *m geh* ignominie *f*; REL sacrilège *m*

frevelhaft *adj geh* ignominieux(-euse); *Tat* criminel(le)

Freveltat *f geh* REL sacrilège *m*; **eine** ~ **begehen** commettre un forfait

Frevler(in) ['freːflɐ] <-s, -> *m(f) geh* scélérat(e) *m(f)*, criminel(le) *m(f)*; REL sacrilège *mf*

Friede ['friːdə] <-ns, -n> *m* REL ~ **sei mit euch!** la paix soit avec vous!

Frieden ['friːdən] <-s, -> *m* paix *f*; **im** ~ en temps de paix; **mit jdm** ~ **schließen** faire la paix avec qn; ~ **stiften** faire régner la paix; [**er**] **ruhe in** ~**!** REL qu'il repose en paix! ▸ **jdn in** ~ **lassen** laisser qn en paix

Friedensbedingungen *Pl* conditions *fpl* de paix **Friedensbewegung** *f* mouvement *m* pacifiste **Friedenskonferenz** *f* conférence *f* de paix **Friedensnobelpreis** *m* prix *m* Nobel de la paix **Friedenspfeife** *f* calumet *m* de la paix **Friedenspolitik** *f* politique *f* de paix **Friedensrichter(in)** *m(f)* ① juge *m* de paix ② CH (*Laienrichter*) arbitre *m* **Friedenssicherung** *f* maintien *m* de la paix **friedensstiftend** *adj Maßnahme* pacifique **Friedenstaube** *f* colombe *f* de la paix **Friedenstruppe** *f* force *f* d'interposition **Friedensverhandlungen** *Pl* négociations *fpl* de paix **Friedensvertrag** *m* traité *m* de paix **Friedenszeit** *f* période *f* de paix; **in** ~**en** en temps de paix

friedfertig ['friːtfɛrtɪç] *adj* pacifique

Friedfertigkeit *f* caractère *m* conciliant

Friedhof ['friːthoːf] *m* cimetière *m*

friedlich **I.** *adj* pacifique; *Anblick* paisible **II.** *adv sterben* en paix

friedliebend ['friːtliːbənt] *adj* pacifique

frieren ['friːrən] <fror, gefroren> **I.** *vi* ① + *haben* avoir froid; **an den Füßen/Händen** ~ avoir froid aux pieds/mains ② + *sein* (*gefrieren*) geler **II.** *vi unpers* + *haben* **es friert** il gèle **III.** *vt unpers* + *haben* **es friert mich** je suis gelé(e)

Fries [friːs] <-es, -e> *m* ARCHIT frise *f*

Friese ['friːzə] <-n, -n> *m*, **Friesin** *f* Frison(ne) *m(f)*

friesisch ['friːzɪʃ] *adj* frison(ne)

frigid [fri'giːt], **frigide** [fri'giːdə] *adj* frigide

Frigidität [frigidi'tɛːt] <-> *f* frigidité *f*

Frikadelle [frika'dɛlə] <-, -n> *f* boulette *f* [de viande]

Frikassee [frika'seː] <-s, -s> *nt* fricassée *f*

Frisbee® ['frɪzbiː] <-, -s> *nt* frisbee® *m*

frisch [frɪʃ] **I.** *adj* ① *Lebensmittel, Luft, Farbe* frais(fraîche); *Kräfte, Mut* nouveau(-velle); ~ **und munter sein** *fam* être frais et dispos ② (*sauber*) propre; **sich** ~ **machen** faire un brin de toilette ③ (*kühl*) frais(fraîche); **es ist** ~ il fait frais **II.** *adv* fraîchement; ~ **gestrichen!** peinture fraîche!; **die Betten** ~ **beziehen** changer les draps

Frische ['frɪʃə] <-> *f* fraîcheur *f* ▸ **in alter** ~ *fam* plus frais(fraîche) que jamais

Frischfleisch *nt* viande *f* fraîche **frischgebacken** *fig, hum fam Ehepaar* [tout(e)] jeune; *Lehrer* frais(fraîche) émoulu(e)
Frischhaltefolie [-fo:li̯ə] *f* cellophane® *f*
Frischkäse *m* fromage *m* frais
Frischling ['frɪʃlɪŋ] <-s, -e> *m* marcassin *m*
Frischluftfanatiker(in) *m(f)* inconditionnel(le) *m(f)* de l'air frais
Frischmilch *f* lait *m* frais
Frischzellenkur *f* traitement *m* par injection de cellules neuves

F

Friseur(in) [fri'zø:ɐ̯] <-s, -e> *m(f)* coiffeur(-euse) *m(f)*
Friseursalon [fri'zø:ɐ̯zalõ:, -zalɔŋ] *m* salon *m* de coiffure
Friseuse [fri'zø:zə] <-, -n> *f* coiffeuse *f*
frisieren* [fri'zi:rən] *vt* ① coiffer *Person, Haare* ② *fam* trafiquer *Abrechnung, Auto*
Frisierkommode *f* coiffeuse *f*
frisiert *adj fam Zahlen* manipulé(e); *Mofa* trafiqué(e)
Frisör [fri'zø:ɐ̯] *s.* **Friseur**
Frisöse *s.* **Friseuse**
frisstRR, **frißt**ALT [frɪst] *3. Pers Präs von* **fressen**
Frist [frɪst] <-, -en> *f* délai *m*; **eine ~ einhalten** observer un délai; **eine ~ verstreichen lassen** laisser expirer un délai; **innerhalb einer ~ von ...** dans un délai de ...
fristen ['frɪstən] *vt* **sein Dasein ~** mener sa vie
Fristenregelung *f* loi *f* sur l'interruption volontaire de grossesse
fristgemäß, fristgerecht *adj, adv* dans les délais [impartis]; **nicht ~** en dehors des délais
fristlos *adj, adv kündigen* sans préavis
Fristverlängerung *f* prorogation *f* [de délai]
Frisur [fri'zu:ɐ̯] <-, -en> *f* coiffure *f*
FriteuseALT *s.* **Fritteuse**
fritieren*ALT *s.* **frittieren**
Fritten ['frɪtən] *Pl fam* frites *fpl*
FritteuseRR [frɪ'tø:zə] <-, -n> *f* friteuse *f*
frittieren*RR [frɪ'ti:rən] *vt* faire frire
frivol [fri'vo:l] *adj* déplacé(e)
Frl. *Abk von* **Fräulein** Mlle
froh [fro:] *adj* ① *(glücklich)* joyeux(-euse) ② *fam (zufrieden)* **über etw** *(akk)* **~ sein** être content de qc; [**darüber**] **~ sein, dass** se réjouir que + *subj* ③ *(erfreulich)* heureux(-euse); *Nachricht* bon(ne)
fröhlich ['frø:lɪç] **I.** *adj* joyeux(-euse) **II.** *adv* allègrement
Fröhlichkeit <-> *f* gaieté *f*
frohlocken* *vi geh (Schadenfreude empfinden)* jubiler
Frohnatur *f geh (Mensch)* heureuse nature *f* **Frohsinn** *m kein Pl* heureuse nature *f*, heureux caractère *m*
fromm [frɔm] <-er o frömmer, -ste o frömmste> *adj* pieux(-euse)
Frömmelei [frœmə'lai̯] <-, -en> *f pej* bigoterie *f*
frömmeln ['frœməln] *vi pej* être confit(e) en dévotion
Frömmigkeit ['frœmɪçkai̯t] <-> *f* piété *f*
Frömmler(in) ['frœmlɐ] <-s, -> *m(f)* dévot(e) *m(f)*
Fron [fro:n] <-, -en> *f geh* corvée *f*
Fronarbeit *f* ① CH travail *m* d'intérêt général *(bénévole)* ② HIST corvée *f*
frönen ['frø:nən] *vi geh* **einer S.** *(dat)* **~** s'adonner à qc
Fronleichnam [fro:n'lai̯çna:m] *kein Pl, kein Art* la Fête-Dieu
Front [frɔnt] <-, -en> *f* ① *(Vorderseite)* devant *m* ② MIL, POL, METEO front *m* ▶ **klare ~en schaffen** mettre les choses [clairement] au point
frontal [frɔn'ta:l] **I.** *adj attr* frontal(e) **II.** *adv* de front; *darstellen* de face
Frontalangriff *m* MIL attaque *f* frontale **Frontalzusammenstoß** *m* collision *f* frontale
Frontantrieb *m* traction *f* avant **Frontwechsel** *m* POL revirement *m*
fror [fro:ɐ̯] *Imp von* **frieren**
Frosch [frɔʃ, *Pl:* 'frœʃə] <-[e]s, Frösche> *m* ZOOL grenouille *f* ▶ **einen ~ im Hals** *fam* **haben** avoir un chat dans la gorge; **sei kein ~!** *fam* ne te fais pas prier!
Froschmann <-männer> *m* homme-grenouille *m* **Froschperspektive** *f* contre-plongée *f* **Froschschenkel** *m* cuisse *f* de grenouille
Frost [frɔst, *Pl:* 'frœstə] <-[e]s, Fröste> *m* gel *m*; **bei eisigem ~** par forte gelée
Frostbeule *f* engelure *f*
frösteln ['frœstəln] **I.** *vi* grelotter **II.** *vt unpers* **es fröstelt ihn** il a des frissons
frostfrei *adj* sans gelée
Frostgefahr *f* risque *m* de gelée
frostig ['frɔstɪç] **I.** *adj a. fig* glacial(e) **II.** *adv* avec froideur; *klingen* glacial(e)
Frostigkeit <-> *f* ① METEO **die ~ des Wetters/Winds** le temps/vent glacial ② *fig einer Person* froideur *f*
Frostsalbe *f* pommade *f* contre les engelures **Frostschaden** *m* dégât *m* causé par le gel **Frostschutzmittel** *nt* antigel *m* **Frostwetter** *nt* temps *m* de gel

Frottee [frɔ'teː] <-[s], -s> *nt o m* tissu *m* éponge

Frotteehandtuch *nt* serviette *f* éponge

frottieren* [frɔ'tiːrən] *vt, vr* [**sich**] ~ [se] frictionner

Frotzelei [frɔtsə'lai] <-, -en> *f fam* (*Bemerkung*) sarcasme *m*

frotzeln ['frɔtsəln] *vi fam* se moquer

Frucht [frʊxt, *Pl:* 'frʏçtə] <-, Früchte> *f a. fig* fruit *m;* **Früchte tragen** donner des fruits

fruchtbar ['frʊxtbaːɐ] *adj* (*Person, Tier*) fécond(e); *Erde* fertile; *Gespräch, Arbeit* fructueux(-euse)

Fruchtbarkeit <-> *f* fécondité *f*

Fruchtblase *f* poche *f* des eaux **Fruchtbonbon** *nt o m* bonbon *m* aux fruits

Früchtchen <-s, -> *nt fam* chenapan *m*

Fruchteis *nt* glace *f* aux fruits

fruchten ['frʊxtən] *vi* porter ses fruits; **nichts** ~ ne servir à rien

Fruchtfleisch *nt* pulpe *f*

fruchtig ['frʊxtɪç] *adj* fruité(e)

fruchtlos *adj Bemühungen* infructueux(-euse); *Ermahnungen* sans effet

Fruchtpresse *f* presse-agrumes *m inv* **Fruchtsaft** *m* jus *m* de fruit **Fruchtwasser** *nt kein Pl* liquide *m* amniotique **Fruchtzucker** *m* fructose *m*

frugal [fru'gaːl] *adj geh* frugal(e)

früh [fryː] **I.** *adj* ❶ tôt; **es ist noch** ~ il est encore tôt; **am ~en Abend** tôt dans la soirée; **am ~en Morgen** de bon matin; **der ~este Zug** le [tout] premier train; **seine ~e Kindheit** sa prime enfance (*soutenu*) ❷ *Eintritt, Winter* précoce; *Tod* prématuré(e) **II.** *adv aufbrechen* de bonne heure; **heute** ~ ce matin; **von** ~ **bis spät** du matin au soir; **~er als sechs Uhr** avant six heures ▶ **~er oder später** tôt ou tard

Frühaufsteher(in) <-s,-> *m(f)* lève-tôt *mf* (*fam*) **Frühbucherrabatt** *m* offre *f* [de] réservation anticipée **Frühdienst** *m* service *m* du matin

Frühe ['fryːə] <-> *f* **in aller** ~ de bon matin

früher ['fryːɐ] **I.** *adj* ❶ (*vergangen*) passé(e) ❷ (*ehemalig*) ancien(ne) **II.** *adv* (*ehemals*) autrefois; **von** ~ d'autrefois

Früherkennung *f* dépistage *m* précoce

frühestens ['fryːəstəns] *adv* au plus tôt

frühestmöglich *adj attr* **zum ~en Zeitpunkt** le plus tôt possible

Frühgeburt *f* ❶ naissance *f* avant terme ❷ (*Kind*) prématuré(e) *m(f)* **Frühgeschichte** *f* ❶ *kein Pl* protohistoire *f* ❷ *einer Bewegung* origines *fpl* **Frühjahr** ['fryːjaːɐ] *nt* printemps *m*

Frühjahrsmode *f* collection *f* de printemps **Frühjahrsmüdigkeit** *f fatigue intervenant au printemps*

frühkindlich *adj* infantile

Frühling ['fryːlɪŋ] <-s, -e> *m* printemps *m;* **es wird** ~ le printemps arrive; **der Arabische** ~ POL le Printemps arabe

Frühlingsanfang *m* début *m* du printemps

frühlingshaft *adj* printanier(-ière)

Frühlingsrolle *f* GASTR rouleau *m* de printemps **Frühlingswetter** *nt* temps *m* printanier

Frühmesse *f* première messe *f* **frühmorgens** [fryː'mɔrgəns] *adv* de bon matin **Frühnebel** *m* brume *f* matinale **frühreif** *adj Kind* précoce **Frührente** *f* préretraite *f* **Frührentner(in)** *m(f)* préretraité(e) *m(f)* **Frühschicht** *f* équipe *f* du matin; ~ **haben** être [de l'équipe] du matin **Frühschoppen** *m réunion le dimanche matin dans le bistrot du coin* **Frühsport** *m* gymnastique *f* matinale **Frühstadium** *nt* stade *m* précoce **Frühstart** *m* SPORT faux départ *m*

Frühstück ['fryːʃtʏk] <-stücke> *nt* petit-déjeuner *m*

frühstücken ['fryːʃtʏkən] *vi* prendre son petit-déjeuner

Frühstücksfernsehen *nt* émissions *fpl* [de télé] matinales **Frühstückspause** *f* pause *f* petit-déjeuner (*fam*)

Frühverrentung *f* retraite *f* anticipée **Frühwarnsystem** *nt* système *m* de surveillance électronique **Frühwerk** *nt* œuvre *f* de jeunesse **frühzeitig** ['fryːtsaitɪç] **I.** *adj* précoce; *Tod* prématuré(e); *Operation* effectué(e) à temps **II.** *adv* [suffisamment] tôt; (*vorzeitig*) prématurément

Frust [frʊst] <-[e]s> *m fam* frustration *f*

frusten ['frʊstən] *vt fam* frustrer; **das frustet** c'est frustrant

Frustration [frʊstra'tsi̯oːn] <-, -en> *f* frustration *f*

frustrieren* [frʊs'triːrən] *vt* frustrer

frustrierend *adj* frustrant(e)

frz. *Abk von* **französisch** fr.

F-Schlüssel ['ɛfʃlʏsəl] *m* MUS clé *f* de fa

FSME [ɛfʔɛsʔɛm'ʔeː] *f* MED *Abk von* **Frühsommer-Meningoenzephalitis** MEVE *f*

Fuchs [fʊks, *Pl:* 'fʏksə] <-es, Füchse> *m* ❶ (*Tier, Pelz*) renard *m* ❷ (*Pferd*) alezan *m* ❸ *fam* (*Mensch*) [fin] renard *m;* **ein schlauer** ~ un vieux renard

Fuchsbau <-baue> *m* renardière *f*

fuchsen ['fʊksən] *vt fam* **jdn** ~ foutre qn en rogne

F

Fuchsie ['fʊksi̯ə] <-, -n> *f* fuchsia *m*
Füchsin ['fʏksɪn] <-, -nen> *f* ZOOL renarde *f*
Fuchsjagd *f* chasse *f* au renard **Fuchsschwanz** *m* (*Säge*) [scie *f*] égoïne *f* **fuchsteufelswild** ['fʊks'tɔyfəls'vɪlt] *adj fam* furax
Fuchtel ['fʊxtəl] ▸**unter jds ~** (*dat*) *fam* sous la coupe de qn
fuchteln *vi fam* gesticuler; **mit etw ~** agiter qc
Fug [fuːk] ▸**mit ~ und Recht** *geh* à bon droit
Fuge ['fuːgə] <-, -n> *f* ❶ (*Ritze*) *im Holz* rainure *f; in der Mauer* joint *m* ❷ MUS fugue *f* ▸**aus den ~n geraten** *geh* s'en aller à vau-l'eau
fügen ['fyːgən] **I.** *vr* **sich ~** (*sich unterordnen*) se soumettre; (*passen*) bien s'intégrer; (*sich ergeben*) s'arranger **II.** *vt geh* **etw an/auf etw ~** (*akk*) ajouter qc à/sur qc
fügsam *adj geh* docile
Fügung <-, -en> *f* effet *m* de la Providence; **eine glückliche ~** un hasard providentiel; **eine ~ des Schicksals** un arrêt du destin
fühlbar *adj* ❶ (*merklich*) sensible ❷ (*tastbar*) palpable
fühlen ['fyːlən] **I.** *vt* ❶ (*empfinden*) sentir; (*spüren*) ressentir *Schmerz* ❷ (*ertasten*) toucher **II.** *vi* **nach etw ~** porter la main à qc; **fühl mal!** touche [voir]! **III.** *vr* ❶ **sich schlecht ~** se sentir mal; **wie ~ Sie sich?** comment vous sentez-vous? ❷ (*sich einschätzen*) se considérer comme
Fühler <-s, -> *m* ❶ *eines Insekts* antenne *f; einer Schnecke* corne *f* ❷ TECH (*Temperaturfühler*) sonde *f;* (*Sensor*) capteur *m* ▸**seine ~ ausstrecken** *fam* tâter le terrain
Fühlung ▸**mit jdm in ~ bleiben** rester en contact avec qn
fuhr [fuːɐ̯] *Imp von* **fahren**
Fuhre ['fuːrə] <-, -n> *f* ❶ (*Ladung*) chargement *m* ❷ (*Fahrt*) course *f*
führen ['fyːrən] **I.** *vt* ❶ (*geleiten*) guider; (*hinführen*) conduire; **jdn zu jdm ~** conduire qn chez qn; **jdn über die Straße ~** faire traverser la rue à qn; **jdn durch eine Stadt ~** guider qn à travers une ville ❷ (*bringen*) **jdn auf ein Thema ~** amener qn sur un sujet; **was führt Sie zu mir?** *form* qu'est-ce qui vous amène?; **das Glas zum Mund ~** porter le verre à ses lèvres ❸ (*leiten*) diriger ❹ *form* (*steuern*) conduire ❺ *form* porter *Namen, Titel;* **mit sich ~** avoir avec soi *Papiere, Waffen* ❻ COM vendre *Artikel* **II.** *vi* ❶ (*in Führung liegen*) mener; **2:0 ~** mener 2 à 0 ❷ (*verlaufen*) **durch den Tunnel ~** traverser le tunnel; **nach Kassel ~** mener à Kassel ❸ (*als Ergebnis haben*) **zu etw ~** conduire à qc; **das führt zu nichts** ça ne mène à rien **III.** *vr form* (*sich benehmen*) se conduire
führend *adj* de premier plan; **in etw** (*dat*) **~ sein** être leader dans qc
Führer(in) ['fyːrɐ] <-s, -> *m(f)* ❶ (*Leiter*) dirigeant(e) *m(f)* ❷ (*Reiseführer, Bergführer*) guide *mf* ❸ CH (*Lenker*) conducteur(-trice) *m(f)* ▸**der ~** NS le führer
Führerhaus *nt* cabine *f*
führerlos *adj* ❶ (*ohne Führung*) privé(e) de dirigeant(e) ❷ *form Kraftfahrzeug* privé(e) de conducteur(-trice)
Führerschein *m* permis *m* [de conduire]; **den ~ machen** passer le permis [de conduire]
Führerscheinentzug *m* retrait *m* du permis [de conduire]
Fuhrmann <-leute> *m* ❶ (*Lenker*) charretier *m* ❷ ASTRON **der ~** le Cocher **Fuhrpark** *m* parc *m* automobile
Führung ['fyːrʊŋ] <-, -en> *f* ❶ (*Besichtigung*) visite *f* guidée ❷ *kein Pl* (*Betragen*) conduite *f* ❸ *kein Pl* (*leitende Gruppe*) direction *f;* **unter jds ~** (*dat*) sous la direction de qn ❹ *kein Pl* SPORT avance *f;* **in ~ gehen** prendre la tête; **in ~ liegen** être en tête
Führungsanspruch *m* leadership *m* **Führungsaufgabe** *f* poste *m* de direction **Führungsebene** *f* **auf ~** au niveau de la direction **Führungskompetenz** *f kein Pl* aptitude *f* à diriger **Führungskraft** *f* cadre *m* supérieur
führungslos *adj inv* sans chef [*o* dirigeant]
Führungsposten *m* poste *m* de dirigeant **Führungsrolle** *f* rôle *m* dirigeant; [**in etw** (*dat*)] **eine ~ spielen** jouer un rôle dirigeant [au sein de qc] **Führungsspitze** *f eines Unternehmens* direction *f; einer Partei* comité *m* directeur **Führungsstil** *m* style *m* de direction **Führungszeugnis** *nt* certificat *m* de bonne conduite
Fuhrunternehmen *nt* société *f* de transports **Fuhrwerk** *nt* charrette *f*
Fülle ['fʏlə] <-> *f* ❶ *des Klanges, des Haares* volume *m* ❷ (*Körperfülle*) embonpoint *m* ❸ (*Menge*) **eine ~ von etw** une foule de qc
füllen ['fʏlən] **I.** *vt* ❶ remplir *Gefäß* ❷ GASTR farcir ❸ (*einfüllen*) **etw in einen Behäl-**

ter ~ verser qc dans un récipient **II.** *vr* **sich** ~ se remplir
Füller ['fʏlɐ] <-s, -> *m* stylo *m*
Füllfederhalter *m* stylo-plume *m* **Füllgewicht** *nt* COM poids *m* net
füllig *adj Figur* enveloppé(e); *Haar* volumineux(-euse)
Füllung <-, -en> *f* ① *eines Polsters* rembourrage *m; eines Zahns* plombage *m* ② GASTR farce *f* ③ (*Türfüllung*) panneau *m*
Füllwort <-wörter> *nt* explétif *m*
Fummel ['fʊməl] <-s, -> *m fam* fringues *fpl*
fummeln ['fʊməln] *vi fam* ① (*hantieren*) tripatouiller; **an etw** (*dat*) ~ tripatouiller qc ② (*sexuell*) se peloter
Fund [fʊnt] <-[e]s, -e> *m* ① *kein Pl form* (*das Entdecken*) découverte *f;* **einen ~ machen** *geh* faire une découverte ② (*etwas Gefundenes*) trouvaille *f*
Fundament [fʊnda'mɛnt] <-[e]s, -e> *nt* ① fondations *fpl* ② (*Grundlage*) base *f;* **das ~ zu etw legen** jeter les bases de qc
fundamental [fʊndamɛn'taːl] *adj* fondamental(e)
Fundamentalismus [fʊndamɛnta'lɪsmʊs] <-> *m* fondamentalisme *m;* REL intégrisme *m*
Fundamentalist(in) [fʊndamɛnta'lɪst] <-en, -en> *m(f)* intégriste *mf*
fundamentalistisch [fʊndamɛnta'lɪstɪʃ] *adj* fondamentaliste; REL intégriste
Fundbüro *nt* bureau *m* des objets trouvés **Fundgrube** *f* mine *f*
fundiert *adj Beurteilung* fondé(e); *Untersuchung* approfondi(e)
fündig ['fʏndɪç] *adj* ~ **werden** trouver quelque chose
Fundort *m* lieu *m* de la découverte **Fundsache** *f* objet *m* trouvé
Fundus <-, -> *m* THEAT magasin *m* des accessoires
fünf [fʏnf] *num* cinq ► **es ist ~ [Minuten] vor zwölf** il est grand temps [d'agir]; **~[e] gerade sein lassen** *fam* fermer un œil; *s. a.* **acht**[1]
Fünf <-, -en> *f* (*Schulnote*) ≈ huit *m* [sur vingt]
Fünfeck *nt* pentagone *m* **fünfeckig** *adj* pentagonal(e)
fünfeinhalb ['fʏnfʔaɪn'halp] *num* ~ **Meter** cinq mètres et demi; *s. a.* **achteinhalb**
Fünfer ['fʏnfɐ] <-s, -> *m fam* (*Lottogewinn*) cinq bons numéros *mpl*
fünferlei ['fʏnfɐ'laɪ] *adj inv* ~ **Sorten Brot** cinq sortes de pain; *s. a.* **achterlei**
Fünfeuroschein *m* billet *m* de cinq euros
fünffach ['fʏnffax] **I.** *adj* **die ~e Menge nehmen** prendre cinq fois la dose **II.** *adv falten* cinq fois; *s. a.* **achtfach**
fünfhundert ['fʏnf'hʊndɐt] *num* cinq cents **Fünfjahresplan** ['fʏnf'jaːrəsplaːn] *m* plan *m* quinquennal **Fünfkampf** *m* pentathlon *m* **Fünfkämpfer(in)** *m(f)* pentathlonien(ne) *m(f)*
Fünfling <-s, -e> *m* quintuplé(e) *m(f)*
fünfmal *adv* cinq fois; *s. a.* **achtmal**
Fünfprozentklausel *f* clause *f* des cinq pour cent
fünfstellig *adj Zahl* de cinq chiffres
fünft [fʏnft] *adv* **zu ~ sein** être cinq; *s. a.* **acht**[2]
Fünftagewoche [fʏnf'taːgə-] *f* semaine *f* de cinq jours
fünftausend ['fʏnf'taʊzənt] *num* cinq mille
fünfte(r, s) ['fʏnftə, -tɐ, -təs] *adj* ① cinquième ② (*bei Datumsangabe*) **der ~ März** le cinq mars; *s. a.* **achte(r, s)**
fünftel ['fʏnftəl] *adj* cinquième; *s. a.* **achtel**
Fünftel ['fʏnftəl] <-s, -> *nt* cinquième *m*
fünftens ['fʏnftəns] *adv* cinquièmement
Fünftürer <-s, -> *m* cinq portes *f*
fünfzehn ['fʏnftseːn] *num* quinze; *s. a.* **acht**[1] **Fünfzehntel** *nt a.* MATH quinzième *m*
fünfzig ['fʏnftsɪç] *num* cinquante; *s. a.* **achtzig**
Fünfzig ['fʏnftsɪç] <-, -en> *f* cinquante *m*
fünfziger ['fʏnftsɪgɐ] *adj inv* **die ~ Jahre** les années *fpl* cinquante; *s. a.* **achtziger**
Fünfziger ['fʏnftsɪgɐ] *Pl* ① **die ~** *eines Jahrhunderts* les années *fpl* cinquante ② (*Lebensalter*) **in den ~n sein** être quinquagénaire
Fünfzigerjahre[RR] *Pl* **die ~** les années *fpl* cinquante
Fünfzigeuroschein *m* billet *m* de cinquante euros
fünfzigjährig *adj attr* de cinquante ans; *s. a.* **achtzigjährig**
fünfzigste(r, s) *adj* cinquantième; *s. a.* **achtzigste(r, s)**
Fünfzigstel <-s, -> *nt* cinquantième *m;* **ein ~ einer S.** (*gen*) un cinquantième de qc
Fünfzimmerwohnung *f* appartement *m* de cinq pièces
fungieren* [fʊŋ'giːrən] *vi* (*walten*) **als etw ~** *Person:* faire fonction de qc; *Gegenstand:* faire office de qc
Fungizid [fʊŋgi'tsiːt] <-s, -e> *nt* fongicide *m*

F

F

Funk [fʊŋk] <-s> *m* radio *f*
Funkamateur(in) [-amatøːɐ̯] *m(f)* radioamateur *m* **Funkbild** *nt* radiophotographie *f*
Fünkchen ▶**ein ~ Hoffnung** une lueur d'espoir
Funke ['fʊŋkə] <-ns, -n> *m* étincelle *f*; **~n sprühend** projetant des étincelles ▶**ein ~n Hoffnung** une lueur d'espoir
funkeln ['fʊŋkəln] *vi* étinceler
funkelnagelneu ['fʊŋkəl'naːgəl'nɔy] *adj fam* flambant neuf(neuve)
funken ['fʊŋkən] **I.** *vt* transmettre par radio; **eine Nachricht/ein Signal ~** transmettre une nouvelle/lancer un signal par radio **II.** *vi* (*Funken sprühen*) faire des étincelles **III.** *vi unpers fam* (*verstehen*) **es hat bei ihm gefunkt** il a pigé
Funken ['fʊŋkən] <-s, -> *m s.* **Funke**
funkentstört *adj* antiparasité(e)
Funker(in) ['fʊŋkɐ] <-s, -> *m(f)* [opérateur(-trice) *m(f)*] radio *m*
Funkgerät *nt* appareil *m* de radio **Funkhaus** *nt* studios *mpl* **Funkloch** *nt* zone *f* non couverte par le réseau **Funksignal** *nt* signal *m* radio **Funksprechgerät** *nt* talkie-walkie *m* **Funkspruch** *m* message *m* radio **Funkstation** *f* ❶ (*Sendestation*) poste *m* émetteur ❷ (*Empfangsstation*) station *f* radio **Funkstille** *f* TELEC silence *m* radio ▶**es herrscht bei jdm ~** *fam* c'est le grand silence chez qn **Funkstreife** *f* ronde *f* de police [en voiture radio] **Funktaxi** *nt* radio-taxi *m* **Funktelefon** *nt* radiotéléphone *m*
Funktion [fʊŋk'tsi̯oːn] <-, -en> *f* fonction *f*; **in ~ treten** entrer en fonction; **außer ~ sein** être hors service
funktional [fʊŋktsi̯o'naːl] *s.* **funktionell**
Funktionär(in) [fʊŋtsi̯o'nɛːɐ̯] <-s, -e> *m(f)* permanent(e) *m(f)*
funktionell [fʊŋtsi̯o'nɛl] *adj a.* MED fonctionnel(le)
funktionieren* [fʊŋtsi̯o'niːrən] *vi* fonctionner
funktionsfähig *adj* en état de marche **funktionsgerecht** *adj* TECH fonctionnel(le) **Funktionsstörung** *f* MED trouble *m* fonctionnel **Funktionstaste** *f* INFORM touche *f* "fonction" **funktionstüchtig** *adj* en état de marche
Funkturm *m* tour *f* hertzienne **Funkverbindung** *f* liaison *f* radio **Funkverkehr** *m* radiocommunication *f* **Funkwagen** *m* voiture *f* radio
Funzel ['fʊntsəl] <-, -n> *f pej fam* loupiote *f*
für [fyːɐ̯] *präp + akk* ❶ pour; **~ Kinder** pour enfants; **~ jdn bestimmt sein** être destiné à qn; **jdn ~ intelligent halten** juger qn intelligent(e) ❷ (*wiederholend*) **Tag ~ Tag** jour après jour ❸ *mit Fragepronomen* **was ~ ...** quel(le)s ...; **was ~ ein ...** quelle sorte de ...; **~ was soll das gut sein?** à quoi cela peut-il servir? ▶**~ sich** (*allein*) seul(e); **jeder ~ sich** chacun pour soi; **etw ~ sich [allein] entscheiden** décider de qc à titre personnel; **~ sich [genommen]** pris(e) séparément
Für <-> *nt* ▶**das ~ und Wider** le pour et le contre
Fürbitte *f* prière *f* [d'intercession]
Furche ['fʊrçə] <-, -n> *f* ❶ (*Ackerfurche*) sillon *m* ❷ (*Gesichtsfalte*) ride *f*
furchen *vt geh* ❶ tracer des sillons dans *Acker* ❷ rider *Stirn*
Furcht [fʊrçt] <-> *f* peur *f*; **jdm ~ einflößen** faire peur à qn; **~ erregend** effrayant(e)
furchtbar I. *adj* terrible; **das ist ja ~!** mais c'est affreux! **II.** *adv mit adj* terriblement; *mit Verb* affreusement
fürchten ['fʏrçtən] **I.** *vt* ❶ redouter ❷ (*befürchten*) craindre; **nichts zu ~ haben** n'avoir rien à craindre **II.** *vr* **sich vor jdm/etw ~** avoir peur de qn/qc **III.** *vi* **um jdn/etw ~** craindre pour qn/qc; **zum Fürchten sein** faire peur
fürchterlich ['fʏrçtɐlɪç] *s.* **furchtbar**
furchterregend *s.* **Furcht**
furchtlos *adj Person* hardi(e); *Vorgehen* courageux(-euse)
Furchtlosigkeit <-> *f* audace *f*
furchtsam *adj geh* craintif(-ive)
Furchtsamkeit <-, -en> *f geh* crainte *f*
füreinander [fyːɐ̯ʔai̯'nandɐ] *adv* l'un(e) pour l'autre/les un(e)s pour les autres; **~ bestimmt sein** être faits l'un pour l'autre
Furie ['fuːri̯ə] <-, -n> *f pej* (*Frau*) furie *f*
Furnier [fʊr'niːɐ̯] <-s, -e> *nt* placage *m*
furnieren* [fʊr'niːrən] *vt* plaquer
Furore [fu'roːrə] <-> *f,* <-s> *nt* ▶**~ machen** *fam* faire un malheur
Fürsorge ['fyːɐ̯zɔrgə] *f kein Pl* ❶ (*Betreuung*) soins *mpl* ❷ *fam* (*Sozialhilfe*) aide *f* sociale
Fürsorgeamt *nt* CH bureau *m* d'aide sociale **Fürsorgepflicht** *f* devoir *m* d'assistance [sociale]
fürsorglich ['fyːɐ̯zɔrklɪç] **I.** *adj* attentionné(e) **II.** *adv* avec soin
Fürsorglichkeit <-> *f* attention *f*

Fürsprache ['fy:ɐʃpra:xə] *f* intervention *f;* ~ **für jdn einlegen** intercéder en faveur de qn

Fürsprecher(in) *m(f)* avocat(e) *m(f)*

Fürst(in) ['fʏrst] <-en, -en> *m(f)* prince(-esse) *m(f)*

Fürstentum <-[e]s, -tümer> *nt* principauté *f*

fürstlich I. *adj* princier(-ière); *Trinkgeld* royal(e) II. *adv* de façon princière

Furt [fʊrt] <-, -en> *f* gué *m*

Furunkel [fu'rʊŋkəl] <-s, -> *nt o m* furoncle *m*

Fürwort <-wörter> *nt* pronom *m*

Furz [fʊrts, *Pl:* 'fʏrtsə] <-es, Fürze> *m fam* pet *m*

furzen ['fʊrtsən] *vi fam* péter

Fusel ['fu:zəl] <-s, -> *m pej fam* tord-boyaux *m*

Fusion [fu'zio:n] <-, -en> *f* COM, PHYS fusion *f*

fusionieren* [fuzio'ni:rən] *vi* fusionner

Fusionsreaktor *m* PHYS réacteur *m* thermonucléaire

Fuß [fu:s, *Pl:* 'fy:sə] <-es, Füße> *m* ❶ pied *m;* **gut zu ~ sein** avoir de bonnes jambes; **sich jdm zu Füßen werfen** se jeter aux pieds de qn; **zu ~** à pied; **bei ~!** au pied! ❷ *kein Pl* (*Längenmaß*) pied *m* ▶ **auf eigenen Füßen stehen** voler de ses propres ailes; **sich auf freiem ~ befinden** être en liberté; **auf großem ~ leben** mener grand train; **mit jdm auf gutem ~ stehen** être en bons termes avec qn; **kalte Füße bekommen** *fam* se défiler; **irgendwo ~ fassen** prendre pied quelque part; **einer S. auf dem ~e folgen** succéder [immédiatement] à qc; **etw mit Füßen treten** fouler aux pieds qc

Fußabdruck <-abdrücke> *m* empreinte *f* de pied

Fußabtreter <-s, -> *m* DIAL décrottoir *m*

Fußangel *f a. fig* piège *m* **Fußbad** *nt* bain *m* de pieds **Fußball** ['fu:sbal] *m* ❶ *kein Pl* (*Spiel*) football *m* ❷ (*Ball*) ballon *m* [de football]

Fußballer(in) <-s, -> *m(f) fam* footballeur(-euse) *m(f)*

fußballerisch I. *adj* footballistique II. *adv* en termes de football

Fußballfan *m* fan *mf* de foot **Fußballmannschaft** *f* équipe *f* de football **Fußballplatz** *m* terrain *m* de football **Fußballspiel** *nt* match *m* de football **Fußballspieler(in)** *m(f)* joueur(-euse) *m(f)* de football **Fußballverein** *m* club *m* de football

Fußbank <-bänke> *f* petit banc *m* **Fußboden** *m* sol *m*

Fußbodenbelag *m* revêtement *m* de sol

Fußbreit ['fu:sbrait] <-> *m kein Pl* pied *m;* **keinen ~** *zurückweichen* pas d'une semelle

Fußbremse *f* pédale *f* de frein

Fussel ['fʊsəl] <-, -n> *f,* <-s, -> *m* peluche *f*

fusselig ['fʊsəlɪç] *adj* qui peluche

fusseln ['fʊsəln] *vi* pelucher

fußen ['fu:sən] *vi* reposer; **auf etw ~** (*dat*) reposer sur qc

Fußende *nt* pied *m*

Fußgänger(in) ['fu:sgɛŋɐ] <-s, -> *m(f)* piéton(ne) *m(f)*

Fußgängerampel *f* feu *m* pour piétons **Fußgängerüberweg** *m* passage *m* pour piétons **Fußgängerzone** *f* zone *f* piétonne

Fußgelenk *nt* cheville *f* **fußhoch** ['fu:sho:x] I. *adj* **der Schnee war kaum ~** la neige arrivait à peine aux chevilles II. *adv* **das Wasser stand ~** l'eau arrivait aux chevilles

fußläufig *adj* à pied

fusslig[RR], **fußlig**[ALT] ['fʊslɪç] *s.* **fusselig**

Fußmarsch *m* marche *f* à pied **Fußmatte** *f* paillasson *m* **Fußnagel** *m* ongle *m* du pied **Fußnote** *f* note *f* [de bas de page] **Fußpflege** *f* soins *mpl* des pieds **Fußpilz** *m* mycose *f* [du pied] **Fußreflexzonenmassage** *f* massage *m* des zones réflexes du pied **Fußsohle** *f* plante *f* du pied **Fußspitze** *f* pointe *f* du pied **Fußspur** *f* trace *f* de pas **Fußstapfen** *m* ▶ **in jds ~ treten** (*akk*) marcher sur les traces de qn **Fußtritt** *m* coup *m* de pied **Fußvolk** *nt pej fam* **das ~** le petit peuple **Fußweg** *m* (*Pfad*) sentier *m* **Fußzeile** *f* pied *m* de page

futsch [fʊtʃ] *adj fam* ~ **sein** être fichu

Futter ['fʊtɐ] <-s, -> *nt* ❶ *kein Pl* (*Nahrung*) nourriture *f* ❷ *eines Mantels, Umschlags* doublure *f* ❸ TECH mandrin *m*

Futteral [fʊtə'ra:l] <-s, -e> *nt* étui *m*

Futterkrippe *f* mangeoire *f*

futtern ['fʊtɐn] *vt, vi fam* bouffer

füttern ['fʏtɐn] *vt* ❶ nourrir *Säugling, Tier* ❷ INFORM *fam* alimenter *Computer* ❸ COUT doubler

Futternapf *m* écuelle *f* **Futterneid** *m* ≈ peur *f* d'en avoir moins que les autres

Futterpflanze *f* plante *f* fourragère **Futterstoff** *m* doublure *f* **Futtertrog** *m* auge *f*
Fütterung ['fʏtərʊŋ] <-, -en> *f* (*Tierfütterung*) alimentation *f*
Futterzusatz *m* AGR complément *m* alimentaire
Futur [fu'tu:ɐ] <-s, -e> *nt* GRAM futur *m*
futuristisch [futu'rɪstɪʃ] *adj* futuriste
Futurologe [futuro'lo:gə] <-n, -n> *m*, **Futurologin** *f* futurologue *mf*
Futurologie [futurolo'gi:] <-> *f* futurologie *f*
Futurologin <-, -nen> *f s.* **Futurologe**

Gg

G

G, g [ge:] <-, -> *nt* ❶ G *m*/g *m* ❷ MUS sol *m*
g *Abk von* **Gramm** g
G7-Gipfel [ge:'zi:bən-] *m* POL sommet *m* du G7
G8-Staaten [ge:'axt-] *Pl* États *mpl* du G8 (*les sept pays industriels les plus riches du monde – l'Allemagne, le Canada, les États-Unis, la France, l'Italie, le Japon, le Royaume-Uni – avec la Russie*)
gab [ga:p] *Imp von* **geben**
Gabardine ['gabardi:n, gabar'di:n(ə)] <-s> *m*, <-> *f* TEXTIL gabardine *f*
Gabe ['ga:bə] <-, -n> *f* ❶ *geh* (*Geschenk*) présent *m* ❷ (*Spende*) **eine milde ~** une aumône ❸ (*Begabung*) don *m* ❹ *kein Pl* (*das Verabreichen*) administration *f*
Gabel ['ga:bəl] <-, -n> *f* ❶ fourchette *f* ❷ (*Heugabel*) fourche *f*
gabeln ['ga:bəln] *vr* **sich ~** *Straße:* bifurquer
Gabelstapler ['ga:bəlʃta:plɐ] <-s, -> *m* chariot *m* élévateur [à fourche]
Gabelung <-, -en> *f* bifurcation *f*
Gabentisch *m table où sont disposés les cadeaux à Noël ou pour un anniversaire*
Gabun [ga'bu:n] <-s> *nt* le Gabon
Gabuner(in) [ga'bu:nɐ] <-s, -> *m(f)* Gabonais(e) *m(f)*
gabunisch [ga'bu:nɪʃ] *adj* gabonais(e)
gackern ['gakɐn] *vi a. fig, pej* glousser (*péj*)
gaffen ['gafən] *vi pej* **nach jdm/etw ~** reluquer qn/qc (*fam*)
Gaffer(in) <-s, -> *m(f) pej* badaud(e) *m(f)*
Gag [gɛk] <-s, -s> *m* gag *m*
Gage ['ga:ʒə] <-, -n> *f* cachet *m*
gähnen ['gɛ:nən] *vi* bâiller
Gala ['ga(:)la] <-> *f* tenue *f* de gala; **sich in ~ werfen** *fam* se mettre sur son trente et un
galaktisch [ga'laktɪʃ] *adj Nebel* galactique
galant [ga'lant] *adj* galant(e)
Galavorstellung *f* représentation *f* de gala
Galaxie [gala'ksi:] <-, -ien> *f* ASTRON galaxie *f*
Galaxis [ga'laksɪs] <-, Galaxien> *f* ASTRON ❶ *kein Pl* (*Milchstraße*) galaxie *f* ❷ (*Galaxie*) galaxie *f*
Galeere [ga'le:rə] <-, -n> *f* galère *f*
Galeerensklave *m*, **Galeerensträfling** *m* galérien *m*
Galerie [galə'ri:] <-, -ien> *f* ❶ (*Kunstgalerie*) galerie *f* [d'art] ❷ ARCHIT galerie *f* ❸ CH, A (*Tunnel*) tunnel *m*
Galerist(in) [galə'rɪst] <-en, -en> *m(f)* galeriste *mf*
Galgen ['galgən] <-s, -> *m* potence *f*
Galgenfrist *f fam* ultime délai *m* **Galgenhumor** *m* humour *m* noir **Galgenvogel** *m pej fam* gibier *m* de potence
Galionsfigur [ga'li̯o:ns-] *f a. fig* figure *f* de proue
Gallapfel ['gal-] *m* BOT noix *f* de galle
Galle ['galə] <-, -n> *f* ❶ (*Organ*) vésicule *f* biliaire ❷ (*Sekret*) bile *f*
Gallenblase *f* vésicule *f* biliaire **Gallenkolik** *f* colique *f* hépatique **Gallenstein** *m* calcul *m* biliaire
Gallert ['galɐt, ga'lɛrt] <-[e]s, -e> *nt* gelée *f*
gallertartig [ga'lɛrt'a:ɐtɪç] *adj* gélatineux(-euse)
Gallien ['gali̯ən] <-s> *nt* Gaule *f*
Gallier(in) ['gali̯ɐ] <-s, -> *m(f)* Gaulois(e) *m(f)*
gallisch ['galɪʃ] *adj* gaulois(e)
Galopp [ga'lɔp] <-s, -s *o* -e> *m* galop *m*; **im ~** au galop
galoppieren* [galɔ'pi:rən] *vi* + *haben o sein* galoper
galt [galt] *Imp von* **gelten**

galvanisch [gal'va:nɪʃ] *adj* TECH galvanique
Galvaniseur(in) [galvani'zø:ɐ̯] <-s, -e> *m(f)* TECH galvaniseur(-euse) *m(f)*
galvanisieren* [galvani'zi:rən] *vt* TECH galvaniser
Gamasche [ga'maʃə] <-, -n> *f* guêtre *f*
Gambe ['gambə] <-, -n> *f* viole *f* de gambe
Gambia ['gambi̯a] <-s> *nt* la Gambie
Gameboy® ['ge:mbɔy̯] <-[s], -s> *m* gameboy *m* **Gamepad** ['ge:mpɛt] <-s, -s> *nt* INFORM gamepad *m* **Gameshow** ['ge:mʃo:] *f* jeu *m* télévisé
Gammastrahlen ['gamaʃtra:lən] *Pl* PHYS rayons *mpl* gamma
gammelig ['gaməlɪç] *adj fam Obst* pourri(e)
gammeln ['gaməln] *vi pej fam* (*faulenzen*) gland[ouill]er
GämseRR ['gɛmzə] <-, -n> *f* chamois *m*
gang [gaŋ] ▶ ~ **und gäbe sein** être monnaie courante
Gang[1] [gaŋ, *Pl:* 'gɛŋə] <-[e]s, Gänge> *m* ① *kein Pl* (*Gangart*) démarche *f* ② (*Behördengang*) démarche *f;* **der ~ zum Zahnarzt** la visite chez le dentiste ③ (*Ablauf*) *der Ereignisse, Geschäfte* cours *m* ④ GASTR plat *m* ⑤ TECH vitesse *f;* **im ersten/dritten ~** en première/troisième ⑥ (*Korridor*) couloir *m* ▶ **in vollem ~e sein** *Vorbereitungen, Party:* battre son plein; **in ~ bringen** mettre en marche *Maschine;* entamer *Verhandlungen;* **in ~ kommen** *Arbeiten:* démarrer; *Verhandlungen:* s'engager
Gang[2] [gɛŋ] <-, -s> *f* gang *m*
Gangart *f eines Pferdes* allure *f*
gangbar *adj* **ein ~er Weg** un chemin praticable; *fig* une voie envisageable
Gängelband ▶ **jdn am ~ führen** *pej* tenir qn en laisse
gängeln ['gɛŋəln] *vt pej* tenir en laisse
gängig ['gɛŋɪç] *adj* ① (*üblich*) courant(e) ② COM *Artikel* demandé(e); *Größe* courant(e)
Gangschaltung *f* (*beim Auto*) changement *m* de vitesse; (*beim Fahrrad*) dérailleur *m*
Gangster ['gɛŋstɐ] <-s, -> *m pej* gangster *m*
Gangway ['gɛŋwe:] <-, -s> *f* passerelle *f* [d'embarquement]
Ganove [ga'no:və] <-n, -n> *m pej fam* (*Verbrecher*) truand *m*
Gans [gans, *Pl:* 'gɛnzə] <-, Gänse> *f* ① oie *f* ② *pej fam* (*Schimpfwort*) [**du**] **dumme ~!** espèce d'âne!
Gänschen ['gɛnsçən] <-s, -> *nt Dim von* **Gans** oison *m*
Gänseblümchen ['gɛnzəbly:mçən] *nt* pâquerette *f* **Gänsebraten** *m* oie *f* rôtie **Gänsefüßchen** ['gɛnzəfy:sçən] *Pl fam* guillemets *mpl* **Gänsehaut** *f* chair *f* de poule; **eine ~ haben** avoir la chair de poule **Gänseleberpastete** *f* foie *m* gras [d'oie] **Gänsemarsch** *m* **im ~** à la queue leu leu
Gänserich ['gɛnzərɪç] <-s, -e> *m* jars *m*
Gänseschmalz *nt* graisse *f* d'oie
ganz [gants] **I.** *adj* ① (*gesamt, vollzählig*) complet(-ète); **die ~e Nachbarschaft** tous les voisins; **die ~e Wahrheit** toute la vérité; **~ Paris** tout Paris ② *Drehung* complet(-ète); *Zahl* entier(-ière); **eine ~e Note** une ronde *f;* **den ~en Tag [über]** toute la journée ③ *fam* (*all der/die/das ...*) **dieses ~e Gerede** tous ces discours ④ *fam* (*unbeschädigt*) intact(e); **etw [wieder] ~ machen** rafistoler qc ⑤ *fam* (*nur*) **~e zehn Euro spenden** donner tout juste dix euros ⑥ *fam* (*ziemlich viel*) **eine ~e Menge Geld** une sacrée somme [d'argent] **II.** *adv* ① *kalt, hoch* très; *fürchterlich, schön* vraiment; *begeistert, überrascht* totalement; *allein* tout; *egal, ruhig* parfaitement; **~ gleich, was passiert** quoi qu'il arrive; **~ recht!** très juste! ② *fam* (*ziemlich*) assez; **ein ~ gutes Gehalt** un assez bon salaire ③ (*an der äußersten Stelle*) tout [à fait] ④ (*vollständig*) complètement ▶ **~ und gar** totalement; **~ und gar nicht** pas du tout
Ganze(s) *nt dekl wie adj* ① (*Ganzheit*) ensemble *m* ② (*alle Sachen*) **das ~** le tout; (*die ganze Angelegenheit*) tout cela (*fam*) ▶ **aufs ~ gehen** *fam* risquer le tout; **es geht ums ~** risquer le tout pour le tout
Gänze <-> *f* intégralité *f;* **in seiner/ihrer ~** *geh* dans son intégralité
ganzheitlich *adj* global(e)
Ganzheitsmedizin *f* médecine *f* globale
ganzjährig *adj, adv* [durant] toute l'année
gänzlich ['gɛntslɪç] **I.** *adj Fehlen, Mangel* total(e) **II.** *adv* totalement
ganzseitig **I.** *adj Anzeige* pleine page **II.** *adv inserieren* en pleine page
ganztägig ['gantstɛ:gɪç] **I.** *adj Arbeit, Stelle* à temps complet; *Ausflug* d'une journée **II.** *adv* toute la journée; *arbeiten* à plein temps
ganztags *adv arbeiten* à plein temps
Ganztagsbeschäftigung *f* [emploi *m* à] plein temps *m* **Ganztagsschule** *f type*

G

d'école et de scolarité où les cours ont lieu toute la journée

gar[1] [ga:ɐ̯] *adv* ❶ *(überhaupt)* ~ **nichts/niemand** absolument rien/personne; ~ **nicht teuer** pas cher(chère) du tout ❷ *(geschweige)* **100 oder ~ 200 Euro sind einfach zu viel** 100 voire 200 euros sont bien trop

gar[2] [ga:ɐ̯] *adj* ~ **sein** être bien cuit

Garage [ga'ra:ʒə] <-, -n> *f* garage *m*

Garant(in) [ga'rant] <-en, -en> *m(f)* garant(e) *m(f)*

Garantie [garan'ti:] <-, -ien> *f* garantie *f;* **ein Jahr ~ haben** être garanti un an

garantieren* [garan'ti:rən] **I.** *vt* garantir **II.** *vi* **für etw ~** *Person:* se porter garant pour qc

garantiert *adv fam* **er hat das ~ vergessen!** à coup sûr, il l'a oublié!

Garantieschein *m* bon *m* de garantie **Garantiezeit** *f* délai *m* de garantie; **die ~ für etw ist abgelaufen** qc n'est plus sous garantie

Garaus ['ga:ɐ̯ʔaus] ▸**jdm den ~ machen** *fam* achever qn

Garbe ['garbə] <-, -n> *f* ❶ *(Getreidegarbe)* gerbe *f* ❷ *(Geschossgarbe)* rafale *f*

Garde ['gardə] <-, -n> *f* garde *f*

Garderobe [gardə'ro:bə] <-, -n> *f* ❶ *(Ständer)* portemanteau *m* ❷ *(Aufbewahrungsraum)* vestiaire *m* ❸ *geh (Kleidung)* garde-robe *f* ❹ *(Umkleideraum) eines Schauspielers* loge *f*

Garderobenfrau *f* dame *f* du vestiaire **Garderobenmarke** *f* numéro *m* de vestiaire **Garderobenständer** *m* portemanteau *m*

Garderobier [gardəro'bie:] <-s, -s> *m,* **Garderobiere** *f* THEAT *(für die Kostüme zuständige Person)* habilleur(-euse) *m(f)*

Gardine [gar'di:nə] <-, -n> *f* rideau *m* ▸**hinter schwedischen ~n sitzen** *hum fam* être à l'ombre

Gardinenpredigt ▸**jdm eine ~ halten** *hum fam* sonner les cloches à qn **Gardinenstange** *f* tringle *f* à rideau

Gardist [gar'dɪst] <-en, -en> *m* garde *m*

garen ['ga:rən] *vt* [faire] cuire *Fleisch, Gemüse*

gären ['gɛ:rən] <gärte *o* gor, gegärt *o* gegoren> *vi + haben o sein* fermenter

Garn [garn] <-[e]s, -e> *nt* fil *m*

Garnele [gar'ne:lə] <-, -n> *f* crevette *f* [rose]

garnieren* [gar'ni:rən] *vt* garnir; **einen Braten/Kuchen mit etw ~** garnir un rôti de qc/décorer un gâteau avec qc

Garnison [garni'zo:n] <-, -en> *f* garnison *f*

Garnison[s]stadt *f* ville *f* de garnison

Garnitur [garni'tu:ɐ̯] <-, -en> *f* parure *f;* **eine ~ Bettwäsche/Unterwäsche** une parure de draps/de linge

garstig ['garstɪç] *adj geh* ❶ *(ungezogen)* vilain(e) ❷ *(abscheulich)* répugnant(e), affreux(-euse)

Garten ['gartən, *Pl:* 'gɛrtən] <-s, Gärten> *m* jardin *m;* **zoologischer ~** jardin *m* zoologique ▸**der ~ Eden** le jardin d'Éden

Gartenarbeit *f* jardinage *m* **Gartenarchitekt(in)** *m(f)* [architecte *mf*] paysagiste *mf* **Gartenbau** *m kein Pl* horticulture *f* **Gartenfest** *nt* garden-party *f* **Gartengerät** *nt* outil *m* de jardin **Gartenhaus** *nt* pavillon *m* **Gartenlaube** *f* gloriette *f* **Gartenmöbel** *Pl* mobilier *m* [*o* meubles *mpl*] de jardin **Gartenschere** *f* sécateur *m* **Gartenzaun** *m* clôture *f* de jardin **Gartenzwerg** *m* nain *m* de jardin

Gärtner(in) ['gɛrtnɐ] <-s, -> *m(f)* jardinier(-ière) *m(f)*

Gärtnerei [gɛrtnə'rai] <-, -en> *f* établissement *m* horticole; *(Gemüsegärtnerei)* entreprise *f* maraîchère

gärtnern *vi* jardiner

Gärung ['gɛ:rʊŋ] <-, -en> *f* fermentation *f*

Gas [ga:s] <-es, -e> *nt* ❶ gaz *m* ❷ *fam (Gaspedal)* accélérateur *m* ❸ *(Treibstoff)* ~ **geben** accélérer; [**das**] ~ **wegnehmen** lever le pied

Gasanzünder *m* allume-gaz *m inv* **Gasfeuerzeug** *nt* briquet *m* à gaz **Gasflasche** *f* bouteille *f* de gaz

gasförmig ['ga:sfœrmɪç] *adj* gazeux(-euse)

Gashahn *m* robinet *m* du gaz **Gasherd** *m* cuisinière *f* à gaz **Gaskocher** *m* réchaud *m* à gaz **Gasleitung** *f* conduite *f* de gaz; *(Fernleitung)* gazoduc *m* **Gasmaske** *f* masque *m* à gaz **Gaspedal** *nt* pédale *f* d'accélérateur

Gässchen[RR], **Gäßchen**[ALT] ['gɛsçən] <-s, -> *nt Dim von* **Gasse** [petite] ruelle *f*

Gasse ['gasə] <-, -n> *f* ❶ ruelle *f* ❷ A *(Straße)* rue *f*

Gassenjunge *m* polisson *m*

Gassi ['gasi] ▸~ **gehen** *fam* faire sortir le chien

Gast [gast, *Pl:* 'gɛstə] <-es, Gäste> *m* ❶ invité(e) *m(f)* ❷ *(Hotelgast)* pensionnaire *mf* ❸ *(Besucher)* hôte *m;* **bei jdm zu ~ sein** *geh* être l'hôte de qn

Gastarbeiter(in) *m(f)* travailleur immigré

*m/*travailleuse immigrée *f* **Gastauftritt** *m* apparition *f* en tant qu'artiste invité

Gästebuch *nt* livre *m* d'hôtes **Gästezimmer** *nt* chambre *f* d'amis

gastfreundlich *adj* hospitalier(-ière) **Gastfreundschaft** *f* hospitalité *f* **Gastgeber(in)** *m(f)* hôte(-esse) *m(f)* **Gastgewerbe** *nt* industrie *f* hôtelière **Gasthaus** *nt,* **Gasthof** *m* auberge *f* **Gasthörer(in)** *m(f)* auditeur(-trice) *m(f)* libre

gastieren* [gas'tiːrən] *vi* THEAT se produire en tournée

Gastland *nt* pays *m* d'accueil

gastlich ['gastlɪç] *adj geh Haus* hospitalier(-ière); *Bewirtung* prévenant(e)

Gastlichkeit <-> *f* hospitalité *f*

Gastmannschaft *f* équipe *f* des visiteurs **Gastprofessor(in)** *m(f)* ≈ professeur *mf* invité(e) **Gastrecht** *nt kein Pl* lois *fpl* de l'hospitalité

Gastritis [gas'triːtɪs] <-, Gastritiden> *f* MED gastrite *f*

Gastrolle *f* rôle *m* [à titre] exceptionnel

Gastronom(in) [gastro'noːm] <-en, -en> *m(f)* restaurateur(-trice) *m(f)*

Gastronomie [gastrono'miː] <-, -ien> *f* *form* restauration *f*

gastronomisch [gastro'noːmɪʃ] *adj* gastronomique

Gastspiel *nt* ① **ein ~ geben** se produire en tournée ② SPORT match *m* [à l'] extérieur **Gaststätte** *f* café-restaurant *m*

Gaststättengewerbe *nt* restauration *f*

Gaststube *f* salle *f* de restaurant

Gasturbine *f* turbine *f* à gaz

Gastvorlesung *f* conférence *f* d'un(e) professeur invité(e) **Gastwirt(in)** *m(f)* cafetier-restaurateur *m/*cafetière-restauratrice *f* **Gastwirtschaft** *f s.* **Gaststätte**

Gasuhr *f s.* **Gaszähler** **Gasvergiftung** *f* intoxication *f* par le gaz **Gaswerk** *nt* usine *f* à gaz **Gaszähler** *m* compteur *m* à gaz

Gatsch [gatʃ] <-es, -> *m* A, SDEUTSCH *fam* (*Schlamm*) boue *f*

GATT [gat] <-> *nt Abk von* **General Agreement on Tariffs and Trade** GATT *m*

Gatte ['gatə] <-n, -n> *m,* **Gattin** *f form* époux *m/*épouse *f*

Gatter ['gatɐ] <-s, -> *nt* barrière *f*

Gattung ['gatʊŋ] <-, -en> *f* ① BIO ordre *m* ② (*Kunstgattung*) genre *m*

Gattungsbegriff *m* (*Oberbegriff*) hyperonyme *m* **Gattungsname** *m* ① BIO nom *m* générique ② LING terme *m* générique

Gau [gau̯] <-[e]s, -e> *m o nt* HIST (*Landschaft*) ≈ région *f;* (*Bezirk*) ≈ secteur *m;* (*im Nationalsozialismus*) ≈ province *f*

GAU [gau̯] <-s, -s> *m Abk von* **größter anzunehmender Unfall** accident *m* maximal hypothétique

Gaudi ['gau̯di] <-> *f* SDEUTSCH, A *fam* **das war vielleicht eine ~!** ce qu'on a pu se marrer!

Gaukler(in) ['gau̯klɐ] <-s, -> *m(f)* HIST bateleur(-euse) *m(f)* [de foire]

Gaul [gau̯l, *Pl:* 'gɔy̯lə] <-[e]s, Gäule> *m* *pej* canasson *m*

Gaullismus [go'lɪsmʊs] <-> *m* gaullisme *m*

Gaullist(in) [go'lɪst] <-en, -en> *m(f)* gaulliste *mf*

Gaumen ['gau̯mən] <-s, -> *m* palais *m*

Gaumenfreude *f* régal *m;* **das Essen war eine wahre ~** le repas était un vrai délice **Gaumensegel** *nt* voile *m* du palais **Gaumenzäpfchen** *nt* luette *f*

Gauner(in) ['gau̯nɐ] <-s, -> *m(f)* *pej* ① (*Betrüger*) escroc *m* ② *fam* (*schlaue Person*) filou *m*

Gaunerei [gau̯nə'rai̯] <-, -en> *f pej* escroquerie *f*

Gazastreifen ['gaːza-] *m* bande *f* de Gaza

Gaze ['gaːzə] <-, -n> *f* gaze *f*

Gazelle [ga'tsɛlə] <-, -n> *f* gazelle *f*

G-Dur ['geː(')duːɐ̯] <-> *nt* sol *m* majeur

Geächtete(r) [gə'ʔɛçtətə, -tɐ] *f(m) dekl wie adj* proscrit(e) *m(f)*

geädert *adj Blatt* nervuré(e)

geartet [gə'ʔaːɐ̯tət] *adj* ① (*veranlagt*) **ganz anders ~ sein** être d'un caractère tout à fait différent ② (*beschaffen*) **ein anders ~er Fall** un cas d'[une] autre nature

Geäst [gə'ʔɛst] <-[e]s> *nt* branchage *m*

geb. *Abk von* **geborene(r)** né(e)

Gebäck [gə'bɛk] <-[e]s> *nt* ① pâtisseries *fpl;* (*Kleingebäck*) petits gâteaux *mpl;* (*Kekse*) gâteaux *mpl* secs ② A (*Brötchen*) [petit] pain *m*

gebacken [gə'bakən] *PP von* **backen**

Gebälk [gə'bɛlk] <-[e]s> *nt* charpente *f*

geballt [gə'balt] *adj* **mit ~er Kraft** de toutes mes/ses/... forces

gebannt [gə'bant] *adj* fasciné(e)

gebar [gə'baːɐ̯] *Imp von* **gebären**

Gebärde [gə'bɛːɐ̯də] <-, -n> *f* geste *m*

gebärden* [gə'bɛːɐ̯dən] *vr* **sich ~** se comporter

Gebärdensprache *f* langage *m* gestuel

Gebaren [gə'ba:rən] <-s> *nt* comportement *m*

gebären [gə'bɛ:rən] <gebiert, gebar, geboren> **I.** *vt* ① mettre au monde *Kind;* **in Italien geboren sein** être né en Italie ② *fig* **zu etw geboren sein** être né pour qc; *s. a.* **geboren II.** *vi* accoucher

Gebärmutter <-mütter> *f* utérus *m*

Gebärmutterhals *m* col *m* de l'utérus

Gebäude [gə'bɔydə] <-s, -> *nt* bâtiment *m*

Gebäudekomplex *m* [grand] ensemble *m* **Gebäudereinigung** *f* (*Betrieb*) entreprise *f* de nettoyage industriel

G

gebaut *adj* bâti(e); **gut ~ sein** être bien bâti

Gebeine [gə'bainə] *Pl geh* ossements *mpl*

Gebell [gə'bɛl] <-s> *nt pej* aboiements *mpl* [continuels]

geben ['ge:bən] <gibt, gab, gegeben> **I.** *vt* ① (*aushändigen, reichen, schenken*) donner; **gibst du mir mal das Salz?** tu peux me passer le sel? ② (*erteilen*) donner *Antwort, Befehl;* **jdm ein Zeichen ~** faire signe à qn ③ donner *Empfang, Konzert, Interview;* jouer *Theaterstück* ④ (*produzieren*) **Milch ~** donner du lait ⑤ faire *Rabatt* ⑥ donner *Kraft, Mut* ⑦ donner *Unterricht, Nachhilfestunden;* **Deutsch/Mathe ~** enseigner l'allemand/les maths ⑧ (*verbinden mit*) passer ⑨ donner *Frist, Termin* ⑩ **von sich ~** émettre *Laute, Worte* ▶ **sie würde viel darum ~, dabei zu sein** elle donnerait cher pour y assister; **viel/nichts auf etw** (*akk*) **~** faire cas/ne faire aucun cas de qc **II.** *vi a.* SPIEL donner **III.** *vt unpers* ① (*vorhanden sein*) **es gibt ...** il y a ... ② (*sein, sich ereignen*) **was gibt's?** qu'est-ce qu'il y a?; **wann gibt es Essen?** quand est-ce qu'on mange? ▶ **das gibt's doch nicht!** *fam* (*freudig überrascht*) [c'est] pas possible!; (*unangenehm überrascht*) c'est pas vrai!; **was es nicht alles gibt!** *fam* on aura tout vu!; **da gibt's gar nichts!** *fam* (*das ist doch sonnenklar*) y a pas photo! **IV.** *vr* (*nachlassen*) **sich ~** se calmer; **das wird sich bald ~** ça s'arrangera bientôt

Geberkonferenz *f* ÖKON, FIN conférence *f* des pays donneurs **Geberland** *nt* ÖKON, FIN pays *m* donneur **Geberlaune** *f* ▶ **in ~ sein** être en veine de générosité

Gebet [gə'be:t] <-[e]s, -e> *nt* prière *f*

Gebetbuch *nt* livre *m* de prières

gebeten [gə'be:tən] *PP von* **bitten**

gebeugt **I.** *adj* *Haltung, Kopf* courbé(e); *Schultern* voûté(e) **II.** *adv* voûté(e)

gebiert [gə'bi:ɐ̯t] *3. Pers Präs von* **gebären**

Gebiet [gə'bi:t] <-[e]s, -e> *nt* ① (*Fläche*) territoire *m;* (*Region*) région *f* ② (*Sachgebiet*) domaine *m*

gebieten* [gə'bi:tən] *irr geh* **I.** *vt* ① (*befehlen*) ordonner, imposer ② (*verlangen*) **[es] ~, dass ...** *Umstände:* exiger que ... + *subj* **II.** *vi* ① (*herrschen*) **über jdn/etw ~** régner sur qn/qc ② (*verfügen*) **über etw** (*akk*) **~** disposer de qc

Gebieter(in) <-s, -> *m(f) geh* maître(-esse) *m(f)*

gebieterisch [gə'bi:tərɪʃ] *geh* **I.** *adj* impérieux(-euse) **II.** *adv* d'un air impérieux

Gebietsanspruch *m* revendication *f* territoriale **Gebietshoheit** *f kein Pl* souveraineté *f* territoriale **Gebietsleiter(in)** *m(f)* directeur *m* régional/directrice *f* régionale **Gebietsreform** *f* réforme *f* territoriale

gebietsweise *adv* par endroits

Gebilde [gə'bɪldə] <-s, -> *nt* (*Ding*) chose *f;* (*Formation*) formation *f*

gebildet [gə'bɪldət] *adj* cultivé(e)

Gebinde [gə'bɪndə] <-s, -> *nt geh* (*Blumengebinde*) gerbe *f*

Gebirge [gə'bɪrgə] <-s, -> *nt* montagnes *fpl;* **im/ins ~** à la montagne

gebirgig [gə'bɪrgɪç] *adj* montagneux(-euse)

Gebirgsausläufer *m* contreforts *mpl* **Gebirgsbach** *m* torrent *m* **Gebirgslandschaft** *f* (*Gegend*) paysage *m* de montagne **Gebirgsregion** *f* région *f* montagneuse

Gebiss[RR] [gə'bɪs] <-es, -e>, **Gebiß**[ALT] <-sses, -sse> *nt* dentition *f;* (*Zahnprothese*) dentier *m*

gebissen [gə'bɪsən] *PP von* **beißen**

Gebläse [gə'blɛ:zə] <-s, -> *nt* ventilateur *m*

geblasen *PP von* **blasen**

geblichen *PP von* **bleichen**

geblieben [gə'bli:bən] *PP von* **bleiben**

geblümt *adj Kleid* à fleurs

Geblüt <-[e]s> *nt geh* **von [edlem] ~** de sang noble

gebogen [gə'bo:gən] **I.** *PP von* **biegen** **II.** *adj Nase, Schnabel* recourbé(e)

geboren [gə'bo:rən] **I.** *PP von* **gebären** **II.** *adj* ① **Anne Lauer, ~e Klein** Anne Lauer, née Klein ② (*gebürtig*) de naissance ③ (*perfekt*) **die ~e Schauspielerin sein** être la parfaite actrice

geborgen [gə'bɔrgən] **I.** *PP von* **bergen** **II.** *adj* à l'abri; **sich ~ fühlen** se sentir en sécurité

Geborgenheit <-> *f* [sentiment *m* de] sécurité *f*
geborsten [gəˈbɔrstən] *PP von* **bersten**
Gebot [gəˈboːt] <-[e]s, -e> *nt* ① (*Befehl, Anweisung*) règle *f* ② *geh* (*Erfordernis*) exigence *f;* **ein ~ der Höflichkeit** une règle de politesse ③ (*bei Auktionen*) enchère *f* ④ REL commandement *m;* **die Zehn ~e** les dix commandements
geboten [gəˈboːtən] **I.** *PP von* **gebieten, bieten II.** *adj geh* **besondere Vorsicht ist ~** une prudence extrême s'impose
Gebr. *Abk von* **Gebrüder: ~ Lang** Lang frères *mpl*
gebracht [gəˈbraxt] *PP von* **bringen**
gebrannt [gəˈbrant] *PP von* **brennen**
gebraten [gəˈbraːtən] *PP von* **braten**
Gebräu <-[e]s, -e> *nt pej* breuvage *m* infâme
Gebrauch [gəˈbraux, *Pl:* gəˈbrɔyçə] <-[e]s, Gebräuche> *m* ① *kein Pl* (*das Verwenden*) usage *m; eines Worts* emploi *m;* **von etw ~ machen** faire usage de qc, user de qc; **vor ~ schütteln!** agiter avant usage! ② *meist Pl* (*Brauch*) usage *m*
gebrauchen* *vt* utiliser *Werkzeug, Mittel;* employer *Ausdruck, Wort* ▶ **zu nichts zu ~ sein** *fam Person:* n'être bon à rien
gebräuchlich [gəˈbrɔyçlɪç] *adj Verfahren* courant(e), en usage; *Präparat* utilisé(e); *Wort* usité(e)
Gebrauchsanweisung *f* notice *f* d'utilisation, mode *m* d'emploi **Gebrauchsgegenstand** *m* objet *m* d'usage courant **Gebrauchsmuster** *nt* JUR modèle *m* d'utilité
gebraucht [gəˈbrauxt] *adj, adv* d'occasion
Gebrauchtwagen *m* voiture *f* d'occasion
Gebrechen [gəˈbrɛçən] <-s, -> *nt geh* déficience *f* [fonctionnelle]
gebrechlich [gəˈbrɛçlɪç] *adj* sénile
Gebrechlichkeit <-> *f* sénilité *f*
gebrochen [gəˈbrɔxən] **I.** *PP von* **brechen II.** *adj* ① *Person* brisé(e) ② (*fehlerhaft*) **in ~em Deutsch** en mauvais allemand **III.** *adv* **~ Französisch sprechen** parler un mauvais français
Gebrüder [gəˈbryːdɐ] *Pl* frères *mpl*
Gebrüll [gəˈbrʏl] <-[e]s> *nt* ① *eines Rindes* mugissements *mpl,* beuglements *mpl; eines Löwen* rugissements *mpl* ② (*Geschrei*) hurlements *mpl*
gebückt I. *adj* voûté(e); **in ~er Haltung** penché(e) **II.** *adv* le dos courbé
Gebühr [gəˈbyːɐ] <-, -en> *f* taxe *f;* (*Telefongebühr*) tarif *m;* (*Rundfunk-, Fernsehgebühr*) redevance *f;* **eine ~ erheben** prélever une taxe; **~ bezahlt Empfänger** port dû [par le destinataire]
gebühren* [gəˈbyːrən] *geh* **I.** *vi* **ihr gebührt Respekt** elle mérite le respect (*fam*) **II.** *vr* **wie es sich für einen Sportler gebührt** comme il convient en tant que sportif (*fam*)
gebührend I. *adj* ① *Achtung, Respekt* dû(due) ② *Abstand* approprié(e) **II.** *adv* **sein Erfolg wurde ~ gefeiert** son succès fut dûment fêté
Gebühreneinheit *f* unité *f* **gebührenfrei** *adj Anruf* gratuit(e); **~e Telefonnummer** numéro *m* vert **Gebührenmarke** *f* timbre *m* [fiscal]
gebührenpflichtig *adj* payant(e); *Autobahnbenutzung* à péage
gebunden [gəˈbʊndən] **I.** *PP von* **binden II.** *adj* ① *Preise* imposé(e) ② (*verpflichtet*) **vertraglich ~ sein** être lié par contrat
Geburt [gəˈbuːɐt] <-, -en> *f* ① *kein Pl* (*das Geborenwerden*) naissance *f;* **von ~** de naissance ② (*Entbindung*) accouchement *m;* **bei der ~** lors de l'accouchement
Geburtenbeschränkung *f* limitation *f* des naissances **Geburtenkontrolle** *f kein Pl* contrôle *m* des naissances **Geburtenregelung** *f kein Pl* régulation *f* des naissances **Geburtenrückgang** *m* baisse *f* de la natalité **geburtenschwach** *adj* **~er Jahrgang** classe *f* d'âge creuse **geburtenstark** *adj* **~er Jahrgang** année *f* à forte natalité **Geburtenüberschuss**[RR] *m* excédent *m* des naissances **Geburtenziffer** *f* taux *m* de natalité
gebürtig [gəˈbʏrtɪç] *adj* de naissance; **aus Ulm ~ sein** être [originaire] d'Ulm
Geburtsanzeige *f* (*in der Zeitung*) annonce *f* de naissance **Geburtsdatum** *nt* date *f* de naissance **Geburtshaus** *nt* maison *f* natale **Geburtshelfer(in)** *m(f)* obstétricien(ne) *m(f)* **Geburtshilfe** *f kein Pl* obstétrique *f* **Geburtsjahr** *nt* année *f* de naissance **Geburtsort** *m* lieu *m* de naissance **Geburtsstadt** *f* ville *f* natale **Geburtstag** *m* ① anniversaire *m;* **sie hat ~** c'est son anniversaire; **[seinen] ~ feiern** fêter son anniversaire ② (*Geburtsdatum*) date *f* de naissance
Geburtstagsfeier *f* fête *f* d'anniversaire **Geburtstagsgeschenk** *nt* cadeau *m* d'anniversaire **Geburtstagskind** *nt hum* **das ~** ≈ celui/celle qui est à l'honneur du jour **Geburtstagstorte** *f* gâteau *m* d'anniversaire

G

Geburtsurkunde *f* acte *m* de naissance **Geburtszange** *f* MED forceps *m*
Gebüsch [gəˈbʏʃ] <-[e]s, -e> *nt* buissons *mpl*
gedacht [gəˈdaxt] *PP von* **denken, gedenken**
Gedächtnis [gəˈdɛçtnɪs] <-ses, -se> *nt* ❶ mémoire *f;* **kein gutes ~ für Namen haben** ne pas avoir la mémoire des noms; **jdn/etw im ~ behalten** garder qn/qc en mémoire; **sich** (*dat*) **etw ins ~ zurückrufen** se remettre qc en mémoire; **aus dem ~** *aufsagen* de mémoire ❷ (*Andenken*) souvenir *m*
Gedächtnislücke *f* trou *m* de mémoire **Gedächtnisschwund** *m* MED perte *f* de la mémoire **Gedächtnisstütze** *f* moyen *m* mnémotechnique
Gedanke [gəˈdaŋkə] <-ns, -n> *m* ❶ (*Überlegung*) pensée *f;* (*Einfall*) idée *f;* **mit dem ~n spielen, etw zu tun** caresser l'idée de faire qc (*soutenu*) ❷ (*Vorstellung*) idée *f* ▶**jdn auf andere ~n bringen** changer les idées à qn; **auf dumme ~n kommen** *fam* faire des bêtises; **sich** (*dat*) **über etw** (*akk*) **~n machen** réfléchir à qc; (*sich Sorgen machen*) s'inquiéter de qc; **ganz in ~n sein** être absorbé dans ses pensées
Gedankenaustausch *m* échange *m* de points de vue **Gedankenfreiheit** *f kein Pl* liberté *f* de pensée **Gedankengang** <-gänge> *m* raisonnement *m* **Gedankengut** *nt kein Pl* idéologie *f*
gedankenlos **I.** *adj Handlung, Vorgehen* inconsidéré(e) **II.** *adv* sans réfléchir
Gedankenlosigkeit <-> *f* (*Unüberlegtheit*) manque *m* de réflexion; (*Zerstreutheit*) distraction *f*
Gedankensprung *m* saute *f* d'idées; **Gedankensprünge ~ machen** passer du coq à l'âne **Gedankenstrich** *m* tiret *m* **Gedankenübertragung** *f* transmission *f* de pensée **gedankenverloren** *geh adv* d'un air absent
gedankenvoll **I.** *adj* pensif(-ive) **II.** *adv* pensivement
Gedankenwelt *f* monde *m* des idées
gedanklich [gəˈdaŋklɪç] *adj* intellectuel(le)
Gedärm [gəˈdɛrm] <-[e]s, -e> *nt einer Person* intestins *mpl; eines Tieres* boyaux *mpl*
Gedeck [gəˈdɛk] <-[e]s, -e> *nt* ❶ (*Tischgedeck*) couvert *m* ❷ (*Tagesmenü*) menu *m* du jour
gedeckt **I.** *PP von* **decken** **II.** *adj* ❶ *Farben* neutre ❷ FIN *Scheck* approvisionné(e)
Gedeih ▶**jdm auf ~ und Verderb ausgeliefert sein** être entièrement livré à qn
gedeihen [gəˈdaiən] <gedieh, gediehen> *vi + sein* ❶ (*sich entwickeln*) bien pousser ❷ (*vorankommen*) *Verhandlungen, Pläne:* prendre une bonne tournure
gedenken* *vi irr* ❶ *geh* (*ehren*) **jds/einer S. ~** commémorer qn/qc; (*erwähnen*) rappeler [solennellement] le souvenir de qn/qc ❷ (*beabsichtigen*) **~ etw zu tun** avoir l'intention de faire qc
Gedenken <-s> *nt* souvenir *m;* **zum ~ an jdn/etw** à la mémoire de qn/en souvenir de qc
Gedenkfeier *f* fête *f* commémorative **Gedenkminute** *f* minute *f* de silence **Gedenkstätte** *f* mémorial *m* **Gedenkstunde** *f* cérémonie *f* commémorative **Gedenktafel** *f* plaque *f* commémorative **Gedenktag** *m* journée *f* commémorative [*o* du souvenir]
Gedicht [gəˈdɪçt] <-[e]s, -e> *nt* poème *m*
Gedichtsammlung *f* recueil *m* de poèmes
gediegen [gəˈdiːgən] *adj* ❶ (*rein*) pur(e) ❷ (*solide*) solide
gedieh [gəˈdiː] *Imp von* **gedeihen**
gediehen [gəˈdiːən] *PP von* **gedeihen**
Gedöns <-es> *nt fam* cinéma *m;* **viel ~ um etw machen** faire tout un cinéma pour qc
Gedränge [gəˈdrɛŋə] <-s> *nt* cohue *f*
gedrängt *adj* (*knapp*) succinct(e)
Gedribbel [gəˈdrɪbəl] *nt fam* FBALL dribble *m*
gedroschen [gəˈdrɔʃən] *PP von* **dreschen**
gedruckt *adj* imprimé(e); **klein ~** *Text* écrit(e) en petits caractères ▶**er/sie lügt wie ~** il/elle ment comme il/elle respire
gedrückt *adj Stimmung* morose
gedrungen [gəˈdrʊŋən] **I.** *PP von* **dringen** **II.** *adj Körper, Gestalt* trapu(e)
Gedudel <-s> *nt pej fam eines Radios* ritournelle *f*
Geduld [gəˈdʊlt] <-> *f* patience *f;* **mit jdm/etw ~ haben** être patient avec qn/qc; **die ~ verlieren** perdre patience
gedulden* [gəˈdʊldən] *vr* **sich ~** patienter
geduldig **I.** *adj* patient(e) **II.** *adv* patiemment
Geduldsfaden ▶**jdm reißt der ~** *fam* qn est à bout de patience **Geduldsprobe** *f* **für jdn eine harte ~ sein** mettre la pa-

tience de qn à rude épreuve **Geduldsspiel** *nt* jeu *m* de patience
gedunsen *adj Gesicht, Wangen* boursouflé(e)
gedurft [gəˈdʊrft] *PP von* **dürfen**
geehrt [gəˈʔeːɐ̯t] *adj* (*bei schriftlicher Anrede*) **Sehr ~e Damen und Herren, ...** Madame, Monsieur, ...; **Sehr ~er Herr Lang, ...** Monsieur, ...
geeignet [gəˈʔaignət] *adj Bewerber* qui convient; *Maßnahme* adéquat(e); *Moment* approprié(e); **für eine Arbeit ~ sein** convenir pour un travail
Gefahr [gəˈfaːɐ̯] <-, -en> *f* ❶ danger *m;* **außer/in ~ sein** être hors de/en danger; **bei ~** en cas de danger ❷ (*Risiko*) **auf die ~ hin, dass** quitte à ce que + *subj;* **auf eigene ~** à ses risques et périls
gefährden* [gəˈfɛːɐ̯dən] *vt* ❶ mettre en danger [la vie de] ❷ (*in Frage stellen*) compromettre
gefährdet *adj* menacé(e); [**stark**] **~ sein** être en [grand] danger
Gefährdung <-, -en> *f* atteinte *f;* **~ der öffentlichen Sicherheit** atteinte à la sécurité publique
gefahren *PP von* **fahren**
Gefahrenherd *m* foyer *m* de troubles **Gefahrenpotenzial**RR *nt* potentiel *m* de danger **Gefahrenzone** *f* zone *f* dangereuse **Gefahrenzulage** *f* prime *f* de risque
gefährlich [gəˈfɛːɐ̯lɪç] **I.** *adj* dangereux(-euse) **II.** *adv* (*bedrohlich*) *aussehen* menaçant(e)
Gefährlichkeit <-> *f* ❶ *einer Aktion* caractère *m* dangereux ❷ (*Bedrohlichkeit*) dangerosité *f; einer Krankheit* gravité *f*
gefahrlos [gəˈfaːɐ̯loːs] *adj, adv* sans danger
Gefährt [gəˈfɛːɐ̯t] <-[e]s, -e> *nt hum geh* véhicule *m*
Gefährte [gəˈfɛːɐ̯tə] <-n, -n> *m,* **Gefährtin** *f geh* compagnon *m*/compagne *f*
gefaked [gəˈfeɪkt] *adj Nachrichtenmeldung* faux(fausse)
Gefälle [gəˈfɛlə] <-s, -> *nt* ❶ (*Neigungsgrad*) pente *f; einer Straße* déclivité *f* ❷ (*Unterschied*) écart *m*
gefallen¹ [gəˈfalən] <gefällt, gefiel, gefallen> **I.** *vi* ❶ plaire; **jdm** [**gut**] **~** plaire à qn; **das hat mir nicht ~** ça ne m'a pas plu ❷ *fam* (*zu Sorgen Anlass geben*) **die Sache gefällt mir nicht** ça ne me plaît pas ▶ **das gefällt mir schon besser** *fam* j'aime [déjà] mieux ça! **II.** *vr* ❶ **sich** (*dat*) **in Jeans ~** se plaire en jean ❷ *fig* **sich** (*dat*) **in der Rolle des Opfers ~** se complaire dans le rôle de la victime ▶ **sich** (*dat*) **etw ~ lassen** (*hinnehmen*) tolérer qc; (*sehr gut finden*) trouver qc à son goût; **das lasse ich mir ~!** ça me convient tout à fait!; **sich** (*dat*) **nichts ~ lassen** ne pas se laisser faire
gefallen² [gəˈfalən] *PP von* **fallen**
Gefallen¹ <-s> *nt geh* plaisir *m;* **an etw** (*dat*) **~ finden** trouver du plaisir à qc; **sie findet großes ~ an ihm** il lui plaît beaucoup
Gefallen² <-s, -> *m* service *m;* **jdm einen ~ tun** rendre un service à qn
Gefallene(r) *f(m) dekl wie adj* soldat *m* mort à la guerre
Gefallenendenkmal *nt* monument *m* aux morts
gefällig [gəˈfɛlɪç] *adj* ❶ *Person* serviable ❷ (*ansprechend*) charmant(e) ❸ *fam* (*erwünscht*) [**ein**] **Kaffee ~?** vous prendrez un café?
Gefälligkeit <-, -en> *f* ❶ (*Gefallen*) service *m;* **jdm eine ~ erweisen** rendre [un] service à qn ❷ *kein Pl* (*das Entgegenkommen*) complaisance *f;* **etw aus ~ tun** faire qc par complaisance
gefälligst [gəˈfɛlɪçst] *adv fam* **sei ~ still!** tu vas me faire le plaisir de te taire!; **das soll er ~ selbst machen!** il n'a qu'à le faire lui-même!
gefangen [gəˈfaŋən] **I.** *PP von* **fangen** **II.** *adj* **jdn ~ halten** retenir prisonnier(-ière) qn; **jdn ~ nehmen** faire qn prisonnier(-ère)
Gefangene(r) *f(m) dekl wie adj* ❶ (*Häftling*) détenu(e) *m(f)* ❷ (*Kriegsgefangener*) prisonnier(-ière) *m(f)*
gefangen|halten *s.* **gefangen II.**
Gefangennahme <-, -n> *f eines Soldaten* capture *f*
gefangen|nehmen *s.* **gefangen II.**
Gefangenschaft <-, -en> *f* captivité *f;* **in ~ geraten** être fait prisonnier
Gefängnis [gəˈfɛŋnɪs] <-ses, -se> *nt* ❶ prison *f;* **ins ~ kommen** aller en prison ❷ (*Gefängnisstrafe*) **jdn zu zwei Jahren ~ verurteilen** condamner qn à deux ans de prison
Gefängnisstrafe *f* peine *f* de prison **Gefängniswärter(in)** *m(f)* gardien(ne) *m(f)* de [la] prison **Gefängniszelle** *f* cellule *f*
Gefasel <-s> *nt pej* radotage *m*
Gefäß [gəˈfɛːs] <-es, -e> *nt* ❶ (*Behälter*) récipient *m* ❷ ANAT vaisseau *m*
Gefäßkrankheit *f* maladie *f* vasculaire

G

G

gefasstRR, **gefaßt**ALT [gəˈfast] **I.** *adj* ❶ *Person* calme ❷ *(eingestellt)* **sich auf etw** *(akk)* ~ **machen** s'attendre à qc **II.** *adv* avec calme; ~ **wirken** donner une impression de calme

GefasstheitRR, **Gefaßtheit**ALT <-> *f* calme *m*

Gefecht [gəˈfɛçt] <-[e]s, -e> *nt* combat *m* ▶**jdn außer ~ setzen** *(kampfunfähig machen)* mettre qn hors de combat; *(handlungsunfähig machen)* mettre qn sur la touche

Gefechtskopf *m* ogive *f* **Gefechtsstand** *m* poste *m* de commandement

gefeiert *adj* très populaire

gefeit [gəˈfait] *adj geh* **gegen etw ~ sein** être à l'abri de qc

gefestigt *adj Person, Charakter* solide

Gefieder [gəˈfiːdɐ] <-s, -> *nt* plumage *m*

gefiedert *adj (mit Federn)* à plumes

gefiel *Imp von* **gefallen**

Gefilde <-s, -> *nt geh* contrée *f*

Geflecht [gəˈflɛçt] <-[e]s, -e> *nt* ❶ *(Flechtwerk)* lacis *m* ❷ *(Gewirr)* entrelacs *m*

gefleckt [gəˈflɛkt] *adj* tacheté(e)

Geflimmer <-s> *nt (schlechtes Bild)* tremblement *m* des images

geflissentlich *adv geh* à dessein

geflochten [gəˈflɔxtən] *PP von* **flechten**

geflogen [gəˈfloːgən] *PP von* **fliegen**

geflohen [gəˈfloːən] *PP von* **fliehen**

geflossen [gəˈflɔsən] *PP von* **fließen**

Geflügel [gəˈflyːgəl] <-s> *nt* volaille *f*

geflügelt [gəˈflyːgəlt] *adj* ailé(e)

Geflügelzucht *f* élevage *m* de volailles

Geflunker [gəˈflʊŋkɐ] <-s> *nt pej fam* craques *fpl*

Geflüster [gəˈflʏstɐ] <-s> *nt* chuchotements *mpl*

gefochten [gəˈfɔxtən] *PP von* **fechten**

Gefolge [gəˈfɔlgə] <-s, -> *nt* cortège *m*

Gefolgschaft <-, -en> *f* ❶ *(Anhängerschaft)* partisans *mpl* ❷ *(Gehorsam)* **jdm die ~ verweigern** refuser de suivre qn ❸ HIST *(Gefolge)* cortège *m*

Gefolgsmann <-leute> *m*, **-frau** *f* ❶ *(Anhänger)* partisan(e) *m(f)* ❷ HIST membre *m* de la suite

gefragt [gəˈfraːkt] *adj Künstler* en vogue; *Produkt* demandé(e)

gefräßig [gəˈfrɛːsɪç] *adj pej Tier* vorace; *Person* glouton(ne)

Gefräßigkeit <-> *f eines Tiers* voracité *f*; *einer Person* gloutonnerie *f*

Gefreite(r) [gəˈfraitə, tɐ] *f(m) dekl wie adj (in der Artillerie)* brigadier *m*

gefressen [gəˈfrɛsən] *PP von* **fressen**

Gefrieranlage [gəˈfriːɐ̯-] *f* installation *f* de congélation **Gefrierbeutel** *m* sachet *m* de congélation

gefrieren* [gəˈfriːrən] *vi irr + sein* geler

Gefrierfach *nt* freezer *m* **gefriergetrocknet** *adj* lyophilisé(e) **Gefrierpunkt** *m* point *m* de congélation; **über dem ~** au-dessus de 0° **Gefrierschrank** *m* congélateur *m* armoire **Gefriertruhe** *f* congélateur *m* [coffre]

gefroren [gəˈfroːrən] **I.** *PP von* **frieren, gefrieren** **II.** *adj* **hart ~** complètement gelé

Gefüge [gəˈfyːgə] <-s, -> *nt geh* structure *f*

gefügig *adj* docile; *Untergebener* soumis(e); **[sich** *(dat)***] jdn ~ machen** soumettre qn à sa volonté

Gefühl [gəˈfyːl] <-[e]s, -e> *nt* ❶ *(Sinneswahrnehmung)* sensation *f*; **kein ~ mehr in den Fingern haben** ne plus sentir ses doigts ❷ *(seelische Empfindung)* sentiment *m*; **jds ~e verletzen** froisser qn ❸ *(Gespür)* intuition *f*; **etw im ~ haben** sentir qc ❹ *(Ahnung, Eindruck)* pressentiment *m*

gefühllos *adj* ❶ insensible; *(vor Kälte taub)* engourdi(e) ❷ *(ohne Gespür) Person* insensible

gefühlsarm *adj Mensch* impassible **Gefühlsausbruch** *m* réaction *f* passionnée **gefühlsbetont** *adj* émotionnel(le); *Rede* passionné(e) **Gefühlsduselei** <-, -en> *f pej fam* sensiblerie *f* **gefühlskalt** *adj* ❶ *(herzlos)* de glace ❷ *(frigide)* frigide **Gefühlskälte** *f* ❶ *(Gefühllosigkeit)* insensibilité *f* ❷ *(Frigidität)* frigidité *f* **Gefühlsleben** *nt* vie *f* affective

gefühlsmäßig *adv* intuitivement

Gefühlsmensch *m* émotif(-ive) *m(f)* **Gefühlsregung** *f* émotion *f*

gefühlt **I.** *PP von* **fühlen** **II.** *adj (subjektiv wahrgenommen) Temperatur, Alter* ressenti(e); **eine ~e Sicherheit** un sentiment de sécurité **III.** *adv fam (schätzungsweise)* **ein Film von ~ vier Stunden Länge** un film de quatre heures il [me] semblait; **sie haben mir ~ hundert Mal gesagt, dass ...** j'ai l'impression qu'ils m'ont dit cent fois que...

gefühlvoll **I.** *adj Person* sensible **II.** *adv* avec beaucoup de sensibilité

gefüllt *adj Tomate, Paprikaschote* farci(e); *Gebäck* fourré(e); **mit Hackfleisch/Likör ~** farci(e) de viande hachée/fourré(e) à la liqueur

gefunden [gəˈfʊndən] *PP von* **finden**

gegangen [gəˈgaŋən] *PP von* **gehen**

gegeben [gəˈgeːbən] **I.** *PP von* **geben** **II.** *adj* ❶ *(vorhanden)* présent(e); **aus ~em**

Anlass puisque l'occasion en est donnée; **unter den ~en Umständen** étant donné les circonstances ❷ (*geeignet*) **zu ~er Zeit** en temps voulu
gegebenenfalls *adv* le cas échéant
Gegebenheit <-, -en> *f meist Pl* réalité *f*
gegen ['ge:gən] **I.** *präp + akk* ❶ (*entgegen*) contre; **~ jdn/etw sein** être contre qn/qc ❷ (*wider*) **das ist ~ unsere Abmachung** c'est contraire à notre accord ❸ (*an*) **~ eine Wand/einen Baum prallen** *Auto:* heurter un mur/un arbre ❹ (*für*) **~ Quittung** contre accusé de réception; **~ bar** [au] comptant ❺ (*verglichen mit*) comparé(e) à ❻ (*ungefähr*) **~ acht Uhr/Mittag** vers huit heures/midi **II.** *adv* **~ zehn Personen** une dizaine de personnes
Gegenangebot *nt* contre-offre *f* **Gegenangriff** *m* contre-attaque *f* **Gegenantrag** *m* contre-proposition *f* **Gegenanzeige** *f* contre-indication *f* **Gegenargument** *nt* objection *f* **Gegenbeispiel** *nt* contre-exemple *m* **Gegenbesuch** *m* **jdm einen ~ abstatten** rendre sa visite à qn **Gegenbewegung** *f* réaction *f* **Gegenbeweis** *m* preuve *f* du contraire; **den ~ erbringen** apporter la preuve du contraire
Gegend ['ge:gənt] <-, -en> *f* ❶ *a.* ANAT région *f;* **die ~ von Paris** la région parisienne; **in der ~ von Hamburg leben** vivre du côté de Hambourg ❷ (*nähere Umgebung*) **das muss hier in der ~ sein** ça ne doit pas être loin d'ici ❸ (*Wohngegend*) quartier *m*
Gegendarstellung *f* ❶ version *f* contradictoire ❷ (*Presseartikel*) réponse *f* **Gegendemonstration** *f* contre-manifestation *f*
gegeneinander [ge:gənʔaiˈnandɐ] *adv* (*einer gegen den anderen*) **~ spielen** *Mannschaften, Sportler:* entrer en lice [l'un contre l'autre]
gegeneinander|halten *vt irr* **zwei Fotos ~** (*nebeneinanderhalten*) mettre deux photos en regard
Gegeneinladung *f* invitation *f* de politesse **Gegenerklärung** *f* démenti *m* **Gegenfahrbahn** *f* voie *f* opposée **Gegenfrage** *f* question *f* en réponse à une question **Gegengewicht** *nt* ❶ (*Gewicht*) contrepoids *m* ❷ *fig* **ein ~ zu etw schaffen** faire contrepoids à qc **Gegengift** *nt* contrepoison *m* **Gegenkandidat(in)** *m(f)* challenge[u]r *m* **Gegenklage** *f* demande *f* reconventionnelle
gegenläufig *adj Bewegung* opposé(e); *Tendenz* contraire
Gegenleistung *f* contrepartie *f;* **als ~ für etw** en contrepartie de qc **gegen|lenken** ['ge:gənlɛŋkən] *vi* contrebraquer **gegen|lesen** *vt irr* faire une relecture de **Gegenlicht** *nt* contre-jour *m* **Gegenliebe** *f* **auf wenig ~ stoßen** ne pas avoir beaucoup de succès **Gegenmaßnahme** *f* (*vorbeugende Maßnahme*) mesure *f* préventive; (*Maßnahme zur Bekämpfung*) mesure *f* énergique **Gegenmittel** *nt* antidote *m* **Gegenpartei** *f* JUR partie *f* adverse **Gegenreformation** *f* contre-réforme *f* **Gegenrevolution** *f* contre-révolution *f* **Gegenrichtung** *f* direction *f* opposée **Gegensatz** *m* ❶ (*Gegenteil*) contraire *m;* **im ~ zu seiner Behauptung** contrairement à son affirmation ❷ *Pl* (*Unterschiedlichkeit*) différences *fpl* ▸ **Gegensätze ziehen sich an** *prov* les extrêmes s'attirent
gegensätzlich ['ge:gənzɛtslɪç] **I.** *adj* opposé(e) **II.** *adv* d'une façon différente
Gegensätzlichkeit <-, -en> *f* incompatibilité *f*
Gegenschlag *m* riposte *f* **Gegenseite** *f* ❶ (*gegenüberliegende Seite*) autre côté *m* ❷ JUR partie *f* adverse
gegenseitig ['ge:gənzaitɪç] *adj* mutuel(le)
Gegenseitigkeit *f* **auf ~ beruhen** être [tout à fait] réciproque
Gegensinn *m* **im ~** à l'envers **Gegenspieler(in)** *m(f)* adversaire *mf* **Gegensprechanlage** *f* interphone *m*
Gegenstand <-[e]s, -stände> *m* ❶ (*Ding, Objekt*) objet *m* ❷ (*Thema*) *einer Abhandlung* sujet *m*
gegenständlich ['ge:gənʃtɛntlɪç] **I.** *adj Malerei* figuratif(-ive) **II.** *adv darstellen* d'une manière figurative
gegenstandslos *adj* sans objet
gegen|steuern *s.* **gegenlenken** **Gegenstimme** *f* PARL voix *f* contre **Gegenströmung** *f* contre-courant *m* **Gegenstück** *nt* pendant *m* **Gegenteil** *nt* contraire *m;* **ganz im ~!** bien au contraire!
gegenteilig ['ge:gəntailɪç] *adj* contraire
Gegentor *nt* SPORT but *m* de l'équipe adverse
gegenüber [ge:gənˈʔy:bɐ] **I.** *präp + dat* ❶ **~ dem Bahnhof** en face de la gare ❷ (*zu, in Bezug auf*) **jdm/einer S. ~** à l'égard de qn/qc; **mir ~ hat er das nicht geäußert** il ne me l'a pas dit en face ❸ (*im Vergleich zu*) **jdm ~ im Vorteil sein** avoir un avantage par rapport à qn **II.** *adv wohnen* en face

G

Gegenüber [ge:gən'ʔy:bɐ] <-s, -> *nt* vis-à-vis *m*

gegenüber|liegen *vi irr* **jdm/einer S. ~** se trouver en face de qn/qc **gegenüberliegend** *adj attr* d'en face **gegenüber|sitzen** *vi irr* **sich** (*dat*) ~ être assis l'un en face de l'autre **gegenüber|stehen** *vi irr* (*eingestellt sein*) **jdm/einer S. wohlwollend ~** être favorable à qn/qc; **jdm/einer S. misstrauisch ~** être méfiant à l'égard de qn/qc **gegenüber|stellen** *vt* confronter; **jdn einem Zeugen ~** confronter qn avec un témoin **Gegenüberstellung** *f* confrontation *f* **gegenüber|treten** *vi irr + sein* **jdm ~** se présenter devant qn

Gegenverkehr *m* circulation *f* en sens inverse **Gegenvorschlag** *m* contre-proposition *f*

Gegenwart ['ge:gənvart] <-> *f* ① *a.* GRAM présent *m* ② (*heutige Zeit*) époque *f* actuelle; **die Kunst der ~** l'art contemporain ③ (*Anwesenheit*) présence *f*; **in seiner ~** en sa présence

gegenwärtig ['ge:gənvɛrtɪç] **I.** *adj* ① *attr Angebot, Lage* actuel(le); **zum ~en Zeitpunkt** à l'heure actuelle ② *geh* (*erinnerlich*) **etw ist jdm ~** qn a qc présent à l'esprit **II.** *adv* à l'heure actuelle

gegenwartsbezogen *adj Person* tourné(e) vers le présent; *Roman* très actuel(le) **Gegenwartsliteratur** *f* littérature *f* contemporaine

Gegenwehr *f* résistance *f* **Gegenwert** *m* contre-valeur *f* **Gegenwind** *m* vent *m* contraire **gegen|zeichnen** *vt* contresigner **Gegenzeichnung** *f* contreseing *m* **Gegenzug** *m* (*Reaktion*) riposte *f*

gegessen [gə'gɛsən] *PP von* **essen**

geglichen [gə'glɪçən] *PP von* **gleichen**

geglitten [gə'glɪtən] *PP von* **gleiten**

geglommen [gə'glɔmən] *PP von* **glimmen**

Gegner(in) ['ge:gnɐ] <-s, -> *m(f)* ① MIL ennemi(e) *m(f)* ② SPORT adversaire *mf* ③ (*opp: Befürworter*) opposant(e) *m(f)*

gegnerisch *adj attr* ① MIL ennemi(e) ② SPORT, JUR adverse

Gegnerschaft <-, -en> *f* opposition *f*; **~ gegen etw** opposition à qc

gegolten [gə'gɔltən] *PP von* **gelten**

gegoren [gə'go:rən] *PP von* **gären**

gegossen [gə'gɔsən] *PP von* **gießen**

gegr. *Abk von* **gegründet** fondé(e)

gegraben *PP von* **graben**

gegriffen [gə'grɪfən] *PP von* **greifen**

Gehabe [gə'ha:bə] <-s> *nt pej fam* (*affektiertes Verhalten*) manières *fpl*

gehabt I. *PP von* **haben II.** ▶ **wie gehabt** comme toujours

Gehackte(s) *nt dekl wie adj* viande *f* hachée

Gehalt[1] [gə'halt, *Pl:* gə'hɛltɐ] <-[e]s, Gehälter> *nt o* A *m* (*Monatsgehalt*) salaire *m*

Gehalt[2] [gə'halt] <-[e]s, -e> *m* ① (*Anteil*) teneur *f*; **~ an Kalzium** teneur en calcium ② (*gedanklicher Inhalt*) contenu *m*

gehalten [gə'haltən] *PP von* **halten**

gehaltlos *adj* ① (*nährstoffarm*) peu nutritif(-ive) ② (*nichts sagend*) inconsistant(e)

Gehaltsabrechnung *f* bulletin *m* de paye **Gehaltsempfänger(in)** *m(f)* salarié(e) *m(f)* **Gehaltserhöhung** *f* augmentation *f* de salaire **Gehaltskürzung** *f* diminution *f* de salaire **Gehaltsmodell** *nt* modèle *m* de revenu **Gehaltsvorstellung** *f meist Pl* prétentions *fpl* salariales **Gehaltszahlung** *f* versement *m* du salaire **Gehaltszulage** *f* supplément *m* de salaire

gehaltvoll *adj* ① (*nahrhaft*) nutritif(-ive) ② (*geistvoll*) riche

gehandikapt [gə'hɛndikɛpt] *adj fam* handicapé(e)

gehangen [gə'haŋən] *PP von* **hängen**

Gehängte(r) *f(m) dekl wie adj* pendu(e) *m(f)*

geharnischt [gə'harnɪʃt] *adj Antwort* virulent(e)

gehässig [gə'hɛsɪç] **I.** *adj* venimeux(-euse) **II.** *adv* avec malveillance

Gehässigkeit <-, -en> *f* ① *kein Pl* (*Boshaftigkeit*) hargne *f* ② (*Bemerkung*) méchanceté *f*

gehauen *PP von* **hauen**

gehäuft [gə'hɔyft] **I.** *adj* ① *Löffel* bon(ne); **ein ~er Esslöffel Mehl** une bonne cuillerée de farine ② (*wiederholt*) répété(e) **II.** *adv* fréquemment

Gehäuse [gə'hɔyzə] <-s, -> *nt* ① *eines Geräts* boîtier *m* ② (*Kerngehäuse*) trognon *m*

gehbehindert ['ge:bəhɪndɐt] *adj* **~ sein** avoir du mal à se déplacer

Gehege [gə'he:gə] <-s, -> *nt* enclos *m*

geheim [gə'haim] **I.** *adj* secret(-ète); **streng ~** strictement confidentiel(le); **im Geheimen** en secret **II.** *adv abstimmen* à bulletins secrets; **etw vor jdm ~ halten** cacher qc à qn

Geheimagent(in) *m(f)* agent *m* secret

Geheimdienst *m* services *mpl* secrets **Geheimfach** *nt* compartiment *m* secret
geheim|haltenALT *s.* **geheim II.**
Geheimhaltung *f* secret *m;* ~ **einer S.** (*gen*) secret sur qc
Geheimnis [gə'haimnɪs] <-ses, -se> *nt* secret *m;* **aus etw kein ~ machen** ne pas faire mystère de qc ▸**ein offenes ~** un secret de Polichinelle
Geheimniskrämer(in) *m(f) pej* cachottier(-ière) *m(f)*
Geheimniskrämerei [gəhaimnɪskrɛːmə'rai] <-> *f pej* cachotterie *f*
Geheimnistuerei [gəhaimnɪstuːə'rai] *f pej fam* cachotteries *fpl*
Geheimnisverrat *m* divulgation *f* de secret
geheimnisvoll *adj* mystérieux(-euse)
Geheimnummer *f* ❶ (*Telefonnummer*) numéro *m* sur la liste rouge ❷ (*Geheimzahl*) code *m* confidentiel **Geheimpolizei** *f* police *f* secrète
Geheimratsecken *Pl hum fam* tempes *fpl* dégarnies
Geheimsache *f* affaire *f* confidentielle **Geheimschrift** *f* caractères *mpl* secrets; **in ~ geschrieben** crypté **Geheimtipp**RR *m* tuyau *m* (*fam*) **Geheimtür** *f* porte *f* dérobée **Geheimwaffe** *f* arme *f* secrète **Geheimzahl** *f* code *m* confidentiel; **geben Sie Ihre ~ ein** faites votre code
Geheiß [gə'hais] <-es> *nt geh* **auf sein/ihr ~** sur son ordre
geheißen *PP von* **heißen**
gehemmt *adj Person* inhibé(e)
gehen ['geːən] <ging, gegangen> **I.** *vi + sein* ❶ (*sich fortbewegen*) aller; **zu jdm/zur Post ~** aller chez qn/à la poste; **ans Telefon/an die Tür ~** aller au téléphone/à la porte; **in die Stadt/den Wald ~** aller en ville/dans la forêt; **über die Straße ~** traverser la rue ❷ (*zu Fuß gehen*) marcher ❸ (*besuchen*) **ins Kino/an die Uni ~** aller au cinéma/à la fac; **schwimmen/einkaufen/tanzen ~** aller nager/faire des courses/danser ❹ (*weggehen*) partir, s'en aller ❺ (*eine Tätigkeit aufnehmen*) **in die Industrie/die Politik ~** entrer dans l'industrie/la politique; **zum Theater ~** se lancer dans le théâtre ❻ (*zeigen nach*) **auf den Garten ~** *Balkon, Fenster:* donner sur le jardin ❼ (*funktionieren, florieren*) *Uhr, Maschine, Geschäft:* marcher; **sehr gut ~** *Ware:* fonctionner très bien; **gut ~d** *Geschäft:* prospère ❽ *fam* (*verlaufen*) **gut ~** bien se passer; **na, wenn das mal gut geht!** ça m'étonnerait que ça se passe bien! ❾ (*sich unterbringen lassen*) **durch die Tür ~** *Schrank:* passer par la porte; **in diesen Saal ~ 500 Personen** cette salle peut accueillir 500 personnes ❿ (*dauern*) durer ⓫ (*reichen*) **der Rock geht ihr bis zum/bis übers Knie** la jupe lui va jusqu'au genou/jusqu'en dessous du genou; **das Wasser geht ihm bis zur Hüfte** l'eau lui monte jusqu'aux hanches; **der Schaden geht in die Millionen** les dommages s'élèvent à des millions ⓬ (*aufgehen*) *Teig:* lever ⓭ *fam* (*sich kleiden*) **in Schwarz ~** mettre du noir ⓮ *fam* (*sich verkleiden*) **als Fee ~** se déguiser en fée ⓯ (*ertönen*) *Klingel, Telefon:* sonner ⓰ (*möglich sein*) **ja, das geht** oui, c'est possible ⓱ (*lauten*) **die Melodie/der Text geht so: ...** l'air est/les paroles sont [ainsi]: ... ⓲ *fam* (*liiert sein*) **mit jdm ~** sortir avec qn ⓳ (*urteilen*) **nach dem Gefühl ~** se fier à son intuition; **danach kann man nicht ~** on ne peut pas se fier à ça ⓴ (*abhängen von*) **wenn es nach mir ginge** si ça ne tenait qu'à moi ㉑ (*geschehen*) **vor sich ~** se passer ▸**sich ~ lassen** (*nachlässig sein*) se laisser aller; (*sich nicht beherrschen*) ne pas se contrôler; **es geht nichts über ...** il n'y a rien de tel que ...; **nichts geht mehr** rien ne va plus **II.** *vi unpers + sein* ❶ (*sich fühlen, befinden*) **jdm geht es [gesundheitlich] gut/nicht gut** qn va bien/ne vas pas bien; **wie geht es dir?** comment vas-tu?; **wie geht's?** *fam* comment ça va? ❷ (*ergehen*) **mir geht es genauso** pour moi, c'est la même chose ❸ (*zu schaffen sein*) **geht es, oder soll ich dir tragen helfen?** ça va, ou faut-il que je t'aide à porter? ❹ (*sich drehen um*) **es geht um viel Geld** beaucoup d'argent est en jeu; **es geht ihm nur ums Prestige** le prestige, c'est tout ce qui lui importe ❺ (*sich begeben*) **es geht nach oben/unten** ça monte/descend; **jetzt geht es nach Hause!** c'est l'heure de rentrer!; **auf geht's!** allez [, on y va]!; **wohin geht es im Urlaub?** où vas-tu/allez-vous en vacances? **III.** *vt + sein* prendre *Weg;* **eine Strecke ~** prendre un chemin à pied
Gehen <-s> *nt* ❶ *a.* SPORT marche *f;* **jdm fällt das ~ schwer** qn a de la peine à marcher ❷ (*das Weggehen*) départ *m;* **im ~** en partant
gehen|lassen* *vr s.* **gehen I.** ▸
Geher(in) <-s, -> *m(f)* SPORT marcheur(-euse) *m(f)*
gehetzt *adj* ❶ *Person, Wild* traqué(e) ❷ (*gestresst*) stressé(e)

geheuer [gə'hɔyɐ] *adj* **diese Sache ist mir nicht ganz ~** cette affaire ne me paraît pas très nette
Geheul <-[e]s> *nt pej* (*Weinen*) pleurnicheries *fpl*
Gehhilfe *f* déambulateur *m*
Gehilfe [gə'hɪlfə] <-n, -n> *m*, **Gehilfin** *f* ① (*Helfer*) aide *mf* ② (*Komplize*) complice *mf*
Gehirn [gə'hɪrn] <-[e]s, -e> *nt* cerveau *m;* (*Gehirnsubstanz*) cervelle *f*
Gehirnblutung *f* hémorragie *f* cérébrale **Gehirnerschütterung** *f* commotion *f* cérébrale **Gehirnschlag** *m* attaque *f* [d'apoplexie] **Gehirnwäsche** *f* lavage *m* de cerveau
gehoben [gə'ho:bən] **I.** *PP von* **heben** **II.** *adj Stellung* élevé(e); *Ausdrucksweise* distingué(e); *Stilebene* soutenu(e); *Stimmung* bonne
Gehöft [gə'hø:ft] <-[e]s, -e> *nt* ferme *f*
geholfen [gə'hɔlfən] *PP von* **helfen**
Gehölz <-es, -e> *nt geh* bosquet *m*
Gehör [gə'hø:ɐ̯] <-[e]s, -e> *nt* ouïe *f;* **ein gutes ~ haben** avoir une bonne oreille ▸**jdm/einer S. ~ schenken** prêter une oreille attentive à qn/qc; **sich ~ verschaffen** arriver à se faire entendre
gehorchen* *vi* obéir; **jdm ~** obéir à qn
gehören* **I.** *vi* ① (*Eigentum sein*) **jdm ~** appartenir à qn; **das gehört mir** c'est à moi ② *fig* **jdm/einer S. ~** *Herz, Liebe:* appartenir à qn/qc; *Sympathie:* aller à qn/qc ③ (*dazugehören*) **zur Familie ~** faire partie de la famille; **nicht zur Sache ~** être hors sujet ④ (*hingehören*) **du gehörst ins Bett** tu devrais être au lit; **er/sie gehört bestraft** il faudrait le/la punir ⑤ (*nötig sein*) **dazu gehört viel Geduld/Mut** il faut beaucoup de patience/courage pour faire ça **II.** *vr* **das gehört sich nicht** ça ne se fait pas; **wie es sich gehört** comme il faut
Gehörgang <-gänge> *m* conduit *m* auditif
gehörig [gə'hø:rɪç] **I.** *adj* ① *attr* (*entsprechend*) convenable ② *geh* (*gehörend*) **zu etw ~** afférent(e) à qc ③ *attr fam* (*beträchtlich*) sacré(e) *antéposé,* bon(ne) *antéposé* **II.** *adv fam ausschimpfen* salement; **da hast du dich ~ getäuscht** tu t'es mis le doigt dans l'œil
gehörlos *adj form* sourd(e)
Gehörlose(r) *f(m) dekl wie adj form* sourd(e) *m(f)*
Gehörnerv *m* nerf *m* auditif
gehörnt *adj Tier* cornu(e)

gehorsam [gə'ho:ɐ̯za:m] **I.** *adj* obéissant(e); **~ sein** obéir **II.** *adv* docilement
Gehorsam [gə'ho:ɐ̯za:m] <-s> *m* obéissance *f*
Gehörsinn *m* ouïe *f*
Gehsteig ['ge:ʃtaik] *m*, **Gehweg** ['ge:ve:k] *m* trottoir *m*
Geier ['gaiɐ] <-s, -> *m* vautour *m*
Geifer ['gaifɐ] <-s> *m* bave *f*
geifern ['gaifɐn] *vi pej* (*sich gehässig äußern*) bavasser (*fam*)
Geige ['gaigə] <-, -n> *f* violon *m;* **~ spielen** jouer du violon ▸**die erste/zweite ~ spielen** *fig fam* donner le la/jouer les deuxièmes couteaux
geigen *vi* jouer du violon
Geigenbauer(in) <-s, -> *m(f)* luthier(-ière) *m(f)*
Geiger(in) <-s, -> *m(f)* violoniste *mf;* (*Orchestermusiker*) violon *m*
Geigerzähler ['gaigɐtsɛ:lɐ] *m* compteur *m* Geiger
geil [gail] **I.** *adj* ① (*lüstern*) vicieux(-euse) ② *fam* (*sehr gut*) super *inv; Musik, Kleider* génial(e), d'enfer **II.** *adv* ① (*mit Lüsternheit*) de façon lubrique ② *fam* (*auf sehr gute Art*) super bien; **~ aussehen** avoir un look d'enfer
Geilheit <-> *f* lubricité *f*
Geisel ['gaizəl] <-, -n> *f* otage *mf;* **jdn als ~ nehmen** prendre qn en otage
Geiseldrama *nt* prise *f* d'otages
Geiselnahme ['gaizəlna:mə] <-, -n> *f* prise *f* d'otage[s]
Geiselnehmer(in) <-s, -> *m(f)* preneur(-euse) *m(f)* d'otage[s]
Geiß [gais] <-, -en> *f* SDEUTSCH, A, CH (*Ziege*) chèvre *f*
Geißbock *m* SDEUTSCH, A, CH bouc *m*
Geißel ['gaisəl] <-, -n> *f* ① (*Peitsche*) fouet *m* ② *geh* (*Plage*) fléau *m*
geißeln ['gaisəln] *vt* (*schlagen*) flageller
Geiß[e]lung <-, -en> *f* ① (*Kasteiung*) flagellation *f* ② (*Anprangerung*) condamnation *f*
Geist [gaist] <-[e]s, -er> *m* ① *kein Pl* (*Vernunft*) intelligence *f* ② *kein Pl* (*Scharfsinn*) esprit *m* ③ (*geistige Wesenheit*) esprit *m;* **der Heilige ~** le Saint-Esprit ④ (*Gespenst*) spectre *m* ▸**jdm auf den ~ gehen** *fam* taper sur le système à qn; **den/seinen ~ aufgeben** *fam* rendre l'âme
Geisterbahn *f* train *m* fantôme **Geisterfahrer(in)** *m(f) fam chauffard circulant à contresens sur l'autoroute* **geisterhaft** *adj, adv* fantomatique **Geisterhand** ▸**wie von ~** comme par magie

geistern ['gaistɐn] *vi + sein (spuken)* hanter
Geisterstadt *f* ville *f* fantôme **Geisterstunde** *f* douze coups *mpl* de minuit
geistesabwesend I. *adj* absent(e) II. *adv antworten* l'air absent **Geistesabwesenheit** *f* absence *f* **Geistesblitz** *m fam* trait *m* de génie **Geistesgegenwart** *f* présence *f* d'esprit **geistesgegenwärtig** *adj Tat* qui témoigne de présence d'esprit **geistesgestört** *adj* souffrant de troubles mentaux; ~ **sein** avoir des troubles mentaux **Geistesgestörte(r)** *f(m) dekl wie adj* malade *mf* mental(e) **Geistesgestörtheit** *f kein Pl* troubles *mpl* mentaux **geisteskrank** *adj* malade mental(e); ~ **sein** souffrir de maladie mentale **Geisteskranke(r)** *f(m) dekl wie adj* malade *mf* mental(e) **Geisteskrankheit** *f* maladie *f* mentale **Geistesleben** *nt kein Pl* vie *f* intellectuelle **Geistesstörung** *f* trouble *m* mental **Geisteswissenschaften** *Pl* sciences *fpl* humaines **Geisteswissenschaftler(in)** *m(f)* spécialiste *mf* des sciences humaines; (*opp: Naturwissenschaftler*) littéraire *mf* **geisteswissenschaftlich** *adj* de sciences humaines **Geisteszustand** *m* état *m* mental
geistig ['gaistɪç] I. *adj* ❶ (*verstandesmäßig*) intellectuel(le) ❷ (*spirituell*) spirituel(le) II. *adv* MED mentalement; ~ **behindert** handicapé(e) mental(e)
geistlich ['gaistlɪç] *adj* religieux(-euse); *Amt* ecclésiastique
Geistliche(r) *f(m) dekl wie adj* ecclésiastique *mf*
geistlos *adj* stupide
Geistlosigkeit <-, -en> *f* stupidité *f*
geistreich *adj Person* spirituel(le); *Beschäftigung, Unterhaltung* enrichissant(e)
geistvoll *adj Äußerung* plein(e) d'esprit
Geiz [gaits] <-es> *m* avarice *f*
geizen ['gaitsən] *vi* lésiner; **mit etw** ~ lésiner sur qc
Geizhals *m pej* grippe-sou *m*
geizig ['gaitsɪç] *adj* avare
Geizkragen *m pej fam* crevard(e) *m(f)*
Gejammer [gə'jamɐ] <-s> *nt pej fam* jérémiades *mpl*
Gejohle <-s> *nt pej* clameurs *fpl*
gekannt [gə'kant] *PP von* **kennen**
Gekicher [gə'kɪçɐ] <-s> *nt pej fam* ricanements *mpl*
Geklapper <-s> *nt pej fam* tintamarre *m*
gekleidet *adj* **modisch/gut** ~ **sein** être habillé à la mode/bien habillé
Geklimper <-s> *nt pej fam* (*Klaviergeklimper*) pianotage *m*
geklungen [gə'klʊŋən] *PP von* **klingen**
geknickt [gə'knɪkt] *adj fam* déprimé(e)
gekniffen [gə'knɪfən] *PP von* **kneifen**
Geknister <-s> *nt* froissement *m*
gekommen *PP von* **kommen**
gekonnt [gə'kɔnt] I. *PP von* **können** II. *adj* techniquement parfait(e)
Gekritzel [gə'krɪtsəl] <-s> *nt pej* (*Hingekritzeltes*) pattes *fpl* de mouche
gekrochen [gə'krɔxən] *PP von* **kriechen**
gekünstelt [gə'kʏnstəlt] *pej* I. *adj* affecté(e), apprêté(e) II. *adv* avec affectation
Gel [ge:l] <-s, -e> *nt* gel *m*
Gelächter [gə'lɛçtɐ] <-s, -> *nt* rires *mpl*
gelackmeiert [gə'lakmaiɐt] *adj fam* **der/die Gelackmeierte sein** se faire pigeonner
geladen [gə'la:dən] I. *PP von* **laden** II. *adj fam* ~ **sein** être furax
Gelage [gə'la:gə] <-s, -> *nt* orgie *f*
gelagert *adj* **gleich** ~ *Fall* analogue; **ähnlich** ~ **sein** se présenter de manière semblable
gelähmt [gə'lɛ:mt] *adj* paralysé(e); **halbseitig** ~ hémiplégique
Gelähmte(r) *f(m) dekl wie adj* paralysé(e) *m(f)*
Gelände [gə'lɛndə] <-s, -> *nt* terrain *m* **Geländefahrzeug** *s.* **Geländewagen** **geländegängig** *adj* tout-terrain **Geländelauf** *m* cross *m*
Geländer [gə'lɛndɐ] <-s, -> *nt* (*Treppengeländer*) rampe *f*; (*Balkongeländer, Brückengeländer*) balustrade *f*
Geländewagen *m* véhicule *m* tout-terrain
gelang [gə'laŋ] *Imp von* **gelingen**
gelangen* [gə'laŋən] *vi + sein* ❶ (*hinkommen*) **ans Ziel** ~ arriver au but; **an die Öffentlichkeit** ~ être rendu public ❷ *fig form* **zum Abschluss/zur Aufführung** ~ être terminé/représenté ❸ (*erwerben*) **zu Ruhm/Ehren** ~ accéder à la célébrité/aux honneurs
gelangweilt I. *adj Person* qui s'ennuie; *Blick* d'ennui II. *adv dasitzen, zuhören* l'air ennuyé
gelassen [gə'lasən] I. *PP von* **lassen** II. *adj* placide; **[ganz]** ~ **bleiben** rester imperturbable
Gelassenheit <-> *f* flegme *m*
Gelatine [ʒela'ti:nə] <-> *f* gélatine *f*
gelaufen *PP von* **laufen**
geläufig [gə'lɔyfɪç] *adj* courant(e); **jdm** ~ **sein** être familier à qn
gelaunt [gə'launt] *adj* **gut/schlecht** ~

G

sein être de bonne/mauvaise humeur, être bien/mal disposé

gelb [gɛlp] *adj* jaune

Gelb <-s, - *o fam* -s> *nt* ❶ (*Farbe*) jaune *m* ❷ (*gelbes Ampellicht*) [feu *m*] orange *m*; **bei ~ über die Ampel fahren** passer à l'orange

Gelbe(s) ▶ **das ist nicht gerade das ~ vom Ei** *fam* ça ne casse pas des briques

Gelbfieber *nt* fièvre *f* jaune **gelbgrün** *adj* vert(e) tirant sur le jaune

gelblich ['gɛlplɪç] *adj* jaune pâle; *Gesichtsfarbe* jaunâtre

Gelbsucht *f kein Pl* MED jaunisse *f*

G

Geld [gɛlt] <-[e]s, -er> *nt* ❶ *kein Pl* (*Zahlungsmittel*) argent *m*; **bares ~** des espèces *fpl*, du liquide; **etw für teures ~ kaufen** acheter qc au prix fort; **mit etw ~ machen** *fam* [se] faire du fric avec qc; **eine Idee zu ~ machen** *fam* tirer du fric d'une idée ❷ *Pl* (*Mittel*) fonds *mpl*; **öffentliche ~er** deniers *mpl* publics ▶ **~ wie Heu haben** être plein aux as; **das ~ zum Fenster hinauswerfen** jeter l'argent par les fenêtres; **jdm das ~ aus der Tasche ziehen** se jeter sur l'argent de qn; **ins ~ gehen** *fam* finir par chiffrer; **in** [*o* **im**] **~ schwimmen** *fam* être plein aux as, rouler sur l'or

Geldadel *m* haute finance *f* **Geldangelegenheit** *f* question *f* d'argent; **in ~en** en matière d'argent **Geldanlage** *f* placement *m* financier **Geldautomat** *m* distributeur *m* de billets, billetterie *f* **Geldbeutel** *m*, **Geldbörse** *f* porte-monnaie *m* **Geldbuße** *f* amende *f* **Geldgeber(in)** *m(f)* bailleur(-esse) *m(f)* de fonds **Geldgeschäft** *nt* opération *f* financière **Geldgier** *f* cupidité *f* **geldgierig** *adj* cupide **Geldhahn** ▶ **jdm den ~ zudrehen** couper les vivres à qn **Geldinstitut** *nt* établissement *m* financier

geldlich ['gɛltlɪç] *adj* d'argent, financier(-ière)

Geldmacherei <-, -en> *f pej fam le fait de ne faire qc que dans un but lucratif*

Geldmangel *m kein Pl* manque *m* d'argent **Geldmittel** *Pl* capitaux *mpl* **Geldschein** *m* billet *m* de banque **Geldschrank** *m* coffre-fort *m* **Geldsorgen** *Pl* soucis *mpl* d'argent **Geldstrafe** *f* amende *f* **Geldstück** *nt* pièce *f* de monnaie **Geldtransporter** *m* convoyeur *m* de fonds **Geldwäsche** *f* blanchiment *m* de l'argent **Geldwechsel** *m* change *m* **Geldwert** *m* pouvoir *m* d'achat de la monnaie

geleckt *adj* ▶ **wie ~ aussehen** *fam Person:* être tiré à quatre épingles

Gelee [ʒe'le:] <-s, -s> *m o nt* gelée *f*

Gelege [gə'le:gə] <-s, -> *nt* couvée *f*

gelegen [gə'le:gən] **I.** *PP von* **liegen** **II.** *adj* ❶ (*passend*) opportun(e); *Anlass* bon(ne) *antéposé;* **der Besuch kommt mir ~ /nicht sehr ~** la visite tombe/ne tombe pas très à propos ❷ (*von Wichtigkeit, Interesse*) **ihr ist sehr daran ~, dass ...** il lui importe beaucoup que ... ❸ (*befindlich*) **einsam ~ sein** *Haus, Ortschaft:* être isolé

Gelegenheit [gə'le:gənhait] <-, -en> *f* occasion *f*; **bei ~** à l'occasion; **bei der ersten/nächsten ~** à la première occasion ▶ **die ~ beim Schopf ergreifen** sauter sur l'occasion

Gelegenheitsarbeit *f* petit boulot *m* (*fam*) **Gelegenheitskauf** *m* occasion *f*

gelegentlich [gə'le:gəntlɪç] **I.** *adj attr* **von ~en Aufheiterungen abgesehen** à part quelques éclaircies passagères **II.** *adv* ❶ (*manchmal*) de temps en temps ❷ (*bei Gelegenheit*) à l'occasion

gelehrig [gə'le:rɪç] *adj* éveillé(e); *Tier* intelligent(e)

Gelehrsamkeit <-> *f* érudition *f*

gelehrt [gə'le:ɐt] *adj* érudit(e)

Gelehrte(r) *f(m) dekl wie adj* érudit(e) *m(f)*

Geleise [gə'laizə] <-s, -> *nt* A, CH voie *f*

Geleit [gə'lait] <-[e]s, -e> *nt* ❶ (*Eskorte*) escorte *f* ❷ *kein Pl geh* (*das Geleiten*) **freies ~** JUR sauf-conduit *m* ▶ **jdm das letzte ~ geben** *geh* accompagner qn à sa dernière demeure

geleiten* *vt geh* accompagner

Geleitschutz *m* escorte *f*; **jdm/einer S. ~ geben** escorter qn/qc **Geleitzug** *m* convoi *m*

Gelenk [gə'lɛŋk] <-[e]s, -e> *nt* ❶ ANAT articulation *f* ❷ TECH joint *m*

Gelenkbus *m* bus *m* articulé **Gelenkentzündung** *f* arthrite *f*

gelenkig *adj* souple

gelernt *adj Bäcker, Friseurin* qualifié(e)

gelesen *PP von* **lesen**

geliebt [gə'li:pt] *adj* bien-aimé(e); **heiß ~** adoré; **viel ~** très apprécié

Geliebte(r) *f(m) dekl wie adj* amant *m*/maîtresse *f*

geliefert [gə'li:fɐt] *adj fam* **~ sein** être fichu

geliehen [gə'li:ən] *PP von* **leihen**

gelieren* [ʒe'li:rən, ʒə'li:rən] *vi* se gélifier

gelind(e) **I.** *adj* ❶ *geh* (*gemäßigt*) tempéré(e); *Frost, Regen* léger(-ère) ❷ *fam Wut, Schrecken* terrible **II.** *adv* ~ **gesagt** c'est le moins que l'on puisse dire

gelingen [gə'lɪŋən] <gelang, gelungen> *vi + sein Werk, Coup:* réussir; **nicht gelungen sein** *Essen, Kuchen:* être raté; **jdm gelingt es etw zu tun** qn réussit à faire qc

Gelingen <-s> *nt* réussite *f;* **auf [ein] gutes ~!** à votre/notre réussite!

gelitten [gə'lɪtən] *PP von* **leiden**

gell[e] *interj* SDEUTSCH, CH *s.* **gelt**

gellen ['gɛlən] *vi* retentir

gellend *adj* strident(e), perçant(e)

geloben* *vt geh* promettre solennellement; **jdm etw ~** promettre solennellement qc à qn

Gelöbnis [gə'løːpnɪs] <-ses, -se> *nt* ❶ *geh* (*Versprechen*) promesse *f* solennelle; **ein ~ ablegen** prêter serment ❷ MIL serment *m*

gelockt *adj Haare* bouclé(e)

gelogen [gə'loːgən] *PP von* **lügen**

gelöst *adj Person, Atmosphäre, Stimmung* détendu(e)

gelt *interj* SDEUTSCH, A, CH *fam* hein

gelten ['gɛltən] <gilt, galt, gegolten> **I.** *vi* ❶ (*gültig sein*) être valable; *Gesetz, Vorschrift:* être en vigueur; *Zahlungsmittel:* avoir cours; **Einwände ~ lassen** admettre des objections; **die Wette gilt!** tope/topez-là!; **das gilt nicht!** ce n'est pas du jeu! ❷ (*bestimmt sein*) **jdm/einer S. ~** *Aufmerksamkeit:* être consacré à qn/qc; *Attentat, Schuss:* être dirigé contre qn/qc ❸ (*sich beziehen*) **für jdn ~** *Aussage:* valoir pour qn; **das gilt auch für dich** c'est aussi valable pour toi ❹ (*angesehen werden*) **als zuverlässig ~** *Person:* passer pour [être] fiable; **es gilt als sicher, dass** on affirme que **II.** *vt* **viel/wenig ~** *Meinung:* avoir un certain poids/n'avoir aucune valeur

geltend *adj attr Preis, Bestimmung* en vigueur; *Meinung* répandu(e)

Geltung <-, -en> *f* ❶ (*Gültigkeit*) validité *f;* **~ haben** être valable; *Gesetz, Vorschrift:* être en vigueur ❷ (*Ansehen*) considération *f;* **sich/einer S.** (*dat*) **~ verschaffen** s'imposer/faire respecter qc ❸ (*Wirkung*) **etw zur ~ bringen** mettre qc en valeur; **zur ~ kommen** être mis en valeur

Geltungsbedürfnis *nt kein Pl* besoin *m* de se faire valoir **Geltungssucht** *f kein Pl pej* besoin *m* de se mettre en avant

Gelübde [gə'lʏpdə] <-s, -> *nt* vœu *m;* **ein ~ ablegen** faire un vœu

gelungen [gə'lʊŋən] **I.** *PP von* **gelingen** **II.** *adj attr Abend* [très] réussi(e); *Essen* [bien] réussi(e)

gelüsten* *vt unpers geh* **jdn gelüstet es, etw zu tun** qn a [grande] envie de faire qc

GEMA ['geːma] <-> *f Abk von* **Gesellschaft für musikalische Aufführungs- und mechanische Vervielfältigungsrechte** ≈ S.A.C.E.M. *f*

gemächlich [gə'mɛːçlɪç] *adj* tranquille, paisible

Gemahl(in) [gə'maːl] <-s, -e> *m(f) geh* époux *m*/épouse *f*

gemahnen* *vt geh* **an jdn/etw ~** *Feier, Denkmal:* rappeler le souvenir de qn/qc

Gemälde [gə'mɛːldə] <-s, -> *nt* tableau *m,* peinture *f*

Gemäldegalerie *f* galerie *f* de peinture[s]

gemasert *adj Holz, Marmor* veiné(e)

gemäß [gə'mɛːs] **I.** *präp + dat* conformément à; **~ Ihrem Wunsch** selon vos désirs **II.** *adj* **jdm/einer S. ~ sein** être adapté à qn/qc

gemäßigt [gə'mɛːsɪçt] *adj* ❶ *Klima, Zone* tempéré(e) ❷ (*moderat*) modéré(e)

Gemäuer [gə'mɔyɐ] <-s, -> *nt* murailles *fpl*

Gemecker [gə'mɛkɐ] <-s> *nt* ❶ *einer Ziege* bêlement *m gén pl* ❷ *pej fam* (*Nörgelei*) rouspétances *fpl*

gemein [gə'main] *adj* ❶ (*niederträchtig*) infâme ❷ *fam* (*unfair*) vache; **das war ~ von dir!** c'est vache d'avoir fait cela! ❸ *Lüge* odieux(-euse); *Bemerkung* méchant(e), de mauvais goût ❹ (*gemeinsam*) **etw mit jdm/etw ~ haben** avoir qc en commun avec qn/qc

Gemeinde [gə'maində] <-, -n> *f* ❶ (*Kommune*) commune *f* ❷ (*Pfarrgemeinde*) paroisse *f;* (*Gläubige bei der Messe*) assistance *f*

Gemeindeamt *nt* municipalité *f* **Gemeindemitglied** *nt* paroissien(ne) *m(f)* **Gemeinderat** <-räte> *m* conseil *m* municipal **Gemeinderat** <-räte> *m,* **-rätin** *f* conseiller *m* municipal/conseillère *f* municipale **Gemeindeschwester** *f* infirmière *f* à domicile (*employée par la commune*) **Gemeindeversammlung** *f* CH assemblée *f* municipale **Gemeindewahl** *f* élections *fpl* municipales **Gemeindezentrum** *nt* foyer *m* socioculturel

Gemeineigentum *nt* propriété *f* publique **gemeingefährlich** *adj* représentant un danger public **Gemeingut** *nt* bien *m* commun

Gemeinheit <-, -en> *f* ① méchanceté *f* ② *fam* (*Ärgernis*) vacherie *f*

gemeinhin [gə'mainhɪn] *adv* communément

Gemeinkosten *Pl* frais *mpl* généraux

Gemeinnutz [gə'mainnʊts] *m* intérêt *m* général

gemeinnützig [gə'mainnʏtsɪç] *adj Verein* à but non lucratif; *Einrichtung* d'utilité publique

Gemeinplatz *m* lieu *m* commun

gemeinsam [gə'mainzaːm] **I.** *adj* ① commun(e); *Konto* joint(e) ② (*verbindend*) **sie haben vieles ~** ils/elles ont beaucoup de choses en commun **II.** *adv besprechen, lösen* ensemble

Gemeinsamkeit <-, -en> *f* (*das Gemeinsame*) point *m* commun

Gemeinschaft <-, -en> *f von Personen, Staaten* communauté *f*; **die Europäische ~** la Communauté européenne

gemeinschaftlich **I.** *adj Projekt* en coopération; *Nutzung, Aktivitäten* [en] commun **II.** *adv erarbeiten, nutzen* en commun; *begehen* en complicité

Gemeinschaftsantenne *f* antenne *f* collective **Gemeinschaftsarbeit** *f* travail *m* collectif **Gemeinschaftskunde** <-> *f* instruction *f* civique **Gemeinschaftspraxis** *f* cabinet *m* de groupe **Gemeinschaftsproduktion** *f* coproduction *f* **Gemeinschaftsraum** *m* salle *f* commune **Gemeinschaftsrecht** *nt* JUR droit *m* communautaire; **europäisches ~** droit européen communautaire

Gemeinsinn *m kein Pl* esprit *m* de solidarité **gemeinverständlich** *adj* **in ~em Deutsch** dans un allemand accessible à tous **Gemeinwesen** *nt* communauté *f* **Gemeinwohl** *nt* intérêt *m* commun/général

Gemenge [gə'mɛŋə] <-s, -> *nt* ① (*Gemisch*) mélange *m* ② (*Durcheinander*) fouillis *m*

gemessen [gə'mɛsən] **I.** *PP von* **messen** **II.** *adj Auftreten* grave; *Höflichkeit* réservé(e); **~en Schrittes** à pas mesurés

Gemetzel [gə'mɛtsəl] <-s, -> *nt* carnage *m*

gemieden [gə'miːdən] *PP von* **meiden**

Gemisch [gə'mɪʃ] <-[e]s, -e> *nt* mélange *m*

gemischt [gə'mɪʃt] *adj* mélangé(e), mêlé(e); *Kost, Gemüse* varié(e); *Chor, Klasse* mixte

Gemme ['gɛmə] <-, -n> *f* gemme *f*

gemocht [gə'mɔxt] *PP von* **mögen**

gemolken [gə'mɔlkən] *PP von* **melken**

Gemse[ALT] *s.* **Gämse**

Gemurmel [gə'mʊrməl] <-s> *nt* murmures *mpl*

Gemüse [gə'myːzə] <-s, -> *nt* légumes *mpl*

Gemüseanbau *m* culture *f* maraîchère **Gemüsebeet** *nt* carré *m* de légumes **Gemüsegarten** *m* [jardin *m*] potager *m* **Gemüsehändler(in)** *m(f)* marchand(e) *m(f)* de légumes **Gemüsesuppe** *f* soupe *f* de légumes

gemusst[RR], **gemußt**[ALT] [gə'mʊst] *PP von* **müssen**

gemustert [gə'mʊstɐt] *adj* imprimé(e); **bunt/braun ~** en imprimé multicolore/brun

Gemüt [gə'myːt] <-[e]s, -er> *nt* **ein zartes/empfindliches ~** un cœur tendre/sensible; **die ~er bewegen** émouvoir les esprits ▶ **sich** (*dat*) **etw zu ~e führen** (*essen, trinken*) déguster qc; **jdm aufs ~ schlagen** saper le moral à qn; **etwas fürs ~** *hum* quelque chose de très sentimental

gemütlich **I.** *adj* ① *Wohnung* douillet(te), confortable; *Sessel, Bett* confortable; **es sich/jdm ~ machen** se mettre à son aise/mettre qn à son aise ② *Abend* agréable; *Beisammensein, Lokal* sympathique **II.** *adv* ① (*gemächlich*) tranquillement ② (*behaglich, gesellig*) confortablement

Gemütlichkeit <-> *f* ① (*Behaglichkeit*) *einer Wohnung* confort *m* [douillet]; *eines Lokals* atmosphère *f* sympathique ② (*Gemächlichkeit*) **etw in aller ~ tun** faire qc bien tranquillement

Gemütsart *f* tempérament *m* **Gemütsbewegung** *f* émotion *f* **gemütskrank** *adj* neurasthénique **Gemütslage** *f* état *m* d'âme **Gemütsmensch** *m fam* bonne pâte *f* **Gemütsregung** *f* émotion *f* **Gemütsruhe** *f* quiétude *f*; **in aller ~** *fam* en toute quiétude **Gemütsverfassung** *f*, **Gemütszustand** *m* état *m* d'âme

gemütvoll *adj* sensible

Gen [geːn] <-s, -e> *nt* BIO gène *m*

genannt [gə'nant] *PP von* **nennen**

genarbt *adj* grenu(e)

genas [gə'naːs] *Imp von* **genesen**

genau [gə'nau] **I.** *adj* ① (*exakt*) précis(e) ② (*gewissenhaft*) **in etw** (*dat*) **~ sein** être rigoureux dans qc **II.** *adv* ① exactement; *kennen* très bien; *passen* juste; **auf die Sekunde/den Millimeter ~** à la seconde/au millimètre près; **es stimmt ~** c'est tout à fait juste; **etw ~ /nicht ~ wissen** savoir parfaitement/ne pas savoir exactement qc; **so ~ wollte ich es nicht wissen!** je ne voulais pas en savoir tant! ② (*eben, gerade*) justement; **~!** *fam* absolument! ▶ **~ genommen** strictement parlant; **es mit etw ~ nehmen** prendre qc au pied de la lettre

genaugenommen *s.* **genau II.** ▶

Genauigkeit <-> *f* précision *f,* exactitude *f*

genauso [gə'nau̯zo:] *adv* de même; **~ gut/schlecht wie** tout aussi bien/mal que; **es ist ~ gekommen, wie ...** c'est arrivé exactement comme ...

genausogutALT *adv s.* **genauso**

Genbank *f* BIO banque *f* d'informations génétiques

Gendarm [ʒan'darm] <-en, -en> *m* A gendarme *m*

Gendarmerie [ʒandarmə'ri:] <-, -ien> *f* A gendarmerie *f*

Genealogie [genealo'gi:] <-, -ien> *f* généalogie *f*

genealogisch [genea'lo:gɪʃ] *adj* généalogique

genehm [gə'ne:m] *adj geh* **jdm ~ sein** *Person:* plaire à qn; *Lösung, Vorschlag, Termin:* agréer à qn

genehmigen* [gə'ne:mɪgən] **I.** *vt* autoriser; **einen Antrag ~** *Behörde:* autoriser une demande; **genehmigt!** approuvé! **II.** *vr* **sich** (*dat*) **etw ~** *fam* s'offrir qc

Genehmigung <-, -en> *f* ① (*das Genehmigen*) autorisation *f; eines Antrags* acceptation *f* ② (*Berechtigungsschein*) autorisation *f*

genehmigungspflichtig *adj* soumis(e) à une autorisation préalable

geneigt [gə'nai̯kt] *adj geh* **~ sein etw zu tun** être disposé à faire qc

Genera *Pl von* **Genus**

General [genə'ra:l, *Pl:* genə'ra:lə, genə'rɛ:lə] <-[e]s, -e *o* Generäle> *m* général *m*

Generaldirektor(in) *m(f)* directeur *m* général/directrice *f* générale

Generalin <-, -nen> *f* général *m;* (*Frau eines Generals*) générale *f*

Generalintendant(in) *m(f)* directeur *m* général/directrice *f* générale

generalisieren* [genərali'zi:rən] *vi* généraliser

Generalkonsul(in) *m(f)* consul *m* général **Generalkonsulat** *nt* consulat *m* général **Generalprobe** *f* [répétition *f*] générale *f* **Generalsekretär(in)** *m(f)* secrétaire *mf* général(e) **Generalstaatsanwalt** *m,* **-anwältin** *f* procureur *mf* général **Generalstab** *m* état-major *m* **Generalstreik** *m* grève *f* générale **generalüberholen*** *vt nur Infin und PP* **einen Wagen ~ lassen** faire faire une révision complète d'une voiture **Generalversammlung** *f* assemblée *f* générale **Generalvertreter(in)** *m(f)* représentant *m* exclusif/représentante *f* exclusive

Generation [genəra'tsi̯o:n] <-, -en> *f* génération *f*

Generationenvertrag *m* pacte *m* de solidarité entre générations

Generationskonflikt *m* conflit *m* des générations **Generationswechsel** *m* (*bei Menschen*) renouvellement *m* des générations

Generator [genə'ra:to:ɐ̯] <-s, -toren> *m* génératrice *f*

generell [genə'rɛl] **I.** *adj* général(e) **II.** *adv* d'une manière générale

generieren* *vt* INFORM produire

genesen [gə'ne:zən] <genas, -> *vi + sein geh* se remettre; **von einer Operation/nach einer Grippe ~** se remettre d'une opération/se rétablir après une grippe

Genesung [gə'ne:zʊŋ] <-, -en> *f* guérison *f;* (*nach einem Unfall*) rétablissement *m*

Genetik [ge'ne:tɪk] <-> *f* génétique *f*

genetisch [ge'ne:tɪʃ] *adj* génétique

Genf [gɛnf] <-s> *nt* Genève

Genfer ['gɛnfɐ] *adj attr* genevois(e); **der ~ See** le lac Léman; **die ~ Konvention** la convention de Genève

Genforscher(in) *m(f)* généticien(ne) *m(f)* **Genforschung** *f* génétique *f*

genial [ge'ni̯a:l] *adj* génial(e)

Genialität [geni̯ali'tɛ:t] <-> *f einer Person* génie *m; eines Plans* caractère *m* génial

Genick [gə'nɪk] <-[e]s, -e> *nt* nuque *f* ▶ **jdm das ~ brechen** *fam* (*zugrunde richten*) casser les reins à qn

GenickschussRR *m* balle *f* dans la nuque **Genickstarre** *f* raideur *f* de la nuque

Genie [ʒe'ni:] <-s, -s> *nt* génie *m*

genieren* [ʒe'ni:rən] *vr* **sich ~** être gêné; **sich vor jdm ~** être gêné devant qn

genießbar *adj* consommable

genießen [gə'ni:sən] <genoss, genossen> *vt* ① profiter de *Leben, Wetter, Urlaub* ② (*essen, trinken*) savourer ③ *geh* recevoir *Erziehung;* jouir de *Ansehen, Vertrauen*

Genießer(in) <-s, -> *m(f)* bon vivant *m;* (*Feinschmecker*) gourmet *m*

G

genießerisch I. *adj* épicurien(ne) II. *adv* voluptueusement
genital [geni'ta:l] *adj* des parties génitales
Genitalbereich *m* zone *f* des parties génitales
Genitalien [geni'ta:li̯ən] *Pl* les parties génitales
Genitiv ['ge:niti:f] <-s, -e> *m* GRAM génitif *m*
Genius ['ge:ni̯ʊs] <-, Genien> *m* génie *m*
Genmais *m* maïs *m* transgénique **Genmanipulation** *f* manipulation *f* génétique
G
Genom [ge'no:m] <-s, -e> *nt* BIO génome *m*
genommen [gə'nɔmən] *PP von* **nehmen**
genossRR, **genoß**ALT [gə'nɔs] *Imp von* **genießen**
Genosse [gə'nɔsə] <-n, -n> *m*, **Genossin** *f* camarade *mf*
genossen [gə'nɔsən] *PP von* **genießen**
Genossenschaft <-, -en> *f* coopérative *f*
genossenschaftlich I. *adj* coopératif(-ive) II. *adv* en coopérative
Genossin [gə'nɔsɪn] *s.* **Genosse**
genötigt *adj* ~ **sein/sich ~ sehen etw zu tun** être contraint/se voir contraint de faire qc
Genre ['ʒã:rə] <-s, -s> *nt* KUNST genre *m*
Gent [gɛnt] <-s> *nt* Gand
Gentechnik *f* génétique *f* **Gentechniker(in)** *m(f)* spécialiste *mf* en génétique **gentechnisch** *adj* génétique **Gentechnologie** *f* génie *m* génétique **Gentherapie** *f* MED thérapie *f* génétique
Genua ['ge:nu̯a] <-s> *nt* Gênes *f*
genug [gə'nu:k] *adv* assez; **das ist ~** ça suffit; ~ **Käse/Brot** assez de fromage/pain; **alt/groß ~** assez vieux(vieille)/grand(e) ▶ **von etw ~ haben** (*überdrüssig sein*) en avoir assez de qc; **jetzt ist[s] aber ~!** ça suffit maintenant!
Genüge [gə'ny:gə] <-> *f* ▶ **zur ~** (*hinreichend*) suffisamment; (*bis zum Überdruss*) à satiété
genügen* [gə'ny:gən] *vi* ❶ (*ausreichen*) suffire; **jdm ~** suffire à qn ❷ (*gerecht werden*) **den Ansprüchen/Wünschen ~** satisfaire aux exigences/désirs
genügend [gə'ny:gənt] *adv* suffisamment
genügsam [gə'ny:kza:m] I. *adj* peu exigeant(e); ~ **sein** se contenter de peu II. *adv leben* frugalement
Genügsamkeit <-> *f einer Person* frugalité *f*, modération *f*
Genugtuung [gə'nu:ktu:ʊŋ] <-> *f* satisfaction *f*
genuin [genu'i:n] *adj geh* véritable
Genus ['gɛnʊs] <-, Genera> *nt* GRAM genre *m*
GenussRR [gə'nʊs, *Pl:* gə'nʏsə] <-es, Genüsse>, **Genuß**ALT <-sses, Genüsse> *m* ❶ (*Köstlichkeit*) régal *m*, délice *m* ❷ (*Freude*) **es ist ein ~ etw zu tun** c'est un [vrai] plaisir de faire qc; **mit ~** avec délectation ❸ *kein Pl form* (*Verzehr*) consommation *f* ▶ **in den ~ einer Sache** (*gen*) **kommen** pouvoir bénéficier de qc
genüsslichRR, **genüßlich**ALT [gə'nʏslɪç] I. *adj* de délectation II. *adv* avec délectation
GenussmenschRR *m* épicurien(ne) *m(f)* **Genussmittel**RR *nt* stimulant *m* **genusssüchtig**RR *adj pej* avide de plaisir[s]
genussvollRR *adj* délicieux(-euse)
Geodreieck ['ge:odrai̯ʔɛk] *nt fam* équerre-rapporteur *f*
Geograf(in)RR [geo'gra:f] <-en, -en> *m(f)* géographe *mf*
GeografieRR [geogra'fi:] <-> *f* géographie *f*
geografischRR [geo'gra:fɪʃ] I. *adj* géographique; *Studium, Unterricht* de géographie II. *adv* géographiquement
Geograph(in) *s.* **Geograf(in)**
Geographie *s.* **Geografie**
geographisch *s.* **geografisch**
Geologe [geo'lo:gə] <-n, -n> *m*, **Geologin** *f* géologue *mf*
Geologie [geolo'gi:] <-> *f* géologie *f*
geologisch [geo'lo:gɪʃ] *adj* géologique
Geometrie [geome'tri:] <-> *f* géométrie *f*
geometrisch [geo'me:trɪʃ] *adj* géométrique
Geophysik [geofy'zi:k] *f* géophysique *f* **Geopolitik** [geopoli'ti:k] *f* géopolitique *f*
Gepäck [gə'pɛk] <-[e]s> *nt* bagages *mpl*
Gepäckabfertigung *f* guichet *m* d'enregistrement des bagages **Gepäckablage** *f* porte-bagages *m* **Gepäckannahme** *f s.* **Gepäckabfertigung** **Gepäckaufbewahrung** *f* consigne *f* **Gepäckaufgabe** <-, -n> *f* [guichet *m* d']enregistrement *m* des bagages **Gepäckausgabe** *f* guichet *m* de retrait des bagages **Gepäckkontrolle** *f* contrôle *m* des bagages **Gepäcknetz** *nt* filet *m* à bagages **Gepäckschalter** *m* guichet *m* d'enregistrement des bagages **Gepäckschein** *m* bulletin *m* de bagages **Gepäckstück** *nt* bagage *m* **Gepäckträger** *m* ❶ (*Person*) porteur *m* ❷ (*Vorrichtung*) porte-bagages *m* **Gepäckwagen** *m* fourgon *m*

Gepard ['ge:part] <-s, -e> *m* guépard *m*
gepfeffert [gə'pfɛfɐt] *adj fam* ① *(sehr teuer)* salé(e) ② *(schwer)* dur(e)
gepfiffen [gə'pfɪfən] *PP von* **pfeifen**
gepflegt [gə'pfle:kt] **I.** *adj* ① *Person, Aussehen* soigné(e); *Eindruck* bien entretenu(e) ② *Ausdrucksweise* raffiné(e); *Restaurant, Speisen* de qualité **II.** *adv* ~ **essen gehen** aller manger dans un bon restaurant
Gepflogenheit [gə'pflo:gənhaɪt] <-, -en> *f geh* habitude *f*
gepierct [gə'pi:ɐst] *adj* percé(e)
Geplänkel [gə'plɛŋkəl] <-s, -> *nt* escarmouche *f*
Geplapper [gə'plapɐ] <-s> *nt pej fam* bavardages *mpl; eines Kindes* babillage *m*
Geplätscher [gə'plɛtʃɐ] <-s> *nt* clapotis *m*
Geplauder <-s> *nt* causeries *fpl*
Gepolter [gə'pɔltɐ] <-s> *nt (Geräusch von Schritten)* vacarme *m*
Gepräge <-s> *nt geh* cachet *m*
gepriesen [gə'pri:zən] *PP von* **preisen**
gepunktet *adj* ① *Linie* pointillé(e) ② *Stoff, Kleid* **blau** ~ à pois bleus
gequält [gə'kvɛ:lt] **I.** *adj Lächeln* forcé(e) **II.** *adv lächeln* d'un air contraint
Gequassel <-s> *nt pej fam* bavardages *mpl*
gequollen [gə'kvɔlən] *PP von* **quellen**
gerade [gə'ra:də] **I.** *adj* ① *(aufrecht, nicht krumm)* droit(e) ② *(opp: ungerade)* pair(e) ③ *(aufrichtig)* franc(franche), droit(e) **II.** *adv* ① *(aufrecht, nicht krumm)* ~ **biegen** *(in gerade Form biegen)* redresser; **sich ~ halten** se tenir droit; ~ **sitzen** se tenir droit sur sa chaise/son siège; ~ **stehen** se tenir droit ② *(im Augenblick, soeben)* justement; ~ **vor zehn Minuten** il y a juste dix minutes; **sie arbeitet** ~ elle est en train de travailler; **er ist ~ angekommen** il vient d'arriver ③ *(knapp)* **sie hat die Prüfung ~ so bestanden** elle a réussi son examen de justesse ④ *(genau)* ~ **deswegen habe ich das gesagt** c'est justement pour cette raison que j'ai dit ça ⑤ *(ausgerechnet)* **nicht ~ hübsch/billig** pas spécialement beau/bon marché
Gerade [gə'ra:də] <-n, -n> *f* ① GEOM droite *f* ② SPORT ligne *f* droite ③ *(beim Boxen)* **rechte** ~ direct *m* du droit
geradeaus [gəra:də'ʔaʊs] *adv* tout droit
gerade|biegen *vt fig fam (in Ordnung bringen)* arranger
gerade|haltenALT *s.* **gerade II.1**
geradeheraus [gəra:dəhɛ'raʊs] *fam* **I.** *adj* ~ **sein** être franc **II.** *adv sagen* franco
gerädert [gə'rɛ:dɐt] **I.** *PP von* **rädern** **II.** *adj* ▶ **sich wie ~ fühlen, wie ~ sein** *fam* être vanné
gerade|sitzenALT *s.* **gerade II.1**
geradeso [gə'ra:dəzo:] *adv* ~ **viel** tout autant
gerade|stehen *vi irr fig* **für jdn/etw** ~ *(für jdn/etw aufkommen)* répondre de qn/qc
geradewegs [gə'ra:dəve:ks] *adv* directement
geradezu [gə'ra:dətsu:] *adv* tout simplement
Geradheit <-> *f* rectitude *f*
geradlinig [gə'ra:tli:nɪç] **I.** *adj* ① *(in gerader Richtung)* rectiligne ② *(aufrichtig)* droit(e) **II.** *adv verlaufen* en ligne droite
gerammelt ▶ ~ **voll** *fam* plein(e) à craquer
Gerangel <-s> *nt (Auseinandersetzung)* bagarre *f*
Geranie [ge'ra:ni̯ə] <-, -n> *f* géranium *m*
gerann *Imp von* **gerinnen**
gerannt [gə'rant] *PP von* **rennen**
Gerät [gə'rɛ:t] <-[e]s, -e> *nt* ① *(Haushaltsgerät, Bürogerät)* ustensile *m* ② *(Gartengerät)* outil *m* [de jardin]; **die ~e** l'outillage *m* [de jardin] ③ *(Elektrogerät)* appareil *m* ④ *(Turngerät)* agrès *mpl* ⑤ *kein Pl (Ausrüstung)* outils *mpl*
geraten [gə'ra:tən] <gerät, geriet, -> *vi + sein* ① *(gelangen)* **in einen Sturm** ~ être surpris par la tempête; **in Schwierigkeiten** ~ se retrouver en difficulté; **an jdn** ~ tomber sur qn *(fam)* ② *(unbeabsichtigt kommen)* **unter einen Zug** ~ passer sous un train; **mit der Hand in die Maschine** ~ se prendre la main dans la machine ③ *(einen Zustand erlangen)* **in Wut** ~ se mettre en colère; **in Panik** ~ être pris de panique; **ins Schwitzen** ~ se mettre à transpirer, s'emballer pour qc; **in Brand** ~ commencer à brûler; **ins Stocken** ~ *Gespräch:* commencer à se traîner; *Verkehr:* se ralentir ④ *(ausfallen)* **jdm zu lang/groß** ~ être trop long/grand pour qn; **etw gerät jdm gut/nicht gut** qn réussit/ne réussit pas qc ⑤ *(ähnlich werden)* **nach jdm** ~ ressembler à qn ▶ **außer sich** ~ sortir de ses gonds
Geräteschuppen *m* remise *f* à outils
Geräteturnen *nt* exercices *mpl* aux agrès
Geratewohl [gəra:tə'vo:l] *nt* ▶ **aufs** ~ *fam* au petit bonheur [la chance]
Gerätschaften *Pl* outils *mpl*, outillage *m*
Geratter [gə'ratɐ] <-s> *nt pej fam eines Zugs* bruit *m* des tamponnements

G

G

geraum [gəˈraum] *adj attr geh Weile* long(longue)

geräumig [gəˈrɔymɪç] *adj* spacieux(-euse)

Geräusch [gəˈrɔyʃ] <-[e]s, -e> *nt* bruit *m*

geräuscharm *adj* silencieux(-euse) **geräuschempfindlich** *adj* sensible au[x] bruit[s] **Geräuschkulisse** *f* bruit *m* de fond; MEDIA bruitage *m*

geräuschlos I. *adj* silencieux(-euse) II. *adv* sans bruit

Geräuschlosigkeit <-> *f* absence *f* de bruit

Geräuschpegel *m* niveau *m* sonore

geräuschvoll I. *adj* bruyant(e) II. *adv* bruyamment

gerben [ˈgɛrbən] *vt* tanner

Gerber(in) <-s, -> *m(f)* tanneur(-euse) *m(f)*

Gerberei [gɛrbəˈrai] <-, -en> *f* tannerie *f*

Gerbsäure [ˈgɛrp-] *f* acide *m* tannique

gerecht [gəˈrɛçt] I. *adj* ① (*unparteiisch*) juste ② (*verdient*) juste, équitable ③ (*berechtigt*) justifié(e); *Sache* juste ▸**jdm/einer S. ~ werden** (*angemessen urteilen*) apprécier qn/qc à sa juste valeur II. *adv* équitablement

gerechterweise *adv* pour être juste

gerechtfertigt *adj* justifié(e)

Gerechtigkeit <-> *f* justice *f*; **ausgleichende ~** justice *f* distributive; **jdm ~ widerfahren lassen** *geh* rendre justice à qn **Gerechtigkeitssinn** *m* sens *m* de la justice

Gerede [gəˈreːdə] <-s> *nt* ① (*Klatsch*) racontars *mpl*; **ins ~ kommen** faire jaser [les gens] ② (*leeres Gerede*) histoires *fpl*

geregelt I. *PP von* **regeln** II. *adj* (*regelmäßig*) régulier(-ière)

gereichen* *vi geh* **jdm/einer S. zur Ehre ~** faire honneur à qn/qc

gereizt [gəˈraitst] I. *PP von* **reizen** II. *adj Person, Ton* agacé(e); *Stimmung* de grande nervosité III. *adv* avec irritation

Gereiztheit <-> *f* irritation *f*

Geriatrie [geriaˈtriː] <-> *f* MED gériatrie *f*

Gericht [gəˈrɪçt] <-[e]s, -e> *nt* ① GASTR plat *m* ② (*Institution*) tribunal *m*; **jdn vor ~ bringen** traduire qn en justice; **etw vor ~ bringen** saisir le tribunal de qc; **wegen etw vor ~ stehen** passer en jugement pour qc ③ (*Gebäude*) palais *m* de justice ④ REL **das Jüngste ~** le Jugement dernier ▸**mit jdm ins ~ gehen** chapitrer dûment qn

gerichtlich I. *adj attr* judiciaire II. *adv* en justice; **etw ~ untersuchen** mener une enquête judiciaire sur qc

Gerichtsakte *f* dossier *m*

Gerichtsbarkeit *f* juridiction *f*

GerichtsbeschlussRR *m* décision *f* de justice **Gerichtsdiener** *m* huissier *m* appariteur **Gerichtsgebäude** *nt* palais *m* de justice **Gerichtshof** *m* cour *f* de justice; **der Europäische ~** la Cour de justice des Communautés européennes; **der Oberste ~** la Cour suprême **Gerichtskosten** *Pl* frais *mpl* de justice **Gerichtsmedizin** *f* médecine *f* légale **Gerichtsmediziner(in)** *m(f)* médecin *m* légiste **Gerichtssaal** *m* salle *f* d'audience, prétoire *m* **Gerichtsstand** *m* juridiction *f* **Gerichtsurteil** *nt* jugement *m*; *eines Berufungsgerichts* arrêt *m* **Gerichtsverfahren** *nt* procédure *f* judiciaire **Gerichtsverhandlung** *f* audience *f* **Gerichtsvollzieher(in)** <-s, -> *m(f)* huissier *m*

gerieben [gəˈriːbən] I. *PP von* **reiben** II. *adj fam* roublard(e)

geriet *Imp von* **geraten**[1]

gering [gəˈrɪŋ] I. *adj* ① faible; *Anzahl, Menge* petit(e); **sehr ~** insignifiant(e); **nicht die ~ste Ahnung haben** n'avoir pas la moindre idée; **nicht das Geringste bemerken** ne s'apercevoir de rien du tout ② (*niedrig*) bas(se) ③ (*nicht nennenswert*) **~e Bedeutung haben** avoir peu d'importance ④ *Qualität, Kenntnisse* médiocre ▸**nicht im Geringsten** pas le moins du monde II. *adv* **~ schätzen** mépriser *Person, Leistung;* sous-estimer *Gefahr, Folgen*

geringelt *adj Socken* à rayures horizontales

geringfügig [gəˈrɪŋfyːgɪç] I. *adj* insignifiant(e), minime II. *adv* légèrement

Geringfügigkeit <-, -en> *f eines Unterschieds* caractère *m* minime; *einer Veränderung, eines Vergehens* insignifiance *f*; *einer Verletzung* légèreté *f*

gering|schätzen *s.* **gering II.**

geringschätzig [gəˈrɪŋʃɛtsɪç] I. *adj* méprisant(e) II. *adv denken, sprechen* avec mépris

Geringschätzung *f kein Pl* mépris *m*, dédain *m*

Geringverdiener(in) *m(f)* **die ~** les bas salaires *mpl*

gerinnen [gəˈrɪnən] <gerann, geronnen> *vi + sein Blut:* coaguler; *Milch:* cailler

Gerinnsel [gəˈrɪnzəl] <-s, -> *nt* MED caillot *m*

Gerinnung <-, -en> *f* coagulation *f*

Gerippe [gəˈrɪpə] <-s, -> *nt* squelette *m*

gerippt *adj Pullover* à côtes; *Hose, Stoff* côtelé(e)
gerissen [gəˈrɪsən] **I.** *PP von* **reißen** **II.** *adj fam Person* roublard(e)
Gerissenheit <-> *f fam* roublardise *f*
geritten [gəˈrɪtən] *PP von* **reiten**
Germ [gɛrm] <-> *f* A levure *f*
Germane [gɛrˈmaːnə] <-n, -n> *m*, **Germanin** *f* Germain(e) *m(f)*
germanisch *adj* HIST, LING germanique
Germanist(in) <-en, -en> *m(f)* germaniste *mf*
Germanistik [gɛrmaˈnɪstɪk] <-> *f* langue *f* et littérature *f* allemandes
gern(e) <lieber, am liebsten> *adv* ① **etw ~ tun** aimer bien faire qc; **ich möchte ~ essen gehen** [*o* **würde**] je voudrais bien aller au restaurant; **~ geschehen!** [il n'y a] pas de quoi!; **ja, ~!** volontiers! ② (*ohne weiteres*) sans problème; **das glaube ich ~!** je veux bien le croire! ③ (*gewöhnlich, oft*) volontiers
Gernegroß <-, -e> *m hum fam* crâneur(-euse) *m(f)*
gern|habenRR *vt irr* **jdn ~** aimer [bien] qn; **sie haben sich gern** ils s'aiment [bien] ▶ **du kannst mich mal ~!** *iron fam* tu peux aller te faire voir!
gerochen [gəˈrɔxən] *PP von* **riechen**
Geröll [gəˈrœl] <-[e]s, -e> *nt* éboulis *m*
geronnen [gəˈrɔnən] *PP von* **rinnen, gerinnen**
Gerontologie [gerɔntoloˈgiː] <-> *f* MED gérontologie *f*
Gerste [ˈgɛrstə] <-, -n> *f* orge *f*
Gerstenkorn *nt* ① grain *m* d'orge ② MED orgelet *m*
Gerte [ˈgɛrtə] <-, -n> *f* verge *f*
gertenschlank *adj* svelte
Geruch [gəˈrʊx, *Pl:* gəˈrʏçə] <-[e]s, Gerüche> *m* odeur *f*
geruchlos *adj* inodore
Geruchssinn *m kein Pl* odorat *m; eines Hundes* flair *m*
Gerücht [gəˈrʏçt] <-[e]s, -e> *nt* rumeur *f*; **ein ~ in die Welt setzen** répandre une rumeur; **es geht das ~, dass ...** le bruit court que ...
Gerüchteküche *f fam* foire *f* aux ragots
gerufen *PP von* **rufen**
geruhen* *vi form* **~ etw zu tun** daigner faire qc
geruhsam [gəˈruːzaːm] *adj* tranquille
Gerümpel [gəˈrʏmpəl] <-s> *nt pej* bric-à-brac *m*
Gerundium [geˈrʊndi̯ʊm] <-s, -dien> *nt* GRAM gérondif *m*
gerungen [gəˈrʊŋən] *PP von* **ringen**
Gerüst [gəˈrʏst] <-[e]s, -e> *nt* ① (*Baugerüst*) échafaudage *m* ② (*Grundplan*) *eines Aufsatzes* charpente *f*
Ges <-, -> *nt* MUS sol *m* bémol
gesalzen [gəˈzaltsən] **I.** *PP von* **salzen** **II.** *adj fam Preis* exorbitant(e); *Rechnung* salé(e)
gesammelt *adj Werke* complet(-ète)
gesamt [gəˈzamt] *adj attr* **die ~e Familie** toute la famille; **die ~en Kosten** le total des frais
Gesamtansicht *f* vue générale *f* **Gesamtauflage** *f* tirage *m* global **Gesamtausgabe** *f* [édition *f* des] œuvres *fpl* complètes **Gesamtbetrag** *m* montant *m* global **gesamtdeutsch** *adj* panallemand(e) **Gesamteindruck** *m* impression d'ensemble *f* **Gesamtergebnis** *nt* résultat *m* global **gesamteuropäisch** *adj* paneuropéen(ne)
Gesamtheit <-> *f von Personen* ensemble *m; von Tieren, Pflanzen* totalité *f*
Gesamthochschule *f* université *f* polyvalente **Gesamtschule** *f* collège *m*

G

Geringschätzung ausdrücken

Geringschätzung/Missfallen ausdrücken	*exprimer le dédain/mécontentement*
Ich halte nicht viel von dieser Theorie.	*Je trouve que cette théorie n'est pas très bien.*
Davon halte ich gar/überhaupt nichts.	*Je ne trouve pas ça bien./Je n'en pense rien de bien.*
Komm mir bloß nicht mit Psychologie! (*fam*)	*Ne me parle pas de psychologie !*
(Es tut mir leid, aber) ich habe für diese Typen nichts übrig. (*fam*)	*(Désolé(e), mais) ce genre de mecs ne m'intéresse pas du tout. (fam)*
Ich kann mit moderner Kunst nichts anfangen. (*fam*)	*L'art moderne et moi, ça fait deux. (fam)*

(*regroupant les trois filières du premier et second cycle en Allemagne*) **Gesamtübersicht** *f* vue *f* d'ensemble **Gesamtumsatz** *m* chiffre d'affaires *m* total **Gesamtverzeichnis** *nt* inventaire *m* complet **Gesamtwerk** *nt* œuvres *fpl* complètes **Gesamtwert** *m* valeur *f* totale

gesandt [gə'zant] *PP von* **senden**[2]

Gesandte(r) *f(m) dekl wie adj* POL ministre *mf* plénipotentiaire

Gesandtschaft <-, -en> *f* légation *f*

Gesang [gə'zaŋ, *Pl:* gə'zɛŋə] <-[e]s, Gesänge> *m* ❶ *kein Pl* chant *m* ❷ (*Lied*) chant *m;* **gregorianischer ~** [chant *m*] grégorien *m*

Gesangbuch *nt* livre *m* de cantiques **Gesanglehrer(in)** *m(f)* professeur *mf* de chant

gesanglich *adj* vocal(e)

Gesangverein *m* chorale *f*

Gesäß [gə'zɛ:s] <-es, -e> *nt* derrière *m*

Gesäßtasche *f* poche *f* revolver

gesättigt I. *PP von* **sättigen** II. *adj* CHEM saturé(e)

Geschädigte(r) *f(m) dekl wie adj* victime *f*

geschaffen [gə'ʃafən] *PP von* **schaffen**[2]

Geschäft [gə'ʃɛft] <-[e]s, -e> *nt* ❶ (*Laden*) magasin *m* ❷ (*Unternehmen*) affaire *f;* **ins ~ gehen** *fam* aller au boulot ❸ (*Handel*) commerce *m;* **die ~e gehen gut** les affaires *fpl* vont bien; **das ~ mit Computern** le commerce des ordinateurs; **mit jdm ins ~ kommen** faire affaire avec qn ❹ *kein Pl* (*Gewinn*) **ein ~ machen** faire une affaire ❺ *Kinderspr. fam* **sein ~ verrichten** faire ses besoins

Geschäftemacher(in) *m(f) pej* affairiste *mf*

geschäftig [gə'ʃɛftɪç] I. *adj* affairé(e) II. *adv* de façon affairée

Geschäftigkeit <-> *f* affairement *m*

geschäftlich [gə'ʃɛftlɪç] I. *adj Verabredung, Gespräch* d'affaires; *Kontakt, Angebot* commercial(e) II. *adv* pour affaires; **~ unterwegs sein** être en voyage pour les affaires

Geschäftsabschluss[RR] *m* conclusion d'une affaire *f* **Geschäftsaufgabe** *f* cessation *f* d'activité **Geschäftsbedingungen** *Pl* **die allgemeinen ~** les conditions *fpl* générales **Geschäftsbericht** *m* rapport *m* d'activité **Geschäftsbeziehungen** *Pl* relations *fpl* commerciales **Geschäftsbrief** *m* lettre *f* d'affaires **Geschäftsbuch** *nt* livre *m* de commerce **geschäftsfähig** *adj* JUR apte à accomplir un acte juridique **Geschäftsfrau** *f* femme *f* d'affaires **Geschäftsfreund(in)** *m(f)* relation *f* d'affaires **geschäftsführend** *adj* ❶ **~er Direktor** directeur *m* général ❷ (*amtierend*) **die ~e Regierung/Ministerin** le gouvernement en place/la ministre en fonction **Geschäftsführer(in)** *m(f) einer Firma* gérant(e) *m(f); eines Vereins, einer Partei* secrétaire *mf* général(e) **Geschäftsführung** *f* (*Leitung*) direction *f* **Geschäftsgebaren** *nt* pratique *f* des affaires **Geschäftsinhaber(in)** *m(f)* patron(ne) *m(f)* **Geschäftsjahr** *nt* exercice *m* **Geschäftskosten** *Pl* **auf ~** aux frais de la société **Geschäftslage** *f* (*Gegend*) **in guter/bester ~** bien/très bien situé(e) **Geschäftsleitung** *f s.* **Geschäftsführung** **Geschäftsleute** *Pl von* **Geschäftsmann** **Geschäftsmann** <-leute> *m* homme *m* d'affaires

geschäftsmäßig I. *adj* propre aux affaires II. *adv* professionnellement

Geschäftsmodell *nt* modèle *m* d'entreprise **Geschäftsordnung** *f* règlement *m* intérieur **Geschäftspartner(in)** *m(f)* ❶ partenaire *mf* commercial(e) ❷ (*Kompagnon*) associé(e) *m(f)* **Geschäftsreise** *f* voyage *m* d'affaires **geschäftsschädigend** *adj* préjudiciable à l'entreprise **Geschäftsschluss**[RR] *m* fermeture *f* des magasins **Geschäftssinn** *m kein Pl* sens *m* des affaires **Geschäftsstelle** *f einer Partei, eines Vereins* bureau *m;* (*Filiale*) agence *f* **Geschäftsstraße** *f* rue *f* commerçante **Geschäftsstunden** *Pl* heures *fpl* de bureau **Geschäftstermin** *m* rendez-vous *m* d'affaires **geschäftstüchtig** *adj* doué(e) en affaires **geschäftsunfähig** *adj* JUR n'ayant pas capacité pour contracter; **~ werden** devenir incapable de contracter **Geschäftsverbindung** *f* relation *f* d'affaires **Geschäftsviertel** *nt* quartier *m* des affaires **Geschäftszeit** *f* heures *fpl* d'ouverture

geschah [gə'ʃa:] *Imp von* **geschehen**

gescheckt [gə'ʃɛkt] *adj Fell* tacheté(e)

geschehen* [gə'ʃe:ən] <geschieht, geschah, -> *vi + sein* ❶ (*sich ereignen*) se passer; *Unfall, Ereignis:* arriver; **als ob nichts ~ wäre** comme si de rien n'était ❷ (*getan werden*) **es muss etwas ~!** il faut faire quelque chose!; **was soll damit ~?** que faut-il en faire? ❸ (*begangen werden*) *Verbrechen:* se produire ❹ (*widerfahren*) **er weiß nicht, wie ihm geschieht** il ne sait pas ce qui lui arrive ►**es ist um jdn/etw ~** c'en est fait de qn/qc

Geschehen <-s, -> *nt geh* événements *mpl*
gescheit [gəˈʃait] *adj* ❶ (*klug*) intelligent(e) ❷ (*vernünftig*) raisonnable
Geschenk [gəˈʃɛŋk] <-[e]s, -e> *nt* cadeau *m;* **jdm ein ~ machen** faire un cadeau à qn
Geschenkartikel *m* article-cadeau *m* **Geschenkpackung** *f* emballage-cadeau *m* **Geschenkpapier** *nt* papier cadeau *m*
Geschichte [gəˈʃɪçtə] <-, -n> *f* ❶ (*Erzählung, Wissenschaft*) histoire *f* ❷ *fam* (*Angelegenheit*) histoire *f;* **das sind [ja] schöne ~n!** *fam* en voilà de belles! ▶ **~ machen** faire date; **mach keine ~n!** *fam* allez, pas d'histoires!
Geschichtenerzähler(in) *m(f)* conteur(-euse) *m(f)*
geschichtlich [gəˈʃɪçtlɪç] *adj* historique
Geschichtsbuch *nt* livre *m* d'histoire **Geschichtsschreibung** *f* historiographie *f*
Geschick[1] [gəˈʃɪk] <-s> *nt* habileté *f*
Geschick[2] [gəˈʃɪk] <-[e]s, -e> *nt geh* (*Schicksal*) destin *m*
Geschicklichkeit <-> *f* habileté *f*
geschickt I. *adj* adroit(e) II. *adv* **sich ~ anstellen** [savoir] bien se débrouiller
Geschicktheit *s.* **Geschicklichkeit**
geschieden [gəˈʃiːdən] I. *PP von* **scheiden** II. *adj* divorcé(e)
Geschiedene(r) *f(m) dekl wie adj* divorcé(e) *m(f);* **ihr ~r/seine ~** *fam* son ex
geschieht [gəˈʃiːt] *3. Pers Präs von* **geschehen**
geschienen [gəˈʃiːnən] *PP von* **scheinen**
Geschirr [gəˈʃɪr] <-[e]s, -e> *nt* ❶ vaisselle *f;* (*Service*) service *m* ❷ (*Riemenzeug*) *von Zugtieren* harnais *m*
Geschirrschrank *m* vaisselier *m*
Geschirrspüler <-s, -> *m fam,* **Geschirrspülmaschine** *f* lave-vaisselle *m inv*
Geschirrspülmittel *nt* produit *m* [pour la] vaisselle **Geschirrtuch** <-tücher> *nt* torchon *m*
geschissen [gəˈʃɪsən] *PP von* **scheißen**
geschlafen *PP von* **schlafen**
geschlagen [gəˈʃlaːgən] *PP von* **schlagen**
Geschlecht [gəˈʃlɛçt] <-[e]s, -er> *nt* ❶ *kein Pl* (*geschlechtliche Zugehörigkeit*) sexe *m;* **beiderlei ~s** des deux sexes ❷ GRAM genre *m* ❸ (*Sippe*) famille *f* ❹ (*Generation*) génération *f* ▶ **das schwache/starke ~** *hum fam* le sexe faible/fort
geschlechtlich *adj* sexuel(le); *Fortpflanzung* sexué(e)
Geschlechtsakt *m* acte *m* sexuel **Geschlechtshormon** *nt* hormone *f* sexuelle **Geschlechtskrankheit** *f* maladie *f* vénérienne
geschlechtslos *adj* asexué(e)
Geschlechtsmerkmal *nt* caractères *mpl* sexuels **Geschlechtsorgan** *nt* organe *m* génital **geschlechtsreif** *adj* formé(e); *Mädchen* nubile **Geschlechtsreife** *f* maturité *f* sexuelle **Geschlechtsteil** *nt* sexe *m* **Geschlechtstrieb** *m* instinct *m* sexuel **Geschlechtsverkehr** *m* rapports *mpl* sexuels
geschlichen [gəˈʃlɪçən] *PP von* **schleichen**
geschliffen [gəˈʃlɪfən] *PP von* **schleifen**[2]
geschlossen [gəˈʃlɔsən] I. *PP von* **schließen** II. *adj* ❶ *Front* uni(e); *Ablehnung* général(e) ❷ *Schneedecke, Bebauung* homogène ❸ LING *Vokal* fermé(e) III. *adv befürworten, ablehnen* unanimement; **~ hinter jdm stehen** faire bloc derrière qn
Geschlossenheit <-> *f* (*Einigkeit*) unité *f*
geschlungen [gəˈʃlʊŋən] *PP von* **schlingen**
Geschmack [gəˈʃmak, *Pl:* gəˈʃmɛkə] <-[e]s, Geschmäcke *o hum fam* Geschmäcker> *m* goût *m;* **für meinen ~ zu mild** trop doux à mon goût; **~ haben** avoir du goût; **einen guten/schlechten ~ haben** avoir bon/mauvais goût ▶ **an etw** (*dat*) **~ finden** prendre goût à qc; **auf den ~ kommen** y prendre goût; **über ~ lässt sich nicht streiten** *prov* des goûts et des couleurs on ne discute pas
geschmacklich *adj* de goût
geschmacklos *adj* ❶ *Speise* fade ❷ (*taktlos*) de mauvais goût
Geschmacklosigkeit <-, -en> *f* ❶ *kein Pl* (*Mangel an Takt*) mauvais goût *m* ❷ (*taktlose Bemerkung*) incongruité *f*
Geschmacksfrage *f* question *f* de goût **geschmacksneutral** *adj* GASTR insipide **Geschmacksrichtung** *f* (*Aroma*) arôme *m* **Geschmackssache** *f kein Pl* affaire *f* de goût; **das ist reine ~** c'est une affaire de goût **Geschmackssinn** *m kein Pl* sens *m* du goût **Geschmacksverirrung** *pej* ▶ **unter ~ leiden** *fam* avoir un goût de chiotte **Geschmacksverstärker** *m* exhausteur *m* de goût
geschmackvoll I. *adj* de bon goût II. *adv* avec goût
geschmeidig [gəˈʃmaidɪç] I. *adj* ❶ sou-

G

ple; *Masse, Teig* malléable ❷ (*biegsam*) souple **II.** *adv sich bewegen* avec souplesse

Geschmeidigkeit <-> *f* ❶ souplesse *f; eines Teigs* malléabilité *f* ❷ (*Biegsamkeit*) souplesse *f*

Geschmier [gəˈʃmiːɐ̯] <-[e]s>, **Geschmiere** [gəˈʃmiːrə] <-s> *nt pej fam* (*unsauber Geschriebenes*) gribouillage *m*

geschmissen [gəˈʃmɪsən] *PP von* **schmeißen**

geschmolzen [gəˈʃmɔltsən] *PP von* **schmelzen**

G

Geschnatter [gəˈʃnatɐ] <-s> *nt fam* ❶ *von Gänsen* cris *mpl; von Enten* coin-coin *m* ❷ *fig, pej von Personen* caquetage *m*

Geschnetzelte(s) *nt dekl wie adj* émincé *m*

geschniegelt [gəˈʃniːgəlt] ▸ ~ **und gebügelt** *hum fam* propre sur lui/elle/...

geschnitten [gəˈʃnɪtən] *PP von* **schneiden**

geschoben [gəˈʃoːbən] *PP von* **schieben**

gescholten [gəˈʃɔltən] *PP von* **schelten**

geschönt [gəˈʃøːnt] *adj Statistik* maquillé(e)

Geschöpf [gəˈʃœpf] <-[e]s, -e> *nt* (*Person, Tier*) créature *f*

geschoren [gəˈʃoːrən] *PP von* **scheren**[1]

Geschoss[RR] [gəˈʃɔs] <-es, -e>, **Geschoß**[ALT] <-sses, -sse> *nt* ❶ (*Stockwerk*) étage *m;* **im ersten** ~ au premier étage ❷ MIL projectile *m*

geschossen [gəˈʃɔsən] *PP von* **schießen**

geschraubt *pej* **I.** *adj Stil* tarabiscoté(e) **II.** *adv reden* de manière tarabiscotée

Geschrei <-s> *nt* (*Lärm*) cris *mpl*

geschrieben [gəˈʃriːbən] *PP von* **schreiben**

geschrien *PP von* **schreien**

geschritten [gəˈʃrɪtən] *PP von* **schreiten**

geschunden [gəˈʃʊndən] *PP von* **schinden**

Geschütz [gəˈʃʏts] <-es, -e> *nt* MIL pièce *f* d'artillerie ▸ **schweres** ~ **auffahren** *fam* sortir la grosse artillerie

Geschützfeuer *nt kein Pl* feu *m* d'artillerie

geschützt *adj Standort, Art* protégé(e); *Name, Marke* déposé(e)

Geschützturm *m* MIL tourelle *f*

Geschwader [gəˈʃvaːdɐ] <-s, -> *nt von Flugzeugen* escadrille *f*

Geschwätz [gəˈʃvɛts] <-es> *nt pej fam* ❶ (*dummes Gerede*) conneries *fpl* ❷ (*Klatsch*) ragots *mpl* [de bonnes femmes]

geschwätzig [gəˈʃvɛtsɪç] *adj pej* bavard(e)

Geschwätzigkeit <-> *f pej* jacasserie *f*

geschweige [gəˈʃvaigə] *konj* et encore moins

geschwiegen [gəˈʃviːgən] *PP von* **schweigen**

geschwind [gəˈʃvɪnt] *adj* SDEUTSCH rapide

Geschwindigkeit [gəˈʃvɪndɪçkait] <-, -en> *f* vitesse *f*

Geschwindigkeitsbeschränkung *f* limitation *f* de vitesse **Geschwindigkeitsüberschreitung** *f* excès *m* de vitesse

Geschwister [gəˈʃvɪstɐ] *Pl* frères et sœurs *mpl*

Geschwisterpaar *nt* **das** ~ le frère et la sœur

geschwollen [gəˈʃvɔlən] **I.** *PP von* **schwellen** **II.** *adj pej Ausdrucksweise* ronflant(e) **III.** *adv pej* d'une manière pompeuse

geschwommen [gəˈʃvɔmən] *PP von* **schwimmen**

geschworen [gəˈʃvoːrən] *PP von* **schwören**

Geschworene(r) *f(m) dekl wie adj* juré(e) *m(f)*

Geschworenenbank <-bänke> *f* banc *m* des jurés **Geschworenengericht** *nt* [cour *f* d']assises *fpl*

Geschwulst [gəˈʃvʊlst, *Pl:* gəˈʃvʏlstə] <-, Geschwülste> *f* tumeur *f*

geschwunden [gəˈʃvʊndən] *PP von* **schwinden**

geschwungen [gəˈʃvʊŋən] **I.** *PP von* **schwingen** **II.** *adj Linie* courbe

Geschwür [gəˈʃvyːɐ̯] <-s, -e> *nt* abcès *m;* (*Magengeschwür*) ulcère *m*

gesegnet *adj geh* ~**e Mahlzeit!** bon appétit!; ~**e Weihnachten!** joyeux Noël!; **ein** ~**es neues Jahr!** bonne année!

gesehen *PP von* **sehen**

Geselchte(s) *nt dekl wie adj* SDEUTSCH, A viande *f* fumée

Geselle [gəˈzɛlə] <-n, -n> *m* ❶ (*Handwerksgeselle*) compagnon *m* ❷ (*Kerl*) gaillard *m;* **ein lustiger** ~ un gai luron

gesellen* [gəˈzɛlən] *vr geh* **sich zu jdm** ~ se joindre à qn

Gesellenbrief *m* brevet *m* d'apprentissage **Gesellenprüfung** *f* [examen *m* du] certificat *m* d'aptitude professionnelle **Gesellenstück** *nt* ouvrage *m* de compagnon

gesellig **I.** *adj Person* sociable; *Runde* entre amis **II.** *adv zusammensitzen* entre amis

Geselligkeit <-> *f* convivialité *f*

Gesellin [gəˈzɛlɪn] <-, -nen> *f* compagnon *m*

Gesellschaft [gəˈzɛlʃaft] <-, -en> *f* ① SOZIOL, ÖKON société *f* ② (*Fest*) réception *f;* **geschlossene ~** réunion *f* privée ③ *kein Pl* (*Begleitung*) compagnie *f;* **jdm ~ leisten** tenir compagnie à qn

Gesellschafter(in) <-s, -> *m(f)* (*Teilhaber*) associé(e) *m(f)*

gesellschaftlich *adj* social(e)

Gesellschaftsanzug *m* habit *m* [de soirée]

gesellschaftsfähig *adj Person* sortable; *Benehmen* convenable **Gesellschaftskritik** *f* critique *f* sociale **Gesellschaftsordnung** *f* ordre *m* social **gesellschaftspolitisch** *adj* en matière de politique sociale **Gesellschaftsschicht** *f* couche *f* sociale **Gesellschaftsspiel** *nt* jeu *m* de société

gesessen [gəˈzɛsən] *PP von* **sitzen**

Gesetz [gəˈzɛts] <-es, -e> *nt* loi *f*

Gesetzblatt *nt* journal *m* officiel **Gesetzbuch** *nt* code *m;* **Bürgerliches ~** code *m* civil **Gesetzentwurf** *m* projet *m* de loi

Gesetzesbrecher(in) <-s, -> *m(f)* contrevenant(e) *m(f)*

Gesetzeshüter(in) *m(f) hum* gardien(ne) *m(f)* de la paix **Gesetzeskraft** *f* force *f* de loi; **~ erlangen** acquérir force de loi **Gesetzeslücke** *f* lacune *f* juridique **Gesetzesvorlage** *f s.* **Gesetzentwurf**

gesetzgebend *adj* législatif(-ive)

Gesetzgeber(in) *m(f)* législateur(-trice) *m(f)*

Gesetzgebung <-, -en> *f* législatif *m*

gesetzlich [gəˈzɛtslɪç] **I.** *adj* légal(e) **II.** *adv vorgeschrieben, anerkannt* par la loi

Gesetzlichkeit <-> *f* légalité *f*

gesetzlos *adj Zustand* anarchique

Gesetzlosigkeit <-, -en> *f* ① (*Missachtung der Gesetze*) non-respect *m* de la loi ② *kein Pl* (*Fehlen von Gesetzen*) anarchie *f*

gesetzmäßig **I.** *adj* légal(e); (*rechtmäßig*) légitime **II.** *adv* d'une manière légale

Gesetzmäßigkeit <-, -en> *f* légalité *f*

gesetzt [gəˈzɛtst] *adj* posé(e)

gesetzwidrig *adj* illégal(e) **Gesetzwidrigkeit** <-, -en> *f* illégalité *f*

Gesicht [gəˈzɪçt] <-[e]s, -er> *nt* ① visage *m* ② (*Erscheinungsbild*) *einer Stadt, Landschaft* physionomie *f* ▶ **jdm wie aus dem ~ geschnitten sein** être le portrait tout craché de qn; **jdm im ~ geschrieben stehen** être écrit sur le visage de qn; **sein wahres ~ zeigen** montrer son vrai visage; **etw zu ~ bekommen** [avoir l'occasion de] voir qc; **ein [langes] ~ machen** faire une tête d'enterrement; **jdm etw ins ~ sagen** dire qc à qn en face; **sein ~ verlieren/wahren** perdre/sauver la face

Gesichtsausdruck <-ausdrücke> *m* expression *f* [du visage] **Gesichtsfarbe** *f* teint *m* **Gesichtskreis** *m* champ *m* [visuel]

gesichtslos *adj pej Bauten* sans cachet

Gesichtsmaske *f* ① masque *m* ② (*Kosmetikprodukt*) masque *m* pour le visage **Gesichtspunkt** *m* point *m* de vue **Gesichtswasser** <-wässer> *nt* lotion *f* pour le visage **Gesichtszüge** *Pl* traits *mpl* [du visage]

Gesims [gəˈzɪms] <-es, -e> *nt* corniche *f*

Gesindel [gəˈzɪndəl] <-s> *nt pej* racaille *f*

gesinnt [gəˈzɪnt] *adj* **gleich ~** sympathisant; **jdm gut/übel ~ sein** être bien/mal intentionné à l'égard de qn

Gesinnung [gəˈzɪnʊŋ] <-, -en> *f* opinions *fpl*

Gesinnungsgenosse *m*, **-genossin** *f einer Person* ami(e) *m(f)* politique

gesinnungslos *adj, adv pej* sans scrupule

Gesinnungswandel *m* revirement *m* [d'opinion], volte-face *f inv*

gesittet [gəˈzɪtət] *adj Person* bien élevé(e); *Benehmen* correct(e)

Gesöff <-[e]s, -e> *nt pej sl* pisse *f* d'âne

gesoffen [gəˈzɔfən] *PP von* **saufen**

gesogen [gəˈzoːgən] *PP von* **saugen**

gesondert [gəˈzɔndɐt] *adj* séparé(e)

gesonnen [gəˈzɔnən] **I.** *PP von* **sinnen** **II.** *adj geh* (*gewillt*) **~ sein etw zu tun** être disposé à faire qc

gesotten [gəˈzɔtən] *PP von* **sieden**

gespalten [gəˈʃpaltən] *PP von* **spalten**

Gespann [gəˈʃpan] <-[e]s, -e> *nt* ① (*Zugtiere*) attelage *m* ② (*Wagen und Zugtiere*) équipage *m* ③ (*Paar*) paire *f*

gespannt [gəˈʃpant] **I.** *adj* ① *Zuhörer, Zuschauer* captivé(e); *Aufmerksamkeit* soutenu(e); *Erwartung* curieux(-euse) ② *Lage* tendu(e) **II.** *adv* attentivement

Gespanntheit <-> *f* (*Neugierigkeit*) curiosité *f;* (*gespannte Aufmerksamkeit*) impatience *f*

Gespenst [gəˈʃpɛnst] <-[e]s, -er> *nt* (*Geist*) fantôme *m*

gespenstisch **I.** *adj* fantomatique; *Ort, Ruhe* sinistre **II.** *adv* **~ aussehen** avoir un aspect sinistre

gespien *PP von* **speien**

gesponnen [gəˈʃpɔnən] *PP von* **spinnen**

Gespött [gəˈʃpœt] <-[e]s> *nt* raillerie *f* ▶ **sich zum ~ [der Leute] machen** se couvrir de ridicule

Gespräch [gəˈʃprɛːç] <-[e]s, -e> *nt* ❶ (*Unterhaltung*) conversation *f;* **mit jdm ins ~ kommen** entrer en conversation avec qn ❷ (*förmliche Unterredung*) entretien *m* ❸ *Pl* (*politische Verhandlung*) pourparlers *mpl* ❹ (*Telefongespräch*) communication *f* [téléphonique]

gesprächig [gəˈʃprɛːçɪç] *adj* loquace

Gesprächigkeit <-> *f* loquacité *f*

gesprächsbereit *adj* ouvert(e) à la discussion **Gesprächseinheit** *f* TELEC unité *f* **Gesprächspartner(in)** *m(f)* interlocuteur(-trice) *m(f)* **Gesprächsstoff** *m* sujet *m* de conversation **Gesprächstermin** *m* entretien *m*

gespreizt [gəˈʃpraɪtst] *pej* **I.** *adj* affecté(e) **II.** *adv* avec affectation

gesprenkelt [gəˈʃprɛŋkəlt] *adj* tacheté(e)

gesprochen [gəˈʃprɔxən] *PP von* **sprechen**

gesprossen [gəˈʃprɔsən] *PP von* **sprießen**

gesprungen [gəˈʃprʊŋən] *PP von* **springen**

Gespür [gəˈʃpyːɐ̯] <-s> *nt* flair *m;* **ein gutes ~ für etw haben** avoir une bonne intuition pour qc

gest. *adj Abk von* **gestorben** mort(e)

Gestalt [gəˈʃtalt] <-, -en> *f* ❶ (*Mensch*) créature *f* ❷ *pej* (*fragwürdiges Individuum*) individu *m* ❸ (*Wuchs*) silhouette *f* ❹ (*literarische, historische Figur*) personnage *m* ❺ (*äußere Form*) forme *f;* **~ annehmen** prendre corps; **in ~ von** sous la forme de

gestalten* [gəˈʃtaltən] **I.** *vt* ❶ organiser *Leben, Freizeit;* présenter *Unterricht, Text;* animer *Programm* ❷ *a.* ARCHIT, KUNST concevoir; (*konstruieren*) agencer; (*einrichten*) aménager; (*schmücken*) décorer **II.** *vr* **sich schwierig ~** s'avérer difficile

gestalterisch [gəˈʃtaltərɪʃ] *adj* de design; *Begabung, Talent* de créateur

Gestaltung <-, -en> *f* ❶ *des Lebens, der Freizeit* organisation *f; des Unterrichts, eines Textes* présentation *f; eines Programms* animation *f* ❷ *a.* ARCHIT, KUNST conception *f;* (*Einrichtung*) aménagement *m;* (*Dekoration*) décoration *f*

Gestammel [gəˈʃtaməl] <-s> *nt pej* bredouillement *m gén pl*

gestand *Imp von* **gestehen**

gestanden [gəˈʃtandən] *PP von* **stehen, gestehen**

geständig [gəˈʃtɛndɪç] *adj Angeklagter* qui avoue; **~ sein** avouer

Geständnis [gəˈʃtɛntnɪs] <-ses, -se> *nt* JUR aveux *mpl;* **ein ~ ablegen** passer aux aveux

Gestänge [gəˈʃtɛŋə] <-s, -> *nt eines Zelts* armature *f; einer Dampfmaschine* bielles *fpl*

Gestank [gəˈʃtaŋk] <-[e]s> *m* puanteur *f*

Gestapo [geˈstaːpo] <-> *f* NS *Abk von* **Geheime Staatspolizei** Gestapo *f*

gestatten* [gəˈʃtatən] *vt form* permettre; **jdm etw ~** permettre qc à qn; **~ Sie, dass ich rauche?** vous permettez que je fume?

Geste [ˈgɛstə] <-, -n> *f* (*Bewegung, Handlung*) geste *m*

Gesteck <-[e]s, -e> *nt* composition *f* florale

gestehen <gestand, gestanden> *vt* avouer *Fehler, Tat, Verbrechen;* **offen gestanden** à vrai dire

Gestein [gəˈʃtaɪn] <-[e]s, -e> *nt* roche *f*

Gestell [gəˈʃtɛl] <-[e]s, -e> *nt* ❶ (*Regalgestell*) étagère *f* ❷ (*Brillengestell*) monture *f* ❸ TECH (*Unterbau*) châssis *m;* (*Stütze*) support *m*

gestern [ˈgɛstɐn] *adv* hier; **~ Morgen/Mittag** hier matin/à midi; **~ vor einer Woche/acht Tagen** il y a eu une semaine/huit jours hier ▸ **er ist nicht von ~** *fam* il n'est pas né de la dernière pluie

gestiefelt ▸ **~ und gespornt** *hum fam* fin prêt(e)

gestiegen [gəˈʃtiːgən] *PP von* **steigen**

Gestik [ˈgɛstɪk, ˈgeːstɪk] <-> *f* gestes *mpl*

gestikulieren* [gɛstikuˈliːrən] *vi* gesticuler

Gestirn [gəˈʃtɪrn] <-[e]s, -e> *nt geh* constellation *f*

gestochen [gəˈʃtɔxən] *PP von* **stechen**

gestohlen [gəˈʃtoːlən] *PP von* **stehlen**

gestorben [gəˈʃtɔrbən] *PP von* **sterben**

gestört [gəˈʃtøːɐ̯t] *adj* ❶ (*nicht harmonisch*) en crise ❷ (*verwirrt*) caractériel(le)

gestoßen *PP von* **stoßen**

Gestotter [gəˈʃtɔtɐ] <-s> *nt pej fam* bégaiements *mpl*

Gesträuch <-[e]s, -e> *nt* buissons *mpl*

gestreift [gəˈʃtraɪft] *adj* rayé(e); **quer ~** à rayures horizontales

gestrichen [gəˈʃtrɪçən] **I.** *PP von* **streichen** **II.** *adj* **ein ~er Esslöffel Zucker** une cuillère rase de sucre

gestrig [ˈgɛstrɪç] *adj* **die ~e Zeitung** le journal d'hier

gestritten [gəˈʃtrɪtən] *PP von* **streiten**

Gestrüpp [gəˈʃtrʏp] <-[e]s, -e> *nt* broussailles *fpl*

Gestühl [gəˈʃtyːl] <-[e]s, -e> *nt* sièges *mpl*

gestunken [gəˈʃtʊŋkən] *PP von* **stinken**

Gestüt [gəˈʃtyːt] <-[e]s, -e> *nt* haras *m*
Gesuch [gəˈzuːx] <-[e]s, -e> *nt* requête *f;* **ein ~ einreichen** présenter une requête
gesucht [gəˈzuːxt] *adj* (*begehrt*) recherché(e)
Gesumm <-[e]s> *nt von Insekten* bourdonnement *m*
gesund [gəˈzʊnt] <-er *o* gesünder, -este *o* gesündeste> **I.** *adj* ① *a. fig Person, Firma* en bonne santé; *Organ, Wirtschaft* sain(e); *Herz* solide; *Gesichtsfarbe* frais(fraîche); *Appetit* bon(ne) *antéposé;* **wieder ~ werden** se rétablir ② (*gut für die Gesundheit*) sain(e); **Obst ist ~** les fruits sont bons pour la santé ③ *Misstrauen* de bon aloi, sain(e) ▶ **~ und munter** en pleine forme **II.** *adv leben, sich ernähren* sainement
gesunden* [gəˈzʊndən] *vi + sein geh Person:* recouvrir la santé; *Wirtschaft:* se rétablir
Gesundheit <-> *f* santé *f;* **bei guter ~** en bonne santé; **auf deine/Ihre ~!** à ta/votre santé!
gesundheitlich **I.** *adj* de santé **II.** *adv* **wie geht es Ihnen ~?** comment va la santé?
Gesundheitsamt *nt* services *mpl* d'hygiène **gesundheitsbewusst**RR *adj* **~ sein** surveiller sa santé **Gesundheitsreform** *f* réforme *f* de la santé publique **gesundheitsschädlich** *adj* dangereux(-euse) pour la santé **Gesundheitswesen** *nt kein Pl* santé *f* [publique] **Gesundheitszeugnis** *nt* certificat *m* médical **Gesundheitszustand** *m kein Pl* état *m* de santé
gesund|schlafen *vr irr* **sich ~** guérir en dormant **gesund|schreiben**RR *vt* **jdn ~** faire un certificat médical de reprise du travail à qn **gesund|schrumpfen** *vt fam* assainir *Unternehmen*
Gesundung <-> *f geh* guérison *f;* (*wirtschaftlich*) convalescence *f*
gesungen [gəˈzʊŋən] *PP von* **singen**
gesunken [gəˈzʊŋkən] *PP von* **sinken**
getan [gəˈtaːn] *PP von* **tun**
getigert *adj* tigré(e)
Getöse [gəˈtøːzə] <-s> *nt* fracas *m; des Verkehrs* vacarme *m; eines Wasserfalls* tumulte *m*
getragen [gəˈtraːgən] **I.** *PP von* **tragen** **II.** *adj Melodie* assez lent(e); *Rhythmus* modéré(e)
Getrampel <-s> *nt pej fam* piétinement *m*
Getränk [gəˈtrɛŋk] <-[e]s, -e> *nt* boisson *f*
Getränkeautomat *m* distributeur *m* de boissons
getrauen* *vr* **sich ~ etw zu tun** oser faire qc
Getreide [gəˈtraidə] <-s, -> *nt* céréales *fpl*
Getreide|an|bau *m kein Pl* culture *f* céréalière
getrennt [gəˈtrɛnt] **I.** *adj Haushalt, Zimmer* séparé(e) **II.** *adv leben* séparément; *schreiben* en deux mots
getreten *PP von* **treten**
getreu [gəˈtrɔy] **I.** *adj geh* fidèle **II.** *präp + dat* **~ unserer Abmachung** conformément à notre convention
Getriebe [gəˈtriːbə] <-s, -> *nt* TECH boîte *f* de vitesses
getrieben [gəˈtriːbən] *PP von* **treiben**
Getriebeschaden *m* détérioration *f* de l'engrenage
getroffen [gəˈtrɔfən] *PP von* **treffen, triefen**
getrogen [gəˈtroːgən] *PP von* **trügen**
getrost [gəˈtroːst] *adv* **sich ~ auf jdn verlassen können** pouvoir compter sur qn en toute tranquillité
getrunken [gəˈtrʊŋkən] *PP von* **trinken**
Getto [ˈgɛto] <-s, -s> *nt* ghetto *m*
Getue [gəˈtuːə] <-s> *nt pej fam* chiqué *m;* **dieses alberne ~** ces chichis *mpl*
Getümmel <-s> *nt* cohue *f*
getüpfelt [gəˈtʏpfəlt] *adj,* **getupft** [gəˈtʊpft] *adj* à pois
Getuschel <-s> *nt pej fam* messes *fpl* basses
geübt [gəˈʔyːpt] *adj Fahrer, Griff* expert(e); **in etw** (*dat*) **~ sein** être expert dans qc
GEW [geːˈeːˈveː] <-> *f Abk von* **Gewerkschaft Erziehung und Wissenschaft** *syndicat des enseignants allemands*
Gewächs [gəˈvɛks] <-es, -e> *nt* ① (*Pflanze*) plante *f* ② MED excroissance *f*
gewachsen [gəˈvaksən] **I.** *PP von* **wachsen**[1] **II.** *adj* **jdm ~ sein** pouvoir se mesurer à qn; **einer S.** (*dat*) **~ sein** être à la hauteur de qc
Gewächshaus *nt* serre *f*
gewagt [gəˈvaːkt] *adj* osé(e); (*gefährlich*) risqué(e)
gewählt [gəˈvɛːlt] **I.** *adj Ausdrucksweise* choisi(e) **II.** *adv sich ausdrücken* en termes choisis
Gewähr [gəˈvɛːɐ̯] <-> *f* garantie *f;* **für etw keine ~ übernehmen** ne pas garantir qc; **ohne ~** sous réserve d'erreur
gewahr *adj geh* **einer S.** (*gen*) **~ werden** s'apercevoir de qc
gewähren* [gəˈvɛːrən] **I.** *vt* ① accorder *Kredit, Rabatt* ② (*zuteilwerden lassen*)

apporter **II.** *vi geh* **jdn ~ lassen** laisser faire qn

gewährleisten* *vt* garantir; **jdm etw ~** garantir qc à qn

Gewährleistung *f* garantie *f*

Gewahrsam [gəˈvaːɐ̯zaːm] <-s> *m* ❶ (*Verwahrung*) **etw in ~ nehmen** prendre qc en garde ❷ (*Haft*) garde *f*; **sich in [polizeilichem] ~ befinden** être détenu

Gewährsmann <-männer *o* -leute> *m* informateur(-trice) *m(f)*

Gewährung <-, -en> *f* octroi *m*

Gewalt [gəˈvalt] <-, -en> *f* ❶ (*Herrschaft*) pouvoir *m*; **elterliche ~** autorité *f* parentale; **jdn in seiner ~ haben** tenir qn à sa merci; **die ~ über etw verlieren** (*akk*) perdre le contrôle de qc ❷ *kein Pl* (*gewaltsames Vorgehen*) violence *f*; **~ anwenden** recourir à la force ❸ *kein Pl* (*Heftigkeit*) violence *f* ▶ **das ist höhere ~** c'est un cas de force majeure; **sich in der ~ haben** être maître de soi; **mit ~** par la force; (*unbedingt*) à tout prix

Gewaltakt *m* acte *m* de violence **Gewaltanwendung** *f* recours *m* à la violence **Gewaltausbruch** *m* irruption *f* de violence **Gewaltenteilung** *f kein Pl* POL séparation *f* des pouvoirs

gewaltfrei *adj* non-violent(e)

Gewaltherrschaft *f kein Pl* despotisme *m*

gewaltig [gəˈvaltɪç] **I.** *adj* ❶ (*heftig*) violent(e), grande *antéposé* ❷ *Bauwerk, Menge* énorme; *Anblick* impressionnant(e) **II.** *adv fam* drôlement

gewaltlos I. *adj* non-violent(e) **II.** *adv* sans violence; *demonstrieren* pacifiquement

Gewaltlosigkeit <-> *f* non-violence *f*

Gewaltmarsch *m* marche *f* forcée **Gewaltmaßnahme** *f* mesure *f* violente

gewaltsam [gəˈvaltzaːm] **I.** *adj Tod* violent(e) **II.** *adv durchsetzen* par la force; **etw ~ öffnen** forcer qc

Gewalttat *f* acte *m* de violence **Gewalttäter(in)** *m(f)* criminel(le) *m(f)* **gewalttätig** *adj* violent(e) **Gewalttätigkeit** *f* violence *f* **Gewaltverbrechen** *nt* crime *m*; (*Mord*) crime *m* de sang **Gewaltverbrecher(in)** *m(f)* criminel(le) *m(f)* **Gewaltverzicht** *m* non-belligérance *f*

Gewaltverzichtsabkommen *nt* accord *m* de non-belligérance

Gewand [gəˈvant, *Pl:* gəˈvɛndɐ] <-[e]s, Gewänder> *nt geh* robe *f*

gewandt [gəˈvant] **I.** *PP von* **wenden** **II.** *adj Redner* habile; *Auftreten* aisé(e); *Bewegung* souple **III.** *adv auftreten* avec aisance

Gewandtheit <-> *f von Bewegungen* souplesse *f*

gewann [gəˈvan] *Imp von* **gewinnen**

gewärtig [gəˈvɛrtɪç] *adj geh* **einer S.** (*gen*) **~ sein** s'attendre à qc

Gewäsch [gəˈvɛʃ] <-[e]s> *nt pej fam* foutaises *fpl*

gewaschen *PP von* **waschen**

Gewässer [gəˈvɛsɐ] <-s, -> *nt* eaux *fpl*

Gewässerschutz *m* protection *f* des eaux

Gewebe [gəˈveːbə] <-s, -> *nt a.* ANAT tissu *m*

Gewehr [gəˈveːɐ̯] <-[e]s, -e> *nt* fusil *m*

Gewehrkolben *m* crosse *f* de fusil **Gewehrlauf** *m* canon *m* de fusil

Geweih [gəˈvai̯] <-[e]s, -e> *nt* bois *mpl*

Gewerbe [gəˈvɛrbə] <-s, -> *nt* (*Handwerk*) activité *f* artisanale; (*Handel*) activité commerciale; (*Industrie*) activité industrielle

Gewerbeaufsicht *f*, **Gewerbeaufsichtsamt** *nt* inspection *f* du Travail **Gewerbebetrieb** *m* (*Geschäft*) entreprise *f* commerciale **Gewerbegebiet** *nt* zone *f* industrielle **Gewerbeordnung** *f* (*Vorschriften für Handwerk/Handel/Industrie*) réglementation *f* de l'artisanat/du commerce/de l'industrie **Gewerbeschein** *m* licence *f* **Gewerbesteuer** *f* taxe *f* professionnelle

gewerbetreibend *adj* commerçant(e)

Gewerbetreibende(r) *f(m) dekl wie adj* (*Handwerker*) artisan(e) *m(f)*; (*Kaufmann*) commerçant(e) *m(f)*; (*Fabrikinhaber*) [petit(e)] industriel(le) *m*

Gewerbezweig *m* branche *f* d'activité

gewerblich [gəˈvɛrplɪç] **I.** *adj Ausbildung* technique; *Nutzung* à des fins professionnelles **II.** *adv nutzen* à des fins professionnelles

gewerbsmäßig *adv* à titre professionnel

Gewerkschaft [gəˈvɛrkʃaft] <-, -en> *f* syndicat *m*

Gewerkschaft[l]er(in) <-s, -> *m(f)* syndicaliste *mf*

gewerkschaftlich **I.** *adj* syndical(e) **II.** *adv* au niveau syndical

Gewerkschaftsbund *m* confédération *f* syndicale **Gewerkschaftsmitglied** *nt* syndiqué(e) *m(f)*

gewesen [gəˈveːzən] *PP von* **sein**[1]

gewichen [gəˈvɪçən] *PP von* **weichen**

Gewicht [gəˈvɪçt] <-[e]s, -e> *nt* ❶ *kein Pl* (*Schwere, Körpergewicht*) poids *m* ❷ (*Metallstück*) poids *m*; SPORT haltères *fpl*

▶ **ins ~ /nicht ins ~ fallen** avoir de l'importance/n'avoir aucune importance
gewichten* *vt* évaluer *Fakten, Projekte*
Gewichtheben <-s> *nt* SPORT haltérophilie *f* **Gewichtheber(in)** <-s, -> *m(f)* haltérophile *mf*
gewichtig [gə'vɪçtɪç] *adj* ① *hum* (*schwer*) fort(e), corpulent(e) ② (*bedeutsam*) important(e)
Gewichtsabnahme *f* perte *f* de poids **Gewichtsklasse** *f* catégorie *f* **Gewichtsverlust** *m* perte *f* de poids **Gewichtszunahme** *f* prise *f* de poids
gewieft [gə'vi:ft] *fam* **I.** *adj* roublard(e) **II.** *adv* de manière roublarde
gewiesen [gə'vi:zən] *PP von* **weisen**
gewillt [gə'vɪlt] *adj* **~ sein etw zu tun** être disposé à faire qc
Gewimmel [gə'vɪməl] <-s> *nt* grouillement *m*
Gewimmer <-s> *nt* gémissements *mpl*
Gewinde [gə'vɪndə] <-s, -> *nt* filetage *m*
Gewindebohrer *m* taraud *m*
Gewinn [gə'vɪn] <-[e]s, -e> *m* ① (*Profit*) bénéfice *m;* **etw mit ~ verkaufen** vendre qc avec bénéfices; **viel/einen ordentlichen ~ bringen** rapporter beaucoup/pas mal ② (*Preis*) gain *m;* (*Treffer*) numéro *m* gagnant; **einen ~ machen** gagner [à la loterie] ③ *kein Pl* (*Vorteil*) enrichissement *m*
Gewinnanteil *m* part *f* de bénéfice **Gewinnbeteiligung** *f* participation *f* aux bénéfices
gewinnbringend **I.** *adj Geschäft* rentable; *Geldanlage* lucratif(-ive); *Verkauf* avantageux(-euse) **II.** *adv wirtschaften* de façon rentable; *anlegen* lucrativement; *verkaufen* avantageusement
gewinnen [gə'vɪnən] <gewann, gewonnen> **I.** *vt* ① gagner *Preis, Prozess, Krieg;* remporter *Spiel, Meisterschaft* ② (*überreden*) **jdn als Mitarbeiter ~** gagner qn comme collaborateur; **jdn für eine Idee ~** gagner qn à une idée ③ (*erzeugen*) **Kohle/Erz ~** extraire du charbon/du minerai; **etw aus etw ~** tirer qc de qc ▶ **wie gewonnen, so zerronnen** *prov* argent vite gagné sera vite envolé **II.** *vi* ① (*siegen*) gagner ② (*Gewinn bringen*) *Los, Zahlen:* être gagnant ③ (*zunehmen*) **an Sicherheit/Bedeutung ~** gagner en assurance/importance ④ (*besser wirken, aussehen*) **sie gewinnt durch ihre neue Frisur** sa nouvelle coiffure l'avantage
gewinnend *adj Art* engageant(e)
Gewinner(in) <-s, -> *m(f)* gagnant(e) *m(f);* MIL vainqueur *mf*
Gewinnlos *nt* billet *m* gagnant **Gewinnmarge** [-marʒə] <-, -n> *f* ÖKON marge *f* bénéficiaire **Gewinnquote** *f* cote *f* gagnante **Gewinnspanne** *f* marge *f* bénéficiaire **Gewinnsucht** *f kein Pl* cupidité *f* **gewinnsüchtig** *adj* cupide
Gewinnung *f* ① *von Rohstoffen* extraction *f* ② (*Erzeugung*) production *f*
Gewinnzahl *f* numéro *m* gagnant
Gewinsel [gə'vɪnzəl] <-s> *nt eines Tieres* gémissements *mpl; einer Person* geignements *mpl*
Gewirr [gə'vɪr] <-[e]s> *nt* ① (*Knäuel*) enchevêtrement *m* ② *fig* (*Stimmengewirr*) brouhaha *m*
gewiss[RR], **gewiß**[ALT] [gə'vɪs] **I.** *adj* ① *attr* (*nicht näher benannt*) certain(e) *antéposé* ② (*sicher*) sûr(e); **[sich** (*dat*)**] einer S.** (*gen*) **~ sein** être sûr de qc **II.** *adv* certainement; **aber ~!** mais bien sûr!
Gewissen [gə'vɪsən] <-s> *nt* conscience *f;* **ein schlechtes ~ haben** avoir mauvaise conscience; **sein ~ erleichtern** soulager sa conscience ▶ **jdn/etw auf dem ~ haben** avoir qn/qc sur la conscience; **jdm ins ~ reden** faire appel à la conscience de qn
gewissenhaft *adj* consciencieux(-euse)
Gewissenhaftigkeit <-> *f einer Person* conscience *f* [professionnelle]; *einer Ausführung* minutie *f*
gewissenlos **I.** *adj* sans scrupule **II.** *adv* sans aucun scrupule
Gewissenlosigkeit <-, -en> *f kein Pl* (*Skrupellosigkeit*) manque *m* de scrupules
Gewissensbisse *Pl* remords *mpl* **Gewissensfrage** *f* cas *m* de conscience **Gewissensfreiheit** *f* liberté *f* de conscience **Gewissensgründe** *Pl* raisons *fpl* de conscience **Gewissenskonflikt** *m* débat *m* de conscience
gewissermaßen *adv* en quelque sorte
Gewissheit[RR], **Gewißheit**[ALT] *f* certitude *f;* **sich** (*dat*) **~ über etw** (*akk*) **verschaffen** faire toute la lumière sur qc; **~ über etw** (*akk*) **haben** connaître avec certitude qc
Gewitter [gə'vɪtɐ] <-s, -> *nt* orage *m*
gewitterig *s.* **gewittrig**
gewittern* *vi unpers* **es gewittert** il fait de l'orage
Gewitterregen *m* averse *f* orageuse **Gewitterwolke** *f* nuage *m* orageux
gewittrig *adj* orageux(-euse)
gewitzt [gə'vɪtst] *adj* roué(e)

G

gewoben [gə'vo:bən] *PP von* **weben**

gewogen [gə'vo:gən] **I.** *PP von* **wiegen**[1] **II.** *adj geh* **jdm/einer S. ~ sein** être dévoué à qn/qc

gewöhnen* [gə'vø:nən] **I.** *vt* habituer; **jdn an etw** (*akk*) **~** habituer qn à qc; **an jdn/etw gewöhnt sein** être habitué à qn/qc **II.** *vr* **sich an jdn/etw ~** s'habituer à qn/qc

Gewohnheit [gə'vo:nhait] <-, -en> *f* habitude *f;* **aus ~** par habitude

gewohnheitsmäßig *adv* par habitude **Gewohnheitsrecht** *nt* (*Recht*) droit *m* d'usage **Gewohnheitssache** *f* question *f* d'habitude **Gewohnheitstier** *nt hum fam* **ein ~ sein** être esclave de ses habitudes **Gewohnheitstrinker(in)** *m(f)* buveur *m* invétéré/buveuse *f* invétérée

gewöhnlich [gə'vø:nlɪç] **I.** *adj* ① (*üblich*) habituel(le) ② (*durchschnittlich*) ordinaire ③ *pej* (*ordinär*) vulgaire **II.** *adv* ① **wie ~** comme d'habitude ② *pej* (*ordinär*) de manière ordinaire

gewohnt [gə'vo:nt] *adj Stunde, Zeit* habituel(le); *Umgebung* familier(-ière); **etw ~ sein** être habitué à qc; **es ~ sein, etw zu tun/, dass** avoir l'habitude de faire qc/que + *subj*

Gewöhnung [gə'vø:nʊŋ] <-> *f* accoutumance *f;* **~ an etw** (*akk*) accoutumance à qc

gewöhnungsbedürftig *adj* à quoi il faut s'habituer

Gewölbe [gə'vœlbə] <-s, -> *nt* ① (*Gewölbedecke*) voûte *f* ② (*Raum*) cave *f* voûtée

gewölbt [gə'vœlpt] *adj Decke* voûté(e)

gewollt **I.** *adj* intentionnel(le) **II.** *adv* délibérément

gewonnen [gə'vɔnən] *PP von* **gewinnen**

geworben [gə'vɔrbən] *PP von* **werben**

geworden [gə'vɔrdən] *PP von* **werden**

geworfen [gə'vɔrfən] *PP von* **werfen**

gewrungen [gə'vrʊŋən] *PP von* **wringen**

Gewühl [gə'vy:l] <-[e]s> *nt* (*Gedränge*) cohue *f*

gewunden [gə'vʊndən] **I.** *PP von* **winden** **II.** *adj Flusslauf, Weg* sinueux(-euse)

gewunken [gə'vʊŋkən] *fam PP von* **winken**

Gewürz [gə'vʏrts] <-es, -e> *nt* épice *f;* (*Gewürzmischung*) condiment *m*

Gewürzgurke *f* cornichon *m* à la russe **Gewürznelke** *f* clou *m* de girofle

gewusst[RR], **gewußt**[ALT] [gə'vʊst] *PP von* **wissen**

Geysir ['gaizɪɐ] <-s, -e> *m* geyser *m*

gez. *adj Abk von* **gezeichnet** *s.* **zeichnen**

gezackt [gə'tsakt] *adj Blatt* crénelé(e); *Hahnenkamm* dentelé(e)

gezahnt [gə'tsa:nt], **gezähnt** [gə'tsɛ:nt] *adj Blatt, Briefmarke* dentelé(e); *Maschinenrad* denté(e)

Gezanke [gə'tsaŋkə] <-s> *nt pej fam* chamailleries *fpl*

Gezeiten [gə'tsaitən] *Pl* marées *fpl*

Gezeitenkraftwerk *nt* usine *f* marémotrice **Gezeitenwechsel** *m* changement *m* de marée

Gezeter [gə'tse:tɐ] <-s> *nt fam* braillements *mpl*

gezielt [gə'tsi:lt] **I.** *adj* ciblé(e) **II.** *adv* de façon ciblée

geziemen* [gə'tsi:mən] *vr geh* **es geziemt sich für jdn, etw zu tun** il sied à qn de faire qc

geziemend *geh adv* comme il se doit

geziert *pej* **I.** *adj* affecté(e) **II.** *adv* avec affectation

gezogen [gə'tso:gən] *PP von* **ziehen**

Gezwitscher [gə'tsvɪtʃɐ] <-s> *nt* gazouillement *m*

gezwungen [gə'tsvʊŋən] **I.** *PP von* **zwingen** **II.** *adj Benehmen* contraint(e); *Lachen* forcé(e) **III.** *adv* **ihr Lachen wirkt etwas ~** elle a un rire un peu forcé

gezwungenermaßen *adv* contraint(e) et forcé(e)

ggf. *adv Abk von* **gegebenenfalls**

Ghetto *s.* **Getto**

gibt [gi:pt] *3. Pers Präs von* **geben**

Gicht [gɪçt] <-> *f* goutte *f*

Giebel ['gi:bəl] <-s, -> *m* pignon *m*

Giebeldach *nt* toit *m* à pignon **Giebelfenster** *nt* fenêtre *f* du pignon

Gier [gi:ɐ] <-> *f* ① (*maßloses Verlangen*) avidité *f;* (*Essgier*) voracité *f* ② (*Geldgier*) cupidité *f*

gieren ['gi:rən] *vi* avoir une envie folle; **nach etw ~** avoir une envie folle de qc

gierig **I.** *adj Person, Blick* avide **II.** *adv essen, trinken* avec avidité

gießen ['gi:sən] <goss, gegossen> **I.** *vt* ① arroser *Pflanzen* ② (*schütten*) **Wasser auf/über etw** (*akk*) **~** verser de l'eau dans/sur qc ③ (*herstellen, formen*) **etw in Bronze ~** couler qc en bronze **II.** *vi unpers fam* **es gießt** il tombe des cordes

Gießer(in) <-s, -> *m(f)* fondeur(-euse) *m(f)*

Gießerei [gi:sə'rai] <-, -en> *f* fonderie *f*

Gießkanne *f* arrosoir *m*

Gift [gɪft] <-[e]s, -e> *nt* poison *m; einer*

Schlange venin *m* ▶ **darauf kannst du ~ nehmen** *fam* tu peux en être sûr

Giftgas *nt* gaz *m* toxique **giftgrün** *adj* d'un vert criard

gifthaltig *adj* vénéneux(-euse)

giftig ['gɪftɪç] *adj* ❶ *Schlange* venimeux(-euse); *Pflanze* vénéneux(-euse); *Chemikalie, Stoff* toxique ❷ *fam Person, Bemerkung* venimeux(-euse)

Giftigkeit <-> *f* ❶ *einer Substanz* toxicité *f* ❷ *fam einer Person* méchanceté *f*

Giftmischer(in) <-s, -> *m(f)* empoisonneur(-euse) *m(f)* **Giftmüll** *m* déchets *mpl* toxiques **Giftpilz** *m* champignon *m* vénéneux **Giftschlange** *f* serpent *m* venimeux **Giftstoff** *m* substance *f* toxique **Giftzwerg(in)** *m(f) pej fam* nabot(e) *m(f)* malfaisant(e)

Gigabyte ['gi:gabait] *nt* INFORM gigaoctet *m*

Gigant(in) [gi'gant] <-en, -en> *m(f)* géant(e) *m(f)*

gigantisch [gi'gantɪʃ] *adj* ❶ gigantesque ❷ *fam* (*sehr gut*) géant(e)

gigantomanisch [giganto'ma:nɪʃ] *adj* frappé(e) de gigantisme

Gigolo ['ʒi:golo, 'ʒɪgolo] <-s, -s> *m* gigolo *m* (*fam*)

Gilde ['gɪldə] <-, -n> *f* HIST guilde *f*

gilt [gɪlt] *3. Pers Präs von* **gelten**

Gin [dʒɪn] <-s, -s> *m* gin *m*

ging [gɪŋ] *Imp von* **gehen**

Ginster ['gɪnstɐ] <-s, -> *m* genêt *m*

Gipfel ['gɪpfəl] <-s, -> *m* ❶ (*Bergspitze*) sommet *m* ❷ (*Zenit*) *des Glücks* comble *m; einer Karriere* sommet *m* ❸ (*Gipfelkonferenz*) sommet *m* ▶ **das ist der ~!** *fam* c'est le comble!

Gipfelkonferenz *f* conférence *f* au sommet

gipfeln *vi* atteindre son apogée; **in etw** (*dat*) ~ atteindre son apogée dans qc

Gipfelpunkt *m* ❶ *einer Flugbahn* sommet *m* ❷ (*Höhepunkt*) apogée *m* **Gipfelstürmer(in)** *m(f) euph fam* battant(e) *m(f)* **Gipfeltreffen** *nt* rencontre *f* au sommet

Gips [gɪps] <-es, -e> *m* ❶ plâtre *m;* **den Fuß in ~ haben** avoir le pied dans le plâtre ❷ MINER gypse *m*

Gipsabdruck <-abdrücke> *m* empreinte *f* **Gipsbein** *nt fam* jambe plâtrée *f*

gipsen *vt* MED *fam* plâtrer

Gipser(in) <-s, -> *m(f)* plâtrier(-ière) *m(f)*

Gipsfigur *f* statue[tte *f*] *f* en plâtre **Gipsverband** *m* plâtre *m*

Giraffe [gi'rafə] <-, -n> *f* girafe *f*

girieren* [ʒi'ri:rən] *vt* ÖKON endosser *Scheck, Wechsel*

Girlande [gɪr'landə] <-, -n> *f* guirlande *f*

Girlie ['gœrli] <-s, -s> *nt* girlie *f*

Giro ['ʒi:ro] <-s, -s *o* A Giri> *nt* virement *m*

Girokonto *nt* compte *m* courant

Gis [gɪs] <-, -> *nt* sol *m* dièse

Gischt [gɪʃt] <-[e]s, -e> *m,* <-, -en> *f* écume *f*

Gitarre [gi'tarə] <-, -n> *f* guitare *f;* ~ **spielen** jouer de la guitare

Gitarrist(in) <-en, -en> *m(f)* guitariste *mf*

Gitter ['gɪtɐ] <-s, -> *nt* ❶ (*Metallgitter*) grille *f* ❷ (*Holzgitter*) treillage *m* ❸ GEOG, MATH quadrillage *m* ❹ PHYS, CHEM structure *f* ▶ **hinter ~ /~n** *fam* derrière les barreaux

Gitterfenster *nt* fenêtre *f* à barreaux **Gitterrost** *m* grille *f*

Glaceehandschuh[RR], **Glacéhandschuh** [gla'se:hantʃu:] *m* gant *m* en chevreau glacé ▶ **jdn/etw mit ~en anfassen** *fam* prendre des gants avec qn/pour qc

Gladiator [gla'dia:to:ɐ] <-s, -toren> *m* gladiateur *m*

Gladiole [gla'dio:lə] <-, -n> *f* glaïeul *m*

Glamour ['glɛmɐ] *m o nt kein Pl* **einer Sache ~ verleihen** glamouriser qc

Glanz [glants] <-es> *m* ❶ *von Haaren, Augen, Perlen* brillant *m; einer Fläche, von Sternen, Schuhen* éclat *m* ❷ (*Pracht*) magnificence *f*

glänzen ['glɛntsən] *vi* ❶ briller; *Möbel, Schuhe:* reluire; *Sterne:* scintiller; *Fläche:* miroiter ❷ (*sich hervortun*) **durch Wissen ~** briller par son savoir

glänzend ['glɛntsənt] **I.** *adj* ❶ brillant(e); *Möbel, Schuhe* reluisant(e); *Fläche* miroitant(e) ❷ *Aussehen* superbe; *Einfall, Idee* brillant(e) **II.** *adv bestehen, spielen* superbement

Glanzleistung *f* brillante performance *f* **Glanzlicht** *nt* ▶ **einer S.** (*dat*) **~er aufsetzen** rehausser l'éclat de qc

glanzlos *adj Haare* terne; *Augen* éteint(e); *Oberfläche* mat(e)

Glanznummer *f* clou *m* **Glanzpapier** *nt* papier *m* glacé

glanzvoll *adj Auftritt, Vorführung* brillant(e); *Fest* somptueux(-euse)

Glanzzeit *f* **seine/ihre ~** l'époque *f* de sa splendeur

Glarus ['gla:rʊs] <-> *nt* Glaris

Glas [gla:s, *Pl:* 'glɛ:zɐ] <-es, Gläser> *nt* ❶ (*Trinkgefäß*) verre *m* ❷ (*Material*) verre *m* ❸ (*Konservenglas*) bocal *m;*

G

(*Honigglas, Marmeladenglas*) pot *m* ❹ (*Brillenglas*) verre *m* ▶ **ein ~ über den Durst trinken** boire un coup de trop; **zu tief ins ~ geschaut haben** *fam* avoir un verre dans le nez

Glasbläser(in) *m(f)* souffleur(-euse) *m(f)* de verre

Gläschen ['glɛːsçən] <-s, -> *nt Dim von* **Glas** petit verre *m*

Glascontainer *m* container *m* à verre **Glasdach** *nt* toit *m* vitré

Glaser(in) ['glaːzɐ] <-s, -> *m(f)* vitrier(-ière) *m(f)*

Glaserei [glaːzə'raj] <-, -en> *f* vitrerie *f*

G

gläsern ['glɛːzɐn] *adj* ❶ (*aus Glas*) de verre ❷ *fig* (*transparent*) transparent

Glasfaser *f meist Pl* fibre *f* de verre **Glasfaserkabel** *nt* TELEC câble *m* à fibres optiques **Glashaus** ▶ **wer [selbst] im ~ sitzt, soll nicht mit Steinen werfen** *prov* avant d'en remontrer aux autres, il faut balayer devant sa porte **Glashütte** *f* verrerie *f*

glasieren* [gla'ziːrən] *vt* ❶ émailler *Ziegel, Kacheln* ❷ napper *Kuchen*

glasig ['glaːzɪç] *adj* ❶ *Augen, Blick* vitreux(-euse) ❷ (*durchsichtig*) **die Zwiebeln ~ dünsten** faire blondir les oignons

Glaskeramikkochfeld *nt* table *f* de cuisson en vitrocéramique

glasklar I. *adj* limpide II. *adv fam beweisen* [très] clairement **Glasmalerei** *f* peinture *f* sur verre **Glasperle** *f* perle *f* en verre **Glasscheibe** *f* verre *m;* (*Fensterscheibe*) vitre *f* **Glasscherbe** *f* morceau *m* de verre **Glassplitter** *m* éclat *m* de verre **Glastür** *f* porte *f* vitrée

Glasur [gla'zuːɐ̯] <-, -en> *f* ❶ TECH glaçure *f* ❷ GASTR glaçage *m*

Glaswaren *Pl* verrerie *f* **Glaswolle** *f* laine *f* de verre

glatt [glat] <-er *o* glätter, -este *o* glätteste> I. *adj* ❶ *Fläche, Wasserfläche* plan(e) ❷ *Haut, Stoff, Oberfläche* lisse ❸ *Haare* raide; *Fell* lisse ❹ *Straße, Fußboden* glissant(e) ❺ *Landung* en douceur; *Ablauf, Verlauf* sans accroc ❻ *attr fam Verstoß, Bruch* type; *Betrug, Lüge, Unsinn* pur(e) *antéposé;* **ein ~er Betrag** un compte tout rond ❼ *pej Person* glissant(e) comme une anguille II. *adv* ❶ (*problemlos*) sans accroc ❷ *fam abstreiten, vergessen* carrément

glatt|bügeln *s.* **bügeln**

Glätte ['glɛtə] <-> *f* ❶ (*Glattheit*) *der Haut* douceur *f; der Haare* raideur *f; eines Fells* caractère *m* lisse ❷ (*Straßenglätte*) **aufgrund der ~ der Straße** en raison de la chaussée glissante

Glatteis *nt* verglas *m* ▶ **jdn aufs ~ führen** induire qn en erreur

Glätteisen *nt* ❶ CH (*Bügeleisen*) fer *m* à repasser ❷ (*für die Haare*) fer *m* à cheveux

glätten ['glɛtən] I. *vt* ❶ lisser *Haar;* défroisser *Banknote* ❷ (*besänftigen*) apaiser II. *vr* **sich ~** *Wogen:* s'apaiser

glatt|gehen *vi irr fam* marcher comme sur des roulettes **glattrasiert** *s.* **rasieren I.** **glatt|streichen** *s.* **streichen I.3**

glattweg *adv fam* carrément

Glatze ['glat͡sə] <-, -n> *f* calvitie *f;* **eine ~ bekommen/haben** devenir chauve/avoir une calvitie

Glatzkopf *m fam* ❶ (*Kopf*) boule *f* de billard ❷ (*Mensch*) crâne *m* d'œuf

glatzköpfig ['glat͡skœp͡fɪç] *adj* chauve; (*kahl geschoren*) à la tête rasée

Glaube ['glau̯bə] <-ns> *m* ❶ REL croyance *f;* **der christliche ~** la foi chrétienne; **evangelischen/jüdischen ~ns sein** être de confession protestante/juive ❷ (*Überzeugung*) foi *f;* **in dem ~n sein, dass** être persuadé que; **jdn in dem ~n [be]lassen, dass** laisser croire à qn que; **jdm/einer S. ~n/keinen ~n schenken** accorder un crédit/n'accorder aucun crédit à qn/qc; **in gutem ~n** de bonne foi

glauben ['glau̯bən] I. *vt* ❶ croire; **jdm etw ~** croire qc de qn; **~, dass** croire que; **das glaube ich dir nicht** je ne te crois pas; **es ist nicht zu ~** c'est à peine croyable; **ob du es glaubst oder nicht, ...** que tu me croies ou non ...; **das glaubst du doch selbst nicht!** *fam* tu n'y crois pas toi-même! ❷ (*vermuten*) **jdn in New York ~** croire qn à New York II. *vi* ❶ **jdm ~** croire qn ❷ *a.* REL **an jdn/etw ~** croire en qn/à qc ▶ **dran ~ müssen** *fam* (*sterben*) devoir y passer; (*ranmüssen*) être obligé de s'y mettre

Glauben *s.* **Glaube**

Glaubensbekenntnis *nt* (*Konfession*) confession *f* **Glaubensfreiheit** *f* liberté *f* de religion **Glaubensgemeinschaft** *f* communauté *f* religieuse **Glaubensgenosse** *m*, **-genossin** *f* REL coreligionnaire *mf*

glaubhaft I. *adj* digne de foi II. *adv* de façon convaincante

Glaubhaftigkeit <-> *f* crédibilité *f*

gläubig ['glɔybɪç] *adj* REL croyant(e)

Gläubige(r) *f(m) dekl wie adj* croyant(e) *m(f)*

Gläubiger(in) ['glɔybɪgɐ] <-s, -> *m(f)* créancier(-ière) *m(f)*

glaubwürdig *adj Person* crédible

Glaubwürdigkeit <-> *f* crédibilité *f*

gleich [glaiç] **I.** *adj* ① (*ähnlich, identisch*) même *antéposé;* **der ~e Kuli/Schlüssel** le même stylo à bille/la même clé; **er hat das Gleiche gesagt** il a dit la même chose; **ihr Männer seid doch alle ~!** vous, les hommes, vous êtes bien tous pareils!; **jdm an Mut/Schönheit ~ sein** égaler qn en courage/beauté ② MATH **zwei mal zwei ist ~ vier** deux fois deux égalent quatre ③ (*gleichgültig*) **das ist ihm/ihr völlig ~** cela lui est complètement égal; **ganz ~, wer das getan hat** peu importe qui a fait cela; **ganz ~, was er sagt** quoi qu'il dise; **es ist ihr ~, ob/wo ...** [savoir] si/où ... la laisse indifférente ▶**Gleich und Gleich gesellt sich gern** *prov* qui se ressemble s'assemble; **Gleiches mit Gleichem vergelten** rendre la pareille **II.** *adv* ① *behandeln, gekleidet* de la même façon; **~ groß/schwer sein** être de même taille/poids; **~ alt/stark sein** être du même âge/de force égale ② (*unmittelbar*) **~ neben/hinter der Kirche** juste à côté de/derrière l'église ③ (*in Kürze*) tout de suite; **es ist ~ sechs Uhr** il est bientôt six heures; **jetzt ~** dès maintenant; **~ heute** dès aujourd'hui; **~ nachdem sie gegangen war** juste après qu'elle soit partie; **~ danach** [*o* **darauf**] aussitôt après; **bis ~!** à tout de suite! ④ (*ohnehin*) **habe ich es nicht ~ gesagt!** c'est bien ce que j'avais dit! ⑤ (*eben*) **wie heißt sie** [**doch**] **~?** comment s'appelle-t-elle déjà? **III.** *präp + dat geh* **~ einem Kind** semblable à un enfant

gleichaltrig ['glaiçʔaltrɪç] *adj* du même âge

gleichartig *adj* de même nature

gleichauf *adv* **~ sein** [*o* **liegen**] *Läufer:* être au coude à coude; *Rennwagen, Rennpferde:* être sur la même ligne; **mit jdm ~ sein** [*o* **liegen**] (*wertungsgleich sein*) être à égalité avec qn

gleichbedeutend *adj* **mit etw ~ sein** équivaloir à qc

Gleichbehandlung *f* égalité *f* de traitement

gleichberechtigt *adj* égal(e) en droits

Gleichberechtigung *f* égalité *f* des droits

gleich|bleiben[ALT] *s.* **bleiben I.2**

gleichbleibend *s.* **bleibend 2**

gleichen ['glaiçən] <glich, geglichen> *vi* ressembler; **jdm/einer S. ~** ressembler à qn/qc; **sich** (*dat*) **~** se ressembler

gleichermaßen *adv* de la même façon

gleichfalls *adv* également; **danke ~!** merci pareillement!

gleichförmig **I.** *adj* *Verlauf* uniforme; *Struktur* homogène **II.** *adv* *verlaufen* unifor-

glauben

Glauben ausdrücken	*exprimer la croyance*
Ich glaube, dass er/sie die Prüfung bestehen wird.	*Je crois qu'il/qu'elle réussira l'examen.*
Ich glaube an den Sieg unserer Mannschaft.	*Je crois que notre équipe gagnera/va gagner.*
Ich halte diese Geschichte für wahr.	*Je pense que cette histoire est vraie.*
Vermutungen ausdrücken	*exprimer des hypothèses*
Ich vermute, er/sie wird nicht kommen.	*Je suppose qu'il/qu'elle ne viendra pas.*
Ich nehme an, dass er/sie mit seiner/ihrer neuen Arbeit zufrieden ist.	*Je présume/suppose qu'il/qu'elle est satisfait/satisfaite de son nouveau travail.*
Ich halte einen Börsenkrach in der nächsten Zeit für (durchaus) denkbar/möglich.	*Je considère qu'un krach boursier est (tout à fait) possible dans un avenir proche.*
Ich habe da so eine Ahnung.	*J'ai comme un pressentiment.*
Es kommt mir so vor, als würde er/sie uns irgendetwas verheimlichen.	*J'ai l'impression qu'il/qu'elle nous cache quelque chose.*
Ich habe da so den Verdacht, dass er/sie bei der Abrechnung einen Fehler gemacht hat.	*Je le/la soupçonne d'avoir fait une erreur dans les comptes.*
Ich habe das Gefühl, dass er/sie das nicht mehr lange mitmacht.	*J'ai le sentiment qu'il/qu'elle ne va plus tenir le coup longtemps.*

mément; *strukturiert, aufgebaut* de façon homogène

Gleichförmigkeit ['glaiçfœrmɪçkait] <-> *f* uniformité *f*

gleichgeschlechtlich *adj* ❶ (*homosexuell*) homosexuel(le) ❷ (*gleichgeschlechtig*) de même sexe **gleichgesinnt** *s.* **gesinnt Gleichgewicht** *nt kein Pl a. fig* équilibre *m;* **jdn aus dem ~ bringen** déséquilibrer qn; **das ~ verlieren** perdre l'équilibre

Gleichgewichtsstörung *f* trouble *m* de l'équilibre

G

gleichgültig *adj* ❶ *Person* indifférent(e); *Gesicht* impassible ❷ (*belanglos*) sans intérêt ❸ (*egal*) **jdm ~ sein** être indifférent à qn

Gleichgültigkeit ['glaiçgʏltɪçkait] *f* indifférence *f*

Gleichheit <-, -en> *f* ❶ (*Übereinstimmung*) similitude *f* ❷ (*gleiche Stellung*) **die ~ von Mann und Frau** l'égalité *f* de l'homme et de la femme

Gleichheitszeichen *nt* signe *m* d'égalité

gleich|kommen *vi irr + sein* ❶ égaler; **jdm/einer S. an Wichtigkeit ~** égaler qn/qc en importance ❷ (*gleichbedeutend sein*) **einer S.** (*dat*) **~** revenir à qc

gleichlautend *s.* **lauten 1**

gleich|machen *vt* niveler

gleichmäßig I. *adj* régulier(-ière) **II.** *adv atmen, sich bewegen* régulièrement; *auftragen* uniformément

Gleichmäßigkeit ['glaiçmɛːsɪçkait] *f* (*Regelmäßigkeit*) régularité *f*

Gleichmut *m* impassibilité *f*

gleichmütig ['glaiçmyːtɪç] *adj* impassible

gleichnamig ['glaiçnaːmɪç] *adj Person* du même nom; *Buch, Film* de même titre

Gleichnis ['glaiçnɪs] <-ses, -se> *nt* parabole *f*

Gleichrichter <-s, -> *m* ELEC redresseur *m*

gleichsam ['glaiçzaːm] *adv geh* pour ainsi dire; **~ als ob ...** tout comme si ...

gleich|schalten *vt pej* **gleichgeschaltet** mis(e) au pas **Gleichschritt** *m kein Pl* pas *m* cadencé; **im ~ marschieren** marcher au pas cadencé

gleichseitig ['glaiçzaitɪç] *adj Dreieck* équilatéral(e)

gleich|setzen *vt* ❶ (*vergleichen*) **Unsicherheit mit Unwissenheit ~** confondre manque d'assurance et ignorance ❷ (*als gleichwertig ansehen*) **die Jungen mit den Alten ~** mettre les jeunes et les vieux au même rang **Gleichstand** *m kein Pl* égalité *f* de score **gleich|stellen** *vt* mettre sur un pied d'égalité; **die Frauen den Männern ~** mettre les femmes et les hommes sur un pied d'égalité; **die Angestellten mit den Beamten ~** assimiler les employés aux fonctionnaires **Gleichstellung** *f kein Pl* égalité *f;* **die ~ der Frauen mit den Männern** l'égalité des femmes par rapport aux hommes **Gleichstrom** *m* courant *m* continu **gleich|tun** *vt irr, unpers* égaler; **es jdm in etw** (*dat*) **~** égaler qn en qc

Gleichung ['glaiçʊŋ] <-, -en> *f* équation *f*

gleichviel ['glaiçfiːl] *adv geh* qu'importe

gleichwertig *adj Ersatz* équivalent(e); *Gegner* de force égale

Gleichwertigkeit *f kein Pl eines Artikels* qualité *f* équivalente; **an der ~ der beiden Armeen sind Zweifel angebracht** on peut douter que les deux armées soient de force égale

gleichwohl [glaiç'voːl] *adv geh* néanmoins

gleichzeitig I. *adj Vorgänge* simultané(e); *Ereignisse* contemporain(e) **II.** *adv* (*zur gleichen Zeit*) en même temps

Gleichzeitigkeit <-> *f* simultanéité *f*

gleich|ziehen *vi irr fam* se hausser au niveau; **mit jdm in etw** (*dat*) **~** se hausser au niveau de qn pour qc

Gleis [glais] <-es, -e> *nt* voie *f;* **der Zug fährt auf ~ zwölf ein** le train entre en gare sur la voie douze ▶ **etw wieder ins [rechte] ~ bringen** remettre qc sur les rails

gleißend ['glaisənt] *adj geh* éblouissant(e)

Gleitboot ['glait-] *nt* hydroglisseur *m*

gleiten ['glaitən] <glitt, geglitten> *vi* ❶ *+ sein* (*schweben*) *Vogel, Segelflugzeug:* planer ❷ *+ sein* (*huschen*) **über etw** (*akk*) **~** *Blick, Lächeln:* glisser sur qc; **seine Hand über etw ~ lassen** passer sa main sur qc ❸ *+ sein* (*rutschen*) **ins Wasser/zu Boden ~** glisser dans l'eau/par terre

Gleitflug *m* vol *m* plané **Gleitmittel** *nt* lubrifiant *m* **Gleitschirm** *m* parapente *m*

Gleitschirmfliegen *nt* parapente *m*

Gleitsichtbrille *f* lunettes *fpl* à verres progressifs

Gleitzeit *f* (*opp: Kernzeit*) heures *fpl* mobiles

Gletscher ['glɛtʃɐ] <-s, -> *m* glacier *m*

Gletscherspalte *f* crevasse *f*

glich [glɪç] *Imp von* **gleichen**

Glied [gliːt] <-[e]s, -er> *nt* ❶ (*Körperteil*) membre *m* ❷ (*Fingerglied, Zehenglied*) phalange *f;* (*Kettenglied*) maillon *m* ❸ *fig einer Gesellschaft* membre *m* ❹ (*Penis*) membre *m* [viril]

gliedern ['gliːdɐn] **I.** *vt* diviser; **etw in verschiedene Abschnitte ~** diviser qc en plusieurs parties **II.** *vr* **sich in etw** (*akk*) ~ se diviser en qc

Gliederpuppe *f* poupée *f* articulée

Gliederung <-, -en> *f* ❶ *kein Pl* (*das Gliedern*) *eines Aufsatzes* division *f* ❷ (*Aufbau*) *einer Firma, Organisation* structure *f*; *eines Aufsatzes* plan *m*

Gliedmaßen ['gli:tma:sən] *Pl* membres *mpl*

glimmen ['glɪmən] <glomm, geglommen> *vi Licht, Asche:* rougeoyer

Glimmer <-s, -> *m geh* (*Schimmer*) lueur *f*

GlimmstängelRR *m hum fam* tige *f*

glimpflich ['glɪmpflɪç] **I.** *adj Ausgang, Verlauf* bénin(-igne); *Strafe* léger(-ère) **II.** *adv* (*ohne schlimme Folgen*) de façon bénigne; **du bist ~ davongekommen!** tu t'en es tiré(e) à bon compte!

glitschig ['glɪtʃɪç] *adj fam* glissant(e)

glitt [glɪt] *Imp von* **gleiten**

glitzern ['glɪtsɐn] *vi* scintiller

global [glo'ba:l] **I.** *adj* (*weltweit*) général(e) **II.** *adv* (*weltweit*) universellement

Globalisierung <-> *f* mondialisation *f*

Globalisierungsgegner(in) *m(f)* altermondialiste *mf*, antimondialiste *mf*

Globen *Pl von* **Globus**

Globetrotter(in) ['glo:bətrɔtɐ, 'glo:ptrɔtɐ] <-s, -> *m(f)* bourlingueur(-euse) *m(f)* (*fam*)

Globus ['glo:bʊs] <- *o* -ses, Globen *o* -se> *m* globe *m* [terrestre]

Glöckchen ['glœkçən] <-s, -> *nt Dim von* **Glocke** clochette *f*

Glocke ['glɔkə] <-, -n> *f* ❶ (*Kirchenglocke*) cloche *f* ❷ (*Läutwerk*) sonnerie *f*; (*Ladenglocke*) sonnette *f* ❸ (*Käseglocke*) cloche *f* [à fromage] ▶ **etw an die große ~ hängen** *fam* crier qc sur les toits

Glockenblume *f* campanule *f* [des murailles]

glockenförmig *adj Blüte* en forme de clochette

Glockengeläut[e] *nt* carillon *m* **Glockenschlag** *m* ▶ **mit dem ~** à l'heure sonnante **Glockenspiel** *nt* carillon *m* **Glockenturm** *m* clocher *m*

Glöckner(in) ['glœknɐ] <-s, -> *m(f)* sonneur(-euse) *m(f)* [de cloches]

glomm [glɔm] *Imp von* **glimmen**

Glorie ['glo:ri̯ə] <-> *f geh* gloire *f*

glorifizieren* [glorifi'tsi:rən] *vt* célébrer; **jdn als Helden ~** célébrer qn comme un héros

Glorifizierung <-, -en> *f* glorification *f*

glorreich ['glo:ɐ̯raɪ̯ç] *adj* glorieux(-euse)

Glossar [glɔ'sa:ɐ̯] <-s, -e> *nt* glossaire *m*

Glosse ['glɔsə] <-, -n> *f* commentaire *m* [succinct]

Glotzaugen *Pl fam* yeux *mpl* en boules de loto; **~ machen** faire des yeux *mpl* en boules de loto

Glotze ['glɔtsə] <-, -n> *f sl* téloche *f*

glotzen ['glɔtsən] *vi pej fam* reluquer

Glück [glʏk] <-[e]s> *nt* ❶ (*opp: Pech*) chance *f*; **jdm ~ bringen** porter chance à qn; **~/kein ~ haben** avoir de la/ne pas avoir de chance; **viel ~!** bonne chance!; **zum ~** par chance; **ein ~!** heureusement! ❷ (*Freude, Zufriedenheit*) bonheur *m* ▶ **jeder ist seines ~ es Schmied** *prov* chacun est l'artisan de son propre bonheur; **~ im Unglück haben** avoir de la chance dans son malheur; **auf gut ~** au petit bonheur [la chance] (*fam*); **von ~ sagen können, dass** pouvoir dire qu'il a eu de la chance que + *subj;* **noch nichts von seinem ~ wissen** *iron* (*nicht wissen, was bevorsteht*) ne pas savoir ce qui l'attend; **~ auf!** MIN salut!

Glucke ['glʊkə] <-, -n> *f* (*Henne mit Küken*) poule *f*; (*brütende Henne*) couveuse *f*

glücken ['glʏkən] *vi + sein Unternehmen, Plan:* réussir

gluckern ['glʊkɐn] *vi + haben* glouglouter (*fam*)

glücklich ['glʏklɪç] **I.** *adj* ❶ *Person, Zeit* heureux(-euse); *Gesicht, Lächeln* ravi(e); **sich ~ schätzen können** pouvoir s'estimer heureux(-euse) ❷ (*erfreulich, vom Glück begünstigt*) heureux(-euse) *antéposé* **II.** *adv leben* heureux(-euse); **~ verheiratet sein** être heureux en ménage

glücklicherweise *adv* par chance

glücklos *adj* malheureux(-euse)

Glücksbringer <-s, -> *m* porte-bonheur *m*

glückselig [glʏk'ze:lɪç] *adj Person* pleinement heureux(-euse) **Glückseligkeit** <-> *f* (*Zustand*) ravissement *m*

glucksen ['glʊksən] *s.* **gluckern**

Glücksfall *m* coup *m* de chance **Glücksgefühl** *nt* sentiment *m* de bonheur **Glücksgriff** *m* coup *m* de maître **Glückshormon** *nt* hormone *f* du bonheur **Glückskind** *nt fam* veinard(e) *m(f)* **Glückspilz** *m fam* **du ~!** quel(le) veinard(e)! **Glücksrad** *nt* roue *f* de la fortune

Glück[s]sache *f kein Pl* ▶ **reine ~ sein** être une pure question de chance

Glücksspiel *nt* jeu *m* de hasard **Glücks-**

G

spieler(in) *m(f)* joueur(-euse) *m(f)* [pour de l'argent] **Glückssträhne** *f* baraka *f* (*fam*); **eine ~ haben** avoir la baraka **Glückstag** *m* jour *m* de chance
glückstrahlend *adj* radieux(-euse)
Glückstreffer *m* coup *m* gagnant (*fam*) **Glückszahl** *f* chiffre *m* porte-bonheur
Glückwunsch *m* félicitation *f*; **herzlichen ~ zur bestandenen Prüfung!** toutes mes félicitations pour tes examens!; **herzlichen ~ zum Geburtstag!** bon anniversaire!
Glückwunschkarte *f* carte *f* de félicitations **Glückwunschtelegramm** *nt* télégramme *m* de félicitations
Glucose [glu'koːzə] *s.* **Glukose**
Glühbirne *f* ampoule *f*
glühen ['glyːən] *vi* ① (*glimmen*) être incandescent; *Docht, Zigarette:* rougeoyer ② (*sehr heiß sein*) être brûlant ③ *fig* **vor Erregung** (*dat*) **~** brûler d'excitation (*soutenu*)
glühend I. *adj* ① *Metall* incandescent(e); *Kohle* ardent(e) ② (*sehr heiß*) brûlant(e); **eine ~e Hitze** une fournaise ③ (*leidenschaftlich*) enflammé(e) II. *adv heiß* terriblement
Glühfaden *m* filament *m* **Glühlampe** *f* ampoule *f* électrique **Glühwein** *m* vin *m* chaud **Glühwürmchen** ['glyːvʏrmçən] *nt fam* ver *m* luisant
Glukose [glu'koːzə] <-> *f* CHEM glucose *m*
Glut [gluːt] <-, -en> *f eines Feuers* braise *f*; *einer Zigarette* cendre *f* incandescente
Gluten [glu'teːn] <-s> *nt* gluten *m*
glutenfrei *adj* sans gluten
Gluthitze *f* fournaise *f*
Glyzerin [glyt̮se'riːn] <-s> *nt* glycérine *f*
GmbH [geːʔɛmbeː'haː] <-, -s> *f Abk von* **Gesellschaft mit beschränkter Haftung** S.A.R.L. *f*
g-Moll ['eːmɔl] <-> *nt* sol *m* mineur
Gnade ['gnaːdə] <-, -n> *f* ① (*Gunst*) faveurs *fpl* ② (*Milde, Nachsicht*) grâce *f*; **um ~ bitten** demander grâce ▶ **~ vor Recht ergehen lassen** faire preuve d'indulgence; **von Gottes ~n** par la grâce de Dieu
Gnadenakt *m* grâce *f* **Gnadenfrist** *f* délai *m* de grâce
gnadenlos *adj* impitoyable
Gnadenstoß *m* coup *m* de grâce
gnädig ['gnɛːdɪç] I. *adj* ① (*herablassend*) condescendant(e) ② (*milde*) clément(e) II. *adv* ① (*herablassend*) d'un air condescendant ② (*milde*) avec clémence
Gnom [gnoːm] <-en, -en> *m* ① (*Sagenfigur*) gnome *m* ② *pej fam* (*kleiner Mensch*) nabot *m*
Gnu <-s, -s> *nt* gnou *m*
Goal [goːl] <-s, -s> *nt* A, CH but *m*
Gobelin [gobə'lɛ̃ː] <-s, -s> *m* gobelin *m*
Gockel ['gɔkəl] <-s, -> *m bes.* SDEUTSCH coq *m*
Göd [gøːt] <-en, -en> *m* A (*Pate*) parrain *m*
Goder ['goːdɐ] <-s, -> *m* A *fam* (*Doppelkinn*) double menton *m*
GokartRR ['goːkart] <-[s], -s> *m* kart *m*
Gold [gɔlt] <-[e]s> *nt* ① or *m* ② *fam* (*Goldmedaille*) médaille *f* d'or ▶ **nicht für alles ~ der Welt** pas pour tout l'or du monde; **es ist nicht alles ~, was glänzt** *prov* tout ce qui brille n'est pas d'or
Goldader *f* filon *m* d'or **Goldbarren** *m* lingot *m* d'or **Goldbrasse** *f* ZOOL dorade *f* **Golddoublé, Golddublee** [gɔltdubleː] *nt* plaqué *m* or
golden ['gɔldən] I. *adj attr* en or II. *adv glänzen* d'un éclat doré
goldfarben *adj* doré(e)
Goldfisch *m* poisson *m* rouge **goldgelb** *adj* jaune d'or **Goldgräber(in)** ['gɔltgrɛːbɐ] *m(f)* chercheur(-euse) *m(f)* d'or **Goldgrube** *f* ① *fam* (*lukratives Unternehmen*) mine *f* d'or ② *s.* **Goldmine** **Goldhamster** *m* hamster *m* [doré]
goldig ['gɔldɪç] *adj fam* (*allerliebst*) chou(te)
Goldklumpen *m* pépite *f* d'or **Goldlack** *m* giroflée *f* jaune **Goldmedaille** *f* médaille *f* d'or **Goldmine** *f* mine *f* d'or **Goldmünze** *f* pièce *f* d'or **Goldrahmen** *m* cadre *m* doré **Goldrausch** *m* fièvre *f* de l'or **Goldregen** *m* BOT cytise *m* **goldrichtig** ['gɔlt'rɪçtɪç] *fam adj* **~ sein** *Person:* être en or; *Antwort, Entscheidung:* être impeccable **Goldschmied(in)** *m(f)* orfèvre *mf* **Goldschmiedearbeit** *f* [travail *m* d']orfèvrerie *f* **Goldschmiedekunst** *f kein Pl* orfèvrerie *f* **Goldstück** *nt* (*Goldmünze*) pièce *f* d'or **Goldwaage** *f* trébuchet *m* **Goldwährung** *f* ÖKON étalon-or *m*
Goldwäscher(in) *m(f)* orpailleur(-euse) *m(f)*
Golf¹ [gɔlf] <-[e]s, -e> *m* GEOG golfe *m*
Golf² [gɔlf] <-s> *nt* SPORT golf *m*; **~ spielen** jouer au golf
Golfer(in) ['gɔlfɐ] <-s, -> *m(f) fam* golfeur(-euse) *m(f)*
Golfkrieg *m* **der ~** HIST la guerre du Golfe
Golfplatz *m* terrain *m* de golf
Golfregion *f* région *f* du Golfe

Golfschläger *m* club *m* **Golfspieler(in)** *m(f)* joueur(-euse) *m(f)* de golf
Golfstrom *m* GEOG **der ~** le Gulf Stream
Gondel ['gɔndəl] <-, -n> *f* ① (*Schiff*) gondole *f* ② (*Kabine*) *einer Seilbahn* [télé]cabine *f; eines Fesselballons* nacelle *f*
Gondoliere [gɔndo'li̯eːrə] <-, Gondolieri> *m* gondolier *m*
Gong [gɔŋ] <-s, -s> *m* gong *m*
gongen ['gɔŋən] *vi unpers* **es gongt** le gong retentit
Gongschlag *m* coup *m* de gong
gönnen ['gœnən] *vt* ① (*neidlos zugestehen*) **jdm etw ~** se réjouir pour qn de qc; **du gönnst mir auch gar nichts!** tu ne m'accordes aucun plaisir! ② (*gewähren*) **jdm etw ~** accorder qc à qn; **sich** (*dat*) **etw ~** s'offrir qc
Gönner(in) ['gœnɐ] <-s, -> *m(f)* bienfaiteur(-trice) *m(f); eines Künstlers* mécène *m*
gönnerhaft *pej* **I.** *adj* condescendant(e) **II.** *adv* avec condescendance
Gonorrhö [gonɔ'røː] <-, -en> *f* MED blennorragie *f*
googeln ['guːgəln] <goog[e]le, gegoogelt> **I.** *vt* rechercher dans Google® *Begriff, Name* **II.** *vi* chercher sur Google®
gor [goːɐ̯] *Imp von* **gären**
Gör [gøːɐ̯] <-[e]s, -en> *nt,* **Göre** ['gøːrə] <-, -n> *f fam* (*Kind*) gosse *mf;* (*Mädchen*) gamine *f*
Gorilla [go'rɪla] <-s, -s> *m a. fig fam* (*Leibwächter*) gorille *m*
Gospel ['gɔspəl] <-s, -s> *nt o m,* **Gospelsong** ['gɔspəlzɔŋ] *m* gospel *m*
goss^RR^, **goß**^ALT^ [gɔs] *Imp von* **gießen**
Gosse ['gɔsə] <-, -n> *f* ① caniveau *m* ② *pej fam* (*Elend, Verwahrlosung*) **in der ~ enden** finir dans le ruisseau
Gote ['goːtə] <-n, -n> *m,* **Gotin** *f* Goth(e) *m(f)*
Gotik ['goːtɪk] <-> *f* gothique *m*
gotisch ['goːtɪʃ] *adj* got[h]ique
Gott [gɔt, *Pl:* 'gœtɐ] <-es, Götter> *m,* **Göttin** *f* ① dieu *m*/déesse *f* ② (*Gott der Christen*) Dieu *m;* **bei ~ schwören** jurer devant Dieu; **der liebe ~** le bon Dieu; **~ hab ihn/sie selig!** que Dieu ait son âme!; **~ sei Dank!** Dieu merci!; **ach du lieber ~!** *fam* [oh] mon Dieu!; **~ bewahre!** Dieu m'en garde! (*fam*); **in ~es Namen!** *fam* au nom de Dieu!; **grüß ~!** SDEUTSCH, A bonjour! ▶ **leben wie ~ in Frankreich** *fam* vivre comme un coq en pâte; **über ~ und die Welt reden** *fam* parler de tout et de rien; **weiß ~ nicht** *fam* certainement pas; **um ~es willen!** mon Dieu!; (*ich bitte Sie/dich*) pour l'amour de Dieu!
Gotterbarmen ▶ **zum ~ weinen** *fam* pleurer à fendre l'âme
Götterbild *nt* idole *f* **Götterspeise** *f* GASTR dessert *m* gélifié
Gottesanbeterin *f* ZOOL mante *f* religieuse
Gottesdienst *m* office *m* [religieux]; (*katholisch*) messe *f*
gottesfürchtig ['gɔtəsfʏrçtɪç] *adj* pieux(-euse)
Gotteshaus *nt* maison *f* du Seigneur; (*katholisch*) église *f;* (*evangelisch*) temple *m* **Gotteskrieger(in)** *m(f)* (*im Islam*) guerrier(-ière) *m(f)* de Dieu **Gotteslästerer** *m,* **-lästerin** *f* blasphémateur(-trice) *m(f)* **Gotteslästerung** <-, -en> *f* blasphème *m* **Gottesmutter** *f* mère *f* de Dieu **Gottessohn** *m* fils *m* de Dieu
Gottheit <-, -en> *f* divinité *f*
Göttin ['gœtɪn] *s.* **Gott**
göttlich ['gœtlɪç] *adj* ① divin(e) ② *Humor* sublime
gottlob [gɔt'loːp] *adv geh* Dieu merci
gottlos *adj Person* athée; *Leben* païen(ne); *Gesinnung* irréligieux(-euse)
Gottlosigkeit <-> *f* ① (*Verwerflichkeit*) irréligiosité *f* ② (*Unglaube*) athéisme *m*
Gottvater [gɔt'faːtɐ] *m* Dieu *m* le père
gottverdammt *adj sl* foutu(e) (*fam*)
gottverlassen ['gɔtfɛɐ̯'lasən] *adj fam* perdu(e)
Götze ['gœtsə] <-n, -n> *m,* **Götzenbild** *nt* idole *f*
Gourmet [gʊr'meː] <-s, -s> *m* gourmet *m*
Gouvernante [guvɛr'nantə] <-, -n> *f* gouvernante *f*
Gouverneur(in) [guvɛr'nøːɐ̯] <-s, -e> *m(f)* gouverneur *m*
GPS [dʒiːpiː'ʔɛs, geːpeː'ʔɛs] <-> *nt Abk von* **global positioning system** GPS *m*
Grab [graːp, *Pl:* 'grɛːbɐ] <-[e]s, Gräber> *nt* tombe *f;* **jdn zu ~e tragen** *geh* porter qn en terre ▶ **ein Geheimnis mit ins ~ nehmen** emporter un secret dans la tombe; **sich** (*dat*) **sein eigenes ~ schaufeln** courir à sa perte; **verschwiegen sein wie ein ~** être [muet comme] une tombe; **sich im ~e umdrehen** *fam* se retourner dans sa tombe
graben ['graːbən] <gräbt, grub, gegraben> **I.** *vi* creuser; **nach Wasser/Gold ~** chercher de l'eau/or [en creusant] **II.** *vt* creuser *Loch, Grube, Tunnel* **III.** *vr fig* **sich**

jdm ins Gedächtnis ~ se graver dans la mémoire de qn

Graben ['gra:bən, *Pl:* 'grɛ:bən] <-s, Gräben> *m* 1 fossé *m* 2 (*Schützengraben*) tranchée *f* 3 GEOL fosse *f*

Grabesstille *f geh* silence *m* de mort (*fam*)

Grabinschrift *f* inscription *f* tombale **Grabkammer** *f* chambre *f* funéraire

Grabmal <-s, -mäler *o geh* -e> *nt* tombeau *m*

Grabplatte *f* dalle *f* [funéraire] **Grabrede** *f* oraison *f* funèbre **Grabschändung** *f* violation *f* de sépulture **Grabstätte** *f geh* sépulture *f* **Grabstein** *m* pierre *f* tombale

G

gräbt [grɛ:pt] *3. Pers Präs von* **graben**

Grabung <-, -en> *f* fouilles *fpl*

Gracht [graxt] <-, -en> *f* canal *m*

Grad [gra:t] <-[e]s, -e> *m* 1 (*Wärme-, Kälte-, Winkelmaß*) degré *m;* **zwanzig ~ Wärme** vingt degrés; **zehn ~ Kälte** dix degrés en dessous de zéro; **ein Winkel von 60 ~** un angle de 60 degrés 2 (*Stufe*) degré *m;* **Verbrennung ersten/zweiten ~es** brûlure *f* au premier/deuxième degré 3 (*Rang*) grade *m;* **akademischer ~** grade universitaire 4 (*Ausmaß*) **bis zu einem gewissen ~ [e]** jusqu'à un certain point; **im höchsten ~ [e]** au plus haut point

Gradeinteilung *f* graduation *f* **Gradmesser** <-s, -> *m* indicateur *m;* **~ für etw** indicateur de qc **Gradnetz** *nt* GEOG coordonnées *fpl* géographiques [terrestres]

graduell [gra'du̯ɛl] *adj Veränderung* progressif(-ive)

Graf[1] [gra:f] <-en, -en> *m* comte *m*

Graf[RR2] [gra:f] <-en, -en> *s.* **Graph**

Graffito [gra'fi:to] <-[s], Graffiti> *m o nt meist Pl* graffiti *m,* tag *m*

Grafik ['gra:fɪk] <-, -en> *f* 1 (*Kunstwerk*) œuvre *f* graphique 2 *kein Pl* (*Kunstform, Technik*) arts *mpl* graphiques 3 (*Schaubild*) graphique *m*

Grafikchip *m* INFORM puce *f* graphique

Grafiker(in) ['gra:fikɐ] <-s, -> *m(f)* graphiste *mf;* (*Werbegrafiker*) dessinateur(-trice) *m(f)* publicitaire

Grafikkarte *f* INFORM carte *f* graphique **Grafikmodus** *m* INFORM mode *m* graphique **Grafikprogramm** *nt* INFORM grapheur *m*

Gräfin ['grɛ:fɪn] <-, -nen> *f* comtesse *f*

grafisch ['gra:fɪʃ] *adj* graphique

Grafit[RR] [gra'fi:t] *s.* **Graphit**

gräflich ['grɛ:flɪç] *adj* du comte

Grafologe[RR] *s.* **Graphologe**

Grafschaft <-, -en> *f* comté *m*

gram [gra:m] *adj geh* **jdm ~ sein** en vouloir à qn

Gram [gra:m] <-[e]s> *m geh* affliction *f*

grämen ['grɛ:mən] *geh vr* **sich ~** s'affliger; **sich über jdn/etw ~** s'affliger à cause de qn/qc

Gramm [gram] <-s, -e> *nt* gramme *m;* **hundert ~ Tee** cent grammes de thé

Grammatik [gra'matɪk] <-, -en> *f* grammaire *f*

grammatikalisch [gramati'ka:lɪʃ], **grammatisch** *adj* grammatical(e); *Regel* de grammaire

Grammofon®RR, **Grammophon**® [gramo'fo:n] <-s, -e> *nt* gramophone® *m*

Granat [gra'na:t] <-[e]s, -e *o* A -en> *m* MINER grenat *m*

Granatapfel *m* grenade *f*

Granate [gra'na:tə] <-, -n> *f* obus *m;* (*Handgranate*) grenade *f*

grandios [gran'di̯o:s] **I.** *adj Anblick* grandiose; *Idee* génial(e); *Erfolg* triomphal(e) **II.** *adv* remarquablement bien

Granit [gra'ni:t] <-s, -e> *m* granit[e] *m*

Granne ['granə] <-, -n> *f* barbe *f*

grantig ['grantɪç] *fam adj* de mauvais poil

Granulat [granu'la:t] <-[e]s, -e> *nt* (*Streumaterial*) granulat *m*

Grapefruit ['gre:pfru:t] <-, -s> *f* pamplemousse *m*

Graph [gra:f] <-en, -en> *m* MATH graphe *m*

Graphik ['gra:fɪk] *s.* **Grafik**

Graphit [gra'fi:t] <-s, -e> *m* graphite *m*

Graphologe [grafo'lo:gə] <-n, -n> *m,* **Graphologin** *f* graphologue *mf*

grapschen ['grapʃən] *fam* **I.** *vt* choper; **[sich** (*dat*)**] jdn/etw ~** choper qn/qc **II.** *vi* **nach etw ~** choper qc

Gras [gra:s, *Pl:* 'grɛ:zɐ] <-es, Gräser> *nt* 1 *kein Pl* (*Rasen, Wiese*) herbe *f* 2 *meist Pl* (*Graspflanze*) graminée *f* ▶ **ins ~ beißen** *fam* manger les pissenlits par la racine; **das ~ wachsen hören** *iron fam* faire des supputations hasardeuses; **über eine Sache ~ wachsen lassen** *fam* laisser qc tomber dans l'oubli

grasbewachsen *adj* herbeux(-euse)

grasen ['gra:zən] *vi* brouter

grasgrün ['gra:s'gry:n] *adj* vert pomme *inv* **Grashalm** *m* brin *m* d'herbe **Grashüpfer** <-s, -> *m fam* sauterelle *f* **Grasmücke** *f* ORN fauvette *f*

grassieren* [gra'si:rən] *vi* sévir

grässlichRR, **gräßlich**ALT ['grɛslɪç] *adj* horrible

Grat [gra:t] <-[e]s, -e> *m eines Bergs, Dachs* crête *f*
Gräte ['grɛ:tə] <-, -n> *f* arête *f*
Gratifikation [gratifika'ʦi̯o:n] <-, -en> *f* gratification *f*
Gratin [gra'tɛ̃:] <-s, -s> *nt* gratin *m*
gratinieren* [grati'ni:rən] *vt* [faire] gratiner
gratis ['gra:tɪs] **I.** *adv* gratis **II.** *adj* **etw ist ~** qc est gratuit(e)
Gratisprobe *f* échantillon *m* gratuit **Gratisvorstellung** *f* représentation *f* gratuite
Grätsche ['grɛ:ʧə] <-, -n> *f* grand écart *m*
grätschen *vi + sein* SPORT sauter
Gratulant(in) [gratu'lant] <-en, -en> *m(f)* personne *f* qui félicite
Gratulation [gratula'ʦi̯o:n] <-, -en> *f* félicitations *fpl*
gratulieren* [gratu'li:rən] *vi* féliciter; **jdm zu einem Jubiläum ~** féliciter qn à l'occasion d'un anniversaire; **ich gratuliere Ihnen zum Geburtstag** je vous souhaite un bon anniversaire; **[ich] gratuliere!** félicitations!
Gratwanderung *f (schwieriges Unterfangen)* exercice *m* sur la corde raide
grau [grau̯] *adj* ① *Farbe* gris(e) ② *(trostlos)* morne; **der ~e Alltag** la grisaille du quotidien
Grau <-s, - *o fam* -s> *nt* gris *m*
grauäugig *adj Person* aux yeux gris **graublau** *adj* gris ardoise *inv; Augen* couleur du temps **Graubrot** DIAL *s.* **Mischbrot**
Graubünden [grau̯'bʏndən] <-s> *nt* [canton *m* des] Grisons *mpl*
Gräuel^RR ['grɔyəl] <-s, -> *m geh* atrocité *f*
Gräuelmärchen^RR *nt* atrocité *f* inventée **Gräueltat**^RR *f* atrocité *f*
grauen[1] ['grau̯ən] *vi geh Morgen, Tag:* poindre
grauen[2] ['grau̯ən] *vi unpers* **mir graut vor jdm/etw** qn/qc m'épouvante
Grauen ['grau̯ən] <-s, -> *nt* ① *kein Pl (Entsetzen)* épouvante *f;* **~ erregend** horrible ② *(Ereignis)* horreur *f;* **die ~ des Krieges** les horreurs de la guerre
grauenerregend *s.* **Grauen**
grauenhaft, grauenvoll *adj* ① *(entsetzlich)* horrible ② *fam Durcheinander, Lärm* infernal(e); *Bild, Musik* horrible
graugrün *adj* vert-de-gris *inv; Augen* gris-vert *inv*
grauhaarig *adj Person* aux cheveux gris
graulen ['grau̯lən] *fam vt* **jdn aus dem Haus ~** faire perdre à qn l'envie de rester à la maison
gräulich[1] ['grɔylɪç] *adj* grisâtre; *Haare* grisonnant(e)
gräulich^RR2 ['grɔylɪç] *adj* atroce
graumeliert *adj Stoff* gris moucheté [de blanc] *inv*
Graupe <-, -n> *f (Weizenkorn)* blé *m* mondé
Graupel ['grau̯pəl] <-, -n> *f meist Pl* grésil *m*
graupeln ['grau̯pəln] *vi unpers* **es graupelt** il y a du grésil
Graupelschauer *m* giboulée *f*
Graus [grau̯s] <-es> *m fam* **für jdn ein ~ sein** être un cauchemar pour qn
grausam ['grau̯za:m] *adj (brutal)* cruel(le)
Grausamkeit <-, -en> *f* ① *kein Pl (Verhalten)* cruauté *f* ② *(Tat)* atrocité *f*
Grauschleier *m* grisaille *f*
grausen ['grau̯zən] *s.* **grauen**[2]
Grausen <-s> *nt* épouvante *f*
grausig ['grau̯zɪç] *s.* **grauenhaft**
Grauzone *f* zone *f* d'ombre
Graveur(in) [gra'vø:ɐ̯] <-s, -e> *m(f)* graveur(-euse) *m(f)*
gravieren* [gra'vi:rən] *vt* graver
gravierend *adj Unterschied* grand(e); *Fehler, Irrtum* grave
Gravierung <-, -en> *f* gravure *f*
Gravitation [gravita'ʦi̯o:n] <-> *f* gravitation *f*
Gravur [gra'vu:ɐ̯] <-, -en> *f* gravure *f*
Grazie ['gra:ʦi̯ə] <-> *f (Anmut) einer Person, Bewegung* grâce *f*
grazil [gra'ʦi:l] *adj* gracile
graziös [gra'ʦi̯ø:s] *adj* gracieux(-euse)
Greenpeace ['gri:npi:s] *kein Art* Greenpeace
gregorianisch [grego'ri̯a:nɪʃ] *adj Kalender* grégorien(ne)
greifbar **I.** *adj* ① *(verfügbar)* disponible ② *Ergebnis, Vorteil* concret(-ète) **II.** *adv* **~ nahe** *fig* à portée de main
greifen ['grai̯fən] <griff, gegriffen> **I.** *vt (nehmen, ergreifen, fangen)* attraper ▸**zum Greifen nahe** à portée de main **II.** *vi* ① **nach etw ~** saisir qc ② *(benutzen)* **zum Hammer/zu einem Buch ~** prendre le marteau/un livre ③ TECH *Reifen, Sohlen:* adhérer ④ *(Wirkung haben)* faire effet
Greifer <-s, -> *m* TECH grappin *m*
Greifvogel *m* rapace *m* **Greifzange** *f* pince *f*
greis [grai̯s] *adj geh Person* vieux(vieille)
Greis(in) [grai̯s] <-es, -e> *m(f)* vieillard *m*/vieille *f*
Greisenalter *nt* quatrième âge *m*
grell [grɛl] **I.** *adj* ① *Sonne* éblouissant(e);

G

Licht, Farbe cru(e) ❷ *Stimme* perçant(e) **II.** *adv* ❶ **~ scheinen** *Sonne:* être éblouissant; **~ leuchten** *Farben:* être cru ❷ (*schrill*) **~ klingen** émettre des sons perçants

Gremium ['greːmi̯ʊm] <-s, Gremien> *nt* commission *f*

Grenzbeamte(r) *m dekl wie adj*, **-beamtin** *f* agent *m* des douanes **Grenzbereich** *m kein Pl* (*Umkreis der Landesgrenze*) secteur *m* frontalier **Grenzbewohner(in)** *m(f)* frontalier(-ière) *m(f)*

Grenze ['grɛnt͡sə] <-, -n> *f* ❶ (*Staatsgrenze*) frontière *f;* **die ~ zu/mit Frankreich** la frontière avec la France ❷ (*Trennlinie, Abgrenzung*) limite *f;* **die ober[st]e/unter[st]e ~** le maximum/minimum; **ihm/ihr sind ~n gesetzt** il/elle est limité(e); **seinem Engagement sind ~n gesetzt** son engagement a des bornes ▸ **sich in ~n halten** *Freude:* être mesuré; *Kosten:* être raisonnable

grenzen ['grɛnt͡sən] *vi* ❶ **an ein Land ~** confiner à un pays ❷ *fig* **an ein Wunder ~** être à la limite du miracle

grenzenlos **I.** *adj* ❶ illimité(e) ❷ *Macht* illimité(e); *Vertrauen* infini(e) **II.** *adv* infiniment

Grenzenlosigkeit <-> *f* immensité *f*

Grenzfall *m* cas *m* limite

Grenzgänger(in) ['grɛnt͡sgɛŋɐ] <-s, -> *m(f)* frontalier(-ière) *m(f)*

Grenzgebiet *nt* zone *f* frontalière **Grenzkonflikt** *m* conflit *m* de frontière **Grenzkontrolle** *f* contrôle *m* douanier **Grenzlinie** *f* SPORT ligne *f* **Grenzposten** *m* poste *m* frontière **Grenzschutz** *m fam* (*Truppe*) [unité *f* de] garde-frontière *f* **Grenzstadt** *f* ville *f* frontalière **Grenzstein** *m* borne *f* **Grenzübergang** *m* poste *m* frontière **grenzüberschreitend** *adj Handel, Verkehr* transfrontalier(-ière) **Grenzverkehr** *m* trafic *m* transfrontalier **Grenzwert** *m* valeur *f* limite

grenzwertig *adj fam* limite *inv* (*fam*); [**ziemlich**] **~ sein** *Person, Kleidung, Verhalten, Film, Witz:* être [plutôt] limite (*fam*)

Grenzzwischenfall *m* incident *m* de frontière

GreuelALT *s.* **Gräuel**

greulichALT *s.* **gräulich**[2]

Greyerzer ['grai̯ɐt͡sɐ] <-s, -> *m* GASTR gruyère *m*

Griebe ['griːbə] <-, -n> *f meist Pl* petits lardons *mpl* frits

Grieche ['griːçə] <-n, -n> *m*, **Griechin** *f* Grec *m*/Grecque *f*

Griechenland ['griːçənlant] *nt* la Grèce

griechisch ['griːçɪʃ] **I.** *adj* grec(grecque) **II.** *adv* **~ miteinander sprechen** discuter en grec; *s. a.* **deutsch**

Griechisch <-[s]> *nt kein Art* grec *m; s. a.* **Deutsch**

griechisch-römisch *adj* SPORT gréco-romain(e)

Griesgram ['griːsgraːm] <-[e]s, -e> *m pej* grincheux(-euse) *m(f)*

griesgrämig ['griːsgrɛːmɪç] *adj* grincheux(-euse); **~ dreinschauen** avoir l'air grincheux(-euse)

Grieß [griːs] <-es, -e> *m* semoule *f*

Grießbrei *m* [bouillie *f* de] semoule *f*

griff [grɪf] *Imp von* **greifen**

Griff [grɪf] <-[e]s, -e> *m* ❶ (*Haltegriff, Tragegriff*) poignée *f; eines Schirms, Messers* manche *m; einer Pistole* crosse *f* ❷ (*Handgriff*) geste *m;* **mit einem ~** en un tournemain ❸ *a.* SPORT (*Greifbewegung, Grifftechnik*) prise *f* ▸ **jdn/etw in den ~ bekommen** *fam* venir à bout de qn/qc; **jdn/etw im ~ haben** avoir qn/qc bien en main

griffbereit *adj* **~ sein** être à portée de [la] main

Griffel ['grɪfəl] <-s, -> *m* ❶ crayon *m* d'ardoise ❷ *meist Pl fam* (*Finger*) paluche *f*

griffig *adj* ❶ (*handlich*) maniable ❷ *Untergrund* qui accroche ❸ (*praktikabel*) pénétrant(e)

Grill [grɪl] <-s, -s> *m* ❶ barbecue *m* ❷ (*Kühlergrill*) calandre *f*

Grille ['grɪlə] <-, -n> *f* ZOOL grillon *m*

grillen ['grɪlən] **I.** *vi* faire un barbecue **II.** *vt* **etw ~** faire griller qc [au barbecue]

Grillparty *f* barbecue *m*

Grimasse [gri'masə] <-, -n> *f* grimace *f;* **~n schneiden** faire des grimaces

Grimmdarm ['grɪmdarm] *m* ANAT côlon *m*

grimmig ['grɪmɪç] **I.** *adj* ❶ furibond(e) ❷ *Kälte* terrible **II.** *adv* furieusement

Grind [grɪnt] <-[e]s, -e> *m fam* (*Hautausschlag*) teigne *f*

grinsen ['grɪnzən] *vi* ricaner

Grinsen ['grɪnzən] <-s> *nt* ricanement *m*

grippal [grɪ'paːl] *adj* grippal(e)

Grippe ['grɪpə] <-, -n> *f* grippe *f; fam* (*fiebrige Erkältung*) rhume *m;* [**die/eine**] **~ haben** avoir la grippe/un rhume

grippekrank *adj* grippé(e); **~ sein** avoir la grippe **Grippevirus** *nt o m* virus *m* grippal **Grippewelle** *f* épidémie *f* de grippe

Grips [grɪps] <-es, -e> *m fam* jugeote *f;* **seinen ~ anstrengen** faire travailler sa matière grise

GrislibärRR, **Grizzlybär** ['grɪsli-] *m* grizzli *m*

grob [groːp] <gröber, gröbste> **I.** *adj* ① *Gesichtszüge, Mehl* grossier(-ière); *Sieb* gros(se) ② (*ungefähr*) sommaire; **in ~en Zügen** en gros ③ (*barsch*) grossier(-ière) ④ *Fehler* grossier(-ière) ▶ **aus dem Gröbsten heraus sein** avoir passé le plus dur **II.** *adv* ① *sortieren, mahlen* grossièrement ② (*barsch*) grossièrement

Grobeinstellung *f* réglage *m* grossier

Grobheit <-, -en> *f* grossièreté *f*

Grobian ['groːbi̯aːn] <-[e]s, -e> *m pej* (*ungehobelter Mensch*) mufle *m*

grobkörnig *adj* ① *Mehl, Sand* gros(se) ② PHOT à gros grains

gröblich ['grøːplɪç] *geh* **I.** *adj Verstoß* grave; *Missachtung* grand(e) **II.** *adv* de façon grossière

grobmaschig *adj Netz* à grosses mailles

grobschlächtig *adj pej* mal dégrossi(e)

Grog [grɔk] <-s, -s> *m* grog *m*

groggy ['grɔgi] *adj fam* groggy *inv*

grölen ['grøːlən] *pej fam vt, vi* brailler

Groll [grɔl] <-[e]s> *m geh* ressentiment *m*; **einen ~ gegen jdn hegen** nourrir du ressentiment contre qn

grollen *vi* ① *geh* ruminer; **jdm wegen etw ~** garder rancune à qn de qc ② (*dröhnen*) *Donner:* gronder

Grönland ['grøːnlant] <-s> *nt* le Groenland

Grönländer(in) ['grøːnlɛndɐ] <-s, -> *m(f)* Groenlandais(e) *m(f)*

grönländisch *adj* groenlandais(e)

Gros [groː] <-, -> *nt* gros *m*

Groschen ['grɔʃən] <-s, -> *m* ① A groschen *m* ② *fam* (*Geld*) **ein paar ~** quelques sous ▶ **bei ihr ist der ~ gefallen** *hum fam* ça a fait tilt

Groschenroman *m pej* roman *m* de quatre sous

groß [groːs] <größer, größte> **I.** *adj* ① (*nicht klein*) grand(e) *antéposé;* **ein ~er Park/Fluss** un grand parc/fleuve; **hundert Quadratmeter ~ sein** mesurer cent mètres carrés ② (*in Bezug auf die Körpergröße*) grand(e) *antéposé;* **eine ~e Frau** une femme grande; **er ist 1,80 m ~** il mesure 1,80 m; **wie ~ bist du?** combien mesures-tu? ③ (*erheblich, heftig*) grand(e) *antéposé; Summe, Erfolg, Dummheit* gros(se); *Pause* long(ue) *antéposé; Verspätung* important(e) ④ (*älter*) **meine ~e Schwester** ma grande sœur ⑤ *Buchstabe* majuscule; **ein ~es V** un V majuscule ⑥ *Dichter, Werk, Erfindung* grand(e) *antéposé* ⑦ (*als Namenszusatz*) **der/die Große** le Grand/la Grande; **Karl der Große** Charlemagne ▶ **im Großen und Ganzen** dans l'ensemble; **Groß und Klein** petits et grands (*fam*) **II.** *adv* ① *fam* (*besonders*) **sich nicht ~ um etw kümmern** ne pas s'occuper des masses de qc; **was soll man da schon ~ sagen?** qu'est-ce qu'on peut bien dire de plus? ② (*in großem Umfang*) en grande pompe; **~ einkaufen** *fam* faire ses grosses courses ③ *fam* (*großartig*) **mit etw ~ rauskommen** faire un tabac avec qc; **~ daherreden** se payer de mots ▶ **~ und breit** *fam schildern* en long et en large; *sich entschuldigen* dans toutes les règles de l'art

Großabnehmer *m* gros client *m* **Großaktionär(in)** *m(f)* gros(se) *m(f)* actionnaire **Großangriff** *m* MIL attaque *f* de grande envergure

großartig ['groːsʔaːɐ̯tɪç] **I.** *adj Person, Plan* génial(e) (*fam*); *Bauwerk* grandiose; **na, [das ist ja] ~!** *iron fam* génial! **II.** *adv funktionieren* magnifiquement

Großaufnahme *f* gros plan *m* **Großauftrag** *m* grande commande *f* **Großbank** <-banken> *f* grande banque *f* **Großbetrieb** *m* grande entreprise *f* **Großbildleinwand** *f* écran *m* géant

Großbritannien [groːsbri'tani̯ən] <-s> *nt* la Grande-Bretagne

Großbuchstabe *m* majuscule *f;* TYP capitale *f*

Größe ['grøːsə] <-, -n> *f* ① *einer Fläche* superficie *f; eines Raums* taille *f; einer Zahl* importance *f* ② (*Körpergröße, Höhe, Länge*) taille *f;* **in voller ~** dans toute sa grandeur ③ (*Kleidergröße*) taille *f;* (*Schuhgröße*) pointure *f* ④ *kein Pl* (*Erheblichkeit*) *eines Erfolgs* importance *f* ⑤ MATH, PHYS (*Wert*) grandeur *f;* **unbekannte ~** inconnue *f* ⑥ *kein Pl* (*Bedeutsamkeit*) *einer Person* grandeur *f* ⑦ (*bedeutender Mensch*) personnalité *f*

Großeinkauf *m* grosses courses *fpl* (*fam*) **Großeinsatz** *m der Polizei* intervention *f* massive **Großeltern** *Pl* grands-parents *mpl* **Großenkel(in)** *m(f)* arrière-petit-fils *m*/arrière-petite-fille *f*

Größenordnung *f* ordre *m* de grandeur

großenteils ['groːsən'tai̯ls] *adv* en grande partie

Größenunterschied *m* (*in Bezug auf die Körpergröße, den Umfang*) différence *f* de taille **Größenverhältnis** *nt* (*Proportion*) proportions *fpl* **Größenwahn** *m pej* mégalomanie *f* **größenwahnsinnig** *adj* mégalomane

größer *Komp von* **groß**

Großfahndung *f* vastes recherches *fpl* **Großfamilie** *f* grande famille *f* **Großflughafen** *m* aéroport *m* international **Großformat** *nt* grand format *m* **Großfürst(in)** ['gro:sfʏrst] *m(f)* grand-prince *m/*grande-princesse *f* **Großgrundbesitzer(in)** *m(f)* grand propriétaire *m* [terrien] **Großhandel** *m* commerce de *m* gros; **etw im ~ kaufen** acheter qc chez un grossiste **Großhandelspreis** *m* prix *m* de gros **Großhändler(in)** *m(f)* grossiste *mf* **Großhandlung** *f* magasin *m* de gros

großherzig *geh* **I.** *adj* magnanime **II.** *adv* généreusement

G

Großherzog(in) *m(f)* grand-duc *m/*grande-duchesse *f* **Großherzogtum** *nt* grand-duché *m* **Großhirn** *nt* cerveau *m*

Großhirnrinde *f* cortex *m* [cérébral]

Großindustrielle(r) *f(m) dekl wie adj* grand(e) *m(f)* industriel(le)

Grossist(in) [grɔ'sɪst] <-en, -en> *m(f)* grossiste *mf*

Großkapitalist(in) *m(f)* gros capitaliste *m/*grosse capitaliste *f* (*péj*) **Großkonzern** *m* grand groupe *m*

Großkotz ['gro:skɔts] <-es, -e> *m pej sl* prétentiard *m* (*fam*), vantard *m*

großkotzig ['gro:skɔtsɪç] *pej sl* **I.** *adj* vantard(e) **II.** *adv* avec vantardise

Großküche *f* cuisine *f* industrielle **Großkunde** *m*, **-kundin** *f* gros client *m* **Großkundgebung** *f* grande manifestation *f* **Großmacht** *f* grande puissance *f* **Großmarkt** *m* marché *m* de gros; (*für Lebensmittel, Blumen*) marché-gare *m* **Großmaul** *nt pej fam* grande gueule *f*

großmäulig ['gro:smɔylɪç] *pej fam* **I.** *adj Person* frimeur(-euse) **II.** *adv* **~ behaupten, dass ...** prétendre avec vantardise, que ...

Großmut *f geh* magnanimité *f*

großmütig ['gro:smy:tɪç] *s.* **großherzig**

Großmutter *f* grand-mère *f* **Großneffe** *m* petit-neveu *m* **Großnichte** *f* petite-nièce *f* **Großonkel** *m* grand-oncle *m* **Großraum** *m* agglomération *f*

Großraumabteil *nt* compartiment *m* à grande capacité **Großraumbüro** *nt* bureau *m* en espace ouvert **Großraumflugzeug** *nt* gros-porteur *m*

großräumig ['gro:srɔymɪç] **I.** *adj* (*geräumig*) spacieux(-euse) **II.** *adv absperren* dans un large rayon; *umfahren* largement

Großraumwagen *m* [wagon-]salle *m*

Großrechner *m* macroordinateur *m* **groß|schreiben**RR *vt irr* ❶ **etw ~** écrire qc en majuscules ❷ *fig fam* **etw ~** (*besonders schätzen*) accorder beaucoup d'importance à qc **Großschreibung** *f* écriture *f* majuscule **Großsegel** *nt* grand-voile *f*

großspurig ['gro:sʃpu:rɪç] *pej* **I.** *adj* vantard(e) **II.** *adv verkünden* avec vantardise

Großstadt ['gro:sʃtat] *f* grande ville *f* **Großstädter(in)** ['gro:sʃtɛ(:)tɐ] *m(f)* habitant(e) *m(f)* d'une grande ville **großstädtisch** ['gro:sʃtɛ(:)tɪʃ] *adj Atmosphäre* de grande ville; **~ wirken** faire grande ville **Großtante** *f* grand-tante *f* **Großtat** *f* prouesse *f*

größte(r, s) *Superl von* **groß**

Großteil *m* ❶ (*der größere Teil*) **der ~** la majeure partie ❷ (*erheblicher Teil*) grande partie *f*; **zu einem ~** en grande partie

größtenteils ['grø:stən'tails] *adv* **das Bild ist ~ fertig** le tableau est en majeure partie fini; (*fast alle(s)*) pour la plupart

größtmöglich ['grø:st'mø:klɪç] *adj* **der/die ~e ...** le plus grand/la plus grande ... possible

Großunternehmen *nt s.* **Großbetrieb** **Großvater** *m* grand-père *m* **Großveranstaltung** *f* grande manifestation *f* **Großverdiener(in)** *m(f)* gros salaire *m* **Großwild** *nt* gros gibier *m* **groß|ziehen** *vt irr* élever *Kind, Tier*

großzügig ['gro:stsy:gɪç] **I.** *adj* ❶ (*freigebig*) généreux(-euse); (*nachsichtig*) large d'esprit ❷ *Planung* de grande envergure; *Wohnung* vaste **II.** *adv* ❶ (*freigebig*) généreusement; *behandeln* avec largesse d'esprit ❷ (*weiträumig*) en grand

Großzügigkeit <-> *f* ❶ (*Freigebigkeit*) générosité *f*; (*Nachsichtigkeit*) largesse *f* d'esprit ❷ (*Weiträumigkeit*) grandeur *f*

grotesk [gro'tɛsk] *adj* grotesque

Grotte ['grɔtə] <-, -n> *f* grotte *f*

grub [gru:p] *Imp von* **graben**

Grübchen ['gry:pçən] <-s, -> *nt* fossette *f*

Grube ['gru:bə] <-, -n> *f* ❶ fosse *f*; (*klein*) trou *m* ❷ (*Baugrube*) tranchée *f* ❸ (*Bergwerk*) mine *f* ▶ **wer andern eine ~ gräbt, fällt selbst hinein** *prov* tel est pris qui croyait prendre

Grübelei [gry:bə'lai] <-, -en> *f* ruminations *fpl*

grübeln ['gry:bəln] *vi* ruminer; **über etw** (*akk o dat*) **~** ruminer qc

Grubenarbeiter *m* mineur *m* **Grubenunglück** *nt* accident *m* de mine

Grübler(in) ['gry:blɐ] <-s, -> *m(f)* méditatif(-ive) *m(f)*

grüblerisch ['gry:blərɪʃ] *adj* pensif(-ive)

grüezi ['gry:ɛtsi] *interj* CH bonjour

Gruft [grʊft, *Pl:* 'grʏftə] <-, Grüfte> *f* caveau *m*
Grufti ['grʊfti] <-s, -s> *m sl* ringard(e) *m(f)* (*fam*)
grummeln ['grʊməln] *vi fam Person:* marmonner; *Donner:* gronder
grün [gry:n] *adj* ① *Farbe, Hemd* vert(e) ② *Politiker, Wähler* vert(e); *Politik* écologiste ▶ **jdn ~ und blau schlagen** *fam* rouer qn de coups
Grün [gry:n] <-s, - *o fam* -s> *nt* ① vert *m;* **die Ampel steht auf ~** le feu est vert ② (*Grünfläche*) espace *m* vert; *eines Golfplatzes* green *m* ③ (*Grünpflanzen*) verdure *f* ▶ **das ist dasselbe in ~** *fam* c'est kif-kif
grün-alternativ ['gry:naltɐna'ti:f] *adj* écologiste et alternatif(-ive)
Grünanlage *f* espace *m* vert
Grund [grʊnt, *Pl:* 'grʏndə] <-[e]s, Gründe> *m* ① (*Veranlassung, Beweggrund*) raison *f;* **aus gutem ~** avec [juste] raison; **aus gesundheitlichen Gründen** pour des raisons de santé; **ohne ~** sans raison ② (*Ursache*) cause *f* ③ *kein Pl* (*Erdboden*) sol *m* ④ A (*Grundbesitz*) **~ und Boden besitzen** posséder du terrain ⑤ *kein Pl* (*Boden*) *eines Gewässers, Gefäßes* fond *m;* **auf ~ laufen** *Schiff:* toucher le fond ⑥ *kein Pl* (*Untergrund, Hintergrund*) fond *m* ▶ **jdn in ~ und Boden reden** couper le sifflet à qn (*fam*); **im ~e meines Herzens** au fond de mon cœur; **einer S.** (*dat*) **auf den ~ gehen** aller au fond des choses; **den ~ zu etw legen** poser les fondements de qc; **von ~ auf** de fond en comble; **zu ~e gehen** *Person:* se perdre
Grundanstrich *m* couche *f* de fond **Grundausbildung** *f* formation *f* de base **Grundausstattung** *f* équipement *m* de base **Grundbedingung** *f* condition *f* de base **Grundbegriff** *m* notion *f* élémentaire **Grundbesitz** *m* propriété *f* foncière **Grundbesitzer(in)** *m(f)* propriétaire *mf* foncier(-ière) **Grundbuch** *nt* cadastre *m*
gründen ['grʏndən] **I.** *vt* ① (*schaffen*) fonder *Firma, Verein* ② (*fußen lassen*) **seine Hoffnungen auf etw** (*akk*) **~** fonder ses espoirs sur qc **II.** *vi, vr* [**sich**] **auf etw** (*akk*) **~** [se] baser sur qc
Gründer(in) <-s, -> *m(f)* fondateur(-trice) *m(f)*
grundfalsch ['grʊnt'falʃ] *adj* absolument faux(fausse)
Grundfesten ▶ **etw in seinen ~ erschüttern** ébranler qc jusque dans ses fondements
Grundfläche *f* superficie *f* **Grundform** *f* ① forme primitive *f* ② GRAM forme *f* de base; *eines Verbs* infinitif *m* **Grundgebühr** *f* taxe *f* de base **Grundgedanke** *m* idée *f* fondamentale **Grundgehalt** *nt* salaire *m* de base **Grundgesetz** *nt* (*Verfassung*) **das ~** la constitution allemande **Grundhaltung** *f* position *f*
grundieren* [grʊn'di:rən] *vt* appliquer une sous-couche sur
Grundierung <-, -en> *f* (*Grundanstrich*) sous-couche *f*
Grundkapital *nt* capital *m* engagé **Grundkenntnisse** *Pl* connaissances *fpl* de base **Grundkonsens** *m* SOZIOL, POL consensus *m* de base **Grundkurs** *m* SCHULE cours *m* de base; UNIV [cours d']initiation *f* **Grundlage** *f* base *f;* **jeder ~ entbehren** être dénué de tout fondement
Grundlagenforschung *f* recherche *f* fondamentale
grundlegend **I.** *adj Erkenntnisse, Unterschiede* essentiel(le) **II.** *adv* fondamentalement
gründlich ['grʏntlɪç] **I.** *adj Person, Arbeit* rigoureux(-euse); *Kenntnisse* approfondi(e) **II.** *adv* ① *arbeiten* rigoureusement ② *fam sich irren* lourdement
Gründlichkeit <-> *f* rigueur *f*
Gründling ['grʏntlɪŋ] <-s, -e> *m* ZOOL goujon *m*
Grundlinie *f* ① GEOM base *f* ② SPORT ligne *f* de fond **Grundlohn** *m* salaire *m* de base
grundlos **I.** *adj Verdacht, Aufregung* infondé(e); *Lachen* sans raison **II.** *adv* sans raison
Grundmauer *f* soubassement *m* **Grundnahrungsmittel** *nt* denrée *f* alimentaire de base
Gründonnerstag [gry:n'dɔnɐsta:k] *m* jeudi *m* saint
Grundpfeiler *m* pilier *m* **Grundprinzip** *nt* principe *m* de base **Grundrechenart** *f* opération *f* [élémentaire] **Grundrecht** *nt* droit *m* fondamental **Grundriss**[RR] *m* ① (*Zeichnung*) plan *m* ② (*Kurzfassung*) abrégé *m* **Grundsatz** *m* principe *m;* **es sich** (*dat*) **zum ~ machen, fair zu sein** avoir pour principe d'être régulier
grundsätzlich ['grʊntzɛtslɪç] **I.** *adj* ① *Problem, Unterschied* fondamental(e) ② *attr* (*prinzipiell*) de principe **II.** *adv* ① (*völlig*) fondamentalement ② (*prinzipiell*) au fond ③ *verbieten* formellement; *ablehnen* strictement
Grundschulalter *nt kein Pl* âge *m* de l'école primaire

G

Grundschule *f* ≈ école *f* primaire

Grundschullehrer(in) *m(f)* instituteur(-trice) *m(f)*

Grundstein *m* première pierre *f* ▶ **den ~ zu etw legen** poser la première pierre de qc

Grundsteinlegung *f* pose *f* de la première pierre

Grundsteuer *f* impôt *m* foncier **Grundstock** *m* base *f* **Grundstoff** *m* ① (*Rohstoff*) matière *f* première ② CHEM corps *m* simple **Grundstück** *nt* propriété *f*; (*Baugrundstück*) terrain *m*

Grundstücksmakler(in) *m(f)* agent *m* immobilier

Grundstudium *nt* premier cycle *m* **Grundstufe** *f* SCHULE cours *m* moyen **Grundton** <-töne> *m* ① MUS *eines Akkords* note *f* fondamentale; *einer Tonleiter* clé *f*, clef *f* ② (*Grundfarbe*) ton *m* dominant ③ *fig* (*Stimmung*) note *f* dominante

Gründung ['grʏndʊŋ] <-, -en> *f* fondation *f*

grundverkehrt *s.* **grundfalsch** **grundverschieden** ['grʊntfɛɐ̯'ʃiːdən] *adj* radicalement différent(e) **Grundwasser** *nt kein Pl* nappe *f* phréatique

Grundwasserspiegel *m* niveau *m* de la nappe phréatique

Grundwehrdienst *m* classes *fpl*; **den ~ leisten** faire ses classes **Grundwortschatz** *m* vocabulaire *m* de base **Grundzahl** *s.* **Kardinalzahl** **Grundzug** *m* ① (*Charakterzug*) trait *m* caractéristique ② (*große Linie*) **etw in seinen Grundzügen darstellen** présenter qc dans ses grandes lignes

Grüne(r) *f(m) dekl wie adj* POL écolo *mf* (*fam*); **die ~n** les verts

Grüne(s) *nt dekl wie adj* (*Natur*) **ins ~ fahren** [aller] se mettre au vert; **im ~n** dans la nature

grünen ['gryːnən] *vi geh* verdir

Grünfink *m* verdier *m* **Grünfläche** *f* espace *m* vert **Grünfutter** *nt* fourrage *m* vert **Grünkern** *m* grain *m* vert d'épeautre **Grünkohl** *m* chou *m* de Milan

grünlich *adj* verdâtre

Grünschnabel *m fam* blanc-bec *m* **Grünspan** *m kein Pl* vert-de-gris *m* **Grünspecht** *m* pivert *m* **Grünstreifen** *m* (*Mittelstreifen*) terre-plein *m* central; (*Seitenstreifen*) terre-plein [aménagé]

grunzen ['grʊntsən] *vi* ① *Schwein:* grogner ② *fam* (*laut atmen*) grogner

Grünzeug <-s> *nt* ① *fam* verdure *f*; **~ zum Garnieren** de la verdure pour garnir ② A (*Suppengrün*) herbes *fpl* potagères

Gruppe ['grʊpə] <-, -n> *f* groupe *m*

Gruppenarbeit *f kein Pl* (*in der Schule*) travail *m* de groupe; (*in der Arbeitswelt*) travail en équipe **Gruppenbild** *nt* photo *f* de groupe **Gruppendynamik** *f* dynamique *f* de groupe **Gruppenleiter(in)** *m(f)* (*Leiter einer Arbeitsgruppe*) chef *mf* d'équipe **Gruppenreise** *f* voyage *m* organisé **Gruppensex** *m* rapports *mpl* sexuels en groupe **Gruppentherapie** *f* PSYCH, MED thérapie *f* de groupe

gruppenweise *adv* par groupes

gruppieren* [grʊ'piːrən] **I.** *vt* rassembler; **die Gäste/die Stühle um den Tisch ~** rassembler les invités/chaises autour de la table **II.** *vr* **sich um jdn/etw ~** se rassembler autour de qn/qc

Gruppierung <-, -en> *f* ① POL groupuscule *m*; (*innerhalb einer Partei*) fraction *f* ② (*Anordnung*) disposition *f*

Gruselfilm *m* film *m* d'épouvante **Gruselgeschichte** *f* récit *m* d'épouvante

gruselig ['gruːzəlɪç] *adj* épouvantable

gruseln ['gruːzəln] **I.** *vt, vi unpers* **ihn** [*o* **ihm**] **gruselt es** il a le frisson **II.** *vr* **sich ~** avoir le frisson

gruslig ['gruːzlɪç] *s.* **gruselig**

Gruß [gruːs, *Pl:* 'gryːsə] <-es, Grüße> *m* ① (*Begrüßung*) salut *m*; **zum ~** en guise de salut ② (*übermittelter Gruß*) salutations *fpl*; **jdm Grüße von jdm bestellen** donner le bonjour à qn de la part de qn; **einen [schönen] ~ an die Kinder** bien le bonjour aux enfants ③ (*schriftliche Grußformel*) **mit freundlichen Grüßen** reçois/recevez mes sincères salutations

grüßen ['gryːsən] **I.** *vt* ① (*begrüßen*) saluer ② (*Grüße übermitteln*) **jdn von jdm ~** saluer qn de la part de qn; **grüß dich!** *fam* salut! **II.** *vi* dire bonjour; **Paul lässt ~** Paul donne le bonjour **III.** *vr* **sich ~** se saluer

grußlos *adv* sans dire bonjour

Grußwort <-worte> *nt* discours *m* de bienvenue

Grütze ['grʏtsə] <-, -n> *f* bouillie *f* de gruau ▶ **rote ~** *compote refroidie de fruits rouges, épaissie avec de la fécule*

gschamig ['kʃaːmɪç] *adj* A, SDEUTSCH *fam* pudique

gucken ['gʊkən] *vi fam* ① (*sehen*) regarder ② (*hervorgucken*) dépasser

Guckloch *nt* (*in einer Wand, einem Zaun*) judas *m*

Guerilla [ge'rɪlja] <-, -s> *f*, **Guerillakrieg** *m* guérilla *f*
Gugelhupf ['gu:gəlhʊpf] <-s, -e> *m* A, SDEUTSCH kouglof *m*
Guillotine [gɪljo'ti:nə, gijo'ti:nə] <-, -n> *f* guillotine *f*
guillotinieren* [gɪljoti'ni:rən, gijoti'ni:rən] *vt* guillotiner
Guinea [gi'ne:a] <-s> *nt* la Guinée
Gulasch ['gʊlaʃ] <-[e]s, -e *o* -s> *nt o m* goulache *m o f*, goulasch *m*
Gulaschkanone *f hum sl* roulante *f* (*fam*) **Gulaschsuppe** *f* soupe *f* de goulasch
Gulden ['gʊldən] <-s, -> *m* HIST florin *m*
Gülle <-> *f* lisier *m*
Gully ['gʊli] <-s, -s> *m o nt* bouche *f* d'égout
gültig ['gʏltɪç] *adj* ❶ *Fahrschein, Eintrittskarte* valable; *Pass* valide ❷ *Urteil, Gesetz* en vigueur ❸ (*legal*) légal(e)
Gültigkeit <-> *f* validité *f*
Gummi¹ ['gʊmi] <-s, -[s]> *m o nt* (*Material*) caoutchouc *m*
Gummi² ['gʊmi] <-s, -s> *m fam* ❶ (*Radiergummi*) gomme *f* [à effacer] ❷ (*Kondom*) capote *f* [anglaise]
Gummi³ ['gʊmi] <-s, -s> *nt fam* (*Gummiband*) élastique *m*
gummiartig *adj Substanz* caoutchouteux(-euse)
Gummiball *m* balle *f* de caoutchouc **Gummiband** <-bänder> *nt* élastique *m* **Gummibärchen** *nt* ourson *m* [gélifié] **Gummibaum** *m* caoutchouc *m*
gummieren* *vt* gommer
Gummihandschuh *m* gant *m* en caoutchouc **Gummiknüppel** *m fam* matraque *f* [en caoutchouc] **Gummiring** *m* élastique *m* **Gummistiefel** *m* botte *f* en caoutchouc **Gummizelle** *f* cellule *f* capitonnée **Gummizug** *m* [bande *f*] élastique *m*
Gunst [gʊnst] <-> *f* ❶ (*Wohlwollen*) bienveillance *f*; **in jds ~** (*dat*) **stehen** être dans les bonnes grâces de qn ❷ *fig* (*günstige Konstellation*) **die ~ der Stunde** l'opportunité du moment ❸ (*Vergünstigung*) faveur *f* ▶ **zu seinen/meinen/... ~en** en sa/ma/... faveur
günstig ['gʏnstɪç] **I.** *adj* ❶ (*zeitlich passend*) favorable; *Zugverbindung, Flug* commode ❷ (*preisgünstig*) avantageux(-euse) **II.** *adv* ❶ *kaufen* à un prix avantageux ❷ (*gut*) **es trifft sich ~, dass** ça tombe bien que + *subj;* **im ~sten Fall** dans le meilleur des cas
günstigstenfalls *adv* dans le meilleur des cas
Günstling ['gʏnstlɪŋ] <-s, -e> *m pej eines Herrschers* favori(te) *m(f)*
Günstlingswirtschaft *f kein Pl pej* favoritisme *m*
Gurgel ['gʊrgəl] <-, -n> *f* gorge *f* ▶ **sie wäre ihm am liebsten an die ~ gesprungen** *fam* elle aurait voulu lui sauter dessus
Gurgelmittel *nt* gargarisme *m*
gurgeln ['gʊrgəln] *vi* ❶ (*den Rachen spülen*) faire un gargarisme/des gargarismes ❷ (*gluckern*) gargouiller
Gürkchen <-s, -> *nt Dim von* **Gurke** [petit] cornichon *m*
Gurke ['gʊrkə] <-, -n> *f* (*Salatgurke*) concombre *m;* (*eingelegt*) cornichon *m;* **saure ~n** cornichons à la russe
Gurkenhobel *m* coupe-concombres *m inv* **Gurkensalat** *m* salade *f* de concombre
gurren ['gʊrən] *vi a. fig* roucouler
Gurt [gʊrt] <-[e]s, -e> *m* ❶ (*Riemen*) sangle *f* ❷ (*Sicherheitsgurt*) ceinture *f* de sécurité
Gürtel ['gʏrtəl] <-s, -> *m* ceinture *f* ▶ **den ~ enger schnallen** *fam* se serrer la ceinture
Gürtellinie *f* taille *f* ▶ **unter die ~ zielen** viser en dessous de la ceinture **Gürtelreifen** *m* pneu *m* à carcasse radiale **Gürtelrose** *f* MED zona *m* **Gürtelschnalle** *f* boucle *f* de ceinture **Gürteltasche** *f* sac *m* banane **Gürteltier** *nt* tatou *m*
Gurtpflicht *f* port *m* obligatoire de la ceinture de sécurité
Gurtstraffer <-s, -> *m* rétracteur *m* de ceinture de sécurité
Guru ['gu:ru] <-s, -s> *m* REL gourou *m*, guru *m*
GUS [gʊs, ge:ʔu:'ʔɛs] <-> *f Abk von* **Gemeinschaft Unabhängiger Staaten: die ~** la C.E.I.
Guss[RR] [gʊs, *Pl:* 'gʏsə] <-es, Güsse>, **Guß**[ALT] <Gusses, Güsse> *m* ❶ *kein Pl* METAL (*das Gießen*) fonte *f* ❷ (*Zuckerguss*) couche *f* de sucre ❸ *fam* (*Regenguss*) saucée *f* ▶ [**wie**] **aus einem ~** comme formant une unité
Gusseisen[RR] *nt* fonte *f* **gusseisern**[RR] *adj* en fonte **Gussform**[RR] *f* moule *m*
Gusto <-s> *m* guise *f*; [**ganz**] **nach ~** *geh* à ma/sa/... guise
gut [gu:t] **I.** <besser, beste> *adj* ❶ (*opp: schlecht*) bon(ne) *antéposé;* **~e Augen/Ohren haben** avoir de bons yeux/l'oreille fine; **jdn/etw ~ finden** trouver bien qn/qc

❷ *Mann, Frau* bon(ne) *postposé; Mutter, Sohn* bon(ne) *antéposé;* **er ist ein ~er Mensch** c'est quelqu'un de bien; **~ zu jdm sein** être gentil avec qn; **sei so ~ und hilf mir mal!** sois gentil(le) de m'aider! ❸ (*körperlich wohl*) **ihm/ihr ist nicht ~** il/elle ne se sent pas bien ❹ (*gelungen*) **~ werden/sein** *Foto:* être réussi ❺ *meist attr Charakter, Manieren* bon(ne) *antéposé; Benehmen* correct(e) ❻ (*richtig*) **~ so!** c'est bien comme ça! ❼ *Idee* bon(ne) *antéposé; Angebot* intéressant(e) ❽ *Schüler, Leistung* bon(ne) *antéposé;* **~ in Geschichte sein** être bon en histoire ❾ (*Schulnote*) *bonne note située entre quatorze et seize sur vingt* ❿ *Mittel, Methode* bon(ne) *antéposé;* **~ gegen Husten sein** être bon contre la toux; **wer weiß, wozu das noch ~ ist!** qui sait à quoi ça peut servir un jour! ⓫ (*reichlich*) **eine ~e Stunde Zeit haben** avoir une bonne heure ▶ **Gut und Böse** le bien et le mal; **~ und schön, aber ...** c'est bien joli, mais ... (*fam*); **du bist ~!** *iron fam* elle est bonne, celle-là!; **es mit etw ~ sein lassen** *fam* en rester là avec qc; **lass mal ~ sein!** *fam* laisse tomber!; **alles wird [wieder] ~** tout va s'arranger; **schon ~!** *fam* c'est bon[, c'est bon]! **II.** <besser, am besten> *adv* ❶ (*opp: schlecht*) bien; **~ gelaunt sein** être de bonne humeur; **sich ~ lesen lassen** se lire bien; **[das hast du] ~ gemacht!** bien joué! ❷ (*reichlich*) bien, largement ❸ (*leicht, erfolgreich*) bien ❹ (*angenehm*) **~ riechen** sentir bon; **sich ~ anhören** *Vorschlag:* avoir l'air intéressant(e); **das schmeckt ~** c'est bon ▶ **~ dran sein** *fam* être à envier; **~ drauf sein** *fam* (*gut gelaunt sein*) être bien luné; (*gut in Form sein*) avoir la pêche; **~ und gern[e]** largement; **du hast ~ reden/lachen!** tu as beau dire/rire!; **~ gehen** (*florieren*) bien marcher; (*sich gut verkaufen*) bien se vendre; **es ~ haben** avoir de la chance; **das kann ~ sein** ça se pourrait bien; **mach's ~!** *fam* salut!; **so ~ wie ...** *fam* pratiquement ...

Gut [guːt, *Pl:* 'gyːtɐ] <-[e]s, Güter> *nt* ❶ (*Ware*) bien *m* ❷ (*Landgut*) domaine *m* ❸ JUR **unbewegliche Güter** biens *mpl* immobiliers

Gutachten ['guːtʔaxtən] <-s, -> *nt* expertise *f*

Gutachter(in) <-s, -> *m(f)* expert(e) *m(f)*

gutartig *adj* ❶ *Person* d'un bon naturel; *Tier* inoffensif(-ive) ❷ MED bénin(-igne)

gutaussehend *s.* **aussehen 1** **gutbezahlt** *s.* **bezahlt** **gutbürgerlich** ['guːt-'bʏrgɐlɪç] *adj a.* GASTR bourgeois(e)

Gutdünken ['guːtdʏŋkən] <-s> *nt* **sie entschied nach [eigenem] ~** elle a décidé comme bon lui semblait

Gute(s) *nt dekl wie adj* ❶ (*qualitativ Hochwertiges*) **etwas ~s** quelque chose de bon ❷ (*Angenehmes, Positives*) **~s über jdn sagen** dire du bien à propos de qn; **das ~ daran ist, dass** l'avantage, c'est que; **alles ~!** bonne chance! ❸ (*gute Tat*) **~s tun** faire le bien ▶ **an das ~ im Menschen glauben** croire en la bonté humaine; **es hat alles sein ~s** *prov* toute chose a du bon

Güte ['gyːtə] <-> *f* (*Freundlichkeit*) bonté *f;* **würden Sie die ~ haben meinen Koffer zu tragen?** *form* auriez-vous la bonté de porter ma valise? ▶ **es war ein Reinfall erster ~** *fam* on s'est planté comme c'est pas permis; **ach du liebe ~!** *fam* c'est pas vrai!

Güteklasse *f* catégorie *f*

Gutenachtgeschichte [gʊtə'naxtgəʃɪçtə] *f* histoire *f* pour dormir **Gutenachtkuss**[RR] [gʊtə'naxtkʊs] *m* bisou *m* (*fam*)

Güterbahnhof *m* gare *f* de marchandises **Gütergemeinschaft** *f* communauté *f* de biens **Gütertrennung** *f* séparation *f* des biens **Güterverkehr** *m* transport *m* [de] marchandises **Güterwagen** *m* wagon *m* de marchandises **Güterzug** *m* train *m* de marchandises

Gütesiegel *nt* marque *f* de qualité; **etw mit einem ~ versehen** labelliser qc **Gütezeichen** *nt* marque *f* de qualité

gut|gehen *irr* **I.** *vi s.* **gehen I.7, 8** **II.** *vi unpers s.* **gehen II.1**

gutgehend *s.* **gehen I.7**

gutgelaunt *s.* **gelaunt** **gutgemeint** *s.* **meinen I.5** **gutgläubig** *adj* crédule **Gutgläubigkeit** <-> *f* crédulité *f* **gut|haben** *vt irr* **bei jdm etw ~** avoir qc à son crédit auprès de qn **Guthaben** <-s, -> *nt* avoir *m* **gut|heißen** *vt irr* accepter, admettre

gutherzig *adj geh* généreux(-euse)

gütig ['gyːtɪç] *adj* ❶ bienveillant(e); (*nachsichtig*) complaisant(e) ❷ (*freundlich*) **würden Sie so ~ sein ...** *geh* voudriez-vous avoir l'obligeance de ...

gütlich ['gyːtlɪç] *adj, adv* à l'amiable

gut|machen *vt* ❶ (*in Ordnung bringen*) réparer *Fehler, Unrecht;* **etwas/viel an jdm gutzumachen haben** avoir quelque chose/beaucoup à se faire pardonner de qn ❷ (*sich revanchieren*) **ich weiß gar**

nicht, wie ich das ~ soll je ne sais pas comment rendre la pareille
gutmütig ['gu:tmy:tɪç] *adj* d'un bon naturel
Gutmütigkeit <-> *f* complaisance *f*
Gutsbesitzer(in) *m(f)* propriétaire *mf* d'un domaine
Gutschein *m* bon *m* **gut|schreiben** *vt irr* **jdm etw ~** inscrire qc au crédit de qn **Gutschrift** *f* ① (*gebuchter Betrag*) crédit *m* ② (*Beleg*) avis *m* de crédit
Gutshaus *nt* maison *f* de maître **Gutsherr(in)** *m(f)* s. **Gutsbesitzer(in)** **Gutshof** *m* ferme *f* domaniale
gutsituiert *s.* **situiert** **gut|stellen** *vr* **sich mit jdm ~** se mettre bien avec qn
Gutsverwalter(in) *m(f)* gérant(e) *m(f)* de propriété
gut|tun *vi irr* **jdm ~** faire du bien à qn ▶ **gut daran tun etw zu tun** avoir intérêt à faire qc
guttural [gʊtu'ra:l] **I.** *adj* guttural(e) **II.** *adv* d'une voix gutturale
gutunterrichtet *s.* **unterrichten I.2**
gutwillig **I.** *adj* plein(e) de bonne volonté **II.** *adv* de plein gré
Guyana [gu'ja:na] <-s> *nt* la Guyane
Gymnasiallehrer(in) *m(f)* professeur *mf* de "Gymnasium"
Gymnasiast(in) [gʏmna'zi̯ast] <-en, -en> *m(f)* élève *mf* de "Gymnasium"
Gymnasium [gʏm'na:zi̯ʊm] <-s, -ien> *nt établissement scolaire comprenant les classes entre l'école primaire et le baccalauréat*
Gymnastik [gʏm'nastɪk] <-> *f* gymnastique *f*
Gymnastikanzug *m* SPORT tenue *f* de gym[nastique]
gymnastisch *adj* de gymnastique
Gynäkologe [gynɛko'lo:gə] <-n, -n> *m*, **Gynäkologin** *f* gynécologue *mf*
Gynäkologie [gynɛkolo'gi:] <-> *f* gynécologie *f*
gynäkologisch [gynɛko'lo:gɪʃ] *adj* gynécologique

Hh

H, h [ha:] <-, -> *nt* ① (*Buchstabe*) H *m*/h *m* ② MUS si *m*
ha *Abk von* **Hektar** ha
Haar [ha:ɐ̯] <-[e]s, -e> *nt* ① (*einzelnes Kopfhaar*) cheveu *m;* (*gesamtes Kopfhaar*) cheveux *mpl;* **sie hat blondes ~** elle a les cheveux blonds; **die ~e kurz/offen tragen** avoir les cheveux courts/au vent ② (*Körperhaar, Tierhaar*) poil *m* ▶ **[immer] ein ~ in der Suppe finden** *fam* chercher la petite bête; **~e auf den Zähnen haben** *fam* ne pas avoir la langue dans sa poche; **sich in die ~e kriegen** *fam* se tomber sur le poil; **sich** (*dat*) **die ~e raufen** s'arracher les cheveux
Haaransatz *m* naissance *f* des cheveux **Haarausfall** *m* chute *f* des cheveux **Haarband** <-bänder> *nt* ruban *m* **Haarbürste** *f* brosse *f* à cheveux **Haarbüschel** *nt* touffe *f* de cheveux
haaren ['ha:rən] *vi* perdre ses poils
Haarentferner <-s, -> *m* dépilatoire *m*
Haaresbreite ▶ **[nur] um ~** d'un cheveu
Haarfarbe *f* couleur *f* de[s] cheveux **Haarfestiger** *m* fixateur *m* [pour les cheveux] **Haargefäß** *nt* [vaisseau *m*] capillaire *m* **Haargel** *nt* gel *m* coiffant **haargenau** *adj Beschreibung* minutieux(-euse) **Haargummi** <-s, -s> *nt* élastique *m* [pour cheveux]
haarig ['ha:rɪç] *adj fam* (*heikel*) délicat(e)
Haarklammer *f* pince *f* [à cheveux] **haarklein** ['ha:ɐ̯'klai̯n] *adv* par le menu **Haarklemme** *f s.* **Haarklammer** **Haarnadel** *f* épingle *f* à cheveux
Haarnadelkurve *f* virage *m* en épingle [à cheveux]
Haarnetz *nt* résille *f* **Haarpflege** *f* soins *mpl* capillaires **Haarpracht** *f a. hum* chevelure *f* magnifique **Haarreif** *m* serre-tête *m* **haarscharf** *adv daneben* de très peu **Haarschleife** *f* nœud *m* [dans les cheveux] **Haarschnitt** *m* (*das Schneiden, die Frisur*) coupe *f* de cheveux **Haarspalterei** [ha:ɐ̯ʃpaltə'rai̯] <-, -en> *f pej* ergotage *m;* **das ist ~!** c'est couper les cheveux en quatre! **Haarspange** *f* grosse barrette *f* [à cheveux] **Haarspray** *nt o m* laque *f* **Haarsträhne** *f* mèche *f* [de cheveux]
haarsträubend ['ha:ɐ̯ʃtrɔybənt] *adj* scandaleux(-euse)

H

Haarteil *nt* postiche *m* **Haartrockner** *m* sèche-cheveux *m inv* **Haarverlängerung** *f* extension *m* des cheveux **Haarwaschmittel** *nt* shampo[o]ing *m* **Haarwasser** *nt* lotion *f* capillaire **Haarwuchs** *m* pousse *f* des cheveux/poils

Haarwuchsmittel *nt* produit *m* favorisant la pousse des cheveux

Haarwurzel *f* racine *f* du cheveu

Hab ▶ **sein/ihr ganzes ~ und Gut** *geh* tous ses biens *mpl*

Habe ['ha:bə] <-> *f geh* **seine/ihre ganze ~** tous ses biens *mpl*

haben ['ha:bən] <hat, hatte, gehabt> **I.** *vt* ① (*besitzen, verfügen über, aufweisen*) avoir; **Kinder ~** avoir des enfants; **dieses Haus hat einen Garten** cette maison a un jardin; **jdn/etw bei sich ~** avoir qn avec soi/qc sur soi ② (*führen, verkaufen*) avoir; **~ Sie Wasserkocher?** est-ce que vous avez des bouilloires électriques? ③ (*umfassen*) **eine Größe/Fläche/einen Inhalt von ... ~** avoir une grandeur/surface/contenance de ... ④ SCHULE avoir *Lehrer, Note;* **heute ~ wir Chemie** aujourd'hui nous avons chimie ⑤ (*empfinden, erleben*) avoir; **Lust/Angst ~** avoir envie/peur; **Sonne/schlechtes Wetter ~** avoir du soleil/du mauvais temps; **wir hatten heute Nacht Vollmond** cette nuit, c'était la pleine lune; **ihr habt's aber schön warm!** il fait agréablement chaud chez vous! ⑥ MED **es am Herzen/im Rücken ~** *fam* être malade du cœur/avoir mal au dos ⑦ (*ausstehen*) **ich kann es nicht ~, wenn** je ne supporte pas que + *subj* ▶ **noch/nicht mehr zu ~ sein** *fam Mann, Frau:* être encore libre/être déjà pris; **es in sich ~** *fam Arbeit, Aufgabe:* être plus compliqué que ça en a l'air; *Wein:* faire de l'effet; **Paul hat etwas mit Brigitte** il y a quelque chose entre Paul et Brigitte; **viel/wenig von jdm/etw ~** profiter beaucoup/peu de qn/qc; **jdn vor sich ~, der ...** (*dat*) avoir affaire à qn qui ...; **ich hab's!** *fam* [ça y est,] j'y suis!; **hast du was?** qu'est-ce que tu as?; **wie hätten Sie es gern?** comment le/la/les désirez-vous? **II.** *vr fam* **er hat sich immer so mit seinem Auto** il est drôlement maniaque avec sa voiture **III.** *vr unpers fam* ▶ **und damit hat es sich!** *fam* et après basta! **IV.** *vi modal* **du hast zu gehorchen** tu dois obéir; **du hast dich nicht darum zu kümmern** tu n'as pas à t'occuper de ça **V.** *aux* **er hat/hatte den Brief geschrieben** il a/avait écrit la lettre; **ihr habt euch getäuscht** vous vous êtes trompé(e)s; **sie hätte ihm helfen können/müssen** elle aurait pu/dû l'aider

Haben <-s> *nt* FIN avoir *m;* **mit tausend Euro im ~ sein** avoir un crédit de mille euros

Habenichts ['ha:bənɪçts] <-[es], -e> *m fam* sans-le-sou *m inv*

Habenseite *f eines Kontos* colonne *f* [de] crédit

Habgier ['ha:pgi:ɐ̯] *f* rapacité *f*

habgierig ['ha:pgi:rɪç] *adj* rapace

habhaft *adj geh* **eines Menschen/einer S. ~ werden** s'emparer d'une personne/de qc

Habicht ['ha:bɪçt] <-s, -e> *m* autour *m*

Habilitation [habilita'tsi̯o:n] <-, -en> *f qualification pour l'enseignement supérieur*

Habilitationsschrift *f mémoire de qualification pour l'enseignement supérieur*

habilitieren* [habili'ti:rən] **I.** *vr* **sich ~** se qualifier pour l'enseignement supérieur **II.** *vt* habiliter

Habitat [habi'ta:t] <-s, -e> *nt* BIO habitat *m*

Habseligkeiten ['ha:pze:lɪçkai̯tən] *Pl* affaires *fpl*

Habsucht *f kein Pl s.* **Habgier** **habsüchtig** ['ha:pzʏçtɪç] *s.* **habgierig**

Hachse ['haksə] <-, -n> *f* ① *eines Kalbs* jarret *m; eines Schweins* jambonneau *m* ② *fam* (*Bein*) guibo[l]le *f*

Hackbeil *nt* couperet *m* **Hackbraten** *m* rôti *m* de viande hachée

Hacke ['hakə] <-, -n> *f* ① (*Ferse, Absatz*) talon *m* ② (*Werkzeug*) houe *f* ③ A hache *f*

Hackebeil *s.* **Hackbeil**

hacken ['hakən] **I.** *vt* ① (*zerkleinern*) hacher; **etw klein ~** (*mit dem Beil*) couper qc petit; (*mit dem Messer*) hacher qc; **Holz ~** fendre du bois ② (*auflockern*) biner; (*von Unkraut befreien*) sarcler **II.** *vi* ① **nach jdm/etw ~** *Vogel:* donner des coups de bec à qn/dans qc ② (*den Boden bearbeiten*) sarcler ③ INFORM *fam* pirater; **das Hacken** le piratage [informatique]

Hackepeter <-s, -> *m* DIAL *s.* **Hackfleisch**

Hacker(in) ['hakɐ, 'hɛkɐ] <-s, -> *m(f) fam* (*Computerpirat*) pirate *mf* [informatique]; (*Computerfan*) mordu(e) *m(f)* d'informatique

Hackfleisch *nt* viande *f* hachée

Hackordnung *f* ordre *m* hiérarchique

Häcksel <-s> *nt o m* fourrage *m* haché

Hacksteak *nt* steak *m* haché

Hader ['ha:dɐ] <-s> *m geh* discorde *f* (*littér*)
hadern ['ha:dɐn] *vi* se révolter; **mit etw ~** se révolter contre qc
Hafen ['ha:fən, *Pl:* 'hɛ:fən] <-s, Häfen> *m* ❶ port *m;* **in den ~ einlaufen** entrer au port; **aus dem ~ auslaufen** quitter le port ❷ *geh* (*Zufluchtsort*) havre *m*
Hafenanlagen *Pl* installations *fpl* portuaires **Hafenarbeiter(in)** *m(f)* docker *m* **Hafenbecken** *nt* bassin *m* portuaire **Hafeneinfahrt** *f* entrée *f* du port **Hafenkneipe** *f fam* bar *m* [du port] **Hafenrundfahrt** *f* visite *f* du port en bateau **Hafenstadt** *f* ville *f* portuaire **Hafenverwaltung** *f* administration *f* portuaire **Hafenviertel** *nt* quartier *m* du port **Hafenzufahrt** *f* accès *m* au port
Hafer ['ha:fɐ] <-s, -> *m* avoine *f*
Haferbrei *m* bouillie *f* d'avoine **Haferflocken** *Pl* flocons *mpl* d'avoine
Haferl ['ha:fɐl] SDEUTSCH, A, **Häferl** ['hɛ:fɐl] <-s, -n> *nt* A *fam* tasse *f*
Haferschleim *m* crème *f* d'avoine
Haff [haf] <-[e]s, -s *o* -e> *nt* lagune *f*
Haft [haft] <-> *f* détention *f;* **in ~ sein** être en détention; **zu fünf Jahren ~ verurteilt werden** être condamné à cinq ans de prison; **aus der ~ entlassen werden** être libéré
Haftanstalt *f* maison *f* d'arrêt
haftbar *adj* **für etw ~ sein** être responsable de qc; **jdn für etw ~ machen** rendre qn responsable de qc
Haftbefehl *m* mandat *m* d'arrêt **Haftdauer** *f* détention *f* **Hafteinrichtung** *f* établissement *m* de détention
haften ['haftən] *vi* ❶ (*die Haftung übernehmen*) **für jdn/etw ~** *Person:* être responsable de qn/qc; **jdm dafür ~, dass ...** garantir à qn que ... ❷ COM **mit seinem Vermögen ~** être responsable sur son capital ❸ (*festkleben*) **an/auf etw** (*dat*) **~** adhérer sur qc; **an/auf etw** (*dat*) **~ bleiben** adhérer à qc ❹ (*sich festsetzen*) **auf/an etw** (*dat*) **~ bleiben** *Rauch, Geruch:* rester imprégné dans qc ❺ (*hängen bleiben*) **an jdm ~** *Makel, Verleumdung:* rester attaché au nom de qn; *Verdacht:* continuer de peser sur qn ❻ (*im Gedächtnis bleiben*) **jdm ~ bleiben** rester gravé dans la mémoire de qn
haften|bleiben *s.* **haften 5, 6**
Haftentlassung *f* [re]mise *f* en liberté
Häftling ['hɛftlɪŋ] <-s, -e> *m* détenu(e) *m(f)*
Haftnotiz *f* post-it® *m*
Haftpflicht *f* ❶ *fam* (*Haftpflichtversicherung*) assurance *f* responsabilité civile ❷ (*Schadenersatzpflicht*) responsabilité *f* civile
haftpflichtig *adj* civilement responsable
haftpflichtversichert *adj* **~ sein** être assuré en responsabilité civile **Haftpflichtversicherung** *f* assurance *f* responsabilité civile
Haftrichter(in) *m(f)* juge *m* d'instruction **Haftstrafe** *f* peine *f* de prison
Haftung <-, -en> *f* ❶ JUR responsabilité *f;* *einer Versicherung* garantie *f* ❷ *kein Pl* TECH, PHYS adhérence *f*
Hagebutte ['ha:gəbʊtə] <-, -n> *f* cynor[r]hodon *m*
Hagebuttentee *m* tisane *f* de cynor[r]hodon
Hagel ['ha:gəl] <-s> *m* grêle *f*
Hagelkorn <-körner> *nt* grêlon *m*
hageln ['ha:gəln] **I.** *vi unpers* grêler; **es hagelt** il grêle **II.** *vt unpers fam* **es hagelt Geschosse/Steine** il tombe une grêle de balles/pierres
Hagelschauer *m* averse *f* de grêle
hager ['ha:gɐ] *adj* maigre; *Person, Arme, Beine, Gestalt* grêle; *Hals* maigre
Häher ['hɛ:ɐ] <-s, -> *m* ORN geai *m*
Hahn [ha:n, *Pl:* 'hɛ:nə] <-[e]s, Hähne> *m* ❶ coq *m* ❷ (*Wetterhahn*) coq *m* de clocher ❸ (*Wasserhahn*) robinet *m* ❹ (*Zapfhahn*) chantepleure *f* ► **~ im Korb sein** *fam* être comme le coq au milieu de la basse-cour
Hähnchen ['hɛ:nçən] *nt* poulet *m;* **ein gebratenes ~** un poulet rôti
Hahnenfuß *m* bouton-d'or *m* **Hahnenkampf** *m* combat *m* de coqs
Hai <-[e]s, -e> *m* requin *m*
Hairstylist(in) ['hɛ:ɐstaɪlɪst] <-en, -en> *m(f)* coiffeur(-euse) *m(f)* styliste
Häkchen ['hɛ:kçən] *nt Dim von* **Haken** (*Zeichen*) coche *f*
Häkelarbeit *f* (*gehäkelter Gegenstand*) ouvrage *m* au crochet
häkeln ['hɛ:kəln] **I.** *vi* faire du crochet; **das Häkeln** le crochet **II.** *vt* **etw ~** faire qc au crochet
Häkelnadel *f* crochet *m*
Haken ['ha:kən] <-s, -> *m* ❶ [clou *m* à] crochet *m;* (*Handtuchhaken*) crochet *m;* (*Kleiderhaken*) patère *f* ❷ (*Angelhaken*) hameçon *m* ❸ SPORT crochet *m* ❹ (*Zeichen*) coche *f;* **hinter jedem Namen einen ~ machen** cocher chaque nom ❺ *fam* (*Schwierigkeit*) hic *m* ► **die Sache**

H

hat einen ~ *fam* il y a quelque chose qui cloche

hakenförmig *adj* en forme de crochet

Hakenkreuz *nt* croix *f* gammée **Hakennase** *f* nez *m* crochu

Halali [hala'liː] <-s, -[s]> *nt* hallali *m*

halb [halp] **I.** *adj* ① **ein ~er Meter** un demi mètre; **das ~e Buch** la moitié du livre ② (*bei der Angabe der Uhrzeit*) **~ sieben** six heures et demie; **gleich ist es ~** il va être la demie; **es ist erst drei vor ~** il n'est que vingt-sept; **um fünf nach ~** à moins vingt-cinq ③ *fam* (*ein Großteil von*) **~ Köln/Frankreich** presque tout Cologne/toute la France; **die ~en Pralinen sind ja schon weg!** la moitié des bonbons au chocolat sont déjà partis! ④ (*halbherzig*) **~e Reformen/Schritte** des demi-réformes/demi-mesures; **mit ~em Ohr zuhören** n'écouter que d'une oreille ▶ **das ist nichts Halbes und nichts Ganzes** *fam* ce n'est ni fait ni à faire **II.** *adv* ① (*zur Hälfte*) à moitié; **etw nur ~ verbrauchen** n'utiliser qc qu'à moitié; **nicht ~ so schön sein wie ...** être loin d'être aussi beau que ...; **~ so intelligent sein wie ...** être deux fois moins intelligent que ...; **~ so viel** moitié moins ② (*halbwegs*) à moitié *antéposé;* **das Fleisch ist noch ~ roh** la viande est encore à moitié crue ③ (*teilweise, nicht ganz*) **etw nur ~ verstehen** ne comprendre qc qu'à moitié; **nur ~ hinhören/zuhören** n'écouter que d'une oreille

halbamtlich *adj* semi-officiel(le) **Halbbildung** *f kein Pl pej* culture *f* au rabais **halbbitter** *adj* semi-amer(-ère); *Schokolade* fondant(e) **Halbblut** *nt* ① (*Mischling*) métis(se) *m(f)* ② (*Pferd*) demi-sang *m* **Halbbruder** *m* demi-frère *m;* **mein ~ väterlicherseits/mütterlicherseits** mon frère consanguin/utérin **Halbdunkel** ['halpdʊŋkəl] *nt* pénombre *f* **Halbedelstein** *m* pierre *f* fine

halbe-halbe ['halbə'halbə] ▶ **mit jdm ~ machen** *fam* faire fifty-fifty avec qn

halber ['halbɐ] *präp + gen geh* **der Form ~** pour la forme; **der Ordnung/Pflicht ~** par souci de l'ordre/du devoir; **der Sicherheit ~** par mesure de sécurité

Halbfabrikat *nt* demi-produit *m* **halbfett I.** *adj* ① TYP [de]mi-gras(se) ② GASTR allégé(e) **II.** *adv* TYP en demi-gras **Halbfinale** *nt* demi-finale *f* **halbgebildet** *adj attr pej* avec une culture au rabais **Halbgeschwister** *Pl* demi-frère[s] et sœur[s] *mpl;* **sie sind ~** ils sont enfants de deux lits

Halbgott *m*, **-göttin** *f* demi-dieu *m/* demi-déesse *f*

halbherzig I. *adj Antwort, Zustimmung* du bout des lèvres; *Reform* timide **II.** *adv* sans conviction; *antworten, zustimmen* du bout des lèvres

Halbherzigkeit <-, -en> *f* frilosité *f*

halbieren* [hal'biːrən] **I.** *vt* ① (*teilen*) **etw ~** partager qc en deux; (*schneiden*) couper qc en deux ② (*um die Hälfte vermindern*) réduire de moitié **II.** *vr* **sich ~** diminuer de moitié

Halbinsel ['halpʔɪnzəl] *f* presqu'île *f;* (*groß*) péninsule *f* **Halbjahr** *nt* semestre *m*

halbjährig ['halpjɛːrɪç] *adj attr* (*ein halbes Jahr dauernd*) [d'une durée] de six mois

halbjährlich ['halpjɛːɐ̯lɪç] **I.** *adj* semestriel(le) **II.** *adv* tous les six mois **Halbkanton** *m* CH demi-canton *m* **Halbkreis** *m* demi-cercle *m* **Halbkugel** *f* hémisphère *m* **halblang** *adj* mi-long(-longue) **halblaut** *adj* [prononcé(e)] à mi-voix **Halbleder** *nt* reliure *f* demi-cuir **Halbleiter** *m* TECH semi-conducteur *m* **halblinks** *s.* **links I.1**

halbmast ['halpmast] *adv* **auf ~** en berne **Halbmesser** *m* rayon *m* **Halbmond** *m* ① demi-lune *f* ② (*Symbol*) croissant *m*

halbmondförmig *adj* en demi-lune

halbnackt *s.* **nackt** **halboffen** *s.* **offen I.1** **Halbpension** *f* demi-pension *f* **halbrechts** *s.* **rechts 1** **halbrund** *adj* semi-circulaire **Halbschatten** *m* clair-obscur *m* **Halbschlaf** *m* demi-sommeil *m;* **im ~ sein** être à moitié endormi **Halbschuh** *m* chaussure *f* basse **Halbschwergewicht** ['halpʃveːɐ̯gəvɪçt] *nt kein Pl* (*Gewichtsklasse*) poids *m* mi-lourd **Halbschwester** *f* demi-sœur *f*

halbseitig ['halpzaitɪç] **I.** *adj* ① *Anzeige* d'une demi-page ② MED **~e Lähmung** hémiplégie *f* **II.** *adv* ① *inserieren* sur une demi-page ② MED **~ gelähmt** hémiplégique

Halbstiefel *m* mi-botte *f*

halbstündig ['halpʃtʏndɪç] *adj attr* d'une demi-heure

halbstündlich ['halpʃtʏntlɪç] *adj, adv* toutes les demi-heures **halbtags** *adv* à mi-temps

Halbtagsarbeit *f kein Pl* (*Arbeit*) [travail *m* à] mi-temps *m* **Halbtagsbeschäftigung** *f* emploi *m* à mi-temps **Halbtagskraft** *f* salarié(e) *m(f)* à mi-temps **Halbtagsstelle** *f* emploi *m* à mi-temps

Halbton <-töne> *m* MUS demi-ton *m*

halbtot *s.* **tot 1** **Halbvokal** *m* semi-voyelle *f* **halbvoll** *s.* **voll 1** **halbwach** *s.* **wach 1** **Halbwahrheit** *f* demi-vérité *f* **Halbwaise** *f* orphelin(e) *m(f)* [de père/mère]

halbwegs ['halp've:ks] *adv* ❶(*einigermaßen*) à peu près ❷(*nahezu*) pratiquement

Halbwelt *f kein Pl* demi-monde *m*

Halbwertszeit *f* PHYS période *f*

Halbwissen *nt pej* semblant *m* de savoir

halbwüchsig ['halpvy:ksɪç] *adj* adolescent(e)

Halbzeit *f* mi-temps *f*

Halde ['haldə] <-, -n> *f* ❶(*Müllhalde*) montagne *f* d'ordures ❷MIN (*Kohlenhalde*) dépôt *m* de charbon; (*Abraumhalde*) terril *m* ❸(*Lager, Lagerbestand*) stock *m* d'invendus; **etw auf ~ legen** mettre qc en réserve

half [half] *Imp von* **helfen**

Hälfte ['hɛlftə] <-, -n> *f* moitié *f;* **eine Frucht in zwei ~n zerteilen** couper un fruit en deux; **die eine ~** l'une des [deux] moitiés; **Kinder unter zehn Jahren zahlen die ~** les enfants de moins de dix ans paient demi-tarif; **um die ~ größer als ...** une fois et demie plus grand(e) que ...; **etw um die ~ anheben/vermindern** augmenter/baisser qc de moitié; **um die ~ mehr/weniger** moitié plus/moins; **zur ~** à moitié *antéposé*

Halfter[1] ['halftɐ] <-s, -> *m o nt* (*Teil des Geschirrs*) licou *m*

Halfter[2] ['halftɐ] <-, -n> *f*, <-s, -> *nt* (*Holster*) gaine *f* [de revolver]

Hall <-[e]s, -e> *m* ❶*geh* (*Schall*) résonance *f* ❷(*Widerhall*) écho *m*

Halle ['halə] <-, -n> *f* ❶(*Ankunftshalle, Ausstellungshalle*) hall *m* ❷(*großer Saal*) [grande] salle *f* ❸(*Sporthalle*) salle *f* [de sport]; (*Turnhalle*) gymnase *m;* (*Tennishalle*) tennis *m* couvert; **in der ~** en salle

hallen ['halən] *vi* résonner

Hallenbad *nt* piscine *f* couverte **Hallenhandball** *m* handball *m* en salle

Hallig ['halɪç] <-, -en> *f île plate du Schleswig-Holstein recouverte en partie ou en totalité par la mer lors des grosses marées*

hallo [ha'lo:, 'halo] *interj* ❶(*Begrüßung*) salut ❷(*Gruß am Telefon*) allo, allô ❸(*Ausruf der Überraschung*) tiens ❹(*Anrede*) **~, Sie!** hé, vous!

Hallo [ha'lo:, 'halo] <-s, -s> *nt* salut *m*

Hallodri [ha'lo:dri] <-[s], -[s]> *m* A, SDEUTSCH *fam* joyeux luron *m*

Halluzination [halutsina'tsi̯o:n] *f* hallucination *f* ▶ **an ~en leiden** *Kranker:* souffrir d'hallucinations; *iron fam* avoir des hallucinations

Halluzinogen [halutsino'ge:n] <-s, -e> *nt* PHARM hallucinogène *m*

Halm [halm] <-[e]s, -e> *m* ❶(*Grashalm*) brin *m;* (*Strohhalm*) [brin *m* de] paille *f;* (*Getreidehalm*) tige *f;* (*Stoppelhalm*) chaume *m;* (*Schilfhalm*) roseau *m* ❷(*Trinkhalm*) paille *f*

Halogen [halo'ge:n] <-s, -e> *nt* CHEM halogène *m*

Halogenbirne *f* ampoule *f* halogène **Halogenlampe** *f* [lampe *f* à] halogène *m*

Hals [hals, *Pl:* 'hɛlzə] <-es, Hälse> *m* ❶cou *m* ❷(*Rachen*) gorge *f* ❸(*Flaschenhals*) col *m* ▶ **~ über Kopf** en quatrième vitesse (*fam*); **jdm mit etw vom ~ bleiben** *fam* ne pas casser les pieds à qn avec qc; **jdn am ~ haben** *fam* avoir qn sur le dos; **das hängt mir zum ~ heraus** *fam* j'en ai ras le bol; **sich jdn vom ~ schaffen** *fam* se débarrasser de qn; **sich jdm an den ~ werfen** *pej fam* se jeter sur qn

Halsabschneider(in) <-s, -> *m(f) pej fam* rapace *m*

Halsausschnitt *m* encolure *f* **Halsband** <-bänder> *nt* ❶(*Hundehalsband, Katzenhalsband*) collier *m* ❷(*Schmuckband aus Samt*) ruban *m* [de velours]

halsbrecherisch ['halsbrɛçərɪʃ] **I.** *adj Tempo* fou(folle); *Aktion, Fahrt* casse-cou *inv* **II.** *adv herumturnen, klettern* au risque de se casser le cou

Halsentzündung *f* inflammation *f* de la gorge **Halskette** *f* chaîne *f* [de cou]; (*mit Steinen besetzt*) collier *m* **Halskrause** ['halskrau̯zə] *f* ❶(*Kragen*) fraise *f* ❷MED minerve *f*

Hals-Nasen-Ohren-Arzt ['hals'na:zən-'ʔo:rəna:ɐ̯tst] *m*, **-Ärztin** *f* oto-rhino-laryngologiste *mf*

Halsschlagader *f* [artère *f*] carotide *f* **Halsschmerzen** *Pl* mal *m* de gorge; **~ haben** avoir mal à la gorge

halsstarrig ['halsʃtarɪç] *pej adj* buté(e) (*fam*)

Halstuch *nt* foulard *m*

Hals- und Beinbruch *interj* bonne chance

Halsweh *nt s.* **Halsschmerzen** **Halswirbel** *m* vertèbre *f* cervicale

halt [halt] *interj* halte[-là]

Halt [halt] <-[e]s, -e *o* -s> *m* ❶(*Stütze*) appui *m;* **als ~ gedacht sein** être fait pour se [re]tenir ❷(*Greif-, Trittstelle beim Bergsteigen*) prise *f* ❸*fig* **dem Haar ~ ge-**

ben donner du maintien aux cheveux ④ (*Gleichgewicht*) **jdm ~ geben** être un soutien pour qn; **den ~ verlieren** perdre l'équilibre ⑤ (*inneres Gleichgewicht*) équilibre *m* [moral/psychologique] ⑥ (*Stopp*) arrêt *m;* **~ machen** s'arrêter; **ohne ~ durchfahren** *Zug:* être sans arrêt

hält [hɛlt] *3. Pers Präs von* **halten**

haltbar *adj* ① *Lebensmittel, Konserve* [de] longue conservation; **~ sein** se conserver; **etw ~ machen** conserver qc; **mindestens ~ bis ...** à consommer de préférence avant le ... ② (*strapazierfähig*) résistant(e); **~ sein** faire de l'usage (*fam*); *Leder:* résister; **lange ~ sein** durer longtemps ③ *Behauptung, Theorie, Vorwurf* qui tient debout

H

Haltbarkeit <-, -en> *f* ① *von Konserven, Lebensmitteln* durée *f* de conservation ② (*Widerstandsfähigkeit*) résistance *f*

Haltbarkeitsdatum *nt* date *f* limite [de consommation]

Haltegriff *m* poignée *f* [de maintien]; (*Wannengriff*) barre *f* d'appui

halten ['haltən] <hält, hielt, gehalten> **I.** *vt* ① (*festhalten*) tenir ② (*zum Bleiben veranlassen*) retenir ③ (*strecken*) **die Beine ins Wasser ~** garder les jambes dans l'eau ④ (*tragen*) **etw ~** *Haken, Mauerhaken:* maintenir qc ⑤ (*stützen*) soutenir ⑥ (*zurückhalten*) **etw ~** *Isolierschicht:* maintenir qc; *Ventil:* contenir qc ⑦ SPORT arrêter *Ball* ⑧ (*haben*) **[sich** (*dat*)**] ein Tier ~** avoir un animal ⑨ conserver *Tabellenplatz, Rekord;* maintenir *Position;* **vor Müdigkeit kaum noch die Augen offen ~ können** ne plus pouvoir garder les yeux ouverts à cause de la fatigue ⑩ MIL défendre *Festung, Stadt* ⑪ maintenir *Behauptung, Theorie* ⑫ (*handhaben*) **es mit etw genauso/ähnlich/anders ~** faire pareillement/analoguement/autrement avec qc; **das kannst du ~, wie du willst** tu fais comme tu veux ⑬ (*farblich gestalten*) **das Kinderzimmer ganz in Hellblau ~** décorer la chambre d'enfant tout en bleu clair ⑭ prononcer *Rede, Ansprache;* faire *Vortrag, Diavortrag* ⑮ tenir *Versprechen, Zusage* ⑯ (*ansehen als*) **jdn für einen Journalisten/Angeber ~** prendre qn pour un journaliste/frimeur; **hältst du ihn für den Schuldigen?** crois-tu qu'il soit coupable?; **ich hätte Sie für ehrlicher gehalten** je vous aurais cru plus honnête ⑰ (*denken*) **etwas/nichts von jdm/etw ~** faire cas/ne faire aucun cas de qn/qc; **etwas/viel davon ~ etw zu tun** trouver bien/très bien de faire qc; **nichts davon ~ etw zu tun** ne pas être d'avis de faire qc **II.** *vi* ① (*festhalten*) tenir; **kannst du mal einen Moment ~?** tu peux tenir ça une minute? ② (*haltbar sein*) *Konserve:* se garder; *Lebensmittel:* se conserver ③ (*stehen bleiben*) *Fahrer, Fahrzeug:* s'arrêter ④ SPORT arrêter ⑤ (*stehen zu*) **zu jdm ~** prendre le parti de qn **III.** *vr* ① (*sich festhalten*) **sich an etw** (*dat*) **~** se tenir à qc ② (*nicht verderben*) **sich ~** se garder ③ METEO **sich ~** se maintenir; *Schnee:* tenir ④ (*eine Richtung verfolgen*) **sich rechts/nach Süden ~** tenir sa droite/le cap sud ⑤ (*sich richten nach*) **sich an ein Versprechen/die Tatsachen ~** tenir sa promesse/s'en tenir aux faits; **sich an die Regeln ~** respecter les règles; **sich eng an den Text ~** rester très près du texte ⑥ (*sich orientieren an*) **sich an jdn ~** s'en tenir à qn ⑦ (*haften*) **sich ~** *Duft, Parfüm, Gestank:* persister; *Gas, Giftstoff:* se maintenir ⑧ (*sich behaupten*) **sich ~** *Regierung:* tenir; *Truppen:* se maintenir ⑨ (*eine bestimmte Haltung haben*) **sich aufrecht/im Gleichgewicht ~** se tenir droit/en équilibre ⑩ (*sich wenden an*) **sich an jdn ~** s'adresser à qn ⑪ (*einschätzen*) **sich für einen Künstler/für klug ~** se considérer comme artiste/intelligent(e); **du hältst dich wohl für unwiderstehlich?** tu te crois irrésistible?

Haltepunkt *m* arrêt *m* [facultatif]

Halter(in) <-s, -> *m(f)* ① *eines Fahrzeugs* utilisateur *m* habituel; (*Versicherter*) assuré *m* ② (*Besitzer*) *eines Haustiers* propriétaire *m*

Halterung <-, -en> *f* support *m*

Haltestelle *f von Bussen* arrêt *m; von Straßenbahnen, S-Bahnen, U-Bahnen* station *f*

Halteverbot *nt kein Pl* ① interdiction *f* de s'arrêter; **absolutes/eingeschränktes ~** arrêt *m*/stationnement *m* interdit ② (*Bereich*) **im ~ parken/stehen** se garer/être garé en zone d'arrêt interdit

Halteverbotsschild *nt* panneau *m* d'arrêt interdit

haltlos *adj Person, Charakter, Vorwurf* inconsistant(e)

Haltlosigkeit <-> *f* inconsistance *f*

halt|machen *s.* **Halt 6**

Haltung ['haltʊŋ] <-, -en> *f* ① (*Körperhaltung*) attitude *f* ② SPORT style *m* ③ (*Meinung*) position *f;* **eine klare ~ einnehmen** avoir une position claire ④ *kein Pl* (*Verhalten*) attitude *f* ⑤ *kein Pl* (*Beherrschtheit*) contenance *f;* **~ bewah-**

ren faire bonne contenance ⑥ *kein Pl von Haustieren* détention *f; von Vieh* élevage *m*

Haltungsfehler *m* malformation *f* du squelette; SPORT faute *f* de style

Halunke [ha'lʊŋkə] <-n, -n> *m* ① *pej* (*Gauner*) fripouille *f* (*fam*) ② *hum* (*Schlingel*) fripon *m*

Hamburg ['hambʊrk] <-s> *nt* Hambourg

Hamburger¹ ['hambʊrgɐ] <-s, -> *m* (*Person*) Hambourgeois *m*

Hamburger² ['hambʊrgɐ, 'hɛmbøːɐ̯gɐ] <-s, -> *m* GASTR hamburger *m*

Hamburger³ ['hambʊrgɐ] *adj attr* de Hambourg, hambourgeois(e)

Hamburgerin <-, -nen> *f* Hambourgeoise *f*

hamburgisch ['hambʊrgɪʃ] *adj* de Hambourg

Häme ['hɛːmə] <-> *f geh* hargne *f*

hämisch ['hɛːmɪʃ] **I.** *adj Bemerkung, Blick* hargneux(-euse); *Grinsen* sardonique **II.** *adv bemerken* hargneusement; *grinsen* sardoniquement

Hammel ['haməl] <-s, -> *m* ① (*Tier, Fleisch*) mouton *m* ② *pej fam* (*Dummkopf*) connard *m*

Hammelfleisch *nt* [viande *f* de] mouton *m* **Hammelkeule** *f* gigot *m* de mouton **Hammelsprung** *m procédure de vote au cours de laquelle les parlementaires passent par trois portes différentes, signifiant accord, refus ou abstention*

Hammer ['hamɐ, *Pl:* 'hɛmɐ] <-s, Hämmer> *m* ① *a.* SPORT, ANAT, MUS marteau *m* ② *fam* (*Fehler*) connerie *f;* (*Unverschämtheit*) insolence *f;* **das ist** [**ja**] **ein ~!** (*das ist falsch*) quelle connerie!; (*das ist unverschämt*) c'est le comble!; (*das ist unglaublich*) c'est pas croyable! ▶ **du hast einen ~!** *fam* t'es [complètement] marteau!

hämmern ['hɛmɐn] *vi* ① *Handwerker, Bastler:* donner des coups de marteau; **das Hämmern** le martèlement ② (*klopfen*) **gegen die Wand/die Tür ~** marteler le mur/la porte ③ (*pulsieren*) *Puls, Herz:* battre très fort

Hammerwerfen <-s> *nt* lancer *m* du marteau **Hammerwerfer(in)** <-s, -> *m(f)* lanceur(-euse) *m(f)* de marteau

Hammondorgel ['hɛmənt-] *f* orgue *m* [électronique] Hammond

Hämoglobin [hɛmoglo'biːn] <-s> *nt* MED hémoglobine *f*

Hämorrhoide, Hämorride^RR [hɛmɔ-'riːdə] <-, -n> *f* MED *meist Pl* hémorroïde *f*

Hampelmann ['hampəlman] <-männer> *m* pantin *m* ▶ **jdn zum ~ machen, einen ~ aus jdm machen** *fam* prendre qn pour un pantin

hampeln *vi fam* gigoter

Hamster ['hamstɐ] <-s, -> *m* hamster *m*

hamstern I. *vi* se constituer des provisions **II.** *vt* faire des provisions de *Lebensmittel, Kohlen*

Hand [hant, *Pl:* 'hɛndə] <-, Hände> *f* ① main *f;* **jdm die ~ geben** *geh* donner la main à qn; **etw zur ~ nehmen** *geh* prendre qc; **etw aus der ~ legen** poser qc; **mit der flachen ~** du plat de la main; **von ~ genäht** cousu(e) à la main; **Hände weg!** bas les pattes! (*fam*) ② (*Seite*) **linker/rechter ~** à [main] gauche/droite ③ (*Besitz, Obhut*) **in jds Hände übergehen** passer aux mains de qn; **aus privater ~** d'un particulier; **bei jdm in guten Händen sein** être en de bonnes mains avec qn; **zu Händen** [**von**] **Herrn Peter Braun** à l'attention de Monsieur Peter Braun ④ (*Gewalt, Entscheidungsgewalt*) **jdn völlig in der ~ haben** tenir qn sous sa coupe; **in der ~ von Entführern sein** être aux mains de kidnappeurs; **jdm in die Hände fallen** *Person:* tomber aux mains de qn; **in jds ~** (*dat*) **liegen** *geh* dépendre de qn ▶ **man konnte die ~ nicht vor den Augen sehen** on n'y voyait goutte; **~ und Fuß haben** se tenir; **sich mit Händen und Füßen wehren** *fam* se défendre de toutes ses forces; **von der ~ in den Mund leben** vivre au jour le jour; **seine Hände in Unschuld waschen** s'en laver les mains; **freie ~ haben** avoir carte blanche; **jds rechte ~ sein** être le bras droit de qn; **eine ~ voll** une poignée; **alle Hände voll zu tun haben** avoir du travail par-dessus la tête; **etw fällt jdm in die Hände** qc tombe entre les mains/aux mains de qn; **jdm die ~ darauf geben** promettre qc à qn; **jdm zur ~ gehen** donner un coup de main à qn; **mit etw ~ in ~ gehen** aller de pair avec qc; **jdn an der ~ haben** *fam* avoir qn sous la main; [**klar**] **auf der ~ liegen** être clair comme de l'eau de roche; **zur ~ sein** être à disposition; **jdn auf Händen tragen** porter qn aux nues; **eine ~ wäscht die andere** un bienfait n'est jamais perdu; **an ~ einer S.** (*gen*) à l'aide de qc; **tausend Euro** [**bar**] **auf die ~ bekommen** *fam* recevoir mille euros cash; **unter der ~** *anbieten, verkaufen* sous le manteau

Handarbeit *f* ① *kein Pl* (*Arbeit mit den Händen*) travail *m* manuel; **in ~ herge-**

stellt fabriqué(e) à la main ② (*Gegenstand*) ouvrage *m* fait à la main; (*kunstgewerblicher Gegenstand*) travail *m* artisanal; **etw ist ~** qc est fait(e) à la main ③ (*Näh-, Strick-, Häkelarbeit*) travaux *mpl* d'aiguille ④ *fam* (*Handarbeitsunterricht*) [cours *m* de] couture *f* **Handball** *m* ① *kein Pl* (*Spiel*) handball *m*; **~ spielen** faire du handball ② (*Ball*) balle *f*, ballon *m*

Handballer(in) *m(f)* *fam* joueur(-euse) *m(f)* de hand

Handballspieler(in) *m(f)* handballeur(-euse) *m(f)*

Handbesen *s.* **Handfeger** **Handbetrieb** *m kein Pl* fonctionnement *m* manuel **Handbewegung** *f* geste *m* de la main **handbreit** I. *adj* large comme la main II. *adv* **~ offen stehen** *Fenster, Tür:* être ouvert d'une largeur de main **Handbremse** *f* frein *m* à main; *eines Fahrrads* frein **Handbuch** *nt* manuel *m*

Händchen <-s, -> *nt Dim von* **Hand** menotte *f*; **~ halten** *fam* se tenir par la main

Handcreme *f* crème *f* pour les mains

Händedruck ['hɛndədrʊk] <-drücke> *m* poignée *f* de main ▶ **goldener ~** (*üppige Abfindung*) parachute *m* doré

Handel ['handəl] <-s> *m* ① commerce *m*; **~ treiben** faire du commerce; **etw in den ~ bringen** mettre qc sur le marché; **etw aus dem ~ ziehen** retirer qc du commerce ② (*Abmachung, Geschäft*) marché *m*

Händel *Pl geh* (*Streit*) dispute *f*

handeln ['handəln] I. *vi* ① **mit etw ~** faire le commerce de qc ② (*feilschen*) **um den Preis ~** marchander le prix ③ (*tätig sein*) agir ④ (*vorgehen, verfahren*) **richtig/falsch/egoistisch ~** agir de manière correcte/incorrecte/égoïste ⑤ (*zum Thema haben*) **von jdm/etw ~** traiter de qn/qc II. *vr unpers* **bei dem Bild handelt es sich um eine Fälschung** en ce qui concerne le tableau, il s'agit d'un faux III. *vt* ① **an der Börse/für 50 Euro das Kilo gehandelt werden** se négocier à la Bourse/pour 50 euros le kilo ② *fig* **als Kandidat gehandelt werden** être pressenti comme candidat

Handeln ['handəln] <-s> *nt* ① (*Handeltreiben*) **das ~ mit Büchern** le commerce des livres ② (*Feilschen*) marchandage *m* ③ (*Tätigwerden*) réaction *f*; **jetzt ist rasches ~ gefragt** maintenant, il faut agir vite ④ (*Vorgehen*) attitude *f*

Handelsabkommen *nt* accord *m* commercial **Handelsakademie** *f* A ≈ école *f* supérieure de commerce **Handelsbeschränkung** *f* restriction *f* commerciale **Handelsbilanz** *f* *einer Firma* bilan *m* commercial; *eines Staates* balance *f* commerciale **handelseinig** *adj* d'accord; **mit jdm ~ werden/sein** tomber/être d'accord avec qn **Handelsembargo** *nt* embargo *m* [commercial] **Handelsflotte** *f* marine *f* marchande **Handelsgesellschaft** *f* société *f* commerciale **Handelsgesetzbuch** *nt* ≈ code *m* de commerce **Handelshafen** *m* port *m* de commerce **Handelskammer** *f* chambre *f* de commerce **Handelsklasse** *f* [catégorie *f* de] qualité *f* **Handelsmarke** *f* marque *f* de fabrique **Handelspolitik** *f* politique *f* commerciale **Handelsrecht** *nt* droit *m* commercial **Handelsregister** *nt* registre *m* du commerce **Handelsschiff** *nt* navire *m* de commerce **Handelsschule** *f* ≈ école *f* de commerce **Handelsspanne** *f* marge *f* commerciale **handelsüblich** *adj* *Gepflogenheit, Preis* conforme aux usages commerciaux; *Größe, Packung* courant(e) **Handelsvertreter(in)** *m(f)* représentant(e) *m(f)* de commerce **Handelsware** *f* marchandise *f* **Handelswert** *m* valeur *f* marchande

händeringend ['hɛndərɪŋənd] I. *adj* désespéré(e) II. *adv* ① *bitten, flehen* en suppliant ② *fam benötigen, brauchen* absolument; *suchen* désespérément **Händeschütteln** <-s> *nt* poignée *f* de main **Händetrockner** *m* sèche-mains *m inv*

Handfeger ['hantfe:gɐ] *m* balayette *f* **Handfertigkeit** *f* dextérité *f* **handfest** *adj* ① *Person* solide; *Essen* consistant(e) ② *Streit, Prügelei* violent(e) ③ *Beweis, Information* solide **Handfeuerlöscher** *m* extincteur *m* portable **Handfeuerwaffe** *f* arme *f* de poing **Handfläche** *f* paume *f* de la main **handgearbeitet** ['hantgəʔarbaitət] *adj* fait(e)-main **Handgelenk** *nt* poignet *m* **handgemacht** *adj* fait(e) à la main **Handgemenge** *nt* bagarre *f* **Handgepäck** *nt* bagages *mpl* à main **handgeschrieben** *adj* manuscrit(e) **handgestrickt** *adj* (*von Hand gestrickt*) tricoté(e) à la main **Handgranate** *f* grenade *f* [à main]

handgreiflich ['hantgraiflɪç] *adj* ① **gegen jdn ~ werden** en venir aux mains avec qn ② *Beweis, Erfolg* tangible

Handgreiflichkeiten *Pl* empoignade *f*; **es kam zu ~** JUR il y a eu voie de fait

Handgriff *m* ① (*Aktion*) geste *m*, opération *f;* **mit ein paar ~en** en deux temps trois mouvements ❷ (*Griff*) poignée *f*

Handhabe *f* preuve *f;* **gegen jdn eine/keine ~ haben** avoir/ne pas avoir prise sur qn

handhaben ['hantha:bən] *vt* ❶ (*bedienen*) manier, manipuler *Gerät, Apparat;* se servir de *Werkzeug;* commander *Fernseher, Videorekorder* ❷ (*anwenden*) appliquer *Gesetz, Vorschrift*

Handhabung <-> *f* ❶ (*Bedienung*) *eines Geräts* utilisation *m; eines Autos* maniement *m; eines Fernsehers, Videorekorders* commande *f* ❷ (*Anwendung*) *von Gesetzen* application *f*

Handheld ['hɛnthɛlt, 'hɛndhɛlt] <-, -s> *m o nt* INFORM ordinateur *m* de poche

Handicap, Handikap ['hɛndikɛp] <-s, -s> *nt a.* SPORT handicap *m*

händisch ['hɛndɪʃ] *adj* A, SDEUTSCH *fam* manuel(le)

Handkante *f* tranchant *m* de la main **Handkoffer** *m* mallette *f* **Handkuss**[RR] *m* baisemain *m*

Handlanger(in) ['hantlaŋɐ] <-s, -> *m(f)* ❶ (*ungelernter Helfer*) manœuvre *m* ❷ *pej* (*Erfüllungsgehilfe*) larbin *m*

Handlangerdienst *m* **jdm ~e leisten** être l'homme de main de qn

Handlauf *m* main *f* courante

Händler(in) ['hɛndlɐ] <-s, -> *m(f)* ❶ (*Fachhändler, Kleinhändler*) commerçant(e) *m(f);* (*Großhändler*) négociant(e) *m(f)* ❷ (*Vertragshändler*) concessionnaire *mf*

Handlesekunst *f* chiromancie *f*

handlich ['hantlɪç] *adj* pratique; *Auto* maniable

Handlichkeit <-> *f* maniabilité *f*

Handlung ['handlʊŋ] <-, -en> *f* ❶ (*Tat, Akt*) acte *m;* **unbedachte/symbolische ~** geste *m* irréfléchi/symbolique ❷ (*Geschehen*) *eines Buchs, Films, Theaterstücks* action *f*

Handlungsablauf *m* déroulement *m* de l'action **Handlungsbedarf** *m* urgence *f;* **es besteht ~ /kein ~** il y a/n'y a pas urgence **Handlungsbevollmächtigte(r)** *f(m) dekl wie adj* JUR fondé(e) *m(f)* de pouvoir **handlungsfähig** *adj* JUR ayant capacité **Handlungsfähigkeit** *f kein Pl* JUR capacité *f* légale **Handlungsfreiheit** *f kein Pl* liberté *f* d'action **Handlungsspielraum** *m* marge *f* de manœuvre **handlungsunfähig** *adj* JUR frappé(e) d'incapacité **Handlungsvollmacht** *f* procuration *f* commerciale **Handlungsweise** *f* (*Verhalten*) comportement *m*

Hand-out[RR], **Handout** ['hɛntaut] <-s, -s> *nt* feuillet *m*

Handpflege *f* manucure *f* **Handpuppe** *f* marionnette *f*

Handreichung <-, -en> *f* (*Hilfeleistung*) coup *m* de main

Handrücken *m* dos *m* de la main **Handscanner** *m* INFORM scanne[u]r *m* à main **Handschelle** *f meist Pl* menottes *fpl;* **jdm ~n anlegen** passer les menottes à qn **Handschlag** *m* poignée *f* de main; **mit ~** d'une poignée de main **Handschrift** *f* ❶ (*Schrift*) écriture *f* ❷ (*Text*) manuscrit *m*

Handschriftendeutung *f* graphologie *f*

handschriftlich **I.** *adj* ❶ (*von Hand geschrieben*) manuscrit(e) ❷ (*als Handschrift überliefert*) manuscrit(e) **II.** *adv* ❶ *sich bewerben* par écrit; **etw ~ einfügen** rajouter qc à la main ❷ (*in Form von Handschriften*) sous forme manuscrite **Handschuh** *m* gant *m*

Handschuhfach *nt* boîte *f* à gants

Handspiel *nt kein Pl* main *f* **Handstand** *m* poirier *m* **Handstreich** ▶ **durch einen ~** par un coup de main **Handtasche** *f* sac *m* à main **Handteller** *m* paume *f* [de la main] **Handtuch** <-tücher> *nt* serviette *f* [de toilette]; (*Frotteehandtuch*) serviette éponge

Handtuchhalter *m* porte-serviettes *m inv*

Handumdrehen ['hantʔʊmdre:ən] ▶ **im ~** en un tour de main **handverlesen** *adj* (*sorgfältig ausgewählt*) trié(e) sur le volet **Handvoll** *s.* **Hand** ▶ **Handwaschbecken** *nt* lavabo *m* **Handwäsche** *f* ❶ (*Waschvorgang*) lavage *m* à la main ❷ *kein Pl* (*Wäschestücke*) linge *m* à laver à la main

Handwerk *nt* ❶ (*Beruf*) métier *m* [manuel] ❷ *kein Pl* (*Berufsstand*) artisanat *m*

Handwerker(in) <-s, -> *m(f)* artisan(e) *m(f)*

handwerklich *adj* artisanal(e)

Handwerksbetrieb *m* entreprise *f* artisanale **Handwerkskammer** *f* chambre *f* des métiers **Handwerkszeug** *nt* outils *mpl*

Handwurzel *f* carpe *m*

Handy ['hɛndi] <-s, -s> *nt* portable *m,* mobile *m*

Handyhülle ['hɛndi-] *f* (*weiches Etui, festerer Einband*) housse *f* portable; (*starre Schale*) coque *f* de portable **Handynummer** *f* numéro *m* de portable [*o* de mobile]; **jdm seine ~ geben** donner son numéro de portable à qn

handzahm ['hanttsa:m] *adj Tier* apprivoisé(e); *Mensch* doux(douce), docile **Handzeichen** *nt* signe *m* de la main **Handzettel** *m* tract *m*

hanebüchen *adj* inouï(e)

Hanf [hanf] <-[e]s> *m* ① chanvre *m* ② (*Hanfsamen*) chènevis *m*

Hang [haŋ, *Pl:* 'hɛŋə] <-[e]s, Hänge> *m* ① (*Abhang*) versant *m; eines Weinbergs* coteau *m* ② *kein Pl* (*Vorliebe*) penchant *m*

Hangar ['haŋga:ɐ̯, haŋ'ga:ɐ̯] <-s, -s> *m* hangar *m*

Hängebacken *Pl* joues *fpl* pendantes **Hängebrücke** *f* pont *m* suspendu **Hängelampe** *f* lustre *m*

hangeln ['haŋəln] *vi + haben o sein* avancer à la force des bras

Hängematte *f* hamac *m*

hängen[1] ['hɛŋən] <hing, gehangen> *vi* ① *Lampe, Bild, Vorhang:* être accroché; **an der Decke/über dem Tisch ~** être suspendu au plafond/au-dessus de la table; **im Schrank ~** être pendu dans l'armoire ② (*herunterhängen*) *Zweige:* pendre ③ (*schweben*) **über dem Wald ~** *Nebel:* s'étendre sur la forêt; **tief ~** *Wolken:* être très bas; **der Zigarettenrauch hängt noch im Zimmer** la fumée de cigarettes flotte encore dans la pièce ④ (*angebunden sein, befestigt sein*) **an etw** (*dat*) **~** être accroché à qc; (*angekoppelt sein*) être attelé à qc ⑤ (*voll sein*) **voller Mäntel ~** être plein de manteaux; **voller Kirschen ~** être chargé de cerises ⑥ (*sich verbunden fühlen*) **an jdm/etw ~** tenir à qn/qc ⑦ (*sich neigen*) **nach rechts/links ~** pencher vers la droite/vers la gauche ⑧ (*festhängen*) **mit dem Ärmel/der Tasche an etw** (*dat*) **~** être accroché à qc par sa manche/son sac ⑨ (*haften*) **an etw** (*dat*) **~** *Schmutz:* adhérer à qc; *Blicke:* être fixé sur qc ⑩ *fam* (*sitzen, stehen*) **im Sessel ~** s'avachir dans le fauteuil; **vor dem Fernseher ~** être collé devant la télé ⑪ (*abhängig sein*) **an etw** (*dat*) **~** dépendre de qc ⑫ (*gehenkt werden*) être pendu

hängen[2] ['hɛŋən] **I.** <hängte, gehängt> *vt* ① (*anbringen*) **etw an die Wand/Decke ~** accrocher qc au mur/au plafond ② (*aufbewahren*) **etw auf einen Bügel/in den Schrank ~** mettre qc sur un cintre/dans l'armoire ③ (*herunterhängen lassen*) **die Arme ~ lassen** laisser pendre les bras ④ (*baumeln lassen*) **etw in etw** (*akk*) **~** laisser pendre qc dans qc ⑤ (*anhängen, befestigen*) **das Boot/den Wohnwagen ans Auto ~** atteler le bateau/la caravane à la voiture ⑥ (*erhängen*) pendre **II.** *vr* (*sich festsetzen*) **sich an jdn/etw ~** *Qualle, Schmutz:* s'accrocher à qn/qc; **sich ans Telefon ~** *fam* se mettre au téléphone

hängen|bleiben *s.* **bleiben I.5** **hängen|lassen** <*PP* hängen[ge]lassen> *s.* **lassen I.** ▶

Hängerkleid *nt* robe *f* housse

Hängeschrank *m* élément *m* du haut

Hanglage *f* terrain *m* en pente; **ein Haus in ~** une maison située sur un terrain en pente

Hannover [ha'no:fɐ] <-s> *nt* Hanovre

Hannoveraner [hanovə'ra:nɐ] <-s, -> *m* (*Pferd*) hanovrien *m*

Hansaplast® [hanza'plast] <-[e]s> *nt* sparadrap *m*

Hansdampf [hans'dampf] ▶ **[ein] ~ in allen Gassen sein** *fam* être un touche-à-tout

Hanse ['hanze] <-> *f* Hanse *f*

Hanseat(in) [hanze'a:t] <-en, -en> *m(f)* HIST hanséate *mf*

hanseatisch [hanze'a:tɪʃ] *adj* ① *propre aux habitants des villes hanséatiques* ② HIST hanséatique

hänseln ['hɛnzəln] *vt* se moquer de; **jdn wegen etw ~** se moquer de qn à cause de qc

Hansestadt *f* ville *f* hanséatique

Hanswurst ['hansvʊrst] <-e *o* -würste> *m* ① THEAT *figure comique du théâtre allemand du 18e siècle* ② (*dummer Mensch*) guignol *m*

Hantel ['hantəl] <-, -n> *f* haltère *m*

hantieren* [han'ti:rən] *vi* bricoler; **mit einem Werkzeug an etw** (*dat*) **~** bricoler qc avec un outil; **in der Küche ~** s'affairer dans la cuisine

hapern *vi unpers fam* (*nicht gut klappen*) **in Mathe hapert es bei dir** tu cafouilles en maths

Häppchen <-s, -> *nt Dim von* **Happen** (*Kleinigkeit*) bricole *f* (*fam*)

Happen ['hapən] <-s, -> *m fam* (*Bissen, Kleinigkeit*) morceau *m*

happig ['hapɪç] *adj fam Preis, Rechnung* salé(e)

happy ['hɛpi] *adj fam* tout(e) content(e)

Happy EndRR [(')hɛpi 'ʔɛnt] <- -[s], - -s> *nt* happy end *m*

Happy Hour ['hɛpi 'ʔauɐ] <- -, - -s> *f* happy-hour *m*

Harakiri [hara'ki:ri] <-[s], -s> *nt* hara-kiri *m;* **~ begehen** [se] faire hara-kiri

Härchen ['hɛ:ɐ̯çən] <-s, -> *nt Dim von* **Haar** petit poil *m*

HardcoverRR ['haːɐ̯tkavɐ] <-s, -s>, **Hard Cover**RR <- -s, - -s> *nt* livre *m* à couverture cartonnée

Hardliner(in) ['haːɐ̯tlaɪ̯nɐ] <-s, -> *m(f)* pur *m* [et dur]/pure *f* [et dure]

Hardware ['haːɐ̯tvɛːɐ̯] <-, -s> *f* matériel *m*

Harem ['haːrɛm] <-s, -s> *m* harem *m*

Harfe ['harfə] <-, -n> *f* harpe *f*; ~ **spielen** jouer de la harpe

Harke ['harkə] <-, -n> *f bes.* NDEUTSCH râteau *m*

harken *vt bes.* NDEUTSCH ratisser

Harlekin <-s, -e> *m* arlequin *m*

harmlos ['harmloːs] **I.** *adj* ❶ *Person, Tier* inoffensif(-ive); *Krankheit* bénin(-igne); *Droge, Wunde* anodin(e); *Kurve, Rennstrecke* sans danger ❷ (*arglos*) anodin(e) **II.** *adv* ❶ (*ungefährlich*) ~ **beginnen** *Streit:* débuter de manière anodine; ~ **verlaufen** *Krankheit:* évoluer de manière bénigne ❷ (*arglos*) sans penser à mal

Harmlosigkeit <-, -en> *f einer Person* caractère *m* inoffensif; *einer Droge* innocuité *f*

Harmonie [harmo'niː] <-, -ien> *f* harmonie *f*

Harmonielehre *f* MUS harmonie *f*

harmonieren* [harmo'niːrən] *vi* ❶ MUS s'accorder ❷ (*zueinander passen*) **miteinander** ~ aller bien ensemble; (*miteinander auskommen*) s'entendre bien

harmoniesüchtig *adj* ~ **sein** avoir besoin d'harmonie

Harmonika [har'moːnika] <-, -s *o* Harmoniken> *f* (*Ziehharmonika*) accordéon *m*

harmonisch [har'moːnɪʃ] **I.** *adj* harmonieux(-euse) **II.** *adv* harmonieusement; *verlaufen, zusammenleben* dans l'harmonie; **nicht sehr ~ klingen** *Musik:* ne pas être très harmonieux

harmonisieren* [harmoni'ziːrən] *vt* harmoniser; **die Preise ~** harmoniser les prix

Harmonisierung <-, -en> *f* harmonisation *f*

Harmonium [har'moːni̯ʊm] <-s, -nien> *nt* harmonium *m*

Harn [harn] <-[e]s, -e> *m* urine *f*

Harnblase *f* vessie *f*

Harnisch <-[e]s, -e> *m* HIST armure *f*

Harnleiter *m* uretère *m* **Harnröhre** *f* urètre *m* **Harnstoff** *m* urée *f* **harntreibend** **I.** *adj* diurétique **II.** *adv* ~ **wirken** avoir un effet diurétique

Harpune [har'puːnə] <-, -n> *f* harpon *m*

harpunieren* [harpu'niːrən] *vt* harponner

harren ['harən] *vi geh* attendre; **er harrte ihrer** (*gen*) il l'attendait

Harsch [harʃ] <-[e]s> *m* neige *f* tôlée

hart [hart] <härter, härteste> **I.** *adj* ❶ (*nicht weich*) dur(e); *Matratze, Stoßdämpfer* ferme; *Kontaktlinsen* rigide ❷ (*heftig*) brutal(e) ❸ *Klang, Akzent* rude ❹ *Auseinandersetzung* véhément(e) ❺ *Droge* dur(e) ❻ *Pornografie, Film* hard ❼ *Person* endurci(e); ~ **werden** s'endurcir ❽ *Währung* fort(e) ❾ *Person, Worte, Strafe, Gesetz* dur(e); *Winter* rigoureux(-euse) ❿ *Zeiten, Schlag* dur(e); *Schicksal, Tatsache* cruel(le); **es ist ~ für jdn, dass** c'est dur pour qn de voir que ⓫ *Arbeit* dur(e); *Verhandlung* difficile ▶ ~ **im Nehmen sein** [bien] encaisser (*fam*) **II.** *adv* ❶ *schlafen* sur quelque chose de dur ❷ *fallen* brutalement; *aufprallen, zuschlagen, geraten* violemment; ~ **durchgreifen** sévir; **jdn ~ treffen** *Kritik, Verlust:* toucher durement qn ❸ (*streng*) durement ❹ *arbeiten* dur ❺ (*unmittelbar*) ~ **an der Grenze des Erlaubten sein** être à la limite de la légalité

Härte ['hɛrtə] <-, -n> *f* ❶ *eines Metalls* trempe *f* ❷ (*Kalkgehalt*) dureté *f* ❸ *kein Pl* (*Wucht*) force *f* ❹ *kein Pl* (*Stabilität*) *einer Währung* force *f* ❺ *kein Pl* (*Strenge, Unerbittlichkeit*) *eines Gesetzes, einer Maßnahme* dureté *f*; *von Auseinandersetzungen* véhémence *f*; *des Lebens* rigueur *f* ▶ **das ist die ~!** *fam* (*das ist unerhört*) c'est le bouquet!; (*das ist super*) c'est génial!

Härtefall *m* ❶ cas *m* social extrême ❷ *fam* (*Mensch*) cas *m* difficile (*péj*) **Härtegrad** *m* degré *m* de dureté

härten *vt* tremper *Metall*

Härtetest *m* test *m* [de résistance]

hartgefroren *s.* **gefroren II. hartgekocht** *s.* **kochen II.1 Hartgeld** *nt* pièces *fpl* [de monnaie] **hartgesotten** *adj* **ein ~er Bursche** un dur [à cuire] (*fam*) **Hartgummi** *nt* ébonite *f* **hartherzig** *adj Person* insensible **Hartholz** *nt* bois *m* dur **Hartkäse** *m* fromage *m* à pâte dure

hartnäckig ['hartnɛkɪç] **I.** *adj* ❶ *Person* persévérant(e); *Widerstand* acharné(e); *Schweigen* têtu(e) ❷ *Erkältung* tenace **II.** *adv* avec persévérance; *schweigen* avec entêtement

Hartnäckigkeit <-> *f* ❶ (*Beharrlichkeit*) persévérance *f*; *pej* entêtement *m* ❷ (*Langwierigkeit*) ténacité *f*

Hartplatz *m* SPORT terrain *m* à revêtement dur

Hartschalenkoffer *m* valise *f* rigide

Härtung ['hɛrtʊŋ] <-, -en> *f eines Metalls* trempe *f*
Hartwurst *f* saucisson *m*
Hartz IV [ha:ɐ̯ts'fi:ɐ̯] Hartz IV (*revenu minimum alloué aux chômeurs de longue durée*)
Harz[1] [ha:ɐ̯ts] <-es, -e> *nt* BOT résine *f*
Harz[2] [ha:ɐ̯ts] <-es> *m* GEOG **der ~** le Harz
Harzer ['ha:ɐ̯tsɐ] <-s, -> *m* fromage *m* du Harz
harzig ['ha:ɐ̯tsɪç] *adj Holz* résineux(-euse)
Hasardspiel [ha'zart-] *nt* jeu *m* de hasard
Hasch [haʃ] <-[s]> *nt fam* hasch *m*
Haschee [ha'ʃe:] <-s, -s> *nt* hachis *m*
haschen ['haʃən] *vi fam* (*Haschisch rauchen*) fumer du hasch, fumer le bédo

H

Häschen ['hɛ:sçən] <-s, -> *nt* ① *Dim von* **Hase** levraut *m* ② *fam* (*Kosename*) lapin *m*
Hascherl ['haʃɐl] <-s, -[n]> *nt* SDEUTSCH, A *fam* pauvre diable *m*
Haschisch ['haʃɪʃ] <-[s]> *nt o m* haschich *m*, haschisch *m*
Hase ['ha:zə] <-n, -n> *m* ① (*Tier, Fleisch*) lièvre *m* ② DIAL (*Kaninchen*) lapin *m* ▶ **ein alter ~ sein** *fam* être un vieux routier
HaselnussRR *f* noisette *f*
Hasenbraten *m* rôti *m* de lièvre **Hasenfuß** *m fam* poule *f* mouillée **Hasenscharte** *f* bec-de-lièvre *m*
Haspel ['haspəl] <-, -n> *f* treuil *m*; (*für Textilien*) dévidoir *m*
HassRR [has] <-es>, **Haß**ALT <-sses> *m* haine *f* ▶ **einen ~ auf jdn haben** *fam* en vouloir à mort à qn; **einen ~ auf jdn kriegen** piquer une crise contre qn
hassen ['hasən] *vt* haïr; **jdn ~** haïr qn; **etw ~** détester qc; **es ~, etw zu tun** avoir horreur de faire qc
hassenswert *adj* détestable
hasserfülltRR *adj* haineux(-euse)
hässlichRR, **häßlich**ALT ['hɛslɪç] **I.** *adj* ① laid(e) ② *Ausdruck, Fluch, Wort* méchant(e) ③ (*unerfreulich*) regrettable; *Streit* désagréable **II.** *adv* ① *geschminkt, angezogen* mal ② (*gemein*) mal; **~ von jdm sprechen** dire du mal de qn
HässlichkeitRR, **Häßlichkeit**ALT <-> *f* laideur *f*
HassliebeRR *f* mélange *m* d'amour et de haine
hast *2. Pers Präs von* **haben**
Hast [hast] <-> *f* hâte *f*; **ohne ~** tranquillement; **voller ~** à la hâte
hasten ['hastən] *vi + sein geh* se hâter; **zum Bus ~** courir au bus
hastig I. *adj Bewegung* précipité(e); *Schritte* pressé(e); *Essen* rapide; *Befehl, Erklärung* bref(-ève); **nicht so ~!** pas si vite! **II.** *adv* précipitamment
hat [hat] *3. Pers Präs von* **haben**
hätscheln *vt* (*liebkosen*) dorloter
hatschi *interj* atchoum
hatte ['hatə] *Imp von* **haben**
Hattrick ['hɛttrɪk] <-s, -s> *m* FBALL triple but *m*
Hatz [hats] <-, -en> *f* (*Hetzjagd*) chasse *f* à courre
Haube ['haubə] <-, -n> *f* ① (*Kopfbedeckung*) coiffe *f* ② (*Trockenhaube*) casque *m* ③ (*Motorhaube*) capot *m*
Haubenlerche *f* cochevis *m* huppé
Hauch [haux] <-[e]s, -e> *m geh* ① (*Atem*) souffle *m* ② (*Luftzug*) souffle *m* ③ (*Duft*) **ein ~ von Flieder** des effluves de lilas ④ (*Anflug*) **ein ~ von Ironie** un soupçon d'ironie; **der ~ eines Lächelns** l'ombre d'un sourire ⑤ (*Flair*) **der ~ von Abenteuer** un parfum d'aventure
hauchdünn ['haux'dʏn] **I.** *adj Scheibe* mince; *Stoff* vaporeux(-euse); *Mehrheit, Sieg* [très] juste **II.** *adv schneiden* en tranche[s] très fine[s]; *auftragen* en couche[s] très fine[s]
hauchen ['hauxən] **I.** *vi* souffler; **gegen/in etw** (*akk*) **~** souffler contre/dans qc **II.** *vt* **eine Antwort ~** murmurer une réponse dans un souffle; **jdm etw ins Ohr ~** chuchoter qc à l'oreille de qn
Haudegen *m* sabreur *m*
Haue ['hauə] <-, -n> *f* ① *kein Pl fam* (*Prügel*) raclée *f*; **~ kriegen** prendre une raclée ② SDEUTSCH, A, CH (*Hacke*) houe *f*
hauen[1] ['hauən] <haute *o* hieb, gehauen *o fam* gehaut> **I.** *vt + haben* (*schlagen, verprügeln*) cogner ▶ **jdm eine ~** en coller une à qn **II.** *vi + haben* cogner; **er hat ihm anerkennend auf die Schulter gehauen** il lui a tapé avec approbation sur l'épaule
hauen[2] ['hauən] <haute, gehauen *o* DIAL gehaut> **I.** *vt + haben* ① (*schlagen*) **ein Loch/einen Nagel in die Wand ~** faire un trou/enfoncer un clou dans le mur ② (*herstellen*) **eine Statue in Marmor ~** tailler une statue dans le marbre **II.** *vi + sein fam* **mit dem Kopf gegen etw ~** se cogner la tête contre qc **III.** *vr + haben fam* ① (*sich prügeln*) **sich ~** se tabasser ② (*sich werfen*) **sich aufs Sofa/in den Sessel ~** s'écrouler sur le canapé/dans le fauteuil
Hauer ['hauɐ] <-s, -> *m* (*Eckzahn*) défense *f*
Häufchen ['hɔyfçən] <-s, -> *nt Dim von* **Haufen** petit tas *m*

Haufen ['haufən] <-s, -> *m* ① tas *m;* **alles auf einen ~ werfen** jeter tout en tas ② *fam (große Menge, Menschenschar)* tas *m;* **ein ~ Kinder** un tas d'enfants ③ *fam (Gruppe)* bande *f;* **ein wilder ~** une bande de fripouilles ▶ **etw über den ~ werfen** *fam* mettre qc au panier

häufen ['hɔyfən] **I.** *vt* entasser *Vorräte;* cumuler *Ämter;* **sich** *(dat)* **Reis auf den Teller ~** entasser du riz sur son assiette **II.** *vr* **sich ~** *Abfall, Müll:* s'entasser; *Fälle, Vorkommnisse:* se répéter

haufenweise *adv* ① en tas ② *fam (in großer Zahl)* en masse

Haufenwolke *f* cumulus *m*

häufig ['hɔyfɪç] **I.** *adj* fréquent(e) **II.** *adv* fréquemment, souvent

Häufigkeit <-, -en> *f* fréquence *f*

Häuflein <-s, -> *nt s.* **Häufchen**

Häufung <-, -en> *f von Ämtern* cumul *m*

Haupt [haupt, *Pl:* 'hɔyptə] <-[e]s, Häupter> *nt geh* ① tête *f;* **etw mit bloßem ~ tun** faire qc nu-tête ② *(zentrale Figur)* tête *f*

Hauptakzent *m* LING accent *m* principal ▶ **den ~ auf etw legen** mettre l'accent sur qc **Hauptaltar** *m* maître-autel *m* **hauptamtlich** *adj Tätigkeit* professionnel(le) **Hauptaugenmerk** *nt* attention *f* particulière; **sein ~ auf etw/jdn richten** accorder sa plus grande attention à qc/qn **Hauptausgang** *m* sortie *f* principale **Hauptbahnhof** *m* gare *f* centrale **Hauptbelastungszeuge** *m,* **-zeugin** *f* JUR témoin *m* principal à charge **Hauptberuf** *m* activité *f* [professionnelle] principale **hauptberuflich I.** *adj* **~e Tätigkeit** principale activité *f* professionnelle **II.** *adv* **was machen Sie ~?** que faites-vous comme métier? **Hauptdarsteller(in)** *m(f)* premier rôle *m* **Haupteingang** *m* entrée *f* principale

Häuptel ['hɔyptəl] <-s, -[n]> *nt* A tête *f*

Häuptelsalat *m* A laitue *f*

Hauptfach *nt* matière *f* principale **Hauptfeldwebel** *m* adjudant-chef *m* **Hauptfigur** *f* figure *m* de proue **Hauptgang** <-gänge> *m* ① *(Speise)* plat *m* de résistance ② ARCHIT couloir *m* central **Hauptgebäude** *nt* bâtiment *m* central **Hauptgericht** *nt* plat *m* de résistance **Hauptgeschäftszeit** *f* heures *fpl* d'affluence **Hauptgewinn** *m* gros lot *m* **Hauptlast** *f* charge *f* principale **Hauptleitung** *f (für Wasser, Gas)* conduite *f* principale; *(für Strom, Telefon)* ligne *f* principale **Hauptleute** *Pl von* **Hauptmann**

Häuptling ['hɔyptlɪŋ] <-s, -e> *m* chef *m* de tribu

Hauptmahlzeit *f* repas *m* principal **Hauptmann** <-leute> *m* MIL capitaine *m* **Hauptmenü** *nt* INFORM menu *m* principal **Hauptperson** *f* ① THEAT personnage *m* principal ② *(tonangebende Person)* vedette *f; (wichtigste Person)* personnage *m* central **Hauptpost** *f,* **Hauptpostamt** *nt* poste *f* centrale **Hauptquartier** *nt* quartier *m* général **Hauptreisezeit** *f* période *f* des grands départs **Hauptrolle** *f* premier rôle *m;* **in etw** *(dat)* **die ~ spielen** *Schauspieler:* jouer le premier rôle dans qc **Hauptsache** *f* **die ~** le principal; **~, du bleibst** l'important, c'est que tu restes; **in der ~** essentiellement

hauptsächlich ['hauptzɛçlɪç] **I.** *adj Anliegen, Problem* capital(e), principal(e) **II.** *adv* surtout

Hauptsaison *f* haute saison *f* **Hauptsatz** *m (übergeordneter Satz)* proposition *f* principale **Hauptschalter** *m* ① guichet *m* principal ② ELEC commutateur *m* central **Hauptschlagader** *f* aorte *f* **Hauptschlüssel** *m* passe-partout *m*

Hauptschulabschluss[RR] *m brevet sanctionnant la "Hauptschule"*

Hauptschuld *f kein Pl* responsabilité *f* principale **Hauptschuldige(r)** *f(m) dekl wie adj* principal fautif *m*/principale fautive *f* **Hauptschule** *f établissement scolaire entre l'école primaire et la formation professionnelle, surtout artisanale, qui propose des cours plus simples que la "Realschule"* **Hauptschüler(in)** *m(f) élève de "Hauptschule"*

Hauptschullehrer(in) *m(f) enseignant(e) de "Hauptschule"*

Hauptspeicher *m* INFORM mémoire *f* centrale **Hauptspeise** *f* A plat *m* principal **Hauptstadt** *f* capitale *f* **Hauptstraße** *f* rue *f* principale **Hauptstudium** *nt* UNIV études *fpl* de deuxième cycle **Hauptteil** *m* majeure partie *f* **Hauptverhandlung** *f* audience *f* principale **Hauptverkehrsstraße** *f (innerhalb/außerhalb einer Ortschaft)* rue *f*/route *f* à grande circulation **Hauptverkehrszeit** *f* heures *fpl* de pointe **Hauptversammlung** *f* assemblée *f* générale **Hauptwäsche** *f* lavage *m* **Hauptwaschgang** *m* [cycle *m* de] lavage *m* **Hauptwerk** *nt* KUNST, LITER chef-d'œuvre *m* **Hauptwohnsitz** *m*

H

résidence *f* principale **Hauptwort** <-wörter> *nt* nom *m,* substantif *m*

hau ruck ['hau̯'rʊk] *interj* ~! Oh! Hisse!

Haus [hau̯s, *Pl:* 'hɔyzɐ] <-es, Häuser> *nt* ① (*Wohnhaus*) maison *f;* (*mehrstöckiges Wohnhaus*) immeuble *m;* **ins ~ gehen/kommen** aller/venir à la maison ② (*Wohnung, Zuhause*) **aus dem ~ gehen** sortir de chez soi; **nach ~e gehen/kommen** rentrer [à la maison]; **jdn nach ~e bringen** raccompagner qn chez lui/elle; **zu ~e sein** être à la maison; **zu ~e arbeiten** travailler chez soi; **bei ihr zu ~e** chez elle; **zu ~e ist es doch am schönsten!** c'est encore chez soi qu'on est le mieux!; **etw ins ~ liefern** *fam* livrer qc à domicile ③ (*Familie*) **die Dame/die Tochter des ~es** la maîtresse de maison/la fille de la maison; **aus gutem ~e** de bonne famille ④ (*Dynastie*) **das ~ Habsburg** la maison des Habsbourg ⑤ *geh* (*Firma*) maison *f;* **im ~e sein** être dans l'établissement; **außer ~[e] sein** être à l'extérieur ⑥ (*Schneckenhaus*) coquille *f* ⑦ *fam* (*Mensch, Freund*) **na, altes ~!** *fam* alors, vieille branche! ▶**das europäische ~** la construction européenne; **das Weiße ~** la Maison-Blanche; **sich bei jdm wie zu ~e fühlen** se sentir chez qn comme chez soi; **fühl dich/fühlen Sie sich wie zu ~e!** fais comme chez toi/faites comme chez vous!; **in Hamburg zu ~e sein** être [originaire] de Hambourg

Hausangestellte(r) *f(m)* employé(e) *m(f)* de maison **Hausapotheke** *f* pharmacie *f* **Hausarbeit** *f* ① (*Arbeit im Haushalt*) travaux *mpl* ménagers ② UNIV [**wissenschaftliche**] **~** mémoire *m* **Hausarrest** *m* (*Strafe für ein Kind*) privation *f* de sortie; **~ haben** être privé de sortie **Hausarzt** *m,* **-ärztin** *f* médecin *m* de famille **Hausaufgabe** *f* devoirs *mpl* [à faire à la maison] ▶**seine ~n machen** *Schüler:* faire ses devoirs; *fig* bien apprendre sa leçon (*hum*)

hausbacken ['hau̯sbakən] *adj* vieillot(te)

Hausbar *f* (*Teil eines Wohnzimmerschranks*) élément-bar *m* **Hausbau** <-bauten> *m* construction *f* de la maison/de l'immeuble **Hausbesetzer(in)** *m(f)* squatte[u]r *m* **Hausbesetzung** *f* squat *m* **Hausbesitzer(in)** *m(f)* propriétaire *mf* [de la maison/de l'immeuble]

Hausbesorger(in) [hau̯sbəzɔrgɐ] A *s.* **Hausmeister(in)**

Hausbesuch *m* ① MED visite *f* à domicile ② ADMIN contrôle *m* à domicile **Hausbewohner(in)** *m(f)* occupant(e) *m(f)* [de l'immeuble] **Hausboot** *nt* péniche *f* aménagée; TOUR house-boat *m*

Häuschen ['hɔysçən] <-s, -> *nt Dim von* **Haus** petite maison *f* ▶**ganz aus dem ~ sein** *fam* être [tout] tourneboulé

Hausdurchsuchung *f* perquisition *f* **hauseigen** *adj* (*hoteleigen*) privé(e) **Hauseigentümer(in)** *s.* **Hausbesitzer(in)**

hausen ['hau̯zən] *vi pej fam* (*wohnen*) crécher; **in einer Bruchbude ~** crécher dans une turne

Häuserblock ['hɔyzɐblɔk] *m* pâté *m* de maisons **Häuserfront** *f* alignement *m* de façades

Hausflur *m* vestibule *m* **Hausfrau** *f* ① femme *f* au foyer ② A, SDEUTSCH (*Zimmerwirtin*) logeuse *f* **Hausfreund** *m* (*Freund der Familie*) ami *m* de la famille **Hausfriedensbruch** *m* violation *f* de domicile **Hausgebrauch** ▶**für den ~** (*für durchschnittliche Ansprüche*) pour ce que qu'il veut/je veux/... en faire **hausgemacht** ['hau̯sgəmaxt] *adj Brot, Marmelade* [fait(e)] maison **Hausgemeinschaft** *f* communauté *f* des occupants de l'immeuble

Haushalt ['hau̯shalt] <-[e]s, -e> *m* ① (*Familie, Personengruppe*) foyer *m;* **ein großer/kleiner ~** une grande/petite famille ② **jdm den ~ führen** tenir la maison de qn ③ (*Etat*) budget *m*

haus|halten *vi irr fig* **mit seinen Kräften ~** ménager ses forces

Haushälter(in) <-s, -> *m(f)* intendant(e) *m(f);* **die ~in des Pfarrers** la gouvernante du curé

haushälterisch ['hau̯shɛltərɪʃ] **I.** *adj* (*sparsam*) économe **II.** *adv nutzen* de façon économe

Haushaltsartikel *m* article *m* ménager **Haushaltsdebatte** *f* débat *m* budgétaire **Haushaltsführung** *f* tenue *f* de la maison; **doppelte ~** frais *mpl* de double résidence **Haushaltsgeld** *nt* argent *m* du ménage **Haushaltsgerät** *nt* ustensile *m* ménager **Haushaltshilfe** *f* aide *f* familiale **Haushaltsjahr** *nt* année *f* budgétaire **Haushaltskasse** *f* caisse *f* du ménage **Haushaltsmittel** *Pl* fonds *mpl* budgétaires **Haushaltspackung** *f* paquet *m* familial **Haushaltsplan** *m* état *m* prévisionnel **Haushaltswaren** *Pl* articles *mpl* ménagers

Haushaltung *f form* (*Haushalt*) foyer *m*

Hausherr(in) *m(f)* maître(-esse) *m(f)* de maison **haushoch** ['hau̯s'hoːx] **I.** *adj*

❶ *Mauer, Flammen* immense; *Kran, Lkw* énorme ❷ *Favorit, Sieger* grandissime (*fam*); *Niederlage, Sieg* écrasant(e) **II.** *adv* de façon écrasante; *gewinnen* haut la main

hausieren* [hau̯ˈziːrən] *vi* colporter; **mit etw ~** colporter qc

Hausierer(in) <-s, -> *m(f)* colporteur(-euse) *m(f)*

Hauskatze *f* chat *m* domestique **Hauskleid** *nt* robe *f* d'intérieur **Hauslehrer(in)** *m(f)* précepteur(-trice) *m(f)*

häuslich [ˈhɔy̯slɪç] *adj Person* casanier(-ière); *Frieden, Glück, Harmonie* familial(e); *Arbeiten, Pflichten* ménager(-ère); *Angelegenheiten* privé(e)

Häuslichkeit <-> *f* côté *m* casanier

Hausmacherart [ˈhau̯smaxɐ-] ▸**nach ~** à l'ancienne

Hausmädchen *nt* domestique *f* **Hausmann** <-männer> *m* homme *m* au foyer **Hausmeister(in)** *m(f)* concierge *mf* **Hausmittel** *nt* remède *m* de grand-mère **Hausmüll** *m* ordures *fpl* ménagères **Hausmusik** *f* concert *m* en famille **Hausnummer** *f* numéro *m* **Hausordnung** *f* règlement *m* intérieur **Hausrat** *m kein Pl* biens *mpl* mobiliers

Hausratversicherung *f* assurance *f* mobilière

Hausrecht *nt* JUR droit *m* de jouissance légale **Hausschlüssel** *m* clé *f* de la maison **Hausschuh** *m* chausson *m*

Hausse [ˈhoːs(ə)] <-, -n> *f* FIN hausse *f*; **auf ~ spekulieren** spéculer à la hausse

Haussegen ▸**der ~ hängt bei jdm schief** *hum fam* il y a de l'eau dans le gaz chez qn

haussieren *vi* FIN *Markt, Börse:* être en hausse

Haussuchung *s.* **Hausdurchsuchung** **Haustelefon** *nt* interphone *m* **Haustier** *nt* animal *m* domestique **Haustür** *f* porte *f* d'entrée **Hausverbot** *nt* interdiction *f* d'entrer **Hausverwalter(in)** *m(f)* gérant(e) *m(f)* de l'immeuble **Hausverwaltung** *f* (*Institution*) gérance *f* de l'immeuble **Hauswirt(in)** *m(f)* logeur(-euse) *m(f)* **Hauswirtschaft** *f* économie *f* domestique; (*Hauswirtschaftslehre*) enseignement *m* ménager **Hauswirtschafter(in)** <-s, -> *m(f)* intendant(e) *m(f)*

Haut [hau̯t, *Pl:* ˈhɔy̯tə] <-, Häute> *f* peau *f*; **trockene/empfindliche ~** peau sèche/sensible; **viel ~ zeigen** *hum* dévoiler beaucoup de choses ▸**mit heiler ~ davonkommen** *fam* (*unverletzt*) s'en tirer sans une égratignure; (*ungestraft*) s'en sortir sans dommage; **nass bis auf die ~** trempé(e) jusqu'aux os; **aus der ~ fahren** *fam* sortir de ses gonds

Hautabschürfung *f* éraflure *f* **Hautarzt** *m*, **-ärztin** *f* dermatologue *mf* **Hautausschlag** *m* éruption *f* **Hautcreme** *f* crème *f*

häuten [ˈhɔy̯tən] **I.** *vt* retirer la peau de *Fisch;* écorcher *Hasen* **II.** *vr* **sich ~** muer

hauteng [ˈhau̯tɛŋ] **I.** *adj* moulant(e) **II.** *adv* **~ anliegen** coller à la peau

Hautevolee [(h)oːtvoˈleː] <-> *f* haute société *f*

Hautfarbe *f* couleur *f* de peau

hautfarben *adj* couleur chair *inv*

Hautkontakt *m* contact *m* corporel **Hautkrankheit** *f* maladie *f* de peau **Hautkrebs** *m* cancer *m* de la peau **hautnah** **I.** *adj Kontakt* corps contre corps **II.** *adv* ❶ (*sehr nah*) collé(e)s l'un(e) à l'autre ❷ *fam darstellen, schildern* en collant à la réalité; *miterleben* de tout près; *vermitteln* de façon palpable **Hautpflege** *f* soins *mpl* de peau **Hautpilz** *m* mycose *f* **Hautreizung** *f* irritation *f* cutanée

Häutung <-, -en> *f* mue *f*

Havanna [haˈvana] <-, -s> *f*, **Havannazigarre** *f* havane *m*

Havarie [havaˈriː] <-, -ien> *f* NAUT accident *m* de navigation

Haxe [ˈhaksə] SDEUTSCH *s.* **Hachse**

Hbf. *Abk von* **Hauptbahnhof** gare *f* centrale

H-Bombe [ˈhaːbɔmbə] *f* bombe *f* H

HD-Diskette [haːˈdeːdɪsˈkɛtə] *f* INFORM disquette *f* haute densité

HDTV [haːdeːteːˈfau̯] <-[s]> *nt Abk von* **high definition television** télévision *f* HD

H-Dur [ˈhaː-] <-> *nt* si *m* majeur

heavy [ˈhɛvi] *adj fam* **~ sein** être dingue

Hebamme [ˈheːpʔamə] <-, -n> *f* sage-femme *f*

Hebebühne *f* pont *m* élévateur

Hebel [ˈheːbəl] <-s, -> *m* levier *m*; **einen ~ betätigen** actionner un levier ▸**alle ~ in Bewegung setzen** *fam* mettre tout en œuvre; **am längeren ~ sitzen** *fam* tenir les commandes

heben [ˈheːbən] <hob, gehoben> **I.** *vt* ❶ lever *Hand, Arm, Bein, Kopf* ❷ (*hochheben*) soulever ❸ (*bergen*) mettre au jour ❹ (*verbessern*) rehausser *Ansehen;* remonter *Stimmung, Selbstbewusstsein;* relever *Niveau* ❺ *fam* (*trinken*) **einen ~** boire un coup; **einen auf etw** (*akk*) **~** arroser qc; **gern einen ~** lever bien le coude **II.** *vr* sich ~ *Vorhang, Schranke:* se lever; *Brust, Deckel:* se soulever **III.** *vi* (*Lasten heben*) soulever de lourdes charges

Heber ['heːbɐ] <-s, -> *m* CHEM pipette *f*

Hebräer(in) [he'brɛːɐ̯] <-s, -> *m(f)* Hébreu *m*/Juive *f*

hebräisch [he'brɛːɪʃ] **I.** *adj* hébraïque **II.** *adv* ~ **miteinander sprechen** discuter en hébreu; *s. a.* **deutsch**

Hebräisch <-[s]> *nt kein Art* hébreu *m; s. a.* **Deutsch**

Hebung <-, -en> *f* (*in der Dichtkunst*) accent *m*

hecheln ['hɛçəln] *vi* ① (*schnell atmen*) haleter ② *fam* (*herziehen*) **über jdn/etw** ~ baver sur qn/qc

H

Hecht [hɛçt] <-[e]s, -e> *m* brochet *m*

hechten ['hɛçtən] *vi + sein* **ins Wasser** ~ sauter dans l'eau

Hechtsprung *m* saut *m* en extension

Heck [hɛk] <-[e]s, -e *o* -s> *nt eines Autos* arrière *m; eines Schiffs* poupe *f; eines Flugzeugs* queue *f*

Heckantrieb *m* traction *f* arrière; **mit** ~ à traction arrière

Hecke ['hɛkə] <-, -n> *f* haie *f*

Heckenrose *f* (*Busch*) églantier *m* **Heckenschere** *f* (*elektrisch*) taille-haie *m* **Heckenschütze** *m*, **-schützin** *f* tireur *m* embusqué

Heckfenster *nt* lunette *f* arrière **Heckflosse** *f* aileron *m* **Heckklappe** *f* hayon *m*

hecklastig *adj Auto* trop chargé(e) à l'arrière

Heckleuchte *f* feu *m* arrière **Heckmotor** *m* moteur *m* [à l']arrière **Heckscheibe** *f* vitre *f* arrière

Heckscheibenheizung *f* dégivrage *m* de la vitre arrière **Heckscheibenwischer** *m* essuie-glace *m* arrière

Heckspoiler *m* spoiler *m* arrière

Hedonismus [hedo'nɪsmʊs] <-> *m geh* hédonisme *m*

Heer [heːɐ̯] <-[e]s, -e> *nt* ① MIL armée *f;* (*Bodenstreitkräfte*) armée de terre ② (*große Anzahl*) **ein ~ von Touristen/Heuschrecken** une armée de touristes/une nuée de sauterelles

Hefe ['heːfə] <-, -n> *f* levure *f;* (*Backhefe für Kuchen*) levure [fraîche] de boulanger; (*Trockenhefe*) levure chimique

Hefekuchen *m* gâteau *m* à la pâte levée **Hefeteig** *m* pâte *f* levée

Heft [hɛft] <-[e]s, -e> *nt* ① (*Schreibheft*) cahier *m* ② (*Zeitschrift*) revue *f;* (*einzelne Ausgabe*) numéro *m*

Heftchen ['hɛftçən] <-s, -> *nt Dim von* **Heft** ① (*Schreibheft*) carnet *m* ② *pej* journal *m* illustré

heften ['hɛftən] **I.** *vt* ① (*befestigen*) **etw an die Tür/Wand** ~ fixer qc sur la porte/au mur ② (*nähen*) faufiler; (*mit Nadeln feststecken*) épingler ③ (*klammern*) brocher **II.** *vr* **sich auf jdn/etw** ~ *Blick, Augen:* se fixer sur qn/qc

Hefter <-s, -> *m* (*Mappe*) classeur *m*

Heftfaden *m* faufil *m*

heftig ['hɛftɪç] **I.** *adj Person, Schmerz, Schlag* violent(e); *Erkältung, Schneefall* fort(e); ~ **werden** *Person:* s'emporter **II.** *adv* ① *nicken, dementieren* avec véhémence; *wettern, sich streiten* violemment ② *aufprallen, schlagen* avec violence; *schneien* fortement

Heftigkeit <-> *f* (*Intensität*) violence *f*

Heftklammer *f* ① agrafe *f* ② (*Büroklammer*) trombone *m* **Heftmaschine** *f* agrafeuse *f* **Heftpflaster** *nt* sparadrap *m*

Heftroman *m* LITER roman *m* à quatre sous

Heftzwecke <-, -n> *f* punaise *f*

Hegemonie [hegemo'niː] <-, -ien> *f* hégémonie *f*

hegen ['heːgən] *vt* ① prendre soin de *Garten, Pflanzen;* **Wild** ~ gérer un territoire de chasse ② *geh* avoir *Wunsch, Hoffnung, Zweifel;* **Abneigung/Groll/einen Verdacht gegen jdn** ~ nourrir une aversion/un ressentiment/un soupçon contre qn

Hehl [heːl] *nt o m* ▶ **kein[en]** ~ **aus etw machen** ne pas faire mystère de qc

Hehler(in) ['heːlɐ] <-s, -> *m(f)* receleur(-euse) *m(f)*

Hehlerei <-, -en> *f* recel *m*

Heide[1] ['haidə] <-, -n> *f* ① lande *f* ② *kein Pl s.* **Heidekraut**

Heide[2] ['haidə] <-n, -n> *m* REL païen *m*

Heidekraut *nt* bruyère *f* **Heideland** *nt* lande *f*

Heidelbeere ['haidəlbeːrə] *f* myrtille *f*

Heidenangst *f kein Pl fam* peur *f* bleue **Heidengeld** *nt kein Pl fam* argent *m* fou; **ein ~ kosten** coûter la peau des fesses **Heidenlärm** ['haidən'lɛrm] *m fam* boucan *m* du diable **Heidenrespekt** *m fam* respect *m* religieux **Heidenspaß** *m fam* **jdm einen ~ machen** faire vachement plaisir à qn; **das war ein ~!** c'était le pied!

Heidentum <-s> *nt* paganisme *m*

Heidin ['haidɪn] <-, -nen> *f* païenne *f*

heidnisch ['haidnɪʃ] **I.** *adj* païen(ne) **II.** *adv* en païen(ne)

Heidschnucke ['haitʃnʊkə] <-, -n> *f* mouton *m* (*de la lande de Lunebourg*)

heikel ['hai̯kəl] *adj* (*schwierig*) délicat(e)
heil [hai̯l] *adj Person, Gegenstand* intact(e); ~ **sein** *Person:* être sain et sauf, être indemne; *Glieder, Knochen:* ne pas avoir subi de dommage
Heil [hai̯l] <-s> *nt* (*Wohlergehen*) bien-être *m;* (*Glück*) bonheur *m;* (*seelisches Heil*) salut *m*
Heiland ['hai̯lant] <-[e]s, -e> *m* Sauveur *m*
Heilbad *nt* station *f* thermale
heilbar *adj* curable
Heilbarkeit <-> *f* curabilité *f*
Heilbutt ['hai̯lbʊt] *m* flétan *m*
heilen ['hai̯lən] **I.** *vi + sein Wunde, Bruch:* guérir **II.** *vt* guérir *Person, Krankheit* ▶ **von jdm/etw geheilt sein** *hum* être guéri de qn/qc
Heilerde *f* terre *f* médicamenteuse **heilfroh** ['hai̯l'froː] *adj fam* ~ **sein** être vachement content
heilig ['hai̯lɪç] *adj* ❶ *Ort, Stätte* sacré(e); *Kommunion, Sakrament, Taufe* saint(e); **der ~e Benedikt** saint Benoît; **die Heilige Jungfrau Maria** la Sainte Vierge ❷ (*unantastbar*) **jdm ist etw ~** qc est sacré pour qn ❸ *geh Stille, Schauer, Scheu, Pflicht* sacré(e); *Eid* solennel(le); *Eifer* saint(e) ❹ *fam Zorn* saint(e) *antéposé; Respekt* [sacro-]saint(e) *antéposé; Not* sacré(e) *antéposé* (*fam*) ▶ **jdm ist nichts ~** qn n'a de respect pour rien
Heiligabend [hai̯lɪç'ʔaːbənt] *m* (*Abend des 24. Dezembers*) soir *m* de Noël; (*Feier*) réveillon *m* de Noël
Heilige(r) *f(m) dekl wie adj* saint(e) *m(f)*
heiligen ['hai̯lɪgən] *vt* ❶ (*weihen*) consacrer; **geheiligt** sacré(e) ❷ (*heilighalten*) sanctifier
Heiligenbild *nt* portrait *m* de saint(e) **Heiligenschein** *m* auréole *f*
Heiligkeit <-> *f kein Pl* **Eure/Seine ~** Votre/Sa Sainteté
heilig|sprechen *vt irr* **jdn ~** canoniser qn
Heiligsprechung *f* canonisation *f*
Heiligtum ['hai̯lɪçtuːm, *Pl:* -tyːmɐ] <-s, -tümer> *nt* sanctuaire *m* ▶ **das ist sein/ihr ~** *fam* il/elle y tient comme à la prunelle de ses yeux
Heilkraft *f* vertus *fpl* curatives **Heilkraut** *nt meist Pl* simple *f* **Heilkunde** <-> *f geh* médecine *f*
heillos I. *adj* terrible **II.** *adv* terriblement
Heilmittel *nt* remède *m* **Heilpflanze** *f* plante *f* officinale **Heilpraktiker(in)** *m(f)* guérisseur(-euse) *m(f)* [reconnu(e) par l'État] **Heilquelle** *f* source *f* thermale
heilsam *adj* salutaire
Heilsarmee *f kein Pl* Armée *f* du Salut
Heilschlaf *m* sommeil *m* réparateur
Heilung ['hai̯lʊŋ] <-, -en> *f* ❶ *eines Kranken, einer Krankheit* guérison *f* ❷ *einer Wunde* cicatrisation *f*
HeilungsprozessRR *m* processus *m* de guérison
Heilverfahren *nt* (*Behandlungsmethode*) thérapeutique *f*
heim [hai̯m] *adv* à la maison
Heim [hai̯m] <-[e]s, -e> *nt* ❶ (*Zuhause*) domicile *m* ❷ (*Seniorenheim*) foyer *m* de personnes âgées ❸ (*Erziehungsheim*) foyer *m* [éducatif] ❹ (*Erholungsheim*) maison *f* de repos; (*Kindererholungsheim*) centre *m*
Heimarbeit *f* travail *m* à domicile **Heimarbeiter(in)** *m(f)* travailleur(-euse) *m(f)* à domicile
Heimat ['hai̯maːt] <-, -en> *f* ❶ pays *m* [natal] ❷ (*Zufluchtstätte*) refuge *m* ❸ (*Herkunftsland*) *eines Tiers, einer Pflanze* pays *m* d'origine
Heimatanschrift *f* adresse *f* [à la maison] **Heimatdichter(in)** *m(f)* poète *m*/poétesse *f* du terroir **Heimatfilm** *m* film *m* régionaliste (*sur les mœurs villageoises*) **Heimathafen** *m* port *m* d'attache **Heimatkunde** <-> *f* étude *f* du patrimoine local **Heimatland** *nt* pays *m* [natal]
heimatlich *adj* ❶ (*zur Heimat gehörend*) du pays, de son/mon/... pays [natal] ❷ *Gerüche, Düfte, Klänge* du pays
heimatlos *adj* apatride
Heimatlose(r) *f(m) dekl wie adj* apatride *mf*
Heimatmuseum *nt* musée *m* local **Heimatort** *m* lieu *m* d'origine **Heimatschein** *m* CH reconnaissance *f* du droit de cité **Heimatstadt** *f* ville *f* natale **Heimatvertriebene(r)** *f(m) dekl wie adj* expulsé(e) *m(f)*
heim|bringen *vt irr* **jdn ~** ramener qn chez lui/elle
Heimchen ['hai̯mçən] ▶ **~ am Herd** *pej* ménagère *f* popote (*fam*)
Heimcomputer *m* ordinateur *m* individuel
heimelig ['hai̯məlɪç] *adj* douillet(te)
heim|fahren *irr* **I.** *vi + sein* rentrer à la maison **II.** *vt + haben* **jdn ~** reconduire qn à la maison **Heimfahrt** *f* [trajet *m* du] retour *m* **heim|finden** *vi irr* retrouver le chemin de la maison **heim|gehen** *vi irr + sein* rentrer chez soi **Heimindustrie** *f* industrie *f* à domicile
heimisch ['hai̯mɪʃ] *adj* ❶ (*einheimisch*)

local(e); *Bevölkerung* autochtone ② (*vertraut*) **sich ~ fühlen** se sentir chez soi

Heimkehr ['haimkeːɐ̯] <-> *f* ① retour *m* [à la maison] ② (*Rückkehr ins Heimatland*) retour *m* au pays

heim|kehren ['haimkeːrən] *vi* + *sein* ① rentrer; **ihr seid schon heimgekehrt?** vous êtes déjà de retour? ② (*in das Heimatland zurückkehren*) retourner dans son pays

Heimkind *nt* enfant *mf* de la D.A.S.S. **heim|kommen** *vi irr* + *sein* rentrer [chez soi] **Heimleiter(in)** *m(f)* directeur(-trice) *m(f)* **heim|leuchten** *vi fam* **jdm ~** remballer qn

heimlich ['haimlɪç] **I.** *adj* ① (*geheim*) secret(-ète) ② *Blick, Geste* furtif(-ive) ③ (*inoffiziell*) occulte **II.** *adv* ① (*unbemerkt*) en cachette; *zusagen, abmachen* en secret ② *ansehen* furtivement

Heimlichkeit <-, -en> *f* ① *kein Pl* (*heimliche Art*) caractère *m* secret; **in aller ~** dans le plus grand secret ② (*Geheimnis*) secret *m;* **immer diese ~en** toujours ces cachotteries

Heimlichtuer(in) <-s, -> *m(f) pej* cachottier(-ière) *m(f)* (*fam*)

Heimlichtuerei [haimlɪçtuːə'rai] <-, -en> *f pej* cachotterie *f souvent pl*

heimlich|tun *vi irr* **mit etw ~** faire des cachotteries avec qc

Heimreise *f* [trajet *m* du] retour *m* **heim|reisen** *vi* + *sein* prendre la route du retour **Heimspiel** *nt* match *m* à domicile

heim|suchen *vt* ① (*überfallen*) s'abattre sur ② (*bedrängen*) **jdn ~** *Alpträume, Wahnvorstellungen:* hanter qn

Heimsuchung <-, -en> *f* fléau *m*

Heimtrainer [-trɛːnɐ] *m* home-trainer *m*

Heimtücke ['haimtʏkə] *f kein Pl* ① (*heimtückische Art*) perfidie *f* ② *einer Krankheit* caractère *m* insidieux

heimtückisch ['haimtʏkɪʃ] **I.** *adj* ① (*tückisch*) perfide ② *Krankheit, Erreger* insidieux(-euse) **II.** *adv* perfidement

Heimvorteil *m kein Pl* avantage *m* du terrain/de la salle **Heimweg** *m kein Pl* [trajet *m* du] retour *m;* **auf dem ~** sur le chemin du retour **Heimweh** <-s> *nt* mal *m* du pays; **~ bekommen/haben** attraper/avoir le mal du pays

Heimwerker(in) <-s, -> *m(f)* bricoleur(-euse) *m(f)*

heim|zahlen *vt* faire payer; **jdm etw ~** faire payer qc à qn

Heini ['haini] <-s, -s> *m fam* abruti *m*

Heinrich <-s> *m* ① Henri *m* ② HIST **~ IV.** Henri IV

Heinzelmännchen ['haintsəlmɛnçən] *nt* lutin [*qui fait le travail pendant la nuit*]

Heirat ['haiʀaːt] <-, -en> *f* mariage *m;* **~ aus Liebe/Vernunftgründen** mariage d'amour/de raison; **unstandesgemäße ~** mésalliance *f*

heiraten ['haiʀaːtən] **I.** *vt* épouser *Mann, Frau* **II.** *vi* se marier

Heiratsantrag *m* demande *f* en mariage **Heiratsanzeige** *f* ① (*Mitteilung*) faire-part *m* de mariage ② (*Annonce zur Partnersuche*) annonce *f* matrimoniale **heiratsfähig** *adj* en âge de se marier **Heiratsschwindler(in)** *m(f)* escroc *m* au mariage **Heiratsurkunde** *f* acte *m* de mariage **Heiratsvermittlung** *f* (*Institut*) agence *f* matrimoniale

heiser ['haizɐ] **I.** *adj* *Person, Stimme* enroué(e); *Laut, Bellen* rauque **II.** *adv* **sich ~ reden/schreien** parler/crier à en perdre la voix

Heiserkeit <-> *f* enrouement *m*

heiß [hais] **I.** *adj* ① (*sehr warm*) [très] chaud(e); (*zu warm*) brûlant(e); *Flüssigkeit* bouillant(e); *Klima, Luft, Sonne, Tag* torride; **kochend ~** bouillant; **jdm etw ~ machen** chauffer qc à qn; **es ist brütend ~** il fait une chaleur d'étuve ② (*heftig, innig*) ardent(e) ③ *fam Musik* qui chauffe; *Bild, Film* excitant(e) ④ *fam* (*aus kriminellen Aktionen*) qui brûle les doigts ⑤ *Punkt, Problem, Thema* brûlant(e) ⑥ *attr fam* (*aussichtsreich*) tout(e) premier(-ière) *antéposé; Spur, Fährte* très sérieux(-euse) ⑦ *fam Person, Kleidungsstück, Anlage* du tonnerre ⑧ *fam Wagen, Motorrad* qui décoiffe ⑨ *fam Tier* en chaleur **II.** *adv* ① (*sehr warm*) très chaud; **~ laufen** *Motor:* chauffer; *Achse, Lager, Kolben:* s'échauffer ② *fam* **~ laufen** (*nicht stillstehen*) *Telefon:* ne pas arrêter de sonner; *Faxgerät, Fernschreiber:* tourner à fond ③ *ersehnen, lieben, wünschen* ardemment ▶ **es geht ~ her** *fam* ça chauffe

heißblütig ['haisblyːtɪç] *adj* ① (*impulsiv*) fougueux(-euse) ② (*leidenschaftlich*) passionné(e)

heißen ['haisən] <hieß, geheißen> **I.** *vi* ① **Paul/Brigitte ~** s'appeler Paul/Brigitte; **wie heißt du/~ Sie?** comment tu t'appelles/vous vous appelez?; **ich heiße Karin** je m'appelle Karin; **wie soll das Baby ~?** quel sera le [pré]nom du bébé? ② (*bedeuten*) **das heißt, dass ...** cela veut dire que ...; **was soll das ~?** qu'est-ce que ça signifie? ③ (*lauten*) **„ja" heißt auf**

Japanisch „hai" "oui" se dit "hai" en japonais; **das gesuchte Sprichwort heißt folgendermaßen: ...** le proverbe qu'il fallait trouver est le suivant: ... ▶**das heißt** (*in anderen Worten*) c'est-à-dire; (*beziehungsweise*) ou plutôt **II.** *vi unpers* ❶ (*zu lesen sein*) **in der Zeitung/bei Goethe heißt es ...** il est dit dans le journal/chez Goethe ...; **wie heißt es doch so schön, ...** comme on dit si bien, ... ❷ *geh* (*nötig sein*) **nun heißt es handeln!** maintenant, il faut agir! ❸ (*behauptet werden, verlauten*) **es heißt, dass ...** on dit que ..., il paraît que ...

heißgeliebt *s.* **geliebt** **Heißhunger** *m* fringale *f;* ~ **auf etw** (*akk*) **haben** avoir une fringale de qc (*fam*); **mit** ~ avec voracité

heiß|laufen[ALT] *s.* **heiß II.1, 2**

Heißluft *f* air *m* chaud

Heißluftballon *m* montgolfière *f* **Heißluftherd** *m* four *m* à chaleur tournante

heißumstritten *s.* **umstritten**

Heißwasserbereiter <-s, -> *m* chauffe-eau *m inv* **Heißwasserspeicher** [hais-'vasɐʃpaiçɐ] *m* cumulus *m* [d'eau chaude]

heiter ['haitɐ] *adj* ❶ (*fröhlich*) gai(e) ❷ *Wetter* clair(e); *Himmel* dégagé(e); *Tag* beau(belle); **es wird wieder** ~ le temps va se remettre au beau; ~ **bis wolkig** beau avec quelques passages nuageux ▶**das kann ja** ~ **werden!** *iron* ça promet!

Heiterkeit <-> *f* ❶ (*heitere Stimmung*) gaieté *f* ❷ (*Belustigung*) hilarité *f*

heizbar *adj Haus* chauffable

Heizdecke *f* couverture *f* chauffante

heizen ['haitsən] **I.** *vi* chauffer; **mit Öl** ~ se chauffer au fioul; **gut/schlecht geheizt sein** être bien/mal chauffé; **sie hat gut geheizt** c'est bien chauffé chez elle **II.** *vt* chauffer *Wohnung, Zimmer*

Heizer(in) <-s, -> *m(f)* chauffeur(-euse) *m(f)*

Heizkessel *m* chaudière *f* **Heizkissen** *nt* coussin *m* chauffant **Heizkörper** *m* radiateur *m* **Heizkosten** *Pl* frais *mpl* de chauffage **Heizlüfter** <-s, -> *m* radiateur *m* soufflant **Heizofen** *m* radiateur *m* d'appoint **Heizöl** *nt* mazout *m* **Heizpilz** *m* chauffage *m* de terrasse **Heizsonne** *f* radiateur *m* parabolique **Heizstrahler** *m* radiateur *m* infrarouge

Heizung <-, -en> *f* ❶ (*Zentralheizung*) chauffage *m* [central] ❷ *fam* (*Heizkörper*) radiateur *m*

Heizungsanlage *f* installation *f* de chauffage **Heizungskeller** *m* chaufferie *f* **Heizungsmonteur(in)** [-mɔntøːɐ̯] *m(f)* chauffagiste *m*

Hektar ['hɛktaːɐ̯] <-s, -e> *nt o m* hectare *m*

Hektik ['hɛktɪk] <-> *f* agitation *f;* **nur** [*o* **bloß**] **keine ~!** *fam* pas d'affolement!, y a pas le feu au lac!

hektisch ['hɛktɪʃ] **I.** *adj Person, Zeit, Leben* agité(e); *Atmosphäre* fébrile; *Geschäfte* houleux(-euse); **nur mal nicht so ~!** *fam* pas de panique! **II.** *adv leben, essen* avec précipitation; *reagieren, eröffnen, schließen* nerveusement; **hier geht es sehr ~ zu** il y a une grande agitation ici

Hektoliter [hɛkto'liːtɐ] *m o nt* hectolitre *m*

Held(in) ['hɛlt] <-en, -en> *m(f)* héros *m*/héroïne *f*

Heldenepos *nt* épopée *f*

heldenhaft *adj* héroïque

Heldenmut *m* héroïsme *m* **Heldensage** *f* légende *f* héroïque, épopée *f* **Heldentat** *f* exploit *m* **Heldentenor** *m* ténor [qui tient le premier rôle] *m*

Heldentum <-s> *nt* héroïsme *m*

Heldin *s.* **Held(in)**

helfen ['hɛlfən] <hilft, half, geholfen> *vi* ❶ (*unterstützen*) **jdm** ~ aider qn; **kann ich Ihnen ~?** puis-je vous être utile? ❷ (*nützen*) **jdm** ~ rendre service à qn; **das hilft mir wenig** ça ne me sert pas à grand-chose ❸ MED **jdm** ~ *Arzt:* venir en aide à qn; *Medikament:* faire de l'effet à qn; **gegen Husten** ~ agir contre la toux

Helfer(in) <-s, -> *m(f)* ❶ assistant(e) *m(f);* **die freiwilligen ~ vom Roten Kreuz** les secouristes volontaires de la Croix rouge ❷ (*Komplize*) complice *mf* ▶**ein ~ in der Not** un bon Samaritain

Helfershelfer(in) *m(f) pej* acolyte *m*

Helgoland <-s> Helgoland

Helikopter <-s, -> *m* hélicoptère *m*

Helium ['heːliʊm] <-s> *nt* CHEM hélium *m*

hell [hɛl] **I.** *adj* ❶ *Raum, Wohnung* clair(e); **es wird** ~ il commence à faire jour; **es bleibt lange/länger** ~ il fait clair longtemps/plus longtemps ❷ *Licht* vif(vive); *Lampe, Beleuchtung, Glanz* lumineux(-euse); *Farbe, Rot* clair(e) ❸ *Stimme, Gesang* clair(e) ❹ (*aufgeweckt*) futé(e) (*fam*); **ein ~er Junge** un petit futé ❺ *attr* (*rein*) total(e); **~er Neid** pure jalousie **II.** *adv* (*hoch*) ~ **klingen** avoir des sonorités aiguës; **ihr Gesang tönte ~ und klar** son chant résonnait haut et clair

hellauf ['hɛl'ʔauf] *adv begeistert* totalement, absolument **hellblau** *adj* bleu clair *inv;* **~e Söckchen** des socquettes bleu

clair **hellblond** **I.** *adj Person* aux cheveux blond clair; *Haare* blond clair *inv* **II.** *adv färben* en blond clair **hellbraun** *adj* marron clair *inv; Haare* châtain clair *inv*
helle *adj* DIAL **~ sein** être futé; **sie ist ganz schön ~!** *fam* c'est une petite futée!
Helle(s) ['hɛlə(s)] *nt dekl wie adj* [bière *f*] blonde *f*
Heller ['hɛlɐ] <-s, -> *m* HIST ≈ denier *m*
hellgrün *adj* vert clair *inv*
hellhäutig ['hɛlhɔytɪç] *adj* clair(e) de peau
hellhörig ['hɛlhørɪç] *adj Haus, Wohnung* sonore ▶ **~ werden** dresser l'oreille
hellichtALT *adj s.* **helllicht**
Helligkeit <-, -en> *f* ❶ *kein Pl eines Raumes, einer Wohnung* clarté *f* ❷ (*Lichtstärke*) clarté *f; eines Sterns* luminosité *f*
helllichtRR ['hɛllɪçt] *adj* **am ~en Tag** en plein jour **hellrot** *adj* rouge clair *inv* **hellsehen** *vi nur Infin* **~ können** avoir le don de double vue **Hellseher(in)** ['hɛlzeːɐ] *m(f)* voyant(e) *m(f)* **hellwach** ['hɛl'vax] *adj* **~ sein** être bien réveillé
Helm [hɛlm] <-[e]s, -e> *m* casque *m; eines Ritters* heaume *m*
Hemd [hɛmt] <-[e]s, -en> *nt* chemise *f* ▶ **nass bis aufs ~** trempé(e) jusqu'aux os; **sich ins ~ machen** *fam* faire dans son froc
Hemdbluse *f* chemisier *m*
Hemdsärmel *m* manche *f* de chemise
hemdsärmelig *adj fam* familier(-ière)
Hemisphäre *f* hémisphère *m*
hemmen ['hɛmən] *vt* ❶ (*ein Hemmnis sein*) entraver ❷ freiner *Maschine, Rad* ❸ PSYCH inhiber *Person;* **sehr gehemmt sein** être très complexé
Hemmnis <-ses, -se> *nt,* **Hemmschuh** <-[e]s, -e> *m* obstacle *m*
Hemmschwelle *f* blocage *m;* **~n/eine ~ abbauen** vaincre des blocages/un blocage
Hemmung <-, -en> *f meist Pl* PSYCH inhibition *f;* **~en haben** avoir des scrupules ▶ **nur keine ~en!** ne te gêne/vous gênez pas!
hemmungslos **I.** *adj* ❶ (*zügellos*) dépourvu(e) de retenue ❷ (*skrupellos*) sans scrupules **II.** *adv* ❶ (*zügellos*) sans aucune retenue ❷ (*skrupellos*) sans scrupules
Hemmungslosigkeit <-> *f* ❶ (*Zügellosigkeit*) perte *f* de retenue ❷ (*Skrupellosigkeit*) absence *f* de scrupules
Hendl ['hɛnd(ə)l] <-s, -[n]> *nt* A poulet *m* rôti
Hengst [hɛŋst] <-[e]s, -e> *m* (*Pferd*) étalon *m*
Henkel ['hɛŋkəl] <-s, -> *m* anse *f*
Henkelmann <-männer> *m fam* gamelle *f*
Henker ['hɛŋkɐ] <-s, -> *m* bourreau *m*
Henna ['hɛna] <-> *f,* <-[s]> *nt* henné *m*
Henne ['hɛnə] <-, -n> *f* ❶ (*Haushuhn*) [poule *f*] pondeuse *f* ❷ (*weiblicher Hühnervogel*) poule *f*
Hepatitis <-, -titiden> *f* hépatite *f*
her [heːɐ̯] *adv* ❶ (*hierher*) par ici!; **~ damit!** *fam* file/filez-moi ça!; (*gib's zurück*) rends-moi/rendez-moi ça!; **~ mit dem Geld!** envoie/envoyez la monnaie! ❷ (*zeitlich*) **drei Monate ~ sein** dater d'il y a trois mois; **das ist schon lange ~** ça fait déjà longtemps; **ich kenne ihn von früher ~** je le connais d'autrefois ❸ (*räumlich*) **wo sind Sie ~?** vous êtes d'où?; **hinter jdm/etw ~ sein** être à la poursuite de qn/qc; *fig* courir après qn/chercher qc ❹ (*hinsichtlich*) **von der Planung/Zeit ~** pour ce qui est de la planification/du temps; **von der Technik ~** d'un point de vue technique
herab [hɛ'rap] *adv geh* **von den Bergen ~** du haut des montagnes
herab|blicken *s.* **herabsehen** **herab|hängen** [hɛ'raphɛŋən] *vi irr* pendre; **von etw ~** pendre de qc **herab|lassen** *vr irr* (*gnädigerweise tun*) **sich [dazu] ~ etw zu tun** condescendre à faire qc
herablassend **I.** *adj* condescendant(e) **II.** *adv* avec condescendance
Herablassung <-> *f* condescendance *f*
herab|mindern *vt* minimiser *Gefahr* **herab|sehen** *vi irr* ❶ (*abschätzig betrachten*) **auf jdn/etw ~** regarder qn/qc de haut ❷ *geh* (*heruntersehen*) **auf jdn/etw ~** abaisser son regard sur qn/qc **herab|setzen** *vt* ❶ (*reduzieren*) baisser *Preis, Artikel;* réduire *Kosten, Geschwindigkeit, Druck* ❷ (*herabmindern*) déprécier **herabsetzend** **I.** *adj Bemerkung* condescendant(e) **II.** *adv* **sich über jdn/etw ~ äußern** porter un jugement méprisant sur qn/qc **Herabsetzung** *f des Rentenalters* abaissement *m* **herab|steigen** *vi irr + sein geh* descendre **herab|würdigen** **I.** *vt* rabaisser **II.** *vr* **sich ~** s'abaisser **Herabwürdigung** <-, -en> *f einer Person* dénigrement *m; einer Leistung* dépréciation *f*
Heraldik [he'raldɪk] <-> *f* héraldique *f*
heraldisch [he'raldɪʃ] *adj* héraldique
heran [hɛ'ran] *adv* **links ~!** serre/serrez à gauche!
heran|fahren *vi irr + sein* s'approcher; **an etw** (*akk*) **~** s'approcher de qc; **rechts/links ~** serrer à droite/à gauche
heran|führen *vt* (*einweihen*) **jdn an**

etw (*akk*) ~ initier qn à qc **heran|gehen** *vi irr + sein* (*hingehen*) s'approcher; **an jdn/etw** ~ s'approcher de qn/qc **heran|kommen** *vi irr + sein* ❶ (*sich nähern*) [s']approcher; **an jdn/etw** ~ [s']approcher de qn/qc; **an jdn** ~ (*in Kontakt kommen*) pouvoir approcher qn; (*gleichwertig sein*) arriver au niveau de qn ❷ (*heranreichen*) **an etw** (*akk*) ~ pouvoir atteindre qc; **an das Geld** ~ pouvoir disposer de l'argent; **an die Informationen** ~ pouvoir obtenir les informations ▶ **sie lässt nichts an sich** ~ rien ne la touche **heran|lassen** *vt irr* (*das Nahekommen dulden*) laisser approcher; **jdn/etw an sich** (*akk*) ~ laisser approcher qn/qc de soi **heran|machen** *vr fam* **sich an jdn** ~ accoster qn **heran|nahen** *vi + sein geh* se préparer **heran|reichen** *vi* arriver; **bis an etw** (*akk*) ~ *Gelände:* arriver jusqu'à qc **heran|reifen** *vi + sein geh Person, Plan:* mûrir **heran|rücken** I. *vi + sein Termin:* approcher II. *vt + haben* approcher *Möbel* **heran|tasten** *vr* (*sich nähern*) **sich an jdn/etw** ~ avancer à tâtons jusqu'à qn/qc **heran|treten** *vi irr + sein* (*sich nähern*) s'approcher; **an jdn/etw** ~ s'approcher de qn/qc **heran|wachsen** *vi irr + sein geh* **zum Mann/zur Frau** ~ devenir un homme/une femme

Heranwachsende *Pl* jeunes gens *mpl* (*entre 18 et 21 ans*)

heran|wagen *vr* ❶ (*heranzukommen wagen*) **sich an jdn** ~ oser s'approcher de qn ❷ (*sich zu beschäftigen wagen*) **sich an etw** (*akk*) ~ oser s'attaquer à qc **heran|ziehen** *vt irr + haben* ❶ (*näher holen*) attirer; **jdn zu sich** ~ attirer qn vers soi; **etw zu sich** ~ rapprocher qc de soi ❷ (*einsetzen*) **einen Sachverständigen zu etw** ~ faire appel à un expert pour qc ❸ (*anführen*) alléguer *Paragraphen, Quelle;* **etw zum Vergleich** ~ prendre quelque chose à titre d'exemple ❹ (*aufziehen*) élever *Kind, Tier;* faire pousser *Pflanze;* [**sich** (*dat*)] **eine Nachfolgerin** ~ former une collaboratrice pour en faire son successeur

herauf [hɛ'rau̯f] I. *adv* ❶ **von unten** ~ depuis le bas ❷ *fam* (*nach Norden*) **von München ~ nach Stuttgart ziehen** venir de Munich pour monter s'installer à Stuttgart II. *präp + akk* **den Berg/die Treppe** ~ en gravissant la montagne/en montant les escaliers

herauf|beschwören* *vt irr* ❶ évoquer *Erinnerung, Vergangenheit* ❷ provoquer *Unglück, Krise* **herauf|führen** *vt* **jdn** [**zu jdm**] ~ faire monter qn [jusqu'à qn] **herauf|kommen** *vi irr + sein* (*von unten kommen*) monter **herauf|setzen** *vt* relever *Gebühren, Preis, Mindestalter* **herauf|steigen** *irr* I. *vi + sein geh* ❶ (*nach oben steigen*) **zu jdm** ~ monter à côté de qn ❷ (*aufsteigen*) *Nebel:* monter II. *vt + sein* **einen Berg/die Treppe** ~ gravir une montagne/monter les escaliers **herauf|ziehen** *vi irr + sein Gewitter:* se lever

heraus [hɛ'rau̯s] I. *Adj* ❶ (*herausoperiert*) ~ **sein** *Blinddarm, Mandeln, Splitter:* être retiré ❷ (*entschieden sein*) **ist eigentlich schon ~, wann ...?** sait-on déjà quand ...? ❸ (*entwachsen*) **aus der Schule ~ sein** être sorti du système scolaire; **aus dem Alter ~ sein, in dem man das tut** avoir passé l'âge de faire cela; **aus diesem Alter bin ich** ~ ce n'est plus de mon âge ❹ (*gesagt*) ~ **sein** être dit; *Bemerkung:* être fait II. *Adv* ❶ **~!** dehors!; **~ da!** *fam* fous-moi/foutez-moi le camp de là!; **~ mit ihm!** *fam* fiche-le/fichez-le moi dehors!; **hier ~!** sors/sortez par ici! ❷ (*aufgrund*) **aus Neugier** ~ par curiosité

heraus|arbeiten *vt* faire ressortir *Unterschiede* **heraus|bekommen*** *vt irr* ❶ (*entfernen*) réussir à enlever; **den Fleck aus dem Hemd** ~ réussir à enlever la tache de la chemise; **den Nagel aus der Wand** ~ réussir à extraire le clou du mur ❷ (*herausfinden*) réussir à trouver ❸ (*ausgezahlt bekommen*) **Sie bekommen noch drei Euro heraus** je dois vous rendre trois euros **heraus|bilden** *vr* **sich** ~ prendre forme; **sich aus etw** ~ prendre forme à partir de qc **heraus|bringen** *vt irr* ❶ (*nach draußen bringen*) apporter dehors; **jdm etw** ~ apporter qc dehors à qn ❷ (*auf den Markt bringen*) **etw** ~ sortir qc [sur le marché] ❸ sortir *Buch, Theaterstück;* **jdn ganz groß** ~ *fam* faire percer qn ❹ *fam* (*hervorbringen*) sortir *Antwort, Wort;* émettre *Ton, Krächzen* ❺ *s.* **herausbekommen** **heraus|fahren** *irr* I. *vi + sein* sortir II. *vt + haben* sortir *Auto* **heraus|fallen** *vi irr* tomber; **aus etw** ~ tomber de qc **heraus|finden** *irr* I. *vt* ❶ (*feststellen*) découvrir; identifier *Täter* ❷ (*herauslesen*) **einen Gegenstand aus etw** ~ retrouver un objet parmi qc II. *vi* **aus dem Museum** ~ trouver la sortie du musée **heraus|fliegen** *vi irr + sein* s'envoler; **aus etw** ~ *Vogel:* s'envoler de qc

Herausforderer <-s, -> *m*, **-forderin** *f* SPORT, POL adversaire *mf*

H

herausǀfordern **I.** *vt* ① SPORT défier ② (*auffordern*) **jdn zum Zweikampf ~** défier qn en combat singulier; **jdn zum Duell ~** provoquer qn en duel ③ (*provozieren*) provoquer; **jdn zu etw ~** pousser qn à faire qc ④ provoquer *Kritik, Protest;* défier *Gefahr* **II.** *vi* **zu etw ~** provoquer qc **herausfordernd** *adj* provocant(e) **Herausforderung** *f* ① *kein Pl* SPORT challenge *m* ② (*Aufforderung*) **~ zum Kampf** défi *m* en combat; **~ zum Duell** provocation *f* en duel ③ (*Provokation*) provocation *f* ④ (*Bewährungsprobe*) défi *m* **Herausgabe** *f kein Pl von Konfisziertem* restitution *f* **herausǀgeben** *irr* **I.** *vt* ① libérer *Gefangenen;* remettre *Mantel;* restituer *Konfisziertes;* rendre *Betrag, Wechselgeld* ② (*veröffentlichen*) publier; (*edieren*) éditer ③ émettre *Banknoten, Briefmarken* **II.** *vi* (*Wechselgeld geben*) **jdm auf einen Zehneuroschein ~** rendre la monnaie à qn sur un billet de dix euros

Herausgeber(in) *m(f)* ① (*Verleger*) éditeur(-trice) *m(f)* ② (*verantwortlicher Lektor oder Redakteur*) directeur(-trice) *m(f)* de [la] publication

herausǀgehen *vi irr + sein* ① (*herauskommen*) sortir; **aus dem Haus ~** sortir de la maison ② (*sich entfernen lassen*) **aus etw ~** *Fleck:* partir de qc; *Korken, Nagel, Dorn:* s'enlever de qc ▶ **aus sich ~** s'extérioriser **herausǀgreifen** *vt irr* choisir *Person, Zitat* **herausǀhaben** ▶ **es ~** avoir trouvé le truc (*fam*) **herausǀhalten** *irr* **I.** *vt* (*nach draußen halten*) **etw ~** passer qc dehors **II.** *vr* **sich aus etw ~** se tenir en dehors de qc **herausǀhelfen** *vi irr* (*aussteigen helfen*) aider à sortir; **jdm aus dem Bus ~** aider qn à sortir du bus **herausǀholen** *vt* ① (*herausnehmen*) sortir; **etw aus dem Schrank ~** sortir qc de l'armoire ② extraire *Erdbebenopfer, Lawinenopfer;* **jdn aus dem Gefängnis ~** *fam* faire sortir qn de prison ③ *fam* (*erreichen*) **das Beste aus jdm ~** tirer le meilleur de qn; **das Letzte aus sich ~** donner tout ce qu'on a dans le bide ④ SPORT obtenir *Ergebnis;* arracher *Sieg, Platz;* gagner *Sekunden;* réaliser *Gesamtzeit* **herausǀhören** *vt* (*unterscheiden können*) reconnaître **herausǀkommen** [hɛˈraʊskɔmən] *vi irr + sein* ① (*zum Vorschein kommen*) sortir; **aus etw ~** sortir de qc; **wieder ~** ressortir ② (*verlassen können*) **aus der Wohnung ~** quitter l'appartement ③ *fam* (*sich ergeben*) **bei den Verhandlungen ist kein greifbares Ergebnis herausgekommen** les pourparlers n'ont abouti à aucun résultat concret; **das kommt dabei heraus, wenn ...** c'est ce qui arrive quand ...; **das kommt aufs Gleiche heraus** c'est du pareil au même ④ (*überwinden können*) **aus dem Staunen nicht ~** ne pas cesser de s'étonner; **aus dem Lachen nicht ~** ne pas arrêter de rigoler ⑤ (*auf den Markt kommen*) *Buch, Zeitschrift, Modell:* sortir [sur le marché] ⑥ *fam* (*Publicity haben*) **mit etw groß ~** *fam* faire un malheur avec qc ⑦ (*bekannt gegeben werden*) *Gesetz, Verordnung:* être publié; *Börsenkurse, Notierungen:* paraître ⑧ *fam* (*bekannt werden*) *Schwindel:* être découvert; **es wird nichts ~** rien ne transpirera; **es kam heraus, dass** on découvrit que ⑨ (*zur Sprache bringen*) **mit etw ~** révéler qc ⑩ (*aus der Übung kommen*) perdre la main ⑪ SPIEL avoir la main; **mit einem Buben ~** jouer valet ⑫ (*zur Geltung kommen*) **bei Tageslicht besser ~** ressortir mieux à la lumière du jour **herausǀkriegen** *s.* **herausbekommen, rauskriegen** **herausǀkristallisieren*** *vr* **sich ~** *fig* se préciser **herausǀlocken** *vt* (*nach draußen locken*) **jdn ~** attirer qn dehors **herausǀmüssen** *vi irr fam Blinddarm:* devoir être enlevé

herausnehmbar *adj* amovible

herausǀnehmen *vt irr* ① (*entnehmen*) retirer; **etw aus dem Schrank/der Tasche ~** retirer qc de l'armoire/du sac ② *fam* (*operativ entfernen*) **jdm den Blinddarm/die Mandeln ~** enlever l'appendice/les amygdales à qn ③ (*aussondern*) **jdn aus der Klasse/dem Internat ~** retirer qn de la classe/de l'internat ④ *fam* (*erlauben*) **sich** (*dat*) **etw ~** se permettre qc **herausǀplatzen** *vi + sein fam* (*spontan äußern*) **mit etw ~** laisser échapper qc **herausǀputzen** *vr* **sich ~** s'endimancher **herausǀragen** *vi* ① *Körperteil, Erker:* faire saillie; *Felsen:* être en surplomb; *Findling:* pointer ② (*sich auszeichnen*) **durch etw ~** se distinguer par qc **herausǀreden** *vr* **sich ~** chercher des excuses; **sich mit etw/auf etw** (*akk*) **~** invoquer qc pour excuse; **sich damit ~, dass** prétexter que **herausǀreißen** *vt irr* ① arracher *Pflanze, Haar, Seite* ② *fig* **jdn aus seiner Arbeit ~** arracher qn à son travail ③ *fam* (*befreien*) sauver la mise à ④ *fam* (*wettmachen*) relever le niveau de **herausǀrücken** **I.** *vt fam* filer; **etw wieder ~** rendre qc **II.** *vi + sein fam* **mit etw ~** accoucher de qc **herausǀrutschen**

vi + sein ❶ (*herausgleiten*) glisser; **jdm aus der Tasche ~** glisser de la poche de qn ❷ *fam* (*ungewollt aussprechen*) **jdm ~** *Bemerkung:* échapper à qn **heraus|schauen** *vi* SDEUTSCH ❶ (*nach draußen schauen*) regarder dehors; **aus dem Fenster ~** regarder par la fenêtre ❷ (*zu sehen sein*) **aus etw ~** *Hemdzipfel, Unterrock:* dépasser de qc **heraus|schlagen** *vt irr fam* (*gewinnen*) **Zeit ~** gagner du temps **heraus|schleudern** *vt* (*herauswerfen*) balancer; **etw aus dem Fenster/Auto ~** balancer qc par la fenêtre/de la voiture; **aus dem Auto/Flugzeug herausgeschleudert werden** être éjecté de la voiture/l'avion

heraus|seinALT *s.* **heraus I.1, 3, 4**

heraußen [hɛ'rausən] *adv* SDEUTSCH, A dehors

heraus|springen *vi irr + sein* ❶ sauter dehors; **aus dem Fenster/Auto ~** sauter par la fenêtre/de la voiture ❷ (*sich lösen*) *Brillenglas:* se détacher; *Sicherung:* sauter ❸ (*als Gewinn verbleiben*) **was springt dabei heraus?** qu'est-ce qu'il y a à en tirer? (*fam*) **heraus|sprudeln I.** *vi + sein Quelle:* jaillir **II.** *vt* **Worte/Sätze ~** débiter des mots/phrases [sans fin] **heraus|stehen** *vi irr* dépasser; **aus etw ~** dépasser de qc **heraus|stellen I.** *vt* ❶ (*ins Freie stellen*) sortir ❷ (*hervorheben*) **etw ~** mettre qc en évidence **II.** *vr* **sich ~** *Unschuld, Wahrheit:* éclater; **sich als wahr/übertrieben ~** se révéler vrai(e)/exagéré(e); **es stellte sich heraus, dass** il s'avéra que **heraus|strecken** *vt* tirer *Zunge* **heraus|streichen** *vt irr* (*tilgen*) rayer **heraus|stürzen** *vi + sein* sortir précipitamment **heraus|suchen** *vt* ❶ (*auswählen*) choisir; **etw aus etw ~** choisir qc parmi qc ❷ rechercher *Seite, Textstelle* **heraus|wagen** *vr* **sich ~** se risquer dehors; **sich aus etw ~** se risquer hors de qc **heraus|winden** *vr irr* **sich aus einer misslichen Lage ~** se dépêtrer d'une mauvaise situation **heraus|ziehen** *vt irr* tirer *Schublade*

herb [hɛrp] **I.** *adj* ❶ *Geschmack, Wein* âpre; *Parfüm, Duft* épicé(e) ❷ *Enttäuschung, Verlust* amer(-ère) ❸ *Gesichtszüge* accusé(e); *Gesicht* sévère; *Schönheit* austère ❹ *Kritik, Worte* acerbe **II.** *adv* ❶ **~ riechen/schmecken** avoir une odeur épicée/un goût âpre ❷ (*scharf, kritisch*) de façon acerbe

Herbarium [her'baːrium] <-s, -ien> *nt* herbier *m*

herbei [hɛɐ̯'bai] *adv geh* par ici, approchez

herbei|bringen *vt irr* ❶ **jdn/etw ~** amener qn/apporter qc ❷ produire *Zeugen, Unterlagen* **herbei|eilen** *vi + sein* arriver en toute hâte **herbei|führen** [hɛɐ̯'baifyːrən] *vt* ❶ aboutir à *Einigung, Entscheidung, Kompromiss* ❷ provoquer *Infektion, Ohnmacht, Tod* **herbei|rufen** *vt irr* appeler; **Hilfe ~** appeler à l'aide **herbei|schaffen** *vt* amener *Hilfe;* se procurer *Geld* **herbei|sehnen** *vt* souhaiter voir venir **herbei|strömen** *vi + sein Menge, Leute:* affluer

her|bemühen* *geh* **I.** *vr* **sich ~** se donner la peine de venir **II.** *vt* **jdn ~** demander à qn de [bien vouloir] venir

Herberge ['hɛrbɛrgə] <-, -n> *f* (*Jugendherberge*) auberge *f* de jeunesse

Herbergseltern *Pl* gérants *mpl* de l'auberge [de jeunesse] **Herbergsmutter** *f* gérante *f* de l'auberge [de jeunesse] **Herbergsvater** *m* père *m* aubergiste

her|bestellen* *vt* convoquer *Person;* commander *Taxi* **her|beten** *vt pej* psalmodier

Herbheit <-> *f eines Weins* âpreté *f; eines Dufts* caractère *m* épicé

her|bitten *vt irr* **jdn ~** prier qn de venir **her|bringen** *vt irr* **jdn ~ lassen** faire venir qn

Herbst [hɛrpst] <-[e]s, -e> *m* automne *m;* **im ~** en automne

Herbstferien *Pl* vacances *fpl* d'automne

herbstlich ['hɛrpstlɪç] **I.** *adj Tag, Sturm, Witterung* d'automne; *Farben* automnal(e) **II.** *adv sich kleiden* pour l'automne

Herbstmonat *m* mois *m* d'automne **Herbstwetter** *nt* temps *m* automnal

Herbstzeitlose <-, -n> *f* colchique *m*

Herd [heːɐ̯t] <-[e]s, -e> *m* ❶ (*Küchenherd*) cuisinière *f;* (*Backofen*) four *m;* **die Milch vom ~ nehmen** retirer le lait du feu; **am ~ stehen** être aux fourneaux ❷ (*Krankheitsherd*) foyer *m*

Herde ['heːɐ̯də] <-, -n> *f* troupeau *m*

Herdentier *nt* ❶ bête *f* de troupeau ❷ *pej* (*unselbständiger Mensch*) mouton *m* de Panurge **Herdentrieb** *m pej von Personen* esprit *m* moutonnier

Herdplatte *f eines Elektroherds* plaque *f* [de cuisson]; *eines Kohleherds* plaque

herein [hɛ'rain] *adv* **hier/dort ~** par ici/là; **[nur] ~!** entrez!

herein|bekommen* *vt irr fam* COM, MEDIA recevoir **herein|bitten** *vt irr* **jdn [zu sich] ~** prier qn d'entrer **herein|brechen** *vi irr + sein* ❶ (*überfluten*) *Flut, Wasser:* déferler; **über jdn/etw ~** inonder qn/qc ❷ (*unerwartet auftreten*) *Gewitter, Krieg:*

éclater; *Katastrophe, Unheil:* survenir; **über jdn/etw ~** s'abattre sur qn/qc ③(*anbrechen*) *Abend, Nacht:* tomber; *Winter:* arriver **herein|bringen** *vt irr* faire entrer *Person;* apporter *Gegenstand* **herein|fallen** *vi irr + sein* ①(*fallen*) tomber à l'intérieur; **in etw** (*akk*) **~** tomber dans qc ②(*eindringen*) *Licht:* entrer ③*fam* (*betrogen werden*) **auf jdn/etw ~** se faire avoir par qn/avec qc **herein|holen** *vt fam* rapporter *Gewinne;* récupérer *Kosten* **herein|kommen** *vi irr + sein* ①entrer; **in etw** (*akk*) **~** entrer dans qc ②(*geliefert werden, verdient werden*) *Ware, Geld:* rentrer **herein|lassen** *vt irr* laisser entrer *Person;* **lassen Sie ihn bitte herein!** faites-le entrer! **herein|legen** *vt* ①*fam* (*betrügen*) arnaquer; **jdn mit etw ~** arnaquer qn avec qc; **lass dich bloß nicht von ihm ~!** ne te fais pas avoir par lui! ②(*hereinbringen*) **etw ~** déposer qc à l'intérieur **herein|platzen** *vi + sein fam Person:* débarquer **herein|rufen** *vt irr* dire d'entrer; **rufen Sie ihn bitte [zu mir] herein!** dites-lui d'entrer, s'il vous plaît! **herein|schneien** *vi + sein fam Person:* rappliquer sans prévenir **herein|sehen** *vi irr* (*sehen*) regarder à l'intérieur **herein|spazieren*** *vi + sein fam* entrer; **[immer nur] hereinspaziert!** entrez donc! **herein|strömen** *vi + sein Besucher:* entrer en masse **herein|stürmen, herein|stürzen** *vi + sein* faire irruption; **in etw** (*akk*) **~** faire irruption dans qc

her|fahren *irr* **I.** *vi + sein* (*gefahren kommen*) venir [en voiture/en vélo/...] **II.** *vt + haben* conduire *Person* **Herfahrt** *f* trajet *m;* **auf der ~** en venant **her|fallen** *vi irr + sein* ①(*überfallen*) **über jdn ~** assaillir qn ②(*kritisieren*) **über die Politiker ~** prendre les hommes politiques pour cible; **über die Presse ~** se jeter sur la presse ③(*sich stürzen auf*) **über das Buffet ~** se jeter sur le buffet **her|finden** *vi irr* trouver le chemin

Hergang *m kein Pl* déroulement *m*

her|geben *irr* **I.** *vt* (*weggeben*) donner **II.** *vr* **sich für etw ~** se prêter à qc **hergebracht** ['he:ɐ̯gəbraxt] *adj Art, Brauch* traditionnel(le); *Tradition* très ancien(ne) **her|gehen** *irr* **I.** *vi + sein* ①(*begleiten*) **neben jdm ~** marcher à côté de qn; **hinter jdm ~** suivre qn ②(*sich erdreisten*) **~ und Forderungen stellen** avoir le front de formuler des revendications ③A, SDEUTSCH *s.* **herkommen** **II.** *vi unpers + sein fam* **es geht laut/heiß her** c'est bruyant/ça chauffe **hergelaufen** *s.* **dahergelaufen** **her|haben** *vt irr fam* **wo haben Sie das her?** vous avez eu ça où? **her|halten** *vi irr* servir; **als Kerzenhalter ~ müssen** devoir servir de bougeoir **her|holen** *vt fam* aller chercher **her|hören** *vi fam* écouter

Hering ['he:rɪŋ] <-s, -e> *m* ①(*Fisch*) hareng *m* ②(*Zeltpflock*) sardine *f*

Heringsbrötchen *nt* sandwich *m* au hareng **Heringssalat** *m* salade *f* de hareng

her|kommen *vi irr + sein* ①(*herbeikommen*) venir; **wo kommst du her?** d'où viens-tu?; **kommen Sie bitte mal her!** venez [par] ici! ②(*herstammen*) **wo kommst du her?** tu es d'où? ③(*hergenommen werden können*) **wo soll das Geld/das Ersatzteil ~?** où est-ce qu'on va prendre l'argent/trouver la pièce de rechange?

herkömmlich ['he:ɐ̯kœmlɪç] *adj* traditionnel(le)

Herkules ['hɛrkulɛs] <-, -se> *m* Hercule *m*

Herkunft ['he:ɐ̯kʊnft, *Pl:* -kʏnftə] <-, -künfte> *f* origine *f; eines Artikels, Gegenstands* provenance *f*

Herkunftsland *nt* pays *m* d'origine; **sicheres ~** POL pays d'origine sûr

her|laufen *vi irr + sein* (*begleiten*) **neben/hinter jdm ~** courir à côté de/derrière qn **her|leiten** *vt* faire dériver *Formel* **her|machen** **I.** *vr fam* ①(*sich stürzen auf*) **sich über ein Buch/das Essen ~** se jeter sur un livre/le repas; **sich über die Arbeit ~** s'attaquer au travail ②(*an sich nehmen*) **sich über etw** (*akk*) **~** rafler qc ③(*angreifen*) **sich über jdn ~** se jeter sur qn **II.** *vt* **viel ~** *fam* en jeter; **wenig/nichts ~** *fam* ne pas casser des briques

Hermelin [hɛrmə'li:n] <-s, -e> *nt* hermine *f*

hermetisch [hɛr'me:tɪʃ] *geh adj* hermétique

hernach [hɛɐ̯'na:x] *adv* DIAL après

her|nehmen *vt irr* (*herbekommen*) prendre

hernieder [hɛɐ̯'ni:dɐ] *s.* **herab**

Herodes [he'ro:dɛs] <-> *m* BIBL Hérode *m*

Heroin [hero'i:n] <-s> *nt* héroïne *f*

heroinsüchtig *adj* héroïnomane

heroisch [he'ro:ɪʃ] *geh adj* héroïque

Herold ['he:rɔlt] <-[e]s, -e> *m* héraut *m*

Heros ['he:rɔs, *Pl:* he'ro:ən] <-, Heroen> *m geh* héros *m*

Herpes ['hɛrpɛs] <-> *m* herpès *m*

Herr [hɛr] <-n, -en> *m* ①(*in Verbindung*

mit einem Eigennamen oder Titel) monsieur *m;* ~ **Braun** monsieur Braun; ~ **Kollege** cher collègue ❷ *form* (*als Anrede ohne Namen*) **mein** ~ **/meine** ~**en** Monsieur/Messieurs; **[aber] meine** ~**en!** Messieurs!; **Ihr** ~ **Vater/Onkel** monsieur votre père/oncle; **sehr geehrte** ~**en, ...** (*briefliche Anrede*) Messieurs, ... ❸ (*Tanzpartner*) cavalier *m* ❹ (*Mann*) homme *m;* **„~en"** (*Aufschrift auf Toilettentüren*) "hommes" ❺ (*Herrscher, Dienst*) seigneur *m;* (*Gebieter, Hundehalter*) maître *m* ❻ REL (*Gott*) **Gott der** ~ le Seigneur ▶ **die** ~**en der Schöpfung** *hum* ces messieurs du sexe fort; **nicht mehr** ~ **seiner Sinne sein** ne plus se maîtriser

Herrchen <-s, -> *nt fam* maître *m*

Herrenabend *m* soirée *f* entre hommes **Herrenbegleitung** *f geh* cavalier *m;* **in** ~ en galante compagnie **Herrenbesuch** *m* visite *f* masculine **Herrenfriseur(in)** *m(f)* coiffeur(-euse) *m(f)* pour hommes **Herrenhaus** *nt* maison *f* de maîtres

herrenlos *adj* abandonné(e)

Herrenmode *f* mode *f* masculine **Herrenpilz** *m* A cèpe *m* **Herrenrunde** *f* réunion *f* entre hommes **Herrensitz** *m* domaine *m* **Herrentoilette** *f* toilettes *fpl* pour hommes

Herrgott ['hɛrgɔt] *m* ~ **[noch mal]!** *fam* sacredieu!

Herrgottsfrüh(e) ['hɛrgɔtsfry:(ə)] ▶ **in aller** ~ *fam* aux aurores

her|richten **I.** *vt* ❶ faire *Bett, Zimmer;* mettre *Tisch* ❷ (*ausbessern*) **etw** ~ remettre qc en état **II.** *vr* DIAL **sich** ~ se préparer

Herrin <-, -nen> *f* (*Gebieterin*) maîtresse *f*

herrisch ['hɛrɪʃ] *adj* autoritaire

herrlich **I.** *adj* ❶ (*prächtig*) magnifique ❷ *Essen, Witz* excellent(e) ❸ *iron* bon(ne) *antéposé;* **das sind ja** ~**e Geschichten/Neuigkeiten!** en voilà des [bonnes] histoires/nouvelles! **II.** *adv* ❶ *sich amüsieren* drôlement [bien] ❷ ~ **schmecken** être délicieux

Herrlichkeit <-, -en> *f* (*Pracht*) splendeur *f*

Herrschaft <-, -en> *f* ❶ *kein Pl* (*Macht*) pouvoir *m;* **eine totalitäre** ~ un régime totalitaire; **die absolute** ~ les pleins pouvoirs; **zur** ~ **gelangen** arriver au pouvoir; **unter seiner/ihrer** ~ sous sa domination ❷ (*Kontrolle*) **die** ~ **über sich** (*akk*) **verlieren** ne plus se dominer; **die** ~ **über ein Fahrzeug verlieren** perdre le contrôle d'un véhicule ❸ *Pl* (*Damen und Herren*) **die** ~**en** ces Messieurs [et ces] Dames; **was wünschen die** ~**en?** que souhaitent Monsieur et Madame? ▶ **seine/ihre alten** ~**en** *hum fam* ses vieux

herrschaftlich *adj Park* majestueux(-euse); **eine** ~**e Villa** une maison de maître

herrschen ['hɛrʃən] **I.** *vi* ❶ (*regieren*) régner; **über jdn/etw** ~ régner sur qn/qc ❷ (*allgegenwärtig sein*) *Ausnahmezustand, Terror:* régner; *Hunger, Not:* sévir **II.** *vi unpers* **es herrscht Ruhe** le calme règne; **es herrscht lebhafter Verkehr** il y a une circulation dense

herrschend *adj* ❶ (*regierend*) au pouvoir; **die Herrschenden** les dirigeants *mpl* ❷ *Meinungen* régnant(e); *Verhältnisse* présent(e)

Herrscher(in) <-s, -> *m(f)* souverain(e) *m(f);* **absolutistischer** ~ monarque *m;* ~ **über jdn/etw** maître *m* de qn/qc

Herrschergeschlecht *nt* dynastie *f* régnante

Herrschsucht *f kein Pl* despotisme *m*

herrschsüchtig *adj* despotique

her|rufen *vt irr* appeler; **etw hinter jdm** ~ crier qc à qn **her|rühren** *vi geh* **von etw** ~ [pro]venir de qc **her|sagen** *vt* réciter **her|schauen** SDEUTSCH, **her|sehen** *vi irr* regarder par ici **her|stammen** *vi* (*gebürtig sein*) être originaire de **her|stellen** *vt* ❶ (*erzeugen*) fabriquer ❷ établir *Beziehung, Verbindung, Kontakt*

Hersteller(in) <-s, -> *m(f)* ❶ (*Produzent*) fabricant(e) *m(f)* ❷ (*Zeitschriftenhersteller, Buchhersteller*) responsable *mf* de la fabrication

Herstellerfirma *f* usine *f* de fabrication

Herstellung *f kein Pl* ❶ IND fabrication *f* ❷ (*Herstellungsabteilung*) fabrication *f* ❸ (*das Herstellen*) *von Beziehungen, Verbindungen* instauration *f*

Herstellungskosten *Pl* frais *mpl* de production **Herstellungsland** *nt* pays *m* producteur

Hertz [hɛrts] <-, -> *nt* hertz *m*

herüben [hɛ'ry:bən] *adv* SDEUTSCH, A de ce côté-ci

herüber [hɛ'ry:bɐ] *adv* de ce côté-ci

herüber|kommen *vi irr + sein* venir par ici **herüber|ziehen** *vt irr* **jdn/etw** ~ tirer qn/qc par ici

herum [hɛ'rʊm] *adv* ❶ **um jdn** ~ **sein** être sur le dos de qn; **um jdn/etw** ~ autour de qn/qc (*fam*) ❷ (*ungefähr*) **um die hundert Leute/um drei Uhr** ~ aux environs de cent personnes/trois heures ❸ (*vorüber,*

H

beendet) ~ **sein** *Film, Veranstaltung, Prüfung:* être fini; *Zeit:* être écoulé **herum|albern** *vi* faire le pitre; **das Herumalbern** les pitreries **herum|ärgern** *vr fam* **sich mit jdm/etw ~** s'embêter avec qn/qc **herum|bekommen*** *vt irr* ❶ **den Gürtel nicht um den Bauch ~** ne pas réussir à boucler sa ceinture ❷ (*umstimmen*) amadouer; **vielleicht bekommst du ihn herum** tu arriveras peut-être à le faire changer d'avis **herum|blättern** *vi* **in etw** (*dat*) **~** feuilleter qc **herum|brüllen** *vi fam* beugler **herum|bummeln** *vi fam* ❶ + *haben* (*trödeln*) glander ❷ + *sein* (*herumspazieren*) **in der Stadt ~** se balader en ville **herum|drehen** I. *vt* ❶ tourner *Schlüssel, Propeller* ❷ retourner *Braten, Decke* II. *vr* **sich zu jdm ~** se retourner vers qn **herum|drücken** I. *vr fam* ❶ (*herumlungern*) **sich auf der Straße/in Kneipen ~** traîner dans les rues/les bars ❷ (*sich um etw drücken*) **sich um etw ~** se défiler devant qc II. *vi* **an etw** (*dat*) **~** tripoter qc **herum|drucksen** *vi fam* tourner autour du pot **herum|erzählen*** *vt* raconter à droite et à gauche; **etw [überall] ~** raconter qc à droite et à gauche **herum|fahren** *vi irr* ❶ + *sein fam* (*umherfahren*) faire un tour; **in der Stadt ~** faire un tour en ville ❷ + *sein* (*umkreisen*) **um jdn/etw ~** tourner autour de qn/qc ❸ + *sein* (*sich rasch umdrehen*) faire volte-face ❹ + *haben o sein fam* (*wischen*) **sich mit der Hand im Gesicht ~** se passer la main sur le visage **herum|fuchteln** *vi fam* gigoter **herum|führen** [hɛˈrʊmfyːrən] I. *vt* faire faire un tour à *Gast* II. *vi* **um etw ~** contourner qc **herum|fummeln** *vi fam* (*herumbasteln an*) **an etw** (*dat*) **~** bricoler après qc **herum|geben** *vt irr* faire passer **herum|gehen** *vi irr + sein* ❶ (*umkreisen*) **um jdn/etw ~** faire le tour de qn/qc ❷ *fam* (*umhergehen*) **im Zimmer ~** faire les cent pas dans la pièce; **im Park ~** faire un tour dans le parc ❸ *fam* (*herumgereicht werden*) *Liste, Buch:* circuler ❹ *fam* (*kursieren*) *Gerücht:* courir; *Nachricht:* se propager ❺ *fam* (*vorübergehen*) prendre fin **herum|geistern** *vi + sein fam* ❶ (*ziellos umhergehen*) errer; **in der Wohnung ~** errer dans l'appartement ❷ *s.* **herumspuken** **herum|hacken** *vi fam* **auf jdm ~** s'acharner après qn **herum|hängen** *vi irr + sein fam* ❶ traîner ❷ (*untätig sein*) glander; **vor dem Fernseher ~** rester pendu(e) devant la télé **herum|horchen** *vi fam* demander autour de soi **herum|irren** *vi + sein fam* tourner en rond; **in der Stadt ~** tourner en rond dans la ville **herum|kommandieren*** *fam* I. *vt* mener à la baguette; **jdn ~** mener qn à la baguette II. *vi* **gern ~** aimer jouer au petit chef **herum|kommen** *vi irr + sein fam* ❶ (*umfahren können*) pouvoir contourner; **mit etw um etw ~** pouvoir contourner qc avec qc ❷ (*daherkommen*) **mit dem Wagen um die Ecke ~** tourner au coin de la rue en voiture ❸ (*vermeiden können*) **um Steuererhöhungen ~** pouvoir éviter une augmentation des impôts ❹ (*reisen*) **viel ~** voyager beaucoup **herum|kriegen** *s.* **herumbekommen** **herum|kutschieren*** *vt fam* trimbal[l]er en voiture **herum|laufen** *vi irr + sein* ❶ **um einen Baum/eine Statue ~** courir autour d'un arbre/d'une statue; **um einen Platz ~** faire le tour d'une place ❷ *fam* (*umherlaufen*) se trimbal[l]er **herum|liegen** *vi irr fam* ❶ être vautré; **auf dem Bett ~** *Person:* être vautré sur le lit ❷ (*verstreut liegen*) *Gegenstand:* traîner; **überall liegt Abfall herum** il y a des ordures partout; **etw ~ lassen** laisser traîner qc **herum|lungern** [hɛˈrʊmlʊŋɐn] *vi fam* glander **herum|machen** *fam* I. *vi* **an etw** (*dat*) **~** tripoter qc II. *vt* **eine Schleife um etw ~** mettre un nœud autour de qc **herum|mäkeln** *vi fam* **an etw/jdm ~** dénigrer qc/qn **herum|nörgeln** *vi fam* rouspéter; **an jdm/etw ~** rouspéter contre qn/qc **herum|posen** [hɛˈrʊmpoːzən] *vi sl* frimer (*fam*) **herum|quälen** *vr fam* **sich mit jdm/etw ~** s'embêter avec qn/qc **herum|reden** *vi fam* **drum ~** tourner autour du pot **herum|reichen** *vt s.* **herumgeben** **herum|reisen** *vi + sein* voyager; **in der Welt/in Ägypten ~** courir le monde/parcourir l'Egypte [en tout sens] **herum|reißen** *vt irr* **das Lenkrad ~** donner un coup de volant; **das Ruder ~** virer de bord **herum|reiten** *vi irr + sein sl* **auf etw** (*dat*) **~** remettre qc sur le tapis (*fam*) **herum|schlagen** *vr irr fam* **sich mit jdm/etw ~** se débattre avec qn/contre qc **herum|schleppen** *vt fam* ❶ trimbal[l]er; **etw mit sich ~** trimbal[l]er qc avec soi ❷ (*nicht loswerden*) **eine Erkältung mit sich ~** se trimbal[l]er un rhume **herum|schnüffeln** *vi* ❶ (*riechen*) renifler; **an etw** (*dat*) **~** *Person, Tier:* renifler qc ❷ *pej fam* (*spionieren*) fouiner **herum|schreien** *vi irr fam* gueuler

herum|seinALT *s.* **herum 1, 3**

herum|sitzen *vi irr + sein* ① **um jdn/etw ~** être assis autour de qn/qc ② *fam* (*dasitzen*) rester là à ne rien faire **herum|sprechen** *vr irr* **sich ~** se répandre **herum|spuken** *vi fam* **jdm im Kopf ~** tournicoter dans la cervelle de qn **herum|stehen** *vi irr + sein* ① **um jdn/etw ~** entourer qn/qc ② *fam* (*dastehen*) *Person:* rester planté(e); *Gegenstand:* être là **herum|stöbern** *vi fam* (*wahllos stöbern*) farfouiller **herum|stochern** *vi fam* **im Essen ~** trifouiller dans son assiette **herum|streiten** *vr irr fam* **sich mit jdm ~** se chamailler avec qn **herum|toben** *vi fam* ① *+ haben o sein* (*herumtollen*) chahuter ② *+ haben* (*schimpfen*) faire du barouf **herum|trampeln** *sl* ▶ **auf jdm/etw ~** s'acharner sur qn/piétiner qc **herum|treiben** *vr irr pej fam* **sich ~** traînasser; **sich mit jdm/in der Stadt ~** traînasser avec qn/en ville

Herumtreiber(in) <-s, -> *m(f) pej fam* noceur(-euse) *m(f)*

herum|trödeln *vi fam* traînasser **herum|werfen** *irr* **I.** *vt* ① *fam* (*umherstreuen*) éparpiller; **etw im Zimmer ~** éparpiller qc à travers la pièce ② (*herumreißen*) tourner *Hebel;* **das Lenkrad ~** donner un coup de volant **II.** *vr* **sich im Bett ~** se tourner et se retourner au lit **herum|wickeln** *vt* **Papier um etw ~** envelopper qc dans du papier **herum|wühlen** *vi fam* (*herumstöbern*) farfouiller **herum|zeigen** *vt fam* **etw ~** montrer qc à la ronde **herum|ziehen** *vi irr + sein fam* (*von Ort zu Ort ziehen*) vagabonder

herunten [hɛ'rʊntən] *adv* SDEUTSCH, A [ici] en bas

herunter [hɛ'rʊntɐ] **I.** *adv* ① **bis auf die Erde ~** jusqu'au sol; **von Hamburg ~** de Hambourg ② *fam* (*heruntergeklettert*) **von etw ~ sein** être descendu de qc ③ *fam* (*heruntergelassen*) **~ sein** *Autofenster, Rollladen:* être baissé ④ *fam* (*gesunken*) **~ sein** *Preis:* avoir baissé; *Fieber:* être tombé; *Übergewicht:* avoir fondu **II.** *präp + akk* **den Berg/Turm ~ geht es leichter als hinauf** pour descendre de la montagne/la tour, c'est plus facile que pour monter

herunter|bekommen* *vt irr fam* arriver à avaler *Essen* **herunter|brennen** *vi irr + sein Kerze:* se consumer **herunter|bringen** *vt irr* ① (*nach unten bringen*) descendre ② *s.* **herunterbekommen** **herunter|drehen** *vt fam* **etw ~** baisser qc **herunter|fahren** *irr* **I.** *vi + sein* descendre; **zu jdm ~** descendre vers qn; **die Straße heruntergefahren kommen** arriver en descendant la rue; **den Berg ~** descendre la montagne **II.** *vt + haben* ① (*transportieren*) descendre ② réduire *Produktion, Werbung* **herunter|fallen** *vi irr + sein* tomber; **von etw ~** tomber de qc; **mir ist der Hammer heruntergefallen** le marteau m'est tombé des mains **herunter|gehen** *vt, vi irr + sein* ① descendre; **die Straße ~** descendre la rue ② (*sich wegbewegen*) **vom Teppich/von der Decke ~** se pousser du tapis/de la couverture; **von der Mauer ~** descendre du mur ③ (*sinken*) baisser; *Währung:* tomber ④ (*reduzieren*) **mit dem Preis/Tempo ~** réduire le prix/la vitesse **heruntergekommen** *adj pej Person, Aussehen, Erscheinung* négligé(e); *Fassade, Haus, Wohnung* délabré(e) **herunter|handeln** *vt fam* **den Preis ~** marchander le prix à la baisse **herunter|hängen** *vi irr* pendre **herunter|hauen** *vt irr fam* **jdm eine ~** en flanquer une à qn; **eine heruntergehauen bekommen** s'en prendre une **herunter|holen** *vt* (*nach unten holen*) descendre ▶ **sich** (*dat*) **einen ~** *vulg* se branler (*fam*) **herunter|klappen** *vt* rabattre; **sich ~ lassen** être rabattable **herunter|kommen** [hɛ'rʊntekɔmən] *vt, vi irr + sein* (*hinuntersteigen*) descendre; **die Treppe ~** descendre les escaliers; **zu jdm in den Keller ~** descendre rejoindre qn à la cave **herunter|laden** *vt irr* INFORM télécharger; **das Herunterladen** le téléchargement **herunter|lassen** *vt irr* faire descendre *Person, Korb;* baisser *Rollladen* **herunter|machen** *vt fam* (*zurechtweisen*) engueuler **herunter|nehmen** *vt irr* ① descendre; **etw vom Schrank ~** descendre qc de l'armoire ② (*wegnehmen*) **etw vom Tisch ~** enlever qc de la table **herunter|reißen** *vt irr* (*abreißen*) arracher **herunter|schlucken** *s.* **hinunterschlucken** **herunter|schrauben** *vt* réduire *Ansprüche* **herunter|sehen** *vi irr* (*herabsehen*) regarder en bas

herunter|seinALT *s.* **herunter I.2, 3, 4**

herunter|spielen *vt* minimiser *Problem* **herunter|werfen** *vt irr* **etw [von etw] ~** jeter qc en bas [de qc]; **etw zu jdm ~** lancer qc à qn **herunter|wirtschaften** *vt pej fam* couler

hervor [hɛɐ̯'foːɐ̯] *interj* **~ mit dir/euch!** *geh* montre-toi/montrez-vous!

hervor|bringen *vt irr* **jdn/etw ~** *Land, Stadt:* donner naissance à qn/qc; *Epoche:* produire qn/qc **hervor|gehen** *vi irr + sein* ① *geh* (*entstammen*) **aus einer Ehe/Verbindung ~** être issu d'un mariage/d'une union ② (*sich ergeben, zu folgern sein*) **aus etw ~** ressortir de qc **hervor|heben** *vt irr* ① (*betonen*) souligner ② (*kennzeichnen*) **etw in einem Text ~** faire ressortir qc dans un texte; **hervorgehoben werden** être mis en évidence **hervor|holen** *vt* sortir; **etw aus etw ~** sortir qc de qc **hervor|kommen** *vi irr + sein* apparaître; **hinter etw** (*dat*) **~** sortir de derrière qc **hervor|locken** *vt* attirer **hervor|ragen** [hɛɐ̯ˈfoːɐ̯raːgən] *vi* *Felsen:* être en surplomb

hervorragend **I.** *adj* excellent(e); *Kunstwerk* remarquable **II.** *adv* à la perfection

hervor|rufen *vt irr* susciter; **bei jdm Bewunderung/Mitleid ~** susciter de l'admiration/la compassion chez qn **hervor|treten** *vi irr + sein* ① (*nach vorne treten*) s'avancer ② *Wangenknochen:* ressortir **hervor|tun** *vr irr fam* (*sich auszeichnen*) **sich ~** se faire remarquer; **sich mit etw ~** se faire remarquer par qc **hervor|wagen** *vr* **sich hinter etw** (*dat*) **~** oser sortir de qc

Herweg *m* trajet *m* [pour venir]

Herz [hɛrʦ] <-ens, -en> *nt* ① cœur *m*; **jdn an sein ~ drücken** serrer qn sur son cœur ② (*Liebe, Zuneigung*) **jdm sein ~ schenken** donner son cœur à qn; **sein ~ an jdn/etw hängen** s'attacher à qn/se consacrer à qc ③ (*Leidenschaft, Neigung*) **sein ~ für jdn/etw entdecken** se découvrir un penchant pour qn/qc; **ihr ~ gehört der Fliegerei** elle ne vit que pour l'aviation ④ (*Seele, Gemüt*) **ein gutes ~ haben** avoir bon cœur; **tief im ~en** dans le fond de son/mon/... cœur ⑤ (*Mitgefühl, Empfindsamkeit*) **jemand mit ~ sein** être quelqu'un qui a du cœur ⑥ (*Zentrum, innerster Teil*) cœur *m* ⑦ SPIEL cœur *m* ▶ **ein ~ und eine Seele sein** être unis comme les [deux] doigts de la main; **jdm wird bang ums ~** qn a le cœur serré; **von ganzem ~en** de tout cœur; **jdn von ~en gern haben** aimer qn du fond du cœur; **etw von ~en gern tun** faire très volontiers qc; **leichten ~ens** de gaieté de cœur; **schweren ~ens** le cœur gros; **traurigen ~ens** le cœur gros; **jdm sein ~ ausschütten** ouvrir son cœur à qn; **alles, was das ~ begehrt** tout ce qu'on peut désirer; **etw nicht übers ~ bringen** ne pas avoir le cœur de faire qc; **sich** (*dat*) **ein ~ fassen** prendre son courage à deux mains; **jdm etw ans ~ legen** confier expressément qc à qn; **sich** (*dat*) **etw zu ~en nehmen** prendre qc à cœur; **jdn in sein ~ schließen** faire à qn une place dans son cœur; **jdm aus dem ~en sprechen** dire tout haut ce que qn pense tout bas

Herzanfall *m* crise *f* cardiaque **Herzass**[RR] *nt* as *m* de cœur **Herzbeschwerden** *Pl* troubles *mpl* cardiaques **Herzbeutel** *m* péricarde *m* **herzbewegend** *adj* émouvant(e)

Herzchen <-s, -> *nt Dim von* **Herz** *fam* petit cœur *m*

Herzchirurg(in) *m(f)* chirurgien-cardiologue *m*/chirurgienne-cardiologue *f* **Herzdame** *f* dame *f* de cœur

her|zeigen *vt* montrer

herzen [ˈhɛrʦən] *vt geh* cajoler

Herzensbrecher(in) *m(f)* bourreau *m* des cœurs/[grande] séductrice *f*

herzensgut *adj* qui a un cœur d'or **Herzenslust** *f* **nach ~** à cœur joie **Herzenswunsch** *m* plus cher désir *m*

herzerfrischend *adj* rafraîchissant(e) **Herzfehler** *m* déficience *f* cardiaque **Herzflimmern** <-s> *nt* MED fibrillation *f* [cardiaque]

herzförmig *adj* en forme de cœur

Herzgeräusche *Pl* souffle *m* au cœur

herzhaft **I.** *adj* ① *Frühstück* copieux(-euse) ② *Eintopf, Geschmack* relevé(e) **II.** *adv* ① **~ schmecken** avoir un goût épicé ② *lachen* de bon cœur; *gähnen* comme une carpe

her|ziehen *irr* **I.** *vt* (*mitschleppen*) **jdn/etw hinter sich** (*dat*) **~** traîner qn/qc derrière soi **II.** *vi + haben fam* (*sich auslassen*) **über jdn/etw ~** débiner qn/qc

herzig [ˈhɛrʦɪç] *adj* mignon(ne); **wie ~!** comme c'est mignon!

Herzinfarkt *m* MED infarctus *m* [du myocarde] **Herzjagen** <-s> *nt* MED tachycardie *f* **Herzkammer** *f* ANAT ventricule *m*; **linke/rechte ~** ventricule gauche/droit **Herzklopfen** <-s> *nt* palpitations *fpl*; **mit ~** le cœur battant **herzkrank** *adj* cardiaque

Herz-Kreislauf-Erkrankung *f* MED maladie *f* cardiovasculaire

Herzleiden *nt geh* affection *f* cardiaque

herzlich *adj* *Begrüßung, Lächeln, Worte* chaleureux(-euse); *Willkommen* cordial(e)

Herzlichkeit <-> *f* cordialité *f*; **mit der gewohnten ~** avec la chaleur habituelle

herzlos *adj* sans cœur; **~ sein** ne pas avoir de cœur

Herzlosigkeit <-> *f* manque *m* de cœur
Herz-Lungen-Maschine *f* MED cœur-poumon *m* artificiel
Herzmassage [-masa:ʒə] *f* MED massage *m* cardiaque
Herzog(in) ['hɛrtso:k, *Pl:* 'hɛrtsø:gə] <-s, Herzöge> *m(f)* duc *m*/duchesse *f*
herzoglich ['hɛrtso:klɪç] *adj attr* ducal(e)
Herzogtum <-s, -tümer> *nt* duché *m*
Herzoperation *f* opération *f* du cœur **Herzpatient(in)** *m(f)* cardiaque *mf* **Herzrhythmusstörung** *f* arythmie *f* **Herzschlag** *m* ❶ (*Herztätigkeit*) pulsations *fpl* cardiaques ❷ (*Kontraktion des Herzmuskels*) systole *f* ❸ (*Herzstillstand*) syncope *f* **Herzschrittmacher** *m* MED pacemaker *m* **Herzspezialist(in)** *m(f)* MED cardiologue *mf* **Herzstillstand** *m* *kein Pl* arrêt *m* cardiaque; **bei ~** en cas d'arrêt cardiaque **Herzstück** *nt* pièce *f* maîtresse **Herzton** *m meist Pl* pulsation *f* [cardiaque] **Herzverpflanzung** *f* greffe *f* du cœur **Herzversagen** *nt* défaillance *f* cardiaque **herzzerreißend** I. *adj* déchirant(e) II. *adv* de façon déchirante
Hesse ['hɛsə] <-n, -n> *m*, **Hessin** *f* Hessois(e) *m(f)*
Hessen ['hɛsən] <-s> *nt* la Hesse
hessisch ['hɛsɪʃ] *adj* hessois(e)
heterogen [hetero'ge:n] *adj geh* hétérogène
Heterosexualität [heterozɛksu̯ali'tɛ:t] *f* hétérosexualité *f* **heterosexuell** [heterozɛ'ksu̯ɛl] *adj* hétérosexuel(le)
Hetze ['hɛtsə] <-, -n> *f pej* (*Aufhetzung*) campagne *f* de dénigrement
hetzen ['hɛtsən] I. *vi* ❶ + *haben* (*sich beeilen*) se démener ❷ + *sein* (*eilen*) **zum Bahnhof/nach Hause ~** courir à la gare/la maison; **ich bin ganz schön gehetzt** je me suis drôlement dépêché(e); **du brauchst nicht so zu ~** tu n'as pas besoin de te presser comme ça ❸ + *haben pej* (*Hass schüren*) attiser les haines; **gegen jdn/etw ~** s'acharner sur qn/qc II. *vt* + *haben* ❶ JAGD pourchasser *Hasen* ❷ (*jdn jagen*) **jdn/einen Hund auf jdn ~** mettre qn/lâcher un chien aux trousses de qn ❸ *fam* (*antreiben*) harceler III. *vr* + *haben* **sich ~** se dépêcher
Hetzerei <-, -en> *f* ❶ *kein Pl* (*Hast*) bousculade *f* [continuelle] ❷ (*Gerede*) acharnement *m*
hetzerisch *adj* incendiaire
Hetzjagd *f fig, pej* chasse *f* aux sorcières **Hetzkampagne** [-kampanjə] *f pej* chasse *f* aux sorcières

Heu [hɔy] <-[e]s> *nt* foin *m*; **ins ~ gehen** *fam* aller aux foins; **~ machen** faire les foins
Heuboden *m* fenil *m*
Heuchelei [hɔyçə'lai] <-, -en> *f* hypocrisie *f*
heucheln ['hɔyçəln] I. *vi* faire l'hypocrite II. *vt* feindre
Heuchler(in) ['hɔyçlɐ] <-s, -> *m(f)* hypocrite *mf*
heuchlerisch *adj* hypocrite
heuen ['hɔyən] *vi* DIAL faner
heuer ['hɔyɐ] *adv* SDEUTSCH, A, CH cette année
Heuer ['hɔyɐ] <-, -n> *f* solde *f*
Heuernte *f* (*das Einbringen*) fenaison *f* **Heugabel** *f* fourche *f* à foin **Heuhaufen** *m* meule *f* de foin
Heulboje *f* NAUT bouée *f* sonore
heulen ['hɔylən] *vi* ❶ *fam* (*weinen*) chialer; **laut ~** *Baby:* brailler ❷ (*winseln*) *Hund, Wolf:* hurler ❸ (*ein Geräusch machen*) *Motor, Wind, Sturm:* rugir; *Sirene:* mugir, rugir
Heulen <-s> *nt* ❶ *fam* (*Weinen*) *eines Kindes* chialement *m*; **lautes ~** braillement *m* ❷ (*Winseln*) hurlement *m* ❸ (*Geräusch*) *eines Motors* rugissement *m*; *einer Sirene* mugissement *m*
Heulsuse <-, -n> *f pej fam* chialeuse *f* **Heulton** <-töne> *m* hurlement *m*
heurig ['hɔyrɪç] *adj* A, CH de cette année
Heurige(r) *m dekl wie adj* A ❶ (*Weinstube*) bar à vin[s] *m* ❷ (*Wein*) vin *m* nouveau
Heuschnupfen *m* rhume *m* des foins **Heuschober** *m* SDEUTSCH, A meule *f* de foin
Heuschrecke <-, -n> *f* ❶ (*Insekt*) sauterelle *f*; (*Wanderheuschrecke*) criquet *m* pèlerin ❷ *pej fam* (*skrupelloser Investor*) prédateur *m*
heute ['hɔytə] *adv* ❶ (*an diesem Tag*) aujourd'hui; **~ früh** ce matin; **~ Abend** ce soir; **~ Nacht** cette nuit; **~ in einem/vor einem Monat** dans un/il y a un mois jour pour jour; **ist das Brot von ~?** le pain, est-il du jour?; **von ~ an** à dater d'aujourd'hui; **er hat die Rechnung bis ~ nicht bezahlt** à ce jour, il n'a toujours pas payé la facture ❷ (*heutzutage*) de nos jours; **die Jugend von ~** les jeunes d'aujourd'hui
heutig ['hɔytɪç] *adj attr Zeitung, Post* d'aujourd'hui; *Abend, Anlass* présent(e) *antéposé*; **der ~e Tag** la journée d'aujourd'hui; **für den ~en Abend** pour ce soir

H

heutzutage ['hɔyttsuta:gə] *adv* de nos jours

Hexe ['hɛksə] <-, -n> *f* ① sorcière *f* ② *pej fam* (*bösartige Frau*) mégère *f*

hexen ['hɛksən] *vi* pratiquer la magie ▶ **ich kann doch nicht ~!** *fam* je ne peux pas aller plus vite que la musique!

Hexenjagd *f* chasse *f* aux sorcières

HexenschussRR *m kein Pl* tour *m* de reins

Hexer ['hɛksɐ] <-s, -> *m* sorcier *m*

Hexerei [hɛksə'rai] <-, -en> *f* sorcellerie *f*

Hg. *Abk von* **Herausgeber(in)** *eines Buches* Ed.; *einer Zeitung* directeur(-trice) *m(f)* de la publication

Hibiskus [hi'bɪskʊs] <-, Hibisken> *m* hibiscus *m*

Hickhack ['hɪkhak] <-s, -s> *m o nt fam* chamailleries *fpl*

hie [hi:] ▶ **~ und da** (*stellenweise*) ici ou là

hieb [hi:p] *Imp von* **hauen**

Hieb [hi:p] <-[e]s, -e> *m* ① (*Schlag*) coup *m;* **ein ~ mit der Peitsche** un coup de fouet ② *Pl fam* (*Prügel*) raclée *f;* **von jdm ~e bekommen** recevoir une raclée de qn ③ (*Seitenhieb*) pique *f;* **jdm einen ~ versetzen** lancer une pique à qn; **der ~ saß** le coup a fait mouche

hieb- und stichfest *adj Alibi* en béton; *Beweise, Argumente* irréfutable

hielt [hi:lt] *Imp von* **halten**

hier [hi:ɐ̯] *adv* ① (*an dieser Stelle, in diesem Land, in dieser Stadt*) ici; **~ sein** être là; **~ bin ich!** me voilà!; **wir sind schon eine Stunde ~** ça fait une heure que nous sommes là; **~ draußen/drinnen** dehors/dedans; **~ oben/unten** en haut/en bas; **~ oben auf dem Schrank** sur l'armoire; **~ entlang** par ici; **von ~ aus bis ...** d'ici à ...; **~ ist Ina Berg** ici Ina Berg, Ina Berg à l'appareil; **was ist denn das ~?** mais qu'est-ce que c'est que ça?; **wo sind wir denn ~?** où sommes-nous?; **Martin Lang! – Hier!** Martin Lang! – Présent! ② (*da*) voilà; **~, nimm das!** tiens, prends ça! ③ (*in diesem Moment*) ici; **~ versagte ihr die Stimme** à ce moment, la voix lui manqua; **von ~ an** à partir de ce moment-là ▶ **~ und da** (*stellenweise*) ici ou là; (*ab und zu*) de temps à autre; **Herr Braun ~, Herr Braun da** *iron* Monsieur Braun par-ci, Monsieur Braun par-là; **jdm steht etw bis ~** [**oben**] *fam* qn en a jusque-là de qc

hieran ['hi:'ran] *adv* ① *festmachen, anlehnen, anschließen* ici; *vorbeikommen, vorübergehen* devant ② (*an diesen Sachverhalt, diese Sache*) **wenn ich ~ denke** quand j'y pense; **kannst du dich ~ erinnern?** t'en souviens-tu? ③ (*an diesem Sachverhalt, dieser Sache*) **~ erkennt/unterscheidet man ...** à cela, on reconnaît/distingue ...; **~ zweifle ich** j'en doute

Hierarchie [hi̯erar'çi:] <-, -ien> *f* hiérarchie *f*

hierarchisch [hi̯e'rarçɪʃ] *adj* hiérarchique

hierauf ['hi:'rau̯f] *adv* ① *liegen, sitzen, stellen* là-dessus; **ein toller Stuhl, ~ sitzt es sich hervorragend** une chaise super, on y est très bien assis ② (*daraufhin*) à la suite de quoi **hieraus** ['hi:'rau̯s] *adv* ① (*aus diesem Behälter*) d'ici ② (*aus diesem Material*) **Beton besteht ~: ...** le béton se compose de la matière suivante: ... ③ (*aus dem Genannten*) **~ folgt, dass ...** il s'ensuit que; **~ geht hervor, dass ...** de cela ressort que ④ (*aus diesem Werk*) **du kannst die Zahlen ~ abschreiben** tu peux copier les chiffres à partir de ça; **das ist ein wichtiges Werk, ~ stammen meine Informationen** c'est une œuvre importante, j'ai pu y puiser de nombreux renseignements **hier|behalten*** *vt irr* **jdn/etw ~** garder qn/qc [ici] **hierbei** ['hi:ɐ̯'bai] *adv* ① (*bei diesem Anlass*) à cette occasion ② (*währenddessen*) pendant ce temps ③ (*gleichzeitig*) en même temps ④ (*dabei*) ici; **~ handelt es sich um ...** il s'agit en l'occurrence de **hier|bleiben** *vi irr* rester ici [*o* là]; **hiergeblieben!** reste/restez ici! **hierdurch** ['hi:ɐ̯'dʊrç] *adv* ① (*hier hindurch*) par ici ② (*aus diesem Grund*) de cette façon, par là **hierfür** ['hi:ɐ̯'fy:ɐ̯] *adv* ① (*im Austausch*) **wie viel möchtest du ~ geben/bekommen?** tu es prêt(e) à donner/recevoir combien en échange? ② (*für das hier*) **wenn er sich ~ interessiert** s'il s'intéresse à cela; **wenn du ~ Platz/Zeit hast** si tu as la place/le temps pour ça **hierher** ['hi:ɐ̯'he:ɐ̯] *adv* [par] ici ▶ **bis ~ und nicht weiter** jusqu'ici, mais pas plus loin; **mir steht es bis ~** *fam* j'en ai jusque-là **hierherauf** ['hi:ɐ̯hɛ'rau̯f] *adv* en haut; **komm ~!** monte!

hierher|bringen *vt irr* **jdn ~** amener qn ici; **etw ~** apporter qc ici **hierher|gehören*** *vi* **jd/etw gehört hierher** la place de qn/qc est ici; **diese Bemerkung gehört nicht hierher** cette remarque n'a pas sa place ici **hierher|holen** *vt* aller chercher *Person, Gegenstand;* **ich habe Sie alle ~ lassen, um ...** je vous ai tous/toutes fait venir pour ... **hierher|setzen I.** *vt* **jdn/etw ~** mettre qn/qc ici **II.** *vr* **sich ~**

s'asseoir là; **setz dich mal ~ zu mir** viens t'asseoir près de moi

hierherum ['hi:ɐ̯hɛ'rʊm] *adv* ❶ (*in diese Richtung*) de ce côté-ci ❷ *fam* (*etwa an dieser Stelle*) dans ce coin-là **hierhin** ['hi:ɐ̯'hɪn] *adv* (*an diese Stelle hier*) **jdn ~ bringen** amener qn ici ▶ **~ und dorthin laufen** courir dans tous les sens **hierhinein** *adv* par ici; **wir müssen ~ [gehen]!** nous devons entrer par ici! **hierin** ['hi:'rɪn] *adv* ❶ (*in diesem Behälter*) là-dedans ❷ (*in dieser Hinsicht*) sur ce point **hiermit** ['hi:ɐ̯(')mɪt] *adv* ❶ *form* **~ erkläre/versichere ich ...** (*in schriftlicher Form*) par la présente, je déclare/certifie que ...; **~ protestiere ich gegen .../versichere ich ...** (*in mündlicher Form*) je proteste contre .../j'affirme ... ❷ (*mit diesem Gegenstand*) avec cela; **was soll ich denn ~?** qu'est-ce que tu veux/vous voulez que j'en fasse? ❸ (*mit dieser Angelegenheit*) **~ bin ich einverstanden** je consens à cela ❹ (*somit*) **beendete sie ihre Rede** sur ce, elle conclut son discours **hiernach** ['hi:ɐ̯'na:x] *adv* ❶ (*danach, darauf*) après cela ❷ (*demgemäß*) d'après cela

Hieroglyphe [hi̯ero'gly:fə] <-, -n> *f* hiéroglyphe *m*

hier|seinALT *s.* **hier 1**

Hiersein *nt form* **sein ~** sa présence ici

hierüber ['hi:'ry:bɐ] *adv* ❶ (*über diese Stelle*) par-dessus ❷ *geh* (*über diese Angelegenheit*) là-dessus **hierum** ['hi:'rʊm] *adv* (*in diese Richtung*) de ce côté-ci **hierunter** ['hi:'rʊntɐ] *adv* ❶ (*unter dieses Möbelstück*) **stell den Karton ~!** mets le carton là-dessous! ❷ *fig* **... zehn Personen, ~ befanden sich drei Kinder ...** dix personnes, dont trois enfants; **~ fallen auch Partizipien** les participes entrent dans cette catégorie **hiervon** ['hi:ɐ̯'fɔn] *adv* ❶ (*von hier*) **fünf Kilometer ~ entfernt** à cinq kilomètres d'ici ❷ (*von diesem, diesen*) **~ kannst du etwas haben** tu peux en prendre; **probier mal ~** goûte-z-en (*fam*) ❸ (*hierüber*) **~ weiß ich nichts** j'en sais rien **hiervor** ['hi:ɐ̯'fo:ɐ̯] *adv* ❶ (*räumlich*) là-devant ❷ (*vor dieser Sache*) **~ fürchtet er sich** il en a peur; *s. a.* **davor** **hierzu** ['hi:ɐ̯'tsu:] *adv* ❶ (*dazu*) **~ gehören/passen** en faire partie/aller avec [cela] ❷ (*zu dieser Kategorie*) **~ gehören auch Pferde** les chevaux entrent aussi dans cette catégorie ❸ (*zu diesem Punkt*) sur ce point; **~ habe ich nichts mehr zu sagen** je n'ai rien à rajouter à cela

hierzulande ['hi:ɐ̯tsu'landə] *adv* (*in dieser Gegend*) dans cette région; (*in diesem Land*) dans ce pays

hiesig ['hi:zɪç] *adj attr* d'ici; *Bevölkerung, Bräuche, Verhältnisse* local(e)

hieß [hi:s] *Imp von* **heißen**

hieven ['hi:fən] *vt fam* (*heben*) hisser

Hi-Fi ['hai̯fi, 'hai̯'fai̯] *Abk von* **High Fidelity** hi-fi *inv*

Hi-Fi-Anlage *f* chaîne *f* hi-fi

high [hai̯] *adj fam* ❶ (*von Drogen berauscht*) **~ sein** être défoncé; **völlig ~ sein** planer ❷ (*euphorisch*) **~ sein** être sur son petit nuage

Highlife ['hai̯lai̯f] <-s> *nt fam* **bei ihm/uns/... ist heute ~** il/on/... fait la bringue aujourd'hui

High SocietyRR ['hai̯ sə'sai̯əti] <- -> *f* haute société *f*

HightechRR ['hai̯tɛk] <-[s]> *nt* high-tech *m*

hijacken ['hai̯dʒɛkən] *vt fam* détourner *Flugzeug*

Hijacker(in) ['hai̯dʒɛkɐ] <-s, -> *m(f)* pirate *mf* de l'air

Hilfe ['hɪlfə] <-, -n> *f* ❶ *kein Pl* (*Beistand*) aide *f*; **gegenseitige ~** entraide *f*; **jdn um ~ bitten** demander de l'aide à qn; **um ~ rufen** appeler au secours; **jdm zu ~ kommen** venir en aide à qn; **~ suchend** *Person* qui cherche de l'aide; *Blick* implorant(e); **hol' ~!** va chercher de l'aide!; **[zu] ~!** au secours!, à l'aide! ❷ *fig* **mit ~ eines Seils** à l'aide d'une corde; **etw zu ~ nehmen** s'aider de qc ❸ (*Haushaltshilfe*) aide *mf* ❹ (*finanzielle Unterstützung*) aide *f* [financière] ▶ **erste ~** les premiers soins *mpl*

Hilfeleistung *f geh* aide *f*, assistance *f* **Hilferuf** *m*, **Hilfeschrei** *m* appel *m* à l'aide [*o* au secours] **Hilfestellung** *f* ❶ SPORT parade *f* ❷ (*Mensch*) pareur(-euse) *m(f)* ▶ **jdm ~ geben** SPORT assurer la parade pour qn; *fig* aider qn

hilfesuchend *s.* **Hilfe 1**

hilflos **I.** *adj* ❶ *Person* sans défense ❷ *Person* désemparé(e); *Benehmen* embarrassé(e) **II.** *adv* ❶ (*hilfsbedürftig*) sans défense; **~ im Bett liegen** être cloué au lit, dépendant des autres ❷ (*ratlos*) avec embarras

Hilflosigkeit <-> *f* ❶ (*Hilfsbedürftigkeit*) détresse *f*; *eines Kranken* dépendance *f* ❷ (*Ratlosigkeit*) impuissance *f*

hilfreich *adj* ❶ *Person* serviable; **Sie waren sehr ~** vous avez été d'une grande aide ❷ (*nützlich*) utile; **es wäre ~ /~er, wenn ...** il serait utile/préférable que ...

Hilfsaktion *f* action *f* humanitaire **Hilfs-**

H

arbeiter(in) *m(f)* ouvrier(-ière) *m(f)* [non spécialisé(e)]; (*Bauarbeiter*) manœuvre *m* **hilfsbedürftig** *adj* ❶ (*auf Hilfe angewiesen*) qui a besoin d'aide; ~ **sein** avoir besoin d'aide ❷ (*bedürftig*) dans le besoin **hilfsbereit** *adj* serviable; **sich ~ zeigen** se montrer serviable **Hilfsbereitschaft** *f* serviabilité *f* **Hilfsdienst** *m* MED service *m* de secours **Hilfsgüter** *Pl* dons *mpl* humanitaires **Hilfskraft** *f* aide *mf*; **wissenschaftliche ~** ≈ assistant(e) *m(f)* **Hilfsmittel** *nt* ❶ (*Arbeitsmittel*) outil *m* de travail ❷ MED adjuvant *m* ❸ *Pl* (*finanzielle Mittel*) aides *fpl* financières **Hilfsmotor** *m* moteur *m* auxiliaire **Hilfsorganisation** *f* organisation *f* humanitaire **Hilfspolizist(in)** *m(f)* policier(-ière) *m(f)* auxiliaire **Hilfsprogramm** *nt* programme *m* d'aide **Hilfsprojekt** *nt* projet *m* d'aide **Hilfsverb** *nt* GRAM [verbe *m*] auxiliaire *m*; **modales ~** verbe de modalité **Hilfswerk** *nt* œuvre *f* sociale

hilft [hɪlft] *3. Pers Präs von* **helfen**

Himbeere ['hɪmbeːrə] *f* (*Frucht*) framboise *f*

Himbeereis *nt* glace *f* à la framboise **Himbeergeist** *m kein Pl* (*Schnaps*) framboise *f* **Himbeermarmelade** *f* confiture *f* de framboise **Himbeerstrauch** *m* framboisier *m*

Himmel ['hɪməl] <-s, *geh* -> *m* ❶ (*Luftraum*) ciel *m*; **am ~** dans le ciel; **unter freiem ~ schlafen** coucher à la belle étoile ❷ REL ciel *m*; **im ~** au ciel ❸ (*Baldachin*) ciel *m* de lit ▶ **zwischen ~ und Erde** entre ciel et terre; **~ und Hölle in Bewegung setzen** *fam* remuer ciel et terre; **aus heiterem ~** *fam* tout d'un coup; **ach du lieber ~!** *fam* sacré nom d'un chien!; **in den ~ kommen** aller au ciel; **um ~s willen!** *fam* pour l'amour du ciel!; **~ [noch mal]!** *fam* bon Dieu!

himmelangst *adj* **da kann einem ja ~ werden!** on peut vraiment prendre peur! **Himmelbett** *nt* lit *m* à baldaquin **himmelblau** *adj* bleu ciel *inv* **Himmelfahrt** *f* l'Ascension *f*

Himmelfahrtskommando *nt fam* (*Unternehmen*) mission *f* suicide

Himmelreich *nt kein Pl* royaume *m* des cieux **himmelschreiend** *adj Unrecht* criant(e)

Himmelskörper *m* corps *m* céleste **Himmelsrichtung** *f* direction *f* [géographique]; **die vier ~en** les quatre points cardinaux

himmelweit *fam adj* énorme

himmlisch ['hɪmlɪʃ] **I.** *adj* ❶ *attr Gnade, Vorsehung* céleste; *Zeichen* du ciel ❷ *Wetter, Essen, Wein* divin(e); *Stoff, Kleidungsstück* superbe **II.** *adv* merveilleusement; *schön, warm* divinement; **das schmeckt einfach ~!** c'est tout simplement divin!

hin [hɪn] **I.** *adv* ❶ (*räumlich*) **bis zum Garten ~** jusqu'au jardin; **bis zu euch ~** jusque chez vous; **zur Straße ~ liegen** donner sur la rue; **wo ist der so plötzlich ~?** *fam* où est-ce qu'il est passé tout à coup? ❷ (*den Hinweg betreffend*) **eine Fahrkarte nach Bonn, aber nur ~** un billet pour Bonn, un aller simple; **~ und zurück** aller et retour ❸ (*zeitlich*) **über viele Jahre** (*akk*) **~** pendant de nombreuses années; **wir müssen auf längere Sicht ~ planen** nous devons faire des projets à long terme; **das ist noch lange ~** c'est encore loin ❹ (*hinsichtlich*) **etw auf Spuren** (*akk*) **~ untersuchen** examiner qc en vue de rechercher des traces ❺ (*infolge*) **auf mein Bitten/sein Drängen ~** sur mes prières/ses insistances ❻ (*trotz*) **auf die Gefahr ~ sich zu blamieren** au risque de se ridiculiser ▶ **das Hin und Her** (*das Kommen und Gehen*) le va-et-vient; (*der Wechsel*) les fluctuations *fpl*; **~ und her überlegen** tourner et retourner le problème; **~ und wieder** de temps en temps; **vor sich** (*akk*) **~ reden** parler tout seul **II.** *adj* ❶ (*kaputt*) **~ sein** être fichu (*fam*); *Motor, Fernseher, Bildröhre:* être nase (*fam*) ❷ *fam* (*tot*) **~ sein** être clamsé ❸ (*verloren*) **das Geld/die Ruhe ist ~** c'en est fini du fric *fam*/du calme ❹ (*fasziniert*) **von jdm/etw ganz ~ sein** être emballé par qn/qc

hinab [hɪ'nap] *s.* **hinunter**

hinauf [hɪ'nauf] **I.** *adv* ❶ vers le haut; **immer weiter ~** toujours plus haut; **bis ~** jusqu'en haut; **hier ~?** faut-il monter par là? ❷ *fam* (*in Richtung Norden*) **ich muss nach Hamburg ~** il faut que je monte à Hambourg **II.** *präp + akk* **den Berg ~ fünf Stunden brauchen** mettre cinq heures pour monter au sommet de la montagne

hinauf|fahren *irr* **I.** *vi + sein* monter; **mit dem Auto/der Seilbahn ~** monter en voiture/avec le funiculaire; **wieder ~** remonter **II.** *vt + haben o sein* **jdn mit dem Auto ~** emmener qn en voiture jusqu'en haut; **sie ist die Donau hinaufgefahren** elle a remonté le Danube

hinauf|führen **I.** *vi Treppe:* monter jusqu'en haut; *Weg:* conduire jusqu'en haut; **auf den Dachboden ~** *Treppe, Kabel:* conduire au grenier **II.** *vt geh* **jdn ~** conduire qn en haut **hinauf|gehen** *irr* **I.** *vi + sein* ① (*nach oben gehen*) monter; **auf den Dachboden ~** monter au grenier ② *fig* **mit dem Preis ~** augmenter le prix ③ (*steigen*) augmenter; *Miete, Preis, Fieber:* grimper **II.** *vt + sein* monter *Treppe* **hinauf|klettern** *vi + sein* grimper **hinauf|kommen** *irr* **I.** *vi + sein* monter; **in die Wohnung/zu jdm ~** monter jusqu'à l'appartement/chez qn **II.** *vt + sein* ① (*nach oben kommen*) **die Treppe/in die Wohnung/zu jdm ~** monter l'escalier/jusqu'à l'appartement/chez qn ② (*es nach oben schaffen*) arriver à monter **hinauf|laufen** *irr* **I.** *vi + sein* **zu jdm ~** monter chez qn en courant **II.** *vt + sein* escalader *Berg* **hinauf|reichen** *vi* (*sich erstrecken*) **bis zum Dach ~** arriver jusqu'au toit **hinauf|schauen** *s.* **hinaufsehen** **hinauf|sehen** *vi irr* lever les yeux; **zu jdm ~** lever les yeux vers qn; **zum Dach ~** regarder vers le haut du toit **hinauf|setzen** *s.* **heraufsetzen** **hinauf|steigen** *irr* **I.** *vi + sein* monter **II.** *vt + sein* monter en haut de *Leiter*

hinaus [hɪˈnaus] *adv* ① **~ sein** être sorti; **~ [mit dir/euch]!** dehors!; **da/dort/hier ~!** par là/par là-bas/par ici [la sortie]!; **nach hinten/zur Straße ~** sur l'arrière/la rue ② (*später als*) **über einen Termin/eine Frist ~** au-delà d'une date/d'un délai ③ (*mehr als*) **über diesen Betrag ~** plus que cette somme ④ (*weiter als*) **über etw** (*akk*) **~ sein** avoir dépassé qc; **über dieses Alter bin ich ~** j'ai passé l'âge

hinaus|befördern* *vt fam* vider **hinaus|beugen** *vr* **sich ~** se pencher [au-]dehors **hinaus|bringen** *vt irr* ① (*hinausbegleiten*) reconduire ② sortir *Müll, Mülleimer* **hinaus|fahren** *irr* **I.** *vi + sein* (*nach draußen fahren*) sortir **II.** *vt + haben* sortir *Auto* **hinaus|fliegen** *vi irr + sein* ① (*nach draußen fliegen*) *Vogel:* s'envoler ② *fam* (*hinausfallen*) faire un vol plané ③ *fam* (*hinausgeworfen werden*) **aus dem Restaurant/der Schule ~** être viré du restaurant/de l'école **hinaus|gehen** [hɪˈnausgeːən] *irr* **I.** *vi + sein* ① (*nach draußen gehen*) *Person:* sortir ② (*abgeschickt werden*) **zu jdm ~** *Brief, Sendung, Lieferung:* être envoyé chez qn ③ (*gerichtet sein*) **auf den Hof ~** *Fenster, Tür, Zimmer:* donner sur la cour; **nach Osten ~** être exposé à l'est ④ (*überschreiten*) **über seine Befugnisse ~** aller au-delà de ses attributions **II.** *vi unpers + sein* **wo geht es hinaus?** par où est la sortie?; **es geht nur [da] vorne hinaus** on ne peut sortir que par-devant **hinaus|jagen** *vt + haben* **jdn ~** mettre qn dehors **hinaus|kommen** *vi irr + sein* (*nach draußen kommen*) sortir **hinaus|laufen** *vi irr + sein* ① (*nach draußen laufen*) sortir [en courant] ② (*gleichbedeutend sein*) **auf etw** (*akk*) **~** équivaloir à qc; **das läuft auf dasselbe hinaus** ça revient au même **hinaus|lehnen** *vr* **sich ~** se pencher [au-]dehors; **sich aus dem Fenster/aus dem Auto ~** se pencher par la fenêtre/à l'extérieur de la voiture **hinaus|ragen** *vi + sein* (*nach außen ragen*) dépasser **hinaus|schicken** *vt* envoyer dehors *Kinder* **hinaus|schieben** *vt irr* (*hinauszögern*) **etw ~** remettre qc à plus tard **hinaus|schreien** *irr* **I.** *vi* crier dehors; **zum Fenster ~** crier par la fenêtre **II.** *vt* laisser éclater *Wut*

hinaus|seinALT *s.* **hinaus 1, 4**

hinaus|stürmen *vi + sein* **[zur Tür] ~** se précipiter dehors **hinaus|wachsen** ▸ **über sich selbst ~** se dépasser **hinaus|wagen** *vr* **sich ~** s'aventurer dehors **hinaus|werfen** *vt irr* ① **etw ~** jeter qc dehors ② *fam* **jdn ~** flanquer qn dehors **hinaus|wollen** *vi* (*nach draußen wollen*) vouloir sortir **hinaus|ziehen** *irr* **I.** *vt + haben* (*nach draußen ziehen*) entraîner dehors *Person;* tirer dehors *Gegenstand* **II.** *vi + sein* ① (*abziehen*) *Rauch:* sortir ② (*nach außerhalb ziehen*) partir; **aufs Land ~** s'installer à la campagne **III.** *vr + haben* **sich ~** *Prozess, Entscheidung:* être retardé **hinaus|zögern** **I.** *vt* retarder **II.** *vr* **sich ~** être retardé

hin|bekommen* *s.* **hinkriegen** **hin|bestellen*** *vt* convoquer **hin|biegen** *vt irr fam* (*bereinigen*) rattraper **Hinblick** *m* ▸ **im** [*o* **in**] **~ auf etw** (*akk*) (*hinsichtlich*) compte tenu de qc; (*wegen, aufgrund*) par considération pour qc; **im ~ darauf, dass** compte tenu du fait que **hin|bringen** *vt irr* ① (*bringen*) apporter; **jdm etw ~** apporter qc à qn; **etw zu jdm ~ lassen** faire parvenir qc à qn ② (*begleiten*) y emmener **hin|denken** ▸ **wo denkst du hin!** que vas-tu imaginer!

hinderlich [ˈhɪndɐlɪç] *geh* **I.** *adj* ① (*behindernd*) gênant(e) ② (*ein Hindernis darstellend*) **für jdn/etw ~ sein** *Tatsache, Umstand, Vorfall:* être un handicap pour qn/qc **II.** *adv* **sich ~ auf etw** (*akk*) **auswirken** constituer un handicap pour la suite de qc

hindern [ˈhɪndɐn] *vt* ① (*abhalten*) retenir;

jdn [daran] ~ etw zu tun empêcher qn de faire qc ② (*stören*) jdn beim Gehen ~ gêner qn pour marcher

Hindernis ['hɪndɐnɪs] <-ses, -se> *nt* obstacle *m;* **ein ~ für seine Karriere** une entrave à sa carrière ▶**jdm ~se in den Weg legen** mettre des bâtons dans les roues à qn

Hindernislauf *m* course *f* d'obstacles

Hinderungsgrund *m* empêchement *m*

hin|deuten *vi* ① (*hinzeigen*) montrer; **mit dem Finger/einem Zeigestock auf etw** (*akk*) ~ montrer qc du doigt/avec une baguette ② (*vermuten lassen*) **auf etw** ~ laisser augurer qc; **darauf ~, dass** indiquer que

H

Hindi ['hɪndi] <-> *nt kein Art* hindi *m; s. a.* **Deutsch**

Hindu ['hɪndu] <-[s], -[s]> *m* hindou(e) *m(f)*

Hinduismus [hɪndu'ɪsmʊs] <-> *m* hindouisme *m*

hinduistisch I. *adj* hindou(e) II. *adv erziehen* dans l'hindouisme; *prägen* par l'hindouisme

hindurch [hɪn'dʊrç] *adv* ① (*räumlich*) **hier** ~ par ici; **wo ~?** par où passer?; **durch die Wand** ~ à travers le mur ② (*zeitlich*) **die ganze Nacht** ~ toute la nuit; **Jahre** ~ pendant des années

hindurch|drängen *vr* **sich** ~ se frayer un passage **hindurch|gehen** *vi irr + sein* ① (*durchschreiten*) **durch etw/unter etw** (*dat*) ~ passer par/sous qc ② (*durchdringen*) **durch jdn/etw** ~ *Strahlen, Messer, Geschoss:* traverser qn/qc ③ (*bewegt werden können*) **durch etw** ~ *Bohrer:* passer au travers de qc ④ (*passen*) **durch etw** ~ passer par qc

hinein [hɪ'nain] *adv* **da/dort/hier ~!** il faut entrer là/là-bas/ici!; **nur ~!** entre/entrez donc!

hinein|bekommen* *vt irr fam* **etw** [**in etw** (*akk*)] ~ faire entrer qc [dans qc]

hinein|bringen *vt irr* ① (*hineintragen*) apporter ② (*hineinbegleiten*) **jdn** [**zu jdm**] ~ amener qn [vers qn] ③ (*schaffen*) **Ordnung in etw** (*akk*) ~ mettre de l'ordre dans qc **hinein|denken** *vr irr* **sich in jdn** ~ se mettre à la place de qn **hinein|fressen** *vt irr fam* (*nicht abreagieren*) **etw in sich** (*akk*) ~ ravaler qc [en soi-même] **hinein|gehen** *vi irr + sein* (*eintreten, hineinpassen*) entrer; **in etw** (*akk*) ~ entrer dans qc **hinein|geraten*** *vi irr + sein* **in etw** (*akk*) ~ tomber dans qc **hinein|interpretieren*** *vt* **etw in etw** (*akk*) ~ tirer qc de qc **hinein|knien** [hɪ'nainkni:(ə)n] *vr fam* **sich** ~ se donner à fond; **sich in etw** (*akk*) ~ se donner à fond dans qc **hinein|kommen** *vi irr + sein* entrer **hinein|kriegen** *s.* **hineinbekommen** **hinein|laufen** *vi irr + sein* (*schnell eintreten*) entrer [en courant] **hinein|legen** I. *vt* (*legen*) **etw** ~ mettre qc dedans; **etw wieder** ~ remettre qc dedans; **etw in die Schublade** ~ mettre qc dans le tiroir II. *vr* **sich** ~ se coucher dedans; **sich in etw** (*akk*) ~ se coucher dans qc **hinein|passen** *vi* (*dazu passen*) être à sa place **hinein|pfuschen** *vi fam* **jdm** ~ mettre son bazar dans les affaires de qn **hinein|reden** *vi* (*sich einmischen*) **jdm** ~ se mêler des affaires de qn **hinein|rutschen** *vi* **in etw** (*akk*) ~ ① glisser dans qc ② *fig fam* se retrouver dans qc **hinein|stecken** *vt* mettre dedans; **jdn/etw** ~ mettre qn/qc dedans **hinein|steigern** *vr* **sich in etw** (*akk*) ~ se laisser emporter par qc **hinein|versetzen*** *vr* **sich in jdn** ~ se mettre à la place de qn; **sich in die Antike hineinversetzt fühlen** avoir l'impression d'être transporté dans l'Antiquité **hinein|wachsen** *vi irr + sein* (*vertraut werden*) **in eine Gemeinschaft** ~ s'accoutumer à une communauté **hinein|wollen** *vi fam* vouloir entrer **hinein|ziehen** *vt + haben* compromettre; **jdn** [**mit**] ~ compromettre qn; **jdn in etw** (*akk*) [**mit**] ~ entraîner qn dans qc

hin|fahren *irr* I. *vi + sein* y aller; **zu jdm** ~ aller chez qn II. *vt + haben* **jdn** ~ y conduire qn; **etw** ~ y apporter qc [en voiture]

Hinfahrt *f* trajet *m* [pour y aller]; **auf der** ~ à l'aller **hin|fallen** *vi irr + sein* tomber

hinfällig *adj* ① (*gebrechlich*) infirme ② *Forderung, Rechnung* caduc(-uque); *Argument* sans valeur

Hinfälligkeit <-> *f* ① *a.* JUR caducité *f* ② (*Ungültigkeit*) invalidité *f*

hin|finden *vi irr fam* trouver le chemin; **zu jdm/zur Post** ~ trouver le chemin pour aller chez qn/à la poste **hin|fliegen** *vi irr + sein* ① AVIAT y aller en avion ② *fam* (*hinfallen*) s'étaler **Hinflug** *m* vol *m* [pour y aller]; **auf dem** ~ à l'aller; **auf dem ~ nach Paris** pendant le vol aller pour Paris **hin|führen** I. *vt* y conduire; **jdn** ~ y conduire qn; **jdn zu etw** ~ conduire qn à qc II. *vi* y conduire; **zu etw** ~ conduire à qc ▶**wo soll das ~?** où cela va-t-il nous mener?

hing [hɪŋ] *Imp von* **hängen**

Hingabe *f kein Pl* ardeur *f;* **mit ~** avec ardeur **hin|geben** *irr* **I.** *vr* ① (*sich überlassen*) **sich dem Nichtstun/der Verzweiflung ~** s'abandonner au farniente/désespoir; **sich dem Laster ~** s'adonner au vice ② *euph geh* (*sich nicht verweigern*) **sich jdm ~** se donner à qn **II.** *vt geh* donner *Geld;* sacrifier *Ruf*

Hingebung *s.* **Hingabe**

hingebungsvoll **I.** *adj Blick, Klavierspiel* passionné(e); *Pflege* plein(e) de dévouement **II.** *adv spielen* avec ferveur; *lauschen, sich widmen* passionnément; *pflegen* avec dévouement

hingegen [hɪn'geːgən] *konj geh* en revanche

hin|gehen *vi irr + sein* (*dorthin gehen*) y aller **hin|gehören*** *vi fam* **wo gehört die Schüssel hin?** où se range ce plat? **hin|geraten*** *vi irr + sein* **wo bin ich hier bloß ~?** *fam* où est-ce que je suis tombé(e)?

hingerissen ['hɪngərɪsən] **I.** *adj* ravi(e) **II.** *adv* avec ravissement

hin|halten *vt irr* ① (*entgegenhalten*) **jdm etw ~** tendre qc à qn ② (*warten lassen*) abuser; **sich von jdm ~ lassen** se laisser bercer par qn **hin|hauen** *vi irr fam* (*gut gehen*) coller **hin|hören** *vi* écouter

hinken ['hɪŋkən] *vi + haben* boiter; **auf dem linken Bein ~** [*o* **mit**] boiter du pied gauche

hin|knien **I.** *vi + sein* s'agenouiller **II.** *vr + haben* **sich ~** s'agenouiller **hin|kommen** *vi irr + sein* ① (*gelangen*) y arriver ② (*hingehören*) **die Gläser kommen hier hin** les verres se mettent ici **hin|kriegen** *vt fam* ① (*reparieren*) **etw** [**wieder**] **~** rafistoler qc ② (*fertigbringen*) arranger; **es ~, dass** arriver à se débrouiller pour que + *subj* **hin|langen** *vi fam* ① (*hinfassen*) y toucher; (*die Hand ausstrecken*) tendre la main ② (*zuschlagen*) cogner ③ (*sich bedienen*) piocher dedans

hinlänglich *adj* suffisant(e)

hin|laufen *vi irr + sein* ① (*hinrennen*) y courir; **zu jdm ~** courir chez qn ② DIAL *fam* (*zu Fuß gehen*) y aller à pied **hin|legen** **I.** *vt* ① déposer *Buch, Päckchen* ② allonger *Person* ③ (*vorlegen, bereitlegen*) **wo soll ich dir die Handtücher ~?** où dois-je te mettre les serviettes? ④ *fam* (*bezahlen*) **viel Geld für etw ~ müssen** devoir allonger beaucoup d'argent pour qc ⑤ *fam* faire *Vortrag, Solonummer;* sortir *Rede* **II.** *vr* ① (*sich schlafen legen*) **sich ~** s'allonger, se coucher ② *fam* (*hinfallen*) **sich ~** s'étaler **hin|machen** *fam vi* **da/dort ~** *Hund, Katze:* faire là **hin|nehmen** *vt irr* (*ertragen*) accepter; supporter *Beleidigung, Verstoß;* **eine Niederlage ~ müssen** essuyer une défaite **hin|passen** *vi* aller; **der Tisch passt da** [**gut**] **hin** là, la table va bien **hin|reichen** *geh vt* tendre *Hand*

hinreichend *adj* suffisant(e)

Hinreise *f* trajet *m* [pour y] aller; **die ~ nach Rom** le trajet pour aller à Rome; **auf der ~** à l'aller; **Hin- und Rückreise** aller *m* et retour **hin|reißen** *vt irr* ① (*begeistern*) **jdn ~** *Person:* séduire qn; *Sportwagen, Villa:* ravir qn; **von jdm/etw hingerissen sein** être émerveillé par qn/qc ② (*verleiten*) **sich ~ lassen** s'emporter; **sich zu einer Bemerkung ~ lassen** se laisser aller à une remarque

hinreißend **I.** *adj* ravissant(e) **II.** *adv tanzen, spielen* merveilleusement [bien]; **~ aussehen** être ravissant

hin|richten *vt* exécuter

Hinrichtung *f* exécution *f*

hin|schaffen *vt* **etw** [**zu jdm**] **~** transporter qc [chez qn] **hin|schauen** *s.* **hinsehen** **hin|schicken** *vt* envoyer **hin|schludern** *vt fam* bâcler **hin|schmeißen** *fam s.* **hinwerfen** **hin|schreiben** *irr* **I.** *vt* noter *Name* **II.** *vi fam* **wirst du** [**dort**] **~?** tu vas [lui/leur] écrire? **hin|sehen** *vi irr* regarder; **genauer ~** y regarder de plus près; **vom bloßen Hinsehen** rien qu'à le/la/... regarder; **bei genauerem Hinsehen** en y regardant de plus près

hin|sein[ALT] *s.* **hin I.1, 3, II.1, 2, 4**

hin|setzen **I.** *vr* **sich ~** s'asseoir **II.** *vt* ① asseoir *Person* ② [dé]poser *Kiste, Tasche*

Hinsicht *f kein Pl* point *m* de vue; **in dieser ~** à cet égard; **in mancher ~** à maints égards; **in beruflicher/finanzieller ~** du point de vue professionnel/financier

hinsichtlich *präp + gen form* en ce qui concerne; **~ des Vertrags** en ce qui concerne le contrat

hinsitzen *vr* CH, A **sich ~** s'asseoir **Hinspiel** *nt* match *m* aller **hin|stehen** SDEUTSCH, CH, A *s.* **hinstellen II.** **hin|stellen** **I.** *vt* ① (*hintun*) **etw da/dort ~** mettre qc là ② déposer *Fahrrad;* garer *Auto* ③ (*charakterisieren*) **jdn als Angeber ~** faire passer qn pour un frimeur **II.** *vr* **sich ~** se mettre debout; (*sich aufrichten*) se mettre droit(e); **sich vor jdn ~** se planter devant qn

hinten ['hɪntən] *adv* derrière; **~ sein** être derrière; **~ bleiben** rester en arrière; **~ im**

Bus au fond du bus; **~ in der Schlange** à l'arrière de la queue; **~ am Kragen/an der Hose** sur l'envers du col/du pantalon; **der Blinker ~ rechts** le clignotant arrière droit; **~ im Buch** à la fin du livre; **ganz ~ sitzen** être assis tout au fond; **nach ~ schauen/durchgehen** regarder derrière/aller vers le fond; **nach ~ fallen** tomber à la renverse; **von ~** de derrière; **von ~ kommen** venir par derrière; **von ~ anfangen** commencer par la fin; **von ~ sahen Sie ihm ähnlich** vous lui ressembliez de dos ▸ **das Geld reicht weder ~ noch vorn[e]** *fam* n'importe comment, c'est pas assez [d'argent]; **sie weiß nicht mehr, wo ~ und vorn[e] ist** *fam* elle ne sait plus où elle en est

hintendran *adv fam* [par] derrière **hintendrauf** *adv fam* derrière ▸ **jdm eins ~ geben** donner une tape sur les fesses à qn **hintenherum** ['hɪntənhɛrʊm] *adv* ① *gehen, kommen* par derrière; **kommen Sie ~!** passez par derrière! ② *fam* (*auf Umwegen*) par la bande ③ *fam bekommen, besorgen* sous le manteau **hintenrum** ['hɪntənrʊm] *s.* **hintenherum** **hintenüber** [hɪntən'ʔy:bɐ] *adv* à la renverse

hinter ['hɪntɐ] **I.** *präp + dat* ① **~ jdm/etw stehen** être derrière qn/qc; **zwei Kilometer ~ der Grenze** deux kilomètres après la frontière ② (*nach*) **~ jdm/etw** après qn/qc; **einer ~ dem anderen** l'un après l'autre; **die Tür ~ sich schließen** fermer la porte sur soi **II.** *präp + akk* **sich ~ jdn/etw stellen** se mettre derrière qn/qc

Hinterachse *f* essieu *m* arrière **Hinterausgang** *m* sortie *f* de derrière **Hinterbacke** *f meist Pl fam* fesse *f* **Hinterbein** *nt* patte *f* de derrière

Hinterbliebene(r) *f(m) dekl wie adj* parent(e) *m(f)* survivant(e); **die ~n** la famille

Hinterbliebenenrente *f* rente *f* allouée aux survivants

hinter|bringen* [hɪntɐ'brɪŋən] *vt irr* rapporter **Hinterdeck** *nt* pont *m* arrière

hintere(r, s) *adj Haus, Tür, Zimmer* de derrière; **die ~n Reihen** les rangées du fond; **die ~n Seiten** les dernières pages; **der ~ Teil/Bereich** la partie arrière; **das ~ Stück** le bout [final]; **im ~n Teil des Zuges** à l'arrière du train; **im ~n Teil des Saales** au fond de la salle

hintereinander [hɪntɐʔai'nandɐ] *adv* ① (*räumlich*) l'un(e) derrière l'autre ② (*zeitlich*) **etw ~ tun** (*wiederholt*) faire qc de suite; (*an einem Stück*) faire qc d'affilée

hintereinander|fahren *vi irr + sein* rouler l'un(e) derrière l'autre **hintereinander|gehen** *vi irr + sein* marcher en file indienne **hintereinanderher** [hɪntɐʔai-nandɐ'he:ɐ] *adv* l'un(e) derrière l'autre

Hintereingang *m* entrée *f* de derrière

hinterfragen* [hɪntɐ'fra:gən] *vt geh* **etw ~** remettre qc en question **Hinterfuß** *m* pied *m* de derrière **Hintergedanke** *m* arrière-pensée *f*; **~n haben** avoir quelque chose derrière la tête; **ohne ~n** sans [aucune] arrière-pensée **hintergehen*** [hɪntɐ'ge:ən] *vt irr* ① (*betrügen*) tromper ② (*sexuell betrügen*) **jdn mit jdm ~** tromper qn avec qn **Hintergrund** *m* ① *einer Bühne, eines Raumes, Gemäldes* fond *m* ② (*Bedingungen, Umstände*) toile *f* de fond; **einen realen ~ haben** *Legende:* reposer sur un fait authentique; **vor dem ~ dieser Ereignisse** au vu de ces événements ③ *Pl* (*verborgene Zusammenhänge*) dessous *mpl* ▸ **im ~ bleiben** rester dans l'ombre; **in den ~ treten** être relégué au second plan

Hintergrunddatei *f* INFORM fichier *m* d'arrière-plan

hintergründig ['hɪntɐgrʏndɪç] **I.** *adj Frage, Lächeln* énigmatique; *Humor* hermétique; *Affäre, Zusammenhänge* complexe **II.** *adv lächeln* de façon énigmatique; **~ fragen** poser des questions pleines de sous-entendus

Hintergrundinformation *f* information *f* de fond **Hintergrundspeicher** *m* INFORM mémoire *f* à arrière-plan **Hintergrundverarbeitung** *f* INFORM traitement *m* de fond **Hintergrundwissen** *nt* connaissances *fpl* générales

Hinterhalt *m* cachette *f* [pour une embuscade]; **jdn in einen ~ locken** attirer qn dans une embuscade; **in einen ~ geraten** tomber dans une embuscade; **aus dem ~** par surprise

hinterhältig ['hɪntɐhɛltɪç] **I.** *adj* sournois(e); **so ein ~er Betrüger!** quel faux jeton! (*fam*) **II.** *adv* de façon sournoise

Hinterhältigkeit <-, -en> *f* sournoiserie *f*

Hinterhand ▸ **etw in der ~ haben** avoir qc dans sa manche **Hinterhaus** *nt* maison *f* du fond

hinterher [hɪtɐ'he:ɐ] *adv* ① (*zeitlich*) après; (*im Nachhinein*) après coup ② (*räumlich*) derrière; **los, schnell ~!** vite, courons après!

hinterher|fahren *vi irr + sein* suivre en

voiture **hinterher|laufen** *vi irr + sein* ❶ (*folgen*) courir derrière; **jdm ~** courir après qn ❷ *fam* (*sich bemühen*) **jdm/einer S. ~** courir après qn/qc **hinterher|schicken** *vt* envoyer; **jdm jdn/etw ~** envoyer qn/qc à la suite de qn

Hinterhof *m* arrière-cour *f* **Hinterkopf** *m* arrière *m* de la tête **Hinterland** *nt kein Pl* arrière-pays *m* **hinter|lassen*** [hɪntɐ'lasən] *vt irr* ❶ (*zurücklassen*) laisser; **~e Werke** œuvres *fpl* posthumes; **etw sauber/unaufgeräumt ~** laisser qc parfaitement propre/en désordre ❷ (*vermachen*) léguer

Hinterlassenschaft <-, -en> *f* (*Vermächtnis*) héritage *m*

hinterlegen* [hɪntɐ'le:gən] *vt* déposer

Hinterlegung <-, -en> *f* dépôt *m*; **gegen ~ eines Pfands** contre le dépôt d'une caution; **~ bei Gericht** séquestre *m* judiciaire

Hinterlist *f kein Pl* ruse *f* **hinterlistig** **I.** *adj* sournois(e) **II.** *adv* de façon sournoise

hinterm ['hɪntɐm] = *fam* **hinter dem** *s.* **hinter**

Hintermann <-männer> *m* ❶ (*opp: Vordermann*) **dein ~** ton voisin de derrière; (*Auto, Autofahrer*) le conducteur [qui est] derrière toi ❷ *Pl pej fam* (*Drahtzieher*) instigateurs *mpl* **Hintermannschaft** *f* SPORT défense *f*

hintern ['hɪntɐn] = *fam* **hinter den** *s.* **hinter**

Hintern ['hɪntɐn] <-s, -> *m fam* postérieur *m*, derrière *m*; **er hat ihn in den ~ getreten** il lui a donné un coup de pied dans le derrière; **jdm den ~ versohlen** flanquer une fessée à qn ▶ **ich könnte mich in den ~ beißen, dass ich das vergessen habe!** *fam* je me flanquerais des baffes pour avoir oublié ça!; **jdm in den ~ kriechen** *fam* lécher les bottes à qn

Hinterrad *nt* roue *f* arrière

hinterrücks ['hɪntɐrʏks] *adv* par derrière

hinters ['hɪntɐs] = *fam* **hinter das** *s.* **hinter**

Hinterschinken *m* jambon *m* (*de la cuisse*) **Hinterseite** *f eines Gebäudes* arrière *m*

hinterste(r, s) *adj Superl von* **hintere(r, s)** ❶ **der ~ Winkel des Zimmers** le coin le plus reculé de la chambre; **in der ~n Reihe** au [tout] dernier rang ❷ GEOG **im ~n Afrika** au fin fond de l'Afrique

Hinterteil *nt fam* (*Gesäß*) arrière-train *m* **Hintertreffen** *nt kein Pl* ▶ **gegenüber jdm ins ~ geraten** perdre du terrain par rapport à qn; **jdm gegenüber im ~ sein** se retrouver à la traîne par rapport à qn **hintertreiben*** *vt irr* faire échec à **Hintertreppe** *f* escalier *m* de service **Hintertür** *f* ❶ *eines Gebäudes* porte *f* de derrière ❷ *fam* (*Ausweg*) porte *f* de sortie ▶ **sich** (*dat*) [**noch**] **eine ~ offenhalten** [*o* **lassen**] se ménager une porte de sortie; **durch die ~** par la bande

Hinterwäldler(in) ['hɪntɐvɛltlɐ] <-s, -> *m(f) fam* plouc *mf*

hinterwäldlerisch *adj fam* de plouc; **~ sein** être un plouc

hinterziehen* [hɪntɐ'tsi:ən] *vt irr* frauder sur; **Steuern ~** frauder le fisc **Hinterzimmer** *nt* chambre *f* donnant sur l'arrière; *einer Gaststätte* arrière-salle *f*; *eines Ladens* arrière-boutique *f*

hin|treten *vi irr + sein* (*sich nähern*) **zu jdm ~** s'avancer vers qn **hin|tun** *vt irr fam* **etw da/dort ~** mettre qc là

hinüber [hɪ'ny:bɐ] **I.** *adv* de l'autre côté **II.** *adj fam* ❶ (*verdorben, defekt*) **~ sein** *Lebensmittel, Gerät, Motor:* être fichu ❷ (*tot*) **~ sein** avoir passé l'arme à gauche ❸ (*bewusstlos*) **~ sein** être tombé dans les vapes ❹ (*hinübergegangen*) **zu jdm/ins Büro ~ sein** être parti chez qn/au bureau

hinüber|blicken *vi* regarder de l'autre côté; **zu jdm/etw ~** regarder du côté de qn/qc **hinüber|fahren** *irr* **I.** *vt + haben* **jdn/etw zu jdm ~** amener qn/apporter qc chez qn **II.** *vi + sein* **zu jdm ~** passer chez qn **hinüber|führen** **I.** *vt* conduire de l'autre côté; **jdn ~** conduire qn de l'autre côté; **jdn auf die andere Straßenseite ~** faire traverser la rue à qn; **jdn ins Behandlungszimmer ~** amener qn dans la salle de soins **II.** *vi* conduire de l'autre côté; **auf die andere Seite ~** conduire de l'autre côté; **über den Fluss ~** traverser la rivière **hinüber|gehen** *vi irr + sein* (*auf die andere Seite gehen*) traverser **hinüber|kommen** *vi irr + sein* ❶ **sie wird auf die andere Straßenseite ~** elle va traverser la rue; **er ist über die Brücke hinübergekommen** il a traversé par le pont ❷ *fam* (*besuchen*) **ich komme zu dir/euch ... hinüber** je viens chez toi/vous ... **hinüber|reichen** *vt geh* passer *Salz* **hinüber|retten** *vt* sauvegarder *Macht* **hinüber|schauen** *s.* **hinüberblicken**

hinüber|seinALT *s.* **hinüber II.**

hinüber|steigen *vi irr + sein* passer par-dessus

Hin- und Rückfahrt *f* aller *m* [et] retour

hinunter [hɪ'nʊntɐ] *adv* **die Treppe ~ ist es einfacher als hinauf** c'est plus facile de descendre l'escalier que de le monter; **da/hier ~!** [c'est] par là/ici!

hinunter|blicken *vi* regarder vers le bas **hinunter|bringen** *vt irr* ❶ (*nach unten begleiten*) **jdn ~** raccompagner qn jusqu'en bas; **etw in den Keller ~** descendre qc dans la cave ❷ *fam* (*herunterbekommen*) arriver à avaler *Essen* **hinunter|fahren** *irr* **I.** *vi* + *sein* descendre; **die Piste/ins Tal ~** descendre la piste/dans la vallée **II.** *vt* + *haben* **jdn ins Tal ~** descendre qn dans la vallée **hinunter|fallen** *vi irr* + *sein* tomber; **die Treppe ~** dégringoler dans l'escalier; **mir ist der Blumentopf hinuntergefallen** j'ai fait tomber le pot de fleurs **hinunter|gehen** *vi irr* + *sein* descendre **hinunter|reichen** *vi Kleid:* descendre **hinunter|schalten** *vi* rétrograder; **in den zweiten Gang ~** rétrograder en seconde **hinunter|schlucken** *vt* ❶ (*schlucken*) avaler ❷ *fam* ravaler *Ärger* **hinunter|schütten** *vt* ❶ (*hinuntergießen*) **etw ~** jeter qc en bas ❷ *fam* (*hastig trinken*) siffler, descendre **hinunter|sehen** *vi* ❶ regarder vers le bas; **ins Tal ~** regarder la vallée en bas ❷ *fig* **auf jdn ~** regarder qn de haut **hinunter|spülen** *vt* ❶ (*fortspülen*) faire disparaître; **etw den Ausguss/die Toilette ~** faire disparaître qc dans l'évier/les toilettes ❷ (*schlucken*) **die Tablette mit Wasser ~** faire descendre le cachet avec de l'eau ❸ *fig fam* **etw ~** essayer d'oublier qc [en buvant]; **seinen Ärger mit Wein ~** noyer son ennui dans le vin **hinunter|steigen** *vi* + *sein* descendre **hinunter|stürzen** **I.** *vi* + *sein* (*hinunterfallen*) tomber **II.** *vt* + *haben* **jdn ~** précipiter qn dans le vide **III.** *vr* + *haben* **sich ~** se précipiter dans le vide **hinunter|werfen** *vt irr* **etw ~** lancer qc en bas; **jdm etw vom Balkon ~** lancer qc à qn du balcon **hinunter|würgen** *vt* faire descendre

hinweg [hɪn'vɛk] *adv geh* ❶ (*räumlich*) **über jdn/etw ~** par-dessus qn/qc ❷ (*zeitlich*) **über drei Monate ~** pendant trois mois ❸ (*fort*) **~ mit dir/euch!** disparais/disparaissez!; **~ damit!** fais/faites-moi disparaître ça!

Hinweg ['hɪnveːk] *m* trajet *m;* **auf dem ~** à l'aller

hinweg|fegen *vi* + *sein* **über etw** (*akk*) **~** *Wind, Sturm:* balayer qc **hinweg|gehen** *vi irr* + *sein* **über etw** (*akk*) **~** (*nicht beachten*) ne pas tenir compte de qc **hinweg|helfen** *vi irr* **jdm über etw** (*akk*) **~** aider qn à surmonter qc **hinweg|hören** *vi* **über etw** (*akk*) **~** ignorer qc **hinweg|kommen** *vi irr* + *sein* **über etw** (*akk*) **~** surmonter qc **hinweg|raffen** *vt geh* **jdn ~** *Seuche, Tod:* emporter qn **hinweg|sehen** *vi irr* ❶ (*darüber sehen*) **über jdn/etw ~** regarder par-dessus qn/qc ❷ (*nicht beachten*) **über etw** (*akk*) **~** ne pas tenir compte de qc; **darüber ~, dass** ne pas tenir compte du fait que ❸ (*ignorieren*) **über jdn ~** ignorer qn **hinweg|setzen** *vr* **sich über etw** (*akk*) **~** passer outre à qc **hinweg|täuschen** *vt* masquer; **jdn über etw** (*akk*) **~** masquer qc à qn

Hinweis ['hɪnvais] <-es, -e> *m* ❶ *kein Pl* (*das Hinweisen*) **unter ~ auf etw** (*akk*) au motif de qc ❷ (*Bemerkung, Information*) remarque *f;* **sachdienliche ~e** des indices susceptibles de faire progresser l'enquête

hin|weisen *irr* **I.** *vt* attirer l'attention de; **jdn auf etw** (*akk*) **~** attirer l'attention de qn sur qc; **jdn darauf ~, dass** attirer l'attention de qn sur le fait que **II.** *vi* ❶ (*aufmerksam machen*) **darauf ~, dass** attirer l'attention sur le fait que ❷ (*schließen lassen*) **darauf ~, dass** *Tatsache, Umstand:* laisser penser que

Hinweisschild <-schilder> *nt* panonceau *m* **Hinweistafel** *f* panneau *m* d'information

hin|wenden *vr irr* **sich zu jdm/etw ~** se tourner vers qn/qc **hin|werfen** *irr* **I.** *vt* ❶ (*zuwerfen*) **jdm etw ~** jeter qc à qn; **einen Blick ~** jeter un coup d'œil ❷ *fam* (*aufgeben*) envoyer promener ❸ (*beiläufig erwähnen*) **etw nur so ~** dire qc comme ça [en passant] **II.** *vr* **sich vor jdn/etw ~** se jeter aux pieds de qn/qc **hin|wirken** *vi* **auf etw** (*akk*) **~** faire en sorte d'obtenir qc **hin|wollen** *vi fam* vouloir y aller **hin|ziehen** *irr* **I.** *vt* + *haben* ❶ (*zu sich ziehen*) **jdn/etw zu sich ~** attirer qn à soi/tirer qc vers soi ❷ (*anziehen*) **es zieht sie zu ihm hin** elle se sent attirée par lui ❸ (*in die Länge ziehen*) **etw über Jahre ~** faire traîner qc pendant des années **II.** *vr* + *haben* ❶ (*sich zeitlich ausdehnen*) **sich über Wochen/mehrere Monate ~** traîner des semaines/plusieurs mois ❷ (*sich örtlich ausdehnen*) **sich über mehrere Kilometer ~** s'étendre sur plusieurs kilomètres **hin|zielen** *vi* (*zum Ziel haben*) **auf etw** (*akk*) **~** viser à qc

hinzu [hɪn'tsuː] *adv* en plus

hinzu|fügen *vt* ajouter; **einer S.** (*dat*)

etw ~ ajouter qc à qc; **dem habe ich nichts mehr hinzuzufügen** je n'ai plus rien à ajouter **hinzu|kommen** *vi irr + sein* ❶ (*eintreffen*) arriver ❷ (*zu berücksichtigen sein*) **es kommt hinzu, dass** à cela, il faut ajouter que; **die Mehrwertsteuer kommt noch hinzu** il faut ajouter la T.V.A. ❸ (*dazukommen*) **kommt sonst noch etwas hinzu?** il vous faut autre chose?

Hinz und Kunz *m pej fam* Pierre et Paul

hinzu|zählen *vt* (*als dazugehörig ansehen*) inclure; **jdn/etw** [**mit**] ~ inclure qn/qc **hinzu|ziehen** *vt irr* s'adjoindre les services de

Hiobsbotschaft ['hi:ɔpsbo:tʃaft] *f* mauvaise nouvelle *f*

Hip-Hop ['hɪphɔp] <-s> *m* MUS hip-hop *m*

Hippie ['hɪpi] <-s, -s> *m* hippie *m*

Hirn [hɪrn] <-[e]s, -e> *nt* ❶ cerveau *m*; **sich** (*dat*) **das ~ zermartern** se creuser la cervelle ❷ GASTR cervelle *f*

Hirnanhangdrüse *f* ANAT hypophyse *f* **Hirngespinst** ['hɪrngəʃpɪnst] *nt* chimère *f* **Hirnhaut** *f* ANAT méninge *f*

Hirnhautentzündung *f* MED méningite *f* **Hirnrinde** *f* ANAT cortex *m* cérébral **hirnrissig** *adj pej fam* débile **Hirnschlag** *m* MED attaque *f* cérébrale **hirntot** *adj* en état de mort cérébrale **hirnverbrannt** *s.* **hirnrissig**

Hirsch [hɪrʃ] <-es, -e> *m* cerf *m*

Hirschbraten *m* rôti *m* de cerf **Hirschgeweih** *nt* bois *mpl* de cerf **Hirschkäfer** *m* cerf-volant *m* **Hirschkalb** *nt* faon *m* [de cerf] **Hirschkuh** *f* biche *f*

Hirse ['hɪrzə] <-, -n> *f* mil[let] *m*

Hirt(in) [hɪrt] <-en, -en>, **Hirte** ['hɪrtə] <-n, -n> *m*, **Hirtin** *f* (*Viehhirte*) gardien(ne) *m(f)* [de troupeau]; (*Kuhhirte*) vacher(-ère) *m(f)*; (*Schweinehirte*) porcher(-ère) *m(f)*; (*Schafhirte*) berger(-ère) *m(f)*

Hirtenbrief *m* lettre *f* pastorale **Hirtenhund** *m* chien *m* de berger

Hirtin ['hɪrtɪn] *s.* **Hirte**

his [hɪs] <-, -> *nt* MUS si *m* dièse

hissen ['hɪsən] *vt* hisser

Historiker(in) [hɪs'to:rɪkɐ] <-s, -> *m(f)* historien(ne) *m(f)*

historisch [hɪs'to:rɪʃ] **I.** *adj* historique **II.** *adv* *wichtig, korrekt* historiquement; *betrachtet* d'un point de vue historique

Hit [hɪt] <-s, -s> *m fam* ❶ tube *m* ❷ (*modisches Muss*) must *m*; **der** [**große**] **~ sein** être la grande mode ❸ (*Krönung*) **das ist/wäre der ~!** c'est/ce serait le bouquet!

Hitliste *f* hit-parade *m* **Hitparade** *f* hit-parade *m* **hitverdächtig** *adj Song* susceptible de devenir un tube

Hitze ['hɪtsə] <-, -n> *f* ❶ chaleur *f*; **etw bei schwacher/mittlerer ~ backen** faire cuire qc à four modéré/moyen; **brütende ~** chaleur accablante; **vor ~** [**fast**] **umkommen** *fam* crever de chaud ❷ (*Aufregung*) **in der ~ des Gefechts** dans le feu de l'action; **leicht in ~ geraten** s'emporter facilement ❸ (*Hitzewallung*) **fliegende ~** bouffées *fpl* de chaleur

hitzebeständig *adj* résistant(e) à la chaleur **hitzefrei** *adj* **~ bekommen/haben** ne pas avoir classe en raison de la canicule **Hitzewallung** *f meist Pl* bouffée *f* de chaleur **Hitzewelle** *f* vague *f* de chaleur

hitzig ['hɪtsɪç] **I.** *adj* ❶ *Person, Temperament* irascible; **nicht so ~!** du calme! ❷ *Debatte, Wortwechsel* enflammé(e) **II.** *adv debattieren* dans un climat passionné

Hitzkopf *m fam* soupe *f* au lait **Hitzschlag** *m* insolation *f*

HIV [ha:ʔi:'fau] <-[s], -[s]> *nt Abk von* **Human Immunodeficiency Virus** HIV *m*, V.I.H. *m*

HIV-infiziert *adj* infecté(e) par le virus HIV **HIV-negativ** *adj* séronégatif(-ive) **HIV-positiv** *adj* séropositif(-ive) **HIV-Test** *m* test *m* de dépistage du sida

Hiwi ['hi:vi] <-s, -s> *m fam* (*wissenschaftliche Hilfskraft*) *étudiant aidant un professeur d'université dans ses recherches*

hl *Abk von* **Hektoliter** hl

hl. *Abk von* **heilige(r)** St(e)

Hl. *Abk von* **Heilige(r)** St(e)

hm [hm] *interj* ❶ (*anerkennend*) mmmh; (*in Bezug auf das Essen*) miam-miam ❷ (*fragend*) hein

H-Milch ['ha:mɪlç] *f* lait *m* longue conservation, lait U.H.T.

h-Moll ['ha:mɔl] *nt* si *m* mineur; **in ~** en si mineur

HNO [ha:ʔɛn'ʔo:] *Abk von* **Hals, Nasen, Ohren** O.R.L.

HNO-Arzt [ha:ʔɛn'ʔo:artst] *m*, **-ärztin** *f* O.R.L. *mf*, oto-rhino *mf* **HNO-Klinik** *f* clinique *f* oto-rhino-laryngologique

hob [ho:p] *Imp von* **heben**

Hobby ['hɔbi] <-s, -s> *nt* passe-temps *m*, hobby *m*; **etw als ~ betreiben** faire qc pour son plaisir

Hobbykoch *m*, **-köchin** *f* cuisinier(-ière) *m(f)* amateur **Hobbyraum** *m pièce aménagée pour la pratique d'un hobby*

Hobel ['ho:bəl] <-s, -> *m* ❶(*Werkzeug*) rabot *m* ❷(*Küchengerät*) râpe *f*

Hobelbank <-bänke> *f* établi *m* de menuisier

hobeln ['ho:bəln] **I.** *vt* ❶TECH **[glatt]** ~ raboter ❷GASTR **etw** ~ émincer qc [avec une râpe] **II.** *vi* **an etw** (*dat*) ~ raboter qc

hoch [ho:x] <*attr* hohe(r, s), höher, höchste> **I.** *adj* ❶(*räumlich*) haut(e) *antéposé; Schnee, Schneedecke* épais(se); **hohe Absätze** de hauts talons; **ein hundert Meter hoher Turm** une tour de cent mètres de haut; **das Dach ist sieben Meter** ~ le toit a sept mètres de hauteur; **ein Mensch von hohem Wuchs** une personne de haute stature; **eine hohe Stirn haben** avoir le front haut; *hum* avoir le front dégarni ❷*Stimme, Ton* aigu(ë) ❸MATH **fünf ist eine höhere Zahl als drei** cinq est un chiffre plus élevé que trois; **zwei ~ drei ist acht** deux [à la] puissance trois égale huit ❹*Gewicht, Temperatur, Betrag, Gehalt* élevé(e); *Sachschaden, Verlust* gros(se) *antéposé,* important(e); *Strafe* sévère ❺*Lebensstandard, Ansprüche* élevé(e); *Genuss* grand(e) *antéposé* ❻*Beamter, Amt* haut(e) *antéposé; Besuch* important(e); *Offizier* supérieur(e); *Position* élevé(e); *Ansehen, Gut* grand(e) *antéposé; Anlass, Feiertag* solennel(le) ►**jdm zu ~ sein** *fam* dépasser qn **II.** <höher, am höchsten> *adv* ❶(*nach oben*) **ein ~ aufgeschossener Junge** un garçon monté en graine; **hundert Meter ~ emporragen** faire cent mètres de haut; **es geht sieben Treppen ~** il faut monter sept étages; **den Ball ganz ~ werfen** lancer le ballon très haut; **wie ~ kannst du den Ball werfen?** à quelle hauteur peux-tu lancer le ballon? ❷*fliegen* haut; **tausend Meter ~ fliegen** voler à une altitude de mille mètres; **das Wasser steht drei Zentimeter ~** il y a trois centimètres d'eau ❸(*nicht tief*) **zu ~ singen/spielen** chanter/jouer trop haut ❹*verehrt, begehrt* très ❺(*große Summen betreffend*) **~ versichert sein** avoir une assurance chère; **~ besteuert werden** être fortement imposé; **zu ~ gegriffen sein** *Berechnung, Kosten, Zahl:* être exagéré ►**er hat mir ~ und heilig versprochen** [*o* **versichert**] **zu kommen** *fam* il m'a juré ses grands dieux qu'il viendrait; **jdm etw ~ anrechnen** être très reconnaissant à qn de qc; **wenn es ~ kommt** *fam* tout au plus

Hoch [ho:x] <-s, -s> *nt* ❶(*Hochruf*) ovation *f;* **auf jdn ein ~ ausbringen** porter un toast à [la santé de] qn ❷METEO anticyclone *m*

Hochachtung *f* considération *f;* **jdm ~ entgegenbringen** *form* témoigner sa considération à qn; **meine ~!** toutes mes félicitations!, chapeau! (*fam*)

hochachtungsvoll *adv form* avec l'expression de ma considération distinguée

Hochadel *m* haute noblesse *f* **hochaktuell** *adj Information, Nachricht* d'une actualité brûlante **Hochamt** *nt* ECCL grand-messe *f* **hochangesehen** *s.* **angesehen** **hochanständig** ['ho:xʔanʃtɛndɪç] *adj* d'une grande loyauté; **etw ist ~ von jdm** qn fait preuve d'une grande loyauté en faisant qc **hoch|arbeiten** *vr* **sich bis zu etw ~** s'élever dans la hiérarchie et devenir qc à la force du poignet

hochauflösend *adj* INFORM, TV [à] haute définition

Hochbahn *f* métro *m* aérien **Hochbau** *m kein Pl* bâtiment *m* **hochbegabt** *s.* **begabt** **hochbetagt** *adj Person* d'un âge avancé **Hochbetrieb** *m* activité *f* intense; **im Büro herrscht ~** c'est l'effervescence au bureau **hoch|bringen** *vt irr fam* ❶(*nach oben bringen*) **jdn/etw ~** monter qn/qc ❷(*gesund machen*) **einen Kranken [wieder] ~** retaper un malade **Hochburg** *f einer Partei* fief *m* **hochdeutsch** ['ho:xdɔytʃ] *adj* (*nicht umgangssprachlich*) en allemand standard **Hochdeutsch** <-[s]> *nt* ❶l'allemand *m* standard; **ein fehlerfreies ~ sprechen** parler parfaitement l'allemand [standard] ❷LING (*Ober- und Mitteldeutsch*) le haut allemand **hoch|drehen** *vt* (*nach oben drehen*) remonter **Hochdruck** *m kein Pl* ❶MED hypertension *f* ❷METEO haute pression *f* ❸TYP impression *f* en relief

Hochdruckgebiet *nt* METEO anticyclone *m* **Hochdruckreiniger** <-s, -> *m* nettoyeur *m* à haute pression

Hochebene *f* haut plateau *m* **hochempfindlich** *adj s.* **empfindlich I.2** **hochentwickelt** *s.* **entwickeln I.3, II.1** **hocherfreut** *adj* **~ sein** être très heureux **hochexplosiv** *adj* très explosif(-ive) **hoch|fahren** *vi irr + sein* ❶*fam* (*nach oben, nach Norden fahren*) monter; **in den dritten Stock ~** monter au troisième étage; **den Berg ~** monter en haut de la montagne; **zur Burg ~** monter jusqu'au château; **die Straße zum Pass ~** prendre la route qui monte au col ❷(*sich plötzlich aufrichten*) **aus dem Sessel ~** se lever brusquement du fauteuil; **aus dem**

Schlaf ~ se réveiller en sursaut ③ (*aufbrausen*) **wütend ~** se fâcher tout rouge **Hochfinanz** *f* haute finance *f* **hoch|fliegen** *vi irr + sein Vogel:* s'envoler **Hochform** *f* **in ~ sein** être en pleine forme; **zur ~ auflaufen** atteindre le top niveau **Hochformat** *nt* format *m* en hauteur; INFORM format portrait; **im ~** en format en hauteur; INFORM en format portrait **Hochfrisur** *f* **eine ~ haben** avoir les cheveux relevés **Hochgarage** *f* parking *m* étages **hochgebildet** *adj* très cultivé(e) **Hochgebirge** *nt* haute montagne *f;* **im ~** en haute montagne **hochgeehrt** *s.* **ehren** **Hochgefühl** *nt* euphorie *f,* exaltation *f;* **im ~ des Triumphs** dans l'euphorie du triomphe **hoch|gehen** *vi irr + sein* ① *fam* (*nach oben gehen*) monter; **die Treppe/Stufen ~** monter l'escalier/les marches; **den Berg ~** monter en haut de la montagne ② *fam* (*detonieren*) **etw ~ lassen** faire sauter qc ③ *fam* (*in die Luft gehen*) exploser ④ (*steigen*) *Löhne, Preise:* grimper ⑤ *fam* (*enttarnt werden*) *Dealer, Hintermänner:* se faire coincer; *Kartell:* être démantelé; **jdn/etw ~ lassen** coincer qn/démanteler qc **hochgelehrt** *adj* fort savant(e) **Hochgenuss**[RR] *m* plaisir *m* divin **hochgeschlossen** *adj Kragen* montant; *Kleid* fermée jusqu'en haut

Hochgeschwindigkeitszug *m* train *m* à grande vitesse

hochgestellt *adj attr Zahl* en exposant **hochgestochen** *pej fam* **I.** *adj* ① *Phrasen, Reden, Stil* ampoulé(e) ② (*überheblich*) prétentieux(-euse) **II.** *adv sich ausdrücken* d'une façon ampoulée; *schreiben* dans un style ampoulé **Hochglanz** *m* ① (*strahlender Glanz*) **etw auf ~ polieren** faire briller qc; **etw auf ~ bringen** briquer qc ② (*Hochglanzpapier*) **Foto/Abzug in ~** photo *f*/tirage *m* sur papier brillant

Hochglanzpapier *nt* papier *m* glacé

hochgradig **I.** *adj* extrême, intense **II.** *adv* extrêmement

hochhackig ['ho:xhakɪç] *adj* à hauts talons

hoch|halten *vt irr* ① lever *Hand, Gegenstand* ② brandir *Fahne, Transparent* ③ (*ehren*) honorer **Hochhaus** *nt* tour *f* **hoch|heben** *vt irr* ① soulever *Kind, Last* ② lever *Hand, Arm*

Hochherzigkeit <-> *f geh einer Person* générosité *f*

hochindustrialisiert *s.* **industrialisieren** **hochintelligent** *adj* très intelligent(e) **hochinteressant** **I.** *adj* d'un grand intérêt **II.** *adv* **~ klingen** avoir l'air très intéressant(e) **hoch|jubeln** *vt fam* faire mousser

hochkant ['ho:xkant] *adv* ① (*auf der Schmalseite*) **~ stehen** être posé verticalement; **ein Buch ~ stellen** mettre un livre debout; **ein Bild ~ stellen** mettre un tableau dans le sens vertical ② *s.* **hochkantig**

hochkantig ['ho:xkantɪç] *adv fam* ▶ **~ hinausfliegen** se faire virer; **~ hinauswerfen** virer

hochkarätig *adj fam Politiker* très calé(e)

hoch|klappen **I.** *vt + haben* relever *Klappe, Schrankbett;* relever, remonter *Kragen* **II.** *vi + sein* se relever **hoch|klettern** *vi + sein* grimper **hoch|kommen** *vi irr + sein* ① *fam* (*heraufkommen*) monter ② *fam* (*aufstehen können*) arriver à se lever **Hochkonjunktur** *f* haute conjoncture *f,* boom *m* économique **hoch|krempeln** *vt* retrousser **hoch|laden** *vt* INFORM charger; **etw ~** (*im Internet*) télécharger qc vers l'amont **Hochland** *nt* haut plateau *m* **hoch|leben** *vi* **jdn ~ lassen** porter un toast à qn; **hoch lebe die Königin!** vive la Reine! **hoch|legen** *vt* surélever *Beine* **Hochleistungssport** *m* sport *m* de haut niveau

Hochlohnland *nt* pays *m* à niveau de salaires élevé

hochmodern **I.** *adj Kleidung, Einrichtung, Auto* dernier cri; **~ sein** être du dernier cri **II.** *adv gekleidet* à la dernière mode; **~ eingerichtet sein** avoir un intérieur [du] dernier cri **Hochmoor** *nt* tourbière *f* de montagne **Hochmut** ['ho:xmu:t] *m* arrogance *f* ▶ **~ kommt vor dem Fall** *prov* l'orgueil précède la chute

hochmütig ['ho:xmy:tɪç] *adj* arrogant(e)

hochnäsig ['ho:xnɛ:zɪç] *pej* **I.** *adj Art, Person* hautain(e) **II.** *adv* avec dédain

hoch|nehmen *vt irr* ① porter *Person, Tier;* soulever *Gegenstand* ② *fam* (*verulken*) faire marcher ③ *fam* (*auffliegen lassen*) coincer **Hochofen** *m* haut fourneau *m* **Hochparterre** [-partɛr(ə)] *nt* rez-de--chaussée *m* surélevé

hochprozentig *adj* ① *Schnaps, Rum* fortement alcoolisé(e) ② CHEM très concentré(e)

hochqualifiziert *adj s.* **qualifiziert** **hoch|ragen** *vi + haben o sein* s'élever **hoch|rechnen** *vt* faire une estimation de **Hochrechnung** *f meist Pl* estimation *f* **hoch|reißen** *vt irr* lever *Arme* **hochrot** ['ho:x'ro:t] *adj Gesicht, Wangen* écarlate; **ihre Wangen waren ~ vor**

H

Erregung elle avait les joues rouges d'excitation **Hochruf** *m* vivat *m* **hoch|rutschen** *vi + sein fam Rock:* remonter **Hochsaison** *f* TOUR haute saison *f;* COM affluence *f;* **die Eisdielen haben ~** c'est la cohue chez les glaciers **hoch|schätzen** *s.* **schätzen I.3 hoch|schaukeln** *vr* **sich gegenseitig ~** s'exciter mutuellement **hoch|schlagen** *irr* **I.** *vt + haben* relever *Kragen* **II.** *vi + sein Brecher, Wellen:* déferler **hoch|schnellen** *vi + sein Sprungfeder:* sauter; **vom Stuhl ~** *Person:* sauter de la chaise comme un ressort **hoch|schrecken I.** *vt + haben* **jdn ~** faire sursauter qn; *(aus dem Schlaf)* réveiller qn en sursaut **II.** *vi + sein irr* sursauter; *(aus dem Schlaf)* se réveiller en sursaut

H

HochschulabschlussRR *m* diplôme *m* de fin d'études universitaires **Hochschulbildung** *f* formation *f* universitaire

Hochschule ['ho:xʃu:lə] *f* ❶ *(Universität)* université *f* ❷ *(Fachhochschule)* école *f* supérieure spécialisée; **pädagogische ~** ≈institut *m* universitaire de formation des maîtres; **technische ~** ≈institut *m* universitaire de technologie **Hochschüler(in)** *m(f)* étudiant(e) *m(f)*

Hochschullehrer(in) *m(f)* professeur *mf* d'université **Hochschulreife** *f* baccalauréat *m* *permission d'accès aux études supérieures* **Hochschulstudium** *nt* études *fpl* universitaires; **mit/ohne ~** avec une/sans formation universitaire

hochschwanger *adj* en état de grossesse avancée **Hochsee** *f kein Pl* haute mer *f*

Hochseefischerei *m* pêche *f* en haute mer **Hochseeflotte** *f* flotte *f* de haute mer **Hochseejacht** *f* yacht *m* de haute mer

hoch|sehen *vi irr* lever les yeux **Hochseil** *nt* câble *m* suspendu **Hochsitz** *m* affût *m* perché **Hochsommer** *m* plein été *m;* **im ~** en plein été **hochsommerlich I.** *adj* estival(e) **II.** *adv* comme en plein été **Hochspannung** *f* ELEC haute tension *f;* **Vorsicht, ~!** danger [de mort], haute tension!

Hochspannungsleitung *f* ligne *f* [à] haute tension **Hochspannungsmast** *m* pylône *m* [pour lignes] à haute tension

hoch|spielen *vt* monter en épingle; **etw ~** monter qc en épingle **Hochsprache** *f* langue *f* standard **hochsprachlich** *adj* en langue standard **hoch|springen** *vi irr + sein (nach oben springen)* sauter **Hochspringer(in)** *m(f)* sauteur(-euse) *m(f)* en hauteur **Hochsprung** *m* saut *m* en hauteur

höchst [hø:çst] *adv (überaus)* extrêmement; **~ schmackhaft sein** être excellent

Höchstalter *nt* âge *m* limite

Hochstand *s.* **Hochsitz**

Hochstapelei [ho:xʃta:pə'lai] <-, -en> *f* imposture *f*

hoch|stapeln *vi* commettre une imposture

Hochstapler(in) ['ho:xʃta:plɐ] <-s, -> *m(f)* imposteur *m*

Höchstbetrag *m (bei Miete, Kredittilgung)* traite *f* maximale; **bis zum ~ von ...** jusqu'à concurrence de ...

höchste(r, s) ['hø:çstə, -tɐ, -təs] **I.** *adj Superl von* **hoch** ❶ **der ~ Berg/Turm** la montagne/tour la plus haute ❷ *(von größtem Ausmaß)* **die ~ Summe** la somme la plus haute; **der ~ Sachschaden** le dommage le plus important; **die ~ Belastung** la charge maximale; **die ~ Entschädigung** l'indemnité la plus forte; **die ~ Strafe** la peine la plus sévère; **das Höchste, was** *(die äußerste Summe)* le maximum que + *subj* ❸ *(von größter Wichtigkeit)* **das ~ Amt/Ansehen** la charge/réputation la plus haute; **der ~ Feiertag** la fête la plus importante; **der ~ Offizier** l'officier le plus haut placé(e); **das ~ Gut** le bien suprême ❹ *(von größter Intensität, Dringlichkeit)* extrême; **es ist ~e Zeit!** il est grand temps!; **aufs ~** extrêmement **II.** *adv* ❶ **am ~n** *stehen, wohnen* le plus haut; *fliegen* à la plus haute altitude ❷ *(von größtem Ausmaß)* **am ~n besteuert** soumis(e) à un taux d'imposition maximum; **am ~n versichert sein** avoir la plus forte assurance

hoch|stellen *vt* mettre en hauteur; **etw ~** mettre qc en hauteur

höchstens ['hø:çstəns] *adv* au maximum

Höchstfall *m* **im ~** au maximum **Höchstform** *f* top niveau *m;* **sich in ~** *(dat)* **befinden** être au mieux de sa forme **Höchstgeschwindigkeit** *f* vitesse *f* maximale; **die zulässige ~ überschreiten** dépasser la vitesse maximale [autorisée] **Höchstgrenze** *f* limite *f*

Hochstimmung *f kein Pl* bonne humeur *f;* **in ~ sein** être de bonne humeur; **unter den Gästen herrschte ~** il y avait une super ambiance parmi les invités

Höchstleistung *f* performance *f* extrême **Höchstmaß** *nt* maximum *m;* **~ an Genauigkeit** maximum de précision **Höchstmenge** *f* quantité *f* maximale **höchstpersönlich** *adv* en personne **Höchstpreis** *m* ❶ *(hoher Preis)* prix *m*

fort ②(*höchster erlaubter Preis*) prix *m* maximum [autorisé] **Höchststand** *m* niveau *m* maximum **Höchststrafe** *f* peine *f* maximale **höchstwahrscheinlich** *adv* selon toute vraisemblance **Höchstwert** *m* valeur *f* maximum **höchstzulässig** *adj attr* **der ~e Wert/die ~e Geschwindigkeit** la donnée/vitesse maximale autorisée

Hochtechnologie *f* technologie *f* de pointe, haute technologie *f*

hochtourig ['hoːxtuːrɪç] *adv* AUT à plein régime

hochtrabend *pej* **I.** *adj Rede, Worte* grandiloquent(e) **II.** *adv* avec grandiloquence

hoch|treiben *vt irr* faire grimper

Hoch- und Tiefbau *m* bâtiments *mpl* et travaux *mpl* publics

hochverdient *adj* ①*Wissenschaftler* qui a beaucoup de mérites ②*Sieg* bien mérité(e) **hochverehrt** *adj attr* très honoré(e) *antéposé* **Hochverrat** *m* haute trahison *f* **hochverschuldet** s. **verschulden II. hochverzinslich** *adj attr* FIN à taux d'intérêt élevé **Hochwald** *m* [haute] futaie *f* **Hochwasser** <-wasser> *nt* ①(*überhoher Wasserstand*) crue *f*; **~ führen** être en crue ②(*Überschwemmung*) inondation *f* ③(*Höchststand der Flut*) marée *f* haute ▶ **~ haben** *hum fam* avoir le feu au plancher

Hochwassergefahr *f* danger *m* d'inondation **hochwassergefährdet** *adj Gebiet* menacé(e) par les crues **Hochwasserstand** *m* niveau *f* de la crue [*o* marée]

hoch|werfen *vt irr* **etw ~** lancer qc en l'air

hochwertig ['hoːxveːɐ̯tɪç] *adj Ware, Artikel, Material* de grande qualité; *Nahrungsmittel* d'une grande valeur nutritive

Hochwild *nt* gros gibier *m* **Hochzahl** *f* exposant *m*

Hochzeit[1] ['hɔxtsait] <-, -en> *f* mariage *m*; **~ feiern** célébrer des noces; **die silberne/goldene/diamantene/eiserne ~** les noces *fpl* d'argent/d'or/de diamant/de fer

Hochzeit[2] ['hoːxtsait] <-, -en> *f* (*Blütezeit*) apogée *m*

Hochzeitsfeier *f* célébration *f* du mariage **Hochzeitsgeschenk** *nt* cadeau *m* de mariage **Hochzeitskleid** *nt* robe *f* de mariée **Hochzeitsnacht** *f* nuit *f* de noces **Hochzeitsreise** *f* voyage *m* de noces **Hochzeitstag** *m* ①(*Tag der Hochzeit*) jour *m* du mariage ②(*Jahrestag der Hochzeit*) anniversaire *m* de mariage

hoch|ziehen *irr* **I.** *vt* ①ouvrir *Jalousie, Rollladen;* remonter *Hose, Socke* ②redresser *Flugzeug* ③*fam* (*erbauen, schnell bauen*) faire sortir de terre **II.** *vr* ①(*sich nach oben ziehen*) **sich an etw** (*dat*) **~** se relever en se tenant à qc ②*pej fam* (*sich erfreuen*) **sich an etw** (*dat*) **~** se régaler de qc

Hocke ['hɔkə] <-, -n> *f* ①(*Körperhaltung*) position *f* accroupie; **in die ~ gehen** s'accroupir ②SPORT (*Sprung*) saut *m* fléchi groupé

hocken ['hɔkən] *vi* ①+ *haben* (*kauern*) être accroupi; **in der Ecke/auf dem Boden ~** être accroupi dans un coin/sur le sol ②+ *haben fam* (*sitzen*) **hinter seinem Schreibtisch ~** être assis à son bureau ③+ *sein* SPORT **über etw** (*akk*) **~** sauter genoux fléchis par-dessus qc

Hocker ['hɔkɐ] <-s, -> *m* tabouret *m*

Höcker ['hœkɐ] <-s, -> *m* bosse *f*

Hockey ['hɔki] <-s> *nt* hockey *m* [sur gazon]

Hockeyschläger *m* crosse *f* de hockey **Hockeyspieler(in)** *m(f)* joueur(-euse) *m(f)* de hockey

Hoden <-s, -> *m* ANAT testicule *m*

Hodensack *m* ANAT bourses *fpl*

Hof [hoːf, *Pl:* 'høːfə] <-[e]s, Höfe> *m* ①cour *f*; **auf den/dem ~** dans la cour ②(*Bauernhof*) ferme *f* ③(*Herrschersitz, Hofstaat*) cour *f*; **bei ~e** à la cour ▶ **jdm den ~ machen** faire la cour à qn

Hofdame *f* dame *f* de la cour; (*Ehrendame*) dame *f* d'honneur

hoffen ['hɔfən] **I.** *vi* ①espérer ②(*erhoffen*) **auf etw** (*akk*) **~** compter sur qc ③(*erwarten, bauen auf*) **auf jdn ~** compter sur qn **II.** *vt* **~, dass** espérer que; **ich hoffe, er kommt** j'espère qu'il viendra; **es bleibt zu ~, dass** il faut espérer que; **~ wir das Beste!** ayons bon espoir!; **das will ich/wollen wir ~!** j'espère/nous espérons bien!

hoffentlich ['hɔfəntlɪç] *adv* espérons que; **~ haben wir bald Frühling!** j'espère que c'est bientôt le printemps! (*fam*); **~ ist es nichts Ernstes?** pourvu que ce ne soit rien de grave!; **~!** j'espère/nous espérons bien!; **~ nicht!** j'espère/espérons que non!

Hoffnung ['hɔfnʊŋ] <-, -en> *f* espoir *m*; **~ auf etw** (*akk*) espérance *f* de qc; **~ auf etw** (*akk*) **haben** avoir l'espoir de qc; **jdm ~ machen, dass** donner à qn l'espoir que; **jdm ~ auf etw** (*akk*) **machen** laisser espérer qc à qn; **jds einzige ~ sein** être le seul espoir de qn; **neue ~ schöpfen** reprendre espoir; **sich** (*dat*) **~en/**

keine ~en machen nourrir certains espoirs/ne pas se faire d'illusions; **die ~ aufgeben** abandonner tout espoir

hoffnungslos **I.** *adj Sache, Lage, Zustand* désespéré(e), sans espoir **II.** *adv* ❶ (*ohne Hoffnung*) sans rien espérer; **völlig ~** sans le moindre espoir ❷ *veraltet, sich verlieben, sich verlaufen* désespérément

Hoffnungslosigkeit <-> *f* désespoir *m* **Hoffnungsschimmer** *m kein Pl* lueur *f* d'espoir **Hoffnungsträger(in)** *m(f)* espoir *m*

hoffnungsvoll **I.** *adj* (*viel versprechend*) prometteur(-euse) **II.** *adv ansehen* plein(e) d'espoir

H

hofieren* [ho'fi:rən] *vt* courtiser

höfisch ['hø:fɪʃ] *adj Manieren, Zeremoniell* en usage à la cour; *Leben* à la cour; *Dichtung, Epik* courtois(e)

höflich ['hø:flɪç] **I.** *adj* poli(e), courtois(e) **II.** *adv* poliment, avec courtoisie; **wir teilen Ihnen ~ [st] mit, dass** nous avons l'honneur de porter à votre connaissance que

Höflichkeit <-, -en> *f* ❶ *kein Pl* (*höfliche Art*) politesse *f*, courtoisie *f*; **aus reiner ~** par pure politesse ❷ (*höfliche Bemerkung*) politesse *f*

Höflichkeitsbesuch *m* visite *f* de courtoisie **Höflichkeitsfloskel** *f* formule *f* de politesse

Höfling ['hø:flɪŋ] <-s, -e> *m* courtisan *m*

Hofnarr *m* fou *m* [du roi] **Hofrat** <-räte> *m*, **-rätin** *f* A conseiller(-ère) *m(f)* de la cour **Hofstaat** *m kein Pl* cour *f* **Hoftor** *nt* porte *f* cochère

hohe(r, s) ['ho:ə, -ɐ, -əs] *s.* **hoch**

Höhe ['hø:ə] <-, -n> *f* ❶ (*vertikale Ausdehnung*) *eines Baums, Gebäudes, Möbelstücks* hauteur *f*; *eines Bergs* altitude *f*; **in die ~ wachsen/schießen** *Pflanze:* pousser en hauteur/comme du chiendent ❷ (*Entfernung über dem Boden*) **aus der ~** d'en haut; **in der ~** dans les airs; **in schwindelnder ~** à une hauteur vertigineuse; **auf halber ~** à mi-hauteur; **in die ~ schauen** regarder en l'air ❸ (*Flughöhe*) altitude *f*; **in einer ~ von tausend Metern** à une altitude de mille mètres; **an ~ gewinnen** prendre de l'altitude ❹ (*Anhöhe*) hauteur *f* ❺ (*Ausmaß*) *eines Gehalts* montant *m*; *von Kosten* niveau *m*; *von Schäden* ampleur *f*; **in ~ von hundert Euro** d'un montant de cent euros; **ein Kredit in unbegrenzter ~** un crédit illimité; **in die ~ gehen** *Löhne, Kosten:* augmenter; **die Preise in die ~ schrauben** faire monter les prix ❻ *meist Pl* (*Tonhöhe*) aigu *m* ❼ (*geographische Breite*) latitude *f*; **auf gleicher ~ liegen** être à la même latitude; **wir dürften auf der ~ von Rom sein** nous devrions être à la hauteur de Rome ▶ **die ~n und Tiefen des Lebens** les hauts *mpl* et les bas *mpl* de la vie; **das ist doch die ~!** *fam* c'est le bouquet!

Hoheit ['ho:hait] <-, -en> *f* ❶ (*Mitglied einer fürstlichen Familie*) altesse *f*; **Seine/Ihre Kaiserliche ~** Son/Votre Altesse Impériale; **Seine/Ihre Königliche ~** Son/Votre Altesse Royale ❷ *kein Pl* (*oberste Staatsgewalt*) souveraineté *f*

hoheitlich *adj* souverain(e)

Hoheitsgebiet *nt* territoire *m* national **Hoheitsgewässer** *Pl* eaux *fpl* territoriales **Hoheitsrecht** *nt* droit *m* de souveraineté

hoheitsvoll *adj geh* majestueux(-euse)

Höhenangst *f* acrophobie *f* **Höhenflug** *m fig* grandes envolées *fpl* **Höhenmesser** <-s, -> *m* altimètre *m* **Höhensonne®** *f* lampe *f* à ultraviolets **Höhenunterschied** *m* GEOG dénivellation *f* **höhenverstellbar** *adj* réglable en hauteur

Hohepriester *m* grand prêtre *m*

Höhepunkt *m* ❶ (*wichtigstes Ereignis*) *eines Festes* grand moment *m*; (*sensationelle Darbietung*) clou *m* ❷ (*Gipfel*) *einer Auseinandersetzung, Krise, Krankheit* paroxysme *m*; *der Karriere, Macht* apogée *m*; **die Stimmung war auf dem ~** l'ambiance était à son paroxysme ❸ (*Orgasmus*) orgasme *m*; **jdn zum ~ bringen** faire jouir qn; **zum ~ kommen** jouir

höher **I.** *adj Komp von* **hoch** ❶ **ein ~er Baum/~es Haus** un arbre plus haut/une maison plus haute ❷ (*größere Ausmaße habend*) **ein ~er Preis/Lebensstandard** un prix/niveau de vie plus élevé; **eine ~e Temperatur** une température plus élevée; **~e Ansprüche** des exigences plus grandes; **der Schaden ist ~ als erwartet** les dégâts sont plus importants que prévu ❸ (*größere Bedeutung habend*) **ein ~es Ansehen** un plus grand crédit; **eine ~e Position** une situation plus élevée; **ein ~er Beamter** un fonctionnaire haut placé; **ein ~er Offizier** un officier supérieur; **ein ~es Gut** un bien plus précieux **II.** *adv Komp von* **hoch** ❶ plus haut; **immer ~** de plus en plus haut [dans le ciel] ❷ (*mit gesteigertem Wert*) **etw ~ bewerten** apprécier mieux qc; **sich ~ versichern** augmenter sa police d'assurance

höher|schrauben *vt fig* augmenter *Anforderungen, Löhne* **höher|stufen** *vt fig* **jdn ~** promouvoir qn

hohl [hoːl] **I.** *adj* ① creux(-euse) ② *Klang, Stimme* caverneux(-euse) ③ *pej* (*nichts sagend*) **~e Worte** de belles paroles **II.** *adv* **~ klingen** sonner creux

Höhle ['høːlə] <-, -n> *f* ① (*im Felsen*) grotte *f,* caverne *f;* (*im Baum*) creux *m* ② (*Bärenhöhle*) tanière *f;* (*Kaninchen-, Fuchs-, Dachsbau*) terrier *m* ③ (*Augenhöhle*) orbite *f* ▶ **sich in die ~ des Löwen begeben** [*o* **wagen**] se jeter dans la gueule du loup

Höhlenforscher(in) *m(f)* spéléologue *mf* **Höhlenforschung** *f* spéléologie *f* **Höhlenmalerei** *f* peinture *f* rupestre **Höhlenmensch** *m* troglodyte *m*

Hohlheit <-> *f pej* (*Geistlosigkeit*) vacuité *f* **Hohlkehle** *f* TECH cannelure *f* **Hohlkopf** *m pej fam* demeuré(e) *m(f)* **Hohlkörper** *m* corps *m* creux **Hohlkreuz** *nt* MED forte cambrure *f* des reins **Hohlmaß** *nt* ① (*Maßeinheit*) mesure *f* de capacité ② (*Messgefäß*) verre *m* mesureur **Hohlraum** *m* cavité *f*

Höhlung <-, -en> *f* cavité *f,* creux *m*

Hohlweg *m* chemin *m* creux

Hohn [hoːn] <-[e]s> *m* sarcasmes *mpl,* railleries *fpl;* **das ist der reine ~!** c'est une plaisanterie!

höhnen ['høːnən] *vi* ricaner

Hohngelächter *nt* ricanements *mpl*

höhnisch ['høːnɪʃ] **I.** *adj* sarcastique **II.** *adv* **~ grinsen** ricaner

Hokkaido [hɔ'kaido] <-s, -s> *m* BOT, GASTR potimarron *m*

Hokuspokus [hoːkʊs'poːkʊs] <-> *m* ① (*Zauberformel*) **~** [**Fidibus dreimal schwarzer Kater**]! abracadabra! ② *fam* (*Augenwischerei*) charlatanerie *f* ③ *fam* (*Brimborium*) tralala *m*

hold [hɔlt] *adj hum* (*lieb*) *Gattin, Gatte* cher(chère) [et] tendre (*iron*)

Holder ['hɔldɐ] SDEUTSCH, CH *s.* **Holunder**

Holding ['hoʊldɪŋ] <-, -s> *f* holding *m*

holen ['hoːlən] **I.** *vt* ① (*herbeibringen*) aller chercher; **etw beim Nachbarn ~** aller chercher qc chez le voisin; **etw aus dem Schrank/Keller ~** aller chercher qc dans l'armoire/à la cave ② (*hereinholen*) aller chercher; **jdn ~ lassen** faire venir qn; **jdn ins Büro/in den Gerichtssaal ~** faire entrer qn dans le bureau/la salle d'audience ③ (*herbeirufen*) appeler; **Hilfe ~** aller chercher de l'aide ④ *fam* (*gewinnen, erringen*) décrocher ▶ **bei jdm ist nichts zu ~** *fam* on ne peut rien tirer de qn **II.** *vr fam* ① (*sich nehmen*) **sich** (*dat*) **etw aus etw/von etw ~** prendre qc dans qc ② (*sich zuziehen*) **sich** (*dat*) **eine Erkältung ~** attraper un rhume; **sich blaue Flecke/eine Beule bei etw ~** se faire des bleus/une bosse en faisant qc ③ (*sich erbitten*) **sich** (*dat*) **bei jdm Rat ~** consulter qn

Holland ['hɔlant] *nt* la Hollande; **in ~** en Hollande

Holländer ['hɔlɛndɐ] <-s> *m* ① Hollandais *m* ② (*Käse*) hollande *m*

Holländerin <-, -nen> *f* Hollandaise *f*

holländisch ['hɔlɛndɪʃ] **I.** *adj* hollandais(e) **II.** *adv fam* (*in niederländischer Sprache*) **~ miteinander sprechen** discuter en hollandais; *s. a.* **deutsch**

Holländisch <-[s]> *nt kein Art fam* hollandais *m; s. a.* **Deutsch**

Hölle ['hœlə] <-, -n> *f* REL enfer *m;* HIST enfers *mpl;* **in die ~ kommen** aller en enfer; **in der ~** en enfer; **fahr zur ~!** tu peux aller au diable! ▶ **die ~ auf Erden** l'enfer sur terre; **jdm die ~ heißmachen** *fam* travailler qn au corps; **die ~ ist los** *fam* c'est l'horreur

Höllenangst *f fam* peur *f* bleue **Höllenlärm** ['hœlən'lɛrm] *m fam* bruit *m* infernal **Höllenqual** *f meist Pl fam* supplice *m* infernal

höllisch **I.** *adj* ① *attr* REL, HIST de l'enfer ② *fam Angst* du diable; *Hitze, Krach* infernal(e); *Schmerzen, Gestank* atroce **II.** *adv fam wehtun, brennen* atrocement; *fluchen* comme un charretier; *schreien* comme un veau

Hollywoodschaukel ['hɔliwʊd-] *f* balancelle *f*

Holm [hɔlm] <-[e]s, -e> *m* ① *eines Barrens* barre *f; einer Leiter* montant *m* ② AUT, AVIAT longeron *m*

Holocaust ['hoːlokaust] <-s> *m* holocauste *m*

Holocaustmahnmal ['hoːlokaust-] *nt* **das ~** le Mémorial de l'Holocauste

Hologramm [holo'gram] <-gramme> *nt* hologramme *m*

Holographie [hologra'fiː] <-, -ien> *f* holographie *f*

holperig ['hɔlpərɪç] *s.* **holprig**

holpern ['hɔlpɐn] *vi* ① + *haben* (*rütteln*) *Wagen, Zug:* cahoter ② + *sein* (*sich fortbewegen*) **durch/über etw** (*akk*) **~** rouler en cahotant à travers/sur qc

holprig ['hɔlprɪç] *adj* ① *Straße* défon-

H

cé(e); *Weg* cahoteux(-euse); *Pflaster* irrégulier(-ière) ② (*ungleichmäßig*) hésitant(e)

Holunder [ho'lʊndɐ] <-s, -> *m* sureau *m*

Holz [hɔlts, *Pl:* 'hœltsɐ] <-es, Hölzer> *nt* ① *kein Pl* (*Baumsubstanz*) bois *m;* ~ **fällen/sägen** couper/scier du bois; **aus** ~ en bois; ~ **verarbeitend** *Industrie* [de transformation] du bois ② (*Holzart*) bois *m*

Holzbein *nt* jambe *f* de bois **Holzblasinstrument** *nt* instrument *m* à vent en bois

holzen ['hɔltsən] *vi* FBALL *pej sl* castagner

hölzern ['hœltsɐn] **I.** *adj* ① (*aus Holz*) en bois ② (*steif*) guindé(e) **II.** *adv* (*steif*) avec raideur

Holzfäller(in) ['hɔltsfɛlɐ] <-s, -> *m(f)* bûcheron(ne) *m(f)*

holzfrei *adj* sans bois

Holzhacken <-s> *nt* coupe *f* du bois

Holzhacker(in) A *s.* **Holzfäller**

Holzhammer *m* maillet *m*

Holzhammermethode *f fam* (*brutale Art*) manière *f* forte; (*ständiges Wiederholen*) matraquage *m* intensif

Holzhandel *m* commerce *m* du bois **Holzhaus** *nt* maison *f* en bois

holzig ['hɔltsɪç] *adj Spargel, Kohlrabi* filandreux(-euse)

Holzkitt *m* pâte *f* à bois **Holzklotz** *m* ① (*Klotz aus Holz*) billot *m* [de bois] ② (*Spielzeug*) cube *m* [de bois] **Holzkohle** *f* charbon *m* de bois

Holzkohlengrill *m* barbecue *m* au charbon de bois

Holzscheit *nt* bûche *f* **Holzschnitt** *m* gravure *f* sur bois **Holzschnitzer(in)** *m(f)* sculpteur(-euse) *m(f)* sur bois **Holzschuh** *m* sabot *m* **Holzschutzmittel** *nt* produit *m* de traitement du bois **Holzstoß** *m* pile *f* de bois **Holztäfelung** *f* boiserie *f* **holzverarbeitend** *s.* **Holz 1** **Holzweg** *m* ▶ **auf dem** ~ **sein** *fam* se fourrer le doigt dans l'œil **Holzwolle** *f* copeaux *mpl* **Holzwurm** *m* ver *m* du bois

Homebanking ['hoʊmbɛŋkɪŋ, 'hoːmbɛŋkɪŋ] <-s> *nt* INFORM banque *f* à domicile **Homeoffice, Home-Office** ['hoːmʔɔfɪs] <-, -s> *nt* **im** ~ **arbeiten** travailler à la maison; **ich arbeite zwei Tage pro Woche im** ~ je travaille deux jours par semaine chez moi **Homepage** ['hoʊmpeɪdʒ, 'hoːmpeːtʃ] *f* INFORM page *f* d'accueil

Homo ['hoːmo] <-s, -s> *m fam* homo *m*

Homo-Ehe *f* mariage *m* homosexuel

homogen [homo'geːn] *adj geh* homogène

homogenisieren* [homogeni'ziːrən] *vt* homogénéiser

Homogenität [homogeni'tɛːt] *f* homogénéité *f*

Homonym [homo'nyːm] <-s, -e> *nt* LING homonyme *m*

Homöopath(in) [homøo'paːt] <-en, -en> *m(f)* homéopathe *mf*

Homöopathie [homøopa'tiː] <-> *f* homéopathie *f*

homöopathisch [homøo'paːtɪʃ] *adj Mittel* homéopathique; **ein** ~**er Arzt** un médecin homéopathe

Homosexualität [homozɛksu̯alɪ'tɛt] *f* homosexualité *f*

homosexuell [homozɛ'ksu̯ɛl] *adj* homosexuel(le)

Homosexuelle(r) *f(m) dekl wie adj* homosexuel(le) *m(f)*

Honig ['hoːnɪç] <-s, -e> *m* ① miel *m* ② (*Süßigkeit*) **türkischer** ~ ≈ nougat *m* ▶ **jdm** ~ **ums Maul** [*o* **um den Bart**] **schmieren** *fam* passer de la pommade à qn

Honigbiene *f form* abeille *f* **Honigkuchen** *m* pain *m* d'épice **Goniglecken** ▶ **kein** ~ **sein** *fam* ne pas être de la tarte **Honigmelone** *f* melon *m* **honigsüß** ['hoːnɪç'zyːs] *pej* **I.** *adj Lächeln, Ton* mielleux(-euse) **II.** *adv* ~ **lächeln** avoir un sourire mielleux **Honigwabe** *f* rayon *m* de miel

Honorar [hono'raːɐ̯] <-s, -e> *nt* honoraires *mpl;* **gegen** ~ moyennant finances

Honoratioren *Pl* notables *mpl*

honorieren* [hono'riːrən] *vt* ① (*würdigen*) apprécier à sa juste valeur; **jdn für seine Ehrlichkeit/Arbeit** ~ apprécier qn à sa juste valeur pour son honnêteté/travail; **die Einsatzbereitschaft eines Mitarbeiters mit etw** ~ récompenser l'engagement d'un collaborateur par qc ② (*bezahlen*) rétribuer; **jdn mit etw** ~ donner qc à qn comme rétribution

honorig [ho'noːrɪç] *adj geh* honorable

honoris causa [ho'noːrɪʃ'kau̯za] **Doktor** ~ docteur *m* honoris causa

Hooligan ['huːligən] <-s, -s> *m* houligan *m*

Hopfen ['hɔpfən] <-s, -> *m* houblon *m*

hopp [hɔp] **I.** *interj fam* (*los*) allez, hop; ~, ~! magne-toi/magnez-vous! **II.** *adv* **bei ihm/ihr muss alles** ~ **gehen** *fam* avec lui/elle, [il] faut que ça saute

hoppeln ['hɔpəln] *vi* + *sein* faire des bonds

hoppla ['hɔpla] *interj* ① (*Vorsicht, Entschuldigung*) ouh, là [là] ② (*Moment mal*) attends/attendez voir!

hops [hɔps] **I.** *interj* [et] hop **II.** *adj fam* **~ sein** être parti en fumée

Hops [hɔps] <-es, -e> *m fam* [petit] bond *m*

hopsen ['hɔpsən] *vi + sein fam* sauter; **durch das Zimmer ~** traverser la pièce en sautant

hops|gehen *vi irr + sein fam* ① (*umkommen*) *Person:* casser sa pipe ② (*verloren gehen*) *Gegenstand:* se volatiliser

hörbar ['hø:ɐ̯ba:ɐ̯] *adj* audible, perceptible

hörbehindert *adj* malentendant(e) **Hörbrille** *f* lunettes *fpl* pour malentendant **Hörbuch** *nt* livre *m* audio

horchen ['hɔrçən] *vi* ① (*lauschen*) écouter, tendre l'oreille; **an der Tür ~** écouter à la porte ② (*achten auf*) **auf etw** (*akk*) **~** écouter qc

Horcher(in) <-s, -> *m(f)* espion(ne) *m(f)*

Horchposten *m* poste *m* d'écoute

Horde ['hɔrdə] <-, -n> *f* ① horde *f* ② (*Lattengestell*) claie *f*

hören ['hø:rən] **I.** *vt* ① (*wahrnehmen, vernehmen*) entendre; **jdn singen/lachen/reden ~** entendre qn chanter/rire/parler ② (*anhören*) écouter; **hast du diesen Pianisten schon mal gehört?** tu as déjà entendu ce pianiste?; **ich kann das nicht mehr ~!** j'en ai les oreilles rebattues! ③ (*feststellen*) **am Tonfall/Klang ~, dass** percevoir à l'intonation/au son que ④ (*erfahren*) **etw über jdn/etw ~** entendre dire qc de qn/qc; **~, dass** entendre dire que; **von wem hast du das denn gehört?** tu l'as appris par qui?; **etwas/nichts von sich ~ lassen** donner/ne pas donner de ses nouvelles; **nichts [davon] ~ wollen** ne pas vouloir le savoir; **wie man hört/wie ich höre, ...** à ce qu'on dit ... ▸**etwas von jdm zu ~ bekommen** [*o* **kriegen** *fam*] se faire remonter les bretelles par qn **II.** *vi* ① (*zuhören*) écouter; **hör mal/~ Sie mal!** *fam* écoute/écoutez! ② (*vernehmen*) **gut/schlecht ~** entendre bien/mal ③ (*erfahren*) **von jdm/etw gehört haben** avoir entendu parler de qn/qc ④ *fam* (*sich richten nach*) **auf jdn/etw ~** écouter qn/qc ⑤ (*heißen*) **sie hört auf den Namen Anke** elle s'appelle Anke ▸**ihm/ihr vergeht Hören und Sehen** il/elle ne sait plus où il/elle en est; **du hörst wohl schlecht!** *fam* t'es sourd(e), ma parole!; **na hör/~ Sie mal!** non mais alors!; **man höre und staune!** (*als Einschub*) tiens-toi/tenez-vous bien!

Hörensagen ['hø:rənza:gən] *nt* ▸**vom ~** par ouï-dire

Hörer <-s, -> *m* ① (*Zuhörer*) auditeur *m* ② (*Telefonhörer*) combiné *m*

Hörerbrief *m* lettre *f* d'auditeur

Hörerin <-, -nen> *f* auditrice *f*

Hörfehler *m* défaut *m* d'audition **Hörfunk** *m form* radio *f* **Hörgerät** *nt* appareil *m* auditif

hörig ['hø:rɪç] *adj* (*völlig ergeben*) **jdm ~ sein** être [entièrement] soumis à qn; **jdm sexuell ~ sein** avoir qn dans la peau

Hörige(r) *f(m) dekl wie adj* HIST serf *m*/serve *f*

Hörigkeit <-, *selten* -en> *f* (*völlige Ergebenheit*) soumission *f*, sujétion *f*; **sexuelle ~** dépendance *f* sexuelle

Horizont [hori'tsɔnt] <-[e]s, -e> *m* horizon *m*; **am ~** à l'horizon ▸**einen beschränkten** [*o* **engen**] **~ haben** avoir une vue des choses étriquée; **das geht über seinen/ihren ~** cela le/la dépasse

horizontal [horitsɔn'ta:l] *adj* horizontal(e)

Horizontale [horitsɔn'ta:lə] *f dekl wie adj* droite *f* horizontale; **in der ~n** à l'horizontale ▸**sich in die ~ begeben** *hum fam* aller se mettre à horizontale

Hormon [hɔr'mo:n] <-s, -e> *nt* hormone *f*

hormonal [hɔrmo'na:l], **hormonell** [hɔrmo'nɛl] **I.** *adj* hormonal(e) **II.** *adv beeinflussen* par les hormones

Hörmuschel *f* écouteur *m*

Horn [hɔrn, *Pl:* 'hœrnɐ] <-[e]s, Hörner> *nt* ① *eines Tiers* corne *f* ② MUS cor *m*; **die Hörner** les cors ③ *kein Pl* (*Material*) corne *f* ▸**ins gleiche ~ stoßen** *fam* dire la même chose; **jdm Hörner aufsetzen** *fam* faire qn cocu(e)

Hornbrille *f* lunettes *fpl* de corne

Hörnchen ['hœrnçən] <-s, -> *nt* ① (*Croissant*) croissant *m* ② *Dim von* **Horn** petite corne *f*

Hörnerv *m* nerf *m* auditif

Hornhaut *f* ① (*des Auges*) cornée *f* ② (*Hautschicht*) corne *f*

Hornisse [hɔr'nɪsə] <-, -n> *f* frelon *m*

Hornist(in) [hɔr'nɪst] <-en, -en> *m(f)* corniste *mf*

Hornochs[e] *m fam* bourrique *f*

Horoskop [horo'sko:p] <-s, -e> *nt* horoscope *m*; **jdm das ~ stellen** faire l'horoscope de qn

horrend [hɔ'rɛnt] *adj* exorbitant(e)

Hörrohr *nt* (*Hörgerät*) cornet *m* acoustique

Horror ['hɔro:ɐ̯] <-s> *m* horreur *f*; **einen ~ vor etw haben** avoir horreur de qc; **sie hat einen ~ vor ihnen** ils lui font horreur

Horrorfilm *m* film *m* d'horreur **Horrorszenario** *nt fam* scénario *m* d'horreur **Horrortrip** *m fam* ❶(*grässliches Erlebnis*) galère *f;* **das war der reinste ~** ça a été l'horreur ❷(*Drogenrausch*) trip *m*

Hörsaal *m* amphithéâtre *m* **Hörschwelle** *f* MED seuil *m* d'audibilité

Horsd'œuvre [(h)ɔr'døːvrə] <-[s], -s> *nt* hors-d'œuvre *m*

Hörspiel *nt* pièce *f* radiophonique

Horst [hɔrst] <-[e]s, -e> *m* ❶(*Nest*) aire *f* ❷(*Fliegerhorst*) base *f*

Hörsturz *m* MED surdité *f* brusque

Hort [hɔrt] <-[e]s, -e> *m* ❶*geh* **~ der Künste/Stille** havre *m* pour l'art/de paix ❷(*Kinderhort*) ≈ garderie *f*

horten ['hɔrtən] *vt* stocker *Waren;* entasser *Geld*

Hortensie [hɔr'tɛnzi̯ə] <-, -n> *f* hortensia *m*

Hörvermögen *nt kein Pl* ouïe *f* **Hörverstehen** <-s> *nt* SCHULE compréhension *f* orale **Hörweite** *f* **in/außer ~ sein** être à/hors de portée de voix

Höschen ['høːsçən] <-s, -> *nt* ❶*Dim von* **Hose** (*kurze Kinderhose*) culotte *f* courte ❷(*Schlüpfer*) petite culotte *f*

Hose ['hoːzə] <-, -n> *f* **ein Paar ~n** un pantalon; **eine kurze ~** un short; **[sich** (*dat*)**] in die ~ machen** *fam* faire dans son froc; **die ~n voll haben** *fam* avoir fait [caca] dans son froc ►**da ist tote ~** *fam* c'est mort ici; **die ~n [gestrichen] voll haben** *fam* avoir chié dans son froc; **in die ~ gehen** *fam* foirer; **sich** (*dat*) **[vor Angst] in die ~ machen** *fam* chier dans son froc de peur; **die ~n vollkriegen** *fam* se prendre une fessée

Hosenanzug *m* tailleur-pantalon *m* **Hosenbein** *nt* jambe *f* de pantalon **Hosenboden** *m* fond *m* de culotte ►**sich auf den ~ setzen** *fam* en mettre un coup **Hosenbund** *m* taille *f* du pantalon **Hosenlatz** *m* ❶bavette *f* ❷DIAL (*Hosenschlitz*) braguette *f* **Hosenrock** *m* jupe-culotte *f* **Hosenscheißer** *m* ❶*pej fam* (*Kind*) **ein kleiner ~** un petit pisseux ❷*fam* (*Feigling*) pétochard *m* **Hosenschlitz** *m* braguette *f* **Hosentasche** *f* poche *f* de pantalon **Hosenträger** *Pl* bretelles *fpl*

Hospital [hɔspi'taːl, *Pl:* hɔspi'tɛːlɐ] <-s, -e *o* Hospitäler> *nt* hôpital *m*

Hospitant(in) [hɔspi'tant] <-en, -en> *m(f) geh* ❶(*Gastschüler*) stagiaire *mf* ❷(*Gasthörer*) auditeur(-trice) *m(f)* libre

hospitieren* [hɔspi'tiːrən] *vi* assister au cours comme stagiaire

Hospiz [hɔs'piːts] <-es, -e> *nt* (*Herberge*) hospice *m*

Host [hoʊst] <-s, -s> *m* INFORM hôte *m*

HostessRR [hɔs'tɛs] <-, -en>, **Hosteß**ALT <-, Hostessen> *f* hôtesse *f*

Hostie ['hɔsti̯ə] <-, -n> *f* hostie *f*

HotdogRR ['hɔt'dɔk] <-s, -s> *nt o m* hot-dog *m*

Hotel [ho'tɛl] <-s, -s> *nt* hôtel *m;* **~ garni** hôtel sans restaurant

Hotelbett *nt* lit *m* d'hôtel **Hotelboy** [-bɔy] *m* groom *m* **Hotelfachschule** *f* école *f* hôtelière **Hotelführer** *m* guide *m* des hôtels **Hotelgast** *m* client(e) *m(f)* de l'hôtel **Hotelgewerbe** *nt* hôtellerie *f*

Hotelier [hotə'li̯eː] <-s, -s> *m* hôtelier(-ière) *m(f)*

Hotel- und Gaststättengewerbe *nt* industrie *f* hôtelière

Hotelzimmer *nt* chambre *f* d'hôtel

Hotline ['hɔtla̯in] <-, -s> *f* hotline *f;* INFORM service *m* en ligne, hotline

Hr. *Abk von* **Herr** M.

Hrn. *Abk von* **Herrn** M.

hrsg. *Abk von* **herausgegeben** éd.

Hrsg. *Abk von* **Herausgeber** édit.

HTML [haːteːʔɛm'ʔɛl] <-> *m* INFORM *Abk von* **Hypertext Markup Language** HTML

hu [huː] *interj* (*Ausdruck des Frierens*) brrr

hü [hyː] *interj* hue

Hub [huːp, *Pl:* 'hyːbə] <-[e]s, Hübe> *m* (*Kolbenhub*) course *f*

Hubbel ['hʊbəl] *m* DIAL *fam* (*Unebenheit*) bosse *f*

hüben ['hyːbən] *adv* de ce côté-ci ►**~ und [o wie] drüben** d'un côté comme de l'autre

Hubraum ['huːpra̯um] *m* cylindrée *f*

hübsch [hʏpʃ] **I.** *adj* ❶joli(e) *antéposé;* **ein ~es Gesicht/Foto** une jolie figure/photo; **sich ~ machen** se faire beau(belle); **na, ihr zwei Hübschen?** *fam* alors les poulettes? ❷*fam Sümmchen, Betrag* coquet(te) ❸*iron fam* (*unangenehm*) beau(belle); **da hat er sich** (*dat*) **[ja] was Hübsches eingebrockt!** il s'est mis dans de beaux draps! **II.** *adv* ❶*sich kleiden, sich einrichten* bien ❷*fam* (*annehmbar*) **ganz ~ singen** ne pas chanter si mal que ça ❸*iron fam fluchen* drôlement ❹*fam* (*Ausdruck eines Gebots*) **seid ~ artig!** soyez bien sages!; **immer ~ langsam!** tout doux!; **das wirst du ~ bleiben lassen!** tu ferais mieux de laisser tomber!

Hubschrauber ['hu:pʃraubɐ] <-s, -> *m* hélicoptère *m*

Hubschrauberlandeplatz *m* héliport *m*

Hubstapler ['hu:pʃta:plɐ] <-s, -> *m* chariot *m* élévateur

huch [hʊx] *interj* (*Ausdruck der Überraschung*) oh; (*Ausdruck des Frierens*) brrr

Hucke ['hʊkə] ►**die ~ vollkriegen** *fam* prendre une dégelée

huckepack ['hʊkəpak] *adv* **jdn ~ nehmen/tragen** *fam* prendre/porter qn sur son dos

Huckepackverkehr *m* trafic *m* combiné rail-route

hudeln ['hu:dəln] *vi bes.* SDEUTSCH, A *fam* ❶ (*nachlässig arbeiten*) bâcler le boulot ❷ (*hektisch sein*) **nur nicht ~!** pas d'affolement!

Huf [hu:f] <-[e]s, -e> *m* sabot *m*

Hufeisen *nt* fer *m* à cheval

hufeisenförmig *adj, adv* en fer à cheval

Hüferl <-s, -n> *nt* A rumsteck *m*

Huflattich <-s, -e> *m* BOT tussilage *m* **Hufnagel** *m* clou *m* de ferrure **Hufschlag** *m* ❶ bruit *m* de sabots ❷ (*Stoß mit dem Huf*) coup *m* de sabot **Hufschmied(in)** *m(f)* maréchal-ferrant *m*

Hüftbein *nt* os *m* iliaque

Hüfte ['hʏftə] <-, -n> *f* hanche *f*

Hüftgelenk *nt* [articulation *f* de la] hanche *f* **Hüfthalter** *m* gaine *f*

Huftier *nt* ongulé *m*

Hüftknochen *m s.* **Hüftbein** **Hüftsteak** *nt* bifteck *m* dans le romsteck **Hüftweite** *f* largeur *f* de hanches

Hügel ['hy:gəl] <-s, -> *m* ❶ colline *f* ❷ (*Haufen*) monticule *m*

hügelig ['hy:gəlɪç] *adj* vallonné(e)

Hugenotte [hugə'nɔtə] <-n, -n> *m*, **Hugenottin** *f* huguenot(e) *m(f)*

Huhn [hu:n, *Pl:* 'hy:nɐ] <-[e]s, Hühner> *nt* ❶ poule *f* ❷ GASTR poulet *m*; (*Suppenhuhn*) poule *f*; **~ mit Reis** poule au riz ►**ein verrücktes ~** *fam* un foufou/une fofolle; **mit den Hühnern aufstehen** *fam* se lever comme les poules; **da lachen ja die Hühner!** *fam* laisse-moi rigoler!

Hühnchen ['hy:nçən] <-s, -> *nt Dim von* **Huhn** poulet *m* ►**mit jdm ein ~ zu rupfen haben** *fam* avoir un compte à régler avec qn

Hühnerauge *nt* cor *m* [au pied]

Hühneraugenpflaster *nt* coricide *m*

Hühnerbrühe *f* bouillon *m* de poule **Hühnerbrust** *f* GASTR blanc *m* de poulet **Hühnerei** *nt* œuf *m* de poule **Hühnerfarm** *f* ferme *f* avicole **Hühnerfleisch** *nt* viande *f* de poulet **Hühnerfrikassee** *nt* fricassée *f* de poule **Hühnerhof** *m* basse-cour *f*

Hühnerklein <-s> *nt* abattis *mpl*

Hühnerstall *m* poulailler *m*

huldigen ['hʊldɪgən] *vi geh* **einer Ansicht/einem Prinzip ~** défendre un point de vue/un principe; **einem Laster ~** s'adonner à un vice

Huldigung <-, -en> *f* hommage *m*

Hülle ['hʏlə] <-, -n> *f* ❶ (*Schutzhülle*) housse *f* ❷ (*Buchhülle*) couverture *f* ❸ (*Plattenhülle*) pochette *f* ❹ (*Ausweishülle*) étui *m* ►**in ~ und Fülle** *geh* à profusion

hüllen ['hʏlən] *geh vt* envelopper; **jdn/sich in eine Decke ~** envelopper qn/s'envelopper dans une couverture; **ein Tuch um etw ~** enrouler un linge autour de qc

hüllenlos *adj, adv hum* en costume d'Adam/d'Ève

Hülse ['hʏlzə] <-, -n> *f* ❶ (*Etui*) fourreau *m* ❷ BOT gousse *f* ❸ (*Patronenhülse*) douille *f*

Hülsenfrucht ['hʏlzənfrʊxt] *f meist Pl* légume *m* sec

human [hu'ma:n] **I.** *adj* ❶ humain(e) ❷ (*verständnisvoll*) compréhensif(-ive) **II.** *adv* ❶ humainement; **etw ~ gestalten** humaniser qc ❷ (*verständnisvoll*) avec beaucoup de compréhension

Humangenetik *f* MED génétique *f* humaine

Humanismus [huma'nɪsmʊs] <-> *m* humanisme *m*

Humanist(in) [huma'nɪst] <-en, -en> *m(f)* humaniste *mf*

humanistisch **I.** *adj* ❶ humaniste ❷ (*altsprachlich*) classique **II.** *adv* **~ gebildet sein** avoir une formation classique

humanitär [humani'tɛ:ɐ̯] *adj* humanitaire; **für ~e Zwecke** pour des causes humanitaires

Humanität [humani'tɛ:t] <-> *f* humanité *f*

Humanmedizin *f kein Pl* médecine *f* [humaine]

Humbug ['hʊmbʊk] <-s> *m pej fam* (*Unfug*) connerie *f*; (*Schwindel*) fumisterie *f*

Hummel ['hʊməl] <-, -n> *f* bourdon *m*

Hummer ['hʊmɐ] <-s, -> *m* homard *m*

Humor [hu'mo:ɐ̯] <-s> *m* humour *m*; **~ haben** avoir de l'humour; **keinen ~ haben** manquer d'humour

Humoreske [humo'rɛskə] <-, -n> *f* LITER récit *m* humoristique; MUS humoresque *f*

Humorist(in) [humo'rɪst] <-en, -en> *m(f)* comique *mf;* (*Schriftsteller*) humoriste *mf*
humoristisch [humo'rɪstɪʃ] *adj* humoristique; (*witzig*) comique
humorlos I. *adj* dépourvu(e) d'humour; ~ **sein** manquer d'humour II. *adv reagieren* sans humour
Humorlosigkeit <-> *f* manque *m* d'humour
humorvoll I. *adj* plein(e) d'humour II. *adv darbieten* avec humour
humpeln ['hʊmpəln] *vi* ❶+ *haben o sein* (*hinken*) boitiller ❷+ *sein* (*sich fortbewegen*) **nach Hause/über die Straße** ~ aller à la maison/traverser la rue en boitant
Humpen <-s, -> *m* chope *f* [munie d'un couvercle]
Humus ['hu:mʊs] <-> *m* humus *m*
Humusboden *m* terreau *m*
Hund [hʊnt] <-[e]s, -e> *m* ❶chien *m;* **Vorsicht, bissiger ~!** [attention,] chien méchant! ❷*fam* (*Mensch, Kerl*) **ein blöder** ~ un pauvre con (*vulg*); **ein armer** ~ un pauvre bougre ❸*pej fam* (*Schuft*) salaud *m;* **ein gerissener** ~ un fumier; **du gemeiner ~!** *fam* [espèce *f* de] salaud *m*! ▶**bekannt sein wie ein bunter** ~ *fam* être connu comme le loup blanc; **das ist ein dicker ~!** *fam* celle-là, elle est dure à avaler!; **vor die ~e gehen** *fam* se retrouver dans le pétrin
Hundeausstellung *f* exposition *f* canine
hundeelend ['hʊndə'ʔe:lɛnt] *adj* **sich ~ fühlen** *fam* être malade comme un chien **Hundefutter** *nt* nourriture *f* pour chiens **Hundegebell** *nt* aboiements *mpl* **Hundehaufen** *m fam* crottes *fpl* de chiens **Hundehotel** *nt* hôtel *m* canin [*o* pour chiens] **Hundehütte** *f* niche *f* **Hundekuchen** *m* biscuit *m* pour chien **Hundeleben** *nt pej fam* vie *f* de chien **Hundeleine** *f* laisse *f* **Hundelohn** *m pej fam* salaire *m* de misère **Hundemarke** *f* plaque *f* de chien (*attestant le paiement de la taxe sur les chiens*) **hundemüde** ['hʊndə'my:də] *adj fam* ~ **sein** être [complètement] crevé **Hunderasse** *f* race *f* de chiens
hundert ['hʊndɐt] *num* ❶cent; **zwei von** ~ deux sur cent; **einige ~ Menschen** quelques centaines de personnes; *s. a.* **achtzig** ❷*fam* (*viele*) ~ **Einzelheiten** trente-six détails
Hundert¹ ['hʊndɐt] <-, -en> *f* (*Zahl*) cent *m*
Hundert² ['hʊndɐt] <-s, -e> *nt* centaine *f;* **ein halbes** ~ une cinquantaine; **zwanzig vom** ~ vingt pour cent; **~e von Fliegen** des centaines de mouches; **zu ~en** par centaines; **in die ~e gehen** *fam* se chiffrer par centaines; **einer unter ~en** un sur plusieurs centaines
hunderteins ['hʊndɐtʔai̯ns] *num* cent un
Hunderter ['hʊndɐtɐ] <-s, -> *m* ❶MATH centaine *f* ❷*fam* (*Banknote*) billet *m* de cent
hunderterlei ['hʊndɐtɐ'lai̯] *adj inv fam* ~ [**Dinge**] trente-six choses; *s. a.* **achterlei**
Hunderteuroschein *m* billet *m* de cent euros
hundertfach ['hʊndɐtfax] *adj* cent fois; *s. a.* **achtfach**
hundertfünfzigprozentig *adj fam* pur(e) et dur(e); **sie ist eine Hundertfünfzigprozentige** c'est une pure et dure
Hundertjahrfeier [hʊndɐt'ja:ɐ̯fai̯ɐ] *f* centenaire *m*
hundertjährig ['hʊndɐtjɛ:rɪç] *adj* ❶*Person, Baum* centenaire ❷(*hundert Jahre dauernd*) de cent années; **das ~e Bestehen** les cent ans d'existence
Hundertjährige(r) *f(m) dekl wie adj* centenaire *mf*
hundertmal ['hʊndɐtma:l] *adv* ❶cent fois; ~ **so viel/so viele** cent fois plus/plus de; *s. a.* **achtmal** ❷*fam* (*sehr viel, oft*) **das ist ~ besser** c'est cent fois mieux
Hundertmeterlauf [hʊndɐt'me:tɐlau̯f] *m* cent mètres *m* [plat]
hundertprozentig ['hʊndɐtprot͡sɛntɪç] I. *adj* ❶*Alkohol* [à] cent pour cent ❷*fam* (*total, völlig*) **mit ~er Sicherheit** avec cent pour cent de certitude II. *adv fam* **sich ~ auf jdn/etw verlassen** compter sur qn/qc à cent pour cent; **sich** (*dat*) ~ **sicher sein** être sûr à cent pour cent
Hundertschaft <-, -en> *f* **eine ~ Soldaten** une unité de cent hommes
hundertste(r, s) ['hʊndɐstə, -tɐ, -təs] *adj* centième; **jedes ~ Los** un billet sur cent; **jeder Hundertste** une personne sur cent; *s. a.* **achte(r, s)** ▶**vom Hundertsten ins Tausendste kommen** *fam* passer du coq à l'âne
hundertstel ['hʊndɐt͡stəl] *num* **auf ein ~ Millimeter genau** au centième de millimètre près
Hundertstel ['hʊndɐt͡stəl] <-s, -> *nt* centième *m*
hunderttausend ['hʊndɐt'tau̯zənt] *num* ❶cent mille ❷*fam* (*unzählige*) des milliers de; **zu Hunderttausenden** par centaines de milliers
Hundesalon *m* salon *m* de toilettage [pour

chiens] **Hundeschnauze** *f* museau *m* **Hundesteuer** *f* taxe *f* sur les chiens **Hundewetter** *nt fam* temps *m* de chien **Hundezwinger** *m* chenil *m*

Hündin ['hʏndɪn] *f* chienne *f*

hündisch ['hʏndɪʃ] *adj pej Charakter* rampant(e); *Ergebenheit* servile

hundsgemein ['hʊnt͡sgə'mai̯n] *fam adj Kerl, Lüge* sale *antéposé* **hundsmiserabel** ['hʊnt͡smizə'ra:bəl] *fam* **I.** *adj Kerl, Verräter* sale *antéposé; Qualität* dégueulasse; *Lage, Zustand* foireux(-euse) **II.** *adv* **jdn ~ behandeln** traiter qn comme un chien; **sich ~ fühlen** être [vraiment] mal foutu **Hundstage** *Pl* canicule *f*

Hüne ['hy:nə] <-n, -n> *m* géant *m;* **ein ~ von Mann** un vrai géant

hünenhaft *adj* gigantesque

Hunger ['hʊŋɐ] <-s> *m* ❶ faim *f;* **~ haben/bekommen** avoir/commencer à avoir faim; **~ auf etw** (*akk*) **haben** avoir faim de qc; **vor ~ [fast] umkommen** *fam* crever de faim; **davon bekomme ich ~** ça me donne faim; **ich habe solchen ~!** j'ai une de ces faims! ❷ *geh* (*Verlangen*) **~ nach Abenteuern** soif *f* d'aventure ▶ **~ wie ein Wolf [o Bär] haben** *fam* avoir une faim de loup

Hungergefühl *nt* sensation *f* de faim

Hungerleider(in) <-s, -> *m(f) pej fam* crève-la-faim *mf inv*

Hungerlohn *m pej* salaire *m* de famine

hungern ['hʊŋɐn] **I.** *vi* ❶ avoir faim; **jdn ~ lassen** laisser qn sur sa faim; (*als Strafe*) priver qn de nourriture; **~d** affamé(e) ❷ *geh* (*verlangen*) **nach etw ~** avoir soif de qc **II.** *vr* **sich zu Tode ~** se laisser mourir de faim

Hungerödem *nt* œdème *m* par carence

Hungersnot *f* famine *f*

Hungerstreik *m* grève *f* de la faim **Hungertuch** ▶ **am ~ nagen** *hum fam* manger de la vache enragée

hungrig ['hʊŋrɪç] *adj* affamé(e); **~ auf etw** (*akk*) **sein** avoir faim de qc; **jdn ~ machen** donner faim à qn

Hunne ['hʊnə] <-n, -n> *m,* **Hunnin** *f* Hun *m*

Hupe ['hu:pə] <-, -n> *f* klaxon® *m*

hupen ['hu:pən] *vi* klaxonner; **das Hupen** les coups de klaxon

hupfen ['hʊpfən] *vi* + *sein* SDEUTSCH, A *s.* **hüpfen** ▶ **das ist gehupft wie gesprungen** *fam* c'est kif-kif

hüpfen ['hʏpfən] *vi* + *sein Person:* sauter; *Vogel:* sautiller; **über den Hof ~** traverser la cour en sautillant

Hupsignal *nt* coup *m* de klaxon

Hürde ['hʏrdə] <-, -n> *f* (*beim Hürdenlauf*) haie *f;* (*im Reitsport*) obstacle *m* ▶ **eine ~ nehmen** passer un obstacle

Hürdenlauf *m* course *f* de haies

Hure ['hu:rə] <-, -n> *f pej* ❶ (*Prostituierte*) putain *f* (*vulg*) ❷ (*Schimpfwort*) roulure *f*

huren ['hu:rən] *vi pej* baiser (*fam*)

Hurensohn *m pej fam* fils *m* de pute (*vulg*)

hurra [hʊ'ra:] *interj* hourra

Hurra [hʊ'ra:] <-s, -s> *nt* hourra *m;* **ein dreifaches ~** un triple hourra

Hurrapatriotismus *m pej* éloge *m* du patriotisme

Hurrikan ['hʊrikan] <-s, -e> *m* ouragan *m*

hurtig ['hʊrtɪç] *adj* preste

Husar [hu'za:ɐ̯] <-en, -en> *m* HIST hussard *m*

husch [hʊʃ] *interj fam* (*schnell*) **~!** et hop!

huschen ['hʊʃən] *vi* + *sein* **durchs Zimmer ~** *Licht, Schatten:* balayer [rapidement] la chambre; **über jds Gesicht ~** *Lächeln:* glisser furtivement sur le visage de qn; **aus der Tür ~** (*schnell/verstohlen hinausgehen*) sortir vivement/furtivement

hüsteln ['hy:stəln] *vi* toussoter; **das leise Hüsteln** le toussotement discret

husten ['hu:stən] *vi* tousser; **durch starkes Husten** en toussant avec force

Husten ['hu:stən] <-s> *m* toux *f;* **~ bekommen** commencer à tousser; **~ haben** tousser

Hustenanfall *m* quinte *f* de toux **Hustenbonbon** *m o nt* bonbon *m* contre la toux **Hustenmittel** *nt* remède *m* contre la toux **Hustenreiz** *m* envie *f* de tousser **Hustensaft** *m* sirop *m* contre la toux **hustenstillend** *adj* antitussif(-ive); **~ wirken** agir contre la toux

Hut[1] [hu:t, *Pl:* 'hy:tə] <-[e]s, Hüte> *m a.* BOT chapeau *m;* **nehmen Sie bitte den ~ ab!** veuillez vous débarrasser de votre chapeau, s'il vous plaît! ▶ **mit jdm/etw nichts am ~ haben** *fam* n'être pas du tout porté sur qn/qc; **sich** (*dat*) **etw an den ~ stecken können** *fam* pouvoir se mettre qc quelque part; **~ ab vor jdm/etw!** *fam* chapeau à qn/qc!

Hut[2] [hu:t] <-> *f geh* ▶ **auf der ~ sein** se tenir sur ses gardes; **vor jdm/etw auf der ~ sein** se méfier de qn/qc

Hutablage *f* (*an einer Garderobe*) porte-chapeaux *m*

hüten ['hy:tən] **I.** *vt* garder; **ein Geheimnis ~** garder un secret [pour soi] **II.** *vr* **sich vor jdm/etw ~** se méfier de qn/se garder

H

de qc; **sich ~, etw zu tun** se garder de faire qc
Hüter(in) <-s, -> *m(f) geh* gardien(ne) *m(f);* **die ~ des Gesetzes** *hum* les représentants de l'ordre
Hutkrempe *f* bord *m* [du chapeau] **Hutmacher(in)** *m(f)* chapelier(-ière) *m(f);* (*für Frauenhüte*) modiste *mf*
Hutsche ['hʊtʃə] <-, -n> A balançoire *f*
hutschen ['hʊtʃən] *vi* A se balancer, faire de la balançoire
Hutschnur ▶ **das geht mir über die ~** *fam* je commence à en avoir jusque là de ça
Hütte ['hʏtə] <-, -n> *f* ❶ cabane *f* ❷ METAL fonderie *f;* (*Stahlhütte*) aciérie *f*
Hüttenarbeiter(in) *m(f)* METAL métallurgiste *mf* **Hüttenindustrie** *f* METAL industrie *f* métallurgique **Hüttenkäse** *m* cottage® *m* (*fromage blanc à gros caillots*) **Hüttenkunde** <-> *f* métallurgie *f* **Hüttenschuh** *m* chausson *m* [en laine] **Hüttenwerk** *nt* fonderie *f*
Hyäne ['hy̆ɛːnə] <-, -n> *f* hyène *f*
Hyazinthe [hya'tsɪntə] <-, -n> *f* BOT jacinthe *f*
hybrid [hy'briːt] *adj* LING hybride
Hybridantrieb [hy'briːt-] *m* motorisation *f* hybride **Hybridauto** *nt* voiture *f* hybride **Hybride** [hy'briːdə] <-, -n> *f* BIO hybride *m* **Hybridfahrzeug** *nt* véhicule *m* hybride
Hydra ['hyːdra] <-, Hydren> *f* MYTH hydre *f*
Hydrant [hy'drant] <-en, -en> *m* bouche *f* d'incendie
Hydraulik [hy'draulɪk] <-> *f* hydraulique *f;* (*Hydrauliksystem*) système *m* hydraulique
hydraulisch [hy'draulɪʃ] **I.** *adj* hydraulique **II.** *adv* **~ betrieben werden** fonctionner avec un système hydraulique
Hydrokultur [hydrokʊl'tuːɐ̯] *f* culture *f* hydroponique
Hydrolyse <-, -n> *f* CHEM hydrolyse *f*
Hygiene [hy'gi̯eːnə] <-> *f* hygiène *f*
hygienisch [hy'gi̯eːnɪʃ] **I.** *adj Verhältnisse, Maßnahmen* hygiénique **II.** *adv verpacken* hygiéniquement; *einwandfrei* sur le plan de l'hygiène
Hygrometer [hygro'meːtɐ] <-s, -> *nt* hygromètre *m*
Hymne ['hʏmnə] <-, -n> *f* hymne *m*
hyperaktiv [hypɐʔak'tiːf] *adj Kind* hyperactif(-ive)
Hyperbel [hy'pɛrbəl] <-, -n> *f* MATH, LING hyperbole *f*
hyperkorrekt [hypɐkɔ'rɛkt] **I.** *adj* ❶ (*übertrieben korrekt*) *Verhalten* excessivement correct(e) ❷ LING hypercorrect(e) **II.** *adv* LING *aussprechen* de façon hypercorrecte **hyperkritisch** [hypɐ'kriːtɪʃ] *fam adj* hyper-critique
Hyperlink ['haipɐlɪŋk] <-[s], -s> *m* INFORM hyperlien *m*
hypernervös [hypɐ-] *adj* hypernerveux(-euse) **hypersensibel** [hypɐzɛn'ziːbəl] **I.** *adj Mensch* hypersensible **II.** *adv reagieren* de façon hypersensible
Hypertext ['haipɐtɛkst] <-s, -e> *m* INFORM hypertexte *m*
Hypertonie [hypɐto'niː] <-, -ien> *f* MED hypertension *f*
Hypnose [hʏp'noːzə] <-, -n> *f* hypnose *f;* **jdn in ~** (*akk*) **versetzen** hypnotiser qn; **unter ~** (*dat*) **stehen** être en [état d']hypnose
hypnotisch [hʏp'noːtɪʃ] **I.** *adj* hypnotique **II.** *adv wirken* de manière hypnotique
Hypnotiseur(in) [hʏpnoti'zøːɐ̯] <-s, -e> *m(f)* hypnotiseur(-euse) *m(f)*
hypnotisieren* [hʏpnoti'ziːrən] *vt* hypnotiser
Hypochonder [hypo'xɔndɐ] <-s, -> *m* PSYCH hypocondriaque *mf*
hypochondrisch [hypo'xɔndrɪʃ, hypɔ-] *adj* hypocondriaque
Hypophyse [hypo'fyːzə] <-, -n> *f* ANAT hypophyse *f*
Hypotenuse [hypote'nuːzə] <-, -n> *f* MATH hypoténuse *f*
Hypothek [hypo'teːk] <-, -en> *f* hypothèque *f;* **eine ~ auf etw** (*akk*) **aufnehmen** prendre une hypothèque sur qc
Hypothekenzinsen *Pl* intérêts *mpl* hypothécaires
Hypothese [hypo'teːzə] <-, -n> *f* hypothèse *f;* **eine ~ aufstellen/widerlegen** émettre/réfuter une hypothèse
hypothetisch [hypo'teːtɪʃ] **I.** *adj* hypothétique **II.** *adv* de façon hypothétique
Hypotonie [hypoto'niː] <-, -ien> *f* MED hypotension *f*
Hysterie [hʏste'riː] <-, -ien> *f* hystérie *f*
hysterisch [hʏs'teːrɪʃ] **I.** *adj* hystérique; **ein ~er Anfall** une crise d'hystérie **II.** *adv* de façon hystérique
Hz *Abk von* **Hertz** Hz

I i

I, i [iː] <-, -> *nt* I *m*/i *m*

i [iː] *interj fam* (*Ausdruck des Ekels*) be[u]rk ▶ ~ **wo!** penses-tu/pensez-vous!

i. A. *Abk von* **im Auftrag** p.o.

iberisch [iˈbeːrɪʃ] *adj* ibérique

Ibis [ˈiːbɪs] <-, -se> *m* ZOOL ibis *m*

IC® [iːˈtseː] <-s, -s> *m Abk von* **Intercity** IC *m*

ICE® [iːtseːˈʔeː] <-s, -s> *m Abk von* **Intercityexpress** ≈ T.G.V. *m*

ich [ɪç] *pron pers* je; (*betont, allein stehend*) moi; ~ **habe Hunger** j'ai faim; **nicht einmal** ~ pas même moi; **hier bin** ~**!** me voici!; ~ **war es!** c'était moi!

Ich [ɪç] <-[s], -s> *nt a.* PSYCH moi *m;* **mein zweites** ~ mon autre moi

Ich-AG *f* JUR travail *m* indépendant assisté

ichbezogen *adj* égocentrique

Ich-Erzählung *f* récit *m* à la première personne **Ichform** *f* première personne *f;* **in der** ~ à la première personne

Icon [ˈaɪkən] <-s, -s> *nt* INFORM icône *f*

IC-Zuschlag [iːˈtseːˈtsuːʃlaːk] *m* supplément *m* IC

ideal [ideˈaːl] **I.** *adj* idéal(e) **II.** *adv* d'une façon idéale

Ideal <-s, -e> *nt* idéal *m;* **mein/sein** ~ mon/son idéal; **noch** ~**e haben** avoir encore des idéaux

Idealbesetzung *f* candidat(e) *m(f)* idéal(e)

idealerweise *adv* dans l'idéal

Idealfall *m* cas *m* idéal **Idealgewicht** [ideˈaːlgəvɪçt] *nt* poids *m* idéal

idealisieren* [idealiˈziːrən] *vt* idéaliser

Idealismus [ideaˈlɪsmʊs] <-> *m* idéalisme *m*

Idealist(in) [ideaˈlɪst] <-en, -en> *m(f)* idéaliste *mf*

idealistisch *adj* idéaliste

idealtypisch *adj inv geh* PHILOS de type idéal **Idealvorstellung** *f* idéal *m*

Idee [iˈdeː] <-, -een> *f* ❶ idée *f;* **eine** ~ **haben** avoir une idée; **jdn auf eine** ~ **bringen** donner une idée à qn; **eine glänzende** ~ une brillante idée; **eine fixe** ~ une idée fixe; **wie kommst du denn auf die** ~**?** où vas-tu chercher une idée pareille? ❷ *fam* (*Kleinigkeit*) **eine** ~ **lauter/zu kalt** un soupçon plus fort/trop froid; **keine** ~ **besser sein** ne pas valoir mieux

ideell [ideˈɛl] *adj Werte* spirituel(le); *Gesichtspunkte* intellectuel(le)

ideenarm [iˈdeːənʔarm] *adj Person* peu inventif(-ive); ~ **sein** manquer d'idées **ideenreich** [iˈdeːənraɪ̯ç] *adj* inventif(-ive) **Ideenreichtum** *m einer Person* esprit *m* inventif; *einer Gestaltung* inventivité *f*

Identifikation [idɛntifikaˈtsi̯oːn] <-, -en> *f* PSYCH identification *f;* ~ **mit jdm/etw** identification à qn/qc

Identifikationsfigur *f* modèle *m* identificatoire

identifizieren* [idɛntifiˈtsiːrən] **I.** *vt* identifier; **jdn/etw als jdn/etw** ~ identifier qn/qc comme étant qn/qc **II.** *vr* **sich mit jdm/etw** ~ s'identifier à qn/qc

Identifizierung <-, -en> *f* identification *f*

identisch [iˈdɛntɪʃ] *adj* identique; **mit jdm/etw** ~ **sein** être identique à qn/qc

Identität [idɛntiˈtɛːt] <-> *f* identité *f*

Identitätskarte *f bes.* CH, A carte *f* d'identité

Ideologe [ideoˈloːgə] <-n, -n> *m,* **Ideologin** *f* idéologue *mf*

Ideologie [ideoloˈgiː] <-, -i̯en> *f* idéologie *f*

ideologisch [ideoˈloːgɪʃ] **I.** *adj* idéologique **II.** *adv* idéologiquement

Idiom [iˈdi̯oːm] <-s, -e> *nt* LING idiome *m*

Idiomatik [idi̯oˈmaːtɪk] <-> *f* LING idio[ma]tismes *mpl*

idiomatisch [idi̯oˈmaːtɪʃ] **I.** *adj* idiomatique **II.** *adv* d'un point de vue idiomatique

Idiot(in) [iˈdi̯oːt] <-en, -en> *m(f)* ❶ *pej fam* crétin(e) *m(f);* **so ein** ~**!** quel idiot! ❷ MED débile *mf* mental(e)

Idiotenhügel *m hum fam* piste *f* débutants **idiotensicher** *hum fam* **I.** *adj* simple comme bonjour **II.** *adv* ~ **zu bedienen sein** être simple comme bonjour à manœuvrer

Idiotie [idi̯oˈtiː] <-, -i̯en> *f* ❶ *pej fam* connerie *f* ❷ MED débilité *f* mentale

Idiotin *s.* **Idiot(in)**

idiotisch [idi̯oˈtɪʃ] *adj pej fam* débile

Idol [iˈdoːl] <-s, -e> *nt* idole *f*

Idyll [iˈdʏl] <-s, -e> *nt* lieu *m* idyllique

Idylle [iˈdʏlə] <-, -n> *f* idylle *f*

idyllisch [iˈdʏlɪʃ] **I.** *adj* idyllique **II.** *adv* dans un cadre idyllique

IG [iːˈgeː] <-> *f Abk von* **Industriegewerkschaft**

Igel [ˈiːgəl] <-s, -> *m* hérisson *m*

igitt|igitt *interj fam* be[u]rk
Iglu <-s, -s> *m o nt* igloo *m*
ignorant *adj pej geh* inculte
Ignorant(in) [ɪgno'rant] <-en, -en> *m(f) pej geh* inculte *mf*
Ignoranz [ɪgno'rants] <-> *f pej geh* ignorance *f*
ignorieren* [ɪgno'riːrən] *vt* ignorer *Person;* ne pas prendre en considération *Sache*
IHK [iːhaː'kaː] <-, -s> *f Abk von* **Industrie- und Handelskammer** C.C.I. *f*
ihm[1] [iːm] *pron pers, dat von* **er** lui; **bei/mit ~** chez/avec lui; **das gefällt ~** cela lui plaît; **sie glaubt/hilft ~** elle le croit/l'aide; **sie nähern sich ~** ils s'approchent de lui; **es geht ~ gut** il va bien
ihm[2] [iːm] *pron pers, dat von* **es: er hilft ~** il l'aide; **das gehört ~** c'est à lui/elle; **das gefällt ~** cela lui plaît; **~ ist langweilig** il/elle s'ennuie; **um das Kalb/das Haus zu fotografieren, näherte sie sich ~** pour photographier le veau/la maison, elle s'en approcha
ihn [iːn] *pron pers, akk von* **er: ohne/für ~** sans/pour lui; **ich kenne ~** je le connais; **er fragt ~ /ruft ~ an** il lui demande/téléphone; **wo ist mein Schlüssel/Kuli, siehst du ~?** où est ma clé/mon stylo bille, est-ce que tu la/le vois?
ihnen ['iːnən] *pron pers, dat von* **sie**[2]**: bei ~** chez eux/elles; **mit ~** avec eux/elles; **das gefällt ~** cela leur plaît; **sie glaubt/hilft ~** elle les croit/aide; **sie nähert sich ~** elle s'approche d'eux/d'elles; **es geht ~ gut** ils/elles vont bien
Ihnen *pron pers, dat von* **Sie**[1] vous; **wie geht es ~?** comment allez-vous?; **gefällt es ~?** est-ce que cela vous plaît?; **hat er sich ~ schon vorgestellt?** est-ce qu'il s'est déjà présenté à vous?
ihr[1] [iːɐ̯] *pron pers* vous; **~ seid an der Reihe!** c'est votre tour!; **~ Armen!** mes pauvres!
ihr[2] [iːɐ̯] *pron pers, dat von* **sie**[1]**: bei/mit ~** chez/avec elle; **das gefällt ~** cela lui plaît; **sie glaubt/hilft ~** elle la croit/l'aide; **es geht ~ gut** elle va bien; **sie nähern sich ~** ils s'approchent d'elle; **um die Katze/die Brücke zu fotografieren, näherte er sich ~** pour photographier le chat/le pont, il s'en approcha
ihr[3] [iːɐ̯] *pron poss zu* **sie**[1] ① **~ Bruder** son frère; **~e Schwester/Freundin** sa sœur/son amie; **~e Eltern** ses parents; **dieses Feuerzeug ist ~** [e]s ce briquet est à elle ② *substantivisch* **der/die/das ~e** le sien/la sienne; **das sind nicht seine Bücher, sondern die ~en** ce ne sont pas ses livres à lui, mais les siens [à elle]; **die Ihren** les siens
ihr[4] [iːɐ̯] *pron poss zu* **sie**[2] ① **~ Bruder** leur frère; **~e Schwester** leur sœur; **~e Brüder/Schwestern** leurs frères/sœurs ② *substantivisch* **der/die/das ~e** le/la leur; **das sind nicht eure Bücher, sondern die ~en** ce ne sont pas vos livres [à vous], mais les leurs; **die Ihren** les leurs
Ihr *pron poss zu* **Sie**[1] ① votre; **~ Vater** votre père; **~e Mutter** votre mère; **~e Kinder** vos enfants; **herzlichst ~ Peter Braun** cordialement, Peter Braun ② *substantivisch* **der/die/das ~e** le/la vôtre; **die ~en** les vôtres
ihrer[1] ['iːrɐ] *pron pers, gen von* **sie**[1] *geh* **er erbarmt sich ~** il a pitié d'elle; **wir werden ~ gedenken** nous nous souviendrons d'elle
ihrer[2] ['iːrɐ] *pron pers, gen von* **sie**[2] *geh* **es waren ~ sechs** ils/elles étaient six; **wir werden ~ gedenken** nous nous souviendrons d'eux/d'elles
Ihrer *pron pers, gen von* **Sie**[1] *geh* **wir werden ~ gedenken** nous nous souviendrons de vous
ihrerseits ['iːrɐzaits] *adv* ① (*auf eine Person bezogen*) de son côté ② (*auf mehrere Personen bezogen*) de leur côté
Ihrerseits *adv* de votre côté
ihresgleichen ['iːrəs'glaiçən] *pron inv* **sie verkehrt nur mit ~** elle ne fréquente que les gens de sa sorte; **sie verkehren nur mit ~** ils/elles ne fréquentent que les gens de leur sorte; **unter ~** entre eux/elles
Ihresgleichen *pron inv* des gens *mpl* comme vous
ihretwegen ['iːrət'veːgən] *adv* ① (*auf eine Person bezogen*) à son sujet; (*ihr zuliebe*) pour elle; (*von ihr aus*) si cela ne tenait/n'avait tenu qu'à elle ② (*auf mehrere Personen bezogen*) à leur sujet; (*ihnen zuliebe*) pour eux/pour elles; (*von ihnen aus*) si cela ne tenait/n'avait tenu qu'à eux/elles
Ihretwegen *adv* à votre sujet; (*Ihnen zuliebe*) pour vous; (*von Ihnen aus*) si cela ne tenait/n'avait tenu qu'à vous
ihretwillen ['iːrət'vɪlən] *adv* ① (*auf eine Person bezogen*) **um ~** pour elle ② (*auf mehrere Personen bezogen*) **um ~** pour eux/elles
Ihretwillen *adv* **um ~** pour vous
Ikone [i'koːnə] <-, -n> *f* icône *f*
illegal ['ɪlegaːl] *adj* illégal(e)
Illegalität [ɪlegali'tɛːt] <-> *f* illégalité *f*

illegitim ['ɪlegitiːm] *adj* illégitime

illoyal ['ɪlɔyaːl] *geh* **I.** *adj* déloyal(e) **II.** *adv* d'une manière déloyale

illuminieren* [ɪlumi'niːrən] *vt* illuminer

Illusion [ɪlu'zi̯oːn] <-, -en> *f* illusion *f*; **sich** (*dat*) **über jdn/etw ~en machen** se faire des illusions sur qn/qc; **sich einer ~** (*dat*) **hingeben** se bercer d'illusions

illusionär [ɪluzi̯o'nɛːɐ̯] *adj geh* illusoire

Illusionist(in) [ɪluzi̯o'nɪst] *m(f)* illusionniste *mf*

illusorisch [ɪlu'zoːrɪʃ] *adj* illusoire; **es ist ~ darauf zu hoffen** c'est illusoire de compter là-dessus

Illustration [ɪlʊstra'tsi̯oːn] <-, -en> *f* illustration *f*

Illustrator [ɪlʊs'traːtoːɐ̯] <-s, -toren> *m*, **Illustratorin** *f* illustrateur(-trice) *m(f)*

illustrieren* [ɪlʊs'triːrən] *vt* illustrer

Illustrierte <-n, -n> *f* illustré *m*

Iltis <-ses, -se> *m* putois *m*

im [ɪm] = **in dem** *s.* **in**

Image ['ɪmɪtʃ] <-[s], -s> *nt* image *f* de marque; **ein gutes/schlechtes ~ haben** avoir une bonne/mauvaise image de marque

Imagepflege *f* **~ betreiben** soigner son image de marque

imaginär [imagi'nɛːɐ̯] *adj geh* imaginaire

Imagination <-, -en> *f geh* imagination *f*

ImbissRR ['ɪmbɪs] <-es, -e>, **Imbiß**ALT <-sses, -sse> *m* ❶ (*Häppchen*) collation *f* ❷ (*Imbissstand*) friterie *f*

ImbissstubeRR *f* snack[-bar] *m*

Imitat [imi'taːt] <-[e]s, -e> *nt* simili *m*

Imitation [imita'tsi̯oːn] <-, -en> *f* imitation *f*

Imitator [imi'taːtoːɐ̯] <-s, -toren> *m*, **Imitatorin** *f* imitateur(-trice) *m(f)*

imitieren* [imi'tiːrən] *vt* imiter

Imker(in) ['ɪmkɐ] <-s, -> *m(f)* apiculteur(-trice) *m(f)*

Imkerei [ɪmkə'rai̯] <-, -en> *f* ❶ (*Betrieb*) exploitation *f* apicole ❷ (*Tätigkeit*) apiculture *f*

immanent [ɪma'nɛnt] *adj geh* immanent(e)

immateriell ['ɪmateri̯ɛl] *adj geh* immatériel(le)

Immatrikulation [ɪmatrikula'tsi̯oːn] <-, -en> *f* UNIV inscription *f*

immatrikulieren* [ɪmatriku'liːrən] *vr* UNIV **sich ~** s'inscrire

immens [ɪ'mɛns] *geh* **I.** *adj* énorme **II.** *adv* énormément

immer ['ɪmɐ] *adv* ❶ toujours; **~ wieder** sans cesse; **~ noch** toujours [et encore]; **~ während** *Dunkelheit* perpétuel; *Qual* éternel; **~ mal [wieder]** *fam* comme ça, à l'occasion; **bist du ~ noch nicht fertig?** tu n'as toujours pas fini? ❷ (*zunehmend*) **~ mehr** *arbeiten, essen* de plus en plus; **~ besser werden** ne cesser de s'améliorer; **etw ~ häufiger tun** faire qc de plus en plus fréquemment ❸ (*jedes Mal*) **~ wenn ich lese** chaque fois que je lis ❹ (*auch*) **wann ~ das sein wird** peu importe quand ce sera; **wo ~ er sein mag** où qu'il soit ▶ **für ~ [und ewig]** sempiternellement

immerfort *adv* continuellement **immergrün** *adj Pflanze* à feuilles persistantes **Immergrün** *nt* pervenche *f* **immerhin** ['ɪmɐ'hɪn] *adv* tout de même **immerwährend** *s.* **immer** **immerzu** ['ɪmɐ'tsuː] *adv* continuellement

Immigrant(in) [ɪmi'grant] <-en, -en> *m(f)* immigrant(e) *m(f)*

Immigration [ɪmigra'tsi̯oːn] <-, -en> *f* immigration *f*

immigrieren* [ɪmi'griːrən] *vi + sein* immigrer

Immission <-, -en> *f* ÖKOL nuisance *f*

Immissionsschutz *m* ÖKOL protection *f* contre les nuisances

Immobilie [ɪmo'biːli̯ə] <-, -n> *f* propriété *f* immobilière; **~n** des biens *mpl* immobiliers

Immobilienfonds *m* fonds *m* de placement immobilier **Immobilienmakler(in)** *m(f)* agent *mf* immobilier

immun [ɪ'muːn] *adj* MED immunisé(e); **gegen eine Krankheit ~ werden/sein** s'immuniser/être immunisé contre une maladie

immunisieren* [ɪmuni'ziːrən] *vt* MED **jdn gegen etw ~** immuniser qn contre qc

Immunisierung <-, -en> *f* MED immunisation *f*

Immunität [ɪmuni'tɛːt] <-, -en> *f* MED, JUR immunité *f*; **~ gegen etw** immunité [à qc]

Immunologe [ɪmuno'loːgə] <-n, -n> *m*, **Immunologin** *f* MED immunologiste *mf*

Immunologie [ɪmunolo'giː] <-> *f* MED immunologie *f*

Immunschwäche *f* MED immunodéficience *f* **Immunsystem** *nt* MED système *m* immunitaire

Imperativ ['ɪmperatiːf] <-s, -e> *m* GRAM impératif *m*

Imperfekt ['ɪmpɛrfɛkt] <-s, -e> *nt* GRAM imparfait *m*

Imperialismus [ɪmperi̯a'lɪsmʊs] <-, -lismen> *m* impérialisme *m*

Imperialist(in) [ɪmperi̯a'lɪst] <-en, -en> *m(f) a. pej* impérialiste *mf*
imperialistisch [ɪmperi̯a'lɪstɪʃ] *adj a. pej* impérialiste
Imperium [ɪm'peːri̯ʊm] <-s, -rien> *nt* empire *m*
impertinent [ɪmpɛrti'nɛnt] *geh adj* impertinent(e)
Impertinenz [ɪmpɛrti'nɛnt͡s] <-, -en> *f geh* impertinence *f*
impfen ['ɪmpfən] *vt* MED vacciner; **jdn/sich gegen etw ~ lassen** faire vacciner qn/se faire vacciner contre qc
ImpfpassRR ['ɪmpfpas] *m* carnet *m* de vaccination **Impfstoff** *m* vaccin *m*
Impfung <-, -en> *f* vaccination *f*
Implantat [ɪmplan'taːt] <-[e]s, -e> *nt* implant *m*
implantieren [ɪmplan'tiːrən] *vt* implanter; **jdm etw ~** implanter qc à qn
implizieren* [ɪmpli't͡siːrən] *vt geh* impliquer
implizit [ɪmpli't͡siːt] **I.** *adj* implicite **II.** *adv* implicitement
implodieren* [ɪmplo'diːrən] *vi + sein* imploser
Implosion [ɪmplo'zi̯oːn] <-, -en> *f* implosion *f*
imponieren* [ɪmpo'niːrən] *vi* imposer; **jdm ~** *Person, Leistung:* en imposer à qn
imponierend *adj* imposant(e)
Imponiergehabe *nt eines Tiers* parade *f; pej einer Person* simagrées *fpl*
Import [ɪm'pɔrt] <-[e]s, -e> *m* ❶ (*Einfuhr*) importation *f* ❷ (*Importartikel*) article *m* d'importation
Importeur(in) [ɪmpɔr'tøːɐ̯] <-s, -e> *m(f)* importateur(-trice) *m(f)*
importieren* [ɪmpɔr'tiːrən] *vt* importer
Importware *f* marchandise *f* d'importation
imposant *adj* impressionnant(e)
impotent ['ɪmpotɛnt] *adj* impuissant(e)
Impotenz ['ɪmpotɛnt͡s] <-> *f* impuissance *f*
imprägnieren* [ɪmprɛ'gniːrən] *vt* imperméabiliser; **Kleidung/Schuhe mit etw ~** imperméabiliser des vêtements/chaussures de qc; **ein Material gegen etw ~** traiter un matériau contre qc
Impression <-, -en> *f geh* impression *f*
Impressionismus [ɪmprɛsi̯o'nɪsmʊs] <-> *m* impressionnisme *m*
Impressionist(in) [ɪmprɛsi̯o'nɪst] <-en, -en> *m(f)* impressionniste *mf*
impressionistisch [ɪmprɛsi̯o'nɪstɪʃ] *adj* impressionniste
Impressum [ɪm'prɛsʊm] <-s, Impressen> *nt* adresse *f* bibliographique; *einer Zeitung* mentions *fpl* obligatoires
Improvisation [ɪmproviza't͡si̯oːn] <-, -en> *f* improvisation *f*
improvisieren* [ɪmprovi'ziːrən] *vt, vi* improviser
Impuls [ɪm'pʊls] <-es, -e> *m* impulsion *f*
impulsiv [ɪmpʊl'ziːf] **I.** *adj* impulsif(-ive) **II.** *adv* de façon impulsive
imstande [ɪm'ʃtandə] *adj* **~ sein etw zu tun** être capable de faire qc; **zu nichts mehr ~ sein** n'être plus bon à rien
in[1] [ɪn] **I.** *präp + dat* ❶ (*bei Ortsangaben*) **~ der Tasche** dans le sac; **im Bett/Büro** au lit/bureau; **im Keller/ersten Stock** à la cave/au premier étage; **~ der Stadt** en ville; **~ Frankreich/Portugal** en France/au Portugal; **im Gebirge/~ den Alpen leben** vivre en montagne/dans les Alpes; **im Norden Deutschlands wohnen** habiter dans le nord de l'Allemagne; **im Gefängnis** en prison ❷ (*bei Zeitangaben*) **~ fünf Minuten** (*innerhalb von*) en cinq minutes; (*nach Ablauf von*) dans cinq minutes; **~ diesem Jahr** cette année; **~ der letzten Woche** la semaine dernière; **~ diesen Tagen** ces jours-ci; **im Mai** en mai; **im Frühling/Sommer** au printemps/en été; **im kommenden Herbst** [à] l'automne prochain; **im letzten Augenblick** au dernier moment; **im Krieg** pendant la guerre ❸ (*bei Umstandsangaben*) **~ der Sonne/Kälte** au soleil/dans le froid; **im Regen/Schnee** sous la pluie/la neige; **~ Rot gekleidet** habillé(e) en rouge; **im Badeanzug** en maillot de bain ❹ (*in Bezug auf*) **~ Physik** en physique; **~ dieser Sprache** dans cette langue **II.** *präp + akk* (*bei Richtungsangaben*) **~ den Garten/den Wald/die Stadt gehen** aller au jardin/en forêt/en ville; **~s Bett gehen** aller au lit; **~ die Schweiz/den Libanon fahren** aller en Suisse/au Liban; **~s Gebirge/~ die Alpen fahren** aller à la montagne/dans les Alpes; **~ den Süden fahren** aller dans le sud; **~ die Schule gehen** aller à l'école; **~s Gefängnis gehen** aller en prison
in[2] [ɪn] *adj fam* **~ sein** être in
inaktiv ['ɪnʔaktiːf] *adj* inactif(-ive)
inakzeptabel [ɪnʔakt͡sɛp'taːbəl] *adj geh* inacceptable
Inangriffnahme [ɪn'ʔangrɪfnaːmə] <-, -n> *f form* mise *f* en œuvre
Inanspruchnahme [ɪn'ʔanʃprʊxnaːmə] <-> *f form* ❶ (*Nutzung*) *von Einrichtungen*

utilisation *f;* ~ **eines Kredits/von Unterstützung** recours *m* à un crédit/une aide ❷ (*Belastung*) *eines Mitarbeiters* mise *f* à contribution; *von Geräten* utilisation *f*

Inbegriff ['ɪnbəgrɪf] *m* incarnation *f*

inbegriffen ['ɪnbəgrɪfən] *adj* inclus(e)

Inbetriebnahme [ɪnbə'tri:pna:mə] <-, -n> *f form einer Anlage* mise *f* en service; *einer Maschine* mise en marche

Inbrunst ['ɪnbrʊnst] <-> *f geh* ferveur *f*

inbrünstig ['ɪnbrʏnstɪç] *geh* **I.** *adj Gebet* fervent(e); *Bitte, Hoffnung* ardent(e) **II.** *adv hoffen* ardemment; *beten* avec ferveur

indem [ɪn'de:m] *konj* ❶ (*dadurch, dass*) en; **etw bewirken, ~ man etw tut** obtenir qc en faisant qc ❷ (*während*) (*bei identischen Subjekten*) [tout] en; (*bei unterschiedlichen Subjekten*) tandis que; **er seufzte, ~ er aufstand** il soupira tout en se levant; **~ er sprach, geschah es schon** tandis qu'il parlait, cela arrivait

Inder(in) ['ɪndɐ] <-s, -> *m(f)* Indien(ne) *m(f)* (*de l'Inde*)

indes [ɪn'dɛs], **indessen** [ɪn'dɛsən] *adv geh* ❶ (*inzwischen*) pendant ce temps[-là] ❷ (*jedoch*) cependant

Index ['ɪndɛks] <-[es], -e *o* Indizes> *m* ❶ index *m;* **auf dem ~ stehen** être à l'index ❷ ÖKON, MATH (*Kennziffer*) indice *m*

indexieren* [ɪndɛ'ksi:rən] *vt a.* ÖKON indexer

Indianer(in) [ɪn'di̯a:nɐ] <-s, -> *m(f)* Indien(ne) *m(f)* (*d'Amérique*)

indianisch [ɪn'di̯a:nɪʃ] *adj* indien(ne)

Indien ['ɪndi̯ən] <-s> *nt* l'Inde *f*

indifferent ['ɪndɪfərɛnt] *geh adj* indifférent(e)

Indigo ['ɪndigo] <-s, -s> *m o nt* indigo *m*

indigoblau *adj* indigo *inv*

Indikation [ɪndika'tsi̯o:n] <-, -en> *f* MED indication *f*

Indikativ ['ɪndikati:f] <-s, -e> *m* GRAM indicatif *m*

Indikator [ɪndi'ka:to:ɐ̯] <-s, -toren> *m* CHEM indicateur *m* [coloré]

Indio ['ɪndi̯o] <-s, -s> *m*, **-frau** *f* Indien(ne) *m(f)* (*d'Amérique latine*)

indirekt ['ɪndirɛkt] *adj* indirect(e)

indisch ['ɪndɪʃ] **I.** *adj* GEOG, LING indien(ne) **II.** *adv* **gern ~ essen** aimer la cuisine indienne

indiskret ['ɪndɪskre:t] **I.** *adj* indiscret(-ète) **II.** *adv fragen* de façon indiscrète

Indiskretion [ɪndɪskre'tsi̯o:n] <-, -en> *f* indiscrétion *f*

indiskutabel ['ɪndɪskuta:bəl] *adj pej geh* inacceptable

indisponiert ['ɪndɪsponi:ɐ̯t] *adj geh* indisposé(e)

Individualismus [ɪndividu̯a'lɪsmʊs] <-> *m geh* individualisme *m*

Individualist(in) [ɪndividu̯a'lɪst] <-en, -en> *m(f) geh* individualiste *mf*

individualistisch [ɪndividu̯a'lɪstɪʃ] *adj geh* non-conformiste

Individualität [ɪndividu̯ali'tɛ:t] <-, -en> *f* individualité *f*

Individualverkehr [ɪndivi'du̯a:l-] *m* trafic *m* des véhicules particuliers

individuell [ɪndivi'du̯ɛl] **I.** *adj* personnel(le) **II.** *adv* **etw ~ gestalten** agencer qc de façon personnalisée

Individuum [ɪndi'vi:duʊm] <-s, Individuen> *nt geh* individu *m*

Indiz [ɪn'di:ts] <-es, -ien> *nt* indice *m*

Indizes *Pl von* **Index**

Indizienbeweis *m* preuve *f* par présomption

indiziert [ɪndi'zi:ɐ̯t] *adj* ❶ MED *Medikament:* indiqué(e) ❷ (*verboten*) *Publikation* interdit(e) [par la censure]

Indochina [ɪndo'çi:na] *nt* l'Indochine *f*

indoeuropäisch [ɪndoʔɔyro'pɛ:ɪʃ], **indogermanisch** [ɪndogɛr'ma:nɪʃ] *adj* indo-européen(ne)

indoktrinieren* [ɪndɔktri'ni:rən] *vt pej* endoctriner

Indonesien [ɪndo'ne:zi̯ən] <-s> *nt* l'Indonésie *f*

Indossament [ɪndɔsa'mɛnt] <-s, -e> *nt* FIN endossement *m*

Indossant(in) [ɪndɔ'sant] <-en, -en> *m(f)* FIN endosseur *m*

Induktion [ɪndʊk'tsi̯o:n] <-, -en> *f* ELEC induction *f*

Induktionsherd *m* cuisinière *f* à induction

industrialisieren* [ɪndʊstriali'zi:rən] *vt* industrialiser; **hoch industrialisiert** très industrialisé

Industrialisierung <-, -en> *f* industrialisation *f*

Industrie [ɪndʊs'tri:] <-, -ien> *f* industrie *f*

Industrieanlage *f* installation *f* industrielle **Industriebetrieb** *m* entreprise *f* industrielle **Industriegebiet** *nt* (*auf dem Land*) région *f* industrielle; (*in der Stadt*) zone *f* industrielle **Industriegesellschaft** *f* société *f* industrielle **Industriegewerkschaft** *f* syndicat *m* ouvrier **Industriekauffrau** *f s.* **Industriekaufmann** **Industriekaufmann** *m*, **-kauffrau** *f* agent *m* technico-commercial **Industriekonzern** *m* grand groupe *m*

I

industriel **Industrieland** *nt* pays *m* industriel; **führende westliche Industrieländer** pays occidentaux les plus industrialisés

industriell [ɪndʊstri'ɛl] *adj* industriel(le)

Industrielle(r) *f(m) dekl wie adj* industriel(le) *m(f)*

Industriemacht *f* puissance *f* industrielle **Industrienation** *f* nation *f* industrielle **Industriestaat** *m* pays *m* industriel

Industrie- und Handelskammer *f* chambre *f* de commerce et d'industrie

Industrieunternehmen *nt* entreprise *f* industrielle **Industriezweig** *m* secteur *m* industriel

ineffektiv ['ɪnʔɛfɛktiːf] *adj* inefficace

ineinander [ɪnʔaɪ'nandɐ] *adv* ~ **übergehen** se confondre [l'un avec l'autre]; **sich ~ verlieben** tomber amoureux l'un de l'autre

ineinander|greifen *vi irr Zahnräder:* s'engrener

infam [ɪn'faːm] *pej* **I.** *adj* ignoble **II.** *adv* ignoblement

Infanterie ['ɪnfantəriː] <-, -ien> *f* infanterie *f*

Infanterist(in) [ɪnfantə'rɪst] <-en, -en> *m(f)* fantassin *m*

infantil [ɪnfan'tiːl] *pej* **I.** *adj* puéril(e) **II.** *adv* de façon puérile

Infarkt [ɪn'farkt] <-[e]s, -e> *m* MED infarctus *m*

Infekt <-[e]s, -e> *m* infection *f*

Infektion [ɪnfɛk'tsi̯oːn] <-, -en> *f* infection *f*

Infektionsgefahr *f* danger *m* d'infection **Infektionskrankheit** *f* maladie *f* infectieuse

infektiös [ɪnfɛk'tsi̯øːs] *adj Erkrankung* infectieux(-euse)

Inferno [ɪn'fɛrno] <-s> *nt geh* enfer *m*

infiltrieren* [ɪnfɪl'triːrən] *vt* ❶ *Fachspr.* (*eindringen*) s'infiltrer ❷ (*unterwandern*) infiltrer *Milieu, Organisation*

Infinitesimalrechnung [ɪnfinitezi'maːl-] *f* MATH calcul *m* infinitésimal

Infinitiv ['ɪnfinitiːf] <-s, -e> *m* GRAM infinitif *m*

infizieren* [ɪnfi'tsiːrən] **I.** *vt* contaminer *Person, Tier;* **jdn mit einer Krankheit ~** transmettre une maladie à qn **II.** *vr Wunde:* s'infecter; **sich bei jdm ~** être contaminé par qn

in flagranti [ɪn fla'granti] *adv geh* en flagrant délit

Inflation [ɪnfla'tsi̯oːn] <-, -en> *f* inflation *f*

inflationär *adj* inflationniste

Inflationsrate *f* taux *m* d'inflation

Info ['ɪnfo] <-, -s> *f fam Abk von* **Information** info *f*

infolge [ɪn'fɔlgə] *präp + gen* ~ **dieses Unfalls** à la suite de cet accident

infolgedessen [ɪnfɔlgə'dɛsən] *adv* en conséquence

Informant(in) [ɪnfɔr'mant] <-en, -en> *m(f)* informateur(-trice) *m(f)*

Informatik [ɪnfɔr'maːtɪk] <-> *f* informatique *f*

Informatiker(in) [ɪnfɔr'maːtɪkɐ] <-s, -> *m(f)* informaticien(ne) *m(f)*

Information [ɪnfɔrma'tsi̯oːn] <-, -en> *f* information *f;* **zu deiner ~** pour t'informer

Informationsaustausch *m* échange *m* d'informations **Informationsblatt** *nt* fiche *f* d'information **Informationsfluss**RR *m* circulation *f* de l'information **Informationsfreiheit** *f kein Pl* liberté *f* de l'information **Informationsgesellschaft** *f* société *f* d'informations **Infor-**

Informationen erfragen

Informationen erfragen	*demander des informations*
Wie komme ich am besten zum Hauptbahnhof?	*Quel est le chemin le plus direct pour aller à la gare ?*
Können Sie mir sagen, wie spät es ist?	*Pourriez-vous me donner l'heure ?*
Gibt es hier in der Nähe ein Café?	*Est-ce qu'il y a un café près d'ici ?*
Ist die Wohnung noch zu haben?	*Est-ce que l'appartement est encore à louer ?*
Kennst/Weißt du einen guten Zahnarzt?	*Connais-tu un bon dentiste ?*
Kennst du dich mit Autos aus?	*Est-ce que tu t'y connais en voitures ?*
Weißt du Näheres über diese Geschichte?	*Est-ce que tu en sais plus sur cette histoire ?*

mationsmaterial *nt* documentation *f* **Informationsquelle** *f* source *f* d'information **Informationsstand** *m* ❶ (*Kiosk*) stand *m* d'informations ❷ *kein Pl* (*Kenntnisstand*) **nach unserem derzeitigen ~** en l'état actuel de nos connaissances **Informationszeitalter** *nt* époque *f* de l'information

informativ [ɪnfɔrma'tiːf] *adj geh* informatif(-ive)

informell ['ɪnfɔrmɛl] *geh* **I.** *adj* informel(le) **II.** *adv* de manière informelle

informieren* [ɪnfɔr'miːrən] **I.** *vt* informer; **jdn über etw** (*akk*) **~** informer qn sur qc **II.** *vr* **sich über etw** (*akk*) **~** s'informer sur qc

Infostand ['ɪnfo-] *m fam s.* **Informationsstand 1**

infrage^RR [ɪn'fraːgə] **[für jdn] ~ kommen** entrer en ligne de compte [pour qn] ▶ **[das] kommt nicht ~!** [Il n'en est] pas question!

infrarot ['ɪnfraroːt] *adj* infrarouge

Infrarotlampe *f* lampe *f* à infrarouge[s]

Infrastruktur ['ɪnfraʃtrʊktuːɐ̯] *f* infrastructure *f gén pl*

Infusion [ɪnfu'zi̯oːn] <-, -en> *f* perfusion *f*

Ing. *Abk von* **Ingenieur** ing.

Ingenieur(in) [ɪnʒe'ni̯øːɐ̯] <-s, -e> *m(f)* ingénieur *mf*

Ingwer ['ɪŋvɐ] <-s> *m* gingembre *m*

Inh. *Abk von* **Inhaber, Inhalt**

Inhaber(in) ['ɪnhaːbɐ] <-s, -> *m(f) eines Geschäfts* propriétaire *mf; von Wertpapieren* détenteur(-trice) *m(f)*

inhaftieren* [ɪnhaf'tiːrən] *vt* emprisonner; **inhaftiert sein** être en prison

Inhaftierung <-, -en> *f* emprisonnement *m*

Inhalation [ɪnhala'tsi̯oːn] <-, -en> *f* MED inhalation *f*

inhalieren* [ɪnha'liːrən] **I.** *vt* inhaler; avaler *Rauch* **II.** *vi* MED faire des inhalations

Inhalt ['ɪnhalt] <-[e]s, -e> *m* ❶ *einer Tasche* contenu *m* ❷ (*Sinngehalt*) *eines Romans* fond *m* ❸ (*Flächeninhalt*) aire *f* ❹ (*Volumen*) volume *m*

inhaltlich **I.** *adj Frage* de contenu; *Arbeit* de fond **II.** *adv* **~ betrachtet** du point de vue du contenu

Inhaltsangabe *f* résumé *m* **Inhaltserklärung** *f* déclaration *f* du contenu

inhaltslos *adj* creux(-euse)

Inhaltsverzeichnis *nt* table *f* des matières

inhuman ['ɪnhumaːn] *adj* inhumain(e)

Initiale [initsi̯'aːlə] <-, -n> *f* initiale *f*

Initiative [initsi̯a'tiːvə] <-, -n> *f* ❶ (*Anstoß*) initiative *f;* **bei/in etw** (*dat*) **die ~ ergreifen** prendre l'initiative dans qc ❷ *kein Pl* (*Unternehmungsgeist*) initiative *f;* **aus eigener ~** de sa/ma/... propre initiative ❸ (*Bürgerinitiative*) comité *m* d'action et de défense [des citoyens]

Initiator [ini'tsi̯aːtɔːr] <-s, -toren> *m*, **Initiatorin** *f einer Aktion* initiateur(-trice) *m(f)*

initiieren* [initsi'iːrən] *vt* être l'initiateur de

Injektion [ɪnjɛk'tsi̯oːn] <-, -en> *f* injection *f*

Injektionsnadel *f* aiguille *f* à injection

injizieren* [ɪnji'tsiːrən] *vt* injecter; **jdm etw ~** injecter qc à qn

Inka ['iŋka] <-[s], -[s]> *m* Inca *m*

Inkarnation [ɪnkarna'tsi̯oːn] <-, -en> *f geh* incarnation *f*

Inkasso [ɪn'kaso] <-s, -s *o* A Inkassi> *nt* FIN recouvrement *m*, encaissement *m*

inkl. *Abk von* **inklusive**

inklusive [ɪnklu'ziːvə] **I.** *präp + gen* inclus(e) *postposé,* compris(e) *postposé;* **~ Nebenkosten** charges incluses **II.** *adv* **bis ~ dritten März** jusqu'au trois mars inclus

inkognito [ɪn'kɔgnito] *adv* incognito

Inkognito [ɪn'kɔgnito] <-s, -s> *nt* incognito *m;* **sein ~ wahren/preisgeben** garder l'incognito/révéler son identité

inkompatibel ['ɪnkɔmpatiːbəl] *adj* INFORM, JUR incompatible

inkompetent ['ɪnkɔmpetɛnt] **I.** *adj* incompétent(e) **II.** *adv* de manière incompétente

Inkompetenz ['ɪnkɔmpetɛnts] *f* incompétence *f*

inkonsequent ['ɪnkɔnzekvɛnt] **I.** *adj* inconséquent(e) **II.** *adv* avec inconséquence

Inkonsequenz ['ɪnkɔnzekvɛnts] *f* inconséquence *f*

inkontinent *adj* MED incontinent(e)

Inkontinenz ['ɪnkɔntinɛnts] <-, -en> *f* MED incontinence *f*

inkorrekt ['ɪnkɔrɛkt] **I.** *adj* incorrect(e) **II.** *adv sich verhalten* de façon incorrecte

In-Kraft-Treten^RR <-s> *nt form eines Gesetzes* entrée *f* en vigueur

Inkubationszeit *f* MED période *f* d'incubation

Inland ['ɪnlant] *nt kein Pl* intérieur *m* du pays; **im In- und Ausland** dans le pays même et à l'étranger

Inlandflug *m* vol *m* domestique

inländisch ['ɪnlɛndɪʃ] *adj* national(e)

Inlandsabsatz *m* ventes *fpl* intérieures **Inlandsmarkt** *m* marché *m* intérieur **Inlandsporto** *nt* tarif *m* [d'affranchissement] pour le pays **Inlandsverschuldung** *f* endettement *m* intérieur

Inlay ['ɪnle:] <-s, -s> *nt* MED inlay *m*

Inlett ['ɪnlɛt] <-[e]s, -e *o* -s> *nt* enveloppe *f*

Inliner ['ɪnlaine] <-s, -> *Pl s.* **Inlineskates**

Inlineskater ['ɪnlainske:tɐ] <-s, -> *m* patineur(-euse) *m(f)* en ligne

Inlineskates ['ɪnlainske:ts] <-> *Pl* patins *mpl* en ligne

Inlineskating ['ɪnlainske:tɪŋ] <-s> *nt* faire du patin *m* en ligne

inmitten [ɪn'mɪtən] *präp + gen* ~ **der Leute/des Raumes** au milieu des gens/de la pièce

inne|haben ['ɪnəha:bən] *vt irr form* occuper **inne|halten** *vi irr geh* s'interrompre; (*sich besinnen*) faire une pause; **im Sprechen** ~ s'arrêter de parler

innen ['ɪnən] *adv* à l'intérieur; ~ **und außen** à l'intérieur et à l'extérieur; **von** ~ de l'intérieur; **nach** ~ **aufgehen** *Tür, Fenster:* s'ouvrir vers l'intérieur

Innenansicht *f* intérieur *m* **Innenarchitekt(in)** *m(f)* architecte *mf* d'intérieur **Innenarchitektur** *f* architecture *f* intérieure **Innenausschuss**^RR *m* POL Commission *f* des affaires intérieures **Innenausstattung** *f* équipement *m* intérieur **Innenbahn** *f* SPORT *eines Stadions* couloir *m* à la corde **Innendienst** *m* service *m* de bureau; **im** ~ **arbeiten** [*o* **sein**] travailler au bureau **Inneneinrichtung** *f* aménagement *m* intérieur **Innenhof** *m* cour *f* intérieure **Innenleben** *nt kein Pl* ❶ (*Seelenleben*) vie *f* intérieure ❷ *fam* (*das Innere*) *eines Geräts* ventre *m* **Innenminister(in)** *m(f)* ministre *mf* de l'Intérieur **Innenministerium** *nt* ministère *m* de l'Intérieur **Innenpolitik** *f* politique *f* intérieure **innenpolitisch** ['ɪnənpoli:tɪʃ] **I.** *adj Debatte, Ereignis* concernant la politique intérieure **II.** *adv* en politique intérieure **Innenraum** *m* ❶ *eines Gebäudes* intérieur *m* ❷ (*das Innere*) *eines Wagens* habitacle *m* **Innenseite** *f eines Kleidungsstücks, Stoffs* envers *m; der Armbeuge* face *f* interne; *eines Gebäudes* façade *f* intérieure **Innenstadt** *f* centre[-ville] *m* **Innentasche** *f* poche *f* intérieure

innerbetrieblich ['ɪnɐbətri:plɪç] *adj* interne à l'entreprise **innerdeutsch** ['ɪnɐdɔytʃ] *adj* ❶ (*Deutschland betreffend*) relatif(-ive) aux affaires intérieures de l'Allemagne ❷ HIST (*die beiden deutschen Staaten betreffend*) germano-allemand(e), interallemand(e)

innere(r, s) ['ɪnərə, -rɐ, -rəs] *adj* ❶ (*innerhalb gelegen*) intérieur(e); *Verletzung* interne ❷ *Aufbau, Ordnung* interne ❸ POL (*inländisch*) intérieur(e) ❹ *Anteilnahme* profond(e); *Spannung* intérieur(e); **ohne** ~ **Anteilnahme** sans se/me/te/... sentir concerné(e)

Innere(s) *nt dekl wie adj* ❶ (*innerer Teil*) intérieur *m* ❷ (*Mitte*) *eines Landes* intérieur *m* ❸ (*Innenleben*) moi *m* profond; **tief in seinem/meinem/...** ~**n** en son/mon/... for intérieur

Innereien [ɪnə'raiən] *Pl* entrailles *fpl; von Geflügel* abats *mpl; von Fischen* boyaux *mpl*

innerhalb ['ɪnɐhalp] **I.** *adv* ❶ ~ **von Köln/Deutschland** dans Cologne/en Allemagne ❷ (*binnen*) ~ **von wenigen Stunden** en [l'espace de] quelques heures; ~ **von drei Tagen** dans les trois jours **II.** *präp + gen* ❶ ~ **Berlins/Deutschlands** dans Berlin/en Allemagne ❷ (*binnen*) ~ **einer Stunde** en l'espace d'une heure; ~ **dieser Woche** dans le courant de cette semaine; ~ **kürzester Zeit** en très peu de temps; **etw** ~ **einer Woche erledigen müssen** devoir terminer qc dans un délai d'une semaine

innerlich ['ɪnɐlɪç] **I.** *adj* ❶ *Anwendung* interne ❷ (*das Innenleben betreffend*) profond(e); *Anspannung* intérieur(e) **II.** *adv* ❶ (*im Körper*) à l'intérieur du corps ❷ *aufgewühlt* profondément ❸ (*insgeheim*) intérieurement

innerorts *adv* A, CH en agglomération

innerparteilich **I.** *adj Angelegenheiten* interne [au parti] **II.** *adv regeln* au sein du parti **innerstaatlich** **I.** *adj Angelegenheiten* interne [à l'État] **II.** *adv regeln* au sein de l'État **innerstädtisch** *adj, adv* à l'intérieur de la ville

innerste(r, s) ['ɪnɐstə, -tɐ, -təs] *adj* ❶ (*ganz innen gelegen*) central(e); **im** ~**n Tempelbezirk** au cœur du temple; **die** ~ **der drei Stadtmauern** le plus au centre des trois murs d'enceinte ❷ (*das Innenleben betreffend*) intime

Innerste(s) *nt dekl wie adj* cœur *m;* **tief in ihrem** ~**n** au plus profond d'elle-même

innert ['ɪnɛrt] *präp + dat o gen* A, CH *s.* **innerhalb II. 2**

inne|wohnen ['ɪnəvo:nən] *vi geh* **jdm/einer S.** ~ être inhérent à qn/qc

innig ['ɪnɪç] **I.** *adj* ❶ (*tief gehend*) sincère

❷ (*sehr eng*) étroit(e) **II.** *adv* profondément

Innigkeit <-> *f* *einer Beziehung* profondeur *f*; *eines Dankes* sincérité *f*

inniglich *adv geh* profondément

Innovation [ɪnova'tsi̯oːn] <-, -en> *f* innovation *f*

innovativ [ɪnova'tiːf] *adj* innovateur(-trice)

Innung ['ɪnʊŋ] <-, -en> *f* corporation *f*

inoffiziell ['ɪnʔɔfitsi̯ɛl] *adj* *Treffen* non officiel(le); *Information* officieux(-euse)

inoperabel ['ɪnʔoperaːbəl] *adj* inopérable

inopportun ['ɪnʔɔpɔrtuːn] *adj geh* inopportun(e)

in petto [ɪn'pɛto] ▶ **etw ~ haben** *fam* avoir qc en réserve

in puncto [ɪn'pʊŋkto] *adv fam* **~ Sicherheit** question sécurité

Input ['ɪnpʊt] <-s, -s> *m o nt* INFORM input *m*

Inquisition [ɪnkvizi'tsi̯oːn] <-> *f* HIST Inquisition *f*

Inquisitor [ɪnkvi'ziːtoːɐ̯] <-s, -toren> *m* HIST Inquisiteur *m*

ins [ɪns] = **in das** *s.* **in**

Insasse ['ɪnzasə] <-n, -n> *m*, **Insassin** *f* ❶ (*Passagier*) passager(-ère) *m(f)* ❷ (*Bewohner*) *eines Heims* pensionnaire *mf*; *einer Anstalt* patient(e) *m(f)*; *eines Gefängnisses* détenu(e) *m(f)*

Insassenversicherung *f* assurance *f* passagers

insbesondere [ɪnsbə'zɔndərə] *adv* en particulier

Inschrift ['ɪnʃrɪft] *f* inscription *f*; (*an einem Gebäude*) épigraphe *f*; (*Grabinschrift*) épitaphe *f*

Insekt [ɪn'zɛkt] <-[e]s, -en> *nt* insecte *m*

Insektenbekämpfungsmittel *nt*, **Insektengift** *nt* insecticide *m* **Insektenkunde** <-> *f* entomologie *f* **Insektenspray** *m o nt* bombe *f* insecticide **Insektenstich** *m* piqûre *f* d'insecte **Insektenvernichtungsmittel** *nt*, **Insektenvertilgungsmittel** *nt* insecticide *m*

Insektizid [ɪnzɛkti'tsiːt] <-s, -e> *nt* insecticide *m*

Insel ['ɪnzəl] <-, -n> *f* île *f*

Inselbewohner(in) *m(f)* habitant(e) *m(f)* de l'île **Inselgruppe** *f* chapelet *m* d'îles

Inserat [ɪnze'raːt] <-[e]s, -e> *nt* [petite] annonce *f*

Inserent(in) [ɪnze'rɛnt] <-en, -en> *m(f)* annonceur(-euse) *m(f)*

inserieren* [ɪnze'riːrən] **I.** *vi* passer une annonce; **in etw** (*dat*) **~** passer une annonce dans qc **II.** *vt* **etw in der Zeitung ~** faire mettre qc dans le journal

insgeheim [ɪnsgə'hai̯m] *adv* secrètement

insgesamt [ɪnsgə'zamt] *adv* ❶ (*alles zusammen*) en tout ❷ (*im Großen und Ganzen*) dans l'ensemble; **~ gesehen** en gros, globalement

Insider(in) ['ɪnsai̯dɐ] <-s, -> *m(f)* (*Eingeweihte(r)*) personne *f* bien informée, initié(e) *m(f)*

Insiderwissen *nt* savoir *m* d'initié

insistieren* [ɪnzɪs'tiːrən] *vi geh* insister; **darauf ~, dass** insister sur le fait que + *subj*

insofern[1] [ɪn'zoːfɛrn] *adv* sur ce point; **dies ist ~ wichtig, als ...** c'est important dans la mesure où ...

insofern[2] [ɪnzo'fɛrn] *konj* si

insolvent ['ɪnzɔlvɛnt, ɪnzɔl'vɛnt] *adj* ÖKON insolvable

Insolvenz ['ɪnzɔlvɛnts, ɪnzɔl'vɛnts] <-, -en> *f* insolvabilité *f*

insoweit [ɪn'zoːvai̯t] *s.* **insofern**[1]

in spe [ɪn'speː] *adj fam* **der Schwiegersohn ~** le futur gendre

Inspekteur(in) [ɪnspɛk'tøːɐ̯] <-s, -e> *m(f)* chef *mf* d'état-major

Inspektion [ɪnspɛk'tsi̯oːn] <-, -en> *f* inspection *f*; *eines Fahrzeugs* révision *f*

Inspektor [ɪn'spɛktoːɐ̯] <-s, -toren> *m*, **Inspektorin** *f* ADMIN inspecteur(-trice) *m(f)*

Inspiration [ɪnspira'tsi̯oːn] <-, -en> *f* inspiration *f*

inspirieren* [ɪnspi'riːrən] *vt* inspirer; **sich von jdm/etw zu einem Film ~ lassen** s'inspirer de qn/qc pour un film

Inspizient(in) [ɪnspi'tsi̯ɛnt] <-en, -en> *m(f)* chef *mf* de plateau

inspizieren* [ɪnspi'tsiːrən] *vt* inspecter

instabil ['ɪnstabiːl] *adj* instable

Instabilität ['ɪnstabilitɛːt] <-, *selten* -en> *f* instabilité *f*

Installateur(in) [ɪnstala'tøːɐ̯] <-s, -e> *m(f)* ❶ (*Klempner*) plombier *m* ❷ (*Elektroinstallateur*) électricien(ne) *m(f)*

Installation [ɪnstala'tsi̯oːn] <-, -en> *f* (*Leitungen*) installation *f* électrique; (*Rohre, Gasleitungen*) plomberie *f*

Installationsdiskette *f* INFORM disquette *f* d'installation

installieren* [ɪnsta'liːrən] *vt* ❶ (*einbauen*) installer ❷ INFORM **etw auf einem Rechner ~** installer qc sur un ordinateur

instand [ɪn'ʃtant] *adj* **~ setzen/halten** réparer/entretenir

Instandhaltung *f form* entretien *m*

inständig ['ɪnʃtɛndɪç] **I.** *adj Bitte* pressant(e) **II.** *adv* instamment
Instandsetzung <-, -en> *f* réparation *f*
Instanz [ɪn'stants] <-, -en> *f* ① ADMIN instance *f* ② JUR instance *f;* **in erster/zweiter ~** en première/deuxième instance
Instanzenweg *m* ADMIN procédure *f*
Instinkt [ɪn'stɪŋkt] <-[e]s, -e> *m* instinct *m*
instinktiv [ɪnstɪŋk'ti:f] *adj* instinctif(-ive)
Institut [ɪnsti'tu:t] <-[e]s, -e> *nt* ADMIN, UNIV institut *m*
Institution [ɪnstitu'tsi̯o:n] <-, -en> *f* institution *f*
institutionell [ɪnstitutsi̯o'nɛl] *adj* institutionnel(le)
instruieren* [ɪnstru'i:rən] *vt geh* (*anweisen*) donner des instructions à
Instruktion [ɪnstrʊk'tsi̯o:n] <-, -en> *f* ① (*Anweisung*) instruction *f* ② (*Anleitung*) instructions *fpl*
Instrument [ɪnstru'mɛnt] <-[e]s, -e> *nt* ① (*Musikinstrument*) instrument *m* ② (*Messinstrument, Untersuchungsinstrument*) appareil *m* ③ *geh* (*Werkzeug*) instrument *m*
instrumental [ɪnstrumɛnt'ta:l] **I.** *adj* instrumental(e) **II.** *adv* **jdn ~ begleiten** accompagner qn en jouant d'un instrument de musique
instrumentalisieren* [ɪnstrumɛntali'zi:rən] *vt geh* instrumentaliser
Instrumentalist(in) [ɪnstrumɛnta'lɪst] <-en, -en> *m(f)* MUS instrumentiste *mf*
Instrumentalmusik *f* musique *f* instrumentale
Instrumentarium [ɪnstrumɛn'ta:ri̯ʊm] <-s, -rien> *nt* ① (*Ausrüstung*) instrumentation *f* ② (*Mittel*) moyens *mpl* ③ MUS instrumentation *f*
Insuffizienz ['ɪnzʊfitsi̯ɛnts] <-, -en> *f a.* MED insuffisance *f*
Insulaner(in) [ɪnzu'la:nɐ] <-s, -> *m(f)* insulaire *mf*
Insulin [ɪnzu'li:n] <-s> *nt* MED insuline *f*
inszenieren* [ɪnstse'ni:rən] *vt* mettre en scène; **etw ~** mettre qc en scène
Inszenierung <-, -en> *f a. fig* mise *f* en scène
intakt [ɪn'takt] *adj* ① (*unversehrt*) intact(e) ② (*voll funktionsfähig*) en parfait état
integer [ɪn'te:gɐ] *adj* intègre
integral [ɪnte'gra:l] *adj attr Bestandteil* intégrant(e)
Integralrechnung *f kein Pl* MATH calcul *m* intégral
Integration [ɪntegra'tsi̯o:n] <-, -en> *f* intégration *f;* **~ in etw** (*akk*) intégration dans qc
Integrationsweg *m* voie *f* d'intégration; **neue ~e beschreiten** emprunter de nouvelles voies d'intégration
integrieren* [ɪnte'gri:rən] *vt, vr* intégrer; **sich in etw** (*akk*) **~** s'intégrer dans qc
Integrität <-> *f* intégrité *f*
Intellekt [ɪntɛ'lɛkt] <-[e]s> *m* intellect *m*
intellektuell [ɪntɛlɛk'tuɛl] *adj* intellectuel(le)
Intellektuelle(r) *f(m) dekl wie adj* intellectuel(le) *m(f)*
intelligent [ɪntɛli'gɛnt] *adj* intelligent(e)
Intelligenz [ɪntɛli'gɛnts] <-> *f* intelligence *f;* **künstliche ~** intelligence artificielle
Intelligenzquotient *m* quotient *m* intellectuel **Intelligenztest** *m* test *m* d'intelligence
Intendant(in) [ɪntɛn'dant] <-en, -en> *m(f) eines Senders* directeur(-trice) *m(f); eines Theaters* administrateur(-trice) *m(f)*
Intendanz [ɪntɛn'dants] <-, -en> *f* ① (*Amt*) poste *m* de directeur; *eines Theaters* poste d'administrateur ② (*Büro*) bureau *m* du directeur; *eines Theaters* bureau de l'administrateur
Intensität [ɪntɛnzi'tɛ:t] <-, -en> *f* intensité *f*
intensiv [ɪntɛn'zi:f] **I.** *adj* ① *Duft, Gefühl* intense ② (*angestrengt*) intensif(-ive) **II.** *adv* ① **~ duften** sentir fort; **~ nach Thymian schmecken** avoir un goût prononcé de thym ② *arbeiten* intensément
intensivieren* [ɪntɛnzi'vi:rən] *vt* intensifier
Intensivierung <-, *selten* -en> *f* intensification *f*
Intensivkurs *m* cours *m* intensif **Intensivstation** *f* service *m* de réanimation
Intention <-, -en> *f geh* intention *f*
interaktiv [ɪntɐʔak'ti:f] *adj* INFORM interactif(-ive)
Intercity® [ɪntɐ'sɪti] <-s, -s> *m* ≈ train *m* Intercité
Intercityexpress®, **Intercityexpresszug**[RR] *m* ≈ T.G.V. *m*
interdisziplinär [ɪntɐdɪstsipli'nɛ:ɐ̯] *adj* pluridisciplinaire
interessant [ɪntərɛ'sant] **I.** *adj* intéressant(e); **etwas Interessantes** quelque chose d'intéressant ▶ **sich ~ machen** faire l'intéressant(e) **II.** *adv* d'une façon intéressante
interessanterweise [ɪntərɛ'santɐ'vai̯zə] *adv* curieusement

Interesse [ɪntəˈrɛsə] <-s, -n> *nt* ❶ *kein Pl (Aufmerksamkeit)* intérêt *m;* ~ **zeigen** s'intéresser; ~ **an jdm/etw haben** être intéressé par qn/qc; **er/sie hat ~ daran mitzuarbeiten** cela l'intéresse de collaborer; **etw aus/mit ~ tun** faire qc par/avec intérêt ❷ *Pl (Neigungen)* centres *mpl* d'intérêts ❸ *meist Pl (Bestrebungen)* **die finanziellen ~n eines Landes** les intérêts *mpl* financiers d'un pays ❹ *(Nutzen, Vorteil)* **für jdn von ~ sein** être intéressant pour qn; **das liegt in seinem/deinem eigenen ~** c'est dans son/ton propre intérêt; **im ~ unserer Zusammenarbeit** dans l'intérêt de notre collaboration

interessehalber [ɪntəˈrɛsəhalbɐ] *adv* par curiosité

interesselos *adj* indifférent(e)

Interesselosigkeit <-> *f* manque *m* d'intérêt

Interessengebiet *nt* centre *m* d'intérêt **Interessengemeinschaft** *f* communauté *f* d'intérêts **Interessengruppe** *f* groupement *m* d'intérêts **Interessenkonflikt** *m* conflit *m* d'intérêts

Interessent(in) [ɪntərɛˈsɛnt] <-en, -en> *m(f)* personne *f* intéressée

interessieren* [ɪntərɛˈsiːrən] **I.** *vt* intéresser; **jdn ~** *Person, Ereignis:* intéresser qn; **jdn für die Astronomie ~** éveiller l'intérêt de qn pour l'astronomie **II.** *vr* **sich für jdn/etw ~** s'intéresser à qn/qc

interessiert [ɪnt(ə)rɛˈsiːɐ̯t] **I.** *adj* ❶ intéressé(e); **kulturell ~ sein** s'intéresser à la culture; **sich ~ zeigen** manifester de l'intérêt ❷ *(erpicht)* **an jdm ~ sein** s'intéresser à qn; **an etw** *(dat)* **~ sein** être intéressé par qc; **daran ~ sein etw zu tun** avoir l'intérêt de faire qc **II.** *adv* *zuhören* avec [grand] intérêt

Interface [ˈɪntɐfeɪs] <-, -s> *nt* INFORM interface *f*

Interferenz [ɪntɐfeˈrɛnts] <-, -en> *f* interférence *f*

Interjektion [ɪntɐjɛkˈtsi̯oːn] <-, -en> *f* GRAM interjection *f*

interkontinental [ɪntɐkɔntinɛnˈtaːl] *adj* intercontinental(e)

Interkontinentalrakete *f* MIL missile *m* intercontinental

Intermezzo [ɪntɐˈmɛtso] <-s, -s *o* -mezzi> *nt a.* MUS intermède *m*

intern [ɪnˈtɛrn] **I.** *adj* *Angelegenheit, Regelung* interne; *Schwierigkeiten* intérieur(e) **II.** *adv* **wir werden das ~ regeln** nous allons régler cela entre nous

Internat [ɪntɐˈnaːt] <-[e]s, -e> *nt* internat *m*

international [ɪntɐnatsi̯oˈnaːl] **I.** *adj* international(e); *Anerkennung* dans le monde entier **II.** *adv* au niveau international

Internationale [ɪntɐnatsi̯oˈnaːlə] <-, -n> *f* HIST Internationale *f*

internationalisieren* [ɪntɐnatsi̯onaliˈziːrən] *vt* internationaliser

Internatsschüler(in) *m(f)* interne *mf*

Internet [ˈɪntɐnɛt] *nt* INFORM Internet *m;* **im ~ surfen** naviguer sur Internet

Internetadresse *f* adresse *f* Internet **Internetanschluss**[RR] *m* branchement *m* Internet **Internetbrowser** [ˈɪntɐnɛtbrau̯zɐ] *m* navigateur *m* Web, explorateur *m* de réseau **Internetcafé** *nt* cybercafé *m* **Internetnutzer(in)** *m(f)* internaute *mf*, utisateur(-trice) *m(f)* [d']Internet **Internetportal** *nt* INET portail *m* internet **Internetprovider** [ˈɪntɐnɛtprovaɪ̯dɐ] *m* fournisseur *m* d'accès Internet **Internetseite** *f* page *f* web **Internetsurfer(in)** [ˈɪntɐnɛtsœrfɐ] *m(f)* internaute *mf* **Internetzugang** *m* accès *m* à l'Internet

internieren* [ɪntɐˈniːrən] *vt* interner

Internierung <-, -en> *f* internement *m*

Internierungslager *nt* camp *m* d'internement

Internist(in) [ɪntɐˈnɪst] <-en, -en> *m(f)* spécialiste *mf* des maladies organiques

interparlamentarisch *adj* interparlementaire **interplanetar** [ɪntɐplaneˈtaːɐ̯] *adj* ASTRON interplanétaire

Interpol [ˈɪntɐpoːl] <-> *f* Interpol *m*

Interpret(in) [ɪntɐˈpreːt] <-en, -en> *m(f)* interprète *mf*

Interpretation [ɪntɐpretaˈtsi̯oːn] <-, -en> *f* interprétation *f*

interpretieren* [ɪntɐpreˈtiːrən] *vt* interpréter

Interpunktion [ɪntɐpʊŋkˈtsi̯oːn] <-, -en> *f* ponctuation *f*

Interrailkarte [ˈɪntɐreːl-] *f* carte *f* Inter-Rail

Interregio® [ɪntɐˈreːgi̯o] <-s, -s> *m* express *m* régional

Interrogativpronomen [ɪntɐrogaˈtiːf-] *nt* GRAM pronom *m* interrogatif

Intervall [ɪntɐˈval] <-s, -e> *nt a.* MUS intervalle *m*

intervenieren* [ɪntɐveˈniːrən] *vi* POL, MIL intervenir

Intervention [ɪntɐvɛnˈtsi̯oːn] <-, -en> *f* intervention *f*

Interview [ˈɪntɐvju] <-s, -s> *nt* inter-

view *f*; **jdm ein ~ geben** accorder une interview à qn
interviewen* [ɪntɐ'vjuːən] *vt* interviewer; **jdn zu etw ~** interviewer qn au sujet de qc
Interviewer(in) [ɪntɐ'vjuːɐ] <-s, -> *m(f)* intervieweur(-euse) *m(f)*; (*bei Umfragen*) enquêteur(-euse) *m(f)*
intim [ɪn'tiːm] *adj* ❶ (*innig, persönlich*) intime ❷ *Sehnsüchte, Wünsche* intime, profond(e) ❸ *euph* (*sexuell*) **mit jdm ~ sein** avoir des rapports intimes avec qn
Intimbereich *m* parties *fpl* intimes **Intimfeind(in)** *m(f) fam* ennemi(e) *m(f)* intime
Intimität [ɪntimi'tɛːt] <-, -en> *f geh* ❶ *kein Pl* (*Vertrautheit*) intimité *f* ❷ *Pl* (*Privatangelegenheiten*) détails *mpl* de la vie privée
Intimpflege *f* hygiène *f* intime **Intimsphäre** *f* intimité *f*
intolerant ['ɪntolerant] **I.** *adj* intolérant(e) **II.** *adv* **sich ~ verhalten** faire preuve d'intolérance
Intoleranz ['ɪntolerants] *f* intolérance *f*
Intonation [ɪntona'tsi̯oːn] <-, -en> *f* intonation *f*
intonieren* [ɪnto'niːrən] *vt* entonner
intramuskulär [ɪntramʊsku'lɛːɐ] *adj* MED intramusculaire
Intranet ['ɪntranɛt] <-s, -s> *nt* INFORM intranet *m*
intransitiv ['ɪntranzitiːf] GRAM *adj* intransitif(-ive)
intravenös [ɪntrave'nøːs] MED **I.** *adj* intraveineux(-euse) **II.** *adv* par voie intraveineuse
intrigant [ɪntri'gant] *adj Person* intrigant(e)
Intrigant(in) [ɪntri'gant] <-en, -en> *m(f)* intrigant(e) *m(f)*
Intrige [ɪn'triːgə] <-, -n> *f* intrigue *f* ▶ **eine ~ spinnen** combiner une intrigue
intrigieren* [ɪntri'giːrən] *vi* comploter; **gegen jdn ~** comploter contre qn
introvertiert [ɪntrovɛr'tiːɐt] *adj geh* introverti(e)
Intuition [ɪntui'tsi̯oːn] <-, -en> *f* intuition *f*
intuitiv [ɪntui'tiːf] **I.** *adj* intuitif(-ive) **II.** *adv* intuitivement
intus *adj fam* ❶ (*verzehrt, getrunken*) **etw ~ haben** s'être enfilé qc ❷ (*gelernt, verstanden*) **etw ~ haben** avoir pigé qc ▶ **einen ~ haben** *fam* être bourré
Invalide [ɪnva'liːdə] <-n, -n> *m*, **Invalidin** *f* invalide *mf*
Invalidität [ɪnvalidi'tɛːt] <-> *f* invalidité *f*
invariabel ['ɪnvari̯aːbl] *adj* invariable
Invasion [ɪnva'zi̯oːn] <-, -en> *f a. fig* invasion *f*
Inventar [ɪnvɛn'taːɐ] <-s, -e> *nt* inventaire *m*; **lebendes/totes ~** cheptel *m* vif/mort ▶ **zum ~ gehören** *fam Person:* faire partie des meubles
Inventarliste *f* liste *f* d'inventaire
Inventur [ɪnvɛn'tuːɐ] <-, -en> *f* inventaire *m*; **~ machen** faire l'inventaire
Inversion [ɪnvɛr'zi̯oːn] <-, -en> *f a.* LING inversion *f*
investieren* [ɪnvɛs'tiːrən] *vt a. fig* investir; **etw in Wertpapiere ~** investir qc dans des valeurs
Investition [ɪvɛsti'tsi̯oːn] <-, -en> *f* investissement *m*
Investitionsbank *f* Banque *f* d'investissements; **die Europäische ~** la Banque européenne d'investissements
Investment [ɪn'vɛstmənt] <-s, -s> *nt* ❶ FIN investissement *m*, placement *m* ❷ (*Geldanlage in Investmentfonds*) *capitaux placés dans des certificats d'investissement*
Investmentbanking [ɪn'vɛstməntbɛŋkɪŋ] <-s> *nt* ÖKON investment banking *m*
Investmentfonds [ɪn'vɛstmənt-] *m* FIN fonds *m* d'investissements
Investor(in) [ɪn'vɛstoːɐ] <-s, -en> *m(f)* ÖKON investisseur *m*
In-vitro-Fertilisation [ɪn'viːtro-] <-, -en> *f* MED fécondation *f* in vitro
inwendig ['ɪnvɛndɪç] **I.** *adv* à l'intérieur ▶ **etw in- und auswendig kennen** *fam* connaître qc sur le bout des doigts **II.** *adj* intérieur(e)
inwiefern [ɪnvi'fɛrn] *adv* dans quelle mesure **inwieweit** [ɪnvi'vait] *adv* jusqu'à quel point
Inzahlungnahme <-, -n> *f* COM reprise *f*
Inzest [ɪn'tsɛst] <-[e]s, -e> *m* inceste *m*
Inzucht ['ɪntsʊxt] *f* union *f* consanguine
inzwischen [ɪn'tsvɪʃən] *adv* entre-temps
IOK [iːʔoː'kaː] <-[s]> *nt Abk von* **Internationales Olympisches Komitee** C.I.O. *m*
Ion [i̯oːn] <-s, -en> *nt* CHEM, PHYS ion *m*
ionisch ['i̯oːnɪʃ] *adj* ❶ ARCHIT, KUNST ionique ❷ MUS ionien(ne)
Ionosphäre [i̯ono'sfɛːrə] *f kein Pl* ionosphère *f*
i-Punkt[RR] ['iːpʊŋkt] *m* point *m* sur le i ▶ **bis auf den ~** à la virgule près
IQ [iː'kuː] <-[s], -[s]> *m Abk von* **Intelligenzquotient** Q.I. *m*
i.R. [iː'ʔɛr] *Abk von* **im Ruhestand** en retraite

Irak [i'ra:k] <-s> *m* **[der]** ~ l'Irak *m*

Iraker(in) [i'ra:kɐ] <-s, -> *m(f)* Irakien(ne) *m(f)*

irakisch [i'ra:kɪʃ] *adj* irakien(ne)

Irakkrieg *m* **der** ~ la guerre en Irak

Iran [i'ra:n] <-s> *m* **[der]** ~ l'Iran *m*

Iraner(in) [i'ra:nɐ] <-s, -> *m(f)* Iranien(ne) *m(f)*

iranisch [i'ra:nɪʃ] *adj* iranien(ne)

irdisch ['ɪrdɪʃ] *adj* terrestre

Ire ['i:rə] <-n, -n> *m*, **Irin** *f* Irlandais(e) *m(f)*

irgend ['ɪrgənt] *adv* ① (*verstärkend*) **wenn es dir ~ möglich ist** si cela t'est possible d'une manière ou d'une autre; **so vorsichtig wie ~ möglich** avec le plus de précautions possibles ② (*unbestimmt, unbedeutend*) **~ so ein Spinner/Insekt** encore un de ces con[n]ards/insectes

irgendein *pron indef* ① (*nicht genauer bestimmbar*) quelconque; **~en Mantel tragen** porter un manteau quelconque; **da ist wieder ~ Vertreter** c'est encore un de ces représentants; **~ anderer/~e andere** quelqu'un/quelqu'une d'autre ② (*beliebig*) **sich** (*dat*) **unter den Büchern ~s aussuchen** choisir un livre au hasard; **das ist nicht ~ Film** ce n'est pas n'importe quel film; **nimm nicht ~en/~e/~s!** ne choisis pas n'importe quoi! ③ (*irgendjemand*) **~er wird schon helfen** il y aura bien quelqu'un pour aider; **~ anderer/~e andere** quelqu'un d'autre **irgendetwas**[RR] *pron indef* quelque chose; **das ist nicht ~** ce n'est pas n'importe quoi **irgendjemand**[RR] *pron indef* quelqu'un; **sie ist nicht ~** elle n'est pas n'importe qui **irgendwann** ['ɪrgənt'van] *adv* **~ einmal werden/sollten sie das tun** ils vont/devraient faire ça un jour [ou l'autre] **irgendwas** ['ɪrgənt'vas] *pron indef fam* (*nicht genauer Bestimmbares*) quelque chose; (*Beliebiges*) n'importe quoi **irgendwelche(r, s)** *pron indef* ① (*nicht genauer bestimmbar*) quelconque[s]; **~ Kerle/Bücher** des types/des livres [quelconques] ② (*beliebig*) n'importe quel(le) **irgendwer** ['ɪrgənt've:ɐ̯] *pron indef fam* ① (*nicht genauer bestimmbar*) quelqu'un ② (*beliebig*) n'importe qui; **er/sie ist nicht ~** il/elle n'est pas n'importe qui **irgendwie** ['ɪrgənt'vi:] *adv* ① (*nicht genauer bestimmbar*) d'une certaine manière; **Sie kommen mir ~ bekannt vor** j'ai l'impression de vous connaître ② (*egal wie*) n'importe comment ③ (*wie auch immer*) d'une façon ou d'une autre **irgendwo** ['ɪrgənt'vo:] *adv* ① (*nicht genauer bestimmbar*) quelque part (*fam*) ② (*beliebig*) n'importe où ③ (*wo auch immer*) quelque part **irgendwoher** ['ɪrgəntvo'he:ɐ̯] *adv* ① (*nicht genauer bestimmbar*) **ich kenne Sie doch ~** j'ai l'impression de vous avoir déjà vu quelque part; **von ~** de quelque part ② (*egal woher*) n'importe où **irgendwohin** ['ɪrgəntvo'hɪn] *adv* ① (*nicht genauer bestimmbar*) quelque part ② (*egal wohin*) n'importe où

Irin ['i:rɪn] *s.* **Ire**

Iris[1] ['i:rɪs] <-, -> *f* BOT iris *m*

Iris[2] ['i:rɪs, *Pl:* i'ri:dən] <-, - *o* Iriden> *f* ANAT iris *m*

irisch ['i:rɪʃ] **I.** *adj* irlandais(e) **II.** *adv* **~ miteinander sprechen** discuter en irlandais; *s. a.* **deutsch**

Irisch <-[s]> *nt kein Art* irlandais *m*, *s. a.* **Deutsch**

Irisscanner *m* scanner *m* d'iris

Irland ['ɪrlant] *nt* l'Irlande *f*

Irokese [iro'ke:zə] *m* Iroquois *m*

Ironie [iro'ni:] <-, -ien> *f* ironie *f*

ironisch [i'ro:nɪʃ] *adj* ironique

irr **I.** *adj* ① MED dément(e); *Blick* égaré(e) ② *fig* fou(folle) ③ *fam* (*sehr gut*) dément(e) **II.** *adv* ① (*verrückt*) comme un fou/une folle ② *fam* (*sehr gut*) du tonnerre; **~e angezogen sein** avoir un look d'enfer ③ *fam* (*äußerst*) **~e teuer** super cher(chère)

irrational ['ɪratsi̯ona:l] *geh* **I.** *adj* irrationnel(le) **II.** *adv* de façon irrationnelle

irre *s.* **irr**

Irre ['ɪrə] <-> *f* **jdn in die ~ führen** induire qn en erreur

Irre(r) *f(m) dekl wie adj* fou *m*/folle *f*

irreal ['ɪrea:l] *adj* irréel(le)

irre|führen ['ɪrəfy:rən] *vt* induire en erreur; **jdn ~** induire qn en erreur **irreführend** *adj* trompeur(-euse) **Irreführung** *f* mystification *f*

irregulär ['ɪregulɛ:ɐ̯] *adj geh* irrégulier(-ière)

irrelevant ['ɪrelevant] *adj* insignifiant(e)

Irrelevanz *f* insignifiance *f*

irre|machen *vt* embrouiller

irren ['ɪrən] **I.** *vi* ① + *sein* (*gehen*) **über den Rummelplatz/durch die Stadt ~** errer sur le champ de foire/dans la ville ② + *haben geh* (*sich täuschen*) être dans l'erreur ▶ **Irren ist menschlich** *prov* l'erreur est humaine **II.** *vr* **sich ~** se tromper; **wenn ich mich nicht ~** si je ne me trompe pas

I

Irrenanstalt *f pej fam* asile *m* **Irrenhaus** *nt* ▶ **das ist ja hier wie im ~!** *fam* on se croirait chez les fous ici!

irreparabel ['ɪrepara:bəl] *adj geh* ① (*nicht wiedergutzumachen*) irréversible ② (*nicht zu reparieren*) irréparable

irre|werdenRR *vi* ne plus savoir que penser; **an jdm/etw ~** ne plus savoir que penser de qn/qc

Irrfahrt ['ɪrfa:ɐ̯t] *f* odyssée *f* **Irrgarten** *m* labyrinthe *m* **Irrglaube(n)** *m* ① (*irrige Ansicht*) opinion *f* erronée ② REL hérésie *f*

irrig ['ɪrɪç] *adj* erroné(e)

Irritation [ɪrita'tsi̯o:n] <-, -en> *f geh* irritation *f*

irritieren* [ɪri'ti:rən] *vt* ① (*verwirren*) déconcerter ② (*verärgern*) irriter

I

Irrläufer *m* (*Sendung*) courrier *m* distribué par erreur **Irrlehre** *f* hérésie *f* **Irrlicht** <-lichter> *nt* feu *m* follet **Irrsinn** *m kein Pl fam* (*Unsinn*) dinguerie *f*

irrsinnig I. *adj* ① *fam* (*völlig wirr*) complètement dingue ② *fam Hitze, Kopfschmerzen* terrible; *Verkehr* dingue II. *adv fam* vachement

Irrtum ['ɪrtu:m, *Pl:* 'ɪrty:mɐ] <-[e]s, Irrtümer> *m* erreur *f*; **schwer im ~ sein** être complètement dans l'erreur

irrtümlich ['ɪrty:mlɪç] I. *adj attr* erroné(e) II. *adv* à tort

irrtümlicherweise *adv form* à tort

Irrweg *m geh* (*falsches Vorgehen*) fausse piste *f*

ISAF ['i:zaf] <-> *f Abk von* **International Security Assistance Force** FIAS *f*

ISBN [i:ʔɛsbe:'ʔɛn] <-, -s> *f Abk von* **Internationale Standardbuchnummer** ISBN *m*

Ischias ['ɪʃi̯as] <-> *m o nt* MED sciatique *f*

Ischiasnerv *m* nerf *m* sciatique

ISDN [i:ʔɛsde:'ʔɛn] <-s> *nt Abk von* **Integrated Services Digital Network** ≈ Numéris *m*

ISDN-AnschlussRR *m* ≈ prise *f* Numéris

Islam [ɪs'la:m] <-s> *m* islam *m*

Islamfeindlichkeit *f* islamophobie *f*

islamisch [ɪs'la:mɪʃ] I. *adj* islamique II. *adv* selon l'islam

Islamist(in) <-en, -en> *m(f)* islamiste *mf*

Islamistenhochburg *f* haut lieu *m* islamiste

islamistisch *adj* islamiste

Island ['i:slant] *nt* l'Islande *f*

Isländer(in) ['i:slɛndɐ] <-s, -> *m(f)* Islandais(e) *m(f)*

isländisch ['i:slɛndɪʃ] I. *adj* islandais(e) II. *adv* **~ miteinander sprechen** discuter en islandais; *s. a.* **deutsch**

Isländisch <-[s]> *nt kein Art* islandais *m*; *s. a.* **Deutsch**

Isolation [izola'tsi̯o:n] <-, -en> *f* ① TECH isolation *f* ② (*Absonderung*) *einer Person* isolement *m*

Isolationismus [izolatsi̯o'nɪsmʊs] <-> *m* POL isolationnisme *m*

Isolationshaft *f* isolement *m* cellulaire

Isolierband <-bänder> *nt* chatterton *m*

isolieren* [izo'li:rən] I. *vt* isoler; **etw gegen Kälte/Wärme ~** isoler qc contre le froid/la chaleur; **jdn von jdm/etw ~** isoler qn de qn/qc; **isoliert leben** vivre reclus(e) II. *vr* **sich von jdm/etw ~** s'isoler de qn/qc

Isolierkanne *f* thermos® *m* **Isoliermaterial** *nt* [matériau *m*] isolant *m* **Isolierschicht** *f* revêtement *m* isolant **Isolierstation** *f* salle *f* de quarantaine

Isolierung *s.* **Isolation**

Isomatte ['i:zo-] *f* tapis *m* de sol [double enduction]

Isotop [izo'to:p] <-s, -e> *nt* isotope *m*

Israel ['ɪsrae:l] <-s> *nt* Israël *m*

Israeli [ɪsra'e:li] <-[s], -[s]> *m*, <-, -s> *f* Israélien(ne) *m(f)*

israelisch [ɪsra'e:lɪʃ] *adj* israélien(ne)

Israelit(in) [ɪsrae'li:t] <-en, -en> *m(f)* Israélite *mf*

israelitisch *adj* israélite

isstRR, **ißt**ALT [ɪst] *3. Pers Präs von* **essen**

ist [ɪst] *3. Pers Präs von* **sein**[1]

IstbestandRR, **Ist-Bestand** *m* (*an Waren*) inventaire *m* réel

Isthmus ['ɪstmʊs] <-, Isthmen> *m* GEOG isthme *m*

IT [ai̯'ti:] <-> *f Abk von* **Informationstechnologie** TI *fpl*

Italien [i'ta:li̯ən] <-s> *nt* l'Italie *f*

Italiener(in) [ita'li̯e:nɐ] <-s, -> *m(f)* Italien(ne) *m(f)*

italienisch [ita'li̯e:nɪʃ] I. *adj* italien(ne) II. *adv* **~ miteinander sprechen** discuter en italien; *s. a.* **deutsch**

Italienisch <-[s]> *nt kein Art* italien *m*; *s. a.* **Deutsch**

IT-Branche [ai̯'ti:-] *f* secteur *m* des TI

i-TüpfelchenRR ['i:typfəlçən] <-s, -> *nt* fin *m* du fin; **bis aufs ~** à la virgule près

i.V. [i:'fau̯] *Abk von* **in Vertretung** par délégation

Ivorer(in) [i'vo:rɐ] <-s, -> *m(f)* Ivoirien(ne) *m(f)*

IWF [i:ve:'ʔɛf] <-> *m Abk von* **Internationaler Währungsfonds** F.M.I. *m*

Jj

J *nt,* **j** [jɔt] <-, -> *nt* J *m*/j *m*

ja [jaː] *adv* ① oui; **zu etw ~ sagen** dire oui à qc; **aber ~** mais bien sûr; **~, bitte?** oui, qu'y a-t-il?; **~, ~ [, schon gut]!** allez, allez! ② (*bloß*) bien; **sei ~ vorsichtig mit dem Messer!** fais bien attention avec le couteau!; **geh ~ nicht dahin!** ne va surtout pas là-bas! ③ (*schließlich, doch*) après tout; **es ist ~ noch so früh!** mais il est encore si tôt!; **du kannst es ~ mal versuchen** tu peux toujours essayer; **da ist er ~!** ah, le voilà!; **das ist ~ unerhört!** mais c'est un comble! ④ (*und zwar*) et même ⑤ (*na*) eh bien; **~, wenn das so ist** ben, si c'est comme ça ▶ **zu allem ~ und amen sagen** *fam* dire amen à tout

Ja <-s, -[s]> *nt* oui *m;* **mit ~ stimmen** voter oui

Jacht [jaxt] <-, -en> *f* yacht *m*

Jachtklub *m* yacht-club *m*

Jäckchen ['jɛkçən] <-s, -> *nt Dim von* Jacke petite veste *f*

Jacke ['jakə] <-, -n> *f* veste *f*

Jackentasche *f* poche *f* de veste

Jacketkrone ['dʒɛkət-] *f* MED couronne *f*

Jackett [ʒa'kɛt] <-s, -s> *nt* veste *f*

Jade ['jaːdə] <-> *m o f* jade *m*

Jagd [jaːkt] <-, -en> *f* ① (*das Jagen, Jagdrevier*) chasse *f;* **~ auf Hasen/Füchse** chasse au lièvre/renard ② *fig* (*Verfolgung*) **~ auf jdn machen** *pej* pourchasser qn

Jagdaufseher(in) *m(f)* garde-chasse *mf* **Jagdbomber** *m* chasseur-bombardier *m* **Jagdflieger(in)** *m(f)* pilote *mf* de chasse **Jagdflugzeug** *nt* avion *m* de chasse **Jagdgewehr** *nt* fusil *m* de chasse **Jagdgründe** *Pl* ▶ **in die ewigen ~ eingehen** *euph geh* rejoindre le pays de ses ancêtres **Jagdhund** *m* chien *m* de chasse **Jagdhütte** *f* pavillon *m* de chasse **Jagdrevier** *nt* chasse *f* **Jagdschein** *m* permis *m* de chasse

jagen ['jaːgən] **I.** *vt* + *haben* ① **Hasen ~** chasser le lièvre ② (*verfolgen*) pourchasser ③ *fam* (*scheuchen, treiben*) **jdn aus dem Bett ~** tirer qn du lit; **jdn aus dem Land ~** chasser qn du pays **II.** *vi* ① + *haben* chasser ② + *sein fam* (*rasen*) **durch die Wohnung/zum Flughafen ~** filer à travers l'appartement/à l'aéroport

Jäger ['jɛːgɐ] <-s, -> *m* (*Person, Jagdflugzeug*) chasseur *m*

Jägerin <-, -nen> *f* chasseuse *f*

Jaguar <-s, -e> *m* jaguar *m*

jäh *geh adj* (*abrupt*) soudain(e)

jählings *adv geh* (*steil*) à pic

Jahr [jaːɐ̯] <-[e]s, -e> *nt* ① an *m;* (*in seinem Verlauf gesehen*) année *f;* **in diesem ~** cette année; **im ~ [e] 1999** en 1999; **vor vielen ~en** il y a bien longtemps; **nach vielen ~en** bien des années après; **alle fünf ~e** tous les cinq ans; **~ für ~** tous les ans; **mit den ~en** avec le temps; **das alte ~** (*das zu Ende gehende/gegangene Jahr*) l'année qui se termine/vient de se terminer; **das neue ~** la nouvelle année ② (*Lebensjahr*) an *m;* **zwölf ~e alt sein** avoir douze ans; **mit zwanzig ~en** à vingt ans ▶ **seit ~ und Tag** depuis des lustres; **in den besten ~en sein** être dans la fleur de l'âge; **soziales ~** service *m* civil (*pour les femmes*); **in die ~e kommen** prendre de l'âge; **alle ~e wieder** tous les ans

jahraus ▶ **~, jahrein** tout au long de l'année

Jahrbuch *nt* annales *fpl*

jahrelang ['jaːrəlaŋ] **I.** *adj attr* de longue haleine; **~es Warten** une très longue attente **II.** *adv* pendant des années; *dauern* des années; *sich hinziehen* sur plusieurs années

jähren ['jɛːrən] *vr* **etw jährt sich zum zehnten Mal[e]** c'est le dixième anniversaire de qc

Jahresabonnement *nt* abonnement *m* annuel **Jahresabschluss**[RR] *m* bilan *m* annuel **Jahresanfang** *m,* **Jahresbeginn** *m* début *m* de l'année **Jahreseinkommen** *nt* revenu *m* annuel **Jahresende** *nt* fin *f* de l'année **Jahresetat** *m* ÖKON budget *m* annuel **Jahresfrist** *f* **binnen ~** d'ici un an; **nach ~** dans un délai d'un an **Jahresgehalt** *nt* revenu *m* annuel **Jahreshälfte** *f* moitié *f* de l'année **Jahresring** *m* cerne *m* **Jahrestag** *m* anniversaire *m* **Jahresumsatz** *m* ÖKON chiffre *m* d'affaires annuel **Jahresurlaub** *m* congés *mpl* annuels **Jahreswagen** *m voiture accordée aux employés d'un constructeur automobile à un tarif préférentiel* **Jahreswechsel** *m* nouvel an *m;* **zum ~** pour le nouvel an **Jahreszahl** *f* année *f* **Jahreszeit** *f* saison *f* **jahreszeitlich** *adj* saisonnier(-ière); **~ bedingt sein** être dû à la saison

Jahrgang <-gänge> *m* ❶ MIL, SCHULE classe *f;* UNIV promotion *f;* ~ **1950 sein** être de 1950 ❷ MEDIA *einer Zeitschrift* année *f* ❸ (*Erntejahr*) *eines Weins* année *f*
Jahrhundert [ja:ɐ̯'hʊndɐt] <-s, -e> *nt* siècle *m*
jahrhundertealt *adj* séculaire **jahrhundertelang** I. *adj Entwicklung* séculaire II. *adv* des siècles durant; *dauern* des siècles; *sich hinziehen* sur plusieurs siècles
Jahrhundertwende *f* changement *m* de siècle
jährlich ['jɛ:ɐ̯lɪç] I. *adj* annuel(le) II. *adv* tous les ans; **einmal/zweimal/...** ~ une fois/deux fois/... par an
Jahrmarkt *m* foire *f* **Jahrtausend** [ja:ɐ̯'taʊ̯zənt] <-s, -e> *nt* millénaire *m*
Jahrtausendwende *f* changement *m* de millénaire

J

Jahrzehnt [ja:ɐ̯'tse:nt] <-[e]s, -e> *nt* décennie *f*
jahrzehntelang I. *adj* de plusieurs dizaines d'années II. *adv* pendant des décennies; *dauern* des décennies; *sich hinziehen* sur plusieurs décennies
Jähzorn ['jɛ:tsɔrn] *m* tempérament *m* irascible **jähzornig** *adj* irascible
Jakob ['ja:kɔp] <-s> *m* ❶ Jacques *m* ❷ BIBL Jacob *m*
Jakobiner(in) [jako'bi:nɐ] <-s, -> *m(f)* Jacobin(e) *m(f)* **Jakobsmuschel** *f* coquille *f* Saint-Jacques
Jalousie [ʒalu'zi:] <-, -ien> *f* jalousie *f*
Jamaika [ja'maɪ̯ka] <-s> *nt* la Jamaïque
Jamaikaner(in) [jamaɪ̯'ka:nɐ] <-s, -> *m(f)* Jamaïcain(e) *m(f)*
jamaikanisch [jamaɪ̯'ka:nɪʃ] *adj* jamaïcain(e)
Jammer ['jamɐ] <-s> *m* détresse *f*
Jammerlappen *m pej fam* lavette *f*
jämmerlich ['jɛmɐlɪç] I. *adj attr* ❶ (*beklagenswert*) pitoyable ❷ (*kläglich*) déchirant(e) ❸ *Leistung* lamentable II. *adv* ❶ *schluchzen* à fendre l'âme; *frieren* affreusement ❷ (*elend*) ~ **umkommen** mourir bêtement
jammern ['jamɐn] *vi* ❶ (*lamentieren*) se lamenter; **über etw** (*akk*) ~ se lamenter sur qc ❷ (*verlangen*) **nach jdm/etw** ~ réclamer qn/qc d'une voix plaintive
jammerschade ['jamɐ'ʃa:də] *adj fam* **es ist ~ um ihn** c'est bête pour lui
Janker ['jaŋkɐ] <-s, -> *m* SDEUTSCH, A (*Trachtenjacke*) jaquette *f*
Jänner ['jɛnɐ] <-s, -> *m* A janvier *m; s. a.* **April**
Januar ['janu̯a:ɐ̯] <-[s], -e> *m* janvier *m; s. a.* **April**
Japan ['ja:pan] <-s> *nt* le Japon
Japaner(in) [ja'pa:nɐ] <-s, -> *m(f)* Japonais(e) *m(f)*
japanisch I. *adj* japonais(e) II. *adv* ~ **miteinander sprechen** discuter en japonais; *s. a.* **deutsch**
Japanisch <-[s]> *nt kein Art* japonais *m; s. a.* **Deutsch**
japsen *vi fam* haleter
Jargon [ʒar'gõ:, ʒar'gɔŋ] <-s, -s> *m* jargon *m*
Jasager(in) ['ja:za:gɐ] <-s, -> *m(f) pej* béni-oui-oui *m inv* (*vieilli fam*)
Jasmin [jas'mi:n] <-s, -e> *m* jasmin *m*
Jass[RR] [jas] <-es>, **Jaß**[ALT] <-sses> *m* CH jass *m*
jassen ['jasən] *vi* CH jouer au jass
Jastimme ['ja:ʃtɪmə] *f* voix *f* pour
jäten ['jɛ:tən] *vt* arracher *Unkraut;* sarcler *Beet*
Jauche ['jaʊ̯xə] <-, -n> *f* purin *m*
jauchzen *vi geh* exulter
jaulen ['jaʊ̯lən] *vi Hund:* hurler à la mort
Jause ['jaʊ̯zə] <-, -n> *f* A casse-croûte *m*
jawohl [ja'vo:l] *interj* oui[, bien sûr]
Jawort ['ja:vɔrt] *nt* ▸ **jdm das ~ geben** donner son consentement à qn
Jazz [dʒɛs] <-> *m* jazz *m*
je [je:] I. *adv* ❶ (*jemals*) jamais ❷ (*jeweils*) chacun(e); **die Kisten wiegen ~ fünf Kilo** les caisses font chacune cinq kilos II. *konj* ❶ ~ **öfter du übst, desto besser kannst du spielen** plus tu t'entraînes, mieux tu sauras jouer ❷ (*entsprechend*) ~ **nach Belieben** selon la volonté; ~ **nachdem, wann/wie/...** ça dépend quand/comment/...
Jeans [dʒi:ns] <-, -> *f meist Pl* jean *m*
Jeansjacke ['dʒi:ns-] *f* veste *f* en jean
jede(r, s) ['je:də, -dɐ, -dəs] *pron indef* ❶ chaque; ~ **Schülerin muss an der Veranstaltung teilnehmen** toutes les élèves doivent participer à la manifestation; ~ **Minute** d'une minute à l'autre; **zu ~r Zeit/Stunde** à n'importe quel moment; **~r zweite Franzose** un Français sur deux ❷ (*jegliche*) **ihm ist ~s Mittel recht** pour lui, tous les moyens sont bons; **ohne ~ Anstrengung** sans le moindre effort ❸ *substantivisch* **~r ist dafür** tout le monde est pour; **du kannst ~n fragen** tu peux demander à n'importe qui; **~r, der sich dafür interessiert** quiconque s'y intéresse; **~r von uns/ihnen** chacun

d'entre nous/eux; **~r gegen ~n** tous contre tous
jedenfalls *adv* en tout cas
jedermann *pron indef* tout le monde
jederzeit *adv* ① *(zu jeder Zeit)* à tout moment; **ihr seid ~ willkommen** vous êtes toujours les bienvenus ② *(jeden Augenblick)* d'un moment à l'autre
jedesmalALT ['je:dəs'ma:l] *adv s.* **Mal**[1]
jedoch [je'dɔx] *konj, adv* pourtant
Jeep® [dʒi:p] <-s, -s> *m* jeep® *f*
jegliche(r, s) ['je:klɪçə, -çɐ, -çəs] *pron indef* tout(e)
jeher ['je:he:ɐ̯] ▶**von** ~ de tout temps
Jelängerjelieber [je'lɛŋɐje'li:bɐ] <-s, -> *nt* BOT chèvrefeuille *m* des jardins
jemals ['je:ma:ls] *adv* jamais
jemand ['je:mant] *pron indef* quelqu'un; **~ anders** *fam* quelqu'un d'autre
Jemen ['je:mən] <-s> *m* le Yémen
jene(r, s) ['je:nə, -nɐ, -nəs] *pron dem, geh* ① *(der bewusste)* **~r Nachbar, der ...** ce voisin[-là] qui ...; **~ Kollegin, die ...** cette collègue[-là] qui ... ② *(dieser)* **~r Mann/~ Frau dort** cet homme-là/cette femme-là; **wir lachten, während ~r/~ weinte** on riait tandis que celui-là/celle-là pleurait
jenseits ['je:nzaits] **I.** *präp + gen* **~ des Flusses** de l'autre côté de la rivière **II.** *adv* **~ von Raum und Zeit** au-delà de l'univers spatiotemporel
Jenseits ['je:nzaits] <-> *nt* au-delà *m*
Jersey ['dʒø:ɐ̯zi, 'dʒœrzi] <-[s], -s> *m* jersey *m*
Jesuit [jezu'i:t] <-en, -en> *m* jésuite *m*
Jesus ['je:zʊs] <Jesu[s]> *m* Jésus *m*; **~ Christus** Jésus Christ
Jesuskind *nt* **das ~** l'enfant *m* Jésus
Jet [dʒɛt] <-[s], -s> *m fam* jet *m*
Jetlag ['dʒɛtlɛk] <-s, -s> *m* troubles *mpl* dus au décalage horaire
Jeton [ʒə'tõ:] <-s, -s> *m* jeton *m*
JetsetRR ['dʒɛtsɛt] <-s, *selten* -s> *m fam* jet[-]set *m o f*
jetten ['dʒɛtən] *vi + sein fam* **nach Teneriffa ~** s'envoler pour Ténériffe
jetzig ['jɛtsɪç] *adj attr Situation* actuel(le)
jetzt [jɛtst] *adv* maintenant; **bis ~** jusqu'à présent; **~ gleich** tout de suite; **~ noch/schon?** maintenant/déjà?; **wer mag das ~ sein?** qui cela peut-il bien être?
Jetzt [jɛtst] <-> *nt geh* présent *m*
jeweilig ['je:'vailɪç] *adj attr (vorherrschend)* du moment; *(in der Vergangenheit)* de l'époque; *Währung* correspondant(e)
jeweils ['je:'vails] *adv* ① *(jedes Mal)* chaque fois ② *(im Einzelnen)* **die ~ Betroffenen** les personnes concernées ③ *(je)* **~ drei Kinder gehen zusammen** les enfants vont par groupes de trois ④ *(zur entsprechenden Zeit)* de l'époque
Jg. *Abk von* **Jahrgang** année *f*
Jh. *Abk von* **Jahrhundert** siècle *m*
JH *Abk von* **Jugendherberge** auberge *f* de jeunesse
jiddisch ['jɪdɪʃ] *adj* yiddish *inv*
Jiddisch <-[s]> *nt* le yiddish
Job [dʒɔp] <-s, -s> *m fam* ① *(Anstellung)* job *m* ② *(Beschäftigung)* boulot *m*
Jobcenter, Job-Center ['dʒɔpsɛntɐ] *nt* agence *f* locale d'aide à la recherche d'emploi
jobben ['dʒɔbən] *vi fam* faire des petits boulots
Jobber(in) ['dʒɔbɐ] <-s, -> *m(f)* ① FIN contrepartiste *mf* ② *fam (Gelegenheitsarbeiter)* personne qui fait des petits boulots
Jobbörse *f* bourse *f* de l'emploi
JobsharingRR ['dʒɔpʃɛ:rɪŋ] <-s> *nt* partage *m* du travail
Jobvermittler(in) *m(f)* *personne qui met en relation recruteurs et candidats*
Joch [jɔx] <-[e]s, -e> *nt* AGR joug *m*
Jockei ['dʒɔke, 'dʒɔki] <-s, -s> *m*, **Jockey** <-s, -s> *m* jockey *m*
Jod [jo:t] <-s> *nt* CHEM iode *m*
jodeln ['jo:dəln] *vi* iodler
jodhaltig *adj* iodé(e)
Jodler(in) ['jo:dlɐ] <-s, -> *m(f)* chanteur(-euse) *m(f)* de tyrolienne
Joga ['jo:ga] <-[s]> *m o nt* yoga *m*
joggen ['dʒɔgən] *vi* ① *+ haben* faire du jogging ② *+ sein (durchlaufen)* **drei Kilometer/durch den Wald ~** jogger trois kilomètres/à travers la forêt
Jogger(in) ['dʒɔgɐ] <-s, -> *m(f)* joggeur(-euse) *m(f)*
Jogging ['dʒɔgɪŋ] <-s> *nt* jogging *m*
Jogginganzug ['dʒɔgɪŋ-] *m* jogging *m*
Joghurt ['jo:gʊrt] <-[s], -[s]> *m o nt* yaourt *m*
Joghurtbecher *m* pot *m* de yaourt
JogurtRR *s.* **Joghurt**
Johannisbeere [jo'hanɪsbe:rə] *f* ① *(Frucht)* groseille *f*; **rote ~** groseille rouge; **schwarze ~** cassis *m* ② *(Strauch)* **rote ~** groseillier *m* rouge; **schwarze ~** cassis *m*
johlen ['jo:lən] *vi* hurler
Joint [dʒɔynt] <-s, -s> *m fam* joint *m*
Joint VentureRR ['dʒɔynt 'vɛntʃɐ] <- -[s], - -s> *nt* ÖKON joint[-]venture *f*
Jo-Jo [jo'jo:] <-s, -s> *nt* yo[-]yo® *m*

J

Joker ['jo:kɐ, 'dʒo:kɐ] <-s, -> *m* joker *m*
Jolle ['jɔlə] <-, -n> *f* (*Segelboot*) yole *f*
Jongleur(in) [ʒõ'glø:ɐ̯] <-s, -e> *m(f)* jongleur(-euse) *m(f)*
jonglieren* [ʒõ'gli:rən] *vi a. fig* jongler; **mit etw ~** jongler avec qc
Joppe ['jɔpə] <-, -n> *f* DIAL *veste courte et ajustée*
Jordan ['jɔrdan] ▶ **über den ~ gehen** *fam* casser sa pipe
Jordanien [jɔr'da:ni̯ən] <-s> *nt* la Jordanie
Jordanier(in) [jɔr'da:ni̯ɐ] <-s, -> *m(f)* Jordanien(ne) *m(f)*
jordanisch [jɔr'da:nɪʃ] *adj* jordanien(ne)
Joule [ʒu:l] <-[s], -> *nt* PHYS joule *m*
Journal [ʒʊr'na:l] <-s, -e> *nt* ① COM journal *m* ② *geh* (*Zeitschrift*) revue *f*
Journalismus [ʒʊrna'lɪsmʊs] <-> *m* journalisme *m;* (*Presse*) presse *f*
Journalist(in) [ʒʊrna'lɪst] <-en, -en> *m(f)* journaliste *mf*
Journalistik [ʒʊrna'lɪstɪk] <-> *f* journalisme *m*
journalistisch [ʒʊrna'lɪstɪʃ] **I.** *adj Ausbildung* de journaliste; *Volontariat* en tant que journaliste **II.** *adv arbeiten* comme journaliste
jovial [jo'vi̯a:l] *geh adj* protecteur(-trice)
Joystick ['dʒɔɪstɪk] <-s, -s> *m* INFORM manette *f* de jeu
jr. *Abk von* **junior** junior
Jubel ['ju:bəl] <-s> *m* cris *mpl* de joie ▶ **es herrscht ~, Trubel, Heiterkeit** *fam* il y a une ambiance du tonnerre
Jubeljahr ▶ **alle ~e [einmal]** *fam* très rarement
jubeln ['ju:bəln] *vi* jubiler; **über etw** (*akk*) **~** jubiler à cause de qc
Jubelruf *m* cri *m* de joie; **unter ~en** sous les acclamations
Jubilar(in) [jubi'la:ɐ̯] <-s, -e> *m(f)* **der ~/die ~in** celui/celle qui fête son anniversaire
Jubiläum [jubi'lɛ:ʊm] <-s, Jubiläen> *nt* [fête *f*] anniversaire *m;* **sein 50-jähriges ~** son jubilé
Jubiläumsausgabe *f eines Buchs* édition *f* spéciale anniversaire **Jubiläumsfeier** *f* fête *f* anniversaire
jubilieren* [jubi'li:rən] *vi geh* jubiler
juchzen ['jʊxt͡sən] *vi fam* pousser des cris de joie
jucken ['jʊkən] **I.** *vt, vi* ① démanger; **mich juckt die Hand** j'ai la main qui me démange; **der Pulli juckt** le pull pique; **das Jucken** la démangeaison ② *fam* (*kümmern*) **das juckt mich nicht** j'en ai rien à faire **II.** *vt unpers* ① **es juckt ihn/mich am Kopf** ça le/me démange à la tête ② *fam* (*reizen*) **es juckt jdn etw zu tun** ça démange qn de faire qc **III.** *vi unpers* **es juckt am Kopf** ça démange à la tête **IV.** *vr fam* (*kratzen*) **sich an etw** (*dat*) **~** se gratter qc
Juckpulver *nt* poil *m* à gratter **Juckreiz** *m* démangeaison *f*
Jude ['ju:də] <-n, -n> *m,* **Jüdin** *f* juif *m*/juive *f*
Judenstern *m* étoile *f* jaune
Judentum <-s> *nt* (*Religion, Kultur*) judaïsme *m*
Judenverfolgung *f* persécution *f* des juifs
Judikative [judika'ti:və] <-, -n> *f* JUR jurisprudence *f*
Jüdin ['jy:dɪn] *s.* **Jude**
jüdisch ['jy:dɪʃ] **I.** *adj* ① (*die Juden betreffend*) juif(juive) ② (*das Judentum betreffend*) judaïque **II.** *adv* selon le rite juif
Judo ['ju:do] <-s> *nt* judo *m*
Judoka [ju'do:ka] <-s, -s> *m* judoka *m*
Jugend ['ju:gənt] <-> *f* ① (*Jugendzeit*) jeunesse *f;* **von ~ an** depuis l'enfance; **die frühe ~** la première jeunesse; **die früheste ~** la petite enfance ② (*junge Menschen*) **die ~ von heute** les jeunes *mpl* d'aujourd'hui
Jugendamt *nt* office *m* de protection de la jeunesse **Jugendarbeit** *f kein Pl* (*Förderung Jugendlicher*) travail *m* avec des jeunes **Jugendbuch** *nt* livre *m* pour la jeunesse **jugendfrei** *adj* pour tout public; **nicht ~ sein** *Film:* être interdit aux moins de 18 ans **Jugendfreund(in)** *m(f)* ami(e) *m(f)* d'enfance **jugendgefährdend** *adj* dangereux(-euse) pour la jeunesse **Jugendgericht** *nt* tribunal *m* pour enfants **Jugendgruppe** *f* groupe *m* de jeunes **Jugendherberge** *f* auberge *f* de jeunesse **Jugendkriminalität** *f* délinquance *f* juvénile
jugendlich ['ju:gəntlɪç] **I.** *adj* ① *Person* jeune; *Leichtsinn* juvénile ② *Erscheinung* jeune; **jdn ~ machen** *Kleidung:* donner un air jeune à qn **II.** *adv* jeune; **sich ~ kleiden** s'habiller jeune
Jugendliche(r) *f(m) dekl wie adj* jeune *mf*
Jugendlichkeit <-> *f* ① (*Alter*) jeunesse *f* ② (*junge Erscheinung*) air *m* jeune
Jugendliebe *f* amour *m* de jeunesse **Jugendrichter(in)** *m(f)* juge *mf* pour enfants **Jugendschutz** *m* protection *f* des mineurs **Jugendstil** *m* Art *m* nouveau **Jugendstrafanstalt** *f* maison *f*

de détention pour jeunes délinquants **Jugendstrafe** *f* détention *f* en maison de redressement; **eine ~ verbüßen** être en maison de redressement **Jugendsünde** *f* péché *m* de jeunesse **Jugendtraum** *m* rêve *m* de jeunesse **Jugendwahn** *m* jeunisme *m* **Jugendweihe** *f* cérémonie *f* d'initiation civique **Jugendzeit** *f* jeunesse *f* **Jugendzentrum** *nt* maison *f* des jeunes

Jugoslawe [jugo'sla:və] <-n, -n> *m*, **Jugoslawin** *f* HIST Yougoslave *mf*

Jugoslawien [jugo'sla:vi̯ən] <-s> *nt* HIST la Yougoslavie

Jugoslawin [jugo'sla:vɪn] *s.* **Jugoslawe**

jugoslawisch [jugo'sla:vɪʃ] *adj* HIST yougoslave

Julei [ju'lai̯] <-s, -s> *m bes.* COM juillet *m*

Juli ['ju:li] <-[s], -s> *m* juillet *m; s. a.* **April**

Jumbo(jet)RR, **Jumbo(-Jet)** ['jʊmbodʒɛt] <-s, -s> *m* gros-porteur *m*

jun. *adj Abk von* **junior**

jung [jʊŋ] <jünger, jüngste> **I.** *adj* ❶ jeune; *Sportart* nouveau(-velle) ❷ *(später geboren)* **der jüngere Bruder/die jüngere Schwester** le frère cadet/la sœur cadette; **meine jüngste Schwester** ma sœur la plus jeune; **der Jüngere** le cadet; **der/die Jüngste** le/la benjamin(e) ▶ **Jung und Alt** jeunes et vieux **II.** *adv* ~ **heiraten/sterben** se marier/mourir jeune

Junge ['jʊŋə] <-n, -n *o fam* Jungs> *m* ❶ *(junger Mann)* garçon *m* ❷ *fam (Bursche)* **hallo, Jungs!** salut, les gars! *mpl* ▶ **~, ~!** *fam* eh ben, dis donc!

Junge(s) *nt dekl wie adj (Jungtier)* petit *m; (Jungvogel)* oisillon *m*

jungenhaft *adj Mann* jeune; *Mädchen* garçonnier(-ière)

Jungenstreich *m* frasque *f* de garçon *souvent pl*

jünger ['jʏŋɐ] *adj Komp von* **jung** ❶ plus jeune ❷ *(relativ jung)* plutôt jeune ❸ *(noch nicht weit zurückliegend)* récent(e)

Jünger(in) ['jʏŋɐ] <-s, -> *m(f)* disciple *mf*

Jüngere(r) *f(m) dekl wie adj* ❶ *(relativ junger Mensch)* personne *f* plus jeune; **die ~n unter Ihnen** les plus jeunes d'entre vous ❷ *(Junior)* **Holbein der ~** Holbein le jeune

Jungfer ['jʊŋfɐ] <-, -n> *f pej* **eine alte ~** une vieille fille

Jungfernfahrt *f* première traversée *f* **Jungfernflug** *m* premier vol *m* **Jungfernhäutchen** [-hɔytçən] *nt* ANAT hymen *m*

Jungfrau ['jʊŋfrau̯] *f* ❶ [fille *f*] vierge *f* ❷ ASTROL Vierge *f*

jungfräulich ['jʊŋfrɔylɪç] *adj a. fig geh* vierge

Jungfräulichkeit <-> *f* virginité *f*

Junggeselle ['jʊŋgəzɛlə] *m*, **-gesellin** *f* célibataire *mf*

Junggesellenbude *f fam* garçonnière *f*

Junggesellin *s.* **Junggeselle**

Jüngling ['jʏŋlɪŋ] <-s, -e> *m geh* éphèbe *m (littér)*

Jungsozialist(in) *m(f) membre de l'organisation des jeunes du SPD*

jüngst [jʏŋst] *adv geh* dernièrement, tout récemment

jüngste(r, s) ['jʏŋstə, -tɐ, -təs] *adj* ❶ *Superl von* **jung** ❷ *(nicht lange zurückliegend)* **in ~r Zeit** dernièrement; **aus ~r Vergangenheit** d'un passé très récent ❸ *Werk* tout(e) dernier(-ière) ▶ **auch nicht mehr der/die Jüngste sein** ne plus être non plus tout jeune

Jungtier *nt* jeune *m* **Jungunternehmer(in)** *m(f)* jeune entrepreneur(-euse) *m(f)* **Jungverheiratet** *adj* fraîchement marié(e) **Jungverheiratete(r)** *f(m) dekl wie adj* jeune marié(e) *m(f)*

Juni ['ju:ni] <-[s], -s> *m* juin *m; s. a.* **April**

junior ['ju:ni̯o:ɐ̯] *adj* **Hans Müller ~** Hans Müller junior

Junior ['ju:ni̯o:ɐ̯] <-s, -en> *m* ❶ *fam (Sohn)* fiston *m* ❷ *Pl (Sportler)* juniors *mpl*

Juniorchef(in) *m(f)* fils *m*/fille *f* du chef

Juniorin <-, -nen> *f Pl (Sportlerin)* junior *f*

JuniorpassRR *m* carte *f* jeunes

Junker ['jʊŋkɐ] <-s, -> *m* HIST junker *m*

Junkfood ['dʒankfu:t] <-s> *nt* bouffe *f* industrielle *(fam)*

Junkie ['dʒaŋki] <-s, -s> *m fam* junkie *mf*

Junktim ['jʊŋktɪm] <-s, -s> *nt* POL non-disjonction *f*, interdépendance *f*

Juno ['ju:no] <-s, -s> *m bes.* COM juin *m*

Junta ['xʊnta, 'jʊnta] <-, Junten> *f* junte *f*

Jupe [ʒy:p] <-s, -s> *m* CH jupe *f*

Jupiter ['ju:pitɐ] <-s> *m* [la planète] Jupiter *f*

Jura1 ['ju:ra] <-s> *m* ❶ GEOL jurassique *m* ❷ *(Gebirge)* Jura *m* ❸ *(Kanton)* canton *m* du Jura

Jura2 ['ju:ra] *kein Art (Rechtswissenschaft)* droit *m*

Jurist(in) [ju'rɪst] <-en, -en> *m(f)* ❶ juriste *mf* ❷ *fam (Jurastudent)* étudiant(e) *m(f)* en droit

juristisch [ju'rɪstɪʃ] *adj Studium* de droit; *Ausbildung* en droit; *Problem* juridique

J

Juror ['ju:ro:ɐ̯] <-s, Juroren> *m,* **Jurorin** *f meist Pl* membre *m* du jury
Jury [ʒy'ri:] <-, -s> *f* jury *m*
Jus[1] [ju:s] *nt* A, CH droit *m*
Jus[2] [ʒy:] <-> *f o m o nt* CH jus *m* de fruit
Juso ['ju:zo] <-s, -s> *m,* <-, -s> *f Abk von* **Jungsozialist(in)** *membre de l'organisation des jeunes du SPD*
justieren* [jʊs'ti:rən] *vt* régler *Waage*
Justierung <-, -en> *f* ❶ (*das Justieren*) *einer Waage* réglage *m* ❷ (*Einstellmechanismus*) dispositif *m* de réglage
Justitiar(in) *s.* **Justiziar(in)**
Justiz [jʊs'ti:ts] <-> *f* justice *f*
Justizbehörde *f* justice *f*
Justiziar(in)RR [jʊsti'tsi̯a:ɐ̯] <-s, -e> *m(f)* conseiller(-ère) *m(f)* juridique
Justizirrtum *m* erreur *f* judiciaire **Justizminister(in)** *m(f)* ministre *mf* de la Justice; (*in Frankreich*) garde *m* des Sceaux **Justizministerium** *nt* ministère *m* de la Justice **Justizmord** *m* meurtre *m* judiciaire **Justizvollzugsanstalt** *f form* établissement *m* pénitentiaire, maison *f* d'arrêt
Jute ['ju:tə] <-> *f* jute *m*
Juwel [ju've:l] <-s, -en> *m o nt* (*Edelstein, Schmuck*) joyau *m*
Juwelier(in) [juve'li:ɐ̯] <-s, -e> *m(f)* bijoutier(-ière) *m(f)*
Juweliergeschäft *nt* bijouterie *f*
Jux [jʊks] <-es, -e> *m fam* blague *f* ▶ **aus** [**lauter**] **~ und Tollerei** *fam* pour rigoler

K k

K, k [ka:] <-, -> *nt* K *m*/k *m*
Kabarett [kaba'rɛt] <-s, -e *o* -s> *nt* ❶ *kein Pl* (*Kleinkunst*) spectacle *m* satirique ❷ (*Kleinkunstbühne*) café-théâtre *m*
Kabarettist(in) [kabarɛ'tɪst] <-en, -en> *m(f)* chansonnier(-ière) *m(f)*
kabarettistisch *adj Darbietung, Einlage* de chansonnier
kabbeln *vr fam* **sich ~** se chamailler
Kabel ['ka:bəl] <-s, -> *nt* câble *m*
KabelanschlussRR *m* accès *m* au réseau câblé; [**einen**] **~ haben** *Person:* avoir le câble **Kabelfernsehen** *nt* télévision *f* par câbles
Kabeljau ['ka:bəljau̯] <-s, -e *o* -s> *m* cabillaud *m*
Kabelkanal *m* chaîne *f* câblée **Kabelnetz** *nt* réseau *m* câblé **Kabeltrommel** *f* enrouleur *m* de câble
Kabine [ka'bi:nə] <-, -n> *f* cabine *f*
Kabinett [kabi'nɛt] <-s, -e> *nt* POL gouvernement *m*
KabinettsbeschlussRR *m* décret *m* du gouvernement
Kabrio ['ka:brio] <-[s], -s>, **Kabriolett** [kabrio'lɛt] <-s, -s> *nt* cabriolet *m*
Kabuff [ka'bʊf] <-s, -e *o* -s> *nt* DIAL cagibi *m*
Kachel ['kaxəl] <-, -n> *f* carreau *m* [de faïence]
kacheln ['kaxəln] *vt* carreler
Kachelofen *m* poêle *m* en faïence
Kacke ['kakə] <-> *f sl* (*Exkremente*) merde *f*
kacken *vi sl* chier
Kadaver [ka'da:vɐ] <-s, -> *m* cadavre *m* d'animal
Kadenz <-, -en> *f* MUS cadence *f*
Kader ['ka:dɐ] <-s, -> *m* ❶ MIL cadre *m* militaire *souvent pl* ❷ SPORT sélection *f*
Kadett [ka'dɛt] <-en, -en> *m* élève *m* officier
Kadi ['ka:di] <-s, -s> *m* cadi *m* ▶ **jdn vor den ~ bringen** *fam* tirer qn devant le tribunal
Kadmium ['katmiʊm] <-s> *nt* CHEM cadmium *m*
Käfer ['kɛ:fɐ] <-s, -> *m* coléoptère *m*
Kaff [kaf] <-s, -s *o* -e> *nt pej fam* trou *m*
Kaffee ['kafe, ka'fe:] <-s, -s> *m* café *m;* **~ kochen** [*o* **machen**] faire du café; **~ trinken** prendre le café; **~ mit Milch** café au lait
Kaffeeautomat *m* distributeur *m* [automatique] de café **Kaffeebar** *f* café *m* **Kaffeebohne** *f* grain *m* de café **Kaffeefilter** *m* filtre *m* à café **Kaffeehaus** [ka'fe:hau̯s] *nt* A salon *m* de thé **Kaffeekanne** *f* cafetière *f* **Kaffeekapsel** *f* capsule *f* de café **Kaffeeklatsch** *m kein Pl fam* **sich zum ~ treffen** se retrouver pour papoter devant une tasse de café **Kaffeelöffel** *m* cuillère *f* à café **Kaffeemaschine** *f* cafe-

tière *f* [électrique] **Kaffeemühle** *f* moulin *m* à café **Kaffeepad** [-pɛd] *nt* dosette *f* de café **Kaffeepause** *f* pause *f* café **Kaffeeplantage** *f* plantation *f* de café, caféière *f* **Kaffeesahne** *f* *crème légère fluide que l'on met dans le café à la place du lait* **Kaffeesatz** *m* marc *m* de café **Kaffeeservice** [-zɛrvi:s] *nt* service *m* à café **Kaffeetasse** *f* tasse *f* à café

Käfig ['kɛ:fɪç] <-s, -e> *m* cage *f*

kahl [ka:l] *adj* ❶ chauve; **~ scheren** tondre; **~ geschoren** rasé; **er ist völlig ~ geschoren** il a la boule à zéro (*fam*) ❷ (*ohne Blätter*) dénudé(e)

Kahlheit <-> *f* ❶ (*natürliche Kahlköpfigkeit*) calvitie *f* ❷ (*Blattlosigkeit*) nudité *f*

Kahlkopf *m* ❶ (*Kopf*) crâne *m* chauve ❷ *fam* (*Mensch*) homme *m* chauve

kahlköpfig ['ka:lkœpfɪç] *adj* chauve

Kahlköpfigkeit <-> *f* calvitie *f*

kahl|scheren *s.* **kahl 1**

Kahlschlag *m* (*abgeholzte Fläche*) surface *f* déboisée

Kahn [ka:n, *Pl:* 'kɛ:nə] <-[e]s, Kähne> *m* ❶ barque *f;* (*Schleppkahn*) péniche *f;* **mit dem ~ fahren** faire de la barque ❷ *Pl fam* (*große Schuhe*) godillots *mpl*

Kai [kai] <-s, -e *o* -s> *m* quai *m*

Kaiman ['kaiman] <-s, -e> *m* caïman *m*

Kain [kain] <-s> *m* BIBL Caïn *m*

Kairo ['kairo] <-s> *nt* le Caire; **in ~ wohnen** habiter au Caire

Kaiser(in) ['kaizɐ] <-s, -> *m(f)* empereur *m*/impératrice *f* ▶**..., dann bin ich der ~ von China** ..., alors moi, je suis le pape/la reine d'Angleterre

Kaiserkrone *f* couronne *f* impériale

kaiserlich ['kaizɐlɪç] **I.** *adj* impérial(e) **II.** *adv* **~ gesinnt** impérialiste

Kaiserreich *nt* empire *m* **Kaiserschmarr[e]n** *m* A *crêpes déchirées en morceaux auxquels on ajoute des raisins secs et que l'on saupoudre de sucre* **Kaiserschnitt** *m* césarienne *f*

Kajak ['ka:jak] <-s, -s> *m o nt* kayak *m;* **~ fahren** faire du kayak

Kajalstift [ka'ja:l-] *m* crayon *m* khôl

Kajüte [ka'jy:tə] <-, -n> *f* cabine *f*

Kakadu ['kakadu] <-s, -s> *m* cacatoès *m*

Kakao [ka'kau] <-s, -s> *m* cacao *m;* **~ kochen** faire un cacao ▶**jdn durch den ~ ziehen** *fam* se foutre [gentiment] de la gueule de qn

Kakaobohne *f* fève *f* de cacao **Kakaopulver** *nt* poudre *f* de cacao

Kakerlake ['ka:kɐlakə] <-, -n> *f* cafard *m*

Kaktus ['kaktʊs, *Pl:* kak'te:ən] <-, Kakteen *o fam* -se> *m* cactus *m*

Kalauer ['ka:lauɐ] <-s, -> *m* (*Wortspiel*) calembour *m*

Kalb [kalp, *Pl:* 'kɛlbɐ] <-[e]s, Kälber> *nt* veau *m*

kalben ['kalbən] *vi* vêler

Kalbfleisch *nt* [viande *f* de] veau *m*

Kalbsbraten *m* rôti *m* de veau

Kaleidoskop [kalaido'sko:p] <-s, -e> *nt* kaléidoscope *m*

Kalender [ka'lɛndɐ] <-s, -> *m* (*Wandkalender*) calendrier *m* [mural]; (*Abreißkalender*) éphéméride *f;* (*Taschenkalender, Terminkalender*) agenda *m*

Kalenderfunktion *f* fonction *f* calendrier **Kalenderjahr** *nt* année *f* civile

Kalesche [ka'lɛʃə] <-, -n> *f* calèche *f*

Kali ['ka:li] <-s, -s> *nt* CHEM potasse *f*

Kaliber [ka'li:bɐ] <-s, -> *nt* ❶ TECH calibre *m* ❷ (*Format*) **eine Frau dieses ~s** une femme de cette classe

Kalif [ka'li:f] <-en, -en> *m* calife *m*

Kalifornien [kali'fɔrni̯ən] <-s> *nt* la Californie

Kalium ['ka:li̯ʊm] <-s> *nt* CHEM potassium *m*

Kalk [kalk] <-[e]s, -e> *m* ❶ (*Baumaterial*) chaux *f* ❷ (*Kalziumkarbonat*) calcaire *m* ❸ (*Kalzium*) calcium *m*

kalken ['kalkən] *vt* (*düngen*) chauler

kalkhaltig *adj* calcaire

Kalkmangel *m* MED manque *m* de calcium **Kalkstein** *m* pierre *f* à chaux

Kalkül [kal'ky:l] <-s, -e> *m o nt* calcul *m*

Kalkulation [kalkula'tsi̯o:n] <-, -en> *f* (*Schätzung*) estimation *f*

kalkulieren* [kalku'li:rən] **I.** *vi* (*schätzen*) calculer **II.** *vt* calculer *Kosten*

KalligrafieRR, **Kalligraphie** [kaligra'fi:] <-> *f* calligraphie *f*

Kalorie [kalo'ri:] <-, -ien> *f* calorie *f*

kalorienarm **I.** *adj* peu calorique **II.** *adv* **~ essen** avoir une alimentation pauvre en calories **Kaloriengehalt** [kalo'ri:əngəhalt] *m* valeur *f* énergétique **kalorienreich** **I.** *adj* calorique **II.** *adv* **~ essen** avoir une alimentation riche en calories

kalt [kalt] <kälter, kälteste> **I.** *adj a. fig* froid(e); **ganz ~e Hände haben** avoir les mains glacées; **ihr ist ~** elle a froid **II.** *adv* ❶ *sich waschen* à l'eau froide; **etw ~ stellen** mettre qc au frais ❷ (*ohne Nebenkosten*) sans les charges ▶**jdn ~ erwischen** *fam* cueillir qn à froid

kalt|bleiben *vi irr + sein fam* (*ruhig bleiben*) *Person:* rester de marbre

K

Kaltblüter ['kaltbly:tɐ] <-s, -> *m* animal *m* à sang froid

kaltblütig ['kaltbly:tɪç] **I.** *adj* ❶ (*unerschrocken*) qui garde son sang-froid ❷ *Person* qui agit de sang-froid; *Tat, Verbrechen* commis(e) de sang-froid **II.** *adv* ❶ (*unerschrocken*) avec sang-froid ❷ (*skrupellos*) froidement

Kaltblütigkeit <-> *f* sang-froid *m*

Kälte ['kɛltə] <-> *f* froid *m; der Luft, des Wassers* froideur *f; des Windes* fraîcheur *f;* **vor ~ zittern** trembler de froid

Kälteeinbruch *m* coup *m* de froid **kälteempfindlich** *adj* sensible au froid

Kaltfront *f* METEO front *m* froid

kaltherzig **I.** *adj* sans cœur **II.** *adv* froidement

kalt|lassen *vt irr, unpers fam* (*unbeeindruckt lassen*) **das lässt mich kalt** ça me laisse froid **Kaltluft** *f* masse *f* d'air froid **kalt|machen** *vt sl* **jdn ~** refroidir qn (*fam*) **Kaltmiete** ['kaltmi:tə] *f* loyer *m* sans [les] charges **Kaltschale** *f* soupe *f* de fruits

kaltschnäuzig *fam adj* culotté(e)

Kaltstart *m* démarrage *m* à froid **kalt|stellen** *vt fig fam* **jdn ~** mettre qn au placard

Kalvinismus [kalvi'nɪsmʊs] <-> *m* calvinisme *m*

kalvinistisch [kalvi'nɪstɪʃ] *adj* calviniste

Kalzium ['kaltsi̯ʊm] <-s> *nt* calcium *m*

kam [ka:m] *Imp von* **kommen**

Kambodscha [kam'bɔdʒa] <-s> *nt* le Cambodge

Kamel [ka'me:l] <-[e]s, -e> *nt* ❶ chameau *m* ❷ *pej fam* (*Dummkopf*) andouille *f*

Kamelie [ka'me:li̯ə] <-, -n> *f* BOT camélia *m*

Kameltreiber(in) *m(f)* chamelier *m*

Kamera ['kaməra] <-, -s> *f* ❶ (*Filmkamera*) caméra *f;* **vor laufender ~** devant la caméra ❷ (*Fotoapparat*) appareil *m* photo

Kamerad(in) [kamə'ra:t] <-en, -en> *m(f)* camarade *mf*

Kameradschaft [kamə'ra:tʃaft] <-, -en> *f* camaraderie *f;* **aus ~** par camaraderie

kameradschaftlich **I.** *adj Beziehung* de bonne camaraderie; *Zusammenleben* en [bons] camarades; *Geist* de camaraderie **II.** *adv zusammenleben* en [bons] camarades

Kamerafahrt *f* travelling *m* **Kameraführung** *f* cadrage *m* **Kameramann** <-männer *o* -leute> *m*, **-frau** *f* cadreur *m*, caméraman *m*

Kamerun ['kaməru:n] <-s> *nt* le Cameroun

Kamille [ka'mɪlə] <-, -n> *f* camomille *f*

Kamillentee *m* [infusion *f* de] camomille *f*

Kamin [ka'mi:n] <-s, -e> *m o* DIAL, CH *nt* cheminée *f*

Kaminfeger(in) <-s, -> *m(f)* DIAL ramoneur(-euse) *m(f)* **Kaminfeuer** *nt* feu *m* de cheminée

Kaminkehrer(in) <-s, -> *m(f)* DIAL *s.* **Kaminfeger**

Kamm [kam, *Pl:* 'kɛmə] <-[e]s, Kämme> *m* ❶ peigne *m* ❷ ZOOL *von Hühnervögeln, Sauriern* crête *f* ❸ (*Bergrücken*) crête *f*

kämmen ['kɛmən] *vt* coiffer; **jdn/sich ~** coiffer qn/se coiffer

Kammer ['kamɐ] <-, -n> *f* chambre *f*

Kammerjäger(in) *m(f)* agent *m* préposé à la lutte antiparasitaire **Kammerkonzert** *nt* concert *m* de musique de chambre

Kämmerlein ▶ **im stillen ~** au calme

Kammermusik *f* musique *f* de chambre **Kammerton** *m kein Pl* la *m* du diapason

Kammgarn *nt* laine *f* peignée

Kampagne [kam'panjə] <-, -n> *f* campagne *f*

Kampf [kampf, *Pl:* 'kɛmpfə] <-[e]s, Kämpfe> *m* ❶ MIL, SPORT combat *m;* **gegen jdn/etw in den ~ ziehen** partir en guerre contre qn/qc; **den ~ aufnehmen** se lancer dans la bataille; **die Kämpfe einstellen** cesser les combats ❷ (*Schlägerei*) lutte *f;* **ein ~ auf Leben und Tod** un combat à mort ❸ *fig* lutte *f;* **~ für** [*o* **um**]/**gegen etw** lutte *f* pour/contre qc; **der ~ ums Dasein** la lutte pour la vie

kämpfen ['kɛmpfən] **I.** *vi* ❶ MIL, SPORT se battre; **für jdn/etw ~** se battre pour qn/qc ❷ *fig* **für/gegen etw ~** lutter pour/contre qc; **mit sich ~** mener un combat intérieur; **mit etw zu ~ haben** devoir se battre avec qc **II.** *vr* **sich durch das Gestrüpp ~** se frayer un chemin à travers les fourrés; **sich durch ein Buch ~** lire un livre avec peine

Kampfer ['kampfɐ] <-s> *m* camphre *m*

Kämpfer(in) ['kɛmpfɐ] <-s, -> *m(f)* ❶ (*Krieger*) guerrier(-ière) *m(f);* (*im Heer*) combattant(e) *m(f)* ❷ (*Streiter*) **ein ~ / eine ~in für den Umweltschutz** un/une défenseur de la protection de l'environnement

kämpferisch **I.** *adj Person, Natur* combatif(-ive); *Einsatz, Leistung* au combat **II.** *adv* **~ sehr stark sein** faire preuve de beaucoup de combativité

Kämpfernatur *f* nature *f* combative; **eine ~ sein** être une force de la nature
kampferprobt *adj* MIL aguerri(e) **kampffähig** *adj* SPORT **~ sein** être en état de combattre **Kampfflugzeug** *nt* avion *m* de combat **Kampfgeist** *m kein Pl* esprit *m* combatif **Kampfhandlungen** *Pl form* (*vereinzelte Kämpfe*) accrochage *m* **Kampfhund** *m* chien *m* de combat
kampflos *adj, adv* sans résistance
kampflustig *adj* d'humeur batailleuse **Kampfmaßnahme** *f meist Pl* grève *f* **Kampfrichter(in)** *m(f)* juge-arbitre *mf* **Kampfsport** ['kampfʃpɔrt] *m* sport *m* de combat *souvent pl* **Kampftechnik** *f* technique *f* de combat **kampfunfähig** *adj* (*nach einem Kampf*) mis(e) hors de combat
kampieren* [kam'piːrən] *vi* camper; **wild ~** faire du camping sauvage
Kanada ['kanada] <-s> *nt* le Canada
Kanadier(in) [ka'naːdi̯ɐ] <-s, -> *m(f)* Canadien(ne) *m(f)*
kanadisch *adj* canadien(ne)
Kanaille [ka'nalja] <-, -n> *f pej* canaille *f*
Kanal [ka'naːl, *Pl:* ka'nɛːlə] <-s, Kanäle> *m* ① (*Wasserstraße*) canal *m* ② GEOG **der ~** la Manche ③ (*Abwasserkanal*) égout *m* ④ (*Frequenzbereich*) canal *m*
Kanalarbeiter(in) *m(f)* égoutier *m* **Kanaldeckel** *m* plaque *f* d'égout
Kanalisation [kanaliza'ts̮i̯oːn] <-, -en> *f* égouts *mpl*
kanalisieren* [kanali'ziːrən] *vt* ① *a. fig* canaliser *Fluss, Gefühle* ② (*mit Kanalisation versehen*) doter d'un réseau de canalisations
Kanaltunnel *m* **der ~** le tunnel sous la Manche
Kanapee <-s, -s> *nt* GASTR canapé *m*
Kanarienvogel [ka'naːriənfoːgəl] *m* canari *m*
Kandare ▶**jdn an die ~ nehmen** faire marcher qn à la baguette (*fam*)
Kandelaber <-s, -> *m* ① (*Kerzenständer*) candélabre *m* ② (*Straßenlaterne*) lampadaire *m*
Kandidat(in) [kandi'daːt] <-en, -en> *m(f)* candidat(e) *m(f)*; **jdn als ~en für etw aufstellen** présenter qn comme candidat à qc
Kandidatur [kandida'tuːɐ̯] <-, -en> *f* candidature *f*
kandidieren* [kandi'diːrən] *vi* se porter candidat(e); **für etw ~** se porter candidat à qc
kandiert [kan'diːɐ̯t] *adj* confit(e)

Kandiszucker *m* sucre *m* candi
Känguru[RR], **Känguruh**[ALT] ['kɛŋguru] <-s, -s> *nt* kangourou *m*
Kaninchen [ka'niːnçən] <-s, -> *nt* lapin *m*
Kaninchenstall *m* clapier *m*
Kanister [ka'nɪstɐ] <-s, -> *m* ① (*Behälter*) bidon *m* ② (*Benzinkanister*) jerrican[e] *m*
Kannbestimmung[RR], **Kann-Bestimmung** *f* disposition *f* facultative
Kännchen ['kɛnçən] <-s, -> *nt* ① *Dim von* **Kanne** petit pot *m* ② (*Portion*) **ein ~ Kaffee/Tee** un grand café/thé
Kanne ['kanə] <-, -n> *f* ① (*Kaffeekanne*) cafetière *f*; (*Teekanne*) théière *f* ② (*Gießkanne*) arrosoir *m* ③ (*Milchkanne*) bidon *m* de lait; (*klein*) pot *m* à lait ▶**volle ~** *sl* à fond la caisse
Kannibale [kani'baːlə] <-n, -n> *m*, **Kannibalin** *f* cannibale *mf*
Kannibalismus [kaniba'lɪsmʊs] <-> *m* cannibalisme *m*
kannte ['kantə] *Imp von* **kennen**
Kanon ['kaːnɔn] <-s, -s> *m* (*Musikstück, Richtschnur*) canon *m*
Kanone [ka'noːnə] <-, -n> *f* ① (*Geschütz*) canon *m* ② *fam* (*Pistole*) flingue *m* ▶**mit ~n auf Spatzen schießen** *fam* ≈ tirer des moineaux avec un bazooka
Kanonenboot *nt* canonnière *f* **Kanonenfutter** *nt fam* chair *f* à canon **Kanonenkugel** *f* boulet *m* de canon
kanonisch [ka'noːnɪʃ] *adj* canonique
Kantate [kan'taːtə] <-, -n> *f* MUS cantate *f*
Kante ['kantə] <-, -n> *f* ① (*Ecke, Webkante*) bord *m* ② MATH arête *f*
kanten ['kantən] *vt* **etw ~** mettre qc sur l'arête
Kanten ['kantən] <-s, -> *m* NDEUTSCH croûton *m*
Kantholz *nt* bois *m* équarri
kantig ['kantɪç] *adj* ① *Holz, Felsblock* équarri(e) ② *Kinn, Gesicht* anguleux(-euse)
Kantine [kan'tiːnə] <-, -n> *f* cantine *f*
Kanton [kan'toːn] <-s, -e> *m* canton *m*
kantonal [kanto'naːl] *adj* cantonal(e)
Kantor <-s, -toren> *m*, **Kantorin** *f* cantor *m*
Kanu ['kaːnu] <-s, -s> *nt* canoë *m*; **~ fahren** faire du canoë
Kanüle <-, -n> *f* ① (*Hohlnadel*) aiguille *f* ② (*Röhrchen*) cathéter *m*
Kanute <-n, -n> *m*, **Kanutin** *f* canoéiste *mf*
Kanzel ['kants̮əl] <-, -n> *f* REL chaire *f*
kanzerogen [kants̮ero'geːn] **I.** *adj* cancérogène **II.** *adv* **~ wirken** être cancérogène

K

Kanzlei [kanʦ'lai̯] <-, -en> *f* ❶ *eines Anwalts* cabinet *m; eines Notars* étude *f* ❷ (*Behörde*) chancellerie *f*
Kanzler(in) ['kanʦlɐ] <-s, -> *m(f)* (*Regierungschef*) chancelier(-ière) *m(f)*
Kanzleramt *nt* chancellerie *f*
Kanzleramtschef(in) *m(f)* POL chef *mf* de la chancellerie
Kanzlerkandidat(in) *m(f)* candidat(e) *m(f)* à la chancellerie
Kap [kap] <-s, -s> *nt* cap *m*
Kap. *Abk von* **Kapitel** chap.
Kapaun [ka'pau̯n] <-s, -e> *m* chapon *m*
Kapazität [kapaʦi'tɛ:t] <-, -en> *f* ❶ (*Fassungs-, Leistungsvermögen*) capacité *f* ❷ (*Experte*) autorité *f*
Kapelle [ka'pɛlə] <-, -n> *f* ❶ (*Kirche*) chapelle *f* ❷ MUS orchestre *m*
Kapellmeister(in) *m(f)* chef *mf* d'orchestre
Kaper ['ka:pɐ] <-, -n> *f* câpre *f*
kapern ['ka:pɐn] *vt* jeter le grappin sur *Schiff*
Kaperschiff *nt* HIST [bateau *m*] corsaire *m*
kapieren* [ka'pi:rən] *vt, vi fam* piger; **kapiert?** pigé?; **das kapier[e] ich nicht** je ne pige pas
Kapillargefäße [kapɪ'la:ɐ̯-] *Pl* [vaisseaux *mpl*] capillaires *mpl*
kapital [kapi'ta:l] *adj* ❶ *fam Irrtum* énorme ❷ JAGD *Hirsch* majestueux(-euse)
Kapital [kapi'ta:l] <-s, -e *o* -ien> *nt* ❶ *kein Pl* capital *m;* ~ **aufnehmen** emprunter des fonds ❷ (*Gesellschaftskapital*) capital *m* social
Kapitalanlage *f* placement *m* [financier] **Kapitalertragsteuer** *f* impôt *m* sur les revenus du capital **Kapitalflucht** *f* fuite *f* des capitaux **Kapitalgesellschaft** *f* société *f* de capitaux
kapitalisieren* [kapitali'zi:rən] *vt* FIN capitaliser
Kapitalismus [kapita'lɪsmʊs] <-> *m* capitalisme *m*
Kapitalist(in) [kapita'lɪst] <-en, -en> *m(f)* capitaliste *mf*
kapitalistisch I. *adj* capitaliste **II.** *adv denken* comme un capitaliste
kapitalkräftig *adj* financièrement solide **Kapitalmarkt** *m* marchés *mpl* financiers
Kapitalverbrechen *nt* crime *m* capital
Kapitalverkehr *m* ÖKON circulation *f* de capitaux; **freier** ~ libre circulation de capitaux
Kapitän [kapi'tɛ:n] <-s, -e> *m* ❶ NAUT, SPORT capitaine *m* ❷ (*Flugkapitän*) commandant(e) *m(f)* de bord
Kapitänleutnant *m* lieutenant *m* de vaisseau
Kapitänspatent *nt* brevet *m* de capitaine
Kapitel [ka'pɪtəl] <-s, -> *nt* chapitre *m*
Kapitell [kapi'tɛl] <-s, -e> *nt* ARCHIT chapiteau *m*
Kapitulation [kapitula'ʦi̯o:n] <-, -en> *f* capitulation *f*
kapitulieren* [kapitu'li:rən] *vi* capituler
Kaplan [ka'pla:n] <-s, Kapläne> *m* (*Hilfsgeistlicher*) vicaire *m;* (*Geistlicher mit besonderen Aufgaben*) aumônier *m*
Kappe ['kapə] <-, -n> *f* ❶ (*Mütze*) casquette *f* ❷ (*Füllerverschluss*) capuchon *m* ❸ (*vorderer Teil des Schuhs*) bout *m;* (*hinterer Teil des Schuhs*) contrefort *m* ▶ **etw auf seine ~ nehmen** *fam* porter le chapeau de qc
kappen ['kapən] *vt* (*durchtrennen*) couper
Käppi <-s, -s> *nt* MIL DIAL képi *m*
Kapriole [kapri'o:lə] <-, -n> *f* (*Streich*) frasque *f*
kapriziös [kapri'ʦi̯ø:s] *adj geh* capricieux(-ieuse)
Kapsel ['kapsəl] <-, -n> *f* capsule *f*
kaputt [ka'pʊt] *adj fam* ❶ (*defekt*) fichu(e); *Glühbirne* grillé(e) ❷ (*beschädigt*) cassé(e); *Schuhe, Kleidung, Dach* fichu(e) ❸ *Person* crevé(e) ❹ (*ruiniert*) brisé(e); *Gesundheit* délabré(e)
kaputt|gehen *vi irr + sein fam* ❶ (*defekt werden*) ne plus marcher ❷ (*beschädigt werden*) *Porzellan, Spiegel:* se casser; *Kleidung, Möbel:* s'abîmer; **die Scheibe ist kaputtgegangen** la vitre est cassée **kaputt|lachen** *vr fam* **sich** ~ se tordre de rire; **ich lach' mich kaputt!** c'est à se tordre!
kaputt|machen I. *vt fam* ❶ bousiller ❷ (*ruinieren*) détruire *Ehe;* ruiner *Gesundheit;* bousiller *Nerven* ❸ (*nervlich strapazieren*) tuer **II.** *vr fam* **sich** ~ s'esquinter
Kapuze [ka'pu:ʦə] <-, -n> *f* capuchon *m*
Kapuziner <-s, -> *m* capucin *m*
Karabiner <-s, -> *m* (*Gewehr*) carabine *f*
Karabinerhaken *m* mousqueton *m*
Karacho <-s> *nt fam* **mit** ~ à toute blinde
Karaffe [ka'rafə] <-, -n> *f* carafe *f*
Karambolage [karambo'la:ʒə] <-, -n> *f fam* (*Autounfall*) carambolage *m*
Karamel[ALT], **Karamell**[RR] [kara'mɛl] <-s> *m* caramel *m*
Karaoke [kara'o:kə] <-[s]> *nt* karaoké *m*
Karat [ka'ra:t] <-[e]s, -e> *nt* carat *m*
Karate [ka'ra:tə] <-[s]> *nt* karaté *m*
Karavelle [kara'vɛlə] <-, -n> *f* NAUT caravelle *f*

Karawane [kara'va:nə] <-, -n> *f* caravane *f*
Karbid [kar'bi:t] <-[e]s, -e> *nt* CHEM carbure *m* métallique
Karbonat [karbo'na:t] <-[e]s, -e> *nt* CHEM carbonate *m*
Kardamom [karda'mo:m] <-s, -[e]n> *m o nt* cardamome *f*
Kardangelenk [kar'da:n-] *nt* [joint *m* de] cardan *m* **Kardanwelle** *f* arbre *m* de transmission
Kardinal [kardi'na:l] <-s, Kardinäle> *m* REL, ORN cardinal *m*
Kardinalfehler *m* faute *f* cardinale **Kardinalfrage** *f geh* question *f* essentielle **Kardinalzahl** *f* nombre *m* cardinal
Kardiogramm [kardi̯o'gram] <-s, -e> *nt* MED électrocardiogramme *m*
Kardiologe [kardi̯o'lo:gə] <-n, -n> *m*, **Kardiologin** *f* MED cardiologue *mf*
Kardiologie [kardi̯olo'gi:] <-> *f* ❶ cardiologie *f* ❷ (*Station*) [service *m* de] cardiologie *f*
Karenztag [ka'rɛnts-] *m journée de maladie non prise en charge par la Sécurité sociale ou par l'employeur* **Karenzzeit** *f* délai *m* de carence
Karfiol [kar'fi̯o:l] <-s> *m* A chou-fleur *m*
Karfreitag [ka:ɐ̯'frai̯ta:k] *m* Vendredi *m* saint
karg [kark] <karger *o* kärger, kargste *o* kärgste> I. *adj* ❶ *Boden* pauvre ❷ *Ausstattung* austère; *Gehalt, Lohn* maigre; *Mahl* frugal(e) II. *adv* ~ **bemessen sein** être calculé [très] juste; ~ **ausgestattet sein** être équipé du strict minimum
Kargheit <-> *f* ❶ *des Bodens* pauvreté *f* ❷ (*Bescheidenheit*) *der Ausstattung* austérité *f*; *einer Mahlzeit* frugalité *f*
kärglich ['kɛrklɪç] *adj Rest, Gehalt* maigre; **ein ~es Auskommen haben** s'en tirer chichement
Karibik [ka'ri:bɪk] <-> *f* **die** ~ la mer des Caraïbes; **Urlaub in der ~ machen** passer des vacances dans les Antilles
kariert [ka'ri:ɐ̯t] *adj Stoff, Papier* à carreaux; **klein** ~ à petits carreaux
Karies ['ka:ri̯ɛs] <-> *f* carie *f*
Karikatur [karika'tu:ɐ̯] <-, -en> *f* caricature *f*
Karikaturist(in) [karikatu'rɪst] <-en, -en> *m(f)* caricaturiste *mf*
karikieren* [kari'ki:rən] *vt* caricaturer
kariös [ka'ri̯ø:s] *adj* carié(e)
karitativ [karita'ti:f] *adj Organisation* caritatif(-ive); *Zweck* charitable
Karl [karl] <-s> *m* ❶ Charles *m* ❷ HIST ~ **X.** Charles X; ~ **Martell** Charles Martel; ~ **der Große** Charlemagne *m*
Karmeliter(in) [karme'li:tɐ] <-s, -> *m(f)* carme *m*/carmélite *f*
Karneval ['karnəval] <-s, -e *o* -s> *m* carnaval *m*
Karnevalskostüm *nt* déguisement *m* de carnaval **Karnevalsverein** *m* société *f* carnavalesque **Karnevalszug** *m* défilé *m* de carnaval
Karnickel <-s, -> *nt fam* lapin *m*
Kärnten ['kɛrntən] <-s> *nt* la Carinthie
Karo ['ka:ro] <-s, -s> *nt* carreau *m*
Karoass[RR] *nt* as *m* de carreau
Karosse [ka'rɔsə] <-, -n> *f* ❶ (*Kutsche*) carrosse *m* ❷ *s.* **Karosserie**
Karosserie [karɔsə'ri:] <-, -i̯en> *f* carrosserie *f*
Karosseriebauer(in) *m(f)* carrossier *m*
Karotte [ka'rɔtə] <-, -n> *f* carotte *f*
Karpfen ['karpfən] <-s, -> *m* carpe *f*
Karre ['karə] <-, -n> *f* ❶ *s.* **Karren** ❷ *fam* (*Auto*) bagnole *f*
Karree [ka're:] <-s, -s> *nt* ❶ (*Geviert*) carré *m* ❷ (*Häuserblock*) pâté *m* de maisons [de forme carrée]; **ums ~ gehen/fahren** faire le tour du pâté de maisons ❸ A (*Rippenstück*) carré *m*
karren ['karən] *vt* (*herankarren*) charrier
Karren ['karən] <-s, -> *m* (*Leiterwagen*) charrette *f* ▶ **den ~ aus dem Dreck ziehen** sortir qn/qc du pétrin (*fam*)
Karriere [ka'ri̯e:rə] <-, -n> *f* carrière *f*
Karrierefrau *f* femme *f* qui fait/veut faire carrière **Karriereknick** *m* rupture *f* de carrière professionnelle
Karrieremacher(in) *m(f)*, **Karrierist(in)** [kari̯e'rɪst] <-en, -en> *pej m(f)* carriériste *mf*
Karsamstag [ka:ɐ̯'zamsta:k] *m* Samedi *m* saint
Karst [karst] <-[e]s, -e> *m* GEOL karst *m*
Karte ['kartə] <-, -n> *f* carte *f*; ~**n spielen** jouer aux cartes ▶ **gute/schlechte ~n haben** avoir de bonnes chances/peu de chances
Kartei [kar'tai̯] <-, -en> *f* fichier *m*
Karteikarte *f* fiche *f* **Karteikasten** *m* fichier *m* **Karteileiche** *f hum fiche non réactualisée qui traîne dans un fichier*
Kartell [kar'tɛl] <-s, -e> *nt* cartel *m*; **ein ~ bilden** constituer un cartel
Kartellamt *nt* office *m* des cartels **Kartellverbot** *nt* interdiction *f* frappant la création de cartels
Kartenhaus ▶ **wie ein ~ in sich zusammenfallen** s'effondrer comme un château

de cartes **Kartenleger(in)** <-s, -> *m(f)* cartomancien(ne) *m(f)* **Kartenlesegerät** *nt* INFORM lecteur *m* de cartes **Kartenspiel** *nt* ① *kein Pl* (*das Spielen*) partie *f* de cartes ② (*Satz Karten*) jeu *m* de cartes
Kartentelefon ['kartəntelefo:n] *nt* téléphone *m* à cartes; **öffentliches ~** publiphone *m* **Kartenvorverkauf** *m* location *f* des billets **Kartenzahlung** *f* paiement *m* par carte [bancaire]; **Entschuldigung, ist hier ~ möglich?** excusez-moi, est-il possible de payer par carte?
Kartoffel [kar'tɔfəl] <-, -n> *f* pomme *f* de terre ▶**jdn fallen lassen wie eine heiße ~** *fam* laisser tomber qn comme une vieille chaussette
Kartoffelbrei *m* purée *f* [de pommes de terre] **Kartoffelchips** [kar'tɔfəltʃɪps] *Pl* chips *mpl* **Kartoffelkäfer** *m* doryphore *m* **Kartoffelpresse** *f* presse-purée *m* **Kartoffelpuffer** *m* galette *f* de pommes de terre [râpées] **Kartoffelpüree** *nt s.* **Kartoffelbrei** **Kartoffelsalat** *m* salade *f* de pommes de terre **Kartoffelsuppe** *f* soupe *f* de pommes de terre
Kartograf(in)[RR], **Kartograph(in)** [karto'gra:f] <-en, -en> *m(f)* cartographe *mf*
Karton [kar'tɔŋ, kar'tõ:, kar'to:n] <-s, -s> *m* carton *m*
kartoniert *adj* cartonné(e)
Kartusche [kar'tʊʃə] <-, -n> *f* cartouche *f*
Karussell [karʊ'sɛl] <-s, -s *o* -e> *nt* manège *m;* [**mit dem**] **~ fahren** faire un tour/des tours de manège
Karwoche ['ka:ɐ̯vɔxə] *f* semaine *f* sainte
karzinogen [kartsino'ge:n] MED *adj* cancérogène
Karzinom [kartsi'no:m] <-s, -e> *nt* MED carcinome *m*
Kaschemme [ka'ʃɛmə] <-, -n> *f pej fam* boui-boui *m*
kaschieren* [ka'ʃi:rən] *vt* dissimuler
Kaschmir ['kaʃmi:ɐ̯] <-s, -e> *m* cachemire *m*
Käse ['kɛ:zə] <-s, -> *m* ① fromage *m* ② *pej fam* (*Quatsch*) conneries *fpl*
Käseblatt *nt pej fam* feuille *f* de chou **Käsefondue** ['kɛ:zəfõdy:] *nt* fondue *f* au fromage **Käsegebäck** *nt* petits gâteaux *mpl* au fromage **Käseglocke** *f* cloche *f* à fromage **Käsekuchen** *m* gâteau *m* au fromage blanc **Käseplatte** *f* (*Platte mit Käse*) plateau *m* de fromage; (*Platte für Käse*) plateau *m* à fromage
Käserei [kɛ:zə'rai] <-, -en> *f* fromagerie *f*
Kaserne [ka'zɛrnə] <-, -n> *f* caserne *f*
Käsestange *f* bâtonnet *m* apéritif au fromage **käseweiß** *adj fam* (*bleich*) blanc(blanche) comme un linge; (*nicht sonnengebräunt*) blanc(blanche) comme un cachet d'aspirine
käsig ['kɛ:zɪç] *adj fam* (*nicht sonnengebräunt*) blanc(blanche) comme un cachet d'aspirine
Kasino [ka'zi:no] <-s, -s> *nt* ① (*Spielkasino*) casino *m* ② (*Offizierskasino*) mess *m*
Kaskoversicherung ['kaskofɛɐ̯zɪçərʊŋ] *f* assurance *f* tous risques
Kasper ['kaspɐ] <-s, -> *m* (*Puppe, Kind*) guignol *m*
Kasper[le]theater ['kaspɐ(lə)-] *nt* guignol *m;* **ins ~ gehen** aller au guignol
Kassa ['kasa] <-, Kassen> *f bes.* A caisse *f*
Kassageschäft *nt* FIN, ÖKON opération *f* au comptant
Kasse ['kasə] <-, -n> *f* ① (*Metallkasten, Registrierkasse, Zahlstelle*) caisse *f* ② *fam* (*Krankenkasse*) caisse *f* d'assurance maladie; (*in Frankreich*) sécu *f* ▶**zahlbar in acht Tagen netto ~** montant net à régler sous huitaine; **knapp/gut bei ~ sein** *fam* être fauché/en fonds; **gegen ~** au comptant
Kasseler ['kasəlɐ] <-s, -> *nt* GASTR côte *f* de porc façon Kassler (*côte de porc salée et fumée*)
Kassenabschluss[RR] *m* ÖKON arrêté *m* de caisse **Kassenarzt** *m*, **-ärztin** *f* médecin *m* conventionné **Kassenbestand** *m* encaisse *f* **Kassenbon** ['kasənbɔŋ] *m* ticket *m* de caisse **Kassenbuch** *nt* livre *m* de caisse **Kassenmagnet** *m fam Schauspieler* aimant *m* médiatique; **dieser Film ist ein echter ~** ce film fait un vrai tabac **Kassenpatient(in)** *m(f) patient affilié à une caisse d'assurance maladie assurant une couverture de base* **Kassenschlager** *m fam* (*Film*) film *m* qui fait un tabac; (*Produkt*) article *m* qui se vend comme des petits pains **Kassensturz** *m* vérification *f* de la caisse **Kassenwart(in)** <-s, -e> *m(f)* caissier(-ière) *m(f)* **Kassenzettel** *s.* **Kassenbon**
Kasserolle [kasə'rɔlə] <-, -n> *f* casserole *f*
Kassette [ka'sɛtə] <-, -n> *f* ① (*Videokassette, Musikkassette*) cassette *f;* **etw auf ~ aufnehmen** enregistrer qc sur cassette ② (*Kästchen, Bücherkassette*) coffret *m* ③ ARCHIT caisson *m*
Kassettendeck *nt* magnétophone *m* à cassette[s] **Kassettenrekorder** [ka'sɛtənrekɔrdɐ] *m* magnétophone *m* [à cassettes]

Kassier [ka'siːɐ̯] SDEUTSCH, A, CH *s.* **Kassierer(in)**
kassieren* [ka'siːrən] **I.** *vt* ❶ (*einziehen*) encaisser; **etw bei jdm ~** encaisser qc auprès de qn ❷ *fam* (*konfiszieren*) sucrer *Führerschein, Spickzettel* **II.** *vi* **bei jdm ~** *Kellner:* encaisser l'addition de qn
Kassierer(in) <-s, -> *m(f)* caissier(-ière) *m(f)*
Kastagnette [kastan'jɛtə] <-, -n> *f* castagnette *f*
Kastanie [kas'taːni̯ə] <-, -n> *f* ❶ (*Rosskastanie*) marron *m* [d'Inde]; (*Esskastanie*) châtaigne *f;* **heiße ~n** des marrons chauds ❷ (*Rosskastanienbaum*) marronnier *m* [d'Inde]; (*Esskastanienbaum*) châtaignier *m* ▶**die ~n aus dem Feuer holen** *fam* tirer les marrons du feu
Kastanienbaum *s.* **Kastanie 2** **kastanienbraun** *adj* châtain *pas de forme féminine;* **eine ~e Wolldecke** une couverture châtain; **~e Haare** des cheveux châtains
Kästchen ['kɛstçən] <-s, -> *nt* ❶ *Dim von* **Kasten** coffret *m* ❷ (*Karo*) carreau *m*
Kaste ['kastə] <-, -n> *f* caste *f*
kasteien* [kas'tai̯ən] *vr* **sich ~** se mortifier
Kasten ['kastən, *Pl:* 'kɛstən] <-s, Kästen> *m* ❶ (*Behälter, offene Kiste*) caisse *f;* (*für Besteck, Schmuck*) coffret *m;* (*für Sicherungen, Kabel*) boîtier *m* ❷ A, CH (*Schrank*) armoire *f* ❸ *fam* (*Briefkasten*) boîte *f* à lettres
Kastenform *f* moule *m* à cake **Kastenwagen** *m* fourgonnette *f*
Kastrat <-en, -en> *m* eunuque *m*
Kastration [kastra'tsi̯oːn] <-, -en> *f* castration *f*
kastrieren* [kas'triːrən] *vt* châtrer
Kasus <-, -> *m* GRAM cas *m*
Kat [kat] <-s, -s> *m Abk von* **Katalysator** pot *m* catalytique
Katakombe <-, -n> *f* catacombe *f*
Katalog [kata'loːk] <-[e]s, -e> *m* ❶ (*Versandhauskatalog, Bibliothekskatalog*) catalogue *m* ❷ (*Verzeichnis in Kartenform*) fichier *m*
katalogisieren* [katalogi'ziːrən] *vt* cataloguer
Katalogisierung <-, -en> *f* catalogage *m*
Katalysator [kataly'zaːtoːɐ̯] <-s, -toren> *m* ❶ AUT pot *m* catalytique; **geregelter ~** pot catalytique à régulation électronique ❷ CHEM catalyseur *m*
Katalysatorauto *nt* voiture *f* équipée d'un pot catalytique
Katalyse [kata'lyːzə] <-, -n> *f* CHEM catalyse *f*
katalytisch [kata'lyːtɪʃ] *adj* CHEM catalytique
Katamaran <-s, -e> *m* catamaran *m*
Katapult <-[e]s, -e> *nt o m* catapulte *f*
katapultieren* *vt a. fig* catapulter
Katarr[RR], **Katarrh** <-s, -e> *m* catarrhe *f*
Kataster <-s, -> *m o nt* cadastre *m*
Katasteramt *nt* [services *mpl* du] cadastre *m*
katastrophal [katastro'faːl] **I.** *adj* catastrophique **II.** *adv* **sich ~ auswirken** avoir des conséquences catastrophiques
Katastrophe [katas'troːfə] <-, -n> *f* catastrophe *f* ▶**eine ~ sein** *fam Person:* être une plaie
Katastrophenabwehr *f* ≈ plan *m* ORSEC **Katastrophenalarm** *m* alerte *f* en cas de catastrophe **Katastropheneinsatz** *m* opération *f* de sauvetage **Katastrophengebiet** *nt,* **Katastrophenregion** *f* zone *f* sinistrée [*o* de catastrophe] **Katastrophenschutz** *m* (*Vorsorgemaßnahmen*) mesures *fpl* de prévention contre les catastrophes
Kate ['kaːtə] <-, -n> *f* NDEUTSCH cabane *f*
Katechismus [katɛ'çɪsmʊs] <-, Katechismen> *m* catéchisme *m*
Kategorie [katego'riː] <-, -ien> *f* catégorie *f*
kategorisch [kate'goːrɪʃ] *adj* catégorique
Kater ['kaːtɐ] <-s, -> *m* ❶ chat *m* ❷ *fam* (*nach Alkoholgenuss*) gueule *f* de bois; **einen ~ haben** avoir la gueule de bois
Kathedrale [kate'draːlə] <-, -n> *f* cathédrale *f*
Katheter <-s, -> *m* MED cathéter *m*
Kathode <-, -n> *f* PHYS cathode *f*
Katholik(in) [kato'liːk] <-en, -en> *m(f)* catholique *mf*
katholisch [ka'toːlɪʃ] **I.** *adj* catholique **II.** *adv* **streng ~ erzogen werden** recevoir une éducation très catholique
Katholizismus [katoli'tsɪsmʊs] <-> *m* catholicisme *m*
Katz [kats] ▶**mit jdm ~ und Maus spielen** *fam* jouer au chat et à la souris avec qn
katzbuckeln ['katsbʊkəln] *vi pej fam* **das Katzbuckeln** les courbettes *fpl*
Kätzchen ['kɛtsçən] <-s, -> *nt* chaton *m*
Katze ['katsə] <-, -n> *f* chat *m;* **ist das ein Kater oder eine ~?** est-ce un chat ou une chatte? ▶**wie die ~ um den heißen Brei herumschleichen** tourner autour du pot (*fam*); **wenn die ~ aus dem Haus ist, tanzen die Mäuse** *prov* quand le chat

K

n'est pas là, les souris dansent; **die ~ lässt das Mausen nicht** *prov* chassez le naturel, il revient au galop

Katzenauge *nt* œil *m* de chat **Katzenhai** *m* ZOOL [petite] roussette *f;* (*großgefleckt*) grande roussette *f* **Katzenjammer** *m fam* cafard *m;* **~ haben** avoir le cafard **Katzensprung** *m fam* **das ist ein ~** c'est la porte à côté **Katzenstreu** ['katsənʃtrɔy] *f* litière *f* pour chats **Katzenwäsche** *f hum fam* toilette *f* de chat; **~ machen** se laver le bout du nez **Katzenzunge** *f* langue *f* de chat (*recouverte de chocolat*)

Kauderwelsch ['kaudɐvɛlʃ] <-[s]> *nt pej* (*unverständliche Sprache*) sabir *m*

kauen ['kauən] **I.** *vt* mâcher *Brot, Kaugummi* **II.** *vi* **an einem Stück Brot ~** mastiquer un bout de pain; **am Bleistift ~** mâchonner le crayon

kauern ['kauɐn] **I.** *vi* + *sein* **in einer Ecke ~** être accroupi dans un coin **II.** *vr* + *haben* **sich hinter einen Baum ~** s'accroupir derrière un arbre

K

Kauf [kauf, *Pl:* 'kɔyfə] <-[e]s, Käufe> *m* achat *m;* **etw zum ~ anbieten** mettre qc en vente; **ein günstiger ~** une bonne affaire

kaufen ['kaufən] **I.** *vt* acheter; **jdm etw ~** acheter qc à qn; **sich** (*dat*) **etw ~** [s']acheter qc ▶ **dafür kann ich mir nichts ~** *iron* ça me fait une belle jambe (*fam*) **II.** *vi* **im Supermarkt/auf dem Markt ~** faire ses courses au supermarché/sur le marché

Kaufentscheidung *f* décision *f* d'achat

Käufer(in) ['kɔyfɐ] <-s, -> *m(f)* acheteur(-euse) *m(f);* **einen ~ finden** trouver preneur

Käuferschicht *f* catégorie *f* d'acheteurs

Kauffrau *s.* **Kaufmann** **Kaufhaus** *nt* grand magasin *m*

Kaufhausdetektiv(in) *m(f)* inspecteur *m* de magasin

Kaufkraft *f* pouvoir *m* d'achat **Kaufleute** ['kauflɔytə] *Pl s.* **Kaufmann**

käuflich **I.** *adj pej* (*bestechlich*) vénal(e) **II.** *adv form erwerben* à titre onéreux

Käuflichkeit <-> *f pej* vénalité *f*

Kauflustige(r) *f(m) dekl wie adj* acheteur(-euse) *m(f)*

Kaufmann ['kaufman] <-leute> *m,* **-frau** *f* ❶ **gelernter ~ /gelernte Kauffrau** commercial(e) *m(f)* ❷ (*Geschäftsmann*) cadre *m* commercial ❸ (*Lebensmittelhändler*) épicier(-ière) *m(f)*

kaufmännisch ['kaufmɛnɪʃ] **I.** *adj* commercial(e); **~er Angestellter** employé *m* de commerce; (*in leitender Position*) cadre *m* commercial **II.** *adv denken, handeln* avec le sens des affaires; **~ tätig sein** avoir une activité commerciale

Kaufpreis *m* prix *m* d'achat **Kaufrausch** *m* frénésie *f* d'acheter **Kaufsucht** *f* fièvre acheteuse (*fam*) **Kaufsumme** *f* montant *m* [de l'achat] **Kaufvertrag** *m* contrat *m* de vente **Kaufzwang** *m* obligation *f* d'achat

Kaugummi ['kau-] *m* chewing-gum *m*

Kaulquappe ['kaulkvapə] <-, -n> *f* têtard *m*

kaum [kaum] *adv* ❶ (*allenfalls, gerade eben*) à peine ❷ (*wahrscheinlich nicht*) difficilement; [**wohl**] **~!** sûrement pas! ❸ (*fast nicht*) à peine; **es ist ~ zu fassen, dass** on a peine à concevoir que + *subj;* **es ~ erwarten können** brûler d'impatience; **das hat ~ jemand gemerkt** pratiquement personne ne s'en est rendu compte; **~ noch** à peine

Kaumuskel *m* muscle *m* masticateur

kausal [kau'za:l] *adj geh Zusammenhang* de causalité

Kausalität [kauzali'tɛ:t] <-, -en> *f geh* causalité *f*

Kautabak *m* tabac *m* à chiquer

Kaution [kau'tsi̯o:n] <-, -en> *f* caution *f;* **gegen** [**tausend Euro**] **~ freikommen** être remis en liberté sous [une] caution [de mille euros]

Kautschuk ['kautʃʊk] <-s, -e> *m* caoutchouc *m*

Kautschukbaum *m* arbre *m* à caoutchouc

Kauwerkzeuge *Pl* organes *mpl* masticateurs

Kauz [kauts, *Pl:* 'kɔytsə] <-es, Käuze> *m fam* (*Sonderling*) hurluberlu *m*

kauzig ['kautsɪç] *adj* excentrique

Kavalier [kava'li:ɐ̯] <-s, -e> *m* gentleman *m*

Kavaliersdelikt *nt* peccadille *f*

Kavallerie ['kavaləri:] <-, -n> *f* MIL, HIST cavalerie *f*

Kavallerist [kavalə'rɪst] <-en, -en> *m* MIL, HIST cavalier *m*

Kaviar ['ka:vi̯a:ɐ̯] <-s, -e> *m* caviar *m*

KB *Abk von* **Kilobyte** Ko

keck [kɛk] *adj* (*vorlaut*) effronté(e)

Keckheit <-, -en> *f einer Person* effronterie *f*

Kefir ['ke:fɪr] <-s> *m* képhir *m*

Kegel ['ke:gəl] <-s, -> *m* ❶ (*Spielgerät*) quille *f* ❷ GEOM, GEOG cône *m* ❸ (*Lichtkegel*) faisceau *m*

Kegelbahn *f* piste *f* de quilles **Kegelbruder** *m*, **-schwester** *f fam* partenaire *mf* de quilles
kegelförmig ['ke:gəlfœrmɪç] *adj* conique
Kegelklub *m* club *m* de jeu de quilles **Kegelkugel** *f* boule *f* de quilles
kegeln ['ke:gəln] *vi* jouer aux quilles; **das Kegeln** le jeu de quilles
Kegelschnitt *m* MATH section *f* conique **Kegelstumpf** *m* MATH tronc *m* de cône
Kegler(in) ['ke:glɐ] <-s, -> *m(f)* joueur(-euse) *m(f)* de quilles
Kehle ['ke:lə] <-, -n> *f* gorge *f*; **jdm die ~ zudrücken** serrer la gorge à qn ▶**sich** (*dat*) **die ~ aus dem Hals schreien** *fam* s'égosiller; **aus voller ~ singen** chanter à pleine gorge
kehlig ['ke:lɪç] *adj Laut* guttural(e)
Kehlkopf *m* larynx *m*
Kehlkopfentzündung *f*, **Kehlkopfkatarr(h)**[RR] *m* MED laryngite *f*
Kehllaut *m* ❶ (*Glottal*) glottale *f* ❷ (*kehliger Laut*) gutturale *f*
Kehraus ['ke:ɐ̯ʔaus] <-> *m* dernière danse *f*; **den ~ bilden** clore la fête; **den ~ feiern** célébrer la fin des festivités **Kehrbesen** SDEUTSCH *s.* **Besen Kehrblech** *nt* SDEUTSCH pelle *f* [à poussière]
Kehre ['ke:rə] <-, -n> *f* virage *m* [en épingle à cheveux]
kehren[1] ['ke:rən] **I.** *vt* **den Kopf zur Seite ~** détourner la tête; **seine Hosentaschen nach außen ~** retourner ses poches de pantalon **II.** *vr* **sich gegen jdn ~** *Maßnahme:* se retourner contre qn
kehren[2] ['ke:rən] *vt, vi* SDEUTSCH balayer
Kehricht ['ke:rɪçt] <-s> *m o nt* ❶ *form* balayures *fpl* ❷ CH (*Müll*) ordures *fpl* [ménagères]
Kehrmaschine *f* (*Straßenkehrmaschine*) balayeuse *f* [municipale] **Kehrreim** *m* refrain *m* **Kehrseite** ▶**die ~ der Medaille** le revers de la médaille
kehrt|machen ['ke:ɐ̯tmaxən] *vi fam* ❶ (*umkehren*) faire demi-tour ❷ MIL faire un demi-tour **Kehrtwendung** *f* ❶ MIL demi-tour *m* ❷ *fig* volte-face *f*
Kehrwert *m* MATH valeur *f* réciproque
keifen ['kaifən] *vi pej* brailler
Keil [kail] <-[e]s, -e> *m* ❶ (*Unterlegkeil*) cale *f* ❷ TECH coin *m*; **einen ~ ins Holz treiben** enfoncer un coin dans le bois ❸ (*Zwickel*) soufflet *m*
Keile ['kailə] *Pl* DIAL *fam* gnons *mpl*
keilen ['kailən] *vr* DIAL *fam* **sich ~** se bagarrer
Keilerei [kailə'rai] <-, -en> *f fam* bagarre *f*
keilförmig ['kailfœrmɪç] *adj Holzstück, Stein* taillé(e) en biseau; *Grundstück* en biseau; *Schriftzeichen* cunéiforme
Keilriemen *m* courroie *f* [trapézoïdale] **Keilschrift** *f* écriture *f* cunéiforme
Keim [kaim] <-[e]s, -e> *m* ❶ germe *m* ❷ *fig geh einer Freundschaft, Liebe* prémices *fpl* ▶**etw im ~ ersticken** étouffer qc dans l'œuf
Keimblatt *nt* cotylédon *m* **Keimdrüse** *f* glande *f* génitale
keimen ['kaimən] *vi a. fig* germer; **das Keimen** la germination
keimfrei *adj* stérilisé(e); *Umgebung* stérile; **etw ~ machen** stériliser qc
Keimling ['kaimlɪŋ] <-s, -e> *m* BOT germe *m*
keimtötend *adj* antiseptique
Keimzelle *f* ❶ BIO gamète *m* ❷ *fig* ferment *m*
kein [kain] **I.** *pron indef, adjektivisch* ❶ **~ Wort sagen** ne pas dire un mot; **~e Lust/Zeit haben** ne pas avoir envie/le temps; **~ Auto/Telefon haben** ne pas avoir de voiture/de téléphone; **~e Hunde mögen** ne pas aimer les chiens; **~e andere als Brigitte** nulle autre que Brigitte ❷ (*nicht einmal*) **~e drei Stunden dauern** ne même pas durer trois heures **II.** *pron indef, substantivisch* ❶ (*auf eine Person bezogen*) **das weiß ~er** personne ne le sait; **das geht ~en etwas an** cela ne regarde personne; **es ist ~er mehr da** il n'y a plus personne; **sie hat ~en von beiden geheiratet** elle n'en a épousé aucun des deux ❷ (*auf Dinge bezogen*) **von den Pullovern gefiel mir ~er** aucun des pull-overs ne m'a plu; **Saft habe ich ~en da** du jus, je n'en ai pas
keinerlei ['kainɐ'lai] *adj inv, attr* **~ Interesse zeigen** ne montrer vraiment aucun intérêt
kein(e)s *s.* **kein**
keinesfalls ['kainəs'fals] *adv* **ich möchte dich ~ beunruhigen** je ne veux en aucun cas te causer du souci
keineswegs ['kainəs've:ks] *adv* **sie ist ~ zufrieden** elle n'est absolument pas satisfaite
keinmal ['kainma:l] *adv* **~ fehlen** ne pas manquer une seule fois
Keks [ke:ks] <-es, -e> *m* gâteau *m* sec
Kelch [kɛlç] <-[e]s, -e> *m* ❶ (*Blütenkelch, Abendmahlskelch*) calice *m* ❷ (*Sektkelch*) flûte *f*
Kelle <-, -n> *f* (*Schöpflöffel*) louche *f*
Keller ['kɛlɐ] <-s, -> *m* cave *f*
Kellerassel *f* cloporte *m*

Kellerei [kɛlə'rai] <-, -en> *f* cave *f* viticole

Kellerfenster *nt* soupirail *m* **Kellergeschoss**[RR] *nt* sous-sol *m* **Kellergewölbe** *nt* cave *f* voûtée **Kellermeister(in)** *m(f)* caviste *mf* **Kellerwohnung** *f* logement *m* en sous-sol

Kellner(in) ['kɛlnɐ] <-s, -> *m(f)* serveur(-euse) *m(f)*

kellnern ['kɛlnɐn] *vi fam* faire le serveur/la serveuse

Kelte ['kɛltə] <-n, -n> *m*, **Keltin** *f* Celte *mf*

Kelter ['kɛltɐ] <-, -n> *f* pressoir *m*

keltern *vt* pressurer

keltisch ['kɛltɪʃ] *adj* celt[iqu]e

Kenia ['keːni̯a] <-s> *nt* le Kenya

Kenianer(in) [ke'ni̯aːnɐ] <-s, -> *m(f)* Kenyan(e) *m(f)*

kenianisch [ke'ni̯aːnɪʃ] *adj* kenyan(e)

kennen ['kɛnən] <kannte, gekannt> **I.** *vt* connaître; ~ **lernen** apprendre à connaître *Person, Land, Kultur;* **jdn ~ lernen** faire la connaissance de qn; **ich freue mich, Sie ~ zu lernen!** je suis heureux(-euse) de faire votre connaissance!; **alle ~ sie als zuverlässige Kollegin** elle est réputée pour être une collègue sur qui on peut compter; **so kenne ich sie gar nicht** je ne l'ai jamais vue comme ça; **wie ich ihn/sie kenne ...** tel que je le/telle que je la connais ... ▶ **du wirst/der wird mich noch ~ lernen!** *fam* tu vas voir/il va voir de quel bois je me chauffe!; **das ~ wir schon** *iron* on connaît la chanson; **so was ~ wir hier nicht!** ce n'est pas le genre de la maison! **II.** *vr* **sich ~** se connaître; **sich ~ lernen** (*Bekanntschaft machen*) faire connaissance; (*vertraut werden*) apprendre à se connaître

kennen|lernen **I.** *vt s.* **kennen I. II.** *vr s.* **kennen II.**

Kenner(in) <-s, -> *m(f)* ① (*Vertrauter*) **ein ~ /eine ~in der Materie** un expert/une experte en la matière ② (*Experte*) connaisseur(-euse) *m(f);* **eine ~in guter Weine/von Antiquitäten** une connaisseuse en bons vins/en antiquités

Kennerblick *m* œil *m* d'expert

kenntlich ['kɛntlɪç] *adj* reconnaissable; **an etw** (*dat*) **~ sein** être reconnaissable à qc; **etw durch ein Zeichen/mit Leuchtstift ~ machen** marquer qc d'un signe/au marqueur fluorescent

Kenntnis ['kɛntnɪs] <-, -se> *f* ① *kein Pl* (*Wissen*) connaissance *f;* **jdn von etw in ~ setzen** porter qc à la connaissance de qn; **jdn davon in ~ setzen, dass** porter à la connaissance de qn [le fait] que; **etw zur ~ nehmen** prendre acte de qc; **zur ~ nehmen, dass** noter que (*form*); **von etw nicht in ~ gesetzt werden** ne pas être informé au sujet de qc ② *Pl* (*Fachwissen*) connaissances *fpl;* **über ~se in Informatik verfügen** posséder des connaissances en informatique

Kenntnisnahme <-> *f* **zur ~** pour information *f*

Kennung ['kɛnʊŋ] <-, -en> *f* ① TELEC indicatif *m* ② AVIAT, NAUT identification *f* ③ INFORM identifiant *m*

Kennwort <-wörter> *nt* ① (*Codewort*) code *m* ② (*Losungswort*) mot *m* de passe **Kennzahl** ['kɛntsaːl] *f* ① (*Ortsnetzkennzahl*) indicatif *m* ② (*Zahlenwert*) indice *m* **Kennzeichen** *nt* ① (*Autokennzeichen*) **amtliches** [*o* **polizeiliches**] **~** numéro *m* d'immatriculation ② (*Merkmal*) signe *m* distinctif; **unveränderliches ~** signe *m* particulier ③ (*Markierung*) signe *m* de reconnaissance

kennzeichnen **I.** *vt* ① marquer *Tier, Fachwort;* signaler *Weg, Behälter;* **etw als zerbrechlich/explosiv ~** marquer qc comme étant fragile/explosif(-ive) ② (*charakterisieren*) caractériser **II.** *vr* **sich durch etw ~** se caractériser par qc

kennzeichnend *adj* caractéristique

Kennzeichnungspflicht *f* obligation *f* d'étiquetage

Kennziffer *f* référence *f*

kentern ['kɛntɐn] *vi + sein* chavirer

Keramik [ke'raːmɪk] <-, -en> *f* céramique *f*

keramisch *adj* en céramique

Kerbe ['kɛrbə] <-, -n> *f* encoche *f*

Kerbel ['kɛrbəl] <-s> *m* cerfeuil *m*

kerben *vt* graver; **etw in ein Stück Holz ~** graver qc dans un morceau de bois

Kerbholz ▶ **etwas auf dem ~ haben** *fam* avoir qc à cacher

Kerker ['kɛrkɐ] <-s, -> *m* ① (*Verlies*) cachot *m* ② A *s.* **Zuchthaus**

Kerl [kɛrl] <-s, -e *o* -s> *m fam* type *m;* **du fieser ~!** espèce de salopard!

Kern [kɛrn] <-[e]s, -e> *m* ① (*Obstkern*) pépin *m; von Steinobst* noyau *m* ② (*Nusskern*) amande *f* ③ (*Atomkern, Zellkern*) noyau *m* ④ (*zentraler Punkt*) *eines Problems* fond *m* ⑤ (*zentraler Teil*) *einer Stadt* cœur *m* ⑥ (*wichtiger, aktiver Teil*) *einer Belegschaft, Mannschaft* noyau *m* dur ▶ **in jdm steckt ein guter ~** qn a un bon fond; **der harte ~** le noyau dur

Kernarbeitszeit *f* plage *f* [horaire] fixe **Kernbrennstoff** *m* combustible *m* nucléaire **Kernenergie** *s.* **Kernkraft** **Kernfach** *nt* SCHULE matière *f* principale

K

Kẹrnforschung *f* recherche *f* nucléaire **Kẹrnfrage** *f* question *f* fondamentale **Kẹrnfusion** ['kɛrnfuzi̯oːn] *f* fusion *f* nucléaire **Kẹrngehäuse** *nt* trognon *m* **kẹrngesund** *adj* en pleine santé

kẹrnig *adj* (*voller Kerne*) à pépins

Kẹrnkraft *f* énergie *f* nucléaire **Kẹrnkraftbefürworter(in)** *m(f)* partisan(e) *m(f)* du nucléaire **Kẹrnkraftgegner(in)** *m(f)* antinucléaire *mf* **Kẹrnkraftwerk** *nt* centrale *f* nucléaire

kẹrnlos *adj* sans pépins

Kẹrnobst *nt* fruits *mpl* à pépins **Kẹrnphysik** *f* physique *f* nucléaire **Kẹrnphysiker(in)** *m(f)* atomiste *mf* **Kẹrnpunkt** *s.* **Kern 4** **Kẹrnreaktor** *m* réacteur *m* nucléaire **Kẹrnschmelze** *f* fusion *f* du cœur du réacteur **Kẹrnseife** *f* ≈ savon *m* de Marseille **Kẹrnspaltung** *f* PHYS fission *f* nucléaire **Kẹrnstück** *nt* point *m* essentiel **Kẹrntechnik** *f* technique *f* nucléaire **Kẹrnteilung** *f* BIO mitose *f* **Kẹrnverschmelzung** *f* ① PHYS *s.* **Kernfusion** ② BIO fusion *f* des gamètes **Kẹrnwaffe** *f* arme *f* nucléaire **kẹrnwaffenfrei** ['kɛrnvafənfrai̯] *adj* dénucléarisé(e) **Kẹrnwaffenversuch** *m* essai *m* nucléaire **Kẹrnzeit** *f* plage *f* fixe [de travail]

Kerosin [kero'ziːn] <-s, -e> *nt* kérosène *m*

Kẹrze ['kɛrt͜sə] <-, -n> *f* ① bougie *f;* REL cierge *m* ② (*Zündkerze*) bougie *f* ③ (*Gymnastikübung*) chandelle *f*

Kẹrzenbeleuchtung *s.* **Kerzenlicht** **kẹrzengerade** ['kɛrt͜səngə'raːdə] *adj, adv* droit(e) comme un i **Kẹrzenhalter** *m* (*klein*) bougeoir *m;* (*groß*) chandelier *m;* (*am Tannenbaum, auf Geburtstagskuchen*) petit bougeoir *m* **Kẹrzenleuchter** *m* candélabre *m* **Kẹrzenlicht** *nt* lumière *f* des bougies; **ein Diner bei ~** un dîner aux chandelles **Kẹrzenständer** *m* bougeoir *m*

Kẹscher ['kɛʃɐ] <-s, -> *m* épuisette *f*

kẹssRR, **keßALT** [kɛs] **I.** *adj* ① *Person* effronté(e); *Spruch, Antwort* audacieux(-euse); ~ **sein** *Person:* ne pas avoir froid aux yeux ② (*jung, unbekümmert*) joli(e); **ein ~es Mädchen** une sacrée minette (*fam*) ③ *Hut, Rock* affriolant(e) **II.** *adv antworten, gucken* avec aplomb

Kẹssel ['kɛsəl] <-s, -> *m* ① (*Wasserkessel*) bouilloire *f* ② (*Kochtopf*) marmite *f* ③ (*Heizkessel*) chaudière *f* ④ GEOG cuvette *f*

Kẹsselstein *m* tartre *m*

Ketchup, KetschupRR ['kɛtʃap] <-[s], -s> *m o nt* ketchup *m*

Kẹtte ['kɛtə] <-, -n> *f* ① *a.* COM, TEXTIL chaîne *f* ② (*Halskette*) collier *m* ③ (*Aneinanderreihung*) succession *f; von Beweisen, Erfolgen* série *f*

kẹtten *vt* (*befestigen*) **jdn/etw an etw** (*akk*) ~ enchaîner qn/qc à qc

Kẹttenbrief *m* lettre *f* en chaîne **Kẹttenfahrzeug** *nt* véhicule *m* chenillé **Kẹttenglied** *nt* maillon *m* **Kẹttenhund** *m* chien *m* enchaîné **Kẹttenkarussell** *nt* chaises *fpl* volantes **Kẹttenraucher(in)** *m(f)* grand fumeur *m*/grande fumeuse *f;* ~ **sein** fumer cigarette sur cigarette **Kẹttenreaktion** *f* PHYS, CHEM réaction *f* en chaîne **Kẹttenschaltung** *f* dérailleur *m* **Kẹttenschutz** *m* carter *m* de chaîne

Kẹtzer(in) <-s, -> *m(f)* hérétique *mf*

Ketzerei <-, -en> *f* hérésie *f*

kẹtzerisch *adj* hérétique

keuchen ['kɔyçən] *vi* ① + *haben* (*schwer atmen*) haleter ② + *sein* (*gehen, laufen*) **durch das Ziel ~** franchir la ligne d'arrivée en haletant

Keuchhusten *m* coqueluche *f*

Keule ['kɔylə] <-, -n> *f* ① (*Waffe*) massue *f* ② (*Sportgerät*) mil *m*

keulen ['kɔylən] *vt* abattre *Kühe, Tiere*

Keulung <-, -en> *f* abattage *m*

keusch [kɔyʃ] *adj* chaste

Keusche <-, -n> *f* A *pej* (*Bruchbude*) taudis *m*

Keuschheit <-> *f* chasteté *f*

Keyboard ['kiːbɔːt] <-s, -s> *nt* orgue *m* électronique

Kfz [kaːʔɛf't͜sɛt] <-[s], -[s]> *nt Abk von* **Kraftfahrzeug** automobile *f*

Kfz-Werkstatt *f* garage *m* **Kfz-Zulassung** *f* immatriculation *f* **Kfz-Zulassungsstelle** *f* service *m* des immatriculations

kg *Abk von* **Kilogramm** kg

KG [kaː'geː] <-, -s> *f Abk von* **Kommanditgesellschaft** SCS *f*

kgl. *adj Abk von* **königlich**

Khaki ['kaːki] <-s> *m* (*Stoff*) [toile *f*] kaki *m inv*

khakifarben *adj* kaki *inv*

Khmer [kmeːɐ̯] <-, -> *m* Khmer *m*/Khmère *f*

kHz *Abk von* **Kilohertz** kHz *m*

KI [kaː'ʔiː] <-> *f Abk von* **künstliche Intelligenz** I.A. *f*

Kibbuz [kɪ'buːt͜s] <-, Kibbuzim *o* -e> *m* kibboutz *m*

Kiberer <-s, -> *m* A *pej fam* flic *m*

K

Kichererbse ['kɪçɐʔɛrpsə] *f* pois *m* chiche
kichern ['kɪçɐn] *vi* ricaner
Kickboard ['kɪkbɔːt] <-s, -s> *nt* trottinette *f*
kicken ['kɪkən] *vi fam* ① (*Fußball spielen*) jouer au foot ② taper dans *Ball;* **den Ball ins Aus ~** botter en touche
Kicker(in) ['kɪkɐ] <-s, -[s]> *m(f) fam* footeux(-euse) *m(f)*
Kickstarter *m* kick *m*
kidnappen ['kɪtnɛpən] *vt* kidnapper
Kidnapper(in) ['kɪtnɛpɐ] <-s, -> *m(f)* kidnappeur(-euse) *m(f)*
Kidnapping ['kɪtnɛpɪŋ] <-s, -s> *nt* kidnapping *m*
Kids [kɪts] <-> *Pl fam* (*Kinder*) mômes *mpl;* (*Jugendliche*) ados *mpl*
Kiebitz ['kiːbɪts] <-es, -e> *m* vanneau *m* huppé
kiefeln ['kiːfəln] *vi* A ① (*kauen*) **an etw** (*dat*) **~** mordiller qc ② *fig* **an einem Problem ~** remâcher un problème
Kiefer¹ ['kiːfɐ] <-, -n> *f* (*Baum, Holz*) pin *m*
Kiefer² ['kiːfɐ] <-s, -> *m* ANAT mâchoire *f*
Kieferchirurg(in) *m(f)* chirurgien(ne) *m(f)* maxillo-facial(e) **Kieferchirurgie** *f* chirurgie *f* maxillo-faciale **Kieferhöhle** *f* ANAT sinus *m* maxillaire
Kieferhöhlenentzündung *f* MED sinusite *f* maxillaire
Kiefernnadel *f* aiguille *f* de pin **Kiefernzapfen** *m* pomme *f* de pin
Kieker ['kiːkɐ] ▶**jdn auf dem ~ haben** *fam* (*jdn schikanieren*) avoir qn dans le collimateur
Kiel [kiːl] <-[e]s, -e> *m* (*Schiffskiel*) quille *f*
Kielwasser ▶**in jds ~** (*dat*) **schwimmen** naviguer dans le sillage de qn
Kieme ['kiːmə] <-, -n> *f* branchie *f*
Kiepe ['kiːpə] <-, -n> *f* NDEUTSCH hotte *f*
Kies [kiːs] <-es, -e> *m* ① (*kleine Steine*) gravier *m* ② *kein Pl fam* (*Geld*) pognon *m*
Kiesel ['kiːzəl] *m s.* **Kieselstein**
Kieselerde *f kein Pl* silice *f* **Kieselsäure** *f* acide *m* silicique **Kieselstein** ['kiːzəlʃtain] *m* gravier *m;* (*groß*) caillou *m;* (*am Wasser*) galet *m*
Kiesgrube *f* gravière *f* **Kiesweg** *m* allée *f* de gravier
Kiez [kiːts] <-es, -e> *m* NDEUTSCH (*Stadtteil*) quartier *m*
kiffen ['kɪfən] *vi fam* fumer le bédo, kifer
Kiffer(in) ['kɪfɐ] <-s, -> *m(f) sl* fumeur(-euse) *m(f)* de pétard
kikeriki [kikəri'kiː] *interj* cocorico
killen ['kɪlən] *vt sl* buter
Killer(in) ['kɪlɐ] <-s, -> *m(f) fam* tueur(-euse) *m(f)* [à gages]
Kilo ['kiːlo] <-s, -[s]> *nt Abk von* **Kilogramm** kilo *m*
Kilobyte [kilo'bait] *nt* kilo-octet *m* **Kilogramm** [kilo'gram] *nt* kilogramme *m* **Kilohertz** [kilo'hɛrts] *nt* kilohertz *m* **Kilojoule** [kilo'dʒuːl] *nt* kilojoule *m* **Kilokalorie** ['kiːlokaloriː] *f* kilocalorie *f* **Kilometer** [kilo'meːtɐ] *m* ① kilomètre *m;* **wie viel verbraucht der Wagen auf hundert ~?** combien la voiture consomme-t-elle aux cent? ② *fam* (*Stundenkilometer*) **er fuhr höchstens 50 ~ [in der Stunde]** il roulait à 50 maxi
Kilometergeld *nt* indemnité *f* kilométrique **kilometerlang** *adj* [long(longue)] de plusieurs kilomètres **Kilometerpauschale** *f* forfait *m* kilométrique **Kilometerstand** *m* kilométrage *m*
Kilometerstein *m* borne *f* kilométrique **kilometerweit** *adj Wanderung* de plusieurs kilomètres **Kilometerzähler** *m* compteur *m* kilométrique
Kilowatt [kilo'vat] *nt* kilowatt *m*
Kilowattstunde *f* kilowattheure *m*
Kimme ['kɪmə] <-, -n> *f* cran *m* de mire
Kind [kɪnt] <-[e]s, -er> *nt* ① enfant *mf;* **uneheliches ~** enfant illégitime; **ein ~ von jdm erwarten** *geh* attendre un enfant de qn; **sie kriegt ein ~** *fam* elle va avoir un gosse; **bei ihnen ist ein ~ unterwegs** *fam* il y a un gosse en route chez eux ② *Pl fam* (*Leute*) **~er, ~er!** *fam* ah, mes enfants!; **~er, heute bleiben wir zu Hause!** les enfants, aujourd'hui on reste à la maison! ▶**das ~ mit dem Bade ausschütten** jeter le bébé avec l'eau du bain; **mit ~ und Kegel** *hum fam* avec toute la smala; **das ~ beim Namen nennen** appeler un chat un chat; **ein ~ seiner Zeit sein** vivre avec son temps; **das ist nichts für kleine ~er** *fam* ce n'est pas pour les gamins; **sich bei jdm lieb ~ machen** *fam* essayer de se mettre dans les petits papiers de qn; **wir werden das ~ schon schaukeln** *fam* on va goupiller ça; **das weiß doch jedes ~!** *fam* un gosse sait ça!; **von ~ auf** dès son/mon/... plus jeune âge
Kindchen ['kɪntçən] <-s, -> *nt Dim von* **Kind**
Kinderarbeit ['kɪndɐʔarbait] *f* travail *m* des mineurs
kinderarm *adj* **~es Land** pays à faible natalité
Kinderarzt *m*, **-ärztin** *f* pédiatre *mf* **Kinderbetreuung** *f* garde *f* d'enfants **Kin-**

derbett *nt* lit *m* d'enfant **Kinderbuch** *nt* livre *m* d'enfant **Kinderchor** *m* chorale *f* d'enfants

Kinderei [kɪndəˈrai̯] <-, -en> *f* enfantillage *m*

Kinderermäßigung *f* réduction *f* pour enfant **Kindererziehung** *f* éducation *f* des enfants **kinderfeindlich** *adj Gesellschaft* qui ne fait rien pour les enfants **Kinderfest** *nt* fête *f* d'enfants **Kinderfreibetrag** *m* abattement *f* [fiscal] pour enfant[s] à charge **kinderfreundlich** *adj Person* qui aime les enfants; *Gesellschaft* ouvert(e) aux enfants **Kindergarten** *m* ≈ école *f* maternelle **Kindergärtner(in)** *m(f)* ≈ éducateur(-trice) *m(f)* d'école maternelle **Kindergeburtstag** *m* anniversaire *m* d'enfant; **zum ~ eingeladen sein** être invité à un goûter d'anniversaire **Kindergeld** *nt* ≈ allocations *fpl* familiales **Kinderheim** *nt* (*Fürsorgeheim*) ≈ foyer *m* de la DDASS; (*Erholungsheim*) centre *m* d'accueil pour enfants **Kinderhort** *m* garderie *f* **Kinderklinik** *f* hôpital *m* d'enfants **Kinderkrankheit** *f* ❶ maladie *f* infantile ❷ *meist Pl* (*Anfangsproblem*) ratés *mpl* de départ **Kinderkrippe** *f* crèche *f* **Kinderladen** *m* jardin *m* d'enfants alternatif (*utilisant des méthodes non-directives*) **Kinderlähmung** *f* poliomyélite *f* **kinderleicht** [ˈkɪndɐˈlai̯çt] **I.** *adj* enfantin(e); **~ sein** être un jeu d'enfant **II.** *adv* **etw ist ~ zu montieren/bedienen** c'est enfantin de monter/se servir de qc **kinderlieb** [ˈkɪndɐliːp] *adj* qui aime les enfants; **~ sein** aimer les enfants **Kinderlied** *nt* chanson *f* enfantine

kinderlos *adj* sans enfants

Kindermädchen *nt* bonne *f* d'enfants **Kindermord** *m* infanticide *m* **Kindermörder(in)** *m(f)* infanticide *mf*

kinderreich *adj Paar* qui a beaucoup d'enfants; *Familie* nombreux(-euse); **~ sein** *Paar:* avoir beaucoup d'enfants

Kinderschänder(in) <-s, -> *m(f)* violeur(-euse) *m(f)* d'enfants

Kinderschänderring *m* réseau *m* pédophile [*o* de pédophilie]

Kinderschar *f* ribambelle *f* d'enfants (*fam*) **Kinderschreck** *m* croquemitaine *m* **Kinderschuh** *m* chaussure *f* d'enfant ▶**noch in den ~en stecken** *Entwicklung, Technik:* être encore aux [premiers] balbutiements **kindersicher** **I.** *adj Spielzeug, Verschluss* adapté(e) aux enfants **II.** *adv aufbewahren* hors de portée des enfants **Kindersicherung** *f* sécurité *f* enfants **Kindersitz** *m* siège *m* pour enfant **Kinderspiel** *nt* jeu *m* pour enfants ▶**für jdn ein ~ sein** être un jeu d'enfant pour qn **Kinderspielplatz** *m* terrain *m* de jeu; (*an der Autobahn*) aire *f* de jeux **Kindersprache** *f* langage *m* enfantin **Kindersterblichkeit** *f* mortalité *f* infantile **Kinderstube** *f* DIAL *s.* **Kinderzimmer** ▶**jd hat eine/keine gute ~ gehabt** qn a reçu une bonne/mauvaise éducation **Kindertagesstätte** *s.* **Kinderhort** **Kinderwagen** *m* landau *m;* (*Sportwagen*) poussette *f* **Kinderwunsch** *m* désir *m* d'enfant **Kinderzimmer** *nt* chambre *f* d'enfant

Kindesalter *nt* bas âge *m;* **seit frühestem ~** depuis son/mon/... plus jeune âge **Kindesbeine** ▶**etw von ~n an lernen** apprendre qc dès sa plus tendre enfance **Kindesmissbrauch**[RR] *m* abus *m* [sexuel] sur des enfants **Kindesmisshandlung**[RR] *f* maltraitance *f* des enfants

K

kindgemäß, kindgerecht **I.** *adj* adapté(e) aux enfants; *Einrichtung* conçu(e) pour les enfants **II.** *adv* en fonction des enfants

kindhaft *adj* puéril(e)

Kindheit <-> *f* enfance *f;* **etw von ~ an lernen** apprendre qc dès l'enfance

kindisch [ˈkɪndɪʃ] *pej* **I.** *adj* puéril(e); **wieder ~ werden** retomber dans l'enfance **II.** *adv sich benehmen, verhalten* de façon puérile

kindlich [ˈkɪntlɪç] **I.** *adj* d'enfant; **sie ist noch sehr ~** elle est encore très jeune **II.** *adv sich verhalten* comme un enfant **Kindskopf** [ˈkɪntskɔpf] *m fam* gamin *m* **Kindstod** *m* MED **plötzlicher ~** mort *f* subite du nourrisson

Kinetik <-> *f* cinétique *f*

kinetisch [kiˈneːtɪʃ] *adj* cinétique

Kinkerlitzchen *Pl fam* bricoles *fpl*

Kinn [kɪn] <-[e]s, -e> *nt* menton *m*

Kinnbart *m* bouc *m* **Kinnhaken** *m* uppercut *m* **Kinnlade** *f* mâchoire *f* [inférieure]

Kino [ˈkiːno] <-s, -s> *nt* cinéma *m*

Kinobesuch *m* séance *f* de cinéma **Kinobesucher(in)** *m(f)* spectateur(-trice) *m(f)* **Kinofilm** [ˈkiːnofɪlm] *m* film *m* [grand écran] **Kinogänger(in)** [ˈkiːnogɛŋɐ] <-s, -> *m(f)* cinéphile *mf* **Kinoprogramm** *nt* ❶ (*gezeigte Filme*) affiche *f* ❷ (*gedrucktes Programm*) programme *m* des films

Kiosk [ˈkiːɔsk] <-[e]s, -e> *m* kiosque *m*

Kipfe[r]l <-s, -[n]> *nt* A croissant *m*

Kippe ['kɪpə] <-, -n> *f fam* ❶ *fam* (*Mülldeponie*) décharge *f* ❷ *fam* (*Zigarettenstummel*) mégot *m* ❸ *fam* (*Zigarette*) sèche *f* ▸ **auf der ~ stehen** *fam Schüler, Firma:* être sur la corde raide; *Entscheidung:* être en suspens; **in Mathe stehe ich genau auf der ~** en maths, je suis vraiment ric-rac

kippen ['kɪpən] **I.** *vt + haben* ❶ (*schütten*) **Sand auf die Straße ~** renverser du sable dans la rue; **Giftstoffe in den Fluss ~** déverser des produits toxiques dans la rivière ❷ (*schräg stellen*) basculer; **bitte nicht ~!** ne pas retourner s.v.p.! ▸ **einen ~** *fam* s'en jeter un **II.** *vi + sein* ❶ (*umfallen*) *Person, Fahrzeug, Möbelstück:* basculer; *Behälter:* se renverser ❷ *fam* (*zurückgehen*) flancher ❸ ÖKOL *fam Gewässer:* périr; *Ökosystem:* être perturbé

Kippfenster *nt* fenêtre *f* basculante **Kippschalter** *m* interrupteur *m* [basculant]

K

Kirche ['kɪrçə] <-, -n> *f* ❶ (*Gebäude, Gottesdienst*) église *f* ❷ (*Institution*) Église *f;* **die evangelische/katholische/orthodoxe ~** l'Église protestante/catholique/orthodoxe; **aus der ~ austreten** faire une déclaration de non-appartenance à l'Église

Kirchenaustritt *m* déclaration *f* de non-appartenance à l'Église **Kirchenbuch** *nt* registre *m* paroissial **Kirchenchor** *m* chorale *f* paroissiale **Kirchendiener** *m* sacristain *m* **Kirchenfenster** *nt* vitrail *m* **Kirchengemeinde** *f* paroisse *f* **Kirchengeschichte** *f* histoire *f* de l'Église **Kirchenglocke** *f* cloche *f* de l'église **Kirchenlied** *nt* cantique *m* **Kirchenmaus** ▸ **arm wie eine ~ sein** *fam* être fauché comme les blés **Kirchenmusik** ['kɪrçənmuziːk] *f* musique *f* religieuse **Kirchenrecht** *nt kein Pl* droit *m* canon **Kirchenschiff** *nt* (*Längsschiff*) [grande] nef *f;* (*Querschiff*) nef latérale **Kirchenstaat** *m kein Pl* HIST États *mpl* pontificaux **Kirchensteuer** *f* ≈ impôt *m* au bénéfice des Églises **Kirchenvater** *m* Père *m* de l'Église **Kirchenvolk** *nt kein Pl* communauté *f* religieuse

Kirchgang <-gänge> *m* assistance *f* au service religieux

Kirchgänger(in) <-s, -> *m(f)* pratiquant(e) *m(f)*

kirchlich ['kɪrçlɪç] **I.** *adj* de l'Église; *Feiertag, Trauung* religieux(-euse) **II.** *adv heiraten, bestatten* à l'église

Kirchtag A *s.* **Kirmes** **Kirchturm** *m* clocher *m*

Kirchturmpolitik ['kɪrçtʊrmpolitiːk] *f pej* politique *f* de clocher

Kirchweih ['kɪrçvai̯] <-, -en> *f,* **Kirchweihe** *f* DIAL fête *f* patronale

Kirmes ['kɪrməs] <-, -sen> *f* DIAL kermesse *f*

kirre ▸ **jdn ~ machen** *fam* (*jdn verrückt machen*) rendre dingue qn

Kirsch *s.* **Kirschwasser**

Kirschbaum *m* (*Baum, Holz*) cerisier *m* **Kirschblüte** *f* fleur *f* de cerisier

Kirsche ['kɪrʃə] <-, -n> *f* ❶ cerise *f* ❷ (*Baum, Holz*) cerisier *m;* (*Holz der Vogelkirsche*) merisier *m* ▸ **mit jdm ist nicht gut ~n essen** *fam* qn n'est pas à prendre avec des pincettes

Kirschkern *m* noyau *m* de cerise **kirschrot** ['kɪrʃroːt] *adj* rouge cerise *inv* **Kirschtorte** *f* tarte *f* aux cerises; **Schwarzwälder ~** forêt-noire *f* **Kirschwasser** <-wasser> *nt* kirsch *m*

Kirtag ['kɪrtaːk] SDEUTSCH, A *s.* **Kirmes**

Kissen ['kɪsən] <-s, -> *nt* (*Kopfkissen*) oreiller *m;* (*Zierkissen*) coussin *m*

Kissenbezug *m* (*Kopfkissenbezug*) taie *f* [d'oreiller]; (*Zierkissenbezug*) housse *f* [de coussin] **Kissenschlacht** *f fam* bataille *f* de polochons

Kiste ['kɪstə] <-, -n> *f* ❶ caisse *f;* (*klein*) boîte *f;* **eine ~ Bier/Zigarren** une caisse de bières/une boîte de cigares ❷ *fam* (*Auto*) caisse *f* ❸ *fam* (*Fernseher*) téloche *f* ❹ *fam* (*Computer*) bécane *f*

kistenweise *adv* (*in großen Mengen*) **~ Spielsachen wegwerfen** jeter des pleines caisses de jouets

Kita ['kiːta] <-, -s> *f Abk von* **Kindertagesstätte** garderie *f*

Kitsch [kɪtʃ] <-es> *m* kit[s]ch *m*

kitschig **I.** *adj* kit[s]ch *inv* **II.** *adv* de façon kit[s]ch

Kitt [kɪt] <-[e]s, -e> *m* mastic *m*

Kittchen ['kɪtçən] <-s, -> *nt fam* taule *f*

Kittel ['kɪtəl] <-s, -> *m* (*Arbeitskittel*) blouse *f*

kitten ['kɪtən] *vt* ❶ mastiquer *Riss* ❷ recoller *Tasse, Vase* ❸ *fig* cimenter *Partnerschaft;* **wieder ~** reconsolider; **da lässt sich nichts mehr ~** impossible de recoller les morceaux

Kitz [kɪts] <-es, -e> *nt eines Rehs* faon *m; einer Ziege* chevreau *m*

Kitzel <-s, -> *m* (*Nervenkitzel*) frisson *m* agréable

kitzelig *s.* **kitzlig**

kitzeln ['kɪtsəln] **I.** *vt* chatouiller; **jdn unter den Armen ~** chatouiller qn sous

les bras; **sie kitzelte ihn an den Füßen** ~ elle lui a chatouillé les pieds **II.** *vi Haare, Wolle:* chatouiller; **das kitzelt** ça chatouille; **es kitzelt mich in der Nase** j'ai le nez qui me chatouille
Kitzeln <-s> *nt* chatouillement *m*
Kitzler ['kɪtslɐ] <-s, -> *m* clitoris *m*
kitzlig ['kɪtslɪç] *adj* ❶ chatouilleux(-euse) ❷ (*heikel*) délicat(e)
Kiwi ['ki:vi] <-, -s> *f* kiwi *m*
KKW [ka:ka:'ve:] <-s, -s> *nt Abk von* **Kernkraftwerk** centrale *f* nucléaire
klacks [klaks] *interj* vlan
Klacks [klaks] <-es, -e> *m fam* **ein ~ Püree** un chouia de purée ▶ **für jdn ein ~ sein** (*einfach sein*) être de la rigolade pour qn; (*wenig sein*) être une babiole pour qn
Kladde ['kladə] <-, -n> *f* DIAL cahier *m* de brouillon
klaffen ['klafən] *vi Spalt, Abgrund:* bâiller; *Wundränder:* être écarté(e); *Wunde, Schnitt:* être béant(e)
kläffen ['klɛfən] *vi* glapir; **das Kläffen** les glapissements *mpl*
klaffend *adj Abgrund* béant(e)
Klage ['kla:gə] <-, -n> *f* ❶ plainte *f;* **über jdn/etw ~n vorbringen** se plaindre de qn/qc; **keinen Grund zur ~ haben** n'avoir aucune raison de se plaindre ❷ JUR **~ gegen jdn erheben** porter plainte contre qn; **eine ~ gegen jdn anstrengen/einreichen** intenter un procès/déposer une plainte contre qn; **eine ~ abweisen** débouter un(e) plaignant(e)
Klageerhebung *f* JUR introduction *f* de l'instance [*o* l'action] **Klagegeschrei** *nt* lamentations *fpl;* **ein lautes/jämmerliches ~ anstimmen** se répandre en lamentations bruyantes/déchirantes **Klagelaut** *m* plainte *f;* **leise ~e von sich geben** laisser échapper des gémissements plaintifs **Klagelied** *nt* complainte *f* ▶ **ein ~ [über jdn] anstimmen** se répandre en lamentations [au sujet de qn]
klagen ['kla:gən] **I.** *vi* ❶ (*jammern*) se lamenter; **über etw** (*akk*) **~** se lamenter sur qc ❷ (*sich beklagen*) **über etw** (*akk*) **~** se plaindre de qc ❸ JUR **gegen jdn ~** porter plainte contre qn; **auf Schadenersatz ~** intenter une action en dommages-intérêts **II.** *vt* ❶ (*erzählen*) **jdm sein Leid/seine Not ~** se plaindre de sa souffrance/misère auprès de qn ❷ A *s.* **verklagen**
klagend I. *adj* ❶ *Laut, Stimme* plaintif(-ive) ❷ JUR *Partei, Teil* plaignant(e) **II.** *adv* en geignant
Kläger(in) ['klɛ:gɐ] <-s, -> *m(f)* plaignant(e) *m(f)*
Klageschrift *f* plainte *f* **Klageweg** *m form* **auf dem ~ [e]** par voie de justice **Klageweib** *nt* pleureuse *f*
kläglich ['klɛ:klɪç] **I.** *adj* ❶ *pej* (*miserabel*) lamentable ❷ (*dürftig*) misérable ❸ *Stimme, Wimmern* pitoyable **II.** *adv pej durchfallen, scheitern* lamentablement
Kläglichkeit <-, -en> *f pej einer Ausrede, eines Einwands* indigence *f;* **die ~ dieses Gehalts** ce salaire de misère
klaglos ['kla:klo:s] *adv* sans rechigner
Klamauk [kla'mauk] <-s> *m fam* (*Alberei*) connerie *f*
klamm [klam] *adj Wäsche* humide et froid(e)
Klammer ['klamɐ] <-, -n> *f* ❶ (*Wäscheklammer*) pince *f* [à linge] ❷ (*Heftklammer*) agrafe *f;* (*Büroklammer*) trombone *m* ❸ (*Haarklammer*) épingle *f* [à cheveux] ❹ MED (*Wundklammer*) agrafe *f* ❺ (*Textsymbol*) [**runde**] **~** parenthèse *f;* **eckige/spitze/geschweifte ~** crochet *m*/chevron *m*/accolade *f;* **in ~n** entre parenthèses; **~ auf** ouvre/ouvrez la parenthèse; **~ zu** ferme/fermez la parenthèse
Klammeraffe *m* INFORM *fam* ar[r]obase *f*
klammern ['klamɐn] **I.** *vt* ❶ (*zusammenheften*) agrafer; **einen Zettel an etw** (*akk*) **~** agrafer un bout de papier à qc ❷ MED **eine Wunde ~** suturer une plaie [au moyen d'agrafes] **II.** *vr* ❶ (*festhalten*) **sich an jdn/etw ~** s'accrocher à qn/qc ❷ *fig* **sich an jdn/etw ~** se raccrocher à qn/qc **III.** *vi Boxer:* s'accrocher
klammheimlich ['klam'haimlɪç] *adv fam* en douce
Klamotten [kla'mɔtən] *Pl fam* fringues *fpl*
Klan [kla:n] <-s, -e> *m* clan *m*
klang [klaŋ] *Imp von* **klingen**
Klang [klaŋ, *Pl:* 'klɛŋə] <-[e]s, Klänge> *m* ❶ (*Ton*) son *m; einer Stimme* timbre *m* ❷ *Pl* (*harmonische Klangfolgen*) sons *mpl* ▶ **einen guten ~ haben** *Instrument:* avoir un beau son; *Name:* être réputé
Klangeffekt *m* effet *m* sonore
klanglich *adj Qualität* sonore
klanglos ['klaŋlo:s] *adj Stimme* sans timbre; **~ sein** *Stimme:* être sourd
Klangregler *m* régulateur *m* de [la] tonalité **klangvoll** *adj* ❶ (*volltönend*) sonore; *Name, Wort* qui sonne bien ❷ *Titel, Name* impressionnant(e)
Klappbett *nt* lit *m* rabattable
Klappe ['klapə] <-, -n> *f* ❶ (*Verschlussklappe*) *eines Briefkastens, Mülleimers* cou-

K

vercle *m; einer Tasche* rabat *m; eines Ofens* clapet *m* ② MUS *einer Klarinette, Flöte* clé *f* ③ *fam* (*Mund*) clapet *m;* **eine große ~ haben** avoir une grande gueule; **die ~ aufreißen** être fort en gueule; [**halt die**] **~!** la ferme!

klappen ['klapən] **I.** *vt + haben* **etw nach oben/unten/hinten ~** rabattre qc vers le haut/vers le bas/en arrière **II.** *vi* ① *+ haben fam* (*funktionieren*) marcher; **mit dem Projekt hat es nicht geklappt** le projet n'a pas marché; **es klappt fantastisch** ça marche super bien ② *+ sein* (*schnappen*) **nach oben/unten ~** *Sitz:* se relever/s'abaisser

Klappentext *m* résumé *m* sur la jaquette d'un/du livre

Klapper ['klapɐ] <-, -n> *f* hochet *m*

klapperdürr ['klapɐ'dʏr] *adj fam* maigre comme un clou **Klappergestell** *nt hum fam* squelette *m* ambulant

klapperig ['klapərɪç] *s.* **klapprig**

Klapperkiste *f pej fam* tas *m* de ferraille

K

klappern ['klapɐn] *vi* ① (*schlagen*) *Laden, Fensterflügel:* claquer ② (*Geräusch erzeugen*) **mit den Zähnen/dem Schnabel ~** claquer des dents/du bec; **mit dem Geschirr/den Stricknadeln ~** faire cliqueter la vaisselle/les aiguilles à tricoter

Klapperschlange *f* serpent *m* à sonnettes **Klapperstorch** *m Kinderspr.* [gentille] cigogne *f*

Klappfahrrad *nt* vélo *m* pliant **Klappliege** *f* lit *m* pliant **Klappmesser** *nt* canif *m*

klapprig *adj fam* ① (*gebrechlich*) décati(e) ② *Auto, Möbelstück* déglingué(e)

Klappsitz *m* siège *m* rabattable **Klappstuhl** *m* chaise *f* pliante **Klapptisch** *m* table *f* pliante

Klaps [klaps] <-es, -e> *m* tape *f*

Klapsmühle *f pej fam* maison *f* de fous

klar [klaːɐ̯] **I.** *adj* ① *Wasser, Himmel, Sicht* clair(e) ② *Stimme, Aussprache* clair(e); *Benachteiligung, Ergebnis* évident(e); *Vorsprung* net(te) ③ *fam* (*verständlich*) clair; **alles ~?** c'est clair?; **na ~!** mais bien sûr!, ben évidemment!; **alles ~!** c'est clair! ④ (*bewusst*) **jdm ist etw ~** qn comprend qc; **jdm wird etw ~** qn commence à comprendre qc; **sich über seine Gefühle/Fehler ~ werden** prendre conscience de ses sentiments/erreurs; **sich darüber ~ werden, dass ...** commencer à réaliser que ...; **langsam wird mir klar, wie ...** je commence à comprendre comment ... **II.** *Adv erkennen, hervortreten* clairement; **~ denkend** clairvoyant ▸ **~ und deutlich** de façon claire et nette; **das ist so ~ wie sonst was!** *fam* y a pas photo!

Kläranlage ['klɛːɐ̯anlaːgə] *f* station *f* d'épuration

klardenkend *s.* **klar II.**

Klare(r) *m dekl wie adj fam* gnôle *f*

klären ['klɛːrən] **I.** *vt* ① (*aufklären*) élucider *Problem, Frage* ② (*reinigen*) épurer *Abwasser* **II.** *vr* **sich ~** ① (*sich aufklären*) se résoudre; **die Frage hat sich geklärt** la question est résolue ② (*sauber werden*) *Wasser:* se décanter

klar|gehen *vi irr + sein fam* **das geht klar** ça marche

Klarheit <-, -en> *f a. fig* clarté *f;* **etw in aller ~ sagen/zu verstehen geben** dire/faire comprendre qc en toute clarté; **sich** (*dat*) **~ über etw** (*akk*) **verschaffen** obtenir des précisions sur qc; **über etw** (*akk*) **besteht ~** qc est clair(e) [pour tout le monde/entre nous]

Klarinette [klari'nɛtə] <-, -n> *f* clarinette *f*

klar|kommen *vi irr + sein fam* s'en sortir; **mit jdm/etw ~** s'en sortir avec qn/qc

klar|machen I. *vt* faire comprendre; **jdm etw ~** faire comprendre qc à qn; **jdm ~, dass/wie ...** expliquer à qn que/comment ... **II.** *vr* **sich** (*dat*) **etw ~** se rendre compte de qc; **sich** (*dat*) **~, dass/wo ...** réaliser que/où ...

Klärschlamm *m* boues *fpl* d'épuration

klar|sehen *vi irr* **in etwas** (*dat*) **~** (*etw begreifen*) y voir clair dans qc (*fam*)

Klarsichtfolie *f* film *m* transparent [étirable] **Klarsichthülle** *f* chemise *f* transparente; (*zum Einheften*) pochette *f* perforée

klar|spülen *vt, vi* rincer **klar|stellen** *vt* clarifier; **~, dass ...** mettre en évidence que ...; **ich möchte ~, dass ...** je tiens à préciser que ... **Klarstellung** *f* clarification *f;* **ich verlange von Ihnen eine ~, dass** je vous demande de spécifier que **Klartext** ▸ **mit jdm ~ reden** *fam* dire à qn comment on s'appelle

Klärung <-, -en> *f* ① (*Aufklärung*) élucidation *f* ② (*Reinigung*) *von Abwässern* épuration *f*

klar|werden *s.* **klar I.4**

klasse *adj inv fam* super

Klasse ['klasə] <-, -n> *f* ① *a.* SCHULE, SOZIOL, BIO classe *f;* **erster/zweiter ~ fahren/fliegen** voyager en première/seconde [classe]; **ein Wagen der ersten ~** une voiture de première classe ② (*Fahrzeuggruppe, -art*) catégorie *f* ③ (*Ziehungs-*

gruppe) *einer Lotterie* tirage *m;* (*Gewinnklasse*) rang *m*

Klassenarbeit *f* devoir *m* sur table **Klassenausflug** *m* excursion *f* avec la classe **Klassenbeste(r)** *f(m) dekl wie adj* premier(-ière) *m(f)* [de la classe] **Klassenbuch** *nt* cahier *m* de présence **Klassenkamerad(in)** *m(f)* camarade *mf* de classe **Klassenkampf** *m* lutte *f* des classes **Klassenlehrer(in)** *m(f)* professeur *mf* principal

klassenlos *adj Gesellschaft* sans classe

Klassenlotterie *f* loterie *f* [en plusieurs tirages] **Klassenraum** *m s.* **Klassenzimmer** **Klassensprecher(in)** *m(f)* délégué(e) *m(f)* de classe **Klassentreffen** ['klasəntrɛfən] *nt* réunion *f* d'anciens [camarades de classe] **Klassenziel** *nt* objectif *m* pédagogique **Klassenzimmer** *nt* salle *f* de classe

Klassifikation [klasifika'tsi̯o:n] <-, -en> *f s.* **Klassifizierung**

klassifizierbar *adj* classable

klassifizieren* [klasifi'tsi:rən] *vt* classifier

Klassifizierung <-, -en> *f* classification *f*

Klassik ['klasɪk] <-> *f* ① (*kulturelle Epoche*) classicisme *m* ② (*klassisches Altertum*) Antiquité *f* ③ *fam* (*klassische Musik*) classique *m;* (*klassische Literatur*) œuvres *fpl* classiques

Klassiker(in) <-s, -> *m(f)* ① (*Schriftsteller*) classique *m* ② (*Komponist*) musicien(ne) *m(f)* classique ③ (*Autorität*) référence *f;* **ein ~ des Stummfilms** un classique du film muet

klassisch *adj* classique

Klassizismus [klasi'tsɪsmʊs] <-> *m* classicisme *m*

klassizistisch [klasi'tsɪstɪʃ] *adj* classique

klatsch *interj* paf

Klatsch [klatʃ] <-[e]s> *m pej fam* (*Gerede*) ragots *mpl*

Klatschbase *f pej fam* commère *f*

Klatsche ['klatʃə] <-, -n> *f fam* tapette *f* [à mouches]

klatschen ['klatʃən] **I.** *vi* ① + *haben* applaudir; **in die Hände ~** taper dans les mains ② + *haben* (*schlagen*) **sich** (*dat*) **auf die Schenkel ~** se taper sur les cuisses ③ + *sein* (*auftreffen*) **auf/gegen etw** (*akk*) **~** s'écraser sur/contre qc ④ + *haben pej fam* (*tratschen*) **über jdn ~** taper sur qn; **über etw** (*akk*) **~** jaser sur qc **II.** *vt* + *haben* ① (*schlagen*) **den Takt ~** battre la mesure [des mains] ② *fam* (*werfen*) **etw an die Wand ~** balancer qc sur le mur; **er hat ihm eine Torte ins Gesicht geklatscht** il lui a flanqué un gâteau à la crème en pleine figure

Klatscherei [klatʃə'rai̯] <-, -en> *f pej fam* commérages *mpl*

klatschhaft *adj pej* cancanier(-ière)

Klatschmaul *nt pej fam* (*Klatschbase*) concierge *f*

Klatschmohn *m kein Pl* coquelicot *m*

klatschnass[RR] ['klatʃ'nas] *adj fam Kleidung, Haare* tout(e) trempé(e); **~ sein** *Person:* être trempé comme une soupe

Klatschpresse *f* presse *f* people **Klatschspalte** *f pej fam* rubrique *f* des potins mondains, échos *mpl* **klatschsüchtig** *adj pej* cancanier(-ière) **Klatschtante** *f,* **Klatschweib** *nt pej fam* commère *f*

Klaue ['klau̯ə] <-, -n> *f* ① *eines Raubvogels* serres *fpl; eines Raubtiers* griffe *f; eines Insekts* pince *f* ② *pej fam* (*Handschrift*) écriture *f* de cochon

klauen ['klau̯ən] **I.** *vt fam* ① piquer, faucher; **jdm etw ~** piquer qc à qn ② (*plagiieren*) piquer **II.** *vi fam* faucher; **beim Klauen erwischt werden** être surpris en train de faucher

Klausel ['klau̯zəl] <-, -n> *f* clause *f*

Klaustrophobie [klau̯strofo'bi:] <-> *f* PSYCH claustrophobie *f*

Klausur [klau̯'zu:ɐ̯] <-, -en> *f* ① UNIV [examen *m*] partiel *m* ② SCHULE devoir *m* surveillé ③ (*Klosterbereich*) clôture *f*

Klausurtagung *f* congrès *m* à huis clos

Klaviatur [klavi̯a'tu:ɐ̯] <-, -en> *f eines Instruments* clavier *m*

Klavier [kla'vi:ɐ̯] <-s, -e> *nt* piano *m;* **~ spielen** jouer du piano

Klavierhocker *m* tabouret *m* de piano **Klavierkonzert** *nt* concerto *m* pour piano; (*Veranstaltung*) récital *m* de piano **Klaviersonate** *f* sonate *f* pour piano **Klavierspieler(in)** *m(f)* pianiste *mf* **Klavierstimmer(in)** <-s, -> *m(f)* accordeur(-euse) *m(f)* de pianos **Klavierstunde** *f* leçon *f* de piano

Klebeband ['kle:bəbant] <-bänder> *nt* ruban *m* adhésif **Klebebindung** *f* TYP reliure *f* sans couture

kleben ['kle:bən] **I.** *vi* ① (*klebrig sein*) coller ② (*haften*) **an etw** (*dat*) **~** être collé à qc; **gut/schlecht ~** coller bien/mal; **diese Folie klebt von selbst** c'est une feuille autocollante ③ *fam* (*treu befolgen*) **an etw** (*dat*) **~** suivre fidèlement qc **II.** *vt* ① (*befestigen*) **etw an die Wand ~** coller qc au mur ② coller *Film, Tonband* ③ (*reparieren*) recoller

K

kleben|bleiben *s.* **bleiben I.6**
Kleber ['kle:bɐ] <-s, -> *m fam* colle *f*
Klebestift *m* bâton *m* de colle **Klebestreifen** *s.* **Klebstreifen**
klebrig ['kle:brɪç] *adj* collant(e)
Klebstoff *m* colle *f* **Klebstreifen** *m* [ruban *m*] adhésif *m*
kleckern ['klɛkɐn] **I.** *vt + haben* **Soße auf etw** (*akk*) ~ faire des taches de sauce sur qc; (*großflächig*) répandre de la sauce sur qc **II.** *vi + haben* **mit etw** ~ faire des taches de qc (*fam*)
Klecks [klɛks] <-es, -e> *m* (*Fleck*) [grosse] tache *f;* (*Farbklecks*) éclaboussure *f;* (*Tintenklecks*) pâté *m*
klecksen ['klɛksən] *vi + haben* ① (*Kleckse machen*) *Person:* barbouiller (*fam*) ② (*tropfen*) *Füller:* baver
Klee [kle:] <-s> *m* trèfle *m*
Kleeblatt *nt* [feuille *f* de] trèfle *m;* **vierblättriges** ~ trèfle *m* à quatre feuilles
Kleiber ['klaibɐ] <-s, -> *m* ORN sittelle *f*
Kleid [klait] <-[e]s, -er> *nt* ① robe *f* ② *Pl* (*Kleidungsstück*) vêtements *mpl,* habits *mpl* ▶ ~**er machen Leute** *prov* ≈ on juge les gens sur leur mine
kleiden ['klaidən] **I.** *vr* s'habiller; **sich dezent/auffällig** ~ s'habiller d'une façon décente/criarde **II.** *vt* **jdn gut** ~ *Anzug, Farbe:* bien habiller qn
Kleiderbügel *m* cintre *m* **Kleiderbürste** *f* brosse *f* à habits **Kleiderhaken** *m* patère *f,* portemanteau *m* **Kleiderkasten** *m* A, CH, **Kleiderschrank** *m* armoire[-penderie] *f* **Kleiderständer** *m* portemanteau *m*
kleidsam *adj geh* seyant(e)
Kleidung <-, -en> *f* vêtements *mpl,* habits *mpl*
Kleidungsstück *nt* vêtement *m*
Kleie ['klaiə] <-, -n> *f* son *m*
klein [klain] **I.** *adj* ① petit(e) *gén antéposé;* **eine zu** ~**e Bluse** un chemisier trop juste; **jdm zu** ~ **sein** être trop petit pour qn ② *Person* petit(e) *antéposé;* **sich** ~ **machen** se faire tout(e) petit(e) ③ *Kind, Hund, Katze* petit; **als ich** ~ **war** quand j'étais tout(e) petit(e) ④ *Buchstabe* minuscule; **ein** ~**es a** un a minuscule; (*in mathematischen Gleichungen*) un petit a ⑤ (*gering*) petit(e) *antéposé;* **ein** ~ **[es] bisschen, ein** ~ **wenig** un [tout] petit peu ⑥ *Fehler, Verstoß* petit(e) *antéposé;* **die** ~**ste Bewegung** le moindre mouvement ▶ **im Kleinen wie im Großen** en gros et en détail; **bis ins Kleinste** jusque dans le moindre détail; **von** ~ **auf** dès ma/sa/... plus tendre enfance **II.** *adv* ▶ ~ **anfangen** *fam* (*mit wenig Vermögen*) partir de quasiment zéro; ~ **beigeben** baisser le ton; ~ **machen** *Kinderspr.* faire la petite commission
Kleinaktionär(in) *m(f)* petit(e) *m(f)* actionnaire **Kleinanzeige** *f* petite annonce *f* **Kleinarbeit** *f kein Pl* travail *m* de précision **Kleinasien** [klain'ʔa:ziən] <-s> *nt* l'Asie *f* mineure **Kleinbahn** *f* ligne *f* à voie étroite **Kleinbauer** *m,* **-bäuerin** *f* petit(e) *m(f)* exploitant(e)
klein|bekommen* ['klainbəkɔmən] *s.* **kleinkriegen**
Kleinbildkamera *f* appareil *m* 24 x 36
Kleinbuchstabe *m* [lettre *f*] minuscule *f* **Kleinbürger(in)** *m(f) pej* (*Spießbürger*) petit(e)-bourgeois(e) *m(f)* **kleinbürgerlich** *adj pej* (*spießbürgerlich*) petit(e)-bourgeois(e) **Kleinbus** *m* minibus *m*
Kleine(r) *f(m) dekl wie adj* (*Kind*) petit(e) *m(f);* **na,** ~ **/**~**r!** alors, ma petite/mon petit!; **die lieben** ~**n** *iron* les petits chéris
Kleine(s) *nt dekl wie adj* ① (*Kind*) petit(e) *m(f)* ② (*Jungtier*) petit *m*
Kleingarten *m* jardin *m* familial [*o* d'ouvrier] **Kleingärtner(in)** *m(f)* locataire *mf* de jardin ouvrier **kleingedruckt** *s.* **gedruckt Kleingedruckte(s)** *nt dekl wie adj* clauses *fpl* en petits caractères; *eines Bestellformulars* conditions *fpl* de vente en petits caractères **Kleingeist** *m pej* esprit *m* borné **Kleingeld** *nt* monnaie *f* **klein|hacken** *s.* **hacken I.1**
klein|halten *vt irr* **jdn/etw** ~ contenir qn/qc
Kleinheit <-> *f* petitesse *f*
Kleinhirn *nt* ANAT cervelet *m* **Kleinholz** ▶ **aus jdm** ~ **machen** *fam* mettre qn en bouillie
Kleinigkeit ['klainɪçkait] <-, -en> *f* ① (*Bagatelle*) bricole *f;* **das ist eine/keine** ~ ce n'est pas un problème/n'est pas rien; **wegen jeder** ~ pour la moindre broutille ② (*Einzelheit*) [petit] détail *m* ③ (*kleine Menge, Strecke, Portion*) **eine** ~ un peu; **eine** ~ **essen** manger un petit quelque chose
Kleinkalibergewehr *nt* fusil *m* petit calibre
kleinkariert *adj pej fam* (*engstirnig*) borné(e) **Kleinkind** *nt* jeune enfant *m* **Kleinkram** *m fam* (*Kleinigkeiten*) broutilles *fpl* **Kleinkrieg** *m* ① MIL guérilla *f;* **jdm einen** ~ **liefern** mener une guérilla contre qn ② (*Streitereien*) petite guerre *f*
klein|kriegen *vt fam* ① arriver à couper

Holz, Steak ❷ réussir à bousiller *Spielzeug;* **nicht kleinzukriegen sein** être increvable **Kleinkunst** *f kein Pl* petits spectacles *mpl*

Kleinkunstbühne *f* café-théâtre *m;* (*Kabarett*) cabaret *m*

kleinlaut I. *adj Antwort, Eingeständnis* embarrassé(e); ~ **werden** baisser le ton II. *adv fragen* d'une [toute] petite voix; *zugeben* d'un ton gêné

kleinlich ['klainlɪç] *adj pej* ❶ (*geizig*) pingre ❷ (*engstirnig*) mesquin(e)

Kleinlichkeit <-, -en> *f pej* mesquinerie *f*

klein|machen *s.* **machen I.1** **Kleinod** ['klain?o:t] <-[e]s, -odien> *nt a. fig geh* joyau *m* **Kleinrentner(in)** *m(f)* petit(e) retraité(e) *m(f)* **klein|schneiden** *s.* **schneiden I.1** **klein|schreiben** *vt irr* ❶ (*mit kleinen Anfangsbuchstaben*) écrire en minuscules; **ein Wort ~** écrire un mot en minuscules ❷ (*nicht wichtig nehmen*) **Höflichkeit wird heutzutage kleingeschrieben** de nos jours, on ne fait pas grand cas de la politesse **Kleinschreibung** *f* écriture *f* sans majuscules **Kleinstadt** *f* petite ville *f;* (*mit mehr als 20.000 Einwohnern*) ville *f* moyenne **kleinstädtisch** *adj* ❶ *Umgebung, Verkehr* d'une petite ville ❷ *pej* typique des petites villes **Kleinvieh** *nt* [animaux *mpl* de] basse-cour *f* ▶ **~ macht auch Mist** *prov* les petits ruisseaux font les grandes rivières **Kleinwagen** *m* petite voiture *f*

kleinwüchsig ['klainvy:ksɪç] *adj geh* de petite taille

Kleister ['klaistɐ] <-s, -> *m* colle *f* [d'amidon]

kleistern ['klaistɐn] *vt* coller

Klementine [klemɛn'ti:nə] <-, -n> *f* clémentine *f*

Klemmbrett *nt* bloc *m* pupitre

Klemme ['klɛmə] <-, -n> *f* ❶ (*Haarklemme*) barrette *f* ❷ ELEC serre-fils *m; eines Starthilfekabels* pince *f* ❸ *fam* (*schwierige Lage*) pétrin *m;* (*finanziell*) dèche *f;* **in der ~ sitzen** *fam* être dans le pétrin

klemmen ['klɛmən] I. *vt* coincer; **etw in etw** (*akk*) **~** coincer qc dans qc; **etw unter etw** (*akk*) **~** glisser qc sous qc II. *vr* ❶ (*sich quetschen*) **sich** (*dat*) **den Daumen ~** se coincer le pouce ❷ *fam* (*um Unterstützung bitten*) **sich hinter jdn ~** harceler qn pour obtenir de l'aide ❸ *fam* (*sich kümmern um*) **sich hinter etw** (*akk*) **~** s'attaquer à qc III. *vi Schublade, Tür:* coincer (*fam*); *Schloss:* être bloqué

KlemmmappeRR *f* chemise *m* à pince

Klempner(in) ['klɛmpnɐ] <-s, -> *m(f)* plombier *m*

Kleptomane [klɛpto'ma:nə] <-n, -n> *m,* **Kleptomanin** *f* cleptomane *mf*

Kleptomanie [klɛptoma'ni:] <-> *f* cleptomanie *f*

klerikal [kleri'ka:l] *adj geh* clérical(e)

Kleriker ['kle:rikɐ] <-s, -> *m* ecclésiastique *m*

Klerus ['kle:rʊs] <-> *m* clergé *m*

Klette ['klɛtə] <-, -n> *f* ❶ bardane *f* ❷ *pej fam* (*Mensch*) pot *m* de colle ▶ **wie eine ~ an jdm hängen** *fam* être pendu aux basques de qn

Kletterer <-s, -> *m,* **Kletterin** *f* (*Bergsteiger*) alpiniste *mf;* (*Freikletterer*) varappeur(-euse) *m(f)*

Klettergerüst *nt* jeu *m* d'extérieur (*pour grimper, dans un terrain de jeu*)

klettern ['klɛtɐn] *vi* ❶ + *sein* faire de l'escalade; **auf einen Berg ~** escalader une montagne; **auf einen Baum ~** grimper sur un arbre ❷ + *sein* (*steigen*) **aufs Dach** monter sur le toit ❸ + *haben o sein* SPORT faire de l'escalade; (*Freiklettern betreiben*) faire de la varappe ❹ + *sein fam* (*ansteigen*) *Preis, Temperatur:* grimper

Kletterpartie *f* passage *m* d'escalade **Kletterpflanze** *f* plante *f* grimpante

KlettverschlussRR *m* fermeture *f* velcro®

Kletze <-, -n> *f* A, SDEUTSCH (*Dörrbirne*) poire *f* sèche

klicken ['klɪkən] *vi* ❶ (*metallisch klingen*) cliqueter; **das Klicken** le cliquetis ❷ INFORM **mit der Maus auf etw** (*akk*) **~** cliquer avec la souris sur qc; **doppelt ~** double-cliquer

Klient(in) [kli'ɛnt] <-en, -en> *m(f)* client(e) *m(f)*

Klientel [kliɛn'te:l] <-, -en> *f* clientèle *f*

Kliff [klɪf] <-[e]s, -e> *nt* falaise *f*

Klima ['kli:ma] <-s, -s *o* Klimate> *nt* climat *m*

Klimaanlage *f* climatisation *f* **Klimakatastrophe** *f* catastrophe *f* climatique

Klimakterium [klimak'te:ri̯ʊm] <-s> *nt* MED ménopause *f*

Klimapolitik *f* politique *f* climatique **Klimaschutz** *m* protection *f* du climat **Klimaschutzkonferenz** *f* conférence *f* sur le climat

klimatisch [kli'ma:tɪʃ] I. *adj attr* climatique II. *adv* du point de vue climatique

klimatisieren* [klimati'zi:rən] *vt* **klimatisiert werden** être climatisé

K

Klimatisierung [klimati'zi:rʊŋ] <-, -en> *f* climatisation *f*

Klimatologie [klimatolo'gi:] <-> *f* climatologie *f*

Klimawandel *m* METEO changement *m* climatique **Klimawechsel** *m* changement *m* d'air

Klimbim [klɪm'bɪm] <-s> *m fam* (*Kram*) bazar *m*

Klimmzug *m* SPORT traction *f* [à la barre fixe]

klimpern ['klɪmpɐn] *vi* ① *fam* (*spielen*) **auf der Gitarre/dem Klavier ~** gratter de la guitare/pianoter ② (*metallisch klingen*) *Münzen, Schlüssel:* tinter; **das Klimpern** le tintement ③ (*ein Geräusch erzeugen*) **mit etw ~** faire tinter qc

Klinge ['klɪŋə] <-, -n> *f* lame *f*

Klingel ['klɪŋəl] <-, -n> *f* sonnette *f*

Klingelknopf *m* [bouton *m* de] sonnette *f*

klingeln ['klɪŋəln] **I.** *vi* ① *Radfahrer:* tirer la sonnette; *Wecker:* sonner; **an der Tür ~** sonner à la porte; **das Klingeln** *eines Weckers* la sonnerie; *einer Türklingel* le coup de sonnette ② (*herbeirufen*) **nach jdm ~** (*im Hotel, Krankenhaus*) sonner qn **II.** *vi unpers* **es klingelt** (*an der Tür*) on sonne; (*in der Schule*) ça sonne

Klingelton <-töne> *m eines Telefons, Handys* sonnerie *f;* **einen ~ [aus dem Internet] herunterladen** télécharger une sonnerie [de l'Internet]

klingen ['klɪŋən] <klang, geklungen> *vi* ① (*erklingen*) *Glocke:* sonner; *Gläser:* tinter ② (*tönen*) **hohl ~** *Behälter, Wand:* sonner creux; **hell/rau ~** *Stimme:* sonner clair(e)/rauque ③ (*sich anhören*) **gut/interessant ~** avoir l'air bien/intéressant

Klinik ['kli:nɪk] <-, -en> *f* hôpital *m;* (*Privatklinik*) clinique *f*

Klinikum ['kli:nikʊm] <-s, Klinika *o* Kliniken> *nt* (*Komplex von Kliniken*) C.H.U. *m*

klinisch ['kli:nɪʃ] **I.** *adj Fall* nécessitant une hospitalisation; *Test* clinique **II.** *adv behandeln, versorgen* en milieu hospitalier; **~ getestet** testé(e) en laboratoire; **~ tot** cliniquement mort(e)

Klinke ['klɪŋkə] <-, -n> *f* poignée *f* [de porte]

Klinker <-s, -> *m* brique *f*

klipp ► **jdm ~ und klar sagen, dass ...** dire clair et net à qn que ...

Klippe ['klɪpə] <-, -n> *f* écueil *m*

klirren ['klɪrən] *vi* ① (*gläsern tönen*) *Gläser:* tinter; *Fensterscheibe:* vibrer; (*beim Zerbrechen*) faire un bruit de verre brisé; **das Klirren** les vibrations *fpl;* (*beim Zerbrechen*) le bruit de verre brisé ② (*metallisch tönen*) cliqueter; **mit ~den Sporen** en faisant sonner les éperons; **das Klirren** le cliquetis

klirrend *adj Frost, Kälte* glacial(e); **wir haben ~en Frost** il gèle à pierre fendre

Klischee [kli'ʃe:] <-s, -s> *nt* ① (*Klischeevorstellung*) stéréotype *m* ② *pej geh* (*Redensart*) lieu *m* commun ③ TYP cliché *m*

klischeehaft [kli'ʃe:haft] *adj pej geh* stéréotypé(e) **Klischeevorstellung** *f* stéréotype *m*

Klistier [klɪs'ti:ɐ̯] <-s, -e> *nt* MED lavement *m*

Klitoris ['kli:torɪs] <-, - *o* Klitorides> *f* clitoris *m*

klitschnassRR ['klɪtʃnas] *s.* **klatschnass**

klitzeklein ['klɪtsə'klain] *adj fam* riquiqui

Klo [klo:] <-s, -s> *nt fam* chiottes *fpl*

Kloake [klo'a:kə] <-, -n> *f pej* cloaque *m*

Kloben ['klo:bən] <-s, -> *m* bille *f* [de bois]

klobig ['klo:bɪç] *adj Schuhe* épais(se)

Klobrille ['klo:brɪlə] *f fam* lunette *f* de/des W.-C. **Klobürste** *f fam* brosse *f* à W.-C. **Klomann** <-männer> *m*, **-frau** *f fam* gardien *m* de chiottes/dame *f* pipi

Klon [klo:n] <-s, -e> *m* BIO clone *m*

klonen [klo:nən] *vt* BIO cloner; **das Klonen** le clonage

klönen *vi* NDEUTSCH *fam* tailler une bavette; **mit jdm ~** tailler une bavette avec qn

Klopapier *nt fam* P.Q. *m*

klopfen ['klɔpfən] **I.** *vi* ① frapper; **an die Tür ~** frapper à la porte; **ans Fenster/an [*o* gegen] die Wand ~** frapper à la fenêtre/taper contre le mur; **mit dem Besen an die Decke ~** taper du balai contre le plafond; **ich habe ein Klopfen gehört** j'ai entendu quelqu'un frapper ② (*schlagen*) **jdm auf die Schulter ~** taper qn sur l'épaule ③ (*pulsieren*) *Herz:* battre ④ (*hämmern*) *Specht:* piquer du bec **II.** *vi unpers* **es klopft an der Tür** on frappe à la porte **III.** *vt* ① (*entfernen*) **sich** (*dat*) **den Schnee vom Mantel/von den Schuhen ~** taper son manteau/ses chaussures pour faire tomber la neige ② (*hämmern*) **einen Nagel in die Wand ~** enfoncer un clou dans le mur ③ battre *Teppich* ④ GASTR attendrir *Schnitzel, Roulade*

Klopfer <-s, -> *m* ① (*Türklopfer*) heurtoir *m* ② (*Teppichklopfer*) tapette *f*

Kloppe *f* NDEUTSCH *fam* raclée *f;* **von jdm ~ kriegen** prendre une raclée de qn

Klöppel ['klœpəl] <-s, -> *m* ① *einer*

Glocke battant *m* ❷ (*Trommelschlägel*) baguette *f* ❸ (*Spitzenklöppel*) fuseau *m*

klöppeln **I.** *vi* faire de la dentelle [au fuseau] **II.** *vt* **ein Deckchen ~** faire une petite nappe en dentelle

kloppen ['klɔpən] NDEUTSCH *fam* **I.** *vt* casser *Steine;* battre *Teppich* **II.** *vr* **sich mit jdm ~** se bagarrer avec qn (*fam*)

Klopperei <-, -en> *f* NDEUTSCH *fam* bagarre *f*

Klops [klɔps] <-es, -e> *m* ❶ (*Fleischkloß*) boulette *f* [de viande] ❷ *fam* (*Fehler*) boulette *f*

Klosett [klo'zɛt] <-s, -s *o* -e> *nt* W.C. *mpl*

Klosettpapier *nt* papier *m* hygiénique

Klospülung *f fam* chasse *f* d'eau

Kloß [klo:s, *Pl:* 'klø:sə] <-es, Klöße> *m* boulette *f* ▶ **einen ~ im Hals haben** *fam* avoir une boule dans la gorge

Kloster ['klo:stɐ, *Pl:* 'klø:stɐ] <-s, Klöster> *nt* (*Mönchskloster*) monastère *m;* (*Nonnenkloster*) couvent *m*

Klosterkirche *f* église *f* du monastère

klösterlich *adj* ❶ *Abgeschiedenheit, Stille* monastique ❷ (*Klöstern/einem bestimmten Kloster gehörend*) des monastères/du monastère

Klosterschule *f* école *f* dirigée par des religieux/des religieuses

Klotz [klɔts, *Pl:* 'klœtsə] <-es, Klötze> *m* (*Holzklotz*) bloc *m* de bois; (*zum Holzhacken*) billot *m*

Klötzchen <-s, -> *nt* (*Bauklotz*) cube *m* [d'un jeu de construction]

klotzig *fam adj* ❶ *Gebäude, Möbelstück* mastoc (*péj*) ❷ *Aktion* tapageur(-euse)

Klub [klʊp] <-s, -s> *m* club *m*

Klubmitglied *nt* membre *m* du club

Klubobmann *m*, **-frau** *f* POL A (*Fraktionsvorsitzender*) président *m* du groupe parlementaire

Kluft [klʊft, *Pl:* 'klʏftə] <-, Klüfte> *f fig* fossé *m*

klug [klu:k] <klüger, klügste> **I.** *adj* ❶ *Person, Handlungsweise* avisé(e); *Antwort* habile; *Rat* judicieux(-euse); **~ sein** *Person:* faire preuve de bon sens; **es ist ~ /klüger, abzuwarten** il vaut/vaudrait mieux patienter; **es wird das Klügste [*o* am klügsten] sein, wenn wir umkehren** le plus sage serait de faire demi-tour ❷ *iron* (*dumm*) intelligent(e) ▶ **genauso ~ wie zuvor [*o* vorher] sein** ne pas en être plus avancé qu'avant (*iron*); **daraus soll einer ~ werden!** comprenne qui pourra! **II.** *adv* ❶ *vorgehen, sich verhalten, handeln* intelligemment; **~ daherreden** pontifier ❷ *iron* (*dumm*) **das hast du dir wirklich sehr ~ ausgedacht!** alors là, tu as vraiment eu une idée astucieuse!

Klugheit <-, -en> *f* ❶ *kein Pl* (*Vernunft*) bon sens *m* ❷ *iron* (*Bemerkung*) réflexion *f* [particulièrement] intelligente

Klugscheißer(in) <-s, -> *m(f) sl* petit con *m* prétentieux/petite conne *f* prétentieuse

Klümpchen ['klʏmpçən] <-s, -> *nt Dim von* **Klumpen** grumeau *m*

klumpen ['klʊmpən] *vi Soße, Salz:* faire des grumeaux

Klumpen ['klʊmpən] <-s, -> *m* (*Mehlklumpen*) grumeau *m;* **ein ~ Butter** une motte de beurre; **ein ~ Ton** un bloc d'argile

Klumpfuß *m* pied *m* bot

klumpig ['klʊmpɪç] *adj* grumeleux(-euse); **~ werden** faire des grumeaux

Klüngel ['klʏŋəl] <-s, -> *m pej fam* clique *f*

Klüngelei [klʏŋə'lai] <-, -en> *f pej fam* magouille *f*

Klunker ['klʊŋkɐ] <-s, -> *m fam* (*Edelstein*) caillou *m*

Klüver ['kly:vɐ] <-s, -> *m* NAUT foc *m*

km *Abk von* **Kilometer** km

km/h *Abk von* **Kilometer pro Stunde** km/h

Knabbereien *Pl fam s.* **Knabberzeug**

knabbern ['knabɐn] **I.** *vi* grignoter; **an etw** (*dat*) **~** grignoter qc **II.** *vt* grignoter; **etwas zum Knabbern** quelque chose à grignoter

Knabberzeug *nt fam* grignoteries *fpl*

Knabe ['kna:bə] <-n, -n> *m fam* (*Kerl*) **na, alter ~!** alors, mon vieux!

Knabenchor *m* chœur *m* de jeunes garçons

knabenhaft **I.** *adj* **ein ~es Mädchen** une fille à l'allure garçonnière; **trotz seines ~en Aussehens ist er zwanzig** malgré son allure puérile, il a vingt ans **II.** *adv* **~ aussehen [*o* wirken]** avoir une allure puérile

knack [knak] *interj* crac; **es macht ~** ça fait crac; (*in der Telefonleitung*) il y a un craquement

Knäckebrot ['knɛkəbro:t] *nt* pain *m* suédois

knacken ['knakən] **I.** *vt* ❶ casser *Nuss* ❷ *fam* déchiffrer *Code* ❸ *fam* forcer *Auto, Safe* **II.** *vi* ❶ *Holz, Diele, Gebälk:* craquer ❷ (*Geräusch erzeugen*) **mit den Fingern/Gelenken ~** faire craquer ses doigts/ses articulations **III.** *vi unpers* **es knackt im Gebälk/in der Leitung** il y a des craquements dans la charpente/sur la ligne

Knacker ['knakɐ] <-s, -> *m pej fam* (*Mann*) **ein alter ~** un vieux chnoque

Knacki ['knaki] <-s, -s> *m sl* (*Häftling*) taulard *m;* (*ehemaliger Häftling*) ex-taulard

knackig ['knakɪç] *adj* ❶ *Salat, Apfel* croquant(e) ❷ *fam* craquant(e)

Knacklaut *m* (*Geräusch*) craquement *m*

Knackpunkt *m fam* point *m* crucial

Knacks [knaks] <-es, -e> *m* ❶ (*Geräusch*) craquement *m* ❷ *fam* (*Sprung, Riss*) fêlure *f* ❸ *fam* (*Schaden, Störung*) petit grain *m;* **einen seelischen ~ bekommen** recevoir un coup [au moral]; **einen ~ haben** *Person:* être un peu fêlé; *Beziehung, Ehe:* battre de l'aile

Knall [knal] <-[e]s, -e> *m* (*Schuss, Korkenknallen*) détonation *f;* **mit lautem ~ ins Schloss fallen** claquer avec grand bruit

Knalleffekt *m fam* coup *m* de théâtre

knallen ['knalən] **I.** *vi* ❶ *+ haben Tür, Peitsche:* claquer; *Korken:* sauter; *Feuerwerkskörper:* éclater; *Schuss:* retentir; **die Korken ~ lassen** faire sauter les bouchons ❷ *+ haben* (*ein Geräusch erzeugen*) **mit der Tür ~** claquer la porte; **mit der Peitsche ~** faire claquer le fouet ❸ *+ sein fam* (*prallen*) **gegen die Wand/die Tür ~** cogner contre le mur/la porte; **auf den Boden ~** tomber par terre; **mit dem Auto gegen eine Mauer ~** rentrer dans un mur avec la voiture ❹ *+ haben fam* (*schießen*) **[wild] um sich ~** canarder dans tous les sens ❺ *+ haben fam* (*Knallkörper zünden*) faire péter des pétards **II.** *vi unpers + haben* **es knallt** (*eine Tür fällt zu*) il y a quelque chose qui claque; (*ein Korken springt heraus*) ça fait plop; (*ein Unfall passiert*) ça cartonne (*fam*); (*ein Knallkörper zündet*) ça éclate; (*ein Schuss fällt*) il y a une détonation; **Hände hoch, sonst knallt's** [*o* **oder es knallt!**]**!** *fam* haut les mains, ou je tire! **III.** *vt + haben* ❶ (*zuschlagen*) claquer ❷ *fam* (*werfen*) **das Päckchen auf den Tisch/in die Ecke ~** balancer le colis sur la table/dans le coin ▶**jdm eine ~** *fam* balancer une baffe à qn **IV.** *vr + haben fam* **sich aufs Sofa ~** s'affaler sur le canapé

Knaller ['knalɐ] <-s, -> *m fam* (*Sensation*) bombe

Knallerbse *f* pois *m* fulminant

Knallerei <-, -en> *f fam* ❶ (*Feuerwerk*) pétarade *f* ❷ (*Schüsse*) tiraillerie *f*

Knallfrosch ['knalfrɔʃ] *m* pétard *m* à répétition

Knallgas *nt* mélange *m* détonant

knallhart ['knal'hart] **I.** *adj fam* ❶ *Geschäftsmann* coriace, impitoyable; *Vorgehen, Kritik* brutal(e) ❷ *Schlag, Aufschlag* terrible **II.** *adv fam* ❶ *sagen* sans prendre de gants; *verhandeln* de manière impitoyable ❷ (*kraftvoll*) avec force

knallig ['knalɪç] *adj fam Farbe* qui flashe; *Schlagzeile, Werbung* accrocheur(-euse)

Knallkörper ['knalkœrpɐ] *m* pétard *m*

knallrot ['knal'ro:t] *adj fam* rouge vif

knapp [knap] **I.** *adj* ❶ *Gehalt, Vorräte* maigre *antéposé; Stellen* rare *antéposé;* **~ sein** *Geld, Vorräte:* être juste; *Stellen:* être rare; **~ werden** *Geld, Vorräte:* devenir juste; *Stellen:* se raréfier; **mit etw ~ sein** manquer de qc ❷ (*eng*) un peu juste ❸ (*kaum ausreichend*) serré(e); *Mehrheit* petit(e) *antéposé;* **das wird [zeitlich] zu ~** ce sera trop juste ❹ (*nicht ganz*) **ein ~er Meter** un petit mètre; **ein ~es Pfund** une petite livre; **vor einer ~en Woche** il y a une petite semaine ❺ *Antwort, Worte* concis(e) ▶**und nicht zu ~!** *fam* et pas qu'un peu! **II.** *adv* ❶ (*mäßig*) **eher/sehr ~ bemessen sein** être plutôt/très juste; **zu ~ bemessen sein** ne pas être suffisant ❷ (*nicht ganz*) **~ zwei Jahre alt sein** être âgé d'un peu moins de deux ans; **~ hundert Euro kosten** coûter pas tout à fait cent euros ❸ *gewinnen, verlieren* de justesse; **der Gefahr nur ~ entkommen** échapper de justesse au danger ❹ (*dicht*) **~ über den Knöcheln enden** arriver juste au dessus des chevilles ❺ (*eng*) **~ sitzen** être juste ❻ *formulieren* de manière concise; **jdn ~ grüßen** saluer à peine qn

knapp|halten *vt irr fig* **jdn ~** rationner qn

Knappheit <-> *f* ❶ (*Mangel*) pénurie *f;* **~ an Gütern** pénurie de biens ❷ (*Kürze*) concision *f*

Knappschaft <-> *f* sécurité *f* minière

knapsen ['knapsən] *vi fam* **~ müssen** devoir se serrer la ceinture

Knarre ['knarə] <-, -n> *f sl* (*Schusswaffe*) flingue *m* (*fam*)

knarren ['knarən] *vi Diele:* craquer; *Bett, Treppe:* grincer; **das Knarren** les grincements *mpl; der Dielen* les craquements *mpl*

Knast [knast, *Pl:* 'knɛstə] <-[e]s, Knäste> *m fam* taule *f;* **im ~ sitzen** être en taule

Knatsch <-[e]s> *m fam* bisbilles *fpl*

knattern ['knatɐn] *vi* ❶ *Moped:* pétarader; *Maschinengewehr:* crépiter; **im Wind ~** *Segel, Fahne:* battre dans le vent; **das Knat-**

tern *eines Mopeds* les pétarades *fpl; eines Maschinengewehrs* le crépitement ② *fam* (*fahren*) **durch die Straßen ~** pétarader dans les rues

Knäuel ['knɔyəl] <-s, -> *m o nt* pelote *f;* **zwei ~ Wolle** deux pelotes de laine

Knauf [knauf] <-[e]s, Knäufe> *m* (*Türknauf*) bouton *m*

Knauser(in) ['knauzɐ] <-s, -> *m(f) pej fam* radin(e) *m(f)*

knauserig ['knauzərɪç] *adj pej fam* radin(e)

knausern ['knauzɐn] *vi pej fam* radiner

knautschen ['knautʃən] *fam* **I.** *vi Mantel, Stoff:* se chiffonner **II.** *vt* chiffonner *Mantel, Kissen*

Knautschzone *f* zone *f* de déformation

Knebel <-s, -> *m* bâillon *m*

knebeln *vt a. fig* bâillonner

Knecht [knɛçt] <-[e]s, -e> *m* HIST valet *m* de ferme ▶ **~ Ruprecht** père *m* Fouettard

Knechtschaft <-, -en> *f* esclavage *m*

kneifen ['knaifən] <kniff, gekniffen> **I.** *vt* pincer; **jdn [*o* jdm] in den Arm ~** pincer le bras à qn **II.** *vi* ① (*zu eng sein*) *Gummiband, Hose:* serrer ② *fam* (*zurückscheuen*) **vor jdm ~** se dégonfler devant qn; **vor einer Auseinandersetzung ~** se défiler face à une confrontation

Kneifer ['knaifɐ] <-s, -> *m* pince-nez *m*

Kneifzange *f* tenailles *fpl*

Kneipe ['knaipə] <-, -n> *f fam* bistro[t] *m*

Kneipenbummel *m fam* tournée *f* des bistro[t]s

Kneippkur *f* MED cure *f* selon la méthode Kneipp

knetbar *adj* malléable; **[gut] ~ sein** se pétrir [facilement]

Knete ['kne:tə] <-> *f* ① *fam* (*Knetmasse*) pâte *f* à modeler ② *sl* (*Geld*) fric *m* (*fam*)

kneten ['kne:tən] **I.** *vt* ① pétrir, malaxer *Knetgummi, Teig* ② (*formen*) **sich** (*dat*) **etw ~** se modeler qc; **das Kneten** le modelage ③ (*massieren*) **jdm den Nacken ~** masser le cou à qn **II.** *vi* faire du modelage

Knetmasse *f* pâte *f* à modeler

Knick [knɪk] <-[e]s, -e *o* -s> *m* ① (*Krümmung*) coude *m;* **einen ~ machen** *Straße:* faire un coude ② (*Falz, Falte*) pli *m*

knicken ['knɪkən] **I.** *vt + haben* ① plier *Blatt Papier;* faire un pli à *Buchseite;* **bitte nicht ~!** ne pas plier, S.V.P.! ② casser *Streichholz, Strohhalm;* briser [net] *Bäume* ③ (*umbiegen*) plier ▶ **das kannst du ~!** *fam* tu peux [l']oublier ! **II.** *vi + sein Papier:* se plier; *Telegrafenmast:* se briser [net]

Knickerbocker ['knɪkɐbɔkɐ] *Pl* knickers *mpl*

knick[e]rig ['knɪk(ə)rɪç] *s.* **knauserig**

Knicks [knɪks] <-es, -e> *m* révérence *f*

knicksen ['knɪksən] *vi* faire la révérence

Knie [kni:] <-s, -> *nt* ① genou *m;* **ihm zittern die ~** il [en] a les jambes qui flageolent ② (*Krümmung*) *eines Wasserlaufs, Rohrs* coude *m* ▶ **in die ~ gehen** (*die Kniegelenke beugen*) plier les genoux; (*aufgeben*) jeter l'éponge; **der Boxer geht in die ~** le boxeur ploie les genoux; **jdn übers ~ legen** *fam* ficher une fessée à qn; **sich** (*dat*) **ins [eigene] ~ schießen** *fam* se tirer une balle dans le pied

Kniebeuge *f* flexion *f* des genoux **Kniebundhose** *f* knickers *mpl* **Kniefall** *m geh* génuflexion *f* **Kniegelenk** *nt* articulation *f* du genou **Kniekehle** *f* jarret *m* **knielang** *adj Rock* s'arrêtant au genou

knien [kni:n] **I.** *vi* être à genoux; **auf dem Boden ~** être à genoux par terre **II.** *vr* ① **sich auf den Boden/neben jdn ~** s'agenouiller par terre/à côté de qn ② *fam* (*sich intensiv beschäftigen*) **sich in etw** (*akk*) **~** s'atteler à qc

Kniescheibe *f* rotule *f* **Knieschützer** <-s, -> *m* genouillère *f* **Kniestrumpf** *m* (*Damenkniestrumpf*) mi-bas *m;* (*Herrenkniestrumpf*) chaussette *f* montante

kniff [knɪf] *Imp von* **kneifen**

Kniff [knɪf] <-[e]s, -e> *m* (*Kunstgriff*) truc *m*

Knilch [knɪlç] <-s, -e> *m pej fam* péquenot *m*

knipsen ['knɪpsən] *fam* **I.** *vt* ① photographier ② (*lochen*) poinçonner **II.** *vi* prendre des photos

Knirps[1] [knɪrps] <-es, -e> *m fam* ① (*kleiner Junge*) petit bonhomme *m* ② *pej* (*kleiner Mann*) demi-portion *m*

Knirps®[2] [knɪrps] <-es, -e> *m* (*Regenschirm*) parapluie *m* pliant

knirschen ['knɪrʃən] *vi Kies, Schnee:* crisser; **mit den Zähnen ~** grincer des dents

knistern ['knɪstɐn] **I.** *vi Papier:* faire du bruit en se froissant; *Feuer:* crépiter; **mit etw ~** froisser qc **II.** *vi unpers* **es knistert** ça grésille; (*es kriselt*) il y a de l'électricité dans l'air

Knitterfalte *f* [faux] pli *m*

knitterfrei *adj* infroissable

knittern ['knɪtɐn] *vi* se froisser

knobeln ['kno:bəln] *vi* ① (*würfeln*) jouer aux dés; **um etw ~** jouer qc aux dés ② *fam* (*tüfteln*) cogiter; **an einer Erfindung ~** se creuser la tête pour une invention

K

Knoblauch ['kno:plaux] <-[e]s> *m* ail *m*
Knoblauchknolle *f* tête *f* d'ail **Knoblauchpresse** *f* presse-ail *m* **Knoblauchzehe** *f* gousse *f* d'ail
Knöchel ['knœçəl] <-s, -> *m* ❶ (*Fußknöchel*) cheville *f* ❷ (*Fingerknöchel*) articulation *f* [du doigt/des doigts]
knöchellang *adj* qui arrive à la cheville
Knochen ['knɔxən] <-s, -> *m* ❶ os *m* ❷ *Pl* (*Gliedmaßen*) membres *mpl*; **mir tun alle ~ weh** j'ai mal partout ▸ **bis auf die ~ abgemagert sein** ne plus avoir que la peau sur les os; **nass bis auf die ~ sein** être trempé jusqu'aux os; **brich dir nicht die ~!** *fam* [ne] te casse pas la figure!
Knochenarbeit *f fam* travail *m* de forçat **Knochenbruch** *m* fracture *f* **Knochenmark** *nt* moelle *f* [osseuse] **Knochenschinken** *m* jambon *m* à l'os **knochentrocken** *adj fam Brot* archi-sec(-sèche)
knöchern ['knœçɐn] *adj* (*aus Knochen*) en os
knochig ['knɔçɪç] *adj* osseux(-euse)
Knockout, **Knock-out**^RR [nɔk'ʔaʊt] <-[s], -s> *m* knock-out *m*
Knödel ['knø:dəl] <-s, -> *m boule à base de pomme de terre ou de pain trempé dans du lait, cuite à l'eau et servie en accompagnement*
Knöllchen ['knœlçən] <-s, -> *nt fam* (*Strafzettel*) contredanse *f*; (*an der Windschutzscheibe befestigt*) papillon *m*
Knolle ['knɔlə] <-, -n> *f* ❶ (*Teil einer Pflanze*) tubercule *m* ❷ *fam* (*Verdickung*) excroissance *f*
Knollen ['knɔlən] <-s, -> *m* DIAL *s.* **Knolle 2**
Knollenblätterpilz *m* amanite *f* phalloïde
Knopf [knɔpf, *Pl:* 'knœpfə] <-[e]s, Knöpfe> *m* bouton *m*
Knopfdruck *m kein Pl* pression *f* [sur un/le bouton]
knöpfen ['knœpfən] *vt* boutonner; **vorn/hinten geknöpft werden** se boutonner par devant/derrière; **falsch geknöpft haben** avoir boutonné [le] lundi avec [le] mardi (*fam*)
Knopfloch *nt* boutonnière *f* **Knopfzelle** *f* pile *f* bouton
Knorpel ['knɔrpəl] <-s, -> *m* cartilage *m*
knorpelig *adj* cartilagineux(-euse)
knorrig ['knɔrɪç] *adj* ❶ *Baum, Ast* noueux(-euse) ❷ (*eigenwillig*) bourru(e)
Knospe ['knɔspə] <-, -n> *f* bourgeon *m*; (*Blütenknospe, Rosenknospe*) bouton *m*; **~n treiben** bourgeonner
knospen *vi* bourgeonner
Knötchen <-s, -> *nt Dim von* **Knoten**
knoten ['kno:tən] *vt* nouer; (*ohne eine Schleife zu machen*) faire un nœud à; **kannst du mir die Krawatte ~?** tu me fais mon nœud de cravate?
Knoten ['kno:tən] <-s, -> *m* ❶ (*Verschlingung*) nœud *m* ❷ MED (*im Gelenk*) nodosité *f*; (*in der Brust*) nodule *f* ❸ (*Haarknoten*) chignon *m* ❹ (*Astknoten*) nœud *m* ❺ NAUT nœud *m* ▸ **sich** (*dat*) **einen ~ ins Taschentuch machen** faire un nœud à son mouchoir
Knotenpunkt *m* (*Verkehrsknotenpunkt*) nœud *m* de communication; (*Autobahn-/Eisenbahnknotenpunkt*) nœud autoroutier/ferroviaire
knotig ['kno:tɪç] *adj* ❶ *Äste, Finger* noueux(-euse) ❷ MED noduleux(-euse)
Know-how [no:'haʊ] <-s> *nt* savoir-faire *m inv*
Knubbel ['knʊbəl] <-s, -> *m* DIAL renflement *m*
knuddelig ['kʊdəlɪç] *adj fam* câlin(e)
Knuff [knʊf] <-[e]s, Knüffe> *m fam* [légère] bourrade *f*
knuffen ['knʊfən] *vt fam* donner une [légère] bourrade à
knülle ['knʏlə] *adj fam* bourré(e)
knüllen ['knʏlən] *vt* chiffonner
Knüller ['knʏlɐ] <-s, -> *m fam* ❶ (*Ware, Produkt*) truc *m* qui fait fureur; **es ist/wird ein ~** ça fait/va faire un malheur ❷ (*Nachricht*) scoop *m*
knüpfen ['knʏpfən] **I.** *vt* ❶ nouer *Teppich, Netz, Muster;* **von Hand geknüpft** noué(e) [à la] main ❷ faire *Knoten, Schleife* **II.** *vr* **sich an etw** (*akk*) **~** *Erinnerungen:* être lié à qc
Knüppel ['knʏpəl] <-s, -> *m* (*Stock*) gourdin *m*; (*Gummiknüppel*) matraque *f* ▸ **jdm ~ zwischen die Beine werfen** *fam* mettre des bâtons dans les roues à qn
knüppeldick ['knʏpəl'dɪk] *adv fam* **es kommt ~** on en prend plein la figure
knüppeln ['knʏpəln] *vt* (*schlagen*) matraquer
Knüppelschaltung *f* levier *m* de vitesse au plancher
knurren ['knʊrən] **I.** *vi* ❶ *Hund:* gronder ❷ (*murren*) grogner **II.** *vt* grommeler *Antwort*
Knurren <-s> *nt eines Hundes* grondement *m*
knurrig ['knʊrɪç] *adj* bougon(ne)
knuspern ['knʊspɐn] *vi* grignoter; **an etw** (*dat*) **~** grignoter qc

knusprig ['knʊsprɪç] *adj* croustillant(e)
Knust [knu:st, *Pl:* 'kny:stə] <-[e]s, -e *o* Knüste> *m* NDEUTSCH croûton *m* [de pain]
Knute ▶**unter jds ~** (*dat*) **stehen** être sous le joug de qn
knutschen ['knu:tʃən] *fam* **I.** *vt* bécoter **II.** *vi Pärchen:* se bécoter; **sie knutscht mit ihm/er knutscht mit ihr** ils se bécotent **III.** *vr fam* **sich ~** se bécoter
Knutscherei [knu:tʃə'rai] <-, -en> *f fam* **ihnen macht die ~ Spaß** ils prennent du plaisir à se bécoter
Knutschfleck *m fam* suçon *m*
k. o. [ka:'ʔo:] *adj Abk von* **knockout** ❶ **~ sein** *Boxer:* être K.-O.; **jdn ~ schlagen** mettre qn K.-O. ❷ *fam* (*erschöpft*) **[ganz] ~ sein** être [complètement] K.-O.
Koala [ko'a:la] <-s, -s> *m* koala *m*
koalieren* [koʔa'li:rən] *vi* former une coalition
Koalition [koʔali'tsi̯o:n] <-, -en> *f* coalition *f* ▶**die Große ~** POL la grande coalition
koalitionsfähig *adj* **~ sein** être apte à participer à un gouvernement de coalition **Koalitionspartner(in)** *m(f)* partenaire *mf* de la/de coalition **Koalitionsvertrag** *m* accord *m* de coalition
Kobalt ['ko:balt] <-s> *nt* cobalt *m*
Koblenz ['ko:blɛnts] <-> *nt* Coblence
Kobold ['ko:bɔlt] <-[e]s, -e> *m* lutin *m*
Kobra ['ko:bra] <-, -s> *f* cobra *m*
Koch [kɔx, *Pl:* 'kœçə] <-s, Köche> *m*, **Köchin** *f* cuisinier(-ière) *m(f)* ▶**viele Köche verderben den Brei** *prov* trop de cuisiniers gâtent la sauce
Kochbuch *nt* livre *m* de cuisine
kochecht *s.* **kochfest**
köcheln *vi Suppe, Soße:* mijoter; **etw ~ lassen** laisser mijoter qc
kochen ['kɔxən] **I.** *vi* ❶ *Wasser, Suppe, Reis:* bouillir; **etw zum Kochen bringen** porter qc à ébullition; **~d** bouillant ❷ (*Speisen zubereiten*) faire la cuisine; **gut ~** cuisiner bien ❸ (*aufgebracht sein*) **vor Wut ~** bouillir de colère **II.** *vt* ❶ (*zubereiten*) **das Essen ~** préparer le repas; **Reis ~** faire du riz; **hart gekocht** *Ei* dur; **weich gekocht** *Ei* à la coque; *Fleisch, Gemüse, Nudeln* bien cuit; **was soll ich uns ~?** qu'est-ce que je vais nous faire à manger? ❷ (*auskochen*) faire bouillir
kochendheißALT *s.* **heiß I.1**
Kocher <-s, -> *m* réchaud *m*
Köcher <-s, -> *m* (*für Pfeile*) carquois *m*
Kochfeld *nt* table *f* de cuisson **kochfest** *adj Wäsche* lavable à 95° **Kochgelegenheit** *f* kitchenette *f* **Kochgeschirr** *nt* gamelle *f*
Köchin ['kœçɪn] *s.* **Koch**
Kochkunst *f* ❶ *kein Pl* (*Gastronomie*) art *m* culinaire ❷ *Pl* (*Fähigkeit*) dons *mpl* culinaires **Kochlöffel** *m* cuillère *f* en bois **Kochnische** *f* coin *m* cuisine séparé **Kochplatte** ['kɔxplatə] *f* plaque *f* électrique **Kochrezept** *nt* recette *f* [de cuisine] **Kochsalz** *nt kein Pl* sel *m* de cuisine **Kochsendung** *f*, **Kochshow** [-ʃo:] *f* émission *f* culinaire **Kochtopf** *m* casserole *f*; (*mit Henkeln*) faitout *m*; (*aus Gusseisen*) cocotte *f* **Kochwäsche** *f* linge *m* à bouillir
Kode [ko:t] <-s, -s> *m* code *m*
Köder ['kø:dɐ] <-s, -> *m* appât *m*
ködern ['kø:dɐn] *vt a. fig* appâter
Kodex ['ko:dɛks] <-[es], -e *o* Kodizes> *m* ❶ (*Verhaltensregeln*) code *m* ❷ (*Handschrift*) manuscrit *m*
kodieren* [ko'di:rən] *vt* coder
Kodierung <-, -en> *f* codage *m*
Kodifikation [kodifika'tsi̯o:n] *f* JUR codification *f*
Koedukation [koʔeduka'tsi̯o:n] <-, -en> *f* éducation *f* mixte
Koeffizient [koʔɛfi'tsi̯ɛnt] <-en, -en> *m* MATH coefficient *m*
Koexistenz ['ko:ʔɛksɪstɛnts] *f kein Pl* coexistence *f*
Koffein [kɔfe'i:n] <-s> *nt* caféine *f*
koffeinfrei *adj Kaffee* décaféiné(e)
Koffer ['kɔfɐ] <-s, -> *m* (*Reisekoffer*) valise *f*; (*Überseekoffer*) malle *f*; **den ~ packen** faire sa valise
Kofferanhänger *m* étiquette *f* à bagages **Kofferkuli** *m* chariot *m* à bagages **Kofferradio** *nt* transistor *m* **Kofferraum** *m* coffre *m* [à bagages]
Kognak ['kɔnjak] <-s, -s *o* -e> *m* cognac *m*
kohärent [kohɛ'rɛnt] *adj* cohérent(e)
Kohärenz [kohɛ'rɛnts] <-> *f* cohérence *f*
Kohl [ko:l] <-[e]s, -e> *m* chou *m*
Kohldampf *m fam* **~ haben** avoir la dalle
Kohle ['ko:lə] <-, -n> *f* ❶ (*Brennstoff*) charbon *m*; (*Steinkohle*) houille *f*; (*Braunkohle*) lignite *f* ❷ (*Aktivkohle*) charbon *m* actif ❸ (*Zeichenkohle*) fusain *m* ❹ *fam* (*Geld*) fric *m*
Kohlehydrat *s.* **Kohlenhydrat** **Kohlekraftwerk** *nt* centrale *f* thermique au charbon
Kohlenbergbau *m* charbonnages *mpl* **Kohlenbergwerk** *nt* mine *f* de charbon **Kohlendioxid** [ko:lən'di:ʔɔksi:t] *nt kein*

K

Pl dioxyde *m* de carbone **Kohlengrube** *f* mine *f* de charbon **Kohlenhydrat** *nt* glucide *m* **Kohlenmonoxid** [ko:lən'mɔnɔksi:t] *nt* [mon]oxyde *m* de carbone **Kohlensäure** *f* acide *m* carbonique; (*Kohlendioxid*) gaz *m* carbonique; **Mineralwasser mit/ohne ~** eau *f* [minérale] gazeuse/non gazeuse

kohlensäurehaltig *adj* gazeux(-euse)

Kohlenstaub *m* poussière *f* de charbon; (*als Brennmaterial*) poussier *m* **Kohlenstoff** *m* CHEM carbone *m* **Kohlenwasserstoff** *m* hydrocarbure *m*

Kohlepapier *nt* [papier *m*] carbone *m* **Kohlestift** *m* fusain *m* **Kohlezeichnung** *f* fusain *m*

Kohlkopf *m* chou *m* **Kohlmeise** *f* mésange *f* charbonnière **kohlrabenschwarz** ['ko:l'ra:bən'ʃvarts] *adj Haare, Augen* de jais

Kohlrabi [ko:l'ra:bi] <-[s], -[s]> *m* chou-rave *m*

K

Kohlroulade ['ko:lrula:də] *f* chou *m* farci **Kohlrübe** *f* rutabaga *m* **Kohlsprosse** *f* A (*Rosenkohl*) chou *m* de Bruxelles **Kohlweißling** <-s, -e> *m* piéride *f* du chou

Kohorte [ko'hɔrtə] <-, -n> *f* cohorte *f*

Koitus ['ko:itʊs] <-, -[se]> *m form* coït *m*, acte *m* sexuel

Koje ['ko:jə] <-, -n> *f* NAUT couchette *f*

Kojote [ko'jo:tə] <-n, -n> *m* coyote *m*

Kokain [koka'i:n] <-s> *nt* cocaïne *f*

kokainsüchtig *adj* **~ sein** être à la cocaïne

Kokarde [ko'kardə] <-, -n> *f* cocarde *f*

kokett [ko'kɛt] *adj* coquet(te)

Koketterie [kokɛtə'ri:] <-, -ien> *f* coquetterie *f*

kokettieren* [kokɛ'ti:rən] *vi* ❶ faire du charme; **mit jdm ~** faire du charme à qn ❷ (*scherzend erwähnen*) **mit etw ~** faire des chichis avec qc

Kokon [ko'kõ:] <-s, -s> *m* cocon *m*

Kokosfaser *f* fibre *f* de coco **Kokosfett** *nt* beurre *m* de coco **Kokosmilch** *f* lait *m* de coco **Kokosnuss**[RR] *f* noix *f* de coco **Kokospalme** *f* cocotier *m* **Kokosraspel** *Pl* noix *f* de coco râpée

Koks¹ [ko:ks] <-es> *m* (*Brennstoff*) coke *m*

Koks² [ko:ks] <-es> *m o nt fam* (*Kokain*) coke *f*

koksen ['ko:ksən] *vi fam* sni[f]fer de la coke

Kolben ['kɔlbən] <-s, -> *m* ❶ *eines Motors, Füllers* piston *m* ❷ (*Gewehrkolben*) crosse *f* ❸ (*Destilliergefäß*) ballon *m* ❹ (*Maiskolben*) épi *m*

Kolbenfresser <-s> *m fam* AUT bielle *f* coulée; **den/einen ~ haben** couler une bielle

Kolibri ['ko:libri] <-s, -s> *m* colibri *m*

Kolik ['ko:lɪk] <-, -en> *f* MED colique *f*

kollabieren* [kɔla'bi:rən] *vi + sein* ❶ MED être victime d'un collapsus ❷ *geh System, Markt:* s'effondrer

Kollaborateur(in) [kɔlabora'tø:ɐ̯] <-s, -e> *m(f) pej* collaborateur(-trice) *m(f)*

Kollaboration [kɔlabora'tsi̯o:n] <-, -en> *f pej* collaboration *f*

kollaborieren* [kɔlabo'ri:rən] *vi pej* collaborer; **mit jdm ~** collaborer avec qn

Kollaps ['kɔlaps] <-es, -e> *m* ❶ (*Kreislaufkollaps*) collapsus *m* [cardiovasculaire] ❷ *geh* (*Zusammenbruch*) effondrement *m*

Kolleg [kɔ'le:k] <-s, -s *o* Kollegien> *nt* (*Schule*) *école permettant à des adultes non-bacheliers de passer le baccalauréat*

Kollege [kɔ'le:gə] <-n, -n> *m*, **Kollegin** *f* collègue *mf*

kollegial [kɔle'gi̯a:l] **I.** *adj Mitarbeiter* respectueux(-euse) de ses collègues; **~ sein** être bon collègue **II.** *adv* **sich ~ verhalten** agir en bon(ne) collègue

Kollegialität [kɔlegi̯ali'tɛ:t] <-> *f* (*kollegiale Einstellung*) respect *m* des collègues

Kollegin [kɔ'le:gɪn] *s.* **Kollege**

Kollegium [kɔ'le:giʊm] <-s, -gien> *nt* ❶ (*Lehrerkollegium*) corps *m* enseignant ❷ (*Gremium*) commission *f*; (*Kardinalskollegium, Bischofskollegium*) collège *m*

Kollegmappe *f* porte-documents *m*

Kollekte <-, -n> *f* quête *f*

Kollektion [kɔlɛk'tsi̯o:n] <-, -en> *f* (*Sortiment*) collection *f*

kollektiv [kɔlɛk'ti:f] *geh adj* collectif(-ive)

Kollektiv [kɔlɛk'ti:f] <-s, -e *o* -s> *nt* collectif *m*

Kollektivismus [kɔlɛkti'vɪsmʊs] <-> *m* collectivisme *m*

Kollektor [kɔ'lɛkto:ɐ̯] <-s, -en> *m* PHYS, ELEC collecteur *m*

Koller ['kɔlɐ] <-s, -> *m fam* crise *f* de colère

kollidieren* [kɔli'di:rən] *vi geh + sein* **mit etw ~** *Fahrzeug:* entrer en collision avec qc

Kollier [kɔ'li̯e:] <-s, -s> *nt* collier *m*

Kollision [kɔli'zi̯o:n] <-, -en> *f geh* collision *f*

Kolloquium [kɔ'lo:kviʊm] <-s, -ien> *nt* ❶ UNIV séminaire *m* ❷ (*Symposium*) colloque *m*

Köln [kœln] <-s> *nt* Cologne

Kölner ['kœlnɐ] *adj attr* **der ~ Dom** la cathédrale de Cologne

Kölnischwasser, kölnisch WasserRR *nt* eau *f* de Cologne
KolofoniumRR *s.* **Kolophonium**
kolonial [kolo'ni̯a:l] *adj* colonial(e)
Kolonialismus [koloni̯a'lɪsmʊs] <-> *m* colonialisme *m*
Kolonialmacht *f* puissance *f* coloniale **Kolonialreich** *nt* empire *m* colonial
Kolonie [kolo'ni:] <-, -i̯en> *f* colonie *f*
Kolonisation [koloniza'tsi̯o:n] <-, -en> *f* colonisation *f*
kolonisieren* [koloni'zi:rən] *vt* coloniser
Kolonist [kolo'nɪst] <-en, -en> *m* colon *m*
Kolonnade [kolɔ'na:də] <-, -n> *f* colonnade *f*
Kolonne [ko'lɔnə] <-, -n> *f* (*Fahrzeugkolonne*) file *f*; **in [einer] ~ fahren** rouler les uns derrière les autres
Kolophonium [kolo'fo:ni̯ʊm] <-s> *nt* colophane *f*
Koloratur [kolora'tu:ɐ̯] <-, -en> *f* colorature *f*
kolorieren* [kolo'ri:rən] *vt* colorier; coloriser *Film*
Kolorit [kolo'ri:t] <-[e]s, -e> *nt* (*Klangfarbe*) timbre *m*
KolossRR [ko'lɔs] <-es, -e>, **Koloß**ALT <-sses, -sse> *m fam* (*Mensch*) colosse *m*
kolossal [kolɔ'sa:l] **I.** *adj* ❶ *Bauwerk* colossal(e) ❷ *fam Dummheit, Fehler, Irrtum* monumental(e) **II.** *adv fam sich freuen* énormément; *sich irren* dans les grandes largeurs
Kolportage [kɔlpɔr'ta:ʒə] <-, -n> *f pej* tissu *m* de ragots
kolportieren* [kɔlpɔr'ti:rən] *vt geh* colporter
Kolumbien [ko'lʊmbi̯ən] <-s> *nt* la Colombie
Kolumne [ko'lʊmnə] <-, -n> *f* ❶ PRESSE chronique *f* ❷ TYP colonne *f*
Koma ['ko:ma] <-s, -s *o* -ta> *nt* coma *m*
Komasaufen <-s> *nt sl*, **Komatrinken** <-s> *nt fam* biture *f* express
Kombi ['kɔmbi] *m fam* break *m*
Kombinat <-[e]s, -e> *nt* HIST combinat *m*
Kombination [kɔmbina'tsi̯o:n] <-, -en> *f* combinaison *f*
KombinationsschlossRR *nt* serrure *f* à combinaison
kombinatorisch [kɔmbina'to:rɪʃ] *adj* **~e Fähigkeiten haben** avoir l'esprit *m* de déduction
kombinieren* [kɔmbi'ni:rən] **I.** *vt* assortir; **einen Rock mit einer Bluse ~** assortir une jupe et une chemise; **verschiedene Farben miteinander ~** associer différentes couleurs entre elles **II.** *vi* faire une déduction/des déductions
Kombitherapie *f* (*gegen Aids*) trithérapie *f* **Kombizange** *f* pince *f* universelle
Kombüse [kɔm'by:zə] <-, -n> *f* cuisine *f*
Komet [ko'me:t] <-en, -en> *m* comète *f*
kometenhaft *adj Aufstieg* fulgurant(e)
Komfort [kɔm'fo:ɐ̯] <-s> *m* confort *m*
komfortabel [kɔmfɔr'ta:bəl] *adj* confortable
Komik ['ko:mɪk] <-> *f* comique *m*
Komiker(in) ['ko:mikɐ] <-s, -> *m(f)* comique *mf*
komisch **I.** *adj* ❶ (*lustig*) comique ❷ (*sonderbar*) bizarre; **~ riechen/schmecken** avoir une drôle d'odeur/un drôle de goût ❸ (*unwohl*) **mir ist/wird so [*o* ganz] ~** *fam* je me sens tout drôle **II.** *adv* ❶ (*lustig*) bizarrement ❷ (*sonderbar*) **sich ~ verhalten** se comporter de façon étrange; **sich ~ fühlen** se sentir tout drôle (*fam*)
komischerweise *adv fam* bizarrement
Komitee [komi'te:] <-s, -s> *nt* comité *m*
Komma ['kɔma] <-s, -s *o geh* -ta> *nt* virgule *f*
Kommandant(in) [kɔman'dant] <-en, -en> *m(f)* commandant(e) *m(f)*
Kommandeur(in) [kɔman'dø:ɐ̯] <-s, -e> *m(f)* commandant(e) *m(f)* en chef
kommandieren* [kɔman'di:rən] **I.** *vt* ❶ (*befehligen*) commander ❷ (*abkommandieren*) **jdn an die Front ~** affecter qn au front **II.** *vi* ❶ MIL commander ❷ *fam* (*Anweisungen erteilen*) **gern ~** aimer bien faire le gendarme
Kommanditgesellschaft [kɔman'di:tgəzɛlʃaft] *f* [société *f* en] commandite *f*
Kommanditist(in) [kɔmandi'tɪst] <-en, -en> *m(f)* ÖKON commanditaire *mf*
Kommando [kɔ'mando] <-s, -s> *nt* ❶ *a.* MIL ordre *m*; **auf ~** *handeln, gehorchen* sur ordre; *lachen* sur commande ❷ *kein Pl* (*Befehlsgewalt*) commandement *m* ❸ (*abkommandierte Gruppe*) détachement *m*
kommen ['kɔmən] <kam, gekommen> **I.** *vi + sein* ❶ venir; **nach unten/oben ~** descendre/monter; **nach draußen ~** sortir; **ich komme ja schon!** j'arrive!; **komm!** viens [ici]! ❷ (*eintreffen, ankommen*) *Person, Zug:* arriver ❸ (*herkommen, sich nähern*) *Person, Fahrzeug:* venir; *Gewitter, Frühling:* arriver; **von rechts/links ~** arriver sur la droite/gauche ❹ (*zurückkehren*) **von der Arbeit/aus dem Kino ~** venir du travail/du cinéma ❺ (*gelangen*) **wie komme ich bitte zur Post?** pour aller à la poste, s'il vous plaît? ❻ (*teil-

K

nehmen) **zur Party** ~ aller à la fête; **kommst du auch?** est-ce que tu y vas aussi? ❼(*stammen*) **von weit her** ~ venir de loin; **aus ärmlichen Verhältnissen** ~ être issu d'un milieu modeste; **aus dem Griechischen** ~ *Wort:* venir du grec ❽(*gesendet, gezeigt werden*) passer; **im Fernsehen** ~ passer à la télévision ❾(*sich verschaffen*) **billig an Bücher** ~ se procurer des livres bon marché; **an einen Handwerker** ~ trouver un artisan ❿(*Einfall haben*) **auf die Idee wäre ich nie gekommen** ça ne me serait jamais venu à l'idée; **wie kommst du denn darauf?** qu'est-ce qui te fait croire ça? ⓫(*herrühren*) **sein Husten kommt vom Rauchen** sa toux [pro]vient de la cigarette ⓬(*Zeit finden*) **nicht zum Abwaschen** ~ ne pas trouver le temps de faire la vaisselle ▶**jdm komisch** ~ *sl* chercher qn; **da kann** [*o* **könnte**] **ja jeder** ~**!** *fam* et puis quoi, encore?; **auf jdn nichts** ~ **lassen** *fam* ne pas vouloir qu'on touche à qn; **komme, was wolle** quoi qu'il advienne; [**wieder**] **zu sich** ~ revenir à soi; (*sich beruhigen*) se remettre **II.** *vi unpers* + *sein* **es kam zu einer Auseinandersetzung** on en vint à une querelle; **und so kam es, dass** et c'est ainsi que; **wie kommt es, dass ...?** comment se fait-il que ...? ▶**mag es** ~**, wie es** ~ **will** quoi qu'il advienne; **es kam, wie es** ~ **musste** il est arrivé ce qui devait arriver

Kommen <-s> *nt* venue *f,* arrivée *f;* **wir rechnen fest mit deinem** ~ nous comptons sur ta visite

kommend *adj* ❶(*nächste*) prochain(e) ❷(*künftig*) à venir

Kommentar [kɔmɛn'taːɐ̯] <-s, -e> *m* commentaire *m*

Kommentator <-s, -toren> *m,* **Kommentatorin** *f* commentateur(-trice) *m(f)*

kommentieren* [kɔmɛn'tiːrən] *vt* commenter

kommerziell [kɔmɛr'tsi̯ɛl] **I.** *adj* commercial(e) **II.** *adv* à des fins commerciales

Kommilitone [kɔmili'toːnə] <-n, -n> *m,* **Kommilitonin** *f* camarade *mf* d'études

Kommissar(in) [kɔmɪ'saːɐ̯] <-s, -e> *m(f)* commissaire *m*

Kommissariat [kɔmɪsa'ri̯aːt] <-s, -e> *nt* commissariat *m*

kommissarisch [kɔmɪ'saːrɪʃ] *adj* intérimaire

Kommission [kɔmɪ'si̯oːn] <-, -en> *f* (*Ausschuss*) commission *f;* **die Europäische** ~ la Commission européenne

Kommissionär(in) [kɔmɪsi̯o'nɛːɐ̯] <-s, -e> *m(f)* COM diffuseur(-euse) *m(f)*

Kommode [kɔ'moːdə] <-, -n> *f* commode *f*

kommunal [kɔmu'naːl] *adj* municipal(e); *Abgaben* local(e)

Kommunalabgaben *Pl* impôts *mpl* locaux **Kommunalpolitik** *f* politique *f* municipale **Kommunalverwaltung** *f* administration *f* communale **Kommunalwahlen** *Pl* élections *fpl* municipales

Kommune [kɔ'muːnə] <-, -n> *f* ❶ADMIN commune *f* ❷HIST **die Pariser** ~ la Commune de Paris

Kommunikation [kɔmunika'tsi̯oːn] <-, -en> *f* communication *f*

Kommunikationsdesign *nt* UNIV design *m* de communication **Kommunikationsmittel** *nt* moyen *m* de communication

kommunikativ [kɔmunika'tiːf] *adj* communicatif(-ive)

KommunikeeRR *s.* **Kommuniqué**

Kommunion [kɔmu'ni̯oːn] <-, -en> *f* communion *f;* **die heilige** ~ la sainte communion; (*Erstkommunion*) la première communion

Kommuniqué [kɔmyni'keː] <-s, -s> *nt* communiqué *m*

Kommunismus [kɔmu'nɪsmʊs] <-> *m* communisme *m*

Kommunist(in) [kɔmu'nɪst] <-en, -en> *m(f)* communiste *mf*

kommunistisch *adj* communiste

kommunizieren* *vi geh* (*sich verständigen*) communiquer

Komödiant(in) <-en, -en> *m(f) a. fig, pej* comédien(ne) *m(f)*

Komödie [ko'møːdi̯ə] <-, -n> *f a. fig* comédie *f;* ~ **spielen** jouer la comédie

Kompagnon [kɔmpan'jõː] <-s, -s> *m* associé(e) *m(f)*

kompakt [kɔm'pakt] **I.** *adj* compact(e) **II.** *adv* ~ **gebaut** de forme compacte

Kompanie [kɔmpa'niː] <-, -ien> *f* compagnie *f*

Komparativ ['kɔmparatiːf] <-s, -e> *m* comparatif *m*

Komparse <-n, -n> *m,* **Komparsin** *f* figurant(e) *m(f)*

KompassRR ['kɔmpas] <-es, -e>, **Kompaß**ALT <-sses, -sse> *m* boussole *f;* NAUT compas *m*

kompatibel [kɔmpa'tiːbəl] *adj* compatible

Kompatibilität [kɔmpatibili'tɛːt] <-, -en> *f* compatibilité *f*

Kompensation <-, -en> *f* compensation *f*

kompensieren* [kɔmpɛn'ziːrən] *vt a.* PSYCH compenser
kompetent [kɔmpe'tɛnt] **I.** *adj* compétent(e) **II.** *adv* de manière compétente
Kompetenz [kɔmpe'tɛnts] <-, -en> *f* compétence *f*
Kompetenzkonflikt *m* JUR conflit *m* de compétence
kompilieren* [kɔmpi'liːrən] *vt* compiler *Wörterbuch, Programm;* **etw** [**aus etw**] **~** *geh* compiler qc [à partir de qc]
Komplementärfarbe [kɔmplemɛn'tɛːɐ̯-] *f* couleur *f* complémentaire
komplett [kɔm'plɛt] *adj* ❶ (*vollständig*) complet(-ète) ❷ *fam* (*vollzählig, völlig*) **sind wir ~?** sommes-nous au complet?; **das ist doch ~er Schwachsinn!** c'est complètement débile!
komplex [kɔm'plɛks] **I.** *adj* complexe **II.** *adv* de façon complexe
Komplex [kɔm'plɛks] <-es, -e> *m* ARCHIT, PSYCH complexe *m*
Komplikation [kɔmplika'tsi̯oːn] <-, -en> *f* complication *f*
Kompliment [kɔmpli'mɛnt] <-[e]s, -e> *nt* compliment *m*
Komplize [kɔm'pliːtsə] <-n, -n> *m,* **Komplizin** *f* complice *mf*
komplizieren* **I.** *vt* compliquer **II.** *vr* **sich ~** se compliquer
kompliziert **I.** *adj* compliqué(e) **II.** *adv* de façon compliquée
Kompliziertheit <-> *f* complexité *f*
Komplizin [tsɪn] *f s.* **Komplize**
Komplott [kɔm'plɔt] <-[e]s, -e> *nt* complot *m* ▶**ein ~ schmieden** tramer un complot (*soutenu*)
Komponente <-, -n> *f* (*Bestandteil*) composant *m*
komponieren* [kɔmpo'niːrən] **I.** *vt* composer **II.** *vi* composer; **das Komponieren** la composition
Komponist(in) [kɔmpo'nɪst] <-en, -en> *m(f)* compositeur(-trice) *m(f)*
Komposita *s.* **Kompositum**
Komposition <-, -en> *f* composition *f*
Kompositum <-s, Komposita> *nt* LING [mot *m*] composé *m*
Kompost [kɔm'pɔst] <-[e]s, -e> *m* compost *m*
Komposthaufen [kɔm'pɔsthaufən] *m* tas *m* de compost
kompostieren* *vt* faire du compost avec; **etw ~** faire du compost avec qc; **das Kompostieren** le compostage
Kompott [kɔm'pɔt] <-[e]s, -e> *nt* compote *f*
Kompresse [kɔm'prɛsə] <-, -n> *f* compresse *f*
Kompression [kɔmprɛ'si̯oːn] <-, -en> *f* TECH compression *f*
Kompressor [kɔm'prɛsoːɐ̯] <-s, -pressoren> *m* compresseur *m*
komprimieren* [kɔmpri'miːrən] *vt* comprimer
Komprimierung <-, -en> *f a.* INFORM compression *f*
Kompromiss[RR] [kɔmpro'mɪs] <-es, -e>, **Kompromiß**[ALT] <-sses, -sse> *m* compromis *m;* **einen ~ mit jdm schließen** passer un compromis avec qn
kompromissbereit[RR] *adj* conciliant(e) **Kompromissbereitschaft**[RR] *f* attitude *f* conciliante
kompromisslos[RR] *adj Haltung* intransigeant(e)
kompromittieren* [kɔmpromɪ'tiːrən] **I.** *vt* compromettre **II.** *vr* **sich ~** se discréditer
Kondensat [kɔndɛn'zaːt] <-[e]s, -e> *nt* produit *m* de condensation
Kondensation [kɔndɛnza'tsi̯oːn] <-, -en> *f* condensation *f*
Kondensator [kɔndɛn'zaːtoːɐ̯] <-s, -toren> *m* condensateur *m*
kondensieren* [kɔndɛn'ziːrən] **I.** *vi + haben o sein* se condenser **II.** *vt + haben* concentrer *Milch, Saft*
Kondensmilch [kɔn'dɛnsmɪlç] *f* lait *m* concentré **Kondensstreifen** *m* traînée *f* blanche **Kondenswasser** *nt kein Pl* [eau *f* de] condensation *f*
Kondition [kɔndi'tsi̯oːn] <-, -en> *f* ❶ (*Leistungsfähigkeit*) condition *f;* **eine gute ~ haben** être en bonne condition; **keine ~ haben** manquer de condition ❷ *Pl* (*Bedingungen*) conditions *fpl*
Konditional [kɔnditsi̯o'naːl] <-s, -e> *m* GRAM conditionnel *m*
Konditionalsatz [kɔnditsi̯o'naːlzats] *m* GRAM proposition *f* conditionnelle
Konditionsschwäche *f* manque *m* de condition **Konditionstraining** *nt* mise *f* en condition
Konditor [kɔn'diːtoːɐ̯] <-s, -toren> *m,* **Konditorin** *f* pâtissier *m* [confiseur]/pâtissière *f* [confiseuse]
Konditorei [kɔndito'rai̯] <-, -en> *f* pâtisserie *f* [confiserie]
kondolieren* *vi geh* présenter ses condoléances
Kondom [kɔn'doːm] <-s, -e> *m o nt* préservatif *m*
Kondor ['kɔndoːɐ̯] <-s, -e> *m* condor *m*

K

Konfekt [kɔn'fɛkt] <-[e]s, -e> *nt* ① (*Pralinen*) chocolats *mpl* ② A, CH (*Gebäck*) petits-fours *mpl*
Konfektionsgröße *f* taille *f* en confection
Konferenz [kɔnfe'rɛnts] <-, -en> *f* ① conférence *f;* **in einer ~ sein** être en conférence; **~ über Sicherheit und Zusammenarbeit in Europa** Conférence sur la sécurité et la coopération en Europe ② (*Lehrerkonferenz*) conseil *m* de classe
Konferenzschaltung *f* multiplex *m*
konferieren* *vi geh* conférer
Konfession [kɔnfɛ'si̯oːn] <-, -en> *f* confession *f*
konfessionell *adj* confessionnel(le)
konfessionslos *adj* sans confession
Konfetti [kɔn'fɛti] <-[s]> *nt* confetti *m*
Konfiguration <-, -en> *f* INFORM configuration *f*
konfigurieren* *vt* INFORM configurer
Konfirmand(in) [kɔnfɪr'mant] <-en, -en> *m(f)* confirmand(e) *m(f)*
K
Konfirmation [kɔnfɪrma'tsi̯oːn] <-, -en> *f* confirmation *f*
konfirmieren* [kɔnfɪr'miːrən] *vt* confirmer
konfiszieren* *vt* ① (*beschlagnahmen*) saisir ② *hum* (*wegnehmen*) confisquer
Konfitüre [kɔnfi'tyːrə] <-, -n> *f* confiture *f*
Konflikt [kɔn'flɪkt] <-s, -e> *m* conflit *m*
Konfliktherd *m* poudrière *f,* foyer *m* de tensions
Konföderation [kɔnfødəra'tsi̯oːn] <-, -en> *f* confédération *f*
Konföderationen-Cup *m* SPORT Coupe *f* des Confédérations
konform [kɔn'fɔrm] *adj* concordant(e)
Konformismus <-> *m geh* conformisme *m*
konformistisch *adj geh* conformiste
Konfrontation [kɔnfrɔnta'tsi̯oːn] <-, -en> *f* ① (*Gegenüberstellung*) confrontation *f* ② (*Auseinandersetzung*) affrontement *m*
konfrontieren* [kɔnfrɔn'tiːrən] *vt* confronter; **jdn mit jdm/etw ~** confronter qn avec qn/qc; **mit etw konfrontiert werden** être confronté à qc
konfus [kɔn'fuːs] **I.** *adj* confus(e); **jdn ganz ~ machen** embrouiller complètement qn; **~ klingen** paraître confus(e) **II.** *adv* de façon confuse
Konglomerat [kɔnglome'raːt] <-[e]s, -e> *nt geh von Hütten* agglomération *f*
Kongregation [kɔngrega'tsi̯oːn] <-, -en> *f* congrégation *f*

KongressRR [kɔn'grɛs] <-es, -e>, **Kongreß**ALT <-sses, -sse> *m* ① (*Tagung*) congrès *m* ② (*US-Parlament*) **der ~** le Congrès
KongresshalleRR *f* salle *f* des congrès **Kongressteilnehmer(in)**RR *m(f)* congressiste *mf* **Kongresszentrum**RR *nt* palais *m* des congrès
kongruent [kɔngru'ɛnt] *adj* coïncident(e); **~ sein** coïncider
Kongruenz [kɔngru'ɛnts] <-, -en> *f* ① GEOM coïncidence *f* ② GRAM accord *m*
Konifere [koni'feːrə] <-, -n> *f* conifère *m*
König ['køːnɪç] <-s, -e> *m* roi *m;* **die Heiligen Drei ~e** les Rois mages
Königin ['køːnɪgɪn] <-, -nen> *f* reine *f*
königlich ['køːnɪklɪç] *adj a. fig* royal(e)
Königreich ['køːnɪkrai̯ç] *nt* royaume *m;* **das Vereinigte ~** le Royaume-Uni
Königshaus *nt* dynastie *f* royale
konisch ['koːnɪʃ] *adj* conique
Konjugation [kɔnjuga'tsi̯oːn] <-, -en> *f* conjugaison *f*
konjugieren* [kɔnju'giːrən] *vt* conjuguer
Konjunktion [kɔnjʊŋk'tsi̯oːn] <-, -en> *f* GRAM, ASTROL conjonction *f*
Konjunktionalsatz *m* GRAM [proposition *f*] conjonctive *f*
Konjunktiv ['kɔnjʊŋktiːf] <-s, -e> *m* GRAM *mode du potentiel*
Konjunktur [kɔnjʊŋk'tuːɐ̯] <-, -en> *f* conjoncture *f*
konjunkturell [kɔnjʊŋktu'rɛl] *adj* conjoncturel(le)
Konjunkturschwäche *f* faiblesse *f* conjoncturelle [*o* de la conjoncture]
konkav [kɔn'kaːf, kɔŋ'kaːf] *adj* concave
Konkordat [kɔnkɔr'daːt] <-[e]s, -e> *nt* ① ECCL concordat *m* ② CH (*Staatsvertrag*) *traité intercantonal*
konkret [kɔn'kreːt] *adj* ① *Vorstellung, Meinung* concret(-ète) ② KUNST figuratif(-ive)
konkretisieren* [kɔnkreːti'ziːrən] *vt* expliciter
Konkubine [kɔnku'biːnə] <-, -n> *f geh* maîtresse *f*
Konkurrent(in) [kɔnkʊ'rɛnt] <-en, -en> *m(f)* rival(e) *m(f);* COM concurrent(e) *m(f)*
Konkurrenz [kɔnkʊ'rɛnts] <-, -en> *f* ① *kein Pl* concurrence *f* ② (*Wettkampf*) compétition *f;* **außer ~** hors compétition
konkurrenzfähig *adj* compétitif(-ive) **Konkurrenzkampf** *m* concurrence *f*
konkurrenzlos *adj* sans concurrence; *Produkt* défiant toute concurrence
konkurrieren* [kɔnkʊ'riːrən] *vi* COM **mit**

jdm/etw ~ être en concurrence avec qn/qc

Konkụrs [kɔn'kʊrs] <-es, -e> *m* ① (*Zahlungsunfähigkeit*) faillite *f* ② (*Verfahren*) procédure *f* de faillite

Konkụrsmasse *f* actif *m* de la faillite **Konkụrsverfahren** *nt* procédure *f* de faillite

kọ̈nnen ['kœnən] **I.** <kọnnte, -> *aux modal* ① (*vermögen*) pouvoir; **etw tun** ~ pouvoir faire qc; **etw nicht vergessen** ~ ne pas pouvoir oublier qc ② (*eine Fertigkeit haben*) **laufen/lesen** ~ savoir courir/lire ③ (*dürfen*) **etw tun** ~ pouvoir faire qc ④ (*in höflichen Fragen*) ~ **Sie mir sagen, wo/wie ...?** pourriez-vous me dire où/comment ...?; **kann ich Ihnen weiterhelfen?** puis-je vous aider? ▶ **man kann nie wissen** on ne sait jamais **II.** <kọnnte, gekọnnt> *vt* savoir *Gedicht;* parler *Fremdsprache;* **was** ~ **Sie?** qu'est ce que vous savez faire? ▶ [**et**]**was/nichts für etw** ~ être/ne pas être responsable de qc; **der kann mich mal!** *fam* il peut aller se faire foutre! **III.** <kọnnte, gekọnnt> *vi* pouvoir, **nicht mehr** ~ *fam* (*erschöpft sein*) n'en pouvoir plus; *fam* (*satt sein*) ne pouvoir plus rien avaler

Kọ̈nnen <-s> *nt* (*geistig*) compétence *f;* (*manuell*) savoir-faire *m*

Kọ̈nner(in) <-s, -> *m(f)* expert(e) *m(f)*

Konnossemẹnt [kɔnɔsə'mɛnt] <-[e]s, -e> *nt* ÖKON connaissement *m*

kọnnte ['kɔntə] *Imp von* **können**

Konsekutivsatz [kɔnzeku'ti:fzats] *m* [proposition *f* subordonnée] consécutive *f*

Konsẹns <-es, -e> *m geh* (*Übereinstimmung*) consensus *m*

konsequẹnt [kɔnze'kvɛnt] **I.** *adj* ① (*folgerichtig*) cohérent(e) ② (*unbeirrbar*) résolu(e); **bei etw ~ sein** être cohérent dans qc **II.** *adv* ① (*folgerichtig*) de façon cohérente ② (*unbeirrbar*) résolument

Konsequẹnz [kɔnze'kvɛnts] <-, -en> *f* ① (*Folge*) conséquence *f;* **die ~en tragen** supporter les conséquences ② (*Folgerung*) **aus etw die ~en ziehen** tirer les conséquences de qc ③ *kein Pl* (*Folgerichtigkeit*) cohérence *f* ④ *kein Pl* (*Unbeirrbarkeit*) détermination *f*

konservativ [kɔnzɛrva'ti:f] POL **I.** *adj* conservateur(-trice) **II.** *adv wählen* à droite

Konservative(r) *f(m) dekl wie adj* conservateur(-trice) *m(f)*

Konservatorium [kɔnzɛrva'to:ri̯ʊm] <-s, -rien> *nt* conservatoire *m*

Konsẹrve [kɔn'zɛrvə] <-, -n> *f* conserve *f*

Konsẹrvendose *f* boîte *f* de conserve

konservieren* [kɔnzɛr'vi:rən] *vt* conserver

Konservierung <-, -en> *f* ① *von Lebensmitteln* conservation *f* ② *geh* (*Erhaltung*) entretien *m*

Konservierungsmittel *nt* agent *m* de conservation **Konservierungsstoff** *m* CHEM conservateur *m*

Konsistẹnz [kɔnzɪs'tɛnts] <-> *f geh* consistance *f*

Konsole [kɔn'zo:lə] <-, -n> *f* console *f*

konsolidieren* [kɔnzoli'di:rən] *vt geh* consolider

Konsolidierung <-, -en> *f geh* consolidation *f*

Konsonạnt [kɔnzo'nant] <-en, -en> *m* LING consonne *f*

konsonạntisch *adj* LING consonantique

Konsọrtium [kɔn'zɔrtsi̯ʊm] <-s, -tien> *nt* consortium *m*

Konspiration [kɔnspira'tsi̯o:n] <-, -en> *f geh* conspiration *f*

konspirativ [kɔnspira'ti:f] *adj geh Tätigkeit* conspirateur(-trice)

konspirieren* [kɔnspi'ri:rən] *vi geh* conspirer; [**mit jdm**] **gegen jdn** ~ conspirer [avec qn] contre qn

konstạnt [kɔn'stant] *adj* constant(e)

Konstạnte [kɔn'stantə] <-[n], -n> *f* constante *f*

Kọnstanz ['kɔnstants] <-> *nt* Constance

konstatieren* [kɔnsta'ti:rən] *vt geh* constater

Konstellation [kɔnstɛla'tsi̯o:n] <-, -en> *f* ① *geh* (*Gesamtlage*) configuration *f* ② ASTRON, ASTROL constellation *f*

konsterniert *geh* **I.** *adj* consterné(e) **II.** *adv* avec consternation

konstituieren* [kɔnstitu'i:rən] *geh* **I.** *vt* constituer; **~d** constituant(e) **II.** *vr* **sich als etw** ~ se constituer en qc

Konstitution [kɔnstitu'tsi̯o:n] <-, -en> *f* ① (*körperliche Verfassung*) condition *f;* (*Körperbau*) constitution *f* ② POL *geh* constitution *f*

konstruieren* [kɔnstru'i:rən] *vt a.* GRAM construire

Konstrukteur(in) [kɔnstrʊk'tø:ɐ̯] <-s, -e> *m(f)* constructeur(-trice) *m(f)*

Konstruktion [kɔnstrʊk'tsi̯o:n] <-, -en> *f* construction *f*

Konstruktionsfehler *m* défaut *m* de fabrication

konstruktiv [kɔnstrʊk'ti:f] *geh* **I.** *adj* (*förderlich*) constructif(-ive) **II.** *adv* de façon constructive

Konsul ['kɔnzʊl] <-s, -n> *m*, **Konsulin** *f* consul *m*
Konsulat [kɔnzu'la:t] <-[e]s, -e> *nt* consulat *m*
Konsultation <-, -en> *f form* consultation *f*
konsultieren* [kɔnzʊl'ti:rən] *vt form* consulter *Lexikon, Arzt*
Konsum [kɔn'zu:m] <-s> *m* consommation *f*
Konsument(in) [kɔnzu'mɛnt] <-en, -en> *m(f)* consommateur(-trice) *m(f)*
Konsumforscher(in) *m(f)* ÖKON spécialiste *mf* de la consommation **Konsumgesellschaft** *f* société *f* de consommation **Konsumgut** *nt meist Pl* bien *m* de consommation
konsumieren* [kɔnzu'mi:rən] *vt geh* ❶ (*verbrauchen*) consommer ❷ *fig* être consommateur de *Kunst*
Kontakt [kɔn'takt] <-[e]s, -e> *m* contact *m;* **der ~ zu jdm** le contact avec qn; **private/berufliche ~e** des relations *fpl* personnelles/d'affaires; **mit jdm ~ aufnehmen** prendre contact avec qn; **~ zu jdm haben** avoir des contacts avec qn
Kontaktanzeige *f* annonce *f* personnelle **kontaktarm** *adj* solitaire **Kontaktbildschirm** *m* écran *m* tactile **kontaktfreudig** *adj* sociable **Kontaktlinse** *f* lentille *f* [de contact]
Kontamination [kɔntamina'tsi̯o:n] <-, -en> *f* contamination *f*
kontaminieren* [kɔntami'ni:rən] *vt* contaminer
Konten *Pl von* **Konto**
Konter ['kɔntɐ] <-s, -> *m* SPORT contre-attaque *f*
Konterfei ['kɔntɐfai̯] <-s, -s *o* -e> *nt hum* portrait *m*
konterkarieren [kɔntɐka'ri:rən] *vt geh* contrecarrer
kontern ['kɔntɐn] *vi* (*antworten*) riposter
Konterrevolution ['kɔntɐrevolu'tsi̯o:n] *f* contre-révolution *f*
Kontext ['kɔntɛkst] <-[e]s, -e> *m* contexte *m*
Kontinent ['kɔntinɛnt] <-[e]s, -e> *m* continent *m*
kontinental [kɔntinɛn'ta:l] *adj* continental(e)
Kontingent [kɔntɪŋ'gɛnt] <-[e]s, -e> *nt* MIL, COM contingent *m*
kontingentieren* [kɔntɪŋgɛn'ti:rən] *vt* contingenter
kontinuierlich [kɔntinu'i:ɐ̯lɪç] *geh* **I.** *adj Bewegung, Strom* continu(e) **II.** *adv* de façon continue
Kontinuität [kɔntinui'tɛ:t] <-> *f* continuité *f*
Konto ['kɔnto] <-s, Konten *o* Konti> *nt* compte *m*
Kontoauszug *m* extrait *m* de compte
Kontokorrent [kɔntokɔ'rɛnt] <-s, -e> *nt* ÖKON compte *m* courant
Kontonummer *f* numéro *m* de/du compte
Kontorist(in) [kɔnto'rɪst] <-en, -en> *m(f)* employé(e) *m(f)* de bureau
Kontostand *m* situation *f* de compte
kontra ['kɔntra] *präp + akk* **der Konflikt Gewerkschaften ~ Unternehmer** le conflit patronat–syndicats
Kontra ▶ **jdm ~ geben** *fam* contredire qn
Kontrabass[RR] *m* contrebasse *f*
Kontrahent(in) [kɔntra'hɛnt] <-en, -en> *m(f) geh* adversaire *mf*
kontrahieren* [kɔntra'hi:rən] *vi, vr* [**sich**] ~ *Muskel:* se contracter
Kontraindikation ['kɔntraʔɪndikatsi̯o:n] *f* contre-indication *f*
Kontrakt [kɔn'trakt] <-[e]s, -e> *m* contrat *m*
kontraproduktiv ['kɔntraprodʊkti:f] *adj* contre-productif(-ive) **Kontrapunkt** *m* MUS contrepoint *m*
konträr *adj geh* contraire
Kontrast [kɔn'trast] <-[e]s, -e> *m* ❶ contraste *m;* **der ~ zu etw** le contraste avec qc; **im** [*o* **in**] **~ zu etw stehen** être en opposition avec qc ❷ CINE, PHOT, TV contraste *m*
kontrastieren* [kɔntras'ti:rən] *vi geh* contraster; **mit/zu etw ~** contraster avec qc
Kontrastmittel *nt* produit *m* de contraste
Kontrollabschnitt *m* partie *f* détachable [du billet]
Kontrollampe[ALT] *s.* **Kontrolllampe**
Kontrolle [kɔn'trɔlə] <-, -n> *f* ❶ (*Überprüfung*) contrôle *m;* **eine ~ durchführen** effectuer un contrôle ❷ (*Überwachung*) contrôle *m;* **jdn/etw unter ~** (*dat*) **haben** avoir qn/qc sous son contrôle ❸ (*Gewalt*) **unter ~ haben** maîtriser *Brand, Fahrzeug;* **die ~ über etw** (*akk*) **verlieren** perdre le contrôle de qc; **die ~ über sich** (*akk*) **verlieren** perdre son self-control
Kontrolleur(in) [kɔntrɔ'lø:ɐ̯] <-s, -e> *m(f)* contrôleur(-euse) *m(f)*
Kontrollgang <-gänge> *m* ronde *f*
kontrollieren* [kɔntrɔ'li:rən] *vt* ❶ (*überprüfen*) contrôler ❷ (*überwachen*) exercer

K

un contrôle sur ③ COM contrôler *Konzern, Markt*

KontrolllampeRR *f* voyant *m* lumineux **Kontrollpunkt** *m* poste *m* de contrôle **Kontrollturm** *m* tour *f* de contrôle

kontrovers [kɔntro'vɛrs] *geh adj* (*umstritten*) controversé(e)

Kontroverse [kɔntro'vɛrzə] <-, -n> *f geh* controverse *f*

Kontur [kɔn'tu:ɐ̯] <-, -en> *f meist Pl* contour *m*

Konvention [kɔnvɛn'tsi̯o:n] <-, -en> *f meist Pl* (*Verhaltensnorm*) convention *f*

Konventionalstrafe [kɔnvɛntsi̯o'na:l-] *f* clause *f* pénale

konventionell [kɔnvɛntsi̯o'nɛl] **I.** *adj* conventionnel(le) **II.** *adv* de manière conventionnelle

Konvergenz [kɔnvɛr'gɛnts] <-, -en> *f geh* convergence *f*

Konversation [kɔnvɛrza'tsi̯o:n] <-, -en> *f geh* conversation *f*; ~ **machen** faire la conversation

Konversion [kɔnvɛr'zi̯o:n] <-, -en> *f* REL, LING conversion *f*

Konversionskurse *Pl* FIN taux *mpl* de conversion

konvertibel [kɔnvɛr'ti:bəl] *adj* FIN, **konvertierbar** [kɔnvɛr'ti:ɐ̯ba:ɐ̯] *adj* FIN, INFORM convertible

konvertieren* [kɔnvɛr'ti:rən] **I.** *vi + haben o sein* se convertir; **zum Christentum** ~ se convertir au christianisme **II.** *vt* INFORM convertir *Datei, Dokument*

Konvertit(in) [kɔnvɛr'ti:t] <-en, -en> *m(f)* REL converti(e) *m(f)*

konvex [kɔn'vɛks] *adj* convexe

Konvoi ['kɔnvɔʏ, kɔn'vɔʏ] <-s, -s> *m* convoi *m*

Konzentrat [kɔntsɛn'tra:t] <-[e]s, -e> *nt* concentré *m*

Konzentration [kɔntsɛntra'tsi̯o:n] <-, -en> *f* concentration *f*

Konzentrationsfähigkeit *f kein Pl* pouvoir *m* de concentration **Konzentrationslager** *nt* camp *m* de concentration **Konzentrationsschwäche** *f* difficultés *fpl* de concentration

konzentrieren* [kɔntsɛn'tri:rən] *vr* **sich** ~ se concentrer; **sich auf etw** (*akk*) ~ se concentrer sur qc

konzentriert [kɔntsɛn'tri:ɐ̯t] **I.** *adj Saft, Säure* concentré(e); *Nachdenken* approfondi(e); *Aufmerksamkeit* soutenu(e) **II.** *adv nachdenken* en se concentrant

konzentrisch *adj* concentrique

Konzept [kɔn'tsɛpt] <-[e]s, -e> *nt* ① (*Entwurf*) brouillon *m* ② (*Plan*) projet *m*

Konzeption <-, -en> *f geh* concept *m*

Konzeptpapier *nt* [papier *m*] brouillon *m*

Konzern [kɔn'tsɛrn] <-s, -e> *m* groupe *m*

Konzernspitze *f* ÖKON tête *f* d'un/du consortium

Konzert [kɔn'tsɛrt] <-[e]s, -e> *nt* ① (*Komposition*) concerto *m* ② (*Aufführung*) concert *m*

Konzertabend *m* soirée *f* musicale **Konzertagentur** *f* agence *f* de spectacles **Konzertflügel** *m* piano *m* de concert

konzertiert [kɔntsɛr'ti:ɐ̯t] *adj* ÖKON concerté(e); ~**e Aktion** action *f* concertée

Konzertmeister(in) *m(f)* premier violon *m* **Konzertsaal** *m* salle *f* de concert

Konzession [kɔntsɛ'si̯o:n] <-, -en> *f* ① *geh* (*Zugeständnis*) concession *f* ② (*Gewerbeerlaubnis*) licence *f*

Konzessivsatz [kɔntsɛ'si:fzats] *m* GRAM [proposition *f*] concessive *f*

Konzil [kɔn'tsi:l] <-s, -e *o* -ien> *nt* ECCL concile *m*

konziliant [kɔntsi'li̯ant] *geh adj* conciliant(e)

konzipieren* [kɔntsi'pi:rən] *vt* concevoir

Kooperation [koʔopera'tsi̯o:n] <-, -en> *f* coopération *f*

kooperativ [koʔopera'ti:f] *adj* coopératif(-ive)

kooperieren* [koʔope'ri:rən] *vi* coopérer

Koordinate [koʔɔrdi'na:tə] <-, -en> *f* ① MATH coordonnée *f* ② *meist Pl* GEOG coordonnées *fpl* [géographiques]

Koordinatenachse [koʔɔrdi'na:tənʔaksə] *f* axe *m* des coordonnées **Koordinatensystem** *nt* système *m* de coordonnées

Koordination [koʔɔrdina'tsi̯o:n] <-, -en> *f geh* coordination *f*

Koordinator [koʔɔrdi'na:to:ɐ̯] <-s, -toren> *m*, **Koordinatorin** *f geh* coordinateur(-trice) *m(f)*

koordinieren* [koʔɔrdi'ni:rən] *vt geh* coordonner

Koordinierung <-, -en> *f geh* coordination *f*

Kopenhagen [ko:pən'ha:gən] <-s> *nt* Copenhague

Kopf [kɔpf, *Pl:* 'kœpfə] <-[e]s, Köpfe> *m* ① tête *f*; **den** ~ **schütteln** secouer la tête; **den** ~ **einziehen** rentrer la tête dans les épaules; **den** ~ **in die Hände stützen** se tenir la tête à deux mains ② (*Person*) **pro** ~ par tête ③ (*essbarer Teil*) **ein** ~ **Salat** la tête d'une salade ④ (*Rückseite einer Münze*) ~ **oder Zahl?** pile ou face?

▶**von ~ bis Fuß** de la tête aux pieds; **den ~ in den Sand stecken** pratiquer la politique de l'autruche; **den ~ aus der Schlinge ziehen** se tirer d'affaire; **mit dem ~ durch die Wand wollen** *fam* faire du forcing; **nicht auf den ~ gefallen sein** *fam* ne pas être tombé sur la tête; **das hältst du** [**ja**] **im ~ nicht aus!** *fam* ça prend la tête!; **für jdn/etw den** [*o* **seinen**] **~ hinhalten** *fam* aller au casse-pipe pour qn/qc; **etw auf den ~ hauen** *fam* dilapider qc; **etw im ~ rechnen** calculer qc de tête; **sich** (*dat*) **etw aus dem ~ schlagen** s'ôter qc de la tête; **sich** (*dat*) **in den ~ setzen etw zu tun** se mettre en tête de faire qc; **du kannst dich auf den ~ stellen und mit den Füßen wackeln, ...** *fam* tu auras beau faire des pieds et des mains, ...; **jdm den ~ verdrehen** *fam* tourner la tête à qn; **jdm den ~ waschen** passer un savon à qn; **jdm etw an den ~ werfen** jeter qc à la figure de qn; **die Köpfe zusammenstecken** faire des messes basses (*fam*); **~ an ~ rennen** au coude à coude

Kopfarbeit *f kein Pl* travail *m* intellectuel **Kopfbahnhof** *m* gare *f* terminus **Kopfball** *m* tête *f* **Kopfbedeckung** *f* couvre-chef *m* **Kopfbewegung** *f* mouvement *m* de la tête

Köpfchen ['kœpfçən] <-s, -> *nt* ① *Dim von* **Kopf** [petite] tête *f* ② *fam* (*Cleverness*) **~ haben** être futé

köpfen ['kœpfən] **I.** *vt* ① (*enthaupten*) décapiter ② *fam* décapsuler *Flasche* ③ SPORT **den Ball ins Tor ~** mettre de la tête une balle dans le but **II.** *vi* SPORT faire une tête

Kopfende *nt eines Bettes* tête *f*

Kopfgeld *nt* prime *f* de capture **Kopfgeldjäger** *m* chasseur *m* de prime **Kopfhaut** *f* cuir *m* chevelu **Kopfhörer** *m* casque *m* **Kopfkissen** *nt* oreiller *m* **Kopfkissenbezug** *m* taie *f* d'oreiller

kopflastig *adj* (*zu intellektuell*) hyperintello (*péj fam*)

kopflos *adj* (*verwirrt*) affolé(e)

Kopfmensch *m fam* cérébral *m* **Kopfnicken** <-s> *nt* signe *m* de tête **kopfrechnen** *vi nur Infin* calculer de tête **Kopfrechnen** <-s> *nt* calcul *m* mental **Kopfsalat** *m* laitue *f* **Kopfschmerz** *m meist Pl* mal *m* de tête; **~en haben** avoir mal à la tête

Kopfschmerztablette *f* cachet *m* contre le mal de tête

KopfschussRR *m* balle *f* [tirée] dans la tête **Kopfschütteln** <-s> *nt* hochement *m* de tête **kopfschüttelnd** *adv* en secouant la tête **Kopfsprung** *m* plongeon *m* **Kopfstand** *m* poirier *m*; **einen ~ machen** faire le poirier **kopf|stehen** *vi irr + haben o sein fig fam Person:* être dans tous ses états; *Haus, Firma:* être en effervescence

Kopfsteinpflaster *nt* pavé *m*

Kopfstimme *f* voix *f* de tête **Kopfstütze** *f* appuie-tête *m* **Kopftuch** <-tücher> *nt* foulard *m*

Kopftuchstreit *m* querelle *f* sur le foulard [islamique] **Kopftuchverbot** *nt* interdiction *f* [du port] du foulard [islamique]

kopfüber [kɔpf'ʔy:bɐ] *adv* la tête la première **Kopfverletzung** *f* blessure *f* à la tête **Kopfweh** <-s> *nt s.* **Kopfschmerz Kopfzerbrechen** <-s> *nt* **jdm ~ bereiten** causer du tracas à qn

Kopie [ko'pi:] <-, -ien> *f* copie *f*

kopieren* [ko'pi:rən] *vt* ① (*fotokopieren*) [photo]copier; **sich** (*dat*) **etw ~** se faire une copie de qc ② *a.* INFORM (*Kopie erstellen*) faire une copie de

Kopierer <-s, -> *m fam* photocopieuse *f*

Kopiergerät [ko'pi:ɐgərɛ:t] *nt* photocopieuse *f* **Kopierschutz** *m* INFORM verrouillage *m*

Kopilot(in) ['ko:pilo:t] *m(f)* copilote *mf*

Koppel <-, -n> *f* (*Pferdekoppel*) enclos *m*

koppeln ['kɔpəln] *vt* ① TELEC **an das Telefon gekoppelt sein** *Anrufbeantworter:* être branché sur le téléphone ② AUT, EISENBAHN **etw an etw** (*akk*) **~** accrocher qc à qc; RAUM, NAUT amarrer qc à qc

Koppelung *s.* **Kopplung**

Koppelungsmanöver *s.* **Kopplungsmanöver**

Kopplung <-, -en> *f* ① TELEC branchement *m* ② AUT, EISENBAHN accrochage *m* ③ RAUM, NAUT amarrage *m*

Kopplungsmanöver *nt* RAUM manœuvres *fpl* d'amarrage

Koproduktion ['ko:prodʊktsi̯o:n] *f* coproduction *f* **Koproduzent(in)** *m(f)* coproducteur(-trice) *m(f)*

kopulieren* *vi Tiere:* s'accoupler

Koralle [ko'ralə] <-, -n> *f* corail *m*

Korallenriff *nt* récif *m* corallien

Koran [ko'ra:n] <-s, -e> *m* Coran *m*

Koranschule *f* école *f* coranique

Korb [kɔrp, *Pl:* 'kœrbə] <-[e]s, Körbe> *m* ① (*mit Henkeln*) panier *m*; (*ohne Henkel*) corbeille *f* ② SPORT panier *m* ③ *fam* (*Abfuhr*) rebuffade *f*; **einen ~ bekommen** se faire envoyer sur les roses; **jdm einen ~ geben** envoyer promener qn

Korbball *m kein Pl* sorte de basket-ball

Körbchen ['kœrpçən] <-s, -> *nt* ① *Dim von* **Korb** corbeille *f* ② COUT *eines Büstenhalters* bonnet *m*

Korbflasche *f* bouteille *f* clissée **Korbmacher(in)** *m(f)* vannier(-ière) *m(f)* **Korbmöbel** *Pl* meubles *mpl* en rotin

Kord [kɔrt] *s.* **Cord**

Kordel ['kɔrdəl] <-, -n> *f* cordon *m*

Kordhose *s.* **Cordhose**

Korea [ko're:a] <-s> *nt* la Corée

Koreaner(in) [kore'a:nɐ] <-s, -> *m(f)* Coréen(ne) *m(f)*

koreanisch [kore'a:nɪʃ] *adj* coréen(ne)

Koriander [ko'ri̯andɐ] <-s, -> *m* coriandre *f*

Korinthe [ko'rɪntə] <-, -n> *f* raisin *m* de Corinthe

Kork [kɔrk] <-[e]s, -e> *m* liège *m*

Korkeiche *f* chêne-liège *m*

Korken ['kɔrkən] <-s, -> *m* bouchon *m*

Korkenzieher <-s, -> *m* tire-bouchon *m*

korkig **I.** *adj* de bouchon **II.** *adv* ~ **schmecken** être bouchonné

Kormoran [kɔrmo'ra:n] <-s, -e> *m* cormoran *m*

Korn[1] [kɔrn, *Pl:* 'kœrnɐ] <-[e]s, Körner> *nt* ① (*Samenkorn*) graine *f* ② *kein Pl* (*Getreide*) céréales *fpl*

Korn[2] [kɔrn] <-[e]s, -> *m* (*Getränk*) eau *f* de vie

Kornblume *f* bleuet *m*

Körnchen ['kœrnçən] <-s, -> *nt Dim von* **Korn**[1] ▸ **ein ~ Wahrheit** une parcelle de vérité

Kornfeld *nt* champ *m* de céréales

körnig ['kœrnɪç] *adj Oberfläche* rugueux(-euse)

Kornkammer *f*, **Kornspeicher** *m* AGR grenier *m* à blé

Körnung ['kœrnʊŋ] <-, -en> *f* TECH, PHOT grain *m*

Koronargefäß [koro'na:ɐ̯-] *nt* vaisseau *m* coronaire

Körper ['kœrpɐ] <-s, -> *m* corps *m*; **am ganzen ~ zittern** trembler de tout son corps

Körperbau *m kein Pl* anatomie *f* **Körperbeherrschung** *f* maîtrise *f* du corps **körperbehindert** *adj form* handicapé(e) physique **Körperbehinderte(r)** *f(m) dekl wie adj form* handicapé(e) *m(f)* physique **körperbetont** *adj* qui accuse les formes [du corps] **Körpergewicht** *nt* poids *m* **Körpergröße** *f* taille *f* **Körperkontakt** *m* contacts *mpl* physiques

körperlich **I.** *adj* ① *Anstrengung* physique; *Gebrechen* corporel(le) ② *geh* (*stofflich*) de chair et d'os **II.** *adv* physiquement; ~ **tätig sein** avoir une activité physique

Körperpflege *f* hygiène *f* corporelle

Körperschaft <-, -en> *f* personne *f* morale; ~ **des öffentlichen Rechts** personne morale de droit public

Körperschaft[s]steuer *f* impôt *m* sur les [bénéfices des] sociétés [et autres personnes morales]

Körpersprache *f* langage *m* du corps **Körperteil** *m* partie *f* du corps **Körpertemperatur** *f* température *f* [du corps] **Körperverletzung** *f* blessure *f* corporelle; **fahrlässige ~** blessure par imprudence; **schwere ~** blessure grave; **wegen ~** pour coups et blessures **Körperwärme** *f* chaleur *f* corporelle

Korpora *Pl von* **Korpus**

Korps [ko:ɐ̯] <-, -> *nt* ① MIL corps *m* [d'armée] ② UNIV association *f* d'étudiants

Korpsstudent *m* membre *m* d'une association d'étudiants

korpulent [kɔrpu'lɛnt] *adj* corpulent(e); ~ **sein** avoir de l'embonpoint

Korpulenz [kɔrpu'lɛnts] <-> *f* corpulence *f*

Korpus[1] ['kɔrpʊs] <-, -se> *m* ① *eines Möbelstücks* structure *f* ② *kein Pl geh* (*Christusfigur*) crucifix *m*

Korpus[2] ['kɔrpʊs, *Pl:* 'kɔrpora] <-, Korpora> *nt* LING, MEDIA corpus *m*

korrekt [kɔ'rɛkt] *adj* correct(e)

Korrektheit <-> *f* ① (*Richtigkeit*) correction *f*; *einer Darstellung* exactitude *f* ② (*einwandfreie Art*) *einer Person* conscience *f* [scrupuleuse]

Korrektor [kɔ'rɛkto:ɐ̯] <-s, -toren> *m*, **Korrektorin** *f* (*bei Prüfungen*) correcteur(-trice) *m(f)*

Korrektur [kɔrɛk'tu:ɐ̯] <-, -en> *f* ① (*das Korrigieren, korrigierte Stelle*) correction *f* ② *geh* (*Veränderung*) rectification *f*; JUR amendement *m*

Korrekturband <-bänder> *nt* ruban *m* correcteur **Korrekturflüssigkeit** *f* liquide *m* correcteur

Korrespondent(in) [kɔrɛspɔn'dɛnt] <-en, -en> *m(f)* ① MEDIA correspondant(e) *m(f)* ② (*Handelskorrespondent*) correspondancier(-ière) *m(f)*

Korrespondenz [kɔrɛspɔn'dɛnts] <-, -en> *f* correspondance *f*

korrespondieren* [kɔrɛspɔn'di:rən] *vi* correspondre; **mit jdm ~** correspondre avec qn

Korridor <-s, -e> *m* corridor *m*

korrigieren* [kɔri'gi:rən] *vt* corriger
Korrosion [kɔro'zi̯o:n] <-, -en> *f* (*das Korrodieren*) corrosion *f*
korrosionsbeständig *adj* inoxydable
Korrosionsschutz *m* protection *f* anticorrosion
korrumpieren* [kɔrʊm'pi:rən] *vt pej geh* corrompre
korrupt [kɔ'rʊpt] *adj pej* corrompu(e)
Korruption [kɔrʊp'ts̮i̯o:n] <-, -en> *f pej* corruption *f*
Korse ['kɔrzə] <-n, -n> *m*, **Korsin** *f* Corse *mf*
Korsett [kɔr'zɛt] <-s, -s *o* -e> *nt* corset *m*
Korsika ['kɔrzika] <-s> *nt* la Corse; **auf ~** en Corse
korsisch ['kɔrzɪʃ] *adj* corse
Korso ['kɔrso] <-s, -s> *m* cortège *m*
Kortison [kɔrti'zo:n] <-s, -e> *nt* cortisone *f*
Koryphäe [kory'fɛ:ə] <-, -n> *f geh* sommité *f*

K

Kosak(in) [ko'zak] <-en, -en> *m(f)* cosaque *mf*
koscher ['ko:ʃɐ] **I.** *adj* ❶ REL casher *inv* ❷ *fam* (*einwandfrei*) réglo; **nicht [ganz] ~ sein** ne pas être très catholique **II.** *adv* ❶ REL *essen, kochen* casher ❷ *fam* (*einwandfrei*) à la régulière
Koseform *f* diminutif *m* **Kosename** *m* petit nom *m* **Kosewort** *nt* ❶ <-wörter> (*Kosename*) petit nom *m* ❷ <-worte> (*zärtliches Wort*) mot *m* tendre
Kosinus ['ko:zinʊs] <-, - *o* -se> *m* cosinus *m*
Kosmetik [kɔs'me:tɪk] <-> *f* soins *mpl* de beauté
Kosmetiker(in) [kɔs'me:tikɐ] <-s, -> *m(f)* esthéticien(ne) *m(f)*
Kosmetikindustrie *f* industrie *f* des cosmétiques **Kosmetikkoffer** *m* vanity-case *m*
Kosmetikum [kɔs'me:tikʊm] <-s, -metika> *nt meist Pl* produits *mpl* de beauté
kosmetisch [kɔs'me:tɪʃ] *adj Mittel, Methode* cosmétique
kosmisch [kɔs'mɪʃ] *adj Dimension* planétaire
Kosmonaut(in) [kɔsmo'nau̯t] <-en, -en> *m(f)* cosmonaute *mf*
Kosmopolit(in) [kɔsmopo'li:t] <-en, -en> *m(f) geh* personne *f* cosmopolite
kosmopolitisch *adj geh* cosmopolite
Kosmos ['kɔsmɔs] <-> *m* cosmos *m*
Kost [kɔst] <-> *f a. fig* nourriture *f*
kostbar *adj* précieux(-euse)
Kostbarkeit <-, -en> *f* objet *m* précieux
kosten ['kɔstən] **I.** *vt* coûter; **was [*o* wie viel] kostet das?** ça coûte combien?; **viel/nicht viel ~** coûter/ne pas coûter cher ▶**koste es, was es wolle** coûte que coûte **II.** *vi fam* (*teuer sein*) coûter cher
Kosten ['kɔstən] *Pl* coût *m;* (*Auslagen*) frais *mpl* ▶**auf seine ~ kommen** en avoir pour son argent
Kostenaufwand *m* dépenses *fpl* **kostendeckend** *adv* en couvrant les frais **Kostenersparnis** *f* économie *f* de frais **Kostenerstattung** *f* remboursement *m* des frais **Kostenexplosion** *f fam* explosion *f* des coûts **kostengünstig** *adj* avantageux(-euse)
kostenlos **I.** *adj* gratuit(e) **II.** *adv* gratuitement
Kosten-Nutzen-Analyse *f* ÖKON, POL analyse *f* des coûts et des avantages
kostenpflichtig **I.** *adj* payant(e) **II.** *adv* **~ abgeschleppt werden** être remorqué moyennant contravention
Kostenpunkt *m fam* montant *m* de la facture **Kostensteigerung** *f* augmentation *f* des coûts **Kostenvoranschlag** *m* devis *m*
köstlich ['kœstlɪç] **I.** *adj* délicieux(-euse) **II.** *adv* **~ schmecken** être délicieux
Köstlichkeit <-, -en> *f* (*Delikatesse*) délice *m*
Kostprobe *f* ❶ GASTR dégustation *f* ❷ (*Probe*) *des Könnens, Wissens* échantillon *m*
kostspielig *adj* onéreux(-euse); **~ sein** coûter cher
Kostüm [kɔs'ty:m] <-s, -e> *nt* ❶ (*Damenkostüm*) tailleur *m* ❷ (*Tracht, Verkleidung*) costume *m*
Kostümball *m* bal *m* costumé **Kostümbildner(in)** <-s, -> *m(f)* costumier(-ière) *m(f)*
kostümieren* [kɔsty'mi:rən] *vr* **sich ~** se déguiser; **sich als Clown ~** se déguiser en clown
Kostümprobe *f* répétition *f* en costume **Kostümverleih** *m* location *f* de costumes
Kostverächter ▶**kein ~ sein** *hum* ne pas cracher sur la nourriture (*fam*)
Kot [ko:t] <-[e]s> *m* excréments *mpl*
Kotangens *m* MATH cotangente *f*
Kotelett [kotə'lɛt] <-[e]s, -s *o* -e> *nt* côtelette *f*
Koteletts <-, -n> *f meist Pl* favoris *mpl*
Köter ['kø:tɐ] <-s, -> *m pej* cabot *m*
Kotflügel *m* aile *f*

Kọtzbrocken *m pej sl* crevure *f*
Kọtze ['kɔt͜sə] <-> *f vulg* dégueulis *m*
kọtzen ['kɔt͜sən] *vi vulg* dégueuler
KP [kaːˈpeː] <-, -s> *f Abk von* **Kommunistische Partei** P.C. *m*
Krạbbe ['krabə] <-, -n> *f* ① (*Garnele*) crevette *f* ② (*krebsähnliches Tier*) crabe *m*
Krabbelalter ['krabəl-] *nt* **im ~ sein** être en âge de marcher à quatre pattes **Krạbbelgruppe** *f* crèche *f*
krạbbeln ['krabəln] *vi + sein Kind:* marcher à quatre pattes; *Spinne, Käfer:* se promener
Krạch [krax, *Pl:* 'krɛçə] <-[e]s, Kräche> *m* ① *kein Pl* (*Lärm*) vacarme *m,* bruit *m;* **~ machen** faire du vacarme ② *fam* (*Streit*) engueulade *f;* **mit jdm ~ kriegen/haben** se faire engueuler par qn/s'être engueulé avec qn
krạchen I. *vi + haben* (*laut knallen*) *Tür, Schuss:* claquer; *Donner:* éclater (*fam*) II. *vi unpers + haben* ① **an der Kreuzung hat es gekracht** ça a cartonné au carrefour ② *fam* (*Streit geben*) **bei ihnen kracht es ständig** ils s'engueulent sans arrêt, **..., sonst kracht's!** ... sinon ça va péter!
Krạcher <-s, -> *m* pétard *m*
Krạcherl <-s, -n> *nt* A, SDEUTSCH *fam* (*Limonade*) soda *m*
krạ̈chzen *vi* ① *Krähe:* croasser ② *fam* (*heiser sprechen*) parler d'une voix enrouée
Krạ̈cker <-s, -> *m* cracker *m*
krạft *präp + gen form* **~ Gesetzes** au nom de la loi
Krạft [kraft, *Pl:* 'krɛftə] <-, Kräfte> *f* ① (*körperliche Stärke*) force *f;* **mit aller ~** de toutes ses/mes/... forces; **aus eigener ~** par ses/mes/... propres moyens; **über jds Kräfte** (*akk*) **gehen** être au-dessus des forces de qn; **wieder zu Kräften kommen** récupérer ② (*starke Wirkung*) pouvoir *m* ③ PHYS énergie *f* ▶ **volle ~ voraus!** machine avant, toutes!; **in ~ sein/treten** être/entrer en vigueur; **außer ~ sein** ne plus être en vigueur
Krạfttakt *m* tour *m* de force **Krạftaufwand** *m* effort *m gén pl* **Krạftausdruck** <-ausdrücke> *m* gros mot *m* **Krạftbrühe** *f* bouillon *m* de bœuf **Krạftfahrer(in)** *m(f) form* (*Lkw-Fahrer*) chauffeur *m* [de camion] **Krạftfahrzeug** *nt form* véhicule *m* automobile
Krạftfahrzeugbrief *m titre de propriété du véhicule* **Krạftfahrzeugmechaniker(in)** *m(f)* mécanicien(ne) *m(f)* [automobile] **Krạftfahrzeugschein** *m* carte *f* grise **Krạftfahrzeugsteuer** *f* ≈ vignette *f*

Krạftfeld *nt* champ *m* de force
krạ̈ftig ['krɛftɪç] I. *adj* ① *Person, Wuchs* fort(e); *Kinn, Hieb, Strömung* puissant(e); *Händedruck* vigoureux(-euse) ② *Farbton* soutenu(e); *Duft, Geschmack* fort(e) II. *adv* ① *drücken, zustoßen* vigoureusement; *rühren* énergiquement ② *pusten* fort; *einatmen* profondément
krạ̈ftigen ['krɛftɪgən] *vt geh Kur:* revigorer
Krạ̈ftigungsmittel *nt* fortifiant *m*
krạftlos I. *adj Person* sans force; *Händedruck* mou(molle) II. *adv* sans force
Krạftlosigkeit <-> *f* faiblesse *f*
Kraftmeierei <-, -en> *f pej* fanfaronnade *f*
Krạftprobe *f* épreuve *f* de force **Krạftrad** *nt form* motocycle *m* **Krạftstoff** *m form* carburant *m* **krạftstrotzend** *adj Person* plein(e) de vigueur **Krạfttraining** *nt* SPORT musculation *f* **Krạftübertragung** *f* transmission *f* d'énergie
krạftvoll I. *adj geh Körper* vigoureux(-euse); *Bass, Stimme* puissant(e) II. *adv zuschlagen* violemment
Krạftwagen *m form* véhicule *m* automobile **Krạftwerk** *nt* centrale *f* [électrique]
Kragen ['kraːgən, *Pl:* 'kraːgən, 'krɛːgən] <-s, - o SDEUTSCH, CH Krägen> *m* col *m;* **den ~ nach oben schlagen** relever son col ▶ **jdn am ~ packen** *fam* prendre qn par la peau du dos; **jdm platzt der ~** *fam* qn explose
Kragenweite ▶ **er/das ist nicht meine ~** *fam* il n'est pas mon genre/ce n'est pas mon truc
Krähe ['krɛːə] <-, -n> *f* corneille *f* ▶ **eine ~ hackt der anderen kein Auge aus** *prov* les loups ne se mangent pas entre eux
krähen ['krɛːən] *vi Hahn:* chanter
Krähenfüße *Pl fam* pattes-d'oie *fpl*
Krake ['kraːkə] <-n, -n> *m* pieuvre *f*
krakeelen* [kra'keːlən] *vi fam* brailler
krakelig ['kraːkəlɪç] *adj* tremblé(e)
Kral [kraːl] <-s, -e> *m* kraal *m*
Kralle ['kralə] <-, -n> *f* ① *einer Katze* griffe *f;* *eines Raubvogels* serre *f* ② *fam* (*Parkkralle*) sabot *m* de Denver
krallen *vt* (*bohren*) **seine Finger in etw** (*akk*) **~** enfoncer ses doigts dans qc
Kram [kraːm] <-[e]s> *m fam* ① (*Zeug*) bazar *m* ② (*Angelegenheit*) fourbi *m;* **kümmere dich um deinen eigenen ~!** mêle-toi de tes oignons! ▶ **jdm in den ~ / nicht in den ~ passen** tomber à pic/tomber mal [pour qn]
kramen ['kraːmən] I. *vi* fouiller; **in der Schublade nach etw ~** fouiller dans le tiroir à la recherche de qc II. *vt* **etw aus**

K

der Handtasche/dem Schrank ~ tirer qc de son sac/de l'armoire

Krämerseele *f pej* esprit *m* mercantile; **eine ~ sein** avoir un esprit mercantile

Kramladen *m pej fam* bazar *m*

Krampe ['krampə] <-, -n> *f* crampillon *m*

Krampf [krampf, *Pl:* 'krɛmpfə] <-[e]s, Krämpfe> *m* ① (*Muskelkrampf*) crampe *f* ② (*Kolik*) spasme *m*

Krampfader *f* varice *f*

krampfen ['krampfən] *vr* **sich** ~ se crisper; **sich um etw** ~ *Finger:* se crisper autour de qc

krampfhaft I. *adj* ① *Nachdenken* obstiné(e); *Versuch* désespéré(e) ② (*nicht locker*) convulsif(-ive) II. *adv* ① (*angestrengt*) désespérément ② (*nicht locker*) convulsivement

krampflösend *adj* antispasmodique

Kran [kraːn, *Pl:* 'krɛːnə] <-[e]s, Kräne *o* -e> *m* ① TECH grue *f* ② DIAL (*Wasserhahn*) robinet *m*

K

Kranführer(in) *m(f)* grutier(-ière) *m(f)*

Kranich ['kraːnɪç] <-s, -e> *m* grue *f*

krank [kraŋk] <kränker, kränkste> *adj* ① *Person, Herz, Tier, Pflanze* malade; **schwer** ~ gravement malade; ~ **werden** tomber malade; **jdn** ~ **machen** rendre qn malade ② *fig* ~ **vor Eifersucht** malade de jalousie; **vor Sehnsucht** ~ **sein** se languir; **jdn mit etw** ~ **machen** *fam Person:* soûler qn avec qc

Kranke(r) *f(m) dekl wie adj* malade *mf*

kränkeln ['krɛŋkəln] *vi Branche:* être chancelant

kränken ['krɛŋkən] *vt* blesser; **es kränkt jdn, dass** ça blesse qn que + *subj;* ~**d** *Äußerung, Vorwurf* blessant(e)

kranken ['kraŋkən] *vi* souffrir; **an etw** (*dat*) ~ souffrir de qc

Krankenbesuch *m* visite *f* [à domicile] **Krankenbett** *nt* (*Krankenlager*) chevet *m* du malade **Krankengeld** *nt* prestations *fpl* maladie **Krankengymnast(in)** <-en, -en> *m(f)* kinésithérapeute *mf* **Krankengymnastik** *f* kinésithérapie *f;* **sie muss dreimal in der Woche zur** ~ elle a trois séances de kiné par semaine (*fam*) **Krankenhaus** *nt* hôpital *m;* **ins** ~ **kommen** être hospitalisé

Krankenhausaufenthalt *m* hospitalisation *f*

Krankenkasse *f* caisse *f* d'assurance-maladie **Krankenpflege** *f* soins *mpl* [donnés aux malades] **Krankenpfleger(in)** *m(f)* infirmier(-ière) *m(f)* **Krankenschein** *m* feuille *f* de prise en charge **Krankenschwester** *f* infirmière *f* **Krankentransport** *m* transport *m* en ambulance **Krankenversichertenkarte** *f* ≈ carte *f* d'assuré social **Krankenversicherung** *f* assurance maladie *f;* **gesetzliche** ~ ≈ Sécurité *f* sociale; **private** ~ ≈ caisse *f* d'assurance maladie **Krankenwagen** *m* ambulance *f* **Krankenzimmer** *nt* ① (*im Krankenhaus*) chambre *f* d'hôpital ② (*in einer Privatwohnung*) chambre *f* de malade

krank|feiern *vi fam* **das Krankfeiern** les maladies diplomatiques

krankhaft I. *adj* ① MED pathologique ② (*unnormal*) maladif(-ive) II. *adv* ~ **ehrgeizig** d'une ambition maladive

Krankheit <-, -en> *f* maladie *f;* **akute/chronische** ~ maladie aiguë/chronique; **wegen** ~ pour cause de maladie

krankheitsanfällig *adj* sujet(te) aux maladies **Krankheitserreger** *m* agent *m* pathogène

krank|lachen *vr fam* **jd lacht sich über jdn/etw krank** qn/qc fait marrer qn

kränklich *adj* maladif(-ive)

krank|meldenRR *vr* **sich** ~ se faire porter malade

Krankmeldung *f* déclaration *f* de maladie

krank|schreibenRR *vt* prescrire un arrêt de travail à

Kränkung ['krɛŋkʊŋ] <-, -en> *f* offense *f*

Kranz [krants, *Pl:* 'krɛntsə] <-es, Kränze> *m* ① (*aus Pflanzen*) couronne *f*, gerbe *f* ② DIAL (*Hefekranz*) brioche *f* en couronne

Kränzchen <-s, -> *nt Dim von* **Kranz** petite couronne *f* **Kranzniederlegung** *f* dépôt *m* de gerbe

Krapfen ['krapfən] <-s, -> *m* DIAL beignet *m*

krassRR, **kraß**ALT [kras] I. *adj Außenseiter* manifeste; *Materialist* invétéré(e); *Fall, Gegensatz* flagrant(e) II. *adv schildern, sich ausdrücken* crûment

Krater ['kraːtɐ] <-s, -> *m* cratère *m*

Kratzbürste *f pej fam* mauvaise coucheuse *f*

Krätze <-> *f* MED gale *f*

kratzen ['kratsən] I. *vt* ① *Katze:* griffer ② (*schaben*) gratter; **jdn am Rücken** ~ gratter le dos à qn II. *vr* **sich** ~ se gratter III. *vi* ① (*mit den Fingernägeln*) griffer ② (*jucken*) gratter; **der Pulli kratzt auf der Haut** ce pull gratte la peau; **ich habe ein Kratzen im Hals** j'ai la gorge qui me gratte ③ (*schaben*) *Feder:* gratter; **mit etw** ~ racler avec qc IV. *vt unpers fam* **es**

kratzt ihn am Rücken il a le dos qui le gratte
Kratzer <-s, -> *m* éraflure *f*
Kratzwunde *f* griffure *f*
Kraul [kraul] <-[s]> *nt* crawl *m*
kraulen[1] ['kraulən] **I.** *vi* + *haben o sein* SPORT nager le crawl **II.** *vt* + *haben o sein* **hundert Meter ~** faire cent mètres en crawl
kraulen[2] ['kraulən] *vt* (*liebkosen*) grat[t]ouiller
kraus [kraus] *adj* ❶ *Haar* [tout(e)] frisé(e) ❷ (*faltig*) froissé(e); **die Stirn/Nase ~ ziehen** froncer le front/nez ❸ *pej* (*verworren*) embrouillé(e)
Krause <-, -n> *f fam* (*künstliche Locken*) frisettes *fpl*
kräuseln ['krɔyzəln] **I.** *vt* fris[ott]er *Haare;* froncer *Stoff* **II.** *vr* **sich ~** *Haare:* frisotter; *Wasseroberfläche:* se rider
Krauskopf *m fam* (*Person*) tête *f* crépue
Kraut [kraut, *Pl:* 'krɔyte] <-[e]s, Kräuter> *nt* ❶ (*Pflanze*) herbe *f souvent pl* ❷ *kein Pl* (*Blätter und Stängel*) *von Karotten, Kartoffeln* fanes *fpl* ❸ *kein Pl* DIAL (*Kohl*) chou *m;* (*Sauerkraut*) choucroute *f* ▶ **wie ~ und Rüben** *fam* sens dessus dessous
Kräuterbutter *f* beurre *m* persillé **Kräuterlikör** *m* liqueur *f* à base de plantes **Kräutertee** *m* tisane *f*
Krautkopf SDEUTSCH, A *s.* **Kohlkopf Krautsalat** *m* salade *f* de chou
Krawall <-s, -e> *m* (*Tumult*) bagarre *f*
Krawatte [kra'vatə] <-, -n> *f* cravate *f*
kraxeln ['kraksəln] *vi* + *sein* SDEUTSCH grimper
Kreatin [krea'ti:n] <-s> *nt* BIO, MED créatine *f*
Kreation [krea'tsi̯o:n] <-, -en> *f* création *f*
kreativ [krea'ti:f] *adj* créatif(-ive)
Kreativdirektor(in) *m(f)* directeur *m* créatif/directrice *f* créative
Kreativität [kreativi'tɛ:t] <-> *f* créativité *f*
Kreatur [krea'tu:ɐ̯] <-, -en> *f* créature *f*
Krebs [kre:ps] <-es, -e> *m* ❶ ZOOL crustacé *m;* (*Flusskrebs*) écrevisse *f* ❷ *kein Pl* GASTR crabe *m* ❸ *kein Pl* ASTROL Cancer *m* ❹ MED cancer *m;* **~ haben** avoir un cancer; **~ erregend** cancérigène
krebsartig *adj* cancéreux(-euse)
krebserregend *s.* **Krebs 4 Krebsgeschwulst** *f* MED tumeur *f* cancéreuse **krebskrank** *adj* cancéreux(-euse) **Krebskranke(r)** *f(m) dekl wie adj* cancéreux(-euse) *m(f)* **krebsrot** ['kre:psro:t] *adj* rouge comme une écrevisse **Krebstiere** *Pl* ZOOL crustacés *mpl* **Krebsvorsorge** *f* dépistage *m* du cancer **Krebszelle** *f* MED cellule *f* cancéreuse
Kredit[1] [kre'di:t] <-[e]s, -e> *m* crédit *m;* **einen ~ aufnehmen** prendre un crédit; **er hat ~ bei der Bank** la banque lui fait crédit; **auf ~** à crédit
Kredit[2] ['kre:dɪt] <-s, -s> *nt* (*Habenseite*) crédit *m*
Kreditgeber(in) <-s, -> *m(f)* prêteur(-euse) *m(f)* **Kredithai** *m fam* requin *m* de la finance
kreditieren* [kredi'ti:rən] *vt* ÖKON créditer *Betrag*
Kreditinstitut *nt* établissement *m* de crédit **Kreditkarte** *f* carte *f* de crédit
Kreditnehmer(in) <-s, -> *m(f)* emprunteur(-euse) *m(f)*
Kreditwesen *nt kein Pl* organisation *f* du crédit **kreditwürdig** *adj* solvable
Kredo ['kre:do] <-s, -s> *nt geh* credo *m*
Kreide ['kraidə] <-, -n> *f* craie *f*
kreidebleich ['kraidə'blaiç] *adj* blanc (blanche) comme un linge **Kreidefelsen** *m* falaise *f* crayeuse **kreideweiß** ['kraidə'vais] *s.* **kreidebleich Kreidezeichnung** *f* dessin *m* à la craie **Kreidezeit** *f kein Pl* GEOL crétacé *m*
kreieren* [kre'i:rən] *vt* créer
Kreis [krais] <-es, -e> *m* ❶ *a.* GEOM cercle *m* ❷ (*Gruppe*) cercle *m;* **im engen/engsten ~** [e] en petit/tout petit comité; **im ~e von Freunden/der Familie** au milieu d'amis/au sein de la famille ❸ *Pl* (*gesellschaftliche Schicht*) milieux *mpl;* **aus besseren ~en** de la haute société; **weite ~e der Bevölkerung** de larges couches *fpl* de la population
Kreisbahn *f* orbite *m* **Kreisbogen** *m* arc *m* de cercle
kreischen ['kraiʃən] *vi* ❶ *Person:* pousser des cris stridents ❷ *Bremsen:* crier
Kreisel ['kraizəl] <-s, -> *m* ❶ (*Spielzeug*) toupie *f* ❷ *fam* (*Kreisverkehr*) rond-point *m*
kreisen ['kraizən] *vi* + *haben o sein* ❶ *a.* ASTRON, RAUM **um etw ~** tourner autour de qc ❷ (*fliegen*) **über etw** (*dat*) **~** tournoyer au-dessus de qc ❸ (*bewegen*) **den Arm/das Bein ~ lassen** effectuer des cercles avec le bras/la jambe
kreisförmig ['kraisfœrmɪç] **I.** *adj* circulaire **II.** *adv* en cercle **Kreisinsel** *f* TRANSP îlot *m* directionnel **Kreislauf** *m* ❶ *des Lebens, der Natur* cycle *m; des Geldes* circulation *f* ❷ (*Blutkreislauf*) circulation *f*

K

Kreislaufkollaps *m* collapsus *m* cardio-vasculaire; **einen ~ bekommen/haben** être victime d'un collapsus cardiovasculaire **Kreislaufstörungen** *Pl* troubles *mpl* circulatoires **kreisrund** *adj* tout(e) rond(e) **Kreissäge** *f* scie *f* circulaire
Kreißsaal ['kraisza:l] *m* salle *f* d'accouchement
Kreisstadt *f* ≈ chef-lieu *m* de district; (*in Frankreich*) ≈ chef-lieu de canton **Kreistag** *m* ≈ conseil *m* de district; (*in Frankreich*) ≈ conseil cantonal **Kreisumfang** *m* GEOM circonférence *f* du cercle **Kreisverkehr** *m* rond-point *m*
Krematorium [krema'to:ri̯ʊm] <-s, -rien> *nt* crématorium *m*
kremig *adj* onctueux(-euse)
Kreml <-s> *m* **der ~** le Kremlin
Krempe <-, -n> *f* bord *m*
Krempel ['krɛmpəl] <-s> *m pej fam* (*Ramsch*) camelote *f*
Kren [kre:n] <-s> *m* A raifort *m*
Kreole [kre'o:lə] <-n, -n> *m*, **Kreolin** *f* créole *mf*
kreolisch [kre'o:lɪʃ] *adj* créole; **~ miteinander sprechen** discuter en créole; *s. a.* **deutsch**
krepieren* [kre'pi:rən] *vi + sein fam* crever
Krepp [krɛp] <-s, -e *o* -s> *m* crêpe *m*
KreppapierRR *nt* papier *m* crépon **Kreppsohle** *f* semelle *f* de crêpe
Kresse ['krɛsə] <-, -en> *f* cresson *m*
Kreta ['kre:ta] <-s> *nt* la Crète; **auf ~** en Crète
kreuz [krɔy̯ts] ▶ **~ und quer** dans tous les sens
Kreuz [krɔy̯ts] <-es, -e> *nt* ① *a.* REL (*Symbol, Zeichen*) croix *f* ② (*Rücken*) reins *mpl;* **es im ~ haben** *fam* avoir mal aux reins ③ *fam* (*Autobahnkreuz*) échangeur *m* ④ SPIEL trèfle *m* ⑤ MUS dièse *m* ▶ **drei ~e machen** *fam* pousser un ouf de soulagement; **das Rote ~** la Croix-Rouge
Kreuzband <-bänder> *nt* ANAT ligament *m* croisé **Kreuzbein** *nt* ANAT sacrum *m*
kreuzen ['krɔy̯tsən] **I.** *vt + haben* ① (*beim Züchten*) croiser; **etw mit etw ~** croiser qc avec qc ② croiser *Arme, Beine* **II.** *vi + haben o sein Segelschiff:* louvoyer; *Flugzeug, Schiff:* croiser
Kreuzer ['krɔy̯tsɐ] <-s, -> *m* (*historische Münze*) kreutzer *m*
Kreuzfahrer(in) *m(f)* HIST croisé(e) *m(f)* **Kreuzfahrt** *f* croisière *f* **Kreuzfeuer** ▶ **ins ~ [der Kritik] geraten** être attaqué de toutes parts
kreuzförmig I. *adj* cruciforme **II.** *adv* en croix
Kreuzgang <-gänge> *m* cloître *m* **Kreuzgewölbe** *nt* (*Kreuzgratgewölbe*) voûte *f* d'arête; (*Kreuzrippengewölbe*) voûte en ogives
kreuzigen ['krɔy̯tsɪgən] *vt* crucifier
Kreuzigung <-, -en> *f* crucifixion *f*
Kreuzotter *f* vipère *f* péliade
Kreuzschlitzschraubendreher *m* tournevis *m* cruciforme
Kreuzschmerzen *Pl fam* maux *mpl* de reins **Kreuzspinne** *f* épeire *f* diadème **Kreuzstich** *m* point *m* de croix
Kreuzung <-, -en> *f* ① (*Straßenkreuzung*) carrefour *m* ② (*das Kreuzen*) croisement *m* ③ (*gekreuzte Tierrasse*) bâtard(e) *m(f)*
Kreuzverhör *nt* interrogatoire *m* contradictoire **Kreuzweg** *m* REL chemin *m* de croix **Kreuzworträtsel** *nt* mots *mpl* croisés **Kreuzzeichen** *nt* signe *m* de [la] croix **Kreuzzug** *m* HIST *a. fig* croisade *f*
kribbelig ['krɪbəlɪç] *adj fam* ① (*unruhig*) fébrile; **jdn [ganz] ~ machen** mettre les nerfs en pelote à qn; **ich bin ganz ~** (*ungeduldig*) je n'y tiens plus ② (*prickelnd*) **ein ~es Gefühl** une sensation de picotement
kribbeln ['krɪbəln] **I.** *vi + haben* **jdm [*o* jdn] in der Nase ~** picoter qn dans le nez; **ein ~des Gefühl** une sensation de picotement **II.** *vt, vi unpers* **es kribbelt jdm [*o* jdn] in der Nase** qn a des picotements dans le nez
kribblig ['krɪblɪç] *s.* **kribbelig**
Kricket ['krɪkət] <-s> *nt* SPORT cricket *m*
kriechen ['kri:çən] <kroch, gekrochen> *vi* ① *+ sein* (*sich vorwärtsbewegen*) ramper; **~d** en rampant ② *+ sein* (*langsam fahren*) se traîner (*fam*) ③ *+ haben o sein pej* (*unterwürfig sein*) **vor jdm ~** ramper devant qn
Kriecher(in) ['kri:çɐ] <-s, -> *m(f) pej fam* lèche-bottes *mf*
Kriechspur *f* voie *f* réservée aux véhicules lents **Kriechtier** *nt* reptile *m*
Krieg [kri:k] <-[e]s, -e> *m* guerre *f;* **jdm den ~ erklären** déclarer la guerre à qn; **[einen] ~ gegen jdn [*o* mit jdm] führen** faire la guerre à qn
kriegen ['kri:gən] **I.** *vt fam* ① recevoir *Belohnung, Geld;* **etw zu essen/trinken ~** pouvoir manger/boire qc; **wir ~ was zu lachen** on va rire; **Prügel/Schläge von**

jdm ~ ramasser une volée/des coups de qn ② (*in Verbindung mit dem Partizip Präteritum*) **etw geregelt/geordnet ~** arriver à régler/ordonner qc; **er kriegt das Auto geliehen/geschenkt** on lui prête la voiture/il reçoit la voiture en cadeau ③ attraper *Bus, Zug;* dénicher *Taxi* ④ récolter *Strafe, Strafzettel;* écoper [de] *Gefängnis* ⑤ METEO aller avoir *Regen, Schnee;* **wir ~ anderes Wetter** le temps va changer ⑥ (*erwischen*) **jdn ~** mettre la main sur qn; (*telefonisch*) arriver à avoir qn ⑦ MED choper *Grippe;* **jd kriegt Spritzen** on fait des piqûres à qn ⑧ (*erwarten*) aller avoir; **sie hat gestern ein Mädchen gekriegt** elle a eu une fille hier ▶ **es mit jdm zu tun ~** avoir affaire à qn **II.** *vr fam* **sich ~** être enfin réunis

Krieger(in) ['kriːgɐ] <-s, -> *m(f)* guerrier(-ière) *m(f)* ▶ **müder ~** *hum fam* héros *m* fatigué

Kriegerdenkmal *nt* monument *m* aux morts

kriegerisch ['kriːgərɪʃ] **I.** *adj* ① *Volk* guerrier(-ière); *Einstellung* belliqueux(-euse) ② (*militärisch*) militaire **II.** *adv* **~ auftreten/eingestellt sein** avoir une attitude belliqueuse/des positions belliqueuses

Kriegerwitwe *f* veuve *f* de guerre

Kriegsausbruch *m* déclenchement *m* des hostilités **Kriegsbeginn** *m* début *m* de la guerre **Kriegsbeil** *nt* hache *f* de guerre ▶ **das ~ ausgraben/begraben** déterrer/enterrer la hache de guerre **Kriegsbemalung** *f* peintures *fpl* de guerre ▶ **in [voller] ~** avec ses/leurs/... peintures de guerre; *hum fam* (*geschminkt*) tout peinturluré **Kriegsberichterstatter(in)** *m(f)* correspondant(e) *m(f)* de guerre **Kriegsbeschädigte(r)** *f(m) dekl wie adj* mutilé(e) *m(f)* de guerre

Kriegsdienstverweigerer <-s, -> *m* objecteur *m* de conscience **Kriegsdienstverweigerung** *f* objection *f* de conscience

Kriegserklärung *f* déclaration *f* de guerre **Kriegsfall** *m* **für den/im ~** en cas de guerre **Kriegsfuß** ▶ **mit etw auf ~ stehen** *fam* être brouillé avec qc **Kriegsgebiet** *nt* zone *f* en guerre **Kriegsgefangene(r)** *f(m) dekl wie adj* prisonnier(-ière) *m(f)* de guerre **Kriegsgefangenschaft** *f* captivité *f;* **in ~ geraten** se retrouver en captivité **Kriegsgegner(in)** *m(f)* ① (*Pazifist*) pacifiste *mf* ② (*Feind*) adversaire *mf* **Kriegsgerät** *nt* matériel *m* de guerre **Kriegsgewinnler(in)** <-s, -> *m(f) pej* profiteur(-euse) *m(f)* de guerre **Kriegsgräberfürsorge** *f fondation pour l'entretien des cimetières militaires* **Kriegskamerad** *m* compagnon *m* d'armes **Kriegspfad** ▶ **auf dem ~ sein** *hum* être sur le sentier de la guerre **Kriegsschauplatz** *m* zone *f* de combats **Kriegsspiel** *nt* ① SPIEL wargame *m* ② MIL simulation *f* de guerre **Kriegsverbrechen** *nt* crime *m* de guerre **Kriegsverbrecher(in)** *m(f)* criminel(le) *m(f)* de guerre **Kriegsverletzung** *f* blessure *f* de guerre **Kriegsversehrte(r)** *s.* **Kriegsbeschädigte(r)** **Kriegszustand** *m* guerre *f;* **sich im ~ befinden** être en guerre

Krim [krɪm] <-> *f* la Crimée

Krimi ['kriːmi] <-s, -s> *m fam* polar *m*

Kriminalbeamte(r) *m dekl wie adj,* **-beamtin** *f form* fonctionnaire *mf* de la police judiciaire **Kriminalfall** *m* affaire *f* criminelle **Kriminalfilm** *m* film *m* policier

kriminalisieren* [kriminali'ziːrən] *vt* (*als Verbrechen hinstellen*) **etw ~** faire un crime de qc, considérer qc comme un crime

Kriminalisierung <-> *f* criminalisation *f*

Kriminalist(in) [krimina'lɪst] <-en, -en> *m(f)* spécialiste *mf* des affaires criminelles; (*bei der Polizei*) agent *m* de la P.J.

kriminalistisch **I.** *adj* de détective **II.** *adv* **~ begabt sein** avoir des talents de détective

Kriminalität [kriminali'tɛːt] <-> *f* criminalité *f;* **organisierte ~** crime *m* organisé

Kriminalkommissar(in) *m(f)* commissaire *mf* de police judiciaire **Kriminalpolizei** *f* police *f* judiciaire **Kriminalpolizist(in)** *m(f)* agent *m* de la P.J. **Kriminalroman** *m* roman *m* policier

kriminell [krimi'nɛl] *adj* ① criminel(le); **~ sein** être délinquant ② *fam* (*gefährlich*) **~ werden/sein** devenir/être casse-gueule

Kriminelle(r) *f(m) dekl wie adj* criminel(le) *m(f);* **jugendliche ~** de jeunes délinquants

Krimskrams <-es> *m fam* fourbi *m*

Kringel <-s, -> *m* ① (*Schnörkel*) petit rond *m* ② (*Gebäck*) *gâteau rond en forme d'anneau*

kringeln *vr* ① **sich ~** *Haarsträhne:* frisotter; *Schwanz:* tire-bouchonner; *Hobelspäne:* friser ② *fam* (*sich winden*) **sich vor Lachen ~** se tordre de rire

Kripo ['krɪpo, 'kriːpo] <-, -s> *f fam Abk von* **Kriminalpolizei** P.J. *f*

Krippe ['krɪpə] <-, -n> *f* ① (*Futterkrippe*)

K

mangeoire *f* ② (*Weihnachtskrippe, Kinderkrippe*) crèche *f*

Krippenplatz *m* place *f* de crèche **Krippenspiel** *nt* spectacle *m* de la nativité

Krise ['kri:zə] <-, -n> *f* crise *f*

kriseln ['kri:zəln] *vi unpers fam* **es kriselt** ça va mal

krisenfest *adj* sûr(e) **Krisengebiet** *nt* région *f* instable **krisengeschüttelt** *adj Gebiet* en crise **Krisenherd** *m* poudrière *f* **Krisenmanagement** *nt* gestion *f* de crise **Krisenregion** *f* région *f* en crise **Krisensitzung** *f* réunion *f* de crise **Krisenstab** *m* cellule *f* de crise

Kristall[1] [krɪs'tal] <-s, -e> *m* MINER cristal *m*

Kristall[2] [krɪs'tal] <-s> *nt* ① (*Kristallglas*) cristal *m* ② (*Gegenstände*) cristaux *mpl*

kristallin [krɪsta'li:n] *adj* cristallin(e)

Kristallisation [krɪstaliza'ts̮i̯o:n] <-, -en> *f* cristallisation *f*

kristallisieren* [krɪstali'zi:rən] *vi* [se] cristalliser; **zu etw ~** [se] cristalliser en qc

kristallklar [krɪs'tal'kla:ɐ̯] *adj* cristallin(e) **Kristallnacht** *f* **die ~** NS la nuit de cristal **Kristallzucker** *m* sucre *m* cristallisé

Kriterium [kri'te:ri̯ʊm] <-s, -rien> *nt* critère *m*

Kritik [kri'ti:k] <-, -en> *f* ① *kein Pl* (*Tadel, Beurteilung*) critique *f*; **an jdm/etw ~ üben** critiquer qn/qc ② (*Rezension*) critique *f*

Kritiker(in) ['kri:tikɐ] <-s, -> *m(f)* ① (*Rezensent*) critique *mf* ② (*Gegner*) détracteur(-trice) *m(f)*

kritiklos *adj Haltung* dépourvu(e) d'esprit critique

kritisch ['kri:tɪʃ] **I.** *adj* critique **II.** *adv* de façon critique

kritisieren* [kriti'zi:rən] *vt, vi* critiquer; **an jdm/etw etwas zu ~ haben** avoir quelque chose à reprocher à qn/à redire à qc

kritteln ['krɪtəln] *vi pej* ergoter

Kritzelei [krɪts̮ə'lai̯] <-, -en> *f fam* ① *kein Pl* (*das Kritzeln*) griffonnage *m*; **lass diese ~!** arrête de griffonner! ② (*Gekritzel*) gribouillage *m*

kritzeln ['krɪts̮əln] *vt, vi* griffonner

Kroate <-n, -n> *m*, **Kroatin** *f* Croate *mf*

Kroatien [kro'ʔa:ts̮i̯ən] <-s> *nt* la Croatie

kroatisch [kro'ʔa:tɪʃ] **I.** *adj* croate **II.** *adv* en croate; *s. a.* **deutsch**

Kroatisch <-[s]> *nt kein Art* croate *m*; *s. a.* **Deutsch**

kroch [krɔx] *Imp von* **kriechen**

Krokant [kro'kant] <-s> *m* (*Masse*) nougatine *f*

Krokette [kro'kɛtə] <-, -n> *f* croquette *f*

Kroko ['kro:ko] <-[s], -s> *nt fam* croco *m*

Krokodil [kroko'di:l] <-s, -e> *nt* crocodile *m*

Krokodilleder *nt* crocodile *m*

Krokus ['kro:kʊs] <-, - *o* -se> *m* crocus *m*

Krone ['kro:nə] <-, -n> *f* couronne *f* ►**einen in der ~ haben** *fam* avoir un verre dans le nez

krönen ['krø:nən] *vt* couronner; **jdn zum Kaiser/König ~** couronner qn empereur/roi

Kron[en]korken *m* capsule *f*

Kronleuchter *m* lustre *m* **Kronprinz** *m*, **-prinzessin** *f* prince *m* héritier/princesse *f* héritière

Kritik äußern

kritisieren, negativ bewerten	*critiquer, juger négativement*
Das gefällt mir gar nicht.	*Cela ne me plaît pas du tout.*
Das sieht aber nicht gut aus.	*Ça n'a pas l'air très bien.*
Das hätte man aber besser machen können.	*On aurait pu mieux faire.*
Dagegen lässt sich einiges sagen.	*Il y a beaucoup de choses à redire à ce sujet.*
Da habe ich so meine Bedenken.	*J'ai des doutes.*
missbilligen	*désapprouver*
Das kann ich nicht gutheißen.	*Je ne peux pas approuver cela.*
Das finde ich gar nicht gut von dir.	*Je trouve que ce n'est pas bien du tout de ta part.*
Da bin ich absolut dagegen.	*Je m'y oppose totalement./Je suis tout à fait contre.*

Krönung ['krøːnʊŋ] <-, -en> *f* couronnement *m*
Kronzeuge *m*, **-zeugin** *f* témoin *m* principal
Kropf [krɔpf, *Pl:* 'krœpfə] <-[e]s, Kröpfe> *m* ① MED goitre *m* ② ZOOL jabot *m*
kross[RR], **kroß**[ALT] [krɔs] NDEUTSCH **I.** *adj* croustillant(e) **II.** *adv* ~ **gebacken** croustillant(e); ~ **gebraten** bien rissolé(e)
Krösus ['krøːzʊs] <-, -se> *m* HIST Crésus *m* ▶ **kein ~ sein** ne pas être Crésus
Kröte ['krøːtə] <-, -n> *f* ① ZOOL crapaud *m* ② *Pl fam* (*Geld*) fric *m*
Krücke ['krʏkə] <-, -n> *f* béquille *f;* **an ~n** (*dat*) **gehen** marcher avec des béquilles
Krückstock *m* canne *f*
Krug ['kruːk, *Pl:* 'kryːgə] <-[e]s, Krüge> *m* ① (*Wasserkrug*) cruche *f* ② (*Bierkrug*) chope *f* ▶ **der ~ geht so lange zum Brunnen, bis er bricht** *prov* tant va la cruche à l'eau qu'à la fin elle se casse
Krume ['kruːmə] <-, -n> *f,* **Krümel** ['kryːməl] <-s, -> *m* (*Brösel*) miette *f*
krümeln ['kryːməl] *vi* ① (*Krümel machen*) faire des miettes ② (*zerfallen*) *Brot, Kuchen:* s'émietter
krumm [krʊm] **I.** *adj* ① (*nicht gerade*) tordu(e); *Nase* crochu(e); *Rücken, Schultern* voûté(e) ② *Betrag* tordu(e) (*fam*) **II.** *adv gehen, sitzen, stehen* le dos voûté; *wachsen* de travers; **etw ~ biegen** tordre qc
krummbeinig *adj Person* aux jambes torses; *Tier* aux pattes torses
krümmen ['krʏmən] **I.** *vt* ① courber *Rücken, Schwanz;* plier *Finger, Schultern;* replier *Hand* ② GEOM, PHYS **gekrümmt** *Fläche, Oberfläche* incurvé(e) **II.** *vr* **sich ~** ① (*eine Biegung machen*) s'incurver; *Straße:* faire une courbe; *Fluss:* faire un coude ② (*sich beugen*) *Ast, Baumstamm:* se courber; **sich unter der Last ~** plier sous le poids ③ (*sich winden*) *Person, Tier:* se tordre; **sich ~ vor Lachen** se tordre de rire
krumm|lachen *vr fam* **sich ~** se tordre [de rire] **krumm|nehmen** *vi irr fam* (*übelnehmen*) **jdm ~, dass** en vouloir à qn de ce que + *subj*
Krümmung ['krʏmʊŋ] <-, -en> *f* ① (*Biegung*) courbe *f; eines Flusses* coude *m* ② ANAT, MED *eines Fingers* rétraction *f; der Wirbelsäule* courbure *f* ③ GEOM, PHYS courbure *f*
Kruppe ['krʊpə] <-, -n> *f eines Pferdes* croupe *f*
Krüppel ['krʏpəl] <-s, -> *m* estropié(e) *m(f)*
krüpp[e]lig ['krʏp(ə)lɪç] *adj* rabougri(e)
Kruste ['krʊstə] <-, -n> *f* croûte *f*
krustig ['krʊstɪç] *adj* croûteux(-euse)
Kruzifix ['kruːtsifɪks] <-es, -e> *nt* crucifix *m*
Krypta ['krʏpta] <-, Krypten> *f* crypte *f*
Krypton ['krʏptɔn] <-s> *nt* CHEM krypton *m*
KSZE [kaːʔɛstsɛtˈʔeː] <-> *f Abk von* **Konferenz über Sicherheit und Zusammenarbeit in Europa** C.S.C.E. *f*
Kuba ['kuːba] <-s> *nt* Cuba; **auf ~** à Cuba
Kübel ['kyːbəl] <-s, -> *m* (*Pflanzkübel*) jardinière *f*
Kubikmeter [ku'biːkmeːtɐ] *m o nt* mètre *m* cube **Kubikwurzel** *f* MATH racine *f* cubique **Kubikzahl** *f* MATH cube *m* **Kubikzentimeter** *m o nt* centimètre *m* cube
kubisch ['kuːbɪʃ] *adj* cubique
Kubismus [ku'bɪsmʊs] <-> *m* cubisme *m*
Kubist(in) [ku'bɪst] <-en, -en> *m(f)* cubiste *mf*
kubistisch *adj* cubiste
Kubus ['kuːbʊs] <-, Kuben> *m geh* cube *m*
Küche ['kʏçə] <-, -n> *f* cuisine *f*
Kuchen ['kuːxən] <-s, -> *m* gâteau *m;* **einen ~ backen** faire un gâteau
Küchenabfälle *Pl* épluchures *fpl*
Kuchenblech *nt* plaque *f* [à pâtisserie]
Küchenchef(in) [-ʃɛf] *m(f)* chef *mf* [de cuisine]
Kuchenform *f* moule *m* à gâteau[x] **Kuchengabel** *f* fourchette *f* à gâteaux
Küchengerät *nt* ustensile *m* de cuisine **Küchenhandtuch** *nt* essuie-mains *m inv* **Küchenmaschine** *f* robot *m* **Küchenmesser** *nt* couteau *m* de cuisine **Küchenpapier** *nt* essuie-tout *m inv* **Küchenrolle** *f* rouleau *m* essuie-tout **Küchenschabe** *f* cafard *m* **Küchenschrank** *m* buffet *m* de cuisine
Kuchenteig *m* pâte *f* à gâteau
Küchentisch *m* table *f* de cuisine **Küchenuhr** *f* (*Wanduhr*) pendule *f* de cuisine; (*Küchenwecker*) minuteur *m*
Kücken ['kʏkən] <-s, -> *nt* A *s.* **Küken**
kucken ['kʊkən] *vi* NDEUTSCH *fam* regarder
kuckuck ['kʊkʊk] *interj* coucou
Kuckuck ['kʊkʊk] <-s, -e> *m* coucou *m* ▶ **hol's der ~!** *fam,* **zum ~ [noch mal]!** *fam* et zut!; **weiß der ~, ...!** *fam* ..., mystère et boule de gomme!
Kuckucksei *nt* ORN œuf *m* de coucou **Kuckucksuhr** *f* coucou *m*
Kuddelmuddel ['kʊdəlmʊdəl] <-s> *m o nt fam* foutoir *m*

Kufe ['ku:fə] <-, -n> *f eines Schlittens* patin *m; eines Schlittschuhs* lame *f*
Kugel ['ku:gəl] <-, -n> *f* 1 (*runder Gegenstand*) boule *f* 2 GEOM sphère *f* 3 SPORT poids *m;* (*Kegelkugel*) boule *f* 4 (*Geschoss*) balle *f;* (*Kanonenkugel*) boulet *m*
Kugelblitz *m* éclair *m* en boule
Kügelchen ['ky:gəlçən] <-s, -> *nt Dim von* **Kugel** (*Papierkügelchen*) boulette *f*
Kugelfang *m* (*Vorrichtung*) pare-balles *m inv*
kugelförmig ['ku:gəlfœrmɪç] *adj* sphérique
Kugelgelenk *nt* ANAT énarthrose *f* **Kugelkopf** *m* TYP boule *f*
Kugelkopfschreibmaschine *f* machine *f* [à écrire] à boule
Kugellager *nt* roulement *m* à billes
kugeln ['ku:gəln] *vi + sein* rouler
kugelrund ['ku:gəl'rʊnt] *adj* 1 (*kugelförmig*) sphérique 2 *fam* (*dick*) rondouillard(e) **Kugelschreiber** *m* stylo *m* [à] bille **kugelsicher** *adj* pare-balles; ~ **sein** être à l'épreuve des balles **Kugelstoßen** <-s> *nt* lancer *m* du poids
Kugelstoßer(in) <-s, -> *m(f)* lanceur(-euse) *m(f)* de poids
Kuh [ku:, *Pl:* 'ky:ə] <-, Kühe> *f* 1 vache *f* 2 *fam* **eine blöde** [*o* **dumme**] ~ une connasse ▶ **dastehen wie die ~ vorm Scheunentor** *fam* avoir l'air d'une vache qui regarde passer un train
Kuhfladen *m* bouse *f* de vache **Kuhhandel** *m pej fam* marchandage *m* **Kuhhaut** *f* ▶ **das geht auf keine ~** *fam* c'est pas croyable **Kuhkaff** *nt pej fam* trou *m*
kühl [ky:l] **I.** *adj* 1 (*kalt*) frais(fraîche); **jdm wird es ~** qn commence à avoir froid; **es wird/ist ~** ça se rafraîchit/il fait frais 2 (*reserviert*) froid(e); **zu jdm ~ sein** se montrer froid(e) envers qn **II.** *adv* 1 *lagern* au frais; *servieren* frais(fraîche) 2 (*reserviert*) avec froideur; *empfangen* fraîchement
Kühlanlage *f* installation *f* frigorifique **Kühlbox** *f* (*Kühltasche*) glacière *f;* (*kleinerer Behälter*) boîte *f* isotherme
Kuhle ['ku:lə] <-, -n> *f* cuvette *f*
Kühle ['ky:lə] <-> *f* (*Kälte*) fraîcheur *f*
kühlen ['ky:lən] **I.** *vt* rafraîchir *Getränk;* réfrigérer *Fisch;* **gekühlte Getränke** des boissons *fpl* fraîches **II.** *vi* rafraîchir
Kühler ['ky:lɐ] <-s, -> *m* 1 *eines Fahrzeugs* radiateur *m;* (*Kühlerhaube*) capot *m* 2 (*Sektkühler*) seau *m* à champagne
Kühlerfigur *f* emblème *m* du bouchon de radiateur **Kühlergrill** *m* AUT grille *f* de radiateur **Kühlerhaube** *f* capot *m*
Kühlhaus *nt* entrepôt *m* frigorifique **Kühlmittel** *nt eines Motors* liquide *m* de refroidissement; *eines Reaktors* [fluide *m*] caloporteur *m* **Kühlraum** *m* chambre *f* froide **Kühlschrank** *m* réfrigérateur *m* **Kühltasche** *f* glacière *f* **Kühltruhe** *f* congélateur *m* bahut **Kühlturm** *m* tour *f* de réfrigération
Kühlung <-, -en> *f kein Pl eines Motors* refroidissement *m*
Kühlwasser *nt kein Pl* eau *f* de refroidissement
Kuhmilch *f* lait *m* de vache
kühn [ky:n] **I.** *adj* 1 (*gewagt*) audacieux(-euse) 2 *Held* téméraire; *Tat* audacieux(-euse); ~ **sein** avoir de l'audace **II.** *adv* 1 (*frech*) ~ **behaupten, dass** (*akk*) avoir l'audace de prétendre que 2 (*ausgeprägt*) hardiment
Kühnheit <-, -en> *f* 1 *kein Pl* (*Wagemut*) audace *f* 2 (*Tat*) témérité *f;* (*Dreistigkeit*) audace *f*
Kuhstall *m* étable *f*
k.u.k. ['ka:ʔʊnt'ka:] *Abk von* **kaiserlich und königlich** *austro-hongrois*
Küken ['ky:kən] <-s, -> *nt* poussin *m*
Kukuruz ['kʊkurʊts] <-[es]> *m* A maïs *m*
kulant [ku'lant] *adj Geschäftsmann* arrangeant(e); *Verhalten* accommodant(e)
Kulanz <-> *f* obligeance *f;* **aus ~** gracieusement
Kuli ['ku:li] <-s, -s> *m fam* (*Stift*) stylo *m,* bic® *m*
kulinarisch [kuli'na:rɪʃ] *adj* culinaire; *Genuss* gastronomique
Kulisse [ku'lɪsə] <-, -n> *f a. fig* décor *m* ▶ **hinter den ~n** dans les coulisses
Kulleraugen *Pl fam* grands yeux *mpl* tout ronds
kullern ['kʊlɐn] *vi + sein fam* rouler
kulminieren* [kʊlmi'ni:rən] *vi geh* [**in etw** (*dat*)] ~ atteindre son paroxysme [dans qc]
Kult [kʊlt] <-[e]s, -e> *m* culte *m*
Kultfigur *f* personnage-culte *m* **Kultfilm** *m* film-culte *m*
kultisch *adj* cultuel(le); *Gerät* de culte
kultivieren* [kʊlti'vi:rən] *vt* cultiver
kultiviert [kʊlti'vi:ɐ̯t] **I.** *adj* raffiné(e); *Benehmen* distingué(e) **II.** *adv essen* de façon raffinée; *sich benehmen* avec distinction
Kultivierung <-, -en> *f* 1 (*Urbarmachung*) mise *f* en culture 2 *geh* (*Anbau*) culture *f*

K

Kultobjekt *nt* objet-culte *m* **Kultserie** *f* série *f* culte **Kultstätte** *f* lieu *m* de culte
Kultur [kʊl'tuːɐ̯] <-, -en> *f* ① (*Zivilisationsform*) civilisation *f;* **die ~ der Antike** la culture gréco-latine ② *kein Pl* (*kulturelles Niveau*) degré *m* de civilisation ③ BOT plantation *f* ④ BIO culture *f*
Kulturabkommen *nt* accord *m* culturel **Kulturaustausch** *m* échange *m* culturel **Kulturbeutel** *m* trousse *f* de toilette **Kulturdenkmal** *nt* monument *m* historique
kulturell [kʊltu'rɛl] **I.** *adj* culturel(le) **II.** *adv* d'un point de vue culturel
Kulturerbe *nt* patrimoine *m* culturel **Kulturgeschichte** *f kein Pl* histoire *f* de la civilisation **kulturgeschichtlich** **I.** *adj* historico-culturel(le) **II.** *adv* d'un point de vue historico-culturel **Kulturgut** *nt* élément *m* du patrimoine [historique] **Kulturhauptstadt** *f* capitale *f* de la culture **Kulturhoheit** *f kein Pl* souveraineté *f* dans le domaine culturel **Kulturkreis** *m* milieu *m* culturel
kulturlos *adj* inculte
Kulturlosigkeit <-> *f* absence *f* de culture
Kulturpolitik *f* politique *f* culturelle **kulturpolitisch** **I.** *adj Ausschuss* des affaires culturelles; *Gesichtspunkt, Kriterien* politico-culturel(le) **II.** *adv bedeutsam, interessant* en matière de politique culturelle **Kulturrevolution** *f* révolution *f* culturelle **Kulturschock** *m* choc *m* culturel **kulturspezifisch** *adj* spécifique [*o* propre] à la culture
Kultusminister(in) ['kʊltʊsminɪstɐ] *m(f)* ≈ ministre *mf* de l'Éducation et des Affaires culturelles [d'un land] **Kultusministerium** *nt* ≈ ministère *m* de l'Éducation et de la Culture [d'un land]
Kümmel ['kʏməl] <-s, -> *m* cumin *m*
Kummer ['kʊmɐ] <-s> *m* ① (*Betrübtheit*) chagrin *m* ② (*Unannehmlichkeiten*) soucis *mpl;* **~ haben** avoir des soucis; **jdm ~ machen** causer du souci à qn
kümmerlich ['kʏmɐlɪç] *adj Rest* maigre *antéposé*
kümmern ['kʏmɐn] **I.** *vt* concerner; **was kümmert ihn das?** en quoi ça le regarde?; **das hat ihn nicht zu ~** ça ne le regarde pas **II.** *vr* ① **sich um jdn/etw ~** s'occuper de qn/qc; **sich darum ~, dass** veiller à ce que + *subj* ② (*achten auf*) **sich um etw nicht ~** ne pas s'occuper de qc; **sich nicht darum ~, was ...** ne pas se [pré]occuper de savoir ce qui ...
kummervoll *adj geh* chagrin(e)

Kumpan(in) <-s, -e> *m(f) pej fam* (*Komplize*) acolyte *m*
Kumpel ['kʊmpəl] <-s, -> *m* ① MIN gueule *f* noire ② *fam* (*Kamerad*) pote *mf*
kumpelhaft *adj Ton, Art* familier(-ière)
Kumulation [kumula'tsi̯oːn] <-, -en> *f* MED, ÖKOL accumulation *f*
kumulieren [kumu'liːrən] **I.** *vr* **sich ~** *Schadstoffe, Gifte:* s'accumuler **II.** *vt* POL **mehrere Stimmen auf jdn ~** cumuler plusieurs voix sur qn
kündbar ['kʏntbaːɐ̯] *adj Mieter* congédiable
Kunde ['kʊndə] <-n, -n> *m*, **Kundin** *f* client(e) *m(f)*
Kundenbetreuer(in) *m(f)* chargé(e) *m(f)* de clientèle **Kundendienst** *m* service *m* après-vente **Kundenfeedback** *nt* feedback *m* d'un/du client **Kundenkarte** *f* carte *f* de fidélité
kund|geben *vt irr geh* faire connaître *Meinung;* révéler *Absichten*
Kundgebung <-, -en> *f* manifestation *f*
kundig *adj geh* compétent(e)
kündigen ['kʏndɪgən] **I.** *vt* ① démissionner de *Stellung, Job* ② licencier *Mitarbeiter* ③ résilier *Versicherung, Vertrag* **II.** *vi* ① (*weggehen*) *Arbeitnehmer:* démissionner; **bei einem Unternehmen ~** donner sa démission à une entreprise ② (*das Arbeits-, Mietverhältnis beenden*) **jdm ~** *Arbeitgeber, Firma:* licencier qn; *Vermieter:* donner congé à qn
Kündigung <-, -en> *f* ① *einer Versicherung, eines Vertrags* résiliation *f;* **die ~ einer Mietwohnung** la résiliation d'un bail ② (*Entlassung*) licenciement *m;* **jdm die ~ aussprechen** donner à qn son préavis [de licenciement] ③ (*Weggang*) *eines Arbeitnehmers* démission *f*
Kündigungsfrist *f eines Arbeits-, Mietvertrags* délai *m* de préavis, délai-congé *m; eines Abonnements* délai *m* de résiliation; *eines Sparbuchs* délai *m* de clôture **Kündigungsschutz** *m* protection *f* contre les licenciements abusifs
Kundin ['kʊndɪn] *s.* **Kunde**
Kundschaft <-, -en> *f* ① (*Kundenkreis*) clientèle *f* ② (*Kunden*) **es ist ~ /wenig ~ im Geschäft** il y a des clients/peu de clients dans le magasin
künftig ['kʏnftɪç] **I.** *adj* (*zukünftig, kommend*) futur(e) *antéposé;* **seine ~e Frau** sa future femme **II.** *adv* à l'avenir
Kunst [kʊnst, *Pl:* 'kʏnstə] <-, Künste> *f* ① KUNST art *m;* **die bildende ~** les arts plas-

K

tiques; **die schönen Künste** les beaux-arts ② *kein Pl* (*Schulfach*) arts *mpl* plastiques ▶ **eine brotlose ~ sein** *fam* ne pas nourrir son homme

Kunstakademie *f* école *f* des beaux-arts **Kunstausstellung** *f* exposition *f* d'art **Kunstbanause** *m*, **-banausin** *f pej* béotien(ne) *m(f)*

Kunstdünger *m* engrais *m* chimique

Kunsterzieher(in) *m(f) form* professeur *mf* d'arts plastiques **Kunsterziehung** *f form* enseignement *m* artistique

Kunstfaser *f* fibre *f* synthétique

Kunstfehler *m* erreur *f* médicale **kunstfertig** *adj geh* adroit(e) **Kunstfertigkeit** *f geh* habileté *f* **Kunstflug** *m* acrobatie *f* aérienne **Kunstgegenstand** *m* objet *m* d'art **Kunstgeschichte** *f* histoire *f* de l'art **Kunstgewerbe** *nt* KUNST arts *mpl* décoratifs

Kunstgewerbler(in) [-gəvɛrplɐ] <-s, -> *m(f)* artisan(e) *m(f)* en arts décoratifs

K

Kunstgriff *m* astuce *f* **Kunsthändler(in)** *m(f)* marchand(e) *m(f)* d'objets d'art **kunsthistorisch** I. *adj Werk, Museum* d'histoire de l'art; *Bedeutung, Interesse* historico-culturel(le) II. *adv bedeutend, interessant* du point de vue de l'histoire de l'art; *interessiert* par l'histoire de l'art

Kunstleder *nt* similicuir *m*

Künstler(in) ['kʏnstlɐ] <-s, -> *m(f)* [**bildender**] ~ artiste *mf;* **freischaffender** ~ artiste indépendant(e)

künstlerisch ['kʏnstlərɪʃ] I. *adj Arbeit* d'artiste; *Gegenstand* d'art; *Begabung* artistique II. *adv bedeutend* du point de vue artistique; *begabt* artistiquement

Künstlername *m* nom *m* d'artiste

künstlich ['kʏnstlɪç] I. *adj* ① *Beleuchtung, See* artificiel(le); *Fingernägel, Diamant* faux(fausse) ② MED *Befruchtung, Ernährung* artificiel(le) ③ *Heiterkeit* factice II. *adv* artificiellement; *herstellen* industriellement

Kunstlicht *nt* lumière *f* artificielle

Kunstliebhaber(in) *m(f)* amateur(-trice) *m(f)* d'art

kunstlos *adj* sans art

Kunstmaler(in) *m(f) form* artiste *mf* peintre **Kunstsammlung** *f* collection *f* d'objets d'art **Kunstschätze** *Pl* trésors *mpl* artistiques

Kunststoff *m* plastique *m*

Kunststück *nt* ① (*artistische Leistung*) tour *m* d'adresse ② (*schwierige Leistung*) tour *m* de force **Kunsttischler(in)** *m(f)* ébéniste *mf* **Kunstturnen** *nt* gymnastique *f* artistique

kunstvoll I. *adj* fait(e) avec art II. *adv* artistiquement

Kunstwerk *nt* ① œuvre *f* d'art ② (*Meisterleistung*) chef-d'œuvre *m*

kunterbunt ['kʊntɐbʊnt] *adj* (*sehr bunt*) bariolé(e)

Kupfer ['kʊpfɐ] <-s, -> *nt* cuivre *m*

Kupferdraht *m* fil *m* de cuivre **Kupfermünze** *f* pièce *f* en cuivre **kupferrot** *adj* rouge cuivre *inv* **Kupferschmied(in)** *m(f)* chaudronnier(-ière) *m(f)* **Kupferstecher(in)** <-s, -> *m(f)* graveur(-euse) *m(f)* sur cuivre **Kupferstich** *m* gravure *f* sur cuivre

Kupon [ku'põː] *s.* **Coupon**

Kuppe ['kʊpə] <-, -n> *f* (*Bergkuppe*) mamelon *m*

Kuppel ['kʊpəl] <-, -n> *f* (*Innenkuppel*) coupole *f;* (*Außenkuppel*) dôme *m*

Kuppelei ['kʊpəlai] <-, -en> *f pej* (*Förderung der Prostitution*) proxénétisme *m*

kuppeln ['kʊpəln] *vi Fahrer:* débrayer

Kuppelshow *f* émission *f* de rencontre amoureuse

Kuppler(in) ['kʊplɐ] <-s, -> *m(f) pej* entremetteur(-euse) *m(f)*

Kupplung ['kʊplʊŋ] <-, -en> *f* ① embrayage *m;* **die ~ [durch]treten** débrayer; **die ~ kommen/schleifen lassen** embrayer/faire patiner l'embrayage ② (*Anhängevorrichtung*) attelage *m*

Kupplungsbelag *m* garniture *f* d'embrayage

Kur [kuːɐ̯] <-, -en> *f* cure *f*

Kür [kyːɐ̯] <-, -en> *f* figures *fpl* libres

Kuratorium [kura'toːri̯ʊm] <-s, -torien> *nt* conseil *m* d'administration

Kurbel ['kʊrbəl] <-, -n> *f* manivelle *f*

kurbeln *vi* tourner la manivelle

Kurbelwelle *f* vilebrequin *m*

Kürbis ['kʏrbɪs] <-ses, -se> *m* potiron *m,* citrouille *f*

Kürbiskern *m* graine *f* de citrouille

Kurde ['kʊrdə] <-n, -n> *m*, **Kurdin** *f* Kurde *mf*

kurdisch ['kʊrdɪʃ] *adj* kurde; ~ **miteinander sprechen** discuter en kurde; *s. a.* **deutsch**

Kurdisch <-[s]> *nt kein Art* le kurde; *s. a.* **Deutsch**

kuren ['kuːrən] *vi fam* faire une cure

küren ['kyːrən] <kürte, gekürt> *vt geh* **jdn zum Sportler des Jahres ~** élire qn sportif de l'année

Kurfürst ['kuːɐ̯fʏrst] *m* HIST prince *m* électeur **Kurgast** *m* curiste *mf* **Kurhotel** *nt* hôtel *m* thermal

Kurie ['ku:ri̯ə] <-, -n> *f* REL curie *f* [romaine]
Kurier [ku'ri:ɐ̯] <-s, -e> *m* coursier *m*
Kurierdienst *m* ❶ (*Service*) service *m* de messageries ❷ (*Firma*) entreprise *f* de messagerie express
kurieren* [ku'ri:rən] *vt* guérir
kurios [ku'ri̯o:s] *geh adj* singulier(-ière)
Kuriosität [kuri̯ozi'tɛ:t] <-, -en> *f* ❶ (*Gegenstand*) curiosité *f* ❷ *kein Pl* (*Merkwürdigkeit*) singularité *f*
Kuriosum [ku'ri̯o:zʊm] <-s, Kuriosa> *nt* **es ist ein ~, dass ...** il est curieux que ... + *subj*
Kurkonzert *nt* concert *m* [pour curistes] **Kurort** *m* station *f* thermale **Kurpark** *m* parc *m* thermal **Kurpfuscher(in)** *m(f)* *pej fam* charlatan *m* **Kurpfuscherei** [ku:ɐ̯pfʊʃə'rai̯] *f pej fam* charlatanisme *m* **Kurpromenade** *f* promenade *f* [de la/d'une station thermale]
Kurs [kʊrs] <-es, -e> *m* ❶ (*Fahrtrichtung*) cap *m*; **den ~ [beibe]halten** tenir le cap; **vom ~ abkommen** dériver ❷ (*politische Linie*) ligne *f* [politique] ❸ (*Wechselkurs*) taux *m* de change ❹ (*Kurswert*) *von Aktien, Edelmetall* cours *m*; **die Wertpapiere fallen/steigen im ~** le cours des valeurs fléchit/grimpe ❺ (*Lehrgang*) cours *m*; **einen ~ besuchen** suivre un cours
Kursänderung *f* NAUT, AVIAT changement *m* de cap **Kursanstieg** *m* hausse *f* des cours **Kursbuch** *nt* indicateur *m* des chemins de fer
Kurschatten *m hum fam* flirt *m* de cure
Kürschner(in) ['kʏrʃnɐ] <-s, -> *m(f)* pelletier(-ière) *m(f)*
Kurse *Pl von* **Kursus**
Kursgewinn *m* FIN plus-value *f* boursière
kursieren* [kʊr'zi:rən] *vi* circuler
kursiv [kʊr'zi:f] **I.** *adj* italique; **~ sein** être en italique **II.** *adv* en italique
Kursivschrift *f* italique *m*
Kurskorrektur *f fig* changement *m* de trajectoire
kursorisch [kʊr'zo:rɪʃ] *geh* **I.** *adj* cursif(-ive) **II.** *adv* **etw ~ lesen** survoler qc
Kursschwankung *f* fluctuation *f* des cours
Kursus ['kʊrzʊs] *s.* **Kurs**
Kurtaxe *f* taxe *f* de séjour
Kurtisane [kʊrti'za:nə] <-, -n> *f* courtisane *f*
Kurve ['kʊrvə] <-, -n> *f* ❶ virage *m*; **aus der ~ fliegen** *fam* louper le virage ❷ GEOM courbe *f*
kurven ['kʊrvən] *vi + sein fam* **um die Ecke ~** *Fahrzeug:* prendre le virage sur les chapeaux de roues
kurvenreich *adj*, **kurvig** ['kʊrvɪç] *adj* sinueux(-euse)
kurz [kʊrt͜s] <kürzer, kürzeste> **I.** *adj* ❶ (*räumlich und zeitlich*) court(e); *Blick, Unterbrechung* bref(brève) *antéposé; Pause* petit(e) *antéposé;* **in ~er Zeit** en peu de temps ❷ *Artikel, Bericht* court(e); *Antwort, Frage, Silbe, Vokal* bref(brève) **II.** *adv* ❶ **etw ~ schneiden** couper qc court; **ein Kleid kürzer machen** raccourcir une robe ❷ *bleiben, dauern* peu de temps; *sprechen* brièvement; **~ gesagt, ...** bref, ...; **vor/bis vor ~em** il y a encore/il y a peu de temps; **seit ~em** depuis peu ❸ (*wenig*) **es ist ~ vor acht** il n'est pas loin de huit heures; **~ zuvor/danach** peu de temps avant/après; **~ hintereinander** à brefs intervalles; **~ bevor/nachdem sie angekommen ist** peu [de temps] avant qu'elle soit/après qu'elle est arrivée ► **~ angebunden sein** être bourru; **~ und bündig** sans détour; **~ und gut** pour tout dire; **über oder lang** tôt ou tard; **bei etw zu ~ kommen** être lésé lors de qc; **es ~ machen** être bref!
Kurzarbeit *f* chômage *m* partiel **kurz|arbeiten** *vi* travailler à temps réduit **Kurzarbeiter(in)** *m(f)* chômeur *m* partiel/chômeuse *f* partielle
kurzärm[e]lig *adj* à manches courtes
kurzatmig *adj* poussif(-ive)
kurzbeinig *adj* court(e) sur pattes (*fam*)
Kürze ['kʏrt͜sə] <-, -n> *f* ❶ *kein Pl* (*geringe Länge*) **die ~ ihres Rocks/ihrer Haare** sa jupe courte/ses cheveux courts; **angesichts der ~ der Strecke** vu le court trajet ❷ *kein Pl* (*kurze Dauer*) brièveté *f*; **in ~** sous peu ❸ *kein Pl* (*Knappheit*) *einer Antwort* brièveté *f*; *eines Artikels* concision *f*; **in aller ~ antworten** répondre aussi brièvement que possible ❹ (*kurze Silbe*) brève *f*
Kurze(r) *m dekl wie adj fam* (*Schnaps*) goutte *f*
Kürzel ['kʏrt͜səl] <-s, -> *nt* (*stenografisches Zeichen*) signe *m* sténographique
kürzen ['kʏrt͜sən] *vt* ❶ raccourcir; **etw um drei Zentimeter ~** raccourcir qc de trois centimètres ❷ (*verkürzen*) raccourcir, abréger *Text;* **um die Hälfte ~** raccourcir de moitié ❸ (*verringern*) diminuer *Budget, Sozialhilfe;* **um zehn Euro ~** diminuer de dix euros
kurzerhand ['kʊrt͜sɐ'hant] *adv abreisen* sans plus attendre

K

kurz|fassen[RR] *vr* **sich ~** être bref **Kurzfassung** *f* abrégé *m* **Kurzfilm** *m* court métrage *m*
kurzfristig ['kʊrtsfrɪstɪç] **I.** *adj Wettervorhersage, Vertrag* à court terme; *Bestellung, Zusage* rapide; *Programmänderung* impromptu(e) **II.** *adv* ① *informieren* en dernière minute; ~ **das Programm ändern** changer le programme à la dernière minute ② (*für kurze Zeit*) momentanément; *gelten* temporairement ③ (*auf kurze Zeit*) ~ **gesehen** à court terme
Kurzgeschichte *f* nouvelle *f*
kurzhaarig *adj Mensch* aux cheveux courts
kurz|halten *vt irr* **jdn ~** tenir la bride haute à qn
kurzlebig ['kʊrtsle:bɪç] *adj* (*nicht dauerhaft*) *Modeerscheinung* éphémère; *Produkt* peu durable
kürzlich ['kʏrtslɪç] *adv* récemment
Kurzmeldung *f* RADIO flash *m* [d'information] **Kurznachrichten** *Pl* nouvelles *fpl* brèves **Kurzparkzone** *f* zone *f* bleue **kurz|schließen** *vt irr* ELEC court-circuiter **Kurzschluss**[RR] *m* ① ELEC court-circuit *m* ② PSYCH impulsion *f* irréfléchie **Kurzschrift** *f* sténo[graphie] *f*
kurzsichtig **I.** *adj* ① MED myope ② *fig Mensch* myope; *Haltung, Politik* à courte vue **II.** *adv handeln* à la petite semaine
Kurzsichtigkeit <-> *f* ① MED myopie *f* ② *fig eines Menschen* myopie *f; eines Denkens, einer Politik* absence *f* de hauteur de vues
Kurzstreckenflug *m* vol *m* sur courte distance **Kurzstreckenläufer(in)** *m(f)* sprinteur(-euse) *m(f)* **Kurzstreckenrakete** *f* missile *m* [à] courte portée
kurz|treten *vi irr fig fam* (*sich einschränken*) se serrer la ceinture; (*sich schonen*) lever le pied **kurzum** [kʊrts'ʔʊm] *adv* bref
Kürzung <-, -en> *f* ① FIN diminution *f* ② (*Verkürzung*) *eines Textes* abrégement *m*
Kurzurlaub *m* bref congé *m* **Kurzwaren** *Pl* mercerie *f*
kurzweilig ['kʊrtsvailɪç] *adj* divertissant(e)
Kurzwelle *f* onde *f* courte; **auf ~** sur ondes courtes
Kurzwellensender *m* émetteur *m* ondes courtes
Kurzwort <-wörter> *nt* abréviation *f*
Kurzzeitgedächtnis *nt* mémoire *f* à court terme
kurzzeitig **I.** *adj* temporaire; *Absage* de dernière heure **II.** *adv* pour une courte durée; *absagen* au dernier moment

kuschelig ['kʊʃəlɪç] *adj fam Bett* douillet(te)
kuscheln ['kʊʃəln] **I.** *vr fam* **sich an jdn ~** se blottir contre qn **II.** *vi* faire des câlins
Kuscheltier *nt* animal *m* en peluche
kuschen ['kʊʃən] *vi* (*sich nicht wehren*) **vor jdm ~** marcher droit avec qn
Kusine [ku'zi:nə] <-, -n> *f* cousine *f*
Kuss[RR] [kʊs, *Pl:* 'kʏsə] <-es, Küsse>, **Kuß**[ALT] <-sses, Küsse> *m* baiser *m*
Küsschen[RR], **Küßchen**[ALT] ['kʏsçən] <-s, -> *nt* bise *f* (*fam*); **gib ~!** fais un câlin!
kussecht[RR] *adj Lippenstift* longue tenue
küssen ['kʏsən] **I.** *vt* embrasser; **jdn auf die Wange/den Mund ~** embrasser qn sur la joue/la bouche; **jdm die Hand ~** baiser la main à qn **II.** *vr* **sich ~** s'embrasser **III.** *vi* embrasser
Kusshand[RR] ▶ **jdn/etw mit ~ nehmen** *fam* prendre qn/qc plutôt deux fois qu'une
Küste ['kʏstə] <-, -n> *f* ① (*Meeresufer*) côte *f* ② (*Gegend*) littoral *m*
Küstengebiet *nt* littoral *m* **Küstenschifffahrt**[RR] *f* cabotage *m* **Küstenwacht** *f* service *m* de surveillance côtière
Küster(in) ['kʏstɐ] <-s, -> *m(f)* sacristain(e) *m(f)*
Kustos ['kʊstɔs] <-, Kustoden> *m* conservateur(-trice) *m(f)* [de musée]
Kutsche ['kʊtʃə] <-, -n> *f* carrosse *m;* **offene ~** calèche *f*
Kutscher(in) ['kʊtʃɐ] <-s, -> *m(f)* cocher *m*
kutschieren* [kʊ'tʃi:rən] *fam vt + haben* voiturer *Person*
Kutte ['kʊtə] <-, -n> *f* ECCL [robe *f* de] bure *f*
Kutter ['kʊtɐ] <-s, -> *m* cotre *m*
Kuvert [ku've:ɐ̯] <-s, -s *o* -[e]s, -e> *nt* enveloppe *f*
Kuvertüre [kuvɛr'ty:rə] <-, -n> *f* chocolat *m* à napper
Kuwait [ku'vait, 'ku:vait] <-s> *nt* ① (*Emirat*) le Koweït ② (*Hauptstadt*) Koweït
Kuwaiter(in) [ku'vaitɐ, 'ku:vaitɐ] <-s, -> *m(f)* Koweïtien(ne) *m(f)*
kuwaitisch [ku'vaitɪʃ, 'ku:vaitɪʃ] *adj* koweïtien(ne)
kW *Abk von* **Kilowatt** kW
KW [ka:'ve:] ① PHYS, RADIO *Abk von* **Kurzwelle** OC ② *Abk von* **Kalenderwoche** semaine *f* calendaire
kWh *Abk von* **Kilowattstunde** kWh
Kybernetik [kybɛr'ne:tɪk] <-> *f* cybernétique *f*

kybernetisch [kybɛr'neːtɪʃ] *adj* cybernétique

Kyoto-Protokoll ['kjoːto-] *nt* protocole *m* de Kyoto

kyrillisch [ky'rɪlɪʃ] **I.** *adj* cyrillique **II.** *adv* en caractères cyrilliques

KZ [kaː'tsɛt] <-s, -s> *nt Abk von* **Konzentrationslager** camp *m* de concentration

L

L, l [ɛl] <-, -> *nt* L *m*/l *m*

l *Abk von* **Liter** l

Lab [laːp] <-[e]s, -e> *nt* BIO présure *f*

Label ['leɪbəl] <-s, -> *nt* (*Schallplattenetikett*) étiquette *f*

laben ['laːbən] *vr geh* **sich ~** se délecter; **sich an etw** (*dat*) **~** se délecter de qc

labern ['laːbɐn] *fam* **I.** *vi* dégoiser; **über etw** (*akk*) **~** dégoiser au sujet de qc **II.** *vt* dégoiser *Unsinn, Quatsch*

labial [la'bi̯aːl] *adj* labial(e)

Labial [la'bi̯aːl] <-s, -e> *m* PHON labiale *f*

labil [la'biːl] *adj Person, Kreislauf* instable; *Konstitution, System* fragile

Labilität [labili'tɛːt] <-, *selten* -en> *f* instabilité *f; der Wirtschaft* fragilité *f*

Labor [la'boːɐ̯] <-s, -s *o* -e> *nt* laboratoire *m*

Laborant(in) [labo'rant] <-en, -en> *m(f)* laborantin(e) *m(f)*

Laboratorium [labora'toːri̯ʊm] *s.* **Labor**

laborieren* [labo'riːrən] *vi fam* **an einer Grippe ~** traîner une grippe

Laborversuch *m* essai *m* en laboratoire

Labrador[1] [labra'doːɐ̯] <-s> *nt* GEOG le Labrador *m*

Labrador[2] [labra'doːɐ̯] <-s, -e> *m* ① (*Hund*) labrador *m* ② MINER labrador *m*

Labyrinth [laby'rɪnt] <-[e]s, -e> *nt* labyrinthe *m*

Lache[1] ['laxə, 'laːxə] <-, -n> *f* (*Pfütze*) flaque *f*

Lache[2] ['laxə] <-> *f fam* [façon *f* de] rire *m*

lächeln ['lɛçəln] *vi* sourire; **über jdn/etw ~** sourire de qn/qc

Lächeln <-s> *nt* sourire *m*

lachen ['laxən] *vi* rire; **über jdn/etw ~** rire de qn/qc ▶ **du hast gut ~!** tu as beau jeu de te moquer [de moi]!; **wer zuletzt lacht, lacht am besten** *prov* rira bien qui rira le dernier; **das wäre doch gelacht!** *fam* ça fait pas un pli!; **dass ich nicht lache!** *fam* laisse-moi rigoler!

Lachen ['laxən] <-s> *nt* rire *m;* **jdn zum ~ bringen** faire rire qn ▶ **sich vor ~ biegen** *fam* être plié [en deux] de rire (*fam*); **dir wird das ~ [schon] noch vergehen** *fam* l'envie de rire va te passer

Lacher(in) <-s, -> *m(f)* ▶ **die ~ auf seiner Seite haben** avoir les rieurs de son côté

lächerlich ['lɛçɐlɪç] *adj* ridicule; **jdn/etw ~ machen** ridiculiser qn/qc; **sich vor jdm ~ machen** se ridiculiser devant qn

Lächerlichkeit <-, -en> *f* ridicule *m*

Lachfältchen *Pl* rides *fpl* du sourire

Lachgas *nt* gaz *m* hilarant

lachhaft *adj* ridicule

Lachkrampf *m* rire *m* convulsif; **wir bekamen einen ~** nous avons eu une crise de fou rire

Lachs [laks] <-es, -e> *m* saumon *m*

lachsfarben *adj* saumon *inv*

Lachsforelle *f* truite *f* saumonée **Lachsschinken** *m* filet *m* de porc fumé

Lack [lak] <-[e]s, -e> *m* laque *f*

Lackaffe *m pej fam* godelureau *m*

lackieren* [la'kiːrən] *vt* laquer *Holz;* **sich** (*dat*) **die Fingernägel ~** se vernir les ongles; **frisch lackiert!** peinture fraîche!

Lackierer(in) <-s, -> *m(f)* peintre *mf*

Lackierung <-, -en> *f* ① *kein Pl* (*das Lackieren*) laquage *m* ② (*Lack*) laque *f*

Lackleder *nt* cuir *m* verni

Lackmus ['lakmʊs] <-> *nt o m* tournesol *m*

Lackmuspapier *nt* papier *m* de tournesol

Lackschaden *m* peinture *f* abîmée

Lackschuh *m* chaussure *f* vernie

Lade ['laːdə] <-, -n> *f fam* tiroir *m*

Ladebaum *m* mât *m* de charge **Ladefläche** *f* surface *f* de chargement **Ladegerät** *nt* chargeur *m* **Ladegewicht** *nt* poids *m* de chargement **Ladehemmung** *f* enrayage *m* **Ladekabel** *nt* câble *m* de charge

laden ['laːdən] <lädt, lud, geladen> *vt* ① charger; **etw auf den Lkw ~** charger qc sur le camion; **etw aus dem Auto ~** décharger qc de la voiture ② (*aufbürden*) **Verantwortung auf sich** (*akk*) **~** endosser une responsabilité ③ *geh* (*einladen*)

jdn zu einem Empfang ~ inviter qn à une réception; **die geladenen Gäste** les invités *mpl* ④(*vorladen*) citer ⑤(*Munition einlegen*) charger ⑥ELEC charger *Batterie* ⑦INFORM charger, appeler *Programm, Datei* ▶**geladen haben** *fam* être bourré; **geladen sein** *fam* être furax

Laden ['la:dən, *Pl:* 'lɛ:dən] <-s, Läden *o* -> *m* ①(*Geschäft*) magasin *m;* (*klein*) boutique *f* ②*fam* (*Betrieb*) boîte *f;* **der ~ läuft** la boîte tourne; **den ~ dichtmachen** fermer la boîte

Ladenbesitzer(in) *m(f)* propriétaire *mf* de magasin **Ladendieb(in)** *m(f)* voleur(-euse) *m(f)* à l'étalage **Ladendiebstahl** *m* vol *m* à l'étalage **Ladenhüter** *m* rossignol *m* **Ladenkette** *f* chaîne *f* de magasins **Ladenpreis** *m* prix *m* marqué **Ladenschluss**[RR] *m kein Pl* fermeture *f* des magasins

Ladenschlussgesetz[RR] *nt* loi *f* sur la fermeture des magasins

Ladentisch *m* comptoir *m* [de magasin] ▶**etw unter dem ~ verkaufen** *fam* vendre qc sous le manteau

Laderampe *f* rampe *f* de chargement **Laderaum** *m* AVIAT, NAUT soute *f*

lädieren* [lɛ'di:rən] *vt* abîmer

lädt [lɛ:t] *3. Pers Präs von* **laden**

Ladung <-, -en> *f* ①(*Fracht*) chargement *m* ②(*notwendige Menge*) **eine ~ Dynamit** une charge de dynamite ③ELEC, PHYS charge *f* ④JUR citation *f*

lag [la:k] *Imp von* **liegen**

Lage ['la:gə] <-, -n> *f* ①*eines Orts* site *m; eines Hauses* situation *f* ②(*Liegeposition*) position *f* ③(*Situation*) situation *f;* **sich in die ~ eines anderen versetzen** se mettre à la place d'autrui ④*fig* **in der ~ sein, etw zu tun** être en mesure de faire qc ⑤(*Schicht*) couche *f* ▶**die ~ peilen** *fam* tâter le terrain

Lagebericht *m* compte *m* rendu de la situation **Lagebesprechung** *f* analyse *f* de la situation **Lageplan** *m* plan *m*

Lager ['la:gɐ, *Pl:* 'la:gɐ, 'lɛ:gɐ] <-s, - *o* Läger> *nt* ①dépôt *m;* **etw auf ~ haben** avoir qc en stock ②(*Unterkunft, Gruppierung*) camp *m* ③TECH palier *m* ④*geh* (*Bett*) couche *f* ▶**etw auf ~ haben** *fam* avoir qc en réserve

lagerfähig *adj Ware* stockable **Lagerfeuer** *nt* feu *m* de camp **Lagergebühr** *f* frais *mpl* de magasinage **Lagerhalle** *f* hangar *m* **Lagerhaltung** *f kein Pl* stockage *m* **Lagerhaus** *nt* entrepôt *m*

lagern ['la:gɐn] **I.** *vt* ①(*aufbewahren*) stocker; **kühl ~!** garder au frais! ②(*hinlegen*) **das Bein hoch ~** surélever la jambe **II.** *vi* ①**trocken ~** se conserver au sec ②(*sich niederlassen*) camper

Lagerraum *m* ①dépôt *m* ②(*Lagerfläche*) surface *f* d'entreposage

Lagerung <-, -en> *f* ①*von Vorräten* stockage *m* ②TECH palier *m*

Lagerverwalter(in) *m(f)* magasinier(-ière) *m(f)*

Lagune [la'gu:nə] <-, -n> *f* lagune *f*

lahm [la:m] *adj* ①paralysé(e); **auf einem Bein ~ sein** être paralysé d'une jambe ②*fam* (*steif*) courbaturé(e)

Lahmarsch *m sl* mollasson(ne) *m(f)* (*fam*)

lahmen ['la:mən] *vi* boiter

lähmen ['lɛ:mən] *vt* paralyser ▶**vor Schreck wie gelähmt sein** être [comme] paralysé de peur

lahm|legen *vt* (*stilllegen*) paralyser *Wirtschaft, Verkehr*

Lähmung <-, -en> *f* MED paralysie *f*

Laib [laip] <-[e]s, -e> *m bes.* SDEUTSCH **ein ~ Brot/Käse** une miche de pain/une meule de fromage

Laich [laiç] <-[e]s, -e> *m* frai *m*

laichen *vi* frayer

Laie ['laiə] <-n, -n> *m,* **Laiin** *f* ①(*Nichtfachmann*) profane *mf* ②REL laïc *m,* laïque *mf*

laienhaft *adj* de profane

Laienprediger(in) *m(f)* prédicateur(-trice) *m(f)*

Lakai [la'kai] <-en, -en> *m* ①*pej geh* valet *m* ②HIST laquais *m*

Lake <-, -n> *f* saumure *f*

Laken ['la:kən] <-s, -> *nt* drap *m* [de lit]

lakonisch [la'ko:nɪʃ] *adj* laconique

Lakritze <-, -n> *f* réglisse *m o f*

Laktose [lak'to:zə] <-> *f kein Pl* lactose *m*

laktosefrei **I.** *adj* sans lactose **II.** *adv* **sich ~ ernähren** suivre un régime sans lactose; **~ kochen** cuisiner sans lactose

lallen ['lalən] *vt, vi* balbutier

Lama[1] ['la:ma] <-s, -s> *nt* ZOOL lama *m*

Lama[2] ['la:ma] <-[s], -s> *m* REL lama *m*

Lamé, Lamee[RR] [la'me:] <-s, -s> *m* TEXTIL lamé *m*

Lamelle [la'mɛlə] <-, -n> *f einer Jalousie* lame[lle] *f; eines Heizkörpers* ailette *f; eines Pilzhuts* lamelle *f*

lamentieren* [lamɛn'ti:rən] *vi geh* se lamenter; **über etw** (*akk*) **~** se lamenter sur qc; **das Lamentieren** les lamentations *fpl*

Lametta [la'mɛta] <-s> *nt* (*Weihnachtsschmuck*) lamelles *fpl* argentées/dorées

Lamm [lam, *Pl:* 'lɛmɐ] <-[e]s, Lämmer> *nt* agneau *m*
Lammfell *nt* fourrure *f* d'agneau **Lammfleisch** *nt* viande *f* d'agneau **lammfromm** ['lam'frɔm] *adj* ~ **sein** être doux comme un agneau **Lammkeule** *f* gigot *m* d'agneau
Lampe ['lampə] <-, -n> *f* lampe *f*
Lampenfieber *nt* trac *m;* ~ **haben** avoir le trac **Lampenschirm** *m* abat-jour *m inv*
Lampion [lam'pi̯õ] <-s, -s> *m* lampion *m*
LAN [la:n] <-[s], -[s]> *nt Abk von* **local area network** INFORM LAN *m,* réseau *m* local
lancieren* [lã'si:rən] *vt geh* lancer
Land [lant, *Pl:* 'lɛndɐ] <-[e]s, Länder> *nt* ❶ (*Staat*) pays *m* ❷ *kein Pl* (*Festland*) terre *f;* **an ~ gehen** descendre à terre; ~ **in Sicht!** terre!; ~ **unter!** NDEUTSCH terres immergées! ❸ (*Bundesland*) Land *m;* **die 16 Länder** les 16 Länder ❹ *kein Pl* (*Acker*) terrain *m;* **das ~ bebauen** cultiver la terre ❺ *kein Pl* (*ländliche Gegend*) campagne *f;* **auf dem flachen ~** dans le plat pays ▶ ~ **und Leute kennen lernen** apprendre à connaître le pays et ses habitants; **andere Länder, andere Sitten** autres pays, autres mœurs; **das Gelobte ~** la Terre promise; [**wieder**] ~ **sehen** *fam* voir le bout du tunnel; **an ~ ziehen** *fam* décrocher *Job, Auftrag*
Landadel *m* noblesse *f* campagnarde **Landammann** *m* CH président(e) *m(f)* de gouvernement cantonal **Landarbeit** *f kein Pl* travaux *mpl* des champs **Landarbeiter(in)** *m(f)* ouvrier(-ière) *m(f)* agricole **Landbesitz** *m* domaine *m* **Landbevölkerung** *f* population *f* rurale
Landeanflug *m* amorce *f* de l'atterrissage **Landebahn** *f* piste *f* d'atterrissage **Landeerlaubnis** *f* autorisation *f* d'atterrir
landeinwärts [lant'ʔa̯invɛrt̮s] *adv* à l'intérieur des terres
Landeklappe *f* AVIAT volet *m* de freinage
landen ['landən] *vi* + *sein* ❶ *Flugzeug:* atterrir; **auf dem Mond ~** alunir ❷ (*anlegen*) **im Hafen ~** *Schiff:* aborder au port ❸ *fam* (*ankommen*) **zu Hause/im Papierkorb ~** atterrir à la maison/dans la corbeille à papier ▶ **bei jdm nicht ~ können** *fam* n'avoir aucune chance avec qn
Landenge *f* isthme *m*
Landepiste *f* piste *f* d'atterrissage **Landeplatz** *m* terrain *m* d'atterrissage
Ländereien [lɛndə'ra̯iən] *Pl* terres *fpl*
Länderkampf *m* SPORT compétition *f* internationale **Ländersache** *f kein Pl* ADMIN, POL ressort *m* des Länder **Länderspiel** *nt* SPORT rencontre *f* internationale
Landesebene *f* **auf ~** au niveau des Länder **Landesgrenze** *f eines Staats* frontière *f; eines Bundeslandes* limite *f* **Landeshauptmann** *m,* **-frau** *f* A chef *mf* de gouvernement (*d'un Etat fédéré*) **Landeshauptstadt** *f* capitale *f* [d'un Land] **Landesinnere(s)** *nt dekl wie adj* intérieur *m* du pays; (*hinter der Küste*) arrière-pays *m* **Landeskunde** <-> *f* civilisation *f* **Landesrat** <-räte> *m,* **-rätin** *f* A membre *m* d'un gouvernement provincial **Landesrecht** *nt kein Pl* législation *f* du Land **Landesregierung** *f* gouvernement *m* du Land **Landessprache** *f* langue *f* nationale **Landesteil** *m* région *f* **Landestracht** *f* costume *m* national **landesüblich** *adj* d'usage [dans le pays] **Landesverrat** *m* haute trahison *f* **Landeswährung** *f* monnaie *f* nationale; **die Ablösung der ~en** le remplacement des monnaies nationales
Landeverbot *nt* interdiction *f* d'atterrir
Landflucht *f* exode *m* rural **Landfriedensbruch** *m* JUR atteinte *f* à l'ordre public **Landgericht** *nt* JUR ≈ tribunal *m* de grande instance **Landgut** *nt* domaine *m* [rural] **Landhaus** *nt* maison *f* de campagne
Landingpage, Landing-Page ['lɛndɪŋpe:tʃ] <-, -s> *f* INET page *f* d'atterrissage
Landkarte *f* carte *f* géographique **Landkreis** *m* ≈ district *m*
landläufig ['lantlɔyfɪç] *adj* répandu(e); *Bedeutung* communément admis(e)
Landleben *nt* vie *f* à la campagne
ländlich ['lɛntlɪç] *adj Brauch* paysan(ne); *Abgeschiedenheit* de la campagne
Landluft *f* air *m* de la campagne **Landmaschine** *f* machine *f* agricole **Landplage** *f* fléau *m* **Landrat** <-räte> *m* CH Parlement *m* cantonal, Grand-Conseil *m*
Landrat <-räte> *m,* **-rätin** *f* chef *m* [administratif] de district (*sous-préfet/sous-préfète en France*)*;* CH parlementaire *mf* cantonal(e) **Landratte** *f hum fam* éléphant *m* **Landregen** *m* crachin *m*
Landschaft ['lantʃaft] <-, -en> *f* paysage *m;* GEOG région *f*
landschaftlich *adv* ~ **reizvoll sein** offrir un paysage attrayant
Landschaftsgärtner(in) *m(f)* [jardinier(-ière) *m(f)*] paysagiste *mf* **Landschaftsmaler(in)** *m(f)* paysagiste *mf*

Landschaftsschutzgebiet *nt* site *m* protégé
Landsitz *m* domaine *m*
Landsmann ['lantsman] <-leute> *m*, **-männin** *f* compatriote *mf*
Landstraße ['lantʃtra:sə] *f* ≈ [route *f*] départementale *f*; (*untergeordnete Straße*) route *f* secondaire
Landstreicher(in) <-s, -> *m(f)* vagabond(e) *m(f)*
Landstreicherei <-> *f* vagabondage *m*
Landstreitkräfte *Pl* forces *fpl* terrestres
Landstrich *m* contrée *f* **Landtag** *m* (*Parlament*) landtag *m*
Landung <-, -en> *f* ❶ *eines Flugzeugs* atterrissage *m* ❷ MIL *von Truppen* largage *m*; (*per Schiff*) débarquement *m*
Landungsbrücke *f* débarcadère *m*
Landvermessung *f* AGR arpentage *m*
Landweg *m* **auf dem ~** par voie *f* terrestre **Landwein** *m* vin *m* de pays
Landwirt(in) *m(f)* agriculteur(-trice) *m(f)*
Landwirtschaft *f* ❶ *kein Pl* (*Erwerbstätigkeit*) agriculture *f* ❷ (*Betrieb*) exploitation *f* agricole **landwirtschaftlich** *adj Betrieb, Produkt* agricole **Landzunge** *f* langue *f* de terre
lang [laŋ] <länger, längste> **I.** *adj* ❶ (*räumlich ausgedehnt*) long(longue); **ein ~er Weg** un long chemin; **zwei Meter ~ sein** avoir deux mètres de long ❷ (*zeitlich ausgedehnt*) **eine ~e Unterbrechung** une longue interruption; **ein längerer Aufenthalt** un séjour prolongé; **seit ~em** depuis longtemps ❸ *fam* (*groß gewachsen*) grand(e) **II.** *adv* ❶ longtemps; **zu ~ aufbleiben** veiller trop tard; **viele Jahre ~** pendant de nombreuses années; **wie ~ [e] bleibst du?** combien de temps restes-tu? ❷ (*seit einer Weile*) **schon ~ [e]** *warten, fertig sein* depuis longtemps; **es ist ~ [e] her, dass wir uns gesehen haben** ça fait longtemps qu'on s'est vu ❸ (*räumlich ausgedehnt*) **~ gestreckt** *Gebäude* allongé(e) ❹ (*bei weitem*) **~[e] nicht so schlimm sein wie ...** être loin d'être aussi grave que ...; **noch ~e nicht fertig sein** *Person:* être loin d'avoir fini ▶ **~ und breit** en long et en large; **da kannst du ~ [e] warten!** *iron* tu peux toujours attendre!
langärm[e]lig *adj* à manches longues
langatmig *adj pej* qui traîne en longueur
langbeinig *adj Person* aux longues jambes; *Tier* aux longues pattes
lange ['laŋə] <länger, längste> *s.* **lang**
Länge ['lɛŋə] <-, -n> *f* ❶ longueur *f*; **ein Seil von zwei Metern ~** une corde d'une longueur de deux mètres; **der ~ nach** en long ❷ (*Dauer*) durée *f*; **etw in die ~ ziehen** faire traîner qc en longueur; **in voller ~** *zeigen* en version intégrale; *erscheinen* en édition intégrale ❸ GEOG longitude *f* ▶ **der ~ nach hinfallen** tomber de tout son long
langen ['laŋən] **I.** *vi fam* ❶ (*ausreichen*) suffire; **jdm ~** suffire à qn ❷ (*sich erstrecken*) **bis zum Boden ~** *Vorhang:* arriver jusqu'au sol ❸ (*fassen*) **an etw** (*akk*) **~** toucher [à] qc ▶ **mir langt es** j'en ai marre **II.** *vt fam* **jdm etw ~** passer qc à qn ▶ **jdm eine ~** en allonger une à qn
Längengrad *m* degré *m* de longitude
Längenmaß *nt* mesure *f* de longueur
länger ['lɛŋɐ] *Komp von* **lang**
längerfristig *adv* à plus long terme
Langeweile ['laŋəvailə] <-> *f* ennui *m*; **~ haben** s'ennuyer; **aus [lauter] ~ essen** manger par ennui
Langfinger ['laŋfɪŋɐ] *m hum fam* voleur(-euse) *m(f)* à la tire
langfristig *adj, adv* à long terme
lang|gehen *irr + sein fam* **I.** *vi* **am Fluss/an der Bahnlinie ~** longer le fleuve/la voie de chemin de fer **II.** *vi unpers* **da geht's lang** il faut passer par là ▶ **sagen, wo's langgeht** décider de ce qu'il faut faire; **wissen, wo's langgeht** savoir de quoi il retourne
langhaarig *adj Person* aux longs cheveux; *Tier* à poil long **Langhaarige(r)** *f(m) dekl wie adj* homme *m*/femme *f* aux cheveux longs
langjährig *adj Mitarbeiter, Freundschaft* de longue date; *Verhandlungen* de plusieurs années
Langkornreis *m* riz *m* long
Langlauf *m kein Pl* SPORT ski *m* de fond **Langläufer(in)** *m(f)* (*Skilangläufer*) skieur(-euse) *m(f)* de fond
Langlaufski *m* ski *m* de fond
langlebig *adj* ❶ qui vit longtemps; *Grünpflanze* vivace ❷ (*dauerhaft*) durable
Langlebigkeit <-> *f* ❶ *eines Menschen, Tiers* longévité *f* ❷ *fig eines Konsumguts* solidité *f*
länglich ['lɛŋlɪç] *adj* oblong(-longue)
langmütig *adj geh* indulgent(e)
längs [lɛŋs] **I.** *präp + gen* **~ des Kanals** le long du canal **II.** *adv* longitudinalement
Längsachse [-aksə] *f* axe *m* longitudinal
langsam ['laŋza:m] **I.** *adj* ❶ *Person, Bewegung* lent(e) ❷ (*allmählich*) progressif(-ive)

II. *adv* ❶ (*nicht schnell*) lentement ❷ *fam* (*allmählich*) petit à petit; **es ist ~ an der Zeit, dass ...** il serait [bientôt] temps de + *infin*/que ... + *subj* ▶ **~, aber sicher** lentement mais sûrement

Langsamkeit <-> *f* lenteur *f*

Langschläfer(in) *m(f)* lève-tard *mf* (*fam*)

Langspielplatte *f* trente-trois tours *m*

Längsschnitt *m* coupe *f* longitudinale **Längsseite** *f* longueur *f*

längst [lɛŋst] *adv* ❶ (*seit langem*) depuis longtemps ❷ (*bei weitem*) **das ist ~ nicht alles** c'est loin d'être tout

längste(r, s) *Superl von* **lang**

längstens ['lɛŋstəns] *adv* tout au plus

langstielig *adj Pflanze* à longue tige; *Glas* à long pied

Langstreckenflug *m* vol *m* long-courrier **Langstreckenflugzeug** *nt* long-courrier *m* **Langstreckenlauf** *m* course *f* de fond

Languste [laŋ'gʊstə] <-, -n> *f* langouste *f*

langweilen ['laŋvailən] **I.** *vt* ennuyer **II.** *vr* **sich ~** s'ennuyer; **sich zu Tode ~** *fam* s'ennuyer comme un rat mort

Langweiler(in) <-s, -> *m(f) pej fam* ❶ raseur(-euse) *m(f)* ❷ (*langsamer Mensch*) lambin(e) *m(f)*

langweilig ['laŋvailɪç] *adj* ennuyeux(-euse)

Langwelle *f* grandes ondes *fpl*

langwierig ['laŋviːrɪç] *adj* de longue haleine

Langzeitarbeitslose(r) *f(m) dekl wie adj* chômeur(-euse) *m(f)* de longue durée **Langzeitgedächtnis** *nt* mémoire *f* longue **Langzeitstudent(in)** *m(f) étudiant(e) dont la durée des études dépasse celle prévue par le règlement des études* **Langzeitstudie** *f* étude *f* à long terme

Lanolin [lano'liːn] <-s> *nt* lanoline *f*

LAN-Party *f* INFORM LAN-party *f*

Lanze ['lantsə] <-, -n> *f* lance *f* ▶ **für jdn eine ~ brechen** *geh* prendre fait et cause pour qn

lapidar [lapi'daːɐ] *geh adj* lapidaire

Lappalie [la'paːliə] <-, -n> *f* broutille *f*

Lappe ['lapə] <-n, -n> *m*, **Lappin** *f* Lapon(e) *m(f)*

Lappen ['lapən] <-s, -> *m* ❶ chiffon *m* ❷ *fam* (*Banknote*) biffeton *m* ▶ **jdm durch die ~ gehen** *fam Täter:* filer entre les pattes de qn; *Auftrag:* passer sous le nez de qn

läppern ['lɛpɐn] *vr unpers fam* **das** [*o* **es**] **läppert sich** ça finit par faire [pas mal]

Lappin ['lapɪn] *s.* **Lappe**

läppisch ['lɛpɪʃ] *pej adj* ❶ (*albern*) puéril(e) ❷ (*gering*) ridicule

Lappland ['laplant] <-s> *nt* la Laponie

Lapsus ['lapsʊs, *Pl:* 'lapsuːs] <-, -> *m geh* lapsus *m;* **einen ~ begehen** faire un lapsus

Laptop ['lɛptɔp] <-s, -s> *m* [ordinateur *m*] portable *m*

Lärche ['lɛrçə] <-, -n> *f* mélèze *m*

Larifari [lari'faːri] <-s> *nt pej fam* blabla[bla] *m*

Lärm [lɛrm] <-[e]s> *m* bruit *m;* **~ machen** faire du bruit ▶ **viel ~ um nichts machen** faire beaucoup de bruit pour rien

Lärmbekämpfung *f* lutte *f* antibruit **Lärmbelästigung** *f,* **Lärmbelastung** *f* nuisances *fpl* sonores; **die ~ durch den Straßenverkehr** la gêne causée par le bruit de la circulation **lärmempfindlich** *adj* sensible au bruit

lärmen ['lɛrmən] *vi* faire du bruit; **~d** bruyant(e)

Lärmpegel *m* niveau *m* sonore **Lärmschutz** *m* protection *f* antibruit

Larve ['larfə] <-, -n> *f* ❶ larve *f* ❷ (*Halbmaske*) loup *m*

las [laːs] *Imp von* **lesen**

Lasagne [la'zanjə] *Pl* lasagne[s] *fpl*

lasch [laʃ] *fam adj* ❶ *Händedruck* mou(molle) ❷ (*nachlässig*) relâché(e) ❸ (*fade*) fadasse

Lasche ['laʃə] <-, -n> *f eines Umschlags, einer Tasche* rabat *m; eines Kleids* patte *f*

Laschi ['laʃi] *m fam* (*lasche Person*) mollusque *m* (*fig*)

Laser ['leɪzɐ] <-s, -> *m* laser *m*

Laserdrucker *m* imprimante *f* [à] laser **Laserstrahl** *m* rayon *m* laser

lasieren* [la'ziːrən] *vt* [**etw**] **~** enduire [qc] d'une lasure

lassen ['lasən] **I.** <lässt, ließ, gelassen> *vt* ❶ (*unterlassen*) arrêter; **ich kann es einfach nicht ~** c'est plus fort que moi; **lass das!** arrête! ❷ (*zurücklassen*) **die Kinder allein ~** laisser les enfants seuls; **seinen Mantel im Restaurant hängen/liegen ~** laisser son manteau au restaurant; **den Wagen stehen ~** ne pas prendre la voiture ❸ (*zugestehen*) **jdm seinen Freiraum ~** laisser à qn sa liberté d'action; **jdn ~** (*nicht stören*) laisser qn [tranquille]; (*gewähren lassen*) laisser faire qn ❹ (*irgendwohin lassen*) **jdn ins Haus ~** laisser qn entrer dans la maison; **Wasser in die Wanne ~** faire couler de l'eau dans la baignoire ❺ (*in einem Zustand belassen*) **etw liegen ~** (*unerledigt*) laisser qc en attente; **die Tür offen ~** laisser la porte ouverte;

L

lass die Vase bitte stehen! ne touche pas au vase!; **den Schlüssel in der Tür stecken ~** laisser la clé sur la porte; **wir sollten nichts unversucht ~** nous devrions tout essayer ⑥ (*nicht anrühren*) **stehen ~** ne pas toucher à *Essen, Getränk;* **du kannst deinen Geldbeutel stecken ~!** laisse, c'est pour moi! ▶**jdn hängen ~** *fam* laisser tomber qn; **sich hängen ~** *fam* se laisser aller; **alles stehen und liegen ~** laisser tout en plan; **das muss man ihr/ihm ~** il faut lui rendre cette justice **II.** <lässt, ließ, -> *aux modal* ① (*dulden, zulassen*) **die Kinder nicht fernsehen ~** ne pas permettre aux enfants de regarder la télé; **ich lasse mich nicht zwingen!** on ne me forcera pas!; **das lasse ich nicht mit mir machen!** je ne marche pas! ② (*veranlassen*) **jdn warten ~** faire attendre qn; **sich untersuchen ~** se faire examiner; **sich scheiden ~** divorcer; **etw reparieren ~** faire réparer qc; **jdn etw wissen ~** faire savoir qc à qn; **den Tee drei Minuten ziehen ~** laisser le thé infuser trois minutes ③ (*Möglichkeit*) **das Fenster lässt sich öffnen** on peut ouvrir la fenêtre; **das lässt sich machen** c'est faisable; **das lässt sich essen** ça se laisse manger; **es wird sich kaum vermeiden ~, dass** il est pratiquement inévitable que + *subj* ④ (*Aufforderung*) **lass uns/lasst uns gehen!** allons-nous en!; **lasset uns beten!** prions!; **lass dich hier nie wieder blicken!** et ne te montre plus jamais ici! **III.** <lässt, ließ, gelassen> *vi* **von jdm/etw ~** renoncer à qn/qc; **lass/lasst mal!** laisse/laissez donc!

lässig ['lɛsɪç] **I.** *adj* décontracté(e) **II.** *adv* ① (*ungezwungen*) en toute décontraction ② *fam* (*mit Leichtigkeit*) les doigts dans le nez

Lässigkeit <-> *f* ① (*Ungezwungenheit*) décontraction *f* ② (*Leichtigkeit*) facilité *f*

Lasso ['laso] <-s, -s> *nt o m* lasso *m*

lässt[RR], **läßt**[ALT] [lɛst] *3. Pers Präs von* **lassen**

Last [last] <-, -en> *f* ① (*schweres Gewicht*) charge *f*, poids *m* ② (*Transportlast, Bürde*) charge *f;* **jdm zur ~ fallen** devenir une charge pour qn ③ *Pl* (*finanzielle Verpflichtung*) charges *fpl* ▶**zu jds ~en gehen** être à la charge de qn; **jdm etw zur ~ legen** mettre qc sur le dos de qn

lasten ['lastən] *vi* ① **auf jdm ~** *Verantwortung:* reposer sur [les épaules de] qn; *Sorgen:* peser sur qn ② (*finanziell belasten*) **auf etw** (*dat*) **~** grever qc

Lastenaufzug *m* monte-charge *m* **Lastenverteilung** *f* répartition *f* des charges

Laster[1] ['lastɐ] <-s, -> *m fam* gros-cul *m* (*fam*), camion *m*

Laster[2] ['lastɐ] <-s, -> *nt* (*Untugend*) vice *m*

Lästerer ['lɛstərɐ] <-s, -> *m*, **Lästerin** *f* mauvaise langue *f;* **du bist ein unverbesserlicher ~!** il faut toujours que tu critiques tout!

lasterhaft *adj geh* débauché(e); *Leben* dissolu(e)

lästerlich *adj* médisant(e)

Lästermaul *m fam s.* **Lästerer, Lästerin**

lästern ['lɛstɐn] *vi* dénigrer; **über jdn/etw ~** dénigrer qn/qc

lästig ['lɛstɪç] *adj Person* importun(e) (*soutenu*); *Erkrankung, Schmerzen* pénible; *Fliegen* agaçant(e); **jdm ~ sein** agacer qn

Lastkahn *m* péniche *f* **Lastkraftwagen** *s.* **Lastwagen**

Last-Minute-Flug ['la:st'mɪnɪt-] *m* vol *m* de dernière minute **Last-Minute-Reise** *f* voyage *m* de dernière minute

Lastschrift *f* avis *m* de débit

Lastschriftverfahren *nt* système *m* de recouvrement direct

Lastwagen *m* camion *m*

Lastwagenfahrer(in) *m(f)* camionneur(-euse) *m(f);* (*Fernfahrer*) routier *m*

Lastzug *m* semi-remorque *m*

Lasur [la'zu:ɐ̯] <-, -en> *f* lasure *f*

lasziv [las'tsi:f] *adj* lascif(-ive)

Latein [la'tain] <-s> *nt kein Art* latin *m* ▶**mit seinem ~ am Ende sein** ne plus savoir quoi essayer; *s. a.* **Deutsch**

Lateinamerika *nt* l'Amérique *f* latine **lateinamerikanisch** *adj* latino-américain(e)

lateinisch **I.** *adj* latin(e); *Vokabeln* de latin; *Inschrift* en latin **II.** *adv* **~ miteinander sprechen** discuter en latin; *s. a.* **deutsch**

Lateinisch *nt kein Art* latin *m; s. a.* **Deutsch**

latent *adj* latent

Laterne [la'tɛrnə] <-, -n> *f* ① (*Straßenlaterne*) réverbère *m* ② (*Außenleuchte*) lanterne *f*

Laternenpfahl *m* colonne *f* de réverbère

Latex ['la:tɛks, *Pl:* 'la:titse:s] <-, Latizes> *m* latex *m*

Latinum [la'ti:nʊm] <-s> *nt diplôme d'étude du latin*

Latrine [la'tri:nə] <-, -n> *f* latrines *fpl*

latschen ['la:tʃən] *vi + sein fam* **über die Straße ~** traverser la rue en traînassant; **über ein Beet ~** piétiner une plate-bande

Latschen ['laːtʃən] <-s, -> *m fam* ❶ (*Hausschuh*) savate *f* ❷ *pej* (*Schuh*) grolle *f* ▶ **aus den ~ kippen** tomber dans les pommes
Latschenkiefer *f* pin *m* de montagne
Latte ['latə] <-, -n> *f* ❶ (*Holzleiste*) latte *f* ❷ SPORT barre *f*; (*am Tor*) barre *f* [transversale] ❸ *fam* (*Menge*) **eine ganze ~ von Fragen** tout un paquet de questions ❹ *fam* (*Erektion*) trique *f*
Lattenkiste *f* caisse *f* à claire-voie **Lattenrost** *m* sommier *m* à lattes **Lattenzaun** *m* palissade *f*
Lattich ['latɪç] <-s, -e> *m* BOT laitue *f* [sauvage]
Latz [lats, *Pl:* 'lɛtsə] <-es, Lätze *o* A -e> *m* (*Kinderlatz, Hosenlatz*) bavette *f*
Lätzchen ['lɛtsçən] <-s, -> *nt Dim von* **Latz** bavette *f*
Latzhose *f* salopette *f*
lau [lau] *adj* tiède
Laub [laup] <-[e]s> *nt* (*Belaubung*) feuillage *m*; (*abgefallene Blätter*) feuilles *fpl* mortes
Laubbaum *m* arbre *m* feuillu
Laube ['laubə] <-, -n> *f* tonnelle *f*
Laubfrosch *m* rainette *f* [verte] **Laubsäge** *f* scie *f* à chantourner **Laubwald** *m* forêt *f* de feuillus
Lauch [laux] <-[e]s, -e> *m* poireau *m*
Lauer ['lauɐ] ▶ **auf der ~ liegen** être à l'affût
lauern *vi* guetter; **auf jdn/etw ~** guetter qn/qc; **darauf ~, dass** guetter le moment où
Lauf [lauf, *Pl:* 'lɔyfə] <-[e]s, Läufe> *m* ❶ *kein Pl* (*das Laufen*) course *f*; (*das Joggen*) footing *m* ❷ *kein Pl* (*Flusslauf*) cours *m* ❸ (*Gewehrlauf*) canon *m* ❹ (*Bein*) *eines Hirsches, Hasen* patte *f* ❺ (*Verlauf*) cours *m*; **im ~e des Gesprächs/der Jahre** au cours de la conversation/au fil des ans; **seinen ~ nehmen** suivre son cours; **seiner Fantasie freien ~ lassen** laisser libre cours à son imagination
Laufbahn *f* carrière *f* **Laufband** <-bänder> *nt* SPORT tapis *m* de course **Laufbursche** *m pej* (*Lakai*) larbin *m*
laufen ['laufən] <läuft, lief, gelaufen> **I.** *vi* + *sein* ❶ (*rennen*) courir; **nach Hause ~** courir à la maison ❷ *fam* (*gehen*) **zu seiner Mutter ~** courir chez sa mère ❸ (*zu Fuß gehen*) marcher ❹ (*fließen*) *Flüssigkeit:* couler; (*auslaufen*) s'écouler; **Wasser in die Badewanne ~ lassen** faire couler de l'eau dans la baignoire ❺ (*funktionieren*) *Getriebe, Motor:* tourner; *Uhr, Computerprogramm, Gerät:* marcher; (*eingeschaltet sein*) être en marche ❻ (*gespielt, gezeigt werden*) passer ❼ (*gültig sein*) *Abkommen:* être en cours de validité; **drei Jahre ~** *Vertrag:* être valable trois ans ❽ (*verlaufen*) **ums Haus herum ~** *Weg:* faire le tour de la maison ❾ (*geführt werden*) **unter [der Bezeichnung] Sonstiges ~** se trouver dans la rubrique autres ❿ (*ablaufen*) **gut/bestens ~** se passer bien/pour le mieux; **wie läuft es in der Firma?** comment ça va dans l'entreprise? ▶ **jdn ~ lassen** *fam* laisser filer qn; **gelaufen sein** *fam* être fini **II.** *vt* + *haben o sein* ❶ SPORT établir *Rekord;* **hundert Meter in zwölf Sekunden ~** courir cent mètres en douze secondes ❷ (*fahren*) **Schlittschuh/Ski ~** faire du patin à glace/du ski **III.** *vr unpers* + *haben* **in diesen Schuhen läuft es sich gut** on marche bien dans ces chaussures
laufend **I.** *adj attr* ❶ (*gegenwärtig*) en cours ❷ *Arbeiten* en cours; *Ausgaben* courant(e) ▶ **jdn auf dem Laufenden halten** tenir qn au courant; **mit etw auf dem Laufenden sein** être à jour dans qc **II.** *adv* sans arrêt
laufen|lassen *s.* **laufen I.** ▶
Läufer ['lɔyfɐ] <-s, -> *m* ❶ coureur *m* ❷ (*Schachfigur*) fou *m* ❸ (*Teppich*) tapis *m* de couloir
Lauferei [laufə'rai] <-, -en> *f pej fam* cavalcades *fpl;* **ich habe die ganze ~ satt** j'en ai assez de cavaler partout
Läuferin <-, -nen> *f* coureuse *f*
Lauffeuer ▶ **sich wie ein ~ verbreiten** *fam* se répandre comme une traînée de poudre
läufig ['lɔyfɪç] *adj* en chaleur
Laufmasche *f* maille *f* filée **Laufpass**RR ▶ **jdm den ~ geben** *fam* plaquer qn **Laufschritt** *m* **im ~** au pas de gymnastique **Laufstall** *m* parc *m* **Laufsteg** *m* podium *m*
läuft [lɔyft] *3. Pers Präs von* **laufen**
Laufwerk *nt* INFORM (*Diskettenlaufwerk*) lecteur *m* de disquettes; (*CD-ROM-Laufwerk*) lecteur de CD-ROM **Laufzeit** *f eines Vertrags* durée *f* de validité; *eines Kredits* durée **Laufzettel** *m* fiche *f* de contrôle
Lauge ['laugə] <-, -n> *f* ❶ (*Seifenlauge*) lessive *f* ❷ (*Salzlauge*) saumure *f* ❸ CHEM solution *f* alcaline
Laugenbrezel *f* bretzel *m*
Lauheit ['lauhait] <-> *f* tiédeur *f*

L

Laune ['launə] <-, -n> *f* ❶ (*Stimmung*) humeur *f*; **gute/schlechte ~ haben** être de bonne/de mauvaise humeur; **seine ~ an jdm auslassen** passer sa mauvaise humeur sur qn; **jdn bei ~ halten** *fam* entretenir qn dans de bonnes dispositions ❷ (*abwegige Idee*) lubie *f*; **etw aus einer ~ heraus tun** faire qc sur un coup de tête
launenhaft *adj Person* lunatique; *Wetter* instable
Launenhaftigkeit <-> *f* ❶ *einer Person* caractère *m* lunatique ❷ (*Wechselhaftigkeit*) instabilité *f*
launig ['launıç] *adj* amusant(e)
launisch ['launıʃ] *s.* **launenhaft**
Laus [laus, *Pl:* 'lɔyzə] <-, Läuse> *f* ❶ (*Kopflaus*) pou *m* ❷ (*Blattlaus*) puceron *m* ▶ **jdm ist eine ~ über die Leber gelaufen** *fam* qn s'est levé(e) de mauvais poil
Lauschaktion *f* mise *f* sur écoute **Lauschangriff** *m* écoute *f* sauvage
lauschen ['lauʃən] *vi* ❶ (*heimlich zuhören*) écouter [en cachette]; **an der Tür ~** écouter à la porte ❷ (*zuhören*) **dem Flötenspiel ~** écouter le son de la flûte
Lauscher ['lauʃɐ] <-s, -> *m* ❶ espion *m* ❷ JAGD oreille *f*
lauschig ['lauʃıç] *adj* cosy
lausen ['lauzən] *vt* épouiller; **jdn/sich ~** épouiller qn/s'épouiller
lausig *fam adj* ❶ (*schlecht*) minable; *Kälte* de canard ❷ (*lächerlich*) **~e hundert Euro** cent misérables euros
laut[1] [laut] *adj* ❶ fort(e); *Straße, Krachen* [très] bruyant(e); **ein ~es Lachen** un rire sonore; **das Radio ~er stellen** mettre la radio plus fort; **~ werden** *Person:* hausser le ton; (*aufbrausen*) monter sur ses grands chevaux ❷ (*publik*) **~ werden** *Vermutung:* s'ébruiter; *Verdacht:* transpirer
laut[2] [laut] *präp + dat o gen* selon
Laut <-[e]s, -e> *m* (*Ton*) son *m*; **keinen ~ von sich geben** ne pas faire le moindre bruit
Laute <-, -n> *f* luth *m*
lauten *vi* ❶ (*zum Inhalt haben*) **der Titel lautet ...** le titre est ...; **gleich ~d** *Angaben, Aussagen* concordant ❷ (*ausgestellt sein*) **auf seinen/ihren Namen ~** être établi à son nom
läuten ['lɔytən] *vi* sonner; **es läutet** on sonne; SCHULE ça sonne ▶ **jd hat etwas ~ hören** *fam* qn a vaguement entendu parler de quelque chose
lauter ['lautɐ] **I.** *adj geh* (*aufrichtig*) probe **II.** *adv* ❶ (*nichts als*) **~ Nieten ziehen** ne tirer [rien d'autre] que des numéros perdants ❷ (*viel zu viel*) **vor ~ Dampf sieht man nichts mehr** il y a tellement de vapeur qu'on n'y voit plus rien
Lauterkeit <-> *f geh eines Menschen* probité *f*
läutern ['lɔytɐn] *vt geh* **jdn ~** *Schicksal:* amender qn
Läuterung <-, -en> *f geh* **eine Zeit der ~** une époque qui a permis d'amender son/ton/... caractère
Läutewerk *nt* sonnerie *f*
lauthals ['lauthals] *adv* haut et fort
Lautlehre *f kein Pl* phonétique *f*
lautlich ['lautlıç] *adj* phonétique
lautlos ['lautlo:s] **I.** *adj* silencieux(-euse) **II.** *adv* sans bruit, silencieusement
Lautmalerei [lautma:lə'rai] *f* onomatopée *f* **Lautschrift** *f* écriture *f* phonétique **Lautsprecher** *m* haut-parleur *m*; (*Lautsprecheranlage*) enceintes *fpl*
Lautsprecherbox *f* baffle *m* **Lautsprecherdurchsage** *f* annonce *f* par haut-parleur
lautstark *adj* bruyant(e) **Lautstärke** *f* son *m*, volume *m* [sonore]; **bei voller ~** à fond **Lautverschiebung** *f* LING mutation *f* consonantique
Läutwerk *nt* sonnerie *f*
lauwarm ['lauvarm] *adj* tiède
Lava ['la:va] <-, Laven> *f* lave *f*
Lavabo [la'va:bo, 'la:vabo] <-[s], -s> *nt* CH lavabo *m*
Lavendel [la'vɛndəl] <-s, -> *m* lavande *f*
Lavendelöl *nt* essence *f* de lavande
lavieren* [la'vi:rən] *vi a. fig* louvoyer
Lawine [la'vi:nə] <-, -n> *f* avalanche *f* ▶ **eine ~ lostreten** déclencher une réaction en chaîne
lawinenartig **I.** *adj* inexorable **II.** *adv* inexorablement; **~ anschwellen** faire boule de neige
Lawinengefahr *f* danger *m* d'avalanche
lax [laks] *adj* laxiste
Laxheit <-> *f* laxisme *m*
Layout, Lay-out[RR] [le:'ʔaut, 'le:ʔaut] <-s, -s> *nt* mise *f* en page
Lazarett [latsa'rɛt] <-[e]s, -e> *nt* hôpital *m* militaire
LCD [ɛltse:'de:] <-s, -s> *nt Abk von* **liquid crystal display** LCD *m*
LCD-Bildschirm [ɛltse:'de:-] *m* écran *m* LCD **LCD-Fernseher** *m* téléviseur *m* [à écran] LCD
leasen ['li:zən] *vt* acheter en leasing; **etw ~** acheter qc en leasing

Leasing ['li:zɪŋ] <-s, -s> *nt* leasing *m*

Lebemann <-männer> *m pej* noceur *m* (*fam*)

leben ['le:bən] *vi* vivre; **glücklich/gesund ~** vivre heureux(-euse)/sainement; **allein/in Köln ~** vivre seul(e)/à Cologne; **Gott sei Dank, er lebt [noch]!** Dieu soit loué, il est encore en vie!; **lang lebe die Königin!** longue vie à la reine! ▶ **leb[e] wohl!** adieu!; **mit etw ~ können** s'accommoder de qc

Leben ['le:bən] <-s, -> *nt* ❶ vie *f;* **am ~ sein** être en vie; **jdm das ~ retten** sauver la vie à qn; **mit dem ~ davonkommen** s'en tirer; **bei etw ums ~ kommen** trouver la mort lors de/pendant qc; **sich** (*dat*) **das ~ nehmen** mettre fin à ses jours; **es geht um ~ und Tod** c'est une question de vie ou de mort ❷ (*Lebensbedingungen, -dauer*) existence *f,* vie *f;* **jdm/sich das ~ schwer machen** mener la vie dure à qn/se compliquer la vie; **zeit meines/seines/... ~s** toute ma/sa/... vie ▶ **das ewige ~** la vie éternelle; **etw für sein ~ gern tun** adorer faire qc; **nie im ~** jamais de la vie; **das öffentliche ~** la vie publique; **um sein ~ laufen** courir avec la mort à ses trousses; **etw ins ~ rufen** donner naissance à qc; **sich mit etw durchs ~ schlagen** survivre tant bien que mal en faisant qc

lebend I. *adj* vivant(e); *Virus* actif(-ive) II. *adv* vif(vive)

Lebendgewicht *nt kein Pl* poids *m* vif

lebendig [le'bɛndɪç] I. *adj* (*lebend, anschaulich*) vivant(e); (*gegenwärtig*) vivace; **wieder ~ werden** *Organismus:* revenir à la vie; *Erinnerungen:* resurgir du passé II. *adv begraben* vivant(e); *verbrennen* vif(vive)

Lebendigkeit <-> *f* vivacité *f;* (*Anschaulichkeit*) vie *f*

Lebensabend *m* soir *m* de la vie **Lebensabschnitt** *m* période *f* de la vie **Lebensalter** *nt* âge *m* **Lebensaufgabe** *f* tâche *f* de toute une vie; **sich** (*dat*) **etw zur ~ machen** consacrer [toute] sa vie à qc **Lebensbedingungen** *Pl* conditions *fpl* de vie **lebensbejahend** *adj* PSYCH qui dit oui à la vie **Lebensdauer** *f* longévité *f; eines Geräts* durée *f* de vie **Lebensende** *nt kein Pl* fin *f;* **bis ans ~** jusqu'à ma/sa/... mort **Lebenserfahrung** *f* expérience *f* de la vie **Lebenserwartung** *f* espérance *f* de vie **lebensfähig** *adj* viable **Lebensfähigkeit** *f kein Pl* viabilité *f* **Lebensform** *f* ❶ (*Lebensweise*) mode *m* de vie ❷ BIO forme *f* de vie **Lebensfreude** *f kein Pl* joie *f* de vivre **lebensfroh** *adj* **~ sein** respirer la joie de vivre **Lebensgefahr** *f* **in ~ sein** être en danger de mort; **außer ~ sein** être hors de danger; **~!** danger de mort! **lebensgefährlich** I. *adj Erkrankung* pouvant être mortel; *Verletzung* présentant des risques vitaux II. *adv* **er ist ~ verletzt** ses blessures peuvent lui être fatales **Lebensgefährte** *m,* **-gefährtin** *f* compagnon *m*/compagne *f* **Lebensgefühl** *nt kein Pl* façon *f* d'aborder l'existence **Lebensgemeinschaft** *f* ❶ (*Zusammenleben*) communauté *f* de vie ❷ BIO biocénose *f* **Lebensgeschichte** *f kein Pl* **seine/ihre ~** [l'histoire *f* de] sa vie; **seine ganze ~ erzählen** raconter toute sa vie **Lebensgröße** *f* **in ~** grandeur *f* nature ▶ **in [voller] ~ dastehen** *hum fam* être là en chair et en os **Lebensgrundlage** *f* moyens *mpl* de subsistance **Lebenshaltung** *f kein Pl* **die ~ wird immer teurer** la vie est de plus en plus chère

Lebenshaltungskosten *Pl* ÖKON coût *m* de la vie

Lebensinhalt *m* but *m* dans la vie; **Fernsehen ist sein [ganzer] ~** la télé, c'est toute sa vie **Lebensjahr** *nt* année *f* de vie; **vor/nach Vollendung des sechsten ~s** avant d'avoir six ans/à six ans révolus **Lebenskraft** *f kein Pl* vitalité *f;* **voller ~ sein** être plein de vie **Lebenskünstler(in)** *m(f)* bon vivant *m* **Lebenslage** *f* circonstance *f* [de la vie]; **in allen ~n** en toutes circonstances **lebenslang** ['le:bənslaŋ] I. *adj Verpflichtung* à vie; *Haft* à perpétuité II. *adv* toute sa/ma/... vie

lebenslänglich ['le:bənslɛŋlɪç] *adj, adv* à vie

Lebenslauf *m* curriculum *m* [vitæ] **Lebenslust** *f s.* **Lebensfreude** **lebenslustig** *s.* **lebensfroh** **Lebensmittel** *nt meist Pl* denrées *fpl* alimentaires

Lebensmittelabteilung *f* rayon *m* [de l']alimentation **Lebensmittelallergie** *f* allergie *f* alimentaire **Lebensmittelgeschäft** *nt* épicerie *f* **Lebensmittelhändler(in)** *m(f)* épicier(-ière) *m(f)* **Lebensmittelladen** *m* épicerie *f,* magasin *m* d'alimentation **Lebensmittelvergiftung** *f* intoxication *f* alimentaire

lebensmüde *adj* suicidaire; **du bist wohl ~!** *fam* t'as des envies de suicide ou quoi? **lebensnotwendig** *s.* **lebenswichtig** **Lebenspartnerschaft** *f* concu-

L

binage *m;* **eingetragene** ~ concubinage notoire **Lebensraum** *m* ① *kein Pl* espace *m* vital ② ÖKOL biotope *m* **Lebensretter(in)** *m(f)* sauveteur(-euse) *m(f)* **Lebensstandard** *m kein Pl* niveau *m* de vie **Lebensstil** *m* style *m* de vie **Lebensunterhalt** *m kein Pl* subsistance *f;* **seinen ~ verdienen** subvenir à ses besoins **Lebensverlängerung** *f* ① MED (*Hinauszögern des Sterbens*) fait *m* de garder un(e) malade en vie; **~ mit allen Mitteln** acharnement *m* thérapeutique ② (*längeres Leben*) prolongation *f* de la vie **Lebensversicherung** *f* assurance *f* [sur la] vie **Lebenswandel** *m kein Pl* mode *m* de vie; **einen zweifelhaften ~ führen** mener une vie douteuse **Lebensweg** *m geh* **alles Gute für Ihren weiteren ~!** bonne chance pour l'avenir! **Lebensweise** *f* mode *m* de vie **Lebenswerk** *nt* œuvre *f* d'une [*o* de toute une] vie; **sein ~** l'œuvre de sa vie **lebenswert** *adj* qui vaut d'être vécu(e) **lebenswichtig** *adj* vital(e); *Nahrungsmittel* de première nécessité **Lebenszeichen** *nt* signe *m* de vie; **ein/kein ~ von sich geben** donner/ne plus donner signe de vie **Lebenszeit** *f kein Pl* durée *f* de vie

L

Leber ['le:bɐ] <-, -n> *f* foie *m* ▶ **frisch von der ~ weg** *fam* sans y aller par quatre chemins

Leberfleck *m* grain *m* de beauté **Leberkäs[e]** *m préparation de chair à saucisse traditionnelle dans le Sud de l'Allemagne*

Leberkäsebrötchen *nt sandwich à la chair à saucisse*

Leberkranke(r) *f(m) dekl wie adj* hépatique *mf* **Leberpastete** *f* pâté *m* de foie **Lebertran** *m* huile *f* de foie de morue **Leberwert** *m* taux *m* hépatique **Leberwurst** *f* pâté *m* de foie (*sous forme de saucisson*) ▶ **die beleidigte ~ spielen** *fam* faire du boudin

Lebewesen *nt* être *m* vivant; BIO organisme *m* **Lebewohl** ['le:bə'vo:l] <-[e]s, -s *o geh* -e> *nt geh* adieu *m;* **jdm ~ sagen** dire adieu à qn

lebhaft **I.** *adj* ① (*temperamentvoll, angeregt*) vif(vive); *Person* plein(e) de vie ② *Verkehr, Treiben* intense ③ *Erinnerung* vivace **II.** *adv bedauern* vivement; *sich vorstellen* très clairement

Lebhaftigkeit <-> *f* vivacité *f*

Lebkuchen ['le:pku:xən] *m* pain *m* d'épice

leblos *adj* sans vie; *Augen, Gesicht* dépourvu(e) d'expression

Lebzeiten ▶ **zu ~** de son/leur/... vivant

lechzen ['lɛçtsən] *vi geh* **nach Wasser/Anerkennung ~** avoir un besoin impérieux d'eau/être assoiffé de reconnaissance

leck [lɛk] *adj Boot* qui fait eau; *Behälter, Leitung* qui fuit

Leck <-[e]s, -s> *nt eines Schiffs* voie *f* d'eau; *eines Behälters, einer Leitung* fuite *f*

lecken ['lɛkən] **I.** *vi* ① **an jdm/etw ~** lécher qn/qc ② *Schiff:* faire eau; *Behälter, Leitung:* fuir **II.** *vt* lécher; sucer *Eis* **III.** *vr* **sich ~** se lécher

lecker ['lɛkɐ] *adj* délicieux(-euse)

Leckerbissen *m a. fig* régal *m*

leck|schlagen *vi irr + sein* faire eau

LED [ɛlʔe:'de:] <-, -s> *f Abk von* **light emitting diode** LED *m,* DEL *m*

Leder ['le:dɐ] <-s, -> *nt* ① (*Tierhaut*) cuir *m* ② (*Ledertuch*) peau *f* ③ *fam* (*Fußball*) balle *f*

Lederhose *f* pantalon *m* de cuir; (*Trachtenhose*) culotte *f* de peau **Lederjacke** *f* veste *f* en cuir

ledern ['le:dɐn] *adj* en cuir

Ledersohle *f* semelle *f* en cuir **Ledertuch** *nt* peau *f* de chamois **Lederwaren** *Pl* articles *mpl* de maroquinerie

ledig ['le:dɪç] *adj* ① (*unverheiratet*) célibataire ② (*frei*) **einer Verantwortung** (*gen*) **~ sein** être libéré d'une responsabilité

lediglich ['le:dɪklɪç] *adv geh* juste

Lee [le:] <-> *f* NAUT côté *m* sous le vent

leer [le:ɐ̯] **I.** *adj* vide; *Seite* blanc(blanche) **II.** *adv* **~ stehend** *Wohnung:* inoccupé(e); **etw ~ essen/trinken** vider qc ▶ **bei etw ~ ausgehen** repartir les mains vides lors de qc

Leere ['le:rə] <-> *f* vide *m;* **eine gähnende ~** un vide total

leeren ['le:rən] *vt* ① (*leer machen*) vider; faire la levée de *Briefkasten* ② (*ausleeren*) **etw in etw** (*akk*) ~ vider qc dans qc

Leergewicht *nt eines Fahrzeugs* poids *m* à vide **Leergut** *nt kein Pl* bouteilles *fpl* consignées **Leerlauf** *m* ① *eines Motors* point *m* mort ② *fig* temps *mpl* morts

leerstehend *s.* **leer II.**

Leerstelle *f* TYP, INFORM espace *m* **Leertaste** *f* INFORM touche *f* "espace"

Leerung <-, -en> *f* ① (*das Entleeren*) **die ~ der Mülltonnen erfolgt dienstags** les poubelles sont vidées tous les mardis ② (*das Leeren*) *eines Postkastens* levée *f*

Leerzeichen *nt* espace *f* **Leerzeile** *f* interligne *m*

Lefze ['lɛftsə] <-, -n> *f meist Pl* babines *fpl*

legal [le'ga:l] *adj* légal(e)

legalisieren* [legali'zi:rən] *vt* légaliser
Legalität [legali'tɛ:t] <-> *f* légalité *f;* **außerhalb der ~** en dehors de toute légalité
Legasthenie [legaste'ni:] <-, -i̯en> *f* dyslexie *f*
Legastheniker(in) [legas'te:nɪkɐ] <-s, -> *m(f)* dyslexique *mf*
legasthenisch [legas'te:nɪʃ] *adj* dyslexique
Legat [le'ga:t] <-en, -en> *m* ECCL légat *m*
legen ['le:gən] I. *vt* ❶ (*hinlegen*) **etw auf den Tisch ~** [dé]poser qc sur la table ❷ (*betten*) **jdn ins Bett ~** allonger qn dans le lit ❸ (*einlegen*) **etw in Öl** (*akk*) **~** mettre qc à tremper dans l'huile ❹ (*verlegen*) poser II. *vr* ❶ (*hinlegen*) **sich in die Badewanne ~** s'allonger dans la baignoire; **sich ins Bett ~** se mettre au lit ❷ (*sich senken auf*) **sich auf etw** (*akk*) **~** *Staub:* se déposer sur qc ❸ (*nachlassen*) **sich ~** *Sturm:* s'apaiser; *Wind:* tomber; *Begeisterung, Wut:* retomber
legendär [legɛn'dɛ:ɐ̯] *adj* légendaire
Legende [le'gɛndə] <-, -n> *f* ❶ (*Heiligenlegende, Zeichenerklärung*) légende *f* ❷ (*Lügenmärchen*) mythe *m*
leger [le'ʒe:ɐ̯] *adj* décontracté(e)
Leggings ['lɛgɪŋs] *Pl* caleçon *m;* SPORT collant *m*
legieren* *vt* allier
Legierung <-, -en> *f* alliage *m*
Legion [le'gi̯o:n] <-, -en> *f* HIST légion *f*
Legionär [legi̯o'nɛ:ɐ̯] <-s, -e> *m* légionnaire *m*
Legislative [legɪsla'ti:və] <-n, -n> *f* [pouvoir *m*] législatif *m*
Legislaturperiode [legɪsla'tu:ɐ̯peri'o:də] *f* législature *f*
legitim [legi'ti:m] *adj* légitime; *Mittel* légal(e)
Legitimation [legitima'tsi̯o:n] <-, -en> *f* autorisation *f*
legitimieren* [legiti'mi:rən] I. *vt* ❶ (*berechtigen*) habiliter; **jdn zu etw ~** habiliter qn à faire qc ❷ (*gesetzmäßig machen*) reconnaître *Kind;* légitimer *Beziehung* II. *vr geh* **sich ~** (*sich ausweisen*) justifier de son identité; (*seine Befugnis vorweisen*) justifier de sa qualité
Legitimität [legitimi'tɛ:t] <-> *f geh* légalité *f*
Leguan [le'gu̯a:n] <-s, -e> *m* iguane *m*
Lehen ['le:ən] <-s, -> *nt* HIST fief *m*
Lehm [le:m] <-[e]s, -e> *m* [terre *f*] glaise *f*
Lehmboden *m* sol *m* glaiseux
lehmig *adj* glaiseux(-euse)
Lehne ['le:nə] <-, -n> *f* (*Armlehne*) accoudoir *m;* (*Rückenlehne*) dossier *m*
lehnen ['le:nən] I. *vt* appuyer; **etw an/gegen etw** (*akk*) **~** appuyer qc contre qc II. *vi* **an etw** (*dat*) **~** être appuyé contre qc III. *vr* **sich an** [*o* **gegen**] **jdn/etw ~** s'appuyer contre qn/qc; **sich aus dem Fenster ~** se pencher par la fenêtre
Lehnstuhl *m* fauteuil *m* **Lehnwort** <-wörter> *nt* [mot *m* d']emprunt *m*
Lehramt *nt form* enseignement *m;* **das höhere ~** le professorat **Lehranstalt** *f form* établissement *m* scolaire **Lehrbeauftragte(r)** *f(m) dekl wie adj* chargé(e) *m(f)* de cours **Lehrberuf** *m* métier *m* d'enseignant **Lehrbuch** *nt* ❶ SCHULE manuel *m* scolaire ❷ UNIV traité *m*
Lehre ['le:rə] <-, -n> *f* ❶ (*Theorie*) théorie *f* ❷ (*Ideologie*) idéologie *f* ❸ (*Religion*) doctrine *f* ❹ (*Ausbildung*) apprentissage *m;* **eine ~ als Friseur machen** faire un apprentissage de coiffeur ❺ (*Erfahrung*) conseil *m;* **seine ~ aus etw ziehen** tirer une leçon de qc ❻ TECH (*Messgerät*) calibre *m;* (*Hohlmaß*) jauge *f* ▶ **lass dir das eine ~ sein!** que cela te serve de leçon!
lehren ['le:rən] I. *vt* ❶ (*unterrichten*) enseigner; **jdn ~ etw zu tun** apprendre à qn à faire qc ❷ (*abbringen von*) **ich werde dich ~, deine Freunde zu belügen!** je vais t'apprendre à mentir à tes amis[, moi]! II. *vi* **die Erfahrung lehrt, dass** l'expérience nous enseigne que
Lehrer(in) ['le:rɐ] <-s, -> *m(f)* ❶ enseignant(e) *m(f);* (*Grundschullehrer*) instituteur(-trice) *m(f),* maître(-esse) *m(f);* (*Fachlehrer, Gymnasiallehrer*) professeur *mf* ❷ (*Reitlehrer, Tennislehrer*) moniteur(-trice) *m(f)* ❸ (*Lehrmeister*) maître *m*
Lehrerkollegium *nt* personnel *m* enseignant **Lehrerkonferenz** *f* réunion *f* des enseignants
Lehrerschaft <-, *selten* -en> *f form* [corps *m* des] enseignants *mpl*
Lehrerzimmer *nt* salle *f* des professeurs
Lehrfach *nt* matière *f* **Lehrgang** <-gänge> *m* stage *m* [de formation]; **auf einem ~ sein** être en stage [de formation] **Lehrjahr** *nt* année *f* d'apprentissage **Lehrkörper** *m form* ❶ SCHULE corps *m* enseignant ❷ UNIV enseignants *mpl* du supérieur **Lehrkraft** *f form* enseignant(e) *m(f)*
Lehrling ['le:ɐ̯lɪŋ] <-s, -e> *m* apprenti(e) *m(f)*
Lehrmeinung *f* doctrine *f* **Lehrmeister(in)** *m(f)* maître(-esse) *m(f)* d'apprentis-

L

sage **Lehrmittel** *nt* matériel *m* pédagogique **Lehrpfad** *m* sentier *m* éducatif **Lehrplan** *m* programme *m* scolaire

lehrreich *adj* instructif(-ive)

Lehrsatz *m* théorème *m* **Lehrstelle** *f* place *f* d'apprenti(e) **Lehrstoff** *m* connaissances *fpl* enseignées **Lehrstuhl** *m* chaire *f*

Leib [laip] <-[e]s, -er> *m* ❶ (*Körper*) corps *m;* **bei lebendigem ~** vif(vive) ❷ (*Bauch*) ventre *m* ▶ **etw mit ~ und Seele tun** faire qc corps et âme; **etw am eigenen ~e erfahren** faire [soi-même] la dure expérience de qc; **jdm wie auf den ~ geschrieben sein** être fait [sur mesure] pour qn; **sich** (*dat*) **jdn/etw vom ~e halten** éviter qn/rester à l'écart de qc; **jdm auf den ~ rücken** se pendre aux basques de qn (*fam*)

Leibarzt *m*, **-ärztin** *f* médecin *m* personnel

Leibchen ['laipçən] <-s, -> *nt* A, CH maillot *m* de corps

Leibeigene(r) *f(m) dekl wie adj* serf *m*/ serve *f*

Leibeskräfte *Pl* ▶ **aus ~n schreien** crier de toutes ses forces **Leibesübungen** *Pl form* éducation *f* physique et sportive **Leibesvisitation** ['laibəsvizitatsi̯o:n] *f form* fouille *f* corporelle

Leibgarde *f* garde *f* **Leibgericht** *nt* plat *m* préféré

leibhaftig [laip'haftɪç] *adj* (*echt*) **ein ~er Prinz** un prince en chair et en os ▶ **der Leibhaftige** *euph* le malin

leiblich ['laiplɪç] *adj* ❶ (*körperlich*) physique ❷ (*blutsverwandt*) du sang; **mein ~er Vater** mon propre père

Leibrente *f* rente *f* viagère **Leibschmerzen** *Pl* douleurs *fpl* abdominales, maux *mpl* de ventre **Leibwache** *f* garde *f* personnelle **Leibwächter(in)** *m(f)* garde *mf* du corps

Leiche ['laiçə] <-, -n> *f* cadavre *m* ▶ **über ~n gehen** *fam* être prêt à tuer père et mère [pour parvenir à ses fins]

Leichenbeschauer(in) <-s, -> *m(f)* [médecin *m*] légiste *mf*

leichenblassRR ['laiçən'blas] *adj* pâle comme la mort, d'une pâleur cadavérique **Leichenhalle** *f* salle *f* mortuaire **Leichenschändung** *f* violation *f* de sépulture; (*sexuelles Vergehen*) nécrophilie *f* **Leichenschauhaus** *nt* institut *m* médico-légal **Leichenschmaus** *m hum* repas *m* d'enterrement **Leichenstarre** *f* rigidité *f* cadavérique **Leichenwagen** *m* corbillard *m* **Leichenzug** *m* cortège *m* funèbre

Leichnam ['laiçna:m] <-s, -e> *m geh* dépouille *f* [mortelle]

leicht [laiçt] **I.** *adj* ❶ léger(-ère) ❷ (*einfach*) facile; *Operation* petit(e); **nichts ~er als das!** rien de plus facile! ❸ *Kleidung, Kost, Regen, Husten* léger(-ère) ❹ (*unbeschwert*) **jdm ist ~ [zumute]** qn a le cœur léger **II.** *adv* ❶ *bekleidet* légèrement ❷ (*einfach*) facilement; **~ zu erklären sein** être facile à expliquer; **du hast ~ reden** tu en parles à ton aise; **er hat es nicht ~ mit ihr** il n'a pas la vie facile avec elle ❸ (*schwach, sacht*) légèrement; **es regnet ~** il pleuv[i]ote ❹ (*schnell*) facilement; **~ zerbrechlich sein** être très fragile ▶ **das ist ~er gesagt als getan** c'est plus facile à dire qu'à faire

Leichtathlet(in) *m(f)* athlète *mf* **Leichtathletik** *f* athlétisme *m*

Leichter ['laiçtɐ] <-s, -> *m* NAUT allège *f*

leicht|fallen *vi irr + sein* **jdm ~** être facile pour qn **leichtfertig** **I.** *adj* irréfléchi(e) **II.** *adv* inconsidérément; *versprechen* sans [vraiment] réfléchir **Leichtfertigkeit** *f kein Pl* légèreté *f;* **die ~ seines Handelns** son comportement irréfléchi **Leichtgewicht** *nt,* **Leichtgewichtler** <-s, -> *m* SPORT poids *m* léger

leichtgläubig *adj* crédule **Leichtgläubigkeit** *f* crédulité *f*

leichthin ['laiçt'hɪn] *adv* comme ça

Leichtigkeit <-> *f* ❶ facilité *f;* **mit ~** sans aucun problème ❷ (*Gewicht*) légèreté *f*

leichtlebig *adj* insouciant(e)

Leichtlohngruppe *f* catégorie *f* des bas salaires

leicht|machen *s.* **machen I.17** **Leichtmatrose** *m* matelot *m* novice **Leichtmetall** *nt* métal *m* léger **leicht|nehmen** *vt irr* **etw ~** prendre qc à la légère **Leichtsinn** ['laiçtzɪn] *m kein Pl* inconscience *f;* **aus [purem] ~** simplement par négligence

leichtsinnig ['laiçtzɪnɪç] **I.** *adj Person* inconscient(e); *Handlung* inconsidéré(e) **II.** *adv* étourdiment

leichtverdaulich *s.* **verdaulich** **leichtverletzt** *s.* **verletzen I.1** **leichtverständlich** *s.* **verständlich I.1**

leid [lait] *adj* **jdn/etw ~ sein** en avoir assez de qn/qc

Leid [lait] <-[e]s> *nt* souffrance *f;* **jdm sein ~ klagen** confier ses chagrins à qn ▶ **jdm etwas/nichts zu ~e tun** faire du mal/ne pas faire de mal à qn

leiden ['laidən] <litt, gelitten> **I.** *vi* souffrir; **unter der Einsamkeit ~** souffrir de solitude; **sie leidet unter ihm** il la fait souffrir; **an einer Krankheit ~** souffrir d'une maladie **II.** *vt* ① (*erdulden*) **Not ~** endurer la misère ② (*mögen*) **jdn/etw gut/nicht gut ~ können** aimer bien/ne pas pouvoir souffrir qn/qc

Leiden ['laidən] <-s, -> *nt* ① *Pl* souffrances *fpl* ② (*Krankheit*) affection *f*

leidend *adj* souffrant

Leidenschaft <-, -en> *f* passion *f;* **~ für jdn empfinden** être épris de qn; **sie hat eine ~ für klassische Musik** elle est passionnée de musique classique; **mit** [**wahrer**] **~** avec [une véritable] passion

leidenschaftlich **I.** *adj* passionné(e) **II.** *adv* ① passionnément ② (*energisch*) avec ferveur; *ablehnen* énergiquement ③ (*sehr gern*) **etw ~ gern tun** adorer faire qc

Leidensgefährte *m*, **-gefährtin** *f*, **Leidensgenosse** *m*, **-genossin** *f* compagnon *m*/compagne *f* d'infortune **Leidensgeschichte** *f* calvaire *m* **Leidensmiene** *f iron* airs *mpl* de martyr **Leidensweg** *m* chemin *m* de croix

leider ['laidɐ] *adv* malheureusement; **~ ja/nein** [*o* **nicht**] hélas oui/non

leidig ['laidɪç] *adj* déplaisant

leidlich ['laitlɪç] *adj* acceptable

Leidtragende(r) *f(m) dekl wie adj* **der/die ~** celui/celle sur qui ça retombe

leid|tun[RR] *vt irr, unpers* ① (*als Ausdruck des Bedauerns*) **es tut jdm leid, dass** qn regrette que + *subj;* **es tut mir leid, aber ...** je regrette, mais ..., je suis désolé, mais ...; **tut mir leid!** *fam* désolé!; **das wird dir noch ~!** tu t'en mordras les doigts! ② (*als Ausdruck des Mitleids*) **jdm ~** faire pitié à qn; **es tut mir leid für dich** je suis désolé pour toi **leidvoll** *adj* douloureux(-euse) **Leidwesen** *nt kein Pl* **zu seinem/ihrem ~** à son grand regret

Leier ['laiɐ] <-, -n> *f* ① (*Drehleier*) vielle *f* ② (*Kithara*) lyre *f* ③ ASTRON Lyre *f* ▶ **es ist** [**immer**] **dieselbe ~** *fam* c'est toujours la même musique

Leierkasten *m* orgue *f* de Barbarie

leiern ['laiɐn] *vt fam* débiter *Gedicht*

Leiharbeit *f* travail *m* intérimaire **Leihbücherei** *f* bibliothèque *f* de prêt

leihen ['laiən] <lieh, geliehen> *vt* ① (*verleihen*) **jdm etw ~** prêter qc à qn ② (*ausleihen*) **sich** (*dat*) **etw von jdm ~** emprunter qc à qn

Leihgabe *f* prêt *m* **Leihgebühr** *f* frais *mpl* de location **Leihhaus** *nt* mont-de-piété *m* **Leihmutter** *f* mère *f* porteuse **Leihschein** *m* (*Buchentleihschein*) bulletin *m* de prêt **Leihwagen** *m* voiture *f* de location

leihweise *adv* en prêt

Leim [laim] <-[e]s, -e> *m* colle *f* forte ▶ **jdm auf den ~ gehen** *fam* se faire entuber par qn

leimen ['laimən] *vt* ① (*kleben*) coller ② *fam* (*hereinlegen*) **jdn ~** niquer qn

Lein [lain] <-[e]s, -e> *m* lin *m*

Leine ['lainə] <-, -n> *f* corde *f;* (*Hundeleine*) laisse *f* ▶ **~ ziehen** *fam* se casser

Leinen ['lainən] <-s, -> *nt* lin *m;* **aus ~** en lin; **in ~ gebunden** *Buch* relié(e) toile

Leinenzwang *m* tenue *f* en laisse obligatoire

Leinöl *nt* huile *f* de lin **Leinsamen** *m* linette *f* **Leintuch** <-tücher> *nt* SDEUTSCH, A, CH drap *m* **Leinwand** *f* ① (*Kinoleinwand*) écran *m* ② *kein Pl* (*Gewebe*) toile *f*

leise ['laizə] **I.** *adj* ① *Stimme* bas(se); *Musik, Gesang* doux(douce); *Geräusch, Klopfen* léger(-ère); *Weinen* étouffé(e); **den Fernseher ~r stellen** baisser le son de la télévision ② *Ahnung, Verdacht* vague; *Zweifel, Hauch* léger(-ère); **bei der ~sten Berührung** au moindre contact **II.** *adv* doucement

Leiste ['laistə] <-, -n> *f* ① (*Rahmenleiste, Tapetenleiste*) baguette *f;* (*Fußleiste*) plinthe *f* ② ANAT aine *f*

leisten ['laistən] *vt* ① (*arbeiten*) **viel ~** avoir du rendement ② (*an Kraft erbringen*) *Batterie, Solarzelle:* produire; *Motor:* développer ③ *fam* (*gönnen*) **sich** (*dat*) **etw ~** s'accorder qc; (*sich anschaffen*) s'offrir qc ④ *fam* (*erlauben*) **sich** (*dat*) **etw ~** se permettre qc

Leistenbruch *m* MED hernie *f* inguinale

Leistung <-, -en> *f* ① (*Ergebnis der Arbeit*) rendement *m; eines Künstlers, Sportlers* prestation *f; eines Schülers* résultat *m;* **jdn nach ~ bezahlen** payer qn au rendement ② TECH réalisation *f* ③ (*Leistungsfähigkeit*) *einer Batterie, eines Computers* capacité *f; von Solarzellen* puissance *f; eines Motors* puissance *f* mécanique ④ *form* (*Erstattetes, Gewährtes*) prestation *f;* (*Dienstleistung*) prestation *f* [de service] ⑤ *form* (*Zahlung*) versement *m*

Leistungsdruck *m kein Pl* compétitivité *f*

leistungsfähig *adj* performant(e) **Leistungsfähigkeit** *f kein Pl eines Arbeitnehmers* efficacité *f; einer Firma* productivité *f; eines Motors* performances *fpl* **Leis-**

tungsgesellschaft *f* société *f* fondée sur le rendement individuel **Leistungskurs** *m* SCHULE option *f* renforcée **Leistungsnachweis** *m* SCHULE, UNIV relevé *m* de notes **leistungsorientiert** *adj* axé(e) sur le rendement [individuel] **Leistungssport** *m* sport *m* de compétition **leistungsstark** *s.* **leistungsfähig** **Leistungsträger(in)** *m(f)* SPORT, ÖKON personne *f* qui est la plus performante

Leitartikel *m* PRESSE éditorial *m*

Leitartikler(in) [-artɪklɐ] <-s, -> *m(f)* PRESSE *fam* éditorialiste *mf*

Leitbild *nt* modèle *m*

leiten [ˈlaitən] *vt* ① diriger ② (*hinleiten*) **jdn durch ein Museum ~** guider qn dans un musée; **Strom in die Stadt ~** acheminer du courant dans la ville ③ *fig* **sich von Gefühlen ~ lassen** se laisser guider par son intuition ④ ELEC, PHYS **Strom/Wärme ~** conduire l'électricité/la chaleur; **gut ~** être bon conducteur

leitend *adj* ① *Position* dirigeant(e); **~er Angestellter** cadre *m* [supérieur] ② (*leitfähig*) conducteur(-trice); **nicht ~** non-conducteur(-trice)

Leiter[1] [ˈlaitɐ] <-, -n> *f* (*Sprossenleiter*) échelle *f;* (*Stehleiter*) escabeau *m*

Leiter[2] [ˈlaitɐ] <-s, -> *m* ① *einer Firma, Schule* directeur *m; einer Arbeitsgruppe* chef *m;* **kaufmännischer/künstlerischer ~** directeur commercial/artistique ② ELEC, PHYS conducteur *m*

Leiterin <-, -nen> *f einer Firma, Schule* directrice *f; einer Arbeitsgruppe* chef *f*

Leitersprosse *f* échelon *m* **Leiterwagen** *m* chariot *m* à ridelles

Leitfaden *m* mémento *m* **leitfähig** *adj* conducteur(-trice) **Leitfähigkeit** *f kein Pl* conductibilité *f* **Leitgedanke** *m* idée *f* directrice **Leithammel** *m fam* (*Person*) meneur(-euse) *m(f)* **Leitlinie** *f* POL, ÖKON ligne *f* directrice **Leitmotiv** *nt a.* MUS, LITER leitmotiv *m* **Leitplanke** *f* glissière *f* de sécurité **Leitsatz** *m* précepte *m* **Leitspruch** *m* devise *f*

Leitung <-, -en> *f* ① *kein Pl* direction *f; einer Diskussion* conduite *f* ② (*Rohrleitung*) conduite *f* ③ (*Strom-, Telefonleitung*) ligne *f* ▸**eine lange ~ haben** *hum fam* être dur à la détente

Leitungsmast *m* poteau *m* électrique **Leitungsnetz** *nt* réseau *m* **Leitungsrohr** *nt* conduite *f* **Leitungswasser** *nt kein Pl* eau *f* du robinet

Leitwährung *f* monnaie *f* de réserve **Leitwerk** *nt* AVIAT empennage *m* **Leitwolf** *m fig* meneur *m* d'hommes **Leitzins** *m* taux *m* directeur

Lektion [lɛkˈtsi̯oːn] <-, -en> *f* leçon *f* ▸**jdm eine ~ erteilen** *geh* donner une leçon à qn

Lektor [ˈlɛktoːɐ̯] <-s, -toren> *m,* **Lektorin** *f* UNIV, MEDIA lecteur(-trice) *m(f)*

Lektorat [lɛktoˈraːt] <-[e]s, -e> *nt* ① (*Verlagsabteilung*) comité *m* de lecture ② (*Posten an der Universität*) poste *m* de lecteur(-trice)

Lektüre [lɛkˈtyːrə] <-, -n> *f* lecture *f*

Lemming [ˈlɛmɪŋ] <-s, -e> *m* lemming *m*

Lende [ˈlɛndə] <-, -n> *f* ① ANAT reins *mpl* ② GASTR aloyau *m*

Lendengegend *f* ANAT région *f* lombaire **Lendenschurz** *m* pagne *m* **Lendenwirbel** *m* ANAT vertèbre *f* lombaire

lenkbar [ˈlɛŋkbaːɐ̯] *adj Fahrzeug* manœuvrable; *Räder* dirigeable

lenken [ˈlɛŋkən] **I.** *vt* ① conduire *Fahrzeug* ② manipuler *Menschen;* diriger *Wirtschaft, Staat* ③ (*beeinflussen*) **gelenkt** *Medien* orienté(e) ④ (*richten*) **seinen Blick auf jdn/etw ~** poser son regard sur qn/qc; **jds Aufmerksamkeit auf etw** (*akk*) **~** attirer l'attention de qn sur qc; **das Gespräch auf etw** (*akk*) **~** amener la discussion vers qc **II.** *vi Fahrer:* conduire; **nach links/rechts ~** prendre à gauche/droite

Lenker <-s, -> *m* (*Fahrradlenker*) guidon *m*

Lenkrad *nt* volant *m*

Lenkradschloss[RR] *nt* [contacteur *m*] antivol *m* **Lenkradsperre** *f* blocage *m* de la direction

Lenkstange *f* guidon *m*

Lenkung <-, -en> *f* ① direction *f* ② *kein Pl* (*Beeinflussung*) *der Medien* orientation *f*

Lenz [lɛnts] <-es, -e> *m* ① *geh* (*Frühling*) saison *f* printanière ② *Pl hum* (*Lebensjahre*) printemps *mpl* ▸**sich** (*dat*) **einen schönen ~ machen** *fam* se la couler douce

Leopard [leoˈpart] <-en, -en> *m* léopard *m*

Lepra [ˈleːpra] <-> *f* MED lèpre *f*

Leprakranke(r) *f(m) dekl wie adj* MED lépreux(-euse) *m(f)*

Lerche [ˈlɛrçə] <-, -n> *f* alouette *f*

lernbar *adj* **leicht ~** facile à apprendre

lernbehindert *adj* inadapté(e) **Lerneifer** *m* désir *m* d'apprendre

lernen [ˈlɛrnən] **I.** *vt* ① apprendre; **Mathe/lesen/kochen ~** apprendre les maths/à lire/à faire la cuisine; **etw bei/von jdm ~** apprendre qc de qn; **~ sich zu beherr-**

L

schen apprendre à se maîtriser ② (*eine Ausbildung machen*) **Friseur ~** faire une formation de coiffeur ▶ **das will gelernt sein** ça ne s'improvise pas; **der lernt's nie** *fam*, **der wird es nie ~** il ne le saura jamais **II.** *vi* étudier; **für die Prüfung ~** travailler pour l'examen ▶ **gelernt ist [eben] gelernt** *prov* l'expérience, il n'y a que ça de vrai

Lernende(r) *f(m) dekl wie adj*, **Lerner(in)** <-s, -> *m(f)* apprenant(e) *m(f)*

lernfähig *adj* **~ sein** être capable de retenir **Lernfähigkeit** *f kein Pl* capacité *f* d'apprendre **Lernprogramm** *nt* INFORM didacticiel *m* **Lernprozess**RR *m* apprentissage *m* **Lernsoftware** *f* INFORM didacticiel *m* **lernwillig** *adj* désireux(-euse) d'apprendre **Lernziel** *nt* objectif *m* éducatif

Lesart ['le:sʔa:ɐ̯t] *f* version *f*

lesbar ['le:sba:ɐ̯] *adj* lisible

Lesbe ['lɛsbə] <-, -n> *f fam*, **LesbierIn** ['lɛsbi̯ərɪn] <-, -nen> *f* lesbienne *f*

lesbisch ['lɛsbɪʃ] *adj* lesbien(ne)

Lese ['le:zə] <-, -n> *f* vendange *f*

Lesebrille *f* lunettes *fpl* pour lire **Lesebuch** *nt* livre *m* de lecture **Lesegerät** *nt* INFORM lecteur *m* **Lesekopf** *m* INFORM tête de lecture *m* **Leselampe** *f* lampe *f* [de lecture]

lesen ['le:zən] <liest, las, gelesen> **I.** *vt* ① lire; **gerne Krimis ~** *fam* aimer les polars; **leicht/schwer zu ~ sein** être facile/difficile à lire; **maschinell gelesen werden** être lu automatiquement ② (*erkennen*) **etw in jds Augen** (*dat*) **~** lire qc dans les yeux de qn ③ (*ernten*) cueillir *Weintrauben, Beeren;* glaner *Ähren* ④ (*sortieren*) trier **II.** *vi* ① lire; **laut/leise ~** lire à haute voix/à voix basse; **stör mich nicht beim Lesen!** ne me dérange pas quand je lis! ② (*Vorlesungen halten*) **über jdn/etw ~** faire un cours sur qn/qc

lesenswert *adj* intéressant(e) à lire; **~ sein** mériter d'être lu

Leseprobe *f* LITER extrait *m*

Leser(in) ['le:zɐ] <-s, -> *m(f)* lecteur(-trice) *m(f)*

Leseratte *f hum fam* bouquineur(-euse) *m(f)*

Leserbrief *m* lettre *f* de lecteur; **die ~e** le courrier des lecteurs

leserlich *adj* lisible

Leserschaft <-, *selten* -en> *f* lectorat *m*

Lesesaal *m* salle *f* de lecture

Lese-Schreib-Kopf *m* INFORM tête *f* lectrice-imprimante

Lesestift *m* INFORM crayon *m* optique **Lesestoff** *m* lecture *f* **Lesezeichen** *nt* marque-page *m* **Lesezirkel** *m* cercle *m* de lecture

Lesung <-, -en> *f a.* POL lecture *f*

Lethargie [letar'gi:] <-> *f* léthargie *f*; **in ~ verfallen** tomber dans une torpeur

lethargisch [le'targɪʃ] **I.** *adj* léthargique **II.** *adv* **~ daliegen** être dans une [complète] léthargie

Lette ['lɛtə] <-n, -n> *m*, **Lettin** *f* Letton(e) *m(f)*

Letter ['lɛtɐ] <-, -n> *f* ① (*Druckbuchstabe*) lettre *f* ② (*Drucktype*) caractère *m*

Lettin ['lɛtɪn] *s.* **Lette**

lettisch ['lɛtɪʃ] **I.** *adj* letton(e) **II.** *adv* **~ miteinander sprechen** discuter en letton; *s. a.* **deutsch**

Lettisch <-[s]> *nt kein Art* letton *m*; *s. a.* **Deutsch**

Lettland ['lɛtlant] *nt* la Lettonie

Letzt [lɛt͜st] ▶ **zu guter ~** en fin de compte

letzte(r, s) ['lɛt͜stə, -tɐ, -təs] *adj* ① dernier(-ière) *antéposé;* **die ~ Gelegenheit** l'ultime occasion; **sein ~s Geld** l'argent qui lui reste; **beim ~n Mal** la dernière fois; **ich sage es dir zum ~n Mal: ...** c'est la dernière fois que je te le dis: ... ② (*eine Folge beschließend*) **Letzter/Letzte werden** terminer dernier/dernière; **als Letzter/Letzte ankommen** arriver le dernier/la dernière; **der Letzte des Monats** le dernier du mois ③ (*vorige*) dernier(-ière) *postposé;* **~s Jahr** l'an dernier ④ (*oberste*) **im ~n Stock** au dernier étage ⑤ *pej* (*sehr schlimm*) **der ~ Schuft** *fam* la dernière des fripouilles ▶ **die Letzten werden die Ersten sein** les derniers seront les premiers

Letzte(s) *nt dekl wie adj* ① **ein ~s** une dernière chose ② (*das Schlimmste*) **das ist ja wohl das ~!** *pej fam* ça, c'est le bouquet! ▶ **sein ~s geben** se donner à fond

letztemalALT *s.* **Mal**[1]

letztendlich ['lɛt͜st'ʔɛntlɪç] *adv* en fin de compte

letztens ['lɛt͜stəns] *adv* ① (*kürzlich*) dernièrement ② (*abschließend*) **fünftens und ~** cinquièmement et pour finir

letztere(r, s) *adj* ce dernier/cette dernière

letztgenannt *adj* **der/die ~e ...** ce dernier .../cette dernière ...

letztlich ['lɛt͜stlɪç] *adv* en fin de compte

letztwillig *adj* testamentaire; **~e Verfügung** disposition testamentaire

Leuchtbombe *f* bombe *f* éclairante **Leuchtdiode** *f* diode *f* électroluminescente

Leuchte ['lɔy̯çtə] <-, -n> *f* ① lampe *f*

❷ *fam* (*kluger Mensch*) **eine ~ sein** être une lumière

leuchten ['lɔyçtən] *vi* ❶ *Lampe:* éclairer; *Licht, Sonne, Stern:* briller; *Zeiger:* être lumineux; **~d** brillant(e); **jdm im Dunkeln ~** éclairer qn dans l'obscurité ❷ (*reflektieren*) resplendir ❸ *fig* **vor Freude ~** rayonner de joie

leuchtend *adj* ❶ *Farbe* vif(vive) ❷ *fig* **ein ~es Vorbild** un exemple éclatant

Leuchter <-s, -> *m* chandelier *m*

Leuchtfarbe *f* peinture *f* fluorescente **Leuchtfeuer** *nt* feu *m,* balise *f* [lumineuse] **Leuchtkäfer** *m* insecte *m* luisant **Leuchtkraft** *f kein Pl einer Lichtquelle* pouvoir *m* éclairant; *eines Sterns, einer Farbe* luminosité *f* **Leuchtrakete** *f* fusée *f* éclairante **Leuchtreklame** *f* publicité *f* lumineuse **Leuchtschrift** *f* lettres *fpl* lumineuses **Leuchtstift** *m* surligneur *m*

Leuchtstoffröhre *f* lampe *f* fluorescente

Leuchtturm *m* phare *m*

leugnen ['lɔygnən] *vt, vi* nier; **es ist nicht zu ~, dass** on ne peut [pas] nier que

L

Leukämie [lɔykɛ'miː] <-, -ien> *f* MED leucémie *f*

Leukoplast® [lɔyko'plast] <-[e]s, -e> *nt* sparadrap® *m*

Leumund ['lɔymʊnt] *m kein Pl* réputation *f*

Leumundszeugnis ['lɔymʊnts-] *nt* certificat *m* de bonne conduite

Leute ['lɔytə] *Pl* ❶ (*Mehrzahl von Person*) **hundert ~** cent personnes *fpl;* **es waren kaum ~ da** il n'y avait presque personne ❷ (*die Umgebung, Mitmenschen*) gens *mpl;* **alle ~** tout le monde; **etw der ~ wegen tun** faire qc à cause des qu'en-dira-t-on ❸ *fam* (*als Anrede*) **an die Arbeit, ~!** au travail, tout le monde! ❹ *fam* (*Mitarbeiter*) collaborateurs(-trices) *m(f)pl;* (*Angestellte*) employé(e)s *m(f)pl* ❺ MIL, NAUT hommes *mpl* ▶ **die kleinen ~** les petites gens *fpl* (*fam*); **Informationen unter die ~ bringen** *fam* faire courir des informations; **unter ~ gehen** voir du monde

Leutnant ['lɔytnant] <-s, -s *o* -e> *m* sous-lieutenant *m*

leutselig *adj* affable

Level ['lɛvl] <-s, -s> *m* niveau *m*

Leviten [le'viːtən] ▶ **jdm die ~ lesen** *fam* passer un savon à qn

Levkoje [lɛf'koːjə] *f* BOT giroflée *f*

lexikalisch [lɛksi'kaːlɪʃ] *adj* lexical(e)

Lexikograf(in)RR *s.* **Lexikograph(in)**

LexikografieRR *s.* **Lexikographie**

Lexikograph(in) [lɛksiko'graːf] <-en, -en> *m(f)* lexicographe *mf*

Lexikographie [lɛksikogra'fiː] <-> *f* lexicographie *f*

Lexikon ['lɛksikɔn] <-s, Lexika> *nt* encyclopédie *f* ▶ **ein wandelndes ~ sein** *hum fam* être une bibliothèque ambulante

Liaison [li̯ɛ'zõː] <-, -s> *f geh* liaison *f;* **eine ~ mit jdm haben** avoir une liaison avec qn

Liane ['li̯aːnə] <-, -n> *f* liane *f*

Libanese [liba'neːzə] <-n, -n> *m,* **Libanesin** *f* Libanais(e) *m(f)*

libanesisch [liba'neːzɪʃ] *adj* libanais(e)

Libanon ['liːbanɔn] <-[s]> *m* **der ~** le Liban

Libelle [li'bɛlə] <-, -n> *f* libellule *f*

liberal [libe'raːl] *adj* libéral(e)

Liberale(r) *f(m) dekl wie adj* libéral(e) *m(f)*

liberalisieren* [liberali'ziːrən] *vt* libéraliser

Liberalisierung <-, -en> *f* libéralisation *f*

Liberalismus [libera'lɪsmʊs] <-> *m* libéralisme *m*

Liberalität [liberali'tɛːt] <-> *f* libéralité *f*

Libero ['liːbero] <-s, -s> *m* FBALL libéro *m*

Libido ['liːbido, li'biːdo] <-> *f* libido *f*

Librettist(in) [librɛ'tɪst] <-en, -en> *m(f)* librettiste *mf*

Libretto [li'brɛto] <-s, -s *o* Libretti> *nt* livret *m*

Libyen ['liːbyən] <-s> *nt* la Libye

licht [lɪçt] *adj* ❶ (*hell*) lumineux(-euse) ❷ (*spärlich*) clairsemé(e) ❸ ARCHIT **~e Höhe** hauteur *f* sous plafond; **~e Weite** diamètre *m* intérieur

Licht [lɪçt] <-[e]s, -er> *nt kein Pl* lumière *f;* **ein schwaches ~** une lueur; **das ~ anmachen/ausmachen** allumer/éteindre la lumière; **etw gegen das ~ halten** tenir qc à contre-jour ▶ **das ~ der Öffentlichkeit scheuen** fuire les projecteurs [de l'actualité]; **sein ~ nicht unter den Scheffel stellen** ne pas faire mystère de ses talents; **das ~ der Welt erblicken** *geh* voir le jour; **in einem anderen ~ erscheinen** apparaître sous un jour nouveau; **das ewige ~** la lampe du Saint-Sacrement; **jdm grünes ~ für etw geben** donner à qn le feu vert pour qc; **etw ins rechte ~ rücken** présenter qc sous son véritable jour; **etw ans ~ bringen** étaler qc au grand jour; **jdn hinters ~ führen** duper qn; **jdm geht ein ~ auf** *fam* qn commence à piger; **ans ~ kommen** éclater au grand jour

Lichtanlage *f* installation *f* d'éclairage **Lichtbild** *nt form* photo *f* d'identité **Lichtblick** *m* éclaircie *f*, embellie *f* **lichtdurchlässig** *adj* translucide **lichtecht** *adj* résistant(e) à la lumière; *Stoff* bon teint **Lichteffekt** *m* effet *m* de lumière **lichtempfindlich** *adj* sensible au soleil; *Film* sensible

lichten ['lɪçtən] I. *vt* éclaircir *Gestrüpp, Wald* II. *vr* **sich ~** *Haare:* s'éclaircir; *Vorräte:* se raréfier; *Bestände:* diminuer; *Angelegenheit:* se clarifier

Lichterkette *f* ① guirlande *f* lumineuse ② (*Demonstration*) chaîne *f* lumineuse

lichterloh ['lɪçtɐ'loː] *adv* **~ brennen** flamber

Lichtfilter *m o nt* filtre *m* coloré **Lichtgeschwindigkeit** <-> *f* PHYS vitesse *f* de la lumière **Lichthof** *m* ① ARCHIT cour *f* intérieure ② ASTRON halo *m* **Lichthupe** *f* avertisseur *m* lumineux **Lichtjahr** *nt* ASTRON année-lumière *f* **Lichtkegel** *m* faisceau *m* lumineux **Lichtmaschine** *f* dynamo *f* **Lichtquelle** *f* source *f* lumineuse **Lichtschalter** *m* interrupteur *m* **Lichtschein** *m* lueur *f* **lichtscheu** *adj* lucifuge **Lichtschranke** *f* barrage *m* optique

Lichtschutzfaktor *m* indice *m* de protection

Lichtstärke *f* intensité *f* lumineuse **Lichtstrahl** *m* rayon *m* lumineux **lichtundurchlässig** *adj* opaque

Lichtung <-, -en> *f* clairière *f*

Lichtverhältnisse *Pl* luminosité *f*

Lid [liːt] <-[e]s, -er> *nt* paupière *f*

Lidschatten *m* fard *m* à paupières **Lidstrich** *m* (*Kosmetikartikel*) eye-liner *m;* (*aufgemalter Strich*) trait *m* d'eye-liner

lieb [liːp] I. *adj* ① (*liebenswürdig*) **~ zu jdm sein** être gentil avec qn; **das ist ~ von dir** c'est gentil de ta part; **sei bitte so ~ und hilf mir!** aurais-tu la gentillesse de m'aider? ② (*brav*) sage ③ (*geschätzt*) **meine ~en Eltern** mes chers parents; **meine Liebe/mein Lieber** ma chère/mon cher; **~er Paul/~e Paula** (*in Briefen*) Cher Paul/Chère Paula ④ (*angenehm*) agréable; **es wird länger dauern, als dir ~ ist** ça va durer plus longtemps que tu ne le souhaiterais ▶**ach du ~es bisschen!** *fam* bonté divine! II. *adv* ① (*liebenswürdig*) gentiment ② (*artig*) sagement ③ (*gern*) **jdn/etw ~ gewinnen** s'attacher à qn/qc; **jdn/etw ~ haben** aimer bien qn/qc; **jdn/etw am ~sten mögen** préférer qn/qc; **am ~sten wäre ich gegangen** j'aurais bien voulu m'en aller

liebäugeln ['liːpʔɔygəln] *vi* lorgner; **mit etw ~** lorgner qc

Liebe ['liːbə] <-, -n> *f* ① *kein Pl* amour *m;* **etw mit viel ~ tun** faire qc avec beaucoup d'amour; **aus ~ zur Kunst** par amour pour l'Art; **in ~, dein ...** avec tout mon amour, ton ... ② (*sexueller Kontakt*) **körperliche ~** amour *m* physique; **käufliche ~** *geh* amour vénal; **mit jdm ~ machen** *fam* faire l'amour avec qn ▶**die ~ auf den ersten Blick** le coup de foudre; **~ macht blind** *prov* l'amour rend aveugle

liebebedürftig *adj* **~ sein** avoir besoin d'amour

lieben ['liːbən] I. *vt* ① aimer ② (*mögen*) **sie liebt es, ihre Freunde zu überraschen** elle aime faire des surprises à ses amis ③ (*sexuellen Kontakt haben*) **jdn ~** faire l'amour à qn II. *vr* **sich ~** s'aimer; (*sexuell*) faire l'amour ▶**was sich liebt, das neckt sich** *prov* qui aime bien châtie bien

liebend *adj* aimant

Liebende(r) *f(m) dekl wie adj* **zwei ~** deux amants *mpl*

liebenswert *adj* sympathique **liebenswürdig** *adj* aimable; **das ist sehr ~ von Ihnen** c'est très aimable de votre part; **wären Sie wohl so ~ mir zu helfen?** auriez-vous l'amabilité de m'aider?

liebenswürdigerweise *adv* aimablement; **könnten Sie mich ~ vorlassen?** auriez-vous l'amabilité de me laisser passer avant vous?

Liebenswürdigkeit <-, -en> *f* amabilité *f;* **die ~ in Person** l'amabilité personnifiée

lieber ['liːbɐ] I. *adj Komp von* **lieb: ihr wäre es ~, wenn du gehst** elle préférerait que tu partes II. *adv* ① *Komp von* **gern: ~ schwimmen als joggen** préférer nager que de faire du footing; **nichts ~ als das!** je ne demande que ça! ② (*besser*) **ich schweige ~** il vaut mieux que je me taise

Liebesabenteuer *nt,* **Liebesaffäre** *f* aventure *f*, affaire *f* [amoureuse] **Liebesbeziehung** *f* relation *f* amoureuse **Liebesbrief** *m* lettre *f* d'amour **Liebeserklärung** *f* déclaration *f* d'amour **Liebesfilm** *m* film *m* d'amour **Liebesgedicht** *nt* poème *m* d'amour **Liebesgeschichte** *f* histoire *f* d'amour **Liebeskummer** *m* chagrin *m* d'amour **Liebesleben** *nt kein Pl* vie *f* amoureuse **Liebeslied** *nt* chanson *f* d'amour **Liebespaar** *nt* couple *m* d'amoureux **Liebesroman** *m* roman *m* d'amour

Liebesspiel *nt* préliminaires *mpl* amoureux **Liebesszene** *f* scène *f* d'amour

liebevoll I. *adj* affectueux(-euse); *Zuwendung* tendre; *Vorbereitung* gentil(le) II. *adv* (*zärtlich*) tendrement; (*besonders sorgfältig*) avec amour

lieb|gewinnen* *s.* **lieb II.3** **lieb|haben** *s.* **lieb II.3**

Liebhaber(in) ['li:pha:bɐ] <-s, -> *m(f)* ❶ amant *m*/maîtresse *f* ❷ (*Anhänger*) amateur(-trice) *m(f)*

Liebhaberei [li:pha:bə'rai] <-, -en> *f* violon *m* d'Ingres; **etw aus reiner ~ tun** faire qc en simple amateur

Liebhaberwert *m kein Pl* valeur *f* d'amateur

liebkosen* [li:p'ko:zən] *vt geh* cajoler

lieblich ['li:plɪç] I. *adj* *Duft* suave; *Wein* moelleux(-euse); *Anblick* charmant(e) II. *adv* *lächeln* candidement; **~ duften/schmecken** avoir un parfum suave/une saveur moelleuse

Lieblichkeit <-> *f* *eines Duftes* suavité *f*; *eines Geschmacks* moelleux *m*; *einer Landschaft* charme *m*

Liebling ['li:plɪŋ] <-s, -e> *m* ❶ chéri(e) *m(f)* ❷ (*Favorit*) préféré(e) *m(f)*; (*Lieblingsschüler*) chouchou(te) *m(f)* (*fam*)

Lieblingsbeschäftigung *f* activité *f* préférée **Lieblingsgericht** *nt* plat *m* préféré

lieblos ['li:plo:s] I. *adj* *Person* dépourvu(e) de tendresse; *Behandlung, Bemerkung* dénué(e) de sollicitude; *Zubereitung* négligé(e) II. *adv* **jdn/etw ~ behandeln** traiter qn/qc sans soin

Lieblosigkeit <-, -en> *f* ❶ *kein Pl* (*Eigenschaft*) manque *m* de tendresse, insensibilité *f* ❷ (*Handlung, Äußerung*) marque *f* d'indifférence

Liebreiz *m kein Pl geh einer Frau* attraits *fpl*

Liebschaft *s.* **Liebesaffäre**

Liebste(r) *f(m) dekl wie adj* **seine ~** sa bien-aimée; **ihr ~r** son bien-aimé

Liebstöckel ['li:pʃtœkəl] <-s, -> *nt o m* livèche *f*

Liechtenstein ['lɪçtənʃtain] <-s> *nt* le Liechtenstein

Liechtensteiner(in) ['lɪçtənʃtainɐ] <-s, -> *m(f)* habitant(e) *m(f)* du Liechtenstein

liechtensteinisch *adj* du Liechtenstein

Lied [li:t] <-[e]s, -er> *nt* chanson *f*; (*Kirchenlied*) chant *m*; (*Kunstlied*) lied *m* ▶ **es ist immer das alte ~ mit ihm** *fam* avec lui, c'est toujours la même chanson; **ein ~ von etw singen können** être bien placé pour savoir qc

Liederabend *m* récital *m* de chant; (*mit mehreren Sängern*) concert *m* vocal **Liederbuch** *nt* recueil *m* de chansons; (*mit Kirchenliedern*) recueil *m* de chants

liederlich ['li:dɐlɪç] *adj pej* ❶ (*unordentlich*) désordonné(e); *Arbeit* négligé(e) ❷ *pej* (*unmoralisch*) débauché(e); *Lebenswandel* dissolu(e) (*soutenu*)

Liedermacher(in) *m(f)* auteur-compositeur[-interprète] *m*

lief [li:f] *Imp von* **laufen**

Lieferant(in) [lifə'rant] <-en, -en> *m(f)* fournisseur(-euse) *m(f)*

Lieferanteneingang *m* entrée *f* réservée aux fournisseurs

lieferbar *adj* disponible

Lieferbedingungen *Pl* conditions *fpl* de livraison **Lieferfrist** *f* délai *m* de livraison

liefern ['li:fɐn] I. *vt* ❶ livrer; **jdm eine Ware ~** livrer une marchandise à qn ❷ fournir *Beweis, Rohstoff, Produkt;* avoir *Ertrag* II. *vi* livrer

Lieferschein *m* bon *m* de livraison **Lieferstopp** *m* suspension *f* de livraison **Liefertermin** *m* date *f* de livraison

Lieferung <-, -en> *f* livraison *f*

Liefervertrag *m* contrat *m* de livraison **Lieferwagen** *m* camionnette *f* de livraison

Liege ['li:gə] <-, -n> *f* ❶ (*Bett*) divan *m* ❷ (*Liegestuhl*) chaise *f* longue

Liegegeld *nt* NAUT, TRANSP frais *mpl* de surestarie

liegen ['li:gən] <lag, gelegen> *vi* + *haben o* SDEUTSCH, A, CH *sein* ❶ *Person:* être couché; **auf dem Bett ~** être allongé sur le lit; **bequem ~** être confortablement couché; **noch im Bett ~** être encore au lit; **im Liegen** en position *f* couchée; **der Wein muss ~** le vin doit être couché ❷ (*herumliegen*) **auf dem Tisch liegt ein Buch** il y a un livre sur la table; **es liegt Schnee** il y a de la neige; **auf dem ersten Platz ~** se situer en première position; **ganz hinten ~** être placé loin derrière; **zwischen zehn und zwölf Euro ~** *Preis:* se situer entre dix et douze euros; **in der Zukunft ~** n'être pas encore pour demain ❸ (*sich befinden*) **idyllisch ~** avoir une situation idyllique; **zur Straße ~** *Zimmer:* donner sur la rue; **in Frankreich ~** être situé en France; **auf der ersten Silbe ~** *Betonung:* porter sur la première syllabe ❹ (*begraben sein*) **im Grab/in Weimar ~** reposer dans une tombe/à Weimar ❺ NAUT **am Kai ~** rester à quai; **im Hafen ~** mouiller dans le port ❻ (*zu handhaben sein*) **gut in der**

Hand ~ *Werkzeug, Federhalter:* avoir bien en main ⑦ (*zurückgehen auf*) **an jdm/etw** ~ tenir à qn/qc; **das liegt daran, dass** cela tient au fait que; **an mir soll es nicht ~!** ce n'est pas moi qui t'en/vous en empêcherai! ⑧ (*abhängig sein*) **bei jdm** ~ dépendre de qn; **die Entscheidung liegt bei Ihnen** à vous de décider ⑨ (*wichtig sein, gefallen*) **ihm liegt viel/nichts an ihr** elle lui importe beaucoup/il n'attache aucune importance à elle; **ihr liegt viel/nicht viel daran** cela lui importe beaucoup/ne lui importe guère; **mir liegt viel daran, dass** il m'importe beaucoup que + *subj;* **Sprachen ~ ihm** il est porté sur les langues; **seine Art liegt mir nicht** ses manières ne me plaisent pas ⑩ (*zufallen*) **bei jdm** ~ *Verantwortung:* reposer sur qn; *Schuld:* peser sur qn

liegen|bleiben *s.* **bleiben I.7**

liegend *adj, adv* couché

liegen|lassen *s.* **lassen I.5,** ►

Liegenschaft <-, -en> *f meist Pl* biens *mpl* fonciers

Liegeplatz *m* NAUT mouillage *m* **Liegesitz** *m* siège *m* couchette **Liegestuhl** *m* chaise *f* longue

Liegestütz ['li:gəʃtʏts] <-es, -e> *m* traction *f*

Liegewagen *m* voiture-couchettes *f* **Liegewiese** *f* pelouse *f*

lieh [li:] *Imp von* **leihen**

ließ [li:s] *Imp von* **lassen**

liest [li:st] *3. Pers Präs von* **lesen**

Lifestylemagazin ['laifstail-] *nt* TV émission *f* lifestyle; PRESSE magazine *m* lifestyle

Lift [lɪft] <-[e]s, -e *o* -s> *m* ① (*Aufzug*) ascenseur *m* ② (*Skilift*) téléski *m;* (*Sessellift*) télésiège *m*

Liftboy ['lɪftbɔɪ] <-s, -s> *m* garçon *m* d'ascenseur

liften ['lɪftən] *vt* faire un lifting à

Liga ['li:ga] <-, Ligen> *f* ① ligue *f* ② SPORT division *f*

light [lait] *adj Limonade* light; *Käse* allégé(e); *Zigarette* léger(-ère)

liieren* [li'i:rən] *vr* ① *geh* **sich** ~ nouer une liaison; **liiert sein** ne pas/plus être libre; **mit jdm liiert sein** avoir une liaison [avec qn] ② COM **sich** ~ s'associer

Likör [li'kø:ɐ̯] <-s, -e> *m* liqueur *f*

lila ['li:la] *adj inv* [couleur] lilas

Lila <-s, -> *fam nt* mauve *m*

Lilie ['li:li̯ə] <-, -n> *f* lys *m*

Liliputaner(in) [lilipu'ta:nɐ] <-s, -> *m(f)* lilliputien(ne) *m(f)*

Limit ['lɪmɪt] <-s, -s *o* -e> *nt* ① (*Begrenzung*) limite *f* ② (*Preisgrenze*) plafond *m;* **jdm ein ~ setzen** fixer un plafond à qn

limitieren* [limi'ti:rən] *vt* limiter; **etw auf hundert Exemplare ~** limiter qc à cent exemplaires

Limo ['lɪmo] <-, -s> *f fam Abk von* **Limonade** soda *m*

Limonade [limo'na:də] <-, -n> *f* limonade *f*

Limone [li'mo:nə] <-, -n> *f* citron *m* vert

Limousine [limu'zi:nə] <-, -n> *f* limousine *f*

Linde ['lɪndə] <-, -n> *f* (*Baum, Holz*) tilleul *m*

Lindenblütentee *m* [infusion *f* de] tilleul *m*

lindern ['lɪndɐn] *vt* soulager *Schmerzen;* atténuer *Not, Armut*

Linderung <-> *f kein Pl* soulagement *m*

lindgrün *adj* tilleul

Lineal [line'a:l] <-s, -e> *nt* règle *f*

linear [line'a:ɐ̯] *adj* linéaire

Linguist(in) [lɪŋ'gu̯ɪst] <-en, -en> *m(f)* linguiste *mf*

Linguistik [lɪŋ'gu̯ɪstɪk] <-> *f* linguistique *f*

linguistisch *adj* linguistique

Linie ['li:ni̯ə] <-, -n> *f* ligne *f;* **eine gestrichelte ~** une ligne de tirets; **eine politische ~** une ligne politique; **in männlicher/weiblicher ~** par les hommes/femmes; **die ~ 2 fährt zum Bahnhof** la ligne deux va à la gare; **auf die schlanke ~ achten** garder la ligne ►**in erster ~** en premier lieu; **auf der ganzen ~** sur toute la ligne

Linienbus *m* bus *m* de ligne **Linienflug** *m* vol *m* de ligne **Linienführung** *f* ① KUNST tracé *m* ② (*Verkehrswesen*) lignes *fpl* **Linienmaschine** *f* avion *m* de ligne **Linienrichter(in)** *m(f)* juge *mf* de ligne **linientreu** *adj pej* dans la ligne **Linienverkehr** *m* trafic *m* de ligne

linieren* [li'ni:rən], **liniieren*** [lini'i:rən] *vt* ligner; **ein lin[i]iertes Blatt** une feuille lignée

link [lɪŋk] *adj fam* **ein ~er Trick** un coup tordu

Link [lɪŋk] <-s, -s> *m* INFORM lien *m*

Linke <-n, -n> *f* ① (*Hand*) main *f* gauche ② SPORT gauche *m* ③ POL **die ~** la gauche; **die äußerste ~** l'extrême gauche ►**zu seiner/ihrer ~n** *geh* à sa gauche

linke(r, s) ['lɪŋkə, -kɐ, -kəs] *adj attr* ① gauche; *Straßenseite, Eingang, Bild* de gauche; **die ~ Seite** *eines Kleidungsstücks, Stoffs* l'envers *m* ② POL de gauche; *Flügel* gauche

linken *vt fam* entuber
linkisch *adj* gauche
links ['lɪŋks] **I.** *adv* ❶ (*auf der linken Seite*) à gauche; **~ oben** en haut à gauche; **~ von dir/hinter mir** à ta gauche/à gauche derrière moi; **von ~** de la gauche; **von ~ nach rechts** de gauche à droite; **~ fahren/[nach] ~ abbiegen** rouler/tourner à gauche; **halb ~ abbiegen** tourner légèrement à gauche; **sich ~ einordnen** se mettre sur la voie de gauche; **~ um!** à gauche, gauche!; **etw von ~ bügeln** repasser qc à l'envers; **~ stricken** tricoter à l'envers ❷ POL **~ wählen** voter à gauche; **~ stehen** avoir des idées de gauche ▶**jdn ~ liegen lassen** *fam* ne pas prêter attention à qn; **etw mit ~ machen** *fam* faire qc les doigts dans le nez **II.** *präp + gen* **~ des Rheins** à gauche du Rhin
Linksabbieger(in) <-s, -> *m(f)* chauffeur *m* tournant à gauche
Linksaußen [lɪŋks'ʔaʊsən] <-, -> *m* SPORT ailier *m* gauche **linksbündig** [-byndɪç] **I.** *adj* aligné(e) à gauche **II.** *adv* **etw ~ schreiben** écrire qc aligné à gauche **Linksextremismus** *m kein Pl* POL extrémisme *m* de gauche **Linksextremist(in)** *m(f)* extrémiste *mf* de gauche **linksextremistisch** *adj* d'extrême gauche **linksgerichtet** *adj* POL orienté(e) à gauche
Linkshänder(in) ['lɪŋkshɛndɐ] <-s, -> *m(f)* gaucher(-ère) *m(f)*
linkshändig ['lɪŋkshɛndɪç] **I.** *adj* gaucher(-ère) **II.** *adv* de la main gauche
linksherum ['lɪŋkshɛrʊm] *adv* à gauche **linksradikal** *adj* d'extrême gauche **Linksradikale(r)** *f(m)* extrémiste *mf* de gauche **linksrheinisch** *adj* [situé(e)] à l'ouest du Rhin **Linksruck** *m* POL poussée *f* à gauche
linksseitig *adj Lähmung* du côté gauche
Linksverkehr *m* conduite *f* à gauche
Linoleum [li'no:leʊm] <-s> *nt* linoléum *m*
Linolschnitt [li'no:lʃnɪt] *m* linogravure *f*
Linse ['lɪnzə] <-, -n> *f* ❶ BOT, GASTR, OPT lentille *f* ❷ ANAT cristallin *m*
LipglossRR <-, -> *nt* brillant *m* à lèvres
Lippe ['lɪpə] <-, -n> *f* lèvre *f*; **jdm etw von den ~n ablesen** lire qc sur les lèvres de qn ▶**etw nicht über die ~n bringen** ne pouvoir se résoudre à dire qc; **an jds ~n** (*dat*) **hängen** être suspendu aux lèvres de qn
Lippenstift *m* [bâton *m* de] rouge *m* à lèvres

liquid [li'kvi:t] *adj* FIN ❶ (*solvent*) disposant de fonds ❷ (*verfügbar*) disponible [en liquide]; **~e Mittel** des liquidités *fpl*
Liquidation [likvida'tsi̯o:n] <-, -en> *f* ❶ FIN, JUR *einer Firma* liquidation *f* ❷ *form* (*Honorarrechnung*) note *f* d'honoraires
liquide [li'kvi:də] *s.* **liquid**
liquidieren* [likvi'di:rən] *vt* ❶ liquider *Betrieb, Firma* ❷ *euph* (*umbringen*) liquider
Liquidität [likvidi'tɛ:t] <-> *f* solvabilité *f*
Lira ['li:ra] <-, Lire> *f* **italienische ~** HIST lire *f* [italienne]; **türkische ~** livre *f* turque
lispeln ['lɪspəln] *vi* zézayer
Lissabon ['lɪsabɔn] <-s> *nt* Lisbonne
List [lɪst] <-, -en> *f* ruse *f* ▶**mit ~ und Tücke** en utilisant toutes les combines possibles (*fam*)
Liste ['lɪstə] <-, -n> *f a.* POL liste *f* ▶**auf der schwarzen ~ stehen** être sur la liste noire
Listenpreis *m* COM prix *m* catalogue
listig ['lɪstɪç] **I.** *adj Person* rusé(e); *Plan* astucieux(-euse) **II.** *adv* avec astuce
Litanei [lita'nai̯] <-, -en> *f* ❶ ECCL litanies *fpl* ❷ *pej* (*Aufzählung*) litanie *f*
Litauen ['li:taʊ̯ən] <-s> *nt* la Lituanie
Litauer(in) ['li:taʊ̯ɐ] <-s, -> *m(f)* Lituanien(ne) *m(f)*
litauisch ['li:taʊ̯ɪʃ] **I.** *adj* lituanien(ne) **II.** *adv* **~ miteinander sprechen** parler en lituanien; *s. a.* **deutsch**
Litauisch <-[s]> *nt kein Art* lituanien *m*; *s. a.* **Deutsch**
Liter ['li:tɐ] <-s, -> *m o nt* litre *m*; **ein ~ Milch** un litre de lait
literarisch [lɪtə'ra:rɪʃ] *adj* littéraire
Literat(in) [lɪtə'ra:t] <-en, -en> *m(f) geh* homme *m*/femme *f* de lettres; **die ~en** les gens *mpl* de lettres
Literatur [lɪtəra'tu:ɐ̯] <-, -en> *f* littérature *f*
Literaturangaben *Pl* notice *f* bibliographique **Literaturkritik** *f* critique *f* littéraire **Literaturpreis** *m* prix *m* littéraire **Literaturverzeichnis** *nt* bibliographie *f* **Literaturwissenschaft** *f* lettres *fpl*; **vergleichende ~** littérature *f* comparée
Literflasche *f* [bouteille *f* d'un] litre *m*
literweise *adv* au litre
Litfaßsäule ['lɪtfaszɔylə] *f* colonne *f* Morris
LithografieRR, **Lithographie** [litogra'fi:] <-, -i̯en> *f* lithographie *f*
Litschi ['lɪtʃi] <-, -s> *f* litchi *m*
litt [lɪt] *Imp von* **leiden**
Liturgie [litʊr'gi:] <-, -i̯en> *f* liturgie *f*
liturgisch [li'tʊrgɪʃ] *adj* liturgique

Litze ['lɪtsə] <-, -n> *f* ❶ COUT galon *m* ❷ ELEC tresse *f*
live [laif] *adj, adv* en direct
LivekonzertRR ['laif-] *nt* concert *m* live **Livesendung**RR *f* TV, RADIO émission *f* en direct **Livestream**RR ['laifstriːm] <-s, -s> *m* INET streaming *m* **Liveübertragung**RR *f* retransmission *f* en direct
Livree [li'vreː] <-, -een> *f* COUT livrée *f*
Lizentiat [litsɛn'tsi̯aːt] *s.* **Lizenziat**
Lizentiat(in) [litsɛn'tsi̯aːt] *s.* **Lizenziat(in)**
Lizenz [li'tsɛnts] <-, -en> *f* licence *f;* **jdm eine ~ erteilen** délivrer une licence à qn; **etw in ~ herstellen** fabriquer qc sous licence
Lizenzgebühr *f* royalties *fpl*
LizenziatRR [litsɛn'tsi̯aːt] <-[e]s, -e> *nt* UNIV ≈ licence *f* de théologie; CH ≈ licence *f* de lettres et sciences humaines
Lizenziat(in)RR [litsɛn'tsi̯aːt] <-en, -en> *m(f)* UNIV (*Person*) ≈ licencié(e) *m(f)* en théologie; CH ≈ licencié(e) *m(f)* ès lettres
Lizenzspieler(in) *m(f)* FBALL licencié(e) *m(f)*
Lkw, LKW ['ɛlkaːveː, ɛlkaː'veː] <-[s], -[s]> *m Abk von* **Lastkraftwagen** poids *m* lourd
Lkw-Fahrer(in) *m(f),* **LKW-Fahrer(in)** ['ɛlkaːveː-, ɛlkaː'veː-] *m(f)* chauffeur *m* de poids lourds; (*Fernfahrer*) routier *m*
Lkw-Maut [ɛlka'veː-] *f* péage *m* [autoroutier] pour poids lourds
Lob [loːp] <-[e]s> *nt* félicitations *fpl;* **jdm ~ spenden** prodiguer des louanges à qn (*soutenu*); **des ~es voll sein über jdn/etw** ne tarir pas d'éloges sur qn/à propos de qc
Lobby ['lɔbi] <-, -s> *f* lobby *m*
Lobbying ['lɔbiɪŋ] <-s, -s> *nt* POL lobbying *m*
Lobbyist(in) [lɔbi'ɪst] <-en, -en> *m(f)* membre *m* d'un lobby
loben ['loːbən] **I.** *vt* ❶ féliciter; **jds Arbeit ~** louer qn pour son travail; **sein Verhalten ist zu ~** son attitude est digne d'éloges; **da lob' ich mir die alten Zeiten** [c'est là que] je regrette le bon vieux temps ❷ REL **Gott ~** louer Dieu **II.** *vi* complimenter
lobend I. *adj* élogieux(-euse) **II.** *adv* **jdn/etw ~ erwähnen** parler de qn/qc en termes élogieux
lobenswert *adj* digne d'éloges
Lobhudelei [loːphuːdə'lai] <-> *f pej* flagornerie *f* (*soutenu*)
löblich ['løːplɪç] *adj geh* louable
Loblied *nt* ▶ **ein ~ auf jdn/etw singen** chanter les louanges de qn/qc **Lobrede** *f* panégyrique *m*
Loch [lɔx, *Pl:* 'lœçe] <-[e]s, Löcher> *nt*

loben

loben, positiv bewerten	louer, juger positivement
Ausgezeichnet!/Hervorragend!	Excellent !/Remarquable !
Das hast du gut gemacht.	Tu as fait du bon travail.
Das hast du prima hingekriegt. (*fam*)	Tu t'es très bien débrouillé(e). (fam)
Das lässt sich (aber) sehen! (*fam*)	Il y a de quoi être fier !
Daran kann man sich ein Beispiel nehmen.	C'est un exemple à suivre.
Das hätte ich nicht besser machen können.	Je n'aurais pas pu faire mieux.
Wertschätzung ausdrücken	*exprimer son estime*
Ich finde es super, wie er/sie sich um die Kinder kümmert. (*fam*)	Je trouve ça super comme il/elle s'occupe des enfants. (fam)
Ich schätze Ihren Einsatz (sehr).	J'apprécie (beaucoup) votre engagement.
Ich weiß Ihre Arbeit sehr zu schätzen.	J'apprécie beaucoup votre travail.
Ich möchte Ihren guten Rat nicht missen.	Je ne voudrais pas être privé(e) de vos bons conseils.
Ich finde die Vorlesungen dieses Professors sehr gut.	Je trouve les cours magistraux de ce professeur très bien.
Ich wüsste nicht, was wir ohne Ihre Hilfe tun sollten.	Je ne sais pas ce que nous ferions sans votre aide.

❶ trou *m;* **schwarzes ~** ASTRON trou *m* noir ❷ *pej fam* (*Wohnung*) trou *m* ▶ **jdm ein ~ in den Bauch fragen** *fam* cribler qn de questions; **Löcher in die Luft starren** *fam* regarder dans le vide; **auf dem letzten ~ pfeifen** *fam* être lessivé

lochen ['lɔxən] *vt* perforer; poinçonner *Fahrkarte*

Locher ['lɔxɐ] <-s, -> *m* (*für Papier*) perforeuse *f*

löcherig ['lœçərɪç] *adj* troué(e)

löchern ['lœçɐn] *vt fam* gonfler

Lochstickerei *f* broderie *f* à jour **Lochstreifen** *m* INFORM bande *f* perforée

Lochung <-, -en> *f* perforation *f; einer Fahrkarte* poinçonnage *m*

Lochzange *f* (*für Fahrkarten*) poinçonneuse *f;* TECH emporte-pièce *m*

Locke ['lɔkə] <-, -n> *f* boucle *f* [de cheveux]

locken ['lɔkən] **I.** *vt* ❶ (*verlockend sein*) **jdn ~** *Möglichkeit:* attirer qn ❷ appeler *Tier* ❸ (*kräuseln*) boucler *Haare* **II.** *vr* **sich ~** *Haare:* boucler

lockend *adj* alléchant(e)

Lockenkopf *m* ❶ (*Frisur*) cheveux *mpl* bouclés ❷ (*Person*) personne *f* aux cheveux bouclés **Lockenstab** *m* fer *m* à friser **Lockenwickler** <-s, -> *m* bigoudi *m*

locker ['lɔkɐ] **I.** *adj* ❶ *Halterung, Schraube* desserré(e); *Ziegel, Zahn* branlant(e); *Seil* détendu(e); *Muskel* relâché(e) ❷ *Boden* poreux(-euse); *Teig* léger(-ère) ❸ *fam Person* libéral(e); *Haltung* détendu(e); *Bekanntschaft* vague ❹ *fam Lebenswandel* léger(-ère) **II.** *adv* ❶ (*lose*) **~ sitzen** *Kleidung:* être ample ❷ (*unverkrampft*) de façon détendue; **etw ~ handhaben** manipuler qc de façon décontractée ❸ *fam* (*ohne Schwierigkeiten*) **das schaffe ich doch ~!** j'y arrive à l'aise ▶ **[bei] ihm sitzt das Geld ~** *fig fam* il a l'argent facile

locker|lassen *vi irr fam* **nicht ~** ne pas lâcher prise **locker|machen** *vt fam* **Geld für jdn/etw ~** décrocher de l'argent à qn/pour qc; **bei jdm hundert Euro ~** soutirer cent euros à qn (*hum*)

lockern ['lɔkɐn] **I.** *vt* ❶ desserrer *Gürtel, Schraube;* relâcher *Zügel* ❷ (*aufwärmen*) assouplir *Beine, Muskeln;* (*entspannen*) décontracter *Beine, Muskeln* ❸ assouplir *Gesetz, Embargo* **II.** *vr* **sich ~** ❶ *Schraube, Verbindung:* se desserrer ❷ (*sich aufwärmen*) s'assouplir; (*sich entspannen*) se décontracter, décontracter ses muscles

Lockerung <-, -en> *f* ❶ *von Schrauben* desserrage *m* ❷ *der Muskeln, von Gesetzen* assouplissement *m* ❸ *fig der Stimmung* détente *f*

lockig ['lɔkɪç] *adj* bouclé(e)

Lockmittel *nt* appât *m*

Lockung <-, -en> *f* ❶ (*Reiz*) attrait *m* ❷ (*Versuchung*) tentation *f*

Lockvogel *m a. fig* appât *m*

Loden ['lo:dən] <-s, -> *m* TEXTIL loden *m*

Lodenmantel *m* [manteau *m* en] loden *m*

lodern ['lo:dɐn] *vi + haben Feuer:* flamboyer; **~d** flamboyant(e)

Löffel ['lœfəl] <-s, -> *m* ❶ cuillère *f;* **ein ~ Mehl** une cuillérée de farine ❷ JAGD (*Hasen-, Kaninchenohr*) oreille *f;* **seine ~ aufsperren** *fam* ouvrir [toutes grandes] ses esgourdes ▶ **den ~ abgeben** *fam* casser sa pipe

löffeln ['lœfəln] *vt* (*essen*) **seine Suppe ~** manger sa soupe à la cuillère

löffelweise *adv essen, füttern* à la cuillère; *hinzugeben* par cuillérées

log [lo:k] *Imp von* **lügen**

Logarithmentafel *f* MATH table *f* de logarithmes

Logarithmus [loga'rɪtmʊs] <-, -rithmen> *m* MATH logarithme *m*

Logbuch ['lɔkbu:x] *nt* NAUT journal *m* de bord

Loge ['lo:ʒə] <-, -n> *f* loge *f*

Loggia ['lɔdʒ(i̯)a] <-, Loggien> *f* ARCHIT loggia *f*

Logik ['lo:gɪk] <-> *f* logique *f*

Log-in [lɔg'ʔɪn] <-s, -s> *nt* INFORM ouverture *f* d'une session

Logis [lo'ʒi:] <-> *nt* logement *m*

logisch ['lo:gɪʃ] *adj* logique

logischerweise *adv* logiquement

Logistik [lo'gɪstɪk] <-> *f* logistique *f*

logistisch [lo'gɪstɪʃ] *adj* logistique

Logo ['lo:go] <-s, -s> *nt* logo *m*

Log-off [lɔg'ʔɔf] <-s, -s> *nt* INFORM clôture *f* d'une session

Logopäde [logo'pɛ:də] <-n, -n> *m,* **Logopädin** *f* orthophoniste *mf*

Log-out [lɔg'ʔaʊt] <-s, -s> *nt* INFORM clôture *f* d'une session

Lohn [lo:n, *Pl:* 'lø:nə] <-[e]s, Löhne> *m* ❶ (*Arbeitslohn*) salaire *m* ❷ *kein Pl* (*Belohnung*) récompense *f;* **als ~ für etw** en récompense de qc

Lohnabbau *m* réduction *f* de salaire **Lohnausgleich** *m* ajustement *m* de salaire; **bei vollem ~** sans perte de salaire **Lohnbuchhaltung** *f* comptabilité *f* des salaires **Lohndumping** *nt* dumping *m* des salaires **Lohnempfänger(in)** *m(f)* salarié(e) *m(f)*

lohnen ['lo:nən] **I.** *vr* **sich ~** valoir la peine; **sich für jdn ~** *Aufwand, Mühe:* valoir la peine pour qn; **es lohnt sich diesen Film zu sehen** ça vaut la peine de voir ce film **II.** *vt* ❶ (*wert sein*) **einen Besuch ~** *Ausstellung:* mériter une visite; **die Anstrengung ~** *Ergebnis:* justifier l'effort ❷ (*belohnen*) **jdm etw ~** récompenser qn pour qc

löhnen ['lø:nən] *vi fam* casquer

lohnend *adj Geschäft, Aufgabe* profitable

Lohnerhöhung *f* hausse *f* des salaires; *einer Einzelperson* augmentation *f* [de salaire] **Lohnforderung** *f* revendication *f* salariale **Lohnfortzahlung** *f* maintien *m* du salaire **Lohngruppe** *f* catégorie *f* salariale **Lohnkosten** *Pl* coûts *mpl* salariaux **Lohnnebenkosten** *Pl* charges *fpl* annexes [au salaire] **Lohnsteuer** *f* impôt *m* sur le salaire

Lohnsteuerjahresausgleich *m* ❶ (*Antrag*) *demande de régularisation annuelle du trop-perçu d'impôt sur le salaire* ❷ (*Rückzahlung*) *remboursement du trop--perçu d'impôt sur le salaire* **Lohnsteuerkarte** *f* fiche *f* fiscale (*sur laquelle figure la catégorie d'imposition d'un employé*)

Lohnstopp *m* blocage *m* des salaires

Loipe ['lɔypə] <-, -n> *f* piste *f* de ski de fond

Lok [lɔk] <-, -s> *f fam Abk von* **Lokomotive** loco *f*

lokal [lo'ka:l] *adj* local(e)

Lokal [lo'ka:l] <-s, -e> *nt* (*Kneipe*) café *m*, bistro[t] *m;* (*Speiselokal*) restaurant *m;* (*Vereinslokal*) cafétéria *f*

lokalisieren* [lokali'zi:rən] *vt geh* ❶ localiser ❷ circonscrire *Brand, Konflikt, Krankheitsherd*

Lokalisierung <-, -en> *f geh* localisation *f*

Lokalnachricht *f meist Pl* **~en** nouvelles *fpl* locales **Lokalpatriotismus** *m* esprit *m* de clocher **Lokaltermin** *m* descente *f* sur les lieux

Lokalverbot *nt* **~ haben** être interdit

Lokführer(in) *m(f) fam Abk von* **Lokomotivführer(in)**

Lokomotive [lokomo'ti:və] <-, -n> *f* locomotive *f*

Lokomotivführer(in) *m(f)* conducteur(-trice) *m(f)* de locomotive

Lokus ['lo:kʊs] <- *o* -ses, - *o* -se> *m fam* petit coin *m*

lol [lɔl] *interj fam Abk von* **laughing out loud** INFORM mdr

Lolli ['lɔli] <-s, -s> *m fam* sucette *f*

Lombardsatz *m* FIN taux *m* lombard

London ['lɔndɔn] <-> *nt* Londres

Londoner(in) ['lɔndɔnɐ] <-s, -> *m(f)* Londonien(ne) *m(f)*

Longdrink ['lɔŋdrɪŋk] *m* long drink *m*

Look [lʊk] <-s, -s> *m* look *m*

Looping ['lu:pɪŋ] <-s, -s> *m o nt* looping *m*

Lorbeer ['lɔrbe:ɐ] <-s, -en> *m* ❶ (*Pflanze, Gewürz*) laurier *m* ❷ *s.* **Lorbeerkranz** ▶ **sich auf seinen ~en ausruhen** *fam* se reposer sur ses lauriers

Lorbeerblatt *nt* feuille *f* de laurier **Lorbeerkranz** *m* couronne *f* de laurier

Lore ['lo:rə] <-, -n> *f* MIN wagonnet *m*

los [lo:s] **I.** *adj* ❶ (*abgetrennt*) défait(e); *Etikett, Knopf:* défait(e), parti(e) ❷ *fam* (*befreit*) **jdn/etw ~ sein** être débarrassé de qn/qc; **sein Geld ~ sein** avoir paumé son argent ❸ (*im Gange*) **es ist nichts ~** *fam* rien ne se passe; **dort ist viel ~** [il] y a la grosse ambiance là-bas; **was ist ~?** qu'est-ce qu'[il] y a?; **was ist denn hier ~?** qu'est-ce qui se passe ici?; **was ist denn mit dir ~?** qu'est-ce que tu as [donc]?, mais qu'est-ce qu'il te prend? ▶ **..., [dann] ist etwas ~!** *fam* ça va chauffer si ...!; **mit ihm ist nichts ~** (*er ist langweilig*) [il] y a rien à tirer de lui; (*er ist erschöpft*) il n'est pas dans son assiette (*fam*) **II.** *adv* ❶ **~!** partez! ❷ *fam* (*fort*) **sie ist schon ~** elle s'est déjà tirée

Los [lo:s] <-es, -e> *nt* ❶ **etw durch das ~ entscheiden** décider qc au sort; **ein ~ ziehen** tirer au sort; **das ~ fällt auf jdn** le sort tombe sur qn ❷ (*Lotterielos*) billet *m* ❸ *kein Pl geh* (*Schicksal*) sort *m* ▶ **mit jdm/etw das große ~ gezogen haben** avoir tiré le gros lot avec qn/qc

lösbar *adj* ❶ *Aufgabe* résoluble ❷ CHEM soluble

los|binden *vt irr* détacher; **etw/jdn [von etw] ~** détacher qc/qn [de qc] **los|brechen** ['lo:sbrɛçən] *irr* **I.** *vt + haben* arracher *Ast;* détacher *Eiszapfen* **II.** *vi + sein* ❶ **von etw ~** se détacher de qc ❷ (*beginnen*) *Gelächter, Jubel:* éclater

Löschblatt *nt* buvard *m*

löschen ['lœʃən] *vt* ❶ éteindre *Feuer, Licht;* **seinen Durst ~** se désaltérer ❷ (*tilgen*) effacer; résilier *Bankkonto* ❸ NAUT décharger

Löschen ['lœʃən] <-s> *nt* extinction *f*

Löschfahrzeug *nt* voiture *f* de pompiers **Löschflugzeug** *nt* canadair® *m* **Löschkalk** *m* chaux *f* éteinte **Löschpapier** *nt* [papier *m*] buvard *m* **Löschtaste** *f* INFORM touche *f* "effacement"

Löschung <-, -en> *f* ① (*das Tilgen*) radiation *f* ② NAUT déchargement *m*
lose ['lo:zə] *adj* ① *Schraube* desserré(e); *Knopf* qui bouge; *Knoten* lâche; *Halterung* instable, branlant(e); *Blatt* volant(e) ② (*unverpackt*) **etw ~ verkaufen** vendre qc en vrac ③ *hum* (*frech*) **ein ~s Mundwerk haben** ne pas avoir la langue dans sa poche
Lösegeld *nt* rançon *f*
los|eisen *fam* **I.** *vt* ① (*mit Mühe freimachen*) débaucher; **jdn von seiner Arbeit ~** arracher qn à son travail ② (*lockermachen*) **bei jdm Geld ~** soutirer de l'argent à qn **II.** *vr* **sich ~** se libérer; **sich von etw ~** s'arracher à qc
Lösemittel *nt* solvant *m*
losen ['lo:zən] *vi* tirer au sort; **um etw ~** tirer qc au sort
lösen ['lø:zən] **I.** *vt* ① (*ablösen*) enlever, ôter *Schicht* ② défaire *Haare, Knoten;* desserrer *Handbremse* ③ MED calmer, soulager *Husten, Verspannung* ④ résoudre *Aufgabe, Problem* ⑤ annuler *Verlobung;* résilier *Vertrag* ⑥ (*zergehen lassen*) **Chemikalien in etw** (*dat*) **~** dissoudre des produits chimiques dans qc ⑦ prendre *Eintrittskarte, Fahrschein* **II.** *vr* ① (*sich ablösen*) **sich von etw ~** *Schicht, Schmutz:* s'enlever de qc; *Stein:* se détacher de qc ② (*sich auflösen*) **sich in etw** (*dat*) **~** se dissoudre dans qc ③ (*sich aufklären*) **sich ~** *Rätsel:* se résoudre ④ (*sich befreien*) **sich von jdm ~** se détacher de qn; **sich von etw ~** se dégager de qc
los|fahren *vi irr + sein* ① (*abfahren*) partir; **von etw ~** partir de qc ② *fam* (*angreifen*) **auf jdn ~** tomber sur qn **los|gehen** *vi irr + sein* ① s'en aller ② *fam* (*beginnen*) commencer; **es geht [schon] wieder los** c'est reparti ③ (*angreifen*) **mit etw auf jdn ~** s'élancer sur qn avec qc ④ (*krachen*) *Flinte, Schuss:* partir **los|haben** *vt irr fam* **in seinem Beruf viel ~** en connaître un rayon dans sa profession **los|heulen** *vi fam* se mettre à chialer; *Kind, Baby:* se mettre à brailler **los|kommen** *vi irr + sein fam* ① (*gehen können*) pouvoir partir ② (*sich befreien*) **von jdm ~** se sortir des pattes de qn; **vom Alkohol ~** décrocher de l'alcool **los|kriegen** *vt fam* ① (*abbekommen*) **etw von etw ~** arriver à retirer qc de qc ② (*verkaufen können*) réussir à fourguer *Ware* ③ (*losbekommen*) se débarrasser de *Person* **los|lachen** *vi* éclater de rire **los|lassen** *vt irr* ① lâcher; **die Hunde auf jdn ~** *fam* lâcher les chiens sur qn ② *fig* **jdn nicht ~** *Vorstellung:* ne pas quitter qn ③ lâcher *Fluch* **los|laufen** *vi irr + sein* ① (*zu laufen beginnen*) se mettre à courir ② (*weglaufen*) partir [en courant] **los|legen** *vi fam* (*anfangen*) en mettre un coup; **mit der Arbeit ~** s'attaquer au travail
löslich ['lø:sliç] *adj* soluble
los|lösen *vr* **sich ~** se décoller **los|machen** **I.** *vt* (*losbinden*) détacher **II.** *vr fam* **sich von etw ~** (*sich losreißen*) se dégager de qc; (*sich befreien*) se libérer de qc **los|müssen** *vi irr fam* devoir partir; **ich muss los** il faut que j'y aille **los|reißen** *irr* **I.** *vt* arracher **II.** *vr* ① (*sich entwinden*) **sich von jdm ~** se dégager de qn ② *fam* (*sich innerlich lösen*) **sich ~** s'arrêter; **er konnte sich von dem Anblick nicht ~** il ne pouvait détourner son regard
Löss[RR] [lœs] <-es, -e>, **Löß**[ALT] <Lösses *o* -es, Lösse *o* -e> *m* lœss *m*
los|sagen *vr geh* **sich von jdm/etw ~** couper les ponts avec qn/renier qc **los|schicken** *vt* envoyer **los|schlagen** *irr* **I.** *vi* ① MIL attaquer ② (*einschlagen*) **auf jdn ~** taper sur qn **II.** *vt* (*abschlagen*) **etw von der Wand ~** détacher qc du mur **los|schrauben** *vt* dévisser **los|steuern** *vi + sein* **auf jdn/etw ~** se diriger droit sur qn/qc
Losung ['lo:zʊŋ] <-, -en> *f* ① (*Wahlspruch*) mot *m* d'ordre ② MIL mot *m* de passe ③ JAGD fumées *fpl*
Lösung ['lø:zʊŋ] <-, -en> *f* ① (*das Lösen*) résolution *f* ② (*Ergebnis*) solution *f* ③ (*Aufhebung*) *einer Verlobung* annulation *f; eines Vertrags* résiliation *f* ④ CHEM solution *f*
Lösungsmittel *nt* solvant *m*
los|werden *vt irr + sein* ① se débarrasser de *Person;* **eine Idee nicht ~** ne pas arriver à se défaire d'une idée ② *fam* (*verlieren*) paumer ③ *fam* (*verkaufen*) fourguer
Lot [lo:t] <-[e]s, -e> *nt* ① (*Senkblei*) fil *m* à plomb ② NAUT sonde *f* ③ GEOM perpendiculaire *f;* **das ~ auf etw** (*akk*) **fällen** abaisser la perpendiculaire à qc ▶ **nicht im ~ sein** aller de travers
loten ['lo:tən] *vt* sonder
löten ['lø:tən] *vt* souder; **etw an etw** (*akk*) **~** souder qc à qc
Lothringen ['lo:trɪŋən] <-s> *nt* la Lorraine
Lothringer(in) ['lo:trɪŋɐ] <-s, -> *m(f)* Lorrain(e) *m(f)*
lothringisch ['lo:trɪŋɪʃ] *adj* lorrain(e)
Lotion [lo'tsi̯o:n] <-, -en> *f* lotion *f*

Lötkolben *m* fer *m* à souder **Lötmetall** *nt* brasure *f*
Lotos ['lo:tɔs] <-, -> *m* lotus *m*
lotrecht ['lo:trɛçt] *adj* vertical
Lotse ['lo:tsə] <-n, -n> *m*, **Lotsin** *f* ❶ NAUT pilote *m* ❷ (*Fluglotse*) aiguilleur(-euse) *m(f)* du ciel
lotsen ['lo:tsən] *vt* ❶ piloter *Schiff* ❷ *fam* (*locken*) **jdn ins Kino ~** entraîner qn au cinéma
Lotsendienst *m* service *m* d'aide à la circulation (*chargé notamment d'assurer la sécurité des écoliers*)
Lotsin *s.* **Lotse**
Lotterie [lɔtə'ri:] <-, -ien> *f* loterie *f*; **in der ~ spielen** jouer à la loterie
Lotteriespiel *nt* ❶ [jeu *m* de] loterie *f* ❷ *fig* loterie *f*
Lotto ['lɔto] <-s, -s> *nt* loto *m*; **~ spielen** jouer au loto; **im ~ gewinnen** gagner au loto
Lottogewinn *m* gain *m* au loto **Lottoschein** *m* bulletin *m* de loto
Lotus ['lo:tʊs] *s.* **Lotos**
Löwe ['lø:və] <-n, -n> *m* ❶ lion *m* ❷ ASTROL Lion *m*
Löwenanteil *m* *fam* part *f* du lion **Löwenzahn** *m kein Pl* pissenlit *m*
Löwin ['lø:vɪn] *f* lionne *f*
loyal [loa'ja:l] *geh adj* loyal(e)
Loyalität [loajali'tɛ:t] <-> *f* loyauté *f*
LP [ɛl'pe:, ɛl'pi:] <-, -s> *f Abk von* **Langspielplatte** 33 tours *m*
lt. *präp form Abk von* **laut²** d'après
Luchs [lʊks] <-es, -e> *m* lynx *m*
Lücke ['lʏkə] <-, -n> *f* ❶ (*Zwischenraum*) trou *m* ❷ (*Unvollständigkeit*) lacune *f* ▶ **eine ~ reißen** *Tod, Weggang:* laisser un vide
Lückenbüßer(in) <-s, -> *m(f)* **der ~ sein** *fam* jouer les bouche-trous
lückenhaft I. *adj* incomplet(-ète); *Beweis* insuffisant(e); *Erinnerung* défaillant(e) II. *adv berichten, darstellen* de façon incomplète; *sich erinnern* vaguement
lückenlos I. *adj Bericht, Wissen* complet(-ète); *Beweis* irréfutable II. *adv darstellen, wiedergeben* de façon exhaustive; *sich erinnern* intégralement
Lückentest *m* exercice *m* à trous
lud [lu:t] *Imp von* **laden**
Luder ['lu:dɐ] <-s, -> *nt fam* (*durchtriebene Frau*) bougresse *f*; (*kokette Frau*) garce *f*
Ludwig ['lu:tvɪç] *m* ❶ Louis *m* ❷ HIST **~ XIV.** Louis XIV
Luft [lʊft, *Pl:* 'lʏftə] <-, Lüfte> *f* ❶ *kein Pl* air *m*; **frische ~** de l'air frais; **an die [frische] ~ gehen** aller prendre l'air ❷ *kein Pl* (*Atem*) **die ~ anhalten** retenir son souffle; **keine ~ mehr bekommen** étouffer; **nach ~ schnappen** chercher son souffle; **tief ~ holen** inspirer profondément ❸ *fam* (*Platz*) espace *m*; (*Spielraum*) marge *f* de manœuvre ❹ (*Brise*) brise *f* ▶ **von ~ und Liebe leben** *hum fam* vivre d'amour et d'eau fraîche; **hier/dort herrscht dicke ~** *fam* il y a de l'orage dans l'air; **die ~ ist rein** *fam* pas de danger à l'horizon; **sich in ~ auflösen** se volatiliser; **jdn wie ~ behandeln** faire comme si qn n'existait pas; **es liegt etwas in der ~** il y a quelque chose qui se prépare; **seinem Ärger ~ machen** donner libre cours à sa colère; **~ für jdn sein** *fam* ne pas exister pour qn; **jdn an die [frische] ~ setzen** *fam* flanquer qn à la porte
Luftabwehr *f* défense *f* antiaérienne **Luftangriff** *m* attaque *f* aérienne **Luftballon** *m* ballon *m* [de baudruche] **Luftbefeuchter** *m* humidificateur *m* **Luftblase** *f* bulle *f* [d'air] **Luftbrücke** *f* pont *m* aérien
Lüftchen ['lʏftçən] <-s, -> *nt Dim von* **Luft** brise *f*; **es regt sich kein ~** il n'y a pas un souffle d'air
luftdicht *adj* hermétique **Luftdruck** *m kein Pl* METEO pression *f* atmosphérique
lüften ['lʏftən] I. *vt* aérer *Raum, Wohnung;* dévoiler *Geheimnis;* soulever *Hut, Schleier* II. *vi* aérer
Lüfter ['lʏftɐ] <-s, -> *m* ventilateur *m*
Luftfahrt *f kein Pl form* aviation *f* **Luftfahrzeug** *nt form* aéronef *m* **Luftfeuchtigkeit** *f* humidité *f* de l'air **Luftfracht** *f* fret *m* [aérien] **luftgetrocknet** *adj Schinken* séché(e) [à l'air] **Luftgewehr** *nt* carabine *f* à air comprimé **Lufthoheit** *f* souveraineté *f* aérienne
luftig ['lʊftɪç] *adj Ort* bien aéré(e); *Kleidung* léger(-ère)
Luftikus ['lʊftikʊs] <-[ses], -se> *m fam* écervelé *m*
Luftkissen *nt* ❶ TECH coussin *m* d'air ❷ (*mit Luft gefülltes Kissen*) coussin *m* gonflable
Luftkissenboot *nt* hydroglisseur *m* **Luftkissenfahrzeug** *nt* aéroglisseur *m*
Luftkorridor *m* couloir *m* aérien **Luftkurort** *m* station *f* climatique **luftleer** *adj* vide d'air **Luftlinie** *f* ligne *f* droite **Luftloch** *nt* AVIAT trou *m* d'air **Luftmatratze** *f* matelas *m* pneumatique **Luftpi-**

L

rat(in) *m(f)* pirate *mf* de l'air **Luftpost** *f* poste *f* aérienne; **per** [*o* **mit**] ~ par avion
Luftpostbrief *m* lettre-avion *f*
Luftpumpe *f* pompe *f* [à air]; (*für Fahrrad*) pompe à vélo; (*für Luftmatratze, Schlauchboot*) gonfleur *m* **Luftraum** *m* espace *m* aérien **Luftröhre** *f* ANAT trachée *f*
Luftröhrenschnitt *m* MED trachéotomie *f*
Luftschacht *m* conduit *m* d'aération **Luftschiff** *nt* dirigeable *m* **Luftschlange** *f* serpentin *m* **Luftschlitz** *m* grille *f* d'aération **Luftschloss**RR *nt meist Pl* château *m* en Espagne; **Luftschlösser bauen** construire des châteaux en Espagne **Luftschraube** *f* TECH hélice *f* **Luftschutz** *m* défense *f* [anti]aérienne
Luftschutzbunker *m* bunker *m* **Luftschutzkeller** *m* abri *m* antiaérien
Luftspiegelung *f* mirage *m* **Luftsprung** *m* bond *m* en l'air; **vor Freude einen ~ machen** faire un bond/des bonds de joie **Luftstrom** *m* courant *m* d'air **Luftstützpunkt** *m* base *f* aérienne
Lüftung <-, -en> *f* ❶ (*das Lüften*) aération *f* ❷ (*Lüftungssystem*) [système *m* de] ventilation *f*
Luftveränderung *f* changement *m* d'air **Luftverkehr** *m* trafic *m* aérien **Luftverschmutzung** *f* pollution *f* de l'air **Luftwaffe** *f* armée *f* de l'air **Luftweg** *m* ❶ *kein Pl* AVIAT voie *f* aérienne ❷ *Pl* (*Atemwege*) voies *fpl* respiratoires **Luftwiderstand** *m kein Pl* résistance *f* de l'air **Luftzufuhr** *f kein Pl* arrivée *f* d'air **Luftzug** *m* courant *m* d'air
Lüge ['ly:gə] <-, -n> *f* mensonge *m;* **jdm ~n auftischen** *fam* raconter des bobards à qn ▶ **~n haben kurze Beine** *prov* les mensonges ne mènent pas loin; **jdn ~n strafen** *geh* convaincre qn de mensonge
lugen ['lu:gən] *vi* DIAL (*spähen*) **aus dem Fenster ~** guetter de la fenêtre
lügen ['ly:gən] <log, gelogen> *vi* mentir; **das ist gelogen!** c'est faux!
Lügendetektor ['ly:gəndetɛktɔr] <-s, -toren> *m* détecteur *m* de mensonges **Lügengeschichte** *f* tissu *m* de mensonges
lügenhaft *adj pej* (*erlogen*) mensonger(-ère)
Lügner(in) ['ly:gnɐ] <-s, -> *m(f) pej* menteur(-euse) *m(f)*
lügnerisch ['ly:gnərɪʃ] *adj pej* ❶ (*verlogen*) menteur(-euse) ❷ (*erlogen*) mensonger(-ère)
Luke ['lu:kə] <-, -n> *f* ❶ (*Dachluke*) lucarne *f* ❷ (*Schiffsluke, Panzerluke*) écoutille *f*
lukrativ [lukra'ti:f] *adj geh* lucratif(-ive)
lukullisch [lu'kʊlɪʃ] *geh* **I.** *adj* digne de Lucullus **II.** *adv schlemmen* comme Lucullus
Lulatsch ['lu:la(:)tʃ] <-[e]s, -e> *m* **ein langer ~** *hum fam* une grande perche
Lümmel ['lʏməl] <-s, -> *m* ❶ *pej* (*Flegel*) malotru *m* ❷ *fam* (*Bürschchen*) bonhomme *m,* coco *m*
Lümmeltüte *f sl* capote *f*
Lump [lʊmp] <-en, -en> *m pej* crapule *f*
lumpen ['lʊmpən] ▶ **sich nicht ~ lassen** *fam* [ne] pas mégoter
Lumpen ['lʊmpən] <-s, -> *m* ❶ *meist Pl* (*Kleidung*) haillon *m souvent pl* ❷ DIAL (*Schmutzlappen*) chiffon *m*
lumpig ['lʊmpɪç] *adj pej* ❶ *attr fam* (*kümmerlich*) minable ❷ (*gemein*) sordide
Lunch [lanʃ, lantʃ] <-[e]s *o* -, -[e]s *o* -e> *m* lunch *m*
lunchen ['lanʃən, 'lantʃən] *vt, vi* déjeuner
Lunge ['lʊŋə] <-, -n> *f* ❶ poumons *mpl;* **aus voller ~ singen** chanter à pleins poumons ❷ (*Lungenflügel*) poumon *m* ▶ **sich** (*dat*) **die ~ aus dem Hals schreien** *fam* crier à pleins poumons
Lungenbläschen ['lʊŋənblɛ:sçən] *nt* ANAT alvéole *f* pulmonaire **Lungenentzündung** *f* MED pneumonie *f* **Lungenflügel** *m* poumon *m* **lungenkrank** *adj* atteint(e) d'une affection pulmonaire **Lungenzug** *m* inhalation *f* par les poumons
lungern ['lʊŋɐn] *vi fam* glandouiller
Lunte ['lʊntə] <-, -n> *f* (*Zündschnur*) mèche *f* ▶ **~ riechen** flairer quelque chose
Lupe ['lu:pə] <-, -n> *f* loupe *f* ▶ **jdn/etw unter die ~ nehmen** *fam* examiner qn/qc sous toutes les coutures
lupenrein *adj* ❶ *Brillant* d'une parfaite pureté ❷ (*mustergültig*) exemplaire
Lupine [lu'pi:nə] <-, -n> *f* BOT lupin *m*
Lurch [lʊrç] <-[e]s, -e> *m* amphibien *m*
Lust [lʊst, *Pl:* 'lʏstə] <-, Lüste> *f* ❶ *kein Pl* (*Freude*) plaisir *m* ❷ *kein Pl* (*Neigung, Bedürfnis*) envie *f;* **~ auf ein Stück Kuchen haben** avoir envie d'un morceau de gâteau; **keine ~ zu etw haben** ne pas avoir envie de qc; **mach, wie du ~ hast!** *fam* tu fais comme tu veux! ❸ (*sexuelle Begierde*) désir *m;* **~ auf jdn/etw haben** avoir envie de qn/qc ▶ **nach ~ und Laune** *fam* comme ça lui/me/... chante; **mit ~ und Liebe** en y mettant tout son/mon/... cœur

Luster ['lʊstɐ] <-s, -> *m* A, **Lüster** ['lʏstɐ] <-s, -> *m* lustre *m*
Lüsterklemme *f* domino *m*
lüstern ['lʏstɐn] **I.** *adj* ❶ (*sexuell erregt*) lubrique ❷ (*begierig*) ~ **auf etw** (*akk*) **sein** avoir des envies de qc **II.** *adv* (*sexuell erregt*) avec convoitise
Lüsternheit <-> *f* lubricité *f*
Lustgefühl *nt* plaisir *m pas de pl* **Lustgewinn** *m kein Pl* satisfaction *f* des désirs
lustig ['lʊstɪç] *adj* ❶ (*fröhlich*) gai(e), joyeux(-euse); **sich über jdn/etw ~ machen** se moquer de qn/qc ❷ *Anblick, Einfall* drôle, amusant(e) ▶ **du bist** [**vielleicht**] **~!** *iron* tu en as de bonnes!
Lüstling ['lʏstlɪŋ] <-s, -e> *m pej* vicieux *m*
lustlos **I.** *adj* morose **II.** *adv* (*antriebslos*) sans entrain
Lustmolch *m s.* **Lüstling** **Lustmord** *m* crime *m* sexuel **Lustobjekt** *nt* objet *m* de plaisir **Lustschloss**^RR^ *nt* château *m* de plaisance **Lustspiel** *nt* comédie *f*
lustvoll *adj* voluptueux
lutschen ['lʊtʃən] **I.** *vt* sucer *Bonbon;* manger *Eis* **II.** *vi* **an etw** (*dat*) ~ sucer qc
Lutscher <-s, -> *m* sucette *f*
Lutschtablette *f* pastille *f*
lütt [lʏt] *adj* NDEUTSCH petit(e)
Lüttich ['lʏtɪç] <-s> *nt* Liège
Luv [luːf] <-> *f* NAUT côté *m* du vent; **in/nach ~** au lof
Luxemburg ['lʊksəmbʊrk] <-s> *nt* (*Stadt*) Luxembourg; (*Land*) le Luxembourg
Luxemburger(in) ['lʊksəmbʊrgɐ] <-s, -> *m(f)* Luxembourgeois(e) *m(f)*
luxemburgisch ['lʊksəmbʊrgɪʃ] *adj* luxembourgeois(e)
luxuriös [lʊksu'ri̯øːs] **I.** *adj* luxueux(-euse) **II.** *adv einrichten* de façon luxueuse; **~ wohnen** être installé luxueusement
Luxus ['lʊksʊs] <-> *m kein Pl* luxe *m;* **im ~ leben** vivre dans le luxe
Luxusartikel *m* article *m* de luxe **Luxushotel** *nt* hôtel *m* de luxe **Luxusliner** [-laɪnɐ] <-s, -> *m* paquebot *m* de luxe
Luzern [lu'tsɛrn] <-s> *nt* Lucerne
Luzerne [lu'tsɛrnə] <-, -n> *f* luzerne *f*
Luzifer ['luːtsifɛr] <-s> *m* Lucifer *m*
LW [ɛl'veː] PHYS, RADIO *Abk von* **Langwelle** GO
Lymphe ['lʏmfə] <-, -n> *f* lymphe *f*
Lymphgefäß *nt* vaisseau *m* lymphatique **Lymphknoten** *m* ganglion *m* lymphatique
lynchen ['lʏnçən] *vt* lyncher; **gelyncht werden** se faire lyncher
Lynchjustiz *f* justice *f* expéditive **Lynchmord** *m* lynchage *m*
Lyrik ['lyːrɪk] <-> *f* poésie *f* lyrique
Lyriker(in) ['lyːrikɐ] <-s, -> *m(f)* poète *m*/poétesse *f* lyrique
lyrisch ['lyːrɪʃ] *adj* lyrique

Mm

M, m [ɛm] <-, -> *nt* M *m*/m *m*
m *Abk von* **Meter** m
MA. *Abk von* **Mittelalter**
Mäander [mɛ'andɐ] <-s, -> *m* méandre *m*
Maat [maːt] <-[e]s, -e[n]> *m* NAUT (*Unteroffizier*) second maître *m*
Machart *f* façon *f*
machbar *adj* ~ **sein** *Projekt:* être réalisable; *Gehaltserhöhung:* être possible
Mache ['maxə] <-> *f sl* (*Augenwischerei*) bluff *m* (*fam*) ▶ **etw in der ~ haben** être sur qc (*fam*); **in der ~ sein** être en route
machen ['maxən] **I.** *vt* ❶ (*tun*) **sie macht, was sie will** elle fait ce qu'elle veut; **was soll ich bloß ~?** qu'est-ce que je dois faire?; **so etwas macht man nicht** ça ne se fait pas; **mit mir kann man es ja ~** *fam* avec moi, on peut y aller comme ça; **du lässt ja alles mit dir ~!** tu te laisses complètement faire!; **jdm fünf Euro klein ~** faire de la monnaie sur cinq euros à qn; **etw mit Wasser voll ~** *fam* remplir qc d'eau ❷ (*fertigen, produzieren*) faire; **jdm etw ~** *Handwerker, Künstler:* faire qc à qn; **sich etw ~ lassen** se faire faire qc; **selbst gemacht** de sa fabrication ❸ faire *Fleck, Loch;* **Krach ~** faire du bruit; **Unordnung ~** mettre le désordre ❹ (*bereiten*) donner *Hunger, Durst;* **jdm Angst/Schwierigkeiten ~** faire peur/des difficultés à qn; **jdm Arbeit/Sorgen/Mut ~** donner du travail/des soucis/du courage à qn; **jdm Ärger/Probleme ~** causer des ennuis/poser des problèmes à qn; **das hat mir große Freude gemacht** ça m'a fait très plaisir ❺ (*vollführen, ausüben*) faire *Sprung;* **Sport/Musik ~** faire du sport/de la musique ❻ (*vorgehen*) **etw richtig/falsch ~** faire qc bien/mal; **gut gemacht!** bien joué! ❼ (*erledigen*) **wird gemacht!** ce sera fait!; **ich mache das schon!** (*ich erledige das*) je m'en charge[rai]!; (*ich bringe das in Ordnung*) je vais arranger ça! ❽ faire *Zeichen* ❾ *fam* (*in Ordnung bringen, reparieren*) faire; **die Bremsen ~ lassen** faire refaire les freins ❿ (*zubereiten*) **jdm ein Schnitzel ~** faire une escalope à qn; **sich** (*dat*) **ein Spiegelei ~** se faire un œuf au plat; **selbst gemacht** *Saft, Kuchen* fait(e) maison ⓫ *fam* faire *Bad, Küche* ⓬ (*erlangen, ablegen, belegen*) passer *Führerschein, Diplom;* marquer *Punkte;* obtenir *Preis;* suivre *Kurs* ⓭ (*veranstalten, unternehmen*) **sich** (*dat*) **einen gemütlichen Abend ~** passer une soirée tranquille; **sich** (*dat*) **ein paar schöne Stunden ~** s'offrir de belles heures; **wann macht ihr Urlaub?** quand prenez-vous vos vacances? ⓮ *fam* (*ergeben*) faire; **wie viel macht drei mal sieben?** combien font trois fois sept? ⓯ (*kosten*) faire; **was macht das?** combien ça fait? ⓰ *fam* (*verdienen*) réaliser *Umsatz, Gewinn* ⓱ (*werden lassen*) **jdn glücklich/wütend ~** rendre qn heureux(-euse)/mettre qn en colère; **jdm etw leicht/schwer ~** faciliter/rendre difficile qc à qn; **sich** (*dat*) **etw leicht ~** se simplifier qc; **es sich** (*dat*) **leicht ~** ne pas se compliquer la vie; **sich** (*dat*) **Feinde ~** se faire des ennemis ⓲ (*erscheinen lassen*) **jdn schlank ~** *Kleidung:* amincir qn ⓳ (*durch Veränderung entstehen lassen*) **[et]was aus einem alten Haus ~** faire quelque chose d'une vieille maison ⓴ *fam* (*einen Laut produzieren*) faire ㉑ (*imitieren*) **einen Hahn ~** faire le coq ㉒ faire *Grimasse;* **was machst du denn für ein Gesicht?** tu en fais une tête! ㉓ (*bewirken*) **der Stress macht, dass** le stress a pour effet que; **das macht die Hitze** c'est à cause de la chaleur ㉔ *fam* (*sich beeilen*) **macht, dass ihr verschwindet!** arrangez-vous pour disparaître! ㉕ (*ausmachen*) **macht nichts!** ça ne fait rien!; **was macht das schon?** qu'est-ce que ça peut bien faire?; **mach dir nichts daraus!** ne t'en fais pas! ㉖ (*mögen*) **sich** (*dat*) **etwas aus jdm/etw ~** s'intéresser à qn/qc; **ich mache mir nichts aus Sauerkraut** la choucroute, je ne cours pas après ㉗ *fam* (*fungieren als*) **den Dolmetscher ~** faire l'interprète ㉘ (*ausrichten, bewerkstelligen*) **etwas/nichts für jdn ~ können** pouvoir faire quelque chose/ne pouvoir rien faire pour qn; **nichts zu ~!** rien à faire!; **das ist nicht zu ~** c'est impossible; **das lässt sich ~** ça peut se faire ㉙ *fam* (*beschmutzen*) **die Hose[n] voll ~** faire dans sa culotte ㉚ (*schaffen*) **für etw wie gemacht sein** être fait pour qc ㉛ (*Geschlechtsverkehr haben*) **es mit jdm ~** *euph fam* coucher avec qn ㉜ *fam* (*stehen mit*) **was macht Paul?** que devient Paul?; (*beruflich*) que fait Paul? **II.** *vt unpers* ❶ **es macht mich traurig, dass ...** ça me rend triste que ... + *subj;* **es macht mich**

M

glücklich zu hören, dass je suis heureux(-euse) d'entendre que ② *fam* (*ein Geräusch erzeugen*) **es macht bum!** ça fait boum! **III.** *vi* ① **dumm ~** *Fernsehen:* rendre débile; **müde ~** *Sport:* fatiguer ② *fam* (*seine Notdurft verrichten*) **ins Bett ~** faire [ses besoins] au lit ③ (*erscheinen lassen*) **dick ~** *Hose:* grossir ④ *fam* (*sich beeilen*) **schnell ~** se grouiller; **mach endlich!** grouille-toi! ⑤ *fam* (*sich geben*) **auf Experte ~** jouer les experts ⑥ (*handeln, verfahren*) **lass ihn nur ~** laisse-le donc faire **IV.** *vr* ① **sich bei jdm beliebt ~** s'attirer les sympathies de qn ② (*sich entwickeln*) **sich [gut] ~** *Kind, Pflanze:* pousser ③ *fam* (*sich gut entwickeln*) **sich ~** avoir le vent en poupe ④ (*passen*) **sich gut zu dem Rock ~** *Bluse:* aller bien avec la jupe ⑤ (*sich begeben*) **sich an die Arbeit ~** se mettre au travail ⑥ (*bereiten*) **sich Sorgen ~** se faire du souci; **~ Sie sich wegen mir keine Umstände!** ne vous dérangez pas pour moi!

Machenschaften *Pl pej* machinations *fpl*

Macher(in) <-s, -> *m(f) fam* fonceur(-euse) *m(f)*

Machete [ma'tʃe:tə, ma'xe:tə] <-, -n> *f* machette *f*

Machismo [ma'tʃɪsmo] <-[s]> *m geh* machisme *m*

Macho ['matʃo] <-s, -s> *m fam* macho *m*

Macholand *nt fam* pays *m* de machos

Macht [maxt, *Pl:* 'mɛçtə] <-, Mächte> *f* ① *kein Pl* (*Befugnis*) pouvoir *m;* **die ~ haben, etw zu tun** avoir le pouvoir de faire qc ② *kein Pl* (*Staats-, Befehlsgewalt*) pouvoir *m;* **die ~ ausüben** exercer le pouvoir; **an die ~ kommen** arriver au pouvoir ③ *kein Pl* (*Herrschaft*) *eines Staates* domination *f* ④ (*mächtiger Staat*) puissance *f* ⑤ *kein Pl* (*Einfluss*) **die ~ der Gewohnheit** la force de l'habitude; **die ~ des Schicksals** la [toute-]puissance du destin ⑥ (*mächtige Gruppe*) force *f,* puissance *f* ⑦ (*Kraft, Stärke*) force *f;* **mit aller ~ versuchen etw zu tun** tenter de toutes ses forces de faire qc

Machtbefugnis *f* pouvoirs *mpl,* compétences *fpl;* **das überschreitet meine ~** ceci dépasse mes compétences **machtbewusst**[RR] *adj* ambitieux(-euse) de pouvoir **Machtdemonstration** *f* démonstration *f* de pouvoir **Machtergreifung** *f* prise *f* du pouvoir

Machthaber(in) <-s, -> *m(f) pej* dirigeant(e) *m(f)*

mächtig ['mɛçtɪç] **I.** *adj* ① (*einflussreich*) puissant(e) ② *Erschütterung, Schlag* violent(e) ③ *fam* (*enorm*) sacré(e) *antéposé* ④ *geh* (*kundig*) **des Französischen ~ sein** maîtriser le français **II.** *adv fam sich freuen, sich ärgern* drôlement

Machtkampf *m* lutte *f* pour le pouvoir

machtlos **I.** *adj* ① *Politiker, Staat* impuissant(e); **er ist praktisch ~** il n'a pratiquement pas de pouvoir ② (*hilflos*) **gegen etw ~ sein** être désarmé devant qc **II.** *adv* **einer S.** (*dat*) **~ gegenüberstehen** faire face à qc avec un sentiment d'impuissance

Machtlosigkeit <-> *f* impuissance *f*

Machtmissbrauch[RR] *m* abus *m* de pouvoir **Machtpolitik** *f* politique *f* d'hégémonie **Machtpolitiker(in)** *m(f)* politicien(ne) *m(f)* autoritaire **machtpolitisch** *adj* POL qui se rapporte à une politique de puissance **Machtprobe** *f* épreuve *f* de force **Machtstellung** *f* position *f* de force **Machtstreben** *nt* soif *f* de pouvoir **Machtübernahme** *s.* **Machtergreifung** **Machtverhältnisse** *Pl* rapports *mpl* de force **machtvoll** *adj Bewegung, Demonstration* puissant(e); *Erneuerung* radical(e) **Machtwechsel** *m* changement *m* de gouvernement **Machtwort** <-worte> *nt* **ein ~ sprechen** faire acte d'autorité

Machwerk *nt pej* sous-produit *m;* **dieses Buch ist ein billiges ~** ce livre est un torchon (*fam*)

Macke ['makə] <-, -n> *f fam* ① (*Schadstelle*) défaut *m* ② (*Tick*) tic *m;* **eine ~ haben** *fam* avoir le cerveau fêlé

Macker ['makɐ] <-s, -> *m fam* mec *m*

Madagaskar [mada'gaska:ɐ̯] <-s> *nt* La Madagascar

madagassisch [mada'gasɪʃ] *adj* malgache

Mädchen ['mɛ:tçən] <-s, -> *nt* ① fille *f* ② (*jugendliche Frau*) [jeune] fille *f* ▶ **~ für alles** *fam* bonne *f* à tout faire

mädchenhaft *adj* de jeune fille

Mädchenname *m* ① (*weiblicher Vorname*) prénom *m* féminin ② (*Geburtsname*) nom *m* de jeune fille

Made ['ma:də] <-, -n> *f* asticot *m*

Madel ['ma:dəl] <-s, -n> SDEUTSCH, A, **Mädel** ['mɛ:dəl] <-s, - *o* SDEUTSCH, A -s> *nt fam* fille *f*

madig ['ma:dɪç] *adj* véreux(-euse)

Madonna [ma'dɔna] <-, Madonnen> *f* ① *kein Pl* REL **die ~** la Madone, la [sainte] Vierge ② KUNST madone *f*

Madrid [ma'drɪt] <-s> *nt* Madrid

Mafia ['mafi̯a] <-> *f a. fig, pej* maf[f]ia *f*

M

Magazin [maga'tsiːn] <-s, -e> *nt* ① (*Lager*) magasin *m* ② (*Zeitschrift*) magazine *m* ③ TECH *einer Werkzeugmaschine* magasin *m; einer Schusswaffe* chargeur *m*
Magen ['maːgən, *Pl:* 'mɛːgən] <-s, Mägen *o* -> *m* estomac *m;* **etwas/nichts im ~ haben** avoir quelque chose/ne rien avoir dans l'estomac; **auf nüchternen ~** à jeun; **sich** (*dat*) **den ~ verderben** attraper une indigestion (*fam*)
Magenbeschwerden *Pl* troubles *mpl* gastriques
Magenbitter <-s, -> *m* [digestif *m*] amer *m*
Magendrücken <-s> *nt* lourdeurs *fpl* d'estomac **Magengeschwür** *nt* MED ulcère *m* à l'estomac **Magenknurren** *nt* gargouillement *m* **Magenkrampf** *m meist Pl* crampe *f* d'estomac **magenkrank** *adj* malade de l'estomac **Magenleiden** *nt* maladie *f* de l'estomac **Magensäure** *f* acidité *f* gastrique **Magenschleimhaut** *f* muqueuse *f* de l'estomac **Magenschmerzen** *Pl* maux *mpl* d'estomac; **~ haben** avoir mal à l'estomac **Magenspülung** *f* MED lavage *m* gastrique **Magenverstimmung** *f* indigestion *f*
mager ['maːgɐ] **I.** *adj* ① (*dünn*) maigre ② *Fleisch, Käse* maigre ③ *Boden* ingrat(e); *Acker* maigre *antéposé* ④ *Ergebnis, Ernte, Trinkgeld* médiocre, maigre *antéposé* ⑤ TYP *Buchstabe* maigre **II.** *adv* **~ ausfallen** *Ernte, Trinkgeld:* se révéler médiocre
Magerkeit <-> *f einer Person* maigreur *f*
Magermilch *f* lait *m* écrémé **Magerquark** *m* ≈ fromage *m* blanc maigre **Magersucht** *f kein Pl* anorexie *f* **magersüchtig** *adj* MED anorexique
Maggikraut ['magi-] *nt kein Pl* BOT, GASTR livèche *f*
Magie [ma'giː] <-> *f* (*Zauberei, Anziehungskraft*) magie *f*
Magier(in) ['maːgi̯ɐ] <-s, -> *m(f)* ① (*Zauberkünstler*) prestidigitateur(-trice) *m(f)* ② (*Zauberer*) magicien(ne) *m(f)*
magisch ['maːgɪʃ] **I.** *adj* magique **II.** *adv* comme par magie
Magister [ma'gɪstɐ] <-s, -> *m* ① (*Universitätsgrad*) **~ Artium** ≈ maîtrise *f* de sciences humaines; **den ~ haben** ≈ avoir la maîtrise ② (*Inhaber des Universitätsgrades*) ≈ titulaire *mf* d'une maîtrise
Magistrat [magɪs'traːt] <-[e]s, -e> *m* (*Stadtverwaltung*) municipalité *f*
Magma ['magma] <-s, Magmen> *nt* magma *m*
Magnesium [ma'gneːzi̯ʊm] <-s> *nt* CHEM magnésium *m*
Magnet [ma'gneːt] <-[e]s *o* -en, -e[n]> *m* aimant *m*
Magnetband *nt* bande *f* magnétique **Magnetfeld** *nt* champ *m* magnétique
magnetisch [ma'gneːtɪʃ] **I.** *adj* magnétique **II.** *adv* (*unwiderstehlich*) comme par magie
magnetisieren* [magneti'ziːrən] *vt* ① PHYS aimanter ② MED magnétiser
Magnetismus [magne'tɪsmʊs] <-> *m* magnétisme *m*
Magnetkarte *f* carte *f* magnétique **Magnetstreifen** *m* piste *f* magnétique
Magnolie [ma'gnoːli̯ə] <-, -n> *f* magnolia *m*
mäh [mɛː] *interj* bê
Mahagoni [maha'goːni] <-s> *nt* acajou *m*
Mähdrescher <-s, -> *m* moissonneuse-batteuse *f*
mähen ['mɛːən] **I.** *vt* faucher *Wiese;* moissonner *Getreide;* tondre *Rasen* **II.** *vi* ① tondre ② *fam* (*blöken*) bêler
Mahl [maːl, *Pl:* 'mɛːlɐ] <-[e]s, -e *o* Mähler> *nt geh* repas *m*
mahlen ['maːlən] <mahlte, gemahlen> *vt* (*zermahlen*) moudre
Mahlzeit ['maːltsa͜it] *f* repas *m;* **gesegnete ~!** *geh* bon appétit!; **~!** *fam* (*guten Appetit*) bon appétit!; DIAL *fam* (*schönen Mittag*) salut! (*se dit à l'heure du déjeuner*)
Mähmaschine *f* (*für Gras*) faucheuse *f;* (*für Getreide*) moissonneuse *f*
Mahnbescheid *m* lettre *f* de rappel
Mähne ['mɛːnə] <-, -n> *f a. pej* crinière *f*
mahnen ['maːnən] **I.** *vt* ① **jdn ~** rappeler qn à l'ordre; **jdn zur Vorsicht ~** inviter qn à la prudence ② (*zur Zahlung auffordern*) envoyer un rappel à **II.** *vi* ① (*anmahnen*) **zur Ruhe ~** inviter au calme ② (*zur Zahlung auffordern*) envoyer un rappel
Mahnmal <-[e]s, -e> *nt* mémorial *m*
Mahnung <-, -en> *f* ① (*Ermahnung*) avertissement *m* ② *geh* (*warnende Erinnerung*) mise *f* en garde ③ (*Mahnbrief*) lettre *f* de rappel
Mahnwache *f* commémoration *f* silencieuse
Mai [ma͜i] <-[e]s *o* -, -e> *m* mai *m; s. a.* **April**
Maiglöckchen ['ma͜iglœkçən] *nt* muguet *m* **Maikäfer** *m* hanneton *m*
Mail [meɪl] <-, -s> *f fam* INFORM [e-]mail *m*
Mailand ['ma͜ilant] <-s> *nt* Milan *m*
Mailbox ['meɪlbɔks] <-, -en> *f* INFORM

M

boîte *f* aux lettres électronique; **seine ~ leeren** relever sa boîte aux lettres [électronique]

mailen ['meɪlən] *vt fam* INFORM **etw ~** envoyer qc par [e-]mail

Mailing ['meɪlɪŋ] <-s, -s> *nt* mailing *m*

Mailprogramm *nt* INFORM logiciel *m* de courrier électronique **Mailsystem** *nt* INFORM messagerie *f*

Main [main] <-s> *m* **der ~** le Main

Mainz [maints] <-> *nt* Mayence

Mais [mais] <-es, -e> *m* maïs *m*

Maiskolben *m* épi *m* de maïs **Maismehl** *nt* farine *f* de maïs

Majestät [majɛs'tɛ:t] <-, -en> *f* (*Titel, Anrede*) Majesté *f*

majestätisch [majɛs'tɛ:tɪʃ] *adj* majestueux(-euse)

Majo ['ma:jo] <-, -s> *f Abk von* **Majonäse** *fam* mayo *f*

Majonäse [majo'nɛ:zə] *s.* **Mayonnaise**

Major(in) [ma'jo:ɐ̯] <-s, -e> *m(f)* commandant(e) *m(f)*

Majoran ['ma:joran] <-s, -e> *m* ❶ (*Pflanze*) marjolaine *f* ❷ (*Gewürz*) origan *m*

makaber [ma'ka:bɐ] *adj* macabre

Makedonien [make'do:ni̯ən] <-s> *nt* la Macédoine

Makel ['ma:kəl] <-s, -> *m* ❶ (*Schandfleck*) tare *f* ❷ (*Fehler*) défaut *m;* (*auf Früchten*) tache *f*

makellos **I.** *adj* ❶ (*untadelig*) irréprochable ❷ (*fehlerlos*) impeccable **II.** *adv rein, sauber* impeccablement

Makellosigkeit <-> *f* ❶ (*Untadeligkeit*) caractère *m* irréprochable ❷ (*Fehlerlosigkeit*) perfection *f*

mäkeln ['mɛ:kəln] *vi pej* critiquer

Make-up [me:k'ʔap] <-s, -s> *nt* maquillage *m*

Make-up-Entferner <-s, -> *m* démaquillant *m*

Makkaroni [maka'ro:ni] *Pl* macaroni *mpl*

Makler(in) ['ma:klɐ] <-s, -> *m(f)* courtier(-ière) *m(f);* (*Immobilienmakler*) agent *m* immobilier

Maklergebühr *f* courtage *m;* (*bei Immobilien*) commission *f*

Makramee [makra'me:] <-[s], -s> *nt* macramé *m*

Makrele [ma'kre:lə] <-, -n> *f* maquereau *m*

Makro <-s, -s> *nt o m* INFORM macro *m*

Makrone [ma'kro:nə] <-, -n> *f* macaron *m*

Makulatur [makula'tu:ɐ̯] <-, -en> *f* ❶ TYP maculature *f* ❷ (*überholte Sache*) **~ sein** être caduc

mal [ma:l] *adv* ❶ *fam* (*einmal*) **wieder ~** une fois de plus; **das ist nun ~ so** c'est comme ça; **warst du schon ~ in Kanada?** tu as déjà été au Canada? ❷ *fam* (*gerade, eben*) **komm ~ her!** viens ici!; **darf ich dich ~ was fragen?** je peux te demander quelque chose? ❸ MATH fois; **drei ~ vier ist zwölf** trois fois quatre [font] douze

Mal[1] [ma:l] <-[e]s, -e> *nt* fois *f;* **das erste/letzte ~** la première/dernière fois; **es ist das letzte ~, dass ...** c'est la dernière fois que ...; **beim ersten ~** la première fois; **zum ersten ~** pour la première fois; **jedes ~** chaque fois; **jedes ~, wenn ...** chaque fois que ...; **das eine oder andere ~** de temps en temps; **von ~ zu ~** [à] chaque fois; **ein für alle ~** une fois pour toutes ▶**mit einem ~** tout d'un coup

Mal[2] [ma:l] <-[e]s, -e> *nt* (*Muttermal*) envie *f* (*fam*); (*Hautverfärbung*) marque *f*

Malaria [ma'la:ri̯a] <-> *f* MED paludisme *m*

Malariamücke *f* anophèle *m*

Malbuch *nt* album *m* de coloriage

Malediven [male'di:vən] *Pl* les Maldives *fpl*

malen ['ma:lən] **I.** *vt* ❶ peindre *Gemälde;* **sich ~ lassen** se faire peindre, faire faire son portrait ❷ (*zeichnen*) dessiner ❸ DIAL (*anstreichen*) **etw weiß ~** peindre qc en blanc **II.** *vi* peindre, faire de la peinture

Maler(in) <-s, -> *m(f)* ❶ (*Kunstmaler*) peintre *m,* artiste *mf* peintre ❷ (*Anstreicher*) peintre *m* [en bâtiment]

Malerei [ma:lə'rai] <-, -en> *f* peinture *f*

malerisch **I.** *adj* (*pittoresk*) pittoresque **II.** *adv gelegen* de façon pittoresque

Malheur [ma'lø:ɐ̯] <-s, -s *o* -e> *nt fam* [petit] accident *m;* **das ist doch kein ~!** ce n'est pas une catastrophe!

Mali ['ma:li] <-s> *nt* le Mali

Malkasten *m* boîte *f* de couleurs [*o* peintures]

Mallorca [ma'lɔrka, ma'jɔrka] <-s> *nt* la Majorque

mal|nehmen ['ma:lne:mən] *vt irr* **etw mit etw ~** multiplier qc par qc

Maloche [ma'lo:xə] <-> *f fam* boulot *m*

malochen* [ma'lo:xən] *vi fam* trimer; **in der Fabrik ~** bosser à l'usine

Malta ['malta] <-s> *nt* Malte

maltesisch [mal'te:zɪʃ] *adj* maltais

malträtieren* [maltrɛ'ti:rən] *vt* rudoyer

Malus ['ma:lʊs] <-[ses], -[se]> *m* ❶ (*Zu-*

M

schlag zur Prämie) malus *m* ② UNIV, SPORT minoration *f*

Malve ['malvə] <-, -n> *f* mauve *f*

Malz [malt͜s] <-es> *nt* malt *m*

Malzbier *nt* bière *f* de malt **Malzkaffee** *m* café *m* de malt

Mama ['mama] <-, -s> *f*, **Mami** ['mami] <-, -s> *f fam* maman *f*

MammografieRR, **Mammographie** [mamogra'fiː] <-, -i̯en> *f* MED mammographie *f*

Mammut ['mamʊt] <-s, -s *o* -e> *nt* mammouth *m*

Mammutbaum *m* séquoia *m*

mampfen ['mamp͜fən] *fam* **I.** *vi* se goinfrer **II.** *vt* bouffer

man [man] *pron indef* on; ~ **hat festgestellt, dass ...** on a constaté que ..., il a été établi que ...

Management ['mɛnɪd͜ʒmənt] <-s, -s> *nt* management *m*

managen ['mɛnɪd͜ʒən] *vt* ① gérer *Firma, Projekt* ② servir d'imprésario à *Künstler;* manager *Sportler* ③ *fam* (*hinkriegen*) gérer *Problem*

Manager(in) ['mɛnɪd͜ʒɐ] <-s, -> *m(f)* ① manager *mf* ② (*Betreuer*) *eines Künstlers* imprésario *m*, agent *m; eines Sportlers* manager *mf*

manch *pron indef* ① ~ **eine Frau** plus d'une femme; ~**e Menschen** bien des hommes; ~ **Interessantes** beaucoup de choses intéressantes, plus d'une chose intéressante ② *substantivisch* ~**e lernen es nie** certains ne l'apprendront jamais; ~**e von denen, die ...** beaucoup de ceux/celles qui ...; ~**es, was man so hört, ...** beaucoup de ce qui est dit ...; **in** ~**em** (*was dieses oder jenes betrifft*) sur bien des points; (*in einigem*) sur certains points

mancherlei ['mançɐ'lai̯] *adj inv* toutes sortes de

manchmal *adv* quelquefois, parfois

Mandant(in) [man'dant] <-en, -en> *m(f)* mandant(e) *m(f)*

Mandarine [manda'riːnə] <-, -n> *f* mandarine *f*

Mandat [man'daːt] <-[e]s, -e> *nt* POL, JUR mandat *m*

Mandatar(in) [manda'taːɐ̯] <-s, -e> *m(f)* A (*Abgeordneter*) député(e) *m(f)*

Mandatszeit *f* durée *f* de mandat

Mandel ['mandəl] <-, -n> *f* ① amande *f* ② ANAT amygdale *f*

Mandelbaum *m* amandier *m* **Mandelentzündung** *f* amygdalite *f*

mandelförmig ['mandəlfœrmɪç] *adj* en amande

Mandoline [mando'liːnə] <-, -n> *f* mandoline *f*

Manege [ma'neːʒə] <-, -n> *f* piste *f*

Mangan [maŋ'gaːn] <-s> *nt* CHEM manganèse *m*

Mangel[1] ['maŋəl, *Pl:* 'mɛŋəl] <-s, Mängel> *m* ① (*Fehler*) défaut *m* ② *kein Pl* (*Knappheit*) manque *m;* ~ **an etw** (*dat*) **haben** manquer de qc ③ *kein Pl* (*Defizit*) ~ **an Vitaminen** carence *f* en vitamines; **ein** ~ **an Liebe** (*dat*) un manque d'amour; **aus** ~ **an Beweisen** faute de preuves

Mangel[2] ['maŋəl] <-, -n> *f* TECH repasseuse *f*

Mangelberuf *m* profession *f* déficitaire

mangelernährt *adj* MED dénutri(e) **Mangelerscheinung** *f* trouble *m* carentiel

mangelhaft **I.** *adj* ① défectueux(-euse) ② (*Note*) médiocre **II.** *adv vorbereitet* insuffisamment

Mängelhaftung *f* JUR responsabilité *f* des défauts de fabrication

mangeln ['maŋəln] **I.** *vi unpers* **es mangelt an Medikamenten** les médicaments font défaut; **jdm mangelt es an Zuwendung** qn manque d'attention **II.** *vt* **etw** ~ repasser qc à la machine

mangelnd *adj* insuffisant(e); **das** ~**e Interesse der Schüler** le manque d'intérêt des élèves

mangels ['maŋəls] *präp* + *gen form* ~ **eines Hammers** à défaut de marteau, faute d'un marteau

Mangelware *f* ▶ ~ **sein** faire défaut

Mango ['maŋgo] <-, -s> *f* mangue *f*

Mangold ['maŋgɔlt] <-[e]s, -e> *m* bette *f*

Mangrove [maŋ'groːvə] <-, -n> *f* mangrove *f*

Manie [ma'niː] <-, -i̯en> *f* manie *f*

Manier [ma'niːɐ̯] <-, -en> *f Pl* (*Umgangsformen*) manières *fpl*

manierlich **I.** *adj* convenable **II.** *adv sich benehmen, essen* convenablement; ~ **aussehen** être présentable

Manifest [mani'fɛst] <-[e]s, -e> *nt* manifeste *m*

manifestieren* [manifɛs'tiːrən] **I.** *vr geh* (*zutage treten*) **sich** ~ se manifester **II.** *vi* CH (*demonstrieren*) manifester

Maniküre [mani'kyːrə] <-, -n> *f* (*Person, Pflege*) manucure *f*

maniküren* [mani'kyːrən] *vt* manucurer

Maniok [ma'ni̯ɔk] <-s, -s> *m* BOT manioc *m*

Manipulation [manipula'tsi̯oːn] <-, -en> *f geh* manipulation *f*
manipulieren* [manipu'liːrən] *geh* **I.** *vt* manipuler **II.** *vi* **an etw** (*dat*) ~ bricoler qc
manisch ['maːnɪʃ] *adj* PSYCH maniaque
manisch-depressiv ['maːnɪʃdeprɛ'siːf] *adj* PSYCH maniacodépressif(-ive)
Manko ['maŋko] <-s, -s> *nt* ❶ (*Mangel*) défaut *m* ❷ COM trou *m*
Mann [man, *Pl:* 'mɛnɐ] <-[e]s, Männer> *m* ❶ (*männliche Person*) homme *m*; **ein ~ von Welt** un homme du monde; **der ~ meines Lebens** l'homme de ma vie ❷ (*Ehemann*) mari *m*; **der geschiedene ~ meiner Tante** l'ex-mari de ma tante ❸ (*einzelne Person*) **pro ~** par personne; **~ gegen ~ kämpfen** lutter corps à corps ▶ **der ~ auf der Straße** l'homme de la rue; **der kleine ~** le simple citoyen; **mein lieber ~!** *fam* (*herrje*) eh ben, mon vieux!; (*pass bloß auf*) mon petit ami!; **etw an den ~ bringen** *fam* trouver preneur pour qc; **o ~** *fam* purée!; **~, o ~!** *fam* eh ben, mon vieux!; **selbst ist der ~!** on n'est jamais si bien servi que par soi-même
Männchen ['mɛnçən] <-s, -> *nt* ❶ *Dim von* **Mann** petit homme *m* ❷ (*männliches Tier*) mâle *m* ❸ (*Strichmännchen*) bonhomme *m* ▶ **~ machen** *Hund:* faire le beau
Mannequin ['manəkɛ̃] <-s, -s> *nt* mannequin *m*
Männerchor *m* chœur *m* d'hommes **Männerfreundschaft** *f* amitié *f* entre hommes **Männersache** *f* affaire *f* d'hommes
mannhaft *adj* courageux
mannigfach ['manɪçfax] *adj geh* divers
männlich ['mɛnlɪç] **I.** *adj* ❶ *Kind, Erbe* du sexe masculin; *Tier, Hormon* mâle; *Geschlecht* masculin(e); *Geschlechtsteil* de l'homme ❷ (*typisch für einen Mann*) masculin(e) ❸ *Auftreten* résolu(e) ❹ *a.* GRAM *Frau* masculin(e) **II.** *adv* **sich ~ verhalten** se comporter de manière virile; *Frau:* se comporter de manière masculine
Männlichkeit <-> *f* virilité *f*
Mannschaft <-, -en> *f* ❶ *von Sportlern, Mitarbeitern* équipe *f* ❷ *Pl* MIL troupes *fpl*
Mannschaftsaufstellung *f* composition *f* d'une/de l'équipe **Mannschaftssport** *m* sport *m* d'équipe
mannshoch *adj* à hauteur d'homme
mannstoll *adj pej* nymphomane
Mannweib *nt pej* virago *f*
Manometer [mano'meːtɐ] <-s, -> *nt* TECH manomètre *m*
Manöver [ma'nøːvɐ] <-s, -> *nt* MIL *a. fig* manœuvre *f*
Manöverkritik *f fig* débriefing *m*
manövrieren* [manøː'vriːrən] **I.** *vi* manœuvrer; **mit etw ~** manœuvrer qc **II.** *vt* **das Bett durch die Tür ~** faire passer le lit par la porte
manövrierunfähig *adj* ingouvernable
Mansarde [man'zardə] <-, -n> *f* mansarde *f*
Manschette [man'ʃɛtə] <-, -n> *f* ❶ (*Ärmelabschluss*) poignet *m* ❷ MED (*Halskrause*) manchon *m*; (*Gummimanschette*) brassard *m* ❸ TECH bague *f*
Manschettenknopf *m* bouton *m* de manchette
Mantel ['mantəl, *Pl:* 'mɛntəl] <-s, Mäntel> *m* ❶ manteau *m* ❷ (*Radmantel*) chape *f* ❸ (*Umhüllung*) *eines Kabels* gaine *f*
Mäntelchen ['mɛntəlçən] <-s, -> *nt Dim von* **Mantel** ❶ petit manteau *m*
Manteltarifvertrag *m* ÖKON convention *f* collective
manuell [ma'nu̯ɛl] *adj* manuel(le)
Manuskript [manu'skrɪpt] <-[e]s, -e> *nt* manuscrit *m*
Mäppchen <-s, -> *nt Dim von* **Mappe** trousse *f* d'écolier
Mappe ['mapə] <-, -n> *f* ❶ (*Dokumentenhülle*) chemise *f* ❷ (*Zeichenmappe*) carton *m* à dessin ❸ (*Aktentasche*) serviette *f*
Maracuja [mara'kuːja] <-, -s> *f* fruit *m* de la passion
Marathon ['maːratɔn] <-s, -s> *m* marathon *m*
Marathonlauf *m* marathon *m* **Marathonläufer(in)** *m(f)* marathonien *m* **Marathonsitzung** *f* séance-marathon *f*
Märchen ['mɛːɐ̯çən] <-s, -> *nt* ❶ LITER conte *m* ❷ *fam* (*erfundene Geschichte*) histoire *f* à dormir debout
Märchenbuch *nt* livre *m* de contes **Märchenfigur** *f* personnage *m* de conte
märchenhaft **I.** *adj* fabuleux(-euse) **II.** *adv reich* fabuleusement; *schön* merveilleusement
Märchenland *nt kein Pl* pays *m* des merveilles **Märchenonkel** *m fam* ❶ conteur *m* [d'histoires] ❷ *hum* (*Geschichtenerfinder*) raconteur *m* d'histoires **Märchenprinz** *m*, **-prinzessin** *f* prince *m* charmant/princesse *f*
Marder ['mardɐ] <-s, -> *m* martre *f*
Margarine [marga'riːnə] <-, -n> *f* margarine *f*

M

Margerite [margə'ri:tə] <-, -n> *f* marguerite *f*
marginal [margi'na:l] **I.** *adj* marginal(e) **II.** *adv* accessoirement
marginalisieren* [marginali'zi:rən] *vt geh* marginaliser
Maria [ma'ri:a] <-s *o* Mariä> *f* (*Mutter Gottes*) Marie *f;* **die heilige ~** la Sainte Vierge
Marienbild *nt* Madone *f*
Marienkäfer [ma'ri:ənkɛ:fɐ] *m* coccinelle *f*
Marihuana [marihu'a:na] <-s> *nt* marijuana *f*
Marille [ma'rɪlə] <-, -n> *f* A abricot *m*
Marinade [mari'na:də] <-, -n> *f* marinade *f*
Marine [ma'ri:nə] <-, -n> *f* marine *f*
marineblau *adj* bleu marine *inv* **Marineoffizier** *m* officier *m* de marine **Marinestützpunkt** *m* base *f* navale
marinieren* [mari'ni:rən] *vt* mariner
Marionette [mari̯o'nɛtə] <-, -n> *f a. fig, pej* marionnette *f*
Marionettenregierung *f* POL gouvernement *m* fantoche
maritim [mari'ti:m] *adj* maritime

M

Mark[1] [mark] <-, - *o hum* Märker> *f* HIST (*deutsche Währung*) mark *m*
Mark[2] [mark] <-[e]s> *nt* ❶ (*Knochenmark*) moelle *f* ❷ (*Fruchtmark*) pulpe *f*
markant [mar'kant] *adj Kinn, Nase, Gesichtszüge* prononcé(e); *Stirn* large; *Schrift* ferme; *Erscheinung* affirmé(e); *Punkt* qui se remarque
Marke ['markə] <-, -n> *f* ❶ marque *f* ❷ (*Briefmarke, Beitragsmarke*) timbre *m* ❸ (*Essensmarke, Garderobenmarke*) ticket *m* ❹ (*Dienstmarke, Erkennungsmarke*) plaque *f* ❺ (*Pegelstand*) marque *f*
Markenartikel *m* article *m* de marque **Markenname** *m* [nom *m* de] marque *f* **Markenqualität** *f* [qualité *f* de] marque *f* **Markenzeichen** *nt* ❶ (*Warenzeichen*) logo *m; von Kleidung* griffe *f* ❷ (*Merkmal*) image *f* de marque
Marker ['markɐ] *m* surligneur *m*
markerschütternd *adj* perçant(e)
Marketing ['markətɪŋ] <-s> *nt* marketing *m*
markieren* [mar'ki:rən] *vt* ❶ marquer *Textstelle, Tier;* signaliser *Fahrbahn* ❷ INFORM surligner
Markierung <-, -en> *f* (*die Kennzeichen*) *einer Fahrbahn, Grenze* marquage *m*
markig *adj* puissant
Markise [mar'ki:zə] <-, -n> *f* store *m*

Markknochen *m* os *m* à moelle **Markstein** *m* étape *f* décisive
Markstück *nt* HIST pièce *f* d'un mark
Markt [markt, *Pl:* 'mɛrktə] <-[e]s, Märkte> *m* ❶ (*Wochenmarkt*) marché *m;* **zum ~ gehen** aller au marché ❷ (*Marktplatz*) [place *f* du] marché *m* ❸ (*Absatzmarkt*) marché *m;* **etw auf den ~ bringen** lancer qc sur le marché; **der Gemeinsame ~** le Marché commun
Marktanalyse *f* analyse *f* de marché **Marktanteil** *m* part *f* de marché **marktbeherrschend** *adj attr Firma* qui contrôle le marché; *Stellung* dominant(e) sur le marché; **~ sein** dominer le marché **Marktflecken** *m* emplacement *m* **Marktforschung** *f kein Pl* étude *f* de marché **Marktfrau** *f* marchande *f* [ambulante] **Marktführer** *m* leader *m* **Markthalle** *f* marché *m* couvert **Marktlücke** *f* créneau *m* [commercial] **Marktplatz** *m* place *f* du marché
marktschreierisch ['marktʃrai̯ərɪʃ] *adj pej Reklame* tapageur(-euse)
Marktstand *m* étal *m* **Marktstellung** *f kein Pl* position *f* sur le marché **Marktstudie** [-ʃtu:di̯ə] *f* étude *f* de marché **Marktwert** *m* valeur *f* marchande **Marktwirtschaft** *f* économie *f* de marché; **freie ~** économie libérale; **soziale ~** économie sociale de marché **marktwirtschaftlich I.** *adj attr* fondé(e) sur l'économie de marché **II.** *adv orientiert* vers l'économie de marché
Marmelade [marmə'la:də] <-, -n> *f* confiture *f*
Marmor ['marmo:ɐ̯] <-s, -e> *m* marbre *m*
marmoriert [marmo'ri:ɐ̯t] *adj* marbré(e)
Marmorkuchen *m* marbré *m*
marmorn ['marmɔrn, 'marmo:ɐ̯n] *adj geh* en [*o* de] marbre
marode [ma'ro:də] *adj* épuisé(e); **~ sein** être en piteux état
Marokkaner(in) [marɔ'ka:nɐ] <-s, -> *m(f)* Marocain(e) *m(f)*
marokkanisch *adj* marocain(e)
Marokko [ma'rɔko] <-s> *nt* le Maroc
Marone[1] [ma'ro:nə] <-, -n *o* Maroni> *f* (*Kastanie*) marron *m*
Marone[2] [ma'ro:nə] <-, -n> *f* (*Pilz*) bolet *m* bai
Marotte [ma'rɔtə] <-, -n> *f* marotte *f*
Mars [mars] <-> *m* ASTRON Mars *m;* **der ~** la planète Mars
marsch [marʃ] *interj fam* oust[e]; **los, ~!** allez, oust[e]!
Marsch[1] [marʃ, *Pl:* 'mɛrʃə] <-[e]s, Mär-

sche> *m* (*Fußmarsch, Marschmusik*) marche *f*

Marsch² [marʃ] <-, -en> *f* GEOG *terrains cultivables gagnés sur la mer sur la côte de la Mer du Nord*

Marschall(in) ['marʃal, *Pl:* -ʃɛlə] <-s, Marschälle> *m(f)* maréchal(e) *m(f)*

Marschbefehl *m* ordre *m* de marche **marschbereit** *adj* prêt(e) à partir **Marschflugkörper** *m* MIL missile *m* de croisière **Marschgepäck** *nt* paquetage *m* de route

marschieren* [mar'ʃiːrən] *vi + sein* ① MIL **durch eine Stadt ~** défiler dans une ville ② (*zu Fuß gehen*) marcher

Marschkolonne *f* colonne *f* de marche

Marschland <-länder> *nt s.* **Marsch²**

Marschmusik *f* musique *f* militaire **Marschroute** *f* itinéraire *m*

Marsexpedition *f* expédition *f* sur Mars **Marsmensch** *m* Martien(ne) *m(f)* **Marsrover** ['marsroːvɐ] <-s, -> *m* rover *m* de Mars

Marter ['martɐ] <-, -n> *f* supplice *m*

Marterl ['martɐl] <-s, -n> *nt* A calvaire *m*

martern ['martɐn] *vt geh* supplicier

Marterpfahl *m* poteau *m* de torture

martialisch [mar'tsi̯aːlɪʃ] *adj* martial

Martinshorn® *nt* sirène *f*

Märtyrer(in) ['mɛrtyrɐ] <-s, -> *m(f)* ① REL martyr(e) *m(f)* ② *fig geh* victime *f*

Martyrium [mar'tyːri̯ʊm] <-s, -rien> *nt* martyre *m*

Marxismus [mar'ksɪsmʊs] <-> *m* marxisme *m*

marxistisch *adj* marxiste

März [mɛrts] <-[es], -e> *m* mars *m; s. a.* **April**

Marzipan [martsi'paːn] <-s, -e> *nt o m* pâte *f* d'amandes

Mascara [mas'kaːra] <-, -s> *f* mascara *m*

Masche ['maʃə] <-, -n> *f* ① (*Schlaufe*) maille *f*; **linke/rechte ~** maille à l'envers/à l'endroit ② A, CH (*Schleife*) nœud *m* ③ *fam* (*Trick*) combine *f*

Maschendraht *m* grillage *m*

Mascherl <-s, -n> *nt* A (*Fliege*) papillon *m*

Maschine [ma'ʃiːnə] <-, -n> *f* ① machine *f* ② (*Flugzeug*) appareil *m* ③ *fam* (*Schreibmaschine, Waschmaschine*) machine *f*; [**etw mit der**] **~ schreiben** taper [qc] à la machine ④ *fam* (*Motor*) moulin *m* ⑤ *fam* (*Motorrad*) bécane *f*

maschinell [maʃi'nɛl] *adj* mécanique

Maschinenbau *m kein Pl* ① IND construction *f* mécanique ② (*Lehrfach*) mécanique *f* **maschine[n]geschrieben** *adj* tapé(e) à la machine **Maschinengewehr** *nt* mitrailleuse *f* **maschinenlesbar** *adj* exploitable par ordinateur **Maschinenöl** *nt* huile *f* de graissage **Maschinenpistole** *f* mitraillette *f* **Maschinenraum** *m* salle *f* des machines **Maschinenschaden** *m* avarie *f* de machine **Maschinenschlosser(in)** *m(f)* ajusteur-mécanicien *m*/ajusteuse-mécanicienne *f* **Maschinenschrift** *f* dactylographie *f*; **in ~** dactylographié

Maschinerie [maʃinə'riː] <-, -ien> *f* ① (*Mechanismus*) machinerie *f* ② *pej geh* (*Räderwerk*) rouages *mpl*

Maschinist(in) [maʃi'nɪst] <-en, -en> *m(f)* ① conducteur(-trice) *m(f)* ② NAUT officier *m* mécanicien

Maser ['maːzɐ] <-, -n> *f meist Pl* (*Zeichnung im Holz*) veine *f*

Masern ['maːzɐn] *Pl* MED rougeole *f*

Maserung <-, -en> *f* veinure *f*

Maske ['maskə] <-, -n> *f* ① *a. fig* masque *m* ② THEAT maquillage *m* ③ INFORM grille *f* d'écran

Maskenball *m* bal *m* masqué

Maskenbildner(in) ['maskənbɪldnɐ] <-s, -> *m(f)* maquilleur(-euse) *m(f)*

maskenhaft *adj* figé(e)

Maskerade [maskə'raːdə] <-, -n> *f* mascarade *f*

maskieren* [mas'kiːrən] **I.** *vt* (*verkleiden, verbergen*) masquer **II.** *vr* **sich als Clown ~** se déguiser en clown

Maskierung <-, -en> *f* déguisement *m*

Maskottchen [mas'kɔtçən] <-s, -> *nt* mascotte *f*

maskulin [masku'liːn, 'maskuliːn] *adj* masculin(e)

Maskulinum ['maskuliːnʊm] <-s, Maskulina> *nt* GRAM masculin *m*

Masochismus [mazɔ'xɪsmʊs] <-> *m* masochisme *m*

Masochist(in) [mazɔ'xɪst] <-en, -en> *m(f)* masochiste *mf*

masochistisch *adj* masochiste

Maß¹ [maːs] <-es, -e> *nt* ① (*Maßeinheit*) mesure *f* ② (*Bandmaß*) mètre *m* ③ *Pl* (*Abmessungen, Körpermaße*) mesures *fpl*; **nach ~** sur mesure ④ (*Ausmaß, Umfang*) proportions *fpl*; **in zunehmendem ~e** de plus en plus; **in dem ~ [e], wie ...** dans la mesure où ... ▶ **~ halten** ne pas faire d'excès; **in ~en** avec mesure

Maß² [maːs] <-, -> *f* SDEUTSCH, A chope *f* (*d'un litre*)

Massage [ma'saːʒə] <-, -n> *f* massage *m*

Massagesalon *m euph* salon *m* de massage

Massaker [ma'saːkɐ] <-s, -> *nt* massacre *m*

massakrieren* [masa'kriːrən] *vt* massacrer

Maßanzug *m* costume *m* sur mesure **Maßarbeit** *f* travail *m* sur mesure

Masse ['masə] <-, -n> *f* ① (*ungeformter Stoff*) masse *f* ② (*Teigmasse, Zutatenmasse*) mélange *m* ③ (*große Menge*) foule *f*; **in ~n** en masse ④ (*Großteil der Bevölkerung*) **die breite ~** le grand public ⑤ PHYS masse *f* ⑥ (*Konkursmasse*) **mangels ~** par manque d'actif

Maßeinheit *f* unité *f* de mesure

Massenandrang *m* affluence *f* **Massenarbeitslosigkeit** *f* chômage *m* généralisé **Massenartikel** *m* article *m* de grande consommation **Massenentlassung** *f* débauchage *m* de masse **Massengrab** *nt* fosse *f* commune

massenhaft *adj* massif(-ive)

Massenhysterie *f* hystérie *f* collective **Massenkarambolage** ['masənkarambolaːʒə] *f* carambolage *m* monstre **Massenmedien** *Pl* media *mpl*

Massenmord *m* massacre *m* collectif **Massenmörder(in)** *m(f)* tueur(-euse) *m(f)* en série **Massenproduktion** *f* production *f* de masse **Massentierhaltung** *f* élevage *m* en batterie **Massenveranstaltung** *f* manifestation *f* de masse **Massenvernichtungswaffe** *f meist Pl* arme *f* de destruction massive *gén pl*

massenweise *s.* **massenhaft**

Masseur(in) [ma'søːɐ̯] <-s, -e> *m(f)* masseur(-euse)[-kinésithérapeute] *m*

Masseuse [ma'søːzə] <-, -n> *f* masseuse *f*

Maßgabe *f form* **mit der ~, dass ...** sous réserve que ... + *subj*

maßgebend déterminant

maßgeblich ['maːsgeːplɪç] *adj Kreise* autorisé(e); *Einfluss, Bedeutung, Urteil* déterminant(e); **für jdn nicht ~ sein** ne pas être déterminant pour qn

maßgerecht *adj, adv* aux dimensions prescrites **maßgeschneidert** *adj Kleidung* sur mesure **maß|halten** *s.* **Maß¹** ▸

massieren* [ma'siːrən] **I.** *vt* masser *Körper* **II.** *vi* faire des massages

massig ['masɪç] **I.** *adj Gestalt, Möbelstück* massif(-ive) **II.** *adv fam* des masses

mäßig ['mɛːsɪç] **I.** *adj* ① *Preis, Steigerung* modéré(e) ② (*leidlich, gering*) médiocre; *Applaus* timide; *Verdienst* modeste **II.** *adv* ① *essen, trinken, rauchen* modérément ② (*gering*) **~ ausfallen** atteindre des chiffres modestes ③ (*leidlich*) moyennement

mäßigen ['mɛːsɪgən] **I.** *vt* modérer **II.** *vr* **sich ~** se modérer

Mäßigung <-> *f* modération *f*

massiv [ma'siːf] *adj* ① massif(-ive); **aus ~em Gold** en or massif ② (*solide*) **ein ~er Bau** une construction en dur ③ (*heftig*) vif(vive)

Massiv [ma'siːf] <-s, -e> *nt* massif *m*

Maßkrug *m* chope *f* (*d'un litre*)

maßlos **I.** *adj* démesuré(e) **II.** *adv* excessivement

Maßlosigkeit <-> *f* démesure *f*

Maßnahme ['maːsnaːmə] <-, -n> *f* mesure *f*; **~n gegen etw ergreifen** prendre des mesures contre qc

Maßregel *f meist Pl* disposition *f* **maßregeln** *vt* prendre des mesures disciplinaires contre **Maßschneider(in)** *m(f)* tailleur *m*/couturière *f* **Maßstab** ['maːsʃtaːp] *m* ① échelle *f*; **eine Landkarte im ~ 1:10000** une carte à l'échelle de 1/10000ᵉ ② (*Kriterium*) critère *m*

maßstab[s]getreu *adj, adv* à l'échelle

maßvoll **I.** *adj* modéré(e) **II.** *adv* avec modération

Mast¹ [mast] <-[e]s, -en *o* -e> *m* ① *a.* NAUT mât *m* ② (*Lichtmast, Telefonmast*) poteau *m* ③ (*Hochspannungsmast*) pylône *m*

Mast² [mast] <-, -en> *f* (*Mästung*) engraissement *m*

mästen ['mɛstən] *vt* engraisser

Master ['maːstɐ] <-s, -> *m* (*Hochschulabschluss*) master *m*; **den** [*o* **seinen**] **~ machen** faire un [*o* son] master

Masterstudiengang *m* études *fpl* de master

Mastgeflügel *nt* volaille *f* à l'engrais

Masturbation [masturbaˈtsi̯oːn] <-, -en> *f* masturbation *f*

masturbieren* [mastʊr'biːrən] **I.** *vi* se masturber **II.** *vt* masturber

Matador [mata'doːɐ̯] <-s, -e> *m* matador *m*

Match [mɛtʃ] <-[e]s, -e[s]> *nt o* CH *m* SPORT match *m*

Matchball ['mɛtʃbal] *m* SPORT balle *f* de match

Mate ['maːtə] <-> *m* (*Tee*) maté *m*

Material [mate'ri̯aːl] <-s, -ien> *nt* ① (*Rohstoff*) matériau *m* ② (*Ausrüstungsgegenstände*) matériel *m pas de pl* ③ (*Unterlagen*) matériaux *mpl*

Materialfehler *m* défaut *m* de matériel

Materialismus [materi̯a'lɪsmʊs] <-> *m* matérialisme *m*
Materialist(in) [materi̯a'lɪst] <-en, -en> *m(f)* matérialiste *mf*
materialistisch [materi̯a'lɪstɪʃ] **I.** *adj* matérialiste **II.** *adv* **~ denken** avoir l'esprit matérialiste
Materie [ma'teːri̯ə] <-, -n> *f* ❶ *kein Pl* matière *f* ❷ *geh* (*Thema*) sujet *m*
materiell [mate'ri̯ɛl] **I.** *adj* ❶ (*wirtschaftlich orientiert*) matériel(le) ❷ *pej Person* matérialiste ❸ (*stofflich*) matériel(le); *Eigenschaft* physique **II.** *adv pej* **~ eingestellt sein** avoir l'esprit matérialiste
Mathe ['matə] <-> *f fam* math[s] *fpl*
Mathematik [matema'tiːk] <-> *f* mathématiques *fpl*
Mathematiker(in) [mate'maːtikɐ] <-s, -> *m(f)* mathématicien(ne) *m(f)*
mathematisch [mate'maːtɪʃ] *adj* mathématique
Matinee [mati'neː] <-, -een> *f* séance *f* matinale
Matjeshering ['matjəsheːrɪŋ] <-s, -e> *m* *jeune hareng mariné dans du sel*
Matratze [ma'tratsə] <-, -n> *f* matelas *m*
Mätresse [mɛ'trɛsə] <-, -n> *f* maîtresse *f*; *eines Königs* favorite *f*
matriarchalisch [matriar'çaːlɪʃ] *adj* matriarcal(e)
Matriarchat [matriar'çaːt] <-[e]s, -e> *nt* matriarcat *m*
Matrix <-, Matrizen *o* Matrizes> *f* matrice *f*
Matrixdrucker *m* INFORM imprimante *f* matricielle
Matrize [ma'triːtsə] <-, -n> *f* stencil *m*
Matrose [ma'troːzə] <-n, -n> *m* matelot *m*
Matsch [matʃ] <-[e]s> *m* ❶ (*Schlamm*) gadoue *f* ❷ (*Schneematsch*) soupe *f* ❸ (*breiige Masse*) bouillie *f*
matschig *adj fam* ❶ (*schlammig*) boueux(-euse), bourbeux(-euse) ❷ (*aufgeweicht*) boueux(-euse) ❸ *Frucht* écrabouillé(e); **~ sein** être de la bouillie
matt [mat] **I.** *adj* ❶ (*kraftlos*) las(se); *Glieder* fatigué(e) ❷ *Lächeln* pâle; *Stimme* éteint(e) ❸ (*glanzlos*) terne; *Metall, Politur* mat(e) ❹ (*trübe*) faible; *Farbe* pâle ❺ (*undurchsichtig*) dépoli(e); *Glühbirne* translucide ❻ SPIEL **~ sein** être mat *inv* **II.** *adv* (*schwach*) *erhellen* faiblement
Matt [mat] <-s, -s> *nt* SPIEL mat *m*
Matte ['matə] <-, -n> *f* ❶ (*Unterlage zum Liegen*) natte *f*; (*Isomatte*) matelas *m*; SPORT tapis *m* ❷ (*Fußmatte*) paillasson *m*; (*im Auto*) tapis *m* de sol ❸ CH, A (*Bergwiese*) alpage *m*
Mattglas *nt* verre *m* dépoli
Mattigkeit ['matɪçkai̯t] <-> *f* lassitude *f*
Mattscheibe *f fam* (*Bildschirm*) télé *f* ▶ **~ haben** *sl* avoir un trou/des trous
Matura [ma'tuːra] <-> *f* A, CH baccalauréat *m*
maturieren* [matu'riːrən] *vi* A passer le bac[calauréat]
Maturität [maturi'tɛːt] CH *s.* **Matura**
Mätzchen ['mɛtsçən] <-s, -> *nt meist Pl fam* ❶ (*Albernheiten*) singerie *f*; **mach keine ~!** fais pas le con! (*pop*) ❷ (*Trick*) **Hände hoch und keine ~!** haut les mains et pas de bêtises!
Mauer ['mau̯ɐ] <-, -n> *f* ❶ *a.* SPORT mur *m* ❷ (*Stadtmauer*) enceinte *f*
Mauerblümchen ['mau̯ɐblyːmçən] *nt fam* jeune fille *f* qui fait tapisserie
mauern ['mau̯ɐn] *vt* maçonner *Mauer, Keller*
Mauersegler *m* ORN martinet *m* [noir]
Mauerwerk *nt kein Pl* ❶ (*die Mauern*) murs *mpl* ❷ (*Steinmauer*) maçonnerie *f*
Maul [mau̯l, *Pl:* 'mɔy̯lɐ] <-[e]s, Mäuler> *nt* ❶ *eines Tiers* gueule *f* ❷ *fam* (*Mund*) gueule *f* ❸ *fam* (*Mundwerk*) gueule *f*; **mach's ~ auf!** ouvre-la!; **halt's ~!** [ferme] ta gueule! ▶ **ein großes ~ haben** *fam* avoir une grande gueule
Maulbeere ['mau̯lbeːrə] *f* mûre *f*
maulen ['mau̯lən] *vi fam* râler
Maulesel ['mau̯lʔeːzəl] *m* mulet *m* **maulfaul** *adj fam* pas très causant(e) **Maulheld(in)** *m(f) pej fam* grande gueule *f* **Maulkorb** *m eines Hundes* muselière *f* **Maultasche** *f raviole souabe* **Maultier** ['mau̯ltiːɐ̯] *s.* **Maulesel**
Maul- und Klauenseuche *f* fièvre *f* aphteuse
Maulwurf ['mau̯lvʊrf] <-[e]s, -würfe> *m a. fig* taupe *f*
Maulwurfshügel *m* taupinière *f*
Maurer(in) ['mau̯rɐ] <-s, -> *m(f)* maçon(ne) *m(f)*
Maurerkelle *f* truelle *f*
Mauretanien [mau̯re'taːni̯ən] <-s> *nt* la Mauritanie
maurisch ['mau̯rɪʃ] *adj* mauresque
Maus [mau̯s, *Pl:* 'mɔy̯zə] <-, Mäuse> *f* ❶ *a.* INFORM souris *f* ❷ *fam* (*Mädchen*) nénette *f* ❸ *Pl fam* (*Geld*) pèze *m*
Mauschelei [mau̯ʃə'lai̯] <-, -en> *f fam* magouille *f*
mauscheln ['mau̯ʃəln] *vi fam* magouiller

M

Mausefalle *f* souricière *f* **Mauseloch** *nt* trou *m* de souris
Mauser ['mau̯zɐ] <-> *f* mue *f;* **in der ~ sein** être en train de muer
mausern *vr* **sich ~** ❶ *Vogel:* muer ❷ *fam* (*sich vorteilhaft verändern*) se métamorphoser
mausetot ['mau̯zə'to:t] *adj fam* **~ sein** être [bel et] bien mort
Mausklick *m* INFORM **per ~** en cliquant; **mit jedem ~** chaque fois qu'on clique
Mausoleum [mau̯zo'le:ʊm] <-s, Mausoleen> *nt* mausolée *m*
Mauspad ['mau̯spɛt] <-s, -s> *nt* INFORM tapis *m* souris **Maustreiber** *m* INFORM drive[u]r *m* de la souris
Maut [mau̯t] <-, -en> *f bes.* A, SDEUTSCH péage *m*
Mautdesaster *nt déboires du système de péage en Allemagne* **Mautstelle** *f* A *s.* **Maut** **Mautsystem** *nt* système *m* de péage
Maxi ['maksi] <-s> *nt kein Art* **~ tragen** porter du long
Maxima *Pl von* **Maximum**
maximal [maksi'ma:l] **I.** *adj* maximum **II.** *adv* au maximum; **das ~ zulässige Gewicht** le poids maximal autorisé
Maxime <-, -n> *f geh* maxime *f*
maximieren* *vt* maximiser
Maximum ['maksimʊm] <-s, Maxima> *nt* maximum *m*
Mayonnaise [majɔ'nɛ:zə] <-, -n> *f* mayonnaise *f*
mazedonisch *adj* macédonien
Mäzen [mɛ'tse:n] <-s, -e> *m* mécène *m*
mb [ɛm'be:] *Abk von* **Millibar** mbar *m*
MB [ɛm'be:] *nt Abk von* **Megabyte** Mo *m*
MdB [ɛmde:'be:] *Abk von* **Mitglied des Bundestages** député(e) *m(f)* au Bundestag
m. E. *Abk von* **meines Erachtens** à mon avis
Mechanik [me'ça:nɪk] <-> *f* mécanique *f*
Mechaniker(in) [me'ça:nikɐ] <-s, -> *m(f)* mécanicien(ne) *m(f)*
mechanisch [me'ça:nɪʃ] *adj* mécanique
Mechanisierung <-, -en> *f* mécanisation *f*
Mechanismus [meça'nɪsmʊs] <-, -nismen> *m* mécanisme *m*
Mechatronik [meça'tro:nɪk] <-> *f kein Pl* mécatronique *f*
Mechatroniker(in) <-s, -> *m(f)* mécatronicien(ne) *m(f)*
Meckerei [mɛkə'rai̯] <-, -en> *f fam* rouspétances *fpl*
Meckerer ['mɛkərɐ] <-s, -> *m,* **Meckerfritze** <-n, -n> *m pej fam* râleur *m*
Meckerliese <-, -n> *f pej fam* râleuse *f*
meckern ['mɛkɐn] *vi* ❶ *Ziege:* bêler ❷ *fam* (*nörgeln*) **über jdn/etw ~** râler contre qn/qc
Mecklenburg-Vorpommern ['me:klənbʊrk'fo:ɐ̯pɔmɐn] <-s> *nt* le Mecklembourg-Poméranie-Antérieure
Medaille [me'daljə] <-, -n> *f* médaille *f*
Medaillengewinner(in) [me'daljən-] *m(f)* médaillé(e) *m(f)*
Medaillon [medal'jõ:] <-s, -s> *nt* médaillon *m*
Mediathek [medi̯a'te:k] <-, -en> *f* médiathèque *f*
Medien ['me:di̯ən] *Pl* ❶ *Pl von* **Medium** ❷ (*Informationsmittel*) média *mpl*
mediengerecht *adj* médiatique **Medienkonzern** *m* groupe *m* médiatique **Medienlandschaft** *f* paysage *m* médiatique **Medienrummel** *m fam* tapage *m* médiatique **medienscheu** *adj* qui fuit les médias **Medienspektakel** *nt* spectacle *m* médiatique **Medienvertreter(in)** *m(f)* représentant(e) *m(f)* des médias **medienwirksam** *adj* médiatique
Medikament [medika'mɛnt] <-[e]s, -e> *nt* médicament *m*
medikamentös [medikamɛn'tø:s] **I.** *adj* médicamenteux(-euse) **II.** *adv* avec des médicaments
Meditation [medita'tsi̯o:n] <-, -en> *f* méditation *f*
mediterran [meditɛ'ra:n] *adj* méditerranéen(ne)
meditieren* [medi'ti:rən] *vi* méditer
Medium ['me:di̯ʊm] <-s, -dien> *nt* ❶ (*Mensch*) médium *m* ❷ *geh* (*vermittelndes Element*) intermédiaire *m* ❸ PHYS milieu *m*
Medizin [medi'tsi:n] <-, -en> *f* ❶ *kein Pl* (*Heilkunde*) médecine *f* ❷ *fam* (*Medikament*) médicament *m*
Mediziner(in) <-s, -> *m(f)* médecin *m*
medizinisch **I.** *adj* ❶ *Ausbildung, Gebiet* médical(e); *Fakultät, Prüfung* de médecine ❷ (*ärztlich*) médical(e) ❸ *Bad, Zahnpasta* traitant(e); *Tee* médicinal(e); *Anwendung* curatif(-ive) **II.** *adv* ❶ *vorgebildet* dans le domaine médical ❷ (*ärztlich*) médicalement
Medizinmann <-männer> *m eines Naturvolks* guérisseur *m*
Meer [me:ɐ̯] <-[e]s, -e> *nt a. fig* mer *f;* **ans ~ fahren** aller à la mer; **am ~** au bord de la mer

Meerbusen *m* golfe *m* **Meerenge** <-, -n> *f* détroit *m*

Meeresarm *m* bras *m* de mer **Meeresforschung** *f* océanographie *f* **Meeresfrüchte** *Pl* fruits *mpl* de mer **Meereskunde** <-> *f s.* **Meeresforschung** **Meeresspiegel** *m* niveau *m* de la mer

Meerjungfrau *f* sirène *f* **Meerkatze** *f* macaque *m* **Meerrettich** *m* raifort *m* **Meersalz** *nt kein Pl* sel *m* marin **Meerschaum** *m kein Pl* écume *f* **Meerschweinchen** ['meːɐ̯ʃvai̯nçən] *nt* cochon *m* d'Inde **Meerwasser** *nt kein Pl* eau *f* de mer

Meeting ['miːtɪŋ] <-s, -s> *nt* réunion *f*

Megabyte ['meːgabai̯t, 'mɛgabai̯t] *nt* méga-octet *m* **Megafon**RR *s.* **Megaphon** **Megahertz** ['meːgahɛrt͡s, 'mɛgahɛrt͡s] *nt* méga-hertz *m* **Megahit** ['meːgahɪt] *m fam* mégatube *m* **Megaphon** [mega'foːn] <-s, -e> *nt* mégaphone *m* **Megatonne** ['meːga-, 'mɛga-] *f* mégatonne *f* **Megavolt** ['meːga-, 'mɛga-] *nt* mégavolt *m* **Megawatt** ['meːgavat, 'mɛga-] *nt* PHYS mégawatt *m*

Mehl [meːl] <-[e]s, -e> *nt* farine *f*

mehlig ['meːlɪç] *adj* ❶ (*mit Mehl bestäubt*) enfariné(e) ❷ *Apfel, Kartoffel* farineux(-euse)

Mehlschwitze ['meːlʃvɪt͡sə] *f* roux *m* **Mehlspeise** *f* A pâtisserie *f* **Mehltau** ['meːltau̯] *m kein Pl* blanc *m*

mehr [meːɐ̯] **I.** *pron indef, inv Komp von* **viel** plus; ~ **Brot** plus de pain **II.** *adv* ❶ (*in größerem Maße*) davantage; **sich noch ~ ärgern** se fâcher encore plus ❷ (*in Verbindung mit Verneinungen*) **nicht ~ rauchen** ne plus fumer; **nichts ~ sagen** [ne ...] plus rien dire; **nie ~** [ne ...] plus jamais; **niemand/keiner ~** [ne] ... plus personne; **kein Geld/keine Zeit ~ haben** ne plus avoir d'argent/le temps

Mehr [meːɐ̯] <-[s]> *nt* ❶ (*zusätzlicher Aufwand*) surcroît *m;* ~ **an Arbeit** (*dat*) surcroît de travail ❷ CH (*Stimmenmehrheit*) majorité *f*

Mehrarbeit *f kein Pl* (*Überstunden*) heures *fpl* supplémentaires **Mehraufwand** *m* (*an Geld*) dépenses *fpl* supplémentaires

mehrbändig ['meːɐ̯bɛndɪç] *adj* en plusieurs volumes

Mehrbelastung *f* ❶ (*Last*) surcharge *f* ❷ *s.* **Mehraufwand**

mehrdeutig ['meːɐ̯dɔytɪç] **I.** *adj Anspielung, Aussage* ambigu(ë) **II.** *adv* de façon ambiguë

Mehrdeutigkeit <-> *f* ambiguïté *f*

mehrdimensional *adj* multidimensionnel(le)

mehren ['meːrən] *geh* **I.** *vt* accroître **II.** *vr* **sich ~** se multiplier

mehrere ['meːrərə] *pron indef* plusieurs; **~s** plusieurs choses *fpl*

Mehrertrag *m* excédent *m,* surplus *m*

mehrfach ['meːɐ̯fax] **I.** *adj* ❶ (*vielfach*) multiple ❷ (*wiederholt*) réitéré(e) **II.** *adv ausgezeichnet, operiert* à plusieurs reprises

Mehrfache(s) *nt dekl wie adj* multiple *m*

Mehrfachsteckdose *f* prise *f* multiple

Mehrfamilienhaus *nt* immeuble *m*

mehrfarbig *adj* multicolore

Mehrheit <-, -en> *f* majorité *f;* **in der ~ sein** être majoritaire

mehrheitlich *adv* majoritairement

Mehrheitswahlrecht *nt kein Pl* scrutin *m* majoritaire

mehrjährig *adj* pluriannuel

mehrmalig ['meːɐ̯maːlɪç] *adj* réitéré

mehrmals ['meːɐ̯maːls] *adv* plusieurs fois

mehrseitig ['meːɐ̯zai̯tɪç] *adj Brief* de plusieurs pages

mehrsprachig **I.** *adj Person* polyglotte; *Land, Wörterbuch* plurilingue **II.** *adv abfassen* en plusieurs langues; **~ erzogen werden** recevoir une éducation plurilingue

mehrstimmig *adj, adv* à plusieurs voix

mehrstöckig ['meːɐ̯ʃtœkɪç] **I.** *adj* de plusieurs étages **II.** *adv* sur plusieurs étages

mehrstufig ['meːɐ̯ʃtuːfɪç] *adj Rakete* de plusieurs étages

mehrtägig ['meːɐ̯tɛːgɪç] *adj* de plusieurs jours

Mehrteiler <-s, -> *m* TV émission *f* en plusieurs parties

mehrteilig ['meːɐ̯tai̯lɪç] *adj* en plusieurs parties

Mehrwegflasche *f* bouteille *f* consignée **Mehrwegverpackung** *f* emballage *m* réutilisable

Mehrwertsteuer *f* taxe *f* à la valeur ajoutée

Mehrwertsteuererhöhung *f* augmentation *f* de la T.V.A.

mehrwöchig *adj* de plusieurs semaines

Mehrzahl *f kein Pl* ❶ **die ~ der Besucher** la plupart des visiteurs ❷ (*Überzahl*) **wir sind in der ~** nous sommes plus nombreux(-euses) ❸ GRAM pluriel *m;* **in der ~** au pluriel

Mehrzweckhalle *f* salle *f* polyvalente

meiden ['mai̯dən] <mied, gemieden> *vt geh* éviter

Meile ['mai̯lə] <-, -n> *f* (*1,609 km*) mil[l]e *m*

M

Meilenstein *m* ① borne *f* ② *geh* (*wichtiger Einschnitt*) date[-]clé *f* **meilenweit** *adv laufen* pendant des kilomètres; *sich erstrecken* sur des kilomètres

Meiler ['mailɐ] <-s, -> *m* ① (*Kohlenmeiler*) meule *f* ② (*Atomreaktor*) réacteur *m*

mein [main] *pron poss* ① ~ **Bruder** mon frère; ~**e Schwester/Freundin** ma sœur/mon amie; ~**e Eltern** mes parents; ~**e Damen und Herren** mesdames, messieurs; **dieses Buch ist** ~ [e]s ce livre est à moi ② *substantivisch* **der/die/das** ~**e** le mien/la mienne; **das sind die** ~**en** ce sont les miens/miennes ③ (*üblich*) **ich mache jetzt** ~ **Nickerchen** je vais faire mon petit roupillon habituel

Meineid ['main?ait] *m* parjure *m;* **einen** ~ **leisten** faire un parjure

meinen ['mainən] **I.** *vt* ① (*denken, urteilen*) penser; ~**, dass** penser que; **man sollte** ~**, dass das ausreicht** on pourrait croire que cela est suffisant ② (*sagen*) ~**, dass** dire que ③ (*sagen wollen*) **was meinst du damit?** qu'est-ce que tu entends par là? ④ (*im Sinn, Auge haben*) **meinst du die Blonde da?** tu parles de la blonde là?; **du bist gemeint!** c'est de toi qu'il s'agit! ⑤ (*beabsichtigen*) **es gut/nicht gut mit jdm** ~ vouloir du bien à qn/ne pas vouloir du bien à qn; **es ernst** ~ le penser sérieusement; **das war** [**von mir**] **nicht böse gemeint** je ne pensais pas à mal; **so war das nicht gemeint** ce n'est pas ce que j'ai voulu dire; **gut gemeint sein** être bien intentionné **II.** *vi* ~ **Sie?** vous croyez?; **wie** ~ **Sie?** que voulez-vous dire?; [**ganz**] **wie Sie** ~**!** comme vous voudrez!; **wenn Sie** ~**!** si vous voulez!

meiner *pron pers, gen von* **ich** *geh* **wer erbarmt sich** ~**?** qui a pitié de moi?

meinerseits ['mainɐ'zaits] *adv* ① (*ich wiederum*) de mon côté ② (*was mich betrifft*) pour ma part ► **ganz** ~ de même pour moi

meines *s.* **mein**

meinesgleichen ['mainəs'glaiçən] *pron inv* **ich verkehre nur mit** ~ je ne fréquente que mes semblables

meinetwegen ['mainət've:gən] *adv* ① (*wegen mir*) à cause de moi ② (*mir zuliebe*) pour moi ③ (*wenn es nach mir ginge*) s'il n'en tient qu'à moi **meinetwillen** *adv* **um** ~ pour moi

Meinung <-, -en> *f* avis *m,* opinion *f;* **der** ~ **sein, dass** être d'avis que; **meiner** ~ **nach** à mon avis; **anderer** ~ **sein** être d'un avis différent; **seine** ~ **ändern** changer d'avis

Meinungsäußerung *f* **das Recht auf freie** ~ la liberté d'expression **Meinungsaustausch** *m* échange *m* de vues **Meinungsbarometer** *nt fam* baromètre *m* d'opinion **Meinungsforschung** *f* sondage *m* d'opinion **Meinungsforschungsinstitut** *nt* institut *m* de sondage **Meinungsfreiheit** *f kein Pl* liberté *f* d'expression **Meinungsumfrage** *f* sondage *m* [d'opinion] **Meinungsverschiedenheit** *f* ① (*Unterschiedlichkeit von Ansichten*) divergence *f* d'opinions ② *euph* (*Auseinandersetzung*) différend *m*

Meise ['maizə] <-, -n> *f* mésange *f*

Meißel ['maisəl] <-s, -> *m* ciseau *m*

meißeln **I.** *vi* travailler au burin; **an einem Stein** ~ travailler une pierre au burin **II.** *vt* ① ciseler *Inschrift;* sculpter *Skulptur* ② (*einmeißeln*) **etw in etw** (*akk*) ~ graver qc dans qc

meist [maist] *s.* **meistens**

meistbietend *adv* **etw** ~ **verkaufen** vendre qc au plus offrant

meiste *pron indef Superl von* **viel** ① (*der überwiegende Teil*) **die** ~**n Leute** la plupart des gens; **die** ~ **Zeit** la majeure partie de son/mon/... temps; **das** ~ **Geld** la majeure partie de l'argent; **die** ~**n** la plupart; **das** ~ la plus grande partie ② (*die größte Gesamtmenge*) **die** ~**n Probleme macht mir diese Frage** c'est cette question qui me pose le plus de problèmes; **das** ~ le plus

meistens ['maistəns] *adv* le plus souvent

Meister(in) ['maistɐ] <-s, -> *m(f)* ① (*Handwerksmeister*) contremaître(-esse) *m(f);* (*Chef*) patron(ne) *m(f)* ② *fam* (*Meisterprüfung*) **den** ~ **machen** *fam* passer sa maîtrise ③ SPORT champion(ne) *m(f)* ④ KUNST, MUS, REL maître *m*

Meisterbrief *m* brevet *m* de maîtrise

meisterhaft **I.** *adj* magistral(e) **II.** *adv malen, spielen* admirablement [bien]

Meisterleistung *f* ① prestation *f* magistrale ② (*Kunstwerk*) chef-d'œuvre *m* ③ *iron* (*miserable Leistung*) exploit *m*

meisterlich *s.* **meisterhaft**

meistern ['maisten] *vt* venir à bout de

Meisterprüfung *f* brevet *m* professionnel

Meisterschaft <-, -en> *f* SPORT championnat *m;* ~ **im Boxen** championnat de boxe

Meisterstück *nt* ① *a.* KUNST chef-d'œuvre *m* ② *iron* (*Meisterleistung*) exploit *m*

Meisterwerk *nt* chef-d'œuvre *m*

MEK [ɛm?e:'ka:] <-> *nt Abk von* **mobiles**

Einsatzkommando groupe *m* d'intervention rapide; (*in Frankreich*) ≈ G.I.G.N. *m*

Melancholie [melaŋko'liː] <-, -n> *f* mélancolie *f*

melancholisch [melaŋ'koːlɪʃ] *adj* mélancolique

Melange [me'lãːʒə] <-, -n> *f* A café *m* au lait

Melanom [mela'noːm] <-s, -e> *nt* MED mélanome *m*

Melanzani [melan'tsaːni] <-, -> *f* A aubergine *f*

Meldefrist *f* délai *m* de déclaration de changement de domicile

melden ['mɛldən] **I.** *vt* ❶ signaler *Verlust, Vorfall;* déclarer, faire la déclaration de *Unfall, Todesfall* ❷ MEDIA (*veröffentlichen*) rapporter; (*ankündigen*) annoncer; **wie soeben gemeldet wird** selon les [dernières] informations ❸ (*denunzieren*) **jdn bei jdm** ~ dénoncer qn à qn ❹ (*anmelden*) **wen darf ich ~?** qui dois-je annoncer? **II.** *vr* ❶ (*die Hand heben*) **sich** ~ lever le doigt; **sich im Unterricht kaum** ~ participer très peu en cours ❷ (*sich zur Verfügung stellen*) **sich zu etw** ~ se porter volontaire pour qc ❸ (*am Telefon*) **sich** ~ répondre; **es meldet sich keiner** ça ne répond pas ❹ (*sich bemerkbar machen*) **sich bei jdm** ~ se manifester auprès de qn

Meldepflicht *f* ❶ (*Anzeigepflicht*) déclaration *f* obligatoire ❷ (*Pflicht zur An- und*

Meinungen äußern

Meinungen/Ansichten ausdrücken	*exprimer son opinion/point de vue*
Ich finde/meine/denke, er/sie sollte sich für sein/ihr Verhalten entschuldigen.	*Je trouve/pense qu'il/qu'elle devrait s'excuser pour son comportement.*
Er/Sie war meiner Meinung nach ein begnadeter Künstler/eine begnadete Künstlerin.	*C'était un artiste exceptionnel/une artiste exceptionnelle, à mon avis.*
Ich bin der Meinung/Ansicht, dass jeder ein Mindesteinkommen erhalten sollte.	*Je pense/suis d'avis que chaque personne devrait recevoir un salaire minimum.*
Eine Anschaffung weiterer Maschinen ist meines Erachtens nicht sinnvoll.	*À mon avis, l'achat de machines supplémentaires n'est d'aucun intérêt.*

Meinungen erfragen, um Beurteilung bitten	*demander à quelqu'un de donner son avis, d'apprécier quelque chose*
Was ist Ihre Meinung?	*Quelle est votre opinion ?*
Was meinen Sie dazu?	*Qu'en pensez-vous ?*
Wie sollten wir Ihrer Meinung nach vorgehen?	*Comment devrions-nous procéder, à votre avis ?*
Was hältst du von der neuen Regierung?	*Que penses-tu du nouveau gouvernement ?*
Findest du das Spiel langweilig?	*Est-ce que tu trouves le jeu ennuyeux ?*
Denkst du, so kann ich gehen?	*Tu crois que je peux sortir comme ça ?*
Was sagst du zu ihrem neuen Freund/seiner neuen Freundin?	*Que penses-tu de son nouvel ami/sa nouvelle amie ?*
Glaubst du, das ist so richtig?	*Tu crois que c'est bien comme ça ?*
Hältst du das für möglich?	*Tu crois que c'est possible ?*
Meinst du, er/sie hat Recht?	*Tu penses qu'il/qu'elle a raison ?*
Wie gefällt dir meine neue Haarfarbe?	*Est-ce que ma nouvelle couleur de cheveux te plaît ?*
Kannst du mit dieser Theorie etwas anfangen?	*Est-ce que cette théorie te dit quelque chose ?*
Wie lautet Ihr Urteil über unser neues Produkt?	*Que pensez-vous de notre nouveau produit ?*
Wie urteilen Sie darüber?	*Quel est votre point de vue/Quelle est votre opinion à ce sujet ?*

Abmeldung) *obligation de déclarer tout changement de domicile au service administratif compétent*

meldepflichtig *adj* ~ **sein** devoir être obligatoirement déclaré

Meldeschein *m* [formulaire *m* de] déclaration *f* de changement de domicile **Meldezettel** *m* ❶ (*im Hotel*) fiche *f* de renseignements ❷ A *s.* **Meldeschein**

Meldung <-, -en> *f* ❶ MEDIA information *f;* **~en vom Sport** nouvelles *fpl* sportives ❷ (*offizielle Mitteilung*) déclaration *f* [officielle]; ~ **erstatten** faire son rapport

meliert [me'li:ɐ̯t] *adj Wolle, Teppich* chiné(e); [**grau**] **~e Haare** des cheveux poivre et sel

Melisse [me'lɪsə] <-, -n> *f* mélisse *f*

Melissengeist *m* eau *f* de mélisse

melken ['mɛlkən] <melkte, gemolken> **I.** *vt* ❶ traire *Kuh, Ziege;* **frisch gemolkene Milch** du lait bourru ❷ *fam* (*finanziell ausnutzen*) soutirer du fric à **II.** *vi* faire la traite

Melkmaschine *f* trayeuse *f*

Melodie [melo'di:] <-, -ien> *f* mélodie *f*

Melodik [me'lo:dɪk] <-> *f* (*Melodielehre*) art *m* de la mélodie

M

melodiös [melo'di̯ø:s], **melodisch** [me'lo:dɪʃ] **I.** *adj* mélodieux(-euse) **II.** *adv* mélodieusement

Melodram [melo'dra:m] <-s, -en> *nt* mélodrame *m*

melodramatisch [melodra'ma:tɪʃ] *adj* mélodramatique

Melone [me'lo:nə] <-, -n> *f* ❶ (*Honigmelone*) melon *m;* (*Wassermelone*) pastèque *f* ❷ *fam* (*Hut*) [chapeau *m*] melon *m*

Membran [mɛm'bra:n] <-, -en>, **Membrane** [mɛm'bra:nə] <-, -n> *f* TECH, BIO membrane *f*

Memo ['me:mo] <-s, -s> *nt fam* mémo *m*

Memoiren [me'mo̯a:rən] *Pl* mémoires *mpl*

Memorandum [memo'randʊm] <-s, Memoranden *o* Memoranda> *nt geh* mémorandum *m*

Menge ['mɛŋə] <-, -n> *f* ❶ quantité *f;* **eine kleine ~ Zucker** une petite quantité de sucre ❷ *fam* (*großes Quantum*) **eine ~ Leute/Arbeit** un tas de gens/travail; **eine ganze ~ Äpfel** pas mal de/beaucoup de pommes; **das ist eine ~ Geld!** c'est une sacrée somme!; **eine ~ lernen** apprendre beaucoup de choses ❸ (*Menschenmenge*) foule *f* ❹ MATH ensemble *m*

mengen ['mɛŋən] **I.** *vt* mélanger; **etw in den Teig** ~ mélanger qc à la pâte **II.** *vr fam* **sich unter die Besucher** ~ se mêler aux visiteurs

Mengenlehre *f kein Pl* MATH théorie *f* des ensembles

mengenmäßig I. *adj* quantitatif(-ive) **II.** *adv* quantitativement

Mengenrabatt *m* remise *f* sur achat en quantité

Menhir ['mɛnhi:ɐ̯] <-s, -e> *m* menhir *m*

Meniskus [mɛ'nɪskʊs] <-, Menisken> *m* ANAT ménisque *m*

Mensa ['mɛnza] <-, Mensen> *f* restaurant *m* universitaire

Mensch [mɛnʃ] <-en, -en> *m* ❶ (*Person*) personne *f;* **ein höflicher/guter** ~ quelqu'un de poli/de bien; **viele ~en meinen, dass** beaucoup de gens sont d'avis que; **viel unter ~en kommen** voir du monde ❷ (*Gattung*) homme *m* ❸ *Pl* (*Menschheit*) **die ~en** les hommes *mpl* ❹ *fam* (*Ausruf*) ~ [**Meier**]! putain!

Menschenaffe *m* singe *m* anthropoïde **menschenähnlich** *adj* anthropoïde; ~ **aussehen** ressembler à l'homme **Menschenansammlung** *f,* **Menschenauflauf** *m* attroupement *m* **Menschenfeind(in)** *m(f)* misanthrope *mf* **menschenfeindlich** *adj Person, Haltung* misanthrope; *Klima, Landschaft* hostile; *Politik* néfaste

Menschenfresser(in) <-s, -> *m(f) fam* cannibale *mf*

Menschenfreund(in) *m(f)* philanthrope *mf* **menschenfreundlich** *adj* philanthropique **menschengemacht** *adj inv Katastrophe* provoqué(e) par l'homme; *Grenze* créé(e) par l'homme **Menschenhandel** *m* trafic *m* d'êtres humains **Menschenhändler(in)** *m(f)* trafiquant(e) *m(f)* d'êtres humains **Menschenkenner(in)** *m(f)* fin connaisseur *m*/fine connaisseuse *f* de l'âme humaine **Menschenkenntnis** *f kein Pl* connaissance *f* du genre humain **Menschenkette** *f* chaîne *f* humaine **Menschenleben** *nt* ❶ **der Unfall forderte zwei** ~ l'accident a coûté la vie à deux personnes ❷ (*Leben eines Menschen*) vie *f* d'un homme **menschenleer** *adj* désert(e) **Menschenmenge** *f* foule *f;* **eine große** ~ une foule importante **Menschenrechte** *Pl* droits *mpl* de l'homme **menschenscheu** *adj* insociable **Menschenseele** ['mɛnʃən'ze:lə] *f* ▸ **keine ~ treffen** ne pas rencontrer âme qui vive; **es war keine ~ da** il n'y avait pas âme qui vive

Menschenskind ['mɛnʃənskɪnt] *interj*

fam ① (*Ausdruck der Freude, des Erstaunens*) nom de Dieu ② (*Ausdruck des Vorwurfs, Ärgers*) bon Dieu

menschenunwürdig I. *adj* indigne d'un être humain II. *adv* de façon inhumaine **menschenverachtend** *adj* méprisant(e) pour le genre humain **Menschenverstand** ▶ **der gesunde ~** le bon sens **Menschenwürde** *f* dignité *f* humaine **menschenwürdig** I. *adj* digne d'un être humain II. *adv* de façon humaine

Menschheit <-> *f* humanité *f*

menschlich ['mɛnʃlɪç] I. *adj* ① humain(e) ② *fam Aussehen* présentable II. *adv* ① humainement ② *fam* (*annehmbar*) **wieder ~ aussehen** être de nouveau présentable

Menschlichkeit <-> *f* humanité *f*

Mensen *Pl von* **Mensa**

Menstruation [mɛnstrua'ts̯i̯oːn] <-, -en> *f* règles *fpl*

menstruieren* [mɛnstru'iːrən] *vi* avoir ses règles

mental [mɛn'taːl] *adj* mental(e)

Mentalität [mɛntali'tɛːt] <-, -en> *f* mentalité *f*

Menthol [mɛn'toːl] <-s> *nt* menthol *m*

Menü [me'nyː] <-s, -s> *nt* GASTR, INFORM menu *m*

menügesteuert *adj* INFORM commandé(e) par menu

Menüleiste *f* INFORM barre *f* de menu

Meridian [meri'di̯aːn] <-s, -e> *m* méridien *m*

Merkblatt *nt* notice *f*

merken ['mɛrkən] *vt* ① (*wahrnehmen, erkennen*) voir; **jdn etw nicht ~ lassen** ne pas montrer qc à qn ② (*im Gedächtnis behalten*) **sich** (*dat*) **etw ~** retenir qc; **sich** (*dat*) **etw nicht ~ können** ne pas arriver à retenir qc; **merk dir das!** *fam* rentre-toi ça dans le crâne!

merklich ['mɛrklɪç] I. *adj* sensible II. *adv* sensiblement; **sich ~ verändern** *Person:* changer beaucoup; **heute ist es ~ wärmer** il fait nettement plus chaud aujourd'hui

Merkmal ['mɛrkmaːl] <-s, -e> *nt* caractéristique *f;* **ein charakteristisches ~** un signe caractéristique; **besondere ~e: ...** signes *mpl* particuliers: ...

Merksatz *m,* **Merkspruch** *m* vers *m* mnémotechnique

Merkur [mɛr'kuːɐ̯] <-s> *m* Mercure *f;* **der ~** la planète Mercure

merkwürdig I. *adj* étrange II. *adv* étrangement; **~ riechen** avoir une drôle d'odeur

merkwürdigerweise *adv* curieusement

Merkzettel *m fam* pense-bête *m*

messbar[RR], **meßbar**[ALT] *adj* mesurable

Messbecher[RR], **Meßbecher**[ALT] *m* verre *m* mesureur

Messdiener(in)[RR], **Meßdiener(in)**[ALT] *m(f)* enfant *mf* de chœur

Messe ['mɛsə] <-, -n> *f* ① (*Gottesdienst*) messe *f* ② (*Ausstellung*) foire[-exposition] *f* ③ NAUT carré *m* [des officiers]

Messebesucher(in) *m(f)* visiteur(-euse) *m(f)* de la foire **Messegelände** *nt* parc *m* des expositions **Messehalle** *f* hall *m* des expositions

messen ['mɛsən] <misst, maß, gemessen> I. *vt* ① (*ermitteln*) mesurer; **Fieber ~** prendre la température ② (*aus-, vermessen*) mesurer *Fenster* ③ (*beurteilen*) **etw an etw** (*dat*) **~** mesurer qc d'après qc II. *vi* **70 m² ~** *Wohnung:* faire 70 m² III. *vr geh* **sich nicht mit jdm ~ können** ne pas être de taille à rivaliser avec qn

Messer ['mɛsɐ] <-s, -> *nt* couteau *m*

messerscharf ['mɛsɐ'ʃarf] I. *adj* ① *Kante* coupant(e) ② *fig Verstand* aigu(ë) II. *adv argumentieren, kombinieren* très subtilement; *schlussfolgern* avec une grande perspicacité **Messerspitze** *f* ① pointe *f* du couteau ② (*Prise*) **eine ~ Salz** une pointe de sel

Messerstecherei <-, -en> *f* bagarre *f* au couteau

Messerstich *m* coup *m* de couteau

Messestand *m* stand *m* de foire

Messgerät[RR], **Meßgerät**[ALT] *nt* **~ für die Einschaltquote** audimat *m*

Messgewand[RR], **Meßgewand**[ALT] *nt* chasuble *f*

Messias [mɛ'siːas] <-> *m* REL **der ~** le Messie

Messie ['mɛsi] <-s, -s> *m fam* bordélique *mf*

Messing ['mɛsɪŋ] <-s> *nt* laiton *m*

Messinstrument[RR], **Meßinstrument**[ALT] *nt* instrument *m* de mesure

Messlatte[RR], **Meßlatte**[ALT] *f,* **Messstab**[RR], **Meßstab**[ALT] *m* jalon *m*

Messtischblatt[RR], **Meßtischblatt**[ALT] *nt* carte *f* topographique

Messung <-, -en> *f,* **Messwert**[RR], **Meßwert**[ALT] *m* mesure *f*

Metall [me'tal] <-s, -e> *nt* métal *m;* **aus ~** en métal; **~ verarbeitend** *Industrie* métallurgique

Metallarbeiter(in) *m(f)* métallurgiste *mf*

metallen [me'talən] *adj* en métal

Metaller(in) [me'talɐ] <-s, -> *m(f) fam* métallo *mf* syndiqué(e)

M

metallhaltig *adj* métallifère
metallic [me'talɪk] *adj inv* métallisé(e)
Metallindustrie *f* industrie *f* métallurgique
metallisch [me'talɪʃ] **I.** *adj* (*aus Metall, metallartig*) métallique **II.** *adv* **~ glänzen** avoir des reflets métalliques
Metallurgie [metalʊr'giː] <-> *f* métallurgie *f*
metallurgisch [meta'lʊrgɪʃ] *adj Betrieb* métallurgique
metallverarbeitend *s.* **Metall**
Metamorphose [metamɔr'foːzə] <-, -n> *f geh* métamorphose *f*
Metapher [me'tafɐ] <-, -n> *f* métaphore *f*
metaphorisch [meta'foːrɪʃ] *adj* métaphorique
Metaphysik [metafy'ziːk] *f* métaphysique *f*
metaphysisch [meta'fyːzɪʃ] *adj* métaphysique
Metastase [meta'staːzə] <-, -n> *f* MED métastase *f*
Meteor [mete'oːɐ̯] <-s, -e> *m* météore *m*
Meteorit [meteo'riːt] <-en *o* -s, -e[n]> *m* météorite *m*
Meteorologe [meteoro'loːgə] <-n, -n> *m*, **Meteorologin** *f* météorologiste *mf*
Meteorologie [meteorolo'giː] <-> *f* météorologie *f*
meteorologisch [meteoro'loːgɪʃ] *adj* météorologique
Meter ['meːtɐ] <-s, -> *m o nt* mètre *m;* **zwei ~ groß sein** faire deux mètres; **zwei ~ hoch sein** faire deux mètres de haut[eur]; **der laufende ~** le mètre courant
meterdick *adj* épais d'un mètre **meterhoch** *adj* haut d'un mètre **meterlang** ['meːtɐlaŋ] *adj* (*einen Meter lang*) long d'un mètre **Metermaß** *nt* ❶ (*Bandmaß*) mètre *m* [à] ruban ❷ (*Zollstock*) mètre *m* pliant **Meterware** *f* marchandise *f* au mètre
meterweise *adv verkaufen* au mètre
meterweit **I.** *adj* ❶ (*einen Meter weit*) d'un mètre de large; **~ sein** faire un mètre de large ❷ (*mehrere Meter weit*) de plusieurs mètres; **~ sein** faire plusieurs mètres **II.** *adv* **~ leuchten** porter à plusieurs mètres
Methadon [meta'doːn] <-s> *nt* PHARM méthadone *f*
Methode [me'toːdə] <-, -n> *f* ❶ (*Verfahren*) méthode *f* ❷ *Pl* (*Vorgehensweise*) méthodes *fpl*
Methodik [me'toːdɪk] <-, -en> *f einer Wissenschaft* méthodologie *f*
methodisch [me'toːdɪʃ] *adj Vorgehensweise* méthodique
Methylalkohol [me'tyːl-] *m* alcool *m* méthylique
Metrik ['meːtrɪk] <-, -en> *f* POES, MUS métrique *f*
Metro ['meːtro] <-, -s> *f* métro *m*
Metronom [metro'noːm] <-s, -e> *nt* métronome *m*
Metropole [metro'poːlə] <-, -n> *f* ❶ *geh* (*Hauptstadt*) capitale *f* ❷ (*Zentrum*) métropole *f*
Mett [mɛt] <-[e]s> *nt* NDEUTSCH ≈ chair *f* à saucisse
Mettwurst *f* DIAL *sorte de pâté à tartiner conservée sous forme de saucisse*
Metzger(in) ['mɛtsgɐ] <-s, -> *m(f)* DIAL boucher(-ère) *m(f);* (*für Wurstwaren*) charcutier(-ière) *m(f)*
Metzgerei [mɛtsgə'rai̯] <-, -en> *f* DIAL boucherie *f;* (*für Wurstwaren*) charcuterie *f*
Meute ['mɔytə] <-, -n> *f a. pej* meute *f*
Meuterei [mɔytə'rai̯] <-, -en> *f* mutinerie *f*
Meuterer <-s, -> *m* mutin *m*
meutern ['mɔytɐn] *vi* ❶ (*sich auflehnen*) se mutiner, se révolter ❷ *fam* (*meckern*) rouspéter
Mexikaner(in) [mɛksi'kaːnɐ] <-s, -> *m(f)* Mexicain(e) *m(f)*
mexikanisch [mɛksi'kaːnɪʃ] *adj* mexicain(e)
Mexiko ['mɛksiko] <-s> *nt* le Mexique
MEZ [ɛmʔeː'tsɛt] *Abk von* **mitteleuropäische Zeit** heure *f* d'Europe centrale
MFG [ɛmʔɛf'geː] <-, -s> *f Abk von* **Mitfahrgelegenheit** possibilité *f* de covoiturage
MfS [ɛmʔɛf'ʔɛs] *nt* HIST *Abk von* **Ministerium für Staatssicherheit** *services de Sécurité de l'ex-R.D.A.*
mg *Abk von* **Milligramm** mg
MHz *Abk von* **Megahertz** MHz
miau [mi'au̯] *interj* miaou
miauen* [mi'au̯ən] *vi* miauler
mich [mɪç] **I.** *pron pers, akk von* **ich**: **ohne/für ~** sans/pour moi; **er sieht/beobachtet ~** il me voit/m'observe **II.** *pron refl* **ich wasche ~** je me lave; **ich schäme ~** j'ai honte
mick[e]rig ['mɪk(ə)rɪç] *adj pej fam Kerl* maigrichon(ne); *Pflanze* rabougri(e); *Summe, Trinkgeld* minable
MidlifecrisisRR, **Midlife-Crisis**RR ['mɪtlai̯fkrai̯sɪs] <-> *f* crise *f* de la quarantaine

M

Mieder ['mi:dɐ] <-s, -> *nt* ① *von Trachtenkleidern* corselet *m* ② (*Korsett*) corset *m*

Miederhöschen ['mi:dɐhø:sçən] *nt* gaine-culotte *f* **Miederwaren** *Pl corsets et lingerie fine*

Mief [mi:f] <-[e]s> *m pej fam* ① (*Geruch von verbrauchter Luft*) odeur *f* de renfermé; (*Abgasmief*) air *m* vicié ② (*Beengtheit*) *einer Kleinstadt* la vie étriquée

miefen ['mi:fən] *vi pej fam* [s]chlinguer

Miene ['mi:nə] <-, -n> *f* mine *f;* **mit freundlicher ~** d'un air sympathique

mies [mi:s] *adj fam* ① *Person, Essen, Wetter* dégueulasse; *Unterkunft* minable ② (*krank*) **sich ~ fühlen** se sentir patraque

Miese ['mi:zə] *Pl fam* ▶ **in den ~n sein** être dans le rouge

Miesepeter ['mi:zəpe:tɐ] <-s, -> *m fam* grincheux(-euse) *m(f)*

mies|machen *vt fig fam* **jdn/etw ~** débiner qn/qc; **jdm etw ~** gâcher qc à qn

Miesmacher(in) *m(f) pej fam* rabat-joie *mf inv*

Miesmuschel ['mi:smʊʃəl] *f* moule *f*

Miete ['mi:tə] <-, -n> *f* (*Wohnungsmiete*) loyer *m;* **zur ~ wohnen** être locataire

mieten ['mi:tən] *vt* louer

Mieter(in) <-s, -> *m(f)* locataire *mf*

Mieterhöhung *f* hausse *f* de loyer

Mieterschutz *m* défense *f* des locataires

mietfrei *adj* **~es Wohnen** logement *m* gratuit

Mietrecht *nt* droit *m* locatif

Mietshaus *nt* immeuble *m* locatif

Mietverhältnis *nt* bail *m* de location **Mietvertrag** *m* contrat *m* de location **Mietwagen** *m* voiture *f* de location **Mietwohnung** *f* [logement *m* en] location *f*

Miezekatze ['mi:tsə-] *f fam* minou *m*

Migräne [mi'grɛ:nə] <-, -n> *f* migraine *f;* **~ haben** avoir la migraine

Migrant(in) [mi'grant] <-en, -en> *m(f)* SOZIOL, POL migrant(e) *m(f)*

Mikro ['mi:kro] <-s, -s> *nt fam Abk von* **Mikrofon** micro *m*

Mikrobe [mi'kro:bə] <-, -n> *f* microbe *m*

Mikrobiologie [mikrobiolo'gi:] *f* microbiologie *f* **Mikrochip** ['mi:krotʃɪp] <-s, -s> *m* INFORM puce *f* **Mikrocomputer** *m* micro[-]ordinateur *m* **Mikroelektronik** ['mi:kroelɛktro:nɪk] *f* microélectronique *f* **Mikrofaser** *f* microfibre *f* **Mikrofiche** ['mi:krofi:ʃ] <-s, -s> *m o nt* microfiche *f* **Mikrofilm** ['mi:krofɪlm] *m* microfilm *m* **Mikrofon** [mikro'fo:n] <-s, -e> *nt* microphone *m* **Mikrokosmos** [mikro'kɔsmɔs] *m a. fig* microcosme *m* **Mikroorganismus** ['mi:kroɔrganɪsmʊs] *m* micro[-]organisme *m* **Mikrophon** *s.* **Mikrofon** **Mikroprozessor** ['mi:kroprotsɛso:ɐ̯] *m* INFORM microprocesseur *m*

Mikroskop [mikro'sko:p] <-s, -e> *nt* microscope *m*

mikroskopisch [mikro'sko:pɪʃ] **I.** *adj* microscopique **II.** *adv* ① (*mit dem Mikroskop*) au microscope ② (*äußerst*) **~ klein** microscopique

Mikrowelle ['mi:krovɛlə] *f* ① PHYS micro-onde *f* ② *fam* (*Herd*) micro-ondes *m*

Mikrowellenherd ['mi:krovɛlənhe:ɐ̯t] *m* four *m* à micro-ondes

Milbe ['mɪlbə] <-, -n> *f* acarien *m*

Milch [mɪlç] <-> *f* (*Tiermilch, Muttermilch, Pflanzensaft*) lait *m*

Milcheis *nt* glace *f* au lait **Milchflasche** *f* ① (*Flasche für Milch*) bouteille *f* à lait ② (*Babyfläschchen*) biberon *m* **Milchglas** *nt* verre *m* opale

milchig ['mɪlçɪç] *adj Glas* opale; *Flüssigkeit* laiteux(-euse)

Milchkaffee *m* café *m* au lait **Milchkännchen** *nt* petit pot *m* à lait **Milchkanne** *f* bidon *m* à lait **Milchkuh** *f* laitière *f* **Milchmann** <-männer> *m*, **-frau** *f fam* laitier(-ière) *m(f)* **Milchprodukt** *nt* produit *m* laitier **Milchpulver** *nt* lait *m* en poudre **Milchreis** *m* riz *m* au lait **Milchsäure** *f* CHEM acide *m* lactique **Milchschokolade** *f* chocolat *m* au lait **Milchshake** [-ʃe:k] <-s, -s> *m* milk-shake *m* **Milchstraße** *f kein Pl* **die ~** la Voie lactée

Milchstraßensystem *nt kein Pl* ASTRON galaxie *f*

Milchtüte *f* brique® *f* de lait **Milchzahn** *m* dent *f* de lait

mild [mɪlt], **milde** ['mɪldə] **I.** *adj* ① *Klima, Licht, Shampoo, Geschmack* doux(douce) ② *Prüfer, Richter, Beurteilung, Worte* indulgent(e); *Urteil* clément(e) **II.** *adv* ① **~ gewürzt** peu épicé(e) ② (*nachsichtig*) **das Urteil fiel ~ [e] aus** le verdict fut clément

Milde ['mɪldə] <-> *f* ① *des Klimas, Geschmacks* douceur *f* ② (*Nachsichtigkeit*) clémence *f*

mildern ['mɪldɐn] **I.** *vt* ① adoucir *Geschmack, Geruch* ② commuer *Strafmaß* ③ (*lindern*) atténuer *Not, Armut* **II.** *vr* **sich ~** *Schmerzen, Wut:* s'atténuer; *Wetter:* se radoucir

Milderung <-> *f* atténuation *f*

mildtätig *adj geh Person* charitable; *Organisation* caritatif(-ive)

Milieu [mɪ'li̯øː] <-s, -s> *nt* ❶ (*soziales Umfeld*) milieu *m* ❷ (*Lebensraum*) milieu *m* [naturel] ❸ *fam* (*Prostitutionsszene*) milieu *m* [de la prostitution]
militant [mili'tant] *adj Demonstrant, Gesinnung* combatif(-ive); *Gruppe, Organisation* activiste
Militär [mili'tɛːɐ̯] <-s> *nt* ❶ (*Soldaten*) militaires *mpl* ❷ (*Armee*) armée *f*
Militärdienst *m kein Pl* service *m* militaire **Militärdiktatur** *f* dictature *f* militaire **Militärgericht** *nt* tribunal *m* militaire
militärisch [mili'tɛːrɪʃ] *adj* militaire
Militarismus [milita'rɪsmʊs] <-> *m* militarisme *m*
Militarist(in) [milita'rɪst] <-en, -en> *m(f)* militariste *mf*
militaristisch *adj* militariste
Militärkapelle *f* fanfare *f* militaire **Militärpolizei** *f* police *f* militaire **Militärputsch** *m* putsch *m* militaire **Militärregierung** *f* gouvernement *m* militaire **Militärstützpunkt** *m* position *f* stratégique de défense **Militärzeit** *f kein Pl* temps *m* du service militaire
Miliz [mi'liːts̮] <-, -en> *f* (*Polizeiverband*) milice *f*
Mill. *Abk von* **Million**[**en**] M
Mille ['mɪlə] <-, -> *nt fam* mille *m;* **zehn ~** dix mille euros
Millennium [mɪ'lɛni̯ʊm] <-s, -ien> *nt geh* millénaire *m*
Milliardär(in) [mɪli̯ar'dɛːɐ̯] <-s, -e> *m(f)* milliardaire *mf*
Milliarde [mɪ'li̯ardə] <-, -n> *f* milliard *m*
milliardenschwer *adj* ❶ (*mehr als eine Milliarde wert seiend/kostend*) qui vaut plus d'un milliard ❷ (*mehr als eine Milliarde besitzend*) milliardaire
Milligramm [mɪli'gram] *nt* milligramme *m* **Milliliter** *m* millilitre *m* **Millimeter** [mɪli'meːtɐ] *m o nt* millimètre *m*
Millimeterpapier *nt* papier *m* millimétré
Million [mɪ'li̯oːn] <-, -en> *f* million *m*
Millionär(in) [mɪli̯o'nɛːɐ̯] <-s, -e> *m(f)* millionnaire *mf*
Millionenbetrag *m* montant *m* d'un million **Millionenmetropole** *f* métropole *f* de plusieurs millions d'habitants
millionenschwer *adj fam Erbin, Industrieller* multimillionnaire **Millionenstadt** *f* ville *f* de plus d'un million d'habitants
millionste(r, s) *adj* millionième
millionstel [mɪ'li̯oːnstəl] *adj* **eine ~ Sekunde** un millionième de seconde
Millionstel [mɪ'li̯oːnstəl] <-s, -> *nt* millionième *m*

Milz [mɪlts̮] <-, -en> *f* rate *f*
Milzbrand *m* MED maladie *f* du charbon
mimen *vt fam* simuler
Mimik ['miːmɪk] <-> *f* mimique *f*
mimisch *adj* mimique
Mimose [mi'moːzə] <-, -n> *f* ❶ BOT mimosa *m* ❷ *pej* (*Mensch*) **eine ~ sein** être d'une sensibilité exacerbée
mimosenhaft *pej adj* hypersensible
min., Min. *Abk von* **Minute**[**n**] mn
Minarett [mina'rɛt] <-s, -e *o* -s> *nt* minaret *m*
minder ['mɪndɐ] *adv* moins
minderbemittelt *adj* ❶ *geh* (*arm*) peu fortuné(e) ❷ *pej fam* **geistig ~** intellectuellement limité
mindere(r, s) ['mɪndərə, -rɐ, -rəs] *adj attr* moindre
Minderheit <-, -en> *f* minorité *f;* **in der ~ sein** être minoritaire
minderjährig ['mɪndɐjɛːrɪç] *adj* mineur(e)
Minderjährige(r) *f(m) dekl wie adj* mineur(e) *m(f)*
Minderjährigkeit <-> *f* minorité *f*
mindern ['mɪndɐn] *geh* **I.** *vt* réduire **II.** *vr* **sich ~** diminuer
Minderung <-, -en> *f geh* réduction *f*
minderwertig *adj* ❶ *Material, Produkt* de moindre qualité ❷ *fig* **sich ~ fühlen** se sentir inférieur(e)
Minderwertigkeit <-> *f* mauvaise qualité *f*
Minderwertigkeitsgefühl *nt* sentiment *m* d'infériorité; **~e haben** avoir le sentiment d'être inférieur
Minderwertigkeitskomplex *m* complexe *m* d'infériorité
Minderzahl *f* **in der ~ sein** être en minorité
Mindestalter *nt* âge *m* minimum **Mindestbetrag** *m* montant *m* minimum
mindeste(r, s) ['mɪndəstə, -tɐ, -təs] *adj* **der/die/das ~ ...** le/la moindre ...; **nicht die ~ Ahnung haben** ne pas avoir la moindre idée
mindestens ['mɪndəstəns] *adv* au moins
Mindestgebot *nt* enchère *f* minimum **Mindesthaltbarkeitsdatum** *nt* date *f* limite de conservation **Mindestlohn** *m* salaire *m* minimum **Mindestmaß** *nt* strict minimum *m* **Mindeststrafe** *f* peine *f* minimum
Mine ['miːnə] <-, -n> *f* mine *f*
Minenfeld *nt* champ *m* de mines
Mineral [mine'raːl] <-s, -e *o* -ien> *nt* minéral *m*

mineralisch *adj* minéral
Mineralogie [mineraloˈgiː] <-> *f* minéralogie *f*
Mineralöl *nt* huile *f* minérale **Mineralölgesellschaft** *f* compagnie *f* pétrolière **Mineralölsteuer** *f* taxe *f* sur les produits pétroliers **Mineralstoffe** *Pl* sels *mpl* minéraux **Mineralwasser** *nt* eau *f* minérale
mini [ˈmɪni] *adj* mini
Mini [ˈmɪni] <-s, -s> *m fam* minijupe *f*
Miniatur [miniaˈtuːɐ̯] <-, -en> *f* miniature *f*
miniaturisieren* [miniaturiˈziːrən] *vt* miniaturiser
Minibar *f* minibar *m* **Minigolf** *nt* minigolf *m* **Minijob** [-dʒɔp] *m* (*geringfügige Beschäftigung*) petit boulot *m;* (*perspektivlose, schlecht entlohnte Tätigkeit*) minijob *m* (*emploi précaire à temps partiel*) **Minikleid** *nt* minirobe *f*
Minima [ˈmiːnima] *Pl von* **Minimum**
minimal [miniˈmaːl] **I.** *adj* minime **II.** *adv* dans des proportions minimes
Minimalwert *m* valeur *f* minimale
minimieren* [miniˈmiːrən] *vt geh* minimiser; **etw ~** réduire qc au strict minimum
Minimum [ˈmiːnimʊm] <-s, Minima> *nt* ❶ *geh* (*Mindestmaß*) [strict] minimum *m* ❷ METEO (*niedrigster Wert*) minimum *m*
Minipille *f fam* micropilule *f* **Minipizza** *f* minipizza *f* **Minirock** *m* minijupe *f*
Minister(in) [miˈnɪstɐ] <-s, -> *m(f)* ministre *mf*
Ministerialbeamte(r) [minɪsteˈri̯aːl-] *m dekl wie adj,* **-beamtin** *f* fonctionnaire *mf* ministériel(le) **Ministerialdirektor(in)** *m(f)* chef *mf* de division au ministère
ministeriell [minɪsteˈri̯ɛl] *adj attr* ministériel(le)
Ministerium [minɪsˈteːri̯ʊm] <-s, -rien> *nt* ministère *m*
Ministerpräsident(in) *m(f)* ministre-président(e) *m(f)* **Ministerrat** *m* Conseil *m* des ministres
Ministrant(in) [minɪsˈtrant] <-en, -en> *m(f)* REL enfant *mf* de chœur
Minna [ˈmɪna] ▶ **die grüne ~** *fam* le panier à salade
Minnesänger [ˈmɪnəzɛŋɐ] *m* ≈ troubadour *m*
Minorität [minoriˈtɛːt] <-, -en> *f s.* **Minderheit**
minus [ˈmiːnʊs] **I.** *präp + gen* **tausend Euro ~ Mehrwertsteuer** mille euros moins la T.V.A. **II.** *konj* MATH moins **III.** *adv* ❶ (*unter Null*) moins; **einige Grad ~** quelques degrés en dessous de zéro ❷ ELEC **von plus nach ~ fließen** *Strom:* aller du pôle positif au pôle négatif
Minus [ˈmiːnʊs] <-> *nt* ❶ déficit *m* ❷ (*Manko*) point *m* négatif
Minuspol *m* ❶ ELEC pôle *m* négatif ❷ PHYS pôle *m* magnétique négatif **Minuspunkt** *m* ❶ (*Strafpunkt*) pénalité *f* ❷ (*Manko*) point *m* négatif **Minuszeichen** *nt* signe *m* moins
Minute [miˈnuːtə] <-, -n> *f* minute *f;* **es ist zehn ~n nach/vor acht** il est huit heures dix/moins dix; **in letzter ~** à la dernière minute
Minutenzeiger *m* grande aiguille *f*
minutiös, minuziös [minuˈtsi̯øːs] *geh* **I.** *adj* minutieux(-euse) **II.** *adv* minutieusement
Minze [ˈmɪntsə] <-, -n> *f* menthe *f*
Mio. *Abk von* **Million[en]** million[s]
mir [miːɐ̯] **I.** *pron pers, dat von* **ich mit ~** avec moi; **er folgt/hilft ~** il me suit/m'aide; **dieses Fahrrad gehört ~** c'est mon vélo; **er ist ein Freund von ~** il est un de mes amis; **es geht ~ heute besser** je vais mieux aujourd'hui; **das wird ~ gut tun** ça me fera du bien; **das ist ~ egal** ça m'est égal; **sag es ~!** dis-le-moi! ▶ **von ~ aus!** *fam* j'ai rien contre! **II.** *pron refl* **ich wasche ~ die Haare** je me lave les cheveux; **ich werde ~ einen Pulli anziehen** je vais mettre un pull
Mirabelle [miraˈbɛlə] <-, -n> *f* ❶ (*Frucht*) mirabelle *f* ❷ (*Baum*) mirabellier *m*
Misanthrop(in) [mizanˈtroːp] <-en, -en> *m(f) geh* misanthrope *mf*
Mischbrot *nt* pain *m* bis **Mischehe** *f* couple *m* mixte
mischen [ˈmɪʃən] **I.** *vt* ❶ (*vermengen*) mélanger ❷ (*hineinmischen*) **etw unter den Teig ~** mélanger qc à la pâte ❸ (*herstellen*) préparer ❹ SPIEL mélanger **II.** *vr* ❶ (*sich vermischen*) **sich ~** *Flüssigkeiten, Substanzen:* se mélanger ❷ (*sich begeben*) **sich unter die Menge ~** se mêler à la foule ❸ (*sich einmischen*) **sich in etw** (*akk*) **~** se mêler de qc
Mischform *f* mélange *m;* **~ aus etw und etw** (*dat*) mélange de qc et de qc **Mischgewebe** *nt* tissu *m* mixte **Mischkonzern** *m* conglomérat *m*
Mischling [ˈmɪʃlɪŋ] <-s, -e> *m* ❶ (*Mensch*) métis(se) *m(f)* ❷ ZOOL bâtard *m*
Mischmasch [ˈmɪʃmaʃ] <-[e]s, -e> *m fam* mixture *f*

M

Mischmaschine *f* bétonnière *f* **Mischpult** *nt* pupitre *m* de mixage
Mischung <-, -en> *f* mélange *m*
Mischwald *m* forêt *f* d'essences mixtes
miserabel [mizəˈraːbəl] **I.** *adj* ❶ *Zustand, Leistung, Film* lamentable; *Wetter, Essen, Wein* exécrable ❷ *Kerl, Benehmen* infâme *antéposé* ❸ (*krank*) **sich ~ fühlen** se sentir mal **II.** *adv* ❶ (*sehr schlecht*) lamentablement; **~ schmecken** avoir un goût infect ❷ (*gemein*) de façon infâme
Misere [miˈzeːrə] <-, -n> *f geh* situation *f* désastreuse
Mispel [ˈmɪspəl] <-, -n> *f* nèfle *f*
Miss[RR] [mɪs, *Pl:* ˈmɪsɪs] <-, Misses>, **Miß**[ALT] <-, -sses> *f* miss *f*; **~ World/Germany** miss Monde/Allemagne
missachten*[RR], **mißachten***[ALT] [mɪsˈʔaxtən] *vt* ❶ ne pas respecter *Vorschrift;* ne pas tenir compte de *Rat, Warnung* ❷ mésestimer *Person;* dédaigner *Hilfe, Angebot*
Missachtung[RR], **Mißachtung**[ALT] *f* ❶ (*Geringschätzung*) mépris *m* ❷ (*Ignorierung*) *einer Vorschrift* non-respect *m; eines Ratschlags, einer Warnung* non-prise *f* en compte
Missbehagen[RR], **Mißbehagen**[ALT] <-s> *nt geh* malaise *m*
Missbildung[RR], **Mißbildung**[ALT] <-, -en> *f* malformation *f*
missbilligen*[RR], **mißbilligen***[ALT] [mɪsˈbɪlɪgən] *vt* désapprouver
missbilligend[RR], **mißbilligend**[ALT] **I.** *adj Blick* désapprobateur(-trice); *Worte* de désapprobation **II.** *adv* d'un air réprobateur
Missbilligung[RR], **Mißbilligung**[ALT] <-> *f* désapprobation *f*
Missbrauch[RR], **Mißbrauch**[ALT] [ˈmɪsbraux] *m von Drogen, Medikamenten* abus *m; eines Feuermelders, einer Notbremse* emploi *m* abusif; **~ des Amtes** abus de fonction; **sexueller ~** abus sexuel
missbrauchen*[RR], **mißbrauchen***[ALT] [mɪsˈbrauxən] *vt* ❶ utiliser *Person;* abuser de *Vertrauen* ❷ faire un usage abusif de *Medikament;* utiliser abusivement *Feuermelder, Notbremse* ❸ (*vergewaltigen*) **jdn sexuell ~** abuser sexuellement de qn
missdeuten*[RR], **mißdeuten***[ALT] [mɪsˈdɔytən] *vt* mal interpréter *Worte, Geste*
missen [ˈmɪsən] *vt geh* regretter; **jdn/etw nicht [mehr] ~ mögen** [*o* **wollen**] ne jamais vouloir se passer de qn/qc; **etw ~ müssen** être obligé de se priver de qc

M

Misserfolg[RR], **Mißerfolg**[ALT] *m einer Person* échec *m; eines Stücks* fiasco *m*
Missernte[RR], **Mißernte**[ALT] *f* mauvaise récolte *f*
Missetat [ˈmɪsətaːt] *f hum* sale tour *m*
missfallen*[RR], **mißfallen***[ALT] [mɪsˈfalən] *vi irr geh* **jdm ~** déplaire à qn
Missfallen[RR], **Mißfallen**[ALT] <-s> *nt* mécontentement *m*
missgebildet[RR], **mißgebildet**[ALT] *adj, adv* mal formé(e)
Missgeburt[RR], **Mißgeburt**[ALT] *f* MED enfant *mf* mal formé(e)
Missgeschick[RR], **Mißgeschick**[ALT] *nt* malheur *m*
missgestaltet[RR], **mißgestaltet**[ALT] *adj* difforme
missglücken*[RR], **mißglücken***[ALT] [mɪsˈglʏkən] *vi + sein Versuch, Plan:* échouer
missgönnen*[RR], **mißgönnen***[ALT] [mɪsˈgœnən] *vt* envier; **jdm etw ~** envier qc à qn
Missgriff[RR], **Mißgriff**[ALT] *m* mauvais choix *m*
Missgunst[RR], **Mißgunst**[ALT] *f* jalousie *f*
missgünstig[RR], **mißgünstig**[ALT] *adj* jaloux(-ouse)
misshandeln*[RR], **mißhandeln***[ALT] [mɪsˈhandəln] *vt* maltraiter
Misshandlung[RR], **Mißhandlung**[ALT] [mɪsˈhandlʊŋ] *f* mauvais traitements *mpl*
Mission [mɪˈsi̯oːn] <-, -en> *f* mission *f*
Missionar(in) [mɪsi̯oˈnaːɐ̯] <-s, -e> *m(f)*, **Missionär(in)** [mɪsi̯oˈnɛːɐ̯] <-s, -e> *m(f)* A missionnaire *mf*
missionarisch [mɪsi̯oˈnaːrɪʃ] **I.** *adj* missionnaire **II.** *adv* **~ tätig sein** être missionnaire
Missklang[RR], **Mißklang**[ALT] *m* ❶ MUS dissonance *f* ❷ (*Unstimmigkeit*) désaccord *m*
Misskredit[RR], **Mißkredit**[ALT] *m kein Pl* **jdn in ~ bringen** discréditer qn; **in ~ geraten** se discréditer
misslich[RR], **mißlich**[ALT] *adj geh* fâcheux(-euse)
misslingen[RR] [mɪsˈlɪŋən] <misslang, misslungen>, **mißlingen**[ALT] <mißlang, mißlungen> *vi + sein Versuch, Plan:* échouer
Misslingen[RR], **Mißlingen**[ALT] [mɪsˈlɪŋən] <-s> *nt* échec *m*
misslungen[RR], **mißlungen**[ALT] [mɪsˈlʊŋən] *PP von* **misslingen**
Missmanagement[RR], **Mißmanagement**[ALT] [ˈmɪsmɛnɛdʒmənt] *nt* erreurs *fpl* de management

Mịssmut[RR], **Mịßmut**[ALT] ['mɪsmuːt] *m* mauvaise humeur *f*
mịssmutig[RR], **mịßmutig**[ALT] *adj, adv* de mauvaise humeur
missraten*[RR], **mißraten***[ALT] [mɪs'raːtən] *vi irr + sein* rater; **ein ~es Kind** un enfant mal élevé
Mịssstand[RR], **Mịßstand**[ALT] *m* anomalie *f*
misstrauen*[RR], **mißtrauen***[ALT] [mɪs'trau̯ən] *vi* se méfier; **jdm/einer S. ~** se méfier de qn/qc
Mịsstrauen[RR], **Mịßtrauen**[ALT] ['mɪstrau̯ən] <-s> *nt* méfiance *f*
Mịsstrauensantrag[RR] *m* POL motion *f* de censure **Mịsstrauensvotum**[RR] ['mɪstrau̯ənsvoːtʊm] *nt* POL vote *m* de défiance
mịsstrauisch[RR], **mịßtrauisch**[ALT] ['mɪstrau̯ɪʃ] I. *adj* méfiant(e) II. *adv* avec méfiance
Mịssverhältnis[RR], **Mịßverhältnis**[ALT] ['mɪsfɛɐ̯hɛltnɪs] *nt* disproportion *f*
mịssverständlich[RR], **mịßverständlich**[ALT] I. *adj* qui prête à équivoque II. *adv darstellen, sich ausdrücken* d'une façon qui prête à équivoque
Mịssverständnis[RR], **Mịßverständnis**[ALT] ['mɪsfɛɐ̯ʃtɛntnɪs] <-ses, -se> *nt* ① malentendu *m* ② *meist Pl* (*Meinungsverschiedenheit*) désaccords *mpl*
mịssverstehen*[RR], **mịßverstehen***[ALT] ['mɪsfɛɐ̯ʃteːən] *vt irr* **jdn/etw ~** comprendre qn/qc de travers; **sich missverstanden fühlen** se sentir mal compris(e)
Mịsswahl[RR] *f* élection *f* de la miss
Mịsswirtschaft[RR], **Mịßwirtschaft**[ALT] *f* mauvaise gestion *f*
Mịst [mɪst] <-[e]s> *m* ① (*Dung*) fumier *m* ② *fam* (*Unsinn, wertlose Sachen*) conneries *fpl;* **~ bauen** *fam* faire des conneries ③ *fam* (*Ärger*) **[so ein] ~!** merde!
Mịstel ['mɪstəl] <-, -n> *f* gui *m*
Mịstgabel *f* fourche *f* à fumier **Mịsthaufen** *m* tas *m* de fumier **Mịstkäfer** *m* bousier *m* **Mịstkerl** *m pej sl* enculé *m* (*vulg*) **Mịstkübel** <-s, -n> *m* A (*Mülleimer*) poubelle *f* **Mịststück** *nt pej sl* (*gemeine Frau*) salope *f* (*vulg*) **Mịstvieh** *nt pej sl* ① (*Mistkerl*) salaud *m* (*fam*) ② (*böses Tier*) saloperie *f* (*fam*) **Mịstwetter** *nt pej sl* temps *m* de merde (*vulg*)
mịt [mɪt] I. *präp + dat* ① (*zur Angabe der Art und Weise*) avec, au moyen de; **etw ~ Absicht tun** faire qc exprès; **~ großen Schritten** à grands pas ② (*per*) **~ dem Fahrrad** à vélo; **~ dem Bus/Auto/Flugzeug** en bus/voiture/avion; **~ dem Lkw** par camion; **~ der Post/Bahn** par la poste/le train ③ (*in Begleitung von, einschließlich*) avec ④ (*versehen mit*) avec; **eine Tüte ~ Bonbons** un sac de bonbons; **Tee ~ Rum** du thé au rhum ⑤ (*zur Angabe des Zeitpunkts*) à; **~ 18 [Jahren]** à 18 ans ⑥ *fam* (*und dazu*) **du ~ deiner Arroganz!** toi et ton arrogance! ⑦ (*hinsichtlich*) **~ einem Vorschlag einverstanden sein** être d'accord avec une proposition; **~ dem Rauchen aufhören** arrêter de fumer II. *adv* **bist du ~ dabei gewesen?** est-ce que tu y étais aussi?
Mịtangeklagte(r) *f(m) dekl wie adj* coaccusé(e) *m(f)* **Mịtarbeit** *f* ① (*Mitwirkung*) collaboration *f;* **~ an etw** (*dat*) collaboration à qc ② SCHULE, UNIV participation *f;* **die ~ im Unterricht** la participation en cours **mịt|arbeiten** *vi* ① (*mitwirken*) **an etw** (*dat*) **~** collaborer à qc ② SCHULE, UNIV **im Unterricht ~** participer en cours ③ *fam* (*ebenfalls arbeiten*) bosser aussi **Mịtarbeiter(in)** *m(f)* ① (*Beschäftigter*) collaborateur(-trice) *m(f)* ② (*Honorarkraft*) **freier ~ /freie ~in** collaborateur *m* indépendant/collaboratrice *f* indépendante
Mịtarbeiterstab *m* équipe *f* de collaborateurs
Mịtbegründer(in) *m(f)* cofondateur(-trice) *m(f)* **mịt|bekommen*** *vt irr* ① (*mitgegeben bekommen*) recevoir ② entendre *Lärm, Streit* ③ (*verstehen*) comprendre **mịt|benutzen*** *vt* utiliser aussi **mịt|bestimmen*** I. *vi* avoir voix au chapitre; *Arbeitnehmer:* prendre part à la gestion II. *vt* influer sur *Entscheidung, Verfahrensweise* **Mịtbestimmung** *f* ① participation *f* ② (*im Betrieb*) **betriebliche ~** cogestion *f* d'entreprise
Mịtbestimmungsrecht *nt* droit *m* de cogestion
Mịtbewohner(in) *m(f)* ① **sein ~ /seine ~in** celui/celle avec qui il partage son logement ② (*Wohnungsnachbar*) voisin(e) *m(f)* **mịt|bringen** *vt irr* ① (*besorgen*) apporter ② (*begleitet werden von*) amener ③ montrer *Erfahrungen, Wissen*
Mịtbringsel ['mɪtbrɪŋzəl] <-s, -> *nt fam* petit quelque chose *m*
Mịtbürger(in) *m(f)* concitoyen(ne) *m(f)* **mịt|denken** *vi irr* ① (*überlegt handeln*) réfléchir ② (*aufmerksam sein*) **bei etw ~** suivre qc attentivement **mịt|dürfen** *vi irr fam* pouvoir venir; **mit jdm ~** pouvoir venir avec qn **Mịteigentümer(in)** *m(f)* copropriétaire *mf*

miteinander [mɪtʔaiˈnandɐ] *adv* ❶ (*gemeinsam*) ensemble ❷ (*untereinander*) **gut ~ auskommen** s'entendre bien
Miteinander [mɪtʔaiˈnandɐ] <-s> *nt* coopération *f*
Miterbe *m*, **-erbin** *f* cohéritier(-ière) *m(f)*
mit|essen *irr* **I.** *vt* manger [avec]; **die Schale ~** manger la peau [avec] **II.** *vi* **mit jdm ~** manger avec qn
Mitesser <-s, -> *m* point *m* noir
mit|fahren *vi irr + sein* faire le voyage; **mit jdm ~** faire le voyage avec qn **Mitfahrer(in)** *m(f)* passager(-ère) *m(f)*
Mitfahrgelegenheit *f* possibilité *f* de faire le voyage avec qn **Mitfahrzentrale** *f* société *f* de covoiturage
mit|fühlen *vi* avoir de la compassion; **mit jdm ~** avoir de la compassion pour qn **mitfühlend** **I.** *adj* compatissant(e) **II.** *adv* avec compassion **mit|führen** *vt* ❶ *form* (*bei sich haben*) **etw ~** avoir qc [avec soi] ❷ (*transportieren*) **etw ~** *Fluss:* charrier qc
mit|geben *vt irr a. fig* (*auf den Weg geben*) donner; **jdm ein Buch für jdn ~** donner un livre à qn pour qn **Mitgefühl** *nt kein Pl* sympathie *f* **mit|gehen** *vi irr + sein* ❶ (*begleiten*) **mit jdm ~** accompagner qn ❷ (*sich mitreißen lassen*) se laisser emporter ▸**etw ~ lassen** *fam* piquer qc **mitgenommen** **I.** *PP von* **mitnehmen** **II.** *adj fam* esquinté(e)
Mitgift <-, -en> *f* dot *f*
Mitglied *nt* membre *m*
Mitgliederversammlung *f* assemblée *f* générale
Mitgliedsausweis *m* carte *f* de membre **Mitgliedsbeitrag** *m* cotisation *f*
Mitgliedschaft <-, -en> *f* appartenance *f*
Mitgliedsland *nt* pays *m* membre **Mitgliedsstaat** *m* État *m* membre
mit|haben *vt irr fam* **etw ~** avoir qc sur soi **mit|halten** *vi irr* (*mitmachen*) suivre; (*nicht unterliegen*) tenir tête **mit|helfen** *vi irr* aider **Mitherausgeber(in)** *m(f)* coéditeur(-trice) *m(f)*
mithilfe[RR] [mɪtˈhɪlfə] *präp + gen* avec le concours de
Mithilfe [ˈmɪthɪlfə] *f kein Pl* aide *f* **mit|hören** *vt* surprendre **Mitinhaber(in)** *m(f)* associé(e) *m(f)* **mit|kommen** *vi irr + sein* ❶ (*begleiten*) venir; **mit jdm ~** venir avec qn ❷ (*mitgeschickt werden*) **mit etw ~** *Gepäck, Brief:* arriver avec qc ❸ *fam* (*mithalten, mitmachen können*) suivre **mit|können** *vi irr fam* **mit jdm ~** pouvoir venir avec qn **mit|kriegen** *s.* **mitbekommen** **mit|laufen** *vi irr + sein* ❶ (*ebenfalls laufen*) courir [aussi] ❷ (*in Betrieb sein*) *Tonband:* tourner; *Propeller, Kolben:* fonctionner ❸ *fam* (*nebenher erledigt werden*) **dieses kleine Projekt läuft [nur] mit** ce petit projet est réalisé en parallèle
Mitläufer(in) *m(f) pej* suiveur(-euse) *m(f)* **Mitlaut** *m* consonne *f* **Mitleid** *nt* pitié *f*; **~ mit jdm haben** avoir pitié de qn; **aus ~** par pitié
Mitleidenschaft *f* **jdn in ~ ziehen** laisser des traces sur qn
mitleidig **I.** *adj* ❶ (*mitfühlend*) compatissant(e) ❷ *iron* (*verächtlich*) dédaigneux(-euse) **II.** *adv* ❶ (*voller Mitgefühl*) avec compassion ❷ *iron* (*verächtlich*) avec dédain
mitleid[s]los *adj* impitoyable
mit|machen **I.** *vi* ❶ (*teilnehmen*) participer; **bei etw ~** participer à qc; **machst du mit?** tu es partant(e)? ❷ *fam* (*keine Probleme bereiten*) *Herz, Beine:* tenir le coup; *Wetter:* être de la partie **II.** *vt* ❶ (*sich beteiligen*) participer à ❷ *fam* (*erleiden*) **viel mitgemacht haben** en avoir vu des vertes et des pas mûres ❸ *fam* (*ebenfalls erledigen*) se taper **Mitmensch** *m* semblable *mf* **mit|mischen** *vi fam* jouer un rôle; **bei etw** (*dat*) **~** jouer un rôle dans qc **mit|müssen** *vi irr fam* (*mitgehen müssen*) être obligé d'y aller; (*mitkommen müssen*) être obligé de venir **mit|nehmen** *vt irr* ❶ (*mit sich nehmen*) prendre; **jdn im Auto ~** prendre qn en voiture ❷ (*körperlich erschöpfen*) épuiser ❸ (*psychisch belasten*) bouleverser ❹ (*in Mitleidenschaft ziehen*) causer des dégâts à ❺ *fam* faire *Sehenswürdigkeit* **mit|reden** *vi* avoir son mot à dire; **bei etw ~** avoir son mot à dire dans qc **Mitreisende(r)** *f(m)* voyageur(-euse) *m(f)* **mit|reißen** *vt irr* ❶ (*mit sich reißen*) **etw ~** *Lawine, Strömung:* emporter qc ❷ (*begeistern*) enthousiasmer **mitreißend** *adj* enthousiasmant(e)
mitsamt [mɪtˈzamt] *präp + dat* **das Portmonee ~ den Papieren** le porte-monnaie avec tous les papiers
mit|schleppen *vt a. fig fam* traîner; **jdn ins Theater ~** traîner qn au théâtre [avec soi] **mit|schreiben** *irr* **I.** *vt* prendre en note; **etw ~** prendre qc en note **II.** *vi* prendre des notes **Mitschuld** *f* complicité *f*; **seine/ihre ~ an etw** (*dat*) (*Mittäterschaft*) sa complicité dans qc; (*Mitverantwortung*) sa part *f* de responsabilité dans qc **mitschuldig** *adj* complice; **an**

M

etw (*dat*) ~ **sein** (*Mittäter sein*) être complice de qc; (*mitverantwortlich sein*) avoir une part de responsabilité dans qc **Mitschüler(in)** *m(f)* (*Schulkamerad*) camarade *mf* d'école **mit|schwingen** *vi irr* ❶ MUS vibrer aussi ❷ *geh* (*anklingen*) **in ihrer Frage schwang Skepsis mit** il y avait une pointe de scepticisme dans sa question **mit|spielen** *vi* ❶ jouer aussi; **bei etw** ~ jouer aussi à qc ❷ SPORT jouer ❸ CINE, THEAT **in „Hamlet" als Ophelia** ~ tenir le rôle d'Ophélie dans "Hamlet" ❹ *fam* (*mitmachen*) **da spiele ich nicht mit!** je ne marche pas! ❺ (*zusetzen*) **jdm übel** ~ jouer un sale tour à qn **Mitspieler(in)** *m(f)* coéquipier *m*

Mitspracherecht *nt kein Pl* droit *m* de regard

Mittag[1] ['mɪtaːk] <-[e]s, -e> *m* ❶ (*Mittagszeit*) midi *m;* **zu** ~ **essen** déjeuner; **einen Salat zu** ~ **essen** manger une salade à midi ❷ *fam* (*Mittagspause*) ~ **machen** faire la pause de midi

Mittag[2] ['mɪtaːk] <-s> *nt* DIAL *fam* déjeuner *m*

Mittagessen *nt* déjeuner *m,* dîner *m* (BELG, CH); **was gibt es heute zum ~?** qu'est-ce qu'on mange à midi?

mittags ['mɪtaːks] *adv* à midi

Mittagspause *f* pause *f* de midi; ~ **machen** faire la pause de midi **Mittagsruhe** *f* ❶ (*das Ausruhen*) repos *m* de midi ❷ (*Stille*) **die** ~ **einhalten** respecter le repos de midi **Mittagsschlaf** *m* sieste *f* **Mittagstisch** *m* ❶ (*gedeckter Tisch*) table *f* du déjeuner ❷ (*Menü*) menu *m* du déjeuner **Mittagszeit** *f* heure *f* du déjeuner

Mittäter(in) *m(f)* complice *mf* **Mittäterschaft** *f* complicité *f*

Mitte ['mɪtə] <-, -n> *f* ❶ milieu *m;* **in der** ~ **der Straße** au milieu de la route; **sie nahmen ihn in die** ~ ils l'ont pris entre eux ❷ (*Mittelpunkt*) centre *m* ❸ (*bei Zeitangaben*) ~ **des Jahres** au milieu de l'année; ~ **Januar** à la mi-janvier ❹ (*bei Altersangaben*) ~ **zwanzig sein** avoir environ vingt-cinq ans ❺ POL centre *m*

mit|teilen **I.** *vt* annoncer; **jdm etw** ~ annoncer qc à qn **II.** *vr geh* (*kommunizieren*) **sich jdm** ~ se confier à qn

mitteilsam *adj* communicatif(-ive)

Mitteilung *f* communication *f;* **die** ~ **bekommen, dass** être informé que

Mittel ['mɪtəl] <-s, -> *nt* ❶ (*Medikament*) médicament *m;* (*Hausmittel, Heilmittel*) remède *m* ❷ (*Methode*) moyen *m* ❸ *Pl* (*Geldmittel*) moyens *mpl* ❹ (*Durchschnitt*) moyenne *f*

Mittelalter ['mɪtəlʔaltɐ] *nt* **das** ~ le Moyen Âge

mittelalterlich ['mɪtəlʔaltɐlɪç] *adj* médiéval(e)

Mittelamerika ['mɪtəlʔa'meːrika] *nt* l'Amérique *f* centrale

mittelbar ['mɪtəlbaːɐ̯] *adj* indirect

Mitteleuropa ['mɪtəlʔɔy'roːpa] *nt* l'Europe *f* centrale **mitteleuropäisch** ['mɪtəlʔɔyro'pɛːɪʃ] *adj* d'Europe centrale **Mittelfeld** *nt* ❶ *kein Pl* (*Teil des Spielfelds*) centre *m* du terrain ❷ (*Teilnehmergruppe*) [gros *m* du] peloton *m*

Mittelfeldspieler(in) *m(f)* milieu *m* de terrain

Mittelfinger *m* majeur *m*

mittelfristig *adj, adv* à moyen terme

Mittelgebirge *nt* [région *f* de] moyenne montagne *f* **Mittelgewicht** *nt* (*Gewichtsklasse*) poids *m* moyen **Mittelklasse** *f* ❶ (*Güteklasse*) milieu *m* de gamme ❷ (*Mittelschicht*) classe *f* moyenne

Mittelklassewagen *m* voiture *f* [de] milieu de gamme

Mittellinie *f* ❶ *einer Straße* ligne *f* médiane; **durchgezogene** ~ ligne continue ❷ SPORT ligne *f* médiane

mittellos *adj* sans ressources

Mittelmaß *nt kein Pl* [petite] moyenne *f*

mittelmäßig *adj* médiocre **Mittelmäßigkeit** *f* médiocrité *f* **Mittelmeer** ['mɪtəlmeːɐ̯] *nt* **das** ~ la [mer] Méditerranée **Mittelohrentzündung** *f* otite *f* [moyenne] **mittelprächtig** *fam* **I.** *adj iron* pas très brillant(e) **II.** *adv* comme ci, comme ça **Mittelpunkt** *m* ❶ (*Punkt*) centre *m; einer Geraden* milieu *m* ❷ *fig* (*Zentrum*) centre *m* ❸ *fig* (*zentrale Figur*) personnage *m* central

mittels ['mɪtəls] *geh* **I.** *präp + gen* ~ **eines Wagenhebers** au moyen d'un cric **II.** *präp + dat* ~ **Sandsäcken** au moyen de sacs de sable

Mittelscheitel *m* raie *f* au milieu **Mittelschiff** *nt* nef *f* centrale **Mittelschule** *f* ❶ *s.* **Realschule** ❷ CH (*höhere Schule*) *établissement d'enseignement du second degré*

Mittelsmann <-männer *o* -leute> *m* intermédiaire *m*

Mittelstand *m* classe *f* moyenne **mittelständisch** *adj* des classes moyennes; **die ~en Betriebe** les petites et moyennes entreprises

Mittelstreckenflugzeug *nt* moyen-cour-

M

rier *m* **Mittelstreckenläufer(in)** *m(f)* coureur(-euse) *m(f)* de demi-fond **Mittelstreckenrakete** *f* missile *m* [de] moyenne portée

Mittelstreifen *m* terre-plein *m* **Mittelstück** *nt* morceau *m* du milieu **Mittelstufe** *f correspond aux classes de quatrième, troisième et seconde* **Mittelstürmer(in)** *m(f)* avant-centre *mf* **Mittelweg** *m* moyen terme *m* ▸ **der goldene** ~ le meilleur compromis **Mittelwelle** *f* RADIO onde *f* moyenne **Mittelwert** *m* valeur *f* moyenne

mitten ['mɪtən] *adv* ❶ (*räumlich*) ~ **entzweibrechen** se casser au milieu; ~ **im Wald** au milieu de la forêt ❷ (*zeitlich*) ~ **in der Nacht** au beau milieu de la nuit

mittendrin [mɪtən'drɪn] *adv fam* ❶ (*räumlich*) ~ **stehen** se trouver en plein milieu ❷ *fig* ~ **sein** être en plein milieu **mittendurch** [mɪtən'dʊrç] *adv führen* à travers

Mitternacht ['mɪtɐnaxt] *f kein Pl* minuit *f*

Mitternachtssonne *f* soleil *m* de minuit

Mittler(in) ['mɪtlɐ] <-s, -> *m(f)* médiateur(-trice) *m(f)*

mittlere(r, s) ['mɪtlərə, -rɐ, -rəs] *adj attr* ❶ (*räumlich*) **der** ~ **Balkon** le balcon du milieu ❷ (*altersmäßig*) **mein** ~**r Bruder** mon deuxième frère; **eine Dame** ~**n Alters** une dame d'un certain âge ❸ *Qualität, Betrieb* moyen(ne); *Katastrophe* aux conséquences limitées ❹ *Temperatur, Verbrauch* moyen(ne)

mittlerweile ['mɪtlɐ'vailə] *adv* (*währenddessen*) entre-temps; (*im Gegensatz zu früher*) maintenant

Mittsommer ['mɪtzɔmɐ] *m* solstice *m* d'été

Mittwoch ['mɪtvɔx] <-s, -e> *m* mercredi *m; s. a.* **Dienstag**

Mittwochabend *m* mercredi *m* soir **Mittwochnachmittag** *m* mercredi *m* après-midi

mittwochs ['mɪtvɔxs] *adv* le mercredi

mitunter [mɪt'ʔʊntɐ] *adv* parfois, de temps en temps

mitverantwortlich *adj* ~ **sein** être coresponsable **mit|wirken** *vi* ❶ (*beteiligt sein*) participer; **bei/an etw** (*dat*) ~ participer à qc ❷ CINE, THEAT *form* **in etw** (*dat*) ~ faire partie de la distribution de qc

Mitwirkende(r) *f(m)* participant(e) *m(f)*

Mitwirkung *f kein Pl* participation *f;* **unter** ~ **von ...** avec la participation de ...; **ohne seine/ihre** ~ sans son concours

Mitwisser(in) <-s, -> *m(f)* complice *mf*

Mitwohnzentrale *f* centrale *f* immobilière

mit|wollen *vi fam* vouloir venir [avec qn]

mit|zählen I. *vi* ❶ (*addiert werden*) compter ❷ (*berücksichtigt werden*) **bei etw** ~ entrer en ligne de compte dans qc II. *vt* compter **mit|ziehen** *vi irr* ❶ + *sein* (*mitgehen*) se joindre; **bei einem Festumzug** ~ se joindre à un défilé ❷ + *haben fam* (*mitmachen*) **bei etw** ~ marcher dans qc

Mix [mɪks] <-, -e> *m* cocktail *m*

Mixbecher ['mɪks-] *m* shaker *m*

mixen ['mɪksən] *vt* mixer *Cocktail, Getränk*

Mixer ['mɪksɐ] <-s, -> *m* mixe[u]r *m*

Mixgetränk *nt* cocktail *m*

Mixtur [mɪks'tuːɐ̯] <-, -en> *f* mixture *f*

ml *Abk von* **Milliliter** ml

mm *Abk von* **Millimeter** mm

MMS [ɛmʔɛm'ʔɛs] <-, -> *f Abk von* **Multimedia Messaging Service** M.M.S. *m*

MMS-Handy *nt* mobile *m* M.M.S.

Mob [mɔp] <-s> *m* populace *f*

mobben ['mɔbən] *vt* harceler

Mobbing ['mɔbɪŋ] <-s> *nt* harcèlement *m* moral (*exercé sur le lieu de travail*)

Mobbingopfer *nt* victime *f* de harcèlement moral

Möbel ['møːbəl] <-s, -> *nt* meuble *m*

Möbelpacker(in) *m(f)* déménageur(-euse) *m(f)* **Möbelstück** *nt* meuble *m* **Möbelwagen** *m* camion *m* de déménagement

mobil [mo'biːl] *adj* ❶ (*nicht ortsgebunden*) itinérant(e); ~ **sein** être mobile ❷ MIL ~ **machen** mobiliser

Mobile ['moːbilə] <-s, -s> *nt* mobile *m*

Mobilfunk *m* téléphonie *f* [numérique] mobile

Mobilfunkanbieter *m* opérateur *m* de téléphonie [numérique] mobile **Mobilfunkgerät** *nt* téléphone *m* cellulaire

Mobiliar [mobi'li̯aːɐ̯] <-s> *nt* mobilier *m*

mobilisieren* [mobili'ziːrən] *vt* mobiliser

Mobilisierung <-, -en> *f* mobilisation *f*

Mobilität [mobili'tɛːt] <-> *f* mobilité *f*

Mobilmachung <-, -en> *f* mobilisation *f*

Mobiltelefon *nt* téléphone *m* sans fil

möblieren* [mø'bliːrən] *vt* meubler

mochte ['mɔxtə] *Imp von* **mögen**

modal [mo'daːl] *adj* de manière

Modalitäten [modali'tɛːtən] *Pl geh* modalités *fpl*

Modalverb *nt* GRAM verbe *m* de modalité

Mode ['moːdə] <-, -n> *f* ❶ mode *f* ❷ *Pl* (*Kleidungsstücke*) modèles *mpl*

modebewusst[RR] *adj* au courant de la

M

dernière mode, modeux(-euse) (*fam*) **Modedesigner(in)** *m(f)* styliste *mf* de mode, créateur(-trice) *m(f)* de mode **Modehaus** *nt* maison *f* de mode

Model ['mɔdəl] <-s, -s> *nt* modèle *m*

Modell [mo'dɛl] <-s, -e> *nt* ① (*verkleinerte Ausgabe*) modèle *m* réduit ② (*Ausführung*) modèle *m* ③ KUNST (*Aktmodell*) modèle *m;* ~ **stehen** poser ④ (*Kleidungsstück*) création *f*

Modellauto *nt* modèle *m* réduit de voiture, voiture *f* miniature **Modelleisenbahn** *f* train *m* électrique **Modellflugzeug** *nt* avion *m* modèle réduit

modellieren* [modɛ'li:rən] *vt* modeler

Modellkleid *nt* robe *f* de couturier **Modellversuch** *m geh* expérimentation *f*

modeln ['mɔdəln] *vi* travailler comme mannequin

Modem ['mo:dɛm] <-s, -s> *nt o m* INFORM modem *m*

Modenschau *f* défilé *m* de mode

Moder ['mo:dɐ] <-s> *m* pourriture *f*

moderat [mode'ra:t] *adj* modéré(e)

Moderation [modera'tsi̯o:n] <-, -en> *f* présentation *f*

Moderator [mode'ra:to:ɐ̯] <-s, -toren> *m*, **Moderatorin** *f* RADIO, TV présentateur(-trice) *m(f); einer Spielshow* animateur(-trice) *m(f)*

moderieren* [mode'ri:rən] *vt* présenter

moderig ['mo:dərɪç] **I.** *adj* moisi(e) **II.** *adv* ~ **riechen** sentir le moisi

modern[1] ['mo:dɐn] *vi + haben o sein* moisir

modern[2] [mo'dɛrn] **I.** *adj* ① moderne; *Person* de son temps ② (*modisch*) [à la] mode ③ (*zur Neuzeit gehörend*) moderne **II.** *adv* ① de façon moderne; **sehr ~ wohnen** avoir un logement ultramoderne ② (*modisch*) **sich ~ kleiden** s'habiller [à la] mode ③ (*fortschrittlich*) moderne

Moderne [mo'dɛrnə] <-> *f* **die ~** (*Epoche*) l'époque *f* moderne; (*Kunstrichtung*) l'école *f* moderne

modernisieren* [modɛrni'zi:rən] *vt* moderniser

Modernisierung <-, -en> *f* modernisation *f*

Modernismus [modɛr'nɪsmʊs] <-> *m* LITER, REL, KUNST modernisme *m*

Modernität [modɛrni'tɛ:t] <-, -en> *f* modernité *f*

Modeschmuck *m* bijou *m* fantaisie **Modeschöpfer(in)** *m(f)* créateur(-trice) *m(f)* [de mode] **Modetanz** *m* danse *f* à la mode **Modewort** *nt* LING mot *m* à la mode **Modezeitschrift** *f* revue *f* de mode

Modi *Pl von* **Modus**

modifizieren* [modifi'tsi:rən] *vt geh* modifier

modisch ['mo:dɪʃ] **I.** *adj* à la mode **II.** *adv* [à la] mode

modrig ['mo:drɪç] *s.* **moderig**

Modul [mo'du:l] <-s, -e> *nt* INFORM module *m*

Modulation [modula'tsi̯o:n] <-, -en> *f* modulation *f*

modulieren* [modu'li:rən] *vt a.* MUS moduler

Modus ['mo:dʊs] <-, Modi> *m* ① *geh* (*Art und Weise*) **der ~ der Verteilung** le mode de répartition ② *geh* (*Arrangement, Übereinkunft*) terrain *m* d'entente ③ GRAM mode *m*

Mofa ['mo:fa] <-s, -s> *nt* cyclomoteur *m*, mobylette® *f*

mogeln ['mo:gəln] *vi fam* tricher; **bei etw ~** tricher à qc

mögen[1] ['mø:gən] <mag, mochte, gemocht> *vt* ① (*gernhaben*) aimer ② (*haben wollen*) **was möchten Sie, bitte?** vous désirez?; **ich möchte [gern] eine Tasse Tee** je voudrais une tasse de thé ③ (*erwarten*) **sie möchte, dass ich einen Bericht schreibe** elle voudrait que je fasse un rapport

mögen[2] ['mø:gən] <mochte, gemocht> *vi* ① (*wollen*) vouloir [bien]; **nicht ~** ne pas avoir envie; **er möchte [gern]** il voudrait bien ② *fam* (*gehen, fahren wollen*) **sie möchte nach Hause** elle voudrait rentrer ③ *fam* (*können*) **ich mag nicht mehr** je n'en peux plus

mögen[3] ['mø:gən] <mochte, -> *aux modal, mit Infin* ① (*wollen*) **sie möchte hierbleiben** elle voudrait rester ici; **er möchte lieber heimgehen** il aimerait mieux rentrer ② *geh* (*als Ausdruck des Einräumens, Zugestehens*) **das mag schon stimmen** c'est peut-être exact; **mag sein, dass** il est possible que + *subj* ③ (*sollen*) **Sie möchten ihn bitte zurückrufen** vous êtes prié(e) de le rappeler ④ *geh* (*als Ausdruck eines Wunschs*) **~ sie miteinander glücklich werden!** qu'ils soient heureux ensemble! ⑤ (*geneigt sein*) **man möchte meinen, dass** on pourrait croire que

Mogler(in) ['mo:glɐ] <-s, -> *m(f) fam* tricheur(-euse) *m(f)*

möglich ['mø:klɪç] *adj* ① (*durchführbar*) possible; **etw für ~ halten** tenir qc pour

M

possible; **es ist ~, dass** il est possible que + *subj;* **wenn ~** si possible; **schon ~** *fam* peut-être bien ② (*denkbar*) **alle ~en Länder** tous les pays possibles; **alles Mögliche** toutes sortes de choses ③ *attr* (*potenziell*) potentiel(le)
möglicherweise *adv* peut-être
Möglichkeit <-, -en> *f* (*Gelegenheit, Machbarkeit*) possibilité *f;* **die ~ haben etw zu tun** avoir la possibilité de faire qc; **nach ~** dans la mesure du possible
möglichst *adv* ① **~ groß** le plus grand possible ② (*wenn irgend möglich*) autant que possible; **kannst du das ~ heute noch erledigen?** [est-ce que] tu peux régler ça si possible aujourd'hui encore?
Mohair [mo'hɛːɐ̯] <-s, -e> *m* [laine *f*] mohair *m*
Mohn [moːn] <-[e]s, -e> *m* pavot *m;* (*Klatschmohn*) coquelicot *m;* (*Mohnsamen*) graine *f* de pavot
Möhre ['møːrə] <-, -n> *f,* **Mohrrübe** *f* NDEUTSCH carotte *f*
mokieren* [mo'kiːrən] *vr geh* **sich über jdn/etw ~** se moquer de qn/qc
Mokka ['mɔka] <-s, -s> *m* moka *m*
Mol [moːl] <-s, -e> *nt* CHEM mole *f*
Molch [mɔlç] <-[e]s, -e> *m* triton *m*
Mole ['moːlə] <-, -n> *f* môle *m*
Molekül [mole'kyːl] <-s, -e> *nt* molécule *f*
Molke ['mɔlkə] <-> *f* petit-lait *m*
Molkerei [mɔlkə'rai] <-, -en> *f* laiterie *f*
Molkereibutter *f* beurre *m* laitier
Moll [mɔl] <-> *nt* mode *m* mineur
mollig ['mɔlɪç] *adj* (*rundlich*) rondelet(te) (*fam*)
Molotowcocktail ['moːlotɔfkɔkteɪl] *m* cocktail *m* Molotov
Moment [mo'mɛnt] <-[e]s, -e> *m* (*Augenblick*) moment *m;* (*kurze Zeitspanne*) instant *m;* **jeden ~** à tout moment; **im ~** pour le moment; **einen kleinen ~!** un petit moment!; **~ mal!** eh, minute!
momentan [momɛn'taːn] I. *adj* ① (*derzeitig*) actuel(le) ② (*vorübergehend*) momentané(e) II. *adv* ① (*derzeit*) actuellement ② (*vorübergehend*) momentanément
Momentaufnahme *f* PHOT *a. fig* instantané *m*
Monaco, Monako [mo'nako, 'moːnako] <-s> *nt* [la Principauté de] Monaco
Monarch(in) [mo'narç] <-en, -en> *m(f)* monarque *m*
Monarchie [monar'çiː] <-, -ien> *f* monarchie *f*
Monarchist(in) [monar'çɪst] <-en, -en> *m(f)* monarchiste *mf*
monarchistisch *adj* monarchiste
Monat ['moːnat] <-[e]s, -e> *m* ① mois *m;* **diesen ~** ce mois-ci; **im nächsten ~** le mois prochain; **pro ~** par mois ② (*Schwangerschaftsmonat*) **im dritten ~ sein** être enceinte de trois mois
monatelang ['moːnatəlaŋ] I. *adj attr* de plusieurs mois II. *adv* pendant des mois
monatlich ['moːnatlɪç] I. *adj* mensuel(le) II. *adv* mensuellement; *zahlen* par mensualités
Monatsbinde *f* serviette *f* hygiénique **Monatsblutung** *s.* **Menstruation** **Monatseinkommen** *nt* revenu *m* mensuel **Monatsgehalt** *nt eines Beamten* traitement *m* mensuel; *eines Angestellten* salaire *m* mensuel **Monatskarte** *f* ① (*Fahrkarte*) abonnement *m* [mensuel] ② (*Eintrittskarte*) carte *f* d'abonnement (*valable un mois*) **Monatslohn** *m* salaire *m* mensuel **Monatsrate** *f* mensualité *f*
Mönch [mœnç] <-[e]s, -e> *m* moine *m*
Mönchskloster *nt* monastère *m*
Mönchsorden *m* ordre *m* monastique
Mond [moːnt] <-[e]s, -e> *m* ① *kein Pl* (*Erdsatellit*) lune *f;* **der ~ nimmt ab/zu** la lune décroît/croît ② *kein Pl* (*in wissenschaftlichem Zusammenhang*) Lune *f* ③ (*Satellit*) satellite *m*
mondän [mɔn'dɛːn] *adj* [très] chic
Mondaufgang *m* lever *m* de la lune **Mondfähre** *s.* **Mondlandefähre** **Mondfinsternis** *f* éclipse *f* de Lune **Mondgesicht** *nt* face *f* de pleine lune (*fam*) **Mondlandefähre** *f* module *m* lunaire **Mondlandschaft** *f* ① (*Kraterlandschaft*) paysage *m* lunaire ② (*Landschaft im Mondlicht*) [paysage *m* au] clair *m* de lune **Mondlandung** *f* atterrissage *m* sur la Lune **Mondlandung** *f* atterrissage *m* sur la Lune, alunissage *m* **Mondlicht** *nt kein Pl* clarté *f* de la lune **Mondoberfläche** *f* sol *m* lunaire **Mondphase** *f* phase *f* de la lune **Mondschein** *m* clair *m* de lune; **bei/im ~** au clair de lune **Mondsichel** *f* croissant *m* **Mondsonde** *f* sonde *f* lunaire **mondsüchtig** *adj* somnambule
Monegasse [mone'gasə] <-n, -n> *m,* **Monegassin** *f* Monégasque *mf*
monegassisch [mone'gasɪʃ] *adj* monégasque
Moneten [mo'neːtən] *Pl fam* pognon *m*
Mongole [mɔŋ'goːlə] <-n, -n> *m,* **Mongolin** *f* Mongol(e) *m(f)*

Mongolei [mɔŋgo'lai] <-> *f* **die** ~ la Mongolie
mongolisch [mɔŋ'goːlɪʃ] *adj* mongol(e)
Mongolismus [mɔŋgo'lɪsmʊs] <-> *m* MED mongolisme *m*
mongoloid [mɔŋgolo'iːt] *adj* ❶ (*den Mongolen ähnlich*) mongolique ❷ MED mongoloïde
monieren* [mo'niːrən] *vt* critiquer
Monitor ['moːnitoːɐ̯] <-s, -toren *o* -e> *m* moniteur *m*
mono ['moːno] *adj* mono *inv*
monochrom [mono'kroːm] *adj* monochrome
monogam [mono'gaːm] *adj* monogame
Monogamie [monoga'miː] <-> *f* monogamie *f*
MonografieRR [monogra'fiː] <-, -ien> *f* monographie *f*
Monogramm [mono'gram] <-s, -e> *nt* monogramme *m*
Monographie *s.* **Monografie**
Monokel [mo'nɔkəl] <-s, -> *nt* monocle *m*
Monokultur ['moːnokʊltuːɐ̯] *f* monoculture *f*
Monolog [mono'loːk] <-[e]s, -e> *m* monologue *m*
Monopol [mono'poːl] <-s, -e> *nt* monopole *m*
monopolisieren* [monopoli'ziːrən] *vt* JUR monopoliser
Monopolstellung *f* situation *f* de monopole
monotheistisch [monote'ɪstɪʃ] *adj* monothéiste
monoton [mono'toːn] **I.** *adj* monotone **II.** *adv* de façon monotone
Monotonie [monoto'niː] <-, -ien> *f* monotonie *f*
Monoxid <-[e]s, -e> *nt* monoxyde *m*
Monster ['mɔnstɐ] <-s, -> *nt* monstre *m*
Monstren *Pl von* **Monstrum**
monströs [mɔn'strøːs] *adj geh* monstrueux(-euse); (*riesig*) énorme
Monstrum ['mɔnstrʊm] <-s, Monstren> *nt* monstre *m*
Monsun [mɔn'zuːn] <-s, -e> *m* mousson *f*
Montag ['moːntaːk] <-s, -e> *m* lundi *m*; *s. a.* **Dienstag**
Montagabend *m* lundi *m* soir
Montage [mɔn'taːʒə] <-, -n> *f* TECH, PHOT montage *m*; **auf** ~ **sein** être en déplacement (*faisant partie d'une équipe de montage*)
Montageband <-bänder> *nt* chaîne *f* de montage **Montagehalle** *f* atelier *m* de montage
Montagmorgen *m* lundi *m* matin **Montagnachmittag** *m* lundi *m* après-midi
montags ['moːntaːks] *adv* le lundi
Monteur(in) [mɔn'tøːɐ̯] <-s, -e> *m(f)* installateur(-trice) *m(f)*
Monteuranzug [mɔn'tøːɐ̯-] *m* combinaison *f*
montieren* [mɔn'tiːrən] *vt* ❶ (*zusammenbauen*) monter ❷ (*anbringen*) **etw an/auf etw** (*akk*) ~ installer qc à/sur qc
Montur [mɔn'tuːɐ̯] <-, -en> *f a. fam* combinaison *f*
Monument [monu'mɛnt] <-[e]s, -e> *nt* monument *m*
monumental [monumɛn'taːl] *adj* colossal(e)
Monumentalfilm *m* superproduction *f*
Moor [moːɐ̯] <-[e]s, -e> *nt* marais *m*; (*Torfmoor*) tourbière *f*
moorig *adj* marécageux(-euse)
Moos [moːs] <-es, -e> *nt* ❶ BOT mousse *f* ❷ *kein Pl fam* (*Geld*) pognon *m*
moosig ['moːzɪç] *adj* moussu(e)
MopALT *s.* **Mopp**
Moped ['moːpɛt] <-s, -s> *nt* vélomoteur *m*
Mopedfahrer(in) *m(f)* utilisateur(-trice) *m(f)* de vélomoteur
MoppRR [mɔp] <-s, -s> *m* balai *m* à franges
Mops [mɔps, *Pl:* 'mœpsə] <-es, Möpse> *m* ❶ ZOOL carlin *m* ❷ *fam* (*dicker Mensch*) gros pépère *m*/grosse mémère *f* ❸ *Pl fam* (*Brüste*) nichons *mpl*
mopsen ['mɔpsən] *vt fam* piquer; **jdm etw** ~ piquer qc à qn
Moral [mo'raːl] <-> *f* ❶ (*ethische Grundsätze*) morale *f* ❷ (*Durchhaltewille*) moral *m*
moralisch [mo'raːlɪʃ] *adj* moral(e)
moralisieren* [morali'ziːrən] *vi* faire la morale
moralistisch *adj* moraliste
Moralprediger(in) *m(f) pej* prêcheur(-euse) *m(f)* **Moralpredigt** *f* sermon *m*
Moräne [mo'rɛːnə] <-, -n> *f* moraine *f*
Morast [mo'rast] <-[e]s, -e *o* Moräste> *m* ❶ (*sumpfiges Gelände*) marécage *m* ❷ *kein Pl* (*Schlamm*) boue *f*
morastig [mo'rastɪç] *adj* marécageux
morbid [mɔr'biːt] *adj geh* morbide
Morchel ['mɔrçəl] <-, -n> *f* morille *f*
Mord [mɔrt] <-[e]s, -e> *m* meurtre *m*; ~ **an jdm** meurtre de qn

Mordanklage *f* inculpation *f* de meurtre **Mordanschlag** *m* attentat *m;* **einen ~ auf jdn verüben** commettre un attentat contre qn **Morddrohung** *f* menace *f* de mort

morden ['mɔrdən] *vi* assassiner; (*Massenmord begehen*) massacrer

Mörder(in) ['mœrdɐ] <-s, -> *m(f)* meurtrier(-ière) *m(f)*

mörderisch ['mœrdərɪʃ] **I.** *adj* ❶ *fam* (*schrecklich*) atroce ❷ *fam* (*gewaltig*) terrible; *Tempo* infernal(e) **II.** *adv fam heiß, kalt* terriblement

Mordkommission *f* police *f* judiciaire, P.J. *f*

Mordshunger ['mɔrts'hʊŋɐ] *m fam* faim *f* terrible

mordsmäßig *fam* **I.** *adj* terrible **II.** *adv kalt, stark* terriblement; **sich ~ freuen** être vachement content

Mordswut ['mɔrts'vu:t] *f fam* rage *f* pas possible

Mordwaffe *f* arme *f* du crime

morgen ['mɔrgən] *adv* demain; **~ früh** demain matin; **bis ~ Abend!** à demain soir!

Morgen[1] ['mɔrgən] <-s> *nt* demain *m*

Morgen[2] ['mɔrgən] <-s, -> *m* ❶ matin *m;* (*in seinem Verlauf*) matinée *f;* **am ~** le matin; (*im Verlauf des Morgens*) dans la matinée; **heute/Montag ~** ce/lundi matin; **am nächsten ~** le lendemain matin; **jdm guten ~ sagen** dire bonjour à qn; **guten ~!** bonjour!; **~!** *fam* bonjour! ❷ (*Flächenmaß*) ≈ arpent *m*

Morgendämmerung *f s.* **Morgengrauen**

morgendlich ['mɔrgəntlɪç] *adj Kühle, Stille* matinal(e); *Berufsverkehr, Hektik* du matin

Morgengrauen <-s, -> *nt* aube *f*

Morgenmantel *m s.* **Morgenrock** **Morgenmuffel** <-s, -> *m fam* **ich bin ein ~** le matin, je ne suis pas à prendre avec des pincettes **Morgenrock** *m* robe *f* de chambre

morgens ['mɔrgəns] *adv* le matin; **von ~ bis abends** du matin au soir

Morgensonne *f* soleil *m* matinal

morgig ['mɔrgɪç] *adj attr* de demain

Mormone [mɔr'mo:nə] <-n, -n> *m*, **Mormonin** *f* mormon(e) *m(f)*

Morphium ['mɔrfi̯ʊm] <-s> *nt* MED morphine *f*

morphiumsüchtig *adj* morphinomane **Morphiumsüchtige(r)** *f(m) dekl wie adj* morphinomane *mf*

Morphologie [mɔrfolo'gi:] <-> *f* morphologie *f*

morsch [mɔrʃ] *adj Holz* pourri(e)

Morsealphabet *nt* alphabet *m* morse

morsen ['mɔrzən] **I.** *vi* télégraphier en morse **II.** *vt* **etw ~** télégraphier qc en morse

Mörser ['mœrzɐ] <-s, -> *m* mortier *m*

Morsezeichen *nt* signal *m* en morse

Mörtel ['mœrtəl] <-s, -> *m* mortier *m*

Mosaik [moza'i:k] <-s, -e[n]> *nt* KUNST, ARCHIT mosaïque *f*

Moschee [mɔ'ʃe:] <-, -een> *f* mosquée *f*

Moschus ['mɔʃʊs] <-> *m* musc *m*

Möse ['mø:zə] <-, -n> *f vulg* con *m*

Mosel ['mo:zəl] <-> *f* **die ~** la Moselle

mosern *vi fam* rouspéter

Moskau ['mɔskau̯] <-s> *nt* Moscou

Moskito [mɔs'ki:to] <-s, -s> *m* (*tropische Stechmücke*) moustique *m*

Moskitonetz *nt* moustiquaire *f*

Moslem ['mɔslɛm] <-s, -s> *m*, **Moslemin** *o* **Moslime** *f* musulman(e) *m(f)*

moslemisch [mɔs'le:mɪʃ] *adj* musulman(e)

Moslime [mɔs'li:mə] <-, -n> *f s.* **Moslem**

Most [mɔst] <-[e]s> *m* (*Fruchtsaft*) moût *m*

Motel ['mo:təl] <-s, -s> *nt* motel *m*

Motiv [mo'ti:f] <-s, -e> *nt* (*Beweggrund*) motif *m*

Motivation [motiva'tsi̯o:n] <-, -en> *f* motivation *f*

motivieren* [moti'vi:rən] *vt* (*beflügeln*) motiver

Motocross[RR], **Moto-Cross** [moto'krɔs] <-, -e> *nt* motocross *m*

Motor ['mo:to:ɐ̯] <-s, -toren> *m* TECH *a. fig* moteur *m*

Motorblock <-blöcke> *m* bloc-moteur *m* **Motorboot** *nt* bateau *m* à moteur **Motorhaube** *f* capot *m*

Motorik [mo'to:rɪk] <-> *f* motricité *f*

motorisch [mo'to:rɪʃ] *adj* moteur(-trice)

motorisieren* [motori'zi:rən] **I.** *vt* équiper d'un moteur *Boot* **II.** *vr fam* **sich ~** se motoriser

motorisiert *adj* motorisé(e) (*fam*)

Motoröl *nt* huile *f* pour moteur **Motorrad** ['mo:torat, mo'to:rat] *nt* moto *f;* **~ fahren** faire de la moto

Motorradfahrer(in) *m(f)* motocycliste *mf*

Motorroller *m* scooter *m* **Motorsäge** *f* tronçonneuse *f* **Motorschaden** *m* panne *f* de moteur **Motorsport** *m* (*mit dem Auto/Motorrad*) course *f* auto/moto

Motte ['mɔtə] <-, -n> *f* mite *f*

Mottenkiste *f* ▸**etw aus der ~ holen** *fam* ressortir qc de ses fonds de placard **Mottenkugel** *f* boule *f* antimite
Motto ['mɔto] <-s, -s> *nt* devise *f*
motzen ['mɔtsən] *vi fam* râler
Mountainbike ['maʊntənbaik] <-s, -s> *nt* vélo *m* tout-terrain, V.T.T. *m* **Mountainbiker(in)** ['mauntənbaikɐ] <-s, -> *m(f)* vététiste *mf*
Möwe ['møːvə] <-, -n> *f* mouette *f*
Mozzarella [mɔtsa'rɛla] <-s, -s> *m* mozzarella *f*
MP3-Brenner [ɛmpeː'drai-] *m* graveur *m* [de] MP3 **MP3-Player** [ɛmpeː'draipleɪɐ] <-s, -> *m* lecteur *m* [de] MP3; (*tragbares Gerät*) baladeur *m* MP3
Mrd. *Abk von* **Milliarde[n]** Mrd.
MS [ɛm'ʔɛs] *Abk von* **Multiple Sklerose** sclérose *f* en plaques
mtl. *Abk von* **monatlich**
Mucke ['mʊkə] <-> *f sl* zicmu *f*
Mücke ['mʏkə] <-, -n> *f* moustique *m*
Mückenstich *m* piqûre *f* de moustique
Mucks [mʊks] <-es, -e> *m fam* (*Wort*) mot *m;* **ohne einen ~** sans moufter
mucksmäuschenstill ['mʊks'mɔysçən'ʃtɪl] *fam* **I.** *adj* silencieux(-euse); **seid ~!** pas de bruit! **II.** *adv* sans faire de bruit; **verhaltet euch ~!** ne faites [surtout] pas de bruit!
müde ['myːdə] **I.** *adj* ❶ *Person, Augen, Beine* fatigué(e); **von etw ~ sein** être fatigué de qc; **langsam werde ich ~** je commence à être fatigué ❷ *Blick, Lächeln* lassé(e) ❸ (*überdrüssig*) **einer S.** (*gen*) **~ werden/sein** se lasser/être fatigué de qc **II.** *adv* ❶ (*erschöpft*) **ich habe mich ~ geredet!** je suis épuisé(e) d'avoir tant parlé! ❷ (*gelangweilt*) **da kann ich nur ~ lächeln** je ne trouve pas cela très original
Müdigkeit <-> *f* fatigue *f;* **vor ~** (*dat*) de fatigue
Müesli ['myːɛsli] <-s, -s> *nt* mu[e]sli *m*
Muff [mʊf] <-[e]s, -e> *m* ❶ manchon *m* ❷ *kein Pl fam* (*modriger Geruch*) odeur *f* de renfermé
Muffe ['mʊfə] <-, -n> *f* manchon *m*
Muffel ['mʊfəl] <-s, -> *m fam* ronchon(ne) *m(f)*
muffig ['mʊfɪç] **I.** *adj Geruch* de renfermé **II.** *adv* **~ riechen** sentir le renfermé
muh [muː] *interj* meuh
Mühe ['myːə] <-, -n> *f* peine *f;* **sich** (*dat*) **~ geben** se donner du mal; **sich** (*dat*) **die ~ machen etw zu tun** se donner la peine de faire qc; **~ haben etw zu tun** avoir du mal à faire qc; **sich** (*dat*) **keine ~ geben** ne se donner aucun mal; **machen Sie sich** (*dat*) **keine ~!** ne vous dérangez pas!; **die ~ lohnt sich** ça [en] vaut la peine; **mit viel ~** avec beaucoup de mal; **ohne ~** sans difficulté ▸**mit Müh und Not** *fam* avec bien du mal
mühelos **I.** *adj* facile **II.** *adv* sans peine
muhen ['muːən] *vi* meugler
mühevoll *s.* **mühsam**
Mühle ['myːlə] <-, -n> *f* ❶ moulin *m* ❷ (*Mühlespiel*) marelle *f* [assise]; (*Spielfigur aus drei Steinen*) marelle *f* ❸ *pej* (*Räderwerk*) *der Justiz, Verwaltung* rouages *mpl*
Mühlrad *nt* roue *f* du moulin **Mühlstein** *m* meule *f*
Mühsal ['myːzaːl] <-, -e> *f geh* peine *f souvent pl*
mühsam ['myːzaːm] *adj* pénible
Mulatte [mu'latə] <-n, -n> *m,* **Mulattin** *f* mulâtre *m*/mulâtresse *f*
Mulde ['mʊldə] <-, -n> *f* GEOG cuvette *f*
Mull [mʊl] <-[e]s, -e> *m* MED gaze *f*
Müll [mʏl] <-s> *m* déchets *mpl;* (*Hausmüll*) ordures *fpl* ménagères; **etw in den ~ werfen** mettre qc à la poubelle
Müllabfuhr <-, -en> *f* ❶ (*das Abfahren*) ramassage *m* des ordures ménagères ❷ (*Behörde*) service *m* de ramassage des ordures ❸ *fam* (*Müllwagen*) **die ~** les éboueurs *mpl*
Mullah ['mʊla] <-s, -s> *m* mollah *m*
Müllberg *m fam* (*große Menge Müll*) montagne *f* d'ordures ménagères **Müllbeutel** *m* sac *m* poubelle
Mullbinde *f* bande *f* de gaze
Müllcontainer *m* benne *f* à ordures **Mülldeponie** ['mʏldepo'niː] *f* décharge *f* **Mülleimer** *m* poubelle *f*
Müller(in) ['mʏlɐ] <-s, -> *m(f)* meunier(-ière) *m(f)*
Müllhalde *f* dépotoir *m* **Müllkippe** *f* décharge *f* **Müllmann** <-männer *o* -leute> *m fam* éboueur *m* **Müllschlucker** <-s, -> *m* vide-ordures *m* **Müllsortieranlage** *f* déchetterie *f* **Mülltonne** *f* poubelle *f* **Mülltrennung** *f* triage *m* des déchets **Müllverbrennung** *f* incinération *f* des ordures **Müllverbrennungsanlage** *f* usine *f* d'incinération des déchets **Müllwagen** *m* camion *m* de ramassage des ordures ménagères
mulmig ['mʊlmɪç] *adj fam* ❶ (*unbehaglich*) bizarre; **ein ~es Gefühl** une sensation étrange ❷ *Situation* qui sent le roussi
multifunktional *adj* multifonctions **multikulturell** [mʊltikʊltu'rɛl] *adj* multicul-

turel(le) **Multimedia** [mʊlti'meːdi̯a] <-[s]> *nt* ~ le multimédia **multimedial** [mʊltime'di̯aːl] *adj* multimédia *inv* **multinational** [mʊltinatsi̯o'naːl] *adj* multinational(e)

Multiplikation [mʊltiplika'tsi̯oːn] <-, -en> *f* multiplication *f*

Multiplikator [mʊltipli'kaːtoːɐ̯] <-s, -toren> *m* multiplicateur *m*

multiplizieren* [mʊltipli'tsiːrən] *vt* multiplier; **etw mit etw ~** multiplier qc par qc

Multitasking [maltɪ'taːskɪŋ] <-s> *nt* INFORM multiprogrammation *f*

Mumie ['muːmi̯ə] <-, -n> *f* momie *f*

mumifizieren* [mumifi'tsiːrən] *vt* momifier

Mumm [mʊm] <-s> *m fam* ① *(Kraft)* pêche *f;* **hast du denn keinen ~ in den Knochen?** mais t'as rien dans les muscles? ② *(Mut)* cran *m*

Mumps [mʊmps] <-> *m* MED oreillons *mpl*

München ['mʏnçən] <-s> *nt* Munich

Mund [mʊnt, *Pl:* 'mʏndɐ] <-[e]s, Münder> *m* ① bouche *f;* **den ~ aufmachen** ouvrir la bouche; **mit vollem ~ sprechen** parler la bouche pleine ② *fam (Mundwerk)* **den ~ nicht halten können** ne pas pouvoir tenir sa langue; **halt den ~!** boucle-la!

Mundart ['mʊntʔaːɐ̯t] *f* patois *m*

mundartlich *adj* dialectal

Mundddusche *f* hydropropulseur *m*

münden ['mʏndən] *vi + haben o sein* ① *(hineinfließen)* **in etw** *(akk)* ~ *Fluss:* se jeter dans qc ② *(führen zu)* **in etw** *(akk)* ~ *Straße:* déboucher dans qc ③ *(hinauslaufen auf)* **in etw** *(akk)* ~ *Diskussion:* déboucher sur qc, aboutir à qc

Mundgeruch *m* mauvaise haleine *f* **Mundharmonika** *f* harmonica *m*

mündig ['mʏndɪç] *adj* ① *Bürger* responsable ② *(volljährig)* ~ **sein** avoir la majorité

mündlich ['mʏntlɪç] *adj* ① *Prüfung* oral(e); *Vereinbarung* verbal(e) ② *fam (Prüfung)* **im Mündlichen** à l'oral

Mundpflege *f* hygiène *f* buccale **Mundpropaganda** *f* bouche *m* à oreille **Mundschutz** *m* masque *m* **Mundstück** *nt einer Tabakspfeife* bout *m; eines Musikinstruments* bec *m,* embouchure *f; eines Atemschlauchs* embout *m*

Mündung ['mʏndʊŋ] <-, -en> *f* ① *eines Flusses* embouchure *f* ② *(vorderes Ende) einer Kanone* gueule *f; eines Gewehrs* extrémité *f*

Mundwasser <-wässer> *nt* bain *m* de bouche **Mundwerk** *nt* **ein freches ~ haben** *fam* avoir la langue bien pendue **Mundwinkel** *m* coin *m* de la bouche

Mund-zu-Mund-Beatmung *f* bouche-à-bouche *m*

Munition [muni'tsi̯oːn] <-> *f* munitions *fpl*

munkeln ['mʊŋkəln] *vt* murmurer; **man munkelt, dass ...** on raconte que ...

Münster ['mʏnstɐ] <-s, -> *nt* cathédrale *f*

munter ['mʊntɐ] *adj* ① *(heiter)* plein(e) d'entrain; *Person* gai(e), plein(e) d'entrain ② *(wach)* ~ **werden/sein** se réveiller/être réveillé

Munterkeit <-> *f* vivacité *f*

Muntermacher *m fam* stimulant *m*

Münzautomat *m* distributeur *m* automatique

Münze ['mʏntsə] <-, -n> *f* pièce *f* de monnaie

münzen ['mʏntsən] *vt* viser; **auf jdn/etw gemünzt sein** viser qn/qc

Münzfernsprecher *m form* téléphone *m* à pièces

mürbe ['mʏrbə] *adj* ① *Fleisch* tendre; **~s Gebäck** sablé *m* ② *fig* **jdn ~ machen** pousser qn à bout

Mürbeteig *m* pâte *f* brisée

Murks [mʊrks] <-es> *m fam* travail *m* bâclé; **~ machen** faire du travail bâclé

Murmel ['mʊrməl] <-, -n> *f* bille *f*

murmeln ['mʊrməln] **I.** *vi* marmonner **II.** *vt* murmurer

Murmeltier *nt* marmotte *f* ▶ **schlafen wie ein ~** dormir comme un loir

murren ['mʊrən] *vi* maugréer; **über etw** *(akk)* ~ maugréer au sujet de qc

mürrisch ['mʏrɪʃ] **I.** *adj Person, Art* grincheux(-euse); *Gesicht* renfrogné(e) **II.** *adv* d'une façon grincheuse; *antworten* d'un ton grincheux

Mus [muːs] <-es, -e> *nt o m (Obstbrei)* compote *f*

Muschel ['mʊʃəl] <-, -n> *f* ① coquillage *m; (Miesmuschel)* moule *f* ② *(Hörmuschel)* écouteur *m; (Sprechmuschel)* microphone *m*

muschelförmig *adj* en forme de coquille

Muschi ['mʊʃɪ] <-, -s> *f fam* chatte *f*

Muse ['muːzə] <-, -n> *f* muse *f*

Museum [mu'zeːʊm] <-s, Museen> *nt* musée *m*

Museumsstück *nt* pièce *f* de musée

Musical ['mjuːzɪkəl] <-s, -s> *nt* comédie *f* musicale

Musik [mu'ziːk] <-, -en> *f* musique *f*

musikalisch [muzi'kaːlɪʃ] **I.** *adj* ① *(die Musik betreffend)* musical(e) ② *(musikbe-*

M

gabt) musicien(ne) II. *adv* ~ **begabt sein** être doué pour la musique

Musikalität [muzikali'tɛːt] <-> *f* musicalité *f*

Musikant(in) [muzi'kant] <-en, -en> *m(f)* musicien(ne) *m(f)*

Musikbox *f* juke-box *m inv*

Musiker(in) ['muːzikɐ] <-s, -> *m(f)* ① musicien(ne) *m(f)* ② (*Komponist*) compositeur(-trice) *m(f)*

Musikgeschmack *m* goûts *mpl* musicaux **Musikhochschule** *f* ≈ conservatoire *m* [de musique] **Musikinstrument** *nt* instrument *m* de musique **Musikkapelle** *f* (*Hochzeits-, Festkapelle*) orchestre *m* **Musikkassette** *f* cassette *f* audio **Musikrichtung** *f* style *m* musical **Musikschule** *f* école *f* de musique **Musikstudium** *nt* études *fpl* de musique

musisch ['muːzɪʃ] I. *adj Person* doué(e) pour les arts; *Begabung* d'artiste; *Erziehung, Fach* artistique II. *adv* ~ **begabt sein** être doué pour les arts

musizieren* [muzi'tsiːrən] *vi* jouer [de la musique], faire de la musique

Muskat <-[e]s, -e> *m* muscade *f*

Muskel ['mʊskəl] <-s, -n> *m* muscle *m*

Muskelkater *m* courbatures *fpl* **Muskelkraft** *f* force *f* musculaire **Muskelprotz** ['mʊskəlprɔts] <-es, -e> *m fam* paquet *m* de muscles (*hum*) **Muskelriss**^RR^ *m* déchirure *f* musculaire **Muskelzerrung** *f* MED claquage *m*

Musketier [mʊskə'tiːɐ̯] <-s, -e> *m* mousquetaire *m*

Muskulatur [mʊskula'tuːɐ̯] <-, -en> *f* musculature *f*

muskulös [mʊsku'løːs] *adj* musclé(e)

Müsli ['myːsli] <-s, -> *nt* mu[e]sli *m*

Muslim ['mʊslɪm] <-[s], -e> *m*, **Muslime** *f* musulman(e) *m(f)*

Muss^RR^, **Muß**^ALT^ [mʊs] <-> *nt* must *m*; **ein/kein ~ sein** être/ne pas être obligatoire

Muße ['muːsə] <-> *f* loisirs *mpl*

müssen ['mʏsən] I. <muss, musste, müssen> *vt modal* ① devoir; **er muss arbeiten** il doit travailler, il faut qu'il travaille; **lachen ~** ne pas pouvoir s'empêcher de rire; **das muss sein** c'est absolument nécessaire; **er müsste viel mehr lernen** il faudrait qu'il travaille davantage; **man müsste mehr Zeit haben** il faudrait avoir plus de temps ② (*brauchen*) **man muss nur auf diesen Knopf drücken** il suffit [juste] d'appuyer sur ce bouton; **du musst mir nicht helfen** tu n'as pas besoin de m'aider; **das muss nicht heißen, dass ...** cela ne veut pas forcément dire que ... ③ (*Ausdruck der Wahrscheinlichkeit*) **er muss krank sein** il doit être malade II. <musste, gemusst> *vi* ① **ich muss zum Arzt** je dois aller chez le médecin ② (*nicht umhinkönnen*) **du musst!** tu dois le faire! ③ (*austreten müssen*) [**mal**] ~ *fam* avoir besoin d'aller aux W.-C.

Mußestunde *f* moment *m* de loisir

müßig ['myːsɪç] *adj* oiseux

Müßiggang ['myːsɪçgaŋ] *m kein Pl geh* oisiveté *f*

Muster ['mʊstɐ] <-s, -> *nt* ① *von Stoffen* motif *m* ② (*Warenprobe*) échantillon *m* ③ (*Vorlage*) modèle *m* ④ (*Schnittmuster*) patron *m*

Musterbeispiel *nt* **ein ~ für etw** l'exemple *m* type de qc **Musterbetrieb** *m* entreprise *f* modèle **Musterexemplar** *nt* échantillon *m*; (*Buch*) spécimen *m*

mustergültig, musterhaft I. *adj Person* modèle; *Verhalten* exemplaire II. *adv* de façon exemplaire

Musterhaus *nt* maison-témoin *f* **Musterklage** *f* JUR précédent *m* jurisprudentiel **Musterknabe** *m* enfant *m* modèle

mustern ['mʊstɐn] *vt* ① examiner *Person, Gegenstand* ② MIL *Wehrpflichtiger:* **gemustert werden** passer les tests de sélection militaire

Musterprozess^RR^ *m* procès *m* exemplaire **Musterschüler(in)** *m(f)* élève *mf* modèle

Musterung <-, -en> *f* MIL *von Wehrpflichtigen* tests *mpl* de sélection militaire

Musterwohnung *f* appartement-témoin *m*

Mut [muːt] <-[e]s> *m* courage *m*; **wieder ~ fassen** reprendre courage; **den ~ verlieren** perdre courage

Mutation [muta'tsi̯oːn] <-, -en> *f* BIO mutation *f*

mutieren* [mu'tiːrən] *vi* BIO muter

mutig ['muːtɪç] *adj* courageux(-euse)

mutlos I. *adj* découragé(e); **~ werden** se décourager II. *adv* **jdn ~ anschauen** regarder qn d'un air découragé

Mutlosigkeit <-> *f* découragement *m*

mutmaßen ['muːtmaːsən] I. *vt* supposer; **wir können nur ~, was passiert ist** nous en sommes réduit(e)s à des suppositions sur ce qui a pu se produire II. *vi* **über etw ~** faire une supposition/des suppositions sur qc

mutmaßlich I. *adj attr Schuldige, Täter* présumé(e) **II.** *adv* probablement, vraisemblablement

Mutmaßung <-, -en> *f* hypothèse *f,* supposition *f;* ~ **en über etw** (*akk*) **anstellen** émettre des hypothèses sur qc

Mutprobe *f* épreuve *f* de courage

Mutter[1] ['mʊtɐ, *Pl:* 'mʏtɐ] <-, Mütter> *f* mère *f;* ~ **sein** être mère de famille

Mutter[2] ['mʊtɐ] <-, -n> *f* TECH écrou *m*

Mütterberatungsstelle *f service de consultation pour les femmes enceintes et les jeunes mères de famille*

Mutterboden *m* terre *f* végétale **Muttergesellschaft** *f* société *f* mère **Mutterinstinkt** *m* instinct *m* maternel **Mutterkonzern** *m* ÖKON maison *f* mère **Mutterkuchen** *m* ANAT placenta *m* **Mutterland** *nt einer Kolonie* métropole *f* **Mutterleib** *m* **im** ~ dans le ventre maternel

mütterlich ['mʏtɐlɪç] **I.** *adj* maternel(le) **II.** *adv* maternellement; **jdn** ~ **umsorgen** s'occuper de qn comme une mère

mütterlicherseits *adv* du côté maternel; **meine Großmutter** ~ ma grand-mère maternelle

Mütterlichkeit <-> *f* fibre *f* maternelle

Mutterliebe *f* amour *m* maternel **Muttermal** *nt* tache *f* de naissance **Muttermilch** *f* lait *m* maternel **Muttermund** *m* ANAT col *m* de l'utérus

Mutterschaft <-> *f* maternité *f*

Mutterschaftsgeld *nt* indemnités *fpl* journalières [de] maternité **Mutterschaftsurlaub** *m* congé *m* de maternité **Mutterschutz** *m* protection *f* sociale de la femme enceinte

mutterseelenallein ['mʊtɐ'ze:lən?a'laɪn] *adj* ~ **sein** être tout seul

Muttersöhnchen ['mʊtɐzø:nçən] <-s, -> *nt pej fam* petit garçon *m* à sa maman **Muttersprache** *f* langue *f* maternelle

Muttersprachler(in) <-s, -> *m(f)* locuteur *m* natif

Mutterstelle *f* ▶ **bei jdm** ~ **vertreten** tenir lieu de mère à qn **Muttertag** *m* fête *f* des Mères **Muttertier** *nt* AGR, ZOOL mère *f* **Mutterwitz** *m kein Pl* bon sens *m* inné *pas de pl*

Mutti ['mʊti] <-, -s> *f fam* maman *f*

mutwillig **I.** *adj* causé(e) par un vandale/des vandales **II.** *adv* par vandalisme

Mütze ['mʏtsə] <-, -n> *f* (*Pudelmütze*) bonnet *m;* (*Schirmmütze*) casquette *f;* (*Baskenmütze*) béret *m;* (*Pelzmütze*) toque *f*

MwSt. *Abk von* **Mehrwertsteuer** T.V.A.

Myrr(h)e[RR] ['mʏrə] <-, -n> *f* myrrhe *f*

Myrte ['mʏrtə] <-, -n> *f* myrte *f*

mysteriös [mʏste'ri̯ø:s] *adj* mystérieux(-euse); ~ **klingen** avoir l'air mystérieux

Mysterium [mʏs'te:ri̯ʊm] <-s, -ien> *nt geh* mystère *m*

Mystik ['mʏstɪk] <-> *f* mysticisme *m*

mystisch ['mʏstɪʃ] *adj* ❶ REL mystique ❷ (*mysteriös*) mystérieux(-euse)

mythisch ['my:tɪʃ] *adj* mythique

Mythologie [mytolo'gi:] <-, -ien> *f* mythologie *f*

mythologisch [myto'lo:gɪʃ] *adj* de mythologie; *Gestalt* mythologique

Mythos ['my:tɔs] <-, Mythen> *m* mythe *m*

Nn

N, n [ɛn] <-, -> *nt* N *m*/n *m*
N *Abk von* **Norden** N
na [na] *interj fam* ❶ (*Ausdruck des Zweifels*) ben ❷ (*Ausruf der Entrüstung*) hé, eh oh; ~ **warte!** eh là, pas si vite! ► ~ **gut** bon, allez; ~ **also!** tu vois/vous voyez!; ~ **und?** et [puis] alors?
Nabe ['na:bə] <-, -n> *f* moyeu *m*
Nabel ['na:bəl] <-s, -> *m* nombril *m*
Nabelschau *f fam* nombrilisme *m* **Nabelschnur** *f* cordon *m* ombilical
nach [na:x] I. *präp + dat* ❶ (*zur Angabe der Richtung*) ~ **Nizza/Stuttgart fahren** aller à Nice/Stuttgart; ~ **München abreisen** partir pour Munich; ~ **Frankreich/Deutschland** en France/Allemagne; ~ **Dänemark** au Danemark; ~ **Norden** vers le nord; **der Zug ~ Bordeaux** le train pour Bordeaux; ~ **Hause gehen** aller à la maison ❷ (*zur Angabe einer Stelle*) après ❸ (*zeitlich*) après; **fünf Minuten ~ drei** trois heures cinq minutes; ~ **drei Tagen** trois jours plus tard ❹ (*entsprechend*) selon; **meiner Meinung ~** à mon avis; ~ **dem, was in den Zeitungen steht** d'après les journaux; **dieser Katalog ist ~ Autoren geordnet** ce catalogue est classé par auteurs; ~ **den Vorschriften handeln** agir conformément au règlement ❺ (*zur Angabe der Reihenfolge*) **ich bin ~ Ihnen dran!** je suis après vous! II. *adv* ► ~ **und** ~ peu à peu; ~ **wie vor** toujours
nach|äffen ['na:xʔɛfən] *vt pej* singer
nach|ahmen ['na:xʔa:mən] *vt* imiter
nachahmenswert *adj* ~ **sein** être un exemple à suivre
Nachahmer(in) <-s, -> *m(f)* imitateur(-trice) *m(f)*
Nachahmung <-, -en> *f* imitation *f*
nach|arbeiten *vt* ❶ rattraper *Tage, Stunden* ❷ (*nachbessern*) finir
Nachbar(in) ['naxba:ɐ̯] <-n, -n> *m(f)* voisin(e) *m(f)*
Nachbarland *nt* [pays *m*] voisin *m*
nachbarlich *adj Grundstück* voisin(e); *Verhältnis* entre voisins; **gute ~e Beziehungen** des relations de bon voisinage
Nachbarschaft <-> *f* voisinage *m*
Nachbarstaat *m* [État *m*] voisin *m*
Nachbau <-bauten> *m* ARCHIT, TECH réplique *f* **Nachbehandlung** *f* traitement *m* complémentaire **nach|bereiten*** *vt* reprendre, revoir *Unterrichtsstunde*
nach|bessern *vt* retoucher; reprendre *Produkt* **nach|bestellen*** *vt* (*zusätzlich bestellen*) **zwei Kisten ~** commander deux autres caisses **Nachbestellung** *f* ❶ (*zusätzliche Bestellung*) commande *f* supplémentaire ❷ (*zu einem späteren Zeitpunkt*) commande *f* ultérieure **nach|beten** *vt pej fam* recracher **nach|bilden** *vt* reproduire; **einem Original nachgebildet sein** *Skulptur:* être la reproduction d'un original **Nachbildung** *f* copie *f* **nach|blicken** *vi* suivre du regard
nachdem [na:x'de:m] *konj* ❶ (*zeitlich*) ~ **er geduscht hatte** après s'être douché; **kurz ~ wir zurückgekommen waren** peu après notre retour; ~ **er umgezogen war, wurde er krank** après avoir déménagé, il est tombé malade ❷ (*da, weil*) ~ **sie uns nicht angerufen hat** comme elle ne nous a pas téléphoné
nach|denken *vi irr* réfléchir; **über etw ~** réfléchir sur qc; (*eine Entscheidung suchen*) réfléchir à qc **Nachdenken** *nt* réflexion *f;* **gib mir ein bisschen Zeit zum ~** donne-moi un peu de temps pour réfléchir
nachdenklich ['na:xdɛŋklɪç] I. *adj* pensif(-ive); ~**e Worte** des paroles qui donnent à réfléchir; **jdn ~ machen** laisser qn songeur; *Argument, Kritik:* faire réfléchir qn II. *adv schauen* pensivement; ~ **aussehen/wirken** avoir l'air pensif
Nachdenklichkeit <-> *f* humeur *f* songeuse; **ihre plötzliche ~ wunderte ihn** il s'étonna de la voir soudain pensive [*o* songeuse]
Nachdruck *m kein Pl* insistance *f;* **mit allem ~** *hinweisen* très vigoureusement; *verlangen* expressément; *ablehnen* catégoriquement; **um seinen Worten besonderen ~ zu verleihen** pour donner encore plus de poids à ses paroles **nach|drucken** *vt* réimprimer
nachdrücklich ['na:xdrʏklɪç] I. *adj* insistant(e); *Forderung* ferme; *Warnung* appuyé(e); **eine ~e Bitte an jemanden richten** adresser à qn une demande insistante II. *adv fordern* fermement; *warnen* expressément; *hinweisen, bestehen* tout particulièrement; *ablehnen* catégoriquement; *verbieten* formellement
nach|dunkeln *vi + sein* foncer **Nachdurst** *m* bouche *f* pâteuse **nach|eifern**

vi prendre modèle sur; **jdm ~** prendre modèle sur qn **nacheinander** [naːxʔai̯ˈnandɐ] *adv* **~ den Raum verlassen** *zwei Personen:* quitter la salle l'un après l'autre; **etw zweimal ~ tun** faire qc deux fois de suite **nach|empfinden*** *vt irr* ❶ comprendre; **jdm seine Freude ~** comprendre la joie ressentie par qn ❷ KUNST, LITER **dieses Gedicht ist Schiller nachempfunden** ce poème est inspiré de Schiller **nach|erzählen*** *vt* faire un compte rendu de *Geschichte;* restituer *Text* **Nacherzählung** *f einer Geschichte* compte *m* rendu de lecture

Nachf. *Abk von* **Nachfolger**

nach|fahren *vi irr + sein* ❶ (*verfolgen*) **jdm ~** suivre qn ❷ (*später nachkommen*) **jdm ~** rejoindre qn [en voiture/par le train] **Nachfeier** *f* (*spätere Feier*) fête *f* après coup **nach|feiern** *vt* **etw ~** fêter qc après coup **Nachfolge** *f* succession *f;* **jds ~ antreten** prendre la succession de qn **nachfolgend** *geh* **I.** *adj* suivant(e); **im Nachfolgenden** ci-après **II.** *adv* ensuite, puis

Nachfolger(in) <-s, -> *m(f)* successeur *mf*

nach|fordern *vt* demander après coup; **etw ~** (*nachträglich fordern*) demander qc après coup; (*zusätzlich fordern*) demander qc en plus **Nachforderung** *f* ❶ nouvelle demande *f* ❷ (*Zahlungsaufforderung*) supplément *m* **nach|forschen** *vi* faire des recherches **Nachforschung** *f* recherches *fpl* **Nachfrage** *f* (*Kaufinteresse*) demande *f;* **~ nach etw** demande de qc **nach|fragen** *vi* (*sich erkundigen*) se renseigner; **bei jdm ~** se renseigner auprès de qn; **~, ob/wie/...** se renseigner pour savoir si/comment/... **Nachfrist** *f* délai *m* supplémentaire **nach|fühlen** *vt* comprendre; **er wird [mir] sicher ~ können, dass ich wütend war** il comprendra fort bien que j'aie été en colère **nach|füllen** *vt* ❶ (*noch einmal füllen*) **er füllte ihr das Glas nach** il remplit de nouveau son verre ❷ (*nachgießen*) resservir

Nachfüllpackung *f* [éco]recharge *f*

nach|geben *irr* **I.** *vi* ❶ céder; **jdm/einem Verlangen ~** céder à qn/une exigence ❷ (*sich bewegen*) *Tür:* céder; *Boden:* s'enfoncer; *Wand:* se dérober ❸ FIN, ÖKON reculer **II.** *vt* **jdm Gemüse ~** resservir des légumes à qn **Nachgeben** <-s> *nt eines Kurses* repli *m* **Nachgebühr** *f* surtaxe *f* **Nachgeburt** *f* ❶ (*Plazenta*) placenta *m* ❷ (*Vorgang*) délivrance *f* **nach|gehen** *vi irr + sein* ❶ (*hinterhergehen*) **jdm ~** suivre qn ❷ (*zu langsam gehen*) *Uhr:* retarder; **meine Armbanduhr geht zwei Minuten nach** ma montre retarde de deux minutes ❸ (*überprüfen*) **einem Hinweis ~** vérifier un indice **nachgemacht** *adj Unterschrift* imité(e); **eine ~e Banknote** un faux billet **Nachgeschmack** *m a. fig* arrière-goût *m*

nachgiebig [ˈnaːxgiːbɪç] *adj* ❶ *Person, Wesen* [trop] accommodant(e) ❷ *Material* souple; *Polsterung, Boden* mou(molle)

Nachgiebigkeit <-> *f* (*Wesensart*) manque *m* de fermeté

nach|gießen *vt, vi irr* resservir **nach|grübeln** *vi* réfléchir; **über etw** (*akk*) **~** réfléchir intensément à qc **nach|haken** *vi fam* creuser [un sujet [*o* une idée]]; **bei jdm ~** essayer de tirer les vers du nez à qn; *Reporter:* harceler qn de questions

nachhaltig [ˈnaːxhaltɪç] *adj* durable

nach|hängen *vi irr* ne pas réussir à se débarrasser; **seinen Gedanken ~** rester plongé dans ses pensées

nachhause[RR] *adv* ❶ *s.* **Haus** ❷❷ CH, A **~ gehen** aller à la maison

Nachhauseweg [naːxˈhau̯zəveːk] *m* **einen weiten ~ haben** avoir beaucoup de chemin [à faire] pour rentrer [à la maison]

nach|helfen *vi irr* (*helfen*) donner un coup de pouce

nachher [naːxˈheːɐ̯, ˈnaːxheːɐ̯] *adv* ❶ (*danach, nachträglich*) après, ensuite ❷ (*gleich, etwas später*) tout à l'heure; **bis ~!** à tout à l'heure!

Nachhilfe *f* cours *m* particulier

Nachhilfeschüler(in) *m(f)* élève *mf* en cours particulier **Nachhilfestunde** *f* cours *m* particulier **Nachhilfeunterricht** *m s.* **Nachhilfe**

Nachhinein[RR] [ˈnaːxhɪnai̯n] **im ~** après coup

nach|hinken *vi + sein* être à la traîne

Nachholbedarf *m* retard *m* à combler; **~ an Bildung** retard à combler en matière de culture; **einen ~ an Schlaf haben** avoir du sommeil à rattraper

nach|holen *vt* ❶ rattraper *Jugend, Zeit* ❷ faire venir *Person*

Nachhut <-, -en> *f* MIL arrière-garde *f*

nach|jagen *vi + sein* **jdm/dem Geld ~** courir après qn/l'argent **nach|kaufen** *vt* racheter [par la suite]; **etw ~** racheter qc [par la suite] **Nachklang** *m* écho *m*

Nachkomme [ˈnaːxkɔmə] <-n, -n> *m* descendant(e) *m(f);* **die ~n** la descendance

N

nach|kommen *vi irr + sein* ❶ **jdn ~ lassen** faire venir qn; **ich komme gleich nach!** j'arrive! ❷ *a. fig (Schritt halten)* suivre
Nachkommenschaft <-> *f* descendance *f*
Nachkriegszeit *f* après-guerre *m* **Nachkur** *f* postcure *f* **nach|laden** *irr* **I.** *vi* recharger **II.** *vt* recharger [son arme]
NachlassRR ['na:xlas] <-es, -e *o* -lässe>, **Nachlaß**ALT <-lasses, -lasse *o* -lässe> *m* ❶ *eines Verstorbenen* succession *f;* *(nachgelassene Werke)* œuvres *fpl* posthumes ❷ *(Preisnachlass)* réduction *f*
nach|lassen *irr* **I.** *vi* ❶ *Sturm, Regen:* se calmer; *Interesse, Sehkraft:* faiblir; *Schmerz:* s'atténuer; *Spannung:* se relâcher ❷ *(schwächere Leistung bringen)* se relâcher **II.** *vt* **jdm zehn Prozent ~** faire à qn une réduction de dix pour cent **Nachlassen** <-s> *nt* ralentissement *m*
NachlassgerichtRR *nt tribunal compétent en matière de successions*
nachlässig ['na:xlɛsɪç] **I.** *adj* ❶ *Personal* négligent(e); *Arbeit* négligé(e); *Kontrolle:* ne pas être strict ❷ *Äußeres* négligé(e) **II.** *adv* ❶ *(nicht sorgfältig)* **~ arbeiten/kontrollieren** être négligent dans son travail/lors d'un contrôle ❷ *(ungepflegt)* mal
Nachlässigkeit <-, -en> *f* négligence *f*
Nachlassverwalter(in)RR *m(f)* curateur(-trice) *m(f)* de la succession
nach|laufen *vi irr + sein* ❶ *(hinterherlaufen)* **jdm ~** poursuivre qn ❷ *fam (erobern wollen)* **jdm ~** courir après qn **Nachlese** *f* *(Traubenlese)* grappillage *m* **nach|lesen** *vt irr* vérifier; **etw in einem Lexikon ~** vérifier qc dans une encyclopédie **nach|liefern** *vt* ❶ livrer ultérieurement; **jdm etw ~** livrer qc à qn ultérieurement ❷ *fam (mitteilen)* **jdm eine Erklärung ~** donner une explication à qn plus tard **nach|lösen** *vt* acheter dans le train; **die Fahrkarte ~** acheter son billet dans le train **nach|machen** *vt* ❶ imiter *Person* ❷ *(gleichtun)* **jdm alles ~** imiter qn en tout ❸ contrefaire *Banknote* ❹ rattraper *Hausaufgabe* **nach|messen** *irr* **I.** *vt, vi* vérifier les mesures **II.** *nt* **das Nachmessen** la vérification des mesures **Nachmieter(in)** *m(f)* locataire *m* suivant **Nachmittag** ['na:xmɪta:k] *m* après-midi *m o f inv;* **am ~** l'après-midi; **heute ~** cet après-midi; **am frühen/späten ~** tôt/tard dans l'après-midi **nachmittags** *adv* l'après-midi
Nachmittagsvorstellung *f* matinée *f*
Nachnahme ['na:xna:mə] <-, -n> *f* **etw per ~ schicken** envoyer qc contre remboursement
Nachnahmegebühr *f* droit *m* d'envoi contre remboursement **Nachnahmesendung** *f form* envoi *m* contre remboursement
Nachname *m* nom *m* [de famille] **nach|plappern** *vt fam* répéter comme un perroquet **Nachporto** *nt s.* **Nachgebühr** **nachprüfbar** *adj* vérifiable; **nicht ~** invérifiable **nach|prüfen** **I.** *vt* vérifier *Richtigkeit* **II.** *vi* **~, ob/wann ...** vérifier si/quand ... **Nachprüfung** *f* ❶ *der Richtigkeit* vérification *f,* contrôle *m* ❷ *(spätere Prüfung)* examen *m* de rattrapage **nach|rechnen** **I.** *vi* recalculer, refaire les calculs; **~, ob ...** vérifier si ... **II.** *vt* [re]vérifier **nach|reichen** *vt* faire parvenir ultérieurement; **jdm etw ~** faire parvenir qc à qn ultérieurement **nach|reisen** *vi + sein* rejoindre; **jdm nach Italien ~** rejoindre qn en Italie
Nachricht ['na:xrɪçt] <-, -en> *f* ❶ *(veröffentlichte Meldung)* information *f;* **die ~ von dem Attentat** la nouvelle de l'attentat ❷ *Pl (Nachrichtensendung)* informations *fpl;* **[sich** *(dat)*] **die ~en anhören/ansehen** écouter/regarder les informations ❸ *(Mitteilung)* nouvelle *f;* **wir haben immer noch keine ~ von ihr** nous sommes toujours sans nouvelles d'elle
Nachrichtenagentur *f* agence *f* de presse **Nachrichtendienst** *m* ❶ *(Geheimdienst)* service *m* de renseignements; *(in Frankreich)* Renseignements *mpl* généraux ❷ *s.* **Nachrichtenagentur**
Nachrichtenlage *f* MEDIA état *m* des informations **Nachrichtenmagazin** *nt* magazine *m* d'actualités **Nachrichtensender** *m* chaîne *f* d'information **Nachrichtensperre** *f* black-out *m* sur l'information; **eine ~ verhängen** imposer le black-out **Nachrichtensprecher(in)** *m(f)* présentateur(-trice) *m(f)* [du journal] **Nachrichtentechnik** *f* télécommunications *fpl* **Nachrichtenwesen** *nt kein Pl* service *m* de l'information
nach|rücken *vi + sein* ❶ *(einen Posten übernehmen)* prendre la place ❷ MIL **jdm ~** suivre qn **Nachruf** *m* nécrologie *f;* **~ auf jdn** nécrologie de qn **nach|rufen** *vt irr* **jdm etw ~** crier qc à qn **nach|rüsten** **I.** *vi* MIL augmenter son potentiel militaire **II.** *vt* **einen Rechner mit etw ~** compléter l'équipement d'un ordinateur en ajoutant qc **nach|sagen** *vt* ❶ *(behaupten)* **jdm Gutes/Schlimmes ~** dire du bien/

N

mal de qn ②(*nachsprechen*) **jdm etw ~** répéter qc après qn **Nachsaison** *f* basse saison *f* **nach|schauen I.** *vt* vérifier **II.** *vi* ①**~, ob ...** aller voir si ... ②(*nachschlagen*) **~, ob/wie ...** vérifier si/comment ...; **im Wörterbuch ~** regarder dans le dictionnaire ③(*nachblicken*) **jdm/einer S. ~** suivre qn/qc des yeux **nach|schenken** *geh* **I.** *vt* resservir; **jdm Wasser ~** resservir de l'eau à qn **II.** *vi* **jdm ~** resservir à boire à qn; **darf ich ~?** désirez-vous reprendre quelque chose? **nach|schicken** *vt* réexpédier **nach|schießen** *vt irr fam* FIN rajouter; réinjecter *Geld* **Nachschlag** *m* portion *f* supplémentaire; **ich hätte gern einen ~!** j'en reprendrais volontiers! **nach|schlagen** *irr* **I.** *vt + haben* ①chercher *Wort* ②(*überprüfen*) vérifier **II.** *vi + haben* faire des recherches; **in einem Lexikon ~** consulter une encyclopédie

Nachschlagewerk *nt* ouvrage *m* de référence

Nachschub *m* ravitaillement *m* **nach|sehen** *irr* **I.** *vi* ①aller voir; **~, ob/wo/...** aller voir si/où/...; **sieh mal nach, ob du genügend Geld hast** vérifie que tu as assez d'argent ②(*nachschlagen*) faire des recherches; **in einem Lexikon ~** consulter une encyclopédie ③(*nachblicken*) **jdm/einer S. ~** suivre qn/qc des yeux **II.** *vt* ①(*suchen*) **etw im Wörterbuch ~** chercher qc dans le dictionnaire ②(*kontrollieren*) vérifier ③(*verzeihen*) **jdm etw ~** pardonner qc à qn **Nachsehen** ▶**das ~ haben** ne plus avoir que les miettes **nach|senden** *vt irr* **jdm etw ~** réexpédier qc à qn **Nachsicht** <-> *f* indulgence *f;* **mit jdm ~ haben** être indulgent envers qn

nachsichtig I. *adj* indulgent(e) **II.** *adv* avec indulgence

Nachsilbe *f* suffixe *m* **nach|sitzen** *vi irr* **~ müssen** être en retenue **Nachsommer** *m* été *m* indien

Nachspann ['na:xʃpan] <-s, -e> *m* CINE, TV générique *m* de fin

Nachspeise *f* dessert *m* **Nachspiel** *nt* ①(*Zärtlichkeiten*) caresses *fpl* après le rapport ②(*Konsequenzen*) **ein unangenehmes ~ haben** avoir des suites [*o* conséquences] fâcheuses **nach|spionieren*** *vi fam* **jdm ~** espionner qn **nach|sprechen** *irr* **I.** *vt* répéter; **jdm etw ~** répéter qc après qn **II.** *vi* **jdm ~** répéter après qn

nächstbeste(r, s) ['nɛ:çst'bɛstə, -tɐ, -təs] *adj attr* **bei der ~n Gelegenheit** à la première occasion; **der/die Nächstbeste** le premier venu/la première venue

nächste(r, s) ['nɛ:çstə, -tɐ, -təs] *adj Superl von* **nah[e]** ①(*in größter Nähe gelegen*) **die ~ Tankstelle** la station d'essence la plus proche; **am ~n** le plus près ②(*kommend, direkt bevorstehend*) **in der ~n Woche** la semaine prochaine; **in ~r Zeit** prochainement; **am ~n Tag/Morgen** le lendemain/le lendemain matin; **bei der ~n Gelegenheit** à la première occasion [qui se présente]; **im ~n Augenblick** juste après ③(*in Bezug auf eine Reihenfolge*) **als Nächstes werde ich verreisen** la première chose que je vais faire maintenant, c'est de partir en voyage; **der Nächste, bitte!** au suivant, s'il vous plaît! ④(*sehr vertraut*) **die ~n Verwandten/Angehörigen** les proches *mpl*

Nächste(r) *m* **mein ~r** mon prochain

nach|stehen *vi irr* être en reste; **jdm in nichts ~** n'être jamais en reste face à qn **nachstehend** *adj* qui suit **nach|stellen I.** *vt* ①retarder; **die Uhr um eine Stunde ~** retarder la montre d'une heure ②(*nachspielen*) jouer, reconstituer *Tathergang* **II.** *vi geh* (*verfolgen*) **jdm ~** persécuter qn

Nachstellungen *Pl* ①(*Zudringlichkeiten*) avances *fpl* ②(*Verfolgungen*) persécutions *fpl*

Nächstenliebe *f* amour *m* du prochain

nächstens ['nɛ:çstəns] *adv* ①(*bald*) prochainement ②(*künftig*) à l'avenir

nächstgelegen *adj attr* **das ~e Dorf** le village le plus proche **nächstliegend** *adj attr* **das Nächstliegende** le plus simple; **das Nächstliegende tun** choisir la solution la plus évidente **nächstmöglich** ['nɛ:çst'mø:klɪç] *adj attr* **etw zum ~en Termin tun** faire qc le plus tôt possible

nacht^ALT *s.* **Nacht**

Nacht [naxt, *Pl:* 'nɛçtə] <-, Nächte> *f* nuit *f;* **heute ~** cette nuit; **es wird/ist ~** il commence à faire/il fait nuit; **bei ~** de nuit; **in der ~** pendant la nuit; **letzte ~** la nuit dernière; **eines ~s** une nuit; **die ~ durchfeiern/durcharbeiten** faire la fête/travailler toute la nuit; **gute ~!** bonne nuit! ▶**über ~** du jour au lendemain

nachtaktiv *adj* ZOOL nocturne **Nachtarbeit** *f* travail *m* de nuit **nachtblind** *adj* qui voit mal la nuit; **~ sein** voir mal la nuit **Nachtdienst** *m* service *m* de nuit

Nachteil ['na:xtail] <-[e]s, -e> *m* ①inconvénient *m;* **zum ~ der Steuerzahler** au détriment des contribuables ② (*ungünstigere Situation*) **jdm gegenüber im ~ sein** être désavantagé par rapport à qn

nachteilig ['na:xtailɪç] I. *adj Auswirkungen* préjudiciable; **für jdn ~ sein** nuire à qn II. *adv sich äußern* défavorablement; **sich ~ auswirken** avoir des conséquences fâcheuses

nächtelang ['nɛçtəlaŋ] *adv* [pendant] des nuits entières

Nachtfalter *m* papillon *m* de nuit **Nachtflug** *m* vol *m* de nuit **Nachthemd** *nt* chemise *f* de nuit

Nachtigall ['naxtɪgal] <-, -en> *f* rossignol *m*

nächtigen ['nɛçtɪgən] *vi geh* passer la nuit

Nachtisch *m* dessert *m;* **zum ~** comme dessert

Nachtklub *m* boîte *f* [de nuit] **Nachtlager** *nt* ① (*Biwak*) bivouac *m* ② *geh* (*Schlafstätte*) gîte *m* [pour la nuit]; **sein im Wohnzimmer aufschlagen** s'installer dans le salon pour la nuit **Nachtleben** *nt* vie *f* nocturne

nächtlich ['nɛçtlɪç] *adj attr Ruhestörung* nocturne

Nachtlicht *nt* veilleuse *f* **Nachtlokal** *nt* boîte *f*

Nachtrag ['na:xtra:k] <-[e]s, -träge> *m* annexe *f*

nach|tragen *vt irr* ① (*ergänzen*) ajouter ② (*nicht verzeihen können*) **jdm etw ~** en vouloir à qn de qc

nachtragend *adj* rancunier(-ière)

nachträglich ['na:xtrɛ:klɪç] *adj Hinweis, Überarbeitung* ultérieur(e); *Zustimmung, Genehmigung* donné(e) par la suite

Nachtragshaushalt *m* budget *m* additionnel

nach|trauern *vi* regretter; **jdm/einer schönen Zeit ~** regretter qn/une belle période

nachts [naxts] *adv* la nuit; **spät ~** tard dans la nuit

Nachtschattengewächs *nt* BOT solanacée *f*

Nachtschicht *f* ① (*Arbeit*) poste *m* de nuit ② (*Schichtarbeiter*) équipe *f* de nuit **nachtschlafend** *adj fam* ▶ **zu ~er Zeit** quand tout le monde dort **Nachtschwärmer** *m hum* (*Person*) noctambule *m* **Nachtschwester** *f* infirmière *f* de nuit

nachtsüber ['naxtsʔy:bɐ] *adv* pendant la nuit

Nachttarif *m* tarif *m* de nuit **Nachttisch** *m* table *f* de chevet

Nachttischlampe *f* lampe *f* de chevet

Nachttopf *m* pot *m* de chambre **Nachttresor** *m* coffre *m* de nuit

Nacht-und-Nebel-Aktion *f* opération *f* commando; (*Polizeiaktion*) opération coup de poing; **in einer ~** au cours d'une opération commando

Nachtwache *f* veillée *f;* **bei jdm ~ halten** veiller [au chevet de] qn **Nachtwächter(in)** *m(f)* (*Kontrollgänger*) veilleur *m* de nuit

Nachuntersuchung *f* visite *f* de contrôle

nachvollziehbar *adj* compréhensible; **leicht/schwer ~ sein** être facile/difficile à comprendre; **nicht ~ sein** être incompréhensible **nach|vollziehen*** *vt irr* suivre; **etw nicht ~ können** ne pas arriver à comprendre qc **nach|wachsen** *vi irr + sein Haare, Unkraut:* repousser; **~de Rohstoffe** matières *fpl* premières d'origine végétale

Nachwahl *f* élection *f* partielle

Nachweis ['na:xvais] <-es, -e> *m* ① (*Beweis*) preuve *f;* **jdm den ~ für etw erbringen** fournir à qn la preuve de qc ② ÖKOL *von Radioaktivität, Giftstoffen* mise *f* en évidence

nachweisbar I. *adj* ① qui peut être prouvé; **etw ist schwer/nicht ~** il est difficile/n'est pas possible de prouver qc ② (*feststellbar*) qui peut être détecté II. *adv* comme la preuve peut en être fournie

nach|weisen *vt irr* ① (*den Nachweis erbringen, beweisen*) prouver; **jdm ~, dass** prouver à qn que; **jdm nichts ~ können** ne pouvoir confondre qn ② (*feststellen*) **Giftstoffe in etw** (*dat*) **~** déceler la présence de substances toxiques dans qc

nachweislich ['na:xvaislɪç] I. *adj Falschaussage* prouvé(e) II. *adv* **das ist ~ richtig/falsch** il s'est avéré que c'est vrai/faux

Nachwelt *f kein Pl* postérité *f* **nach|werfen** *vt irr* ① **jdm etw ~** jeter qc à qn ② remettre *Münze, Geld* **nach|wirken** *vi* ① *Medikament:* continuer d'agir ② *fig Eindruck, Erlebnis:* résonner dans la mémoire; *Rede:* avoir fait grosse impression **Nachwirkung** *f meist Pl eines Medikaments* effets *mpl; einer Wirtschaftskrise* répercussions *fpl* **Nachwort** <-worte> *nt* postface *f*

Nachwuchs *m kein Pl* rejetons *mpl*

Nachwuchsregisseur(in) *m(f)* jeune réalisateur(-trice) *m(f)* **Nachwuchsstar** *m* star *f* en herbe

nach|zahlen I. *vt* payer en plus; **eine Gebühr ~** payer des droits en plus; **Steu-**

N

ern ~ payer un rappel d'impôts **II.** *vi* payer un supplément **nach|zählen I.** *vt* recompter **II.** *vi* recompter; **~, ob ...** recompter [pour voir] si ... **Nachzahlung** *f* ❶ (*Gehaltsnachzahlung*) rappel *m* ❷ (*zu bezahlender Betrag*) supplément *m*
nach|ziehen *irr* **I.** *vt + haben* ❶ resserrer *Schraube* ❷ traîner *Bein* **II.** *vi* **mit etw ~** emboîter le pas en faisant qc
Nachzügler(in) ['na:xtsy:klɐ] <-s, -> *m(f)* ❶ retardataire *mf* ❷ (*Kind*) petit dernier *m*/petite dernière *f*
Nackedei ['nakədai] <-s, -s> *m hum fam* (*Kind*) petit enfant *m* tout nu
Nacken ['nakən] <-s, -> *m* nuque *f* ▶ **sie sitzen ihm im ~** ils lui collent aux fesses; *fam* (*sie bedrängen ihn*) ils ne le lâchent pas
Nackenhaar *nt meist Pl* [cheveux *mpl* sur la] nuque *f* **Nackenstütze** *f* appuie-tête *m*
nackig ['nakɪç] *adj fam s.* **nackt**
nackt [nakt] *adj* nu(e); **mit ~em Oberkörper arbeiten** travailler torse nu; **halb ~** à moitié nu
Nackte(r) *f(m) dekl wie adj* homme *m* nu/femme *f* nue
Nacktheit <-> *f* nudité *f*
Nacktschnecke *f* ZOOL limace *f*
Nadel ['na:dəl] <-, -n> *f* ❶ (*Nähnadel, Stricknadel*) aiguille *f*; (*Stecknadel*) épingle *f* ❷ (*nadelförmiges Blatt*) aiguille *f* ❸ TECH *eines Messinstruments* aiguille *f*
Nadelbaum *m* conifère *m*, résineux *m* **Nadeldrucker** *m* INFORM imprimante *f* matricielle **Nadelholz** *nt kein Pl* (*Holz von Nadelbäumen*) bois *m* de résineux **Nadelkissen** *nt* pelote *f* d'aiguilles [*o* d'épingles]
nadeln ['na:dəln] *vi* perdre ses aiguilles
Nadelöhr *nt* ❶ chas *m* ❷ *fig* (*Engpass im Verkehr*) goulet *m* d'étranglement **Nadelstich** *m* ❶ point *m* [de couture] ❷ *fig* (*kleiner Angriff*) pique *f*
Nadelstreifenanzug *m* costume *m* à fines rayures
Nadelwald *m* forêt *f* de conifères
Nagel ['na:gəl, *Pl:* 'nɛ:gəl] <-s, Nägel> *m* ❶ (*Metallstift*) clou *m* ❷ (*Fingernagel, Zehennagel*) ongle *m* ▶ **mit etw den ~ auf den Kopf treffen** *fam* mettre le doigt dessus en faisant qc
Nagelfeile *f* lime *f* à ongles **Nagelhaut** *f* ANAT envies *fpl* (*fam*) **Nagellack** *m* vernis *m* à ongles
Nagellackentferner <-s, -> *m* dissolvant *m*
nageln ['na:gəln] *vt* clouer; **etw vor das Fenster ~** clouer qc devant la fenêtre
nagelneu ['na:gəl'nɔy] *adj fam* flambant neuf(neuve)
Nagelpflege *f* manucure *f* **Nagelschere** *f* ciseaux *mpl* à ongles
nagen ['na:gən] **I.** *vi* ❶ grignoter; **an einer Möhre ~** *Tier:* grignoter une carotte; **an einem Knochen ~** *Hund, Löwe:* ronger un os ❷ *fig* **an jdm ~** *Zweifel, Schuldgefühle:* ronger qn **II.** *vt* **ein Loch in etw** (*akk*) **~** creuser un trou en rongeant qc
Nager ['na:gɐ] <-s, -> *m*, **Nagetier** *nt* rongeur *m*
nah [na:] <näher, nächste> **I.** *adj* ❶ (*räumlich/zeitlich*) **~ sein** être proche ❷ *fig* **den Tränen ~ [e] sein** être au bord des larmes; **~[e] daran sein etw zu tun** être sur le point de faire qc **II.** *adv* ❶ *liegen, gelegen sein* [tout] près; **~ an etw** (*akk*) **herantreten** s'approcher de qc; **sie saßen ~ beieinander** *zwei Personen:* ils étaient serrés l'un contre l'autre; **von ~em** de près ❷ (*zeitlich*) **~ bevorstehen** être imminent ❸ (*eng*) **ich bin ~ mit ihm verwandt** nous sommes proches parents
Nahaufnahme *f* photo[graphie] *f* rapprochée; **eine ~ von jdm/etw machen** prendre une photo de près de qn/qc
nahe ['na:ə] **I.** *präp + dat* **~ dem Brunnen** près du puits **II.** *adj s.* **nah**
Nähe ['nɛ:ə] <-> *f* ❶ (*geringe räumliche, zeitliche Entfernung*) proximité *f*; **in der ~** à proximité; **etw aus der ~ betrachten** observer qc de près; **aus der ~ betrachtet** vu(e) de près ❷ (*Anwesenheit*) *einer Person* présence *f*; **in seiner/ihrer ~** près de lui/d'elle
nahe|bringen *vt irr fig* **jdm einen Autor ~** faire découvrir un auteur à qn; **jdm eine Theorie ~** familiariser qn avec une théorie **nahe|gehen** *vi irr, unpers* (*belasten*) **jdm ~** toucher profondément qn, affecter qn **nahe|kommen** *irr vi* **der Wahrheit** (*dat*) **~** [s']approcher de la vérité; **sich** (*dat*) **~** *Personen:* devenir très proches **nahe|legen** *vt* **jdm ~ etw zu tun** suggérer à qn de faire qc **nahe|liegen** *vt irr, unpers fig* se concevoir aisément **naheliegend** *adj fig* facile à comprendre, tout(e) naturel(le); **~ sein** tomber sous le sens
nahen ['na:ən] *vi + sein geh* approcher
nähen ['nɛ:ən] **I.** *vt* ❶ coudre *Kleid, Hemd* ❷ (*befestigen*) **einen Knopf an etw** (*akk*) **~** coudre un bouton à qc ❸ MED

recoudre *Wunde* **II.** *vi* faire de la couture, coudre

näher ['nɛːɐ] **I.** *adj Komp von* **nahe** ① (*räumlich*) plus près; **in der ~en Umgebung des Bauernhofs** à proximité de la ferme ② (*zeitlich*) plus rapproché(e); **in ~er Zukunft** dans un proche avenir ③ (*detaillierter*) plus précis(e) ④ *Bekannter* assez proche; *Beziehungen, Zusammenarbeit* assez étroit(e) **II.** *adv* ① (*räumlich*) plus près; **~ am Kamin sitzen** être assis plus près de la cheminée; **~ an etw** (*akk*) **herantreten** se rapprocher [plus] de qc; **unser Haus liegt ~ beim Bahnhof als eures** notre maison est plus proche de la gare que la vôtre; **treten Sie bitte ~!** veuillez vous approcher, s'il vous plaît! ② (*zeitlich*) **~ rücken** approcher ③ (*detaillierter*) de façon plus précise

näher|bringen *vt irr fig* **jdm etw ~** faire mieux connaître qc à qn

Nähere(s) *nt dekl wie adj* précisions *fpl;* **ich weiß nichts ~s** je ne sais rien de plus

Näherin ['nɛːərɪn] <-, -nen> *f* couturière *f*

näher|kommen *vi, vr irr + sein fig* **jdm ~** se rapprocher de qn; **sich** (*dat*) [*o* **einander**] **~** se rapprocher

nähern ['nɛːɐn] *vr* ① (*räumlich*) **sich ~** approcher; **sich jdm/einer S. ~** s'approcher de qn/qc ② (*zeitlich*) **sich einer S.** (*dat*) **~** approcher de qc

Näherungswert *m* MATH valeur *f* approchée

nahe|stehen *vi irr* **jdm ~** être proche de qn

nahezu ['naːə'tsuː] *adv* presque

Nähgarn *nt* fil *m* à coudre

Nahkampf *m* corps *m* à corps

Nähkästchen ['nɛːkɛstçən] <-s, -> *nt* boîte *f* à ouvrage ▶ **aus dem ~ plaudern** *fam* déballer ses petites histoires

nahm [naːm] *Imp von* **nehmen**

Nähmaschine *f* machine *f* à coudre **Nähnadel** *f* aiguille *f* à coudre

Nahost [naː'ʔɔst] *kein Art* **aus/in ~** du/au Proche-Orient

Nahostfriedensprozess *m kein Pl* processus *m* de paix au Proche-Orient

nahöstlich *adj attr* du Proche-Orient

Nährboden ['nɛːɐ̯-] *m* ① milieu *m* de culture ② *fig* **~ für etw** terrain *m* favorable à qc **Nährcreme** *f* crème *f* nutritive

nähren ['nɛːrən] **I.** *vi* être nourrissant **II.** *vt* ① (*füttern*) nourrir ② (*aufrechterhalten*) alimenter

nahrhaft ['naːɐ̯haft] *adj* nourrissant(e)

Nährstoff *m* substance *f* nutritive

Nahrung ['naːrʊŋ] <-,> *f* nourriture *f;* **flüssige/feste ~** des aliments *mpl* liquides/solides

Nahrungsaufnahme *f kein Pl form* absorption *f* de nourriture; **die ~ verweigern** refuser la nourriture **Nahrungsergänzungsmittel** *nt* complément *m* alimentaire **Nahrungsmangel** *m* manque *m* de nourriture **Nahrungsmittel** *nt* produits *mpl* alimentaires

Nahrungsmittelindustrie *f* industrie *f* alimentaire; **Nahrungs- und Genussmittelindustrie** industrie agro-alimentaire

Nährwert *m* valeur *f* nutritive

Naht [naːt, *Pl:* 'nɛːtə] <-, Nähte> *f* ① couture *f* ② MED [points *mpl* de] suture *f*

nahtlos **I.** *adj* ① *Strumpf* sans couture ② (*lückenlos*) sans temps mort, immédiat(e) **II.** *adv* sans pause

Nahverkehr *m* trafic *m* urbain; **der öffentliche ~** les transports *mpl* en commun **Nahverkehrsmittel** *Pl* moyens *mpl* de transports en commun **Nahverkehrszug** *m* train *m* de banlieue

Nähzeug <-zeuge> *nt* nécessaire *m* de couture

Nahziel *nt* objectif *m* immédiat

naiv [na'iːf] *adj* naïf(-ïve)

Naivität [naivi'tɛːt] <-> *f* naïveté *f*

Naivling [na'iːflɪŋ] <-s, -e> *m fam* niais(e) *m(f)*

Name ['naːmə] <-ns, -n> *m,* **Namen** <-s, -> *m* nom *m;* **jdn nur dem ~n nach kennen** connaître qn seulement de nom ▶ **im ~n des Gesetzes/des Volkes** au nom de la loi/du peuple; **in jds ~n** (*dat*) **handeln** faire qc au nom de qn

namenlos *adj* ① (*anonym*) anonyme ② COM *Produkt* sans marque

namens ['naːməns] *adv* **ein Herr ~ Dietz** un monsieur du nom de Dietz

Namensaktie *f* FIN action *f* nominative

Namensgebung <-, -en> *f* dénomination *f*

Namensliste *f* liste *f* nominative **Namensschild** *nt* (*an der Tür*) plaque *f;* (*auf dem Tisch*) écriteau *m;* (*an der Brust*) badge *m* **Namensschutz** *m* protection *f* [de l'usage] du nom **Namenstag** *m* fête *f* **Namensvetter** *m* homonyme *m*

namentlich ['naːməntlɪç] **I.** *adj* nominal(e) **II.** *adv* ① nommément; **sie möchte nicht ~ genannt werden** elle ne désire pas être désignée nommément ② (*insbesondere*) particulièrement

namhaft *adj* ① (*berühmt*) renommé(e) ② *Betrag* considérable

N

nämlich ['nɛːmlɪç] *adv* ❶ (*und zwar*) et ce; (*genauer gesagt*) à savoir ❷ (*denn*) en effet
nannte ['nantə] *Imp von* **nennen**
Nanotechnik *f* nanotechnologie *f*
nanu [na'nuː] *interj* ça alors
Napalm® ['naːpalm] <-s> *nt* napalm *m*
Napf [napf, *Pl:* 'nɛpfə] <-[e]s, Näpfe> *m* gamelle *f*
Nappa ['napa] <-[s], -s> *nt*, **Nappaleder** *nt* cuir *m* souple
Narbe ['narbə] <-, -n> *f* MED cicatrice *f*
Narkose [nar'koːzə] <-, -n> *f* anesthésie *f* générale
Narkosearzt *m*, **-ärztin** *f* anesthésiste *mf* **Narkosemittel** *nt* anesthésique *m*
Narkotikum [nar'koːtikʊm] <-s, -kotika> *nt* ❶ MED anesthésique *m* ❷ (*Suchtmittel*) narcotique *m*
narkotisieren* [narkoti'ziːrən] *vt* anesthésier
Narr [nar] <-en, -en> *m* ❶ (*Dummkopf*) imbécile *m* ❷ (*Hofnarr*) fou *m* ▶**jdn zum ~en halten** se moquer de qn; **sich zum ~en machen** se rendre ridicule
Narrenfreiheit *f* ▶**~ haben** pouvoir faire ce qu'on veut (*allusion à la liberté dont bénéficient les fous lors du Carnaval*)
Närrin ['nɛrɪn] <-, -nen> *f* imbécile *f*
närrisch ['nɛrɪʃ] *adj* ❶ (*karnevalistisch*) de Carnaval ❷ *fam* (*versessen*) **ganz ~ auf jdn/etw sein** être [raide] dingue de qn/qc ▶**wie ~** *geh* comme un fou
Narzisse [nar'tsɪsə] <-, -n> *f* narcisse *m*
NarzissmusRR, **Narzißmus**ALT [nar'tsɪsmʊs] <-> *m* narcissisme *m*
narzisstischRR, **narzißtisch**ALT *adj* narcissique
nasal [na'zaːl] *adj* LING nasal(e)
Nasallaut *m* LING nasale *f*
naschen ['naʃən] **I.** *vi* ❶ (*Süßigkeiten essen*) grignoter des friandises ❷ (*heimlich kosten*) **von etw ~** goûter [en cachette] à qc **II.** *vt* grignoter
Nascherei [naʃə'rai] <-, -en> *f* ❶ *kein Pl* (*das Naschen*) grignotage *m* ❷ (*Süßigkeit*) friandises *fpl*
naschhaft *adj* gourmand(e)
Naschkatze *f fam* gourmand(e) *m(f)*
Nase ['naːzə] <-, -n> *f* ❶ nez *m*; **eine verstopfte ~ haben** avoir le nez bouché; **sich** (*dat*) **die ~ putzen** se moucher; **aus der ~ bluten** saigner du nez ❷ (*Schnauze*) *eines Hundes* truffe *f* ▶**die ~ [gestrichen] voll haben** *fam* en avoir plein le dos; **auf die ~ fallen** *fam* se casser le nez; **jdm auf der ~ herumtanzen** *fam* mener qn par le bout du nez; **jdm vor der ~ wegfahren** filer sous le nez de qn; **jdm etw vor der ~ wegschnappen** *fam* piquer qc sous le nez de qn; **vor seiner/deiner/... ~** *fam* sous son/ton nez
naselang ▶**alle ~** *fam* à tout bout de champ
näseln ['nɛːzəln] *vi* parler du nez
näselnd **I.** *adj* *Person* qui parle du nez; *Stimme* nasillard(e) **II.** *adv* d'une voix nasillarde
Nasenbein *nt* os *m* du nez **Nasenbluten** <-s> *nt* saignement *m* de nez; **~ bekommen** se mettre à saigner du nez; **~ haben** saigner du nez **Nasenflügel** *m* aile *f* du nez **Nasenkorrektur** *f* correction *f* du nez **Nasenlänge** *f* ▶**jdm um eine ~ voraus sein** avoir une tête d'avance sur qn, dépasser qn d'un cheveu **Nasenloch** *nt* narine *f* **Nasenrücken** *m* arête *f* du nez **Nasenspitze** *f* bout *m* du nez **Nasentropfen** *Pl* gouttes *fpl* pour le nez
naseweis ['naːzəvais] *adj* (*neugierig*) curieux(-euse)
Naseweis ['naːzəvais] <-es, -e> *m fam* curieux(-euse) *m(f)*
Nashorn *nt* rhinocéros *m*
nassRR, **naß**ALT [nas] <nasser, nasseste> *adj* ❶ mouillé(e); **ganz ~** trempé(e); **wir werden/sind ~!** nous allons être/nous sommes mouillés! ❷ (*regnerisch*) humide
nassauern ['nasauen] *vi fam* jouer les pique-assiette[s]
Nässe ['nɛsə] <-> *f* ❶ humidité *f*; **etw vor ~ schützen** protéger qc de l'humidité ❷ (*nasses Wetter*) pluie *f*; **bei ~ bitte vorsichtig fahren** veuillez rouler prudemment par temps de pluie
nässen ['nɛsən] **I.** *vi* (*Wunde*) suinter **II.** *vt geh* mouiller *Bett*
nasskaltRR *adj* froid(e) et humide **Nassrasur**RR *f* rasage *m* manuel
Nastuch ['naːs-] <-tücher> *nt* SDEUTSCH, CH mouchoir *m*
Natel ['naːtəl] <-s, -s> *nt* CH (*Mobiltelefon*) portable *m*
Nation [na'tsi̯oːn] <-, -en> *f* nation *f*; **die Vereinten ~en** les Nations Unies
national [natsi̯o'naːl] **I.** *adj* national(e); **auf ~er Ebene** à l'échelon national **II.** *adv* **~ denken** être nationaliste
NationalbewusstseinRR *nt* conscience *f* nationale **Nationalelf** *f* SPORT onze *m* national **Nationalfeiertag** *m* fête *f* natio-

N

nale **Nationalhymne** *f* hymne *m* national

nationalisieren* [natsi̯onali'ziːrən] *vt* nationaliser

Nationalisierung <-, -en> *f* nationalisation *f*

Nationalismus [natsi̯ona'lɪsmʊs] <-> *m* nationalisme *m*

Nationalist(in) [natsi̯ona'lɪst] <-en, -en> *m(f)* nationaliste *mf*

nationalistisch **I.** *adj* nationaliste **II.** *adv* en nationaliste; ~ **eingestellt sein** être nationaliste

Nationalität [natsi̯onali'tɛːt] <-, -en> *f* nationalité *f*

Nationalmannschaft *f* équipe *f* nationale **Nationalpark** *m* parc *m* national **Nationalrat** *m kein Pl* CH, A Conseil *m* national **Nationalrat** <-räte> *m*, **-rätin** *f* CH, A membre *m* du Conseil national **Nationalsozialismus** *m* national-socialisme *m* **Nationalsozialist(in)** *m(f)* national-socialiste *mf* **nationalsozialistisch** *adj* national-socialiste

Nationalspieler(in) *m(f)* SPORT joueur(-euse) *m(f)* de l'équipe nationale **Nationalstaat** *m* État-nation *m* **Nationalstolz** *m* fierté *f* nationale **Nationalversammlung** *f* (*französisches Parlament*) **die** ~ l'Assemblée *f* nationale

NATO ['naːto] *f Abk von* **North Atlantic Treaty Organization** O.T.A.N. *f*

NATO-Beitrittsland *nt* futur pays *m* membre de l'O.T.A.N.

Natrium ['naːtriʊm] <-s> *nt* CHEM sodium *m*

Natron ['naːtrɔn] <-s> *nt* CHEM natron *m*

Natter ['natɐ] <-, -n> *f* couleuvre *f*

Natur [na'tuːɐ̯] <-> *f* ① nature *f* ② (*Wesensart*) **von** ~ **aus** par nature ▶ ~ **sein** *Haarfarbe, Holz:* être naturel

Naturalien [natu'raːli̯ən] *Pl* produits *mpl* de la terre; **in** ~ **bezahlen** payer en nature

Naturalismus [natura'lɪsmʊs] <-> *m* naturalisme *m*

Naturalist(in) [natura'lɪst] <-en, -en> *m(f)* naturaliste *mf*

naturalistisch [natura'lɪstɪʃ] *adj a.* KUNST *geh* naturaliste

Naturbursche *m* garçon *m* proche de la nature; **ein** ~ **sein** aimer la vie en plein air **Naturdünger** *m* AGR engrais *m* naturel **Naturereignis** *nt* phénomène *m* naturel

naturfarben *adj* de couleur naturelle

Naturforscher(in) *m(f)* naturaliste *mf* **naturgegeben** *adj inv* naturel(le) **naturgemäß** **I.** *adj* naturel(le) **II.** *adv* ① (*verständlicherweise*) naturellement ② (*der Natur entsprechend*) de façon naturelle **Naturgesetz** *nt* loi *f* de la nature **naturgetreu** *adj* fidèle [à la réalité] **Naturheilkunde** *f* médecine *f* douce **Naturkatastrophe** *f* catastrophe *f* naturelle **Naturkost** *f* aliments *mpl* naturels

Naturkundemuseum *nt* musée *m* d'histoire naturelle

Naturlandschaft *f* paysage *m* naturel

natürlich [na'tyːɐ̯lɪç] **I.** *adj* ① (*von der Natur geschaffen*) naturel(le) ② (*nicht künstlich*) naturel(le); *Gebiss* vrai(e) ③ *Ausmaße* réel(le); **ein Porträt in** ~**er Größe** un portrait grandeur nature ④ (*ungekünstelt*) naturel(le) ⑤ (*menschlich*) naturel(le); **es ist** [**nur**] ~**, dass/wenn** il est tout naturel que + *subj* **II.** *adv* (*selbstverständlich*) naturellement; **aber** ~**!** évidemment!

natürlicherweise *adv* naturellement

Natürlichkeit <-> *f* naturel *m*

Naturpark *m* parc *m* naturel [régional] **naturrein** *adj* entièrement naturel **Naturschauspiel** *nt* spectacle *m* naturel **Naturschönheit** *f* beauté *f* naturelle **Naturschutz** *m* protection *f* de la nature; **unter** ~ **stehen** être protégé

Naturschutzgebiet *nt* réserve *f* naturelle

Naturtalent *nt* **du musst ein echtes** ~ **sein** tu dois être vraiment doué **naturverbunden** [na'tuːɐ̯fɛɐ̯bʊndən] *adj* proche de la nature **Naturvolk** *nt* peuple *m* primitif **Naturwissenschaft** *f* **die** ~**en** les sciences naturelles **Naturwissenschaftler(in)** *m(f)* scientifique *mf* **naturwissenschaftlich** *adj* scientifique

Nautik ['nau̯tɪk] <-> *f* navigation *f*

nautisch ['nau̯tɪʃ] *adj* nautique

Navi ['navi, 'naːvi] <-s, -s> *nt fam Abk von* **Navigationsgerät, Navigationssystem** GPS *m*

Navigation [naviga'tsi̯oːn] <-> *f* navigation *f*

Navigationsgerät *nt*, **Navigationssystem** *nt* système *m* de navigation [GPS], GPS *m;* (*tragbares Gerät*) navigateur *m* GPS

Navigator [navi'gaːtoːɐ̯, *Pl:* naviga'toːrən] <-s, -toren> *m*, **Navigatorin** *f* navigateur(-trice) *m(f)*

navigieren* [navi'giːrən] **I.** *vi* naviguer **II.** *vt* piloter; **das Schiff in den Hafen** ~ entrer le bateau dans le port

Nazi ['naːtsi] <-s, -s> *m* nazi(e) *m(f)*

Nazismus [na'tsɪsmʊs] <-> *m* nazisme *m*

N

NC <-> *m Abk von* **Numerus clausus** numerus *m* clausus

n. Chr. *Abk von* **nach Christus** apr. J.-C.

ne [neː] *adv fam* non

'ne [nə] *art indef fam Abk von* **eine** une

Neandertaler [ne'andɐtaːlɐ] <-s, -> *m* homme *m* de Neandertal

Nebel ['neːbəl] <-s, -> *m* ① brouillard *m; (leicht)* brume *f;* **bei ~** par temps de brouillard ② ASTRON nébuleuse *f*

Nebelbank <-bänke> *f* banc *m* de brouillard **Nebelhorn** *nt* corne *f* de brume

nebelig ['neːbəlɪç] *adj* brumeux(-euse)

Nebelkrähe *f* corneille *f* mantelée **Nebelscheinwerfer** *m* phare *m* anti-brouillard **Nebelschlussleuchte**RR *f* feu *m* arrière de brouillard **Nebelschwaden** *m meist Pl* nappe *f* de brouillard

neben ['neːbən] **I.** *präp + dat* **~ jdm/einer S.** à côté de qn/qc; **rechts ~ dem Eingang** à droite de l'entrée **II.** *präp + akk* **sich ~ jdn/etw setzen** s'asseoir à côté de qn/qc; **sich links/rechts ~ jdn/etw stellen** se mettre à gauche/droite de qn/qc

nebenamtlich **I.** *adj* extra-professionnel(le) **II.** *adv* en plus de son/mon/... activité professionnelle **nebenan** [neːbən-'ʔan] *adv* à côté; **die Küche ist gleich ~** la cuisine est juste à côté

Nebenausgang *m* sortie *f* latérale **nebenbei** [neːbən'bai] *adv* ① *(nebenher)* en plus [du reste] ② *(beiläufig)* en passant; **~ [bemerkt]** soit dit en passant **Nebenberuf** *m* activité *f* annexe **nebenberuflich** **I.** *adj* extra-professionnel(le) **II.** *adv* à titre d'activité annexe **Nebenbeschäftigung** *f* activité *f* annexe **Nebenbuhler(in)** <-s, -> *m(f)* rival *m* **Nebeneffekt** *m* effet *m* secondaire

nebeneinander [neːbənʔai'nandɐ] *adv* ① *(räumlich)* côte à côte ② *(zeitlich)* conjointement

Nebeneinander <-s> *nt* coexistence *f*

Nebeneingang *m* entrée *f* latérale **Nebeneinkünfte** *Pl* revenus *mpl* annexes **Nebenerwerb** *m* activité *f* annexe **Nebenfach** *nt* matière *f* secondaire **Nebenfluss**RR *m* affluent *m* **Nebengebäude** *nt* ① *(untergeordneter Bau)* dépendance *f* ② *(benachbartes Gebäude)* annexe *f* **nebenher** [neːbən'heːɐ̯] *adv* *(zusätzlich)* en plus **Nebenhöhle** *f* ANAT sinus *m* **Nebenjob** *m fam* boulot *m* d'appoint **Nebenkosten** *Pl* ① *(zusätzliche Kosten)* frais *mpl* supplémentaires ② *(für Wohnung)* charges *fpl* **Nebenprodukt** *nt* sous-produit *m* **Nebenraum** *m* ① *(angrenzender Raum)* pièce *f* contiguë ② *(weniger wichtiger Raum)* [pièce *f*] annexe *f* **Nebenrolle** *f* rôle *m* secondaire **Nebensache** *f* détail *m* accessoire; **~ sein** être accessoire

nebensächlich *adj* accessoire

Nebensächlichkeit <-, -en> *f* ① *kein Pl (geringe Bedeutung)* contingence *f* ② *(unwichtiges Detail)* détail *m* sans importance

Nebensaison *f* basse saison *f* **Nebensatz** *m* GRAM [proposition *f*] subordonnée *f* **nebenstehend** *adj* *(von einem Sprecher gesagt)* ci-contre; *(im Text stehend)* en regard **Nebenstelle** *f* ① TELEC poste *m* secondaire ② *(Zweigstelle)* succursale *f* **Nebenstraße** *f* route *f* secondaire **Nebentätigkeit** *f* activité *f* secondaire **Nebenverdienst** *m* revenu *m* supplémentaire **Nebenwirkung** *f* effet *m* secondaire **Nebenzimmer** *nt* chambre *f* voisine

neblig ['neːblɪç] *s.* **nebelig**

nebulös [nebu'løːs] *geh* **I.** *adj* nébuleux(-euse) **II.** *adv* de façon nébuleuse

necken ['nɛkən] *vt, vr* **[sich] ~** [se] taquiner

neckisch *adj* malicieux(-euse)

nee [neː] *adv fam* non

Neffe ['nɛfə] <-n, -n> *m* neveu *m*

Negation [nega'tsi̯oːn] <-, -en> *f* ① LING négation *f* ② *geh (Leugnung)* réfutation *f*

negativ ['neːgatiːf] **I.** *adj* ① *a.* MED négatif(-ive) ② *Folge, Vorhersage* défavorable **II.** *adv* ① *(ablehnend)* négativement ② *(ungünstig)* de façon négative

Negativ ['neːgatiːf] <-s, -e> *nt* négatif *m*

Neger(in) ['neːgɐ] <-s, -> *m(f) pej* nègre *m*/négresse *f*

NegerkussRR *m s.* **Schokokuss**

negieren* [ne'giːrən] *vt* LING **eine Frage/einen Satz ~** mettre une question/phrase à la forme négative

Negligé, **Negligee**RR [negli'ʒeː] <-s, -s> *nt* CH déshabillé *m*

negroid [negro'iːt] *adj* négroïde

nehmen ['neːmən] <nimmt, nahm, genommen> *vt* ① prendre; **[sich** *(dat)***] etw ~** prendre qc ② accepter *Trinkgeld* ③ supprimer *Schmerzen, Beschwerden;* **jdm die Lust an etw ~** gâcher l'envie à qn; **er nahm ihr die Angst** il dissipa son angoisse ④ *(versperren)* **jdm die Sicht ~** boucher la vue à qn ⑤ prendre *Medikament* ⑥ *(akzeptieren)* **jdn ~, wie er ist** prendre qn comme il est ⑦ *(anlasten)* **jdm etw übel ~** en vouloir à qn de qc

Nehmerland *nt* ÖKON, FIN pays *m* receveur

Neid [nait] <-[e]s> *m kein Pl* envie *f* ▶**vor ~ erblassen** crever de jalousie
neiden *vt* envier
Neider(in) <-s, -> *m(f)* envieux(-euse) *m(f)*
neidisch **I.** *adj Person* envieux(-euse); **auf jdn ~ sein** envier qn **II.** *adv betrachten* avec envie
neidlos **I.** *adj* sincère **II.** *adv* sans arrière-pensée
Neige <-, -n> *f* fond *m*
neigen **I.** *vi* être réceptif; **zu Erkältungen ~** être réceptif aux rhumes; **zu Übergewicht ~** avoir une tendance à l'embonpoint **II.** *vr* ① (*sich beugen*) **sich ~** se pencher ② (*schräg abfallen*) **sich ~** être en pente ③ (*schräg stehen*) **sich zur Seite ~** *Schiff:* pencher de côté **III.** *vt* pencher *Kopf, Oberkörper*
Neigung <-, -en> *f* ① (*Schräge, Gefälle*) inclinaison *f* ② (*Vorliebe, Zuneigung*) penchant *m* ③ (*Tendenz*) **~ zum Übergewicht** tendance *f* à l'embonpoint
nein [nain] *adv* non; **leider ~** malheureusement pas; **oh ~!** ah! non!
Nein [nain] <-s> *nt* non *m;* **zu etw ~ sagen** dire non à qc
Neinstimme *f* voix *f* contre
Nektar ['nɛktar] <-s, -e> *m* nectar *m*
Nektarine [nɛkta'riːnə] <-, -n> *f* nectarine *f*
Nelke ['nɛlkə] <-, -n> *f* ① (*Blume*) œillet *m* ② (*Gewürz*) clou *m* de girofle
'nem [nəm] *art indef fam Abk von* **einem** [à] un(e)
'nen [nən] *art indef fam Abk von* **einen** un(e)
nennen ['nɛnən] <nannte, genannt> **I.** *vt* ① (*benennen, anreden*) appeler; **jdn bei seinem Vornamen ~** appeler qn par son prénom; **Katharina II., genannt die Große** Catherine II, dite la Grande ② (*bezeichnen*) **wie nennt man das?** comment appelle-t-on ça? ③ (*angeben*) indiquer, citer; **die genannten Personen ...** les personnes en question ... **II.** *vr* **sich Maler/Musiker ~** se dire peintre/musicien
nennenswert *adj* notable
Nenner <-s, -> *m* MATH dénominateur *m*
Nennung <-, -en> *f* mention *f*
Nennwert *m* valeur *f* nominale
Neofaschist(in) [neofa'ʃɪst, 'neːofaʃɪst] *m(f)* néofasciste *mf*
Neologismus <-, -gismen> *m* LING néologisme *m*
Neon ['neːɔn] <-s> *nt* néon *m*
Neonazi ['neːonaːtsi] *m* néonazi(e) *m(f)*
Neonlicht *nt* néon *m* **Neonreklame** *f* publicité *f* lumineuse **Neonröhre** *f* [tube *m* au] néon *m*
Neopren® [neo'preːn] <-s, -e> *nt* CHEM néoprène® *m*
Neoprenanzug *m* combinaison *f* en néoprène
Nepp [nɛp] <-s> *m fam* arnaque *f*
neppen ['nɛpən] *vt fam* arnaquer
Neptun [nɛp'tuːn] <-s> *m* ① MYTH Neptune *m* ② ASTRON Neptune; **der ~** la planète Neptune
'ner [nɐ] *art indef fam Abk von* **einer** un(e)
Nerv [nɛrf] <-s o -en, -en> *m* ① ANAT nerf *m* ② *Pl* (*nervliche Verfassung*) **gute/schwache ~en haben** avoir les nerfs solides/fragiles; **die ~en behalten** être/rester maître de ses nerfs; **die ~en verlieren** perdre le contrôle de soi-même; **mit den ~en [völlig] herunter sein** *fam* être à bout de nerfs ③ BOT nervure *f* ▶**jdm auf die ~en gehen** *fam* taper sur les nerfs de qn
nerven ['nɛrfən] *fam* **I.** *vt* casser les pieds à; **jdn ~** casser les pieds à qn; **genervt sein** être énervé **II.** *vi Person:* être casse-pieds; *Sache, Vorfall:* être horripilant
Nervenarzt *m,* **-ärztin** *f* neurologue *mf* **nervenaufreibend** *adj* nerveusement éprouvant(e) **Nervenbündel** *nt* paquet *m* de nerfs **Nervenentzündung** *f* MED névrite *f* **Nervengift** *nt* neurotoxine *f* **Nervenheilanstalt** *f* maison *f* de repos **Nervenheilkunde** *f* neurologie *f* **Nervenkitzel** <-s, -> *m fam* petit frisson *m* **nervenkrank** *adj* malade des nerfs **Nervensäge** *f fam* casse-pieds *mf* **Nervenschwäche** *f kein Pl* neurasthénie *f* **Nervensystem** *nt* système *m* nerveux; **das vegetative ~** le système neurovégétatif **Nervenzelle** *f* neurone *m* **Nervenzentrum** *nt* centre *m* nerveux **Nervenzusammenbruch** *m* dépression *f* nerveuse; **einen ~ haben** craquer nerveusement
nervig ['nɛrfɪç] *adj* tuant
nervlich ['nɛrflɪç] *adj* nerveux(-euse)
nervös [nɛr'vøːs] **I.** *adj Person* nerveux(-euse); *Stimmung* agité(e); **jdn ~ machen** rendre qn nerveux(-euse) **II.** *adv* (*nervlich*) **~ bedingt** d'origine nerveuse
Nervosität [nɛrvozi'tɛːt] <-> *f* nervosité *f*
nervtötend *adj fam* tuant(e)
Nerz [nɛrts] <-es, -e> *m* vison *m*
Nessel ['nɛsəl] <-, -n> *f* (*Brennnessel*) ortie *f*
Nest [nɛst] <-[e]s, -er> *nt* ① nid *m* ② *fam*

N

(*Kaff*) patelin *m;* **in einem kleinen ~ leben** vivre dans un trou perdu
Nesthäkchen <-s, -> *nt* petit dernier *m*
nett [nɛt] *adj* ① (*liebenswert*) gentil(le); **~ zu jdm sein** être gentil avec qn; **das ist [aber] ~ von Ihnen** c'est gentil à vous ② (*angenehm*) sympathique ③ (*beträchtlich*) bon(ne) petit(e); **ein ~es Sümmchen** une belle somme
netterweise *adv* **etw ~ tun** avoir l'amabilité [*o* la gentillesse] de faire qc
Nettigkeit <-, -en> *f* gentillesse *f*
netto ['nɛto] *adv* net
Nettobetrag *m* montant *m* net **Nettoeinkommen** *nt* revenu *m* net **Nettolohn** *m* salaire *m* net
Netz [nɛts] <-es, -e> *nt* ① (*Stromnetz, System*) réseau *m;* **ein Gerät ans ~ anschließen** brancher un appareil sur le secteur ② (*Fischernetz, Einkaufsnetz*) filet *m* ③ (*Spinnennetz*) toile *f* ④ SPORT filet *m;* **~!** net! ⑤ (*Funkverbindung, Funksignal*) **ein ~ haben** avoir du réseau; **kein ~ haben** ne pas avoir de réseau ▶ **das soziale ~** le système de protection sociale
Netzauge *nt* ZOOL œil *m* à facettes **Netzbetrieb** *m* alimentation *f* secteur **Netzhaut** *f* ANAT rétine *f* **Netzkarte** *f* TRANSP carte *f* d'abonnement **Netzteil** *nt* ELEC transformateur *m* **Netzwerk** *nt a.* INFORM réseau *m;* **soziales ~** réseau social **netzwerken** *vi fam* réseauter **Netzzugang** *m* INFORM accès *m* [au] réseau
neu [nɔy] **I.** *adj* ① (*noch nicht gebraucht*) neuf(neuve); (*soeben hergestellt, gekauft*) nouveau(-velle) *antéposé* ② (*aktuell*) récent(e); **ein ~er Artikel** un article qui vient de paraître; **die ~esten Nachrichten** les [toutes] dernières nouvelles ③ (*erneut*) nouveau(-velle) *antéposé* ④ (*frisch*) propre ⑤ (*noch nicht da gewesen*) nouveau(-velle) ⑥ (*unbekannt*) **~ in der Klasse sein** être nouveau dans une classe; **das war mir ~** je n'en savais rien ▶ **seit ~[e]stem** depuis peu; **von ~em** de nouveau **II.** *adv* ① (*von vorn*) **wieder ganz ~ anfangen müssen** devoir repartir à zéro ② (*erneut*) **~ bearbeiten/drucken/auflegen** remanier/réimprimer/rééditer; **~ bearbeitet** remanié ③ (*soeben*) **~ eröffnet** récemment rouvert; **das ~ eröffnete griechische Restaurant** le restaurant grec qui vient d'ouvrir
Neuankömmling ['nɔyʔankœmlɪŋ] <-s, -e> *m* nouveau venu *m*/nouvelle venue *f*
neuartig ['nɔyʔa:ɐtɪç] *adj Methode, Technologie* inédit(e); *Lehrwerk, Wörterbuch* de conception nouvelle
Neuartigkeit <-> *f* nouveauté *f*
Neuauflage *f* (*neue Auflage*) nouveau tirage *m* **Neuausgabe** *f* réédition *f* **Neubau** <-bauten> *m* nouvel immeuble *m*
Neubaugebiet *nt* ≈ Z.U.P. *f* **Neubausiedlung** *f* nouveau lotissement *m* **Neubauwohnung** *f* appartement *m* neuf
neubearbeitet *s.* **neu II.2** **Neubearbeitung** *f* ① *kein Pl* (*das Bearbeiten*) refonte *f* ② (*neue Ausgabe*) nouvelle édition *f* ③ MUS, THEAT nouvelle adaptation *f*
Neubeginn *m* nouveau départ *m* **neudeutsch** *adj a. pej* **~es Wort** mot allemand récent; **der ~e Trend zum Luxus** la nouvelle tendance allemande au luxe
Neudruck <-drucke> *m* réimpression *f*
Neue(s) *nt dekl wie adj* ① (*neuartige Beschaffenheit*) nouveauté *f;* **das ~ an etw** (*dat*) la nouveauté dans qc; **Altes und ~s** le vieux et le neuf ② (*neuer Gegenstand, neue Ware*) **etwas ~s** quelque chose de nouveau; **nichts ~s** rien de nouveau ③ (*Neuigkeit*) **etwas/nichts ~s** quelque chose de/rien de nouveau; **was gibt's ~s?** *fam* quoi de neuf?
Neueinsteiger(in) <-s, -> *m(f)* débutant(e) *m(f)* **Neueinstellung** *f eines Mitarbeiters* embauche *f; eines Schauspielers* nouvel engagement *m* **Neuentwicklung** *f* innovation *f*
neuerdings ['nɔyɐ'dɪŋs] *adv* depuis peu [de temps]
Neuerer ['nɔyərɐ] <-s, -> *m,* **Neuerin** *f* novateur(-trice) *m(f)*
neueröffnet *s.* **neu II.3** **Neueröffnung** *f* (*Eröffnung*) ouverture *f;* **wir laden Sie zur ~ ein** nous vous invitons à l'inauguration **Neuerscheinung** *f* nouveauté *f*
Neuerung <-, -en> *f* innovation *f*
Neueste(s) *nt dekl wie adj* ① **das ~** (*neueste Nachricht*) la dernière [nouvelle]; **weißt du schon das ~?** tu connais la nouvelle? ② (*neuartigstes Produkt*) **das ~** ce qui vient de sortir
Neufassung *f* nouvelle version *f* **neugeboren** *adj* nouveau-né ▶ **wie ~** tout revigoré
Neugeborene(s) *nt dekl wie adj* nouveau-né(e) *m(f)*
Neugestaltung *f eines Gebäudes* réaménagement *m; eines Platzes* réorganisation *f*
Neugier(de) ['nɔygi:ɐ(də)] <-> *f* curiosité *f;* **aus ~** par [simple] curiosité
neugierig **I.** *adj Person* curieux(-euse); *Blick* plein(e) de curiosité; *Frage* indiscret(-ète); **jdn ~ machen** exciter la curiosité de qn; **~ sein, ob/wie ...** être curieux

N

de savoir si/comment ... **II.** *adv* avec curiosité

Neugierige(r) *f(m) dekl wie adj* curieux(-euse) *m(f)*

Neugliederung *f* restructuration *f* **Neugriechisch** <-[s]> *nt kein Art* le grec moderne **Neugründung** *f* ❶ (*Gründung*) création *f* ❷ (*Institution*) institution *f* nouvelle **Neuguinea** [nɔygi'neːa] <-s> *nt* la Nouvelle-Guinée

Neuheit ['nɔyhait] <-, -en> *f* nouveauté *f*

Neuigkeit ['nɔyɪçkait] <-, -en> *f* ❶ (*neue Information*) nouvelle *f* ❷ *Pl* (*Nachrichten*) nouvelles *fpl*

Neujahr ['nɔyjaːɐ̯] *nt kein Pl* nouvel an *m;* **habt ihr zu ~ schon etwas vor?** avez-vous déjà des projets pour le nouvel an? ▶ **prost ~!** bonne année!

Neujahrstag *m* jour *m* de l'an

Neukaledonien [nɔykale'doːni̯ən] <-s> *nt* la Nouvelle-Calédonie **Neuland** ['nɔylant] *nt kein Pl* terres *fpl* nouvelles

neulich ['nɔylɪç] *adv* récemment; **erinnerst du dich noch an ~?** tu te souviens de l'autre jour?; **~ abends/sonntags** l'autre soir/dimanche

Neuling ['nɔylɪŋ] <-s, -e> *m* novice *mf*

neumodisch *adj, adv pej* à la dernière mode **Neumond** *m kein Pl* nouvelle lune *f*

neun [nɔyn] *num* neuf ▶ **alle ~ [e]!** strike!; *s. a.* **acht**[1]

Neun <-, -en> *f* neuf *m*

Neunauge ['nɔynʔaugə] *nt* ZOOL lamproie *f*

neuneinhalb ['nɔynʔain'halp] *num* **~ Meter** neuf mètres et demi; *s. a.* **achteinhalb**

neunerlei ['nɔynɐ'lai] *adj inv* **~ Sorten Brot** neuf sortes de pain; *s. a.* **achterlei**

neunfach ['nɔynfax] **I.** *adj* **die ~e Menge** neuf fois la quantité **II.** *adv falten* neuf fois; *s. a.* **achtfach**

Neunfache(s) *nt dekl wie adj* **das ~ verdienen** gagner neuf fois plus; *s. a.* **Achtfache(s)**

neunhundert ['nɔyn'hʊndɐt] *num* neuf cents

Neunjährige(r) *f(m) dekl wie adj* fille *f*/garçon *m* de neuf ans

neunmal ['nɔynmaːl] *adv* neuf fois; *s. a.* **achtmal**

neunt [nɔynt] *adv* **zu ~ sein** être [à] neuf; *s. a.* **acht**[2]

neuntausend ['nɔyn'tauzənt] *num* neuf mille

neunte(r, s) *adj* ❶ neuvième ❷ (*bei Datumsangaben*) **der ~ Mai** le neuf mai ❸ SCHULE **die ~ Klasse** ≈ la seconde; *s. a.* **achte(r, s)**

Neunte(r) *f(m)* neuvième *mf; s. a.* **Achte(r)**

neuntel ['nɔyntəl] *adj* neuvième; *s. a.* **achtel**

Neuntel ['nɔyntəl] <-s, -> *nt a.* MATH neuvième *m*

neuntens ['nɔyntəns] *adv* neuvièmement

neunzehn ['nɔyntseːn] *num* dix-neuf; *s. a.* **acht**[1] **neunzehnte(r, s)** *adj* dix-neuvième; *s. a.* **achte(r, s)**

neunzig ['nɔyntsɪç] *num* quatre-vingt-dix, nonante (BELG, CH); *s. a.* **achtzig**

Neunzig <-, -en> *f* quatre-vingt-dix *m,* nonante *m* (BELG, CH)

neunziger ['nɔyntsɪgɐ] *adj* **die ~ Jahre** les années *fpl* quatre-vingt-dix; *s. a.* **achtziger**

neunzigjährig *adj attr* de quatre-vingt-dix ans, de nonante ans (BELG, CH); *s. a.* **achtzigjährig**

neunzigste(r, s) *adj* quatre-vingt-dixième, nonantième (BELG, CH); *s. a.* **achtzigste(r, s)**

Neuordnung *f* réorganisation *f* **Neuphilologe** ['nɔyfiloloːgə] *m,* **-philologin** *f* ❶ (*Wissenschaftler*) philologue *mf* moderne ❷ (*Student*) étudiant(e) *m(f)* en lettres modernes **Neuphilologie** *f* étude *f* des langues vivantes

Neuralgie [nɔyral'giː] <-, -ien> *f* MED névralgie *f*

neuralgisch [nɔy'ralgɪʃ] *adj* MED *a. fig* névralgique

Neuregelung *f* nouvelle réglementation *f* **neureich** *adj* parvenu(e) **Neureiche(r)** *f(m) dekl wie adj* **die ~n** les nouveaux riches

Neurochirurg(in) ['nɔyroçirʊrk] *m(f)* MED neurochirurgien(ne) *m(f)* **Neurochirurgie** ['nɔyroçirʊrgiː] *f* MED neurochirurgie *f*

Neurodermitis [nɔyrodɛr'miːtɪs] *f* MED névrodermite *f*

Neurologe [nɔyro'loːgə] <-n, -n> *m,* **Neurologin** *f* MED neurologue *mf*

neurologisch [nɔyro'loːgɪʃ] *adj* MED neurologique

Neuron ['nɔyrɔn] <-s, -ronen> *nt* MED neurone *m*

Neurose [nɔy'roːzə] <-, -n> *f* PSYCH névrose *f*

Neurotiker(in) [nɔy'roːtikɐ] <-s, -> *m(f)* PSYCH névrosé(e) *m(f)*

neurotisch [nɔy'roːtɪʃ] *adj* PSYCH *Person* névrosé(e); *Erkrankung, Verhalten* névrotique

Neuschnee *m* neige *f* fraîche

N

Neuseeland [nɔy'ze:lant] *nt* la Nouvelle-Zélande
Neuseeländer(in) [nɔy'ze:lɛndɐ] <-s, -> *m(f)* Néo-Zélandais(e) *m(f)*
neuseeländisch [nɔy'ze:lɛndɪʃ] *adj* néo-zélandais(e)
neusprachlich *adj Unterricht* de langues vivantes; **die ~en Fächer** les langues *fpl* vivantes
Neuste(s) *s.* **Neueste(s)**
neustens ['nɔystəns] *s.* **neuerdings**
neutral [nɔy'tra:l] **I.** *adj* neutre **II.** *adv* ❶ *sich verhalten* de façon impartiale ❷ CHEM **~ reagieren** avoir une réaction neutre
neutralisieren* [nɔytrali'zi:rən] *vt* neutraliser
Neutralisierung <-, -en> *f* neutralisation *f*
Neutralität [nɔytrali'tɛ:t] <-> *f* ❶ POL neutralité *f* ❷ *geh* (*Unparteilichkeit*) impartialité *f*
Neutron ['nɔytrɔn] <-s, -tronen> *nt* PHYS neutron *m*
Neutronenbombe *f* bombe *f* à neutrons
Neutrum ['nɔytrʊm] <-s, Neutra o Neutren> *nt* ❶ GRAM neutre *m* ❷ *geh* (*geschlechtsloses Wesen*) être *m* asexué
Neuverschuldung *f* nouvel endettement *m* **Neuwagen** *m* véhicule *m* neuf **Neuwahl** *f* nouvelle élection *f*
neuwertig *adj* comme neuf(neuve)
Neuwort <-wörter> *nt* néologisme *m*, mot *m* nouveau **Neuzeit** *f kein Pl* **die ~** les temps *mpl* modernes **neuzeitlich** *adj* ❶ (*der Neuzeit zugehörig*) des temps modernes ❷ (*modern*) moderne
Newcomer ['nju:kamɐ] <-s, -> *m* nouveau venu *m*/nouvelle venue *f*
Newsgroup ['nju:sgru:p] <-, -s> *f* INFORM infogroupe *m*
Newsletter ['nju:slɛtɐ] <-s, -> *m* INFORM infolettre *f*, newsletter *f*; **den ~ abonnieren** s'abonner à l'infolettre
NGO [ɛndʒi'ʔo:] <-, -s> *f Abk von* **Non-Governmental Organization** POL ONG *f*
nicht [nɪçt] *adv* ❶ ne ... pas; **um sich ~ zu erkälten** pour ne pas attraper froid; **~ schlecht/möglich** pas mauvais/possible; **~ sehr** pas très; **~ mehr** ne ... plus; **~ länger** ne ... plus longtemps; **warum ~?** pourquoi pas?; **bitte ~!** non, s'il te/vous plaît!; **~ einer** [ne ...] pas un [seul]; **er ~!** pas lui!; **~!** arrête/arrêtez! ❷ (*stimmt's*) **~?** non?
Nichtangriffspakt *m* pacte *m* de non-agression
Nichtbeachtung *f form* non-respect *m*
Nichte ['nɪçtə] <-, -n> *f* nièce *f*
Nichteinhaltung *f form von Vorschriften* non-respect *m*
nichtig ['nɪçtɪç] *adj* JUR nul(le)
Nichtigkeit <-, -en> *f kein Pl* JUR nullité *f*
Nichtigkeitsklage *f* JUR action *f* en nullité
Nichtmitglied *nt* non-membre *m* **nichtöffentlich** *adj attr* non public(-ique) **Nichtraucher(in)** *m(f)* non-fumeur (-euse) *m(f)*
Nichtraucherabteil *nt* compartiment *m* [réservé aux] non-fumeurs
Nichtregierungsorganisation *f* organisation *f* non-gouvernementale
nichts [nɪçts] *pron indef* ne ... rien; **sie hat ~ gesagt** elle n'a rien dit; **gar ~** rien du tout; **~ mehr** [ne ...] plus rien; **das geht Sie ~ an!** ça ne vous regarde en rien!; **ich habe damit ~ als Ärger** tout ce que j'ai gagné sont des ennuis; **es ist ~** ce n'est rien; **das macht ~** ça ne fait rien ▶ **für ~ und wieder ~** *fam* pour des clopinettes; **~ wie weg!** tirons-nous!
Nichts [nɪçts] <-, -e> *nt* ❶ *kein Pl* PHILOS **das ~** le néant ❷ (*unbedeutender Mensch*) **ein ~** un(e) moins que rien ▶ **vor dem ~ stehen** avoir tout perdu; **aus dem ~** (*aus nicht Vorhandenem*) à partir de rien; (*von irgendwoher*) comme tombé(e) du ciel
nichtsahnend *s.* **ahnen 1**
Nichtschwimmer(in) *m(f)* **~ sein** ne pas savoir nager
Nichtschwimmerbecken *nt* petit bassin *m*
nichtsdestotrotz [nɪçtsdɛsto'trɔts] *adv* néanmoins **nichtsdestoweniger** [nɪçtsdɛsto've:nɪgɐ] *adv* néanmoins; **aber ~** mais malgré tout
Nichtskönner(in) *m(f) pej* bon(ne) *m(f)* à rien
Nichtsnutz ['nɪçtsnʊts] <-es, -e> *m pej* vaurien(ne) *m(f)*
nichtsnutzig *adj pej* qui ne vaut rien; **ein ~er Kerl** un vaurien; **diese ~en Gören** ces jeunes voyous
nichtssagend *s.* **sagen I.5**
Nichtstuer(in) ['nɪçtstu:ɐ] <-s, -> *m(f)* *pej* fainéant(e) *m(f)*
Nichtstun *nt* ❶ (*das Faulenzen*) oisiveté *f*; **die Tage mit ~ verbringen** passer ses journées à fainéanter ❷ (*Untätigkeit*) inaction *f*
Nichtwähler(in) *m(f)* POL abstentionniste *mf* **Nichtwissen** *nt* ignorance *f* **Nichtzutreffende(s)** *nt dekl wie adj* mentions *f* inutiles

Nickel ['nɪkəl] <-s> *nt* nickel *m*
Nickelbrille *f* lunettes *fpl* cerclées
nicken ['nɪkən] *vi* hocher la tête; (*Zustimmung signalisieren*) faire un signe d'approbation
Nickerchen ['nɪkɐçən] <-s> *nt fam* roupillon *m;* **ein ~ machen** piquer un [petit] roupillon
Nickname ['nɪkne:m] <-s, -s> *m* INET pseudonyme *m,* pseudo *m* (*fam*)
nie [ni:] *adv* ① (*zu keinem Zeitpunkt*) ne ... jamais; **er hat ~ davon gesprochen** il n'en a jamais parlé; **sie sind sich ~ wieder begegnet** ils ne se sont plus jamais vus; **warst du schon mal in Indien? – Nein, noch ~!** tu es déjà allé en Inde? – Non, jamais! ② (*bestimmt nicht*) ne ... sûrement pas (*fam*); **das werden sie ~ schaffen** ils/elles n'y arriveront jamais
nieder ['ni:dɐ] *adv* **~ mit dem Feind!** à bas l'ennemi!
nieder|brennen *vi irr + sein* se réduire en cendres **niederdeutsch** *adj* ① GEOG d'Allemagne du Nord ② LING bas allemand *inv*
Niederdeutsch <-[s]> *nt kein Art* le bas allemand, **auf ~** en bas allemand **nieder|drücken** *vt* ① appuyer sur *Türklinke, Taste* ② *geh* (*deprimieren*) démoraliser; **~d** démoralisant(e)
niedere(r, s) *adj attr Stand* bas(se) *antéposé; Beamte* petit(e) *antéposé;* **von ~r Geburt sein** être de basse condition
Niedergang *m kein Pl* déclin *m* **nieder|gehen** *vi irr + sein Regen, Lawine:* s'abattre **niedergelassen** *adj* CH *Schweizer* établi(e) **niedergeschlagen** *adj* abattu(e)
Niedergeschlagenheit <-> *f* (*Deprimiertheit*) abattement *m;* (*Entmutigung*) découragement *m*
nieder|holen *vt* descendre *Flagge, Segel* **nieder|knien** *vi + sein* s'agenouiller **Niederlage** *f* ① MIL, SPORT, POL défaite *f;* **jdm eine ~ bereiten** infliger une défaite à qn; **bei etw eine ~ einstecken müssen** essuyer une défaite lors de qc (*fam*) ② (*Misserfolg*) échec *m*
Niederlande ['ni:dɐlandə] <-> *Pl* **die ~** les Pays-Bas *mpl*
Niederländer(in) ['ni:dɐlɛndɐ] <-s, -> *m(f)* Néerlandais(e) *m(f)*
niederländisch ['ni:dɐlɛndɪʃ] **I.** *adj* néerlandais(e) **II.** *adv* **~ miteinander sprechen** discuter en néerlandais; *s. a.* **deutsch**
Niederländisch <-[s]> *nt kein Art* néerlandais *m; s. a.* **Deutsch**
nieder|lassen *vr irr* ① **sich ~** s'établir; **sich in einer Stadt als Arzt/Anwalt ~** s'établir dans une ville comme médecin/avocat; **die niedergelassenen Ärzte** les médecins établis ② *geh* (*sich setzen*) **sich auf einer Bank ~** *Person:* prendre place sur un banc
Niederlassung <-, -en> *f* ① (*Zweigstelle*) succursale *f* ② *kein Pl* (*Existenzgründung*) *eines Arztes, Rechtsanwaltes* installation *f*
Niederlassungsrecht *nt* JUR droit *m* d'établissement
nieder|legen *vt* ① se démettre de *Amt;* cesser *Arbeit;* démissionner de *Mandat, Vorsitz* ② *geh* (*hinlegen*) déposer *Kranz*
Niederlegung <-, -en> *f* ① (*das Hinlegen*) dépôt *m* ② (*Beendigung*) *einer Aufgabe* démission *f; der Arbeit* cessation *f*
nieder|machen *vt fam* descendre **nieder|metzeln** ['ni:dɐmɛtsəln] *vt* massacrer **Niederösterreich** ['ni:dɐʔø:stəraiç] *nt* la Basse-Autriche **nieder|prasseln** *vi + sein a. fig* s'abattre **nieder|reißen** *vt irr* démolir **Niedersachsen** ['ni:dɐzaksən] *nt* la Basse-Saxe **nieder|schießen** *irr vt + haben* abattre **Niederschlag** *m* METEO précipitations *fpl;* CHEM précipité *m;* **radioaktiver ~** retombées *fpl* radioactives **nieder|schlagen** *irr* **I.** *vt* ① (*zu Boden schlagen*) **jdn ~** frapper qn à terre ② (*unterdrücken*) réprimer ③ (*senken*) baisser *Augen, Blick* **II.** *vr* ① *a.* CHEM **sich ~** *Dampf:* se condenser; *Substanz:* déposer ② *fig* **sich in etw** (*dat*) **~** s'exprimer dans qc
niederschlagsarm *adj Gegend* peu arrosé(e); *Klima* pauvre en précipitations; **der Winter ist manchmal sehr ~** l'hiver est parfois très sec **niederschlagsreich** *adj* pluvieux(-euse)
Niederschlagung <-, -en> *f* (*Unterdrückung*) *eines Aufstands* répression *f*
nieder|schmettern *vt a. fig* terrasser **niederschmetternd** *adj Nachricht* bouleversant(e); *Bericht* accablant(e); *Resultat* catastrophique **nieder|schreiben** *vt irr* mettre par écrit **Niederschrift** *f* ① (*Schriftstück*) texte *m* écrit; (*Protokoll*) procès-verbal *m* ② *kein Pl* (*das Niederschreiben*) *von Gedanken* rédaction *f* **nieder|stechen** *vt irr* poignarder **nieder|stimmen** *vt* mettre en minorité; **jdn ~** mettre qn en minorité; **etw ~** rejeter qc
Niedertracht <-> *f* bassesse *f*

N

niederträchtig ['ni:dɐtrɛçtɪç] **I.** *adj* infâme **II.** *adv* de façon infâme

Niederträchtigkeit <-, -en> *f* ❶ *kein Pl* (*Charaktereigenschaft*) bassesse *f* ❷ (*Tat*) infamie *f*

Niederung ['ni:dərʊŋ] <-, -en> *f* dépression *f*

nieder|werfen *vr irr* **sich ~** se prosterner; **sich vor jdm ~** se prosterner devant qn

niedlich ['ni:tlɪç] **I.** *adj* adorable **II.** *adv* de façon adorable

niedrig ['ni:drɪç] **I.** *adj* ❶ (*nicht hoch*) bas(se) ❷ (*gering*) peu élevé(e); *Trinkgeld* maigre *antéposé; Druck, Temperatur* bas(se); *Geschwindigkeit* réduite ❸ *Beweggründe* bas(se) *antéposé* ❹ *Herkunft* bas(se) *antéposé* **II.** *adv* bas

Niedrigenergiehaus *nt* maison *f* à faible consommation d'énergie

Niedrigkeit <-> *f von Beweggründen* bassesse *f*

Niedriglohn *m meist Pl* bas salaires *mpl*

Niedriglohnland *nt* pays *m* à bas salaires

Niedrigwasser <-wasser> *nt* étiage *m*

niemals ['ni:ma:ls] *adv* ❶ ne ... jamais; **er ist noch ~ geflogen** il n'a encore jamais pris l'avion ❷ (*auf keinen Fall*) ne ... jamais [de la vie]

niemand ['ni:mant] *pron indef* ne ... personne; **das geht ~[en] von euch etwas an** cela ne regarde aucun de vous

Niemand ['ni:mant] <-s, -e> *m* rien *mf* du tout (*vieilli*)

Niemandsland *nt kein Pl* no man's land *m*

Niere ['ni:rə] <-, -n> *f* ❶ ANAT rein *m* ❷ *meist Pl* GASTR rognon

Nierenbecken *nt* ANAT bassinet *m*

Nierenbeckenentzündung *f* MED pyélite *f*

Nierenentzündung *f* MED néphrite *f*

nierenförmig *adj* en forme de haricot

Nierengurt *m* ceinture *f* lombaire **Nierenstein** *m* calcul *m* rénal

nieseln ['ni:zəln] *vi unpers* **es nieselt** il bruine

Nieselregen *m* bruine *f*

niesen ['ni:zən] *vi* éternuer

Niesen <-s> *nt* éternuement *m*

Niespulver *nt* poudre *f* à éternuer

Niete[1] ['ni:tə] <-, -n> *f* ❶ (*Fehllos*) billet *m* perdant ❷ *fam* (*Versager*) minable *mf*, nullos *m*

Niete[2] ['ni:tə] <-, -n> *f* TECH, COUT rivet *m*

nieten ['ni:tən] *vt* river

Niger ['ni:gɐ] <-s> *m* ❶ (*Land*) [**der**] ~ le Niger ❷ (*Fluss*) **der ~** le Niger

Nigeria [ni'ge:ri̯a] <-s> *nt* le Nigeria

Nigerianer(in) [nige'ri̯a:nɐ] <-s, -> *m(f)* Nigérian(ne) *m(f)*

nigerianisch *adj* nigérian(ne)

Nigrer(in) ['ni:grɐ] <-s, -> *m(f)* Nigérien(ne) *m(f)*

nigrisch ['ni:grɪʃ] *adj* nigérien(ne)

Nihilist(in) [nihi'lɪst] <-en, -en> *m(f)* nihiliste *mf*

nihilistisch *adj* nihiliste

Nikolaus ['nɪkolau̯s] <-, -e *o fam* -läuse> *m* ❶ (*Gestalt*) [**der**] ~ Saint Nicolas *m* ❷ *kein Pl* (*Nikolaustag*) **morgen ist ~** demain c'est la Saint-Nicolas

Nikotin [niko'ti:n] <-s> *nt* nicotine *f*

Nil [ni:l] <-s> *m* Nil *m*

Nilpferd *nt* hippopotame *m*

Nimbus ['nɪmbʊs] <-> *m fig geh* (*Ansehen*) aura *f*

nimmer ['nɪmɐ] *adv* SDEUTSCH, A (*nicht mehr*) ne ... plus

Nimmersatt ['nɪmɐzat] <-[e]s, -e> *m fam* goinfre *mf*

nimmt [nɪmt] *3. Pers Präs von* **nehmen**

Nippel ['nɪpəl] <-s, -> *m* TECH raccord *m*

nippen ['nɪpən] *vi* goûter du bout des lèvres; **an etw** (*dat*) **~** goûter qc du bout des lèvres; **an einem Glas ~** siroter un verre

nirgends ['nɪrgənts] *adv*, **nirgendwo** ['nɪrgəntvo:] *adv* ne ... nulle part

nirgendwohin ['nɪrgəntvo'hɪn] *adv* ne ... nulle part; **wohin gehst du? – Nirgendwohin!** où est-ce que tu vas? – Nulle part!

Nirwana [nɪr'va:na] <-[s]> *nt* nirvana *m*

Nische ['ni:ʃə] <-, -n> *f* ❶ ARCHIT niche *f* ❷ (*Marktnische*) créneau *m* ❸ *fig* **ökologische ~** niche *f* écologique

Nisse ['nɪsə] <-, -n> *f* lente *f*

nisten ['nɪstən] *vi* nicher

Nistplatz *m* lieu *m* de nidification

Nitrat [ni'tra:t] <-[e]s, -e> *nt* CHEM nitrate *m*

Nitroglyzerin [nitroglyt͜se'ri:n] *nt* CHEM nitroglycérine *f*

Niveau [ni'vo:] <-s, -s> *nt* niveau *m*; **jd hat ~ /kein ~** qn est/n'est pas cultivé(e); **etw hat ~ /kein ~** qc est de haut niveau/qc est d'un mauvais niveau

nivellieren* [nivɛ'li:rən] *vt* niveler

nix [nɪks] *pron indef fam* rien

Nixe ['nɪksə] <-, -n> *f* ondine *f*

Nizza ['nɪt͜sa] <-s> *nt* Nice

NN *Abk von* **Normalnull**

NO *Abk von* **Nordosten** N.-E.

nobel ['no:bəl] **I.** *adj* ❶ (*edel*) noble ❷ (*luxuriös*) chic ❸ *Geschenk, Trinkgeld* généreux(-euse) **II.** *adv* (*edel*) avec noblesse

Nobelkarosse *f pej fam* bagnole *f* de luxe
Nobelpreis [no'bɛlprais] *m* prix *m* Nobel
Nobelpreisträger(in) *m(f)* prix *mf* Nobel
noch [nɔx] *adv* ① (*weiterhin*) encore; ~ **da sein** être encore là; **er ist immer ~ krank** il est toujours malade; ~ **fünf Minuten bis zur Abfahrt** encore cinq minutes jusqu'au départ ② (*bisher*) **er hat ~ nicht angerufen** il n'a pas encore téléphoné ③ (*zur Verstärkung von Steigerungen*) encore; ~ **besser** encore mieux ④ (*verstärkend*) ~ **heute** aujourd'hui même; ~ **am Unfallort** sur le lieu même de l'accident; **und wenn es ~ so regnet ...** et même si il pleut ...; **und wenn du ~ so schreist, hier hört dich keiner!** tu peux avoir beau crier, ici personne ne t'entend ⑤ (*eigentlich*) déjà; **wie war das ~?** comment c'était déjà? ⑥ (*knapp, so eben*) **den Zug gerade ~ erreichen können** pouvoir tout juste attraper le train; **das geht gerade ~** ça peut encore aller ⑦ (*außerdem*) encore; **bringen Sie mir ~ ein Bier!** apportez-moi une autre bière!
nochmalig ['nɔxmaːlɪç] *adj* nouveau
nochmals ['nɔxmaːls] *adv* encore une fois
Nockenwelle *f* arbre *m* à cames
Nockerl ['nɔkɐl] <-s, -n> *nt* A (*kleiner Kloß*) quenelle *f*
Nomade [no'maːdə] <-n, -n> *m*, **Nomadin** *f* nomade *mf*
Nomadenleben *nt kein Pl* vie *f* nomade
Nomen ['noːmən, *Pl:* 'noːmina] <-s, Nomina> *nt* GRAM nom *m*
Nomenklatur [nomɛnkla'tuːɐ̯] <-, -en> *f* nomenclature *f*
Nominativ ['noːminatiːf] <-[e]s, -e> *m* GRAM nominatif *m*
nominell [nomi'nɛl] *adj* nominal(e)
nominieren* [nomi'niːrən] *vt* désigner; **jdn für ein Amt ~** désigner qn à une fonction
Nominierung <-, -en> *f* nomination *f*
No-Name-ProduktRR ['noʊneɪm-, 'noːneːm-] *nt* produit *m* qui n'est pas de marque
nonkonformistisch *adj geh* non-conformiste
Nonne ['nɔnə] <-, -n> *f* religieuse *f*
Nonnenkloster *nt* couvent *m*
Nonplusultra [nɔnplʊs'ʔʊltra] <-> *nt geh* nec *m* plus ultra
NonprofitorganisationRR [nɔn'prɔfɪt-] *f* ÖKON association *f* à but non lucratif
Nonsens ['nɔnzɛns] <-[es]> *m* absurdité *f*
nonstop [nɔn'stɔp] *adv* non-stop
Nonstopflug, Non-Stop-FlugRR [nɔn-'stɔp-] *m* vol *m* direct [*o* non-stop]
Noppe ['nɔpə] <-, -n> *f* nop[p]e *f*
Nordamerika ['nɔrtʔa'meːrika] *nt* l'Amérique *f* du Nord **norddeutsch** ['nɔrtdɔʏtʃ] *adj* de l'Allemagne du Nord **Norddeutschland** ['nɔrtdɔʏtʃlant] *nt* l'Allemagne *f* du Nord
Norden ['nɔrdən] <-s> *m* ① (*Himmelsrichtung*) nord *m*; **aus dem ~** venant du nord; **nach ~** vers le nord; **nach ~ liegen** *Zimmer, Balkon:* être orienté au nord; **nach ~ zeigen** *Person:* montrer le nord; **von ~** du nord ② (*nördliche Gegend*) Nord *m* ▶**im hohen ~** dans le Grand Nord
Nordeuropa ['nɔrtʔɔʏ'roːpa] *nt* l'Europe *f* du Nord **Nordfrankreich** *nt* le nord de la France; **in ~** dans le nord de la France **Nordhalbkugel** *f* hémisphère *m* nord
Nordic Walking ['nɔrdɪk'voːkɪŋ] <--s> *nt* marche *f* nordique
Nordirland ['nɔrt'ʔɪrlant] *nt* l'Irlande *f* du Nord
nordisch ['nɔrdɪʃ] *adj* nordique
Nordkap ['nɔrtkap] *nt* **das ~** le cap Nord **Nordkorea** ['nɔrtko're:a] <-s> *nt* la Corée du Nord **Nordkoreaner(in)** <-s, -> *m(f)* Nord-Coréen(ne) *m(f)* **nordkoreanisch** *adj* nord-coréen(ne) **Nordküste** *f* côte *f* septentrionale
nördlich ['nœrtlɪç] **I.** *adj* du nord; **in ~er Richtung** en direction du nord **II.** *präp + gen* ~ **des Polarkreises** au nord du cercle polaire
Nordlicht *nt* aurore *f* boréale **Nordosten** [nɔrt'ʔɔstən] *m* nord-est *m; s. a.* **Norden** **nordöstlich** [nɔrt'ʔœstlɪç] **I.** *adj* [situé(e) au] nord-est; **in ~er Richtung** en direction du nord-est **II.** *präp + gen* ~ **der Stadt** au nord-est de la ville
Nord-Ostsee-Kanal [nɔrt'ʔɔstzeːkanaːl] *m* **der ~** le canal de la mer du Nord à la Baltique
Nordpol ['nɔrtpoːl] *m* **der ~** le pôle Nord
Nordrhein-Westfalen ['nɔrtrainvɛst'faːlən] *nt* la Rhénanie-du-Nord-Westphalie
Nordsee ['nɔrtzeː] *f* **die ~** la mer du Nord **Nordseite** *f* face *f* nord
nordwärts ['nɔrtvɛrts] *adv* vers le nord
Nordwesten [nɔrt'vɛstən] *m* nord-ouest *m; s. a.* **Norden** **nordwestlich** [nɔrt'vɛstlɪç] **I.** *adj* [situé(e) au] nord-ouest; **in ~er Richtung** en direction du nord-ouest **II.** *präp + gen* ~ **des Flusses** au nord-ouest du fleuve **Nordwind** *m* vent *m* du nord

N

Nörgelei [nœrgəˈlai] <-, -en> *f* dénigrements *mpl*
nörgeln [ˈnœrgəln] *vi* râler; **über etw** (*akk*) ~ râler à cause de qc
Nörgler(in) <-s, -> *m(f)* râleur(-euse) *m(f)*
Norm [nɔrm] <-, -en> *f* norme *f*
normal [nɔrˈmaːl] I. *adj* ❶ (*üblich*) normal(e); **es ist ganz ~, dass** il est tout à fait normal que + *subj* ❷ (*geistig gesund*) normal(e); **nicht mehr ~ sein** (*zurechnungsfähig*) ne plus être tout à fait normal II. *adv* (*üblich*) normalement; ~ **groß/lang/breit sein** être de taille/longueur/largeur normale
Normalbenzin *nt* [essence *f*] ordinaire *m*
normalerweise *adv* normalement
Normalfall *m* cas *m* classique; **das ist der ~** c'est classique; **im ~** normalement **Normalgewicht** *nt* poids *m* normal
normalisieren* [nɔrmaliˈziːrən] I. *vt* normaliser II. *vr* **sich ~** *a.* MED revenir à la normale
Normalisierung <-, -en> *f* *a.* MED retour *m* à la normale
Normalität [nɔrmaliˈtɛːt] <-> *f* normalité *f*
Normalnull <-s> *nt* niveau *m* zéro **Normalsterbliche(r)** *f(m)* *dekl wie adj* commun *m* des mortels/commune *f* des mortelles **Normalzeit** *f* heure *f* légale **Normalzustand** *m kein Pl* état *m* normal
Normandie [nɔrmanˈdiː] <-> *f* **die ~** la Normandie
normannisch [nɔrˈmanɪʃ] *adj a.* HIST normand(e)
normativ [nɔrmaˈtiːf] *adj* normatif(-ive)
normen [ˈnɔrmən] *vt* standardiser
Normenkontrolle *f* JUR contrôle *m* de la constitutionnalité des textes
normieren* [nɔrˈmiːrən] *vt geh* standardiser *Maße;* uniformiser *Aussehen*
Normierung <-, -en> *f* normalisation *f*, standardisation *f*
Normung <-, -en> *f* standardisation *f*
Norwegen [ˈnɔrveːgən] <-s> *nt* la Norvège
Norweger(in) [ˈnɔrveːgɐ] <-s, -> *m(f)* Norvégien(ne) *m(f)*
norwegisch [ˈnɔrveːgɪʃ] *adj* norvégien(ne)
Norwegisch <-[s]> *nt kein Art* norvégien *m; s. a.* **Deutsch**
Nostalgie [nɔstalˈgiː] <-> *f geh* nostalgie *f*
nostalgisch [nɔsˈtalgɪʃ] *adj geh* nostalgique
Not [noːt, *Pl:* ˈnøːtə] <-, Nöte> *f* ❶ *kein Pl* (*Armut*) misère *f* ❷ (*Bedrängnis*) détresse *f;* **jdn in ~ bringen** mettre qn en grande difficulté; **in ~ sein** être dans le besoin ▶ **zur ~** au besoin
Notar(in) [noˈtaːɐ̯] <-s, -e> *m(f)* notaire *m*
Notariat [notaˈri̯aːt] <-[e]s, -e> *nt* ❶ (*Kanzlei*) cabinet *m* [de notaire] ❷ *kein Pl* (*Amt*) notariat *m*
notariell [notaˈri̯ɛl] I. *adj* notarié(e) II. *adv* devant notaire; ~ **beglaubigt werden** être notarié
Notarzt *m*, **-ärztin** *f* ❶ (*Arzt für Notfälle*) médecin *m* d'urgence; (*in Frankreich*) médecin *m* du SAMU, urgentiste *mf* ❷ (*Arzt im Bereitschaftsdienst*) médecin *m* de garde
Notarztwagen *m* voiture *f* du SAMU
Notaufnahme *f eines Krankenhauses* urgences *fpl* **Notausgang** *m* sortie *f* de secours **Notbehelf** *m* pis-aller *m inv* **Notbeleuchtung** *f* éclairage *m* de secours [*o* sûreté] **Notbremse** *f* signal *m* d'alarme ▶ **die ~ ziehen** tirer le signal d'alarme; (*Maßnahmen ergreifen*) tirer la sonnette d'alarme **Notdienst** *m* service *m* de garde
Notdurft [ˈnoːtdʊrft] <-> *f* **seine ~ verrichten** *geh* faire ses besoins
notdürftig [ˈnoːtdʏrftɪç] I. *adj Reparatur* provisoire; *Schutz* de fortune; *Verständigung* approximatif(-ive) II. *adv reparieren* provisoirement; *sich verständigen* comme il/elle/... peut
Note [ˈnoːtə] <-, -n> *f* ❶ MUS note *f; Pl* (*Notentext*) partition *f;* **ganze/halbe ~** ronde *f*/blanche *f;* **~n lesen können** connaître le solfège ❷ SCHULE, UNIV, SPORT note *f* ❸ (*Banknote*) billet *m*
Notebook [ˈnoːtbʊk] <-s, -s> *nt* INFORM [ordinateur *m*] portable *m*, notebook *m*
Notenbank <-banken> *f* banque *f* d'émission **Notenpapier** *nt* papier *m* à musique **Notenschlüssel** *m* clé *f* **Notenständer** *m* pupitre *m* **Notensystem** *nt* MUS portée *f*
Notepad-Computer [ˈnoːtpɛt-] *m* bloc-notes *m* électronique
Notfall *m* ❶ (*Zwangslage*) situation *f* d'urgence; **im ~** au besoin ❷ MED [cas *m* d']urgence *f;* **bei einem ~** en cas d'urgence ▶ **für den ~** en cas de besoin
notfalls [ˈnoːtfals] *adv* au besoin
notgedrungen *adv* bon gré mal gré
notgeil *adj sl* vicelard(e) (*fam*); ~ **sein** être en manque (*fam*) **Notgroschen** *m* pécule *m;* **sich** (*dat*) **einen ~ zurücklegen** se constituer un petit pécule
notieren* [noˈtiːrən] I. *vt* ❶ (*aufschreiben*) noter; [**sich** (*dat*)] **etw ~** noter qc

N

② FIN **mit hundert Dollar notiert werden** *Aktien, Rohstoffe:* être coté à cent dollars **II.** *vi* ① (*schreiben*) noter ② FIN **mit 60 Euro ~** coter à 60 euros; **der Dollar notiert schwächer/fester** le dollar est en baisse/en hausse

nötig ['nøːtɪç] *adj* nécessaire; **mit dem ~en Geld** avec l'argent nécessaire; **mit der ~en Vorsicht** avec la prudence qui s'impose/s'imposait; **etw bitter ~ haben** *Person:* avoir bien besoin de qc; **etw nicht ~ haben** pouvoir se passer de qc; **wenn ~** si nécessaire; **das Nötigste** le strict nécessaire

nötigen ['nøːtɪgən] *vt* forcer; **jdn zu etw ~** forcer qn à faire qc

nötigenfalls ['nøːtɪgən'fals] *adv form* si besoin est

Nötigung <-, -en> *f* coercition *f*

Notiz [no'tiːts] <-, -en> *f* ① note *f;* **sich** (*dat*) **~en machen** noter; (*bei einem Vortrag*) prendre des notes ② (*Pressenotiz*) entrefilet *m*

Notizblock <-blöcke> *m* bloc-notes *m* **Notizbuch** *nt* carnet *m* **Notizzettel** *m* bout *m* de papier; (*von einem Block*) feuille *f* de bloc-notes

Notlage *f* situation *f* critique; **jds ~ ausnützen** profiter de la détresse de qn **notlanden** ['noːtlandən] <notlandete, notgelandet> *vi nur Infin und PP + sein* faire un atterrissage forcé **Notlandung** *f* atterrissage *m* forcé **Notlösung** *f* solution *f* provisoire **Notlüge** *f* pieux mensonge *m* **Notmaßnahme** *f* mesure *f* d'urgence

notorisch [no'toːrɪʃ] *adj* **ein ~er Lügner** un fieffé menteur

Notruf *m* (*Anruf*) appel *m* d'urgence

Notrufnummer *f* numéro *m* d'appel d'urgence **Notrufsäule** *f* borne *f* d'appel d'urgence **Notrufzentrale** *f* centre *m* d'appel d'urgence

Notrutsche *f* toboggan *m* d'évacuation **Notsignal** *nt* signal *m* de détresse **Notsitz** *m* strapontin *m* **Notstand** *m* ① [cas *m* d'] urgence *f* ② JUR état *m* d'urgence **Notstromaggregat** *nt* groupe *m* électrogène de secours **Notunterkunft** *f* logement *m* provisoire **Notwehr** *f* légitime défense *f;* **in ~** en état de légitime défense

notwendig ['noːtvɛndɪç] *adj* nécessaire; **das Notwendigste** le strict nécessaire

notwendigerweise ['noːtvɛndɪgɐ'vaɪzə] *adv* nécessairement

Notwendigkeit ['noːtvɛndɪçkaɪt] <-, -en> *f* nécessité *f*

Nougat ['nuːgat] <-s, -s> *m o nt* praliné *m*

Novelle [no'vɛlə] <-, -n> *f* ① LITER nouvelle *f* ② POL amendement *m*

November [no'vɛmbɐ] <-s, -> *m* novembre *m; s. a.* **April**

Novize [no'viːtsə] <-n, -n> *m,* **Novizin** *f* novice *mf*

Novum ['noːvʊm] <-s, *selten* Nova> *nt geh* **ein ~** une novation

Nr. *Abk von* **Nummer** n°

NS [ɛn'ʔɛs] *Abk von* **Nationalsozialismus** national-socialisme *m*

NSDAP [ɛnʔɛsdeːaː'peː] *f* HIST *Abk von* **Nationalsozialistische Deutsche Arbeiterpartei** *parti ouvrier allemand national-socialiste*

NS-Regime *nt* nazisme *m* **NS-Soldat** *m* soldat *m* nazi

N.T. *nt Abk von* **Neues Testament** N.T.

Nu [nuː] ▶**im ~** en un clin d'œil

Nuance [ny'ɑ̃ːsə] <-, -n> *f* nuance *f*

nüchtern ['nʏçtɐn] *adj* ① (*mit leerem Magen*) **~ sein** être à jeun ② (*nicht betrunken*) sobre; [**wieder**] **~ werden** dessoûler ③ (*realitätsbewusst*) lucide ④ *Tatsachen* concret(-ète); *Stil* sobre

Nüchternheit <-> *f* ① (*opp: Trunkenheit*) sobriété *f* ② (*Realitätsbewusstsein*) lucidité *f*

nuckeln ['nʊkəln] *vi fam* **an etw** (*dat*) **~** téter qc

Nudel ['nuːdəl] <-, -n> *f meist Pl* pâtes *fpl*

Nudelholz *nt* rouleau *m* à pâtisserie **Nudelsuppe** *f* soupe *f* au vermicelle

Nudist(in) [nu'dɪst] <-en, -en> *m(f) geh* nudiste *mf*

Nugat ['nuːgat] *s.* **Nougat**

nuklear [nukle'aːɐ̯] *adj attr* nucléaire

Nuklearmacht *f* puissance *f* nucléaire **Nuklearwaffe** *f* arme *f* nucléaire

null [nʊl] **I.** *num* zéro; **~ Fehler** un sans faute; **um/gegen ~ Uhr** à/vers minuit; **das Spiel steht ~ zu drei/eins zu ~** le score est de zéro à trois/de un à zéro ▶**~ und nichtig sein** être nul et non avenu **II.** *adj inv fam* **~ Ahnung haben** n'y comprendre que dalle

Null [nʊl] <-, -en> *f* ① zéro *m* ② *fam* (*Versager*) nullard *m*

Nullchecker ['nʊltʃɛkɐ] <-s, -> *m sl* nullité *f* **Nulldiät** *f* régime *m* zéro calorie **Nullnummer** *f pej fam* plantage *m* **Nullpunkt** *m kein Pl* zéro *m;* **auf den ~ sinken** *Temperatur:* descendre jusqu'à zéro ▶**auf dem ~ ankommen** *Laune, Stimmung:* être à zéro **Nulltarif** *m kein Pl*

TRANSP gratuité *f* [des transports en commun]; **zum ~ anrufen** téléphoner gratuitement

numerieren* ALT *s.* **nummerieren**

numerisch [nu'meːrɪʃ] *adj* numérique

Numerus ['nuːmerʊs] <-, Numeri> *m* GRAM nombre *m*

Nummer ['nʊmɐ] <-, -n> *f* ① (*Ziffer, Zahl*) numéro *m;* **in welcher ~ wohnst du?** tu habites au quel numéro? ② (*Größe bei Schuhen*) pointure *f;* (*Größe bei Kleidung*) taille *f* ③ (*Autonummer*) numéro *m* [d'immatriculation] ▶ **auf ~ Sicher gehen** *fam* être sûr de son coup

nummerieren* RR [nume'riːrən] *vt* numéroter

Nummernschild *nt* plaque *f* d'immatriculation

nun [nuːn] *adv* ① maintenant; **von ~ an** désormais ② (*allerdings*) à vrai dire ③ (*einlenkend*) bon; **~ gut** eh bien, soit; **~ ja** ma foi; **~ ja, aber ...** certes, [je veux bien] mais ... ④ (*auffordernd*) alors; **~ mach schon!** allez, vas-y!

nunmehr *adv geh* à présent

nur [nuːɐ̯] *adv* ① (*lediglich*) seulement; **ich wollte ~ fragen, ob ...** je voulais juste demander si ...; **nicht ~ ..., sondern auch ...** non seulement ..., mais aussi ...; **ich habe leider ~ wenig Zeit** je n'ai malheureusement que très peu de temps; **[immer] ~ Regen** rien que de la pluie ② (*ausschließlich, nichts als*) **~ Wasser trinken** ne boire que de l'eau ③ (*bloß*) **wie konnte ich das ~ vergessen!** comment ai-je pu oublier!; **was hat er ~?** qu'est-ce qu'il peut bien avoir? ④ (*ja*) surtout; **machen Sie sich ~ keine Umstände!** surtout, ne vous dérangez pas! ⑤ (*ruhig*) **er soll ~ kommen!** il n'a qu'à venir!; **red [du] ~!** tu peux toujours parler! ▶ **~ Mut!** [du] courage, voyons!; **~ zu!** vas-y!/allez-y!

Nürnberg ['nʏrnbɛrk] <-s> *nt* Nuremberg

nuscheln ['nʊʃəln] *vt, vi fam* parler dans sa barbe

Nuss RR [nʊs, *Pl:* 'nʏsə] <-, Nüsse>, **Nuß** ALT <-, Nüsse> *f* ① (*Haselnuss*) noisette *f;* (*Walnuss*) noix *f* ② (*Fleischstück*) noix *f* ③ *fam* (*Schimpfwort*) **du dumme ~!** pauvre cloche! ▶ **eins auf die ~ kriegen** *sl* en prendre plein la figure

Nussbaum RR *m* (*Baum, Holz*) noyer *m*

nussig ['nʊsɪç] *adj* GASTR qui a le goût de la noix

Nussknacker RR *m* casse-noisettes *m*

Nussschale RR *f* ① coquille *f* de noix/noisette ② *fam* (*Boot*) coquille *f* de noix

Nüster ['nʏstɐ] <-, -n> *f meist Pl eines Pferds, Drachens, einer Giraffe* naseau *m*

Nutria ['nuːtria] <-, -s> *f* ZOOL ragondin *m*

Nutte ['nʊtə] <-, -n> *f fam* pute *f* (*vulg*)

Nutz RR [nʊts] ▶ **sich** (*dat*) **etw zu ~e machen** tirer profit de qc

Nutzanwendung *f* application *f*

nutzbar *adj Energie, Anteil* utilisable; *Volumen* utile

nutzbringend *adj* profitable

nütze ['nʏtsə] ▶ **zu nichts ~ sein** n'être bon à rien

Nutzeffekt *m* (*Wirksamkeit*) efficacité *f*

nutzen ['nʊtsən] *vt* ① se servir de *Gegenstand;* habiter *Haus, Zimmer* ② profiter de *Gelegenheit* ③ *s.* **nützen II.**

Nutzen ['nʊtsən] <-s> *m* avantage *m;* **von ~ sein** être utile; **aus etw seinen ~ ziehen** tirer son profit de qc; **zum ~ der Bevölkerung** pour le bien de la population; **welchen ~ soll das haben?** qu'est-ce que cela peut nous apporter?

nützen ['nʏtsən] **I.** *vi* servir; **jdm ~** servir à qn **II.** *vt* **jdm nichts ~** ne servir à rien à qn; **das nützt mir nicht viel** ça ne sert pas à grand-chose

Nutzer(in) <-s, -> *m(f)* utilisateur(-trice) *m(f)*

Nutzerführung *f* INFORM guidage *m* de l'utilisateur

Nutzfahrzeug *nt* véhicule *m* utilitaire **Nutzfläche** *f* AGR surface *f* cultivable **Nutzlast** *f* charge *f* utile

nützlich ['nʏtslɪç] *adj* utile; **jdm ~ sein** être utile à qn; **etwas Nützliches** quelque chose d'utile ▶ **sich ~ machen** se rendre utile

Nützlichkeit <-> *f* utilité *f*

nutzlos *adj* inutile

Nutzlosigkeit <-> *f* inutilité *f*

Nutznießer(in) ['nʊtsniːsɐ] <-s, -> *m(f)* bénéficiaire *mf*

Nutzpflanze *f* plante *f* [économiquement] utile

Nutzung <-, -en> *f* utilisation *f*

Nutzungsrecht *nt* JUR droit *m* de jouissance

NW *Abk von* **Nordwesten** N.-O.

Nylon® ['nailɔn] <-[s]> *nt* nylon® *m*

Nylonstrumpf ['nailɔnʃtrʊmpf] *m* bas *m* nylon®

Nymphe ['nʏmfə] <-, -n> *f* MYTH, ZOOL nymphe *f*

nymphoman [nʏmfo'maːn] *adj* nymphomane

Nymphomanin [nʏmfo'maːnɪn] <-, -nen> *f* nymphomane *f*

Oo

O, o [oː] <-, -> *nt* O *m*/o *m*
O *Abk von* **Osten** E
Ö, ö [øː] <-, -> *nt* O *m*/o *m* tréma
o.a. *Abk von* **oben angeführt** supra
Oase [o'aːzə] <-, -n> *f* oasis *f*
ob [ɔp] I. *konj* ❶ si; **nicht wissen, ~ ...** ne pas savoir si ...; **jdn fragen, ~** demander à qn si ... ❷ (*sei es, dass*) **~ Reich, ~ Arm** [qu'on soit] riche ou pauvre ▶ **und ~!** et comment!; (*aber doch*) mais si! II. *präp* + *dat* **Rothenburg ~ der Tauber** Rothembourg sur la Tauber
o.B. [oː'beː] *Abk von* **ohne Befund** R.A.S.
OB [oː'beː] <-[s], -s> *m,* <-, -s> *f Abk von* **Oberbürgermeister(in)** maire *m*
Obacht ['oːbaxt] *f bes.* SDEUTSCH **~!** attention!
Obdach ['ɔpdax] *nt kein Pl geh* abri *m;* **jdm ~ gewähren** offrir le gîte à qn
obdachlos *adj* sans abri; **~ sein** être sans abri; **~ werden** perdre son domicile
Obdachlose(r) *f(m)* sans-abri *mf*
Obduktion [ɔpdʊk'tsi̯oːn] <-, -en> *f* autopsie *f*
obduzieren* [ɔpdu'tsiːrən] I. *vt* autopsier; **die Leiche wird obduziert** le corps est autopsié II. *vi* faire une autopsie
O-Beine *Pl* jambes *fpl* arquées
o-beinig[RR], **O-beinig** ['oːbai̯nɪç] *adj* aux jambes arquées; **~ sein** avoir les jambes arquées
Obelisk [obe'lɪsk] <-en, -en> *m* obélisque *m*
oben ['oːbən] *adv* ❶ (*opp: unten*) en haut; **~ im Schrank** en haut de l'armoire; **~ auf dem Baum** [là-haut] dans l'arbre; **~ auf der Liste** en tête de liste; **dort ~** là-haut; **bis ~ [hin] voll sein** être plein jusqu'à ras bord; **jdn von ~ bis unten mustern** examiner qn de la tête aux pieds ❷ (*an der Oberseite*) **das Sofa ist ~ etwas abgewetzt** le canapé est un peu râpé sur le dessus; **[hier] ~!** haut! ❸ (*an der Wasseroberfläche*) **[wieder] ~ sein/nach ~ kommen** *Taucher:* être remonté/remonter à la surface ❹ (*in einem oberen Stockwerk*) **nach ~ gehen** aller en haut; **das Klavier nach ~ tragen** monter le piano ❺ (*in sehr großer Höhe*) **mit der Seilbahn nach ~ fahren** monter en téléphérique ❻ *fam* (*auf höherer Ebene*) en haut; **nach ~ wollen** vouloir faire carrière ❼ (*vorher*) plus haut; **siehe ~** voir ci-dessus; **~ erwähnt** mentionné ci-dessus ❽ *fam* (*im, nach Norden*) **~ in Schleswig-Holstein** au nord, dans le Schleswig-Holstein ▶ **ihr steht es bis ~** *fam* elle en a jusque-là; **sich ~ ohne sonnen** *fam* se mettre au soleil seins nus; **von ~ herab** (*geringschätzig*) de haut
obenan ['oːbən'ʔan] *adv* en première position **obendrauf** *adv fam* dessus **obendrein** ['oːbən'drai̯n] *adv* par-dessus le marché **obenerwähnt** *s.* **oben 7** **obenherum** ['oːbənhɛ'rʊm] *adv fam* en haut **obenhin** ['oːbən'hɪn] *adv* comme ça (*fam*)
Ober ['oːbɐ] <-s, -> *m* (*Kellner*) garçon *m;* **Herr ~!** garçon [, s'il vous plaît]!
Oberarm ['oːbɐʔarm] *m* bras *m* **Oberarzt** *m,* **-ärztin** *f* médecin *m* en chef **Oberbefehl** *m kein Pl* commandement *m* en chef **Oberbefehlshaber(in)** *m(f)* commandant(e) *m(f)* en chef **Oberbegriff** *m* terme *m* générique **Oberbürgermeister(in)** *m(f)* maire *m* (*d'une grande ville*)
obere(r, s) ['oːbərə, -rɐ, -rəs] *adj attr* ❶ a. GEOG supérieur(e) ❷ (*vorhergehend*) précédent(e)
Oberfeldwebel *m* adjudant(e) *m(f)* **Oberfläche** *f* surface *f* ▶ **[wieder] an die ~ kommen** *Taucher:* remonter à la surface; *Verdrängtes:* refaire surface
oberflächlich ['oːbɐflɛçlɪç] *adj* superficiel(le)
Oberflächlichkeit <-> *f* caractère *m* superficiel
obergärig ['oːbɐgɛːrɪç] *adj* à haute fermentation
Obergefreite(r) *m* caporal(e) *m(f)* **Obergeschoss**[RR] *nt* étage *m* supérieur **Obergrenze** *f* plafond *m*
oberhalb ['oːbɐhalp] I. *präp* + *gen* **~ des Dorfes** au-dessus du village II. *adv* **~ von etw** au-dessus de qc
Oberhand *f* ▶ **die ~ behalten** conserver l'avantage; **die ~ über jdn gewinnen** prendre le dessus sur qn; **die ~ haben** avoir le dessus **Oberhaupt** *nt des Staates, der Kirche* chef *mf* **oberirdisch** *adj, adv* à la surface **Oberkellner(in)** *m(f)* maître *m* d'hôtel **Oberkiefer** *m* mâchoire *f* supérieure **Oberkommando** *nt* haut commandement *m* **Oberkommissar** *m* commissaire *mf* principal **Oberkörper** *m* (*Brustkorb*) buste *m* **Oberlauf** *m eines*

O

Flusses cours *m* supérieur **Oberleitung** *f* ❶ (*Führung*) direction *f* générale ❷ TRANSP caténaire *f* **Oberleutnant** *m* lieutenant-colonel *m* **Oberlicht** *nt* ❶ (*kleines Fenster*) imposte *f* ❷ (*Licht*) lumière *f* d'en haut **Oberlippe** *f* lèvre *f* supérieure **Oberösterreich** ['o:bɐʔø:stəraiç] *nt* la Haute-Autriche

Obers ['o:bɐs] <-> *nt* A *s.* **Schlagsahne**

Oberschenkel *m* cuisse *f*

Oberschenkelknochen *m* fémur *m*

Oberschicht *f* classe *f* supérieure **Oberschwester** *f* infirmière *f* [en] chef **Oberseite** *f* partie *f* supérieure

Oberst ['o:bɐst] <-en, -e[n]> *m* colonel *m*

oberste(r, s) ['o:bɐstə, -tɐ, -təs] *adj* ❶ (*ganz oben befindlich*) supérieur(e); *Stockwerk* dernier(-ière); *Schublade* du haut ❷ (*rangmäßig*) plus élevé(e)

Oberstimme *f* superius *m* **Oberstudiendirektor(in)** *m(f)* ❶ ≈ proviseur *mf* ❷ (*als Anrede*) **Herr ~ /Frau ~in!** ≈ monsieur le/madame le [*o* la] proviseur! **Oberstufe** *f* SCHULE *les trois années avant le baccalauréat* **Oberteil** *nt o m* ❶ *eines Möbelstücks* partie *f* supérieure ❷ *eines Kleidungsstücks* haut *m* **Oberwasser** *nt kein Pl* ▶ **[wieder] ~ haben** *fam* avoir repris du poil de la bête **Oberweite** *f* tour *m* de poitrine

obgleich [ɔp'glaiç] *konj* bien que + *subj*

Obhut ['ɔphu:t] <-> *f geh* garde *f*; **unter seiner/ihrer ~** sous sa protection

obige(r, s) ['o:bɪgə, -gɐ, -gəs] *adj attr* ci-dessus

Objekt [ɔp'jɛkt] <-[e]s, -e> *nt* ❶ (*Gegenstand*) objet *m*; (*Kunstobjekt*) objet d'art ❷ (*Immobilie*) bien-fonds *m* ❸ GRAM complément *m* d'objet

objektiv [ɔpjɛk'ti:f] **I.** *adj* (*sachlich*) objectif(-ive); (*unvoreingenommen*) impartial(e) **II.** *adv* de façon objective

Objektiv [ɔpjɛk'ti:f] <-s, -e> *nt eines Fotoapparats* objectif *m*

Objektivität [ɔpjɛktivi'tɛ:t] <-> *f* objectivité *f*

Oblate [o'bla:tə] <-, -n> *f* gaufrette *f* de pain azyme

obligat [obli'ga:t] *adj iron Kleidungsstück* obligatoire; *Verbeugung* obligé(e)

Obligation [obliga'tsi̯o:n] <-, -en> *f* ÖKON, JUR obligation *f*

obligatorisch [obliga'to:rɪʃ] *adj geh* obligatoire

Obmann ['ɔpman] <-männer *o* -leute> *m*, **-männin** *o* **-frau** *f* (*Vorsitzende*) président(e) *m(f)*

Oboe [o'bo:ə] <-, -n> *f* hautbois *m*

Obolus ['o:bolʊs] <-, -se> *m geh* obole *f*

Obrigkeit ['o:brɪçkait] <-, -en> *f* **die ~** les autorités *fpl*

obrigkeitshörig *adj pej* respectueux(-euse) de l'autorité

obschon [ɔp'ʃo:n] *s.* **obgleich**

Observatorium [ɔpzɛrva'to:ri̯ʊm] *nt* observatoire *m*

observieren* [ɔpzɛr'vi:rən] *vt* surveiller

Obsession [ɔpzɛ'si̯o:n] <-, -en> *f* PSYCH obsession *f*

obskur [ɔps'ku:ɐ̯] *adj geh* douteux(-euse)

Obsorge <-> *f* A (*Fürsorge*) soins *mpl*

Obst [o:pst] <-[e]s> *nt* fruits *mpl*

Obst[an]bau *m kein Pl* arboriculture *f* fruitière **Obstbaum** *m* arbre *m* fruitier **Obstgarten** *m* verger *m* **Obsthändler(in)** *m(f)* marchand(e) *m(f)* de fruits **Obstkuchen** *m* tarte *f* aux fruits

Obstler ['o:pstlɐ] <-s, -> *m* alcool *m* de fruit

Obstruktion [ɔpstrʊk'tsi̯o:n] <-, -en> *f geh* obstruction *f*

Obstsaft *m* jus *m* de fruit[s] **Obstsalat** *m* salade *f* de fruits

obszön [ɔps'tsø:n] **I.** *adj* obscène **II.** *adv* de façon obscène

Obszönität [ɔpstsøni'tɛ:t] <-, -en> *f* obscénité *f*

Obus ['o:bʊs] *m* trolleybus *m*

obwohl [ɔp'vo:l] *konj* bien que + *subj*

Occasion [ɔka'zi̯o:n] <-, -en> *f* CH occasion *f*

Ochse ['ɔksə] <-n, -n> *m* ❶ bœuf *m* ❷ *fam* (*Dummkopf*) tête *f* d'âne

ochsen ['ɔksən] *vi fam* bûcher

Ochsenschwanzsuppe *f* potage *m* queue de bœuf

Ocker ['ɔkɐ] <-s, -> *m o nt* ❶ (*Farbstoff*) ocre *f* ❷ (*Farbe, Farbton*) ocre *m*

Ode ['o:də] <-, -n> *f* ode *f*

öde ['ø:də] *adj* ❶ (*verlassen*) désert(e) ❷ (*fade, geistlos*) ennuyeux(-euse)

Öde ['ø:də] <-, -n> *f geh* désert *m*

Ödem [ø'de:m] <-s, -e> *nt* MED œdème *m*

oder ['o:dɐ] *konj* ❶ ou; **~ aber** ou alors ❷ (*nicht wahr*) **das schmeckt gut, ~?** c'est bon, n'est-ce pas?

Oder ['o:dɐ] <-> *f* **die ~** l'Oder *m*

Oder-Neiße-Linie ['o:dɐ'naisəli:ni̯ə] *f* HIST **die ~** la ligne Oder-Neisse

Odyssee [odʏ'se:] <-, -n> *f geh* odyssée *f*

Odysseus [o'dʏsɔʏs] <-> *m* MYTH Ulysse *m*

Ofen ['o:fən, *Pl:* 'ø:fən] <-s, Öfen> *m* ❶ (*Heizofen*) poêle *m* ❷ (*Backofen*) four *m* ❸ TECH fourneau *m*; (*Verbrennungsofen*) incinérateur *m*

ofenfrisch *adj* qui sort du four; **~ sein** sortir du four **Ofenrohr** *nt* tuyau *m* de poêle **Ofensetzer(in)** <-s, -> *m(f)* fumiste *mf*

offen ['ɔfən] **I.** *adj* ① (*nicht zu*) ouvert(e); **~ haben** *Geschäft:* être ouvert; **halb ~** entrouvert ② *Wunde* ouvert(e); *Bein* purulent(e) ③ *Haare* détaché(e) ④ (*unerledigt*) en suspens; *Rechnung* en souffrance ⑤ (*unentschieden*) incertain(e); **noch ist alles ~** tout est encore possible ⑥ (*freimütig*) franc(franche) ⑦ (*aufgeschlossen*) **jdm gegenüber ~ sein** être ouvert envers qn; **für etw ~ sein** être ouvert à qc ⑧ (*deutlich*) déclaré(e) ⑨ (*frei*) **für alle/nur für Mitglieder ~ sein** *Besuch:* être ouvert à tous/seulement aux membres ⑩ (*frei zugänglich*) ouvert(e); *Hafen* accessible ⑪ *Anstalt* en milieu ouvert; *Himmel* dégagé(e); *Gesellschaft* libéral(e) ⑫ DIAL *Ware* en vrac ⑬ *Flasche* entamé(e) ⑭ LING *Vokal* ouvert(e) **II.** *adv* (*freimütig*) franchement ▶ **~ gesagt** pour être franc

offenbar ['ɔfənbaːɐ̯] **I.** *adj* évident(e) **II.** *adv* manifestement

offenbaren* <*PP* offenbart *o* geoffenbart> *vt geh* (*mitteilen*) annoncer

Offenbarung <-, -en> *f* révélation *f*

Offenbarungseid *m* ① JUR serment *m* déclaratoire ② *fig* aveu *m* d'impuissance

offen|bleiben *vi irr + sein Frage:* rester en suspens **offen|halten** *vt irr fig* **sich** (*dat*) **eine Entscheidung ~** se réserver le droit de prendre une décision

Offenheit <-> *f* franchise *f;* **in aller ~** en toute franchise

offenherzig *adj* ① (*freimütig*) franc(franche) ② *hum fam* (*tief ausgeschnitten*) [**ganz schön**] **~ sein** être décolleté jusqu'au nombril

offenkundig *adj* manifeste; **es ist ~, dass ...** il est manifeste que ...

offen|lassen *vt irr fig* **eine Frage ~** laisser une question en suspens

offensichtlich **I.** *adj* évident(e); **~ sein** sauter aux yeux **II.** *adv* de toute évidence

offensiv [ɔfɛn'ziːf] **I.** *adj* offensif(-ive); *Werbung* agressif(-ive) **II.** *adv handeln* de façon offensive; *werben* en utilisant des techniques agressives

Offensive [ɔfɛn'ziːvə] <-, -n> *f* offensive *f* ▶ **in die ~ gehen** passer à l'offensive

offen|stehen *vi irr Rechnung:* être en souffrance

öffentlich *adj* public

Öffentlichkeit <-> *f* ① (*Allgemeinheit*) public *m;* **in aller ~** devant tout le monde ② JUR audience *f* publique

Öffentlichkeitsarbeit *f* relations *fpl* publiques

öffentlich-rechtlich *adj attr Sender* public(-ique); *Anstalt* de droit public

Offerte [ɔ'fɛrtə] <-, -n> *f* offre *f*

offiziell [ɔfi'tsi̯ɛl] *adj* ① (*amtlich*) officiel(le) ② *Anlass* officiel(le); *Feier* solennel(le); **~ sein** *Person:* être formaliste

Offizier(in) [ɔfi'tsiːɐ̯] <-s, -e> *m(f)* officier *m*

Offiziersanwärter(in) *m(f)* aspirant *m* **Offizierskasino** *nt* mess *m* des officiers

offline ['ɔfla̯in] *adv* INFORM hors ligne

Offlinebetrieb *m* INFORM mode *m* déconnecté

öffnen ['œfnən] **I.** *vt, vi a.* INFORM ouvrir **II.** *vr* ① **sich ~** s'ouvrir; **sich nach Westen hin ~** *Tal:* s'ouvrir sur l'ouest ② (*zugänglich werden für*) **sich jdm/einer Idee ~** s'ouvrir à qn/une idée

Öffner ['œfnɐ] <-s, -> *m* ① (*für Dosen*) ouvre-boîte *m;* (*für Flaschen*) ouvre-bouteille *m,* décapsuleur *m* ② (*Türöffner*) touche *f* d'ouverture automatique (*de la porte d'entrée d'un immeuble*)

Öffnung <-, -en> *f* ① (*offene Stelle*) orifice *m* ② *kein Pl a.* POL (*das Öffnen*) ouverture *f*

Öffnungszeiten *Pl* heures *fpl* d'ouverture

oft [ɔft] <öfter> *adv* souvent

öfter[s] ['œftɐ(s)] *adv* assez souvent

oftmals ['ɔftmaːls] *s.* **oft**

oh [oː] *interj* oh

OHG [oːhaː'geː] *f Abk von* **Offene Handelsgesellschaft** société *f* en nom collectif, S.N.C. *f*

Ohm [oːm] <-[s], -> *nt* PHYS ohm *m*

ohne ['oːnə] **I.** *präp + akk* sans; **~ mich!** sans moi! ▶ **nicht ~ sein** *fam* avoir de la ressource **II.** *konj* **~ zu überlegen** sans réfléchir

ohnedies ['oːnə'diːs] *s.* **ohnehin**

ohnegleichen ['oːnə'gla̯içən] *adv* sans pareil

ohnehin ['oːnə'hɪn] *adv* de toute façon

Ohnmacht ['oːnmaxt] <-, -en> *f* ① syncope *f;* **in ~ fallen** tomber en syncope ② *geh* (*Machtlosigkeit*) impuissance *f*

ohnmächtig ['oːnmɛçtɪç] **I.** *adj* ① évanoui(e); **~ werden** s'évanouir ② *geh* (*machtlos, hilflos*) impuissant(e) **II.** *adv* (*hilflos*) dans un état d'impuissance

oho *interj* eh bien (*fam*)

Ohr [oːɐ̯] <-[e]s, -en> *nt* oreille *f;* **auf einem ~ taub sein** être sourd d'une oreille; **er hat ihr etwas ins ~ geflüstert** il lui a murmuré quelque chose à l'oreille

▶ **es faustdick hinter den ~en haben** ne pas être tombé de la dernière pluie; **ganz ~ sein** *hum fam* être tout ouïe; **nur mit halbem ~ zuhören** n'écouter que d'une oreille; **jdm die ~en lang ziehen** *fam* tirer les oreilles à qn; **halt/haltet die ~en steif!** *fam* tiens/tenez le coup!; **viel um die ~en haben** *fam* ne pas/plus savoir où donner de la tête; **jdn übers ~ hauen** se payer la tête de qn; **sich aufs ~ legen** *fam* mettre la viande dans le torchon; **sich** (*dat*) **etw hinter die ~en schreiben** *fam* se mettre qc dans le crâne; **bis über beide ~en verliebt sein** être fou amoureux

Öhr [øːɐ̯] <-[e]s, -e> *nt* chas *m*

ohrenbetäubend *adj* assourdissant(e)
Ohrensausen <-s> *nt* bourdonnements *mpl* d'oreille[s] **Ohrenschmalz** *nt kein Pl* cérumen *m* **Ohrenschützer** <-s, -> *m meist Pl* cache-oreilles *m* **Ohrensessel** *m* fauteuil *m* à oreilles

Ohrfeige <-, -n> *f* gifle *f*

ohrfeigen *vt* gifler

Ohrläppchen ['oːɐ̯lɛpçən] <-s, -> *nt* lobe *m* de l'oreille **Ohrmuschel** *f* pavillon *m* [de l'oreille] **Ohrring** *m* boucle *f* d'oreille **Ohrstecker** *m* clou *m* **Ohrwurm** *m fam* rengaine *f*

oje [o'jeː] *interj* bon sang

o.k., okay [o'keː, o'keɪ] *fam* **I.** *interj* O.K. **II.** *adj* O.K.; ~ **sein** être O.K.

Okay [o'keː] <-[s], -s> *nt fam* okay *m*

okkult [ɔ'kʊlt] *adj* occulte; **das Okkulte** les phénomènes occultes

Okkultismus [ɔkʊl'tɪsmʊs] <-> *m* occultisme *m*

Okkupation [ɔkupa'tsi̯oːn] <-, -en> *f* occupation *f*

okkupieren* [ɔku'piːrən] *vt* occuper

Ökobauer ['øːkobaʊ̯ɐ] *m*, **-bäuerin** *f* agriculteur(-trice) *m(f)* biologique **Ökobilanz** *f* bilan *m* environnemental **Ökoladen** *m* magasin *m* vert

Ökologe [øko'loːgə] <-n, -n> *m*, **Ökologin** *f* écologiste *mf*

Ökologie [økolo'giː] <-> *f* écologie *f*

ökologisch [øko'loːgɪʃ] **I.** *adj* écologique **II.** *adv* sur le plan écologique

Ökonom(in) [øko'noːm] <-en, -en> *m(f)* *geh* économiste *mf*

Ökonomie [økono'miː] <-, -i̯en> *f* économie *f*

ökonomisch [œko'noːmɪʃ] **I.** *adj* ❶ *Problem* économique ❷ (*sparsam*) économe **II.** *adv* (*sparsam*) dans un souci d'économie

Ökopartei *f* parti *m* écologique **Ökosteuer** *f* écotaxe *f* **Ökosystem** *nt* écosystème *m* **Ökotourismus** *m* tourisme *m* vert, écotourisme *m*

Oktanzahl [ɔk'taːn-] *f* indice *m* d'octane

Oktave [ɔk'taːvə] <-, -n> *f* octave *f*

Oktober [ɔk'toːbɐ] <-s, -> *m* octobre *m*; *s. a.* **April**

Oktoberfest *nt* **das ~** *la fête de la bière à Munich*

Okular [oku'laːɐ̯] <-s, -e> *nt* OPT oculaire *m*

Ökumene [øku'meːnə] <-> *f* œcuménisme *m*

ökumenisch [øku'meːnɪʃ] *adj* œcuménique

Okzident ['ɔktsidɛnt] <-s> *m geh* Occident *m*

Öl [øːl] <-[e]s, -e> *nt* ❶ (*Speiseöl, Motoröl, Ölfarbe*) huile *f* ❷ (*Erdöl*) pétrole *m* ❸ (*Heizöl*) mazout *m*; **mit ~ heizen** se chauffer au fioul

Ölbaum *m* olivier *m* **Ölbild** *nt* peinture *f* à l'huile

Oldie ['oːldi] <-s, -s> *m fam* ❶ (*Song, Film*) classique *m* ❷ (*Person*) vioque *mf*

Oldtimer ['oːlttaɪ̯mɐ] <-s, -> *m* ❶ (*Auto*) voiture *f* ancienne ❷ (*Flugzeug*) coucou *m*

Oleander [ole'andɐ] <-s, -> *m* laurier *m* rose

ölen ['øːlən] *vt* huiler ▶ **wie geölt** *fam* comme dans du beurre

Ölfarbe *f* peinture *f* à l'huile **Ölgemälde** *nt s.* **Ölbild** **Ölheizung** *f* chauffage *m* au mazout

ölig ['øːlɪç] *adj* ❶ *Salat* huileux(-euse) ❷ (*verschmutzt*) graisseux(-euse)

Oligarchie [oligar'çiː] <-, -i̯en> *f* oligarchie *f*

oliv [o'liːf] *adj* olive

Olive [o'liːvə] <-, -n> *f* olive *f*

Olivenbaum *m* olivier *m* **Olivenöl** *nt* huile *f* d'olive

olivgrün *adj* vert olive *inv*

Ölkanne *f* bidon *m* d'huile [*o* à huile] **Ölkrise** *f* crise *f* du pétrole **Ölmalerei** *f* peinture *f* à l'huile **Ölpest** *f* marée *f* noire **Ölplattform** *f* plate[-]forme *f* pétrolière **Ölpreis** *m* prix *m* du pétrole **Ölquelle** *f* puits *m* de pétrole **Ölsardine** *f* sardine *f* à l'huile ▶ **wie die ~n** *fam* comme des sardines **Ölscheich** *m pej* prince *m* du pétrole **Ölschinken** *m* KUNST *pej* grande machine *f* (*fam*)

Ölstandanzeiger *m* indicateur *m* de niveau d'huile

Ölteppich *m* nappe *f* de pétrole

Ölung <-, -en> *f* ❶ huilage *m* ❷ REL **die Letzte ~** l'extrême-onction *f*

Ölversorgung *f* ÖKON approvisionnement *m* en pétrole **Ölwanne** *f* carter *m* **Ölwechsel** *m* vidange *f*
Olymp [o'lʏmp] <-s> *m* **der** ~ l'Olympe *m*
Olympia [o'lʏmpi̯a] <-[s]> *nt geh* (*Olympische Spiele*) Jeux *mpl* olympiques
Olympiade [olʏm'pi̯a:də] <-, -n> *f* olympiades *fpl*
Olympiastadion *nt* stade *m* olympique
Olympionike [olʏmpi̯o'ni:kə] <-n, -n> *m*, **-nikin** *f* SPORT athlète *mf* olympique
olympisch [o'lʏmpɪʃ] *adj* olympique
Ölzeug *nt* ciré *m*
Oma ['o:ma] <-, -s> *f* ❶ *fam* mamie *f* ❷ *pej fam* (*alte Frau*) mémère *f*
Ombudsmann ['ɔmbʊts-] <-männer *o* -leute> *m*, **-frau** *f* médiateur(-trice) *m(f)*
Omega-3-Fettsäure [o:mega'drai̯-] *f* acide *m* gras oméga-3
Omelett [ɔm(ə)'lɛt] <-[e]s, -e *o* -s> *nt*, **Omelette** <-, -n> *f* CH, A omelette *f*
Omen ['o:mən] <-s, - *o* Omina> *nt geh* augure *m* (*littér*)
ominös [omi'nø:s] *adj geh* suspect(e)
Omnibus ['ɔmnibʊs] *m* autobus *m*; (*Reisebus*) autocar *m*
Onanie [ona'ni:] <-> *f* onanisme *m*
onanieren* [ona'ni:rən] *vi* se masturber
One-Man-Show ['wʌnmɛnʃo:] *f* THEAT one man show *m*
One-Night-Stand ['wʌnnai̯tstɛnt] <-s, -s> *m* nuit *f* sans lendemain
Onkel ['ɔŋkəl] <-s, -> *m* ❶ oncle *m* ❷ *Kinderspr.* (*Mann*) monsieur *m*
Onkologie [ɔŋkolo'gi:] <-> *f* MED cancérologie *f*
online ['ɔnlai̯n] *adj* INFORM en ligne
Onlineangebot ['ɔnlai̯n-] *nt* offre *f* en ligne **Onlineausgabe** *f einer Zeitung, Zeitschrift* édition *f* en ligne **Onlinebank** *f* banque *f* en ligne **Onlinebestellung** *f* commande *f* en ligne **Onlinebetrieb** *m* mode *m* connecté **Onlinedienst** *m* service *m* en ligne **Onlinehandel** *m* commerce *m* en ligne **Onlineportal** *nt* portail *m* internet; **im** ~ sur le portail internet **Onlineshop** [-ʃɔp] *m* boutique *f* en ligne **Onlineticket** *nt* (*Fahrkarte*) billet *m* en ligne; (*Eintrittskarte*) ticket *m* en ligne
Onyx ['o:nʏks] <-[es], -e> *m* onyx *m*
OP[1] [o:'pe:] <-s, -s> *m fam Abk von* **Operationssaal** salle *f* d'opération, salle d'op (*fam*)
OP[2] [o:'pe:] <-, -s> *f fam Abk von* **Operation** opération *f* [chirurgicale]
Opa ['o:pa] <-s, -s> *m* ❶ *fam* papi *m* ❷ *pej fam* (*alter Mann*) pépère *m*
Opal [o'pa:l] <-s, -e> *m* opale *f*
Op-ArtRR ['ɔpʔa:ɐ̯t] <-> *f* op'art *m*
OPEC ['o:pɛk] <-> *f Abk von* **Organization of the Petroleum Exporting Countries** O.P.E.P. *f*
Open AirRR [oʊp(ə)n'eə, o:pən'ʔɛ:ɐ̯] <-s, - -s> *nt* concert *m* en plein air
Open-Air-FestivalRR *nt* festival *m* en plein air
Open-End-DiskussionRR [oʊpən'ɛnd-, o:pən'ʔɛnt-] *f* discussion *f* ouverte
Oper ['o:pɐ] <-, -n> *f* opéra *m*; **an die ~ gehen** devenir chanteur *m* d'opéra/cantatrice *f*
operabel [opə'ra:bəl] *adj* MED opérable
Operateur(in) [opəra'tø:ɐ̯] <-s, -e> *m(f)* MED chirurgien(ne) *m(f)*
Operation [opəra'tsi̯o:n] <-, -en> *f* opération *f*
Operationsbasis *f* base *f* des opérations **Operationssaal** *m* salle *f* d'opération
operativ [opəra'ti:f] **I.** *adj* ❶ MED chirurgical(e) ❷ MIL opérationnel(le) **II.** *adv* ❶ MED par la chirurgie ❷ MIL en stratège/stratèges
Operator [opə'ra:to:ɐ̯] <-s, -toren> *m*, **Operatorin** *f* INFORM opérateur(-trice) *m(f)*
Operette [opə'rɛtə] <-, -n> *f* opérette *f*
operieren* [opə'ri:rən] **I.** *vt* opérer; **jdn am Magen ~** opérer qn de l'estomac **II.** *vi* ❶ MED opérer ❷ MIL mener une opération/des opérations ❸ *geh* (*vorgehen*) **vorsichtig ~** opérer prudemment
Opernarie *f* aria *f* d'opéra **Opernball** *m* bal *m* à l'opéra **Opernglas** *nt* jumelles *fpl* de théâtre **Opernsänger(in)** *m(f)* chanteur *m* d'opéra/cantatrice *f*
Opfer ['ɔpfɐ] <-s, -> *nt* ❶ (*Menschenleben*) victime *f*; **zahlreiche ~ fordern** faire de nombreuses victimes ❷ *a.* REL sacrifice *m*
opferbereit *adj* plein d'abnégation **Opfergabe** *f* offrande *f*
opfern ['ɔpfɐn] **I.** *vt* REL sacrifier; **jdm etw ~** donner qc en offrande à qn **II.** *vi* REL célébrer le sacrifice **III.** *vr a. fig, hum fam* **sich ~** se sacrifier
Opferstatistik *f* statistiques *fpl* des victimes
Opferung <-, -en> *f* sacrifice *m*
Opium ['o:pi̯ʊm] <-s> *nt* opium *m*
Opossum [o'pɔsʊm] <-s, -s> *nt* ZOOL opossum *m*
Opponent(in) [ɔpo'nɛnt] <-en, -en> *m(f)* *geh* opposant(e) *m(f)*
opponieren* [ɔpo'ni:rən] *vi geh* faire de l'obstruction
opportun [ɔpɔr'tu:n] *adj geh* ❶ (*ange-*

O

passt) opportuniste ❷ (*vorteilhaft*) ~ **sein** être opportun

Opportunismus [ɔpɔrtu'nɪsmʊs] <-> *m* opportunisme *m*

Opportunist(in) *m(f)* opportuniste *mf*

opportunistisch **I.** *adj* opportuniste **II.** *adv* en opportuniste

Opposition [ɔpozi'ʦi̯o:n] <-, -en> *f a.* POL opposition *f*; **in ~ zu jdm/etw stehen** être opposé à qn/qc

oppositionell [ɔpoziʦi̯o'nɛl] *adj* ❶ POL de l'opposition ❷ *geh* (*gegnerisch*) d'opposition; *Einstellung* contestataire

Oppositionelle(r) *f(m) dekl wie adj* opposant(e) *m(f)*

Oppositionspartei *f* parti *m* d'opposition

Optik ['ɔptɪk] <-, -en> *f* ❶ PHYS, PHOT optique *f* ❷ *kein Pl* (*Eindruck*) aspect *m*

Optiker(in) <-s, -> *m(f)* opticien(ne) *m(f)*

optimal [ɔpti'ma:l] *geh* **I.** *adj* optimal(e); *Partner* idéal(e) **II.** *adv* de la meilleure façon possible

optimieren* [ɔpti'mi:rən] *vt geh* optimaliser

Optimierung <-, -en> *f* optimisation *f*

Optimismus [ɔpti'mɪsmʊs] <-> *m* optimisme *m*

Optimist(in) [ɔpti'mɪst] <-en, -en> *m(f)* optimiste *mf*

optimistisch **I.** *adj* optimiste **II.** *adv* de façon optimiste; **jdn ~ stimmen** rendre qn optimiste

Optimum ['ɔptimʊm] <-s, Optima> *nt geh* solution *f* optimale

Option [ɔp'ʦi̯o:n] <-, -en> *f* ❶ FIN, COM option *f* ❷ (*das Optieren*) choix *m* ❸ *geh* (*Möglichkeit*) option *f*

optisch ['ɔptɪʃ] **I.** *adj* ❶ *Linsen* optique; *Instrumente* d'optique ❷ *geh* (*äußerlich*) visuel(le) **II.** *adv geh* visuellement

Opus <-, Opera> *nt* ❶ (*Gesamtwerk*) œuvre *f* ❷ MUS opus *m* ❸ *hum* (*Erzeugnis, Werk*) œuvre *f* d'art

Orakel [o'ra:kəl] <-s, -> *nt* oracle *m*

oral [o'ra:l] **I.** *adj* ❶ MED oral(e); *Einnahme* par voie orale ❷ (*den Mund betreffend*) buccal(e) ❸ (*nicht schriftlich*) oral(e) **II.** *adv* MED par voie orale

orange [o'rã:ʒə, o'raŋʒə] *adj inv* orange *inv*

Orange¹ [o'rã:ʒə, o'raŋʒə] <-, -n> *f* (*Frucht*) orange *f*

Orange² [o'rã:ʒ(ə), o'raŋʒ(ə)] <-, - *o fam* -s> *nt* (*Farbe*) orange *m*

Orangeade [orã'ʒa:də, oraŋ'ʒa:də] <-, -n> *f* orangeade *f*

Orangeat [orã'ʒa:t, oraŋ'ʒa:t] <-[e]s, -e> *nt* zeste *m* d'orange confit

orangefarben, **orangefarbig** *adj* de couleur orange *inv*

Orangenbaum *m* oranger *m* **Orangenhaut** *f kein Pl* peau *f* d'orange **Orangenmarmelade** *f* marmelade *f* d'oranges **Orangensaft** *m* jus *m* d'orange **Orangenschale** *f* écorce *f* d'orange

Orangerie [orãʒə'ri:, oraŋʒə'ri:] <-, -ien> *f* BOT orangerie *f*

Orang-Utan ['o:raŋ'ʔu:tan] <-s, -s> *m* orang-outan[g] *m*

Oratorium [ora'to:ri̯ʊm] <-s, -torien> *nt* oratorio *m*

Orchester [ɔr'kɛstɐ] <-s, -> *nt* ❶ (*Ensemble*) orchestre *m* ❷ *s.* **Orchestergraben**

Orchestergraben *m* fosse *f* d'orchestre

Orchidee [ɔrçi'de:ə] <-, -n> *f* orchidée *f*

Orden ['ɔrdən] <-s, -> *m* ❶ MIL décoration *f* ❷ REL ordre *m*

Ordensband <-bänder> *nt* ruban *m* **Ordensbruder** *m* religieux *m* **Ordensschwester** *f* religieuse *f*

ordentlich ['ɔrdəntlɪç] **I.** *adj* ❶ (*aufgeräumt*) rangé(e); **in ~em Zustand** en ordre ❷ (*Ordnung liebend*) ordonné(e) ❸ *Person* convenable; *Benehmen* correct(e) ❹ *fam Portion* bon(ne) *antéposé* ❺ (*annehmbar*) correct(e) **II.** *adv* ❶ *fam* (*tüchtig*) bien ❷ *arbeiten* sérieusement

Ordentlichkeit <-> *f* sens *m* de l'ordre

Order ['ɔrdɐ] <-, -s> *f* commande *f*

ordern ['ɔrdɐn] *vt, vi* commander

Ordinalzahl [ɔrdi'na:lʦa:l] *f* nombre *m* ordinal

ordinär [ɔrdi'nɛ:ɐ̯] *adj* ❶ (*vulgär*) vulgaire ❷ (*gewöhnlich*) simple *antéposé*

Ordinariat [ɔrdina'ri̯a:t] <-[e]s, -e> *nt* ❶ UNIV chaire *f* [de professeur titulaire] ❷ REL ordinariat *m*

Ordinarius [ɔrdi'na:ri̯ʊs] <-, Ordinarien> *m* professeur *m* [titulaire]

ordnen ['ɔrdnən] **I.** *vt* ❶ (*sortieren*) classer ❷ (*in Ordnung bringen*) mettre de l'ordre dans *Finanzen*; **etw neu ~** réorganiser qc **II.** *vr* **sich ~** se ranger

Ordner <-s, -> *m* ❶ (*Person*) membre *m* du service d'ordre ❷ (*Aktenordner*) classeur *m*

Ordnerin <-, -nen> *f* membre *m* du service d'ordre

Ordnung ['ɔrdnʊŋ] <-, -en> *f* ❶ *kein Pl* (*das Sortieren*) classement *m* ❷ (*Aufgeräumtheit*) ordre *m*; **~ halten** être ordonné ❸ *kein Pl* (*ordentliches Verhal-*

ten) ordre *m*; **jdn zur ~ rufen** rappeler qn à l'ordre ❹ (*Vorschrift*) règlement *m* ❺ ASTRON magnitude *f* ▶ **~ ist das halbe Leben** *prov* l'ordre simplifie la vie; **etw in ~ bringen** (*aufräumen*) mettre qc en ordre; (*reparieren*) réparer qc; (*klären*) mettre bon ordre à qc; **in ~ sein** (*funktionieren*) [bien] marcher; **nicht in ~ sein** (*nicht funktionieren*) être défectueux; (*sich nicht gehören*) ne pas aller; **[das ist] in ~!** *fam* d'accord!

ordnungsgemäß I. *adj* réglementaire II. *adv* en bonne et due forme **Ordnungshüter(in)** *m(f)* gardien(ne) *m(f)* de l'ordre **ordnungsliebend** *adj* qui aime l'ordre; **~ sein** aimer l'ordre **Ordnungsruf** *m* rappel *m* à l'ordre **Ordnungssinn** *m kein Pl* sens *m* de l'ordre **Ordnungsstrafe** *f* contravention *f*; **jdn mit einer ~ belegen** dresser une contravention à qn **ordnungswidrig** *adj* illégal **Ordnungswidrigkeit** <-, -en> *f* infraction *f* **Ordnungszahl** *s.* **Ordinalzahl**

Oregano [o'reːgano] <-> *m* origan *m*

Organ [ɔr'gaːn] <-s, -e> *nt a. fig* organe *m*

Organigramm [ɔrgani'gram] <-s, -e> *nt* organigramme *m*

Organisation [ɔrganiza'tsi̯oːn] <-, -en> *f* organisation *f*

Organisationstalent *nt* ❶ *kein Pl* (*Eigenschaft*) sens *m* de l'organisation, esprit *m* d'organisation ❷ (*Mensch*) champion(ne) *m(f)* de l'organisation

Organisator [ɔrgani'zaːtoːɐ̯] <-s, -toren> *m*, **Organisatorin** *f* organisateur(-trice) *m(f)*

organisatorisch [ɔrganiza'toːrɪʃ] I. *adj Angelegenheit* relatif(-ive) à l'organisation; *Leistung* organisationnel(le) II. *adv* sur le plan de l'organisation

organisch [ɔr'gaːnɪʃ] *adj* organique

organisieren* [ɔrgani'ziːrən] I. *vt* ❶ organiser ❷ *fam* (*stehlen*) magouiller II. *vi* s'occuper de l'organisation III. *vr* **sich ~** *Arbeitnehmer:* s'organiser

organisiert *adj* organisé(e)

Organismus [ɔrga'nɪsmʊs] <-, -nismen> *m* organisme *m*; **genetisch veränderter ~** organisme *m* génétiquement modifié, OGM *m*

Organist(in) [ɔrga'nɪst] <-en, -en> *m(f)* organiste *mf*

Organizer ['ɔːgənaɪzɐ] <-s, -> *m* INFORM agenda *m* électronique

Organspende *f* MED don *m* d'organe **Organspender(in)** *m(f)* donneur(-euse) *m(f)* d'organes **Organtransplantation** *f* MED transplantation *f* d'organe **Organverpflanzung** *f* transplantation *f* [d'organes]

Orgasmus [ɔr'gasmʊs] <-, Orgasmen> *m* orgasme *m*

Orgel ['ɔrgəl] <-, -n> *f* orgue *m*

Orgelmusik *f* ❶ (*Komposition*) musique *f* pour orgue ❷ (*Orgelspiel*) récital *m* d'orgue **Orgelpfeife** *f* tuyau *m* d'orgue ▶ **dastehen wie die ~n** *hum fam* être en rang d'oignons

Orgie ['ɔrgi̯ə] <-, -n> *f* orgie *f*; **~n feiern** célébrer des orgies

Orient ['oːri̯ɛnt] <-s> *m* **der ~** l'Orient *m*

Orientale [ori̯ɛn'taːlə] <-n, -n> *m*, **Orientalin** *f* Oriental(e) *m(f)*

orientalisch [ori̯ɛn'taːlɪʃ] *adj* oriental(e)

orientieren* [ori̯ɛn'tiːrən] I. *vr* ❶ (*sich zurechtfinden*) **sich ~** s'orienter; **sich an etw** (*dat*) **~** s'orienter à qc ❷ (*sich ausrichten nach*) **sich an jdm/etw ~** agir en fonction de qn/qc ❸ (*sich unterrichten*) **sich über etw ~** s'informer de qc II. *vt geh* ❶ (*unterrichten*) **jdn über etw** (*akk*) **~** informer qn de qc ❷ (*ausgerichtet sein*) **links/rechts orientiert sein** être orienté vers la gauche/droite

Orientierung [ori̯ɛn'tiːrʊŋ] <-, -en> *f* orientation *f*

Orientierungspunkt *m* point *m* de repère **Orientierungssinn** *m kein Pl* sens *m* de l'orientation

original [origi'naːl] I. *adj* ❶ (*echt*) original(e) ❷ *Zustand* d'origine II. *adv* **~ verpackt sein** être dans son emballage d'origine

Original [origi'naːl] <-s, -e> *nt* original *m*

Originalfassung *f* version *f* originale **originalgetreu** *adj* fidèle [à l'original]

Originalität [originali'tɛːt] <-> *f* ❶ (*Echtheit*) authenticité *f* ❷ (*Einfallsreichtum*) *einer Person, eines Stils* originalité *f*

Originalton *m kein Pl* ❶ enregistrement *m* original ❷ *fig* **~ Emil** dixit Emil

originell [origi'nɛl] I. *adj* original(e) II. *adv* de manière originale

Orkan [ɔr'kaːn] <-[e]s, -e> *m* ouragan *m*

Orkanstärke *f* force *f* d'un ouragan

Ornament [ɔrna'mɛnt] <-[e]s, -e> *nt* ornement *m*

Ornat [ɔr'naːt] <-[e]s, -e> *m* habit *m*

Ort [ɔrt] <-[e]s, -e> *m* ❶ (*Stelle, Erscheinungsort*) lieu *m*; **ohne ~ und Jahr** sans lieu ni date ❷ (*Ortschaft*) localité *f*; **von ~ zu ~ gehen** aller de ville en ville ❸ (*Belegstelle*) **am angegebenen ~** à l'endroit cité ▶ **an ~ und Stelle** sur place; **höheren ~es** *form* en haut lieu

O

Örtchen <-s, -> *nt* ▶ **das [stille] ~** *fam* le petit coin

orten ['ɔrtən] *vt* ① localiser *Signal* ② *fam* (*ausmachen*) **jdn schon geortet haben** avoir déjà repéré qn

orthodox [ɔrto'dɔks] **I.** *adj a. fig* orthodoxe **II.** *adv leben* selon le rite orthodoxe

OrthografieRR [ɔrtogra'fiː] <-, -ien> *f* orthographe *f*

orthografischRR **I.** *adj Regel* d'orthographe **II.** *adv* **~ falsch/richtig sein** être mal/bien orthographié

Orthographie [ɔrtogra'fiː] *s.* **Orthografie**

orthographisch [ɔrto'graːfɪʃ] *s.* **orthografisch**

Orthopäde [ɔrto'pɛːdə] <-n, -n> *m*, **Orthopädin** *f* orthopédiste *mf*

Orthopädie [ɔrtopɛ'diː] <-> *f* orthopédie *f*

orthopädisch [ɔrto'pɛːdɪʃ] *adj* orthopédique; *Ausbildung* en orthopédie

örtlich ['œrtlɪç] *adj a.* MED, METEO local(e)

Örtlichkeit <-, -en> *f* localité *f*

Ortsangabe *f* indication *f* du lieu **ortsansässig** *adj Firma* local(e); **die ~en Bewohner** les autochtones

Ortsausgang *m* sortie *f* de la localité **Ortsbestimmung** *f* ① GEOG localisation *f* ② LING complément *m* [circonstanciel] de lieu

Ortschaft <-, -en> *f* localité *f*; **geschlossene ~** agglomération *f*

ortsfremd *adj* **sind Sie ~?** vous n'êtes pas d'ici? **Ortsgespräch** *nt* communication *f* locale **Ortskenntnis** *f* connaissance *f* des lieux **ortskundig** *adj* qui connaît l'endroit; **sich ~ machen** repérer l'endroit **Ortsname** *m* nom *m* de lieu **Ortsnetz** *nt* réseau *m* local

Ortsnetzkennzahl *f form* indicatif *m*

Ortsschild <-schilder> *nt* (*am Ortseingang*) panneau *m* d'entrée en agglomération; (*am Ortsausgang*) panneau de fin d'agglomération **Ortstarif** *m* tarif *m* de la communication locale **Ortsteil** *m* quartier *m* **Ortswechsel** *m* changement *m* de lieu **Ortszeit** *f* heure *f* locale

Ortung <-, -en> *f* détection *f*

Oscarnominierung ['ɔskar-] *f* CINE nomination *f* aux Oscars **Oscarpreisträger(in)** *m(f)* CINE détenteur(-trice) *m(f)* d'un Oscar **oscarreif** *adj* CINE **~e Leistung** *a. fig* prestation digne d'un Oscar **oscarverdächtig** *adj* CINE *a. fig* oscarisable **Oscarverleihung** *f* CINE cérémonie *f* de remise des Oscars

Öse ['øːzə] <-, -n> *f eines Schuhs* œillet *m*; *einer Angelrute* anneau *m*

Ösi ['øːzi] <-s, -s> *m hum sl surnom que donnent les Allemands aux Autrichiens*

Oslo ['ɔslo] <-s> *nt* Oslo

Osmose [ɔs'moːzə] <-, -n> *f* CHEM, BIO osmose *f*

osmotisch [ɔs'moːtɪʃ] *adj* osmotique

Ossi ['ɔsi] <-s, -s> *m*, <-, -s> *f fam surnom des habitants de l'ex-R.D.A.*

Ost [ɔst] <-[e]s> *m* ▶ **aus ~ und West** de l'Est *m* et de l'Ouest *m*

Ostasien ['ɔst'ʔaːziən] *nt* l'Asie *f* orientale **ostdeutsch** ['ɔstdɔytʃ] *adj* d'Allemagne de l'Est **Ostdeutsche(r)** *f(m) dekl wie adj* Allemand(e) *m(f)* de l'Est **Ostdeutschland** ['ɔstdɔytʃlant] *nt* l'Allemagne *f* de l'Est

Osten ['ɔstən] <-s> *m* ① est *m* ② (*Osteuropa*) **der ~** l'Est *m* ③ (*Kleinasien, Asien*) **der Nahe ~** le Proche-Orient; **der Mittlere ~** le Moyen-Orient; **der Ferne ~** l'Extrême-Orient *m*; *s. a.* **Norden**

ostentativ [ɔstɛnta'tiːf] *geh* **I.** *adj* ostensible **II.** *adv* ostensiblement

Osteoporose [ɔsteopo'roːzə] <-, -n> *f* MED ostéoporose *f*

Osterei *nt* œuf *m* de Pâques **Osterglocke** *f* jonquille *f* **Osterhase** *m* lapin *m* de Pâques **Osterlamm** *nt* agneau *m* pascal

österlich ['øːstɐlɪç] *adj* de Pâques

Ostermontag *m* lundi *m* de Pâques

Ostern ['oːstɐn] <-, -> *nt* Pâques *fpl*; **frohe ~!** joyeuses Pâques!

Österreich ['øːstəraiç] <-s> *nt* l'Autriche *f*

Österreicher(in) <-s, -> *m(f)* Autrichien(ne) *m(f)*

österreichisch *adj* autrichien(ne)

Ostersonntag ['oːstɐ'zɔntaːk] *m* dimanche *m* de Pâques

Osterweiterung *f kein Pl* élargissement *m* vers l'Est; **die ~ der EU** l'élargissement de l'UE vers l'Est

Osterwoche *f* semaine *f* sainte

Osteuropa *nt* l'Europe *f* de l'Est **Ostküste** *f* côte *f* orientale

östlich ['œstlɪç] **I.** *adj* GEOG, METEO de l'est; *Gebiet* oriental(e); **in ~er Richtung** en direction de l'est **II.** *präp + gen* **~ der Autobahn** à l'est de l'autoroute

Ostpreußen ['ɔstprɔysən] *nt* la Prusse-Orientale **ostpreußisch** *adj* de la Prusse-Orientale

Östrogen [œstro'geːn] <-s, -e> *nt* œstrogène *m*

Ostsee ['ɔstzeː] *f* **die ~** la [mer] Baltique **Ostseite** *f* face *f* est

ostwärts ['ɔstvɛrts] *adv* vers l'est
Ostwind *m* vent *m* d'est
oszillieren* [ɔstsɪ'li:rən] *vi* osciller
Oszillograf[RR], **Oszillograph** [ɔstsɪlo'gra:f] <-en, -en> *m* PHYS, MED oscillographe *m*
Otter[1] ['ɔtɐ] <-, -n> *f* (*Schlangenart*) vipère *f*
Otter[2] ['ɔtɐ] <-s, -> *m* (*Fischotter*) loutre *f*
ÖTV [ø:te:'faụ] <-> *f Abk von* **Gewerkschaft Öffentliche Dienste, Transport und Verkehr** HIST *syndicat allemand des services publics, des transports et de la circulation*
out [aụt] *adj fam* ~ **sein** être out
outen ['aụtən] *vr* **sich** ~ se déclarer
Outfit ['aụtfɪt] <-[s], -s> *nt* touche *f* (*fam*)
Outing ['aụtɪŋ] <-s> *nt* outing *m*
Outlet ['aụtlɛt] <-s, -s> *nt* (*Fabrikverkaufsstelle*) magasin *m* d'usine
Output ['aụtpʊt] <-s, -s> *m o nt* INFORM, ÖKON output *m*
Outsourcing ['aụtsɔ:sɪŋ] <-s> *nt* ÖKON ❶ (*Auslagerung von Tätigkeiten*) externalisation *f* ❷ (*Produktionsverlagerung ins Ausland*) délocalisation *f*
Ouvertüre [uvɛr'ty:rə] <-, -n> *f* ouverture *f*
oval [o'va:l] *adj* ovale
Oval [o'va:l] <-s, -e> *nt* ovale *m*
Ovation [ova'tsi̯o:n] <-, -en> *f geh* ovation *f*
Overall ['oʊvərɔ:l, 'o:vəra:l] <-s, -s> *m* combinaison *f*
Overheadfolie ['oʊvəhɛdfo:li̯ə, 'o:vɐhɛt-] *f* transparent *m* **Overheadprojektor** ['oʊvəhɛd-, 'o:vɐhɛt-] *m* rétroprojecteur *m*
Overkill ['oʊvəkɪl, 'o:vɐkɪl] <-[s]> *m* MIL surarmement *m*
ÖVP [ø:faụ'pe:] <-> *f Abk von* **Österreichische Volkspartei** *parti populaire autrichien*
Oxid [ɔ'ksi:t] <-[e]s, -e> *nt* oxyde *m*
oxidieren* [ɔksi'di:rən] **I.** *vi + haben o sein* s'oxyder **II.** *vt + haben* oxyder
Oxyd [ɔ'ksy:t] *s.* **Oxid**
Ozean ['o:tsea:n] <-s, -e> *m* océan *m*
Ozeandampfer *m* paquebot *m;* (*im Atlantischen Ozean*) transatlantique *m*
ozeanisch [otse'a:nɪʃ] *adj* ❶ (*den Ozean betreffend*) océanique ❷ (*Ozeanien betreffend*) océanien(ne)
Ozeanografie[RR], **Ozeanographie** [otseanogra'fi:] <-> *f* océanographie *f*
Ozelot ['o:tselɔt, 'ɔtselɔt] <-s, -e *o* -s> *m* ZOOL ocelot *m*
Ozon [o'tso:n] <-s> *nt o m* ozone *m*
Ozonalarm *m* alerte *f* à la pollution par l'ozone **Ozonloch** *nt* trou *m* dans la couche d'ozone **Ozonschicht** *f kein Pl* couche *f* d'ozone **Ozonsmog** *m* smog *m* d'ozone **Ozonwert** *m* taux *m* d'ozone

Pp

P, p [peː] <-, -> *nt* P *m*/p *m*

paar [paːɐ̯] *adj inv* ①(*einige wenige*) **ein ~ Minuten** quelques minutes ②(*die wenigen*) **die ~ Minuten** les quelques minutes

Paar [paːɐ̯] <-s, -e> *nt* ①(*Menschen*) couple *m* ②(*Dinge*) paire *f*

paaren [ˈpaːrən] *vr* **sich ~** s'accoupler

paarig [ˈpaːrɪç] *adj* pair(e); *Blätter* géminé(e)

Paarlauf *m* patinage *m* en couple

paarmal *adv* ①(*einige Male*) **ein ~** à plusieurs reprises ②(*wenige Male*) **die ~** les quelques fois

Paarung <-, -en> *f* accouplement *m*

Paarungszeit *f* saison *f* des amours

paarweise *adv* ①(*nach Paaren*) par couples ②(*in Paaren*) par paire[s]

Pacht [paxt] <-, -en> *f* ①fermage *m* ②(*Pachtvertrag*) bail *m*

pachten *vt* louer

Pächter(in) [ˈpɛçtɐ] <-s, -> *m(f)* preneur(-euse) *m(f)* [à bail]

Pachtvertrag *m* bail *m*

Pack [pak, *Pl:* ˈpakə, ˈpɛkə] <-[e]s, -e *o* Päcke> *m* **ein ~ Altpapier** un ballot de vieux papiers

Päckchen [ˈpɛkçən] <-s, -> *nt* ①POST petit paquet *m* ②(*Packung*) paquet *m*

Packeis *nt* banquise *f*

P

packen [ˈpakən] **I.** *vt* ①faire *Koffer* ②(*ergreifen*) saisir ③(*überkommen*) **jdn ~** *Wut:* saisir qn ④*fig* (*fesseln*) **jdn ~** *Buch:* captiver qn ⑤*fam* réussir *Schule* **II.** *vi* faire ses valises

Packen [ˈpakən] <-s, -> *m* **ein ~ Bücher** une pile de livres

packend **I.** *adj* captivant(e) **II.** *adv* de façon captivante

Packesel *m* âne *m* de bât **Packpapier** *nt* papier *m* kraft **Packsattel** *m* bât *m*

Packstation® *f consigne automatique pour la livraison de colis en libre-service*

Packung <-, -en> *f* ①(*Schachtel*) paquet *m;* (*Geschenkpackung*) boîte *f* ②(*Tüte*) sachet *m* ③(*Haarkur*) application *f*

Packwagen *m* fourgon *m* à bagages

Pad [pɛt] <-s, -s> *nt* ①(*flacher Wattebausch*) disque *m* de coton ②INFORM tapis *m* de souris ③(*Portionsbeutel*) dosette *f*

Pädagoge [pɛdaˈgoːgə] <-n, -n> *m,* **Pädagogin** *f* pédagogue *mf*

Pädagogik [pɛdaˈgoːgɪk] <-> *f* pédagogie *f*

pädagogisch [pɛdaˈgoːgɪʃ] *adj* pédagogique

Paddel [ˈpadəl] <-s, -> *nt* pagaie *f*

Paddelboot *nt* kayak *m*

paddeln [ˈpadəln] *vi + haben o sein* pagayer

Paddler(in) <-s, -> *m(f)* pagayeur(-euse) *m(f)*

paffen [ˈpafən] *fam* **I.** *vi* fumer; (*nicht inhalieren*) crapoter **II.** *vt* tirer sur *Zigarette*

Page [ˈpaːʒə] <-n, -n> *m* ①(*Hoteldiener*) groom *m* ②HIST page *m*

Pagenkopf [ˈpaːʒənkɔpf] *m* coupe *f* à la Jeanne d'Arc

Pagode [paˈgoːdə] <-, -n> *f* pagode *f*

pah [paː] *interj* bof

Paillette [paiˈjɛtə] <-, -n> *f* paillette *f*

Paket [paˈkeːt] <-[e]s, -e> *nt* ①POST colis *m* ②*a. fig* (*Packen*) paquet *m*

Paketannahme <-, -n> *f* réception *m* des colis **Paketausgabe** *f* retrait *m* des colis **Paketkarte** *f* bordereau *m* d'expédition des colis **Paketschalter** *m* guichet *m* des colis

Pakistan [ˈpaːkɪstaːn] <-s> *nt* le Pakistan

Pakistaner(in) [pakɪsˈtaːnɐ] <-s, -> *m(f),* **Pakistani** [pakɪsˈtaːni] <-[s], -[s]> *m,* <-, -[s]> *f* Pakistanais(e) *m(f)*

pakistanisch [pakɪsˈtaːnɪʃ] *adj* pakistanais(e)

Pakt [pakt] <-[e]s, -e> *m* pacte *m*

paktieren* [pakˈtiːrən] *vi* pactiser; **mit jdm ~** pactiser avec qn

Palast [paˈlast, *Pl:* paˈlɛstə] <-[e]s, Paläste> *m* palais *m*

Palästina [palɛsˈtiːna] <-s> *nt* la Palestine

Palästinenser(in) [palɛstiˈnɛnzɐ] <-s, -> *m(f)* Palestinien(ne) *m(f)*

Palästinensergebiet *nt* territoire *m* palestinien **Palästinenserstaat** *m* État *m* palestinien

palästinensisch [palɛstiˈnɛnzɪʃ] *adj* palestinien(ne)

Palatschinke [palaˈtʃɪŋkə] <-, -n> *f meist Pl* A omelette *f* fourrée

Palaver [paˈlaːvɐ] <-s, -> *nt fam* palabres *fpl* ▶**ein ~ abhalten** se perdre dans des palabres, palabrer

palavern* [paˈlaːvɐn] *vi fam* ①(*lange re-*

den) palabrer ② (*sich unterhalten*) **mit jdm ~** papoter avec qn

Palette [pa'lɛtə] <-, -n> *f* ① KUNST, IND palette *f* ② *geh* (*Vielfalt*) gamme *f*

paletti [pa'lɛti] ▶ **alles ~** *fam* tout baigne [dans l'huile]

Palisade [pali'za:də] <-, -n> *f* ① (*Pfahl*) palis *m* ② (*Wand aus Palisaden*) palissade *f*

Palme ['palmə] <-, -n> *f* palmier *m* ▶ **jdn mit etw auf die ~ bringen** *fam* hérisser le poil à qn avec qc

Palmsonntag [palm'zɔnta:k] *m* [**der**] ~ les Rameaux *mpl*

Palmtop® ['pa:mtɔp] <-s, -s> *m* INFORM ordinateur *m* de poche

Pampa ['pampa] <-, -s> *f* pampa *f* ▶ **mitten in der ~** en pleine cambrousse

Pampe ['pampə] <-> *f* DIAL *pej* bouillasse *f*

Pampelmuse ['pampəlmu:zə] <-, -n> *f* pamplemousse *m*

Pamphlet [pam'fle:t] <-[e]s, -e> *nt geh* pamphlet *m*

pampig ['pampɪç] *adj fam* (*frech*) malotru(e)

Panda ['panda] <-s, -s> *m* panda *m*

Pandemie [pande'mi:] <-, -ien> *f* MED pandémie *f*

Panflöte *f* flûte *f* de Pan

panieren* [pa'ni:rən] *vt* paner

Paniermehl *nt* chapelure *f*

Panik ['pa:nɪk] <-, -en> *f* panique *f*

Panikmache <-> *f pej fam* alarmisme *m*

panisch **I.** *adj attr* panique **II.** *adv reagieren* par la panique

Panne ['panə] <-, -n> *f* ① (*Defekt*) panne *f* ② *fam* (*Missgeschick*) boulette *f*; (*Fahndungspanne*) bavure *f*

Pannendienst *m* service *m* de dépannage **Pannenhilfe** *f* dépannage *m*

Panorama [pano'ra:ma] <-s, Panoramen> *nt* panorama *m*

panschen ['panʃən] **I.** *vt* couper *Wein* **II.** *vi* ① *Winzer:* couper le vin ② *fam* (*planschen*) barboter

PanterRR, **Panther** ['pantɐ] <-s, -> *m* panthère *f*

Pantoffel [pan'tɔfəl] <-s, -n> *m* pantoufle *f* ▶ **unter dem ~ stehen** *fam* être mené par le bout du nez [par sa femme]

Pantomime [panto'mi:mə] <-, -n> *f* pantomime *f*

pantomimisch **I.** *adj* mimé(e) **II.** *adv* en mimant

pantschen *s.* **panschen**

Panzer ['pantsɐ] <-s, -> *m* ① MIL (*Fahrzeug*) char *m* [d'assaut] ② ZOOL carapace *f*

Panzerfaust *f* MIL bazooka *m* **Panzerkreuzer** *m* MIL [croiseur *m*] cuirassé *m*

panzern ['pantsɐn] *vt* blinder

Panzerschrank *m* coffre-fort *m*

Panzerung <-, -en> *f* (*gepanzertes Gehäuse*) blindage *m*

Panzerwagen *m* MIL char *m* [d'assaut]

Papa ['papa] <-s, -s> *m fam* papa *m*

Papagei [papa'gai] <-s, -en> *m* perroquet *m*

Papageienkrankheit *f kein Pl* MED maladie *f* des perroquets

Papaya [pa'pa:ja] <-, -s> *f* papaye *f*

Papi ['papi] <-s, -s> *m fam* papa *m*

Papier [pa'pi:ɐ] <-s, -e> *nt* ① *kein Pl* (*Material*) papier *m* ② *Pl* (*Dokumente*) papiers *mpl* ③ FIN (*Wertpapier*) titre *m*

papieren [pa'pi:rən] *adj* (*aus Papier*) de [*o* en] papier

Papierfabrik *f* papeterie *f* **Papierkorb** *m* corbeille *f* [à papier]; INFORM corbeille *f* **Papierkram** *m fam* paperasserie *f* (*péj*) **Papierkrieg** *m fam* guerre *f* bureaucratique **Papierstau** *m* bourrage *m* de papier **Papiertaschentuch** *nt* mouchoir *m* en papier **Papiertüte** *f* sac *m* en papier **Papierwaren** *Pl* [articles *mpl* de] papeterie *f*

papp [pap] *interj* ▶ **nicht mehr ~ sagen können** *fam* ne pouvoir plus rien avaler

Pappband *m* volume *m* cartonné **Pappbecher** *m* gobelet *m* [en carton]

Pappe ['papə] <-, -n> *f* carton *m*

Pappel ['papəl] <-, -n> *f* peuplier *m*

pappen ['papən] *vt, vi fam* coller

Pappenheimer ['papənhaimɐ] ▶ **seine ~ kennen** *fam* savoir à qui on a affaire

Pappenstiel ▶ **das ist kein ~** *fam* (*das ist unangenehm, teuer*) ce n'est pas rien

pappig ['papɪç] *adj fam Brei, Schnee* collant(e); *Gemüse* en bouillie

Pappkarton *m* ① (*Schachtel*) boîte *f* en carton ② (*Pappe*) carton-pâte *m*

Pappmaché, **Pappmaschee**RR [papma'ʃe:] <-s, -s> *nt* papier *m* mâché

Pappschachtel *f* boîte *f* en carton **Pappschnee** *m* neige *f* collante **Pappteller** *m* assiette *f* en carton

Paprika ['paprika] <-s, -[s]> *m* ① *kein Pl* (*Pflanze*) piment *m* ② (*Schote*) poivron *m* ③ *kein Pl* (*Gewürz*) paprika *m*

Paprikaschote *f* poivron *m*

Papst [pa:pst, *Pl:* 'pɛ:pstə] <-[e]s, Päpste> *m* pape *m*

päpstlich ['pɛ:pstlɪç] *adj Gewand, Ornat* papal(e)

Papsttum <-s> *nt* papauté *f pas de pl*

Papyrus [pa'py:rʊs] <-, Papyri> *m* papyrus *m*
Parabel [pa'ra:bəl] <-, -n> *f* parabole *f*
Parabolantenne [para'bo:l-] *f* antenne *f* parabolique
Parade [pa'ra:də] <-, -n> *f* ❶ MIL défilé *m* ❷ SPORT parade *f*
Paradebeispiel *nt* exemple *m* révélateur
Paradeiser [para'daizɐ] <-s, -> *m* A tomate *f*
Paradies [para'di:s] <-es, -e> *nt a. fig* paradis *m*
paradiesisch [para'di:zɪʃ] *adj* paradisiaque
Paradiesvogel *m* ❶ ORN oiseau *m* de paradis ❷ (*schillernde Persönlichkeit*) drôle *m* d'oiseau
Paradigma [para'dɪgma] <-s, Paradigmen *o* Paradigmata> *nt a.* LING *geh* paradigme *m*
paradox [para'dɔks] *adj* paradoxal(e)
Paradox [para'dɔks] <-es, -e> *nt geh* paradoxe *m*
paradoxerweise [para'dɔksɐ'vaizə] *adv* paradoxalement
Paradoxon [pa'ra:dɔksɔn] <-s, -doxa> *s.* **Paradox**
Paraffin [para'fi:n] <-s, -e> *nt* CHEM paraffine *f*
Paragliding ['pa:raglaidɪŋ] <-s> *nt* parapente *m*
Paragraf[RR], **Paragraph** [para'gra:f] <-en, -en> *m* article *m*
Paragraphenzeichen *nt* paragraphe *m*
parallel [para'le:l] I. *adj* ❶ (*ähnlich*) parallèle ❷ (*gleichzeitig*) simultané(e) II. *adv* ~ **zu etw verlaufen** être parallèle à qc
Parallelcomputer *m* INFORM ordinateur *m* parallèle
Parallele [para'le:lə] <-, -n> *f* ❶ GEOM parallèle *f* ❷ *fig* parallèle *m*
Parallelgesellschaft *f* société *f* parallèle
Parallelität [paraleli'tɛ:t] <-, -en> *f* GEOM *a. fig* parallélisme *m*
Parallelklasse *f* classe *f* parallèle
Parallelogramm [paralelo'gram] <-s, -e> *nt* GEOM parallélogramme *m*
Paralleluniversum *nt* ASTRON univers *m* parallèle ▶ **das ist wie ein ~!** c'est comme être dans un tout autre monde !
Paralyse [para'ly:zə] <-, -n> *f* MED paralysie *f*
paralysieren* [paraly'zi:rən] *vt* MED *a. fig* paralyser
Parameter [pa'ra:me:tɐ] <-s, -> *m* MATH paramètre *m*
Paranoia [para'nɔya] <-> *f* MED, PSYCH paranoïa *f*
paranoid [parano'i:t] MED, PSYCH I. *adj* paranoïde II. *adv reagieren* comme un(e) paranoïaque
paranoisch [para'no:ɪʃ] *adj* paranoïaque
Paranuss[RR] *f* noix *f* du Brésil
paraphieren* [para'fi:rən] *vt* parapher
Paraphrase [para'fra:zə] *f a.* LING paraphrase *f*
Parapsychologie ['pa:rapsyçologi:] *f* parapsychologie *f*
Parasit [para'zi:t] <-en, -en> *m* BIO *a. fig* parasite *m*
parasitär [parazi'tɛ:ɐ̯] *adj Lebewesen* parasite; *Lebensweise* parasitaire
parat [pa'ra:t] *adj* **eine Antwort ~ haben** avoir une réponse toute prête
Pärchen ['pɛ:ɐ̯çən] <-s, -> *nt* ❶ (*Liebespaar*) couple *m* [d'amoureux] ❷ (*Tierpärchen*) couple *m*
Parcours [par'ku:ɐ̯] <-, -> *m* SPORT parcours *m*
Pardon [par'dõ:] <-s> *m o nt* (*Verzeihung*) pardon *m*
par excellence [parɛksɛ'lã:s] *adv geh Kavalier* par excellence
Parfüm [par'fy:m] <-s, -e *o* -s> *nt* parfum *m*
Parfümerie [parfymə'ri:] <-, -ien> *f* parfumerie *f*
Parfümfläschchen *nt* flacon *m* de parfum
parfümieren* [parfy'mi:rən] *vt, vr* [**sich**] ~ [se] parfumer
Paria ['pa:ri̯a] <-s, -s> *m* paria *m*
parieren* [pa'ri:rən] *vi* obéir
Paris [pa'ri:s] <-> *nt* Paris *m*
Pariser[1] [pa'ri:zɐ] *adj attr* ❶ *Innenstadt* de Paris ❷ (*typisch für Paris*) parisien(ne)
Pariser[2] [pa'ri:zɐ] <-s, -> *m* Parisien *m*
Pariser[3] [pa'ri:zɐ] <-s, -> *m fam* (*Kondom*) capote *f* [anglaise]
Pariserin <-, -nen> *f* Parisienne *f*
Parität [pari'tɛ:t] <-, -en> *f* parité *f*
Park [park] <-s, -s> *m* parc *m*
Parka ['parka] <-s, -s> *m,* <-, -s> *f* parka *m o f*
Park-and-ride-System ['pa:ɐ̯kʔɛnt'rait-] *nt* système *m* de parc-relais
Parkbank *f* banc *m* public (*se trouvant dans un jardin public*)
Parkbucht *f* emplacement *m* réservé au stationnement **Parkdeck** *nt* niveau *m* [de/du parking]
parken ['parkən] I. *vi* se garer; **vor dem Haus ~** *Person:* se garer devant la maison;

Fahrzeug: être garé devant la maison **II.** *vt* garer *Fahrzeug*
Parkett [parˈkɛt] <-s, -e> *nt* ❶ (*Parkettboden*) parquet *m* ❷ (*Tanzfläche*) piste *f* [de danse] ❸ THEAT orchestre *m*
Parkett[fuß]boden *m* parquet *m*
Parkgebühr *f* taxe *f* de stationnement **Parkhaus** *nt* parking *m* à étages
ParkinsonkrankheitRR, **Parkinson-Krankheit** *f kein Pl* maladie *f* de Parkinson
Parkkralle *f* sabot *m* de Denver **Parkleitsystem** *nt* TRANSP *système guidant les conducteurs vers les emplacements de stationnement libres* **Parklücke** *f* place *f* libre **Parkplatz** *m* (*Parklücke*) place *f* de parking; (*für viele Fahrzeuge*) parking *m;* (*an der Autobahn*) aire *f* de stationnement **Parkscheibe** *f* disque *m* de stationnement **Parkschein** *m* ticket *m* de parking **Parkscheinautomat** *m* distributeur *m* de tickets de parking **Parksünder(in)** *m(f)* automobiliste *mf* en stationnement illicite **Parkuhr** *f* parcmètre *m* **Parkverbot** *nt* ❶ (*Verbot*) défense *f* de stationner ❷ (*Bereich*) **im ~ stehen** *Person:* être en stationnement interdit **Parkwächter(in)** *m(f)* gardien *m* de parking
Parlament [parlaˈmɛnt] <-[e]s, -e> *nt* ❶ (*Institution*) Parlement *m;* **das Europäische ~** le Parlement européen ❷ (*Gebäude*) parlement *m*
Parlamentarier(in) [parlamɛnˈtaːri̯ɐ] <-s, -> *m(f)* parlementaire *mf*
parlamentarisch [parlamɛnˈtaːrɪʃ] *adj* parlementaire
ParlamentsausschussRR *m* commission *f* parlementaire **Parlamentsmitglied** *s.* **Parlamentarier(in)** **Parlamentswahl** *f* élections *fpl* législatives
Parmesan [parmeˈzaːn] <-s> *m* parmesan *m*
Parodie [paroˈdiː] <-, -i̯en> *f* parodie *f*
parodieren* [paroˈdiːrən] *vt* parodier
parodistisch *adj* parodique
Parodontose [parodɔnˈtoːzə] <-, -n> *f* MED parodontose *f*
Parole [paˈroːlə] <-, -n> *f* ❶ MIL mot *m* de passe ❷ (*Losung*) slogan *m*
Paroli [paˈroːli] ▶ **jdm ~ bieten** *geh* tenir tête à qn
Part [part] <-s, -s> *m* ❶ (*Anteil*) part *f* ❷ THEAT rôle *m* ❸ MUS partie *f*
Partei [parˈtai̯] <-, -en> *f* ❶ parti *m* ❷ JUR partie *f* ❸ (*Mietpartei*) locataire *mf* ▶ **für jdn ~ ergreifen** prendre parti pour qn
Parteichef(in) [-ʃɛf] *m(f)* chef *mf* de parti
Parteienlandschaft *f kein Pl* paysage *m* politique
Parteiführung *f kein Pl* direction *f* du parti **parteiintern** **I.** *adj* interne au parti **II.** *adv* au sein du parti
parteiisch [parˈtai̯ɪʃ] **I.** *adj* partial(e) **II.** *adv urteilen* avec partialité
parteilich [parˈtai̯lɪç] *adj Angelegenheit* qui concerne le parti
Parteilichkeit <-> *f* partialité *f*
Parteilinie *f* ligne *f* de parti
parteilos *adj* sans étiquette; *Abgeordneter* non-inscrit(e)
Parteilose(r) *f(m) dekl wie adj* homme *m*/ femme *f* politique sans étiquette politique
Parteimitglied *nt* membre *m* du parti **Parteipolitik** *f* politique *f* de parti **parteipolitisch** **I.** *adj* qui relève de la politique de parti **II.** *adv ratsam* pour des raisons de politique du parti **Parteiprogramm** *nt* programme *m* de parti **Parteispitze** *f* leaders *mpl* d'un/du parti **Parteitag** *m* (*Konferenz*) congrès *m* de/ du parti **parteiübergreifend** *adj inv* au-dessus des partis **Parteivorsitzende(r)** *f(m) dekl wie adj* chef *mf* de/du parti
parterre [parˈtɛr] *adv* au rez-de-chaussée
Parterre [parˈtɛr(ə)] <-s, -s> *nt* ❶ (*Erdgeschoss*) rez-de-chaussée *m* ❷ (*Sitzplatzbereich im Theater*) orchestre *m*
Partie [parˈtiː] <-, -i̯en> *f* ❶ (*Körperpartie*) partie *f* ❷ SPORT partie *f*
partiell [parˈtsi̯ɛl] *geh adj* partiel(le)
Partikel [parˈtiːkəl] <-s, -> *nt,* <-, -n> *f a.* PHYS particule *f*
Partikelfilter *m* AUT filtre *m* à particules
Partisan(in) [partiˈzaːn] <-s *o* -en, -en> *m(f)* partisan(e) *m(f)*
Partition <-, -en> *f* INFORM partition *f*
Partitur [partiˈtuːɐ̯] <-, -en> *f* MUS partition *f*
Partizip [partiˈtsiːp] <-s, -ien> *nt* GRAM participe *m*
Partner(in) [ˈpartnɐ] <-s, -> *m(f)* ❶ partenaire *mf;* (*Lebensgefährte*) compagnon *m*/ compagne *f* ❷ (*Geschäftspartner*) associé(e) *m(f)*
Partnerbörse *f* INET site *m* de rencontres **Partnerlook** [-lʊk] *m* vêtements *mpl* coordonnés pour le couple, tenue *f* de couple assortie
Partnerschaft <-, -en> *f* ❶ (*Lebensgemeinschaft*) vie *f* en couple ❷ (*Städtepartnerschaft*) jumelage *m*
partnerschaftlich **I.** *adj* **ein ~es Verhältnis** des rapports d'égal à égal **II.** *adv* **~ zusammenarbeiten** collaborer avec une considération réciproque

P

Partnerstadt *f* ville *f* jumelée **Partnertausch** *m* échangisme *m* **Partnervermittlung** *f* agence *f* de rencontre
partout [par'tu:] *adv* absolument; *wollen* à tout prix
Party ['pa:ɐ̯ti] <-, -s> *f* soirée *f*; (*für Jugendliche*) boum *f* **Partymeile** *f* centre *m* de la vie nocturne **Partyservice** ['pa:ɐ̯tisø:ɐ̯vɪs] *m* traiteur *m*
Parzelle [par'tsɛlə] <-, -n> *f* parcelle *f*
parzellieren* [partsɛ'li:rən] *vt* parcelliser
Pasch [paʃ, *Pl:* 'pɛʃə] <-[e]s, -e *o* Päsche> *m* (*beim Würfeln*) double *m*; **ein sechser ~** un double six
Pascha ['paʃa] <-s, -s> *m* HIST *a. fig, pej* pacha *m*
Paspel ['paspəl] <-, -n> *f* passepoil *m*
Pass[RR] [pas, *Pl:* 'pɛsə] <-es, Pässe>, **Paß**[ALT] <-sses, Pässe> *m* ❶ (*Reisepass*) passeport *m* ❷ (*Gebirgspass*) col *m* ❸ SPORT passe *f*
passabel [pa'sa:bəl] **I.** *adj* correct(e) **II.** *adv sich benehmen* convenablement
Passage [pa'sa:ʒə] <-, -n> *f* passage *m*
Passagier(in) [pasa'ʒi:ɐ̯] <-s, -e> *m(f)* passager(-ère) *m(f)*
Passagierflugzeug *nt* avion *m* de ligne **Passagierschiff** *nt* paquebot *m*
Passant(in) [pa'sant] <-en, -en> *m(f)* passant(e) *m(f)*
Passat [pa'sa:t] <-[e]s, -e> *m* alizé *m*
Passbild[RR] *nt* photo *f* d'identité
passé, passee[RR] [pa'se:] *adj fam* dépassé(e), démodé(e); **das alles ist ~** c'est fini tout ça
passen ['pasən] **I.** *vi* ❶ (*gut sitzen*) *Hose:* être à la bonne taille; *Schuhe:* être à la bonne pointure ❷ (*harmonieren*) **zu jdm ~** aller bien avec qn; **gut zu etw ~** *Farbe:* aller bien avec qc ❸ (*sich einrichten lassen*) **jdm ~** *Termin:* convenir à qn ❹ (*gefallen*) **jdm nicht ~** ne pas plaire à qn ❺ SPIEL passer ❻ (*überfragt sein*) **bei etw ~ müssen** ne pas savoir répondre à qc ▶ **das könnte dir so ~!** *iron fam* ça t'arrangerait bien! **II.** *vi unpers* **es passt ihr nicht, dass er mitkommt** ça ne lui plaît pas qu'il vienne avec nous
passend **I.** *adj* ❶ *Hose* à la bonne taille; *Schuhe* à la bonne pointure ❷ (*abgestimmt*) assorti(e) ❸ *Worte* approprié(e); *Kleidung* convenable ❹ *Termin* qui convient ❺ (*abgezählt*) **ich habe es ~** j'ai l'appoint **II.** *adv* ❶ *zuschneiden* à la bonne taille ❷ (*abgezählt*) **das Fahrgeld ~ bereithalten** préparer la monnaie du prix du ticket
Passform[RR] *f* **eine gute ~** une ligne seyante
Passfoto[RR] *nt s.* **Passbild**
passierbar *adj* praticable
passieren* [pa'si:rən] **I.** *vi + sein* ❶ (*sich ereignen*) se passer; **was ist passiert?** qu'est-ce qui est arrivé? ❷ (*vorkommen*) arriver ❸ (*unterlaufen*) **jdm ~** arriver à qn ❹ (*zustoßen*) **ihm ist etwas passiert** il lui est arrivé quelque chose ▶ **sonst passiert was!** *fam* sinon tu auras de mes nouvelles! **II.** *vt + haben* passer *Grenze*
Passierschein *m* laissez-passer *m*
Passion [pa'si̯o:n] <-, -en> *f* ❶ (*Leidenschaft*) passion *f* ❷ REL **die ~ Jesu** la Passion de Jésus
passioniert [pasi̯o'ni:ɐ̯t] *adj* passionné(e)
Passionsfrucht *f* fruit *m* de la passion **Passionszeit** *f kein Pl* REL ❶ (*Fastenzeit*) carême *m* ❷ (*Karwoche*) semaine *f* de la Passion
passiv ['pasi:f] **I.** *adj Art* passif(-ive); **~es Verhalten** passivité *f* **II.** *adv* **sich ~ verhalten** être passif; **~ rauchen** subir la fumée d'autrui
Passiv ['pasi:f] <-s, -e> *nt* GRAM passif *m*
Passiva [pa'si:va] *Pl* COM passif *m*
Passivität [pasivi'tɛ:t] <-> *f* passivité *f*
Passivposten *m* COM poste *m* passif **Passivrauchen** ['pasi:frau̯xən] <-s> *nt* tabagisme *m* passif **Passivraucher(in)** *m(f)* fumeur *m* passif/fumeuse *f* passive
Passkontrolle[RR] *f* contrôle *m* des passeports
Passstraße[RR] *f* route *f* de/du col
Passstück[RR] *nt* TECH pièce *f* ajustée
Passus ['pasʊs] <-, -> *m* passage *m*
Passwort[RR] ['pasvɔrt] <-wörter> *nt* code *m* [d'accès]
Paste ['pastə] <-, -n> *f* pâte *f*
Pastell [pas'tɛl] <-s, -e> *nt* (*Technik, Bild*) pastel *m*
Pastellfarbe *f* ❶ (*Pastellton*) ton *m* pastel ❷ (*Malfarbe*) pastel *m* **Pastellton** *m* ton *m* pastel
Pastete [pas'te:tə] <-, -n> *f* ❶ (*Fleischpastete*) pâté *m* ❷ (*Blätterteigpastete*) vol-au-vent *m*
pasteurisieren* [pastøri'zi:rən] *vt* pasteuriser
Pastille [pas'tɪlə] <-, -n> *f* pastille *f*
Pastor ['pasto:ɐ̯] <-en, -toren> *m*, **Pastorin** *f* NDEUTSCH pasteur *m*/[femme] pasteur *f*
Patchwork ['pɛtʃvø:ɐ̯k] <-s, -s> *nt* patchwork *m*

P

Patchworkfamilie *f fam* famille *f* recomposée

Pate ['pa:tə] <-n, -n> *m*, **Patin** *f* parrain *m*/marraine *f*

Patenkind *nt* filleul(e) *m(f)* **Patenonkel** *m* parrain *m*

Patenschaft <-, -en> *f* parrainage *m*

Patensohn *m* filleul *m*

patent [pa'tɛnt] *adj fam Vorschlag* judicieux(-euse); **ein ~er Kerl** un type bien

Patent [pa'tɛnt] <-[e]s, -e> *nt* brevet *m*

Patentamt *nt* ≈ office *m* des brevets [d'inventions]

Patentante *f* marraine *f*

Patentanwalt *m*, **-anwältin** *f* avocat-conseil *m* en matière de brevet **patentfähig** *adj* brevetable

patentieren* [patɛn'ti:rən] *vt* breveter; **jdm etw ~** breveter qc à qn

Patentinhaber(in) *m(f)* titulaire *mf* d'un brevet

Patentochter *f* filleule *f*

Patentrecht *nt* ① (*Gesetze*) législation *f* sur les brevets ② (*Recht auf ein Patent*) droit *m* de l'inventeur **Patentrezept** *nt fam* remède *m* miracle

Pater ['pa:tɐ] <-s, - *o* Patres> *m* père *m*

pathetisch [pa'te:tɪʃ] **I.** *adj* pathétique **II.** *adv sich ausdrücken* avec pathos

Pathologe [pato'lo:gə] <-n, -n> *m*, **Pathologin** *f* MED pathologiste *mf*

Pathologie [patolo'gi:] <-, -ien> *f* MED ① *kein Pl* (*Wissenschaft*) pathologie *f* ② (*Abteilung*) service *m* de pathologie

pathologisch [pato'lo:gɪʃ] *adj* MED *Institut* de pathologie

Pathos ['pa:tɔs] <-> *nt* pathos *m*

Patience [pa'si̯ã:s] <-, -n> *f* patience *f*

Patient(in) [pa'tsi̯ɛnt] <-en, -en> *m(f)* patient(e) *m(f)*

Patin ['pa:tɪn] *s.* **Pate**

Patina <-> *f geh* patine *f*

Patres *Pl von* **Pater**

Patriarch [patri'arç] <-en, -en> *m* ① REL patriarche *m* ② (*Familienvater*) pater *m* familias

patriarchalisch [patriar'ça:lɪʃ] **I.** *adj* patriarcal(e) **II.** *adv* de manière patriarcale

Patriarchat <-[e]s, -e> *nt* patriarcat *m*

Patriot(in) [patri'o:t] <-en, -en> *m(f)* patriote *mf*

patriotisch *adj* patriotique

Patriotismus [patrio'tɪsmʊs] <-> *m* patriotisme *m*

Patron(in) [pa'tro:n] <-s, -e> *m(f)* ① REL patron(ne) *m(f)* ② (*Schirmherr*) protecteur(-trice) *m(f)*

Patrone [pa'tro:nə] <-, -n> *f* ① JAGD, MIL cartouche *f* ② (*Tintenpatrone*) cartouche *f*

Patronengurt *m* cartouchière *f* **Patronenhülse** *f* douille *f*

Patronin *s.* **Patron(in)**

Patrouille [pa'trʊljə] <-, -n> *f* MIL ① (*Gruppe*) patrouille *f* ② (*Kontrollgang*) patrouille *f*

patrouillieren* [patrʊl'ji:rən] *vi* patrouiller

patsch [patʃ] *interj* paf

Patsche ['patʃə] <-, -n> *f fam* ▶ **jdm aus der ~ helfen** tirer qn du pétrin

patschen *vi + haben* (*schlagen*) taper

patschnassRR *adj fam* trempé(e) jusqu'aux os

Patt *nt* pat *m*

patzen *vi fam Redner:* bafouiller

Patzer <-s, -> *m fam* (*Fehler*) gaffe *f*

patzig *adj fam Antwort* culotté(e)

Pauke ['pau̯kə] <-, -n> *f* timbale *f* ▶ **mit ~n und Trompeten** *fam durchfallen* avec perte et fracas; *empfangen* en grande pompe

pauken ['pau̯kən] **I.** *vi fam Schüler:* bûcher **II.** *vt fam* potasser *Vokabeln*

Paukenschlag *m* coup *m* de timbale ▶ **mit einem ~** *enden* sur un coup d'éclat

Pauker(in) ['pau̯kɐ] <-s, -> *m(f) fam* prof *mf*

Pausbacken ['pau̯sbakən] *Pl* joues *fpl* rebondies

pausbäckig ['pau̯sbɛkɪç] *adj* joufflu(e)

pauschal [pau̯'ʃa:l] **I.** *adj* ① (*undifferenziert*) global(e) ② FIN forfaitaire **II.** *adv* (*undifferenziert*) en bloc

Pauschalbetrag *s.* **Pauschbetrag**

Pauschale [pau̯'ʃa:lə] <-, -n> *f* forfait *m*

pauschalisieren* [pau̯ʃali'zi:rən] *vi geh* généraliser

Pauschalpreis *m* prix *m* forfaitaire **Pauschalreise** *f* voyage *m* à prix forfaitaire **Pauschaltourismus** *m* voyage *m* à forfait **Pauschaltourist(in)** *m(f)* voyageur(-euse) *m(f)* à forfait **Pauschalurlaub** *m* vacances *fpl* organisées **Pauschalurteil** *nt* jugement *m* à l'emporte-pièce **Pauschalverurteilung** *f* condamnation *f* générale

Pauschbetrag *m* forfait *m*

Pause ['pau̯zə] <-, -n> *f* ① *a.* MUS pause *f* ② SCHULE récréation *f*; **die große ~** la récréation; **die kleine ~** l'interclasse *m*

pausen ['pau̯zən] *vt* calquer

Pausenhof *m* cour *f* [de récréation]

pausenlos **I.** *adj attr* incessant(e) **II.** *adv* sans répit

pausieren* [pau̯'ziːrən] *vi* prendre du repos
Pauspapier *nt* ❶(*dünnes Papier*) [papier *m*] calque *m* ❷(*Kohlepapier*) [papier *m*] carbone *m*
Pavian ['paːvi̯aːn] <-s, -e> *m* babouin *m*
Pavillon ['pavɪljõ] <-s, -s> *m* ❶(*Gartenhaus*) pavillon *m* ❷(*Musikpavillon*) kiosque *m* [à musique]
Pay-back-Karte ['peːbɛk-] *f* carte *f* de fidélité
Pay-TV ['peːtiːviː] <-s, -s> *nt* chaîne *f* à péage
Pazifik [pa'tsiːfɪk] <-s> *m* **der ~** le Pacifique
Pazifismus <-> *m* pacifisme *m*
Pazifist(in) [patsi'fɪst] <-en, -en> *m(f)* pacifiste *mf*
pazifistisch *adj* pacifiste
PC [peː'tseː] <-s, -s> *m Abk von* **Personal Computer** P.C. *m*
PCB [peːtseː'beː] <-, -s> *nt Abk von* **polychloriertes Biphenyl** PCB *m*
PDA [peːdeː'ʔaː] <-[s], -s> *m* INFORM *Abk von* **Personal Digital Assistant** PDA *m*
PDS [peːdeː'ʔɛs] <-> *f Abk von* **Partei des Demokratischen Sozialismus** *parti issu du S.E.D. de l'ex-RDA*
Pech [pɛç] <-[e]s> *nt* ❶(*Teer*) poix *f* ❷*kein Pl fam* (*Missgeschick*) poisse *f*; **~ gehabt!** *fam* tant pis pour toi/lui/elle/...! ❸*kein Pl fam* (*Erfolglosigkeit*) *eines Konkurrenten* déboires *mpl*
pechschwarz ['pɛç'ʃvarts] *adj fam Haare* de jais **Pechsträhne** *f fam* guigne *f* **Pechvogel** *m fam* malchanceux(-euse) *m(f)*
Pedal [pe'daːl] <-s, -e> *nt* pédale *f*
Pedant(in) [pe'dant] <-en, -en> *m(f)* maniaque *mf*
Pedanterie [pedantə'riː] <-> *f* (*Eigenschaft*) caractère *m* tatillon
pedantisch [pe'dantɪʃ] **I.** *adj* tatillon(ne) **II.** *adv vorgehen* minutieusement
Pediküre [pedi'kyːrə] <-> *f* (*Fußpflege*) pédicurie *f*
Peeling ['piːlɪŋ] <-s, -s> *nt* peeling *m*
PeepshowRR ['piːpʃoː] <-, -s> *f* peep-show *m*
Pegel ['peːgəl] <-s, -> *m* ❶(*Messlatte*) échelle *f* des eaux ❷*s.* **Pegelstand**
Pegelstand *m* niveau *m* des eaux
peilen ['pai̯lən] **I.** *vt* NAUT prendre le relèvement de **II.** *vi fam* zieuter
peinigen *vt geh* tourmenter
Peiniger(in) <-s, -> *m(f) geh* tortionnaire *mf*

peinlich I. *adj* ❶(*unangenehm*) gênant(e) ❷*Genauigkeit* minutieux(-euse) **II.** *adv* ❶(*unangenehm*) **jdn ~ berühren** mettre qn dans l'embarras ❷(*äußerst*) extrêmement ❸(*gewissenhaft*) **~ auf Ordnung achten** respecter scrupuleusement l'ordre
Peinlichkeit <-, -en> *f* caractère *m* gênant
Peitsche ['pai̯tʃə] <-, -n> *f* fouet *m*
peitschen ['pai̯tʃən] **I.** *vt + haben* fouetter **II.** *vi + sein* **gegen etw ~** *Regen:* fouetter qc
Peitschenhieb *m* coup *m* de fouet
pejorativ [pejora'tiːf] *geh* **I.** *adj* péjoratif(-ive) **II.** *adv* péjorativement
Pekinese [peki'neːzə] <-n, -n> *m* ZOOL pékinois *m*
Peking ['peːkɪŋ] <-s> *nt* Pékin
Pektin [pɛk'tiːn] <-s, -e> *nt meist Pl* BIO pectine *f*
pekuniär [peku'ni̯ɛːɐ̯] *geh adj* pécuniaire
Pelerine [pelə'riːnə] <-, -n> *f* pèlerine *f*
Pelikan ['peːlikaːn] <-s, -e> *m* pélican *m*
Pelle ['pɛlə] ▶**jdm auf die ~ rücken** *fam* coller à qn
pellen *vt fam* peler
Pellkartoffel *f* pomme *f* de terre en robe des champs
Pelz [pɛlts] <-es, -e> *m* fourrure *f*
pelzgefüttert *adj* fourré
pelzig ['pɛltsɪç] *adj* ❶*Haut* velouté(e); *Baumblatt* velu(e) ❷*Zunge* pâteux(-euse)
Pelzjacke *f* veste *f* de fourrure **Pelzmantel** *m* manteau *m* de fourrure **Pelztier** *nt* animal *m* à fourrure
Pendant [pã'dãː] <-s, -s> *nt geh* pendant *m*; **das ~ zu etw** le pendant de qc
Pendel ['pɛndəl] <-s, -> *nt* pendule *m*
pendeln *vi* ❶+ *haben Gegenstand:* osciller ❷+ *sein Person, Bus:* faire la navette
Pendeluhr *f* horloge *f* **Pendelverkehr** *m* service *m* de navettes
Pendler(in) ['pɛndlɐ] <-s, -> *m(f) personne qui fait tous les jours la navette entre son domicile et son lieu de travail*
Pendlerpauschale *f* FIN, POL *déduction forfaitaire pour frais de déplacement entre le domicile et le lieu de travail*
Penes *Pl von* **Penis**
penetrant [pene'trant] **I.** *adj* ❶*Geruch* pénétrant(e); *Geschmack* fort(e) ❷*Person* importun(e); *Stimme* perçant(e) **II.** *adv riechen* fort
peng [pɛŋ] *interj* pan
penibel [pe'niːbəl] *adj geh* (*in Bezug auf Sauberkeit*) méticuleux(-euse); (*in Bezug auf Rechtsfragen*) rigoureux(-euse)

P

Penicillin [penitsɪ'li:n] <-s, -e> *nt Fachspr. s.* **Penizillin**
Penis ['pe:nɪs] <-, -se *o* Penes> *m* pénis *m*
Penizillin [penitsɪ'li:n] <-s, -e> *nt* pénicilline *f*
Penne ['pɛnə] <-, -n> *f fam* bahut *m*
pennen ['pɛnən] *vi fam* ❶ (*schlafen*) roupiller ❷ (*nicht aufpassen*) ne pas faire gaffe ❸ (*Beischlaf haben*) **mit jdm ~** coucher avec qn
Penner(in) <-s, -> *m(f) pej fam* ❶ (*Stadtstreicher*) clodo *mf* ❷ (*langsamer Mensch*) endormi(e) *m(f)*
Pensen *Pl von* **Pensum**
Pension [pã'zi̯o:n, paŋ'zi̯o:n, pɛn'zi̯o:n] <-, -en> *f* ❶ (*Unterkunft*) pension *f* de famille ❷ (*Ruhegehalt*) pension *f* [de retraite] ❸ (*Ruhestand*) retraite *f*
Pensionär(in) [pãzi̯o'nɛ:ɐ̯, paŋzi̯o'nɛ:ɐ̯, pɛnzi̯o'nɛ:ɐ̯] <-s, -e> *m(f)* retraité *m*
Pensionat [pãzi̯o'na:t, paŋzi̯o'na:t, pɛnzi̯o'na:t] <-[e]s, -e> *nt* pensionnat *m*
pensionieren* [pãzi̯o'ni:rən, paŋzi̯o'ni:rən, pɛnzi̯o'ni:rən] *vt* **pensioniert werden** *Beamter:* être mis à la retraite
pensioniert *adj* retraité(e)
Pensionierung <-, -en> *f* mise *f* à la retraite
Pensionsalter [pã'zi̯o:ns-, paŋ'zi̯o:ns-, pɛn'zi̯o:ns-] *nt* âge *m* de la retraite **pensionsberechtigt** *adj* **~ sein** avoir droit à une pension
Pensionsgast *m* pensionnaire *mf* **pensionsreif** *adj fam* bon(ne) pour la retraite
Pensum ['pɛnzʊm] <-s, Pensa *o* Pensen> *nt* tâche *f*
Penthouse ['pɛnthaʊs] <-, -s> *nt* penthouse *m*
Pep [pɛp] <-[s]> *m fam* pep *m*
Peperoni [pepe'ro:ni] <-, -> *f* piment *m*
peppig ['pɛpɪç] *fam adj Aufmachung* tape-à-l'œil
Pepsin [pɛ'psi:n] <-s, -e> *nt* MED, BIO pepsine *f*
per [pɛr] *präp + akk* ❶ (*durch*) **~ Luftpost** par avion; **~ Einschreiben** en recommandé ❷ (*pro*) pour ▶**mit jdm ~ du/Sie sein** *fam* tutoyer/vouvoyer qn
Perestroika [perɛs'trɔyka] <-> *f* perestroïka *f*
perfekt [pɛr'fɛkt] *adj* ❶ (*vollkommen*) parfait(e) ❷ *fam* (*abgeschlossen*) **etw ~ machen** conclure qc
Perfekt ['pɛrfɛkt] <-s, -e> *nt* GRAM passé *m* composé
Perfektion [pɛrfɛk'tsi̯o:n] <-> *f* perfection *f*
perfektionieren* [pɛrfɛktsi̯o'ni:rən] *vt* perfectionner
Perfektionismus [pɛrfɛktsi̯o'nɪsmʊs] <-> *m* perfectionnisme *m*
Perfektionist(in) [pɛrfɛktsi̯o'nɪst] <-en, -en> *m(f)* perfectionniste *mf*
Perforation [pɛrfora'tsi̯o:n] <-, -en> *f* perforation *f*
perforieren* [pɛrfo'ri:rən] *vt* perforer
Pergament [pɛrga'mɛnt] <-[e]s, -e> *nt* (*Tierhaut*) parchemin *m*
Pergamentpapier *nt* papier-parchemin *m;* (*Butterbrotpapier*) papier *m* sulfurisé
Pergola ['pɛrgola] <-, Pergolen> *f* pergola *f*
Periode [pe'ri̯o:də] <-, -n> *f* ❶ *a.* MATH période *f* ❷ (*Menstruation*) règles *fpl*
Periodensystem *nt* (*Tafel*) système *m* périodique des éléments
periodisch [pe'ri̯o:dɪʃ] *adj* périodique
peripher [peri'fe:ɐ̯] *geh* **I.** *adj* ❶ *Problem* marginal(e) ❷ MED périphérique **II.** *adv* accessoirement
Peripherie [perife'ri:] <-, -ien> *f* ❶ *a.* GEOM périphérie *f* ❷ INFORM périphérique *m*
Peripheriegerät *nt* INFORM périphérique *m*
Perle ['pɛrlə] <-, -n> *f* ❶ (*Schmuckperle*) perle *f* ❷ (*Wasserperle*) goutte *f* ❸ *fam* (*Haushälterin*) perle *f*
perlen ['pɛrlən] *vi* ❶ (*sprudeln*) pétiller ❷ (*sichtbar sein*) **auf etw** (*dat*) **~** *Regentropfen, Schweiß:* perler sur qc
Perlenkette *f* collier *m* de perles
Perlhuhn *nt* pintade *f* **Perlmuschel** *f* huître *f* perlière
Perlmutt ['pɛrlmʊt] <-s>, **Perlmutter** ['pɛrlmʊtɐ] <-s> *nt,* <-> *f* nacre *f*
Perlon® ['pɛrlɔn] <-s> *nt* perlon® *m*
permanent [pɛrma'nɛnt] **I.** *adj* permanent(e) **II.** *adv streiten* constamment
Perpetuum mobile [pɛr'pe:tuʊm 'mo:bilə] <- -[s], - -[s]> *nt* mouvement *m* perpétuel
perplex [pɛr'plɛks] **I.** *adj* perplexe **II.** *adv* avec perplexité
Perron [pɛ'rõ:] <-s, -s> *m* CH, A quai *m*
Persenning [pɛr'zɛnɪŋ] <-, -e[n] *o* -s> *f* NAUT prélart *m*
Perser ['pɛrzɐ] <-s, -> *m* ❶ HIST Persan *m* ❷ *fam* (*Teppich*) tapis *m* persan
Perserin <-, -nen> *f* HIST Persane *f*
Perserteppich *m* tapis *m* persan
Persianer <-s, -> *m* astrakan *m*

P

Persien ['pɛrzi̯ən] <-s> *nt* HIST la Perse

Persiflage [pɛrzi'flaːʒə] <-, -n> *f* persiflage *m*

Persilschein [pɛr'ziːl-] *m hum fam* document *m* disculpant

persisch ['pɛrzɪʃ] *adj* HIST persan(e)

Persisch <-[s]> *nt kein Art* persan *m; s. a.* **Deutsch**

Person [pɛr'zoːn] <-, -en> *f* ① *(einzelner Mensch)* personne *f* ② LITER personnage *m* ③ *kein Pl* GRAM personne *f* ④ JUR **juristische ~** personne *f* morale; **natürliche ~** personne physique

Personal [pɛrzo'naːl] <-s> *nt* personnel *m*

Personalabbau *m* réduction *f* du personnel **Personalabteilung** *f* service *m* du personnel **Personalakte** *f* dossier *m* [personnel] **Personalausweis** *m* carte *f* d'identité **Personalbüro** *nt* bureau *m* du personnel **Personalchef(in)** [-ʃɛf] *m(f)* chef *mf* du personnel

Personal Computer[RR] ['pœːɐ̯sənəl kɔm'pjuːtɐ] <- -s, - -> *m* micro[-]ordinateur *m*

Personalien [pɛrzo'naːli̯ən] *Pl* identité *f*

Personalkosten *Pl* frais *mpl* de gestion du personnel **Personalpronomen** *nt* GRAM pronom *m* personnel **Personalrat** <-räte> *m* *(Gremium)* délégation *f* du personnel **Personalrat** <-räte> *m*, **-rätin** *f* délégué(e) *m(f)* du personnel

Personal Trainer ['pəːsənəl 'treːnɐ] <-s, -> *m* coach *mf* sportif, personal trainer *mf*

personell [pɛrzo'nɛl] **I.** *adj* de/du personnel **II.** *adv* **die Firma ~ aufstocken** augmenter le personnel de l'entreprise

Personenaufzug *m form* ascenseur *m* **Personenbeschreibung** *f* signalement *m* **Personengedächtnis** *nt* mémoire *f* des visages **Personenkraftwagen** *m form* voiture *f* de tourisme **Personenkult** *m* culte *m* de la personnalité; **~ mit jdm treiben** vouer un culte à qn **Personennahverkehr** *m* transport *m* en commun local **Personenschaden** *m* dommage *m* corporel **Personenschutz** *m* protection *f* des personnes **Personenstand** *m kein Pl form* état *m* civil

Personenstandsregister *nt form* registre *m* d'état civil

Personenverkehr *m* transport *m* de voyageurs; **öffentlicher ~** transports en commun **Personenwagen** *s.* **Personenkraftwagen**

Personifikation [pɛrzonifika'tsi̯oːn] *s.* **Personifizierung**

personifizieren* [pɛrzonifi'tsiːrən] *vt* ① personnifier *Naturgewalt* ② *(verkörpern)* **die personifizierte Arbeitswut** la folie du boulot incarnée

Personifizierung <-, -en> *f geh* personnification *f*

persönlich [pɛr'zøːnlɪç] **I.** *adj* ① personnel(le); *Freiraum* individuel(le) ② *(anzüglich)* **~ werden** devenir vexant(e) **II.** *adv* **~ erscheinen** venir en personne

Persönlichkeit <-, -en> *f* personnalité *f*

Perspektive [pɛrspɛk'tiːvə] <-, -n> *f* perspective *f*

perspektivisch [pɛrspɛk'tiːvɪʃ] *adv* en perspective

Peru [pe'ruː] <-s> *nt* le Pérou

Perücke [pe'rʏkə] <-, -n> *f* perruque *f*

pervers [pɛr'vɛrs] **I.** *adj* ① PSYCH pervers(e) ② *fam (schrecklich)* à crever **II.** *adv* **~ veranlagt sein** avoir un naturel pervers

Perversion [pɛrvɛr'zi̯oːn] <-, -en> *f* perversion *f*

Perversität [pɛrvɛrzi'tɛːt] <-, -en> *f geh* ① *kein Pl geh (perverse Art)* perversité *f* ② *(Perversion)* perversion *f*

pervertieren* [pɛrvɛr'tiːrən] *geh* **I.** *vt + haben* pervertir **II.** *vi + sein* **zu einem Terrorregime ~** dégénérer en régime de terreur

Peseta <-, -ten> *f* HIST peseta *f*

Pessar [pɛ'saːɐ̯] <-s, -e> *nt* diaphragme *m*

Pessimismus [pɛsi'mɪsmʊs] <-> *m* pessimisme *m*

Pessimist(in) [pɛsi'mɪst] <-en, -en> *m(f)* pessimiste *mf*

pessimistisch **I.** *adj* pessimiste **II.** *adv* avec pessimisme

Pest [pɛst] <-> *f* peste *f* ▶ **wie die ~ stinken** *fam* empester

Pestbeule *f* bubon *m* pestilentiel

Pestizid [pɛsti'tsiːt] <-s, -e> *nt* pesticide *m*

Peter ▶ **jdm den schwarzen ~ zuschieben** *fam* faire porter le chapeau à qn

Petersilie [petɐ'ziːli̯ə] <-, -n> *f* persil *m*

Petition [peti'tsi̯oːn] <-, -en> *f* pétition *f*

Petitionsrecht *nt* droit *m* de pétition

Petrochemie [petroçe'miː] *f* pétrochimie *f* **Petrodollar** ['peːtrodɔlar] *m* ÖKON pétrodollar *m*

Petroleum [pe'troːleʊm] <-s> *nt* pétrole *m; (für Petroleumlampen)* pétrole lampant

Petroleumlampe *f* lampe *f* à pétrole

Petrus <-> *m* Saint Pierre

Petting ['pɛtɪŋ] <-s, -s> *nt* attouchements *mpl*

Petunie [pe'tuːni̯ə] <-, -n> *f* pétunia *m*

Petze ['pɛtsə] <-, -n> *f pej fam* rapporteur(-euse) *m(f)*

petzen ['pɛtsən] **I.** *vt pej fam* rapporter; **jdm etw ~** rapporter qc à qn **II.** *vi pej fam* rapporter

Petzer *m s.* **Petze**

peu à peu [pøːa'pøː] *adv* peu à peu

Pf *Abk von* **Pfennig** HIST pfennig *m*

Pfad [pfaːt] <-[e]s, -e> *m* ① sentier *m* ② INFORM chemin *m*

Pfadfinder(in) <-s, -> *m(f)* scout *m*/guide *f*

Pfaffe ['pfafə] <-n, -n> *m pej* cureton *m*

Pfahl [pfaːl, *Pl:* pfɛːlə] <-[e]s, Pfähle> *m* ① (*Zaunpfahl*) pieu *m* ② (*spitzer Rundbalken*) pal *m*

Pfahlwurzel *f* racine *f* pivotante

Pfalz [pfalts] <-, -en> *f* GEOG **die ~** le Palatinat

Pfand [pfant, *Pl:* 'pfɛndɐ] <-[e]s, Pfänder> *nt* ① *kein Pl* (*für Leergut*) consigne *f* ② *a.* SPIEL (*Unterpfand*) gage *m*

Pfandbrief *m* obligation *f* hypothécaire

pfänden ['pfɛndən] *vt* ① (*beschlagnahmen*) saisir ② (*einer Pfändung unterziehen*) **jdn ~ lassen** faire saisir qn

Pfänderspiel *nt* jeu *m* des gages

Pfandflasche *f* bouteille *f* consignée **Pfandleihe** <-, -n> *f* crédit *m* municipal

Pfandleiher(in) <-s, -> *m(f)* prêteur(-euse) *m(f)* sur gages

Pfändung <-, -en> *f* saisie *f*

Pfanne ['pfanə] <-, -n> *f* ① (*Bratpfanne*) poêle *f* ② CH (*Topf*) casserole *f* ③ (*Dachziegel*) tuile *f* ▶ **jdn in die ~ hauen** *fam* démolir qn

Pfannkuchen ['pfankuːxən] *m* crêpe *f* [épaisse]

Pfarramt ['pfarʔamt] *nt* cure *f* **Pfarrbezirk** *m* paroisse *f*

Pfarrei [pfa'rai̯] <-, -en> *f* ① (*Gemeinde*) paroisse *f* ② (*Pfarramt*) cure *f*

Pfarrer(in) ['pfarɐ] <-s, -> *m(f)* (*evangelisch*) pasteur *m;* (*katholisch*) curé *m*

Pfarrgemeinde *f* paroisse *f* **Pfarrhaus** *nt* presbytère *m* **Pfarrkirche** *f* église *f* paroissiale

Pfau [pfau̯] <-[e]s *o* -en, -en> *m* paon *m*

Pfauenauge *nt* ZOOL paon *m* de jour **Pfauenfeder** *f* plume *f* de paon

Pfeffer ['pfɛfɐ] <-s, -> *m* poivre *m* ▶ **der soll bleiben, wo der ~ wächst!** il peut rester où il est!

Pfefferkorn *nt* grain *m* de poivre **Pfefferkuchen** *m* pain *m* d'épice **Pfefferminz** ['pfɛfɐmɪnts] *kein Art, inv* menthe *f*

Pfefferminzbonbon *nt o m* bonbon *m* à la menthe

Pfefferminze ['pfɛfɐmɪntsə] <-> *f* menthe *f* [poivrée]

Pfefferminztee *m* tisane *f* de menthe

Pfeffermühle *f* moulin *m* à poivre

pfeffern ['pfɛfɐn] *vt* poivrer *Gericht*

Pfefferstrauch *m* poivrier *m* [noir] **Pfefferstreuer** <-s, -> *m* poivrier *m*

Pfeife ['pfai̯fə] <-, -n> *f* ① (*Tabakspfeife*) pipe *f* ② (*Trillerpfeife*) sifflet *m* ③ (*Musikinstrument*) fifre *m* ④ *fam* (*Nichtskönner*) nullard(e) *m(f)* ▶ **nach jds ~ tanzen** *fam* se laisser mener [par le bout du nez] par qn

pfeifen ['pfai̯fən] <pfiff, gepfiffen> **I.** *vi* ① (*Töne erzeugen*) siffler ② *fam* (*verzichten*) **auf etw** (*akk*) **~** se ficher de qc **II.** *vt* siffler *Lied*

Pfeifenkopf *m* fourneau *m* de [la] pipe **Pfeifenreiniger** *m* cure-pipe *m*

Pfeifkonzert *nt* sifflements *mpl* **Pfeifton** *m* signal *m*

Pfeil [pfai̯l] <-s, -e> *m* (*Geschoss, Zeichen*) flèche *f*

Pfeiler ['pfai̯lɐ] <-s, -> *m* pilier *m;* (*Brückenpfeiler*) pile *f*

pfeilschnell ['pfai̯l'ʃnɛl] *adj* rapide comme une flèche **Pfeilspitze** *f* pointe *f* de [la] flèche

Pfennig ['pfɛnɪç] <-s, -e> *m* HIST pfennig *m* ▶ **jeden ~ umdrehen** *fam* regarder à la dépense

Pfennigabsatz *m fam* talon *m* aiguille **Pfennigfuchser(in)** ['pfɛnɪçfʊksɐ] <-s, -> *m(f) fam* grippe-sou *m*

Pferch [pfɛrç] <-[e]s, -e> *m* AGR parc *m*

pferchen [pfɛrçən] *vt* parquer; **die Pferde in den Stall ~** parquer les chevaux dans l'écurie

Pferd [pfeːɐ̯t] <-[e]s, -e> *nt* ① cheval *m;* **auf einem ~ reiten** chevaucher ② (*Turngerät*) cheval *m* d'arçons ③ SPIEL cavalier *m* ▶ **keine zehn ~e** *fam* rien au monde; **jdm was** [*o* **einen**] **vom ~ erzählen** *fam* raconter à qn une histoire à dormir debout; **mit ihm/ihr kann man ~e stehlen** *fam* on peut faire les quatre cents coups avec lui/elle; **ich glaub, mich tritt ein ~!** *fam* j'ai cru halluciner! (*fam*)

Pferdeapfel *m* crottin *m* **Pferdefuß** *m* pied *m* fourchu **Pferdegebiss**[RR] *nt fam* dents *fpl* de cheval **Pferderennen** *nt* course *f* de chevaux **Pferderennsport** *m* hippisme *m* **Pferdeschwanz** *m* queue *f* de cheval **Pferdestall** *m* écurie *f* **Pferdewagen** *m* voiture *f* à cheval

pfiff [pfɪf] *Imp von* **pfeifen**

Pfiff [pfɪf] <-s, -e> *m* ① (*Pfeifton*) sifflement *m* ② *fam* (*Reiz*) **ohne ~** sans originalité

Pfifferling ['pfɪfɐlɪŋ] <-[e]s, -e> *m* girolle *f* ▶ **keinen ~ wert sein** *fam* ne pas valoir un clou

pfiffig ['pfɪfɪç] I. *adj* malin(-igne) II. *adv* avec finesse

Pfiffigkeit <-> *f* sagacité *f*

Pfiffikus ['pfɪfikʊs] <-[ses], -se> *m fam* malin *m*

Pfingsten ['pfɪŋstən] <-, -> *nt meist kein Art* la Pentecôte

Pfingstfest *nt* fête *f* de [la] Pentecôte **Pfingstmontag** *m* lundi *m* de Pentecôte **Pfingstrose** *f* pivoine *f* **Pfingstsonntag** [pfɪŋst'zɔnta:k] *m* dimanche *m* de [la] Pentecôte

Pfirsich ['pfɪrzɪç] <-s, -e> *m* pêche *f*

Pfirsichbaum *m* pêcher *m*

Pflanze ['pflantsə] <-, -n> *f* plante *f*

pflanzen ['pflantsən] I. *vt* (*setzen*) planter II. *vr fam* **sich auf das Sofa ~** s'affaler sur le divan

Pflanzenfett *nt* graisse *f* végétale

Pflanzenfresser <-s, -> *m* herbivore *m*

Pflanzenöl *nt* huile *f* végétale **Pflanzenschutzmittel** *nt* produit *m* phytosanitaire; (*gegen Insekten*) insecticide *m* écologique **Pflanzenwelt** *f* flore *f*

pflanzlich I. *adj attr* ① (*aus Pflanzen gewonnen*) végétal(e) ② (*vegetarisch*) végétarien(ne) II. *adv* **sich ~ ernähren** avoir un régime végétarien

P

Pflanzung <-, -en> *f* (*Plantage*) plantation *f*

Pflaster ['pflastɐ] <-s, -> *nt* ① (*Heftpflaster*) sparadrap *m* ② (*Straßenbelag*) chaussée *f*; (*Kopfsteinpflaster*) pavé *m* ▶ **ein heißes ~** *fam* un quartier chaud

pflastern I. *vt* paver *Straße* II. *vi* paver

Pflasterstein *m* pavé *m*

Pflaume ['pflaumə] <-, -n> *f* ① (*Frucht*) prune *f* ② *fam* (*Schimpfwort*) nouille *f*

Pflaumenbaum *m* prunier *m* **Pflaumenkuchen** *m* tarte *f* aux quetsches **Pflaumenmus** *nt* compote *f* de prunes

Pflege ['pfle:gə] <-> *f* ① (*Körperpflege*) soins *mpl* ② (*Krankenpflege*) soins *mpl* ③ (*Obhut*) **jdn/ein Tier bei jdm in ~ geben** mettre qn/un animal en pension chez qn ④ (*Versorgung*) *der Pflanzen* soins *mpl*; *von Anlagen* entretien *m* ⑤ *geh* (*Aufrechterhaltung*) conservation *f*; *des Brauchtums* maintien *m*

pflegebedürftig *adj Person* dépendant(e) **Pflegeberuf** *m* profession *f* du secteur sanitaire et social **Pflegeeltern** *Pl* parents *mpl* adoptifs **Pflegefall** *m* personne *f* qui réclame des soins constants **Pflegeheim** *nt* maison *f* médicalisée **Pflegekind** *nt* enfant *mf* placé(e) dans une famille **pflegeleicht** *adj* ① *Kleidung* facile à entretenir; *Pflanze* facile à soigner ② *fig, hum Person* facile à vivre; *Kind* facile **Pflegemutter** *f* mère *f* nourricière

pflegen ['pfle:gən] I. *vt* ① soigner *Kranke, Tiere, Pflanzen;* entretenir *Denkmal* ② (*aufrechterhalten*) cultiver ③ (*gewöhnlich tun*) **er pflegt morgens zu duschen** il a l'habitude de prendre une douche le matin II. *vr* **sich ~** soigner son apparence; (*sich schonen*) se ménager

Pflegenotstand *m* pénurie *f* de personnel soignant **Pflegepersonal** *nt* personnel *m* soignant

Pfleger(in) <-s, -> *m(f)* infirmier(-ière) *m(f)*

Pflegesohn *m* garçon *m* placé dans une famille **Pflegetochter** *f* fille *f* placée dans une famille **Pflegevater** *m* père *m* nourricier **Pflegeversicherung** *f* assurance *f* dépendance

pfleglich ['pfle:klɪç] *adj* soigneux

Pflegschaft <-, -en> *f* JUR curatelle *f*

Pflicht [pflɪçt] <-, -en> *f* ① devoir *m* ② SPORT [exercices *mpl*] imposés *mpl*

pflichtbewusst[RR] *adj* conscient(e) de ses devoirs **Pflichtbewusstsein**[RR] *nt* sens *m* du devoir **Pflichtfach** *nt* matière *f* obligatoire **Pflichtgefühl** *nt* sens *m* du devoir **pflichtgemäß** I. *adj* réglementaire II. *adv* conformément au règlement **Pflichtteil** *m o nt* JUR réserve *f* héréditaire **Pflichtübung** *f* imposés *mpl* **pflichtvergessen** I. *adj* oublieux(-ieuse) [de ses devoirs] II. *adv* en oubliant ses devoirs **pflichtversichert** *adj* **~ sein** être soumis à une assurance obligatoire **Pflichtversicherung** *f* assurance *f* obligatoire **Pflichtverteidiger(in)** *m(f)* avocat(e) *m(f)* commis(e) d'office

Pflock [pflɔk, *Pl:* 'plœkə] <-[e]s, Pflöcke> *m* piquet *m*

pflücken ['pflʏkən] *vt* cueillir

Pflug [pflu:k, *Pl:* 'pfly:gə] <-es, Pflüge> *m* charrue *f*

pflügen ['pfly:gən] *vt* labourer *Acker*

Pforte ['pfɔrtə] <-, -n> *f* porte *f*

Pförtner ['pfœrtnɐ] <-s, -> *m* gardien *m*

Pförtnerin <-, -nen> *f* gardienne *f*

Pförtnerloge [-lo:ʒə] *f* loge *f* du concierge

Pfosten ['pfɔstən] <-s, -> *m* ① *a.* SPORT poteau *m* ② (*Stützpfosten*) montant *m*

Pfote ['pfo:tə] <-, -n> *f* ❶ patte *f* ❷ *fam* (*Hand*) **~n weg!** bas les pattes!
Pfropf [pfrɔpf] <-[e]s, -e> *m* bouchon *m*
pfropfen ['pfrɔpfən] *vt* ❶ boucher *Flasche* ❷ *fam* (*zwängen*) fourrer; **gepfropft voll** plein à craquer, bondé ❸ HORT greffer
Pfropfen ['pfrɔpfən] <-s, -> *m* bouchon *m*
Pfründe ['pfrʏndə] <-, -n> *f* prébende *f*
pfui [pfui] *interj* be[u]rk
Pfund [pfʊnt] <-[e]s, -e> *nt* ❶ (*Gewicht*) livre *f* ❷ (*Währung*) livre *f*
Pfundskerl *m fam* mec *m*/nana *f* super
pfundweise *adv kaufen* à la livre
Pfusch [pfʊʃ] <-[e]s> *m fam* travail *m* bâclé
pfuschen ['pfʊʃən] *vi fam* (*nachlässig arbeiten*) bâcler le travail
Pfuscher(in) <-s, -> *m(f) fam* (*nachlässiger Mensch*) bousilleur(-euse) *m(f)*
Pfütze ['pfʏtsə] <-, -n> *f* flaque *f*
PH [pe:'ha:] <-, -s> *f Abk von* **Pädagogische Hochschule** ≈ EN *f*, ≈ IUFM *m*
phallisch ['falɪʃ] *adj geh* phallique
Phallus ['falʊs] <-, -se *o* Phalli *o* Phallen> *m geh* phallus *m*
Phänomen [fɛno'me:n] <-s, -e> *nt* phénomène *m*
phänomenal [fɛnome'na:l] *adj* phénoménal(e)
Phantasie [fanta'zi:] *s.* **Fantasie**
phantasieren* [fanta'zi:rən] *s.* **fantasieren**
Phantast(in) [fan'tast] *s.* **Fantast(in)**
phantastisch [fan'tastɪʃ] *s.* **fantastisch**
Phantom [fan'to:m] <-s, -e> *nt* fantôme *m*
Phantombild *nt* portrait-robot *m* **Phantomschmerz** *m* MED douleur *f* de membres fantôme
Pharao ['fa:rao] <-s, Pharaonen> *m*, **Pharaonin** *f* pharaon(ne) *m(f)*
Pharisäer [fari'zɛ:ɐ] <-s, -> *m* ❶ REL pharisien *m* ❷ (*Getränk*) *café avec du rhum, couronné de crème Chantilly*
Pharmaindustrie *f* industrie *f* pharmaceutique
Pharmakologie [farmakolo'gi:] <-> *f* pharmacologie *f*
Pharmakonzern *m* groupe *m* pharmaceutique
Pharmazeut(in) [farma'tsɔyt] <-en, -en> *m(f)* pharmacien(ne) *m(f)*
Pharmazeutik [farma'tsɔytɪk] <-> *f* pharmaceutique *f pas de pl*
pharmazeutisch [farma'tsɔytɪʃ] *adj* pharmaceutique
Pharmazie [farma'tsi:] <-> *f* pharmacie *f*
Phase ['fa:zə] <-, -n> *f a.* ELEC, ASTRON phase *f*
Philatelie [filate'li:] <-> *f* philatélie *f*
Philatelist(in) [filate'lɪst] <-en, -en> *m(f)* philatéliste *mf*
Philharmonie [fɪlharmo'ni:] <-, -ien> *f* ❶ philharmonie *f* ❷ (*Gebäude*) [bâtiment *m* abritant la] philharmonie *f*
Philharmoniker(in) [fɪlhar'mo:nikɐ] <-s, -> *m(f) Pl* (*Orchester*) **die Wiener ~** l'orchestre *m* philharmonique de Vienne
Philippinen [filɪ'pi:nən] *Pl* **die ~** les Philippines *fpl*
Philister [fi'lɪstɐ] <-s, -> *m* BIBL Philistin *m*
Philologe [filo'lo:gə] *m*, **Philologin** *f* philologue *mf*
Philologie [filolo'gi:] <-, -ien> *f* philologie *f*
philologisch *adj* de philologie
Philosoph(in) [filo'zo:f] <-en, -en> *m(f)* philosophe *mf*
Philosophie [filozo'fi:] <-, -ien> *f* philosophie *f*
philosophieren* [filozo'fi:rən] *vi* philosopher; **über etw** (*akk*) **~** philosopher sur qc
philosophisch [filo'zo:fɪʃ] *adj* philosophique
Phiole ['fi̯o:lə] <-, -n> *f* fiole *f*
Phishing ['fɪʃɪŋ] <-s> *nt kein Pl* INET hameçonnage *m*
Phlegma ['flɛgma] <-s> *nt* indolence *f*
Phlegmatiker(in) [flɛ'gma:tikɐ] <-s, -> *m(f)* flegmatique *mf*
phlegmatisch [flɛ'gma:tɪʃ] *adj* indolent(e), flegmatique
Phlox [flɔks] <-es, -e> *m* BOT phlox *m*
pH-neutral [pe:'ha:-] *adj* pH-neutre
Phobie [fo'bi:] <-, -ien> *f* MED phobie *f*
Phon [fo:n] <-s, -s> *nt* PHYS phone *m*
Phonem [fo'ne:m] <-s, -e> *nt* LING phonème *m*
Phonetik [fo'ne:tɪk] <-> *f* phonétique *f*
phonetisch [fo'ne:tɪʃ] *adj* phonétique
Phönix ['fø:nɪks] <-[es], -e> *m* ▸ **wie ein ~ aus der Asche** comme le phénix renaissant de ses cendres
Phönizier(in) [fø'ni:tsi̯ɐ] <-s, -> *m(f)* Phénicien(ne) *m(f)*
phönizisch [fø'ni:tsɪʃ] *adj* phénicien
Phonotypistin [fonoty'pɪstɪn] <-, -nen> *f* dactylographe *f*
Phosphat [fɔs'fa:t] <-[e]s, -e> *nt* CHEM phosphate *m*
Phosphor ['fɔsfo:ɐ] <-s> *m* CHEM phosphore *m*
phosphoreszieren* [fɔsforɛs'tsi:rən] *vi* être phosphorescent

P

Photo ['fo:to] *s.* **Foto**
Photosynthese [fotosʏn'te:zə] *f* BIO photosynthèse *f*
Phrase ['fra:zə] <-, -n> *f pej* formule *f* [toute faite]
pH-Wert [pe:'ha:ve:ɐ̯t] *m* pH *m*
Physik [fy'zi:k] <-> *f* physique *f*
physikalisch [fyzi'ka:lɪʃ] *adj Formel* de physique; *Gesetz* physique
Physiker(in) ['fy:zikɐ] <-s, -> *m(f)* physicien(ne) *m(f)*
Physikum ['fy:zikʊm] <-s, -ka> *nt examen intermédiaire au terme du quatrième semestre de médecine*
Physiologe [fyzi̯o'lo:gə] <-n, -n> *m*, **Physiologin** *f* physiologiste *mf*
Physiologie [fyzi̯olo'gi:] <-> *f* physiologie *f*
physiologisch [fyzi̯o'lo:gɪʃ] *adj* physiologique
Physiotherapeut(in) [fyzi̯otera'pɔy̯t] *m(f)* physiothérapeute *mf* **Physiotherapie** [fyzi̯otera'pi:] *f kein Pl* physiothérapie *f pas de pl*
physisch ['fy:zɪʃ] *adj* physique
Pi [pi:] <-[s]> *nt* MATH pi *m;* **die Zahl ~** le nombre pi ▶ **~ mal Daumen** *fam* grosso modo
Pianist(in) [pi̯a'nɪst] <-en, -en> *m(f)* pianiste *mf*
piano *adv* piano
picheln I. *vi* picoler **II.** *vt* ▶ **einen ~ gehen** aller se rincer le gosier (*fam*)
Pickel ['pɪkəl] <-s, -> *m* ❶ bouton *m* ❷ (*Spitzhacke*) pioche *f;* (*Eispickel*) piolet *m*
pickelig *adj Gesicht* boutonneux(-euse)
picken ['pɪkən] **I.** *vi* donner des coups de bec; **nach jdm ~** donner des coups de bec à qn **II.** *vt* picorer *Körner*
picklig *s.* **pickelig**
Picknick ['pɪknɪk] <-s, -s *o* -e> *nt* pique-nique *m*
picknicken ['pɪknɪkən] *vi* pique-niquer
Pick-up [pɪk'ʔap, 'pɪkap] <-s, -s> *m* pick-up *m*
picobello ['pi:ko'bɛlo] *adv fam* impec
piekfein ['pi:k'fai̯n] *fam* **I.** *adj Restaurant* sélect(e) **II.** *adv* chiquement
piep *interj* cui-cui (*fam*) ▶ **nicht mehr ~ sagen können** *fam* n'arriver même plus à dire ouf
Piep ▶ **keinen ~ sagen** *fam* ne pas piper [mot]
piepe *adj* **das ist mir ~** je m'en fiche
piepegal *adj fam* **das ist mir ~** je m'en [contre]fiche

piepen ['pi:pən] **I.** *vi Vogel:* pépier; *Maus:* couiner; *Funkgerät:* faire bip[-bip] **II.** *vi unpers fam* **bei ihm piept's** il déraille
Piepen *Pl fam* pépètes *fpl*
piepsen ['pi:psən] *vi* ❶ *s.* **piepen I.** ❷ (*mit Fistelstimme singen*) chanter avec une voix de fausset
Piepser <-s, -> *m fam* ❶ (*Piepton*) signal *m* sonore ❷ (*Personenrufgerät*) bip *m*
piepsig ['pi:psɪç] *adj Stimme* fluet(te); *Person* menu(e)
Pier [pi:ɐ̯] <-s, -s> *m* débarcadère *m*
Piercing ['pi:ɐ̯sɪŋ] <-s, -s> *nt* piercing *m*
piesacken ['pi:zakən] *vt fam* **jdn ~** *Person:* embêter qn; *Tier:* enquiquiner qn
pieseln ['pi:zəln] *vi fam* ❶ (*nieseln*) bruiner ❷ (*urinieren*) pisser
Pietät [pi̯e'tɛ:t] <-> *f geh* piété *f*
pietätlos [pi̯e'tɛ:t-] *geh adj* irrespectueux(-euse)
Pigment [pɪ'gmɛnt] <-s, -e> *nt* pigment *m*
Pigmentfleck *m* tache *f* pigmentaire
Pik [pi:k] <-s, -> *nt* SPIEL pique *m*
pikant [pi'kant] **I.** *adj* ❶ relevé(e); *Soße* piquant(e) ❷ (*frivol*) piquant(e) **II.** *adv* **~ schmecken** être relevé
Pikdame *f* dame *f* de pique
Pike ['pi:kə] ▶ **etw von der ~ auf lernen** *fam* apprendre en commençant en bas de l'échelle
piken ['pi:kən] *fam* **I.** *vt* piquer; **jdn mit etw ~** piquer qn avec qc **II.** *vi Pullover:* piquer
pikiert [pi'ki:ɐ̯t] *geh* **I.** *adj* offusqué(e) **II.** *adv reagieren* avec indignation
Pikkolo ['pɪkolo] <-s, -s> *m* ≈ quart *m* de mousseux
piksen *s.* **piken**
Piktogramm <-s, -e> *nt* pictogramme *m*
Pilger(in) ['pɪlgɐ] <-s, -> *m(f)* pèlerin(e) *m(f)*
Pilgerfahrt *f* pèlerinage *m*
pilgern *vi + sein* **nach Mekka ~** se rendre en pèlerinage à la Mecque
Pilgerweg *m* chemin *m* des pèlerins
Pille ['pɪlə] <-, -n> *f* (*Tablette, Antibabypille*) pilule *f*
Pillenknick *m fam* fléchissement *m* de la courbe de la natalité dû à la pilule
Pilot(in) [pi'lo:t] <-en, -en> *m(f)* pilote *mf*
Pilotfilm *m* film-pilote *m* **Pilotprojekt** *nt*, **Pilotversuch** *m* projet-pilote *m*
Pils <-, -> *nt* pils *f*
Pilz [pɪlts] <-es, -e> *m a.* MED champignon *m*
Pilzerkrankung *f*, **Pilzkrankheit** *f* MED

P

mycose *f* **Pilzvergiftung** *f* intoxication *f* par des champignons
Piment [pi'mɛnt] <-[e]s, -e> *m o nt* piment
Pimmel ['pɪməl] <-s, -> *m fam* zizi *m*
PIN [pɪn] <-, -s> *f Abk von* **Personal Identification Number** NIP *m*, PIN *m*; **seine ~ eingeben** taper son code confidentiel
PIN-Code *m* code *m* PIN [*o* NIP]
pingelig ['pɪŋəlɪç] *adj fam* maniaque
Pingpong ['pɪŋpɔŋ] <-s> *nt* ping-pong *m inv*
Pinguin ['pɪŋgui:n] <-s, -e> *m* pingouin *m*
Pinie ['pi:ni̯ə] <-, -n> *f* pin *m* parasol
pink [pɪŋk] *adj* rose bonbon [*o* vif]
Pink [pɪŋk] <-s, -s> *nt* rose *m* vif
Pinkel ['pɪŋkəl] <-s, -> *m pej fam* **ein feiner ~** un minet
pinkeln ['pɪŋkəln] *vi fam* pisser
pinkfarben *adj* rose vif
Pinne ['pɪnə] <-, -n> *f* NAUT barre *f*
pinnen ['pɪnən] *vt fam* **etw an die Wand ~** épingler qc au mur
Pinnwand ['pɪnvant] *f* tableau *m* aide-mémoire
Pinscher ['pɪnʃɐ] <-s, -> *m* pinscher *m*
Pinsel ['pɪnzəl] <-s, -> *m* pinceau *m*
pinseln ['pɪnzəln] *vt fam* (*schreiben*) **einen Spruch an die Wand ~** barbouiller une inscription au mur
Pinte ['pɪntə] <-, -n> *f fam* troquet *m*
Pin-up-Girl [pɪn'ʔapgø:ɐ̯l] <-s, -s> *nt* pin up *f*
Pinzette [pɪn'ʦɛtə] <-, -n> *f* pincette *f*; (*Kosmetikpinzette*) pince *f* à épiler
Pionier(in) [pi̯o'ni:ɐ̯] <-s, -e> *m(f) geh* pionnier(-ière) *m(f)*
Pionierarbeit *f kein Pl* travail *m* de pionnier *pas de pl*
Pipeline ['pai̯plai̯n] <-, -s> *f* pipeline *m*
Pipette [pi'pɛtə] <-, -n> *f* pipette *f*
Pipi ['pɪpi] <-s> *nt Kinderspr.* **~ machen** faire pipi
Pipifax <-> *nt pej fam* pipi *m* de chat (*fig*)
Piranha [pi'ranja] <-[s], -s> *m* piranha *m*
Pirat(in) [pi'ra:t] <-en, -en> *m(f)* pirate *m*
Piratensender *m* émetteur *m* pirate
Piraterie [piratə'ri:] <-, -ien> *f* piraterie *f*
Pirol [pi'ro:l] <-s, -e> *m* loriot *m*
Pirouette [pi'ruɛtə] <-n> *f* pirouette *f*
Pirsch [pɪrʃ] <-> *f* **auf die ~ gehen** aller à la chasse [à l'approche]
PISA ['pi:za] *Abk von* **Program[me] for International Student Assessment** PISA
PISA-Studie *f* étude *f* PISA
Pisse ['pɪsə] <-> *f vulg* pisse *f*
pissen ['pɪsən] *vi vulg* pisser (*fam*)
Pissoir [pɪ'so̯a:ɐ̯] <-s, -s *o* -e> *nt* urinoir *m*
Pistazie [pɪs'ta:ʦi̯ə] <-, -n> *f* pistache *f*; (*Baum*) pistachier *m*
Piste ['pɪstə] <-, -n> *f* piste *f*
Pistole [pɪs'to:lə] <-, -n> *f* pistolet *m* ▶**wie aus der ~ geschossen** *fam* du tac au tac
Pistolentasche *f* gaine *f* de pistolet
pitchen ['pɪʧən] *vt* SPORT pitcher *Golfball*
pitschnassRR ['pɪʧ'nas] *adj fam* complètement trempé(e)
Pixel ['pɪksəl] <-[s], -> *nt* INFORM pixel *m*
Pizza ['pɪʦa] <-, -s> *f* pizza *f*
Pizzaservice *m* service *m* pizza
Pizzeria [pɪʦe'ri:a] <-, -s *o* -rien> *f* pizzeria *f*
Pkt. *Abk von* **Punkt** pt
Pkw, PKW ['pe:ka:ve:, pe:ka:'ve:] <-[s], -[s]> *m Abk von* **Personenkraftwagen** voiture *f* [particulière]
Placebo [pla'ʦe:bo] <-s, -s> *nt* MED placebo *m*
Plackerei [plakə'rai̯] <-, -en> *f fam* galère *f*
plädieren* [plɛ'di:rən] *vi* ❶ JUR **auf Freispruch ~** *Rechtsanwalt:* plaider non-coupable ❷ *geh* (*sich aussprechen*) **für etw ~** plaider pour qc
Plädoyer [plɛdo̯a'je:] <-s, -s> *nt* ❶ JUR *eines Rechtsanwalts* plaidoirie *f*; *eines Staatsanwalts* réquisitoire *m* ❷ *geh* (*Eintreten*) **~ für/gegen etw** plaidoyer *m* pour/contre qc
Plage ['pla:gə] <-, -n> *f* plaie *f*; (*Schädlingsplage*) fléau *m*
Plagegeist *m pej fam* (*Person*) casse-pieds *mf inv*; (*Insekt*) sale bestiole *f*
plagen ['pla:gən] **I.** *vt* tourmenter; **jdn ~** *Gewissen:* tourmenter qn; *Neugierde:* dévorer qn; *Hunger:* tenailler qn **II.** *vr* **sich mit seiner Arbeit ~** s'esquinter à faire son travail (*fam*)
Plagiat [pla'gi̯a:t] <-[e]s, -e> *nt geh* plagiat *m*
plagiieren* [plagi'i:rən] *geh vt* plagier *Werk*
Plakat [pla'ka:t] <-[e]s, -e> *nt* affiche *f*
Plakatfarbe *f* peinture *f* pour affiches
plakativ [plaka'ti:f] *geh adj* frappant(e)
Plakatsäule *f* colonne *f* Morris **Plakatwand** *f* panneau *m* d'affichage **Plakatwerbung** *f* affichage *m* publicitaire
Plakette [pla'kɛtə] <-, -n> *f* badge *m*; (*Gedenkplakette*) médaille *f*

plan [plaːn] *adj* plan(e)
Plan [plaːn, *Pl:* 'plɛːnə] <-[e]s, Pläne> *m* ❶ (*Überlegung, Planzeichnung*) plan *m* ❷ *meist Pl* (*Planung*) projet *m* ▶ ~ **B** *fam* plan B; **keinen ~ haben** *sl* n'avoir aucune idée
Plane ['plaːnə] <-, -n> *f* bâche *f*
planen ['plaːnən] *vt* ❶ planifier *Projekt, Verbrechen* ❷ (*entwerfen*) dessiner les plans de
Planer(in) <-s, -> *m(f)* planificateur(-trice) *m(f)*
Planet [pla'neːt] <-en, -en> *m* planète *f*
planetarisch [plane'taːrɪʃ] *adj* planétaire
Planetarium [plane'taːri̯ʊm] <-s, -tarien> *nt* planétarium *m*
planieren* [pla'niːrən] *vt* aplanir
Planierraupe *f* bulldozer *m*
Planke ['plaŋkə] <-, -n> *f* planche *f*
Plänkelei [plɛŋkə'lai] <-, -en> *f a. fig* escarmouche *f*
Plankton ['plaŋktɔn] <-s> *nt* plancton *m*
planlos **I.** *adj* désordonné(e) **II.** *adv* au hasard
planmäßig **I.** *adj* ❶ *Ankunft* normal(e) ❷ (*systematisch*) méthodique **II.** *adv stattfinden* comme prévu
Planquadrat *nt* quadrilatère *m* [du plan]
Planschbecken *nt* pataugeoire *f*
planschen ['planʃən] *vi* barboter
Plantage [plan'taːʒə] <-, -n> *f* plantation *f*
PlantschbeckenRR *s.* **Planschbecken**
plantschenRR *s.* **planschen**
Planung <-, -en> *f* (*errechneter Plan*) plan *m*, planning *m*
planvoll **I.** *adj* planifié(e) **II.** *adv arbeiten* systématiquement
Planwagen *m* chariot *m* [bâché]
Planwirtschaft *f* économie *f* planifiée
Plappermaul *nt pej fam* moulin *m* à paroles
plappern ['plapɐn] *fam* **I.** *vi* bavarder **II.** *vt* marmonner *Unverständliches*
plärren ['plɛrən] *pej vi* (*weinen*) *Kind:* pleurnicher
Plasma ['plasma] <-s, Plasmen> *nt* MED plasma *m*
Plasmabildschirm *m* TECH écran *m* plasma
Plastik1 ['plastɪk] <-s> *nt* (*Kunststoff*) plastique *m*
Plastik2 ['plastɪk] <-, -en> *f* KUNST sculpture *f*
Plastikbecher *m* gobelet *m* en plastique **Plastikbeutel** *m s.* **Plastiktüte** **Plastikfolie** *f* feuille *f* de plastique
Plastikmüll *m* déchets *mpl* plastiques **Plastiktüte** *f* sac *m* en plastique
plastisch ['plastɪʃ] **I.** *adj* ❶ *Material* malléable ❷ (*räumlich*) en relief ❸ *Schilderung* clairement réalisé(e) ❹ MED *Chirurgie* plastique **II.** *adv* ❶ (*räumlich*) en relief ❷ (*anschaulich*) concrètement
Platane [pla'taːnə] <-, -n> *f* platane *m*
Plateau [pla'toː] <-s, -s> *nt* plateau *m*
Platin ['plaːtiːn] <-s> *nt* platine *m*
platinblond *adj* blond(e) platine; **~e Haare** des cheveux [blonds] platine
platonisch [pla'toːnɪʃ] *geh adj Liebe* platonique
platsch [platʃ] *interj* vlan; (*beim Aufprall auf Wasser*) plouf
platschen ['platʃən] *vi + sein fam* faire flac
plätschern ['plɛtʃɐn] *vi* ❶ *+ haben* (*ein plätscherndes Geräusch machen*) *Wasser:* clapoter ❷ *+ sein* (*fließen*) **ins Tal ~** s'écouler en clapotant dans la vallée
platt [plat] **I.** *adj* ❶ plat(e); *Nase* aplati(e) ❷ (*geistlos*) banal(e) ❸ *fam* (*verblüfft*) **~ sein** [en] être baba **II.** *adv* **jdn/etw ~ drücken** écraser qn/qc
Platt *s.* **Plattdeutsch**
plattdeutsch ['platdɔytʃ] **I.** *adj Dialekt* bas allemand(e); *Wort* de bas allemand **II.** *adv* **~ sprechen** parler bas allemand; *s. a.* **deutsch**
Plattdeutsch *nt kein Art* bas *m* allemand; *s. a.* **Deutsch**
Platte1 ['platə] <-, -n> *f* ❶ (*Stein-, Keramikplatte*) (*klein*) carreau *m;* (*groß*) dalle *f* ❷ (*Metallplatte*) plaque *f* ❸ (*Servierplatte*) plateau *m* ❹ (*Speisenplatte*) **kalte ~** assiette *f* anglaise ❺ *fam* (*Glatze*) calvitie *f* ❻ (*Schallplatte*) disque *m* ❼ (*Kochplatte*) plaque *f* [électrique] ▶ **eine andere ~ auflegen** *fam* changer de disque
Platte2 ['platə] <-n, -n> *m fam* **einen ~n haben** être à plat
plätten ['plɛtən] *vt* NDEUTSCH repasser
Plattencover ['platənkavɐ] *nt* pochette *f* de disque **Plattenfirma** *f* maison *f* de disques
Plattensee *m* **der ~** le lac Balaton
Plattenspieler *m* platine *f* [disques] **Plattenteller** *m* plateau *m*
Plattform *f* plate[-]forme *f* **Plattfuß** *m* ❶ pied *m* plat ❷ *fam* (*Reifenpanne*) pneu *m* à plat
Plattheit <-, -en> *f* platitude *f*
Platz [plats, *Pl:* 'plɛtsə] <-es, Plätze> *m* ❶ place *f;* **~ sparende Bauweise** construction rationnelle ❷ (*Sportplatz*) ter-

P

rain *m* ▶ ~! assis!; **fehl am ~ [e] sein** *Person:* n'être pas à sa place; *Sache:* être déplacé

Platzangst *f* ❶ *fam* (*Klaustrophobie*) claustrophobie *f* ❷ (*Agoraphobie*) agoraphobie *f* **Platzanweiser(in)** <-s, -> *m(f)* ouvreur(-euse) *m(f)*

Plätzchen ['plɛtsçən] <-s, -> *nt* ❶ *Dim von* **Platz** petite place *f* ❷ (*Gebäck*) ≈ petit gâteau *m* sec

platzen ['platsən] *vi + sein* ❶ *Tüte:* éclater; *Reifen:* crever; *Naht:* craquer ❷ (*fast umkommen*) **vor Neugier** (*dat*) ~ crever de curiosité ❸ *fam* (*fehlschlagen*) foirer

platzieren*[RR] [pla'tsi:rən] **I.** *vt* ❶ placer *Person, Gegenstand;* insérer *Anzeige* ❷ SPORT placer **II.** *vr* **sich ~ können** *Sportler:* pouvoir se classer parmi les premiers

Platzierung[RR] <-, -en> *f* (*Rangfolge*) classement *m*

Platzkarte *f* [billet *m* de] réservation *f* **Platzkonzert** *nt* concert *m* en plein air **Platzmangel** *m* manque *m* de place

Platzpatrone *f* cartouche *f* à blanc **Platzregen** *m* averse *f*

Platzreservierung *f* réservation *f*

platzsparend *s.* **Platz 1**

Platzverweis *m* expulsion *f* [du terrain]

Platzwunde *f* plaie *f* ouverte

Plauderei [plaudə'rai] <-, -en> *f* causerie *f*

plaudern ['plaudɐn] *vi* ❶ bavarder; **mit jdm/über etw** (*akk*) ~ bavarder avec qn/de qc ❷ (*Geheimnisse verraten*) parler

Plausch [plauʃ] <-[e]s, -e> *m* SDEUTSCH, A bavardage *m*

plausibel [plau'zi:bəl] **I.** *adj* *Erklärung* plausible **II.** *adv* *erklären* de façon plausible

Playback, Play-back[RR] ['ple:bɛk] <-s, -s> *nt* play-back *m inv*

Playboy ['ple:bɔy] <-s, -s> *m* play-boy *m* **Playgirl** ['ple:gø:ɐl] <-s, -s> *nt* pin up *f* de luxe **Playstation®** ['ple:ste:ʃən] <-, s> *f* INFORM playStation® *f*

Plazenta [pla'tsɛnta] <-, -s *o* Plazenten> *f* MED placenta *m*

plazieren*[ALT] *s.* **platzieren**

Plazierung[ALT] *s.* **Platzierung**

Plebiszit [plebɪs'tsi:t] <-[e]s, -e> *nt* plébiscite *m*

pleite ['plaitə] *adj fam* ~ **sein** *Person:* être fauché; *Firma:* être en déconfiture

Pleite ['plaitə] <-, -n> *f fam* ❶ faillite *f* ❷ (*Reinfall*) fiasco *m*

pleitegehen[RR] *vi irr + sein fam Firma, Geschäft:* faire faillite

plemplem [plɛm'plɛm] *adj fam* ~ **sein** être zinzin

Plena *Pl von* **Plenum**

Plenarsaal [ple'na:ɐza:l] *m* ≈ hémicycle *m* **Plenarsitzung** *f* réunion *f* plénière

Plenum ['ple:nʊm] <-s, Plena> *nt* assemblée *f* plénière

Pleuelstange *f* bielle *f*

Plissee [plɪ'se:] <-s, -s> *nt* tissu *m* plissé

PLO [pe:ʔɛl'ʔo:] <-> *f Abk von* **Palestine Liberation Organization** OLP *f*

Plombe ['plɔmbə] <-, -n> *f* (*Zahnplombe*) plombage *m*

plombieren* [plɔm'bi:rən] *vt* plomber

Plotter <-s, -> *m* INFORM traceur *m*

plötzlich ['plœtslɪç] **I.** *adj* soudain(e); *Tod* subit(e) **II.** *adv* soudain ▶ **aber etwas ~!** *fam* et que ça saute!

Plug-in [plag'ʔɪn] <-s, -s> *nt* INFORM plugiciel *m*

plump [plʊmp] **I.** *adj* ❶ (*schwerfällig*) gauche ❷ (*dummdreist*) primitif(-ive) **II.** *adv* ❶ (*schwerfällig*) gauchement ❷ (*dummdreist*) maladroitement

Plumpheit <-, -en> *f* ❶ *kein Pl* (*Plumpsein*) maladresse *f pas de pl* ❷ (*plumpe Handlung*) geste *m* maladroit

plumps [plʊmps] *interj* pouf; (*beim Aufprall auf Wasser*) plouf

Plumps [plʊmps] <-es, -e> *m fam* bruit *m* sourd, boum *m;* (*Aufprall auf Wasser*) plouf *m*

plumpsen ['plʊmpsən] *vi + sein fam* **ins Wasser ~** tomber dans l'eau en faisant un grand plouf

Plumpsklo[sett] *nt fam* latrines *fpl*

Plunder <-s> *m fam* bric-à-brac *m*

Plünderer <-s, -> *m,* **Plünderin** *f* pillard(e) *m(f)*

Plundergebäck *nt* ≈ gâteau *m* feuilleté

plündern ['plʏndɐn] **I.** *vt* ❶ piller *Geschäfte* ❷ *fig, hum* dévaliser *Kühlschrank, Konto* **II.** *vi* se livrer au pillage

Plünderung <-, -en> *f* pillage *m*

Plural ['plu:ra:l] <-s, -e> *m* pluriel *m*

pluralistisch [plura'lɪstɪʃ] *adj geh* pluraliste

plus [plʊs] **I.** *präp + gen* plus **II.** *konj* plus **III.** *adv* ❶ (*über null Grad*) **drei Grad ~** plus trois degrés ❷ PHYS **von ~ nach minus** du pôle positif au pôle négatif

Plus *nt* ❶ MATH plus *m* ❷ (*Überschuss*) excédent *m* ❸ (*Vorzug*) plus *m*

Plüsch [ply:ʃ] <-[e]s, -e> *m* peluche *f*

plüschig *adj* pelucheux(-euse)

Plüschtier *nt* animal *m* en peluche

Pluspol *m* pôle *m* positif **Pluspunkt** *m*

P

❶ (*Vorzug*) plus *m* ❷ (*Wertungseinheit*) point *m*
Plusquamperfekt ['pluskvampɛrfɛkt] <-s, -e> *nt* GRAM plus-que-parfait *m*
plustern ['plu:stɐn] **I.** *vt* hérisser *Federn* **II.** *vr* **sich ~** *Tier:* se hérisser
Pluszeichen *nt* signe *m* plus
Pluto <-s> *m* [la planète] Pluton *f*
Plutonium [plu'to:niʊm] <-s> *nt* CHEM plutonium *m*
PLZ *Abk von* **Postleitzahl** code *m* postal
Pneu [pnø:] <-s, -s> *m bes.* A, CH pneu *m*
pneumatisch [pnɔy'ma:tɪʃ] **I.** *adj* pneumatique **II.** *adv* **~ betrieben** fonctionné par système pneumatique
Po [po:] <-s, -s> *m fam* fesses *fpl*
Pobacke <-, -n> *f fam* fesse *f*
Pöbel ['pø:bəl] <-s> *m pej* populace *f*
Pöbelei [pø:bə'lai] <-, -en> *f fam* ❶ *kein Pl* (*das Pöbeln*) barouf *m* ❷ *meist Pl* (*Äußerung*) grossièreté *f*
pöbelhaft **I.** *adj* grossier(-ière) **II.** *adv* grossièrement
pöbeln ['pø:bəln] *vi fam* faire du barouf
pochen ['pɔxən] *vi geh* ❶ (*klopfen*) frapper; **gegen/an etw** (*akk*) **~** frapper contre/à qc ❷ *Herz:* battre
pochieren* [pɔ'ʃi:rən] *vt* pocher *Eier*
Pocken ['pɔkən] *Pl* variole *f*
pockennarbig *adj* variolé(e)
Pockenschutzimpfung *f* vaccination *f* antivariolique
Pocketkamera ['pɔkət-] *f* appareil *m* photo de poche
Podcast ['pɔtka:st] <-s, -s> *m* INET podcast *m*, balado *m;* **sich** (*dat*) **eine Radiosendung als ~ anhören** écouter une émission de radio en podcast
podcasten ['pɔtka:stən] *vt, vi* INET podcaster
Podest [po'dɛst] <-[e]s, -e> *nt o m* estrade *f*
Podium ['po:diʊm] <-s, Podien> *nt* podium *m*
Podiumsdiskussion *f* débat *m* public
Poesie [poe'zi:] <-> *f geh* poésie *f*
Poesiealbum *nt* ≈ album *m* souvenir (*petit album d'enfant rempli par les parents et amis en certaines occasions*)
Poet(in) [po'e:t] *m(f)* poète *m*
poetisch [po'e:tɪʃ] *adj geh* poétique
pofen ['po:fən] *vi fam* pioncer
Pogrom [po'gro:m] <-s, -e> *m o nt* pogrom[e] *m*
Pointe ['pɔ̃ɛ:tə] <-, -n> *f* chute *f*
pointiert [poɛ̃'ti:ɐt] *geh adj* pertinent
Pokal [po'ka:l] <-s, -e> *m* coupe *f*
Pokalspiel *nt* match *m* de coupe **Pokalwettbewerb** *m* coupe *f*
Pökelfleisch ['pø:kəl-] *nt* viande *f* salée
pökeln ['pø:kəln] *vt* saler
Poker ['po:kɐ] <-s> *nt* poker *m*
Pokerface ['po:kɐfe:s] <-, -s> *nt* visage *m* inexpressif
pokern ['po:kɐn] *vi* jouer au poker
Pol [po:l] <-s, -e> *m* GEOG, ELEC pôle *m* ▶ **der ruhende ~** le garant de stabilité
polar [po'la:ɐ] *adj* polaire
polarisieren* [polari'zi:rən] **I.** *vr geh* **sich ~** *Positionen:* se durcir; *Gegensätze:* s'accentuer **II.** *vt* polariser *Licht*
Polarisierung <-, -en> *f geh* durcissement *m*
Polarkreis *m* cercle *m* polaire **Polarstern** *m* étoile *f* polaire
Polder ['pɔldɐ] <-s, -> *m* polder *m*
Pole ['po:lə] <-n, -n> *m*, **Polin** *f* Polonais(e) *m(f)*
Polemik [po'le:mɪk] <-, -en> *f* polémique *f*
polemisch **I.** *adj* polémique **II.** *adv sich äußern* de façon polémique
polemisieren* [polemi'zi:rən] *vi* polémiquer; **gegen jdn/etw ~** polémiquer contre qn/qc
Polen ['po:lən] <-s> *nt* la Pologne
Poleposition ['po:lpozɪʃən] <-> *f* SPORT pole position *f*
Police [po'li:sə] <-, -n> *f* police *f* [d'assurance]
Polier(in) [po'li:ɐ] <-s, -e> *m(f)* contre-maître *m*
polieren* [po'li:rən] *vt* lustrer *Schuhe;* briquer *Auto;* **glatt ~** polir
Poliklinik *f* policlinique *f*
Polin ['po:lɪn] *s.* **Pole**
Polio ['po:lio] <-> *f* MED polio[myélite] *f*
Politesse [poli'tɛsə] <-, -n> *f* contractuelle *f*
Politgerangel *nt fam* chamaillerie *f* politique
Politik [poli'ti:k] <-> *f* politique *f*
Politiker(in) [po'li:tikɐ] <-s, -> *m(f)* homme *m*/femme *f* politique
Politikum [po'li:tikʊm] <-s, Politika> *nt* événement *m* [politique]
Politikverdrossenheit *f* ras-le-bol *m inv* de la politique **Politikwissenschaft** *f s.* **Politologie**
politisch [po'li:tɪʃ] *adj* politique
politisieren* [politi'zi:rən] *vi* parler politique
Politisierung <-> *f* politisation *f*

Politologe [polito'lo:gə] <-n, -n> *m*, **Politologin** *f* politologue *mf*
Politologie [politolo'gi:] <-> *f* politologie *f*, science[s] *f(pl)* politique[s]
Politur [poli'tu:ɐ̯] <-, -en> *f* ❶ (*Poliermittel*) produit *m* lustrant ❷ (*Schicht*) vernis *m*
Polizei [poli'tsai] <-, -en> *f* ❶ police *f* ❷ *kein Pl* (*Dienstgebäude*) poste *m* de police ▶ **dümmer, als die ~ erlaubt** *hum fam* bête comme c'est pas permis
Polizeiangaben *Pl* indications *f* de la police **Polizeiaufgebot** *nt* déploiement *m* des forces de police **Polizeidirektion** *f* direction *f* de la police **Polizeieinsatz** *m* intervention *f* de la police **Polizeifunk** *m* radio *f* de la police **Polizeigewahrsam** *m* garde *f* à vue **Polizeihund** *m* chien *m* policier
polizeilich I. *adj* *Ermittlung* policier(-ière) II. *adv* *überwachen* par mesure de police
Polizeinotruf *m* police *f* secours **Polizeipräsidium** *nt* préfecture *f* de police **Polizeirevier** *nt* poste *m* **Polizeischutz** *m* protection *f* policière **Polizeispitzel** *m* *pej* indicateur(-trice) *m(f)* **Polizeisprecher(in)** *m(f)* porte-parole *mf* de la police **Polizeistaat** *m* État *m* policier **Polizeistreife** *f* patrouille *f* de police **Polizeistunde** *f* heure *f* de fermeture **Polizeiwache** *f* poste *m* de police
Polizist(in) [poli'tsɪst] <-en, -en> *m(f)* policier(-ière) *m(f)*
Polka ['pɔlka] <-, -s> *f* polka *f*
Pollen ['pɔlən] <-s, -> *m* pollen *m*
Pollenallergie *f* allergie *f* au pollen **Pollenflug** *m* *kein Pl* pollinisation *f* par le vent *pas de pl*
Pollenflugvorhersage *f* prévisions *fpl* sur les concentrations de pollen
Poller ['pɔlɐ] <-s, -> *m* bitte *f* d'amarrage
polnisch ['pɔlnɪʃ] I. *adj* polonais(e) II. *adv* **~ miteinander sprechen** discuter en polonais; *s. a.* **deutsch**
Polnisch <-[s]> *nt* *kein Art* polonais *m*; *s. a.* **Deutsch**
Polo ['po:lo] <-s, -s> *nt* polo *m*
Polohemd ['po:lohɛmt] *nt* polo *m*
Polonaise [polo'nɛ:zə] <-, -n> *f* polonaise *f*
Polster ['pɔlstɐ] <-s, -> *nt o A m* ❶ *eines Möbelstücks* coussin *m*; (*Polsterung*) rembourrage *m* ❷ (*Schulterpolster*) épaulette *f* ❸ *fam* (*Rücklage*) pécule *m*
Polstergarnitur *f* salon *m* **Polstermöbel** *nt* meuble *m* rembourré
polstern ['pɔlstɐn] *vt* capitonner *Möbel*
Polstersessel *m* fauteuil *m*
Polsterung <-, -en> *f* *eines Sofas* coussins *mpl*
Polterabend *m* ≈ veille *f* des noces (*soirée au cours de laquelle on casse de la vaisselle pour porter bonheur aux futurs jeunes mariés*)
Poltergeist *m* esprit *m* frappeur
poltern ['pɔltɐn] *vi* ❶ + *haben* (*lärmen*) faire du vacarme ❷ + *sein* (*sich bewegen*) **durch das Treppenhaus ~** faire du vacarme dans la cage d'escalier
Polyäthylen [polyʔɛty'le:n] <-s, -e> *nt* CHEM polyéthylène *m*
Polyester [poly'ʔɛstɐ] <-s, -> *m* polyester *m*
polyfon[RR] *s.* **polyphon**
polygam [poly'ga:m] *adj* polygame
Polygamie [polyga'mi:] <-> *f* polygamie *f*
polyglott [poly'glɔt] *adj* *geh* *Person* polyglotte
Polymer [poly'me:ɐ̯] <-s, -e> *nt* *meist Pl* CHEM polymère *m*
Polynesien [poly'ne:ziən] <-s> *nt* la Polynésie
Polyp [po'ly:p] <-en, -en> *m* ZOOL, MED polype *m*
polyphon [poly'fo:n] *adj* *Musik* polyphonique
Polytechnikum [poly'tɛçnikʊm] <-s, -technika> *nt* *école technique supérieure qui forme des ingénieurs*
Pomade [po'ma:də] <-, -n> *f* pommade *f*
Pommern ['pɔmɐn] <-s> *nt* la Poméranie
Pommes ['pɔməs] *Pl fam* frites *fpl*
Pommes frites [pɔm'frɪt] *Pl* [pommes *fpl*] frites *fpl*
Pomp [pɔmp] <-[e]s> *m* faste *m*
pompös [pɔm'pø:s] I. *adj* somptueux(-euse); *Ausstattung* fastueux(-euse) II. *adv* *ausstatten* somptueusement; *feiern* avec faste
Poncho ['pɔntʃo] <-s, -s> *m* poncho *m*
Pontius ['pɔntsiʊs] ▶ **von ~ zu Pilatus laufen** *fam* frapper à toutes les portes
Ponton [põ'tõ:, pɔn'tõ:, 'pɔntõ] <-s, -s> *m* NAUT ponton *m*
Pony[1] ['pɔni] <-s, -s> *nt* poney *m*
Pony[2] ['pɔni] <-s, -s> *m* (*Stirnfransen*) frange *f*
Ponyhof <-s, -s> *m* poney-club *m* ▶ **etw ist kein ~** *fam* qc n'est pas une partie de plaisir (*fam*)
Pool [pu:l] <-s, -s> *m* piscine *f*
Poolbillard ['pu:lbɪljart] *nt* billard *m* américain
Pop [pɔp] <-s> *m* pop *f*

P

Popanz ['po:pants] <-es, -e> *m pej* épouvantail *m*
Pop-ArtRR ['pɔpʔa:ɐt] <-> *f* pop art *m*
Popcorn ['pɔpkɔrn] <-s> *nt* pop-corn *m*
Popel ['po:pəl] <-s, -> *m fam* crotte *f* de nez
popelig ['po:pəlɪç] *adj fam* minable
Popelin [popə'li:n] <-s, -e> *m* popeline *f*
Popelkram *m pej fam* cucuterie *f*
popeln ['po:pəln] *vi fam* retirer des crottes de [son] nez
Popgruppe *f* groupe *m* pop **Popkonzert** *nt* concert *m* [de musique] pop
poplig ['po:plɪç] *s.* **popelig**
Popmusik *f* musique *f* pop
Popo [po'po:] <-s, -s> *m Kinderspr. fam* fesses *fpl*
poppig ['pɔpɪç] *fam* **I.** *adj Aufmachung* voyant(e) **II.** *adv* de façon voyante
Popstar *m* MUS pop star *f*
populär [popu'lɛ:ɐ] **I.** *adj* populaire **II.** *adv schreiben* en se mettant à la portée de tous
Popularität [populari'tɛ:t] <-> *f* popularité *f*
populärwissenschaftlich *adj* vulgarisateur(-trice)
Populist(in) [popu'lɪst] <-en, -en> *m(f)* populiste *mf*
Pore ['po:rə] <-, -n> *f* pore *m*
Porno ['pɔrno] <-s, -s> *m fam* porno *m*
Pornofilm *m* film *m* porno
PornografieRR [pɔrnogra'fi:] <-> *f* pornographie *f*
pornografischRR [pɔrno'gra:fɪʃ] *adj* pornographique
Pornographie *s.* **Pornografie**
pornographisch *s.* **pornografisch**
Pornoheft *nt fam* revue *f* porno
porös [po'rø:s] *adj* poreux(-euse)
Porree ['pɔre] <-s, -s> *m* poireau *m*
Portal [pɔr'ta:l] <-s, -e> *nt* portail *m*
Portemonnaie [pɔrtmɔ'ne:, 'pɔrtmɔne] <-s, -s> *nt* porte-monnaie *m*
Porti *Pl von* **Porto**
Portier [pɔr'ti̯e:] <-s, -s> *m* portier *m*
Portion [pɔr'tsi̯o:n] <-, -en> *f* portion *f;* (*zugeteilte Menge*) part *f;* **eine tüchtige ~ essen** manger une bonne portion
PortmoneeRR [pɔrtmɔ'ne:, 'pɔrtmɔne] *s.* **Portemonnaie**
Porto ['pɔrto] <-s, -s *o* Porti> *nt* port *m*
portofrei *adj* [en] port payé
portopflichtig *adj* [en] port dû
Porträt [pɔr'trɛ:] <-s, -s> *nt* portrait *m*
porträtieren* [pɔrtrɛ'ti:rən] *vt* faire le portrait de; **jdn ~** *Maler:* faire le portrait de qn; *Autor:* représenter qn
Porträtmaler(in) *m(f)* portraitiste *mf*
Porträtmalerei *f* portrait *m*
Portugal ['pɔrtugal] <-s> *nt* le Portugal
Portugiese [pɔrtu'gi:zə] <-n, -n> *m,* **Portugiesin** *f* Portugais(e) *m(f)*
portugiesisch **I.** *adj* portugais(e) **II.** *adv* **~ miteinander sprechen** discuter en portugais; *s. a.* **deutsch**
Portugiesisch <-[s]> *nt kein Art* portugais *m; s. a.* **Deutsch**
Portwein ['pɔrtvai̯n] *m* porto *m*
Porzellan [pɔrtsɛ'la:n] <-s, -e> *nt* ❶ porcelaine *f* ❷ *kein Pl* (*Geschirr*) [vaisselle *f* de] porcelaine *f*
Porzellangeschirr *nt* [vaisselle *f* en] porcelaine *f*
Posaune [po'zau̯nə] <-, -n> *f* trombone *m*
posaunen* [po'zau̯nən] **I.** *vi* jouer du trombone **II.** *vt fam* **etw in alle Welt ~** claironner qc
Posaunist(in) [pozau̯'nɪst] *m(f)* tromboniste *mf* (*form*)
Pose ['po:zə] <-, -n> *f* pose *f*
Poser(in) ['po:zɐ] <-s, -> *m(f) sl* frimeur(-euse) *m(f)* (*fam*)
posieren* [po'zi:rən] *vi geh* poser; **als Aktmodell ~** poser comme modèle nu
Position [pozi'tsi̯o:n] <-, -en> *f* ❶ *a.* MIL position *f* ❷ (*berufliche Stellung*) situation *f*
positionieren* [pozitsi̯o'ni:rən] *vr* POL *geh* **sich ~** se positionner
Positionslicht *nt* feu *m* de position
positiv ['po:ziti:f] **I.** *adj a.* MED, PHYS positif(-ive); **~ sein** *fam* (*HIV-positiv sein*) être [séro]positif **II.** *adv* favorablement; *denken* d'une façon positive
Positiv ['po:ziti:f] <-s, -e> *nt* PHOT, MUS positif *m*
Positur [pozi'tu:ɐ] <-, -en> *f* posture *f*
Posse ['pɔsə] <-, -n> *f* farce *f*
Possessivpronomen [pɔsɛ'si:fprono:mən] *nt* GRAM [pronom *m*] possessif *m;* (*adjektivisches Possessivpronomen*) [adjectif *m*] possessif *m*
possierlich *adj* drôle
Post [pɔst] <-> *f* ❶ (*Unternehmen*) poste *f* ❷ (*Postsendung*) courrier *m* ❸ INFORM **elektronische ~** courrier *m* électronique ▶ **da geht die ~ ab** *fam* ça déménage
postalisch [pɔs'ta:lɪʃ] **I.** *adj Weg* postal(e); *Vermerk* de la poste **II.** *adv verschicken* par la poste
Postamt *nt* bureau *m* de poste **Postanweisung** *f* mandat *m* **Postbeamte(r)** *m dekl wie adj,* **-beamtin** *f* employé(e) *m(f)*

des postes **Postbote** *m*, **-botin** *f* facteur(-trice) *m(f)*

Posten ['pɔstən] <-s, -> *m* ①(*Anstellung, Amt*) poste *m* ②COM (*Position*) article *m*, poste *m;* (*Menge*) lot *m* ③(*Wachmann*) sentinelle *f* ▶**nicht ganz auf dem ~ sein** *fam* être mal fichu

Poster ['poːstɐ] <-s, -[s]> *nt* poster *m*

Postfach *nt* (*bei der Post*) boîte *f* postale; (*im Hotel, Büro*) casier *m* [à courrier] **Postgeheimnis** *nt* secret *m* postal **Postgirokonto** *nt* compte *m* courant de la poste

posthum [pɔst'huːm] *s.* **postum**

postieren* [pɔs'tiːrən] *vt* poster; **jdn/sich am Ausgang ~** poster qn/se poster à la sortie

Postkarte *f* carte *f* postale **Postkutsche** *f* malle-poste *f* **postlagernd I.** *adj* poste-restante **II.** *adv schicken* [en] poste-restante

Postleitzahl *f* code *m* postal

postmodern ['pɔstmodɛrn] *adj* postmoderne

Postpaket *nt* colis *m* postal **Postsack** *m* sac *m* postal **Postschalter** *m* guichet *m* [de la poste] **Postsendung** *f* envoi *m* postal

Postskript [pɔst'skrɪpt] <-[e]s, -e> *nt*, **Postskriptum** [pɔst'skrɪptʊm] <-s, -skripta> *nt* post-scriptum *m inv*

Postsparbuch *nt* livret *m* d'épargne de la poste **Postsparkasse** *f* caisse *f* d'épargne de la poste **Poststempel** *m* cachet *m* de la poste

Postulat [pɔstu'laːt] <-[e]s, -e> *nt geh* postulat *m*

postulieren* [pɔstu'liːrən] *vt geh* postuler

postum [pɔs'tuːm] *geh* **I.** *adj* posthume **II.** *adv* à titre posthume

Postweg *m kein Pl* **auf dem ~** par la poste

postwendend ['pɔstvɛndənt] *adv* ①par retour du courrier ②*fig fam* (*unverzüglich*) immédiatement

Postwertzeichen *nt form* timbre-poste *m* **Postwurfsendung** *f* publicité *f* distribuée par la poste

potent [po'tɛnt] *adj Person* sexuellement puissant(e)

Potentat(in) [potɛn'taːt] <-en, -en> *m(f) pej geh* potentat *m*

Potential [potɛn'tsi̯aːl] *s.* **Potenzial**

potentiell [potɛn'tsi̯ɛl] *s.* **potenziell**

Potenz [po'tɛnts] <-, -en> *f* ①(*sexuelle Leistungsfähigkeit*) virilité *f* ②MATH puissance *f*

PotenzialRR [potɛn'tsi̯aːl] <-s, -e> *nt a.* PHYS potentiel *m*

potenziellRR [potɛn'tsi̯ɛl] *geh adj* potentiel(le)

potenzieren* [potɛn'tsiːrən] *vt* ①*geh* potentialiser *Wirkung* ②MATH **eine Zahl mit fünf ~** élever un nombre à la puissance cinq

Potpourri ['pɔtpʊri] <-s, -s> *nt* pot-pourri *m*

Pott [pɔt, *Pl:* 'pœtə] <-[e]s, Pötte> *m fam* (*Schiff*) bateau *m;* (*altes Schiff*) rafiot *m*

Pottasche ['pɔtʔaʃə] *f kein Pl* CHEM carbonate *m* de potassium

potthässlichRR ['pɔt'hɛslɪç] *adj fam Person* moche [comme un pou]; *Gebäude* affreux(-euse)

Pottwal ['pɔtvaːl] *m* cachalot *m*

Power ['pau̯ɐ] <-> *f fam einer Person* punch *m*

powern ['pau̯ɐn] *vi vulg* mettre le paquet

Powernapping, Power-Napping ['pau̯ɐnɛpɪŋ] <-s, -s> *nt* sieste *f* au travail

PR [peː'ʔɛr] <-> *f Abk von* **Public Relations** relations *fpl* publiques

Präambel [prɛ'ambəl] <-, -n> *f* préambule *m*

Pracht [praxt] <-> *f* splendeur *f*

Prachtexemplar *nt* (*Gegenstand*) belle pièce *f*

prächtig ['prɛçtɪç] **I.** *adj* ①*Raum* somptueux(-euse); *Gewand* superbe ②*Wetter* splendide **II.** *adv sich verstehen* à merveille

Prachtkerl *m fam* type *m* super **Prachtstück** *s.* **Prachtexemplar** **prachtvoll** *s.* **prächtig**

prädestinieren* [prɛdɛsti'niːrən] *vt geh* **für etw prädestiniert sein** être prédestiné à qc

Prädikat [prɛdi'kaːt] <-[e]s, -e> *nt* ①GRAM prédicat *m* ②COM label *m* [de qualité]

prädikativ [prɛdika'tiːf] GRAM **I.** *adj Adjektiv* attribut; **~e Ergänzung** attribut *m* **II.** *adv verwenden* comme attribut

Prädikatsnomen *nt* GRAM attribut *m*

Präferenz [prɛfe'rɛnts] <-, -en> *f a.* COM préférence *f*

Präfix ['prɛːfɪks] <-es, -e> *nt* préfixe *m*

Prag [praːk] <-s> *nt* Prague

prägen ['prɛːgən] *vt* ①frapper *Münzen* ②(*aufprägen*) **ein Wappen auf** [*o* **in**] **etw** (*akk*) **~** graver des armoiries sur qc ③(*formen*) **jdn ~** marquer qn ④(*charakteristisch sein*) caractériser *Landschaft* ⑤LING forger *Begriff*

Pragmatiker(in) [pra'gmaːtikɐ] <-s, ->

P

m(f) (*pragmatischer Mensch*) esprit *m* réaliste

pragmatisch ['pra'gma:tɪʃ] **I.** *adj* pragmatique **II.** *adv* avec pragmatisme

prägnant [prɛ'gnant] *geh* **I.** *adj* prégnant(e) **II.** *adv* en termes prégnants

Prägnanz [prɛ'gnants] <-> *f* ❶ (*Knappheit*) concision *f* ❷ (*Genauigkeit*) précision *f*

Prägung <-, -en> *f* (*Aufdruck*) gravure *f*

prähistorisch [prɛhɪs'to:rɪʃ] *adj* préhistorique

prahlen ['pra:lən] *vi* se vanter; **mit etw ~** se vanter de qc

Prahler(in) <-s, -> *m(f)* vantard(e) *m(f)*; **ein ~ sein** être vantard

Prahlerei [pra:lə'rai] <-, -en> *f* vantardise *f*

prahlerisch **I.** *adj* de vantard **II.** *adv* pour se vanter

Praktik ['praktɪk] <-, -en> *f meist Pl* pratique *f*

Praktika *Pl von* **Praktikum**

praktikabel [prakti'ka:bəl] *adj* praticable

Praktikant(in) [prakti'kant] <-en, -en> *m(f)* stagiaire *mf*

Praktiker(in) <-s, -> *m(f)* praticien *m*

Praktikum ['praktɪkʊm] <-s, Praktika> *nt* stage *m*

praktisch **I.** *adj* pratique **II.** *adv* ❶ (*in der Praxis*) dans la pratique ❷ (*zweckmäßig*) **~ veranlagt sein** avoir l'esprit pratique ❸ (*so gut wie*) pratiquement

P

praktizieren* [prakti'tsi:rən] **I.** *vi Arzt:* exercer **II.** *vt* (*anwenden*) mettre en pratique *Verfahren*

Prälat <-en, -en> *m* prélat *m*

Praline [pra'li:nə] <-, -n> *f* A chocolat *m*

prall [pral] **I.** *adj* ❶ (*rund*) rebondi(e) ❷ (*gefüllt*) bien gonflé(e) **II.** *adv* **~ gefüllt sein** être bien rempli

prallen ['pralən] *vi + sein* heurter; **mit dem Kopf gegen jdn/etw ~** heurter qn/qc de la tête

prallvoll ['pral'fɔl] *adj fam* plein(e) à craquer

Präludium [prɛ'lu:di̯ʊm] <-s, Präludien> *nt* MUS prélude *m*

Prämie ['prɛ:mi̯ə] <-, -n> *f* prime *f*

Prämiensparen <-s> *nt* épargne *f* rémunérée

prämieren* [prɛ'mi:rən] *vt* primer; **jdn/etw mit tausend Euro ~** récompenser qn/qc par une prime de mille euros

Prämisse [prɛ'mɪsə] <-, -n> *f geh* prémisse *f*

pränatal *adj* prénatal(e)

prangen ['praŋən] *vi geh* **am Himmel ~** *Sterne:* resplendir dans le ciel

Pranger ['praŋɐ] <-s, -> *m* pilori *m*

Pranke ['praŋkə] <-, -n> *f a. fig fam* patte *f*

Präparat [prɛpa'ra:t] <-[e]s, -e> *nt* préparation *f*

präparieren* [prɛpa'ri:rən] *vt* ❶ (*konservieren*) naturaliser ❷ (*sezieren*) disséquer

Präposition [prɛpozi'tsi̯o:n] <-, -en> *f* GRAM préposition *f*

Prärie [prɛ'ri:] <-, -ien> *f* **die ~** la Prairie

Präsens ['prɛ:zɛns] <-, Präsenzien> *nt* GRAM présent *m*

präsent [prɛ'zɛnt] *adj geh* présent(e); **etw ~ haben** avoir qc présent(e) à l'esprit

Präsent [prɛ'zɛnt] <-s, -e> *nt* présent *m*

Präsentation [prɛzɛnta'tsi̯o:n] <-, -en> *f* présentation *f*

präsentieren* [prɛzɛn'ti:rən] *vt* présenter; **jdm etw ~** présenter qc à qn

Präsentierteller *m* ▶**auf dem ~ sitzen** *fam* être exposé aux regards de tout le monde

Präsentkorb *m corbeille garnie de produits fins que l'on offre*

Präsenz [prɛ'zɛnts] <-> *f geh* présence *f*

Präsenzbibliothek *f* bibliothèque *f* de consultation sur place **Präsenzdienst** *m* A (*Grundwehrdienst*) service *m* militaire obligatoire

Präser ['prɛ:zɐ] <-s, -> *m fam* capote *f*

Präservativ [prɛzɛrva'ti:f] <-s, -e> *nt* préservatif *m*

Präsident(in) [prɛzi'dɛnt] <-en, -en> *m(f)* président(e) *m(f)*

Präsidentenwahl *f* élection *f* présidentielle

Präsidentschaft <-, -en> *f* présidence *f*

Präsidentschaftswahlen *Pl* [élections *fpl*] présidentielles *fpl*

Präsidium [prɛ'zi:di̯ʊm] <-s, Präsidien> *nt* ❶ (*Vorstand*) présidence *f* ❷ (*Polizeipräsidium*) commissariat *m*

prasseln ['prasəln] *vi + sein* (*prallen*) **gegen/auf etw** (*akk*) **~** crépiter contre/sur qc

prassen ['prasən] *vi* mener grand train

Präteritum [prɛ'te:ritʊm, prɛ'tɛritʊm] <-s, Präterita> *nt* LING prétérit *m*

präventiv [prɛvɛn'ti:f] *adj* préventif(-ive)

Präventivkrieg *m* MIL guerre *f* préventive **Präventivmedizin** *f kein Pl* médecine *f* préventive **Präventivschlag** *m* MIL attaque *f* préventive

Praxis ['praksɪs] <-, Praxen> *f* ❶ (*Arztpraxis*) cabinet *m* ❷ *kein Pl* (*praktische*

Erfahrung) expérience *f* ③ (*praktische Anwendung*) pratique *f*

Praxisbezug *m* orientation *f* pratique **Praxisgebühr** *f* taxe *f* de consultation médicale (*valable en Allemagne depuis janvier 2004*) **praxisnah** *adj* axé(e) sur la pratique

Präzedenzfall [prɛtse'dɛntsfal] *m* précédent *m*

präzis(e) *geh* **I.** *adj* précis(e) **II.** *adv* avec précision

präzisieren* [prɛtsi'ziːrən] *vt geh* préciser

Präzision [prɛtsi'zi̯oːn] <-> *f geh* précision *f*

predigen ['preːdɪgən] **I.** *vi* ① (*eine Predigt halten*) prêcher ② *fam* (*mahnend vorhalten*) **einem Kind ~, dass ...** répéter sans cesse à un enfant que ... **II.** *vt* recommander *Toleranz*

Prediger(in) <-s, -> *m(f)* prédicateur(-trice) *m(f)*

Predigt ['preːdɪçt] <-, -en> *f a. fig fam* (*Ermahnung*) sermon *m*

Preis [prai̯s] <-es, -e> *m* (*Kaufpreis, Prämie*) prix *m;* **einen ~ auf etw** (*akk*) **aussetzen** offrir une récompense pour qc

Preisanstieg *m* hausse *f* des prix **Preisausschreiben** *nt* [jeu-]concours *m* **Preisauszeichnung** *f* affichage *m* des prix **Preisbindung** *f* prix *f* imposé *m*

Preiselbeere ['prai̯zəlbeːrə] *f* airelle *f*

Preisempfehlung *f* [**unverbindliche**] ~ prix *m* indicatif

preisen ['prai̯zən] <pries, gepriesen> *vt geh* louer *Gott*

Preisentwicklung *f* évolution *f* des prix **Preiserhöhung** *f* augmentation *f* des prix **Preisfrage** *f* ① (*Gewinnfrage*) question-concours *f* ② *fam* (*schwierige Frage*) question *f* à mille francs ③ (*Frage des Preises*) question *f* du prix

Preisgabe *f geh* abandon *m*

preis|geben ['prai̯sgeːbən] *vt irr geh* ① (*aufgeben*) abandonner ② (*verraten*) révéler ③ (*überlassen*) **jdn/etw einer S.** (*dat*) ~ livrer qn/qc à qc

Preisgefälle *nt* disparité *f* des prix **preisgekrönt** *adj* primé(e) **Preisgeld** *nt* prix *m* doté (*d'une certaine somme d'argent*) **Preisgericht** *nt* jury *m* **preisgünstig** **I.** *adj* *Artikel* bon marché; *Angebot* avantageux(-euse) **II.** *adv* [à] bon marché **Preisindex** <-indizes> *m* ÖKON indice *m* des prix **Preiskampf** *m* guerre *f* des prix **Preisklasse** *f* catégorie *f* de prix; **in jeder ~** à tous les prix **Preislage** *f* gamme *f* de prix

Preis-Leistungs-Verhältnis *nt* rapport *m* qualité-prix

preislich ['prai̯slɪç] **I.** *adj attr Unterschied* en matière de prix **II.** *adv* **sich ~ unterscheiden** présenter une différence de prix

Preisliste *f* tarif *m* **Preisnachlass**RR *m* remise *f* **Preisrichter(in)** *m(f)* SPORT juge *m;* KUNST, LITER juré(e) *m(f)* **Preisschild** <-schilder> *nt* étiquette *f* **Preissenkung** *f* diminution *f* [*o* baisse *f*] des prix **Preisstabilität** *f* stabilité *f* des prix **Preissteigerung** *f* hausse *f* des prix **Preisträger(in)** *m(f)* lauréat(e) *m(f);* SPORT vainqueur *mf*

Preistreiberei [prai̯strai̯bə'rai̯] <-, -en> *f pej* flambée *f* des prix; ~ **begehen** faire flamber les prix

Preisverleihung *f* remise *f* des prix

preiswert *s.* **preisgünstig**

prekär [pre'kɛːɐ̯] *adj geh* précaire

Prellbock ['prɛl-] *m* butoir *m*

prellen ['prɛlən] **I.** *vt* ① (*betrügen*) escroquer; **jdn um etw ~** escroquer qn de qc ② (*stoßen*) **sich** (*dat*) **etw ~** se contusionner qc **II.** *vr* **sich an etw** (*dat*) ~ se contusionner qc

Prellung <-, -en> *f* contusion *f*

Premier [prə'mi̯eː] *s.* **Premierminister(in)**

Premiere [prə'mi̯eːrə] <-, -n> *f* première *f*

Premierminister(in) *m(f)* premier ministre *mf*

Prepaidkarte ['priːpeːt-] *f* TELEC carte *f* prépayée

preschen ['prɛʃən] *vi + sein* foncer

Presse ['prɛsə] <-, -n> *f* ① *kein Pl* (*Zeitungen*) presse *f* ② *kein Pl* (*Pressereaktion*) **eine gute ~ haben** avoir bonne presse ③ TECH presse *f* ④ (*Fruchtpresse*) presse-fruits *m*

Presseagentur *f* agence *f* de presse **Presseball** *m* bal *m* de la presse **Presseerklärung** *f* déclaration *f* de presse **Pressefotograf(in)** *m(f)* photographe *mf* de presse **Pressefreiheit** *f kein Pl* liberté *f* de la presse **Pressekonferenz** *f* conférence *f* de presse

pressen ['prɛsən] **I.** *vt* ① (*trocknen*) presser *Blatt* ② TECH presser ③ (*drücken*) **das Gesicht gegen die Scheibe ~** appuyer son visage contre la vitre **II.** *vi* pousser

Presseschau *f*, **Pressespiegel** *m* MEDIA revue *f* de presse **Pressesprecher(in)** *m(f)* attaché(e) *m(f)* de presse **Pressevertreter(in)** *m(f)* représentant(e) *m(f)* de presse

P

pressieren* [prɛ'si:rən] SDEUTSCH, A, CH **I.** *vi* (*dringlich sein*) être pressant **II.** *vi unpers* **es pressiert nicht** ça ne presse pas

PressluftRR, **Preßluft**ALT *f* air *m* comprimé

PresslufthammerRR *m* marteau *m* pneumatique

Prestige [prɛs'ti:ʒ(ə)] <-s> *nt geh* prestige *m*

Preuße ['prɔysə] <-n, -n> *m*, **Preußin** *f* Prussien(ne) *m(f)*

Preußen ['prɔysən] <-s> *nt* la Prusse

preußisch *adj* prussien(ne)

prickeln ['prɪkəln] *vi* ❶ (*kribbeln*) **auf der Haut ~** picoter la peau ❷ *Sekt:* pétiller

Priel <-[e]s, -e> *m* petit chenal *m*

Priem <-[e]s, -e> *m* chique *f*

priemen *vi* chiquer

pries [pri:s] *Imp von* **preisen**

Priester(in) ['pri:stɐ] <-s, -> *m(f)* prêtre(-esse) *m(f)*

Priesteramt *nt* sacerdoce *m*

Priestertum <-s> *nt* prêtrise *f*

Priesterweihe *f* ordination *f*

prima ['pri:ma] *fam* **I.** *adj inv* super **II.** *adv* super-bien

Primaballerina [primabale'ri:na] *f* première danseuse *f* **Primadonna** [prima-'dɔna] <-, -donnen> *f* ❶ prima donna *f* ❷ (*egozentrischer Mensch*) pimbêche *f*

primär [pri'mɛ:ɐ̯] *geh* **I.** *adj* premier(-ière) *antéposé* **II.** *adv* en premier lieu

Primararzt [pri'ma:ɐ̯-] *m*, **-ärztin** *f* A (*leitender Arzt*) médecin-chef *m* **Primarschule** [pri'ma:ɐ̯ʃu:lə] CH école *f* primaire

Primas ['pri:mas] <-, -se> *m* REL primat *m*

Primel ['pri:məl] <-, -n> *f* primevère *f*

primitiv [primi'ti:f] **I.** *adj* ❶ *Kultur* primitif(-ive) ❷ *Behausung* rudimentaire ❸ *pej Person* primaire **II.** *adv* (*sehr einfach*) de manière rudimentaire

Primitivität [primitivi'tɛ:t] <-> *f* ❶ (*Einfachheit*) caractère *m* rudimentaire ❷ (*Mangel an Bildung*) balourdise *f*

Primzahl ['pri:mtsa:l] *f* MATH nombre *m* premier

Printmedium *nt meist Pl* presse *f* [écrite]

Prinz [prɪnts] <-en, -en> *m*, **Prinzessin** *f* (*Adelstitel*) prince *m*/princesse *f*

Prinzip [prɪn'tsi:p] <-s, -ien> *nt* principe *m*

prinzipiell [prɪntsi'pi̯ɛl] **I.** *adj* de principe **II.** *adv* par principe

Prior(in) ['pri:o:ɐ̯, *Pl:* pri'o:rən] <-s, Prioren> *m(f)* prieur(e) *m(f)*

Priorität [priori'tɛ:t] <-, -en> *f geh* priorité *f*

Prise ['pri:zə] <-, -n> *f* ❶ pincée *f* ❷ NAUT prise *f*

Prisma ['prɪsma] <-s, Prismen> *nt* prisme *m*

Pritsche ['prɪtʃə] <-, -n> *f* (*Liege*) lit *m* rudimentaire

pritscheln [prɪtʃəln] *vi* A (*planschen*) patauger

privat [pri'va:t] **I.** *adj* ❶ (*persönlich*) privé(e); *Unterlagen* personnel(le) ❷ (*nicht geschäftlich*) privé(e) **II.** *adv sprechen* en privé

Privatadresse *f* adresse *f* privée **Privatangelegenheit** *f* affaire *f* privée **Privatbesitz** *m* propriété *f* privée; **in ~ befindlich** qui appartient à un particulier **Privatdetektiv(in)** *m(f)* détective *mf* privé(e) **Privatdozent(in)** *m(f)* privat-docent *m* **Privateigentum** *nt* propriété *f* privée **Privatfernsehen** *nt fam* télévision *f* privée **Privatinitiative** *f* initiative *f* privée

privatisieren* [privati'zi:rən] *vt* privatiser

Privatisierung <-, -en> *f* ÖKON privatisation *f*

Privatklinik *f* clinique *f* privée **Privatleben** *nt* vie *f* privée **Privatlehrer(in)** *m(f)* professeur *mf* particulier(-ière) **Privatmann** <-leute> *m* ❶ (*Privatperson*) particulier *m* ❷ (*Privatier*) rentier *m* **Privatnummer** *f* numéro *m* personnel **Privatpatient(in)** *m(f)* patient(e) *m(f)* du secteur privé **Privatperson** *f* particulier *m* **Privatsache** *s.* **Privatangelegenheit** **Privatschule** *f* école *f* privée **Privatsekretär(in)** *m(f)* secrétaire *mf* particulier(-ière) **Privatsender** *m* ❶ RADIO station *f* privée ❷ TV chaîne *f* privée **Privatsphäre** *f* intimité *f* **Privatunterricht** *m* cours *m* particulier **Privatvergnügen** *nt fam* **ich mache das nicht zu meinem ~** je ne le fais pas pour mon plaisir **privatversichert** *s.* **versichern I.1** **Privatwirtschaft** *f* secteur *m* privé

Privileg [privi'le:k] <-[e]s, -ien> *nt geh* privilège *m*

privilegieren* [privile'gi:rən] *vt geh* privilégier

privilegiert [privile'gi:ɐ̯t] *adj geh* privilégié(e)

pro [pro:] **I.** *präp + akk* **~ Person** par personne **II.** *adv* pour

Pro [pro:] <-> *nt* pour *m;* **[das] ~ und [das] Kontra** *geh* le pour et le contre

Probe ['pro:bə] <-, -n> *f* ❶ (*Waren-*

P

probe) échantillon *m* ② (*Prüfmenge*) *eines Gesteins* échantillon *m*; *von Blut* prélèvement *m* ③ (*Beweis*) *des Wissens* aperçu *m* ④ MUS, THEAT répétition *f* ⑤ (*Test, Prüfung*) épreuve *f*; ~ **fahren** faire un essai; **ein Auto ~ fahren** essayer une voiture ▶ **die ~ aufs Exempel machen** faire la preuve par l'exemple

Probealarm *m* simulation *f* d'alarme **Probeaufnahme** *f* ① CINE, MUS enregistrement *m* test ② (*probeweises Dazugehören*) période *f* d'essai **Probeexemplar** *nt* spécimen *m*

probe|fahrenALT *s.* **Probe 5**

Probefahrt *f* essai *m* [sur route] **Probelauf** *m* essai *m*

proben ['pro:bən] *vt, vi* répéter

Probenummer *f* [numéro *m*] spécimen *m*

probeweise *adv einstellen* à l'essai

Probezeit *f eines Mitarbeiters* période *f* d'essai

probieren* [pro'bi:rən] **I.** *vt* ① (*versuchen*) essayer ② (*kosten*) goûter; déguster *Wein* ③ (*anprobieren*) essayer *Kleid* **II.** *vi* ① essayer ② (*kosten*) **vom Nachtisch ~** goûter du dessert

probiotisch **I.** *adj* probiotique **II.** *adv* **sich ~ ernähren** suivre un régime probiotique

Problem [pro'ble:m] <-s, -e> *nt* ① problème *m* ② (*Ärgernis*) **für jdn zum ~ werden** devenir une source d'ennuis pour qn

Problematik [proble'ma:tɪk] <-> *f geh* difficultés *fpl*

problematisch [proble'ma:tɪʃ] *adj Charakter* à problèmes; *Fall* problématique

Problemfall *m* ① (*Angelegenheit*) cas *m* problématique ② (*problematischer Mensch*) problème *m*

problemlos **I.** *adj* sans problème[s] **II.** *adv* sans [aucun] problème

Produkt [pro'dʊkt] <-[e]s, -e> *nt* ① *a.* MATH produit *m* ② *geh* (*Folge*) fruit *m*

Produktion [prodʊk'tsi̯o:n] <-, -en> *f* production *f*

produktiv [prodʊk'ti:f] *adj* (*ergiebig*) productif(-ive)

Produktivität [prodʊktivi'tɛ:t] <-> *f* productivité *f*

Produktmanager(in) *m(f)* chef *mf* de produit **Produktpalette** *f* gamme *f* de produits

Produzent(in) [produ'tsɛnt] <-en, -en> *m(f)* ① (*Hersteller*) fabricant(e) *m(f)* ② (*Filmproduzent*) producteur(-trice) *m(f)*

produzieren* [produ'tsi:rən] **I.** *vt* (*herstellen*) produire **II.** *vi* **billig ~** produire à bas prix **III.** *vr pej fam* **sich vor jdm ~** faire l'intéressant devant qn

Prof. *Abk von* **Professor**

profan [pro'fa:n] *adj geh* ① (*alltäglich*) terre à terre ② (*nicht sakral*) profane

professionell [profɛsi̯o'nɛl] **I.** *adj* professionnel(le) **II.** *adv* avec professionnalisme

Professor [pro'fɛso:ɐ̯] <-s, -soren> *m*, **Professorin** *f* professeur *mf*

Professur [profɛ'su:ɐ̯] <-, -en> *f* chaire *f* [de professeur]

Profi ['pro:fi] <-s, -s> *m fam* ① (*Sportler*) pro *mf* ② (*Verbrecher*) professionnel(le) *m(f)*

Profil [pro'fi:l] <-s, -e> *nt* ① *eines Reifens* sculptures *fpl* ② (*seitliche Ansicht*) profil *m*

profilieren* [profi'li:rən] *vr* **sich ~** s'affirmer

profiliert *adj* reconnu

Profilneurose *f* PSYCH peur *f* obsessionnelle d'échouer **Profilsohle** *f* semelle *f* crantée

Profit [pro'fi:t] <-[e]s, -e> *m* profit *m*

profitabel [profi'ta:bəl] *adj geh* rémunérateur(-trice)

Profitgeier *m fam* requin *m* (*fig*) **Profitgier** *f pej* rapacité *f*

profitieren* [profi'ti:rən] *vi* ① (*Gewinn machen*) faire du profit ② (*Nutzen haben*) **bei/von etw ~** profiter de qc ③ (*Nützliches lernen*) **von jdm ~** tirer profit de ce que dit/fait qn; **von etw ~** tirer profit de qc

Profitjäger(in) *m(f) pej* rapace *m*

pro forma [pro:'fɔrma] *adv geh* pour la forme

profund [pro'fʊnt] *adj Wissen* solide

Prognose [pro'gno:zə] <-, -n> *f* ① *geh* (*Vorhersage*) prévision *f* ② (*Wettervorhersage*) prévisions *fpl* ③ MED pronostic *m*

prognostizieren* [prognɔsti'tsi:rən] *vt geh* pronostiquer

Programm [pro'gram] <-s, -e> *nt* ① (*Ablauf, Konzeption*) programme *m* ② (*Programmheft*) programme *m* ③ INFORM logiciel *m*

programmatisch [progra'ma:tɪʃ] *adj* (*einem Programm entsprechend*) de programme

Programmaufruf *m* INFORM appel *m* de programme **Programmfehler** *m* INFORM erreur *f* dans le programme **programmgemäß** *adv* comme prévu **Programmgestaltung** *f* programmation *f* **Programmheft** *nt* programme *m*

P

programmierbar *adj* INFORM programmable
programmieren* [progra'mi:rən] *vt* ❶ INFORM programmer ❷ (*vorbereiten*) **auf etw** (*akk*) **programmiert sein** être programmé pour qc
Programmierer(in) <-s, -> *m(f)* INFORM programmeur(-euse) *m(f)*
Programmiersprache *f* INFORM langage *m* de programmation
Programmierung <-, -en> *f* INFORM programmation *f*
Programmzeitschrift *f* programme *m* de télévision
Progression [progrɛ'si̯o:n] <-, -en> *f geh* ❶ (*stufenweise Steigerung*) progressivité *f* ❷ (*Fortschreiten*) progression *f*
progressiv [progrɛ'si:f] *adj geh* (*fortschrittlich*) progressiste
Prohibition [prohibi'tsi̯o:n] <-, -en> *f* prohibition *f*
Projekt [pro'jɛkt] <-[e]s, -e> *nt* projet *m*
Projektil [projɛk'ti:l] <-s, -e> *nt form* projectile *m*
Projektion [projɛk'tsi̯o:n] <-, -en> *f* projection *f*
Projektleiter(in) *m(f)* chef *mf* de projet **Projektmanagement** *nt* gestion *f* [*o* direction *f*] de projet **Projektmanager(in)** *m(f)* chef *mf* de projet
Projektor [pro'jɛkto:ɐ̯] <-s, -toren> *m* projecteur *m*
projizieren* [proji'tsi:rən] *vt* OPT, PSYCH projeter

P

Proklamation [proklama'tsi̯o:n] <-, -en> *f geh* proclamation *f*
proklamieren* [prokla'mi:rən] *vt geh* proclamer
Pro-Kopf-Einkommen *nt* revenu *m* par tête
Prokura [pro'ku:ra] <-, Prokuren> *f form* procuration *f*
Prokurist(in) [proku'rɪst] <-en, -en> *m(f)* fondé *m* de pouvoir
Prolet(in) [pro'le:t] <-en, -en> *m(f) pej* plouc *mf* (*fam*)
Proletariat [proleta'ri̯a:t] <-[e]s, -e> *nt* prolétariat *m*
proletenhaft *pej* **I.** *adj* plouc (*fam*) **II.** *adv* comme un plouc (*fam*)
Prolo ['pro:lo] <-s, -s> *m pej sl* prolo *mf* (*fam*)
Prolog [pro'lo:k] <-[e]s, -e> *m* prologue *m*
prolongieren* [prolɔŋ'gi:rən] *vt* prolonger
Promenade [promə'na:də] <-, -n> *f* promenade *f*
Promenadendeck *nt* pont-promenade *m* **Promenadenmischung** *f hum fam* bâtard *m*
Promi ['prɔmi] <-s, -s> *m*, <-, -s> *f fam Abk von* **Prominente(r)** huile *f*
Promibonus *m fam* avantage *m* de la célébrité *gén pl* **Promijagd** *f fam* chasse *f* aux célébrités
Promille [pro'mɪlə] <-[s], -> *nt* ❶ **elf ~** onze pour mille ❷ *fam* (*Blutalkohol*) **0,5 ~ haben** avoir 0,5 gramme
Promillegrenze *f* taux *m* d'alcoolémie maximal
prominent [promi'nɛnt] *adj* éminent(e)
Prominente(r) *f(m) dekl wie adj* personnalité *f*
Prominenz [promi'nɛnts] <-> *f geh* (*die Prominenten*) personnalités *fpl* [de premier plan]
Promotion [promo'tsi̯o:n] <-, -en> *f* UNIV doctorat *m*
promovieren* [promo'vi:rən] *vi* ❶ (*eine Doktorarbeit schreiben*) **über jdn/etw ~** préparer une thèse [de doctorat] sur qn/qc ❷ (*den Doktorgrad erwerben*) **in Philosophie** (*dat*) **~** soutenir une thèse de philosophie
prompt [prɔmpt] **I.** *adj* rapide **II.** *adv fam* (*erwartungsgemäß*) aussi sec
Pronomen [pro'no:mən] <-s, - *o* Pronomina> *nt* GRAM pronom *m*
pronominal [pronomi'na:l] *adj* GRAM pronominal(e)
Propaganda [propa'ganda] <-> *f* propagande *f*
Propagandist(in) [propagan'dɪst] <-en, -en> *m(f)* propagandiste *mf*
propagandistisch *adj* à des fins de propagande; *Material* de propagande
propagieren* [propa'gi:rən] *vt geh* prôner
Propangas *nt* propane *m*
Propeller [pro'pɛlɐ] <-s, -> *m* hélice *f*
Propellerflugzeug *nt*, **Propellermaschine** *f* avion *m* à hélice[s]
proper ['prɔpɐ] *adj* clean
Prophet(in) [pro'fe:t] <-en, -en> *m(f)* prophète *m*/prophétesse *f*
prophetisch *geh adj* prophétique
prophezeien* [profe'tsai̯ən] *vt* prophétiser; **jdm viel Erfolg ~** prédire à qn une grande réussite
Prophezeiung <-, -en> *f* prophétie *f*
prophylaktisch [profy'laktɪʃ] **I.** *adj* prophylactique **II.** *adv* préventivement
Prophylaxe [profy'laksə] <-, -n> *f* prophylaxie *f*

Proportion [propɔr'tsi̯oːn] <-, -en> *f* proportion *f*
proportional [propɔrtsi̯o'naːl] *geh adj* proportionnel(le)
Proporz [pro'pɔrts] <-es, -e> *m* proportionnelle *f*
proppe[n]voll ['prɔpən'fɔl] *adj fam* plein(e) à craquer
Prosa ['proːza] <-> *f* prose *f*
prosaisch [pro'zaːɪʃ] *adj geh* prosaïque
prosit ['proːzɪt] *s.* **prost**
Prosit <-s, -s> *nt* toast *m*
Prospekt [pro'spɛkt] <-[e]s, -e> *m* prospectus *m*
prost [proːst] *interj* à la tienne/vôtre
Prostata ['prɔstata] <-> *f* ANAT prostate *f*
prosten ['proːstən] *vi* trinquer; **auf jdn/etw ~** trinquer à la santé de qn/à qc
prostituieren* [prostitu'iːrən] *vr* ① **sich ~** se prostituer ② (*sich herabwürdigen*) **sich für etw ~** se prostituer pour qc
Prostituierte(r) *f(m) dekl wie adj* prostitué(e) *m(f)*
Prostitution [prostitu'tsi̯oːn] <-> *f* prostitution *f*
Protagonist(in) [protago'nɪst] <-en, -en> *m(f) geh* ① protagoniste *mf* ② (*Vorkämpfer*) pionnier(-ière) *m(f)*
protegieren* [prote'ʒiːrən] *vt geh* protéger
Protein [prote'iːn] <-s, -e> *nt* BIO, CHEM protéine *f*
Protektion [protɛk'tsi̯oːn] <-, -en> *f geh* protection *f*
Protektorat [protɛkto'raːt] <-[e]s, -e> *nt* protectorat *m*
Protest [pro'tɛst] <-[e]s, -e> *m* protestation *f*
Protestaktion *f* [campagne *f* de] protestation *f*
Protestant(in) [protɛs'tant] <-en, -en> *m(f)* protestant(e) *m(f)*
protestantisch [protɛs'tantɪʃ] **I.** *adj* protestant(e) **II.** *adv erziehen* dans la foi protestante
Protestantismus [protɛstan'tɪsmʊs] <-> *m* protestantisme *m*
protestieren* [protɛs'tiːrən] *vi* protester; **gegen etw ~** protester contre qc
Protestschreiben *nt* lettre *f* de protestation **Protestwahl** *f* vote *m* de contestation **Protestwähler(in)** *m(f)* électeur(-trice) *m(f)* protestataire
Prothese [pro'teːzə] <-, -n> *f* ① (*Ersatzgliedmaße*) prothèse *f* ② (*Zahnersatz*) dentier *m*
Protokoll [proto'kɔl] <-s, -e> *nt* ① (*Niederschrift*) protocole *m;* (*Sitzungsprotokoll*) compte *m* rendu ② (*Vernehmungsprotokoll*) procès-verbal *m* ③ *kein Pl* (*diplomatisches Zeremoniell*) protocole *m*
protokollarisch [protokɔ'laːrɪʃ] **I.** *adj* ① *Aussage* dûment enregistré(e) ② *Zeremoniell* protocolaire **II.** *adv* **etw ~ festhalten** consigner qc au procès-verbal
Protokollführer(in) *m(f)* secrétaire *mf* de séance; JUR greffier(-ière) *m(f)*
protokollieren* [protokɔ'liːrən] **I.** *vt* enregistrer *Zeugenaussage* **II.** *vi* établir le procès-verbal
Proton ['proːtɔn] <-s, Protonen> *nt* PHYS proton *m*
Prototyp ['proːtotyːp] *m* prototype *m*
protzen ['prɔtsən] *vi fam* frimer; **mit etw ~** frimer avec qc
Protzerei <-, -en> *f fam* frime *f*
protzig ['prɔtsɪç] *fam adj* tape-à-l'œil *inv*
Proviant [pro'vi̯ant] <-s> *m* provisions *fpl*
Provider [pro'vaidɐ] <-s, -> *m* INFORM fournisseur *m*
Provinz [pro'vɪnts] <-, -en> *f* ① (*Verwaltungsgebiet*) province *f* ② *kein Pl pej* (*rückständige Gegend*) province *f*
Provinzbewohner(in) *m(f)* provincial(e) *m(f)*
provinziell [provɪn'tsi̯ɛl] *adj pej* provincial(e)
Provision [provi'zi̯oːn] <-, -en> *f* commission *f*
provisorisch [provi'zoːrɪʃ] **I.** *adj* provisoire; *Unterkunft* précaire **II.** *adv* provisoirement
Provisorium [provi'zoːri̯ʊm] <-s, -rien> *nt geh* (*Einrichtung*) solution *f* provisoire; (*Regelung*) mesure *f* d'urgence
provokant [provo'kant] *geh* **I.** *adj* provocant(e) **II.** *adv* de manière provocante
Provokateur(in) [provoka'tøːɐ̯] <-s, -e> *m(f) geh* provocateur(-trice) *m(f)*
Provokation [provoka'tsi̯oːn] <-, -en> *f geh* provocation *f*
provokativ [provoka'tiːf] *s.* **provokant**
provokatorisch [provoka'toːrɪʃ] *adj geh* provocateur(-trice)
provozieren* [provo'tsiːrən] *geh* **I.** *vt* provoquer; **jdn ~** *Person:* provoquer qn; *Bemerkung:* être une façon de provoquer qn **II.** *vi Person:* faire de la provocation; *Äußerung:* être une provocation
provozierend *s.* **provokant**
Prozedur [protse'duːɐ̯] <-, -en> *f* astreinte *f*
Prozent [pro'tsɛnt] <-[e]s, -e> *nt* ① **zehn ~** dix pour cent ② (*Alkoholgehalt*)

degré *m* [d'alcool] ▶**bei jdm ~e bekommen** *fam* avoir une réduc chez qn
Prozentpunkt *m* point *m* **Prozentsatz** *m* pourcentage *m*
prozentual [prot͜sɛn'tu̯aːl] **I.** *adj* exprimé(e) en pourcentage[s] **II.** *adv* au pourcentage
Prozess[RR] [pro't͜sɛs] <-es, -e>, **Prozeß**[ALT] <-sses, -sse> *m* ① procès *m* ② (*Vorgang*) processus *m*
Prozessgegner[RR] *m* partie *f* adverse
prozessieren* [prot͜sɛ'siːrən] *vi* intenter un procès; **gegen jdn ~** intenter un procès à qn
Prozession [prot͜sɛ'si̯oːn] <-, -en> *f* procession *f*
Prozesskosten[RR] *Pl* frais *mpl* de justice
Prozesskostenhilfe[RR] *f* aide *f* judiciaire
Prozessor [pro't͜sɛsoːɐ̯] <-s, -soren> *m* INFORM processeur *m*
Prozessvollmacht[RR] *f* mandat *m* ad litem
prüde ['pryːdə] *adj* prude
Prüderie [pryːdə'riː] <-> *f* pruderie *f*
prüfen ['pryːfən] *vt* ① faire passer un examen; **jdn in Chemie** (*dat*) **~** faire passer un examen à qn en chimie; **geprüft** *Krankenschwester* diplômé(e) ② (*untersuchen*) vérifier *Gerät;* examiner *Antrag* ③ *geh* (*übel mitnehmen*) **jdn hart ~** éprouver qn durement
Prüfer(in) ['pryːfɐ] <-s, -> *m(f)* ① examinateur(-trice) *m(f)* ② TECH ingénieur *mf* chargé du contrôle ③ (*Betriebsprüfer*) contrôleur(-euse) *m(f)*
Prüfling ['pryːflɪŋ] <-s, -e> *m* candidat(e) *m(f)*
Prüfstand *m* ▶**auf dem ~ sein** passer au banc d'essai **Prüfstein** *m* ▶**ein ~ sein** être la pierre de touche
Prüfung <-, -en> *f* ① examen *m;* (*in einem Fach*) épreuve *f* ② (*Führerscheinprüfung*) **theoretische ~** code *m;* **praktische ~** conduite *f* ③ *geh* (*Heimsuchung*) épreuve *f*
Prüfungsangst *f* trac *m* [de l'examen] **Prüfungskommission** *f* jury *m* d'examen
Prügel ['pryːgəl] <-s, -> *m* ① (*Knüppel*) gourdin *m* ② *Pl* (*Schläge*) coups *mpl;* (*Strafe*) correction *f*
Prügelei [pryːgə'lai̯] <-, -en> *f* *fam* bagarre *f*
Prügelknabe *m* souffre-douleur *m*
prügeln ['pryːgəln] **I.** *vt* battre **II.** *vi* donner des coups **III.** *vr* **sich mit jdm wegen etw ~** se battre avec qn à cause de qc
Prügelstrafe *f* châtiment *m* corporel
Prunk [prʊŋk] <-s> *m* luxe *m* ostentatoire
prunken ['prʊŋkən] *vi geh* faire étalage
Prunkstück *nt* pièce *f* de luxe
prunkvoll **I.** *adj* somptueux(-euse) **II.** *adv* fastueusement
prusten ['pruːstən] *vi* s'ébrouer; **vor Lachen ~** pouffer de rire
PS [peː'ʔɛs] <-, -> *nt* ① *Abk von* **Pferdestärke** ch *m* ② *Abk von* **Postskript**[**um**] P.-S. *m*
Psalm [psalm] <-s, -en> *m* psaume *m*
Psalter ['psaltɐ] <-s, -> *m* BIBL psautier *m*
pseudodemokratisch ['psɔy̯do-] *adj* *Verfahren, Maßnahme* pseudo-démocratique **pseudointellektuell** *adj* *Gerede* pseudo-intellectuel(le)
Pseudokrupp ['psɔy̯dokrʊp] <-s> *m* MED faux croup *m*
pseudonym [psɔy̯do'nyːm] *geh adj* *Werk* écrit(e) sous un pseudonyme
Pseudonym [psɔy̯do'nyːm] <-s, -e> *nt* pseudonyme *m*
pst [pst] *interj* chut
Psyche ['psyːçə] <-, -n> *f* psyché *f*
psychedelisch [psyçe'deːlɪʃ] *adj* psychédélique
Psychiater(in) [psy'çi̯aːtɐ] <-s, -> *m(f)* psychiatre *mf*
Psychiatrie [psyçi̯a'triː] <-, -ien> *f* ① (*Fachgebiet*) psychiatrie *f* ② *fam* (*Abteilung*) [service *m* de] psychiatrie *f*
psychiatrisch [psy'çi̯aːtrɪʃ] **I.** *adj* psychiatrique; *Abteilung* de psychiatrie **II.** *adv* **jdn ~ behandeln** soumettre qn à un traitement psychiatrique
psychisch ['psyːçɪʃ] **I.** *adj* psychique **II.** *adv* sur le plan psychique; **~ bedingt sein** avoir des causes psychiques
Psychoanalyse [psyçoʔana'lyːzə] *f* psychanalyse *f* **Psychoanalytiker(in)** [psyçoʔana'lyːtikɐ] *m(f)* psychanalyste *mf*
Psychogramm [psyço'gram] <-s, -e> *nt* profil *m* psychologique
Psychologe [psyço'loːgə] <-n -n> *m,* **Psychologin** *f* psychologue *mf*
Psychologie [psyçolo'giː] <-> *f* psychologie *f*
psychologisch [psyço'loːgɪʃ] **I.** *adj* psychologique **II.** *adv* **~ ausgebildet sein** avoir une formation en psychologie
Psychopath(in) [psyço'paːt] <-en, -en> *m(f)* psychopathe *mf*
psychopathisch *adj* psychopathe
Psychopharmakon [psyço'farmakɔn] <-s, -pharmaka> *nt meist Pl* médicament *m* psychopharmacologique

Psychose [psy'ço:zə] <-, -n> *f* psychose *f*
psychosomatisch [psyçozo'ma:tɪʃ] *adj* psychosomatique
Psychoterror ['psy:çotɛro:ɐ̯] *m fam* terrorisme *m* intellectuel **Psychotherapeut(in)** [psyçotera'pɔyt] *m(f)* MED, PSYCH psychothérapeute *mf* **Psychotherapie** [psyçotera'pi:] *f kein Pl* psychothérapie *f*
pubertär [pubɛr'tɛ:ɐ̯] *adj* pubertaire
Pubertät [pubɛr'tɛ:t] <-> *f* puberté *f*
pubertieren* [pubɛr'ti:rən] *vi geh* faire sa puberté
Publicity [pa'blɪsiti] <-> *f* médiatisation *f*
Public Relations ['pablɪkri'le:ʃəns] *Pl* relations *fpl* publiques
publik [pu'bli:k] *adj* ~ **werden** être rendu public
Publikation [publika'ts̮i̯o:n] <-, -en> *f* publication *f*
Publikum ['pu:blikʊm] <-s> *nt* ❶ (*Besucher*) public *m* ❷ (*Zuhörerschaft*) auditoire *m*
Publikumsliebling *m* idole *f* du public **publikumswirksam** *adj* qui fait effet sur le public
publizieren* [publi'ts̮i:rən] *vt* publier
Publizist(in) [publi'ts̮ɪst] *m(f)* journaliste *mf*
Publizistik [publi'ts̮ɪstɪk] <-> *f* journalisme *m*
publizistisch *adj* journalistique
Puck [pʊk] *m* SPORT palet *m*
Pudding ['pʊdɪŋ] <-s, -s> *m* pudding *m*, pouding *m*
Puddingpulver *nt* préparation *f* pour pudding
Pudel ['pu:dəl] <-s, -> *m* caniche *m* ▶ **wie ein begossener ~ dastehen** *fam* être là, l'oreille basse
Pudelmütze *f* bonnet *m* [à pompon] **pudelwohl** ['pu:dəl'vo:l] *adj* ▶ **sich ~ fühlen** *fam* prendre son pied
Puder ['pu:dɐ] <-s, -> *m o fam nt* poudre *f*
Puderdose *f* poudrier *m*
pudern ['pu:dɐn] **I.** *vt* poudrer **II.** *vr* **sich ~** se poudrer
Puderquaste *f* houppette *f* [à poudre] **Puderzucker** *m* sucre *m* glace
Puff [pʊf] <-[e]s, -e> *m fam* (*Bordell*) bordel *m* (*vulg*)
Puffärmel *m* manche *f* bouffante
puffen ['pʊfən] *vt fam* donner une bourrade à
Puffer ['pʊfɐ] <-s, -> *m*, **Pufferspeicher** *m* INFORM mémoire *f* tampon
Pufferzone *f* zone *f* tampon
Puffmutter *f pej fam* maquerelle *f* (*pop*)
puh [pu:] *interj* ❶ (*Ausruf des Ekels*) beurk ❷ (*Ausruf der Erschöpfung*) ouf
pulen ['pu:lən] *fam* **I.** *vi* tripoter; **an etw** (*dat*) ~ tripoter qc **II.** *vt* NDEUTSCH décortiquer *Krabben*
Pulk <-s, -s> *m* cohorte *f*
Pull-down-Menü [pʊl'daʊnmeny:] *nt* INFORM menu *m* déroulant
Pulle <-, -n> *f* chopine *f* ▶ **volle ~ fahren** rouler plein pot
Pulli ['pʊli] <-s, -s> *m fam* pull *m*
Pullover [pʊ'lo:vɐ] <-s, -> *m* pull-over *m*
Pullunder [pʊ'lʊndɐ] <-s, -> *m* [pull *m*] débardeur *m*
Puls [pʊls] <-es, -e> *m* pouls *m*
Pulsader *f* veine *f* du poignet
pulsieren* [pʊl'zi:rən] *vi* ❶ *Schlagader:* battre; *Blut:* circuler ❷ *fig* **~d** *Großstadt* trépidant(e)
Pulsschlag *m* (*Puls*) pouls *m*; (*einzelner Schlag*) pulsation *f*
Pult [pʊlt] <-[e]s, -e> *nt* ❶ (*Dirigentenpult, Rednerpult*) pupitre *m* ❷ (*Katheder*) chaire *f*
Pulver ['pʊltɐ, 'pʊlvɐ] <-s, -> *nt* poudre *f*
Pulverfass[RR] ▶ **auf einem ~ sitzen** être sur une poudrière
pulverisieren* [pʊlveri'zi:rən] *vt* pulvériser
Pulverkaffee *m* café *m* en poudre **Pulverschnee** *m* poudreuse *f*
Puma ['pu:ma] <-s, -s> *m* puma *m*
Pummel ['pʊməl] <-s, -> *m fam* enfant *mf* potelé(e)
pumm(e)lig ['pʊm(ə)lɪç] *adj fam* dodu(e)
Pump [pʊmp] ▶ **auf ~** *fam* à crédit
Pumpe ['pʊmpə] <-, -n> *f* ❶ TECH pompe *f* ❷ *fam* (*Herz*) palpitant *m*
pumpen ['pʊmpən] **I.** *vt* ❶ pomper; **etw mit Luft/Wasser voll ~** remplir qc d'air/d'eau ❷ *fam* (*leihen*) **jdm etw ~** filer qc à qn ❸ *fam* (*investieren*) **Geld in eine Firma ~** injecter de l'argent dans une entreprise ❹ SPORT *fam* **Gewichte ~** faire des haltères **II.** *vi* ❶ *Herz:* battre; *Maschine:* pomper ❷ (*eine Pumpe betätigen*) pomper
Pumpernickel ['pʊmpɐnɪkəl] <-s, -> *m o nt* pain *m* de seigle noir
Pumps [pœmps] <-, -> *m* escarpin *m*
Punk [paŋk] <-[s], -s> *m* ❶ *kein Pl* (*Musik*) punk *m* ❷ (*Person*) punk *mf*
Punker(in) ['paŋkɐ] <-s, -> *m(f)* punk *mf*
Punkt [pʊŋkt] <-[e]s, -e> *m* ❶ point *m* ❷ (*Tupfen*) pois *m* ❸ (*Stelle*) endroit *m* ❹ (*bei Zeitangaben*) ~ **drei [Uhr]** à trois heures précises ▶ **der Grüne ~** le point

P

vert [d'éco-emballage]; **nun mach aber mal einen ~!** *fam* tu vas la boucler, oui?

punktieren* [pʊŋk'ti:rən] *vt* ponctionner

Punktion [pʊŋk'ts̮i̯o:n] <-, -en> *f* ponction *f*

pünktlich ['pʏŋktlɪç] **I.** *adj* **~ sein** être ponctuel **II.** *adv* à l'heure

Pünktlichkeit <-> *f* ponctualité *f*

Punktrichter(in) *m(f)* juge *m* **Punktsieg** *m* victoire *f* aux points

punktuell [pʊŋk'tu̯ɛl] **I.** *adj* ponctuel(le) **II.** *adv* **~ vorgehen** procéder point par point

Punktzahl *f* nombre *m* de points

Punsch [pʊnʃ] <-es, -e> *m* punch *m*

Pupille [pu'pɪlə] <-, -n> *f* pupille *f*

Püppchen ['pʏpçən] <-s, -> *nt Dim von* **Puppe** ① petite poupée *f*

Puppe ['pʊpə] <-, -n> *f* ① (*Spielzeug*) poupée *f* ② ZOOL chrysalide *f* ▶ **bis in die ~n schlafen** *fam* faire la grasse matinée; **die ~n tanzen lassen** *fam* (*feiern*) faire la bringue

Puppenhaus *nt* maison *f* de poupée **Puppenspiel** *nt s.* **Puppentheater** **Puppenspieler(in)** *m(f)* marionnettiste *mf* **Puppenstube** *f* chambre *f* de poupée **Puppentheater** *nt* théâtre *m* de marionnettes **Puppenwagen** *m* landau *m* de poupée

Pups [pu:ps] <-es, -e> *m fam* pet *m*

pupsen ['pu:psən] *vi fam* péter

pur [pu:ɐ̯] **I.** *adj* ① (*rein*) pur(e) *antéposé* ② (*unverdünnt*) pur(e) **II.** *adv* *trinken* pur(e)

Püree [py're:] <-s, -s> *nt* purée *f*

Pürierstab *m* GASTR presse-purée *m*

Purist(in) <-en, -en> *m(f) geh* puriste *mf*

Puritaner(in) [puri'ta:nɐ] <-s, -> *m(f)* puritain(e) *m(f)*

puritanisch **I.** *adj* puritain(e) **II.** *adv* de manière puritaine

Purpur ['pʊrpʊr] <-s> *m* (*Farbe*) pourpre *m*

purpurfarben ['pʊrpʊr-], **purpurrot** *adj* [de couleur] pourpre

Purzelbaum *m fam* galipette *f*

purzeln ['pʊrts̮əln] *vi + sein* **von der Bank ~** dégringoler du banc

Push-up-BH ['pʊʃʔap-] *m* soutien-gorge *m* push-up [*o* ampliforme]

Puste ['pu:stə] <-> *f fam* souffle *m*

Pusteblume *f fam* aigrette *f* de pissenlit **Pustekuchen** ▶ **~!** des clous!

Pustel ['pʊstəl] <-, -n> *f* pustule *f*

pusten ['pu:stən] *vi fam* (*blasen*) souffler

Pute ['pu:tə] <-, -n> *f* ① (*Truthenne*) dinde *f* ② *pej fam* (*Frau*) bécasse *f*

Puter ['pu:tɐ] <-s, -> *m* dindon *m*

puterrot ['pu:tɐ'ro:t] *adj* cramoisi

Putsch [pʊtʃ] <-[e]s, -e> *m* putsch *m*

putschen ['pʊtʃən] *vi* organiser un putsch; **gegen jdn/etw ~** organiser un putsch contre qn/qc

Putschist(in) [pʊ'tʃɪst] <-en, -en> *m(f)* putschiste *mf*

Putte ['pʊtə] <-, -n> *f* angelot *m*

Putz [pʊts̮] <-es, -e> *m* crépi *m* ▶ **auf den ~ hauen** *fam* (*angeben*) se faire mousser

putzen ['pʊts̮ən] **I.** *vt* nettoyer **II.** *vr* **sich ~** *Tier:* faire sa toilette

Putzfrau *f* femme *f* de ménage

putzig ['pʊts̮ɪç] *adj fam* (*niedlich*) trognon

Putzlappen *m* lavette *f;* (*Wischlappen*) serpillière *f* **Putzmittel** *nt* produit *m* d'entretien **putzmunter** ['pʊts̮'mʊntɐ] *adj fam* frais(fraîche) comme un gardon **Putzteufel** *m fam* maniaque *mf* de la propreté **Putztuch** *nt* ① (*Poliertuch*) chiffon *m* ② *s.* **Putzlappen**

puzzeln ['pazəln] *vi* faire un puzzle

Puzzle ['pazəl] <-s, -s> *nt* puzzle *m*

PVC [pe:fau̯'ts̮e:] <-, -s> *nt Abk von* **Polyvinylchlorid** P.V.C. *m*

Pygmäe [pʏ'gmɛ:ə] <-n, -n> *m* Pygmée *m*

Pyjama [py'(d)ʒa:ma] <-s, -s> *m o* SDEUTSCH, CH, A *nt* pyjama *m*

Pyramide [pyra'mi:də] <-, -n> *f a. fig* pyramide *f*

Pyrenäen [pyre'nɛ:ən] *Pl* **die ~** les Pyrénées *fpl*

Pyromane [pyro'ma:nə] <-n, -n> *m*, **Pyromanin** *f* MED, PSYCH pyromane *mf*

Pyrrhussieg ['pʏrʊszi:k] *m geh* victoire *f* à la Pyrrhus

Python ['py:tɔn] <-, -s> *m* python *m*

Qq

Q, q [kuː] <-, -> *nt* Q *m*/q *m*

QR-Code [kuː'ʔɛr-] *m Abk von* **quick response code** INET code *m* QR

Quacksalber ['kvakzalbɐ] <-s, -> *m pej* charlatan *m*

Quacksalberei [kvakzalbə'rai̯] <-, -en> *f pej* charlatanisme *m*

Quaddel ['kvadəl] <-, -n> *f* plaque *f*

Quader ['kvaːdɐ] <-s, -> *m* ① (*Baustein*) pierre *f* de taille ② GEOM parallélépipède *m* rectangle

Quadrant [kva'drant] <-en, -en> *m* quart *m* de cercle

Quadrat [kva'draːt] <-[e]s, -e> *nt* MATH, GEOM carré *m*

quadratisch [kva'draːtɪʃ] *adj* carré(e)

Quadratkilometer *m* kilomètre *m* carré **Quadratlatschen** *Pl pej fam* péniches *fpl* **Quadratmeter** *m o nt* mètre *m* carré

Quadratur [kvadra'tuːɐ̯] <-, -en> *f* ▶ **die ~ des Kreises** *geh* la quadrature du cercle

Quadratzahl *f* MATH nombre *m* carré

quadrieren* [kva'driːrən] *vt* élever au carré; **etw ~** élever qc au carré

QuadrofonieRR, **Quadrophonie** [kvadrofo'niː] <-> *f* quadriphonie *f*

quak [kvaːk] *interj* ① (*Laut eines Froschs*) coa; **der Frosch macht ~** la grenouille coasse ② (*Laut einer Ente*) coin-coin

quaken ['kvaːkən] *vi Frosch:* coasser; *Ente:* cancaner

quäken ['kvɛːkən] *vi fam* brailler

Quäker(in) ['kvɛːkɐ] <-s, -> *m(f)* quaker(-esse) *m(f)*

Qual [kvaːl] <-, -en> *f* ① (*Mühsal*) supplice *m* ② *meist Pl* (*Leid*) souffrance *f* ▶ **die ~ der Wahl haben** *hum* avoir l'embarras du choix

quälen ['kvɛːlən] **I.** *vt* ① (*misshandeln*) torturer *Person;* martyriser *Tier* ② (*zusetzen*) **jdn ~** tourmenter qn **II.** *vr* ① (*leiden*) **sich ~** souffrir ② (*sich herumquälen*) **sich mit etw ~** se tourmenter avec qc

quälend *adj attr Schmerzen* pénible; *Ungewissheit* cruel(le)

Quälerei [kvɛlə'rai̯] <-, -en> *f* ① *kein Pl fam* (*Anstrengung*) calvaire *m* ② (*das Zusetzen*) harcèlement *m*

Quälgeist *m fam* enquiquineur(-euse) *m(f)*

Qualifikation [kvalifika'tsi̯oːn] <-, -en> *f* qualification *f*

Qualifikationsspiel *nt* match *m* de qualification

qualifizieren* [kvalifi'tsiːrən] **I.** *vr* ① (*eine Qualifikation erwerben*) **sich ~** acquérir une qualification; **sich für eine Stelle ~** acquérir une qualification pour un emploi ② SPORT **sich für etw ~** se qualifier pour qc **II.** *vt* ① **jdn für eine Stelle ~** *Ausbildung:* qualifier qn pour un emploi ② *geh* (*klassifizieren*) **etw als Betrug ~** qualifier qc d'escroquerie

qualifiziert *adj* qualifié(e); **hoch ~** hautement qualifié

Qualifizierung <-, -en> *f* qualification *f*

Qualität [kvali'tɛːt] <-, -en> *f* qualité *f*

qualitativ [kvalita'tiːf] *adj* qualitatif(-ive)

Qualitätsarbeit *f kein Pl* travail *m* de qualité **Qualitätsunterschied** *m* différence *f* de qualité

Qualle ['kvalə] <-, -n> *f* méduse *f*

Qualm [kvalm] <-[e]s> *m* [épaisse] fumée *f*

qualmen *vi* ① *Feuer, Schornstein:* fumer ② *fam* (*rauchen*) fumer

qualvoll **I.** *adj* ① *Tod* atroce ② *Ungewissheit* [très] pénible **II.** *adv sterben* dans d'atroces souffrances

QuäntchenRR ['kvɛntçən] <-s, -> *nt* **ein ~ Salz** une once de sel

Quanten *Pl von* **Quantum**

Quantensprung *m a. fig* saut *m* quantique

Quantität [kvanti'tɛːt] <-, -en> *f* quantité *f*

quantitativ [kvantita'tiːf] **I.** *adj* quantitatif(-ive) **II.** *adv* quantitativement

Quantum ['kvantʊm] <-s, Quanten> *nt geh* dose *f*

Quarantäne [karan'tɛːnə] <-, -n> *f* quarantaine *f*

Quark [kvark] <-s> *m* ① ≈ fromage *m* blanc ② *fam* (*Unsinn*) conneries *fpl*

Quarkspeise *f dessert au fromage blanc*

Quartal [kvar'taːl] <-s, -e> *nt* trimestre *m*

Quarte ['kvartə] <-, -n> *f* quarte *f*

Quartett [kvar'tɛt] <-[e]s, -e> *nt* ① MUS *a. fig* quatuor *m* ② *kein Pl* (*Kartenspiel*) ≈ jeu *m* des sept familles ③ (*Satz Karten*) série *f* de quatre

Quartier [kvar'tiːɐ̯] <-s, -e> *nt* (*Unterkunft*) logement *m;* (*Ferienquartier*) location *f*

Quarz [kvaːɐ̯ts] <-es, -e> *m* quartz *m*

Quarzuhr *f* montre *f* à quartz

Q

quasi ['kva:zi] *adv* quasiment
Quasisynonym *nt* quasi-synonyme *m*
quasseln ['kvasəln] *fam* **I.** *vi* papoter **II.** *vt* **Blödsinn ~** débiter des conneries
Quasselstrippe *f pej fam* pipelette *f*
Quaste ['kvastə] <-, -n> *f* houppe *f*
Quatsch ['kvatʃ] <-[e]s> *m fam* ❶ (*dummes Gerede*) conneries *fpl;* [**so ein**] **~!** n'importe quoi! ❷ (*Unfug*) connerie *f*
quatschen ['kvatʃən] *fam* **I.** *vi* ❶ (*sich unterhalten*) tailler une bavette; **mit jdm ~** tailler une bavette avec qn ❷ (*nicht verschwiegen sein*) cafarder **II.** *vt* **dummes Zeug ~** sortir des conneries
Quatschkopf *m pej fam* radoteur(-euse) *m(f)*
Quebec, Québec [ke'bɛk] <-s> *nt* (*Stadt*) Québec; (*Provinz*) le Québec
Quecke ['kvɛkə] <-, -n> *f* BOT chiendent *m*
Quecksilber ['kvɛkzɪlbɐ] *nt* mercure *m*
Quecksilbervergiftung *f* MED intoxication *f* par le mercure
Quelle ['kvɛlə] <-, -n> *f* source *f*
quellen ['kvɛlən] <quillt, quoll, gequollen> *vi + sein* ❶ (*herausfließen*) **aus etw ~** couler de qc ❷ (*aufquellen*) gonfler
Quellenangabe *f* indication *f* des sources **Quellensteuer** *f* FIN retenue *f* à la source
Quellgebiet *nt* région *f* de sources **Quellwasser** <-wasser> *nt* eau *f* de source
Quengelei [kvɛŋə'laj] <-, -en> *f fam* pleurnicheries *fpl*
quengelig ['kvɛŋəlɪç] *adj fam Kind* pleurnicheur(-euse)
quengeln ['kvɛŋəln] *vi fam* ❶ (*weinerlich sein*) pleurnicher ❷ (*nörgeln*) **über etw** (*akk*) **~** râler à propos de qc
quenglig ['kvɛŋlɪç] *s.* **quengelig**
QuentchenALT *s.* **Quäntchen**
quer [kve:ɐ̯] *adv* en travers; **~ zur Straße verlaufen** *Bahnlinie:* couper la route
Querbalken *m* poutre *f* transversale
querbeet [kve:ɐ̯'be:t] *adv fam* au petit bonheur [la chance]
Quere ['kve:rə] ▸**jdm in die ~ kommen** se mettre en travers de son/mon/... chemin
Querele [kve're:lə] <-, -n> *f geh* querelle *f*
querfeldein [kve:ɐ̯fɛlt'ʔajn] *adv* à travers champs
Querfeldeinrennen *nt* cyclo[-]cross *m*
Querflöte *f* flûte *f* traversière **Querformat** *nt* format *m* oblong **quergestreift** *s.* **gestreift** **Querkopf** *m pej fam* tête *f* de mule **Querlatte** *f* ❶ traverse *f* ❷ SPORT transversale *f* **quer|legen** *vr fig fam* **sich bei etw ~** se mettre en travers de qc **Querruder** *nt* AVIAT aileron *m* **quer|schießen** *vi irr fig fam* mettre des bâtons dans les roues **Querschiff** *nt* ARCHIT transept *m* **Querschnitt** *m* ❶ (*Schnitt, Zeichnung*) coupe *f* transversale; **~ durch einen Baumstamm** coupe transversale d'un tronc d'arbre ❷ (*Überblick*) **~ durch die deutsche Literatur** aperçu *m* de la littérature allemande
querschnitt[s]gelähmt *adj* paraplégique **Querschnitt[s]lähmung** *f* paraplégie *f*
quer|stellen *vr fig fam* **sich bei etw ~** se mettre en travers de qc **Querstraße** *f* rue *f* transversale **Querstreifen** *m* rayure *f* horizontale **Querstrich** *m* trait *m* horizontal **Quersumme** *f* somme *f* des chiffres [d'un nombre] **Quertreiber(in)** <-s, -> *m(f) pej fam* empêcheur(-euse) *m(f)* de tourner en rond
Querulant(in) [kveru'lant] <-en, -en> *m(f) geh* chicaneur *m*
Querverbindung *f* (*Beziehung*) connexion *f* **Querverweis** *m* renvoi *m*
quetschen ['kvɛtʃən] **I.** *vt* ❶ **etw in einen Koffer ~** entasser qc dans une valise ❷ (*verletzen*) **sich** (*dat*) **einen Finger ~** se coincer un doigt **II.** *vr* ❶ *fam* (*sich zwängen*) **sich durch/in etw** (*akk*) **~** se forcer un passage à travers/dans qc ❷ (*sich verletzen*) **sich ~** se pincer
Quetschung <-, -en> *f* (*Verletzung*) contusion *f*
Queue [kø:] <-s, -s> *nt o m* queue *f*
Quickie ['kvɪki] <-, -s> *m fam* petite baise *f*
quicklebendig ['kvɪkle'bɛndɪç] *adj fam* fringant(e)
quieken ['kvi:kən] *vi Ferkel, Maus:* couiner (*fam*)
quietschen ['kvi:tʃən] *vi Bremsen:* grincer; *Reifen:* crisser
quietschfidel *adj fam,* **quietschvergnügt** *adj fam* hilare; **~ sein** bicher
quillt [kvɪlt] *3. Pers Präs von* **quellen**
Quinte ['kvɪntə] <-, -n> *f* ❶ (*Ton*) dominante *f* ❷ (*Intervall*) quinte *f*
Quintessenz ['kvɪntɛsɛnts] *f geh* quintessence *f*
Quintett <-[e]s, -e> *nt* quintette *m*
Quirl [kvɪrl] <-s, -e> *m* batteur *m*
quirlen ['kvɪrlən] *vt* battre *Zutaten*
quirlig ['kvɪrlɪç] *adj fam* remuant(e); *Kind* turbulent(e)
quitt [kvɪt] *adj* quitte
Quitte ['kvɪtə] <-, -n> *f* (*Frucht*) coing *m*
quitte[n]gelb ['kvɪtə(n)'gɛlp] *adj* jaune coing
quittieren* [kvɪ'ti:rən] *vt* ❶ (*durch Unter-*

schrift bestätigen) acquitter ② *geh* (*beantworten*) **etw mit einem Lächeln ~** accueillir qc avec le sourire
Quittung ['kvɪtʊŋ] <-, -en> *f* (*Zahlungsbeleg*) reçu *m*
Quiz [kvɪs] <-, -> *nt* quiz *m;* (*Fernsehsendung*) jeu *m* télévisé
Quizmaster(in) ['kvɪsma:stɐ] <-s, -> *m(f)* animateur(-trice) *m(f)* d'un jeu télévisé
quoll [kvɔl] *Imp von* **quellen**
Quote ['kvo:tə] <-, -n> *f* (*Anteil*) taux *m*
Quotenmann *m*, **-frau** *f fam* homme *m* imposé/femme *f* imposée par les quotas **Quotenregelung** *f* contingent *m* de places réservées aux femmes **Quotenrenner** *m* TV, RADIO *fam* succès *m* de l'audimat
Quotient [kvo'ts̮i̯ɛnt] <-en, -en> *m* MATH quotient *m*
quotieren* [kvo'ti:rən] *vt* coter

Rr

R, r [ɛr] <-, -> *nt* R *m*/r *m*
Rabatt [ra'bat] <-[e]s, -e> *m* remise *f;* **fünf Prozent ~** cinq pour cent de remise
Rabatte [ra'batə] <-, -n> *f* plate-bande *f*
Rabattmarke *f* bon *m* de réduction **Rabattschlacht** *f* bataille *f* des remises
Rabatz [ra'bats̮] <-es> *m sl* grabuge *m*
Rabauke [ra'bau̯kə] <-n, -n> *m fam* loubard *m*
Rabbi ['rabi] <-[s], -s *o* Rabbinen> *m* rabbi[n] *m*
Rabbiner [ra'bi:nɐ] <-s, -> *m* rabbin *m*
Rabe ['ra:bə] <-n, -n> *m* corbeau *m*
Rabeneltern *Pl fam* parents *mpl* dénaturés **Rabenmutter** *f fam* mère *f* dénaturée **rabenschwarz** ['ra:bən'ʃvarts̮] *adj* noir(e) comme [du] jais **Rabenvater** *m fam* père *m* dénaturé
rabiat [ra'bi̯a:t] *adj* ① (*grob*) brutal(e) ② (*aufgebracht*) **~ werden** voir rouge
Rache ['raxə] <-> *f* vengeance *f;* **aus ~** par vengeance
Racheakt *m* acte *m* de vengeance **Racheengel** *m geh* ange *m* vengeur
Rachen ['raxən] <-s, -> *m* ANAT gorge *f* ▶ **jdm etw in den ~ werfen** *fam* filer qc à qn
rächen ['rɛçən] **I.** *vt* venger *Person, Tat* **II.** *vr* ① (*Rache nehmen*) **sich an jdm ~** se venger de qn; **sich an jdm für etw ~** se venger de qc sur qn ② (*sich nachteilig auswirken*) **sich ~** se payer
Rachenkatarr[h][RR] *m* pharyngite *f*
Rächer(in) <-s, -> *m(f)* vengeur *m*/vengeresse *f*
Rachitis [ra'xi:tɪs] <-, -tiden> *f* MED rachitisme *m*
rachitisch [ra'xi:tɪʃ] *adj* MED du rachitisme
Rachsucht *f kein Pl* soif *f* de vengeance **rachsüchtig** *adj* vindicatif(-ive)
rackern ['rakɐn] *vi fam* trimer
Raclette ['raklɛt, ra'klɛt] <-, -s> *f,* <-s, -s> *nt* raclette *f*
Rad [ra:t, *Pl:* 'rɛ:dɐ] <-[e]s, Räder> *nt* ① *eines Fahrzeugs, Pfaus* roue *f* ② (*Fahrrad*) bicyclette *f,* vélo *m;* **~ fahren** aller à vélo ③ (*Zahnrad*) rouage *m* ④ SPORT roue *f;* **~ fahren** faire du vélo
Radar [ra'da:ɐ̯] <-s> *m o nt* (*Funkmesstechnik*) [système *m*] radar *m*
Radarfalle *f fam* contrôle-radar *m* **Radargerät** *nt* radar *m* **Radarkontrolle** *f* contrôle-radar *m* **Radarschirm** *m* écran *m* radar **Radarstation** *f* MIL, AVIAT station *f* radar
Radau [ra'dau̯] <-s> *m fam* raffut *m*
Rädchen ['rɛ:tçən] <-s, -> *nt Dim von* **Rad** (*Zahnrad*) rouage *m*
radeln ['ra:dəln] *vi + sein fam* faire du vélo; **zum Bäcker/in die Stadt ~** aller à vélo chez le boulanger/en ville
Rädelsführer(in) *m(f)* meneur(-euse) *m(f)*
rädern *vt* HIST **gerädert werden** être roué
Räderwerk ['rɛ:dɐvɛrk] *nt* rouages *mpl*
rad|fahren[ALT] *s.* **Rad 2, 4**
Radfahrer(in) *m(f)* ① cycliste *mf* ② *pej fam* (*unterwürfiger Mensch*) lèche-botte *mf* **Radfahrweg** *s.* **Radweg** **Radgabel** *f* fourche *f*
Radi ['ra:di] <-s, -> *m* SDEUTSCH, A radis *m*
Radiator [ra'di̯a:to:ɐ̯] <-s, -toren> *m* radiateur *m*
Radicchio [ra'dɪki̯o] <-s> *m* trévise *f*
radieren* [ra'di:rən] *vt, vi* ① gommer ② KUNST graver sur métal; (*ätzen*) graver à l'eau-forte

R

Radierer [ra'diːrɐ] <-s, -> *m fam*, **Radiergummi** *m* gomme *f*
Radierung <-, -en> *f* gravure *f* [sur métal]; (*Ätzung*) [gravure à l'|eau-forte *f*
Radieschen [ra'diːsçən] <-s, -> *nt* radis *m*
radikal [radi'kaːl] **I.** *adj* ❶ POL extrémiste ❷ *Bruch* radical(e); *Ablehnung* catégorique ❸ *Forderung, Reform* radical(e) **II.** *adv* ❶ POL ~ **denken** avoir des idées extrémistes ❷ *verfahren, vorgehen* de façon radicale
Radikal [radi'kaːl] <-s, -e> *nt* BIO, CHEM radical *m*; **die freien** ~**e** les radicaux libres
Radikale(r) *f(m) dekl wie adj* extrémiste *mf*
radikalisieren* *vt* radicaliser
Radikalismus [radika'lɪsmʊs] <-> *m* extrémisme *m*
Radikalkur *f* traitement *m* de choc
Radio ['raːdi̯o] <-s, -s> *nt o* SDEUTSCH, CH *m* radio *f*; ~ **hören** écouter la radio; **im** ~ à la radio
radioaktiv [radi̯oʔak'tiːf] **I.** *adj* radioactif(-ive) **II.** *adv* ~ **verseucht/verstrahlt** contaminé(e)/irradié(e) **Radioaktivität** [radi̯oʔaktivi'tɛːt] *f kein Pl* radioactivité *f*
Radiobericht *m* reportage *m* radiophonique
Radiologe [radi̯o'loːgə] <-n, -n> *m*, **Radiologin** *f* radiologue *mf*
Radiologie [radi̯olo'giː] <-> *f* radiologie *f*
Radiologin <-, -nen> *f s.* **Radiologe**
Radiorekorder ['raːdi̯orekɔrdɐ] *m* radio-cassette *f* **Radiosender** *m* station *f* de radio **Radiowecker** *m* radio-réveil *m*
Radium ['raːdi̯ʊm] <-s> *nt* CHEM radium *m*
Radius ['raːdi̯ʊs] <-, Radien> *m* rayon *m*
Radkappe *f* enjoliveur *m* **Radlager** *nt* roulement *m*
Radler ['raːdlɐ] <-s, -> *m fam* ❶ cycliste *m* ❷ SDEUTSCH (*Getränk*) panaché *m*
Radlerhose *f* culotte *f* de cycliste
Radlerin <-, -nen> *f* cycliste *f*
Radlermaß *f* SDEUTSCH panaché *m*
Radrennbahn *f* vélodrome *m* **Radrennen** *nt* course *f* cycliste **Radrennfahrer(in)** *m(f)* coureur(-euse) *m(f)* cycliste **Radsport** *m* sport *m* cycliste **Radstand** *m* empattement *m* **Radtour** *f* randonnée *f* à vélo **Radwechsel** *m* changement *m* de roue **Radweg** *m* piste *f* cyclable
RAF [ɛrʔaː'ʔɛf] <-> *f Abk von* **Rote Armee Fraktion** HIST fraction *f* armée rouge
raffen ['rafən] *vt* ❶ (*einsammeln*) rafler (*fam*) ❷ (*in Falten legen*) plisser *Kleid, Stoff, Vorhang* ❸ (*kürzen*) abréger; **gerafft** *Form, Wiedergabe* condensé(e)
raffgierig *adj* rapace
Raffinade [rafi'naːdə] <-, -n> *f* sucre *m* cristallisé
Raffinerie [rafinə'riː] <-, -ien> *f* raffinerie *f*
Raffinesse [rafi'nɛsə] <-, -n> *f* ❶ *kein Pl* (*Durchtriebenheit*) ruse *f* ❷ (*luxuriöses Detail*) **mit allen** ~**n** [**ausgestattet**] hyper-équipé(e)
raffinieren* [rafi'niːrən] *vt* raffiner
raffiniert **I.** *adj* ❶ (*durchtrieben*) rusé(e) ❷ *Plan, Vorgehensweise* astucieux(-euse) ❸ *Speise, Soße* raffiné(e) **II.** *adv* (*durchtrieben*) astucieusement
Raffiniertheit *f s.* **Raffinesse**
Rafting ['raːftɪŋ] <-s> *nt* rafting *m*
Rage ['raːʒə] <-> *f fam* ❶ (*Wut*) rogne *f*; **jdn in** ~ **bringen** mettre qn en rogne ❷ (*Erregung*) énervement *m*; **sie geriet in** ~ **über sein Verhalten** son comportement l'a énervée
ragen ['raːgən] *vi* s'élever; **nach oben/in die Luft** ~ s'élever en hauteur/en l'air; **aus dem Wasser** ~ se dresser au-dessus de l'eau; **über das Gelände** ~ dépasser du terrain
Raglanärmel ['ragla(ː)n-, 'rɛglən-] *m* manche *f* raglan
Ragout [ra'guː] <-s, -s> *nt* ragoût *m*
Rahe ['raːə] <-, -n> *f* NAUT vergue *f*
Rahm [raːm] <-[e]s> *m* crème *f*
rahmen ['raːmən] *vt* encadrer
Rahmen ['raːmən] <-s, -> *m* ❶ *eines Bilds* cadre *m* ❷ (*Türrahmen, Fensterrahmen*) encadrement *m* ❸ TECH *eines Fahrrads* cadre *m*; *eines Autos* châssis *m* ❹ (*Bereich, Zusammenhang, Atmosphäre*) cadre *m*; **im** ~ **des Möglichen** dans les limites de mes/ses/... moyens ▶ **aus dem** ~ **fallen** *Person:* se singulariser; *Kleidung, Musik:* sortir de l'ordinaire; **den** ~ **einer S.** (*gen*) **sprengen** sortir du cadre de qc
Rahmenabkommen *nt* convention *f* type **Rahmenbedingungen** *Pl* conditions *fpl* générales **Rahmenhandlung** *f* LITER [intrigue *f* d'|encadrement *m*
Rahmkäse *m* fromage *m* à la crème
Rain [rain] <-[e]s, -e> *m* lisière *f*
räkeln ['rɛːkəln] *s.* **rekeln**
Rakete [ra'keːtə] <-, -n> *f* ❶ (*Flug-, Feuerwerkskörper*) fusée *f* ❷ (*Waffe*) missile *m*
Rallye ['rali, 'rɛli] <-, -s> *f* rallye *m*
Rallyefahrer(in) ['rali-, 'rɛli-] *m(f)* coureur(-euse) *m(f)* de rallyes

R

RAM [ram] <-[s], -[s]> *nt* INFORM *Abk von* **Random Access Memory** RAM *f*
Ramadan [rama'da:n] <-[s]> *m kein Pl* **der ~** le ramadan
rammeln ['raməln] *vi* ❶ *Kaninchen, Hase:* s'accoupler ❷ *sl* (*koitieren*) baiser (*fam*)
rammen ['ramən] *vt* ❶ (*beschädigen*) emboutir *Fahrzeug* ❷ (*stoßen*) **etw in den Boden ~** enfoncer qc dans le sol
Rammler ['ramlɐ] <-s, -> *m* ZOOL bouquin *m*
Rampe ['rampə] <-, -n> *f* rampe *f*
Rampenlicht *nt* ▶ **im ~ stehen** être sous les projecteurs
ramponieren* [rampo'ni:rən] *vt fam* esquinter; **ramponiert** *Gegenstand:* en piteux état
Ramsch [ramʃ] <-[e]s> *m fam* camelote *f*
ran [ran] *adv fam* allez; **jetzt aber ~!** allez, on y va!; **rechts ~!** mettez-vous à droite!
Rand [rant, *Pl:* 'rɛndɐ] <-es, Ränder> *m* ❶ *eines Gefäßes, eines Grabens* bord *m; eines Brunnens* margelle *f* ❷ *eines Geräts, Tisches, einer Brille* bord *m; einer Stadt* périphérie *f* ❸ (*Stoffrand, Waldrand*) bordure *f* ❹ (*Grenze*) **am ~e der Legalität/des Wahnsinns** à la limite de la légalité/folie ❺ (*unbeschriebener Teil*) marge *f* ❻ (*Schmutzrand*) [**schmutziger**] **~** traînée *f* sale ▶ **am ~e** accessoirement
Randale <-> *f sl* émeutes *fpl*
randalieren* [randa'li:rən] *vi* faire du grabuge (*fam*)
Randalierer(in) <-s, -> *m(f)* casseur(-euse) *m(f)*
Randbemerkung *f* ❶ (*Bemerkung*) remarque *f* accessoire ❷ (*Randnotiz*) note *f* en marge
Rande ['randə] <-, -n> *f* CH betterave *f* rouge
Randerscheinung *f* phénomène *m* marginal **Randfigur** *f* personnage *m* secondaire **Randgruppe** *f* groupe *m* marginal
randlos *adj Brille* sans cercle
Randphänomen *nt* épiphénomène *m*
rang [raŋ] *Imp von* **ringen**
Rang [raŋ, *Pl:* 'rɛŋə] <-[e]s, Ränge> *m* ❶ (*Stellung*) rang *m* [social] ❷ *kein Pl* (*Kategorie*) valeur *f;* **ersten ~es** de premier ordre; **von hohem ~** de grande valeur ❸ (*Dienstgrad*) grade *m* ❹ (*Tabellenplatz*) place *f* ❺ (*Teil eines Zuschauerraums*) balcon *m;* (*Teil eines Stadions*) gradin *m*
ran|gehen ['range:ən] *vi irr + sein fam* ❶ (*sich nähern*) se rapprocher; **an etw** (*akk*) **~** se rapprocher de qc ❷ (*offensiv sein*) attaquer
Rangelei [raŋə'lai] <-, -en> *f fam* chamailleries *fpl*
rangeln ['raŋəln] *vi fam* se chamailler; **mit jdm ~** se chamailler avec qn
Rangfolge *f* hiérarchie *f;* **der ~ nach** selon l'ordre hiérarchique **ranghöchste(r, s)** *adj* MIL le plus gradé/la plus gradée **Ranghöchste(r)** *f(m) dekl wie adj* MIL plus haut gradé(e) *m(f)*
Rangierbahnhof [rã'ʒi:ɐ̯-, raŋ'ʒi:ɐ̯-] *m* gare *f* de triage
rangieren* [rã'ʒi:rən, raŋ'ʒi:rən] **I.** *vi* occuper; **an erster Stelle ~** *Angelegenheit, Frage:* occuper la première place **II.** *vt* aiguiller *Zug, Waggon*
Rangiergleis *nt* voie *f* de triage
Rangliste *f* classement *m*
rangmäßig *adv* sur le plan hiérarchique; MIL du point de vue du grade
Rangordnung *f* hiérarchie *f*
ran|halten *vr irr fam* **sich ~** se magner
rank [raŋk] *adj* ▶ **~ und schlank sein** être svelte
Ranke ['raŋkə] <-, -n> *f* BOT sarment *m*
ranken ['raŋkən] *vr + haben* ❶ **sich ~** grimper; **sich an einem Gerüst nach oben ~** *Pflanze:* grimper le long d'un treillage ❷ *fig* **sich um jdn/etw ~** *Legenden:* graviter autour de qn/qc
Ranking ['rɛŋkɪŋ] <-s, -s> *nt* palmarès *m*
ran|klotzen *vi fam* se défoncer **ran|kommen** *vi irr + sein fam* ❶ (*hinlangen können*) **an etw** (*akk*) **~** atteindre qc ❷ (*sich beschaffen können*) avoir accès à ❸ (*erreichen können*) **an jdn ~** arriver à approcher qn; **man kommt nicht an sie ran** y a pas moyen de l'approcher **ran|lassen** *vt irr fam* (*näher kommen lassen*) laisser s'approcher; **jdn an sich** (*akk*) **~** laisser qn s'approcher de soi **ran|machen** *vr fam* **sich an jdn/etw ~** entreprendre qn/qc; (*in sexueller Absicht*) draguer qn
rann [ran] *Imp von* **rinnen**
ran|nehmen *vt irr fam* **jdn** [**ganz schön**] **~** secouer qn
rannte ['rantə] *Imp von* **rennen**
ran|schmeißen *vr irr fam* **sich an jdn ~** jouer le grand jeu à qn
Ranzen ['rantsən] <-s, -> *m* SCHULE cartable *m*
ranzig ['rantsɪç] *adj* rance; **~ werden** rancir
Rap [rɛp] <-> *m* MUS rap *m*
rapide [ra'pi:də] *adj* rapide
Rappe ['rapə] <-n, -n> *m* moreau *m*

rappelig ['rapəlɪç] *adj fam* agité(e); ~ **werden** s'exciter; ~ **sein** être sur les nerfs
rappeln ['rapəln] *fam vi Wecker:* sonner
rappen ['rɛpən] *vi* rap[p]er
Rappen ['rapən] <-s, -> *m* centime *m*
Rapper(in) ['rɛpɐ] <-s, -> *m(f)* rap[p]eur(-euse) *m(f)*
Rapport <-[e]s, -e> *m form* rapport *m*
Raps [raps] <-es, -e> *m* colza *m*
rar [ra:ɐ̯] *adj* rare; ~ **werden** se raréfier
Rarität <-, -en> *f* rareté *f*
rasant [ra'zant] **I.** *adj Fahrer* rapide; *Tempo* infernal(e); *Beschleunigung* foudroyant(e); *Entwicklung* fulgurant(e) **II.** *adv* (*schnell*) à toute vitesse; **fahr nicht so ~!** ne roule pas si vite!
rasch [raʃ] **I.** *adj* rapide **II.** *adv* vite
rascheln ['raʃəln] *vi Papier, Stroh:* faire entendre un froissement; *Laub:* frémir
rasen ['ra:zən] *vi* ❶ + *sein* (*schnell fahren*) rouler à toute allure; **gegen/in etw** (*akk*) ~ foncer dans qc ❷ + *sein Zeit:* filer à toute allure ❸ + *haben Herz, Puls:* battre à toute allure ❹ + *haben* (*toben*) être déchaîné; **vor Wut/Eifersucht** (*dat*) ~ être fou de rage/jalousie
Rasen ['ra:zən] <-s, -> *m* ❶ (*Grasfläche*) gazon *m* ❷ SPORT pelouse *f;* (*beim Tennis, Hockey*) gazon
rasend *adj* ❶ *Geschwindigkeit* fou(folle) ❷ *Person* furieux(-euse); *Menge* déchaîné(e); ~ **werden** enrager; **jdn mit etw ~ machen** mettre qn en rage avec qc ❸ *Schmerz* atroce; *Eifersucht* exacerbé(e); *Beifall* frénétique
Rasenmäher <-s, -> *m* tondeuse *f* à gazon
Rasensprenger <-s, -> *m* arroseur *m*
Raser(in) ['ra:zɐ] <-s, -> *m(f) fam* chauffard *m*
Raserei [ra:zə'raj] <-, -en> *f* ❶ *fam* (*schnelles Fahren*) vitesse *f* excessive ❷ *kein Pl* (*Wutanfall*) fureur *f;* **jdn zur ~ bringen** mettre qn en rage
Rasierapparat *m* (*Elektro-/Nassrasierer*) rasoir *m* [électrique/mécanique] **Rasiercreme** *f* crème à raser *f*
rasieren* [ra'zi:rən] **I.** *vt* raser; **sich ~ lassen** se faire raser; **glatt rasiert** rasé de près **II.** *vr* **sich ~** se raser; **sich nass/elektrisch ~** utiliser un rasoir mécanique/électrique
Rasierer <-s, -> *m fam* (*Elektrorasierer*) rasoir *m*
Rasierklinge *f* lame *f* de rasoir **Rasiermesser** *nt* rasoir *m* [à main] **Rasierpinsel** *m* blaireau *m* **Rasierschaum** *m* mousse *f* à raser **Rasierwasser** *nt* après-rasage *m* **Rasierzeug** *nt* nécessaire *m* de rasage
Räson [rɛ'zõ:] <-> *f* ▶ **jdn zur ~ bringen** ramener qn à la raison
Raspel ['raspəl] <-, -n> *f* râpe *f*
raspeln ['raspəln] *vt* râper
Rasse ['rasə] <-, -n> *f* race *f*
Rassehund *m* chien *m* de race
Rassel ['rasəl] <-, -n> *f* ❶ (*Babyspielzeug*) hochet *m* ❷ (*Instrument*) maracas *mpl*
rasseln ['rasəln] *vi* ❶ + *haben Schlüssel, Kette:* cliqueter; **das Rasseln** le cliquetis ❷ + *sein fam* (*fallen*) **durch die Prüfung ~** louper l'examen
Rassendiskriminierung *f* discrimination *f* raciale **Rassentrennung** *f kein Pl* ségrégation *f* raciale
Rassepferd *nt* cheval *m* de race
rassig ['rasɪç] *adj Person* racé(e); *Wein* qui a du corps
rassisch ['rasɪʃ] *adj* racial(e)
Rassismus [ra'sɪsmʊs] <-> *m* racisme *m*
Rassist(in) [ra'sɪst] <-en, -en> *m(f)* raciste *mf*
rassistisch *adj* raciste
Rast [rast] <-, -en> *f* pause *f;* ~ **machen** faire une halte
Rastalocken ['rasta-] *Pl* dreadlocks *fpl*
Raste ['rastə] <-, -n> *f* TECH cran *m*
rasten ['rastən] *vi* faire une halte
Raster ['rastɐ] <-s, -> *m* TYP (*Rasterung*) trame *f*
Rasthaus *nt,* **Rasthof** *m s.* **Raststätte**
rastlos **I.** *adj* ❶ (*unermüdlich*) sans relâche ❷ *Person* agité(e); *Leben* mouvementé(e) **II.** *adv* inlassablement
Rastlosigkeit <-> *f* ❶ (*Unermüdlichkeit*) activité *f* inlassable ❷ (*Unrast*) agitation *f* [fébrile]
Rastplatz *m* aire *f* de repos équipée **Raststätte** *f* restoroute® *m*
Rasur [ra'zu:ɐ̯] <-, -en> *f* rasage *m*
Rat[1] [ra:t] <-[e]s> *m* conseil *m;* **jdn um ~ fragen** demander conseil à qn; **jdm einen ~ geben** donner un conseil à qn; **auf den ~ seines Bruders [hin]** sur le conseil de son frère; **entgegen seinem/ihrem ~** contre son avis
Rat[2] [ra:t, *Pl:* 'rɛ:tə] <-[e]s, Räte> *m* ❶ (*Person*) conseiller *m* municipal ❷ (*Institution*) conseil *m* [municipal]; **im ~ sitzen** *fam* siéger au conseil [municipal]; **der ~ der Europäischen Union** le Conseil de l'Union européenne; **Großer ~** CH Grand Conseil

R

rät [rɛːt] *3. Pers Präs von* **raten**
Rate ['raːtə] <-, -n> *f* (*Abschlagszahlung*) traite *f;* (*Monatsrate*) mensualité *f;* **auf ~n** à crédit; **in ~n** à tempérament
raten ['raːtən] <rät, riet, geraten> **I.** *vi* ① (*Ratschläge geben*) **jdm ~ etw zu tun** conseiller à qn de faire qc ② (*erraten*) deviner; **falsch ~** ne pas deviner **II.** *vt* ① (*als Ratschlag geben*) **jdm etw ~** conseiller qc à qn ② (*erraten*) deviner
Ratenkauf *m* achat *m* à crédit
ratenweise *adv* par versements échelonnés
Ratenzahlung *f kein Pl* (*Zahlung in Raten*) paiement *m* à crédit
Ratespiel *nt* [jeu *m* de] devinette *f*
Ratgeber <-s, -> *m* ① conseiller *m* ② (*Buch*) guide *m*
Ratgeberin <-, -nen> *f* conseillère *f*
Rathaus *nt* hôtel *m* de ville; (*in kleineren Orten*) mairie *f*
ratifizieren* [ratifi'tsiːrən] *vt* ratifier
Ratifizierung <-, -en> *f* ratification *f*
Rätin ['rɛːtɪn] <-, -nen> *f* (*Stadträtin*) conseillère *f* [municipale]
Ratingagentur, Rating-Agentur ['reːtɪŋ-] *f* agence *f* de notation
Ration [ra'tsi̯oːn] <-, -en> *f* ration *f*
rational [ratsi̯o'naːl] *geh* **I.** *adj* rationnel(le) **II.** *adv begründen* rationnellement; *denken* d'une façon rationnelle
rationalisieren* [ratsi̯onali'ziːrən] **I.** *vt* rationaliser *Ablauf* **II.** *vi* prendre des mesures de rationalisation
Rationalisierung <-, -en> *f* rationalisation *f*
rationell [ratsi̯o'nɛl] *adj Verfahren* efficace; *Verwertung* rationnel(le)
rationieren* [ratsi̯o'niːrən] *vt* rationner
Rationierung <-, -en> *f* rationnement *m*
ratlos **I.** *adj* perplexe; **völlig ~ sein** être désemparé **II.** *adv* avec perplexité
Ratlosigkeit <-> *f* perplexité *f*
rätoromanisch [rɛtoro'maːnɪʃ] **I.** *adj* rhéto-roman(e) **II.** *adv* **~ miteinander sprechen** discuter en rhéto-roman; *s. a.* **deutsch**
Rätoromanisch <-[s]> *nt kein Art* rhéto-roman *m; s. a.* **Deutsch**
ratsam ['raːtzaːm] *adj* opportun(e)
ratschen ['raːtʃən] *vi fam* (*schwatzen*) bavarder; **mit jdm ~** bavarder avec qn
Ratschlag ['raːtʃlaːk] *m* conseil *m*
Rätsel ['rɛːtsəl] <-s, -> *nt* énigme *f;* **jdm ein ~ aufgeben** *Person:* poser une énigme à qn
rätselhaft *adj Person, Lächeln* énigmatique; *Umstände* mystérieux(-euse); **jdm ~ sein** être une énigme pour qn
rätseln ['rɛːtsəln] *vi* chercher
Rätselraten <-s> *nt* ① (*das Lösen von Rätseln*) jeux *mpl* d'esprit ② (*das Mutmaßen*) [jeu *m* de] devinettes *fpl*
Ratsherr(in) *m(f)* conseiller(-ère) *m(f)* municipal(e)
Rattan ['ratan] <-s, -e> *nt* rotin *m*
Ratte ['ratə] <-, -n> *f* rat *m*
Rattenfänger(in) <-s, -> *m(f) pej* enjôleur(-euse) *m(f)* **Rattengift** *nt* mort-aux-rats *f inv* **Rattenschwanz** *m fam* ① (*unübersehbare Menge*) **ein ~ von Problemen** une flopée de difficultés ② (*Frisur*) queue-de-rat *f*
rattern ['ratɐn] *vi + haben Blechteile:* vibrer [bruyamment]; *Maschine:* pétarader
ratzekahl ['ratsə'kaːl] *adv fam* **etw ~ aufessen** manger qc jusqu'à la dernière miette
rau[RR] [rau̯] *adj* ① *Haut, Putz* rugueux(-euse); *Lippen* râpeux(-euse); *Oberfläche* raboteux(-euse) ② *Hals* enroué(e); *Stimme* rauque ③ *Gegend* rude; *Klima* rigoureux(-euse) ④ *Benehmen* fruste; *Umgangston* grossier(-ière)
Raub [rau̯p] <-[e]s> *m* ① (*das Rauben*) vol *m* [à main armée]; (*Menschenraub*) rapt *m* ② (*das Geraubte*) butin *m*
Raubbau *m kein Pl* exploitation *f* effrénée; **~ an etw** (*dat*) exploitation effrénée de qc **Raubdruck** <-drucke> *m* édition *f* pirate
Raubein[RR] *nt fam* faux dur *m*
raubeinig[RR] *adj fam Kerl* un peu bourru(e)
rauben ['rau̯bən] **I.** *vt* ① (*bei einem Überfall*) dérober; **jdm etw ~** dérober qc à qn ② (*entführen*) enlever ③ *fig geh* **jdm den Schlaf ~** faire perdre le sommeil à qn **II.** *vi* voler
Räuber(in) ['rɔy̯bɐ] <-s, -> *m(f)* brigand *m*
räuberisch *adj* ① *Unternehmung* criminel(le) ② ZOOL *Tier* rapace
Räuberleiter *f fam* [**jdm**] **eine ~ machen** faire la courte échelle [à qn]
Raubfisch *m* poisson *m* carnassier **Raubkatze** *f* félin *m* **Raubkopie** *f* copie *f* pirate **Raubmord** *m* crime *m* crapuleux **Raubtier** *nt* carnassier *m* **Raubüberfall** *m* attaque *f* à main armée; **~ auf jdn/etw** attaque à main armée contre qn/qc; **ein ~ auf eine Bank** un hold-up d'une banque **Raubvogel** *m* oiseau *m* de proie
Rauch [rau̯x] <-[e]s> *m* (*Qualm*) fumée *f*
Rauchbombe *f* bombe *f* fumigène
rauchen ['rau̯xən] *vt, vi* fumer

R

Raucher(in) ['raụxɐ] <-s, -> *m(f)* fumeur(-euse) *m(f)*
Raucherabteil *nt* compartiment *m* fumeurs **Raucherbein** *nt* artérite *f* tabagique [des membres inférieurs] **Raucherhusten** *m* toux *f* des fumeurs
Räucherlachs *m* GASTR saumon *m* fumé
räuchern ['rɔyçɐn] *vt* fumer; **das Räuchern** le fumage
Raucherparadies *nt* paradis *m* pour les fumeurs
Räucherspeck *m* lard *m* fumé **Räucherstäbchen** *nt* bâtonnet *m* d'encens
Raucherzone *f* coin *m* fumeurs
Rauchfahne *f* panache *m* de fumée **Rauchfang** *m* ❶ (*Abzugsvorrichtung*) hotte *f* [de cheminée] ❷ A (*Schornstein*) cheminée *f* **Rauchfleisch** *nt* viande *f* fumée
rauchig ['raụxɪç] *adj* ❶ (*verqualmt*) enfumé(e) ❷ (*nach Rauch schmeckend*) fumé(e) ❸ *Stimme* rauque
Rauchmelder <-s, -> *m* détecteur *m* de fumée **Rauchschwaden** *m meist Pl* nuage *m* de fumée **Rauchverbot** *nt* interdiction *f* de fumer **Rauchvergiftung** *f* intoxication *f* par la fumée; **eine ~ haben** être intoxiqué par la fumée **Rauchwaren** *Pl form* (*Tabakwaren*) articles *mpl* pour fumeurs **Rauchwolke** *f* nuage *m* de fumée
räudig ['rɔydɪç] *adj* galeux(-euse)
rauf [raụf] *s.* **herauf, hinauf**
Raufasertapete[RR] *f* ≈ papier *m* peint d'apprêt
Raufbold ['raụfbɔlt] <-[e]s, -e> *m* bagarreur(-euse) *m(f)* (*fam*)
raufen ['raụfən] **I.** *vi* se battre; **mit jdm ~** se battre avec qn **II.** *vr* **sich ~** se battre
Rauferei [raụfə'raị] <-, -en> *f* rixe *f*
rauflustig *adj* batailleur(-euse)
rauh[ALT] *s.* **rau**
Rauhbein[ALT] *s.* **Raubein**
rauhbeinig[ALT] *s.* **raubeinig**
Rauheit *f* ❶ *einer Oberfläche* rugosité *f; eines Stoffs* rudesse *f* ❷ *einer Gegend* âpreté *f; eines Klimas* rigueur *f*
Rauhreif[ALT] *s.* **Raureif**
Raum [raụm, *Pl:* 'rɔymə] <-[e]s, Räume> *m* ❶ (*Zimmer*) pièce *f* ❷ *kein Pl* (*Platz*) espace *m;* **~ für etw schaffen** faire de la place pour qc ❸ PHYS, ASTRON espace *m*
Raumausstatter(in) <-s, -> *m(f)* décorateur(-trice) *m(f)* ensemblier **Raumdeckung** *f* SPORT défense *f* de zone
räumen ['rɔymən] *vt* ❶ (*entfernen*) **etw vom Tisch/aus dem Weg ~** enlever qc de la table/du passage ❷ (*einräumen*) **etw in das Regal ~** ranger qc sur les étagères ❸ (*freimachen*) libérer *Wohnung;* évacuer *Straße*
Raumfähre *f* navette *f* spatiale **Raumfahrt** *f kein Pl* navigation *f* spatiale
Raumfahrtbehörde *f* agence *f* spatiale
Räumfahrzeug *nt* engin *m* de déblaiement
Raumgleiter <-s, -> *m* navette *f* spatiale **Rauminhalt** *m* volume *m* **Raumkapsel** *f* ❶ (*Kabine einer Raumfähre*) capsule *f* spatiale ❷ *s.* **Raumsonde** **Raumlabor** *nt* laboratoire *m* spatial
räumlich ['rɔymlɪç] **I.** *adj* ❶ dans l'espace; **die ~en Gegebenheiten** la configuration des lieux ❷ (*dreidimensional*) **~es Sehen** vision *f* stéréoscopique **II.** *adv* ❶ **~ beschränkt/eingeengt sein** être à l'étroit ❷ (*dreidimensional*) **~ sehen** avoir une vue stéréoscopique
Räumlichkeit <-, -en> *f Pl form* locaux *mpl*
Raummaß *nt* unité *f* de volume **Raumordnung** *f* aménagement *m* du territoire **Raumpfleger(in)** *m(f)* technicien(ne) *m(f)* de surface **Raumschiff** *nt* vaisseau *m* spatial **Raumsonde** *f* sonde *f* spatiale **Raumstation** *f* station *f* orbitale
Räumung <-, -en> *f* évacuation *f*
Räumungsarbeiten *Pl* travaux *mpl* de déblaiement **Räumungsbefehl** *m* JUR ordre *m* d'expulsion **Räumungsklage** *f* demande *f* d'expulsion **Räumungsverkauf** *m* liquidation *f*
raunen ['raụnən] **I.** *vi geh Person:* susurrer **II.** *vt geh* susurrer
Raupe ['raụpə] <-, -n> *f* ❶ ZOOL chenille *f* ❷ (*Planierraupe*) bulldozer *m*
Raupenfahrzeug *nt* véhicule *m* à chenilles
Raureif[RR] *m kein Pl* gelée *f* blanche
raus [raụs] *adv fam* du balai; **~ mit dir!** toi, du balai!
Rausch [raụʃ, *Pl:* 'rɔyʃə] <-[e]s, Räusche> *m* ❶ ivresse *f;* **sich** (*dat*) **einen ~ antrinken** s'enivrer; **einen ~ haben** être ivre; **seinen ~ ausschlafen** cuver [son vin] (*fam*) ❷ *geh* (*Ekstase*) griserie *f;* **im ~ der Geschwindigkeit** grisé(e) par la vitesse
rauscharm *adj Gerät* à faible bruit de fond
rauschen ['raụʃən] *vi* + *haben Wind, Meer:* mugir; *Bach:* gronder; *Blätter:* bruire; *Lautsprecherbox:* grésiller; **das Rauschen** le bruit; *einer Lautsprecherbox* le grésillement

R

rauschend *adj* ① (*laut*) retentissant(-e) ② (*prunkvoll*) somptueux(-euse)
Rauschgift *nt* drogue *f*; ~ **nehmen** se droguer
Rauschgifthandel *m* trafic *m* de drogue **rauschgiftsüchtig** *adj* toxicomane **Rauschgiftsüchtige(r)** *f(m)* toxicomane *mf*
Rauschgold *nt* oripeau *m*
raus|ekeln ['raʊsʔeːkəln] *vt fam* faire passer l'envie de rester; **jdn aus der Firma ~** faire passer à qn l'envie de rester dans l'entreprise **raus|fliegen** ['raʊsfliːgən] *vi irr + sein fam* ① *Person:* **aus der Firma ~** se faire virer de l'entreprise ② (*weggeworfen werden*) être bazardé **raus|kriegen** *vt fam* finir par trouver *Geheimnis, Lösung*
räuspern ['rɔʏspɐn] *vr* **sich ~** se racler la gorge
raus|schmeißen ['raʊsʃmaɪsən] *vt irr fam* ① (*entlassen*) virer; **jdn aus der Firma ~** virer qn de l'entreprise ② (*wegwerfen*) balancer
Rausschmeißer(in) <-s, -> *m(f) fam* videur(-euse) *m(f)*
RausschmissRR <-es, -e> *m fam* mise *f* à la porte
Raute ['raʊtə] <-, -n> *f* losange *m*
rautenförmig *adj* en forme de losange
Rave [reɪv, reːf] <-[s], -s> *m o nt* MUS rave *f*
Raver(in) ['reɪvɐ] <-s, -> *m(f)* MUS raveur(-euse) *m(f)*
Razzia ['ratsi̯a] <-, Razzien> *f* descente *f* [de police]
Reagenzglas *nt* éprouvette *f*
reagieren* [rea'giːrən] *vi a.* CHEM, PHYS réagir; **mit etw ~** réagir à qc
Reaktion [reak'tsi̯oːn] <-, -en> *f a.* CHEM, PHYS réaction *f*; **ihre ~ auf das Angebot** sa réaction face à la proposition
reaktionär [reaktsi̯o'nɛːɐ̯] *adj pej* réactionnaire
Reaktionär(in) [reaktsi̯o'nɛːɐ̯] <-s, -e> *m(f) pej* réactionnaire *mf*
Reaktionsfähigkeit *f kein Pl* capacité *f* de réaction
reaktivieren* [reakti'viːrən] *vt* rappeler *Person*
Reaktor [re'aktoːɐ̯] <-s, -toren> *m* réacteur *m*
real [re'aːl] **I.** *adj* ① *geh* (*tatsächlich*) [bien] réel(le) ② ÖKON *Einkommen* réel(le) **II.** *adv* ① *geh* (*tatsächlich*) réellement ② ÖKON en valeur réelle
realisierbar *adj* réalisable
realisieren* [reali'ziːrən] *vt* réaliser
Realisierung <-, -en> *f* réalisation *f*
Realismus <-> *m* réalisme *m*
Realist(in) [rea'lɪst] <-en, -en> *m(f)* réaliste *mf*
realistisch [rea'lɪstɪʃ] **I.** *adj* réaliste **II.** *adv* ① *betrachten, einschätzen* avec réalisme ② KUNST, LITER de manière réaliste
Realität [reali'tɛːt] <-, -en> *f* ① réalité *f*; ~ **werden** devenir réalité ② *Pl* (*Gegebenheiten*) réalités *fpl* ③ *Pl* A (*Immobilien*) immeubles *mpl*
realitätsfern *adj* peu réaliste **realitätsnah** *adj* réaliste **Realitätsverlust** *m* **an ~ leiden** perdre le contact avec la réalité
Reality-TV [ri'ɛlitiːtiːviː] <-[s]> *nt* téléréalité *f*
Realpolitik *f* politique *f* pragmatique **Realsatire** *f* satire *f* de la réalité **Realschulabschluss**RR *m* ≈ brevet *m* des collèges
Realschule *f* ≈ collège *m* **Realschüler(in)** *m(f)* ≈ collégien(ne) *m(f)* **Realwert** *m* valeur *f* réelle
Reanimation [reʔanima'tsi̯oːn] <-, -en> *f* réanimation *f*
reanimieren* [reʔani'miːrən] *vt* réanimer
Rebe ['reːbə] <-, -n> *f* vigne *f*
Rebell(in) [re'bɛl] <-en, -en> *m(f)* rebelle *mf*
rebellieren* [rebɛ'liːrən] *vi* se rebeller; **gegen die Eltern ~** se rebeller contre l'autorité parentale
Rebellion [rebɛ'li̯oːn] <-, -en> *f* rébellion *f*
rebellisch [re'bɛlɪʃ] *adj* ① *Truppen* rebelle ② *geh* (*aufbegehrend*) insurgé(e)
Rebhuhn ['reːphuːn] *nt* perdrix *f*
Rebsorte ['reːp-] *f* cépage *m* **Rebstock** *m* pied *m* de vigne
Rebus ['reːbʊs] <-, -se> *m o nt* rébus *m*
Rechaud [re'ʃoː] <-s, -s> *m o nt* chauffe-plat *m*
Rechen ['rɛçən] <-s, -> *m bes.* SDEUTSCH râteau *m*
Rechenanlage *f* INFORM calculateur *m*; *eines Instituts* centre *m* d'informatique **Rechenaufgabe** *f* (*Rechenübung*) exercice *m* de calcul; (*Hausaufgabe*) calcul *m* **Rechenkapazität** *f* INFORM puissance *f* de calcul **Rechenmaschine** *f* machine *f* à calculer
Rechenschaft <-> *f* comptes *mpl*; ~ **über etw** (*akk*) **ablegen** rendre des comptes au sujet de qc; **jdn für etw zur ~ ziehen** demander des comptes à qn au sujet de qc

R

Rechenschaftsbericht *m* rapport *m* d'activité

Rechenschieber *m* règle *f* à calcul **Rechenzentrum** *nt* centre *m* informatique

Recherche [re'ʃɛrʃə] <-, -n> *f* recherche *f*

recherchieren* [reʃɛr'ʃi:rən] **I.** *vi* faire des recherches; **in einer Angelegenheit ~** faire des recherches sur un sujet **II.** *vt* enquêter sur *Fall, Skandal*

rechnen ['rɛçnən] **I.** *vt* ① MATH calculer *Aufgabe* ② (*veranschlagen*) compter; **200 Gramm pro Person ~** compter 200 grammes par personne; **Mehrwertsteuer nicht gerechnet** hors taxe ③ (*einstufen*) **jdn zu den größten Begabungen ~** compter qn parmi les plus talentueux **II.** *vi* ① calculer; **richtig/falsch ~** calculer juste/de travers; **er ist gut im Rechnen** il est bon en calcul ② (*erwarten*) **mit einer Antwort/Entscheidung ~** compter sur une réponse/décision; **damit ~, dass** s'attendre à ce que + *subj* **III.** *vr* **sich ~** être rentable

Rechner <-s, -> *m* ① calculateur *m;* **ein guter/schlechter ~ sein** être bon/mauvais en calcul ② (*Computer*) ordinateur *m*

rechnergesteuert *adj* informatisé(e)

Rechnerin <-, -nen> *f* calculatrice *f*

rechnerisch *adj* arithmétique

Rechnerleistung *f* capacité *f* [de l'ordinateur/des ordinateurs] **rechnerunterstützt** *adj* assisté(e) par ordinateur

Rechnung <-, -en> *f* ① facture *f;* (*im Restaurant*) addition *f;* (*im Hotel*) note *f;* **jdm etw auf die ~ setzen** mettre qc sur le compte de qn; **etw auf ~ liefern** livrer qc sur facture; **laut ~** suivant facturation ② (*das Rechnen*) calcul *m;* **die ~ stimmt nicht** le compte n'est pas bon

Rechnungsbetrag *m* montant *m* de la facture **Rechnungsdatum** *nt* date *f* de facturation **Rechnungshof** *m* ≈ Cour *f* des comptes; **der Europäische ~** la Cour des Comptes Européenne **Rechnungsprüfer(in)** *m(f)* ÖKON commissaire *mf* aux comptes **Rechnungswesen** *nt kein Pl* comptabilité *f*

recht [rɛçt] **I.** *adj* ① *Ort* bon(ne); *Augenblick* opportun(e) ② (*richtig*) **ganz ~!** très juste! ③ (*echt*) **ich habe keine ~e Lust** je n'ai pas vraiment envie ④ (*angenehm*) **jdm ~ sein** convenir à qn; **ist es Ihnen ~, wenn ...?** ça ne vous dérange pas si ...? ▶ **nach dem Rechten sehen** vérifier que tout va bien **II.** *adv* ① (*richtig*) bien; **ich weiß nicht ~** je ne sais pas trop; **ich glaube, ich höre nicht ~?** je n'ai pas dû bien entendre? ② (*ziemlich*) assez; **~ viel** pas mal (*fam*) ▶ **das geschieht ihm ~!** c'est bien fait pour lui/elle!

Recht [rɛçt] <-[e]s, -e> *nt* ① droit *m;* **bürgerliches/öffentliches ~** droit civil/public; **sein ~ fordern** demander justice ② (*Anspruch*) **ein ~ auf etw** (*akk*) **haben** avoir droit à qc; **zu ~** à juste titre ▶ **das ist sein/dein/... gutes ~** c'est son/ton/... bon droit; **jdm ~ geben** donner raison à qn; **~ haben** avoir raison

Rechte ['rɛçtə] <-n, -n> *f* ① (*rechte Hand*) main *f* droite ② SPORT (*Hand*) droite *f;* (*Schlag*) droit *m* ③ POL droite *f;* **die äußerste ~** l'extrême droite

rechte(r, s) ['rɛçtə, -tɐ, -təs] *adj attr* ① (*opp: linke*) droit(e); *Straßenseite* de droite ② (*von außen sichtbar*) **die ~ Seite des Pullis** l'endroit *m* du pull ③ POL de droite; *Flügel* droit(e)

Rechte(r) *f(m) dekl wie adj* homme *m*/femme *f* de droite

Rechteck <-[e]s, -e> *nt* rectangle *m* **rechteckig** *adj* rectangulaire

rechtens ['rɛçtəns] **~ sein** *form Anordnung:* être légal; *Forderung:* être légitime

rechtfertigen **I.** *vt* justifier; **etw ~** *Bemerkung:* justifier qc; **seine Entscheidung vor jdm ~** justifier sa décision vis-à-vis de qn **II.** *vr* **sich vor jdm für sein Handeln ~** se justifier de ses actes devant qn

Rechtfertigung *f* justification *f*

rechthaberisch *adj pej* **~ sein** vouloir toujours avoir raison

rechtlich *adj* juridique

rechtlos *adj* sans droits

rechtmäßig *adj* ① (*legitim*) légitime ② (*legal*) légal(e)

Rechtmäßigkeit <-> *f* ① (*Legitimität*) légitimité *f* ② (*Legalität*) légalité *f*

rechts [rɛçts] *adv* ① à droite; **~ oben** en haut à droite; **~ von dir** à ta droite; **sich ~ einordnen** se mettre sur la voie de droite; **halb ~ abbiegen** tourner légèrement à droite; **nach ~** à droite; **hier gilt ~ vor links** ici, il y a priorité à droite ② (*auf, von der Außenseite*) **etw von ~ bügeln** repasser qc sur l'endroit ③ POL **~ stehen** *fam* être de droite

Rechtsabbieger <-s, -> *m* véhicule *m* qui tourne à droite

Rechtsabteilung *f* JUR, ÖKON service *m* juridique **Rechtsangleichung** *f* JUR harmonisation *f* du droit **Rechtsanspruch** *m* droit *m* **Rechtsanwalt** *m*, **-anwältin** *f* avocat(e) *m(f)*

Rechtsaußen [rɛçts?ausən] <-, -> *m* FBALL ailier *m* droit
Rechtsbeistand *m kein Pl* (*juristische Hilfe*) assistance *f* juridique **Rechtsberater(in)** *m(f)* conseiller(-ère) *m(f)* juridique **Rechtsberatung** *f* conseil *m* juridique
rechtsbündig *adj* aligné(e) à droite
rechtschaffen ['rɛçtʃafən] **I.** *adj Person* honnête **II.** *adv* avec honnêteté
Rechtschaffenheit <-> *f* honnêteté *f*
Rechtschreiben <-s> *nt* **er ist gut im ~** il est bon en orthographe
Rechtschreibfehler *m* faute *f* d'orthographe **Rechtschreibreform** *f* réforme *f* de l'orthographe **Rechtschreibschwäche** *f* lacunes *fpl* en orthographe
Rechtschreibung *f* orthographe *f*
Rechtsempfinden *nt* sens *m* de la justice
Rechtsextremismus <-> *m* POL extrémisme *m* de droite **Rechtsextremist(in)** *m(f)* extrémiste *mf* de droite **rechtsextremistisch** *adj* d'extrême droite
rechtsfähig *adj* JUR juridiquement capable; **nicht ~** *Person* non habilité à disposer **Rechtsfall** *m* cas *m* juridique, litige *m* **Rechtsfrage** *f* question *f* juridique
rechtsgerichtet *adj* POL orienté(e) à droite
Rechtsgeschäft *nt* JUR acte *m* juridique **rechtsgültig** *adj* valide **Rechtsgutachten** *nt* expertise *f* juridique
Rechtshänder(in) ['rɛçtshɛndɐ] <-s, -> *m(f)* droitier(-ière) *m(f)*
rechtshändig ['rɛçtshɛndɪç] **I.** *adj* droitier(-ière) **II.** *adv* de la main droite
rechtsherum ['rɛçtshɛrʊm] *adv fahren* à droite; *sich drehen* de gauche à droite
rechtskräftig *adj Beschluss* qui a force de loi; *Urteil* exécutoire
Rechtskurve *f* virage *m* à droite
Rechtslage *f* situation *f* juridique
rechtslastig *adj* ❶ trop chargé(e) à droite ❷ POL *pej* qui penche à droite
Rechtsmittel *nt* recours *m*; **~ gegen etw einlegen** exercer un recours contre qc **Rechtsordnung** *f* législation *f*
Rechtsprechung <-, -en> *f* justice *f*
rechtsradikal *adj* d'extrême droite **Rechtsradikale(r)** *f(m)* extrémiste *mf* de droite **rechtsrheinisch** ['rɛçtsraɪnɪʃ] *adj* [situé(e)] sur la rive droite du Rhin **rechtsrum** ['rɛçtsrʊm] *fam s.* **rechtsherum**
Rechtsschutz *m* protection *f* juridique **Rechtssicherheit** *f kein Pl* sécurité *f* juridique **Rechtsstaat** *m* État *m* de droit **rechtsstaatlich** *adj Grundsatz* fondé(e) sur le droit **Rechtsstaatlichkeit** <-> *f* constitutionnalité *f* **Rechtsstreit** *m* procès *m* **Rechtstitel** *m* titre *m* juridique **Rechtsverdreher(in)** <-s, -> *m(f) pej* (*Anwalt*) avocat *m* véreux; (*Richter*) juge *m* véreux **Rechtsverfahren** *nt* procédure *f*
Rechtsverkehr *m* conduite *f* à droite
Rechtsverletzung *f* infraction *f* à la loi **Rechtsverordnung** *f* prescription *f* légale **Rechtsvertreter(in)** *m(f)* mandataire *mf* **Rechtsvorschrift** *f* prescription *f* juridique **Rechtsweg** *m kein Pl* procédure *f*; **der ~ ist ausgeschlossen** sans aucune possibilité de recours **rechtswidrig** *adj* illégal(e) **Rechtswidrigkeit** <-, -en> *f* JUR illicéité *f* **rechtswirksam** *adj* valable juridiquement **Rechtswissenschaft** *f kein Pl* droit *m*
rechtwinklig *adj Dreieck* rectangle
rechtzeitig **I.** *adj Ankunft* à l'heure; *Anmeldung* en temps voulu **II.** *adv da sein* à l'heure [fixée]; *erfolgen* en temps voulu
Reck [rɛk] <-[e]s, -e> *nt* barre *f* fixe
recken ['rɛkən] **I.** *vt* tendre *Hals, Faust* **II.** *vr* **sich ~** s'étirer
Recorder [re'kɔrdɐ] *s.* **Rekorder**
recycelbar [ri'saɪklbaɐ] *adj* recyclable
recyceln* [ri'saɪkln] *vt* recycler
Recycling [ri'saɪklɪŋ] <-s> *nt* recyclage *m*
Recyclingpapier *nt* papier *m* recyclé
Redakteur(in) [redak'tøːɐ] <-s, -e> *m(f)* rédacteur(-trice) *m(f)*
Redaktion [redak'tsi̯oːn] <-, -en> *f* rédaction *f*
redaktionell [redaktsi̯o'nɛl] **I.** *adj Bearbeitung* rédactionnel(le); **~e Leitung** direction *f* de la rédaction **II.** *adv bearbeiten, überarbeiten* sur le plan rédactionnel
Redaktor [re'daktoːɐ] <-s, -toren> *m*, **Redaktorin** *f* CH rédacteur(-trice) *m(f)*
Rede ['reːdə] <-, -n> *f* ❶ (*Ansprache*) discours *m*; **eine ~ halten** tenir un discours ❷ GRAM **direkte/indirekte ~** discours *m* direct/indirect ❸ (*Gespräch*) **die ~ ist von ...** il est question de ...
RedeflussRR *m kein Pl* flot *m* de paroles **Redefreiheit** *f kein Pl* liberté *f* d'expression **redegewandt** *adj geh* éloquent(e) **Redegewandtheit** *f* éloquence *f* **Redekunst** *f* rhétorique *f*
reden ['reːdən] **I.** *vi* ❶ (*sprechen*) parler ❷ (*sich unterhalten*) **über jdn/etw ~** parler de qn/qc; **miteinander ~** discuter ensemble; **mit sich selbst ~** parler tout(e) seul(e); **~ wir nicht mehr darüber!** n'en parlons plus!; **das Reden** les discussions

R

fpl ❸ (*tratschen*) **über jdn/etw ~** parler à tort et à travers de qn/qc **II.** *vt* dire *Quatsch, Unsinn*

Redensart *f* expression *f*

Redeschwall *m pej* flots *mpl* de paroles **Redewendung** *f* tournure *f*, expression *f* idiomatique **Redezeit** *f* temps *m* de parole

redigieren* [redi'giːrən] *vt* rédiger *Manuskript, Text*

redlich ['reːtlɪç] **I.** *adj* honnête **II.** *adv* **sich ~ bemühen** s'efforcer considérablement

Redlichkeit <-> *f* honnêteté *f*

Redner(in) ['reːdnɐ] <-s, -> *m(f)* orateur(-trice) *m(f)*

Rednerbühne *f* tribune *f* **Rednerpult** *nt* pupitre *m*

redselig ['reːtzeːlɪç] *adj* bavard(e)

Redseligkeit *f* loquacité *f*

Reduktion [redʊk'tsi̯oːn] <-, -en> *f a.* CHEM, PHYS, MATH réduction *f*

redundant [redʊn'dant] *adj* LING redondant(e)

reduzieren* [redu'tsiːrən] *vt* réduire; **seine Ausgaben auf ein Minimum/um die Hälfte ~** réduire ses dépenses au minimum/de moitié

Reduzierung <-, -en> *f* réduction *f*

Reede ['reːdə] <-, -n> *f* rade *f*

Reeder(in) ['reːdɐ] <-s, -> *m(f)* armateur(-trice) *m(f)*

Reederei [reːdə'rai̯] <-, -en> *f* compagnie *f* maritime

reell [re'ɛl] *adj Chance* véritable

Reetdach ['reːt-] *nt* toit *m* de roseau

Referat [refe'raːt] <-[e]s, -e> *nt* ❶ SCHULE, UNIV exposé *m* ❷ ADMIN service *m*

R

Referendar(in) [referɛn'daːɐ̯] <-s, -e> *m(f)* stagiaire *mf*

Referendariat [referɛnda'ri̯aːt] <-[e]s, -e> *nt* stage *m*

Referendum [refe'rɛndʊm] <-s, Referenden *o* Referenda> *nt* référendum *m*

Referent(in) [refe'rɛnt] <-en, -en> *m(f)* ❶ (*Redner*) conférencier(-ière) *m(f)* ❷ (*Referatsleiter*) chef *mf* de service

Referenz <-, -en> *f* (*Empfehlung*) références *fpl*

referieren* [refe'riːrən] *vi* faire un exposé; **über jdn/etw ~** faire un exposé sur qn/qc

reflektieren* [reflɛk'tiːrən] *vt, vi a.* OPT réfléchir

Reflektor <-s, -toren> *m* (*in Scheinwerfern, an Schulranzen*) réflecteur *m*; (*an einem Fahrrad*) cataphote® *m*

Reflex [re'flɛks] <-es, -e> *m* ❶ ANAT réflexe *m* ❷ (*Lichtreflex*) reflet *m*

Reflexion [reflɛ'ksi̯oːn] <-, -en> *f* réflexion *f*

reflexiv [reflɛ'ksiːf] GRAM *adj Verb* pronominal(e)

Reflexivpronomen *nt* pronom *m* réfléchi

Reform [re'fɔrm] <-, -en> *f* réforme *f*

Reformation [refɔrma'tsi̯oːn] <-> *f* HIST **die ~** la Réforme

Reformationsfest *nt* **das ~** la fête *f* de la Réformation

Reformbestrebungen *Pl* efforts *mpl* réformateurs

Reformer(in) [re'fɔrmɐ] <-s, -> *m(f)* ❶ (*wer Reformen durchführt*) réformateur(-trice) *m(f)* ❷ (*wer Reformen anstrebt*) réformiste *mf*

reformerisch [re'fɔrmərɪʃ] *adj* réformateur(-trice)

reformfreudig *adj* ouvert(e) aux réformes

Reformhaus *nt* magasin *m* de produits diététiques

reformieren* [refɔr'miːrən] *vt* réformer

Reformismus [refɔr'mɪsmʊs] <-> *m* POL réformisme *m*

reformistisch *adj* POL réformiste

Reformpaket *nt* ensemble *m* de réformes **Reformpolitik** *f* politique *f* de réformes **Reformstau** *m* trop-plein *m* de/des réformes **Reformvorhaben** *nt* projet *m* de réforme

Refrain [rə'frɛ̃ː] <-s, -s> *m* refrain *m*

Regal [re'gaːl] <-s, -e> *nt* étagère *f*; (*groß, in Supermärkten, Bibliotheken*) rayon *m*

Regatta <-, Regatten> *f* régate *f*

Reg.-Bez. *Abk von* **Regierungsbezirk**

rege ['reːgə] *adj* ❶ *Betrieb, Tätigkeit* intense; *Nachfrage* grand(e); *Phantasie* débordant(e); *Anteilnahme* vif(vive); *Beteiligung* actif(-ive) ❷ *Geist* alerte

Regel ['reːgəl] <-, -n> *f* ❶ (*Norm*) règle *f* ❷ (*Menstruation*) règles *fpl*

regelbar *adj* TECH réglable

Regelfall *m kein Pl* règle *f*; **im ~** en règle générale

regellos *adj* déréglé(e)

Regellosigkeit <-> *f* absence *f* de règles

regelmäßig **I.** *adj* ❶ régulier(-ière) ❷ (*wiederholt*) répété(e) **II.** *adv* ❶ (*in gleichmäßiger Folge*) régulièrement ❷ (*immer wieder*) constamment

Regelmäßigkeit <-> *f* régularité *f*

regeln ['reːgəln] **I.** *vt* ❶ (*erledigen*) régler ❷ (*festsetzen*) **etw ~** *Bestimmungen, Dienstvorschrift:* réglementer qc **II.** *vr* **sich von selbst ~** se régler tout(e) seul(e)

regelrecht ['re:gəlrɛçt] *fam* I. *adj* véritable II. *adv anpöbeln, sich betrinken* carrément
Regelstudienzeit *f* durée *f* réglementaire des études
Regelung ['re:gəlʊŋ] <-, -en> *f* ① (*Vereinbarung*) convention *f*; (*Anordnung*) disposition *f* réglementaire ② *kein Pl* (*das Regulieren*) régulation *f*
Regelwerk *nt* règlement *m* **regelwidrig** *adv* SPORT **sich ~ verhalten** faire une faute **Regelwidrigkeit** <-, -en> *f* SPORT faute *f*
regen ['re:gən] *vr* **sich ~** ① *Lebewesen:* bouger ② *Gefühle, Gewissen:* s'éveiller; *Zweifel:* se manifester
Regen ['re:gən] <-s, -> *m* pluie *f*; **es wird ~ geben** il va se mettre à pleuvoir; **saurer ~** pluies acides
regenarm *adj* peu pluvieux(-euse); *Klima* aride
Regenbogen *m* arc *m* en ciel
Regenbogenfarben *Pl* couleurs *fpl* de l'arc en ciel **Regenbogenhaut** *f* iris *m* **Regenbogenpresse** *f* presse *f* à sensation
Regeneration [regenera'tsi̯o:n] *f a.* BIO, MED régénération *f*
regenerieren* [regene'ri:rən] I. *vr a.* BIO, MED **sich ~** se régénérer II. *vt* TECH régénérer
Regenfälle *Pl* chutes *fpl* de pluie **Regenmantel** *m* imperméable *m* **Regenrinne** *f* gouttière *f* **Regenschauer** *m* ondée *f* passagère **Regenschirm** *m* parapluie *m*
Regent(in) [re'gɛnt] <-en, -en> *m(f)* ① (*Monarch*) souverain(e) *m(f)* ② (*Vertreter des Herrschers*) régent(e) *m(f)*
Regentag *m* jour *m* de pluie **Regentonne** *f* citerne *f* **Regentropfen** *m* goutte *f* de pluie
Regentschaft <-, -en> *f* ① (*Herrschaft*) règne *m* ② (*Amtszeit eines Regenten*) régence *f*
Regenwald *m* [**tropischer**] ~ forêt *f* équatoriale **Regenwetter** *nt* temps *m* pluvieux **Regenwurm** *m* ver *m* de terre **Regenzeit** *f* saison *f* des pluies
Reggae ['rɛge, 'rɛgi] *m* reggae *m*
Regie [re'ʒi:] <-> *f* ① THEAT mise *f* en scène; CINE, RADIO, TV réalisation *f*; **~ führen** diriger la mise en scène/la réalisation ② (*Verantwortung*) **in eigener ~** tout seul
Regieanweisung [re'ʒi:-] *f* didascalie *f* **Regieassistent(in)** *m(f)* CINE assistant(e) *m(f)* réalisateur **Regiefehler** *m a. fig* erreur *f* de mise en scène

regieren* [re'gi:rən] I. *vi* gouverner; *Herrscher:* régner II. *vt* **ein Land ~** gouverner un pays; *Herrscher:* régner sur un pays
Regierung [re'gi:rʊŋ] <-, -en> *f* ① (*Kabinett*) gouvernement *m* ② (*Regierungsgewalt*) pouvoir *m*; **an der ~ sein** être au pouvoir
Regierungsapparat *m* appareil *m* gouvernemental **Regierungsbeamte(r)** *m dekl wie adj*, **-beamtin** *f* fonctionnaire *mf* gouvernemental(e) **Regierungsbezirk** *m subdivision administrative la plus importante d'un land* **Regierungsbündnis** *nt* coalition *f* gouvernementale **Regierungschef(in)** *m(f)* chef *mf* de/du gouvernement **Regierungserklärung** *f* déclaration *f* de politique générale **regierungsfeindlich** *adj* antigouvernemental(e) **Regierungsform** *f* mode *m* de gouvernement; **parlamentarische/präsidiale ~** régime parlementaire/présidentiel **regierungsfreundlich** *adj* [pro]gouvernemental(e) **Regierungskoalition** *f* cohabitation *f* [gouvernementale] **Regierungsmannschaft** *f* équipe *f* gouvernementale **Regierungspartei** *f* parti *m* au pouvoir **Regierungsrat** *m kein Pl* CH Conseil *m* d'État **Regierungsrat** <-räte> *m*, **-rätin** *f* ① *grade de haut fonctionnaire équivalant à celui d'un attaché de deuxième classe* ② CH (*Mitglied der Kantonsregierung*) membre *m* du Conseil d'État **Regierungssitz** *m* siège *m* du gouvernement **Regierungssprecher(in)** *m(f)* porte-parole *m inv* gouvernemental **Regierungswechsel** *m* changement *m* de gouvernement
Regime [re'ʒi:m] <-s, -s> *nt pej* régime *m*
Regimekritiker(in) [re'ʒi:m-] *m(f)* opposant(e) *m(f)* au régime
Regiment [regi'mɛnt] <-[e]s, -er> *nt* MIL régiment *m*
Region [re'gi̯o:n] <-, -en> *f* région *f*
regional [regi̯o'na:l] I. *adj* régional(e) II. *adv* selon les régions
Regisseur(in) [reʒɪ'sø:ɐ̯] <-s, -e> *m(f)* THEAT metteur(-euse) *m(f)* en scène; CINE, RADIO, TV réalisateur(-trice) *m(f)*
Register [re'gɪstɐ] <-s, -> *nt* ① (*Index*) index *m* ② ADMIN registre *m* ③ (*Orgelregister*) jeu *m* d'orgue
registrieren* [regɪs'tri:rən] *vt* enregistrer
Registrierkasse *f* caisse *f* enregistreuse
Registrierung <-, -en> *f* enregistrement *m*
Reglement [reglə'mã:] <-s, -s> *nt* SPORT règlement *m*

reglementieren* [reglemɛn'tiːrən] *vt geh* (*regeln*) réglementer
Regler ['reːglɐ] <-s, -> *m* régulateur *m*
reglos ['reːkloːs] *adj, adv* immobile
regnen ['reːgnən] *vi unpers* pleuvoir; **es regnet durchs Dach** il pleut à travers la toiture
regnerisch *adj* pluvieux(-euse)
Regress[RR] [re'grɛs] <-es, -e>, **Regreß**[ALT] <-sses, -sse> *m* recours *m*
Regressanspruch[RR] *m* droit *m* de recours
regressiv [regrɛ'siːf] *adj* régressif(-ive)
regresspflichtig[RR] *adj* civilement responsable
regsam ['reːkzaːm] *adj geh* actif(-ive)
Regsamkeit <-> *f geh* activité *f*
regulär [regu'lɛːɐ̯] **I.** *adj Arbeitszeit, Preis* réglementaire; *Armee, Truppen* régulier(-ière) **II.** *adv* normalement
regulierbar *adj* réglable
regulieren* [regu'liːrən] *vt* (*einstellen*) régler
Regulierung <-, -en> *f der Heizung, Lautstärke* réglage *m*
Regung <-, -en> *f* ❶ (*Bewegung*) mouvement *m* ❷ (*Empfindung*) émotion *f*
regungslos *adj, adv* immobile
Regungslosigkeit <-> *f* immobilité *f*; *eines Gesichts* impassibilité *f*
Reh [reː] <-[e]s, -e> *nt* chevreuil *m*
Rehabilitation [rehabilita'tsi̯oːn] <-, -en> *f* ❶ (*Wiedereingliederung*) réinsertion *f* ❷ MED rééducation *f* ❸ *geh* (*Rehabilitierung*) réhabilitation *f*
Rehabilitationszentrum *nt* centre *m* de rééducation
rehabilitieren* [rehabili'tiːrən] **I.** *vt* ❶ réinsérer *Straffälligen* ❷ MED rééduquer *Kranken;* réinsérer *Behinderten* ❸ *geh* (*nach einer Ehrverletzung*) réhabiliter **II.** *vr geh* **sich** ~ se réhabiliter
Rehabilitierung *s.* **Rehabilitation**
Rehazentrum ['reːha-] *nt* centre *m* de rééducation
Rehbock *m* chevreuil *m* [mâle] **Rehkitz** *nt* faon *m* [de chevreuil] **Rehrücken** *m* ❶ dos *m* du chevreuil ❷ GASTR selle *f* de chevreuil
Reibach ['rai̯bax] <-s> *m sl* bonne affaire *f*
Reibe ['rai̯bə] <-, -n> *f* râpe *f*
Reibekuchen *m* galette *f* de pommes de terre [râpées]
reiben ['rai̯bən] <rieb, gerieben> **I.** *vt* ❶ frotter ❷ (*auftragen*) [**sich** (*dat*)] **die Salbe in die Haut** ~ [se] frictionner avec de la pommade ❸ (*zerkleinern*) râper *Möhre, Käse* **II.** *vi* ❶ frotter; **durch Reiben** en frottant ❷ (*scheuern*) frotter; **der Kragen reibt am Hals** le col gratte le cou
Reibereien [rai̯bə'rai̯ən] *Pl fam* frictions *fpl*
Reibung <-> *f* PHYS frottement *m*
Reibungsfläche *f* TECH surface *f* de frottement
reibungslos *adj, adv* sans problème
Reibungsverlust *m* PHYS déperdition *f* d'énergie par friction **Reibungswiderstand** *m* PHYS résistance *f* due au frottement
reich [rai̯ç] **I.** *adj* ❶ riche ❷ *fig* ~ **an Erfahrungen sein** être riche d'expériences; ~ **an Vitaminen sein** être riche en vitamines **II.** *adv beschenken* richement; ~ **erben** faire un riche héritage
Reich [rai̯ç] <-[e]s, -e> *nt* ❶ (*Imperium*) empire *m;* **das Dritte** ~ le IIIe Reich; **das Römische** ~ l'Empire romain ❷ (*Königreich, Bereich*) royaume *m*
Reiche(r) *f(m) dekl wie adj* riche *mf*
reichen ['rai̯çən] **I.** *vi* ❶ *Vorräte, Geld:* suffire ❷ (*gelangen*) **bis an die Decke** ~ [**können**] arriver jusqu'au plafond; **weit** ~**d** *Geschütz, Rakete* à longue portée ❸ (*sich erstrecken*) **vom Sofa bis zur Wand** ~ aller du canapé jusqu'au mur ❹ A **weit** ~**d** *Beziehungen* nombreux(-euse); *Vollmachten* étendu(e); *Konsequenzen* large **II.** *vi unpers* **es reicht mir, wenn ...** ça me suffit si ... ▸ **jetzt reicht's** [**mir**]! maintenant ça suffit! **III.** *vt geh* ❶ (*geben*) **jdm etw** ~ passer qc à qn ❷ (*servieren*) **jdm etw** ~ servir qc à qn
reichhaltig *adj* ❶ *Angebot* varié(e); *Bibliothek* bien garni(e) ❷ *Mahlzeit* copieux(-euse)
Reichhaltigkeit <-> *f* ❶ *des Angebots* diversité *f* ❷ *von Mahlzeiten* richesse *f*
reichlich ['rai̯çlɪç] **I.** *adj Niederschläge, Vorräte* abondant(e); *Belohnung* important(e); **das Essen war** ~ le repas était copieux **II.** *adv* ❶ *vorhanden sein* en quantité; **es gab** ~ **zu essen** il y avait à manger en quantité ❷ *fam jung* plutôt
Reichstag *m* (*Institution, Gebäude*) Reichstag *m*
Reichtum ['rai̯çtuːm, *Pl:* -tyːmɐ] <-[e]s, -tümer> *m* ❶ *kein Pl* richesse *f;* **zu** ~ **kommen** faire fortune ❷ *Pl* (*Besitz*) richesses *fpl*
Reichweite *f* ❶ (*Nähe*) **in** ~ **sein** être à portée de [la] main; **außer** ~ **sein** être hors de portée ❷ RADIO, TV portée *f* ❸ (*Schussweite*) portée *f*
reif [rai̯f] *adj* ❶ *Frucht* mûr(e); ~ **werden**

R

mûrir ❷ *Frau, Mann* mûr(e) ❸ *Leistung* remarquable ❹ (*geeignet*) ~ **für den Abriss sein** être bon pour la démolition

Reif [raif] <-[e]s, -e> *m* (*Armreif*) bracelet *m;* (*Haarreif*) serre-tête *m*

Reife ['raifə] <-> *f* ❶ *einer Person* maturité *f* ❷ (*das Reifen*) *einer Frucht* mûrissement *m* ❸ (*Reifezustand*) maturité *f* ▶ **mittlere** ~ ≈ brevet *m* des collèges

reifen ['raifən] *vi* + *sein a. fig* mûrir; **gereift** mûr(e)

Reifen ['raifən] <-s, -> *m* pneu *m;* **den ~ wechseln** changer de roue

Reifendruck <-drücke> *m* pression *f* des pneus **Reifenpanne** *f* crevaison *f* **Reifenwechsel** *m* changement *m* de roue

Reifezeugnis *nt form* diplôme *m* du baccalauréat

Reifglätte *f* verglas *m*

reiflich ['raiflɪç] *adj Überlegung* mûr(e) *antéposé*

Reifung <-> *f einer Frucht, Eizelle* maturation *f*

Reigen ['raigən] <-s, -> *m* ▶ **den ~ beschließen** *geh* fermer la marche

Reihe ['raiə] <-, -n> *f* ❶ *von Häusern, Stühlen* rangée *f; von Ziffern* série *f* ❷ (*Sitzreihe*) rang *m* ❸ *von Personen* rang *m;* **sich in einer ~ aufstellen** se mettre en rang ❹ (*große Anzahl*) **eine [ganze] ~ von Fragen** un nombre important de questions ❺ (*bestimmte Reihenfolge*) **etw der ~ nach tun** faire qc l'un(e) après l'autre ▶ **du bist/sie ist an der ~** c'est ton/son tour

reihen ['raiən] *vr* **ein Fahrzeug reiht sich an das andere** un véhicule en suit un autre; **ein Misserfolg reihte sich an den anderen** un échec en appelait un autre

Reihenfolge *f* ordre *m;* **in alphabetischer ~** par ordre alphabétique **Reihenhaus** *nt* maison *f* mitoyenne **Reihenschaltung** *f* couplage *m* en série

reihenweise *adv* ❶ (*in großer Zahl*) les un(e)s après les autres ❷ (*in Reihen*) en rangs successifs

Reiher ['raiɐ] <-s, -> *m* héron *m*

reihern ['raiɐn] *vi fam* dégueuler

reihum [rai'ʔʊm] *adv* à tour de rôle; **~ gehen** faire le tour; **etw ~ gehen lassen** faire tourner qc

Reim [raim] <-[e]s, -e> *m* ❶ rime *f;* **ein ~ auf „-ung"** une rime en "-ung" ❷ *Pl* (*Verse*) vers *mpl*

reimen ['raimən] **I.** *vr* rimer; **sich mit etw/auf etw** (*akk*) **~** rimer avec qc **II.** *vi* faire des rimes

Reimport [re:ʔɪm'pɔrt] *m* ❶ (*Wiedereinfuhr*) réimportation *f* ❷ (*Produkt*) produit *m* réimporté

reimportieren* *vt* réimporter

rein¹ [rain] *s.* **herein, hinein**

rein² [rain] **I.** *adj* ❶ *Zufall, Zeitverschwendung* pur(e) *antéposé* ❷ (*ausschließlich*) **eine ~e Wohngegend** un quartier purement résidentiel ❸ *Gold, Klang* pur(e) ❹ *Luft, Wasser* pur(e); *Hemd, Tischdecke* propre ❺ *Haut* sain(e) **II.** *adv* ❶ (*ausschließlich*) purement ❷ *fam* (*ganz und gar*) **~ gar nichts** absolument rien

Reineclaude [rɛ(:)nə'klo:də] *s.* **Reneklode**

Reinemachefrau ['rainə-] *f* femme *f* de ménage

Reinerlös *m,* **Reinertrag** *m* FIN, ÖKON produit *m* net

Reinfall ['rainfal] *m* bide *m* (*fam*); (*Aufführung*) four *m* (*fam*) **rein|fallen** *vi irr* + *sein fam* ❶ (*enttäuscht werden*) tomber dans le piège; **auf jdn/etw ~** se faire avoir par qn/avec qc ❷ (*hineinfallen*) tomber dedans

Reingewicht *nt* poids *m* net **Reingewinn** *m* bénéfice *m* net **Reinhaltung** *f kein Pl des Wassers* protection *f* [contre la pollution]

rein|hängen *vr fam* **sich ~** s'investir énormément **rein|hauen** *fam* **I.** *vt* **jdm eine ~** (*einen Schlag versetzen*) talocher qn **II.** *vi* ❶ (*viel essen*) dévorer ❷ (*starke Wirkung haben*) **das haut rein!** ça arrache!

Reinheit ['rainhait] <-> *f der Wäsche, Haut* propreté *f; der Luft, des Wassers, des Edelsteins* pureté *f*

reinigen ['rainɪgən] *vt* nettoyer *Kleider;* curer *Fingernägel;* **etw chemisch ~ lassen** faire nettoyer qc à sec

Reinigung <-, -en> *f* ❶ *kein Pl* (*das Reinigen*) nettoyage *m; der Abgase* épuration *f* ❷ (*Reinigungsbetrieb*) pressing *m;* **chemische ~** nettoyage *m* à sec

Reinigungsmilch *f* lait *m* démaquillant **Reinigungsmittel** *nt* nettoyant *m*

Reinkarnation [reʔɪnkarna'tsi̯o:n] *f* réincarnation *f*

Reinkultur *f* ▶ **in ~** dans toute sa/leur splendeur (*iron*)

rein|legen *vt fam* ❶ (*hintergehen*) **jdn ~** rouler qn ❷ (*hineinlegen*) mettre dedans

reinlich *adj* propre

Reinlichkeit <-> *f* propreté *f*

reinrassig *adj* de [pure] race **Reinraum** *m* TECH salle *f* blanche [*o* propre] **Reinschrift** *f* copie *f* [au] propre

rein|spielen *vi fam* **mit ~** entrer en jeu

rein|ziehen *vt irr fam* **sich** (*dat*) **einen Film ~** se taper un film
Reis [rais] <-es> *m* riz *m*
Reisbrei *m* riz *m* au lait
Reise ['raizə] <-, -n> *f* voyage *m;* **eine ~ machen** faire un voyage; **auf ~n sein/gehen** être/partir en voyage; **gute ~!** bon voyage!
Reiseandenken *nt* souvenirs *mpl* de voyage **Reiseapotheke** *f* pharmacie *f* de voyage **Reisebekanntschaft** *f* connaissance *f* de voyage **Reisebüro** *nt* agence *f* de voyages **Reisebus** *m* autocar *m* de tourisme **reisefertig** *adj* **~ sein** être prêt à partir **Reisefieber** *nt fam* fièvre *f* du départ (*fig*) **Reiseführer** *m* (*Buch*) guide *m* [touristique] **Reiseführer(in)** *m(f)* guide *mf* **Reisegesellschaft** *f,* **Reisegruppe** *f* groupe *m* de voyageurs **Reisekosten** *Pl* frais *mpl* de voyage **Reisekrankheit** *f kein Pl* mal *m* des transports **Reiseleiter(in)** *m(f)* guide *mf* **reiselustig** *adj* **~ sein** aimer voyager
reisen ['raizən] *vi + sein* voyager; **nach Hamburg/in die Schweiz ~** faire un voyage à Hambourg/en Suisse; **weit gereist** qui a beaucoup voyagé; **das Reisen** les voyages
Reisende(r) *f(m) dekl wie adj* voyageur(-euse) *m(f)*
Reisenecessaire <-s, -s> *nt* nécessaire *m* de voyage **Reisepass**^RR^ *m* passeport *m* **Reiseproviant** *m* provisions *fpl* de route **Reiseroute** *f* itinéraire *m* **Reiseruf** *m* message *m* personnel [radio] **Reiseschreibmaschine** *f* machine *f* à écrire portable **Reisetasche** *f* sac *m* de voyage **Reiseveranstalter** *m* voyagiste *m* **Reiseversicherung** *f* assurance *f* voyage **Reisewecker** *m* réveil *m* de voyage **Reisezeit** *f* saison *f* touristique **Reiseziel** *nt* destination *f*
Reisfeld *nt* rizière *f*
Reisig ['raizɪç] <-s> *nt* bois *m* mort
Reisigbündel *nt* fagot *m*
Reiskorn *nt* grain *m* de riz **Reispudding** *m* gâteau *m* de riz
Reißaus [rais'ʔaus] *m* ▶ **vor jdm/etw ~ nehmen** détaler devant qn/qc
Reißbrett *nt* planche *f* à dessin
reißen ['raisən] <riss, gerissen> **I.** *vi* ❶ *+ sein* (*einreißen*) se déchirer ❷ *+ sein* (*zerreißen*) casser **II.** *vt + haben* ❶ (*wegreißen*) **jdm etw aus den Händen ~** arracher qc des mains à qn ❷ (*hineinreißen*) [**sich** (*dat*)] **ein Loch in die Hose ~** [se] faire un trou dans le pantalon ❸ (*aus dem Kontext lösen*) **etw aus dem Zusammenhang ~** détacher qc de son contexte ❹ (*wegreißen*) **jdn mit sich zu Boden/in die Tiefe ~** entraîner qn avec soi au sol/dans les profondeurs; **den Wagen nach links ~** donner un brusque coup de volant à gauche ❺ (*unversehens herausreißen*) **jdn aus seinen Gedanken/aus dem Schlaf ~** arracher qn à ses pensées/à son sommeil ❻ (*gewaltsam übernehmen*) **an sich** (*akk*) **~** s'emparer de *Herrschaft, Macht* ▶ **hin und her gerissen sein** être écartelé **III.** *vr + haben fam* (*sich intensiv bemühen*) **sich um jdn/etw ~** se battre pour avoir qn/qc
Reißen <-s> *nt* MED *fam* élancement *m* *souvent pl*
reißend *adj* ❶ (*mit starker Strömung*) déchaîné(e) ❷ *fam* (*stark florierend*) **~en Absatz finden** se vendre comme des petits pains (*fig*)
Reißer <-s, -> *m fam* (*Buch*) livre à suspens *m*
reißerisch **I.** *adj* tape-à-l'œil **II.** *adv* de façon racoleuse
Reißfeder *f* tire-ligne *m* **reißfest** *adj* indéchirable **Reißschiene** *f* té *m* **Reißverschluss**^RR^ *m* fermeture *f* éclair® **Reißwolf** *m* broyeur *m* **Reißzahn** *m* canine *f* **Reißzwecke** *f* punaise *f*
reiten ['raitən] <ritt, geritten> *vi + sein* (*auf einem Pferd*) faire du cheval, monter à cheval; **im Trab/Galopp ~** aller au trot/galop; **das Reiten** l'équitation *f*
Reiter ['raitɐ] <-s, -> *m* (*Person, Karteireiter*) cavalier *m;* **~ sein** faire de l'équitation
Reiterei [raitə'rai] <-, -en> *f* MIL cavalerie *f*
Reiterin <-, -nen> *f* cavalière *f*
Reitgerte *f* badine *f* **Reithose** *f* culotte *f* de cheval **Reitkappe** *f* bombe *f* **Reitpferd** *nt* cheval *m* de selle **Reitschule** *f* école *f* d'équitation **Reitsport** *m* sport *m* hippique **Reitstall** *m* (*Gebäude, Tiere*) écurie *f;* (*Unternehmen*) centre *m* d'équitation **Reitstiefel** *m* botte *f* de cheval **Reitstunde** *f* cours *m* d'équitation **Reittier** *nt* monture *f* **Reitweg** *m* piste *f* cavalière
Reiz [raits] <-es, -e> *m* ❶ (*Verlockung*) **der ~ einer S.** (*gen*) le charme de qc ❷ ANAT stimulus *m* ❸ *Pl fam* (*Charme*) charmes *mpl*
reizbar *adj* irritable
Reizbarkeit <-> *f* irritabilité *f*
reizen ['raitsən] **I.** *vt* ❶ (*verlocken*) attirer; **es reizt mich etw zu tun** ça me tente de faire qc ❷ MED (*angreifen*) irriter ❸ (*provo-*

R

zieren) provoquer; **jdn [dazu] ~ etw zu tun** pousser qn à faire qc **II.** *vi* ❶ (*herausfordern*) **zum Lachen/Weinen ~** provoquer le rire/les larmes ❷ SPIEL surenchérir

reizend *adj Mensch* charmant(e); [*An*]*blick, Städtchen* ravissant(e); **das ist ~ von dir** c'est gentil de ta part

Reizgas *nt* gaz *m* lacrymogène **Reizhusten** *m* toux *f* d'irritation **Reizklima** *nt* MED, METEO climat *m* changeant

reizlos *adj* sans charme

Reizschwelle *f* PSYCH, MED seuil *m* d'irritation

Reizung <-, -en> *f* MED irritation *f*

reizvoll *adj* attrayant(e); *Angebot* alléchant(e)

Reizwäsche *f* dessous *mpl* sexy

rekapitulieren* [rekapitu'li:rən] *vt geh* récapituler

rekeln ['re:kəln] *vr* **sich ~** s'étirer

Reklamation [reklama'tsi̯o:n] <-, -en> *f* réclamation *f*

Reklame [re'kla:mə] <-, -n> *f* ❶ (*Werbematerial*) publicité *f* ❷ (*Werbung*) réclame *f*

Reklamerummel *m fam* battage *m* publicitaire **Reklameschild** <-schilder> *nt* panneau *m* [*o* enseigne *f*] publicitaire

reklamieren* [rekla'mi:rən] **I.** *vi* réclamer; **wegen etw ~** réclamer au sujet de qc **II.** *vt* (*bemängeln*) **etw bei jdm ~** réclamer au sujet de qc auprès de qn

rekonstruieren* [rekɔnstru'i:rən] *vt* reconstituer; **etw aus etw ~** reconstituer qc à partir de qc

Rekonstruktion [rekɔnstrʊk'tsi̯o:n] *f* reconstitution *f*

Rekonvaleszent(in) [rekɔnvalɛs'tsɛnt] <-en, -en> *m(f) geh* convalescent(e) *m(f)*

Rekord [re'kɔrt] <-s, -e> *m* record *m;* **einen ~ aufstellen/halten/brechen** établir/détenir/battre un record

Rekorder [re'kɔrdɐ] <-s, -> *m* ❶ (*Kassettenrekorder*) magnétophone *m* ❷ (*Videorekorder*) magnétoscope *m*

Rekordhalter(in) *m(f)* détenteur(-trice) *m(f)* du record **Rekordtief** *nt* baisse *f* record **rekordverdächtig** *adj* susceptible de battre un record **Rekordzeit** *f* temps *m* record; **in ~** en un temps record

Rekrut(in) [re'kru:t] <-en, -en> *m(f)* recrue *f*

rekrutieren* [rekru'ti:rən] *vt* recruter

Rekrutierung <-, -en> *f* recrutement *m*

rektal [rɛk'ta:l] *adj form* rectal(e)

Rektion [rɛk'tsi̯o:n] <-, -en> *f* LING rection *f*

Rektor ['rɛkto:ɐ̯] <-s, -toren> *m*, **Rektorin** *f* ❶ UNIV recteur *m* ❷ SCHULE directeur(-trice) *m(f)*

Rektorat [rɛkto'ra:t] <-[e]s, -e> *nt* (*Amtsräume*) *einer Universität* rectorat *m; einer Schule* bureau *m* du directeur

Relais [rə'lɛ:] <-, -> *nt* relais *m*

Relation [rela'tsi̯o:n] <-, -en> *f geh* relation *f;* **in einer/keiner ~ zu etw stehen** être en/sans relation avec qc; **der Preis muss in vernünftiger ~ zur Qualität stehen** le rapport qualité-prix doit être raisonnable

relativ [rela'ti:f] *adj* relatif(-ive)

relativieren* [relati'vi:rən] *vt geh* relativiser

Relativität [relativi'tɛ:t] <-, -en> *f a.* PHYS relativité *f*

Relativitätstheorie *f kein Pl* PHYS théorie *f* de la relativité

Relativpronomen *nt* GRAM pronom *m* relatif **Relativsatz** *m* GRAM proposition *f* relative

relevant [rele'vant] *adj geh* pertinent(e)

Relevanz [rele'vants] <-> *f geh* pertinence *f*

Relief [re'li̯ɛf] <-s, -s *o* -e> *nt* relief *m*

Reliefkarte *f* carte *f* du relief

Religion [reli'gi̯o:n] <-, -en> *f* ❶ religion *f* ❷ (*Religionsunterricht*) instruction *f* religieuse

Religionsfreiheit *f* liberté *f* religieuse **Religionsgemeinschaft** *f form* communauté *f* religieuse **Religionsunterricht** *m* (*Unterrichtsstunde*) cours *m* de religion

religiös [reli'gi̯ø:s] **I.** *adj* ❶ (*opp: weltlich*) religieux(-euse) ❷ (*fromm*) pieux(-euse) **II.** *adv beeinflussen, prägen* par la religion; *erziehen* religieusement; *begründen* par des raisons religieuses

Religiosität [religi̯ozi'tɛ:t] <-> *f* religiosité *f*

Relikt [re'lɪkt] <-[e]s, -e> *nt geh* vestige *m*

Reling ['re:lɪŋ] <-, -s *o* -e> *f* bastingage *m*

Reliquie [re'li:kvi̯ə] <-, -n> *f* REL relique *f*

Reliquienschrein *m* REL reliquaire *m*

Remake [ri'meɪk, 'ri:me:k] <-s, -s> *nt* remake *m*

Reminiszenz [reminɪs'tsɛnts] <-, -en> *f geh* réminiscence *f*

remis [rə'mi:] *adj inv* nul(le)

Remis [rə'mi:] <-, -> *nt* match *m* nul

Remix ['ri:mɪks] <-[es], -e> *m* MUS remix *m*

Remmidemmi ['rɛmi'dɛmi] <-s> *nt fam* boucan *m;* **~ machen** faire du boucan

Remoulade [remu'la:də] <-, -n> *f* [sauce *f*] rémoulade *f*
Remouladensoße [remu'la:dənzo:sə] *f* [sauce *f*] rémoulade *f*
rempeln ['rɛmpəln] I. *vi fam* pousser II. *vt* SPORT bousculer
REM-Phase ['rɛm-] *f* MED sommeil *m* paradoxal
Renaissance [rənɛ'sã:s] <-> *f* HIST Renaissance *f*
Rendezvous [rãde'vu:] <-, -> *nt* rendez-vous *m* [galant]
Rendite [rɛn'di:tə] <-, -n> *f* [taux *m* de] rendement *m*
Reneklode [re:nə'klo:də] <-, -n> *f* (*Frucht*) reine-claude *f*
renitent [reni'tɛnt] I. *adj geh Mensch* récalcitrant(e) II. *adv geh* de façon rebelle
Rennbahn *f* (*beim Pferdesport*) hippodrome *m;* (*beim Motorsport*) circuit *m;* (*beim Radsport*) vélodrome *m*
rennen ['rɛnən] <rannte, gerannt> I. *vi + sein* (*schnell laufen*) courir II. *vt + haben o sein* SPORT **hundert Meter ~** courir cent mètres
Rennen ['rɛnən] <-s, -> *nt* (*Autorennen*) course *f* automobile; (*Pferderennen*) course *f* de chevaux; **ins ~ gehen** participer à la course
Renner ['rɛnɐ] <-s, -> *m fam* article *m* à succès
Rennfahrer(in) *m(f)* ❶ AUT pilote *m* de course ❷ (*Fahrradrennfahrer*) coureur(-euse) *m(f)* cycliste **Rennpferd** *nt* cheval *m* de course **Rennrad** *nt* vélo *m* de course **Rennsport** *m* ❶ AUT sport *m* automobile ❷ (*Radrennsport*) cyclisme *m* professionnel ❸ (*Pferderennsport*) hippisme *m* **Rennstrecke** *f* circuit *m* **Rennwagen** *m* voiture *f* de course
Renommee [renɔ'me:] <-s, -s> *nt geh* renommée *f*
renommieren* [renɔ'mi:rən] *vi geh* **mit etw ~** se vanter de qc
renommiert *adj geh* renommé(e)
renovieren* [reno'vi:rən] *vt* rénover; ravaler *Fassade*
Renovierung <-, -en> *f* rénovation *f; der Fassade* ravalement *m*
rentabel [rɛn'ta:bəl] I. *adj* rentable II. *adv* de façon rentable
Rentabilität <-> *f* rentabilité *f*
Rente ['rɛntə] <-, -n> *f* ❶ (*Altersruhegeld*) [pension *f* de] retraite *f;* **in ~ gehen** prendre sa retraite ❷ (*regelmäßige Geldzahlung*) rente *f*
Rentenalter *nt* âge *m* de la retraite **Rentenerhöhung** *f* augmentation *f* de la [pension de] retraite **Rentenreform** *f* réforme *f* du régime des retraites **Rentenversicherung** *f* assurance *f* retraite **Rentenvorsorge** *f* **private ~** (*in Frankreich*) ≈ assurance *f* retraite complémentaire **Rentenzahlung** *f* allocation *f* de retraite
Rentier ['rɛnti:ɐ̯, 're:nti:ɐ̯] *nt* renne *m*
rentieren* [rɛn'ti:rən] *vr* **sich ~** être rentable; **sich für jdn ~** être rentable pour qn
Rentner(in) ['rɛntnɐ] <-s, -> *m(f)* retraité(e) *m(f);* **~ sein** être à la retraite
Reorganisation [reʔɔrganiza'tsi̯o:n] <-, -en> *f* réorganisation *f*
reorganisieren* [reʔɔrgani'zi:rən] *vt geh* réorganiser
Rep [rɛp] <-s, -s> *m Abk von* **Republikaner** *membre d'un parti d'extrême droite allemand*
reparabel [repa'ra:bəl] *adj geh* réparable
Reparation [repara'tsi̯o:n] <-, -en> *f* réparations *fpl* [de guerre]
Reparatur [repara'tu:ɐ̯] <-, -en> *f* réparation *f;* **bei jdm etw zur ~ geben** donner qc à réparer chez qn
reparaturanfällig *adj* fragile **Reparaturkosten** *Pl* frais *mpl* de réparation **Reparaturwerkstatt** *f* (*Autowerkstatt*) garage *m*
reparieren* [repa'ri:rən] *vt* réparer; **jdm etw ~** réparer qc à qn
Repertoire [repɛr'to̯a:ɐ̯] <-s, -s> *nt* répertoire *m*
Replik [re'pli:k] <-, -en> *f geh* réplique *f*
Report [re'pɔrt] <-[e]s, -e> *m* reportage *m*
Reportage [repɔr'ta:ʒə] <-, -n> *f* reportage *m*
Reporter(in) [re'pɔrtɐ] <-s, -> *m(f)* reporter *m*
Repräsentant(in) [reprɛzɛn'tant] <-en, -en> *m(f)* représentant(e) *m(f)*
Repräsentantenhaus *nt* Chambre *f* des députés
Repräsentation [reprɛzɛnta'tsi̯o:n] <-, -en> *f* représentation *f*
repräsentativ [reprɛzɛnta'ti:f] I. *adj* représentatif(-ive) II. *adv* de façon représentative
Repräsentativumfrage *f* sondage *m* représentatif
repräsentieren* [reprɛzɛn'ti:rən] *vt, vi geh* représenter
Repressalie [reprɛ'sa:li̯ə] <-, -n> *f meist Pl geh* représailles *fpl*
reprivatisieren* [reprivati'zi:rən] *vt* dénationaliser

Reproduktion [reprodʊkˈtsi̯oːn] <-, -en> *f* TYP, KUNST reproduction *f*
reproduzieren* [reproduˈtsiːrən] *vt* reproduire
Reprographie [reprograˈfiː] <-, -ien> *f* (*Verfahren*) reprographie *f*
Reptil [rɛpˈtiːl] <-s, -ien> *nt* reptile *m*
Republik [repuˈbliːk] <-, -en> *f* république *f*
Republikaner(in) [republiˈkaːnɐ] <-s, -> *m(f)* ❶ (*in den USA*) républicain(e) *m(f)* ❷ (*in Deutschland*) *membre ou militant(e) d'un parti d'extrême droite en Allemagne*
republikanisch [republiˈkaːnɪʃ] *adj* républicain(e)
Requiem [ˈreːkviɛm] <-s, -s *o* Requien> *nt* requiem *m*
requirieren* [rekviˈriːrən] *vt* réquisitionner
Requisit [rekviˈziːt] <-[e]s, -en> *nt a.* THEAT accessoire *m*
resch [rɛʃ] *adj* A, SDEUTSCH (*knusprig*) croustillant(e)
Reservat [rezɛrˈvaːt] <-[e]s, -e> *nt* réserve *f*
Reserve [reˈzɛrvə] <-, -n> *f* réserve *f*
Reservebank *f* SPORT banc *m* des remplaçants **Reservekanister** *m* bidon *m* de réserve **Reserveoffizier** *m* officier *m* de réserve **Reserverad** *nt* roue *f* de secours **Reservereifen** *m* pneu *m* de rechange
reservieren* [rezɛrˈviːrən] *vt* réserver; **jdm etw ~** réserver qc à qn
reserviert *adj* réservé(e)
Reservierung <-, -en> *f* réservation *f*
Reservist(in) [rezɛrˈvɪst] <-en, -en> *m(f)* réserviste *mf*
Reservoir [rezɛrˈvo̯aːɐ̯] <-s, -e> *nt geh* réservoir *m*
Resettaste [ˈriːsɛttastə] *f* INFORM touche *f* "reset"
Residenz [reziˈdɛnts] <-, -en> *f* résidence *f*
residieren* [reziˈdiːrən] *vi* résider; **in München/auf einem alten Schloss ~** résider à Munich/dans un vieux château
Resignation [rezɪgnaˈtsi̯oːn] <-, *selten* -en> *f geh* résignation *f*
resignieren* [rezɪˈgniːrən] *vi geh* se résigner; **wegen etw ~** se résigner à cause de qc; **..., meinte er resigniert** ..., dit-il d'un ton résigné
resistent [rezɪsˈtɛnt] *adj* résistant(e); **gegen etw ~ sein** être résistant à qc
resolut [rezoˈluːt] I. *adj* résolu(e) II. *adv* résolument
Resolution [rezoluˈtsi̯oːn] <-, -en> *f* résolution *f*
Resonanz [rezoˈnants] <-, -en> *f* ❶ *geh* (*Reaktion*) écho *m;* **auf große ~ stoßen** rencontrer un écho très positif ❷ MUS résonance *f*
Resonanzboden *m* MUS table *f* [d'harmonie] **Resonanzkörper** *m* caisse *f* de résonance
resorbieren* [rezɔrˈbiːrən] *vt* absorber
resozialisieren* [rezotsi̯aliˈziːrən] *vt* réinsérer
Resozialisierung <-, -en> *f* réinsertion *f*
resp. *adv Abk von* **respektive**
Respekt [reˈspɛkt, rɛsˈpɛkt] <-s> *m* respect *m;* **voller ~** respectueusement; **vor jdm/etw ~ haben** avoir du respect pour qn/qc; **jdm ~ einflößen** inspirer le respect à qn; **sich** (*dat*) **bei jdm ~ verschaffen** se faire respecter de qn
respektabel [respɛkˈtaːbəl] *adj geh* respectable
respektieren* [respɛkˈtiːrən] *vt* respecter
respektive [respɛkˈtiːvə, rɛspɛkˈtiːvə] *konj geh* (*beziehungsweise*) ou bien
respektlos I. *adj* irrespectueux(-euse) II. *adv* avec irrespect
Respektlosigkeit <-, -en> *f kein Pl* (*respektlose Art*) manque *m* de respect
Respektsperson *f* personne *f* respectée, notabilité *f*
respektvoll *adj* respectueux(-euse)
Ressort [rɛˈsoːɐ̯] <-s, -s> *nt* ❶ (*Zuständigkeitsbereich*) **jds ~** le ressort de qn; **das ist mein ~** c'est de mon ressort ❷ (*Abteilung*) département *m*
Ressource [rɛˈsʊrsə] <-, -n> *f meist Pl a.* FIN ressources *fpl*
Rest [rɛst] <-[e]s, -e *o* CH -en> *m* reste *m* ▶**jdm den ~ geben** *fam* achever qn
Restalkohol *m* traces *fpl* d'alcool
Restaurant [rɛstoˈrãː] <-s, -s> *nt* restaurant *m;* **ins ~ gehen** aller au restaurant
Restauration [restau̯raˈtsi̯oːn, rɛstau̯raˈtsi̯oːn] <-, -en> *f* POL, ARCHIT (*Wiederherstellung*) restauration *f*
Restaurator [restau̯ˈraːtoːɐ̯, rɛstau̯ˈraːtoːɐ̯] <-s, -toren> *m*, **Restauratorin** *f* restaurateur(-trice) *m(f)*
restaurieren* [restau̯ˈriːrən] *vt* restaurer
Restaurierung <-, -en> *f* restauration *f*
Restbestand *m* reste *m* **Restbetrag** *m* reliquat *m*
restlich *adj Betrag* restant(e); *Leute* autre; **der ~e Urlaub** le reste des vacances
restlos I. *adj* total(e) II. *adv* ❶ *beseitigen* totalement; *aufessen* sans en laisser une

R

miette; *austrinken* sans en laisser une goutte ② *fam es satthaben* absolument; *erledigt sein* complètement

Restposten *m* fin *f* de série

Restriktion [restrɪkˈtsi̯oːn, rɛstrɪkˈtsi̯oːn] <-, -en> *f form* restriction *f*

restriktiv [restrɪkˈtiːf, rɛstrɪkˈtiːf] *adj geh* restrictif(-ive)

Restrisiko *nt* risque *m* subsistant; **es verbleibt ein ~** il subsiste un risque

Resultat [rezʊlˈtaːt] <-[e]s, -e> *nt* résultat *m;* **zu dem ~ kommen, dass ...** acquérir la conviction que ...

resultieren* [rezʊlˈtiːrən] *vi geh* (*folgen*) **aus etw ~** résulter de qc

Resümee [rezyˈmeː] <-s, -s> *nt geh* ① (*Schlussfolgerung*) conclusion *f;* **das ~ aus etw ziehen** tirer la conclusion de qc ② (*Zusammenfassung*) résumé *m*

resümieren* [rezyˈmiːrən] *geh* **I.** *vi* [se] résumer **II.** *vt* résumer

Retorte [reˈtɔrtə] <-, -n> *f* cornue *f*

Retortenbaby *nt* bébé-éprouvette *m*

retour [reˈtuːɐ̯] *adv* CH, A **etw ~ gehen lassen** renvoyer qc; **eine Fahrkarte nach Bad Urach und [wieder] ~!** un aller [et] retour pour Bad Urach!

Retourkutsche [reˈtuːɐ̯-] *f fam* retour *m* à l'envoyeur **Retourspiel** *nt* A, CH match *m* retour

Retrospektive [retrospɛkˈtiːvə] <-, -n> *f* rétrospective *f*

Retrovirus [retroˈviːrʊs] *nt* MED rétrovirus *m*

retten [ˈrɛtən] **I.** *vt* ① (*vor einem Unheil bewahren*) sauver; **jdn vor jdm/etw ~** sauver qn de qn/qc; **rettet mich denn keiner?** personne ne vient à mon secours? ② (*den Ausweg weisend*) **die ~de Lösung** la solution salvatrice ③ (*erhalten, hinüberretten*) sauvegarder *Gebäude, Gemälde* **II.** *vr* **sich ~** se sauver; **rette sich, wer kann!** *hum* sauve qui peut!

Retter(in) <-s, -> *m(f)* sauveur(-euse) *m(f)*

Rettich [ˈrɛtɪç] <-s, -e> *m* radis *m*

Rettung <-, -en> *f* ① sauvetage *m;* **~ in letzter Minute** sauvetage in extremis ② *eines Gebäudes* sauvegarde *f*

Rettungsaktion *f* opération *f* de sauvetage **Rettungsanker** *m* ▶ **jds ~ sein** être la dernière planche de salut de qn **Rettungsboot** *nt* bateau *m* de sauvetage **Rettungsdienst** *m* service *m* de secours **Rettungshubschrauber** *m* hélicoptère *m* de sauvetage

rettungslos *adv* sans espoir [de secours]; **wir sind ~ verloren** tout espoir est perdu

Rettungsplan *m* plan *m* de sauvetage **Rettungsring** *m* bouée *f* de sauvetage **Rettungsschirm** *m* FIN, POL plan *m* de sauvetage **Rettungsschwimmer(in)** *m(f)* maître nageur *m* **Rettungstrupp** *m* équipe *f* de secours **Rettungswagen** *m* ambulance *f* **Rettungsweste** *f* gilet *m* de sauvetage

Returntaste [riˈtøːɐ̯n-, riˈtœrn-,] *f* INFORM touche *f* "entrée"

Retusche [reˈtʊʃə] <-, -n> *f* retouche *f*

retuschieren* [retʊˈʃiːrən, retuˈʃiːrən] *vt* retoucher

Reue [ˈrɔyə] <-> *f* regret *m;* **~ über etw** (*akk*) regret de qc

reuen [ˈrɔyən] **I.** *vt* **das Verbrechen reut mich** je regrette le crime **II.** *vt unpers* **es reut jdn, etw getan zu haben** qn regrette d'avoir fait qc

reuevoll *adj* plein(e) de regret

reuig [ˈrɔyɪç] *geh,* **reumütig** [ˈrɔymyːtɪç] **I.** *adj Missetäter, Übeltäter* repentant(e); *Sünder* repenti(e) **II.** *adv gestehen, zurückkommen* en se repentant

Revanche [reˈvãːʃ(ə)] <-, -n> *f a.* SPORT, SPIEL revanche *f;* **jdm ~ geben** donner sa revanche à qn; **als ~** (*Gegenleistung*) en contrepartie

revanchieren* [revãˈʃiːrən] *vr* ① (*sich erkenntlich zeigen*) **sich ~** rendre la pareille; **sich bei jdm für etw ~** rendre la pareille à qn pour qc ② (*sich rächen*) **sich für etw ~** se venger de qc

Revanchismus [revãˈʃɪsmʊs] <-> *m* POL revanchisme *m*

Revanchist(in) [revãˈʃɪst] <-en, -en> *m(f)* POL *pej* revanchard(e) *m(f)*

Revers [rəˈvɛːɐ̯] <-, -> *nt o* A *m* COUT revers *m*

revidieren* [reviˈdiːrən] *vt* ① (*rückgängig machen*) revenir sur *Entscheidung* ② CH *geh* (*überprüfen*) réviser *Maschine, Lokomotive*

Revier [reˈviːɐ̯] <-s, -e> *nt* ① (*Polizeidienststelle*) commissariat *m* ② (*Bezirk*) district *m* ③ (*Jagdrevier*) territoire *m* de chasse; (*privat*) chasse *f* gardée ④ ZOOL territoire *m*

Revision [reviˈzi̯oːn] <-, -en> *f* ① FIN vérification *f* ② JUR cassation *f;* **~ einlegen** se pourvoir en cassation ③ TYP révision *f* [des épreuves]

Revisionsgericht *nt* JUR cour *f* de cassation

Revisor [reˈviːzoːɐ̯] <-s, -soren> *m,* **Revisorin** *f* vérificateur(-trice) *m(f)*

Revolte [reˈvɔltə] <-, -n> *f* révolte *f*

R

revoltieren* [revɔl'tiːrən] *vi geh* se révolter; **gegen jdn/etw ~** se révolter contre qn/qc
Revolution [revolu'tsi̯oːn] <-, -en> *f* révolution *f;* **die Französische ~** la Révolution française
revolutionär [revolutsi̯o'nɛːɐ̯] *adj* révolutionnaire
Revolutionär(in) [revolutsi̯o'nɛːɐ̯] <-s, -e> *m(f)* révolutionnaire *mf*
revolutionieren* [revolutsi̯o'niːrən] *vt* révolutionner
Revoluzzer(in) [revo'lʊtsɐ] <-s, -> *m(f)* *pej* agitateur(-trice) *m(f)*
Revolver [re'vɔlvɐ] <-s, -> *m* revolver *m*
Revolverblatt *nt fam* journal *m* à sensation
Revue [rə'vyː] <-, -n> *f* revue *f*
Reykjavik ['rai̯kjaviːk, -vɪk] <-s> *nt* Reykjavik
Rezensent(in) [retsɛn'zɛnt] <-en, -en> *m(f)* critique *mf* [littéraire]
rezensieren* [retsɛn'ziːrən] *vt* critiquer; **rezensiert werden** faire l'objet d'une critique
Rezension [retsɛn'zi̯oːn] <-, -en> *f* critique *f*
Rezept [re'tsɛpt] <-[e]s, -e> *nt* ① recette *f* ② MED ordonnance *f*
rezeptfrei *adj* en vente libre
Rezeption [retsɛp'tsi̯oːn] <-, -en> *f* réception *f;* **an der ~** à la réception
rezeptpflichtig *adj* délivré(e) uniquement sur ordonnance
Rezession [retsɛ'si̯oːn] <-, -en> *f* récession *f*
reziprok *adj* MATH inverse
rezitieren* [retsi'tiːrən] **I.** *vt* réciter **II.** *vi* **aus etw ~** réciter qc
R-Gespräch ['ɛr-] *nt* appel *m* en P.C.V.
Rhabarber [ra'barbɐ] <-s, -> *m* rhubarbe *f*
Rhapsodie [rapso'diː] <-, -i̯en> *f* r[h]apsodie *f*
Rhein [rai̯n] <-s> *m* **der ~** le Rhin; **Kehl am ~** Kehl sur Rhin
rheinabwärts [rai̯nʔ'apvɛrts] *adv* **~ fahren** descendre le Rhin **rheinaufwärts** [rai̯nʔ'au̯fvɛrts] *adv* **~ fahren** remonter le Rhin
rheinisch ['rai̯nɪʃ] *adj attr* rhénan(e)
Rheinland ['rai̯nlant] <-[e]s> *nt* la Rhénanie
Rheinländer(in) ['rai̯nlɛndɐ] <-s, -> *m(f)* Rhénan(e) *m(f)*
Rheinland-Pfalz ['rai̯nlant'pfalts] *f* la Rhénanie-Palatinat
Rheinwein *m* vin *m* du Rhin
Rhesusaffe ['reːzʊs-] *m* [singe *m*] rhésus *m* **Rhesusfaktor** *m* [facteur *m*] rhésus *m*
Rhetorik [re'toːrɪk] <-> *f* rhétorique *f*
rhetorisch [re'toːrɪʃ] **I.** *adj* rhétorique; *Figur* de rhétorique **II.** *adv* **~ begabt** doué(e) en matière de rhétorique
Rheuma ['rɔy̯ma] <-s> *nt fam* rhumatisme *m souvent pl*
Rheumatiker(in) <-s, -> *m(f)* rhumatisant(e) *m(f)*
rheumatisch *adj* rhumatismal(e)
Rheumatismus [rɔy̯ma'tɪsmʊs] <-> *m form* rhumatisme *m*
Rhinozeros [ri'noːtserɔs] <-[ses], -se> *nt* (*Nashorn*) rhinocéros *m*
Rhombus ['rɔmbʊs] <-, Rhomben> *m* losange *m*
rhythmisch ['rʏtmɪʃ] *adj Bewegungen* rythmé(e); *Gymnastik* rythmique
Rhythmus ['rʏtmʊs] <-, Rhythmen> *m* rythme *m;* **im ~** en rythme
Ribis[e]l ['riːbiːzəl] <-, -n> *f* A groseille *f*
Richtantenne *f* antenne *f* directionnelle
richten ['rɪçtən] **I.** *vr* ① (*bestimmt sein, sich wenden*) **sich an jdn/etw ~** s'adresser à qn/qc ② (*sich orientieren*) **sich nach jdm/etw ~** se conformer à qn/qc; **wir ~ uns ganz nach Ihnen** nous nous en remettons complètement à vous ③ (*abhängen von*) **sich nach etw ~** dépendre de qc; **das richtet sich danach, ob ...** ça dépend si ... ④ (*abzielen*) **sich gegen jdn/etw ~** être dirigé contre qn/qc **II.** *vt* ① (*lenken*) **den Blick auf jdn/etw ~** diriger son regard sur qn/qc; **den Finger auf jdn ~** pointer son doigt sur qn ② (*adressieren*) **einen Brief an jdn ~** adresser une lettre à qn ③ (*reparieren*) réparer *Heizung, Uhr* **III.** *vi* (*urteilen*) **über jdn/etw ~** juger qn/qc
Richter(in) ['rɪçtɐ] <-s, -> *m(f)* JUR juge *mf*
richterlich *adj attr* judiciaire
RichterskalaRR *f kein Pl* échelle *f* de Richter
Richtfest *nt* fête *f* pour l'achèvement du gros œuvre (*à laquelle le propriétaire convie les artisans et éventuellement des voisins*)
Richtgeschwindigkeit *f* vitesse *f* conseillée
richtig ['rɪçtɪç] **I.** *adj* ① (*korrekt, angebracht*) bon(ne) *antéposé;* **das ist ~** c'est juste; **zur ~en Zeit** au bon moment; **es ist ~ gewesen, dass** c'était bien que + *subj* ② (*am richtigen Ort*) **hier sind**

Sie ~ vous êtes à la bonne adresse ici ❸ *Eltern, Name* vrai(e) *antéposé* **II.** *adv* ❶ *antworten, schreiben* correctement; *verstehen* bien; *kalkulieren, raten* juste; ~ **gehen** *Uhr:* donner l'heure exacte; **höre ich ~?** j'ai bien entendu? ❷ *vorgehen* judicieusement; **sehr ~!** très juste! ❸ *stehen* à la bonne place ❹ *passen* bien ❺ *fam wütend* vraiment

Richtige(r) *f(m) dekl wie adj* ❶ (*Partner*) bon(ne) partenaire *mf* ❷ (*Treffer*) **sechs ~ im Lotto** six bons numéros *mpl* au loto

Richtige(s) *nt dekl wie adj* ❶ (*Zusagendes*) **das ~ /etwas ~s** ce qu'il me/te/... faut ❷ (*Ordentliches*) **etwas/nichts ~s** quelque chose/rien de convenable

richtiggehend *fig fam* **I.** *adj* véritable *antéposé* **II.** *adv* vraiment

Richtigkeit <-> *f* ❶ *der Lösung* justesse *f; der Schreibung* exactitude *f; der Kopie* conformité *f;* **mit etw hat es seine ~** qc est justifié(e) ❷ (*Angebrachtheit*) justesse *f*

richtig|stellen *vt* **etw ~** (*etw korrigieren*) rectifier qc

Richtigstellung *f* rectification *f*

Richtlinie *f meist Pl* directive *f* **Richtpreis** *m* prix *m* conseillé **Richtschnur** *f kein Pl* (*Grundsatz*) **die ~ für etw** la ligne directrice pour qc **Richtstrahler** *m* émetteur *m* directif

Richtung ['rɪçtʊŋ] <-, -en> *f* ❶ (*Himmelsrichtung*) direction *f;* **aus östlicher ~** de l'est; **eine ~ einschlagen** [*o* **nehmen**] prendre une direction; **in ~ Wald/Bahnhof** en direction de la forêt/de la gare ❷ (*Tendenz*) **politische ~** tendance *f* politique

Richtungsänderung *f* changement *m* de direction

Richtwert *m* valeur *f* indicative; **ein ~ von 4,2 Prozent** un taux indicatif de 4,2 pour cent

Ricke ['rɪkə] <-, -n> *f* chevrette *f*

rieb [ri:p] *Imp von* **reiben**

riechen ['ri:çən] <roch, gerochen> **I.** *vi* ❶ (*Geruch verströmen*) **gut/schlecht ~** sentir bon/mauvais; **nach Parfüm ~** sentir le parfum; **übel ~d** malodorant ❷ (*schnuppern*) **an jdm/etw ~** renifler qn/qc **II.** *vt* (*als Geruch wahrnehmen*) **etw ~** sentir qc **III.** *vi unpers* **es riecht nach Zitrone** ça sent le citron

Riecher ['ri:çɐ] <-s, -> *m* ▶ **den richtigen ~ [für etw] haben** *fam* avoir du flair [pour qc] (*fig*)

Ried [ri:t] <-s, -e *o* -er> *nt* SDEUTSCH, CH marais *m*

rief [ri:f] *Imp von* **rufen**

Riefe ['ri:fə] <-, -n> *f bes.* NDEUTSCH rainure *f*

Riege ['ri:gə] <-, -n> *f* SPORT section *f*

Riegel ['ri:gəl] <-s, -> *m* ❶ (*Verschluss*) verrou *m;* **den ~ an etw** (*dat*) **vorlegen** mettre le verrou de qc ❷ (*Schokoladenriegel*) barre *f*

Riemen ['ri:mən] <-s, -> *m einer Tasche* courroie *f*

Riese ['ri:zə] <-n, -n> *m,* **Riesin** *f* géant(e) *m(f);* **ein ~ von einem Mann** un colosse

rieseln ['ri:zəln] *vi + sein Körner, Sand:* s'écouler; *Kalk, Putz:* se détacher des murs

Riesenerfolg *m* succès *m* formidable **riesengroß** ['ri:zən'gro:s] *adj fam* ❶ (*sehr groß*) géant(e) ❷ *Enttäuschung, Summe* énorme *antéposé* (*fig*) **Riesenrad** *nt* grande roue *f* **Riesenschlange** *f* boa *m* **Riesenslalom** *m* SPORT slalom *m* géant

riesig ['ri:zɪç] **I.** *adj* ❶ *Gebäude* gigantesque; *Fußabdruck* énorme; **ein ~er Kerl** un géant ❷ *Anstrengung* immense; *Überraschung, Hunger* sacré(e) *antéposé* (*fam*) ❸ *fam* (*hervorragend*) **das ist ~!** c'est géant! **II.** *adv sich freuen* énormément; *sich irren* complètement

Riesin ['ri:zɪn] *s.* **Riese**

Riesling ['ri:slɪŋ] <-s, -e> *m* riesling *m*

riet [ri:t] *Imp von* **raten**

Riff [rɪf] <-[e]s, -e> *nt* récif *m*

rigoros [rigo'ro:s] *adj Maßnahme* rigoureux(-euse)

Rigorosum [rigo'ro:zʊm] <-s, Rigorosa *o* A Rigorosen> *nt* ≈ soutenance *f* [de doctorat]

Rikscha ['rɪkʃa] <-, -s> *f* pousse-pousse *m inv*

Rille ['rɪlə] <-, -n> *f* (*längliche Vertiefung*) rainure *f*

Rind ['rɪnt] <-[e]s, -er> *nt* bovin *m*

Rinde ['rɪndə] <-, -n> *f* ❶ (*Baumrinde*) écorce *f* ❷ (*Brotrinde, Käserinde*) croûte *f*

Rinderbraten *m* rôti *m* de bœuf **Rinderfilet** *nt* filet *m* de bœuf **Rinderwahnsinn** *m* maladie *f* de la vache folle

Rindfleisch *nt* [viande *f* de] bœuf *m*

Rindfleischsuppe *f* bouillon *m* [*o* consommé *m*] de bœuf

Rindsleder *nt* vachette *f*

Rindvieh <-viecher> *nt* ❶ *kein Pl* bovins *mpl* ❷ *fam* (*Dummkopf*) andouille *f*

Ring [rɪŋ] <-[e]s, -e> *m* ❶ (*Fingerring*) bague *f;* (*Ehering*) alliance *f* ❷ (*Öse, ringförmiger Gegenstand*) anneau *m* ❸ (*Kreis*)

R

von Personen cercle *m* ④(*Wert auf einer Schießscheibe*) cercle *m* [concentrique] ⑤*Pl* (*Augenschatten*) cernes *mpl* ⑥(*Ringstraße*) périphérique *m* ⑦(*Vereinigung*) *von Händlern, Versicherungen* association *f; von Hehlern* cartel *m* ⑧SPORT ring *m* ⑨*Pl* (*Turngerät*) anneaux *mpl*

Ringbuch *nt* classeur *m*

Ringelblume ['rɪŋəl-] *f* souci *m*

ringeln ['rɪŋəln] **I.** *vt* enrouler *Schwanz* **II.** *vr* **sich ~** *Haare:* s'enrouler

Ringelnatter *f* couleuvre *f* à collier **Ringelreihen** <-s, -> *m* ronde *f;* **~ tanzen** faire la ronde **Ringelspiel** *nt* A manège *m* de chevaux de bois **Ringeltaube** *f* palombe *f*

ringen ['rɪŋən] <rang, gerungen> *vi* ①(*kämpfen*) lutter; **mit jdm ~** lutter contre qn ②*fig* **mit sich ~** lutter contre soi-même ③(*schnappen*) **nach Atem ~** chercher à reprendre son souffle ④(*sich bemühen*) **um Fassung ~** essayer de se reprendre; **um Worte ~** chercher les mots

Ringen ['rɪŋən] <-s> *nt* lutte *f*

Ringer(in) ['rɪŋɐ] <-s, -> *m(f)* lutteur(-euse) *m(f)*

Ringfinger *m* annulaire *m*

ringförmig ['rɪŋfœrmɪç] *adj* circulaire

Ringkampf *m a. fig* combat *m* [de lutte] **Ringrichter(in)** *m(f)* arbitre *m* [du ring]

rings [rɪŋs] *adv* autour; **~ um jdn/das Haus** autour de qn/la maison; **~ um jdn/etw stehen** se tenir autour de qn/qc

ringsherum ['rɪŋshɛ'rʊm] *s.* **ringsum**

Ringstraße *f* (*um eine Stadt*) boulevard *m* extérieur

ringsum ['rɪŋs'ʔʊm], **ringsumher** ['rɪŋsʔʊm'heːɐ̯] *adv* [tout] autour

Rinne ['rɪnə] <-, -n> *f* ①(*Vertiefung*) cavité *f* ②(*offenes Rohr*) caniveau *m;* (*Dachrinne*) gouttière *f*

rinnen ['rɪnən] <rann, geronnen> *vi + sein* ①(*fließen, rieseln*) couler; **durch die Finger ~** *Sand:* couler entre les doigts ②(*herausfließen, -rieseln*) s'écouler ③*fig* **die Zeit rinnt** [**dahin**] le temps s'écoule

Rinnsal ['rɪnzaːl] <-[e]s, -e> *nt* (*Wasserlauf*) filet *m* d'eau

Rinnstein *m* ①(*Gosse*) caniveau *m* ②(*Bordstein*) bordure *f* de trottoir

Rippchen ['rɪpçən] <-s, -> *nt* côtelette *f*

Rippe ['rɪpə] <-, -n> *f* ①ANAT côte *f* ②*einer Tafel Schokolade* barre *f*

Rippenfell *nt* ANAT plèvre *f* **Rippenstoß** *m* coup *m* de coude

Risiko ['riːziko] <-s, -s *o* Risiken> *nt* risque *m;* **kein ~ eingehen** ne prendre aucun risque; **auf dein [eigenes] ~** à tes risques et périls

Risikobereitschaft *f* goût *m* du risque **Risikofaktor** *m* facteur *m* de risque **risikofreudig** *adj* téméraire; **~ sein** avoir le goût du risque **Risikogruppe** *f* MED, SOZIOL groupe *m* à risque[s] **Risikokapital** *nt* ÖKON capital-risque *m*

risikolos *adj* sans risque

risikoreich *adj* plein(e) de risques

riskant [rɪs'kant] **I.** *adj* risqué(e) **II.** *adv fahren, spielen* en prenant des risques

riskieren* [rɪs'kiːrən] *vt* ①(*aufs Spiel setzen, in Kauf nehmen*) risquer *Leben* ②(*wagen*) oser *Blick, Lächeln;* **es ~ etw zu tun** se risquer à faire qc

Rispe ['rɪspə] <-, -n> *f* BOT panicule *f*

riss[RR], **riß**[ALT] [rɪs] *Imp von* **reißen**

Riss[RR] [rɪs] <-es, -e>, **Riß**[ALT] <Risses, Risse> *m* ①(*rissige Stelle*) fissure *f* ②(*beschädigte, zerrissene Stelle*) déchirure *f*

rissig ['rɪsɪç] *adj* crevassé(e)

Rist [rɪst] <-es, -e> *m* ①(*Fußrücken*) cou-de-pied *m* ②(*Widerrist*) garrot *m*

ritt [rɪt] *Imp von* **reiten**

Ritt [rɪt] <-[e]s, -e> *m* promenade *f* à cheval

Ritter ['rɪtɐ] <-s, -> *m* chevalier *m*

Ritterburg *f* château *m* fort

ritterlich *adj* chevaleresque

Ritterlichkeit <-> *f* chevalerie *f*

Ritterorden *m* ordre *m* de chevalerie

Ritterroman *m* roman *m* de chevalerie **Ritterrüstung** *f* armure *f* [de chevalier] **Rittersporn** <-sporne> *m* BOT pied-d'alouette *m*

rittlings ['rɪtlɪŋs] *adv* à califourchon

Ritual [ri'tu̯aːl] <-s, -e *o* -ien> *nt* rituel *m*

rituell [ri'tu̯ɛl] *adj* rituel(le)

Ritus ['riːtʊs] <-, Riten> *m* rite *m*

Ritz [rɪts] <-es, -e> *m* (*Kratzer*) égratignure *f*

Ritze ['rɪtsə] <-, -n> *f* fissure *f*

ritzen ['rɪtsən] **I.** *vt* graver **II.** *vr* **sich an etw** (*dat*) **~** s'égratigner à qc

Rivale [ri'vaːlə] <-n, -n> *m,* **Rivalin** *f* rival(e) *m(f)*

rivalisieren* [rivali'ziːrən] *vi geh* **~de Gruppen/Banden** des groupes rivaux/bandes rivales

Rivalität [rivali'tɛːt] <-, -en> *f geh* rivalité *f*

Riviera [ri'vi̯eːra] <-> *f* **die ~** la Riviera

Rizinusöl *nt* huile *f* de ricin

RNS [ɛrʔɛn'ʔɛs] <-> *f Abk von* **Ribonukleinsäure** A.R.N. *m*

Roastbeef ['roːstbiːf] <-s, -s> *nt* rosbif *m*

Robbe <-, -n> *f* phoque *m*

R

robben *vi + sein* ramper
Robe <-, -n> *f* robe *f*
Roboter ['rɔbɔtɐ] <-s, -> *m* robot *m*
Robotertechnik *f kein Pl* robotique *f*
robust [ro'bʊst] *adj* robuste
Robustheit <-> *f* robustesse *f*
roch [rɔx] *Imp von* **riechen**
röcheln ['rœçəln] *vi* râler
Rock¹ [rɔk, *Pl:* 'rœkə] <-[e]s, Röcke> *m* ❶ jupe *f* ❷ CH (*Kleid*) robe *f*; (*Jackett*) veste *f*
Rock² [rɔk] <-[s]> *m* MUS rock *m*
Rockband ['rɔkbɛnt] *s.* **Rockgruppe**
rocken *vi* faire du rock
Rocker(in) ['rɔkɐ] <-s, -> *m(f)* (*Halbstarker*) blouson *m* noir
Rockgruppe *f* groupe *m* de rock **Rockkonzert** *nt* concert *m* de rock **Rockmusiker(in)** *m(f)* musicien(ne) *m(f)* de rock
Rodel¹ ['ro:dəl] <-s, -> *m* SDEUTSCH, CH fichier *m*
Rodel² ['ro:dəl] <-s, -> *m*, <-, -n> *f* SDEUTSCH, A luge *f*
Rodelbahn *f* piste *f* de luge
rodeln ['ro:dəln] *vi + haben o sein* (*Schlitten fahren*) faire de la luge
roden ['ro:dən] *vt* ❶ (*herausreißen*) enlever *Bäume* ❷ (*vom Bewuchs befreien*) défricher *Land*
Rodler(in) ['ro:dlɐ] <-s, -> *m(f)* lugeur(-euse) *m(f)*
Rodung <-, -en> *f* ❶ (*gerodete Fläche*) terrain *m* défriché ❷ *kein Pl* (*das Roden*) défrichage *m*
Rogen ['ro:gən] <-s, -> *m* œufs *mpl* [de poisson]
Roggen ['rɔgən] <-s> *m* seigle *m*
Roggenbrot *nt* pain *m* de seigle **Roggenmehl** *nt* farine *f* de seigle
roh [ro:] *adj* ❶ *Fleisch, Gemüse* cru(e); **etw ~ essen/zubereiten** manger/préparer qc cru(e) ❷ *Holz, Diamant* brut(e) ❸ *Person* brutal(e); **~ zu jdm sein** être brutal avec qn ❹ (*rau, grob*) grossier(-ière)
Rohbau <-bauten> *m kein Pl* (*Bauabschnitt*) gros œuvre *m*
Roheit^ALT^, **Rohheit^RR^** ['ro:hait] <-, -en> *f* ❶ *kein Pl* (*brutale Art*) rudesse *f* ❷ *kein Pl* (*Grobheit*) *eines Scherzes* grossièreté *f* ❸ (*brutale Handlung*) brutalité *f*
Rohkost *f* crudités *fpl*
Rohling ['ro:lɪŋ] <-s, -e> *m* TECH pièce *f* brute
Rohmaterial *nt* matière *f* première **Rohöl** *nt* pétrole *m* brut **Rohprodukt** *nt* produit *m* non manufacturé

Rohr [ro:ɐ̯] <-[e]s, -e> *nt* ❶ TECH tube *m*; (*groß*) tuyau *m* ❷ (*Teil eines Geschützes*) canon *m* ❸ SDEUTSCH, A (*Backofen*) four *m*
Rohrbruch *m* rupture *f* de canalisation
Röhrchen ['rø:ɐ̯çən] <-s, -> *nt Dim von* **Röhre** ❶ PHARM tube *m* ❷ (*Alkoholteströhrchen*) embout *m*
Röhre ['rø:rə] <-, -n> *f* ❶ TECH tuyau *m* ❷ ELEC tube *m* ❸ (*Backofen*) four *m*
röhren ['rø:rən] *vi* ❶ *Hirsch, Elch:* bramer ❷ (*dröhnen*) *Auspuff, Motorrad:* vrombir
röhrenförmig ['rø:rənfœrmɪç] *adj* tubulaire
Röhrenhose *f* pantalon-cigarette *m*
Rohrleitung *f* canalisation *f*
Röhrling ['rø:ɐ̯lɪŋ] <-s, -e> *m* bolet *m*
Rohrpost *f* système *m* d'envoi par pneumatique **Rohrschelle** *f* TECH collier *m* **Rohrspatz** ▸**wie ein ~ schimpfen** *fam* jurer comme un charretier **Rohrstock** *m* verge *f* **Rohrzange** *f* clé *f* à molette **Rohrzucker** *m* sucre *m* de canne
Rohstoff *m* matière *f* première
Rohstoffmangel *m kein Pl* pénurie *f* de matières premières
Rohzustand *m* **im ~** à l'état brut
Rokoko ['rɔkoko] <-[s]> *nt* rococo *m*
Rokokostil *m* [style *m*] rococo *m*
Rolladen^ALT^ *s.* **Rollladen**
Rollator [rɔ'la:to:ɐ̯] <-s, -toren> *m* déambulateur *m*
Rollbahn *f* AVIAT piste *f* **Rollbalken** *m* A (*Rollladen*) volet *m* roulant
Rolle ['rɔlə] <-, -n> *f* ❶ (*aufgewickeltes Material*) rouleau *m* ❷ (*Garnrolle*) bobine *f* ❸ (*Verpackung*) rouleau *m* ❹ (*Laufrad*) roulette *f* ❺ (*Gleitrad*) *eines Flaschenzugs* poulie *f*; *einer Angel* moulinet *m* ❻ SPORT roulade *f* ❼ CINE, THEAT, SOZIOL rôle *m* ▸**aus der ~ fallen** sortir de son rôle; **es spielt eine/keine ~, ob** ça a une importance/n'a pas d'importance que + *subj*
rollen ['rɔlən] **I.** *vi + sein* rouler ▸**etw ins Rollen bringen** *fam* mettre qc en branle **II.** *vt + haben* ❶ (*zusammenrollen*) rouler ❷ (*fortbewegen*) faire rouler **III.** *vr + haben* ❶ **sich ~** *Tapete, Bild:* se recourber ❷ (*sich wälzen*) **sich im Gras ~** se rouler dans l'herbe ❸ (*sich einrollen*) **sich in eine Decke ~** s'enrouler dans une couverture
Rollenbesetzung *f* THEAT distribution *f*; CINE, TV casting *m* **Rollenspiel** *nt* SOZIOL jeu *m* de rôle **Rollentausch** *m* SOZIOL permutation *f* de rôles **Rollenverhalten** *nt* SOZIOL comportement *m* stéréotypé **Rol-**

R

lenverteilung *f* THEAT distribution *f* des rôles
Roller ['rɔlɐ] <-s, -> *m* ❶ (*Kinderroller*) trottinette *f* ❷ (*Motorroller*) scooter *m* ❸ A *s.* **Rollo**
Rollerblades® ['ro:lɐble:ts] *Pl* patins *mpl* en ligne **Rollerskates** ['ro:lɐske:ts] *Pl* patins *mpl* à roulettes
Rollfeld *nt* AVIAT piste *f* [de décollage/d'atterrissage] **Rollfilm** *m* rouleau *m* de pellicule **Rollkragen** *m* col *m* roulé
Rollkragenpullover *m* [pull *m* à] col *m* roulé
RollladenRR *m* volet *m* roulant **Rollmops** ['rɔlmɔps] *m* rollmops *m*
Rollo ['rɔlo] <-s, -s> *nt* store *m*
Rollschuh *m* patin *m* à roulettes
Rollschuhlaufen <-s> *nt* patin *m* à roulettes **Rollschuhläufer(in)** *m(f)* patineur(-euse) *m(f)* à roulettes
Rollsplitt *m* gravillon *m* **Rollstuhl** *m* fauteuil *m* roulant
Rollstuhlfahrer(in) *m(f)* handicapé(e) *m(f)* en fauteuil roulant **rollstuhlgerecht** *adj* adapté(e) aux fauteuils roulants
Rolltreppe *f* escalator *m*
Rom [ro:m] <-s> *nt* Rome
ROM [rɔm] <-[s], -[s]> *nt Abk von* **Read Only Memory** INFORM ROM *f*
Roma ['ro:ma] *Pl* Rom *mpl*
Roman [ro'ma:n] <-s, -e> *m* roman *m*
Romanfigur *f* personnage *m* de roman **Romanheld(in)** *m(f)* héros *m*/héroïne *f* de roman
Romanik [ro'ma:nɪk] <-> *f* ARCHIT, KUNST [style *m*] roman *m*
romanisch [ro'ma:nɪʃ] *adj* ❶ LING, ARCHIT, KUNST roman(e) ❷ GEOG latin(e)
Romanist(in) [roma'nɪst] <-en, -en> *m(f)* romaniste *mf*
Romanistik [roma'nɪstɪk] <-> *f* étude *f* des langues et littératures romanes
Romanschriftsteller(in) *m(f)* romancier(-ière) *m(f)*
Romantik [ro'mantɪk] <-> *f* ❶ LITER romantisme *m* ❷ (*romantische Stimmung*) romanesque *m;* **keinen Sinn für ~ haben** ne pas être romantique
Romantiker(in) [ro'mantikɐ] <-s, -> *m(f)* romantique *mf*
romantisch [ro'mantɪʃ] **I.** *adj* ❶ *Person, Stimmung* romantique ❷ *Altstadt* pittoresque **II.** *adv* **~ gelegen** situé(e) de façon pittoresque
Romanze [ro'mantsə] <-, -n> *f* idylle *f*
Römer(in) ['rø:mɐ] <-s, -> *m(f)* Romain(e) *m(f)*
Römertopf *m cocotte ovale en terre cuite*
römisch ['rø:mɪʃ] *adj* romain(e)
römisch-katholisch *adj* catholique romain(e)
Rommé ['rɔme] <-s> *nt* rami *m*
ROM-Speicher *m* mémoire *f* morte
röntgen ['rœntgən] *vt* radiographier; **sich ~ lassen** passer une radio
Röntgen ['rœntgən] <-s> *nt* radio[graphie] *f*
Röntgenapparat *m* appareil *m* de radiographie **Röntgenarzt** *m*, **-ärztin** *f* radiologue *mf* **Röntgenaufnahme** *f*, **Röntgenbild** *nt* radio[graphie] *f*
Röntgenologe [rœntgeno'lo:gə] <-n, -n> *m*, **Röntgenologin** *f* MED radiologue *mf*
Röntgenologie [rœntgenolo'gi:] <-> *f* MED radiologie *f*
Röntgenschirm *m* écran *m* fluorescent **Röntgenstrahlen** *Pl* rayons *mpl* X **Röntgenuntersuchung** *f* radio[graphie] *f*
Rooming-in [ru:mɪŋ'ɪn] <-[s], -s> *nt* cohabitation *f* mère-enfant 24 heures sur 24
rosa ['ro:za] *adj inv* rose
Rosa ['ro:za] <-s, - *o fam* -s> *nt* rose *m*
rosafarben, rosarot *adj* rose
Rose ['ro:zə] <-, -n> *f* ❶ (*Blüte*) rose *f* ❷ (*Strauch*) rosier *m*
rosé [ro'ze:] *adj inv* rose
Rosé [ro'ze:] <-s, -s> *m* rosé *m*
Rosenkohl *m* chou *m* de Bruxelles **Rosenkranz** *m* chapelet *m;* **den ~ beten** réciter son chapelet **Rosenkrieg** *m* ❶ HIST Guerre *f* des Roses ❷ *fig* (*Scheidungskrieg*) guerre *f* du divorce
Rosenmontag *m lundi précédant le Mardi gras* **Rosenstock** *m* rosier *m*
Rosette [ro'zɛtə] <-, -n> *f* ARCHIT rosace *f*
Roséwein *m* rosé *m*
rosig ['ro:zɪç] **I.** *adj a. fig* rose; **die Lage ist nicht gerade ~** la situation n'est pas vraiment très rose **II.** *adv* **mir geht es nicht gerade ~** tout n'est pas [tout] rose en ce moment pour moi
Rosine [ro'zi:nə] <-, -n> *f* raisin *m* sec
Rosmarin ['ro:smari:n] <-s> *m* romarin *m*
RossRR [rɔs, *Pl:* 'rɔsə, 'rœsɐ] <-es, -e *o* Rösser>, **Roß**ALT <Rosses, Rosse *o* Rösser> *nt* SDEUTSCH, A, CH (*Pferd*) cheval *m*
RosshaarRR *nt* crin *m* [de cheval] **Rosskastanie**RR *f* ❶ (*Frucht*) marron *m*

R

d'Inde ② (*Baum*) marronnier *m* d'Inde **Rosskur**RR *f hum* remède *m* de cheval
Rost [rɔst] <-[e]s, -e> *m* ① (*Gitter*) grille *f* ② (*Grillrost*) gril *m* ③ DIAL (*Bettrost*) sommier *m* ④ *kein Pl* (*Eisenoxyd*) rouille *f*
rostbraun *adj* cuivré(e)
rosten ['rɔstən] *vi + haben o sein* rouiller
rösten ['rœstən] *vt* faire griller *Brot;* torréfier *Kaffee;* faire sauter *Kartoffeln*
rostfrei *adj* inoxydable
Rösti ['rœsti] *Pl* CH galette *f* de pommes de terre
rostig ['rɔstɪç] *adj* rouillé(e)
Röstkartoffeln *Pl* pommes *fpl* [de terre] sautées
Rostschutz *m* protection *f* contre la rouille **Rostschutzfarbe** *f* peinture *f* antirouille **Rostschutzmittel** *nt* antirouille *m*
rot [ro:t] <-er *o* röter, -este *o* röteste> **I.** *adj* rouge; *Haare* roux(rousse); ~ **werden** rougir **II.** *adv schreiben* en rouge; ~ **glühend** *Eisen* incandescent; [**im Gesicht**] ~ **anlaufen** rougir
Rot [ro:t] <-s, - *o fam* -s> *nt* rouge *m;* **bei ~ über die Kreuzung fahren** passer au rouge
Rotation [rota'tsi̯o:n] <-, -en> *f* rotation *f*
Rotationsdruck <-drucke> *m* TYP impression *f* par rotative
Rotbarsch *m* sébaste *m* **rotblond** *adj* blond roux *inv* **rotbraun** *adj* cuivré(e) **Rotbuche** *f* hêtre *m* pourpre **Rotdorn** <-dorne> *m* BOT épine *f* rouge
Röte ['rø:tə] <-, -n> *f* rouge *m*
Röteln ['rø:təln] *Pl* rubéole *f*
röten ['rø:tən] **I.** *vr* **sich** ~ *Haut:* rougir; *Wasser, Himmel:* devenir rouge **II.** *vt* faire rougir
Rotfuchs *m* ① (*Fuchs*) renard *m* roux ② (*Pferd*) alezan *m* **rotglühend** *s.* **rot II.** **Rotgold** *nt* or *m* rouge
rotgrünblind *adj* MED daltonien(ne) **Rotgrünblindheit** *f* MED daltonisme *m*
rothaarig *adj* roux(rousse)
Rothaut *f hum* Peau-Rouge *mf*
rotieren* [ro'ti:rən] *vi* ① + *haben* (*sich drehen*) tourner ② + *haben o sein fam* (*viel arbeiten*) bosser comme un(e) malade ③ + *haben o sein fam* (*hektisch sein*) ne plus savoir où donner de la tête ④ + *haben* (*den Posten tauschen*) tourner
Rotkäppchen ['ro:tkɛpçən] <-s> *nt* [**das**] ~ le Petit Chaperon rouge **Rotkehlchen** <-s, -> *nt* rouge-gorge *m* **Rotkohl** *m*, **Rotkraut** *nt* SDEUTSCH, A chou *m* rouge
rötlich ['rø:tlɪç] *adj* rougeâtre; *Haare* tirant sur le roux
Rotlicht *nt kein Pl* lumière *f* rouge
Rotlichtmilieu *nt fam* milieu *m* **Rotlichtviertel** *nt* quartier *m* chaud
Rotor ['ro:to:ɐ̯] <-s, Rotoren> *m* rotor *m*
rot|sehen *vi irr fam* voir rouge **Rotstift** *m* stylo *m* rouge **Rottanne** *f* épicéa *m*
Rotte ['rɔtə] <-, -n> *f pej* (*Gruppe*) horde *f*
Rötung <-, -en> *f* rougeur *f*
Rotwein *m* vin *m* rouge **Rotwild** *nt* cerfs *mpl*
Rotz [rɔts] <-es> *m fam* (*Nasenschleim*) morve *f*
rotzen ['rɔtsən] *vi pej fam* cracher
rotzfrech ['rɔts'frɛç] *adj fam* morveux(-euse) **Rotznase** *f sl* (*Nase*) nez *m* qui coule
Rouge [ru:ʒ] <-s, -s> *nt* rouge *m*
Roulade [ru'la:də] <-, -n> *f* roulade *f*
Rouleau [ru'lo:] <-s, -s> *nt s.* **Rollo**
Roulett [ru'lɛt] <-[e]s, -e *o* -s>, **Roulette** [ru'lɛt] <-s, -s> *nt* roulette *f*
Route ['ru:tə] <-, -n> *f* itinéraire *m*
Router ['ru:tɐ, 'ra̯utɐ] <-s, -> *m* INFORM router *m*
Routine [ru'ti:nə] <-> *f* ① (*Erfahrung*) savoir-faire *m;* ~ **bekommen** acquérir du savoir-faire ② (*Gewohnheit*) routine *f;* **zur ~ werden** devenir de la routine
Routineangelegenheit *f* question *f* de routine
routinemäßig **I.** *adj* de routine **II.** *adv* de façon routinière
routiniert [ruti'ni:ɐ̯t] **I.** *adj* expérimenté(e) **II.** *adv* avec savoir-faire
Rowdy ['ra̯udi] <-s, -s> *m pej* voyou *m*
Rubbellos *nt* jeu *m* à gratter
rubbeln ['rʊbəln] *vt fam* frotter *Körper*
Rübe ['ry:bə] <-, -n> *f* BOT, AGR betterave *f;* [**Gelbe**] ~ SDEUTSCH, CH (*Möhre*) carotte *f*
Rubel ['ru:bəl] <-s, -> *m* rouble *m*
rüber ['ry:bɐ] *adv fam* ① *s.* **hinüber** ② *s.* **herüber**
rüber|bringen *vt irr fam* ① (*bringen*) **jdm etw** ~ passer qc à qn ② (*vermitteln*) **jdm eine Idee** ~ faire passer une idée à qn
rüber|kommen *vi irr + sein fam* ① **komm mal rüber!** viens voir! ② (*überspringen*) **zu jdm** ~ *Idee:* passer auprès de qn
Rubin [ru'bi:n] <-s, -e> *m* rubis *m*
rubinrot *adj* [couleur] rubis
Rubrik [ru'bri:k] <-, -en> *f* rubrique *f*
ruchbar ['ru:xba:ɐ̯] *adj geh* ~ **werden** se savoir
Ruchlosigkeit <-, -en> *f geh* infamie *f*

R

Ruck [rʊk] <-[e]s, -e> *m* ① *(Stoß, Bewegung)* secousse *f;* **mit einem ~** d'un [seul] coup ② POL **~ nach rechts** poussée *f* à droite
Rückansicht *f* vue *f* de derrière **Rückantwort** *f* réponse *f*
ruckartig *adj* brusque
Rückbesinnung *f* retour *m;* **~ auf etw** *(akk)* retour à qc **rückbezüglich** ['rʏkbət͜sy:klɪç] *s.* **reflexiv** **Rückbildung** *f* régression *f* **Rückblende** *f* flashback *m* **Rückblick** *m* retour *m* en arrière; **~ auf etw** *(akk)* retour en arrière dans qc **rückblickend** *adj* rétrospectif(-ive) **rückdatieren*** *vt* antidater
rucken ['rʊkən] *vi* avancer par à-coups
rücken ['rʏkən] **I.** *vi + sein* ① *(wegrücken)* se pousser; **nach links/zur Seite ~** se pousser à gauche/de côté ② *fig (gelangen)* **in den Mittelpunkt ~** devenir le point de mire; **an jds Stelle** *(akk)* **~** prendre la place de qn **II.** *vt + haben* pousser *Möbelstück;* déplacer *Spielstein*
Rücken ['rʏkən] <-s, -> *m einer Person, eines Gegenstands* dos *m;* **mit dem ~ zum Fenster sitzen** être assis dos à la fenêtre; **~ an ~ sitzen** être assis dos à dos; **jdm den ~ zuwenden** tourner le dos à qn ▸ **jdm in den ~ fallen** poignarder qn dans le dos; **jdm den ~ freihalten** assurer les arrières de qn
Rückendeckung *f* ① MIL couverture *f* de l'arrière; **jdm ~ geben** couvrir qn ② *fig* soutien *m* **rückenfrei** *adj* dos nu **Rückenlehne** *f* dossier *m* **Rückenmark** *nt* moelle *f* épinière **Rückenschmerzen** *Pl* **~ haben** avoir mal au dos **Rückenschwimmen** *nt* nage *f* sur le dos **Rückenwind** *m* vent *m* favorable; **~ haben** avoir le vent dans le dos
rück|erstatten* *vt nur Infin und PP* rembourser **Rückerstattung** *f* remboursement *m* **Rückfahrkarte** *f* [billet *m*] aller retour *m* **Rückfahrscheinwerfer** *m* feu *m* de recul **Rückfahrt** *f* [voyage *m*]retour *m;* **auf der ~** au retour **Rückfall** *m* ① MED rechute *f* ② JUR récidive *f*
rückfällig *adj* récidiviste; **~ werden** récidiver
Rückfenster *nt* lunette *f* arrière **Rückflug** *m* vol *m* retour; **auf dem ~** au retour **Rückfrage** *f* demande *f* de précisions **rück|fragen** ['rʏkfra:gən] *vi nur Infin und PP* demander des précisions
Rückführung *f von Personen, eines Autos* rapatriement *m*
Rückgabe *f* ① *eines Gegenstands* restitution *f* ② *(Umtausch einer Ware)* retour *m*
Rückgaberecht *nt kein Pl* droit *m* de restitution
Rückgang <-gänge> *m* recul *m; der Besucherzahlen* baisse *f;* **im ~ begriffen sein** être en baisse
rückgängig *adj Entwicklung* en recul ▸ **etw ~ machen** annuler qc
Rückgewinnung *f* TECH recyclage *m*
Rückgrat <-[e]s, -e> *nt* ① colonne *f* vertébrale ② *kein Pl geh (Stehvermögen)* force *f* d'âme

rückfragen

rückfragen	demander des précisions
Meinst du damit, dass ...?	*Est-ce que tu veux dire par là que ... ?*
Soll das heißen, dass ...?	*Est-ce que cela signifie que ... ?*
Habe ich Sie richtig verstanden, dass ...?	*Si je vous ai bien compris(e), ..., non ?*
Wollen Sie damit sagen, dass ...?	*Vous voulez dire que ... ?*
sich vergewissern, ob der Inhalt/Zweck eigener Äußerungen verstanden wurde	*s'assurer que le sens/le but de ses propres paroles a été compris*
Kapiert? (*fam*)	*Compris ?/Pigé ? (fam)*
Alles klar? (*fam*)/Ist das klar?	*C'est clair ?*
Verstehst du, was ich (damit) meine?	*Est-ce que tu comprends ce que je veux dire (par là) ?*
Haben Sie verstanden, auf was ich hinaus möchte?	*Avez-vous compris où je veux en venir ?*
Ich weiß nicht, ob ich mich verständlich machen konnte.	*Je ne sais pas si je me suis bien fait comprendre.*

R

Rückgriff *m* **~ auf etw** (*akk*) reprise *f* de qc
Rückhalt *m* soutien *m*
rückhaltlos I. *adj* ① *Vertrauen* sans réserve ② *Offenheit* impitoyable II. *adv vertrauen* sans réserve
Rückhand *f kein Pl* SPORT revers *m* **Rückkauf** *m* rachat *m*
Rückkehr ['rʏkkeːɐ̯] <-> *f* retour *m;* **bei meiner ~** à mon retour
Rückkopp[e]lung *f* ① (*Feed-back*) feed-back *m* ② (*Störung*) larsen *m* (*fam*) **Rücklage** *f* réserve *f* [d'argent] **Rücklauf** *m* ① *von Wasser* recul *m* ② TECH *einer Maschine* marche *f* arrière
rückläufig ['rʏklɔyfɪç] *adj* à la baisse
Rücklauftaste *f* touche *f* de rembobinage
Rücklicht *nt* feu *m* arrière
rücklings ['rʏklɪŋs] *adv* ① *überfallen* par derrière ② *sitzen* à l'envers ③ *fallen* à la renverse
Rückmarsch *m* retour *m* **Rückmeldung** *f* ① UNIV réinscription *f* ② (*Reaktion*) réaction *f*
Rücknahme <-, -n> *f* COM reprise *f*
Rückporto *nt* port *m* de retour **Rückreise** *f* retour *m;* **auf der ~** au retour **Rückruf** *m* ① (*Anruf*) rappel *m* ② *eines Produkts* retour *m* en usine; *von Nahrungsmitteln, Medikamenten* retour au fabricant
Rucksack ['rʊkzak] *m* sac *m* à dos
Rucksacktourist(in) [-turɪst] *m(f)* routard(e) *m(f)*
Rückschlag *m* ① (*Verschlechterung*) revers *m;* **einen ~ erleiden** essuyer un revers ② TECH (*Rückstoß*) recul *m* **Rückschluss**RR *m* déduction *f;* **aus etw den ~ ziehen, dass ...** déduire de qc que ... **Rückschritt** *m* régression *f*
rückschrittlich *adj* ① *Entwicklung* régressif(-ive) ② *s.* **reaktionär**
Rückseite *f* ① *einer Seite* verso *m;* **auf der ~ des Fotos** au dos de la photo ② *eines Gebäudes* derrière *m;* **auf der ~ des Hauses** à l'arrière de la maison **Rücksendung** *f* retour *m*
Rücksicht ['rʏkzɪçt] <-, -en> *f* ① (*Achtung, Schonung*) égard *m;* **auf jdn ~ nehmen** faire attention à qn; **auf etw** (*akk*) **~ nehmen** tenir compte de qc ② *Pl* (*Grund, Überlegung*) considérations *fpl*
Rücksichtnahme <-> *f* considération *f;* **gegenseitige ~** respect *m* mutuel
rücksichtslos I. *adj* ① *Verhalten* sans scrupules; **~ sein** ne manifester aucun égard ② *Kampf, Kritik* impitoyable II. *adv* (*ohne Nachsicht*) sans scrupules
Rücksichtslosigkeit <-, -en> *f* sans-gêne *m inv*
rücksichtsvoll I. *adj* prévenant(e); **jdm gegenüber ~ sein** être prévenant à l'égard de qn II. *adv* avec prévenance
Rücksitz *m* siège *m* arrière **Rückspiegel** *m* rétroviseur *m* **Rückspiel** *nt* match *m* retour **Rücksprache** *f* entretien *m;* **mit jdm ~ halten** discuter avec qn; **nach ~ mit Frau Braun** après avoir consulté Mme Braun **Rückstand** *m* ① (*der Abstand*) retard *m* ② (*Bodensatz*) résidu *m*
rückständig ['rʏkʃtɛndɪç] *adj* arriéré(e)
Rückständigkeit <-> *f* retard *m*
rückstandsfrei *adj inv* sans résidu[s]
Rückstau *m von Fahrzeugen* bouchon *m* **Rückstoß** *m einer Schusswaffe* recul *m* **Rückstrahler** *m* cataphote *m* **Rücktritt** *m* ① (*Amtsniederlegung*) démission *f* ② JUR **~ von einem Vertrag** résiliation *f* d'un contrat
Rücktrittbremse *f* frein *m* à rétropédalage
Rücktrittsgesuch *nt* demande *f* de démission **Rücktrittsrecht** *nt* droit *m* de résiliation
rück\|übersetzen* *vt nur Infin und PP* retraduire **Rückumschlag** *m* enveloppe *f* réponse **rück\|vergüten*** *vt nur Infin und PP* rembourser **rück\|versichern*** *vr nur Infin und PP* **sich ~** prendre des garanties **Rückversicherung** *f* réassurance *f* **Rückwand** *f eines Gebäudes* face *f* arrière; *eines Schranks* fond *m*
rückwärtig ['rʏkvɛrtɪç] *adj Ausgang, Parkplatz* situé(e) à l'arrière
rückwärts ['rʏkvɛrts] *adv* ① en arrière; **~ einparken** faire un créneau ② A (*hinten*) à l'arrière; **von ~** par derrière
rückwärts\|fahrenRR *vi irr + sein* faire une marche arrière **Rückwärtsfahren** <-s> *nt* conduite *f* en marche arrière **Rückwärtsgang** *m* marche *f* arrière **rückwärts\|gehen**RR *vi irr + sein* aller à reculons
Rückweg *m* [chemin *m* du] retour *m;* **sich auf den ~ machen** prendre le chemin du retour
ruckweise *adj, adv* par à-coups
rückwirkend I. *adj* rétroactif(-ive) II. *adv* rétroactivement **Rückwirkung** *f* JUR *eines Vertrages* rétroactivité *f* **rückzahlbar** *adj* remboursable **Rückzahlung** *f* remboursement *m*
Rückzieher <-s, -> *m fam* **einen ~ machen** faire machine arrière

R

Rückzug *m* MIL retraite *f;* **den ~ antreten** battre en retraite

Rucola¹ ['ru:kola] <-s> *m kein Pl* (*Salat*) roquette *f*

Rucola² ['ru:kola] <-> *f kein Pl* (*Pflanze*) roquette *f*

rüde ['ry:də] *adj* rude

Rüde ['ry:də] <-n, -n> *m* mâle *m*

Rudel ['ru:dəl] <-s, -> *nt* harde *f*

Ruder ['ru:dɐ] <-s, -> *nt* ① (*Paddel*) rame *f* ② (*Steuerruder*) gouvernail *m* ▶ **das ~ herumwerfen** changer de cap; **aus dem ~ laufen** échapper à tout contrôle

Ruderboot *nt* barque *f;* SPORT canoë *m*

Ruderer <-s, -> *m,* **Ruderin** *f* rameur(-euse) *m(f)*

rudern ['ru:dɐn] **I.** *vi* ① + *haben o sein* ramer ② + *haben* (*Paddelbewegungen machen*) **mit den Füßen ~** *Ente, Schwan:* avancer avec les palmes; **mit den Armen ~** *fam* faire de grands mouvements avec les bras **II.** *vt* + *haben* **jdn/etw über den Fluss ~** ramener qn/qc de l'autre côté de la rive à la rame

Ruderregatta *f* course *f* d'aviron **Rudersport** *m* aviron *m*

rudimentär [rudimɛn'tɛ:ɐ̯] *adj* rudimentaire

Ruf [ru:f] <-[e]s, -e> *m* ① (*Ausruf, Aufforderung*) appel *m* ② (*Schrei*) cri *m* ③ *kein Pl* (*Aufruf*) appel *m* ④ *kein Pl* (*Ansehen*) réputation *f;* **eine Firma von internationalem ~** une entreprise de renom international ⑤ UNIV [offre *f* de] nomination *f*

rufen ['ru:fən] <rief, gerufen> **I.** *vi* appeler; (*laut schreien*) crier; **nach jdm/etw ~** appeler qn/à qc **II.** *vt* ① (*ausrufen*) crier; **Hilfe ~** appeler à l'aide ② (*herbestellen*) **jdn/ein Taxi ~** appeler qn/un taxi ▶ **du kommst mir wie gerufen** tu tombes bien

Rüffel ['rʏfəl] <-s, -> *m fam* savon *m*

Rufmord *m* diffamation *f* **Rufname** *m* prénom *m* usuel **Rufnummer** *f* numéro *m* de téléphone **rufschädigend** *adj* **~es Verhalten** comportement qui porte atteinte à la réputation **Rufweite** *f* **in ~** à portée de voix; **außer ~** hors de portée de voix **Rufzeichen** *nt* ① TELEC tonalité *f* ② GRAM A *s.* **Ausrufezeichen**

Rugby ['rakbi] <-[s]> *nt* rugby *m*

Rüge ['ry:gə] <-, -n> *f* réprimande *f*

rügen ['ry:gən] *vt* condamner *Verhalten;* **jdn wegen etw ~** réprimander qn pour qc

Ruhe ['ru:ə] <-> *f* ① (*Stille, Schweigen*) silence *m;* **~!** silence! ② (*Frieden*) calme *m;* **jdn mit etw in ~ lassen** laisser qn tranquille avec qc ③ (*Erholung*) repos *m;* **jdm keine ~ lassen** *Gedanken:* ne laisser aucun répit à qn ④ (*Gelassenheit*) calme *m;* **jdn aus der ~ bringen** faire perdre son calme à qn; **sie ist die ~ selbst** elle est le calme en personne; **etw in aller ~ tun** faire qc très calmement; **immer mit der ~!** *fam* on se calme! ▶ **die letzte ~ finden** *geh* trouver le repos éternel; **sich zur ~ setzen** partir en retraite

ruhelos **I.** *adj* anxieux(-euse) **II.** *adv umherblicken* d'un air anxieux

Ruhelosigkeit <-> *f* anxiété *f*

ruhen ['ru:ən] *vi* ① (*ausruhen*) se reposer ② (*aufliegen*) **auf etw** (*dat*) **~** *Dach:* reposer sur qc ③ *fig geh* **auf jdm/etw ~** *Verantwortung, Last:* reposer sur qn/qc ④ (*verweilen*) **auf jdm/etw ~** *Blick:* être posé sur qn/qc ⑤ (*eingestellt sein*) *Verkehr:* être

R

um Ruhe bitten

um Ruhe bitten	*demander le silence*
Pst!	*Chut !*
Ruhig!	*Silence !*
Halt's Maul!/Schnauze! (*vulg*)	*Ferme-la ! (vulg)/Écrase ! (fam)*
Jetzt seien Sie doch mal ruhig!	*Taisez-vous,/Du calme, maintenant !*
Jetzt hör mir mal zu!	*Écoute-moi bien, maintenant !*
Jetzt sei mal still!	*Tais-toi donc !*
Ich möchte auch noch etwas sagen!	*Je voudrais aussi dire quelque chose !*
Danke! ICH meine dazu, …	*Merci ! Moi, je pense que …*
***(an ein Publikum)* Ich bitte um Ruhe.**	*(à un public) Un peu de calme, s'il vous plaît !*
Wenn ihr jetzt bitte mal ruhig sein könntet!	*Pourriez-vous vous taire, s'il vous plaît !*

arrêté; **eine Angelegenheit ~ lassen** laisser une affaire de côté
ruhen|lassen *s.* **ruhen 5**
Ruhepause *f* pause *f* **Ruhestand** *m kein Pl* retraite *f;* **in den ~ gehen** [*o* **treten**] prendre sa retraite; **im ~** en retraite
Ruheständler(in) ['ruːəʃtɛntlɐ] <-s, -> *m(f)* retraité(e) *m(f)*
Ruhestätte *f geh* demeure *f;* **die letzte ~** (*Grab*) la dernière demeure (*littér*) **Ruhestörung** *f* atteinte *f* à la tranquillité; **nächtliche ~** tapage *m* nocturne **Ruhetag** *m* **dienstags ~** fermeture *f* hebdomadaire le mardi
ruhig ['ruːɪç] I. *adj* calme; **Sie können ganz ~ sein** vous pouvez être rassuré II. *adv* ❶ (*untätig*) tranquillement ❷ *fam* (*durchaus*) **wir können ~ darüber reden** on peut bien en parler ❸ (*gleichmäßig*) calmement ❹ (*in aller Ruhe*) à tête reposée ❺ (*beruhigt*) en toute sérénité
Ruhm [ruːm] <-es> *m* gloire *f*
rühmen ['ryːmən] I. *vt* féliciter; **jdn wegen etw ~** féliciter qn pour qc; **etw ~** célébrer qc II. *vr* **ohne mich ~ zu wollen** sans vouloir me vanter
Ruhmesblatt ▶ **kein ~ sein** ne pas être un titre de gloire
rühmlich *adj* glorieux(-euse)
ruhmlos *adj* sans gloire
ruhmreich *adj* glorieux(-euse)
Ruhr [ruːɐ̯] <-> *f* ❶ GEOG **die ~** la Ruhr ❷ MED dysenterie *f*
Rührei ['ryːɐ̯ʔai̯] *nt* œufs *mpl* brouillés
rühren ['ryːrən] I. *vt* ❶ (*umrühren*) remuer *Teig* ❷ (*unterrühren*) mélanger ❸ (*erweichen*) toucher ❹ (*bewegen*) bouger *Finger* II. *vi* ❶ (*umrühren*) remuer; **im Tee/Kaffee ~** remuer dans le thé/café ❷ (*ansprechen, erwähnen*) **an etw** (*akk*) **~** évoquer qc III. *vr* **sich ~** ❶ (*sich bewegen*) bouger; **rührt euch!** MIL repos! ❷ *fam* (*sich melden*) réagir
rührend I. *adj* touchant(e) II. *adv* **sich ~ um jdn kümmern** s'occuper de qn avec une attention touchante
Ruhrgebiet *nt* **das ~** le bassin de la Ruhr
rührig ['ryːrɪç] *adj* dynamique
rührselig *adj Person* [trop] sensible
Rührteig *m* pâte *f* à biscuit
Rührung <-> *f* émotion *f*
Ruin [ru'iːn] <-s> *m* ruine *f;* **vor dem ~ stehen** être au bord de la ruine
Ruine [ru'iːnə] <-, -n> *f* ❶ ruines *fpl* ❷ *fig* (*Mensch*) ruine *f*
ruinieren* [rui'niːrən] *vt* ❶ (*zugrunde richten*) ruiner *Person, Gesundheit* ❷ (*beschädigen*) abîmer
ruinös *adj* ruineux(-euse)
Rukola¹ <-s> *m s.* **Rucola¹**
Rukola² <-> *f s.* **Rucola²**
rülpsen ['rʏlpsən] *vi fam* roter
Rülpser <-s, -> *m fam* rot *m*
rum [rʊm] *fam s.* **herum**
Rum [rʊm] <-s, -s> *m* rhum *m*
Rumäne [ru'mɛːnə] <-n, -n> *m,* **Rumänin** *f* Roumain(e) *m(f)*
Rumänien [ru'mɛːni̯ən] <-s> *nt* la Roumanie
rumänisch [ru'mɛːnɪʃ] I. *adj* roumain(e) II. *adv* **~ miteinander sprechen** discuter en roumain; *s. a.* **deutsch**
Rumänisch <-[s]> *nt kein Art* roumain *m; s. a.* **Deutsch**
Rumba ['rʊmba] <-, -s> *f* rumba *f*
rum|kriegen *vt fam* ❶ (*überreden*) convaincre ❷ (*verbringen*) **die Zeit ~** arriver à passer le temps
Rummel ['rʊməl] <-s> *m* ❶ *fam* foire *f* ❷ DIAL (*Kirmes*) fête *f* foraine
Rummelplatz *m* DIAL *fam* champ *m* de foire
rumoren* I. *vi fam* ❶ **im Keller ~** faire du remue-ménage dans la cave ❷ **in jds Kopf** (*dat*) **~** hanter l'esprit de qn II. *vi unpers fam* **es rumort in meinem Bauch** mon ventre gargouille
Rumpelkammer *f fam* débarras *m*
rumpeln ['rʊmpəln] *vi fam + haben* (*Geräusche machen*) faire du tapage
Rumpf [rʊmpf, *Pl:* 'rʏmpfə] <-[e]s, Rümpfe> *m* ANAT tronc *m*
rümpfen ['rʏmpfən] *vt* **über etw** (*akk*) **die Nase ~** faire la moue à qc
Rumpsteak ['rʊmpsteːk, -ʃteːk] *nt* rumsteck *m*
Rumtopf *m* fruits *mpl* au rhum
Run [ran] <-s, -s> *m* ruée *f;* **~ auf etw** (*akk*) ruée sur qc
rund [rʊnt] I. *adj* ❶ (*kreisförmig*) rond(e) ❷ *Hüften* rond(e) ❸ *Zahl* arrondi(e); **eine ~e Summe machen** arrondir une somme II. *adv* ❶ (*im Kreis*) **~ um etw führen/gehen/verlaufen** faire le tour de qc ❷ *fam* (*ungefähr, etwa*) en gros
Rundblick *m* panorama *m* **Rundbogen** *m* arc *m* en plein cintre **Rundbrief** *m* circulaire *f*
Runde ['rʊndə] <-, -n> *f* ❶ (*Gesellschaft*) assemblée *f;* **in die ~ blicken** regarder à la ronde ❷ *a.* SPORT (*Rundgang, -fahrt, -flug*) tour *m* ❸ (*Kontrollgang*) ronde *f* ❹ SPORT

R

round *m* ⑤ SPIEL partie *f* ⑥ (*freie Getränke*) tournée *f*
runden ['rʊndən] *vt* (*auf-, abrunden*) arrondir
runderneuern* *vt* rechaper
Rundfahrt *f* circuit *m* [touristique] **Rundfunk** *m* radio *f*; **im ~** à la radio
Rundfunkanstalt *f* station *f* de radio[diffusion] **Rundfunkempfänger** *m* récepteur *m* de radio **Rundfunkgebühr** *f* redevance *f* radiophonique **Rundfunkgerät** *nt form* [poste *m* de] radio *f* **Rundfunksprecher(in)** *m(f)* animateur(-trice) *m(f)* radio
Rundgang <-gänge> *m* tour *m* [à pied]; *eines Wachmanns* ronde *f* **rund|gehen** *irr* **I.** *vi + sein* ① (*herumgereicht werden*) circuler; **etw ~ lassen** faire circuler qc ② (*herumerzählt werden*) faire le tour **II.** *vi unpers + sein fam* **es geht rund** (*es herrscht Betrieb*) ça y va; (*es gibt Ärger*) ça barde **rundheraus** ['rʊnthɛ'raʊs] *adv* franchement **rundherum** ['rʊnthɛ'rʊm] *adv* ① (*ringsherum*) tout autour ② *s.* **rundum**
rundlich ['rʊntlɪç] *adj Person* rondelet(te); *Gesicht* rond(e)
Rundreise *f* circuit *m*; **eine ~ durch Österreich/den Schwarzwald** un circuit à travers l'Autriche/la Forêt-Noire **Rundruf** *m* **einen ~ bei allen Freunden machen** passer un coup de fil à tous ses amis **Rundschreiben** *s.* **Rundbrief**
rundum ['rʊnt'ʔʊm] *adv* ① (*ringsum*) à la ronde ② (*völlig*) tout à fait
Rundumschlag *m* diatribe *f*; **zum ~ ausholen** contre-attaquer tous azimuts **Rundumversorgung** *f eines Patienten* suivi *m* global; *eines Kunden, Klienten* approvisionnement *m* complet
Rundung <-, -en> *f* ① (*Wölbung*) arrondi *m* ② *Pl fam* (*rundliche Figur*) poignées *fpl* d'amour
rundweg ['rʊnt'vɛk] *adv* tout net
Rundweg *m* circuit *m*
Rune ['ruːnə] <-, -n> *f* rune *f*
runter ['rʊntɐ] *interj fam* dégage; **~ von dem Balkon!** (*komm herein*) dégage du balcon!
runter|fallen *vi irr + sein fam* tomber; **mir ist ein Glas runtergefallen** un verre m'a échappé **runter|holen** *vt* descendre **runter|kommen** *vi irr + sein fam* (*herunterkommen*) descendre; **vom oberen Stockwerk/zu jdm ~** descendre du dernier étage/chez qn **runter|lassen** *vt irr fam* baisser *Rollladen, Autofenster* **runter|laufen** *vi irr + sein fam* ① (*heruntergehen*) descendre *Straße, Treppe* ② (*herunterkullern*) **die Tränen liefen ihr runter** les larmes coulèrent sur ses joues
Runzel ['rʊntsəl] <-, -n> *f* ride *f*
runzelig ['rʊntsəlɪç] *adj* ridé(e)
runzeln ['rʊntsəln] *vt* froncer *Brauen;* plisser *Stirn*
runzlig ['rʊntslɪç] *s.* **runzelig**
Rüpel ['ryːpəl] <-s, -> *m pej* mufle *m*
Rüpelei [ryːpə'laɪ] <-, -en> *f pej* muflerie *f*
rüpelhaft *adj pej Person* grossier(-ière); *Art, Benehmen* de mufle; **~ sein** être mufle
rupfen ['rʊpfən] *vt* ① plumer *Geflügel* ② (*ausreißen*) arracher *Gras, Unkraut*
ruppig ['rʊpɪç] *pej adj* grossier(-ière)
Rüsche <-, -n> *f* ruche *f*
Ruß [ruːs] <-es> *m* suie *f*
Russe ['rʊsə] <-n, -n> *m*, **Russin** *f* Russe *mf*
Rüssel ['rʏsəl] <-s, -> *m eines Elefanten, Insekts* trompe *f*; *eines Schweins* groin *m*
rußen ['ruːsən] *vi Kerze:* fumer; *Ofen:* faire de la suie
rußig *adj* couvert(e) de suie
Russin ['rʊsɪn] *s.* **Russe**
russisch **I.** *adj* russe **II.** *adv* **~ miteinander sprechen** discuter en russe; *s. a.* **deutsch**
Russisch <-[s]> *nt kein Art* russe *m*; *s. a.* **Deutsch**
Russland[RR], **Rußland**[ALT] ['rʊslant] *nt* la Russie
Russlanddeutsche(r)[RR] *f(m) dekl wie adj* Russe *mf* d'origine allemande
Rußpartikelfilter *m* AUT filtre *m* à particules
rüsten ['rʏstən] *vi* MIL **zum Krieg ~** se lancer dans des préparatifs de guerre
rüstig ['rʏstɪç] *adj* vigoureux(-euse); **noch ~ sein für sein Alter** être encore vert pour son âge
Rüstigkeit <-> *f* vigueur *f*
rustikal [rʊsti'kaːl] **I.** *adj* rustique **II.** *adv* **~ eingerichtet sein** avoir des meubles rustiques
Rüstung ['rʏstʊŋ] <-, -en> *f* ① *kein Pl* (*das Rüsten*) armement *m* ② (*Ritterrüstung*) armure *f*
Rüstungsausgaben *Pl* dépenses *fpl* d'armement **Rüstungsindustrie** *f* industrie *f* de l'armement **Rüstungskontrolle** *f* contrôle *m* des armements **Rüstungswettlauf** *m* course *f* aux armements
Rüstzeug *nt* bagage *m*

R

Rute ['ru:tə] <-, -n> *f* ❶ (*Gerte*) baguette *f* ❷ (*Angelrute*) canne *f*
Rutsch [rʊtʃ] <-es, -e> *m* (*Erdrutsch*) glissement *m* [de terrain] ▶**guten ~!** *fam* bonne année!
Rutschbahn *f* ❶ (*Rutsche*) toboggan *m* ❷ (*Eisbahn*) patinoire *f*
Rutsche ['rʊtʃə] <-, -n> *f a.* TECH toboggan *m*
rutschen ['rʊtʃən] *vi + sein* ❶ (*ausrutschen*) glisser ❷ *fam* (*rücken*) se pousser ❸ *Brille, Kleidung:* tomber; **vom Stuhl ~** *Person, Pullover:* glisser de la chaise; **ins Rutschen geraten** [*o* **kommen**] s'ébouler ❹ (*die Rutschbahn benutzen*) faire du toboggan
rutschfest *adj Badematte* antidérapant(e) **Rutschgefahr** *f* (*für Fahrzeuge*) risque *m* de dérapage; **Vorsicht ~!** attention, chaussée glissante!
rutschig ['rʊtʃɪç] *adj* glissant(e)
rutschsicher *s.* **rutschfest**
rütteln ['rʏtəln] **I.** *vt* secouer; **jdn am Arm ~** secouer qn par le bras **II.** *vi* ❶ **an der Tür ~** secouer la porte ❷ (*infrage stellen*) **an etw** (*dat*) **~** remettre qc en question; **daran gibt es nichts zu ~** on ne peut rien y changer

Ss

S, s [ɛs] <-, -> *nt* S *m*/s *m*
s. *Abk von* **siehe** cf.
S *Abk von* **Süden** S
S. *Abk von* **Seite** p.
Saal ['za:l, *Pl:* 'zɛ:lə] <-[e]s, Säle> *m* salle *f*
Saar <-> *f* **die ~** la Sarre
Saarbrücken <-s> *nt* Sarrebruck
Saarland *nt* **das ~** la Sarre
Saat <-, -en> *f* ❶ *kein Pl* (*das Säen*) semailles *fpl* ❷ (*Saatgut*) semence *f*
Saatgut *nt* semences *fpl*
Sabbat <-s, -e> *m* sabbat *m*
Sabbatical [sə'bɛtɪkəl] <-s, -s> *nt*, **Sabbatjahr** *nt* année *f* sabbatique; **ein ~ nehmen** prendre une année sabbatique
sabbern ['zabɐn] *fam* **I.** *vi* baver **II.** *vt* DIAL (*viel reden*) sortir
Säbel ['zɛ:bəl] <-s, -> *m* sabre *m*
Sabotage [zabo'ta:ʒə] <-, -n> *f* sabotage *m*
Saboteur(in) [zabo'tø:ɐ̯] <-s, -e> *m(f)* saboteur(-euse) *m(f)*
sabotieren* [zabo'ti:rən] **I.** *vt* saboter *Production* **II.** *vi* faire du sabotage
Sa[c]charin [zaxa'ri:n] <-s> *nt* saccharine® *f*
Sachbearbeiter(in) *m(f)* personne *f* chargée du dossier **Sachbereich** *m* secteur *m* **Sachbeschädigung** *f* déprédation *f* **sachbezogen** *adj Angaben, Aussage* factuel(le) **Sachbuch** *nt* livre *m* spécialisé **sachdienlich** *adj form Hinweis* utile
Sache ['zaxə] <-, -n> *f* ❶ (*Ding, Angelegenheit*) chose *f*; **das ist eine andere ~** c'est autre chose; **das ist seine/ihre ~** c'est son affaire ❷ (*Zweck*) cause *f* ❸ (*Thema, Sachverhalt*) **zur ~ kommen** en venir au fait; **bei der ~ sein** être attentif ❹ (*Arbeit, Aufgabe*) **seine ~ gut/schlecht machen** faire bien/mal son travail ❺ *Pl* (*Ware, Artikel*) **interessante ~n** choses *fpl* intéressantes ❻ *Pl* (*Kleidungsstück*) **warme/leichte ~n** vêtements *mpl* chauds/légers ❼ *Pl* (*Eigentum*) **seine/ihre ~n** ses affaires *fpl* ❽ *Pl* (*Dummheit*) **was machst du bloß für ~n!** *fam* [mais] qu'est-ce que tu fabriques! ❾ JUR affaire *f* ❿ *Pl fam* (*Stundenkilometer*) **mit hundert ~n** à cent [à l'heure]
Sachenrecht *nt kein Pl* JUR législation *f* relative aux droits réels
Sachfrage *f meist Pl* question *f* spécifique **Sachgebiet** *nt* domaine *m* **sachgemäß** **I.** *adj* adéquat(e) **II.** *adv* correctement **Sachkenntnis** *f* compétences *fpl* **Sachkunde** <-> *f* ❶ *s.* **Sachkenntnis** ❷ *s.* **Sachkundeunterricht**
Sachkundeunterricht *m* disciplines *fpl* d'éveil
sachkundig **I.** *adj Person* expert(e); *Information* documenté(e); **sich auf einem Gebiet ~ machen** se documenter dans un domaine **II.** *adv* avec compétence **Sachkundige(r)** *f(m) dekl wie adj* spécialiste *mf* **Sachlage** *f* situation *f*
sachlich ['zaxlɪç] **I.** *adj* ❶ (*objektiv*) objectif(-ive) ❷ (*die Sache betreffend*) conforme aux faits ❸ (*schmucklos*) sobre **II.** *adv* ❶ (*objektiv*) avec objectivité ❷ (*die Sache betreffend*) objectivement

sächlich ['zɛçlɪç] *adj* neutre
Sachlichkeit <-> *f* objectivité *f*
Sachregister *nt* index *m* **Sachschaden** *m* dégâts *mpl* matériels
Sachse ['zaksə] <-n, -n> *m*, **Sächsin** *f* Saxon(ne) *m(f)*
Sachsen ['zaksən] <-s> *nt* la Saxe
Sachsen-Anhalt ['zaksən'ʔanhalt] <-s> *nt* la Saxe-Anhalt
sächsisch ['zɛksɪʃ] *adj* saxon(ne)
Sächsisch *nt* le saxon
Sachspende *f* don *m* en nature
sacht[e] ['zaçt(ə)] **I.** *adj* ❶ *Berührung, Händedruck* léger(-ère); *Streicheln* doux(douce) ❷ *Gefälle, Steigung* léger(-ère) **II.** *adv* ❶ *berühren* délicatement ❷ *abfallen, ansteigen* légèrement ❸ *fam* (*gemäßigt*) **nun mal ~e!, ~e, ~e!** vas-y mollo!
Sachverhalt <-[e]s, -e> *m* faits *mpl*
sachverständig *adj* expert(e)
Sachverständige(r) *f(m)* *dekl wie adj* expert(e) *m(f)*
Sachwert *m* ❶ valeur *f* réelle ❷ *Pl* (*Wertgegenstände*) valeurs-refuge *fpl*
Sack [zak, *Pl:* 'zɛkə] <-[e]s, Säcke> *m* ❶ (*Beutel*) sac *m* ❷ SDEUTSCH, A, CH (*Hosentasche*) poche *f* [de pantalon] ❸ *vulg* (*Hodensack*) couilles *fpl* ❹ *pej fam* (*Kerl*) couillon *m;* **fauler ~** branleur *m*
Sackbahnhof *s.* **Kopfbahnhof**
sacken ['zakən] *vi + sein Erdboden:* se tasser; *Gebäude, Mauer:* s'affaisser
Sackgasse *f* ❶ cul-de-sac *m* ❷ *fig* impasse *f* **Sackhüpfen** <-s> *nt* course *f* en sac **Sackkarre** *f* charrette *f* à bras **Sackkleid** *nt* robe *f* housse
Sadismus [za'dɪsmʊs] <-, Sadismen> *m* sadisme *m*
Sadist(in) [za'dɪst] <-en, -en> *m(f)* sadique *mf*
sadistisch *adj* sadique
Sadomasochismus *m* sadomasochisme *m*
säen ['zɛːən] *vt, vi a. fig* semer
Safari [za'faːri] <-, -s> *f* safari *m*
Safe [seɪf] <-s, -s> *m* coffre-fort *m*
Safer Sex ['seɪfəsɛks] <- -es> *m* rapports *mpl* protégés
Safran ['zafran] <-s, -e> *m* safran *m*
Saft [zaft, *Pl:* 'zɛftə] <-[e]s, Säfte> *m* ❶ (*Fruchtsaft*) jus *m* ❷ (*Pflanzensaft*) sève *f* ❸ *fam* (*Strom*) jus *m*
saftig ['zaftɪç] *adj* ❶ *Frucht* juteux(-euse) ❷ *Weide* fertile; *Grün* intense ❸ *fam Rechnung* salé(e)
Saftladen *m pej fam* boîte *f* bordélique
saftlos *adj pej* insipide (*fig*)
Saftpresse *f* presse-fruits *m inv*
Saga ['zaːga] <-, -s> *f* saga *f*
Sage ['zaːgə] <-, -n> *f* légende *f*
Säge ['zɛːgə] <-, -n> *f* ❶ (*Werkzeug*) scie *f* ❷ A (*Sägewerk*) scierie *f*
Sägeblatt *nt* lame *f* de scie **Sägebock** *m* chevalet *m* [de scieur de bois] **Sägemehl** *nt* sciure *f*
sagen ['zaːgən] **I.** *vt* ❶ (*äußern*) dire; **er sagt, er habe keine Zeit** il dit qu'il n'a pas le temps; **wenn ich das so ~ darf** si je peux m'exprimer ainsi; **das wäre zu viel gesagt** ce serait aller un peu loin; **ich will nichts gesagt haben!** je n'ai rien dit!; **was ich noch ~ wollte** à propos ❷ (*mitteilen*) **jdm etw ~** dire qc à qn; **er lässt dir ~, dass ...** il te fait dire que ...; **ich habe mir ~ lassen, dass ...** je me suis laissé dire que ... ❸ (*befehlen*) **jdm ~, dass er warten soll** dire à qn d'attendre; **etwas/nichts zu ~ haben** avoir son mot/n'avoir rien à dire; **sich** (*dat*) **nichts ~ lassen** ne vouloir écouter personne ❹ (*meinen*) **was soll ich dazu ~?** qu'est-ce que tu veux/vous voulez que je réponde à ça? ❺ (*bedeuten*) **etwas zu ~ haben** *Blick, Bemerkung:* vouloir dire quelque chose; **nichts zu ~ haben** n'avoir pas d'importance; **nichts ~d** creux(-euse); **viel ~d** *Blick, Bemerkung:* qui en dit long ▶ **das ist nicht gesagt** ce n'est pas dit; **das kann man wohl ~** ça, tu peux/vous pouvez le dire **II.** *vi* **~ Sie mal, ...** dites voir, ...; **wie gesagt** comme je viens de le dire; **genauer gesagt** plus précisément ▶ **das Sagen haben** commander; **ich muss schon ~!** je t'en/vous en prie!
sägen ['zɛːgən] **I.** *vt* scier **II.** *vi* ❶ **an etw** (*dat*) **~** scier qc ❷ *fam* (*schnarchen*) ronfler
sagenhaft **I.** *adj* ❶ *fam* (*unvorstellbar*) fabuleux(-euse) ❷ *geh* (*legendär*) légendaire **II.** *adv fam günstig* vachement
Sägespäne *Pl* sciure *f* [de bois] **Sägewerk** *nt* scierie *f*
Sago ['zaːgo] <-s> *m o nt* sagou *m*
sah [zaː] *Imp von* **sehen**
Sahara [za'haːra] <-> *f* **die ~** le Sahara
Sahne ['zaːnə] <-> *f* crème *f;* (*Schlagsahne*) crème chantilly; **saure ~** crème fraîche
Sahnetorte *f* tarte *f* à la crème
sahnig ['zaːnɪç] *adj* crémeux(-euse)
Saison [zɛ'zõː] <-, -s A -en> *f* saison *f*
saisonbedingt *adj* saisonnier(-ière)
Saite ['zaɪtə] <-, -n> *f* corde *f*

S

Saiteninstrument *nt* instrument *m* à cordes
Sakko ['zako] <-s, -s> *m o nt* veston *m*
sakral [za'kra:l] *adj geh* sacré(e)
Sakrament [zakra'mɛnt] <-[e]s, -e> *nt* sacrement *m*
Sakrileg [zakri'le:k] <-s, -e> *nt geh* sacrilège *m*
Sakristei [zakrɪs'tai̯] <-, -en> *f* sacristie *f*
Salamander [zala'mandɐ] <-s, -> *m* salamandre *f*
Salami [za'la:mi] <-, -s> *f* salami *m*
Salamitaktik *f hum* logique *f* de la tortue
Salat [za'la:t] <-[e]s, -e> *m* salade *f;* **grüner ~** salade verte
Salatbesteck *nt* couvert *m* à salade **Salatgurke** *f* concombre *m* **Salatschleuder** *f* essoreuse *f* à salade **Salatschüssel** *f* saladier *m*
Salbe ['zalbə] <-, -n> *f* crème *f;* (*fettig*) pommade *f*
Salbei ['zalbai̯] <-s> *m* sauge *f*
salben *vt* oindre
Salbung <-, -en> *f* onction *f*
salbungsvoll *adj pej Predigt, Rede* onctueux(-euse) (*iron*); *Worte* mielleux(-euse) (*iron*)
Saldo ['zaldo] <-s, -s *o* Saldi *o* Salden> *m* solde *m*
Säle *Pl von* **Saal**
Saline [za'li:nə] <-, -n> *f* saline *f*
Salm [zalm] <-[e]s, -e> *m* ZOOL saumon *m*
Salmiak [zal'mi̯ak] <-s> *m o nt* chlorure *m* d'ammonium
Salmiakgeist *m kein Pl* ammoniaque *f*
Salmonelle [zalmo'nɛlə] *f meist Pl* salmonelle *f*
Salon [za'lõ:, za'lɔŋ, za'lo:n] *m geh* salon *m*
salonfähig *adj Person* présentable; *Benehmen, Bemerkung* convenable
salopp [za'lɔp] **I.** *adj Kleidung* décontracté(e); *Redeweise* léger(-ère); *Wort* osé(e) **II.** *adv sich kleiden* de façon décontractée; *sich ausdrücken* familièrement
Salpeter [zal'pe:tɐ] <-s> *m* salpêtre *m*
Salpetersäure *f* acide *m* nitrique
Salto ['zalto] <-s, -s *o* Salti> *m* saut *m* périlleux
Salut [za'lu:t] <-[e]s, -e> *m* salve *f* d'honneur
salutieren* [zalu'ti:rən] *vi* faire le salut militaire
Salve ['zalvə] <-, -n> *f* salve *f*
Salz [zalts] <-es, -e> *nt* sel *m*
salzarm *adj* pauvre en sel
Salzburg <-s> *nt* Salzbourg
salzen <*PP* gesalzen> *vt, vi* saler
salzig *adj Essen, Wasser* salé(e); *Lösung, Boden* salin(e)
Salzkartoffel *f meist Pl* pomme *f* de terre [cuite] à l'eau
salzlos *adj, adv* sans sel
Salzsäure *f* acide *m* chlorhydrique **Salzstange** *f* stick *m* [salé] **Salzstreuer** <-s, -> *m* salière *f* **Salzwasser** <-wässer> *nt* eau *f* salée
Samariter [zama'ri:tɐ] <-s, -> *m* ▶ **ein barmherziger ~** *geh* un bon Samaritain
Samba ['zamba] <-, -s> *f* samba *f*
Sambia ['zambi̯a] <-s> *nt* la Zambie
Samen ['za:mən] <-s, -> *m* ❶ BOT semence *f* ❷ *kein Pl* (*Sperma*) sperme *m*
Samenbank <-banken> *f* MED banque *f* de sperme **Samenerguss**[RR] *m* éjaculation *f* **Samenkorn** <-körner> *nt* graine *f* **Samenspender** *m* donneur *m* de sperme **Samenstrang** *m* ANAT cordon *m* spermatique **Samenzelle** *f* spermatozoïde *m*
sämig ['zɛ:mɪç] *adj Soße, Suppe* velouté(e)
Sammelalbum *nt* album *m* de collection **Sammelband** <-bände> *m* recueil *m* **Sammelbegriff** *m* terme *m* générique **Sammelbestellung** *f* commande *f* groupée **Sammelbüchse** *f* tronc *m*
sammeln ['zaməln] **I.** *vt* ❶ cueillir *Beeren, Kräuter;* ramasser *Brennholz, Pilze* ❷ (*aus Liebhaberei*) collectionner *Briefmarken* ❸ (*als Spende*) collecter *Geld, Altkleider* ❹ (*zusammentragen*) rassembler *Belege, Beweise;* recueillir *Informationen* ❺ (*erleben*) recueillir *Eindrücke* **II.** *vr* ❶ (*sich versammeln*) **sich ~** se rassembler ❷ (*sich anhäufen*) **sich in etw** (*dat*) **~** *Wasser:* être recueilli dans qc ❸ *geh* (*sich konzentrieren*) **sich ~** se concentrer; (*zur Ruhe kommen*) se recueillir **III.** *vi* **für jdn/etw ~** faire une collecte pour qn/qc
Sammelsurium [zaməl'zu:ri̯ʊm] <-s, -rien> *nt* bric-à-brac *m inv*
Sammeltaxi *nt* taxi *m* collectif
Sammler(in) <-s, -> *m(f)* collectionneur(-euse) *m(f)*
Sammlerstück *nt* pièce *f* de collection **Sammlerwert** *m kein Pl* valeur *f* de collection
Sammlung <-, -en> *f von Gegenständen* collection *f*
Sampler ['zamplɐ] <-s, -> *m* best-of *m*
Samstag ['zamsta:k] <-[e]s, -e> *m* samedi *m; s. a.* **Dienstag**
Samstagabend *m* samedi *m* soir
Samstagmorgen *m* samedi *m* matin
samstags *adv* le samedi

samt *adv* ▶ ~ **und sonders** tous/toutes sans exception

Samt [zamt] <-[e]s, -e> *m* velours *m*

Samthandschuh *m* gant *m* de velours

sämtlich ['zɛmtlɪç] *adj* ~**e Freunde/Freundinnen** tous les amis/toutes les amies

samtweich *adj* velouté(e)

Sanatorium [zana'toːri̯ʊm] <-s, -rien> *nt* sanatorium *m*

Sand [zant] <-[e]s, -e> *m* sable *m*

Sandale [zan'daːlə] <-, -n> *f* sandale *f*

Sandalette [zanda'lɛtə] <-, -n> *f* sandalette *f*

Sandbahn *f* piste *f* de sable **Sandbank** <-bänke> *f* banc *m* de sable **Sanddorn** <-dorne> *m* BOT argousier *m* [argenté]

Sandelholz *nt* bois *m* de santal

sandig ['zandɪç] *adj* ① *Boden* sablonneux(-euse) ② *Schuhe, Oberfläche* plein(e) de sable

Sandkasten *m* (*für Kinder*) bac *m* à sable **Sandkorn** <-körner> *nt* grain *m* de sable **Sandmännchen** *nt* marchand *m* de sable **Sandstein** *m* grès *m* **Sandstrand** *m* plage *f* de sable **Sandsturm** *m* tempête *f* de sable

sandte ['zantə] *Imp von* **senden**²

Sanduhr *f* sablier *m*

Sandwich ['zɛntvɪtʃ] <-[s], -[e]s> *nt o m* sandwich *m*

Sandwüste *f* désert *m* de sable

sanft [zanft] **I.** *adj* ① *Berührung, Händedruck* léger(-ère); *Massage, Streicheln* doux(douce) ② *Musik* doux(douce); *Brise* léger(-ère) ③ *Person, Blick* doux(douce) ④ *Gefälle, Steigung* léger(-ère) ⑤ *Mittel* doux(douce); *Tourismus* respectueux(-euse) de l'environnement **II.** *adv* ① (*sacht, gedämpft*) doucement ② *abfallen, ansteigen* légèrement ③ *ermahnen* gentiment

Sänfte ['zɛnftə] <-, -n> *f* chaise *f* à porteurs

Sanftheit <-> *f einer Berührung* douceur *f*

Sanftmut <-> *f geh* débonnaireté *f*

sanftmütig ['zanftmyːtɪç] *adj geh* débonnaire

sang [zaŋ] *Imp von* **singen**

Sang [zaŋ, *Pl:* 'zɛŋə] <-[e]s, Sänge> *m geh* ▶ **mit ~ und Klang** *fam* avec perte[s] et fracas

Sänger(in) ['zɛŋɐ] <-s, -> *m(f)* chanteur(-euse) *m(f)*

Sangria [zaŋ'griːa] <-, -s> *f* sangria *f*

sang- und klanglos *adv fam* sans tambour ni trompette

sanieren* [za'niːrən] *vt a.* ÖKON assainir; **von Asbest ~** désamianter

Sanierung <-, -en> *f a.* ÖKON assainissement *m*

Sanierungsgebiet *nt* zone *f* d'assainissement

sanitär [zani'tɛːɐ̯] *adj attr* sanitaire

Sanität [zani'tɛːt] <-, -en> *f* ① *kein Pl* A (*Gesundheitsdienst*) service *m* de santé publique ② CH (*Ambulanz*) SAMU *m* ③ A, CH (*Sanitätstruppe*) service *m* de santé

Sanitäter(in) [zani'tɛːtɐ] <-s, -> *m(f)* MED secouriste *mf*

Sanitätsdienst *m* MED service *m* de santé

sank [zaŋk] *Imp von* **sinken**

Sankt [zaŋkt] *adj inv* ~ **Petrus** saint Pierre

Sanktion [zaŋk'tsi̯oːn] <-, -en> *f* sanction *f*

sanktionieren* [zaŋktsi̯o'niːrən] *vt* ① *geh* (*gutheißen*) cautionner *Maßnahme* ② JUR entériner *Besetzung*

sann [zan] *Imp von* **sinnen**

Saphir ['zaːfiːɐ̯] <-s, -e> *m* saphir *m*

Sarde ['zardə] <-n, -n> *m*, **Sardin** *f* Sarde *mf*

Sardelle [zar'dɛlə] <-, -n> *f* anchois *m*

Sardellenpaste *f* purée *f* d'anchois

Sardine [zar'diːnə] <-, -n> *f* sardine *f*

Sardinenbüchse *f* boîte *f* de sardines

Sardinien [zar'diːni̯ən] <-s> *nt* la Sardaigne

sardinisch [zar'diːnɪʃ] *adj* sarde

Sarg [zark, *Pl:* 'zɛrgə] <-[e]s, Särge> *m* cercueil *m*

Sarkasmus [zar'kasmʊs] <-, -men> *m* sarcasme *m*

sarkastisch [zar'kastɪʃ] *adj* sarcastique

Sarkom [zar'koːm] <-s, -e> *m* MED sarcome *m*

Sarkophag [zarko'faːk] <-[e]s, -e> *m* sarcophage *m*

SARS, Sars [zars] <-> *nt Abk von* **severe acute respiratory syndrome** *kein Pl* MED SARS *m*

saß [zaːs] *Imp von* **sitzen**

Satan ['zaːtan] <-s, -e> *m* REL **der ~** Satan *m*

satanisch [za'taːnɪʃ] *adj attr* satanique; *Plan* diabolique

Satellit [zatɛ'liːt] <-en, -en> *m* satellite *m*

Satellitenbild *nt* image *f* satellite **Satellitenfoto** *nt* photo-satellite *f* **Satellitennetz** *nt* réseau *m* de satellites **Satellitenschüssel** *f* antenne *f* parabolique **Satellitenstadt** *f* cité-satellite *f* **Satellitenübertragung** *f* [re]transmission *f* par satellite

S

Satin [za'tɛ̃:] <-s, -s> *m* satin *m*
Satire [za'ti:rə] <-, -n> *f* satire *f*
Satiriker(in) [za'ti:rikɐ] <-s, -> *m(f)* auteur *m* satirique
satirisch [za'ti:rɪʃ] *adj* satirique
satt [zat] **I.** *adj* ❶ rassasié(e); **sich ~ essen** manger à sa faim; **~ machen** rassasier ❷ *Farbton* soutenu(e) ❸ *geh Wohlstandsbürger* blasé(e) **II.** *adv fam* **es gibt Fisch ~** il y a des tonnes de poisson
Sattel ['zatəl, *Pl:* 'zɛtəl] <-s, Sättel> *m* ❶ (*Reitsattel, Fahrradsattel*) selle *f* ❷ (*Bergrücken*) croupe *f*
sattelfest *adj* **in etw** (*dat*) **~ sein** s'y connaître en qc
satteln ['zatəln] *vt* seller
Sattelschlepper <-s, -> *m* (*Sattelzug*) semi-remorque *m*
satt|haben[RR] *vt irr fam* **jdn/etw ~** en avoir marre de qn/qc
sättigen ['zɛtɪgən] **I.** *vt* ❶ *geh* (*satt machen*) rassasier *Person* ❷ (*voll sein*) **die Luft ist mit Feuchtigkeit gesättigt** l'air est saturé d'humidité **II.** *vi Suppe:* rassasier
sättigend *adj* consistant(e)
Sättigung <-, *selten* -en> *f* ❶ **der ~** (*dat*) **dienen** permettre d'être rassasié ❷ (*Saturierung*) *des Markts* saturation *f*
Sattler(in) ['zatlɐ] <-s, -> *m(f)* sellier(-ière) *m(f)*
satt|sehen[RR] *vr irr* **sich an etw** (*dat*) **nicht ~ können** ne pas se lasser de regarder qc
Saturn [za'tʊrn] <-s> *m* Saturne *f*; **der ~** la planète Saturne
Satyr ['za:tʏr] <-s *o* -n, -n> *m* MYTH satyre *m*
Satz [zats, *Pl:* 'zɛtsə] <-es, Sätze> *m* ❶ phrase *f* ❷ MUS mouvement *m* ❸ (*Set*) **ein ~ Kochtöpfe** une batterie de casseroles ❹ TYP composition *f* ❺ (*festgelegter Betrag*) tarif *m* ❻ SPORT set *m* ❼ MATH **der ~ des Pythagoras** le théorème de Pythagore ❽ (*Sprung*) bond *m* ❾ (*Bodensatz*) dépôt *m*; (*bei Wein, Bier, Most*) lie *f*; (*Kaffeesatz*) marc *m*
Satzaussage *f* GRAM groupe *m* verbal **Satzball** *m* SPORT balle *f* de match **Satzbau** *m kein Pl* construction *f* de la phrase **Satzlehre** *f kein Pl* LING syntaxe *f*
Satzung ['zatsʊŋ] <-, -en> *f* statuts *mpl*
Satzzeichen *nt* signe *m* de ponctuation
Sau [zau̯, *Pl:* 'zɔyə] <-, -en *o* Säue> *f* ❶ (*weibliches Schwein*) truie *f*; (*weibliches Wildschwein*) laie *f* ❷ *pej fam* (*schmutziger Mensch*) gros porc *m* ❸ *fam* (*gemeiner Mensch*) fils *m* de pute (*péj vulg*)
sauber ['zaubɐ] **I.** *adj* ❶ (*rein*) propre; *Luft* pur(e); *Umwelt* sain(e); **jdn/etw ~ machen** laver qn/nettoyer qc ❷ *Arbeit* soigné(e); *Lösung* approprié(e) **II.** *adv* ❶ (*sorgfältig*) soigneusement; **~ machen** faire le ménage ❷ *lösen* [très] convenablement; **~ machen** faire le ménage
Sauberkeit <-> *f* ❶ (*Reinlichkeit*) propreté *f* ❷ *des Wassers, der Umwelt* propreté *f*; *der Luft* pureté *f*
säuberlich ['zɔybɐlɪç] *adj Trennung* soigneux(-euse)
sauber|machen *s.* **sauber I.1, II. Saubermann** <-männer> *m iron fam* cul-bénit *m*
Saubermann-Image *nt iron fam* image *f* d'une personne irréprochable
säubern ['zɔybɐn] *vt* ❶ *geh* (*reinigen*) nettoyer ❷ *euph* (*von Unerwünschtem befreien*) épurer
Säuberung <-, -en> *f euph* épuration *f*
Saubohne *f* fève *f*
Sauce ['zo:sə] <-, -n> *s.* **Soße**
Sauciere [zo'si̯e:rə] <-, -n> *f* saucière *f*
Saudi ['zaudi] <-s, -s> *m* Saoudien *m*
Saudi-Arabien [zaudiʔa'ra:bi̯ən] <-s> *nt* l'Arabie *f* Saoudite **saudi-arabisch**[RR] *adj* saoudien(ne)
saudumm ['zau'dʊm] *adj fam* débile
sauer ['zauɐ] **I.** *adj* ❶ *Frucht, Saft* acide; *Wein* aigre; *Drops* acidulé(e) ❷ (*geronnen*) tourné(e); **~ werden** tourner ❸ *Gurke* au vinaigre; *Hering* mariné(e) ❹ CHEM *Lösung, Boden, Regen* acide ❺ *fam* (*verärgert*) renfrogné(e); **~ sein** être de mauvais poil; **auf jdn ~ sein** être en rogne contre qn **II.** *adv* ❶ *ersparen, erarbeiten* durement ❷ *fam reagieren* avec mauvaise humeur
Sauerampfer <-, -n> *m* oseille *f* **Sauerbraten** *m* rôti *m* de bœuf mariné [dans du vinaigre]
Sauerei [zauə'rai] <-, -en> *f fam* saloperie *f*
Sauerkirsche *f* ❶ (*Frucht*) griotte *f* ❷ (*Baum*) cerisier *m* **Sauerkraut** *nt* choucroute *f*
säuerlich ['zɔyɐlɪç] **I.** *adj Geschmack, Frucht* aigrelet(te); *Wein* vert(e) **II.** *adv* **~ schmecken** *Wein:* être vert
Sauermilch *f* lait *m* caillé
säuern ['zɔyɐn] **I.** *vt* acidifier **II.** *vi* donner des aigreurs
Sauerrahm *m* ≈ crème *f* fleurette
Sauerstoff ['zauɐʃtɔf] *m kein Pl* oxygène *m*

S

Sauerstoffflasche *f* bouteille *f* d'oxygène **Sauerstoffgerät** *nt* (*Atemgerät*) masque *m* à oxygène **Sauerstoffmangel** *m* manque *m* d'oxygène **Sauerstoffmaske** *f* masque *m* à oxygène **Sauerstoffzelt** *nt* tente *f* à oxygène
Sauerteig *m* levain *m*
saufen ['zaufən] <säuft, soff, gesoffen> **I.** *vt* boire; **das Tier säuft Wasser** l'animal boit de l'eau **II.** *vi* ❶ *Tier:* s'abreuver ❷ *fam* (*Alkoholiker sein*) picoler
Säufer(in) ['zɔyfɐ] <-s, -> *m(f) fam* pochard(e) *m(f)*
Sauferei [zaufə'rai] <-, -en> *f sl* (*Besäufnis*) beuverie *f*
säuft [zɔyft] *3. Pers Präs von* **saufen**
saugen ['zaugən] <sog *o* saugte, gesogen *o* gesaugt> **I.** *vi* ❶ téter; **an der Brust ~** *Baby:* téter le sein ❷ (*staubsaugen*) passer l'aspirateur **II.** *vt* ❶ passer l'aspirateur sur *Teppich* ❷ (*einsaugen*) aspirer *Flüssigkeit*
säugen ['zɔygən] *vt* allaiter
Sauger <-s, -> *m* (*auf einer Flasche*) tétine *f*
Säugetier *nt* mammifère *m*
saugfähig *adj* absorbant(e)
Säugling ['zɔyklɪŋ] <-s, -e> *m* nourrisson *m*
Säuglingspflege *f* puériculture *f* **Säuglingsschwester** *f* puéricultrice *f* **Säuglingssterblichkeit** *f* mortalité *f* néonatale
Saugnapf *m* ventouse *f* **Saugrohr** *nt* tuyau *m* d'aspiration **Saugrüssel** *m* ❶ ZOOL suçoir *m* ❷ (*an einer Tanksäule*) tuyau *m* antipollution
Sauhaufen *m pej sl* bande *f* de jean-foutre
saukalt ['zau'kalt] *adj fam* **es ist ~** il fait un froid de canard **Saukälte** *f fam* froid *m* de canard
Säule ['zɔylə] <-, -n> *f* ❶ colonne *f* ❷ *fig geh* pilier *m* ❸ (*Zapfsäule*) pompe *f*
Säulengang <-gänge> *m* colonnade *f* **Säulenhalle** *f* portique *f*
Saum [zaum, *Pl:* 'zɔymə] <-[e]s, Säume> *m* (*umgenähter Rand*) ourlet *m*
saumäßig *fam* **I.** *adj* *Schmerzen* atroce; *Leistung, Schrift* de cochon **II.** *adv* foutrement; **es blutet ~** ça pisse le sang
säumen ['zɔymən] *vt* ourler *Stoff*
säumig *adj geh* *Schuldner* retardataire
Sauna ['zauna] <-, -s *o* Saunen> *f* sauna *m*
Säure ['zɔyrə] <-, -n> *f* ❶ CHEM acide *m* ❷ (*Geschmack*) acidité *f*
Sauregurkenzeit, **Saure-Gurken-Zeit**RR [zaurə'gʊrkəntsait] *f hum fam* morte-saison *f* [de l'information]
säurehaltig *adj* acide; **~ sein** contenir de l'acide
Saurier ['zaurie] <-s, -> *m* saurien *m*
Saus [zaus] ▶ **in ~ und Braus leben** vivre dans le luxe et l'opulence
Sause ['zauzə] <-, -n> *f sl* ❶ (*Feier*) bamboche *f* (*vieilli fam*) ❷ (*Zechtour*) tournée *f* des bars (*fam*); **eine ~ machen** faire la bringue (*fam*)
säuseln ['zɔyzəln] *vi* ❶ *Wind:* murmurer ❷ *geh* (*sprechen*) susurrer
sausen ['zauzən] *vi* ❶ + *haben* *Sturm:* mugir ❷ + *sein* (*sich bewegen*) **nach Hause ~** rentrer à toute allure à la maison (*fam*); **durch die Luft ~** *Pfeil:* fendre l'air en sifflant ▶ **~ lassen** *fam* laisser tomber *Plan*
sausen|lassen *s.* **sausen** ▶
Saustall *m fam* bordel *m* **saustark** *adj fam* *Buch, Film* génial **Sauwetter** *nt fam* temps *m* de cochon **sauwohl** ['zau'vo:l] *adv fam* **sich ~ fühlen** se sentir vachement bien
Savanne [za'vanə] <-, -n> *f* savane *f*
SaxofonRR [zakso'fo:n] <-s, -e> *nt* saxophone *m*
Saxofonist(in)RR [zaksofo'nɪst] <-en, -en> *m(f)* saxophoniste *mf*
Saxophon *s.* **Saxofon**
Saxophonist(in) *s.* **Saxofonist(in)**
SB [ɛs'be:] *Abk von* **Selbstbedienung** libre-service *m*
S-Bahn® ['ɛsba:n] *f* train *m* de banlieue; (*in Paris*) R.E.R. *m*
S-Bahnhof ['ɛsba:nho:f] *m*, **S-Bahn-Station** *f* gare *f* (*desservie par les trains de banlieue*); (*in Paris*) gare *f* de R.E.R.
SBB ['ɛsbe:be:] *f Abk von* **Schweizerische Bundesbahn** *sigle de la société des chemins de fers suisses*
s. Br. *Abk von* **südlicher Breite** lat. S.
SB-Tankstelle [ɛs'be:-] *f* station *f* libre-service
Scampi ['skampi] *Pl* GASTR scampi[s] *mpl*
scannen ['skɛnən] *vt* scanner
Scanner ['skɛnɐ] <-s, -> *m* INFORM scanne[u]r *m*
Scartkabel ['ska:ɐt-] *nt* TELEC câble *m* péritel®
Schabe ['ʃa:bə] <-, -n> *f* cafard *m*
schaben ['ʃa:bən] *vt* gratter *Möhren;* drayer *Fell*
Schaber <-s, -> *m* grattoir *m*
Schabernack ['ʃa:bɐnak] <-[e]s, -e> *m* farce *f*

S

schäbig ['ʃɛ:bɪç] *adj* ① *Kleidung* râpé(e); *Schuhe, Tasche* miteux(-euse) ② *Person, Verhalten* mesquin(e) ③ *Bezahlung* minable; *Rest* malheureux(-euse) *antéposé*

Schablone [ʃa'blo:nə] <-, -n> *f* (*Vorlage*) modèle *m;* (*Malschablone*) pochoir *m*

schablonenhaft *adj pej* stéréotypé(e)

Schach [ʃax] <-s> *nt* ① échecs *mpl;* **~ spielen** jouer aux échecs ② (*Stellung*) **~ und matt!** échec et mat!

Schachbrett *nt* échiquier *m*

Schachbrettmuster *nt* motif *m* en damier

Schachcomputer *m* échiquier *m* électronique

Schacher ['ʃaxɐ] <-s> *m pej* tractations *fpl*

schachern ['ʃaxɐn] *vi pej* marchander; **um etw ~** marchander sur qc

Schachfigur *f* ① pièce *f* d'échecs ② *fig* pion *m* **schachmatt** ['ʃax'mat] *adj* ① **jdn ~ setzen** mettre qn échec et mat ② *fam* (*erschöpft*) fourbu(e) **Schachspiel** *nt* jeu *m* d'échecs **Schachspieler(in)** *m(f)* joueur(-euse) *m(f)* d'échecs

Schacht [ʃaxt, *Pl:* 'ʃɛçtə] <-[e]s, Schächte> *m a.* MIN puits *m; eines Fahrstuhls* cage *f*

Schachtel ['ʃaxtəl] <-, -n> *f* boîte *f;* **eine ~ Zigaretten** un paquet de cigarettes

Schachzug *m* ① coup *m* ② (*Manöver*) manœuvre *f*

schade ['ʃa:də] *adj* ① dommage; **das ist ~!** c'est dommage!; **es ist wirklich ~, dass** c'est vraiment dommage que + *subj* ② (*gut*) **zu ~ für jdn sein** *Person:* être trop bien pour qn; *Geschenk:* être trop beau pour qn; **sich** (*dat*) **für nichts zu ~ sein** ne reculer devant rien

Schädel ['ʃɛ:dəl] <-s, -> *m* crâne *m*

Schädelbruch *m* MED fracture *f* du crâne **Schädeldecke** *f* calotte *f* crânienne

schaden ['ʃa:dən] *vi* ① nuire; **jdm/sich mit etw ~** nuire à qn/se nuire en faisant qc ② *fam* (*verkehrt sein*) **es kann nichts ~, wenn ...** ça peut pas faire de mal si ...; **das schadet nichts** ça fait rien

Schaden ['ʃa:dən, *Pl:* 'ʃɛ:dən] <-s, Schäden> *m* ① (*Sachschaden*) dommage *m;* (*Verwüstung*) dégâts *mpl* ② (*Beeinträchtigung*) **jdm/einer S. ~ zufügen** faire du tort à qn/qc ③ (*Verletzung*) lésion *f*

Schadenersatz *s.* **Schadensersatz** **Schadenfreiheitsrabatt** *m form* bonus *m* **Schadenfreude** *f* malin plaisir *m* **schadenfroh** *adj Grinsen* narquois(e); **~ sein** *Person:* se réjouir du malheur des autres

Schadensbegrenzung *f* limitation *f* des dégâts **Schadensersatz** *m* dommages et intérêts *mpl;* (*Schmerzensgeld*) pretium *m* doloris

schadhaft ['ʃa:thaft] *adj* défectueux(-euse)

schädigen ['ʃɛ:dɪgən] *vt* ① **jdn/etw ~** nuire à qn/qc; (*finanziell*) causer un préjudice à qn/qc ② (*beschädigen*) endommager

Schädigung <-, -en> *f* (*Schaden*) dommage *m;* (*durch Verletzung*) lésion *f*

schädlich ['ʃɛ:tlɪç] *adj* nocif(-ive)

Schädlichkeit <-> *f* nocivité *f*

Schädling ['ʃɛ:tlɪŋ] <-s, -e> *m* parasite *m*

Schädlingsbekämpfung *f* destruction *f* des parasites **Schädlingsbekämpfungsmittel** *nt* insecticide *m*

schadlos ['ʃa:tlo:s] *adj* ÖKON **sich für etw ~ halten** se dédommager de qc

Schadstoff *m* polluant *m*

schadstoffarm *adj* peu polluant(e) **schadstofffrei** *adj* biologique **Schadstoffwert** *m* taux *m* de pollution

Schaf [ʃa:f] <-[e]s, -e> *nt* ① mouton *m* ② *fam* (*Dummkopf*) andouille *f*

Schafbock *m* bélier *m*

Schäfchen ['ʃɛ:fçən] <-s, -> *nt Dim von* **Schaf** ① ▶ **sein** [*o* **seine**] **~ ins Trockene bringen** *fam* mettre son magot en sécurité

Schäfchenwolken *Pl* nuages *mpl* moutonnés

Schäfer(in) ['ʃɛ:fɐ] <-s, -> *m(f)* berger(-ère) *m(f)*

Schäferhund *m* berger *m* allemand **Schäferstündchen** [-ʃtʏntçən] *nt hum* tête-à-tête *m inv* galant

Schaffell ['ʃa:f-] *nt* peau *f* de mouton

schaffen¹ ['ʃafən] <schaffte, geschafft> **I.** *vt* ① réussir *Examen;* venir à bout de *Hürde, Haushalt;* **es ~** y arriver; **ich schaffe es nicht mehr** je n'en peux plus; **das wäre geschafft!** ça y est! ② (*bringen*) **etw auf den Speicher ~** transporter qc dans le grenier ③ *fam* (*erschöpfen*) **jdn ~** *Stress:* crever qn ④ *fam* (*tun*) **damit haben Sie nichts zu ~!** ça ne vous concerne pas! ⑤ (*bekümmern*) **jdm zu ~ machen** causer [bien] du souci à qn **II.** *vi* SDEUTSCH, CH (*arbeiten*) travailler

schaffen² ['ʃafən] <schuf, geschaffen> *vt* créer; faire *Frieden*

Schaffensdrang *m* énergie *f* créatrice **Schaffenskraft** *f* créativité *f*

Schaffner(in) ['ʃafnɐ] <-s, -> *m(f)* contrôleur(-euse) *m(f)*
Schaffung <-> *f* création *f*
Schafgarbe *f* achillée *f* **Schafherde** *f* troupeau *m* de moutons
Schafott [ʃa'fɔt] <-[e]s, -e> *nt* échafaud *m*
Schafskäse *m* fromage *m* de brebis **Schafspelz** *m* peau *f* de mouton
Schafstall *m* bergerie *f*
Schaft [ʃaft, *Pl:* 'ʃɛftə] <-[e]s, Schäfte> *m* ❶ *einer Axt* manche *m; einer Lanze* corps *m* ❷ BOT *eines Baums* fût *m; einer Pflanze* tige *f* ❸ (*Stiefelschaft*) tige *f*
Schafzucht *f kein Pl* élevage *m* de moutons
Schah [ʃa:] <-s, -s> *m* schah *m*
Schakal [ʃa'ka:l] <-s, -e> *m* chacal *m*
schäkern ['ʃɛ:kɐn] *vi* flirter; **mit jdm ~** flirter avec qn
schal [ʃa:l] *adj* ❶ (*abgestanden*) éventé(e) ❷ (*inhaltsleer*) insipide
Schal [ʃa:l] <-s, -s *o* -e> *m* écharpe *f;* (*aus Seide*) foulard *m*
Schälchen <-s, -> *nt Dim von* **Schale²** coupelle *f*
Schale ['ʃa:lə] <-, -n> *f* ❶ (*Eierschale, Nussschale*) coquille *f* ❷ (*Haut von Obst, Gemüse*) peau *f; von Orangen, Zitronen* écorce *f;* (*abgeschält*) pelure *f* ❸ (*Gefäß*) coupe *f*
schälen ['ʃɛ:lən] **I.** *vt* éplucher *Obst, Kartoffel;* écaler *Nuss, Ei;* décortiquer *Getreide, Reis* **II.** *vr* **sich ~** *Haut:* peler
Schalensitz *m* siège-baquet *m* **Schalentier** *nt* crustacé *m*
Schalk [ʃalk, *Pl:* 'ʃalkə, 'ʃɛlkə] <-[e]s, -e *o* Schälke> *m* ▶ **jdm sitzt der ~ im Nacken** qn est très farceur(-euse)
Schall [ʃal, *Pl:* 'ʃalə, 'ʃɛlə] <-[e]s, -e *o* Schälle> *m* ❶ *geh* (*Klang*) bruit *m* ❷ *kein Pl* PHYS son *m*
schalldämmend *adj* isolant(e) **Schalldämmung** *f* insonorisation *f* **Schalldämpfer** *m* silencieux *m* **schalldicht** *adj Fenster, Tür* insonore; *Raum* insonorisé(e)
schallen ['ʃalən] <schallte *o* scholl, geschallt> *vi* résonner
schallend **I.** *adj* retentissant(e) **II.** *adv lachen* aux éclats
Schallgeschwindigkeit *f kein Pl* vitesse *f* [de propagation] du son **Schallmauer** *f kein Pl* mur *m* du son ▶ **die ~ durchbrechen** franchir le mur du son **Schallplatte** *f* disque *m*
Schallplattensammlung *f* discothèque *f*
schallschluckend *adj Material* antibruit **Schallwelle** *f* onde *f* sonore
Schalotte [ʃa'lɔtə] <-, -n> *f* échalote *f*
schalt [ʃalt] *Imp von* **schelten**
schalten ['ʃaltən] **I.** *vt* ❶ (*einstellen*) **etw auf „ein" ~** allumer qc ❷ ELEC, TELEC **eine Telefonleitung ~** mettre une ligne [téléphonique] en service ❸ PRESSE, MEDIA passer *Anzeige, Werbespot* **II.** *vi* ❶ (*Gang einlegen*) changer de vitesse; **in den zweiten Gang/den Leerlauf ~** passer la seconde/au point mort ❷ *fam* (*begreifen*) piger
Schalter ['ʃaltɐ] <-s, -> *m* ❶ (*Theke*) guichet *m* ❷ ELEC, TECH bouton *m* [de commande], interrupteur *m*
Schalterbeamte(r) *m dekl wie adj,* **-beamtin** *f* guichetier(-ière) *m(f)* **Schalterhalle** *f* hall *m* des guichets **Schalterstunden** *Pl* heures *fpl* d'ouverture des guichets
Schalthebel *m* ❶ *einer Gangschaltung* levier *m* de vitesse ❷ ELEC [levier *m* de] commande *f* **Schaltjahr** *nt* année *f* bissextile **Schaltknüppel** *m* levier *m* de vitesse [au plancher] **Schaltkreis** *m* circuit *m* **Schaltplan** *m* schéma *m* de connexion **Schaltpult** *nt* pupitre *m* de commande **Schalttag** *m* jour *m* intercalaire **Schaltuhr** *f* TV minuteur *m*
Schaltung <-, -en> *f* ❶ (*Gangschaltung*) changement *m* de vitesse ❷ ELEC **integrierte ~** circuit *m* intégré
Schaltzentrale *f* TECH *a. fig* poste *m* de commande
Scham [ʃa:m] <-> *f* (*Schamgefühl*) honte *f*
Schambein *nt* pubis *m*
schämen ['ʃɛ:mən] *vr* **sich ~** avoir honte; **sich für jdn/wegen etw ~** avoir honte pour qn/de qc; **sich einer S.** (*gen*) **nicht ~** ne pas rougir de qc
Schamgefühl *nt kein Pl* pudeur *f* **Schamgrenze** *f* limite *f* de la pudeur *souvent pl* **Schamhaar** *nt* (*einzelnes Haar*) poil *m* du pubis
schamhaft *adj* pudique
Schamlippen *Pl* lèvres *fpl* [de la vulve]
schamlos *adj* ❶ impudique ❷ (*unverschämt*) impudent(e)
Schamlosigkeit <-, -en> *f* ❶ *kein Pl* (*mangelndes Schamgefühl*) impudeur *f* ❷ (*Bemerkung, Handlung*) impudence *f*
Schamottestein [ʃa'mɔtə-] *m* brique *f* réfractaire
schamrot ['ʃa:mro:t] *adj* rouge de honte **Schamröte** *f* rougeur *f;* **jdm steigt die ~ ins Gesicht** qn rougit de honte

S

Schande ['ʃandə] <-> *f* honte *f*, déshonneur *m;* **zu meiner ~** à ma grande honte; **das ist eine ~** c'est une honte

schänden ['ʃɛndən] *vt* (*entweihen*) profaner

Schandfleck *m* souillure *f*

schändlich ['ʃɛntlɪç] *adj* (*niederträchtig*) ignoble

Schändlichkeit <-, -en> *f* ignominie *f*

Schandtat *f* ▶ **zu jeder ~ bereit sein** *hum fam* être toujours partant pour faire une connerie

Schändung <-, -en> *f* ① (*Entweihung*) profanation *f* ② (*Verschandelung*) défiguration *f*

Schank [ʃaŋk] <-, -en> *f* A (*Tresen*) comptoir *m*

SchänkeRR ['ʃɛŋkə] *s.* **Schenke**

Schanze ['ʃantsə] <-, -n> *f* (*Sprungschanze*) tremplin *m*

Schar [ʃaːɐ̯] <-, -en> *f* ① (*große Menge*) bande *f;* **in ~en** en masse ② (*Pflugschar*) soc *m*

Scharade [ʃa'raːdə] <-, -n> *f* charade *f*

scharen ['ʃaːrən] **I.** *vt* rassembler; **Menschen um sich ~** rassembler des personnes autour de soi **II.** *vr* **sich um jdn/etw ~** se rassembler autour de qn/qc

scharenweise *adv* en masse

scharf [ʃarf] <schärfer, schärfste> **I.** *adj* ① *Messer* coupant(e); *Krallen* acéré(e) ② *Kante* aigu(ë); *Zähne, Hörner* pointu(e) ③ (*stark gewürzt*) épicé(e) ④ *Säure* agressif(-ive) ⑤ *Beobachter* perspicace; *Kontrolle* strict(e); *Maßnahme* drastique ⑥ *Hund* méchant(e) ⑦ *Munition* à balles [réelles]; *Bombe* amorcé(e) ⑧ *Wind* cinglant(e); *Ablehnung* catégorique; *Konkurrenz* sévère; *Kritik* acerbe; *Protest* vif(vive) ⑨ *Beobachtung* fin(e) ⑩ *Verstand* aigu(ë); *Augen* perçant(e); *Gehör* fin(e) ⑪ OPT, PHOT *Aufnahme* net(te); *Brille, Linse* fort(e) ⑫ (*präzise*) précis(e) ⑬ *Kurve* serré(e) ⑭ *fam* (*versessen*) **auf jdn/etw ~ sein** être dingue de qn/avoir vachement envie de qc ⑮ *fam Typ, Auto* d'enfer **II.** *adv* ① (*kräftig*) **etw ~ würzen** bien épicer qc ② *kritisieren* énergiquement ③ *ansehen* fixement; *nachdenken* bien ④ *einstellen* précisément; *sehen* nettement ⑤ *bremsen* soudainement

Scharfblick *m kein Pl* perspicacité *f*

Schärfe ['ʃɛrfə] <-, -n> *f* ① *eines Messers* tranchant *m* ② (*starke Würze*) goût *m* très épicé ③ **in aller ~** *kritisieren* très sévèrement; *zurückweisen* avec force ④ (*Genauigkeit*) précision *f* ⑤ *einer Aufnahme* netteté *f; einer Brille* force *f* ⑥ *des Verstandes* acuité *f; des Geschmacks* finesse *f*

schärfen ['ʃɛrfən] *vt* aiguiser

Schärfentiefe *f kein Pl* PHOT profondeur *f* de champ

scharfkantig *adj* à arête[s] vive[s]

scharf|machen *vt fam* **jdn ~** (*sexuell reizen*) exciter qn **Scharfmacher(in)** *m(f) pej fam* fauteur(-trice) *m(f)* de trouble **Scharfrichter** *m* bourreau *m* **Scharfschütze** *m*, **-schützin** *f* tireur(-euse) *m(f)* d'élite

scharfsichtig *adj* perspicace

Scharfsinn *m kein Pl* sagacité *f*

scharfsinnig **I.** *adj Person* sagace; *Bemerkung* pertinent(e) **II.** *adv* avec sagacité

Scharlach ['ʃarlax] <-s> *m* MED scarlatine *f*

scharlachrot *adj* écarlate

Scharlatan ['ʃarlatan] <-s, -e> *m* charlatan *m*

Scharnier [ʃar'niːɐ̯] <-s, -e> *nt* charnière *f*

Schärpe ['ʃɛrpə] <-, -n> *f* écharpe *f*

scharren ['ʃarən] **I.** *vi* gratter **II.** *vt* creuser *Loch*

Scharte ['ʃartə] <-, -n> *f* ① (*Einkerbung*) brèche *f* ② (*Schießscharte*) meurtrière *f*

scharwenzeln* [ʃar'vɛntsəln] *vi + haben o sein fam* faire de la lèche; **um jdn ~** lécher les bottes à qn

Schaschlik ['ʃaʃlɪk] <-s, -s> *nt* brochette *f*

schassen *vt fam* virer; **jdn aus etw ~** virer qn de qc

Schatten ['ʃatən] <-s, -> *m* ombre *f* ▶ **über seinen ~ springen** se faire violence

Schattendasein *nt* ▶ **ein ~ fristen** végéter dans l'ombre

schattenhaft **I.** *adj* vague **II.** *adv* vaguement

Schattenkabinett *nt* cabinet *m* fantôme **Schattenmorelle** *f* (*Frucht*) griotte *f* **Schattenriss**RR *m* silhouette *f* **Schattenseite** *f* (*Kehrseite*) revers *m* de la médaille **Schattenspiel** *nt* ombres *fpl* chinoises; (*Theater*) théâtre *m* d'ombres

schattieren* [ʃa'tiːrən] *vt* ombrer

Schattierung <-, -en> *f geh* (*Nuance*) tendance *f*

schattig ['ʃatɪç] *adj* ombragé(e)

Schatulle [ʃa'tʊlə] <-, -n> *f geh* cassette *f* (*vieilli*)

Schatz [ʃats, *Pl:* 'ʃɛtsə] <-es, Schätze> *m* ① trésor *m* ② *fam* (*Liebling*) chéri(e) *m(f)*

Schatzamt *nt* ① (*Staatskasse*) Trésor *m* ② ADMIN trésorerie *f* **Schatzanweisung** *f* FIN bon *m* du Trésor

S

schätzbar *adj Wert* estimable; **das ist schwer ~** c'est difficile à estimer

schätzen ['ʃɛtsən] **I.** *vt* ① (*einschätzen*) estimer; **wie alt schätzt du ihn?** quel âge lui donnes-tu? ② (*den Wert bestimmen*) **etw auf tausend Euro** (*akk*) **~** évaluer qc à mille euros ③ (*würdigen*) estimer; **jdn als Freund ~** apprécier qn en tant qu'ami; **sich glücklich ~** s'estimer heureux; **hoch ~** estimer beaucoup **II.** *vi* **ich schätze, dass ...** je pense que ...

schätzenswert *adj Mensch* estimable, digne d'estime

Schätzer(in) <-s, -> *m(f)* expert(e) *m(f)*

Schatzgräber(in) <-s, -> *m(f)* chercheur(-euse) *m(f)* de trésor

Schatzkammer *f* [salle *f* du] trésor *m* **Schatzmeister(in)** *m(f)* trésorier(-ière) *m(f)*

Schätzung <-, -en> *f* estimation *f*

schätzungsweise *adv* approximativement

Schätzwert *m* valeur *f* estimée

Schau [ʃau] <-, -en> *f* (*Spektakel*) show *m* ▶ **eine ~ abziehen** *fam* faire son numéro

Schaubild *nt* graphique *m*

Schauder ['ʃaudɐ] <-s, -> *m geh* (*Gefühl*) frémissement *m*

schauderhaft *adj* ① *Szene* d'horreur; *Gestank* horrible ② *fam* (*sehr schlecht*) épouvantable

schaudern ['ʃaudɐn] *vt unpers* **jdm schaudert es bei dem Gedanken, dass** qn frémit à l'idée que + *subj*

schauen ['ʃauən] *vi bes.* DIAL ① (*blicken*) regarder ② (*dreinblicken*) **ernst ~** avoir un air sérieux ③ (*sich kümmern*) **nach jdm/etw ~** jeter un coup d'œil sur qn/qc ④ (*sich bemühen um*) **schau, dass du fertig wirst!** dépêche-toi de finir!

Schauer ['ʃauɐ] <-s, -> *m* ① (*Regenschauer*) averse *f* ② (*Frösteln*) frisson *m*

schauerlich *s.* **schauderhaft**

Schauermärchen *nt fam* histoire *f* de brigands

Schaufel ['ʃaufəl] <-, -n> *f* (*Werkzeug*) pelle *f*

schaufeln ['ʃaufəln] *vt, vi* pelleter; creuser [à la pelle] *Loch, Grab*

Schaufenster *nt* vitrine *f*

Schaufensterbummel *m fam* **einen ~ machen** faire du lèche-vitrine **Schaufensterpuppe** *f* mannequin *m*

Schaukampf *m* combat-exhibition *m* **Schaukasten** *m* panneau *m* d'affichage

Schaukel ['ʃaukəl] <-, -n> *f* balançoire *f*

schaukeln ['ʃaukəln] **I.** *vi* ① (*auf einer Schaukel*) faire de la balançoire ② (*wippen, schwanken*) se balancer **II.** *vt* **das Baby ~** bercer le bébé

Schaukelpferd *nt* cheval *m* à bascule **Schaukelpolitik** *f pej* politique *f* de bascule **Schaukelstuhl** *m* rocking-chair *m*

schaulustig *adj* curieux(-euse); **eine ~e Menge** une foule de badauds

Schaulustige(r) *f(m) dekl wie adj* badaud(e) *m(f)*

Schaum [ʃaum, *Pl:* 'ʃɔymə] <-s, Schäume> *m* ① (*Seifenschaum, Bierschaum*) mousse *f;* (*Wellenschaum*) écume *f* ② (*Geifer*) écume *f* ③ GASTR mousse *f*

Schaumbad *nt* bain *m* moussant

schäumen ['ʃɔymən] *vi* ① mousser ② *geh* (*in Rage sein*) écumer

Schaumfestiger *m* mousse *f* fixante **Schaumgummi** *m* caoutchouc *m* mousse

schaumig ['ʃaumɪç] *adj* mousseux(-euse); *Gewässer* écumeux(-euse); **Eiweiß ~ schlagen** battre des blancs en neige

Schaumkrone *f von Wellen* mouton *m* d'écume; *eines Biers* mousse *f* **Schaumschläger(in)** *m(f) fig, pej* frimeur(-euse) *m(f)* (*fam*) **Schaumstoff** *m* mousse *f* **Schaumwein** *m form* vin *m* mousseux

Schauplatz *m* théâtre *m* **Schauprozess**RR *m* procès-spectacle *m*

schaurig ['ʃaurɪç] *adj Geschichte* macabre; *Ort* lugubre

Schauspiel ['ʃauʃpiːl] *nt* ① THEAT pièce *f* de théâtre ② *geh* (*Anblick*) spectacle *m* **Schauspieler(in)** ['ʃauʃpiːlɐ] *m(f)* (*Theaterschauspieler*) comédien(ne) *m(f);* (*Filmschauspieler*) acteur(-trice) *m(f)*

schauspielern ['ʃauʃpiːlɐn] *vi* ① faire du théâtre ② (*sich verstellen*) jouer la comédie

Schauspielhaus *nt* théâtre *m* **Schauspielschule** *f* conservatoire *m* d'art dramatique

Schausteller(in) <-s, -> *m(f)* forain(e) *m(f)*

Schautafel *f* tableau *m* mural de présentation

Scheck [ʃɛk] <-s, -s> *m* chèque *m;* **jdm einen ~ ausstellen** faire un chèque à qn

Scheckbetrug *m* usage *m* frauduleux de chèques **Scheckbuch** *nt* chéquier *m*

scheckig ['ʃɛkɪç] *adj Kuh, Pferd* pie ▶ **sich ~ lachen** *fam* se taper le cul par terre (*pop*)

Scheckkarte *f* carte *f* bancaire

S

scheel [ʃeːl] *adj, adv fam* de traviole
Scheffel ['ʃɛfəl] <-s, -> *m* boisseau *m*
scheffeln ['ʃɛfəln] *vt* amasser; **Geld ~** amasser de l'argent
scheibchenweise *adv fig* (*nach und nach*) au compte-gouttes
Scheibe ['ʃaibə] <-, -n> *f* ① (*große Glasscheibe*) verre *m;* (*Fensterscheibe*) vitre *f;* (*in Sprossenfenstern*) carreau *m;* (*Windschutzscheibe*) parebrise *f;* (*Heckscheibe*) lunette *f* arrière ② (*abgeschnittenes Stück*) tranche *f* ③ (*runder Gegenstand*) disque *m* ④ *fam* (*Schallplatte*) disque *m*
Scheibenbremse *f* frein *m* à disque **Scheibenwaschanlage** *f* lave-glace *m* **Scheibenwischer** <-s, -> *m* essuie-glace *m* **Scheibenwischerblatt** *nt* balai *m* d'essuie-glace
Scheich [ʃaiç] <-s, -e> *m* cheik *m*
Scheide ['ʃaidə] <-, -n> *f* ① *eines Schwerts* fourreau *m* ② ANAT vagin *m*
scheiden ['ʃaidən] <schied, geschieden> **I.** *vt + haben* dissoudre *Ehe;* **sich von jdm ~ lassen** divorcer de qn; **eine geschiedene Frau** une [femme] divorcée; **ihr geschiedener Mann** son ex-mari **II.** *vi geh + sein* (*aufgeben*) **aus einem Amt ~** quitter un poste **III.** *vr + haben* **in diesem Punkt ~ sich die Meinungen** sur ce point, les avis divergent
Scheidewand *f* cloison *f* **Scheideweg** *m* ▶ **am ~ stehen** être à la croisée des chemins
Scheidung <-, -en> *f* divorce *m;* **die ~ einreichen** demander le divorce
Scheidungsanwalt *m*, **-anwältin** *f* avocat(e) *m(f)* spécialisé(e) dans les divorces **Scheidungsgrund** *m* motif *m* de divorce **Scheidungskrieg** *m* guerre *f* du divorce
Schein [ʃain] <-[e]s, -e> *m* ① *kein Pl einer Lampe* lumière *f; einer Kerze* lueur *f* ② *kein Pl* (*Anschein*) apparence *f* ③ (*Banknote*) billet *m* ④ *fam* (*Bescheinigung*) attestation *f* ⑤ UNIV *fam* unité *f* de valeur
Scheinangriff *m* feinte *f*
scheinbar *adj* apparent(e)
Scheinchen ['ʃainçən] <-s, -> *nt fam* (*Geldschein*) biffeton *m*
Scheinehe *f* mariage *m* blanc
scheinen ['ʃainən] <schien, geschienen> **I.** *vi* ① *Sonne, Mond, Sterne:* briller ② (*den Anschein haben*) **er/sie scheint zu schlafen** il/elle a l'air de dormir; **das scheint schwierig zu sein** cela semble être difficile **II.** *vi unpers* **es scheint, dass ...** il semble que ...
Scheinfirma *f* société *f* fictive **Scheinfriede** *m* paix *f* illusoire **Scheingeschäft** *nt* commerce *m* fictif **scheinheilig** ['ʃainhailɪç] *pej* **I.** *adj* hypocrite **II.** *adv* hypocritement; **~ tun** faire l'hypocrite **Scheinheiligkeit** *f* hypocrisie *f* **Scheinheirat** *f* mariage *m* blanc **Scheintod** *m kein Pl* mort *f* apparente **scheintot** *adj* **~ sein** avoir l'air mort
Scheinwerfer *m* ① projecteur *m* ② (*Autoscheinwerfer*) phare *m*
Scheinwerferlicht *nt eines Autos* lumière des phares *f*
Scheiß [ʃais] <-> *m pej fam* conneries *fpl;* **mach keinen ~!** fais pas le con/la conne! **Scheißdreck** *m pej fam* merde *f;* **wegen jedem ~** pour n'importe quelle connerie
scheiße *adj pej fam inv* **diese Idee ist ~** cette idée, c'est de la connerie
Scheiße ['ʃaisə] <-> *f fam* ① (*Kot*) merde *f* (*vulg*) ② (*Unerfreuliches*) merde *f;* **verdammte ~!** merde alors! ③ (*Blödsinn*) **~ bauen** faire des conneries
scheißegal ['ʃaisʔe'gaːl] *adj fam* **diese Party ist mir ~!** j'en ai rien à foutre de cette boum!
scheißen ['ʃaisən] <schiss, geschissen> *vi* ① *fam* chier ② *fam* (*nichts geben auf*) **auf etw ~** ne rien en avoir à foutre de qc
scheißfreundlich *adj sl* **~ zu jdm sein** fayoter avec qn
Scheißkerl *m fam* sale con *m*
Scheit [ʃait] <-[e]s, -e *o* A, CH -er> *nt* bûche *f*
Scheitel ['ʃaitəl] <-s, -> *m* raie *f*
scheiteln *vt* se faire une raie; **sich** (*dat*) **die Haare ~** se faire une raie dans les cheveux
Scheitelpunkt *m* ARCHIT sommet *m*
Scheiterhaufen ['ʃaitɐhaufən] *m* bûcher *m*
scheitern ['ʃaitɐn] *vi + sein* échouer; **an jdm/etw ~** échouer à cause de qn/devant qc
Scheitern <-s> *nt* échec *m*
Schelle ['ʃɛlə] <-, -n> *f* ① TECH collier *m* [de serrage] ② (*Klingel*) sonnette *f;* (*Glöckchen*) clochette *f*
schellen ['ʃɛlən] DIAL **I.** *vi Person, Telefon:* sonner **II.** *vi unpers* **es schellt** on sonne
Schellfisch *m* églefin *m*
Schelm [ʃɛlm] <-[e]s, -e> *m* farceur *m*
schelmisch *adj* malicieux(-euse)
Schelte ['ʃɛltə] <-, -n> *f* ① *geh* (*Schimpfe*) réprimande *f;* **~ bekommen** se faire réprimander ② (*Kritik*) volée *f* de bois vert
schelten ['ʃɛltən] <schilt, schalt,

geschọlten> *geh* **I.** *vt* (*ausschimpfen*) réprimander; **jdn wegen etw ~** réprimander qn pour qc **II.** *vi* **mit jdm ~** faire des remontrances à qn

Schema ['ʃe:ma] <-s, -s *o* Schemata *o* Schemen> *nt* schéma *m*

schematisch [ʃe'ma:tɪʃ] **I.** *adj Darstellung* schématique **II.** *adv darstellen* schématiquement

schematisieren* [ʃemati'zi:rən] *vt* schématiser

Schemel ['ʃe:məl] <-s, -> *m* tabouret *m*

Schemen ['ʃe:mən] *Pl von* **Schema**

schemenhaft *geh adj* vague

Schenke ['ʃɛŋkə] <-, -n> *f* auberge *f*

Schenkel ['ʃɛŋkəl] <-s, -> *m* ① cuisse *f* ② MATH *eines Winkels* côté *m*

schenken ['ʃɛnkən] *vt* ① faire cadeau de *Blumen, Buch;* **jdm etw zum Geburtstag ~** offrir qc à qn pour son anniversaire; **etw von jdm geschenkt bekommen** recevoir qc de qn en cadeau ② (*widmen*) **jdm Beachtung ~** accorder de l'attention à qn

Schenkung <-, -en> *f* JUR donation *f*

scheppern ['ʃɛpɐn] *vi Eimer, Dose:* faire un bruit de ferraille

Scherbe ['ʃɛrbə] <-, -n> *f* débris *m;* **in ~n gehen** se briser en morceaux

Scherbenhaufen *m* ▶ **vor einem ~ stehen** se retrouver dans une situation désastreuse

Schere ['ʃe:rə] <-, -n> *f* ① [paire *f* de] ciseaux *mpl* ② *eines Hummers, Krebses* pince *f*

scheren¹ ['ʃe:rən] <schor, geschoren> *vt* ① tondre *Tier, Rasen;* tailler *Hecke* ② (*abschneiden*) **sich** (*dat*) **den Bart ~** se raser la barbe

scheren² ['ʃe:rən] <scherte, geschert> **I.** *vr* **sich nicht um jdn/etw ~** ne pas s'occuper de qn/qc **II.** *vt* **was schert mich das?** qu'est-ce que ça peut bien me faire?

Scherenschleifer(in) *m(f)* affûteur(-euse) *m(f)* **Scherenschnitt** *m* silhouette *f*

Schererei [ʃe:rə'rai] <-, -en> *f meist Pl fam* embêtement *m*

Scherz [ʃɛrts] <-es, -e> *m* plaisanterie *f;* **einen ~ machen** plaisanter

Scherzartikel *m meist Pl* farces *fpl* et attrapes

scherzen ['ʃɛrtsən] *vi* plaisanter; **mit jdm ~** plaisanter avec qn

Scherzfrage *f* devinette *f*

scherzhaft **I.** *adj* pour plaisanter **II.** *adv* en plaisantant

Scherzkeks *m fam* plaisantin *m*

scheu [ʃɔy] *adj* ① (*menschenscheu*) farouche ② *Berührung, Verhalten* timide; *Blick* craintif(-ive)

Scheu [ʃɔy] <-> *f* (*Hemmung*) timidité *f;* **~ vor jdm/etw** timidité à l'égard de qn/qc

scheuchen ['ʃɔyçən] *vt* chasser; **jdn/ein Tier aus der Küche ~** chasser qn/un animal de la cuisine

scheuen ['ʃɔyən] **I.** *vt* reculer devant *Ärger, Arbeit;* **keine Kosten ~** ne pas regarder à la dépense **II.** *vr* **sich vor etw** (*dat*) **~** reculer devant qc; **sich nicht davor ~ die Wahrheit zu sagen** ne pas hésiter à dire la vérité **III.** *vi Pferd:* se dérober

Scheuerlappen *m* serpillière *f*

scheuern ['ʃɔyɐn] **I.** *vt* (*säubern*) récurer *Bad, Topf;* frotter *Fußboden, Treppe* ▶ **jdm eine ~** *fam* foutre une baffe à qn **II.** *vi Kragen, Etikett:* gratter **III.** *vr* **sich wund ~** s'écorcher la peau

Scheuklappe *f* œillère *f* ▶ **~n aufhaben** avoir des œillères

Scheune ['ʃɔynə] <-, -n> *f* grange *f;* (*Geräteschuppen*) hangar *m*

Scheusal ['ʃɔyza:l] <-s, -e> *nt* monstre *m*

scheußlich ['ʃɔyslɪç] **I.** *adj* ① *Anblick* monstrueux(-euse); *Film* horrible; *Essen, Geruch* infect(e) ② *fam Schmerzen, Wetter* atroce **II.** *adv* ① **~ riechen/schmecken** avoir une odeur infecte/un goût infect ② *sich benehmen* odieusement

Scheußlichkeit <-, -en> *f* atrocité *f*

Schi *s.* **Ski**

Schicht [ʃɪçt] <-, -en> *f* ① (*Lage*) couche *f* ② ARCHÄOL, GEOL strate *f* ③ SOZIOL couche *f* [sociale] ④ (*Arbeitsabschnitt*) **~ arbeiten** être travailleur posté ⑤ (*Arbeitsgruppe*) équipe *f*

Schichtarbeit *f kein Pl* travail *m* posté, trois-huit *mpl*

schichten ['ʃɪçtən] *vt* empiler

Schichtwechsel *m* relève *f*

schick [ʃɪk] *adj, adv* chic

Schick <-s> *m eines Kleidungsstücks* chic *m*

schicken ['ʃɪkən] **I.** *vt* (*senden*) envoyer; **jdm etw ~** envoyer qc à qn; **jdn einkaufen ~** envoyer qn faire des courses; **ein Kind [wieder] nach Hause ~** renvoyer un enfant chez lui **II.** *vi geh* **nach jdm ~** faire venir qn **III.** *vr* (*geziemen*) **das schickt sich nicht** cela ne se fait pas

Schickeria [ʃɪkə'ri:a] <-> *f pej fam* gratin *m*

Schickimicki [ʃɪki'mɪki] <-s, -s> *m pej fam* snobinard *m*

schicklich *geh adj* convenable

Schicksal ['ʃɪkza:l] <-s, -e> *nt* destin *m*
schicksalhaft *adj* ❶ *Ereignis* lourd(e) de conséquences; *Tag* fatidique ❷ (*unabwendbar*) fatal(e)
Schicksalsschlag *m* coup *m* du destin
Schiebedach *nt* toit *m* ouvrant
schieben ['ʃi:bən] <schob, geschoben> **I.** *vt* ❶ (*bewegen*) pousser *Fahrrad, Schrank* ❷ (*stecken*) **sich** (*dat*) **etw in den Mund** ~ se fourrer qc dans la bouche ❸ (*zuweisen*) **die Schuld auf jdn** ~ rejeter la culpabilité sur qn ❹ *fam* (*ableisten*) se taper *Wache, Dienst* **II.** *vi* pousser **III.** *vr* ❶ (*sich drängen*) **sich durch die Tür** ~ se glisser par la porte ❷ (*gleiten*) **sich vor die Sonne** ~ *Wolke:* passer devant le soleil
Schieber <-s, -> *m fam* (*Schwarzhändler*) trafiquant *m*
Schiebetür *f* porte *f* coulissante
Schiebung <-> *f pej* piston *m*
schied [ʃi:t] *Imp von* **scheiden**
Schiedsgericht *nt* JUR tribunal *m* arbitral **Schiedsrichter(in)** *m(f)* arbitre *mf* **schiedsrichterlich** JUR **I.** *adj* arbitral(e), d'arbitrage **II.** *adv* arbitralement **Schiedsspruch** *m* sentence *f* arbitrale
schief [ʃi:f] **I.** *adj* ❶ *Wand, Turm* penché(e); *Ebene* incliné(e) ❷ *Bild* faux(fausse) ❸ *Blick* en coin **II.** *adv* *aufsetzen, ansehen* de travers
Schiefer ['ʃi:fɐ] <-s, -> *m* ardoise *f*
Schieferdach *nt* toit *m* d'ardoises **Schieferplatte** *f* plaque *f* d'ardoise
schief|gehen *vi irr* + *sein fig fam* (*misslingen*) foirer **schief|lachen** *vr fam* **sich** ~ se tordre [de rire]
schielen ['ʃi:lən] *vi* ❶ loucher ❷ *fam* (*verstohlen schauen*) **nach jdm/etw** ~ reluquer qn/qc
schien [ʃi:n] *Imp von* **scheinen**
Schienbein *nt* tibia *m*
Schiene ['ʃi:nə] <-, -n> *f* ❶ (*Zugschiene*) rail *m* ❷ TECH (*Führungsschiene*) rail *m;* (*im Backofen*) glissière *f* ❸ MED éclisse *f* ❹ (*Leiste*) ferrure *f;* (*auf der Treppenstufe*) baguette *f*
schienen ['ʃi:nən] *vt* MED éclisser
Schienenbus *m* autorail *m* **Schienenfahrzeug** *nt* véhicule *m* sur rails **Schienennetz** *nt* ❶ *der Straßenbahn* réseau *m* ❷ (*Bahnnetz*) réseau *m* ferroviaire **Schienenstrang** *m* voie *f* ferrée **Schienenverkehr** *m* trafic *m* ferroviaire
schier [ʃi:ɐ̯] *adj attr* (*pur*) pur(e)
Schierling ['ʃi:ɐ̯lɪŋ] <-s, -e> *m* ciguë *f*
Schießbefehl *m* ordre *m* d'ouvrir le feu **Schießbude** *f* baraque *f* de tir

S

schießen ['ʃi:sən] <schoss, geschossen> **I.** *vi* ❶ + *haben* (*feuern*) tirer; **auf jdn** ~ tirer sur qn; **mit dem Gewehr** ~ tirer au fusil ❷ (*den Schießsport betreiben*) faire du tir ❸ + *sein* (*sprießen*) *Pflanze:* pousser vite ❹ + *sein fam* (*schnell laufen*) **um die Ecke** ~ débouler au coin ❺ + *sein* (*spritzen*) **nach oben** ~ *Wasser, Öl:* gicler vers le haut **II.** *vt* + *haben* ❶ (*feuern*) tirer *Rakete* ❷ (*treten*) **den Ball auf das Tor** ~ mettre le ballon dans les buts
Schießerei [ʃi:sə'raɪ̯] <-, -en> *f pej* (*Schusswechsel*) fusillade *f*
Schießhund ▶ **aufpassen wie ein** ~ *fam* ouvrir l'œil et le bon **Schießplatz** *m* stand *m* de tir **Schießpulver** *nt* poudre *f* [à canon] **Schießscharte** *f* meurtrière *f* **Schießstand** *m* stand *m* de tir
Schiff [ʃɪf] <-[e]s, -e> *nt* ❶ bateau *m;* (*großes Handelsschiff*) navire *m;* **mit dem** ~ **fahren** prendre le bateau ❷ (*Kirchenschiff*) nef *f*
Schiffahrt[ALT] *s.* **Schifffahrt**
schiffbar *adj* navigable
Schiffbau *m kein Pl* construction *f* navale **Schiffbruch** *m* naufrage *m* ▶ ~ **erleiden** faire naufrage; (*scheitern*) échouer
schiffbrüchig *adj* naufragé(e); ~ **werden** faire naufrage
Schiffbrüchige(r) *f(m) dekl wie adj* naufragé(e) *m(f)*
Schiffchen <-s, -> *nt Dim von* **Schiff** petit bateau *m*
schiffen ['ʃɪfən] *vi unpers* + *haben sl* **es schifft** il flotte (*fam*)
Schiffer(in) ['ʃɪfɐ] <-s, -> *m(f)* batelier(-ière) *m(f)*
Schifferknoten *m* nœud *m* de marin
Schifffahrt[RR] ['ʃɪffa:ɐ̯t] *f kein Pl* navigation *f*
Schifffahrtsgesellschaft[RR] *f* compagnie *f* maritime **Schifffahrtslinie**[RR] [-li:ni̯ə] *f* route *f* maritime
Schiffsarzt *m*, **-ärztin** *f* médecin *m* de bord **Schiffsbesatzung** *f* équipage *m*
Schiffschaukel *f* bateau-balançoire *m*
Schiffseigner(in) *m(f) form* propriétaire *mf* de bateau **Schiffsjunge** *m* mousse *m* **Schiffsschraube** *f* hélice *f* **Schiffstaufe** *f* baptême *m* du navire **Schiffsunglück** *nt* accident *m* maritime; (*Zusammenstoß zweier Schiffe*) collision *f* maritime **Schiffsverkehr** *m* trafic *m* maritime
Schiit(in) [ʃi'i:t] <-en, -en> *m(f)* chiite *mf*
schiitisch *adj* chiite

Schikane [ʃi'ka:nə] <-, -n> *f a.* SPORT chicane *f*
schikanieren* [ʃika'ni:rən] *vt* chicaner
schikanös [ʃika'nø:s] *adj* vexatoire
Schịkoree[RR] ['ʃɪkore] *s.* **Chicorée**
Schịld[1] [ʃilt] <-[e]s, -er> *nt* ①(*Verkehrsschild*) panneau *m* ②(*Hinweisschild*) écriteau *m* ③*fam* (*Preisschild*) étiquette *f*
Schịld[2] [ʃilt] <-[e]s, -e> *m* ①HIST bouclier *m* ②*eines Kernreaktors* bouclier *m* thermique
Schịldbürgerstreich *m hum* coup *m* des technocrates
Schịlddrüse *f* [glande *f*] thyroïde *f*
schịldern ['ʃɪlden] *vt* décrire; **jdm etw ~** décrire qc à qn
Schịlderung <-, -en> *f* description *f*
Schịlderwald *m hum fam* forêt *f* de panneaux
Schịldkröte *f* tortue *f*
Schịlf [ʃɪlf] <-[e]s, -e> *nt* ①(*Pflanze*) roseau *m* ②(*Dickicht*) roseaux *mpl*
schịllern ['ʃɪlen] *vi* chatoyer
schịllernd *adj* ①*Seide* chatoyant(e) ②*Persönlichkeit* à facettes
Schịlling ['ʃɪlɪŋ] <-s, -e> *m* HIST schilling *m*
schịlt [ʃɪlt] *3. Pers Präs von* **schelten**
Schimäre [ʃi'mɛ:rə] <-, -n> *f geh* chimère *f*
Schịmmel ['ʃɪməl] <-s, -> *m* ①(*Schimmelpilz*) moisissure *f* ②(*Pferd*) cheval *m* blanc
schịmmelig ['ʃɪməlɪç] **I.** *adj* moisi(e); **~ werden** moisir **II.** *adv* **~ riechen** sentir le moisi
schịmmeln ['ʃɪməln] *vi + haben o sein* moisir
Schịmmelpilz *m* moisissure *f*
Schịmmer ['ʃɪme] <-s> *m* ①(*Glanz*) reflet *m* ②(*Anflug*) **ein ~ von Hoffnung** une lueur d'espoir
schịmmern *vi* reluire
schịmmlig *s.* **schimmelig**
Schimpạnse [ʃɪm'panzə] <-n, -n> *m* chimpanzé *m*
Schịmpf <-[e]s> *m* ▶ **mit ~ und Schande** avec ignominie
schịmpfen ['ʃɪmpfən] *vi* ①(*wettern*) pester; **auf jdn/etw ~** pester contre qn/qc ②(*zurechtweisen*) **mit jdm ~** gronder qn
schịmpflich *geh adj* ignominieux(-euse)
Schịmpfwort <-wörter> *nt* gros mot *m*
Schịndel ['ʃɪndəl] <-, -n> *f* bardeau *m*
schịnden ['ʃɪndən] <schịndete, geschụnden> **I.** *vr* **sich ~** s'échiner **II.** *vt* ①(*quälen*) éreinter *Zugtier;* **Arbeiter/Gefangene ~** épuiser des travailleurs/détenus à la tâche ②*fam* (*zu gewinnen suchen*) **bei jdm Eindruck ~ wollen** vouloir épater qn
Schinderei [ʃɪndə'rai] <-, -en> *f* corvée *f*
Schịndluder ▶ **mit jdm/etw ~ treiben** *fam* traiter qn par-dessus la jambe
Schịnken ['ʃɪŋkən] <-s, -> *m* ①jambon *m;* **gekochter ~** jambon blanc ②*pej fam* (*Gemälde*) croûte *f;* (*Buch*) pavé *m;* (*Film*) navet *m*
Schịnkenspeck *m* lard *m* maigre
Schịppe ['ʃɪpə] <-, -n> *f* NDEUTSCH (*Schaufel*) pelle *f* ▶ **jdn auf die ~ nehmen** mettre qn en boîte
schịppen *vt* NDEUTSCH pelleter
Schịrm [ʃɪrm] <-[e]s, -e> *m* ①(*Regenschirm*) parapluie *m* ②(*Sonnenschirm*) parasol *m* ③(*Lampenschirm*) abat-jour *m*
Schịrmherr(in) *m(f)* parrain *m*/marraine *f* **Schịrmherrschaft** *f* parrainage *m*
Schịrmmütze *f* casquette *f* à visière
Schịrmständer *m* porte-parapluies *m inv*
Schịscha ['ʃi:ʃa] <-, -s> *f* narguilé *m*
schịss[RR], **schịß**[ALT] [ʃɪs] *Imp von* **scheißen**
Schịss[RR] [ʃɪs] <-es, -e>, **Schịß**[ALT] <-sses, -sse> *m* ▶ **vor jdm/etw ~ haben** *fam* avoir la trouille de qn/qc
schizophren [ʃitso'fre:n] *adj* ①MED schizophrène ②*geh* (*absurd*) insensé(e)
Schizophrenie [ʃitsofre'ni:] <-, *selten* -ien> *f* ①MED schizophrénie *f* ②(*Widersinn*) absurdité *f*
schlạbberig ['ʃlabərɪç] *adj pej fam* (*wässerig*) clairet(te); **dieses ~e Bier/dieser ~e Kaffee** cette bibine/lavasse
schlạbbern ['ʃlaben] **I.** *vi fam* ①(*sabbern*) baver ②*Kleidung:* pendouiller **II.** *vt fam Katze:* laper *Milch*
Schlạcht [ʃlaxt] <-, -en> *f* bataille *f*
Schlạchtbank *f* table *f* d'équarrissage
schlạchten ['ʃlaxtən] *vt* abattre
Schlạchtenbummler(in) *m(f) fam* supporte[u]r(-trice) *m(f)*
Schlạchter(in), **Schlạ̈chter(in)** ['ʃlɛçte] <-s, -> *m(f)* NDEUTSCH boucher(-ère) *m(f)*
Schlächterei [ʃlɛçtə'rai] <-, -en> *f a. fig* boucherie *f*
Schlạchtfeld *nt* champ *m* de bataille **Schlạchthof** *m* abattoirs *mpl* **Schlạchtplan** *m* plan *m* de bataille **Schlạchtschiff** *nt* MIL cuirassé *m*
Schlạchtung <-, -en> *f* abattage *m*
Schlạcke ['ʃlakə] <-, -n> *f* ①scories *fpl* ②*meist Pl* MED fibre *f*

S

schlackern [ˈʃlakɐn] *vi* NDEUTSCH flotter; **gegen/um die Beine ~** *Hose:* flotter autour des jambes

Schlaf [ʃlaːf] <-[e]s> *m* sommeil *m;* **einen festen/leichten ~ haben** avoir le sommeil profond/léger; **jdn aus dem ~ reißen** arracher qn au sommeil

Schlafanzug *m* pyjama *m*

Schläfchen [ˈʃlɛːfçən] <-s, -> *nt Dim von* **Schlaf** [petit] somme *m*

Schlafcouch *f* canapé-lit *m*

Schläfe [ˈʃlɛːfə] <-, -n> *f* tempe *f*

schlafen [ˈʃlaːfən] <schläft, schlief, geschlafen> *vi* ❶ dormir; **~ gehen** aller se coucher; **ein Kind ~ legen** aller coucher un enfant ❷ (*nächtigen*) **bei jdm ~** coucher chez qn ❸ *fam* (*unaufmerksam sein*) dormir ❹ *fam* (*Sex haben*) **mit jdm ~** coucher avec qn

Schlafengehen <-s> *nt* coucher *m;* **vor dem ~** avant d'aller se/me/... coucher

Schlafenszeit *f* **es ist ~** c'est l'heure d'aller dormir [*o* se coucher]

Schläfer(in) [ˈʃlɛːfɐ] <-s, -> *m(f)* dormeur(-euse) *m(f)*

schlaff [ʃlaf] *adj* ❶ *Fahne, Segel* qui pend [mollement]; *Seil* lâche ❷ *Händedruck, Muskeln* mou(molle)

Schlafgelegenheit *f* (*in einer Wohnung*) place *f* pour dormir; (*in einer Stadt*) endroit *m* où dormir

Schlafittchen [ʃlaˈfɪtçən] ▶**jdn am** [*o* **beim**] **~ nehmen** *fam* prendre qn par le colback

Schlaflied *nt* berceuse *f*

schlaflos *adj Mensch* insomniaque; *Nacht* blanc(blanche)

Schlaflosigkeit <-> *f* insomnie *f*

Schlafmittel *nt* somnifère *m* **Schlafmütze** *f fam* (*Mensch*) endormi(e) *m(f)*

S

schläfrig [ˈʃlɛːfrɪç] *adj* somnolent(e); **~ sein** avoir sommeil; **jdn ~ machen** donner envie de dormir à qn

Schläfrigkeit <-> *f* envie *f* de dormir

Schlafrock *m* robe *f* de chambre **Schlafsaal** *m* dortoir *m* **Schlafsack** *m* sac *m* de couchage **Schlafstadt** *f* ville-dortoir *f* **Schlafstörungen** *Pl* troubles *mpl* du sommeil

schläft [ʃlɛːft] *3. Pers Präs von* **schlafen**

Schlaftablette *f* comprimé *m* pour dormir

schlaftrunken [ˈʃlaːftrʊŋkən] *adj, adv geh* [encore] tout ensommeillé(e) **Schlafwagen** *m* wagon-lit *m* **schlafwandeln** *vi + haben o sein* être somnambule

Schlafwandler(in) <-s, -> *m(f)* somnambule *mf*

Schlafzimmer *nt* chambre *f* à coucher

Schlag [ʃlaːk, *Pl:* ˈʃlɛːgə] <-[e]s, Schläge> *m* ❶ (*Hieb*) coup *m* ❷ (*Hall*) bruit *m* [de choc]; *einer Uhr* coup *m* ❸ (*Schicksalsschlag*) [**schwerer**] **~** coup *m* dur ❹ (*Stromschlag*) électrocution *f* ❺ (*Taubenschlag*) colombier *m* ❻ DIAL *fam* (*Portion*) louche *f* ▶**ein ~ ins Gesicht** une gifle; **mich trifft der ~!** *fam* je vais avoir une attaque!

Schlagabtausch <-[e]s> *m* ❶ SPORT échange *m* de coups ❷ (*Rededuell*) prise *f* de bec **Schlagader** *f* artère *f* **Schlaganfall** *m* attaque *f* [d'apoplexie]

schlagartig *adj* brusque

Schlagbaum *m* barrière *f* **Schlagbohrer** *m* perceuse *f* à percussion

schlagen [ˈʃlaːgən] <schlägt, schlug, geschlagen> **I.** *vt + haben* ❶ frapper; **jdn ins Gesicht ~** frapper qn au visage ❷ (*besiegen*) battre ❸ (*fällen*) abattre *Baum* ❹ (*hineinschlagen*) **einen Nagel in die Wand ~** enfoncer un clou dans le mur ❺ MUS battre *Takt* ❻ (*heftig rühren*) battre *Eier* ❼ (*läuten*) sonner; **es hat zehn Uhr geschlagen** dix heures ont sonné **II.** *vi* ❶ *+ haben* (*hämmern*) **mit etw auf etw** (*akk*)/**gegen etw ~** frapper avec qc sur/contre qc ❷ *+ haben* (*hauen, zuschlagen*) **jdm mit der Faust ins Gesicht ~** frapper qn avec le poing au visage; **um sich ~** se débattre ❸ *+ sein* (*auftreffen*) **an etw** (*akk*) **~** *Regen, Wellen:* frapper contre qc ❹ *+ haben* (*pochen*) *Herz, Puls:* battre ❺ *+ haben* (*läuten*) *Uhr:* sonner ❻ *+ sein fam* (*ähneln*) **nach jdm ~** tenir de qn ❼ *+ sein* MED **die Erkältung ist ihm auf die Blase geschlagen** le rhume a entraîné une inflammation de la vessie **III.** *vr* ❶ (*rangeln*) **sich mit jdm ~** se battre avec qn; **sich um etw ~** se battre pour [obtenir] qc ❷ (*zurechtkommen*) **sich gut/tapfer ~** bien se défendre/se défendre avec courage

schlagend *adj* (*überzeugend*) concluant(e)

Schlager [ˈʃlaːgɐ] <-s, -> *m* ❶ (*Lied*) tube *m* (*fam*) ❷ *fam* (*Verkaufsschlager*) article *m* qu'on s'arrache

Schläger [ˈʃlɛːgɐ] <-s, -> *m* ❶ (*Mensch*) casseur *m* ❷ (*Tennisschläger, Federballschläger, Tischtennisschläger*) raquette *f;* (*Hockeyschläger*) crosse *f;* (*Golfschläger*) club *m;* (*Baseballschläger*) batte *f*

Schlägerei [ʃlɛːgəˈrai] <-, -en> *f* bagarre *f*

Schlagermusik *f* [musique *f* de] variété *f* **Schlagersänger(in)** *m(f)* chanteur(-euse) *m(f)* de variété

schlagfertig **I.** *adj* *Person* qui a de la répartie; *Antwort* du tac au tac **II.** *adv* du tac au tac **Schlagfertigkeit** *f kein Pl* sens *m* de la répartie **Schlaginstrument** *nt* instrument *m* à percussion **Schlagkraft** *f kein Pl* (*Wirksamkeit*) *eines Arguments, Beweises* force *f* de persuasion **schlagkräftig** *adj* ❶ *Armee* puissante ❷ *Argument* persuasif(-ive) **Schlagloch** *nt* nid-de-poule *m* **Schlagmann** <-männer> *m* (*beim Rudern*) chef *m* de nage **Schlagobers** ['ʃla:kʔo:bɐs] *nt* A *s.* **Schlagsahne** **Schlagring** *m* coup-de-poing *m* [américain] **Schlagsahne** *f* (*flüssig*) crème *f* fleurette; (*geschlagen*) [crème *f*] chantilly *f* **Schlagseite** *f* gîte *f* ▶ **~ haben** *Schiff:* donner de la bande [*o* gîte]; *hum fam Person:* tanguer **Schlagstock** *m* matraque *f*

schlägt [ʃlɛ:kt] *3. Pers Präs von* **schlagen**

Schlagwerk *nt einer Uhr* carillon *m*

Schlagwetterexplosion *f* MIN coup *m* de grisou

Schlagwort *nt* ❶ <-worte> *pej* (*Parole*) formule *f* [toute faite] ❷ <-wörter> (*Stichwort*) mot-clé *m* **Schlagzeile** *f* gros titre *m;* **~n machen** *fam* faire la une des journaux

Schlagzeug <-[e]s, -e> *nt* batterie *f*

Schlagzeuger(in) <-s, -> *m(f)* batteur(-euse) *m(f)*

schlaksig ['ʃlaksɪç] *adj fam* dégingandé(e); *Bewegungen* désarticulé(e)

Schlamassel [ʃla'masəl] <-s, -> *m o nt fam* (*Durcheinander*) bordel *m*

Schlamm [ʃlam, *Pl:* 'ʃlamə, 'ʃlɛmə] <-[e]s, -e *o* Schlämme> *m* boue *f;* (*Flussschlamm*) vase *f*

schlammig ['ʃlamɪç] *adj* boueux(-euse)

Schlammpackung *f* cataplasme *m* de boue **Schlammschlacht** *f* foire *f* d'empoigne

Schlampe ['ʃlampə] <-, -n> *f pej fam* ❶ (*ungepflegte Frau*) souillon *m* ❷ (*liederliche Frau*) traînée *f*

schlampen ['ʃlampən] *vi fam* bâcler le travail

Schlamperei [ʃlampə'rai̯] <-, -en> *f fam* ❶ (*Nachlässigkeit*) bâclage *m* ❷ (*Unordnung*) bordel *m*

schlampig *fam* **I.** *adj* ❶ *Arbeit* bâclé(e) ❷ (*ungepflegt*) débraillé(e) ❸ (*unordentlich*) bordélique **II.** *adv* ❶ (*nachlässig*) à la va comme je te pousse ❷ (*ungepflegt*) en débraillé

schlang [ʃlaŋ] *Imp von* **schlingen**

Schlange ['ʃlaŋə] <-, -n> *f* ❶ ZOOL serpent *m* ❷ (*Warteschlange*) queue *f;* **~ stehen** faire la queue ❸ *pej* (*hinterlistige Frau*) vipère *f*

schlängeln ['ʃlɛŋəln] *vr* ❶ **sich durch etw** (*akk*) **~** *Schlange:* ramper à travers qc ❷ **sich durch den Wald ~** *Straße:* serpenter à travers la forêt

Schlangenbeschwörer(in) <-s, -> *m(f)* charmeur(-euse) *m(f)* de serpents **Schlangengift** *nt* venin *m* [de serpent] **Schlangenleder** *nt* [peau *f* de] serpent *m* **Schlangenlinie** *f* trait *m* ondulé; **~n fahren** zigzaguer

schlank [ʃlaŋk] *adj* *Person* mince; *Baum* élancé(e); **~ machen** *Essen:* faire maigrir; *Kleidung:* amincir

schlank|essen *vr irr* **sich ~** maigrir en mangeant

Schlankheit <-> *f* minceur *f; des Körpers* sveltesse *f*

Schlankheitskur *f* cure *f* d'amaigrissement

schlapp [ʃlap] *adj fam* ❶ (*erschöpft*) **~ sein** être flagada ❷ (*unbedeutend*) **~e tausend Euro** mille malheureux euros ❸ *Sieg, Leistung* minable

Schlappe <-, -n> *f fam* veste *f*

Schlapphut *m* chapeau *m* à larges bords **schlapp|machen** *vi fam* craquer **Schlappschwanz** *m pej fam* couille *f* molle

Schlaraffenland [ʃla'rafənlant] *nt* pays *m* de cocagne

schlau [ʃlau̯] *adj* ❶ astucieux(-euse) ❷ *fam* (*klug*) **aus jdm/etw nicht ~ werden** ne pas comprendre qn/ne rien comprendre à qc

Schlauberger ['ʃlau̯bɛrgɐ] <-s, -> *m fam* ❶ (*pfiffiger Mensch*) petit futé *m* ❷ *iron* (*Besserwisser*) Monsieur *m* Je-sais-tout

Schlauch [ʃlau̯x, *Pl:* 'ʃlɔy̯çə] <-[e]s, Schläuche> *m* ❶ tuyau *m* ❷ (*Reifenschlauch*) chambre *f* à air

Schlauchboot *nt* bateau *m* pneumatique; (*für Wildwasserfahrten*) raft *m*

schlauchen ['ʃlau̯xən] *vt, vi fam* pomper

Schläue ['ʃlɔy̯ə] <-> *f* astuce *f*

Schlaufe ['ʃlau̯fə] <-, -n> *f* ❶ (*Gürtelschlaufe*) passant *m;* (*an einer Jacke*) bride *f* ❷ (*Halteband*) dragonne *f*

Schlauheit *f s.* **Schläue**

Schlaumeier ['ʃlau̯mai̯ɐ] *s.* **Schlauberger**

Schlawiner [ʃla'vi:nɐ] <-s, -> *m hum fam* [vieux] roublard *m*

schlecht [ʃlɛçt] **I.** *adj* ❶ (*nicht gut, nicht gesund, nicht normal*) mauvais(e) *antéposé; Material, Verarbeitung* de mauvaise

S

qualité; **ein ~es Benehmen haben** se tenir mal; **mit unserem Ausflug sieht es ~ aus** pour notre excursion, ça va mal ② (*moralisch verkommen*) mauvais(e) ③ *Bezahlung* médiocre ④ (*verfault, verdorben*) ~ **werden/sein** s'abîmer/être avarié ⑤ (*übel*) **jdm wird/ist** ~ qn se sent mal **II.** *adv* ① mal; ~ **gelaunt sein** être de mauvaise humeur ② (*negativ*) ~ **von jdm reden/über jdn denken** dire/penser du mal de qn ③ (*schwerlich*) difficilement; **sich ~ in jdn hineinversetzen können** avoir du mal à se mettre à la place de qn

schlẹchtgelaunt *s.* **gelaunt, schlecht II.1**

schlẹchthịn [ˈʃlɛçtˈhɪn] *adv* (*in reinster Ausprägung*) par excellence

Schlẹchtigkeit <-, -en> *f* méchanceté *f*

schlẹcht|machen *vt fig* **jdn** ~ dénigrer qn

schlẹcken [ˈʃlɛkən] **I.** *vt* lécher **II.** *vi* ① (*naschen*) manger des sucreries ② (*lecken*) **an einem Eis** ~ lécher sa glace

Schlegel [ˈʃleːgəl] <-s, -> *m* SDEUTSCH, A, CH (*Geflügel-, Hasenkeule*) cuisse *f*; (*Reh-, Wildschweinkeule*) cuissot *m*

Schlehe [ˈʃleːə] <-, -n> *f* (*Beere*) prunelle *f*

schleichen [ˈʃlaɪ̯çən] <schlịch, geschlịchen> **I.** *vi* + *sein* ① se déplacer furtivement; **ums Haus** ~ rôder autour de la maison ② *fam* (*langsam fahren*) se traîner **II.** *vr* **sich aus dem Haus** ~ sortir de la maison furtivement

schleichend *adj attr* MED insidieux(-euse)

Schleichhandel *m* trafic *m* clandestin **Schleichweg** *m* chemin *m* détourné **Schleichwerbung** *f* publicité *f* déguisée

Schleier [ˈʃlaɪ̯ɐ] <-s, -> *m* voile *m*

Schleiereule *f* [chouette *f*] effraie *f*

schleierhaft *adj fam* **jdm ~ sein** être un mystère pour qn

Schleife [ˈʃlaɪ̯fə] <-, -n> *f* ① (*Knoten*) nœud *m* ② (*Kurve*) méandre *m*

schleifen[1] [ˈʃlaɪ̯fən] **I.** *vt* + *haben* ① (*ziehen*) **jdn/etw zur Tür** ~ traîner qn/qc jusqu'à la porte ② *hum fam* (*zum Mitkommen überreden*) **jdn ins Kino** ~ traîner qn au cinéma **II.** *vi* ① + *haben o sein* (*reiben*) **an etw** (*dat*) ~ *Fahrradkette, Blech:* frotter contre qc ② + *haben o sein* (*gleiten*) **auf dem Boden** ~ *Kleid, Schleppe:* traîner par terre ▶**etw ~ lassen** *fam* laisser courir qc

schleifen[2] [ˈʃlaɪ̯fən] <schlịff, geschlịffen> *vt* ① (*schärfen*) aiguiser *Messer, Schere* ② (*bearbeiten*) tailler *Edelstein*

Schleifer(in) [ˈʃlaɪ̯fɐ] <-s, -> *m(f)* (*Steinschleifer*) lapidaire *mf*

Schleifmaschine *f* meule *f*; (*für Holz*) ponceuse *f* **Schleifpapier** *nt* papier *m* de verre

Schleim [ʃlaɪ̯m] <-[e]s, -e> *m* ① MED mucus *m* ② ZOOL *einer Schnecke* bave *f*

schleimen [ˈʃlaɪ̯mən] *vi fam* faire de la lèche

Schleimer(in) [ˈʃlaɪ̯mɐ] <-s, -> *m(f) pej fam* lèche-botte *mf*

Schleimhaut *f* muqueuse *f*

schleimig [ˈʃlaɪ̯mɪç] *adj* ① MED muqueux(-euse) ② (*glitschig*) baveux(-euse) ③ *pej* (*unterwürfig*) mielleux(-euse)

schlẹmmen [ˈʃlɛmən] **I.** *vi* faire bombance **II.** *vt* déguster

Schlẹmmer(in) [ˈʃlɛmɐ] <-s, -> *m(f)* fine bouche *f*

Schlemmerei [ʃlɛmɐˈraɪ̯] <-, -en> *f* (*Gelage*) ripaille *f* (*fam*)

schlẹndern [ˈʃlɛndɐn] *vi* + *sein* **durch den Park** ~ se balader dans le parc; **durch die Stadt** ~ flâner en ville

Schlẹndrian [ˈʃlɛndriaːn] <-[e]s> *m fam* ronron *m*

Schlẹnker [ˈʃlɛŋkɐ] <-s, -> *m* (*Ausweichmanöver*) [brusque] écart *m*

schlẹnkern [ˈʃlɛŋkɐn] **I.** *vi Arme:* ballotter; **mit den Armen** ~ balancer les bras **II.** *vt* balancer *Handtasche*

Schlẹpp [ʃlɛp] *m* **jdn/etw in ~ nehmen** prendre qn/qc en remorque

Schlẹppdampfer *m* remorqueur *m* [à vapeur]

Schlẹppe [ˈʃlɛpə] <-, -n> *f* traîne *f*

schlẹppen [ˈʃlɛpən] **I.** *vt* ① (*schwer tragen*) traîner avec peine ② (*abschleppen*) remorquer ③ *fam* (*zum Mitkommen überreden*) **jdn ins Kino** ~ traîner qn au cinéma **II.** *vr* ① (*sich fortbewegen*) **sich zum Telefon** ~ se traîner jusqu'au téléphone ② (*sich hinziehen*) **sich** ~ traîner

schlẹppend **I.** *adj Gang, Sprechweise* traînant(e); *Bearbeitung* lent(e) **II.** *adv gehen* d'un pas traînant; *sprechen* d'une voix traînante; *in Gang kommen, vorangehen* lentement

Schlẹpper [ˈʃlɛpɐ] <-s, -> *m* ① *fam* (*Kundenfänger*) rabatteur *m* ② *fam* (*Schleuser*) passeur *m* ③ (*Schleppschiff*) remorqueur *m*

Schlẹpplift *m* remonte-pente *m* **Schlẹppnetz** *nt* chalut *m* **Schlẹpptau** *nt* NAUT **etw ins ~ nehmen** prendre qc en remorque

Schlesien [ˈʃleːzi̯ən] <-s> *nt* la Silésie

Schlesier(in) [ˈʃleːzi̯ɐ] <-s, -> *m(f)* Silésien(ne) *m(f)*

schlesisch ['ʃleːzɪʃ] *adj* silésien(ne)

Schleswig-Holstein ['ʃleːsvɪç'hɔlʃtain] <-s> *nt* le Schleswig-Holstein

Schleuder ['ʃlɔydɐ] <-, -n> *f* ❶ (*Waffe*) fronde *f* ❷ (*Wäscheschleuder*) essoreuse *f*

schleudern I. *vt + haben* ❶ **etw ~** *Person:* lancer qc; **aus dem Wagen geschleudert werden** *Unfallopfer:* être projeté hors de la voiture ❷ (*zentrifugieren*) essorer *Wäsche* II. *vi + sein* déraper; **ins Schleudern kommen** *Fahrer, Fahrzeug:* déraper

Schleuderpreis *m* prix *m* sacrifié

Schleudersitz *m* siège *m* éjectable

schleunigst *adv* dans les plus brefs délais

Schleuse ['ʃlɔyzə] <-, -n> *f* ❶ NAUT écluse *f* ❷ (*Durchgangskammer*) sas *m*

schleusen ['ʃlɔyzən] *vt* (*heimlich bringen*) **jdn über die Grenze ~** faire passer en douce la frontière à qn

Schleusenkammer *f* NAUT sas *m*

Schleusentor *nt* porte *f* d'écluse

Schleuser(in) ['ʃlɔyzɐ] <-s, -> *m(f) fam* passeur(-euse) *m(f)*

schlich [ʃlɪç] *Imp von* **schleichen**

Schliche ['ʃlɪçə] *Pl* **jdm auf die ~ kommen** découvrir les combines de qn (*fam*)

schlicht [ʃlɪçt] I. *adj* ❶ (*einfach*) simple ❷ (*unauffällig*) sobre ❸ (*bloß*) **die ~e Wahrheit** la vérité, et rien que la vérité II. *adv* ❶ *einrichten, kleiden* sobrement ❷ (*glattweg*) tout simplement

schlichten ['ʃlɪçtən] *vt* régler

Schlichter(in) ['ʃlɪçtɐ] <-s, -> *m(f)* conciliateur(-trice) *m(f)*

Schlichtheit <-> *f* sobriété *f*

Schlichtung <-, -en> *f* conciliation *f*

Schlichtungsversuch *m* tentative *f* de conciliation

Schlick [ʃlɪk] <-[e]s, -e> *m* vase *f*

schlief [ʃliːf] *Imp von* **schlafen**

Schliere ['ʃliːrə] <-, -n> *f* traînée *f* [grasse]

Schließe ['ʃliːsə] <-, -n> *f* boucle *f*

schließen ['ʃliːsən] <schloss, geschlossen> I. *vi* ❶ *Schlüssel:* tourner [dans la serrure]; **schlecht ~** *Tür, Fenster:* fermer mal ❷ (*das Schloss betätigen*) fermer ❸ (*enden*) terminer ❹ FIN **die Börse schloss freundlich** la Bourse clôtura sur une note positive ❺ (*schlussfolgern*) **aus einer Beobachtung auf etw** (*akk*) **~** conclure qc [à partir] d'une observation; **du darfst nicht von dir auf andere ~** tu ne dois pas généraliser [ton cas] II. *vt* ❶ (*zumachen*) fermer *Fenster, Augen, Geschäft* ❷ (*beenden*) clôturer *Konferenz, Versammlung* ❸ (*eingehen*) conclure *Abkommen, Pakt* ❹ (*auffüllen*) combler *Lücke* ❺ (*schlussfolgern*) **etw aus seinen Beobachtungen ~** conclure qc de ses observations III. *vr* **sich ~** se fermer

Schließer ['ʃliːsɐ] <-s, -> *m* ELEC contact *m* à fermeture

Schließfach *nt* ❶ (*Gepäckschließfach*) consigne *f* automatique ❷ (*Bankfach*) coffre *m* ❸ (*Postfach*) boîte *f* postale

schließlich ['ʃliːslɪç] *adv* ❶ finalement ❷ (*immerhin*) après tout

Schließmuskel *m* ANAT muscle *m* constricteur

Schließung <-, -en> *f* fermeture *f*

schliff [ʃlɪf] *Imp von* **schleifen**[2]

Schliff [ʃlɪf] <-[e]s, -e> *m* ❶ *kein Pl einer Schere* aiguisage *m* ❷ *kein Pl eines Brillenglases* taille *f* ❸ *kein Pl* (*Umgangsformen*) savoir-vivre *m*

schlimm [ʃlɪm] I. *adj* ❶ *Nachricht, Irrtum* grave; *Zeit* difficile, dur(e); **es ist ~, dass** c'est grave que + *subj;* **etwas Schlimmes** quelque chose de grave; **das Schlimmste befürchten** craindre le pire; **es gibt Schlimmeres** il y a pire ❷ *fam Auge* pas beau(belle) à voir II. *adv* mal; **~ dran sein** *fam* être dans de beaux draps; **es steht ~ um jdn** le cas de qn est grave

schlimmstenfalls *adv* dans le pire des cas

Schlinge ['ʃlɪŋə] <-, -n> *f* ❶ (*Schlaufe*) nœud *m* coulant ❷ (*Falle*) collet *m* ❸ (*Armbinde*) écharpe *f*

Schlingel ['ʃlɪŋəl] <-s, -> *m fam* affreux jojo *m*

schlingen ['ʃlɪŋən] <schlang, geschlungen> I. *vt* ❶ **seine Arme um jdn ~** prendre qn dans ses bras ❷ (*gierig essen*) engloutir *Essen* II. *vi Person, Tier:* dévorer

schlingern ['ʃlɪŋɐn] *vi* NAUT rouler

Schlingpflanze *f* plante *f* grimpante

Schlips [ʃlɪps] <-es, -e> *m* cravate *f*

Schlitten ['ʃlɪtən] <-s, -> *m* (*Rodelschlitten*) luge *f;* **~ fahren** faire de la luge

schlittern ['ʃlɪtɐn] *vi + sein* ❶ (*rutschen*) faire des glissades; **über das Eis ~** *Person:* faire des glissades sur la glace; *Eisstock:* glisser sur la glace ❷ *fam* (*ungewollt geraten*) **in etw** (*akk*) **~** se retrouver dans qc

Schlittschuh *m* patin *m* à glace; **~ laufen** faire du patin à glace

Schlittschuhlaufen <-s> *nt* patinage *m*

Schlittschuhläufer(in) *m(f)* patineur(-euse) *m(f)* [sur glace]

Schlitz [ʃlɪts] <-es, -e> *m* ❶ (*Einsteckschlitz*) fente *f* ❷ (*Spalt*) interstice *m* ❸ (*in einem Kleidungsstück*) fente *f* ❹ *fam* (*Hosenschlitz*) braguette *f*

Schlitzauge *nt* œil *m* bridé

S

schlitzen ['ʃlɪtsən] *vt* fendre *Rock*
Schlitzohr *nt fam* roublard *m*
Schlögel ['ʃløːgəl] <-s, -> *m* A (*Keule*) gigot *m*
schloss[RR], **schloß**[ALT] [ʃlɔs] *Imp von* **schließen**
Schloss[RR] [ʃlɔs, *Pl:* 'ʃlœsɐ] <-es, Schlösser>, **Schloß**[ALT] <-sses, Schlösser> *nt* ①(*Palast*) château *m* ②(*Türschloss*) serrure *f* ③(*Vorhängeschloss*) cadenas *m* ④*eines Koffers* fermoir *m*
Schlosser(in) ['ʃlɔsɐ] <-s, -> *m(f)* serrurier(-ière) *m(f)*
Schlosserei [ʃlɔsə'rai] <-, -en> *f* serrurerie *f* **Schlossherr(in)**[RR] *m(f)* propriétaire [du château] *mf;* HIST châtelain(e) *m(f)*
Schlot [ʃloːt, *Pl:* 'ʃloːtə] <-[e]s, -e> *m* ①(*Schornstein*) cheminée *f* [d'usine] ②GEOL *eines Vulkans* cheminée *f* ▶ **rauchen wie ein ~** *fam* fumer comme un pompier
schlottern ['ʃlɔtɐn] *vi* trembler
Schlucht [ʃlʊxt] <-, -en> *f* gorge *f*
schluchzen ['ʃlʊxtsən] *vi* sangloter
Schluchzer ['ʃlʊxtsɐ] <-s, -> *m* sanglot *m*
Schluck [ʃlʊk] <-[e]s, -e> *m* gorgée *f;* **ein kleiner ~** une goutte
Schluckauf ['ʃlʊkʔauf] <-s> *m* hoquet *m*
Schlückchen ['ʃlʏkçən] <-s, -> *nt Dim von* **Schluck** petite gorgée *f;* **ein ~ von etw nehmen** boire une goutte de qc
schlucken ['ʃlʊkən] **I.** *vt* ①(*hinunterschlucken*) avaler ②*fam* (*trinken*) picoler *Schnaps* ③*fam* (*verbrauchen*) bouffer *Benzin* ④*fam* (*hinnehmen*) encaisser *Vorwurf* ⑤*fam* (*glauben*) gober *Ausrede* ⑥(*dämpfen*) assourdir *Geräusche* **II.** *vi* avaler
Schlucker <-s, -> *m* **armer ~** *fam* pauvre type *m*

Schluckimpfung *f* vaccination *f* orale
schluckweise *adv* à petites gorgées
schludern ['ʃluːdɐn] *vi fam s.* **schlampen**
schludrig ['ʃluːdrɪç] *s.* **schlampig**
schlug [ʃluːk] *Imp von* **schlagen**
Schlummer <-s> *m geh* [petit] somme *m*
schlummern *vi geh* sommeiller
Schlund [ʃlʊnt, *Pl:* 'ʃlʏndə] <-[e]s, Schlünde> *m* ①ANAT gosier *m* ②*geh* (*Abgrund*) abîme *m*
schlüpfen ['ʃlʏpfən] *vi + sein* ①ORN, ZOOL éclore; **aus dem Ei ~** sortir de l'œuf ②(*hineinschlüpfen*) **in etw** (*akk*) **~** enfiler qc ③(*herausschlüpfen*) **aus etw ~** enlever prestement qc ④(*rasch gehen*) **durch die Tür ~** se faufiler par la porte
Schlüpfer <-s, -> *m* [petite] culotte *f*
Schlupfloch *nt* (*Öffnung*) trou *m* pour passer
schlüpfrig ['ʃlʏpfrɪç] *adj* ①(*glitschig*) glissant(e) ②(*anstößig*) scabreux(-euse)
Schlupfwinkel *m* repaire *m*
schlurfen ['ʃlʊrfən] *vi + sein* marcher en traînant les pieds
schlürfen ['ʃlʏrfən] *vt, vi* boire en faisant du bruit
Schluss[RR] [ʃlʊs] <-es, Schlüsse>, **Schluß**[ALT] <Schlusses, Schlüsse> *m* ①(*Ende*) fin *f;* **zum ~** pour terminer; **~ damit!** ça suffit! ②*kein Pl einer Gruppe, eines Zugs* queue *f* ③(*Folgerung*) conclusion *f* ▶ **mit jdm ~ machen** rompre avec qn
Schlussakt[RR] *m a. fig* acte *m* final **Schlussbemerkung**[RR] *f* remarque *f* finale
Schlüssel ['ʃlʏsəl] <-s, -> *m* ①clé *f* ②(*Mittel*) **der ~ zum Erfolg** la clé du succès ③(*Verteilungsschema*) barème *m* ④SCHULE (*Lösungsheft*) corrigé *m*
Schlüsselanhänger *m* porte-clés *m inv* **Schlüsselbein** *nt* clavicule *f* **Schlüsselblume** *f* BOT coucou *m* **Schlüsselbrett** *nt* tableau *m* des clés **Schlüsselbund** <-bunde> *m o nt* trousseau *m* de clés **Schlüsseldienst** *m* service *m* de dépannage de serrures **Schlüsselerlebnis** *nt* expérience *f* clé **Schlüsseletui** [-ɛtviː] *nt* étui *m* à clés **schlüsselfertig** *adj, adv* clés en main **Schlüsselfigur** *f* personnage *m* clé **Schlüsselloch** *nt* trou *m* de serrure **Schlüsselqualifikation** *f* qualification *f* clé **Schlüsselwort** *nt* ①(*in einem Text*) mot-clé *m* ②(*verschlüsseltes Wort*) code *m*
Schlussfeier[RR] *f* fête *f* finale **schlussfolgern**[RR] *vt* déduire; **etw aus etw ~** déduire qc de qc **Schlussfolgerung**[RR] *f* déduction *f;* **seine ~en ziehen** tirer ses conclusions **Schlussformel**[RR] *f* formule *f* finale
schlüssig ['ʃlʏsɪç] *adj* ①(*folgerichtig*) concluant(e) ②(*entschieden*) **sich** (*dat*) **nicht ~ sein** être indécis
Schlusslicht[RR] *nt* ①*eines Fahrzeugs* feu *m* [rouge] arrière ②*fam* (*Letzter*) **das ~ sein** être la lanterne rouge **Schlusspfiff**[RR] *m* coup *m* de sifflet final **Schlussstrich**[RR] *m* ▶ **einen ~ unter etw** (*akk*) **ziehen** tirer un trait sur qc **Schlussverkauf**[RR] *m* soldes *mpl* **Schlusswort**[RR] <-worte> *nt* mot *m* de la fin
Schmach [ʃmaːx] <-> *f geh* ignominie *f*

schmachten ['ʃmaxtən] *vi geh* languir
schmachtend *adj* langoureux(-euse)
schmächtig ['ʃmɛçtɪç] *adj* fluet(te)
schmackhaft ['ʃmakhaft] *adj geh Speise* savoureux(-euse)
Schmäh [ʃmɛː] <-s, -s> *m* A (*Scherz*) plaisanterie *f*
schmähen ['ʃmɛːən] *vt geh* honnir
Schmähschrift *f* libelle *m*
schmal [ʃmaːl] <-er *o* schmäler, -ste *o* schmälste> *adj Hüften, Öffnung, Straße* étroit(e); *Lippen, Taille, Person* mince; *Baum* élancé(e)
schmälern ['ʃmɛːlɐn] *vt* dénigrer
Schmalfilm *m* film *m* super-huit
schmallippig ['ʃmaːllɪpɪç] *adj* ① (*dünnlippig*) à lèvres minces ② *fig* (*verbissen aussehend*) pincé(e)
Schmalseite *f* côté *m* [étroit] **Schmalspur** *f kein Pl* EISENBAHN voie *f* étroite
Schmalz[1] [ʃmalts] <-es, -e> *nt* GASTR saindoux *m*
Schmalz[2] [ʃmalts] <-es> *m pej fam* (*Rührseligkeit*) guimauve *f* (*fig*)
schmalzig ['ʃmaltsɪç] *adj pej fam* à l'eau de rose
schmarotzen* [ʃma'rɔtsən] *vi* ① *pej* faire le/la pique-assiette ② BIO croître en parasite
Schmarotzer [ʃma'rɔtsɐ] <-s, -> *m* ① *pej* (*Mensch*) pique-assiette *m* ② BIO parasite *m*
Schmarotzerin <-, -nen> *f pej* pique-assiette *f*
Schmarr[e]n ['ʃmar(ə)n] <-s, -> *m* ① GASTR SDEUTSCH, A *spécialité à base de lambeaux de crêpe* ② *kein Pl fam* (*Unsinn*) conneries *fpl* ③ *kein Pl pej fam* (*wertloses Werk*) navet *m*
schmatzen ['ʃmatsən] *vi* (*beim Essen*) faire du bruit en mâchant
schmausen ['ʃmaʊzən] *vi geh* se régaler
schmecken ['ʃmɛkən] **I.** *vi* ① (*munden*) **etw schmeckt** qc est bon(ne); **es schmeckt ihr** elle trouve que c'est bon ② (*Geschmack haben*) **frisch/sauer ~** avoir un goût frais/acide; **gut ~** avoir bon goût ③ *fam* (*gefallen*) **jdm nicht ~** ne pas plaire à qn **II.** *vt* goûter
Schmeichelei [ʃmaɪçə'laɪ] <-, -en> *f* flatterie *f*
schmeichelhaft *adj* flatteur(-euse)
schmeicheln ['ʃmaɪçəln] *vi a. fig* **jdm ~** flatter qn
Schmeichler(in) <-s, -> *m(f)* flatteur(-euse) *m(f)*
schmeichlerisch *adj pej* obséquieux(-euse)
schmeißen ['ʃmaɪsən] <schmiss, geschmissen> **I.** *vt* ① *fam* (*werfen*) balancer; **jdn aus dem Haus ~** foutre qn dehors ② *fam* (*managen*) faire tourner *Laden* **II.** *vi fig fam* **mit Geld um sich ~** dépenser sans compter
Schmeißfliege ['ʃmaɪsfliːgə] *f* mouche *f* bleue
Schmelz [ʃmɛlts] <-[e]s, -e> *m* émail *m*
Schmelze ['ʃmɛltsə] <-, -n> *f* METAL métal *m* en fusion
schmelzen ['ʃmɛltsən] <schmilzt, schmolz, geschmolzen> **I.** *vi* + *sein* fondre **II.** *vt* + *haben* fondre *Metall;* faire fondre *Eis*
Schmelzkäse *m* fromage *m* fondu **Schmelzofen** *m* four[neau] *m* de fusion **Schmelzpunkt** *m* point *m* de fusion **Schmelztiegel** *m a. fig* creuset *m* **Schmelzwasser** <-wasser> *nt* eau *f* [provenant] de la fonte des neiges
Schmerbauch ['ʃmeːɐ̯-] *m fam* brioche *f*
Schmerz [ʃmɛrts] <-es, -en> *m* MED, PSYCH douleur *f*
schmerzempfindlich *adj Person* douillet(te); *Narbe, Zahn* sensible
schmerzen ['ʃmɛrtsən] **I.** *vi* faire mal; **mir schmerzen die Füße** j'ai mal aux pieds **II.** *vt* affecter
Schmerzensgeld *nt kein Pl* pretium *m* doloris **Schmerzensschrei** *m* cri *m* de douleur
schmerzfrei *adj* sans douleur
Schmerzgrenze *f* ① limite *f* du supportable ② *fig* dernière limite *f*
schmerzhaft *adj* douloureux(-euse)
schmerzlich **I.** *adj* douloureux(-euse) **II.** *adv vermissen* amèrement
schmerzlindernd *adj* calmant(e)
schmerzlos **I.** *adj Geburt* sans douleur; *Eingriff* indolore **II.** *adv* sans douleur
Schmerzmittel *nt* analgésique *m* **schmerzstillend** *adj* analgésique **Schmerztablette** *f* comprimé *m* contre la douleur
Schmetterball *m* smash *m*
Schmetterling ['ʃmɛtɐlɪŋ] <-s, -e> *m* papillon *m*
Schmetterlingsstil *m* [brasse *f*] papillon *m*
schmettern ['ʃmɛtɐn] **I.** *vt* + *haben* ① (*schleudern*) **etw an die Wand ~** envoyer qc contre le mur ② SPORT smasher *Ball* ③ (*ertönen lassen*) entonner *Lied* **II.** *vi* ① + *sein* (*aufprallen*) **gegen etw ~** s'écraser contre qc ② + *haben* SPORT smasher

S

Schmied(in) [ʃmiːt] <-[e]s, -e> *m(f)* forgeron *m*
Schmiede [ˈʃmiːdə] <-, -n> *f* forge *f*
Schmiedeeisen *nt* fer *m* forgé **schmiedeeisern** *adj* en fer forgé
schmieden [ˈʃmiːdən] *vt* forger
schmiegen [ˈʃmiːgən] *vr* ❶ (*sich kuscheln*) **sich an jdn ~** se blottir contre qn ❷ (*eng anliegen*) **sich an etw** (*akk*) **~** mouler qc
schmiegsam *adj Leder, Material* souple
Schmierbauch [ˈʃmiːɐ̯-] *m fam* panse *f*
Schmiere [ˈʃmiːrə] <-, -n> *f* (*Fett*) cambouis *m*
schmieren [ˈʃmiːrən] **I.** *vt* ❶ (*streichen*) tartiner *Brot;* **sich** (*dat*) **Creme ins Gesicht ~** s'étaler de la crème sur le visage ❷ (*fetten*) graisser *Scharnier;* (*ölen*) lubrifier *Kolben* ❸ *pej fam* (*bestechen*) graisser la patte à ▸ **jdm eine ~** *fam* en coller une à qn **II.** *vi fam* (*klecksen*) *Kugelschreiber:* baver
Schmiererei [ʃmiːrəˈrai̯] <-, -en> *f pej fam* (*Schrift, Zeichnung*) gribouillage *m*
Schmierfett *nt* graisse *f* **Schmierfink** *m pej fam* (*Journalist*) pisseur *m* de copie **Schmiergeld** *nt fam* bakchich *m*
Schmiergeldzahlung *f* versement *m* de pot-de-vin
Schmierheft *nt* cahier *m* de brouillon
schmierig [ˈʃmiːrɪç] *adj* ❶ *Haar, Hände* poisseux(-euse); *Kleidung, Oberfläche* couvert(e) de [taches de] graisse ❷ *pej* (*abstoßend*) **dieser ~e Kerl** ce faux jeton
Schmiermittel *nt* lubrifiant *m* **Schmieröl** *nt* huile *f* lubrifiante **Schmierpapier** *nt* [papier *m* de] brouillon *m* **Schmiersack** *m pej fam* [**alter**] **~** gros *m* plein de soupe **Schmierseife** *f* savon *m* noir **Schmierzettel** *m* bout *m* de papier
schmilzt [ʃmɪlt͡st] *3. Pers Präs von* **schmelzen**
Schminke [ˈʃmɪŋkə] <-, -n> *f* maquillage *m*
schminken **I.** *vt* maquiller **II.** *vr* **sich ~** se maquiller
schmirgeln [ˈʃmɪrgəln] *vt, vi* poncer
Schmirgelpapier *nt* papier *m* [d']émeri
schmissRR, **schmiß**ALT [ʃmɪs] *Imp von* **schmeißen**
SchmissRR [ʃmɪs] <-es, -e>, **Schmiß**ALT <-sses, -sse> *m* ❶ (*Narbe*) balafre *f* ❷ *fam* (*Schwung*) allant *m*
Schmöker [ˈʃmøːkɐ] <-s, -> *m fam* roman *m* de gare
schmökern [ˈʃmøːkɐn] *vi fam* bouquiner; **in etw** (*dat*) **~** bouquiner qc
schmollen [ˈʃmɔlən] *vi* bouder
Schmollmund *m* moue *f*
schmolz [ʃmɔlt͡s] *Imp von* **schmelzen**
Schmorbraten *m* bœuf *m* braisé
schmoren [ˈʃmoːrən] **I.** *vt* faire braiser *Braten* **II.** *vi* ❶ *Braten:* cuire à petit feu ❷ *fam* (*schwitzen*) **in der Sonne ~** se faire cuire au soleil ❸ *fam* (*warten*) **jdn ~ lassen** laisser mariner qn
Schmuck [ˈʃmʊk] <-[e]s> *m* ❶ bijoux *mpl* ❷ (*Verzierung*) décoration *f*
schmücken [ˈʃmʏkən] *vt* décorer *Raum*
Schmuckkästchen *nt* coffret *m* à bijoux
schmucklos *adj* nu(e)
Schmuckstück *nt* bijou *m* **Schmuckwaren** *Pl* bijoux *mpl*
schmudd[e]lig [ˈʃmʊd(ə)lɪç] *adj* sale, crasseux(-euse)
Schmuggel [ˈʃmʊgəl] <-s> *m* contrebande *f*
schmuggeln [ˈʃmʊgəln] **I.** *vt* faire de la contrebande de *Waren;* faire du trafic de *Drogen, Waffen* **II.** *vi* faire de la contrebande
Schmuggelware *f* [marchandise *f* de] contrebande *f*
Schmuggler(in) [ˈʃmʊglɐ] <-s, -> *m(f)* contrebandier(-ière) *m(f)*
schmunzeln [ˈʃmʊnt͡səln] *vi* sourire; **über etw ~** sourire de qc
Schmus [ʃmuːs] <-es> *m fam* (*schöne Worte*) cajoleries *fpl*
schmusen [ˈʃmuːzən] *vi fam* [**miteinander**] **~** se faire des mamours; **mit jdm ~** faire des mamours à qn
Schmutz [ʃmʊt͡s] <-es> *m* saleté *f;* (*Schlamm*) boue *f;* (*Staub*) poussière *f*
Schmutzfink *m fam* [petit] cochon *m*
schmutzig [ˈʃmʊt͡sɪç] *adj* ❶ sale; (*schlammbedeckt*) boueux(-euse); (*staubbedeckt*) poussiéreux(-euse); **sich ~ machen** se salir ❷ *pej* (*anrüchig*) sale ❸ *pej* (*obszön*) salace
Schmutzschicht *f* couche *f* de saleté
Schnabel [ˈʃnaːbəl, *Pl:* ˈʃnɛːbəl] <-s, Schnäbel> *m* ❶ ORN, MUS bec *m* ❷ (*lange Tülle*) bec *m* [verseur] ❸ *fam* (*Mund*) bec *m;* **halt den ~!** *fam* ferme-la!
Schnabeltasse *f* tasse *f* à bec
Schnake [ˈʃnaːkə] <-, -n> *f* ❶ (*nicht stechende Mücke*) cousin *m* ❷ DIAL *fam* (*Stechmücke*) moustique *m*
Schnalle [ˈʃnalə] <-, -n> *f* boucle *f*
schnallen *vt* ❶ **etw enger ~** serrer qc ❷ *fam* (*begreifen*) piger
schnalzen [ˈʃnalt͡sən] *vi* faire claquer; **mit**

der Zunge/mit den Fingern ~ faire claquer sa langue/ses doigts

Schnäppchen ['ʃnɛpçən] <-s, -> *nt fam* [bonne] affaire *f*

Schnäppchenjagd *f fam* chasse *f* aux bonnes affaires **Schnäppchenjäger(in)** *m(f) fam* chasseur *m* de bonnes affaires

schnappen ['ʃnapən] **I.** *vi* ① + *haben* **nach jdm ~** *Hund:* chercher à mordre qn; **nach etw ~** essayer d'attraper qc ② + *sein* (*klappen*) **ins Schloss ~** s'enclencher dans la serrure **II.** *vt* + *haben fam* ① (*ergreifen*) **sich** (*dat*) **jdn ~** harponner qn; **sich** (*dat*) **etw ~** se choper qc ② (*fangen*) choper *Täter*

Schnappschloss[RR] *nt* serrure *f* à ressort **Schnappschuss**[RR] *m* instantané *m*

Schnaps [ʃnaps, *Pl:* 'ʃnɛpsə] <-es, Schnäpse> *m* eau-de-vie *f*

Schnapsbrennerei *f* distillerie *f*

Schnäpschen ['ʃnɛpsçən] <-s, -> *nt Dim von* **Schnaps** *fam* goutte *f*

Schnapsdrossel *f pej o hum fam* poivrot(e) *m(f)* **Schnapsglas** *nt* verre *m* à liqueur **Schnapsidee** *f fam* idée *f* loufoque

schnarchen ['ʃnarçən] *vi* ronfler

schnarren ['ʃnarən] *vi* bourdonner

schnattern ['ʃnatɐn] *vi* ① *Ente:* cancaner; *Gans:* criailler ② *fam* (*schwatzen*) jacasser

schnauben ['ʃnaubən] <schnaubte, geschnaubt> *vi* ① écumer; **vor Wut ~** écumer de colère ② (*laut atmen*) *Pferd:* s'ébrouer

schnaufen ['ʃnaufən] *vi* ① + *haben* (*angestrengt atmen*) haleter ② + *haben bes.* SDEUTSCH (*atmen*) respirer

Schnauz [ʃnauts, *Pl:* 'ʃnɔytsə] <-es, Schnäuze> *m* CH moustache *f*

Schnauzbart *m* moustache *f*

Schnauze ['ʃnautsə] <-, -n> *f* ① (*Tiermaul*) gueule *f* ② *fam* (*Mund*) gueule *f* ▶ **die ~ voll haben** *fam* en avoir ras le bol; **auf die ~ fallen** *fam* se casser la gueule

schnauzen ['ʃnautsən] *vi fam* gueuler

schnäuzen[RR] ['ʃnɔytsən] **I.** *vr* **sich ~** se moucher **II.** *vt* **sich die Nase ~** se moucher le nez

Schnauzer ['ʃnautsɐ] <-s, -> *m* ① (*Hundeart*) schnauzer *m* ② *fam* (*Schnauzbart*) bac[ch]antes *fpl*

Schnecke ['ʃnɛkə] <-, -n> *f* ① escargot *m* ② *meist Pl* GASTR escargot *m*

Schneckenhaus *nt* coquille *f* [d'escargot] **Schneckentempo** *nt fam* **im ~** comme un escargot/des escargots

Schnee [ʃneː] <-s> *m* ① neige *f* ② *fam* (*Kokain*) neige *f*

Schneeball *m a.* BOT boule *f* de neige **Schneeballschlacht** *f* bataille *f* de boules de neige **Schneeballsystem** *nt* système *m* de vente à la boule de neige

Schneebesen *m* fouet *m* **Schneebrille** *f* lunettes *fpl* de glacier **Schneedecke** *f* couche *f* de neige **Schneefall** *m* chute *f* de neige **Schneeflocke** *f* flocon *m* [de neige] **Schneegestöber** *nt* bourrasque *f* de neige **Schneeglätte** *f* verglas *m* **Schneeglöckchen** ['ʃneːglœkçən] <-s, -> *nt* perce-neige *m o f* **Schneekanone** *f* canon *m* à neige **Schneekette** *f meist Pl* chaîne *f* [à neige] **Schneemann** <-männer> *m* bonhomme *m* de neige **Schneematsch** *m* neige *f* fondante **Schneepflug** *m* chasse-neige *m* **Schneeregen** *m* neige *f* fondue **Schneeschippen** <-s> *nt* pelletage *m* de la neige **Schneeschmelze** *f kein Pl* fonte *f* des neiges **Schneesturm** *m* tempête *f* de neige **Schneetreiben** *nt* tourmente *f* de neige **schneeweiß** ['ʃneː'vais] *adj Haare* blanc(blanche) comme la neige; *Haut* laiteux(-euse)

Schneewittchen [ʃneː'vɪtçən] <-s> *nt* Blanche-Neige *f*

Schneid [ʃnait] <-[e]s> *m fam* **~ haben** avoir du cran

Schneidbrenner *m* chalumeau *m*

Schneide ['ʃnaidə] <-, -n> *f* fil *m*, tranchant *m*

schneiden ['ʃnaidən] <schnitt, geschnitten> **I.** *vt* ① (*mit dem Messer zerteilen*) couper; (*mit der Schere zerteilen*) découper; **klein ~** hacher finement *Zwiebel* ② (*kürzen*) couper *Fingernägel, Haare;* tailler *Bart* ③ (*einschneiden*) **ein Loch in etw** (*akk*) **~** faire un trou dans qc ④ (*kreuzen*) couper *Straße* ⑤ (*gefährden*) faire une queue de poisson à *Person, Fahrzeug* ⑥ MEDIA, CINE monter *Film* ⑦ (*meiden*) fuir **II.** *vr* ① (*sich verletzen*) **sich** (*akk o dat*) **in den Finger ~** se couper au doigt ② (*sich kreuzen*) **sich ~** *Straßen:* se couper **III.** *vi* **gut/schlecht ~** *Messer:* couper bien/mal

schneidend *adj Kälte* mordant(e); *Schmerz* aigu(ë)

Schneider ['ʃnaidɐ] <-s, -> *m* tailleur *m*

Schneiderei [ʃnaidə'rai] <-, -en> *f* atelier *m* de couture

Schneiderin <-, -nen> *f* couturière *f*

schneidern ['ʃnaidɐn] *vi* (*als Beruf*) être tailleur/couturière; (*als Hobby*) faire de la couture

Schneiderpuppe *f* mannequin *m* de tailleur **Schneidersitz** *m* **im ~** en tailleur
Schneidezahn *m* incisive *f*
schneidig ['ʃnaidɪç] *adj* fringant(e)
schneien ['ʃnaiən] *vi unpers* neiger; **es schneit** il neige
Schneise ['ʃnaizə] <-, -n> *f* tranchée *f*
schnell [ʃnɛl] **I.** *adj* rapide **II.** *adv gehen, sich fortbewegen* vite; *arbeiten, reagieren* rapidement
Schnellbahn *f* train *m* de banlieue **Schnellboot** *nt* vedette *f* rapide
Schnelle ['ʃnɛlə] *f* (*Stromschnelle*) rapide *m* ▶ **auf die ~** *fam* vite fait
schnellebig[ALT] *s.* **schnelllebig**
schnellen ['ʃnɛlən] *vi* + *sein* **in die Höhe ~** faire un bond
Schnellfeuergewehr *nt* fusil-mitrailleur *m* **Schnellfeuerwaffe** *f* arme *f* à tir rapide
Schnellhefter *m* chemise *f*
Schnelligkeit <-, *selten* -en> *f* (*Geschwindigkeit*) rapidité *f*; *eines Fahrzeugs* vitesse *f*
Schnellimbiss[RR] *m* snack *m* **Schnellkochtopf** *m* cocotte-minute® *f* **Schnellkurs** *m* cours *m* accéléré
schnelllebig[RR] *adj* fiévreux(euse)
schnellstens *adv* au plus vite
Schnellstraße *f* voie *f* rapide **Schnellverfahren** *nt* ▶ **im ~** JUR en référé; *fam* (*auf die Schnelle*) en vitesse **Schnellzug** *m* train *m* express
Schnepfe ['ʃnɛpfə] <-, -n> *f a. fig, pej* bécasse *f*
schneuzen[ALT] *s.* **schnäuzen**
Schnickschnack ['ʃnɪkʃnak] <-s> *m fam* ❶ (*Krimskrams*) bricoles *fpl* ❷ (*Geschwätz*) âneries *fpl*
schniefen ['ʃniːfən] *vi* renifler
Schnippchen ['ʃnɪpçən] ▶ **jdm ein ~ schlagen** *fam* faire un pied de nez à qn
schnippeln ['ʃnɪpəln] *fam* **I.** *vi* découper; **an etw** (*dat*) **~** découper qc **II.** *vt* émincer
schnippen ['ʃnɪpən] **I.** *vi* claquer; **mit den Fingern ~** claquer des doigts **II.** *vt* **die Krümel vom Tisch ~** balayer de la main les miettes de la table
schnippisch ['ʃnɪpɪʃ] *pej adj* impertinent(e)
Schnipsel ['ʃnɪpsəl] <-s, -> *m o nt* petit morceau *m*
schnitt [ʃnɪt] *Imp von* **schneiden**
Schnitt [ʃnɪt] <-[e]s, -e> *m* ❶ *a.* MED (*Einschnitt*) incision *f* ❷ (*Schnittwunde*) coupure *f* ❸ CINE montage *m* ❹ *von Kleidung, Haaren* coupe *f* ❺ *fam* (*Durchschnitt*) **im ~** en moyenne
Schnittblumen *Pl* fleurs *fpl* coupées
Schnitte ['ʃnɪtə] <-, -n> *f* tranche *f*; (*belegt*) tartine *f*
Schnittfläche *f* coupe *f*
schnittig ['ʃnɪtɪç] *adj* profilé(e)
Schnittkäse *m fromage vendu en tranches* **Schnittlauch** *m kein Pl* ciboulette *f* **Schnittmenge** *f* MATH intersection *f* **Schnittmuster** *nt* patron *m* **Schnittpunkt** *m von Linien* point *m* d'intersection; *von Straßen* intersection *f* **Schnittstelle** *f* INFORM interface *f* **Schnittwunde** *f* coupure *f*; (*tief*) entaille *f*
Schnitzel[1] ['ʃnɪtsəl] <-s, -> *nt* GASTR escalope *f*
Schnitzel[2] ['ʃnɪtsəl] *s.* **Schnipsel**
Schnitzeljagd *f* jeu *m* de piste
schnitzen ['ʃnɪtsən] *vt, vi* sculpter
Schnitzer ['ʃnɪtsɐ] <-s, -> *m fam* (*Fehler*) **einen ~ machen** *fam* faire une gaffe
Schnitzerei [ʃnɪtsə'rai] <-, -en> *f* sculpture *f* sur bois
schnodd[e]rig *adj pej fam Mensch* mal embouché(e)
schnöde *pej geh adj Geiz, Motiv, Tat* sordide
Schnorchel ['ʃnɔrçəl] <-s, -> *m* tuba *m*
schnorcheln *vi* nager sous l'eau avec un tuba
Schnörkel ['ʃnœrkəl] <-s, -> *m* ❶ (*Ornament*) fioriture *f* ❷ (*bei der Unterschrift*) paraphe *m* illisible
schnorren ['ʃnɔrən] *fam* **I.** *vi* faire la manche **II.** *vt* taxer
Schnorrer(in) <-s, -> *m(f) fam* tapeur (-euse) *m(f)*
Schnösel ['ʃnøːzəl] <-s, -> *m pej fam* morveux *m*
schnüffeln ['ʃnʏfəln] **I.** *vi* ❶ flairer; **an jdm/etw ~** flairer qn/qc ❷ *fam* (*spionieren*) fouiner **II.** *vt fam* snif[f]er *Drogen, Klebstoff*
Schnüffler(in) <-s, -> *m(f)* ❶ *pej fam* (*Detektiv*) privé(e) *m(f)* ❷ *fam* (*Drogenkonsument*) sniffeur(-euse) *m(f)*
Schnuller ['ʃnʊlɐ] <-s, -> *m* sucette *f*
Schnulze ['ʃnʊltsə] <-, -n> *f pej fam* (*Lied/Film*) chanson *f*/film *m* sentimental(e)
schnulzig *adj fam* sentimental
schnupfen ['ʃnʊpfən] *vt* priser *Schnupftabak;* sniffer *Kokain*
Schnupfen <-s, -> *m* rhume *m*; **~ haben/bekommen** avoir un rhume/s'enrhumer

Schnupftabak *m* tabac *m* à priser
schnuppe ['ʃnʊpə] *adj fam* **das ist mir ~** je me fiche pas mal de cela
Schnupperkurs *m* cours *m* d'essai
schnuppern ['ʃnʊpɐn] *vi* renifler; **an etw ~** renifler qc
Schnur [ʃnuːɐ̯, *Pl:* 'ʃnyːrə] <-, Schnüre> *f* ❶ficelle *f; einer Angel, Halskette* fil *m* ❷ELEC *fam* fil *m*
Schnürchen <-s, -> *nt Dim von* **Schnur** cordonnet *m* ▶**wie am ~** *fam* comme sur des roulettes
schnüren ['ʃnyːrən] *vt* ❶ficeler *Paket* ❷(*zubinden*) **sich** (*dat*) **die Schuhe ~** lacer ses chaussures
schnurgerade ['ʃnuːɐ̯gə'raːdə] **I.** *adj* rectiligne **II.** *adv verlaufen* en ligne droite
schnurlos *adj Telefon* sans fil
Schnurrbart ['ʃnʊrbaːɐ̯t] *m* moustache *f*
schnurrbärtig ['ʃnʊrbɛːɐ̯tɪç] *adj* moustachu(e)
schnurren ['ʃnʊrən] *vi* ronronner
Schnurrhaare *Pl* moustaches *fpl*
Schnürschuh *m* chaussure *f* à lacets
Schnürsenkel ['ʃnyːɐ̯zɛŋkəl] *m* lacet *m*
Schnürstiefel *m* bottine *f* à lacets; (*Militärstiefel*) ranger *m*
schnurstracks ['ʃnuːɐ̯'ʃtraks] *adv fam* (*geradewegs*) tout droit; (*sofort*) illico
schnurz [ʃnʊrts] *adj* **das ist mir ~** *fam* j'en ai rien à faire
Schnute ['ʃnuːtə] <-, -n> *f fam* petite bouche *f;* **eine ~ ziehen** faire la gueule
schob [ʃoːp] *Imp von* **schieben**
Schober ['ʃoːbɐ] <-s, -> *m* SDEUTSCH, A meule *f* [de foin]
Schock [ʃɔk] <-[e]s, -s> *m* choc *m*
schocken ['ʃɔkən] *vt fam* choquer
schockieren* [ʃɔ'kiːrən] *vt* choquer
Schocktherapie *f kein Pl* MED sismothérapie *f* **Schockwelle** *f* ❶PHYS onde *f* de choc ❷*fig* effet *m* de choc; **eine ~ auslösen** produire un effet de choc
schofel ['ʃoːfəl] *adj,* **schof[e]lig** ['ʃoːf(ə)lɪç] *adj pej fam Art, Behandlung* dégueulasse
Schöffe ['ʃœfə] <-n, -n> *m,* **Schöffin** *f* assesseur *mf* (*non-professionnel*)
Schöffengericht *nt* ≈ tribunal *m* de grande instance (*comprenant un juge professionnel et des assesseurs non-professionnels*)
Schokokuss[RR] *m* GASTR tête *f* de nègre
Schokolade [ʃoko'laːdə] <-, -n> *f* (*a. Getränk*) chocolat *m*
Schokoriegel *m* barre *f* de chocolat
Scholastik [ʃo'lastɪk] <-> *f* scolastique *f*

scholl [ʃɔl] *Imp von* **schallen**
Scholle ['ʃɔlə] <-, -n> *f* ❶(*Fisch*) carrelet *m* ❷(*Erdscholle*) motte *f* ❸(*Eisscholle*) bloc *m* de glace
schon [ʃoːn] *adv* ❶(*bereits*) déjà; **~ jetzt** dès maintenant; **~ immer** depuis toujours; **~ wieder?** encore? ❷(*irgendwann*) **er wird es ~ noch lernen** il apprendra bien ça un jour ❸(*allein*) **~ deshalb** rien que pour cela ❹(*durchaus*) plutôt; **das kann ~ vorkommen** ça peut fort bien arriver ❺(*denn*) **was macht das ~?** qu'est-ce que ça peut bien faire? ❻*fam* (*wirklich*) **man hat's ~ nicht leicht im Leben** y a pas à dire, la vie est dure ❼(*irgendwie*) **es geht ~** ça va à peu près; **es wird ~ klappen** ça va bien marcher ❽*fam* (*endlich*) **sag ~!** allez, dis!
schön [ʃøːn] **I.** *adj* ❶beau(belle); **etwas Schönes** quelque chose de beau ❷(*angenehm*) bon(ne); **~es Wochenende!** bon week-end!; **bei ihnen ist es ~** c'est bien chez eux ❸*fam* (*gut*) **na ~!** c'est bon ❹(*nett*) **das ist nicht ~ von dir** ce n'est pas bien de ta part ❺*iron fam Durcheinander, Geschichte* beau(belle); *Aussichten, Überraschung* charmant(e) **II.** *adv* ❶(*angenehm*) bien; **ihr habt es hier ~!** vous êtes bien installé(e)s ici! ❷*iron fam erschrecken, sich blamieren* drôlement
Schonbezug *m* housse *f* de protection
Schöne ['ʃøːnə] <-n, -n> *f dekl wie adj* belle *f*
schonen ['ʃoːnən] *vt* ménager *Person, Gegenstand*
schönen ['ʃøːnən] *vt* enjoliver *Bericht;* arranger *Statistik*
schonend **I.** *adj Behandlung, Umgang* soigneux(-euse); *Waschmittel* doux(douce); *Art, Weise* plein(e) d'égards **II.** *adv* (*pfleglich*) avec précaution; (*rücksichtsvoll*) avec ménagements
Schoner ['ʃoːnɐ] <-s, -> *m* NAUT goélette *f*
schön|färben *vt* arranger *Fakten* **Schönfärberei** [ʃøːnfɛrbə'raj] <-, -en> *f* enjolivure *f*
Schonfrist *f* délai *m* de grâce
Schöngeist *m* bel esprit *m* **schöngeistig** *adj* esthétique
Schönheit <-, -en> *f* (*Eigenschaft, Mensch*) beauté *f*
Schönheitschirurgie *f* chirurgie *f* esthétique **Schönheitsfarm** *f* centre *m* de remise en beauté **Schönheitsfehler** *m eines Menschen* imperfection *f* [esthétique]; *eines Produkts, einer Vereinbarung* petit défaut *m* **Schönheitsideal** *nt* idéal *m* de

beauté **Schönheitsoperation** *f* opération *f* de chirurgie esthétique
Schonkost *f* nourriture *f* diététique
schön|machen *vr fam* **sich** ~ se faire beau(belle) **Schönschrift** *f* (*in Reinschrift*) au propre **schön|tun** *vi irr fam* **jdm** ~ flatter qn
Schonung <-, -en> *f* ① *kein Pl* (*pflegliche Behandlung*) *der Kleidung, Möbel* soin *m* ② *kein Pl* (*Entlastung, Schutz*) ménagement *m* ③ (*Pflanzung*) plantation *f* protégée
schonungslos I. *adj Offenheit* impitoyable II. *adv offenlegen* d'une manière impitoyable
Schönwetterperiode *f* période *f* de beau temps
Schonzeit *f* période *f* de fermeture de la chasse
Schopf [ʃɔpf, *Pl:* 'ʃœpfə] <-[e]s, Schöpfe> *m* ① toupet *m* ② ORN aigrette *f*
schöpfen ['ʃœpfən] *vt* ① prendre *Suppe* ② (*gewinnen*) reprendre *Mut;* **Kraft aus seinem Glauben** ~ puiser des forces dans sa foi
Schöpfer(in) <-s, -> *m(f)* ① *eines Kunstwerks* créateur(-trice) *m(f); eines Musikstücks* compositeur(-trice) *m(f)* ② (*Gott*) **der** ~ le Créateur
schöpferisch ['ʃœpfərɪʃ] I. *adj Person, Talent* créateur(-trice) II. *adv* ~ **tätig** travailler dans le domaine créatif
Schöpfkelle *f* louche *f* **Schöpflöffel** *m* cuillère *f* à pot
Schöpfung <-, -en> *f* ① *geh* (*das Geschaffene*) création *f* ② *kein Pl* REL (*Welt*) Création *f*
Schöpfungsgeschichte *f kein Pl* Genèse *f*
Schoppen ['ʃɔpən] <-s, -> *m* ① (*Viertelliter*) quart *m;* **ein** ~ **Wein** un quart de vin ② SDEUTSCH, CH (*Babyfläschchen*) biberon *m*
schor [ʃoːɐ̯] *Imp von* **scheren**[1]
Schorf [ʃɔrf] <-[e]s, -e> *m* croûte *f*
Schorle <-, -n> *f* SDEUTSCH (*Weinschorle*) *mélange de vin et d'eau minérale gazeuse*
Schornstein ['ʃɔrnʃtain] *m* cheminée *f*
Schornsteinfeger(in) <-s, -> *m(f)* ramoneur(-euse) *m(f)*
schoss[RR], **schoß**[ALT] [ʃɔs] *Imp von* **schießen**
Schoß [ʃoːs, *Pl:* 'ʃøːsə] <-es, Schöße> *m* ① **auf dem/den** ~ sur les genoux ② *geh* (*Mutterleib*) sein *m*
Schoßhund *m* bichon *m*

Schössling[RR], **Schößling**[ALT] <-s, -e> *m* rejet *m*
Schote ['ʃoːtə] <-, -n> *f* cosse *f*
Schotte ['ʃɔtə] <-n, -n> *m*, **Schottin** *f* Écossais(e) *m(f)*
Schottenrock *m* jupe *f* écossaise
Schotter ['ʃɔtɐ] <-s, -> *m* gravier *m*
schottisch ['ʃɔtɪʃ] *adj* écossais(e)
Schottland ['ʃɔtlant] *nt* l'Écosse *f*
schraffieren* [ʃra'fiːrən] *vt* hachurer
Schraffierung <-, -en> *f*, **Schraffur** [ʃra'fuːɐ̯] <-, -en> *f* hachures *fpl*
schräg [ʃrɛːk] I. *adj* ① *Wand, Dach, Hang* incliné(e); *Linie* oblique; *Stellung* penché(e) ② *fam Typ* farfelu(e) II. *adv halten, hängen* de travers; *verlaufen, anordnen* en biais
Schräge ['ʃrɛːgə] <-, -n> *f* ① (*schräge Fläche*) plan *m* incliné ② (*Neigung*) *einer Wand* inclinaison *f; eines Dachs, Hangs* pente *f*
Schrägstrich *m* barre *f* oblique
Schramme ['ʃramə] <-, -n> *f* (*Verletzung, Beschädigung*) éraflure *f*
schrammen I. *vi* + *sein* faire des rayures II. *vr* + *haben* **sich** (*dat*) **das Knie** ~ s'érafler le genou
Schrank [ʃraŋk, *Pl:* 'ʃrɛŋkə] <-[e]s, Schränke> *m* (*Wandschrank*) placard *m;* (*Kleiderschrank*) armoire *f*
Schranke ['ʃraŋkə] <-, -n> *f* barrière *f*
schrankenlos *adj Vertrauen, Freiheit* sans bornes
Schrankenwärter(in) *m(f)* garde-barrière *mf*
Schrankkoffer *m* malle-cabine *f* **Schrankwand** *f* bibliothèque *f* (*composée d'éléments modulables*)
Schraubdeckel *m eines Glases* couvercle *m* à vis; *einer Flasche* bouchon *m* à vis
Schraube ['ʃraubə] <-, -n> *f* ① TECH vis *f* ② NAUT hélice *f* ▶ **bei ihm ist eine** ~ **locker** *fam* il ne tourne pas rond
schrauben ['ʃraubən] *vt* ① (*anbringen*) **etw an/auf etw** (*akk*) ~ visser qc à/sur qc ② *fig* **seine Ansprüche nach unten** ~ placer la barre plus bas
Schraubendreher *m s.* **Schraubenzieher** **Schraubenschlüssel** *m* clé *f* **Schraubenzieher** <-s, -> *m* tournevis *m*
Schraubstock *m* étau *m* **Schraubverschluss**[RR] *m* fermeture *f* à vis
Schrebergarten ['ʃreːbɐgartən] *m* jardin *m* ouvrier
Schreck [ʃrɛk] <-s> *m* peur *f;* **jdm**

einen ~ einjagen faire peur à qn; **einen ~ bekommen** *fam* avoir peur

schrecken¹ ['ʃrɛkən] <schreckte, geschreckt> *vt + haben geh* effrayer *Person*

schrecken² ['ʃrɛkən] <schrak, geschrocken> *vi + sein geh* **aus dem Schlaf ~** être tiré brutalement de son sommeil

Schrecken ['ʃrɛkən] <-s, -> *m* peur *f;* **zu meinem großen ~** à mon grand effroi; **mit dem ~ davonkommen** en être quitte pour la peur

Schreckensherrschaft *f* régime *m* de terreur **Schreckensnachricht** *f* terrible nouvelle *f*

Schreckgespenst *nt* spectre *m*

schreckhaft *adj* peureux(-euse)

schrecklich I. *adj* ❶ terrible ❷ *pej fam Mensch* affreux(-euse) II. *adv* ❶ (*furchtbar*) horriblement ❷ *fam heiß, einsam* affreusement; *gernhaben, nett* terriblement

Schreckschraube *f pej fam* (*hässliche Frau*) boudin *m;* (*bösartige Frau*) vieille peau *f* **Schreckschusspistole**RR *f* pistolet *m* d'alarme **Schrecksekunde** *f* temps *m* de réaction

Schrei [ʃrai̯] <-[e]s, -e> *m* cri *m; eines Hahns* chant *m* ▶ **der letzte ~** *fam* le dernier cri

Schreibblock <-blöcke> *m* bloc-notes *m*

schreiben ['ʃrai̯bən] <schrieb, geschrieben> I. *vt* écrire *Brief, Text;* faire *Haus-/Klassenarbeit;* passer *Test;* établir *Rechnung* II. *vi* écrire III. *vr* (*korrespondieren*) **sich** (*dat*) ~ s'écrire

Schreiben ['ʃrai̯bən] <-s, -> *nt* lettre *f*

Schreiber(in) ['ʃrai̯bɐ] <-s, -> *m(f)* auteur *m*

schreibfaul *adj* trop paresseux(-euse) pour écrire **Schreibfeder** *f* plume *f* **Schreibfehler** *m* faute *f* d'orthographe **Schreibheft** *nt* cahier *m* **Schreibkraft** *f* dactylo *mf* **Schreibmappe** *f* nécessaire *m* de correspondance **Schreibmaschine** *f* machine *f* à écrire; **etw auf der ~ schreiben** taper qc à la machine **Schreibschrift** *f a.* TYP écriture *f* cursive **Schreibschutz** *m* INFORM protection *f* d'écriture **schreibschützen** <*PP* schreibgeschützt> *vt* INFORM **etw ~** protéger qc **Schreibtisch** *m* bureau *m*

Schreibtischlampe *f* lampe *f* de bureau **Schreibtischtäter(in)** *m(f) pej* actif(-ive) *m(f)* du bureau

Schreibung <-, -en> *f* orthographe *f*

Schreibunterlage *f* sous-main *m* **Schreibwaren** *Pl* [articles *mpl* de] papeterie *f*

Schreibwarengeschäft *nt s.* **Schreibwarenhandlung** **Schreibwarenhändler(in)** *m(f)* papetier(-ière) *m(f)* **Schreibwarenhandlung** *f* papeterie *f*

Schreibweise *f* ❶ (*Schreibung*) orthographe *f* ❷ (*Stil*) écriture *f*

schreien ['ʃrai̯ən] <schrie, geschrie[e]n> I. *vi* ❶ *Mensch:* crier; (*laut*) hurler; *Baby:* pleurer ❷ (*verlangen*) **nach der Mutter ~** réclamer la mère à grands cris II. *vt* crier III. *vr* **sich heiser ~** s'enrouer à force de crier

schreiend *adj* ❶ *Farbe* criard(e) ❷ *Unrecht* criant(e)

Schreier(in) ['ʃrai̯ɐ] <-s, -> *m(f) s.* **Schreihals**

Schreierei [ʃrai̯ə'rai̯] <-, -en> *f fam* braillements *mpl*

Schreihals *m fam* braillard(e) *m(f)*

Schrein [ʃrai̯n] <-[e]s, -e> *m geh* (*Reliquienschrein*) reliquaire *m*

Schreiner(in) ['ʃrai̯nɐ] <-s -> *m(f)* SDEUTSCH menuisier(-ière) *m(f)*

Schreinerei [ʃrai̯nə'rai̯] <-, -en> *f* SDEUTSCH menuiserie *f*

schreinern ['ʃrai̯nɐn] SDEUTSCH *s.* **tischlern**

schreiten ['ʃrai̯tən] <schritt, geschritten> *vi + sein geh* ❶ s'avancer ❷ *fig* **zur Tat ~** passer à l'acte

schrie [ʃriː] *Imp von* **schreien**

schrieb [ʃriːp] *Imp von* **schreiben**

Schrift [ʃrɪft] <-, -en> *f* ❶ (*Handschrift, Schriftsystem*) écriture *f* ❷ TYP caractères *mpl* ❸ (*Abhandlung*) écrit *m* ❹ REL **die Heilige ~** les Saintes Écritures *fpl*

Schriftart *f* TYP police *f* de caractères **Schriftbild** *nt* graphisme *m;* TYP typographie *f* **Schriftdeutsch** *nt* allemand *m* écrit **Schriftführer(in)** *m(f)* secrétaire *mf* **Schriftgröße** *f* INFORM taille *f* des caractères

schriftlich ['ʃrɪftlɪç] I. *adj* écrit(e) II. *adv* par écrit

Schriftsatz *m* JUR pièce *f* écrite **Schriftsprache** *f* langue *f* écrite

Schriftsteller(in) ['ʃrɪftʃtɛlɐ] <-s, -> *m(f)* écrivain *m*

Schriftstellerei [ʃrɪftʃtɛlə'rai̯] <-> *f* écriture *f*

schriftstellerisch ['ʃrɪftʃtɛlərɪʃ] *adj* **~es Werk** œuvre *f* d'écrivain

Schriftstück *nt* document *m* **Schriftverkehr** *m,* **Schriftwechsel** *m* correspondance *f* **Schriftzeichen** *nt* caractère *m*

schrill [ʃrɪl] *adj* ❶ *Stimme, Ton* strident(e)

S

❷ *Typ, Effekt* tapageur(-euse); ~ **sein** *fam* flasher

schritt [ʃrɪt] *Imp von* **schreiten**

Schritt [ʃrɪt] <-[e]s, -e> *m* ❶ pas *m;* **mit schnellen/leisen ~en** à pas rapides/de loup ❷ *kein Pl* (*Gangart, Tempo*) pas *m;* **mit jdm ~ halten** suivre l'allure de qn ❸ (*Maßnahme*) mesure *f;* **~e einleiten** prendre des dispositions ❹ COUT entre-jambe *m*

SchrittempoALT *s.* **Schritttempo**

Schrittgeschwindigkeit *f* vitesse *f* réduite **Schrittmacher** *m* MED stimulateur *m* cardiaque **Schritttempo**RR *nt* vitesse *f* réduite

schrittweise *adv vorankommen* progressivement

schroff [ʃrɔf] **I.** *adj* ❶ (*steil*) abrupt(e) ❷ (*barsch*) sec(sèche); *Verhalten* cassant(e) **II.** *adv abfallen* à pic

Schroffheit <-, -en> *f* ❶ *kein Pl* (*schroffe Art*) sécheresse *f* ❷ (*Äußerung*) parole *f* acerbe

schröpfen ['ʃrœpfən] *vt fam* (*ausnehmen*) plumer

Schröpfkopf *m* MED ventouse *f*

Schrot [ʃro:t] <-[e]s, -e> *m o nt* ❶ *kein Pl* (*gemahlenes Getreide*) farine *f* grossière ❷ JAGD plomb *m* [de chasse]

schroten ['ʃro:tən] *vt* moudre grossièrement

Schrotflinte *f* carabine *f* à plombs **Schrotkugel** *f* plomb *m* de chasse

Schrott [ʃrɔt] <-[e]s> *m* ❶ ferraille *f;* **ein Auto zu ~ fahren** *fam* envoyer une voiture à la casse ❷ *fam* (*wertloses Zeug*) camelote *f* ❸ *fam* (*Unsinn*) ~ **erzählen** raconter n'importe quoi

Schrottauto *nt fam* [vieux] clou *m* **Schrotthändler(in)** *m(f)* ferrailleur(-euse) *m(f)* **Schrotthaufen** *m* tas *m* de ferraille **Schrottplatz** *m* ferraille *m;* (*Autoschrottplatz*) casse *f* **schrottreif** *adj* bon(ne) pour la casse **Schrottwert** *m kein Pl* valeur *f* de récupération

schrubben ['ʃrʊbən] *fam* **I.** *vt* frotter *Boden, Rücken* **II.** *vi* passer la brosse

Schrubber ['ʃrʊbɐ] <-s, -> *m* balai-brosse *m*

Schrulle ['ʃrʊlə] <-, -n> *f* (*Marotte*) lubie *f*

schrullig ['ʃrʊlɪç] *adj fam* lunatique

schrumpelig ['ʃrʊmpəlɪç] *s.* **schrumplig**

schrumpfen ['ʃrʊmpfən] *vi + sein* ❶ *Muskeln:* fondre; *Frucht:* se ratatiner; *Ballon:* se dégonfler ❷ *Vorräte, Mitgliederzahl:* se réduire

Schrumpfung <-, -en> *f* réduction *f*

schrumplig ['ʃrʊmplɪç] *adj fam Schale, Haut* ratatiné(e)

Schub [ʃu:p, *Pl:* 'ʃy:bə] <-[e]s, Schübe> *m* ❶ PHYS poussée *f;* MED crise *f* ❷ (*Antrieb*) élan *m*

Schubfach *nt* tiroir *m* **Schubkarre** *f* brouette *f* **Schubkarren** *m* brouette *f* **Schubkraft** *f* poussée *f* **Schublade** <-, -n> *f* (*Schubfach*) tiroir *m*

Schubs [ʃʊps] <-es, -e> *m fam* bourrade *f*

schubsen ['ʃʊpsən] *vt fam* bousculer; **jdn ins Wasser/von der Bank ~** pousser qn dans l'eau/du banc

schubweise *adv* ❶ MED *auftreten* par poussées ❷ (*in Gruppen*) par fournées

schüchtern ['ʃʏçtɐn] *adj* timide

Schüchternheit <-> *f* timidité *f*

schuf [ʃu:f] *Imp von* **schaffen**2

Schuft [ʃʊft] <-[e]s, -e> *m pej* crapule *f*

schuften ['ʃʊftən] *vi fam* trimer; **sich fast zu Tode ~** se crever au travail

Schufterei [ʃʊftə'rai] <-, -en> *f fam* boulot *m* de forçat

Schuh [ʃu:] <-[e]s, -e> *m* chaussure *f*

Schuhanzieher *m s.* **Schuhlöffel** **Schuhbändel** SDEUTSCH, CH *s.* **Schnürsenkel** **Schuhcreme** *f* cirage *m* **Schuhgeschäft** *nt* magasin *m* de chaussures **Schuhgröße** *f* pointure *f;* **ich habe ~ 40** je fais du 40 **Schuhlöffel** *m* chausse-pied *m* **Schuhmacher(in)** *m(f)* cordonnier(-ière) *m(f)* **Schuhplattler** ['ʃu:platlɐ] <-s, -> *m* A, SDEUTSCH danse *f* paysanne (*typique du Tyrol et de la Bavière*) **Schuhputzer(in)** <-s, -> *m(f)* cireur(-euse) *m(f)* de chaussures **Schuhsohle** *f* semelle *f* [de chaussure] **Schuhspanner** *m* embauchoir *m* **Schuhwerk** *nt kein Pl* chaussures *fpl*

Schukostecker ['ʃu:ko-] *m* fiche *f* 2 pôles avec prise de terre

Schulabbrecher(in) <-s, -> *m(f)* étudiant(e) *m(f)* qui abandonne ses études

Schulabgänger(in) *m(f)* jeune *mf* ayant terminé sa scolarité **Schulanfang** *m* (*Schulbeginn nach den Ferien*) rentrée scolaire *f* **Schulanfänger(in)** *m(f)* élève *mf* de C.P. **Schularbeiten** *Pl* devoirs *mpl* [à la maison] **Schulbank** <-bänke> *f* banc *m* d'école **Schulbesuch** *m* scolarisation *f* **Schulbildung** *f kein Pl* formation *f* scolaire **Schulbuch** *nt* livre *m* [scolaire], livre *m* de classe **Schulbus** *m* car *m* de ramassage [scolaire]

schuld [ʃʊlt] ▸ **an etw** (*dat*) ~ **sein** *Person:* être responsable de qc; *Sache:* être à l'origine de qc

S

Schuld [ʃʊlt] <-, -en> *f* ① *kein Pl* (*Verschulden*) culpabilité *f* ② (*Verantwortung*) **an etw** (*dat*) **~ haben** être responsable de qc; **jdm ~ geben** donner la faute à qn; **die ~ auf sich** (*akk*) **nehmen** assumer la responsabilité ③ *a.* FIN (*Verpflichtung*) dette *f*; **~en haben/machen** avoir des dettes/s'endetter

Schuldbekenntnis *nt* aveu *m* **schuldbewusst**[RR] **I.** *adj Person, Miene* coupable **II.** *adv* **~ schweigen** se taire, l'air coupable

schulden ['ʃʊldən] *vt* devoir; **jdm Geld ~** devoir de l'argent à qn

Schuldenberg *m fam* montagne *f* de dettes **Schuldenerlass**[RR] *m* remise *f* de dette **schuldenfrei** *adj* sans dettes **Schuldentilgung** *f* amortissement *m* des dettes

Schuldfähigkeit *f* JUR responsabilité *f* pénale **Schuldfrage** *f* **die ~ klären** chercher à établir la culpabilité **Schuldgefühl** *nt* sentiment *m* de culpabilité

schuldhaft *adj* coupable

Schuldienst *m kein Pl* enseignement *m*

schuldig ['ʃʊldɪç] *adj* ① responsable ② JUR coupable; **sich ~ bekennen** plaider coupable ③ (*verpflichtet*) **jdm Geld/Dank ~ sein** devoir de l'argent/de la reconnaissance à qn

Schuldige(r) *f(m) dekl wie adj* coupable *mf*

Schuldigkeit <-> *f* ▶ **seine ~ getan haben** avoir fait son devoir

schuldig|sprechen[RR] *vt irr* **jdn ~** déclarer qn coupable

Schuldirektor(in) *m(f)* directeur(-trice) *m(f)* de l'école

schuldlos **I.** *adj* non responsable **II.** *adv* (*unverschuldet*) sans y être pour rien

Schuldner(in) ['ʃʊldnɐ] <-s, -> *m(f)* débiteur(-trice) *m(f)*

Schuldrecht *nt kein Pl* JUR droit *m* des obligations **Schuldschein** *m* reconnaissance *f* de dette **Schuldspruch** *m* verdict *m* **Schuldzuweisung** *f* accusation *f*

Schule ['ʃuːlə] <-, -n> *f* ① (*Institution, Gebäude*) école *f*; **zur ~ gehen** aller à l'école/au collège/au lycée ② *kein Pl* (*Unterricht*) **die ~ ist aus** l'école *f* est finie; **am Samstag ist ~** il y a classe le samedi ③ *kein Pl* (*Erziehung*) **ein Kavalier der alten ~** un gentleman de la vieille école ④ (*Kunstrichtung*) école *f*

schulen ['ʃuːlən] *vt* former *Person;* exercer *Gedächtnis*

Schulenglisch *nt* anglais *m* scolaire

Schüler(in) ['ʃyːlɐ] <-s, -> *m(f)* ① élève *mf* ② *eines Malers* élève *mf; eines Philosophen* disciple *mf*

Schüleraustausch *m* échange *m* scolaire **Schülerausweis** *m* carte *f* d'identité scolaire (*donnant droit à des réductions*) **Schülerband** [-bɛnt] <-, -s> *f* MUS *groupe musical formé par des écoliers* **Schülerlotse** *m*, **-lotsin** *f* élève *mf* chargé(e) de la circulation

Schülerschaft <-, -en> *f form* population *f* scolaire

Schülerzeitung *f* journal *m* scolaire

Schulfach *nt* matière *f* **Schulferien** *Pl* vacances *fpl* scolaires **schulfrei** *adj Samstag* sans école; **~ haben** ne pas avoir classe **Schulfreund(in)** *m(f)* camarade *mf* d'école/de collège/lycée **Schulgebäude** *nt* bâtiment *m* scolaire **Schulgeld** *nt* frais *mpl* de scolarité **Schulheft** *nt* cahier *m* **Schulhof** *m* cour *f* [de l'école]

schulisch ['ʃuːlɪʃ] *adj* scolaire

Schuljahr *nt* ① année *f* scolaire ② (*Klassenstufe*) classe *f*; **im achten ~ sein ~** être en quatrième **Schulkamerad(in)** *m(f)* camarade *mf* d'école/de collège/lycée **Schulkind** *nt* écolier(-ière) *m(f)* **Schulklasse** *f* classe *f* **Schullandheim** *nt* centre *m* d'accueil pour classes vertes **Schulleiter(in)** *m(f)* chef *mf* d'établissement **Schulmedizin** *f* médecine *f* officielle **schulmeisterlich** *pej adj* professoral(e), doctoral(e) **Schulpflicht** *f kein Pl* obligation *f* scolaire

schulpflichtig *adj Kind* d'âge scolaire; **im ~en Alter sein** être en âge d'être scolarisé

Schulranzen *m* cartable *m* [à bretelles] **Schulrat** <-räte> *m*, **-rätin** *f* ≈ inspecteur(-trice) *m(f)* [de l'enseignement] primaire **Schulschluss**[RR] *m kein Pl* fin *f* des cours **Schulsprecher(in)** *m(f)* délégué(e) *m(f)* des élèves **Schulstunde** *f* heure *f* de cours **Schulsystem** *nt* système *m* scolaire **Schultag** *m* jour *m* de classe

Schulter ['ʃʊltɐ] <-, -n> *f a.* GASTR épaule *f*; **mit den ~n zucken** hausser les épaules

Schulterblatt *nt* omoplate *f* **schulterfrei** *adj Kleid* à épaules nues **schulterlang** *adj* arrivant aux épaules

schultern ['ʃʊltɐn] *vt* mettre sur l'épaule; **das Gepäck ~** mettre le bagage sur l'épaule

Schulterpolster *nt* épaulette *f* **Schulterriemen** *m* (*einer Tasche*) bandoulière *f*; (*eines Rucksackes*) bretelle *f*

SchulterschlussRR *m* alliance *f;* ~ **mit jdm** alliance avec qn

Schulung <-, -en> *f* ① (*Kurs*) formation *f* ② *des Gedächtnisses* entraînement *m*

Schulunterricht *m* cours *mpl* **Schulversagen** *nt* échec *m* scolaire **Schulweg** *m* chemin *m* de l'école **Schulwesen** *nt kein Pl* système *m* éducatif **Schulzeit** *f* scolarité *f* **Schulzeugnis** *nt* bulletin *m* scolaire

schummeln ['ʃʊməln] *vi fam* **beim Spielen** ~ tricher au jeu; **bei der Klassenarbeit** ~ pomper en interro

schumm[e]rig ['ʃʊm(ə)rɪç] *adj fam Beleuchtung* tamisé(e); *Zimmer* peu éclairé(e)

Schund [ʃʊnt] <-[e]s> *m pej fam* (*wertlose Ware*) camelote *f;* (*schlechte Literatur*) âneries *fpl*

Schundliteratur *f kein Pl pej* littérature *f* de bas étage **Schundroman** *m fam* roman *m* de gare

schunkeln ['ʃʊŋkəln] *vi* se balancer [de droite à gauche] (*en se tenant par le bras ou la taille*)

Schuppe ['ʃʊpə] <-, -n> *f* ① ZOOL écaille *f* ② *Pl* (*Kopfschuppe*) pellicules *fpl*

schuppen **I.** *vt* écailler *Fisch* **II.** *vr* **sich** ~ peler

Schuppen ['ʃʊpən] <-s, -> *m* ① hangar *m;* (*klein*) appentis *m* ② *pej fam* (*Lokal*) boui-boui *m;* (*Diskothek*) boîte *f*

Schuppenflechte *f* psoriasis *m*

schuppig ['ʃʊpɪç] *adj Fisch, Haut* écailleux(-euse); *Haar* pelliculeux(-euse)

Schur [ʃuːɐ̯] <-, -en> *f* tonte *f*

schüren ['ʃyːrən] *vt* attiser

schürfen ['ʃʏrfən] **I.** *vi* prospecter; **nach Gold** ~ prospecter pour trouver de l'or ▶ **tief** ~**d** *Gedanken* profond **II.** *vt* **sich** (*dat*) **das Knie/die Haut** ~ s'érafler le genou/la peau **III.** *vr* **sich** ~ se faire une écorchure

Schürfwunde *f* écorchure *f*

Schürhaken *m* tisonnier *m*

Schurke ['ʃʊrkə] <-n, -n> *m* crapule *f*

Schurkenstaat *m* POL État *m* voyou

Schurwolle *f* laine *f* vierge

Schurz [ʃʊrts] <-es, -e> *m* tablier *m*

Schürze ['ʃʏrtsə] <-, -n> *f* tablier *m*

Schürzenjäger *m pej fam* dragueur *m*

SchussRR [ʃʊs, *Pl:* 'ʃʏsə] <-es, Schüsse>, **Schuß**ALT <-sses, Schüsse> *m* ① coup *m* de feu; **einen** ~ **abgeben** tirer un coup de feu ② (*Munition*) balle *f* ③ (*Spritzer*) **ein** ~ **Essig/Rum** un filet de vinaigre/doigt de rhum; **Orangensaft mit** ~ jus d'orange avec du schnaps ④ SPORT tir *m* ⑤ *fam* (*Drogeninjektion*) shoot *m;* **sich** (*dat*) **einen** ~ **setzen** se shooter ▶ **etw wieder in** ~ **bringen** remettre qc en état

schussbereitRR *adj* prêt(e) à tirer

Schüssel ['ʃʏsəl] <-, -n> *f* ① plat *m* creux; (*Salatschüssel*) saladier *m* ② (*Waschschüssel*) cuvette *f*

Schussel ['ʃʊsəl] <-s, -> *m fam* (*ungeschickter Mensch*) manchot(e) *m(f)*

schusselig ['ʃʊsəlɪç] *adj fam* (*ungeschickt*) manchot(e); (*unachtsam*) étourdi(e)

SchussfahrtRR *f* SPORT schuss *m*

schussligRR ['ʃʊslɪç] *adj s.* **schusselig**

SchusslinieRR *f* ligne *f* de tir ▶ **in die** ~ **geraten** *Mensch:* être en butte aux attaques; *Firma:* faire l'objet de la critique **Schussverletzung**RR *f* blessure *f* par balle **Schusswaffe**RR *f* arme *f* à feu **Schussweite**RR *f* portée *f;* **in/außer** ~ **sein** être à portée/hors de portée **Schusswunde**RR *f s.* **Schussverletzung**

Schuster(in) ['ʃuːstɐ] <-s, -> *m(f)* cordonnier(-ière) *m(f)*

Schutt [ʃʊt] <-[e]s> *m* gravats *mpl;* (*Gebäudetrümmer*) décombres *mpl*

Schuttabladeplatz *m* décharge *f* de déblais

Schüttelfrost *m* frissons *mpl*

schütteln ['ʃʏtəln] **I.** *vt* ① **jdn/etw** ~ secouer qn/qc ② (*erzittern lassen*) **jdn** ~ *Hustenanfall:* faire trembler qn **II.** *vi* secouer, agiter **III.** *vr* **sich** ~ s'ébrouer; **sich vor Ekel** ~ frissonner de dégoût

Schüttelreim *m* contrepèterie *f*

schütten ['ʃʏtən] **I.** *vt* verser *Wasser, Mehl;* déverser *Sand, Müll;* **etw in ein Gefäß** ~ verser/déverser qc dans un récipient **II.** *vi unpers fam* **es schüttet** il pleut comme vache qui pisse

schütter ['ʃʏtɐ] *adj Haare* clairsemé(e)

Schutthalde *f* amoncellement *m* de déblais **Schutthaufen** *m* tas *m* de déblais

Schutz [ʃʊts] <-es> *m* ① protection *f;* ~ **vor/gegen etw** protection contre qc ② (*Sicherheit*) ~ **vor etw suchen** chercher à se mettre à l'abri de qc; **zu seinem** ~ pour sa sécurité ③ (*Obhut*) **unter jds** ~ (*dat*) **stehen** être sous la protection de qn ▶ **jdn vor jdm in** ~ **nehmen** protéger qn contre qn

Schutzanstrich *m* enduit *m* de protection **Schutzanzug** *m* combinaison *f* protectrice **schutzbedürftig** *adj Mensch* qui a besoin de protection

Schutzbefohlene(r) *f(m) dekl wie adj* protégé(e) *m(f)*

Schutzbehauptung *f* allégation *f* pour se tirer d'affaire **Schutzblech** *nt eines Fahrrads* garde-boue *m; einer Maschine* carter *m* **Schutzbrief** *m* contrat *m* d'assistance **Schutzbrille** *f* lunettes *fpl* de protection

Schütze ['ʃʏtsə] <-n, -n> *m*, **Schützin** *f* ① SPORT, JAGD tireur(-euse) *m(f)* ② MIL (*unterster Dienstgrad*) [simple] soldat(e) *m(f)* ③ ASTROL Sagittaire *m*

schützen ['ʃʏtsən] **I.** *vt* ① protéger; **etw vor Nässe ~** protéger qc contre l'humidité ② (*patentieren*) protéger qc [par un brevet]; **urheberrechtlich/gesetzlich geschützt** protégé(e) par les droits d'auteur/la loi **II.** *vi* **gegen die Kälte ~** protéger contre le froid **III.** *vr* **sich vor etw** (*dat*) **~** se protéger contre qc

schützend **I.** *adj* protecteur(-trice) **II.** *adv* pour me/le/... protéger

Schützenfest *nt* fête *f* de la société de tir

Schutzengel *m* ange *m* gardien

Schützengraben *m* tranchée *f* **Schützenhilfe** *f fam* appui *m* **Schützenverein** *m* société *f* de tir

Schutzgebiet *nt* ① POL, ADMIN protectorat *m* ② (*Naturschutzgebiet*) réserve *f* naturelle **Schutzgebühr** *f* taxe *f* autorisée **Schutzgeld** *nt* taxe *f* (*extorquée par des racketteurs*)

Schutzgelderpressung *f* racket *m*

Schutzgitter *nt* grille *f* de protection **Schutzhaft** *f euph* détention *f* préventive **Schutzhelm** *m* casque *m* de sécurité **Schutzherr(in)** *m(f)* POL protecteur(-trice) *m(f)* **Schutzhütte** *f* refuge *m* **Schutzimpfung** *f* vaccination *f* préventive

Schützling ['ʃʏtslɪŋ] <-s, -e> *m* protégé(e) *m(f)*

schutzlos *adj, adv* sans défense

Schutzmacht *f* puissance *f* protectrice **Schutzmarke** *f* marque *f* déposée **Schutzmaske** *f* masque *m* de protection **Schutzmaßnahme** *f* mesure *f* protectrice; (*vorbeugende Maßnahme*) mesure préventive **Schutzpatron(in)** *m(f)* REL [saint(e)] patron(ne) *m(f)* **Schutzraum** *m* abri *m* **Schutzschicht** *f* couche *f* protectrice **Schutzumschlag** *m* jaquette *f* **Schutzvorrichtung** *f* dispositif *m* de protection **Schutzzoll** *m* taxe *f* à l'importation

schwabbelig ['ʃvabəlɪç] *adj fam Bauch* flasque; *Pudding, Qualle* gélatineux(-euse)

Schwabe ['ʃva:bə] <-n, -n> *m*, **Schwäbin** *f* Souabe *mf*

Schwaben ['ʃva:bən] <-s> *nt* la Souabe

Schwäbin ['ʃvɛ:bɪn] *s.* **Schwabe**

schwäbisch ['ʃvɛ:bɪʃ] *adj* souabe

schwach [ʃvax] <schwächer, schwächste> **I.** *adj* ① *Person* faible, frêle ② *Schüler, Sehvermögen* faible; *Mitarbeiter* peu performant(e); *Herz, Nerven* fragile; *Batterie, Motor* peu puissant(e) ③ *Applaus, Strömung* faible; *Bartwuchs* clairsemé(e) ④ *Argument, Leistung* faible ⑤ *Kaffee, Tee* léger(-ère) **II.** *adv* ① *ausgebildet, spüren* faiblement; *duften, vibrieren* légèrement ② *besetzt* faiblement; *besucht* peu

Schwäche ['ʃvɛçə] <-> *f* ① (*geringe Kraft*) faiblesse *f* ② (*Unwohlsein*) malaise *m* ③ (*Vorliebe*) **eine ~ für jdn/etw haben** avoir un faible pour qn/qc

Schwächeanfall *m* malaise *m*

schwächen ['ʃvɛçən] *vt, vi* affaiblir

Schwachheit <-> *f* faiblesse *f*

Schwachkopf *m pej fam* débile *mf*

schwächlich ['ʃvɛçlɪç] *adj Person* chétif(-ive)

Schwächling ['ʃvɛçlɪŋ] <-s, -e> *m* gringalet *m*

Schwachpunkt *m* point *m* faible

Schwachsinn *m kein Pl* ① MED débilité *f* mentale ② *fam* (*Unsinn*) idiotie *f*

schwachsinnig *adj* ① MED débile [mental(e)] ② *fam* (*unsinnig*) débile

Schwachsinnige(r) *f(m) dekl wie adj* MED débile *mf* mental(e)

Schwachstelle *f* point *m* faible **Schwachstrom** *m kein Pl* courant *m* basse tension

Schwächung <-, -en> *f a. fig* affaiblissement *m*

Schwaden ['ʃva:dən] <-s, -> *m meist Pl* (*Rauchschwaden*) nuage *m;* (*Nebelschwaden*) nappe *f*

Schwadron [ʃva'dro:n] <-, -en> *f* HIST, MIL escadron *m*

schwafeln ['ʃva:fəln] *fam* **I.** *vi* (*Unsinn reden*) débiter des âneries; (*lange reden*) radoter **II.** *vt* sortir; **dummes Zeug ~** sortir des conneries

Schwager ['ʃva:gɐ, *Pl:* 'ʃvɛ:gɐ] <-s, Schwäger> *m*, **Schwägerin** *f* beau-frère *m*/belle-sœur *f*

Schwalbe ['ʃvalbə] <-, -n> *f* hirondelle *f*

Schwalbenschwanz *m* ZOOL machaon *m*

Schwall [ʃval] <-[e]s, -e> *m von Wasser, Worten* flot *m; von Schimpfworten* bordée *f*

schwamm [ʃvam] *Imp von* **schwimmen**

Schwamm [ʃvam, *Pl:* 'ʃvɛmə] <-[e]s,

S

Schwämme> *m* ❶ *a.* ZOOL éponge *f* ❷ *kein Pl* (*Hausschwamm*) champignon *m* ❸ A, CH (*Pilz*) champignon *m* [comestible] ▸ ~ **drüber!** *fam* on passe l'éponge!

Schwammerl ['ʃvamɐl] <-s, -[n]> *nt* SDEUTSCH, A *fam* champignon *m*

schwammig ['ʃvamɪç] **I.** *adj* ❶ (*aufgedunsen*) bouffi(e) ❷ (*vage*) évasif(-ive) **II.** *adv* (*vage*) de manière évasive

Schwan [ʃvaːn, *Pl:* 'ʃvɛːnə] <-[e]s, Schwäne> *m* cygne *m*

schwand [ʃvant] *Imp von* **schwinden**

schwanen ['ʃvaːnən] *vi* **jdm schwant nichts Gutes** qn a un mauvais pressentiment

schwang [ʃvaŋ] *Imp von* **schwingen**

Schwang [ʃvaŋ] ▸ **im ~e sein** être en usage

schwanger ['ʃvaŋɐ] *adj Frau* enceinte

Schwangere *f dekl wie adj* femme *f* enceinte

schwängern ['ʃvɛŋɐn] *vt* mettre enceinte; **eine Frau ~** mettre une femme enceinte

Schwangerschaft <-, -en> *f* grossesse *f*

Schwangerschaftsabbruch *m* interruption *f* [volontaire] de grossesse, I.V.G. *f* **Schwangerschaftsstreifen** *m* vergeture *f* **Schwangerschaftstest** *m* test *m* de grossesse

Schwank [ʃvaŋk, *Pl:* 'ʃvɛŋkə] <-[e]s, Schwänke> *m* THEAT farce *f*

schwanken ['ʃvaŋkən] *vi* ❶ + *haben Brücke, Gerüst:* osciller; *Boden:* se dérober ❷ + *sein Mensch:* tituber ❸ + *haben Preis, Temperatur:* fluctuer, varier ❹ + *haben* (*unentschlossen sein*) hésiter

schwankend *adj* ❶ *Bewegung* oscillant(e); *Charakter* vacillant(e); **mit ~em Schritt** d'un pas chancelant ❷ (*zögernd*) hésitant(e)

Schwankung <-, -en> *f* (*Veränderung*) variation *f*, fluctuation *f*

Schwanz [ʃvants, *Pl:* 'ʃvɛntsə] <-es, Schwänze> *m* ❶ *eines Tiers* queue *f* ❷ *fam* (*Penis*) queue *f*

schwänzeln ['ʃvɛntsəln] *vi* ❶ *Hund:* remuer [*o* frétiller de] la queue ❷ *iron fam* (*tänzelnd gehen*) *Person:* marcher en se trémoussant

schwänzen ['ʃvɛntsən] *vt, vi fam* sécher

Schwanzflosse *f* nageoire *f* caudale

schwappen ['ʃvapən] *vi* ❶ + *sein* **über den Rand ~** déborder ❷ + *haben* (*sich hin und her bewegen*) clapoter

Schwarm [ʃvarm, *Pl:* 'ʃvɛrmə] <-[e]s, Schwärme> *m* ❶ **ein ~ Bienen/Heuschrecken/Fische** un essaim d'abeilles/une nuée de sauterelles/un banc de poissons ❷ (*Menschenmenge*) nuée *f* ❸ *kein Pl fam* (*verehrter Mensch*) idole *f*

schwärmen ['ʃvɛrmən] *vi* ❶ + *sein Bienen:* essaimer ❷ + *sein* **in die Innenstadt ~** *Besucher:* affluer vers le centre ville ❸ + *haben* (*begeistert reden*) **von etw ~** parler avec enthousiasme de qc ❹ + *haben* (*verehren*) **für jdn ~** adorer qn

Schwärmer <-s, -> *m* ❶ (*Fantast*) rêveur *m* ❷ (*Schmetterling*) sphinx *m*

Schwärmerei [ʃvɛrmə'rai] <-, -en> *f* (*Begeisterung*) engouement *m;* (*Träumerei*) rêve *m*

schwärmerisch **I.** *adj Person, Begeisterung* passionné(e); *Leidenschaft* exalté(e) **II.** *adv* avec emballement

Schwarte ['ʃvartə] <-, -n> *f* GASTR couenne *f*

schwarz [ʃvarts] <schwärzer, schwärzeste> **I.** *adj* ❶ noir(e) ❷ *fam Fingernägel* noir(e) ❸ *fam Konto, Liste* noir(e); *Benutzung, Besitz* illégal(e); *Brennen* clandestin(e); *Erwerb* au noir ❹ *fam* (*katholisch*) clérical(e); (*konservativ*) réac ❺ *Tag, Humor* noir(e) ▸ **~ auf weiß** noir sur blanc **II.** *adv* ❶ *gekleidet* en noir ❷ *fam* (*illegal*) au noir

Schwarz [ʃvarts] <-[es]> *nt* noir *m;* **in ~** en noir

Schwarzafrika *nt* l'Afrique *f* noire **Schwarzarbeit** *f kein Pl* travail *m* au noir **schwarz|arbeiten** *vi* travailler au noir **Schwarzarbeiter(in)** *m(f)* travailleur(-euse) *m(f)* au noir **schwarzbraun** *adj* brun(e) presque noir(e) **Schwarzbrot** *nt* pain *m* noir

Schwarze(r) ['ʃvartsə, -tsɐ] *f(m) dekl wie adj* ❶ noir(e) *m(f)* ❷ POL *pej fam* réac *mf* (*tendance démocrate-chrétienne*)

Schwärze ['ʃvɛrtsə] <-> *f* noir *m*

schwärzen ['ʃvɛrtsən] *vt* noircir

schwarz|fahren ['ʃvartsfaːrən] *vi irr* + *sein* (*nicht bezahlen*) voyager sans billet **Schwarzfahrer(in)** *m(f)* (*Mensch ohne Fahrausweis*) voyageur(-euse) *m(f)* sans billet **schwarzhaarig** *adj* aux cheveux noirs; **~ sein** avoir les cheveux noirs **Schwarzhandel** *m kein Pl* marché *m* noir

schwärzlich ['ʃvɛrtslɪç] *adj* noirâtre

Schwarzmarkt *m* marché *m* noir **schwarz|sehen** *vi irr fam* ❶ (*pessimistisch sein*) voir les choses en noir; **für jdn ~** voir qn mal parti(e); **für etw ~** être pessimiste sur qc ❷ (*keine Fernsehgebühren bezahlen*) resquiller sur la redevance télé[vision] **Schwarz-**

seher(in) *m(f) fam* défaitiste *mf* **Schwarztee** *m* thé *m* **Schwarzwald** ['ʃvartsvalt] *m kein Pl* **der ~** la Forêt-Noire **schwarzweiß, schwarzweiß**[RR] ['ʃvarts'vais] *adj* ❶ *Zeichnung* noir et blanc *inv* ❷ CINE, PHOT [en] noir et blanc

Schwarzweißfilm, Schwarz-Weiß-Film[RR] *m* PHOT pellicule *f* noir et blanc; CINE film *m* noir et blanc **Schwarzweißfoto, Schwarz-Weiß-Foto**[RR] *f* photo *f* [en] noir et blanc

Schwarzwurzel *f* salsifis *m*

Schwatz [ʃvats] <-es, -e> *m fam* causette

schwatzen ['ʃvatsən] *vi,* **schwätzen** ['ʃvɛtsən] *vi* SDEUTSCH, A ❶ (*sich unterhalten*) causer; **über etw** (*akk*) **~** causer de qc ❷ (*tratschen*) bavarder

Schwätzer(in) <-s, -> *m(f) pej* bavard(e) *m(f)*

schwatzhaft *adj* bavard(e)

Schwatzhaftigkeit <-> *f* bavardage *m*

Schwebe ['ʃve:bə] **in der ~ sein** *Entscheidung, Prozess:* être en suspens

Schwebebahn *f* ❶ chemin *m* de fer suspendu ❷ *s.* **Seilbahn Schwebebalken** *m* poutre *f*

schweben ['ʃve:bən] *vi* ❶ + *haben* (*gleitend fliegen*) *Mensch, Vogel:* planer; *Wolke, Ballon:* flotter ❷ + *sein* (*herabsinken*) **zu Boden ~** descendre lentement ❸ + *haben* (*unentschieden sein*) *Verfahren:* être en suspens

Schwebezustand *m* état *m* d'incertitude

Schwede ['ʃve:də] <-n, -n> *m,* **Schwedin** *f* Suédois(e) *m(f)*

Schweden ['ʃve:dən] <-s> *nt* la Suède

Schwedin ['ʃve:dɪn] *s.* **Schwede**

schwedisch ['ʃve:dɪʃ] **I.** *adj* suédois(e) **II.** *adv* **~ miteinander sprechen** parler en suédois; *s. a.* **deutsch**

Schwedisch <-[s]> *nt kein Art* suédois *m; s. a.* **Deutsch**

Schwefel ['ʃve:fəl] <-s> *m* soufre *m*

schwefeln ['ʃve:fəln] *vt* soufrer

Schwefelsäure *f kein Pl* CHEM acide *m* sulfurique

schweflig ['ʃve:flɪç] *adj* sulfureux(-euse)

Schweif [ʃvaif] <-[e]s, -e> *m* queue *f*

schweifen ['ʃvaifən] *vi* + *sein geh Gedanken, Blick:* vagabonder

Schweigegeld *nt* prix *m* du silence **Schweigemarsch** *m* marche *f* silencieuse **Schweigeminute** *f* minute *f* de silence

schweigen ['ʃvaigən] <schwieg, geschwiegen> *vi Person* garder le silence; **schweig!** silence! ▶ **ganz zu ~ von ...** sans parler de ...

Schweigen <-s> *nt* silence *m;* (*absichtliches Nichtreden*) mutisme *m* ▶ **jdn zum ~ bringen** (*jdn einschüchtern, töten*) faire taire qn

schweigend **I.** *adj* silencieux(-euse) **II.** *adv* sans dire un mot

Schweigepflicht *f* devoir *m* de réserve; *eines Anwalts* secret *m* professionnel; **ärztliche ~** secret médical

schweigsam ['ʃvaikza:m] *adj Person* taciturne

Schweigsamkeit <-> *f* taciturnité *f*

Schwein [ʃvain] <-s, -e> *nt* ❶ porc *m,* cochon *m* ❷ *fam* (*Schweinefleisch*) porc *m* ❸ *fam* (*Mensch*) **ein armes ~** un pauvre mec ❹ *fam* (*gemeiner Mensch*) salaud *m* ❺ *fam* (*obszöner Mensch*) cochon *m*

Schweinebande *f pej fam* bande *f* de cochons **Schweinebraten** *m* rôti *m* de porc **Schweinefleisch** *nt* [viande *f* de] porc *m* **Schweinegrippe** *f* MED grippe *f* porcine **Schweinehund** *m fam* salopard *m* ▶ **den inneren ~ überwinden** *fam* surmonter sa lâcheté **Schweinepest** *f* peste *f* porcine

Schweinerei [ʃvainə'rai] <-, -en> *f fam* ❶ (*Unordnung, Obszönität*) cochonnerie *f* ❷ (*Gemeinheit*) vacherie *f*

Schweineschmalz *nt* saindoux *m* **Schweinestall** *m a. fig fam* porcherie *f* **Schweinezucht** *f kein Pl* (*das Züchten*) élevage *m* porcin

Schweinigel ['ʃvainʔi:gəl] *m fam* (*Mensch*) cochon(ne) *m(f)*

schweinisch *fam* **I.** *adj* cochon(ne) **II.** *adv sich verhalten* comme un cochon/des cochons

Schweinshaxe *f* SDEUTSCH jarret *m* de porc **Schweinsleder** *nt* [peau *f* de] porc *m*

Schweiß [ʃvais] <-es> *m kein Pl* sueur *f,* transpiration *f;* **jdm bricht der ~ aus** qn se met à transpirer; **in ~ gebadet sein** être en nage

Schweißausbruch *m* accès *m* de transpiration

Schweißbrenner *m* chalumeau *m*

Schweißdrüse *f* glande *f* sudoripare

schweißen ['ʃvaisən] *vt, vi* souder

Schweißer(in) <-s, -> *m(f)* soudeur(-euse) *m(f)*

Schweißfüße *Pl* **~ haben** puer des pieds **schweißgebadet** ['ʃvaisgəba:dət] *adj* en nage

S

Schweißnaht *f* soudure *f*
schweißnassRR *adj* trempé(e) de sueur
Schweißperle *f meist Pl geh* gouttelette *f* de sueur
Schweißstelle *f s.* **Schweißnaht**
schweißtreibend *adj* sudorifique, diaphorétique **Schweißtropfen** *m* goutte *f* de sueur
Schweiz [ʃvaits] <-> *f* **die** ~ la Suisse; **die deutschsprachige/französische/italienische** ~ la Suisse alémanique/romande/italienne
Schweizer ['ʃvaitsɐ] *adj attr* suisse; *Hauptstadt* de la Suisse
Schweizer(in) ['ʃvaitsɐ] <-s, -> *m(f)* Suisse *mf*, Suisse(-esse) *m(f)*
schweizerdeutsch ['ʃvaitsɐdɔytʃ] **I.** *adj* suisse-allemand(e) **II.** *adv* ~ **sprechen** parler [le] suisse-allemand **Schweizerdeutsch** *nt* le suisse-allemand *m*; **auf** ~ en suisse-allemand
Schweizerin <-, -nen> *f s.* **Schweizer(in)**
schweizerisch ['ʃvaitsərɪʃ] *s.* **Schweizer**
Schwelbrand *m* feu *m* qui couve
schwelen ['ʃveːlən] *vi* ❶ *Feuer:* couver ❷ *fig* **in jdm/in der Bevölkerung** ~ *Hass:* couver en qn/au sein de la population
schwelgen ['ʃvɛlgən] *vi* ❶ (*sich gütlich tun*) se régaler, se délecter ❷ *geh* (*sich gehen lassen*) **in Erinnerungen** ~ plonger dans ses souvenirs
schwelgerisch *adj geh* délectable
Schwelle ['ʃvɛlə] <-, -n> *f* ❶ (*Türschwelle, Reizschwelle*) seuil *m* ❷ (*Bahnschwelle*) traverse *f* ❸ (*Bodenschwelle*) ralentisseur *m*
schwellen ['ʃvɛlən] <schwillt, schwoll, geschwollen> *vi + sein* MED enfler
Schwellenangst *f* appréhension *f* (*à aborder une situation nouvelle*) **Schwellenland** *nt* nouveau pays *m* industrialisé **Schwellenwert** *m* valeur *f* seuil
Schwellkörper *m* ANAT corps *m* caverneux
Schwellung <-, -en> *f* (*geschwollene Stelle*) enflure *f*
Schwemme ['ʃvɛmə] <-, -n> *f* surabondance *f*, pléthore *f*
schwemmen ['ʃvɛmən] *vt* déposer; **etw ans Ufer** ~ déposer qc sur la rive
Schwemmland *nt kein Pl* terrain *m* alluvial
Schwengel ['ʃvɛŋəl] <-s, -> *m* ❶ (*Pumpenschwengel*) bras *m* ❷ (*Klöppel*) battant *m*
Schwenk [ʃvɛŋk] <-[e]s, -s> *m* ❶ CINE, TV rotation *f* ❷ (*Änderung der Politik*) virage *m*
schwenkbar *adj* orientable
schwenken ['ʃvɛŋkən] **I.** *vt + haben* ❶ agiter *Brief, Zeitung* ❷ (*bewegen*) diriger, tourner *Kamera* ❸ GASTR **etw in Butter** (*dat*) ~ remuer qc dans du beurre **II.** *vi* ❶ *+ sein* (*einbiegen*) **nach links** ~ bifurquer à gauche ❷ *+ haben* (*sich richten*) **auf jdn/etw** ~ *Kamera:* se diriger sur qn/qc
Schwenker ['ʃvɛŋkɐ] <-s, -> *m* verre *m* à cognac
Schwenkung *f s.* **Schwenk**
schwer [ʃveːɐ̯] **I.** *adj* ❶ lourd(e); **fünf Kilo** ~ **sein** peser cinq kilos ❷ *Verletzung* grave ❸ *Bedenken* grave *antéposé; Irrtum, Fehler* lourd(e) *antéposé* ❹ (*hart*) dur(e); *Arbeit, Zeit* difficile; *Bürde* lourd(e) ❺ *Krankheit* grave; *Geburt* difficile; *Leiden* pénible ❻ (*schwierig*) difficile ❼ *attr Sturm* gros(se) *antéposé* ❽ *attr Lkw* gros(se) *antéposé* ❾ *attr* MIL lourd(e) ❿ *Essen, Wein* lourd(e); *Sherry* fort(e) ⓫ *Duft* fort(e) **II.** *adv* ❶ *beladen* lourdement; *wiegen* lourd ❷ *arbeiten* durement ❸ *enttäuschen* profondément; *treffen* durement ❹ *atmen* difficilement; *hören* mal ❺ ~ **auf jdm lasten** peser lourdement sur qn ❻ *sich verletzen* gravement; ~ **stürzen** faire une chute grave ❼ *sagen* difficilement ❽ *bestrafen* sévèrement ❾ *bewaffnet* solidement ❿ (*nicht leicht*) **es** ~ **haben** avoir la vie dure
Schwerarbeit *f kein Pl* travail *m* de force **Schwerarbeiter(in)** *m(f)* travailleur(-euse) *m(f)* de force **schwerbehindert** *s.* **behindert Schwerbehinderte(r)** *f(m) dekl wie adj* handicapé(e) *m(f)* sévère **schwerbeladen** *s.* **beladen²**
Schwere ['ʃveːrə] <-> *f* ❶ JUR, MED gravité *f* ❷ (*Schwierigkeit*) *einer Arbeit, Aufgabe* difficulté *f* ❸ (*Gewicht*) *eines Gegenstands* poids *m*
schwerelos *adj Gegenstand, Körper* en apesanteur; *Zustand* d'apesanteur
Schwerelosigkeit <-> *f* apesanteur *f*
schwer|fallen *vi irr, unpers + sein fig* **es fällt mir schwer, das zu sagen** j'ai du mal à dire ça
schwerfällig **I.** *adj Person, Tier* lourdaud(e), pataud(e); *Bewegung* pataud(e); *Stil* gauche, lourd(e) **II.** *adv gehen, sich bewegen* pesamment, lourdement
Schwerfälligkeit <-> *f* lourdeur *f*
Schwergewicht *nt* ❶ (*Gewichtsklasse*) catégorie *f* [des] poids lourds ❷ (*Sportler*)

S

poids *m* lourd **schwergewichtig** *adj Mensch* corpulent(e), lourd(e) **schwerhörig** *adj* malentendant(e) **Schwerhörigkeit** *f kein Pl* surdité *f* partielle **Schwerindustrie** *f* industrie *f* lourde **Schwerkraft** *f kein Pl* pesanteur *f* **schwerkrank** *s.* **krank 1** **Schwerkranke(r)** *f(m) dekl wie adj* malade *mf* grave

schwerlich *adv* difficilement

schwer|machen *s.* **machen I.17**

Schwermetall *nt* métal *m* lourd **Schwermut** *f* mélancolie *f*

schwermütig ['ʃveːɐ̯myːtɪç] *adj* mélancolique

schwer|nehmen *vt irr* **etw ~** prendre qc au tragique **Schweröl** *nt* huile *f* lourde **Schwerpunkt** *m* ① *einer Tätigkeit* axe *m* essentiel; *des Studiums* matière *f* principale; **den ~ auf etw** (*akk*) **legen** mettre l'accent sur qc; **~e setzen** établir des priorités ② PHYS centre *m* de gravité

schwerpunktmäßig *adv* particulièrement

Schwert [ʃveːɐ̯t] <-[e]s, -er> *nt* ① (*Waffe*) épée *f* ② NAUT dérive *f*

Schwertfisch *m* poisson-épée *m*, espadon *m* **Schwertlilie** *f* iris *m*

Schwertransport *m* ① (*das Transportieren*) transport *m* par véhicule routier de gros tonnage ② (*überbreites Transportfahrzeug*) convoi *m* exceptionnel **schwer|tun** *vr irr* **sich** (*akk*) **mit jdm/etw ~** avoir bien du mal avec qn/qc

Schwertwal *m* épaulard *m*, orque *f*

Schwerverbrecher(in) *m(f)* grand(e) criminel(le) *m(f)* **schwerverdaulich** *s.* **verdaulich** **Schwerverkehr** *m* TRANSP trafic *m* lourd **schwerverletzt** *s.* **verletzen I.1** **Schwerverletzte(r)** *f(m) dekl wie adj* blessé(e) *m(f)* grave **schwerverständlich** *s.* **verständlich I.1** **Schwerverwundete(r)** *s.* **Schwerverletzte(r)**

schwerwiegend *adj* grave; *Bedenken, Grund* sérieux(-euse)

Schwester ['ʃvɛstɐ] <-, -n> *f* ① *a.* REL sœur *f* ② (*Krankenschwester*) infirmière *f*

Schwesterchen <-s, -> *nt Dim von* **Schwester** ① petite sœur *f* ② (*als Anrede*) frangine *f* (*fam*)

schwesterlich I. *adj* de sœur; *Liebe* d'une sœur **II.** *adv* comme des sœurs

Schwesterschiff *nt* navire-jumeau *m*

schwieg [ʃviːk] *Imp von* **schweigen**

Schwiegereltern ['ʃviːgɐʔɛltɐn] *Pl* beaux-parents *mpl* **Schwiegermutter** *f* belle-mère *f* **Schwiegersohn** *m* gendre *m* **Schwiegertochter** *f* belle-fille *f* **Schwiegervater** *m* beau-père *m*

Schwiele ['ʃviːlə] <-, -n> *f* cal *m*

schwielig ['ʃviːlɪç] *adj* calleux(-euse)

schwierig ['ʃviːrɪç] *adj* difficile; **sozial ~** *Viertel, Vorort* sensible

Schwierigkeit <-, -en> *f* ① *kein Pl* (*Kompliziertheit*) *einer Aufgabe, Prüfung* difficulté *f*; *eines Falls, einer Situation* complexité *f*, difficulté ② *meist Pl* (*Probleme*) difficultés *fpl*; **jdn in ~en bringen** mettre qn en difficulté; **in ~en geraten** rencontrer des difficultés

Schwierigkeitsgrad *m* degré *m* de difficulté

schwillt [ʃvɪlt] *3. Pers Präs von* **schwellen**

Schwimmbad *nt* piscine *f* **Schwimmbecken** *nt* bassin *m*; (*privater Swimmingpool*) piscine *f* [privée] **Schwimmbrille** *f* lunettes *fpl* de natation **Schwimmdock** *nt* dock *m* flottant

schwimmen ['ʃvɪmən] <schwamm, geschwommen> **I.** *vi* + *sein* ① nager; **~ gehen** aller nager ② (*treiben*) **auf dem/im Wasser ~** *Gegenstand:* flotter sur/surnager dans l'eau **II.** *vt* + *haben o sein* **hundert Meter ~** nager un cent mètres

Schwimmen <-s> *nt* ① natation *f*; **zum ~ gehen** aller faire de la natation ② *fam* (*Unsicherheit*) **ins ~ kommen** commencer à nager

Schwimmer(in) ['ʃvɪmɐ] <-s, -> *m(f)* nageur(-euse) *m(f)*; (*opp: Nichtschwimmer*) personne *f* qui sait nager

Schwimmflosse *f* palme *f* **Schwimmflügel** *m* flotteur *m* **Schwimmhalle** *f* piscine *f* couverte **Schwimmsport** *m* natation *f* **Schwimmstil** *m* nage *f* **Schwimmweste** *f* gilet *m* de sauvetage

Schwindel ['ʃvɪndəl] <-s> *m* ① (*Betrug*) escroquerie *f* ② (*benommener Zustand*) vertige *m*; **~ erregend** vertigineux(-euse)

Schwindelanfall *m* étourdissement *m*

Schwindelei [ʃvɪndə'laɪ] <-, -en> *f fam* bobard *m*

schwindelerregend *s.* **Schwindel** **schwindelfrei** *adj* **~ sein** ne pas avoir le vertige **Schwindelgefühl** *nt* vertige *m*, étourdissement *m*

schwindelig ['ʃvɪndəlɪç] *s.* **schwindlig**

schwindeln ['ʃvɪndəln] *vi fam* raconter des bobards

schwinden ['ʃvɪndən] <schwand, geschwunden> *vi* + *sein geh* ① *Bestände, Ressourcen:* s'amenuiser ② *Interesse:* tomber; *Kräfte:* s'amenuiser

Schwindler(in) ['ʃvɪndlɐ] <-s, -> *m(f)*

S

❶ (*Betrüger*) escroc *m* ❷ *fam* (*Lügner*) menteur(-euse) *m(f)*

schwindlig ['ʃvɪndlɪç] *adj* **jdm ist ~** qn a le vertige

Schwinge ['ʃvɪŋə] <-, -n> *f geh* aile *f*

schwingen ['ʃvɪŋən] <schwang, geschwungen> **I.** *vt* + *haben* agiter *Fähnchen, Hut;* brandir *Schwert* **II.** *vi* + *haben o sein* ❶ (*vibrieren*) *Membran, Saite:* vibrer; *Brücke:* osciller ❷ *geh* (*zum Ausdruck kommen*) **in ihren Worten schwang Kritik** on sentait de la critique dans ses paroles **III.** *vr* + *haben* (*steigen*) **sich aufs Motorrad ~** sauter sur sa moto

Schwinger ['ʃvɪŋɐ] <-s, -> *m* BOXEN swing *m*

Schwingkreis *m* ELEC circuit *m* oscillant **Schwingtür** *f* porte *f* battante

Schwingung <-, -en> *f a.* PHYS vibration *f;* (*Pendelbewegung*) oscillation *f*

Schwips [ʃvɪps] <-es, -e> *m fam* coup *m* dans le nez; **einen ~ haben** être pompette

schwirren ['ʃvɪrən] *vi* + *sein* ❶ **durch die Luft ~** *Vögel:* voler dans un bruissement d'ailes; *Geschoss:* siffler dans les airs ❷ *fig* **was schwirrt dir durch den Kopf?** qu'est-ce qui te passe par la tête?

Schwitzbad *nt* bain *m* de vapeur

schwitzen ['ʃvɪtsən] *vi* suer, transpirer

Schwitzen <-s> *nt* transpiration *f;* **ins ~ kommen** se mettre à transpirer

Schwitzkasten *m* **jdn in den ~ nehmen** porter un étranglement à qn

Schwof [ʃvoːf] <-[e]s, -e> *m fam* bastringue *m*

schwofen ['ʃvoːfən] *vi fam* guincher

schwoll [ʃvɔl] *Imp von* **schwellen**

schwören ['ʃvøːrən] <schwor, geschworen> **I.** *vi* ❶ jurer ❷ (*überzeugt sein von*) **auf jdn/etw ~** jurer par qn/qc ❸ *fam* (*beschwören, versichern*) **ich hätte ~ können, dass ...** j'aurais juré que ... **II.** *vt* ❶ **einen Eid ~** prêter serment ❷ (*geloben*) **jdm etw ~** jurer à qn qc ❸ (*fest versichern*) **jdm ~ etw zu tun** jurer à qn de faire qc

schwuchtelig ['ʃvʊxtəlɪç] *adj hum o pej* qui a les attributs d'une pédale

schwul [ʃvuːl] *adj fam* homo, pédé

schwül [ʃvyːl] *adj* lourd(e); **es ist ~** il fait lourd

Schwüle ['ʃvyːlə] <-> *f* temps *m* lourd

Schwule(r) *m dekl wie adj fam* homo *m,* pédé *m*

Schwulst [ʃvʊlst] <-[e]s> *m pej* surcharge *f*

schwulstig ['ʃvʊlstɪç] A, **schwülstig** ['ʃvʏlstɪç] **I.** *adj Gemälde, Architektur* surchargé(e); *Stil* ampoulé(e) **II.** *adv reden, schreiben* de façon ampoulée

Schwund [ʃvʊnt] <-[e]s> *m* ❶ (*Rückgang*) diminution *f* ❷ (*Verlust*) perte *f*

Schwung [ʃvʊŋ, *Pl:* 'ʃvʏŋə] <-[e]s, Schwünge> *m* ❶ (*Bewegung*) élan *m;* (*ausholende Bewegung*) impulsion *f;* **~ holen** prendre son élan ❷ *kein Pl* (*Elan*) énergie *f* ❸ *fam* (*größere Anzahl*) **ein ganzer ~ Bestellungen** tout un paquet de commandes ▶ **in ~ bringen** donner un nouvel essor à *Laden;* **in ~ kommen** *Person:* commencer à chauffer; *Laden:* commencer à décoller

schwunghaft **I.** *adj* florissant(e) **II.** *adv* de manière florissante

Schwungrad *nt* volant *m*

schwungvoll **I.** *adj* ❶ *Bewegung* impétueux(-euse); *Handschrift* vigoureux(-euse); *Linienführung* hardi(e) ❷ (*mitreißend*) fougueux(-euse) **II.** *adv* ❶ (*mit Schwung*) avec vivacité; (*mit Elan*) avec entrain ❷ (*temperamentvoll*) avec fougue

Schwur [ʃvuːɐ̯, *Pl:* 'ʃvyːrə] <-[e]s, Schwüre> *m* serment *m;* **einen ~ tun/leisten** faire un/prêter serment

Schwurgericht *nt* cour *f* d'assises

Science-Fiction[RR] ['saiənsˈfɪkʃən] <-> *f* science-fiction *f*

Science-Fiction-Film[RR] ['saiənsˈfɪkʃən-] *m* film *m* de science-fiction

Scratching ['skrɛtʃɪŋ] <-s> *nt* MUS scratching *m*

scrollen ['scroːlən] *vi* INFORM faire défiler; **nach oben/unten ~** faire défiler vers le haut/le bas

Séance [ze'ãːs(ə)] <-, -n> *f* séance *f* de spiritisme

sec *Abk von* **Sekunde** s

sechs [zɛks] *num* six; *s. a.* **acht**[1]

Sechs [zɛks] <-, -en> *f* ❶ (*Zahl, Spielkarte, Augenzahl*) six *m* ❷ (*Schulnote*) ≈ zéro *m;* CH ≈ vingt *m*

Sechseck *nt* hexagone *m* **sechseckig** *adj* hexagonal(e)

Sechser ['zɛksɐ] <-s, -> *m* ❶ *fam* (*Schulnote*) bulle *f* ❷ *fam* (*Lottogewinn*) six bons numéros *mpl* ❸ CH (*Schulnote*) ≈ vingt *m*

sechserlei *adj inv* **~ Sorten Brot** six sortes de pain; *s. a.* **achterlei**

Sechserpack *m* pack *m* de six

sechsfach **I.** *adj* **die ~e Menge nehmen** prendre six fois la quantité **II.** *adv falten* en six; *s. a.* **achtfach** **sechshundert** *num*

S

six cents **sechsmal** *adv* six fois; *s. a.* **achtmal**

sechst *adv* **zu ~ sein** être six; *s. a.* **acht**[2]

Sechstagerennen *nt* six Jours *mpl*

sechstausend *num* six mille

sechste(r, s) *adj* ① sixième ② (*bei Datumsangaben*) **der ~ März** le six mars

Sechste(r) *f(m) dekl wie adj* ① sixième *mf* ② (*bei Datumsangaben*) **der ~ /am ~n** *geschrieben:* **der 6./am 6.** le six *geschrieben:* le 6 ③ (*als Namenszusatz*) **Karl der ~** *geschrieben:* **Karl VI.** Charles six *geschrieben:* Charles VI; *s. a.* **Achte(r)**

sechstel *adj* sixième; *s. a.* **achtel**

Sechstel <-s, -> *nt* sixième *m*

sechstens *adv* sixièmement

sechzehn ['zɛçtseːn] *num* seize; *s. a.* **acht**[1] **Sechzehntel** *nt a.* MATH seizième *m*

sechzig ['zɛçtsɪç] *num* soixante; *s. a.* **achtzig**

Sechzig <-, -en> *f* soixante *m*

sechziger *adj inv* **die ~ Jahre** les années *fpl* soixante; *s. a.* **achtziger**

Sechzigjährige(r) *f(m) dekl wie adj* homme *m*/femme *f* de soixante ans

sechzigste(r, s) *adj* soixantième; *s. a.* **achtzigste(r, s)**

Secondhandladen ['sɛkəndhɛndlaːdən] *m* friperie *f*

SED [ɛsʔeː'deː] <-> *f* HIST *Abk von* **Sozialistische Einheitspartei Deutschlands** *parti socialiste unifié de l'ex-R.D.A.*

Sediment [zedi'mɛnt] <-[e]s, -e> *nt* sédiment *m;* CHEM précipité *m*

See[1] [zeː] <-s, Seen> *m* (*Binnensee*) lac *m*

See[2] [zeː] <-> *f* (*Meer, Seegang*) mer *f*

Seebad *nt* station *f* balnéaire **Seebär** *m* ① *hum fam* vieux loup *m* de mer ② ZOOL ours *m* de mer **Seebeben** *nt* séisme *m* sous-marin **Seefahrt** *f kein Pl* (*Schifffahrt*) marine *f* **Seefisch** *m* poisson *m* de mer **Seefracht** *f* fret *m* maritime **Seegang** *m kein Pl* houle *f;* **starker ~** mer *f* forte **Seegras** *nt* zostère *f* **Seehafen** <-häfen> *m* ① (*Hafen*) port *m* de mer ② (*Stadt mit Seehafen*) ville *f* portuaire **Seehecht** *m* merlu *m* **Seehund** *m* phoque *m* **Seeigel** *m* oursin *m* **Seekarte** *f* carte *f* marine [*o* nautique] **Seeklima** *nt* climat *m* maritime **seekrank** *adj* **~ sein** avoir le mal de mer **Seekrankheit** *f kein Pl* mal *m* de mer **Seekrieg** *m* guerre *f* sur mer **Seelachs** *m* colin *m*

Seele ['zeːlə] <-, -n> *f* ① REL âme *f* ② (*Psyche*) psychisme *m* ③ (*Herz, Gefühl*) **aus tiefster ~** de tout cœur; **etw liegt jdm auf der ~** qn a qc sur le cœur ④ *fam* (*Charakter*) **eine treue ~** une âme fidèle

Seelenfriede[n] *m geh* paix *f* de l'âme **Seelengröße** *f geh* grandeur *f* d'âme **Seelenheil** *nt* salut *m* [de l'âme] **Seelenklempner(in)** *m(f) hum fam* psy *mf* **Seelenleben** *nt kein Pl geh* vie *f* intérieure **Seelenruhe** *f* **in aller ~** en toute tranquillité **seelenruhig** ['zeːlən'ruːɪç] *adv* tranquillement **seelenverwandt** *adj* qui a/ont des affinités **Seelenverwandte(r)** *f(m) dekl wie adj* **~ sein** avoir de fortes affinités **seelenvoll** *adj geh* expressif(-ive)

Seeleute *Pl von* **Seemann**

seelisch ['zeːlɪʃ] **I.** *adj* psychique **II.** *adv* **~ bedingt sein** *Krankheit:* être psychosomatique

Seelöwe *m* ZOOL lion *m* de mer

Seelsorge *f kein Pl* direction *f* de conscience, pastorale *f*

Seelsorger(in) <-s, -> *m(f)* directeur(-trice) *m(f)* de conscience

Seeluft *f kein Pl* air *m* marin **Seemacht** *f* puissance *f* maritime **Seemann** ['zeːman] <-leute> *m* marin *m*

seemännisch ['zeːmɛnɪʃ] *adj* de marin

Seemeile *f* mille *m* marin **Seenot** *f kein Pl* **in ~ geraten** se retrouver en [situation de] détresse **Seepferdchen** ['zeːpfeːɐ̯tçən] *nt* hippocampe *m* **Seeräuber** *m* pirate *m* **Seerecht** *nt kein Pl* droit *m* maritime **Seereise** *f* croisière *f* **Seerose** *f* ① BOT nénuphar *m* ② ZOOL anémone *f* de mer **Seesack** *m* sac *m* de marin **Seestern** *m* étoile *f* de mer **Seestreitkräfte** *Pl* MIL forces *fpl* navales **Seetang** *m* fucus *m* **Seeweg** *m* voie *f* maritime **Seezunge** *f* sole *f*

Segel ['zeːgəl] <-s, -> *nt* voile *f*

Segelboot *nt* voilier *m* **segelfliegen** *vi nur Infin* faire du vol à voile **Segelfliegen** *nt* vol *m* à voile **Segelflieger(in)** *m(f)* vélivole *mf* **Segelflugzeug** *nt* planeur *m* **Segeljacht** *f* yacht *m* à voiles

segeln ['zeːgəln] *vi* + *sein* ① (*fahren*) naviguer [à la voile] ② (*den Segelsport betreiben*) faire de la voile ③ (*fliegen*) **durch die Luft ~** voler dans l'air

Segeln ['zeːgəln] <-s> *nt* voile *f;* **zum ~ gehen** aller faire de la voile

Segelohren *Pl fam* oreilles *fpl* en feuille de chou **Segelregatta** *f* régate *f* **Segelschiff** *nt* voilier *m* **Segelsport** *m* voile *f* **Segeltörn** <-s, -s> *m* croisière *f* à la voile **Segeltuch** <-tuche> *nt* toile *f* [à voile]

Segen ['ze:gən] <-s, -> *m* ① bénédiction *f* ② *kein Pl* (*göttlicher Beistand*) grâce *f* ③ *fam* (*Einwilligung*) autorisation *f;* **seinen ~ zu etw geben** donner le feu vert à qc ④ (*Wohltat*) bénédiction *f*

segensreich *adj geh* salutaire

Segler ['ze:glɐ] <-s, -> *m* ① navigateur *m* ② (*Segelschiff*) voilier *m*

Segment [zɛ'gmɛnt] <-[e]s, -e> *nt* segment *m*

segnen ['ze:gnən] *vt* bénir

Segnung <-, -en> *f* ECCL bénédiction *f*

sehbehindert *adj* malvoyant(e)

sehen ['ze:ən] <sieht, sah, gesehen> **I.** *vt* ① voir; **sich ~ lassen** se manifester ② (*ansehen*) regarder *Fernsehfilm;* voir *Theaterstück, Kinofilm* ③ (*feststellen*) **du wirst schon ~, was passiert** tu vas voir ce qui se passe; **na ~ Sie!** alors vous voyez! ④ (*verstehen, betrachten*) **so gesehen** vu sous cet angle ⑤ (*erleben, ertragen*) **in seinem Leben schon viel gesehen haben** en avoir déjà vu beaucoup dans sa vie; **etw nicht ~ können** ne pas supporter la vue de qc ⑥ (*sich bemühen*) **~, was sich tun lässt** voir ce qui peut se faire **II.** *vi* ① voir ② (*hinschauen*) **darf ich mal ~?** puis-je regarder?; **lassen Sie mal ~!** montrez!; **siehe oben/unten** (*Verweis*) voir plus haut/ci-dessous ③ (*besuchen*) **nach jdm ~** aller voir qn ④ (*nachschauen*) **nach etw ~** regarder qc **III.** *vr* ① (*sich treffen*) se voir ② (*sich fühlen*) **sich gezwungen ~ etw zu tun** se voir contraint de faire qc

Sehen <-s> *nt* **jdn vom ~ kennen** connaître qn de vue

sehenswert *adj* qui vaut la peine d'être vu

Sehenswürdigkeit <-, -en> *f* curiosité *f*

Seher(in) <-s, -> *m(f)* devin *m*/devineresse *f*

seherisch *adj attr* divinateur(-trice); **dank ihrer ~en Gabe** grâce à son don divinatoire

Sehfehler *m* défaut *m* visuel **Sehkraft** *f kein Pl* vue *f,* acuité *f* visuelle

Sehne ['ze:nə] <-, -n> *f* ① ANAT tendon *m* ② *a.* GEOM corde *f*

sehnen ['ze:nən] *vr* **sich nach jdm/etw ~** rêver d'avoir qn/désirer [ardemment] qc

Sehnenscheidenentzündung *f* MED inflammation *f* du tendon

Sehnenzerrung *f* élongation *f* du tendon

Sehnerv *m* nerf *m* optique

sehnig ['ze:nɪç] *adj* ① *Steak* filandreux(-euse) ② *Person* nerveux(-euse)

sehnlich ['ze:nlɪç] **I.** *adj Hoffnung, Wunsch* ardent(e); *Erwartung* éperdu(e) **II.** *adv* ardemment

Sehnsucht ['ze:nzʊxt] *f* nostalgie *f;* **~ nach jdm haben** se languir de qn

sehnsüchtig ['ze:nzʏçtɪç], **sehnsuchtsvoll I.** *adj attr Blick* nostalgique; *Erwartung* éperdu(e); *Hoffnung, Wunsch* ardent(e) **II.** *adv* ardemment

sehr [ze:ɐ̯] <mehr, am meisten> *adv* ① *mit Verb* beaucoup; **jdn ~ lieben** aimer beaucoup qn ② *mit adj, adv* très; **~ groß** très grand; **~ viel** énormément

Sehschärfe *f* acuité *f* visuelle **Sehschwäche** *f* problème *m* de vue **Sehstörung** *f* trouble *m* visuel **Sehtest** *m* test *m* visuel **Sehvermögen** *nt kein Pl* vue *f,* acuité *f* visuelle

seicht [zai̯çt] *adj* ① *Gewässer* peu profond(e) ② *Film, Unterhaltung* insipide

seid [zai̯t] *2. Pers Pl Präs von* **sein**[1]

Seide ['zai̯də] <-, -n> *f* soie *f*

Seidenmalerei *f* peinture *f* sur soie **Seidenpapier** *nt* papier *m* de soie **Seidenraupe** *f* ver *m* à soie **Seidenstrumpf** *m* bas *m* de soie **seidenweich** ['zai̯dən'vai̯ç] *adj* soyeux(-euse)

seidig ['zai̯dɪç] *adj* soyeux(-euse)

Seife ['zai̯fə] <-, -n> *f* savon *m*

Seifenblase *f* bulle *f* de savon **Seifenlauge** *f* lessive *f* **Seifenoper** *f* soap-opéra *m* **Seifenpulver** *nt* savon *m* en poudre **Seifenschale** *f* porte-savon *m*

seifig ['zai̯fɪç] *adj Gesicht, Hände* savonneux(-euse)

seihen ['zai̯ən] *vt* filtrer

Seil [zai̯l] <-[e]s, -e> *nt* corde *f;* (*Drahtseil*) câble *m*

Seilbahn *f* (*auf Schienen*) funiculaire *m;* (*Drahtseilbahn*) téléphérique *m*

Seilschaft <-, -en> *f* ① (*Bergsteiger*) cordée *f* ② *fig, pej* (*verschworene Gruppe*) coterie *f* (*péj*)

seil|springen *vi irr, nur Infin und PP + sein* sauter à la corde **Seilspringen** <-s> *nt* saut *m* à la corde **Seiltänzer(in)** *m(f)* funambule *mf*

sein[1] [zai̯n] <bin, bist, ist, sind, seid, war, gewesen> **I.** *vi + sein* ① être; **so nett ~ etw zu tun** être assez gentil pour faire qc ② *mit nom* **Angestellter ~** être employé; **Deutscher ~** être allemand ③ (*existieren*) exister; **hallo, ist da jemand?** ohé! il y a quelqu'un?; **ist noch Käse im Kühlschrank?** y-a-t-il encore du fromage dans le frigidaire? ④ (*sich befinden*) être ⑤ (*herstammen*) **aus Frankreich ~** être [originaire] de France ⑥ (*empfunden werden*) **jdm zu anstrengend ~** être trop fatigant au goût de qn; **jdm peinlich ~** gêner qn; **mir ist so komisch** je me sens tout(e) drôle ⑦ (*hergestellt sein*) **aus Leder ~** être en cuir ⑧ (*ergeben*) **2 und 2 ist 4** 2 et 2 font 4; **wie viel ist das?** ça fait combien? ⑨ (*geschehen*) **was ist?** qu'est-ce qu'il y a? ⑩ *mit modalem Hilfsverb* **~ können/dürfen** être possible; **das muss ~** c'est indispensable ⑪ *mit zu und Infin* **das ist schwer zu sagen** c'est difficile à dire ⑫ *mit zu und substantiviertem Verb* **zum Lachen/Weinen ~** être vraiment trop drôle/désolant ▶ **das wär's!** c'est tout!; **er/sie ist wer** *fam* il/elle est quelqu'un **II.** *vi unpers + sein* ① *mit adj* **es ist schön, dass** c'est bien que + *subj* ② (*die betreffende Person sein*) **er/sie ist es** c'est lui/elle; **ich bin's!** *fam* c'est moi! ③ (*bei Zeitangaben*) **es ist Montag** c'est lundi; **es ist Januar** on est en janvier; **es ist sieben Uhr** il est sept heures; **es ist Tag/Nacht** il fait jour/nuit ④ METEO **es ist warm/kalt** il fait chaud/froid; **es ist windig** il y a du vent ⑤ (*empfunden werden*) **jdm ist heiß/kalt** qn a chaud/froid; **jdm ist schlecht** qn se sent mal ▶ **es sei denn** à moins que + *subj* **III.** *aux mit PP* ① *zur Bildung des Zustandspassivs* **fotografiert worden ~** avoir été photographié(e) ② *zur Bildung des Perfekts* **gefahren/gesprungen ~** être allé/avoir sauté; **krank gewesen ~** avoir été malade

sein² [zai̯n] *pron poss* ① **~ Bruder** son frère; **~e Schwester/Freundin** sa sœur/son amie; **~e Eltern** ses parents ② *substantivisch* **der/die/das ~e** le sien/la sienne; **das sind nicht meine Socken, sondern die ~en** ce ne sont pas mes chaussettes, mais les siennes

Sein [zai̯n] <-s> *nt* être *m*

seiner ['zai̯nɐ] *geh pron pers, gen von* **er**: **ich werde ~ gedenken** je me souviendrai de lui

seinerseits ['zai̯nɐ'zai̯ts] *adv* ① (*er wiederum*) de son côté ② (*was ihn betrifft*) pour sa part

seinerzeit ['zai̯nɐtsai̯t] *adv* à l'époque

seinesgleichen ['zai̯nəs'glai̯çən] *pron inv* ① *pej* (*Menschen seines Schlags*) ses semblables; **er und ~** lui et ses semblables ② (*Menschen wie er*) **nur mit ~ verkehren** n'avoir affaire qu'à ses semblables

seinetwegen ['zai̯nət've:gən] *adv* ① (*wegen ihm*) à cause de lui ② (*ihm zuliebe*) pour lui ③ (*wenn es nach ihm ginge*) s'il ne tient/tenait qu'à lui

seinetwillen ['zai̯nət'vɪlən] *adv* **um ~** [par amour] pour lui

Seismik ['zai̯smɪk] <-> *f* sismologie *f*

seismisch ['zai̯smɪʃ] *adj Welle* sismique

Seismograf^RR^, **Seismograph** [zai̯smo'gra:f] <-en, -en> *m* s[é]ismographe *m*

Seismologie [zai̯smolo'gi:] <-> *f s.* **Seismik**

seismologisch [zai̯smo'lo:gɪʃ] *adj s.* **seismisch**

seit [zai̯t] **I.** *präp + dat* depuis; **ich weiß das erst ~ eben** je viens seulement d'apprendre cela **II.** *konj s.* **seitdem II.**

seitdem [zai̯t'de:m] **I.** *adv* depuis [ce moment-là] **II.** *konj* depuis que

Seite ['zai̯tə] <-, -n> *f* ① (*im Raum*) côté *m* ② *eines Körpers, Gegenstands* côté *m; eines Würfels, einer Pyramide* face *f;* **jdm nicht von der ~ weichen** ne pas quitter qn d'une semelle; **etw auf die ~ legen** mettre qc de côté ③ (*Buchseite, Zeitungsseite*) page *f;* **Gelbe Seiten®** pages jaunes ④ (*Aspekt*) côté *m;* **neue ~n an jdm entdecken** découvrir de nouvelles facettes chez qn; **das Problem von einer anderen ~ betrachten** considérer le problème sous un autre angle ⑤ (*beteiligte Partei*) côté *m;* **auf jds ~** (*dat*) **sein** être du côté de qn; **von ~n der Regierung** du côté du gouvernement ⑥ (*Richtung*) côté *m;* **nach allen ~n** dans toutes les directions ⑦ (*nicht im Zentrum liegende Stelle*) côté *m;* **zur ~ gehen** s'écarter ▶ **sich von seiner besten ~ zeigen** se montrer sous son meilleur jour; **auf der einen ~ ..., auf der anderen ~ ...** d'un côté ..., de l'autre ...; **etw auf die ~ schaffen** *fam* faire main basse sur qc; **~ an ~** côte à côte

Seitenanfang *m* haut *m* de page

Seitenansicht *f* vue *f* latérale **Seitenaufprallschutz** *m* renfort *m* latéral [de sécurité] **Seitenausgang** *m* sortie *f* latérale **Seitenblick** *m* regard *m* en coin **Seiteneingang** *m* entrée *f* latérale

Seitenende *nt* bas *m* de page

Seitenflügel *m* aile *f* **Seitenhieb** *m fig* coup *m* de griffe; **~e verteilen** lancer des piques **Seitenlage** *f* position *f* latérale

seitenlang **I.** *adj Artikel* de plusieurs pages; **~ sein** faire plusieurs pages **II.** *adv* **etw ~ erläutern** expliquer qc sur des pages [et des pages]

Seitenlinie *f* ❶ SPORT [ligne *f* de] touche *f* ❷ (*Genealogie*) ligne *f* collatérale
seitens ['zaitəns] *präp + gen form* du côté de
Seitenscheitel *m* raie *f* de côté **Seitenschiff** *nt* bas-côté *m* **Seitensprung** *m fam* infidélité *f;* **einen ~ machen** faire une infidélité [à son partenaire] **Seitenstechen** *nt kein Pl* point *m* de côté **Seitenstraße** *f* rue *f* latérale **Seitenstreifen** *m der Straße* bas-côté *m; der Autobahn* bande *f* d'arrêt d'urgence **seitenverkehrt** *adj, adv* à l'envers **Seitenwechsel** *m* changement *m* de côté **Seitenwind** *m* vent *m* latéral
Seitenzahl *f* ❶ numéro *m* de page ❷ (*Anzahl der Seiten*) nombre *m* de pages
seither [zait'he:ɐ̯] *adv* depuis [ce moment-là]
seitlich ['zaitlɪç] **I.** *adj* latéral(e) **II.** *präp + gen* à côté de **III.** *adv* sur le côté
seitwärts ['zaitvɛrts] *adv* sur le côté
sek., Sek. *Abk von* **Sekunde** s
SEK [ɛsʔe:'ka:] <-> *nt Abk von* **Sondereinsatzkommando** groupe *m* d'intervention spéciale
Sekret [ze'kre:t] <-[e]s, -e> *nt* sécrétion *f*
Sekretär [zekre'tɛ:ɐ̯] <-s, -e> *m* (*Person, Möbelstück*) secrétaire *m*
Sekretariat [zekreta'ri̯a:t] <-[e]s, -e> *nt* secrétariat *m*
Sekretärin <-, -nen> *f* secrétaire *f*
Sekt [zɛkt] <-[e]s, -e> *m* [vin *m*] mousseux *m*
Sekte ['zɛktə] <-, -n> *f* secte *f*
Sektenmitglied *nt* membre *m* d'une/de la secte
Sektflasche *f* bouteille *f* à champagne **Sektglas** *nt* verre *m* à champagne
Sektierer(in) [zɛk'ti:rɐ] <-s, -> *m(f)* POL séide *m*
Sektion [zɛk'tsi̯o:n] <-, -en> *f* ADMIN service *m*
Sektor ['zɛkto:ɐ̯] <-s, -toren> *m* ❶ (*Fachgebiet*) secteur *m* ❷ (*Kreisausschnitt*) secteur *m* [circulaire]
sekundär [zekʊn'dɛ:ɐ̯] *adj geh* secondaire
Sekundärliteratur *f* ouvrages critiques *mpl*
Sekundarschule *f* CH ≈ collège *m,* ≈ C.E.S. *m* **Sekundarstufe** *f* ≈ secondaire *m;* **~ I/II** ≈ premier/second cycle *m*
Sekunde [ze'kʊndə] <-, -n> *f* ❶ seconde *f;* **es ist auf die ~ genau zehn Uhr** il est très exactement dix heures ❷ *fam* (*Augenblick*) seconde *f;* **~!** *fam* minute papillon!
Sekundenkleber *m* colle *f* à prise rapide
sekundenlang **I.** *adj* de quelques secondes **II.** *adv* quelques secondes **Sekundenschlaf** *m* micro-sommeil *m* **Sekundenzeiger** *m* trotteuse *f*
selbe(r, s) ['zɛlbə, -bɐ, -bəs] *pron* même; **am ~n Tag** le même jour
selber ['zɛlbɐ] *s.* **selbst**
Selbermachen <-s> *nt* **zum ~** à faire soi-même
selbig ['zɛlbɪç] *s.* **selbe(r, s)**
selbst [zɛlpst] **I.** *pron dem* ❶ (*an sich*) **der Film/die Aufgabe ~** le film en lui-même/la tâche en elle-même; **die Ferien ~** les vacances en elles-mêmes ❷ (*in eigener Person*) **der Direktor ~** le directeur en personne ❸ (*persönlich*) **das Vertrauen in dich ~** la confiance en toi[-même]; **sie ist nicht mehr sie ~** elle n'est plus elle-même ❹ (*ohne fremde Hilfe*) tout seul; **er macht das ~** il le fait lui-même **II.** *adv* **~ du würdest ihm Recht geben** même toi, tu lui donnerais raison
Selbst [zɛlpst] <-> *nt geh* **das ~** le moi
Selbstachtung *f* amour-propre *m*
selbständig ['zɛlpʃtɛndɪç] *s.* **selbstständig**
Selbständige(r) *s.* **Selbstständige(r)**
Selbständigkeit *s.* **Selbstständigkeit**
Selbstauslöser *m* PHOT déclencheur *m* automatique **Selbstbedienung** *f* libre-service *m*
Selbstbedienungsladen *m* libre-service *m* **Selbstbedienungsrestaurant** *nt* [restaurant *m*] self-service *m*
Selbstbefriedigung *f* masturbation *f* **Selbstbeherrschung** *f* sang-froid *m inv* **Selbstbestätigung** *f* valorisation *f* personnelle **Selbstbestimmung** *f kein Pl* autodétermination *f*
Selbstbestimmungsrecht *nt kein Pl* ❶ liberté *f* de choix ❷ POL droit *m* à l'autodétermination; **das ~ der Völker** le droit des peuples à disposer d'eux-mêmes
Selbstbeteiligung *f* franchise *f;* (*bei Krankenkassen*) ticket *m* modérateur **selbstbewusst**[RR] *adj Person* sûr(e) de soi **Selbstbewusstsein**[RR] *nt* conscience *f* de sa propre valeur **Selbstbildnis** *nt* autoportrait *m* **Selbstdarsteller(in)** *m(f)* SOZIOL personne *f* qui aime se mettre en scène **Selbstdarstellung** *f* présentation *f* de soi **Selbstdisziplin** *f kein Pl* autodiscipline *f*
Selbsterhaltungstrieb *m* instinct *m* de conservation
Selbsterkenntnis *f kein Pl* ► **~ ist der erste Schritt zur Besserung** *prov* la

S

connaissance de soi est la première condition du progrès **Selbstfindung** <-> *f geh* découverte *f* de soi-même **selbstgefällig** *adj* imbu(e) de sa personne **Selbstgefälligkeit** *f kein Pl* suffisance *f* **selbstgemacht** *s.* **machen I.2, 10** **selbstgerecht** *adj Person* pénétré(e) de soi-même; *Art* péremptoire **Selbstgespräch** *nt* soliloque *m;* **~e führen** soliloquer **selbstherrlich** *adj* autoritaire, tyrannique **Selbsthilfe** *f kein Pl* **zur ~ greifen** s'organiser par ses propres moyens

Selbsthilfegruppe *f* association *f* d'entraide

Selbstironie *f kein Pl* autodérision *f* **Selbstjustiz** *f* règlement *m* de compte[s]; **~ üben** se faire justice soi-même **selbstklebend** *adj* autocollant(e)

Selbstkostenbehalt [-bəhalt] <-[e]s> *m eines Versicherten* participation *f* aux frais de santé **Selbstkostenpreis** *m* **zum ~** à prix coûtant

Selbstkritik *f kein Pl* autocritique *f* **selbstkritisch** *adj Person* critique envers soi-même **Selbstlaut** *m* voyelle *f*

selbstlos I. *adj* désintéressé(e) II. *adv* de façon désintéressée

Selbstmedikation *f* MED automédication *f* **Selbstmitleid** *nt* apitoiement *m* sur soi-même **Selbstmord** *m* suicide *m;* **~ begehen** se suicider

Selbstmordattentat *nt* attentat-suicide *m* **Selbstmordattentäter(in)** *m(f)* terroriste-suicide *mf*

Selbstmörder(in) *m(f)* suicidé(e) *m(f);* (*Mensch, der sich umbringen möchte*) suicidaire *mf* **selbstmörderisch** *adj* suicidaire

Selbstmordversuch *m* tentative *f* de suicide

selbstredend *adv* bien entendu **Selbstschutz** *m* [auto]défense *f* **selbstsicher** I. *adj Person* sûr(e) de soi; *Art* plein(e) d'assurance II. *adv* avec assurance **Selbstsicherheit** *f kein Pl* assurance *f*

selbstständig[RR] I. *adj* ❶ *Person, Handeln, Denken* autonome ❷ *Tätigkeit* indépendant(e); *Handwerker, Gewerbetreibender* [installé(e)] à son compte; **sich als Übersetzer ~ machen** se mettre traducteur à son compte II. *adv handeln* de façon autonome

Selbstständige(r)[RR] *f(m) dekl wie adj* travailleur(-euse) *m(f)* indépendant(e)

Selbstständigkeit[RR] <-> *f* ❶ autonomie *f* ❷ (*berufliche Selbständigkeit*) travail *m* indépendant

Selbstsucht *f kein Pl* égoïsme *m* **selbstsüchtig** *adj* égoïste **selbsttätig** *adj* automatique **Selbstüberschätzung** *f* surestimation *f* de soi **Selbstüberwindung** *f* effort *m* sur soi-même **Selbstverleugnung** *f kein Pl geh* abnégation *f* **selbstverschuldet** *adj Unfall* qui n'engage que sa propre responsabilité **Selbstversorger** *m* **~ sein** vivre en autosuffisance; *Hotelgast:* ne pas prendre ses repas à l'hôtel **selbstverständlich** I. *adj* tout(e) naturel(le); **etw für ~ halten** trouver que qc va de soi; **das ist doch ~!** ça va de soi! II. *adv* [bien] évidemment; **etw wie ~ tun** faire qc comme si c'était tout naturel; **aber ~!** mais bien entendu! **Selbstverständlichkeit** <-, -en> *f* évidence *f* **Selbstverständnis** *nt kein Pl* **sein ~** l'image *f* qu'il se fait de lui-même **Selbstverteidigung** *f* autodéfense *f* **Selbstvertrauen** *nt* confiance *f* en soi **Selbstverwaltung** *f* gestion *f* autonome **Selbstverwirklichung** *f* épanouissement *m* personnel **Selbstwertgefühl** *nt* amour-propre *m* **selbstzerstörerisch** *adj* autodestructeur(-trice) **selbstzufrieden** *pej adj* satisfait de lui-même/satisfaite d'elle-même **Selbstzufriedenheit** *f* autosatisfaction *f pas de pl* **Selbstzweck** *m kein Pl* fin *f* en soi **Selbstzweifel** *m* **~ haben** avoir un doute profond en soi

selektieren* [zelɛk'tiːrən] *vt geh* sélectionner

Selektion [zelɛk'ts̮i̯oːn] <-, -en> *f geh* sélection *f*

selektiv [zelɛk'tiːf] *geh* I. *adj* sélectif(-ive) II. *adv* sélectivement

Selen [ze'leːn] <-s> *nt* CHEM sélénium *m*

Selfie ['sɛlfi, 'zɛlfi] <-s, -s> *nt* selfie *m*

Selfiestange ['sɛlfi-, 'zɛlfi-] *f,* **Selfiestick** [-stɪk] <-s, -s> *m* perche *f* à selfie

selig ['zeːlɪç] *adj* ❶ *Blick, Lächeln* comblé(e); *Gefühl* de bonheur ❷ (*seliggesprochen*) bienheureux(-euse) *antéposé* ▶ **wer's glaubt, wird ~!** *iron fam* on me la fait pas!

Selige(r) *f(m) dekl wie adj* (*selig gesprochener Mensch*) bienheureux(-euse) *m(f)*

Seligkeit <-> *f* ❶ (*Glücksgefühl*) [sentiment *m* de] béatitude *f* ❷ REL bonheur *m* éternel

selig|sprechen *vt irr* béatifier

Seligsprechung <-, -en> *f* béatification *f*

Sellerie ['zɛləri] <-s, -[s]> *m,* <-, -> *f* A céleri *m*

selten ['zɛltən] I. *adj* rare II. *adv* rarement

Seltenheit <-, -en> *f* ❶ *kein Pl* (*seltenes Vorkommen*) rareté *f* ❷ (*seltene Sache*)

S

curiosité *f;* **es ist eine ~, dass** il est rare que + *subj*

Seltenheitswert *m* **~ haben** être une curiosité

Selters ['zɛltɐs] <-, -> *nt* NDEUTSCH eau *f* de Seltz

seltsam ['zɛltza:m] **I.** *adj Person, Art* curieux(-euse); *Aussehen, Geruch, Geschmack* bizarre; *Geschichte* étrange **II.** *adv* ① *sich benehmen* bizarrement; **~ riechen** avoir une odeur bizarre; **~ schmecken** avoir un drôle de goût ② *beklemmend* singulièrement; *still* curieusement

seltsamerweise *adv* curieusement

Seltsamkeit <-, -en> *f* bizarrerie *f*

Semantik [ze'mantɪk] <-> *f* LING sémantique *f*

semantisch [ze'mantɪʃ] LING **I.** *adj* sémantique **II.** *adv* sémantiquement

Semester [ze'mɛstɐ] <-s, -> *nt* UNIV semestre *m* (*unité de temps utilisée pour le décompte des années d'études dans les universités allemandes*)

Semesterferien *Pl* vacances *fpl* semestrielles

Semikolon [zemi'ko:lɔn] <-s, -s *o* -kola> *nt geh* point-virgule *m*

Seminar [zemi'na:ɐ̯] <-s, -e *o* A -ien> *nt* ① (*Lehrveranstaltung*) séminaire *m* ② (*Universitätsinstitut*) institut *m*

Semit(in) [ze'mi:t] <-en, -en> *m(f)* Sémite *mf*

semitisch [ze'mi:tɪʃ] *adj* sémite; *Sprache* sémitique

Semmel ['zɛməl] <-, -n> *f* SDEUTSCH, A petit pain *m*

Semmelbrösel *Pl* SDEUTSCH, A chapelure *f* **Semmelknödel** *m* SDEUTSCH, A boulette *f* à base de pain

sen. *adj Abk von* **senior** père

Senat [ze'na:t] <-[e]s, -e> *m* ① POL (*in Bezug auf Berlin, Bremen und Hamburg*) sénat *m* (*nom donné au gouvernement régional*) ② (*in Bezug auf Frankreich, die USA*) Sénat *m* ③ JUR cour *f* ④ UNIV conseil *m* d'administration [de l'université]

Senator(in) [ze'na:to:ɐ̯] <-s, -toren> *m(f)* POL, HIST sénateur(-trice) *m(f)*

Sendebereich *m* zone *f* d'émission **Sendegerät** *nt* appareil *m* émetteur

senden[1] ['zɛndən] <sendete *o* CH sandte, hat gesendet *o* CH gesandt> **I.** *vt* diffuser *Film;* envoyer *Notsignal, Botschaft* **II.** *vi* **zwischen sieben und zwanzig Uhr ~** émettre de sept à vingt heures

senden[2] ['zɛndən] <sandte *o* sendete, gesandt *o* gesendet> *geh vt* envoyer *Brief, Paket;* **jdm etw ~** adresser qc à qn

Sendepause *f* intermède *m;* (*zwischen Sendeschluss und Sendebeginn*) arrêt *m* des émissions **Sendeplatz** *m* TV, RADIO créneau *m*

Sender ['zɛndɐ] <-s, -> *m* ① (*Sendeanstalt*) station *f* ② (*Sendegerät*) [poste *m*] émetteur *m*

Sendereihe *f* série *f* d'émissions

Sendeschluss[RR] *m* fin *f* des programmes **Sendezeit** *f* ① (*Dauer einer Sendung*) **eine Stunde ~ haben** disposer d'une heure d'antenne ② (*Zeit der Ausstrahlung*) tranche *f* horaire; **zur besten ~** au meilleur temps d'antenne

Sendung <-, -en> *f* ① (*Rundfunksendung, Fernsehsendung*) émission *f* ② *kein Pl* (*das Senden*) **auf ~ sein** être à l'antenne ③ (*Warensendung*) envoi *m*

Senegalese [zenega'le:zə] <-n, -n> *m*, **Senegalesin** *f* Sénégalais(e) *m(f)*

senegalesisch *adj* sénégalais(e)

Senf [zɛnf] <-[e]s, -e> *m* moutarde *f*

Senfgas *nt* gaz *m* moutarde **Senfgurke** *f* cornichon *m* à la moutarde **Senfsoße** *f* sauce *f* [à la] moutarde

sengen ['zɛŋən] **I.** *vt* roussir **II.** *vi Sonne:* brûler

sengend *adj Sonne* brûlant(e); *Hitze* torride

senil [ze'ni:l] *adj* sénile

Senilität [zenili'tɛ:t] <-> *f* sénilité *f*

senior ['ze:ni̯o:ɐ̯] *adj inv* **Gustav Müller ~** Gustav Müller père

Senior ['ze:ni̯o:ɐ̯] <-s, Senioren> *m* ① (*älterer Mensch*) personne *f* âgée ② *Pl* SPORT **die ~en** les seniors *mpl* ③ (*Seniorchef*) père *m*

Seniorchef(in) *m(f)* père *m*/mère *f;* (*Seniorpartner*) doyen(ne) *m(f)*

Seniorenheim *nt* résidence *f* pour les personnes âgées **Seniorenpass**[RR] *m* carte *f* vermeil **Seniorenstudium** *nt* université *f* du troisième âge

Seniorin [ze'ni̯o:rɪn] <-, -nen> *f* (*ältere Frau*) personne *f* âgée

Senkblei *nt* CONSTR fil *m* à plomb

Senke ['zɛŋkə] <-, -n> *f* dépression *f* [de terrain]

Senkel ['zɛŋkəl] <-s, -> *m* lacet *m*

senken ['zɛŋkən] **I.** *vt* ① baisser *Arm, Kopf* ② (*absenken*) abaisser *Wasserstand* ③ (*verringern*) réduire *Steuern;* faire baisser *Fieber* **II.** *vr* **sich ~** *Grundwasserspiegel:* baisser

senkrecht *adj* vertical(e)

Senkrechte <-n, -n> *f dekl wie adj* perpendiculaire *f*
Senkrechtstarter *m* ① *fam* (*Aufsteiger*) homme *m* qui a connu une ascension fulgurante ② (*Flugzeug*) avion *m* à décollage vertical
Senkrechtstarterin *f fam* femme *f* qui a connu une ascension fulgurante
Senkung <-, -en> *f* ① *des Erdbodens* affaissement *m* ② *kein Pl* (*Verringerung*) réduction *f*
Sensation [zɛnza'ts̮i̯oːn] <-, -en> *f* sensation *f*
sensationell [zɛnzats̮i̯o'nɛl] *adj* sensationnel(le)
Sensationsgier *f*, **Sensationshunger** *m* sensationnalisme *m* **sensationsgierig, sensationshungrig** **I.** *Adj* sensationnaliste **II.** *Adv* de manière sensationnaliste
Sensationslust *f* goût *m* du sensationnel
Sensationspresse *f kein Pl* presse *f* à sensation
Sense ['zɛnzə] <-, -n> *f* faux *f* ▶ **jetzt ist ~!** *fam* maintenant basta!
sensibel [zɛn'ziːbəl] **I.** *adj* sensible **II.** *adv* avec sensibilité
Sensibelchen [zɛn'ziːbəlçən] <-s, -> *nt hum, pej* grand(e) sensible *m(f)*
sensibilisieren* [zɛnzibili'ziːrən] *vt geh* sensibiliser; **jdn für etw ~** sensibiliser qn à qc
Sensibilisierung <-, -en> *f geh* sensibilisation *f*; **~ für etw** sensibilisation *f* à qc
Sensibilität [zɛnzibili'tɛːt] <-, -en> *f geh* sensibilité *f*
Sensor ['zɛnzoːɐ̯] <-s, -soren> *m* capteur *m*
sensorisch [zɛn'zoːrɪʃ] *adj* MED sensoriel(le)
sentimental [zɛntimɛn'taːl] *adj* sentimental(e)
Sentimentalität [zɛntimɛntali'tɛːt] <-, -en> *f* sentimentalité *f*
separat [zepa'raːt] *adj* séparé(e)
Separatismus [zepara'tɪsmʊs] <-> *m* séparatisme *m*
Separatist(in) [zepara'tɪst] <-en, -en> *m(f)* séparatiste *mf*
separatistisch *adj* séparatiste
Separee[RR], **Séparée** [zepa'reː] <-s, -s> *nt* salon *m* particulier
September [zɛp'tɛmbɐ] <-[s], -> *m* septembre *m*; *s. a.* **April**
Septim [zɛp'tiːm] <-, -en> *f* A (*Intervall*) septième *f*
sequentiell *adj s.* **sequenziell**
Sequenz [ze'kvɛnts̮] <-, -en> *f* séquence *f*
sequenziell[RR] [zekvɛn'ts̮i̯ɛl] *adj* INFORM séquentiel(le)
Sera *Pl von* **Serum**
Serbe ['zɛrbə] <-n, -n> *m*, **Serbin** *f* Serbe *mf*
Serbien ['zɛrbi̯ən] <-s> *nt* la Serbie
serbisch ['zɛrbɪʃ] *adj* serbe
serbokroatisch [zɛrbokro'aːtɪʃ] *adj* serbo-croate
Seren *Pl von* **Serum**
Serenade [zere'naːdə] <-, -n> *f* sérénade *f*
Serie ['zeːri̯ə] <-, -n> *f* série *f*
seriell [ze'ri̯əl] *adj Schnittstelle* séquentiel(le)
serienmäßig **I.** *adj Herstellung* en série; *Ausstattung* de série **II.** *adv herstellen* en série
serienweise ['zeːri̯ən-] *adv* COM en série
seriös [ze'ri̯øːs] *adj* (*solide*) sérieux(-euse)
Seriosität [zeri̯ozi'tɛːt] <-> *f* sérieux *m*
Sermon [zɛr'moːn] <-s, -e> *m pej fam* sermon *m*
seropositiv [zero-] *adj* séropositif(-ive)
Serpentine [zɛrpɛn'tiːnə] <-, -n> *f* route *f* en lacets
Serum ['zeːrʊm] <-s, Seren *o* Sera> *nt* sérum *m*
Server ['sœːvɐ] <-s, -> *m* INFORM serveur *m*
Service[1] ['sœrvɪs, 'søːɐ̯vɪs] <-> *m* ([*Kunden*]*dienst*) service *m*
Service[2] [zɛr'viːs] <-[s], -> *nt* (*Geschirr*) service *m*
Servicecenter[RR] ['sœrvɪssɛntɐ] <-s, ->, **Service Center** <- -s, - -> *nt* centre *m* de services **Servicementalität** ['sœrvɪs-] *f kein Pl* esprit *m* de service
servieren* [zɛr'viːrən] **I.** *vt* servir; **jdm etw ~** servir qc à qn **II.** *vi* faire le service
Servierwagen *m* desserte *f*
Serviette [zɛr'vi̯ɛtə] <-, -n> *f* serviette *f* [de table]
Serviettenring *m* rond *m* de serviette
Servobremse ['zɛrvo-] *f* TECH servofrein *m*
Servolenkung *f* direction *f* assistée
servus ['zɛrvʊs] *interj* A, SDEUTSCH salut (*fam*)
Sesam ['zeːzam] <-s, -s> *m* sésame *m*
Sesambrot *nt* pain *m* de sésame
Sessel ['zɛsəl] <-s, -> *m* ① fauteuil *m* ② A (*Stuhl*) chaise *f*
Sessellift *m* télésiège *m*
sesshaft[RR], **seßhaft**[ALT] ['zɛshaft] *adj* sédentaire
Set [zɛt] <-s, -s> *m o nt* ① lot *m* ② (*Platzdeckchen*) set *m* [de table]

setzen ['zɛtsən] **I.** *vt + haben* ❶ **das Kind auf den Stuhl ~** mettre l'enfant sur la chaise ❷ *(tun)* **den Hut auf den Kopf ~** mettre son chapeau ❸ *(pflanzen)* planter *Pflanze* ❹ *(errichten)* élever *Denkmal* ❺ *(festlegen)* fixer *Frist* ❻ *(einfügen)* mettre *Satzzeichen* ❼ *(wetten)* **hundert Euro auf jdn/etw ~** miser cent euros sur qn/qc **II.** *vr + haben* ❶ **sich ~** *Person, Tier:* s'asseoir; *Vogel:* se poser; **sich aufs Fahrrad ~** monter sur le vélo; **sitz!** assis! ❷ *(sich senken)* **sich ~** *Erdreich:* s'affaisser **III.** *vi + haben a. fig (wetten)* **auf jdn/etw ~** miser sur qn/qc

Setzer(in) <-s, -> *m(f)* TYP compositeur(-trice) *m(f)*

Setzerei [zɛtsə'rai] <-, -en> *f* TYP atelier *m* de composition

Setzkasten *m* TYP casse *f*

Setzling ['zɛtslɪŋ] <-s, -e> *m (Pflanze)* plant *m*

Seuche ['zɔyçə] <-, -n> *f* épidémie *f*

Seuchengefahr *f* risque *m* d'épidémie **Seuchenschutz** *m* protection *f* contre les épidémies

seufzen ['zɔyftsən] **I.** *vi* soupirer; **über etw** *(akk)* **~** soupirer de qc **II.** *vt* soupirer

Seufzer <-s, -> *m* soupir *m*

Sex [zɛks, sɛks] <-[es]> *m* sexe *m*

Sexappeal[RR], **Sex-Appeal** ['sɛksə'pi:l] <-s> *m* sex-appeal *m (vieilli)* **Sexfilm** *m* film *m* érotique

Sexismus [zɛ'ksɪsmʊs] <-, -ismen> *m kein Pl (Einstellung)* sexisme *m*

Sexist(in) [zɛ'ksɪst] <-en, -en> *m(f)* sexiste *mf*

sexistisch [zɛ'ksɪstɪʃ] *adj* sexiste

Sexshop ['zɛksʃɔp] <-s, -s> *m* sex-shop *m*

Sextant [zɛks'tant] <-en, -en> *m* sextant *m*

S

Sextett [zɛks'tɛt] <-[e]s, -e> *nt* sextuor *m*

Sextourismus *m* tourisme *m* sexuel

Sexualerziehung [zɛ'ksu̯a:l-] *f s.* **Sexualkunde**

Sexualität [zɛksu̯ali'tɛ:t] <-> *f* sexualité *f*

Sexualkunde <-> *f* éducation *f* sexuelle

Sexualkundeunterricht *m* cours *m* d'éducation sexuelle

Sexualleben *nt kein Pl* vie *f* sexuelle **Sexualobjekt** *nt* objet *m* sexuel **Sexualstraftäter(in)** *m(f)* délinquant(e) *m(f)* sexuel(le) **Sexualtäter(in)** *m(f)* auteur *m* de délit sexuel **Sexualtrieb** *m kein Pl* pulsions *fpl* sexuelles **Sexualverbrechen** *nt* crime *m* sexuel

sexuell [zɛ'ksu̯ɛl] *adj* sexuel(le)

sexy ['zɛksi, 'sɛksi] *adj inv fam* sexy

Sezession [zetsɛ'si̯o:n] <-, -en> *f* POL sécession *f*

sezieren* [ze'tsi:rən] **I.** *vt* disséquer *Leiche* **II.** *vi* pratiquer une dissection

s-förmig[RR], **S-förmig** ['ɛsfœrmɪç] *adj* en [forme de] s

Shampoo ['ʃampu] <-s, -s> *nt* shampo[o]ing *m*

Shareware ['ʃɛ:ɐ̯vɛ:ɐ̯] <-, -s> *f* INFORM logiciel *m* contributif

Sheriff ['ʃɛrɪf] <-s, -s> *m* shérif *m*

Sherry ['ʃɛrɪ] <-s, -s> *m* sherry *m*

Shifttaste ['ʃɪfttastə] *f* INFORM touche *f* "majuscule"

Shirt [ʃø:ɐ̯t, ʃœrt] <-s, -s> *nt* t[ee]-shirt *m*

Shitstorm ['ʃɪtstɔ:m] <-s, -s> *m* INET shitstorm *m (flot d'insanités diffusé sur Internet)*

Shootingstar[RR] ['ʃu:tɪŋsta:ɐ̯] *m fam* étoile *f* filante

Shop [ʃɔp] <-s, -s> *m* magasin *m*, boutique *f*

shoppen ['ʃɔpən] *vi fam* faire du shopping, faire les boutiques; **~ gehen** aller faire les boutiques

Shopping ['ʃɔpɪŋ] <-s> *nt* shopping *m*

Shortcut ['ʃɔ:tkat] *m* INFORM raccourci *m* clavier

Shorts [ʃɔrts] *Pl* short *m*

Show [ʃoʊ, ʃo:] <-, -s> *f* show *m* ▶ **eine ~ abziehen** *fam* faire son cinéma

Showbusiness[RR] ['ʃo:bɪznɪs] <-> *nt* show-business *m*

Showdown, **Show-down**[RR] ['ʃo:da͡un] <-s, -s> *nt* showdown *m*

Showgeschäft *nt kein Pl s.* **Showbusiness**

Showmaster(in) ['ʃo:ma:stɐ] <-s, -> *m(f)* animateur(-trice) *m(f)* [d'émissions de variétés]

siamesisch [zi̯a'me:zɪʃ] *adj* siamois(e)

Siamkatze *f* chat *m* siamois

Sibirien [zi'bi:ri̯ən] <-s> *nt* la Sibérie

sibirisch [zi'bi:rɪʃ] *adj* sibérien(ne); *Hauptstadt* de la Sibérie

sibyllinisch [zibʏ'li:nɪʃ] *adj geh* sibyllin(e)

sich [zɪç] **I.** *pron refl, akk* se; *(Höflichkeitsform)* vous; **~ waschen** se laver; **stolz auf ~ sein** être fier de soi; **sie lieben ~** ils s'aiment **II.** *pron refl, dat* se; *(Höflichkeitsform)* vous; **~ die Haare waschen** se laver les cheveux; **sie schütteln ~ die Hand** ils se serrent la main

Sichel ['zɪçəl] <-, -n> *f* ❶ faucille *f* ❷ *fig des Mondes* croissant *m*

sicher ['zɪçɐ] **I.** *adj* ❶ *(gewiss)* certain(e); **jdm ~ sein** *Sieg:* être assuré pour qn ❷ *Zu-*

fluchtsort sûr(e); *Abstand* de sécurité; **aus ~er Entfernung** à bonne distance; **vor jdm/etw ~ sein** *Person:* être à l'abri de qn/qc ③ *Fahrer* chevronné(e) ④ *Zusage* ferme; *Arbeitsplatz* sûr(e) ⑤ (*selbstsicher*) sûr(e) de soi ▶ **~ ist ~** deux précautions valent mieux qu'une **II.** *adv* ① (*höchstwahrscheinlich*) certainement ② *aufbewahren* en sécurité ③ *fahren* avec sûreté ④ *auftreten* avec assurance

sicher|gehen *vi irr + sein* prendre ses précautions

Sicherheit <-, -en> *f* ① *kein Pl* sécurité *f;* **sich vor jdm/etw in ~ bringen** se mettre à l'abri de qn/qc ② *kein Pl* (*das Abgesichertsein*) **soziale ~** protection *f* sociale ③ *kein Pl* (*Gewissheit*) certitude *f;* **mit an ~ grenzender Wahrscheinlichkeit** de façon quasi-certaine ④ *kein Pl* (*Zuverlässigkeit*) fiabilité *f* ⑤ *kein Pl* (*Selbstsicherheit*) assurance *f* ⑥ (*Kaution*) caution *f;* FIN garantie *f*

Sicherheitsabstand *m* distance *f* de sécurité **Sicherheitsbindung** *f eines Skis* fixation *f* de sécurité **Sicherheitsdienst** *m* service *m* de sécurité **Sicherheitsglas** *nt* verre *m* de sécurité **Sicherheitsgurt** *m* ceinture *f* de sécurité

sicherheitshalber *adv* par [mesure de] précaution

Sicherheitskontrolle *f* (*am Flughafen*) contrôle *m* de sécurité **Sicherheitskonzept** *nt* concept *m* de sécurité **Sicherheitskopie** *f* INFORM [copie *f* de] sauvegarde *f* **Sicherheitskräfte** *Pl* forces *fpl* de sécurité **Sicherheitslage** *f* situation *f* sécuritaire **Sicherheitslücke** *f* lacune *f* en matière de sécurité **Sicherheitsnadel** *f* épingle *f* de sûreté **Sicherheitspolitik** *f* politique *f* de sécurité **Sicherheitsrat** *m kein Pl* POL Conseil *m* de sécurité **Sicherheitsschloss**[RR] *nt* serrure *f* de sûreté **Sicherheitsstufe** *f* niveau *m* de sécurité **Sicherheitsvorkehrung** *f* mesure *f* de sécurité; **~en treffen** prendre des mesures de sécurité **Sicherheitsvorschriften** *Pl* consignes *fpl* de sécurité

sicherlich *adv* sûrement

sichern ['zɪçɐn] *vt* ① (*schützen*) protéger ② (*mechanisch blockieren*) mettre le cran de sûreté à *Schusswaffe* ③ (*sicherstellen*) relever *Spuren* ④ INFORM sauvegarder *Daten* ⑤ (*stabilisieren*) assurer *Frieden*

sicher|stellen *vt* ① (*garantieren*) garantir *Versorgung* ② (*konfiszieren*) saisir *Diebesgut*

Sicherung <-, -en> *f* ① *kein Pl* INFORM sauvegarde *f* ② ELEC fusible *m*

Sicherungsgewahrsam *m* JUR, ADMIN détention *f* préventive **Sicherungskasten** *m* coffret *m* de coupe-circuits **Sicherungskopie** *f* INFORM sauvegarde *f*

Sicht [zɪçt] <-> *f* ① vue *f* ② (*Betrachtungsweise*) vision *f;* **aus heutiger ~** du point de vue actuel ▶ **auf lange ~** à long terme

sichtbar I. *adj* ① visible ② *Fortschritt* sensible **II.** *adv altern* nettement; *sich verschlechtern* sensiblement

sichten ['zɪçtən] *vt* ① NAUT apercevoir ② (*durchsehen*) passer en revue *Korrespondenz*

Sichtfenster *nt* hublot *m*

sichtlich *adj* visible

Sichtung <-, -en> *f kein Pl* ① NAUT **nach ~ des Eisbergs** après avoir aperçu l'iceberg ② (*Durchsicht*) tri *m*

Sichtverhältnisse *Pl* [conditions *fpl* de] visibilité *f* **Sichtvermerk** *m* visa *m* **Sichtwechsel** *m* FIN effet *m* à vue **Sichtweite** *f* visibilité *f;* **außer/in ~ sein** être hors de/en vue

sickern ['zɪkɐn] *vi + sein* suinter; **in den Erdboden ~** s'infiltrer dans la terre

sie[1] [ziː] **I.** *pron pers, 3. Pers Sing, nom* ① elle; **~ ist nicht da** elle n'est pas là; **da kommt ~!** la voilà qui arrive! ② **eine Katze/Kuh fotografieren, während ~ frisst** photographier un chat/une vache pendant qu'il/qu'elle mange **II.** *pron pers, 3. Pers Sing, akk* ① la; **er begleitet ~** il l'accompagne; **ich werde ~ anrufen** je lui téléphonerai ② **da drüben ist eine Katze/Kuh, siehst du ~?** là-bas, il y a un chat/une vache, tu le/la vois?

sie[2] [ziː] **I.** *pron pers, 3. Pers Pl, nom* ① ils; (*allein stehend*) eux; (*auf ausschließlich weibliche Personen, Tiere bezogen*) elles; **~ sind nicht da** ils/elles ne sont pas là; **da kommen ~!** les voilà qui arrivent! ② **den Katzen/Kühen zuschauen, während ~ fressen** observer les chats/vaches pendant qu'ils/qu'elles mangent **II.** *pron pers, 3. Pers Pl, akk* ① **er begleitet ~** il les accompagne; **ich werde ~ fragen** je leur demanderai; **ohne ~** sans eux; (*auf ausschließlich weibliche Personen, Tiere bezogen*) sans elles ② (*allgemein auf Tiere und Sachen bezogen*) les

Sie[1] [ziː] *pron pers, Höflichkeitsform* vous; **könnten ~ mir bitte sagen, wo/wie ...?** s'il vous plaît, pourriez-vous me dire où/comment ...?; **kommen ~ schnell!** venez vite!

S

Sie[2] [ziː] <-> *nt* **jdn mit ~ anreden** vouvoyer qn
Sie[3] [ziː] <-, -s> *f fam* ❶ **eine ~** une nana; **Er, 31, sucht sportliche ~** Homme, 31 ans, cherche femme sportive ❷ (*weibliches Tier*) **der Hamster ist eine ~** le hamster est une femelle
Sieb [ziːp] <-[e]s, -e> *nt* (*Küchensieb*) passoire *f;* (*für Sand*) tamis *m*
sieben[1] [ˈziːbən] *num* sept; *s. a.* **acht**[1]
sieben[2] [ˈziːbən] *vt* ❶ tamiser ❷ *fam* (*aussondern*) faire une sélection de *Bewerber*
Sieben [ˈziːbən] <-, - *o* -en> *f* sept *m*
siebenarmig *adj* à sept branches
Siebeneck [ˈziːbənʔɛk] *nt* heptagone *m*
siebeneinhalb [ˈziːbənʔa͜inˈhalp] *num* **~ Meter** sept mètres et demi; *s. a.* **achteinhalb**
siebenerlei [ˈziːbənɐˈla͜i] *adj inv* **~ Sorten Brot** sept sortes de pain; *s. a.* **achterlei**
siebenfach [ˈziːbənfax] **I.** *adj* **die ~e Menge nehmen** prendre sept fois plus **II.** *adv falten* sept fois; *s. a.* **achtfach**
siebenhundert [ˈziːbənˈhʊndɐt] *num* sept cents
siebenjährig [ˈziːbənjɛːrɪç] *adj Kind, Amtszeit* de sept ans
siebenmal [ˈziːbənmaːl] *adv* sept fois; *s. a.* **achtmal** **Siebensachen** [ˈziːbənˈzaxən] *Pl fam* **seine ~ packen** prendre ses cliques et ses claques **Siebenschläfer** *m* loir *m*
siebentägig *adj* de sept jours
siebentausend [ˈziːbənˈt‿auzənt] *num* sept mille
siebente(r, s) *adj s.* **siebte(r, s)**
siebt *adj* **zu ~ sein** être [à] sept; *s. a.* **acht**[2]
siebte(r, s) *adj* ❶ septième ❷ (*bei Datumsangaben*) **der ~ Mai** le sept mai
Siebte(r) *f(m) dekl wie adj* ❶ septième *mf* ❷ (*bei Datumsangaben*) **der ~ /am ~n** *geschrieben:* **der 7./am 7.** le sept *geschrieben:* le 7 ❸ (*als Namenszusatz*) **Karl der ~** *geschrieben:* **Karl VII.** Charles sept *geschrieben:* Charles VII; *s. a.* **Achte(r)**
siebtel *adj* septième; *s. a.* **achtel**
Siebtel <-s, -> *nt a.* MATH septième *m*
siebtens *adv* septièmement
siebzehn *num* dix-sept; *s. a.* **acht**[1] **siebzehnte(r, s)** *adj* dix-septième; *s. a.* **achte(r, s)**
siebzig [ˈziːpt͜sɪç] *num* soixante-dix, septante (BELG, CH); *s. a.* **achtzig**
Siebzig <-> *f* soixante-dix *m,* septante *m* (BELG, CH)
siebziger *adj inv* **die ~ Jahre** les années *fpl* soixante-dix; *s. a.* **achtziger**
Siebziger[1] <-s, -> *m* ❶ (*Mann in den Siebzigern*) septuagénaire *m* ❷ *s.* **Siebzigjährige(r)**
Siebziger[2] *Pl* ❶ **die ~** *eines Jahrhunderts* les années *fpl* soixante-dix ❷ (*Lebensalter*) **in den ~n sein** être septuagénaire
siebzigjährig *adj attr Person* septuagénaire
Siebzigjährige(r) *f(m) dekl wie adj* homme *m*/femme *f* de soixante-dix ans
siedeln [ˈziːdəln] *vi* s'établir
sieden [ˈziːdən] <siedete *o* sott, gesiedet *o* gesotten> *vi* bouillir ▶**jdm ~d heiß einfallen** *fam* revenir tout d'un coup à qn
siedendheißALT [ˈziːdəntˈha͜is] *s.* **sieden**▶
Siedepunkt *m* température *f* d'ébullition
Siedler(in) [ˈziːdlɐ] <-s, -> *m(f)* colon *m*
Siedlung <-, -en> *f* ❶ (*Wohnhausgruppe*) lotissement *m* ❷ (*Ansiedlung*) colonie *f*
Sieg [ziːk] <-[e]s, -e> *m* victoire *f*
Siegel [ˈziːgəl] <-s, -> *nt* ❶ (*Abdruck*) sceau *m* ❷ (*Stempel*) cachet *m*
siegeln [ˈziːgəln] *vt* sceller
Siegelring *m* chevalière *f*
siegen [ˈziːgən] *vi* ❶ MIL être vainqueur ❷ SPORT gagner
Sieger(in) <-s, -> *m(f)* SPORT, MIL vainqueur *mf*
Siegerehrung *f* remise *f* des prix **Siegerpodest** *nt* podium *m* **Siegertreppchen** <-s, -> *nt* podium *m* **Siegerurkunde** *f* diplôme *m* [d'honneur]
siegesbewusstRR, **siegesgewiss**RR *s.* **siegessicher** **Siegesgöttin** *f* Victoire *f* **siegessicher** **I.** *adj Person* sûr(e) de la victoire **II.** *adv* d'un air triomphant **Siegeszug** *m* marche *f* victorieuse
siegreich **I.** *adj* SPORT, MIL victorieux(-euse); **~ aus etw hervorgehen** sortir vainqueur de qc **II.** *adv* en vainqueur
sieht [ziːt] *3. Pers Präs von* **sehen**
siezen [ˈziːt͜sən] *vt* vouvoyer
Sightseeing [ˈsa͜itsiːɪŋ] <-[s], -s> *nt* visite *f* touristique
Signal [zɪˈgnaːl] <-s, -e> *nt* signal *m*
Signalanlage *f* dispositif *f* de signalisation
signalisieren* [zɪgnaliˈziːrən] *vt* laisser entendre; **jdm etw ~** laisser entendre qc à qn
Signatur [zɪgnaˈtuːɐ̯] <-, -en> *f* ❶ (*Buchsignatur*) cote *f* ❷ *geh* (*Unterschrift*) signature *f*
signieren* [zɪˈgniːrən] *vt* signer; **etw ~** signer qc; *Schriftsteller:* dédicacer qc
Signierung <-, -en> *f* signature *f;* (*durch den Autor*) dédicace *f*

signifikant [zɪgnifi'kant] *geh* **I.** *adj* ① (*bedeutsam*) important(e), significatif(-ive) ② (*charakteristisch*) ~ **für jdn/etw sein** être caractéristique de qn/qc **II.** *adv ansteigen, sinken* sensiblement

Silbe ['zɪlbə] <-, -n> *f* syllabe *f*

Silbentrennung *f* division *f* en syllabes

Silber ['zɪlbɐ] <-s> *nt* ① (*Edelmetall*) argent *m* ② (*Tafelsilber*) argenterie *f* ③ (*Silbermedaille*) médaille *f* d'argent

Silberbesteck *nt* argenterie *f* **Silberblick** *m fam* **einen ~ haben** avoir une coquetterie dans l'œil **Silberdistel** *f* chardon *m* argenté

silberfarben, silberfarbig *adj* argenté(e)

silbergrau *adj* gris argenté *inv* **Silberhochzeit** *f* noces *fpl* d'argent **Silbermedaille** *f* médaille *f* d'argent

silbern ['zɪlbɐn] *adj* (*aus Silber*) en argent

Silberpapier *nt* papier *m* d'aluminium

silbrig ['zɪlbrɪç] *adj* argenté(e)

Silhouette [zi'lu̯ɛtə] <-, -n> *f* silhouette *f*

Silikat [zili'ka:t] <-[e]s, -e> *nt* CHEM silicate *m*

Silikon [zili'ko:n] <-s, -e> *nt* CHEM silicone *f*

Silizium [zi'li:t͡si̯ʊm] <-s> *nt* CHEM silicium *m*

Silo ['zi:lo] <-s, -s> *m* silo *m*

Silvester [zɪl'vɛstɐ] <-s, -> *m o nt* Saint-Sylvestre *f*

Simbabwe [zɪm'bapvə] <-s> *nt* le Zimbabwe

SIM-Karte ['zɪm-] *f* carte *f* SIM

simpel ['zɪmpəl] *adj* ① (*einfach*) simple ② (*schlicht*) [tout(e)] simple

Sims [zɪms] <-es, -e> *m o nt* (*Fenstersims*) rebord *m;* (*Kaminsims*) corniche *f*

simsen *fam* **I.** *vi* envoyer un texto/des textos **II.** *vt* envoyer *Neuigkeit, Termin*

Simulant(in) [zimu'lant] <-en, -en> *m(f)* simulateur(-trice) *m(f)*

Simulation [zimula'tsi̯o:n] <-, -en> *f* simulation *f*

Simulator [zimu'la:toɐ̯] <-s, -toren> *m* simulateur *m* [de vol]

simulieren* [zimu'li:rən] *vt, vi* simuler

simultan [zimʊl'ta:n] *geh adj* simultané(e)

Simultandolmetschen <-s> *nt* interprétation *f* simultanée **Simultandolmetscher(in)** *m(f)* interprète *mf* simultané(e)

sind [zɪnt] *1. und 3. Pers Pl Präs von* **sein**[1]

Sinfonie [zɪnfo'ni:] <-, -ien> *f* symphonie *f*

Sinfoniekonzert *nt* concert *m* symphonique **Sinfonieorchester** *nt* orchestre *m* symphonique

sinfonisch [zɪn'fo:nɪʃ] *adj* symphonique

Singapur ['zɪŋgapu:ɐ̯] <-s> *nt* Singapour

singen ['zɪŋən] <sang, gesungen> **I.** *vi* ① chanter ② *fam* (*gestehen*) se mettre à table **II.** *vt* chanter *Lied*

Single[1] [sɪŋəl] <-, -s> *f* (*Schallplatte*) 45 tours *m*

Single[2] [sɪŋəl] <-s, -s> *m* (*Mensch*) célibataire *mf*

Singsang ['zɪŋzaŋ] <-[e]s> *m fam* mélopée *f,* chant *m* monotone

Singstimme *f* (*Gesangsteil*) [partie *f* de] chant *m*

Singular ['zɪŋgula:ɐ̯] <-s, -e> *m* singulier *m*

Singvogel *m* [oiseau *m*] chanteur *m*

sinken ['zɪŋkən] <sank, gesunken> *vi* + *sein* ① (*versinken*) couler ② (*an Höhe verlieren*) descendre ③ (*niedersinken*) tomber ④ (*abnehmen*) *Kurs, Fieber:* baisser; *Ansehen:* être terni; **den Mut ~ lassen** perdre courage

Sinn [zɪn] <-[e]s, -e> *m* ① *kein Pl* (*Bedeutung*) sens *m* ② *kein Pl* (*Zweck*) sens *m;* **das hat** [*o* **macht** *fam*] **keinen ~** c'est n'importe quoi ③ *kein Pl* (*Verständnis*) sens *m* ④ *meist Pl* (*Sinnesorgan*) sens *m* ⑤ (*Interesse*) **in jds ~** (*dat*) **sein** aller dans le sens de qn ⑥ (*Verstand*) **wie von ~en** comme un fou/une folle; **bist du noch bei ~en?** tu as encore toute ta tête? (*fam*) ▶ **das ist nicht der ~ der Sache!** là n'est pas la question!

Sinnbild *nt* symbole *m* **sinnbildlich** *adj* symbolique

sinnen ['zɪnən] <sann, gesonnen> *vi geh* ① (*grübeln*) **über etw** (*akk*) ~ méditer sur qc; (*nachdenken*) réfléchir à qc ② (*trachten nach*) **auf Vergeltung** (*akk*) ~ méditer sa vengeance

sinnentstellend *adj* erroné(e)

Sinnesorgan *nt* organe *m* sensoriel **Sinnestäuschung** *f* illusion *f* des sens **Sinneswahrnehmung** *f* perception *f* sensorielle **Sinneswandel** *m* revirement *m*

sinnfällig **I.** *adj* clair(e) **II.** *adv* clairement-

sinnfrei *iron* **I.** *adj* absurde **II.** *adv* de manière absurde **sinngemäß** *adj, adv* en substance

sinnieren* [zɪ'ni:rən] *vi* méditer; **über etw** (*akk*) ~ méditer sur qc

sinnig ['zɪnɪç] *adj* sensé(e)

sinnlich **I.** *adj* ① *Wahrnehmung* sensoriel(le) ② *Person* épicurien(ne) ③ *Begierde* sensuel(le) **II.** *adv* ① **etw ~ wahrnehmen** percevoir qc [au niveau sensoriel] ② *begehren* sexuellement

Sinnlichkeit <-> *f* sensualité *f*

sinnlos **I.** *adj* ① (*nutzlos*) absurde ② (*vergeblich*) vain(e) **II.** *adv* ① (*nutzlos*) sans

S

raison ❷ (*vergeblich*) en vain ❸ (*hemmungslos*) complètement
Sinnlosigkeit <-, -en> *f* ❶ (*Nutzlosigkeit*) absurdité *f* ❷ (*Vergeblichkeit*) vanité *f*
sinnreich *adj* ❶ (*durchdacht*) judicieux(-euse) ❷ (*sinnig*) sensé(e)
sinnvoll I. *adj* ❶ (*zweckmäßig*) sensé(e) ❷ (*erfüllend*) intéressant(e) II. *adv* (*vernünftig*) de façon sensée
Sintflut ['zɪntflu:t] *f* déluge *m*
sintflutartig I. *adj* diluvien(ne); **~e Regenfälle** des pluies diluviennes II. *adv* **sich ~ ergießen** tomber en déluge
Sinti ['zɪnti] *Pl* Sinté *mpl*
Sinus ['zi:nʊs] <-, - *o* -se> *m* MATH sinus *m*
Siphon ['zi:fõ, zi'fõ:, zi'fo:n] <-s, -s> *m* siphon *m*
Sippe ['zɪpə] <-, -n> *f a. fig fam* tribu *f*
Sippschaft <-, -en> *f pej fam* ❶ (*Familie*) smala *f* ❷ (*Gesindel*) racaille *f*
Sirene [zi're:nə] <-, -n> *f* sirène *f*
Sirup ['zi:rʊp] <-s, -e> *m* (*Fruchtsirup*) sirop *m*
Sisal <-s> *m* sisal *m*
Sisyphusarbeit ['zi:zyfʊsʔarbait] *f* travail *m* de Romain
Site [saɪt] <-, -s> *f* INFORM site *m*
Sitte ['zɪtə] <-, -n> *f* ❶ (*Gepflogenheit*) coutume *f* ❷ *meist Pl* (*Benehmen*) manières *fpl* ▶ **das sind ja ganz neue ~n!** *fam* voilà autre chose!
Sittenlehre *f* éthique *f*
sittenlos I. *adj* immoral(e) II. *adv* immoralement
Sittenlosigkeit <-> *f* immoralité *f*
Sittenpolizei *f kein Pl fam* brigade *f* des mœurs **Sittenstrolch** *m pej* maniaque *m* sexuel **sittenwidrig** *adj Geschäftspraktiken* malhonnête **Sittenwidrigkeit** <-, -en> *f* immoralité *f*

S

Sittich ['zɪtɪç] <-s, -e> *m* perruche *f*
sittlich *adj form* moral(e)
Sittlichkeit <-> *f* moralité *f*, morale *f*
sittsam ['zɪtza:m] I. *adj* ❶ (*gesittet*) décent(e) ❷ (*tugendhaft*) vertueux(-euse); (*wohlerzogen*) sage II. *adv* avec pudeur; *sich verhalten* avec décence
Situation [zitu̯a'tsi̯o:n] <-, -en> *f* situation *f*
situiert *adj* **gut ~ sein** avoir une bonne situation
Sit-up ['sɪtap] <-[s], -s> *nt* SPORT redressement *m* assis
Sitz [zɪts] <-es, -e> *m* ❶ (*Sitzgelegenheit*) siège *m* ❷ (*Sitzfläche*) assise *f* ❸ (*Amtssitz*) siège *m* ❹ (*Niederlassung*) siège *m* central
Sitzbank <-bänke> *f* banquette *f* **Sitzblockade** *f* sit-in *m inv* **Sitzecke** *f* banc *m* d'angle
sitzen ['zɪtsən] <saß, gesessen> *vi* + *haben o* SDEUTSCH, A, CH *sein* ❶ *a. Tiere:* être assis(e); **im Sitzen** assis ❷ (*sich aufhalten*) **beim Friseur/Essen ~** être chez le coiffeur/à table ❸ (*angehören*) **in der Regierung ~** être dans le gouvernement ❹ *fam* (*inhaftiert sein*) être en taule ❺ (*seinen Sitz haben*) **in Bonn ~** avoir son siège à Bonn ❻ (*angebracht sein*) **schief ~** *Krawatte:* être de travers ❼ (*passen*) **gut ~** *Hose:* tomber bien ❽ *fam* (*treffen*) *Schlag, Bemerkung:* faire mouche; **das hat gesessen!** bien envoyé! ▶ **~ bleiben** rester assis; *Schüler:* redoubler; **auf etw ~ bleiben** *Geschäft:* ne pas parvenir à écouler qc; **~ lassen** *fam* (*verlassen*) planter; (*versetzen*) poser un lapin à; (*nicht heiraten*) plaquer
sitzen|bleiben *s.* **sitzen** ▶
sitzend I. *adj attr* sédentaire II. *adv* assis(e)
sitzen|lassen *s.* **sitzen** ▶
Sitzfleisch *nt* ▶ **kein ~ haben** *fam* avoir la bougeotte **Sitzgelegenheit** *f* siège *m* **Sitzgruppe** *f* ensemble *m* fauteuils et canapé **Sitzordnung** *f* ❶ (*Übersicht*) plan *m* des places assises ❷ (*Sitzanordnung*) répartition *f* des sièges **Sitzplatz** *m* place *f* assise **Sitzreihe** *f* rang *m* **Sitzstreik** *m* sit-in *m inv*
Sitzung <-, -en> *f* ❶ (*Besprechung*) réunion *f* ❷ (*Kabinettssitzung*) session *f*
Sitzungsperiode *f* POL session *f* **Sitzungssaal** *m* salle *f* de conférences
Sixpack ['sɪkspɛk, 'zɪkspɛk] <-s, -s> *nt* pack *m* de six
Sizilianer(in) [zitsi'li̯a:nɐ] <-s, -> *m(f)* Sicilien(ne) *m(f)*
sizilianisch [zitsi'li̯a:nɪʃ] *adj* sicilien(ne)
Sizilien [zi'tsi:li̯ən] <-s> *nt* la Sicile
Skala ['ska:la] <-, Skalen *o* -s> *f* ❶ (*Gradeinteilung*) échelle *f* graduée ❷ *geh* (*Palette*) gamme *f*
Skalp [skalp] <-s, -e> *m* scalp *m*
Skalpell [skal'pɛl] <-s, -e> *nt* scalpel *m*
skalpieren* [skal'pi:rən] *vt* scalper
Skandal [skan'da:l] <-s, -e> *m* scandale *m*
skandalös [skanda'lø:s] *adj* scandaleux(-euse)
Skandalpresse *f* presse *f* à scandale
Skandinavien [skandi'na:vi̯ən] <-s> *nt* la Scandinavie
Skandinavier(in) [skandi'na:vi̯ɐ] <-s, -> *m(f)* Scandinave *mf*

skandinavisch [skandi'na:vɪʃ] *adj* scandinave

Skat [ska:t] <-[e]s, -e> *m* skat *m* (*jeu de cartes à trois joueurs*)

Skateboard ['ske:tbo:ɐ̯t, 'ske:tbɔrt] <-s, -s> *nt* skate[-board] *m*

skaten ['ske:tən] *vi fam* faire du roller

Skatspiel ['ska:t-] *nt* jeu *m* de skat (*comportant 32 cartes*) **Skatspieler(in)** *m(f)* joueur(-euse) *m(f)* de skat

Skelett [ske'lɛt] <-[e]s, -e> *nt* squelette *m*

Skepsis ['skɛpsɪs] <-> *f* scepticisme *m*

Skeptiker(in) ['skɛptikɐ] <-s, -> *m(f)* sceptique *mf*

skeptisch ['skɛptɪs] I. *adj* sceptique II. *adv* avec scepticisme

Sketch [skɛtʃ] <-[es], -e[s]> *m* sketch *m*, saynète *f*

Ski [ʃi:] <-s, -[er]> *m* ski *m*

Skianzug ['ʃi:-] *m* combinaison *f* de ski

Skier ['ʃi:ɐ̯] *Pl von* **Ski**

Skifahren <-s> *nt* ski *m* **Skifahrer(in)** *m(f)* skieur(-euse) *m(f)* **Skigebiet** *nt* domaine *m* skiable **Skikurs** *m* cours *m* de ski **Skilanglauf** *m* SPORT ski *m* de fond; ~ **betreiben** faire du ski de fond **Skilauf** *m kein Pl,* **Skilaufen** <-s> *nt* SPORT ski *m* **Skiläufer(in)** *m(f)* skieur(-euse) *m(f)* **Skilehrer(in)** *m(f)* moniteur(-trice) *m(f)* de ski **Skilift** *m* téléski *m*

Skinhead ['skɪnhɛt] <-s, -s> *m* skin[head] *mf*

SkipassRR *m* forfait *m* de ski **Skisport** *m* ski *m* **Skispringen** <-s> *nt* saut *m* à skis **Skistiefel** *m* chaussure *f* de ski **Skistock** *m* SPORT bâton *m* de ski

Skizze ['skɪtsə] <-, -n> *f* ① (*Zeichnung*) esquisse *f* ② *meist Pl* (*Aufzeichnung*) notes *fpl*

skizzenhaft I. *adj* esquissé(e) II. *adv* sous forme d'esquisse

skizzieren* [skɪ'tsi:rən] *vt* ① (*zeichnen*) esquisser ② (*umreißen*) ébaucher *Vorgehensweise*

Sklave ['skla:və] <-n, -n> *m*, **Sklavin** *f a. fig* esclave *mf*

Sklavenhandel *m* commerce *m* des esclaves; (*mit Schwarzen*) traite *f* des noirs

Sklaverei [skla:və'rai̯] <-, -en> *f* esclavage *m*

Sklavin ['skla:vɪn] *s.* **Sklave**

sklavisch ['skla:vɪʃ] I. *adj* servile II. *adv* servilement

Sklerose [skle'ro:zə] <-, -n> *f* MED **multiple** ~ sclérose *f* en plaques

Skoliose [sko'li̯o:zə] <-, -n> *f* MED scoliose *f*

Skonto ['skɔnto] <-s, -s *o* Skonti> *nt o m* escompte *m*

Skorpion [skɔr'pi̯o:n] <-s, -e> *m* ① scorpion *m* ② ASTROL Scorpion *m*

Skript [skrɪpt] <-[e]s, -en> *nt* UNIV notes *fpl* [de cours]

Skrupel ['skru:pəl] <-s, -> *m meist Pl* scrupule *m*

skrupellos *adj, adv* sans scrupules

Skrupellosigkeit <-> *f* absence *f* de scrupules

Skulptur [skʊlp'tu:ɐ̯] <-, -en> *f* sculpture *f*

skurril [skʊ'ri:l] *adj geh Person* bizarre

S-Kurve ['ɛskʊrvə] *f* virage *m* en S

skypen ['skai̯pən] *vi* INET skyper

Slalom ['sla:lɔm] <-s, -s> *m a.* SPORT slalom *m*

Slang [slɛŋ] <-s> *m* ① (*saloppe Sprache*) argot *m* ② (*Fachjargon*) jargon *m*

Slapstick ['slɛpstɪk] <-s, -s> *m* comique *m* burlesque

Slawe ['sla:və] <-n, -n> *m*, **Slawin** *f* Slave *mf*

slawisch ['sla:vɪʃ] *adj* slave

Slip [slɪp] <-s, -s> *m* slip *m*

Slipeinlage *f* protège-slip *m*

Slipper ['slɪpɐ] <-s, -[s]> *m* mocassin *m*

Slogan ['slougən, 'slo:gən] <-s, -s> *m* slogan *m*

Slowake [slo'va:kə] <-n, -n> *m*, **Slowakin** *f* Slovaque *mf*

Slowakei [slova'kai̯] <-> *f* **die** ~ la Slovaquie

slowakisch [slo'va:kɪʃ] I. *adj* slovaque II. *adv* ~ **miteinander sprechen** discuter en slovaque; *s. a.* **deutsch**

Slowakisch <-[s]> *nt kein Art* slovaque *m; s. a.* **Deutsch**

Slowene [slo've:nə] <-n, -n> *m*, **Slowenin** *f* Slovène *mf*

Slowenien [slo've:ni̯ən] <-s> *nt* la Slovénie

slowenisch [slo've:nɪʃ] I. *adj* slovène II. *adv* ~ **miteinander sprechen** discuter en slovène; *s. a.* **deutsch**

Slowenisch <-[s]> *nt kein Art* slovène *m; s. a.* **Deutsch**

Slum [slam] <-s, -s> *m* bidonville *m*

SmalltalkRR ['smɔ:ltɔ:k] <-, -s>, **Small Talk**RR <- -, - -s> *m* brin *m* de causette

Smaragd [sma'rakt] <-[e]s, -e> *m* émeraude *f*

Smartphone, Smart Phone ['sma:tfo:n] <-s, -s> *nt* smartphone *m*

Smog [smɔk] <-[s], -s> *m* smog *m*

Smogalarm *m* alerte *f* au smog

Smoking ['smo:kɪŋ] <-s, -s> *m* smoking *m*
SMS [ɛsʔɛm'ʔɛs] <-, -> *f Abk von* **short message service** TELEC (*Nachricht*) texto *m,* SMS *m;* **jdm eine ~ schicken** envoyer un texto [*o* un SMS] à qn
SMS-Nachricht *f* message *m* SMS
Snob [snɔp] <-s, -s> *m* snob *mf*
Snobismus [sno'bɪsmʊs] <-> *m* snobisme *m*
snobistisch [sno'bɪstɪʃ] *adj* snob
Snowboard ['snoʊbɔ:d, 'sno:bo:ɐ̯t] <-s, -s> *nt* snowboard *m*
so [zo:] **I.** *adv* ❶ *mit adj, adv* si; ~ **groß wie ein Pferd** aussi grand(e) qu'un cheval; **es war ~ kalt, dass ...** il faisait tellement froid que ... ❷ *mit Verb* ~ [**sehr**] **lieben** aimer tellement ❸ (*auf diese Weise*) comme ça ❹ (*solch*) ~ **eine Gelegenheit** une occasion comme celle-là ❺ (*solchermaßen*) ~ **genannt** soi-disant *inv;* **es ist ~, wie du sagst** c'est comme tu dis ❻ (*dermaßen*) ~ **was von ...** *fam* ... de chez ...; ~ **was von krass** *fam* grave de chez grave; **er ist ~ was von schlecht gelaunt!** *fam* ce qu'il peut être de mauvais poil! ❼ (*gleichsam*) **~, als ob ...** comme si ... ❽ (*etwa*) à peu près; ~ **gegen acht Uhr** aux environs de huit heures ❾ (*nun*) ~ **sag doch!** allez, dis-le! ❿ *fam* (*umsonst*) gratos ▶ ~ **oder** ~ d'une manière ou d'une autre; **und ~ weiter** [**und ~ fort**] et ainsi de suite **II.** *konj* ❶ ~ **dass ...** à tel point que ... ❷ (*wie ... auch*) même si; **ich muss leider gehen, ~ leid es mir auch tut** je suis désolé(e) mais je dois partir **III.** *interj* (*zusammenfassend*) bon; (*auffordernd*) allez ▶ **~, ~!** *fam* tiens, tiens!
s.o. *Abk von* **siehe oben** voir plus haut
sobald [zo'balt] *konj* dès que
Söckchen <-s, -> *nt Dim von* **Socke** socquette *f*
Socke ['zɔkə] <-, -n> *f* chaussette *f*
Sockel ['zɔkəl] <-s, -> *m* ❶ *eines Denkmals* socle *m* ❷ ARCHIT soubassement *m*
Socken ['zɔkən] <-s, -> *m* SDEUTSCH, A, CH *s.* **Socke**
Soda ['zo:da] <-s> *nt* CHEM soude *f*
sodass[RR], **sodaß**[ALT] [zo'das] *konj* à tel point que
Sodawasser <-wässer> *nt* soda *m,* eau *f* gazeuse [*o* de Seltz]
Sodbrennen ['zo:tbrɛnən] *nt* brûlures *fpl* d'estomac
Sodomie [zodo'mi:] <-> *f* zoophilie *f*
soeben [zo'ʔe:bən] *adv* (*gerade eben*) juste; **er ist ~ gegangen** il vient de partir

S

Sofa ['zo:fa] <-s, -s> *nt* canapé *m*
sofern [zo'fɛrn] *konj* si, dans la mesure où; ~ **es nicht regnet** à moins qu'il pleuve
soff [zɔf] *Imp von* **saufen**
Sofia ['zɔfi̯a, 'zo:fi̯a] <-s> *nt* Sofia
sofort [zo'fɔrt] *adv* tout de suite
Sofortbildkamera *f* appareil *m* photo à développement instantané
Soforthilfe *f* aide *f* d'urgence
sofortig [zo'fɔrtɪç] *adj* immédiat(e)
Sofortmaßnahme *f* mesure *f* d'urgence
Softeis[RR] ['sɔftʔai̯s, 'zɔftʔai̯s] *nt* crème *f* glacée
Softie ['sɔfti, 'zɔfti] <-s, -s> *m fam* tendre *m*
Software ['sɔftvɛ:ɐ̯, 'zɔftvɛ:ɐ̯] <-, -s> *f* INFORM logiciel *m*
Softwarepaket *nt* INFORM progiciel *m*
sog [zo:k] *Imp von* **saugen**
sog. *adj Abk von* **so genannt**
Sog [zo:k] <-[e]s, -e> *m eines Strudels* remous *mpl*
sogar [zo'ga:ɐ̯] *adv* même
sogenannt *s.* **so I.5**
sogleich [zo'glai̯ç] *adv geh* tout de suite
Sohle ['zo:lə] <-, -n> *f* ❶ (*Schuhsohle*) semelle *f* ❷ (*Fußsohle*) plante *f* du pied
Sohn [zo:n, *Pl:* 'zø:nə] <-[e]s, Söhne> *m* ❶ fils *m* ❷ (*Junge*) garçon *m*
Sohnemann <-s> *m* DIAL *fam* fiston *m*
Soja ['zo:ja] <-, Sojen> *f* soja *m*
Sojabohne ['zo:ja-] *f* soja *m* **Sojasoße** *f* sauce *f* au soja
solang[e] [zo'laŋ(ə)] *konj* tant que
solar [zo'la:ɐ̯] *adj* ASTRON, METEO solaire
Solarenergie [zo'la:ɐ̯-] *f* énergie *f* solaire
Solarium [zo'la:ri̯ʊm] <-s, -rien> *nt* solarium *m*
solariumgebräunt *adj* bronzé(e) aux U.V.
Solarkraftwerk *nt* centrale *f* solaire
Solarstrom *m kein Pl* électricité *f* solaire
Solarzelle *f* photopile *f*
solch [zɔlç] *adj inv* ~ **eine Frage** une question pareille
solche(r, s) *adj* ~ **Leute** de telles personnes ▶ **als** ~ (**r, s**) en tant que tel(le)
solcherlei ['zɔlçɐ'lai̯] *inv, attr geh* de tel(le)s; ~ **Argumente** des arguments de ce genre
Sold [zɔlt] <-[e]s> *m* solde *f*
Soldat(in) [zɔl'da:t] <-en, -en> *m(f)* soldat(e) *m(f)*
Söldner(in) ['zœldnɐ] <-s, -> *m(f)* mercenaire *mf*
Soli *Pl von* **Solo**
solid [zo'li:t] *s.* **solide**
Solidarbeitrag *m* impôt *m* de solidarité
solidarisch [soli'da:rɪʃ] *adj* solidaire

solidarisieren* [zolidari'ziːrən] *vr* **sich ~** se solidariser; **sich mit jdm/etw ~** se solidariser avec qn/qc
Solidarität [zolidari'tɛːt] <-> *f* solidarité *f*
Solidaritätsbeitrag *m* impôt *m* de solidarité **Solidaritätszuschlag** *m impôt de solidarité versé par les salariés en vue de financer la réunification des deux Allemagnes*
solide [zo'liːdə] *adj* ❶ (*stabil*) solide ❷ *Lebenswandel* sérieux(-euse) ❸ *Firma* solvable
Solist(in) [zo'lɪst] <-en, -en> *m(f)* soliste *mf*
Solitär [zoli'tɛːɐ̯] <-s, -e> *m* (*Edelstein, Spiel*) solitaire *m*
Soll [zɔl] <-[s], -[s]> *nt* FIN (*Sollseite*) doit *m* ▶ **sein ~ erfüllen** remplir ses obligations
sollen¹ ['zɔlən] <sollte, -> *aux modal* ❶ (*müssen*) devoir; **er soll zuhören** il doit écouter ❷ (*brauchen*) **du sollst dir deswegen keine Gedanken machen** tu n'as pas à te faire de souci pour ça ❸ (*können*) **man sollte annehmen, dass ...** on pourrait supposer que ... ❹ (*als Ausdruck der Möglichkeit*) **sollte ich vor dir sterben ...** si je venais à mourir avant toi ...; **was soll das heißen?** qu'est-ce que ça veut dire? ❺ (*als Ausdruck der Vermutung*) **er soll abgereist sein** il paraît qu'il est parti ❻ (*dürfen*) **das hättest du nicht tun ~** tu n'aurais pas dû faire ça
sollen² ['zɔlən] <sollte, gesollt> *vi* ❶ (*gehen/kommen müssen*) **du solltest besser ins Bett** tu ferais mieux d'aller te coucher ❷ *fam* (*bedeuten*) **was soll diese Frage?** que veut dire cette question? ▶ **was soll's?** *fam* et alors?
solo ['zoːlo] *adj inv fam* (*ohne Partner*) **~ sein** être seul
Solo ['zoːlo] <-s, Soli> *nt* solo *m*
Solothurn <-s> *nt* Soleure
solvent [zɔl'vɛnt] *adj* solvable
somatisieren* [zomati'ziːrən] *vt, vi* PSYCH, MED somatiser
somit [zo'mɪt] *adv* par conséquent
Sommer ['zɔmɐ] <-s, -> *m* été *m*
Sommeranfang *m* début *m* de l'été **Sommerfahrplan** *m* horaires *mpl* d'été **Sommerferien** *Pl* vacances *fpl* d'été; SCHULE grandes vacances *fpl*
sommerlich *adj* estival(e)
Sommerloch *nt fam* creux *m* estival **Sommermonat** *m* mois *m* d'été **Sommerpause** *f* ❶ vacances *fpl* d'été ❷ POL vacances *fpl* parlementaires **Sommerreifen** *m* pneu *m* d'été **Sommerschlussverkauf**RR *m* soldes *mpl* d'été **Sommersemester** *nt* semestre *m* d'été **Sommerspiele** *Pl* Jeux *mpl* d'été; **die Olympischen ~** les Jeux olympiques d'été **Sommersprosse** *f meist Pl* tache *f* de rousseur **Sommerzeit** *f* (*Uhrzeit*) heure *f* d'été
Sonate [zo'naːtə] <-, -n> *f* sonate *f*
Sonde ['zɔndə] <-, -n> *f* MED, RAUM sonde *f*
Sonderanfertigung *f* série *f* spéciale **Sonderangebot** *nt* offre *f* spéciale **Sonderausgabe** *f* ❶ (*Buch, Zeitschrift*) édition *f* spéciale ❷ (*Geldausgabe*) dépense *f* supplémentaire ❸ *Pl* FISC dépenses *fpl* exceptionnelles [déductibles du revenu]
sonderbar ['zɔndɐbaːɐ̯] *adj Person* curieux(-euse); *Verhalten* étrange
sonderbarerweise *adv* curieusement
Sonderbeauftragte(r) *f(m) dekl wie adj* chargé(e) *m(f)* de mission **Sonderfall** *m* cas *m* particulier **Sondergenehmigung** *f* autorisation *f* spéciale
sondergleichen ['zɔndɐ'glaɪçən] *adj inv* sans pareil(le)
sonderlich ['zɔndɐlɪç] **I.** *adj attr* particulier(-ière) **II.** *adv* particulièrement
Sonderling ['zɔndɐlɪŋ] <-s, -e> *m* original *m*
Sondermarke *f* timbre *m* de collection **Sondermaschine** *f* avion *m* spécial **Sondermüll** *m* déchets *mpl* spéciaux
sondern ['zɔndɐn] *konj* mais
Sondernummer *f* numéro *m* spécial **Sonderpreis** *m* prix *m* spécial **Sonderrecht** *nt* (*Vorrecht*) privilège *m*
Sonderregelung *f* règlement *m* spécial **Sonderschule** *f* école *f* spécialisée (*pour enfants déficients ou inadaptés*)
Sonderschullehrer(in) *m(f)* instituteur(-trice) *m(f)* spécialisé(e)
Sonderstellung *f* position *f* privilégiée [*o* particulière] **Sondervermittler** *m* POL émissaire *m* [spécial] **Sonderzeichen** *nt* caractère *m* spécial **Sonderzug** *m* train *m* spécial
sondieren* [zɔn'diːrən] *vt, vi geh* sonder
Sonett [zo'nɛt] <-[e]s, -e> *nt* sonnet *m*
Song [sɔŋ] <-s, -s> *m* chanson *f;* (*Hit*) tube *m*
Songcontest ['sɔŋkɔntɛst] <-, -s> *m* concours *m* de chansons; **der Eurovision ~** le concours Eurovision de la chanson
Sonnabend ['zɔnʔaːbənt] *m* NDEUTSCH samedi *m*
Sonne ['zɔnə] <-> *f* ❶ soleil *m* ❷ ASTRON Soleil *m*
sonnen ['zɔnən] *vr* ❶ **sich ~** prendre un

S

bain de soleil ② *geh* (*genießen*) **sich in etw** (*dat*) ~ savourer qc

Sonnenallergie *f* allergie *f* solaire **Sonnenaufgang** *m* lever *m* du soleil **Sonnenbad** *nt* bain *m* de soleil **Sonnenbank** <-bänke> *f* banquette *f* de bronzage **Sonnenblume** *f* tournesol *m* **Sonnenbrand** *m* coup *m* de soleil **Sonnenbrille** *f* lunettes *fpl* de soleil **Sonnencreme** *f* crème *f* solaire **Sonnendach** *nt* store *m* **Sonnenenergie** *f* énergie *f* solaire **Sonnenfinsternis** *f* éclipse *f* de Soleil **sonnenklar** *adj fam* évident(e) **Sonnenkollektor** *m* capteur *m* solaire **Sonnenlicht** *nt kein Pl* lumière *f* du soleil **Sonnenöl** *nt* huile *f* solaire **Sonnenschein** *m* soleil *m* **Sonnenschirm** *m* parasol *m* **Sonnenschutz** *m* (*Maßnahme*) protection *f* solaire

Sonnenschutzcreme *f* crème *f* de protection solaire

Sonnenseite *f* ① côté *m* ensoleillé ② (*positive Seite*) bon côté *m* **Sonnenstich** *m* insolation *f* **Sonnenstrahl** *m* rayon *m* de soleil **Sonnensystem** *nt* système *m* solaire **Sonnenuhr** *f* cadran *m* solaire **Sonnenuntergang** *m* coucher *m* de soleil **Sonnenwende** *f* solstice *m*

sonnig ['zɔnɪç] *adj* ensoleillé(e)

Sonntag ['zɔnta:k] *m* dimanche *m*; *s. a.* **Dienstag**

Sonntagabend *m* dimanche *m* soir

sonntäglich *adj* dominical(e)

Sonntagnachmittag *m* dimanche *m* après-midi; **am** ~ le dimanche après-midi

sonntags *adv* le dimanche

Sonntagsausflug *m* promenade *f* dominicale **Sonntagsfahrer(in)** *m(f) pej* conducteur(-trice) *m(f)* du dimanche **Sonntagskind** *nt* chanceux(-euse) *m(f)* ▶ **ein ~ sein** être né sous une bonne étoile **Sonntagsruhe** *f* repos *m* dominical

S

sonn- und feiertags *adv* les dimanches et jours fériés

sonor [zo'no:ɐ̯] *adj* sonore

sonst [zɔnst] *adv* ① (*andernfalls*) sinon ② (*gewöhnlich*) d'habitude ③ (*früher*) avant ④ (*außerdem*) à part ça; [**darf es**] ~ **noch etwas** [**sein**]? et avec ça? ⑤ *indef fam* ~ **was** n'importe quoi; ~ **wohin** quelque part ailleurs ⑥ *fam* (*anders*) **wer** [**denn**] ~**?** qui d'autre?

sonstig *adj attr* autre *antéposé*

sonstwasALT *s.* **sonst 5**

sonstwohinALT *s.* **sonst 5**

sooft [zo'ʔɔft] *konj* tant que

Sopran [zo'pra:n] <-s, -e> *m* ① (*Stimme*) soprano *m* ② *s.* **Sopranist(in)**

Sopranist(in) <-en, -en> *m(f)* soprano *mf*

Sorge ['zɔrgə] <-, -n> *f* souci *m*; **mit** ~ avec inquiétude ▶ **lass das meine ~ sein!** laisse-moi faire!

sorgen ['zɔrgən] **I.** *vi* ① (*aufkommen*) **für jdn** ~ s'occuper de qn ② (*sich kümmern*) **dafür ~, dass** veiller à ce que + *subj* ③ (*bewirken*) **für Aufsehen** ~ faire du bruit **II.** *vr* **sich um jdn** ~ se faire du souci pour qn

sorgenfrei *adj, adv* sans souci **Sorgenkind** *nt fam* enfant *mf* à problèmes; **mein** ~ l'enfant qui me donne du souci **sorgenvoll I.** *adj Gesicht* soucieux(-euse) **II.** *adv* avec inquiétude

Sorgerecht *nt kein Pl* droit *m* de garde des enfants

Sorgfalt ['zɔrkfalt] <-> *f* soin *m*

sorgfältig ['zɔrkfɛltɪç] **I.** *adj Mitarbeiter* consciencieux(-euse); *Arbeit* soigné(e) **II.** *adv* soigneusement

sorglos I. *adj* ① (*achtlos*) négligent(e) ② *s.* **sorgenfrei II.** *adv umgehen* avec négligence

Sorglosigkeit <-> *f* insouciance *f*

sorgsam *adj, adv geh s.* **sorgfältig**

Sorte ['zɔrtə] <-, -n> *f* ① (*Art*) sorte *f* ② *Pl* FIN devises *fpl*

sortieren* [zɔr'ti:rən] *vt* ① (*ordnen*) trier; **etw nach Größe** ~ trier qc par ordre de grandeur ② (*einordnen*) **etw in den Schrank** ~ ranger qc dans l'armoire

Sortiermaschine *f* trieuse *f*

Sortiment [zɔrti'mɛnt] <-[e]s, -e> *nt* assortiment *m*

SOS [ɛso:'ɛs] <-, -> *nt* S.O.S. *m*

sosehr [zo'ze:ɐ̯] *konj* ~ **...** [**auch**] bien que + *subj*; ~ **ich mich auch bemühte** j'ai eu beau faire tout ce que je pouvais

soso [zo'zo:] **I.** *interj* ah, ah!, tiens, tiens! **II.** *adv fam* (*einigermaßen*) comme ci comme ça

Soße ['zo:sə] <-, -n> *f* sauce *f*

sott [zɔt] *Imp von* **sieden**

Soufflé, SouffleeRR [zu'fle:] <-s, -s> *nt* GASTR soufflé *m*

Souffleur [zu'flø:ɐ̯] <-s, -e> *m*, **Souffleuse** *f* souffleur(-euse) *m(f)*

Souffleurkasten *m* trou *m* du souffleur/de la souffleuse

soufflieren* [zu'fli:rən] *vi* souffler; **jdm** ~ souffler à qn

Sound [saʊnd, zaʊnt] <-s, -s> *m fam* son *m*

Soundkarte *f* INFORM carte *f* son

soundso ['zo:ʔʊntzo:] *adv* ~ **groß** de la même taille; ~ **oft** tant de fois, je ne sais combien de fois; ~ **viel(e)** ... tant et tant de ...
Soundso ['zo:ʔʊntzo:] **Herr/Frau** ~ Monsieur/Madame Machin
soundsovielte(r, s) ['zo:ʔʊntzo'fi:ltə, -tɐ, -təs] *adj fam* tantième
Soundtrack ['zauntt rɛk] <-s, -s> *m* bande *f* originale d'un/du film
Soutane [zu'ta:nə] <-, -n> *f* soutane *f*
Souterrain [zutɛ'rɛ̃:, 'zu:tɛrɛ̃] <-s, -s> *nt* sous-sol *m*
Souvenir [zuvə'ni:ɐ̯] <-s, -s> *nt* souvenir *m*
souverän [zuvə'rɛ:n] **I.** *adj* ❶ POL souverain(e) ❷ (*überlegen*) supérieur(e) **II.** *adv* (*überlegen*) suprêmement; *meistern* à la perfection
Souveränität [zuvərɛni'tɛ:t] <-> *f a.* POL souveraineté *f*
sovielALT1 [zo'fi:l] *adv s.* **viel I.1,** ▶
soviel2 [zo'fi:l] *konj* [pour] autant que + *subj;* ~ **ich weiß** à ce que je sais
soweitALT1 [zo'vait] *adv s.* **weit II.2,** ▶
soweit2 [zo'vait] *konj* pour autant que + *subj*
sowenigALT1 [zo've:nɪç] *adv s.* **wenig II.2**
sowenig2 [zo've:nɪç] *konj* ~ **mir das auch gefällt** même si ça ne me plaît pas beaucoup
sowie [zo'vi:] *konj* ❶ (*sobald*) aussitôt que ❷ *form* (*und*) ainsi que
sowieso [zovi'zo:] *adv* en tout cas
Sowjet [zɔ'vjɛt, 'zɔvjɛt] <-s, -s> *m* HIST soviet *m;* **der Oberste** ~ le Soviet suprême
sowjetisch [zɔ'vjɛtɪʃ] *adj* soviétique
Sowjetrusse *m,* **-russin** *f* HIST Russe *mf* soviétique **Sowjetunion** [zɔ'vjɛtʔunio:n] *f* HIST **die** ~ l'Union *f* soviétique
sowohl [zo'vo:l] *konj* ~ **... als auch ...** non seulement ..., mais [encore] ...
Sozi ['zo:tsi] <-s, -s> *m pej fam* social-démocrate *m*
sozial [zo'tsia:l] *adj* social(e)
Sozialabgaben *Pl* charges *fpl* sociales **Sozialamt** *nt* bureau *m* d'aide sociale **Sozialarbeit** *f kein Pl* travail *m* social **Sozialarbeiter(in)** *m(f)* assistant(e) *m(f)* social(e) **Sozialdemokrat(in)** *m(f)* social(e)-démocrate *m(f)* **Sozialdemokratie** *f* social-démocratie *f* **sozialdemokratisch** *adj* social(e)-démocrate **Sozialfall** *m form* cas *m* social **Sozialhilfe** *f kein Pl* ≈ R.M.I. *m*
Sozialhilfeempfänger(in) *m(f)* bénéficiaire *mf* d'aides sociales
sozialisieren* [zotsiali'zi:rən] *vt* socialiser
Sozialisierung <-, -en> *f* socialisation *f*
Sozialismus [zotsia'lɪsmʊs] <-> *m* socialisme *m*
Sozialist(in) [zotsia'lɪst] <-en, -en> *m(f)* socialiste *mf*
sozialistisch [zotsia'lɪstɪʃ] *adj* socialiste
Sozialkritik *f kein Pl* critique *f* sociale **Sozialleistungen** *Pl* prestations *fpl* sociales **Sozialpädagoge** *m,* **-pädagogin** *f* éducateur(-trice) *m(f)* social(e) **Sozialpädagogik** *f* pédagogie *f* sociale **sozialpädagogisch** *adj* socio-pédagogique **Sozialpartner** *m meist Pl* POL partenaire *mf* social **Sozialplan** *m* plan *m* social **Sozialpolitik** *f kein Pl* politique *f* sociale **sozialpolitisch** *adj* de politique sociale **Sozialstaat** *m* État *m* social **Sozialverhalten** *nt* comportement *m* social **Sozialversicherung** *f* assurance *f* sociale; (*in Frankreich*) Sécurité *f* sociale
Sozialversicherungsausweis *m* carte *f* d'assuré(e) social(e)
Sozialverträglichkeit <-> *f* acceptabilité *f* sociale **Sozialwissenschaften** *Pl* sciences *fpl* sociales **Sozialwohnung** *f* ≈ H.L.M. *m o f*
soziokulturell [zo:tsiokʊltu'rɛl] *adj* socioculturel(le)
Soziologe [zotsio'lo:gə] <-n, -n> *m,* **Soziologin** *f* sociologue *mf*
Soziologie [zotsiolo'gi:] <-> *f* sociologie *f*
soziologisch [zotsio'lo:gɪʃ] *adj* sociologique
sozioökonomisch [zo:tsioʔøko'no:mɪʃ] *adj* socioéconomique
Sozius ['zo:tsiʊs] <-, Sozii> *m,* **Sozia** *f* ❶ (*Kompagnon*) associé(e) *m(f)* ❷ (*Beifahrer*) passager(-ère) *m(f)* de derrière
sozusagen [zo:tsu'za:gən] *adv* pour ainsi dire
Spachtel ['ʃpaxtəl] <-s, -> *m* (*Werkzeug*) spatule *f*
Spachtelmasse *f kein Pl* mastic *m*
spachteln ['ʃpaxtəln] **I.** *vt* mastiquer à la spatule; **etw** ~ mastiquer qc à la spatule **II.** *vi* ❶ mastiquer ❷ DIAL *fam* (*essen*) se bâfrer
Spagat [ʃpa'ga:t] <-[e]s, -e> *m o nt* ❶ SPORT grand écart *m* ❷ (*schwierige Aufgabe*) exercice *m* de haute voltige
SpagettiRR, **Spaghetti** [ʃpa'gɛti] *Pl* spaghetti *mpl*
spähen ['ʃpɛ:ən] *vi* (*blicken*) guetter
Späher(in) ['ʃpɛ:ɐ] <-s, -> *m(f)* éclaireur(-euse) *m(f)*

S

Spähtrupp *m* MIL patrouille *f* de reconnaissance
Spalier [ʃpa'liːɐ̯] <-s, -e> *nt* ❶ espalier *m* ❷ *fig* haie *f*
Spalt [ʃpalt] <-[e]s, -e> *m* ❶ (*Schlitz*) fente *f* ❷ (*Felsspalt*) fissure *f* ❸ (*Spaltbreit*) entrebâillement *m;* **die Tür einen ~ öffnen** entrouvrir la porte
spaltbar *adj* fissible
Spalte ['ʃpaltə] <-, -n> *f* ❶ (*breiter Riss*) fissure *f; eines Gletschers* crevasse *f* ❷ TYP colonne *f*
spalten ['ʃpaltən] <*PP* gespalten> **I.** *vt* ❶ <*PP* gespalten *o* gespaltet> fendre *Holz* ❷ PHYS diviser ❸ (*divergieren*) **gespalten sein** *Auffassungen:* être partagés **II.** *vr* ❶ **sich ~** *Haare:* fourcher ❷ (*Fraktionen bilden*) **sich in zwei Lager ~** se diviser en deux camps
Spaltung <-, -en> *f* ❶ PHYS fission *f* ❷ PSYCH **~ der Persönlichkeit** dédoublement *m* de la personnalité
Spam [spɛm] <-s, -s> *nt,* **Spammail** *f o nt* INET spam *m,* courrier *m* indésirable, courrier *m* poubelle, pourriel *m* (CAN) **Spamfilter** ['spɛm-] *m* INET filtre *m* anti-spam
Span [ʃpaːn, *Pl:* 'ʃpɛːnə] <-[e]s, Späne> *m* copeau *m* ▶ **wo gehobelt wird, [da] fallen Späne** *prov* on ne fait pas d'omelette sans casser des œufs
Spanferkel ['ʃpaːnfɛrkəl] *nt* cochon *m* de lait
Spange ['ʃpaŋə] <-, -n> *f* ❶ (*Haarspange*) barrette *f* ❷ (*Zahnspange*) appareil *m* [de correction] dentaire
Spanien ['ʃpaːni̯ən] <-s> *nt* l'Espagne *f*
Spanier(in) <-s, -> *m(f)* Espagnol(e) *m(f)*
spanisch **I.** *adj* espagnol(e) **II.** *adv* **~ miteinander sprechen** discuter en espagnol; *s. a.* **deutsch** ▶ **etw kommt jdm ~ vor** *fam* qc ne paraît pas [très] catholique à qn
Spanisch <-[s]> *nt kein Art* espagnol *m; s. a.* **Deutsch**
spann [ʃpan] *Imp von* **spinnen**
Spann <-[e]s, -e> *m* cou-de-pied *m*
Spannbetttuch[RR] *nt* drap-housse *m*
Spannbreite *f kein Pl* gamme *f*
Spanne ['ʃpanə] <-, -n> *f* (*Gewinnspanne*) marge *f*
spannen ['ʃpanən] **I.** *vt* ❶ (*straffen*) tendre ❷ (*anspannen*) contracter *Muskel* ❸ (*aufspannen*) **etw über etw** (*akk*) **~** tendre qc au-dessus de qc ❹ (*einspannen*) mettre *Briefbogen* ❺ *fam* (*merken*) **~, dass ...** piger que ... **II.** *vi Kleidungsstück:* serrer trop; *Haut:* tirer

spannend *adj Film* captivant(e), passionnant(e)
Spanner <-s, -> *m fam* (*Voyeur*) voyeur *m*
Spannkraft *f kein Pl* vigueur *f*
Spannung <-, -en> *f* ❶ *kein Pl* (*fesselnde Art*) suspense *m* ❷ *kein Pl* (*gespannte Erwartung*) tension *f* [nerveuse]; **etw voller ~ erwarten** attendre qc avec impatience ❸ *meist Pl* (*Unstimmigkeit*) tension *f* ❹ ELEC tension *f*
Spannungsgebiet *nt* zone *f* de tension **Spannungsmesser** <-s, -> *m* voltmètre *m*
Spannweite *f der Flügel* envergure *f*
Spanplatte *f* panneau *m* de particules
Sparbuch *nt* livret *m* [de caisse] d'épargne **Sparbüchse** *f,* **Spardose** *f* tirelire *f*
sparen ['ʃpaːrən] **I.** *vt* ❶ (*zurücklegen*) épargner *Betrag* ❷ (*einsparen*) économiser *Zeit* ❸ (*unterlassen*) **sich** (*dat*) **einen Ratschlag ~** garder un conseil pour soi **II.** *vi* ❶ (*Geld zurücklegen*) **auf etw** (*akk*) **~** épargner pour qc ❷ (*sparsam sein*) se montrer économe; **an etw** (*dat*) **~** rogner sur qc
Sparer(in) <-s, -> *m(f)* épargnant(e) *m(f)*
Sparflamme *f* petite flamme *f* ▶ **auf ~ arbeiten** *fam* bosser au ralenti
Spargel ['ʃpargəl] <-s, -> *m* asperge *f*
Sparheft *nt* CH *s.* **Sparbuch** **Sparkasse** *f* caisse *f* d'épargne **Sparkonto** *nt* compte-épargne *m*
spärlich ['ʃpɛːɐ̯lɪç] **I.** *adj Ausbeute, Einkommen* maigre; *Vegetation, Haarwuchs* clairsemé(e) **II.** *adv* peu
Sparpackung *f* paquet *m* économique **Sparpolitik** *f* politique *f* d'austérité **Sparprogramm** *nt* programme *m* économique
Sparring ['ʃparɪŋ] <-s> *nt* BOXEN entraînement *m*
sparsam ['ʃpaːɐ̯zaːm] **I.** *adj Person, Lebensweise* économe; *Motor* économique **II.** *adv leben* chichement; *verwenden* avec parcimonie
Sparsamkeit <-> *f* [sens *m* de l']économie *f*
Sparschwein *nt* tirelire *f*
spartanisch [ʃpar'taːnɪʃ] *adj Leben* de Spartiate
Sparte ['ʃpartə] <-, -n> *f* ❶ (*Branche*) branche *f* ❷ (*Spezialbereich*) spécialité *f* ❸ (*Rubrik*) rubrique *f*
Spaß [ʃpaːs, *Pl:* 'ʃpɛːsə] <-es, Späße> *m* ❶ *kein Pl* (*Vergnügung*) divertissement *m;* (*Freude*) plaisir *m;* **viel ~!** amuse-toi/amu-

S

sez-vous bien! ② (*Scherz*) plaisanterie *f* ▶ ~ **beiseite** *fam* blague à part
Spaßbremse *f fam* ① (*Sache*) frein *m* au plaisir ② (*Person*) rabat-joie *mf inv*
spaßen ['ʃpa:sən] *vi* plaisanter
spaßeshalber *adv fam* comme ça, pour voir
Spaßgesellschaft *f pej* société *f* de loisir
spaßig *adj* **eine ~e Geschichte** une drôle d'histoire
Spaßverderber(in) <-s, -> *m(f)* rabat-joie *m* **Spaßvogel** *m* plaisantin *m*
Spastiker(in) ['ʃpastikɐ] <-s, -> *m(f)* infirme *m* moteur cérébral/infirme *f* motrice cérébrale, I.M.C. *mf*
spastisch ['ʃpastɪʃ] *adj* spastique
spät [ʃpɛ:t] **I.** *adj* ① **es ist ~** il est tard; **wie ~ ist es?** quelle heure est-il? ② (*die Spätphase betreffend*) tardif(-ive); *Mittelalter* finissant(e) **II.** *adv* **zu ~** trop tard; **~ dran sein** être en retard
spätabends *adv* tard dans la soirée **Spätaussiedler(in)** *m(f) rapatrié(e) de l'Europe de l'Est de descendance allemande*
Spätaussiedlerproblematik *f problématique des rapatriés tardifs en Allemagne*
Spätbucher(in) *m(f)* TOUR vacancier(-ière) *m(f)* qui réserve à la dernière minute
Spätdienst *m* service *m* du soir
Spatel ['ʃpa:təl] <-s, -> *m* MED spatule *f*
Spaten ['ʃpa:tən] <-s, -> *m* bêche *f*
Spätentwickler(in) <-s, -> *m(f)* MED, PSYCH attardé(e) *m(f)*
später ['ʃpɛ:tɐ] **I.** *adj* (*zukünftig*) futur(e) **II.** *adv* plus tard
spätestens ['spɛ:təstəns] *adv* au plus tard
Spätfolgen *Pl einer Krankheit* séquelles *fpl* tardives **Spätherbst** *m* arrière-saison *f* **Spätlese** *f* (*Wein*) vendange *f* tardive **Spätschicht** *f* équipe *f* du soir **Spätsommer** *m* fin *f* de l'été **Spätvorstellung** *f* CINE dernière séance *f*
Spatz [ʃpats] <-en *o* -es, -en> *m* ① moineau *m* ② *fam* (*Kosewort*) **[mein] ~!** mon chou!
Spätzle ['ʃpɛtslə] *Pl* GASTR spaetzle *fpl* (*spécialité de pâtes alsacienne et souabe*)
Spätzünder *m fam* ▶ **ein ~ sein** être dur à la détente; (*in der Entwicklung*) être attardé
spazieren* [ʃpa'tsi:rən] *vi + sein* se promener; **mit jdm ~ gehen** aller se promener avec qn
spazieren|gehenALT *s.* **spazieren**
Spazierfahrt *f* promenade *f* en voiture/vélo/... **Spaziergang** <-gänge> *m* promenade *f* [à pied]
Spaziergänger(in) [ʃpa'tsi:ɐgɛŋɐ] <-s, -> *m(f)* promeneur(-euse) *m(f)*
Spazierstock *m* canne *f* **Spazierweg** *m* chemin *m*
SPD [ɛspe:'de:] <-> *f Abk von* **Sozialdemokratische Partei Deutschlands** *parti social-démocrate allemand*
Specht [ʃpɛçt] <-[e]s, -e> *m* pic *m*
Speck [ʃpɛk] <-[e]s, -e> *m* ① GASTR lard *m* ② *fam* (*Fettpolster*) lard *m*
speckig ['ʃpɛkɪç] *adj* ① (*fettglänzend*) crasseux(-euse) ② *fam* (*feist*) gras(se)
Speckschwarte *f* couenne *f* [de lard] **Speckseite** *f* GASTR flèche *f*
Spediteur(in) [ʃpedi'tø:ɐ] <-s, -e> *m(f)* transporteur *m*
Spedition [ʃpedi'tsi̯o:n] <-, -en> *f* entreprise *f* de transport
Speer [ʃpe:ɐ] <-[e]s, -e> *m* javelot *m*
Speerwerfen <-s> *nt* lancer *m* de javelot
speiben ['ʃpaibən] <*PP* gespieben> *vi* A, SDEUTSCH (*speien*) cracher; (*erbrechen*) vomir
Speiche ['ʃpaiçə] <-, -n> *f eines Rads* rayon *m*
Speichel ['ʃpaiçəl] <-s> *m* salive *f*
Speicher ['ʃpaiçɐ] <-s, -> *m* ① DIAL (*Dachboden*) grenier *m* ② INFORM mémoire *f*
Speicherchip *m* INFORM puce *f* à mémoire **Speicherdichte** *f* INFORM densité *f* de mémoire **Speicherkapazität** *f* INFORM capacité *f* de mémoire **Speicherkarte** *f* INFORM carte *f* mémoire
speichern ['ʃpaiçɐn] **I.** *vt* ① INFORM sauvegarder *Datei, Daten* ② (*aufbewahren*) entreposer **II.** *vi* INFORM sauvegarder
Speicherplatz *m kein Pl* INFORM capacité *f* de mémoire
Speicherung <-, -en> *f* INFORM sauvegarde *f*
speien ['ʃpaiən] <spie, gespien> *vt geh* ① (*ausstoßen*) cracher *Lava* ② (*erbrechen*) vomir *Blut*
Speise ['ʃpaizə] <-, -n> *f* ① *meist Pl geh* (*Gericht*) repas *m* ② (*Nahrung*) nourriture *f*
Speisekammer *f* cellier *m* **Speisekarte** *f* carte *f*
speisen ['ʃpaizən] **I.** *vi geh* se restaurer **II.** *vt* ① *geh* (*essen*) consommer ② (*versorgen*) alimenter *Stromnetz*
Speisenaufzug *m* monte-plat *m*
Speiseöl *nt* huile *f* alimentaire [*o* de table] **Speiseröhre** *f* œsophage *m* **Speisesaal** *m* salle *f* à manger **Speisewagen** *m* wagon-restaurant *m* **Speisezimmer** *nt* salle *f* à manger

S

Speisung <-, -en> *f eines Stromnetzes, Flusses* alimentation *f*
speiübel ['ʃpai'ʔy:bəl] *adj* **mir wird/ist ~** je commence à avoir/j'ai la nausée
Spektakel[1] [ʃpɛk'ta:kəl] <-s, -> *m fam* tintouin *m*
Spektakel[2] [ʃpɛk'ta:kəl] <-s, -> *nt* (*Schauspiel*) spectacle *m*
spektakulär [ʃpɛktaku'lɛ:ɐ̯] *adj* spectaculaire
Spektra *Pl von* **Spektrum**
Spektralanalyse [ʃpɛk'tra:l-] *f* analyse *f* spectrale
Spektrum ['ʃpɛktrʊm] <-s, Spektren *o* Spektra> *nt* ❶ PHYS spectre *m* ❷ *geh* (*Vielfalt*) variété *f*
Spekulant(in) [ʃpeku'lant] <-en, -en> *m(f)* spéculateur(-trice) *m(f)*
Spekulation [ʃpekula'ts̯i̯o:n] <-, -en> *f* spéculation *f*
Spekulationsgeschäft *nt* opération *f* de spéculation
spekulativ [ʃpekula'ti:f] *adj geh* spéculatif(-ive)
spekulieren* [ʃpeku'li:rən] *vi* ❶ *fam* (*rechnen*) **auf etw** (*akk*) **~** spéculer sur qc ❷ (*Spekulant sein*) **an der Börse ~** spéculer à la bourse
Spelunke [ʃpe'lʊŋkə] <-, -n> *f pej fam* boui[-]boui *m*
spendabel [ʃpɛn'da:bəl] *adj fam* généreux(-euse)
Spende ['ʃpɛndə] <-, -n> *f* don *m*
spenden ['ʃpɛndən] **I.** *vt* ❶ **jdm etw ~** donner qc à qn ❷ MED donner, faire don de ❸ (*abgeben*) diffuser *Wärme* **II.** *vi* **für jdn/etw ~** faire un don pour qn/qc
Spendenaffäre *f* affaire *f* des dons (*en rapport avec l'affaire Kohl*) **Spendenaktion** *f* collecte *f* de dons **Spendenaufruf** *m* appel *m* à la générosité [publique] **Spendenkonto** *nt* compte *m* où verser les dons **Spendenmarathon** *m* ≈ téléthon® *m*
Spender ['ʃpɛndɐ] <-s, -> *m* ❶ (*Mensch*) donateur *m;* MED donneur *m* ❷ (*Vorrichtung*) distributeur *m*
Spenderherz *nt* cœur *m* d'un/du donneur
Spenderin <-, -nen> *f* donatrice *f;* MED donneuse *f*
Spenderniere *f* rein *m* d'un/du donneur **Spenderorgan** *nt* organe *m* d'un/du donneur
spendieren* [ʃpɛn'di:rən] *vt fam* payer; **jdm etw ~** payer qc à qn

Spengler(in) ['ʃpɛŋlɐ] <-s, -> *m(f)* SDEUTSCH, A plombier-zingueur *m*
Sperber ['ʃpɛrbɐ] <-s, -> *m* épervier *m*
Sperenzchen [ʃpe'rɛnts̯çən] *Pl* **~ machen** *fam* faire des histoires
Sperling ['ʃpɛrlɪŋ] <-s, -e> *m* moineau *m*
Sperma ['ʃpɛrma] <-s, Spermen *o* -ta> *nt* sperme *m*
Spermium ['ʃpɛrmi̯ʊm] <-s, Spermien> *nt* BIO spermatozoïde *m*
sperrangelweit ['ʃpɛr'ʔaŋəl'vai̯t] *adv fam* **~ offen stehen** être grand ouvert
Sperrbezirk *m* zone *f* interdite
Sperre ['ʃpɛrə] <-, -n> *f* ❶ (*Straßensperre*) *der Polizei* barrage *m* ❷ (*Barrikade*) barricade *f* ❸ (*Spielverbot*) suspension *f*
sperren ['ʃpɛrən] **I.** *vt* ❶ (*schließen*) fermer *Grenze;* interdire *Gebiet* ❷ (*blockieren*) bloquer *Kredit;* couper *Telefon* ❸ (*einschließen*) **jdn/ein Tier in etw** (*akk*) **~** enfermer qn/un animal dans qc ❹ SPORT suspendre **II.** *vr* **sich ~** se braquer
Sperrfeuer *nt* MIL tir *m* de barrage **Sperrgebiet** *nt* zone *f* interdite **Sperrholz** *nt kein Pl* contreplaqué *m*
sperrig ['ʃpɛrɪç] *adj Gegenstand* encombrant(e)
Sperrklausel *f* JUR clause *f* restrictive **Sperrminorität** *f* ÖKON minorité *f* de blocage **Sperrmüll** *m* ❶ (*Müll*) *vieux objets encombrants dont on veut se débarrasser* ❷ (*Sperrmüllabfuhr*) *collecte de vieux objets encombrants* **Sperrstunde** *f* ❶ *s.* **Polizeistunde** ❷ (*Ausgehverbot*) couvre-feu *m*
Sperrung <-, -en> *f* ❶ (*Schließung*) fermeture *f* ❷ *eines Kontos, Kredits* blocage *m*
Spesen ['ʃpe:zən] *Pl* frais *mpl* [de gestion]
Spezi[1] ['ʃpe:ts̯i] <-s, -[s]> *m* SDEUTSCH, A *fam* pote *m*
Spezi®[2] ['ʃpe:ts̯i] <-s, -[s]> *nt fam* (*Getränk*) coca-soda *m*
Spezialfall [ʃpe'ts̯i̯a:l-] *m* cas *m* spécial **Spezialgebiet** *nt* spécialité *f*
spezialisieren* [ʃpets̯i̯ali'zi:rən] *vr* **sich ~** se spécialiser; **sich auf etw** (*akk*) **~** se spécialiser dans qc
Spezialisierung <-, -en> *f* spécialisation *f*
Spezialist(in) [ʃpets̯i̯a'lɪst] <-en, -en> *m(f)* spécialiste *mf*
Spezialität [ʃpets̯i̯ali'tɛ:t] <-, -en> *f* spécialité *f*
speziell [ʃpe'ts̯i̯ɛl] *adj* spécial(e)
Spezies ['ʃpe:ts̯i̯ɛs, 'sp-] <-, -> *f* espèce *f*
spezifisch [ʃpe'ts̯i:fɪʃ] *adj* spécifique
spezifizieren* [ʃpets̯ifi'ts̯i:rən] *vt* préciser *Kritik*

S

Spezifizierung <-, -en> *f* spécification *f*
Sphäre ['sfɛ:rə] <-, -n> *f* sphère *f* ► **in höheren ~n schweben** planer un peu (*fam*)
sphärisch ['sfɛ:rɪʃ] *adj* sphérique
Sphinx [sfɪŋks] <-, -e> *f* sphinx *m*
spicken ['ʃpɪkən] **I.** *vt* ❶ GASTR piquer *Braten* ❷ *fam* (*durchsetzen*) **einen Text mit Zitaten ~** truffer un texte de citations **II.** *vi* DIAL *fam* **bei jdm ~** pomper sur qn
Spickzettel *m* DIAL antisèche *f* (*fam*)
spie [ʃpi:] *Imp von* **speien**
Spiegel ['ʃpi:gəl] <-s, -> *m* ❶ miroir *m*, glace *f* ❷ (*Autorückspiegel*) rétroviseur *m* ► **in den ~ schauen können** *fam* pouvoir se regarder en face
Spiegelbild *nt* reflet *m* **Spiegelei** *nt* œuf *m* au [*o* sur le] plat **spiegelglatt** ['ʃpi:gəl'glat] *adj Straße* très glissant(e)
spiegeln ['ʃpi:gəln] **I.** *vi* ❶ (*spiegelblank sein*) briller ❷ (*reflektieren*) miroiter **II.** *vr* **sich in/auf etw** (*dat*) **~** se refléter dans qc/à la surface de qc
Spiegelreflexkamera *f* [appareil *m*] reflex *m*
Spiegelschrift *f* écriture *f* en miroir
Spiegelung ['ʃpi:gəlʊŋ] <-, -en> *f* ❶ MED endoscopie *f* ❷ (*Luftspiegelung*) mirage *m*
spiegelverkehrt **I.** *adj* renversé(e) **II.** *adv* à l'envers
Spiel [ʃpi:l] <-[e]s, -e> *nt* ❶ jeu *m* ❷ (*sportliche Begegnung*) match *m*; **die Olympischen ~e** les Jeux olympiques ❸ SPIEL (*Partie*) partie *f* ► **jdn/etw aus dem ~ lassen** laisser qn/qc en dehors de ça
Spielanzug *m* combinaison *f* **Spielart** *f* (*Variation*) variante *f* **Spielautomat** *m* machine *f* à sous **Spielball** *m* ► **ein ~ einer S.** (*gen*) **sein** *geh* être le jouet de qc **Spielbank** <-banken> *f* casino *m* **Spielbrett** *nt* plateau *m*; (*Mühlebrett*) marelle *f*; (*Damebrett*) damier *m*; (*Schachbrett*) échiquier *m*
spielen ['ʃpi:lən] **I.** *vt* ❶ **Domino ~** jouer aux dominos ❷ MUS **Klavier ~** jouer du piano ❸ SPORT **Fußball ~** jouer au football ❹ (*darstellen*) jouer *Person, Rolle* ❺ (*vortäuschen*) **den Clown ~** faire le clown; **den Beleidigten ~** jouer le vexé **II.** *vi* ❶ *Kinder:* jouer ❷ (*darstellerisch tätig sein*) jouer ❸ (*als Szenario haben*) **im Mittelalter ~** se situer au Moyen Âge ❹ SPORT **gegen jdn ~** jouer contre qn ❺ *Radio:* être allumé
spielend *adv* facilement
Spieler(in) ['ʃpi:lɐ] <-s, -> *m(f)* joueur(-euse) *m(f)*
Spielerei [ʃpi:lə'rai] <-, -en> *f* ❶ *kein Pl* (*Kinderspiel*) rigolade *f* (*fam*) ❷ *meist Pl* (*Kinkerlitzchen*) gadget *m*
spielerisch **I.** *adj* ❶ *Eleganz* désinvolte ❷ SPORT *Leistung* technique **II.** *adv* ❶ *bewältigen* avec désinvolture ❷ SPORT *hervorragend* techniquement
Spielfeld *nt* terrain *m*; (*Tennisplatz*) court *m* **Spielfilm** *m* film *m* **Spielhalle** *f* établissement *m* de jeux **Spielhölle** *f pej fam* tripot *m* **Spielkamerad(in)** *m(f)* camarade *mf* de jeu[x] **Spielkarte** *f* carte *f* [à jouer] **Spielkasino** *nt* casino *m* **Spielmarke** *f* jeton *m*
Spielothek [ʃpilo'te:k] <-, -en> *f s.* **Spielhalle**
Spielplan *m* programme *m* **Spielplatz** *m* terrain *m* de jeux **Spielraum** *m* marge *f* de manœuvre **Spielregel** *f meist Pl* règle *f* du jeu **Spielsachen** *Pl* jouets *mpl* **Spielstand** *m* score *m* **spielstark** *adj Team* performant(e) **Spieluhr** *f* boîte *f* à musique **Spielverderber(in)** <-s, -> *m(f)* rabat-joie *mf inv* **Spielwaren** *Pl* jouets *mpl*
Spielwarengeschäft *nt* magasin *m* de jouets **Spielzeit** *f* ❶ SPORT temps *m* réglementaire ❷ (*Theatersaison*) saison *f* **Spielzeug** *nt* jouet *m*
Spieß [ʃpi:s] <-es, -e> *m* (*Bratenspieß*) broche *f*; (*klein*) brochette *f* ► **den ~ umdrehen** *fam* renvoyer la balle
Spießbürger(in) *m(f) s.* **Spießer(in)**
spießbürgerlich *s.* **spießig**
spießen ['ʃpi:sən] *vt* piquer; **etw auf die Gabel ~** piquer qc sur la fourchette
Spießer(in) ['ʃpi:sɐ] <-s, -> *m(f) fam* petit(e)-bourge *m(f)*
spießig ['ʃpi:sɪç] *adj fam* petit(e)-bourgeois(e)
Spießrute ► **~n laufen** *fig* passer sous les fourches caudines
Spikes [ʃpaiks] *Pl* (*an Sportschuhen*) crampons *mpl*
Spinat [ʃpi'na:t] <-[e]s> *m* ❶ BOT épinard *m* ❷ GASTR épinards *mpl*
Spind [ʃpɪnt] <-[e]s, -e> *m* armoire *f* métallique
Spindel ['ʃpɪndəl] <-, -n> *f eines Spinnrads* fuseau *m*
spindeldürr ['ʃpɪndəl'dʏr] *adj fam Person* maigre comme un clou; *Arme* tout(e) maigre
Spinett [ʃpi'nɛt] <-s, -e> *nt* épinette *f*
Spinne ['ʃpɪnə] <-, -n> *f* araignée *f*

spinnen ['ʃpɪnən] <spann, gesponnen> **I.** *vt* filer *Netz* **II.** *vi* ① (*am Spinnrad*) filer [le lin/la laine] ② *fam* (*verrückt sein*) débloquer; **ich glaube, ich spinne!** j'hallucine!
Spinnennetz *nt* toile *f* d'araignée
Spinner(in) ['ʃpɪnɐ] <-s, -> *m(f) fam* (*verrückter Mensch*) cinglé(e) *m(f)*
Spinnerei [ʃpɪnə'rai] <-, -en> *f* ① (*Textilbetrieb*) filature *f* ② *kein Pl pej fam* (*Blödsinn*) connerie *f*
Spinnrad *nt* rouet *m* **Spinnwebe** <-, -n> *f* toile *f* d'araignée
Spion [ʃpi̯o:n] <-s, -e> *m* ① (*Kundschafter*) espion *m* ② *fam* (*Türspion*) judas *m*
Spionage [ʃpi̯o'na:ʒə] <-> *f* espionnage *m*
spionieren* [ʃpi̯o'ni:rən] *vi* ① (*als Spion tätig sein*) faire de l'espionnage ② *fam* (*heimlich lauschen*) espionner
Spionin <-, -nen> *f* espionne *f*
Spirale [ʃpi'ra:lə] <-, -n> *f* ① spirale *f* ② MED stérilet *m*
Spiralfeder *f* ressort *m* spiral
spiritistisch *adj* de spiritisme
spirituell [ʃpiri'tu̯ɛl, spiri'tu̯ɛl] *adj* spirituel(le)
Spirituosen [ʃpiri'tu̯o:zən] *Pl* GASTR *form* spiritueux *mpl*
Spiritus ['ʃpi:ritʊs] <-> *m* alcool *m* [à brûler]
Spital [ʃpi'ta:l, *Pl:* ʃpi'tɛ:lɐ] <-s, Spitäler> *nt* A, CH hôpital *m*
spitz [ʃpɪts] **I.** *adj* ① *Nadel, Bleistift* pointu(e) ② *Winkel* aigu(ë); *Kinn* pointu(e) ③ *Schrei* aigu(ë) ④ *Bemerkung* acéré(e) **II.** *adv* ① *zuhauen* en pointe ② (*spitzzüngig*) d'un ton piquant
Spitz [ʃpɪts] <-es, -e> *m* (*Hund*) loulou *m*
Spitzbart *m* (*Bart*) bouc *m* **spitz|bekommen*** *vt irr fam* piger; **sie hat das ~** elle a éventé la mèche **Spitzbogen** *m* [arc *m* en] ogive *f* **Spitzbube** ['ʃpɪtsbu:bə] *m fam* galopin *m* **spitzbübisch** ['ʃpɪtsby:bɪʃ] *adj Grinsen* malicieux(-euse)
Spitze ['ʃpɪtsə] <-, -n> *f* ① (*spitzes Ende, Höchstwert*) pointe *f* ② (*vorderster Teil, erster Platz*) tête *f* ③ TEXTIL dentelle *f* ▶ **[einsame] ~ sein** *fam Person:* être superclasse; *Film:* être super
Spitzel ['ʃpɪtsəl] <-s, -> *m* indicateur *m*
spitzeln ['ʃpɪtsəln] *vi* être un indicateur
spitzen ['ʃpɪtsən] *vt* ① tailler *Bleistift* ② (*aufstellen*) **die Ohren ~** tendre l'oreille
Spitzengeschwindigkeit *f* vitesse *f* de pointe **Spitzengruppe** *f* SPORT peloton *m* [*o* groupe *m*] de tête **Spitzenkandidat(in)** *m(f)* tête *f* de liste **Spitzenklasse** *f* (*höchste Leistungsstufe*) élite *f* **Spitzenkleid** *nt* robe *f* en dentelle **Spitzenkraft** *f* collaborateur(-trice) *m(f)* top niveau **Spitzenleistung** *f* prouesse *f*
spitzenmäßig *fam* **I.** *adj* super **II.** *adv* super-bien
Spitzenreiter *m* ① (*Mensch, Gruppe*) leader *m* ② (*Artikel*) must *m* (*fam*) **Spitzenreiterin** *f* (*Mensch*) leader *m* **Spitzensportler(in)** *m(f)* sportif(-ive) *m(f)* de haut niveau **Spitzentechnologie** *f* technologie *f* de pointe **Spitzenverdiener(in)** *m(f)* gros salaire *m*
Spitzer ['ʃpɪtsɐ] <-s, -> *m fam* taille-crayon *m*
spitzfindig **I.** *adj* (*haarspalterisch*) pointilleux(-euse) **II.** *adv* en ergotant **Spitzfindigkeit** <-, -en> *f* (*Äußerung*) ergoterie *f* **Spitzhacke** *f* pioche *f* **spitz|kriegen** *s.* **spitzbekommen** **Spitzname** *m* sobriquet *m* **Spitzwegerich** ['ʃpɪtsve:gərɪç] *m* BOT plantain *m* lancéolé **spitzwink[e]lig** **I.** *adj Dreieck, Ecke* aigu(ë) **II.** *adv* en formant un angle aigu
Splatterfilm ['splɛtɐ-] *m* CINE film *m* gore
Spleen [ʃpli:n] <-s, -s> *m fam* dada *m*
SplissRR ['ʃplɪs] <-es>, **Spliß**ALT <-sses> *m* (*Haarspliss*) fourches *fpl*
Splitt [ʃplɪt] <-[e]s, *selten* -e> *m* gravillon *m*
splitten ['ʃplɪtən, 'splɪtən] *vt* répartir
Splitter ['ʃplɪtɐ] <-s, -> *m* éclat *m;* (*Glassplitter*) éclat de verre
splitterfrei *adj Glas* qui ne vole pas en éclats **Splittergruppe** *f* groupuscule *m* (*péj*)
splittern ['ʃplɪtɐn] *vi* ① + *sein* (*zerspringen*) *Glas:* voler en éclats ② + *haben* (*Splitter bilden*) se fragmenter
splitternackt ['ʃplɪtɐ'nakt] *adj, adv fam* [complètement] à poil **Splitterpartei** *f s.* **Splittergruppe**
Splitting ['ʃplɪtɪŋ, 'splɪtɪŋ] <-s, -s> *nt* FIN déclaration *f* séparée des revenus
SPÖ [ɛspe:'ʔø:] <-> *f Abk von* **Sozialistische Partei Österreichs** *parti social-démocrate autrichien*
Spoiler ['ʃpɔylɐ] <-s, -> *m* spoiler *m*
sponsern ['ʃpɔnzɐn] *vt* sponsoriser
Sponsor ['ʃpɔnzo:ɐ̯] <-s, -soren> *m,* **Sponsorin** *f* sponsor *m*
Sponsoring ['ʃpɔnzorɪŋ, 'spɔnzorɪŋ] <-s> *nt* sponsoring *m*
spontan [ʃpɔn'ta:n] *adj* spontané(e)

Spontaneität [ʃpɔntaneiˈtɛːt] <-, -en> *f geh* spontanéité *f*

sporadisch [ʃpoˈraːdɪʃ] *adj* sporadique

Spore [ˈʃpoːrə] <-, -n> *f* spore *f*

Sporn [ʃpɔrn, *Pl:* ˈʃpoːrən] <-[e]s, Sporen> *m meist Pl* éperon *m;* **einem Pferd die Sporen geben** éperonner un cheval

Sport [ʃpɔrt] <-[e]s> *m* sport *m*

Sportabzeichen *nt* insigne *m* sportif **Sportart** *f* discipline *f* [sportive] **Sportfest** *nt* fête *f* sportive **Sporthalle** *f* gymnase *m;* (*für Sportveranstaltungen*) salle *f* de sport

sportiv [ʃpɔrˈtiːf] *adj* **~e Kleidung** vêtements *mpl* d'un look sportif

Sportlehrer(in) *m(f)* professeur *mf* d'éducation physique et sportive

Sportler(in) [ˈʃpɔrtlɐ] <-s, -> *m(f)* sportif(-ive) *m(f)*

sportlich [ˈʃpɔrtlɪç] **I.** *adj Person* sportif(-ive); *Kleidung* de sport *inv* **II.** *adv* 1 **sich ~ betätigen** faire du sport 2 *sich kleiden* sport (*fam*)

Sportmedizin *f* médecine *f* sportive **Sportnachrichten** *Pl* informations *fpl* sportives **Sportplatz** *m* terrain *m* de sport **Sportschuh** *m* chaussure *f* de sport

Sportskanone *f fam* as *m* du sport **Sportsmann** <-leute *o* -männer> *m* sportif *m*

Sportverein *m* club *m* sportif **Sportwagen** *m* 1 (*Auto*) voiture *f* de sport 2 (*Kinderwagen*) poussette *f*

Spot [spɔt] <-s, -s> *m* spot *m*

Spott [ʃpɔt] <-[e]s> *m* moquerie *f*

spottbillig [ˈʃpɔtˈbɪlɪç] *fam* **I.** *adj* super donné(e) **II.** *adv* pour que dalle

spötteln [ˈʃpœtəln] *s.* **spotten**

spotten [ˈʃpɔtən] *vi* (*höhnen*) se moquer; **über jdn/etw ~** se moquer de qn/qc

Spötter(in) [ˈʃpœtɐ] <-s, -> *m(f)* moqueur(-euse) *m(f)*

spöttisch [ˈʃpœtɪʃ] **I.** *adj* moqueur(-euse) **II.** *adv entgegnen* d'un ton moqueur

Spottpreis *m* prix *m* ridicule

sprach [ʃpraːx] *Imp von* **sprechen**

sprachbegabt *adj* doué(e) pour les langues **Sprachbegabung** *f* don *m* pour les langues

Sprache [ˈʃpraːxə] <-, -n> *f* 1 langue *f* 2 *kein Pl* (*Ausdrucksweise*) langage *m* 3 *kein Pl* (*Sprachfähigkeit*) langage *m;* **hast du die ~ verloren?** tu as perdu ta langue? ▶**heraus mit der ~!** *fam* allez, accouche/accouchez!

Sprachebene *f* niveau *m* de langue **Spracherkennung** *f* INFORM reconnaissance *f* vocale **Sprachfehler** *m* défaut *m* de prononciation **Sprachförderung** *f* SCHULE promotion *f* linguistique **Sprachführer** *m* guide *m* de conversation **Sprachgebrauch** *m* usage *m* **Sprachgefühl** *nt kein Pl* sens *m* de la langue **Sprachkenntnisse** *Pl* (*einer Sprache/mehrerer Sprachen*) connaissances *fpl* de la langue/des langues **sprachkundig** *adj* qui connaît la langue **Sprachkurs** *m* cours *m* de langue **Sprachlabor** *nt* laboratoire *m* de langues

sprachlich *adj* linguistique

sprachlos *adj* muet(te)

Sprachregelung *f* version *f* officielle **Sprachrohr** ▶**sich zum ~ einer S. machen** se faire le porte-parole de qc **Sprachschule** *f* école *f* de langues **Sprachunterricht** *m* cours *m* de langue[s] **Sprachwissenschaft** *f* linguistique *f* **Sprachwissenschaftler(in)** *m(f)* linguiste *mf* **sprachwissenschaftlich** *adj* de linguistique **Sprachwitz** *m kein Pl* esprit *m*

sprang [ʃpraŋ] *Imp von* **springen**

Spray [ʃpreː] <-s, -s> *m o nt* aérosol *m;* (*Kosmetikspray*) spray *m*

Spraydose [ˈʃpreː-, ˈspreː-] *f* (*Kosmetikspraydose*) spray *m*

sprayen [ˈʃpreɪən] **I.** *vi* peindre à la bombe **II.** *vt* bomber (*fam*) *Parole*

Sprayer *m* tagueur *m*

Sprechanlage *f* interphone *m* **Sprechblase** *f* bulle *f* **Sprechchor** *m* chœur *m*

sprechen [ˈʃprɛçən] <spricht, sprach, gesprochen> **I.** *vi* 1 (*reden*) parler 2 (*ein Telefongespräch führen*) **mit jdm ~** parler à qn [au téléphone] 3 (*empfangen*) **für niemanden zu ~ sein** n'être là pour personne 4 (*tratschen*) **über jdn ~** raconter des choses sur qn 5 (*eintreten*) **für jdn ~** plaider en faveur de qn 6 (*erkennbar sein*) **aus seinen Augen spricht Zorn** la colère se lit dans ses yeux ▶**für sich selbst ~** *Tatsache, Beweis:* être suffisamment éloquent **II.** *vt* 1 (*sagen, aussprechen*) dire *Wort, Segen;* prononcer *Gebet* 2 (*beherrschen*) **~ Sie Chinesisch?** parlez-vous [le] chinois? 3 (*verlesen*) présenter *Nachrichten* 4 (*sich unterreden mit*) parler à

Sprechen <-s> *nt* (*das Reden*) **beim ~** en parlant

sprechend *adj* 1 *Puppe* qui parle 2 (*deutlich*) *Beispiel* éloquent(e) 3 (*ausdrucksvoll*) expressif(-ive)

Sprecher(in) [ˈʃprɛçɐ] <-s, -> *m(f)* 1 (*Wortführer*) porte-parole *m inv*

❷(*Rundfunksprecher*) présentateur(-trice) *m(f)*

Sprecherziehung *f* cours *m* de diction **Sprechfunk** *m* radio *f*

Sprechfunkgerät *nt* radio *f;* (*tragbar*) talkie-walkie *m*

Sprechstunde *f* consultation *f* **Sprechweise** *f* élocution *f* **Sprechzimmer** *nt* cabinet *m*

spreizen ['ʃpraitsən] **I.** *vt* écarter *Finger, Beine;* déployer *Flügel* **II.** *vr* (*sich zieren*) **sich ~** faire des manières

sprengen ['ʃprɛŋən] **I.** *vt* ❶(*mit Sprengstoff zerstören*) faire sauter ❷(*bersten lassen*) *gefrorenes Wasser:* faire éclater *Gefäß* ❸(*gewaltsam auflösen*) disperser *Versammlung* ❹(*gießen*) arroser *Rasen* **II.** *vi* + *haben* (*eine Sprengung vornehmen*) utiliser des explosifs

Sprengkopf *m* tête *f* explosive **Sprengkörper** *m* explosif *m* **Sprengkraft** *f kein Pl* force *f* explosive **Sprengladung** *f* charge *f* explosive **Sprengsatz** *m* charge *f* explosive **Sprengstoff** *m* ❶explosif *m* ❷*fig* dynamite *f*

Sprengstoffzünder *m* détonateur *m*

Sprengung <-, -en> *f* ❶*kein Pl* (*das Sprengen*) destruction *f* à l'explosif ❷(*Explosion*) explosion *f*

Spreu [ʃprɔy] <-> *f* bal[l]e *f* ▶ **die ~ vom Weizen trennen** séparer le bon grain de l'ivraie

spricht [ʃprɪçt] *3. Pers Präs von* **sprechen**

Sprichwort ['ʃprɪçvɔrt] *nt* proverbe *m*

sprichwörtlich *adj* proverbial(e)

sprießen ['ʃpriːsən] <spross *o* sprießte, gesprossen> *vi* + *sein Knospe:* éclore; *Bart, Haare:* pousser

Springbrunnen *m* fontaine *f*

springen ['ʃprɪŋən] <sprang, gesprungen> **I.** *vi* + *sein* ❶(*hüpfen*) sauter ❷*fam* (*Anordnungen schnell ausführen*) filer doux ❸DIAL (*eilen*) **zum Bäcker ~** faire un saut chez le boulanger ❹(*zerspringen*) *Vase:* se fendre ❺(*vorrücken*) **auf etw** (*akk*) **~** *Zeiger:* passer [d'un seul coup] à qc **II.** *vt* + *haben o sein* SPORT sauter *vier Meter* ▶ **etw für jdn ~ lassen** *fam* payer qc à qn

Springer <-s, -> *m* ❶SPORT sauteur *m* ❷(*Arbeiter*) travailleur *m* multifonctionnel ❸SPIEL (*beim Schach*) cavalier *m*

Springerin <-, -nen> *f* ❶SPORT sauteuse *f* ❷(*Arbeiterin*) travailleuse *f* multifonctionnelle

Springerstiefel *Pl* rangers *mpl*

Springflut *f* grande marée *f* **Springform** *f* moule *m* au bord amovible **Springreiten** <-s> *nt* saut *m* d'obstacles **Springseil** *nt* corde *f* à sauter

Sprinkleranlage ['ʃprɪŋklɐ-] *f* installation *f* de sprinkler

Sprint [ʃprɪnt] <-s, -s> *m* sprint *m*

sprinten ['ʃprɪntən] *vi* + *sein* ❶SPORT sprinter ❷*fam* (*schnell laufen*) **über die Straße ~** traverser la rue au sprint

Sprinter(in) <-s, -> *m(f)* sprinte[u]r(-euse) *m(f)*

Sprit [ʃprɪt] <-[e]s> *m fam* (*Benzin*) essence *f*

Spritpreis *m* prix *m* de l'essence **spritsparend** *adj Auto* à faible consommation d'essence

Spritze ['ʃprɪtsə] <-, -n> *f* ❶(*Injektionsspritze*) seringue *f* ❷(*Injektion*) piqûre *f*

spritzen ['ʃprɪtsən] **I.** *vi* ❶+ *haben o sein Fett, Wasser:* gicler ❷+ *haben* MED faire une piqûre/des piqûres **II.** *vt* + *haben* ❶(*lackieren*) peindre au pistolet *Auto* ❷(*bewässern*) arroser *Rasen* ❸(*beschmutzen*) **jdm Soße aufs Hemd ~** éclabousser de la sauce sur la chemise de qn ❹MED **jdm Insulin ~** injecter de l'insuline à qn

Spritzer <-s, -> *m* ❶(*Tropfen*) éclaboussure *f* ❷(*kleine Menge*) **ein ~ Spülmittel** une giclée de produit vaisselle

Spritzguss[RR] *m kein Pl* TECH moulage *m* par injection

spritzig ['ʃprɪtsɪç] *adj Dialog* pétulant(e)

Spritzpistole *f* pistolet *m* [à peinture] **Spritztour** *f fam* virée *f* [en voiture]

spröde ['ʃprøːdə] *adj* ❶(*unelastisch*) cassant(e) ❷*Lippen* sec(sèche) ❸*Person, Art* revêche

spross[RR], **sproß**[ALT] [ʃprɔs] *Imp von* **sprießen**

Spross[RR] [ʃprɔs] <-es, -e>, **Sproß**[ALT] <-sses, -sse> *m* BOT jeune pousse *f*

Sprosse ['ʃprɔsə] <-, -n> *f* ❶(*Leitersprosse*) échelon *m* ❷(*Fenstersprosse*) croisillon *m*

Sprossenfenster *nt* fenêtre *f* à croisillons **Sprossenwand** *f* SPORT espalier *m*

Sprössling[RR], **Sprößling**[ALT] ['ʃprœslɪŋ] <-s, -e> *m hum* rejeton *m*

Sprotte ['ʃprɔtə] <-, -n> *f* sprat *m*

Spruch [ʃprʊx, *Pl:* 'ʃprʏçə] <-[e]s, Sprüche> *m* ❶(*Spruchweisheit*) dicton *m;* (*geschrieben*) inscription *f* ❷(*Bibelspruch*) verset *m; pej* formule *f* toute faite

Spruchband <-bänder> *nt* banderole *f*

spruchreif *adj fam* **~ sein** être mûr

Sprudel ['ʃpruːdəl] <-s, -> *m* eau *f* gazeuse

sprudeln ['ʃpruːdəln] *vi* ❶+ *haben* (*aufko-*

S

chen) *Wasser:* bouillonner ❷ (*aufschäumen*) *Mineralwasser:* pétiller ❸ + *sein* (*heraussprudeln*) **aus dem Boden ~** *Quelle:* jaillir du sol
Sprühdose ['ʃpry:-] *s.* **Spraydose**
sprühen ['ʃpry:ən] **I.** *vt* + *haben* pulvériser *Flüssigkeit, Gift;* vaporiser *Parfüm* **II.** *vi* ❶ + *sein* (*umherfliegen*) **nach allen Seiten ~** *Funken:* jaillir de tous les côtés ❷ + *haben* (*angeregt sein*) **vor Lebenslust ~** pétiller de joie de vivre
sprühend *adj* (*lebhaft*) pétillant(e)
Sprühregen *m* bruine *f*
Sprung [ʃprʊŋ, *Pl:* 'ʃprʏŋə] <-[e]s, Sprünge> *m* ❶ (*Satz*) saut *m* ❷ (*feiner Riss*) craquelure *f* ❸ *fam* (*kleine Entfernung*) **bis zu mir ist es nur ein ~** ce n'est qu'à deux pas de chez moi ❹ *fam* (*kurzer Besuch*) **auf einen ~ bei jdm vorbeikommen** *fam* passer en coup de vent chez qn ▶ **einen ~ in der Schüssel haben** *fam* être un peu fêlé
Sprungbrett *nt* SPORT tremplin *m* **Sprungfeder** *f* ressort *m* en spirale
sprunghaft *adj* ❶ *Anstieg* brutal(e) ❷ (*unstet*) versatile
Sprunghaftigkeit <-> *f* versatilité *f*
Sprungschanze *f* tremplin *m* [de saut à skis] **Sprungtuch** <-tücher> *nt* toile *f* de sauvetage **Sprungturm** *m* plongeoir *m*
Spucke ['ʃpʊkə] <-> *f fam* salive *f;* (*ausgespuckter Speichel*) crachat *m* ▶ **jdm bleibt die ~ weg** qn en reste baba
spucken ['ʃpʊkən] **I.** *vi* ❶ (*ausspucken*) cracher ❷ DIAL (*sich übergeben*) vomir **II.** *vt* cracher
Spucknapf *m* crachoir *m*
Spuk [ʃpu:k] <-[e]s, -e> *m* ❶ (*Geistererscheinung*) apparition *f* de fantômes ❷ (*schrecklicher Zustand*) cauchemar *m*
spuken *vi unpers* ❶ **in diesem Haus spukt es** il y a des fantômes dans cette maison ❷ *fig* **in den Köpfen der Menschen ~** *Vorstellung:* être bien ancré dans la tête des gens
Spülbecken *nt* bac *m* d'évier
Spule ['ʃpu:lə] <-, -n> *f a.* ELEC bobine *f*
Spüle ['ʃpy:lə] <-, -n> *f* évier *m*
spulen ['ʃpu:lən] *vt* embobiner *Film*
spülen ['ʃpy:lən] **I.** *vi* ❶ SDEUTSCH (*abwaschen*) laver la vaisselle ❷ (*die Toilettenspülung betätigen*) tirer la chasse [d'eau] **II.** *vt* ❶ (*abspülen*) laver ❷ (*schwemmen*) **etw ans Ufer ~** rejeter qc sur la rive ❸ (*klarspülen*) rincer *Geschirr*
Spülkasten *m* réservoir *m* de chasse d'eau **Spülmaschine** *f* lave-vaisselle *m inv*
spülmaschinenfest *adj* garanti(e) lave-vaisselle
Spülmittel *nt* produit *m* [pour la] vaisselle
Spülung <-, -en> *f* ❶ (*Wasserspülung*) chasse *f* d'eau ❷ (*Haarspülung*) démêlant *m*
Spülwasser <-wässer> *nt* eau *f* de vaisselle
Spund [ʃpʊnt, *Pl:* 'ʃpʏndə, 'ʃpʊndə] <-[e]s, Spünde *o* -e> *m* ❶ (*Stöpsel*) bonde *f* ❷ <-e> *fam* (*unerfahrener junger Mann*) **junger ~** blanc-bec *m* (*vieilli*)
Spundloch *nt* bonde *f*
Spur [ʃpu:ɐ̯] <-, -en> *f* ❶ (*Abdruck*) trace *f* ❷ (*Fußspur*) trace *f* [de pas] ❸ (*Loipe*) trace *f* ❹ *fig* (*Fährte*) trace *f;* **von ihr fehlt jede ~** elle n'a plus donné signe de vie ❺ *fig* (*Zeichen*) **bei einem Menschen ~en hinterlassen** marquer un être humain ❻ (*Fahrbahn*) voie *f*
spürbar *adj* sensible
spuren ['ʃpu:rən] *vi fam* (*gehorchen*) filer doux; **bei jdm ~** filer doux avec qn
spüren ['ʃpy:rən] *vt* ❶ (*intuitiv bemerken*) sentir ❷ (*fühlen*) sentir; ressentir *Schmerz*
Spurenelement *nt* oligoélément *m* **Spurensicherung** *f* ❶ anthropométrie *f* judiciaire ❷ (*Abteilung*) service *m* anthropométrique
Spürhund *m* chien *m* policier
spurlos *adv* *verschwinden* sans laisser de traces
Spürnase *f* ❶ (*Geruchssinn*) odorat *m,* nez *m* ❷ (*Scharfsinn*) flair *m;* **eine gute ~ haben** avoir du flair
Spurrille *f* rainure *f*
Spürsinn *m kein Pl* flair *m*
Spurt ['ʃpʊrt] <-s, -s *o* -e> *m* sprint *m*
spurten ['ʃpʊrtən] *vi* + *sein* sprinter
Spurwechsel *m* changement *m* de file **Spurweite** *f* écartement *m*
sputen ['ʃpu:tən] *vr* DIAL **sich ~** se dépêcher
Squash ['skvɔʃ] <-> *nt* squash *m*
Sri Lanka ['sri:'laŋka] <-s> *nt* le Sri Lanka
SS [ɛs'ʔɛs] <-> *f* NS *Abk von* **Schutzstaffel** S.S. *f*
SSV [ɛsʔɛs'faʊ̯] *Abk von* **Sommerschlussverkauf**
s.t. *adv Abk von* **sine tempore** UNIV **um neun Uhr ~** à neuf heures pile
St. ❶ *Abk von* **Stück** pièce *f* ❷ *Abk von* **Sankt** St/Ste
Staat [ʃta:t] <-[e]s, -en> *m* POL État *m*
Staatenbund <-bünde> *m* confédération *f* [d'États]
staatenlos *adj* apatride

S

Staatenlose(r) *f(m) dekl wie adj* apatride *mf*

staatlich **I.** *adj Förderung* de l'État; *Einrichtung* public(-ique) **II.** *adv anerkannt, geprüft* par l'État

Staatsakt *m* cérémonie *f* officielle **Staatsangehörige(r)** *f(m) dekl wie adj* ressortissant(e) *m(f)* **Staatsangehörigkeit** <-, -en> *f* nationalité *f* **Staatsanleihe** *f* emprunt *m* d'État **Staatsanwalt** *m*, **-anwältin** *f* avocat *m* général/avocate *f* générale **Staatsanwaltschaft** *f* ministère *m* public **Staatsausgaben** *Pl* dépenses *fpl* publiques **Staatsbegräbnis** *nt* obsèques *fpl* nationales **Staatsbesuch** *m* visite *f* officielle **Staatsbürger(in)** *m(f) form* citoyen(ne) *m(f)* **staatsbürgerlich** *adj attr form* civique **Staatsbürgerschaft** *f form s.* **Staatsangehörigkeit** **Staatsbürokratie** *f* POL bureaucratie *f* étatique **Staatschef(in)** [-ʃɛf] *m(f) fam* chef *mf* d'État **Staatsdienst** *m* fonction *f* publique **Staatsexamen** *nt* examen *m* d'État (*sanctionnant les études de droit, de médecine et de pharmacie et obligatoire aussi pour la titularisation des enseignants*) **Staatsfeind(in)** *m(f)* ennemi *m* public **Staatsform** *f* régime *m* **Staatsführung** *f* gouvernance *f* **Staatsgebiet** *nt* territoire *m* national **Staatsgeheimnis** *nt* secret *m* d'État **Staatsgewalt** *f kein Pl* autorité *f* de l'État **Staatsgrenze** *f* frontière *f* [nationale] **Staatshaushalt** *m* budget *m* de l'État **Staatskasse** *f* Trésor *m* [public] **Staatskosten** *Pl* **auf** ~ aux frais de l'État **Staatsmann** <-männer> *m geh* homme *m* d'État **Staatsminister(in)** *m(f)* ministre *mf* d'État **Staatsministerium** *nt* ministère *m* d'État **Staatsoberhaupt** *nt* chef *mf* d'État/de l'État **staatspolitisch** *adj inv* qui concerne la politique de l'État **Staatspräsident(in)** *m(f)* président(e) *m(f)* [de la République] **Staatsrecht** *nt kein Pl* droit *m* public **Staatssekretär(in)** *m(f)* secrétaire *mf* d'État **Staatssicherheit** *f kein Pl* ❶ (*Sicherheit des Staates*) sécurité *f* de l'État *pas de pl* ❷ HIST (*in der DDR*) sûreté *f* de l'État *pas de pl*

Staatssicherheitsdienst *m* HIST *services de Sécurité de l'État de l'ex-R.D.A.*

Staatsstreich *m* coup *m* d'État **staatstragend** *adj Partei* soutenant le pouvoir **Staatstrauer** *f* deuil *m* national **Staatsvermögen** *nt* biens *mpl* publics **Staatsverschuldung** *f* endettement *m* public

Stab [ʃta:p, *Pl:* 'ʃtɛ:bə] <-[e]s, Stäbe> *m* ❶ (*Holzstab*) baguette *f* ❷ (*Gitterstab*) barreau *m* ❸ (*Stange für den Stabhochsprung*) perche *f* ❹ (*Staffelholz*) témoin *m* ❺ (*Gruppe*) équipe *f* ❻ MIL état-major *m*

Stäbchen <-s, -> *nt* baguette *f*

Stabhochspringer(in) *m(f)* sauteur (-euse) *m(f)* à la perche **Stabhochsprung** *m* saut *m* à la perche

stabil [ʃta'bi:l] *adj* ❶ *Möbel* solide ❷ *Wetterlage, Währung* stable ❸ *Beziehung* durable

stabilisieren* [ʃtabili'zi:rən] **I.** *vt* ❶ *geh* consolider *Regal* ❷ MED stabiliser *Kreislauf* **II.** *vr a.* MED **sich** ~ se stabiliser

Stabilisierung <-, -en> *f a.* MED stabilisation *f*

Stabilität [ʃtabili'tɛ:t] <-> *f* stabilité *f*

Stablampe *f* torche *f* électrique **Stabreim** *m* LITER allitération *f*

Stabsarzt *m*, **-ärztin** *f* médecin-capitaine *m*

Stabwechsel *m* SPORT passage *m* du témoin

stach [ʃta:x] *Imp von* **stechen**

Stachel [ʃtaxəl] <-s, -n> *m eines Igels* piquant *m; eines Insekts* dard *m; einer Pflanze* épine *f*

Stachelbeere *f* groseille *f* à maquereau **Stacheldraht** *m* [fil *m* de fer] barbelé *m*

stachelig *adj Tier* hérissé(e) [de piquants]; *Pflanze* épineux(-euse)

Stachelschwein *nt* porc-épic *m*

stachlig *s.* **stachelig**

Stadion ['ʃta:diɔn] <-s, Stadien> *nt* stade *m*

Stadium ['ʃta:di̯ʊm] <-s, Stadien> *nt* ❶ *einer Entwicklung* phase *f* ❷ MED stade *m*

Stadt [ʃtat, *Pl:* 'ʃtɛ(:)tə] <-, Städte> *f* ❶ ville *f* ❷ (*Stadtverwaltung*) municipalité *f*

städt. *adj Abk von* **städtisch**

Stadtautobahn *f* autoroute *f* urbaine **stadtbekannt** *adj* notoire **Stadtbezirk** *m* arrondissement *m* **Stadtbild** *nt* paysage *m* urbain **Stadtbücherei** *f* bibliothèque *f* municipale **Stadtbummel** *m* promenade *f* en ville

Städtebau *m kein Pl* urbanisme *m* **städtebaulich** *adj* d'urbanisme, urbanistique

stadteinwärts *adv* ~ **fahren** entrer dans la ville

Städtepartnerschaft *f* jumelage *m*

S

Städter(in) [ʃtɛ(:)tɐ] <-s, -> *m(f)* citadin(e) *m(f)*
Stadtflucht *f kein Pl* exode *m* urbain **Stadtführung** *f* visite *f* guidée de la ville **Stadtgas** *nt kein Pl* gaz *m* de ville **Stadtgespräch** ▸ **etw ist ~** toute la ville parle de qc **Stadthalle** *f* salle *f* municipale [*o* polyvalente]
städtisch ['ʃtɛ(:)tɪʃ] *adj* ❶ municipal(e) ❷ *geh* (*urban*) urbain(e)
Stadtkern *m* centre-ville *m* **Stadtmauer** *f* rempart *m* **Stadtmensch** *m* citadin(e) *m(f)* **Stadtmitte** *f* centre-ville *m* **Stadtplan** *m* plan *m* de la ville **Stadtplaner(in)** *m(f)* urbaniste *mf* **Stadtplanung** *f* urbanisme *m* **Stadtrand** *m* périphérie *f* de la ville **Stadtrat** <-räte> *m* conseil *m* municipal **Stadtrat** <-räte> *m*, **-rätin** *f* conseiller *m* municipal/conseillère *f* municipale **Stadtrundfahrt** *f* visite *f* guidée de la ville **Stadtstaat** *m* ville-État *f*
Stadtstreicher(in) <-s, -> *m(f)* clochard(e) *m(f)*
Stadtteil *m* quartier *m* **Stadtverwaltung** *f* administration *f* municipale **Stadtviertel** *nt* quartier *m* **Stadtwerke** *Pl* services *mpl* techniques [de la ville] **Stadtzentrum** *nt* centre *m* [de la ville]
Staffel ['ʃtafəl] <-, -n> *f* ❶ (*Gruppe von Sportlern*) équipe *f;* (*beim Staffellauf*) équipe de relais ❷ MIL escadron *m* ❸ (*Fliegerstaffel*) escadrille *f*
Staffelei [ʃtafə'laj] <-, -en> *f* chevalet *m*
Staffellauf *m* course *f* de relais **Staffelläufer(in)** *m(f)* SPORT coureur(-euse) *m(f)* de relais, relayeur(-euse) *m(f)*
staffeln ['ʃtafəln] *vt* échelonner *Preise, Gebühren*
Staffelung <-, -en> *f* ❶ *kein Pl* échelonnement *m* ❷ (*gestaffeltes System*) progressivité *f*
Stagnation [ʃtagna'ts̯i̯o:n] <-, -en> *f* stagnation *f*
stagnieren* [ʃta'gni:rən] *vi* stagner
stahl [ʃta:l] *Imp von* **stehlen**
Stahl [ʃta:l, *Pl:* 'ʃta:lə, 'ʃtɛ:lə] <-[e]s, -e *o* Stähle> *m* acier *m*
stählen ['ʃtɛ:lən] *vt* fortifier *Körper;* raffermir *Muskeln*
stählern ['ʃtɛ:lɐn] *adj* en acier
Stahlhelm *m* casque *m* lourd **Stahlindustrie** *f* industrie *f* sidérurgique **Stahlträger** *m* poutrelle *f* d'acier **Stahlwerk** *nt* aciérie *f*
stak [ʃta:k] *Imp von* **stecken**
staksen ['ʃta:ksən] *vi + sein fam* marcher avec raideur
Stalagmit [ʃtala'gmi:t] <-en *o* -s, -e[n]> *m* stalagmite *f*
Stalinismus [ʃtali'nɪsmʊs] <-> *m* stalinisme *m*
stalinistisch [ʃtali'nɪstɪʃ] *adj* stalinien(ne)
Stalker(in) ['stɔ:kɐ] <-s, -> *m(f)* PSYCH harceleur(-euse) *m(f)*
Stall [ʃtal, *Pl:* 'ʃtɛlə] <-[e]s, Ställe> *m* (*Kuhstall*) étable *f;* (*Pferdestall*) écurie *f;* (*Schweinestall*) porcherie *f;* (*Kaninchenstall*) clapier *m;* (*Hühnerstall*) poulailler *m*
Stallbursche *m* garçon *m* d'écurie **Stallpflicht** *f* AGR confinement *m* obligatoire
Stamm [ʃtam, *Pl:* 'ʃtɛmə] <-[e]s, Stämme> *m* ❶ *eines Baums* tronc *m* ❷ (*Volksstamm*) tribu *f* ❸ (*Kundenstamm*) clientèle *f*
Stammaktie *f* FIN action *f* ordinaire **Stammbaum** *m* arbre *m* généalogique **Stammbuch** *nt* livret *m* de famille **Stammdaten** *Pl* INFORM données *fpl* de base
stammeln ['ʃtaməln] *vt, vi* bredouiller
stammen ['ʃtamən] *vi* ❶ **aus Spanien ~** être originaire de l'Espagne; **aus sehr einfachen Verhältnissen ~** être d'origine très modeste ❷ (*herrühren*) **von jdm ~** *Werk:* être de qn; **aus dem 16. Jahrhundert ~** dater du 16e siècle
Stammgast *m* habitué(e) *m(f)*
Stammhalter *m hum* héritier *m* [mâle]
Stammhaus *nt* maison *f* mère
stämmig ['ʃtɛmɪç] *adj* trapu(e)
Stammkapital *nt* capital *m* social **Stammkneipe** *f fam* café *m* habituel **Stammkunde** *m*, **-kundin** *f* client *m* habituel/cliente *f* habituelle **Stammkundschaft** *f* clients *mpl* fidèles; *eines Lokals* habitués *mpl* **Stammlokal** *nt* restaurant *m* habituel **Stammplatz** *m* place *f* attitrée **Stammtisch** *m* ❶ (*Tisch*) table *f* des habitués ❷ (*Stammgäste*) tablée *f* d'habitués ❸ (*Treffen*) réunion *f* des habitués **Stammwähler(in)** *m(f)* électeur(-trice) *m(f)* fidèle **Stammzelle** *f* cellule *f* souche; **embryonale ~n** cellules souches embryonnaires
Stammzellenforschung *f* recherche *f* sur les cellules souches
stampfen ['ʃtampfən] **I.** *vi* ❶ *+ haben* (*mit den Füßen*) trépigner; (*mit den Hufen*) piaffer ❷ *+ sein* (*gehen*) **durch die Wohnung ~** marcher dans l'appartement en tapant des pieds **II.** *vt + haben* ❶ tasser *Sauerkraut* ❷ (*zerstampfen*) écraser *Kartoffeln*

S

Stampfer <-s, -> *m* GASTR pilon *m*

stand [ʃtant] *Imp von* **stehen**

Stand [ʃtant, *Pl:* 'ʃtɛndə] <-[e]s, Stände> *m* ❶ *eines Zählers* niveau *m; eines Barometers* hauteur *f* ❷ *kein Pl* (*Zustand*) état *m;* **der letzte ~ der Dinge** les derniers développements de la situation ❸ (*Spielstand*) score *m* ❹ (*Wasserstand*) niveau *m; einer Währung* cours *m* ❺ (*Verkaufsstand*) étal *m;* (*Messestand*) stand *m* ❻ (*gesellschaftliche Schicht*) catégorie *f;* (*Berufsgruppe*) ordre *m* ▶ **aus dem ~** (*ohne Anlauf*) sans élan; (*ohne Vorbereitung*) à l'improviste; **zu etw im ~e sein** être capable de qc

Standard ['ʃtandart] <-s, -s> *m* standard *m*

standardisieren* [ʃtandardi'ziːrən] *vt* standardiser

Standardisierung <-, -en> *f* standardisation *f*

Standardmodell ['ʃtandart-] *nt* modèle *m* de série **Standardwerk** *nt* ouvrage *m* qui fait autorité

Standarte [ʃtan'dartə] <-, -n> *f* fanion *m;* (*Reiterfahne*) étendard *m*

Standbild *nt* ❶ KUNST statue *f* ❷ TV arrêt *m* sur image

Stand-by [stɛnt'baɪ, 'stɛntbaɪ] <-[s], -s> *nt* ELEC mode *m* veille [*o* stand-by]

Ständchen ['ʃtɛntçən] <-s, -> *nt* chanson *f* en son/mon/... honneur

Ständer ['ʃtɛndɐ] <-s, -> *m* ❶ (*Gestell*) support *m* ❷ (*Kleiderständer*) portemanteau *m* ❸ (*Notenständer*) pupitre *m*

Standesamt *nt* [bureau *m* de l']état *m* civil **standesamtlich** *adj Trauung* civil(e) **Standesbeamte(r)** *m dekl wie adj,* **-beamtin** *f* officier *m* d'état civil **standesgemäß** I. *adj* conforme à ma/sa/... position [sociale] II. *adv heiraten* dans son/mon/... milieu

standfest *adj* stable

standhaft *adj* ferme

Standhaftigkeit <-> *f* fermeté *f*

stand|halten *vi irr* tenir le coup; **einer S.** (*dat*) **~** résister à qc **Standheizung** *f* chauffage *m* auxiliaire

ständig ['ʃtɛndɪç] I. *adj* ❶ (*dauernd*) permanent(e) ❷ *Wohnsitz* fixe II. *adv* ❶ (*dauernd*) continuellement ❷ *wohnen* en permanence

Standleitung *f* TELEC, INFORM ligne *f* directe **Standlicht** *nt kein Pl* feux *mpl* de position **Standort** *m* ❶ *einer Pflanze* exposition *f; eines Unternehmens* lieu *m* d'implantation ❷ (*Produktionsstätte*) site *m* de production **Standpauke** *f fam* savon *m* **Standpunkt** *m* point *m* de vue **Standrecht** *nt kein Pl* MIL loi *f* martiale **standrechtlich** *adj, adv* par décision de la cour martiale **Standspur** *f* bande *f* d'arrêt d'urgence **Standuhr** *f* horloge *f*

Stange ['ʃtaŋə] <-, -n> *f* ❶ (*Stab*) barre *f* ❷ (*Fahnenstange*) hampe *f* ❸ (*Vorhangstange*) tringle *f* ▶ **jdm die ~ halten** *fam* soutenir qn

StängelRR ['ʃtɛŋəl] <-s, -> *m* tige *f*

stank [ʃtaŋk] *Imp von* **stinken**

stänkern ['ʃtɛŋkɐn] *vi fam* **gegen jdn/etw ~** taper sur qn/qc

Stanniol [ʃta'ni̯oːl] <-s, -e> *nt* feuille *f* d'étain

Stanze ['ʃtantsə] <-, -n> *f* (*Maschine*) presse *f* à emboutir

stanzen ['ʃtantsən] *vt* ❶ emboutir *Blech, Form* ❷ (*einstanzen*) **etw in etw** (*akk*) **~** poinçonner qc dans qc

Stapel ['ʃtaːpəl] <-s, -> *m* (*Haufen*) pile *f*

Stapellauf *m* lancement *m,* mise *f* à l'eau

stapeln I. *vt* empiler II. *vr* **sich ~** s'empiler

stapfen ['ʃtapfən] *vi + sein* **durch den Schnee ~** marcher en s'enfonçant dans la neige

Star[1] [ʃtaːɐ̯] <-[e]s, -e> *m* ORN étourneau *m*

Star[2] [ʃtaːɐ̯] <-[e]s> *m* MED **grauer ~** cataracte *f;* **grüner ~** glaucome *m*

Star[3] [staːɐ̯] <-s, -s> *m* ❶ (*Filmstar*) star *f* ❷ *fig* vedette *f*

starb [ʃtarb] *Imp von* **sterben**

stark [ʃtark] <stärker, stärkste> I. *adj* ❶ *Person, Händedruck* fort(e); *Arm* puissant(e) ❷ (*kräftig, würzig*) fort(e) ❸ (*mächtig*) fort(e) ❹ *Ast, Stamm* gros(se) *antéposé; Balken* épais(se); *Karton* fort(e); **zehn Zentimeter ~ sein** faire dix centimètres d'épaisseur ❺ *Nerven* solide ❻ (*heftig, schlimm*) fort(e) *antéposé* ❼ *Rauschen* fort(e) ❽ *Abneigung, Zuneigung* grand(e); *Gefühl* profond(e) ❾ *Motor* puissant(e) ❿ (*wirksam, hochkonzentriert*) fort(e) ⓫ (*groß*) gros(se) *antéposé;* **tausend Mann ~ sein** compter mille personnes ⓬ *fam* (*hervorragend*) super, terrible II. *adv* ❶ (*sehr*) très; *übertreiben* beaucoup; *hoffen* bien; *beeindruckt* fortement, beaucoup ❷ (*schlimm*) **~ bluten** saigner abondamment ❸ (*intensiv*) **~ duften** sentir fort; **~ gewürzt** très épicé(e) ❹ *fam* (*hervorragend*) vachement bien; [**echt**] **~ aussehen** avoir un look d'enfer

Stärke ['ʃtɛrkə] <-, -n> *f* ❶ (*Kraft*) force *f* ❷ (*Macht*) force *f* ❸ (*Dicke*) épaisseur *f*

❹ *des Winds* force *f; der Schmerzen* intensité *f* ❺ OPT *einer Brille* puissance *f* ❻ (*zahlenmäßige Größe*) nombre *m; einer Armee* effectif *m* ❼ (*Qualität*) force *f;* **das ist seine/ihre ~** c'est son fort ❽ (*Charakterstärke*) force *f* ❾ (*pflanzliche Substanz*) amidon *m*

stärken ['ʃtɛrkən] **I.** *vt* ❶ régulariser *Kreislauf;* fortifier *Muskulatur;* augmenter *Widerstandskraft* ❷ (*verbessern*) renforcer ❸ (*steifen*) amidonner *Kleidungsstück* **II.** *vr* **sich ~** se restaurer

stark|machenRR *vr fam* **sich für jdn/etw ~** se décarcasser pour qn/qc **Starkstrom** *m kein Pl* courant *m* haute tension

Stärkung <-, -en> *f* (*Mahlzeit*) collation *f*

Stärkungsmittel *nt* fortifiant *m*

starr [ʃtar] *adj* ❶ *Blick* fixe ❷ (*erstarrt*) **~ vor Schreck** paralysé(e) par la peur ❸ (*unbeugsam*) rigide

Starre ['ʃtarə] <-> *f* torpeur *f; einer Leiche* rigidité *f*

starren ['ʃtarən] *vi* (*starr blicken*) avoir le regard fixe; **an die Decke ~** regarder fixement le plafond

Starrheit <-> *f* rigidité *f;* (*Starrsinn*) obstination *f*

Starrkopf *m pej* tête *f* de mule (*fam*)

starrköpfig *s.* **starrsinnig**

Starrsinn *m* entêtement *m*

starrsinnig I. *adj* entêté(e) **II.** *adv* obstinément

Start [ʃtart] <-s, -s> *m* ❶ *eines Flugzeugs* décollage *m* ❷ SPORT départ *m* ❸ (*Beginn*) démarrage *m*

Startautomatik *f* starter *m* automatique **Startbahn** *f* piste *f* d'envol **startbereit** *adj* **~ sein** *Sportler:* être prêt au départ; *Flugzeug:* être prêt à décoller **Startblock** <-blöcke> *m* (*beim Schwimmen*) plot *m* de départ

starten I. *vi + sein* ❶ *Flugzeug:* décoller ❷ SPORT prendre le départ ❸ (*beginnen*) démarrer **II.** *vt + haben* ❶ (*anlassen*) mettre en route *Auto;* mettre en marche *Computer* ❷ (*beginnen lassen*) lancer *Kampagne;* démarrer *Projekt* ❸ INFORM démarrer *Programm*

Starter <-s, -> *m* AUT démarreur *m*

Starterlaubnis *f* (*beim Fliegen*) autorisation *f* de décoller **Startgeld** *nt* prime *f* **Starthilfe** *f* ❶ (*finanzielle Hilfe*) aide *f* financière ❷ AUT aide *f* pour démarrer

Starthilfekabel *nt* câble *m* de démarrage

Startkapital *nt* capital *m* initial **startklar** *adj s.* **startbereit Startlinie** *f* ligne *f* de départ **Startmenü** *nt* INFORM menu *m* démarrer **Startnummer** *f* [numéro *m* de] dossard *m* **Startphase** *f* phase *f* de démarrage **Startschuss**RR *m* signal *m* du départ ▶ **den ~ für etw geben** donner le feu vert à qc **Startseite** *f* INFORM page *f* d'accueil

Stasi ['ʃta:zi] <-> *f* HIST *Abk von* **Staatssicherheit[sdienst]** *abréviation familière pour services de Sécurité de l'État de l'ex-R.D.A.*

Statement ['ste:tmənt] <-s, -s> *nt* déclaration *f* publique; *eines Pressesprechers* communiqué *m* officiel

Statik ['ʃta:tɪk] <-, -en> *f* statique *f*

Statiker(in) ['ʃta:tikɐ] <-s, -> *m(f)* ingénieur *mf* B.T.P.

Station [ʃta'ts̮i̯o:n] <-, -en> *f* ❶ (*Haltestelle*) station *f* ❷ (*Aufenthaltsort*) *einer Reise* étape *f* ❸ MED service *m* ❹ (*Sender*) station *f*

stationär [ʃtats̮i̯o'nɛ:ɐ̯] **I.** *adj Behandlung* à l'hôpital **II.** *adv* **jdn ~ behandeln** hospitaliser qn

stationieren* [ʃtats̮i̯o'ni:rən] *vt* ❶ mettre en place; **Truppen in einem Land ~** mettre des troupes en place dans un pays ❷ (*aufstellen*) déployer *Raketen*

Stationierung <-, -en> *f von Truppen* stationnement *m; von Raketen* déploiement *m*

Stationsarzt *m*, **-ärztin** *f* [médecin-]chef *mf* du/de service **Stationsschwester** *f* infirmière *f* en chef

statisch ['ʃta:tɪʃ] *adj* statique

Statist(in) [ʃta'tɪst] <-en, -en> *m(f)* figurant(e) *m(f)*

Statistik [ʃta'tɪstɪk] <-, -en> *f* statistique *f*

Statistiker(in) [ʃta'tɪstikɐ] <-s, -> *m(f)* statisticien(ne) *m(f)*

statistisch [ʃta'tɪstɪʃ] *adj* statistique

Stativ [ʃta'ti:f] <-s, -e> *nt* pied *m*

statt [ʃtat] **I.** *präp + gen* **~ eines Briefs** à la place d'une lettre **II.** *konj* **~ zu warten** au lieu d'attendre

Statt [ʃtat] ▶ **an seiner ~** *form* à sa place

stattdessenRR *adv* au lieu de cela

Stätte ['ʃtɛtə] <-, -n> *f geh* lieu *m*

statt|finden *vi irr* avoir lieu **statt|geben** *vi irr form* **einem Antrag ~** faire droit à une demande

statthaft *adj* **~ sein** *Frage:* être autorisé

Statthalter *m* HIST gouverneur *m*

stattlich ['ʃtatlɪç] *adj* ❶ *Erscheinung* imposant(e) ❷ (*beträchtlich*) considérable

Statue ['ʃta:tuə] <-, -n> *f* statue *f*

Statur [ʃta'tu:ɐ̯] <-, -en> *f geh* stature *f*

Status ['ʃta:tʊs] <-, -> *m geh* statut *m*

Status quo <- -> *m geh* statu quo *m*

S

Statussymbol *nt* symbole *m* de réussite sociale

Statut [ʃta'tu:t] <-[e]s, -en> *nt meist Pl* statut *m*

Stau [ʃtau̯] <-[e]s, -e *o* -s> *m* bouchon *m*

Staub [ʃtau̯p] <-[e]s, -e *o* Stäube> *m* poussière *f;* ~ **saugen** passer l'aspirateur ►**sich aus dem** ~ **machen** *fam* prendre la poudre d'escampette

Staubblatt *nt* BOT étamine *f*

stauben ['ʃtau̯bən] **I.** *vi unpers* **es staubt** ça fait de la poussière **II.** *vi Teppich:* être plein de poussière

Staubflocke *f* mouton *m* **Staubgefäß** *nt* BOT étamine *f*

staubig ['ʃtau̯bɪç] *adj* poussiéreux(-euse)

Staubkorn <-körner> *nt* grain *m* de poussière **Staubpartikel** *nt o f meist Pl* particule *f* de poussière **staubsaugen** <*PP* staubgesaugt> **I.** *vi* passer l'aspirateur **II.** *vt* passer l'aspirateur dans *Zimmer* **Staubsauger** *m* aspirateur *m*

Staubsaugerbeutel *m* sac *m* [papier] pour aspirateur

Staubtuch <-tücher> *nt* chiffon *m* à poussière **Staubwolke** *f* nuage *m* de poussière

stauchen ['ʃtau̯xən] *vt* ① TECH refouler ② *fam* (*zurechtweisen*) **jdn** ~ remonter les bretelles à qn

Staudamm *m* barrage *m*

Staude ['ʃtau̯də] <-, -n> *f* plante *f* vivace

stauen ['ʃtau̯ən] **I.** *vt* retenir; **das Wasser/den Bach** ~ *Person:* retenir l'eau/endiguer le ruisseau **II.** *vr* ① **sich in einem Becken** ~ *Wasser:* s'accumuler dans un bassin; *Bach:* stagner dans un bassin ② **sich vor einer Baustelle** ~ *Autos:* former un bouchon à cause des travaux (*fam*)

Staumeldung *f* point *m* sur la circulation

staunen ['ʃtau̯nən] *vi* être étonné; **über jdn/etw** ~ être étonné par qn/de qc

Staunen ['ʃtau̯nən] <-s> *nt* étonnement *m;* **jdn in** ~ **versetzen** étonner qn

Stauraum *m kein Pl* espace *m* de rangement **Stausee** *m* lac *m* de barrage

Stauung <-, -en> *f* (*Verkehrsstau*) embouteillage *m*

Std. *Abk von* **Stunde** h

Steak [ste:k] <-s, -s> *nt* steak *m*

Stearin [ʃtea'ri:n, stea'ri:n] <-s, -e> *nt* CHEM stéarine *f*

stechen ['ʃtɛçən] <sticht, stach, gestochen> **I.** *vi* ① *Insekt, Kaktus:* piquer ② (*hineinstechen*) **mit einer Nadel in etw** (*akk*) ~ enfoncer une aiguille dans qc ③ (*brennen*) *Sonne:* taper ④ SPIEL **mit etw** ~ couper avec qc **II.** *vt* ① (*verletzen*) *Insekt, Dornen:* piquer ② (*hineinstechen*) **eine Gabel in etw** (*akk*) ~ piquer une fourchette dans qc ③ SPIEL **die Zehn mit dem As** ~ prendre le dix avec l'as ④ (*gravieren*) **etw in etw** (*akk*) ~ graver qc sur qc ⑤ (*ausstechen*) **Spargel** ~ ramasser les asperges ►**wie gestochen schreiben** avoir une écriture calligraphiée **III.** *vr* **sich an den Dornen** ~ se piquer avec les épines **IV.** *vi unpers* **es sticht mich in der Seite** ça m'élance dans le côté

Stechen <-s, -> *nt* (*Schmerz*) élancement *m*

stechend *adj Blick* perçant(e); *Schmerz* lancinant(e)

Stechginster *m* BOT ajonc *m* **Stechkarte** *f* carte *f* de pointage **Stechmücke** *f* moustique *m* **Stechpalme** *f* houx *m* **Stechuhr** *f* pointeuse *f*

Steckbrief *m* avis *m* de recherche **steckbrieflich** *adv suchen* par avis de recherche **Steckdose** *f* prise *f* [de courant] **Steckdosenleiste** *f* bloc *m* multiprise, multiprise *f*

stecken ['ʃtɛkən] **I.** <steckte *o geh* stak, gesteckt> *vi* ① (*feststecken*) **in etw** (*dat*) ~ *Dorn, Splitter:* être enfoncé dans qc; **im Schnee** ~ être bloqué dans la neige ② (*sich befinden*) **im Schloss** ~ être sur la porte; **im Garten** ~ *fam* être dans le jardin; **in Schwierigkeiten** (*dat*) ~ *Person:* avoir de gros problèmes; *Land:* connaître des difficultés ③ (*verantwortlich sein*) **hinter einer Sache** ~ être pour quelque chose dans une affaire **II.** <steckte, gesteckt> *vt* ① **etw in eine Schublade** ~ mettre qc dans un tiroir; **er steckte ihr den Ring an den Finger** il lui passa la bague au doigt ② *fam* (*tun, bringen*) **jdn ins Gefängnis** ~ fourrer qn en prison ③ *fam* (*investieren*) **viel Geld in etw** (*akk*) ~ investir beaucoup d'argent dans qc ④ *fam* (*verraten*) **jdm ein paar Informationen** ~ [re]filer quelques informations à qn

Stecken ['ʃtɛkən] <-s, -> *m* DIAL, CH bâton *m*

stecken|bleiben[ALT] *s.* **bleiben I.7**

stecken|lassen *s.* **lassen I.6**

Steckenpferd *nt* violon *m* d'Ingres

Stecker <-s, -> *m* fiche *f* [d'alimentation]

Steckling ['ʃtɛklɪŋ] <-s, -e> *m* bouture *f*

Stecknadel *f* épingle *f* ►**eine** ~ **im Heuhaufen suchen** chercher une aiguille dans une botte de foin **Steckrübe** *f* DIAL rutabaga *m* **Steckschlüssel** *m* clé *f* à pipe

Steg [ʃte:k] <-[e]s, -e> *m* ① (*kleine Brü-*

cke) passerelle *f* ② (*Bootssteg*) appontement *m*
Steghose *f* fuseau *m* **Stegreif** ['ʃteːkraif] ▶ **aus dem ~** au pied levé
Stehaufmännchen ['ʃteːʔaufmɛnçən] *nt* ① (*Spielzeug*) poussah *m* ② (*Mensch*) dur(e) *m(f)* à cuire
stehen ['ʃteːən] <stand, gestanden> I. *vi* + *haben o* SDEUTSCH, A, CH *sein* ① *Person:* être debout; **am Fenster ~** être à la fenêtre ② (*hingestellt, aufgestellt sein*) **in der Garage ~** *Auto, Fahrrad:* être dans le garage; **auf dem Tisch stand eine Vase** il y avait un vase sur la table ③ (*geschrieben stehen*) **auf der Tagesordnung ~** être à l'ordre du jour; **auf einer Liste ~** être inscrit sur une liste ④ (*stillstehen*) *Maschine, Uhr:* être arrêté ⑤ (*parken*) **vor der Einfahrt ~** *Auto:* être garé devant la sortie de garage ⑥ (*beeinflusst sein*) **unter Schock ~** être sous le choc ⑦ (*konfrontiert sein*) **vor dem Ruin ~** être au bord de la ruine ⑧ GRAM **im Futur ~** être au futur ⑨ (*kleidsam sein*) **jdm gut ~** *Hose, Frisur:* aller bien à qn ⑩ JUR **auf dieses Vergehen steht Gefängnis** ce délit est passible de prison ⑪ SPORT, SPIEL **es steht unentschieden** le score est nul ⑫ FIN **die Aktie steht gut** le cours de l'action est bon ⑬ *fam* (*fest, fertig sein*) *Vortrag, Doktorarbeit:* être prêt; *Mannschaft:* être formé ⑭ (*nicht abrücken von*) **zu einer Abmachung ~** s'en tenir à un accord ⑮ (*unterstützen*) **zu/hinter jdm ~** soutenir qn ⑯ (*gleichbedeutend sein mit*) **für etw ~** *Abkürzung:* signifier qc; *Symbol:* représenter qc ⑰ (*sich anlassen*) **gut/schlecht ~** *Chancen:* être bon/mauvais ⑱ (*stecken*) **jd steht hinter etw** (*dat*) il y a qn derrière qc ⑲ *fam* (*gut finden*) **auf jdn/etw ~** craquer pour qn/être fana de qc ⑳ (*unanfechtbar sein*) **über etw** (*dat*) **~** être au-dessus de qc ㉑ (*sein*) **offen ~** *Fenster, Tür:* être ouvert ▶ **etw steht und fällt mit jdm** qc repose sur qn II. *vi unpers* ① (*sein*) **es steht zu befürchten, dass** il est à craindre que + *subj* ② (*bestellt sein*) **es steht schlecht um ihn** il va mal
Stehen <-s> *nt* ① **etw im ~ tun** faire qc debout ② (*Stillstand*) **zum ~ kommen** *Auto, Zug:* s'arrêter
stehen|bleiben *s.* **bleiben I.4**
stehend *adj attr Gewässer* stagnant(e)
stehen|lassen *s.* **lassen I.6,** ▶
Stehkneipe *f* bistro *m* (*fam*) **Stehkragen** *m* col *m* droit **Stehlampe** *f* lampadaire *m* **Stehleiter** *f* escabeau *m*
stehlen ['ʃteːlən] <stiehlt, stahl, gestohlen> I. *vt* voler; **jdm etw ~** voler qc à qn ▶ **er kann mir gestohlen bleiben!** *fam* qu'il aille se faire voir! II. *vr* **sich aus dem Haus ~** s'esquiver de la maison
Stehplatz *m* place *f* debout **Stehvermögen** *nt kein Pl* ténacité *f*; **kein ~ haben** manquer de ténacité
Steiermark ['ʃtairmark] <-> *f* **die ~** la Styrie
steif [ʃtaif] I. *adj* ① (*starr*) rigide ② (*fest*) **das Eiweiß ~ schlagen** battre les œufs en neige ③ *Bein, Finger* raide; *Gelenk* ankylosé(e) ④ (*förmlich*) guindé(e) ⑤ (*erigiert*) en érection II. *adv* (*förmlich*) froidement
Steifheit <-> *f* ① (*Festigkeit*) rigidité *f*; *eines Gelenks* raideur *f* ② (*im Benehmen*) froideur *f*
Steigbügel *m a.* ANAT étrier *m*
Steige ['ʃtaigə] <-, -n> *f* DIAL ① (*steile Straße*) raidillon *m* ② A (*Obstkiste*) boîte *f* à fruit
Steigeisen *nt* (*für Schuhe*) crampon *m*
steigen ['ʃtaigən] <stieg, gestiegen> I. *vi* + *sein* ① (*klettern*) monter; **auf eine Leiter ~** monter sur une échelle; **auf einen Berg ~** escalader une montagne ② (*aufsitzen, absitzen*) **aufs Fahrrad ~** monter à vélo; **vom Fahrrad ~** descendre de vélo ③ (*ein-, aussteigen*) **in den Zug ~** monter dans le train; **aus dem Auto ~** descendre de la voiture ④ (*sich in die Luft erheben*) *Nebel, Ballon:* monter ⑤ *fam* (*sich begeben*) **aus der Wanne ~** sortir de la baignoire ⑥ (*sich erhöhen*) **um drei Prozent ~** augmenter de trois pour cent ⑦ (*anwachsen*) *Spannung:* monter ⑧ *fam* (*stattfinden*) **die Party steigt bei ihr** il y a une boum chez elle II. *vt* + *sein* monter *Treppen*
Steiger [ʃtaigɐ] <-s, -> *m* MIN porion *m*
steigern ['ʃtaigɐn] I. *vt* ① augmenter; faire monter *Spannung;* améliorer *Qualität* ② GRAM **ein Adjektiv ~** mettre un adjectif au comparatif/superlatif II. *vr* **sich ~** ① s'améliorer; *Geschwindigkeit:* augmenter ② (*anwachsen, sich intensivieren*) s'accroître
Steigerung <-, -en> *f* ① *der Geschwindigkeit* augmentation *f*; *der Leistung, Qualität* amélioration *f* ② GRAM comparaison *f*
Steigung <-, -en> *f* ① (*steile Strecke*) côte *f* ② (*Neigung, Anstieg*) pente *f*
steil [ʃtail] I. *adj* ① *Abhang, Klippe* escarpé(e), abrupt(e); *Hang, Straße* raide ② *fig Karriere* fulgurant(e) II. *adv ansteigen* abruptement; *abfallen* à pic

S

Steilhang *m* escarpement *m* **Steilküste** *f* falaise *f* **Steilpass**RR *m* SPORT chandelle *f* **Steilwand** *f* à-pic *m*

Stein [ʃtain] <-[e]s, -e> *m* ❶ pierre *f* ❷ (*Kieselstein*) caillou *m* ❸ (*Pflasterstein*) pavé *m* ❹ (*Felsbrocken*) rocher *m* ❺ *kein Pl* (*steinernes Material*) **zu ~ werden/erstarren** se pétrifier ▶ **bei jdm einen ~ im Brett haben** *fam* être dans les petits papiers de qn; **ihm/ihr fällt ein ~ vom Herzen** ça lui ôte un grand poids

steinalt ['ʃtain'ʔalt] *adj* très vieux(vieille) **Steinbock** *m* ❶ bouquetin *m* ❷ ASTROL Capricorne *m* **Steinbruch** *m* carrière *f* [de pierres] **Steinbutt** *m* turbot *m*

steinern ['ʃtainɐn] *adj* en pierre

Steinfraß *m* maladie *f* de la pierre **Steinfrucht** *f* fruit *m* à noyau **Steingut** *nt kein Pl* grès *m* **steinhart** ['ʃtain'hart] *adj* dur(e) comme pierre

steinig ['ʃtainɪç] *adj* (*Steine enthaltend*) plein(e) de pierres; (*mit Steinen bedeckt*) pierreux(-euse)

steinigen ['ʃtainɪgən] *vt* lapider

Steinkohle *f kein Pl* houille *f* **Steinmarder** *m* fouine *f*

Steinmetz(in) ['ʃtainmɛts] <-en, -en> *m(f)* tailleur(-euse) *m(f)* de pierres

Steinobst *nt* fruits *mpl* à noyau **Steinpilz** *m* cèpe *m* **Steinplatte** *f* dalle *f* [en pierre] **steinreich** ['ʃtain'raiç] *adj fam* richissime **Steinschlag** *m* chute *f* de pierres **Steinzeit** *f kein Pl* âge *m* de pierre

Steiß [ʃtais] <-es, -e> *m* ❶ ANAT coccyx *m* ❷ *fam* (*Hintern*) postérieur *m*

Steißbein *nt* ANAT coccyx *m* **Steißlage** *f* présentation *f* par le siège

Stele ['ste:lə, 'ʃte:lə] <-, -n> *f* KUNST stèle *f*

Stelenfeld ['ʃte:lən-, 'ste:lən-] *nt* KUNST champ *m* de stèles

S

Stelle ['ʃtɛlə] <-, -n> *f* ❶ (*Platz*) endroit *m* ❷ (*umrissener Bereich*) endroit *m;* (*Fleck*) tache *f;* **eine rote ~ auf der Schulter** une plaque rouge sur l'épaule ❸ (*Textstelle*) passage *m* ❹ MATH chiffre *m* ❺ (*Arbeitsplatz*) emploi *m;* (*im öffentlichen Dienst*) poste *m* ❻ (*Abteilung, Behörde*) service *m;* **an höherer/höchster ~** en haut lieu/au plus haut niveau ❼ (*Rang*) **an erster ~ stehen** occuper la première place ▶ **an dieser ~** à cette occasion; **an deiner/seiner ~** (*dat*) à ta/sa place; **auf der ~** sur-le-champ

stellen ['ʃtɛlən] **I.** *vt* ❶ (*hinstellen*) **das Glas auf den Tisch ~** poser le verre sur la table; **die Leiter an die Wand ~** dresser l'échelle contre le mur ❷ (*abstellen*) **das Auto in die Garage ~** [re]mettre la voiture au garage ❸ (*aufrecht hinstellen*) mettre debout ❹ (*einstellen*) **den Fernseher leiser ~** baisser [le son de] la télévision; **den Wecker auf sechs ~** régler le réveil sur six heures ❺ (*äußern, vorbringen*) poser *Frage;* présenter *Antrag* ❻ (*vorgeben*) donner *Aufgabe* ❼ (*zur Aufgabe zwingen*) arrêter *Täter* ❽ (*konfrontieren*) **jdn vor ein Rätsel ~** poser une énigme à qn ❾ (*arrangieren*) **eine Szene ~** *Regisseur:* [re]prendre une scène; *Polizei:* reconstituer une scène ❿ (*erstellen*) faire *Prognose;* établir *Diagnose* ⓫ FIN fournir *Kaution* ⓬ (*zur Verfügung stellen*) fournir *Mitarbeiter, Räume* **II.** *vr* ❶ (*sich hinstellen*) **sich hinter etw** (*akk*) **~** se mettre derrière qc ❷ (*entgegentreten*) **sich den Journalisten ~** faire face aux journalistes ❸ (*eine Position ergreifen*) **sich hinter jdn/etw ~** soutenir qn/qc ❹ (*sich melden*) **sich jdm ~** *Täter:* se livrer à qn ❺ (*sich ausgeben*) **sich schlafend ~** faire semblant de dormir ❻ (*sich aufdrängen*) **es stellt sich die Frage, ob ...** la question se pose de savoir si ...

Stellenangebot *nt* offre *f* d'emploi **Stellenanzeige** *f* (*Gesuch*) demande *f* d'emploi; (*Angebot*) offre *f* d'emploi **Stellenausschreibung** *f* avis *m* de recrutement **Stellengesuch** *nt* recherche *f* d'emploi **Stellenkampf** *m kein Pl* lutte *f* pour l'emploi **Stellenmarkt** *m* (*Arbeitsmarkt*) marché *m* de l'emploi

Stellenmarktprognose *f* prévisions *fpl* du marché de l'emploi

Stellenrückgang *m* baisse *f* de l'emploi

stellenweise *adv* par endroits

Stellenwert *m* (*Bedeutung*) importance *f*

Stellplatz *m* place *f* de stationnement **Stellschraube** *f* vis *f* de réglage

Stellung <-, -en> *f* ❶ (*Körperhaltung*) position *f; eines Hebels* position *f* ❷ (*Arbeitsplatz*) emploi *m* ❸ (*Rang*) rang *m* ❹ (*Einstellung*) **zu etw ~ nehmen** prendre position sur qc ▶ **die ~ halten** *fig* garder la boutique

Stellungnahme ['ʃtɛlʊŋna:mə] <-, -n> *f* ❶ *kein Pl* (*das Äußern*) prise *f* de position ❷ (*geäußerte Meinung*) position *f*

Stellungswechsel *m* changement *m* d'emploi

stellvertretend **I.** *adj* suppléant(e) **II.** *adv* **etw ~ für jdn/etw tun** faire qc à la place de qn/qc **Stellvertreter(in)** *m(f)* suppléant(e) *m(f)* **Stellvertretung** *f* suppléance *f*

Stelze ['ʃtɛltsə] <-, -n> *f* échasse *f*

stelzen ['ʃtɛltsən] *vi + sein* ❶ *Mensch:* avoir une démarche guindée; *Vogel:* se déplacer sur ses pattes d'échassier ❷ *fig* **sich gestelzt ausdrücken** parler sur un ton guindé
Stelzvogel *m* échassier *m*
stemmen ['ʃtɛmən] **I.** *vt* ❶ (*hoch drücken*) soulever ❷ (*stützen*) **die Arme in die Seiten ~** mettre les poings sur les hanches **II.** *vr* **sich gegen etw ~** s'appuyer contre qc; (*sich sträuben*) se dresser contre qc
Stempel ['ʃtɛmpəl] <-s, -> *m* (*Gerät, Stempelabdruck*) tampon *m*
Stempelgeld *nt kein Pl fam* allocation *f* chômage **Stempelkissen** *nt* tampon *m* encreur
stempeln **I.** *vt* tamponner *Formular, Dokument;* oblitérer *Briefmarke* **II.** *vi* tamponner
Stengel[ALT] *s.* **Stängel**
Steno [ʃte:no] <-> *f fam Abk von* **Stenographie** sténo *f*
Stenograf(in) [ʃteno'gra:f] <-en, -en> *m(f)* sténographe *mf*
Stenografie [ʃtenogra'fi:] <-, -ien> *f* sténographie *f*
stenografieren* [ʃtenogra'fi:rən] *vt, vi* sténographier
Stenogramm [ʃteno'gram] <-s, -e> *nt* sténogramme *m*
Stenograph [ʃteno'gra:f] *s.* **Stenograf**
Stenographie [ʃtenogra'fi:] *s.* **Stenografie**
stenographieren* [ʃtenogra'fi:rən] *s.* **stenografieren**
Stenotypist(in) [ʃtenoty'pɪst] <-en, -en> *m(f)* sténotypiste *mf*
Steppdecke *f* couette *f*
Steppe ['ʃtɛpə] <-, -n> *f* steppe *f*
steppen ['ʃtɛpən] *vi* faire des claquettes
Stepper ['ʃtɛpɐ] <-s, -> *m* (*Fitnessgerät*) stepper *m*
Stepptanz[RR] *m* claquettes *fpl*
Sterbebett *nt* lit *m* de mort **Sterbefall** *m* décès *m* **Sterbehilfe** *f kein Pl* euthanasie *f*
sterben ['ʃtɛrbən] <stirbt, starb, gestorben> *vi + sein* ❶ mourir; **an Krebs** (*dat*) **~** mourir d'un cancer ❷ *fam* (*vergehen*) **ich bin vor Angst fast gestorben** j'ai failli mourir de peur ▶ **gestorben sein** *fam Sache, Plan:* être à l'eau; **er/sie ist für mich gestorben!** *fam* je ne le/la connais plus!
Sterben <-s> *nt* agonie *f*
sterbenselend *adj fam* **ihr ist/sie fühlt sich ~** elle se sent horriblement mal **sterbenslangweilig** *adj fam* à mourir d'ennui **Sterbenswörtchen** ['ʃtɛrbəns'vœrtçən] ▶ **kein ~ verraten** ne pas dire un [traître] mot
Sterbesakramente *Pl* derniers sacrements *mpl* **Sterbeurkunde** *f* acte *m* de décès
sterblich ['ʃtɛrplɪç] *adj geh* mortel(le)
Sterbliche(r) *f(m) dekl wie adj geh* mortel(le) *m(f)*
Sterblichkeit <-> *f* mortalité *f*
stereo ['ʃte:reo, 'ste:reo] *adv* en stéréo
Stereo ['ʃte:reo, 'ste:reo] <-> *nt* stéréo *f*
Stereoanlage *f* chaîne *f* stéréo
Stereofonie[RR], **Stereophonie** [ʃtereofo'ni:, stereo-] <-> *f* stéréophonie *f* **Stereoton** <-töne> *m* son *m* stéréo
stereotyp [ʃtereo'ty:p] *adj* stéréotypé(e)
steril [ʃte'ri:l] *adj* stérile
Sterilisation [ʃteriliza'tsi̯o:n] <-, -en> *f* stérilisation *f*
sterilisieren* [ʃterili'zi:rən] *vt* stériliser
Sterilität [ʃterili'tɛ:t] <-> *f* stérilité *f*
Stern [ʃtɛrn] <-[e]s, -e> *m* étoile *f* ▶ **das steht noch in den ~en** seul l'avenir le dira
Sternbild *nt* constellation *f*
Sternchen <-s, -> *nt Dim von* **Stern** ❶ petite étoile *f* ❷ TYP astérisque *m*
Sternenbanner *nt* **das ~** la bannière étoilée **Sternenhimmel** *m* voûte *f* céleste **sternenklar** *s.* **sternklar** **Sternenzelt** *nt kein Pl geh* voûte *f* étoilée
sternförmig *adj Anordnung* en [forme d']étoile; *Grundriss* étoilé(e)
Sternfrucht *f* carambole *f*
sternhagelvoll ['ʃtɛrn'ha:gəl'fɔl] *adj fam* pinté(e)
sternklar ['ʃtɛrnkla:ɐ̯] *adj* étoilé(e) **Sternkunde** <-> *f* astronomie *f* **Sternschnuppe** <-, -n> *f* étoile *f* filante
Sternsinger(in) *m(f) le jour de l'Épiphanie, enfant vêtu d'un costume de Roi mage qui passe dans les maisons*
Sternstunde *f geh* moment *m* fort **Sternwarte** *f* observatoire *m* **Sternzeichen** *nt* signe *m* astrologique
Sterz [ʃtɛrts] <-es, -e> *m* A (*Speise*) polenta *f*
stet [ʃte:t] *s.* **stetig**
Stethoskop [ʃteto'sko:p] <-s, -e> *nt* stéthoscope *m*
stetig [ʃte:tɪç] **I.** *adj* permanent(e) **II.** *adv* de façon continue
Stetigkeit <-> *f* (*Beständigkeit*) constance *f*
stets [ʃte:ts] *adv* constamment

Steuer[1] ['ʃtɔyɐ] <-s, -> *nt* ① (*Lenkrad*) volant *m* ② (*Ruder*) gouvernail *m*
Steuer[2] ['ʃtɔyɐ] <-, -n> *f* impôt *m*
Steuerabzug *m* prélèvement *m* fiscal **Steuerbefreiung** *f* exonération *f* d'impôt **Steuerberater(in)** *m(f)* conseiller *m* fiscal/conseillère *f* fiscale **Steuerbescheid** *m* avis *m* d'imposition
steuerbord ['ʃtɔyɐbɔrt] *adv* à tribord **Steuerbord** ['ʃtɔyɐbɔrt] *nt* tribord *m*
Steuereinnahmen *Pl* recettes *fpl* fiscales **Steuererhöhung** *f* augmentation *f* d'impôt **Steuererklärung** *f* déclaration *f* d'impôt[s] **Steuerermäßigung** *f* dégrèvement *m* fiscal **Steuerfahnder(in)** *m(f)* inspecteur(-trice) *m(f)* du fisc **Steuerfahndung** *f* contrôle *m* fiscal **steuerfinanziert** *adj inv* POL financé(e) par les impôts **Steuerflucht** *f* évasion *f* fiscale **Steuerflüchtling** *m* **ein ~ sein** *se rendre coupable d'évasion fiscale* **steuerfrei** *adj* non imposable **Steuerfreiheit** *f kein Pl* POL exemption *f* fiscale **Steuergelder** *Pl* deniers *mpl* publics **Steuerhinterziehung** *f* fraude *f* fiscale **Steuerkarte** *f* carte *f* fiscale, bordereau *m* fiscal **Steuerklasse** *f* tranche *f* d'imposition
Steuerknüppel *m* levier *m* de commande
steuerlich *adj* fiscal(e)
Steuermann <-männer o -leute> *m* ① (*Offizier*) second *m* ② (*Steuerer eines Ruderboots*) barreur(-euse) *m(f)*
Steuermarke *f* timbre *m* fiscal
steuern ['ʃtɔyɐn] **I.** *vt + haben* ① (*lenken*) conduire *Fahrzeug;* piloter *Schiff* ② (*regulieren*) régler ③ (*beeinflussen*) orienter *Gespräch, Entwicklung* **II.** *vi + haben* **nach rechts ~** *Fahrer:* diriger la voiture à droite; *Steuermann:* diriger le bateau à droite
Steueroase *f,* **Steuerparadies** *nt fam* paradis *m* fiscal
steuerpflichtig *adj* imposable
Steuerpflichtige(r) *f(m) dekl wie adj* contribuable *mf*
Steuerpolitik *f* politique *f* fiscale **Steuerprogression** *f* barème *m* progressif de l'impôt
Steuerpult *nt* ELEC pupitre *m* de commande **Steuerrad** *nt* ① (*Lenkrad*) volant *m* ② NAUT barre *f*
Steuerrecht *nt kein Pl* régime *m* fiscal **Steuerreform** *f* réforme *f* fiscale
Steuerruder *nt* gouvernail *m*
Steuersatz *m* taux *m* d'imposition **Steuerschuld** *f* dette *f* fiscale **Steuersünder(in)** *m(f)* fraudeur(-euse) *m(f)* du fisc

S

Steuerung <-, -en> *f eines Flugzeugs* système *m* de pilotage; *eines Schiffs* gouverne *f*
Steuerungstaste *f* INFORM touche *f* "contrôle"
Steuerveranlagung *f* imposition *f* **Steuervorauszahlung** *f* acompte *m* provisionnel **Steuerzahler(in)** *m(f)* contribuable *mf*
Steward ['stju:ɐt] <-s, -s> *m* steward *m*
Stewardess[RR] ['stju:ɐdɛs] <-, -en> *f,* **Stewardeß**[ALT] <-, -ssen> *f* hôtesse *f* de l'air
StGB [ɛste:ge:'be:] <-[s]> *nt Abk von* **Strafgesetzbuch** ≈ code *m* pénal
stibitzen* [ʃti'bɪtsən] *vt hum fam* piquer
Stich [ʃtɪç] <-[e]s, -e> *m* ① (*Insektenstich*) piqûre *f* ② (*Stichverletzung*) coup *m* de couteau ③ (*Schmerz*) élancement *m* ④ (*Nähstich*) point *m* ⑤ (*Farbnuance*) **ein [leichter] ~ ins Bläuliche** une pointe de bleu ⑥ (*Radierung*) gravure *f* ⑦ SPIEL pli *m* ▶ **jdn im ~ lassen** *Person:* laisser tomber qn (*fam*); *Gedächtnis:* être défaillant
Stichelei [ʃtɪçə'lai] <-, -en> *f fam* piques *fpl*
sticheln ['ʃtɪçəln] *vi* lancer des piques (*fam*)
Stichflamme *f* jet *m* de flamme
stichhaltig *adj Beweis* concluant(e)
Stichhaltigkeit <-> *f* pertinence *f*
Stichling ['ʃtɪçlɪŋ] <-s, -e> *m* épinoche *f*
Stichprobe *f* prélèvement *m*
sticht [ʃtɪçt] *3. Pers Präs von* **stechen**
Stichtag *m* jour *m* fixé **Stichwahl** *f* scrutin *m* de ballottage **Stichwort** *nt* ① <-wörter> (*in Nachschlagewerken*) entrée *f;* (*in Registern, Indizes*) mot-clé *m* ② <-worte> (*Äußerung*) mot *m* repère ③ <-worte> (*Gedächtnisstütze*) mot-clé *m;* **sich** (*dat*) **~e notieren** noter les points essentiels
stichwortartig *adv* succinctement
Stichwortverzeichnis *nt a.* INFORM index *m* des mots-clés
Stichwunde *f* coup *m* de couteau
sticken ['ʃtɪkən] **I.** *vt* broder; **ein Monogramm auf etw** (*akk*) **~** broder un monogramme sur qc **II.** *vi* **an etw** (*dat*) **~** broder qc
Sticker ['ʃtɪkɐ, 'stɪkɐ] <-s, -> *m* (*Aufkleber*) autocollant *m*
Stickerei [ʃtɪkə'rai] <-, -en> *f* broderie *f*
Stickgarn *nt* fil *m* à broder
stickig ['ʃtɪkɪç] *adj Luft* confiné(e)
Sticknadel *f* aiguille *f* à broder

Stickoxid *nt* oxyde *m* d'azote **Stickstoff** ['ʃtɪkʃtɔf] *m kein Pl* CHEM azote *m*
Stiefbruder ['ʃtiːfbruːdɐ] *m* demi-frère *m*
Stiefel ['ʃtiːfəl] <-s, -> *m* botte *f*
Stiefelette [ʃtifəˈlɛtə] <-, -n> *f* bottine *f*
stiefeln ['ʃtiːfəln] *vi + sein fam* **über den Hof ~** traverser la cour à grandes enjambées
Stiefeltern *Pl* beaux-parents *mpl* **Stiefgeschwister** *Pl* frères et sœurs *mpl* de deux lits **Stiefkind** *nt* enfant *mf* d'un autre lit **Stiefmutter** *f* belle-mère *f* **Stiefmütterchen** *nt* pensée *f* **stiefmütterlich** *adj Behandlung* peu soigneux(-euse) **Stiefschwester** *f* demi-sœur *f* **Stiefsohn** *m* beau-fils *m* **Stieftochter** *f* belle-fille *f* **Stiefvater** *m* beau-père *m*
stieg [ʃtiːk] *Imp von* **steigen**
Stiege ['ʃtiːgə] <-, -n> *f* escalier *m* [en bois]
Stieglitz ['ʃtiːglɪts] <-es, -e> *m* chardonneret *m*
stiehlt [ʃtiːlt] *3. Pers Präs von* **stehlen**
Stiel [ʃtiːl] <-[e]s, -e> *m* ① *(Griff)* manche *m; eines Glases* pied *m* ② *(Stängel) einer Blume* tige *f; eines Apfels* queue *f*
Stielaugen *Pl* ▶ **~ kriegen** *fam* ouvrir de grands yeux
Stier [ʃtiːɐ̯] <-[e]s, -e> *m* ① taureau *m* ② ASTROL Taureau *m*
stieren ['ʃtiːrən] *vi* regarder fixement; **vor sich hin ~** regarder fixement devant soi
Stierkampf *m* corrida *f* **Stierkampfarena** *f* arène *f*
Stierkämpfer(in) *m(f)* torero *m* **Stiernacken** *m* cou *m* de taureau
stiernackig *adj* au cou de taureau
stieß [ʃtiːs] *Imp von* **stoßen**
Stift[1] [ʃtɪft] <-[e]s, -e> *m* ① *(Schreibgerät)* crayon *m* ② *(Stahlstift)* pointe *f;* *(Nagel)* clou *m* ③ *fam* *(Lehrling)* apprenti *m*
Stift[2] [ʃtɪft] <-[e]s, -e> *nt* *(christliche Institution)* fondation *f*
stiften ['ʃtɪftən] *vt* ① *(spenden)* offrir *Preis;* **jdm etw ~** faire don de qc à qn ② *fam (spendieren)* payer ③ *(verursachen)* provoquer, susciter *Unfrieden, Verwirrung*
Stifter(in) ['ʃtɪftɐ] <-s, -> *m(f)* *(Spender)* donateur(-trice) *m(f)*
Stiftskirche *f* collégiale *f*
Stiftung <-, -en> *f* ① *(Organisation)* fondation *f* ② *(Schenkung)* don *m*
Stiftzahn *m* dent *f* sur pivot
Stil [ʃtiːl] <-[e]s, -e> *m* ① style *m* ② *(Verhaltensweise)* genre *m*
Stilblüte *f hum* perle *f* **Stilbruch** *m* rupture *f* de style **Stilebene** *f* LING niveau *m* de langue **stilecht** *adj* de style **Stilikone** *f* *(Person)* icône *f* de style
stilisiert [ʃtiliˈziːɐ̯t] *adj* stylisé(e)
Stilistik [ʃtiˈlɪstɪk] <-> *f* stylistique *f*
stilistisch [ʃtiˈlɪstɪʃ] *adj* stylistique
still [ʃtɪl] I. *adj* ① *Mensch* calme; **um ihn ist es ~ geworden** on ne parle plus de lui; **sei ~!** tais-toi! ② *Luft, See* calme ③ *Leben, Gegend* tranquille; *Stunde* de tranquillité ④ *Hoffnung* secret(-ète); *Einvernehmen* tacite, implicite II. *adv* ① *(lautlos)* silencieusement ② *(bewegungslos)* tranquillement; **den Kopf ~ halten** ne pas bouger la tête; **~ sitzen** rester assis(e) tranquillement ③ *(heimlich)* secrètement
Stille ['ʃtɪlə] <-> *f* *(Laut-/Bewegungslosigkeit)* calme *m*
Stilleben[ALT] *s.* **Stillleben**
stillegen[ALT] *s.* **stilllegen**
Stillegung[ALT] *s.* **Stilllegung**
stillen ['ʃtɪlən] I. *vt* ① allaiter *Baby* ② *(befriedigen)* étancher *Durst;* calmer *Hunger;* assouvir *Verlangen* ③ *(zum Stillstand bringen)* arrêter *Blutung* II. *vi Mutter:* allaiter
Stillhalteabkommen *nt* moratoire *m*
still|halten *vi irr* se tenir tranquille
stilliegen[ALT] *s.* **stillliegen**
Stillleben[RR] *nt* nature *f* morte **still|legen[RR]** *vt* fermer; **stillgelegt** abandonné
Stilllegung[RR] <-, -en> *f* fermeture *f*
still|liegen[RR] *vi irr + haben Fabrik:* être fermé
stillos I. *adj Einrichtung, Architektur* dépourvu(e) de style II. *adv* sans style
Stillschweigen *nt* silence *m* **stillschweigend** I. *adj* tacite II. *adv* en silence; *billigen* tacitement **Stillstand** *m kein Pl* arrêt *m;* **etw zum ~ bringen** arrêter qc **still|stehen** *vi irr Maschine, Motor:* être arrêté
Stilmöbel *nt* meuble *m* de style
stilvoll I. *adj* de bon goût II. *adv* avec goût
Stimmabgabe *f* vote *m* **Stimmband** <-bänder> *nt meist Pl* corde *f* vocale **stimmberechtigt** *adj* qui a [le] droit de vote **Stimmberechtigte(r)** *f(m) dekl wie adj* votant(e) *m(f)* **Stimmbruch** *m kein Pl* mue *f*
Stimme ['ʃtɪmə] <-, -n> *f* ① *a. fig* voix *f* ② *(Wählerstimme)* voix *f* ③ MUS *(Stimmlage, Partie)* voix *f*
stimmen ['ʃtɪmən] I. *vi* ① *(zutreffen)* être juste, être exact ② *(in Ordnung sein) Rechnung, Kasse:* être bon ③ *(votieren)* **für jdn/gegen etw ~** voter pour qn/contre qc ▶ **stimmt's, oder habe ich Recht?** *fam* avoue/avouez que j'ai raison!; **da stimmt**

[**doch**] **was nicht!** *fam* il y a quelque chose qui cloche! **II.** *vt* ❶ MUS accorder ❷ (*machen*) **jdn traurig** ~ rendre qn triste

Stimmenauszählung *f* dépouillement *m* du scrutin **Stimmenfang** *m kein Pl pej* ▶ **auf** ~ **gehen** aller à la pêche aux voix **Stimmengewirr** *nt* brouhaha *m* **Stimmenmehrheit** *f* majorité *f* des voix

Stimmenthaltung *f* vote *m* blanc **Stimmgabel** *f* diapason *m*

stimmhaft *adj* sonore

stimmig ['ʃtɪmɪç] *adj* cohérent(e); [**in sich**] ~ **sein** être cohérent

Stimmlage *f* registre *m*

stimmlos *adj* LING sourd(e)

Stimmrecht *nt* droit *m* de vote

Stimmritze *f* ANAT glotte *f*

Stimmung <-, -en> *f* ❶ (*Laune*) humeur *f* ❷ *fam* (*gute Laune*) bonne humeur *f*; (*gute Atmosphäre*) ambiance *f*

Stimmungsbarometer *nt fam* **das** ~ **steigt** le moral remonte **Stimmungskanone** *f fam* boute-en-train *m inv* **Stimmungsumschwung** *m* saute *f* d'humeur; (*Meinungsumschwung*) revirement *m* [de l'opinion]

stimmungsvoll *adj Gedicht, Gemälde* évocateur(-trice); *Lied* sentimental(e)

Stimmzettel *m* bulletin *m* de vote

Stimulans <-, Stimulanzien> *nt* (*Mittel*) stimulant *m*

Stimulation [ʃtimula'tsi̯o:n] <-, -en> *f geh* stimulation *f*

stimulieren* [ʃtimu'li:rən] *vt a.* MED stimuler

Stinkbombe *f* boule *f* puante

Stinkefinger *m fam* doigt *m* d'honneur; **jdm den** ~ **zeigen** faire un doigt d'honneur à qn

stinken ['ʃtɪŋkən] <stank, gestunken> *vi* ❶ puer; **nach Schweiß** ~ puer la sueur ❷ *fam* (*verdächtig sein*) être louche; **das stinkt nach Verrat!** ça sent l'embrouille! ❸ *fam* (*zuwider sein*) **ihr stinkt die Arbeit** elle en a plein le cul du boulot

stinkend *adj* infect(e)

stinkfaul ['ʃtɪŋk'fau̯l] *adj fam* flemmard(e) **stinkkonservativ** ['ʃtɪŋk'kɔnzɛrvati:f] *adj pej fam* ultraconservateur(-trice) **stinklangweilig** ['ʃtɪnk'laŋvai̯lɪç] *adj fam* barbant(e), chiant(e) **stinkreich** ['ʃtɪŋk'rai̯ç] *adj fam* plein(e) aux as **stinksauer** ['ʃtɪŋk'zau̯ɐ] *adj fam* furax **Stinktier** *nt* mouffette *f* **Stinkwut** ['ʃtɪŋk'vu:t] *f fam* rage *f*

Stipendiat(in) [ʃtipɛn'di̯a:t] <-en, -en> *m(f)* boursier(-ière) *m(f)*

Stipendium [ʃti'pɛndi̯ʊm] <-s, -dien> *nt* bourse *f* [d'études]

Stippvisite ['ʃtɪpvizi:tə] *f fam* visite *f* éclair

stirbt [ʃtɪrpt] *3. Pers Präs von* **sterben**

Stirn [ʃtɪrn] <-, -en> *f* front *m*; **die** ~ **runzeln** plisser le front

Stirnband <-bänder> *nt* bandeau *m* **Stirnbein** *nt* [os *m*] frontal *m* **Stirnglatze** *f* front *m* dégarni **Stirnhöhle** *f* sinus *m* frontal **Stirnrunzeln** <-s> *nt* froncement *m* des sourcils **Stirnseite** *f* ❶ *eines Gebäudes* façade *f* ❷ *eines Tisches* bout *m*

stöbern ['ʃtø:bɐn] *vi* fouiller; **in etw** (*dat*)/**nach etw** ~ fouiller dans qc/être à la recherche de qc

stochern ['ʃtɔxɐn] *vi* **im Essen** ~ picorer dans son assiette; **sich** (*dat*) **in den Zähnen** ~ se curer les dents

Stock[1] [ʃtɔk, *Pl:* 'ʃtœkə] <-[e]s, Stöcke> *m* ❶ bâton *m* ❷ (*Spazierstock*) canne *f* ❸ (*Skistock*) bâton *m* de ski

Stock[2] [ʃtɔk] <-[e]s> *m* étage *m*

stockbesoffen ['ʃtɔkbə'zɔfən] *adj fam* rond(e) comme une queue de pelle

Stöckchen ['ʃtœkçən] <-s, -> *nt Dim von* **Stock** bout *m* de bois

stockdunkel ['ʃtɔk'dʊŋkəl] *adj fam* **eine stockdunkle Nacht** une nuit d'encre

Stöckelschuh ['ʃtœkəl-] *m* chaussure *f* à talons hauts

stocken ['ʃtɔkən] *vi* ❶ (*innehalten*) s'interrompre ❷ (*stillstehen*) *Gespräch:* être interrompu; *Verkehr:* être bloqué

Stockerl ['ʃtɔkɐl] <-s, -n> *nt* A, SDEUTSCH (*Hocker*) tabouret *m*

stockfinster ['ʃtɔk'fɪnstɐ] *adj fam* **draußen ist es** ~ il fait nuit noire dehors **Stockfisch** *m* morue *f* séchée **Stockhieb** *m* coup *m* de bâton

Stockholm ['ʃtɔkhɔlm] <-s> *nt* Stockholm

stockkonservativ ['ʃtɔkkɔnzɛrva'ti:f] *adj fam* ultraconservateur(-trice) **stocksauer** ['ʃtɔk'zau̯ɐ] *fam* **I.** *adj* furax (*arg*); ~ **auf jdn sein** être furax contre qn **II.** *adv* furax (*arg*) **stocksteif** ['ʃtɔk'ʃtai̯f] *fam* **I.** *adj Gang, Haltung* guindé(e) (*hum*) **II.** *adv* raide comme un piquet (*hum*)

Stockung <-, -en> *f einer Diskussion* suspension *f*; *des Verkehrs* paralysie *f*

Stockwerk *nt* étage *m*

Stoff [ʃtɔf] <-[e]s, -e> *m* ❶ (*Textilmaterial*) tissu *m* ❷ (*Substanz*) substance *f* ❸ *kein Pl* (*Thema*) matière *f* ❹ *kein Pl fam* (*Rauschgift*) came *f*

S

Stoffel ['ʃtɔfəl] <-s, -> *m pej fam* rustaud *m*
Stofffetzen[RR] *m* lambeau *m* d'étoffe **Stoffrest** *m* chute *f* de tissu **Stofftier** *nt* [animal *m* en] peluche *f* **Stoffwechsel** *m* métabolisme *m*
stöhnen ['ʃtøːnən] *vi* ❶ gémir; **das Stöhnen** le gémissement ❷ (*klagen*) **über etw** (*akk*) ~ se plaindre de qc
stoisch ['ʃtoːɪʃ] *geh adj* stoïque
Stola ['ʃtoːla] <-, Stolen> *f* étole *f*
Stollen ['ʃtɔlən] <-s, -> *m* ❶ MIN galerie *f* ❷ (*Gebäck*) stollen *m* (*gâteau brioché de Noël*)
Stolperfalle *f fig* piège *m*; **diese Maßnahme birgt etliche ~n** cette mesure recèle de nombreux pièges
stolpern ['ʃtɔlpɐn] *vi + sein* ❶ trébucher; **über etw** (*akk*) ~ trébucher sur qc ❷ (*unvermutet stoßen auf*) **über jdn/etw** ~ tomber sur qn/qc
stolz [ʃtɔlts] *adj* ❶ fier(fière) ❷ *fam Preis* substantiel(le)
Stolz [ʃtɔlts] <-es> *m* fierté *f*
stolzieren* [ʃtɔl'tsiːrən] *vi + sein* se pavaner
stop [ʃtɔp] *interj* (*Verkehrsschild, Telegramm*) stop
Stop-and-go-Verkehr ['stɔpʔɛnt'goːfɛɐ̯keːɐ̯] <-s> *m* [circulation *f*] pare-chocs *m* contre pare-chocs
Stopfei ['ʃtɔpf-] *nt* œuf *m* à repriser
stopfen ['ʃtɔpfən] **I.** *vt* ❶ (*hineinzwängen*) **etw in die Tasche** ~ enfoncer qc dans le sac ❷ (*ausbessern*) raccommoder *Socken* ❸ (*abdichten*) boucher *Ritze* ❹ (*füllen*) bourrer *Kissen, Pfeife* **II.** *vi* ❶ (*ausbessern*) faire du raccommodage ❷ (*Verstopfung verursachen*) constiper
Stopfen ['ʃtɔpfən] <-s, -> *m* DIAL bouchon *m*
Stopfgarn *nt* fil *m* à repriser
stopp [ʃtɔp] *interj* stop, halte
Stopp [ʃtɔp] <-s, -s> *m* ❶ (*Halt*) arrêt *m* ❷ (*Unterbrechung*) gel *m*
Stoppel ['ʃtɔpəl] <-, -n> *f meist Pl* ❶ (*Getreidestoppel*) chaume *m* ❷ (*Bartstoppel*) poil *m* dru
Stoppelbart *m* barbe *f* de plusieurs jours **Stoppelfeld** *nt* chaumes *mpl*
stoppelig ['ʃtɔpəlɪç] *adj* mal rasé(e)
Stoppelzieher <-s, -> *m* A (*Korkenzieher*) tire-bouchon *m*
stoppen ['ʃtɔpən] **I.** *vt* ❶ (*anhalten*) stopper ❷ (*mit der Stoppuhr messen*) chronométrer *Zeit* **II.** *vi* **vor etw** (*dat*) ~ s'arrêter devant qc
stopplig *s.* **stoppelig**
Stoppschild <-schilder> *nt* [panneau *m*] stop *m* **Stoppuhr** *f* chronomètre *m*
Stöpsel ['ʃtœpsəl] <-s, -> *m* ❶ (*Pfropfen*) bouchon *m* ❷ *hum fam* (*Knirps*) moutard *m*
Stör <-[e]s, -e> *m* esturgeon *m*
störanfällig *adj* sujet(te) à des pannes
Storch [ʃtɔrç, *Pl:* 'ʃtœrçə] <-[e]s, Störche> *m* cigogne *f*
Store [stɔː, stoːɐ̯] <-s, -s> *m* voilage *m*
stören ['ʃtøːrən] **I.** *vt* ❶ (*belästigen*) déranger; **jdn bei etw** ~ déranger qn dans qc ❷ (*unterbrechen*) troubler *Rede, Veranstaltung* ❸ (*beeinträchtigen*) perturber *Leitung, Empfang* **II.** *vi* (*lästig sein*) déranger **III.** *vr fam* **sich an etw** (*dat*) ~ se formaliser de qc
Störenfried ['ʃtøːrənfriːt] <-[e]s, -e> *m* trouble-fête *m* (*fam*)
Störfaktor *m* élément *m* perturbateur **Störfall** *m* incident *m* **Störmaßnahme** *f* mesure *f* perturbatrice
stornieren* [ʃtɔr'niːrən] *vt* annuler *Reise, Auftrag;* rectifier *Betrag*
Stornierung <-, -en> *f* annulation *f*
Storno ['ʃtɔrno] <-s, Storni> *m o nt einer Reise, eines Auftrags* annulation *f; eines Betrags* rectification *f*
störrisch ['ʃtœrɪʃ] *adj Mensch, Esel* têtu(e)
Störsender *m* brouilleur *m*
Störung <-, -en> *f* ❶ (*Unterbrechung*) dérangement *m; einer Veranstaltung* perturbation *f* ❷ (*Störgeräusch*) perturbation *f* ❸ (*technischer Defekt*) incident *m* ❹ MED dysfonctionnement *m*
störungsfrei *adj Empfang* sans parasites **Störungsstelle** *f* [service *m* des] dérangements *mpl*
Story ['stoːri, 'stɔri] <-, -s *o* Stories> *f* ❶ *fam* (*Geschichte*) histoire *f* ❷ (*Bericht*) papier *m*
Stoß [ʃtoːs, *Pl:* 'ʃtøːsə] <-es, Stöße> *m* ❶ (*Schubs*) poussée *f* ❷ (*Aufprall*) choc *m* ❸ (*Erschütterung*) secousse *f* ❹ (*Stapel*) pile *f*
Stoßdämpfer *m* amortisseur *m*
Stößel ['ʃtøːsəl] <-s, -> *m* ❶ (*für Mörser*) pilon *m* ❷ TECH poussoir *m*
stoßen ['ʃtoːsən] <stößt, stieß, gestoßen> **I.** *vt + haben* ❶ (*schubsen*) pousser ❷ (*stechen*) **er hat ihm ein Messer in den Arm gestoßen** il lui a flanqué un coup de couteau dans le bras ❸ (*werfen*) lancer *Kugel* **II.** *vr + haben* ❶ (*sich verletzen*) **sich** ~ se cogner ❷ (*Anstoß nehmen*) **sich an etw** (*dat*) ~ s'offusquer

S

de qc **III.** *vi* ❶ + *sein* (*berühren*) **gegen jdn/etw ~** heurter qn/qc ❷ + *haben* (*einen Stoß geben*) **mit dem Fuß gegen die Tür ~** donner un coup de pied à la porte ❸ + *sein* (*grenzen*) **an etw** (*akk*) ~ être contigu à qc ❹ + *sein* (*finden*) **auf jdn/etw ~** tomber sur qn/qc ❺ + *sein* (*sich anschließen*) **zu jdm ~** rejoindre qn ❻ + *sein* (*konfrontiert werden mit*) **auf Ablehnung** (*akk*) ~ se heurter à un refus

stoßfest *adj* résistant(e) aux chocs

Stoßgebet *nt* oraison *f* jaculatoire **Stoßseufzer** *m* profond soupir *m* **Stoßstange** *f* pare-chocs *m*

stößt [ʃtøːst] *3. Pers Präs von* **stoßen**

Stoßtrupp *m* troupe *f* de choc **Stoßverkehr** *m* heures *fpl* de pointe

stoßweise *adv* ❶ (*ruckartig*) par saccades ❷ (*in Stapeln*) en tas

Stoßzahn *m* défense *f* **Stoßzeit** *f* ❶ (*Hauptverkehrszeit*) heures *fpl* de pointe ❷ (*Hauptgeschäftszeit*) période *f* d'affluence

Stotterer ['ʃtɔtərɐ] <-s, -> *m*, **Stotterin** *f* bègue *mf*, bégayeur(-euse) *m(f)*

stottern ['ʃtɔtɐn] **I.** *vi* bégayer **II.** *vt* bredouiller *Antwort*

Stövchen <-s, -> *nt* réchaud *m*

Str. *Abk von* **Straße** r[ue]

Strafanstalt *f* établissement *m* pénitentiaire **Strafantrag** *m* réquisitoire *m* **Strafanzeige** *f* plainte *f* **Strafarbeit** *f* punition *f* **Strafbank** <-bänke> *f* SPORT banc *m* de pénalité; (*beim Hockey*) banc *m* des prisons

strafbar *adj* répréhensible; **sich ~ machen** être passible d'une sanction

Strafe ['ʃtraːfə] <-, -n> *f* ❶ (*Bestrafung*) punition *f* ❷ JUR (*Haftstrafe*) peine *f*; (*Geldstrafe*) amende *f* ❸ *fam* (*unangenehme Folge*) **das ist die ~ für deinen Leichtsinn!** tu ne l'as pas volé!

strafen ['ʃtraːfən] *vt* ❶ (*bestrafen*) punir; **jdn für etw ~** punir qn pour qc ❷ *fig geh* **jdn mit Verachtung ~** répondre à qn par le mépris ▶ **mit jdm/etw gestraft sein** *hum* être affligé de qn/qc

strafend *adj Blick* réprobateur(-trice)

StraferlassRR *m* remise *f* de peine

straff [ʃtraf] **I.** *adj* ❶ *Seil* tendu(e) ❷ *Haut, Brust* ferme ❸ *Organisation* sévère, strict(e) **II.** *adv* ❶ (*fest*) étroitement; *spannen* fortement ❷ *organisieren* rigoureusement

straffällig *adj* JUR délinquant(e); **~ werden** tomber dans la délinquance

straffen ['ʃtrafən] *vt* ❶ (*anziehen*) tendre ❷ (*kürzen*) condenser *Text* ❸ (*straff machen*) raffermir *Haut*

straffrei *adj* **~ ausgehen** rester exempt(e) de toute peine **Straffreiheit** *f kein Pl* impunité *f* **Strafgefangene(r)** *f(m) dekl wie adj* prisonnier(-ière) *m(f)* **Strafgericht** *nt* ❶ (*Gericht*) tribunal *m* correctionnel ❷ *geh* (*Bestrafung*) châtiment *m* **Strafgesetz** *nt* loi *f* pénale **Strafgesetzbuch** *nt* ≈ code *m* pénal **Strafkammer** *f* tribunal *m* correctionnel

sträflich ['ʃtrɛːflɪç] **I.** *adj* inadmissible, impardonnable **II.** *adv* **jdn/etw ~ vernachlässigen** délaisser éhontément qn/qc

Sträfling ['ʃtrɛːflɪŋ] <-s, -e> *m* détenu(e) *m(f)*

straflos *adj* **~ sein** être impuni

Strafmandat *nt* contravention *f* **Strafmaß** *nt* peine *f* **strafmildernd** *adj* favorable **Strafmilderung** *f* adoucissement *m* de la peine **Strafpredigt** *f fam* sermon *m* (*péj*) **Strafprozess**RR *m* procès *m* pénal **Strafpunkt** *m* SPORT point *f* de pénalité **Strafraum** *m* surface *f* de réparation **Strafrecht** *nt kein Pl* droit *m* pénal **strafrechtlich** **I.** *adj* pénal(e) **II.** *adv* **jdn ~ verfolgen** poursuivre qn pour délit **Strafregister** *nt* casier *m* judiciaire **Strafstoß** *m* SPORT penalty *m* **Straftat** *f* délit *m* **Straftäter(in)** *m(f)* délinquant(e) *m(f)* **Strafverfahren** *nt* procédure *f* pénale **Strafverfolger(in)** *m(f)* JUR procureur *mf* de la République **strafversetzen*** *vt nur Infin und PP* muter d'office [par mesure disciplinaire]; **jdn ~** muter qn d'office [par mesure disciplinaire] **Strafverteidiger(in)** *m(f)* avocat(e) *m(f)* du pénal **Strafvollzug** *m* régime *m* pénitentiaire **Strafvollzugsanstalt** *f form* maison *f* d'arrêt **Strafzettel** *m fam* P.-V. *m*

Strahl [ʃtraːl] <-[e]s, -en> *m* ❶ (*Lichtstrahl*) rayon *m* ❷ (*Flüssigkeitsstrahl*) jet *m* ❸ *Pl* PHYS **radioaktive ~en** radiations *fpl*

strahlen ['ʃtraːlən] *vi* ❶ (*leuchten*) briller ❷ (*erfreut sein*) **vor Freude** (*dat*) ~ rayonner de joie ❸ (*radioaktiv sein*) irradier

Strahlenbehandlung *f* radiothérapie *f*

Strahlenbelastung *f* irradiation *f*

strahlend **I.** *adj* ❶ *Wetter* radieux(-euse), resplendissant(e); *Sonnenschein* éclatant(e) ❷ (*radioaktiv*) radioactif(-ive) **II.** *adv* ❶ (*leuchtend*) **~ weiß sein** être d'un blanc éclatant ❷ (*freudig*) **jdn ~ ansehen** regarder qn d'un air radieux

Strahlendosis *f* dose *f* radioactive

S

strahlenförmig I. *adj* rayonné(e) II. *adv* ~ **ausbreiten** rayonner
strahlengeschädigt *adj inv* irradié(e) **Strahlenkrankheit** *f* mal *m* des rayons **Strahlenschutz** *m* protection *f* contre les radiations
Strahler <-s, -> *m* (*Lampe*) spot *m*
Strahlung <-, -en> *f* rayonnement *m;* (*radioaktiv*) radiations *fpl*
strahlungsarm *adj* à faibles radiations **Strahlungsenergie** *f* énergie *f* radiante
Strähnchen ['ʃtrɛːnçən] *Pl* mèches *fpl*
Strähne ['ʃtrɛːnə] <-, -n> *f* mèche *f*
strähnig ['ʃtrɛːnɪç] *adj Haare* en mèches poisseuses
straight [streːt] *adj sl* rangé(e)
stramm [ʃtram] I. *adj* ❶ (*straff*) tendu(e) ❷ *Bursche, Baby* robuste ❸ *Waden* potelé(e) II. *adv binden* solidement; ~ **sitzen** *Hose:* être trop serré
strammlstehen *vi irr* se tenir au garde-à-vous
Strampelanzug *m,* **Strampelhöschen** ['ʃtrampəlhøːsçən] *nt* barboteuse *f*
strampeln ['ʃtrampəln] *vi* ❶ + *haben* gigoter, **mit den Beinen** ~ gigoter les jambes ❷ + *sein fam* (*Rad fahren*) pédaler
Strand [ʃtrant, *Pl:* 'ʃtrɛndə] <-[e]s, Strände> *m* plage *f*
stranden ['ʃtrandən] *vi* + *sein* (*auf Grund laufen*) [s']échouer
Strandgut *nt kein Pl* épaves *fpl* **Strandkorb** *m* fauteuil-cabine *m* en osier **Strandpromenade** *f* promenade *f*
Strang [ʃtraŋ, *Pl:* 'ʃtrɛŋə] <-[e]s, Stränge> *m* ❶ (*Strick*) corde *f* ❷ (*Nervenstrang, Muskelstrang*) cordon *m*
strangulieren* [ʃtraŋgu'liːrən] I. *vt* étrangler II. *vr* **sich** ~ s'étrangler
Strapaze [ʃtra'paːtsə] <-, -n> *f* fatigue *f*
strapazieren* [ʃtrapa'tsiːrən] *vt* ❶ (*stark beanspruchen*) fatiguer *Schuhe;* malmener *Sitzmöbel* ❷ (*belasten*) pousser à bout *Person;* **jds Geduld** ~ mettre la patience de qn à rude épreuve
strapazierfähig *adj* solide
strapaziös [ʃtrapa'tsi̯øːs] *adj* épuisant(e)
Straps [ʃtraps] <-es, -e> *m* (*Strumpfhalter*) jarretelle *f*
Straßburg ['ʃtraːsbʊrk] <-s> *nt* Strasbourg
Straße ['ʃtraːsə] <-, -n> *f* ❶ (*in Ortschaften*) rue *f;* (*Landstraße*) route *f* ❷ (*Meerenge*) **die** ~ **von Gibraltar** le détroit de Gibraltar
Straßenanzug *m* costume *m* de ville **Straßenarbeiten** *Pl* travaux *mpl* [de voirie] **Straßenarbeiter(in)** *m(f)* cantonnier(-ière) *m(f)* **Straßenbahn** *f* tram[way] *m*
Straßenbahnfahrer(in) *m(f)* (*Beruf*) conducteur(-trice) *m(f)* de tram[way] **Straßenbahnhaltestelle** *f* arrêt *m* de tram[way] **Straßenbahnlinie** *f* ligne *f* de tram[way]
Straßenbau *m kein Pl* construction *f* de routes **Straßenbauamt** *nt* ≈ service *m* de la voirie **Straßenbelag** *m* revêtement *m* de la chaussée **Straßenbeleuchtung** *f* éclairage *m* public **Straßenfeger(in)** <-s, -> *m(f)* balayeur(-euse) *m(f)* **Straßenfest** *nt* fête *f* des rues **Straßenglätte** *f* verglas *m* **Straßengraben** *m* fossé *m* **Straßenhändler(in)** *m(f)* marchand *m* ambulant/marchande *f* ambulante **Straßenkampf** *m meist Pl* combat *m* de rue **Straßenkarte** *f* carte *f* routière
Straßenkehrer(in) <-s, -> *m(f)* DIAL balayeur(-euse) *m(f)*
Straßenkreuzer <-s, -> *m fam* grosse bagnole *f* [américaine] **Straßenkreuzung** *f* (*in einer Ortschaft*) carrefour *m;* (*außerhalb einer Ortschaft*) croisement *m* **Straßenlage** *f* tenue *f* de route **Straßennetz** *nt* réseau *m* routier **Straßenrand** *m* bas-côté *m* **Straßenschild** <-schilder> *nt* plaque *f* de rue **Straßenschlucht** *f fam* rue *f* encaissée **Straßenseite** *f* ❶ (*Seite einer Straße*) côté *m* d'une rue/route; **auf der anderen** ~ de l'autre côté de la rue/route ❷ *eines Gebäudes* côté *m* rue **Straßensperre** *f* barrage *m* routier **Straßenstrich** *m fam* coin *m* des prostituées **Straßenverkehr** *m* circulation *f* routière **Straßenverkehrsordnung** *f* code *m* de la route
Stratege [ʃtra'teːgə] <-n, -n> *m,* **Strategin** *f* stratège *m*
Strategie [ʃtrate'giː] <-, -ien> *f* stratégie *f*
strategisch [ʃtra'teːgɪʃ] I. *adj* stratégique II. *adv* ❶ MIL sur le plan stratégique ❷ *vorgehen* savamment; *denken* de manière méthodique
Stratosphäre [ʃtrato'sfɛːrə] *f kein Pl* METEO stratosphère *f*
sträuben [ʃtrɔ͜ybən] I. *vr* ❶ (*sich widersetzen*) **sich** ~ regimber; **sich gegen etw** ~ s'opposer à qc ❷ (*sich aufrichten*) **sich** ~ *Fell, Gefieder:* se hérisser II. *vt* **das Fell/Gefieder** ~ hérisser ses poils/plumes
Strauch [ʃtra͜ux, *Pl:* 'ʃtrɔ͜yçɐ] <-[e]s, Sträucher> *m* arbuste *m*
straucheln ['ʃtra͜uxəln] *vi* + *sein geh*

S

❶ (*stolpern*) trébucher ❷ (*straffällig werden*) tourner mal

Strauß[1] [ʃtraus, *Pl:* 'ʃtrɔysə] <-es, Sträuße> *m* (*Gebinde*) bouquet *m*

Strauß[2] [ʃtraus] <-es, -e> *m* (*Vogel*) autruche *f*

Straußenfeder *f* plume *f* d'autruche

Streaming ['striːmɪŋ] <-s> *nt kein Pl* INET lecture *f* en continu, streaming *m;* **sich** (*dat*) **einen Film per ~ ansehen** regarder un film en streaming

Strebe ['ʃtreːbə] <-, -n> *f* contre[-]fiche *f*

streben ['ʃtreːbən] *vi* + *haben* **nach Anerkennung ~** aspirer à être reconnu; **danach ~, etw zu tun** ambitionner de faire qc

Streben ['ʃtreːbən] <-s> *nt geh* aspiration *f;* **~ nach etw** aspiration à qc

Strebepfeiler *m* contrefort *m*

Streber(in) ['ʃtreːbɐ] <-s, -> *m(f) pej fam* (*Schüler*) fayot(e) *m(f);* (*Berufstätiger*) arriviste *mf*

strebsam ['ʃtreːpzaːm] *adj Schüler* assidu(e)

Strebsamkeit <-> *f eines Schülers* assiduité *f; eines Mitarbeiters* zèle *m*

Strecke ['ʃtrɛkə] <-, -n> *f* ❶ (*Wegstrecke*) route *f;* **auf halber ~** à mi-chemin ❷ (*Entfernung*) distance *f* ❸ (*Eisenbahnstrecke*) ligne *f* [de chemin de fer] ❹ (*zurückgelegter Weg*) trajet *m* ❺ (*vorgegebener Weg*) itinéraire *m* ❻ *fig* (*Passage*) **der Film ist über weite ~n ziemlich langweilig** de nombreux passages du film sont assez ennuyeux ▶ **auf der ~ bleiben** *fam Person:* rester sur le carreau

strecken ['ʃtrɛkən] **I.** *vt* ❶ tendre *Arm, Bein;* **den Kopf aus dem Fenster ~** passer la tête par la fenêtre ❷ *fam* (*ergiebiger machen*) allonger *Suppe* **II.** *vr* **sich ~** s'étirer

Streckenabschnitt *m* tronçon *m* **Streckennetz** *nt* réseau *m*

streckenweise *adv* par endroits

Streckmuskel *m* [muscle *m*] extenseur *m*

Streckung <-, -en> *f* allongement *m; der Glieder* étirement *m*

Streckverband *m* pansement *m* extenseur

Streetworker(in) ['striːtvøːɐ̯kɐ] <-s, -> *m(f)* éducateur(-trice) *m(f)* de rue

Streich [ʃtraiç] <-[e]s, -e> *m* plaisanterie *f*

Streicheleinheiten *Pl hum fam* (*Zärtlichkeit*) câlins *mpl;* (*Lob*) compliments *mpl*

streicheln ['ʃtraiçəln] *vt* caresser

streichen ['ʃtraiçən] <strich, gestrichen> **I.** *vt* + *haben* ❶ (*anstreichen*) peindre ❷ (*schmieren*) **Butter aufs Brötchen ~** tartiner du beurre sur le petit pain ❸ (*glätten*) **glatt ~** lisser *Haar;* défroisser *Zettel* ❹ (*ausstreichen*) rayer *Namen;* barrer *Wort* ❺ (*zurückziehen*) supprimer *Zuschuss* **II.** *vi* ❶ + *haben* (*gleiten*) **mit der Hand über etw** (*akk*) **~** passer la main sur qc ❷ + *sein* (*streifen*) **ums Haus ~** rôder autour de la maison

Streicher(in) ['ʃtraiçɐ] <-s, -> *m(f)* MUS joueur(-euse) *m(f)* d'un instrument à cordes; **die ~** les cordes *fpl*

Streichholz *nt* allumette *f* **Streichinstrument** *nt* instrument *m* à cordes **Streichkäse** *m* fromage *m* à tartiner **Streichorchester** *nt* orchestre *m* à cordes **Streichquartett** *nt* quatuor *m* à cordes

Streichung <-, -en> *f* (*gestrichener Text*) passage *m* supprimé

Streichwurst *f* pâté *m* [à tartiner]

Streifband <-bänder> *nt* (*für Bankscheine*) bracelet *m* [à billets]

Streife ['ʃtraifə] <-, -n> *f* patrouille *f*

streifen ['ʃtraifən] **I.** *vt* + *haben* ❶ (*flüchtig berühren*) frôler; **der Schuss hat ihn an der Schulter gestreift** le projectile lui a éraflé l'épaule ❷ (*flüchtig erwähnen*) effleurer ❸ (*überziehen*) **sich** (*dat*) **den Pullover über den Kopf ~** enfiler le pull **II.** *vi geh* + *sein* **durch den Wald ~** errer dans la forêt

Streifen ['ʃtraifən] <-s, -> *m* ❶ (*schmale Linie*) rayure *f;* (*breite Linie*) bande *f;* (*am Himmel*) traînée *f* ❷ (*Striemen*) marque *f* ❸ (*Stoffstreifen*) bande *f* ❹ *fam* (*Film*) film *m*

Streifenpolizist(in) *m(f)* agent *m* de police en patrouille **Streifenwagen** *m* voiture *f* de police

Streiflicht *nt der Scheinwerfer* faisceau *m* **Streifschuss**[RR] *m* éraflure *f* **Streifzug** *m* ❶ (*Bummel*) balade *f* ❷ (*Exkurs*) tour *m* d'horizon

Streik [ʃtraik] <-[e]s, -s> *m* grève *f*

Streikbrecher(in) *m(f)* briseur(-euse) *m(f)* de grève

streiken ['ʃtraikən] *vi* ❶ faire grève; **für etw ~** faire grève pour qc ❷ *hum fam* (*sich weigern, nicht funktionieren*) faire grève

Streikende(r) *f(m) dekl wie adj* gréviste *mf*

Streikgeld *nt* indemnité *f* de grève (*versée aux grévistes par leur syndicat*) **Streikposten** *m* piquet *m* de grève **Streikwelle** *f* vague *f* de grèves

Streit [ʃtrait] <-[e]s, -e> *m* ❶ (*privater Konflikt*) dispute *f;* (*öffentlicher Konflikt*)

S

altercation *f;* (*Konflikt mit Handgreiflichkeiten*) rixe *f* ❷ (*Kontroverse*) polémique *f;* (*Meinungsverschiedenheit*) différend *m*

streitbar *adj Mensch, Charakter* combatif(-ive)

streiten ['ʃtraitən] <stritt, gestritten> **I.** *vi* ❶ se disputer; **mit jdm ~** se disputer avec qn ❷ (*diskutieren*) **mit jdm über etw** (*akk*) **~** débattre de qc avec qn **II.** *vr* ❶ (*zanken*) **sich ~** se disputer ❷ (*diskutieren*) **sich [darüber] ~, wer/wie ...** débattre pour savoir qui/comment ...

Streiter(in) ['ʃtraitɐ] <-s, -> *m(f) geh* combattant(e) *m(f)*

Streiterei [ʃtaitə'rai] <-, -en> *f fam* chamaillerie *f*

Streitfall *m* cas *m* litigieux **Streitfrage** *f* question *f* litigieuse **Streitgespräch** *nt* débat *m*

streitig ['ʃtraitɪç] *adj* ❶ **jdm den Vorrang ~ machen** disputer la vedette à qn ❷ (*strittig*) litigieux(-euse)

Streitigkeiten *Pl* querelles *fpl*

Streitkräfte *Pl* forces *fpl* armées **streitlustig** *s.* **streitbar** **Streitpunkt** *m* point *m* litigieux **Streitsache** *f* affaire *f* litigieuse **streitsüchtig** *adj* querelleur(-euse) **Streitwert** *m* montant *m* du litige

streng [ʃtrɛŋ] **I.** *adj* ❶ (*unnachsichtig*) sévère ❷ *Anweisung* rigoureux(-euse); *Diät* draconien(ne); *Bettruhe* absolu(e) ❸ *Geruch* pénétrant(e) ❹ *Winter* rigoureux(-euse) ❺ *Vegetarier* convaincu(e) **II.** *adv* ❶ *bestrafen* sévèrement ❷ (*strikt*) strictement ❸ (*genau*) **~ genommen** à proprement parler

Strenge ['ʃtrɛŋə] <-> *f* ❶ (*Unnachsichtigkeit, Härte*) sévérité *f* ❷ (*Herbheit*) *eines Gesichts* austérité *f*

strenggenommen *s.* **streng II.3** **strenggläubig** *adj* très croyant(e)

Stress[RR] [ʃtrɛs] <-es, -e>, **Streß**[ALT] <-sses, -sse> *m meist Sing* stress *m*

stressen ['ʃtrɛsən] *vt fam* stresser

stressfrei[RR] *adj* sans stress

stressig ['ʃtrɛsɪç] *adj fam* stressant(e)

Stresssituation[RR] *f* stress *m,* situation *f* stressante **Stresstest**[RR] *m* ❶ MED, TECH, ARCHIT test *m* de résistance ❷ FIN test *m* de résistance [bancaire]

Stretching ['strɛtʃɪŋ] <-s> *nt* stretching *m*

Streu [ʃtrɔy] <-> *f* litière *f*

streuen ['ʃtrɔyən] **I.** *vt* ❶ (*hinstreuen*) épandre *Dünger;* saupoudrer *Mehl* ❷ **die Straße ~** (*mit Sand/Salz*) sabler/saler la rue **II.** *vi* (*mit Sand/Salz Glätte verhindern*) sabler/saler

Streuer <-s, -> *m* (*Salzstreuer*) salière *f;* (*Pfefferstreuer*) poivrière *f;* (*Zuckerstreuer*) saupoudreuse *f*

Streufahrzeug *nt* véhicule *m* de sablage/de salage

streunen ['ʃtrɔynən] *vi + sein* (*umherstreifen*) *Person:* vagabonder; *Hund, Katze:* rôder; **~de Hunde** des chiens errants

Streusalz *nt* sel *m* [de déneigement]

Streusel ['ʃtrɔyzəl] <-s, -> *m o nt* petit morceau *m* de pâte (*avec du beurre et du sucre*)

Streuselkuchen ['ʃtrɔyzəlku:xən] *m* tarte *f* fleurie (*avec des boules de farine et beurre*)

Streuung <-, -en> *f* ❶ (*Verbreitung*) *der Medien* diffusion *f* ❷ (*Verteilung*) *eines Risikos* dispersion *f*

strich [ʃtrɪç] *Imp von* **streichen**

Strich [ʃtrɪç] <-[e]s, -e> *m* ❶ (*Linie*) trait *m;* (*schräg, senkrecht*) barre *f* ❷ (*Teilstrich einer Skala*) division *f* ❸ *fam* (*Straßenstrich*) quartier *m* chaud; **auf den ~ gehen** faire le trottoir ▶ **nach ~ und Faden** *fam* jusqu'au trognon; **jdm gegen den ~ gehen** *fam* débecter qn; **unterm ~** *fam* au bout du compte

Strichcode *m* code-barres *m,* code *m* à barres

stricheln ['ʃtrɪçəln] *vt* ❶ **etw ~** tracer qc en pointillé ❷ (*schraffieren*) hachurer

Stricher(in) <-s, -> *m(f) sl* prostitué(e) *m(f)*

Strichjunge *m sl* [jeune] prostitué *m*

Strichkode *s.* **Strichcode** **Strichmännchen** *nt petit bonhomme très schématisé*

Strichpunkt *m* point-virgule *m*

Strick [ʃtrɪk] <-[e]s, -e> *m* corde *f* ▶ **wenn alle ~e reißen** *fam* dans le pire des cas

stricken ['ʃtrɪkən] *vt, vi* tricoter

Strickjacke *f* gilet *m,* veste *f* en laine **Strickleiter** *f* échelle *f* de corde **Strickmuster** *nt* ❶ (*gestricktes Muster*) point *m* de tricot ❷ *hum* (*Machart*) structure *f* **Stricknadel** *f* aiguille *f* à tricoter **Strickweste** *f* gilet *m* de tricot **Strickzeug** *nt* tricot *m*

striegeln ['ʃtri:gəln] *vt* étriller

Strieme ['ʃtri:mə] <-, -n> *f,* **Striemen** ['ʃtri:mən] <-s, -> *m* zébrure *f,* marque *f* [de coup de fouet]

strikt [ʃtrɪkt] *adj* ❶ *Befolgung, Gehorsam* strict(e) ❷ *Weigerung* catégorique

S

String [strɪŋ] <-s, -s> *m Abk von* **Stringtanga** string *m*
Strip [strɪp] <-s, -s> *m fam* strip *m*
Strippe ['ʃtrɪpə] <-, -n> *f fam* fil *m*; **jdn an der ~ haben** avoir qn au bout du fil
strippen ['strɪpən] *vi fam* faire du strip[-]tease
Strippenzieher(in) *m(f) pej fam* personne *f* qui tire les ficelles
Stripper(in) ['ʃtrɪpɐ, 'strɪpɐ] <-s, -> *m(f) fam* strip[-]teaseur(-euse) *m(f)*
Striptease ['strɪpti:s, 'strɪp-] <-> *m o nt* strip[-]tease *m*
Stripteasetänzer(in) ['ʃtrɪpti:s-, 'strɪp-] *m(f)* strip[-]teaseur(-euse) *m(f)*
stritt [ʃtrɪt] *Imp von* **streiten**
strittig ['ʃtrɪtɪç] *adj Frage* controversé(e); *Fall* litigieux(-euse)
Stroh [ʃtro:] <-[e]s> *nt* paille *f*
strohblond *adj Mensch* blond(e) comme les blés; *Haare* couleur paille *inv* **Strohblume** *f* immortelle *f* **strohdumm** ['ʃtro:'dʊm] *adj fam* abruti(e) **Strohfeuer** *nt* feu *m* de paille **Strohhalm** *m* ❶ (*Getreidehalm*) brin *m* de paille ❷ (*Trinkhalm*) paille *f* **Strohhut** *m* chapeau *m* de paille
strohig ['ʃtro:ɪç] *adj* ❶ *Haare* sec(sèche) ❷ (*hart, trocken*) sec(sèche) et fade
Strohmann <-männer> *m* homme *m* de paille (*péj*) **Strohwitwer** *m*, **-witwe** *f hum fam* célibataire *mf*
Strolch [ʃtrɔlç] <-[e]s, -e> *m fam* (*Schlingel*) garnement *m*
Strom [ʃtro:m, *Pl:* 'ʃtrø:mə] <-[e]s, Ströme> *m* ❶ *kein Pl* courant *m*; **elektrischer ~** courant électrique ❷ (*breiter Fluss*) fleuve *m* ❸ *fig von Besuchern* flot *m*; *von Lava* torrent *m* ▸ **unter ~ stehen** *fam Person:* être allumé
S
stromabwärts *adv* en aval
Stromanbieter *m* fournisseur *m* d'électricité
stromaufwärts *adv* en amont
Stromausfall *m* panne *f* de courant
strömen ['ʃtrø:mən] *vi + sein* ❶ (*fließen*) **in das Becken ~** se déverser en grande quantité dans le bassin; **aus etw ~** *Wasser, Gas:* s'échapper en grande quantité de qc ❷ (*eilen*) **ins Freie ~** affluer vers la sortie
Stromer ['ʃtro:mɐ] <-s, -> *m fam* (*Elektroauto*) voiture *f* électrique
Stromkabel *nt* câble *m* électrique **Stromkreis** *m* circuit *m* électrique **Stromleitung** *f* ligne *f* électrique
Stromlinienform ['ʃtro:mli:ni̯ən-] *f* profil *m* aérodynamique
stromlinienförmig *adj* aérodynamique
Strommast *m* pylône *m* électrique **Stromnetz** *nt* réseau *m* électrique **Stromschnelle** *f meist Pl* rapides *mpl* **Stromstärke** *f* intensité *f* du courant **Stromtankstelle** *f* station *f* de recharge
Strömung <-, -en> *f* courant *m*
Stromverbrauch *m* consommation *f* d'électricité **Stromzähler** *m* compteur *m* électrique
Strontium ['ʃtrɔntsi̯ʊm, 'strɔntsi̯ʊm] <-s> *nt* CHEM strontium *m*
Strophe ['ʃtro:fə] <-, -n> *f* strophe *f*
strotzen ['ʃtrɔtsən] *vi* déborder; **vor Gesundheit ~** déborder de santé
strubbelig ['ʃtrʊbəlɪç] *adj Haar* ébouriffé(e); *Fell* hérissé(e)
Strubbelkopf *m fam* ❶ (*Haare*) cheveux *mpl* ébouriffés ❷ (*Mensch*) tête *f* ébouriffée
strubblig ['ʃtrʊblɪç] *s.* **strubbelig**
Strudel ['ʃtru:dəl] <-s, -> *m* ❶ (*Wirbel*) tourbillon *m* ❷ GASTR strudel *m*
strudeln ['ʃtru:dəln] *vi* faire des tourbillons
Struktur [ʃtrʊk'tu:ɐ̯] *f* ❶ (*Gliederung*) structure *f* ❷ TEXTIL texture *f*
strukturieren* [ʃtrʊktu'ri:rən] *vt* structurer
Strukturierung <-, -en> *f* (*Struktur*) texture *f*
Strukturkrise *f* ÖKON crise *f* structurelle **Strukturreform** *f* ÖKON réforme *f* structurelle **strukturschwach** *adj* ÖKON économiquement défavorisé(e) **Strukturwandel** *m* changement *m* de structures
Strumpf [ʃtrʊmpf, *Pl:* 'ʃtrʏmpfə] <-[e]s, Strümpfe> *m* ❶ (*Kniestrumpf*) chaussette *f* ❷ (*Damenstrumpf*) bas *m*
Strumpfband <-bänder> *nt* jarretière *f* **Strumpfhalter** <-s, -> *m* jarretelle *f* **Strumpfhose** *f* collant *m*
Strunk [ʃtrʊŋk, *Pl:* 'ʃtrʏŋkə] <-[e]s, Strünke> *m* trognon *m*
struppig ['ʃtrʊpɪç] *adj Haare* hérissé(e); *Fell* dur(e)
Strychnin [ʃtrʏç'ni:n] <-s> *nt* strychnine *f*
Stube ['ʃtu:bə] <-, -n> *f* DIAL pièce *f* commune; **die gute ~** le salon
Stubenarrest *m fam* **~ bekommen/haben** être privé de sortie **Stubenfliege** *f* mouche *f* domestique
Stubenhocker(in) <-s, -> *m(f) pej fam* pantouflard(e) *m(f)*
stubenrein *adj* ❶ *Katze, Hund* propre ❷ *hum fam Witz* pour des oreilles chastes
Stuck [ʃtʊk] <-[e]s> *m* stuc *m*
Stück [ʃtʏk] <-[e]s, -e> *nt* ❶ (*Teil*) *eines*

Bratens, Kuchens morceau *m; einer Schnur* bout *m* ❷ *(Abschnitt) einer Straße, eines Waldes* bout *m; eines Textes* partie *f* ❸ *(einzelnes Exemplar)* **ein ~ Seife** un pain de savon ❹ *(Bruchstück)* **etw in ~e reißen** déchirer qc en mille morceaux ❺ *(wertvoller Gegenstand)* pièce *f* ❻ *(Musikstück)* morceau *m* ❼ *(Theaterstück)* pièce *f* ❽ *pej fam (Mensch)* **du gemeines ~!** espèce de salaud! *(vulg)* ▶ **aus freien ~en** de mon/ton/... propre chef; **das ist ein starkes ~!** *fam* c'est le bouquet!

Stückarbeit *f kein Pl (Akkordarbeit)* travail *m* à la pièce [*o* tâche]

Stückchen <-s, -> *nt Dim von* **Stück** ❶ *(kleines Teil)* petit morceau *m* ❷ *(kleine Strecke)* **ein ~** un petit peu

stückeln ['ʃtʏkəln] *vt* fractionner *Emission, Wertpapier*

Stückelung <-, -en> *f* coupure *f; von Aktien* fractionnement *m*

Stückeschreiber(in) *m(f)* dramaturge *mf*

Stückgut *nt* colis *m* de détail **Stückpreis** *m* prix *m* à l'unité

stückweise *adv* à la pièce

Stückwerk *nt kein Pl* [**nur**] **~ sein** rester à l'état d'ébauche **Stückzahl** *f* nombre *m* de pièces

stud. *Abk von* **studiosus** *titre qu'un étudiant peut placer devant son nom;* **~ med. Anna Bauer** Anna Bauer, étudiante en médecine

Student(in) [ʃtu'dɛnt] <-en, -en> *m(f)* étudiant(e) *m(f)*

Studentenausweis *m* carte *f* d'étudiant **Studentenfutter** *nt fam* mendiant *m* *(mélange de noix de cajou, d'amandes et de raisins secs)* **Studentenleben** *nt kein Pl* vie *f* d'étudiant

Studentenschaft <-, *selten* -en> *f* étudiants *mpl*

Studentenverbindung *f corporation d'étudiants traditionalistes* **Studentenwerk** *nt* ≈ œuvres *fpl* universitaires **Studentenwohnheim** *nt* foyer *m* d'étudiants

Studentin *f s.* **Student**

studentisch *adj attr Selbstverwaltung* des étudiants

Studi ['ʃtu:di] <-s, -s> *m,* <-, -s> *f sl* étudiant(e) *m(f)*

Studie ['ʃtu:di̯ə] <-, -n> *f* étude *f*

Studien ['ʃtu:di̯ən] *Pl von* **Studium**

Studienabbrecher(in) <-s, -> *m(f)* personne *f* qui a interrompu ses études

Studienabschluss[RR] *m* diplôme *m* universitaire **Studienaufenthalt** *m* **~ im Ausland** séjour *m* à l'étranger pendant les études **Studienfach** *nt* matière *f* **Studienfahrt** *f* excursion *f* d'études **Studiengang** <-gänge> *m* filière *f* universitaire **Studienplatz** *m* place *f* à l'université **Studienrat** <-räte> *m,* **-rätin** *f* ≈ professeur *mf* certifié(e) *(premier échelon des professeurs du secondaire)* **Studienreferendar(in)** *m(f)* professeur *mf* stagiaire **Studienreise** *f* voyage *f* d'études **Studienzeit** *f* [années *fpl* d']études *fpl*

studieren* [ʃtu'di:rən] **I.** *vi* faire des études [supérieures] **II.** *vt* ❶ **Philosophie ~** faire des études de philosophie ❷ *(genau betrachten)* étudier

Studierende(r) *f(m) dekl wie adj form* étudiant(e) *m(f)*

studiert *adj fam* qui a fait des études

Studio ['ʃtu:di̯o] <-s, -s> *nt* ❶ *(Aufnahmestudio, Wohnung)* studio *m* ❷ *(Atelier)* atelier *m*

Studium ['ʃtu:di̯ʊm] <-s, Studien> *nt* ❶ études *fpl* [supérieures] ❷ *(eingehende Beschäftigung)* étude *f* ❸ *kein Pl (genaues Lesen)* étude *f*

Stufe ['ʃtu:fə] <-, -n> *f* ❶ *einer Treppe* marche *f* ❷ *(Niveau)* niveau *m* ❸ *(Abschnitt) einer Entwicklung, Planung* phase *f* ❹ *(Schaltstufe) eines Geräts* vitesse *f* ▶ **sich mit jdm auf eine ~ stellen** se placer sur un pied d'égalité avec qn

stufen ['ʃtu:fən] *vt* couper en dégradé *Haare*

Stufenbarren *m* barres *fpl* asymétriques **Stufenheck** *nt* coffre *m* arrière **Stufenleiter** *f* **die gesellschaftliche ~** l'échelle *f* sociale

stufenlos *adv verstellbar* de manière continue

Stufenschnitt *m* dégradé *m*

stufenweise *adv* par étapes

stufig ['ʃtu:fɪç] **I.** *adj Landschaft* en terrasses; *Haarschnitt* dégradé(e) **II.** *adv geschnitten* en dégradé

Stuhl [ʃtu:l, *Pl:* 'ʃty:lə] <-[e]s, Stühle> *m* ❶ chaise *f* ❷ *(Behandlungsstuhl)* fauteuil *m* ❸ *(stuhlähnliche Vorrichtung)* **der elektrische ~** la chaise électrique ❹ REL **der Heilige ~** le Saint-Siège ❺ *form (Stuhlgang)* selles *fpl*

Stuhlbein *nt* pied *m* de chaise **Stuhlgang** *m kein Pl form* transit *m* intestinal **Stuhllehne** *f* dossier *m* de chaise

Stulle ['ʃtʊlə] <-, -n> *f* NDEUTSCH tartine *f*

stülpen ['ʃtʏlpən] *vt* ❶ **eine Haube über etw** *(akk)* **~** recouvrir qc d'une housse

S

❷ (*wenden*) **etw nach außen ~** retrousser qc
stumm [ʃtʊm] **I.** *adj* ❶ muet(te); **von Geburt an ~** muet de naissance ❷ (*schweigsam*) **~ werden/sein** se taire/être silencieux ❸ *Vorwurf* muet(te); *Blick* taciturne ❹ *Konsonant* muet(te) **II.** *adv* silencieusement
Stumme(r) *f(m) dekl wie adj* muet(te) *m(f)*
Stummel [ˈʃtʊməl] <-s, -> *m* (*Kerzenstummel*) lumignon *m;* (*Bleistiftstummel*) bout *m;* (*Gliedstummel, Schwanzstummel*) moignon *m*
Stummfilm *m* film *m* muet
Stumpen [ˈʃtʊmpən] <-s, -> *m* cigare *m* à bout coupé
Stümper(in) [ˈʃtʏmpɐ] <-s, -> *m(f) pej* branquignol *m* (*fam*)
Stümperei <-, -en> *f pej* (*stümperhafte Leistung*) travail *m* bâclé
stümperhaft I. *adj pej Arbeit* bâclé(e); *Vorgehen* d'incapable **II.** *adv arbeiten* en incapable
stümpern *vi pej* bâcler le travail
stumpf [ʃtʊmpf] *adj* ❶ *Klinge, Messer* émoussé(e) ❷ *Bleistift* usé(e) ❸ *Metall, Haare* terne ❹ MATH *Winkel* obtus
Stumpf [ʃtʊmpf, *Pl:* ˈʃtʏmpfə] <-[e]s, Stümpfe> *m* ❶ (*Beinstumpf*) moignon *m* ❷ *s.* **Stummel**
Stumpfsinn *m kein Pl* ❶ (*geistige Trägheit*) hébétude *f* ❷ (*Stupidität*) stupidité *f*
stumpfsinnig *adj* ❶ (*geistig träge*) hébété(e) ❷ (*stupide*) abrutissant(e)
stumpfwinklig *adj* obtusangle
Stündchen [ˈʃtʏntçən] <-s, -> *nt Dim von* **Stunde** petite heure *f*
Stunde [ˈʃtʊndə] <-, -n> *f* ❶ heure *f* ❷ (*Zeitpunkt*) **bis zur ~** à l'heure qu'il est ❸ (*Unterrichtsstunde*) heure *f* ❹ (*Unterricht*) **~n geben** donner des cours ❺ *meist Pl* (*Moment*) moment *m*
stunden *vt* accorder un délai; **jdm etw ~** accorder à qn un délai pour qc
Stundengeschwindigkeit *f* vitesse *f* [horaire] **Stundenhotel** *nt* hôtel *m* de passe **Stundenkilometer** *Pl* kilomètres-heure *mpl* **stundenlang I.** *adj Verhandlung* qui dure/durent des heures **II.** *adv warten, herumlaufen* [pendant] des heures **Stundenlohn** *m* salaire *m* horaire **Stundenplan** *m* emploi *m* du temps **Stundentakt** *m* service *m* horaire régulier; **im ~** toutes les heures
stundenweise *adv arbeiten* quelques heures
Stundenzeiger *m* aiguille *f* des heures
stündlich [ˈʃtʏntlɪç] *adj, adv* toutes les heures
Stundung <-, -en> *f* délai *m* de paiement
Stunk [ʃtʊŋk] <-s> *m fam* grabuge *m*
Stunt [stant] <-s, -s> *m* cascade *f*
Stuntman [ˈstantmɛn] <-s, -men> *m*, **-woman** *f* cascadeur(-euse) *m(f)*
stupend [ʃtuˈpɛnt] *adj geh* stupéfiant(e)
stupid [ʃtuˈpiːt, stuˈpiːt], **stupide** [ʃtuˈpiːdə, stuˈpiːdə] *adj pej geh* ❶ (*dumm*) stupide ❷ (*monoton*) abrutissant(e)
Stups [ʃtʊps] <-es, -e> *m fam* bourrade *f*
stupsen *vt fam* bourrer
Stupsnase *f* nez *m* retroussé
stur [ʃtuːɐ̯] **I.** *adj* ❶ (*dickköpfig*) entêté(e); **sich ~ stellen** rester figé(e) sur ses positions ❷ (*hartnäckig*) borné(e) **II.** *adv* ❶ (*unbeirrt*) **~ nach Vorschrift arbeiten** suivre les consignes à la lettre ❷ (*uneinsichtig*) obstinément
Sturheit <-> *f* obstination *f*
Sturkopf *m fam* cabochard(e) *m(f)*
Sturm [ʃtʊrm, *Pl:* ˈʃtʏrmə] <-[e]s, Stürme> *m* ❶ (*starker Wind*) tempête *f* ❷ (*Sturmangriff*) **der ~ auf die Bastille** la prise de la Bastille ❸ (*Andrang*) **der ~ auf die Geschäfte** la ruée dans les magasins ❹ SPORT attaque *f* ▶ **etw im ~ erobern** conquérir qc
Sturmangriff *m* attaque *f* éclair **Sturmbö** *f* bourrasque *f*
stürmen [ˈʃtʏrmən] **I.** *vi unpers + haben* **es stürmt** la tempête fait rage **II.** *vi + sein* (*rennen*) **zum Eingang ~** se précipiter vers l'entrée **III.** *vt + haben* **etw ~** prendre d'assaut qc
Stürmer(in) <-s, -> *m(f)* attaquant(e) *m(f)*
Sturmflut *f* raz[-]de[-]marée *m*
stürmisch [ˈʃtʏrmɪʃ] **I.** *adj* ❶ *Tag* de tempête; *Meer* déchaîné(e); **~es Wetter** gros temps ❷ *Begrüßung* frénétique; **~er Beifall** une tempête d'applaudissements; **nicht so ~!** doucement! ❸ (*leidenschaftlich*) passionné(e) **II.** *adv begrüßen* frénétiquement
Sturmschaden *m meist Pl* dégâts *mpl* causés par la tempête **Sturmtief** *nt* dépression *f* [cyclonale] **Sturmwarnung** *f* avis *m* de tempête
Sturz [ʃtʊrts, *Pl:* ˈʃtʏrtsə] <-es, Stürze> *m* ❶ *a.* FIN, METEO chute *f* ❷ POL (*Machtverlust*) chute *f;* (*Absetzung*) renversement *m* ❸ (*Fenstersturz, Türsturz*) linteau *m*
Sturzbach *m* torrent *m* **sturzbetrunken** [ˈʃtʊrtsbəˈtrʊŋkən] *adj fam* plein(e) [*o* soûl(e)] comme une bourrique

S

stürzen ['ʃtʏrt͜sən] **I.** *vi + sein* ① (*fallen*) tomber ② (*rennen*) **nach draußen ~** bondir dehors ③ POL **über etw** (*akk*) **~** *Regierung:* être renversé à la suite de qc **II.** *vt + haben* ① (*werfen*) **jdn aus dem Fenster ~** précipiter qn par la fenêtre ② POL renverser *Regierung* ③ (*umdrehen*) renverser *Backform* **III.** *vr* ① **sich aus dem Fenster ~** se jeter par la fenêtre ② (*sich werfen*) **sich auf jdn/etw ~** se précipiter sur qn/qc ③ *fig* **sich in Unkosten** (*akk*) **~** se lancer dans les dépenses

Sturzflug *m* vol *m* en piqué; **im ~** en piqué **Sturzhelm** *m* casque *m* [de moto]

Stuss[RR] [ʃtʊs] <-es>, **Stuß**[ALT] <-sses> *m fam* connerie *f*

Stute ['ʃtuːtə] <-, -n> *f* jument *f*

Stütze ['ʃtʏt͜sə] <-, -n> *f* ① (*Gebäudeteil*) étai *m* ② (*Halt*) appui *m* ③ (*seelischer Beistand*) soutien *m*

stutzen ['ʃtʊt͜sən] **I.** *vi Person:* rester coi(te) **II.** *vt* ① élaguer *Baum;* tailler *Hecke;* couper *Flügel* ② *fam* (*schneiden*) tailler *Bart*

Stutzen ['ʃtʊt͜sən] <-s, -> *m* ① (*Gewehrstutzen*) carabine *f* ② (*Einfüllstutzen*) embout *m*

stützen ['ʃtʏt͜sən] **I.** *vt* ① (*physischen Halt geben*) **jdn ~** *Person:* soutenir qn; **etw ~** *Vorrichtung:* [servir à] maintenir qc ② (*statischen Halt geben*) soutenir *Gebäude, Decke* ③ (*aufstützen*) **den Arm auf etw** (*akk*) **~** appuyer son bras sur qc ④ (*gründen*) **die Theorie war auf folgende Annahme gestützt** la théorie s'appuyait sur l'hypothèse qui suit ⑤ (*bestärken*) étayer *Theorie, Verdacht* ⑥ FIN soutenir *Währung* **II.** *vr* ① (*sich aufstützen*) **sich auf jdn/etw ~** s'appuyer sur qn/qc ② (*sich berufen auf*) **sich auf etw** (*akk*) **~** s'appuyer sur qc

stutzig ['ʃtʊt͜sɪç] *adj* **~ werden** avoir des soupçons

Stützkurs *m* cours *m* de soutien **Stützmauer** *f* mur *m* de soutènement **Stützpfeiler** *m* pilier *m* de soutien **Stützpunkt** *m* MIL base *f* militaire

StVO [ɛsteːfau̯'ʔoː] *f Abk von* **Straßenverkehrsordnung** code *m* de la route

stylen ['stai̯lən] *vt* sculpter *Haare*

Styling ['stai̯lɪŋ] <-s> *nt von Möbeln, Autos* design *m; der Haare* look *m*

stylisch, stylish ['stai̯lɪʃ] *fam* **I.** *adj Handy, Schuhe* stylé(e) **II.** *adv* avec style, de façon stylée; **sich ~ kleiden** être habillé(e) avec style

Styropor® [ʃtyro'poːɐ̯] <-s> *nt* polystyrène *m*

s.u. *Abk von* **siehe unten** voir ci-dessous

subaltern *adj pej geh* ① *Beamter, Stellung* subalterne ② *pej Gesinnung* dévot(e) (*fam*)

Subjekt [zʊp'jɛkt] <-[e]s, -e> *nt* ① GRAM sujet *m* ② *pej* (*übler Mensch*) individu *m*

subjektiv [zʊpjɛk'tiːf] **I.** *adj* subjectif(-ive) **II.** *adv darstellen* de manière subjective

Subjektivität [zʊpjɛktivi'tɛːt] <-> *f* subjectivité *f*

Subkontinent *m* sous-continent *m* **Subkultur** ['zʊpkʊltuːɐ̯] *f* culture *f* parallèle **subkutan** [zʊpku'taːn] *adj* sous-cutané(e)

Subsidiarität [zʊpzidi̯ari'tɛːt] <-> *f* POL caractère *m* subsidiaire

Subsidiaritätsprinzip [zʊpzidi̯ari'tɛːt͜s-] *nt* POL principe *m* de subsidiarité

Subskription [zʊpskrɪp't͜si̯oːn] <-, -en> *f* souscription *f*

substantiell [zʊpstan't͜si̯ɛl] *s.* **substanziell**

Substantiv ['zʊpstantiːf] <-s, -e> *nt* substantif *m*

Substanz [zʊp'stant͜s] <-, -en> *f* ① (*Material*) substance *f* ② *kein Pl* (*Grundbestand*) substance *f;* **jdm an die ~ gehen** *fam* user qn

substanziell[RR] [zʊpstan't͜si̯ɛl] *adj* substantiel(le)

subtil [zʊp'tiːl] *adj geh* ① (*nuanciert*) subtil(e) ② (*kompliziert*) complexe

Subtilität [zʊptili'tɛːt] <-> *f geh* subtilité *f*

subtrahieren* [zʊptra'hiːrən] *vt, vi* soustraire

Subtraktion [zʊptrak't͜si̯oːn] <-, -en> *f* soustraction *f*

Subtropen ['zʊptroːpən] *Pl* GEOG **die ~** la zone subtropicale

subtropisch ['zʊptroːpɪʃ] *adj* subtropical(e)

Subvention [zʊpvɛn't͜si̯oːn] <-, -en> *f* subvention *f*

subventionieren* [zʊpvɛnt͜si̯o'niːrən] *vt* subventionner

subversiv [zʊpvɛr'ziːf] *geh adj* subversif(-ive)

Suchaktion *f* recherches *fpl* **Suchanfrage** *f* INFORM équation *f* de recherche **Suchbegriff** *m* mot-clé *m*

Suche ['zuːxə] <-, -en> *f* recherche *f;* **die ~ nach jdm** les recherches pour retrouver qn; **auf der ~ nach einer Wohnung sein** être à la recherche d'un logement

suchen ['zuːxən] **I.** *vt* ① (*zu finden versuchen*) chercher ② (*zu erreichen trachten*)

bei jdm Schutz ~ chercher protection auprès de qn ►**er hat hier nichts zu ~!** *fam* il n'a rien à foutre ici! **II.** *vi* ❶ chercher; **nach jdm/etw** ~ être à la recherche de qn/qc ❷ (*tasten nach*) **mit der Hand nach der Klingel** ~ chercher la sonnette à tâtons

Sucher ['zu:xɐ] <-s, -> *m* viseur *m*

Suchlauf *m* RADIO, TV recherche *f* automatique **Suchmaschine** *f* INFORM moteur *m* de recherche **Suchscheinwerfer** *m* phare *m* orientable

Sucht [zʊxt, *Pl:* 'zʊxtən, 'zʏçtə] <-, -en *o* Süchte> *f* ❶ MED dépendance *f;* (*Rauschgiftsucht*) toxicomanie *f* ❷ (*starkes Verlangen*) manie *f*

süchtig ['zʏçtɪç] *adj* ❶ MED dépendant(e); (*rauschgiftsüchtig*) toxicomane ❷ (*versessen*) ~ **nach etw sein** être avide de qc

Süchtige(r) *f(m) dekl wie adj* toxicomane *mf*

Suchtrupp *m* équipe *f* de recherche

Sud [zu:t] <-[e]s, -e> *m* GASTR eau *f* de cuisson

Südafrika *nt* l'Afrique *f* du Sud **Südafrikaner(in)** *m(f)* Sud-Africain(e) *m(f)* **südafrikanisch** *adj* sud-africain(e) **Südamerika** *nt* l'Amérique *f* du Sud **Südamerikaner(in)** *m(f)* Sud-Américain(e) *m(f)* **südamerikanisch** *adj* sud-américain(e) **süddeutsch** *adj* de l'Allemagne du Sud **Süddeutschland** *nt* l'Allemagne *f* du Sud

sudeln *vi pej* (*unsauber schreiben*) gribouiller

Süden ['zy:dən] <-s> *m* sud *m; s. a.* **Norden**

Südeuropa *nt* l'Europe *f* du Sud **Südeuropäer(in)** *m(f)* Européen(ne) *m(f)* du Sud **südeuropäisch** *adj* de l'Europe du Sud **Südfrankreich** *nt* le sud de la France **südfranzösisch** *adj* du sud de la France **Südfrüchte** *Pl* fruits *mpl* exotiques **Südhalbkugel** *f* hémisphère *m* sud **Südkorea** ['zy:tkore:a] <-s> *nt* la Corée du Sud **Südkoreaner(in)** ['zy:tkorea:nɐ] *m(f)* Sud-Coréen(ne) *m(f)* **südkoreanisch** ['zy:tkorea:nɪʃ] *adj* sud-coréen(ne) **Südküste** *f* côte *f* méridionale **Südlage** *f* exposition *f* au sud

Südländer(in) ['zy:tlɛndɐ] <-s, -> *m(f)* méditerranéen(ne) *m(f)*

südländisch *adj* méditerranéen(ne)

südlich ['zy:tlɪç] **I.** *adj* du sud *inv;* **in ~er Richtung** en direction du sud **II.** *präp + gen* ~ **des Polarkreises** au sud du cercle polaire

Sudoku [zu'do:ku] <-[s], -[s]> *nt* sudoku *m;* ~ **spielen** faire un sudoku

Südosten [zy:t'ʔɔstən] *m* sud-est *m; s. a.* **Norden** **südöstlich** [zy:t'ʔœstlɪç] **I.** *adj* [situé(e) au] sud-est; **in ~er Richtung** en direction du sud-est **II.** *präp + gen* ~ **des Dorfs** au sud-est du village **Südpol** ['zy:tpo:l] *m* **der** ~ le pôle Sud **Südsee** ['zy:tze:] *f* **die** ~ les mers *fpl* du Sud **Südseite** *f* face *f* sud **Südtirol** ['zy:ttiro:l] *nt* le Tyrol du Sud

südwärts ['zy:tvɛrts] *adv* vers le sud

Südwesten [zy:t'vɛstən] *m* sud-ouest *m; s. a.* **Norden** **südwestlich** [zy:t'vɛstlɪç] **I.** *adj* [situé(e) au] sud-ouest; **in ~er Richtung** en direction du sud-ouest **II.** *präp + gen* ~ **des Flusses** au sud-ouest du fleuve **Südwind** *m* vent *m* du sud

Sueskanal ['zu:ɛskana:l] *m* **der** ~ le canal de Suez

Suff [zʊf] <-[e]s> *m fam* ivrognerie *f;* **im** ~ complètement bourré(e)

süffig ['zʏfɪç] *adj* agréable en bouche

süffisant [zʏfi'zant] *geh* **I.** *adj* suffisant(e) **II.** *adv* d'un air suffisant

Suffix <-es, -e> *nt* GRAM suffixe *m*

suggerieren* [zʊge'ri:rən] *vt geh* **jdm etw** ~ suggérer qc à qn

Suggestion [zʊgɛs'ti̯o:n] <-, -en> *f geh* suggestion *f*

suggestiv [zʊgɛs'ti:f] *geh adj* suggestif(-ive)

Suggestivfrage *f geh* question *f* insinuante

suhlen ['zu:lən] *vr* ❶ **sich in etw** (*dat*) ~ *Schwein:* se vautrer dans qc; *Wildschwein:* se souiller dans qc ❷ *fig geh* **sich in seinem Unglück** ~ se complaire dans sa misère

Sühne ['sy:nə] <-, -n> *f geh* expiation *f*

sühnen ['zy:nən] *vt geh* expier; **etw mit etw** ~ expier qc par qc

Suite ['svi:t(ə), zu'i:tə] <-, -n> *f a.* MUS suite *f*

Suizid [zui'tsi:t, *Pl:* zui'tsi:də] <-[e]s, -e> *m form* suicide *m*

suizidgefährdet *adj* suicidaire

sukzessiv [zʊktsɛ'si:f] *adj* progressif(-ive)

Sulfat [zʊl'fa:t] <-[e]s, -e> *nt* CHEM sulfate *m*

Sulfid [zʊl'fi:t] <-[e]s, -e> *nt* CHEM sulfure *m*

Sulfonamid [zʊlfona'mi:t] <-[e]s, -e> *nt meist Pl* CHEM sulfamide *m*

Sultan(in) ['zʊlta:n] <-s, -e> *m(f)* sultan(e) *m(f)*

S

Sultanat [zʊlta'na:t] <-[e]s, -e> *nt* sultanat *m*
Sultanine [zʊlta'ni:nə] <-, -n> *f* raisin *m* sec
Sülze ['zʏltsə] <-, -n> *f* ① (*Aspik*) gelée *f* ② (*Speise in Aspik*) aspic *m*
sülzen ['zʏltsən] *vi fam* (*reden*) pérorer
summarisch ['zʊ'ma:rɪʃ] *adj* sommaire
summa summarum ['zʊma zʊ'ma:rʊm] *adv* tout compris
Sümmchen ['zʏmçən] <-s, -> *nt Dim von* **Summe**: **ein hübsches ~** *hum fam* une coquette somme
Summe ['zʊmə] <-, -n> *f* ① MATH total *m* ② FIN somme *f*
summen ['zʊmən] **I.** *vi* ① *Person:* fredonner ② (*surren*) *Biene:* bourdonner; *Ventilator:* ronronner **II.** *vt* fredonner *Melodie*
summieren* [zʊ'mi:rən] *vr* **sich ~** s'additionner
Sumpf [zʊmpf, *Pl:* 'zʏmpfə] <-[e]s, Sümpfe> *m* ① (*Morast*) marais *m* ② (*schlimme Zustände*) cloaque *m*
sumpfig ['zʊmpfɪç] *adj* marécageux(-euse)
Sünde ['zʏndə] <-, -n> *f* ① REL péché *m* ② (*Fehltritt*) faute *f*
Sündenbock *m* bouc *m* émissaire **Sündenfall** *m kein Pl* **der ~** la chute [originelle]
Sünder(in) ['zʏndɐ] <-s, -> *m(f)* pécheur/-eresse *m/f*
sündhaft *adj* ① REL *Leben* de péchés; *Tat* infâme ② *fam* (*sehr hoch*) exorbitant(e)
sündig *adj* ① REL *Leben* de péchés; *Tat* infâme ② *Blick* vicieux(-euse)
sündigen *vi* REL pécher
sunnitisch [zʊ'ni:tɪʃ] *adj* sunnite
super ['zu:pɐ] *fam* **I.** *adj inv* **ein ~ Film** un film super **II.** *adv* *klingen* super bien; **~ schmecken** être super bon
Super ['zu:pɐ] <-s> *nt meist kein Art Abk von* **Superbenzin** super *m*
Super-GAU [-gau] *m fam* mégacatastrophe *f*
Superlativ ['zu:pɐlati:f] <-[e]s, -e> *m* ① GRAM superlatif *m* ② *meist Pl geh* (*das Beste*) summum *m;* **ein Fest der ~e** un festival de ce qui se fait de mieux
Supermacht *f* superpuissance *f* **Supermann** <-männer> *m fam* ① (*Comicfigur*) Superman *m* ② *iron* (*bewundernswerter Mann*) superman *m* **Supermarkt** *m* supermarché *m* **supermodern** *fam adj, adv* très mode **Superstar** ['zu:pɐsta:ɐ̯] *m fam* superstar *f*
Suppe ['zʊpə] <-, -n> *f* ① soupe *f;* **klare ~** bouillon *m* ② *fam* (*Nebel*) purée *f* de pois
Suppenfleisch *nt* pot-au-feu *m* **Suppengemüse** *nt* légumes *mpl* potagers **Suppengrün** *nt* herbes *fpl* potagères **Suppenhuhn** *nt* poule *f* à bouillir **Suppenkelle** *f* louche *f* **Suppenlöffel** *m* cuiller *f* à soupe **Suppenschüssel** *f* soupière *f* **Suppentasse** *f* bol *m* à soupe **Suppenteller** *m* assiette *f* creuse **Suppenwürfel** *m* cube *m* de bouillon
Support [sə'pɔ:t] <-[e]s> *m kein Pl* INFORM service *m* d'assistance, support *m* technique; **im** [*o* **beim**] **~ arbeiten** travailler au service d'assistance technique
Supraleiter ['zu:pralaitɐ] *m* TECH supraconducteur *m*
Surfbrett ['sœ:f-, 'zœ:ɐ̯f-] *nt* surf *m;* (*Windsurfbrett*) planche *f* à voile
surfen ['sœ:fən, 'zø:ɐ̯fən] *vi* ① surfer; (*windsurfen*) faire de la planche à voile ② INFORM surfer
Surfer(in) ['sœ:fɐ, 'zø:ɐ̯fɐ] <-s, -> *m(f)* surfeur(-euse) *m(f);* (*Windsurfer*) [véli]planchiste *mf*
Surfstick ['sə:fstɪk] <-s, -s> *m* INET clé *f* internet
Surrealismus [zʊrea'lɪsmʊs, zʏr-] <-> *m* surréalisme *m*
surrealistisch [zʊrea'lɪstɪʃ, zʏr-] *adj* surréaliste
surren ['zʊrən] *vi* ① + *haben Insekt, Stromleitung:* bourdonner ② + *haben* (*brummen*) *Ventilator:* ronronner
Surrogat <-[e]s, -e> *nt* succédané *m;* **~ für etw** succédané de qc
Sushi ['zu:ʃi] <-s, -s> *nt* GASTR sushi *m*
suspekt [zʊs'pɛkt] *adj geh* suspect(e)
suspendieren* [zʊspɛn'di:rən] *vt* suspendre; **jdn vom Dienst ~** suspendre qn de service
süß [zy:s] *adj* ① *Gericht, Getränk* sucré(e); *Wein* doux(douce) ② *Duft* suave ③ *Kind* mignon(ne)
Süße ['zy:sə] <-> *f* ① (*süßer Geschmack*) goût *m* sucré ② (*Duft*) suavité *f* ③ (*Süßstoff*) saccharine *f*
Süße(r) *f(m) dekl wie adj* chéri(e) *m(f);* **mein ~r/meine ~** mon chéri/ma chérie
süßen ['zy:sən] *vt, vi* sucrer
Süßholz ▶ **~ raspeln** *fam* passer de la pommade à qn
Süßigkeit ['zy:sɪçkait] <-, -en> *f meist Pl* sucrerie *f*
Süßkartoffel *f* patate *f* douce **Süßkirsche** *f* ① (*Frucht*) bigarreau *m* ② (*Baum*) bigarreautier *m*
süßlich *adj Geschmack, Geruch* douceâtre
süßsauerRR ['zy:s'zauɐ] **I.** *adj* ① *Speise*

S

aigre-doux(douce) ❷ *Lächeln* mi-figue, mi-raisin **II.** *adv einlegen* dans un mélange aigre-doux **Süßspeise** *f* entremets *m* [sucré] **Süßstoff** *m* aspartam[e] *m*
Süßstofftablette *f* sucrette® *f*
Süßwaren *Pl* confiserie *f* **Süßwasser** <-wasser> *nt* eau *f* douce
SW *Abk von* **Südwesten** S.-O.
Sweatshirt ['svɛtʃøːɐ̯t] <-s, -s> *nt* sweat-shirt *m*
Swimmingpool ['svɪmɪŋpuːl] *m* piscine *f*
Swingerklub ['svɪŋɐklʊp] *m* club *m* libertin
Symbiose [zʏmbi'oːzə] <-, -n> *f* symbiose *f*
Symbol [zʏm'bɔːl] <-s, -e> *nt* symbole *m*
Symbolfigur *f* figure *f* de proue
symbolisch [zʏm'bɔːlɪʃ] *adj* symbolique
symbolisieren* [zʏmboli'ziːrən] *vt* symboliser
Symbolismus [zʏmbo'lɪsmʊs] <-> *m* symbolisme *m*
Symbolleiste *f* INFORM barre *f* d'outils
symbolträchtig *adj* lourd(e) de sens
Symmetrie [zʏme'triː] <-, -ien> *f* symétrie *f*
Symmetrieachse *f* MATH axe *m* de symétrie
symmetrisch [zʏ'meːtrɪʃ] *adj* symétrique
Sympathie [zʏmpa'tiː] <-, -ien> *f* sympathie *f*
Sympathieträger(in) *m(f)* préféré (e) [du public] *m*
Sympathisant(in) [zʏmpati'zant] <-en, -en> *m(f)* sympathisant(e) *m(f)*
sympathisch [zʏm'paːtɪʃ] *adj* ❶ *Mensch, Stimme* sympathique ❷ (*angenehm*) réjouissant(e)
sympathisieren* [zʏmpati'ziːrən] *vi* sympathiser; **mit jdm ~** sympathiser avec qn; **mit etw ~** voir qc d'un bon œil
Symphonie [zʏmfo'niː] *s.* **Sinfonie**
Symposium [zʏm'poːzi̯ʊm] <-s, Symposien> *nt* symposium *m*
Symptom [zʏmp'toːm] <-s, -e> *nt* symptôme *m*
symptomatisch [zʏmpto'maːtɪʃ] *adj geh* symptomatique
Synagoge [zyna'goːgə] <-, -n> *f* synagogue *f*
synchron [zʏn'kroːn] *geh* **I.** *adj Übersetzung* simultané(e); *Bewegung* synchrone **II.** *adv* **~ zu etw verlaufen** se dérouler parallèlement à qc

S

Synchronisation [zʏnkroniza'ts̮i̯oːn] <-, -en> *f* doublage *m*
synchronisieren* [zʏnkroni'ziːrən] *vt* doubler *Film*
Syndikat <-[e]s, -e> *nt* syndicat *m* du crime
Syndrom [zʏn'droːm] <-s, -e> *nt* syndrome *m*
Synergie [zynɛr'giː] <-, -ien> *f* synergie *f*
Synode [zy'noːdə] <-, -n> *f* synode *m*
synonym [zyno'nyːm] *adj* LING synonyme; **~ zu etw sein** être synonyme de qc
Synonym [zyno'nyːm] <-s, -e> *nt* LING synonyme *m*
syntaktisch [zʏn'taktɪʃ] LING *adj* syntaxique
Syntax <-, -en> *f* LING syntaxe *f*
Synthese [zʏn'teːzə] <-, -n> *f* synthèse *f*
Synthesizer ['zʏntəsai̯zɐ] <-s, -> *m* synthétiseur *m*
Synthetik <-s> *nt* synthétique *m*
synthetisch [zʏn'teːtɪʃ] *adj* CHEM, MED synthétique
Syphilis ['zyːfilɪs] <-> *f* MED syphilis *f*
Syrer(in) ['zyːrɐ] <-s, -> *m(f)* Syrien(ne) *m(f)*
Syrien ['zyːri̯ən] <-s> *nt* la Syrie
Syrier(in) ['zyːri̯ɐ] *s.* **Syrer**
syrisch ['zyːrɪʃ] *adj* syrien(ne)
System [zʏs'teːm] <-s, -e> *nt* ❶ système *m* ❷ ÖKOL **duales ~** système de recyclage
Systemanalytiker(in) *m(f)* ingénieur *mf* système
Systematik [zʏste'maːtɪk] <-, -en> *f a.* BIO systématique *f*
systematisch [zʏste'maːtɪʃ] **I.** *adj Arbeit* méthodique; *Beeinflussung* systématique **II.** *adv* systématiquement
systematisieren* [zʏstemati'ziːrən] *vt* systématiser
Systemfehler *m* INFORM erreur *f* de système **Systemkritiker(in)** *m(f)* détracteur(-trice) *m(f)* du système
Szenario [sts̮e'naːri̯o] <-s, -s> *nt* scénario *m*
Szene ['sts̮eːnə] <-, -n> *f* ❶ (*Theaterszene, Streit*) scène *f* ❷ (*Bereich*) milieux *mpl;* (*aktuelle Kulturszene*) milieux culturels
Szenenapplaus *m* THEAT applaudissements *mpl* après une scène
Szenerie [sts̮enə'riː] <-, -ien> *f* ❶ THEAT décors *mpl* ❷ CINE, LITER décor *m*
szenisch ['sts̮eːnɪʃ] *adj* scénique

Tt

T, t ['te:] <-, -> *nt* T *m*/t *m*
t *Abk von* **Tonne** t
Tabak ['ta(:)bak] <-s, -e> *m* tabac *m*
Tabakladen ['ta(:)bak-] *m* bureau *m* de tabac **Tabakplantage** *f* plantation *f* de tabac
Tabaksbeutel *m* blague *f* à tabac **Tabaksdose** *f* tabatière *f*
Tabaksteuer *f* taxe *f* sur le tabac
Tabaksteuererhöhung *f* augmentation *f* de la taxe sur le tabac
Tabakwaren *Pl* tabac *m*
tabellarisch [tabɛ'la:rɪʃ] *adj, adv* sous forme de tableau
Tabelle [ta'bɛlə] <-, -n> *f* tableau *m*
Tabellenkalkulation *f* INFORM tableur *m*
Tabellenkalkulationsprogramm *nt* INFORM tableur *m*
Tabernakel [tabɛr'na:kəl] <-s, -> *nt o m* tabernacle *m*
Tablet ['tɛblət] <-s, -s> *nt*
Tablet-Computer ['tɛblət-] *m* INFORM tablette *f* [numérique]
Tablett [ta'blɛt] <-[e]s, -s *o* -e> *nt* plateau *m*
Tablette [ta'blɛtə] <-, -n> *f* comprimé *m*
tablettensüchtig *adj* pharmacodépendant(e)
tabu [ta'bu:] *adj inv* ~ **sein** être tabou *inv*
Tabu [ta'bu:] <-s, -s> *nt geh* tabou *m*
Tabubruch *m* rupture *f* de tabou
tabuisieren* [tabui'zi:rən] *vt* tabouiser; **tabuisiert werden** être tabou
Tabula rasa[RR] ['ta:bula 'ra:za] ▶ ~ **machen** faire place nette
Tabulator [tabu'la:to:ɐ̯] <-s, -toren> *m* tabulateur *m*
Tabulatortaste *f* INFORM touche *f* "tabulation"
Tacheles ['taxələs] ▶ **mit jdm ~ reden** *fam* dire ses quatre vérités à qn
Tacho ['taxo] <-s, -s> *m fam*, **Tachometer** *m o nt* compteur *m* de vitesse
Tadel ['ta:dəl] <-s, -> *m* ❶ réprimande *f* ❷ *geh* (*Makel*) **ohne ~ sein** être irréprochable
tadellos *adj* irréprochable; *Beherrschung* impeccable
tadeln ['ta:dəln] *vt* blâmer; **jdn für etw ~** réprimander qn pour qc
tadelnswert *adj* blâmable
Taekwondo [tɛ'kvɔndo] <-> *nt* SPORT taekwondo *m*
Tafel ['ta:fəl] <-, -n> *f* ❶ (*Wandtafel*) tableau *m* ❷ (*Gedenktafel*) plaque *f* ❸ (*rechteckiges Stück*) **eine ~ Schokolade** une tablette de chocolat ❹ *form* (*Tisch*) table *f*
tafeln ['ta:fəln] *vi geh* banqueter
täfeln ['tɛ:fəln] *vt* lambrisser
Tafelobst *nt* fruits *mpl* de table **Tafelrunde** *f geh* tablée *f* **Tafelsilber** *nt* argenterie *f*
Täfelung <-, -en> *f* (*Verkleidung*) lambris *m*
Tafelwasser <-wässer> *nt* eau *f* minérale **Tafelwein** *m* vin *m* de table
Taft [taft] <-[e]s, -e> *m* taffetas *m*
Tag [ta:k] <-[e]s, -e> *m* ❶ jour *m*; **der ~ X** le jour J; **~ der offenen Tür** journée *f* portes ouvertes; **der Jüngste ~** REL le Jugement dernier; **guten ~!** bonjour!; **~!** *fam* 'jour!; **es ist ~** il fait jour; **bei ~ [e]** de jour; **auf den ~ [genau]** au jour près ❷ (*Tagesverlauf*) journée *f*; **am ~** dans la journée; **den ganzen ~ [lang]** toute la journée ❸ MIN **über ~e** à ciel ouvert; **unter ~e** sous terre ❹ *Pl euph fam* (*Menstruation*) **sie hat ihre ~e** elle a ses règles ▶ **man soll den ~ nicht vor dem Abend loben** *prov* il ne faut pas crier victoire trop tôt; **an den ~ kommen** éclater au grand jour; **in den ~ hinein leben** vivre au jour le jour
tagaus [ta:k'ʔaus] *adv* ▶ **~, tagein** jour après jour
Tagebau <-baue> *m* mine *f* à ciel ouvert
Tagebuch *nt* journal *m* [intime]
tagein [ta:k'ʔain] *s.* **tagaus**
tagelang **I.** *adj* qui dure des jours entiers **II.** *adv* [pendant] des journées entières, [durant] des jours entiers **Tagelohn** *m* salaire *m* journalier
Tagelöhner(in) ['ta:gəlø:nɐ] <-s, -> *m(f)* journalier(-ière) *m(f)*
tagen ['ta:gən] **I.** *vi unpers geh* **es tagt** le jour point **II.** *vi* (*konferieren*) siéger
Tagesablauf *m* emploi *m* du temps **Tagesanbruch** *m* lever *m* du jour **Tagesbefehl** *m* MIL ordre *m* du jour **Tagesdecke** *f* couvre-lit *m* **Tageseinnahmen** *Pl* recette *f* journalière **Tagesgericht** *nt* plat *m* du jour **Tagesgeschäft** *nt* tâches *fpl* quotidiennes **Tagesgeschehen** *nt* actualité *f* quotidienne **Tagesgespräch** *nt* sujet *m* de discussion du jour **Tageskarte** *f* ❶ GASTR menu *m* du jour

T

2 (*Eintrittskarte*) billet *m* valable pour la journée **Tageskurs** *m* cours *m* du jour
Tageslicht *nt kein Pl* lumière *f* du jour
Tageslichtprojektor *m* rétroprojecteur *m*
Tagesmutter *f* nourrice *f* **Tagesordnung** *f* ordre *m* du jour; **auf der ~ stehen** être [inscrit] à l'ordre du jour ▶**an der ~ sein** être monnaie courante **Tageszeit** *f* moment *m* de la journée **Tageszeitung** *f* quotidien *m*
tageweise *adv* à la journée
taghell ['ta:k'hɛl] *adj* comme en plein jour; **es ist ~** il fait grand jour
täglich ['tɛ:klɪç] *adj* quotidien(ne)
tags [ta:ks] *adv* (*am Tage*) [dans] la journée ▶**~ darauf** le lendemain, le jour d'après; **~ zuvor** la veille, le jour précédent
tagsüber ['ta:ksʔy:bɐ] *adv* pendant la journée
tagtäglich ['ta:k'tɛ:klɪç] **I.** *adj* quotidien(ne) **II.** *adv* tous les jours [sans exception]
Tagtraum *m* rêve *m* éveillé
Tagundnachtgleiche <-, -n> *f* équinoxe *m*
Tagung ['ta:gʊŋ] <-, -en> *f* congrès *m*
Tagungsteilnehmer(in) *m(f)* congressiste *mf*
Taifun [tai'fu:n] <-s, -e> *m* typhon *m*
Taiga ['taiga] <-> *f* taïga *f*
Taille ['taljə] <-, -n> *f* taille *f*
tailliert [ta(l)'ji:ɐ̯t] *adj* cintré(e)
Taiwan ['taivan, tai'va(:)n] <-s> *nt* Taïwan *m*
Takelage [takə'la:ʒə] <-, -n> *f* NAUT gréement *m*
Takt [takt] <-[e]s, -e> *m* 1 MUS mesure *f*; **im ~** en mesure; **aus dem ~ kommen** perdre le rythme 2 *kein Pl* (*Feingefühl*) tact *m*
Taktgefühl *nt* tact *m*, délicatesse *f*; **~ haben** avoir du tact
T **taktieren*** [tak'ti:rən] *vi* user de tactique; **geschickt ~** user d'une habile tactique
Taktik ['taktɪk] <-, -en> *f* tactique *f*
Taktiker(in) <-s, -> *m(f)* tacticien(ne) *m(f)*
taktisch **I.** *adj* tactique **II.** *adv vorgehen* tactiquement; *klug* d'un point de vue tactique
taktlos **I.** *adj* dénué(e) de tact **II.** *adv* sans [le moindre] tact
Taktlosigkeit <-> *f* (*taktlose Art*) manque *m* de tact
Taktstock *m* baguette *f* [de chef d'orchestre] **Taktstrich** *m* MUS barre *f* de mesure
taktvoll **I.** *adj* plein(e) de tact **II.** *adv* avec tact
Tal [ta:l, *Pl:* 'tɛ:lɐ] <-[e]s, Täler> *nt* vallée *f*
talabwärts [ta:l'ʔapvɛrts] *adv* **~ gehen** descendre [dans] la vallée
Talar [ta'la:ɐ̯] <-s, -e> *m* toge *f*
talaufwärts [ta:l'ʔaufvɛrts] *adv* **~ gehen** remonter la vallée
Talent [ta'lɛnt] <-[e]s, -e> *nt* talent *m*; **musikalisches ~ haben** avoir du talent pour la musique
talentfrei *iron* **I.** *adj* dénué(e) de tout talent **II.** *adv* sans aucun talent
talentiert [talɛn'ti:ɐ̯t] *adj Person* qui a du talent
Talentscout [-skaut] <-[s], -s> *m* SPORT dénicheur(-euse) *m(f)* de talents
Taler ['ta:lɐ] <-s, -> *m* HIST thaler *m*
Talfahrt *f* 1 (*Abwärtsfahrt*) descente *f* dans la vallée 2 *eines Unternehmens* effondrement *m*
Talg [talk] <-[e]s, -e> *m* 1 BIO sébum *m* 2 GASTR suif *m*
Talgdrüse *f* glande *f* sébacée
Talisman ['ta:lɪsman] <-s, -e> *m* talisman *m*
Talk [talk] <-[e]s> *m* MINER talc *m*
Talkmaster(in) ['tɔ:kma:stɐ] <-s, -> *m(f)* animateur(-trice) *m(f)* de talk-show **Talkshow**^RR ['tɔ:kʃo:] <-, -s> *f* talk-show *m*
Talmi ['talmi] <-s> *nt* pacotille *f*
Talon [ta'lõ:] <-s, -s> *m* FIN talon *m*
Talsohle *f* GEOG fond *m* de vallée **Talsperre** *f* barrage *m*
Tamburin [tambu'ri:n] <-s, -e> *nt* tambourin *m*
Tampon ['tampɔn] <-s, -s> *m* tampon *m*
Tamtam [tam'tam] <-s, -s> *nt* tam-tam *m*
TAN [tan] <-, -s> *f Abk von* **Transaktionsnummer** INFORM, FIN numéro *m* de transaction; **eine ~ eingeben** taper un numéro de transaction
Tand [tant] <-[e]s> *m veraltet* brimborions *mpl*
Tandem ['tandɛm] <-s, -s> *nt* tandem *m*; **~ fahren** faire du tandem
Tandler(in) ['tandlɐ] <-s, -> *m(f)* A, SDEUTSCH *fam* brocanteur(-euse) *m(f)*
Tang [taŋ] <-[e]s, -e> *m* varech *m*
Tanga ['taŋga] <-s, -s> *m* tanga *m*
Tangaslip *m* slip *m* tanga
Tangens ['taŋgɛns] <-, -> *m* MATH tangente *f*
Tangente [taŋ'gɛntə] <-, -n> *f* 1 MATH tangente *f* 2 (*Straße*) rocade *f*
tangential [taŋgɛn'tsi̯a:l] *adj* MATH tangentiel(le)
tangieren* [taŋ'gi:rən] *vt geh* 1 (*streifen*) effleurer 2 (*betreffen*) toucher
Tango ['taŋgo] <-s, -s> *m* tango *m*
Tank [taŋk] <-s, -s> *m* 1 (*Benzin-*

tank) réservoir *m* ② (*Flüssigkeitsbehälter*) citerne *f*
Tankdeckel *m* bouchon *m* de réservoir
Tanke <-, -n> *f fam* pompe *f*
tanken ['taŋkən] **I.** *vi* prendre de l'essence; **bitte voll ~!** le plein, s'il vous plaît! **II.** *vt* ① **zehn Liter/bleifrei ~** prendre dix litres [d'essence]/du sans plomb; **voll ~** faire le plein de *Auto, Kanister* ② *fig fam* **frische Luft ~** faire le plein d'air frais
Tanker ['taŋkɐ] <-s, -> *m* pétrolier *m*
Tankfüllung *f* plein *m* **Tanklastzug** *m* camion-citerne *m* **Tankschiff** *nt* bateau-citerne *m* **Tankstelle** *f* station-service *f* **Tankverschluss**RR *m* bouchon *m* de citerne **Tankwagen** *m* camion-citerne *m* **Tankwart(in)** *m(f)* pompiste *mf*
Tanne ['tanə] <-, -n> *f* sapin *m*
Tannenbaum *m* (*Weihnachtsbaum*) sapin *m* [de Noël] **Tannennadel** *f* aiguille *f* de sapin **Tannenzapfen** *m* pomme *f* de pin
Tannin [ta'niːn] <-s, -e> *nt* ta[n]nin *m*
Tansania [tanza'niːa] <-s> *nt* la Tanzanie
Tante ['tantə] <-, -n> *f* tante *f*
Tante-Emma-Laden ['tantə'ʔɛmaˌlaːdən] *m fam* petite épicerie *f* [du coin]
Tantieme [tã'ti̯eːmə] <-, -n> *f meist Pl* ① (*Gewinnbeteiligung*) tantième *m* ② (*Autorenhonorar*) droits *mpl* d'auteur
Tanz [tants, *Pl:* 'tɛntsə] <-es, Tänze> *m* ① danse *f*; **jdn zum ~ auffordern** inviter qn à danser ② (*Tanzveranstaltung*) bal *m*
Tanzabend *m* soirée *f* dansante **Tanzbein** ▶ **das ~ schwingen** *hum fam* danser [la gigue]
tänzeln ['tɛntsəln] *vi* + *haben o sein Boxer:* sautiller; *Pferd:* piaffer
tanzen [tantsən] *vt, vi* danser; **~ gehen** aller danser
Tänzer(in) ['tɛntsɐ] <-s, -> *m(f)* (*a. Berufstänzer*) danseur(-euse) *m(f)*
tänzerisch **I.** *adj Darbietung* de danse; **sein ~es Können** ses talents de danseur **II.** *adv* au niveau de la danse
Tanzfläche *f* piste *f* [de danse] **Tanzkurs** *m* cours *m* de danse **Tanzlehrer(in)** *m(f)* professeur *mf* de danse **Tanzlokal** *nt* dancing *m* **Tanzmusik** *f* musique *f* de danse **Tanzpartner(in)** *m(f)* cavalier(-ière) *m(f)* **Tanzschule** *f* école *f* de danse **Tanzschuppen** *m sl* (*Diskothek*) boîte *f* **Tanzstil** *m* style *m* de danse **Tanzstunde** *f* (*Tanzkurs*) leçon *f* de danse
Taoismus [tao'ɪsmʊs] <-> *m* taoïsme *m*
Tapet [ta'peːt] ▶ **etw aufs ~ bringen** *fam* mettre qc sur le tapis
Tapete [ta'peːtə] <-, -n> *f* papier *m* peint, tapisserie *f*
Tapetenwechsel *m fam* changement *m* d'air
tapezieren* [tape'tsiːrən] *vt* tapisser
Tapezierer(in) <-s, -> *m(f)* tapissier(-ière) *m(f)*
tapfer ['tapfɐ] **I.** *adj Person* brave, courageux(-euse); *Verhalten* courageux(-euse) **II.** *adv* avec bravoure, vaillamment (*soutenu*)
Tapferkeit <-> *f* bravoure *f*
tappen ['tapən] *vi,* **tapsen** ['tapsən] *vi fam* + *sein* avancer à tâtons
tapsig *fam* **I.** *adj* pataud(e) **II.** *adv* de façon pataude
Tara <-, Taren> *f* tare *f*
Tarantel <-, -n> *f* tarentule *f* ▶ **sie fuhr hoch wie von der ~ gestochen** *fam* elle sursauta comme si une mouche l'avait piquée
Tarif [ta'riːf] <-[e]s, -e> *m* ① accord *m* salarial; **nach ~ bezahlt werden** être rémunéré au tarif ② (*Gebühr*) tarif *m*
TarifabschlussHR *m* accord *m* sur les salaires **Tarifautonomie** *f* autonomie *f* des partenaires sociaux **Tarifgruppe** *f* groupe *m* tarifaire **Tarifkonflikt** *m* conflit *m* tarifaire
tariflich *adj* conforme à la convention collective
Tariflohn *m* salaire *m* contractuel **Tarifpartner(in)** *m(f)* partenaire *mf* social(e) **Tarifrunde** *f* négociations *fpl* salariales **Tarifverhandlungen** *Pl* négociations *fpl* sur la convention collective **Tarifvertrag** *m* convention *f* collective
Tarnanzug *m* tenue *f* de camouflage
tarnen ['tarnən] **I.** *vt* camoufler **II.** *vr* **sich als etw ~** se camoufler en qc
Tarnfarbe *f* peinture *f* de camouflage **Tarnname** *m* nom *m* d'emprunt
Tarnung <-, -en> *f kein Pl* camouflage *m*
Tasche ['taʃə] <-, -n> *f* ① (*an der Kleidung*) poche *f* ② (*Tragetasche*) sac *m* ▶ **etw aus der eigenen ~ bezahlen** payer qc de sa poche; **jdn in die ~ stecken** *fam* mettre qn dans sa poche
Taschenbuch *nt* livre *m* de poche
Taschenbuchausgabe *f* édition *f* de poche
Taschendieb(in) *m(f)* pickpocket *m* **Taschengeld** *nt* argent *m* de poche **Taschenkrebs** *m* tourteau *m* **Taschenlampe** *f* lampe *f* de poche **Taschenmesser** *nt* couteau *m* de poche, canif *m* **Taschenrechner** *m*

T

calculette *f,* calculatrice *f* de poche **Taschenschirm** *m* parapluie *m* télescopique **Taschentuch** *nt* mouchoir *m* **Taschenuhr** *f* montre *f* de poche [*o* de gousset]

Tasse ['tasə] <-, -n> *f* ① tasse *f* ② (*Mengenangabe*) **eine ~ Kaffee** une tasse de café ▶ **nicht alle ~n im Schrank haben** *fam* avoir une case vide, être complètement fou

Tastatur [tasta'tuːɐ̯] <-, -en> *f* clavier *m*

Taste ['tastə] <-, -n> *f* touche *f*

tasten ['tastən] **I.** *vi* **nach etw ~** chercher qc à tâtons **II.** *vr* **sich zur Tür ~** avancer en tâtonnant vers la porte **III.** *vt* sentir en palpant *Schwellung*

Tasteninstrument *nt* instrument *m* à clavier **Tastentelefon** *nt* téléphone *m* à touches

Tastsinn *m kein Pl* toucher *m*

tat [taːt] *Imp von* **tun**

Tat [taːt] <-, -en> *f* ① (*Handlung*) acte *m;* **zur ~ schreiten** passer à l'action; **etw in die ~ umsetzen** mettre qc à exécution ② (*Straftat*) délit *m* ▶ **jdn auf frischer ~ ertappen** prendre qn en flagrant délit; **in der ~!** effectivement!

Tatar [ta'taːɐ̯] <-s, -> *nt* [steak *m*] tartare *m*

Tatbestand *m* état *m* de fait; JUR éléments *mpl* constitutifs

Tatendrang *m kein Pl geh* besoin *m* d'activité

tatenlos **I.** *adj* inactif(-ive), passif(-ive) **II.** *adv* sans rien faire

Täter(in) ['tɛːtɐ] <-s, -> *m(f)* coupable *mf;* **ein unbekannter ~** un malfaiteur non identifié

Täterschaft <-> *f* culpabilité *f*

tätig ['tɛːtɪç] *adj* ① (*berufstätig*) **als etw ~ sein** être employé comme qc ② (*aktiv*) actif(-ive) ③ JUR *form* **in einer Sache ~ werden** intervenir dans une affaire

tätigen ['tɛːtɪgən] *vt form* effectuer *Einkäufe;* passer, donner *Anruf;* conclure, réaliser *Geschäft*

Tätigkeit <-, -en> *f* (*Beschäftigung*) activité *f;* (*Berufstätigkeit*) activité [professionnelle]

Tätigkeitsbereich *m* domaine *m* d'activité[s]

Tatkraft *f kein Pl* dynamisme *m,* énergie *f*

tatkräftig **I.** *adj* dynamique, énergique **II.** *adv* activement

tätlich *adj Angriff* dégénérant(e) en voie de fait

Tätlichkeiten *Pl* voies *fpl* de fait

Tatmotiv *nt* mobile *m* [du crime] **Tatort** *m* lieu *m* du crime

tätowieren* [tɛto'viːrən] *vt* tatouer

Tätowierung <-, -en> *f* tatouage *m*

Tatsache ['taːtzaxə] *f* fait *m;* **vollendete ~n schaffen** créer un fait accompli; **~ ist, dass ...** le fait est que ...; **~!** *fam* comme je te/vous le dis!

Tatsachenbericht *m* reportage *m*

tatsächlich ['taːtzɛçlɪç] **I.** *adj attr Ereignis* réel(le); *Grund* véritable **II.** *adv* ① (*in Wirklichkeit*) en réalité ② (*wirklich*) réellement, vraiment; **sie hat ~ gewonnen!** elle a effectivement gagné!

tätscheln ['tɛtʃəln] *vt* tapoter [affectueusement], donner une tape affectueuse à

Tattergreis ['tatɐ-] *m pej fam* vieux gâteux *m*

tatt[e]rig ['tat(ə)rɪç] *adj fam* qui a la tremblote

Tattoo [tɛ'tuː, ta'tuː] <-s, -s> *m o nt* tatouage *m*

Tatverdacht *m* présomption *f* de culpabilité; **unter ~ stehen** *form* être présumé coupable **tatverdächtig** *adj* présumé(e) coupable **Tatverdächtige(r)** *f(m) dekl wie adj* coupable *mf* présumé(e) **Tatwaffe** *f* arme *f* du crime

Tatze ['tatsə] <-, -n> *f* ZOOL patte *f*

Tatzeit *f* heure *f* du crime

Tau¹ [tau̯] <-[e]s> *m* METEO rosée *f*

Tau² [tau̯] <-[e]s, -e> *nt* NAUT cordage *m*

taub [tau̯p] *adj* ① (*gehörlos*) sourd(e); **sich ~ stellen** faire la sourde oreille ② *Körperteil* insensible ③ *Ähre* vide; *Nuss* creux(-euse)

Taube ['tau̯bə] <-, -n> *f* pigeon *m*

taubengrau *adj* gris bleu *inv* **Taubenschlag** *m* pigeonnier *m*

Tauberich ['tau̯bərɪç], **Täuberich** ['tɔy̯bərɪç] <-s, -e> *m* pigeon *m* mâle

Taubheit <-> *f* ① (*Gehörlosigkeit*) surdité *f* ② *von Gliedmaßen* insensibilité *f*

taubstumm *adj* sourd(e)-muet(te) **Taubstumme(r)** *f(m) dekl wie adj* sourd-muet *m*/sourde-muette *f*

Taubstummensprache *f* langage *m* gestuel des sourds-muets

tauchen ['tau̯xən] **I.** *vi + haben o sein* plonger; *U-Boot:* plonger, s'immerger; **~ können** savoir faire de la plongée; **nach etw ~** plonger à la recherche de qc **II.** *vt + haben* **jdn/etw in etw** (*akk*) **~** plonger qn/qc dans qc

Tauchen ['tau̯xən] <-s> *nt* plongée *f*

Taucher(in) ['tau̯xɐ] <-s, -> *m(f)* plongeur(-euse) *m(f)*

Taucheranzug *m* combinaison *f* de plongée, scaphandre *m* **Taucherbrille** *f* lunettes *fpl* de plongée

Tauchsieder <-s, -> *m* thermoplongeur *m*

Tauchstation *f* ▸ **auf ~ gehen** *fam* disparaître de la circulation

tauen ['taʊ̯ən] **I.** *vi unpers + haben* dégeler; **es taut** il dégèle **II.** *vi + sein Eis, Schnee:* fondre

Taufbecken *nt* fonts *mpl* baptismaux

Taufe ['taʊ̯fə] <-, -n> *f* baptême *m* ▸ **etw aus der ~ heben** *fam* fonder qc

taufen ['taʊ̯fən] *vt* baptiser; **jdn auf den Namen Max ~** baptiser qn du nom de Max

Taufkapelle *f* baptistère *m*

Täufling ['tɔyflɪŋ] <-s, -e> *m* enfant *mf* qui reçoit le baptême

Taufname *m* nom *m* de baptême **Taufpate** *m*, **-patin** *f* parrain *m*/marraine *f* **taufrisch** *adj Wiese* humide de rosée

Taufstein *m* REL fonts *mpl* baptismaux

taugen ['taʊ̯gən] *vi* **etwas ~** *Person:* être bon à quelque chose; *Sache:* valoir quelque chose; **als Putzlappen ~** faire l'affaire comme chiffon

Taugenichts ['taʊ̯gənɪçts] <-[es], -e> *m pej* propre *m* à rien

tauglich ['taʊ̯klɪç] *adj* ① *Bewerber* qui convient; **für etw ~ sein** *Material, Gegenstand:* convenir pour qc, être approprié à qc ② MIL apte [au service militaire], bon(ne) pour le service

Tauglichkeit <-> *f* ① *eines Materials* caractère *m* approprié ② MIL aptitude *f* [au service militaire]

Taumel ['taʊ̯məl] <-s> *m* ① (*Schwindelgefühl*) vertige *m* ② (*Überschwang*) ivresse *f*

taumeln ['taʊ̯məln] *vi + sein* chanceler

Tausch [taʊ̯ʃ] <-[e]s, -e> *m* échange *m*; **im ~ gegen** [*o* **für**] **etw** en échange de qc; **einen schlechten ~ machen** perdre au change

Tauschbörse *f* INET service *m* de partage [de fichiers] en pair à pair

tauschen ['taʊ̯ʃən] **I.** *vt* échanger *Münzen, Blicke;* **etw gegen etw ~** échanger qc contre qc **II.** *vi* faire un échange

täuschen ['tɔyʃən] **I.** *vt* tromper; **wenn mich nicht alles täuscht** si je ne m'abuse **II.** *vr* **sich ~** (*sich irren*) se tromper, faire erreur; **sich in jdm/etw ~** se tromper sur qn/dans qc **III.** *vi* tromper, induire en erreur; **das täuscht** c'est trompeur

täuschend I. *adj* trompeur(-euse) **II.** *adv* **jdm ~ ähnlich sehen** ressembler à s'y méprendre à qn

Tauschgeschäft *nt* troc *m* **Tauschhandel** *m kein Pl* (*das Handeln*) [commerce *m* de] troc *m*

Täuschung <-, -en> *f* ① (*Betrug*) tromperie *f;* (*beim Examen*) fraude *f* ② (*Irrtum*) erreur *f;* **optische ~** illusion *f* d'optique

Täuschungsmanöver *nt* feinte *f* **Täuschungsversuch** *m* tentative *f* de fraude

Tauschwert *m kein Pl* valeur *f* d'échange

tausend ['taʊ̯zənt] *num* ① mille; *s. a.* **acht**[1] ② *fam* (*viele*) [tout] un tas de

Tausend ['taʊ̯zənt] <-, -en> *f* (*die Zahl 1000*) mille *m*

Tausender ['taʊ̯zəndɐ] <-s, -> *m* ① *fam* (*Geldschein*) billet *m* de mille ② MATH millier *m*

tausenderlei ['taʊ̯zəndɐ'laɪ̯] *adj inv fam* mille et mille, tout un tas de

tausendfach ['taʊ̯zəntfax] *adj, adv* mille fois; *s. a.* **achtfach**

Tausendfüßler ['taʊ̯zəntfyːslɐ] <-s, -> *m* mille-pattes *m inv*

Tausendjahrfeier *f* millénaire *m*

tausendjährig ['taʊ̯zəntjɛːrɪç] *adj attr* ① (*tausend Jahre alt*) millénaire ② (*tausend Jahre dauernd*) de mille ans

tausendmal ['taʊ̯zəntmaːl] *adv* ① mille fois; *s. a.* **achtmal** ② *fam* (*vielmals*) des tas et des tas de fois

Tausendsassa ['taʊ̯zəntsasa] <-s, -[s]> *m* touche-à-tout *mf inv*

tausendste(r, s) *adj* millième; *s. a.* **achte(r, s)**

Tausendste(r) *f(m) dekl wie adj* millième *mf*

tausendstel ['taʊ̯zəntstəl] *adj* millième; *s. a.* **achtel**

Tausendstel ['taʊ̯zəntstəl] <-s, -> *nt* millième *m*

Tautropfen *m* goutte *f* de rosée **Tauwetter** *nt a. fig* dégel *m*

Tauziehen *nt* ① SPORT tir *m* à la corde ② *fig* bras *m* de fer

Taxameter [taksa'meːtɐ] <-s, -> *m* taximètre *m*, compteur *m*

Taxe ['taksə] <-, -n> *f* ① (*Kurtaxe*) taxe *f* de séjour ② (*Schätzwert*) estimation *f* ③ DIAL *s.* **Taxi**

Taxi ['taksi] <-s, -s> *nt* taxi *m*

taxieren* [ta'ksiːrən] *vt* ① (*schätzen*) évaluer, estimer ② *fam* **jdn abschätzig ~** jauger qn d'un air méprisant

Taxifahrer(in) *m(f)* chauffeur *m* de taxi **Taxifahrt** *f* course *f* en taxi **Taxistand** *m* station *f* de taxis

T

Tb[c] [teːˈbeː, teːbeːˈtseː] <-> *f Abk von* **Tuberkulose** tuberculose *f*

Teakholz [ˈtiːk-] *nt kein Pl* [bois *m* de] teck *m*

Team [tiːm] <-s, -s> *nt* équipe *f*

Teamarbeit *f* travail *m* d'équipe **teamfähig** *adj* capable de travailler en équipe **Teamgeist** *m kein Pl* esprit *m* d'équipe

Teamwork [ˈtiːmvøːɐ̯k] *s.* **Teamarbeit**

Technik [ˈtɛçnɪk] <-, -en> *f* ❶ *kein Pl* (*Technologie*) technique *f* ❷ *kein Pl* (*technische Ausstattung*) équipement *m* [technique]; *einer Maschine* technologie *f*, technicité *f* ❸ (*Methode*) technique *f*

Techniker(in) [ˈtɛçnɪkɐ] <-s, -> *m(f)* technicien(ne) *m(f)*

technisch [ˈtɛçnɪʃ] **I.** *adj* technique **II.** *adv* sur le plan technique

Techno [ˈtɛkno] <-[s]> *m o nt* MUS techno *m*

Technokrat(in) [tɛçnoˈkraːt] <-en, -en> *m(f)* technocrate *mf*

Technologie [tɛçnoloˈgiː] <-, -ien> *f* technologie *f*

Technologiepark *m* parc *m* technologique, technopole *m* **Technologietransfer** *m* transfert *m* technologique

technologisch [tɛçnoˈloːgɪʃ] *adj* technologique

Techtelmechtel [tɛçtəlˈmɛçtəl] <-s, -> *nt* flirt *m*

Teddy [ˈtɛdi] <-s, -s> *m*, **Teddybär** *m* ours *m* en peluche, nounours *m* (*enfantin*)

Tee [teː] <-s, -s> *m* ❶ thé *m*; **schwarzer ~** thé noir; **~ kochen** [*o* **machen**] faire du thé ❷ (*Kräutertee*) infusion *f*, tisane *f* ❸ (*Teestrauch*) thé[ier] *m* ▶ **abwarten und ~ trinken** *fam* [il faut] attendre et voir venir

Teebeutel *m* sachet *m* de thé **Tee-Ei, Teeei**RR *nt* boule *f* à thé **Teegebäck** *nt* [petits] gâteaux *mpl* secs **Teekanne** *f* théière *f* **Teelicht** *nt* bougie *f* à chauffe-plat **Teelöffel** *m* ❶ petite cuillère *f* ❷ (*Menge*) **ein ~ Zucker** une cuillerée à café de sucre

Teenager [ˈtiːneːdʒɐ] <-s, -> *m* teenager *mf*

Teenie [ˈtiːni] <-s, -s> *m fam* ado *mf*

Teer [teːɐ̯] <-[e]s, -e> *m* goudron *m*

teeren [ˈteːrən] *vt* goudronner *Straße*

Teeservice [-zɛrviːs] *nt* service *m* à thé **Teesieb** *nt* passoire *f* à thé, passe-thé *m* **Teestube** *f* salon *m* de thé **Teetasse** *f* tasse *f* à thé **Teewurst** *f pâté à tartiner légèrement fumé*

Teflon® [ˈtɛfloːn] <-s> *nt* téflon® *m*

Teich [taiç] <-[e]s, -e> *m* étang *m*

Teig [taik] <-[e]s, -e> *m* pâte *f*

teigig [ˈtaigɪç] *adj* ❶ *Gebäck* pâteux(-euse) ❷ (*schwammig*) pâle et bouffi(e)

Teigwaren *Pl* pâtes *fpl* [alimentaires]

Teil[1] [tail] <-[e]s, -e> *m o nt* ❶ partie *f*; **zum großen ~** en grande partie ❷ (*Anteil*) part *f*; **zu gleichen ~en** à parts égales; **ich für meinen ~** en ce qui me concerne, quant à moi ▶ **sich** (*dat*) **sein ~ denken** ne pas en penser moins

Teil[2] [tail] <-[e]s, -e> *nt eines Geräts* pièce *f*

Teilabschnitt *m* section *f*

teilbar *adj* divisible; **durch zehn ~** divisible par dix

Teilbereich *m* partie *f*

Teilchen [ˈtailçən] <-s, -> *nt* PHYS particule *f*

teilen [ˈtailən] **I.** *vt* ❶ (*aufteilen*) partager; **sich** (*dat*) **etw mit jdm ~** se partager qc avec qn ❷ MATH **durch vier ~** diviser par quatre ❸ (*mitfühlen*) **Freude mit jdm ~** prendre part à la joie de qn; **jds Schicksal ~** subir le même sort que qn **II.** *vr* **sich ~** se séparer, se diviser **III.** *vi* partager

Teilerfolg [ˈtail-] *m* succès *m* partiel **Teilgebiet** *nt* secteur *m*, branche *f* **teil\|haben** *vi irr* **an etw** (*dat*) **~** prendre part à qc, s'associer à qc

Teilhaber(in) <-s, -> *m(f)* associé(e) *m(f)*

Teilkaskoversicherung *f* assurance *f* au tiers collision

teilmöbliert *adj* partiellement meublé(e)

Teilnahme [ˈtailnaːmə] <-, -n> *f* ❶ (*Beteiligung*) participation *f*; **~ an etw** (*dat*) participation à qc ❷ *geh* (*Mitgefühl*) compassion *f* ❸ *geh* (*Interesse*) intérêt *m*

teilnahmslos **I.** *adj* indifférent(e) **II.** *adv* avec indifférence

Teilnahmslosigkeit <-> *f* indifférence *f*

teil\|nehmen [ˈtailneːmən] *vi irr* **an etw** (*dat*) **~** participer à qc

Teilnehmer(in) <-s, -> *m(f)* ❶ participant(e) *m(f)*; **~ an etw** participant à qc ❷ TELEC abonné(e) *m(f)*

teils [tails] *adv* en partie; **~, ~** *fam* oui et non

Teilstrecke *f* section *f* **Teilstück** *nt* section *f*

Teilung <-, -en> *f* ❶ *kein Pl* (*das Teilen*) partage *m* ❷ (*das Geteiltsein*) division *f*

Teilungsartikel *m* LING article *m* partitif

teilweise [ˈtailvaizə] **I.** *adv* partiellement **II.** *adj attr* partiel(le)

Teilzahlung *f* **auf ~** à crédit **Teilzeit** *f kein Pl* **~ arbeiten** travailler à temps partiel

T

Teilzeitarbeit *f* travail *m* à temps partiel **teilzeitbeschäftigt** *adj* employé(e) à temps partiel **Teilzeitbeschäftigte(r)** *f(m) dekl wie adj* employé(e) *m(f)* à temps partiel **Teilzeitbeschäftigung** *f* activité *f* [*o* travail *m*] à temps partiel **Teilzeitstelle** *f* travail *m* à temps partiel; **eine ~ haben** travailler à temps partiel

Teint [tɛ̃:] <-s, -s> *m* teint *m*

Telearbeit *f* télétravail *m*, travail *m* télépendulaire **Telearbeitsplatz** *m* bureau *m* virtuel

Telebanking ['te:ləbɛŋkɪŋ] <-s> *nt* services *mpl* bancaires par télécommunications

Telefax ['te:ləfaks] *nt* fax *m*

TelefaxanschlussRR *m* ligne *f* de fax **Telefaxgerät** *nt* fax *m*

Telefon [tele'fo:n, 'te:ləfo:n] <-s, -e> *nt* téléphone *m*

Telefonanlage *f* installation *f* téléphonique **Telefonanruf** *m* appel *m* téléphonique **Telefonanschluss**RR *m* ligne *f* téléphonique

Telefonat [telefo'na:t] <-[e]s, -e> *nt form* communication *f* téléphonique

Telefonbanking [-bɛŋkɪŋ] <-s> *nt* banque *f* par téléphone

Telefonbuch *nt* annuaire *m* [téléphonique] **Telefongebühr** *f meist Pl* taxe *f* téléphonique **Telefongespräch** *nt* conversation *f* téléphonique **Telefonhörer** *m* combiné *m* [du téléphone]

telefonieren* [telefo'ni:rən] *vi* téléphoner; **mit jdm/ins Ausland ~** téléphoner à qn/à l'étranger

telefonisch [tele'fo:nɪʃ] **I.** *adj Auskunft* téléphonique; *Beratung* par téléphone **II.** *adv* par téléphone

Telefonist(in) [telefo'nɪst] <-en, -en> *m(f)* standardiste *mf*

Telefonkarte *f* carte *f* de téléphone **Telefonkette** *f* chaîne *f* téléphonique **Telefonkonferenz** *f* multiplexe *m* **Telefonleitung** *f* ligne *f* [téléphonique] **Telefonmarketing** *nt* démarchage *m* par téléphone **Telefonnetz** *nt* réseau *m* téléphonique **Telefonnummer** *f* numéro *m* de téléphone **Telefonseelsorge** *f* ≈ S.O.S Amitié *m* **Telefonsex** *m fam* téléphone *m* rose **Telefonüberwachung** *f* écoute *f* téléphonique **Telefonverbindung** *f* liaison *f* [téléphonique] **Telefonzelle** *f* cabine *f* téléphonique **Telefonzentrale** *f* central *m* téléphonique

telegen [tele'ge:n] *adj Person, Gesicht* télégénique

Telegraf [tele'gra:f] <-en, -en> *m* télégraphe *m*

Telegrafenmast *m* poteau *m* télégraphique

Telegrafie [telegra'fi:] <-> *f* télégraphie *f*

telegrafieren* [telegra'fi:rən] **I.** *vi* envoyer un télégramme **II.** *vt* télégraphier

telegrafisch [tele'gra:fɪʃ] *adj* télégraphique, par télégramme

Telegramm [tele'gram] <-gramme> *nt* télégramme *m*

Telegrammstil *m kein Pl* style *m* télégraphique

Telekolleg ['te:ləkɔle:k] *nt* télé-enseignement *m* **Telekommunikation** *f* télécommunications *fpl* **Telekopie** *f* télécopie *f* **Telekopierer** *m* télécopieur *m* **Telenovela** ['te:lənove:la] <-, -s> *f* TV feuilleton *m* télé **Teleobjektiv** ['te:ləʔɔpjɛkti:f] *nt* téléobjectif *m*

Telepathie [telepa'ti:] <-> *f* télépathie *f*

Teleprompter® ['te:ləprɔmptɐ] <-s, -> *m* [télé]prompteur *m*

Teleshopping ['te:ləʃɔpɪŋ] <-s> *nt* téléachat *m*

Teleskop [tele'sko:p] <-s, -e> *nt* télescope *m*

Telespiel ['te:lə-] *nt* jeu *m* vidéo **Teletext** ['te:lə-] *m* TV télétexte *m*

Telex ['te:lɛks] <-, -e> *nt* télex *m*

telexen ['te:lɛksən] *vt* télexer

Teller ['tɛlɐ] <-s, -> *m* assiette *f*; **flacher/tiefer ~** assiette plate/creuse

Tellerrand *m fam* ▶ **über den ~ hinausschauen** aller chercher plus loin; **über den ~ nicht hinausschauen** ne pas voir plus loin que le bout de son nez **Tellerwäscher(in)** *m(f)* plongeur(-euse) *m(f)*

Tempel ['tɛmpəl] <-s, -> *m* temple *m*

Temperament [tɛmp(ə)ra'mɛnt] <-[e]s, -e> *nt* tempérament *m*

temperamentlos *adj Person* sans tempérament; *Wesen* mou(molle)

temperamentvoll **I.** *adj* plein(e) de tempérament, dynamique **II.** *adv* avec ferveur

Temperatur [tɛmpəra'tu:ɐ̯] <-, -en> *f a.* MED température *f*

Temperaturanstieg *m* hausse *f* des températures **Temperaturschwankung** *f meist Pl* variation *f* de température **Temperatursturz** *m* chute *f* des températures

temperieren* [tɛmpə'ri:rən] *vt* chambrer *Rotwein*

Tempo[1] ['tɛmpo] <-s, -s *o* MUS Tempi> *nt* ❶ vitesse *f*; **mit hohem/niedrigem ~** à

T

grande/petite vitesse; [**ein bisschen**] **~!** *fam* et que ça saute! ❷ MUS tempo *m*
Tẹmpo®² ['tɛmpo] <-s, -s> *nt fam s.* **Tempotaschentuch**
Tẹmpo-30-Zone ['tɛmpo'draiːsɪçtso:nə] *f* zone *f* de limitation à 30 km/h
Tẹmpolimit *nt* limitation *f* de vitesse
temporal [tɛmpo'ra:l] *adj* LING de temps
temporär [tɛmpo'rɛ:ɐ̯] *geh* **I.** *adj* temporaire **II.** *adv* temporairement
Tẹmpotaschentuch *nt fam* kleenex® *m*
Tendẹnz [tɛn'dɛnts] <-, -en> *f* tendance *f;* **steigende/fallende ~ haben** être à la hausse/baisse
tendenziẹll [tɛndɛn'tsi̯ɛl] *adj* **eine ~e Verbesserung** une tendance à l'amélioration
tendenziös [tɛndɛn'tsi̯ø:s] *pej adj* tendancieux(-euse)
tendieren* [tɛn'di:rən] *vi* ❶ **zu etw ~** avoir tendance à qc; **dazu ~ etw zu tun** être enclin à faire qc ❷ FIN, ÖKON **stärker/schwächer ~** être orienté à la hausse/baisse
Tẹnnis ['tɛnɪs] <-> *nt* tennis *m*
Tẹnnisball *m* balle *f* de tennis **Tẹnnishalle** *f* [court *m* de] tennis *m* couvert **Tẹnnisplatz** *m* court *m* de tennis **Tẹnnisschläger** *m* raquette *f* de tennis **Tẹnnisspiel** *nt* partie *f* de tennis **Tẹnnisspieler(in)** *m(f)* joueur(-euse) *m(f)* de tennis **Tẹnnisturnier** *nt* tournoi *m* de tennis
Tenor¹ ['te:no:ɐ̯] <-s> *m* (*Inhalt, Wortlaut*) fond *m,* teneur *f*
Tenor² [te'no:ɐ̯, *Pl:* te'nø:rə] <-s, Tenöre> *m* MUS ❶ (*Sänger*) ténor *m* ❷ *kein Pl* (*Singstimme*) [voix *f* de] ténor *m*
Tensid [tɛn'zi:t] <-[e]s, -e> *nt meist Pl* CHEM [agent *m*] tensioactif *m*
Tentakel [tɛn'ta:kəl] <-s, -> *m o nt meist Pl* tentacule *m*
Tẹppich ['tɛpɪç] <-s, -e> *m* tapis *m* ▶ **etw unter den ~ kehren** *fam* faire passer qc à l'as
Tẹppichboden *m* moquette *f* **Tẹppichklopfer** <-s, -> *m* tapette *f* [à tapis] **Tẹppichreiniger** <-s, -> *m* shampooing *m* à moquette
Termin [tɛr'mi:n] <-s, -e> *m* ❶ (*Uhrzeit*) rendez-vous *m;* **sich** (*dat*) **einen ~ geben lassen** prendre rendez-vous ❷ (*Datum*) date *f;* **der letzte ~** la date limite
Terminal¹ ['tø:ɐ̯minəl, 'tə:mɪnəl] <-s, -s> *nt* INFORM terminal *m*
Terminal² ['tø:ɐ̯minəl, 'tə:mɪnəl] <-s, -s> *nt o m* AVIAT, NAUT terminal *m*
termingemäß, termingerecht *adj, adv* dans les délais **Terminkalender** *m* agenda *m*
terminlich *adj* de rendez-vous, de date
Terminologie [tɛrminolo'gi:] <-, -ien> *f* terminologie *f*
Terminplan *m* planning *m* **Terminplaner** <-s, -> *m* agenda *m* **Terminplanung** *f* établissement *m* d'un planning
Tẹrminus ['tɛrminʊs] <-, Tẹrmini> *m* terme *m*
Termite [tɛr'mi:tə] <-, -n> *f* termite *m*
Terpentin [tɛrpɛn'ti:n] <-s, -e> *nt o* A *m* térébenthine *f*
Terrakọtta [tɛra'kɔta] <-, -kotten> *f* terre *f* cuite
Terrarium [tɛ'ra:ri̯ʊm] <-s, -rien> *nt* terrarium *m*
Terrạsse [tɛ'rasə] <-, -n> *f* terrasse *f*
terrẹstrisch [tɛ'rɛstrɪʃ] *adj* terrestre
Tẹrrier ['tɛri̯ɐ] <-s, -> *m* terrier *m*
Terrine [tɛ'ri:nə] <-, -n> *f* soupière *f*
territorial [tɛrito'ri̯a:l] *adj* territorial(e)
Territorium [tɛri'to:ri̯ʊm] <-s, -rien> *nt* territoire *m*
Tẹrror ['tɛro:ɐ̯] <-s> *m* terrorisme *m,* actions *fpl* terroristes
Tẹrrorabwehr *f* lutte *f* contre le terrorisme **Tẹrrorakt** *m* acte *m* terroriste **Tẹrroranschlag** *m* attentat *m* terroriste **Tẹrrorbekämpfung** *f* lutte *f* antiterroriste
terrorisieren* [tɛrori'zi:rən] *vt* terroriser
Terrorịsmus [tɛro'rɪsmʊs] <-> *m* terrorisme *m*
Terrorịst(in) [tɛro'rɪst] <-en, -en> *m(f)* terroriste *mf*
terrorịstisch *adj* terroriste
Tẹrrormiliz *f* groupe *m* militariste terroriste **Tẹrrornetzwerk** *nt* réseau *m* terroriste **Tẹrrorverdächtige(r)** *f(m) dekl wie adj* personne suspectée de terrorisme **Tẹrrorwarnung** *f* alerte *f* terroriste
Tẹrz [tɛrts] <-, -en> *f* MUS, SPORT tierce *f*
Terzẹtt [tɛr'tsɛt] <-[e]s, -e> *nt* trio *m*
Tesafilm® ['te:zafɪlm] *m* scotch® *m*
Tẹst [tɛst] <-[e]s, -s *o* -e> *m* test *m;* **einen ~ machen** (*durchführen*) faire un test; (*teilnehmen*) passer un test
Testamẹnt [tɛsta'mɛnt] <-[e]s, -e> *nt* ❶ testament *m* ❷ REL **das Alte/Neue ~** l'Ancien/le Nouveau Testament
testamentarisch [tɛstamɛn'ta:rɪʃ] **I.** *adj* testamentaire **II.** *adv* par testament
Testamẹntseröffnung *f* ouverture *f* du testament **Testamẹntsvollstrecker(in)** *m(f)* exécuteur(-trice) *m(f)* testamentaire
Tẹstbild *nt* mire *f* [de réglage]

testen ['tɛstən] *vt* tester
Testfahrer(in) *m(f)* pilote *mf* d'essai **Testfrage** *f* question-test *f* **Testlauf** *m* passage *m* d'essai **Testperson** *f* sujet *m* d'expérience **Testpilot(in)** *m(f)* pilote *mf* d'essai **Testreihe** *f* série *f* de tests **Testscreening**RR [-skriːnɪŋ] <-s, -s> *nt* CINE visionnage *m* **Teststrecke** *f* piste *f* d'essai
Tetanus ['teːtanʊs] <-> *m* MED tétanos *m*
Tetanus(schutz)impfung *f* vaccination *f* antitétanique
Tetraeder [tetra'ʔeːdɐ] <-s, -> *nt* tétraèdre *m*
teuer ['tɔyɐ] **I.** *adj* ❶ cher(chère); ~ **sein** être cher, coûter cher ❷ *geh* (*geschätzt*) cher(chère); **sie ist ihm** [**lieb und**] ~ elle lui est chère **II.** *adv* cher; *anbieten* à un prix élevé ▶ **etw** ~ **bezahlen müssen** payer cher qc; **jdn** ~ **zu stehen kommen** coûter cher à qn
Teuerung <-, -en> *f* hausse *f* des prix
Teuerungsrate *f* taux *m* d'inflation
Teufel ['tɔyfəl] <-s, -> *m* ❶ *kein Pl* diable *m* ❷ (*böser Mensch*) démon *m* ▶ **in** ~**s Küche kommen** *fam* se fourrer dans le pétrin, se mettre dans de beaux draps; **den** ~ **an die Wand malen** jouer les oiseaux de mauvais augure; **hier ist der** ~ **los** *fam* ici, c'est la panique; **auf** ~ **komm raus** *fam* coûte que coûte; **wenn man vom** ~ **spricht, kommt er** *prov* quand on parle du loup, on en voit la queue (*fam*); **weiß der** ~, **...!** *fam* ..., Dieu seul le sait!
Teufelskerl *m fam* fonceur *m* **Teufelskreis** *m* cercle *m* vicieux **Teufelszeug** *nt pej fam* truc *m* infernal
teuflisch ['tɔyflɪʃ] **I.** *adj* diabolique **II.** *adv* ❶ de façon diabolique ❷ *fam* (*sehr*) rudement
Teutone [tɔy'toːnə] <-n, -n> *m*, **Teutonin** *f* HIST *a. pej* Teuton(ne) *m(f)*
teutonisch [tɔy'toːnɪʃ] *adj pej* germanique
Text [tɛkst] <-[e]s, -e> *m* texte *m* ▶ **weiter im** ~**!** *fam* la suite!
Textaufgabe *f* énoncé *m* [du problème] **Textbuch** *nt* livret *m* **Textdatei** *f* INFORM fichier-texte *m*
texten ['tɛkstən] *vt* composer *Schlager;* écrire *Slogan;* **an seinem neuen Album** ~ poser pour son prochain album
Texter(in) <-s, -> *m(f)* parolier(-ière) *m(f);* (*Werbetexter*) rédacteur(-trice) *m(f)* publicitaire
textil [tɛks'tiːl] *adj* textile
Textilien [tɛks'tiːli̯ən] *Pl* [matières *fpl*] textiles *mpl*
Textilindustrie *f* industrie *f* textile
Textmarker *m* surligneur *m* **Textstelle** *f* passage *m* **Textverarbeitung** *f* INFORM traitement *m* de texte
Textverarbeitungsprogramm *nt* INFORM [programme *m* de] traitement *m* de texte **Textverarbeitungssystem** *nt* INFORM système *m* de traitement de texte
Textverständnis *nt* compréhension *f* écrite
TH [teː'haː] <-, -s> *f Abk von* **Technische Hochschule** ≈ I.U.T. *m*
Thailand ['tai̯lant] *nt* la Thaïlande
Thailänder(in) ['tai̯lɛndɐ] <-s, -> *m(f)* Thaïlandais(e) *m(f)*
thailändisch ['tai̯lɛndɪʃ] **I.** *adj* thaïlandais(e) **II.** *adv* ~ **miteinander sprechen** discuter en thaïlandais; *s. a.* **deutsch**
Thailändisch <-[s]> *nt kein Art* thaïlandais *m; s. a.* **Deutsch**
Theater [te'aːtɐ] <-s, -> *nt* ❶ théâtre *m;* ~ **spielen** faire du théâtre; **zum** ~ **gehen** se lancer dans le théâtre ❷ *fig fam* ~ **um etw machen** faire toute une histoire de qc; **das ist nur** ~ c'est du cinéma
Theateraufführung *f* représentation *f* théâtrale **Theaterkarte** *f* billet *m* [de théâtre] **Theaterprobe** *f* répétition *f* **Theaterstück** *nt* pièce *f* de théâtre
theatralisch [tea'traːlɪʃ] *adj* théâtral(e)
Theke ['teːkə] <-, -n> *f* (*Wirtshaustheke*) bar *m;* (*Ladentisch*) comptoir *m*
Theker ['teːkɐ] <-s, -> *m fam* barman *m*
Thema ['teːma] <-s, Themen *o* -ta> *nt* sujet *m;* **vom** ~ **abschweifen** s'écarter du sujet ▶ **für jdn kein** ~ **sein** être hors de question pour qn
Thematik [te'maːtɪk] <-> *f* domaine *m*
thematisch **I.** *adj* thématique **II.** *adv* en ce qui concerne le sujet
thematisieren* *vt* **etw** ~ faire de qc un thème de discussion
Themen *Pl von* **Thema**
Themse ['tɛmzə] <-> *f* **die** ~ la Tamise
theokratisch [teo'kraːtɪʃ] *adj inv* POL théocratique
Theologe [teo'loːgə] <-n, -n> *m*, **Theologin** *f* théologien(ne) *m(f)*
Theologie [teolo'giː] <-, -ien> *f* théologie *f*
theologisch [teo'loːgɪʃ] **I.** *adj* théologique **II.** *adv* d'un point de vue [*o* sur le plan] théologique
Theoretiker(in) [teo'reːtikɐ] <-s, -> *m(f)* théoricien(ne) *m(f)*
theoretisch [teo'reːtɪʃ] *adj* théorique

T

theoretisieren* [teoreti'zi:rən] *vi* théoriser; **über etw** (*akk*) ~ théoriser sur qc
Theorie [teo'ri:] <-, -ien> *f* théorie *f;* **das ist reine** ~ c'est de la spéculation pure et simple
Therapeut(in) [tera'pɔyt] <-en, -en> *m(f)* thérapeute *mf*
Therapeutik [tera'pɔytɪk] <-> *f* MED thérapeutique *f*
therapeutisch [tera'pɔytɪʃ] **I.** *adj* thérapeutique **II.** *adv* sur le plan thérapeutique
Therapie [tera'pi:] <-, -ien> *f* thérapie *f*
Thermalbad [tɛr'ma:lba:t] *nt* ❶ MED bain *m* thermal ❷ (*Kurort*) station *f* thermale **Thermalquelle** *f* source *f* thermale
Thermik ['tɛrmɪk] <-> *f* METEO courant *m* thermique
thermisch ['tɛrmɪʃ] *adj* thermique
Thermodynamik [tɛrmody'na:mɪk] <-> *f* PHYS thermodynamique *f* **thermoelektrisch** [tɛrmoʔe'lɛktrɪʃ] *adj* thermoélectrique
Thermometer [tɛrmo'me:tɐ] <-s, -> *nt* thermomètre *m*
thermonuklear [tɛrmonukle'a:ɐ̯] *adj* PHYS thermonucléaire
Thermosflasche® ['tɛrmɔsflaʃe] *f* [bouteille *f*] thermos® *f* **Thermoskanne®** *f* verseuse *f* isotherme
Thermostat [tɛrmo'sta:t] <-es *o* -en, -e[n]> *m* thermostat *m*
Thesaurus [te'zaurʊs] <-, Thesauren *o* Thesauri> *m* thésaurus *m*
These ['te:zə] <-, -n> *f geh* thèse *f,* théorie *f*
Thon [to:n] <-s, -s *o* -e> *m* CH thon *m*
Thora [to'ra:, 'to:ra] <-> *f* Torah *f*
Thorax ['to:raks] <-[es], -e *o* Thoraces> *m* ANAT thorax *m*
Thriller ['θrɪlɐ] <-s, -> *m* thriller *m*
Thrombose [trɔm'bo:zə] <-, -n> *f* thrombose *f*
T
Thron [tro:n] <-[e]s, -e> *m* trône *m;* **auf den ~ verzichten** renoncer au trône
Thronbesteigung *f* accession *f* au trône
thronen ['tro:nən] *vi* trôner
Thronfolge *f kein Pl* succession *f* au trône; **die ~ antreten** prendre la succession au trône
Thronfolger(in) <-s, -> *m(f)* prétendant(e) *m(f)* au trône
Thunfisch ['tu:nfɪʃ] *m* thon *m*
Thurgau <-s> *m* **der** ~ le canton de Thurgovie
Thüringen ['ty:rɪŋən] <-s> *nt* la Thuringe
Thymian ['ty:mi̯a:n] <-s, -e> *m* thym *m*
Tibet ['ti:bɛt] <-s> *nt* le Tibet
Tibetaner(in) <-s, ->, **Tibeter(in)** [ti'be:tɐ] <-s, -> *m(f)* Tibétain(e) *m(f)*
Tick [tɪk] <-[e]s, -s> *m* ❶ (MED) tic *m* nerveux ❷ *fam* (*Marotte*) **einen ~ haben** avoir un grain
ticken ['tɪkən] *vi* faire tic-tac ▶ **nicht richtig ~** *fam* débloquer
Ticket <-s, -s> *nt* (*Fahrkarte*) billet *m;* (*Eintrittskarte*) ticket *m,* billet *m*
TiebreakRR ['taɪbre:k] <-s, -s> *m o nt* (*beim Tennis*) tie-break *m*
tief [ti:f] **I.** *adj* ❶ *See, Wald, Regal, Verbeugung* profond(e); *Schnee* épais(se); *Tal* encaissé(e); **hundert Meter ~** de cent mètres de profondeur ❷ *Temperatur, Wasserstand* bas(se) ❸ *Ton, Stimme* grave ❹ *Schlaf, Gefühl, Sinn, Not* profond(e); *Rot, Blau* foncé(e) **II.** *adv* ❶ *tauchen* profondément; *bohren, graben* en profondeur; **~ fallen** tomber de haut; **zehn Meter ~ tauchen** plonger à dix mètres de profondeur ❷ *fliegen* bas ❸ *sitzen* en profondeur ❹ *klingen* avec des sonorités graves; *singen* d'une voix grave; **ein Ton zu ~** un ton trop bas ❺ *empfinden, schlafen, atmen* profondément ▶ **~ sinken** *Person:* s'avilir
Tief [ti:f] <-[e]s, -e> *nt* ❶ METEO dépression *f,* zone *f* de basse pression ❷ *fig* phase *f* dépressive
Tiefbau *m kein Pl* travaux *mpl* publics [en sous-sol] **tiefblau** *adj* bleu profond [*o* intense] **Tiefdruck** *m kein Pl* ❶ METEO basses pressions *fpl* ❷ TYP impression *f* en creux, hélio[gravure] *f*
Tiefdruckgebiet *nt* zone *f* de basse pression
Tiefe ['ti:fə] <-, -n> *f* ❶ profondeur *f* ❷ *kein Pl* (*Intensität*) intensité *f*
Tiefebene *f* plaine *f* basse
Tiefenpsychologie *f* psychologie *f* des profondeurs **Tiefenschärfe** *f* profondeur *f* de champ
tiefernst ['ti:f'ɛrnst] *adj* solennel(le) **Tiefflieger** *m* avion *m* volant à basse altitude **Tiefflug** *m* vol *m* à basse altitude; **im ~** à basse altitude **Tiefgang** *m kein Pl* ❶ NAUT tirant *m* d'eau ❷ *fig* **~ haben** *Gespräch:* avoir de la profondeur **Tiefgarage** [-gara:ʒə] *f* parking *m* souterrain **tiefgefroren** *adj,* **tiefgekühlt** *adj* congelé(e); *Gericht* surgelé(e) **tiefgreifend** *adj attr* profond(e)
tiefgründig *adj Gedanken* profond(e); *Analyse* approfondi(e)
Tiefkühlfach *nt* freezer *m* **Tiefkühlkost** *f* [produits *mpl*] surgelés *mpl* **Tief-**

kühlschrank *m* congélateur *m* [armoire] **Tiefkühltruhe** *f* congélateur *m* [bahut]
Tiefland *nt* basses terres *fpl* **Tiefpunkt** *m* niveau *m* zéro **Tiefschlag** *m* SPORT coup *m* bas
tiefschürfend *s.* **schürfen I.** ▶
tiefschwarz *adj* noir(e) d'ébène **Tiefsee** *f* grands fonds *mpl* **tiefsinnig** *s.* **tiefgründig Tiefstand** *m* niveau *m* plancher
Tiefsttemperatur *f* température *f* minimale **Tiefstwert** *m* METEO niveau *m* minimum; FIN valeur *f* minimale
Tiegel ['ti:gəl] <-s, -> *m* poêlon *m*
Tier [ti:ɐ̯] <-[e]s, -e> *nt* animal *m*, bête *f* ▶ **hohes** ~ *fam* ponte *m*
Tierart *f* espèce *f* animale **Tierarzt** *m*, **-ärztin** *f* vétérinaire *mf* **tierärztlich** *adj* vétérinaire
Tierchen ['ti:ɐ̯çən] <-s, -> *nt Dim von* **Tier** petit animal *m*, bestiole *f* ▶ **jedem ~ sein Pläsierchen** à chacun ses goûts
Tierfreund(in) *m(f)* ami(e) *m(f)* des animaux **Tierhalter(in)** *m(f)* propriétaire *mf* d'un animal **Tierhaltung** *f kein Pl* entretien *m* d'animaux **Tierhandlung** *f* animalerie *f* **Tierheim** *nt* refuge *m* [pour animaux]
tierisch ['ti:rɪʃ] **I.** *adj* ❶ animal(e) ❷ *fam* (*sehr*) terrible ❸ *pej* (*abstoßend*) bestial(e) **II.** *adv fam schwitzen* comme une bête; *wehtun* vachement
Tierklinik *f* clinique *f* vétérinaire **Tierkreis** *m kein Pl* ASTRON zodiaque *m*
Tierkreiszeichen *nt* signe *m* du zodiaque
Tierkunde <-> *f* zoologie *f* **tierlieb** *adj* ami(e) des animaux **Tiermehl** *nt* AGR farine *f* animale **Tierpark** *m* parc *m* zoologique **Tierpfleger(in)** *m(f)* gardien(ne) *m(f)* d'animaux **Tierquälerei** [ti:ɐ̯kvɛ:lə'rai̯] *f* cruauté *f* envers les animaux **Tierreich** *nt kein Pl* règne *m* animal **Tierschutz** *m* protection *f* des animaux
Tierschutzverein *m* société *f* protectrice des animaux
Tierseuche *f* MED épizootie *f* **Tierversuch** *m* expérience *f* sur des animaux **Tierwelt** *f kein Pl* monde *m* animal **Tierzucht** *f kein Pl* élevage *m*
Tiger(in) ['ti:gɐ] <-s, -> *m(f)* tigre(sse) *m(f)*
tigern ['ti:gɐn] *vi + sein fam* **durch die Straßen** ~ déambuler dans les rues
Tilde ['tɪldə] <-, -n> *f* tilde *m*
tilgen ['tɪlgən] *vt geh* ❶ FIN rembourser *Kredit;* purger *Hypothek;* éteindre *Schuld* ❷ (*beseitigen*) éliminer, faire disparaître *Spuren*
Tilgung <-, -en> *f geh eines Kredits* remboursement *m*
Timbre ['tɛ̃:brə] <-s, -s> *nt geh* timbre *m*
timen ['tai̯mən] *vt* prévoir le timing de
Timesharing[RR] ['tai̯mʃɛ:rɪŋ] <-s, -s> *nt* INFORM temps *m* partagé
Timing ['tai̯mɪŋ] <-s, -s> *nt* timing *m*
tingeln *vi + sein fam* **durch die Kneipen** ~ se produire dans les cafés
Tinktur [tɪŋk'tu:ɐ̯] <-, -en> *f* teinture *f*
Tinnef ['tɪnɛf] <-s> *m pej fam* (*Kram*) camelote *f*
Tinte ['tɪntə] <-, -n> *f* encre *f* ▶ **in der ~ sitzen** *fam* être dans le pétrin
Tintenfass[RR] *nt* encrier *m* **Tintenfisch** *m* seiche *f* **Tintenklecks** *m* pâté *m*
Tintenstrahldrucker *m* imprimante *f* à jet d'encre
Tipp[RR] [tɪp] <-s, -s> *m* ❶ *fam* (*Hinweis*) tuyau *m* ❷ (*beim Wetten*) pronostic *m*
tippen ['tɪpən] **I.** *vi* ❶ (*anstoßen*) **an etw** (*akk*) ~ effleurer qc ❷ *fam* (*Schreibmaschine schreiben*) taper [à la machine] ❸ (*Lotto spielen*) jouer [au loto] ❹ *fam* (*vorhersagen*) **richtig/falsch** ~ taper juste/à côté; **auf jdn/etw** ~ parier sur qn/qc **II.** *vt fam* ❶ taper *Text* ❷ (*wetten*) **die 15** ~ jouer le 15
Tipp-Ex® ['tɪpɛks] <-> *nt* Tipp-Ex® *m*
Tippfehler *m* faute *f* de frappe **Tippschein** *m* bulletin *m* de loto
tipptopp ['tɪp'tɔp] *adj fam* impeccable
Tippzettel *m s.* **Tippschein**
Tirana [ti'ra:na] <-s> *nt* Tirana
Tirol [ti'ro:l] <-s> *nt* le Tyrol
Tiroler(in) [ti'ro:lɐ] <-s, -> *m(f)* Tyrolien(ne) *m(f)*
Tisch [tɪʃ] <-[e]s, -e> *m* table *f;* **sich an den ~ setzen** se mettre à table; **zu ~ sein** *geh* être à table; **nach ~** *geh* après le repas ▶ **mit etw reinen ~ machen** faire table rase de qc; **unter den ~ fallen** *fam* passer à la trappe; **vom ~ sein** être réglé; **jdn über den ~ ziehen** *fam* arnaquer qn
Tischbein *nt* pied *m* de table **Tischdecke** *f* nappe *f* **tischfertig** *adj* prêt(e) à être servi(e) **Tischfußball** *m* baby-foot *m inv* **Tischgebet** *nt* REL (*vor dem Essen*) bénédicité *f* **Tischkante** *f* bord *m* de table **Tischkarte** *f* carton *m* de table
Tischler(in) ['tɪʃlɐ] <-s -> *m(f)* menuisier(-ière) *m(f)*
Tischlerei [tɪʃlə'rai̯] <-, -en> *f* menuiserie *f*
tischlern ['tɪʃlɐn] **I.** *vi fam* faire de la menuiserie **II.** *vt fam* **etw** ~ menuiser qc

T

Tischplatte *f* dessus *m* de table **Tischrede** *f* discours *m* de banquet **Tischtennis** *nt* tennis *m* de table

Tischtennisplatte *f* table *f* de ping-pong **Tischtennisschläger** *m* raquette *f* de ping-pong

Tischtuch <-tücher> *nt* nappe *f*

Titan [ti'ta:n] <-en, -en> *m* MYTH Titan *m*

Titel ['ti:təl] <-s, -> *m* ❶ *a.* SPORT titre *m;* **jdn mit seinem ~ anreden** appeler qn par son titre ❷ JUR titre *m* exécutoire

Titelbild *nt* photo *f* de couverture **Titelblatt** *nt* (*eines Buches*) page *f* de titre **Titelgeschichte** *f* article *m* qui fait la une **Titelheld(in)** *m(f)* héros *m*/héroïne *f* [dont l'œuvre porte le nom]

titeln ['ti:təln] *vt* titrer

Titelrolle *f* rôle-titre *m* **Titelseite** *f* couverture *f* **Titelverteidiger(in)** *m(f)* SPORT tenant(e) *m(f)* du titre

Titte ['tɪtə] <-, -n> *f vulg meist Pl* nichon *m* (*fam*)

titulieren* [titu'li:rən] *vt* **jdn** [**mit**] **Herr Professor ~** appeler qn Monsieur le Professeur; **jdn** [**als**] **„Feigling" ~** traiter qn de lâche

tja [tja(:)] *interj* ma foi

Toast [to:st] <-[e]s, -e> *m* ❶ pain *m* grillé ❷ (*Trinkspruch*) toast *m*

Toastbrot ['to:st-] *nt* (*Brot zum Toasten*) pain *m* de mie

toasten ['to:stən] *vt* faire griller

Toaster ['to:stɐ] <-s, -> *m* grille-pain *m*

toben ['to:bən] *vi + haben* ❶ *wütend* fulminer; *begeistert* être déchaîné ❷ *Kinder:* se défouler; *Sturm:* faire rage; *Meer:* se déchaîner

Tobsucht *f kein Pl* rage *f* **tobsüchtig** *adj* furieux(-euse)

Tochter ['tɔxtɐ, *Pl:* 'tœçtɐ] <-, Töchter> *f* ❶ fille *f* ❷ *s.* **Tochtergesellschaft**

Tochtergesellschaft *f* filiale *f*

T

Tod [to:t] <-[e]s, -e> *m* mort *f;* **eines natürlichen ~es sterben** mourir de mort naturelle ▶ **den ~ finden** *geh* trouver la mort; **sich zu ~e langweilen** s'ennuyer à mourir

todernst ['to:t'ʔɛrnst] **I.** *adj* [très] sérieux(-euse); *Miene* d'enterrement **II.** *adv* avec une extrême gravité

Todesangst *f* ❶ angoisse *f* de la mort ❷ *fam* (*große Angst*) peur *f* bleue **Todesanzeige** *f* avis *m* de décès **Todesfall** *m* décès *m* **Todesgefahr** *f* danger *m* de mort **Todeskampf** *m* agonie *f* **todesmutig** **I.** *adj* prêt(e) à affronter la mort **II.** *adv* sans crainte de la mort **Todesopfer** *nt* mort *m* **Todesstoß** *m* coup *m* de grâce **Todesstrafe** *f* peine *f* de mort **Todestag** *m* jour *m* de la mort; (*Jahrestag*) jour *m* anniversaire de la mort **Todesursache** *f* cause *f* de la mort **Todesurteil** *nt* condamnation *f* à mort **Todeszelle** *f* cellule *f* du condamné à mort

Todfeind(in) ['to:tfaint] *m(f)* ennemi(e) *m(f)* mortel(le) **todgeweiht** *adj geh* voué(e) à la mort **todkrank** ['to:t'kraŋk] *adj* très gravement malade; (*sterbend*) moribond(e)

tödlich ['tø:tlɪç] **I.** *adj* ❶ mortel(le); *Gefahr* de mort ❷ *fam Ernst* absolu(e); *Langeweile, Hass* mortel(le) **II.** *adv* ❶ **~ verunglücken** avoir un accident mortel ❷ *fam beleidigen, sich langweilen* à mort

todmüde ['to:t'my:də] *adj* mort(e) de fatigue **todschick** ['to:t'ʃɪk] *adj fam* très classe **todsicher** ['to:t'zɪçɐ] *adj fam Angelegenheit* totalement fiable; *Methode* miracle **Todsünde** *f* péché *m* mortel **todunglücklich** ['to:t'ʊnglʏklɪç] **I.** *adj fam* malheureux(-euse) comme les pierres **II.** *adv fam* **~ aussehen** faire une tête d'enterrement

Togo ['to:go] <-s> *nt* le Togo *m*

Tohuwabohu [to:huva'bo:hu] <-[s], -s> *nt* pagaille *f* (*fam*)

Toilette [to̯a'lɛtə] <-, -n> *f* toilettes *fpl,* W.-C. *mpl*

Toilettenartikel [to̯a'lɛtən-] *m meist Pl* article *m* de toilette

Toilettenfrau *f* préposée *f* aux toilettes **Toilettenpapier** *nt* papier *m* hygiénique **Toilettenseife** *f* savon *m* de toilette

toi, toi, toi ['tɔy 'tɔy 'tɔy] *interj fam* (*viel Glück und Erfolg*) je te/vous dis les cinq lettres; (*unberufen*) je touche/touchons du bois

Tokio ['to:ki̯o] <-s> *nt* Tokyo

tolerant [tole'rant] *adj* tolérant(e)

Toleranz [tole'rants] <-, -en> *f* ❶ *kein Pl* tolérance *f* ❷ TECH [marge *f* de] tolérance *f*

tolerieren* [tole'ri:rən] *vt* tolérer

toll [tɔl] **I.** *adj fam* extra; *Idee* super **II.** *adv fam* (*wild*) de façon débridée; **ihr treibt es zu ~!** vous y allez trop fort!

Tolle ['tɔlə] <-, -n> *f* ❶ (*Haarschopf*) toupet *m,* touffe *f* ❷ (*Frisur aus den 60er-Jahren*) banane *f*

tollen ['tɔlən] *vi* ❶ *+ haben* **im Kinderzimmer ~** faire le fou(la folle) dans la chambre ❷ *+ sein* (*laufen*) **durch das Haus ~** courir comme un fou(une folle) dans la maison

Tollkirsche *f* belladone *f* **tollkühn** ['tɔlky:n] *adj Person* intrépide, téméraire; *Plan* très audacieux(-euse) **Tollkühnheit** *f kein Pl einer Person* intrépidité *f; eines Unternehmens* témérité *f*
TollpatschRR ['tɔlpatʃ] <-es, -e> *m fam* empoté(e) *m(f)*
tollpatschigRR ['tɔlpatʃɪç] *adj fam Person* empoté(e); *Tier* pataud(e)
Tollwut *f* rage *f*
tollwütig ['tɔlvy:tɪç] *adj* MED enragé(e)
TolpatschALT *s.* **Tollpatsch**
tolpatschigALT *s.* **tollpatschig**
Tölpel ['tœlpəl] <-s, -> *m* empoté(e) *m(f)* (*fam*)
tölpelhaft *adj* idiot(e) (*fam*)
Tomate [to'ma:tə] <-, -n> *f* tomate *f* ► **~n auf den Augen haben** *fam* avoir de la merde dans les yeux
Tomatenketchup, **Tomatenketschup**RR *m o nt* ketchup *m* **Tomatenmark** *nt* concentré *m* de tomates **Tomatensoße** *f* sauce *f* tomate **Tomatensuppe** *f* soupe *f* à la tomate
Tombola ['tɔmbola] <-, -s *o* Tombolen> *f* tombola *f*
TomografieRR, **Tomographie** [tomogra'fi:] <-, -ien> *f* tomographie *f*
Ton1 [to:n] <-[e]s, -e> *m* MINER argile *f*
Ton2 [to:n, *Pl:* 'tø:nə] <-[e]s, Töne> *m* ❶ son *m* ❷ *fam* (*Wort*) **keinen ~ herausbringen** ne pas arriver à sortir un mot ❸ (*Tonfall*) ton *m* [de la voix]; **ich verbitte mir diesen ~** je n'admets pas que l'on me parle sur ce ton ❹ (*Farbton*) ton *m*, teinte *f* ► **große Töne spucken** *fam* chercher à en mettre plein la vue, frimer; **der gute ~** la bienséance; **den richtigen ~ treffen** trouver le ton juste
Tonabnehmer *m* tête *f* de lecture **tonangebend** *adj* qui donne le ton, influent(e) **Tonarm** *m* bras *m* [de lecture] **Tonart** *f a. fig* ton *m* **Tonband** <-bänder> *nt* bande *f* magnétique
Tonbandaufnahme *f* enregistrement *m* sur bande magnétique **Tonbandgerät** *nt* magnétophone *m*
tönen ['tø:nən] **I.** *vi* ❶ *Glocke:* faire entendre un bruit; *Stimme:* sonner ❷ (*prahlen*) parler en se vantant **II.** *vt* teindre *Haare*
Toner ['to:nɐ] <-s, -> *m eines Fotokopierers* encre *f; eines Laserdruckers* toner *m*
tönern ['tø:nɐn] *adj* en terre [cuite]
Tonfall *m* ton *m*, intonation *f* **Tonfilm** *m* film *m* parlant
Tongeschirr *nt* vaisselle *f* d'argile
Tonhöhe *f* hauteur *f* d'un/du son
Tonikum ['to:nikʊm] <-s, Tonika> *nt* MED tonique *m*
Toningenieur(in) *m(f)* ingénieur *mf* du son **Tonkopf** *m* tête *f* [de lecture] **Tonlage** *f* tessiture *f* **Tonleiter** *f* gamme *f*
tonlos *adj Stimme* atone
Tonne ['tɔnə] <-, -n> *f* ❶ (*fassförmiger Behälter*) fût *m* ❷ (*Mülltonne*) poubelle *f;* **grüne ~** (*für Bioabfälle*) poubelle pour déchets organiques; (*für Altpapier*) poubelle à papier; **gelbe ~** poubelle jaune (*pour déchets recyclables et emballages*) ❸ (*Gewichtseinheit*) tonne *f;* **der Hund wiegt ja eine ~!** *fam* mais le chien pèse une tonne ! ❹ NAUT (*Bruttoregistertonne*) tonneau *m* ❺ *fam* (*dicker Mensch*) barrique *f* (*fam*) ► **das kannst du/könnt ihr in die ~ treten!** *fam* tu peux/vous pouvez balancer ça à la poubelle! (*fam*)
Tonspur *f* piste *f* sonore **Tonstörung** *f* panne *f* de son **Tonstudio** *nt* studio *m* d'enregistrement
Tonsur [tɔn'zu:ɐ] <-, -en> *f* tonsure *f*
Tontaubenschießen <-s> *nt* tir *m* au pigeon
Tontechniker(in) *m(f)* ingénieur *mf* du son **Tonträger** *m* support *m* sonore
Tönung <-, -en> *f* ❶ *kein Pl* (*das Tönen*) teinture *f* ❷ (*Farbton*) teinte *f*
Tool [tu:l] <-s, -s> *nt* INFORM outil *m*
Toolbox ['tu:lbɔks] *f* INFORM boîte *f* à outils
Top [tɔp] <-s, -s> *nt* COUT débardeur *m*
Topas [to'pa:s] <-es, -e> *m* topaze *f*
Topf [tɔpf, *Pl:* 'tœpfə] <-[e]s, Töpfe> *m* ❶ (*Kochtopf*) casserole *f* ❷ (*Blumentopf, Nachttopf*) pot *m*
Topfblume *f* fleur *f* en pot
Töpfchen ['tœpfçən] <-s, -> *nt Kinderspr.* (*Nachttopf*) pot *m;* **aufs ~ gehen** aller sur le pot
Topfen ['tɔpfən] <-s> *m* A, SDEUTSCH fromage *m* blanc
Töpfer(in) ['tœpfɐ] <-s, -> *m(f)* potier (-ière) *m(f)*
Töpferei [tœpfə'rai] <-, -en> *f* (*Werkstatt*) [atelier *m* de] poterie *f*
töpfern ['tœpfɐn] *vi* faire de la poterie
Töpferscheibe *f* tour *m* de potier
topfit ['tɔp'fɪt] *adj fam* **~ sein** avoir la pêche
Topflappen *m* manique *f* **Topfpflanze** *f* plante *f* en pot
Topmanager(in) ['tɔp-] *m(f)* top manager *mf*
TopografieRR [topogra'fi:] <-, -ien> *f* topographie *f*

T

topografischRR [topo'gra:fɪʃ] *adj* topographique
Topographie *s.* **Topografie**
topographisch *s.* **topografisch**
Topologie [topolo'gi:] <-> *f* topologie *f*
toppen ['tɔpən] *vt fam* faire mieux que *Person;* battre *Rekord*
Tor [to:ɐ̯] <-[e]s, -e> *nt* ① ARCHIT porte *f* ② SPORT buts *mpl,* cages *fpl;* (*Treffer*) but *m;* **ein ~ schießen** marquer un but
Torbogen *m* arc *m* du portail
Torchance *f* SPORT occasion *f* de but
Toreinfahrt *f* entrée *f*
Torero [to're:ro] <-s, -s> *m* torero *m*
Torf [tɔrf] <-[e]s, -e> *m* tourbe *f*
Torfmull *m* tourbe *f* (*vendue dans le commerce*)
Torfrau *f* SPORT gardienne *f* de but **torgefährlich** *adj* SPORT **ein ~er Fußballer** un bon buteur
Torheit <-, -en> *f geh kein Pl* folie *f*
Torhüter(in) *s.* **Torwart(in)**
töricht ['tø:rɪçt] *adj geh Person* fou(folle); *Benehmen* insensé(e), aberrant(e); *Idee* stupide
Torjäger(in) *m(f)* SPORT buteur(-euse) *m(f)*
torkeln ['tɔrkəln] *vi + sein* tituber
Torlinie *f* SPORT ligne *f* de but
torlos *adj* SPORT sans aucun but
Tormann <-männer *o* -leute> *m* (*Torwart*) gardien *m* du but
Tornado [tɔr'na:do] <-s, -s> *m* tornade *f*
Tornister [tɔr'nɪstɐ] <-s, -> *m* ① MIL sac *m* à dos ② SCHULE DIAL cartable *m*
torpedieren* [tɔrpe'di:rən] *vt* NAUT *a. fig* torpiller
Torpedo [tɔr'pe:do] <-s, -s> *m* torpille *f*
Torpedoboot *nt* torpilleur *m*
Torpfosten *m* poteau *m* **Torraum** *m* SPORT surface *f* de but
TorschlusspanikRR *f fam* peur *f* de laisser passer un moment décisif
T
TorschussRR *m* SPORT tir *m* **Torschütze** *m,* **-schützin** *f* SPORT buteur(-euse) *m(f)*
Torso ['tɔrzo] <-s, -s *o* Torsi> *m* KUNST torse *m*
Törtchen ['tœrtçən] <-s, -> *nt Dim von* **Torte** tartelette *f*
Torte ['tɔrtə] <-, -n> *f* (*Obsttorte*) tarte *f;* (*Cremetorte*) gâteau *m* [fourré de crème au beurre]
Tortenboden *m* fond *m* de tarte **Tortenheber** <-s, -> *m* pelle *f* à tarte
Tortur [tɔr'tu:ɐ̯] <-, -en> *f geh* torture *f,* tourments *mpl*
Torverhältnis *nt* SPORT score *m* **Torwart(in)** ['to:ɐ̯vart] <-[e]s, -e> *m(f)* SPORT gardien(ne) *m(f)* [de but]
tosen ['to:zən] *vi + haben Brandung:* mugir; *Sturm:* faire rage
tosend *adj Jubel* délirant(e); **~er Beifall** un tonnerre d'applaudissements
tot [to:t] *adj* ① *Lebewesen* mort(e); **halb ~** à moitié mort; **sich ~ stellen** faire le mort ② *Gleis* désaffecté(e); *Flussarm* mort(e)
total [to'ta:l] **I.** *adj* complet(-ète) **II.** *adv fam hilflos* totalement; *vergessen* complètement
Totalausfall *m* ① *einer technischen Anlage* panne *f* totale; *des Flugverkehrs* paralysie *f* totale ② *fig, pej fam* (*Versager*) catastrophe *f* ambulante **Totalausverkauf** *m* liquidation *f* totale **Totalblockade** *f* ① *eines Landes* blocus *m* total; *von Reformen, einer Straße* blocage *m* total ② *fam* (*Denkblockade*) blocage *m* total
totalitär [totali'tɛ:ɐ̯] *adj* totalitaire
Totaloperation *f* opération *f* radicale **Totalschaden** *m* destruction *f* totale
tot|arbeiten *vr fam* **sich ~** se tuer à force de travailler **tot|ärgern** *vr fam* **sich ~** se mettre en boule; **sich über jdn/etw ~** se mettre en boule contre qn/qc
Tote(r) *f(m) dekl wie adj* mort(e) *m(f);* (*Unfallopfer*) tué(e) *m(f)*
Totem ['to:tɛm] <-s, -s> *nt* totem *m*
Totempfahl *m* mât *m* totémique
töten ['tø:tən] *vt* tuer
totenblassRR ['to:tən'blas], **totenbleich** ['to:tən'blaiç] *adj* pâle comme la mort
Totengräber ['to:təngrɛ:bɐ] <-s, -> *m* ZOOL nécrophore *m*
Totenkopf *m* ① ANAT crâne *m* ② (*Symbol*) tête *f* de mort **Totenmesse** *f* messe *f* des morts **Totenschädel** *s.* **Totenkopf 1** **Totenschein** *m* certificat *m* de décès **Totensonntag** *m* Fête *f* des morts (*dans la liturgie protestante*) **totenstill** ['to:tən'ʃtɪl] *adj* **es ist ~** il règne un silence de mort **Totenstille** ['to:tən'ʃtɪlə] *f* silence *m* de mort **Totenwache** *f* **die ~ halten** veiller le mort/la morte
tot|fahren *vt irr* écraser **Totgeburt** *f* enfant *m* mort-né **tot|lachen** *vr fam* **sich ~** être mort de rire; **zum Totlachen sein** être à mourir de rire **tot|laufen** *vr irr* **sich ~** *Gespräche:* s'enliser
Toto ['to:to] <-s, -s> *nt o m* loto *m* sportif
tot|schießen *vt irr fam* descendre **Totschlag** *m kein Pl* homicide *m* involontaire
Totschlagargument *nt pej fam* argument *m* massue
tot|schlagen *vt irr* **jdn ~** tabasser qn à mort **Totschläger** *m* ① meurtrier *m*

❷ (*Waffe*) casse-tête *m* **Totschlägerin** *f* meurtrière *f* **tot|schweigen** *vt irr* ne pas parler de *Person;* passer sous silence *Sache*
tot|stellenALT *s.* **tot 1**
Tötung <-, *selten* -en> *f* ❶ (*Mord*) meurtre *m;* **fahrlässige ~** homicide *m* par imprudence ❷ (*Schlachten*) abattage *m*
Touch [tatʃ] <-s, -s> *m fam* **ein nostalgischer ~** un [petit] côté nostalgique
Touchpad ['tatʃpɛd] <-s, -s> *nt* INFORM pavé *m* tactile **Touchscreen** ['tatʃskriːn] <-s, -s> *m* INFORM écran *m* tactile
Toupet [tu'peː] <-s, -s> *nt* postiche *m*
toupieren* [tu'piːrən] *vt* **sich** (*dat*) **die Haare ~** se crêper les cheveux
Tour [tuːɐ̯] <-, -en> *f* ❶ (*Reise*) excursion *f* ❷ (*Fahrt*) tournée *f* ❸ *Pl* (*Umdrehung*) tour *m;* **auf vollen ~en** à plein rendement ❹ *fam* (*Vorgehen*) magouille *f;* **auf die sanfte ~** en utilisant la manière douce
touren [tuːrən] *vi* être en tournée
Tourenzahl *f* régime *m,* nombre *m* de tours [par minute]
Tourismus [tu'rɪsmʊs] <-> *m* tourisme *m;* **sanfter ~** ≈ tourisme respectueux de l'environnement, ≈ tourisme soft
Tourist(in) [tu'rɪst] <-en, -en> *m(f)* touriste *mf*
Touristenklasse [tu'rɪstən-] *f* classe *f* économique **Touristenmetropole** *f* métropole *f* touristique
Touristik [tu'rɪstɪk] <-> *f* [industrie *f* du] tourisme *m*
touristisch *adj* touristique
Tournee [tʊr'neː] <-, -een *o* -s> *f* tournée *f;* **auf ~ gehen** partir en tournée
Tower ['taʊə] <-s, -> *m* ❶ AVIAT tour *f* de contrôle ❷ INFORM tour *f*
Toxikologe [tɔksiko'loːgə] <-n, -n> *m,* **Toxikologin** *f* toxicologue *mf*
toxikologisch [tɔksiko'loːgɪʃ] *adj Untersuchung, Daten* toxicologique; *Labor* de toxicologie
toxisch ['tɔksɪʃ] *adj* toxique
Trab [traːp] <-[e]s> *m* trot *m;* **im ~** au trot ▶**jdn in ~ halten** *fam* maintenir qn sous pression
Trabant [tra'bant] <-en, -en> *m* satellite *m*
Trabantenstadt *f* ville *f* satellite
traben ['traːbən] *vi + sein* trotter
Traber <-s, -> *m* trotteur *m*
Trabi ['trabi] <-s, -s> *m surnom donné à la voiture de la marque "Trabant" fabriquée en R.D.A.*
Trabrennen *nt* course *f* de trot [attelé]
Tracht [traxt] <-, -en> *f* (*Volkstracht*) costume *m* [folklorique]; (*von Berufsgruppen*) tenue *f* ▶**eine ~ Prügel** *fam* une raclée
trachten ['traxtən] *vi geh* **nach etw ~** prétendre à qc
trächtig ['trɛçtɪç] *adj* plein(e), en gestation
Trackball ['trɛkbɔːl] <-s, -s> *m* INFORM trackball *m*
Tradition [tradi'tsi̯oːn] <-, -en> *f* tradition *f;* **aus ~** par tradition
traditionell [traditsi̯o'nɛl] *adj* traditionnel(le)
traditionsbewusstRR *adj* traditionaliste, soucieux(-euse) des traditions **traditionsgemäß** *adv* selon la tradition
traf [traːf] *Imp von* **treffen**
Trafik [tra'fɪk] <-, -en> *f* A bureau *m* de tabac
Trafikant(in) [trafi'kant] <-en, -en> *m(f)* A buraliste *mf*
Trafo ['traːfo] <-[s], -s> *m fam Abk von* **Transformator** transfo *m*
Tragbahre *f* brancard *m,* civière *f*
tragbar *adj* ❶ *Fernseher* portable ❷ (*akzeptabel*) acceptable
Trage ['traːgə] <-, -n> *f s.* **Tragbahre**
träge ['trɛːgə] *adj* ❶ (*körperlich träge*) mou(molle) ❷ (*geistig träge*) indolent(e) ❸ PHYS, CHEM inerte
tragen ['traːgən] <trägt, trug, getragen> **I.** *vt* ❶ porter *Gegenstände, Kleidung, Brille, Namen;* **bei sich ~** porter sur soi; **das Haar offen ~** ne pas attacher ses cheveux ❷ (*hervorbringen*) donner, produire *Früchte* ❸ (*erdulden*) subir *Folgen;* supporter *Leid* ❹ (*finanziell tragen*) **einen Verein ~** prendre en charge une association **II.** *vi* ❶ *Baum:* donner ❷ *Tier:* être en gestation ❸ *Eis:* tenir, être résistant ❹ COUT **man trägt wieder lang** on s'habille de nouveau plus long ❺ (*leiden*) **an etw** (*dat*) **[schwer] zu ~ haben** devoir supporter le poids de qc ▶**zum Tragen kommen** entrer en vigueur **III.** *vr* ❶ (*sich anfühlen*) **sich angenehm ~** *Kleidung:* se porter agréablement ❷ *geh* (*sich beschäftigen*) **sich mit dem Gedanken ~ auszuwandern** nourrir l'idée d'émigrer (*form*) ❸ (*finanziell*) **sich ~** *Projekt, Verein:* s'autofinancer
tragend *adj* ❶ *Wand* de soutènement ❷ *Gedanke* fondamental(e)
Träger ['trɛgɐ] <-s, -> *m* ❶ *einer Einrichtung, eines Projekts* [autorité *f*] responsable *m* ❷ *meist Pl* COUT bretelles *fpl* ❸ TECH poutrelle *f*
Träger(in) ['trɛgɐ] <-s, -> *m(f)* ❶ (*Lastenträger*) porteur(-euse) *m(f)* ❷ *eines Titels* détenteur(-trice) *m(f); eines Namens* porteur(-euse) *m(f)*
Trägerhose *f* pantalon *m* à bretelles

T

Trägerin <-, -nen> *f s.* **Träger(in)**
Trägerkleid *nt* robe *f* à bretelles
Trägerrakete *f* fusée *f* porteuse
Tragetasche *f* sac *m*
tragfähig *adj* ① TECH résistant(e), solide ② *fig geh Kompromiss* acceptable **Tragfähigkeit** *f kein Pl* capacité *f* de charge **Tragfläche** *f* surface *f* portante
Trägheit <-, -en> *f* ① indolence *f*; (*Schwerfälligkeit*) paresse *f* ② PHYS inertie *f*
Tragik ['tra:gɪk] <-> *f* tragique *m*
tragikomisch [tra:gi'ko:mɪʃ] *adj geh* tragicomique **Tragikomödie** [tragiko-'mø:di̯ə] *f* tragicomédie *f*
tragisch ['tra:gɪʃ] *adj* tragique ▶ **etw ~ nehmen** *fam* dramatiser qc
Traglast *f form* chargement *m*
Tragödie [tra'gø:di̯ə] <-, -n> *f* tragédie *f*
trägt [trɛ:kt] *3. Pers Präs von* **tragen**
Tragweite *f kein Pl* portée *f* **Tragwerk** *nt* CONSTR plan *m* de sustentation
Trailer ['tre:lɐ] <-s, -> *m* ① (*Sattelschlepper*) remorque *f* ② CINE bande-annonce *f*
Trainer ['trɛ:nɐ, 'tre:nɐ] <-s, -> *m* CH (*Trainingsanzug*) survêtement *m*
Trainer(in) ['trɛ:nɐ, 'tre:nɐ] <-s, -> *m(f)* entraîneur(-euse) *m(f)*
trainieren* [trɛ'ni:rən, tre'ni:rən] **I.** *vt* ① entraîner *Sportler* ② (*üben*) s'entraîner à *Sportart* **II.** *vi* s'entraîner
Training ['trɛ:nɪŋ, 'tre:nɪŋ] <-s, -s> *nt* entraînement *m*; **autogenes ~** autorelaxation *f*
Trainingsanzug *m* survêtement *m* **Trainingshose** *f* pantalon *m* de survêtement **Trainingsjacke** *f* veste *f* [*o* blouson *m*] de survêtement **Trainingslager** *nt* camp *m* d'entraînement
Trakt [trakt] <-[e]s, -e> *m* aile *f*
Traktat <-[e]s, -e> *m o nt geh* opuscule *m*
traktieren* [trak'ti:rən] *vt fam* malmener, maltraiter
T
Traktor ['trakto:ɐ̯] <-s, -toren> *m* tracteur *m*
trällern ['trɛlɐn] *vt, vi* fredonner
Tram [tram] <-s, -s> *nt* CH tram *m*
Trampel ['trampəl] <-s, -> *m o nt fam* lourdaud(e) *m(f)*
trampeln ['trampəln] *vi + haben o sein* piétiner; (*vor Begeisterung*) trépigner
Trampelpfad *m* piste *f* battue **Trampeltier** *nt* ① ZOOL chameau *m* [à deux bosses] ② *pej fam* (*Mensch*) pataud *m*, lourdaud *m*
trampen ['trɛmpən] *vi + sein* faire du stop
Tramper(in) ['trɛmpɐ] <-s, -> *m(f)* auto-stoppeur(-euse) *m(f)*
Trampolin ['trampoli:n] <-s, -e> *nt* trampoline *m*
Tramway ['tramvai̯] <-, -s> *f* A tramway *m*
Tran <-[e]s, -e> *m* ① (*Fischfett*) huile *f* de poisson ② *fam* (*Benommenheit*) **im ~ sein** être dans les vapes
Trance ['trã:s(ə), tra:ns] <-, -n> *f* transe *f*
tranchieren* [trã'ʃi:rən] *vt* découper
Tranchiermesser [trã'ʃi:ɐ̯-] *nt* couteau *f* à découper
Träne ['trɛ:nə] <-, -n> *f* larme *f*; **ihm/ihr kommen die ~n** il/elle a les larmes aux yeux
tränen ['trɛ:nən] *vi Augen:* larmoyer; **mir ~ die Augen** mes yeux pleurent
Tränendrüse *f meist Pl* glande *f* lacrymale **Tränengas** *nt* gaz *m* lacrymogène **Tränensack** *m* sac *m* lacrymal
Tranfunzel ['tra:nfʊnt͜səl] <-, -n> *f pej fam* ① (*schwache Lampe*) lumignon *m* ② (*schwerfälliger Mensch*) abruti(e) *m(f)*
tranig ['tra:nɪç] *adj* ① *Fett, Geschmack* rance ② *fam* (*träge*) flemmard(e)
trank [traŋk] *Imp von* **trinken**
Trank [traŋk, *Pl:* 'trɛŋkə] <-[e]s, Tränke> *m geh* boisson *f*, breuvage *m*
Tränke ['trɛŋkə] <-, -n> *f* abreuvoir *m*
tränken ['trɛŋkən] *vt* ① abreuver *Tier* ② (*durchnässen*) **etw mit etw ~** imbiber qc de qc
Transaktion [trans?ak't͜si̯o:n] *f* transaction *f* **transatlantisch** [trans?at'lantɪʃ] *adj* (*überseeisch*) situé(e) au delà de l'océan
Transfer [trans'fe:ɐ̯] <-s, -s> *m* FIN, TOUR transfert *m*
transferieren* [transfe'ri:rən] *vt* transférer
Transformator [transfɔr'ma:to:ɐ̯] <-s, -toren> *m* transformateur *m*
Transfusion [transfu'zi̯o:n] <-, -en> *f* transfusion *f*
transgen [trans'ge:n] *adj* transgénique
Transistor [tran'zɪsto:ɐ̯] <-s, -toren> *m* ELEC transistor *m*
Transistorradio *nt* transistor *m*
Transit [tran'zi:t] <-s, -s> *m* transit *m*
transitiv ['tranziti:f] *adj* transitif(-ive)
Transitverkehr *m* trafic *m* de transit
transkribieren* [transkri'bi:rən] *vt* (*mit einer anderen Schrift*) opérer la translittération de; (*mit der phonetischen Umschrift*) transcrire phonétiquement
Transkription [transkrɪp't͜si̯o:n] <-, -en> *f* LING, MUS transcription *f*
transparent [transpa'rɛnt] *adj* transparent(e)

Transparent [transpa'rɛnt] <-[e]s, -e> *nt* banderole *f*
Transparenz [transpa'rɛnts] <-> *f geh* transparence *f*
transpirieren* [transpi'riːrən] *vi geh* transpirer
Transplantat [transplan'taːt] <-[e]s, -e> *nt* MED transplant *m*
Transplantation [transplanta'tsi̯oːn] <-, -en> *f* MED transplantation *f*
Transplantationszentrum *nt* MED centre *m* de transplantation
transplantieren* [transplan'tiːrən] *vt* MED transplanter, greffer
Transport [trans'pɔrt] <-[e]s, -e> *m* ❶ *kein Pl* (*das Transportieren*) transport *m* ❷ (*Wagenladung*) convoi *m*
transportabel [transpɔr'taːbəl] *adj* transportable
Transportband <-bänder> *nt* tapis *m* roulant
Transporter [trans'pɔrtɐ] <-s, -> *m* AUT camionnette *f*
transportfähig *adj* transportable **Transportflugzeug** *nt* avion *m* de transport
transportieren [transpɔr'tiːrən] *vt* ❶ transporter *Waren, Personen* ❷ PHOT faire avancer *Film*
Transportkosten *Pl* frais *mpl* de transport **Transportmittel** *nt* moyen *m* de transport **Transportnetz** *nt* réseau *m* de transport **Transportunternehmen** *nt* entreprise *f* de transport
transsexuell [transzɛ'ksu̯ɛl] *adj* transsexuel(le)
Transsexuelle(r) *f(m) dekl wie adj* transsexuel(le) *m(f)*
Transvestit [transvɛs'tiːt] <-en, -en> *m* travesti *m*
transzendental [transtsɛndɛn'taːl] *adj* transcendantal(e)
Transzendenz [transtsɛn'dɛnts] <-> *f* transcendance *f*
Trapez [tra'peːts] <-es, -e> *nt a.* GEOM trapèze *m*
trappeln ['trapəln] *vi* + *sein* piétiner
Trara [tra'raː] <-s, -s> *nt fam* tintouin *m*
Trasse ['trasə] <-, -n> *f* tracé *m*
trat [traːt] *Imp von* **treten**
Tratsch [traːtʃ] <-[e]s> *m fam* ragot *m*
tratschen ['traːtʃən] *vi fam* cancaner
Tratte ['tratə] <-, -n> *f* FIN traite *f*
Traualtar *m* **eine Frau zum ~ führen** *geh* mener une femme à l'autel
Traube ['trau̯bə] <-, -n> *f* ❶ (*einzelne Beere, Weintraube*) grain *m* ❷ *Pl* (*Weintrauben*) raisins *mpl* ❸ BOT grappe *f*; **eine ~ von Menschen** *fig* une grappe de gens
Traubenlese *f* vendanges *fpl* **Traubensaft** *m* jus *m* de raisin **Traubenzucker** *m* glucose *m*
trauen ['trau̯ən] **I.** *vi* **jdm ~** faire confiance à qn; **einer S.** (*dat*) **~** croire à qc **II.** *vt* marier *Paar* **III.** *vr* **sich ~ etw zu tun** oser faire qc
Trauer ['trau̯ɐ] <-> *f* tristesse *f*; **~ tragen** porter le deuil; **in tiefer ~** profonds regrets *mpl*
Trauerfall *m* deuil *m*, décès *m* **Trauerfeier** *f* cérémonie *f* funèbre **Trauergottesdienst** *m* service *m* funèbre **Trauerkleidung** *f* vêtements *mpl* de deuil **Trauerkloß** *m fam* pisse-froid *m* **Trauermarsch** *m* marche *f* funèbre **Trauermiene** *f* **mit ~** avec une tête d'enterrement
trauern ['trau̯ɐn] *vi* porter le deuil; **um jdn ~** porter le deuil de qn
Trauernde(r) *f(m) dekl wie adj* personne *f* en deuil
Trauerrand *m* (*an Trauerbriefen*) bordure *f* de deuil **Trauerspiel** *nt* ►**das** [*o* **es**] **ist ein ~** *fam* c'est désolant **Trauerweide** *f* saule *m* pleureur **Trauerzug** *m* cortège *m* funèbre
Traufe ['trau̯fə] <-, -n> *f* gouttière *f*
träufeln ['trɔyfəln] *vt* instiller des gouttes; **etw in/auf etw** (*akk*) **~** instiller des gouttes de qc dans qc
Traum [trau̯m, *Pl:* 'trɔymə] <-[e]s, Träume> *m* ❶ rêve *m* ❷ (*Wunschvorstellung*) rêve *m* ►**das wäre mir nicht im ~ eingefallen** cela ne me viendrait même pas à l'esprit
Trauma ['trau̯ma] <-s, Traumen *o* -ta> *nt* PSYCH, MED traumatisme *m*
traumatisch [trau̯'maːtɪʃ] *adj* traumatisant(e)
Traumberuf *m* **mein/ihr ~** la profession de mes/ses rêves **Traumdeutung** *f* interprétation *f* des rêves
träumen ['trɔymən] *vt, vi a. fig* rêver; **von jdm/etw ~** rêver de qn/qc; **etwas Schönes ~** faire de beaux rêves
Träumer(in) ['trɔymɐ] <-s, -> *m(f)* rêveur(-euse) *m(f)*, utopiste *mf*
Träumerei [trɔymə'rai̯] <-, -en> *f meist Pl* rêverie *f*
träumerisch *adj* rêveur(-euse)
Traumfabrik *f* usine *f* à fabriquer du rêve **Traumfrau** *f* femme *f* de rêve
traumhaft *adj* fantastique, de rêve
Traummann *m* homme *m* de rêve

T

traurig ['traʊrɪç] *adj* ① *Person* affligé(e), triste; *Blick* triste; **über jdn/etw ~ sein** avoir de la peine au sujet de qn/être attristé par qc ② *Sache* affligeant(e), désolant(e); **es ist ~, dass** c'est triste que + *subj*
Traurigkeit <-> *f* tristesse *f*
Trauring *m* alliance *f* **Trauschein** *m* acte *m* de mariage
Trauung <-, -en> *f* mariage *m;* **standesamtliche/kirchliche ~** mariage civil/religieux
Trauzeuge *m*, **-zeugin** *f* témoin *m* [de mariage]
Travestie [travɛs'tiː] <-, -ien> *f* THEAT spectacle *m* de travestis
Treck [trɛk] <-s, -s> *m* convoi *m*
Trecker <-s, -> *m fam* tracteur *m*
Treckingrad *nt s.* **Trekkingrad**
Treff [trɛf] <-s, -s> *m fam* ① (*Treffen*) rencontre *f* ② (*Treffpunkt*) rendez-vous *m*
treffen ['trɛfən] <trifft, traf, getroffen> **I.** *vt* + *haben* ① (*begegnen*) rencontrer ② (*vorfinden*) trouver ③ atteindre *Ziel;* **getroffen!** touché! ④ (*innerlich berühren*) *Nachricht:* toucher, affecter ⑤ (*ausführen*) prendre *Maßnahmen;* faire *Vorbereitungen;* convenir de *Vereinbarung* ▸ **es mit etw gut/schlecht getroffen haben** être bien/mal tombé avec qc **II.** *vi* + *haben* **das Ziel ~** *Person:* atteindre son but; *Schuss:* toucher sa cible **III.** *vr* + *haben* ① **sich ~** *Personen:* se rencontrer; **sich mit jdm ~** rencontrer qn ② (*sich fügen*) **das trifft sich [gut]** ça tombe bien
Treffen ['trɛfən] <-s, -> *nt* rencontre *f*
treffend *adj Bemerkung, Vergleich* pertinent(e)
Treffer <-s, -> *m* ① (*Schuss*) coup *m* réussi ② SPORT (*Tor*) but *m;* (*Boxhieb*) coup *m* de poing; (*Fechthieb*) touche *f* ③ (*Erfolg*) coup *m* heureux
Trefferquote *f* taux *m* de réussite
trefflich *adj* ① (*ausgezeichnet*) excellent(e) ② (*vollkommen*) parfait(e)
Treffpunkt *m* [lieu *m* de] rendez-vous *m*
treffsicher *adj* ① **~ sein** *Schütze* avoir la main sûre ② *Urteil* à propos, pertinent(e); *Ausdrucksweise* précis(e) **Treffsicherheit** *f kein Pl* ① *eines Schützen* sûreté *f* du tir ② (*Richtigkeit*) *eines Urteils* pertinence *f*
Treibeis *nt* glaces *fpl* flottantes
treiben ['traɪbən] <trieb, getrieben> **I.** *vt* + *haben* ① *a. fig* pousser *Menschen, Tiere;* **jdn zur Eile ~** presser qn de se dépêcher; **jdn zum Äußersten ~** pousser qn à l'extrême ② (*antreiben*) mouvoir, mettre en

Traurigkeit/Enttäuschung/Bestürzung ausdrücken

Traurigkeit ausdrücken	*exprimer la tristesse*
Es macht/stimmt mich traurig, dass wir uns nicht verstehen.	*Ça me rend triste que nous ne nous entendions pas bien.*
Es ist so schade, dass er/sie sich so gehen lässt.	*C'est tellement dommage qu'il/qu'elle se laisse aller de la sorte.*
Diese Ereignisse deprimieren mich.	*Ces événements me dépriment.*
Enttäuschung ausdrücken	*exprimer la déception*
Ich bin über seine/ihre Reaktion (sehr) enttäuscht.	*Je suis (très) déçu(e) par sa réaction.*
Du hast mich (schwer) enttäuscht.	*Tu m'as (terriblement) déçu(e).*
Das hätte ich nicht von ihm/ihr erwartet.	*Je n'aurais pas cru ça de lui/d'elle.*
Ich hätte mir etwas anderes gewünscht.	*J'aurais souhaité autre chose.*
Bestürzung ausdrücken	*exprimer la consternation*
Das ist (ja) nicht zu fassen!	*Ce n'est pas croyable !*
Das ist (ja) ungeheuerlich!	*Mais c'est monstrueux !*
Das ist ja (wohl) die Höhe!	*C'est le bouquet !/C'est le comble !*
Das kann doch nicht dein Ernst sein!	*Mais tu veux rire !*
Ich fass es nicht!	*Je n'y crois pas !*
Das bestürzt mich.	*Je suis bouleversé(e).*
Das kann/darf (doch wohl) nicht wahr sein!	*Mais ce n'est pas possible !*

mouvement *Maschine* ③ (*betreiben*) faire *Handel* ④ BOT donner *Blätter* ▶ **es mit jdm ~** *fam* baiser avec qn **II.** *vi* ① + *sein* **auf dem Wasser ~** dériver dans l'eau ② + *haben* BOT *Pflanze:* bourgeonner, avoir des pousses ③ + *haben* (*harntreibend wirken*) être diurétique ▶ **sich ~ lassen** se laisser porter par les événements

Treiben ['traibən] <-s> *nt* ① agitation *f*, animation *f* ② *pej* (*Machenschaften*) agissements *mpl*, magouilles *fpl* (*fam*)

Treiber ['traibɐ] <-s, -> *m* INFORM pilote *m*

Treibgas *nt* gaz *m* propulseur **Treibhaus** *nt* serre *f*

Treibhauseffekt *m kein Pl* effet *m* de serre **Treibhausgas** *nt* ÖKOL gaz *m* à effet de serre

Treibholz *nt kein Pl* bois *m* flottant **Treibjagd** *f* battue *f* **Treibsand** *m* sables *mpl* mouvants **Treibstoff** *m* carburant *m*

Treibstoffkosten *Pl* coûts *mpl* du carburant

Trekkingrad ['trɛkɪŋ-] *nt* vélo *m* tout chemin

Trema ['tre:ma] <-s, -s *o* Tremata> *nt* LING tréma *m*

Trenchcoat ['trɛntʃkoːt] <-[s], -s> *m* trench[-coat] *m*

Trend [trɛnt] <-s, -s> *m* ① tendance *f* ② (*Modetrend*) **der ~ zu etw** la mode de qc ▶ **voll im ~ liegen** *fam Produkt:* être complètement à la mode

trendig *adj s.* **trendy**

Trendsetter(in) ['trɛntsɛtɐ] <-s, -> *m(f)* *personne qui lance une mode*

Trendwende *f* changement *m* de tendance

trendy ['trɛndi] *adj fam* in

trennbar *adj* séparable

trennen ['trɛnən] **I.** *vt* ① séparer *Personen, Dinge, Begriffe;* **etw/jdn von etw/jdm ~** séparer qc/qn de qc/qn ② COUT **etw von/aus etw ~** découdre qc de qc ③ LING couper *Wort* **II.** *vr* **sich ~** se séparer **III.** *vi* (*unterscheiden*) faire la différence

Trennkost *f* alimentation *f* dissociée, régime *m* dissocié; **~ machen** *fam* faire un régime dissocié **Trennlinie** *f* ligne *f* de démarcation **Trennschärfe** *f* (*eines Empfangsgeräts*) sélectivité *f*

Trennung <-, -en> *f* ① séparation *f*; **in ~ leben** vivre séparé(e) ② (*Unterscheidung*) distinction *f* ③ LING coupe *f*

Trennungsjahr *nt* année *f* de séparation **Trennungsstrich** *m* LING trait *m* d'union

Trennwand *f* cloison *f*

treppab [trɛp'ʔap] *adv* en descendant les escaliers **treppauf** [trɛp'ʔauf] *adv* **~, treppab gehen** monter et descendre les escaliers

Treppe ['trɛpə] <-, -n> *f* escalier *m*

Treppenabsatz *m* palier *m* **Treppengeländer** *nt* rampe *f* d'escalier **Treppenhaus** *nt* cage *f* d'escalier **Treppenstufe** *f* marche *f* [d'escalier]

Tresen ['tre:zən] <-s, -> *m* (*Theke*) bar *m;* (*Ladentisch*) comptoir *m*

Tresor [tre'zo:ɐ̯] <-s, -e> *m* coffre-fort *m*

Tresorraum *m* salle *f* des coffres

Tresse ['trɛsə] <-, -n> *f meist Pl* galon *m*

Tretboot *nt* pédalo *m* **Treteimer** *m* poubelle *f* à pédale

treten ['tre:tən] <tritt, trat, getreten> **I.** *vt* + *haben* ① donner un coup de pied à *Person, Tier* ② (*betätigen*) appuyer sur *Pedal* **II.** *vi* ① + *haben Person:* donner des coups de pieds ② + *sein* (*gehen*) **in/auf etw** (*akk*) **~** *Person:* marcher dans/sur qc; **zur Seite ~** *Person:* s'écarter ③ + *haben o sein* (*betätigen*) **auf etw** (*akk*) **~** appuyer sur qc ④ + *sein* **aus etw ~** *Sache:* sortir de qc

Treter ['tre:tɐ] <-s, -> *m fam* (*Schuh*) godasse *f*

Tretlager *nt* pédalier *m* **Tretmine** *f* mine *f* antipersonnel **Tretmühle** *f fam* train-train *m* **Tretroller** *m* trottinette *f*, patinette *f* [à pédale]

treu [trɔy] *adj* fidèle

Treubruch *m* HIST félonie *f*

Treue ['trɔyə] <-> *f* fidélité *f*; **jdm die ~ halten** rester fidèle à qn

Treueid *m* serment *m* de fidélité

Treueschwur *m* serment *m* de fidélité

Treuhand <-> *f* JUR **die ~** la Treuhand (*institut officiel chargé de la privatisation des entreprises et du patrimoine foncier de l'ex-R.D.A.*)

Treuhänder(in) ['trɔyhɛndɐ] <-s, -> *m(f)* administrateur(-trice) *m(f)* [fiduciaire]

treuhänderisch *adj* fiduciaire

Treuhandgesellschaft *f* société *f* fiduciaire

treuherzig *adj Blick* candide

treulos *adj* infidèle

Treulosigkeit <-> *f* infidélité *f*; (*mangelnde Loyalität*) déloyauté *f*

Triangel ['tri:aŋəl] <-s, -> *m o* A *nt* triangle *m*

Triathlon ['tri:atlɔn] <-s, -s> *nt o m* triathlon *m*

Tribunal [tribu'na:l] <-s, -e> *nt* (*Forum*) tribunal *m*

Tribüne [tri'by:nə] <-, -n> *f* tribune *f*

T

Tribut [tri'bu:t] <-[e]s, -e> *m* tribut *m pas de pl*
Trichine <-, -n> *f* ZOOL trichine *f*
Trichter ['trɪçtɐ] <-s, -> *m* ❶ entonnoir *m* ❷ (*Bombentrichter*) cratère *m*
Trick [trɪk] <-s, -s> *m* truc *m* (*fam*); (*Betrugsmanöver*) combine *f* (*fam*)
Trickbetrüger(in) *m(f)* aigrefin *m* **Trickfilm** *m* dessin *m* animé **trickreich** *fam adj* roublard(e)
tricksen *fam* **I.** *vi* ruser **II.** *vt* **wir werden das schon ~** on trouvera bien une combine
trieb [tri:p] *Imp von* **treiben**
Trieb [tri:p] <-[e]s, -e> *m* ❶ impulsion *f*; **ein natürlicher ~** un instinct [naturel]; (*Sexualtrieb*) pulsions *fpl* [sexuelles] ❷ BOT pousse *f*
triebhaft *adj* érotomane; **ein ~er Mensch** un(e) obsédé(e)
Triebkraft *f* TECH, PSYCH force *f* motrice **Triebtäter(in)** *m(f)* maniaque *mf* [sexuel(le)] **Triebwagen** *m* autorail *m*, micheline *f* **Triebwerk** *nt* réacteur *m*
triefen ['tri:fən] <triefte *o geh* troff, getrieft *o* getroffen> *vi* ❶ + *haben* (*nass sein*) dégouliner, être dégoulinant; **vor Fett ~** ruisseler de graisse ❷ + *haben Nase:* couler; *Auge:* larmoyer ❸ + *sein* (*rinnen*) **aus/von etw ~** *Flüssigkeit:* ruisseler de qc
Trier [tri:ɐ̯] <-s> *nt* Trèves
triezen ['tri:tsən] *vt fam* asticoter
trifft [trɪft] *3. Pers Präs von* **treffen**
triftig ['trɪftɪç] *adj* pertinent(e); *Argument* solide
Trigonometrie [trigonome'tri:] <-> *f* MATH trigonométrie *f*
trigonometrisch [trigono'me:trɪʃ] *adj* MATH trigonométrique
Trikolore [triko'lo:rə] <-, -n> *f* drapeau *m* tricolore
Trikot [tri'ko:, 'trɪko] <-s, -s> *nt* maillot *m*
T **Triller** ['trɪlɐ] <-s, -> *m* trille *m*
trillern ['trɪlɐn] *vi* faire des trilles; *Lerche:* grisoller; *Mensch:* vocaliser
Trillerpfeife *f* sifflet *m* à roulette
Trillion [trɪ'li̯o:n] <-, -en> *f* trillion *m*
Trilogie [trilo'gi:] <-, -ien> *f* trilogie *f*
Trimester [tri'mɛstɐ] <-s, -> *nt* trimestre *m*
Trimm-dich-Pfad ['trɪmdɪçpfa:t] *m* parcours *m* de santé
trimmen ['trɪmən] **I.** *vt* ❶ entraîner *Sportler* ❷ tondre *Hund* **II.** *vr* **sich ~** se maintenir en forme
trinkbar *adj Wasser* potable
trinken ['trɪŋkən] <trank, getrunken> **I.** *vt* boire; **etwas zu ~** quelque chose à boire **II.** *vi* ❶ boire ❷ (*anstoßen*) **auf jdn ~** boire à la santé de qn, trinquer en l'honneur de qn; **auf etw** (*akk*) **~** boire à qc
Trinker(in) ['trɪŋkɐ] <-s, -> *m(f)* ivrogne *mf*
trinkfest *adj* **~ sein** bien tenir l'alcool **trinkfreudig** *adj hum o pej* porté(e) sur la boisson **Trinkgefäß** *nt* récipient *m* [pour boire] **Trinkgelage** *nt* beuverie *f* **Trinkgeld** *nt* pourboire *m* **Trinkhalle** *f eines Heilbads* buvette *f* **Trinkhalm** *m* paille *f* **Trinkspruch** *m* toast *m* **Trinkwasser** *nt kein Pl* eau *f* potable
Trinkwasseraufbereitung *f* épuration *f* des eaux [naturelles] **Trinkwasserversorgung** *f* approvisionnement *m* en eau potable
Trio ['tri:o] <-s, -s> *nt* trio *m*
Trip [trɪp] <-s, -s> *m* ❶ *fam* (*Drogenrausch*) trip *m* ❷ *fam* (*Ausflug*) virée *f*
trippeln ['trɪpəln] *vi* trottiner
Tripper ['trɪpɐ] <-s, -> *m* MED blennorragie *f*
trist *adj geh* sinistre
tritt [trɪt] *3. Pers Präs von* **treten**
Tritt [trɪt] <-[e]s, -e> *m* ❶ coup *m* de pied ❷ (*Laufrhythmus*) **aus dem ~ kommen** perdre le rythme
Trittbrett *nt* marchepied *m*
Trittbrettfahrer(in) *m(f) pej* profiteur(-euse) *m(f)*
Trittleiter *f* escabeau *m*
Triumph [tri'ʊmf] <-[e]s, -e> *m* triomphe *m*
triumphal [triʊm'fa:l] **I.** *adj* triomphal(e) **II.** *adv* triomphalement
Triumphbogen *m* arc *m* de triomphe
triumphieren* [triʊm'fi:rən] *vi geh* triompher; **über jdn/etw ~** triompher de qn/qc
triumphierend *adj* triomphant(e)
Triumphzug *m* cortège *m* triomphal
trivial [tri'vi̯a:l] *adj* banal(e)
Trivialisierung *f geh* trivialisation *f*
Trivialliteratur *f* littérature *f* de gare
trocken ['trɔkən] *adj* ❶ *Klima, Laub, Brot* sec(sèche) ❷ *Wein* sec(sèche); *Sekt* brut(e) ❸ *Thema* aride ▸ **auf dem Trockenen sitzen** *fam* (*kein Geld haben*) être à sec; (*nichts zu trinken haben*) ne plus avoir à boire
Trockendock *nt* cale *f* sèche **Trockengestell** *nt* séchoir *m* **Trockenhaube** *f* casque *m*
Trockenheit <-, -en> *f einer Region* aridité *f*; *einer Jahreszeit* sécheresse *f*
trocken|legen *vt* ❶ changer *Baby* ❷ assécher *Sumpf*

Trockenlegung <-, -en> *f eines Moors* assainissement *m*
Trockenmilch *f* lait *m* en poudre **Trockenobst** *nt* fruits *mpl* secs **Trockenzeit** *f* saison *f* sèche
trocknen ['trɔknən] **I.** *vi* + *sein* sécher **II.** *vt* + *haben* ❶ *Wind, Sonne:* sécher; **sich** (*dat*) **die Haare ~** se sécher les cheveux ❷ (*dörren*) dessécher
Trockner <-s, -> *m* sèche-linge *m*
Troddel ['trɔdəl] <-, -n> *f* COUT houppe *f*
Trödel ['trø:dəl] <-s> *m fam* bric-à-brac *m*
Trödelei [trø:də'lai] <-> *f fam* **Schluss mit der ~!** arrête/arrêtez de lambiner!
Trödelmarkt *m* foire *f* à la brocante
trödeln ['trø:dəln] *vi* + *haben* traîner (*fam*)
Trödler(in) ['trø:dlɐ] <-s, -> *m(f)* brocanteur(-euse) *m(f)*
troff [trɔf] *Imp von* **triefen**
trog [tro:k] *Imp von* **trügen**
Trog [tro:k, *Pl:* 'trø:gə] <-[e]s, Tröge> *m* auge *f;* (*Backtrog*) pétrin *m*
trollen ['trɔlən] *fam vr* **troll dich!** bouge-toi de là!
Trolley ['trɔli] <-s, -s> *m* valise *f* à roulettes
Trolleybus ['trɔlibʊs] *m* CH trolleybus *m*
Trommel ['trɔməl] <-, -n> *f* MUS, TECH tambour *m; eines Revolvers* barillet *m*
Trommelbremse *f* frein *m* à tambour **Trommelfell** *nt* ANAT tympan *m* **Trommelfeuer** *nt* feu *m* roulant
trommeln ['trɔməln] **I.** *vi* ❶ jouer du tambour ❷ (*klopfen*) *Person:* tambouriner; *Regen:* frapper **II.** *vt* tambouriner *Marsch;* battre *Takt*
Trommelwirbel *m* roulement *m* de tambour
Trommler(in) <-s, -> *m(f)* joueur(-euse) *m(f)* de tambour
Trompete [trɔm'pe:tə] <-, -n> *f* ❶ MUS trompette *f* ❷ *fam* (*Joint*) bédo *m;* **sich** (*dat*) **eine ~ reinziehen** *fam* fumer le bédo
trompeten* *vi* ❶ jouer de la trompette ❷ *Elefant:* barrir
Trompeter(in) <-s, -> *m(f)* trompettiste *mf*
Tropen ['tro:pən] *Pl* **die ~** les tropiques *mpl,* les régions *fpl* [inter]tropicales
Tropenhelm *m* casque *m* colonial **Tropenholz** *nt* bois *m* exotique **Tropenkrankheit** *f* maladie *f* tropicale **Tropenpflanze** *f* plante *f* tropicale **Tropenwald** *m* forêt *f* tropicale
Tropf [trɔpf] <-[e]s, -e> *m* MED goutte-à-goutte *m*

tröpfchenweise ['trœpfçən-] *adv* goutte à goutte
tröpfeln ['trœpfəln] **I.** *vi* + *haben* goutter **II.** *vi unpers* **es tröpfelt** il tombe des gouttes **III.** *vt* **etw auf/in etw** (*akk*) **~** verser des gouttes de qc sur/dans qc
tropfen ['trɔpfən] *vi* goutter
Tropfen ['trɔpfən] <-s, -> *m* goutte *f;* **ein edler ~** *fig* une bonne bouteille (*fam*) ▶ **ein ~ auf den heißen Stein** *fam* une goutte d'eau dans la mer
tropfenweise *adv* [au] goutte à goutte
Tropfinfusion *f* perfusion *f* **tropfnass**[RR] *adj* trempé(e)
Tropfsteinhöhle *f* grotte *f* [de stalactites/de stalagmites]
Trophäe [tro'fɛ:ə] <-, -n> *f* trophée *m*
tropisch ['tro:pɪʃ] *adj* tropical(e)
Tross[RR] [trɔs] <-es, -e> *m* ❶ (*Zug, Gruppe*) colonne *f* ❷ (*Gefolge*) suite *f*
Trosse ['trɔsə] <-, -n> *f* [h]aussière *f*
Trost [tro:st] <-[e]s> *m* consolation *f;* (*Zuspruch*) réconfort *m;* **als ~** à titre de consolation ▶ **nicht ganz bei ~ sein** *fam* dérailler
trösten ['trø:stən] *vt, vr* [**sich**] **~** [se] consoler
tröstend *adj Worte* de consolation
tröstlich *adj* réconfortant(e)
trostlos *adj Kindheit* malheureux(-euse); *Verhältnisse* misérable; *Wetter* démoralisant(e); *Gegend* sinistre
Trostlosigkeit <-> *f* ❶ **die ~ dieser Verhältnisse** ces conditions *fpl* misérables; **die ~ dieser Kindheit** cette enfance malheureuse ❷ *eines Anblicks* caractère *m* sinistre
Trostpflaster *nt hum* consolation *f* **Trostpreis** *m* lot *m* de consolation **trostreich** *adj* réconfortant(e)
Trott [trɔt] <-s> *m* **der alte ~** le train-train
Trottel ['trɔtəl] <-s, -> *m fam* gourde *f*
trottelig ['trɔtəlɪç] *fam adj* étourdi(e)
trotten ['trɔtən] *vi* + *sein* **irgendwohin ~** aller quelque part d'un pas pesant
Trottoir [trɔ'to̯a:ɐ̯] <-s, -e *o* -s> *nt* SDEUTSCH, CH trottoir *m*
trotz [trɔts] *präp* + *gen* malgré
Trotz [trɔts] <-es> *m* rébellion *f;* **aus ~** par bravade, par défi; **jdm/einer S. zum ~** en dépit de qn/qc
Trotzalter *nt* âge *m* des caprices
trotzdem ['trɔtsde:m] *adv* tout de même, quand même
trotzen ['trɔtsən] *vi* ❶ *Kind:* faire la mauvaise tête ❷ **der Gefahr ~** braver le danger

T

trotzig ['trɔtsɪç] I. *adj* rétif(-ive) II. *adv* avec entêtement
Trotzkopf *m fam* tête *f* de mule **Trotzreaktion** *f* réaction *f* de dépit
trübe ['try:bə] *adj* ① *Flüssigkeit* trouble; *Fensterscheibe* terne ② *Licht* faible *antéposé,* douteux(-euse) ③ *Wetter* maussade, couvert(e) ④ *Stimmung* sombre
Trubel ['tru:bəl] <-s> *m* tumulte *m*
trüben ['try:bən] I. *vt* ① troubler, rendre trouble *Flüssigkeit* ② troubler *Laune* II. *vr* **sich ~** ① *Flüssigkeit:* se troubler ② *geh Blick, Urteil:* se troubler; *Verhältnis:* s'altérer
Trübsal ['try:pza:l] <-> *f geh* ▶ **~ blasen** *fam* broyer du noir
trübselig *adj* morose
Trübsinn *m kein Pl* morosité *f*
trübsinnig *adj* sombre
Trübung <-, -en> *f* ① *des Wassers* trouble *m* ② *fig des Einvernehmens* dégradation *f*
trudeln ['tru:dəln] *vi + haben o sein Flugzeug:* tomber en vrille
Trüffel ['trʏfəl] <-, -n> *f* BOT truffe *f*
trug [tru:k] *Imp von* **tragen**
trügen ['try:gən] <trog, getrogen> I. *vt* tromper II. *vi* être trompeur
trügerisch *adj* illusoire
TrugschlussRR *m* jugement *m* fallacieux
Truhe ['tru:ə] <-, -n> *f* coffre *m*
Trümmer ['trʏmɐ] *Pl* ruines *fpl; eines Flugzeugs* débris *mpl*
Trümmerhaufen *m* tas *m* de ruines
Trumpf [trʊmpf, *Pl:* 'trʏmpfə] <-[e]s, Trümpfe> *m* atout *m;* **Kreuz ist ~!** atout trèfle!
Trumpfkarte *f* carte *f* d'atout
trunken *adj geh* **~ sein** être ivre (*fam*)
Trunkenbold ['trʊŋkənbɔlt] <-[e]s, -e> *m pej fam* buveur *m*
Trunkenheit <-> *f* ivresse *f;* **~ am Steuer** conduite en état d'ébriété (*form*)
Trunksucht *f geh kein Pl* éthylisme *m*
Trupp [trʊp] <-s, -s> *m* groupe *m*
Truppe ['trʊpə] <-, -n> *f* ① *kein Pl* MIL unité *f,* corps *m;* **die ~n** les troupes ② THEAT troupe *f*
Truppenabzug *m* retrait *m* des troupes **Truppenübungsplatz** *m* terrain *m* d'exercice
Trust [trast] <-[e]s, -e *o* -s> *m* ÖKON trust *m*
Truthahn ['tru:tha:n] *m* dindon *m;* GASTR dinde *f* **Truthenne** *f* dinde *f*
Tsatsiki *s.* **Zaziki**
tschau [tʃau] *interj fam* ciao
Tscheche ['tʃɛçə] <-n, -n> *m,* **Tschechin** *f* Tchèque *mf*
Tschechien ['tʃɛçiən] <-s> *nt* la République tchèque
tschechisch ['tʃɛçɪʃ] I. *adj* tchèque II. *adv* **~ miteinander sprechen** discuter en tchèque; *s. a.* **deutsch**
Tschechisch <-[s]> *nt kein Art* tchèque *m; s. a.* **Deutsch**
Tschechoslowake [tʃɛçoslo'va:kə] <-n, -n> *m,* **Tschechoslowakin** *f* HIST Tchécoslovaque *mf* **Tschechoslowakei** [tʃɛçoslova'kai] <-> *f* HIST **die ~** la Tchécoslovaquie **tschechoslowakisch** [tʃɛçoslo'va:kɪʃ] *adj* HIST tchécoslovaque
tschilpen ['tʃɪlpən] *vi* pépier
tschö [tʃø] *interj fam* tchô
tschüs [tʃy:s], **tschüss**RR [tʃʏs] *interj fam* salut
T-Shirt ['ti:ʃø:ɐt] <-s, -s> *nt* t[ee]-shirt *m*
Tsunami [tsu'na:mi] <-s, -[s]> *m* METEO tsunami *m*
TU [te:'ʔu:] <-, -s> *f Abk von* **Technische Universität** ≈ I.U.T. *m*
Tuba ['tu:ba] <-, Tuben> *f* tuba *m*
Tube ['tu:bə] <-, -n> *f* tube *m* ▶ **auf die ~ drücken** *fam* appuyer sur le champignon
tuberkulös [tubɛrku'lø:s] *adj* MED tuberculeux(-euse)
Tuberkulose [tubɛrku'lo:zə] <-, -n> *f* MED tuberculose *f*
tuberkulosekrank *adj* tuberculeux(-euse); **~ sein** être atteint de tuberculose
Tuch1 [tu:x, *Pl:* 'ty:çɐ] <-[e]s, Tücher> *nt* ① (*Stück Stoff*) drap *m* ② (*Halstuch, Kopftuch*) foulard *m* ③ (*Putztuch*) chiffon *m* ▶ **etw ist in trockenen Tüchern** qc est enfin conclu
Tuch2 [tu:x] <-[e]s, -e> *nt* (*Stoff*) tissu *m* [de laine]
Tuchfühlung ▶ **mit jdm auf ~ gehen** *hum fam* se frotter à qn
tüchtig ['tʏçtɪç] I. *adj* ① (*fähig*) capable *antéposé; Schüler* bon(ne) ② *fam* (*groß*) **eine ~e Tracht Prügel** une bonne raclée II. *adv* ① (*fleißig*) beaucoup ② *fam* (*viel*) pas mal; *essen* copieusement
Tüchtigkeit <-> *f* compétence *f*
Tücke ['tʏkə] <-, -n> *f* ① *kein Pl* (*Niedertracht*) perfidie *f* ② *meist Pl* (*Unwägbarkeit*) embûche *f*
tuckern ['tʊkɐn] *vi* ① + *haben Motor, Kahn:* faire un bruit de teuf-teuf ② + *sein* (*fahren*) **über den See ~** traverser le lac dans un bruit de teuf-teuf

tückisch ['tʏkɪʃ] *adj Person* perfide; *Plan* infâme; *Kurve* traître
Tüftelei [tʏftə'lai] <-, -en> *f fam* casse-tête *m*
tüfteln ['tʏftəln] *vi fam* bricoler
Tugend ['tu:gənt] <-, -en> *f* vertu *f*
tugendhaft *adj* vertueux(-euse)
Tugendhaftigkeit <-> *f* vertu *f*
Tukan ['tu:kan, tu'ka:n] <-s, -e> *m* ZOOL toucan *m*
Tüll [tʏl] <-s, -e> *m* tulle *m*
Tülle ['tʏlə] <-, -n> *f* DIAL *einer Kanne* bec *m* verseur
Tulpe ['tʊlpə] <-, -n> *f* BOT tulipe *f*
tummeln ['tʊməln] *vr* (*umherspringen*) **sich ~** s'ébattre
Tummelplatz *m geh* scène *m*
Tümmler ['tʏmlɐ] <-s, -> *m* marsouin *m*
Tumor ['tu:mo:ɐ̯] <-s, Tumoren> *m* MED tumeur *f*
Tümpel ['tʏmpəl] <-s, -> *m* mare *f*
Tumult [tu'mʊlt] <-[e]s, -e> *m meist Pl* (*Aufruhr*) émeute *f*
tun [tu:n] <tut, tat, getan> **I.** *vt* ❶ (*machen*) faire; **wieder ~** refaire; **etwas für die Gesundheit ~** faire qc pour sa santé ❷ (*erledigen*) **viel/wenig ~** faire beaucoup/peu ❸ *fam* (*legen, stellen*) **etw irgendwohin ~** mettre qc quelque part ❹ (*antun*) **jdm etwas ~** faire quelque chose à qn ❺ *fam* (*ausreichen*) **es [auch] ~** suffire; **damit ist es nicht getan** cela ne suffit pas ▶ **es mit jdm zu ~ kriegen** *fam* aller avoir affaire à qn; **etwas mit jdm/etw zu ~ haben** avoir quelque chose à voir avec qn/qc; **tu, was du nicht lassen kannst!** *fam* fais comme bon te semble! **II.** *vr* **es tut sich etwas** il se passe quelque chose **III.** *vi* ❶ **zu ~ haben** avoir à faire; **geschäftlich in Paris zu ~ haben** avoir à faire à Paris ❷ *fam* (*sich verhalten*) **verlegen ~** faire l'embarrassé(e) ▶ **tu doch nicht so!** *fam* ne fais pas semblant!
Tun <-s> *nt* actes *mpl*
Tünche ['tʏnçə] <-, -n> *f* badigeon *m*
tünchen ['tʏnçən] *vt* badigeonner
Tundra ['tʊndra] <-, Tundren> *f* toundra *f*
tunen ['tju:nən] *vt* trafiquer (*fam*) *Motor*
Tuner ['tju:nɐ] <-s, -> *m* tuner *m*
Tunesien [tu'ne:zi̯ən] <-s> *nt* la Tunisie
Tunesier(in) [tu'ne:zi̯ɐ] <-s, -> *m(f)* Tunisien(ne) *m(f)*
tunesisch [tu'ne:zɪʃ] *adj* tunisien(ne)
Tunfisch[RR] ['tu:nfɪʃ] *s.* **Thunfisch**
Tunichtgut ['tu:nɪçtgu:t] <-[e]s, -e> *m* vaurien *m*
Tunika ['tu:nika] <-, Tuniken> *f* tunique *f*
Tunke ['tʊŋkə] <-, -n> *f* sauce *f* [froide]
tunken ['tʊŋkən] *vt* tremper
tunlichst ['tu:nlɪçst] *adv* si possible
Tunnel ['tʊnəl] <-s, - *o* -s> *m* tunnel *m*
Tunte <-, -n> *f fam* folle *f*, tantouse *f* (*vulg*)
Tüpfelchen ['tʏpfəlçən] <-s, -> *nt* ▶ **das ~ auf dem i** la petite touche finale
tupfen ['tʊpfən] *vt* essuyer; **[sich** (*dat*)**] etw von etw ~** [s']essuyer qc sur qc; **etw auf etw ~** tamponner qc sur qc
Tupfen ['tʊpfən] <-s, -> *m* pois *m*, touche *f*
Tupfer ['tʊpfɐ] <-s, -> *m* MED compresse *f*
Tür [ty:ɐ̯] <-, -en> *f* ❶ porte *f* ❷ (*Fahrzeugtür*) portière *f* ▶ **zwischen ~ und Angel** *fam* entre deux portes, à la va-vite; **mit der ~ ins Haus fallen** *fam* annoncer tout de but en blanc; **einer S.** (*dat*) **~ und Tor öffnen** être la porte ouverte à qc; **hinter verschlossenen ~en** à huis clos; **vor der ~ stehen** *Person:* être à la porte; (*Ferien*) être imminent
Türangel *f* gond *m*
Turban ['tʊrba:n] <-s, -e> *m* turban *m*
Turbine [tʊr'bi:nə] <-, -n> *f* turbine *f*
Turbo ['tʊrbo] <-s, -s> *m* (*Turbolader*) turbo *m*
Turbomotor *m* turbomoteur *m*
Turbo-Prop-Flugzeug ['tʊrbo'prɔp-] *nt* avion *m* à turbopropulseur
turbulent [tʊrbu'lɛnt] *adj* agité(e)
Turbulenz [tʊrbu'lɛnts] <-, -en> *f* METEO, PHYS turbulence *f*
Türdrücker *m* (*Klinke*) poignée *f* [de porte]
Türe ['ty:rə] <-, -n> DIAL *s.* **Tür**
Türflügel *m* battant *m* de porte **Türgriff** *m* poignée *f* de porte
Türke ['tʏrkə] <-n, -n> *m*, **Türkin** *f* Turc *m*/Turque *f*
Türkei [tʏr'kai] <-> *f* **die ~** la Turquie
türken ['tʏrkən] *vt pej fam* truquer
Türkin <-, -nen> *f s.* **Türke**
türkis [tʏr'ki:s] *adj* turquoise *inv*
Türkis[1] [tʏr'ki:s] <-es, -e> *m* MINER turquoise *f*
Türkis[2] [tʏr'ki:s] <-> *nt* (*Farbe*) turquoise *m*
türkisch ['tʏrkɪʃ] **I.** *adj* turc(turque) **II.** *adv* **~ miteinander sprechen** discuter en turc; *s. a.* **deutsch**
Türkisch <-[s]> *nt kein Art* turc *m*; *s. a.* **Deutsch**
türkisfarben *adj* turquoise *inv*
Türklinke *f* poignée *f* de porte **Türklopfer** *m* heurtoir *m* **Türknauf** *m* bouton *m* de porte
Turm [tʊrm, *Pl:* 'tʏrmə] <-[e]s, Türme> *m*

T

1 *a.* SPIEL tour *f* 2 (*Glockenturm*) clocher *m* 3 (*Sprungturm*) [grand] plongeoir *m*
türmen ['tʏrmən] **I.** *vt* + *haben* empiler **II.** *vr* + *haben* **sich ~** s'entasser **III.** *vi* + *sein fam* se casser
Turmfalke *m* [faucon *m*] crécerelle *f*
Turmspringen *nt kein Pl* plongeons *mpl* de haut vol **Turmuhr** *f* horloge *f*
Turnanzug *m* tenue *f* de gymnastique
turnen ['tʊrnən] *vi* faire de la gymnastique
Turnen <-s> *nt* gymnastique *f;* (*Sportunterricht*) E.P.S. *f*
Turner(in) ['tʊrnɐ] <-s, -> *m(f)* gymnaste *mf*
Turngerät *nt* appareil *m;* **die ~e** les agrès *mpl* **Turnhalle** *f* gymnase *m* **Turnhose** *f* short *m* [de gymnastique]
Turnier [tʊr'niːɐ̯] <-s, -e> *nt a.* HIST tournoi *m*
Turnlehrer(in) *m(f)* professeur *mf* de gymnastique **Turnschuh** *m* chaussure *f* de sport; (*knöchelhoher Schuh*) basket *f* ▸ **fit wie ein ~ sein** *fam* être en pleine forme **Turnstunde** *f* cours *m* de gym[nastique] **Turnübung** *f* exercice *m* [gymnique] **Turnunterricht** *m* (*Unterrichtsstunde*) cours *m* de gymnastique
Turnus ['tʊrnʊs] <-, -se> *m* roulement *m*
Turnverein *m* club *m* de gymnastique **Turnzeug** *nt fam* affaires *fpl* de sport
Türöffner *m* (*Türöffnertaste*) touche *f* d'ouverture automatique de la porte **Türpfosten** *m* montant *m* de porte **Türrahmen** *m* chambranle *m* **Türschild** <-schilder> *nt* plaque *f* **Türschloss**RR *nt* serrure *f* **Türschwelle** *f* seuil *m* **Türspalt** *m* entrebâillement *m*
Türsteher(in) *m(f)* videur(-euse) *m(f)*
turteln ['tʊrtəln] *vi* roucouler
Turteltaube ['tʊrtəltaubə] *f* tourterelle *f*
Türvorleger *m* paillasson *m*
Tusch [tʊʃ] <-es, -e> *m* fanfare *f*
Tusche ['tʊʃə] <-, -n> *f* encre *f* de Chine
tuscheln ['tʊʃəln] *vi* murmurer
Tuschkasten *m* DIAL boîte *f* de peintures à l'eau **Tuschzeichnung** *f* lavis *m*
Tussi ['tʊsi] <-, -s> *f fam* nana *f*
tut [tuːt] *3. Pers Präs von* **tun**
Tüte ['tyːtə] <-, -n> *f* 1 (*Verpackung*) sac *m;* (*klein*) sachet *m* 2 *fam* (*Joint*) bédo *m;* **sich** (*dat*) **eine ~ reinziehen** *fam* fumer le bédo ▸ **[das] kommt nicht in die ~!** *fam* pas question!

tuten ['tuːtən] *vi Sirene:* corner ▸ **von Tuten und Blasen keine Ahnung haben** *fam* [n']y connaître que dalle
Tutor ['tuːtoːɐ̯] <-s, Tutoren> *m*, **Tutorin** *f* 1 UNIV moniteur(-trice) *m(f)* 2 SCHULE tuteur(-trice) *m(f)*
TÜV® [tʏf] <-, -[s]> *m Abk von* **Technischer Überwachungs-Verein** 1 (*Institution*) centre *m* de contrôle technique 2 (*Prüfung*) ≈ contrôle *m* technique [biennal]; **durch den ~ kommen** ≈ passer le contrôle technique
TV-Kochstudio [teː'fau-] *nt* studio *m* pour émissions gastronomiques **TV-Schrott** [teː'fau-] *m fam* télé *f* poubelle **TV-Serie** [teː'fau-] *f* feuilleton *m* télévisé
Tweed [tviːt] <-s, -s *o* -e> *m* tweed *m*
Twen [tvɛn] <-[s], -s> *m* moins *mf* de trente ans
Twinset ['tvɪnzɛt] <-[s], -s> *nt o m* twin-set *m*
Twist[1] [tvɪst] <-es, -e> *m* TEXTIL coton *m* retors
Twist[2] [tvɪst] <-s, -s> *m* (*Tanz*) twist *m*
twittern ['tvɪtɑn] *vt, vi* TELEC, INET twitter
Typ [tyːp] <-s, -en> *m* 1 (*Menschentyp*) individu *m;* **ein bestimmter ~ von Männern/Frauen** un certain type d'hommes/de femmes 2 (*Modell*) modèle *m* 3 *fam* (*Kerl, Freund*) mec *m*
Type ['tyːpə] <-, -n> *f* TYP type *m*, caractère *m*
Typenrad *nt* marguerite *f*
Typhus ['tyːfʊs] <-> *m* MED typhus *m*
typisch ['tyːpɪʃ] **I.** *adj* typique **II.** *adv* **~ Frau/Mann!** typiquement féminin/masculin!
TypografieRR [typogra'fiː] <-, -ien> *f* typographie *f*
typografischRR [typo'graːfɪʃ] *adj* typographique
Typographie *s.* **Typografie**
typographisch *s.* **typografisch**
Typologie [typolo'giː] <-, -ien> *f* typologie *f*
Typus ['tyːpʊs] <-, Typen> *m* type *m*
Tyrann(in) [ty'ran] <-en, -en> *m(f)* tyran *m*
Tyrannei [tyra'nai] <-, -en> *f* tyrannie *f*
tyrannisch [ty'ranɪʃ] *adj* tyrannique
tyrannisieren* [tyrani'ziːrən] *vt* tyranniser

T

Uu

U, u [uː] <-, -> *nt* U *m*/u *m*
u. *Abk von* **und**
Ü, ü [yː] <-, -> *nt* U *m*/u *m* tréma
u.a. *Abk von* **unter anderem/anderen**
U-Bahn ['uːbaːn] *f* métro *m* **U-Bahnhof** *m*, **U-Bahn-Station** *f* station *f* de métro
übel ['yːbəl] I. *adj* ❶ *Geruch, Geschmack* mauvais(e); *Gefühl* pénible ❷ (*schlimm*) sale *antéposé; Fall* fâcheux(-euse) ❸ *Bursche, Kerl* sale *antéposé* ❹ (*verkommen*) mal famé(e) ❺ (*unwohl*) **jdm ist/wird ~** qn a mal au cœur II. *adv* ❶ (*unangenehm*) **~ riechen/schmecken** sentir/être mauvais ❷ (*schlecht*) mal ❸ (*gemein*) mal
Übel ['yːbəl] <-s, -> *nt* mal *m*
Übelkeit <-, -en> *f* nausée *f*
übel|nehmen *s.* **nehmen 7** **Übeltäter(in)** *m(f)* malfaiteur(-trice) *m(f)* **übel|wollen** *vi* **jdm ~** vouloir du mal à qn
üben ['yːbən] I. *vt* ❶ (*trainieren*) s'exercer à *Wurf, Sprungtechnik* ❷ (*einstudieren*) travailler *Lied, Geige* ❸ (*praktizieren*) **Gerechtigkeit ~** faire preuve de justice II. *vr fig* **sich in Geduld ~** s'armer de patience III. *vi* **mit jdm ~** (*für die Schule*) travailler avec qn; (*trainieren*) s'entraîner avec qn
über ['yːbɐ] I. *präp + dat* ❶ **~ dem Sofa/dem Durchschnitt** au-dessus du canapé/de la moyenne ❷ (*zusätzlich zu*) **~ dem Hemd einen Pulli tragen** porter un pull par-dessus la chemise ❸ (*wegen*) **~ der ganzen Aufregung** avec toute cette agitation II. *präp + akk* ❶ **ein Poster ~ das Sofa hängen** accrocher un poster au-dessus du canapé ❷ (*auf, auf ... entlang*) **den Mantel ~ den Stuhl legen** poser le manteau sur la chaise; **sie strich ihm ~ die Wange** elle lui caressa la joue ❸ (*quer hinüber*) **~ die Straße gehen** traverser la rue; **~ den Zaun schauen** regarder par-dessus la clôture; **der Blick ~ das Tal** la vue sur la vallée ❹ (*betreffend*) **~ jdn/etw sprechen** parler de qn/discuter de qc; **ein Buch ~ Schiller/Pflanzen** un livre sur Schiller/les plantes ❺ (*in Höhe von*) **ein Scheck ~ hundert Euro** un chèque de cent euros ❻ (*durch, mittels*) **~ jdn erfahren, dass ...** apprendre par [l'intermédiaire de] qn que ...; **~ Satellit** par satellite; **etw ~ den Rundfunk/das Fernsehen bekannt geben** annoncer qc à la radio/télévision ❼ (*via*) **~ Dijon nach Lyon fahren** aller à Lyon en passant par Dijon ❽ (*zur Angabe der Dauer*) **den ganzen Tag ~** toute la journée; **~ Ostern verreisen** partir pour Pâques III. *adv* ❶ (*mehr als*) plus de; **bei ~ 40° C** au-dessus de 40° ❷ (*älter als*) de plus de
überall [yːbɐ'ʔal] *adv* ❶ partout ❷ (*immer*) **~ mitreden** avoir toujours quelque chose à dire
überallher [yːbɐʔal'heːɐ̯] *adv* **von ~** de partout **überallhin** [yːbɐʔal'hɪn] *adv* [un peu] partout
überaltert [yːbɐ'ʔaltɐt] *adj* suranné(e)
Überalterung [yːbɐ'ʔaltərʊŋ] <-> *f* survieillissement *m*
Überangebot *nt* suroffre *f*
überängstlich *adj* hyperanxieux(-euse)
überanstrengen* [yːbɐ'ʔanʃtrɛŋən] I. *vr* **sich ~** se surmener; **sich beim Sport ~** forcer en faisant du sport II. *vt* **seine Augen durch etw ~** s'esquinter les yeux avec qc (*fam*)
Überanstrengung *f* surmenage *m*
überantworten* *vt geh* ❶ (*anvertrauen*) **etw jdm/einer S. ~** confier qc à qn/qc ❷ (*ausliefern*) **jdn jdm/einer S. ~** remettre qn à qn/qc
überarbeiten* [yːbɐ'ʔarbaitən] I. *vt* remanier II. *vr* **sich ~** se surmener
Überarbeitung [yːbɐ'ʔarbaitʊŋ] <-, -en> *f* ❶ *kein Pl* (*das Bearbeiten*) remaniement *m* ❷ (*Fassung, Version*) édition *f* remaniée ❸ *kein Pl* (*Überanstrengung*) surmenage *m*
überaus ['yːbɐʔaus] *adv geh* extrêmement
überbacken* *vt irr* **etw ~** faire gratiner qc
überbeanspruchen* <überzubeanspruchen> *vt* épuiser *Person;* présumer de *Kräfte;* surmener *Bandscheiben, Gelenke;* malmener *Motor, Reifen;* surcharger *Regalbrett*
Überbein *nt* MED kyste *m* synovial
Überbelegung *f kein Pl* (*Resultat*) *der Krankenhäuser, Hotels* surpeuplement *m*
überbelichten* <überzubelichten> *vt* PHOT surexposer
Überbelichtung *f* surexposition *f*
überbetonen* <überzubetonen> *vt* trop insister [sur] *Aspekt*
Überbevölkerung *f kein Pl* surpopulation *f*
überbewerten* <überzubewerten> *vt*

❶ (*zu gut bewerten*) surnoter *Leistung* ❷ (*zu wichtig nehmen*) surestimer

überbezahlen* <überzubezahlen> *f* surpayer

überbieten* [y:bɐ'bi:tən] *irr* **I.** *vt* ❶ SPORT améliorer; **etw um etw ~** améliorer qc de qc ❷ (*bei Auktionen*) **jdn/etw um etw ~** surenchérir sur qn/qc de qc ❸ (*übertreffen*) **nicht/kaum zu ~ sein** *Arroganz:* être inégalable/difficilement égalable **II.** *vr* **sich** [**gegenseitig**] **an Mut ~** rivaliser de courage

Überbleibsel ['y:bɐblaipsəl] <-s, -> *nt meist Pl* vestige *m; eines Essens* reste *m*

Überblendung *f* CINE, TV (*Bild*) fondu *m* enchaîné

Überblick ['y:bɐblɪk] *m* ❶ (*Sicht*) vue *f* d'ensemble; **~ über etw** (*akk*) vue d'ensemble de qc ❷ *fig* **ein kurzer ~ über etw** (*akk*) un bref aperçu de qc ❸ (*Übersicht*) **sich** (*dat*) **einen ~ über etw** (*akk*) **verschaffen** se faire une idée d'ensemble de qc; **den ~ verlieren** ne plus savoir [exactement] où on en est

überblicken* [y:bɐ'blɪkən] *vt* ❶ (*überschauen*) **etw ~ können** pouvoir embrasser qc du regard ❷ (*einschätzen*) se faire une idée globale de *Aktivitäten*

überbreit *adj Reifen* très large

überbringen* [y:bɐ'brɪŋən] *vt irr* remettre; transmettre *Nachricht*

Überbringer(in) <-s, -> *m(f)* porteur(-euse) *m(f);* **der ~ der Nachricht** le messager

überbrücken* [y:bɐ'brʏkən] *vt* ❶ (*bewältigen*) pallier, surmonter *Situation* ❷ (*ausgleichen*) concilier *Differenzen*

Überbrückung <-, -en> *f* ❶ *von Schwierigkeiten* résolution *f* [provisoire]; **zur ~ dieses Zeitraums** pour tenir pendant cette période ❷ (*Ausgleich*) *von Gegensätzen* conciliation *f*

Überbrückungskredit *m* crédit-relais *m*

überbuchen* *vt* surbooker *Hotel, Flug*

überdachen* [y:bɐ'daxən] *vt* couvrir

überdauern* [y:bɐ'dauɐn] *vt* survivre à *Winter, Krieg*

über|decken[1] ['y:bɐdɛkən] *vt fam* **jdm etw ~** recouvrir qn de qc

überdecken*[2] [y:bɐ'dɛkən] *vt* recouvrir *Farbschicht;* masquer *Geschmack*

überdenken* [y:bɐ'dɛŋkən] *vt irr* reconsidérer; **etw** [**noch einmal**] **~** reconsidérer qc

überdeutlich **I.** *adj* très explicite **II.** *adv* de la façon la plus claire qui soit

überdies *adv geh* en outre

U

überdimensional ['y:bɐdimɛnzi̯ona:l] *adj* démesuré(e)

Überdosis *f* (*bei Medikamenten*) surdose *f;* (*bei Drogen*) overdose *f*

überdrehen* *vt* forcer *Schraube, Motor*

überdreht *adj fam* surexcité(e)

Überdruck <-drücke> *m* surpression *f*

ÜberdrussRR ['y:bɐdrʊs] <-es>, **Überdruß**ALT <-sses> *m* dégoût *m,* saturation *f*

überdrüssig ['y:bɐdrʏsɪç] *adj* **einer S. ~ sein/werden** en avoir/commencer à en avoir [plus qu']assez de qc

überdüngen* *vt* abuser d'engrais pour

überdurchschnittlich **I.** *adj* supérieur(e) à la moyenne **II.** *adv* **~ gut sein** être meilleur que la moyenne

übereck [y:bɐ'ʔɛk] *adv* en diagonale [dans le/un coin]

Übereifer ['y:bɐʔaifɐ] *m* excès *m* de zèle; **etw im ~ tun** faire qc dans son empressement

übereifrig *adj* trop zélé(e)

übereignen* [y:bɐ'ʔaignən] *vt geh* **jdm etw ~** transmettre la propriété de qc à qn

übereilen* [y:bɐ'ʔailən] *vt* précipiter

übereilt *adj* précipité(e)

übereinander [y:bɐʔai'nandɐ] *adv* (*über sich*) **~ reden** parler l'un sur l'autre

übereinander|legen *vt* entasser, superposer **übereinander|liegen** *vi irr* être posé(e)s l'un(e) sur l'autre; **die Bücher liegen übereinander auf dem Tisch** les livres sont empilés sur la table **übereinander|schlagen** *vt irr* croiser *Beine*

überein|kommen [y:bɐ'ʔainkɔmən] *vi irr + sein* **~ etw zu tun** convenir de faire qc; **mit jdm ~** se mettre d'accord avec qn

Übereinkommen [y:bɐ'ʔainkɔmən] *nt* accord *m*

Übereinkunft [y:bɐʔ'ʔ‿ainkʊnft, *Pl:* -kʏnftə] <-, -künfte> *f* accord *m*

überein|stimmen [y:bɐʔ'ʔainʃtɪmən] *vi* ❶ être d'accord; **mit jdm in einer Frage ~** être d'accord avec qn sur une question; **mit jdm** [**darin**] **~, dass ...** convenir avec qn que ... ❷ (*sich gleichen*) **mit etw ~** être conforme à qc

übereinstimmend **I.** *adj Aussage* concordant(e); *Ansicht* unanime **II.** *adv* **~ erklären, dass ...** déclarer à l'unanimité que ...

Übereinstimmung *f* ❶ consensus *m* ❷ (*Gleichheit*) unanimité *f*

überempfindlich **I.** *adj* ❶ *Person* hypersensible ❷ MED **~ gegen etw sein** être hypersensible à qc **II.** *adv* ❶ *reagieren* comme un écorché vif/une écorchée vive ② MED ~ **auf etw** (*akk*) **reagieren** avoir une réaction allergique à qc

Überempfindlichkeit *f a.* MED hypersensibilité *f*

Überernährung *f* suralimentation *f*

über|essen ['y:bɐʔɛsən] *vr irr* **sich** (*dat*) **etw** ~ se dégoûter de qc

überfahren* [y:bɐ'fa:rən] *vt irr* ① écraser *Person, Tier* ② (*nicht beachten*) brûler, griller *Ampel, Stoppschild;* dépasser *Linie* ③ *fam* (*übertölpeln*) embobiner

Überfahrt *f* traversée *f*

Überfall *m* attaque *f* [à main armée], agression *f;* **der ~ auf jdn/etw** l'agression de qn/l'attaque de qc

überfallen* [y:bɐ'falən] *vt irr* ① agresser *Person;* attaquer *Bank* ② *hum fam* (*besuchen*) **jdn** ~ débarquer chez qn sans crier gare ③ (*bestürmen*) **jdn mit etw** ~ assaillir qn de qc

überfällig *adj* ① *Schiff* en retard; *Zahlung* en souffrance ② (*angebracht*) **[längst] ~ sein** *Entschuldigung:* s'imposer depuis longtemps

Überfallkommando, Überfallskommando *nt* A *fam* police *f* secours

überfliegen* [y:bɐ'fli:gən] *vt irr* ① survoler *Gebiet* ② (*ansehen*) parcourir *Buch*

über|fließen *vi irr + sein a. fig* déborder

überflügeln* *vt* surpasser *Person*

Überfluss^RR *m kein Pl* [sur]abondance *f* ▶ **zu allem** ~ pour couronner le tout

überflüssig *adj* superflu(e); **es ist ~, dass** il est superflu que + *subj* ▶ **ich glaube, ich bin hier** ~ je crois que je suis de trop ici

überfluten* [y:bɐ'flu:tən] *vt* inonder *Gebiet*

Überflutung [y:bɐ'flu:tʊŋ] <-, -en> *f* inondation *f*

überfordern* [y:bɐ'fɔrdɐn] *vt* ① demander trop; **jdn** ~ en demander trop à qn; **mit etw/in etw** (*dat*) **überfordert sein** être dépassé par qc ② (*überbeanspruchen*) surmener *Herz;* abuser de *Geduld*

Überforderung *f kein Pl* (*körperlich*) surmenage *m;* (*geistig*) exigences *fpl* trop grandes

überfragen* [y:bɐ'fra:gən] *vt* **mit etw überfragt sein** être incapable de répondre à qc; **da bin ich überfragt** là, tu m'en demandes/vous m'en demandez trop

Überfremdung <-, -en> *f* déculturation *f*

überführen* [y:bɐ'fy:rən] *vt* ① JUR confondre; **jdn durch etw** ~ confondre qn grâce à qc; **jdn des Drogenhandels** ~ convaincre qn de trafic de drogue ② (*transportieren*) transférer *Patienten;* convoyer *Fahrzeug*

Überführung *f* ① JUR preuve *f* de la culpabilité ② (*Brücke*) passage *m* supérieur

Überfülle *f* profusion *f*

überfüllt [y:bɐ'fʏlt] *adj Schulklasse* surchargé(e); *Gebäude* bondé(e)

Übergabe *f* remise *f*

Übergang <-gänge> *m* ① (*Wechsel*) passage *m;* **der ~ von der Schule zum Beruf** la transition entre l'école et la profession ② (*Grenzübergang*) passage *m* ③ (*Überweg*) passage *m* clouté

Übergangsfrist *f* ADMIN, POL période *f* de transition **Übergangsgeld** *nt* ADMIN indemnité *f* transitoire

übergangslos *adv* sans transition

Übergangslösung *f* solution *f* transitoire **Übergangsphase** *f* période *f* de transition **Übergangsvorschrift** *f meist Pl* disposition *f* transitoire **Übergangszeit** *f* (*Zeit des Übergangs*) période *f* transitoire [*o* de transition]

übergeben* [y:bɐ'ge:bən] *irr* **I.** *vt* ① (*überreichen*) **jdm etw** ~ remettre qc à qn ② (*ausliefern*) **jdn jdm** ~ remettre qn à qn ③ MIL **etw an jdn** ~ livrer qc à qn **II.** *vr* **sich** ~ vomir

über|gehen[1] ['y:bɐge:ən] *vi irr + sein* ① (*überwechseln*) **zu etw** ~ passer à qc; **dazu ~ etw zu tun** en venir à faire qc ② (*übertragen werden*) **in jds Besitz** (*akk*) ~ devenir propriété de qn ③ (*verschwimmen*) **ineinander** ~ *Farben:* se fondre

übergehen*[2] [y:bɐ'ge:ən] *vt irr* ① oublier; **jdn bei/in etw** (*dat*) ~ oublier qn lors de/dans qc ② (*nicht beachten*) passer outre *Einwand* ③ (*auslassen*) sauter *Abschnitt*

übergenau *adj* (*sehr genau*) méticuleux(-euse); (*zu genau*) pointilleux(-euse)

übergeordnet *adj* ① *Problem* supérieur(e) ② GRAM, LING *Satz* principal(e); *Begriff* générique

Übergepäck *nt* excédent *m* de bagages

übergeschnappt ['y:bɐgəʃnapt] *adj fam* maboul(e)

Übergewicht *nt kein Pl* excès *m* de poids

übergewichtig *adj* ~ **sein** avoir un excédent de poids

übergießen* [y:bɐ'gi:sən] *vt irr* **etw mit Wasser** ~ arroser qc d'eau

überglücklich *adj Person* comblé(e) de bonheur; *Miene* radieux(-euse)

über|greifen *vi irr* **auf etw** (*akk*) ~ gagner qc

U

Übergriff *m* acte *m* de violence
übergroß *adj Kleidungsstück* de grande taille; *Möbelstück* de taille imposante
Übergröße *f* grande taille *f*
über|haben *vt irr fam* ❶ (*satthaben*) **jdn/etw ~** en avoir marre de qn/qc ❷ (*übergehängt haben*) **einen Mantel ~** avoir mis un manteau
überhand|nehmen [y:bɐ'hant-] *vi irr* (*sich häufen*) se multiplier; (*stark anwachsen*) prendre des proportions démesurées
Überhang *m* ❶ GEOG surplomb *m* ❷ (*Überangebot*) **~ an Waren** (*dat*) excédent *m* de marchandise
über|hängen[1] ['y:bɐhɛŋən] *vi irr* + *haben* ❶ (*hinausragen*) *Ast:* dépasser ❷ (*vorragen*) *Felswand:* être en surplomb; **nach vorn ~** faire une avancée
über|hängen[2] ['y:bɐhɛŋən] *vt* mettre en bandoulière; [**sich** (*dat*)] **die Tasche/das Gewehr ~** mettre son sac/fusil en bandoulière; [**sich** (*dat*)] **eine Jacke ~** [se] mettre une veste sur les épaules
überhäufen* [y:bɐ'hɔyfən] *vt* ❶ (*überschütten*) **jdn mit etw ~** accabler qn de qc ❷ (*bedecken*) **etw mit etw ~** couvrir qc de qc
überhaupt [y:bɐ'haupt] *adv* ❶ (*eigentlich*) **was fällt dir ~ ein?** qu'est-ce qui te prend?; **was soll das ~?** qu'est-ce que ça signifie? ❷ (*abgesehen davon, zudem*) vraiment, absolument ❸ *verstärkend* (*ganz und gar*) **ich habe ~ keine Zeit** je n'ai absolument pas une minute [de libre]; **~ nicht** [pas] du tout, absolument pas; **~ noch nie** encore jamais
überheblich [y:bɐ'he:plɪç] *adj* arrogant(e)
Überheblichkeit <-, *selten* -en> *f* arrogance *f*
überheizen* [y:bɐ'haitsən] *vt* surchauffer
überhitzen* [y:bɐ'hɪtsən] *vt* ❶ AUT chauffer ❷ (*zu stark erhitzen*) trop chauffer
überhitzt *adj* **~ sein** *Motor:* chauffer; *fig Konjunktur:* être surchauffé
überhöht [y:bɐ'hø:t] *adj* excessif(-ive)
überholen* [y:bɐ'ho:lən] **I.** *vt* ❶ (*vorbeifahren*) doubler, dépasser ❷ (*übertreffen*) devancer *Konkurrenz* ❸ (*instand setzen*) réviser *Fahrzeug, Motor* **II.** *vi* dépasser, doubler
Überholmanöver *nt* dépassement *m*
Überholspur *f* voie *f* de gauche
überholt *adj Ansichten, Moral* dépassé(e)
Überholverbot *nt* interdiction *f* de dépasser
überhören* [y:bɐ'hø:rən] *vt* ❶ (*nicht hören*) ne pas entendre ❷ (*nicht hören wollen*) ignorer
überinterpretieren* *vt* aller trop loin dans l'interprétation de
überirdisch ['y:bɐʔɪrdɪʃ] *adj* surnaturel(le)
überkandidelt ['y:bɐkandi:dəlt] *adj fam* loufoque
Überkapazität *f* (*zu hohe Produktion*) surcapacité *f*
überkleben* [y:bɐ'kle:bən] *vt* **etw** [**mit etw**] **~** recouvrir qc [avec qc]
über|kochen ['y:bɐkɔxən] *vi* + *sein* déborder
überkommen* [y:bɐ'kɔmən] *vt irr* s'emparer de; **jdn ~** *Gefühl:* s'emparer de qn; **mich überkam so eine Ahnung, dass ...** j'ai eu le pressentiment que ...; **es überkam mich plötzlich** ça a été plus fort que moi
überkreuzen* **I.** *vt* croiser *Arme, Beine* **II.** *vr* **sich ~** se croiser
überladen* [y:bɐ'la:dən] *vt irr* surcharger *Auto*
überlagern* [y:bɐ'la:gɐn] *vt* masquer
Überlandbus *m* autocar *m*
Überlänge *f* ❶ COUT grande longueur *f*; **~ haben** être de grande longueur ❷ CINE, TV **ein Film mit ~** un film très long
überlappen* *vt, vr* [**sich**] **~** [se] chevaucher
überlassen* [y:bɐ'lasən] *vt irr* ❶ (*zur Verfügung stellen*) **jdm etw ~** laisser qc à qn ❷ (*lassen*) **jdm die Entscheidung/Initiative ~** laisser qn décider/prendre l'initiative
überlasten* [y:bɐ'lastən] *vt* ❶ surcharger *Träger;* trop solliciter *Organ* ❷ TELEC encombrer *Telefonnetz*
Überlastung <-, -en> *f* ❶ (*überlasteter Zustand*) *einer Person* exténuation *f*; **nervliche ~** stress *m* ❷ ELEC, TELEC *des Stromnetzes* surcharge *f*
überlaufen*[1] [y:bɐ'laufən] *vt irr* ❶ (*erschauern lassen*) **es überläuft ihn** [**heiß und**] **kalt** il en a froid dans le dos; **ein Schauer überlief sie** elle fut saisie de frissons ❷ SPORT passer *Hürden*
über|laufen[2] ['y:bɐl‿aufən] *vi irr* + *sein* ❶ *Badewanne, Flüssigkeit:* déborder ❷ (*überwechseln*) *Soldat:* passer à l'ennemi
überlaufen[3] [y:bɐ'laufən] *adj Ort, Gegend* bondé(e)
Überläufer(in) *m(f)* transfuge *m*
überleben* [y:bɐ'le:bən] **I.** *vt* ❶ **einen Unfall ~** survivre à un accident; **wird er die Nacht ~?** passera-t-il la nuit? ❷ (*länger leben als*) **jdn um einige Jahre ~** survivre

U

de quelques années à qn ▶ **du wirst es ~!** *iron fam* tu ne vas pas en mourir!; **das überlebe ich nicht!** *fam* (*das ist zu komisch*) c'est à mourir [de rire]!; (*das ist zu schlimm*) je ne m'en remettrai pas! **II.** *vi* survivre **III.** *vr* **sich ~** passer; **etw hat sich überlebt** qc a fait son temps

Überlebende(r) *f(m) dekl wie adj* survivant(e) *m(f)*

überlebensgroß *adj, adv* plus grand(e) que nature **Überlebenskünstler(in)** *m(f) euph fam personne qui parvient toujours à se sortir de situations dangereuses ou critiques*

überlegen*[1] [yːbɐˈleːgən] **I.** *vi* réfléchir; **überleg/~ Sie doch mal!** réfléchis/réfléchissez donc! **II.** *vt* [**sich** (*dat*)] **etw ~** réfléchir à qc; [**sich** (*dat*)] **~, ob/wann/wie ...** réfléchir si/quand/comment ...; **es sich** (*dat*) **anders ~** changer d'avis; **wenn man es sich** (*dat*) **recht überlegt** tout bien considéré

über|legen[2] [ˈyːbɐleːgən] *vt* couvrir; **jdm etw ~** couvrir qn de qc

überlegen[3] [yːbɐˈleːgən] **I.** *adj* supérieur(e); *Sieg* écrasant(e); **jdm an Intelligenz ~ sein** être supérieur à qn en intelligence **II.** *adv* ❶ *siegen* haut la main ❷ *lächeln, grinsen* d'un air de supériorité

Überlegenheit <-> *f* ❶ (*überlegener Status*) supériorité *f*; **~ gegenüber jdm** supériorité par rapport à qn ❷ (*Herablassung*) condescendance *f*

überlegt **I.** *adj* réfléchi(e); **wohl ~** *geh* mûrement réfléchi **II.** *adv* de façon réfléchie

Überlegung <-, -en> *f Pl* (*Erwägungen*) réflexions *fpl*

über|leiten *vi* introduire; **zu etw ~** introduire qc

überlesen* *vt irr* ❶ (*übersehen*) **etw ~** ne pas voir qc [à la lecture] ❷ (*überfliegen*) parcourir

überliefern* [yːbɐˈliːfɐn] *vt* transmettre; **jdm etw ~** transmettre qc à qn

Überlieferung *f* ❶ *kein Pl* (*das Überliefern*) *einer Legende, Sage* transmission *f*; **die mündliche ~** la tradition orale ❷ (*das Überlieferte*) document *m* ancien ❸ (*Brauchtum*) tradition *f*

überlisten* [yːbɐˈlɪstən] *vt* berner *Person;* déjouer *System*

überm [ˈyːbɐm] = **über dem** *s.* **über**

Übermacht *f kein Pl* supériorité *f*; **in der ~ sein** être supérieur en nombre

übermächtig *adj* ❶ (*überlegen*) supérieur(e) ❷ *Gefühl, Hass* intense

übermalen* *vt* recouvrir de peinture; **etw ~** recouvrir qc de peinture

übermannen* *vt* envahir; **jdn ~** *Schmerz:* envahir qn

Übermaß *nt kein Pl* **ein ~ an Arbeit** une surcharge de travail; **ein ~ an Verantwortung** une trop grande responsabilité

übermäßig **I.** *adj* extrême; **das war nicht gerade ~** cela n'avait vraiment rien d'exceptionnel **II.** *adv* ❶ *sich anstrengen* trop ❷ *trinken* sans modération

Übermensch *m* surhomme *m*

übermenschlich *adj* surhumain(e)

übermitteln* [yːbɐˈmɪtəln] *vt* transmettre; **jdm etw ~** transmettre qc à qn

übermorgen *adv* après-demain; **~ früh/Abend** après-demain matin/soir

übermüdet [yːbɐˈmyːdət] *adj* épuisé(e); *Augen* extrêmement fatigué(e)

Übermüdung <-, *selten* -en> *f* épuisement *m*

Übermut *m* (*Leichtsinn*) exubérance *f*; **aus ~** par malice ▶ **~ tut selten gut** *prov* ≈ prudence est mère de sûreté

übermütig [ˈyːbɐmyːtɪç] **I.** *adj* ❶ (*ausgelassen*) exubérant(e), pétulant(e) ❷ (*aufgeregt*) turbulent(e), excité(e) **II.** *adv* **sich ~ aufführen** être turbulent

übern [ˈyːbɐn] = **über den** *s.* **über**

übernächste(r, s) *adj attr* **~n Sonntag** dimanche en quinze; **am ~n Tag** le surlendemain

übernachten* [yːbɐˈnaxtən] *vi* passer la nuit; **im Hotel/in Basel/bei Freunden ~** passer la nuit à l'hôtel/à Bâle/chez des amis

übernächtigt [yːbɐˈnɛçtɪçt] *adj* épuisé(e) par une nuit blanche

Übernachtung <-, -en> *f* TOUR nuitée *f*, nuit *f* d'hôtel; **~ mit Frühstück** nuit[ée] avec petit-déjeuner

Übernachtungsmöglichkeit *f* possibilité *f* d'hébergement [pour la nuit]

Übernahme [ˈyːbɐnaːmə] <-, -n> *f* ❶ (*Inbesitznahme*) *eines Besitzes* prise *f* de possession ❷ (*das Übernehmen*) *der Verantwortung* prise *f* en charge ❸ COM *einer Firma* reprise *f*

übernational *adj* supranational(e)

übernatürlich *adj* (*nicht erklärbar*) surnaturel(le)

übernehmen* [yːbɐˈneːmən] *irr* **I.** *vt* ❶ (*in Besitz nehmen*) reprendre *Besitz* ❷ (*auf sich nehmen*) assumer *Verantwortung;* se charger de *Kosten* ❸ (*übertragen bekommen*) reprendre *Vorsitz;* accepter *Auftrag;* prendre *Verteidigung*

U

④ (*verwenden*) reprendre *Satz, Zitat* ⑤ (*weiterbeschäftigen*) garder *Mitarbeiter;* **ins Beamtenverhältnis übernommen werden** être fonctionnarisé **II.** *vr* **sich** ~ vouloir trop en faire; **übernimm dich nur nicht!** *iron fam* [ne] te fatigue pas, surtout! **III.** *vi* prendre le relais

übernervös ['y:bɐnɛrvø:s] *adj* hypernerveux(-euse)

überparteilich *adj inv* au-dessus des partis

Überproduktion *f* surproduction *f*

überprüfen* [y:bɐ'pry:fən] *vt* ① (*durchchecken*) examiner *Bewerber;* contrôler *Politiker* ② (*kontrollieren*) vérifier l'exactitude de *Angabe;* contrôler *Unterlagen* ③ (*die Funktion nachprüfen*) vérifier *Gerät, Anschlüsse;* réviser *Motor*

Überprüfung *f* ① *kein Pl* (*das Prüfen*) *eines Bewerbers* examen *m* ② *kein Pl* (*das Kontrollieren*) *einer Aussage* vérification *f* ③ *kein Pl* (*Funktionsprüfung*) *eines Motors, Wagens* révision *f* ④ *kein Pl* (*das Überdenken*) *einer Haltung* révision *f*

über|quellen *vi irr + sein* déborder; **vor Briefen** ~ déborder de lettres

überqueren* [y:bɐ'kve:rən] *vt* ① (*passieren*) traverser *Straße* ② (*hinwegführen*) **etw** ~ *Brücke:* franchir qc; *Straße:* traverser qc

überragen*[1] [y:bɐ'ra:gən] *vt* ① dépasser; **jdn um zehn Zentimeter** ~ dépasser qn de dix centimètres; **etw um zwei Meter** ~ dominer qc de deux mètres ② (*übertreffen*) **jdn an Intelligenz** ~ surpasser qn en intelligence

über|ragen[2] ['y:bɐra:gən] *vi* être en surplomb; **ein ~der Balken** une poutre en surplomb

überragend [y:bɐ'ra:gənt] *adj* de premier ordre; *Leistung, Werk* excellent(e)

überraschen* [y:bɐ'raʃən] *vt* ① surprendre; **jdn mit etw** ~ faire une surprise à qn avec qc ② (*erstaunen*) surprendre, étonner

überraschend I. *adj* inattendu(e), surprenant(e) **II.** *adv besuchen, abfahren* à l'improviste; *sterben* subitement

Überraschung <-, -en> *f* ① surprise *f;* **was für eine ~!** ça [pour une surprise], c'est une surprise! ② *kein Pl* (*Erstaunen*) surprise *f,* étonnement *m;* **zu meiner größten** ~ à ma grande surprise

Überraschungsangriff *m* attaque-surprise *f* **Überraschungseffekt** *m* effet *m* de surprise

Überreaktion *f* réaction *f* excessive

überreden* [y:bɐ're:dən] *vt* convaincre, persuader

Überredungskunst *f* art *m* de la persuasion

überregional *adj* interrégional(e)

überreich *adv belohnen* royalement, somptueusement

überreichen* [y:bɐ'raiçən] *vt* remettre

überreichlich *adj Essen* très copieux(-euse)

Überreichung <-, -en> *f eines Preises* remise *f*

überreif *adj Frucht, Obst* trop mûr(e), blet(te)

überreizen* *vt* [sur]exciter

überreizt *adj Augen* irrité(e); ~ **sein** être à bout de nerfs

überrennen* *vt irr* ① MIL prendre d'assaut ② (*umstoßen*) renverser

überrepräsentiert *adj* surreprésenté(e)

Überrest *m meist Pl* (*Ruinen*) vestiges *mpl* ▶ **jds sterbliche ~e** *euph geh* la dépouille [mortelle] de qn

Überrollbügel *m* arceau *m* de sécurité

überrollen* [y:bɐ'rɔlən] *vt* ① renverser *Gegner* ② *a. fig* (*überfahren*) écraser

überrumpeln* [y:bɐ'rʊmpəln] *vt* ① *fam* (*übertölpeln*) **jdn** ~ embobiner qn ② (*überwältigen*) **den Gegner** ~ prendre l'adversaire par surprise

überrunden* *vt* ① SPORT doubler *Läufer* ② (*übertreffen*) surclasser; *Schüler:* surpasser

übers ['y:bɐs] = **über das** *s.* **über**

übersät [y:bɐ'zɛ:t] *adj* **mit/von etw ~ sein** *Haut:* être criblé de qc; *Boden:* être jonché de qc

übersättigt *adj* [sur]saturé(e)

Überschall *m* fréquence supersonique *f*

Überschallflugzeug *nt* [avion *m*] supersonique *m* **Überschallgeschwindigkeit** *f kein Pl* vitesse *f* supersonique

überschatten* [y:bɐ'ʃatən] *vt* jeter une ombre sur

überschätzen* [y:bɐ'ʃɛtsən] *vt, vr* [**sich**] ~ [se] surestimer

Überschätzung *f* surestimation *f*

überschaubar [y:bɐ'ʃauba:ɐ] *adj Firma, Projekt* dont on garde une bonne vue d'ensemble

Überschaubarkeit <-> *f* **eine bessere ~ des Projektes anstreben** chercher à obtenir une meilleure vue d'ensemble du projet

überschauen* [y:bɐ'ʃauən] *s.* **überblicken**

über|schäumen *vi + sein a. fig* déborder

überschlafen* *vt irr* **etw** ~ réfléchir à qc à tête reposée
Überschlag *m* SPORT roue *f;* **einen ~ machen** faire la roue
überschlagen*1 [y:bɐˈʃla:gən] *irr* **I.** *vt* ❶ (*auslassen*) sauter ❷ (*berechnen*) **die Kosten ~** évaluer les coûts [approximativement] **II.** *vr* **sich ~** ❶ (*eine Drehung ausführen*) *Akrobat:* faire une culbute; *Fahrzeug:* faire un tonneau ❷ (*schnell aufeinanderfolgen*) *Ereignisse:* se précipiter; *Nachrichten:* affluer; *Wellen:* se déchaîner ❸ *fam* (*übereifrig sein*) faire du zèle ❹ (*schrill werden*) *Stimme:* devenir strident(e)
über|schlagen2 [ˈy:bɐʃla:gən] *vt irr + haben* croiser *Beine*
über|schnappen *vi + sein fam* ❶ (*verrückt werden*) débloquer ❷ (*sich überschlagen*) devenir strident(e)
überschneiden* [y:bɐˈʃnaidən] *vr irr* **sich ~** se chevaucher; **sich um wenige Minuten ~** se chevaucher de quelques minutes
überschreiben* [y:bɐˈʃraibən] *vt irr* ❶ (*betiteln*) intituler ❷ INFORM surfrapper *Datei* ❸ (*übertragen*) **seinen Besitz jdm ~** transférer ses biens à qn
überschreiten* [y:bɐˈʃraitən] *vt irr* ❶ (*überqueren*) franchir *Grenze, Fluss* ❷ *fig* (*darüber hinausgehen*) dépasser *Fähigkeiten* ❸ (*nicht einhalten*) outrepasser *Befugnisse*
Überschreitung <-, -en> *f eines Termins* dépassement *m;* **~ der/seiner Befugnisse** dépassement du cadre de ses attributions
Überschrift *f* [gros] titre *m*
Überschuldung [y:bɐˈʃʊldʊŋ] <-, -en> *f* surendettement *m*
ÜberschussRR *m a.* COM excédent *m;* **ein ~ an Arbeitskräften** un sureffectif
überschüssig [ˈy:bɐʃʏsɪç] *adj* (*über den Bedarf vorhanden*) **die ~e Energie von Jugendlichen** le trop-plein d'énergie des adolescents
überschütten* [y:bɐˈʃʏtən] *vt* ❶ (*bedecken*) **etw mit Erde ~** recouvrir qc de terre ❷ *fig* **jdn mit Geschenken ~** couvrir qn de cadeaux; **jdn mit Fragen ~** submerger qn de questions; **jdn mit Vorwürfen ~** accabler qn de reproches
Überschwang <-[e]s> *m* emballement *m;* **im ~** dans son/mon/... débordement de joie
überschwänglichRR [ˈy:bɐʃvɛŋlɪç] **I.** *adj Begrüßung* très chaleureux(-euse); *Begeisterung* débordant(e) **II.** *adv* **sich ~ bedanken** se confondre en remerciements
überschwemmen* [y:bɐˈʃvɛmən] *vt* ❶ *a.* COM inonder ❷ (*hineinströmen*) **ein Land/eine Stadt ~** *Touristen:* déferler sur un pays/une ville
Überschwemmung <-, -en> *f* inondation *f*
überschwenglichALT *s.* **überschwänglich**
Übersee ▶**in ~** outre-mer; outre-Atlantique; **nach ~** outre-mer; outre-Atlantique
überseeisch [ˈy:bɐze:ɪʃ] *adj* (*jenseits der Ozeane*) d'outre-mer
übersehbar [y:bɐˈze:ba:ɐ̯] *adj* ❶ (*abschätzbar*) évaluable; **noch nicht ~ sein** *Schaden:* ne pas encore pouvoir être évalué ❷ (*übersichtlich*) **ein gut/schwer ~es Gelände** un terrain découvert/accidenté
übersehen* [y:bɐˈze:ən] *vt irr* ❶ (*nicht sehen*) ne pas voir ❷ (*abschätzen*) **etw ~** mesurer l'ampleur de qc ❸ (*überblicken*) **etw ~** avoir une vue d'ensemble de qc, embrasser qc du regard
übersenden* [y:bɐˈzɛndən] *vt irr* **jdm etw ~** envoyer qc à qn
übersetzbar *adj* traduisible
übersetzen*1 [y:bɐˈzɛtsən] **I.** *vt* (*übertragen*) traduire; **etw aus dem Deutschen ins Französische ~** traduire qc de l'allemand en français **II.** *vi* faire une traduction
über|setzen2 [ˈy:bɐzɛtsən] **I.** *vt + haben* (*zum anderen Ufer*) **jdn ~** [faire] passer qn sur l'autre rive **II.** *vi + sein* **mit der Fähre ~** passer avec le ferry
Übersetzer(in) *m(f)* traducteur(-trice) *m(f)*
Übersetzung <-, -en> *f* ❶ traduction *f* ❷ TECH *eines Getriebes* transmission *f,* développement *m*
Übersetzungsfehler *m* erreur *f* de traduction
Übersicht <-, -en> *f* ❶ *kein Pl* (*Überblick*) vue *f* d'ensemble ❷ (*knappe Darstellung*) aperçu *m* [général]; **eine ~ über etw** (*akk*) un aperçu [général] de qc
übersichtlich *adj* ❶ *Darstellung* clair(e) ❷ *Platz* dégagé(e); *Gelände* découvert(e)
Übersichtlichkeit <-> *f* ❶ (*rasche Erfassbarkeit*) clarté *f* ❷ (*übersichtliche Anlage*) vue *f* dégagée
über|siedeln [ˈy:bɐzi:dəln], **übersiedeln*** [y:bɐˈzi:dəln] *vi + sein* **nach Berlin/Frankreich ~** aller s'établir à Berlin/en France
Übersiedler(in) *m(f) immigré(e) [politique] de la RDA en RFA*

U

übersinnlich *adj* surnaturel(le), parapsychique
überspannen* *vt* ❶ (*hinwegführen*) **etw ~** *Brücke:* enjamber qc ❷ tendre trop *Saite, Bogen*
überspannt *adj* ❶ *Forderungen* exagéré(e) ❷ (*exaltiert*) exalté(e)
überspielen* [yːbɐˈʃpiːlən] *vt* ❶ MEDIA copier; **etw von einer CD auf eine Kassette ~** copier qc d'un CD sur une cassette ❷ (*kaschieren*) **etw mit einem Lachen ~** dissimuler qc derrière un sourire
überspitzt *adj* outrancier(-ière)
überspringen*[1] [yːbɐˈʃprɪŋən] *vt irr* ❶ (*hinwegspringen*) franchir *Höhe;* **ein Hindernis ~** sauter par-dessus un obstacle, franchir un obstacle d'un bond ❷ (*auslassen*) sauter *Lektion, Klasse*
über|springen[2] [ˈyːbɐʃprɪŋən] *vi irr + sein* ❶ (*sich übertragen*) *Stimmung:* être communicatif; **auf jdn ~** gagner qn ❷ (*übergreifen*) **auf etw** (*akk*) **~** *Feuer:* [se propager et] gagner qc
über|sprudeln *vi + sein* ❶ déborder ❷ *fig* **vor Einfällen ~** bouillonner d'idées
überstaatlich *adj* supranational(e)
überstehen*[1] [yːbɐˈʃteːən] *vt irr* surmonter *Belastung*
über|stehen[2] [ˈyːbɐʃteːən] *vi irr + haben* dépasser; **auf beiden Seiten einen Meter ~** *Ladung:* dépasser d'un mètre des deux côtés
übersteigen* [yːbɐˈʃtaigən] *vt irr* ❶ (*klettern über*) passer par-dessus ❷ (*hinausgehen über*) dépasser *Fähigkeiten;* être au-dessus de *Kräfte*
übersteigert *adj Selbstbewusstsein* exacerbé(e); *Forderung, Preis* exagéré(e)
überstellen* [yːbɐˈʃtɛlən] *vt* livrer; **einen Häftling an jdn ~** livrer un prisonnier à qn
übersteuern* **I.** *vi Wagen:* survirer **II.** *vt* surmoduler *Anlage*
überstimmen* [yːbɐˈʃtɪmən] *vt* mettre en minorité; **jdn ~** mettre qn en minorité; **einen Antrag ~** rejeter une demande [à la majorité]
überstrapazieren* *vt* ❶ abuser de ❷ *fig* **einen Begriff ~** user une notion jusqu'à la corde
überstreichen* *vt irr* recouvrir; **die Wände mit etw ~** recouvrir les murs de qc
über|streifen *vt* enfiler; **sich** (*dat*) **etw ~** enfiler qc
überströmen* [yːbɐˈʃtrøːmən] *vt* déborder; **etw ~** *Gewässer, Fluss:* déborder qc; **von Blut überströmt sein** être couvert de sang
über|stülpen *vt* **sich** (*dat*) **etw ~** s'enfiler qc sur la tête
Überstunde *f* heure *f* supplémentaire
Überstundenabbau *m* récupération *f* d'heures supplémentaires **Überstundenantrag** *m* demande *f* de prise en compte d'heures supplémentaires **Überstundenzuschlag** *m* majoration *f* pour heures supplémentaires
überstürzen* [yːbɐˈʃtʏrtsən] **I.** *vt* précipiter **II.** *vr* **sich ~** *Ereignisse:* se précipiter; *Nachrichten:* affluer
überstürzt *adj* précipité(e)
übertariflich **I.** *adj* hors barème **II.** *adv* hors barème
überteuert *adj Preis* exorbitant(e)
übertönen* *vt* couvrir; **etw/jdn ~** *Person, Geräusch:* couvrir [le bruit de] qc/la voix de qn
Übertopf *m* cache-pot *m*
Übertrag [ˈyːbɐtraːk, *Pl:* -trɛːgə] <-[e]s, -träge> *m* report *m*
übertragbar [yːbɐˈtraːkbaːɐ̯] *adj* ❶ MED contagieux(-euse), transmissible; **auf jdn ~ sein** être transmissible à qn ❷ (*auf anderes anwendbar*) **auf etw** (*akk*) **~ sein** *Maßstab, Methode:* être applicable à qc ❸ ADMIN *Ausweis* transmissible
übertragen*[1] [yːbɐˈtraːgən] *irr* **I.** *vt* ❶ RADIO, TV diffuser, retransmettre ❷ *geh* (*übersetzen*) traduire; (*transkribieren*) transcrire ❸ MED **etw auf jdn ~** transmettre qc à qn ❹ (*übernehmen*) **etw auf eine neue Seite ~** reporter qc sur une nouvelle page ❺ (*übergeben*) **jdm die Verantwortung ~** déléguer la responsabilité à qn ❻ JUR **jdm etw ~** transférer qc à qn ❼ (*anwenden*) appliquer *Maßstab, Methode* **II.** *vr* ❶ MED **sich ~** être contagieux; **sich auf jdn ~** se transmettre à qn ❷ (*beeinflussen*) **sich auf jdn ~** *Nervosität:* gagner qn
übertragen[2] [yːbɐˈtraːgən] **I.** *adj Bedeutung* figuré(e) **II.** *adv* au [sens] figuré
Überträger(in) [yːbɐˈtrɛːgɐ] *m(f)* porteur(-euse) *m(f)*
Übertragung <-, -en> *f* ❶ *kein Pl* (*das Senden*) diffusion *f* ❷ (*Sendung*) retransmission *f* ❸ *kein Pl* MED *einer Krankheit* transmission *f* ❹ *kein Pl* (*die Übergabe*) *von Befugnissen* délégation *f* ❺ *kein Pl* JUR *von Besitz* transfert *m* ❻ *kein Pl* (*das Adaptieren*) *eines Maßstabes, einer Methode* application *f*
Übertragungsfehler *m* faute *f* de transmission
übertreffen* [yːbɐˈtrɛfən] *irr* **I.** *vt* ❶ (*besser sein*) surpasser; **jdn an Ausdauer ~**

U

surpasser qn en endurance; **er ist nicht zu ~** il est imbattable ❷ (*hinausgehen über*) **etw an Größe ~** être plus grand que qc; **alle Erwartungen ~** dépasser toutes les attentes **II.** *vr* **sich selbst ~** se surpasser

übertreiben* [y:bɐ'traibən] *irr* **I.** *vi* exagérer **II.** *vt* exagérer; **es mit der Sauberkeit ~** pousser la propreté à l'extrême

Übertreibung <-, -en> *f* exagération *f*

über|treten¹ ['y:bɐtre:tən] *vi irr + sein* ❶ REL se convertir; **zu einem anderen Glauben ~** se convertir à une autre croyance ❷ SPORT mordre sur la ligne

übertreten*² [y:bɐ'tre:tən] *vt irr* enfreindre *Vorschrift*

Übertretung [y:bɐ'tre:tʊŋ] <-, -en> *f a.* JUR infraction *f*; **~ der Vorschriften** infraction *f* aux directives

übertrieben [y:bɐ'tri:bən] *adj* exagéré(e)

Übertritt *m* conversion *f*

übertrumpfen* [y:bɐ'trʊmpfən] *vt* damer le pion à

übertünchen* [y:bɐ'tʏnçən] *vt* passer une couche de peinture sur

Übervölkerung [y:bɐ'fœlkərʊŋ] <-, -en> *f* surpopulation *f*

übervoll *adj Behälter* plein(e) à ras bord[s]; *Bus, Bahn* bondé(e)

übervorteilen* [y:bɐ'fɔrtailən] *vt* escroquer *Kunden;* exploiter *Arbeitnehmer*

überwachen* [y:bɐ'vaxən] *vt* ❶ (*heimlich kontrollieren*) surveiller *Aktivitäten* ❷ (*beaufsichtigen*) superviser *Ablauf;* contrôler *Qualität*

Überwachung <-, -en> *f* ❶ (*Beschattung*) surveillance *f* ❷ (*Kontrolle*) *eines Ablaufs* supervision *f; der Produktion* contrôle *m*

Überwachungskamera *f* caméra [vidéo] *f* de surveillance

überwältigen* [y:bɐ'vɛltɪgən] *vt* ❶ (*bezwingen*) maîtriser, neutraliser ❷ *geh* (*übermannen*) **jdn ~** *Angst, Grauen:* s'emparer de qn; *Schlaf, Müdigkeit:* terrasser qn

überwältigend [y:bɐ'vɛltɪgənt] *adj* ❶ *Spektakel* grandiose; *Gefühl* renversant(e); **es hat einen ~en Eindruck auf mich gemacht** j'en ai été bouleversé(e) ❷ *Erfolg, Mehrheit, Sieg* écrasant(e) ▶ **nicht gerade ~** pas fameux(-euse) (*fam*)

über|wechseln *vi + sein* ❶ (*die Seiten wechseln*) **zu etw ~** passer à qc ❷ AUT **auf eine andere Spur ~** passer sur une autre file

überweisen* [y:bɐ'vaizən] *vt irr* ❶ FIN virer; **Geld auf ein Konto ~** virer de l'argent sur un compte ❷ MED **jdn zu einem Facharzt ~** adresser qn à un spécialiste

Überweisung <-, -en> *f* ❶ (*Geldüberweisung*) virement *m* ❷ MED *eines Patienten* transfert *m*

Überweisungsformular *nt* formulaire *m* de virement

über|werfen¹ ['y:bɐvɛrfən] *vt irr* **jdm etw ~** passer qc à qn; **sich** (*dat*) **etw ~** se passer qc

überwerfen*² [y:bɐ'vɛrfən] *vr irr* **sich [mit jdm] ~** se brouiller [avec qn]

überwiegen* [y:bɐ'vi:gən] *irr* **I.** *vi* prédominer **II.** *vt* **etw ~** *Neugier, Langeweile:* l'emporter sur qc

überwiegend **I.** *adj Teil* majeur(e) *antéposé; Mehrheit* large *antéposé;* **der ~e Anteil** le plus grand nombre **II.** *adv heiter* plutôt, la plupart du temps; *zutreffen* dans l'ensemble

überwinden* [y:bɐ'vɪndən] *irr* **I.** *vt* ❶ surmonter *Bedenken;* se libérer de *Vorurteil;* vaincre *Widerstand;* venir à bout de *Problem* ❷ (*besiegen*) vaincre, l'emporter sur *Gegner* ❸ (*ersteigen*) franchir *Mauer* **II.** *vr* **sich ~** faire un effort sur soi-même

Überwindung <-> *f* (*Selbstüberwindung*) effort *m* sur soi-même

überwintern* [y:bɐ'vɪntɐn] *vi* ❶ *Person:* passer l'hiver; *Vogel:* hiverner ❷ (*Winterschlaf halten*) **in einer Höhle ~** *Bär:* hiberner dans une tanière

überwuchern* [y:bɐ'vu:xɐn] *vt* envahir

Überzahl *f kein Pl* **in der ~ sein** être supérieur en nombre

überzählig *adj* en trop

überzeugen* [y:bɐ'tsɔygən] **I.** *vt* convaincre, persuader; **jdn von etw ~** persuader qn de qc; **jdn davon ~, dass ...** persuader qn que ... **II.** *vi Person, Argument:* être convaincant **III.** *vr* **sich von etw ~** s'assurer de qc; **sich selbst davon ~, dass ...** s'assurer soi-même que ...

überzeugend *adj* convaincant(e)

überzeugt *adj* convaincu(e)

Überzeugung [y:bɐ'tsɔygʊŋ] <-, -en> *f* conviction *f*; **aus ~** par conviction; **der ~ sein, dass ...** être convaincu que ...

Überzeugungskraft *f kein Pl* force *m* de persuasion

überziehen*¹ [y:bɐ'tsi:ən] *irr* **I.** *vt* ❶ (*bedecken*) **etw ~** *Rost, Schimmel:* recouvrir qc ❷ *fig* **eine Gegend mit Supermärkten ~** inonder une région de grandes surfaces; **ein Land mit Krieg ~** mettre un pays à feu et à sang ❸ (*belasten*) **das Konto um hundert Euro ~** mettre son compte à

U

découvert de cent euros **II.** *vi Person, Sendung:* dépasser son temps d'antenne
über|ziehen² ['y:bɐtsi:ən] **I.** *vt irr* passer, enfiler *Pullover* **II.** *vr* **sich etw ~** se passer qc
Überziehung *f* FIN découvert *m*
Überziehungskredit *m* avance *f* sur compte courant **Überziehungszinsen** *Pl* agios *mpl*
überzogen *PP von* **überziehen¹**
überzüchtet [y:bɐ'tsʏçtət] *adj Tier* dégénéré(e); *Motor, Rennmotor* trop poussé(e)
Überzug *m* ❶ (*Schicht*) couche *f* ❷ (*Hülle*) housse *f*
üblich [y:plɪç] *adj Methode, Preis* usuel(le), habituel(le); **wie ~** comme d'habitude; **das ist bei uns/in Italien ~** c'est la coutume chez nous/en Italie
üblicherweise *adv* d'habitude
U-Boot ['u:bo:t] *nt* sous-marin *m*
übrig ['y:brɪç] **I.** *adj* ❶ *attr* (*restlich*) **die ~en Teilnehmer** les autres participants; **die ~en Bücher** les livres restants; **alles Übrige** tout ce qui reste ❷ (*übrig bleibend*) **~ sein** rester ▸ **im Übrigen** du reste **II.** *adv* **~ bleiben** rester; **was ~ bleibt, essen wir morgen** le reste, nous le mangerons demain; **lass noch ein paar Euro ~!** laisse quelques euros de reste!
übrig|bleibenALT *s.* **übrig II.**
übrigens ['y:brɪgəns] *adv* ❶ (*nebenbei bemerkt*) au fait ❷ (*außerdem*) d'ailleurs, de toute façon
übrig|haben *vt irr fig* **für jdn etwas/nichts ~** avoir un faible/n'avoir aucune sympathie pour qn
übrig|lassenALT *s.* **übrig II.**
Übung ['y:bʊŋ] <-, -en> *f* ❶ *kein Pl* (*das Üben*) exercice *m*, entraînement *m*; **zur ~** comme exercice, pour s'entraîner; **in ~ bleiben** (*physisch*) entretenir sa forme; (*geistig*) entretenir ses connaissances ❷ SCHULE, SPORT exercice *m* ❸ UNIV travaux *mpl* dirigés ▸ **~ macht den Meister** *prov* c'est en forgeant qu'on devient forgeron

U

UEFA-Cup [u'e:fakap] <-s, -s> *m*, **UEFA-Pokal** *m* coupe *f* de l'U.E.F.A.
Ufer ['u:fɐ] <-s, -> *nt* (*Flussufer, Seeufer*) rive *f*, bord *m*; (*Meeresufer*) littoral *m*, côte *f*; **am ~** sur la rive/le littoral; **am ~ stehen** être au bord de l'eau
uferlos *adj* interminable, sans fin ▸ **ins Uferlose gehen** (*kein Ende nehmen*) ne pas en finir; (*jeden Rahmen sprengen*) exploser
Uferpromenade *f* promenade *f* **Uferstraße** *f* voie *f* sur berge
uff [ʊf] *interj fam* ouf
Ufo, UFO ['u:fo] <-[s], -s> *nt Abk von* **unbekanntes Flugobjekt** OVNI *m*
Uganda [u'ganda] <-s> *nt* l'Ouganda *m*
U-Haft ['u:haft] *f fam* détention *f* préventive
Uhr [u:ɐ] <-, -en> *f* ❶ (*Standuhr, öffentliche Uhr*) horloge *f*; (*Armbanduhr*) montre *f*; (*Wanduhr*) pendule *f*; (*Kaminuhr*) cartel *m* ❷ (*bei Zeitangaben*) **um drei ~** à trois heures; **um zwölf ~ mittags** à midi; **es ist fünf ~ früh** il est cinq heures du matin; **um wie viel ~?** à quelle heure?; **wie viel ~ ist es?** quelle heure est-il? ▸ **rund um die ~** vingt-quatre heures sur vingt-quatre
Uhrarmband *nt* bracelet *m* de montre
Uhrenindustrie *f* industrie *f* horlogère
Uhrmacher(in) *m(f)* horloger(-ère) *m(f)*
Uhrwerk *nt* mouvement *m* d'horlogerie
Uhrzeiger *m* aiguille *f* [d'une horloge/montre]
Uhrzeigersinn *m* **im ~** dans le sens des aiguilles d'une montre
Uhrzeit *f* heure *f*
Uhu ['u:hu] <-s, -s> *m* grand duc *m*
Ukraine [ukra'i:nə, u'krainə] <-> *f* l'Ukraine *f*
Ukrainer(in) [ukra'i:nɐ, u'krainɐ] <-s, -> *m(f)* Ukrainien(ne) *m(f)*
ukrainisch [ukra'i:nɪʃ, u'krainɪʃ] **I.** *adj* ukrainien(ne) **II.** *adv* **~ miteinander sprechen** discuter en ukrainien; *s. a.* **deutsch**
Ukrainisch [ukra'i:nɪʃ, u'krainɪʃ] <-[s]> *nt kein Art* ukrainien *m*; *s. a.* **Deutsch**
UKW [u:ka:'ve:] <-> *Abk von* **Ultrakurzwelle** FM *f*; **auf ~** en FM
Ulk [ʊlk] <-[e]s, -e> *m fam* blague *f*
ulkig ['ʊlkɪç] *adj fam* ❶ (*lustig*) marrant(e) ❷ (*seltsam*) bizarre; **du bist vielleicht ~!** t'as des idées bizarres!
Ulme ['ʊlmə] <-, -n> *f* (*Baum, Holz*) orme *m*
ultimativ *adj Drohung* sous forme d'ultimatum
Ultimatum [ʊltɪ'ma:tʊm] <-s, -s *o* Ultimaten> *nt* ultimatum *m*; **jdm ein ~ stellen** lancer un ultimatum à qn
Ultrabook® ['ʊltrabʊk] <-s, -s> *nt* INFORM ultra-portable *m*
Ultrakurzwelle [ʊltra'kʊrtsvɛlə] *f* ❶ (*Welle*) onde *f* très courte ❷ (*Empfangsbereich*) modulation *f* de fréquence **Ultraschall** ['ʊltraʃal] *m* ❶ PHYS ultrason *m* ❷ MED échographie *f*
Ultraschallbild *nt* échographie *f*, image *f* échographique **Ultraschallgerät** *nt*

échographe *m* **Ultraschalluntersuchung** *f* [examen *m* par] échographie *f*
ultraviolett ['ʊltravi̯olɛt] *adj* ultraviolet(te)
um [ʊm] I. *präp* + *akk* ❶ (*örtlich*) ~ **die Ecke** au coin de la rue; ~ **den Park herum** autour du parc; ~ **sich schlagen/treten** se débattre; **mit Bonbons ~ sich werfen** lancer des bonbons dans toutes les directions ❷ (*bei Zeitangaben*) ~ **fünf Uhr/Mitternacht** à cinq heures/minuit ❸ (*ungefähr*) environ; ~ **die fünfzig Euro kosten** coûter dans les cinquante euros ❹ (*hinsichtlich, wegen*) ~ **deinetwillen** [par égard] pour toi; ~ **der Freundschaft willen** par amitié; **er ist ~ ihr Wohlergehen besorgt** il est soucieux de son bien-être ❺ (*zur Angabe des Ausmaßes*) ~ **zehn Zentimeter größer sein** être plus long de dix centimètres; ~ **einiges besser sein** être un peu mieux; **das wäre ~ nichts besser** ça ne serait amélioré en rien II. *konj* **er kam ~ zu siegen** il vint pour vaincre III. *adv* ~ **sein** être passé; **die Pause ist in zwei Minuten ~** la récréation se termine dans deux minutes
um|adressieren* *vt* changer l'adresse sur
um|arbeiten *vt* (*umgestalten*) remanier
umarmen* [ʊm'ʔarmən] *vt* serrer dans ses bras; **jdn ~** serrer qn dans ses bras
Umarmung <-, -en> *f* accolade *f*
Umbau <-[e]s, -e *o* -ten> *m* ❶ *kein Pl eines Gebäudes* transformations *fpl;* **sich im ~ befinden** être en travaux ❷ (*Gebäude*) bâtiment *m* qui a subi des transformations
um|bauen¹ ['ʊmbau̯ən] I. *vt* transformer *Gebäude* II. *vi* faire des transformations
umbauen*² [ʊm'bau̯ən] *vt* [**etw**] ~ entourer [qc] de constructions
um|benennen* *vt irr* rebaptiser; **ein Schwimmbad in einen Freizeitpark ~** rebaptiser une piscine parc de loisirs
um|besetzen* *vt* ❶ CINE, THEAT **eine Rolle ~** attribuer un rôle à qn d'autre ❷ POL remanier *Ministerium;* redistribuer *Ministerposten*
Umbesetzung *f* ❶ CINE, THEAT *einer Rolle* redistribution *f* ❷ POL *eines Postens, einer Stelle* remaniement *m*
um|bestellen* I. *vt* ❶ (*ändern*) **etw ~** *Gast:* modifier qc ❷ (*früher oder später kommen lassen*) **jdn ~** donner rendez-vous à qn à un autre moment II. *vi* modifier sa commande
um|betten *vt* ❶ MED **jdn ~** changer qn de lit ❷ *euph* transférer *Toten, Gebeine*

um|biegen *irr* I. *vt* + *haben* ❶ (*krümmen*) tordre, [re]courber *Draht* ❷ (*verbiegen*) tordre *Arm* II. *vi* + *sein* ❶ (*kehrtmachen*) faire demi-tour ❷ (*abbiegen*) **nach rechts ~** tourner à droite
um|bilden *vt* POL remanier
Umbildung *f* POL remaniement *m* ministériel
um|binden *vt irr* mettre; [**sich** (*dat*)] **etw ~** [se] mettre qc; **mit umgebundenem Schal** [avec] une écharpe [nouée] autour du cou
um|blättern *vi* tourner la page
um|blicken *vr* ❶ (*nach hinten blicken*) **sich ~** regarder derrière soi, se retourner ❷ (*zur Seite blicken*) **sich nach allen Seiten ~** regarder autour de soi
um|brechen *irr* I. *vt* + *haben* (*umknicken*) coucher II. *vi* + *sein* se coucher
um|bringen *irr* I. *vt* ❶ (*töten*) tuer ❷ *fig* **diese Hitze bringt einen noch um!** il fait une chaleur à crever! (*fam*) II. *vr* ❶ (*Selbstmord begehen*) **sich ~** se suicider ❷ *fam* (*es übertreiben*) **sich** [**fast**] **~ vor Freundlichkeit** se mettre en quatre pour être aimable
Umbruch *m* ❶ *kein Pl* (*Einteilung in Seiten*) mise *f* en pages ❷ (*Wandel*) changement *m* profond
um|buchen *vt, vi* TOUR modifier une réservation; **eine Reise ~** modifier une réservation de voyage
um|denken *vi irr* réviser son opinion
um|deuten *vt* **etw** [**zu etw** (*dat*)] ~ réinterpréter qc [en termes de qc]
um|disponieren* *vi* changer ses dispositions
umdrehen I. *vt* + *haben* ❶ (*auf die andere Seite drehen*) **jdn/etw ~** retourner qn/qc ❷ (*herumdrehen*) tourner *Schalter, Schlüssel* II. *vr* + *haben* **sich nach jdm/etw ~** se retourner en direction de qn/qc III. *vi* + *haben o sein* faire demi-tour
Umdrehung [ʊm'dreːʊŋ] *f eines Motors* tour *m; einer Kurbelwelle* rotation *f*
umeinander [ʊmʔai̯'nandɐ] *adv* **sich ~ kümmern** s'occuper l'un de l'autre
um|fahren¹ ['ʊmfaːrən] *vt irr fam* renverser; **er wurde umgefahren** il s'est fait renverser par une voiture
umfahren*² [ʊm'faːrən] *vt irr* contourner *Hindernis;* éviter *Stau*
Umfahrung [ʊm'faːrʊŋ] *f* CH *s.* **Umgehung 2**
Umfall *m kein Pl pej fam* retournement *m*
um|fallen *vi irr* + *sein* ❶ (*umkippen*) *Figur:* se renverser; *Baum:* se coucher ❷ (*zu*

U

Boden fallen) tomber [par terre]; **tot** ~ *fam* tomber raide mort(e)

Umfang <-[e]s, -fänge> *m* ❶ (*Perimeter*) *einer Kugel* circonférence *f* ❷ (*Ausdehnung*) *eines Gebiets* superficie *f*; *eines Verlusts* étendue *f* ❸ (*Ausmaß*) **in großem** ~ dans une large mesure; **in vollem** ~ *rehabilitieren* complètement, totalement

umfangreich *adj Werk* riche et varié(e); *Studien* dans des domaines divers

umfassen* [ʊm'fasən] *vt* ❶ (*umschließen*) **jdn** ~ prendre qn dans ses bras; **etw** ~ prendre qc dans ses mains ❷ (*umgreifen*) *Ringer:* étreindre ❸ (*enthalten*) comprendre

umfassend I. *adj* ❶ *Vollmachten* étendu(e); *Maßnahmen* de grande envergure ❷ (*alles enthaltend*) complet(-ète); *Bericht* détaillé(e) II. *adv* ~ **gestehen** faire des aveux complets; ~ **berichten** faire un rapport détaillé

Umfeld *nt* milieu *m*

um|formen *vt* modifier

Umfrage *f* sondage *m;* (*auf der Straße*) micro-trottoir *m*

Umfragewert *m meist Pl* POL résultat *m* des sondages

um|füllen *vt* transvaser

um|funktionieren* *vt* transformer; **etw zu etw** ~ transformer qc en qc

Umgang *m kein Pl* ❶ (*Kontakt, Beschäftigung*) **mit jdm** ~ **haben** fréquenter qn; **im** ~ **mit Kindern/Tieren** avec les enfants/animaux ❷ (*Freunde, Bekannte*) fréquentations *fpl*

umgänglich ['ʊmgɛŋlɪç] *adj* conciliant(e)

Umgangsformen *Pl* manières *fpl;* **keine** ~ **haben** être mal élevé **Umgangssprache** *f* (*im täglichen Umgang verwendet*) langage *m* courant; (*nachlässige Sprache*) langage familier **umgangssprachlich** *adj* familier(-ière)

umgarnen* [ʊm'garnən] *vt* embobiner (*fam*)

U

umgeben* [ʊm'ge:bən] *irr* I. *vt* entourer; **etw mit einer Mauer** ~ entourer qc d'un mur; **von Menschen** ~ **sein** être entouré de gens II. *vr* **sich mit Künstlern/Bildern** ~ s'entourer d'artistes/de tableaux

Umgebung [ʊm'ge:bʊŋ] <-, -en> *f* (*Gelände*) environs *mpl*, alentours *mpl;* **in unserer nächsten** ~ à proximité de chez nous

Umgegend *f fam* environs *mpl*

um|gehen[1] ['ʊmge:ən] *vi irr* + *sein* ❶ (*behandeln*) **mit jdm/etw** ~ **können** savoir s'y prendre avec qn/qc; **mit jdm rücksichtslos/einfühlsam** ~ traiter qn sans/avec égards ❷ (*handhaben*) **mit etw vorsichtig** ~ manier qc avec précaution ❸ (*im Umlauf sein*) *Gerücht, Grippe:* circuler

umgehen*[2] [ʊm'ge:ən] *vt irr* ❶ (*vermeiden*) esquiver; **etw ist nicht zu** ~ qc ne peut pas être évité ❷ (*nicht einhalten*) contourner *Embargo*

umgehend ['ʊmge:ənt] I. *adj* immédiat(e) II. *adv* dans les plus brefs délais

Umgehung [ʊm'ge:ʊŋ] <-, -en> *f* ❶ (*die Nichteinhaltung*) **die** ~ **des Embargos unterbinden** empêcher que l'embargo ne soit contourné ❷ (*Umgehungsstraße*) contournement *m*

Umgehungsstraße [ʊm'ge:ʊŋsʃtra:sə] *f* contournement *m*

umgekehrt I. *adj* inverse; **es ist genau** ~**!** c'est tout le contraire! II. *adv* (*andersherum*) dans l'autre sens

um|gestalten* *vt* modifier, remanier

Umgestaltung <-, -en> *f* modification *f*, remaniement *m*

um|gewöhnen* *vr* **sich** ~ changer ses habitudes

um|graben *vt irr* bêcher

um|gruppieren* *vt* placer autrement; **in eine andere Tarifgruppe umgruppiert werden** changer d'échelon salarial

Umhang <-[e]s, -hänge> *m* cape *f*

um|hängen ['ʊmhɛŋən] *vt* ❶ **sich** (*dat*) **eine Jacke** ~ se mettre une veste sur les épaules ❷ (*woandershin hängen*) **etw** ~ accrocher qc ailleurs

Umhängetasche *f* sac *m* à bandoulière

um|hauen ['ʊmhaʊ̯ən] *vt irr fam* ❶ (*verblüffen*) souffler; **das hat mich umgehauen!** ça m'a coupé le sifflet!; **dieses Mädchen haut einen um!** cette fille, elle dégage! ❷ (*unerträglich sein*) **jdn** ~ *Gestank:* couper le souffle à qn

umhegen* [ʊm'he:gən] *vt geh* entourer de soins; **jdn/etw** ~ entourer qn/qc de soins

umher [ʊm'he:ɐ̯] *adv* **weit** ~ tout le pays à la ronde

umher|gehen *vi irr* + *sein* faire les cent pas; **im Zimmer** ~ faire les cent pas dans la pièce; **im Garten/in der Stadt** ~ se promener dans le jardin/en ville **umher|irren** *vi* + *sein* errer **umher|laufen** *vi irr* + *sein* tourner en rond **umher|ziehen** *vi irr* + *sein* se déplacer continuellement

umhin|können [ʊm'hɪnkœnən] *vi irr* **nicht** ~ **etw zu tun** ne pouvoir faire autrement que de faire qc

um|hören *vr* **sich** ~ se renseigner; **sich**

nach jdm/etw ~ se renseigner à propos de qn/qc
umhüllen* *vt* envelopper; **jdn/etw mit etw ~** envelopper qn/qc dans qc
umkämpft [ʊm'kɛmpft] *adj Stadt* assiégé(e); *Gebiet* de combats
Umkehr ['ʊmkeːɐ̯] <-> *f* retour *m*
umkehrbar *adj* réversible; **nicht ~** irréversible
um|kehren **I.** *vi + sein* faire demi-tour **II.** *vt + haben geh* renverser *Mandatsverteilung*
Umkehrung <-, -en> *f geh* renversement *m*
um|kippen **I.** *vi + sein* ❶ *Person:* tomber; *Gegenstand:* se renverser ❷ *fam* (*bewusstlos werden*) tourner de l'œil ❸ *fam* (*die Meinung ändern*) retourner sa veste ❹ ÖKOL *Gewässer:* s'asphyxier **II.** *vt + haben* renverser
umklammern* [ʊm'klamɐn] *vt* se cramponner à
Umklammerung [ʊm'klamərʊŋ] <-, -en> *f* étreinte *f*
um|klappen *vt* rabattre
Umkleidekabine *f* (*im Schwimmbad*) cabine *f*
um|kleiden ['ʊmklaɪ̯dən] *vr geh* **sich ~** se changer
Umkleideraum *m* vestiaire *m*
um|knicken **I.** *vi + sein Baum:* plier; *Stängel:* se casser; [**mit dem Fuß**] **~** *Person, Tier:* se tordre le pied **II.** *vt + haben* plier *Blatt;* casser *Pflanze*
um|kommen *vi irr + sein* ❶ mourir; **bei etw/in etw** (*dat*) **~** mourir dans qc ❷ *fam* (*entkräftet sein*) **vor Hitze/Langeweile ~** crever de chaud/d'ennui
Umkreis *m* périphérie *f;* **im ~ der Stadt** à la périphérie de la ville; **im ~ von zehn Kilometern** dans un rayon de dix kilomètres
umkreisen* *vt* tourner autour de
um|krempeln *vt* ❶ retrousser; [**sich** (*dat*)] **die Ärmel ~** retrousser ses manches ❷ *fam* tourner la boule à *Person;* chambouler *Firma, Leben*
Umlage *f* participation *f* [financière]
umlagern* *vt* se presser autour de
Umland *nt kein Pl* périphérie *f*
Umlauf ['ʊmlaʊ̯f] *m* ❶ (*Rundschreiben*) circulaire *f* ❷ (*Rotation*) **der ~ der Erde um die Sonne** la rotation de la terre autour du soleil ❸ (*Zirkulation*) **im ~ sein** *Münze:* être en circulation
Umlaufbahn *f* ASTRON orbite *f*
um|laufen ['ʊmlaʊ̯fən] *irr* **I.** *vi + sein Banknote, Gerücht:* circuler **II.** *vt s.* **umrennen**
Umlaut *m* GRAM voyelle *f* infléchie
um|legen ['ʊmleːgən] *vt* ❶ **jdm einen Schal ~** mettre une écharpe à qn ❷ (*fällen*) **einen Baum ~** *Person, Gerät:* abattre un arbre; *Sturm:* coucher un arbre ❸ *fam* (*zu Boden strecken*) allonger; (*umbringen*) zigouiller ❹ (*anders legen*) changer de position *Kabel, Leitung*
um|leiten *vt* dévier *Verkehr;* détourner *Fluss, Kanal*
Umleitung *f* déviation *f*
Umleitungsschild *nt* panneau *m* de déviation
um|lernen *vi* changer son comportement; (*einen anderen Beruf erlernen*) se reconvertir
umliegend ['ʊmliːgənt] *adj* alentour *inv;* **die ~en Gemeinden** les communes alentour
Umluft *f kein Pl* (*im Backofen*) chaleur *f* tournante; (*im Auto*) air *m* recyclé
um|melden **I.** *vt* immatriculer dans un autre département; **sein Auto ~** immatriculer sa voiture dans un autre département **II.** *vr* **sich ~** faire un changement d'adresse
Umnachtung *f geh* **geistige ~** démence *f*
um|organisieren* *vt* réorganiser
um|pflanzen ['ʊmpflant͡sən] *vt* transplanter *Baum*
um|quartieren* *vt* faire dormir ailleurs; **jdn ~** faire dormir qn ailleurs
umranden* [ʊm'randən] *vt* entourer; **eine Textstelle rot ~** entourer un passage en rouge
um|räumen **I.** *vi* changer les meubles de place **II.** *vt* changer de place
um|rechnen *vt* convertir; **Dollars in Euros ~** convertir des dollars en euros
Umrechnung *f* conversion *f*
Umrechnungskurs *m* taux *m* de change
um|reißen[1] ['ʊmraɪ̯sən] *vt* arracher *Person, Glas*
umreißen*[2] [ʊm'raɪ̯sən] *vt irr* esquisser *Situation, Sachverhalt*
um|rennen *vt irr* **jdn/etw ~** renverser qn/qc [en courant]
umringen* [ʊm'rɪŋən] *vt* entourer *Person;* faire cercle autour de *Auto, Haus*
Umriss[RR] *m einer Person* silhouette *f; eines Gegenstands* contours *mpl*
um|rühren *vt, vi* remuer
um|rüsten **I.** *vi* MIL **auf etw** (*akk*) **~** passer à qc **II.** *vt* TECH **ein Fahrzeug auf Katalysator ~** adapter un véhicule à un catalyseur
ums [ʊms] = **um das** *s.* **um**

U

um|satteln *vi fig fam* se reconvertir; **auf einen anderen Beruf ~** se reconvertir dans une autre profession
Umsatz *m* chiffre *m* d'affaires; **~ machen** *fam* faire du chiffre
Umsatzsteuer *f* impôt *m* sur le chiffre d'affaires
umsäumen* [ʊmˈzɔymən] *vt geh* border *Weg, Fläche*
um|schalten I. *vi* ❶ *Ampel:* changer; **auf Grün/Rot ~** passer au vert/rouge ❷ (*den Fernseh-/Radiosender wechseln*) changer de chaîne/[de station] de radio; **wir schalten um nach Köln** nous passons l'antenne à Cologne II. *vt* **ein Gerät auf Wechselstrom ~** brancher un appareil sur le courant alternatif
Umschalttaste *f* touche *f* "majuscule"
um|schichten I. *vt* (*anders verteilen*) **die Kosten ~** répartir les dépenses autrement II. *vr* **sich ~** *Bevölkerung:* se restructurer
Umschichtung <-, -n> *f* ❶ ÖKON répartition *f* ❷ SOZIOL restructuration *f*
umschiffen* [ʊmˈʃɪfən] *vt* contourner
Umschlag *m* ❶ (*Briefumschlag*) enveloppe *f* ❷ (*Schutzumschlag*) *eines Buchs* jaquette *f* ❸ MED compresse *f* ❹ *kein Pl* (*das Umladen*) *von Waren* transbordement *m*
um|schlagen [ˈʊmʃla:gən] *irr* I. *vt + haben* ❶ (*wenden*) rabattre *Ärmel* ❷ (*umladen*) transborder *Güter* II. *vi + sein Wetter:* changer; *Wind:* tourner
Umschlaghafen *m* port *m* de transbordement
umschließen* [ʊmˈʃli:sən] *vt irr* ❶ **etw ~** *Mauer, Zaun:* entourer qc ❷ (*umarmen*) **jdn/etw mit beiden Armen ~** étreindre qn/qc de ses deux bras (*soutenu*) ❸ (*beinhalten*) **etw ~** *Angebot, Preis:* comprendre qc
umschlingen* *vt irr* ❶ enlacer; **jdn/etw mit beiden Armen ~** enlacer qn/qc de ses deux bras (*soutenu*) ❷ (*sich herumschlingen*) **einen Baum ~** *Pflanze:* enlacer un arbre
umschlungen *adj* **eng ~** étroitement enlacés; **sich ~ halten** se tenir enlacés
um|schmeißen *vt irr fam* (*umwerfen*) **etw ~** ficher qc par terre
um|schnallen *vt* boucler
um|schreiben[1] [ˈʊmʃraibən] *vt irr* ❶ ré[é]crire *Text* ❷ JUR **etw auf jdn ~** mettre qc au nom de qn
umschreiben*[2] [ʊmˈʃraibən] *vt irr* (*mit anderen Worten ausdrücken*) périphraser
Umschreibung *f* ❶ (*Beschreibung*) *einer Aufgabe* description *f* ❷ (*Ausdruck*) circonlocutions *fpl;* (*Satz*) périphrase *f*
Umschrift *f* transcription *f;* **phonetische ~** transcription phonétique
Umschuldung <-, -en> *f* conversion *f* de dette
um|schulen *vt* ❶ (*beruflich*) reconvertir; **jdn zum Buchhalter ~** reconvertir qn en comptable; **sich ~ lassen** se reconvertir ❷ SCHULE **sein Kind ~** changer son enfant d'école
Umschulung *f* (*beruflich*) reconversion *f;* **~ zum Buchhalter** reconversion en comptable
umschwärmen* *vt* ❶ **jdn/etw ~** *Vögel, Insekten:* tournoyer autour de qn/qc ❷ aduler, courtiser *Idol, Star*
Umschweife [ˈʊmʃvaifə] *Pl* circonlocutions *fpl;* **ohne ~ zur Sache kommen** ne pas y aller par quatre chemins
um|schwenken *vi + sein* ❶ (*zur Seite schwenken*) changer de direction ❷ *pej* (*die Meinung ändern*) retourner sa veste
Umschwung *m* ❶ revirement *m* ❷ SPORT soleil *m* ❸ CH (*Gelände*) terrain *m*
umsegeln* *vt* (*umrunden*) **die Erde ~** faire le tour du monde [à la voile]
um|sehen *vr irr* ❶ (*sich informieren*) **sich ~** regarder; **ich wollte mich nur mal im Laden ~** je voulais juste jeter un coup d'œil dans le magasin ❷ (*nach hinten blicken*) **sich nach jdm/etw ~** se retourner pour regarder qn/qc ❸ (*suchen*) **sich nach jdm/etw ~** chercher qn/qc du regard
um|sein[ALT] *s.* **um** III.
umseitig [ˈʊmzaitɪç] *adj, adv* au verso
um|setzen [ˈʊmzɛtsən] I. *vt* ❶ **jdn ~** faire changer de place à qn ❷ (*anwenden*) appliquer *Erfahrungen, Wissen;* **etw in die Praxis ~** mettre qc en pratique II. *vr* **sich ~** changer de place
Umsetzung <-, -en> *f* ❶ (*örtlich*) transposition *f; einer Person* déplacement *m; von Pflanzen* transplantation *f* ❷ (*Anwendung*) application *f* ❸ (*Umwandlung*) *von Daten* conversion *f*
Umsicht *f kein Pl* circonspection *f*
umsichtig I. *adj* circonspect(e) II. *adv* avec circonspection
um|siedeln I. *vt + haben* déplacer; **nach Deutschland umgesiedelt werden** être déplacé vers l'Allemagne II. *vi + sein* **nach Köln ~** aller s'installer à Cologne
Umsiedlung *f* déplacement *m*
umso[RR] [ˈʊmzo] *konj* **~ mehr** d'autant

U

plus; ~ **weniger** d'autant moins; ~ **besser** tant mieux

umsonst [ʊm'zɔnst] *adv* ① (*kostenlos*) gratuitement ② (*vergebens*) inutilement

umsorgen* [ʊm'zɔrgən] *vt* entourer de soins; **jdn** ~ entourer qn de soins

umspannen* [ʊm'ʃpanən] *vt* ① **etw mit den Armen** ~ faire le tour de qc avec les bras ② s'étendre sur *Jahre*

Umspannwerk *nt* poste *m* [transformateur]

umspielen* [ʊm'ʃpiːlən] *vt* **die Mundwinkel** ~ *Lächeln:* se dessiner sur les lèvres; **die Klippen** ~ *Wellen:* lécher les falaises

um|springen ['ʊmʃprɪŋən] *vi irr + sein* ① *Wind:* changer [de direction]; **auf Nordwest** ~ tourner au nord-ouest ② (*umschalten*) *Anzeige:* changer; **auf Gelb/Rot** ~ *Ampel:* passer à l'orange/au rouge ③ *pej* (*verfahren*) **mit jdm grob** ~ traiter qn grossièrement

umspülen* *vt* baigner; **etw** ~ *Flut, Wellen:* baigner qc

um|spulen *vt* rembobiner

Umstand <-[e]s, -stände> *m* ① (*Tatsache*) fait *m;* (*Bedingung*) circonstance *f;* **unter allen Umständen** quoi qu'il arrive; **das wird unter Umständen teuer** ça risque de coûter cher ② *Pl* (*Schwierigkeiten*) complications *fpl;* (*Förmlichkeiten*) formalités *fpl;* **jdm Umstände machen** causer des problèmes à qn

umständehalber ['ʊmʃtɛndəhalbɐ] *adv* en raison des circonstances

umständlich ['ʊmʃtɛntlɪç] *adj Person* compliqué(e)

Umständlichkeit <-> *f* complexité *f*

Umstandsbestimmung *f* GRAM complément *m* circonstanciel; ~ **der Zeit/des Ortes** complément circonstanciel de temps/de lieu **Umstandskleidung** *f* vêtements *mpl* de grossesse **Umstandskrämer(in)** <-s, -> *m(f) pej fam* personne *f* qui se complique la vie

umstehend ['ʊmʃteːənt] *adj attr Personen* attroupé(e)s tout autour

um|steigen *vi irr + sein* (*den Zug/Bus wechseln*) changer de train/bus; **in den Zug nach Frankfurt** ~ prendre la correspondance pour Francfort

um|stellen¹ ['ʊmʃtɛlən] **I.** *vt* ① déplacer *Möbelstück* ② (*ändern*) modifier le réglage de *Schalter;* changer de *Ernährung;* **die Uhren auf Sommerzeit** ~ mettre les pendules à l'heure d'été **II.** *vi* **auf Gas** ~ passer au gaz **III.** *vr* **sich auf etw** (*akk*) ~ s'adapter à qc

umstellen*² [ʊm'ʃtɛlən] *vt* encercler *Haus*

Umstellung *f* changement *m*

um|stimmen *vt* faire changer d'avis; **jdn** ~ faire changer qn d'avis

um|stoßen *vt irr* ① faire tomber ② revenir sur *Entschluss*

umstritten [ʊm'ʃtrɪtən] *adj* controversé(e); **heiß** ~ très controversé

um|strukturieren* *vt* restructurer

Umstrukturierung *f* restructuration *f*

um|stülpen ['ʊmʃtʏlpən] *vt* retourner

Umsturz *m* coup *m* d'état

um|stürzen **I.** *vi + sein* se renverser **II.** *vt + haben* ① faire tomber *Säule, Mauer* ② *fig* renverser *Regime, System*

um|taufen *vt* rebaptiser

Umtausch *m* ① *von Waren* échange *m* ② FIN ~ **von Euro in Dollar** change *m* d'euros en dollars

um|tauschen *vt* ① échanger; **etw gegen etw** ~ échanger qc contre qc; **jdm etw** ~ *Händler:* reprendre qc à qn ② FIN **Geld** ~ changer de l'argent; **Euro in Dollar** ~ changer des euros en dollars

um|topfen *vt* rempoter *Pflanze*

Umtrunk *m* pot *m* (*fam*)

UMTS [uːʔɛmteːˈʔɛs] <-> *nt Abk von* **Universal Mobile Telecommunication System** U.M.T.S. *m*

UMTS-Lizenz [uːʔɛmteːˈʔɛs-] *f* licence *f* U.M.T.S. **UMTS-Netz** *nt* réseau *m* U.M.T.S.

um|tun *vr irr fam* (*sich umsehen*) fureter; **sich in einer Stadt** ~ fureter dans une ville

U-Musik ['uː-] *f kein Pl* musique *f* légère

Umverpackung *f* [sur]emballage *m*

um|verteilen* *vt* redistribuer

um|wälzen ['ʊmvɛltsən] *vt* ① (*umdrehen*) retourner ② *fig* ~ **de Ereignisse** des événements *mpl* bouleversants ③ TECH renouveler *Luft, Wasser*

Umwälzung <-, -en> *f* ① (*Veränderung*) bouleversement *m* ② *kein Pl* TECH *von Luft* renouvellement *m*

um|wandeln ['ʊmvandəln] *vt* transformer; **etw in etw** (*akk*) ~ transformer qc en qc

Umwandlung *f* transformation *f*

um|wechseln *vt* **jdm einen Geldschein in Münzen** ~ faire de la monnaie à qn

Umweg *m* détour *m;* **auf ~en** par des voies détournées

Umwelt ['ʊmvɛlt] *f kein Pl* ① ÖKOL environnement *m* ② (*Mitmenschen*) entourage *m*

Umweltaktivist(in) *m(f)* militant(e) *m(f)* écologiste **Umweltbehörde** *f* autorité *f* compétente en matière d'environnement **Umweltbelastung** *f* pollution *f* **umweltbewusst**RR *adj, adv* écologique; **sich ~ verhalten** respecter l'environnement **Umwelteinfluss**RR *m* influence *f* de l'environnement **umweltfreundlich** *adj* qui ne nuit pas à l'environnement, écologique **Umweltgift** *nt* produit *m* nocif pour l'environnement **Umweltkatastrophe** *f* catastrophe *f* écologique **Umweltkriminalität** *f* délits *mpl* en matière d'environnement **Umweltpapier** *nt* papier *m* recyclé **Umweltpolitik** *f* politique *f* pour la protection de l'environnement **Umweltschaden** *m meist Pl* dégât *m* environnemental **umweltschädlich** *adj* nuisible à l'environnement, polluant(e) **Umweltschutz** *m* protection *f* de l'environnement

Umweltschützer(in) <-s, -> *m(f)* écologiste *mf*

Umweltschutzorganisation *f* organisation *f* pour la protection de l'environnement **Umweltschutzpapier** *nt* papier *m* recyclé

Umweltverschmutzer(in) <-s, -> *m(f)* pollueur(-euse) *m(f)*

Umweltverschmutzung *f* pollution *f* [de l'environnement] **Umweltverträglichkeit** *f von Waschmitteln* biodégradation *f*

um|wenden *irr* **I.** *vt* tourner *Seite* **II.** *vr* **sich nach jdm/etw ~** se retourner sur qn/vers qc

umwerben* *vt irr* faire les yeux doux à *Person*

um|werfen *vt irr* ① renverser *Glas;* bouleverser *Plan* ② *fam* (*verblüffen*) **jdn ~** *Mitteilung:* renverser qn

umwerfend **I.** *adj* renversant(e) **II.** *adv* incroyablement

umwickeln* [ʊm'vɪkəln] *vt* entourer; **etw mit Papier/Draht ~** entourer qc de papier/fil de fer

umzäunen* [ʊm'tsɔynən] *vt* clôturer

um|ziehen ['ʊmtsi:ən] *irr* **I.** *vi + sein* déménager; **in eine andere Wohnung ~** déménager dans un autre appartement **II.** *vr + haben* **sich ~** se changer

umzingeln* [ʊm'tsɪŋəln] *vt* encercler

Umzug *m* ① déménagement *m* ② (*Festzug*) défilé *m*

UN [u:'ʔɛn] <-> *Pl Abk von* **United Nations: die ~** les Nations *fpl* Unies

unabänderlich [ʊnʔap'ʔɛndɐlɪç] *adj Entschluss, Tatsache* irrévocable

unabdingbar [ʊnʔap'dɪŋba:ɐ̯] *adj Voraussetzung* absolu(e); **etw für ~ halten** tenir qc pour indispensable

unabhängig ['ʊnʔaphɛŋɪç] *adj* ① *Person, Land* indépendant(e); **~ werden** *Land:* accéder à l'indépendance; **von jdm/etw ~ sein** ne pas dépendre de qn/qc ② (*nicht bedingt durch*) **von etw ~ sein** *Entwicklung:* être indépendant de qc

Unabhängigkeit *f kein Pl* indépendance *f*

Unabhängigkeitserklärung *f* POL, HIST déclaration *f* d'indépendance

unabkömmlich ['ʊnʔapkœmlɪç] *adj Mitarbeiter* indisponible

unablässig [ʊnʔap'lɛsɪç] **I.** *adj* incessant(e) **II.** *adv* sans cesse

unabsehbar [ʊnʔap'ze:ba:ɐ̯] *adj Folgen, Auswirkungen* imprévisible; *Kosten* incalculable

unabsichtlich *adj* involontaire

unabwendbar *adj* inéluctable

unachtsam **I.** *adj* distrait(e) **II.** *adv* **etw ~ tun** faire qc sans faire attention

Unachtsamkeit *f* inattention *f*

unähnlich *adj* dissemblable; **jdm nicht ~ sein** avoir un air de ressemblance avec qn

unanfechtbar [ʊnʔan'fɛçtba:ɐ̯] *adj Argument, Beweis, Tatsache* incontestable; *Urteil* irrévocable

unangebracht ['ʊnʔangəbraxt] *adj* déplacé(e)

unangefochten ['ʊnʔangəfɔxtən] *adj* incontesté(e)

unangemeldet ['ʊnʔangəmɛldət] **I.** *adj Besucher* qui n'a pas annoncé sa venue; *Patient* qui n'a pas pris rendez-vous **II.** *adv* **~ kommen** venir à l'improviste; (*ohne Terminabsprache kommen*) sans [prendre] rendez-vous

unangemessen ['ʊnʔangəmɛsən] **I.** *adj* ① *Benehmen* inconvenant(e); *Behandlung* peu convenable ② *Forderung* exagéré(e) **II.** *adv* (*unpassend*) de façon inconvenante

unangenehm ['ʊnʔangəne:m] **I.** *adj Person* désagréable; *Mitteilung* contrariant(e); *Situation* fâcheux(-se); **das ist mir ~** ça m'est pénible **II.** *adv riechen* mauvais; **~ schmecken** avoir mauvais goût; **jdn ~ berühren** mettre qn mal à l'aise

unangetastet ['ʊnʔangətastət] *adj* **~ bleiben** rester intact(e)

unangreifbar [ʊnʔan'graifba:ɐ̯] *adj* inattaquable

unannehmbar [ʊnʔan'ne:mba:ɐ̯] *adj* inacceptable

Unannehmlichkeit ['ʊnʔanne:mlɪçkait] *f*

meist Pl désagrément *m;* **~en bekommen/haben** s'attirer/connaître des ennuis
unansehnlich ['ʊnʔanzeːnlɪç] *adj* ① *Person* insignifiant(e) ② *Haus* qui ne paie pas de mine
unanständig ['ʊnʔanʃtɛndɪç] **I.** *adj* indécent(e) **II.** *adv* de façon indécente
Unanständigkeit <-, -en> *f* ① *kein Pl* (*das Unanständigsein*) indécence *f* ② (*Äußerung, Handlung*) grossièreté *f*
unantastbar [ʊnʔan'tastbaːɐ̯] *adj* intangible
unappetitlich ['ʊnʔapətiːtlɪç] *adj Kleidung, Toiletten* dégoûtant(e)
Unart ['ʊnʔaːɐ̯t] *f* mauvaise habitude *f*
unartig ['ʊnʔaːɐ̯tɪç] *adj Kind* mal élevé(e)
unartikuliert ['ʊnʔartikuliːɐ̯t] **I.** *adj* inarticulé(e) **II.** *adv* **~ sprechen** mal articuler
unästhetisch ['ʊnʔɛsteːtɪʃ] *adj* inesthétique
unauffällig ['ʊnʔaʊ̯ffɛlɪç] **I.** *adj Person* discret(-ète); *Kratzer* à peine visible **II.** *adv sich benehmen, sich kleiden* avec discrétion; *verschwinden, folgen* discrètement
unauffindbar ['ʊnʔaʊ̯ffɪntbaːɐ̯] *adj* introuvable
unaufgefordert ['ʊnʔaʊ̯fgəfɔrdɐt] *adj* intempestif(-ive)
unaufhaltsam [ʊnʔaʊ̯f'haltzaːm] *adj* inexorable
unaufhörlich [ʊnʔaʊ̯f'høːɐ̯lɪç] **I.** *adj* continuel(le) **II.** *adv* **es regnet ~** il n'arrête pas de pleuvoir; **es klingelt ~** ça n'arrête pas de sonner
unauflöslich [ʊnʔaʊ̯f'løːslɪç] *adj* ① JUR indissoluble ② CHEM insoluble
unaufmerksam ['ʊnʔaʊ̯fmɛrkzaːm] *adj* ① *Schüler* inattentif(-ive); **~ werden** relâcher son attention ② *Begleiter* peu prévenant(e)
Unaufmerksamkeit *f kein Pl* ① inattention *f* ② (*unzuvorkommende Art*) manque *m* de prévenance
unaufrichtig ['ʊnʔaʊ̯frɪçtɪç] *adj* pas franc(he); **jdm gegenüber ~ sein** ne pas être franc avec qn
unausbleiblich ['ʊnʔaʊ̯sblaɪ̯plɪç] *adj, adv s.* **unausweichlich**
unausgefüllt ['ʊnʔaʊ̯sgəfʏlt] *adj Formular* non rempli(e)
unausgeglichen ['ʊnʔaʊ̯sgəglɪçən] *adj* ① *Wesen* pas très équilibré(e) ② ÖKON *Bilanz* en déséquilibre
unausgegoren ['ʊnʔaʊ̯sgəgoːrən] *adj* insuffisamment mûri(e)
unausgesprochen *adj* implicite
unauslöschlich [ʊnʔaʊ̯s'lœʃlɪç] *adj geh Erlebnis, Erinnerung* indélébile
unausrottbar [ʊnʔaʊ̯s'rɔtbaːɐ̯] *adj* indéracinable
unaussprechlich [ʊnʔaʊ̯s'ʃprɛçlɪç] *adj* ① *Freude* indicible ② *Elend* indescriptible
unausstehlich [ʊnʔaʊ̯s'ʃteːlɪç] *adj* insupportable
unausweichlich [ʊnʔaʊ̯s'vaɪ̯çlɪç] *adj* inéluctable
unbändig ['ʊnbɛndɪç] **I.** *adj* ① *Temperament* turbulent(e) ② *Verlangen* irrépressible **II.** *adv lachen* à gorge déployée; *weinen* à chaudes larmes; **~ herumtoben** s'en donner à cœur joie
unbarmherzig ['ʊnbarmhɛrt͡sɪç] *adj Person* impitoyable; *Winter* très rude
Unbarmherzigkeit *f* cruauté *f*
unbeabsichtigt ['ʊnbəʔapzɪçtɪçt] **I.** *adj* involontaire **II.** *adv* sans faire exprès
unbeachtet ['ʊnbəʔaxtət] **I.** *adj* laissé(e) de côté, délaissé(e) **II.** *adv* sans qu'on y fasse attention
unbeanstandet ['ʊnbəʔanʃtandət] **I.** *adj Fehler* qu'on laisse/a laissé(e) passer **II.** *adv* sans protester
unbeantwortet ['ʊnbəʔantvɔrtət] *adj Frage, Brief* resté(e) sans réponse
unbebaut ['ʊnbəbaʊ̯t] *adj Grundstück* non bâti(e)
unbedacht ['ʊnbədaxt] **I.** *adj* inconsidéré(e); **das war ~ von dir** c'était irréfléchi de ta part **II.** *adv* sans réfléchir
unbedarft ['ʊnbədarft] *adj* candide; **~ wirken** donner une impression de candeur
unbedenklich ['ʊnbədɛŋklɪç] **I.** *adj* **~ sein** *Aktion:* être sans risques **II.** *adv* en toute tranquillité
unbedeutend ['ʊnbədɔy̯tənt] **I.** *adj* ① *Ereignis* insignifiant(e) ② *Menge* négligeable **II.** *adv* à peine
unbedingt ['ʊnbədɪŋt] **I.** *adj attr Gehorsam* absolu(e) **II.** *adv* **nicht ~** pas forcément; **~!** absolument!
unbefahrbar ['ʊnbəfaːɐ̯baːɐ̯] *adj Straße* impraticable; *Fluss* pas navigable
unbefangen ['ʊnbəfaŋən] **I.** *adj* ① *Betrachter* non averti(e); *Zeuge* impartial(e) ② *Kind* spontané(e) **II.** *adv* ① (*unvoreingenommen*) sans préjugés ② (*nicht gehemmt*) sans complexe
Unbefangenheit *f kein Pl* ① (*Unvoreingenommenheit*) indépendance *f* d'esprit; JUR impartialité *f* ② (*unbefangene Art*) spontanéité *f*
unbefleckt ['ʊnbəflɛkt] *adj a. fig geh* immaculé(e)

U

unbefriedigend ['ʊnbəfriːdɪgənt] I. *adj* insatisfaisant(e) II. *adv* de façon peu satisfaisante
unbefriedigt ['ʊnbəfriːdɪçt] *adj* insatisfait(e); **sexuell ~ sein** être frustré sur le plan sexuel
unbefristet ['ʊnbəfrɪstət] I. *adj Vertrag* à durée indéterminée; *Aufenthaltserlaubnis* permanent(e) II. *adv gelten* sans limitation de durée
unbefugt ['ʊnbəfuːkt] I. *adj* non autorisé(e) II. *adv* sans autorisation
Unbefugte(r) *f(m) dekl wie adj* personne non-autorisée *f*
unbegabt ['ʊnbəgaːpt] *adj* peu doué(e); **handwerklich ~ sein** ne pas être doué pour le travail manuel
unbegreiflich [ʊnbə'graiflɪç] *adj* incompréhensible
unbegrenzt ['ʊnbəgrɛntst] *adj* ❶ *Zeit, Dauer* indéterminé(e) ❷ (*grenzenlos*) sans limites
unbegründet ['ʊnbəgrʏndət] *adj Angst* infondé(e); *Klage* sans fondement
Unbehagen ['ʊnbəhaːgən] *nt* gêne *f*
unbehaglich ['ʊnbəhaːklɪç] I. *adj Atmosphäre* qui met mal à l'aise II. *adv* **sich ~ fühlen** se sentir mal à l'aise
unbehelligt ['ʊnbəhɛlɪçt] I. *adj* **~ bleiben** ne pas être dérangé II. *adv zuschauen* sans être dérangé(e)
unbeherrscht ['ʊnbəhɛrʃt] I. *adj Person* qui s'emporte facilement; *Art, Wesen* emporté(e) II. *adv schreien, reagieren* avec emportement
unbeholfen ['ʊnbəhɔlfən] I. *adj* gauche II. *adv sich verhalten* maladroitement; *sich bewegen* gauchement
Unbeholfenheit <-> *f einer Person* maladresse *f; einer Bewegung* gaucherie *f*
unbeirrbar [ʊnbə'ʔɪrbaːɐ̯] *adj* ferme
unbeirrt [ʊnbə'ʔɪrt] *adv glauben* fermement; *weitermachen* imperturbablement
unbekannt ['ʊnbəkant] *adj* ❶ (*nicht bekannt, nicht berühmt*) inconnu(e); **dieser Herr ist mir ~** je ne connais pas ce monsieur; **~ verzogen** parti(e) sans laisser d'adresse; **es ist ihm nicht ~, dass ...** il n'est pas sans savoir que ... ❷ (*fremd*) **ich bin hier ~** je [ne] suis pas du coin (*fam*)
Unbekannte <-n, -n> *f a.* MATH inconnue *f*
Unbekannte(r) *f(m) dekl wie adj* inconnu(e) *m(f)*
unbekümmert ['ʊnbəkʏmɐt] I. *adj* insouciant(e) II. *adv* avec insouciance
unbelastet ['ʊnbəlastət] I. *adj* ❶ (*frei*) libre; **von Sorgen/Pflichten ~** [l'esprit] libre de tout souci/devoir ❷ POL (*schuldlos*) correct(e) ❸ ÖKOL naturel(le), non traité(e) II. *adv leben, herangehen* l'esprit libre
unbelebt ['ʊnbəleːpt] *adj* ❶ *Materie* inerte ❷ (*einsam*) peu animé(e)
unbelehrbar ['ʊnbəleːɐ̯baːɐ̯] *adj* incorrigible
unbeleuchtet ['ʊnbəlɔyçtət] *adj* non éclairé(e)
unbelichtet ['ʊnbəlɪçtət] *adj* PHOT non exposé(e)
unbeliebt ['ʊnbəliːpt] *adj* peu apprécié(e); **sich bei jdm ~ machen** se faire mal voir de qn
Unbeliebtheit *f* impopularité *f*
unbemannt ['ʊnbəmant] *adj* **~e Raumfahrt** navigation *f* spatiale inhabitée; **~ sein** *Raumschiff, U-Boot:* être sans équipage
unbemerkt ['ʊnbəmɛrkt] I. *adj Eindringen* inaperçu(e) II. *adv entkommen, eindringen* sans être aperçu
unbenutzt ['ʊnbənʊtst] I. *adj* inutilisé(e); *Bett* non défait(e); *Kleidungsstück* non porté(e) II. *adv zurückgeben* sans l'avoir utilisé(e)
unbeobachtet ['ʊnbəʔoːbaxtət] *adj Ort, Stelle* non surveillé(e); **in einem ~en Moment** dans un moment d'inattention
unbequem ['ʊnbəkveːm] *adj* ❶ *Hose, Stuhl* inconfortable ❷ *Person, Frage* gênant(e)
Unbequemlichkeit *f meist Pl* (*Schwierigkeit*) désagrément *m*
unberechenbar [ʊnbə'rɛçənbaːɐ̯] *adj* imprévisible
Unberechenbarkeit *f einer Person* caractère *m* imprévisible; *des Wetters, Schicksals* imprévisibilité *f*
unberechtigt ['ʊnbərɛçtɪçt] *adj* injustifié(e)
unberechtigterweise *adv* **etw ~ tun** faire qc sans autorisation
unberücksichtigt ['ʊnbərʏkzɪçtɪçt] *adj Faktor* non pris(e) en compte; **~ bleiben** ne pas être pris en compte
unberührt ['ʊnbəryːɐ̯t] *adj* ❶ *Natur* sauvage ❷ *Teller* non touché(e); *Bett* non défait(e) ❸ (*unbeeindruckt*) **von einem Ereignis ~ bleiben** rester impassible devant un événement
unbeschadet ['ʊnbəʃaːdət] *adv* **etw ~ überstehen** *Person:* bien se tirer de qc; *Gläser:* supporter qc sans dommages
unbeschädigt I. *adj* intact(e) II. *adv* sans dommage

U

unbeschäftigt ['ʊnbəʃɛftɪçt] *adj* oisif(-ive), inoccupé(e)
unbescheiden ['ʊnbəʃaidən] *adj Person* qui manque de modestie; *Wunsch* exagéré(e)
Unbescheidenheit *f einer Person* démesure *f*
unbescholten ['ʊnbəʃɔltən] *adj* ❶ (*integer*) intègre ❷ JUR sans antécédents judiciaires
unbeschrankt ['ʊnbəʃraŋkt] *adj Bahnübergang* sans barrières [ni demi-barrières]
unbeschränkt ['ʊnbəʃrɛŋkt] *adj* illimité(e)
unbeschreiblich [ʊnbə'ʃraiplɪç] **I.** *adj* indescriptible **II.** *adv schnell* infiniment; *dumm* extrêmement; **sich ~ ärgern** se mettre dans une rage indescriptible
unbeschrieben ['ʊnbəʃri:bən] *adj Blatt, Seite* blanc(blanche)
unbeschwert ['ʊnbəʃve:ɐ̯t] **I.** *adj* insouciant(e) **II.** *adv* dans l'insouciance
unbesehen [ʊnbə'ze:ən] *adv* **etw ~ glauben** croire qc les yeux fermés
unbesetzt *adj* inoccupé(e)
unbesiegbar [ʊnbə'zi:kba:ɐ̯] *adj* invincible
unbesiegt *adj* invaincu(e)
unbesonnen ['ʊnbəzɔnən] **I.** *adj* irréfléchi(e) **II.** *adv* sans réfléchir
Unbesonnenheit <-, -en> *f* ❶ *kein Pl* (*das Unbesonnensein*) irréflexion *f* ❷ (*Äußerung, Handlung*) inconséquence *f*
unbesorgt ['ʊnbəzɔrkt] **I.** *adj* **~ sein** ne pas se faire de souci **II.** *adv* **etw ~ tun können** pouvoir faire qc sans crainte
unbeständig ['ʊnbəʃtɛndɪç] *adj* instable
Unbeständigkeit *f kein Pl* instabilité *f*
unbestätigt ['ʊnbəʃtɛ:tɪçt] *adj* non confirmé(e)
unbestechlich ['ʊnbəʃtɛçlɪç] *adj Person* incorruptible; *Urteil* infaillible
Unbestechlichkeit *f einer Person* incorruptibilité *f; eines Urteils* infaillibilité *f*
unbestimmt ['ʊnbəʃtɪmt] *adj* ❶ *Ahnung* vague; *Gefühl* confus(e) ❷ (*nicht festgelegt*) **auf ~e Zeit** à durée indéterminée; **mit ~em Ziel** sans but précis ❸ GRAM indéfini(e)
Unbestimmtheit *f* ❶ (*Undeutlichkeit, Ungenauigkeit*) indétermination *f* ❷ (*Ungewissheit*) incertitude *f*
unbestreitbar [ʊnbə'ʃtraitba:ɐ̯] **I.** *adj* incontestable **II.** *adv* incontestablement
unbestritten ['ʊnbəʃtrɪtən] **I.** *adj* incontesté(e); **es ist ~, dass er lügt** il ment, sans conteste **II.** *adv* sans conteste

unbetamt *adj* A *fam* (*ungeschickt*) maladroit(e)
unbeteiligt [ʊnbə'tailɪçt] *adj* ❶ **an einem Unfall ~ sein** ne pas être impliqué dans un accident; **nur ein ~er Zuschauer sein** n'être qu'un spectateur passif ❷ (*desinteressiert*) peu intéressé(e); **~ sein** ne pas se sentir concerné(e)
unbetont ['ʊnbəto:nt] *adj Silbe, Satzteil* non accentué(e)
unbeugsam [ʊn'bɔykza:m] *adj* inflexible
unbewacht ['ʊnbəvaxt] *adj Gefangener* laissé(e) sans surveillance; *Gelände, Parkplatz* non surveillé(e)
unbewaffnet ['ʊnbəvafnət] *adj* sans arme; **~ sein** ne pas être armé
unbewältigt ['ʊnbəvɛltɪçt] *adj Konflikt, Problem* non résolu(e); *Vergangenheit* non surmonté(e)
unbeweglich ['ʊnbəve:klɪç] *adj* ❶ *Gelenk* immobile; *Miene* impassible ❷ (*geistig starr*) rigide ❸ (*festgelegt*) fixe
Unbeweglichkeit *f a. fig* immobilité *f*
unbewegt ['ʊnbəve:kt] *adj* ❶ immobile ❷ *Miene* impassible
unbewiesen ['ʊnbəvi:zən] *adj* sans preuve[s]; **~ sein** rester à prouver
unbewohnbar [ʊnbə'vo:nba:ɐ̯] *adj* inhabitable
unbewohnt *adj Wohnung* inoccupé(e); *Planet* inhabité(e)
unbewusst[RR] **I.** *adj* inconscient(e) **II.** *adv* inconsciemment
unbezahlbar [ʊnbə'tsa:lba:ɐ̯] *adj* ❶ exorbitant(e) ❷ (*wertvoll*) sans prix ❸ *hum fam Tipp* précieux(-euse); **für jdn ~ sein** ne pas avoir de prix pour qn
unbezahlt *adj* ❶ *Rechnung* impayé(e) ❷ *Überstunde* non payé(e)
unbezähmbar [ʊnbə'tsɛ:mba:ɐ̯] *adj* irrépressible
unbezwingbar [ʊnbə'tsvɪŋba:ɐ̯] *adj* ❶ *Festung* imprenable ❷ *Verlangen* irrésistible
unblutig ['ʊnblu:tɪç] **I.** *adj* ❶ *Aufstand* sans effusion de sang ❷ MED *Eingriff* sans incision **II.** *adv* **~ verlaufen** *Geiselnahme:* se dérouler sans effusion de sang
unbrauchbar ['ʊnbrauçba:ɐ̯] *adj* inutilisable; **als Chef ~ sein** ne pas convenir comme chef
unbürokratisch ['ʊnbyrokra:tɪʃ] **I.** *adj Hilfe* qui ne passe pas par la bureaucratie **II.** *adv entscheiden* sans passer par la bureaucratie
unchristlich ['ʊnkrɪstlɪç] **I.** *adj* non chré-

U

tien(ne) **II.** *adv* **sich ~ verhalten** ne pas se comporter en chrétien
und [ʊnt] *konj* ❶ et; **du ~ ich** toi et moi ❷ (*als Ausdruck der Intensivierung*) **schöner ~ schöner werden** devenir de plus en plus beau; **sie redet ~ redet** elle n'arrête pas de parler ❸ (*selbst wenn*) **~ sei es noch so spät** aussi tard soit-il; **~ wenn du noch so schreist** même si tu cries autant ❹ *fam* (*als Einleitung von kurzen Fragen*) [**na**] **~?** et alors?
Undank *m geh* ingratitude *f;* **für etw ~ ernten** ne récolter que de l'ingratitude pour qc ▶ **~ ist der Welt Lohn** *prov* on ne récolte en ce bas monde qu'ingratitude
undankbar *adj* ingrat(e)
undefinierbar [ʊndefiˈniːɐ̯baːɐ̯] *adj Masse* indéfinissable
undenkbar [ʊnˈdɛŋkbaːɐ̯] *adj* impensable
undeutlich [ˈʊndɔytlɪç] **I.** *adj* ❶ *Umrisse* flou(e); *Schrift* illisible; *Aussprache* indistinct(e) ❷ *Vorstellung* vague **II.** *adv* ❶ *erkennen* indistinctement; *schreiben* de façon illisible ❷ *formulieren* en termes vagues
undicht [ˈʊndɪçt] *adj* non étanche; *Rohr, Ventil* qui fuit
Unding [ˈʊndɪŋ] *nt* **es ist ein ~ das zu tun** c'est une aberration de faire cela
undiszipliniert [ˈʊndɪstsipliniːɐ̯t] **I.** *adj* indiscipliné(e) **II.** *adv* de façon indisciplinée
unduldsam [ˈʊndʊltzaːm] *adj* intransigeant(e)
Unduldsamkeit *f* intransigeance *f*
undurchdringlich [ʊndʊrçˈdrɪŋlɪç] *adj a. fig* impénétrable
undurchführbar [ʊndʊrçˈfyːɐ̯baːɐ̯] *adj* irréalisable
undurchlässig [ˈʊndʊrçlɛsɪç] *adj Stoff* imperméable; *Beton* étanche
undurchschaubar [ʊndʊrçˈʃaubaːɐ̯] *adj Person* difficile à cerner; *Plan* mystérieux(-euse)
undurchsichtig [ˈʊndʊrçzɪçtɪç] *adj* ❶ *Fenster* opaque ❷ *Person* louche
uneben [ˈʊnʔeːbən] *adj Boden* inégal(e); *Gelände* accidenté(e)
Unebenheit <-, -en> *f* ❶ *kein Pl* (*unebene Beschaffenheit*) inégalité *f* ❷ (*unebene Stelle*) aspérité *f*
unecht [ˈʊnʔɛçt] *adj* faux(fausse) *antéposé;* **~es Leder** similicuir *m*
unehelich [ˈʊnʔeːəlɪç] *adj Kind* naturel(le)
unehrenhaft [ˈʊnʔeːrənhaft] **I.** *adj* ❶ *geh* déshonorant(e) ❷ MIL *Entlassung* dégradant(e) **II.** *adv* ❶ *geh* sans honneur ❷ MIL **~ entlassen werden** être dégradé et radié
unehrlich [ˈʊnʔeːɐ̯lɪç] *adj Person, Charakter* pas franc(franche); *Mitarbeiter, Absicht* malhonnête
Unehrlichkeit *f* manque *m* de franchise
uneigennützig [ˈʊnʔaigənnʏtsɪç] **I.** *adj* désintéressé(e) **II.** *adv* **~ denken** avoir des pensées désintéressées
uneingeschränkt [ˈʊnʔaingəʃrɛŋkt] *adj, adv* sans réserve
uneinheitlich I. *adj* hétérogène; *Markt* irrégulier(-ière) **II.** *adv* irrégulièrement
uneinholbar *adj Vorsprung, Läufer* irrattrapable
uneinig [ˈʊnʔainɪç] *adj* en désaccord
Uneinigkeit *f* désaccord *m;* **es herrscht ~** il y a désaccord
uneinnehmbar [ʊnʔainˈneːmbaːɐ̯] *s.* **unbezwingbar 1**
uneinsichtig [ˈʊnʔainzɪçtɪç] *adj* incompréhensif(-ive)
unempfindlich [ˈʊnʔɛmpfɪntlɪç] *adj* ❶ (*wenig feinfühlig*) insensible ❷ (*widerstandsfähig*) résistant(e)
Unempfindlichkeit *f kein Pl* ❶ insensibilité *f* ❷ (*Strapazierfähigkeit, Widerstandsfähigkeit*) ~ [**gegen etw**] résistance *f* [à qc]
unendlich [ʊnˈʔɛntlɪç] **I.** *adj* (*unbegrenzt, überaus groß*) infini(e) **II.** *adv fam* (*unglaublich*) vachement; **~ viele Leute** un monde pas possible; **~ wütend** vachement en rogne; **~ verliebt sein** être fou amoureux
Unendlichkeit *f* ❶ *kein Pl* (*das Unendlichsein*) infinité *f* ❷ *fam* (*sehr lange Zeit*) éternité *f*
unentbehrlich [ʊnʔɛntˈbeːɐ̯lɪç] *adj* indispensable; **sich ~ machen** se rendre indispensable
unentgeltlich [ˈʊnʔɛntgɛltlɪç] *adj Benutzung* gratuit(e); *Arbeit, Einsatz* bénévole
unentrinnbar [ʊnʔɛntˈrɪnbaːɐ̯] *adj geh* inéluctable
unentschieden [ˈʊnʔɛntʃiːdən] **I.** *adj* ❶ SPORT nul(le) ❷ *Angelegenheit* en suspens ❸ (*unentschlossen*) indécis(e) **II.** *adv* SPORT **~ spielen** faire match nul
Unentschieden <-s, -> *nt* [match *m*] nul *m*
unentschlossen [ˈʊnʔɛntʃlɔsən] **I.** *adj* indécis(e) **II.** *adv* sans parvenir à se décider
Unentschlossenheit *f* indécision *f*
unentschuldbar [ʊnʔɛntˈʃʊltbaːɐ̯] *adj* inexcusable
unentschuldigt [ˈʊnʔɛntʃʊldɪçt] **I.** *adj* non excusé(e) **II.** *adv* sans excuse; (*in der Schule*) sans mot d'excuse
unentwegt [ʊnʔɛntˈveːkt] **I.** *adj* (*beharrlich*) *Fleiß* constant(e), acharné(e) **II.** *adv*

U

❶ *kämpfen* avec persévérance ❷ (*ununterbrochen*) constamment

unentwirrbar [ʊnʔɛntˈvɪrbaːɐ̯] *adj* inextricable

unerbittlich [ʊnʔɛɐ̯ˈbɪtlɪç] **I.** *adj* impitoyable **II.** *adv* impitoyablement

unerfahren [ˈʊnʔɛɐ̯faːrən] *adj* inexpérimenté(e)

Unerfahrenheit *f* inexpérience *f*

unerfindlich [ˈʊnʔɛɐ̯fɪntlɪç] *adj geh Grund* inexplicable

unerfreulich [ˈʊnʔɛɐ̯frɔylɪç] **I.** *adj* fâcheux(-euse) **II.** *adv ausgehen, enden* mal

unerfüllbar [ˈʊnʔɛɐ̯fʏlbaːɐ̯] *adj Traum, Wunsch* irréalisable; *Forderung* impossible à satisfaire

unerfüllt [ˈʊnʔɛɐ̯fʏlt] *adj* insatisfait(e)

unergiebig [ˈʊnʔɛɐ̯giːbɪç] *adj Boden* maigre; *Thema* ingrat(e)

unergründlich [ʊnʔɛɐ̯ˈgrʏntlɪç] *adj Lächeln* mystérieux(-euse); *Geheimnis* insondable

unerheblich **I.** *adj* négligeable; **es ist ~, ob ...** il importe peu que + *subj* **II.** *adv* faiblement; **sich nicht ~ verändern** changer sensiblement

unerhört [ˈʊnʔɛɐ̯høːɐ̯t] **I.** *adj* ❶ *pej Benehmen* inouï(e); **das ist ja ~!** c'est inouï! ❷ *Anstrengung* fou(folle); *Summe* exorbitant(e) **II.** *adv* ❶ (*empörend*) **sich ~ aufführen** se comporter comme un malotru ❷ (*außerordentlich*) incroyablement; **~ viel zu tun haben** avoir énormément de choses à faire

unerkannt *adv* incognito; **~ bleiben** *Person:* réussir à garder l'incognito; *Krankheit:* ne pas être reconnu

unerklärlich [ʊnʔɛɐ̯ˈklɛːɐ̯lɪç] *adj* inexplicable; **das ist mir ~** je ne me l'explique pas

unerlässlich[RR], **unerläßlich**[ALT] [ʊnʔɛɐ̯ˈlɛslɪç] *adj* indispensable; **für jdn/etw ~ sein** être indispensable à qn/pour qc

unerlaubt **I.** *adj Handlung* non autorisé(e) **II.** *adv* **etw ~ tun** faire qc sans autorisation

unerledigt *adj, adv* en souffrance

unermesslich[RR] *geh* **I.** *adj Ausdehnung, Dimensionen* incommensurable; *Elend, Verwüstungen* énorme **II.** *adv reich* immensément; **~ wertvoll** d'une valeur inestimable

unermüdlich [ʊnʔɛɐ̯ˈmyːtlɪç] **I.** *adj Arbeiter* infatigable; *Fleiß* inlassable **II.** *adv* inlassablement

unerreichbar [ʊnʔɛɐ̯ˈraɪçbaːɐ̯] *adj* ❶ *Niveau* inaccessible ❷ (*telefonisch nicht zu erreichen*) **~ sein** *Person:* ne pas être joignable

unerreicht [ʊnʔɛɐ̯ˈraɪçt] *adj* inégalé(e)

unersättlich [ʊnʔɛɐ̯ˈzɛtlɪç] *adj* insatiable

unerschlossen [ˈʊnʔɛɐ̯ʃlɔsən] *adj* ❶ (*unerforscht*) inexploité(e) ❷ (*nicht besiedelt*) inexploré(e)

unerschöpflich [ʊnʔɛɐ̯ˈʃœpflɪç] *adj* inépuisable

unerschrocken [ˈʊnʔɛɐ̯ʃrɔkən] **I.** *adj* intrépide **II.** *adv kämpfen* avec bravoure

unerschütterlich [ʊnʔɛɐ̯ˈʃʏtɐlɪç] **I.** *adj* inébranlable **II.** *adv festhalten, glauben* de façon inébranlable

unerschwinglich [ʊnʔɛɐ̯ˈʃvɪŋlɪç] *adj* inabordable

unersetzlich *adj Mitarbeiter* irremplaçable; *Schaden* irréparable

unerträglich [ʊnʔɛɐ̯ˈtrɛːklɪç] **I.** *adj* insupportable **II.** *adv* **es ist ~ heiß** il fait une chaleur insupportable

unerwähnt [ˈʊnʔɛɐ̯vɛːnt] *adj* **etw ~ lassen** ne pas mentionner qc

unerwartet [ˈʊnʔɛɐ̯vartət] **I.** *adj* imprévu(e) **II.** *adv besuchen* inopinément

unerwidert [ˈʊnʔɛɐ̯viːdɐt] *adj Brief* sans réponse; *Liebe* non partagé(e)

unerwünscht [ˈʊnʔɛɐ̯vʏnʃt] *adj* indésirable; **du bist hier ~** on ne veut pas de toi ici

UNESCO [uˈnɛsko] <-> *f Abk von* **United Nations Educational, Scientific and Cultural Organization** Unesco *f*

unfähig *adj* incapable; **~ sein** être un/une incapable; **~ sein etw zu tun** être incapable de faire qc

Unfähigkeit *f kein Pl* incapacité *f*

unfair [ˈʊnfɛːɐ̯] *adj* déloyal(e); **das ist ~!** *fam* ce n'est pas juste!

Unfall [ˈʊnfal] *m* accident *m;* **einen ~ bauen** *fam* provoquer un accident; **bei einem ~** dans un accident

Unfallarzt *m*, **-ärztin** *f* urgentiste *mf* **Unfallflucht** *f* délit *m* de fuite **Unfallgefahr** *f* risque *m* d'accident **Unfallopfer** *nt* accidenté(e) *m(f)* **Unfallort** *m* lieu *m* de l'accident **Unfallstation** *f* service *m* des urgences **unfallträchtig** *adj Straße, Kreuzung* dangereux(-euse) **Unfallverhütung** *f kein Pl* prévention *f* des accidents **Unfallversicherung** *f* assurance-accidents *f* **Unfallverursacher(in)** *m(f)* auteur *m* de l'accident

unfassbar[RR] [ʊnˈfasbaːɐ̯] *adj* ❶ *Wunder* inconcevable ❷ (*unvorstellbar*) inimaginable

U

unfehlbar [ʊnˈfeːlbaːɐ̯] I. *adj Person* infaillible II. *adv* immanquablement

Unfehlbarkeit <-> *f* infaillibilité *f*

unfein [ˈʊnfai̯n] *adj* peu délicat(e)

unfertig [ˈʊnfɛrtɪç] *adj Person* immature; *Werk, Arbeit* inachevé(e)

unflätig [ˈʊnflɛːtɪç] *pej geh adj* grossier(-ière)

unförmig [ˈʊnfœrmɪç] *adj* informe; *Gliedmaßen* difforme

unfrankiert *adj* non affranchi(e)

unfrei *adj* ❶ *Volk* dépendant(e); ~ **sein** ne pas être libre ❷ (*unfrankiert*) en port dû

unfreiwillig I. *adj* ❶ contre son/mon/... gré ❷ (*unbeabsichtigt*) involontaire II. *adv* contre son/mon/... gré

unfreundlich I. *adj* ❶ *Person* peu aimable; *Gesicht* rébarbatif(-ive); ~ **zu jdm sein** ne pas être aimable avec qn ❷ *Klima* désagréable; *Tag* maussade II. *adv* **jdn ~ behandeln** traiter qn sans aménité; **sich jdm gegenüber ~ benehmen** se montrer désagréable avec qn

Unfriede [ˈʊnfriːdə] *m geh kein Pl* discorde *f*

UN-Friedensplan [uːʔɛn-] *m* plan *m* de paix de l'O.N.U.

unfruchtbar [ˈʊnfrʊxtbaːɐ̯] *adj* stérile

Unfruchtbarkeit *f kein Pl* stérilité *f*

Unfug [ˈʊnfuːk] <-s> *m* ❶ bêtises *fpl* ❷ JUR **grober ~** délit *m* grave

Ungar(in) [ˈʊŋgar] <-n, -n> *m(f)* Hongrois(e) *m(f)*

ungarisch [ˈʊŋgarɪʃ] I. *adj* hongrois(e) II. *adv* **~ miteinander sprechen** discuter en hongrois; *s. a.* **deutsch**

Ungarisch <-[s]> *nt kein Art* hongrois *m*; *s. a.* **Deutsch**

Ungarn [ˈʊŋgarn] <-s> *nt* la Hongrie

ungastlich I. *adj* inhospitalier(-ère) II. *adv* de façon inhospitalière

ungeachtet [ʊngəˈʔaxtət] *präp + gen geh* **~ meiner Warnung/dieser Tatsache** en dépit de mon avertissement/ce fait; **~ dessen, dass** bien que + *subj*; **dessen ~** en dépit de cela

ungeahnt [ˈʊngəʔaːnt] *adj* insoupçonné(e)

ungebeten [ˈʊngəbeːtən] I. *adj Besucher* indésirable; *Äußerung* intempestif(-ive) II. *adv* **~ zu jdm zu Besuch kommen** venir chez qn à l'improviste; **sich ~ einmischen** s'en mêler sans y avoir été invité(e)

ungebildet [ˈʊngəbɪldət] *adj* inculte

ungeboren [ˈʊngəboːrən] *adj Kind* qui n'est pas encore né(e); **der Schutz des ~en Lebens** la protection de la vie fœtale

ungebräuchlich [ˈʊngəbrɔyçlɪç] *adj Bezeichnung, Name, Wort* inusité(e); *Methode, Verfahren* inhabituel(le)

ungebraucht *adj* qui n'a jamais servi; *Kleidungsstück:* qui n'a pas été porté(e)

ungebunden [ˈʊngəbʊndən] *adj* ❶ *Buch* non relié(e) ❷ (*ohne Verpflichtungen*) indépendant(e); **~ sein** ne pas avoir d'attaches familiales; **zeitlich relativ ~ sein** pouvoir gérer son temps assez librement

ungedeckt [ˈʊngədɛkt] *adj* ❶ *Tisch* qui n'est pas mis(e); *Dach* non couvert(e) ❷ FIN *Scheck* sans provision; *Wechsel* à découvert ❸ SPORT *Spieler* qui n'est pas marqué(e)

Ungeduld [ˈʊngədʊlt] *f* impatience *f*

ungeduldig [ˈʊngədʊldɪç] I. *adj* impatient(e); **~ werden** s'impatienter II. *adv* impatiemment

ungeeignet [ˈʊngəʔai̯gnət] *adj Bewerber* incompétent(e); *Mittel* inadapté(e); **für etw ~ sein** *Person:* être incompétent en matière de qc; *Mittel:* être inadapté à qc

ungefähr [ˈʊngəfɛːɐ̯] I. *adv* à peu près; **~ dort/so** à peu près là-bas/comme ça; **~ um acht Uhr** aux environs de huit heures; **~ ein Pfund Mehl** environ une livre de farine; **das könnte ~ stimmen** c'est à peu près ça II. *adj Größe, Preis* approximatif(-ive)

ungefährlich [ˈʊngəfɛːɐ̯lɪç] *adj* pas dangereux(-euse); *Erkrankung* bénin(-igne)

ungefragt [ˈʊngəfraːkt] *adv* **sie hat das ~ getan** elle a fait cela sans qu'on le lui ait demandé

ungehalten [ˈʊngəhaltən] *geh* I. *adj Person* fâché(e) II. *adv* avec acrimonie

ungeheizt [ˈʊngəhai̯t͡st] *adj* non chauffé(e)

ungehemmt [ˈʊngəhɛmt] I. *adj Person* libéré(e); *Freude* débridé(e) II. *adv* sans retenue

ungeheuer [ˈʊngəhɔyɐ] I. *adj Wert* énorme; *Schätze* immense; *Hass* terrible; *Fähigkeiten* prodigieux(-euse) II. *adv* extrêmement

Ungeheuer [ˈʊngəhɔyɐ] <-s, -> *nt* monstre *m*

ungeheuerlich [ʊngəˈhɔyɐlɪç] *adj* monstrueux(-euse); **das ist ja ~!** mais c'est monstrueux!

Ungeheuerlichkeit <-, -en> *f* monstruosité *f*

ungehindert [ˈʊngəhɪndɐt] I. *adj* libre II. *adv* librement

ungehobelt [ˈʊngəhoːbəlt] *adj* ❶ *Brett* non raboté(e) ❷ *pej* (*unhöflich*) mal dégrossi(e)

ungehörig ['ʊngəhø:rɪç] *adj* inconvenant(e)
ungehorsam ['ʊngəho:ɐza:m] *adj* désobéissant(e); **jdm gegenüber ~ sein** désobéir à qn
Ungehorsam ['ʊngəho:ɐza:m] *m* désobéissance *f*
ungeklärt ['ʊngəklɛ:ɐt] **I.** *adj* ❶ *Verbrechen* non élucidé(e) ❷ *Abwässer* non épuré(e) **II.** *adv* (*ungereinigt*) sans épuration
ungekündigt ['ʊngəkʏndɪçt] *adj Arbeitsverhältnis* non résilié(e)
ungekünstelt ['ʊngəkʏnstəlt] *adj* naturel(le)
ungekürzt ['ʊngəkʏrtst] **I.** *adj* intégral(e); *Film* en version intégrale **II.** *adv* intégralement
ungelegen **I.** *adj Besucher* gênant(e); *Zeitpunkt* mal choisi(e) **II.** *adv* **jdm ~ kommen** *Person:* déranger qn; *Sache:* tomber mal pour qn
ungelenk ['ʊngəlɛŋk] *adj Bewegung, Schrift* maladroit(e)
ungelernt ['ʊngəlɛrnt] *adj* non qualifié(e)
ungelogen ['ʊngəlo:gən] *adv fam* sans mentir
ungelöst ['ʊngəlø:st] *adj Problem* non résolu(e); *Fall* non éclairci(e); *Frage* sans réponse
ungemein ['ʊngəmaɪn] **I.** *adj* considérable **II.** *adv sich interessieren* énormément; *schwierig* extrêmement
ungemütlich ['ʊngəmy:tlɪç] **I.** *adj* ❶ (*wenig einladend*) inconfortable ❷ (*unbequem*) inconfortable **II.** *adv eingerichtet* sans confort
Ungemütlichkeit *f* inconfort *m*
ungenannt ['ʊngənant] *adj* anonyme
ungenau ['ʊngənaʊ] **I.** *adj Formulierung* imprécis(e); *Messung* inexact(e) **II.** *adv formulieren* avec imprécision; **~ messen** prendre des mesures inexactes
Ungenauigkeit <-, -en> *f Pl* (*Fehler*) **eine Arbeit voller ~en** un travail plein d'inexactitudes
ungeniert ['ʊnʒeni:ɐt] **I.** *adj* désinvolte **II.** *adv sich äußern* en toute liberté; *zugreifen* sans se gêner
Ungeniertheit <-> *f* désinvolture *f*
ungenießbar [ʊngə'ni:sba:ɐ] *adj* ❶ *Beeren, Pilz* non comestible; *Essen* immangeable; *Getränk* imbuvable ❷ *hum fam* (*unausstehlich*) *Person:* invivable
ungenügend ['ʊngəny:gənt] *adj* insuffisant(e)
ungenutzt ['ʊngənʊtst] **I.** *adj Raum* inutilisé(e); *Gelegenheit* qu'on a laissé passer **II.** *adv* **Ressourcen ~ lassen** laisser des ressources inexploitées
ungeordnet ['ʊngəʔɔrdnət] *adj* non rangé(e)
ungepflegt ['ʊngəpfle:kt] *adj Hände, Haare* mal soigné(e); *Garten, Park* mal entretenu(e)
ungeprüft ['ʊngəpry:ft] **I.** *adj* qui n'a pas été vérifié(e) **II.** *adv* sans vérification
ungerade ['ʊngəra:də] *adj* impair(e)
ungerecht ['ʊngərɛçt] **I.** *adj* ❶ injuste ❷ JUR *Richter, Urteil* injuste, inique **II.** *adv* de manière injuste
ungerechtfertigt ['ʊngərɛçtfɛrtɪçt] *adj* injustifié(e)
Ungerechtigkeit <-, -en> *f* injustice *f*
ungereimt ['ʊngəraɪmt] **I.** *adj* ❶ (*verworren*) absurde, inepte ❷ (*reimlos*) non rimé(e) **II.** *adv* **~ klingen** avoir l'air absurde
Ungereimtheit <-, -en> *f* ❶ *kein Pl* (*Verworrenheit*) incohérence *f* ❷ *meist Pl* (*Widersprüchlichkeit*) incohérence *f*
ungern ['ʊngɛrn] *adv* ❶ (*nicht gerade gern*) **etw ~ tun** ne pas faire qc volontiers; **ich bügle recht ~** je n'aime pas [tellement] repasser ❷ *arbeiten* à contrecœur; *zustimmen* à regret; **etw äußerst/höchst ~ tun** répugner à faire qc
ungerührt **I.** *adj Miene* impassible **II.** *adv* imperturbablement
ungeschehen ['ʊngəʃe:ən] *adj* **das kann man nicht ~ machen** ce qui est fait est fait
Ungeschick ['ʊngəʃɪk] *nt kein Pl geh,* **Ungeschicklichkeit** <-, -en> *f* maladresse *f*
ungeschickt ['ʊngəʃɪkt] **I.** *adj Bewegung* maladroit(e) **II.** *adv* **sich ~ anstellen** *fam* être empoté
ungeschlechtlich *adj* BIO asexué(e)
ungeschliffen ['ʊngəʃlɪfən] *adj* ❶ *Edelstein* brut(e) ❷ *Benehmen, Manieren* grossier(-ière), fruste
ungeschminkt ['ʊngəʃmɪŋkt] **I.** *adj* ❶ non maquillé(e) ❷ (*ohne Beschönigung*) sans fard; *Wahrheit* tout(e) nu(e) **II.** *adv* ❶ sans être maquillé ❷ (*unverblümt*) sans fard; **~ die Wahrheit sagen** dire la vérité toute nue
ungeschoren ['ʊngəʃo:rən] *adv* **~ davonkommen** s'en tirer sans dommage; **jdn ~ lassen** laisser qn tranquille
ungeschrieben ['ʊngəʃri:bən] *adj Recht* coutumier(-ière)
ungeschützt *adj* non protégé(e)
ungesetzlich ['ʊngəzɛtslɪç] *adj* illégal(e)
ungestört **I.** *adj* tranquille; **für einen ~en**

U

Ablauf der Verhandlungen sorgen veiller à ce que les négociations se déroulent dans le calme **II.** *adv arbeiten* en paix

ungestraft **I.** *adj* impuni(e) **II.** *adv* **~ davonkommen** s'en tirer en toute impunité

ungestüm ['ʊngəʃty:m] *geh adj* fougueux(-euse)

Ungestüm ['ʊngəʃty:m] <-[e]s> *nt geh* impétuosité; **voller ~** plein de fougue

ungesund **I.** *adj* ❶ *Ernährung* malsain(e); *Rauchen* nuisible à la santé ❷ *Aussehen* maladif(-ive); *Gesichtsfarbe* blême ▶ **allzu viel ist ~** *prov* l'excès en tout est un défaut **II.** *adv* **sich ~ ernähren** avoir une alimentation mal équilibrée; **~ leben** avoir un mode de vie mauvais pour la santé

ungeteilt ['ʊngətaịlt] *adj* ❶ (*nicht geteilt*) non divisé(e) ❷ (*ganz*) entier(-ière)

ungetrübt ['ʊngətry:pt] *adj Freude, Glück* sans nuage; *Tage, Zeit* paisible

Ungetüm ['ʊngəty:m] <-[e]s, -e> *nt fam* (*riesiger Gegenstand*) mastodonte *m*

ungeübt ['ʊngəʔy:pt] *adj Handwerker* inexpérimenté(e); *Sportler, Musiker* qui manque d'entraînement; **in etw** (*dat*) **~ sein** manquer d'expérience/d'entraînement dans qc

ungewiss[RR] *adj* ❶ *Ausgang, Schicksal* incertain(e); **es ist noch ~, ob/wie ...** on ne sait toujours pas si/comment ... ❷ (*unklar*) **jdn über etw** (*akk*) **im Ungewissen lassen** laisser qn dans l'incertitude quant à qc

Ungewissheit[RR] <-, -en> *f* incertitude *f*

ungewöhnlich **I.** *adj* ❶ (*unüblich*) inhabituel(le) ❷ (*seltsam*) insolite ❸ (*außergewöhnlich*) exceptionnel(le) **II.** *adv* (*unüblich*) d'une manière inhabituelle

ungewohnt *adj* inhabituel(le), inaccoutumé(e)

ungewollt **I.** *adj* involontaire; **das war ~** ce n'était pas intentionnel **II.** *adv* **ich musste ~ grinsen** je n'ai pas pu m'empêcher de ricaner

ungezählt ['ʊngətsɛ:lt] *adj* ❶ (*unzählig*) innombrable ❷ (*nicht gezählt*) non compté(e)

Ungeziefer ['ʊngətsi:fɐ] <-s> *nt* vermine *f*

ungezogen ['ʊngətso:gən] *adj Kind* mal élevé(e); *Bemerkung* impertinent(e); *Benehmen* impoli(e); **das ist sehr ~ von dir** c'est très impoli de ta part

Ungezogenheit <-, -en> *f* ❶ *kein Pl* (*das Ungezogensein*) impolitesse *f* ❷ (*Äußerung, Handlung*) impertinence *f*

U

ungezügelt ['ʊngətsy:gəlt] *adj Hass* effréné(e); *Temperament* excessif(-ive)

ungezwungen ['ʊngətsvʊŋən] *adj* décontracté(e) (*fam*)

Ungezwungenheit *f* décontraction *f*

Unglaube ['ʊnglaụbə] *m* ❶ (*Zweifel*) incrédulité *f* ❷ REL incroyance *f*

unglaubhaft ['ʊnglaụphaft] **I.** *adj* invraisemblable, peu crédible **II.** *adv* d'une manière peu crédible

ungläubig ['ʊnglɔybɪç] **I.** *adj* ❶ *Blick, Gesicht* incrédule ❷ (*gottlos*) non-croyant(e); **ein ~er Mensch** un incroyant **II.** *adv ansehen, fragen* d'un air incrédule

Ungläubige(r) *f(m) dekl wie adj* non-croyant(e) *m(f)*; (*bei Moslems*) infidèle *mf*

unglaublich ['ʊnglaụplɪç] **I.** *adj Geschichte, Frechheit* incroyable **II.** *adv* (*unerhört*) d'une manière incroyable

unglaubwürdig ['ʊnglaụpvʏrdɪç] **I.** *adj Darstellung, Geschichte* invraisemblable; *Person* peu digne de foi; **er ist ~** il n'est pas crédible; **sich ~ machen** perdre toute crédibilité **II.** *adv sich benehmen, verhalten* d'une manière peu crédible; **~ wirken/klingen** avoir l'air peu crédible

Unglaubwürdigkeit *f* manque *m* de crédibilité

ungleich ['ʊnglaịç] **I.** *adj* ❶ *Belastung* inégal(e); *Gegenstände* disparate ❷ *Kontrahenten* de force inégale; *Kampf* inégal(e) **II.** *adv* (*weitaus*) **~ größer/billiger** largement plus grand/meilleur marché

Ungleichgewicht *nt* déséquilibre *m*

Ungleichheit *f kein Pl* différence *f*; (*in Bezug auf die Gehälter*) inégalité *f*

ungleichmäßig **I.** *adj* ❶ (*unregelmäßig*) irrégulier(-ière) ❷ (*ungleich*) inégal(e) **II.** *adv* (*ungleich*) de manière inégale

Ungleichmäßigkeit <-, -en> *f* ❶ (*Unregelmäßigkeit*) irrégularité *f* ❷ (*Ungleichheit*) inégalité *f*

Unglück ['ʊnglʏk] <-e> *nt* ❶ malheur *m*; (*Flugzeugunglück, Zugunglück*) catastrophe *f* ❷ *kein Pl* (*Pech*) malchance *f*; **jdm ~ bringen** porter malheur à qn ▶ **in sein ~ rennen** *fam* courir à sa perte; **das ~ wollte es, dass** le malheur a voulu que + *subj*

unglücklich ['ʊnglʏklɪç] **I.** *adj* ❶ *Person* malheureux(-euse) ❷ (*ungünstig*) malheureux(-euse); *Umstand* malencontreux(-euse); *Zeitpunkt* inopportun(e), mal choisi(e) ❸ *Sturz* mauvais(e) *antéposé* ▶ **mach dich nicht ~!** tu pourrais le regretter! **II.** *adv* ❶ **~ aussehen/dreinschauen** avoir l'air malheureux; **~ ver-**

liebt sein être malheureux en amour ❷ (*ungeschickt*) ~ **stürzen** faire une mauvaise chute

unglücklicherweise *adv* malheureusement

unglückselig ['ʊnglʏkzeːlɪç] *adj* ❶ *Expedition* malheureux(-euse) ❷ (*verhängnisvoll*) *Ereignisse* funeste

Unglücksfall *m* accident *m* **Unglücksrabe** *m fam* malchanceux *m*

Ungnade ['ʊngnaːdə] *f* disgrâce *f;* **bei jdm in ~ fallen** tomber en disgrâce auprès de qn

ungnädig ['ʊngnɛːdɪç] I. *adj* mal disposé(e) II. *adv* avec mauvaise humeur; **etw ~ aufnehmen** prendre qc très mal

ungültig ['ʊngʏltɪç] *adj* ❶ *Ausweis* périmé(e); *Eintrittskarte* non valable; **~ werden** *Ausweis:* expirer ❷ *Wahl* nul(le); **etw für ~ erklären** déclarer qc nul(le)

Ungültigkeit *f* nullité *f*

ungünstig ['ʊngʏnstɪç] I. *adj* *Zeitpunkt* mal choisi(e); *Zeit* peu propice; *Wetter* défavorable II. *adv* **sich ~ auf etw** (*akk*) **auswirken** avoir un effet défavorable sur qc

ungut *adj* *Entwicklung* désagréable, mauvais(e) *antéposé;* **ein ~es Gefühl** un mauvais pressentiment ▶ **nichts für ~!** sans rancune!

unhaltbar *adj* ❶ *Vorwurf* insoutenable ❷ *Situation* inadmissible ❸ SPORT *Ball* imparable

unhandlich *adj* peu pratique, peu commode

Unheil *nt geh* malheur *m;* **~ anrichten** *fam Person:* faire un désastre

unheilbar [ʊn'hailbaːɐ̯] *adj* incurable

unheilvoll [ʊn'hailfɔl] *adj geh* *Botschaft, Zeichen* funeste

unheimlich [ʊn'haimlɪç] I. *adj* ❶ *Geschichte* macabre; *Haus* lugubre; *Erlebnis* inquiétant(e); **er ist mir ~** je le trouve inquiétant; **mir ist ~** [**zumute**] je ne suis pas rassuré(e) ❷ *fam* (*unglaublich*) pas croyable ❸ *fam* (*sehr groß*) terrible; **es hat uns ~en Spaß gemacht** cela nous a énormément plu II. *adv* ❶ (*grauenerregend*) **~ aussehen** être à faire peur; **sich ~ anhören** être peu rassurant ❷ *fam* (*sehr*) vachement

unhöflich ['ʊnhøːflɪç] I. *adj* *Person* impoli(e); *Bemerkung* impoli(e), désobligeant(e) II. *adv* *verhalten* de manière impolie; *antworten* de manière désobligeante

Unhöflichkeit *f* impolitesse *f*

Unhold ['ʊnghɔlt] <-[e]s, -e> *m* monstre *m*

unhörbar [ʊn'høːɐ̯baːɐ̯] *adj* *Ton* inaudible

unhygienisch ['ʊnhygi̯eːnɪʃ] *adj* qui manque d'hygiène

uni ['yni, y'niː] *adj inv* uni(e)

Uni <-, -s> *f fam Abk von* **Universität** fac *f*

UNICEF ['uːnitsɛf] <-> *f Abk von* **United Nations International Children's Emergency Fund** UNICEF *f*

unifarben *adj* uni(e), de couleur unie

Uniform [uni'fɔrm] <-, -en> *f* uniforme *m;* **in ~** en uniforme

uniformiert *adj* en uniforme

Unikat [uni'kaːt] <-[e]s, -e> *nt* pièce *f* unique

Unikum <-s, -s *o* Unika> *nt fam* original(e) *m(f)*

uninteressant *adj* inintéressant(e), sans intérêt

uninteressiert I. *adj* *Person* indifférent(e); **~ sein/tun** ne montrer aucun intérêt II. *adv* d'un air indifférent

Union [u'ni̯oːn] <-, -en> *f* ❶ union *f;* **Europäische ~** Union européenne ❷ POL *fam* **die ~** *groupe parlementaire comprenant la CDU et la CSU*

universal [univɛr'zaːl] *s.* **universell**

Universalschlüssel *m* clé *f* à molette

universell [univɛr'zɛl] I. *adj* universel(le) II. *adv* *begabt* en tout; **ein ~ verwendbares Gerät** un outil multi-usages

Universität [univɛrzi'tɛːt] <-, -en> *f* université *f;* **Technische ~** institut *m* universitaire de technologie; **an der ~ studieren** étudier à l'université

Universitätsbibliothek *f* bibliothèque *f* universitaire **Universitätsgelände** *nt* campus *m* [universitaire] **Universitätsklinik** *f* centre *m* hospitalo-universitaire, C.H.U. *m* **Universitätsstadt** *f* ville *f* universitaire

Universum [uni'vɛrzʊm] <-s> *nt* univers *m*

Unke ['ʊŋkə] <-, -n> *f* crapaud *m*

unken ['ʊŋkən] *vi fam* jouer les Cassandre

unkenntlich ['ʊnkɛntlɪç] *adj* *Person, Gesicht* méconnaissable; *Inschrift, Kennzeichen* indéchiffrable

Unkenntlichkeit <-> *f* **bis zur ~** au point d'être méconnaissable

Unkenntnis *f kein Pl* ignorance *f;* **aus ~** par ignorance; **in ~ über etw** (*akk*) **sein** ne pas être au courant de qc

unklar I. *adj* ❶ (*unverständlich*) peu clair(e); *Text* confus(e); *Darstellung* embrouillé(e); **es ist mir ~, warum/wie/...** je ne comprends pas très bien pourquoi/comment/... ❷ *Situation* confus(e); *Verhält-*

U

nisse ambigu(ë) ▶**jdn über etw** (*akk*) **im Unklaren lassen** laisser qn dans l'incertitude en ce qui concerne qc; [**sich** (*dat*)] **im Unklaren über etw** (*akk*) **sein** ignorer qc **II.** *adv sich ausdrücken, formulieren* de manière ambiguë

Unklarheit <-, -en> *f* ❶ *kein Pl* (*Ungewissheit*) confusion *f* ❷ (*ungeklärter Tatbestand*) ambiguïté *f*

unklug ['ʊnklu:k] **I.** *adj* imprudent(e); ~ **sein** *Person:* commettre une imprudence; **es ist ~ von dir das zu tun** c'est imprudent de ta part de faire cela **II.** *adv* de manière imprudente; ~ **vorgehen** commettre une imprudence

unkommunikativ *adj* (*verschlossen*) renfermé(e)

unkompliziert ['ʊnkɔmplitsi:ɐt] *adj Person, Fall* simple, qui n'est pas compliqué(e)

unkontrollierbar ['ʊnkɔntrɔli:ɐba:ɐ] *adj* incontrôlable

unkontrolliert ['ʊnkɔntrɔli:ɐt] **I.** *adj* ❶ (*ungeprüft*) sans contrôle ❷ (*ungehemmt*) incontrôlé(e) **II.** *adv* sans contrôle

unkonventionell ['ʊnkɔnvɛntsi̯onɛl] **I.** *adj* peu conventionnel(le) **II.** *adv* de manière peu conventionnelle

unkonzentriert ['ʊnkɔntsɛntri:ɐt] *adj* qui n'est pas concentré(e)

Unkosten ['ʊnkɔstən] *Pl* frais *mpl;* **mit/wegen etw ~ haben** avoir des frais pour qc ▶**sich in ~** (*akk*) **stürzen** *fam* se mettre en frais

Unkostenbeitrag *m* participation *f* aux frais

Unkraut ['ʊnkraut] *nt* mauvaise herbe *f*

Unkrautvertilgungsmittel *nt* désherbant *m*

unkritisch ['ʊnkri:tɪʃ] **I.** *adj* qui n'est pas critique **II.** *adv* avec un manque de sens critique

unkultiviert ['ʊnkʊltivi:ɐt] *adj Person* inculte; *Art, Lebensweise* primitif(-ive)

unkündbar [ʊn'kʏntba:ɐ] *adj Stellung* inamovible; *Vertrag* non résiliable; ~ **sein** *Mitarbeiter:* être inamovible, ne pas pouvoir être licencié

unlängst *adv* dernièrement, récemment

unlauter *adj* déloyal(e)

unleidlich *adj* insupportable

unleserlich [ʊn'le:zɐlɪç] **I.** *adj* illisible **II.** *adv* illisiblement

unleugbar ['ʊnlɔykba:ɐ] **I.** *adj* incontestable **II.** *adv* incontestablement

unliebsam ['ʊnli:pza:m] **I.** *adj* fâcheux(-euse), déplaisant; **etw ist jdm in ~er Erinnerung** qn garde un souvenir désagréable de qc **II.** *adv* de manière déplaisante; ~ **auffallen** faire mauvaise impression

unliniert *adj* non ligné(e)

unlogisch ['ʊnlo:gɪʃ] **I.** *adj* illogique **II.** *adv* d'une manière illogique

unlösbar [ʊn'lø:sba:ɐ] *adj* insoluble

Unlust ['ʊnlʊst] *f kein Pl* ennui *m*

unlustig ['ʊnlʊstɪç] *adj* ~ **sein** n'avoir envie de rien

unmännlich ['ʊnmɛnlɪç] *adj pej* efféminé(e)

Unmasse ['ʊnmasə] *f s.* **Unmenge**

unmaßgeblich ['ʊnma:sge:plɪç] *adj Meinung* qui ne sert pas de norme; **nach meiner ~en Meinung** *hum* à mon humble avis

unmäßig ['ʊnmɛ:sɪç] **I.** *adj Alkoholgenuss* immodéré(e); **~es Rauchen** l'abus de tabac; **~es Essen** l'alimentation excessive **II.** *adv* sans modération; ~ **essen/trinken/rauchen** manger/boire/fumer avec excès

Unmäßigkeit <-> *f* excès *m;* **seine/ihre ~ im Essen/Trinken** ses excès de table/d'alcool

Unmenge ['ʊnmɛŋə] *f* **eine ~ von Fragen** une quantité énorme de questions; **~n von Touristen** une foule de touristes; **etw in ~n verkaufen** vendre qc en quantité industrielle (*fam*); **~n trinken** boire jusqu'à plus soif

Unmensch *m* monstre *m*

unmenschlich [ʊn'mɛnʃlɪç] **I.** *adj* ❶ inhumain(e) ❷ *fam Schmerzen* atroce **II.** *adv* d'une manière inhumaine

Unmenschlichkeit *f kein Pl* (*das Unmenschlichsein*) cruauté *f; eines Vorgesetzten* inhumanité *f* (*soutenu*); *eines Tyrannen* férocité *f*

unmerklich [ʊn'mɛrklɪç] *adj* imperceptible

unmissverständlichRR [ʊnmɪsfɛɐ'ʃtɛntlɪç] **I.** *adj Warnung* sans équivoque; *Weigerung* catégorique; **eine klare und ~e Antwort** une réponse claire et nette; ~ **sein** *Befehl:* ne pas laisser le moindre doute **II.** *adv sagen, sich äußern* sans équivoque, clairement

unmittelbar ['ʊnmɪtəlba:ɐ] **I.** *adj* immédiat(e) **II.** *adv* ~ **bevorstehen** être imminent

unmöbliert ['ʊnmøbli:ɐt] *adj, adv* non meublé(e)

unmodern ['ʊnmodɛrn] **I.** *adj* démodé(e); ~ **werden** se démoder **II.** *adv* **sich ~ kleiden** porter des vêtements démodés

U

unmöglich ['ʊn'mø:klɪç] **I.** *adj* impossible; **es ist ihm/ihr ~ das zu tun** il/elle est dans l'impossibilité de faire cela; **jd/etw macht es jdm ~ zu verreisen** qn/qc empêche qn de partir en voyage; **ich verlange doch nichts Unmögliches!** je ne te/vous demande pourtant pas l'impossible! **II.** *adv* ❶ (*keinesfalls*) **er kann ~ der Täter sein** il est impossible que ce soit lui le coupable ❷ *pej fam* **~ aussehen** avoir un air pas possible; **sich ~ benehmen** avoir un comportement pas possible
Unmöglichkeit *f kein Pl* impossibilité *f*
Unmoral *f* immoralité *f*
unmoralisch ['ʊnmora:lɪʃ] *adj* immoral(e)
unmotiviert ['ʊnmotivi:ɐt] **I.** *adj* *Frage* gratuit(e); *Lachen* immotivé(e); *Wutanfall* irraisonné(e) **II.** *adv* sans motif, sans raison
unmündig *adj* ❶ (*nicht volljährig*) mineur(e) ❷ (*geistig unselbständig*) irresponsable
Unmut *m geh* mauvaise humeur *f*
unnachahmlich ['ʊnna:xʔa:mlɪç] *adj* inimitable
unnachgiebig ['ʊnna:xgi:bɪç] **I.** *adj* *Person, Haltung* intransigeant(e), inflexible **II.** *adv* *sich verhalten* de manière intransigeante
Unnachgiebigkeit *f* intransigeance *f*, inflexibilité *f*
unnachsichtig ['ʊnna:xzɪçtɪç] *adj* *Kritiker* impitoyable; *Strenge* implacable
unnahbar *adj* inaccessible
unnatürlich **I.** *adj* ❶ *Lebensweise* peu naturel(le); *Bedingungen* artificiel(le) ❷ *Lachen* contraint(e); *Sprache* artificiel(le) ❸ (*abnorm*) anormal(e) **II.** *adv* *lachen* de manière contrainte; *sprechen* d'une manière artificielle
unnormal *adj* anormal(e)
unnötig *adj* superflu(e), inutile; **es ist ~ etw zu tun** ce n'est pas la peine de faire qc
unnütz ['ʊnnʏts] *adj* *Anstrengung* inutile; *Kosten* inutile, superflu(e)
UNO ['u:no] <-> *f Abk von* **United Nations Organization** O.N.U. *f*
UNO-Friedenstruppen *Pl* casques *mpl* bleus
unordentlich **I.** *adj* *Person* désordonné(e); *Zimmer, Büro* en désordre **II.** *adv* ❶ (*nachlässig*) négligemment; **~ gekleidet sein** être habillé d'une manière négligée ❷ (*unaufgeräumt*) en désordre
Unordnung *f kein Pl* désordre *m*; **etw in ~ bringen** mettre qc en désordre; **in ~ geraten** être mis en désordre
unparteiisch ['ʊnpartaiɪʃ] **I.** *adj* impartial(e) **II.** *adv* en toute impartialité
Unparteiische(r) *f(m) dekl wie adj* ❶ personne *f* neutre ❷ SPORT arbitre *mf*
unpassend ['ʊnpasənt] *adj* ❶ (*unangebracht*) déplacé(e) ❷ (*ungelegen*) mal venu(e), mal choisi(e); **im ~sten Moment** au plus mauvais moment; **Samstag ist ein ~er Termin** samedi ne convient pas; **das ist jetzt wirklich ~!** ça tombe vraiment mal!
unpässlich[RR] ['ʊnpɛslɪç] *adj geh* **~ sein** être indisposé
Unpässlichkeit[RR] <-, -en> *f* indisposition *f*
unpersönlich ['ʊnpɛrzø:nlɪç] *adj* *Person* froid(e), distant(e); *Art, Gespräch* impersonnel(le)
unpolitisch ['ʊnpoli:tɪʃ] *adj* apolitique
unpopulär ['ʊnpopulɛ:ɐ] *adj* impopulaire
unpraktisch ['ʊnpraktɪʃ] *adj* ❶ *Methode* pas pratique; **es ist ~ so vorzugehen** ce n'est pas pratique de procéder ainsi ❷ *Person* maladroit(e) [de ses mains]; **völlig ~ sein** n'être pas du tout bricoleur
unproblematisch ['ʊnproblema:tɪʃ] **I.** *adj* qui ne pose aucun problème **II.** *adv* sans problème
unproduktiv ['ʊnprodʊkti:f] *adj* improductif(-ive)
unpünktlich ['ʊnpʏŋktlɪç] **I.** *adj* ❶ *Person* qui n'est pas ponctuel(le); **~ sein** ne pas être ponctuel; **du bist immer ~!** tu n'es jamais à l'heure! ❷ (*verspätet*) **~ sein** *Bus, Zug:* avoir du retard **II.** *adv* *ankommen, abfahren* en retard
unqualifiziert **I.** *adj* ❶ *Person* non qualifié(e) ❷ *pej* *Bemerkung* sujet(te) à caution **II.** *adv* d'une manière incompétente
unrasiert ['ʊnrazi:ɐt] *adj* non rasé(e)
unrationell ['ʊnratsi̯onɛl] *adj* *Betrieb* inefficace
unrealistisch ['ʊnrealɪstɪʃ] **I.** *adj* irréaliste **II.** *adv* d'une manière irréaliste
unrecht *adj* ❶ *geh* *Weise* injuste; *Gedanke* coupable; **es ist ~ das zu tun** ce n'est pas correct de faire cela ❷ (*unpassend*) **das ist mir gar nicht so ~!** cela ne tombe pas si mal!
Unrecht *nt kein Pl* tort *m*, injustice *f*; **im ~ sein** être en tort; (*vor Gericht*) être dans son tort; **zu ~** à tort; **~ haben** avoir tort
unrechtmäßig ['ʊnrɛçtmɛ:sɪç] *adj* illégal(e), illégitime
unredlich ['ʊnre:tlɪç] *adj geh* malhonnête
Unredlichkeit <-> *f* déloyauté *f*
unregelmäßig ['ʊnre:gəlmɛ:sɪç] **I.** *adj*

irrégulier(-ière) **II.** *adv* ~ **konjugiert werden** avoir une conjugaison irrégulière

Unregelmäßigkeit <-, -en> *f* irrégularité *f*

unreif ['ʊnraif] *adj* ❶ *Frucht* vert(e) ❷ *fig Person* immature

unrein ['ʊnrain] *adj* ❶ *Wasser* impur(e); *Haut* peu sain(e) ❷ MUS *Ton, Klang* qui n'est pas pur(e) ❸ REL *Person, Tier* impur(e)

unrentabel ['ʊnrɛnta:bəl] **I.** *adj* non rentable **II.** *adv* d'une manière non rentable

unrettbar [ʊn'rɛtba:ɐ̯] *adv* sans espoir [de secours]; **wir sind ~ verloren** tout espoir est perdu

unrichtig ['ʊnrɪçtɪç] **I.** *adj* inexact(e) **II.** *adv* de manière inexacte

Unrichtigkeit *f* ❶ *kein Pl* (*Ungenauigkeit*) inexactitude *f* ❷ (*Fehler*) erreur *f*

Unruhe ['ʊnru:ə] *f* ❶ (*Ruhelosigkeit*) agitation *f;* (*Sorge*) inquiétude *f* ❷ *Pl* (*Tumulte*) troubles *mpl,* émeutes *fpl*

Unruhestifter(in) *m(f)* *pej* fauteur(-trice) *m(f)* de troubles

unruhig ['ʊnru:ɪç] **I.** *adj* ❶ *Person* agité(e), nerveux(-euse); *Bewegungen* nerveux(-euse) ❷ (*besorgt*) inquiet(-iète); ~ **werden** commencer à s'inquiéter ❸ *Herzschlag* irrégulier(-ière) **II.** *adv* ~ **auf und ab gehen** aller et venir fébrilement; ~ **schlafen** avoir un sommeil agité

unrühmlich *adj* peu glorieux(-euse), sans gloire

uns [ʊns] **I.** *pron pers, dat von* **wir** ❶ nous; **das gefällt** ~ cela nous plaît; **er sagt es** ~ il nous le dit; **wem hat er es gegeben? – Uns!** à qui l'a-t-il donné? – À nous!; **es geht ~ gut** nous allons bien; ~ **solltest du danken, nicht ihm!** c'est nous que tu devrais remercier, pas lui! ❷ *refl* nous; **wir haben ~ gedacht, dass ...** nous avons pensé que ...; **wir können ~ keine teuren Sachen leisten** nous ne pouvons pas nous payer des choses chères **II.** *pron pers, akk von* **wir** ❶ nous; **er wollte ~ sprechen** il voulait nous parler; **der Brief ist an ~ gerichtet** la lettre nous est adressée ❷ *refl* nous; **wir haben ~ umgedreht** nous nous sommes retournés; **wann sehen wir ~?** quand nous voyons-nous?

unsachgemäß *adj Reparatur* incorrect(e); *Verpackung* inadapté(e)

unsachlich *adj Person* partial(e); *Bemerkung* subjectif(-ive); ~ **werden** commencer à faire preuve de partialité

unsagbar **I.** *adj Trauer* indicible **II.** *adv* de manière indicible

unsanft *adj* brutal(e)

unsauber **I.** *adj* ❶ (*schmutzig*) sale ❷ (*unordentlich*) mal fait(e) **II.** *adv* mal

unschädlich *adj* inoffensif(-ive); ~ **sein** être sans danger ▶**jdn ~ machen** *euph fam* mettre qn hors d'état de nuire

unscharf **I.** *adj* ❶ *Umrisse* flou(e), qui n'est pas net(te) ❷ *Einstellung* imprécis(e); ~ **sein** ne pas être précis **II.** *adv* de manière imprécise

unschätzbar [ʊn'ʃɛtsba:ɐ̯] *adj Mitarbeiter* très précieux(-euse); *Wert* inestimable

unscheinbar ['ʊnʃainba:ɐ̯] *adj Aussehen* insignifiant(e); *Pflanze* qui n'a l'air de rien

unschicklich ['ʊnʃɪklɪç] *adj geh* inconvenant(e)

unschlagbar [ʊn'ʃla:kba:ɐ̯] *adj* imbattable

unschlüssig ['ʊnʃlʏsɪç] **I.** *adj* indécis(e), irrésolu(e); **sich** (*dat*) ~ **über etw** (*akk*) **sein** être indécis sur qc **II.** *adv* d'un air indécis

Unschlüssigkeit *f* indécision *f,* irrésolution *f*

unschön ['ʊnʃø:n] *adj* ❶ (*hässlich*) laid(e) ❷ (*unerfreulich*) déplaisant(e)

Unschuld ['ʊnʃʊlt] *f* (*Naivität*) innocence *f*

unschuldig ['ʊnʃʊldɪç] **I.** *adj* innocent(e); **an etw** (*dat*) ~ **sein** ne pas être responsable de qc **II.** *adv* ❶ à tort, injustement ❷ (*arglos*) d'un air innocent

Unschuldige(r) *f(m)* *dekl wie adj* innocent(e) *m(f)*

Unschuldsmiene *f kein Pl* air innocent *m*

unschwer ['ʊnʃve:ɐ̯] *adv* facilement, aisément

unselbständig ['ʊnzɛlpʃtɛndɪç], **unselbstständig**RR ['ʊnzɛlpstʃtɛndɪç] *adj* ❶ *Person* dépendant(e) des autres ❷ *Tätigkeit* salarié(e)

unselig ['ʊnze:lɪç] *adj geh* funeste

unser ['ʊnzɐ] *pron poss* ❶ notre; ~ **Bruder/~e Schwester** notre frère/sœur; **~e Eltern** nos parents; **das ist alles ~es** c'est tout à nous; **ist das dein Ball oder ~er?** est-ce ton ballon ou le nôtre? ❷ *substantivisch* **der/die/das ~e** le/la nôtre; **das sind die ~en** ce sont les nôtres

unsereiner, unsereins *pron indef fam* nous [autres]; ~ **ist immer hilfsbereit** (*wir*) nous, nous sommes toujours serviables; (*ich*) moi, je suis toujours serviable

unsererseits ['ʊnzərɐzaits] *adv* ❶ (*wir wiederum*) de notre côté ❷ (*was uns betrifft*) de notre part; **wir ~ hätten gern ...** en ce qui nous concerne, nous voudrions ...

unseresgleichen ['ʊnzərəs'glaiçən] *pron*

inv ❶ (*Menschen unseres Schlags*) nos semblables; **wir sind unter ~** nous sommes entre gens du même monde ❷ (*Menschen wie wir*) **das kann sich ~ nicht leisten** nous autres, nous ne pouvons pas nous le permettre

unseretwegen ['ʊnzərət'veːgən] *s.* **unsertwegen**

unseretwillen ['ʊnzərət'vɪlən] *s.* **unsertwillen**

unseriös ['ʊnzeri̯øːs] *adj pej* pas sérieux(-euse)

unsers *s.* **unser**

unsertwegen ['ʊnzɐt'veːgən] *adv* ❶ (*wegen uns*) à cause de nous ❷ (*uns zuliebe*) pour nous ❸ (*von uns aus*) en ce qui nous concerne

unsertwillen ['ʊnzɐt'vɪlən] *adv* **um ~** pour nous faire plaisir

unsicher ['ʊnzɪçɐ] **I.** *adj* ❶ *Gegend* peu sûr(e) ❷ *Person* qui manque d'assurance; *Blick* perplexe; **jdn ~ machen** ébranler qn ❸ *Zukunft* incertain(e); **es ist noch ~, wann/wer/...** on ignore encore quand/qui/... ❹ *Schritte* mal assuré(e) **II.** *adv* ❶ *sich bewegen* en chancelant; **er fährt noch sehr ~** sa conduite n'est pas encore très sûre ❷ *fragen* d'une voix hésitante; *umherblicken* l'air hésitant

Unsicherheit *f* ❶ *kein Pl* (*mangelnde Selbstsicherheit*) manque *m* d'assurance ❷ *kein Pl* (*mangelnde Verlässlichkeit*) manque *m* de fiabilité

Unsicherheitsfaktor *m* facteur *m* d'incertitude

UN-Sicherheitsrat [uː'ʔɛn-] *m* Conseil *m* de sécurité des Nations unies

unsichtbar ['ʊnzɪçtbaːɐ̯] *adj* invisible ►**sich ~ machen** *fam* se déguiser en courant d'air

Unsichtbarkeit *f* invisibilité *f*

Unsinn ['ʊnzɪn] *m kein Pl* (*Unsinnigkeit*) *einer Maßnahme* absurdité *f*; **es ist ~ zu behaupten/glauben, dass** il est absurde de prétendre/croire que

unsinnig *adj* insensé(e); *Gerede* inepte

Unsitte *f* mauvaise habitude *f*

unsittlich **I.** *adj* ❶ (*unmoralisch*) inconvenant(e), indécent(e) ❷ (*unzüchtig*) indécent(e) **II.** *adv* ❶ *sich benehmen* de manière inconvenante ❷ (*unzüchtig*) **~ berührt werden** être victime d'attouchements

unsozial antisocial(e)

unsportlich *adj* ❶ *Person* pas sportif(-ive) ❷ *Verhalten* antisportif(-ive)

unsre ['ʊnzrə] *s.* **unser**

unsrerseits *s.* **unsererseits**

unsresgleichen *s.* **unseresgleichen**

unsrige(r, s) *pron poss geh* **der/die/das ~** le/la nôtre; **die Unsrigen** les nôtres

unsterblich ['ʊnʃtɛrplɪç] **I.** *adj* ❶ (*ewig lebend*) immortel(le); **glaubst du an die ~e Seele?** tu crois à l'immortalité de l'âme? ❷ *Musik* immortel(le), éternel(le); *Kunstwerk* impérissable **II.** *adv fam* **sich ~ verlieben** tomber éperdument amoureux(-euse); **sich ~ blamieren** se rendre totalement ridicule

Unsterblichkeit *f* immortalité *f*

unstet *adj geh* instable, inconstant(e)

unstillbar [ʊn'ʃtɪlbaːɐ̯] *adj geh Sehnsucht* insatiable

Unstimmigkeit <-, -en> *f* ❶ (*Ungenauigkeit*) inexactitude *f* ❷ *meist Pl* (*Differenzen*) dissension *f*

unstreitig ['ʊnʃtrai̯tɪç] **I.** *adj* incontestable **II.** *adv* **es steht ~ fest, dass ...** il est indéniable que ...

unsympathisch ['ʊnzʏmpaːtɪʃ] *adj Person* antipathique; *Vorstellung* désagréable; **jdm ~ sein** être antipathique à qn

untad[e]lig *adj Verhalten* irréprochable; *Kleidung* impeccable

Untat *f* forfait *m*

untätig ['ʊntɛːtɪç] **I.** *adj* inactif(-ive) **II.** *adv abwarten, zusehen* les bras croisés

Untätigkeit *f kein Pl* inaction *f*

Untätigkeitsklage *f* JUR action *f* en carence

untauglich ['ʊntau̯klɪç] *adj* ❶ *Methode* inapproprié(e), inadéquat(e) ❷ *a.* MIL *Person* inapte; **für etw ~ sein** être inapte à qc

unteilbar *adj* indivisible

unten ['ʊntən] *adv* ❶ (*opp: oben*) en bas; **~ im Schrank** en bas de l'armoire; **~ im Koffer** au fond de la valise; **weiter ~** plus bas; **nach ~ zu dünner/dicker werden** devenir plus mince/épais(se) vers le bas ❷ (*an der Unterseite*) **das Auto ist ~ durchgerostet** le dessous de la voiture est rouillé; **wo ist denn ~?** où est le bas? ❸ (*in einem unteren Stockwerk*) **~ im Keller** en bas à la cave; **nach ~ gehen** descendre; **den Tisch nach ~ tragen** descendre la table; **von ~ kommen** venir d'en bas ❹ (*in sehr niedriger Höhe*) **mit der Seilbahn nach ~ fahren** descendre en téléphérique ❺ *fam* (*auf unterster Ebene*) **ganz ~ sein/anfangen** être au bas/commencer tout en bas de l'échelle ❻ (*nachher*) **~ erwähnt** mentionné ci-dessous; **siehe ~** voir ci-dessous ❼ *fam* (*im, nach Süden*) **nach ~ fahren** aller dans le sud ►**jd ist bei ihm/**

U

ihr ~ durch *fam* il/elle ne veut plus entendre parler de qn
untenerwähnt *s.* **unten 6**
unter ['ʊntɐ] I. *präp + dat* 1 sous; **einen Meter ~ der Decke hängen** *Lampe:* pendre à un mètre du plafond; **~ der Jacke trägt er einen Pullover** sous la veste, il porte un pull-over; **er wohnt ~ ihm** il habite au-dessous de lui 2 (*schlechter als*) **~ dem Durchschnitt** en dessous de la moyenne 3 (*inmitten, zwischen*) parmi; **mitten ~ uns** parmi nous; **~ Freunden** entre amis; **wir sind ~ uns** nous sommes entre nous; **~ anderem** entre autres [choses] 4 (*untergeordnet*) **~ jdm arbeiten** travailler sous les ordres de qn; **jdn ~ sich haben** avoir qn sous ses ordres; **~ seiner Leitung** sous sa direction 5 (*zugeordnet sein*) **etw steht ~ dem Motto ...** qc est placé(e) sous le signe de ... II. *präp + akk* sous; **bis ~s Dach** jusque sous le toit III. *adv* 1 (*weniger als*) **Einkommen ~ zehntausend Euro** des revenus de moins de dix mille euros; **bei ~ 25 Grad** en dessous de 25 degrés 2 (*jünger als*) **etwas ~ dreißig sein** avoir un peu moins de trente ans
Unterabteilung ['ʊntɐʔaptaɪlʊŋ] *f* subdivision *f*
Unterarm ['ʊntɐʔarm] *m* avant-bras *m*
unterbelichten* *vt* PHOT sous-exposer
Unterbelichtung *f* sous-exposition *f*
unterbewerten* *vt* sous-estimer
unterbewusstRR I. *adj* subconscient(e) II. *adv* de manière subconsciente; **~ vorhanden sein** être présent dans le subconscient
UnterbewusstseinRR ['ʊntɐʔbəvʊstzaɪn] *nt* subconscient *m*
unterbezahlt *adj* sous-payé(e)
unterbieten* [ʊntɐ'biːtən] *vt irr* 1 (*billiger sein*) **jdn ~** vendre moins cher que qn 2 SPORT battre *Rekord;* améliorer *Zeit*
unterbinden* [ʊntɐ'bɪndən] *vt irr* mettre un terme à, faire cesser *Belästigung;* couper court à *Diskussion*
unterbleiben* [ʊntɐ'blaɪbən] *vi irr + sein geh Beschwerde:* ne pas être effectué; *Bestrafung:* ne pas avoir lieu
Unterbodenschutz *m* protection *f* [anticorrosion] du dessous de caisse
unterbrechen* [ʊntɐ'brɛçən] *vt irr* 1 couper la parole à *Person;* interrompre *Arbeit, Fahrt* 2 (*vorübergehend stilllegen*) couper *Leitung*
Unterbrechung <-, -en> *f* (*vorübergehende Aufhebung*) interruption *f*
unterbreiten* [ʊntɐ'braɪtən] *vt geh* (*vorlegen*) soumettre *Vorschlag, Angebot*
unter|bringen *vt irr* 1 (*einquartieren*) loger, héberger *Person;* installer *Verwaltung* 2 (*Platz finden für*) caser *Möbel;* **einen Bericht noch in den Nachrichten ~** arriver à placer un communiqué aux informations
Unterbringung <-, -en> *f* hébergement *m*

unterbrechen

jemanden unterbrechen	*interrompre quelqu'un*
Entschuldigen Sie bitte, dass ich Sie unterbreche, ...	*Je suis désolé(e) de vous interrompre, ...*
Wenn ich Sie einmal kurz unterbrechen dürfte: ...	*Si je peux me permettre de vous interrompre un instant : ...*
anzeigen, dass man weitersprechen will	*indiquer que l'on veut continuer de parler*
Moment, ich bin noch nicht fertig.	*Un moment, je n'ai pas fini.*
Lässt du mich bitte ausreden?/Könntest du mich bitte ausreden lassen?	*Laisse-moi finir, s'il te plaît !/Pourrais-tu me laisser finir, s'il te plaît ?*
Lassen Sie mich bitte ausreden!	*Laissez-moi finir, s'il vous plaît !*
Lassen Sie mich bitte diesen Punkt noch zu Ende führen.	*Laissez-moi terminer ce point, s'il vous plaît.*
ums Wort bitten	*demander la parole*
Darf ich dazu etwas sagen?	*Puis-je dire quelque chose à ce propos ?*
Wenn ich dazu noch etwas sagen dürfte: ...	*Si je peux me permettre d'ajouter quelque chose à ce propos : ...*

unter|buttern *vt fam* brimer
Unterdeck *nt* pont *m* inférieur
unterderhand[ALT] [ʊntɐdeːɐ̯'hant] *s.* **Hand** ▶
unterdessen *adv geh* pendant ce temps[-là], entre-temps
Unterdruck <-drücke> *m* PHYS dépressurisation *f*
unterdrücken* [ʊntɐ'drʏkən] *vt* ❶ (*niederhalten*) opprimer *Person, Volk;* réprimer *Unruhen* ❷ (*zurückhalten*) réprimer *Gefühle, Gähnen*
Unterdrücker(in) <-s, -> *m(f)* oppresseur *m*
Unterdrückung <-, -en> *f eines Volks* oppression *f*
unterdurchschnittlich **I.** *adj* inférieur(e) à la moyenne **II.** *adv verdienen* au-dessous de la moyenne
untere(r, s) ['ʊntərə, -rɐ, -rəs] *adj attr* ❶ (*unten befindlich*) inférieur(e); *Wohnung* d'en bas; **im ~n Stockwerk wohnen** habiter à l'étage d'en bas ❷ (*rangmäßig niedriger*) inférieur(e); **die ~n/untersten Klassen eines Gymnasiums** ≈ le premier cycle des études secondaires ❸ GEOG *Bereich* inférieur(e); **die ~ Mosel** le cours inférieur de la Moselle
untereinander [ʊntɐʔai̯'nandɐ] *adv* ❶ (*miteinander*) entre eux/elles/nous/... ❷ (*gegenseitig*) mutuellement ❸ (*räumlich*) l'un(e) au-dessous de l'autre
unterentwickelt *adj* ❶ *Organ, Muskulatur* atrophié(e); **körperlich/geistig ~ sein** être insuffisamment développé physiquement/mentalement ❷ ÖKON sous-développé(e)
unterernährt *adj* sous-alimenté(e)
Unterernährung *f* sous-alimentation *f*
Unterfangen [ʊntɐ'faŋən] <-s, -> *nt* entreprise *f*
Unterführung [ʊntɐ'fyːrʊŋ] *f* passage *m* souterrain
Untergang <-gänge> *m* ❶ *eines Schiffs* naufrage *m* ❷ ASTRON *der Sonne, des Mondes* coucher *m* ❸ (*Zerstörung*) *eines Reiches* chute *f*, effondrement *m; einer Kultur* disparition *f; der Menschheit* fin *f*
untergeben [ʊntɐ'geːbən] *adj* subalterne; **ihm/ihr sind zwölf Mitarbeiter ~** il/elle a douze collaborateurs sous ses ordres
Untergebene(r) *f(m) dekl wie adj* subalterne *mf*
unter|gehen *vi irr + sein* ❶ (*im Wasser versinken*) *Person, Gegenstand:* couler; *Schiff:* couler, sombrer ❷ ASTRON *Sonne, Mond:* se coucher ❸ (*zugrunde gehen*) *Kultur, Reich:* disparaître ❹ (*nicht gehört werden*) **im Lärm ~** *Worte:* se perdre dans le bruit
untergeordnet *adj* ❶ (*zweitrangig*) secondaire ❷ (*subaltern*) subalterne
Untergeschoss[RR] *nt* sous-sol *m*
Untergestell *nt eines Gerätes, einer Maschine* support *m*
Untergewicht *nt* poids *m* insuffisant
untergewichtig *adj* qui a un poids insuffisant; **~ sein** avoir un poids insuffisant
untergliedern* [ʊntɐ'gliːdɐn] *vt* structurer *Aufsatz;* **einen Text in fünf Abschnitte ~** diviser un texte en cinq parties
untergraben* [ʊntɐ'graːbən] *vt irr* miner *Autorität;* nuire à *Ruf*
Untergrund ['ʊntɐgrʊnt] *m* ❶ GEOL sous-sol *m* ❷ *kein Pl* POL clandestinité *f;* **in den ~ gehen** entrer dans la clandestinité
Untergrundbahn *f form* métropolitain *m* **Untergrundbewegung** *f* mouvement *m* clandestin **Untergrundorganisation** *f* organisation *f* clandestine
unter|haken **I.** *vt* prendre le bras de; **untergehakt gehen** marcher bras dessus, bras dessous **II.** *vr* **sich ~** se donner le bras; **sich bei jdm ~** prendre qn par le bras
unterhalb **I.** *präp + gen* **~ des Dorfes/der Schneegrenze** au-dessous du village/de la limite des neiges **II.** *adv* (*tiefer gelegen*) **~ von der Burg** au-dessous du château fort
Unterhalt <-[e]s> *m kein Pl* (*Unterhaltsgeld*) pension *f* alimentaire; **für jdn ~ zahlen** verser une pension alimentaire à qn
unterhalten*[1] [ʊntɐ'haltən] *vt irr* ❶ (*versorgen*) subvenir aux besoins de, nourrir *Familie* ❷ (*betreiben, halten*) entretenir *Kraftfahrzeug;* diriger, faire tourner *Firma;* tenir *Pension, Geschäft*
unterhalten[2] [ʊntɐ'haltən] *irr* **I.** *vt* divertir, distraire *Publikum* **II.** *vr* ❶ (*sich vergnügen*) **sich ~** s'amuser ❷ (*sprechen*) **sich mit jdm über jdn/etw ~** s'entretenir avec qn de qn/qc; **sie ~ sich nur auf Japanisch** ils ne parlent entre eux que japonais
unterhaltsam *adj* divertissant(e)
Unterhaltskosten *Pl* ❶ coût *m* d'une pension alimentaire ❷ (*Betriebskosten*) frais *mpl* d'entretien **Unterhaltspflicht** *f* obligation *f* alimentaire
unterhaltspflichtig *adj* tenu(e) à l'obligation alimentaire
Unterhaltszahlung *f* versement *m* d'une pension alimentaire
Unterhaltung [ʊntɐ'haltʊŋ] <-, -en> *f* ❶ (*Gespräch*) entretien *m*, conversation *f*

U

❷ *kein Pl* (*Zeitvertreib*) distraction *f;* **der ~ dienen** servir à passer le temps; **gute ~!** amuse-toi/amusez-vous bien! ❸ *kein Pl* (*Betreibung*) *eines Geschäfts* exploitation *f*

Unterhaltungselektronik *f* électronique *f* grand public **Unterhaltungsindustrie** *f* industrie *f* des loisirs **Unterhaltungsmusik** *f a. pej* musique *f* légère

Unterhändler(in) ['ʊntɐhɛndlɐ] *m(f)* négociateur(-trice) *m(f)*

Unterhaus ['ʊntɐhaus] *nt* POL (*in Großbritannien*) Chambre *f* basse

Unterhemd ['ʊntɐʔhɛmt] *nt* (*Herrenunterhemd*) tricot *m* de corps; (*Damenunterhemd*) chemise *f* américaine

Unterholz *nt kein Pl* sous-bois *m*

Unterhose *f* (*Boxershorts*) caleçon *m;* [**kurze**] **~** [**n**] slip *m;* **lange ~** [**n**] caleçon long

unterirdisch **I.** *adj* ❶ (*unter der Erde gelegen*) souterrain(e) ❷ *pej fam* (*sehr schlecht, sehr enttäuschend*) atroce (*fam*) **II.** *adv* ❶ (*unter der Erde*) sous terre; **~ verlegte Kabel** des câbles *mpl* souterrains ❷ *pej fam* (*auf sehr schlechte, sehr enttäuschende Weise*) d'une manière atroce (*fam*)

unterjochen* *vt* mettre sous le joug; **jdn ~** mettre qn sous le joug

unter|jubeln *vt fam* (*verkaufen*) **jdm etw ~** refiler qc à qn

Unterkiefer *m* mâchoire *f* inférieure

unter|kommen *vi irr + sein* ❶ (*Unterkunft finden*) trouver à se loger ❷ *fam* (*Arbeit finden*) **in einer Firma ~** trouver un boulot dans une entreprise ❸ DIAL (*begegnen*) **so etwas/jemand ist mir noch nicht untergekommen** je n'ai encore jamais vu cela/quelqu'un comme ça

Unterkörper *m* partie *f* inférieure du corps

unter|kriegen *vt fam* abattre; **sich von jdm/etw nicht ~ lassen** ne pas se laisser abattre par qn/qc

unterkühlen* [ʊntɐ'ky:lən] *vt* MED **jdn ~** mettre qn en hypothermie

unterkühlt *adj* ❶ MED en hypothermie ❷ (*betont kühl*) glacial(e)

Unterkühlung *f* MED hypothermie *f*

Unterkunft ['ʊntɐkʊnft, *Pl:* -kʏnftə] <-, -künfte> *f* (*Nacht-, Ferienquartier*) gîte *m;* (*für längere Zeit*) logement *m*

Unterlage *f* ❶ support *m;* (*Schreibunterlage*) sous-main *m;* (*Bettenunterlage*) alèse *f,* alaise *f* ❷ *meist Pl* (*Beleg, Dokument*) document *m*

Unterlass[RR] ['ʊntɐlas] *m* ▶ **ohne ~** *geh* sans discontinuer

unterlassen* [ʊntɐ'lasən] *vt irr* ❶ (*nicht ausführen*) omettre [de faire] ❷ (*bleiben lassen*) se dispenser de

Unterlassung [ʊntɐ'lasʊŋ] <-, -en> *f* (*Versäumnis*) omission *f*

Unterlassungsdelikt *nt* JUR délit *m* d'omission **Unterlassungsklage** *f* JUR action *f* relative à une obligation de ne pas faire

Unterlauf ['ʊntɐlauf] *m* cours *m* inférieur

unterlaufen* [ʊntɐ'laufən] *irr* **I.** *vi + sein* **jdm ~** *Fehler:* échapper à qn **II.** *vt + haben* (*umgehen*) contourner *Bestimmungen*

unter|legen[1] ['ʊntɐle:gən] *vt* (*darunter legen*) **etw ~** mettre qc dessous; **jdm etw ~** mettre qc sous qn

unterlegen*[2] [ʊntɐ'le:gən] *vt* ❶ (*nachträglich versehen*) **einen Film mit Musik ~** mettre de la musique sur un film ❷ (*polstern*) **etw mit Schaumstoff ~** mettre de la mousse sous qc

unterlegen[3] [ʊntɐ'le:gən] *adj* inférieur(e); **jdm zahlenmäßig ~ sein** être inférieur en nombre à qn

Unterlegene(r) *f(m) dekl wie adj* **der/die ~** celui/celle qui a le dessous

Unterlegenheit <-, *selten* -en> *f* infériorité *f*

Unterleib *m* bas-ventre *m*

unterliegen* [ʊntɐ'li:gən] *vi irr + sein* ❶ (*verlieren*) perdre; **jdm ~** perdre face à qn ❷ (*unterworfen sein*) **der Kontrolle ~** être soumis à un contrôle; **einem Irrtum ~** être victime d'une erreur

Unterlippe *f* lèvre *f* inférieure

unterm ['ʊntɐm] = *fam* **unter dem** *s.* **unter**

untermalen* *vt* agrémenter; **etw mit Musik ~** agrémenter qc de musique

Untermalung <-, -en> *f* (*Begleitmusik*) accompagnement *m* musical

untermauern* *vt* étayer; **etw mit Argumenten ~** étayer qc d'arguments

Untermiete *f* **bei jdm in/zur ~ wohnen** sous-louer une chambre chez qn

Untermieter(in) *m(f)* sous-locataire *mf*

unter|mischen *vt* ajouter

untern ['ʊntɐn] = *fam* **unter den** *s.* **unter**

unternehmen* [ʊntɐ'ne:mən] *vt irr* entreprendre; effectuer *Versuch;* entamer *Schritte;* **etwas zusammen ~** faire quelque chose ensemble

Unternehmen [ʊntɐ'ne:mən] <-s, -> *nt* ❶ (*Firma*) entreprise *f* ❷ (*Vorhaben*) entreprise *f,* opération *f*

Unternehmensberater(in) *m(f)* consultant(e) *m(f)* [en gestion management] **Unternehmensführung** *f* (*Tätigkeit*) direction *f* d'entreprise/de l'entreprise

Unternehmer(in) [ʊntɐ'ne:mɐ] <-s, ->

U

m(f) chef *mf* d'entreprise, entrepreneur(-euse) *m(f)*
unternehmerisch [ʊntɐˈneːmərɪʃ] I. *adj* de chef d'entreprise; **~e Fähigkeiten** le don des affaires II. *adv denken, handeln* en chef d'entreprise
Unternehmertum <-s> *nt* entreprise *f*
Unternehmung [ʊntɐˈneːmʊŋ] <-, -en> *f s.* **Unternehmen 2**
Unternehmungsgeist *m kein Pl* **~ haben** avoir de l'initiative **Unternehmungslust** *f kein Pl* allant *m* **unternehmungslustig** *adj* entreprenant(e), plein(e) d'allant
Unteroffizier [ˈʊntɐʔɔfit͜siːɐ̯] *m (Dienstgrad)* sous-officier *m*
unter|ordnen I. *vt* ❶ *(zurückstellen)* **seine Bedürfnisse einer S.** *(dat)* **~** subordonner ses besoins à qc ❷ *(unterstellen)* **jdm/einer Institution untergeordnet sein** être soumis à qn/à une institution II. *vr* **sich jdm ~** se soumettre à qn
Unterredung [ʊntɐˈreːdʊŋ] <-, -en> *f* entrevue *f*
Unterricht [ˈʊntɐrɪçt] <-[e]s> *m* ❶ *(Unterrichtsstunde)* cours *m; (Schultag)* cours *mpl; (in der Grundschule)* classe *f;* **in den ~ müssen** devoir aller en cours; **jdm ~ in etw** *(dat)* **geben** donner des cours de qc à qn; **bei jdm ~ haben** avoir cours avec qn ❷ *(Unterrichtswesen, Tätigkeit)* enseignement *m* ❸ *(Fahrschulunterricht)* **theoretischer ~** code *m;* **praktischer ~** conduite *f*
unterrichten* [ʊntɐˈrɪçtən] I. *vt* ❶ *(unterweisen)* faire cours à; **jdn in Latein ~** enseigner le latin à qn ❷ *form (informieren)* **jdn über etw** *(akk)***/von etw ~** instruire qn de qc *(soutenu)*; **gut unterrichtet** bien informé(e) II. *vi* **in etw** *(dat)* **~** enseigner qc; **an einem Gymnasium/einer Hochschule ~** enseigner dans un lycée/une université III. *vr* **sich über etw** *(akk)* **~** s'informer de qc
Unterrichtsfach *nt* matière *f;* **das ~ Mathematik** les mathématiques **Unterrichtsstoff** *m* programme *m* **Unterrichtsstunde** *f* heure *f* de cours
Unterrichtung [ʊntɐˈrɪçtʊŋ] <-, -en> *f form* information *f*
Unterrock [ˈʊntɐrɔk] *m* combinaison *f*
unters [ˈʊntɐs] = *fam* **unter das** *s.* **unter**
untersagen* [ʊntɐˈzaːgən] *vt* interdire; **jdm etw ~** interdire qc à qn
Untersatz [ˈʊntɐzat͜s] *m (für Töpfe, Schüsseln)* dessous-de-plat *m* ▶ **fahrbarer ~** *hum fam* bagnole *f*
unterschätzen* [ʊntɐˈʃɛt͜sən] *vt* sous-estimer; **ein nicht zu ~der Gegner** un adversaire avec lequel il faut compter; **eine nicht zu ~de Gefahr** un danger non négligeable
unterscheiden* [ʊntɐˈʃaɪ̯dən] *irr* I. *vt* ❶ *(differenzieren)* différencier *Pflanzen, Tierarten;* **etw von etw ~** faire la différence entre qc et qc ❷ *(auseinanderhalten)* distinguer II. *vi* **zwischen verschiedenen Dingen ~** faire la distinction entre différentes choses III. *vr* **sich in etw** *(dat)* **~** *Personen, Tiere:* différer par qc; **sich von jdm/etw durch etw ~** *(dat)* se distinguer de qn/qc par qc
Unterscheidung *f* distinction *f*
Unterschenkel *m* jambe *f*
Unterschicht *f* classe *f* inférieure [de la société]
unterschieben* *vt irr* **jdm etw ~** attribuer qc à qn
Unterschied [ˈʊntɐʃiːt] <-[e]s, -e> *m* ❶ différence *f;* **im ~ zu euch** à la différence de vous; **[nur] mit dem ~, dass ...** à ceci près que ...; **das macht keinen ~** cela revient au même ❷ *(Unterscheidung)* distinction *f;* **einen ~ machen zwischen ... und ...** faire la différence entre ... et ...
unterschiedlich I. *adj* différent(e) II. *adv behandeln* d'une manière différente; **~ groß sein** avoir une taille différente
unterschiedslos *adv* indifféremment
unterschlagen* [ʊntɐˈʃlaːgən] *vt irr* ❶ JUR soustraire *Testament;* **Geld ~** détourner de l'argent ❷ *(vorenthalten)* dissimuler *Informationen, Beweise*
Unterschlagung <-, -en> *f* détournement *m,* soustraction *f*
Unterschlupf [ˈʊntɐʃlʊp͜f] <-[e]s, -e> *m* refuge *m*
unter|schlüpfen *vi + sein fam* **bei jdm ~** se réfugier chez qn
unterschreiben* [ʊntɐˈʃraɪ̯bən] *irr* I. *vt* signer *Dokument* II. *vi* apposer sa signature; **mit vollem Namen ~** signer avec nom et prénom
unterschreiten* *vt irr* être inférieur à
Unterschrift *f* signature *f*
Unterschriftenliste *f,* **Unterschriftensammlung** *f* pétition *f*
unterschwellig *adj* subliminal(e)
Unterseeboot [ˈʊntɐzeːboːt] *nt* sous-marin *m*
unterseeisch [ˈʊntɐzeːɪʃ] *adj* sous-marin(e)
Unterseite *f eines Geräts, Tellers* dessous *m; einer Decke, Matratze* envers *m*

Untersetzer ['ʊntɐzɛtsɐ] *m s.* **Untersatz**
untersetzt [ʊntɐ'zɛtst] *adj* trapu(e)
unterspülen* [ʊntɐ'ʃpy:lən] *vt* creuser
Unterstand ['ʊntɐʃtant] *m* abri *m*
unterste(r, s) ['ʊntɐstə, -tɐ, -təs] *adj Superl von* **untere(r, s)** ▶ **das Unterste zuoberst kehren** mettre tout sens dessus dessous
unterstehen* *irr* **I.** *vi* (*untergeben sein*) **jdm/einer S.** ~ dépendre de qn/qc; **ihm ~ zehn Mitarbeiter** il a dix collaborateurs sous ses ordres **II.** *vr* **untersteh dich [ja nicht]!** essaie un peu pour voir!; **was ~ Sie sich?** pour qui vous prenez-vous?
unterstellen*[1] [ʊntɐ'ʃtɛlən] *vt* ① **ihm/ihr sind vier Mitarbeiter unterstellt** il/elle a quatre collaborateurs sous ses ordres ② (*vorwerfen*) **jdm Nachlässigkeit ~** taxer qn de négligence ③ (*annehmen*) ~ **wir einmal, dass** supposons que + *subj*
unter|stellen[2] ['ʊntɐʃtɛlən] **I.** *vt* rentrer *Fahrrad* **II.** *vr* **sich ~** s'abriter, se mettre à l'abri
Unterstellung *f* (*falsche Behauptung*) allégation *f* [mensongère]
unterstreichen* [ʊntɐ'ʃtraiçən] *vt irr* (*markieren*) souligner
Unterstufe *f* premier cycle *m*
unterstützen* [ʊntɐ'ʃtʏtsən] *vt* ① (*helfen*) **jdn bei etw/in etw** (*dat*) ~ soutenir qn dans qc ② (*finanziell fördern*) subventionner *Projekt;* **jdn ~** soutenir qn financièrement ③ (*sich einsetzen für*) appuyer
Unterstützung *f* ① *kein Pl* (*Hilfe*) soutien *m* ② FIN aide *f* financière
untersuchen* [ʊntɐ'zu:xən] *vt* ① MED examiner *Person;* analyser *Blut;* **das Blut auf Erreger ~** faire une analyse de sang bactériologique ② (*erforschen*) étudier ③ (*überprüfen*) examiner, procéder à l'examen de *Vorfall* ④ (*durchsuchen*) **jdn/etw auf Waffen/Drogen ~** fouiller qn/qc à la recherche d'armes/de drogues
Untersuchung <-, -en> *f* ① MED *eines Patienten* examen *m* ② (*Studie, Analyse*) étude *f* ③ (*durch die Polizei*) enquête *f*
Untersuchungsausschuss[RR] *m* commission *f* d'enquête **Untersuchungshaft** *f* détention *f* provisoire **Untersuchungsrichter(in)** *m(f)* juge *m* d'instruction
Untertan(in) ['ʊntɐta:n] <-en, -en> *m(f)* sujet(te) *m(f)*
Untertasse *f* soucoupe *f*
unter|tauchen ['ʊntɐtauxən] *vi + sein* ① (*tauchen*) plonger ② (*sich verstecken*) se planquer (*fam*); **im Ausland ~** se réfugier à l'étranger ③ (*verschwinden*) **in der Menge** (*dat*) ~ se fondre dans la foule
Unterteil *nt o m* partie *f* inférieure, bas *m*
unterteilen* [ʊntɐ'tailən] *vt* ① (*einteilen*) **etw in Spalten ~** (*akk*) diviser qc en colonnes; **etw noch einmal/weiter ~** [encore] subdiviser qc ② (*aufteilen*) partager *Raum*
Unterteilung <-, -en> *f* (*das Unterteiltsein*) subdivision *f*
Untertitel *m* sous-titre *m;* **mit ~n** sous-titré(e)
Unterton <-töne> *m* pointe *f*
untertreiben* [ʊntɐ'traibən] *irr* **I.** *vt* minimiser **II.** *vi* rester en deçà de la vérité
Untertreibung <-, -en> *f* litote *f*
untertunneln* [ʊntɐ'tʊnəln] *vt* percer un tunnel sous
untervermieten* *vt, vi* sous-louer
unterversichert *adj* ~ **sein** être insuffisamment assuré
Unterwalden ['ʊntɐvaldən] <-s> *nt* l'Unterwald *m*
unterwandern* [ʊntɐ'vandɐn] *vt* noyauter
Unterwanderung *f* noyautage *m*
Unterwäsche ['ʊntɐvɛʃə] *f* sous-vêtements *mpl;* (*Damenunterwäsche*) lingerie *f*
unterwegs [ʊntɐ've:ks] *adv* ① ~ **nach Berlin sein** être en route pour Berlin; **für ~** pour la route ② (*auf, während der Reise*) en cours de route
unterweisen* [ʊntɐ'vaizən] *vt irr geh* **jdn in etw** (*dat*) ~ instruire qn dans qc
Unterweisung *f geh* instruction *f*
Unterwelt ['ʊntɐvɛlt] *f kein Pl* ① (*Kriminellenmilieu*) pègre *f* ② HIST enfers *mpl*
unterwerfen* [ʊntɐ'vɛrfən] *irr* **I.** *vt* ① (*unterjochen*) soumettre ② (*unterziehen*) **jdn einer S.** (*dat*) ~ soumettre qn à qc **II.** *vr* **sich einer S.** (*dat*) ~ se soumettre à qc
unterwürfig [ʊntɐ'vʏrfɪç] *adj pej Person* obséquieux(-euse); *Verhalten* servile
Unterwürfigkeit <-> *f pej* obséquiosité *f*, servilité *f*
unterzeichnen* [ʊntɐ'tsaiçnən] *vt form* signer
Unterzeichner(in) [ʊntɐ'tsaiçnɐ] *m(f) form* signataire *mf*
Unterzeichnung *f form* signature *f*
unterziehen*[1] [ʊntɐ'tsi:ən] *irr* **I.** *vr* **sich einer S.** (*dat*) ~ se soumettre à qc; **sich einer Operation ~** subir une opération **II.** *vt* **jdn/etw einer S.** (*dat*) ~ soumettre qn/qc à qc
unter|ziehen[2] ['ʊntɐtsi:ən] *vt irr* mettre

dessous; [**sich** (*dat*)] **ein T-Shirt ~** mettre un tee-shirt dessous

Untiefe *f* (*seichte Stelle*) bas-fond *m*

Untier *nt* monstre *m*

untragbar *adj Zustand* insupportable

untrennbar [ʊn'trɛnba:ɐ̯] *adj* inséparable; *Wort* insécable

untreu *adj* ① (*nicht treu*) infidèle; **jdm ~ sein** tromper qn ② *fig geh* **sich/einer S.** (*dat*) **~ werden** être infidèle à soi-même/à qc

Untreue *f* infidélité *f*

untröstlich [ʊn'trø:stlɪç] *adj* ① (*traurig*) inconsolable ② (*voller Bedauern*) **ich bin ~, dass ich es vergessen habe** je suis [absolument] désolé(e) de l'avoir oublié

untrüglich *adj* qui ne trompe pas

Untugend *f* (*schlechte Angewohnheit*) mauvaise habitude *f*

untypisch *adj* inhabituel(le); **~ für jdn sein** ne pas ressembler à qn

unüberbrückbar [ʊnʔy:bɐ'brʏkba:ɐ̯] *adj Gegensätze* inconciliable

unüberhörbar [ʊnʔy:bɐ'hø:ɐ̯ba:ɐ̯] *adj* ① (*laut*) **ein ~es Klingeln** une sonnerie qu'on ne peut pas ne pas entendre ② (*deutlich*) *Vorwurf, Spott* qu'on ne peut ignorer

unüberlegt ['ʊnʔy:bɐle:kt] **I.** *adj* inconsidéré(e) **II.** *adv handeln* sans réfléchir

unübersehbar [ʊnʔy:bɐ'ze:ba:ɐ̯] **I.** *adj* ① *Konsequenzen* dont on ne peut estimer la gravité; *Kosten* dont on ne peut estimer le montant ② *Mängel* qui saute aux yeux **II.** *adv* **~ groß** immense

unübersetzbar [ʊnʔy:bɐ'zɛtsba:ɐ̯] *adj* intraduisible

unübersichtlich ['ʊnʔy:bɐzɪçtlɪç] *adj* ① *Kurve* sans visibilité; *Gelände* sans vue dégagée ② (*schlecht lesbar*) confus(e), peu clair(e) ③ (*nicht einschätzbar*) confus(e)

unübertrefflich [ʊnʔy:bɐ'trɛflɪç] **I.** *adj* insurpassable; (*unvergleichlich*) inégalable **II.** *adv* **~ gut** mieux que tout; **dieses ~ elegante Design** ce design d'une élégance inégalée

unübertroffen [ʊnʔy:bɐ'trɔfən] *adj* inégalé(e)

unüberwindlich [ʊnʔy:bɐ'vɪntlɪç] *adj* insurmontable

unüblich ['ʊnʔy:plɪç] *adj* inhabituel(le)

unumgänglich [ʊnʔʊm'gɛŋlɪç] *adj* inévitable

unumschränkt [ʊnʔʊm'ʃrɛŋkt] *adj Herrschaft, Macht* absolu(e)

unumstößlich [ʊnʔʊm'ʃtø:slɪç] *adj Entschluss* irrévocable; *Tatsache* irréfutable

unumstritten [ʊnʔʊm'ʃtrɪtən] **I.** *adj* incontesté(e); **es ist ~, dass ...** il est incontestable que ... **II.** *adv* **von ~ guter Qualität** d'une qualité incontestable

unumwunden *adv* sans ambages

ununterbrochen [ʊnʔʊntɐ'brɔxən] **I.** *adj* ① (*andauernd*) incessant(e) ② (*nicht unterbrochen*) ininterrompu(e) **II.** *adv* sans arrêt; **~ reden** ne pas arrêter de parler

unveränderlich [ʊnfɛɐ̯'ʔɛndɐlɪç] *adj* ① *Ausdauer* invariable; *Fleiß* immuable ② *Größe* invariable, constant(e)

unverändert [ʊnfɛɐ̯'ʔɛndɐt] **I.** *adj* ① *Gesundheit* stable; *Einsatz* constant(e) ② (*ohne Änderung*) intégral(e) **II.** *adv* toujours; **morgen ist es wieder ~ kalt** pas de changement pour demain, il fera froid

unverantwortlich [ʊnfɛɐ̯'ʔantvɔrtlɪç] **I.** *adj Dummheit, Leichtsinn* inexcusable; *Verhalten* irresponsable **II.** *adv handeln* en personne irresponsable, à la légère

unveräußerlich [ʊnfɛɐ̯'ʔɔysɐlɪç] *adj* inaliénable

unverbesserlich [ʊnfɛɐ̯'bɛsɐlɪç] *adj* incorrigible

unverbindlich ['ʊnfɛɐ̯bɪntlɪç] *adj* ① *Auskunft* sans engagement ② *Art* peu amène

Unverbindlichkeit <-> *f* (*mangelndes Entgegenkommen*) attitude *f* peu amène

unverbleit ['ʊnfɛɐ̯blait] *adj Benzin* sans plomb

unverblümt [ʊnfɛɐ̯'bly:mt] *adj* direct(e), sans détour

unverbraucht ['ʊnfɛɐ̯braʊxt] *adj* ① (*frisch*) *Luft* pur(e) ② *fig Mitarbeiter* encore neuf(neuve)

unverdächtig ['ʊnfɛɐ̯dɛçtɪç] **I.** *adj* non suspect(e) **II.** *adv* sans éveiller les soupçons

unverdaulich *adj* non assimilable [par l'organisme]

unverdaut ['ʊnfɛɐ̯daut] **I.** *adj* non digéré(e) **II.** *adv* **~ wieder ausgeschieden werden** être éliminé sans avoir été digéré

unverdient ['ʊnfɛɐ̯di:nt] **I.** *adj* immérité(e) **II.** *adv zufallen, zuteilwerden* indûment

unverdientermaßen *adv* sans l'avoir mérité; (*unverschuldet*) injustement

unverdorben ['ʊnfɛɐ̯dɔrbən] *adj* ① *Speisen* non gâté(e) ② *fig Person, Charakter* pur(e)

unverdrossen ['ʊnfɛɐ̯drɔsən] *adv* sans se décourager

unvereinbar *adj* incompatible; **mit etw ~ sein** être incompatible avec qc

unverfälscht [ʊnfɛɐ̯'fɛlʃt] *adj Lebensmittel* non trafiqué(e); *Wein* non frelaté(e)

unverfänglich *adj* qui ne prête pas à mal

unverfroren ['ʊnfɛɐ̯fro:rən] *adj* effronté(e); ~ **sein** être effronté, avoir de l'audace

Unverfrorenheit <-, -en> *f* ❶ *kein Pl* (*Dreistigkeit*) effronterie *f* ❷ (*Äußerung*) audace *f* verbale

unvergänglich ['ʊnfɛɐ̯gɛŋlɪç] *adj* impérissable

unvergessen ['ʊnfɛɐ̯gɛsən] *adj* **jdm ~ bleiben** conserver le souvenir de qn/qc

unvergesslichRR [ʊnfɛɐ̯'gɛslɪç] *adj* inoubliable; **etw ist jdm ~** qn ne peut oublier qc

unvergleichlich [ʊnfɛɐ̯'glaɪ̯çlɪç] **I.** *adj* sans pareil(le), incomparable **II.** *adv gut* extrêmement; **~ schön/wertvoll** d'une beauté/valeur sans pareille

unverhältnismäßig *adv* excessivement

unverheiratet *adj* non marié(e)

unverhofft [ʊnfɛɐ̯'hɔft] **I.** *adj* inespéré(e); *Besuch* inattendu(e) **II.** *adv besuchen* à l'improviste ▶ **~ kommt oft** il faut s'attendre à tout, tout peut arriver

unverhohlen *adv beobachten* ouvertement, sans se cacher

unverkäuflich [ʊnfɛɐ̯'kɔyflɪç] *adj* qui ne peut être vendu; **~es Muster** échantillon *m* gratuit

unverkennbar *adj* indéniable

unvermeidbar [ʊnfɛɐ̯'maɪ̯tba:ɐ̯] *adj*, **unvermeidlich** [ʊnfɛɐ̯'maɪ̯tlɪç] *adj* inévitable

unvermindert **I.** *adj* non diminué(e), intact(e) **II.** *adv andauern, weiterregnen* constamment; *weitertoben* sans faiblir, sans désemparer

unvermittelt *adj* soudain(e)

Unvermögen *nt kein Pl* impuissance *f*

unvermutet **I.** *adj* inattendu(e) **II.** *adv* à l'improviste

Unvernunft *f* manque *m* de bon sens

unvernünftig **I.** *adj* déraisonnable; **~ sein** ne pas être raisonnable; **es ist ~, etw zu tun** ce n'est pas raisonnable de faire qc **II.** *adv* **~ handeln** ne pas agir en personne raisonnable

unveröffentlicht *adj* inédit(e)

unverschämt **I.** *adj* ❶ (*dreist*) impertinent(e), insolent(e); **~es Benehmen** impertinence *f*, insolence *f* ❷ *Frechheit* qui dépasse les bornes; *Preis* exorbitant(e); **~es Glück haben** *fam* avoir un sacré pot **II.** *adv* ❶ *grinsen, lügen* avec insolence ❷ *fam* (*äußerst*) vachement; **~ teure Preise** des prix exorbitants

Unverschämtheit <-, -en> *f* (*unverschämte Art*) impertinence *f*

unverschleiert *adj a. fig* non voilé(e)

unverschuldet ['ʊnfɛɐ̯ʃʊldət] **I.** *adj* **~er Unfall** *accident dans lequel la responsabilité de l'assuré n'est pas engagée* **II.** *adv* sans en être responsable

unversehens ['ʊnfɛɐ̯ze:əns] *s.* **unvermutet**

unversehrt ['ʊnfɛɐ̯ze:ɐ̯t] *adj Person* indemne

unversöhnlich ['ʊnfɛɐ̯zø:nlɪç] *adj* irréconciliable; *Widersacher, Gegner* irréductible

Unverstand ['ʊnfɛɐ̯ʃtant] *m geh* inconscience *f*

unverstanden ['ʊnfɛɐ̯ʃtandən] *adj* incompris(e)

unverständig *adj Erwachsener* ignorant(e)

unverständlich ['ʊnfɛɐ̯ʃtɛntlɪç] *adj* ❶ (*undeutlich*) incompréhensible, inintelligible ❷ (*unbegreifbar*) incompréhensible

Unverständnis *nt* incompréhension *f*

unversteuert ['ʊnfɛɐ̯ʃtɔyɐ̯t] *adj* non imposé(e); *Einnahme* non taxé(e)

unversucht ['ʊnfɛɐ̯zu:xt] *adj* **nichts ~ lassen** tout tenter

unverträglich ['ʊnfɛɐ̯trɛ:klɪç] *adj* ❶ *Person* peu sociable, insociable ❷ *Lebensmittel* indigeste

Unverträglichkeit *f kein Pl* ❶ SOZIOL insociabilité *f* ❷ MED incompatibilité *f*

unverwandt *geh adj Blick* fixe

unverwechselbar [ʊnfɛɐ̯'vɛksəlba:ɐ̯] *adj Person* unique; *Gegenstand* très caractéristique

unverwundbar [ʊnfɛɐ̯'vʊntba:ɐ̯] *adj* invulnérable

unverwüstlich [ʊnfɛɐ̯'vy:stlɪç] *adj Möbel, Material* très résistant(e), à toute épreuve; *Bodenbelag* inusable

unverzagt ['ʊnfɛɐ̯tsa:kt] *adj* **~ sein** ne pas se laisser abattre

unverzeihlich [ʊnfɛɐ̯'tsaɪ̯lɪç] *adj* impardonnable

unverzichtbar [ʊnfɛɐ̯'tsɪçtba:ɐ̯] *adj* indispensable; **für jdn ~ sein** être indispensable à qn

unverzinslich [ʊnfɛɐ̯'tsɪnslɪç] *adj* sans intérêt

unverzollt ['ʊnfɛɐ̯tsɔlt] *adj* non déclaré(e)

unverzüglich [ʊnfɛɐ̯'tsy:klɪç] **I.** *adj* immédiat(e) **II.** *adv* sans attendre

unvollendet ['ʊnfɔlʔɛndət] *adj* inachevé(e)

unvollkommen ['ʊnfɔlkɔmən] *adj* imparfait(e), incomplet(-ète)

Unvollkommenheit *f* imperfection *f*

U

unvollständig ['ʊnfɔlʃtɛndɪç] **I.** *adj* incomplet(-ète) **II.** *adv* de façon incomplète

Unvollständigkeit *f einer Aufstellung, Liste* état *m* incomplet

unvorbereitet ['ʊnfoːɐ̯bəraitət] **I.** *adj Vortrag* improvisé(e); *Prüfung* non préparé(e) **II.** *adv* ❶ *unterrichten* sans préparation, sans avoir préparé; ~ **in eine Prüfung gehen** se présenter à un examen sans avoir révisé; ~ **eine Rede halten** improviser un discours ❷ (*unerwartet*) de façon inattendue

unvoreingenommen ['ʊnfoːɐ̯ʔaingənɔmən] *adj, adv* sans prévention

Unvoreingenommenheit *f* absence *f* de prévention

unvorhergesehen ['ʊnfoːɐ̯heːɐ̯gəzeːən] **I.** *adj* imprévu(e) **II.** *adv eintreten, passieren* de façon imprévue; *besuchen* à l'improviste

unvorschriftsmäßig ['ʊnfoːɐ̯ʃrɪftsmɛːsɪç] **I.** *adj* non réglementaire **II.** *adv parken, handeln* non conformément à la réglementation

unvorsichtig ['ʊnfoːɐ̯zɪçtɪç] *adj Verhalten* imprudent(e); *Bemerkung* inconsidéré(e)

Unvorsichtigkeit <-, -en> *f* imprudence *f*

unvorstellbar [ʊnfoːɐ̯'ʃtɛlbaːɐ̯] *adj* inimaginable, inconcevable; **es ist ~, dass** il est inimaginable que + *subj*

unvorteilhaft *adj* ❶ peu flatteur(-euse) ❷ (*nachteilig*) désavantageux(-euse)

unwägbar *adj* difficile à évaluer, impondérable

Unwägbarkeit <-, -en> *f* impondérabilité *f*

unwahr *adj* contraire à la vérité, faux(fausse)

Unwahrheit *f* **die ~ sagen** mentir

unwahrscheinlich ['ʊnvaːɐ̯ʃainlɪç] *adj* ❶ (*kaum denkbar*) invraisemblable; **es ist ~, dass …** il est peu vraisemblable que … + *subj* ❷ *fam* (*unerhört*) sacré(e) *antéposé*

Unwahrscheinlichkeit *f* invraisemblance *f*

unwegsam ['ʊnveːkzaːm] *adj* peu praticable

unweiblich *adj pej* peu féminin(e); ~ **sein** manquer de féminité

unweigerlich [ʊn'vaigɐlɪç] *adj attr* inévitable, inéluctable

unweit *präp + gen* ~ **des Hauses** près de la maison

Unwesen *nt* (*Missstand*) fléau *m* ▸ **sein ~ treiben** sévir

unwesentlich **I.** *adj* minime **II.** *adv* à peine

Unwetter *nt* tempête *f*

Unwetterwarnung *f* METEO alerte *f* météo

unwichtig ['ʊnvɪçtɪç] *adj* insignifiant(e), sans importance

unwiderlegbar [ʊnviːdɐleːkbaːɐ̯] **I.** *adj* irréfutable **II.** *adv beweisen* incontestablement

unwiderruflich [ʊnviːdɐ'ruːflɪç] *adj* irrévocable

unwiderstehlich [ʊnviːdɐ'ʃteːlɪç] *adj* irrésistible

unwiederbringlich [ʊnviːdɐ'brɪŋlɪç] *adj geh Verlust* irréparable

Unwille ['ʊnvɪlə] *m geh* (*Verärgerung*) mécontentement *m*, irritation *f*

unwillig **I.** *adj* (*verärgert*) maussade, renfrogné(e) **II.** *adv* (*widerwillig*) à contre-cœur

unwillkommen *adj* importun(e)

unwillkürlich **I.** *adj* involontaire **II.** *adv* sans le faire exprès, *lachen* sans le vouloir

unwirklich *adj* irréel(le)

unwirksam ['ʊnvɪrkzam] *adj* ❶ (*wirkungslos*) inefficace ❷ (*nichtig*) nul(le)

Unwirksamkeit *f kein Pl* inefficacité *f*

unwirsch ['ʊnvɪrʃ] *adj* (*barsch*) brusque; *Person* bourru(e)

unwirtlich ['ʊnvɪrtlɪç] *adj* inhospitalier(-ière)

unwirtschaftlich ['ʊnvɪrtʃaftlɪç] *adj Fahrweise* peu économique; *Verfahren* peu rentable

Unwissen *nt* ignorance *f*

unwissend ['ʊnvɪsənt] *adj* ❶ ignorant(e), ignare (*péj*) ❷ (*ahnungslos*) ~ **sein** ne pas être au courant

Unwissenheit ['ʊnvɪsənhait] <-> *f* ignorance *f*

unwissenschaftlich ['ʊnvɪsənʃaftlɪç] *adj* non scientifique

unwissentlich ['ʊnvɪsəntlɪç] *adv* en toute innocence

unwohl *adj* **sich ~ fühlen** (*schlecht*) ne pas se sentir bien; (*unbehaglich*) être mal à l'aise

Unwohlsein ['ʊnvoːlzain] *nt* indisposition *f*

unwohnlich *adj* inconfortable

Unwucht ['ʊnvʊxt] <-, -en> *f* TECH déséquilibre *m*, balourd *m*

unwürdig ['ʊnvʏrdɪç] *adj* **einer S.** (*gen*) ~ **sein** être indigne de qc

Unzahl ['ʊntsaːl] *f* **eine ~ von etw** une multitude de qc
unzählbar [ʊn'tsɛːlbaːɐ̯] *adj* innombrable
unzählig [ʊn'tsɛːlɪç] *adj* **~e Anhänger/Freunde** d'innombrables adeptes/amis; **~e Male** maintes et maintes fois
Unze ['ʊntsə] <-, -n> *f* once *f*
Unzeit ['ʊntsait] *f* ▸ **zur ~** *geh* (*sehr spät oder früh*) à une heure indue
unzeitgemäß ['ʊntsaitgəmɛːs] *adj* (*überholt*) démodé(e), suranné(e)
unzerbrechlich [ʊntsɛɐ̯'brɛçlɪç] *adj* incassable
unzerstörbar [ʊntsɛɐ̯'ʃtøːɐ̯baːɐ̯] *adj* indestructible
unzertrennlich [ʊntsɛɐ̯'trɛnlɪç] *adj* inséparable
unzivilisiert ['ʊntsiviliziːɐ̯t] *pej* **I.** *adj Person* non civilisé(e) **II.** *adv sich benehmen* comme un sauvage
Unzucht *f* **~ mit Kindern** attentat *m* à la pudeur sur des enfants
unzüchtig *adj* obscène
unzufrieden *adj* mécontent(e), insatisfait(e); **mit jdm/etw ~ sein** être mécontent de qn/qc
Unzufriedenheit *f* mécontentement *m*
unzugänglich ['ʊntsuːgɛŋlɪç] *adj* ① *Gegend, Ortschaft* inaccessible ② *Person, Charakter* renfermé(e), impénétrable
Unzukömmlichkeit *f* CH *s.* **Unzulänglichkeit**
unzulänglich ['ʊntsuːlɛŋlɪç] **I.** *adj* insuffisant(e) **II.** *adv* insuffisamment
Unzulänglichkeit <-, -en> *f* insuffisance *f*
unzulässig ['ʊntsuːlɛsɪç] *adj Maßnahme* inadmissible; *Methode* illicite; *Beschluss* irrecevable
unzumutbar ['ʊntsuːmuːtbaːɐ̯] *adj Belastung* intolérable
unzurechnungsfähig ['ʊntsuːrɛçnʊŋsfɛːɪç] *adj* irresponsable
Unzurechnungsfähigkeit *f kein Pl* irresponsabilité *f*
unzureichend ['ʊntsuːraiçənt] *s.* **unzulänglich**
unzusammenhängend ['ʊntsuzamənhɛŋənt] *adj* incohérent(e)
unzuständig ['ʊntsuːʃtɛndɪç] *adj Gericht* incompétent(e)
Unzuständigkeit *f kein Pl* JUR incompétence *f*
unzustellbar ['ʊntsuːʃtɛlbaːɐ̯] *adj Brief, Paket* qui ne peut être distribué; **„~“** “destinataire inconnu(e) à l'adresse indiquée”
unzutreffend ['ʊntsuːtrɛfənt] *adj* inexact(e)
unzuverlässig ['ʊntsuːfɛɐ̯lɛsɪç] *adj* ① *Person* sur qui on ne peut [pas] compter; **er/sie ist ~** il/elle n'est pas fiable, on ne peut pas se fier à lui/elle ② *Zeuge* peu crédible
Unzuverlässigkeit *f* ① (*mangelnde Verlässlichkeit*) manque *m* de fiabilité ② (*Unglaubwürdigkeit*) manque *m* de crédibilité
unzweckmäßig ['ʊntsvɛkmɛːsɪç] *adj* ① *Ausrüstung* inapproprié(e), inadéquat(e) ② *Maßnahme* inapproprié(e)
Unzweckmäßigkeit <-> *f* caractère *m* inapproprié
unzweideutig ['ʊntsvaidɔytɪç] *adj, adv* sans ambiguïté
unzweifelhaft *geh adj* indubitable
Update ['apdeːt] <-s, -s> *nt* INFORM dernière version *f*
updaten ['apdeːtən] <update, updatete, upgedatet> *vt* INFORM ① (*aktualisieren*) actualiser *Programm, Computer* ② *fam* (*aktuell informieren*) briefer *Person*
Upload ['aploːd] <-s, -s> *m* INET téléchargement *m* [vers l'amont]
uploaden ['aploːdən] *vt, vi* INET télécharger [vers l'amont]
üppig ['ʏpɪç] *adj* ① *Mahlzeit* copieux(-euse), plantureux(-euse) ② *Vegetation* luxuriant(e) ③ *Formen* opulent(e); *Lippen* voluptueux(-euse)
Üppigkeit <-> *f geh* luxuriance *f*
Urabstimmung ['uːɐ̯ʔapʃtɪmʊŋ] *f* consultation *f* de la base **Urahn** ['uːɐ̯ʔaːn] *m*, **-ahne** *f* ancêtre *mf*
Ural [u'raːl] <-s> *m* **der ~** l'Oural *m*
uralt *adj* ① *Baum* très vieux(vieille); *Brauch* très ancien(ne); **aus ~en Zeiten** de temps immémoriaux ② *fam Trick* archiconnu(e)
Uran [u'raːn] <-s> *nt* CHEM uranium *m*
Urananreicherung *f* enrichissement *m* de l'uranium
uranhaltig *adj* uranifère
Uranus ['uːranʊs] <-> *m* ASTRON [**der**] ~ [la planète] Uranus
uraufführen ['uːɐ̯ʔauffyːrən] <uraufgeführt> *vt nur Infin und PP* **das Stück wird im nächsten Monat uraufgeführt** la première de la pièce aura lieu le mois prochain
Uraufführung *f* première représentation *f*
urban *adj geh* urbain(e)
urbanisieren* [ʊrbani'ziːrən] *vt* urbaniser *Gebiet*
urbar *adj* ▸ **etw ~ machen** rendre qc propre à la culture
Urbevölkerung *f* population *f* autochtone
urchig ['ʊrçɪç] CH *s.* **urig**

urdeutsch ['uːɐ̯dɔytʃ] *adj* typiquement allemand(e) **ureigen** ['uːɐ̯ʔaigən] *adj* personnel(le) **Ureinwohner(in)** *m(f)* aborigène *mf* **Urenkel(in)** ['uːɐ̯ʔɛŋkəl] *m(f)* arrière-petit-fils *m*/arrière-petite-fille *f* **Urform** *f* forme *f* primitive **urgemütlich** ['uːɐ̯gə'myːtlɪç] *adj fam* très sympa **Urgeschichte** ['uːɐ̯gəʃɪçtə] *f kein Pl* préhistoire *f pas de pl* **urgeschichtlich** *adj* préhistorique **Urgestein** *nt* roche *f* primitive **Urgewalt** *f geh* force *f* prodigieuse

urgieren [ʊr'giːrən] *vt* A (*anmahnen*) faire avancer *Angelegenheit;* **eine Antwort ~** demander d'urgence une réponse

Urgroßeltern ['uːɐ̯groːsʔɛltɐn] *Pl* arrière-grands-parents *mpl* **Urgroßmutter** ['uːɐ̯groːsmʊtɐ] *f* arrière-grand-mère *f* **Urgroßvater** *m* arrière-grand-père *m*

Urheber(in) ['uːɐ̯heːbɐ] <-s, -> *m(f)* ① (*Autor*) auteur *m;* **der geistige ~** le père spirituel ② (*Initiator*) initiateur(-trice) *m(f); eines Streits, einer Intrige* instigateur(-trice) *m(f)*

Urheberrecht *nt* ① *eines Autors* droit *m* d'auteur, copyright *m* ② (*Gesetz*) loi *f* sur la propriété littéraire et artistique

urheberrechtlich I. *adj* concernant le droit d'auteur II. *adv* **~ geschützt sein** être protégé [par un copyright]

Urheberschaft <-> *f eines Autors* qualité *f* d'auteur; *eines Künstlers* paternité *f* artistique

Uri ['uːri] <-s> *nt* l'Uri *m*

urig ['uːrɪç] *adj fam* ① *Kauz* folklo, farfelu(e) ② *Weinkeller* très couleur locale

Urin [u'riːn] <-s, -e> *m* urine *f*

Urinal [uri'naːl] <-s, -e> *nt* urinoir *m*

urinieren* [uri'niːrən] *vi form* uriner

Urinstinkt ['uːɐ̯-] *m* instinct *m* inné **Urknall** *m kein Pl* big[-]bang *m* **urkomisch** ['uːɐ̯'koːmɪʃ] *adj fam* tordant(e)

Urkunde ['uːɐ̯kʊndə] <-, -n> *f* ① (*Dokument*) document *m,* pièce *f* officielle; **notarielle ~** acte *m* notarié ② (*Ernennungsurkunde*) arrêté *m* de nomination ③ (*Diplom*) diplôme *m*

Urkundenfälschung *f* faux *m* en écriture

urkundlich ['uːɐ̯kʊntlɪç] *adv belegen* par un document

Urlaub ['uːɐ̯laup] <-[e]s, -e> *m* congé *m;* **bezahlter/unbezahlter ~** congés payés/non payés; **~ haben** être en congé; **~ in Spanien machen** passer ses vacances en Espagne

Urlauber(in) <-s, -> *m(f)* vacancier *m*

Urlaubsanspruch *m* jours *mpl* de congé légaux **Urlaubsgeld** *nt* prime *f* de vacances **Urlaubsort** *m* lieu *m* de vacances **urlaubsreif** *adj fam* **~ sein** avoir besoin de vacances **Urlaubsreise** *f* voyage *m;* **vor einer ~** avant de partir en vacances **Urlaubstag** *m* ① (*Ferientag*) jour *m* de vacances ② *eines Arbeitnehmers* jour *m* de congé **Urlaubszeit** *f* (*Ferienzeit*) période *f* des vacances

Urmensch *m* homme *m* préhistorique

Urne ['ʊrnə] <-, -n> *f* urne *f*

Urnengang <-gänge> *m* élections *fpl* **Urnengrab** *nt* niche *f* de columbarium

Urologe <-n, -n> *m,* **Urologin** *f* urologue *mf*

Urologie <-> *f* urologie *f*

urplötzlich ['uːɐ̯'plœtslɪç] I. *adj attr Auftreten* soudain(e); *Einfall* subit(e) II. *adv* subitement

Ursache *f* cause *f,* raison *f;* **aus ungeklärter/unbekannter ~** pour une raison inexpliquée/inconnue; **~ und Wirkung** la cause et l'effet ▶ **keine ~!** [il n'y a] pas de quoi!

ursächlich *adj* **für etw ~ sein** être la cause de qc; **diese Dinge stehen in ~em Zusammenhang** il y a une relation de cause à effet entre ces choses

Urschrift *f eines Dokuments* original *m*

Ursprung <-s, Ursprünge> *m einer Zivilisation* origines *fpl; eines Wortes* origine *f;* **vulkanischen ~s sein** être d'origine volcanique

ursprünglich ['uːɐ̯ʃprʏŋlɪç] I. *adj* ① *attr Projekt* initial(e); *Haltung* premier(-ière); *Absicht* à l'origine ② *Landschaft* à l'état sauvage ③ *Brauchtum* archaïque II. *adv* au début, à l'origine

Ursprungsland *nt* pays *m* d'origine

Urteil ['ʊrtail] <-s, -e> *nt* ① JUR jugement *m,* arrêt *m;* **ein ~ fällen** rendre un jugement ② (*Meinung*) opinion *f;* **ein ~ über jdn/etw fällen** porter un jugement sur qn/qc; **sich** (*dat*) **ein ~ über etw** (*akk*) **erlauben** se permettre de porter un jugement sur qc

urteilen ['ʊrtailən] *vi* juger; **über jdn/etw ~** juger qn/qc; **schnell/voreilig ~** émettre un jugement rapide/précipité

Urteilsbegründung *f* attendus *mpl* du jugement **Urteilsfindung** *f* formation *f* d'un jugement **Urteilsspruch** *m* verdict *m,* sentence *f* **Urteilsvermögen** *nt* [faculté *f* de] jugement *m*

Urtext *m* [texte *m*] original *m* **Urtrieb** *m* instinct *m* inné

urtümlich ['uːɐ̯tyːmlɪç] *adj* ancestral(e)

Uruguay ['uːrugvai̯, 'ʊrugvai̯, uru'gu̯ai̯] <-s> *nt* l'Uruguay *m*
Urur̲enkel(in) ['uːɐ̯ʔuːɐ̯-] *m(f)* arrière--arrière-petit-fils *m*/arrière-arrière-petite--fille *f* **Ur̲urgroßmutter** *f* trisaïeule *f* **Ur̲urgroßvater** *m* trisaïeul *m*
Ur̲wald ['uːɐ̯valt] *m* forêt *f* vierge **ur̲weltlich** *adj* primitif(-ive)
ur̲wüchsig ['uːɐ̯vyːksɪç] *adj* primitif(-ive)
Ur̲zeit *f* **die ~** l'ère *f* primaire ▶ **seit ~en** *fam* ça fait des éternités que ... (*hum*); **vor ~en** *fam* y a des lustres (*hum*) **Ur̲zustand** *m* état primitif *m*
USA [uːʔɛs'ʔaː] *Pl Abk von* **United States of America: die ~** les USA *mpl*
US-amerikanisch [uː'ʔɛs-] *adj* des États--Unis d'Amérique (*soutenu*), des USA
USB [uːʔɛs'beː] <-s, -s> *m* INFORM *Abk von* **Universal Serial Bus** USB *m*
USB-Schnittstelle [uːʔɛs'beː-] *f* INFORM interface *f* USB **USB-Stick** [-stɪk] *m* INFORM clé *f* USB
User(in) ['juːzɐ] <-s, -> *m(f)* INFORM utilisateur(-trice) *m(f)*
U̲sus ['uːzʊs] <-> *m fam* **es ist hier ~, ...** ici, on a coutume de ...
usw. *Abk von* **und so weiter** etc.
Utens̲il [utɛn'ziːl] <-s, -ien> *nt meist Pl* ustensile *m*
U̲terus ['uːterʊs] <-, Uteri> *m* ANAT utérus *m*
Utility [ju'tɪlɪti] <-s, -s> *nt* INFORM utilitaire *f*
Utop̲ie [uto'piː] <-, -ien> *f* utopie *f*
utop̲isch [u'toːpɪʃ] *adj Vorstellungen, Wunsch* utopique; *Roman* d'anticipation
u.U. *Abk von* **unter Umständen** le cas échéant, si les circonstances s'y prêtent
UV [uː'fau̯] *Abk von* **ultraviolett**
u.v.a.(m.) *Abk von* **und vieles andere** [**mehr**] etc.
UV-Strahlen [uː'fau̯-] *Pl* rayons *mpl* UV

V v

V, v [fau̯] <-, -> *nt* V *m*/v *m*
V ❶ *Abk von* **Volumen** v ❷ *Abk von* **Volt** V
v. *Abk von* **von** de
Vagab̲und(in) [vaga'bʊnt] <-en, -en> *m(f)* vagabond(e) *m(f)*
va̲ge ['vaːgə] *adj* vague
Vagina [va'giːna, 'vaːgina] <-, Vaginen> *f* vagin *m*
vagin̲al [vagi'naːl] *adj* vaginal(e)
vak̲ant [va'kant] *adj form* vacant(e)
Va̲kuum ['vaːkuʊm] <-s, Vakuen *o* Vakua> *nt a. fig* vide *m*
va̲kuumverpackt *adj* [conditionné(e)] sous vide
Val̲enz [va'lɛnt͡s] <-, -en> *f* CHEM, LING valence *f*
Val̲uta [va'luːta] <-, Valuten> *f* (*Währung*) devise *f*
Vamp [vɛmp] <-s, -s> *m* vamp *f*
Vampir ['vampiːɐ̯, vam'piːɐ̯] <-s, -e> *m* vampire *m*
Vand̲ale [van'daːlə] <-n, -n> *m*, **Vand̲alin** *f* ❶ HIST Vandale *mf* ❷ *fig* vandale *mf*
Vandal̲ismus [vanda'lɪsmʊs] <-> *m* vandalisme *m*
Vanille [va'nɪljə] <-, -en> *f* vanille *f*
Vanilleeis *nt* glace *f* à la vanille **Vanillepudding** *m* flan *m* à la vanille **Vanillezucker** *m* sucre *m* vanillé
vari̲abel [va'ri̯aːbəl] *adj* variable
Vari̲able [va'ri̯aːblə] <-n, -n> *f* MATH, PHYS variable *f*
Vari̲ante [vari'antə] <-, -n> *f* variante *f*
Variati̲on [vari̯a't͡si̯oːn] <-, -en> *f* ❶ (*Abwandlung*) variante *f* ❷ MUS variation *f*
Variet̲é, Variet̲ee[RR] [vari̯e'teː] <-s, -s> *nt* ❶ (*Vorführung*) spectacle *m* de variétés ❷ (*Gebäude*) music-hall *m*
vari̲ieren* [vari'iːrən] *vi* varier
Vas̲all [va'zal] <-en, -en> *m* vassal *m*
Va̲se ['vaːzə] <-, -n> *f* vase *m*
Vasel̲ine [vaze'liːnə] <-> *f* vaseline *f*
Va̲ter ['faːtɐ, *Pl:* 'fɛːtɐ] <-s, Väter> *m* (*Elternteil*) père *m*; **er ist ganz der ~** c'est [tout] le portrait de son père ▶ **der Heilige ~** le Saint-Père
Va̲terland ['faːtɐlant] *nt* patrie *f*
Va̲terlandsliebe *f* amour *m* de la patrie
vä̲terlich ['fɛːtɐlɪç] **I.** *adj* paternel(le) **II.** *adv* comme un père
vä̲terlicherseits *adv* du côté paternel
va̲terlos *adj* orphelin(e) de père
Va̲termord *m* parricide *m*
Va̲terschaft <-, -en> *f* paternité *f*
Va̲terstelle *f kein Pl* **bei jdm ~ vertreten** *geh* tenir lieu de père à qn **Va̲tertag** *m* fête *f* des pères

V

Vaterunser ['faːtɐ'ʔʊnzɐ] <-s, -> *nt* **das/ein ~** le/un Notre Père
Vati ['faːti] <-s, -s> *m fam s.* **Papa**
Vatikan [vati'kaːn] <-s> *m* **der ~** le Vatican
V-Ausschnitt ['faʊ̯ʔaʊ̯sʃnɪt] *m* encolure *f* en V
v. Chr. *Abk von* **vor Christus** av. J.-C.
Veganer(in) [ve'gaːnɐ] <-s, -> *m(f)* végétalien(ne) *m(f)*
Vegetarier(in) [vege'taːri̯ɐ] <-s, -> *m(f)* végétarien(ne) *m(f)*
vegetarisch [vegetaːrɪʃ] *adj* végétarien(ne)
Vegetation [vegeta'ts̮i̯oːn] <-, -en> *f* végétation *f*
vegetativ [vegeta'tiːf] *adj* ❶ BIO végétatif(-ive) ❷ MED **das ~e Nervensystem** le système neurovégétatif
vegetieren* [vege'tiːrən] *vi* végéter
vehement [vehe'mɛnt] *geh adj* véhément(e)
Vehikel [ve'hiːkəl] <-s, -> *nt fam* ❶ (*Auto*) guimbarde *f* ❷ (*Fahrrad*) vieux clou *m*
Veilchen ['faɪ̯lçən] <-s, -> *nt* ❶ violette *f* ❷ *fam* (*blaues Auge*) coquard *m*
veilchenblau *adj* violet(te)
Vektor ['vɛktoːɐ̯] <-s, -toren> *m* MATH, PHYS vecteur *m*
Vektorrechnung *f* MATH calcul *m* vectoriel
Velo ['veːlo] <-s, -s> *nt* CH vélo *m*
Veloursleder [və'luːɐ̯-, ve'luːɐ̯-] *nt* daim *m*
Vene ['veːnə] <-, -n> *f* veine *f*
Venedig [ve'neːdɪç] <-s> *nt* Venise
Venezianer(in) [vene'ts̮i̯aːnɐ] <-s, -> *m(f)* Vénitien(ne) *m(f)*
venezianisch [vene'ts̮i̯aːnɪʃ] *adj* vénitien(ne)
Venezolaner(in) [venets̮o'laːnɐ] <-s, -> *m(f)* Vénézuélien(ne) *m(f)*
venezolanisch [venets̮o'laːnɪʃ] *adj* vénézuélien(ne)
Venezuela [venets̮u̯eːla] <-s> *nt* le Venezuela
venös [ve'nøːs] *adj* MED veineux(-euse)
Ventil [vɛn'tiːl] <-s, -e> *nt* ❶ (*Absperrhahn*) vanne *f* [d'arrêt] ❷ (*Schlauchventil*) valve *f* ❸ AUT soupape *f* ❹ MUS piston *m*
Ventilation [vɛntila'ts̮i̯oːn] <-, -en> *f* ventilation *f*
Ventilator [vɛnti'laːtoːɐ̯] <-s, -toren> *m* ventilateur *m*
ventilieren* [vɛnti'liːrən] *vt geh* analyser *Problem*
Venus ['veːnʊs] <-> *f* ASTRON Vénus *f*; **die ~** la planète Vénus
verabreden* [fɛɐ̯'ʔapreːdən] **I.** *vr* **sich ~** prendre rendez-vous; **mit jdm verabredet sein** avoir un rendez-vous avec qn; **sich mit jdm für den nächsten Tag/vor dem Rathaus ~** donner rendez-vous à qn pour le lendemain/devant la mairie **II.** *vt* **mit jdm einen Ort/Termin ~** fixer un endroit/rendez-vous avec qn; **wie verabredet** comme convenu
Verabredung <-, -en> *f* ❶ (*Treffen*) rendez-vous *m;* **eine ~ haben** avoir rendez-vous ❷ (*Vereinbarung*) accord *m;* **eine ~ treffen** se mettre d'accord
verabreichen* *vt form* **jdm ein Medikament ~** administrer un médicament à qn
verabscheuen* *vt* détester; **es ~ etw zu tun** avoir horreur de faire qc
verabschieden* **I.** *vr* (*Abschied nehmen*) **sich ~** dire au revoir; **sich von jdm ~** dire au revoir à qn; **ich muss mich [von Ihnen] ~** il faut que je vous quitte **II.** *vt* ❶ prendre congé de (*form*) *Gast* ❷ *form* (*feierlich entlassen*) célébrer le départ de *Minister* ❸ POL voter *Gesetz;* adopter *Haushalt*
Verabschiedung <-, -en> *f* POL *eines Gesetzes* vote *m; eines Haushalts* adoption *f*
verachten* *vt* mépriser; **etw ist nicht zu ~** *iron* il ne faut pas cracher sur qc (*fam*)
verächtlich [fɛɐ̯'ʔɛçtlɪç] **I.** *adj* ❶ (*Verachtung zeigend*) méprisant(e) ❷ (*zu verabscheuen*) méprisable **II.** *adv* avec mépris
Verachtung *f* mépris *m*
veralbern* *vt fam* se ficher de
verallgemeinern* *vt, vi* généraliser
Verallgemeinerung <-, -en> *f* généralisation *f*
veralten* *vi + sein* vieillir; *Ansichten:* ne plus être au goût du jour; *Wort:* tomber en désuétude; **schnell ~** *Gerät:* être vite dépassé
veraltet *adj Ansichten* suranné(e); *Gerät* dépassé(e)
Veranda [ve'randa] <-, Veranden> *f* véranda *f*
veränderlich *adj* ❶ METEO variable ❷ (*variierbar*) variable
verändern* **I.** *vt* changer; transformer *Leben;* modifier *Ablauf* **II.** *vr* ❶ **sich ~** *Klima, Aussehen:* changer ❷ (*sein Wesen ändern*) **sich ~** *Person:* changer; **sich zu seinem Vorteil/Nachteil ~** changer/ne pas changer à son avantage ❸ (*Stellung wechseln*) **sich ~** changer d'emploi
Veränderung *f* ❶ (*Wandel, andere Gestaltung*) changement *m;* (*Änderung*) modification *f;* **eine ~ zum Besseren** un change-

ment en bien ❷(*Stellungswechsel*) changement *m* d'emploi

verängstigen* *vt* effrayer

verankern* *vt* ancrer

Verankerung <-, -en> *f* ancrage *m*

veranlagen* *vt* **Ehegatten werden gemeinsam veranlagt** les époux font une déclaration commune de leurs revenus

veranlagt *adj* **künstlerisch/musikalisch ~ sein** être doué pour les arts/la musique; **praktisch ~ sein** avoir le sens pratique; **für etw ~ sein** avoir des dispositions pour qc

Veranlagung <-, -en> *f* ❶(*Eigenart*) tempérament *m* ❷(*Begabung*) don *m* ❸FIN imposition *f*

veranlassen* *vt* ❶(*in die Wege leiten*) faire le nécessaire pour; **~, dass** faire en sorte que + *subj* ❷(*dazu bringen*) **jdn dazu ~ etw zu tun** amener qn à faire qc

Veranlassung <-, -en> *f* ❶**auf seine/ihre ~ [hin]** à son instigation ❷(*Grund*) raison *f*; **jdm ~ [dazu] geben etw zu tun** donner à qn des raisons de faire qc

veranschaulichen* *vt* illustrer; **jdm etw ~** illustrer qc pour qn

veranschlagen* *vt* estimer; **die Kosten mit hundert Euro ~** estimer les frais à cent euros

veranstalten* [fɛɐ̯ˈʔanʃtaltən] *vt* ❶(*durchführen*) organiser ❷*fam* (*vollführen*) faire *Lärm*

Veranstalter(in) <-s, -> *m(f)* organisateur(-trice) *m(f)*

Veranstaltung <-, -en> *f* ❶*kein Pl* (*das Durchführen*) organisation *f* ❷(*Ereignis*) manifestation *f* ❸(*feierliches Ereignis*) cérémonie *f*

Veranstaltungskalender *m* calendrier *m* des manifestations

verantworten* **I.** *vt* assumer la responsabilité; **etw vor jdm ~** assumer la responsabilité de qc devant qn; **ich kann es nicht ~, dass du nicht zur Schule gehst** je ne peux pas prendre sur moi de te laisser manquer l'école **II.** *vr* **sich für etw vor jdm ~** se justifier de qc auprès de qn

verantwortlich *adj* ❶*Leiter* responsable; **jdm gegenüber ~ sein** être responsable devant qn; **für jdn/etw ~ sein** être responsable de qn/qc; **~ dafür sein, dass** être responsable du fait que + *subj* ❷(*schuldig*) responsable; **für etw ~ sein** être responsable de qc; **jdn für etw ~ machen** rendre qn responsable de qc

Verantwortliche(r) *f(m) dekl wie adj* **der/die für das Projekt ~** le/la responsable du projet

Verantwortlichkeit <-, -en> *f* responsabilité *f*

Verantwortung <-, -en> *f* responsabilité *f*; **~ für jdn/etw** responsabilité de qn/qc; **die ~ übernehmen/tragen** assumer/avoir la responsabilité; **jdn für etw zur ~ ziehen** demander des comptes à qn pour qc; **auf eigene ~** à ses risques et périls

verantwortungsbewusstRR *adj* conscient(e) de ses responsabilités **Verant-**

sich verabschieden

sich verabschieden	*prendre congé*
Auf Wiedersehen!	*Au revoir !*
Auf ein baldiges Wiedersehen!	*À bientôt !*
Tschüs! (*fam*)/Ciao! (*fam*)	*Salut ! (fam)*
Mach's gut! (*fam*)	*Salut ! (fam)*
(Also dann,) bis bald!	*À bientôt (, alors) !*
Bis morgen!/Bis nächste Woche!	*À demain !/À la semaine prochaine !*
Man sieht sich! (*fam*)	*À la prochaine ! (fam)*
Komm gut heim!	*Rentre bien !*
Pass auf dich auf!	*Sois prudent(e) !*
Kommen Sie gut nach Hause!	*Rentrez bien !/Bon retour !*
Einen schönen Abend noch!	*Bonne soirée !*
sich am Telefon verabschieden	*dire au revoir au téléphone*
Auf Wiederhören! (*form*)	*Au revoir !*
Also dann, bis bald wieder! (*fam*)	*À bientôt, alors !*
Tschüs! (*fam*)/Ciao! (*fam*)	*Salut ! (fam)*

wortungsbewusstseinRR *nt* sens *m* des responsabilités
verantwortungslos I. *adj* irresponsable II. *adv* ~ **handeln** être irresponsable [dans ses actes]; **wie kann man sich so ~ verhalten!** quelle inconscience!
Verantwortungslosigkeit <-> *f* irresponsabilité *f*, inconscience *f*
verantwortungsvoll *adj* à responsabilité
veräppeln* [fɛɐ̯ˈʔɛpəln] *s.* **veralbern**
verarbeiten* *vt* 1 traiter *Rohstoff;* **Eisen zu Stahl ~** transformer du fer en acier 2 (*verbrauchen*) utiliser *Zement, Farbe* 3 PSYCH assimiler *Eindrücke;* assumer *Scheidung*
Verarbeitung <-, -en> *f* 1 (*das Verarbeiten*) transformation *f* 2 (*Fertigungsqualität*) finition *f*
Verarbeitungszeit *f* (*mentaler Prozess*) temps *m* d'assimilation; (*Produktionsprozess*) durée *f* de traitement
verargen* [fɛɐ̯ˈʔargən] *vt geh* **jdm sein Verhalten ~** en vouloir à qn d'avoir un tel comportement
verärgern* *vt* fâcher
verärgert I. *adj* fâché(e); ~ **[über jdn/etw] sein** être irrité [contre qn/à cause de qc] II. *adv* en montrant de l'irritation
Verärgerung <-, -en> *f* irritation *f*
verarmen* [fɛɐ̯ˈʔarmən] *vi + sein* s'appauvrir
Verarmung <-, -en> *f* appauvrissement *m*
verarschen* [fɛɐ̯ˈʔarʃən] *vt sl* se foutre de la gueule de
verarzten* [fɛɐ̯ˈʔaːɐ̯tstən] *vt fam* soigner *Person, Verletzung*
verästeln* [fɛɐ̯ˈʔɛstəln] *vr* **sich ~** *Baum:* se ramifier; **verästelt sein** être ramifié
Verästelung <-, -en> *f* ramification *f*
verausgaben* [fɛɐ̯ˈʔausgaːbən] *vr* **sich ~** (*physisch*) se donner à fond; (*finanziell*) se ruiner
verauslagen* [fɛɐ̯ˈʔauslaːgən] *vt form* avancer
veräußern* *vt form* céder; **etw an jdn ~** céder qc à qn
Veräußerung *f form* cession *f*
Verb [vɛrp] <-s, -en> *nt* verbe *m*
verbal [vɛrˈbaːl] *adj* verbal(e)
Verband [fɛɐ̯ˈbant, *Pl:* -ˈbɛndə] <-[e]s, -bände> *m* 1 MED bandage *m* 2 (*Bund*) association *f* 3 MIL unité *f*
Verband[s]kasten *m* trousse *f* de secours **Verband[s]material** *nt*, **Verband[s]zeug** *nt* pansements *mpl*
verbannen* *vt* 1 exiler 2 *geh* (*ausmerzen*) **etw aus etw ~** bannir qc de qc
Verbannte(r) *f(m) dekl wie adj* exilé(e) *m(f)*, banni(e) *m(f)*
Verbannung <-, -en> *f* exil *m*
verbarrikadieren* [fɛɐ̯barikaˈdiːrən] I. *vt* barricader II. *vr* **sich in etw** (*dat*) ~ se barricader dans qc
verbauen* *vt* 1 (*versperren*) **jdm die Sicht ~** *Mauer:* masquer la vue à qn 2 *fig* (*vereiteln*) **sich** (*dat*) **die Zukunft ~** compromettre son avenir 3 (*verbrauchen*) utiliser *Baumaterial*
verbeißen* I. *vr irr* 1 **sich in etw** (*akk*) ~ *Hund:* planter ses crocs dans qc et ne plus lâcher prise 2 *fig* **sich in ein Thema ~** s'acharner sur un sujet II. *vt irr fam* **sich das Lachen ~** (*dat*) se mordre les lèvres pour ne pas rire
verbergen* *irr* I. *vt* 1 (*verstecken*) cacher; **jdn/etw vor jdm ~** cacher qn/qc à qn 2 (*verheimlichen*) **jdm etw ~** cacher qc à qn II. *vr* **sich vor jdm ~** se cacher pour ne pas être vu par qn
verbessern* I. *vt* 1 (*besser machen*) améliorer 2 (*korrigieren*) corriger *Text* II. *vr* 1 (*besser werden*) **sich in etw** (*dat*) ~ s'améliorer dans qc 2 (*beruflich vorwärtskommen*) **sich ~** trouver une meilleure situation 3 (*sich korrigieren*) **sich ~** se corriger
Verbesserung <-, -en> *f* amélioration *f*
Verbesserungsvorschlag *m* proposition *f* d'amélioration
verbeugen* *vr* **sich ~** s'incliner; **sich vor jdm/etw ~** s'incliner devant qn/qc
Verbeugung *f* révérence *f*
verbeulen* *vt* cabosser
verbiegen* *irr* I. *vt* tordre *Nagel* II. *vr* **sich ~** *Nagel, Lenkstange, Metallträger:* se tordre; *Fahrradfelge:* se voiler
verbieten <verbot, verboten> *vt* interdire; **jdm etw ~** interdire [*o* défendre] qc à qn; **jdm ~ etw zu tun** interdire [*o* défendre] à qn de faire qc; **es ist verboten etw zu tun** il est interdit [*o* défendu] de faire qc
verbilligen* I. *vt* 1 réduire [*o* faire une réduction sur] le prix de *Artikel, Herstellung* 2 (*herabsetzen*) diminuer, baisser *Preis, Kosten* II. *vr* **etw verbilligt sich** le prix de qc diminue
verbilligt *adj, adv* à prix réduit
verbinden* *irr* I. *vt* 1 faire un bandage à *Person;* bander *Wunde, Arm;* **jdm/sich den Arm ~** bander le bras de qn/se bander le bras 2 (*zubinden*) **jdm die Augen ~** bander les yeux de qn 3 (*zusammenfügen*) raccorder 4 TELEC **einen Moment,**

V

ich verbinde Sie! un moment, je vous passe votre correspondant!; **[Sie sind] falsch verbunden!** vous avez fait un faux numéro! ⑤ TRANSP **Ortschaften miteinander ~** *Straße, Tunnel, Brücke:* relier des localités entre elles; **Berlin mit Bonn ~** *Straße, Bahnlinie:* relier Berlin à Bonn ⑥ (*verknüpfen*) **einen Einkauf mit einem Besuch ~** combiner un achat et une visite ⑦ (*assoziieren*) **einen Namen mit etw ~** associer un nom à qc ⑧ (*zusammengehörig machen*) **[miteinander] verbunden sein** être unis; **uns ~ gemeinsame Erinnerungen** nous sommes lié(e)s par des souvenirs communs **II.** *vi* ① (*zusammenhängen*) **mit Kosten verbunden sein** impliquer des frais ② (*Zusammengehörigkeit schaffen*) *Erlebnisse:* créer des liens **III.** *vr* ① CHEM **sich mit etw ~** se combiner à qc ② (*sich zusammenschließen*) **sich mit jdm/etw ~** s'associer à qn/qc

verbindlich I. *adj Auskunft* sûr(e); *Zusage* ferme; *Vereinbarung* contractuel(le) **II.** *adv vereinbaren* de façon ferme; **eine Arbeit ~ zusagen** s'engager à faire un travail

Verbindlichkeit <-, -en> *f* ① *kein Pl* (*bindender Charakter*) fiabilité *f* ② *kein Pl* (*entgegenkommende Art*) amabilité *f*

Verbindung *f* ① (*Zusammenhang*) rapport *m;* **in ~ mit etw** (*kombiniert mit*) associé(e) à qc; (*im Zusammenhang mit*) en relation avec qc; **jdn mit dem Mörder/dem Mord in ~ bringen** établir un lien entre qn et le meurtrier/meurtre ② (*Verknüpfung*) *von Anlässen, Erledigungen* combinaison *f* ③ ([*persönliche*] *Beziehung*) relation *f* ④ (*Kontakt*) **~ mit jdm aufnehmen** prendre contact avec qn; **sich mit jdm in ~ setzen** contacter qn; **mit jdm/etw in ~ stehen** être en relation avec qn/qc ⑤ TELEC, AVIAT, EISENBAHN **~ nach Australien/Paris** liaison *f* avec l'Australie/Paris ⑥ (*Telefongespräch*) communication *f* ⑦ CHEM composé *m;* **mit etw eine ~ eingehen** se combiner avec qc

Verbindungsdaten *Pl* TELEC données *fpl* de connexion

verbissen [fɛɐ̯'bɪsən] **I.** *adj* ① *Gegner* acharné(e); *Mitarbeiter* obstiné(e) ② *Miene* crispé(e) **II.** *adv durchhalten* avec acharnement

Verbissenheit <-> *f eines Gegners* acharnement *m*

verbitten* *vt irr* **sich** (*dat*) **etw ~** ne pas tolérer qc

verbittern* [fɛɐ̯'bɪtɐn] *vt* rendre amer(amère); **jdn ~** rendre qn amer

verbittert *adj* aigri(e), amer(amère)

Verbitterung <-, *selten* -en> *f* amertume *f*

verblassen* *vi + sein* ① (*blass werden*) *Farbe:* passer ② *geh* (*schwächer werden*) *Eindruck, Erinnerung:* s'estomper ③ *geh* (*in den Hintergrund treten*) **neben etw** (*dat*) **~** *Ereignis, Vorfall:* paraître bien fade comparé(e) à qc

Verbleib <-[e]s> *m form* ① (*Aufenthaltsort*) **der ~ einer Person** l'endroit où se trouve une personne *m* ② (*das Verbleiben*) **sein ~ in dem Unternehmen** son maintien dans l'entreprise

verbleiben* *vi irr + sein* (*übrig bleiben*) rester; **ihm ~ hundert Euro von dem Gewinn** il lui reste cent euros du gain; **die ~de Summe** la somme restante

verbleichen *vi irr + sein* se décolorer

verbleit [fɛɐ̯'blaɪ̯t] *adj* contenant du plomb

verblenden* *vt* ① aveugler ② CONSTR recouvrir

verblichen [fɛɐ̯'blɪçən] **I.** *PP von* **verbleichen II.** *adj* ① *Farbe* décoloré(e); *Stoff* délavé(e) ② *Ruhm* terni(e)

verbieten

verbieten	*interdire*
Du darfst heute nicht fernsehen.	*Tu n'as pas le droit de regarder la télévision, aujourd'hui.*
Das kommt gar nicht in Frage.	*Il n'en est pas question.*
Finger weg von meinem Computer! (*fam*)	*Touche pas à mon ordinateur ! (fam)*
Lass die Finger von meinem Tagebuch! (*fam*)	*Touche pas à mon journal intime ! (fam)*
Das kann ich nicht zulassen.	*Je ne peux pas tolérer/accepter ça.*
Ich verbiete Ihnen diesen Ton!	*Je vous interdis de me parler sur ce ton !*
Bitte unterlassen Sie das. (*form*)	*Arrêtez, je vous prie ! (form)*

verblöden* [fɛɐ̯'bløːdən] *fam* **I.** *vi + sein* devenir [complètement] abruti(e) **II.** *vt + haben* abrutir
verblüffen* [fɛɐ̯'blʏfən] *vt* épater; **jdn mit einer Frage ~** épater qn avec une question
verblüfft **I.** *adj* stupéfait(e) **II.** *adv* **~ schauen** (*bewundernd*) être stupéfait; (*überrascht*) avoir l'air stupéfait
Verblüffung <-, -en> *f* stupéfaction *f;* **zu seiner/meiner/... [großen] ~** à sa/ma/... [grande] stupéfaction
verblühen* *vi + sein* faner
verbluten* *vi + sein* perdre tout son sang
verbocken* *vt fam* saboter
verbohren* *vr fam* **sich in etw** (*akk*) **~** se polariser sur qc
verbohrt *adj pej fam* borné(e)
verborgen*[1] [fɛɐ̯'bɔrgən] *s.* **verleihen**
verborgen[2] [fɛɐ̯'bɔrgən] *adj* ❶ *Gang, Tür* dérobé(e); *Hebel* caché(e); *Falltür* secret(-ète) ❷ (*nicht offen zutage tretend*) *Gefahr, Talente* caché(e); *Sehnsüchte, Wünsche* secret(-ète)
verbot [fɛɐ̯'boːt] *Imp von* **verbieten**
Verbot <-[e]s, -e> *nt* interdiction *f*
verboten [fɛɐ̯'boːtən] **I.** *PP von* **verbieten** **II.** *adj* ❶ interdit(e); **es ist ~ etw zu tun** il est interdit de faire qc ❷ *fam* (*unmöglich*) pas possible; **in etw** (*dat*) **~ aussehen** avoir une touche pas possible avec qc
Verbotsschild *nt* panneau *m* d'interdiction
verbrach *Imp von* **verbrechen**
verbrannt *PP von* **verbrennen**
Verbrauch <-> *m* consommation *f;* **~ von etw** consommation de qc
verbrauchen* **I.** *vt* ❶ (*konsumieren*) consommer *Strom, Vorräte* ❷ (*aufwenden*) dépenser *Energien* ❸ (*ausgeben*) dépenser *Etat* **II.** *vr* **sich ~** (*sich abnutzen*) s'user
Verbraucher(in) <-s, -> *m(f)* consommateur(-trice) *m(f)*
Verbraucherberatung *f* information *f* du consommateur **Verbraucherrecht** *nt* droit *m* des consommateurs **Verbraucherschutz** *m* protection *f* des consommateurs
Verbrauchsgüter *Pl* biens *mpl* de consommation
verbraucht *adj Luft* vicié(e); *Mensch* usé(e)
verbrechen <verbricht, verbrach, verbrochen> *vt fam* commettre; **ich habe nichts verbrochen** je n'ai rien fait de mal; **was hast du denn wieder verbrochen?** mais qu'est-ce que t'as encore fabriqué?
Verbrechen <-s, -> *nt* crime *m*
Verbrechensbekämpfung *f* lutte *f* contre le crime
Verbrecher(in) <-s, -> *m(f)* criminel(le) *m(f)*
Verbrecherbande *f* gang *m*
verbrecherisch *adj* criminel(le); **es ist ~ etw zu tun** c'est un crime de faire qc
Verbrechertum <-s> *nt* criminalité *f*
verbreiten* **I.** *vt* ❶ propager, faire courir *Gerücht;* faire circuler *Nachricht;* faire *Propaganda;* **weit verbreitet** *Pflanze* commun(e); *Ansicht* [très] répandu(e) ❷ MED propager *Krankheit* ❸ (*erwecken*) semer *Entsetzen* **II.** *vr a.* MED **sich ~** se propager
verbreitern* [fɛɐ̯'braitɐn] *vt, vr* [**sich**] **~** [s']élargir
Verbreiterung <-, -en> *f* élargissement *m*
verbreitet *adj* répandu(e); **weit ~ sein** être très [*o* largement] répandu
Verbreitung <-, -en> *f* ❶ *kein Pl einer Lüge* propagation *f* ❷ (*Vertrieb*) diffusion *f* ❸ MED, BOT *einer Krankheit* propagation *f*
Verbreitungsgebiet *nt einer Ware* zone *f* de distribution; *einer Krankheit* zone *f* de propagation
verbrennen* *irr* **I.** *vt + haben* ❶ brûler *Holz;* incinérer *Müll;* **sich** (*dat*) **die Hand am Backofen ~** se brûler la main en touchant le four ❷ *fam* (*einäschern*) incinérer *Toten* ❸ HIST (*hinrichten*) brûler **II.** *vr + haben* **sich ~** se brûler **III.** *vi + sein* ❶ brûler ❷ HIST (*hingerichtet werden*) mourir brûlé[e]
Verbrennung <-, -en> *f* ❶ *kein Pl* (*das Verbrennen, Einäschern*) incinération *f* ❷ AUT, TECH combustion *f* ❸ MED brûlure *f*
Verbrennungsmotor *m* moteur *m* à explosion **Verbrennungsofen** *m* four *m* crématoire; (*für Müll*) incinérateur *m*
verbringen* *vt irr* (*zubringen*) **den Tag am Meer/mit Lesen ~** passer la journée au bord de la mer/à lire
verbrochen [fɛɐ̯'brɔxən] *PP von* **verbrechen**
verbrüdern* [fɛɐ̯'bryːdɐn] *vr* **sich ~** fraterniser; **sich mit jdm ~** fraterniser avec qn; **sich mit dem Feind ~** pactiser avec l'ennemi
Verbrüderung [fɛɐ̯'bryːdərʊŋ] <-, -en> *f* fraternisation *f*
verbrühen* **I.** *vr* **sich ~** s'ébouillanter; **sich mit etw ~** s'ébouillanter avec qc **II.** *vt* ébouillanter; **jdm die Hand ~** brûler la main de qn [avec de l'eau bouillante]
verbuchen* *vt* ❶ COM enregistrer; **etw auf ein Konto ~** enregistrer qc sur un compte

V

❷ *fig* (*verzeichnen*) **einen Erfolg für sich ~** engranger un succès
verbummeln* *vt fam* ❶ **den Nachmittag ~** passer l'après-midi à gland[ouill]er ❷ (*verlieren*) paumer
Verbund [fɛɐ̯'bʊnt] <-bunde> *m* (*Firmenverbund*) groupement *m*
verbünden* [fɛɐ̯'bʏndən] *vr a.* POL **sich ~** s'allier; **sich mit jdm ~** s'allier à qn
Verbundenheit <-> *f* (*zwischen Freunden*) liens *mpl*
Verbündete(r) *f(m)* allié(e) *m(f)*
Verbundglas *nt kein Pl* verre *m* feuilleté
verbürgen* *vr* **sich ~** se porter garant(e); **sich für jdn/etw ~** se porter garant de qn/qc; **sich dafür ~, dass ...** garantir que ...
verbürgt *adj Tatsache* confirmé(e)
verbüßen* *vt* purger
verchecken [fɛɐ̯'tʃɛkən] *vt sl* filer (*fam*) *Drogen*
verchromen* [fɛɐ̯'kroːmən] *vt* chromer
Verdacht [fɛɐ̯'daxt] <-[e]s> *m* soupçon *m souvent pl;* **~ erregen** éveiller les soupçons; **~ schöpfen** commencer à avoir des soupçons; **im ~ stehen etw getan zu haben** être soupçonné d'avoir fait qc ▸ **auf ~** *fam* (*auf bloße Vermutung hin*) sur de simples présomptions; (*aufs Geratewohl*) à tout hasard
verdächtig [fɛɐ̯'dɛçtɪç] **I.** *adj* suspect(e) **II.** *adv* **im Haus ist es ~ ruhig** il règne un silence suspect dans la maison
Verdächtige(r) *f(m) dekl wie adj* suspect(e) *m(f)*
verdächtigen* [fɛɐ̯'dɛçtɪgən] *vt* soupçonner; **jdn einer S.** (*gen*) **~** soupçonner qn de qc
Verdächtigung <-, -en> *f* soupçon *m*
Verdachtsfall *m* cas *m* suspect
verdammen* [fɛɐ̯'damən] *vt* ❶ (*verfluchen*) maudire ❷ (*verurteilen*) condamner
Verdammnis [fɛɐ̯'damnɪs] <-> *f* **die ewige ~** REL la damnation éternelle
verdammt I. *adj* ❶ *fam* (*widerwärtig*) foutu(e) *antéposé* ❷ *fam* (*sehr groß*) **er hat ~es Glück gehabt!** il a eu une de ces chances! ❸ *fam* (*unerhört*) **einen ~en Blödsinn reden** dire une de ces conneries; **~er Mist!** eh, merde!; **~!** nom de Dieu! ❹ REL **~ sein** être damné **II.** *adv fam ärgerlich* vachement
verdampfen* *vi + sein* s'évaporer
Verdampfung <-, -en> *f* CHEM, TECH évaporation *f*
verdanken* *vt* ❶ **jdm/einer S. etw** (*akk*) **~** devoir qc à qn/qc; **es ist ihm zu ~, dass ich noch lebe** si je suis encore en vie, c'est grâce à lui ❷ CH *form* (*Dank aussprechen*) **jdm etw ~** remercier qn pour qc
verdarb [fɛɐ̯'darp] *Imp von* **verderben**
verdattert [fɛɐ̯'datɐt] *fam* **I.** *adj* ahuri(e); **~ sein** être comme deux ronds de flan **II.** *adv* l'air complètement ahuri
verdauen* [fɛɐ̯'daʊ̯ən] *vt, vi a. fig* digérer
verdaulich *adj* digeste; **leicht/schwer ~** facile/difficile à digérer
Verdauung <-> *f* digestion *f*
Verdauungsapparat *m*, **Verdauungstrakt** *m* ANAT appareil *m* digestif
Verdeck <-[e]s, -e> *nt* capote *f*
verdecken* *vt* cacher; **etw mit etw ~** cacher qc avec qc
verdeckt *adj Ermittler* secret(-ète); *Kamera* caché(e)
verdenken* *vt irr geh* **jdm etw ~** tenir rigueur à qn de qc; **das kann Ihnen keiner ~** personne ne peut vous en vouloir
verderben [fɛɐ̯'dɛrbən] <verdirbt, verdarb, verdorben> **I.** *vt + haben* ❶ corrompre, pervertir *Charakter* ❷ (*zunichtemachen*) **jdm das Fest/den Urlaub ~** gâcher la fête/ses vacances à qn ❸ (*verscherzen*) **es sich** (*dat*) **mit jdm ~** perdre les faveurs de qn; **es sich** (*dat*) **mit niemandem ~ wollen** vouloir ménager la chèvre et le chou **II.** *vi + sein Gemüse, Obst, Fleisch:* s'avarier; *Sahne:* tourner
Verderben [fɛɐ̯'dɛrbən] <-s> *nt geh* destin *m* funeste; **in sein ~ rennen** courir à sa perte; **jdn ins ~ stürzen** causer la perte de qn
verderblich *adj* périssable; **leicht ~ sein** *Lebensmittel:* être très périssable
verdeutlichen* *vt* clarifier *Sachverhalt;* **jdm etw ~** expliquer qc à qn
verdichten* *vr* **sich ~** ❶ *Bewölkung:* s'amonceler; *Nebel:* s'épaissir ❷ (*sich verstärken*) *Eindruck:* s'accentuer
verdicken* *vr* **sich ~** *Haut:* s'épaissir; *Stelle:* enfler
Verdickung <-, -en> *f* (*in der Haut*) grosseur *f*
verdienen* **I.** *vt* ❶ (*als Verdienst bekommen*) gagner ❷ (*Gewinn machen*) **an etw** (*dat*) **viel ~** gagner beaucoup sur qc ❸ (*finanzieren*) **sich** (*dat*) **sein Studium selbst ~** financer ses études soi-même ❹ (*beanspruchen dürfen*) mériter *Lob* ▸ **er verdient es nicht anders** il n'a que ce qu'il mérite **II.** *vi* ❶ **gut/schlecht ~** gagner bien/mal sa vie ❷ (*Gewinn machen*) **an etw** (*dat*) **~** faire des bénéfices sur qc

V

Verdienst[1] [fɛɐ̯'diːnst] <-[e]s, -e> *m* revenu *m*
Verdienst[2] [fɛɐ̯'diːnst] <-[e]s, -e> *nt* **jds ~e [um etw]** les mérites *mpl* de qn [en matière de qc]
Verdienstausfall *m* perte *f* de salaire
verdienstvoll *adj* ① *Tat* méritoire ② *s.* **verdient 2**
verdient [fɛɐ̯'diːnt] **I.** *adj* ① *(berechtigt)* mérité(e) ② *(verdienstvoll)* émérite ③ SPORT *Sieg, Führung* mérité(e) ▶ **sich um etw ~ machen** rendre de grands services en faveur de qc **II.** *adv* SPORT **~ siegen** remporter une victoire [bien] méritée
verdientermaßen *adv* ① selon ses/mes/... mérites ② SPORT de façon méritée
verdirbt [fɛɐ̯'dɪrpt] *3. Pers Präs von* **verderben**
verdonnern* *vt fam* **jdn dazu ~ etw zu tun** coller à qn la corvée de faire qc
verdoppeln* **I.** *vt* ① *(erhöhen)* doubler ② *(verstärken)* redoubler de *Eifer;* redoubler *Anstrengungen* **II.** *vr* **sich ~** *Preis, Verbrauch:* doubler
Verdopp[e]lung <-, -en> *f (Verstärkung)* redoublement *m*
verdorben [fɛɐ̯'dɔrbən] **I.** *PP von* **verderben II.** *adj* ① *Fleisch* avarié(e); *Käse* moisi(e) ② *(moralisch)* dépravé(e)
verdorren* [fɛɐ̯'dɔrən] *vi + sein* se dessécher
verdrahten [fɛɐ̯'draːtən] *vt* ELEC câbler
verdrängen* *vt* ① évincer; **jdn aus etw ~** évincer qn de qc; **jdn von seinem Platz ~** prendre la place de qn ② *(ersetzen)* supplanter
Verdrängung <-, -en> *f* ① PHYS déplacement *m* ② *(das Ersetzen)* remplacement *m*
verdrecken* *fam* **I.** *vi + sein* devenir crade **II.** *vt + haben* dégueulasser
verdreckt *adj fam* dégueulasse
verdrehen* *vt* ① tourner *Hals;* **die Augen ~** rouler des yeux ② *fam (verfälschen)* déformer *Sachverhalt*
verdreifachen* [fɛɐ̯'draifaxən] *vt, vr* **[sich] ~** tripler
Verdreifachung *f* triplement *m*
verdreschen* *vt irr fam* tabasser
verdrießen <verdross, verdrossen> *vt geh* contrarier; **sich nicht ~ lassen** ne pas se laisser décourager
verdrießlich [fɛɐ̯'driːslɪç] *adj geh (missmutig)* contrarié(e)
verdrossen [fɛɐ̯'drɔsən] *adj Person* renfrogné(e); *Gesicht* maussade
Verdrossenheit <-> *f geh* acrimonie *f*
verdrücken* *fam* **I.** *vt* s'envoyer **II.** *vr* **sich ~** se tirer
Verdruss[RR] [fɛɐ̯'drʊs] <-es, -e> *m meist Sing geh* dépit *m*
verduften* *vi + sein fam Person:* se barrer
verdummen* [fɛɐ̯'dʊmən] **I.** *vt + haben* abrutir **II.** *vi + sein* s'abêtir
Verdummung <-> *f* abrutissement *m*
verdunkeln* **I.** *vt* ① masquer *Fenster;* **das Zimmer ~** faire l'obscurité dans la pièce ② *(verdüstern)* **etw ~** *Wolke:* obscurcir qc ③ JUR dissimuler *Straftat* **II.** *vr* **sich ~** *Himmel:* s'assombrir
Verdunk[e]lung <-> *f* ① *von Fenstern* camouflage *m* ② JUR dissimulation *f*
verdünnen* [fɛɐ̯'dʏnən] *vt* diluer; **etw mit Wasser ~** diluer qc avec de l'eau
Verdünnung <-, -en> *f* dilution *f*
verdunsten* *vi + sein* s'évaporer
Verdunstung <-> *f* évaporation *f*
verdursten* *vi + sein* ① mourir de soif ② *fam (sehr durstig sein)* **fast ~** faillir crever de soif
verdüstern* *geh* **I.** *vr* **sich ~** ① *Himmel:* s'obscurcir ② *(sich verfinstern) Miene:* s'assombrir **II.** *vt* **etw ~** *Wolke:* obscurcir qc
verdutzt [fɛɐ̯'dʊtst] **I.** *adj* déconcerté(e) **II.** *adv* **jdn ~ ansehen** regarder qn l'air ahuri(e)
verebben* *vi + sein geh Geräusche:* s'atténuer
veredeln* *vt* ① ennoblir *Gewebe;* affiner *Metall* ② BOT greffer
Veredelung <-, -en> *f eines Gewebes* ennoblissement *m; eines Metalls* affinage *m*
verehren* *vt a.* REL vénérer
Verehrer(in) <-s, -> *m(f)* ① *(Bewunderer)* admirateur(-trice) *m(f)* ② REL adorateur(-trice) *m(f)* ③ *hum (Flirt)* soupirant *m*
Verehrung *f kein Pl (Bewunderung)* admiration *f*
vereidigen* *vt* ① assermenter ② *(verpflichten)* **jdn auf etw** *(akk)* **~** faire prêter serment à qn sur qc
vereidigt *adj* assermenté(e)
Verein [fɛɐ̯'ʔain] <-[e]s, -e> *m* association *f; (Sportverein)* club *m;* **eingetragener ~** association *f* déclarée *(régie par la loi de 1901)*
vereinbar *adj* compatible
vereinbaren* *vt* ① *(absprechen)* convenir de; **etw mit jdm ~** convenir de qc avec qn; **~, dass ...** convenir que ... ② *(in Einklang bringen)* **etw mit etw ~** concilier qc avec qc
Vereinbarung <-, -en> *f (Abmachung)* accord *m;* **laut ~** comme convenu

V

vereinen* *vt* ① (*zusammenführen*) regrouper ② (*vereinbaren*) **etw mit etw ~ können** pouvoir concilier qc avec qc
vereinfachen* *vt* simplifier
Vereinfachung <-, -en> *f* simplification *f*
vereinheitlichen* [fɛɐ̯ˈʔainhaitlɪçən] *vt* uniformiser
Vereinheitlichung <-, -en> *f* uniformisation *f*
vereinigen* **I.** *vt* fusionner *Firmen;* réunir *Organisationen* **II.** *vr* ① **sich zu etw ~** *Personen:* s'associer pour qc; *Firmen:* s'associer en qc; *Truppenteile:* se regrouper en qc ② (*zusammenfließen*) **sich zu etw ~** *Flüsse:* confluer pour former qc ③ (*bekommen*) **hundert Stimmen auf sich** (*akk*) **~** cumuler cent voix [électorales]
vereinigt *adj* associé(e)
Vereinigung <-, -en> *f* (*Organisation*) association *f*
Vereinigungsfreiheit *f* JUR liberté *f* d'association
vereinnahmen* [fɛɐ̯ˈʔainnaːmən] *vt* ① accaparer *Person* ② *form* (*einnehmen*) percevoir *Geld*
vereinsamen* [fɛɐ̯ˈʔainzaːmən] *vi + sein* s'isoler
vereinsamt *adj* isolé(e)
Vereinshaus *nt einer Vereinigung* maison *f* d'une/de l'association; *eines Sportklubs* centre *m*
vereinzelt **I.** *adj Rufe* sporadique; *Fälle* isolé(e) **II.** *adv* METEO **~ Schauer** des averses par endroits
vereisen* *vi + sein Fahrbahn:* devenir verglacé(e); *Fensterscheibe:* se givrer
vereiteln* *vt* déjouer
vereitern* *vi + sein Wunde:* suppurer; *Zahnwurzel:* s'infecter
verelenden* [fɛɐ̯ˈʔeːlɛndən] *vi + sein geh* tomber dans la misère
verenden* *vi + sein Tier:* être en train de crever
verengen* *vr* **sich ~** *Gefäße:* se contracter; *Straße:* se rétrécir
vererbbar *adj* héréditaire
vererben* *vt* ① JUR **jdm etw ~** léguer qc à qn ② BIO **etw auf jdn ~** transmettre héréditairement qc à qn
Vererbung <-, *selten* -en> *f* hérédité *f;* **durch ~** héréditairement
verewigen* [fɛɐ̯ˈʔeːvɪɡən] **I.** *vr* **sich ~** s'immortaliser **II.** *vt* perpétuer
verfahren*¹ *irr* **I.** *vi + sein* ① procéder ② (*umgehen*) **mit jdm vorsichtig ~** agir d'une manière prudente avec qn **II.** *vr* **sich ~** se tromper de route **III.** *vt* consommer *Kraftstoff*
verfahren² *adj Angelegenheit* embrouillé(e); *Situation* sans issue
Verfahren [fɛɐ̯ˈfaːrən] <-s, -> *nt* ① procédé *m* ② JUR procédure *f*
Verfall *m kein Pl* ① *eines Gebäudes* délabrement *m; der Kräfte* déclin *m; des Körpers* dégradation *f* ② *geh* (*Niedergang*) déclin *m* ③ (*das Ungültigwerden*) expiration *f*
verfallen* *vi irr + sein* ① *Gebäude:* se délabrer; *Mensch:* décliner ② (*sinken, Wert einbüßen*) *Preise:* s'effondrer ③ (*ungültig werden*) *Fahrkarte:* être périmé; *Anspruch:* être déchu; *Recht:* se prescrire ④ (*erliegen*) **jdm ~** tomber sous l'emprise de qn; **jds Charme/Zauber** (*dat*) **~** succomber au charme/à la magie de qn; **dem Alkohol ~** sombrer dans l'alcool
Verfallsdatum *nt* date *f* de péremption
verfälschen* *vt* (*falsch darstellen*) déformer
Verfälschung *f* bidonnage *m*
verfangen* *vr irr* ① **sich in etw** (*dat*) **~** se prendre dans qc ② *fig* **sich in Lügen ~** s'empêtrer dans des mensonges
verfänglich *adj* compromettant(e)
verfärben* **I.** *vr* **sich ~** *Laub, Gesicht:* changer de couleur **II.** *vt* déteindre sur *Wäsche*
Verfärbung *f* ① *kein Pl* changement *m* de couleur ② (*abweichende Färbung*) coloration *f*
verfassen* *vt* rédiger *Artikel;* écrire *Buch*
Verfasser(in) <-s, -> *m(f)* auteur *m*
Verfassung *f* ① *kein Pl* (*Befinden*) état *m;* **in einer guten/schlechten ~ sein** se sentir/ne pas se sentir bien ② POL constitution *f*
Verfassungsänderung *f* révision *f* constitutionnelle **Verfassungsbeschwerde** *f* recours *m* constitutionnel **Verfassungsgericht** *nt* ≈ Cour *f* constitutionnelle **verfassungskonform** *adj* conforme à la Constitution
Verfassungsmäßigkeit <-> *f* constitutionnalité *f*
verfassungspolitisch *adj inv Bedenken* politico-constitutionnel(le) **Verfassungsrecht** *nt kein Pl* droit *m* constitutionnel **Verfassungsschutz** *m fam* (*Bundesamt für Verfassungsschutz*) ≈ Direction *f* de la sécurité du territoire **verfassungswidrig** *adj* anticonstitutionnel(le)
verfaulen* *vi + sein* ① *Gemüse, Obst:* se

gâter; *Fleisch:* s'avarier ❷ (*verwesen*) pourrir; *Zahn:* se gâter

verfechten* *vt irr* professer (*soutenu*) *Theorie;* défendre *Standpunkt;* préconiser *Kurs*

Verfechter(in) *m(f)* défenseur *mf*

verfehlen* *vt* ❶ (*danebentreffen*) **jdn/etw ~** manquer qn/qc ❷ (*verpassen*) rater *Person, Zug, Bus* ❸ (*nicht erreichen*) rater *Wirkung;* ne pas atteindre *Zweck;* **das Thema ~** s'éloigner du sujet

verfehlt *adj Politik* raté(e)

Verfehlung <-, -en> *f* faute *f;* (*im Amt*) manquement *m*

verfeinden* [fɛɐ̯'faindən] *vr* **sich ~** se brouiller; **sich mit jdm ~** se brouiller avec qn

verfeinern* [fɛɐ̯'fainɐn] *vt* ❶ **etw mit Sahne ~** velouter qc avec de la crème ❷ (*verbessern*) améliorer *Methode*

Verfeinerung <-, -en> *f* amélioration *f*

verfemt *adj geh* proscrit(e)

verfertigen* *vt geh* élaborer *Bericht*

verfestigen* *vr* **sich ~** ❶ *Klebstoff:* durcir ❷ (*stärker werden*) se renforcer

Verfettung *f* dégénérescence *f* graisseuse

verfeuern* *vt* (*verbrennen*) brûler

verfilmen* *vt* porter à l'écran; **etw ~** porter qc à l'écran

Verfilmung <-, -en> *f* adaptation *f* cinématographique

verfilzen* *vi + sein Wollpullover:* [se] feutrer; *Haare:* s'emmêler

verfilzt *adj fam* embrouillé(e)

verfinstern* [fɛɐ̯'fɪnstɐn] *vr* **sich ~** *Himmel:* s'obscurcir; *Miene:* s'assombrir

verflachen* [fɛɐ̯'flaxən] *vi + sein* ❶ *Gelände:* devenir plus plat(e) ❷ *fig Gespräch:* retomber

verflechten* *vt irr* ❶ tresser ❷ *fig* **eng verflochten sein** être étroitement lié

Verflechtung <-, -en> *f* ÖKON interdépendance *f*

verfliegen* *irr* **I.** *vi + sein Duft:* s'évaporer; *Kummer:* s'envoler **II.** *vr + haben* **sich ~** perdre le cap

verfließen* *vi irr + sein* ❶ (*verschwimmen*) *Farben:* s'estomper ❷ *geh* (*vergehen*) s'écouler

verflixt [fɛɐ̯'flɪkst] **I.** *adj fam* **dieser ~e Kerl/dieses ~e Gerät!** ce con de type/d'appareil! **II.** *adv fam* foutrement **III.** *interj fam* la vache

verflochten *PP von* **verflechten**

verflossen [fɛɐ̯'flɔsən] *adj* ❶ *geh Tage, Jahre* écoulé(e) ❷ *fam* (*frühere*) **eine ~e Freundin/ein ~er Freund** une/un ex

verfluchen* *vt* maudire

verflucht *fam* **I.** *adj Kerl* sale *antéposé; Computer, Auto* foutu(e) *antéposé* **II.** *adv* vachement **III.** *interj* nom d'un chien

verflüchtigen* *vr* **sich ~** ❶ *Parfüm:* s'évaporer ❷ *hum fam Mensch:* s'éclipser

verflüssigen* *vt* liquéfier *Gas, Luft*

verfolgen* *vt* ❶ (*nachsetzen*) **jdn ~** poursuivre qn; (*observieren*) suivre qn ❷ (*untersuchen*) suivre *Spur, Diskussion* ❸ (*drangsalieren*) persécuter ❹ (*erreichen wollen*) poursuivre *Ziel*

Verfolger(in) <-s, -> *m(f)* poursuivant(e) *m(f)*

Verfolgte(r) [fɛɐ̯'fɔlktə, -tɐ] *f(m) dekl wie adj* persécuté(e) *m(f)*

Verfolgung <-, -en> *f* ❶ poursuite *f* ❷ (*Drangsalierung*) persécution *f*

Verfolgungsjagd *f* [course *f*] poursuite *f*

Verfolgungswahn *m* délire de [la] persécution *m*

verformen* *vt, vr* [**sich**] ~ [se] déformer

Verformung *f* déformation *f*

verfrachten* [fɛɐ̯'fraxtən] *vt fam* **jdn ins Bett ~** expédier qn au lit; **jdn/etw ins Auto ~** transbahuter qn/qc dans la voiture

verfranzen* *vr fam* **sich ~** se paumer

verfremden *vt* distancier (*pour créer l'effet de distanciation*)

Verfremdung <-, -en> *f* distanciation *f*

verfressen* *adj sl* morfal(e)

verfrüht *adj* prématuré(e); **etw für ~ halten** considérer qc comme prématuré

verfügbar *adj* disponible

Verfügbarkeit <-> *f* disponibilité *f*

verfugen* *vt* faire les joints de *Wand, Fliesen;* enduire *Risse*

verfügen* **I.** *vi* disposer; **über etw** (*akk*) **~** disposer de qc **II.** *vt* ordonner; **~, dass** ordonner que + *subj*

Verfügung <-, -en> *f* (*Disposition*) **etw zur ~ haben** avoir qc à sa disposition; **jdm zur ~ stehen** être à la disposition de qn; **sein Amt zur ~ stellen** renoncer à sa fonction

verführen* *vt* ❶ (*verleiten*) **jdn zu etw ~** *Person:* entraîner qn à faire qc; **jdn zum Kaufen ~** *Werbung:* inciter qn à faire des achats ❷ (*erobern*) séduire *Mann, Frau*

Verführer(in) *m(f)* séducteur(-trice) *m(f)*

verführerisch [fɛɐ̯'fy:rərɪʃ] **I.** *adj Charme* séduisant(e); *Aufmachung* alléchant(e) **II.** *adv angezogen* de manière séduisante; **~ riechen** avoir une odeur alléchante

Verführung *f* ❶ séduction *f* ❷ JUR **~ Minderjähriger** détournement *m* de mineur

verfünffachen* *vt, vr* quintupler
verfüttern* *vt* donner à manger; **etw an die Tiere ~** donner qc à manger aux animaux
Vergabe [fɛɐ̯'ga:bə] *f* ① *einer Arbeit* octroi *m; eines Auftrags* adjudication *f* ② *eines Stipendiums* attribution *f*
vergammeln* *fam* **I.** *vi + sein Essen:* moisir; *Wurst:* s'avarier **II.** *vt + haben* **den Tag ~** passer la journée à glander
vergangen [fɛɐ̯'gaŋən] *adj* passé(e)
Vergangenheit <-> *f a.* GRAM passé *m;* **die jüngste ~** le passé [tout] récent ▶ **eine bewegte ~ haben** avoir un passé tumultueux
Vergangenheitsbewältigung *f* fait d'assumer son passé *m*
vergänglich [fɛɐ̯'gɛŋlɪç] *adj* éphémère
Vergänglichkeit <-> *f* caractère *m* éphémère
vergasen* *vt* ① *(töten)* gazer ② TECH gazéifier
Vergaser <-s, -> *m* TECH carburateur *m*
vergaß [fɛɐ̯'ga:s] *Imp von* **vergessen**
Vergasung <-, -en> *f (Tötung)* gazage *m*
vergeben* *irr* **I.** *vi* pardonner; **jdm ~** pardonner à qn **II.** *vt* ① *geh (verzeihen)* **jdm etw ~** pardonner qc à qn ② *(übergeben, zuteilen)* attribuer *Auftrag, Preis;* **eine Arbeit an jdn ~** donner un travail à faire à qn; **Eintrittskarten zu ~ für ...** billets à donner pour ... ▶ **schon ~ sein** *(einen festen Partner haben, bereits einen Termin haben)* être déjà pris
vergebens *adj* **~ sein** être vain
vergeblich I. *adj* vain(e) **II.** *adv* en vain
Vergebung <-, -en> *f* pardon *m;* **jdn um ~ für etw bitten** demander pardon à qn pour qc
vergegenwärtigen [fɛɐ̯'ge:gənvɛrtɪgən] *vr* **sich** *(dat)* **etw ~** réaliser qc
vergehen* *irr* **I.** *vi + sein* ① *Zeit:* passer ② *(schwinden) Schmerz:* disparaître; **jdm vergeht die Lust** qn [en] perd l'envie; **da vergeht einem ja der Appetit!** ça vous coupe l'appétit! ③ *(fast umkommen)* **vor Hunger/Angst fast ~** faillir mourir de faim/de peur **II.** *vr + haben* **sich an jdm ~** abuser de qn
Vergehen <-s, -> *nt* délit *m*
vergelten *vt irr* ① *(lohnen)* récompenser *Fürsorge;* **jdm seine Hilfe ~** revaloir son aide à qn; **er vergilt ihre Hilfe mit Undank** il lui paie son aide d'ingratitude ② *(heimzahlen)* **etw mit etw ~** répondre à qc par qc
Vergeltung <-, -en> *f* vengeance *f*
Vergeltungsmaßnahme *f* représailles *fpl*
vergessen [fɛɐ̯'gɛsən] <vergisst, vergaß, vergessen> **I.** *vt* oublier ▶ **das werde ich dir/ihr nie** [*o* **nicht**] **~!** je m'en souviendrai! **II.** *vr* **sich ~** perdre son sang-froid
Vergessenheit *f* **in ~ geraten** tomber dans l'oubli
vergesslich[RR], **vergeßlich**[ALT] [fɛɐ̯'gɛslɪç] *adj* étourdi(e); **~ werden** *(im Alter)* perdre la mémoire
Vergesslichkeit[RR], **Vergeßlichkeit**[ALT] <-> *f* étourderie *f; (im Alter)* mémoire *f* défaillante
vergeuden* [fɛɐ̯'gɔydən] *vt* gaspiller
Vergeudung <-, -en> *f* gaspillage *m*
vergewaltigen* *vt* violer *Person;* faire violence à *Erbe*
Vergewaltigung <-, -en> *f* viol *m*
vergewissern* *vr* **sich ~, dass ...** s'assurer que ...
vergießen* *vt irr* ① renverser *Wasser, Saft* ② *(absondern)* verser *Tränen*
vergiften* **I.** *vt* empoisonner **II.** *vr* ① *(Selbstmord begehen)* **sich mit etw ~** s'empoisonner avec qc ② *(sich eine Vergiftung zuziehen)* **sich durch verdorbenen Fisch ~** s'intoxiquer en mangeant du poisson avarié
Vergiftung <-, -en> *f kein Pl* empoisonnement *m,* intoxication *f*
vergilben* *vi + sein* jaunir
Vergissmeinnicht[RR] <-[e]s, -[e]> *nt* BOT myosotis *m*
vergisst[RR], **vergißt**[ALT] [fɛɐ̯'gɪst] *3. Pers Präs von* **vergessen**
vergittern* *vt* pourvoir d'une grille
verglasen* *vt* vitrer
Verglasung <-, -en> *f (das Verglasen, die Glasfläche)* vitrage *m*
Vergleich [fɛɐ̯'glaiç] <-[e]s, -e> *m* comparaison *f;* **den ~ mit jdm/etw nicht aushalten** ne pas soutenir la comparaison avec qn/qc; **im ~ zu den anderen/zum Vorjahr** en comparaison des autres/de l'année dernière ▶ **der ~ hinkt** la comparaison ne tient pas debout
vergleichbar *adj* comparable
vergleichen* *irr* **I.** *vt* comparer; **jdn mit jdm/etw mit etw ~** comparer qn à qn/qc à qc; **vergleiche S. 20** voir p. 20 **II.** *vr* **sich mit jdm ~** se comparer à qn
vergleichend *adj* ① *Aufzählung* comparatif(-ive) ② LING, LITER *Sprachwissenschaft* comparé(e)
vergleichsweise *adv* relativement

V

Vergleichszahl *f meist Pl* chiffre *m* comparatif
verglühen* *vi + sein Kohle:* se consumer; *Raketenstufe:* se désintégrer
vergnügen* [fɛɐ̯'gny:gən] **I.** *vr* **sich ~** s'amuser; **sich mit etw ~** s'amuser en faisant qc; **sich mit jdm ~** se divertir avec qn **II.** *vt* amuser
Vergnügen <-s, -> *nt* plaisir *m;* **~ an etw** (*dat*) **finden** prendre plaisir à qc; **viel ~!** amuse-toi/amusez-vous bien!; **mit ~!** avec plaisir! ▶ **mit wem habe ich das ~?** *form* à qui ai-je l'honneur?; **es ist/war mir ein ~** tout le plaisir est/était pour moi; **sich ins ~ stürzen** *fam* faire la bringue; **hinein ins ~!** *fam* allez, on va s'éclater!
vergnüglich *adj geh* plaisant(e)
vergnügt **I.** *adj Miene* réjoui(e) **II.** *adv* joyeusement
Vergnügung <-, -en> *f* divertissement *m*
Vergnügungspark *m* parc *m* d'attractions **Vergnügungsviertel** *nt* quartier *m* chaud
vergolden* *vt* ❶ dorer; **vergoldet** *Schmuckstück* plaqué(e) or; *Bilderrahmen* doré(e) ❷ *fam* (*gut bezahlen*) **jdm etw ~** acheter qc à prix d'or à qn
vergöttern* [fɛɐ̯'gœtɐn] *vt* idolâtrer
vergraben* *irr* **I.** *vt* enterrer *Leiche;* enfouir *Schatz* **II.** *vr* (*sich beschäftigen mit*) **sich in etw** (*akk*) **~** se plonger dans qc
vergrämen* *vt* contrarier
vergraulen* *vt fam* faire ficher le camp
vergreifen* *vr irr* ❶ (*stehlen*) **sich an etw** (*dat*) **~** faire main basse sur qc ❷ (*Gewalt antun*) **sich an jdm ~** s'en prendre à qn ❸ (*sich unpassend ausdrücken*) **sich in der Wortwahl ~** tenir des propos déplacés
vergreisen [fɛɐ̯'graizən] *vi + sein Person:* devenir sénile; *Gesellschaft:* vieillir
Vergreisung <-> *f einer Gesellschaft* vieillissement *m*

sich vergewissern

sich vergewissern	*s'assurer*
Alles in Ordnung?	*Tout va bien ?*
Habe ich das so richtig gemacht?	*Est-ce que je l'ai fait comme il fallait ?*
Hat es Ihnen geschmeckt?	*Est-ce que c'était bon ?*
Ist das der Bus nach Frankfurt?	*Est-ce que c'est le bus pour Francfort ?*
***(am Telefon:)* Bin ich hier richtig beim Jugendamt?**	*(au téléphone:) Je suis bien à l'office de protection de la jeunesse ?*
Ist das der Film, von dem du so geschwärmt hast?	*C'est bien le film que tu as tant adoré ?*
Bist du dir sicher, dass die Nummer stimmt?	*Es-tu sûr(e) que c'est le bon numéro ?*

jemanden versichern, beteuern	*assurer, affirmer quelque chose à quelqu'un*
Der Zug hatte wirklich Verspätung gehabt.	*Le train avait vraiment eu du retard.*
Wirklich! Ich habe nichts davon gewusst.	*Vraiment ! Je n'en ai rien su.*
Ob du es nun glaubst oder nicht, sie haben sich tatsächlich getrennt.	*Que tu le croies ou non, ils se sont vraiment séparés.*
Ich kann Ihnen versichern, dass das Auto noch einige Jahre fahren wird.	*Je peux vous assurer que la voiture roulera encore quelques années.*
Glaub mir, das Konzert wird ein Riesenerfolg.	*Crois-moi, ce concert aura un grand succès.*
Du kannst ganz sicher sein, er/sie hat nichts gemerkt.	*Tu peux être sûr(e) qu'il/qu'elle n'a rien remarqué.*
Ich garantiere Ihnen, dass die Mehrheit dagegen stimmen wird.	*Je vous garantis que la majorité votera contre.*
Die Einnahmen sind ordnungsgemäß versteuert, dafür lege ich meine Hand ins Feuer.	*Les recettes ont été déclarées en bonne et due forme, j'en mets ma main au feu.*

vergriffen [fɛɐ̯ˈgrɪfən] *adj Buch* épuisé(e)
vergrößern [fɛɐ̯ˈgrøːsɐn] I. *vt* ① agrandir; **etw um etw/auf etw** (*akk*) ~ agrandir qc de qc/à qc ② (*Distanz erhöhen*) augmenter *Abstand* ③ (*verstärken*) **die Belegschaft** ~ augmenter l'effectif du personnel ④ OPT grossir ⑤ PHOT agrandir II. *vr* **sich** ~ ① MED grossir ② *fam* (*eine größere Wohnung nehmen*) s'agrandir; (*Familienzuwachs bekommen*) **unsere Nachbarn** ~ **sich** la famille de nos voisins s'agrandit III. *vi* OPT **stark** ~ grossir énormément
vergrößert I. *adj* agrandi(e); *Leber, Herz* hypertrophié(e) II. *adv abbilden, darstellen* agrandi(e)
Vergrößerung <-, -en> *f* PHOT agrandissement *m;* **in dreifacher** ~ en trois fois plus grand
Vergrößerungsapparat *m* agrandisseur *m* **Vergrößerungsglas** *nt* loupe *f*
Vergünstigung <-, -en> *f* ① (*finanzieller Vorteil*) avantage *m* ② (*Ermäßigung*) réduction *f*
vergüten* [fɛɐ̯ˈgyːtən] *vt* (*ersetzen*) **jdm etw** ~ rembourser qc à qn
Vergütung <-, -en> *f* ① (*das Ersetzen*) remboursement *m* ② *form* (*Honorar*) rémunération *f*
Vergütungsgruppe *f form* catégorie *f* de rémunération
verhaften* *vt* arrêter; **Sie sind verhaftet!** [au nom de la loi,] je vous arrête!
Verhaftung <-, -en> *f* arrestation *f*
verhallen* *vi + sein* se perdre au loin
verhalten*[1] [fɛɐ̯ˈhaltən] *vr irr* ① **sich** ~ se comporter; **sich jdm gegenüber anständig** ~ se comporter d'une manière correcte à l'égard de qn ② (*beschaffen sein*) **die Sache verhält sich folgendermaßen** l'affaire se présente de la manière suivante ③ CHEM **sich** ~ réagir ④ (*als Relation haben*) **die Länge verhält sich zur Breite wie 2:1** le rapport de la longueur à la largeur est de 2:1
verhalten[2] [fɛɐ̯ˈhaltən] I. *adj* ① *Auftreten* circonspect(e); *Fahrweise* modéré(e) ② *Ärger* retenu(e) II. *adv auftreten* avec circonspection; *fahren* de façon modérée; *applaudieren* avec réserve
Verhalten [fɛɐ̯ˈhaltən] <-s> *nt* ① comportement *m;* (*Haltung*) attitude *f* ② CHEM réaction *f*
Verhaltensforscher(in) *m(f)* éthologue *mf* **Verhaltensforschung** *f kein Pl* éthologie *f* **verhaltensgestört** *adj* perturbé(e) **Verhaltensstörung** *f* MED, PSYCH trouble *m* du comportement **Verhaltensweise** *f* comportement *m*
Verhältnis [fɛɐ̯ˈhɛltnɪs] <-ses, -se> *nt* ① (*Vergleich*) **im ~ zu jdm/etw** par rapport à qn/qc; **im ~ zu heute** comparé(e) à notre époque ② (*Proportion*) proportion *f;* **im ~ von fünf zu eins** dans le rapport de cinq à un ③ (*Beziehung*) **sein ~ zu seinen Eltern** ses rapports avec ses parents *mpl;* **ein gutes ~ zu jdm haben** avoir de bons rapports avec qn ④ (*Liebesverhältnis*) liaison *f;* **ein ~ mit jdm haben** avoir une liaison avec qn ⑤ *Pl* (*Zustand*) situation *f* ⑥ *Pl* (*Lebensumstand*) conditions *fpl;* **in bescheidenen ~sen leben** vivre dans de modestes conditions ▶ **für klare ~se sorgen** clarifier la situation; **er lebt über seine ~se** il vit au-dessus de ses moyens; **in keinem ~ zu etw stehen** être disproportionné à qc
verhältnismäßig *adv* relativement
Verhältnismäßigkeit *f* JUR proportionnalité *f*
Verhältniswahl *f* scrutin *m* proportionnel **Verhältniswahlrecht** *nt* proportionnelle *f*
verhandeln* I. *vi* négocier; **mit jdm über etw** (*akk*) ~ négocier qc avec qn II. *vt* JUR juger *Fall, Prozess*
Verhandlung *f* ① *meist Pl* négociation *f;* **in ~en mit jdm stehen** être en pourparlers avec qn ② JUR audience *f*
Verhandlungsbasis *f* base *f* de négociation **verhandlungsfähig** *adj* JUR ~ **sein** être apte à comparaître en jugement **Verhandlungspartner(in)** *m(f)* ① ÖKON négociateur(-trice) *m(f)* ② JUR partie *f; eines Vertrags* cocontractant(e) *m(f)*
verhängen* *vt* ① masquer; **etw mit etw** ~ masquer qc avec qc ② SPORT siffler *Freistoß*
verhangen *adj Himmel* couvert(e)
Verhängnis <-, -se> *nt* désastre *m*
verhängnisvoll *adj* fatal(e)
verharmlosen* *vt* minimiser
verhärmt *adj* marqué(e) par le chagrin
verharren* *vi + haben o sein geh* (*stehen bleiben*) s'arrêter
verharschen* [fɛɐ̯ˈharʃən] *vi + sein Schnee:* croûter
verhärten* *vr* **sich** ~ ① *Positionen:* se durcir ② MED s'indurer
Verhärtung *f* ① *von Fronten, Positionen* durcissement *m* ② MED induration *f*
verhaspeln* [fɛɐ̯ˈhaspəln] *vr fam* **sich** ~ (*sich versprechen*) cafouiller
verhasst[RR] [fɛɐ̯ˈhast] *adj* détesté(e)

V

verhätscheln* *vt* dorloter
verhauen* <verhaute, verhauen> **I.** *vt fam* ① tabasser; (*als Strafe*) flanquer une raclée à ② (*nicht schaffen*) louper *Klassenarbeit* **II.** *vr fam* ① **sich ~** se castagner ② (*sich verkalkulieren*) **sich um hundert Euro ~** se planter de cent euros
verheddern* [fɛɐ̯'hɛdɐn] *vr fam* ① (*sich verfangen*) **sich ~** s'emberlificoter; **sich in etw** (*dat*) **~** s'emberlificoter dans qc ② (*sich verschlingen*) *Fäden:* s'enchevêtrer
verheerend **I.** *adj* ① *Orkan* dévastateur(-trice) ② *fam* (*schlimm*) **~ aussehen** avoir une touche pas possible **II.** *adv toben* affreusement; **sich ~ auswirken** avoir des effets dévastateurs
verhehlen* *vt geh* dissimuler; **etw nicht ~ können** ne pas pouvoir dissimuler qc
verheilen* *vi + sein* cicatriser
verheimlichen* *vt* cacher; **jdm etw ~** cacher qc à qn; **jdm ~, dass ...** cacher à qn que ...
verheiraten* *vr* **sich ~** se marier; **sich mit jdm ~** se marier avec qn; **sich wieder ~** se remarier
verheiratet *adj* marié(e); **glücklich ~ sein** être heureux en ménage
verheißen* *vt irr geh* promettre; **jdm etw ~** promettre qc à qn
verheißungsvoll *adj* prometteur(-euse)
verheizen* *vt* brûler
verhelfen* *vi irr* **jdm zu seinem Recht ~** aider qn à obtenir son bon droit; **jdm zum Erfolg ~** contribuer au succès de qn
verherrlichen* [fɛɐ̯'hɛrlɪçən] *vt* exalter
Verherrlichung <-, -en> *f* exaltation *f*
verheult *adj fam Gesicht* gonflé(e) par les larmes
verhexen* *vt* ensorceler ► **es ist wie verhext!** *fam* quelle guigne!
verhindern* *vt* empêcher; **~, dass jd etw tut** empêcher qn de faire qc; **~, dass etw geschieht** empêcher que qc [ne] se produise
verhindert *adj* **~ sein** avoir un empêchement
Verhinderung <-, -en> *f* empêchement *m*
verhöhnen* *vt* se moquer de
Verhöhnung <-, -en> *f* moquerie *f*
verhökern* *vt fam* bazarder; **etw an jdn ~** bazarder qc à qn
Verhör <-[e]s, -e> *nt* interrogatoire *m; eines Zeugen* audition *f*
verhören* **I.** *vt* interroger *Beschuldigten* **II.** *vr* **sich ~** entendre de travers; **sie hat sich verhört** elle a mal entendu
verhüllen* **I.** *vt* recouvrir; **etw mit etw ~** recouvrir qc de qc; **das Gesicht mit einem Schleier ~** se voiler le visage **II.** *vr* **sich mit etw ~** se couvrir de qc
verhüllt *adj* ① *Haupt* voilé(e); *Schultern* couvert(e) ② (*versteckt*) *Drohung* déguisé(e)
verhundertfachen* [fɛɐ̯'hʊndɐtfaxən] *vt, vr* [**sich**] **~** centupler
verhungern* *vi + sein* ① mourir de faim; **verhungert** affamé(e) ② *fam* (*sehr hungrig sein*) **am Verhungern sein** crever de faim
verhunzen* *vt fam* défigurer
verhüten* *vt* empêcher *Schlimmes, Empfängnis;* éviter *Schwangerschaft*
Verhüterli [fɛɐ̯'hyːtɐli] <-s, -> *nt hum sl* capote *f* [anglaise]
verhütten [fɛɐ̯'hʏtən] *vt* fondre
Verhütung <-, -en> *f* ① prévention *f* ② (*Empfängnisverhütung*) contraception *f*
Verhütungsmittel *nt* contraceptif *m*
verhutzelt [fɛɐ̯'hʊtsəlt] *adj fam* ratatiné(e)
verifizieren* [verifi'tsiːrən] *vt geh* vérifier
verinnerlichen* [fɛɐ̯'ʔɪnɐlɪçən] *vt* assimiler
verirren* *vr* **sich ~** s'égarer
verjagen* *vt* chasser; faire fuir *Einbrecher*
verjähren* *vi + sein* se prescrire
Verjährung <-, -en> *f* prescription *f*
verjubeln* *vt fam* claquer
verjüngen* **I.** *vi* rajeunir **II.** *vt* **jdn ~** [faire] rajeunir qn **III.** *vr* **sich ~** (*schmaler werden*) se rétrécir
verkabeln* *vt* câbler; **verkabelt sein** avoir le câble
Verkabelung <-, -en> *f* câblage *m*
verkalken* *vi + sein* ① TECH s'entartrer ② ANAT *Arterien:* se scléroser ③ *fam* (*vergreisen*) gâtifier; **verkalkt** gaga
verkalkulieren* *vr* (*sich verrechnen*) faire une erreur de calcul
Verkalkung <-, -en> *f* ① TECH entartrage *m* ② MED *der Gefäße* calcification *f* ③ *fam* (*Vergreisung*) ramollissement *m*
verkannt *adj* méconnu(e)
verkappt *adj attr* déguisé(e)
verkatert *adj fam* qui a la gueule de bois
Verkauf *m* vente *f*
verkaufen* **I.** *vt* ① vendre; **jdm etw für zwanzig Euro ~** vendre qc à qn pour vingt euros; **zu ~** à vendre ② *fam* (*weismachen*) **jdm etw ~** faire gober qc à qn **II.** *vr* ① **sich gut/schlecht ~** *Ware, Artikel:* se vendre bien/mal ② (*sich darstellen*) **sich gut/schlecht ~** savoir/ne pas savoir se vendre
Verkäufer(in) [fɛɐ̯'kɔyfɐ] *m(f)* vendeur(-euse) *m(f)*

V

verkäuflich *adj* ~ **sein** être à vendre
verkaufsfördernd *adj* promotionnel(le)
Verkaufspreis *m* prix *m* de vente
Verkehr [fɛɐ̯ˈkeːɐ̯] <-[e]s> *m* ❶ (*Straßenverkehr*) circulation *f* ❷ (*Transportverkehr*) trafic *m* ❸ *geh* (*Geschlechtsverkehr*) rapports *mpl;* ~ **mit jdm haben** avoir des rapports avec qn ❹ (*Umlauf*) **Banknoten aus dem ~ ziehen** retirer des billets de la circulation ▶**jdn aus dem ~ ziehen** *fam* mettre qn à l'ombre
verkehren* *vi* ❶ + *haben o sein* (*fahren*) circuler; **zwischen Köln und Bonn ~** *Zug:* circuler entre Cologne et Bonn; **alle fünf Stunden ~** *Bus, Fähre:* passer toutes les cinq heures ❷ + *haben* (*Gast sein*) **bei jdm/in etw** (*dat*) ~ fréquenter qn/qc ❸ + *haben geh* (*Geschlechtsverkehr haben*) **mit jdm ~** avoir des rapports avec qn
Verkehrsader *f* axe *m* routier, artère *f* routière **Verkehrsampel** *f* feux *mpl* de signalisation **Verkehrsanbindung** *f* TRANSP desserte *f* **Verkehrsaufkommen** *nt* circulation *f* **verkehrsberuhigt** *adj* à circulation réduite et vitesse limitée **Verkehrschaos** *nt* paralysie *f* du trafic **Verkehrsdelikt** *nt* infraction *f* au Code de la route **Verkehrsdurchsage** *f* flash *m* d'informations routières **Verkehrserziehung** *f* enseignement *m* du code de la route **Verkehrsfunk** *m* radioguidage *m* **verkehrsgünstig** *adj* **in ~er Lage wohnen** habiter un quartier bien desservi **Verkehrshindernis** *nt* entrave *f* à la circulation **Verkehrsinsel** *f* (*für Fußgänger*) refuge *m* [pour piétons] **Verkehrskontrolle** *f* contrôle *m* routier **Verkehrsminister(in)** *m(f)* ministre *mf* des Transports **Verkehrsmittel** *nt* moyen *m* de transport; **öffentliches ~** moyen de transport en commun **Verkehrspolizei** *f kein Pl* police *f* routière **Verkehrspolizist(in)** *m(f)* agent *m* de la circulation **Verkehrsregel** *f* règle *f* de conduite **verkehrsreich** *adj Straße* à grande circulation; *Kreuzung* très passant(e) **Verkehrsrowdy** *m pej* fou *m* [*o* cinglé *m*] de la route **Verkehrsschild** <-schilder> *nt* panneau *m* de signalisation [routière] **Verkehrssprache** *f* LING langue *f* véhiculaire **Verkehrsteilnehmer(in)** *m(f) form* usager(-ère) *m(f)* de la route **Verkehrstote(r)** *f(m) dekl wie adj* victime *f* de la route **Verkehrsunfall** *m* accident *m* de la route [*o* de la circulation] **Verkehrsverbindung** *f* liaison *f* routière **Verkehrsverbund** *m* société *f* des transports en commun **Verkehrszeichen** *nt s.* **Verkehrsschild**
verkehrt I. *adj* **der ~e Schlüssel** la mauvaise clé; **in die ~e Richtung gehen** aller dans la direction inverse; **das ist das ~e Haus** ce n'est pas la bonne maison; **das Verkehrte tun** faire le contraire ▶**etw ist gar nicht so ~** *fam* qc n'est pas si mal que ça II. *adv* ❶ *erzählen* de travers; **etw wird ~ wiedergegeben** qc est faussé(e) ❷ *aufmachen* du mauvais côté; ~ **herum** à l'envers
verkeilt *adj* encastré(e)
verkennen* *vt irr* méconnaître; (*unterschätzen*) sous-estimer; **es ist nicht zu ~, dass ...** il est indéniable que ...
Verkennung *f* **in [völliger] ~ der Lage** par méconnaissance [totale] de la situation
verketten* I. *vt* (*zusammenbinden*) **etw mit etw ~** attacher qc avec une chaîne à qc II. *vr* **sich ~** *Umstände:* s'enchaîner
Verkettung <-, -en> *f von Misserfolgen* enchaînement *m*
verklagen* *vt* porter plainte; **jdn wegen etw ~** porter plainte contre qn à cause de qc; **jdn auf Schadenersatz** (*akk*) ~ poursuivre qn en dommages-intérêts
verklappen* *vt* évacuer; **etw im Meer ~** évacuer qc en mer
Verklappung <-, -en> *f* évacuation *f* [en mer]
verklären* I. *vr* **sich ~** ❶ *Blick:* s'illuminer; **verklärt** radieux(-euse) ❷ (*zu schön erscheinen*) *Vergangenheit:* s'enjoliver II. *vt* enjoliver *Vergangenheit*
Verklärung <-> *f* transfiguration *f*
verkleben* I. *vt* + *haben* ❶ (*festkleben*) coller ❷ (*zukleben*) **etw mit einem Klebestreifen ~** masquer qc avec du papier adhésif II. *vi* + *sein Wimpern:* coller
verkleiden* *vt* ❶ (*kostümieren*) déguiser; **jdn/sich als Clown ~** déguiser qn/se déguiser en clown ❷ (*überdecken*) recouvrir *Heizkörper;* revêtir *Wand*
Verkleidung *f* ❶ (*Kostümierung*) déguisement *m* ❷ *einer Wand* revêtement *m*
verkleinern* I. *vt* ❶ rapetisser ❷ PHOT réduire le format de *Vorlage;* réduire *Format* ❸ (*zahlenmäßig verringern*) réduire le personnel de *Betrieb, Firma* II. *vr* ❶ (*sich verringern*) **sich um etw ~** rapetisser de qc ❷ (*schrumpfen*) **sich ~** *Tumor:* diminuer de volume
Verkleinerung <-, -en> *f kein Pl eines Formats* réduction *f*
Verkleinerungsform *f* diminutif *m*

V

verklemmen* *vr* **sich ~** se coincer
verklemmt *adj* coincé(e) (*fam*)
verklingen* *vi irr + sein Lied:* se taire peu à peu
verknacksen* *vr fam* **sich** (*dat*) **etw ~** se fouler qc
verknallen* *vr fam* **sich ~** s'amouracher; **sich in jdn ~** s'amouracher de qn; **in jdn verknallt sein** être toqué de qn
verkneifen* *vr irr fam* **sich** (*dat*) **eine Bemerkung ~** se retenir de faire une remarque
verkniffen *pej* **I.** *adj Miene* pincé(e) **II.** *adv grinsen* d'un air pincé
verknöchern* [fɛɐ̯'knœçɐn] *vi* (*geistig erstarren*) se scléroser
verknöchert *adj fam* fossilisé(e), sclérosé(e); **er ist alt und ~** c'est un vieux fossile
verknoten* **I.** *vt* [**miteinander**] **~** nouer *Drähte* **II.** *vr* **sich ~** s'emmêler [et faire des nœuds]
verknüpfen* *vt* ① (*verbinden*) **eine Reise mit etw ~** profiter d'un voyage pour faire qc; **etw mit der Bedingung ~, dass** associer qc à la condition que + *subj* ② INFORM **eine Datei mit einem Programm ~** associer un fichier à un programme
Verknüpfung <-, -en> *f* ① *der Ereignisse* relation *f*, lien *m* ② INFORM association *f*
verkochen* *vi + sein* ① (*verdampfen*) s'évaporer en bouillant ② (*breiig werden*) cuire trop
verkohlen* **I.** *vi + sein* se carboniser **II.** *vt fam* **jdn ~** faire marcher qn
verkommen* *vi irr + sein* ① *Person:* tourner mal; *Garten:* ne plus être entretenu(e); *Gebäude:* se délabrer; **im Elend ~** s'enfoncer dans la misère; **zum Säufer ~** sombrer dans l'alcool ② *Lebensmittel:* s'abîmer
Verkommenheit <-> *f* déchéance *f*
verkorken* *vt* boucher
verkorksen* [fɛɐ̯'kɔrksən] *vr fam* **verkorkst** *Magen* barbouillé(e)
verkörpern* [fɛɐ̯'kœrpɐn] *vt* incarner
verkosten* *vt* déguster *Wein*
verköstigen* *vt* nourrir
verkrachen* *vr fam* **sich ~** se brouiller; **sich mit jdm ~** se brouiller avec qn
verkraften* *vt* **etw ~** *Person:* faire face à qc; *Stromnetz:* supporter qc
verkrampfen* *vr* **sich ~** se contracter; **meine Hand verkrampft sich** j'ai une crampe dans la main
verkrampft **I.** *adj* contracté(e); *Gesicht, Lächeln* crispé(e) **II.** *adv* **~ dasitzen** être assis tout contracté
verkriechen* *vr irr* ① **sich ~** *Tier:* se terrer; **sich in einem Loch ~** aller se terrer dans un trou ② *fam* (*sich verstecken, zurückziehen*) **sich unter der Decke ~** se fourrer sous les draps
verkrümeln* *vr fam* **sich ~** se tirer
verkrümmen* **I.** *vt* déformer *Finger;* dévier *Wirbelsäule* **II.** *vr* **sich ~** *Wirbelsäule:* se déformer
Verkrümmung <-, -en> *f* déformation *f*
verkrüppeln* **I.** *vt + haben* estropier *Person* **II.** *vi + sein Strauch:* se rabougrir
verkrüppelt *adj Arm, Fuß* difforme; *Baum* rabougri(e)
verkrustet *adj* ① *Wunde* croûteux(-euse) ② *fig System, Strukturen* sclérosé(e)
verkümmern* *vi + sein Pflanze:* dépérir; *Talent:* s'étioler
verkünden* [fɛɐ̯'kʏndən] *vt* ① *geh* (*mitteilen*) annoncer; **jdm etw ~** annoncer qc à qn; **jdm ~, dass ...** annoncer à qn que ... ② JUR prononcer
verkündigen* *vt geh* annoncer; [**jdm**] **etw ~** annoncer qc [à qn]
Verkündigung <-, -en> *f geh* proclamation *f*
Verkündung <-> *f* JUR proclamation *f*
verkuppeln* *vt fam* **eine Freundin ~** faire rencontrer quelqu'un à une amie
verkürzen* **I.** *vt* ① raccourcir *Schnur;* réduire *Abstand;* **etw um einen Meter ~** raccourcir qc d'un mètre; **etw auf zwei Meter ~** ramener qc à deux mètres ② (*zeitlich*) réduire *Dauer;* écourter *Urlaub;* **etw um zehn Tage ~** écourter qc de dix jours; **etw auf eine Woche ~** ramener qc à une semaine **II.** *vr* **sich ~** *Abstand:* diminuer
Verkürzung *f* raccourcissement *m; der Arbeitszeit, einer Distanz* réduction *f*
Verladebahnhof *m* gare *f* de chargement
verladen* *vt irr* ① (*umladen*) charger; **etw auf/in etw** (*akk*) **~** charger qc sur/dans qc ② *fam* (*hinters Licht führen*) entuber
Verlag [fɛɐ̯'la:k] <-[e]s, -e> *m* maison *f* d'édition
verlagern* **I.** *vt* ① déplacer *Gewicht* ② (*verlegen*) **etw ins Ausland ~** transférer qc à l'étranger ③ *fig* **den Schwerpunkt auf etw** (*akk*) **~** donner la priorité à qc **II.** *vr* METEO **sich nach Norden ~** se déplacer vers le nord
Verlagerung *f* ① déplacement *m* ② (*Verlegung*) transfert *m;* **~ ins Ausland** délocalisation *f*
Verlagsbuchhandel *m* commerce *m* de libraire-éditeur **Verlagswesen** *nt kein Pl* édition *f*

V

verlanden* *vi + sein* GEOG se combler de dépôts alluvionnaires

verlangen* **I.** *vt* ① (*fordern, erwarten*) réclamer *Geld;* exiger *Bestrafung;* demander *Fleiß;* **etw von jdm ~** exiger qc de/demander qc à qn ② (*sehen wollen, haben wollen*) demander *Ausweis;* réclamer *Rechnung* ③ (*zu sprechen wünschen*) demander ④ (*erfordern*) **Mut ~** exiger du courage ▶ **das ist ein bisschen viel verlangt!** c'est demander beaucoup! **II.** *vi geh* **nach jdm/etw ~** réclamer qn/qc

Verlangen <-s> *nt* ① (*Wunsch*) désir *m* ② (*Forderung*) exigence *f*

verlängern* [fɛɐ̯ˈlɛŋɐn] **I.** *vt* ① [r]allonger; **etw um zwei Meter ~** [r]allonger qc de deux mètres ② (*andauern lassen*) prolonger **II.** *vr* **sich um einen Monat ~** se prolonger d'un mois

Verlängerung <-> *f einer Frist* prolongation *f*

Verlängerungskabel *nt* rallonge *f*

verlangsamen* [fɛɐ̯ˈlaŋza:mən] **I.** *vt* ① ralentir *Lauf;* réduire *Fahrt;* **seine Schritte ~** ralentir sa marche ② (*aufhalten*) freiner *Entwicklung* **II.** *vr* **sich ~** se ralentir; *Fahrt:* diminuer

Verlangsamung <-, -en> *f* ralentissement *m*

Verlass[RR] [fɛɐ̯ˈlas] <-es>, **Verlaß**[ALT] <-lasses> *m* ▶ **auf jdn/etw ist ~** on peut compter sur qn/qc

verlassen*[1] *irr* **I.** *vt* ① quitter, abandonner *Familie* ② (*hinaus-, fortgehen*) quitter *Stadt;* **~ Sie sofort mein Haus!** sortez d'ici immédiatement! ③ (*verloren gehen*) **jdn ~** *Hoffnung:* abandonner qn ▶ **und da verließen sie ihn!** *fam* et puis c'était le trou! **II.** *vr* **sich auf jdn/etw ~** compter sur qn/qc; **ich verlasse mich darauf, dass du kommst** je compte sur toi pour venir ▶ **worauf du dich ~ kannst!** là-dessus, tu peux me faire confiance!

verlassen[2] *adj Haus, Strand* abandonné(e), à l'abandon; *Gegend* désert(e)

Verlassenheit <-> *f eines Menschen* délaissement *m; einer Gegend* abandon *m*

Verlassenschaft <-, -en> *f* A (*Nachlass*) succession *f*

verlässlich[RR] [fɛɐ̯ˈlɛslɪç] *adj Freund* sur lequel on peut compter; *Zeuge* digne de foi

Verlässlichkeit[RR], **Verläßlichkeit**[ALT] <-> *f* fiabilité *f*

Verlauf [fɛɐ̯ˈlau̯f] *m* ① (*Linie, Richtung*) tracé *m; eines Flusses* cours *m* ② (*Entwicklung*) déroulement *m; von Gesprächen* cours *m; einer Krankheit* évolution *f*

verlaufen* *irr* **I.** *vi + sein* ① (*sich erstrecken*) **am Seeufer ~** passer au bord du lac; **parallel zur Autobahn ~** être parallèle à l'autoroute ② (*ablaufen*) **wie geplant ~** se dérouler comme prévu **II.** *vr + haben* **sich ~** ① (*sich verirren*) s'égarer ② (*auseinandergehen*) se disperser

verlaust *adj Person* pouilleux(-euse); *Haare* plein(e) de poux

verlautbaren* **I.** *vt + haben form* rendre public(-ique) **II.** *vi + sein unpers form* **es verlautbarte, dass ...** il a été annoncé que ...

Verlautbarung <-, -en> *f form* ① *kein Pl* (*Bekanntgabe*) communication *f* ② (*Mitteilung*) communiqué *m*

verlauten* *vi + sein* **wie verlautet** comme on l'a appris

verleben* *vt* passer *Zeit, Urlaub*

verlebt *adj Gesicht* de quelqu'un qui a vécu

verlegen*[1] [fɛɐ̯ˈle:gən] **I.** *vt* ① égarer *Schlüssel* ② (*verschieben*) **etw auf einen anderen Tag ~** reporter qc à un autre jour ③ (*legen*) poser ④ (*publizieren*) éditer ⑤ (*umquartieren*) transférer *Behörde;* transporter *Truppen* **II.** *vr* **sich auf den Kunsthandel ~** se mettre au marché de l'art

verlegen[2] [fɛɐ̯ˈle:gən] *adj* embarrassé(e); **~ werden** être gagné par l'embarras

Verlegenheit <-, -en> *f kein Pl* (*Betretenheit*) gêne *f*

Verleger(in) <-s, -> *m(f)* éditeur(-trice) *m(f)*

Verlegung <-> *f* ① (*Verschiebung*) report *m* ② (*das Legen*) pose *f* ③ (*Umquartierung*) *von Patienten, Behörden* transfert *m*

verleiden* *vt* gâcher; **jdm etw ~** gâcher qc à qn

Verleih <-[e]s, -e> *m kein Pl* (*das Verleihen*) location *f*

verleihen* *vt irr* ① prêter; (*gegen Entgelt*) louer; **etw an jdn ~** prêter/louer qc à qn ② (*zuerkennen*) décerner *Orden* ③ (*geben, verschaffen*) **jdm Kraft ~** donner de la force à qn; **einer S. eine persönliche Note ~** customiser qc

Verleihung <-, -en> *f* ① *kein Pl* (*das Verleihen*) location *f* ② (*Zuerkennung*) attribution *f*

verleiten* *vt* inciter; **jdn zum Glücksspiel ~** inciter qn au jeu de hasard

verlernen* *vt* oublier

verlesen* *irr* **I.** *vt* donner lecture de *Namen* **II.** *vr* **sich ~** se tromper en lisant

verletzbar *adj* susceptible

V

verletzen* [fɛɐ̯ˈlɛtsən] **I.** *vt* ① blesser; **jdn/ein Tier am Kopf ~** blesser qn/un animal à la tête; **leicht/schwer verletzt** légèrement/gravement blessé ② *(kränken)* blesser ③ *(nicht befolgen)* enfreindre *Vorschrift* **II.** *vr* **sich an der Hand ~** se blesser à la main
verletzend *adj* blessant(e)
verletzlich *adj* susceptible, sensible
Verletzte(r) *f(m) dekl wie adj* blessé(e) *m(f)*
Verletzung <-, -en> *f* ① *(Wunde)* blessure *f* ② *kein Pl (das Nichtbefolgen)* **die ~ der Bestimmungen** la violation du règlement
Verletzungsgefahr *f* risque *m* de blessure
verleugnen* *vt* renier; **nicht ~ können, dass ...** ne [pas] pouvoir nier que ...
verleumden* [fɛɐ̯ˈlɔymdən] *vt* calomnier, diffamer
verleumderisch [fɛɐ̯ˈlɔymdərɪʃ] *adj* calomnieux(-euse), diffamatoire
Verleumdung <-, -en> *f* calomnie *f*
verlieben* *vr* tomber amoureux(-euse); **sich in jdn ~** tomber amoureux de qn
verliebt *adj Person, Blick* amoureux(-euse)
Verliebte(r) *f(m) dekl wie adj* amoureux(-euse) *m(f)*
verlieren [fɛɐ̯ˈliːrən] <verlor, verloren> **I.** *vt* ① perdre; **wir dürfen keine Zeit ~!** il ne faut pas perdre de temps! ② *(entweichen lassen)* laisser s'échapper *Öl;* **Luft ~** *Reifen:* fuir ▶ **du hast/das hat hier nichts verloren!** *fam* tu n'as/ça n'a rien à faire ici!; **jd hat nichts mehr/hat nichts zu ~** qn n'a plus rien/n'a rien à perdre **II.** *vr* **sich ~** *Spontaneität:* diminuer; *Nervosität:* passer **III.** *vi* **an Bedeutung** *(dat)* **~** devenir moins important
Verlierer(in) <-s, -> *m(f)* perdant(e) *m(f); (eines Kriegs)* vaincu(e) *m(f)*
Verlies [fɛɐ̯ˈliːs] <-es, -e> *nt* oubliettes *fpl*
verloben* *vr* se fiancer; **sich mit jdm ~** se fiancer avec qn
verlobt *adj* fiancé(e); **mit jdm ~ sein** être fiancé à qn
Verlobte(r) *f(m) dekl wie adj* fiancé(e) *m(f)*
Verlobung <-, -en> *f* fiançailles *fpl*
Verlobungsanzeige *f* avis *m* de fiançailles
verlocken* *vi geh* **zum Wandern ~** inviter à la promenade
verlockend *adj* attrayant(e); **~ klingen** être attrayant
Verlockung <-, -en> *f* attrait *m*
verlogen [fɛɐ̯ˈloːgən] *adj Person* menteur(-euse); *Gesellschaft* hypocrite
Verlogenheit <-> *f einer Person* fausseté *f; der Gesellschaft* hypocrisie *f*
verlor [fɛɐ̯ˈloːɐ̯] *Imp von* **verlieren**
verloren [fɛɐ̯ˈloːrən] **I.** *PP von* **verlieren** **II.** *adj* perdu(e) **III.** *adv* **~ gehen** *Brief:* se perdre ▶ **an ihr ist eine Journalistin ~ gegangen** *fam* elle aurait fait une bonne journaliste
verloren|gehen *s.* **verloren III.**
verlöschen* <verlischt, verlosch, verloschen> *vi + sein geh* s'éteindre
verlosen* *vt* tirer au sort
Verlosung *f* tirage *m* au sort
verlöten* *vt* souder *Loch*
verlottern* *vi + sein pej Person:* tomber dans la déchéance
Verlust [fɛɐ̯ˈlʊst] <-[e]s, -e> *m* perte *f;* **hohe ~e machen** essuyer des pertes importantes
Verlustgeschäft *nt* opération *f* à perte
vermachen* *vt* ① JUR **jdm etw ~** léguer qc à qn ② *fam (schenken)* **jdm etw ~** faire cadeau de qc à qn
Vermächtnis <-ses, -se> *nt a. fig* héritage *m*
vermählen* [fɛɐ̯ˈmɛːlən] *vr geh* **sich ~** se marier; **sich mit jdm ~** se marier avec qn
Vermählung <-, -en> *f geh* mariage *m*
vermännlichen* [fɛɐ̯ˈmɛnlɪçən] *vi* se viriliser
vermarkten* *vt* ① **ein Produkt ~** commercialiser un produit; **sich gut ~ lassen** se vendre bien ② *(zu Geld machen)* **etw ~** se faire de l'argent avec qc
Vermarktung <-, -en> *f* commercialisation *f*
vermasseln* [fɛɐ̯ˈmasəln] *vt fam* ① **jdm den Urlaub/das Geschäft ~** foutre en l'air les vacances/l'affaire de qn ② *(schlecht machen)* louper *Prüfung*
vermehren* **I.** *vr* **sich ~** ① *(sich fortpflanzen)* se reproduire ② *(zunehmen)* augmenter **II.** *vt* ① multiplier *Pflanzen* ② *(vergrößern)* accroître, augmenter *Besitz*
Vermehrung <-, -en> *f* ① *(Fortpflanzung)* reproduction *f* ② HORT multiplication *f* ③ *des Besitzes* accroissement *m*
vermeidbar *adj* évitable
vermeiden* *vt irr* éviter; **sich nicht/kaum ~ lassen** être inévitable/pratiquement inévitable
vermeintlich [fɛɐ̯ˈmaintlɪç] **I.** *adj attr* présumé(e), supposé(e) **II.** *adv* apparemment, soi-disant
vermelden* *vt* annoncer; **etwas/nichts**

V

zu ~ haben avoir quelque chose/n'avoir rien à signaler

vermengen* *vt* (*vermischen*) mélanger

vermenschlichen* [fɛɐ̯'mɛnʃlɪçən] *vt* personnifier *Tier, Gegenstand*

Vermerk [fɛɐ̯'mɛrk] <-[e]s, -e> *m* note *f*

vermerken* *vt* (*notieren*) **etw auf etw** (*dat*)/**in etw** (*dat*) ~ noter qc sur qc/dans qc

vermessen*[1] [fɛɐ̯'mɛsən] *irr* **I.** *vt* mesurer *Gelände* **II.** *vr* **sich** ~ se tromper en mesurant

vermessen[2] [fɛɐ̯'mɛsən] *adj geh* présomptueux(-euse)

Vermessenheit <-, -en> *f* prétention *f*

Vermessung *f* mesurage *m*

vermiesen* [fɛɐ̯'mi:zən] *vt fam* **sie hat ihm die Party vermiest** elle lui a foutu la fête en l'air

vermieten* *vt, vi* louer; **zu ~** à louer

Vermieter(in) *m(f)* ① (*Hauswirt*) propriétaire *mf* ② (*Verleiher*) loueur(-euse) *m(f)*

Vermietung <-, -en> *f* location *f*

vermindern* **I.** *vt* réduire *Geschwindigkeit* **II.** *vr* **sich** ~ *Einfluss:* diminuer; *Geschwindigkeit:* baisser

Verminderung *f* réduction *f*

verminen* *vt* miner

vermischen* **I.** *vt* mélanger; **etw mit etw** ~ mélanger qc à qc **II.** *vr* ① **sich [miteinander]** ~ se mélanger ② *fig* **sich** ~ *Völkergruppen:* se mêler

Vermischung *f* ① *von Stoffen, Zutaten* mélange *m* ② *fig* fusion *f* ③ (*Verwechslung*) confusion *f*

vermissen* *vt* ① (*nicht finden können*) ne plus retrouver *Schlüssel* ② **ich vermisse dich so** tu me manques tellement ③ (*als abwesend feststellen*) **vermisst werden** *Kind:* être porté disparu ④ (*wünschenswert finden*) **an einem Auto jeden Komfort** ~ déplorer le manque total de confort dans une voiture

Vermisstenanzeige[RR] *f* déclaration *f* de disparition

vermitteln* **I.** *vt* ① fournir; **jdm eine Stelle/eine Wohnung** ~ fournir un emploi/un logement à qn; **jdm Arbeitskräfte** ~ recruter des effectifs pour [le compte de] qn; **jdm einen Partner** ~ mettre qn en contact avec un partenaire ② (*beibringen*) transmettre *Lehrstoff* ③ TELEC **ein Gespräch** ~ établir une communication [téléphonique] ④ *geh* (*geben*) **jdm einen Eindruck** ~ donner une impression à qn **II.** *vi* **in etw** (*dat*) ~ servir d'intermédiaire dans qc

vermittelnd I. *adj Bemühungen* de médiation **II.** *adv* comme intermédiaire, en médiateur/médiatrice

Vermittler(in) <-s, -> *m(f)* ① (*Schlichter*) médiateur(-trice) *m(f)* *m* ② (*Makler*) intermédiaire *mf*

Vermittlung <-, -en> *f* ① *kein Pl* (*das Vermitteln*) **die ~ von Arbeitskräften** le placement de la main-d'œuvre; **für die ~ der Wohnung verlangt er ...** sa commission de courtier s'élève à ... ② *kein Pl* (*Schlichtung*) médiation *f* ③ TELEC (*Servicestelle*) transmission *f* ④ *kein Pl* TELEC (*das Schalten*) **die ~ eines Gesprächs** l'établissement *m* d'une communication [téléphonique]

Vermittlungsausschuss[RR] *m* commission *f* mixte paritaire

vermöbeln* [fɛɐ̯'mø:bəln] *vt fam* tabasser

vermodern* *vi + sein* se décomposer

vermögen [fɛɐ̯'mø:gən] *vt irr geh* **[es]** ~ **etw zu tun** être à même de faire qc

Vermögen [fɛɐ̯'mø:gən] <-s, -> *nt* ① fortune *f* ② *kein Pl geh* **sein ~ etw zu tun** sa capacité à faire qc

vermögend [fɛɐ̯'mø:gənt] *adj geh* fortuné(e); ~ **sein** avoir des biens

Vermögensbildung *f* constitution *f* d'un capital **Vermögenssteuer** *f* impôt *m* sur la fortune **vermögenswirksam** *adj* **~e Leistungen** *prestations de l'employeur favorisant l'épargne et faisant partie du salaire*

vermummen* [fɛɐ̯'mʊmən] *vr* **sich** ~ dissimuler son visage; **total vermummt sein** être encagoulé

vermurksen* *vt fam* saloper

vermuten* [fɛɐ̯'mu:tən] *vt* supposer; **~, dass ...** supposer que ...; **Bestechung** ~ soupçonner des pots-de-vin

vermutlich *adj attr* probable

Vermutung <-, -en> *f* supposition *f*, présomption *f*

vernachlässigen* [fɛɐ̯'na:xlɛsɪgən] **I.** *vt* délaisser *Kind;* négliger *Kleidung;* **sich vernachlässigt fühlen** *Person:* se sentir délaissé **II.** *vr* **sich** ~ se laisser aller

Vernachlässigung <-, -en> *f* ① **zur ~ des Äußeren neigen** avoir tendance à se négliger ② (*Nichtbeachtung*) *eines Details* omission *f*

vernageln* *vt* clouer *Kiste, Sarg;* **das Fenster mit Brettern** ~ condamner la fenêtre en clouant des planches

vernähen* *vt* ① (*zunähen*) recoudre *Loch* ② (*einnähen*) reprendre *Faden*

vernarben* *vi + sein Wunde:* se cicatriser;

V

ein vernarbtes Gesicht un visage couturé

vernarren* *vr fam* **sich in jdn/etw ~** s'enticher de qn/qc; **in jdn/etw vernarrt sein** s'être entiché de qn/qc

vernaschen* *vt* ❶ **das Taschengeld ~** dépenser son argent de poche dans des sucreries ❷ *fam* **jdn ~** se faire qn

vernebeln* *vt fig* voiler *Tatbestand;* dissimuler *Umstand*

vernehmbar *adj* perceptible, audible

vernehmen* *vt irr* ❶ (*verhören*) entendre *Zeugen;* interroger *Beschuldigten* ❷ *geh* (*hören*) percevoir ❸ *geh* (*erfahren*) apprendre; **sie hatte es schon vernommen** elle le savait déjà

Vernehmen ▶ **dem ~ nach** à ce qu'on dit

Vernehmlassung <-, -en> *f* CH *s.* **Verlautbarung**

vernehmlich [fɛɐ̯'neːmlɪç] **I.** *adj geh* audible; *Stimme* clair(e) **II.** *adv geh* **er räusperte sich/hüstelte ~** on l'entendit se racler la gorge/toussoter

Vernehmung <-, -en> *f eines Zeugen* audition *f;* (*Verhör*) interrogatoire *m*

verneigen* *vr geh* **sich ~** s'incliner; **sich vor jdm/etw ~** s'incliner devant qn/qc

Verneigung *f geh* révérence *f*

verneinen* [fɛɐ̯'ainən] *vt* ❶ donner une réponse négative à *Frage* ❷ (*leugnen*) nier

verneinend **I.** *adj Antwort* négatif(-ive); *Kopfschütteln* en signe de négation **II.** *adv* **~ den Kopf schütteln** faire un signe de tête négatif

Verneinung <-, -en> *f* ❶ **die ~ einer Frage** la réponse négative à une question ❷ (*Leugnung*) négation *f*

vernetzen *vt* ❶ INFORM mettre en réseau; **Rechner [miteinander] ~** mettre des ordinateurs en réseau ❷ (*verbinden*) **Biotope [miteinander] ~** mettre des biotopes en relation

Vernetzung <-, -en> *f* ❶ INFORM mise *f* en réseau, interconnexion *f* ❷ (*Verbindung*) imbrication *f*

vernichten* [fɛɐ̯'nɪçtən] *vt* ❶ (*beseitigen*) détruire *Akten;* supprimer *Arbeitsplätze* ❷ (*zerstören*) détruire *Ernte, Gebäude;* anéantir *Stadt* ❸ (*ausrotten*) exterminer *Personen, Unkraut*

vernichtend **I.** *adj* ❶ *Niederlage* écrasant(e) ❷ *fig* **ein ~er Blick** un regard haineux **II.** *adv* **jdn ~ schlagen** battre qn à plate[s] couture[s]

Vernichtung <-, -en> *f* ❶ *von Beweisen* destruction *f; von Arbeitsplätzen* suppression *f* ❷ *einer Ernte* destruction *f*

vernickeln* [fɛɐ̯'nɪkəln] *vt* nickeler

verniedlichen* [fɛɐ̯'niːtlɪçən] *vt* minimiser [l'importance de]

Vernissage [vɛrnɪ'saːʒə] <-, -n> *f* vernissage *m*

Vernunft [fɛɐ̯'nʊnft] <-> *f* raison *f* ▶ **nimm doch ~ an!** allons, sois raisonnable!; **jdn zur ~ bringen** ramener qn à la raison

vernünftig [fɛɐ̯'nʏnftɪç] **I.** *adj* ❶ *Person* raisonnable ❷ *Argument* sensé(e) ❸ *fam* (*akzeptabel*) potable **II.** *adv fam* (*akzeptabel*) convenablement

Vernunftmensch *m* homme *m* de raison

veröden* **I.** *vi* + *sein Gegend:* se dépeupler; **eine verödete Innenstadt** un centre ville déserté **II.** *vt* + *haben* MED scléroser *Krampfader*

veröffentlichen* [fɛɐ̯'œfəntlɪçən] *vt* ❶ publier *Artikel* ❷ (*bekannt machen*) rendre public(-ique)

Veröffentlichung <-, -en> *f* publication *f*

verordnen* *vt* (*verschreiben*) **jdm etw ~** prescrire qc à qn

Verordnung <-, -en> *f* ❶ *kein Pl* (*das Verschreiben*) prescription *f* ❷ *form* (*Verfügung*) disposition *f*

verpachten* *vt* affermer *Bauernhof;* **ein Lokal ~** donner un établissement à bail

Verpächter(in) *m(f)* bailleur/-eresse *m/f*

Verpachtung <-, -en> *f von Bauernhöfen, Wiesen* affermage *m; eines Lokals* location *f* à bail

verpacken* *vt* emballer

Verpacken *nt* packaging *m*

Verpackung *f* emballage *m*

Verpackungsmüll *m* emballages *mpl* usagés

verpassen* *vt* rater *Bus, Gelegenheit;* laisser passer *Chance*

verpatzen* *vt fam* louper *Auftritt;* **du hast ihr den Abend verpatzt!** tu lui as gâché la soirée!

verpennen* **I.** *vt fam* ❶ (*verpassen*) louper *Bus* ❷ (*vergessen*) oublier carrément **II.** *vi fam* avoir une panne d'oreiller

verpesten* [fɛɐ̯'pɛstən] *vt* ❶ polluer *Luft* ❷ *fam* (*mit Rauch füllen*) **verpeste mir nicht die Wohnung!** ne m'empeste pas l'appartement!

verpetzen* *vt fam* cafter; **jdn [bei jdm] ~** cafter qn [auprès de qn]

verpfänden* *vt* hypothéquer *Haus;* **das Auto ~** donner la voiture en gage

verpfeifen* *vt irr fam* balancer; **jdn bei jdm ~** balancer qn à qn

verpflanzen* *vt* ❶ transplanter *Baum* ❷ MED greffer, transplanter

Verpflanzung *f a.* MED transplantation *f*
verpflegen* *vt* nourrir; **jdn/sich ~** nourrir qn/se nourrir
Verpflegung *f* ① *kein Pl* (*das Verpflegen*) ravitaillement *m* ② (*Kost*) alimentation *f*
verpflichten* **I.** *vt* ① (*festlegen*) obliger; **jdn ~ etw zu tun** obliger qn à faire qc; **gesetzlich verpflichtet sein etw zu tun** être tenu par la loi de faire qc; **das verpflichtet dich zu gar nichts** cela ne t'engage à rien ② (*engagieren*) engager *Künstler, Sportler* **II.** *vi Erfolg:* constituer un engagement; **nicht zum Kauf ~** être sans obligation d'achat **III.** *vr* ① (*zusagen*) **sich zu etw ~** s'engager à qc ② (*Arbeitsvertrag abschließen*) **sich für fünf Jahre ~** *Künstler, Sportler:* signer pour cinq ans; *Soldat:* s'engager pour cinq ans
Verpflichtung <-, -en> *f meist Pl* (*Pflicht*) engagement *m*
verpfuschen* *vt a. fig fam* bousiller
verpissen* *vr fam* **sich ~** foutre le camp; **verpiss dich!** casse-toi!
verplanen* *vt* ① prévoir *Summe;* programmer *Zeit* ② *fam* (*ausbuchen*) **für die ganze Woche verplant sein** être pris toute la semaine
verplappern* *vr fam* **sich ~** se trahir; **pass auf, dass du dich nicht verplapperst!** fais attention à ne pas en dire trop!
verplempern* *vt fam* (*verschwenden*) claquer; **viel Zeit für etw ~** claquer beaucoup de temps dans qc
verpönt *adj geh* mal vu(e)
verprassen* *vt* dilapider
verprellen* *vt* irriter
verprügeln* *vt* rouer de coups; **jdn ~** rouer qn de coups
verpuffen* *vi + sein* ① (*explodieren*) déflagrer ② *fam* (*wirkungslos sein*) *Maßnahme:* ne rien donner; *Elan:* foutre le camp
Verpuffung <-, -en> *f* déflagration *f*
verpulvern* *vt fam* claquer
verpumpen* *vt fam* prêter
verpuppen* *vr* ZOOL **sich ~** se transformer en chrysalide
Verputz *m* crépi *m*
verputzen* *vt* ① crépir *Haus;* enduire *Wand* ② *fam* (*aufessen*) avaler
verqualmen* *vt fam* enfumer *Zimmer*
verquatschen *vr fam* **sich ~** (*sich verplappern*) trop en dire; (*beim Plaudern die Zeit vergessen*) trop parler
verquer [fɛɐ̯'kveːɐ̯] **I.** *adj* ① *Lage, Position* de travers ② (*merkwürdig*) tordu(e) **II.** *adv* ① *sitzen, liegen* de travers ② (*merkwürdig*) de manière étrange

V

verquollen [fɛɐ̯'kvɔlən] *adj* gonflé(e)
verrammeln* *vt fam* barricader
Verrat [fɛɐ̯'raːt] <-[e]s> *m* ① (*das Verraten*) **der ~ militärischer Geheimnisse** la livraison de secrets militaires ② (*Tat*) **~ begehen** commettre une trahison
verraten <verrät, verriet, verraten> **I.** *vt* ① (*ausplaudern*) trahir *Geheimnis;* se rendre coupable de trahison en dévoilant *Plan;* **nichts ~!** motus et bouche cousue! ② (*Verrat üben an, preisgeben*) trahir *Freund, Ziel* ③ *iron fam* (*sagen*) **sie hat mir nicht ~ wollen, wer ...** elle n'a pas voulu me dire qui ... ④ (*erkennen lassen*) **seine wahren Absichten nicht ~** ne pas laisser entrevoir ses intentions; **ihre Stimme hat sie ~** sa voix l'a trahie ▶ **~ und verkauft sein** *fam* être abandonné de tous **II.** *vr* **sich ~** se trahir
Verräter(in) [fɛɐ̯'rɛːtɐ] <-s, -> *m(f)* traître(-esse) *m(f)*
verräterisch **I.** *adj Handbewegung* qui trahit **II.** *adv* **jdm ~ zuzwinkern** faire un clin d'œil traître à qn
verrauchen* **I.** *vi + sein Qualm, Ärger:* se dissiper **II.** *vt + haben* (*verräuchern*) **ein verrauchtes Lokal** un bistro[t] enfumé
verrechnen* **I.** *vr* ① (*falsch rechnen*) **sich ~** se tromper en comptant; **sich um zehn Euro ~** se tromper de dix euros en comptant ② (*sich irren*) **sich ~** faire une erreur [dans ses calculs] **II.** *vt* **die Anzahlung mit dem Gesamtbetrag ~** déduire l'acompte du montant total
Verrechnung *f* ① (*Anrechnung*) compensation *f* ② (*Gutschrift*) encaissement *m*
Verrechnungsscheck *m* chèque *m* barré
verrecken* *vi + sein fam* ① *Person, Tier:* crever ② *Gerät:* lâcher ▶ **nicht ums Verrecken** pas pour tout l'or du monde
verregnet *adj* très pluvieux(-euse)
verreiben* *vt irr* appliquer; **etw in/auf etw** (*dat*) **~** appliquer qc sur qc
verreisen* *vi + sein* **privat/geschäftlich ~** partir en voyage privé/d'affaires; **mit dem Zug ~** partir en voyage par le train
verreißen* *vt irr* descendre en flammes; **jdn/etw ~** descendre qn/qc en flammes
verrenken* [fɛɐ̯'rɛŋkən] *vr* **sich** (*dat*) **den Hals ~** se tordre le cou; **sich** (*dat*) **den Fuß ~** se faire une entorse au pied
Verrenkung <-, -en> *f* entorse *f;* **~en machen** se contorsionner
verrennen* *vr irr* **sich in etw** (*akk*) **~** s'obstiner dans qc

verrichten* *vt* accomplir *Arbeit;* faire *Gebet*
verriegeln* *vt* verrouiller
verringern* [fɛɐ̯'rɪŋɐn] **I.** *vt* réduire, diminuer **II.** *vr* **sich ~** ❶ *Abstand, Geschwindigkeit:* diminuer ❷ (*sich verschlechtern*) s'amenuiser
Verringerung <-> *f* diminution *f,* réduction *f*
verrinnen* *vi irr + sein* ❶ *geh* (*vergehen*) s'écouler ❷ (*versickern*) **im Sand ~** s'infiltrer dans le sable
VerrissRR *m* mauvaise critique *f*
verrohen* *vi + sein Person:* devenir une brute
verrosten* *vi + sein* rouiller
verrotten* [fɛɐ̯'rɔtən] *vi + sein* ❶ (*sich zersetzen*) pourrir ❷ (*verwahrlosen*) se délabrer
verrucht [fɛɐ̯'ruːxt] *adj* ❶ *Schurke* infâme ❷ *Aussehen* vicieux(-euse); *Viertel* de débauche
verrücken* *vt* pousser *Möbelstück*
verrückt [fɛɐ̯'rʏkt] *adj fam* ❶ fou(folle); **jdn ~ machen** *fam* rendre qn cinglé(e); **bist du ~?** *fam* t'es malade [ou quoi]? ❷ *Kleidung* dingue; *Plan* farfelu(e) ❸ (*versessen*) **nach jdm ~ sein** être dingue de qn; **auf etw** (*akk*)/**nach etw ~ sein** raffoler de qc ▶ **ich werd' ~!** *fam* c'est pas vrai, je rêve!; **wie ~** *fam rennen, schreien* comme un fou/une folle; **es regnet wie ~** il pleut à seaux
Verrückte(r) *f(m) dekl wie adj fam* fou *m*/folle *f*
Verrücktheit <-, -en> *f* ❶ *kein Pl* (*Zustand*) folie *f* ❷ *fam* (*ausgefallene Idee*) **seine ~en** ses folies
Verrücktwerden ▶ **es ist zum ~!** *fam* c'est à devenir cinglé(e)!
Verruf *m* **in ~ kommen** compromettre sa réputation; **jdn in ~ bringen** compromettre la réputation de qn
verrufen *adj Gegend* mal famé(e)
verrühren* *vt* **etw [mit etw] ~** mélanger qc [avec qc]
verrußen* *vi + sein* s'encrasser
verrutschen* *vi + sein* glisser
Vers [fɛrs] <-es, -e> *m* ❶ (*in der Poesie*) vers *m* ❷ (*Strophe*) strophe *f* ❸ (*Bibelvers*) verset *m*
versachlichen* [fɛɐ̯'zaxlɪçən] *vt* **die Diskussion ~** s'en tenir aux faits dans la discussion
versacken* *vi + sein fam* ❶ (*versinken*) s'enliser; **in etw** (*dat*) **~** *Wagen:* s'enliser dans qc ❷ *fig* (*feiern*) faire la bringue
versagen* **I.** *vi* ❶ échouer; **im Leben/in der Schule ~** échouer dans la vie/à l'école; **aus Angst zu ~** par peur de l'échec ❷ (*nicht wirken*) *Erziehung:* être un échec ❸ (*nicht funktionieren*) *Alarmanlage:* ne pas fonctionner; **seine Stimme versagte** sa voix lui fit défaut **II.** *vt geh* **jdm etw ~** refuser qc à qn
Versagen <-s> *nt* ❶ (*Scheitern*) échec *m* ❷ (*Fehlfunktion*) défaillance *f; eines Herzens* arrêt *m* ❸ (*Fehlverhalten*) **menschliches ~** défaillance *f* humaine
Versager(in) <-s, -> *m(f)* raté(e) *m(f)*
versalzen* **I.** *vt irr* ❶ trop saler *Essen* ❷ *fam* (*verderben*) **diese Freude werde ich ihm ~!** je vais lui gâcher ce plaisir! **II.** *vi See:* se saler
versammeln* **I.** *vr* **sich ~** se rassembler **II.** *vt* rassembler
Versammlung *f* ❶ (*Zusammenkunft*) réunion *f* ❷ (*die versammelten Menschen*) assemblée *f*
Versammlungsfreiheit *f kein Pl* liberté *f* de réunion
Versand [fɛɐ̯'zant] <-[e]s> *m* (*das Versenden*) envoi *m*
versanden* *vi + sein* ❶ s'ensabler ❷ *fam* (*aufhören*) finir en eau de boudin
versandfertig *adj* prêt(e) à être expédié(e) **Versandhandel** *m* vente *f* par correspondance **Versandhaus** *nt* entreprise *f* de vente par correspondance **Versandkosten** *Pl* COM, ÖKON frais *mpl* d'expédition [*o* d'envoi]
versauen* *vt sl* dégueulasser *Boden*
versauern* [fɛɐ̯'zauɐn] *vi + sein fam* (*verkümmern*) languir
versaufen* *vt irr sl* **sein ganzes Gehalt ~** claquer tout son salaire dans la boisson (*fam*)
versäumen* *vt* ❶ (*verpassen*) manquer *Termin;* laisser passer *Gelegenheit* ❷ (*unterlassen*) **[es] ~ etw zu tun** omettre de faire qc
Versäumnis [fɛɐ̯'zɔymnɪs] <-ses, -se> *nt geh* omission *f*
verschachtelt [fɛɐ̯'ʃaxtəlt] *adj Satz* complexe
verschaffen* **I.** *vt* donner; **jdm einen Vorteil ~** donner un avantage à qn; **das wird dir Respekt ~** ainsi, tu te feras respecter **II.** *vr* **sich** (*dat*) **Geld ~** se procurer de l'argent; **sich** (*dat*) **Respekt ~** s'attirer le respect
verschalen* **I.** *vi* faire un coffrage **II.** *vt* coffrer

V

verschämt [fɛɐ̯'ʃɛːmt] **I.** *adj* gêné(e) **II.** *adv* timidement
verschandeln* [fɛɐ̯'ʃandəln] *vt fam* défigurer *Landschaft, Gesicht*
verschanzen* *vr* ① MIL **sich ~** se protéger dans des retranchements ② *fig* **sich hinter den Vorschriften ~** se retrancher derrière le règlement
verschärfen* **I.** *vr* **sich ~** s'aggraver, s'envenimer **II.** *vt* ① renforcer *Bestimmung;* alourdir *Strafe;* renforcer *Kontrollen* ② (*zuspitzen*) aggraver, envenimer
Verschärfung <-, -en> *f* ① *von Bestimmungen, Kontrollen* renforcement *m* ② (*Zuspitzung*) aggravation *f*
verscharren* *vt* enfouir, enterrer
verschätzen* *vr* ① **sich ~** se tromper dans son estimation; **sich um zehn Meter ~** se tromper dans son estimation de dix mètres ② (*sich täuschen*) **sich ~** se tromper
verschaukeln* *vt fam* **jdn ~** rouler qn [dans la farine]
verschenken* *vt* ① donner, faire cadeau de *Kleider, Geld;* faire don de *Besitz* ② (*ungenutzt lassen*) ne pas tirer profit de *Gelegenheit*
verscherbeln* *vt fam* brader
verscherzen* *vr* **sich** (*dat*) **jds Freundschaft ~** perdre l'amitié de qn par sa faute
verscheuchen* *vt* chasser, faire fuir
verscheuern* *vt fam* brader
verschicken* *vt* ① (*versenden*) envoyer ② (*zur Erholung schicken*) **jdn ins Gebirge ~** envoyer qn à la montagne
verschiebbar *adj* ① *Möbel* mobile; *Tür* coulissant(e) ② *Termin* que l'on peut déplacer
verschieben* *irr* **I.** *vt* ① (*verrücken*) déplacer; **etw um einen Meter ~** déplacer qc d'un mètre ② (*verlegen*) reporter; **etw auf die nächste Woche ~** remettre qc à la semaine prochaine; **etw um eine Woche ~** repousser qc d'une semaine ③ *fam* (*illegal verkaufen*) **etw ins Ausland ~** exporter illégalement qc à l'étranger **II.** *vr* ① **sich um zwei Stunden ~** être retardé de deux heures; **sich auf die nächste Woche ~** être reporté à la semaine prochaine ② (*verrutschen*) **sich ~** glisser
Verschiebung *f* report *m*
verschieden [fɛɐ̯'ʃiːdən] **I.** *adj* ① (*unterschiedlich*) différent(e); **das ist ~** c'est variable ② *Charaktere* dissemblable ③ (*abweichend*) divergent(e) ④ *attr* (*einige*) **~e Leute** plusieurs personnes; **~e Bücher kaufen** acheter divers livres **II.** *adv* **~ breit/hoch sein** *Tische:* être de largeurs/hauteurs différentes
verschiedenartig *adj* de différentes sortes
Verschiedenartigkeit <-> *f* ① (*Unterschiedlichkeit*) disparité *f* ② (*Vielfalt*) diversité *f*
verschiedentlich [fɛɐ̯'ʃiːdɛntlɪç] *adv* à diverses reprises
verschießen* *irr* **I.** *vt* + *haben* ① **die ganze Munition ~** épuiser toutes ses munitions ② (*danebenschießen*) **den Ball ~** rater le but **II.** *vi* + *sein Stoff:* ternir; *Farbe:* passer
verschiffen* *vt* transporter par voie maritime; **etw nach Japan ~** transporter qc par voie maritime au Japon
verschimmeln* *vi* + *sein* moisir
verschlafen*[1] *irr* **I.** *vi* se réveiller trop tard; **ich habe ~** je ne me suis pas réveillé(e) **II.** *vt* ① *fam* (*vergessen*) oublier carrément ② (*verbringen*) **den Nachmittag ~** passer l'après-midi à dormir
verschlafen[2] *adj Person* encore [tout(e)] endormi(e)
Verschlag <-[e]s, -schläge> *m* réduit *m*
verschlagen*[1] *vt irr* ① DIAL (*schlagen*) battre ② (*woandershin führen*) **jdn verschlägt es nach Paris** qn atterrit à Paris ③ (*schlecht schlagen*) rater *Ball*
verschlagen[2] *pej* **I.** *adj* sournois(e) **II.** *adv* sournoisement
Verschlagenheit <-> *f* sournoiserie *f*
verschlammen* *vi* + *sein* s'envaser
verschlampen* *vt fam* paumer
verschlechtern* [fɛɐ̯'ʃlɛçtɐn] **I.** *vt* aggraver **II.** *vr* **sich ~** ① *Lage:* s'aggraver; *Wetter:* se dégrader ② (*beruflich*) être bien moins loti
Verschlechterung <-, -en> *f einer Lage* aggravation *f; des Wetters* dégradation
verschleiern* [fɛɐ̯'ʃlai̯ɐn] **I.** *vt* ① *a. fig* (*bedecken*) voiler ② (*verheimlichen*) dissimuler *Sachverhalt* **II.** *vr* **sich ~** *Muslime, Braut:* se voiler
Verschleiß [fɛɐ̯'ʃlai̯s] <-es, -e> *m* (*Abnutzung*) usure *f*
verschleißen <verschliss, verschlissen> **I.** *vi* + *sein Material, Maschine:* s'user **II.** *vt, vr* + *haben* [**sich**] ~ [s']user
verschleppen* *vt* ① déplacer *Personen* ② MED traîner *Krankheit;* **eine verschleppte Infektion** une infection qui traîne
Verschleppung <-, -en> *f* ① déplacement *m,* déportation *f* ② JUR retarde-

V

ment *m* ❸ MED **die ~ einer Grippe** le fait de traîner une grippe

Verschleppungstaktik *f* JUR tactique *f* dilatoire

verschleudern* *vt* ❶ (*verkaufen*) liquider ❷ (*verschwenden*) dilapider

verschließbar *adj* ❶ *Gefäß* hermétique ❷ (*abschließbar*) qui ferme à clé

verschließen* *irr* **I.** *vt* ❶ (*abschließen*) fermer [à clé] ❷ (*zumachen*) boucher *Flasche;* fermer *Glas* **II.** *vr* **sich einer Überlegung ~** se fermer à une réflexion

verschlimmern* *vt, vr* [**sich**] ~ [s']aggraver

Verschlimmerung <-, -en> *f* aggravation *f*

verschlingen* *vt irr* ❶ (*essen*) dévorer ❷ (*lesen*) dévorer ❸ (*kosten*) engloutir *Unsummen*

verschlissen [fɛɐ̯'ʃlɪsən] **I.** *PP von* **verschleißen** **II.** *adj* usé(e)

verschlossen [fɛɐ̯'ʃlɔsən] *adj* ❶ *Person* renfermé(e) ❷ (*unverständlich*) **jdm ~ bleiben** rester un mystère pour qn

Verschlossenheit <-> *f* caractère *m* renfermé

verschlucken* **I.** *vt* ❶ avaler ❷ (*dämpfen*) étouffer **II.** *vr* **sich an etw** (*dat*) ~ avaler qc de travers

verschlungen [fɛɐ̯'ʃlʊŋən] **I.** *PP von* **verschlingen** **II.** *adj Wege* sinueux(-euse), tortueux(-euse)

Verschluss[RR] *m* ❶ *einer Dose, eines Glases* couvercle *m; einer Flasche* bouchon *m* ❷ (*Schließe*) fermoir *m* ▶ **etw unter ~ halten** garder qc sous clé

verschlüsseln* [fɛɐ̯'ʃlʏsəln] *vt* coder

verschlüsselt **I.** *adj Daten* codé(e) **II.** *adv* en message codé; **das Programm ~ senden** *Fernsehsender:* diffuser le programme crypté

Verschlüsselung <-, -en> *f* codage *m*

Verschlüsselungstechnik *f* INFORM technique *f* d'encodage

Verschlusslaut[RR] *m* LING occlusive *f*

Verschlusssache[RR], **Verschluss-Sache**[RR] *f* affaire *f* interne

verschmähen* *vt geh* dédaigner

verschmelzen* *vi irr + sein* **mit etw ~** fondre et se mélanger à qc

verschmerzen* *vt* surmonter *Absage;* se consoler de *Verlust*

verschmieren* *vt* ❶ (*verstreichen*) étaler *Salbe* ❷ (*beschmieren*) salir ❸ (*verwischen*) tacher *Unterschrift;* **ihr Lippenstift war ganz verschmiert** elle avait la bouche barbouillée de rouge à lèvres

verschmitzt [fɛɐ̯'ʃmɪtst] **I.** *adj* malicieux(-euse) **II.** *adv* ~ **lächeln** arborer un sourire malicieux

verschmutzen* **I.** *vt + haben* ❶ salir *Kleidung* ❷ (*belasten*) polluer *Umwelt* **II.** *vi + sein* **schnell ~** se salir facilement

Verschmutzung <-, -en> *f* pollution *f*

verschnaufen* *vi, vr fam* [**sich**] ~ reprendre son souffle

Verschnaufpause *f* [petite] pause *f* pour souffler ▶ **eine ~ einlegen** souffler un peu

verschneiden* *vt irr* ❶ couper *Wein, Rum* ❷ (*falsch schneiden*) mal couper *Stoff, Haare*

verschneit *adj* enneigé(e)

Verschnitt *m* (*Alkohol*) mélange *m*

verschnörkelt *adj* chargé(e) de fioritures

verschnupft [fɛɐ̯'ʃnʊpft] *adj* ❶ enrhumé(e) ❷ *fam* (*verärgert*) en rogne

verschnüren* *vt* ficeler

verschollen [fɛɐ̯'ʃɔlən] *adj Person, Schiff* [porté(e)] disparu(e); *Akte* disparu(e)

verschonen* *vt* épargner qn/qc

verschönern* [fɛɐ̯'ʃøːnɐn] *vt* embellir

Verschönerung <-, -en> *f* embellissement *m*

verschossen **I.** *PP von* **verschießen** **II.** *adj* ▶ **in jdn ~ sein** *fam* en pincer pour qn

verschränken* [fɛɐ̯'ʃrɛŋkən] *vt* croiser *Arme, Beine*

verschrauben* *vt* visser

verschreiben* *irr* **I.** *vt* ❶ prescrire; **jdm etw gegen den Husten ~** prescrire qc contre la toux à qn ❷ (*verbrauchen*) user *Bleistift;* noircir *Papier* **II.** *vr* ❶ (*falsch schreiben*) **sich ~** faire une faute [d'orthographe] ❷ (*sich widmen*) **sich einer S.** (*dat*) ~ se vouer à qc

Verschreibung *f* (*das Verordnen*) prescription *f*

verschreibungspflichtig *adj* délivré(e) sur ordonnance

verschrie[e]n [fɛɐ̯'ʃriː(ə)n] *adj Gegend* mal famé(e); **als Choleriker ~ sein** être un coléreux notoire

verschriftlichen* *vt* LING **etw ~** transcrire qc

verschroben [fɛɐ̯'ʃroːbən] *adj* extravagant(e)

verschrotten* *vt* [**etw**] ~ mettre [qc] à la ferraille; **etw ~ lassen** mettre qc à la casse

Verschrottung <-, -en> *f* TECH (*Ausschlachten*) démontage *m;* (*Pressen*) broyage *m*

verschrumpeln* *vi + sein fam* se ratatiner

verschüchtert [fɛɐ̯ˈʃʏçtɐt] *adj, adv* effarouché(e)
verschulden* **I.** *vt* + *haben* être responsable de *Unfall* **II.** *vi* + *sein* s'endetter; **verschuldet sein** être endetté; **hoch verschuldet sein** être surendetté **III.** *vr* + *haben* **sich bei jdm ~** s'endetter auprès de qn
Verschulden <-s> *nt* responsabilité *f*
Verschuldung <-, -en> *f* endettement *m;* **die öffentliche ~** la dette publique
verschütten* *vt* ❶ (*vergießen*) renverser ❷ (*begraben*) ensevelir
verschwägert [fɛɐ̯ˈʃvɛːgɐt] *adj* parent(e) par alliance; **mit jdm ~ sein** être parent par alliance avec qn
verschweigen* *vt irr* **etw ~** taire qc; **jdm etw ~** cacher qc à qn
verschweißen* *vt* souder
verschwenden* *vt* ❶ **Geld ~** gaspiller de l'argent ❷ *fig* **keinen einzigen Gedanken an jdn/etw ~** ne pas accorder la moindre pensée à qn/qc
Verschwender(in) <-s, -> *m(f)* gaspilleur(-euse) *m(f)*
verschwenderisch **I.** *adj* ❶ *Person, Gruppe* gaspilleur(-euse); **sein ~er Umgang mit Energie** sa manie de gaspiller l'énergie ❷ *Pracht* opulent(e); **in ~er Fülle** à profusion **II.** *adv leben* dans le gaspillage; **mit Geld/Energie ~ umgehen** jeter l'argent par la fenêtre/gaspiller l'énergie
Verschwendung <-, -en> *f* gaspillage *m*
Verschwendungssucht *f kein Pl* prodigalité *f*
verschwiegen [fɛɐ̯ˈʃviːgən] *adj* ❶ *Person* discret(-ète) ❷ *Bucht* retiré(e); *Lokal* discret(-ète)
Verschwiegenheit <-> *f* discrétion *f*
verschwimmen* *vi irr* + *sein Aquarellfarben:* se fondre; *Umrisse:* s'estomper; **jdm verschwimmt alles vor den Augen** tout se brouille devant les yeux de qn
verschwinden* *vi irr* + *sein* ❶ disparaître; **das ganze Geld ist verschwunden** tout l'argent a disparu; **etw in der Schublade ~ lassen** faire disparaître qc dans le tiroir ❷ (*sich davonmachen*) **in den Keller ~** disparaître à la cave; **rasch ~** s'esquiver; **verschwinde!** *fam* fiche le camp! ❸ (*sich auflösen*) *Erscheinung:* disparaître ▶ **mal ~ müssen** *euph fam* s'en aller deux secondes
Verschwinden <-s> *nt einer Person, eines Gegenstands* disparition *f*
verschwindend *adj, adv* infime
verschwitzen* *vt* ❶ **etw ~** mouiller qc de sueur; **verschwitzt sein** *Person:* être en nage; *Hemd:* être trempé de sueur ❷ *fam* (*vergessen*) **einen Termin ~** foirer un rendez-vous
verschwollen [fɛɐ̯ˈʃvɔlən] *adj* gonflé(e)
verschwommen [fɛɐ̯ˈʃvɔmən] *adj* flou(e)
verschwören* *vr irr* (*konspirieren*) **sich gegen jdn ~** conspirer contre qn ▶ **alles hat sich gegen mich verschworen!** tout s'est ligué(e) contre moi!
Verschwörer(in) <-s, -> *m(f)* conspirateur(-trice) *m(f)*
Verschwörung <-, -en> *f* conspiration *f*
Verschwörungstheoretiker(in) *m(f)* théoricien(ne) *m(f)* du complot **Verschwörungstheorie** *f* théorie *f* du complot
versehen* *irr* **I.** *vt form* (*ausstatten*) **jdn mit etw ~** munir qn de qc; **etw mit einem Stempel/einer Unterschrift ~** apposer un tampon/une signature sur qc; **den Ausweis mit einem Vermerk ~** annoter la pièce d'identité d'une remarque **II.** *vr* **sich mit etw ~** se munir de qc ▶ **ehe man sich's versieht** sans même que l'on s'en rende compte
Versehen [fɛɐ̯ˈzeːən] <-s, -> *nt* méprise *f;* **aus ~** par mégarde
versehentlich [fɛɐ̯ˈzeːəntlɪç] **I.** *adj attr* accidentel(le); **ein ~er Anruf** une erreur de numéro **II.** *adv* par erreur
verselbständigen* [fɛɐ̯ˈzɛlpʃtɛndɪgən], **verselbstständigen*** RR [fɛɐ̯ˈzɛlpstʃtɛndɪgən] *vr* **sich ~** ❶ *Firma, Abteilung:* se rendre indépendant ❷ (*außer Kontrolle geraten*) *Verhalten:* se cristalliser en ayant perdu sa raison d'être
versenden* *vt irr o reg* expédier
Versendung *f* expédition *f*
versengen* *vt* roussir; **den Stoff ~** roussir le tissu; (*am Ofen*) brûler le tissu
versenken* **I.** *vt* ❶ couler *Schiff* ❷ (*hineintun*) **etw in den Boden ~** descendre qc sous la terre ❸ (*einklappen*) escamoter *Scheinwerfer, Verdeck;* **sich ~ lassen** s'escamoter **II.** *vr* **sich in etw** (*akk*) **~** se plonger dans qc
Versenkung *f* ▶ **in der ~ verschwinden** *fam* disparaître de la circulation; **aus der ~ auftauchen** *fam* refaire surface
versessen [fɛɐ̯ˈzɛsən] *adj* **auf Süßigkeiten** (*akk*) **~ sein** raffoler des sucreries
versetzen* **I.** *vt* ❶ ADMIN muter; **jdn ins Ausland ~** muter qn à l'étranger; **sich ~ lassen** se faire muter ❷ SCHULE **jdn in die höhere Klasse ~** faire passer qn dans la classe supérieure ❸ SPIEL déplacer *Spielfigur*

V

4 (*verpfänden*) **etw ~** mettre qc en gage 5 *fam* (*umsonst warten lassen*) **jdn ~** poser un lapin à qn 6 (*geben*) **jdm einen Stoß/Tritt ~** donner un coup/un coup de pied à qn **II.** *vi geh* rétorquer **III.** *vr* (*sich einfühlen*) **sich in die Lage seines Freundes ~** se mettre à la place de son ami

Versetzung <-, -en> *f* 1 ADMIN mutation *f* 2 (*Erreichung des Klassenziels*) passage *m*; **seine ~ ist gefährdet** son passage est compromis

verseuchen* [fɛɐ̯'zɔyçən] *vt* 1 (*vergiften*) contaminer *Lebensmittel, Blutkonserven;* polluer *Umwelt* 2 INFORM **etw ~** *Virus:* contaminer qc

Verseuchung <-, -en> *f* contamination *f*

Versfuß *m* (*in der Dichtkunst*) pied *m*

versichern* **I.** *vt* 1 (*durch eine Versicherung schützen*) assurer; **jdn/etw gegen etw ~** assurer qn/qc contre qc; **privat versichert sein** avoir une assurance privée 2 (*beteuern*) **jdm ~, dass ...** donner l'assurance à qn que ... 3 *geh* (*zusichern*) **jdn seiner Freundschaft** (*gen*) **~** répondre de son amitié à qn **II.** *vr* 1 **sich gegen etw ~** s'assurer contre qc 2 *geh* (*sich vergewissern*) **sich der Unterstützung** (*gen*) **eines Freundes ~** s'assurer du soutien d'un ami

Versicherte(r) *f(m) dekl wie adj* assuré(e) *m(f)*

Versicherung *f* assurance *f*

Versicherungsbeitrag *m* cotisation *f* d'assurance **Versicherungsbetrug** *m* escroquerie *f* à l'assurance **Versicherungsfall** *m* sinistre *m* **Versicherungsgesellschaft** *f* compagnie *f* d'assurances

versicherungspflichtig *adj Mitarbeiter* obligé(e) de s'assurer; *Beschäftigung* assujetti(e) à l'assurance

Versicherungspolice *f* police *f* d'assurance **Versicherungsprämie** *f* prime *f* d'assurance **Versicherungsschutz** *m* couverture *f* [*o* garanties *fpl*] d'assurance **Versicherungssumme** *f* montant *m* de l'assurance **Versicherungsvertreter(in)** *m(f)* représentant(e) *m(f)* dans les assurances

versickern* *vi + sein* s'infiltrer; **im Boden ~** s'infiltrer dans le sol

versiegeln* *vt* 1 (*verschließen*) cacheter *Brief;* sceller *Wohnung* 2 (*beschichten*) vitrifier *Parkett*

versiegen* *vi + sein* [se] tarir

versiert [vɛr'ziːɐ̯t] *adj* expert(e); **auf einem Gebiet** (*dat*) **~ sein** être expert dans un domaine

versifft [fɛɐ̯'zɪft] *adj sl* cradingue (*pop*)

versilbern* [fɛɐ̯'zɪlbɐn] *vt* 1 (*mit Silber überziehen*) argenter; **versilbert** argenté(e) 2 *fam* (*zu Geld machen*) monnayer

versinken *vi irr + sein* 1 sombrer; **im Meer ~** *Schiff:* sombrer au fond de la mer; **versunken** *Schatz* englouti 2 (*untergehen*) **hinter dem Horizont ~** *Sonne:* disparaître à l'horizon 3 (*einsinken*) **im Schnee ~** s'enfoncer dans la neige; **im Schlamm ~** s'embourber; **im Moor versunken** englouti dans le marécage

versinnbildlichen* *vt* symboliser

Version [vɛr'zi̯oːn] <-, -en> *f* version *f*

versklaven* [fɛɐ̯'sklaːvən] *vt* réduire en esclavage; **jdn ~** réduire qn en esclavage

Versklavung <-, -en> *f* asservissement *m*

verslumen* [fɛɐ̯'slamən] *vi + sein* devenir un bidonville

Versmaß *nt* (*Metrum*) mètre *m*

versnobt [fɛɐ̯'snɔpt] *adj* snob

versoffen [fɛɐ̯'zɔfən] *adj sl* brindezingue; **ein ~er Kerl** un pochard

versohlen* *vt fam* tanner le cuir à

versöhnen* [fɛɐ̯'zøːnən] **I.** *vr* **sich mit jdm ~** se réconcilier avec qn **II.** *vt* 1 (*aussöhnen*) **jdn mit jdm ~** réconcilier qn avec qn 2 (*besänftigen*) **jdn ~** *Geschenk:* rendre qn [plus] conciliant(e); **jdn mit etw ~** amadouer qn par qc

versöhnlich *adj Worte* conciliant(e); *Schluss* de réconciliation

Versöhnung <-, -en> *f* réconciliation *f*

versonnen [fɛɐ̯'zɔnən] **I.** *adj* songeur(-euse) **II.** *adv* pensivement

versorgen* **I.** *vt* 1 (*betreuen*) s'occuper de *Person, Tier* 2 (*versehen*) **jdn mit etw ~** fournir qc à qn; **mit etw versorgt sein** avoir ce qu'il faut de qc **II.** *vr* **sich mit Reiseproviant ~** faire des provisions pour le voyage; **sich mit allem Nötigen ~** se munir de tout ce qui est nécessaire; **er kann sich selbst ~** il peut subvenir à ses besoins

Versorgung <-> *f* 1 (*das Versorgen*) **sich um die ~ der Tiere/Pflanzen kümmern** s'occuper des animaux/soigner les plantes 2 (*das Ausstatten*) l'approvisionnement *m*

Versorgungsanspruch *m* droit *m* à une assistance

verspannen* *vr* **sich ~** *Hals:* se contracter; **verspannt** contracté(e)

Verspannung *f* contraction *f*

verspäten* *vr* **sich ~** se mettre en retard; **sich um eine Stunde ~** *Person:* se mettre en retard d'une heure; *Zug, Flugzeug:* être en retard d'une heure

verspätet I. *adj* *Flugzeug, Zug* en retard; *Ankunft, Abflug* retardé(e); *Sommer* tardif(-ive) II. *adv* en retard
Verspätung <-, -en> *f* retard *m*
verspeisen* *vt geh* ingurgiter
versperren* *vt* ① (*blockieren*) couper *Straße;* **jdm den Weg ~** barrer le chemin à qn ② (*nehmen*) **jdm die Aussicht ~** boucher la vue à qn
verspielen* *vt* ① (*beim Glücksspiel*) **viel Geld ~** perdre beaucoup d'argent au jeu ② (*einbüßen*) gâcher *Chance;* galvauder *Sieg* ▶ **verspielt haben** avoir perdu la partie; **bei jdm verspielt haben** être discrédité auprès de qn
verspielt *adj* ① **~ sein** *Kind, Hund:* être joueur ② *Dekor* fantaisie *inv*
verspotten* *vt* se moquer de
versprechen* *irr* I. *vt* ① (*zusagen*) promettre; **jdm etw ~** promettre qc à qn; **jdm ~ vorsichtig zu fahren** promettre à qn de rouler avec prudence; **jdm ~, dass ...** promettre à qn que ... ② (*erwarten lassen*) promettre II. *vr* ① (*sich erhoffen*) **sich** (*dat*) **von einer Reise viel ~** attendre beaucoup d'un voyage ② (*sich beim Sprechen vertun*) **sich ~** faire un lapsus
Versprechen <-s, -> *nt* promesse *f*
Versprecher <-s, -> *m fam* lapsus *m*
Versprechung <-, -en> *f meist Pl* promesse *f;* **leere ~en** des promesses en l'air
verspritzen* *vt* ① (*versprengen*) **Wasser ~** faire gicler de l'eau; **etw über jdn/etw ~** asperger qn/qc de qc ② (*versprühen*) pulvériser *Farbe, Tinte* ③ (*ausstoßen*) cracher ④ (*vollspritzen*) éclabousser *Scheibe*
versprühen* *vt* ① pulvériser; **Wasser ~** pulvériser de l'eau ② *fig* **Optimismus ~** regorger d'optimisme
verspüren* *vt geh* ressentir, éprouver
verstaatlichen* [fɛɐ̯'ʃtaːtlɪçən] *vt* nationaliser
Verstaatlichung <-, -en> *f* nationalisation *f*
verstädtern* [fɛɐ̯'ʃtɛ(ː)tɐn] *vi* + *sein* *Gebiet:* s'urbaniser; *Menschen:* devenir citadin(e)
Verstädterung [fɛɐ̯'ʃtɛ(ː)tərʊŋ] <-, -en> *f* urbanisation *f*
Verstand [fɛɐ̯'ʃtant] <-[e]s> *m* raison *f;* **bei klarem/nicht bei klarem ~ sein** avoir/ne pas avoir toute sa raison ▶ **jdn um den ~ bringen** rendre qn fou(folle); **etw mit ~ essen/trinken** manger/boire qc en savourant; **den ~ verlieren** perdre la raison
verstanden [fɛɐ̯'ʃtandən] *PP von* **verstehen**
Verstandesmensch *s.* **Vernunftmensch**
verständig [fɛɐ̯'ʃtɛndɪç] *adj* raisonnable
verständigen* [fɛɐ̯'ʃtɛndɪgen] I. *vt* informer; **jdn von etw/über etw** (*akk*) **~** informer qn de qc II. *vr* ① (*sich verständlich machen*) **sich durch etw ~** *Fremder, Tourist:* se faire comprendre par qc ② (*sich unterhalten*) **sich auf Italienisch ~** communiquer en italien ③ (*sich einigen*) **sich** [**miteinander**] **~** s'entendre
Verständigung <-, *selten* -en> *f* ① (*Benachrichtigung*) information *f;* **sich um die ~ des Arztes kümmern** se charger de prévenir le médecin ② (*Kommunikation*) communication *f;* **eine ~ war kaum möglich** il était difficile de se faire comprendre ③ (*Einigung*) accord *m*
Verständigungsschwierigkeiten *Pl* difficultés *fpl* à se faire comprendre
verständlich [fɛɐ̯'ʃtɛntlɪç] I. *adj* ① (*begreiflich*) compréhensible; **jdm etw ~ machen** faire comprendre qc à qn; **leicht ~** facile à comprendre; **schwer ~** *Entscheidung* assez incompréhensible; *Formulierung* peu intelligible ② (*hörbar*) intelligible; **nicht ~** inintelligible II. *adv* ① (*verstehbar*) d'une manière compréhensible ② (*hörbar*) de façon intelligible
verständlicherweise *adv* ce qui est bien compréhensible
Verständlichkeit <-> *f* ① (*Vernehmbarkeit*) intelligibilité *f* ② (*Klarheit*) compréhensibilité *f*
Verständnis [fɛɐ̯'ʃtɛntnɪs] <-ses, *selten* -se> *nt* compréhension *f;* **für etw ~ haben** [*o* **aufbringen**] être plein de compréhension envers qc; **für etw kein ~ haben** ne pas arriver à comprendre qc
verständnislos I. *adj* d'incompréhension II. *adv* avec un air d'incompréhension
Verständnislosigkeit <-> *f* manque *m* de compréhension
verständnisvoll *adj* compréhensif(-ive)
verstärken* I. *vt* ① consolider *Mauer* ② (*vergrößern*) **die Belegschaft um fünf Personen/auf zwanzig Mitarbeiter ~** renforcer les effectifs de cinq/jusqu'à vingt personnes ③ (*intensivieren*) renforcer *Einsatz;* intensifier *Anstrengungen* ④ PHYS augmenter *Druck* ⑤ MEDIA amplifier II. *vr* **sich ~** se renforcer
Verstärker <-s, -> *m* amplificateur *m*
Verstärkung *f kein Pl* ① *einer Mauer* consolidation *f* ② (*das Vergrößern*) *eines*

Teams renforcement *m* ❸ (*Intensivierung*) *der Anstrengungen* intensification *f*

verstauben* *vi + sein* se [re]couvrir de poussière; **verstaubt sein** être empoussiéré

verstaubt *adj Ansichten* poussiéreux(-euse)

verstauchen* *vt* **sich** (*dat*) **etw ~** se fouler qc

Verstauchung <-, -en> *f* foulure *f*

verstauen* *vt* mettre; **etw im Auto ~** mettre qc dans la voiture

Versteck [fɛɐ̯ˈʃtɛk] <-[e]s, -e> *nt* cachette *f*

verstecken* **I.** *vt* cacher; **etw vor jdm ~** cacher qc à qn **II.** *vr* **sich auf dem Speicher ~** se cacher au grenier; **sich vor jdm ~** se cacher pour échapper à qn

Verstecken <-s> *nt* ▶ **mit jdm ~ spielen** jouer à cache-cache avec qn

Versteckspiel *nt kein Pl* jeu *m* de cache-cache ▶ **lass dieses ~!** arrête de jouer à cache-cache!

versteckt *adj* ❶ (*verborgen*) caché(e) ❷ (*abgelegen*) très à l'écart ❸ (*unausgesprochen*) voilé(e)

verstehen <verstand verstanden> **I.** *vt* ❶ (*akustisch wahrnehmen*) comprendre; **kaum zu ~ sein** être presque inintelligible ❷ (*begreifen*) comprendre; **jdn richtig/falsch ~** comprendre qn bien/mal; **nicht ~ können, warum/wie ...** ne pas arriver à comprendre pourquoi/comment ...; **ist das verstanden?** c'est compris? ❸ (*mitempfinden, nachvollziehen*) comprendre ❹ (*beherrschen, wissen*) comprendre *Fremdsprache;* **etwas/viel von etw ~** s'y connaître pas mal/bien en qc ❺ (*interpretieren*) **ich weiß nicht, wie ich das ~ soll** je ne sais pas comment interpréter cela; **wie soll ich das ~?** comment dois-je comprendre cela? **II.** *vr* ❶ (*auskommen*) **sich mit jdm gut ~** s'entendre bien avec qn ❷ (*beherrschen*) **sich auf etw** (*akk*) **~** être doué pour qc ❸ (*sich einschätzen*) **sich als Künstler ~** se considérer comme artiste ▶ **sich von selbst ~** aller de soi; **versteht sich!** *fam* naturellement! **III.** *vi* comprendre; **hast du verstanden?** c'est compris?

versteifen* **I.** *vr* ❶ (*beharren*) **sich auf etw ~** (*akk*) s'obstiner dans qc ❷ (*steif werden*) **sich ~** *Penis:* se raidir **II.** *vt* renforcer *Mauer, Konstruktion*

verstehen

Verstehen signalisieren	*signaler la compréhension*
(Ja, ich) verstehe!	*(Oui,) je comprends !*
Genau! (*fam*)	*Absolument !*
Ja, das kann ich nachvollziehen.	*Oui, je comprends cela.*
Nicht-Verstehen signalisieren	*signaler l'incompréhension*
Was meinen Sie damit?	*Que voulez-vous dire par là ?*
Wie bitte? – Das habe ich eben akustisch nicht verstanden.	*Pardon ? – Je n'ai pas entendu ce que vous disiez à l'instant.*
Könnten Sie das bitte wiederholen?	*Pourriez-vous répéter, s'il vous plaît ?*
Versteh ich nicht! (*fam*)/Kapier ich nicht! (*fam*)	*Je comprends pas ! (fam)/Je pige pas ! (fam)*
Das verstehe ich nicht (ganz).	*Je ne comprends pas (très bien).*
(Entschuldigen Sie bitte, aber) das hab ich eben nicht verstanden.	*(Excusez-moi, mais) je n'ai pas compris ce que vous venez de dire.*
Ich kann Ihnen nicht ganz folgen.	*Je ne vous suis pas vraiment.*
sich versichern, ob man akustisch verstanden wird	*s'assurer que l'interlocuteur entend bien ce qu'on dit*
***(an ein Publikum:)* Verstehen Sie mich alle?**	*(à un public:) Vous m'entendez tous ?*
***(am Telefon:)* Können Sie mich hören?**	*(au téléphone:) Vous m'entendez ?*
***(am Telefon:)* Verstehen Sie, was ich sage?**	*(au téléphone:) Vous comprenez ce que je dis ?*

Versteifung <-, -en> *f* ① *von Gelenken* raidissement *m* ② (*Beharren*) durcissement *m*

versteigen* *vr irr geh* **sich zu etw ~** se laisser aller à qc

versteigern* *vt* vendre aux enchères; **etw ~** vendre qc aux enchères

Versteigerung *f* vente aux enchères *f*

versteinern [fɛɐ̯'ʃtai̯nɐn] *vi + sein* ① GEOL se fossiliser ② *fig* **er saß mit versteinertem Gesicht da** il était là, le visage pétrifié

Versteinerung <-, -en> *f* fossile *m*

verstellbar *adj* réglable; **in der Höhe ~ sein** être réglable en hauteur

verstellen* I. *vt* ① régler *Höhe, Neigung* ② (*woandershin stellen*) déplacer ③ (*unzugänglich machen*) **jdm den Weg ~** *Person:* barrer le chemin à qn; *Fahrrad:* encombrer le chemin à qn ④ (*verändern*) contrefaire *Stimme;* modifier *Akzent* II. *vr* **sich ~** simuler

Verstellung *f kein Pl* (*Heuchelei*) simulation *f*

versterben* *vi irr + sein form* décéder; **an etw** (*dat*) **~** mourir de qc

versteuern* *vt* payer des impôts sur *Einkommen*

verstiegen [fɛɐ̯'ʃti:gən] I. *PP von* **versteigen** II. *adj* (*überspannt*) exalté(e)

verstimmen* *vt* fâcher; **jdn ~** *Person:* fâcher qn

verstimmt *adj* ① *Instrument* désaccordé(e) ② (*verärgert*) fâché(e)

Verstimmung *f* mauvaise humeur *f*

verstockt *adj* buté(e)

verstohlen [fɛɐ̯'ʃto:lən] I. *adj* furtif(-ive) II. *adv winken* en cachette

verstopfen* I. *vt + haben* boucher *Abfluss* II. *vi + sein* se boucher

verstopft *adj* ① *Rohr* bouché(e); *Straße* encombré(e) ② MED *Nase* bouché(e); **er ist ~** *fam* il est constipé

Verstopfung <-, -en> *f* MED constipation *f*

verstorben [fɛɐ̯'ʃtɔrbən] *adj geh* défunt(e); **~ sein** être décédé (*form*)

Verstorbene(r) *f(m) dekl wie adj* défunt(e) *m(f)*

verstören* *vt* bouleverser

verstört [fɛɐ̯'ʃtø:ɐ̯t] *adj, adv* bouleversé(e)

Verstoß [fɛɐ̯'ʃto:s] *m* infraction *f;* **ein ~ gegen die Verkehrsordnung** une infraction au code de la route

verstoßen* *irr* I. *vi* transgresser; **gegen ein Gesetz ~** transgresser une loi; **gegen die Disziplin ~** manquer à la discipline II. *vt* **jdn ~** rejeter qn

verstrahlen *vt* irradier

verstreichen* *irr* I. *vt + haben* étaler; **Creme auf etw** (*dat*) **~** étaler de la crème sur qc II. *vi + sein Ultimatum:* expirer; *Zeit:* s'écouler; **etw ~ lassen** laisser passer qc

verstreuen* *vt* ① (*ausstreuen*) répandre; **Streusalz auf der Straße ~** répandre du sel sur la route ② (*achtlos hinwerfen*) **etw auf dem Boden ~** éparpiller qc par terre

verstreut [fɛɐ̯'ʃtrɔy̯t] *adj Gehöfte, Ortschaften* disséminé(e)

verstricken* I. *vt* ① (*verwickeln*) **jdn in etw** (*akk*) **~** entraîner qn dans qc ② (*verbrauchen*) **hundert Gramm Wolle ~** tricoter cent grammes de laine II. *vr* **sich in etw** (*akk*) **~** s'empêtrer dans qc

verströmen* *vt geh* exhaler *Duft, Aroma*

verstümmeln* [fɛɐ̯'ʃtʏməln] *vt* ① (*verletzen*) **jdn/sich ~** mutiler qn/se mutiler ② (*verfälschen, kürzen*) écorcher *Namen;* tronquer *Text*

Verstümmelung <-, -en> *f* (*Verletzung*) mutilation *f*

verstummen* [fɛɐ̯'ʃtʊmən] *vi + sein* ① *Person:* se taire ② (*sich legen*) *Gerede:* cesser

Versuch [fɛɐ̯'zu:x] <-[e]s, -e> *m* ① (*Bemühung*) tentative *f;* **mit jdm/etw einen ~ machen** faire un essai avec qn/qc ② (*Experiment*) expérience *f* ③ SPORT essai *m* ▶ **es auf einen ~ ankommen lassen** tenter le coup; **das käme auf einen ~ an** ça vaudrait [peut-être] la peine d'essayer

versuchen* I. *vt* ① (*einen Versuch unternehmen*) tenter; **er versucht den Rechner zu bedienen** il essaie de faire fonctionner l'ordinateur; **~ Sie keine Tricks!** n'essayez pas d'user de subterfuges! ② (*ausprobieren*) essayer; **es mit einem Werkzeug ~** essayer avec un outil ③ (*kosten*) goûter *Kuchen* II. *vr* **sich in der Malerei ~** s'essayer à faire de la peinture

Versucher(in) <-s, -> *m(f)* REL tentateur(-trice) *m(f)*

Versuchsanstalt *f* laboratoire *m* [d'essai] **Versuchsballon** *m* ballon *m* [d'essai] ▶ **einen ~ starten** lancer un ballon d'essai **Versuchskaninchen** *nt fam* cobaye *m* **Versuchsobjekt** *nt* sujet *m* d'expérience **Versuchsperson** *f* personne volontaire pour des expériences **Versuchsreihe** *f* série *f* d'expériences **Versuchstier** *nt* animal *m* de laboratoire **Versuchszweck** *m* **zu ~en** à des fins expérimentales

Versuchung <-, -en> *f* tentation *f*

versumpfen* *vi + sein* ① GEOG se transformer en marais ② *fig sl* (*zu viel trinken*) passer la nuit à se murger la gueule; (*sich gehen lassen*) mener une vie de branquignol

versündigen* *vr geh* **sich [an jdm/etw** (*dat*)] ~ pécher [contre qn/qc]

versunken [fɛɐ̯'zʊŋkən] I. *PP von* **versinken** II. *adj* ❶ *Kultur* disparu(e) ❷ (*vertieft*) **in etw** (*akk*) **~ sein** être plongé dans qc

versüßen* *vt fig* rendre moins amer(-ère); **jdm den Abschied mit einem Geschenk ~** rendre les adieux moins amers à qn avec un cadeau

vertagen* I. *vt* ajourner; **etw auf einen späteren Zeitpunkt ~** ajourner qc à plus tard II. *vr* **sich ~** *Komitee:* ajourner sa réunion; *Gericht:* ajourner sa session

vertäuen* [fɛɐ̯'tɔyən] *vt* NAUT amarrer

vertauschen* *vt* ❶ (*verwechseln*) **etw ~** prendre qc pour le sien/la sienne; **wer hat unsere Regenschirme vertauscht?** qui a pris mon parapluie à la place du sien? ❷ (*austauschen*) **den Stuhl mit dem Sessel ~** échanger la chaise contre le fauteuil

verteidigen* [fɛɐ̯'taidɪgən] I. *vt* ❶ *a.* JUR défendre *Person, Land* ❷ (*beibehalten*) maintenir *Vorsprung* II. *vr* **sich ~** se défendre; **sich gegen jdn/etw ~** se défendre contre qn/qc III. *vi Spieler, Mannschaft:* jouer défenseur

Verteidiger(in) <-s, -> *m(f)* ❶ JUR avocat(e) *m(f)* de la défense ❷ SPORT défenseur *mf*

Verteidigung <-, -en> *f* défense *f*

Verteidigungsminister(in) *m(f)* ministre *mf* de la Défense; (*in Frankreich*) ministre de la Défense nationale **Verteidigungsministerium** *nt* ministère *m* de la Défense; (*in Frankreich*) ministère de la Défense nationale **Verteidigungspolitik** *f* politique *f* de défense

verteilen* I. *vt* ❶ (*austeilen*) distribuer *Prospekte* ❷ (*platzieren*) **etw im Haus ~** disposer qc dans la maison ❸ (*auftragen*) étaler *Butter* ❹ (*verstreuen*) répandre *Erde;* épandre *Dünger* II. *vr* ❶ **sich ~** *Personen:* se répartir ❷ (*umgelegt werden*) **sich auf die Teilnehmer ~** *Kosten:* se répartir entre les participants

Verteiler *m* ❶ AUT distributeur *m* ❷ (*Verteilerschlüssel*) liste *f* des destinataires

Verteilung *f* ❶ (*Austeilung*) distribution *f* ❷ (*das Ausstreuen*) *von Dünger* épandage *m*

Verteilungskampf *m* lutte *m* pour une répartition; **~ um etw** (*akk*) lutte pour la répartition de qc; **~ auf dem Arbeitsmarkt** lutte pour la répartition du travail [sur le marché de l'emploi]; **einen ~ um etw** (*akk*) **führen** lutter pour la répartition de qc

verteuern* I. *vt* augmenter [le prix de] *Produkte;* majorer *Kredite* II. *vr* **sich ~** augmenter; **das Benzin hat sich auf das Doppelte verteuert** le prix de l'essence a été multiplié par deux

verteufeln* [fɛɐ̯'tɔyfəln] *vt* damner

verteufelt I. *adj fam* foutu(e) *antéposé* II. *adv fam* diablement

verticken [fɛɐ̯'tɪkən] *vt sl* filer (*fam*) *Pillen*

vertiefen* [fɛɐ̯'ti:fən] I. *vt* ❶ approfondir *Graben;* **etw um einen Meter ~** approfondir qc d'un mètre ❷ (*ausbauen*) creuser [encore plus] *Spalt;* approfondir *Wissen* II. *vr* **sich in etw** (*akk*) **~** se plonger dans qc

Vertiefung <-, -en> *f* ❶ (*tiefe Stelle*) creux *m* ❷ (*Ausbau*) aggravation *f; von Kenntnissen* approfondissement *m*

vertikal [vɛrti'ka:l] I. *adj* vertical(e) II. *adv* à la verticale

Vertikale [vɛrti'ka:lə] <-, -n> *f* verticale *f;* **in der ~n** à la verticale

vertilgen* *vt* ❶ (*ausrotten*) détruire *Unkraut;* exterminer *Ungeziefer* ❷ *fam* (*aufessen*) liquider

Vertilgung *f von Unkraut* destruction *f; von Ungeziefer* extermination *f*

vertippen* *vr fam* **sich ~** faire une faute de frappe

vertonen* *vt* mettre en musique; **etw ~** mettre qc en musique

Vertonung <-, -en> *f* ❶ *kein Pl* mise *f* en musique ❷ (*vertonte Fassung*) version *f* musicale

vertrackt [fɛɐ̯'trakt] *adj fam* embrouillé(e), coton

Vertrag [fɛɐ̯'tra:k, *Pl:* fɛɐ̯'trɛ:gə] <-[e]s, Verträge> *m* ❶ JUR contrat *m;* **jdn unter ~ nehmen/haben** prendre/employer qn sous contrat ❷ POL traité *m*

vertragen* *irr* I. *vt* ❶ (*verkraften*) **Hitze nicht gut ~** ne supporter guère la chaleur; **kein direktes Sonnenlicht ~** *Pflanze, Stoff:* ne pas résister aux rayons du soleil ❷ (*bekömmlich finden*) **keinen Kaffee ~** ne pas supporter le café ❸ *fam* (*nötig haben*) **ich könnte ein Bier ~** une bière ne me ferait pas de mal II. *vr* (*auskommen*) **sich mit jdm ~** s'entendre avec qn; **vertragt euch wieder!** réconciliez vous!

vertraglich [fɛɐ̯'tra:klɪç] I. *adj* contractuel(le) II. *adv* par contrat

verträglich [fɛɐ̯'trɛ:klɪç] *adj* ❶ (*umgänglich*) accommodant(e) ❷ *Essen* digeste;

V

Medikament bien toléré(e); **gut/schlecht ~ sein** *Essen:* se digérer bien/mal; *Medikament:* être bien/mal toléré; **für die Umwelt ~** compatible avec l'environnement

Verträglichkeit <-> *f eines Essens* digestibilité *f*

VertragsabschlussRR *m* signature *f* du contrat **Vertragsbruch** *m* rupture *f* de contrat **vertragsbrüchig** *adj* qui rompt un contrat; **~ werden/sein** rompre le contrat/être en rupture de contrat

vertragschließend *adj* contractant(e)

Vertragsentwurf *m* projet *m* de contrat **vertragsgemäß** I. *adj Bedingung* conforme au contrat II. *adv* conformément au contrat **Vertragshändler(in)** *m(f)* concessionnaire *mf* **Vertragspartei** *f meist Pl* JUR partie *f* [contractante] **Vertragspartner(in)** *m(f)* cocontractant *m*, partie *f* contractante **Vertragswerkstatt** *f* garage *m* agréé **vertragswidrig** I. *adj* non conforme aux termes du contrat II. *adv* contrairement au contrat; **sich ~ verhalten** violer les termes du contrat

vertrauen* *vi* ❶ (*glauben*) **jdm ~** faire confiance à qn ❷ (*sich verlassen auf*) **auf etw** (*akk*) **~** se fier à qc; **darauf ~, dass ...** compter sur le fait que ...

Vertrauen <-s> *nt* ❶ confiance *f;* **zu jdm ~ haben** avoir confiance en qn; **jdm ~ schenken** *geh* accorder sa confiance à qn; **~ erweckend sein** inspirer confiance; **sie genießt** *geh* **unser ~** elle jouit de notre confiance; **sein ~ in jdn setzen** placer sa confiance dans qn; **jdn ins ~ ziehen** mettre qn dans la confidence ❷ POL **jdm das ~ aussprechen/entziehen** accorder/retirer sa confiance à qn ▶ **im ~ [gesagt]** tout à fait confidentiellement

Vertrauensarzt *m*, **-ärztin** *f* médecin-conseil *mf* **Vertrauensbruch** *m* abus *m* de confiance **vertrauensfördernd** *adj Maßnahme* qui crée la confiance **Vertrauensfrage** *f* POL question *f* de confiance ▶ **die ~ stellen** poser la question de confiance **Vertrauensmann** <-leute> *m* ❶ *einer Krankenkasse* délégué[-conseil] *m* ❷ (*persönlicher Vertrauter*) homme *m* de confiance **Vertrauensperson** *f* personne *f* de confiance **Vertrauenssache** *f* (*Vertrauensfrage*) question *f* de confiance **Vertrauensschutz** *m* JUR protection *f* des personnes de bonne foi **vertrauensselig** *adj* crédule **Vertrauensstellung** *f* poste *m* de confiance **Vertrauensverhältnis** *nt* relation *f* de confiance

vertrauensvoll I. *adj* basé(e) sur la confiance II. *adv* en toute confiance

Vertrauensvotum [-voːtʊm] *nt* vote *m* de confiance **vertrauenswürdig** *adj* digne de confiance

vertraulich *adj* ❶ (*Diskretion erfordernd*) confidentiel(le); **streng ~** strictement confidentiel(le) ❷ (*kameradschaftlich*) familier(-ière)

Vertraulichkeit <-, -en> *f* ❶ *kein Pl* (*Diskretion*) *einer Angelegenheit* caractère *m* confidentiel ❷ *Pl* (*Zudringlichkeit*) familiarités *fpl*

verträumt *adj* ❶ (*idyllisch*) idyllique ❷ (*realitätsfern*) rêveur(-euse)

vertraut *adj* ❶ *Bild* familier(-ière); *Umgang* intime ❷ (*bekannt, bewandert*) **mit etw ~ sein** connaître bien qc; **sich mit etw ~ machen** se familiariser avec qc

Vertraute(r) *f(m) dekl wie adj* intime *mf*

Vertrautheit <-, -en> *f* ❶ *kein Pl* (*Bewandertheit*) **seine/ihre ~ mit diesem Problem** sa bonne connaissance de ce problème ❷ (*vertraute Art*) familiarité *f*

vertreiben* *vt irr* ❶ expulser *Minderheit;* chasser *Tier* ❷ (*schwinden lassen*) chasser *Müdigkeit*

Vertreibung <-, -en> *f* expulsion *f*

vertretbar *adj* ❶ *Argument* défendable; *Haltung* justifiable; **~ sein** se défendre ❷ (*akzeptabel*) acceptable

vertreten* *vt irr* ❶ remplacer *Kollegen* ❷ JUR défendre [les intérêts de] *Angeklagten* ❸ (*repräsentieren*) représenter ❹ (*verfechten*) soutenir ❺ *fam* (*bewegen*) **sich** (*dat*) **die Beine ~** se dégourdir les jambes

Vertreter(in) <-s, -> *m(f)* ❶ (*Stellvertreter*) remplaçant(e) *m(f)* ❷ (*Volksvertreter, Handelsvertreter*) représentant(e) *m(f)*

Vertretung <-, -en> *f* ❶ *kein Pl* (*das Vertreten*) remplacement *m;* **die ~ von jdm übernehmen** prendre la suppléance de qn; **in ~ meiner Kollegin** en qualité de représentant de ma collègue ❷ (*Stellvertreter*) remplaçant(e) *m(f);* **während meines Urlaubs ist er/sie meine ~** il/elle assure mon intérim pendant mon congé ❸ (*Mission*) **diplomatische ~** représentation *f* diplomatique

vertretungsweise *adv* par délégation

Vertrieb <-[e]s> *m* COM ❶ (*das Vertreiben*) distribution *f* ❷ (*Vertriebsabteilung*) service commercial *m*

Vertriebene(r) *f(m) dekl wie adj* expatrié(e) *m(f)*

Vertriebsabteilung *f* service *m* commercial [*o* de distribution] **Vertriebsgesell-**

V

schaft *f* société *f* de distribution **Vertriebskosten** *Pl* frais *mpl* de distribution **Vertriebsleitung** *f* direction *f* des ventes

vertrimmen* *vt fam* **jdn ~** flanquer une raclée à qn

vertrocknen* *vi + sein Pflanze, Ast, Holz:* sécher; *Brot:* rassir; **vertrocknet** sec(sèche)

vertrödeln* *vt fam* **viel Zeit ~** passer beaucoup de temps à glander

vertrösten* *vt* faire patienter; **jdn auf den nächsten Tag ~** faire patienter qn jusqu'au jour suivant

vertrottelt [fɛɐ̯'trɔtəlt] *adj* gâteux(-euse)

vertun* *irr* **I.** *vr fam* **sich ~** se gourer; **sich um zehn Euro/einen Tag ~** se planter de dix euros/d'un jour **II.** *vt* (*ungenutzt lassen*) laisser passer; **eine vertane Gelegenheit** une occasion ratée

vertuschen* *vt* dissimuler

Vertuschungsversuch *m* tentative *f* de dissimulation

verübeln* *vt* en vouloir; **jdm eine Bemerkung ~** en vouloir à qn d'une remarque; **man verübelt ihr, dass sie dagegen gestimmt hat** on lui en veut d'avoir voté contre

verüben* *vt* commettre; **Selbstmord ~** se suicider

verulken* *vt* se moquer de

verunfallen* [fɛɐ̯'ʔʊnfalən] *vi + sein* CH avoir un accident

verunglimpfen* [fɛɐ̯'ʔʊnglɪmpfən] *vt geh* vilipender

verunglücken* [fɛɐ̯'ʔʊnglʏkən] *vi + sein* ❶ avoir un accident; **mit dem Auto ~** avoir un accident de voiture; **verunglückt** accidenté(e) ❷ *fam* (*misslingen*) louper

Verunglückte(r) *f(m) dekl wie adj* accidenté(e) *m(f)*

verunreinigen* *vt* ❶ *geh* (*beschmutzen*) souiller ❷ ÖKOL polluer *Luft*

verunsichern* [fɛɐ̯'ʔʊnzɪçɐn] *vt* inquiéter; **jdn ~** *Person:* inquiéter qn; *Situation:* ébranler qn

Verunsicherung <-, -en> *f* inquiétude *f*

verunstalten* [fɛɐ̯'ʔʊnʃtaltən] *vt* défigurer

Verunstaltung <-, -en> *f* ❶ *kein Pl* (*das Verunstalten*) défiguration *f* ❷ (*Missgestaltung*) malformation *f*

veruntreuen* [fɛɐ̯'ʔʊntrɔyən] *vt* détourner

Veruntreuung <-, -en> *f* détournement *m*

verursachen* [fɛɐ̯'ʔu:ɐ̯zaxən] *vt* provoquer

Verursacher(in) <-s, -> *m(f)* responsable *mf*

Verursacherprinzip <-> *nt* ÖKOL principe *m* pollueur-payeur

verurteilen* *vt* ❶ JUR condamner; **jdn zu einer Geldstrafe ~** condamner qn à une amende ❷ (*verdammen*) condamner ❸ (*bestimmen*) **zum Scheitern verurteilt sein** être voué à l'échec

Verurteilte(r) *f(m) dekl wie adj* condamné(e) *m(f)*

Verurteilung <-, -en> *f* condamnation *f*

Verve ['vɛrvə] <-> *f geh* verve *f*

vervielfachen* [fɛɐ̯'fi:lfaxən] *vt, vr* [**sich**] **~** [se] multiplier

vervielfältigen* [fɛɐ̯'fi:lfɛltɪgən] *vt* faire des copies de

Vervielfältigung <-, -en> *f kein Pl* (*das Vervielfältigen*) reproduction *f*

vervierfachen* [fɛɐ̯'fi:ɐ̯faxən] **I.** *vt* quadrupler **II.** *vr* **sich ~** quadrupler

vervollkommnen* [fɛɐ̯'fɔlkɔmnən] **I.** *vt* perfectionner *Methode;* parfaire *Werk* **II.** *vr* **sich in Französisch** (*dat*) **~** se perfectionner en français

Vervollkommnung <-, -en> *f von Kenntnissen* perfectionnement *m*

vervollständigen* [fɛɐ̯'fɔlʃtɛndɪgən] *vt* compléter

Vervollständigung <-, -en> *f* **zur ~ meiner Sammlung** pour compléter ma collection

verwachsen* [fɛɐ̯'vaksən] *irr* **I.** *vi + sein* ❶ *Narbe, Wunde:* se résorber ❷ (*zusammenwachsen*) **miteinander ~** *Organe:* se souder ensemble **II.** *vr + haben fam* **sich ~** *Fehlstellung:* se corriger

verwackeln* *vt fam* **die Aufnahme ~** bouger en prenant la photo; **verwackelt** flou

verwählen* *vr* **sich ~** faire un faux numéro

verwahren* **I.** *vt* garder *Papiere;* **etw für jdn ~** garder qc à qn; **etw in der Brieftasche ~** garder qc dans son portefeuille **II.** *vr geh* **sich gegen etw ~** s'indigner contre qc

verwahrlosen* [fɛɐ̯'va:ɐ̯lo:zən] *vi + sein Erwachsener:* tomber bien bas; *Kind:* se transformer en sauvageon/sauvageonne; *Kleidung:* s'abîmer; *Gebäude:* se délabrer

verwahrlost [fɛɐ̯'va:ɐ̯lo:st] *adj* ❶ (*vernachlässigt, ungepflegt*) négligé(e); **ein ~es Kind** un sauvageon ❷ (*moralisch*) déchu(e)

Verwahrlosung <-> *f einer Person* déchéance *f; eines Gebäudes* délabrement *m*

Verwahrung <-> *f* ❶ (*das Verwahren*) garde *f;* **etw in ~ nehmen** prendre qc en

V

dépôt ② (*Beaufsichtigung*) eines *Patienten* placement *m*

verwaisen* [fɛɐ̯'vaizən] *vi + sein* ① *Kind, Jugendlicher:* devenir [*o* se retrouver] orphelin(e) ② *fig Ort:* se vider; **verwaist** déserté

verwalten* *vt* ① ADMIN administrer ② AGR, FIN, INFORM gérer

Verwalter(in) <-s, -> *m(f)* FIN administrateur(-trice) *m(f)*

Verwaltung <-, -en> *f* ① *kein Pl* (*das Verwalten*) administration *f* ② FIN, INFORM gestion *f* ③ (*Verwaltungsabteilung*) service *m* administratif

Verwaltungsabteilung *f* service *m* administratif **Verwaltungsangestellte(r)** *f(m) dekl wie adj* employé(e) *m(f)* de l'administration **Verwaltungsbezirk** *m* circonscription *f* administrative **Verwaltungsgericht** *nt* tribunal *m* administratif **Verwaltungskosten** *Pl* frais *mpl* de gestion

verwandeln* I. *vt* ① (*verzaubern*) transformer; **jdn in ein Tier ~** transformer qn en un animal ② (*anders erscheinen lassen*) **das Arbeitszimmer in einen Partyraum ~** transformer le bureau en salle des fêtes ③ SPORT transformer *Eckball, Strafstoß* ▶ **wie verwandelt sein** être comme métamorphosé II. *vr* **sich in etw ~** se transformer en qc

Verwandlung *f* (*Verzauberung*) métamorphose *f*

verwandt[1] [fɛɐ̯'vant] *adj* ① **mit jdm ~ sein** être parent avec qn; **sie sind miteinander ~** ils/elles sont parents/parentes [entre eux/elles] ② (*artverwandt*) **miteinander ~ sein** *Tiere, Pflanzen:* être de la même famille ③ *fig Völker, Sprachen* apparenté(e) ④ *Formen* analogue

verwandt[2] [fɛɐ̯'vant] *PP von* **verwenden**

verwandte *Imp von* **verwenden**

Verwandte(r) *f(m) dekl wie adj* parent(e) *m(f)*

Verwandtschaft <-, -en> *f* ① (*die Verwandten*) parents *mpl;* **die nähere ~** les proches parents; **meine ~** ma famille ② (*gemeinsamer Ursprung*) parenté *f*

verwandtschaftlich *adj* de parenté

Verwandtschaftsgrad *m* degré *m* de parenté

verwarnen* *vt* ① (*tadeln*) avertir ② (*gebührenpflichtig*) **jdn ~** mettre une contravention à qn

Verwarnung *f* ① *kein Pl* (*das Verwarnen*) avertissement *m* ② (*Strafmandat*) **gebührenpflichtige ~** contravention *f* payable sur place

verwaschen *adj Farbe* délavé(e)

verwässern* *vt* ① couper *Wein* ② (*abschwächen*) édulcorer *Gesetz*

verweben* *vt irr* tisser

verwechseln* [fɛɐ̯'vɛksəln] *vt* confondre; **jdm zum Verwechseln ähnlich sehen** ressembler à qn à s'y méprendre

Verwechslung <-, -en> *f* confusion *f*

verwegen [fɛɐ̯'ve:gən] *adj* audacieux(-euse)

Verwegenheit <-> *f* audace *f*

verwehen* *vt* éparpiller *Papiere;* effacer *Fußspuren*

verwehren* *vt geh* **jdm etw ~** proscrire qc à qn

Verwehung <-, -en> *f* (*Schneeverwehung*) congère *f*

verweichlichen* [fɛɐ̯'vaiçlɪçən] I. *vi + sein* s'amollir II. *vt + haben* **jdn ~** amollir qn

verweichlicht *adj* amolli(e)

verweigern* *vt* refuser; **jdm etw ~** refuser qc à qn; **den Befehl ~** refuser d'obtempérer

Verweigerung *f* refus *m*

verweilen* *vi geh* ① (*sich aufhalten*) séjourner; **bei Freunden ~** séjourner chez des amis ② (*sich beschäftigen*) **bei etw ~** s'attarder sur qc

verweint *adj Augen* gonflé(e) par les larmes

Verweis [fɛɐ̯'vais] <-es, -e> *m* (*Tadel*) blâme *m;* **jdm einen ~ erteilen** infliger un blâme à qn

verweisen* *irr* I. *vt* ① (*weiterleiten*) **jdn an eine andere Abteilung ~** renvoyer qn à un autre service ② (*hinweisen*) **jdn auf etw** (*akk*) **~** renvoyer qn à qc ③ SPORT **jdn vom Platz ~** expulser qn du terrain II. *vi* **auf etw** (*akk*) **~** renvoyer à qc

verwelken* *vi + sein Blume:* se faner

verwendbar *adj Nahrungsmittel* consommable; **wieder ~** réutilisable, recyclable

verwenden <verwendete *o* verwandte, verwendet *o* verwandt> I. *vt* utiliser; **etw als Putzlappen ~** utiliser qc comme chiffon; **etw im Unterricht ~** utiliser qc en classe II. *vr* **sich bei jdm für jdn ~** intervenir auprès de qn pour qn

Verwendung <-, -en> *f* utilisation *f*, emploi *m*

Verwendungszweck *m* but *m;* (*auf einem Überweisungsformular*) référence *f*

verwerfen* *vt irr* ① (*ablehnen*) rejeter *Vorschlag* ② JUR rejeter

verwerflich *adj geh* blâmable

V

Verwerfung <-, -en> *f* ❶ *kein Pl a.* JUR rejet *m* ❷ GEOL plissement *m*

verwertbar *adj Faserstoffe* assimilable; *Abfälle* récupérable; *Beweis* exploitable

verwerten* *vt* assimiler *Faserstoffe;* utiliser *Abfälle;* exploiter *Zeugenaussage, Idee*

Verwertung <-, -en> *f von Vitaminen* assimilation *f; eines Beweises* exploitation *f*

verwesen* [fɛɐ̯ˈveːzən] *vi + sein* se décomposer

Verwestlichung [fɛɐ̯ˈvɛstlɪçʊŋ] <-> *f* occidentalisation *f*

Verwesung <-> *f* décomposition *f*

verwetten* *vt* perdre en pariant

verwickeln* I. *vt* mêler; **jdn in ein Gespräch ~** mêler qn à une conversation; **jdn in einen Skandal ~** impliquer qn dans un scandale II. *vr* **sich in Widersprüche ~** s'emmêler dans des contradictions

verwickelt *adj Angelegenheit* embrouillé(e)

Verwick(e)lung <-, -en> *f* ❶ (*Verstrickung*) implication *f* ❷ *Pl* (*Komplikationen*) complications *fpl*

verwildern* *vi + sein* ❶ *Park:* tomber en friche; **verwildert** *Park* en friche ❷ (*zum Wildtier werden*) redevenir sauvage ❸ (*undiszipliniert werden*) *Person:* se laisser aller; *Kind:* devenir un vrai sauvageon/une vraie sauvageonne; *Umgangsformen:* se dégrader

Verwilderung <-> *f eines Tiers, Gartens* retour *m* à l'état sauvage

verwinden* *vt irr geh* **etw ~** triompher de qc

verwinkelt [fɛɐ̯ˈvɪŋkəlt] *adj Gebäude* tout(e) en coins et recoins; *Gasse* tortueux(-euse)

verwirken *vt geh* ruiner *Gunst, Vertrauen;* perdre *Recht;* **sein Leben verwirkt haben** avoir encouru la peine de mort

verwirklichen* [fɛɐ̯ˈvɪrklɪçən] I. *vt* réaliser *Traum;* concrétiser *Gedanken* II. *vr* **sich ~** se réaliser

Verwirklichung <-, -en> *f eines Traums* réalisation *f; einer Idee* concrétisation *f*

verwirren* *vt* déconcerter; **jdn mit etw ~** déconcerter qn avec qc

verwirrend *adj* troublant(e), déconcertant(e)

verwirrt *adj* ❶ *Fäden* emmêlé(e) ❷ *Person* embrouillé(e)

Verwirrung <-, -en> *f* désarroi *m*

verwischen* I. *vt* ❶ (*verschmieren*) étaler ❷ (*beseitigen*) effacer *Spur* II. *vr* **sich ~** *Umrisse:* s'estomper

verwittern* *vi + sein* s'éroder; **verwittert** érodé

Verwitterung *f* érosion *m*

verwitwet [fɛɐ̯ˈvɪtvət] *adj* veuf(veuve)

verwöhnen* [fɛɐ̯ˈvøːnən] I. *vt* gâter; **von jdm verwöhnt werden** être choyé par qn II. *vr* **sich ~** s'accorder une petite gâterie

verwöhnt [fɛɐ̯ˈvøːnt] *adj* exigeant(e); *Kind* gâté(e)

verworren [fɛɐ̯ˈvɔrən] *adj* embrouillé(e)

verwundbar *adj* vulnérable

verwunden* [fɛɐ̯ˈvʊndən] *vt* blesser; **jdn am Kopf/am Knie ~** blesser qn à la tête/au genou; **leicht/schwer verwundet** légèrement/grièvement blessé

verwunderlich *adj* surprenant(e); **es ist ~, dass** il est surprenant que + *subj;* **das ist nicht ~** ça n'a rien de surprenant

verwundern* I. *vt* étonner; **es verwundert mich, dass** je suis étonné(e) que + *subj* II. *vr* **sich über etw** (*akk*) **~** s'étonner de qc

verwundert *adv* étonné(e)

Verwunderung <-> *f* étonnement *m;* **voller ~** avec stupéfaction

Verwundete(r) *f(m) dekl wie adj* blessé(e) *m(f)*

Verwundung <-, -en> *f* blessure *f*

verwunschen [fɛɐ̯ˈvʊnʃən] *adj Prinz* victime d'un sortilège; *Schloss* enchanté(e)

verwünschen* *vt* ❶ (*verfluchen*) maudire ❷ (*verzaubern*) **jdn/etw ~** jeter un sort à qn/ensorceler qc

verwünscht *adj* maudit(e) *antéposé*

verwursten [fɛɐ̯ˈvʊrstən] *vt* ❶ (*zu Wurst verarbeiten*) faire des saucisses ❷ *fig fam* (*verarbeiten*) **Erlebnisse zu einem Buch ~** mettre ses expériences dans un livre

verwurzelt *adj* ❶ **fest ~ sein** *Pflanze:* être bien enraciné ❷ (*eingebunden*) **fest in der Tradition ~ sein** être solidement enraciné dans la tradition

verwüsten* *vt* ❶ **ein Land ~** *Armee:* ravager un pays; *Sturm:* dévaster un pays ❷ (*demolieren*) **eine Wohnung ~** mettre un logement à sac

Verwüstung <-, -en> *f meist Pl* ravages *mpl*

verzagen* *vi + sein o selten haben geh* se laisser abattre

verzählen* *vr* **sich ~** se tromper en comptant

verzapfen* *vt fam* **Blödsinn ~** débiter des bêtises

verzärteln* *vt pej* dorloter

verzaubern* *vt* ❶ (*verhexen*) ensorceler;

jdn in einen Riesen ~ changer qn en un géant ②(*bezaubern*) **jdn ~** *Person:* ensorceler qn; *Anblick, Klänge:* envoûter qn

Verzauberung <-, -en> *f* enchantement *m*, ensorcellement *m*

verzehnfachen* [fɛɐ̯'tse:nfaxən] **I.** *vt* décupler *Gewinn;* **die Kosten ~** multiplier les coûts par dix **II.** *vr* **sich ~** décupler

Verzehr [fɛɐ̯'tse:ɐ̯] <-[e]s> *m form* consommation *f*

verzehren* **I.** *vt geh* consommer **II.** *vr geh* (*sich zermürben*) **sich vor Sorge** (*dat*) **~** être dévoré d'inquiétude

verzeichnen* *vt* répertorier; **in einer Liste verzeichnet sein** être mentionné sur une liste

Verzeichnis <-ses, -se> *nt* INFORM répertoire *m*

verzeigen* *vt* CH porter plainte contre

verzeihen [fɛɐ̯'tsaiən] <verzieh, verziehen> **I.** *vt* pardonner; **jdm etw ~** pardonner qc à qn **II.** *vi* **jdm ~** pardonner à qn; **~ Sie!** excusez-moi!

verzeihlich *adj* pardonnable

Verzeihung <-> *f* ①(*Vergebung*) pardon *m* ②(*Entschuldigung*) **~!** pardon!; **~, wie viel Uhr ist es?** excuse-moi/excusez-moi, quelle heure est-il?

verzerren* **I.** *vt* ①tordre *Mund;* **das Gesicht vor Wut ~** grimacer de colère ②(*entstellen*) **jds Gesicht ~** déformer le visage de qn ③déformer *Tatsachen;* fausser *Wettbewerb;* **etw verzerrt wiedergeben** donner une version déformée de qc **II.** *vr* **sich zu einer Grimasse ~** se déformer en grimace

Verzerrung *f* ①*der Gesichtszüge* torsion *f* ②*a.* OPT, PHOT (*Verfälschung*) déformation *f*

verzetteln* *vr* **sich ~** s'égarer; **sich bei etw ~** s'égarer en faisant qc

Verzicht [fɛɐ̯'tsɪçt] <-[e]s, -e> *m* renoncement *m;* **~ auf etw** (*akk*) renoncement à qc

verzichten* [fɛɐ̯'tsɪçtən] *vi* renoncer; **auf etw** (*akk*) **~** renoncer à qc; **auf jdn/etw ~ können** pouvoir se passer de qn/qc

verzieh [fɛɐ̯'tsi:] *Imp von* **verzeihen**

verziehen*[1] [fɛɐ̯'tsi:ən] *irr* **I.** *vt + haben* ①tordre *Mund;* **den Mund zu einem Lächeln ~** sourire en coin; **das Gesicht ~** faire une grimace ②(*verwöhnen*) élever mal *Kind* **II.** *vi + sein* **sie sind ins Ausland verzogen** ils sont partis à l'étranger **III.** *vr + haben* **sich ~** ①*Holz:* travailler; *T-Shirt:* se déformer ②(*weiterziehen*) *Gewitter:* disparaître ③*fam* (*verschwinden*) se casser

verziehen[2] [fɛɐ̯'tsi:ən] *PP von* **verzeihen**

verzieren* *vt* décorer

Verzierung <-, -en> *f* décoration *f;* **zur ~ einer S.** (*gen*) **dienen** servir à la décoration de qc

verzinken* *vt* zinguer *Metall*

verzinsen* **I.** *vt* payer des intérêts sur *Kapital;* **niedrig/hoch verzinst werden** rapporter peu/beaucoup d'intérêts **II.** *vr* **sich gut/schlecht ~** rapporter des intérêts élevés/bas

verzinslich *adj Darlehen* à intérêts

Verzinsung <-, -en> *f* intérêts *mpl*

verzogen [fɛɐ̯'tso:gən] **I.** *PP von* **verziehen[1]** **II.** *adj* mal élevé(e)

verzögern* **I.** *vt* retarder; **etw um eine Stunde ~** retarder qc d'une heure **II.** *vr* **sich um eine Stunde ~** être retardé d'une heure

Verzögerung <-, -en> *f* retard *m*

verzollen* *vt* dédouaner; **haben Sie etwas zu ~?** avez-vous quelque chose à déclarer?

verzückt [fɛɐ̯'tsʏkt] *geh* **I.** *adj* extasié(e) **II.** *adv* comme en extase

Verzückung <-, -en> *f geh* extase *f*

Verzug <-[e]s> *m* retard *m;* **mit der Rückzahlung in ~ kommen** prendre du retard dans le remboursement; **etw ohne ~ tun** faire qc sans délai; **bei ~** en cas de retard

verzweifeln* *vi + sein* désespérer; **an einer Aufgabe ~** désespérer d'une tâche; **es ist zum Verzweifeln mit ihm** c'est à désespérer de lui

verzweifelt *adj* désespéré(e)

Verzweiflung <-> *f* désespoir *m;* **jdn zur ~ bringen** mettre qn au désespoir

Verzweiflungstat *f* acte *m* de désespoir

verzweigen* [fɛɐ̯'tsvaigən] *vr* **sich ~** se ramifier; **weit verzweigt** *Verwandtschaft* qui a beaucoup de ramifications

Verzweigung <-, -en> *f* ①(*Astwerk*) ramure *f* ②*eines Netzes, Systems* ramification *f*

verzwickt [fɛɐ̯'tsvɪkt] *adj fam* inextricable; **eine ~e Angelegenheit** un sac de nœuds

Vesper[1] ['fɛspɐ] <-, -n> *f* REL vêpres *fpl*

Vesper[2] ['fɛspɐ] <-s, -> *nt* SDEUTSCH (*Zwischenmahlzeit*) casse-croûte *m*

vespern ['fɛspɐn] *vi* SDEUTSCH casser la croûte (*fam*)

Veteran [vete'ra:n] <-en, -en> *m* MIL vétéran *m*

Veterinär(in) [veteri'nɛ:ɐ̯] <-s, -e> *m(f) form* vétérinaire *mf*

Veto ['ve:to] <-s, -s> *nt* veto *m;* **gegen**

etw sein ~ einlegen opposer son veto à qc
Vetomacht ['ve:to-] *f* nation *f* disposant d'un droit de veto **Vetorecht** ['ve:to-] *nt* droit *m* de veto
Vetter ['fɛtɐ] <-s, -n> *m* cousin *m*
Vetternwirtschaft *f kein Pl fam* népotisme *m*
vgl. *Abk von* **vergleiche** cf.
VHS [faʊha:'ʔɛs] <-> *f Abk von* **Volkshochschule** université *f* populaire
via ['vi:a] *adv* ❶ (*über*) **~ Köln nach London fliegen** aller en avion à Londres via Cologne ❷ (*per*) **~ Fernsehen** par télévision
Viadukt [via'dʊkt] <-[e]s, -e> *m o nt* viaduc *m*
Vibration [vibra'tsi̯o:n] <-, -en> *f* vibration *f*
Vibrator [vi'bra:to:ɐ̯] <-, -toren> *m* vibromasseur *m*
vibrieren* [vi'bri:rən] *vi* vibrer
Video ['vi:deo] <-s, -s> *nt* ❶ (*Videofilm*) [film *m*] vidéo *f*; (*Videoclip*) clip *m*; (*Videokassette*) cassette *f* vidéo; **etw auf ~ aufnehmen** enregistrer qc sur [cassette] vidéo ❷ *kein Pl* (*Medium*) vidéo *f*
Videoband <-bänder> *nt* bande *f* vidéo **Videobotschaft** *f* message *m* vidéo **Videobrowser** ['vi:deobraʊzɐ] *m* instrument *m* de navigation sur vidéo **Videoclip** <-s, -s> *m* [vidéo]clip *m* **Videofilm** *m* film *m* vidéo **Videokamera** *f* caméscope *m* **Videokassette** *f* cassette *f* vidéo **Videokonferenz** *f* vidéoconférence *f*, visioconférence *f* **Videorekorder** ['vi:deorekɔrdɐ] <-s, -> *m* magnétoscope *m* **Videospiel** *nt* jeu *m* vidéo **Videotext** *m kein Pl* Télétex® *m*
Videothek [video'te:k] <-, -en> *f* vidéoclub *m*
Videoüberwachung *f* télésurveillance *f*
Vieh [fi:] <-[e]s> *nt* ❶ (*Rinder*) bétail *m* ❷ *fam* (*Tier*) bestiau *m* ❸ *pej fam* (*roher Mensch*) brute *f*
Viehbestand *m* cheptel *m*
viehisch ['fi:ɪʃ] *adj* ❶ (*sehr stark*) atroce ❷ *Benehmen* bestial(e)
Viehzucht *f* élevage *m*
viel [fi:l] **I.** <mehr, meiste> *pron indef* ❶ **~ Salz/Arbeit/Geld** beaucoup de sel/de travail/d'argent; **~ Schönes/Neues** beaucoup de belles/nouvelles choses; **so ~ Arbeit** tellement de travail; **so ~ Salz wie nötig** autant de sel que nécessaire; **halb/doppelt so ~ Zucker wie ...** deux fois moins/plus de sucre que ...; **wir tun so ~ wir können** nous faisons tout ce que nous pouvons; **sie weiß so ~** elle sait tellement de choses; **zu ~** trop; **zu ~ Arbeit/Geld** trop de travail/d'argent; **mit ~ Mühe** avec bien du mal; **~ Spaß!** amuse-toi/amusez-vous bien!; **~ erleben** vivre beaucoup de choses; **nicht ~ /zu ~ einkaufen** ne pas acheter grand-chose/trop acheter; **er hält ~ /nicht ~ davon** il en pense beaucoup/peu de bien ❷ *substantivisch* **~es** beaucoup de choses; **~es [von dem], was ...** beaucoup de ce qui/que ...; **~es Unangenehme** beaucoup de choses désagréables; **um ~es besser sein** être beaucoup mieux; **in ~em** à bien des égards ▶ **was zu ~ ist, ist zu ~** trop, c'est trop; **ihr Brief war so ~ wie eine Einladung** sa lettre équivalait à une invitation **II.** *adj* ❶ **~e Leute** beaucoup de gens; **unglaublich ~e Anrufe** un nombre incroyable de coups de fil ❷ (*diese große Menge*) **die ~e Arbeit** tout ce travail **III.** <mehr, am meisten> *adv* ❶ (*häufig*) beaucoup ❷ (*wesentlich*) beaucoup; **~ zu kurz/lang sein** beaucoup trop court/long; **dieser Computer ist ~ billiger** cet ordinateur est beaucoup moins cher ▶ **~ zu ~** beaucoup trop
vielbeschäftigt *s.* **beschäftigt 1**
vieldeutig **I.** *adj* ambigu(ë) **II.** *adv* avec ambiguïté
Vieldeutigkeit <-> *f* ambiguïté *f*
Vieleck ['fi:lʔɛk] *nt* GEOM polygone *m*
vielerlei ['fi:lɐ'lai̯] *adj inv* **~ Sorten Käse** toutes sortes de fromages; **sich für ~ interessieren** s'intéresser à toutes sortes de choses
vielfach **I.** *adj* ❶ **die ~e Menge** une quantité bien plus grande ❷ (*mehrfach*) multiple **II.** *adv* ❶ (*häufig*) très souvent ❷ *falten* plusieurs fois; *beschädigen* à plusieurs endroits
Vielfache(s) *nt dekl wie adj* **das ~** bien plus
Vielfalt ['fi:lfalt] <-, -en> *f* diversité *f*
vielfältig ['fi:lfɛltɪç] *adj* varié(e)
vielfarbig *adj Druck* polychrome; *Kleidungsstück* multicolore
Vielflieger(in) *m(f)* personne qui prend souvent l'avion *f*
Vielfraß ['fi:lfra:s] <-es, -e> *m* ❶ *fam* (*Mensch*) morfal(e) *m(f)* ❷ ZOOL glouton *m*
vielköpfig ['fi:lkœpfɪç] *adj* ❶ *Familie* nombreux(-euse) ❷ *Ungeheuer* à plusieurs têtes
vielleicht [fi'lai̯çt] *adv* ❶ (*eventuell*) peut-être ❷ (*ungefähr*) à peu près; **er war ~ fünfzig** il avait à peu près cinquante ans

❸ *fam* (*etwa*) par hasard; **erwarten Sie ~, dass ...?** vous n'imaginez pas par hasard que ...? ❹ *fam* (*wirklich*) **das ist ~ schwierig!** que c'est difficile!

vielmals *adv geh* de nombreuses fois; **sich ~ bedanken** formuler de nombreux remerciements

vielmehr [fiːl'meːɐ̯] **I.** *adv* ❶ (*im Gegenteil*) au contraire ❷ (*genauer gesagt*) plutôt **II.** *konj* mais

vielsagend *s.* **sagen I.**

vielschichtig *adj* ❶ (*aus vielen Schichten*) composé(e) de couches multiples ❷ (*komplex*) complexe

vielseitig ['fiːlzaitɪç] **I.** *adj* ❶ *Person* polyvalent(e); *Künstler, Talent* protéiforme ❷ *Interessen* varié(e) ❸ *Gerät, Maschine* à fonctions multiples **II.** *adv* ❶ **~ interessiert sein** avoir des intérêts variés ❷ (*für unterschiedliche Zwecke*) **~ verwendbar sein** servir à de multiples usages

Vielseitigkeit <-> *f* polyvalence *f*

vielversprechend **I.** *adj Künstler, Anfang* prometteur(-euse); *Nachricht* encourageant(e) **II.** *adv* **sich ~ anhören** paraître prometteur(-euse)

Vielvölkerstaat *m* État *m* pluriethnique

Vielweiberei [fiːlvaibə'rai] <-> *f* polygamie *f*

Vielzahl *f kein Pl* **eine ~ bunter Blumen** une multitude de fleurs multicolores

vier [fiːɐ̯] *num* quatre; *s. a.* **acht**[1] ▸ **alle ~e von sich strecken** *fam* se mettre les doigts de pied en éventail; **auf allen ~en** *fam* à quatre pattes

Vier <-, -en> *f* quatre *m;* (*Schulnote*) ≈ dix *m*

Vieraugengespräch [fiːɐ̯'ʔaugəngəʃprɛːç] *nt* tête-à-tête *m inv*

Vierbeiner <-s, -> *m hum* **die [lieben] ~** nos compagnons *mpl* à quatre pattes

vierbeinig ['fiːɐ̯bainɪç] *adj Tisch* à quatre pieds; **~ sein** avoir quatre pieds; *Tier* quadrupède

Viereck ['fiːɐ̯ʔɛk] *nt* quadrilatère *m* **viereckig** ['fiːɐ̯ʔɛkɪç] *adj* rectangulaire

viereinhalb ['fiːɐ̯ʔain'halp] *num* **~ Kilometer** quatre kilomètres et demi; *s. a.* **achteinhalb**

Vierer ['fiːrɐ] <-s, -> *m* ❶ *fam* (*Schulnote*) ≈ dix *m* ❷ *fam* (*Lottogewinn*) quatre bons numéros *mpl*

viererlei ['fiːrɐ'lai] *adj inv* **~ Sorten Käse** quatre sortes de fromages; *s. a.* **achterlei**

vierfach **I.** *adj* **das ~e Gewicht** quatre fois le poids **II.** *adv falten* par quatre; *s. a.* **achtfach**

Vierfarbendruck [fiːɐ̯'farbəndrʊk] <-drucke> *m* ❶ *kein Pl* (*Verfahren*) quadrichromie *f* ❷ (*Abbildung*) tirage *m* en quadrichromie

Vierfüßer ['fiːɐ̯fyːsɐ] <-s, -> *m* tétrapode *m*

vierhändig ['fiːɐ̯hɛndɪç] *adj, adv* MUS à quatre mains

vierhundert ['fiːɐ̯'hʊndɐt] *num* quatre cents

vierjährig *adj Kind, Amtszeit* de quatre ans

Vierjährige(r) *f(m) dekl wie adj* garçon *m*/ fille *f* de quatre ans

Vierkant ['fiːɐ̯kant] <-[e]s, -e> *m o nt* carré *m*

Vierkantschlüssel *m* clé *f* à quatre pans

vierköpfig ['fiːɐ̯kœpfɪç] *adj Familie* de quatre [personnes]

Vierling ['fiːɐ̯lɪŋ] <-s, -e> *m* quadruplé(e) *m(f)*

viermal ['fiːɐ̯maːl] *adv* quatre fois; *s. a.* **achtmal**

viermotorig *adj* quadrimoteur

Vierradantrieb *m* quatre roues *fpl* motrices

vierräd[e]rig *adj* à quatre roues

vierschrötig ['fiːɐ̯ʃrøːtɪç] *adj* trapu(e)

vierspurig *adj, adv* à quatre voies

vierstimmig *adj, adv* à quatre voix

viert [fiːɐ̯t] *adv* **zu ~ sein** être quatre; *s. a.* **acht**[2]

Viertaktmotor *m* moteur *m* [à] quatre-temps

viertausend ['fiːɐ̯'tauzənt] *num* quatre mille

vierte(r, s) *adj* ❶ quatrième ❷ (*bei Datumsangaben*) **der ~ Mai** le quatre mai; *s. a.* **achte(r, s)**

Vierte(r) *f(m) dekl wie adj* ❶ quatrième ❷ (*bei Datumsangaben*) **der ~ /am ~n** *geschrieben:* **der 4./am 4.** le quatre *geschrieben:* le 4 ❸ (*als Namenszusatz*) **Heinrich der ~** *geschrieben:* **Heinrich IV.** Henri quatre *geschrieben:* Henri IV; *s. a.* **Achte(r)**

vierteilen *vt* HIST **gevierteilt werden** être écartelé

viertel ['fɪrtəl] *num* **ein/drei ~ Liter** un quart/trois quarts de litre; **um drei ~ sieben/zehn** DIAL à sept/dix heures moins le quart; *s. a.* **achtel**

Viertel ['fɪrtəl] <-s, -> *nt* ❶ *a.* MATH quart *m;* **ein ~ Wein** un quart de vin ❷ (*15 Minuten*) **es ist ~ vor elf** il est onze heures moins le quart ❸ (*Stadtbezirk*) quartier *m*

Viertelfinale *nt* SPORT quart *m* de finale

Vierteljahr *nt* trimestre *m* **Vierteljahrhundert** [fɪrtəlja:ɐ̯'hʊndɐt] *nt* quart *m* de siècle **vierteljährlich** ['fɪrtəljɛ:ɐ̯lɪç] *adj* trimestriel(le) **Viertelliter** *m o nt* quart *m* de litre

vierteln ['fɪrtəln] *vt* couper en quatre; **etw ~** couper qc en quatre

Viertelnote *f* noire *f* **Viertelpause** *f* soupir *m* **Viertelpfund** ['fɪrtəlpfʊnt] *nt* quart *m* de livre **Viertelstunde** [fɪrtəl'ʃtʊndə] *f* quart *m* d'heure **viertelstündlich** ['fɪrtəlʃtʏntlɪç] **I.** *adj attr* tous les quarts d'heure; **in ~em Abstand** à un quart d'heure d'intervalle **II.** *adv* tous les quarts d'heure

viertens ['fi:ɐ̯təns] *adv* quatrièmement

Viertürer <-s, -> *m fam* quatre portes *f*

viertürig ['fi:ɐ̯ty:rɪç] *adj* à quatre portes

Viervierteltakt [fi:ɐ̯'fɪrtəltakt] *m* mesure *f* à quatre temps

Vierwaldstätter See [fi:ɐ̯'valtʃtɛtɐ 'ze:] *m* **der ~** le lac des Quatre-Cantons

vierzehn ['fɪrtse:n] *num* quatorze; **~ Tage dauern** durer quinze jours; *s. a.* **acht**[1]

vierzehntägig ['fɪrtse:ntɛ:gɪç] *adj* de quinze jours

vierzehntäglich **I.** *adj* tous les quinze jours; **unsere ~e Konferenz** notre conférence bimensuelle **II.** *adv* tous les quinze jours

vierzehnte(r, s) *adj* quatorzième; *s. a.* **achte(r, s)**

Vierzeiler ['fi:ɐ̯tsailɐ] <-s, -> *m* quatrain *m*

vierzig ['fɪrtsɪç] *num* quarante; *s. a.* **achtzig**

Vierzig ['fɪrtsɪç] <-, -en> *f* ❶ (*Zahl*) quarante *m* ❷ (*Alter*) quarantaine *f*; **auf die ~ zugehen** aller sur ses quarante ans

vierziger ['fɪrtsɪgɐ] *adj inv* **die ~ Jahre** les années *fpl* quarante; *s. a.* **achtziger**

Vierzigerjahre ['fɪrtsɪgɐ-] *Pl* **die ~** les années *fpl* quarante

vierzigste(r, s) ['fɪrtsɪgstə, -stɐ, -stəs] *adj* quarantième; *s. a.* **achtzigste(r, s)**

Vierzigstundenwoche [fɪrtsɪç-] *f* semaine *f* de quarante heures

Vierzimmerwohnung [fi:ɐ̯'tsɪmɐvo:nʊŋ] *f* quatre-pièces *m*

Vietnam [vi̯ɛt'nam] <-s> *nt* le Viêt-nam

Vietnamese [vi̯ɛtna'me:zə] <-n, -n> *m*, **Vietnamesin** *f* Vietnamien(ne) *m(f)*

vietnamesisch [vi̯ɛtna'me:zɪʃ] **I.** *adj* vietnamien(ne) **II.** *adv* **~ miteinander sprechen** discuter en vietnamien; *s. a.* **deutsch**

Vietnamesisch <-[s]> *nt kein Art* vietnamien *m*; *s. a.* **Deutsch**

Viewer ['vju:ɐ] <-s, -> *m* INFORM visionneuse *f*

Vignette [vɪn'jɛtə] <-, -n> *f* KUNST, TRANSP vignette *f*

Vikar(in) [vi'ka:ɐ̯] <-s, -e> *m(f)* vicaire *m*

Villa ['vɪla] <-, Villen> *f* villa *f*

Villenviertel ['vɪlənfɪrtəl] *nt* quartier *m* résidentiel

violett [vi̯o'lɛt] *adj* violet(te)

Violett [vi̯o'lɛt] <-s, -> *nt* violet *m*

Violine [vi̯o'li:nə] <-, -n> *f* MUS violon *m*

Violinist(in) [vi̯oli'nɪst] *m(f)* violoniste *mf*

Violinkonzert [vi̯o'li:n-] *nt* concert *m* pour violon[s] **Violinschlüssel** *m* clé *f* de sol

VIP [vi:ʔai̯'pi:, vɪp] <-, -s> *m Abk von* **very important person** V.I.P. *mf* (*fam*)

Viper ['vi:pɐ] <-, -n> *f* vipère *f*

VIP-Loge ['vɪplo:ʒə] *f* loge *f* V.I.P. **VIP-Lounge** ['vɪplau̯ntʃ] <-, -s> *f eines Hotels, Flughafens* salon *m* V.I.P.

viral [vi'ra:l] *adj* MED *Infektion* viral(e)

Viren ['vi:rən] *Pl von* **Virus**

Virenscanner *m* INFORM logiciel *m* antivirus **Virensuchprogramm** *nt* [programme *m*] antivirus *m*

Virologe [viro'lo:gə] <-n, -n> *m*, **Virologin** *f* virologiste *mf*

Virologie [virolo'gi:] <-> *f* virologie *f*

virtuell [vɪr'tu̯ɛl] *adj* virtuel(le)

virtuos [vɪr'tu̯o:s] **I.** *adj geh Musiker* virtuose; *Leistung, Spiel* brillant(e) **II.** *adv geh* avec virtuosité

Virtuose [vɪr'tu̯o:zə] <-n, -n> *m*, **Virtuosin** *f* virtuose *mf*

virulent [viru'lɛnt] *adj* ❶ MED virulent(e) ❷ *geh* (*gefährlich*) pernicieux(-euse)

Virus ['vi:rʊs] <-, Viren> *nt o m* BIO, MED, INFORM virus *m*

Virusinfektion *f* infection *f* virale

Visa ['vi:za] *Pl von* **Visum**

Visage [vi'za:ʒə] <-, -n> *f pej fam* tronche *f*

Visagist(in) [viza'ʒɪst] <-en, -en> *m(f)* visagiste *mf*

vis-a-vis[RR], **vis-à-vis** [viza'vi:] **I.** *adv geh* en face; **jdm ~ sitzen/wohnen** être assis/habiter en face de qn **II.** *präp + dat* **~ dem Turm** en face de la tour

Visen ['vi:zen] *Pl von* **Visum**

Visier [vi'zi:ɐ̯] <-s, -e> *nt einer Schusswaffe* viseur *m*; *eines Helms* visière *f* ▶ **jdn/etw ins ~ nehmen** avoir qn à l'œil/envisager qc

Vision [vi'zi̯o:n] <-, -en> *f geh* ❶ (*Erscheinung*) vision *f* ❷ (*Vorstellung*) anticipation *f* ▶ **~en haben** (*halluzinieren*) avoir

des visions; (*Zukunftsentwürfe machen*) savoir anticiper
Visionär(in) [vizi̯o'nɛːɐ̯] <-s, -e> *m(f) geh* visionnaire *mf*
Visite [vi'ziːtə] <-, -n> *f a.* MED visite *f;* ~ **machen** *Arzt:* faire ses visites
Visitenkarte [vi'ziːtən-] *f* carte *f* de visite
Viskose [vɪs'koːzə] <-> *f* viscose *f*
visuell [vi'zu̯ɛl] *adj geh* visuel(le)
Visum ['viːzʊm] <-s, Visa *o* Visen> *nt* visa *m*
vital [vi'taːl] *adj geh* ❶ *Person* plein(e) de vitalité ❷ (*das Leben betreffend*) vital(e)
Vitalität [vitali'tɛːt] <-> *f* vitalité *f*
Vitamin [vita'miːn] <-s, -e> *nt* vitamine *f*
Vitaminmangel *m kein Pl* carence *f* en vitamines **Vitamintablette** *f* comprimé *m* de vitamines; **~n nehmen** prendre des vitamines [en comprimés]
Vitrine [vi'triːnə] <-, -n> *f* vitrine *f*
Vivisektion [vivizɛk'tsi̯oːn] <-, -en> *f* vivisection *f*
Vizekönig ['fiːtsə-] *m* vice-roi *m* **Vizepräsident** *m* vice-président *m*
Vlies [fliːs] <-es, -e> *nt* ❶ (*Wolle eines Schafs*) toison *f* ❷ (*Fasermaterial*) rembourrage *m*
V-Mann ['fau̯-] <-leute> *m fam* indic *m*
Vogel ['foːgəl, *Pl:* 'føːgəl] <-s, Vögel> *m* ❶ oiseau *m* ❷ *fam* (*Mensch*) **ein schräger/linker ~** un drôle d'oiseau ▶ **mit etw den ~ abschießen** *fam* avoir le pompon en faisant qc; **einen ~ haben** *fam* avoir une araignée au plafond; **jdm den ~ zeigen** *fam* traiter qn de cinglé(e)
Vogelbauer *nt o m* cage *f* **Vogelbeere** *f* ❶ (*Frucht*) sorbe *f* ❷ (*Eberesche*) sorbier *m* [des oiseleurs] **vogelfrei** *adj* HIST hors la loi **Vogelfutter** *nt* graines *fpl* pour les oiseaux **Vogelgrippe** *f* grippe *f* aviaire **Vogelkäfig** *m* cage *f*
vögeln ['føːgəln] *vt, vi vulg* tringler (*vulg*), baiser (*fam*); **mit jdm ~** baiser qn (*fam*)
Vogelnest *nt* nid *m* d'oiseau **Vogelperspektive** *f* perspective *f* à vol d'oiseau; **aus der ~** à vue d'oiseau; PHOT en plongée **Vogelscheuche** ['foːgəlʃɔyçə] <-, -n> *f a. fig* épouvantail *m* **Vogelspinne** *f* mygale *f*
Vogel-Strauß-Politik [foːgəl'ʃtrau̯spoliːtiːk] *f fam* politique *f* de l'autruche
Vogelwarte [-vartə] *f* station *f* ornithologique
Vogerlsalat *m* A mâche *f*
Vogesen [vo'geːzən] <-> *Pl* **die ~** les Vosges *fpl*

voipen ['vɔypən] *vt, vi* INET communiquer par voip
Vokabel [vo'kaːbəl] <-, -n> *f* ❶ mot *m* de vocabulaire; **die lateinischen ~n** le vocabulaire latin ❷ *geh* (*Begriff*) terme[-clé] *m*
Vokabelheft *nt* carnet *m* de vocabulaire
Vokabular [vokabu'laːɐ̯] <-s, -e> *nt geh* (*Wortschatz*) vocabulaire *m*
Vokal [vo'kaːl] <-s, -e> *m* voyelle *f*
vokalisch [vo'kaːlɪʃ] *adj* vocalique
Vokalmusik *f* musique *f* vocale
Vokativ ['voːkatiːf] <-s, -e> *m* LING vocatif *m*
Volant [vo'lãː] <-s, -s> *m o* CH *nt* (*Stoffbesatz*) volant *m*
Volk [fɔlk, *Pl:* 'fœlkɐ] <-[e]s, Völker> *nt* ❶ (*Nation*) peuple *m* ❷ *kein Pl* (*die Menschen*) **das ~** le peuple ❸ *kein Pl pej* (*die arme Bevölkerung*) faune *f* ▶ **etw unters ~ bringen** divulguer qc; **sich unters ~ mischen** *fam* prendre un bain de foule
Völkerball *m kein Pl* ballon *m* prisonnier **Völkerbund** *m* HIST **der ~** la Société des Nations **Völkermord** *m* génocide *m* **Völkerrecht** *nt kein Pl* droit *m* international public, droit *m* des gens **völkerrechtlich I.** *adj Anerkennung* en vertu du droit des peuples à disposer d'eux-mêmes **II.** *adv* en droit international
Völkerrechtsverletzung *f* violation *f* du droit des gens
Völkerwanderung *f* ❶ HIST **die ~** les grandes invasions *fpl* ❷ *fam* (*Menschenmengen*) ruée *f*
Volksabstimmung *f* référendum *m* **Volksbefragung** *f* plébiscite *m* **Volksbegehren** *nt* initiative *f* populaire **volkseigen** *adj* nationalisé(e) **Volkseinkommen** *nt* revenu *m* national **Volksentscheid** *m* vote *m* populaire **Volksfest** *nt* fête *f* populaire **Volksfront** *f* POL front *m* populaire **Volkshochschule** *f* université *f* populaire **Volkskrankheit** *f* maladie *f* endémique **Volkslied** *nt* chanson *f* populaire **Volksmehr** <-s> *nt* CH majorité *f* confédérale **Volksmund** *m* langage *m* populaire; **im ~** dans le langage populaire **Volksmusik** *f* musique *f* folklorique **volksnah** *adj* proche du peuple **Volksrepublik** *f* république *f* populaire **Volksschule** *f* A (*Grundschule*) ≈ école *f* primaire **Volksstamm** *m* peuplade *f* **Volkstanz** *m* danse *f* folklorique
volkstümlich ['fɔlkstyːmlɪç] *adj* ❶ *Brauch* traditionnel(le); *Fest* populaire; *Bezeichnung* usuel(le) ❷ *Autor* populaire

Volksverhetzung <-, -en> *f* incitation *f* à la haine [raciale]; **man hat ihm/ihr den Vorwurf der ~ gemacht** on lui a reproché d'être un fauteur/une fautrice de troubles **Volksvertreter(in)** *m(f)* représentant(e) *m(f)* du peuple **Volksvertretung** *f* représentation *f* nationale **Volkswirt(in)** *m(f)* économiste *mf* **Volkswirtschaft** *f* (*Nationalökonomie*) économie *f* [nationale] **volkswirtschaftlich** I. *adj* ❶ (*der nationalen Wirtschaft*) économique ❷ (*wissenschaftlich*) d'économie politique II. *adv* d'un point de vue économique

Volkswirtschaftslehre *f* économie *f* politique

Volkszählung *f* recensement *m*

voll [fɔl] I. *adj* ❶ (*gefüllt*) plein(e); **halb ~** à moitié plein; **~ werden** se remplir; **~ sein** être plein; **~ [mit] Wasser/Sand sein** être plein d'eau/de sable ❷ (*bedeckt*) **~[er] Schnee/Flecken sein** être recouvert de neige/de taches ❸ (*ganz*) entier(-ière); **jede ~e Stunde fahren** *Bus:* partir aux heures pleines ❹ (*vollständig*) **die ~e Summe** la totalité de la somme; **den ~en Preis bezahlen** payer comptant; **in ~er Ausrüstung** équipé de pied en cap; **in ~er Uniform erscheinen** apparaître en uniforme ❺ (*ungeschmälert*) total(e); **das ~e Ausmaß der Katastrophe** l'ampleur de la catastrophe; **die ~e Tragweite erkennen** reconnaître la portée ❻ (*prall*) plein(e); **er ist ~er geworden** il a pris des rondeurs ❼ (*volltönend*) bien timbré(e) ❽ *Bart* fourni(e); **~es Haar haben** avoir des cheveux épais ❾ *fam* (*satt*) **~ sein** être gavé ❿ *fam* (*betrunken*) **~ sein** être plein ▸**jdn nicht für ~ nehmen** ne pas prendre qn au sérieux; **aus dem Vollen schöpfen** taper dans le tas (*fam*) II. *adv* ❶ *ausnutzen* pleinement; *sperren* totalement ❷ *aufprallen* de plein fouet; *treffen* très violemment ❸ *unterstützen* totalement ❹ *fam* (*sehr, äußerst*) vachement; **jdn ~ anmachen/fertigmachen** allumer/casser qn à fond; **~ doof sein** être complètement nul ▸**~ und ganz** à cent pour cent

volladenALT *s.* **vollladen**

vollamtlich *adj inv Mitarbeiter* à plein temps **vollauf** *adv genügen* tout à fait, totalement **vollautomatisch** *adj* entièrement automatique **Vollbart** *m* barbe *f* **vollbeschäftigt** *adj* employé(e) à temps plein **Vollbeschäftigung** *f kein Pl* plein emploi *m* **Vollbesitz** *m* **im ~ der geistigen Kräfte** en pleine possession des facultés mentales **Vollblut** *nt kein Pl* ❶ (*Pferd*) pur-sang *m* ❷ MED sang *m*

Vollblüter <-s, -> *m* pur-sang *m*

Vollbremsung *f* freinage *m* brusque; **eine ~ machen** bloquer les freins **vollbringen*** [fɔl'brɪŋən] *vt irr geh* accomplir; **eine gute Tat ~** faire une bonne action **Volldampf** *m* NAUT **[mit] ~ voraus!** à toute vapeur! ▸**mit ~ arbeiten** *fam* en mettre un coup **voll|dröhnen** *vr fam* **sich ~** (*sich betrinken*) se bourrer; (*Drogen nehmen*) se défoncer

Völlegefühl ['fœlə-] *nt kein Pl* lourdeurs *fpl* d'estomac

vollelektronisch *adj System* entièrement électronique

vollenden* [fɔl'ʔɛndən] *vt geh* achever

vollendet [fɔl'ʔɛndət] *adj* ❶ *Kunstwerk* parfait(e) ❷ *Gastgeber* accompli(e)

vollends ['fɔlɛnts] *adv* complètement

Vollendung <-, -en> *f* achèvement *m;* **nach ~ des 18. Lebensjahres** après avoir atteint sa majorité

voller *adj mit gen* **eine Schachtel ~ Kekse** une boîte pleine de petits gâteaux

Völlerei [fœlə'rai] <-, -en> *f pej* gloutonnerie *f*

Volley ['vɔli] <-s, -s> *m* volée *f*

Volleyball ['vɔlibal] *m* ❶ *kein Pl* (*Spiel*) volley[-ball] *m* ❷ (*Ball*) ballon *m* [de volley]

voll|fressen *vr irr pej sl* **sich ~** *Tier:* manger à sa faim; *Person:* s'empiffrer (*fam*) **Vollgas** *nt* **~ geben** accélérer à fond ▸**etw mit ~ tun** faire qc à pleins gaz **Vollgefühl** *nt kein Pl* ▸**im ~ des Triumphs** totalement conscient du triomphe **voll|gießen** *vt irr* **etw ~** remplir qc à ras bol **Vollidiot(in)** *m(f) fam* triple idiot(e) *m(f)*

völlig ['fœlɪç] I. *adj* total(e) II. *adv übereinstimmen* parfaitement; **es ist ~ still** le silence est total

volljährig ['fɔljɛːrɪç] *adj* majeur(e); **~ werden** atteindre sa majorité

Volljährigkeit <-> *f* majorité *f*

Vollkaskoversicherung *f* assurance *f* tous risques

voll|kleckern *fam* I. *vt* **etw ~** faire plein de taches sur qc II. *vr* **sich ~** se faire des taches partout **vollklimatisiert** *adj* [entièrement] climatisé(e)

vollkommen ['fɔlkɔmən] I. *adj* ❶ (*perfekt*) parfait(e) ❷ *Übereinstimmung* total(e); *Katastrophe* complet(-ète) II. *adv einverstanden* parfaitement; *unmöglich* complètement

Vollkommenheit <-> *f* perfection *f*

Vollkornbrot *nt* pain *m* complet

V

vọll|ladenRR *vt irr* **etw ~** charger qc à plein; **vollgeladen** en pleine charge **vọll|laufen**RR *vi irr + sein Behälter, Gefäß:* se remplir; **etw ~ lassen** remplir qc ▶ **sich ~ lassen** *sl* se bourrer la gueule (*pop*) **vọll|machen** *vt fam* arrondir *Betrag;* **hundert Euro ~** arrondir à cent euros **Vọllmacht** <-, -en> *f* ❶ (*Bankvollmacht*) procuration *f* ❷ (*Verhandlungsvollmacht*) plein[s]-pouvoir[s] *mpl;* **keine ~ haben** ne pas avoir de délégation **Vọllmatrose** *m*, **-matrosin** *f* matelot *m* **Vọllmilch** *f* lait *m* entier

Vọllmilchschokolade *f* chocolat *m* au lait

Vọllmitglied *nt* JUR membre *m* à part entière **Vọllmond** *m kein Pl* pleine lune *f;* **bei ~** à la pleine lune; **es ist ~** c'est la pleine lune

vọllmundig I. *adj* ❶ *Wein* qui a du corps ❷ *Versprechung, Slogan* ronflant(e) II. *adv* ❶ **~ schmecken** *Wein:* avoir du corps ❷ *versprechen* pompeusement

Vọllnarkose *f* anesthésie *f* générale; **in ~** sous anesthésie générale **Vọllpension** *f* pension *f* complète; **mit ~** en pension complète **vọll|pfropfen** *vt fam* bourrer *Auto* **vọll|saugen** *vr* **sich mit Wasser ~** *Tuch, Schwamm:* s'imbiber complètement d'eau **vọllschlank** *adj* rondelet(te) **vọll|schreiben** *vt irr* noircir *Seite, Blatt;* **ein Heft ~** remplir un cahier jusqu'à la dernière page; **eine Wandtafel ~** couvrir un tableau noir de craie

vọllständig ['fɔlʃtɛndɪç] I. *adj* complet(-ète); **etw ~ machen** compléter qc; **etw ~ haben** avoir qc complet(-ète) II. *adv besiegen* à plate couture; **nicht mehr ~ vorhanden sein** ne plus être complet

Vọllständigkeit <-> *f einer Sammlung* intégrité *f; von Angaben* caractère *m* complet; **auf die ~ der Unterlagen achten** veiller à ce que les documents soient complets ▶ **der ~ halber** pour être complet

vọll|stopfen *fam* I. *vt* bourrer *Auto, Koffer* II. *vr* **sich ~** se goinfrer

vollstrẹckbar [fɔl'ʃtrɛkbaːɐ̯] *adj* JUR exécutoire; **~er Titel** acte *m* en forme exécutoire

vollstrẹcken* [fɔl'ʃtrɛkən] *vt* JUR exécuter; **ein Urteil an jdm ~** exécuter un jugement sur la personne de qn

Vollstrẹckung <-, -en> *f* JUR exécution *f*

vọll|tanken I. *vi* faire le plein; [**bitte**] **~!** le plein[, s'il vous plaît]! II. *vt* faire le plein de *Auto, Kanister;* **vollgetankt** avec le plein d'essence **vọlltönend** *adj* ❶ *Stimme, Bass* sonore ❷ *Versprechungen* ronflant(e) **Vọlltreffer** *m* ❶ (*Treffer*) coup *m* dans le mille; **~!** en plein dans le mille! ❷ *fam* (*Erfolg*) coup *m* de maître; **das ist/wird ein ~** ça fait/va faire un tabac **vọlltrunken** ['fɔltrʊŋkən] *adj form* complètement ivre; **in ~em Zustand** en état d'ébriété avancée **Vọllversammlung** *f* assemblée *f* générale **Vọllwaise** *f* orphelin(e) *m(f)* [de père et de mère]

vọllwertig *adj* ❶ *Ernährung* complet(-ète) ❷ *Ersatz* tout à fait à la hauteur; **kein ~er Ersatz für jdn sein** ne pas remplacer totalement qn

Vọllwertkost *f* nourriture *f* complète

vọllzählig ['fɔlt͜sɛːlɪç] I. *adj* complet(-ète) II. *adv* **~ erschienen/versammelt sein** être apparus/rassemblés au complet; **~ anwesend sein** être tous présents/toutes présentes

vollziehen* [fɔl'tsiːən] *irr* I. *vt geh* exécuter *Befehl;* consommer *Ehe* II. *vr geh* **sich ~** *Drama:* se dérouler; *Wandel:* s'accomplir

Vollzug [fɔl'tsuːk] *m kein Pl form* ❶ *eines Befehls* exécution *f* ❷ (*Strafvollzug*) détention *f;* **offener ~** régime *m* de semi-liberté

Vollzugsanstalt *f form* maison *m* d'arrêt

Volontär(in) [volɔn'tɛːɐ̯] <-s, -e> *m(f)* stagiaire *mf*

Volontariat [volɔnta'ri̯aːt] <-[e]s, -e> *nt* ❶ (*Ausbildungszeit bei einer Zeitung*) stage *m* de journalisme ❷ (*Stelle*) stage *m*

Volt [vɔlt] <-[e]s, -> *nt* volt *m*

Volumen [vo'luːmən] <-s, - *o* Volumina> *nt* volume *m*

Volumentarif *m* TELEC tarif *m* au volume

voluminös [volumi'nøːs] *adj geh* volumineux(-euse)

vọm [fɔm] = **von dem** *s.* **von**

vọn [fɔn] *präp + dat* ❶ (*räumlich*) **~ der Leiter steigen/fallen** descendre/tomber de l'échelle; **das Glas vom Tisch nehmen** prendre le verre sur la table; **links/rechts ~ ihm** à gauche/droite de lui; **~ Paris nach Brüssel** de Paris à Bruxelles; **~ wo kommt dieser Zug?** *fam* d'où vient ce train? ❷ (*zeitlich*) **die Zeitung ~ gestern** le journal d'hier; **~ wann ist dieser Brief?** de quand date cette lettre?; **~ heute/morgen an** à partir d'aujourd'hui/de demain ❸ (*zur Angabe der Abstammung, Urheberschaft*) **ein Brief ~ den Eltern** une lettre des parents; **der Kuchen ist ~ mir** c'est moi qui ai fait ce gâteau; **das ist nett ~ ihm** c'est gentil de sa part ❹ *fam* (*zur Angabe des Besitzes*) **das Auto ~ meiner Schwester** la voiture de ma sœur ❺ (*zur Angabe der Eigen-*

V

schaft) **ein Kind ~ vier Jahren** un enfant de quatre ans ❻ (*über, wegen*) **~ etw erzählen/träumen** raconter qc/rêver de qc; **~ etw begeistert sein** être enthousiasmé par qc; **~ dieser Sache weiß ich nichts** je ne sais rien de cette affaire ❼ (*zur Angabe der handelnden Person*) par; **~ allen/der Mehrheit abgelehnt werden** *Vorschlag:* être refusé de tous/par la majorité ❽ (*in Bezug auf*) **~ Beruf ist sie Ärztin** elle est médecin de profession ❾ (*als Adelsprädikat*) **der Prinz ~ Wales** le Prince de Galles ▶**etw ~ sich aus tun** faire qc de son plein gré; **~ wegen!** *fam* des clous!

voneinander [fɔnʔaiˈnandɐ] *adv* **~ lernen** *zwei Personen:* apprendre l'un de l'autre; *mehrere Personen:* apprendre les uns des autres; **~ abschreiben** *zwei Personen:* copier l'un sur l'autre; *mehrere Personen:* copier les uns sur les autres

vonseitenRR [fɔnˈzaitən] du côté de

vonstatten|gehenRR [fɔnˈʃtatən-] *vi + sein irr* se dérouler

vor [foːɐ̯] **I.** *präp + dat* ❶ (*räumlich*) **~ mir/dem Haus** devant moi/la maison ❷ (*zeitlich*) **~ drei Tagen/einer Woche** il y a trois jours/une semaine; **das war schon ~ Jahren** ça remonte à loin ❸ (*in Bezug auf eine Reihenfolge*) **~ jdm ins Ziel kommen** arriver au but avant qn; **~ dem Urlaub** avant les vacances ❹ (*bedingt durch*) **~ Angst zittern** trembler de peur **II.** *präp + akk* (*räumlich*) **~ das Haus gehen** aller devant la maison; **~ das Publikum treten** se placer devant le public ▶**~ sich hin gehen/summen** marcher tranquillement/fredonner tout(e) seul(e) **III.** *adv* **~ und zurück** d'avant en arrière

vorab [foːɐ̯ˈʔap] *adv* au préalable

Vorabend *m* veille *f*

Vorabentscheidung *f* JUR décision *f* préjudicielle

Vorahnung *f* pressentiment *m*

voran [foˈran] *adv* ❶ (*vorwärts*) en avant ❷ (*vorn befindlich*) en tête

voran|bringen *vt irr* faire avancer

voran|gehen *irr* **I.** *vi + sein* ❶ *Person:* marcher devant; **jdm ~** précéder qn ❷ (*Fortschritte machen*) *Arbeit:* avancer **II.** *vi unpers + sein* **es geht voran** ça avance **voran|kommen** *vi irr + sein* ❶ (*vorwärtskommen*) progresser ❷ (*Fortschritte machen*) **mit etw ~** avancer dans qc

Vorankündigung *f* annonce *f* préliminaire

Voranmeldung *f* ❶ (*für einen Kurs*) inscription *f* préalable ❷ (*für einen Gesprächstermin*) **um ~ wird gebeten** prière de prendre rendez-vous au préalable

voran|treiben *vt irr* faire avancer

Voranzeige *f* (*für Filme*) bande-annonce *f*

Vorarbeit *f* travail *m* préliminaire

vor|arbeiten *vi* ❶ (*im Voraus arbeiten*) s'avancer [dans son travail] ❷ (*Vorarbeit leisten*) **jdm ~** préparer le travail à qn

Vorarbeiter(in) *m(f)* contremaître(-esse) *m(f)*

Vorarlberg [ˈfoːɐ̯ʔarlbɛrk] <-s> le Vorarlberg

voraus [foˈraus, *aber:* ɪm ˈfoːraus] *adv* (*räumlich*) devant; **er ist schon weit ~** il est déjà loin devant nous ▶**jdm auf einem Gebiet ~ sein** avoir de l'avance sur qn dans un domaine; **im Voraus** *abrechnen, bezahlen* d'avance; *bestimmen, wissen* à l'avance

voraus|berechnen* *vt* calculer d'avance; **etw ~** calculer qc d'avance **Vorausexemplar** *nt* spécimen *m* **voraus|gehen** [foˈrausgeːən] *vi irr + sein* partir devant

vorausgesetzt *adj* **~, [dass] ...** à condition que ... + *subj*

voraus|haben *vt irr* **jdm etw ~** avoir un avantage de qc sur qn

Voraussage *f* prédiction *m;* **eine ~ machen** faire un pronostic

voraus|sagen *vt* prédire; **jdm etw ~** prédire qc à qn; **das lässt sich nicht ~** on ne peut pas prédire cela **vorausschauend** **I.** *adj* prévoyant(e) **II.** *adv* en anticipant **voraus|schicken** *vt* ❶ (*losschicken*) **das Gepäck ~** expédier les bagages à l'avance ❷ (*sagen*) **eine Warnung ~** prévenir les auditeurs **voraus|sehen** *vt irr* prévoir; **nicht vorauszusehen sein** être imprévisible; **das war vorauszusehen!** c'était à prévoir! **voraus|setzen** *vt* ❶ **etw als bekannt ~** partir du principe que qc est connu(e); **etw als selbstverständlich ~** considérer qc comme une évidence; **vorausgesetzt, dass** à supposer que + *subj* ❷ (*erfordern*) **Erfahrung/Geduld ~** supposer de l'expérience/la patience

Voraussetzung <-, -en> *f* ❶ (*Vorbedingung*) condition *f* préalable; **unter der ~, dass** à condition que + *subj* ❷ (*Prämisse*) hypothèse *f*

Voraussicht *f kein Pl* prévoyance *f;* **aller ~ nach** selon toute probabilité ▶**etw in weiser ~ tun** faire qc par sage précaution

V

voraussichtlich I. *adj* prévu(e) II. *adv* selon les prévisions; *sich verspäten* probablement; **wir werden ~ um 18 Uhr ankommen** notre arrivée est prévue à 18 heures; **das Buch wird ~ im Mai erscheinen** la parution du livre est prévue pour le mois de mai **Vorauszahlung** *f* paiement *m* d'avance

Vorbau ['foːɐ̯baʊ̯] <-bauten> *m* ARCHIT avancée *f*

vor|bauen *vi* ①(*Vorkehrungen treffen*) prendre ses dispositions ②(*vorbeugen*) **einer S.** (*dat*) ~ prévenir qc

Vorbedacht ['foːɐ̯bədaxt] *m* **mit** ~ de propos délibéré; **ohne** ~ sans réflexion préalable

Vorbedingung *f* condition *f* préalable

Vorbehalt ['foːɐ̯bəhalt] <-[e]s, -e> *m* réserve *f*; **ohne** ~ sans réserve; **unter** ~ sous réserve

vor|behalten* *vt irr* **sich** (*dat*) ~ **etw zu tun** se réserver la possibilité de faire qc

vorbehaltlich *form* I. *präp + gen* ~ **einer S.** sous réserve de qc II. *adj, adv* sous toutes réserves

vorbehaltlos *adj, adv* sans restriction, sans réserve

vorbei [foːɐ̯'baɪ̯] *adv* ①(*räumlich*) **an jdm/etw** ~ à côté de qn/le long de qc; **darf ich bitte vorbei?** pourriez-vous vous écarter, s'il vous plaît? ②(*zeitlich*) ~ **sein** être fini; **mit der Faulenzerei ist es** ~ c'en est fini de la paresse

vorbei|fahren *vi irr + sein* ①(*vorüberfahren*) passer; **an jdm/etw** ~ passer devant qn/qc; **im Vorbeifahren** en passant [devant] ②(*aufsuchen*) **bei jdm** ~ passer chez qn **vorbei|gehen** *vi irr + sein* ①(*vorübergehen*) passer; **an jdm/etw** ~ passer devant qn/qc; **dicht an jdm** ~ passer tout près de qn ②*fam* (*aufsuchen*) **bei jdm/der Apotheke** ~ passer chez qn/à la pharmacie ③*fig* (*außer Acht lassen*) **an etw** (*dat*) ~ passer sur qc; **am Kern der Sache** ~ passer le point essentiel de l'affaire ④(*vergehen*) *Gefühl:* passer ⑤(*danebengehen*) **an jdm/etw** ~ *Schuss, Wurf:* passer à côté de qn/qc **vorbei|kommen** *vi irr + sein* ①*fam* (*kurz besuchen*) passer; **bei jdm** ~ passer chez qn ②(*vorbeigehen können*) **an etw** (*dat*) ~ arriver à passer le long de qc; **kommst du daran/hier vorbei?** tu peux passer? ③*fig* (*vermeiden*) **an etw** (*dat*) **nicht** ~ ne pas pouvoir éviter qc **vorbei|lassen** *vt irr* laisser passer; **jdn/etw an sich** (*dat*) ~ laisser passer qn/qc devant soi **vorbei|marschieren** *vi + sein* MIL défiler; **an etw** (*dat*) ~ défiler devant qc **vorbei|reden** *vi* **aneinander** ~ avoir un dialogue de sourds **vorbei|schießen** *vi irr + haben* (*danebenschießen*) tirer à côté; **an jdm/etw** ~ tirer à côté de qn/qc **vorbei|schlittern** *vi + sein fam* **an etw** (*dat*) [**knapp**] ~ frôler qc **vorbei|ziehen** *vi irr + sein* ①(*vorüberziehen*) défiler; **an jdm/etw** ~ défiler devant qn/qc ②(*überholen*) **an jdm** ~ *Fahrzeug:* doubler qn

vorbelastet *adj* ~ **sein** être désavantagé

Vorbemerkung *f* (*gesprochen*) remarque *f* préliminaire; (*geschrieben*) avant-propos *m*

vor|bereiten* I. *vt* ①préparer; **etw für jdn** ~ préparer qc pour qn ②(*einstimmen*) **jdn auf etw** (*akk*) ~ préparer qn à qc II. *vr* **sich auf etw** (*akk*) ~ se préparer pour qc

vorbereitend *adj attr* préliminaire

Vorbereitung <-, -en> *f* préparation *f*; **in** ~ **sein** être en préparation

Vorbesprechung *f* réunion *f* préparatoire

vor|bestellen* *vt* réserver

Vorbestellung *f* réservation *f*

vorbestraft *adj* ayant des antécédents judiciaires; **wegen etw** ~ **sein** avoir déjà été condamné pour qc; **nicht** ~ **sein** ne pas avoir d'antécédents judiciaires

Vorbestrafte(r) *f(m) dekl wie adj* repris(e) *m(f)* de justice

vor|beugen I. *vi* ①MED prévenir le mal ②(*unterbinden*) **einer S.** (*dat*) ~ prévenir qc ▶ ~ **ist besser als heilen** *prov* mieux vaut prévenir que guérir II. *vt* **den Kopf/sich** ~ pencher la tête/se pencher en avant

vorbeugend *adj* préventif(-ive)

Vorbeugung <-, -en> *f* prévention *f*; ~ **gegen Krankheiten** prévention des maladies; **zur** ~ à titre préventif

Vorbild *nt* modèle *m*; **ein leuchtendes/schlechtes** ~ **sein** être un modèle à suivre/à ne pas suivre; **jdm als** ~ **dienen** servir de modèle à qn; **sich** (*dat*) **jdn zum** ~ **nehmen** prendre modèle sur qn

Vorbildcharakter *m kein Pl* caractère *m* de modèle

vorbildlich I. *adj Kollege* modèle; *Verhalten* exemplaire II. *adv verhalten* de façon exemplaire

Vorbildung *f kein Pl* formation *f* préalable

Vorbote *m* signe *m* avant-coureur

vor|bringen *vt irr* présenter *Fakten;* avancer *Argument;* formuler *Frage;* émettre *Meinung;* **gegen etw Bedenken** ~ émettre des réserves à l'encontre de qc

Vordach *nt* auvent *m*

vor|datieren* *vt* ❶ (*vorausdatieren*) postdater ❷ (*zurückdatieren*) antidater
Vordenker(in) *m(f)* maître *m* à penser
Vorderachse *f* essieu *m* avant
vordere(r, s) ['fɔrdərə, -rɐ, -rəs] *adj Zimmer, Reihe* de devant; **der ~ Teil/Bereich** la partie avant
Vorderfront *f* façade *f* **Vordergrund** *m* premier plan *m;* **im ~** au premier plan ▶ **sich in den ~ drängen** se mettre en avant; **etw in den ~ stellen** mettre qc au premier plan; **im ~ stehen** occuper le devant de la scène
vordergründig I. *adj* cousu(e) de fil blanc II. *adv* de prime abord
Vorderhaus *nt* bâtiment *m* du côté de la rue **Vordermann** <-männer> *m* **sein/mein ~** son/mon voisin de devant ▶ **jdn auf ~ bringen** *fam* remettre qn à sa place; **etw auf ~ bringen** *fam* remettre qc en état **Vorderpfote** *f* patte avant *f* **Vorderrad** *nt* roue *f* avant **Vorderseite** *f* face *f* avant; *eines Gebäudes* façade *f; eines Blatts* recto *m; einer Münze* avers *m* **Vordersitz** *m* siège *m* avant
vorderste(r, s) *adj Superl von* **vordere(r, s)** *Bereich* le plus avancé/la plus avancée; **in der ~n Reihe sitzen** être assis au tout premier rang; **der ~ Platz** la toute première place
Vorderteil *m o nt eines Gebäudes* partie *f* frontale; *eines Pullovers* devant *m*
vor|drängeln *vr fam* **sich ~** resquiller
vor|drängen *vr* **sich ~** ❶ *Wartender:* passer devant ❷ *fig* se mettre en avant
vor|dringen *vi irr + sein* ❶ *Truppen:* gagner du terrain; **bis zum Fluss ~** parvenir jusqu'à la rivière ❷ (*gelangen*) **bis zu jdm ~** arriver jusqu'à qn
vordringlich I. *adj* [très] urgent(e) II. *adv erledigen* en priorité
Vordruck <-drucke> *m* imprimé *m*
vorehelich *adj attr Geschlechtsverkehr, Beziehung* préconjugal(e); *Zusammenleben* prénuptial(e)
voreilig *adj Entschluss, Urteil* hâtif(-ive), précipité(e)
voreinander [foːɐ̯ʔaiˈnandɐ] *adv* **~ Angst haben** *zwei Personen:* avoir peur l'un/l'une de l'autre; *zwei Gruppen:* avoir peur les uns/les unes des autres
voreingenommen ['foːɐ̯ʔaingənɔmən] *adj Mensch* plein(e) d'idées préconçues; *Haltung* foncièrement hostile
Voreingenommenheit <-> *f* parti *m* pris
Voreinstellung *f* INFORM paramétrage *m* par défaut

vor|enthalten* *vt irr* **jdm etw ~** cacher qc à qn
Vorentscheidung *f* ❶ (*Beschluss*) décision *f* préliminaire ❷ SPORT **dieses Tor/dieser Satzgewinn ist die ~** ce but/cette manche préfigure la victoire; **die ~ war gefallen** la partie était jouée d'avance
vorerst ['foːɐ̯ʔeːɐ̯st] *adv* dans un premier temps
Vorfahr(in) <-en, -en> *m(f)* ancêtre *mf*
vor|fahren *irr* I. *vi + sein* ❶ se présenter; **mit einem Kabrio/Taxi ~** arriver en décapotable/taxi; **den Wagen ~ lassen** faire avancer la voiture ❷ (*weiterfahren*) **etwas ~** avancer un peu II. *vt + haben* avancer *Wagen*
Vorfahrt *f* priorité *f;* **~ haben** avoir la priorité; **jdm die ~ nehmen** refuser la priorité à qn
Vorfahrtsschild *nt* panneau *m* de priorité **Vorfahrtsstraße** *f* route *f* prioritaire
Vorfall *m* (*Geschehnis*) incident *m*
vor|fallen *vi irr + sein* ❶ (*sich ereignen*) se passer, arriver ❷ (*nach vorn fallen*) **immer wieder ~** *Strähne:* retomber toujours dans les yeux
Vorfeld ▶ **im ~** au préalable
Vorfilm *m* court métrage *m* [qui précède le film]
vor|finanzieren* *vt* préfinancer
vor|finden *vt irr* trouver *Chaos*
Vorfreude *f* **seine ~ auf die Party** sa joie à la perspective de la boum
vorfristig *adj, adv* avant le délai
Vorfrühling *m* premiers beaux jours *mpl* du printemps
vor|fühlen *vi* **bei jdm ~** sonder qn
vor|führen *vt* ❶ projeter *Film;* présenter *Modell* ❷ JUR amener, faire comparaître *Häftling* ❸ *fam* (*bloßstellen*) ridiculiser; **von jdm vorgeführt werden** se faire ridiculiser par qn
Vorführraum *m* cabine de projection *f*
Vorführung *f eines Films* projection *f; von Kleidern* présentation *f*
Vorführwagen *m* voiture *f* de démonstration
Vorgabe *f* ❶ *meist Pl* (*Norm, Ziel*) prescriptions *fpl* ❷ SPORT avantage *m*
Vorgang <-gänge> *m* ❶ (*Geschehnis*) événement *m* ❷ (*Prozess*) processus *m*
Vorgänger(in) ['foːɐ̯gɛŋɐ] <-s, -> *m(f)* prédécesseur *mf*
Vorgarten *m* jardin *m* de devant
vor|gaukeln *vt* faire miroiter; **jdm etw ~** faire miroiter qc à qn

vor|geben *vt irr* ❶ (*vorschützen*) prétexter ❷ *fam* (*nach vorn geben*) **etw ~** faire passer qc [devant] ❸ (*festlegen*) **jdm eine Frist ~** fixer [à l'avance] un délai à qn
Vorgebirge *nt* contrefort *m gén pl*
vorgefasstRR *adj* **eine ~e Meinung** une opinion toute faite
vorgefertigt ['foːɐ̯gəfɛrtɪçt] *adj* préfabriqué(e)
Vorgefühl *nt s.* **Vorahnung**
vor|gehen *vi irr + sein* ❶ (*vorausgehen*) partir devant ❷ (*zu schnell gehen*) **fünf Minuten ~** avancer de cinq minutes ❸ (*Priorität haben*) passer avant ❹ (*vorrücken*) **gegen jdn/etw ~** *Polizei, Truppen:* avancer sur qn/qc ❺ (*sich abspielen*) **was geht hier vor?** que se passe-t-il ici?; **was mag wohl in ihr ~?** que se passe-t-il dans sa tête?
Vorgehen *nt* ❶ (*Einschreiten*) intervention *f* ❷ (*Verfahrensweise*) manière *f* d'agir
Vorgeschichte *f* ❶ antécédents *mpl* ❷ *kein Pl* (*Prähistorie*) préhistoire *f*
vorgeschichtlich *adj* préhistorique
Vorgeschmack *m* ▸ **einen kleinen ~ von etw bekommen** avoir un petit avant-goût de qc
vorgeschrieben *adj a.* JUR prescrit(e), obligatoire
Vorgesetzte(r) *f(m) dekl wie adj* supérieur(e) *m(f)* [hiérarchique]
vorgestern *adv* avant-hier; **~ Abend** avant-hier soir; **~ Nacht** dans la nuit d'avant-hier ▸ **von ~** d'avant-hier; *pej fam* (*antiquiert*) dépassé (*iron*)
vorgestrig *adj* ❶ d'avant-hier ❷ *pej fam* (*antiquiert*) dépassé (*iron*)
vor|greifen *vi irr* **jdm ~** devancer qn; **dem Ergebnis ~** anticiper sur le résultat
Vorgriff ▸ **im ~ auf etw** (*akk*) en anticipant sur qc
vor|haben *vt irr* **~ zu verreisen** avoir l'intention de partir en voyage; **ich habe morgen Abend schon etwas vor** j'ai déjà prévu quelque chose pour demain soir
Vorhaben <-s, -> *nt* projet *m*
Vorhalle *f* hall *m* d'entrée
vor|halten *irr* **I.** *vt* (*vorwerfen*) **jdm etw ~** reprocher qc à qn **II.** *vi* **einige Zeit ~** *Vorräte:* suffire un certain temps
Vorhaltung *f meist Pl* reproche *m*
Vorhand <-> *f* SPORT coup *m* droit
vorhanden [foːɐ̯'handən] *adj* ❶ (*verfügbar*) disponible; **es waren ausreichend Vorräte ~** il y avait suffisamment de réserves ❷ (*existierend*) existant(e); **es sind gewisse Bedenken ~** il y a une certaine réticence
Vorhandensein *nt* (*Verfügbarkeit*) disponibilité *f*
Vorhang ['foːɐ̯haŋ] <-s, Vorhänge> *m* rideau *m* ▸ **der Eiserne ~** HIST le rideau de fer
VorhängeschlossRR *nt* cadenas *m*
Vorhaut *f* prépuce *m*
vorher ['foːɐ̯heːɐ̯] *adv* auparavant; **kurz ~** peu de temps avant
vorher|bestimmen* *vt* déterminer à l'avance; **etw ~** déterminer qc à l'avance; **das war vorherbestimmt!** c'était écrit!
vorhergehend *adj* précédent(e)
vorherig *adj attr* (*zuvor erfolgend*) préalable
Vorherrschaft *f* suprématie *f*
vor|herrschen *vi* *Meinung:* prévaloir; *Steppe:* être prédominant
vorherrschend I. *adj* dominant(e) **II.** *adv* **morgen ~ Regen** demain prédominance des pluies
Vorhersage [foːɐ̯'heːɐ̯zaːgə] *f* ❶ METEO prévisions *fpl* [météo] ❷ (*Voraussage*) prédiction *f*
vorher|sagen *s.* **voraussagen**
vorhersehbar *adj* prévisible
vorher|sehen *vt irr* prévoir
vorhin [foːɐ̯'hɪn] *adv* à l'instant; **Stefan hat ~ angerufen** Stefan vient d'appeler
Vorhof *m* ❶ ARCHIT avant-cour *f* ❷ ANAT *des Herzens* oreillette *f*
vorig ['foːrɪç] *adj attr* ❶ *Jahr* dernier(-ière); *Mal* dernier(-ière) *antéposé;* **im ~en Jahr** l'an dernier ❷ *Eigentümer, Wohnsitz* précédent(e)
Vorjahr *nt* (*letztes Jahr*) année *f* dernière; (*vorhergehendes Jahr*) année précédente; **im ~** l'année dernière/précédente
vorjährig *adj* de l'année dernière
vor|jammern *vt fam* **jdm etwas ~** venir pleurer dans le giron de qn
vor|kauen *vt fam* **jdm etw ~** mâcher qc à qn
Vorkaufsrecht *nt* option *f* [d'achat]
Vorkehrung <-, -en> *f* mesure *f* [préventive]; **~en treffen** prendre des mesures [préventives]
Vorkenntnis *f meist Pl* connaissance *f* préalable
vor|knöpfen *vr fam* **sich** (*dat*) **jdn ~** faire sa fête à qn
vor|kommen *irr* **I.** *vi + sein* ❶ (*passieren*) *Fehler:* se produire; *Zwischenfall:* arriver; **es kommt vor, dass** il arrive que + *subj;* **so etwas ist mir noch nie vorgekommen!**

V

je n'ai jamais vu ça! ② (*anzutreffen sein*) **diese Pflanze/Krankheit kommt nur in Asien vor** on ne trouve cette plante/maladie qu'en Asie; **das Wort kommt in dem Text nur einmal vor** on rencontre ce mot seulement une fois dans le texte ③ (*erscheinen*) **das kommt mir komisch vor** cela me semble bizarre; **das kommt dir/Ihnen nur so vor** ce n'est qu'une impression ④ (*nach vorn kommen*) venir devant; **hinter dem Vorhang ~** sortir de derrière le rideau **II.** *vr* **sich** (*dat*) **dumm ~** se sentir bête

Vorkommen <-s, -> *nt* ① *meist Pl* MIN, MINER gisement *m* ② (*das Auftreten*) *von Erregern* apparition *f*

Vorkommnis <-ses, -se> *nt* événement *m;* (*unangenehm*) incident *m;* **keine besonderen ~se!** rien à signaler!

Vorkriegszeit *f* avant-guerre *m o f;* **aus der ~ stammen** dater d'avant [la] guerre; **in der ~** avant la guerre

vor|laden *vt irr* citer

Vorladung *f kein Pl* (*das Vorladen*) citation *f*

Vorlage *f* ① (*Zeichenvorlage*) modèle *m* ② *kein Pl* (*das Vorlegen*) présentation *f* ③ (*Gesetzesvorlage*) projet *m* de loi

vor|lassen *vt irr* ① *fam* (*Vortritt lassen*) **jdn ~** laisser passer qn devant ② (*Zutritt gewähren*) laisser passer

Vorlauf *m* ① SPORT [course *f*] éliminatoire *f* ② MEDIA **schneller ~** avance *f* rapide

Vorläufer(in) *m(f)* précurseur *mf*

vorläufig **I.** *adj* provisoire **II.** *adv ausreichen* pour l'instant

vorlaut **I.** *adj* impertinent(e); **~ sein** la ramener un peu trop (*fam*) **II.** *adv dazwischenreden* de manière impertinente

Vorleben *nt kein Pl* passé *m*

vor|legen *vt* ① (*einreichen*) produire *Beweis;* **jdm etw ~** présenter qc à qn ② (*anbringen*) mettre *Kette*

Vorleger <-s, -> *m* (*WC-Vorleger*) tapis *m* [de] W.-C.

vor|lehnen *vr* **sich ~** se pencher en avant

Vorleistung *f* contribution *f* préalable

vor|lesen *irr* **I.** *vt* lire **II.** *vi* lire à haute voix; **jdm aus einem Buch/der Zeitung ~** lire tout haut un livre/le journal à qn

Vorlesung *f* UNIV cours *m*

Vorlesungsverzeichnis *nt* programme *m* des cours

vorletzte(r, s) *adj* avant-dernier(-ière); **als Vorletzter** en avant-dernière position

Vorliebe *f* prédilection *f;* **~n/eine ~ für jdn/etw haben** avoir des préférences/une préférence pour qn/qc

vorliebnehmen *vi irr* **mit jdm/etw ~** se contenter de qn/qc

vor|liegen *vi irr* **es liegen keine Beweise vor** il n'y a pas de preuves; **es liegt eine Beschwerde gegen Sie vor** une plainte a été déposée contre vous; **sobald uns Ihre Bewerbung vorliegt, ...** dès que votre candidature nous sera parvenue, ...

vor|lügen *vt irr* **jdm etwas ~** raconter des histoires à qn

vor|machen *vt* ① (*demonstrieren*) montrer; **jdm ~, wie ...** montrer à qn comment ... ② (*täuschen*) **jdm etwas ~** jouer la comédie à qn; **jdm nichts ~** ne pas mentir à qn; **sich** (*dat*) **etwas ~** se faire des idées; **sich** (*dat*) **nichts ~** ne pas se faire d'illusions

Vormacht *f kein Pl a.* POL hégémonie *f*

Vormachtstellung *f kein Pl* suprématie *f*

vormals ['foːɐ̯maːls] *adv geh* autrefois

Vormarsch *m* avance *f;* **der ~ in feindliches Gebiet** l'avance en territoire ennemi ▶ **im** [*o* **auf dem**] **~ sein** *Truppen:* avancer; *Mode:* avoir le vent en poupe

vor|merken *vt* ① noter *Termin;* **jdn für einen Kurs ~** inscrire qn dans un cours ② (*reservieren*) **sich** (*dat*) **ein Zimmer ~ lassen** réserver une chambre

Vormieter(in) *m(f)* locataire *mf* précédent(e)

Vormittag ['foːɐ̯mɪtaːk] *m* matinée *f;* **am ~** dans la matinée; **am frühen/späten ~** en début/en fin de matinée; **heute/Samstag ~** ce/samedi matin

vormittagALT *s.* **Vormittag**

vormittags ['foːɐ̯mɪtaːks] *adv* le matin

Vormund ['foːɐ̯mʊnt, *Pl:* -mʊndə, -mʏndɐ] <-[e]s, -e *o* Vormünder> *m eines Minderjährigen* tuteur *m; eines Entmündigten* curateur *m*

Vormundschaft ['foːɐ̯mʊntʃaft] <-, -en> *f* (*für einen Minderjährigen*) tutelle *f;* (*für einen Entmündigten*) curatelle *f*

vorn [fɔrn] *adv* ① (*im vorderen Bereich*) devant; **~ im Bus** à l'avant du bus; **~ im Schrank** devant, dans l'armoire; **ich sitze nicht gern ~ im Kino** au cinéma, je n'aime pas être [assis] devant; **nach ~ gehen** s'avancer, aller devant ② (*auf der Vorderseite*) devant; **etw von ~ betrachten/darstellen** regarder/représenter qc de face; **der Eingang ist nicht ~, sondern seitlich** l'entrée n'est pas devant, mais sur le côté ③ (*zu Beginn*) **~ im Buch** au début du livre; **noch einmal von ~**

anfangen recommencer depuis le début ❹ (*an der Vorderfront*) devant, à l'avant; ~ **am Wagen** à l'avant de la voiture; ~ **am Gerät** sur le devant de l'appareil ▶ **sie hat ihn von ~ bis hinten belogen** *fam* elle lui a menti sur toute la ligne

Vorname *m* prénom *m*

vorne *s.* **vorn**

vornehm ['foːɐ̯neːm] **I.** *adj* ❶ *Dame, Herr, Erscheinung* distingué(e); ~ **tun** *pej fam* se donner de grands airs ❷ *Gegend* chic; *Limousine* élégant(e) ❸ (*adlig*) aristocratique ▶ **sich** (*dat*) **zu ~ für etw sein** se croire trop bien pour faire qc **II.** *adv gekleidet* de manière élégante; *lächeln* de manière distinguée

vor|nehmen *vt irr* ❶ (*planen*) **sich** (*dat*) **etw** ~ prévoir qc; **sich** (*dat*) ~ **etw zu tun** prévoir de faire qc ❷ (*sich beschäftigen mit*) **sich** (*dat*) **ein Manuskript** ~ s'attaquer à un manuscrit ❸ *fam* (*zur Rede stellen*) **sich** (*dat*) **jdn** ~ faire sa fête à qn (*iron*) ❹ (*erledigen*) effectuer *Überprüfung*

Vornehmheit <-> *f des Äußeren, der Kleidung* élégance *f*

vornehmlich *adv geh* essentiellement

vornherein *adv* **von** ~ d'emblée, dès le départ

vornüber *adv* vers l'avant

Vorort *m* faubourg *m;* **die ~e** la banlieue

Vorplatz *m eines Schlosses* esplanade *f; einer Kirche* parvis *m*

Vorposten ['foːɐ̯pɔstən] *m* MIL avant-poste *m*

Vorprogramm *nt* avant-programme *m*

vor|programmieren* *vt* ❶ (*unausweichlich machen*) ouvrir la voie à *Konflikt;* **vorprogrammiert sein** *Erfolg:* être programmé; *Karriere:* être tout tracé ❷ (*programmieren*) programmer *Videorekorder*

Vorrang *m* priorité *f;* ~ **vor jdm/etw haben** primer sur qn/qc

vorrangig I. *adj* prioritaire **II.** *adv* en priorité

Vorrangstellung *f* primauté *f*

Vorrat ['foːɐ̯raːt, *Pl:* 'foːɐ̯rɛːtə] <-[e]s, Vorräte> *m* réserves *fpl*, stock *m; meist Pl* (*Lebensmittel*) provisions *fpl;* **etw auf ~ kaufen** faire des provisions de qc; **solange der ~ reicht** jusqu'à épuisement des stocks

vorrätig ['foːɐ̯rɛːtɪç] *adj* en stock

Vorratskammer *f* cellier *m* **Vorratsraum** *m* réserve *f*

Vorraum *m* entrée *f*

vor|rechnen *vt* **jdm eine Rechenaufgabe ~** montrer à qn comment résoudre un problème [de mathématiques]; **jdm ~, wie viel er täglich ausgibt** faire le compte à qn de ses dépenses journalières

Vorrecht *nt* privilège *m*

Vorrede *f* (*einleitende Worte*) avant-propos *m*

Vorredner(in) *m(f)* **sein ~** l'orateur qui l'a précédé *m*

Vorreiter(in) *m(f)* précurseur *mf;* **der ~ sein** essuyer les plâtres (*fam*)

Vorreiterrolle *f* rôle *m* [de] précurseur

Vorrichtung <-, -en> *f* dispositif *m*

vor|rücken I. *vi* + *sein* ❶ (*nach vorn rücken*) avancer; **mit dem Stuhl ~** avancer sa chaise ❷ MIL progresser; **auf die Hauptstadt ~** marcher sur la capitale ❸ SPORT remonter au classement **II.** *vt* + *haben* avancer *Stuhl, Spielstein*

Vorruhestand *m* préretraite *f*

Vorrunde *f* premier tour *m*

vor|sagen I. *vt* ❶ (*zuflüstern*) **jdm etw ~** souffler qc à qn ❷ (*vor sich hin sprechen*) **sich** (*dat*) **einen Text laut ~** se réciter un texte **II.** *vi* souffler

Vorsaison *f* avant-saison *f*

Vorsatz <-es, Vorsätze> *m* ❶ (*Absicht*) résolution *f* ❷ TYP *eines Buchs* garde *f*

vorsätzlich ['foːɐ̯zɛtslɪç] *adj Falschaussage* intentionnel(le); *Körperverletzung* volontaire

Vorschau <-, -en> *f* ❶ TV présentation *f* des programmes; **die ~ auf etw** (*akk*) la présentation de qc ❷ CINE bande-annonce *f*

Vorschein *m* ▶ **etw zum ~ bringen** faire apparaître qc; *Hass:* se manifester

vor|schieben *vt irr* ❶ (*nach vorn schieben*) avancer ❷ (*vorlegen*) pousser *Riegel* ❸ (*für sich agieren lassen*) **jdn ~** s'abriter derrière qn ❹ (*vorschützen*) prétexter *Verhinderung;* invoquer *Ausrede*

Vorschlag *m* proposition *f*

vor|schlagen *vt irr* ❶ (*anregen*) proposer; **jdm etw ~** proposer qc à qn; **jdm ~ etw zu tun** proposer à qn de faire qc ❷ (*empfehlen*) **jdn als Geschäftsführer ~** recommander qn comme gérant

Vorschlaghammer *m* masse *f*

vor|schreiben *vt irr* ❶ (*niederschreiben*) **etw ~** écrire qc en modèle ❷ (*befehlen*) **jdm etw ~** dicter qc à qn; **jdm ~ etw zu tun** prescrire à qn de faire qc ❸ (*anordnen*) prescrire *Höchstgeschwindigkeit;* **~, dass ...** *Gesetz:* stipuler que ...

Vorschrift *f* consigne *f;* **das ist ~** c'est le règlement; **sich** (*dat*) **von jdm keine ~en machen lassen** ne pas avoir d'ordre à

V

recevoir de qn; **nach ~** conformément au règlement

vorschriftsmäßig I. *adj Fahrweise* réglementaire; *Dosis* prescrit(e); *Verhalten* conforme au règlement; **bei ~er Einnahme des Medikaments** si le médicament est pris conformément à la dose prescrite II. *adv sich verhalten* réglementairement; **ein Medikament ~ einnehmen** prendre un médicament en suivant la posologie

Vorschub ▶ **jdm/einer S. ~ leisten** encourager qn/ouvrir la voie à qc

Vorschulalter *nt* âge *m* préscolaire (*avant six ans*)

Vorschule *f* école *f* maternelle

VorschussRR ['fo:ɐʃʊs] *m* avance *f;* **ein ~ auf etw** (*akk*) une avance sur qc; **sich** (*dat*) **einen ~ geben lassen** se faire donner une avance

vor|schützen *vt* prétexter

vor|schweben *vi* **jdm schwebt etw vor** qn a qc en tête

vor|sehen *irr* I. *vr* **sich ~** se tenir sur ses gardes; **sich vor jdm/etw ~** prendre garde à qn/qc; **sich ~, dass** prendre garde que + *subj;* **sieh dich/sehen Sie sich [bloß] vor!** gare à toi/vous! II. *vt* prévoir; **jdn für etw ~** envisager de faire appel à qn pour qc; **für etw vorgesehen sein** être destiné à qc; **es ist vorgesehen, dass/etw zu tun** il est prévu que + *subj*/de faire qc

Vorsehung <-> *f* **die ~** la Providence

vor|setzen I. *vt* ❶ (*anbieten*) **jdm eine Suppe ~** servir une soupe à qn ❷ (*nach vorn setzen*) **jdn ~** faire asseoir qn devant II. *vr* **sich ~** aller s'asseoir devant

Vorsicht <-> *f* (*vorsichtiges Verhalten*) prudence *f;* (*in der Handhabung*) précautions *fpl;* **größte ~ walten lassen** prendre un maximum de précautions; **zur ~ einen Regenschirm mitnehmen** prendre un parapluie par précaution; **~!** attention! ▶ **~ ist die Mutter der Porzellankiste** *prov fam* prudence est mère de sûreté; **~ ist besser als Nachsicht** *prov* mieux vaut prévenir que guérir; **etw ist mit ~ zu genießen** *fam* qc ne doit pas être pris pour argent comptant

vorsichtig I. *adj* prudent(e) II. *adv* ❶ *vorgehen* prudemment; *transportieren* avec précaution ❷ *schätzen* raisonnablement

vorsichtshalber *adv* par [mesure de] précaution

Vorsichtsmaßnahme *f* [mesure *f* de] précaution *f*

Vorsilbe *f* préfixe *m*

vor|singen *irr* I. *vt* chanter; **jdm etw ~** chanter qc à qn II. *vi* **jdm ~** auditionner devant qn

vorsintflutlich *adj fam* antédiluvien(ne)

Vorsitz *m* présidence *f;* **den ~ bei etw haben** présider qc

Vorsitzende(r) *f(m) dekl wie adj* président(e) *m(f)*

Vorsorge *f* ❶ prévoyance *f* ❷ (*Altersversicherung*) **private ~** assurance *f* vieillesse complémentaire

vor|sorgen *vi* prendre des précautions; **fürs Alter ~** préparer sa retraite; **für den Notfall ~** se prémunir contre les cas d'urgence

Vorsorgeuntersuchung *f* examen *m* de dépistage

vorsorglich I. *adj* préventif(-ive) II. *adv* à titre préventif

Vorspann <-[e]s, -e> *m* générique *m* [de début]

Vorspeise *f* (*erster Gang*) hors-d'œuvre *m;* (*Eingangsgericht*) entrée *f*

vor|spiegeln *vt* simuler; **jdm Interesse ~** faire semblant d'être intéressé face à qn

Vorspiegelung *f* simulation *f* ▶ **das ist [eine] ~ falscher Tatsachen** tout ça, ce sont des allégations mensongères

Vorspiel *nt* ❶ MUS (*Komposition*) prélude *m;* (*das Vorspielen*) audition *f*

vorschlagen

vorschlagen	*proposer*
Wie wär's, wenn wir heute mal ins Kino gehen würden?	*Et si nous allions au cinéma, aujourd'hui ?*
Wie wär's mit einer Tasse Tee?	*Une tasse de thé, ça te/vous dirait ?*
Was hältst du davon, wenn wir mal eine Pause machen würden?	*Si nous faisions une petite pause maintenant ? Qu'en penses-tu ?*
Hättest du Lust, spazieren zu gehen?	*Est-ce que tu as envie de faire une promenade ?*
Ich schlage vor, wir vertagen die Sitzung.	*Je propose de reporter la réunion.*

② (*Zärtlichkeiten*) préliminaires *mpl* [amoureux]

vor|spielen **I.** *vt* ① MUS jouer; **jdm etw ~** jouer qc à qn ② (*vorheucheln*) **jdm Unwissenheit ~** faire croire à qn qu'on ne sait rien **II.** *vi* MUS **jdm ~** auditionner devant qn

vor|sprechen *irr* **I.** *vt* montrer comment qc se prononce; **jdm etw ~** montrer à qn comment on prononce qc **II.** *vi* THEAT, TV **jdm ~** auditionner devant qn

vor|springen *vi irr + sein* ① **hinter dem Baum ~** surgir de derrière l'arbre ② (*hervorragen*) faire saillie

vorspringend *adj Wangenknochen, Kinn* saillant(e)

Vorsprung *m* ① (*Distanz*) avance *f;* **einen ~ vor jdm haben** avoir de l'avance sur qn ② ARCHIT saillie *f*

vor|spulen **I.** *vi* avancer la cassette **II.** *vt* avancer *Kassette, Film*

Vorstadt *f* faubourg *m;* **in der ~ wohnen** habiter en banlieue

vorstädtisch *adj* suburbain(e)

Vorstand *m* ① (*Gremium*) comité *m* directeur, conseil *m* d'administration ② (*Vorstandsmitglied*) membre *m* du conseil d'administration

Vorstandsmitglied *nt* membre *m* du comité directeur **Vorstandsvorsitzende(r)** *f(m) dekl wie adj* président *m* du comité directeur

vor|stehen *vi irr + haben o sein* (*hervorstehen*) *Wangenknochen, Kinn, Rippen:* être saillant; *Zähne:* avancer

Vorsteher(in) ['foːɐ̯ʃteːɐ] <-s, -> *m(f)* directeur(-trice) *m(f)*

Vorsteherdrüse *f* ANAT prostate *f*

vorstellbar *adj* concevable; **kaum ~ sein** être à peine imaginable

vor|stellen **I.** *vr* ① (*sich bekannt machen*) **sich ~** se présenter; **sich jdm ~** se présenter à qn ② (*vorstellig werden*) **sich in der Augenklinik ~** se présenter à la clinique ophtalmologique ③ (*vergegenwärtigen*) **sich** (*dat*) **etw ~** [s']imaginer qc; **darunter kann ich mir etwas/nichts ~** ça me dit quelque chose/ne me dit rien ▶ **stell dir mal vor!** *fam* tu te rends compte! **II.** *vt* ① (*bekannt machen*) **jdm jdn ~** présenter qn à qn; **wir beide sind uns noch nicht vorgestellt worden** nous n'avons pas encore été présentés l'un à l'autre; **darf ich ~?** puis-je faire les présentations? ② (*präsentieren*) présenter *Modell* ③ (*vorrücken*) avancer *Uhr*

vorstellig *adj* ▶ **bei jdm ~ werden** *form* s'adresser à qn

Vorstellung *f* ① *kein Pl* (*das Bekanntmachen*) **die ~ der neuen Kollegin übernehmen** se charger de présenter la nouvelle collègue ② (*gedankliches Bild*) idée *f;* **entspricht das deinen ~en?** est-ce que cela correspond à ton attente?; **sich völlig falsche ~en von etw machen** se faire une fausse idée de qc; **alle ~en übertreffen** dépasser l'entendement ③ (*Phantasie*) **in meiner ~** dans mon esprit ④ (*Theateraufführung*) représentation *f* ⑤ (*Filmvorführung*) séance *f* ⑥ (*Präsentation*) *eines Produkts, Modells* présentation *f* ▶ **du machst dir keine ~, wie kalt es dort ist** tu n'imagines pas comme il fait froid là-bas

Vorstellungsgespräch *nt* entretien *m* [d'embauche] **Vorstellungskraft** *f kein Pl* imagination *f;* **die ~ übersteigen** dépasser l'imagination

Vorstopper(in) *m(f)* FBALL défenseur *mf*

Vorstoß *m* ▶ **einen ~ bei jdm machen** intervenir auprès de qn

vor|stoßen *irr* **I.** *vi + sein Truppen:* avancer **II.** *vt + haben* **jdn/etw ~** pousser qn/qc [en avant]

Vorstrafe *f* condamnation *f* antérieure

Vorstrafenregister *nt* casier *m* judiciaire

vor|strecken *vt* ① (*leihen*) avancer; **jdm etwas Geld/hundert Euro ~** avancer un peu d'argent/cent euros à qn ② (*nach vorn strecken*) tendre *Arm, Hand;* avancer *Kopf, Oberkörper*

Vorstufe *f* stade *m* préliminaire

Vortag *m* **die Zeitung vom ~** le journal de la veille

vor|täuschen *vt* simuler; **Interesse ~** faire semblant d'être intéressé; **jdm Arglosigkeit ~** faire le candide [face à qn]

Vorteil <-s, -e> *m* ① (*Vorzug*) avantage *m;* **den ~ haben, dass ...** présenter l'avantage que ...; **für jdn von ~ sein** être avantageux pour qn ② (*Nutzen, Gewinn*) intérêt *m;* **immer auf seinen ~ bedacht sein** toujours voir son intérêt ▶ **er hat sich zu seinem ~ verändert** (*im Aussehen*) il a changé à son avantage; (*im Wesen*) il a changé en mieux; **jdm gegenüber im ~ sein** être avantagé par rapport à qn

vorteilhaft **I.** *adj* (*günstig*) avantageux(-euse) **II.** *adv erwerben, kaufen* à des conditions avantageuses

Vortrag ['foːɐ̯traːk, *Pl:* -trɛːgə] <-[e]s, -träge> *m* (*längeres Referat*) conférence *f;* (*auf einem Kongress*) communication *f;* **einen ~ über etw** (*akk*) **halten** tenir une conférence sur qc ▶ **halt keine Vorträge!** *fam* fais pas de blabla[bla]!

vor|tragen *vt irr* ① réciter, interpréter ② exposer *Bitte*

Vortragsreihe *f* cycle *m* de conférences

vortrefflich *geh* **I.** *adj* *Gericht* exquis(e); *Gedanke* excellent(e) **II.** *adv* à la perfection

vor|treten *vi irr + sein* ① (*nach vorn treten*) [s']avancer ② *fam* (*vorstehen*) *Augen:* ressortir; *Ader:* saillir

Vortritt *m kein Pl* ① **jdm den ~ lassen** (*zuerst gehen lassen*) céder le passage à qn; (*zuerst agieren lassen*) s'effacer devant qn ② CH *s.* **Vorfahrt**

vorüber [fo'ry:bə] *adv* ① (*räumlich*) **der Läufer ist schon ~** le coureur est déjà passé; **wir sind an dem Geschäft schon ~** nous avons déjà dépassé le magasin ② (*zeitlich*) **~ sein** *Veranstaltung:* être terminé; *Schmerz:* avoir cessé

vorüber|gehen *vi irr + sein* ① (*vorbeigehen*) **an jdm/etw ~** passer devant qn/qc; **im Vorübergehen** en passant ② (*ein Ende finden*) *Kummer:* [se] passer

vorübergehend **I.** *adj* *Erscheinung* passager(-ère), temporaire; *Abwesenheit* momentané(e) **II.** *adv* *abwesend* momentanément; *sich bessern* provisoirement

Voruntersuchung *f* JUR enquête *f* préliminaire

Vorurteil ['fo:ɐ̯ʔʊrtai̯l] *nt* préjugé *m;* **~e gegenüber jdm haben** avoir des préjugés contre qn; **das ist ein ~** ce sont des préjugés

vorurteilsfrei **I.** *adj* *Mensch* sans préjugés; *Diskussion* objectif(-ive) **II.** *adv* de façon objective

Vorväter *Pl geh* aïeux *mpl*

Vorverhandlung *f meist Pl* négociation *f* préliminaire

Vorverkauf *m* location *f*

vor|verlegen* *vt* avancer *Termin;* **etw auf [den] Dienstag ~** avancer qc à mardi

Vorvertrag *m* accord *m* préliminaire

vorvorgestern ['fo:ɐ̯fo:ɐ̯gɛstɐn] *adv fam* avant avant-hier

vorvorig ['fo:ɐ̯fo:rɪç] *adj fam* **[im] ~en Monat** il y a deux mois

vorvorletzte(r, s) *adj fam* avant-avant-dernier(-ière); **der Vorvorletzte** l'avant-avant-dernier

vor|wagen *vr* **sich ~** ① (*hervorkommen*) se risquer dehors ② (*sich exponieren*) oser s'avancer

Vorwahl *f* ① (*vorherige Auswahl*) présélection *f* ② POL [élection *f*] primaire *f* ③ (*Vorwahlnummer*) indicatif *m*

vor|wählen *vt* TELEC **[die] 02 ~** composer l'indicatif 02

Vorwahlnummer *f* indicatif *m*

Vorwand ['fo:ɐ̯vant, *Pl:* -vɛndə] <-[e]s, -wände> *m* prétexte *m;* **unter dem ~ etw tun zu müssen** sous prétexte de faire qc

vor|wärmen *vt* préchauffer

vor|warnen *vt* avertir

Vorwarnung *f* mise *f* en garde ▶ **ohne ~** *losschimpfen* sans crier gare; *passieren* de façon imprévue

vorwärts ['fo:ɐ̯vɛrts] *adv* (*nach vorn*) en avant; **einen Salto ~ machen** faire un salto avant

vorwärts|bringen *vt irr* **jdn ~** *Erfolg:* faire avancer qn **Vorwärtsgang** <-gänge> *m* marche *f* avant; **im ~** en marche avant

vorwärts|gehen *vi irr* **mit den Bauarbeiten geht es vorwärts** les travaux avancent; **es geht vorwärts** ça avance

vorwärts|kommen *vi irr fig* progresser

Vorwäsche *f* prélavage *m*

vorweg [fo:ɐ̯'vɛk] *adv* ① (*zuvor*) préalablement ② *fahren* en tête

vorweg|nehmen [fo:ɐ̯'vɛkne:mən] *vt irr* **die Pointe ~** trahir la chute de l'histoire; **den Ausgang des Films ~** *Szene:* préfigurer la fin du film

vorweihnachtlich *adj* qui annonce Noël

vor|weisen *vt irr* ① (*nachweisen*) **Fähigkeiten ~ können** pouvoir faire valoir de capacités ② *geh* (*vorzeigen*) présenter

vor|werfen *vt irr* ① (*vorhalten*) **jdm etw ~** reprocher qc à qn; **sich** (*dat*) **in etw** (*dat*) **nichts vorzuwerfen haben** n'avoir rien à se reprocher au sujet de qc ② (*hinwerfen*) **einem Tier etw zum Fraß ~** jeter qc à manger à un animal; **jdn den wilden Tieren zum Fraß ~** jeter qn en pâture aux fauves

vorwiegend *adv* ① (*hauptsächlich*) principalement ② METEO le plus souvent

vorwitzig *adj* ① (*neugierig*) hardi(e) ② (*vorlaut*) effronté(e)

Vorwort <-worte> *nt* préface *f*

Vorwurf <-[e]s, Vorwürfe> *m* reproche *m;* **das kann mir niemand zum ~ machen** personne ne peut me le reprocher

vorwurfsvoll **I.** *adj* réprobateur(-trice) **II.** *adv* d'un air réprobateur

vor|zählen *vt* **jdm Geld ~** compter de l'argent devant qn

Vorzeichen *nt* ① (*Omen*) présage *m;* **ein gutes/böses ~ sein** être de bon/mauvais augure ② (*Anzeichen*) signe *m* avant-coureur ③ MUS altération *f*

vor|zeichnen *vt* ❶ (*vormalen*) dessiner ❷ *fig* **vorgezeichnet sein** être tout(e) tracé(e)
vorzeigbar *adj fam* présentable
vor|zeigen *vt* présenter
Vorzeit ['fo:ɐ̯tsait] *f* passé *m* [très] lointain
vorzeitig ['fo:ɐ̯tsaitɪç] **I.** *adj* prématuré(e) **II.** *adv* ~ **in den Ruhestand treten** prendre une retraite anticipée
Vorzensur *f kein Pl* censure *f* préalable
vor|ziehen *vt irr* ❶ (*begünstigen*) préférer; **jdn jdm** ~ préférer qn à qn ❷ (*den Vorrang geben*) **etw einer S.** (*dat*) ~ préférer qc à qc; **es** ~ **etw zu tun** préférer faire qc ❸ (*früher erfolgen lassen*) avancer; **den Ruhestand** ~ avancer son départ en retraite; **vorgezogener Ruhestand** retraite *f* anticipée
Vorzimmer *nt* secrétariat *m*
Vorzug ['fo:ɐ̯tsu:k, *Pl:* 'fo:ɐ̯tsy:gə] <-[e]s, Vorzüge> *m* ❶ (*Vorteil*) avantage *m* ❷ (*gute Eigenschaft*) qualité *f* ❸ *form* (*Vorrang*) **jdm/einer S. den** ~ **geben** donner la préférence à qn/qc
vorzüglich [fo:ɐ̯'tsy:klɪç] **I.** *adj Qualität, Wein* excellent(e); *Gericht* délicieux(-euse) **II.** *adv* ❶ *speisen, untergebracht sein* merveilleusement ❷ (*hauptsächlich*) en premier lieu
Vorzugsaktie *f* ÖKON action privilégiée *f*
Vorzugsmilch *f* ≈ lait *m* cru sélectionné
Vorzugspreis *m* prix *m* de faveur
vorzugsweise *adv* de préférence
votieren [vo'ti:rən] *vi geh* ❶ (*abstimmen*) **für jdn** ~ voter pour qn ❷ (*sich entscheiden*) **für jdn/etw** ~ opter pour qn/qc
Votivbild [vo'ti:f-] *nt* ex-voto *m*
Votum ['vo:tʊm] <-s, Voten *o* Vota> *nt geh* ❶ POL vote *m* ❷ (*Entscheidung*) verdict *m*
Voyeur(in) [vo̯a'jø:ɐ̯] <-s, -e> *m(f)* voyeur(-euse) *m(f)*
vulgär [vʊl'gɛ:ɐ̯] **I.** *adj pej geh Wort* grossier(-ière); *Aussehen, Pose* vulgaire **II.** *adv* ~ **aussehen** avoir l'air vulgaire
Vulkan [vʊl'ka:n] <-[e]s, -e> *m* volcan *m;* **erloschener/tätiger** ~ volcan éteint/en activité
Vulkanausbruch [vʊl'ka:n-] *m* éruption *f* volcanique
vulkanisch [vʊl'ka:nɪʃ] *adj* volcanique
vulkanisieren* [vʊlkani'zi:rən] *vt* vulcaniser

Ww

W, w [ve:] <-, -> *nt* W *m*/w *m*
W *Abk von* **Westen** O
WAA [ve:ʔa:'ʔa:] <-, -s> *f Abk von* **Wiederaufarbeitungsanlage**
Waadt <-> *f* canton *m* de Vaud
Waage ['va:gə] <-, -n> *f a.* ASTROL balance *f* ▶ **sich** (*dat*) **die** ~ **halten** s'équilibrer
waagerecht ['va:gərɛçt] **I.** *adj* horizontal(e) **II.** *adv* horizontalement
Waag[e]rechte <-n, -n> *f* horizontale *f*
waagrecht ['va:krɛçt] *s.* **waagerecht**
Waagschale *f* plateau *m* de [la] balance ▶ **etw in die** ~ **werfen** *geh* mettre qc dans la balance
wabbelig ['vabəlɪç] *adj fam Gelee* gélatineux(-euse); *Bauch* flasque
wabbeln ['vabəln] *vi fam Gelee:* avoir une consistance gélatineuse; *Bauch:* ballotter
Wabe ['va:bə] <-, -n> *f* rayon *m* [de miel]
wabenförmig *adj* [en] nid-d'abeilles
Wabenhonig *m* miel *m* en rayons
wach [vax] *adj* ❶ *Person:* éveillé(e); **halb** ~ à moitié réveillé; ~ **werden** se réveiller ❷ *Verstand* vif(-ive)
Wachablösung *f* ❶ relève *f* de la garde ❷ (*Führungswechsel*) alternance *f*
Wache ['vaxə] <-, -n> *f* ❶ *kein Pl* (*Wachdienst*) [service *m* de] garde *f;* ~ **schieben** *fam* être de garde ❷ MIL sentinelle *f* ❸ (*Polizeiwache*) poste *m* [de police]
wachen ['vaxən] *vi* ❶ veiller ❷ (*beaufsichtigen*) **über etw** (*akk*) ~ surveiller qc
wachhabend *adj attr Offizier* de garde
Wachhabende(r) *f(m) dekl wie adj* MIL officier *m* de garde
wach|halten *vt irr* entretenir *Hoffnung, Erinnerung* **Wachhund** *m* chien *m* de garde **wach|küssen** *vt fig, hum* **jdn** ~ ressusciter qn **Wachmann** <-leute *o* -männer> *m* gardien(ne) *m(f)* **Wachmannschaft** *f* [service *m* de] garde *f*
Wacholder [va'xɔldɐ] <-s, -> *m* (*Busch*) genévrier *m*

W

Wacholderbeere *f* baie *f* de genièvre
Wachposten *m* sentinelle *f* **wach|rufen** *vt irr* réveiller; **etw in jdm ~** réveiller qc en qn **wach|rütteln** *vt* secouer pour le réveiller; **jdn ~** secouer qn pour le réveiller
Wachs ['vaks] <-es, -e> *nt* cire *f*
Wachsabdruck <-drücke> *m* empreinte *f* sur [de la] cire
wachsam ['vaxza:m] **I.** *adj* vigilant(e) **II.** *adv* attentivement
Wachsamkeit <-> *f* vigilance *f*
wachsen[1] ['vaksən] <wächst, wuchs, gewachsen> *vi + sein* ① *Kind:* grandir; *Pflanze:* pousser ② *Haare:* pousser ③ *Begeisterung:* augmenter ④ *Vermögen:* s'accroître ▶ **gut gewachsen sein** *Frau:* avoir de belles proportions
wachsen[2] ['vaksən] *vt* cirer *Holzfußboden;* farter *Ski*
wächsern ['vɛksɐn] *adj* cireux(-euse)
Wachsfigur ['vaks-] *f* poupée *f* [*o* figure *f*] de cire
Wachsfigurenkabinett *nt* cabinet *m* de cires
Wachsmalkreide *f* crayon *m* gras **Wachsmalstift** *m* crayon *m* gras, craie *f* grasse
wächst [vɛkst] *3. Pers Präs von* **wachsen**[1]
Wachstuch ['vaks-] *nt* ① (*Gewebe*) toile *f* cirée ② (*Tischdecke*) nappe *f* en toile cirée
Wachstum ['vakstu:m] <-[e]s> *nt* ① croissance *f; einer Geschwulst* développement *m* ② *der Bevölkerung* accroissement *m*
Wachstumsbranche [-brã:ʃə] *f* secteur *m* en [pleine] expansion **wachstumshemmend** *adj* défavorable à la croissance; *Politik, Maßnahme* qui freine la croissance **Wachstumshormon** *nt* hormone *f* de croissance **Wachstumsmarkt** *m* marché *m* de croissance **Wachstumsrate** *f* ÖKON taux *m* de croissance
Wachtel ['vaxtəl] <-, -n> *f* caille *f*
Wächter(in) ['vɛçtɐ] <-s, -> *m(f)* gardien(ne) *m(f); einer Anstalt* surveillant(e) *m(f)*
Wachtmeister(in) ['vaxtmaistɐ] *m(f)* gardien(ne) *m(f)* de la paix **Wachtposten** *m* sentinelle *f*
Wachtraum *m* rêve *m* éveillé
Wach[t]turm *m* mirador *m*
wackelig ['vakəlɪç] *adj* ① *Stuhl* bancal(e); *Konstruktion* branlant(e) ② *fam Finanzlage* précaire
Wackelkontakt *m* faux *m* contact
wackeln ['vakəln] *vi* ① *+ haben Stuhl:* être bancal(e) ② *+ haben* (*sich bewegen*) vaciller ③ *+ haben* **mit dem Kopf ~** dodeliner de la tête
Wackelpudding *m fam dessert à base de gélatine*
wacklig ['vaklɪç] *s.* **wackelig**
Wade ['va:də] <-, -n> *f* mollet *m*
Wadenbein *nt* péroné *m* **Wadenkrampf** *m* crampe *f* au mollet
Waffe ['vafə] <-, -n> *f* arme *f* ▶ **jdn mit seinen eigenen ~n schlagen** battre qn sur son propre terrain
Waffel ['vafəl] <-, -n> *f* gaufre *f;* (*Eistüte*) cornet *f*
Waffeleisen *nt* gaufrier *m*
Waffenarsenal *nt* arsenal *m* **Waffenbesitz** *m* détention *f* d'armes **Waffenembargo** *nt* embargo *m* sur les armes **waffenfrei** *adj* sans armes **Waffengattung** *f* arme *f* **Waffengewalt** *f kein Pl* ▶ **mit ~** par la force des armes **Waffenhandel** *m* commerce *m* d'armes; (*illegal*) trafic *m* d'armes **Waffenhändler(in)** *m(f)* armurier *m;* (*illegal*) trafiquant(e) *m(f)* d'armes **Waffenlager** *nt* entrepôt *m* d'armes **Waffenruhe** *f* cessez-le-feu *m inv* **Waffenschein** *m* permis *m* de port d'armes **Waffenschmied(in)** *m(f)* armurier *m* **Waffenschmuggel** *m* trafic *m* d'armes **Waffenstillstand** *m* armistice *m*
Wagemut ['va:gəmu:t] *m geh* hardiesse *f* (*littér*)
wagemutig **I.** *adj* audacieux(-euse) **II.** *adv* de manière audacieuse
wagen ['va:gən] **I.** *vt* ① (*riskieren*) risquer ② (*sich getrauen*) [**es**] **~ etw zu tun** oser faire qc ▶ **wer nicht wagt, der nicht gewinnt** *prov* qui ne risque rien n'a rien **II.** *vr* **sich an ein Projekt ~** oser entreprendre un projet
Wagen ['va:gən, *Pl* 'va:gən, 'vɛ:gən] <-, - *o* SDEUTSCH, A Wägen> *m* ① voiture *f;* **mit dem ~** en voiture ② ASTRON **der Große ~** la Grande Ourse
Wagenheber <-s, -> *m* cric *m*
Wagenladung *f* chargement *m* **Wagenpark** *m* parc *m* automobile **Wagenrad** *nt* roue *f* de/de la voiture **Wagenwäsche** *f* lavage *m* de [la] voiture
Waggon [va'gõ:, va'gɔŋ, va'go:n] <-s, -s> *m* wagon *m*
waghalsig ['va:khalzɪç] **I.** *adj Mensch* intrépide; *Versuch* périlleux(-euse) **II.** *adv fahren* de manière risquée
Wagnis ['va:knɪs] <-ses, -se> *nt* entreprise *f* hasardeuse
Wagon[RR] [va'gõ:, va'gɔŋ, va'go:n] *s.* **Waggon**

W

Wahl [vaːl] <-, -en> *f* 1 (*Wahlmöglichkeit*) choix *m* 2 (*Abstimmung*) élection *f* *souvent pl;* **zur ~ gehen** aller voter 3 (*Ergebnis*) **die ~ annehmen** accepter le verdict des urnes

Wahlabend *m* POL soirée *f* électorale

wählbar *adj* POL éligible

Wahlbenachrichtigung *f* POL ≈ carte *f* d'électeur (*qui tient lieu de convocation pour une élection précise*) **wahlberechtigt** *adj* POL qui a le droit de vote **Wahlbeteiligung** *f* POL participation *f* [électorale] **Wahlbezirk** *m* POL circonscription *f* électorale **Wahlboykott** *m* POL boycott *m* électoral **Wahldebakel** *nt* POL débâcle *f* électorale

wählen ['vɛːlən] **I.** *vt* 1 POL voter pour *Partei;* **jdn zum Kanzler ~** élire qn chancelier 2 TELEC faire *Telefonnummer* 3 (*aussuchen*) choisir **II.** *vi* 1 POL voter 2 (*auswählen*) **unter etw** (*dat*) **~** choisir parmi qc

Wähler(in) <-s, -> *m(f)* électeur(-trice) *m(f)*

Wahlergebnis *nt* POL résultat *m* des élections

wählerisch ['vɛːlərɪʃ] *adj* difficile

WählerpotenzialRR [-potɛntsi̯aːl] *nt* potentiel *m* électoral

Wählerschaft <-, -en> *f form* électorat *m*

Wählerstimme *f* voix *f*

Wahlfach *nt* option *f* **Wahlgang** <-gänge> *m* POL tour *m* [de scrutin] **Wahlgesetz** *nt* POL loi *f* électorale **Wahlheimat** *f* patrie *f* d'adoption **Wahlhelfer(in)** *m(f)* 1 (*Aufsicht*) assesseur *mf* 2 (*Wahlkampfhelfer*) assistant(e) *m(f)* **Wahlkabine** *f* isoloir *f* **Wahlkampf** *m* campagne *f* électorale **Wahlkreis** *m form* circonscription *f* électorale **Wahllokal** *nt* bureau *m* de vote

wahllos ['vaːlloːs] *adv* au hasard

Wahlnacht *f* nuit *f* électorale **Wahlparty** *f* soirée *f* électorale

Wahlpflicht *f* obligation *f* de vote **Wahlplakat** *nt* affiche *f* électorale **Wahlrecht** *nt kein Pl* 1 (*Recht*) droit *m* de vote 2 JUR (*Gesetze*) loi *f* électorale

Wählscheibe *f* cadran *m* d'appel

Wahlschein *m* bulletin *m* de vote par correspondance **Wahlsieg** *m* victoire *f* électorale **Wahlspruch** *m* devise *f* **Wahlsystem** *nt* mode *m* de scrutin

Wählton *m* tonalité *f*

Wahlurne *f* urne *f* **Wahlverhalten** *nt* comportement *m* électoral **Wahlversammlung** *f* réunion *f* électorale

wahlweise *adv* au choix

Wahlwiederholung *f* TELEC (*das Wiederholen*) rappel *m* du dernier numéro [composé]; (*Wiederholungstaste*) touche *f* bis

Wahlzettel *m* bulletin *m* de vote

Wahn [vaːn] <-[e]s> *m a.* MED folie *f*

Wahnsinn ['vaːnzɪn] *m kein Pl* 1 *fam* (*Unsinn*) folie *f* 2 MED aliénation *f* mentale ▶**etw ist heller ~** *fam* qc est complètement dingue; **jdn zum ~ treiben** *fam* rendre qn cinglé(e)

wahnsinnig **I.** *adj* 1 MED fou(folle) 2 *attr fam Arbeit* dingue; *Hitze* sacré(e) *antéposé; Sturm* terrible 3 *fam* (*herrlich*) super ▶**jdn ~ machen** *fam* finir par rendre qn cinglé(e); **wie ~** *fam* comme un(e) cinglé(e) **II.** *adv fam* vachement

Wahnsinnige(r) *f(m) dekl wie adj* fou *m*/folle *f*

Wahnsinnstat *f* acte *m* démentiel

Wahnvorstellung *f* MED hallucination *f*

wahnwitzig *adj* fou(folle)

wahr [vaːɐ̯] *adj* 1 *Geschichte* vrai(e); *Aussage* véridique; **seine Drohungen ~ machen** mettre ses menaces à exécution; **da ist etwas Wahres dran** *fam* [il] y a du vrai là-dedans; **das darf doch nicht ~ sein!** *fam* mais c'est pas vrai!; **nicht ~?** n'est-ce pas? 2 *attr Freund* véritable *antéposé; Glück* vrai(e) *antéposé* ▶**so ~ ich hier stehe** *fam* aussi vrai que je m'appelle ...

wahren ['vaːrən] *vt* 1 préserver *Interessen* 2 conserver *Ruf;* garder *Geheimnis*

währen *vi* ▶**was lange währt, wird endlich gut** *prov* tout vient à point à qui sait attendre

während ['vɛːrənt] **I.** *präp + gen* pendant **II.** *konj* 1 (*wohingegen*) alors que 2 (*in der Zeit als*) pendant que

währenddessen [vɛːrənt'dɛsən] *adv* pendant ce temps[-là]

wahrhaben *vt irr* **etw nicht ~ wollen** ne pas vouloir admettre qc

wahrhaftig [vaːɐ̯'haftɪç] *adv geh* vraiment

Wahrheit ['vaːɐ̯hai̯t] <-, -en> *f* 1 vérité *f;* **jdm die ~ sagen** dire la vérité à qn; **die ganze ~** toute la vérité; **in ~** en réalité 2 *kein Pl einer Aussage* véracité *f* ▶**um die ~ zu sagen** à vrai dire

Wahrheitsfindung <-> *f* établissement *m* de la vérité **Wahrheitsgehalt** *m kein Pl* véracité *f* **wahrheitsgemäß** *adj, adv* conforme à la vérité **wahrheitsgetreu** *adj* fidèle **Wahrheitsliebe** *f* sincérité *f*

wahrlich ['vaːɐ̯lɪç] *adv geh* en vérité

wahrnehmbar *adj* perceptible

wahr|nehmen ['vaːɐ̯neːmən] *vt irr* 1 percevoir *Geräusch* ❷ profiter de *Gelegenheit* ❸ (*einhalten*) **einen Termin ~** se rendre à un rendez-vous ❹ défendre *Interessen*

Wahrnehmung <-, -en> *f* ❶ *eines Geräuschs* perception *f* ❷ (*Vertretung*) *von Interessen* défense *f; von Angelegenheiten* prise *f* en charge

wahr|sagen ['va:ɐ̯za:gən] **I.** *vi* prédire l'avenir; **sich** (*dat*) **von jdm ~ lassen** se faire dire la bonne aventure par qn **II.** *vt* **jdm etw ~** prédire qc à qn

Wahrsager(in) ['va:ɐ̯za:gɐ] <-s, -> *m(f)* voyant(e) *m(f)*

wahrscheinlich [va:ɐ̯'ʃainlɪç] *adj* probable; **es ist nicht ~, dass** il est peu probable que + *subj*

Wahrscheinlichkeit <-, -en> *f* probabilité *f;* **mit hoher ~** très probablement

Wahrscheinlichkeitsrechnung *f kein Pl* calcul *m* des probabilités

Wahrung ['va:rʊŋ] <-> *f* préservation *f*

Währung ['vɛ:rʊŋ] <-, -en> *f* monnaie *f*

Währungsabkommen *nt* accord *m* monétaire **Währungseinheit** *f* unité *f* monétaire **Währungsfonds** *m* fonds *m* monétaire; **der Internationale ~** le Fonds monétaire international **Währungsinstitut** *nt* **das Europäische ~** l'Institut *m* monétaire européen **Währungsreform** *f* réforme *f* monétaire **Währungsreserve** *f* réserve *f* monétaire **Währungssystem** *nt* système *m* monétaire; **das Europäische ~** le Système monétaire européen **Währungsunion** *f* union *f* monétaire; **die Europäische ~** l'union monétaire européenne

Wahrzeichen ['va:ɐ̯_ts_aiçən] *nt* emblème *m*

Waise ['vaizə] <-, -n> *f* orphelin(e) *m(f)*

Waisenhaus *nt* orphelinat *m* **Waisenkind** *nt* [petit] orphelin *m*/[petite] orpheline *f* **Waisenknabe** ▶ **gegen ihn ist er ein ~** *fam* c'est un amateur à côté de lui **Waisenrente** *f* pension *f* d'orphelin

Wal [va:l] <-[e]s, -e> *m* baleine *f*

Wald [valt, *Pl:* 'vɛldɐ] <-[e]s, Wälder> *m* forêt *f;* (*kleiner*) bois *m* ▶ **wie man in den ~ hineinruft, so schallt es heraus** *prov* on récolte ce qu'on a semé

Waldarbeiter(in) *m(f)* garde *m* forestier **Waldbestand** *m* patrimoine *m* forestier **Waldbrand** *m* incendie *m* de forêt

Wäldchen ['vɛltçən] <-s, -> *nt Dim von* **Wald** bosquet *m*

Waldhorn *nt* cor *m* de chasse

waldig ['valdɪç] *adj* boisé(e)

Waldlauf *m* footing *m* en forêt **Waldmeister** *m* aspérule *f* [odorante]

Waldorfschule ['valdɔrf-] *f* école *f* Rudolf-Steiner (*école privée dont la méthode d'enseignement est basée sur la pédagogie anthroposophique*)

Waldrand *m* lisière *f* du bois [*o* de la forêt] **Waldsterben** *nt* dépérissement *m* des forêts **Waldweg** *m* chemin *m* forestier

Wales [weɪlz] <-> *nt* le pays de Galles

Walfänger *m* ❶ (*Person*) pêcheur *m* de baleine ❷ (*Schiff*) baleinier *m*

Waliser(in) [va'li:zɐ] <-s> *m(f)* Gallois(e) *m(f)*

walisisch [va'li:zɪʃ] *adj* gallois(e)

walken¹ ['valkən] *vt* ❶ fouler *Leder, Stoff* ❷ DIAL pétrir *Teig*

walken² ['wɔ:kən] <walke, walkte, gewalkt> *vi* SPORT faire de la marche nordique

Walkie-TalkieRR ['wɔ:kɪ'tɔ:kɪ] <-[s], -s> *nt* talkie-walkie *m*

Walkman® ['wɔ:kmən] <-s, -men> *m* baladeur *m*

Walküre [val'ky:rə] <-, -n> *f* MYTH Walkyrie *f*

Wall [val, *Pl:* 'vɛlə] <-[e]s, Wälle> *m* talus *m*

Wallach ['valax] <-[e]s, -e> *m* hongre *m*

wallend *adj geh Haar* ondoyant(e) et abondant(e); *Gewänder* ondulant(e)

Wallfahrer(in) *m(f)* pèlerin *m* **Wallfahrt** ['valfa:ɐ̯t] *f* pèlerinage *m*

Wallfahrtskirche *f* REL église *f* de pèlerinage **Wallfahrtsort** *m* [lieu *m* de] pèlerinage *m*

Wallis ['valɪs] <-> *nt* **das ~** le Valais

Wallone <-n, -n> *m,* **Wallonin** *f* Wallon(ne) *m(f)*

Wallung <-, -en> *f* (*Hitzewallung*) bouffée *f* de chaleur ❷ (*Erregung*) **in ~ geraten** *Person:* entrer en transe; *Blut:* bouillir

WalnussRR, **Walnuß**ALT ['valnʊs, 'va:lnʊs] *f* ❶ noix *f* ❷ (*Baum*) noyer *m*

WalnussbaumRR *m* noyer *m* **Walnussholz**RR *nt* [bois *m* de] noyer *m*

Walpurgisnacht [val'pʊrgɪs-] *f* nuit *f* de Walpurgis

WalrossRR, **Walroß**ALT ['va:lrɔs, 'valrɔs] *nt* morse *m*

walten ['valtən] *vi geh* ❶ (*herrschen*) *Geist:* régner; *Kräfte:* se manifester ❷ (*üben*) **Gnade ~ lassen** faire preuve de grâce

Walze ['valtsə] <-, -n> *f* ❶ GEOM, TECH cylindre *m* ❷ (*Straßenwalze*) rouleau *m* compresseur

W

walzen ['valtsən] *vt* ① damer *Piste* ② METAL [**glatt**] ~ laminer *Stahl*

wälzen ['vɛltsən] **I.** *vt* ① **jdn auf die Seite** ~ tourner qn sur le côté ② GASTR **etw in Mehl** ~ rouler qc dans la farine ③ *fam* compulser *Buch* ④ *fam* ruminer *Probleme* **II.** *vr* **sich im Schlamm** ~ *Schwein:* se vautrer dans la boue

walzenförmig *adj* cylindrique

Walzer ['valtsɐ] <-s, -> *m* valse *f*

Wälzer ['vɛltsɐ] <-s, -> *m fam* pavé *m*

Walzertakt *m* rythme *m* de la valse

Walzwerk *nt* laminoir *m*

Wampe ['vampə] <-, -n> *f* DIAL *fam* brioche *f*

wand [vant] *Imp von* **winden**[1]

Wand [vant, *Pl:* 'vɛndə] <-, Wände> *f* ① (*Mauer*) mur *m;* ~ **an** ~ porte à porte ② (*Wandschirm*) **spanische** ~ paravent *m* ▸ **ich könnte die Wände hochgehen** *fam* c'est à se taper la tête contre les murs; **jdn an die** ~ **spielen** SPORT écraser qn; THEAT éclipser qn

Wandale [van'da:lə] <-n, -n> *m*, **Wandalin** *f* vandale *mf*

Wandalismus [vanda'lɪsmus] <-> *m* vandalisme *m*

Wandbehang *m s.* **Wandteppich**

Wandel ['vandəl] <-s> *m geh* changement *m;* **im** ~ **der Zeiten** au fil du temps

Wandelhalle *f* foyer *m*

wandeln ['vandəln] *geh* **I.** *vt* modifier **II.** *vr* **sich** ~ changer **III.** *vi + sein* **auf und ab** ~ déambuler

Wanderausstellung *f* exposition *f* itinérante **Wanderbühne** *f* troupe *f* de comédiens ambulants

Wanderer ['vandərɐ] <-s, -> *m*, **Wanderin** *f* randonneur(-euse) *m(f)*

Wanderkarte *f* guide *m* des sentiers de grande randonnée

wandern ['vandɐn] *vi + sein* ① faire de la randonnée; **das Wandern** la marche ② *Gletscher:* se déplacer; **ihr Blick wandert durch den Saal** elle promène son regard dans la salle ③ *fam* **in den Papierkorb** ~ passer à la corbeille à papier ④ *Völker:* migrer

Wanderpokal *m* [coupe *f* du] challenge *m*

Wanderschaft <-, -en> *f kein Pl eines Gesellen* ≈ tour *m* de France (*effectué par un compagnon*)*;* **auf** ~ **gehen** *Geselle:* ≈ partir faire le tour de France; *fam* partir vadrouiller

Wandertag *m* journée *f* d'excursion; **morgen ist** ~ demain on fait une excursion

Wanderung <-, -en> *f* ① randonnée *f* ② *von Völkern* migration *f*

Wanderweg *m* sentier *m* de [grande] randonnée **Wanderzirkus** *m* cirque *m* ambulant

Wandgemälde *nt* peinture *f* murale **Wandkarte** *f* carte *f* murale **Wandlampe** *f* applique *f*

Wandlung ['vandlʊŋ] <-, -en> *f geh* transformation *f*

Wandschrank *m* placard *m*

wandte ['vantə] *Imp von* **wenden**

Wandteppich *m* tapis *m* mural; (*gewebt*) tapisserie *f* **Wanduhr** *f* horloge *f* murale **Wandzeitung** *f* journal *m* mural

Wange ['vaŋə] <-, -n> *f geh* joue *f;* ~ **an** ~ joue contre joue

Wankelmotor *m* [moteur *m*] rotatif *m*

Wankelmut *m geh* versatilité *f*

wankelmütig ['vaŋkəlmy:tɪç] *adj geh* versatile

wanken ['vaŋkən] *vi* ① *+ haben Person:* chanceler; *Turm:* vaciller ② *+ sein* **nach Hause** ~ tituber jusqu'à la maison ▸ **ins Wanken geraten** se mettre à vaciller

wann [van] *adv interrog* quand; **seit/bis** ~ depuis/jusqu'à quand; **von** ~ **an** à partir de quand; ~ [**auch**] **immer** n'importe quand; ~ **immer Sie wollen** quand vous voulez

Wanne ['vanə] <-, -n> *f* ① (*Badewanne*) baignoire *f;* **in die** ~ **gehen** prendre un bain ② (*längliches Gefäß*) bassine *f*

Wanst [vanst, *Pl:* 'vɛnstə] <-[e]s, Wänste> *m fam* panse *f;* **sich** (*dat*) **den** ~ **vollschlagen** s'en mettre plein la panse

Wanze ['vantsə] <-, -n> *f* ① punaise *f* ② *fam* (*Abhörgerät*) micro *m*

WAP [wɛp] <-> *nt Abk von* **Wireless Application Protocol** WAP *m*

WAP-Handy *nt* portable *m* WAP

Wappen ['vapən] <-s, -> *nt* armoiries *fpl*

Wappenkunde <-> *f* blason *m,* [science *f*] héraldique *f* **Wappenschild** <-schilde[r]> *m o nt* blason *m* **Wappentier** *nt* animal *m* héraldique

wappnen ['vapnən] *vr geh* **sich** ~ se mettre sur ses gardes; **sich gegen etw** ~ se prémunir contre qc; **gewappnet sein** être paré

war [va:ɐ̯] *Imp von* **sein**[1]

warb [varp] *Imp von* **werben**

Ware ['va:rə] <-, -n> *f* ① marchandise *f* ② (*Lebensmittel*) denrées *fpl* ▸ **heiße** ~ *fam* marchandise *f* suspecte

Warenangebot *nt* choix *m* d'articles **Warenhaus** *nt* grand magasin *m* **Warenkorb** *m* panier *m* de la ménagère **Waren-**

W

lager *nt* ❶ (*Lagerraum*) entrepôt *m*, dépôt *m* ❷ (*Vorrat*) stock *m* de marchandises **Warentest** *m* test *m* de qualité **Warenverkehr** *m* ÖKON circulation *f* des marchandises; **grenzüberschreitender ~** circulation transfrontalière des marchandises **Warenzeichen** *nt* marque *f* déposée

warf [varf] *Imp von* **werfen**

Warlord ['wɔːlɔːd] <-s, -s> *m* (*in Afghanistan*) chef *m* de guerre

warm [varm] <wärmer, wärmste> **I.** *adj* ❶ chaud(e); **es ist ~ hier** il fait chaud ici; **jdm ist ~** qn a chaud ❷ METEO chaud(e) ❸ SPORT **sich ~ laufen** s'échauffer ❹ TECH **~ laufen** *Motor, Wagen:* chauffer **II.** *adv* ❶ **~ duschen** prendre une douche chaude ❷ (*nachdrücklich*) **jdn wärmstens empfehlen** recommander très chaleureusement qn; **jdm etw wärmstens empfehlen** recommander tout particulièrement qc à qn

Warmblüter <-s, -> *m* animal *m* à sang chaud

Wärme ['vɛrmə] <-> *f* chaleur *f*

wärmedämmend *adj* isolant(e) **Wärmedämmung** *f* isolation *f* [thermique] **Wärmeenergie** *f* énergie *f* thermique **Wärmelehre** *f kein Pl* PHYS thermique *f*

wärmen ['vɛrmən] **I.** *vt* chauffer *Suppe* **II.** *vi Decke:* tenir chaud; *Sonne:* chauffer **III.** *vr* **sich ~** se réchauffer

Wärmepumpe *f* pompe *f* à chaleur **Wärmestrahlung** *f* rayonnement *m* thermique **Wärmeverlust** *m* déperdition *f* thermique

Wärmflasche *f* bouillotte *f*

Warmfront *f* METEO front *m* chaud **warm|halten** *vr irr fig fam* **sich** (*dat*) **jdn ~** rester bien avec qn

Warmhalteplatte *f* chauffe-plat *m*

warmherzig *adj* chaleureux(-euse)

warm|laufenALT *s.* **warm I.3, 4**

Warmluft *f* air *m* chaud **Warmmiete** *f* loyer *m* charges comprises **Warmstart** *m* INFORM démarrage *m* à chaud **Warmwasserspeicher** *m* ballon *m* d'eau chaude **Warmwasserversorgung** *f* approvisionnement *m* en eau chaude

Warnanlage *f* système *m* d'alarme

Warnblinkanlage *f* feux *mpl* de détresse **Warnblinkleuchte** *f* lampe *m* de détresse

Warndreieck *nt* triangle *m* de signalisation

warnen ['varnən] **I.** *vt* prévenir; **jdn vor jdm/etw ~** mettre qn en garde contre qn/qc; **jdn [davor] ~ etw zu tun** dissuader qn de faire qc **II.** *vi* **vor jdm/etw ~** mettre en garde contre qn/qc

Warnkreuz *nt* croix *f* de Saint-André (*signal de position à un passage à niveau sans barrière*) **Warnleuchte** *f* (*Warnlämpchen*) alarme *f* lumineuse **Warnlicht** *nt* signal *m* lumineux **Warnschild** <-schilder> *nt* panneau *m* avertisseur; (*Verkehrsschild*) panneau de danger **Warnschuss**RR *m* tir *m* de sommation **Warnsignal** *nt* (*optisches Zeichen*) signal *m* lumineux; (*akustisches Zeichen*) signal sonore **Warnstreik** *m* grève *f* d'avertissement

Warnung <-, -en> *f* avertissement *m*; **lass dir das eine ~ sein!** que ça te serve d'avertissement!

Warnzeichen *nt* ❶ (*Warnschild*) signal *m* ❷ (*Anzeichen*) avertissement *m*

Warschau ['varʃau] <-s> *nt* Varsovie

Warte <-, -n> *f* ▶**von seiner ~ [aus]** de son point de vue

Wartehalle *f* hall *m* d'attente **Warteliste** *f* liste *f* d'attente

warten ['vartən] **I.** *vi* ❶ attendre; **auf jdn/etw ~** attendre qn/qc; **auf sich** (*akk*) **~ lassen** se faire attendre; **ich kann ~!** j'ai tout mon temps!; **warte mal!** attends voir!; **bitte ~!** veuillez patienter quelques instants!; **worauf wartest du noch?** *fam* t'attends quoi? ❷ (*hinausschieben*) **mit etw ~** remettre qc ▶**da kannst du lange ~!** tu peux toujours courir!; **na warte!** *fam* attends un peu! **II.** *vt* TECH réviser *Auto*

Wärter(in) ['vɛrtɐ] <-s, -> *m(f)* gardien(ne) *m(f)*

Warteraum *m* salle *f* d'attente **Wartesaal** *m* (*in Bahnhöfen*) salle *f* d'attente **Warteschlange** *f* file *f* d'attente **Warteschleife** *f* AVIAT circuit *m* d'attente ▶**in eine ~ kommen** être inscrit sur une liste d'attente **Wartezeit** *f* attente *f* **Wartezimmer** *nt* salle *f* d'attente

Wartung <-, -en> *f eines Autos* entretien *m; eines Geräts* maintenance *f*

wartungsfrei *adj* sans entretien

warum [va'rʊm] *adv interrog* pourquoi; **~ nicht?** pourquoi pas? ▶**~ nicht gleich so?** *fam* [ah,] quand même!

Warze ['vartsə] <-, -n> *f* ❶ MED verrue *f* ❷ (*Brustwarze*) mamelon *m*

was [vas] **I.** *pron interrog* ❶ **~ funktioniert nicht?** qu'est-ce qui ne fonctionne pas?; **~ ist denn das?** qu'est-ce que c'est que ça?; **~ ist?** qu'est-ce qu'il y a?; **sag mir, ~ du willst** dis-moi ce que tu veux;

W

~ für ein Glück! quelle chance! ❷*fam* (*wie viel*) **~ kostet das?** qu'est-ce que ça coûte? ❸*fam* (*wie bitte*) **~?** quoi? ❹*fam* (*woran, worauf*) **an ~ denkst du?** à quoi penses-tu?; **auf ~ wartet er?** qu'est-ce qu'il attend? ❺*fam* (*nicht wahr*) **schmeckt gut, ~?** c'est bon, hein? **II.** *pron rel* **sie bekommt immer [das], ~ sie will** elle obtient toujours ce qu'elle veut; **das Schönste, ~ auf dem Markt ist** ce qu'il y a de plus beau sur le marché; **das einzige, ~ es gibt** la seule chose qu'il y ait **III.** *pron indef fam* (*etwas*) quelque chose; **hast du ~ von ihm gehört?** est-ce que tu as des nouvelles de lui?

Wạschanlage *f* (*Autowaschanlage*) station *f* de lavage **wạschbar** *adj* lavable **Wạschbär** *m* raton *m* laveur **Wạschbecken** *nt* lavabo *m*

Wạ̈sche ['vɛʃə] <-> *f* ❶lessive *f;* **~ waschen** faire la lessive ❷(*Textilien*) linge *m;* (*Unterwäsche*) sous-vêtements *mpl;* (*für Frauen*) dessous *mpl* ►**dumm aus der ~ gucken** *fam* faire une drôle de tête

Wạ̈schebeutel *m* sac *m* à linge sale

wạschecht *adj* ❶*Farbe* grand teint ❷*fam* (*typisch*) pur jus

Wạ̈schegeschäft *nt* magasin *m* de blanc **Wạ̈scheklammer** *f* pince *f* à linge **Wạ̈schekorb** *m* panier *m* à linge **Wạ̈scheleine** *f* corde *f* à linge

wạschen ['vaʃən] <wạ̈scht, wusch, gewạschen> **I.** *vt* ❶(*reinigen*) laver; **[sich (*dat*)] die Hände ~** [se] laver les mains; **sich warm/kalt ~** se laver à l'eau chaude/froide ❷*fam* blanchir *Geld* ►**..., der/die/das sich gewaschen hat** *fam* ... qui n'est pas piqué(e) des hannetons **II.** *vi* faire une lessive

Wạ̈scher(in) ['vɛʃɐ] <-s, -> *m(f)* blanchisseur(-euse) *m(f)*

Wäscherei [vɛʃə'rai] <-, -en> *f* blanchisserie *f*

Wạ̈scheschleuder *f* essoreuse *f* **Wạ̈scheschrank** *m* armoire *f* à linge **Wạ̈scheständer** *m* séchoir *m* [à linge] **Wạ̈schetrockner** *m* sèche-linge *m inv*

Wạschgang <-gänge> *m* programme *m* de lavage **Wạschgelegenheit** *f* cabinet *m* de toilette **Wạschküche** *f* buanderie *f* **Wạschlappen** *m* ❶gant *m* de toilette ❷*fam* (*Feigling*) lavette *f* **Wạschmaschine** *f* machine *f* à laver

wạschmaschinenfest *adj* lavable en machine

Wạschmittel *nt* lessive *f* **Wạschpulver** *nt* lessive *f* en poudre **Wạschraum** *m* lavabos *mpl* **Wạschsalon** *m* laverie *f* [automatique] **Wạschschüssel** *f* cuvette *f* **Wạschstraße** *f* tunnel *m* de lavage

wạ̈scht [vɛʃt] *3. Pers Präs von* **waschen**

Wạschtag *m* jour *m* de lessive; **~ haben** avoir son jour de lessive **Wạschwasser** *nt kein Pl* eau *f* de lavage **Wạschweib** *nt pej sl* commère *f* **Wạschzettel** *m pej* (*Klappentext*) notice *f* de l'éditeur **Wạschzeug** *nt fam* affaires *fpl* de toilette

Wạsser ['vasɐ, *Pl:* 'vasɐ, 'vɛsɐ] <-s, - *o* Wạ̈sser> *nt* ❶*kein Pl* eau *f;* **fließend ~** eau courante; **etw unter ~ setzen** inonder qc ❷*euph* (*Urin*) **~ lassen** uriner ►**bis dahin fließt noch viel ~ den Bach** *fam* **hinunter** d'ici là, il coulera encore beaucoup d'eau sous les ponts; **jdm steht das ~ bis zum Hals** *fam* qn est dans la panade; **jdm läuft das ~ im Mund[e] zusammen** qn en a l'eau à la bouche; **stille ~ sind tief** *prov* il faut se méfier de l'eau qui dort; **ins ~ fallen** tomber à l'eau; **mit allen ~n gewaschen sein** *fam* avoir plus d'un tour dans son sac; **sich über ~ halten** garder la tête hors de l'eau; **auch nur mit ~ kochen** *fam* ne pas être plus malin que les autres

Wạsseranschluss[RR] *m* prise *f* d'eau **wạsserarm** *adj* aride **Wạsseraufbereitung** *f* traitement *m* de l'eau **Wạsserbad** *nt* bain-marie *m* **Wạsserball** *m* ❶*kein Pl* (*Sportart*) water-polo *m* ❷(*Ball*) ballon *m* [de water-polo] ❸(*Spielball*) ballon *m* [de plage] **Wạsserbett** *nt* matelas *m* à eau

Wạ̈sserchen ['vɛsɐçən] <-s, -> *nt* (*Duftwasser*) eau *f* de parfum ►**er sieht aus, als ob er kein ~ trüben könnte** *fam* on lui donnerait le bon Dieu sans confession

Wạsserdampf *m* vapeur *f* d'eau **wạsserdicht** *adj* ❶*Uhr* étanche; *Stoff* imperméable ❷*fam Alibi* en béton **Wạsserdruck** <-drücke> *m* pression *f* hydraulique **Wạsserfall** *m* cascade *f* ►**wie ein ~ reden** *fam* être un vrai moulin à paroles **Wạsserfarbe** *f* peinture *f* à l'eau **wạsserfest** *adj* ❶*Farbe* lavable ❷*s.* **wasserdicht 1** **Wạsserflugzeug** *nt* hydravion *m* **Wạsserglas** *nt* verre *m* à eau **Wạssergraben** *m* ❶GEOG rigole *f* ❷SPORT rivière *f* ❸(*Burggraben*) douve *f* **Wạsserhahn** *m* robinet *m* **Wạsserhaushalt** *m* MED, BIO réserves *fpl* d'eau

wạ̈sserig ['vɛsərɪç] *s.* **wässrig**

Wasserkessel *m* bouilloire *f* **Wasserkopf** *m* ① MED hydrocéphalie *f* ② *fig* **sich zu einem ~ entwickeln** s'hypertrophier **Wasserkraft** *f kein Pl* énergie *f* hydraulique **Wasserkraftwerk** *nt* centrale *f* hydroélectrique **Wasserkühlung** *f* refroidissement *m* par eau **Wasserlauf** *m* cours *m* d'eau **Wasserleiche** *f* cadavre *m* d'un(e) noyé(e) **Wasserleitung** *f* conduite *f* d'eau **Wasserlinie** *f* ligne *f* de flottaison **wasserlöslich** *adj Pulver* soluble; *Farbe* hydrosoluble **Wassermangel** *m kein Pl* pénurie *f* d'eau **Wassermann** <-männer> *m* ASTROL Verseau *m;* **[ein] ~ sein** être Verseau **Wassermelone** *f* pastèque *f* **Wassermühle** *f* moulin *m* à eau

wassern ['vasɐn] *vi + haben o sein* amerrir

wässern ['vɛsɐn] *vt* ① *(gießen)* arroser ② **Linsen ~** faire tremper des lentilles [dans l'eau]

Wasseroberfläche *f* surface *f* de l'eau **Wasserpfeife** *f* narguilé *m* **Wasserpflanze** *f* plante *f* aquatique **Wasserpistole** *f* pistolet *m* à eau **Wasserrad** *nt* roue *f* hydraulique **Wasserratte** *f* ① ZOOL rat *m* d'eau ② *fam (begeisterter Schwimmer)* vrai poisson *m* **Wasserrohr** *nt* tuyau *m* d'eau **Wasserschaden** *m* dégâts *mpl* des eaux **Wasserscheide** *f* ligne *f* de partage des eaux **wasserscheu** *adj* qui a peur de l'eau

Wasserschutzpolizei *f* police *f* fluviale; *(im Hafen)* police du port; *(auf dem Meer)* police maritime

Wasserski[1] *nt kein Pl (Sportart)* ski *m* nautique

Wasserski[2] *m (Sportgerät)* ski *m* [pour pratiquer le ski nautique]

Wasserspeier <-s, -> *m* ARCHIT gargouille *f*

Wasserspiegel *m* ① *(Wasseroberfläche)* surface *f* de l'eau ② *(Wasserstand)* niveau *m* d'eau **Wassersport** *m* sport *m* aquatique **Wasserspülung** *f* chasse *f* d'eau **Wasserstand** *m* niveau *m* d'eau **Wasserstoff** *m* CHEM hydrogène *m*

Wasserstoffbombe *f* bombe *f* à hydrogène **Wasserstoffperoxid** *nt kein Pl* CHEM eau *f* oxygénée, peroxyde *m* d'hydrogène

Wasserstrahl *m* jet *m* d'eau **Wasserstraße** *f* voie *f* navigable **Wassertropfen** *m* goutte *f* d'eau **Wasserturm** *m* château *m* d'eau **Wasseruhr** *f* compteur *m* d'eau **Wasserverbrauch** *m* consommation *f* d'eau **Wasserverschmutzung** *f* pollution *f* des eaux **Wasserversorgung** *f* approvisionnement *m* en eau **Wasservogel** *m* oiseau *m* aquatique **Wasservorrat** *m* réserve *f* d'eau **Wasserwaage** *f* niveau *m* d'eau **Wasserweg** *m* voie *f* d'eau

Wasserwerfer *m* canon *m* à eau

Wasserwerk *nt* centre *m* de distribution des eaux **Wasserzeichen** *nt* filigrane *m*

wässrig[RR], **wäßrig**[ALT] ['vɛsrɪç] *adj* ① *Kaffee* clairet(te) ② CHEM *Lösung* aqueux(-euse) ③ *Farbe* glauque

waten ['va:tən] *vi + sein* **durch das Wasser ~** passer l'eau à gué

watscheln *vi + sein Ente:* se dandiner

Watschen <-, -> *f* A, SDEUTSCH *fam* baffe *f*

Watt [vat] <-s, -> *nt* PHYS watt *m*

Watte ['vatə] <-, -n> *f* coton *m*

Wattebausch *m* [morceau *m* de] coton *m*

Wattenmeer *nt kein Pl* **das ~** le Wattenmeer *(eaux qui recouvrent le Watt à marée haute)*

Wattestäbchen ['vatəʃtɛ:pçən] *nt* coton-tige® *m*

wattieren* [va'ti:rən] *vt* ouatiner *Jacke;* **wattiert** molletonné(e)

Wattierung <-, -en> *f* rembourrage *m*

WC [ve:'tse:] <-s, -s> *nt* W.-C. *mpl*

Web [vɛp, wɛb] <-[s]> *nt* INFORM **das ~** le Web

Webadresse ['vɛp-] *f* INFORM adresse *f* web

Webcam ['vɛpkɛm] <-, -s> *f* INFORM webcam *f*

Webdesign ['vɛp-] *nt* INFORM web design *m*

weben ['ve:bən] <webte *o geh* wob, gewebt *o geh* gewoben> **I.** *vt* tisser **II.** *vi* faire du tissage

Weber(in) ['ve:bɐ] <-s, -> *m(f)* tisserand(e) *m(f)*

Weberei [ve:bə'rai] <-, -en> *f* [usine *f* de] tissage *m*

Weberknecht *m* ZOOL faucheux *m*

Webfehler ['ve:p-] *m* défaut *m* de tissage

Webmaster ['vɛpma:stɐ] <-s, -> *m* INFORM webmestre *m* **Webseite** ['vɛp-] *f* INFORM page *f* Web **Website** ['vɛpsait, 'wɛbsaɪt] <-, -s> *f* INFORM site *m* sur Internet; **sich** *(dat)* **eine ~ einrichten** installer un site sur Internet

Webstuhl ['ve:p-] *m* métier *m* à tisser

Wechsel ['vɛksəl] <-s, -> *m* ① changement *m;* **etw im ~ tun** *Personen:* faire qc à tour de rôle; *Gerät:* faire qc en alternance

W

❷(*Geldwechsel*) change *m* ❸FIN (*Schuldurkunde*) lettre *f* de change

Wechselbad *nt* bain *m* alterné ▶**jdn einem ~ der Gefühle aussetzen** infliger une douche écossaise à qn **Wechselbeziehung** *f* corrélation *f;* **die ~ zwischen zwei Sachen** l'interdépendance de deux choses **wechselduschen** *vi nur Infin* prendre une douche écossaise **Wechselgeld** *nt* monnaie *f*

wechselhaft *adj Wetter* instable; *Leben* mouvementé(e)

Wechseljahre *Pl* ménopause *f* **Wechselkurs** *m* taux *m* de change

wechseln ['vɛksəln] **I.** *vt + haben* ❶changer de; changer *Reifen;* **das Thema ~** changer de sujet; **Euro in Dollar ~** changer des euros en dollars; **jdm zehn Euro ~** faire de la monnaie de dix euros à qn ❷(*austauschen*) échanger *Briefe, Ringe* **II.** *vi* ❶+ *haben* **jdm ~** faire le change à qn ❷+ *haben* (*eine neue Stelle antreten*) changer d'employeur ❸+ *sein* **auf die andere Spur ~** changer de voie

wechselnd **I.** *adj* ❶(*im Wechsel, schwankend*) changeant(e); *Stimmung* instable ❷(*unterschiedlich*) variable **II.** *adv* **~ bewölkt** nuageux à ensoleillé

Wechselrahmen *m* passe-partout *m*

wechselseitig **I.** *adj* réciproque **II.** *adv* mutuellement

Wechselstrom *m* courant *m* alternatif **Wechselstube** *f* bureau *m* de change **Wechselwähler(in)** *m(f)* électeur *m* indécis/électrice *f* indécise

wechselweise *adv* en alternance; (*in Bezug auf Menschen*) à tour de rôle

Wechselwirkung *f* interaction *f*

wecken ['vɛkən] *vt* ❶(*aufwecken*) réveiller ❷(*hervorrufen*) susciter *Interesse*

Wecken ['vɛkən] <-s, -> *m* A, SDEUTSCH petit pain *m*

Wecker ['vɛkɐ] <-s, -> *m* réveil *m* ▶**jdm auf den ~ gehen** *fam* taper sur le système à qn

Wedel ['ve:dəl] <-s, -> *m* ❶*einer Palme* palme *f* ❷(*Staubwedel*) plumeau *m*

wedeln ['ve:dəln] *vi + haben* **mit etw ~** remuer qc

weder ['ve:dɐ] *konj* **~ ... noch ...** ni ... ni ...

weg [vɛk] *adv* ❶(*fort*) **~ sein** (*abwesend sein*) ne pas être là; (*weggegangen sein*) être parti; (*verschwunden sein*) avoir disparu; **nichts wie ~ [hier]!** *fam* tirons-nous!; **~ da!** *fam* [allez,] dégage/dégagez!; **~ damit!** du balai! ❷*fam* (*hinweg*) **über einen Verlust ~ sein** avoir digéré une perte ❸*fam* (*begeistert*) **er ist ganz ~ von ihr** elle le fait complètement craquer

Weg [ve:k] <-[e]s, -e> *m* ❶chemin *m;* (*Route*) itinéraire *m;* (*Strecke*) trajet *m;* **auf dem ~ zu jdm/ins Kino sein** être en route pour chez qn/pour le ciné; **sich auf den ~ zu jdm machen** partir chez qn; **das liegt auf dem ~** c'est sur le chemin; **jdm den ~ versperren** barrer la route à qn; **aus dem ~!** dégage/dégagez le passage! ❷(*Methode*) moyen *m* ❸(*Art, Weise*) **auf diesem ~e** de cette façon; **auf schriftlichem ~e** *form* par écrit; **auf illegalem ~e** par des moyens illégaux ▶**auf dem ~e der Besserung sein** *geh* être en voie de guérison; **auf dem besten ~e sein etw zu tun** être bien parti pour faire qc; **vom rechten ~ abkommen** s'écarter du droit chemin; **jdm/einer S. den ~ bahnen** ouvrir le chemin à qn/qc; **jdm/einer S. aus dem ~ gehen** (*jdn/etw meiden*) éviter qn/qc; **jdm über den ~ laufen** croiser qn; **etw in die ~e leiten** engager qc; **jdn/etw aus dem ~ räumen** écarter qn/qc; **jdm/einer S. im ~ stehen** faire obstacle à qn/qc

weg|bekommen* *vt irr fam* réussir à enlever *Fleck*

Wegbereiter(in) <-s, -> *m(f)* précurseur *mf*

weg|blasen *vt irr* **etw ~** enlever qc en soufflant

weg|bleiben *vi irr + sein* (*nicht kommen*) ne pas venir; (*nicht zurückkommen*) ne pas revenir; **lange ~** s'absenter longtemps

weg|bringen *vt irr* emmener *Person*

weg|denken *vt irr* **sich** (*dat*) **etw ~** faire abstraction de qc ▶**jd/etw ist nicht mehr wegzudenken** on ne peut plus se passer de qn/qc

Wegelagerer ['ve:gəla:gərɐ] <-s> *m* voleur *m* de grand chemin

wegen ['ve:gən] *präp + gen* ❶(*aufgrund von*) **~ des Regens** à cause de la pluie ❷(*bezüglich*) **~ einer S.** à propos de qc ❸(*um ... willen*) à cause de

Wegerich ['ve:gərɪç] <-s, -e> *m* BOT plantain *m*

weg|fahren *irr* **I.** *vi + sein* ❶(*verreisen*) partir [en voyage] ❷(*abfahren*) partir; **mir ist der Bus vor der Nase weggefahren** le bus a démarré sous mes yeux **II.** *vt + haben* déplacer *Fahrzeug*

Wegfahrsperre *f* AUT système *m* anti-démarrage

W

weg|fallen *vi irr + sein* devenir caduc(-uque); **etw ~ lassen** supprimer qc
weg|fliegen *vi irr + sein Person:* prendre l'avion; *Flugzeug:* s'envoler
weg|führen I. *vt* (*fortbringen*) emmener **II.** *vt, vi* **jdn vom Thema ~** éloigner qn du sujet
Weggabelung *f* bifurcation *f*
Weggang *m kein Pl form* départ *m*
weg|geben *vt irr* ❶ (*fortgeben*) se débarrasser de ❷ (*zur Adoption*) abandonner *Kind*
Weggefährte *m*, **-gefährtin** *f a. fig* compagnon *m*/compagne *f* de route
weg|gehen *vi irr + sein* ❶ (*fortgehen*) partir; **geh weg!** va-t'en!; **aus Ulm ~** quitter Ulm ❷ *fam Fleck:* s'en aller ❸ *fam* (*verkauft werden*) partir; **sehr gut ~** partir comme des petits pains
weg|gießen *vt irr* jeter
weg|haben *vt irr fam* ❶ avoir réussi à faire partir *Fleck* ❷ (*fortwünschen*) **er will ihn ~** il veut le faire dégager ▶ **einen ~** *fam* être pété
weg|jagen *vt* chasser *Person, Tier*
weg|kommen *vi irr + sein fam* ❶ (*weggehen können*) pouvoir partir ❷ (*loskommen*) **von jdm/etw ~** se défaire de qn/qc ❸ (*abhandenkommen*) disparaître ❹ (*abschneiden*) **gut/schlecht ~** bien/mal s'en sortir ▶ **mach, dass du wegkommst!** fiche[-moi] le camp!
weg|kriegen *s.* **wegbekommen**
weg|lassen *vt irr* ❶ *fam* (*auslassen*) laisser tomber; (*versehentlich*) omettre ❷ (*fortgehen lassen*) laisser partir ❸ (*verzichten auf*) renoncer à
weg|laufen *vi irr + sein* ❶ (*fortlaufen*) se sauver; **vor jdm ~** fuir devant qn ❷ *fam Katze:* se sauver; **von zu Hause ~** faire une fugue ▶ **das läuft dir nicht weg** *fam* ça peut bien attendre
weg|legen *vt* (*beiseitelegen*) poser
weg|machen I. *vt fam* enlever; **jdm etw ~** enlever qc à qn **II.** *vr fam* **sich ~** s'éclipser
weg|müssen *vi irr fam* **ich muss weg** il faut que je me barre; **der Brief muss heute noch weg** il faut que la lettre parte aujourd'hui
weg|nehmen *vt irr* ❶ (*entfernen*) enlever ❷ (*fortnehmen*) **jdm etw ~** enlever qc à qn
Wegrand *m* bord *m* du chemin
weg|rationalisieren* *vt fam* licencier *Personal*
weg|räumen *vt* évacuer
weg|rennen *vi irr + sein* (*rennen*) courir à toutes jambes; (*Reißaus nehmen*) décamper
weg|rutschen *vi + sein* s'écarter
weg|schaffen *vt* enlever *Gepäck;* emporter *Beute*
weg|schauen *s.* **wegsehen**
weg|scheren *vr fam* **sich ~** se tirer, se barrer
weg|schicken *vt* envoyer *Brief;* renvoyer *Person*
weg|schließen *vt irr* **etw ~** mettre qc sous clé
weg|schmeißen *vt irr fam* balancer
weg|schnappen *vt fam* **jdm etw ~** souffler qc à qn
weg|schütten *s.* **weggießen**
weg|sehen *vi irr* ❶ (*nicht hinsehen*) détourner les yeux ❷ *fam* (*hinwegsehen*) **über etw** (*akk*) **~** fermer les yeux sur qc
weg|setzen *vt, vr* [**sich**] **~** changer de place
weg|sperren *vt* enfermer
weg|spülen *vt* emporter
weg|stecken *vt fam* ❶ (*einstecken*) ranger ❷ (*verkraften*) encaisser
weg|stellen *vt* déplacer
Wegstrecke ['veːk-] *f* trajet *m*, parcours *m*
weg|tragen *vt irr* emporter
weg|treten *vi irr + sein* ❶ MIL rompre les rangs; **weggetreten!** rompez! ❷ (*beiseitetreten*) **von der Unfallstelle ~** s'éloigner du lieu de l'accident ▶ [**geistig**] **weggetreten sein** *fam* être à côté de ses pompes
weg|tun *vt irr* ❶ (*weglegen*) enlever ❷ (*wegwerfen*) jeter
wegweisend ['veːkvaizənt] *adj* porteur(-euse) d'avenir; **~ sein** ouvrir des perspectives
Wegweiser <-s, -> *m* poteau *m* indicateur
weg|werfen *vt irr* jeter
wegwerfend *adj* dédaigneux(-euse)
Wegwerfgesellschaft *f pej* société *f* de gaspillage **Wegwerfwindel** *f* couche *f* jetable
weg|wollen *vi irr fam* ❶ **von zu Hause ~** vouloir quitter la maison ❷ (*verreisen wollen*) vouloir partir [en voyage]
weg|ziehen *irr* **I.** *vi + sein* ❶ (*fortziehen*) déménager; **aus der Stadt ~** quitter la ville ❷ *Vögel:* migrer **II.** *vt + haben* retirer *Hand*
weh [veː] *adj* douloureux(-euse) ▶ **o ~!** aïe, aïe, aïe!
wehe ['veːə] *interj* malheureux(-euse); **~ [dir], wenn ...!** gare à toi si ...!
Wehe ['veːə] <-, -n> *f* ❶ (*Schneewehe*) congère *f* ❷ *meist Pl* (*Geburtswehe*) con-

W

traction *f;* **in den ~n liegen** avoir des contractions
wehen ['ve:ən] *vi* ❶ *+ haben Wind:* souffler ❷ *+ haben* **im Wind ~** *Haare, Fahne:* flotter au vent; **mit ~den Fahnen** bannières au vent
wehklagen *vi geh* se lamenter
wehleidig *adj* douillet(te)
Wehmut ['ve:mu:t] <-> *f geh* nostalgie *f*
wehmütig ['ve:my:tɪç] *geh adj* nostalgique
Wehr¹ [ve:ɐ̯] <-> *f* ▶ **sich gegen jdn/etw zur ~ setzen** se défendre contre qn/qc
Wehr² [ve:ɐ̯] <-[e]s, -e> *nt* (*Stauanlage*) digue *f*
Wehrbeauftragte(r) *f(m) dekl wie adj* médiateur(-trice) *m(f)* parlementaire auprès des armées (*qui défend les droits des soldats*) **Wehrdienst** *m kein Pl* service *m* militaire
Wehrdienstverweigerer <-s, -> *m* objecteur *m* de conscience **Wehrdienstverweigerung** *f* objection *f* de conscience
wehren ['ve:rən] **I.** *vr* ❶ (*sich verteidigen*) **sich ~** se défendre; **sich gegen etw ~** se défendre contre qc ❷ (*sich sträuben*) **sich dagegen ~ etw zu tun** se refuser à faire qc **II.** *vi geh* **einer S.** (*dat*) **~** faire obstacle à qc
Wehrersatzdienst *m* service *m* civil
wehrlos *adj, adv* sans défense; **gegen jdn/etw ~ sein** être sans défense contre qn/qc
Wehrlosigkeit <-> *f* impuissance *f*
Wehrmacht *f* HIST **die ~** la Wehrmacht **Wehrpass**^RR^ *m* livret *m* [militaire] individuel **Wehrpflicht** *f kein Pl* **[allgemeine] ~** service *m* militaire obligatoire
wehrpflichtig *adj* astreint(e) au service militaire
Wehrpflichtige(r) *f(m) dekl wie adj* conscrit(e) *m(f)*
Wehrsold *m* solde *f* **Wehrübung** *f eines Soldaten* exercice *m*
weh|tun^RR^ *vi* faire mal; **jdm ~** faire mal à qn; **mir tut der Rücken weh** j'ai mal au dos
Wehwehchen [ve:'ve:çən] <-s, -> *nt fam* bobo *m*
Weib [vaip] <-[e]s, -er> *nt a. pej fam* bonne femme *f*
Weibchen ['vaipçən] <-s, -> *nt* ZOOL femelle *f*
Weiberheld *m pej* bourreau *m* des cœurs (*hum*)
weibisch ['vaibɪʃ] *adj* efféminé(e)
weiblich ['vaiplɪç] *adj* ❶ *a.* GRAM féminin(e) ❷ BOT femelle

Weiblichkeit <-> *f* féminité *f*
Weibsbild *nt* SDEUTSCH, A *a. pej fam* bonne femme *f*
weich [vaiç] *adj* ❶ *Stoff* doux(douce); *Boden* mou(molle); *Bett* moelleux(-euse) ❷ *Fleisch* tendre ❸ *Droge* doux(douce) ❹ *Person* doux(douce); **~ werden** se laisser attendrir ❺ FIN *Währung* faible
Weiche ['vaiçə] <-, -n> *f* aiguillage *m* ▶ **die ~n für etw stellen** poser des jalons pour qc
weichen ['vaiçən] <wich, gewichen> *vi + sein* ❶ *Spannung:* s'apaiser ❷ (*nachgeben*) **einer S.** (*dat*) **~** céder à qc ❸ (*weggehen*) **zur Seite ~** s'écarter
weichgekocht *s.* **kochen II.1**
Weichheit <-, *selten* -en> *f* ❶ *einer Decke, eines Pelzes* douceur *f; eines Betts, Teppichs* mollesse *f; eines Kissens* moelleux *m* ❷ (*Sanftheit*) *einer Person* douceur *f*
weichherzig *adj* sensible
Weichkäse *m* fromage *m* à pâte molle
weichlich *adj* mou(molle)
Weichling ['vaiçlɪŋ] <-s, -e> *m pej* mollasse *mf*
Weichmacher *m* CHEM (*für Plastik*) plastifiant *m*
Weichsel ['vaiksəl] <-> *f* **die ~** la Vistule
Weichspüler <-s, -> *m* assouplissant *m* **Weichteile** *Pl* ❶ (*Eingeweide*) parties *fpl* molles ❷ *fam* (*Geschlechtsteile*) parties *fpl* **Weichtier** *nt* mollusque *m* **Weichzeichner** *m* PHOT filtre *m* flou
Weide ['vaidə] <-, -n> *f* ❶ (*Baum*) saule *m* ❷ (*Viehweide*) pâturage *m*
Weideland *nt* pâturages *mpl*
weiden ['vaidən] **I.** *vi Vieh:* paître **II.** *vt* faire paître *Vieh* **III.** *vr* (*sich erfreuen*) **sich an etw** (*dat*) **~** se délecter de qc
Weidenkätzchen ['vaidənkɛtsçən] *nt* chaton *m* de saule **Weidenkorb** *m* panier *m* d'osier **Weidenrute** *f* baguette *f* d'osier
weidlich ['vaitlɪç] *adv geh ausnutzen* abondamment; **sich ~ bemühen** se donner un mal considérable
Weidmann ['vaitman] <-[e]s, -männer> *m* JAGD chasseur *m*
weidmännisch *adj* de chasseur/des chasseurs
Weidmannsheil [vaitmans'hail] *interj* bonne chasse
weigern ['vaigɐn] *vr* **sich ~** refuser
Weigerung <-, -en> *f* refus *m*
Weihbischof *m* coadjuteur *m*
Weihe ['vaiə] <-, -n> *f* REL ❶ *kein Pl* (*das*

Weihen) consécration *f* ② *eines Priesters* ordination *f*

weihen *vt* ① consacrer *Altar, Kapelle* ② (*die Weihe erteilen*) **jdn zum Priester ~** ordonner qn prêtre

Weiher ['vaiɐ] <-s, -> *m* étang *m*

Weihnachten ['vainaxtən] <-, -> *nt* Noël *m;* **fröhliche ~!** joyeux Noël!; **zu ~** à Noël

weihnachtlich I. *adj* de Noël II. *adv geschmückt* pour Noël

Weihnachtsabend *m* réveillon *m* [de Noël]

Weihnachtsbaum *m* arbre *m* de Noël **Weihnachtsfeier** *f* fête *f* de Noël **Weihnachtsfest** *nt kein Pl* jour *m* de Noël **Weihnachtsgeld** *nt* étrennes *fpl* **Weihnachtsgeschäft** *nt* bonnes affaires *fpl* de Noël **Weihnachtsgeschenk** *nt* cadeau *m* de Noël **Weihnachtslied** *nt* chant *m* de Noël **Weihnachtsmann** <-männer> *m* père *m* Noël **Weihnachtsmarkt** *m* marché *m* de Noël **Weihnachtstag** *m meist Pl* fête *f* de Noël; **der erste ~** le jour de Noël **Weihnachtszeit** *f kein Pl* **die ~** la période de Noël

Weihrauch ['vairaux] *m* encens *m* **Weihwasser** *nt kein Pl* eau *f* bénite

Weihwasserbecken *nt* bénitier *m*

weil [vail] *konj* ① (*da*) parce que ② (*da ... nun*) comme

Weilchen ['vailçən] <-s> *nt* **ein ~** un petit moment

Weile ['vailə] <-> *f* moment *m;* **vor einer ~** il y a un moment; **eine ganze ~** un bon moment

Weiler ['vailɐ] <-s, -> *m geh* hameau *m*

Wein [vain] <-[e]s, -e> *m* ① (*Getränk*) vin *m* ② *kein Pl* (*Weinrebe*) vigne *f* ③ *kein Pl* (*Weintrauben*) **der ~ wird im Oktober geerntet** les vendanges se font en octobre ▶ **jdm reinen ~ einschenken** parler franchement à qn

Weinbau *m kein Pl* viticulture *f* **Weinbeere** *f* ① (*einzelne Beere*) grain *m* de raisin ② SDEUTSCH, A, CH *s.* **Rosine** **Weinberg** ['vainbɛrk] *m* vignoble *m*

Weinbergschnecke *f* escargot *m* de Bourgogne

Weinbrand *m* cognac *m*

weinen ['vainən] I. *vi* pleurer; **um jdn/etw ~** pleurer qn/qc ▶ **es ist zum Weinen!** c'est triste à pleurer! II. *vt* pleurer *Freudentränen*

weinerlich ['vainɐlɪç] *adj Person* pleurnichard(e) (*fam*); *Stimme* pleurnicheur (-euse)

Weinessig *m* vinaigre *m* de vin **Weinfass**[RR] *nt* tonneau *m* de vin **Weinflasche** *f* bouteille *f* à vin **Weingegend** *f* région *f* viticole **Weingeist** *m kein Pl* esprit-de-vin *m* **Weinglas** *nt* verre *m* à vin **Weingut** *nt* domaine *m* viticole **Weinhauer(in)** <-s, -> *m(f)* A vigneron(ne) *m(f)* **Weinkarte** *f* carte *f* des vins **Weinkeller** *m* cave *f* à vins **Weinkenner(in)** *m(f)* connaisseur(-euse) *m(f)* en vins

Weinkrampf *m* crise *f* de larmes

Weinlese *f* vendanges *fpl* **Weinprobe** *f* dégustation *f* [de vins] **Weinrebe** *f* (*Pflanze*) vigne *f;* (*Rebsorte*) cépage *m* **weinrot** *adj* bordeaux *inv* **Weinstein** *m* tartre *m* **Weinstube** *f* bar *m* à vin[s] **Weintraube** *f* (*einzelne Beere*) grain *m* de raisin; **blaue ~n kaufen** acheter du raisin noir

weise ['vaizə] *adj geh* sage

Weise ['vaizə] <-, -n> *f* ① (*Art*) manière *f;* **auf meine ~** à ma manière; **auf diese ~** de cette manière; **in der ~, dass ...** (*auf diese Art*) de telle manière que ...; (*so dass*) de manière que + *subj* ② *geh* (*Melodie*) air *m*

Weise(r) *f(m) dekl wie adj* sage *m*/femme *f* sage; **die drei ~n aus dem Morgenland** les trois Rois *mpl* mages

weisen ['vaizən] <wies, gewiesen> I. *vt geh* ① indiquer *Weg* ② (*fortschicken*) **jdn aus dem Haus ~** chasser qn de la maison ▶ **etw [weit] von sich ~** rejeter qc II. *vi* **auf etw** (*akk*) **~** *Person:* désigner qc

Weisheit <-, -en> *f* ① *kein Pl* (*Klugheit*) sagesse *f* ② *meist Pl* (*Erkenntnis*) conseil *m* de bon sens ▶ **mit seiner ~ am Ende sein** ne plus savoir que faire; **er glaubt, er habe die ~ mit Löffeln gegessen** *fam* il se croit plus malin que tout le monde; **das ist/das ist nicht der ~ letzter Schluss** c'est/ce n'est pas la meilleure des solutions

Weisheitszahn *m* dent *f* de sagesse

weis|machen *vt fam* **jdm ~, dass ...** faire gober à qn que ...

weiß[1] [vais] *1. und 3. Pers Präs von* **wissen**

weiß[2] [vais] *adj* blanc(blanche); **~ werden** *Haare, Haut:* blanchir; *Gesicht:* pâlir

Weiß [vais] <-[es]> *nt* blanc *m*

weissagen *vt* prédire

Weissagung <-, -en> *f* prédiction *f*

Weißbier *nt* bière *f* blanche **Weißblech** *nt* fer-blanc *m* **Weißbrot** *nt* pain *m* blanc **Weißdorn** *m* aubépine *f*

W

Weiße(r) *f(m) dekl wie adj* Blanc *m*/ Blanche *f*
weißeln ['vaisəln] SDEUTSCH, **weißen** ['vaisən] *vt* blanchir
weißglühend *adj* incandescent(e) **Weißglut** *f kein Pl* incandescence *f* ▶ **jdn zur ~ treiben** échauffer les oreilles à qn **Weißgold** *nt* or *m* blanc **weißhaarig** *adj Greis* aux cheveux blancs **Weißkohl** *m*, **Weißkraut** *nt* SDEUTSCH, A chou *m* blanc
weißlich ['vaislɪç] *adj* blanchâtre
Weißmacher *m* agent *m* de blanchiment **Weißrussland**RR ['vaisrʊslant] *nt* la Biélorussie **Weißwein** *m* vin *m* blanc **Weißwurst** *f* boudin *m* blanc
Weisung <-, -en> *f* directive *f*; **~ haben etw zu tun** avoir ordre de faire qc
weit [vait] **I.** *adj* ❶ *Schuhe* large; **etw ~er machen** élargir qc ❷ *Strecke* long(longue) *antéposé; Meer* vaste *antéposé;* **ist es noch ~ bis zum Hotel?** c'est encore loin jusqu'à l'hôtel? ❸ (*zeitlich entfernt*) **es ist noch ~ bis zum Sommer?** l'été, c'est encore loin? **II.** *adv* ❶ *gehen* loin; **~ offen [stehend]** grand ouvert; **fünf Meter ~ springen** sauter à cinq mètres; **zehn Kilometer ~ marschieren** parcourir dix kilomètres à pied; **haben Sie es noch sehr ~?** vous allez encore loin? ❷ (*in zeitlicher Hinsicht*) **so ~ sein** être prêt; **~ nach zehn Uhr** bien après dix heures; **~ zurückliegen** être il y a longtemps ❸ *fig* **es ~ bringen im Leben** aller loin dans la vie; **es ~ gebracht haben** avoir réussi; **das geht [entschieden] zu ~!** c'en est trop!; **wie ~ bist du [gekommen]?** où en es-tu?; **damit ist es nicht ~ her** *fam* ça ne vaut pas grand-chose ❹ *schlechter* bien [plus]; *gediehen* bien; *übertreffen* de beaucoup; *hinter sich lassen* loin; **~ besser** bien mieux ▶ **~ und breit** à cent lieues à la ronde; **so ~, so gut** bon, jusque là, tout va; **so ~ kommt es [noch]!** *fam* et puis quoi encore!
weitab ['vait'ʔap] *adv* loin [de tout] **weitaus** ['vait'ʔaus] *adv* ❶ *schöner* bien [plus] ❷ (*eindeutig*) **er ist der ~ beste Schüler** il est de loin le meilleur élève **Weitblick** *m kein Pl* clairvoyance *f* **weitblickend** *adj Person* clairvoyant(e)
Weite1 ['vaitə] <-, -n> *f* ❶ *einer Landschaft* étendue *f*; **die endlose ~ der Wüste** l'immensité du désert ❷ (*Breite*) largeur *f* ❸ SPORT *eines Wurfs* distance *f*; *eines Sprungs* longueur *f*
Weite2 ['vaitə] ▶ **das ~ suchen** *geh* prendre la clé des champs

weiten ['vaitən] **I.** *vt* élargir *Schuhe* **II.** *vr* **sich ~** *Augen:* se dilater
weiter ['vaitɐ] *adv* ❶ *Komp von* **weit: ~ oben** plus haut; **~!** on continue! ❷ (*sonst*) **das hat ~ nichts zu sagen** ça ne veut rien dire; **das ist nichts ~ als eine Ausrede** ce n'est rien d'autre qu'un prétexte; **und ~?** et après? ▶ **wenn es ~ nichts ist** si ce n'est que ça; **das ist nicht ~ schlimm** ce n'est pas bien grave; **und so ~ [und so fort]** et cætera
weiter|arbeiten *vi* continuer son/le travail **weiter|bestehen*** *vi irr* continuer d'exister; *Verdacht:* être toujours présent(e); *Verpflichtung:* devoir être assumé(e) **weiter|bilden** *vr* **sich ~** compléter sa formation **Weiterbildung** *f* formation *f* continue **weiter|bringen** *vt irr* faire avancer
weitere(r, s) *adj* autre *antéposé;* **jdn über alle ~n Maßnahmen informieren** informer qn de toute mesure ultérieure; **alles Weitere besprechen wir morgen** on discutera des détails demain ▶ **bis auf ~s** momentanément; **ohne ~s** sans problèmes
weiter|empfehlen* *vt irr* recommander **weiter|entwickeln*** **I.** *vt* perfectionner *Gerät;* développer *Idee* **II.** *vr* **sich ~** évoluer **Weiterentwicklung** *f* TECH perfectionnement *m* technique **weiter|erzählen*** **I.** *vt* répéter *Neuigkeit* **II.** *vi* continuer à raconter **weiter|fahren** *vi irr + sein* continuer sa route; **nach Basel ~** continuer sa route vers Bâle **Weiterfahrt** *f* poursuite *f* du voyage **weiter|führen** *vt* ❶ poursuivre *Projekt* ❷ (*weiterbringen*) **jdn ~** *Vorschlag:* faire avancer qn
Weitergabe *f von Unterlagen* transmission *f*
weiter|geben *vt irr* faire passer; **etw an jdn ~** (*weiterreichen*) faire passer qc à qn; (*mitteilen, vermitteln*) transmettre qc à qn **weiter|gehen** *vi irr + sein* ❶ *Person:* poursuivre son chemin; **bitte ~!** circulez, s'il vous plaît!; **lass uns ~!** allez, on continue! ❷ (*seinen Fortgang nehmen*) continuer; **wie soll es nun ~?** qu'est-ce qu'on va faire?; **so kann es nicht ~!** ça ne peut plus continuer comme ça! **weiter|helfen** *vi irr* aider; **jdm in einer Angelegenheit ~** aider qn dans une affaire **weiterhin** ['vaitɐ'hɪn] *adv* ❶ (*immer noch*) encore ❷ (*auch zukünftig*) dans l'avenir ❸ (*außerdem*) en outre **weiter|kämpfen** *vi* continuer à se battre **weiter|kommen** *vi irr + sein* ❶ (*vorankommen*) avancer; **Sie kommen hier nicht weiter!** vous ne pou-

vez pas aller plus loin! ② (*Fortschritte machen*) **mit etw ~** avancer dans qc **weiter|können** *vi irr fam* ① (*weitergehen*) pouvoir continuer [son chemin] ② (*weitermachen*) **nicht ~** n'en pouvoir plus **weiter|laufen** *vi irr + sein* ① *Person, Kosten:* continuer à courir ② (*in Gang bleiben*) *Uhr:* continuer de marcher **weiter|leben** *vi Person:* vivre encore **weiter|leiten** *vt* transmettre *Information;* faire suivre *Brief* **weiter|machen** *vi fam* continuer **weiter|sagen** *vt* répéter; **nicht ~!** motus et bouche cousue! **weiter|verarbeiten*** *vt* transformer; **die ~de Industrie** l'industrie de transformation **Weiterverarbeitung** *f* transformation *f* **Weiterverkauf** *m* revente *f* **weiter|verkaufen*** *vt* revendre

weitestgehend I. *adj Superl von* **weitgehend** très étendu(e); **~e Übereinstimmung erzielen** obtenir un large consensus II. *adv* à quelques détails près

weitgehend <weitgehender *o* A weitergehend, weitestgehend *o* weitgehendste> I. *adj* étendu(e) II. *adv* à quelques détails près

weitgereist *s.* **reisen**

weither ['vaɪt'heːɐ̯] *adv geh* de loin

weitherzig ['vaɪthɛrtsɪç] *adj* (*tolerant*) généreux(-euse)

weithin ['vaɪt'hɪn] *adv geh hörbar* alentour

weitläufig ['vaɪtlɔyfɪç] I. *adj* ① *Anwesen* vaste *antéposé* ② *Verwandtschaft* éloigné(e) II. *adv* **~ [miteinander] verwandt sein** être parents éloignés

weitmaschig ['vaɪtmaʃɪç] *adj* à grosses mailles

weiträumig I. *adj Umleitung* dans un vaste périmètre II. *adv absperren* dans un vaste périmètre

weitreichend *s.* **reichen** I.

weitschweifig ['vaɪtʃvaɪfɪç] I. *adj* diffus(e) II. *adv* de façon diffuse

Weitsicht ['vaɪtzɪçt] *f s.* **Weitblick**

weitsichtig ['vaɪtzɪçtɪç] *adj* ① MED presbyte ② *s.* **weitblickend**

Weitsichtigkeit <-> *f* presbytie *f*

Weitsprung *m* ① *kein Pl* (*Disziplin*) saut *m* en longueur ② (*Sprung*) saut *m* **weitverbreitet** *s.* **verbreiten** I. **weitverzweigt** *s.* **verzweigen**

Weitwinkelobjektiv *nt* grand-angle *m*

Weizen[1] ['vaɪtsən] <-s> *m* blé *m*

Weizen[2] ['vaɪtsən] <-s, -> *nt* bière *f* blanche

Weizenbrot *nt* pain *m* de froment **Weizenmehl** *nt* farine *f* de froment

welch [vɛlç] *pron interrog geh* **~ eine Enttäuschung!** quelle déception!; **~ große Ehre!** que d'honneur!

welche(r, s) ['vɛlçə, -çɐ, -çəs] I. *pron interrog* quel(le); **~s ist deine Jacke?** c'est quel blouson, le tien? II. *pron rel* **das Programm, mit ~m sie arbeitet** le logiciel avec lequel elle travaille III. *pron indef* ① en; **brauchst du Streichhölzer? Hier sind ~!** tu as besoin d'allumettes? En voici! ② *Pl fam* (*einige Leute*) **vor dem Haus stehen ~** devant la maison, il y a du monde; **es gibt ~, die ...** il y en a qui ...

welk [vɛlk] *adj Blume* flétri(e)

welken ['vɛlkən] *vi + sein geh* se flétrir

Wellblech *nt* tôle *f* ondulée

Welle ['vɛlə] <-, -n> *f* ① *a. fig* vague *f* ② (*Locke*) ondulation *f* ③ PHYS, RADIO onde *f* ④ TECH arbre *m* ▶ **[hohe] ~n schlagen** faire des vagues (*fam*)

wellen ['vɛlən] *vr* **sich ~** onduler

Wellenbad *nt* piscine *f* à vagues **Wellenbrecher** <-s, -> *m* brise-lame[s] *m*

wellenförmig [-fœrmɪç] *adj* ondulé(e)

Wellenlänge *f* longueur *f* d'onde ▶ **auf der gleichen ~ liegen** *fam* être sur la même longueur d'onde **Wellenlinie** *f* ligne *f* ondulée **Wellenreiten** <-s> *nt* surf *m* **Wellensittich** *m* perruche *f*

wellig ['vɛlɪç] *adj* ondulé(e)

Wellness[RR] ['vɛlnɛs] <-> *f kein Pl* ① (*Wohlbefinden*) bien-être *m* ② (*wohltuende Behandlung*) soins *mpl* de bien-être **Wellnesshotel**[RR] *nt* hôtel *m* de bien-être, spa *m* **Wellnessbereich**[RR] *m eines Hotels* espace *m* bien-être **Wellnesswochenende**[RR] *nt* week-end *m* bien-être

Wellpappe *f* carton *m* ondulé

Welpe ['vɛlpə] <-n, -n> *m* (*junger Hund/Wolf/Fuchs*) chiot *m*/louveteau *m*/renardeau *m*

Wels [vɛls] <-es, -e> *m* poisson-chat *m*

welsch [vɛlʃ] *adj* CH romand(e)

Welschschweizer(in) *m(f)* CH Romand(e) *m(f)*

Welt [vɛlt] <-, -en> *f* ① *kein Pl* (*die Erde*) **die ~** le monde; **auf der ~** sur la terre; **in aller ~** dans le monde entier; **auf die ~ kommen** venir au monde ② *kein Pl fam* (*die Menschen*) **alle ~** tout le monde ③ (*politische Sphäre*) **die westliche ~** l'Occident *m;* **die Alte/Neue ~** l'Ancien/le Nouveau monde *m;* **die Dritte ~** le tiers-monde ▶ **davon geht die ~ nicht unter** *fam* ce n'est pas la fin du monde; **nicht die ~ kosten** *fam* ne pas coûter les yeux de la tête; **etw aus der ~ schaffen** mettre fin à qc; **nicht aus der ~ sein** *fam Person, Ort:* ne pas être à l'autre bout du monde; **etw in die ~ setzen** répandre qc; **um nichts in der ~** pas pour tout l'or du monde

Weltall *nt* univers *m* **weltanschaulich** *adj* idéologique **Weltanschauung** *f* conception *f* du monde **Weltausstellung** *f* exposition *f* universelle **Weltbank** *f kein Pl* Banque *f* mondiale **weltbekannt** *adj* mondialement connu(e) **weltberühmt** *adj* célèbre dans le monde entier **Weltbevölkerung** *f kein Pl* population *f* mondiale **weltbewegend** *adj* d'intérêt capital **Weltbild** *nt* vision *f* du monde

Weltenbummler(in) *m(f)* bourlingueur(-euse) *m(f)* (*fam*)

Weltergewicht ['vɛltɐ-] *nt kein Pl* (*Gewichtsklasse*) mi-moyen *m*

welterschütternd *adj Ereignis* révolutionnaire; *Katastrophe, Tragödie* bouleversant(e) **weltfremd** *adj* irréaliste **Weltfriede(n)** *m* paix *f* mondiale **Weltgeist** *m kein Pl* PHILOS esprit *m* du monde **Weltgeltung** *f* renommée *f* mondiale **Weltgeschichte** *f kein Pl* histoire *f* universelle ▶ **in der ~ herumfahren** *hum fam* rouler sa bosse **weltgeschichtlich** *adj Ereignis* qui fait date **Weltgesundheitsorganisation** *f kein Pl* Organisation *f* mondiale de la santé **weltgewandt** *adj Person* courtois(e); **~ sein** avoir de l'entregent **Welthandel** *m* commerce mondial *m*

Welthandelsorganisation *f kein Pl* Organisation *f* mondiale du commerce

Weltherrschaft *f kein Pl* hégémonie *f* mondiale **Weltjugendtag** *m* REL Journée *f* mondiale de la Jeunesse **Weltkarte** *f* mappemonde *f* **Weltkirche** *f* église *f* universelle **Weltklimarat** *m kein Pl* POL, ÖKOL Groupe *m* d'experts intergouvernemental sur l'évolution du climat **Weltkrieg** *m* guerre *f* mondiale; **der Erste/Zweite ~** la Première/Seconde Guerre mondiale **Weltlage** *f kein Pl* situation *f* mondiale

weltlich ['vɛltlɪç] *adj geh* ❶ *Freuden* terrestre ❷ *Kunst* profane

W

Weltliteratur *f kein Pl* littérature *f* mondiale **Weltmacht** *f* grande puissance *f*

weltmännisch ['vɛltmɛnɪʃ] *adj Auftreten* mondain(e)

Weltmarkt *m* marché *m* international

Weltmarktpreis *m* prix *m* du marché mondial

Weltmeer *nt* océan *m* **Weltmeister(in)** *m(f)* champion(ne) *m(f)* du monde **Weltmeisterschaft** *f* championnat *m* du monde **Weltmonopolstellung** *f* situation *f* de monopole mondial **weltoffen** *adj* ouvert(e) [au monde] **Weltöffentlichkeit** *f kein Pl* opinion *f* mondiale **Weltpolitik** *f* politique *f* mondiale **Weltraum** *m kein Pl* espace *m*

Weltraumstation *f* station *f* spatiale **Weltraumtourismus** *m* tourisme *m* spatial

Weltreich *nt* empire *m* **Weltreise** *f* tour *m* du monde **Weltrekord** *m* record *m* du monde **Weltruf** *m kein Pl* réputation *f* internationale; **eine Physikerin von ~** une physicienne de renommée mondiale **Weltschmerz** *m kein Pl* mal *m* du siècle **Weltsicherheitsrat** *m kein Pl* Conseil *m* de sécurité de l'O.N.U. **Weltsprache** *f* langue *f* internationale **Weltstadt** *f* grande ville *f* de renommée mondiale **Weltstar** *m* vedette *f* internationale **weltumspannend** *adj* universel(le), global(e) **Weltuntergang** *m* fin *f* du monde

Weltuntergangsstimmung *f* morosité *f*

Weltverbesserer *m*, **-verbesserin** *f* redresseur(-euse) *m(f)* de torts **weltweit** I. *adj Katastrophe* mondial(e) II. *adv tätig sein* dans le monde entier; *bedeutsam sein* pour le monde entier **Weltwirtschaft** *f* économie *f* mondiale **Weltwirtschaftskrise** *f* crise *f* économique mondiale **Weltwunder** *nt* **die sieben ~** les Sept Merveilles *fpl* du monde

wem [ve:m] I. *pron interrog, dat von* **wer**: **~ gehört ...?** à qui appartient ...?; **mit ~** avec qui; **von ~** de qui II. *pron rel, dat von* **wer** celui à qui

Wemfall *m* datif *m*

wen [ve:n] I. *pron interrog, akk von* **wer**: **durch/für ~** par/pour qui II. *pron rel, akk von* **wer**: **~** celui que

Wende ['vɛndə] <-, -n> *f* ❶ (*Veränderung*) tournant *m* ❷ HIST **die ~** le tournant (*désigne la réunification allemande*) ❸ SPORT (*beim Segeln*) virement *m* de bord; (*beim Schwimmen*) changement *m* de face

Wendekreis *m* ❶ *eines Autos* rayon *m* de braquage ❷ GEOG **der nördliche ~** le tropique du Cancer; **der südliche ~** le tropique du Capricorne

Wendeltreppe ['vɛndəltrɛpə] *f* escalier *m* en colimaçon

wenden[1] ['vɛndən] <wendete *o geh* wandte, gewendet *o geh* gewandt> *vr*

❶ (*sich drehen*) se tourner ❷ (*sich richten an*) **sich an jdn ~** *Person, Buch:* s'adresser à qn ❸ (*entgegentreten*) **sich gegen jdn ~** se retourner contre qn; **sich gegen etw ~** réfuter qc ❹ (*sich entwickeln*) **sich zum Besseren ~** s'arranger

wenden² ['vɛndən] <wendete, gewendet> **I.** *vt* retourner *Blatt;* **bitte ~!** tournez, s'il vous plaît! **II.** *vi* faire demi-tour

Wendeplatz *m* espace *m* pour faire demi-tour **Wendepunkt** *m* tournant *m*

wendig ['vɛndɪç] *adj Person* souple d'esprit; *Auto* manœuvrable

Wendigkeit <-> *f einer Person* souplesse *f* d'esprit; *eines Autos* manœuvrabilité *f*

Wendung <-, -en> *f* ❶ (*Veränderung*) retournement *m;* **eine überraschende ~ nehmen** prendre une tournure étonnante ❷ LING tournure *f*

wenig ['veːnɪç] **I.** *adj, pron indef* ❶ peu de; **~ Zeit** peu de temps; **zu ~** trop peu ❷ (*nicht viele*) **es kamen nur ~e** peu de gens sont venus ❸ (*etwas*) **ein ~ Zucker** un peu de sucre **II.** *adv* ❶ (*kaum, nicht sehr*) **~ hilfreich** guère secourable; **nicht ~ überrascht sein** ne pas être peu surpris ❷ (*nicht viel*) **wir wissen darüber so ~ wie Sie** nous n'en savons pas plus que vous ❸ (*selten*) **~ ausgehen** sortir peu ❹ (*etwas*) **ein ~ verärgert** un peu irrité

weniger ['veːnɪgɐ] **I.** *adj, pron indef, Komp von* **wenig** moins (de); **~ Zeit** moins de temps; **er verdient ~ als ich** il gagne moins que moi; **etwas ~** un peu moins; **~ werden** *Vorräte:* diminuer; *Geld, Vermögen:* s'amenuiser ▶**~ wäre mehr gewesen** le mieux est l'ennemi du bien **II.** *adv Komp von* **wenig** moins **III.** *konj* moins; **21 ~ 4 ist 17** 21 moins 4 égale 17

Wenigkeit <-> ▶**meine ~** *hum fam* mon humble personne

wenigste(r, s) **I.** *adj, pron Superl von* **wenig** le moins de; **das ~ Geld** le moins d'argent; **die ~n Fehler** le moins de fautes; **die ~n [Menschen] wissen, dass ...** rares sont ceux qui savent que ...; **das ~, was man tun kann** le moins qu'on puisse faire **II.** *adv Superl von* **wenig** le moins; **das interessiert mich am ~n** c'est ce qui m'intéresse le moins

wenigstens ['veːnɪçstəns] *adv* ❶ (*mindestens*) au moins ❷ (*zumindest*) du moins

wenn [vɛn] *konj* ❶ (*falls*) si ❷ (*sobald*) dès que ❸ (*obwohl*) **~ sie auch Recht hat** même si elle a raison ❹ (*in Wunschsätzen*) **~ es morgen bloß nicht regnet!** si seulement il ne pleuvait pas demain!

Wenn [vɛn] <-s, *fam* -> *nt* ▶**ohne ~ und Aber** sans barguigner

wenngleich [vɛn'glaiç] *konj geh* bien que + *subj*

wennschon *adv fam* **[und] ~!** et alors! ▶**~, dennschon!** tant qu'à faire!

wer [veːɐ] **I.** *pron interrog* qui [est-ce qui] **II.** *pron rel* [celui] qui **III.** *pron indef fam* **wenn ~ anruft** s'il y a quelqu'un qui téléphone ▶**er/sie ist ~** il/elle n'est pas n'importe qui

Werbeagentur *f* agence *f* de publicité **Werbeaktion** *f* opération *f* publicitaire **Werbeanruf** *m* appel *m* publicitaire **Werbebroschüre** *f* prospectus *m* **Werbefachmann** <-fachleute> *m,* **-fachfrau** *f* publicitaire *mf* **Werbefernsehen** *nt* publicité *f* à la télévision **Werbefilm** *m* film *m* [*o* spot *m*] publicitaire **Werbefläche** *f* panneau *m* [*o* espace *m*] publicitaire **werbefrei** *adj inv Sendung, Homepage* sans publicité **Werbegeschenk** *nt* cadeau *m* publicitaire

werben ['vɛrbən] <wirbt, warb, geworben> **I.** *vt* parrainer *Kunden* **II.** *vi* ❶ (*Reklame machen*) **für etw ~** faire de la publicité pour qc ❷ (*zu erhalten suchen*) **um Vertrauen/neue Sponsoren ~** chercher à gagner la confiance/de nouveaux sponsors

Werbesendung *f* émission *f* publicitaire **Werbeslogan** *m* slogan *m* publicitaire **Werbespot** ['vɛrbəspɔt] *m* spot *m* publicitaire **Werbetexter(in)** *m(f)* publicitaire *mf* **Werbeträger(in)** *m(f)* support *m* publicitaire **Werbetrommel** *f* ▶**die ~ für jdn/etw rühren** *fam* faire de la pub pour qn/qc **werbewirksam** *adj* **ein ~er Slogan** un slogan publicitaire qui fait de l'effet

werblich ['vɛrplɪç] *adj inv* ÖKON publicitaire

Werbung <-> *f* ❶ publicité *f* ❷ (*das Anwerben*) parrainage *m*

Werdegang <-gänge> *m* ❶ **beruflicher/künstlerischer ~** parcours *m* professionnel/artistique ❷ (*Lebenslauf*) curriculum *m* vitæ

werden ['veːɐdən] **I.** <wird, wurde *o geh* ward, geworden> *vi + sein* ❶ (*seinen Zustand, Status verändern*) devenir; **krank ~** tomber malade; **schlimmer ~** *Zustand:* empirer; **es wird schon dunkel** il commence déjà à faire sombre; **dein Kaffee wird kalt!** ton café refroidit! ❷ (*seine Befindlichkeit verändern*) **jdm wird bes-**

W

ser qn se sent mieux; **jdm wird schwindlig** qn a des vertiges; **da wird einem ja übel!** ça te/vous donne la nausée! ❸(*sich entwickeln*) **aus diesem Jungen wird noch etwas** ce garçon ira loin; **was soll nur aus ihm ~?** que va-t-il devenir?; **daraus wird nichts!** il n'en est pas question!; **was soll nun ~?** que va-t-il advenir? ❹(*ein Alter erreichen*) **er wird zehn [Jahre alt]** il va avoir dix ans ►**ich werd' nicht mehr!** *fam* pince/pincez-moi, je rêve! **II.** <*PP* worden> *aux* ❶(*zur Bildung des Futurs*) **sie wird ihm bald schreiben** elle va lui écrire bientôt ❷(*zur Bildung des Passivs*) **gesehen ~** être vu ❸(*zur Bildung des Konjunktivs*) **würdest du mir kurz helfen?** tu pourrais m'aider un instant? ❹(*als Ausdruck der Mutmaßung*) **das wird Tante Anne sein** ça doit être tante Anne

Werden <-s> *nt geh* réalisation *f*

werfen ['vɛrfən] <wirft, warf, geworfen> **I.** *vt* ❶lancer *Ball, Stein, Messer* ❷(*tun*) jeter ❸(*ruckartig bewegen*) **den Kopf nach hinten ~** rejeter la tête en arrière ❹(*bilden*) faire *Blasen, Falten, Schatten* ❺(*gebären*) **Junge ~** faire des petits **II.** *vi* ❶*Person:* lancer ❷(*Junge bekommen*) mettre bas **III.** *vr* ❶(*sich stürzen*) **sich auf den Boden ~** se jeter par terre ❷(*sich verziehen*) **sich ~** *Holz:* travailler

Werfer(in) <-s, -> *m(f)* SPORT lanceur(-euse) *m(f)*

Werft [vɛrft] <-, -en> *f* chantier *m* naval

Werk [vɛrk] <-[e]s, -e> *nt* ❶(*Fabrik*) usine *f;* **ab ~** départ d'usine ❷*eines Künstlers* œuvre *f* ❸(*Buch*) ouvrage *m* ❹*kein Pl geh* (*Arbeit, Tat*) ouvrage *m;* **das ist Marcs ~** *pej* c'est signé Marc; **sich ans ~ machen** se mettre à l'œuvre

Werkbank <-bänke> *f* établi *m*

werkeln ['vɛrkəln] *vi* bidouiller (*fam*)

Werkmeister(in) *m(f)* chef *mf* d'atelier **Werkschutz** *m* (*Arbeitsschutz*) sécurité *f* dans l'entreprise

Werksgelände *nt* enceinte *f* de l'usine **Werksschließung** *f* fermeture *f* d'usine

Werkstatt <-, -stätten> *f* (*Schreinerwerkstatt*) atelier *m;* (*Autowerkstatt*) garage *m*

W

Werkstoff *m* (*Rohmaterial, Leder*) matériau *m;* (*Kunststoff*) matériau *m* manufacturé **Werktag** *m* jour *m* ouvrable **werktags** *adv* en semaine

Werkzeug <-[e]s, -e> *nt* ❶TECH outil *m* ❷*geh* (*gefügiger Helfer*) instrument *m*

Werkzeugkasten *m* caisse *f* à outils **Werkzeugmaschine** *f* machine-outil *f*

Wermut ['veːɐ̯muːt] <-[e]s, -s> *m* ❶BOT absinthe *f* ❷(*Wein*) vermout[h] *m*

Wermutstropfen *m geh* ombre *f* au tableau

wert [veːɐ̯t] *adj* ❶**viel/nichts ~ sein** valoir beaucoup/ne rien valoir ❷*fig* **deine Meinung ist mir viel ~** je tiens beaucoup à ton opinion; **das ist nicht der Mühe** (*gen*) **~** ça ne vaut pas la peine

Wert [veːɐ̯t] <-[e]s, -e> *m* ❶(*Preis*) valeur *f;* **im ~ steigen** prendre de la valeur ❷*Pl* (*Untersuchungsergebnis*) résultats *mpl* ❸(*wertvolle Eigenschaft*) qualité *f;* **die inneren ~e** les qualités morales ❹(*Bedeutung*) valeur *f;* **einer S.** (*dat*) **viel/wenig ~ beimessen** *geh* attacher beaucoup/peu d'importance à qc ►**das hat keinen ~** *fam* c'est pas la peine

Wertarbeit *f* travail *m* de qualité **wertbeständig** *adj* à valeur stable **Wertbrief** *m* lettre *f* chargée

werten *vt* ❶noter, donner une note à *Klassenarbeit, Prüfung, Kür;* **etw mit acht Punkten ~** attribuer huit points à qc ❷(*bewerten*) considérer *Aussage, Faktor;* juger *Ereignis, Sachverhalt, Umstand*

Werteverlust *nt* SOZIOL perte *f* des valeurs

wertfrei I. *adj* impartial(e) **II.** *adv* objectivement

Wertgegenstand *m* objet *m* de valeur

Wertigkeit <-, -en> *f* valence *f*

wertlos *adj Gegenstand* sans valeur; **für jdn ~ sein** ne servir à rien à qn

Wertmaßstab *m* critère *m* [d'appréciation] **Wertminderung** *f* dépréciation *f* **Wertpaket** *nt* colis *m* avec valeur déclarée **Wertpapier** *nt* valeur *f* **Wertsache** *f meist Pl* objet *m* de valeur **Wertschätzung** *f geh* estime *f* **Wertsteigerung** *f* plus-value *f* **Wertstoff** *m* matériau *m* recyclable

Wertung <-, -en> *f* ❶*kein Pl einer Übung* notation *f* ❷*kein Pl von Sachverhalten* appréciation *f* ❸(*Note*) note *f*

Werturteil *nt* jugement *m* de valeur

wertvoll *adj* de grande valeur; **~ sein** avoir de la valeur

Wertzuwachs *m* accroissement *m* de [la] valeur

Werwolf ['veːɐ̯vɔlf] *m* loup-garou *m*

Wesen ['veːzən] <-s, -> *nt* ❶(*Geschöpf*) créature *f;* **menschliches ~** être *m* humain ❷*kein Pl einer Ideologie* essence *f*

Wesensart *f* nature *f* **Wesenszug** *m* trait *m* de caractère

wesentlich ['veːzəntlɪç] **I.** *adj Teil* essentiel(le); *Bedeutung* fondamental(e) **II.** *adv*

schöner bien plus; *beitragen* pour une large part
weshalb [vɛs'halp] I. *adv interrog* pourquoi II. *adv rel* **der Grund, ~ ...** la raison pour laquelle ...
Wesir [ve'ziːɐ̯] <-s, -e> *m* vizir *m*
Wespe ['vɛspə] <-, -n> *f* guêpe *f*
Wespennest *nt* nid *m* de guêpes ▶ **in ein ~ stechen** *fam* [sou]lever un lièvre
wessen ['vɛsən] I. *pron interrog, gen von* **wer: ~ Geldbörse ist das?** à qui appartient ce porte-monnaie? II. *pron interrog, gen von* **was: ~ klagt man ihn an?** de quoi l'accuse-t-on?
Wessi ['vɛsi] <-s, -s> *m*, <-, -s> *f fam surnom des habitants de l'ex-Allemagne de l'Ouest*
westdeutsch *adj Stadt* de l'Allemagne de l'Ouest; HIST *Regierung* ouest-allemand(e) **Westdeutschland** *nt* GEOG l'Allemagne *f* occidentale; HIST l'Allemagne *f* de l'Ouest
Weste ['vɛstə] <-, -n> *f* gilet *m* ▶ **eine reine ~ haben** *fam* avoir les mains propres
Westen ['vɛstən] <-s> *m* ① ouest *m* ② POL **der ~** l'Occident *m*; *s. a.* **Norden** ▶ **der Wilde ~** le Far West
Westentasche *f* petite poche *f* ▶ **etw wie seine ~ kennen** *fam* connaître qc comme sa poche
Western ['vɛstɐn] <-[s], -> *m* western *m*
Westeuropa *nt* GEOG l'Europe *f* occidentale; POL l'Europe *f* de l'Ouest
Westfale [vɛst'faːlə] <-n, -n> *m*, **Westfälin** *f* Westphalien(ne) *m(f)*
Westfalen [vɛst'faːlən] <-s> *nt* la Westphalie
westfälisch [vɛst'fɛːlɪʃ] *adj* de Westphalie
Westgote ['vɛstgoːtə] *m*, **-gotin** *f* Wisigoth(e) *m(f)*
Westjordanland *nt kein Pl* Cisjordanie *f*
Westküste *f* côte *f* ouest
westlich ['vɛstlɪç] I. *adj* ① *Land* [situé(e)] à l'ouest; *Wind* [en provenance] de l'ouest; **in ~er Richtung** en direction de l'ouest ② POL occidental(e); **die ~e Welt** le monde occidental II. *adv* à l'ouest III. *präp + gen* à l'ouest de
Westmächte *Pl* puissances *fpl* occidentales
westwärts ['vɛstvɛrts] *adv* vers l'ouest
Westwind *m* vent *m* d'ouest
weswegen [vɛs'veːgən] *s.* **weshalb**
Wettannahme *f* prise *f* des paris **Wettbetrug** *m* fraude *f* aux paris
Wettbewerb ['vɛtbəvɛrp] <-[e]s, -e> *m* ① *kein Pl (wirtschaftliche Konkurrenz)* concurrence *f*; **miteinander im ~ stehen** se faire concurrence ② *(Veranstaltung)* concours *m*; **sportlicher ~** compétition *f* sportive
Wettbewerber(in) *m(f)* concurrent(e) *m(f)*
wettbewerbsfähig *adj* concurrentiel(le), compétitif(-ive) **Wettbewerbsfähigkeit** *f kein Pl* compétitivité *f* **wettbewerbswidrig** *adj Verhalten, Preisabsprachen* anticompétitif(-ive)
Wettbüro *nt* bureau *m* des paris, ≈ P.M.U. *m*
Wette ['vɛtə] <-, -n> *f* pari *m*; **eine ~ abschließen** faire un pari; **die ~ gilt!** *fam* pari tenu!
Wetteifer ['vɛtʔaifɐ] *m kein Pl* émulation *f* **wetteifern** *vi geh* **mit jdm um etw ~** rivaliser avec qn pour qc
wetten ['vɛtən] I. *vi* parier; **mit jdm um zehn Euro ~** parier dix euros avec qn; **ich wette mit dir, dass ...** je parie avec toi que ...; **~, dass ...?** *fam* on parie que ...? II. *vt* parier *Geld*
Wetter ['vɛtɐ] <-s> *nt* temps *m*; **es ist schönes/schlechtes ~** il fait beau/mauvais
Wetteraussichten *Pl* prévisions *fpl* météo[rologiques] **Wetterbericht** *m* bulletin *m* météo[rologique] **wetterbeständig, wetterfest** *adj* résistant(e) aux intempéries
wetterfühlig *adj* sensible aux changements de temps
Wetterhahn *m* girouette *f* en forme de coq **Wetterkapriolen** *Pl* caprices *mpl* de la météo **Wetterkarte** *f* carte *f* météo[rologique] **Wetterleuchten** <-s> *nt* éclair *m* de chaleur
wettern ['vɛtɐn] *vi geh* pester; **gegen jdn/etw ~** pester contre qn/qc
Wetterseite *f* face *f* exposée aux intempéries **Wetterstation** *f* station *f* météorologique **Wetterumschwung** *m* brusque changement *m* de temps **Wettervorhersage** *f* prévisions *fpl* météo[rologiques] **Wetterwarte** *f* station *f* météo[rologique]
wetterwendisch ['vɛtɐvɛndɪʃ] *adj* lunatique
Wettkampf *m* compétition *f* **Wettkämpfer(in)** *m(f)* compétiteur(-trice) *m(f)* **Wettlauf** *m* course *f* à pied ▶ **ein ~ mit der Zeit** une course contre la montre **Wettläufer(in)** *m(f)* coureur(-euse) *m(f)* **wett|machen** *vt* rattraper *Rückstand, Zeit;* réparer *Fehler, Versäumnis* **Wettrennen** *nt* course *f* **Wettrüsten** *nt*

course *f* aux armements **Wettstreit** *m* concours *m;* **mit jdm in ~ treten** entrer en rivalité avec qn

wetzen ['vɛtsən] I. *vt + haben* aiguiser *Messer* II. *vi + sein fam* **nach Hause ~** filer à la maison

WEU <-> *f Abk von* **Westeuropäische Union** U.E.O. *f*

WEZ [veːʔeːˈtsɛt] <-> *f Abk von* **Westeuropäische Zeit** heure *f* [du méridien] de Greenwich

WG [veːˈgeː] <-, -s> *f Abk von* **Wohngemeinschaft** communauté *f* (*personnes partageant un appartement*)

Whirlpool® ['vøːɐ̯lpuːl] <-s, -s> *m* jacuzzi® *m*

Whisky ['vɪski] <-s, -s> *m* whisky *m*

wich [vɪç] *Imp von* **weichen**

wichsen ['vɪksən] I. *vi vulg* se branler II. *vt fam* frotter *Leder;* **etw blank ~** lustrer qc

Wichser ['vɪksɐ] <-s, -> *m vulg* ❶ (*Onanist*) branleur *m* (*fam*) ❷ *pej* (*Mistkerl*) enfoiré *m*

Wicht [vɪçt] <-[e]s, -e> *m* freluquet *m* (*fam*)

wichtig ['vɪçtɪç] *adj* important(e); **etw ~ nehmen** prendre qc au sérieux ▶ **sich zu ~ nehmen** se prendre trop au sérieux

Wichtigkeit <-> *f* importance *f*

wichtig|machen[RR] *vr fam* **sich ~** faire l'important

Wichtigtuer(in) ['vɪçtɪçtuːɐ] <-s, -> *m(f) pej fam* frimeur(-euse) *m(f)*

Wichtigtuerei [vɪçtɪçtuːəˈrai] <-> *f pej fam* frime *f*

wichtigtuerisch ['vɪçtɪçtuːərɪʃ] *adj pej fam* **ein ~er Kerl** un frimeur

Wicke ['vɪkə] <-, -n> *f* pois *m* de senteur

Wickel ['vɪkəl] <-s, -> *m* MED compresse *f*

Wickelkommode *f* meuble *m* à langer

wickeln ['vɪkəln] I. *vt* ❶ (*herumbinden*) **sich** (*dat*) **einen Schal um den Hals ~** s'enrouler une écharpe autour du cou ❷ (*einwickeln*) envelopper ❸ (*aufwickeln*) enrouler ❹ (*in Windeln wickeln*) langer *Baby* II. *vr* **sich um etw ~** *Pflanze, Schlange, Garn:* s'enrouler autour de qc

Wickelrock *m* jupe *f* portefeuille **Wickeltisch** *m* table *f* à langer

W

Widder ['vɪdɐ] <-s, -> *m a.* ASTROL bélier *m*

wider ['viːdɐ] *präp + akk geh* contre; **~ besseres Wissen schweigen** se taire sciemment

widerborstig ['viːdɐbɔrstɪç] *adj* rebelle

widerfahren* [viːdɐˈfaːrən] *vi irr + sein geh* **jdm ~** arriver à qn **Widerhaken** *m* barbillon *m* **Widerhall** ['viːdɐhal] *m geh* écho *m* **wider|hallen** ['viːdɐhalən] *vi* résonner, retentir

widerlegbar *adj* réfutable

widerlegen* [viːdɐˈleːgən] *vt* réfuter

widerlich ['viːdɐlɪç] *adj Person* répugnant(e); *Gefühl* horripilant(e)

widernatürlich *adj* contre nature **widerrechtlich** *adj* illégal(e) **Widerrede** *f* objection *f;* **keine ~!** pas de discussion! **Widerruf** *m* révocation *f;* **bis auf ~** jusqu'à nouvel ordre **widerrufen*** [viːdɐˈruːfən] *vt irr* révoquer *Genehmigung, Nutzung;* revenir sur *Aussage, Geständnis*

Widersacher(in) ['viːdɐzaxɐ] <-s, -> *m(f)* adversaire *mf*

Widerschein ['viːdɐʃain] *m* reflet *m* **widersetzen*** [viːdɐˈzɛtsən] *vr* **sich jdm ~** résister à qn; **sich einer S.** (*dat*) **~** s'opposer à qc

widersinnig *adj* absurde

widerspenstig ['viːdɐʃpɛnstɪç] *adj Schüler* rebelle; *Kind* rétif(-ive)

wider|spiegeln ['viːdɐʃpiːgəln] *geh* I. *vt* renvoyer l'image de II. *vr* **sich in etw ~** (*dat*) se refléter dans qc **widersprechen*** [viːdɐˈʃprɛçən] *vi irr* ❶ **jdm ~** contredire qn ❷ (*nicht übereinstimmen*) **sich** (*dat*) **selbst ~** se contredire soi-même **Widerspruch** ['viːdɐʃprʊx] *m* ❶ *kein Pl* (*opp: Zustimmung, Übereinstimmung*) contradiction *f* ❷ JUR opposition *f;* **~ gegen etw einlegen** faire opposition à qc

widersprüchlich ['viːdɐʃprʏçlɪç] *adj* contradictoire

widerspruchslos I. *adj* exempt(e) de protestations II. *adv* sans protester

Widerstand ['viːdɐʃtant] *m* ❶ résistance *f;* **gegen etw ~ leisten** opposer de la résistance à qc ❷ *kein Pl* PHYS résistance *f* [électrique] ❸ ELEC rhéostat *m*

Widerstandsbewegung *f* [mouvement *m* de] résistance *f* **widerstandsfähig** *adj Person* robuste; *Konstruktion* solide; *Material* résistant(e); **~ gegen etw sein/werden** être résistant/s'endurcir à qc **Widerstandsfähigkeit** *f kein Pl* résistance *f;* **jds ~ gegen etw** la résistance de qn à qc **Widerstandskämpfer(in)** *m(f)* résistant(e) *m(f)* **Widerstandskraft** *f* résistance *f*

widerstandslos I. *adj* sans résistance II. *adv* sans [opposer aucune] résistance

widerstehen* [viːdɐˈʃteːən] *vi irr* résister; **jdm/einer S. ~** résister à qn/qc **widerstreben*** [viːdɐˈʃtreːbən] *vi geh* **es widerstrebt ihm dorthin zu gehen** ça le répugne d'y aller **Widerstreben** *nt geh* répugnance *f* **widerstrebend** *s.* **widerwillig**

widerwärtig ['vi:dɐvɛrtɪç] **I.** *adj* répugnant(e) **II.** *adv* de façon répugnante

Widerwille ['vi:dɐvɪlə] *m* répugnance *f;* **mit ~n** à contrecœur **widerwillig** *adj, adv* à contrecœur

widmen ['vɪtmən] **I.** *vt* ❶ **jdm etw ~** dédier qc à qn ❷ (*verwenden für*) **jede freie Minute dem Sport ~** consacrer tout son temps libre au sport **II.** *vr* **sich jdm/einer S. ~** se consacrer à qn/qc

Widmung <-, -en> *f* (*Zueignung*) dédicace *f*

widrig ['vi:drɪç] *adj geh Umstände* défavorable

wie [vi:] **I.** *adv interrog* ❶ comment; **~ heißt du?** comment t'appelles-tu?; **~ geht es dir?** comment vas-tu?; **~ war das Wetter in eurem Urlaub?** quel temps a-t-il fait pendant vos vacances?; **~ bitte?** comment?; *fam* ❷ (*auf welche Weise*) comment ❸ (*in welchem Maße*) **~ alt bist du?** quel âge as-tu?; **~ groß bist du?** combien mesures-tu?; **~ spät ist es?** quelle heure est-il?; **~ oft ...** combien de fois ... ❹ (*welche Menge*) **~ viel** combien; **~ viel Zucker nimmst du?** tu prends combien de sucre? ❺ *fam* (*nicht wahr*) **das stört dich, ~?** ça te gêne, non? ❻ (*in Ausrufen*) **~ schön!** que c'est beau!; (*sehr gut*) c'est bien!; **~ schade!** comme c'est dommage!; **wenn du wüsstest, ~ sehr ich dich liebe!** si tu savais combien je t'aime!; **und ~!** *fam* et comment! **II.** *adv rel* **die Art, ~ ...** la façon dont ... **III.** *konj* ❶ (*vergleichend*) **weiß ~ Schnee** blanc comme neige; **so groß ~ ein Fass** aussi grand(e) qu'un tonneau; **er ist so alt ~ ich** il a le même âge que moi ❷ (*beispielsweise*) comme ❸ (*entsprechend dem, was*) **~ ich höre** d'après ce que j'entends dire ❹ (*dass*) **er sah, ~ der Krug umkippte** il a vu la cruche basculer

Wiedehopf ['vi:dəhɔpf] <-[e]s, -e> *m* huppe *f*

wieder ['vi:dɐ] *adv* ❶ (*erneut*) de nouveau; **es regnet schon ~** il pleut encore; **nie ~** plus jamais ❷ (*allerdings*) en tout cas

Wiederaufbau [vi:dɐ'ʔaufbau] *m kein Pl* reconstruction *f* **wieder|auf|bauen** [vi:dɐ'ʔaufbauən] *vt* reconstruire *Land* **wieder|auf|bereiten*** *vt* retraiter *Brennelemente* **Wiederaufbereitung** [vi:dɐ'ʔaufbəraitʊŋ] <-, -en> *f* ÖKOL retraitement *m*

Wiederaufbereitungsanlage *f* ÖKOL usine *f* de traitement des déchets radioactifs

Wiederaufnahme [vi:dɐ'ʔaufna:mə] *f*

widersprechen, einwenden

widersprechen	contredire
Das stimmt (doch) gar nicht. (*fam*)	*C'est pas vrai du tout. (fam)*
Ach was!/Unsinn!/Blödsinn!/Quatsch! (*fam*)	*Allons donc !/C'est absurde !/C'est des conneries ! (fam)*
Das sehe ich anders.	*Je ne vois pas ça comme ça.*
Nein, das finde ich nicht.	*Non, je ne trouve pas.*
Da muss ich Ihnen widersprechen.	*Là, je suis obligé(e) de vous contredire.*
Das entspricht nicht den Tatsachen.	*Cela ne correspond pas à la réalité.*
So kann man das nicht sehen.	*On ne peut pas voir les choses ainsi.*
Davon kann gar nicht die Rede sein.	*Il ne peut pas en être question.*

einwenden	objecter
Ja, aber ...	*Oui, mais ...*
Du hast vergessen, dass ...	*Tu as oublié que ...*
Das siehst du aber völlig falsch.	*Là, tu te trompes complètement.*
Sie haben schon Recht, aber bedenken Sie doch auch ...	*Vous avez raison, mais pensez aussi que/à ...*
Das ist ja alles schön und gut, aber ...	*C'est bien beau, tout ça, mais ...*
Ich habe dagegen einiges einzuwenden.	*J'ai quelques objections à faire à ce sujet.*
Das ist aber weit hergeholt.	*Vous avez/Tu as été chercher ça loin. (fam)*

reprise *f* **Wiederaufrüstung** [viːdɐˈʔaufrʏstʊŋ] *f* réarmement *m* **wieder|bekommen*** *vt irr* récupérer **wieder|beleben*** *vt* ❶ r[é]animer *Person* ❷ (*wieder lebendig machen*) faire revivre *Tradition* **Wiederbelebung** *f* renaissance *f*
Wiederbelebungsversuch *m meist Pl* tentative *f* de r[é]animation
wieder|beschaffen* *vt* [**etw**] ~ retrouver [qc] **wiederbeschreibbar** *adj CD* regravable **Wiedereinführung** *f* ❶ *von Bräuchen* rétablissement *m* ❷ *von Waren* réintroduction *f* **Wiedereingliederung** *f* réintégration *f;* (*in die Gesellschaft*) réinsertion *f* **wieder|ein|rücken** *vi + sein* (*zurückkehren*) *Feuerwehr, Truppen:* réintégrer ses quartiers **Wiedereinstellung** *f* réemploi *m* **wieder|entdecken*** *vt* redécouvrir **wieder|erkennen*** *vt irr* **jdn an etw** (*dat*) ~ reconnaître qn à qc **wieder|erlangen*** *vt geh* récupérer *Eigentum* **Wiedereröffnung** *f* réouverture *f* **wieder|finden** *irr* **I.** *vt* retrouver **II.** *vr* **sich** ~ (*wiederauftauchen*) refaire surface
Wiedergabe *f* ❶ *von Klängen, Bildern, Texten* reproduction *f* ❷ (*Schilderung*) description *f*
wieder|geben *vt irr* ❶ (*zurückgeben, reproduzieren, schildern*) rendre ❷ (*zitieren*) **etw wörtlich/sinngemäß** ~ citer qc mot pour mot/rendre qc en substance **Wiedergeburt** *f* réincarnation *f* **wieder|gewinnen*** *vt irr* ❶ ÖKOL **etw aus Abfällen** ~ obtenir qc en retraitant des déchets ❷ (*wiedererlangen*) récupérer *Eigentum*
Wiedergewinnung <-> *f* récupération *f* [après traitement]
wieder|gut|machen [viːdɐˈʔguːtmaxən] *vt* **etw** ~ rafistoler qc (*fam*); réparer *Fehler, Schaden, Unrecht;* **ich werde das demnächst** ~ je te rendrai prochainement la pareille
Wiedergutmachung <-, -en> *f* réparation *f*
wieder|haben *vt irr fam* récupérer **wieder|her|stellen** [viːdɐˈʔheːɐ̯ʃtɛlən] *vt* ❶ rétablir *Kontakt, Ordnung, Frieden* ❷ (*heilen*) **wiederhergestellt sein** être rétabli ❸ (*restaurieren*) **etw** ~ remettre qc en état **Wiederherstellung** *f* ❶ *eines Kontakts, des Friedens* rétablissement *m* ❷ (*Restaurierung*) restauration *f*
wiederholbar *adj* renouvelable
wiederholen*¹ [viːdɐˈhoːlən] **I.** *vt* ❶ répéter *Satz* ❷ rediffuser *Film* ❸ redoubler *Klasse* ❹ réviser *Lektion* **II.** *vr* **sich** ~ se répéter
wieder|holen² [ˈviːdɐhoːlən] *vt* rattraper; rapporter *Gegenstand;* **sich** (*dat*) **etw** ~ récupérer qc
wiederholt [viːdɐˈhoːlt] **I.** *adj* répété(e) **II.** *adv* à plusieurs reprises
Wiederholung [viːdɐˈhoːlʊŋ] <-, -en> *f* ❶ *eines Worts* répétition *f* ❷ *eines Tests* recommencement *m* ❸ *eines Films* rediffusion *f* ❹ *einer Klasse* redoublement *m* ❺ *einer Lektion* révision *f*
Wiederholungsfall *m* **im** ~ *form* en cas de récidive **Wiederholungstäter(in)** *m(f)* récidiviste *mf*
Wiederhören [ˈviːdɐhøːrən] [**auf**] ~**!** au revoir!
wieder|käuen [ˈviːdɐkɔy̯ən] **I.** *vt* ❶ ruminer *Gras* ❷ *pej* (*ständig wiederholen*) rabâcher **II.** *vi* ruminer
Wiederkäuer <-s, -> *m* ruminant *m*
Wiederkehr <-> *f geh* retour *m*
wieder|kehren *vi + sein geh* ❶ (*zurückkehren*) revenir ❷ (*sich wiederholen*) se répéter
wieder|kommen *vi irr + sein* ❶ (*zurückkommen*) revenir ❷ *Gelegenheit:* se représenter
Wiederschauen [**auf**] ~**!** A, SDEUTSCH au revoir!
wieder|sehen *vt, vi irr* [**sich**] ~ [se] revoir
Wiedersehen [ˈviːdɐzeːən] <-s, -> *nt* [nouvelle] rencontre *f;* [**auf**] ~**!** au revoir!
Wiedersehensfreude *f kein Pl* joie *f* des retrouvailles
wieder|tunALT *s.* **tun I.1**
wiederum [ˈviːdərʊm] *adv* ❶ (*abermals*) de nouveau ❷ (*dagegen*) en revanche ❸ (*seinerseits*) **er** ~ lui pour sa part
wieder|vereinigen* *vr* **sich** ~ *Land:* se réunifier **wiedervereinigt** *adj* **das ~e Deutschland** l'Allemagne réunifiée **Wiedervereinigung** [ˈviːdɐfɛɐ̯ʔai̯nɪgʊŋ] *f* réunification *f* **wieder|verheiraten*** *s.* **verheiraten** **wiederverwendbar** *adj* ÖKOL réutilisable **wieder|verwenden*** *vt reg o irr* réutiliser **Wiederverwendung** *f* réutilisation *f* **wieder|verwerten*** *vt* (*recyceln*) recycler **Wiederverwertung** *f* recyclage *m* **Wiederwahl** [ˈviːdɐvaːl] *f* réélection *f*
Wiege [ˈviːgə] <-, -n> *f a. fig geh* (*Geburtsort*) berceau *m* ▶**jdm ist etw in die ~ gelegt worden** qn a qc de naissance
Wiegemesser *nt* hachoir *m*
wiegen¹ [ˈviːgən] <wog, gewogen> *vt, vr* [**sich**] ~ [se] peser

wiegen[2] ['vi:gən] I. *vt* bercer *Kind* II. *vr* (*sich bewegen*) **sich zur Musik ~** se balancer au rythme de la musique
Wiegenlied *nt* berceuse *f*
wiehern ['vi:ɐn] *vi Pferd* hennir
Wien [vi:n] <-s> *nt* Vienne
Wiener(in) <-s, -> *m(f)* Viennois(e) *m(f)*
wienern *vt fam* astiquer *Kacheln, Möbel;* cirer *Schuhe*
Wiese ['vi:zə] <-, -n> *f* pré *m*
Wiesel ['vi:zəl] <-s, -> *nt* belette *f* ▶ **flink wie ein ~ sein** *fam* être vif comme un écureuil
wieso [vi'zo:] I. *adv interrog* pourquoi II. *adv rel* **der Grund, ~ ...** la raison pour laquelle ...
wievielALT *s.* **wie I.4**
wievielmal *adv interrog* combien de fois
wievielte(r, s) *adj interrog* **der/die/das Wievielte ...?** le/la combientième ...? (*fam*); **zum ~n Mal ...?** combien de fois ...?; **der Wievielte ist heute?** le combien sommes-nous aujourd'hui? (*fam*)
wieweit [vi'vait] *adv* jusqu'à quel point
Wikinger(in) ['vi:kɪŋɐ] <-s, -> *m(f)* HIST Viking *mf*
wild [vɪlt] I. *adj* ❶ sauvage ❷ *Spekulation* fou(folle) *antéposé* ❸ *fam* (*versessen*) **ganz ~ auf etw** (*akk*) **sein** raffoler de qc ❹ *fam* (*wütend*) furieux(-euse); **jdn ~ machen** foutre qn en pétard ▶ **wie ~** comme un(e) enragé(e); **das ist halb so ~!** *fam* c'est pas un drame! II. *adv* ❶ (*in freier Natur*) à l'état sauvage ❷ (*unkontrolliert*) sauvagement
Wild [vɪlt] <-[e]s> *nt* gibier *m*
Wildbach *m* torrent *m* **Wildbahn** *f* **in freier ~** en liberté
Wildbret ['vɪltbrɛt] <-s> *nt* gibier *m*
Wilddieb *m s.* **Wilderer**
Wilde(r) *f(m) dekl wie adj* sauvage *mf*
Wildente *f* canard *m* sauvage
Wilderei [vɪldə'rai] <-, -en> *f* braconnage *m*
Wilderer ['vɪldərɐ] <-s, -> *m* braconnier *m*
wildern ['vɪldɐn] *vi* ❶ *Person:* braconner ❷ *Tier:* chasser
wildfremd ['vɪlt'frɛmt] *adj fam* totalement inconnu(e) **Wildgans** ['vɪltgans] *f* oie *f* sauvage
Wildheit <-, -en> *f* ❶ *eines Volks* sauvagerie *f* ❷ *eines Kampfs* violence *f*
Wildhüter(in) *m(f)* garde-chasse *mf* **Wildkaninchen** *nt* lapin *m* de garenne **Wildkatze** *f* chat *m* sauvage **Wildleder** *nt* daim *m*
Wildnis ['vɪltnɪs] <-, -se> *f* contrée *f* sauvage
Wildpark *m* parc *m* à gibier **wildreich** *adj* giboyeux(-euse) **Wildsau** *f* laie *f* **Wildschwein** *nt* sanglier *m* **Wildwasser** <-wasser> *nt* torrent *m* **Wildwechsel** *m kein Pl* (*das Queren von Wild*) passage *m* de gibier
Wilhelm ['vɪlhɛlm] <-s> *m* ❶ Guillaume ❷ HIST **~ der Eroberer** Guillaume le Conquérant
Wille ['vɪlə] <-ns, -n> *m* ❶ volonté *f;* **seinen eigenen ~n haben** savoir ce qu'on veut; **etw aus freiem ~n tun** faire qc de sa propre initiative; **seinen ~n durchsetzen** imposer sa volonté; **etw wider ~n tun** faire qc sans le vouloir ❷ (*Absicht*) volonté *f;* **der gute ~** la bonne volonté; **das war kein böser ~** ce n'était pas intentionnel ▶ **es geht beim besten ~n nicht** ce n'est pas possible même avec la meilleure volonté du monde; **sein/ihr letzter ~** *geh* ses dernières volontés
willen ['vɪlən] *präp + gen* **um seiner/deiner ~** pour l'amour de lui/de toi
willenlos *adj* sans la moindre volonté
willens ['vɪləns] *adj geh* **~ sein etw zu tun** être disposé à faire qc
Willensäußerung *f* manifestation *f* de sa/ma/... volonté **Willenskraft** *f kein Pl* volonté *f* **willensschwach** *adj* sans volonté **Willensschwäche** *f kein Pl* manque *f* de volonté **willensstark** *adj* volontaire **Willensstärke** *f kein Pl* volonté *f*
willentlich ['vɪləntlɪç] *geh adj* intentionnel(le)
willfährig ['vɪlfɛ:rɪç] *adj geh* complaisant(e)
willig ['vɪlɪç] *adj* [qui fait preuve] de bonne volonté; *Kind* docile
willkommen [vɪl'kɔmən] *adj* ❶ *Gast* bienvenu(e); *Besuch* qui fait plaisir; **seien Sie herzlich ~!** soyez le bienvenu/la bienvenue/les bienvenus! ❷ *Abwechslung* vraiment bienvenu(e); *Gelegenheit* opportun(e)
Willkommen [vɪl'kɔmən] <-s, -> *nt* bienvenue *f*
Willkür ['vɪlky:ɐ] <-> *f* arbitraire *m;* **der ~** (*dat*) **eines Tyrannen ausgesetzt sein** être à la merci de la volonté d'un tyran
willkürlich *adj* arbitraire
wimmeln ['vɪməln] *vi* ❶ *unpers* grouiller ❷ *fam* **von Fehlern ~** *Text:* fourmiller de fautes
wimmern ['vɪmɐn] *vi* geindre; *Baby:* vagir
Wimpel ['vɪmpəl] <-s, -> *m* fanion *m*

Wimper ['vɪmpɐ] <-, -n> *f a.* BIO cil *m* ▶**ohne mit der ~ zu zucken** sans sourciller
Wimperntusche *f* mascara *m*
Wind [vɪnt] <-[e]s, -e> *m* vent *m* ▶**jdm den ~ aus den Segeln nehmen** couper l'herbe sous le[s] pied[s] de qn; **bei ~ und Wetter** par tous les temps; **~ von etw bekommen** avoir vent de qc; **viel ~ um etw machen** *fam* faire tout un plat de qc; **in alle [vier] ~e zerstreut sein** être dispersés aux quatre vents
Windbeutel *m* chou *m* à la crème
Winde ['vɪndə] <-, -n> *f* ❶TECH treuil *m* ❷BOT liseron *m*
Windei ['vɪntʔai̯] *nt* (*schalenloses Ei*) œuf *m* sans coquille
Windel ['vɪndəl] <-, -n> *f* couche *f*
Windelhöschen [-høːsçən] *nt* couche-culotte *f* **windelweich** ['vɪndəl'vai̯ç] *adj* ▶**jdn ~ schlagen** *fam* tabasser qn
winden ['vɪndən] <wand, gewunden> **I.** *vr* ❶(*sich krümmen*) **sich ~** se tordre; **sich vor Schmerzen ~** se tordre de douleur ❷(*sich vorwärtsbewegen*) **sich ~** *Schlange, Wurm:* se faufiler ❸(*in Kurven verlaufen*) **sich ~** serpenter ❹(*sich wickeln*) **sich um etw ~** s'enrouler autour de qc ❺(*nach Ausflüchten suchen*) **sich ~** chercher des faux-fuyants **II.** *vt* (*herumschlingen*) **etw um etw ~** enrouler qc autour de qc
Windenergie *f* énergie *f* éolienne
Windeseile ▶**in ~** à toute vitesse
Windfang <-s, -fänge> *m* tambour *m*
windgeschützt *adj, adv* à l'abri du vent **Windhauch** *m* souffle *m* de vent **Windhose** *f* METEO tornade *f* **Windhund** *m* ❶lévrier *m* ❷*pej* (*unzuverlässiger Mensch*) fumiste *m* (*fam*)
windig ['vɪndɪç] *adj* ❶(*mit viel Wind*) venteux(-euse); **es ist ~** il y a du vent ❷*fam Vertreter* pas sérieux(-euse); *Sache* foireux(-euse)
Windjacke *f* blouson *m* **Windjammer** <-s, -> *m* NAUT grand voilier *m* **Windkanal** *m* tunnel *m* aérodynamique **Windkraftanlage** *f* éolienne *f* **Windmühle** *f* moulin *m* à vent **Windpocken** *Pl* MED varicelle *f* **Windrad** *nt* éolienne *f* **Windrichtung** *f* direction *f* du vent **Windrose** *f* rose *f* des vents **Windschatten** *m* côté *m* abrité du vent **windschief** *adj Hütte* tout(e) tordu(e); *Dach* déjeté(e) **Windschutzscheibe** *f* pare-brise *m* **Windseite** *f* côté *m* exposé au vent **Windstärke** *f* force *f* du vent **windstill** *adj* sans [le moindre souffle de] vent **Windstille** *f* calme *m* plat **Windstoß** *m* bourrasque *f* **Windsurfer(in)** *m(f)* [véli]planchiste *mf* **Windsurfing** ['vɪntzøːɐ̯fɪŋ] *nt* planche *f* à voile
Windung <-, -en> *f eines Wasserlaufs* méandre *m; einer Straße* lacet *m*
Wink [vɪŋk] <-[e]s, -e> *m* ❶(*Hinweis*) indication *f;* **jdm einen ~ geben** avertir qn ❷(*Bewegung*) signe *m* ▶**ein ~ mit dem Zaunpfahl** *fam* un appel du pied
Winkel ['vɪŋkəl] <-s, -> *m* ❶GEOM angle *m;* **rechter/spitzer/stumpfer ~** angle droit/aigu/obtus ❷(*Ecke, abgelegenes Plätzchen*) coin *m* ❸(*Winkelmaß*) équerre *f* ▶**toter ~** angle *m* mort
Winkeladvokat(in) *m(f) pej* avocaillon *m* (*fam*)
winkelig ['vɪŋkəlɪç] *s.* **winklig**
Winkelmaß *nt* équerre *f* **Winkelzug** *m meist Pl pej* combine *f*
winken ['vɪŋkən] <gewinkt *o* DIAL gewunken> **I.** *vi* ❶(*mit der Hand*) faire signe; **jdm ~** faire signe à qn ❷(*in Aussicht stehen*) **jdm winkt etw** qc attend qn **II.** *vt* **sie winkte ihn zu sich** elle lui fit signe de s'approcher d'elle
winklig ['vɪŋklɪç] *adj Gasse* tortueux(-euse); *Haus* plein(e) de recoins
winseln ['vɪnzəln] *vi* (*jaulen*) gémir
Winter ['vɪntɐ] <-s, -> *m* hiver *m*
Winteranfang *m* début *m* de l'hiver **Wintereinbruch** *m* irruption *f* de l'hiver **Winterfell** *nt* fourrure *f* [*o* pelage *m*] d'hiver **winterfest** *adj Kleidung* pour l'hiver **Wintergarten** *m* jardin *m* d'hiver **winterhart** *adj* résistant(e) à l'hiver
winterlich ['vɪntɐlɪç] **I.** *adj* d'hiver **II.** *adv gekleidet* pour affronter l'hiver
Wintermantel *m* manteau *m* d'hiver **Winterpause** *f* pause *f* d'hiver **Winterreifen** *m* pneu *m* neige **Wintersaison** *f* saison *f* d'hiver **Winterschlaf** *m* hibernation *f;* **~ halten** hiberner **Winterschlussverkauf**[RR] *m* soldes *mpl* d'hiver **Wintersemester** *nt* semestre *m* d'hiver **Winterspiele** *Pl* Jeux *mpl* d'hiver; **die Olympischen ~** les Jeux olympiques d'hiver **Wintersport** *m* sports *mpl* d'hiver **Winterzeit** *f kein Pl* hiver *m*
Winzer(in) ['vɪnt͡sɐ] <-s, -> *m(f)* vigneron(ne) *m(f)*
winzig ['vɪnt͡sɪç] *adj* ❶*Gegenstand* minuscule ❷*Menge* infime
Wipfel ['vɪpfəl] <-s, -> *m* cime *f*
Wippe ['vɪpə] <-, -n> *f* bascule *f*
wippen *vi Person:* se balancer

W

wir [viːɐ̯] *pron pers* nous; **wer ist draußen? – Wir!** qui est là? – C'est nous!
Wirbel ['vɪrbəl] <-s, -> *m* ❶ ANAT vertèbre *f* ❷ *fam* (*Trubel*) remue-ménage *m;* [**einen**] **großen ~ verursachen** faire des vagues ❸ (*Wasserwirbel*) remous *m;* (*Luftwirbel*) tourbillon *m* ❹ (*Haarwirbel*) épi *m* ❺ (*Trommelwirbel*) roulement *m* de tambours
wirbeln *vi* ❶ + *sein* (*geweht werden*) tourbillonner; **durch die Luft ~** *Laub, Blätter:* tourbillonner ❷ + *haben fam* (*geschäftig sein*) s'activer
Wirbelsäule *f* colonne *f* vertébrale **Wirbelsturm** *m* cyclone *m* **Wirbeltier** *nt* vertébré *m* **Wirbelwind** *m* tourbillon *m*
wirbt [vɪrpt] *3. Pers Präs von* **werben**
wird [vɪrt] *3. Pers Präs von* **werden**
wirft [vɪrft] *3. Pers Präs von* **werfen**
wirken ['vɪrkən] **I.** *vi* ❶ *Medikament, Substanz:* agir; **gut/nicht ~** être efficace/inefficace ❷ *Drohung:* faire effet; **ansteckend ~** *Heiterkeit:* être contagieux ❸ (*erscheinen*) **müde ~** avoir l'air fatigué(e); **lächerlich ~** être ridicule; **unecht ~** *Freundlichkeit:* sonner faux ❹ (*zur Geltung kommen*) **gut ~** rendre bien; **etw auf sich** (*akk*) **~ lassen** laisser qc agir sur soi **II.** *vt* **Wunder ~** faire des miracles
wirklich ['vɪrklɪç] **I.** *adj* ❶ *Begebenheit* véritable; **sein ~er Name** son vrai nom ❷ *Hilfe* réel(le) **II.** *adv* ❶ (*tatsächlich*) réellement; **~?** c'est vrai?; **nicht ~** pas réellement; **~ nicht?** vraiment pas? ❷ (*aufrichtig, sehr*) vraiment; **das tut mir ~ Leid** je suis vraiment désolé(e)
Wirklichkeit <-, -en> *f* réalité *f;* **in ~** en réalité
wirklichkeitsfremd *adj* irréaliste **wirklichkeitsgetreu** **I.** *adj* fidèle à la réalité; *Zeichnung* réaliste **II.** *adv berichten* en restant fidèle à la réalité
wirksam ['vɪrkzaːm] *adj* ❶ *Mittel* efficace; *Inhaltsstoff* actif(-ive) ❷ (*rechtskräftig, verbindlich*) **~ werden** entrer en vigueur
Wirksamkeit <-> *f* efficacité *f*
Wirkstoff *m* substance *f* active
Wirkung ['vɪrkʊŋ] <-, -en> *f* ❶ effet *m; einer Droge* effets *mpl;* **eine wohl tuende ~ auf jdn/etw haben** avoir un effet bienfaisant sur qn/qc ❷ (*Rechtskraft, Verbindlichkeit*) **mit ~ vom 15. Oktober** avec effet au 15 octobre
Wirkungsbereich *m kein Pl* (*Tätigkeitsbereich*) champ *m* [*o* sphère *f*] d'activité **Wirkungsgrad** *m* degré *m* d'efficacité
wirkungslos *adj Medikament* inefficace
Wirkungslosigkeit <-> *f* inefficacité *f*
Wirkungsstätte *f geh* lieu *m* d'action
wirkungsvoll *adj Maßnahme* efficace; *Rede* impressionnant(e)
Wirkungsweise *f* mode *m* d'action
wirr [vɪr] *adj* ❶ *Geflecht* emmêlé(e); *Haar* en désordre ❷ *Gedanken* embrouillé(e); *Traum* confus(e); *Blick* hagard(e); **~es Zeug reden** dire n'importe quoi
Wirren ['vɪrən] *Pl* troubles *mpl*
Wirrkopf *m pej* esprit *m* confus
Wirrwarr ['vɪrvar] <-s> *m* (*Durcheinander*) fouillis *m; von Stimmen* mélange *m* confus
Wirsing ['vɪrzɪŋ] <-s> *m* chou *m* frisé
Wirt(in) ['vɪrt] <-[e]s, -e> *m(f)* ❶ (*Gastwirt*) patron(ne) *m(f); einer Landgaststätte* aubergiste *mf* ❷ BIO hôte *m*
Wirtschaft ['vɪrtʃaft] <-, -en> *f* ❶ (*Ökonomie*) économie *f* ❷ (*Wirtschaftszweig*) **die freie ~** le secteur privé ❸ (*Gastwirtschaft*) bistro[t] *m*
wirtschaften ['vɪrtʃaftən] *vi* ❶ (*Geld, Mittel verwalten*) gérer son budget; **eine Firma/ein Land zugrunde ~** ruiner une entreprise/mener un pays à la ruine ❷ (*sich betätigen*) **in der Küche ~** être occupé à la cuisine
Wirtschafterin <-, -nen> *f* intendante *f*
wirtschaftlich ['vɪrtʃaftlɪç] *adj* ❶ (*finanziell, ökonomisch*) économique; **seine ~en Verhältnisse** sa situation financière ❷ *Hausfrau* économe; *Denken* en termes d'économie
Wirtschaftlichkeit <-> *f* ❶ *eines Autos* fonctionnement *m* économique ❷ (*Rentabilität*) rentabilité *f*
Wirtschaftsflüchtling *m* réfugié(e) *m(f)* pour raisons économiques **Wirtschaftsgymnasium** *nt* lycée *m* [avec sections] à dominante économique **Wirtschaftskriminalität** *f* criminalité *f* économique **Wirtschaftskrise** *f* crise *f* économique **Wirtschaftslage** *f* situation *f* économique **Wirtschaftspolitik** *f* politique *f* économique **Wirtschaftsprüfer(in)** *m(f)* expert(e)-comptable *m(f)*
Wirtschafts- und Währungsunion *f* Union *f* économique et monétaire
Wirtschaftswachstum *nt* croissance *f* économique **Wirtschaftswissenschaft** *f meist Pl* sciences *fpl* économiques **Wirtschaftswissenschaftler(in)** *m(f)* économiste *mf* **Wirtschaftswunder** *nt fam* miracle *m* économique **Wirtschaftszweig** *m* branche *f* de l'économie

Wirtshaus *nt* auberge *f* **Wirtsleute** *Pl* couple *m* d'hôteliers **Wirtstier** *nt* BIO [animal *m*] hôte *m* **Wirtszelle** *f* BIO cellule *f* hôte

Wisch [vɪʃ] <-[e]s, -e> *m pej fam* papelard *m*

wischen ['vɪʃən] *vt* ① passer la serpillière sur *Fußboden, Treppe* ② (*entfernen*) **die Krümel vom Tisch ~** enlever les miettes sur la table; **sich** (*dat*) **den Schweiß von der Stirn ~** essuyer la sueur sur son front ▶**von jdm eine gewischt bekommen** *fam* se prendre une baffe de qn

Wischer <-s, -> *m* (*Scheibenwischer*) essuie-glace *m*

Wischiwaschi [vɪʃi'vaʃi] <-s> *nt pej fam* blabla[bla] *m*

Wischlappen *m* serpillière *f*

Wisent ['vi:zɛnt] <-s, -e> *m* bison *m*

Wismut ['vɪsmu:t] <-[e]s> *nt* CHEM bismuth *m*

wispern ['vɪspɐn] **I.** *vt* chuchoter **II.** *vi* parler en chuchotant

Wissbegier[de][RR], **Wißbegier[de]**[ALT] *f kein Pl* besoin *m* de savoir; *von Schülern* curiosité *f* intellectuelle

wissbegierig[RR], **wißbegierig**[ALT] *adj* extrêmement curieux(-euse); *Schüler* qui a soif d'apprendre; **~ sein** faire preuve d'une grande curiosité

wissen ['vɪsən] <weiß, wusste, gewusst> **I.** *vt* ① (*als Kenntnisse besitzen*) savoir; connaître *Fakten, Weg, Adresse;* **viel ~** avoir beaucoup de connaissances; **jdn in guten Händen ~** *geh* savoir qn en [de] bonnes mains; **er weiß, was er will** il sait ce qu'il veut; **davon weiß ich nichts** je ne suis absolument pas au courant; **wenn ich das gewusst hätte!** si j'avais su!; **wenn ich das wüsste!** si [seulement] je le savais!; **woher soll ich das ~?** comment je le saurais? ② (*können*) **sich** (*dat*) **zu helfen ~** savoir se débrouiller; **etw zu schätzen ~** savoir apprécier qc; **sich** (*dat*) **nicht mehr zu helfen ~** ne plus savoir que faire ③ (*erfahren*) **jdn etw ~ lassen** faire savoir qc à qn ▶**und was weiß ich noch alles** *fam* j'en passe et des meilleures **II.** *vi* ① **von etw ~** *geh* avoir connaissance de qc; **soviel ich weiß** autant que je sache; **[ach,] weißt du/~ Sie, ...** tu sais/vous savez, ... ② (*sich erinnern*) **weißt du/~ Sie noch?** tu te rappelles/vous vous rappelez? ▶**man kann nie ~!** *fam* on sait jamais!; **nicht mehr aus noch ein ~** ne plus savoir quoi faire; **nicht, dass ich wüsste** *fam* pas que je sache

Wissen ['vɪsən] <-s> *nt* connaissances *fpl;* **meines ~s** pour autant que je [le] sache ▶**nach bestem ~ und Gewissen** *form* en son/mon/... âme et conscience; **wider besseres ~** sciemment

wissend *geh* **I.** *adj Blick, Lächeln* entendu(e) **II.** *adv lächeln, nicken* d'un air entendu

Wissenschaft ['vɪsənʃaft] <-, -en> *f* science *f*

Wissenschaftler(in) <-s, -> *m(f)* scientifique *mf*

wissenschaftlich ['vɪsənʃaftlɪç] *adj* scientifique

Wissensdrang *m kein Pl,* **Wissensdurst** *m geh* soif *f* de savoir **Wissensgebiet** *nt* discipline *f* **Wissenslücke** *f* lacune *f* **wissenswert** *adj* d'un grand intérêt

wissentlich ['vɪsəntlɪç] **I.** *adj* délibéré(e) **II.** *adv* délibérément

nicht wissen

Nichtwissen ausdrücken	*exprimer son ignorance*
Das weiß ich (auch) nicht./Weiß nicht. (*fam*)	*Je ne sais pas (non plus)./Je sais pas. (fam)*
Keine Ahnung. (*fam*)	*Aucune idée.*
Hab keinen blassen Schimmer. (*fam*)	*J'en ai aucune idée. (fam)*
Ich kenne mich da leider nicht aus.	*Je regrette, mais je n'y connais rien.*
Da bin ich überfragt.	*Là, tu m'en demandes/vous m'en demandez trop.*
Darüber weiß ich nicht Bescheid.	*Je ne suis pas au courant.*
Die genaue Anzahl entzieht sich meiner Kenntnis. (*geh*)	*Je n'ai pas connaissance du nombre exact. (soutenu)*
Woher soll ich das wissen?	*Comment pourrais-je le savoir ?*

W

wittern ['vɪtɐn] *vt* flairer
Witterung <-, -en> *f* ① METEO temps *m* ② JAGD flair *m;* **die ~ aufnehmen** prendre le vent
Witwe ['vɪtvə] <-, -n> *f* veuve *f*
Witwenrente *f* pension *f* de veuve
Witwer ['vɪtvɐ] <-s, -> *m* veuf *m*
Witz [vɪts] <-es, -e> *m* ① plaisanterie *f* ② *kein Pl geh* (*Esprit*) esprit *m* ③ (*Besonderheit, Pfiff*) **der ~ an diesem Rechner ist, dass ...** l'intérêt de cet ordinateur, c'est que ... ▶ **mach keine ~e!** *fam* allez, arrête tes conneries!; **das soll doch wohl ein ~ sein!** *fam* c'est une blague ou quoi?; **ein ~ sein** *fam Klassenarbeit:* être de la rigolade
Witzbold ['vɪtsbɔlt] <-[e]s, -e> *m* ① (*Spötter*) plaisantin *m* ② *iron fam* (*Dummkopf*) **du ~!** t'en as de bonnes, toi!
witzeln ['vɪtsəln] *vi* plaisanter; **über jdn/etw ~** faire des plaisanteries sur qn/qc
Witzfigur *f pej fam* caricature *f*
witzig ['vɪtsɪç] *adj* ① (*lustig*) amusant(e) ② (*geistreich*) plein(e) d'esprit; **sehr ~!** *iron fam* très marrant!
witzlos *adj fam* (*sinnlos*) **~ sein** ne servir à rien
WLAN [veː'laːn] <-[s], -s> *nt* INFORM *Abk von* **Wireless Local Area Network** WLAN *m,* réseau *m* local sans fil
WM [veː'ʔɛm] <-, -s> *f Abk von* **Weltmeisterschaft**
WM-Fieber [veː'ʔɛm-] *nt* FBALL fièvre *f* du mondial
wo [voː] **I.** *adv interrog* où; **~ bist du?** où es-tu? ▶ **i ~!** *fam* penses-tu! **II.** *adv rel* **die Stelle, ~ ...** l'endroit où ...; **jetzt, ~ ...** maintenant que ... **III.** *konj* ① (*zumal*) d'autant que ② (*obwohl*) alors que
woanders [vo'ʔandɐs] *adv* ailleurs
woandershin [vo'ʔandɐs'hɪn] *adv* ailleurs
wob [voːp] *Imp von* **weben**
wobei [vo'bai] **I.** *adv interrog* comment **II.** *adv rel* ① (*bei welcher Sache*) au cours duquel/de laquelle ② (*während welcher Sache*) pendant lequel/laquelle ③ (*aber, jedoch*) cependant
Woche ['vɔxə] <-, -n> *f* semaine *f;* **nächste ~** la semaine prochaine; **pro ~** par semaine
Wochenarbeitszeit *f* durée *f* hebdomadaire du travail **Wochenbett** *nt* **im ~** en couches
Wochenendausgabe *f* édition de fin de semaine *f* **Wochenendbeziehung** *f* relation *f* de fin de semaine
Wochenende ['vɔxənʔɛndə] *nt* week-end *m;* **am ~** le week-end; **ein langes ~** un week-end prolongé; **schönes ~!** bon week-end!
Wochenendhaus ['vɔxənʔɛnthaus] *nt* résidence *f* secondaire (*surtout pour le week-end*) **Wochenendseminar** *nt* séminaire *m* pendant le week-end
Wochenkarte *f* carte *f* hebdomadaire **wochenlang** ['vɔxənlaŋ] **I.** *adj* de plusieurs semaines **II.** *adv* pendant plusieurs semaines **Wochenlohn** *m* salaire *m* hebdomadaire **Wochenmarkt** *m* marché *m* **Wochentag** *m* jour *m* de la semaine; **an ~en** en semaine **wochentags** ['vɔxəntaːks] *adv* en semaine
wöchentlich ['vœçəntlɪç] **I.** *adj* hebdomadaire **II.** *adv* chaque semaine; **zweimal ~** deux fois par semaine
Wochenzeitschrift *f* [revue *f*] hebdomadaire *m* **Wochenzeitung** *f* hebdomadaire *m*
Wöchnerin ['vœçnərɪn] <-, -nen> *f* accouchée *f*
Wodka ['vɔtka] <-s, -s> *m* vodka *f*
wodurch [vo'dʊrç] **I.** *adv interrog* comment **II.** *adv rel* ce qui explique que + *subj*
wofür [vo'fyːɐ] **I.** *adv interrog* pour quoi; **~ hast du dein ganzes Geld ausgegeben?** à quoi as-tu dépensé tout ton argent?; **~ halten Sie mich eigentlich?** pour qui me prenez-vous?; **~ interessieren Sie sich?** à quoi vous intéressez-vous? **II.** *adv rel* **das Match, ~ sie trainiert** le match pour lequel elle s'entraîne
wog [voːk] *Imp von* **wiegen**[1]
Woge ['voːgə] <-, -n> *f* ① *geh* (*große Welle*) vague *f;* **die ~n** les flots *mpl* ② *fig* **die ~n der Begeisterung** les débordements *mpl* d'enthousiasme ▶ **wenn sich die ~n geglättet haben** lorsque les esprits se seront calmés
wogegen [vo'geːgən] **I.** *adv interrog* contre quoi **II.** *adv rel* contre lequel/laquelle **III.** *konj* alors que
wogen ['voːgən] *vi geh* ① *Meer, See:* rouler des vagues ② *Kampf, Schlacht:* faire rage
wogend *adj geh Meer, See* agité(e); *Brust* ondoyant(e)
woher [vo'heːɐ] **I.** *adv interrog* d'où ▶ **ach ~!** DIAL *fam* penses-tu/pensez-vous! **II.** *adv rel* d'où
wohin [vo'hɪn] **I.** *adv interrog* où; **~ gehst du?** où vas-tu? ▶ **ich muss mal ~** *euph fam* il faut que j'aille au petit coin **II.** *adv rel* où; **geh, ~ du willst!** va où tu veux!
wohingegen *konj geh* alors que
wohl [voːl] *adv* ① (*gesund, wohlauf*) **sich ~ fühlen** se sentir bien ② (*gut, behag-*

W

lich) **jdm ist nicht ~ bei etw** qc met qn mal à l'aise ❸ (*wahrscheinlich*) vraisemblablement ❹ (*durchaus, doch, schon*) tout à fait; **das kann man ~ sagen!** ça, tu peux/vous pouvez le dire! ❺ (*zwar*) **es regnet ~, aber ...** c'est vrai qu'il pleut, mais ... ❻ (*zirka*) en gros; **es waren ~ hundert Besucher da** il y avait environ cent visiteurs ❼ (*überhaupt*) **ob das ~ genügt?** ça suffira, vraiment? ❽ (*sofort, endlich*) **willst du ~ gehorchen!** alors, tu te décides à obéir! ▶ **~ oder übel** bon gré mal gré; **~ bekomm's!** *geh* à ta/votre santé!; **leb ~!** adieu!

Wohl <-[e]s> *nt* ❶ (*Nutzen*) bien *m* ❷ (*Wohlbefinden*) bien-être *m;* **zum ~!** à ta/votre santé!

wohlauf [vo:l'ʔau̯f] *adj geh* **~ sein** se porter bien

Wohlbefinden <-s> *nt geh* bien-être *m;* **sich nach jds ~ erkundigen** s'enquérir de la santé de qn

wohlbehalten *adv* ❶ (*wohlauf*) en bon état ❷ (*unverletzt*) sain(e) et sauf(sauve)

wohlbekannt *s.* **bekannt**

Wohlergehen <-s> *nt* bien-être *m* **wohlerzogen** ['vo:lʔɛɐ̯tso:gən] <besser erzogen, besterzogen> *adj geh* bien élevé(e) **Wohlfahrtsmarke** *f* timbre-poste *m* [surtaxé] au profit d'une œuvre **Wohlfahrtsstaat** *m pej* État[-]providence *m* (*fam*)

Wohlfühlhotel *nt* hôtel *m* de bien-être **Wohlfühlpulli** *m* pull *m* moelleux **Wohlfühlwochenende** *nt* week-end *m* bien-être

Wohlgefallen ['vo:lgəfalən] *nt geh* satisfaction *f;* **mit ~** avec [une grande] satisfaction ▶ **sich in ~ auflösen** *hum* s'envoler **wohlgeformt** <besser geformt, bestgeformt> *adj geh* bien proportionné(e) **Wohlgefühl** *nt kein Pl* sentiment *m* de bien-être **wohlgemerkt** ['vo:lgəmɛrkt] *adv* il faut le souligner **wohlgenährt** <wohlgenährter, wohlgenährteste> *adj iron geh* replet(-ète) **Wohlgeruch** *m geh einer Blüte, Essenz* senteur *f* **wohlgesinnt** <wohlgesinnter, wohlgesinnteste> *adj geh* **jdm ~ sein** être bien intentionné à l'égard de qn

W

wohlhabend <wohlhabender, wohlhabendste> *adj* fortuné(e); **~ sein** être fortuné

wohlig ['vo:lɪç] *adj Wärme* agréable; **ein ~es Gefühl** un sentiment de bien-être

Wohlklang *m geh* son *m* mélodieux **wohlklingend** <wohlklingender, wohlklingendste> *adj geh Stimme* mélodieux(-euse) **wohlmeinend** <wohlmeinender, wohlmeinendste> *adj* bien intentionné(e) **wohlriechend** <wohlriechender, wohlriechendste> *adj geh* qui sent bon **wohlschmeckend** <wohlschmeckender, wohlschmeckendste> *adj geh* savoureux(-euse) **Wohlsein** *nt* **zum ~!** à votre santé! **Wohlstand** *m kein Pl* aisance *f*

Wohlstandsgefälle *nt* écart *m* entre les pays riches et les pays pauvres **Wohlstandsgesellschaft** *f* société *f* d'abondance

Wohltat *f kein Pl* (*Erleichterung*) délice *m* **Wohltäter(in)** *m(f)* bienfaiteur(-trice) *m(f)* **wohltätig** *adj Hilfe* charitable; **ein ~er Zweck** un but caritatif

Wohltätigkeitsbasar *m* vente *f* de charité **Wohltätigkeitsveranstaltung** *f* manifestation *f* organisée au profit d'une œuvre

wohltuend ['vo:ltu:ənt] <wohltuender, wohltuendste> *adj* bienfaisant(e); **~ sein** faire du bien

wohl|tun *vi irr geh* **jdm ~** faire du bien à qn **wohlüberlegt** *s.* **überlegt I. wohlverdient** *adj geh* bien mérité(e)

wohlweislich ['vo:lvai̯slɪç] *adv* en toute connaissance de cause; **..., was ich ~ nicht tat** ..., ce que je me suis bien gardé(e) de faire

Wohlwollen ['vo:lvɔlən] <-s> *nt* bienveillance *f* **wohlwollend** <wohlwollender, wohlwollendste> **I.** *adj* bienveillant(e); **jdm ~ gegenüberstehen** montrer de la bienveillance à qn **II.** *adv* avec bienveillance

Wohnanlage *f* résidence *f* **Wohnblock** <-blocks> *m* pâté *m* de maisons

wohnen ['vo:nən] *vi* habiter; **ich wohne in Dresden** j'habite [à] Dresde

Wohnfläche *f* surface *f* habitable **Wohngebiet** *nt* zone *f* résidentielle **Wohngegend** *f* zone *f* résidentielle **Wohngeld** *nt* aide *f* personnalisée au logement **Wohngemeinschaft** *f* communauté *f* (*personnes partageant un appartement ou une maison*); **in einer ~ wohnen** vivre en communauté

wohnhaft ['vo:nhaft] *adj form* **in Berlin ~ sein** être domicilié à Berlin

Wohnhaus *nt* immeuble *m* d'habitation **Wohnheim** *nt* (*Studentenwohnheim*) foyer *m* pour étudiants; (*Arbeiterwohnheim*) foyer de travailleurs **Wohnküche** *f* grande cuisine *f* (*qui fait salle à manger*) **Wohnlage** *f* quartier *m*

wohnlich ['vo:nlɪç] **I.** *adj* agréable à habiter **II.** *adv einrichten* avec confort

Wohnmobil ['vo:nmobi:l] <-s, -e> *nt* camping-car *m* **Wohnort** *m* domicile *m* **Wohnraum** *m* ❶ (*Raum*) pièce *f* d'habitation ❷ *kein Pl* (*Wohnungen*) [parc *m* de] logements *mpl* **Wohnsilo** *m o nt pej* cage *f* à lapins (*fam*) **Wohnsitz** *m* domicile *m;* **fester ~** domicile fixe

Wohnung <-, -en> *f* appartement *m*

Wohnungsamt *nt* office *m* du logement **Wohnungsbau** *m kein Pl* construction *f* de logements; **sozialer ~** construction *f* de logements sociaux **Wohnungsinhaber(in)** *m(f)* (*Besitzer*) propriétaire *m* de l'appartement; (*Bewohner*) occupant(e) *m(f)* de l'appartement **Wohnungsmarkt** *m* marché *m* du logement **Wohnungsnot** *f kein Pl* crise *f* du logement **Wohnungssuche** *f* recherche *f* d'un logement [à louer] **Wohnungstür** *f* porte *f* de l'appartement

Wohnverhältnisse *Pl* conditions *fpl* d'habitation [*o* de logement] **Wohnviertel** *nt* quartier *m* résidentiel **Wohnwagen** *m* ❶ (*Campinganhänger*) caravane *f* ❷ (*mobile Wohnung*) roulotte *f* **Wohnzimmer** *nt* [salle *f* de] séjour *m*

Wok [vɔk] <-, -s> *m* wok *m*

wölben ['vœlbən] *vr* ❶ (*sich biegen*) **sich ~** bomber ❷ (*überspannen*) **sich über etw** (*akk*) **~** *Dach:* former une voûte au-dessus de qc; *Brücke:* former un arc au-dessus de qc

Wölbung <-, -en> *f* ARCHIT voûte *f*

Wolf [vɔlf, *Pl:* 'vœlfə] <-[e]s, Wölfe> *m* ❶ loup *m* ❷ (*Fleischwolf*) hachoir *m;* **etw durch den ~ drehen** passer qc au hachoir ▶ **ein ~ im Schafspelz** un loup déguisé en agneau; **mit den Wölfen heulen** hurler avec les loups

Wölfin ['vœlfɪn] <-, -nen> *f* louve *f*

Wolfshund *m* ZOOL chien-loup *m*

Wolke ['vɔlkə] <-, -n> *f* nuage *m* ▶ **aus allen ~n fallen** tomber des nues; **über den ~n schweben** *geh* vivre sur son nuage; **auf ~ sieben schweben** *fam* être aux anges

Wolkenbruch *m* pluie *f* torrentielle **Wolkendecke** *f* plafond *m* [nuageux] **Wolkenkratzer** *m* gratte-ciel *m*

wolkenlos *adj* sans nuages

wolkig *adj* couvert(e)

Wolldecke *f* couverture *f* en laine

Wolle ['vɔlə] <-, -n> *f* laine *f* ▶ **sich wegen etw in die ~ kriegen** *fam* se voler dans les plumes à cause de qc

wollen ['vɔlən] <will, wollte, wollen> **I.** *aux modal* ❶ vouloir; **arbeiten ~** vouloir travailler; **wir wollten gerade gehen/essen** nous nous apprêtions à partir/manger; **ich wollte Sie fragen, ob ...** (*Höflichkeitsfloskel*) je voulais vous demander si ...; **willst du lieber eine Kassette oder eine CD haben?** tu préfères avoir une cassette ou un CD? ❷ (*in Aufforderungssätzen*) **~ Sie einen Moment Platz nehmen?** auriez-vous l'obligeance de prendre place un instant?; **willst du wohl still sein!** tu vas te taire! ❸ (*behaupten*) **er will davon nichts gewusst haben** il prétend n'avoir pas été au courant ❹ (*müssen*) **Reiten will gelernt sein** l'équitation, ça s'apprend ❺ (*werden*) **es sieht aus, als wolle es gleich ein Gewitter geben** on dirait qu'il va bientôt faire de l'orage **II.** <will, wollte, gewollt> *vi* ❶ vouloir ❷ (*gehen, reisen wollen*) **zu jdm ~** vouloir voir qn; **zu wem ~ Sie?** qui voulez-vous voir? ❸ *fam* (*funktionieren*) **das Herz will nicht mehr so richtig** le cœur est très fatigué ❹ (*wünschen*) [**ganz**] **wie du willst** c'est comme tu veux; **ich wollte, ...** j'aimerais que + *subj* ▶ **dann ~ wir mal!** eh bien allons-y!; **ob du willst oder nicht** que tu le veuilles ou non; **wenn man so will** pour ainsi dire **III.** *vt* ❶ (*haben wollen, wünschen*) vouloir; **willst du lieber Kaffee oder Tee?** tu préfères du café ou du thé?; **was hat sie von dir gewollt?** qu'est-ce qu'elle te voulait?; **ohne es zu ~** sans le vouloir ❷ (*bezwecken*) **was willst du mit dem Hammer?** que veux-tu faire avec ce marteau? ❸ *fam* (*brauchen*) **Kinder ~ viel Liebe** les enfants ont besoin de beaucoup d'amour ▶ **da ist nichts zu ~** *fam* y a pas moyen; **etwas von jdm ~** *fam* (*böse Absichten haben*) en avoir après qn; (*sexuelles Interesse haben*) en pincer pour qn; **was will man mehr!** que demande le peuple!

wollig ['vɔlɪç] *adj* laineux(-euse)

Wolljacke *f* veste *f* de laine **Wollknäuel** *nt* pelote *f* de laine **Wollstoff** *m* lainage *m*

Wollust ['vɔlʊst] *f geh* volupté *f*

wollüstig ['vɔlʏstɪç] *adj geh Blick* lascif(-ive); *Stöhnen* de volupté

womit [vo'mɪt] *adv* ❶ **~ sollen wir anfangen?** par quoi devons-nous commencer?; **~ hattest du gerechnet?** à quoi t'attendais-tu? ❷ (*mit welchem Gegenstand*) **~ hast du die Flasche aufbekommen?** tu as ouvert la bouteille avec quoi?;

~ **waren sie bewaffnet?** de quoi étaient-ils armés? ❸ (*wie, mit welchem Mittel*) ~ **kann man diesen Fleck entfernen?** comment peut-on enlever cette tache?; **ich weiß nicht, ~ ich das verdient habe!** en quoi ai-je mérité ça? ❹ (*mit dem, mit der*) **das, ~ alle einverstanden sind** ce avec quoi tous sont d'accord

womöglich [vo'mø:klɪç] *adv* peut-être [même]; ~ **schneit es morgen** il pourrait bien neiger demain

wonach [vo'na:x] *adv* ❶ ~ **suchst du?** qu'est-ce que tu cherches?; ~ **soll ich mich richten?** à quoi dois-je me conformer?; **hast du gefunden, ~ du gesucht hast?** tu as trouvé ce que tu cherchais? ❷ (*nach dem, nach denen*) **es gibt Gerüchte, ~ er ein Spieler sein soll** il y a un bruit qui court qui dit qu'il serait un joueur

Wonne ['vɔnə] <-, -n> *f geh* exaltation *f;* **etw mit ~ tun** *fam* faire qc à son grand plaisir

wonnig ['vɔnɪç] *adj* adorable

woran [vo'ran] *adv* ❶ ~ **denkst du gerade?** à quoi penses-tu en ce moment?; ~ **erinnerst du dich noch?** de quoi te souviens-tu encore? ❷ (*an welchem Gegenstand*) ~ **kann ich mich festhalten?** à quoi est-ce que je peux me tenir? ❸ (*aus welchem Grund, Anlass*) ~ **ist er gestorben?** de quoi est-il mort? ❹ (*an dem, an der*) **das Einzige, ~ ich mich erinnere** la seule chose dont je me souviens

worauf [vo'rau̯f] *adv* ❶ ~ **wartest du?** qu'est-ce que tu attends?; ~ **will er eigentlich hinaus?** mais où veut-il en venir?; **ich habe nicht verstanden, ~ er sich bezieht** je n'ai pas compris ce à quoi il se réfère; **wirst du dich beim Kellner beschweren? – Worauf du dich verlassen kannst!** tu vas te plaindre au garçon? – Tu peux compter là-dessus! ❷ (*auf was*) ~ **kann ich mich setzen?** je peux m'asseoir sur quoi? ❸ (*auf den, auf die, auf das*) **etwas, ~ ich nicht gefasst war** ce à quoi je ne m'attendais pas

woraufhin *adv* ❶ ~ **hat er das gesagt?** en réponse à quoi a-t-il dit cela? ❷ (*worauf*) **er schrie sie an, ~ sie das Zimmer verließ** il hurla tant après elle qu'elle en quitta la pièce

woraus [vo'rau̯s] *adv* ❶ (*aus welchem Material*) ~ **besteht diese Legierung?** de quoi est fait cet alliage? ❷ (*aus welchen Anzeichen*) ~ **schließen Sie das?** d'où tirez-vous cette conclusion? ❸ (*aus dem, aus der*) **etwas, ~ ich nicht klug werde** quelque chose qui me laisse perplexe

worden *PP von* **werden**

worin [vo'rɪn] *adv* ❶ ~ **liegt das Problem?** où est le problème? ❷ (*in welchem Raum*) où ❸ (*in dem, in der*) **etwas, ~ sich die Angebote unterscheiden** ce en quoi les offres diffèrent

Workaholic [wə:kə'hɔlɪk] <-s, -s> *m fam* stakhano *mf*

Workshop ['wə:kʃɔp, 'vø:ɐ̯kʃɔp] <-s, -s> *m* atelier *m*

Workstation ['wə:ksteɪʃən, 'vø:ɐ̯kste:ʃən] <-, -s> *f* INFORM station *f* de travail

World Wide Web [wə:ldwaɪd'wɛb] <- - -[s]> *nt* World Wide Web *m*

Wort [vɔrt, *Pl:* 'vœrtɐ] <-[e]s, -wörter *o* -worte> *nt* ❶ mot *m;* ~ **für** ~ mot pour mot; **mit anderen ~en** en d'autres termes ❷ <-worte> (*Begriff*) **etw in ~e fassen** rendre qc par des mots; **mir fehlen die ~e!** j'en reste coi(te)! ❸ <-worte> (*Äußerung*) parole *f;* **kein ~ miteinander reden** ne pas s'adresser la parole; **etw mit keinem ~ erwähnen** n'en souffler mot à personne ❹ *kein Pl* (*Versprechen*) parole *f;* **jdm sein ~ geben** donner sa parole à qn; **jdn beim ~ nehmen** prendre qn au mot; **sein ~ halten/brechen** tenir [sa]/manquer à sa parole ❺ *kein Pl* (*Rede*) **jdm ins ~ fallen** couper la parole à qn; **jdn nicht zu ~ kommen lassen** ne pas laisser qn dire un seul mot; **sein eigenes ~ nicht mehr verstehen** ne plus s'entendre parler ❻ (*Ausspruch*) **ein ~ Molières/Goethes** un mot de Molière/de Goethe ▶**jdm das ~ im Mund [her]umdrehen** déformer les paroles de qn; **ein ernstes ~ mit jdm reden** dire deux mots à qn; **bei jdm ein gutes ~ für jdn einlegen** intercéder pour qn auprès de qn; **aufs ~ gehorchen** obéir au doigt et à l'œil; **ein ~ gibt das andere** un mot en entraîne un autre; **hast du da noch ~e!** *fam* c'est à vous en clouer le bec!; **mit einem** ~ en un mot

Wortart *f* catégorie *f* grammaticale **Wortbildung** *f* LING formation *f* des mots **wortbrüchig** *adj geh* parjure; ~ **werden** se parjurer

Wörtchen ['vœrtçən] <-s, -> *nt Dim von* **Wort** *fam* mot *m* ▶**ein ~ mitzureden haben** *fam* avoir son mot à dire

Wörterbuch ['vœrtɐbu:x] *nt* dictionnaire *m*

Worterkennung *f* INFORM écriture *f* intuitive **Wortfetzen** *Pl* bribes *fpl* de conversation **Wortführer(in)** *m(f)* porte-parole *m* **Wortgefecht** *nt geh* joute *f* oratoire **wortgetreu** *adj Übersetzung* littéral(e); *Wiedergabe* textuel(le) **wortgewaltig** *adj* à l'éloquence puissante **wortgewandt** I. *adj* éloquent(e) II. *adv* avec éloquence **Worthülse** *f* vain mot *m* **wortkarg** *adj Mensch* peu loquace; *Antwort* laconique **Wortlaut** *m kein Pl* contenu *m; eines Vertrages* termes *mpl*

wörtlich ['vœrtlɪç] I. *adj* ❶ *Übersetzung* littéral(e) ❷ GRAM **~e Rede** discours *m* direct II. *adv* **etw ~ nehmen** prendre qc au pied de la lettre

wortlos I. *adj Blick, Verstehen* muet(te) II. *adv* sans mot dire

Wortmeldung *f* **gibt es keine ~en mehr?** plus personne ne demande la parole? **wortreich** I. *adj* volubile II. *adv* avec volubilité; *erklären* en long, en large et en travers (*fam*) **Wortschatz** *m kein Pl* vocabulaire *m* **Wortschwall** *m pej* flot *m* de paroles; **jdn mit einem ~ überschütten** submerger qn de paroles **Wortspiel** *nt* jeu *m* de mots **Wortstellung** *f* ordre *m* des mots **Wortwahl** *f kein Pl* choix *m* des mots **Wortwechsel** *m* altercation *f* **wortwörtlich** ['vɔrt'vœrtlɪç] I. *adj* textuel(le) II. *adv* mot pour mot

worüber [vo'ry:bɐ] *adv* ❶ **~ habt ihr gesprochen?** de quoi avez-vous parlé? ❷ (*über welchen/welchem Gegenstand*) **~ bist du gestolpert?** sur quoi as-tu trébuché? ❸ (*über dem, über das*) **etwas, ~ wir sprechen müssen** quelque chose dont nous devons parler

worum [vo'rʊm] *adv* ❶ **ich habe keine Ahnung, ~ es geht** je n'ai aucune idée de quoi il s'agit ❷ (*um den, um das*) **alles, ~ du mich bittest** tout ce que tu me demandes

worunter [vo'rʊntɐ] *adv* ❶ **~ leidet er?** de quoi souffre-t-il?; **ich frage mich, ~ ich das einordnen soll** je me demande sous quelle catégorie je dois ranger cela ❷ (*unter den, unter die*) **der Schrank, ~ sie den Karton gestellt hatte** l'armoire sous laquelle elle avait mis la boîte ❸ (*unter dem, unter der*) **ein Bündel Geldscheine, ~ auch Falschgeld war** une liasse de billets parmi lesquels il y avait des faux billets

wovon [vo'fɔn] *adv* ❶ **~ ist sie aufgewacht?** qu'est-ce qui l'a réveillée?; **ich weiß nicht, ~ du sprichst** je ne sais pas de quoi tu parles ❷ (*von dem, von der*) dont ❸ (*wodurch*) **er redete viel, ~ er Halsschmerzen bekam** il parla beaucoup ce qui lui donna des maux de gorge

wovor [vo'fo:ɐ̯] *adv* ❶ **~ hat er Angst?** de quoi a-t-il peur?; **ich frage mich, ~ sie auszuweichen versucht** je me demande ce qu'elle cherche à éviter ❷ (*vor dem*) **das Einzige, ~ sie sich fürchtet** la seule chose qui lui fait peur

wozu [vo'tsu:] *adv* ❶ (*warum, wofür*) **~ willst du das wissen?** pourquoi est-ce que tu veux le savoir?; **~ brauchst du das Geld?** tu as besoin de l'argent pour quoi faire?; **ich weiß nicht, ~ das gut ist** je ne sais pas à quoi ça sert ❷ (*zu dem, zu der*) **die Miete, ~ noch die Heizkosten kommen** le loyer auquel s'ajoutent les frais de chauffage; **ich soll mein Zimmer aufräumen, ~ ich aber keine Lust habe** il faut que je range ma chambre, ce dont je n'ai pourtant aucune envie

Wrack [vrak] <-s, -s> *nt* ❶ épave *f* ❷ *fig* loque *f*

wringen ['vrɪŋən] <wrang, gewrungen> *vt* tordre; **das Wasser aus etw ~** essorer qc

Wucher ['vu:xɐ] <-s> *m pej* (*zu hoher Preis*) prix *mpl* exorbitants; (*zu hohe Zinsen*) usure *f;* **das ist [doch/ja] ~!** *fam* c'est du vol!; **~ treiben** pratiquer l'usure

wucherisch *adj Zinsen* usuraire; *Preis* exorbitant(e)

wuchern ['vu:xɐn] *vi + haben o sein Pflanzen, Unkraut:* proliférer; *Geschwulst, Tumor:* grossir

Wucherpreis *m pej* prix *m* exorbitant

Wucherung <-, -en> *f* néoplasme *m*

Wucherzinsen *Pl pej* intérêt usuraire *m*

wuchs [vu:ks] *Imp von* **wachsen**[1]

Wuchs [vu:ks] <-es> *m* ❶ (*Wachstum*) croissance *f* ❷ (*Gestalt*) taille *f*

Wucht [vʊxt] <-> *f eines Aufpralls, Schlags* violence *f;* **mit voller ~** de plein fouet ▶ **eine ~ sein** *fam* (*toll sein*) être d'enfer

wuchten ['vʊxtən] *vt* traîner; **eine Truhe auf den Speicher ~** traîner un coffre [jusqu'] au grenier

wuchtig ['vʊxtɪç] *adj* ❶ (*mit Wucht*) violent(e) ❷ *Gegenstand* imposant(e)

Wühlarbeit ['vy:l-] *f* menées *fpl* subversives

wühlen ['vy:lən] I. *vi* (*kramen, graben*) **in etw** (*dat*) **~** fouiller dans qc II. *vr* ❶ (*sich bewegen*) **sich in die Erde ~** *Maulwurf:* s'enfouir dans la terre ❷ *fam* (*arbeiten*) **sich durch etw ~** liquider qc

Wühlmaus *f* campagnol *m* **Wühltisch** *m fam* table *f* à farfouille

W

Wulst [vʊlst, *Pl:* 'vʏlstə] <-es, Wülste> *m* bourrelet *m*
wulstig ['vʊlstɪç] *adj Lippen* épais(se)
wund [vʊnt] *adj Ferse* écorché(e); **das Baby ist am Po ~** le bébé a les fesses irritées; **sich ~ liegen** attraper des escarres; **sich** (*dat*) **die Fersen ~ laufen** s'écorcher les talons en marchant
Wunde ['vʊndə] <-, -n> *f* plaie *f* ▸ **alte ~n wieder aufreißen** *geh* rouvrir une plaie
wunderALT ['vʊndɐ] *s.* **Wunder 2**
Wunder ['vʊndɐ] <-s, -> *nt* ❶ miracle *m;* **es ist kein ~, dass** *fam* c'est pas étonnant que + *subj* ❷ (*Besonderes*) **~ wer/was** *fam* Dieu sait qui/quoi ▸ **sein blaues ~ erleben** *fam* avoir une drôle de surprise; **an ein ~ grenzen** tenir du miracle; **~ wirken** faire des miracles; **wie durch ein ~** comme par miracle
wunderbar ['vʊndɐba:ɐ̯] **I.** *adj* ❶ *Person* fantastique; *Abend* merveilleux(-euse) ❷ (*übernatürlich erscheinend*) miraculeux(-euse) **II.** *adv* tellement
wunderbarerweise *adv* miraculeusement
Wunderbaum *m* ❶ BOT ricin *m* commun ❷ (*Lufterfrischer*) arbre *m* magique® **Wunderglaube** *m kein Pl* croyance *f* aux miracles **Wunderheiler(in)** <-s, -> *m(f)* guérisseur(-euse) *m(f)* **wunderhübsch** *adj* ravissant(e) **Wunderkerze** *f* cierge *m* magique **Wunderkind** *nt* enfant *m* prodige **Wunderland** *nt* pays *m* merveilleux
wunderlich ['vʊndɐlɪç] **I.** *adj Mensch* bizarre; **ein ~er alter Kauz** un vieil olibrius (*fam*) **II.** *adv* de façon bizarre
Wundermittel *nt* remède *m* miracle
wundern ['vʊndɐn] **I.** *vt* étonner; **jdn ~** *Verhalten, Frage:* étonner qn; **mich wundert, dass** ça m'étonne que + *subj;* **es würde mich nicht ~, wenn ...** ça ne m'étonnerait pas si ... **II.** *vr* **sich ~** être étonné; **sich über etw** (*akk*) **~** s'étonner de qc ▸ **ich muss mich doch sehr ~!** je suis très choqué(e)!
wunder|nehmen ['vʊndɐne:mən] *vt irr, unpers geh* **es nimmt mich wunder, dass ...** c'est étonnant que ... + *subj* **wunderschön** ['vʊndɐ'ʃø:n] *adj* superbe
wundervoll *adj* merveilleux(-euse)
Wunderwaffe *f fig* remède *m* miracle; **die neue ~ gegen Aids** le nouveau remède miracle contre le sida
Wundfieber *nt* MED fièvre *f* traumatique **wund|liegen** *s.* **wund** **Wundsalbe** *f* pommade *f* cicatrisante **Wundstarrkrampf** *m* MED tétanos *m*

Wunsch [vʊnʃ, *Pl:* 'vʏnʃə] <-[e]s, Wünsche> *m* ❶ souhait *m;* **jdm einen ~ erfüllen** exaucer un souhait à qn; **haben Sie sonst noch einen ~?** vous désirez autre chose?; **auf ~** sur demande ❷ (*Glückwunsch*) vœux *mpl;* **jdm die besten Wünsche zum Geburtstag aussprechen** souhaiter ses meilleurs vœux à qn pour son anniversaire ▸ **jdm jeden ~ von den Augen ablesen** aller au-devant des désirs de qn
Wunschbild *nt* idéal *m* **Wunschdenken** *nt* illusion *f*
Wünschelrute ['vʏnʃəlru:tə] *f* baguette *f* de sourcier
wünschen ['vʏnʃən] **I.** *vr* **sich** (*dat*) **etw ~** vouloir qc **II.** *vt* ❶ (*als Glückwunsch sagen*) **jdm Glück ~** souhaiter bonne chance à qn ❷ (*erhoffen*) souhaiter; **~, dass** souhaiter que + *subj* ❸ (*verlangen*) demander *Erklärung, Entschuldigung;* **ich wünsche, dass sofort Ruhe herrscht!** je demande le silence immédiat!; **was ~ Sie?** que désirez-vous?; **wie gewünscht** comme souhaité **III.** *vi* **Sie ~?** vous désirez?; **[ganz] wie Sie ~** comme vous voulez ▸ **zu ~ übriglassen** laisser à désirer
wünschenswert *adj* souhaitable; **etw für ~ halten** considérer qc comme souhaitable
wunschgemäß **I.** *adj* (*erwünscht*) souhaité(e) **II.** *adv* selon ses/mes/... désirs **Wunschkind** *nt* enfant *m* désiré **Wunschkonzert** *nt* émission *f* musicale à la carte **Wunschtraum** *m* rêve *m* **Wunschvorstellung** *f* rêves *mpl* **Wunschzettel** *m* liste *f* de cadeaux
wurde ['vʊrdə] *Imp von* **werden**
Würde ['vʏrdə] <-, -n> *f* ❶ *kein Pl* dignité *f;* **die ~ des Menschen ist unantastbar** la dignité de l'homme est inviolable; **etw mit ~ tragen** accepter qc avec dignité ❷ (*Rang*) dignité *f;* **akademische ~n** titres *mpl* universitaires ▸ **das ist unter seiner/ihrer ~** ce serait lui faire injure; **unter aller ~ sein** être au-dessous de tout
würdelos **I.** *adj Benehmen* indigne; *Behandlung* dégradant(e) **II.** *adv* de manière indigne
Würdenträger(in) *m(f) geh* dignitaire *m*
würdevoll **I.** *adj geh* digne **II.** *adv* avec dignité
würdig ['vʏrdɪç] **I.** *adj* ❶ (*ehrwürdig*) digne ❷ *Feier, Rahmen* adéquat(e) ❸ (*wert*) **sich jds/etw ~ erweisen** se montrer

W

digne de qn/qc **II.** *adv* ❶ (*mit Würde*) avec dignité ❷ (*gebührend*) dignement
würdigen *vt* ❶ rendre hommage à *Person* ❷ (*schätzen*) **etw zu ~ wissen** savoir apprécier qc à sa juste valeur ❸ *geh* (*für würdig befinden*) **jdn keines Blickes ~** ne pas daigner jeter un seul regard à qn
Würdigung <-, -en> *f einer Person, Sache* reconnaissance *f*
Wurf [vʊrf, *Pl:* 'vʏrfə] <-[e]s, Würfe> *m* ❶ (*mit einem Ball*) lancer *m;* (*mit einem Stein, Schneeball*) jet *m* ❷ SPORT (*beim Hammer-, Speer-, Diskuswerfen*) lancer *m* ❸ (*beim Würfeln*) coup *m* ❹ (*Jungtiere*) portée *f* ▶ **jdm gelingt mit etw ein großer ~** qn réussit un coup de maître avec qc
Würfel ['vʏrfəl] <-s, -> *m* ❶ dé *m;* **~ spielen** jouer aux dés ❷ GEOM cube *m* ❸ (*kleines Stück*) dé *m* ▶ **die ~ sind gefallen** les dés sont jetés
Würfelbecher *m* cornet *m* à dés
würfeln ['vʏrfəln] **I.** *vi* jouer aux dés; **um etw ~** jouer qc aux dés **II.** *vt* ❶ **eine Fünf ~** faire un cinq ❷ (*in Würfel schneiden*) **den Speck ~** couper le lard en dés
Würfelspiel *nt* jeu *m* de dés **Würfelzucker** *m kein Pl* sucre *m* en morceaux
Wurfgeschoss[RR] *nt* projectile *m* **Wurfsendung** *f* courrier *m* publicitaire
Würgegriff ['vʏrgə-] *m* ❶ (*Griff*) étranglement *m* ❷ *fig* étau *m*
würgen ['vʏrgən] **I.** *vt* étrangler **II.** *vi* ❶ (*nicht schlucken können*) **an etw** (*dat*) **~** s'étrangler avec qc ❷ (*Brechreiz haben*) être pris de nausée[s]
Wurm [vʊrm, *Pl:* 'vʏrmɐ] <-[e]s, Würmer> *m* ver *m;* **Würmer haben** avoir des vers ▶ **da ist der ~ drin** *fam* c'est un sac de nœuds
Würmchen ['vʏrmçən] <-s> *nt Dim von* **Wurm** vermisseau *m*
wurmen ['vʊrmən] *vt fam* **jdn ~** enquiquiner qn
Wurmfortsatz *m* ANAT appendice *m*
wurmig ['vʊrmɪç], **wurmstichig** ['vʊrmʃtɪçɪç] *adj Apfel, Obst* véreux(-euse); *Holz* vermoulu(e)
Wurst [vʊrst, *Pl:* 'vʏrstə] <-, Würste> *f* ❶ *kein Pl* (*Wurstwaren*) charcuterie *f* ❷ (*Würstchen*) saucisse *f;* (*geräuchert*) saucisson *m* ▶ **jetzt geht es um die ~** *fam* c'est maintenant que tout se joue; **das ist mir/ihm ~** *fam* j'en ai/il en a rien à cirer
Wurstbrot *nt* sandwich *m* au saucisson
Würstchen ['vʏrstçən] <-s, -> *nt* ❶ saucisse *f;* **Frankfurter/Wiener ~** saucisse de Francfort; **heiße ~** saucisses chaudes ❷ *pej fam* (*Mensch*) mauviette *m*
Würstchenbude *f,* **Würstchenstand** *m* stand *m* de saucisses grillées
wursteln ['vʊrstəln] *vi fam* bidouiller
Wurstfinger *Pl fam* doigts *mpl* boudinés **Wursthaut** *f* peau *f* de saucisse [*o* saucisson]
Wurstigkeit <-> *f fam* je-m'en-foutisme *m*
Württemberg ['vʏrtəmbɛrk] <-s> *nt* le Wurtemberg
Würzburg ['vʏrtsbʊrk] <-s> *nt* Wurtzbourg
Würze ['vʏrtsə] <-, -n> *f* ❶ (*Würzmischung*) condiment *m* ❷ (*Aroma*) *eines Gerichts* saveur *f;* *eines Weins* montant *m*
Wurzel ['vʊrtsəl] <-, -n> *f* ❶ racine *f* ❷ MATH **die ~ aus 16 ziehen** extraire la racine [carrée] de 16 ❸ *geh* (*Ursprung*) origine *f;* **die ~ allen Übels** la cause de tous les maux ▶ **wollt ihr hier ~n schlagen?** *fam* vous n'allez tout de même pas prendre racine ici!
wurzeln ['vʊrtsəln] *vi geh* **in etw** (*dat*) **~** avoir son origine dans qc
Wurzelstock <-stöcke> *m* souche *f* **Wurzelzeichen** *nt* MATH radical *m*
würzen ['vʏrtsən] *vt* assaisonner; **etw mit etw ~** assaisonner qc avec qc
würzig ['vʏrtsɪç] *adj Duft* épicé(e); *Bier* corsé(e)
wusch [vuːʃ] *Imp von* **waschen**
Wuschelkopf *m fam* frisettes *fpl*
wusste[RR], **wußte**[ALT] ['vʊstə] *Imp von* **wissen**
Wust [vuːst] <-[e]s> *m fam* **ein ~ von Akten** un tas *m* de dossiers
wüst [vyːst] *adj* ❶ *Gegend* désert(e) ❷ *Fluch* grossier(-ière) ❸ *fam Unordnung* dingue
Wüste ['vyːstə] <-, -n> *f* désert *m* ▶ **jdn in die ~ schicken** *fam* limoger qn
Wüstling ['vyːstlɪŋ] <-s, -e> *m pej* débauché *m*
Wut [vuːt] <-> *f* rage *f;* **in ~ geraten** entrer en rage; **eine fürchterliche ~ auf jdn haben** *fam* être furax contre qn; **vor ~** de rage ▶ **eine ~ im Bauch haben** *fam* avoir la haine; **vor ~ kochen** bouillir de colère
Wutanfall *m* accès *m* de fureur; **einen ~ bekommen** piquer sa crise (*fam*) **Wutbürger(in)** *m(f)* citoyen(ne) *m(f)* en colère
wüten ['vyːtən] *vi* ❶ (*toben*) se déchaîner ❷ (*Zerstörung verursachen*) **an der Küste ~** *Sturm:* faire des ravages sur la côte
wütend *adj* ❶ (*zornig*) furieux(-euse);

auf jdn ~ sein être furieux contre qn; über etw (*akk*) ~ sein être furieux [à cause] de qc ❷ *Gefecht* acharné(e)

wutentbrannt ['vu:tʔɛntbrant] **I.** *adj* saisi(e) de furie **II.** *adv* comme une furie **wutschnaubend** *adj, adv* écumant(e) de rage

WWW [ve:ve:'ve:] *nt Abk von* **World Wide Web** WWW *m*, TRM *f*

Wz *Abk von* **Warenzeichen**

Xx

X, x [ɪks] <-, -> *nt* ❶ X *m/x m* ❷ *fam* (*unzählige*) **x Briefe schreiben** écrire trente-six lettres

x-Achse ['ɪksʔaksə] *f* MATH axe *m* des x

X-Beine ['ɪksbaɪnə] *Pl* jambes *fpl* en [forme de] x

x-beinigRR, **X-beinig** *adj* aux jambes en forme de x

x-beliebig [ɪksbə'li:bɪç] **I.** *adj fam* **ein ~er Käse** n'importe quel fromage **II.** *adv fam* de n'importe quelle façon

X-Chromosom ['ɪkskromozo:m] *nt* chromosome *m* X

Xenon ['kse:nɔn] <-s> *nt* CHEM xénon *m*

xenophil [kseno'fi:l] *adj geh* xénophile

x-fach ['ɪksfax] **I.** *adj fam* multiple **II.** *adv fam* trente-six fois

x-fache(s)RR *nt dekl wie adj fam* **das ~ bezahlen** payer cent fois plus

x-förmigRR, **X-förmig** ['ɪksfœrmɪç] *adj* en [forme de] X

x-mal ['ɪksma:l] *adv fam* x fois plus une

x-te(r, s) ['ɪkstə, -tɐ, -təs] *adj fam* **das ~ Mal** la ixième fois

x-temalALT ['ɪkstəma:l] *s.* **x-te(r, s)**

XylofonRR, **Xylophon** [ksylo'fo:n] <-s, -e> *nt* xylophone *m*

Yy

Y, y ['ʏpsilɔn] <-, -> *nt* Y *m/y m*

y-Achse ['ʏpsilɔnʔaksə] *f* MATH axe *m* des y

Yacht [jaxt] <-, -en> *f* yacht *m*

Yak [jak] <-s, -s> *m* ZOOL ya[c]k *m*

Y-Chromosom ['ʏpsilɔnkromozo:m] *nt* BIO chromosome *m* Y

Yen [jɛn] <-[s], -[s]> *m* yen *m*

Yeti ['je:ti] <-s, -s> *m* yéti *m*

Yoga ['jo:ga] <-[s]> *m o nt* yoga *m*

YoghurtALT *s.* **Joghurt**

Yogi ['jo:gi] <-s, -s> *m* yogi *m*

Yo-Yo [jo'jo:] <-s, -s> *nt* yo[-]yo® *m*

Ypsilon ['ʏpsilɔn] <-[s], -s> *nt* i grec *m*

Yucca ['jʊka] <-, -s> *f* BOT yucca *m*

Yuppie ['jʊpi] <-s, -s> *m*, <-, -s> *f* yuppie *mf*

Zz

Z, z [tsɛt] <-, -> *nt* Z *m*/z *m*
zack [tsak] *interj fam* aussi sec
Zack [tsak] ▶ **auf ~ sein** *fam Person:* avoir la pêche
Zacke ['tsakə] <-, -n> *f eines Kamms* dent *f*
Zacken ['tsakən] *m* ▶ **jdm bricht** [*o* **fällt**] **kein ~ aus der Krone** *fam* qn ne va pas en mourir
zackig ['tsakɪç] I. *adj* ❶ (*gezackt*) déchiqueté(e) ❷ *fam* (*schneidig*) qui chauffe II. *adv salutieren* crânement
zaghaft ['tsa:khaft] *adj* timide
Zaghaftigkeit <-> *f* timidité *f*
zäh [tsɛ:] I. *adj* ❶ *Fleisch* dur(e) ❷ (*zähflüssig*) visqueux(-euse) ❸ (*schleppend*) ardu(e) ❹ *Mensch* résistant(e) ❺ (*hartnäckig*) obstiné(e) II. *adv* ❶ (*schleppend*) péniblement ❷ (*hartnäckig*) obstinément
zähflüssig *adj Verkehr* dense **Zähflüssigkeit** *f kein Pl* ❶ viscosité *f* ❷ *fig des Verkehrs* densité *f*
Zähigkeit ['tsɛ:ɪçkait] <-> *f* ❶ (*Widerstandsfähigkeit*) *eines Menschen* résistance *f* ❷ (*Hartnäckigkeit*) ténacité *f*
Zahl [tsa:l] <-, -en> *f* ❶ nombre *m* ❷ (*Ziffer*) chiffre *m* ❸ *kein Pl* (*Anzahl*) nombre *m*
zahlbar *adj* payable
zählbar *adj* dénombrable
zählebig *adj Tier* vivace; **~ sein** *Gerücht:* être tenace
zahlen ['tsa:lən] *vt, vi* payer
zählen ['tsɛ:lən] I. *vi* ❶ compter ❷ (*zugerechnet werden*) **zu den beliebtesten Kollegen ~** faire partie des collègues les plus appréciés ❸ (*sich verlassen*) **auf jdn/etw ~** compter sur qn/qc II. *vt* ❶ compter *Besucher* ❷ *geh* (*umfassen*) **tausend Einwohner ~** compter mille habitants ❸ *geh* (*dazurechnen*) **jdn zu seinen Freunden ~** compter qn au nombre de ses amis
Zahlenfolge *f* série *f* de chiffres **Zahlenkombination** *f* combinaison *f* [chiffrée]
zahlenmäßig I. *adj* numérique II. *adv* (*in Zahlen*) par des chiffres
Zahlenmaterial *nt kein Pl* données *fpl* chiffrées **Zahlenschloss**RR *nt eines Fahrradschlosses* cadenas *m* à chiffres
Zähler <-s, -> *m* (*Messgerät*) compteur *m*
Zählerstand *m* consommation *f* compteur
Zahlgrenze *f* TRANSP section *f* **Zahlkarte** *f* mandat *m* de versement
zahllos *adj* innombrable
Zahlmeister(in) *m(f)* trésorier(-ière) *m(f)*
zahlreich I. *adj* **~e Briefe** de nombreuses lettres II. *adv* en grand nombre
Zahltag *m* jour *m* de paie
Zahlung <-, -en> *f* (*Betrag*) versement *m*
Zählung <-, -en> *f* (*Volkszählung*) recensement *m*
Zahlungsart *f* mode *m* de paiement **Zahlungsaufforderung** *f* rappel *m* de paiement **Zahlungsaufschub** *m* report *m* d'échéance; (*bei Staaten*) moratoire *m* **Zahlungsbefehl** *m* CH, A ordre *m* de paiement **Zahlungsbeleg** *m* reçu *m* de paiement **Zahlungsbilanz** *f* balance *f* des paiements **zahlungsfähig** *adj* solvable **Zahlungsfrist** *f* délai *m* de paiement **zahlungskräftig** *adj fam Kunde* haut de gamme *inv* **Zahlungsmittel** *nt* moyen *m* de paiement **Zahlungsmodalität** *f* modalité *f* de paiement **Zahlungsmoral** *f kein Pl* morale *f* de paiement **Zahlungsschwierigkeiten** *Pl* difficultés *fpl* de paiement **Zahlungstermin** *m* date *f* de paiement; **letzter ~** dernière échéance **zahlungsunfähig** *adj* insolvable **Zahlungsverkehr** *m* **elektronischer ~** monétique *f* **Zahlungsweise** *f* modalités *fpl* de paiement
Zählwerk *nt* compteur *m*
Zahlwort <-wörter> *nt* numéral *m*
Zahlzeichen *nt* chiffre *m*
zahm [tsa:m] *adj* (*zutraulich*) apprivoisé(e)
zähmen ['tsɛ:mən] *vt* ❶ apprivoiser *Tier* ❷ (*zügeln*) refréner *Neugier*
Zahmheit <-> *f a. fig* docilité *f*
Zähmung <-, -en> *f* apprivoisement *m*
Zahn [tsa:n, *Pl:* 'tsɛ:nə] <-[e]s, Zähne> *m* dent *f*
Zahnarzt *m*, **-ärztin** *f* [chirurgien *m*] dentiste *mf*
Zahnarzthelfer(in) *m(f)* assistant(e) *m(f)* dentaire
zahnärztlich I. *adj Praxis* dentaire II. *adv* par un dentiste
Zahnarztpraxis *f* cabinet *m* dentaire
Zahnbelag *m* plaque *f* dentaire **Zahnbürste** *f* brosse *f* à dents **Zahncreme** *f* dentifrice *m*
zähnefletschend I. *adj attr* montrant les crocs II. *adv knurren* en montrant les crocs **Zähneklappern** <-s> *nt* claquement *m* de dents; **unter ~** [en] claquant des dents

zähneklappernd **I.** *adj attr* claquant des dents **II.** *adv* en claquant des dents **Zähneknirschen** <-s> *nt* grincement *m* de dents **zähneknirschend** *adv* en grinçant des dents

zahnen ['t͜saːnən] *vi* faire ses dents; **das Zahnen** le percement des dents

Zahnersatz *m* dentier *m* **Zahnfleisch** *nt* gencive *f*

Zahnfleischbluten <-s> *nt* saignement *m* des gencives **Zahnfleischentzündung** *f* MED gingivite *f*

Zahnfüllung *f form* plombage *m* **Zahnkrone** *f* couronne *f* [dentaire]

zahnlos *adj* édenté(e)

Zahnlücke *f* dent *f* manquante **Zahnmedizin** *f kein Pl* médecine *f* dentaire **Zahnpasta** *f s.* **Zahncreme** **Zahnpflege** *f* soins *mpl* dentaires **Zahnrad** *nt* roue *f* dentée

Zahnradbahn *f* chemin *m* de fer à crémaillère

Zahnschmelz *m* émail *m* **Zahnschmerzen** *Pl* mal *m* de dents **Zahnseide** *f* fil *m* dentaire **Zahnspange** *f* appareil *m* [dentaire] **Zahnstein** *m kein Pl* tartre *m*

Zahnstocher ['t͜saːnʃtɔxɐ] <-s, -> *m* cure-dent *m*

Zahntechniker(in) *m(f)* mécanicien-dentiste *m*/mécanicienne-dentiste *f* **Zahnweh** <-s> *nt s.* **Zahnschmerzen** **Zahnwurzel** *f* racine *f* [d'une/de la dent]

Zaire [za'iːrə, za'iːɐ̯] <-s> *nt* le Zaïre

Zander ['t͜sandɐ] <-s, -> *m* sandre *m*

Zange ['t͜saŋə] <-, -n> *f* pince *f*

Zank [t͜saŋk] <-[e]s> *m* dispute *f*

Zankapfel *m* pomme *f* de discorde

zanken ['t͜saŋkən] **I.** *vi* se disputer; *Kinder:* se chamailler **II.** *vr* **sich ~** se disputer; *Kinder:* se chamailler

zänkisch ['t͜sɛŋkɪʃ] *adj* **ein ~es Weib** un dragon

Zäpfchen ['t͜sɛpfçən] <-s, -> *nt* ❶ MED suppositoire *m* ❷ ANAT luette *f*

zapfen ['t͜sapfən] *vt* tirer

Zapfen ['t͜sapfən] <-s, -> *m* ❶ (*von Nadelbäumen*) pomme *f* de pin ❷ (*Eiszapfen*) stalactite *f*

Zapfenstreich *m* MIL couvre-feu *m*

Zapfhahn *m* chantepleure *f* **Zapfpistole** *f* pistolet *m* [de distribution] **Zapfsäule** *f* pompe *f* à essence

zappelig ['t͜sapəlɪç] *adj Kind* agité(e)

zappeln ['t͜sapəln] *vi* **mit den Beinen ~** gigoter des jambes (*fam*) ▶ **jdn ~ lassen** *fam* laisser qn mijoter

Zappelphilipp <-s, -e *o* -s> *m fam* asticot *m*

Zappelphilippsyndrom *nt* MED syndrome *m* d'hyperactivité

zappen ['t͜sapən, 'zɛpən] *vi fam* zapper

zappenduster ['t͜sapən'duːstɐ] *adj* ▶ **damit sieht es ~ aus** *sl* pour cela, ça a l'air d'être mal barré

Zapping ['t͜sapɪŋ, 'zɛpɪŋ] <-s> *nt fam* zapping *m*

zapplig ['t͜saplɪç] *s.* **zappelig**

Zar(in) [t͜saːɐ̯] <-en, -en> *m(f)* tsar *m*/tsarine *f*

Zarge ['t͜sargə] <-, -n> *f* TECH encadrement *m*

zart [t͜saːɐ̯t] **I.** *adj* ❶ *Haut* doux(douce) ❷ *Knospe* délicat(e); *Stoff* moelleux(-euse) ❸ *Fleisch* tendre ❹ *Gesundheit* délicat(e) **II.** *adv* (*zärtlich*) tendrement ▶ **~ besaitet** délicat(e)

zartbesaitet *adj attr* délicat(e) **zartbitter** *adj Schokolade* noir(e) **Zartbitterschokolade** *f* chocolat *m* noir **zartfühlend** *adj* ❶ (*fein*) délicat(e) ❷ (*taktvoll*) **~ sein** avoir du tact

Zartheit <-> *f* ❶ *der Haut* douceur *f* ❷ (*Mürbheit*) *von Fleisch* tendreté *f* ❸ (*Feinheit*) *eines Blatts* délicatesse *f*

zärtlich ['t͜sɛːɐ̯tlɪç] *adj* tendre

Zärtlichkeit <-, -en> *f* ❶ *kein Pl* (*zärtliche Art*) tendresse *f* ❷ *Pl* (*Liebkosung*) caresses *fpl*

zartrosa *adj inv* rose tendre *inv*

Zäsium ['t͜sɛːzi̯ʊm] <-s> *nt* CHEM césium *m*

Zaster ['t͜sastɐ] <-s> *m fam* pèze *m*

Zäsur [t͜sɛ'zuːɐ̯] <-, -en> *f geh* hiatus *m*

Zauber ['t͜saubɐ] <-s, -> *m* ❶ *kein Pl* (*das Zaubern*) sortilège *m* ❷ (*Zauberwirkung*) sort *m* ❸ *kein Pl* (*Faszination*) charme *m* ❹ *pej fam* (*Zeug*) **der ganze ~** tout ce bazar ❺ *pej fam* (*Getue*) chiqué *m*

Zauberei [t͜saubə'rai̯] <-, -en> *f* ❶ *kein Pl* (*Magie*) magie *f*; **an ~ grenzen** tenir du miracle ❷ *s.* **Zauberkunststück**

Zauberer ['t͜saubərɐ] <-s, -> *m*, **Zauberin** *f* ❶ (*Hexer*) magicien(ne) *m(f)* ❷ (*Zauberkünstler*) prestidigitateur(-trice) *m(f)*

Zauberformel *f* formule *f* magique

zauberhaft *adj Person* merveilleux(-euse)

Zauberkraft *f* pouvoir *m* magique **Zauberkünstler(in)** *m(f)* prestidigitateur(-trice) *m(f)* **Zauberkunststück** *nt* tour *m* de magie

zaubern ['t͜saubɐn] **I.** *vi* ❶ *Fee:* faire de la magie ❷ (*Zauberkunststücke vorführen*) faire des tours de magie **II.** *vt* ❶ (*erschei-*

Z

nen lassen) **etw aus dem Zylinder ~** faire sortir qc du chapeau comme par enchantement ② *fam* (*kochen*) mitonner
Zauberspruch *m s.* **Zauberformel**
Zauberstab *m* baguette *f* magique
Zaubertrank *m* potion *f* magique
Zaubertrick *m s.* **Zauberkunststück**
Zauderer ['tsaudərɐ] <-s, -> *m*, **Zauderin** *f* indécis(e) *m(f)*
zaudern ['tsaudɐn] *vi* hésiter; **~ etw zu tun** hésiter à faire qc
Zaudern ['tsaudɐn] <-s> *nt* indécision *f*; **nach langem ~** après bien des hésitations
Zaum [tsaum, *Pl:* 'tsɔymə] <-[e]s, Zäume> *m* bride *f* ▶ **etw in ~ halten** mettre un frein à qc
zäumen ['tsɔymən] *vt* brider
Zaumzeug <-[e]s, -e> *nt* bride *f*
Zaun [tsaun, *Pl:* 'tsɔynə] <-[e]s, Zäune> *m* clôture *f* ▶ **etw vom ~ brechen** provoquer qc pour un oui pour un non
Zaungast *m* badaud *m* **Zaunkönig** *m* ORN roitelet *m* **Zaunpfahl** *m* piquet *m*
Zaziki [tsa'tsi:ki] <-s, -s> *nt o m* tsatsiki *m*
z.B. *Abk von* **zum Beispiel** par ex.
ZDF [tsɛtde:'ʔɛf] <-[s]> *nt Abk von* **Zweites Deutsches Fernsehen** *deuxième chaîne de la télévision allemande*
Zebra ['tse:bra] <-s, -s> *nt* zèbre *m*
Zebrastreifen *m* passage *m* clouté
Zeche ['tsɛçə] <-, -n> *f* ① MIN mine *f* [de charbon] ② (*Rechnung*) addition *f*
zechen ['tsɛçən] *vi hum* biberonner (*fam*)
Zechpreller(in) <-s, -> *m(f)* resquilleur(-euse) *m(f)* **Zechprellerei** [tsɛçprɛlə'rai] <-, -en> *f* resquille *f* **Zechtour** *f* tournée *f* des grands-ducs
Zeck [tsɛk] <-[e]s, -en> *m* A, SDEUTSCH, **Zecke** ['tsɛkə] <-, -n> *f* tique *f*
Zeder ['tse:dɐ] <-, -n> *f* cèdre *m*
Zedernholz ['tse:dɐn-] *nt* bois *m* de cèdre
Zeh [tse:] <-s, -en> *m s.* **Zehe 1**
Zehe ['tse:ə] <-, -n> *f* ① ANAT orteil *m* ② (*Teil einer Knolle*) gousse *f*
Zehennagel *m* ongle *m* de l'orteil
Zehenspitze *f* pointe *f* de/du pied
zehn [tse:n] *num* dix; *s. a.* **acht**[1]
Zehn [tse:n] <-, -en> *f* dix *m*; *s. a.* **Acht**[1]
Zehner ['tse:nɐ] <-s, -> *m fam* (*Zehneuroschein*) billet *m* de dix euros
Zehnerkarte *f* carnet *m* de dix
zehnerlei ['tse:nɐlai] *adj inv* **~ Sorten Brot** dix sortes de pain; *s. a.* **achterlei**
Zehnerpackung *f* paquet *m* de dix **Zehnerstelle** *f* MATH dizaine *f*
Zehneuroschein *m* billet *m* de dix euros
zehnfach ['ze:nfax] **I.** *adj* **die ~e Menge nehmen** [en] prendre dix fois plus **II.** *adv kopieren* en dix exemplaires; *s. a.* **achtfach**
Zehnfingersystem [tse:n'fɪŋɐzʏste:m] *nt kein Pl* système *m* à dix doigts
zehnjährig *adj Amtszeit* de dix ans
Zehnjährige(r) *f(m) dekl wie adj* garçon *m*/fille *f* de dix ans
Zehnkampf ['tse:nkampf] *m* décathlon *m*
Zehnkämpfer *m* décathlonien *m*
zehnmal ['tse:nma:l] *adv* dix fois; *s. a.* **achtmal**
zehnt [tse:nt] *adv* **zu ~ sein** être dix; *s. a.* **acht**[2]
zehntausend ['tse:n'tauzənt] *num* dix mille
zehnte(r, s) *adj* ① dixième ② (*bei Datumsangaben*) **der ~ März** le dix mars; *s. a.* **achte(r, s)**
Zehnte(r) *m dekl wie adj* HIST **der ~** la dîme
zehntel ['tse:ntəl] *adj* dixième; *s. a.* **achtel**
Zehntel ['tse:ntəl] <-s, -> *nt* dixième
zehntens ['tse:ntəns] *adv* dixièmement
zehren ['tse:rən] *vi* ① (*erschöpfen*) **an jdm/etw ~** miner qn/qc ② *geh* (*verbrauchen*) **von etw ~** vivre sur qc
Zeichen ['tsaiçən] <-s, -> *nt* ① signe *m* ② (*Markierung*) marque *f* ③ (*Schriftzeichen*) signe *m* ④ MUS signe *m* ⑤ CHEM symbole *m* ⑥ INFORM caractère *m* ⑦ ASTROL signe *m* [du zodiaque]
Zeichenblock <-blöcke *o* -blocks> *m* bloc *m* à dessin **Zeichenerklärung** *f* légende *f* **Zeichenpapier** *nt* papier *m* à dessin **Zeichensetzung** <-> *f* ponctuation *f* **Zeichensprache** *f* langage *m* des signes **Zeichentrickfilm** *m* dessin *m* animé
zeichnen ['tsaiçnən] **I.** *vt* ① dessiner ② (*erkennbar prägen*) marquer ③ (*unterzeichnen*) signer **II.** *vi* **mit Tusche ~** dessiner à l'encre de Chine
Zeichnen ['tsaiçnən] <-s> *nt* ① (*Tätigkeit*) dessin *m* ② (*Schulfach*) [cours *m* de] dessin *m*
Zeichner(in) <-s, -> *m(f)* (*Beruf*) **technischer ~ /technische ~in** dessinateur industriel/dessinatrice industrielle
zeichnerisch *adj Darstellung* graphique
Zeichnung <-, -en> *f* dessin *m*
zeichnungsberechtigt *adj* COM habilité(e) à signer
Zeigefinger *m* index *m*
zeigen ['tsaigən] **I.** *vt* ① montrer; **jdm etw ~** montrer qc à qn ② (*im Fernsehen bringen*) passer ③ (*zum Ausdruck bringen*) **Interesse ~** montrer de l'intérêt ④ (*darstellen*) *Foto:* montrer ⑤ (*anzei-*

gen) **10° C ~** indiquer 10° C ❻ *(erkennen lassen)* **~, dass ...** *Vorfall:* [dé]montrer que ... **II.** *vi* ❶ *(deuten)* montrer ❷ *(weisen)* **nach Norden ~** *Nadel:* indiquer le nord **III.** *vr* ❶ *(sich sehen lassen)* **sich ~** *Person, Tier:* se montrer ❷ *(sich erweisen)* **sich verständnisvoll ~** se montrer compréhensif(-ve) ❸ *(sich herausstellen)* **es zeigt sich, dass ...** il s'avère que ...

Zeiger ['tsaigɐ] <-s, -> *m* aiguille *f*

Zeigestock *m* baguette *f*

Zeile ['tsailə] <-, -n> *f* ligne *f*

Zeilenabstand *m* interligne *m*

zeilenweise *adj, adv* ligne par ligne

Zeisig ['tsaizɪç] <-s, -e> *m* serin *m*

zeit [tsait] *präp + gen* pendant; **~ meines/seines Lebens** *(gen)* toute ma/sa vie durant

Zeit [tsait] <-, -en> *f* ❶ temps *m* ❷ *(zur Verfügung stehende Zeit)* temps *m* disponible ❸ *(Uhrzeit)* heure *f* ❹ *(Zeitraum)* **in letzter ~** ces derniers temps; **eine ~ lang** un certain temps ❺ *(Epoche)* époque *f* ❻ *(Zeitpunkt)* **zu gegebener ~** en temps opportun; **es ist an der ~ etw zu tun** le moment est venu de faire qc ❼ *(Normalzeit)* temps *m;* **mitteleuropäische ~** heure *f* de l'Europe centrale

Zeitabschnitt *m* période *f* **Zeitalter** *nt* époque *f* **Zeitangabe** *f* ❶ *(Angabe der Uhrzeit)* horaire *m* ❷ *(Angabe des Zeitpunktes)* date *f* ❸ GRAM complément *m* de temps **Zeitansage** *f* heure *f* [exacte] **Zeitarbeit** *f kein Pl* travail *m* temporaire **Zeitaufwand** *m* temps *m* de travail nécessaire **zeitaufwändig**RR, **zeitaufwendig** *adj* qui nécessite beaucoup de temps **Zeitbombe** *f* bombe *f* à retardement **Zeitdruck** *m kein Pl* course *f* contre la montre **Zeiteinteilung** *f* organisation *f* du temps

Zeitenfolge *f kein Pl* LING concordance *f* des temps; **die ~ einhalten** accorder les temps

Zeiterfassungssystem *nt (am Arbeitsplatz)* système *m* de pointage

Zeitersparnis *f* économie *f* [*o* gain *m*] de temps **Zeitfrage** *f kein Pl (Problem ausreichender Zeit)* question *f* de temps; **eine reine ~ sein** être une pure question de temps **Zeitgefühl** *nt kein Pl* sens *m* de l'heure **Zeitgeist** *m kein Pl* esprit *m* du temps

zeitgemäß I. *adj* moderne **II.** *adv* au goût du jour

Zeitgenosse ['tsaitgənɔsə] *m*, **-genossin** *f* ❶ contemporain(e) *m(f)* ❷ *fam (Typ)* **ein unangenehmer ~** un drôle de type

zeitgenössisch ['tsaitgənœsɪʃ] *adj* ❶ *(heutig)* contemporain(e) ❷ *(der damaligen Epoche)* de l'époque

Zeitgeschehen *nt kein Pl* actualité *f*

Zeitgeschichte *f kein Pl* histoire *f* contemporaine **zeitgleich** *adj* simultané(e)

zeitig ['tsaitɪç] *adv aufstehen* de bonne heure

zeitigen ['tsaitɪgən] *vt geh* **erste Erfolge ~** *Plan:* commencer à porter ses fruits

Zeitkarte *f* [carte *f* d']abonnement *m; (für die Pariser Metro)* carte *f* orange **zeitkritisch** *adj* critique à l'égard de son époque

zeitlebens ['tsaitle:bəns] *adv* durant toute sa/ma/... vie

zeitlich I. *adj Ablauf* chronologique **II.** *adv einrichten* au niveau de l'heure/du jour

zeitlos *adj* classique

Zeitlupe *f kein Pl* ralenti *m*

Zeitlupentempo *nt* ▶ **im ~** au ralenti

Zeitmangel *m kein Pl* manque *m* de temps

Zeitmesser ['tsaitmɛsɐ] <-s, -> *m* outil *m* de mesure du temps

zeitnah *adj* moderne

Zeitnehmer(in) <-s, -> *m(f)* SPORT chronométreur(-euse) *m(f)*

Zeitnot *f kein Pl* manque *m* extrême de temps **Zeitplan** *m* calendrier *m* **Zeitpunkt** *m (Moment, Termin)* date *f; (Stunde)* heure *f*

Zeitraffer <-s> *m* accéléré *m*

zeitraubend *adj* qui prend beaucoup de temps **Zeitraum** *m* période *f* **Zeitrechnung** *f kein Pl* ère *f;* **vor/nach unserer ~** avant/après notre ère **Zeitschrift** ['tsaitʃrɪft] *f* magazine *m* **Zeitspanne** *f* laps *m* de temps **zeitsparend** *adj* qui fait gagner du temps **Zeitumstellung** *f (zwischen Winter- und Sommerzeit)* changement *m* d'heure

Zeitung ['tsaitʊŋ] <-, -en> *f* journal *m*

Zeitungsabonnement *nt* abonnement *m* à un journal **Zeitungsannonce** *f*, **Zeitungsanzeige** *f* petite annonce *f* **Zeitungsartikel** *m* article *m* de journal **Zeitungsausschnitt** *m* coupure *f* de presse **Zeitungsente** *f fam* canard *m (vieilli)* **Zeitungskiosk** *m* kiosque *m* à journaux **Zeitungsmeldung** *f* annonce *f* de presse **Zeitungspapier** *nt* papier *m* journal **Zeitungsverkäufer(in)** *m(f)* vendeur(-euse) *m(f)* de journaux **Zeitungswissenschaft** *f* science *f* journalistique

Zeitunterschied *m*, **Zeitverschiebung** *f* décalage *m* horaire **Zeitverschwendung** *f kein Pl* gaspillage *m* de temps **Zeitvertrag** *m* contrat *m* à durée déterminée
Zeitvertreib ['tsaitfɛɐtraip] <-[e]s, -e> *m* passe-temps *m inv*
zeitweilig ['tsaitvailɪç] I. *adj* ❶ (*vorübergehend*) temporaire ❷ (*gelegentlich*) passager(-ère) II. *adv s.* **zeitweise**
zeitweise *adv* ❶ (*gelegentlich*) par intermittence ❷ (*eine Zeit lang*) par moments
Zeitwert *m* valeur *f* vénale **Zeitzeuge** *m*, **-zeugin** *f* témoin *m* de l'époque **Zeitzone** *f* fuseau *m* horaire **Zeitzünder** *m* détonateur *m* à retardement
zelebrieren* [tsele'bri:rən] *vt* ❶ REL célébrer ❷ *geh* (*feierlich gestalten*) solenniser
Zelle ['tsɛlə] <-, -n> *f* ❶ *a.* BIO cellule *f* ❷ (*Telefonzelle*) cabine *f*
Zellkern *m* BIO noyau *m* cellulaire
Zellophan [tsɛlo'fa:n] <-s> *nt* cellophane® *f*
Zellteilung *f* BIO division *f* cellulaire
zellulär [tsɛlu'lɛ:ɐ] *adj* BIO cellulaire
Zellulitis [tsɛlu'li:tɪs] <-, Zellulitiden> *f* MED cellulite *f*
Zelluloid [tsɛlu'lɔyt] <-s> *nt* celluloïd *m*
Zellulose [tsɛlu'lo:zə] <-, -n> *f* BIO cellulose *f*
Zellwand *f* paroi *f* cellulaire
Zelt [tsɛlt] <-[e]s, -e> *nt* tente *f*
Zeltbahn *f* toile *f* de tente
zelten ['tsɛltən] *vi* camper
Zeltlager *nt* campement *m* **Zeltplane** *f* toile *f* de tente **Zeltplatz** *m* terrain *m* de camping
Zement [tse'mɛnt] <-[e]s, -e> *m* ciment *m*
zementieren* [tsemɛn'ti:rən] *vt* cimenter
Zenit [tse'ni:t] <-[e]s> *m* ASTRON zénith *m*
zensieren* [tsɛn'zi:rən] *vt* ❶ (*benoten*) noter ❷ (*der Zensur unterwerfen*) censurer
Zensor ['tsɛnzo:ɐ] <-s, -soren> *m*, **Zensorin** *f* censeur *mf*
Zensur [tsɛn'zu:ɐ] <-, -en> *f* ❶ note *f* ❷ *kein Pl* (*Kontrolle*) censure *f*
zensurieren* [tsɛnzu'ri:rən] CH, A *s.* **zensieren**
Zensus ['tsɛnzʊs] <-, -> *m* recensement *m*
Zentigramm [tsɛnti'gram] *nt* centigramme *m* **Zentiliter** [tsɛnti'li:tɐ] *m o nt* centilitre *m* **Zentimeter** [tsɛnti'me:tɐ] *m o nt* centimètre *m*
Zentimetermaß *nt* mètre *m*
Zentner ['tsɛntnɐ] <-s, -> *m* demi-quintal *m*
zentnerschwer *adj* ❶ *Last* lourd(e) comme du plomb ❷ *Sorge* accablant(e)
zentral [tsɛn'tra:l] I. *adj* central(e) II. *adv liegen* au centre; *erfassen* de manière centralisée
Zentralafrika *nt* l'Afrique *f* centrale **Zentralbank** <-banken> *f* banque *f* centrale; **die Europäische ~** la banque centrale européenne; **Europäisches System der ~en** Système *m* européen des banques centrales **zentralbeheizt** *adj* (*durch eine Zentralheizung*) avec chauffage central
Zentrale [tsɛn'tra:lə] <-, -n> *f* ❶ *einer Firma* siège *m* ❷ (*Telefonzentrale*) *eines Unternehmens* standard *m*
Zentraleinheit *f* INFORM unité *f* centrale **Zentralgewalt** *f* POL pouvoir *m* central **Zentralheizung** *f* chauffage *m* central
zentralisieren* [tsɛntrali'zi:rən] *vt* centraliser
Zentralisierung <-, -en> *f* centralisation *f*
Zentralismus [tsɛntra'lɪsmʊs] <-> *m* centralisme *m*
zentralistisch [tsɛntra'lɪstɪʃ] I. *adj* centraliste II. *adv* de façon centraliste
Zentralkomitee *nt* POL comité *m* central **Zentralmassiv** *nt* GEOG **das ~** le Massif central **Zentralverband** *m* confédération *f* **Zentralverriegelung** <-, -en> *f* verrouillage *m* central[isé]
Zentren *Pl von* **Zentrum**
zentrieren* [tsɛn'tri:rən] *vt* centrer
zentrifugal [tsɛntrifu'ga:l] *adj* centrifuge
Zentrifugalkraft *f* force *f* centrifuge
Zentrifuge [tsɛntri'fu:gə] <-, -n> *f* centrifugeuse *f*
zentripetal [tsɛntripe'ta:l] *adj* centripète
Zentripetalkraft *f* force *f* centripète
Zentrum ['tsɛntrʊm] <-s, Zentren> *nt* centre *m*
Zeppelin ['tsɛpəli:n] <-s, -e> *m* dirigeable *m*
Zepter ['tsɛptɐ] <-s, -> *nt* sceptre *m*
zerbeißen* *vt irr* ❶ croquer *Bonbon* ❷ mordiller *Schuh* ❸ *fam* (*stechen*) **jdn ~** *Floh:* dévorer qn
zerbomben* *vt* bombarder
zerbrechen* *irr* I. *vt + haben* casser II. *vi + sein* ❶ *Vase:* se casser ❷ *fig Ehe:* se briser
zerbrechlich *adj* fragile
zerbröckeln* I. *vt + haben* émietter *Brot;* effriter *Ton* II. *vi + sein Kuchen:* s'émietter
zerdeppern* *vt fam* fracasser
zerdrücken* *vt* ❶ écraser *Banane* ❷ *s.* **zerknittern**

zerebral [tsere'bra:l] *adj* MED cérébral(e)
Zeremonie [tseremo'ni:] <-, -ien> *f* cérémonie *f*
zeremoniell [tseremo'niɛl] *geh* **I.** *adj* cérémonieux(-euse) **II.** *adv* cérémonieusement
Zeremoniell [tseremo'niɛl] <-s, -e> *nt geh* cérémonial *m*
zerfahren *adj* distrait(e)
Zerfall *m kein Pl* ❶ (*das Zerfallen*) dégradation *f* ❷ (*Niedergang*) décadence *f* ❸ PHYS désintégration *f*
zerfallen* *vi irr + sein* ❶ *Gebäude:* tomber en ruine ❷ PHYS se désintégrer ❸ (*sich gliedern*) **in etw** (*akk*) ~ se diviser en qc
Zerfallserscheinung *f* signe *m* de décadence
zerfetzen* *vt* ❶ déchirer *Zeitung, Hemd* ❷ (*verstümmeln*) **jdn/etw** ~ *Granate:* déchiqueter qn/qc
zerfleddern* *vt fam* esquinter *Buch*
zerfleischen* [tsɛɐ'flaiʃən] **I.** *vt* déchiqueter **II.** *vr* **sich** ~ (*sich selbst quälen*) se torturer
zerfließen* *vi irr + sein* ❶ *Butter:* fondre; *Make-up:* couler ❷ *fig* **vor Mitleid** [**fast**] ~ se confondre en apitoiements
zerfranst [tsɛɐ'franst] *adj* effiloché(e)
zerfressen* *vt irr* ❶ **etw** ~ *Rost:* manger qc; *Krankheit:* ronger qc ❷ (*fressen*) **etw** ~ *Motten:* manger qc
zergehen* *vi irr + sein Butter, Tablette:* fondre
zerhacken* *vt* couper [en morceaux]; **etw** ~ couper qc [en morceaux]
zerkauen* *vt* ❶ mâcher *Fleisch, Bissen;* croquer *Tablette* ❷ (*zerbeißen*) ronger *Fingernägel*
zerkleinern* [tsɛɐ'klainɐn] *vt* couper en petits morceaux; **etw** ~ couper qc en petits morceaux
zerklüftet [tsɛɐ'klʏftət] *adj Berg, Felsen* crevassé(e)
zerknautschen* *vt fam* chiffonner *Kleidungsstück*
zerknirscht [tsɛɐ'knɪrʃt] *adj, adv* contrit(e)
Zerknirschung <-> *f* contrition *f*
zerknittern* *vt* chiffonner *Hemd*
zerknittert *adj fig Gesicht* fripé(e)
zerknüllen* *vt* froisser *Papier*
zerkratzen* *vt* ❶ rayer *Oberfläche* ❷ (*verletzen*) **eine Katze hat ihm das Gesicht zerkratzt** un chat lui a griffé le visage
zerkrümeln* *vt* émietter
zerlassen* *vt irr* faire fondre
zerlaufen* *s.* **zerfließen**
zerlegen* *vt* ❶ démonter *Schrank* ❷ (*tranchieren*) découper *Gans*
zerlesen *adj Buch* fatigué(e)
zerlumpt [tsɛɐ'lʊmpt] *adj Bettler* déguenillé(e)
zermahlen* *vt* moudre; **etw zu Mehl** ~ moudre qc pour en faire de la farine
zermalmen* [tsɛɐ'malmən] *vt* écraser
zermartern* *vt* **sich** (*dat*) **das Gehirn** ~ se creuser les méninges
zermürben* [tsɛɐ'mʏrbən] *vt* épuiser; **~d sein** être usant
zernagen* *vt* ronger
zerpflücken* *vt* démolir [point par point]; **jds Argumente** ~ démolir les arguments de qn [point par point]
zerplatzen* *vi + sein* éclater
zerquetschen* *vt* écraser
Zerrbild *nt* caricature *f*
zerreden* *vt* ressasser
zerreiben* *vt irr* piler *Gewürze*
zerreißen* *irr* **I.** *vt + haben* ❶ déchirer *Foto* ❷ (*durchreißen*) déchirer *Netz* **II.** *vi + sein Stoff:* se déchirer
Zerreißprobe *f* épreuve *f* de vérité
zerren ['tsɛrən] **I.** *vt* tirer; **jdn ins Zimmer** ~ tirer qn dans la pièce **II.** *vi* **an etw** (*dat*) ~ tirer sur qc **III.** *vr* MED **sich** (*dat*) **einen Muskel** ~ se froisser un muscle
zerrinnen* *vi irr + sein geh Träume:* partir en fumée
zerrissen [tsɛɐ'rɪsən] *adj fig* déchiré(e)
Zerrspiegel ['tsɛr-] *m* miroir *m* déformant
Zerrung <-, -en> *f* MED élongation *f*
zerrütten* [tsɛɐ'rʏtən] *vt* démolir *Nerven;* briser *Ehe*
zersägen* *vt* scier
zerschellen* *vi + sein* se briser; **an etw** (*dat*) ~ *Schiff:* se briser contre qc; **an einem Berg** ~ *Flugzeug:* s'écraser contre une montagne
zerschießen* *vt irr* **etw** ~ (*durchlöchern*) cribler qc de balles
zerschlagen*[1] *irr* **I.** *vt* casser *Glas* **II.** *vr* **sich** ~ *Plan:* tomber à l'eau
zerschlagen[2] *adj* fourbu(e); **ganz ~ sein** être complètement fourbu
zerschlissen [tsɛɐ'ʃlɪsən] *s.* **verschlissen**
zerschmettern* *vt* fracasser *Schädel;* briser *Kiefer*
zerschneiden* **I.** *vt irr* découper *Zeitung* **II.** *vr* **sich** (*dat*) **die Hand** ~ se couper la main
zerschrammen* *vt* rayer; **sich** (*dat*) **etw** ~ s'égratigner qc; **er hatte zerschrammte Knie** il avait les genoux écorchés

zersetzen* I. *vt* (*auflösen*) décomposer II. *vr* **sich ~** se décomposer

Zersetzung <-> *f* ① décomposition *f* ② (*Untergrabung*) dégradation *f*

zersiedeln* *vt form* **die Landschaft wird zersiedelt** le paysage est mité

Zersied[e]lung <-> *f form* mitage *m*

zerspalten* *vt* fendre

zersplittern* I. *vt + haben* faire éclater *Mast* II. *vi + sein Glasscheibe:* voler en éclats

Zersplitterung <-, -en> *f* ① (*Zersplittern*) fragmentation *f* ② *fig* éclatement *m*

zersprengen* *vt* ① faire sauter *Felsen* ② disperser *Truppen*

zerspringen* *vi irr + sein* éclater

zerstampfen* *vt* écraser

zerstäuben* [tsɛɐ̯'ʃtɔybən] *vt* vaporiser *Parfüm*

Zerstäuber <-s, -> *m* brumatisateur® *m;* (*Parfümzerstäuber*) vaporisateur *m*

zerstechen* *vt irr* ① trouer *Leder;* crever *Reifen* ② (*mehrfach stechen*) **von den Moskitos völlig zerstochen werden** être dévoré par les moustiques

zerstörbar *adj* destructible

zerstören* *vt* ① (*kaputtmachen*) détruire *Gebäude* ② (*zunichtemachen*) détruire *Ehe*

Zerstörer <-s, -> *m* ① destructeur *m* ② NAUT contre-torpilleur *m*

zerstörerisch *adj* destructeur(-trice)

Zerstörung <-, -en> *f* ① *kein Pl* (*das Zerstören*) destruction *f* ② (*Verwüstung*) dévastation *f*

Zerstörungstrieb *m kein Pl* instinct *m* de destruction **Zerstörungswut** *f* vandalisme *m*

zerstoßen* *vt irr* concasser

zerstreiten* *vr irr* **sich ~** se disputer; **sich mit jdm über etw** (*akk*) **~** se disputer avec qn à propos de qc; (*für längere Zeit*) se brouiller avec qn à cause de qc

zerstreuen* I. *vt* ① (*auseinandertreiben*) disperser ② disséminer *Truppen;* éparpiller *Papiere* II. *vr* **sich ~** ① (*sich amüsieren*) se distraire ② (*auseinandertreiben*) *Menschenmenge:* se disperser ③ (*sich auflösen*) *Sorgen:* s'envoler

zerstreut *adj* ① (*unkonzentriert*) distrait(e) ② (*verstreut*) éparpillé(e)

Zerstreutheit <-> *f* distraction *f*

Zerstreuung <-, -en> *f* distraction *f*

zerstritten [tsɛɐ̯'ʃtrɪtən] *PP von* **zerstreiten**

zerstückeln* *vt* dépecer *Leiche*

Zerstückelung <-, -en> *f von Grundbesitz, Land* morcellement *m; einer Leiche* dépeçage *m*

zerteilen* *vt* découper; **etw in gleich große Stücke ~** découper qc en morceaux égaux

Zertifikat [tsɛrtifi'ka:t] <-[e]s, -e> *nt* certificat *m*

zertrampeln* *vt* piétiner

zertreten* *vt irr* écraser *Käfer;* piétiner *Gras*

zertrümmern* [tsɛɐ̯'trʏmɐn] *vt* ① défoncer *Fensterscheibe* ② (*verletzen*) **er hat ihm den Schädel zertrümmert** il lui a fracassé le crâne ③ MED détruire *Nierenstein*

Zervelatwurst [tsɛrvə'la:tvʊrst] *f* cervelas *m*

zerwühlen* *vt* ① labourer *Boden* ② défaire *Bett*

Zerwürfnis [tsɛɐ̯'vʏrfnɪs] <-ses, -se> *nt geh* discorde *f*

zerzausen* *vt* **jdm die Frisur ~** *Person:* décoiffer qn

Zeter ['tse:tɐ] ▶ **~ und Mordio schreien** *fam* crier comme un putois

zetern ['tse:tɐn] *vi pej Person:* brailler (*fam*)

Zettel ['tsɛtəl] <-s, -> *m* ① (*für eine Notiz*) [bout *m* de] papier *m;* (*mit einer Notiz*) note *f* ② (*Einkaufszettel*) liste *f*

Zeug [tsɔyk] <-[e]s> *nt fam* ① (*mehrere Sachen*) bazar *m;* **ist das dein ~?** c'est ton fourbi? ② (*Nahrungsmittel*) truc *m* ③ (*Unsinn*) **dummes ~ reden** raconter des conneries

Zeuge ['tsɔygə] <-n, -n> *m,* **Zeugin** *f* témoin *m*

zeugen[1] ['tsɔygən] *vt geh* engendrer *Kind*

zeugen[2] ['tsɔygən] *vi* témoigner; **von großer Erfahrung ~** témoigner d'une grande expérience

Zeugenaussage *f* témoignage *m* **Zeugenstand** *m* **jdn in den ~ rufen** appeler qn à la barre [des témoins]

Zeugin ['tsɔygɪn] *s.* **Zeuge**

Zeugnis ['tsɔyknɪs] <-ses, -se> *nt* ① (*Schulzeugnis*) bulletin *m* [scolaire] ② (*Arbeitszeugnis*) certificat *m* de travail

Zeugung <-, -en> *f geh* procréation *f*

Zeugungsakt *m* acte *m* de procréation **zeugungsfähig** *adj form* apte à procréer (*soutenu*) **zeugungsunfähig** *adj form* inapte à procréer (*soutenu*) **Zeugungsunfähigkeit** *f kein Pl form* incapacité *f* de procréer (*soutenu*)

z.H[d]. *Abk von* **zu Händen** à l'attention de

Zichorie [tsɪ'ço:ri̯ə] <-, -n> *f* chicorée *f*

Zicke ['tsɪkə] <-, -n> *f pej fam* bique *f*

zickig ['tsɪkɪç] *adj fam* chiant(e)

Zicklein <-s, -> *nt* chevreau *m*
zickzack ['tsɪktsak] *adv* en zigzag; ~ **fahren** faire des zigzags en conduisant
Zickzack ['tsɪktsak] *m* **im** ~ en zigzag
Ziege ['tsi:gə] <-, -n> *f* ① chèvre *f* ② *pej fam* (*Schimpfwort*) **diese** [**blöde**] **~!** cette conne!
Ziegel ['tsi:gəl] <-s, -> *m* ① (*Ziegelstein*) brique *f* ② (*Dachziegel*) tuile *f*
Ziegeldach *nt* toit *m* de tuiles
Ziegelei [tsi:gə'lai] <-, -en> *f* briqueterie *f;* (*für Dachziegel*) tuilerie *f*
ziegelrot ['tsi:gəlro:t] *adj* rouge brique *inv* **Ziegelstein** *m* brique *f*
Ziegenbart *m* ① barbe *f* de chèvre ② *fam* (*Spitzbart*) barbichette *f* **Ziegenbock** *m* bouc *m* **Ziegenkäse** *m* [fromage *m* de] chèvre *m* **Ziegenleder** *nt* chevreau *m* **Ziegenmilch** *f* lait *m* de chèvre
ziehen ['tsi:ən] <zog, gezogen> **I.** *vt* + *haben* ① tirer *Wagen* ② (*bewegen*) **die Rollläden nach oben** ~ monter des volets roulants; **jdn/etw aus dem Auto** ~ tirer qn/qc de la voiture ③ (*zerren*) **jdn an den Haaren** ~ tirer qn par les cheveux ④ (*opp: drücken*) tirer *Tür* ⑤ (*steuern*) **das Flugzeug nach oben** ~ cabrer l'appareil ⑥ (*entfernen*) retirer *Fäden;* arracher *Zahn* ⑦ (*hervorholen*) sortir *Degen* ⑧ (*wählen*) tirer *Los* ⑨ (*betätigen*) tirer *Notbremse, Wasserspülung* ⑩ (*verlegen*) installer *Zaun* ⑪ (*durchziehen*) **den Gürtel durch etw** ~ faire passer la ceinture dans qc ⑫ (*züchten*) cultiver *Pflanzen* ⑬ (*zeichnen*) tirer *Linie* ⑭ (*dehnen*) **etw glatt** ~ défroisser qc ⑮ (*anziehen*) **alle Blicke auf sich** (*akk*) ~ attirer tous les regards sur soi ⑯ (*zur Folge haben*) **Veränderungen nach sich** (*akk*) ~ entraîner des changements ⑰ (*machen*) faire *Grimassen* ⑱ *fam* (*schlagen*) **jdm eins über die Rübe** ~ en mettre une à qn ⑲ INFORM *fam* (*downloaden*) **etw aus dem Netz** ~ tirer qc d'Internet **II.** *vi* ① + *haben* (*zerren*) **an etw** (*dat*) ~ tirer sur qc ② + *sein* (*umziehen*) **nach Berlin** ~ déménager à Berlin ③ + *sein* (*unterwegs sein*) **durch die Stadt** ~ traverser la ville ④ + *sein* ZOOL *Vögel:* migrer ⑤ (*sich bewegen*) **nach rechts/links** ~ *Fahrzeug:* tirer à droite/gauche ⑥ + *haben* (*beim Rauchen*) **an etw** (*dat*) ~ tirer sur qc ⑦ + *sein* (*dringen*) **durchs Haus** ~ *Duft:* se répandre dans la maison ⑧ + *sein* (*einziehen*) **in die Haut** ~ pénétrer dans la peau ⑨ + *haben* GASTR *Tee:* infuser ⑩ + *haben fam* (*Eindruck machen*) **bei jdm** ~ marcher avec qn; **diese Masche zieht bei mir nicht!** ce truc ne prend pas avec moi! **III.** *vi unpers* + *haben* ① **es zieht!** il y a un courant d'air! ② (*schmerzen*) **es zieht mir in den Beinen** ça me tire dans les jambes; **ein ~der Schmerz** une douleur lancinante **IV.** *vt unpers* + *haben* **jdn zieht es in die Ferne** qn est attiré(e) par les contrées lointaines **V.** *vr* + *haben* ① **sich** ~ *Verhandlungen:* traîner en longueur ② (*sich erstrecken*) **sich durch das Tal** ~ *Straße:* s'étendre à travers la vallée ③ (*sich hochziehen*) **sich am Seil in die Höhe** ~ se hisser en haut à l'aide d'une corde
Ziehen <-s> *nt* (*Schmerz*) élancements *mpl*
Ziehharmonika *f* accordéon *m*
Ziehung <-, -en> *f* tirage *m*
Ziel [tsi:l] <-[e]s, -e> *nt* ① (*Reiseziel*) destination *f* ② (*opp: Start*) [ligne *f* d']arrivée *f* ③ (*Zielscheibe*) cible *f* ④ *fig* but *m,* objectif *m;* **sich** (*dat*) **etw zum ~ setzen** se fixer qc comme objectif
zielen ['tsi:lən] *vi* ① viser; **auf jdn/etw** ~ *Person:* viser qn/qc ② (*gerichtet sein*) **auf jdn/etw** ~ *Waffe:* être pointé sur qn/qc; *Kritik:* viser qn/qc
Zielfernrohr *nt* lunette *f* de visée
zielführend *adj inv* menant au but
Zielgerade *f* dernière ligne *f* droite **zielgerichtet I.** *adj* fait(e) dans un but précis **II.** *adv planen* dans un but précis **Zielgruppe** *f* [groupe *m*] cible *f* **Ziellinie** *f* ligne *f* d'arrivée
ziellos *adj, adv* sans but [précis]
zielorientiert *adj* ciblé(e) **Zielperson** *f* personne *f* cible **Zielscheibe** *f* cible *f* **Zielsetzung** <-, -en> *f* but *m* **zielsicher I.** *adj* **ein ~er Schütze** un fin tireur **II.** *adv* ~ **auf jdn/etw zugehen** se diriger sans hésiter vers qn/qc **Zielsprache** *f* LING langue *f* cible
zielstrebig ['tsi:lʃtre:bɪç] **I.** *adj* déterminé(e) **II.** *adv* avec détermination
Zielstrebigkeit <-> *f* détermination *f*
Zielvereinbarung *f* détermination *f* d'objectifs; **~en treffen** déterminer des objectifs **Zielvorgabe** *f* objectif *m*
ziemen ['tsi:mən] *vr geh* être de mise; **es ziemt sich nicht für jdn etw zu tun** il n'est pas de mise pour qn de faire qc
ziemlich ['tsi:mlɪç] **I.** *adj fam* **eine ~e Entfernung** une bonne petite distance **II.** *adv* assez; **er musste sich ~ beeilen** il a dû pas mal se dépêcher
Zierde ['tsi:ɐdə] <-, -n> *f* (*Schmuck*) parure *f;* **zur** ~ comme décoration

zieren ['t͡siːrən] **I.** *vt* orner **II.** *vr* **sich ~** faire des manières

Zierfisch *m* poisson *m* [exotique] d'aquarium **Ziergarten** *m* jardin *m* d'agrément **Zierleiste** *f* (*an Fahrzeugen*) baguette *f* latérale

zierlich ['t͡siːɐ̯lɪç] *adj* menu(e)

Zierlichkeit <-> *f* finesse *f* du corps

Zierpflanze *f* plante *f* ornementale

Ziffer ['t͡sɪfɐ] <-, -n> *f* ① chiffre *m* ② (*Abschnitt*) *eines Paragraphen* alinéa *m*

Zifferblatt *nt* cadran *m*

Ziffernblock *nt* INFORM pavé *m* numérique

zig [t͡sɪç] *adj fam* trente-six

Zigarette [t͡siga'rɛtə] <-, -n> *f* cigarette *f*

Zigarettenanzünder *m* allume-cigare *m* **Zigarettenautomat** *m* distributeur *m* de cigarettes **Zigarettenschachtel** *f* paquet *m* de cigarettes **Zigarettenspitze** *f* fume-cigarette *m* **Zigarettenstummel** *m* mégot *m*

Zigarillo [t͡siga'rɪlo] <-s, -s> *m o nt* cigarillo *m*

Zigarre [t͡si'garə] <-, -n> *f* cigare *m*

Zigarrenraucher(in) *m(f)* fumeur(-euse) *m(f)* de cigares **Zigarrenstummel** *m* mégot *m* [de cigare]

Zigeuner(in) [t͡si'gɔynɐ] <-s, -> *m(f)* (*pej*) tzigane *mf;* (*in Südfrankreich, Spanien lebend*) gitan(e) *m(f)*

Zigeunerleben *nt* vie *f* de bohémien **Zigeunermusik** *f* musique *f* tzigane **Zigeunerschnitzel** *nt* escalope *f* sauce piquante

zigmal ['t͡sɪçmaːl] *adv fam* trente-six fois

Zikade [t͡si'kaːdə] <-, -n> *f* cigale *f*

Zimmer ['t͡sɪmɐ] <-s, -> *nt* ① pièce *f* ② (*zum Schlafen*) chambre *f*

Zimmerantenne *f* antenne *f* intérieure **Zimmerdecke** *f* plafond *m* **Zimmerflucht** *f* enfilade *f* de pièces **Zimmerhandwerk** *nt* charpenterie *f* **Zimmerkellner(in)** *m(f)* garçon *m*/serveuse *f* d'étage **Zimmerlautstärke** *f* **etw auf ~** (*akk*) **stellen** mettre qc en sourdine **Zimmermädchen** *nt* femme *f* de chambre **Zimmermann** <-leute> *m* charpentier *m*

zimmern ['t͡sɪmɐn] **I.** *vt* fabriquer **II.** *vi* **an etw** (*dat*) **~** bricoler qc

Zimmerpflanze *f* plante *f* d'appartement **Zimmerservice** [-søːɐ̯vɪs] *m* service *m* d'étage **Zimmersuche** *f* recherche d'une chambre *f* **Zimmertemperatur** *f* température *f* ambiante **Zimmervermittlung** *f* location *f* de chambres

zimperlich ['t͡sɪmpɐlɪç] *adj* douillet(te)

Zimt [t͡sɪmt] <-[e]s> *m* cannelle *f*

Zimtstange *f* bâton *m* de cannelle

Zink [t͡sɪŋk] <-[e]s> *nt* zinc *m*

Zinke ['t͡sɪŋkə] <-, -n> *f* dent *f*

zinken ['t͡sɪŋkən] *vt* biseauter *Karten*

Zinken ['t͡sɪŋkən] <-s, -> *m fam* (*Nase*) pif *m*

Zinksalbe *f* pommade *f* à l'oxyde de zinc

Zinn [t͡sɪn] <-[e]s> *nt* étain *m*

Zinne ['t͡sɪnə] <-, -n> *f* créneau *m*

Zinnober [t͡sɪ'noːbɐ] <-s> *m* (*Farbe*) vermillon *m*

zinnoberrot *adj* [rouge] vermillon *inv*

Zinnsoldat *m* soldat *m* de plomb

Zins [t͡sɪns] <-es, -en> *m* FIN intérêt *m*

zinsbringend **I.** *adj* lucratif(-ive) **II.** *adv* **sein Geld ~ anlegen** placer fructueusement son argent

Zinseszins *m* intérêts *mpl* composés

Zinsfuß *m s.* **Zinssatz** **zinsgünstig** *adj, adv* avec un taux [d'intérêt] avantageux

zinslos *adj, adv* sans intérêts

Zinspolitik *f* politique *f* des taux d'intérêt **Zinssatz** *m* taux *m* d'intérêt

Zionismus [t͡si̯o'nɪsmʊs] <-> *m* sionisme *m*

Zionist(in) [t͡si̯o'nɪst] <-en, -en> *m(f)* sioniste *mf*

Zipfel ['t͡sɪpfəl] <-s, -> *m eines Kissens* coin *m; einer Wurst* entame *f*

Zipfelmütze *f* bonnet *m* à pointe

zippen ['tsɪpən, 'zɪpən] *vt* INFORM zipper *Dokument, Datei*

Zirbeldrüse ['t͡sɪrbəl-] *f* ANAT épiphyse *f*

zirka ['t͡sɪrka] *adv* environ

Zirkapreis *nt* prix *m* approximatif

Zirkel ['t͡sɪrkəl] <-s, -> *m* (*Gerät*) compas *m*

Zirkelkasten *m* boîte *f* à compas **Zirkelschluss**RR *m* cercle *m* vicieux

Zirkulation [t͡sɪrkula't͡si̯oːn] <-, -en> *f* circulation *f*

zirkulieren* [t͡sɪrku'liːrən] *vi* circuler

Zirkumflex ['t͡sɪrkʊmflɛks] <-es, -e> *m* LING accent *m* circonflexe

Zirkus ['t͡sɪrkʊs] <-, -se> *m* ① cirque *m* ② *pej fam* (*großes Aufheben*) cirque *m*

Zirkuszelt *nt* chapiteau *m*

zirpen ['t͡sɪrpən] *vi Grille:* chanter

Zirrhose [t͡sɪ'roːzə] <-, -n> *f* MED cirrhose *f*

zisch [t͡sɪʃ] *interj* (*Geräusch einer hervorsprudelnden Flüssigkeit*) pschitt; **~ machen** faire pschitt

zischeln ['t͡sɪʃəln] *vi* (*flüstern*) chuchoter

zischen ['t͡sɪʃən] *vi* ① + *haben Schlange:* siffler; *Fett:* grésiller ② + *sein* (*laut strömen*) **aus etw ~** *Dampf:* chuinter en sor-

Z

tant de qc; *Bier:* jaillir de qc ③ + *haben* (*Unmut äußern*) siffler

Zischen ['tsɪʃən] <-s> *nt* sifflement *m; von Gas, Dampf* chuintement *m*

ziselieren* [tsizə'li:rən] *vt* ciseler

Zisterne [tsɪs'tɛrnə] <-, -n> *f* citerne *f*

Zitadelle [tsita'dɛlə] <-, -n> *f* citadelle *f*

Zitat [tsi'ta:t] <-[e]s, -e> *nt* citation *f*

Zither ['tsɪtɐ] <-, -n> *f* cithare *f*

zitieren* [tsi'ti:rən] *vt* ① citer ② (*kommen lassen*) **ich wurde zum Chef zitiert** le chef m'a convoqué(e)

Zitronat [tsitro'na:t] <-[e]s, -e> *nt* citron *m* confit

Zitrone [tsi'tro:nə] <-, -n> *f* citron *m*

Zitronenbaum *m* citronnier *m* **Zitronenfalter** *m* citron *m* de Provence **zitronengelb** *adj* jaune citron *inv* **Zitronenlimonade** *f* citronnade *f* **Zitronenmelisse** *f* citronnelle *f* **Zitronenpresse** *f* presse-citron *m* **Zitronensaft** *m* jus *m* de citron **Zitronensäure** *f* CHEM acide *m* citrique **Zitronenschale** *f* écorce *f* de citron

Zitrusfrucht ['tsi:trʊsfrʊxt] *f* agrume *m*

zitterig ['tsɪtərɪç] *s.* **zittrig**

zittern ['tsɪtɐn] *vi* ① (*beben, vibrieren*) *Person, Stimme, Hand:* trembler; **das Zittern** le tremblement ② *fam* (*Angst haben*) **vor jdm ~** avoir la frousse de qn

Zitterpappel *f* tremble *m*

zittrig ['tsɪtrɪç] *adj* tremblant(e)

Zitze ['tsɪtsə] <-, -n> *f einer Kuh, Sau* mamelle *f; einer Katze, Hündin* tétine *f*

Zivi ['tsi:vi] <-s, -s> *m fam Abk von* **Zivildienstleistende(r)** *objecteur de conscience qui effectue son service civil*

zivil [tsi'vi:l] *adj* ① civil(e) ② *fam* (*akzeptabel*) **~e Preise** des prix potables

Zivil [tsi'vi:l] <-s> *nt* tenue *f* civile; **in ~** en civil

Zivilbevölkerung *f* population *f* civile **Zivilcourage** *f* courage *m* de ses opinions; (*politisch*) courage civique **Zivildienst** *m kein Pl* service *m* civil

Zivildienstleistende(r) *f(m) dekl wie adj objecteur de conscience qui effectue son service civil*

Zivilehe *f* JUR mariage *m* civil **Zivilgesellschaft** *f* société *f* civile

Zivilisation [tsiviliza'tsi̯o:n] <-, -en> *f* civilisation *f*

Zivilisationskrankheit *f maladie liée au mode de vie dans les pays industrialisés*

zivilisieren* [tsivili'zi:rən] *vt* civiliser

zivilisiert [tsivili'zi:ɐt] **I.** *adj* civilisé(e) **II.** *adv* **sich ~ benehmen** se comporter en personne civilisée

Zivilist(in) [tsivi'lɪst] <-en, -en> *m(f)* civil(e) *m(f)*

Zivilkammer *f* JUR tribunal *m* civil **Zivilklage** *f* JUR action *f* civile **Zivilprozess**RR *m* JUR procès *m* civil **Zivilrecht** *nt kein Pl* droit *m* civil **zivilrechtlich I.** *adj* de droit civil **II.** *adv* civilement **Zivilschutz** *m* sécurité *f* civile **Zivilverteidigung** *f* défense *f* civile

Zobel ['tso:bəl] <-s, -> *m* ZOOL zibeline *f*

zocken ['tsɔkən] *vi fam* jouer; (*um hohe Beträge spielen*) flamber

Zocker(in) ['tsɔkɐ] <-s, -> *m(f) fam* joueur(-euse) *m(f)*

Zofe ['tso:fə] <-, -n> *f* HIST femme *f* de chambre

Zoff [tsɔf] <-s> *m fam* engueulade *f*

zögerlich ['tsø:gɐlɪç] **I.** *adj* hésitant(e) **II.** *adv* de façon hésitante

zögern ['tsø:gɐn] *vi* hésiter

Zögern <-s> *nt* hésitation *f*

zögernd I. *adj* hésitant(e) **II.** *adv* en hésitant

Zögling <-s, -e> *m* (*Internatsschüler*) pensionnaire *m*

Zölibat [tsøli'ba:t] <-[e]s, -e> *nt o m* célibat *m*

Zoll[1] [tsɔl, *Pl:* 'tsœlə] <-[e]s, Zölle> *m* ① (*Einfuhrabgabe*) droits *mpl* de douane ② *kein Pl* (*Zollverwaltung*) **der ~** la Douane ③ *kein Pl fam* (*Zollkontrolle*)

zögern

zögern	*hésiter*
Ich weiß nicht so recht.	*Je ne sais pas trop.*
Ich kann Ihnen noch nicht sagen, ob ich Ihr Angebot annehmen werde.	*Je ne peux pas encore vous dire si j'accepterai votre offre.*
Ich muss darüber noch nachdenken.	*Je dois y réfléchir encore.*
Ich kann Ihnen noch nicht zusagen.	*Je ne peux pas encore vous donner de réponse positive.*

durch den ~ müssen devoir passer la douane

Zoll² [t͡sɔl] <-[e]s, -> *m* pouce *m;* **19-~-Monitor** écran *m* 19 pouces

Zollabfertigung *f* formalités *fpl* de douane **Zollamt** *nt* service *m* des douanes **Zollbeamte(r)** *m dekl wie adj,* **-beamtin** *f* douanier(-ière) *m(f)* **Zollbestimmung** *f* **die ~en** la législation douanière

zollen ['t͡sɔlən] *vt geh* **jdm Dank ~** remercier qn

Zollerklärung *f* déclaration *f* en douane **Zollfahnder(in)** *m(f)* contrôleur(-euse) *m(f)* des douanes **zollfrei** *adj, adv* en franchise **Zollfreiheit** *f kein Pl* franchise *f* douanière **Zollgebiet** *nt* zone *f* douanière **Zollgrenze** *f* frontière *f* douanière **Zollkontrolle** *f* contrôle *m* douanier

Zöllner(in) ['t͡sœlnɐ] <-s, -> *m(f) fam* douanier(-ière) *m(f)*

zollpflichtig *adj* à déclarer

Zollschranke *f meist Pl* barrière *f* douanière, *souvent pl* **Zollstock** *m* mètre *m* [pliant] **Zolltarif** *m* tarif *m* douanier **Zollunion** *f* ÖKON union *f* douanière

Zombie ['t͡sɔmbi] <-[s], -s> *m* zombie *m*

Zone ['t͡so:nə] <-, -n> *f* zone *f*

Zoo [t͡so:] <-s, -s> *m* zoo *m*

Zoohandlung *f* animalerie *f*

Zoologe [t͡soo'lo:gə] <-n, -n> *m,* **Zoologin** *f* zoologiste *mf*

Zoologie [t͡soolo'gi:] <-> *f* zoologie *f*

Zoologin <-, -nen> *f s.* **Zoologe**

zoologisch [t͡soo'lo:gɪʃ] *adj* zoologique

Zoom [zu:m] *nt o m* zoom *m*

zoomen ['zu:mən] *vt, vi* zoomer

Zopf [t͡sɔpf, *Pl:* 't͡sœpfə] <-[e]s, Zöpfe> *m* ❶ *(Haarzopf)* natte *f;* *(klein)* tresse *f* ❷ *(Hefezopf)* brioche *f* tressée

Zopfmuster *nt* torsades *fpl*

Zorbing ['zɔrbɪŋ] <-s> *nt* SPORT zorbing *m*

Zorn [t͡sɔrn] <-[e]s> *m* colère *f;* *(heftig)* fureur *f*

zornig ['t͡sɔrnɪç] **I.** *adj* en colère, furieux(-euse) **II.** *adv* en colère

Zote ['t͡so:tə] <-, -n> *f* ▶ **~n reißen** *fam* raconter des histoires cochonnes

Zottel ['t͡sɔtəl] <-, -n> *f meist Pl pej fam* *(Haare)* tignasse *f*

zottelig ['t͡sɔtəlɪç] *adj fam Haar* hirsute; *Fell* touffu(e)

z.T. *Abk von* **zum Teil** en partie

Ztr. *Abk von* **Zentner**

zu [t͡su:] **I.** *präp + dat* ❶ *(bei Richtungsangaben)* **~m Arzt gehen** aller chez le médecin ❷ *fig* **sich ~ jdm hingezogen fühlen** se sentir attiré(e) par qn ❸ *(bei Entfernungs-, Fristangaben)* **ich habe bis ~m 10. März Zeit um das fertig zu machen** j'ai jusqu'au 10 mars pour finir ça; *(muss diese Frist einhalten)* je dois finir ça pour le 10 mars ❹ *(in Eigennamen)* **das Gasthaus zur Sonne** l'Auberge *f* du Soleil ❺ *(bei Zeitangaben)* **~ Ostern** à Pâques ❻ *(anlässlich)* **jdm ~m Geburtstag gratulieren** souhaiter l'anniversaire à qn ❼ *(gemeinsam, gleichzeitig mit)* **gut ~ etw passen** *Bluse:* aller bien avec qc ❽ *(bezüglich)* **jdn ~ etw befragen** questionner qn au sujet de qc ❾ *(bei Angaben des Zwecks)* **hast du etwas ~m Schreiben?** tu as quelque chose pour écrire? ❿ *(eine Veränderung ausdrückend)* **jdn ~m Sprecher wählen** élire qn porte-parole ⓫ *(eine Relation ausdrückend)* **es steht zwei ~ zwei** il y a deux à deux; **~ zweit spielen** jouer à deux ⓬ *fam (für)* **~ was brauchst du das?** c'est pour quoi ça? **II.** *adv* ❶ *(allzu)* trop; **ich würde ja ~ gern abreisen** j'aimerais tant partir ❷ *(geschlossen)* **~ sein** *Geschäft, Tür:* être fermé ❸ *fam (betrunken)* **~ sein** être raide ❹ *(bei Richtungsangaben)* **nach Süden ~** vers le sud **III.** *konj* ❶ **sie hat vor ~ kommen** elle a l'intention de venir ❷ *(als Ausdruck des Könnens)* **er ist nicht ~ sprechen** il ne peut pas recevoir ❸ *(als Ausdruck des Müssens)* **ich habe viel ~ tun** j'ai beaucoup à faire

zuallererst [t͡su'ʔalɐ'ʔe:ɐ̯st] *adv* avant toute chose

zuallerletzt [t͡su'ʔalɐ'lɛt͡st] *adv* en tout dernier lieu

zu|bauen *vt* boucher *Lücke*

Zubehör ['t͡su:bəhø:ɐ̯] <-[e]s> *nt o m eines Autos, Geräts* accessoires *mpl*

Zubehörteil *nt* accessoire *m*

zu|beißen *vi irr* mordre

zu|bekommen* *vt irr fam* arriver à fermer *Koffer, Tür*

Zuber ['t͡su:bɐ] <-s, -> *m* DIAL baquet *m*

zu|bereiten* *vt* préparer

Zubereitung <-, -en> *f* préparation *f*

Zubettgehen <-s> *nt* coucher *m;* **etw vor dem ~ tun** faire qc avant de se coucher

zu|billigen *vt* accorder; **jdm eine Entschädigung ~** accorder une indemnisation à qn

zu|binden *vt irr* fermer *Sack;* nouer *Schürze;* lacer *Schuh*

zu|bleiben *vi irr + sein fam* rester fermé(e)

zu|blinzeln **I.** *vi* faire un clin d'œil; **jdm ~**

Z

faire un clin d'œil à qn **II.** *vr* **sich** (*dat*) ~ se faire un clin d'œil

zu|bringen *vt irr* **den Tag am Strand ~** passer la journée sur la plage

Zubringer <-s, -> *m* ❶ (*Straße*) bretelle *f* d'accès ❷ (*Fahrzeug*) navette *f*

Zubrot *nt kein Pl* revenu *m* d'appoint; **sich** (*dat*) **ein ~ verdienen** arrondir ses fins de mois

zu|buttern *vt fam* **viel ~** mettre beaucoup de sa poche

Zucchini [tsʊ'kiːni] *f* courgette *f*

Zucht [tsʊxt] <-, -en> *f* ❶ (*gezüchtete Tiere*) race *f;* (*gezüchtete Pflanzen*) variété *f;* (*gezüchtete Bakterien*) souche *f* ❷ *kein Pl* (*Disziplin*) discipline *f*

Zuchtbulle *m* taureau *m* reproducteur **Zuchteber** *m* verrat *m*

züchten ['tsʏçtən] *vt* faire l'élevage de *Tiere;* cultiver *Pflanzen*

Züchter(in) <-s, -> *m(f) von Tieren* éleveur(-euse) *m(f); von Pflanzen* cultivateur(-trice) *m(f)*

Zuchtfarm *f* ferme *f* d'élevage

Zuchthaus *nt* (*Strafanstalt*) établissement *m* pénitentiaire **Zuchthengst** *m* étalon *m*

züchtigen ['tsʏçtɪgən] *vt geh* châtier

Züchtigung <-, -en> *f geh* châtiment *m*

Zuchtperle *f* perle *f* de culture **Zuchtstier** *m* taureau *m* reproducteur

Züchtung <-, -en> *f* (*gezüchtete Tiere*) race *f;* (*gezüchtete Pflanzen*) variété *f;* (*gezüchtete Bakterien*) souche *f*

Zuchtwahl *f* BIO sélection *f*

zuckeln ['tsʊkəln] *vi + sein fam* **über die Landstraße ~** rouler tranquillement sur la route de campagne

zucken ['tsʊkən] *vi* ❶ *+ haben Augenlid:* tressaillir; *Mundwinkel:* frémir ❷ *+ sein* (*sich plötzlich bewegen*) **über den Himmel ~** *Blitz:* sillonner le ciel

zücken ['tsʏkən] *vt* ❶ *geh* (*ziehen*) sortir *Messer;* dégainer *Degen* ❷ *fam* (*hervorholen*) sortir

Zucker ['tsʊkɐ] <-s, -> *m* ❶ sucre *m* ❷ *fam* (*Zuckerkrankheit*) diabète *m*

Zuckerdose *f* sucrier *m* **Zuckerfest** *nt* REL **das ~** la rupture du jeûne **Zuckerguss**^RR *m* glaçage *m* **zuckerkrank** *adj Person* diabétique **Zuckerkranke(r)** *f(m) dekl wie adj* diabétique *mf* **Zuckerkrankheit** *f* diabète *m* **Zuckerlecken** ▸ **das ist kein ~** *fam* c'est pas du gâteau

zuckern ['tsʊkɐn] *vt* sucrer

Zuckerrohr *nt* canne *f* à sucre **Zuckerrübe** *f* betterave *f* à sucre **zuckersüß** ['tsʊkɐ'zyːs] *adj* ❶ (*süß*) extrêmement sucré(e) ❷ *pej* **~ zu jdm sein** être tout sucre tout miel avec qn **Zuckerwatte** *f* barbe *f* à papa **Zuckerzange** *f* pince *f* à sucre

zuckrig ['tsʊkrɪç] *adj* ❶ (*süß*) sucré(e) ❷ (*mit Zucker bedeckt*) recouvert(e) de sucre

Zuckung <-, -en> *f meist Pl eines Epileptikers* convulsion *f;* **nervöse ~en** des tics *mpl*

zu|decken *vt* couvrir

zudem [tsu'deːm] *adv geh* de surcroît

zu|drehen *vt* ❶ fermer *Wasserhahn* ❷ (*zuwenden*) **jdm den Rücken ~** tourner le dos à qn

zudringlich ['tsuːdrɪŋlɪç] *adj* collant(e) (*fam*)

Zudringlichkeit <-, -en> *f* ❶ *kein Pl* (*zudringliche Art*) insistance *f* [déplacée] ❷ *meist Pl* (*Handlung*) avance *f*

zu|dröhnen *vr sl* **sich ~** (*mit Drogen*) se shooter (*fam*); (*mit Alkohol*) se bourrer la gueule (*pop*); **sich mit Musik ~** se soûler de musique; **zugedröhnt sein** (*unter Drogen stehen*) être shooté (*fam*); (*betrunken sein*) être bourré (*fam*)

zu|drücken I. *vt* fermer [en appuyant dessus]; **etw ~** fermer qc [en appuyant dessus] **II.** *vi* **ziemlich fest ~** (*beim Händeschütteln*) serrer assez fort[ement]

zu|eignen *vt geh* (*widmen*) dédier

zueinander [tsuʔaɪ'nandɐ] *adv* **nicht ~ passen** ne pas aller ensemble

zu|erkennen* *vt irr form* reconnaître *Anspruch;* accorder *Summe*

zuerst [tsu'ʔeːɐst] *adv* ❶ (*als Erster*) **~ durchs Ziel gehen** franchir le premier/la première la ligne d'arrivée ❷ (*als Erstes*) en premier ❸ (*anfangs*) d'abord

zu|fächeln *vt* **sich Luft ~** s'éventer

zu|fahren *vi irr + sein* ❶ **auf jdn/etw ~** se diriger vers qn/qc ❷ *fam* (*losfahren*) **fahr zu!** allez, vas-y!; (*fahr schneller*) vas-y, fonce!

Zufahrt *f* accès *m*

Zufahrtsstraße *f* voie d'accès *f*

Zufall *m* ❶ hasard *m* ❷ *fam* (*Überraschung*) **so ein ~!** quel hasard!

zu|fallen *vi irr + sein* ❶ *Tür:* se refermer [brusquement] ❷ (*zuteilwerden*) **jdm ~** *Erbe:* revenir à qn

zufällig I. *adj* fortuit(e) **II.** *adv* par hasard

zufälligerweise *adv s.* **zufällig II.**

Zufallsauswahl *f* sélection *f* aléatoire **Zufallsbekanntschaft** *f* ❶ **eine ~ machen** faire une rencontre fortuite

Z

② (*Person*) personne *f* rencontrée par hasard **Zufallstreffer** *m* but *m* marqué par hasard

zu|fassen *vi* s'agripper; **kräftig ~** s'agripper vigoureusement

zu|fliegen *vi irr + sein* ① (*fliegen*) **auf jdn/etw ~** *Flugzeug:* voler en direction de qn/qc; *Vogel, Ball:* se diriger sur qn/qc ② (*geflogen kommen*) **jdm ~** *Vogel:* venir s'installer chez qn ③ *fam* (*zufallen*) *Tür:* se refermer [brusquement]

zu|fließen *vi irr + sein* (*münden*) **dem Meer ~** se jeter dans la mer

Zuflucht <-, -en> *f* refuge *m*

Zufluchtsort *m* refuge *m*

ZuflussRR *m* ① *kein Pl* (*das Zufließen*) afflux *m* ② (*Gewässer*) affluent *m*

zu|flüstern *vt* chuchoter; **jdm etw ~** chuchoter qc à qn

zufolge [tsu'fɔlgə] *präp + dat* **dem Lexikon ~** d'après le dictionnaire

zufrieden [tsu'fri:dən] **I.** *adj* satisfait(e); **~ stellen** satisfaire **II.** *adv lächeln* d'un air satisfait

zufrieden|geben *vr irr* **sich mit etw ~** se contenter de qc

Zufriedenheit <-> *f* [sentiment *m* de] satisfaction *f*

zufrieden|lassen *vt irr* **jdn ~** laisser qn tranquille **zufrieden|stellen** *s.* **zufrieden I.**

zu|frieren *vi irr + sein* geler complètement

zu|fügen *vt* ① **jdm etw ~** infliger qc à qn ② *geh* (*hinzufügen*) **dem Teig Mehl ~** additionner de la farine à la pâte

Zufuhr ['tsu:fu:ɐ] <-, -en> *f* ① (*Versorgung*) **~ von Versorgungsgütern** approvisionnement *m* en biens d'approvisionnement ② (*das Zuströmen*) *von Frischluft* arrivée *f*

zu|führen *vi* mener; **auf ein Dorf ~** *Straße:* mener à un village

Zug [tsu:k, *Pl:* 'tsy:gə] <-[e]s, Züge> *m* ① train *m* ② (*Lastzug*) semi-remorque *m* ③ (*Inhalieren des Rauchs*) bouffée *f* ④ (*Schluck*) gorgée *f* ⑤ *kein Pl* (*Luftzug*) courant *m* d'air ⑥ (*Spielzug*) coup *m* ⑦ (*lange Kolonne*) *von Demonstranten* cortège *m* ⑧ (*Gesichtszug*) trait *m* ⑨ (*Charakterzug*) trait *m* de caractère

Zugabe ['tsu:ga:bə] *f* ① MUS bis *m* ② (*Dreingabe*) cadeau *m* [publicitaire] ③ *kein Pl* (*das Zufügen*) addition *f*; **unter ~ von Sahne** tout en ajoutant de la crème

Zugabteil *nt* compartiment *m* **Zuganbindung** *f* desserte *f* ferroviaire

Zugang ['tsu:gaŋ] <-gänge> *m* ① (*Eingang*) accès *m*, entrée *f* ② *kein Pl* (*Zutritt*) **~ zu etw** accès *m* à qc ③ *kein Pl* (*Zugriff*) **~ zu allen Daten haben** avoir accès à toutes les données ④ *form* (*neuer Patient*) arrivée *f*

zugange [tsu'gaŋə] *adj fam* occupé(e); **im Garten ~ sein** être occupé au jardin

zugänglich ['tsu:gɛŋlɪç] *adj* ① (*erreichbar*) **leicht ~ sein** être facilement accessible ② (*verfügbar*) **etw ist allen ~** tout le monde a accès à qc ③ *Person* d'un abord facile

Zugänglichkeit <-> *f* ① (*Verfügbarkeit*) accès *m* ② (*Aufgeschlossenheit*) abord *m* facile

Zugbegleiter *m* (*Faltblatt*) guide *m* pour les voyageurs

Zugbrücke *f* pont-levis *m*

zu|geben *vt irr* (*eingestehen*) admettre, reconnaître

zugegebenermaßen *adv* je le concède, je le reconnais

zugegen [tsu'ge:gən] *adj geh* **bei etw ~ sein** être présent à qc

zu|gehen *irr* **I.** *vi + sein* ① (*sich schließen lassen*) fermer; *Klappe:* se [re]fermer ② (*sich schließen*) **von allein ~** se fermer automatiquement ③ (*zusteuern, losgehen*) **auf jdn/etw ~** s'avancer vers qn/qc ④ (*sich nähern*) **auf die vierzig ~** approcher de la quarantaine **II.** *vi unpers + sein* **hier geht es lustig zu** on s'amuse bien ici

zu|gehören* *vi geh* faire partie de

zugehörig *adj* ① *attr Unterlagen* qui vont avec ② (*nicht ausgeschlossen*) **sich ~ fühlen** se sentir bien intégré(e)

Zugehörigkeit <-> *f* appartenance *f*

zugekifft *adj vulg* défoncé(e) (*fam*)

zugeknöpft *adj fam* **ziemlich ~ sein** ne pas être très causant

Zügel ['tsy:gəl] <-s, -> *m* rêne *f*

zügellos *adj Person* excessif(-ive)

Zügellosigkeit <-, -en> *f* perte *f* de retenue, débauche *f*

zügeln ['tsy:gəln] **I.** *vt + haben* ① (*im Zaum halten*) tenir la bride courte à *Pferd* ② (*beherrschen*) refréner *Neugierde* **II.** *vr + haben* **sich ~** se refréner

Zugereiste(r) *f(m) dekl wie adj* nouveau venu *m*/nouvelle venue *f*

zu|gesellen* *vr* **sich jdm ~** se joindre à qn

Zugeständnis ['tsu:gəʃtɛntnɪs] *nt* concession *f*

zu|gestehen* *vt irr* accorder, concéder

zugetan *adj* **jdm ~ sein** avoir de l'affection pour qn

Zugewinn *m* gain *m*

Zugewinngemeinschaft *f* JUR communauté *f* réduite aux acquêts
Zugezogene(r) *f(m) dekl wie adj* nouveau venu *m*/nouvelle venue *f*
Zugfahrkarte *f* billet *m* [de train] **Zugfahrplan** *m* horaire *m* des trains **Zugführer(in)** *m(f)* chef *mf* de train
zu|gießen *vt irr* [r]ajouter; **etwas Wasser ~** [r]ajouter un peu d'eau
zügig ['tsy:gɪç] *adj* rapide
zugig ['tsu:gɪç] *adj* plein(e) de courants d'air
Zugkraft *f* PHYS force de traction *f* **zugkräftig** *adj Slogan, Werbung* attractif(-ive)
zugleich [tsu'glaiç] *adv* en même temps
Zugluft *f kein Pl* courant *m* d'air **Zugmaschine** *f* tracteur *m* **Zugpersonal** *nt* personnel *m* du train **Zugpferd** *nt* ① *(Pferd)* cheval *m* de trait ② *(Attraktion)* attraction *f* **Zugpflaster** *nt* MED vésicatoire *m*
zu|greifen *vi irr* ① *(zupacken)* [s']agripper ② *(sich bedienen)* se servir ③ *(ein Angebot wahrnehmen)* **sofort ~** sauter sur l'occasion *(fam)* ④ INFORM **auf etw** *(akk)* **~** avoir accès à qc
Zugrestaurant *nt* wagon-restaurant *m*
Zugriff *m* INFORM accès *m*; **~ auf etw** *(akk)* accès à qc
Zugriffsberechtigung *f* INFORM autorisation *f* d'accès **Zugriffsgeschwindigkeit** *f* INFORM vitesse *f* d'accès **Zugriffszahl** *f meist Pl* INFORM nombre *m* d'accès **Zugriffszeit** *f s.* **Zugriffsgeschwindigkeit**
zugrunde [tsu'grʊndə] *adv* **~ gehen** *Person:* se perdre; **dieser Politik** *(dat)* **liegt das Prinzip ~, dass ...** cette politique est fondée sur le principe que ...
Zugsalbe *f* pommade *f* vésicante **Zugschaffner(in)** *m(f)* contrôleur(-euse) *m(f)* [de train]
zu|gucken *vi fam s.* **zusehen 1**
Zugunglück *nt* accident *m* de chemin de fer
zugunsten [tsu'gʊnstən] *präp + dat o gen* **~ seines Kindes** en faveur de son enfant
zugute|haltenRR [tsu'gu:tə-] *vt irr* **jdm seine Unerfahrenheit ~** tenir compte de l'inexpérience de qn **zugute|kommen**RR *vi irr* **jdm ~** *Erfahrung:* se révéler être un avantage pour qn
Zugverbindung *f* liaison *f* [ferroviaire] **Zugverkehr** *m* trafic *m* ferroviaire **Zugvogel** *m* oiseau *m* migrateur **Zugzwang** *m* **in ~ geraten** se retrouver au pied du mur

zu|haben *irr* **I.** *vi Geschäft:* être fermé **II.** *vt* avoir fermé *Reißverschluss, Koffer*
zu|halten *vt irr fam* **sich** *(dat)* **die Ohren ~** se boucher les oreilles
Zuhälter(in) ['tsu:hɛltɐ] <-s, -> *m(f)* proxénète *mf*
Zuhälterei <-> *f* proxénétisme *m*
zu|hauen *irr* **I.** *vt fam* claquer *Tür* **II.** *s.* **zuschlagen**
Zuhause [tsu'hauzə] <-s> *nt* maison *f*
zuhauseRR *adv* ① *s.* **Haus** ② ② A, CH à la maison
zu|heilen *vi + sein Wunde:* se refermer
Zuhilfenahme [tsu'hɪlfəna:mə] <-> *f* **unter ~ eines Lexikons** en ayant recours à un dictionnaire
zu|hören *vi* écouter; **jdm ~** écouter qn
Zuhörer(in) *m(f)* auditeur(-trice) *m(f)*
Zuhörerschaft <-> *f* auditoire *m*
zu|jubeln *vi* acclamer; **jdm ~** acclamer qn
zu|kaufen *vt a.* FIN **etw ~** [r]acheter qc [en complément]
zu|klappen **I.** *vt + haben* **den Kofferraum ~** [re]fermer le coffre [en le claquant] **II.** *vi + sein* se [re]fermer [en claquant]
zu|kleben *vt* cacheter *Umschlag*
zu|knallen *fam* **I.** *vt + haben* claquer *Tür* **II.** *vi + sein* se fermer en claquant
zu|kneifen *vt irr* **die Augen ~** fermer les yeux [très fort]
zu|knöpfen *vt* boutonner
zu|kommen *vi irr + sein* ① *(näher kommen)* **auf jdn/etw ~** *Person:* venir vers qn/qc ② *fig* **alles auf sich** *(akk)* **~ lassen** laisser faire les choses ③ *(bevorstehen)* **auf jdn ~** *Aufgabe:* attendre qn ④ *(gebühren)* **jdm ~** *Aufgabe:* revenir à qn ⑤ *geh (zuteilwerden)* **jdm etw ~ lassen** *(übermitteln)* faire parvenir qc à qn; *(gewähren)* accorder qc à qn
zu|kriegen *s.* **zubekommen**
Zukunft ['tsu:kʊnft] <-> *f* ① avenir *m*; **in ~** à l'avenir ② GRAM futur *m*
zukünftig ['tsu:kʏnftɪç] **I.** *adj* ① *Generation* futur(e) ② *(designiert)* **die ~e Ministerin** la futur ministre **II.** *adv* à l'avenir
Zukunftsangst *f* peur *f* de l'avenir **Zukunftsaussichten** *Pl* perspectives *fpl* d'avenir **Zukunftsforscher(in)** *m(f)* futurologue *mf* **Zukunftsforschung** *f kein Pl* futurologie *f* **zukunftsorientiert** *adj* orienté(e) vers l'avenir **Zukunftsperspektive** *f* perspective *f* d'avenir **zukunftssicher** *adj* porteur(-euse) d'avenir **zukunftsträchtig** *adj Beruf* d'avenir
zu|lächeln *vi* sourire à; **jdm ~** sourire à qn
Zulage <-, -n> *f* prime *f*

zu|langen *vi fam* ❶ (*sich bedienen*) **kräftig ~** se servir copieusement ❷ (*in Bezug auf Geld*) matraquer le client ❸ (*zuschlagen*) cogner

zu|lassen *vt irr* ❶ (*dulden*) tolérer ❷ (*ermöglichen*) **wenn die Situation es zulässt** si la situation le permet ❸ (*nahelegen*) autoriser *Deutung* ❹ (*amtliche Erlaubnis erteilen*) **jdn zur Prüfung ~** autoriser qn à passer un examen ❺ (*amtlich anmelden*) faire immatriculer *Kraftfahrzeug* ❻ *fam* (*geschlossen lassen*) **etw ~** laisser qc fermé(e); (*nicht aufknöpfen*) garder qc boutonné(e)

zulässig [ˈtsuːlɛsɪç] *adj* autorisé(e); *Abweichung* toléré(e)

Zulassung <-, -en> *f fam* (*Fahrzeugschein*) carte *f* grise

Zulassungspapiere *Pl* papiers *mpl* du véhicule **Zulassungsstelle** *f* service *m* des cartes grises

zulastenRR [tsuˈlastən] *präp* **~ einer S.** (*gen*) à la charge de qc

Zulauf [ˈtsuːlaʊf] *m* ❶ (*Rohr, Schlauch*) arrivée *f* [d'eau] ❷ (*Zufluss*) **einen unterirdischen ~ haben** *See:* être alimenté par des sources souterraines ❸ (*Zuspruch*) **~ haben** *Arzt:* avoir une grosse clientèle

zu|laufen *vi irr + sein* ❶ (*sich nähern*) **auf jdn/etw ~** *Person, Tier:* courir vers qn/qc ❷ (*enden*) **spitz ~** *Schere:* se terminer en pointe ❸ (*gelaufen kommen*) **jdm ~** *Hund, Katze:* trouver refuge chez qn

zu|legen I. *vt fam* (*zunehmen*) **fünf Kilo ~** prendre cinq kilos **II.** *vi fam* (*zunehmen*) [**ziemlich**] **~** prendre du poids **III.** *vr fam* **sich** (*dat*) **ein Fahrrad ~** se payer un vélo

zuleide [tsuˈlaidə] *adv* **jdm etwas ~ tun** faire du mal à qn

zu|leiten *vt* ❶ **jdm etw ~** transmettre qc à qn ❷ (*zuführen*) **dem See frisches Wasser ~** amener de l'eau fraîche au lac

Zuleitung *f* (*Leitungsrohr für Wasser*) tuyau *m* d'amenée

zuletzt [tsuˈlɛtst] *adv* ❶ (*als Letzter*) le dernier/la dernière; **~ ins Ziel kommen** passer la ligne d'arrivée le dernier ❷ (*zum Schluss*) **ganz ~** tout à la fin ❸ *fam* (*letztmalig*) pour la dernière fois ▶ **nicht ~** notamment; **nicht ~, weil ...** d'autant plus que ...

zuliebe [tsuˈliːbə] *adv* **etw jdm ~ tun** faire qc pour [faire plaisir à] qn

Zulieferbetrieb *m* entreprise *f* sous-traitante

Zulieferer <-s, -> *m*, **Zulieferin** *f* sous-traitant(e) *m(f)*

zu|liefern *vi* faire de la sous-traitance

zum [tsʊm] = **zu dem** *s.* **zu**

zu|machen I. *vt* ❶ fermer *Fenster;* [re]fermer *Flasche;* boutonner *Mantel;* lacer *Schuh* ❷ (*stilllegen, schließen*) fermer *Firma, Laden* **II.** *vi* ❶ fermer ❷ *fam* (*sich beeilen*) se grouiller

zumal [tsuˈmaːl] **I.** *konj* d'autant plus que **II.** *adv* surtout

zu|mauern *vt* murer *Fenster, Einfahrt*

Zumba® [ˈtsʊmba] <-s> *nt kein Pl* Zumba® *f*

zumeist [tsuˈmaist] *adv* la plupart du temps

zumindest [tsuˈmɪndəst] *adv* ❶ du moins; (*wenigstens*) au moins ❷ (*jedenfalls*) en tout cas

zumutbar *adj* tolérable

Zumutbarkeit <-, -en> *f* **die Grenzen der ~** les limites *fpl* du tolérable

zumute [tsuˈmuːtə] *adv* **jdm ist zum Weinen ~** qn a envie de pleurer

zu|muten [ˈtsuːmuːtən] **I.** *vt* exiger; **jdm viel ~** exiger beaucoup de qn **II.** *vr* **sich zu viel ~** présumer de ses forces

Zumutung *f* **eine ~ sein** être plus qu'on ne peut en supporter

zunächst [tsuˈnɛːçst] *adv* ❶ (*anfangs*) [tout] d'abord ❷ (*vorläufig*) pour l'instant, pour le moment

zu|nageln *vt* fermer avec des clous; **etw ~** fermer qc avec des clous

zu|nähen *vt* [re]coudre

Zunahme [ˈtsuːnaːmə] <-, -n> *f der Arbeitslosigkeit* hausse *f,* augmentation *f; der Erkrankungen* progression *f,* recrudescence *f*

Zuname *m* nom *m* patronymique (*form*)

zündeln [ˈtsʏndəln] *vi* SDEUTSCH, A jouer avec des allumettes

zünden [ˈtsʏndən] *vt* procéder à la mise à feu de *Rakete, Triebwerk*

zündend *adj Idee* de génie, lumineux(-euse); *Rede* enflammé(e)

Zunder [ˈtsʊndɐ] <-s, -> *m* ▶ **wie ~ brennen** s'enflammer comme une allumette

Zünder [ˈtsʏndɐ] <-s, -> *m* détonateur *m*

Zündfunke [ˈtsʏnt-] *m* étincelle *f* d'allumage **Zündholz** *nt* A, SDEUTSCH allumette *f* **Zündhütchen** [ˈtsʏnthyːtçən] *nt* amorce *f* **Zündkabel** *nt* câble *m* d'allumage **Zündkerze** *f* bougie *f* **Zündschloss**RR *nt* contact *m* **Zündschlüssel** *m* clé *f* de contact **Zündschnur** *f* mèche *f* **Zündspule** *f* bobine *f* [d'allumage] **Zündstoff** *m* ▶ **viel ~ enthalten** *Film:* aborder un sujet explosif

Z

Zündung <-, -en> *f* (*Zündanlage*) allumage *m*
zu|nehmen *irr* **I.** *vi* ① (*dick werden*) *Person, Tier:* grossir, prendre du poids ② (*wachsen*) *Ärger, Spannung:* grandir; *Umweltverschmutzung:* augmenter ③ (*stärker werden*) gagner en intensité **II.** *vt* **wieder zehn Kilo ~** reprendre dix kilos
zunehmend **I.** *adj* croissant(e) **II.** *adv* *sich bessern* constamment, sans cesse
zu|neigen *vr* **sich dem Ende ~** toucher à sa fin
Zuneigung *f* penchant *m*
Zunft [tsʊnft, *Pl:* 'tsʏnftə] <-, Zünfte> *f* corporation *f*
Zunge ['tsʊŋə] <-, -n> *f* ① *a.* GASTR langue *f*; **auf der ~ zergehen** fondre dans la bouche ② (*Mundwerk*) **eine scharfe ~ haben** avoir la langue bien pendue
züngeln ['tsʏŋəln] *vi* ① *Reptil:* darder sa langue ② (*emporschlagen*) *Flammen:* jaillir
Zungenbrecher <-s, -> *m* (*schwer auszusprechender Satz*) phrase *f* difficile à prononcer; (*unaussprechlicher Name*) nom *m* imprononçable **Zungenkuss**RR *m* baiser *m* langue en bouche **Zungenspitze** *f* bout *m* de la langue
Zünglein ['tsʏŋlain] <-s, -> *nt* ▶ **das ~ an der Waage sein** faire pencher la balance
zunichte|machenRR [tsu'nɪçtə-] *vt* **etw ~** réduire qc à néant
zu|nicken *vi* faire un signe de tête; **jdm ~** faire un signe de tête à qn
zunutze [tsu'nʊtsə] *adv* **sich** (*dat*) **etw ~ machen** tirer profit de qc
zuoberst [tsu'ʔo:bɐst] *adv* tout en haut
zu|ordnen ['tsu:ʔɔrdnən] *vt* classer; **jdn einer politischen Richtung** (*dat*) **~** classer qn dans un courant politique
Zuordnung *f* ① *von Tieren* classement *m* ② (*Einschätzung*) **die politische ~ der Punks** le classement politique des punks
zu|packen *vi* ① (*zugreifen*) serrer; **fest ~** serrer fort[ement] ② (*mithelfen*) donner un coup de main
zupfen ['tsʊpfən] *vt* ① (*ziehen*) **jdn am Ärmel ~** tirer qn par la manche ② (*herausziehen*) **Unkraut aus dem Beet ~** enlever les mauvaises herbes de la plate-bande
Zupfinstrument *nt* instrument *m* à cordes pincées
zu|prosten *vi* trinquer à la santé de; **jdm ~** trinquer à la santé de qn
zur [tsu:ɐ] = **zu der** *s.* **zu**
zurandeRR [tsu'randə] *adv* **mit jdm/etw** (*dat*) **~ kommen** *fam* venir à bout de qn/qc
zurateRR [tsu'ra:tə] *adv* **etw/jdn ~ ziehen** consulter qc/qn
zu|raten ['tsu:ra:tən] *vi irr* **jdm zu einer Bewerbung ~** conseiller [fortement] à qn de poser sa candidature
Zürcher[1] ['tsʏrçɐ] *adj attr* de Zurich, zurichois(e)
Zürcher[2] ['tsʏrçɐ] <-s, -> *m* Zurichois *m*
Zürcherin <-, -nen> *f* Zurichoise *f*
zu|rechnen *vt s.* **zuordnen**
Zurechnung ['tsu:rɛçnʊŋ] *f* JUR, FIN addition *f*
zurechnungsfähig *adj* responsable de ses actes **Zurechnungsfähigkeit** *f kein Pl* responsabilité *f* pleine et entière
zurecht|finden [tsu'rɛçtfɪndən] *vr irr* s'y retrouver **zurecht|kommen** *vi irr + sein* ① (*auskommen*) **mit den Kollegen ~** s'entendre avec les collègues ② (*klarkommen*) **mit einem Gerät nicht ~** ne pas s'en sortir avec un appareil **zurecht|legen** *vt* préparer **zurecht|machen** *vt fam* ① (*vorbereiten*) faire; **jdm das Bett ~** faire le lit à qn ② (*schminken*) **sich ~** se faire une beauté; (*ankleiden*) se pomponner **zurecht|rücken** *vt* rajuster *Krawatte;* remettre en place *Stuhl* **zurecht|weisen** *vt irr* réprimander **Zurechtweisung** *f* réprimande *f*
zu|reden *vi* raisonner; **jdm gut ~** essayer de raisonner qn
zu|reiten *irr* **I.** *vt + haben* débourrer *Pferd* **II.** *vi + sein* **auf jdn/etw ~** galoper vers qn/qc
Zürich ['tsy:rɪç] <-s> *nt* Zurich
Züricher *s.* **Zürcher**
Zürichsee *m* **der ~** le lac de Zurich
zu|richten *vt* ① **jdn furchtbar ~** mettre qn dans un état effrayant ② (*beschädigen*) **etw schlimm ~** mettre qc dans un état pitoyable
zürnen ['tsʏrnən] *vi geh* **mit jdm ~** se courroucer contre qn
Zurschaustellung [tsʊr'ʃauʃtɛlʊŋ] *f* exhibition *f*
zurück [tsu'rʏk] *adv* ① (*zurückgekehrt*) de retour; **von einer Reise ~ sein** être de retour d'un voyage ② (*in Bezug auf den Rückweg*) **einmal Stuttgart-Nancy und ~, bitte!** un aller et retour Stuttgart-Nancy, s'il vous plaît!; **~!** demi-tour! ③ (*rückwärts*) **drei Schritte ~!** trois pas en arrière!
Zurück [tsu'rʏk] <-s> *nt* **es gibt kein ~** il n'est pas possible de faire machine arrière
zurück|behalten* *vt irr* garder *Narbe, Schaden* **zurück|bekommen*** *vt irr*

récupérer **zurück|beugen** *vt* renverser en arrière; **den Kopf ~** renverser la tête en arrière **zurück|bilden** *vr* **sich ~** *Geschwulst:* se résorber **zurück|bleiben** *vi irr + sein* ① (*bleiben*) rester; **im Hotel ~** rester à l'hôtel ② (*langsam sein*) rester en arrière ③ (*folgen*) **von etw ~** *Narbe, Schaden:* rester de qc **zurück|blicken** [t͡su'rʏkblɪkən] *vi* ① (*sich umsehen*) jeter un regard en arrière ② (*betrachten*) **auf etw** (*akk*) ~ jeter un regard rétrospectif sur qc **zurück|bringen** *vt irr* ramener *Person;* rapporter *Gegenstand* **zurück|datieren*** *vt* antidater **zurück|denken** *vi irr* repenser; **an etw** (*akk*) ~ repenser à qc **zurück|drängen I.** *vt* repousser, refouler *Person* **II.** *vi* **in den Saal ~** *Personen:* se bousculer pour rentrer dans la salle **zurück|erhalten*** *s.* **zurückbekommen** **zurück|erinnern*** *vr* se rappeler; **sich an jdn/etw ~** se rappeler qn/qc **zurück|erobern*** *vt* reconquérir *Region, Fans* **zurück|erstatten*** *vt* rembourser **zurück|fahren** *irr* **I.** *vi + sein* ① (*zum Ausgangspunkt fahren*) *Person, Fahrzeug:* repartir ② (*zurückweichen*) **vor jdm/etw ~** reculer brusquement devant qn/pour éviter qc **II.** *vt + haben* ① (*zurückbewegen*) reculer *Fahrzeug* ② (*zurückbringen*) reconduire *Person;* rapporter *Gegenstand* **zurück|fallen** *vi irr + sein* ① (*fallen*) s'affaler; **sich in die Kissen ~ lassen** s'affaler dans les coussins ② (*zurückbleiben*) *Läufer:* être distancé ③ (*absteigen*) **auf den vierten Platz ~** *Sportler, Verein:* retomber au quatrième rang ④ (*erneut entfallen auf*) **an jdn ~** *Vermögen:* revenir à qn ⑤ (*angelastet werden*) **auf jdn ~** *Verhalten:* retomber sur qn **zurück|finden** *vi irr* retrouver; **zum Hotel ~** retrouver le chemin de l'hôtel **zurück|fliegen** *irr* **I.** *vi + sein* repartir [par avion]; **nach Kanada ~** *Person:* repartir [par avion] au Canada; *Flugzeug:* repartir pour le Canada **II.** *vt + haben* **jdn/etw ~** ramener qn/qc [en avion] **zurück|fordern** *vt* exiger; **ein Buch von jdm ~** exiger de qn la restitution d'un livre **zurück|führen I.** *vt* ① **der Unfall ist auf einen technischen Fehler zurückzuführen** l'accident est dû à une erreur technique ② (*zurückbringen*) **jdn ins Zimmer ~** reconduire qn dans la pièce **II.** *vi* **zur Hauptstraße ~** *Weg:* revenir à la route principale **zurück|geben** *vt irr* ① (*wiedergeben*) rendre, restituer ② (*reklamieren*) rendre, rapporter *Waren* ③ (*erneut verleihen*) **jdm sein Selbstvertrauen ~** redonner de l'assurance à qn **zurückgeblieben** *adj Kind* retardé(e) **zurück|gehen** *vi irr + sein* ① **ins Hotel ~** retourner à l'hôtel ② (*abnehmen, sinken*) *Hochwasser, Umsatz:* reculer; *Fieber:* baisser ③ (*sich zurückbilden*) *Schwellung:* se résorber **zurückgezogen** *adj* retiré(e)

Zurückgezogenheit <-> *f* solitude *f*

zurück|greifen *vi irr* **auf etw** (*akk*) ~ recourir à qc **zurück|haben** *vt irr fam* récupérer **zurück|halten** *irr* **I.** *vr* ① (*sich beherrschen*) **sich ~** se contenir ② (*sich vorsichtig äußern*) **sich mit seiner Kritik ~** rester mesuré(e) dans sa critique **II.** *vt* ① (*festhalten*) retenir *Person* ② (*nicht mitteilen*) faire de la rétention de *Beweise*

zurückhaltend I. *adj* ① (*reserviert*) réservé(e) ② (*vorsichtig*) mesuré(e) **II.** *adv* (*vorsichtig*) avec circonspection

Zurückhaltung *f kein Pl* retenue *f,* réserve *f*

zurück|holen *vt* ramener; **jdn ~** ramener qn [ici]; **[sich** (*dat*)] **etw ~** récupérer qc **zurück|kämmen** *vt, vr* [**sich** (*dat*)] **die Haare ~** [se] peigner les cheveux en arrière **zurück|kehren** *vi + sein geh* revenir; **von einer Reise ~** revenir d'un voyage;

zurechtweisen

zurechtweisen	réprimander
Ihr Verhalten lässt einiges zu wünschen übrig.	*Votre comportement laisse à désirer.*
Ich verbitte mir diesen Ton!	*Je vous défends de me parler sur ce ton !*
Das brauche ich mir von Ihnen nicht gefallen zu lassen!	*Je ne tolèrerai pas cela de votre part !*
Unterstehen Sie sich!	*Essayez un peu pour voir !*
Was erlauben Sie sich!	*Pour qui vous prenez-vous ?*
Was fällt Ihnen ein!	*Qu'est-ce qui vous prend ?*

zu jdm ~ retourner vivre avec qn **zurückǀkommen** *vi irr + sein* ❶ (*kommen*) revenir; **aus Köln** ~ revenir de Cologne ❷ (*erneut aufgreifen*) **auf etw** (*akk*) ~ revenir sur qc **zurückǀlassen** *vt irr* abandonner; laisser *Adresse* **zurückǀlegen** *vt* ❶ (*legen*) reposer; **etw auf den Tisch** ~ remettre qc sur la table ❷ (*reservieren*) **jdm etw** ~ mettre qc de côté pour qn ❸ (*bewältigen*) parcourir, effectuer *Strecke;* couvrir *Entfernung* ❹ (*sparen*) [**sich** (*dat*)] **Geld** ~ mettre de l'argent de côté **zurückǀlehnen** *vr* **sich** ~ se pencher en arrière **zurückǀliegen** *vi irr* **lang** ~ dater de longtemps **zurückǀmelden** *vr* MIL **sich** ~ se faire porter rentrant(e); **sich bei jdm** ~ se faire porter rentrant auprès de qn

Zurücknahme [tsu'rʏkna:mə] <-, -n> *f einer Ware* reprise *f*

zurückǀnehmen *vt irr* ❶ reprendre *Ware* ❷ (*widerrufen*) retirer *Vorwurf* **zurückǀreichen** *vi* remonter; **ins Mittelalter** ~ remonter au Moyen Âge **zurückǀrollen** *vi + sein Fahrzeug:* se mettre à reculer; *Ball:* rouler en arrière **zurückǀrudern** *vi* ❶ (*zurückfahren*) ramer ❷ *fam* (*seine Äußerungen zurücknehmen*) faire marche arrière **zurückǀrufen** *vt, vi irr a.* TELEC rappeler **zurückǀschalten** *vi* rétrograder; **in den zweiten Gang** ~ *Fahrer:* rétrograder en deuxième **zurückǀschauen** *s.* **zurückblicken** **zurückǀscheuen** *s.* **zurückschrecken** **zurückǀschicken** *vt* ❶ (*schicken*) renvoyer, réexpédier *Brief, Waren* ❷ (*nicht einreisen lassen*) refouler **zurückǀschieben** *vt irr* **etw** ~ pousser qc en arrière **zurückǀschlagen** *irr* **I.** *vt* ❶ SPORT renvoyer *Ball* ❷ (*umschlagen*) rejeter *Bettdecke* **II.** *vi* ❶ (*schlagen*) riposter ❷ MIL riposter **zurückǀschrauben** *vt fam* réduire *Erwartungen* **zurückǀschrecken** *vi irr + haben o sein* (*Bedenken haben*) **vor etw** (*dat*) ~ reculer devant qc **zurückǀsehnen** *vr* **sich zu jdm/nach Sète** ~ avoir la nostalgie de qn/de Sète **zurückǀsetzen** **I.** *vt* ❶ (*benachteiligen*) **sich zurückgesetzt fühlen** se sentir désavantagé(e) ❷ (*zurückfahren*) reculer *Fahrzeug* **II.** *vr* (*sich wieder setzen*) **sich an den Tisch** ~ se remettre à table **III.** *vi Fahrer, Fahrzeug:* reculer **zurückǀspulen** *vt, vi* rembobiner **zurückǀstecken** **I.** *vt* remettre; **etw in die Hosentasche** ~ remettre qc dans sa poche **II.** *vi* ❶ (*nachgeben*) céder ❷ (*sich bescheiden*) se montrer moins exigeant **zurückǀstehen** *vi irr* (*zurückgesetzt sein*) être en retrait **zurückǀstellen** *vt* ❶ (*wegräumen*) remettre; **etw ins Regal** ~ remettre qc dans l'étagère ❷ reculer *Möbelstück* ❸ reculer *Zeiger* ❹ retarder la scolarisation de *Kind;* repousser *Plan* **zurückǀstoßen** *vt irr* repousser *Person* **zurückǀstufen** *vt* appliquer un malus à *Kfz-Versicherten* **zurückǀtragen** *vt irr* ramener; **jdn/etw ins Haus** ~ ramener qn/remporter qc à la maison **zurückǀtreten** *vi irr + sein* ❶ (*zurückgehen*) reculer; **von etw** ~ reculer de qc ❷ (*seinen Rücktritt erklären*) **von seinem Amt** ~ démissionner de son poste ❸ (*rückgängig machen*) **von einem Vertrag** ~ résilier un contrat **zurückǀverfolgen*** *vt* remonter *Entwicklung, Spur* **zurückǀversetzen*** **I.** *vt* renvoyer; **jdn nach Frankfurt** ~ renvoyer qn à Francfort **II.** *vr* **sich in die Kindheit** ~ se reporter dans son enfance **zurückǀweichen** *vi irr + sein* reculer; **vor etw** (*dat*) ~ reculer devant qc **zurückǀweisen** *vt irr* (*von sich weisen*) récuser *Unterstellung* **Zurückweisung** *f* rejet *m* **zurückǀwerfen** *vt irr* ❶ (*werfen*) renvoyer *Ball* ❷ (*in Rückstand bringen*) **jdn/etw um Jahre** ~ faire faire à qn/qc un bond en arrière de quelques années **zurückǀzahlen** *vt* rembourser *Kredit* **zurückǀziehen** *irr* **I.** *vt + haben* ❶ (*ziehen*) retirer *Hand;* rouvrir *Vorhang* ❷ (*widerrufen*) retirer *Kandidatur;* annuler *Angebot* **II.** *vr + haben* ❶ **sich in sein Zimmer** ~ se retirer dans sa chambre ❷ MIL **sich aus der Stadt** ~ se retirer de la ville **zurückǀzucken** *vi + sein* faire un bond en arrière; **vor etw** (*dat*) ~ reculer brusquement devant qc

Zuruf ['tsu:ru:f] *m* appel *m; eines Zuschauers* acclamation *f*

zuǀrufen *vt irr* **jdm einen Gruß** ~ crier bonjour à qn

zurzeit[RR] *adv* pour le moment, actuellement

Zusage *f* réponse *f* positive

zuǀsagen **I.** *vt* promettre; **jdm Hilfe** ~ promettre de l'aide à qn **II.** *vi* ❶ (*bestätigen*) répondre positivement; **sie will noch nicht** ~ elle ne veut pas encore s'engager ❷ (*gefallen*) **jdm** ~ *Angebot:* plaire à qn; *Essen:* être au goût de qn

zusammen [tsu'zamən] *adv* ❶ (*gemeinsam*) ensemble; **mit jdm** ~ **sein** (*befreundet sein*) être avec qn ❷ (*zusammengerechnet*) au total

Zusammenarbeit *f kein Pl* collaboration *f;* POL coopération *f* **zusammenǀarbeiten** *vi* travailler ensemble, collaborer **zusammenǀballen** **I.** *vt* **etw** ~ mettre qc

Z

en boule **II.** *vr* **sich ~** *Wolken:* s'amonceler **zusammen|bauen** *vt* monter **zusammen|bekommen*** *vt irr fam* ❶ arriver à dégoter *Geld;* arriver à réunir *Punktzahl* ❷ (*zusammenbauen können*) arriver à monter *Puzzle;* arriver à reconstituer *Geschichte* **zusammen|binden** *vt irr* nouer; [**sich** (*dat*)] **die Haare ~** se nouer les cheveux **zusammen|brauen I.** *vt fam* concocter (*hum*) **II.** *vr* **sich ~** *Unwetter:* se préparer ▶ **da braut sich was zusammen** *fig* il se trame quelque chose **zusammen|brechen** *vi irr + sein* ❶ *Person:* s'écrouler; *Brücke:* s'effondrer ❷ (*stillstehen*) *Verkehr:* s'immobiliser; *Rechnernetz:* se planter (*fam*) **zusammen|bringen** *vt irr* ❶ *fam* (*zusammenbekommen*) rassembler *Geld* ❷ (*in Kontakt bringen*) **Menschen ~** mettre des personnes en contact **Zusammenbruch** *m* ❶ *eines Systems* effondrement *m* ❷ MED (*Kollaps*) syncope *f;* (*Nervenzusammenbruch*) dépression *f* nerveuse **zusammen|drängen I.** *vt* entasser *Menschenmenge* **II.** *vr* **sich auf dem Marktplatz ~** s'entasser sur la place du marché **zusammen|drücken** *vt* ❶ comprimer ❷ (*aneinanderdrücken*) **die Hände ~** presser les mains l'une contre l'autre **zusammen|fahren** *irr* **I.** *vi + sein* (*erschrecken*) sursauter **II.** *vt + haben fam* écrabouiller *Person, Tier* **zusammen|fallen** *vi irr + sein* (*sich ereignen*) coïncider; **mit etw ~** *Ereignis:* coïncider avec qc **zusammen|falten** *vt* plier **zusammen|fassen I.** *vt* ❶ résumer ❷ (*vereinigen*) **Verschiedenes unter einem Oberbegriff ~** regrouper diverses choses sous un terme générique **II.** *vi* résumer

zusammenfassend I. *adj* récapitulatif(-ive) **II.** *adv* en résumé

Zusammenfassung *f* résumé *m*

zusammen|fegen *vt* balayer **zusammen|finden** *vr irr geh* **sich ~** (*sich treffen*) se retrouver; (*sich zusammenschließen*) se réunir **zusammen|flicken** *vt fam* rafistoler **zusammen|fließen** *vi irr + sein* *Flüsse:* confluer **Zusammenfluss**[RR] *m* confluent *m* **zusammen|fügen** *vt geh* assembler **zusammen|gehen** *vi irr + sein* **mit einer Gruppierung ~** faire alliance avec un groupement **zusammen|gehören*** *vi* *Ehepartner:* être faits l'un pour l'autre; *Socken, Teile:* aller ensemble

zusammengehörig I. *adj* *Teile* qui vont ensemble **II.** *adv* **sich ~ fühlen** se sentir unis

Zusammengehörigkeit <-> *f* union *f*

Zusammengehörigkeitsgefühl *nt* sentiment *m* d'union

zusammengesetzt *adj* composé(e)

zusammengewürfelt *adj* *Gruppe, Mobiliar* hétéroclite **Zusammenhalt** *m kein Pl* cohésion *f* **zusammen|halten** *irr* **I.** *vi* ❶ *Teile:* tenir ensemble ❷ (*zueinander halten*) être solidaire[s] **II.** *vt* **seine Ersparnisse ~** être assis sur ses économies

Zusammenhang <-[e]s, -hänge> *m* ❶ (*Verbindung*) rapport *m;* **jdn/etw mit einem Vorfall in ~ bringen** établir un lien entre qn/qc et un incident ❷ (*Kontext*) contexte *m*

zusammen|hängen *vi irr* ❶ **mit etw ~** être en relation avec qc ❷ (*aneinander befestigt sein*) être collés **zusammenhängend I.** *adj* (*schlüssig*) cohérent(e) **II.** *adv* *berichten* de façon cohérente

zusammenhang[s]los I. *adj* *Äußerungen* incohérent(e) **II.** *adv* *darstellen* de façon incohérente

zusammen|hauen *vt irr fam* ❶ démolir *Person* ❷ (*nachlässig, in Eile herstellen*) bâcler **zusammen|heften** *vt* agrafer *Unterlagen* **zusammen|kehren** *vt* balayer **zusammenklappbar** *adj* pliant(e) **zusammen|klappen I.** *vt + haben* [re]fermer *Taschenmesser;* [re]plier *Klappstuhl* **II.** *vi + sein* ❶ se replier ❷ *fam* (*kollabieren*) tomber dans les pommes **zusammen|kleben I.** *vt + haben* coller **II.** *vi + haben o sein* coller **zusammen|kneifen** *vt irr* plisser *Augen* **zusammen|knoten** *vt* nouer; **etw wieder ~** renouer qc **zusammen|kommen** *vi irr + sein* ❶ *Personen:* se retrouver; **mit jdm ~** rencontrer qn ❷ (*sich anhäufen*) s'accumuler **zusammen|krachen** *vi + sein fam* (*einstürzen*) s'effondrer **zusammen|kratzen** *vt fam* **seine letzten Ersparnisse ~** racler les fonds de tiroirs **zusammen|kriegen** *s.* **zusammenbekommen**

Zusammenkunft [tsu'zamənkʊnft] <-, -künfte> *f* rencontre *f*

zusammen|läppern [tsu'zamənlɛpɐn] *vr fam* **sich ~** s'accumuler [petit à petit] **zusammen|laufen** *vi irr + sein* ❶ *Straßen:* se rencontrer ❷ (*zusammenströmen*) *Neugierige:* s'attrouper **zusammen|leben** *vi* vivre ensemble; **mit jdm ~** vivre avec qn **Zusammenleben** *nt kein Pl* ❶ (*Zusammenwohnen*) vie *f* commune ❷ (*Koexistenz*) cohabitation *f* **zusammen|legen I.** *vt* ❶ [re]plier *Wolldecke* ❷ (*organisatorisch vereinigen*) regrouper

Z

Abteilungen, Klassen; mettre ensemble *Häftlinge* **II.** *vi* se cotiser **zusammen|nähen** *vt* coudre [ensemble]; **Stoffteile ~** coudre des morceaux de tissu [ensemble] **zusammen|nehmen** *irr* **I.** *vt* **seinen ganzen Mut ~** prendre son courage à deux mains **II.** *vr* **sich ~** se maîtriser **zusammen|packen** *vt* ① emballer *Sachen* ② (*zusammen einpacken*) **alles ~** emballer tout ensemble **zusammen|passen** *vi* ① *Einzelteile:* s'accorder ② (*harmonieren*) *Personen, Farben:* aller bien ensemble **zusammen|pferchen** *vt* parquer

Zusammenprall *m* collision *f,* choc *m*

zusammen|prallen *vi + sein Fahrzeuge:* entrer en collision; **mit den Köpfen ~** se cogner la tête **zusammen|pressen** *vt* serrer *Lippen* **zusammen|raufen** *vr fam* **sich ~** trouver un terrain d'entente **zusammen|rechnen** *vt* faire le total de, additionner **zusammen|reimen** *vr fam* **sich** (*dat*) **etw ~** s'expliquer qc **zusammen|reißen** *vr irr fam* **sich ~** se ressaisir **zusammen|rollen** **I.** *vt* [en]rouler **II.** *vr* **sich ~** *Person:* se pelotonner; *Katze:* se mettre en boule **zusammen|rotten** *vr pej* **sich ~** s'ameuter **zusammen|rücken** **I.** *vi + sein* ① *zwei Personen:* se rapprocher [l'un(e) de l'autre]; *mehrere Personen:* se rapprocher [les un(e)s des autres] ② *fig* (*enger zusammenhalten*) se rapprocher **II.** *vt + haben* rapprocher *Gegenstände, Möbel* **zusammen|rufen** *vt irr* convoquer **zusammen|sacken** *vi + sein fam* s'effondrer **zusammen|scheißen** *vt irr fam* **jdn ~** engueuler qn comme du poisson pourri **zusammen|schlagen** *irr* **I.** *vt + haben* ① (*verprügeln*) rouer de coups *Person* ② (*zertrümmern*) mettre en pièces *Einrichtung* **II.** *vi + sein* **über jdm ~** *Woge:* s'abattre sur qn **zusammen|schließen** *vr irr* **sich ~** ① *Personen:* s'associer ② (*fusionieren*) fusionner

Zusammenschluss[RR] *m von Firmen* fusion *f*

zusammen|schreiben *vt irr* ① [**etw**] ~ écrire [qc] en un seul mot ② (*zusammenstellen*) compiler ③ *pej fam* (*Unsinn schreiben*) pondre **zusammen|schrumpfen** *vi + sein* ① *Obst, Käse:* se ratatiner ② *Ersparnisse, Vermögen:* fondre [comme neige au soleil]

zusammen|sein[ALT] *s.* **zusammen 1**

Zusammensein *nt* ① **das ~ mit jdm** le temps passé avec qn ② (*Zusammenkunft*) rencontre *f* **zusammen|setzen** **I.** *vt* ① assembler *Stücke* ② (*nebeneinandersetzen*) mettre l'un(e) à côté de l'autre **II.** *vr* ① **sich aus einzelnen Teilen ~** se composer de différentes pièces ② (*sich zueinander setzen*) **sich ~** s'asseoir l'un(e) à côté de l'autre ③ (*sich zur Beratung treffen*) s'asseoir ensemble

Zusammensetzung <-, -en> *f* composition *f*

zusammen|sinken *vi irr + sein* [**in sich** (*akk*)] **~** s'effondrer; **nach und nach in sich** (*akk*) **~** s'affaisser petit à petit

Zusammenspiel *nt kein Pl* ① *einer Mannschaft* jeu *m* d'équipe ② *von Kräften* interaction *f* **zusammen|stauchen** *vt fam* **jdn ~** engueuler qn **zusammen|stecken** **I.** *vt* épingler **II.** *vi fam Freunde:* être fourrés ensemble **zusammen|stehen** *vi irr Personen:* se trouver ensemble **zusammen|stellen** *vt* rassembler, regrouper *Möbel;* établir *Liste*

Zusammenstellung *f* (*Aufstellung*) *von Adressen* liste *f* [par écrit]

Zusammenstoß *m* ① collision *f* ② *fam* (*Auseinandersetzung*) échauffourée *f* **zusammen|stoßen** *vi irr + sein Fahrzeuge:* entrer en collision; *Personen:* se heurter **zusammen|strömen** *vi + sein Demonstranten, Zuschauer:* affluer **zusammen|stürzen** *vi + sein* s'écrouler **zusammen|tragen** *vt irr* recueillir **zusammen|treffen** *vi irr + sein* ① *Personen:* se rencontrer ② (*gleichzeitig eintreten*) *Umstände:* coïncider

Zusammentreffen *nt* ① (*Zusammenkunft*) rencontre *f* ② (*gleichzeitiges Eintreten*) coïncidence *f*

zusammen|treten *vi irr + sein Versammlung:* se réunir **zusammen|trommeln** *vt fam* rameuter *Mitglieder* **zusammen|tun** *vr irr fam* **sich ~** se mettre ensemble **zusammen|wachsen** *vi irr + sein* ① se souder; **wieder ~** *Knochen:* se ressouder ② *fig Ortsteile:* finir par ne faire qu'un **zusammen|wirken** *vi geh Faktoren:* être concomitants **zusammen|zählen** *vt* additionner **zusammen|ziehen** *irr* **I.** *vt + haben* ① [res]serrer *Netz* ② (*konzentrieren*) amasser *Truppen;* concentrer *Polizeiaufgebot* **II.** *vr + haben* **sich ~** ① *Pupillen:* [se] rétrécir; *Muskel:* se contracter ② (*sich ansammeln*) *Gewitter:* se préparer **III.** *vi + sein Personen:* s'installer ensemble **zusammen|zucken** *vi + sein* tressaillir

Zusatz ['tsu:zats] *m* ① (*Ergänzung*) ajout *m* ② (*Zusatzstoff*) additif *m* ③ *kein Pl* (*das Hinzufügen*) addition *f;* **ohne ~ von**

Farb- und Konservierungsstoffen sans adjonction de colorants ni conservateurs
Zusatzgerät *nt* périphérique *m* **Zusatzinformation** *f* information *f* complémentaire
zusätzlich ['tsu:zɛtslɪç] **I.** *adj Kosten* supplémentaire; *Versicherung* complémentaire **II.** *adv* en plus
Zusatzzahl *f* numéro *m* complémentaire
zuschanden [tsu'ʃandən] ▶**etw ~ machen** réduire qc à néant
zu|schanzen ['tsu:ʃantsən] *vt fam* **jdm einen Posten ~** pistonner qn pour un poste
zu|schauen *s.* **zusehen**
Zuschauer(in) <-s, -> *m(f)* spectateur(-trice) *m(f)*
Zuschauerraum *m* salle *f* **Zuschauertribüne** *f* tribune *f*
zu|schicken *vt* envoyer; **jdm etw ~** envoyer qc à qn
zu|schieben *vt irr* 1 **jdm etw ~** passer qc à qn 2 (*zur Last legen*) **jdm die Verantwortung ~** faire endosser la responsabilité à qn 3 (*schließen*) fermer *Schiebetür*
zu|schießen *irr* **I.** *vt + haben* 1 **jdm den Ball ~** passer le ballon à qn 2 FIN **jdm Geld ~** verser à qn de l'argent en supplément **II.** *vi + sein fam* **auf jdn/etw ~** foncer sur qn/qc
Zuschlag *m* (*zum Lohn*) majoration *f;* (*zum Fahrpreis*) supplément *m*
zu|schlagen *irr* **I.** *vt + haben* 1 claquer *Tür;* refermer *Buch* 2 (*zuspielen*) **jdm den Ball ~** envoyer le ballon à qn **II.** *vi* 1 *+ sein* (*zufallen*) *Tür:* claquer 2 *+ haben* (*schlagen*) **mit einem Knüppel ~** donner un coup/des coups de matraque 3 *+ haben* (*eingreifen*) *Polizei:* intervenir 4 *+ haben fam* (*ein Angebot nutzen*) saisir l'occasion 5 *+ haben fam* (*viel essen*) **beim kalten Büfett kräftig ~** vraiment faire honneur au buffet froid
zuschlagfrei *adj Zug* sans supplément **zuschlagpflichtig** *adj Zug* à supplément
zu|schließen *vt, vi irr* fermer à clé; **etw ~** fermer qc à clé
zu|schnappen *vi* 1 *+ haben Hund:* happer 2 *+ sein* (*sich schließen*) *Tür:* se refermer
zu|schneiden *vt irr* couper *Stoff;* découper *Brett*
zu|schneien *vi + sein* se [re]couvrir de neige
Zuschnitt *m* 1 *kein Pl* (*das Zuschneiden*) *von Stoff* [dé]coupe *f* 2 (*Schnittform*) *eines Kostüms* coupe *f* 3 (*Niveau*) **Leute dieses ~s** des gens *mpl* de cette trempe
zu|schnüren *vt* lacer *Schuhe, Korsett;* ficeler *Paket*
zu|schrauben *vt* visser; **wieder ~** revisser
zu|schreiben *vt irr* (*anlasten*) **jdm die Schuld an einem Misserfolg ~** rendre qn responsable d'un échec
Zuschrift *f* (*Leserbrief*) lettre *f*
zuschulden [tsu'ʃʊldən] **sich** (*dat*) **etwas ~ kommen lassen** avoir quelque chose à se reprocher
ZuschussRR *m* aide *f* financière; (*aus öffentlichen Kassen*) subvention *f*
zu|schütten *vt* combler *Grube*
zu|sehen *vi irr* 1 regarder 2 (*tatenlos bleiben*) **einem Unrecht tatenlos ~** assister à une injustice sans rien faire 3 (*dafür sorgen*) **~, dass** veiller à ce que + *subj*
zusehends ['tsu:ze:ənts] *adv* à vue d'œil
zu|seinALT *s.* **zu II.2, 3**
zu|senden *s.* **zuschicken**
zu|setzen *vi* 1 **jdm ~** *Krankheit:* éprouver qn 2 (*bedrängen*) **jdm ~** harceler qn
zu|sichern *vt* assurer; **jdm etw ~** assurer qn de qc
Zusicherung *f* 1 *kein Pl* (*das Zusichern*) assurance *f* 2 (*das Zugesicherte*) promesse *f*
zu|sperren *vt* SDEUTSCH, A **die Tür ~** fermer la porte à clé
Zuspiel *nt kein Pl* SPORT passe *f*
zu|spielen *vt* passer; **jdm den Ball ~** passer le ballon à qn
zu|spitzen *vr* **sich ~** s'aggraver
Zuspitzung <-, -en> *f* (*Verschlimmerung*) aggravation *f*
zu|sprechen *vt irr* 1 **jdm Trost ~** prodiguer des paroles de consolations à qn (*soutenu*) 2 JUR **das Kind wurde der Mutter zugesprochen** la garde de l'enfant a été confiée à la mère
Zuspruch *m kein Pl geh* 1 (*Trost*) paroles *fpl* de réconfort 2 (*Interesse*) **~ finden** avoir du succès 3 (*Zustimmung*) approbation *f*
Zustand <-[e]s, -stände> *m* 1 état *m* 2 (*Gesundheitszustand*) état *m* 3 *Pl pej* (*Gegebenheit*) **katastrophale Zustände** des conditions *fpl* de vie catastrophiques
zustande [tsu'ʃtandə] *adv* **eine Einigung ~ bringen** parvenir à un accord; **nichts Vernünftiges ~ bringen** n'arriver à rien de bon; **~ kommen** *Vertrag:* être conclu

Z

Zustandekommen <-s> *nt eines Vertrags* conclusion *f; eines Treffens* réalisation *f*
zuständig *adj* compétent(e)
Zuständigkeit <-, -en> *f* compétence *f*
zustatten|kommenRR *vi irr + sein* **jdm ~** être bien utile à qn
zu|stechen *vi irr* donner un coup; **mit einem Messer ~** donner un coup de couteau
zu|stecken *vt* glisser; **jdm etw ~** glisser qc à qn
zu|stehen *vi irr* ① **jdm ~** *Erbschaft:* revenir [de droit] à qn ② (*zukommen*) **eine solche Äußerung steht Ihnen nicht zu** il ne vous appartient pas de tenir de tels propos
zu|steigen *vi irr + sein Fahrgast:* monter [en cours de voyage]
Zustelldienst *m* service *m* de livraison
zu|stellen *vt* ① *form* (*bringen*) **etw ~** *Briefträger:* distribuer qc ② (*blockieren*) encombrer *Eingang, Tür*
Zusteller(in) <-s, -> *m(f) form* préposé(e) *m(f)*
Zustellgebühr *f* [droit *m* de] factage *m*
Zustellung *f form eines Briefs* distribution *f; eines Urteils* notification *f*
zu|steuern *vi + sein* ① **auf jdn/etw ~** se diriger vers qn/qc ② *fig* **auf eine Katastrophe ~** aller au-devant d'une catastrophe
zu|stimmen *vi* ① (*gleicher Meinung sein*) **jdm ~** être du même avis que qn ② (*einverstanden sein*) **jdm/einer S. ~** être d'accord avec qn/qc
zustimmend **I.** *adj Kopfnicken* approbateur(-trice), d'approbation **II.** *adv nicken* d'un air approbateur
Zustimmung *f* approbation *f,* assentiment *m*
zu|stöpseln *vt* boucher
zu|stoßen *irr* **I.** *vi* ① *+ haben* frapper; **mit einer Waffe ~** frapper avec une arme ② *+ sein* (*passieren*) **jdm ~** *Unglück:* arriver à qn **II.** *vt + haben* **etw mit dem Fuß ~** fermer qc d'un coup de pied
Zustrom *m kein Pl a. fig* afflux *m*
zutage [tsu'taːgə] **etw ~ fördern** étaler qc au grand jour
Zutat <-, -en> *f meist Pl* ingrédient *m*
zu|teilen *vt* distribuer *Portion;* attribuer *Rolle, Mitarbeiter*
Zuteilung *f* ① *eines Anteils* distribution *f; einer Arbeit* attribution *f* ② (*zugeteilte Portion*) rationnement *m*
zuteil|werdenRR [tsu'tail-] *vi irr + sein geh* **jdm ~** *gute Behandlung, Ehre:* être imparti à qn
zutiefst [tsu'tiːfst] *adv* au plus haut point
zu|tragen *irr geh vr* **sich ~** se passer
Zuträger(in) *m(f) pej* informateur(-trice) *m(f); der Polizei* indicateur(-trice) *m(f)*
zuträglich ['tsuːtrɛːklɪç] *adj geh* sain(e); **jdm/einer S. ~ sein** convenir à qn/qc;

Zuständigkeit

nach Zuständigkeit fragen	*s'assurer de la compétence d'une personne*
Sind Sie der behandelnde Arzt/die behandelnde Ärztin?	*Êtes-vous le médecin traitant ?*
Sind Sie dafür zuständig?	*En êtes-vous responsable ?*
Zuständigkeit ausdrücken	*exprimer sa compétence*
Ja, bei mir sind Sie richtig.	*Oui, cela relève de ma compétence.*
Ich bin für die Organisation des Festes verantwortlich/zuständig.	*Je suis responsable de l'organisation de la fête.*
Nicht-Zuständigkeit ausdrücken	*exprimer sa non-compétence*
Da sind Sie bei mir an der falschen Adresse. (*fam*)	*Vous n'avez pas frappé à la bonne porte.*
Dafür bin ich (leider) nicht zuständig.	*(Je regrette, mais) cela ne relève pas de ma compétence.*
Dazu bin ich (leider) nicht berechtigt/befugt.	*(Je regrette, mais) je n'y suis pas autorisé(e)/je n'en ai pas le droit.*
Das fällt nicht in unseren Zuständigkeitsbereich. (*form*)	*Cela n'est pas de notre ressort. (form)*

der Gesundheit (*dat*) **nicht ~ sein** être insalubre

zu|trauen *vt* **jdm etw ~** croire qn capable de qc ▶ **das ist ihm/ihr durchaus zuzutrauen** *iron* il/elle en est tout à fait capable

Zutrauen <-s> *nt* confiance *f*

zutraulich *adj Kind* confiant(e); *Hund* familier(-ière)

zu|treffen *vi irr Vermutung:* être exact; **auf jdn/etw ~** *Beschreibung:* correspondre à qn/s'appliquer à qc

zutreffend *adj Vermutung* exact(e), juste

zu|trinken *vi irr* **jdm ~** saluer qn de son verre

Zutritt *m kein Pl* accès *m*

Zutun *nt* **das geschah ohne mein ~** je n'y suis pour rien

zuungunsten [tsu'ʔʊngʊnstən] *adv, präp + gen o dat* **~ einer S./von etw** au préjudice de qc

zuunterst [tsu'ʔʊntɐst] *adv* tout [à fait] en dessous

Zuverdienst *m* salaire *m* d'appoint

zuverlässig ['tsu:fɛɐlɛsɪç] *adj* fiable

Zuverlässigkeit <-> *f* fiabilité *f*

Zuversicht ['tsu:fɛɐzɪçt] <-> *f* confiance *f*

zuversichtlich ['tsu:fɛɐzɪçtlɪç] *adj* confiant(e)

zuvielALT *s.* **viel I.1, 3**

zuvor [tsu'fo:ɐ] *adv* ① (*früher, vorher*) auparavant, avant; **am Tag ~** la veille ② (*zunächst*) au préalable

zuvor|kommen *vi irr + sein* devancer; **jdm mit einem Brief ~** devancer qn en écrivant une lettre

zuvorkommend I. *adj* prévenant(e) II. *adv* avec prévenance

Zuvorkommenheit <-> *f* prévenance *f*

Zuwachs ['tsu:vaks] <-es, Zuwächse> *m* ① **~ der Beschäftigtenzahlen** accroissement *m* de la population active ② *hum fam* (*Kind*) **die Familie bekommt ~** il va y avoir une naissance dans la famille

zu|wachsen *vi irr + sein* ① *Weg:* se [re]couvrir de végétation; *Tor:* être envahi par la végétation ② (*zuheilen*) *Wunde:* se refermer

Zuwachsrate *f* taux *m* de croissance

Zuwanderer *m*, **Zuwanderin** *f* immigrant(e) *m(f)*

zu|wandern *vi + sein* immigrer

Zuwanderung *f* immigration *f*

zuwege [tsu've:gə] *adv* **etw ~ bringen** mener qc à bien

zuweilen [tsu'vailən] *adv geh* de temps à autre

zu|weisen *vt irr* assigner *Aufgabe;* attribuer *Arbeitsplatz*

Zuweisung *f* attribution *f*

zu|wenden *irr* I. *vt* tourner; **jdm den Rücken ~** tourner le dos à qn II. *vr* ① **sich jdm ~** se tourner vers qn ② (*sich widmen*) **sich einer S. ~** se consacrer à qc

Zuwendung *f* ① *kein Pl* (*Beachtung*) attention *f* ② (*finanzielle Unterstützung*) (*seitens des Staats*) allocation *f;* (*seitens einer Privatperson*) aide *f*

zuwenigALT [tsu've:nɪç] *pron s.* **wenig I.1**

zu|werfen *vt irr* **jdm etw ~** lancer qc à qn

zuwider [tsu'vi:dɐ] *adj* **jdm ~ sein** inspirer de la répugnance à qn

zuwider|handeln [tsu'vi:dɐhandəln] *vi* contrevenir à; **einer S.** (*dat*) **~** contrevenir à qc **Zuwiderhandelnde(r)** *f(m) dekl wie adj form* contrevenant(e) *m(f)* **Zuwiderhandlung** *f form* (*gegen eine Anordnung*) infraction *f;* (*gegen ein Verbot*) transgression *f* **zuwider|laufen** *vi irr* **jds**

zustimmen

zustimmen, beipflichten	*être d'accord, approuver*
Ja, das denke ich auch.	*Oui, je le pense aussi.*
Da bin ich ganz deiner Meinung.	*Je suis tout à fait de ton avis.*
Dem schließe ich mich an.	*Je suis d'accord.*
Ich stimme Ihnen voll und ganz zu.	*Je suis entièrement de votre avis.*
Ja, das sehe ich (ganz) genauso.	*Oui, je le vois (tout à fait) comme ça.*
Ich sehe es nicht anders.	*Je ne le vois pas autrement.*
Ich gebe Ihnen da vollkommen Recht.	*Je vous donne entièrement raison.*
Da kann ich Ihnen nur Recht geben.	*Je ne peux que vous donner raison.*
(Das) habe ich ja (auch) gesagt.	*C'est ce que j'ai dit (aussi).*
Finde ich auch.	*Je trouve aussi.*
Genau!/Stimmt! (fam)	*Absolument !/C'est juste !*

Interessen (*dat*) ~ être contraire aux intérêts de qn

zu|winken *vi* faire un signe [de la main]; **jdm** ~ faire un signe [de la main] à qn

zu|zahlen **I.** *vt* payer en supplément; **etw** ~ payer qc en supplément **II.** *vi* payer un supplément

zuzeln ['t͜su:tsəln] *vi* A, SDEUTSCH *fam* ① (*saugen*) **an etw** (*dat*) ~ sucer qc ② (*lispeln*) zézayer

zu|ziehen *irr* **I.** *vt* + *haben* serrer *Schlinge;* tirer *Vorhang* **II.** *vr* + *haben* ① (*auf sich ziehen*) **sich** (*dat*) **jds Zorn** ~ s'attirer la colère de qn ② (*bekommen*) **sich** (*dat*) **eine Verletzung** ~ se faire une blessure **III.** *vi* + *sein Einwohner:* [venir] s'installer

Zuzug *m* arrivée *f*

zuzüglich ['t͜su:t͜sy:klɪç] *präp* + *gen* **hundert Euro** ~ **Mehrwertsteuer** cent euros la T.V.A. en sus

zu|zwinkern *vi* faire un clin/des clins d'œil; **jdm** ~ faire un clin/des clins d'œil à qn

ZVS [t͜sɛtfa͜u'ʔɛs] <-> *f Abk von* **Zentralstelle für die Vergabe von Studienplätzen** *centre de répartition des inscriptions dans les universités allemandes*

Zwạng [t͜svaŋ, *Pl:* 't͜svɛŋə] <-[e]s, Zwänge> *m* contrainte *f*

zwạ̈ngen ['t͜svɛŋən] **I.** *vt* bourrer; **etw in den Koffer** ~ bourrer qc dans la valise **II.** *vr* **sich durch die Tür** ~ se faufiler à travers la porte

zwạnghaft *adj Verhalten* maladif(-ive), maniaque

zwạnglos **I.** *adj Beisammensein* sans cérémonie **II.** *adv sich unterhalten* librement

Zwạnglosigkeit <-> *f* décontraction *f*

Zwạngsanleihe *f* emprunt *m* obligatoire **Zwạngsarbeit** *f* ① travail *m* obligatoire ② (*Strafe*) travaux *mpl* forcés **zwạngsernähren*** *vt nur Infin und PP* **jdn** ~ alimenter qn de force **Zwạngshandlung** *f* acte *m* obsessionnel **Zwạngsjacke** *f* camisole *f* [de force] **Zwạngslage** *f* situation *f* [très] embarrassante

zwạngsläufig ['t͜svaŋslɔ͜yfɪç] *adj* inévitable

Zwạngsmaßnahme *f* mesure *f* coercitive **Zwạngsräumung** *f* [mesure *f* d']expulsion *f* **zwạngsversteigern*** *vt nur Infin und PP* **zwangsversteigert werden** être vendu aux enchères publiques **Zwạngsversteigerung** *f* vente *f* judiciaire **Zwạngsverwaltung** *f* administration-séquestre *f* **Zwạngsvorstellung** *f* obsession *f*

zwạngsweise **I.** *adj Räumung* forcé(e); *Einweisung* d'office **II.** *adv einweisen* d'office

Zwạngswirtschaft *f* économie *f* planifiée

zwạnzig ['t͜svant͜sɪç] *num* vingt; *s. a.* **achtzig**

Zwạnzig ['t͜svant͜sɪç] <-, -en> *f* vingt *m*

zwạnziger ['t͜svant͜sɪgɐ] *adj inv* **die** ~ **Jahre** les années *fpl* vingt; *s. a.* **achtziger**

Zwạnziger ['t͜svant͜sɪgɐ] <-s, -> *m fam* (*Geldschein*) billet *m* de vingt [euros]

Zwạnzigerjahre *Pl* **die** ~ les années *fpl* vingt

Zwanzigeuroschein *m* billet *m* de vingt euros

zwạnzigste(r, s) ['t͜svant͜sɪçstə, -tɐ, -təs] *adj* vingtième; *s. a.* **achtzigste(r, s)**

Zwạnzigstel ['t͜svant͜sɪçstəl] <-s, -> *nt* vingtième *m*

zwar [t͜sva:ɐ̯] *adv* ① (*einschränkend*) certes ② (*präzisierend*) **und** ~ à savoir

Zwẹck [t͜svɛk] <-[e]s, -e> *m* ① (*Ziel*) objectif *m*, but *m;* **für einen guten** ~ pour une bonne cause ② (*Sinn*) raison *f* d'être ③ (*Verwendungszweck*) fonction *f*, usage *m*

Zwẹckbau <-bauten> *m* bâtiment *m* fonctionnel **zwẹckdienlich** *adj* utile **zwẹckentfremden*** *vt meist nur Infin und PP* détourner de sa fonction; **etw** ~ détourner qc de sa fonction **Zwẹckentfremdung** *f* utilisation *f* détournée

zwẹcklos *adj Unterfangen* inutile

zwẹckmäßig *adj* approprié(e)

Zwẹckmäßigkeit <-> *f* utilité *f*

Zwẹckoptimismus *m* optimisme *m* de circonstance

zwẹcks [t͜svɛks] *präp* + *gen form* en vue de

zwẹckwidrig *adj* inapproprié(e)

zwei [t͜sva͜i] *num* deux; *s. a.* **acht**[1]

Zwei [t͜sva͜i] <-, -en> *f* ① (*Zahl, Augenzahl*) deux *m* ② (*Schulnote*) *bonne note située entre quatorze et seize sur vingt;* CH *mauvaise note située entre trois et six sur vingt* ③ *kein Pl* (*U-Bahn-Linie*) deux *m*

zweiachsig *adj* à deux essieux

Zweibeiner <-s, -> *m hum fam* bipède *m*

Zweibettzimmer *nt* chambre *f* double; (*im Krankenhaus*) chambre à deux lits

zweideutig ['t͜sva͜idɔ͜ytɪç] **I.** *adj* ① ambigu(ë) ② *Bemerkung* équivoque **II.** *adv* ① de façon ambiguë ② (*anzüglich*) de façon équivoque

Zweideutigkeit <-, -en> *f* ① *kein Pl* (*zweideutiger Charakter*) ambiguïté *f* ② (*Äußerung*) propos *m* équivoque

Z

zweidimensional ['tsvaidimɛnzi̯ona:l] I. *adj* bidimensionnel(le) II. *adv* en deux dimensions

Zweidrittelmehrheit [tsvai'drɪtəl-] *f* majorité *f* des deux tiers

zweieiig ['tsvai?aiɪç] *adj* **~e Zwillinge** faux jumeaux

Zweier ['tsvaiɐ] <-s, -> *m fam* (*Schulnote*) *bonne note située entre quatorze et seize sur vingt*

zweierlei ['tsvaiɐ'lai] *adj inv* **~ Sorten Wein** deux sortes de vin; *s. a.* **achterlei**

Zweierreihe *f* double rangée *f*

Zweieurostück *nt* pièce *f* de deux euros

zweifach ['tsvaifax] I. *adj* double; **die ~e Summe** deux fois la somme, le double II. *adv falten* deux fois; *s. a.* **achtfach**

Zweifamilienhaus [tsvaifa'mi:li̯ənhaus] *nt* maison *f* de deux appartements

zweifarbig ['tsvaifarbɪç] I. *adj* bicolore II. *adv streichen* de deux couleurs; *drucken* en deux couleurs

Zweifel ['tsvaifəl] <-s, -> *m meist Pl* doute *m*

zweifelhaft *adj* douteux(-euse)

zweifellos ['tsvaifəllo:s] *adv* incontestablement

zweifeln ['tsvaifəln] *vi* douter

Zweifelsfall *m* ▶ **im ~** dans le doute **zweifelsfrei** I. *adj* indubitable II. *adv* indubitablement **zweifelsohne** [tsvaifəls'?o:nə] *s.* **zweifellos**

Zweifler(in) <-s, -> *m(f)* sceptique *mf*

Zweig [tsvaik] <-[e]s, -e> *m* ❶ *a.* COM branche *f* ❷ (*Fachrichtung*) option *f*

zweigeteilt *adj* coupé(e) en deux

zweigleisig *adj* ❶ *Strecke* à double voie ❷ *fig* **~e Verhandlungen** des négociations sur deux fronts

Zweigniederlassung *f*, **Zweigstelle** *f* succursale *f*; *der Post* bureau *m*

zweihändig ['tsvaihɛndɪç] *adj, adv* à deux mains

zweihundert ['tsvai'hʊndɐt] *num* deux cents

zweijährig *adj Kind* de deux ans

Zweijährige(r) *f(m) dekl wie adj* garçon *m*/fille *f* de deux ans

Zweikampf *m* duel *m*

zweimal ['tsvaima:l] *adv* deux fois, à deux reprises; *s. a.* **achtmal**

zweimotorig *adj* bimoteur

Zweirad *nt form meist Pl* deux-roues *m*

Zweireiher <-s, -> *m* (*Anzug*) costume *m* croisé

Zweisamkeit <-, -en> *f geh* intimité *f* [à deux]

zweischneidig ['tsvaiʃnaidɪç] *adj* à double tranchant

zweiseitig *adj Brief* de deux pages

zweisilbig *adj* de deux syllabes

Zweisitzer ['tsvaizɪtsɐ] <-s, -> *m* deux places *f*

zweispaltig *adj, adv* sur deux colonnes

zweisprachig ['tsvaiʃpra:xɪç] I. *adj* bilingue II. *adv* **~ aufwachsen** avoir une éducation bilingue

Zweisprachigkeit <-> *f* bilinguisme *m*

zweispurig *adj* à deux voies

zweistellig *adj* à deux chiffres

zweistimmig *adj, adv* à deux voix

zweistöckig ['tsvaiʃtœkɪç] *adj* de deux étages

zweistündig ['tsvaiʃtʏndɪç] *adj attr* de deux heures

zweit [tsvait] *adv* **zu ~ sein** être [à] deux; *s. a.* **acht**[2]

zweitägig *adj attr* de deux jours

zweifeln

Zweifel ausdrücken	*exprimer un doute*
Ich bin mir da nicht so sicher.	*Je n'en suis pas si sûr(e).*
Es fällt mir schwer, das zu glauben.	*J'ai du mal à le croire.*
Das kaufe ich ihm nicht ganz ab. (*fam*)	*Je ne le crois pas vraiment.*
So ganz kann ich da nicht dran glauben.	*Je ne peux pas vraiment y croire.*
Ich weiß nicht so recht.	*Je ne sais pas trop.*
Ob die Kampagne die gewünschten Ziele erreichen wird, ist (mehr als) zweifelhaft.	*Il est (plus que) douteux que la campagne atteigne les objectifs souhaités.*
Ich hab da so meine Zweifel, ob er/sie es wirklich ernst gemeint hat.	*Je doute qu'il/qu'elle ait été vraiment sérieux/sérieuse.*
Ich glaube kaum, dass wir noch diese Woche damit fertig werden.	*Je ne pense pas que nous l'aurons fini(e) cette semaine.*

Zweitakter <-s, -> *m* véhicule *m* deux-temps
Zweitaktmotor *m* [moteur *m*] deux-temps *m*
zweitälteste(r, s) ['tsvait'ʔɛltəstə, -tɐ, -təs] *adj* ❶ *Einwohner* second(e) [par rang d'âge] ❷ (*zweitgeboren*) cadet(te)
zweitausend ['tsvai'tauzənt] *num* deux mille **Zweitausender** <-s, -> *m* sommet *m* de [plus de] deux mille mètres
zweitbeste(r, s) ['tsvait'bɛstə, -tɐ, -təs] *adj* deuxième meilleur(e)
zweite(r, s) *adj* ❶ deuxième, second(e) ❷ (*bei Datumsangaben*) **der ~ März** le deux mars; *s. a.* **achte(r, s)**
Zweite(r) *f(m) dekl wie adj* ❶ deuxième ❷ (*bei Datumsangaben*) **der ~ /am ~n** *geschrieben:* **der 2./am 2.** le deux *geschrieben:* le 2 ❸ (*als Namenszusatz*) **Friedrich der ~** *geschrieben:* **Friedrich II.** Frédéric deux *geschrieben:* Frédéric II ▶ **wie kein ~r** comme personne; *s. a.* **Achte(r)**
Zweiteiler *m fam* deux-pièces *m inv*
zweiteilig ['tsvaitailɪç] *adj* en deux parties
zweitens ['tsvaitəns] *adv* deuxièmement
Zweitfrisur *f* perruque *f* **zweitgrößte(r, s)** *adj Person* deuxième en taille; *Stadt* deuxième **zweithöchste(r, s)** *adj* ❶ *Berg* deuxième [plus haut(e)] ❷ *Stellung* deuxième dans la hiérarchie
zweitklassig *adj pej Restaurant* de deuxième catégorie
zweitletzte(r, s) ['tsvait'lɛtstə, -tɐ, -təs] *adj* avant-dernier(-ière)
zweitrangig *adj* ❶ *Problem* de second ordre ❷ *s.* **zweitklassig**
Zweitschlüssel *m* double *m* **Zweitschrift** *f form* duplicata *m* **Zweitstimme** *f* POL deuxième voix *f* (*accordée à une liste nationale lors des élections au Bundestag ou au Landtag*)
Zweitürer <-s, -> *m fam* deux portes *f*
zweitürig *adj* [à] deux portes
Zweitwagen *m* deuxième voiture *f* **Zweitwohnung** *f* résidence *f* secondaire
zweiwertig *adj* CHEM bivalent(e)
Zweizimmerwohnung *f* deux-pièces *m*, F 2 *m*
Zwerchfell ['tsvɛrçfɛl] *nt* ANAT diaphragme *m*
Zwerg(in) [tsvɛrk] <-[e]s, -e> *m(f) a. fig, pej* nain(e) *m(f)*
zwergenhaft *adj* de nain
Zwergpudel *m* caniche *m* nain **Zwergwuchs** *m* nanisme *m*
zwergwüchsig *adj* nain(e)
Zwetsch[g]e ['tsvɛtʃ(g)ə] <-, -n> *f* (*Frucht*) quetsche *f*
Zwetsch[g]enbaum *m* arbre *m* à quetsches
Zwickel ['tsvɪkəl] <-s, -> *m* soufflet *m*
zwicken ['tsvɪkən] A, SDEUTSCH **I.** *vi Hose:* serrer **II.** *vt* pincer
Zwicker ['tsvɪkɐ] <-s, -> *m* SDEUTSCH, A pince-nez *m*
Zwickmühle *f* ▶ **in der ~ sein** *fam* être coincé
Zwieback ['tsvi:bak, *Pl:* -bakə, -bɛkə] <-[e]s, -e *o* -bäcke> *m* biscotte *f*
Zwiebel ['tsvi:bəl] <-, -n> *f* ❶ oignon *m* ❷ BOT bulbe *m*
Zwiebelkuchen *m* tarte *f* à l'oignon **Zwiebelring** *m* rondelle *f* d'oignon **Zwiebelsuppe** *f* soupe *f* à l'oignon **Zwiebelturm** *m* clocher *m* à bulbe
Zwiegespräch ['tsvi:gəʃprɛ:ç] *nt geh* tête-à-tête *m inv* **Zwielicht** ['tsvi:lɪçt] *nt kein Pl* pénombre *f* ▶ **ins ~ geraten** être entraîné dans une affaire douteuse
zwielichtig *adj pej* louche
Zwiespalt ['tsvi:ʃpalt] *m kein Pl* tiraillement *m* [intérieur]
zwiespältig ['tsvi:ʃpɛltɪç] *adj geh Gefühle* partagé(e)
Zwiesprache *f geh* dialogue *m;* **mit jdm ~ halten** dialoguer avec qn
Zwietracht ['tsvi:traxt] <-> *f geh* discorde *f*
Zwilling ['tsvɪlɪŋ] <-s, -e> *m* ❶ jumeau *m*/jumelle *f* ❷ ASTROL **die ~e** les Gémeaux *mpl*
Zwillingsbruder *m* [frère *m*] jumeau *m* **Zwillingspaar** *nt* jumeaux *mpl*/jumelles *fpl* **Zwillingsschwester** *f* [sœur *f*] jumelle *f*
Zwingburg ['tsvɪŋburk] *f* château *m* fort
Zwinge ['tsvɪŋə] <-, -n> *f* serre-joint *m*
zwingen ['tsvɪŋən] <zwang, gezwungen> **I.** *vt* ❶ forcer; **jdn ~ etw zu tun** forcer qn à faire qc ❷ *geh* (*drängen*) **seinen Gegner zu Boden ~** faire toucher le sol à son adversaire **II.** *vr* **sich zu einer Arbeit ~** (*sich überwinden*) se forcer à [faire] un travail
zwingend **I.** *adj Logik* impérieux(-euse) **II.** *adv sich ergeben* forcément
Zwinger <-s, -> *m* chenil *m*
zwinkern ['tsvɪŋkɐn] *vi* [**mit den Augen**] **~** cligner des yeux/de l'œil
zwirbeln ['tsvɪrbəln] *vt* tortiller *Bart*
Zwirn [tsvɪrn] <-s, -e> *m* fil *m* [retors]

zwịschen [ˈt̮svɪʃən] **I.** *präp + dat* entre **II.** *präp + akk* entre

Zwịschenablage *f* INFORM presse-papiers *m inv* **Zwịschenakt** *m* THEAT entracte *m* **Zwịschenaufenthalt** *m* escale *f;* (*kurz*) halte *f* **Zwịschenbemerkung** *f* parenthèse *f* **Zwịschenbilanz** *f* bilan *m* intermédiaire **Zwịschenblutung** *f* MED saignement *m* intermédiaire **Zwịschendeck** *nt* entrepont *m* **Zwịschendecke** *f* CONSTR faux plafond *m* **Zwịschending** *nt fam* **ein ~ zwischen Stock und Krücke** quelque chose entre la canne et la béquille **zwischendrịn** [t̮svɪʃənˈdrɪn] *adv* au milieu **zwischendụrch** [t̮svɪʃənˈdʊrç] *adv* ① (*gelegentlich*) de temps en temps; (*inzwischen*) entretemps ② (*außer der Reihe*) **nichts ~ essen** ne rien manger entre les repas ③ (*örtlich*) au milieu **Zwịschenergebnis** *nt* résultat *m* intermédiaire **Zwịschenfall** *m* incident *m* **Zwịschenfinanzierung** *f* préfinancement *m* **Zwịschenfrage** *f* question *f* [incidente] **Zwịschenhandel** *m* commerce *m* d'intermédiaire **Zwịschenhändler** *m* intermédiaire *m* **Zwịschenlager** *nt* **atomares ~** lieu de stockage provisoire des déchets nucléaires **zwịschen|lagern** *vt* stocker provisoirement; **etw ~** stocker qc provisoirement **zwịschen|landen** *vi meist nur Infin und PP + sein* faire escale **Zwịschenlandung** *f* escale *f* **Zwịschenlauf** *m* SPORT tour *m* éliminatoire **Zwịschenlösung** *f* solution *f* provisoire **Zwịschenmahlzeit** *f* collation *f* **zwịschenmenschlich** *adj* entre les personnes; **~e Beziehungen** des relations avec les autres **Zwịschenprüfung** *f* examen *m* intermédiaire **Zwịschenraum** *m* ① (*räumlicher Abstand*) intervalle *m;* (*eng*) interstice *m* ② (*Zeilenabstand*) interligne *m* **Zwịschenruf** *m* interpellation *f,* apostrophe *f* **Zwịschenrunde** *f* SPORT éliminatoires *fpl* **Zwịschenstation** *f* halte *f* **Zwịschenstopp** *m* escale *f* **Zwịschenstück** *nt einer Leitung, eines Rohrs* raccord *m* **Zwịschensumme** *f* total *m* intermédiaire **Zwịschenwand** *f* cloison *f* **Zwịschenzeit** *f* **in der ~** dans l'intervalle **zwịschenzeitlich** *adv* dans l'intervalle **Zwịschenzeugnis** *nt* (*Schulzeugnis*) bulletin *m* intermédiaire; (*in Frankreich*) bulletin trimestriel

Zwịst [t̮svɪst] <-es, -e> *m geh* dissension *f*

zwịtschern [ˈt̮svɪtʃɐn] *vi Vogel:* gazouiller

Zwịtter [ˈt̮svɪtɐ] <-s, -> *m* hermaphrodite *m*

zwo̱ [t̮svoː] *num fam* deux

zwọ̈lf [t̮svœlf] *num* douze; *s. a.* **acht**[1]

zwọ̈lffach [ˈt̮svœlffax] **I.** *adj* **die ~e Menge nehmen** prendre douze fois plus **II.** *adv falten* douze fois; *s. a.* **achtfach**

Zwölffịngerdarm *m* ANAT duodénum *m*

Zwọ̈lfkampf *m* SPORT concours *m* à douze épreuves

zwọ̈lfmal [ˈt̮svœlfmaːl] *adv* douze fois; *s. a.* **achtmal**

zwọ̈lft [t̮svœlft] *adv* **zu ~ sein** être douze; *s. a.* **acht**[2]

zwọ̈lfte(r, s) *adj* ① douzième ② (*bei Datumsangaben*) **der ~ März** le douze mars; *s. a.* **achte(r, s)**

Zwọ̈lfte(r) *f(m) dekl wie adj* ① douzième *mf* ② (*bei Datumsangaben*) **der ~ / am ~n** *geschrieben:* **der 12./am 12.** le douze *geschrieben:* le 12 ③ (*als Namenszusatz*) **Ludwig der ~** *geschrieben:* **Ludwig XII.** Louis douze *geschrieben:* Louis XII

zwọ̈lftel *adj* douzième; *s. a.* **achtel**

Zwọ̈lftel [ˈt̮svœlftəl] <-s, -> *nt* douzième *m*

Zwọ̈lftonmusik *f* musique *f* dodécaphonique

Zyani̱d [t̮sy̆aˈniːt] <-s, -e> *nt* CHEM cyanure *m*

Zyanka̱li [t̮sy̆aːnˈkaːli] <-s> *nt* CHEM cyanure *m* de potassium; (*Gift*) cyanure

zy̱klisch [ˈt̮syːklɪʃ] *adj a.* CHEM cyclique

Zyklo̱n [t̮syˈkloːn] <-s, -e> *m* cyclone *m*

Zyklo̱p [t̮syˈkloːp] <-en, -en> *m* MYTH cyclope *m*

Zy̱klotron [ˈt̮syːklotroːn] <-s, -s *o* -tro̱ne> *nt* PHYS cyclotron *m*

Zy̱klus [ˈt̮syːklʊs] <-, Zy̱klen> *m* ① *a.* BIO cycle *m* ② (*Reihe*) *von Gedichten* série *f*

Zylịnder [t̮siˈlɪndɐ, t̮syˈlɪndɐ] <-s, -> *m* ① GEOM, TECH, AUT cylindre *m* ② (*Hut*) haut-de-forme *m*

Zylịnderkopf *m* AUT culasse *f*

Zylịnderkopfdichtung *f* AUT joint *m* de culasse

zylịndrisch [t̮siˈlɪndrɪʃ, t̮syˈlɪndrɪʃ] *adj* cylindrique

Zy̱niker(in) [ˈt̮syːnɪkɐ] <-s, -> *m(f)* cynique *mf*

zy̱nisch [ˈt̮syːnɪʃ] **I.** *adj* cynique **II.** *adv* avec cynisme, cyniquement

Zynịsmus [t̮syˈnɪsmʊs] <-, -ịsmen> *m*

① *kein Pl* cynisme *m* ② (*Bemerkung*) remarque *f* cynique

Zypern ['tsy:pɐn] <-s> *nt* Chypre *f*

Zyprer(in) ['tsy:prɐ] <-s, -> *m(f)* Chypriote *mf,* Cypriote *mf*

Zypresse [tsy'prɛsə] <-, -n> *f* cyprès *m*

Zypriot(in) [tsypri'o:t] <-en, -en> *m(f) s.* **Zyprer(in)**

zypriotisch [tsypri'o:tɪʃ] *adj* chypriote, cypriote

Zyste ['tsʏstə] <-, -n> *f* MED, BIO kyste *m*

Zytostatikum [tsyto'sta:tikʊm] <-s, -statika> *nt* MED [antinéoplasique *m*] cytostatique *m*

zz[t]. *Abk von* **zurzeit**

Anhang
Appendice

Seite
Pages

Französische Kurzgrammatik
Précis de grammaire française

1 Der Artikel

1.1 Der bestimmte Artikel

Die Formen des bestimmten Artikels

		vor Konsonant		vor stummem h		vor Vokal	
männliche Formen	**Singular**	**le**	train	**l'**	hôtel	**l'**	arbre
	Plural	**les**	trains	**les**	hôtels	**les**	arbres
weibliche Formen	**Singular**	**la**	ville	**l'**	heure	**l'**	autoroute
	Plural	**les**	villes	**les**	heures	**les**	autoroutes

Die Präpositionen *à* und *de* und der bestimmte Artikel

à + le	=	*au*	*de + le*	=	*du*
à + les	=	*aux*	*de + les*	=	*des*

Der Gebrauch des bestimmten Artikels

Der bestimmte Artikel wird verwendet bei:

- der Gesamtheit einer Menge: J'aime **les** livres.
- Eigennamen: **Les** Noblet habitent à Paris.
- Titeln: **Le** docteur Lacroix est parti en vacances.
- Körperteilen: Géraldine a **les** yeux verts.
- festen Wendungen: J'apprends **le** français.

1.2 Der unbestimmte Artikel

	männlich		weiblich	
Singular	**un**	livre	**une**	voiture
Plural	**des**	livres	**des**	voitures

1.3 Der Teilungsartikel

Die Formen des Teilungsartikels

Der Teilungsartikel besteht aus der Präposition *de* und dem bestimmten Artikel.

Der Gebrauch des Teilungsartikels

1. Der Teilungsartikel wird verwendet, wenn man eine **unbestimmte Menge**, d. h. unzählbare Dinge, bezeichnen möchte. Er gibt einen Teil eines Ganzen an.

2. Nach *sans* und *de* steht kein Teilungsartikel. Sollte jedoch eine bestimmte Menge gemeint sein, dann steht bei *de* der bestimmte Artikel:

   Jean a besoin **de l'**argent **qu'il a gagné**.

3. Nach *avec* wird der Teilungsartikel verwendet:

   Jean prend son pain **avec de la** confiture.

4. Außerdem steht der Teilungsartikel bei einigen festen Wendungen:

faire **du** volley/**du** sport	*Volleyball spielen/Sport treiben*
jouer **du** piano	*Klavier spielen*
avoir **de** la chance	*Glück haben*

5. Die Verneinung wird beim Teilungsartikel mit *ne ... pas de* gebildet.

Mengenangaben mit *de*

An Mengenangaben wird das nachfolgende Substantiv nur mit der Präposition *de* angeschlossen:

Il faut acheter	un litre	**de**	vin,
	un kilo	**de**	tomates,
	une bouteille	**d'**	eau minérale,
	beaucoup	**de**	fruits,
	un peu	**de**	fromage,
	assez	**de**	limonade.

2 Das Substantiv

2.1 Das Geschlecht der Substantive

2.1.1 Das Geschlecht bei Lebewesen

1. Bei Personen oder Tieren gibt es in der Regel für jedes Geschlecht eine Form.

männlich	→	weiblich			
un ami	→	une ami**e**	**-**	→	**-e**
un employ**é**	→	une employ**ée**	**-é**	→	**-ée**
un ac**teur**	→	une ac**trice**	**-teur**	→	**-trice**
			Ausnahme:		
			un chant**eur**	→	une chant**euse**

männlich	→	weiblich			
un vendeur	→	une vendeuse	-eur	→	-euse
			Ausnahme:		
			un pécheur	→	une pécheresse
un boulanger	→	une boulangère	-er	→	-ère
un voisin	→	une voisine	-in	→	-ine
			Ausnahme:		
			un copain	→	une copine
un paysan	→	une paysanne	-an	→	-anne
un espion	→	une espionne	-on	→	-onne
un Italien	→	une Italienne	-ien	→	-ienne
un veuf	→	une veuve	-f	→	-ve
un tigre	→	une tigresse	-e	→	-esse

2. Bei einigen Substantiven kann man das Geschlecht nur am Artikel erkennen, da die männlichen und die weiblichen Formen identisch sind:

un/une élève, un/une enfant, un/une journaliste, un/une secrétaire

3. Aber es gibt auch Bezeichnungen, bei denen die **männliche** und **weibliche** Form aus zwei verschiedenen Substantiven bestehen:

un homme – une femme
un coq – une poule
un garçon – une fille
un frère – une sœur

2.1.2 Das Geschlecht bei Sachen und Dingen

Das Geschlecht von Wortgruppen

Männlich sind	– Wochentage:	le lundi, le vendredi;
	– Jahreszeiten:	le printemps, l'automne;
	– Himmelsrichtungen:	le sud, le nord;
	– Sprachen:	le portugais, l'italien;
	– Bäume:	le chêne, le sapin;
	– Metalle:	l'or, le platine;
	– chemische Elemente:	le mercure, le soufre, l'uranium;
	– Transportmittel:	le bus, le train, l'avion.
Weiblich sind	– Länder:	la France, la Pologne, *aber:* le Portugal, le Danemark, le Luxembourg;
	– Flüsse:	la Saône, la Moselle, *aber:* le Rhône, le Danube;
	– Wissenschaften:	la géographie, la médecine, *aber:* le droit;
	– Autonamen:	la BMW, la Citroën

2.2 Der Plural der Substantive

Singular	Plural	Ausnahmen		
le train	les trains			
la voiture	les voitures			
le prix	les prix			
le nez	les nez			
le Français	les Français			
le gâteau	les gâteaux			
le jeu	les jeux	le pneu	→	les pneus
le bijou	les bijoux	le cou	→	les cous
le journal	les journaux	le bal	→	les bals
le travail	les travaux	le détail	→	les détails

3 Das Adjektiv

3.1 Die Stellung des Adjektivs

Das Adjektiv als Attribut

1. Die Adjektive stehen in der Regel **hinter** dem Substantiv; dies gilt insbesondere für die mehrsilbigen Adjektive.

2. Kurze und häufig gebrauchte Adjektive stehen **vor** dem Substantiv:

grand, gros, petit, jeune, vieux, bon, mauvais, beau, joli

3. Bei einigen Adjektiven ändert sich die Bedeutung je nachdem, ob sie **vor** oder **hinter** dem Substantiv stehen:

un pauvre homme (*ein* ***bedauernswerter*** *Mann*)

un homme pauvre (*ein* ***armer*** *Mann*)

3.2 Das Adjektiv im Singular und im Plural

	männlich	weiblich
Singular	le petit jardin le jardin est petit	la petite maison la maison est petite
Plural	les petits jardins les jardins sont petits	les petites maisons les maisons sont petites

Die weibliche Form des Adjektivs bildet man, indem man an die männliche Form ein **-e** anhängt. Endet die männliche Form bereits auf **-e**, so bleibt die weibliche Form unverändert:

le livre rouge	la voiture rouge

Der Plural wird durch Anhängen von **-s** an die jeweilige Form des Singulars gebildet.

Es gibt einige wenige Adjektive, die grundsätzlich **nicht verändert** werden:

bon marché, marron, orange, super, chic

3.3 Sonderfälle bei den Femininformen

Regel			männlich		weiblich	Ausnahme		
-er	→	**-ère**	cher	→	chère			
-et	→	**-ète**	complet	→	complète	muet	→	muette
-c	→	**-que**	turc	→	turque	blanc	→	blanche
						sec	→	sèche
						grec	→	grecque
-f	→	**-ve**	actif	→	active			
-g	→	**-gue**	long	→	longue			
-eux	→	**-euse**	heureux	→	heureuse			
-el	→	**-elle**	naturel	→	naturelle			
-il	→	**-ille**	gentil	→	gentille			
-en	→	**-enne**	européen	→	européenne			
-on	→	**-onne**	bon	→	bonne			
-os	→	**-osse**	gros	→	grosse			
-teur	→	**-teuse**	menteur	→	menteuse			
	→	**-trice**	conservateur	→	conservatrice			
-eur	→	**-eure**	meilleur	→	meilleure			
	→	**-euse**	rieur	→	rieuse			

3.4 Sonderfälle bei der Pluralbildung

	männlich			weiblich		
Singular	un homme		brut**al**	une femme		brut**ale**
Plural	des hommes		brut**aux**	des femmes		brut**ales**
Singular	un	beau	jour	une	belle	surprise
	un	gros	sac	une	grosse	valise
Plural	de(s)	beau**x**	jours	de(s)	belle**s**	surprises
	de(s)	gro**s**	sacs	de(s)	grosse**s**	valises

3.5 Die Adjektive *beau, nouveau* und *vieux*

vor männlichen Substantiven im Singular, die mit **Konsonant** beginnen.	**beau, nouveau, vieux**
vor männlichen Substantiven im Singular, die mit **Vokal** oder **stummem h** beginnen.	**bel, nouvel, vieil**
Bei prädikativem Gebrauch stehen im Singular männlicher Substantive nur die Formen **beau, nouveau** und **vieux** zur Verfügung:	L'**h**ôtel est **beau.** L'**o**rdinateur est **nouveau.** L'**o**rdinateur est **vieux.**

3.6 Die Steigerung der Adjektive

Der Positiv und der Komparativ

Positiv	Pierre est **grand**. *(Pierre ist groß.)*
Komparativ	Pierre est **plus grand que** moi. *(Pierre ist größer als ich.)* Pierre est **moins grand que** moi. *(Pierre ist kleiner als ich.)* Pierre est **aussi grand que** moi. *(Pierre ist genauso groß wie ich.)*

Der Superlativ

Quel est	le	fleuve	**le**	**plus**	**long**	**d'**Europe?
Quelle est	la	ville	**la**	**plus**	**grande**	**du** monde?
Quels sont	les	trains	**les**	**plus**	**rapides**	**de la** France?
Quelles sont	les	montagnes	**les**	**plus**	**hautes**	**du** monde?

Unregelmäßige Steigerungsformen:

bon, bonne *(gut)*	meilleur, e *(besser)*	le/la meilleur, e *(der/die/das beste)*
mauvais, e *(schlecht)*	pire *(schlechter)*	le/la pire *(der/die/das schlechteste)*

4 Das Adverb

4.1 Die Formen

Die abgeleiteten Adverbien

Adjektiv		**Adverb**
männlich	**weiblich**	
fort	fort**e**	fort**ement**
séri**eux**	séri**euse**	séri**eusement**
terribl**e**	terribl**e**	terribl**ement**
pratiq**ue**	pratiq**ue**	pratiq**uement**

Bei Adjektiven, die auf einen **hörbaren Vokal**, aber nicht auf **-e** enden, wird **-ment** an die männliche Form angehängt:

Adjektiv		**Adverb**
männlich	**weiblich**	
vra**i**	vraie	vra**iment**
absol**u**	absolue	absol**ument**

Ausnahmen sind:

gai, gai**e** → gai**ement**
nouveau, nouv**elle** → nouv**ellement**
fou, f**olle** → f**ollement**

Adjektive, die auf **-ant** oder **-ent** enden, bilden ihr Adverb auf **-amment** und **-emment**.

Adjektiv		Adverb
männlich	weiblich	
élégant	élégante	élégamment
évident	évidente	évidemment

Es gibt außerdem unregelmäßige Adverbformen:

précis - précise - **précisément**
gentil - gentille - **gentiment**
bref - brève - **brièvement**
bon - bonne - **bien**
meilleur - meilleure - **mieux**
mauvais - mauvaise - **mal**

4.2 Die Stellung der Adverbien

Die Adverbien des Ortes und der bestimmten Zeit stehen am **Satzanfang** oder am **Satzende**.

Aujourd'hui il fait beau.
oder: Il fait beau **aujourd'hui.**

Die meisten anderen Adverbien stehen direkt **hinter** dem konjugierten Verb.

Philippe regarde **toujours** la télé.
Hier, il a **beaucoup** travaillé.
Aujourd'hui, il ne fait **pratiquement** rien.

Tôt, tard und **ensemble** stehen in zusammengesetzten Zeiten immer **hinter** dem *Participe passé* und bei Infinitivkonstruktionen **hinter** dem Infinitiv.

Nous sommes arrivés **tôt**.
Nous voulons manger **ensemble**.

Adverbien, die sich auf den ganzen Satz beziehen, stehen in der Regel am Anfang oder am Ende des Satzes. Sie werden durch ein Komma vom restlichen Satz getrennt.

Malheureusement, je n'ai pas trouvé l'hôtel.

4.3 Die Steigerung der Adverbien

Positiv	Elle court	**vite**. *(Sie rennt schnell.)*
Komparativ	Elle court	**plus vite que** son mari. *(Sie rennt schneller als ihr Mann.)*
	Elle court	**moins vite que** son mari. *(Sie rennt langsamer als ihr Mann.)*
	Elle court	**aussi vite que** son mari. *(Sie rennt genauso schnell wie ihr Mann.)*
Superlativ	Elle court	**le plus vite de** tous. *(Sie rennt von allen am schnellsten.)*
	Elle court	**le moins vite de** tous. *(Sie rennt von allen am langsamsten.)*

Unregelmäßige Steigerungsformen

bien *(gut)* – mieux *(besser)* – le mieux *(am besten)*
beaucoup *(viel)* – plus *(mehr)* – le plus *(am meisten)*
peu *(wenig)* – moins *(weniger)* – le moins *(am wenigsten)*

5 Die Pronomen

5.1 Die verbundenen Personalpronomen

Singular	1. Person	**je/j'** (vor Vokal und stummem h)	*ich*
	2. Person	**tu**	*du*
	3. Person	**il/elle**	*er/sie*

Plural	1. Person	**nous**	*wir*
	2. Person	**vous**	*ihr, Sie*
	3. Person	**ils** (männlich)/**elles** (weiblich)	*sie*

Der Gebrauch der verbundenen Personalpronomen *il(s), elle(s)*

männlich	weiblich
Monsieur Pasquali est d'où?	**Madame Pasquali** est d'où?
Il est de Montpellier.	**Elle** est aussi de Montpellier.
Le livre est où?	**La clé** est où?
Il est sur la table.	**Elle** est sur la table.

Les garçons sont d'où?	**Les filles** sont d'où?
Ils sont de Lyon.	**Elles** sont de Paris.
Les livres sont où?	**Les clés** sont où?
Ils sont sur la table.	**Elles** sont sur la table.

Les filles et les garçons sont où ? – **Ils** sont dans le jardin.

Die Höflichkeitsform *vous*

Monsieur Noblet, **vous** êtes fatigué?	*Sind Sie müde, Herr Noblet?*
Voulez-**vous** entrer, Madame?	*Wollen Sie eintreten?*
Mesdames et Messieurs, voulez-**vous** entrer?	*Meine Damen und Herren, wollen Sie eintreten?*

5.2 Die unverbundenen Personalpronomen

Die Formen der unverbundenen Personalpronomen

Singular	1. Person	**moi**	*ich*
	2. Person	**toi**	*du*
	3. Person	**lui/elle**	*er/sie*

Plural	1. Person	**nous**	*wir*
	2. Person	**vous**	*ihr, Sie*
	3. Person	**eux** (männlich)/**elles** (weiblich)	*sie*

Der Gebrauch der unverbundenen Personalpronomen

Die unverbundenen oder betonten Personalpronomen werden verwendet

- nach einer Präposition:

Est-ce que tu sors **avec moi**, ce soir? – Non, je préfère sortir **sans toi**.

- zur Hervorhebung eines Subjekts:

Qu'est-ce-que vous faites dans la vie? – **Moi**, je suis pharmacienne.

- allein:

Qui veut apprendre le français? – **Moi**!

- nach *c'est* und *ce sont:*

Qui est-ce qui a pris les photos? – **C'est lui** qui a pris les photos.

- beim bejahten Imperativ

Donnez-**moi** le livre, s'il vous plaît.

5.3 Die direkten Objektpronomen

Die Formen der direkten Objektpronomen

Singular	1. Person	**me/m'**	(vor Vokal und stummem h)	*mich*
	2. Person	**te/t'**	(vor Vokal und stummem h)	*dich*
	3. Person	**le/l'**	(vor Vokal und stummem h)	*ihn, es*
		la/l'	(vor Vokal und stummem h)	*sie*
Plural	1. Person	**nous**		*uns*
	2. Person	**vous**		*euch, Sie*
	3. Person	**les**		*sie*

Der Gebrauch der direkten Objektpronomen

Die direkten Objektpronomen ersetzen ein **Akkusativobjekt** und stimmen in Zahl und Geschlecht mit ihm überein:

männlich	weiblich
Est-ce que tu as vu **Jean**?	Est-ce que tu as vu **Brigitte**?
Oui, je **l'**ai vu.	Oui, je **l'**ai vue.
Est-ce que tu as vu **les garçons**?	Est-ce que tu as vu **les filles**?
Oui, je **les** ai vus.	Oui, je **les** ai vues.
Est-ce que Fabrice lit **ce livre**?	Est-ce que vous lisez **cette revue**?
Oui, il **le** lit.	Non, nous ne **la** lisons pas.
Est-ce que vous lisez **ces livres**?	Est-ce que vous lisez **ces revues**?
Oui, nous **les** lisons.	Non, nous ne **les** lisons pas.

Die Stellung der direkten Objektpronomen

1. Die direkten Objektpronomen stehen **vor dem konjugierten Verb**. Wird der Satz verneint, so umschließt die Verneinung das Objektpronomen und das konjugierte Verb. Steht der Satz im *Passé composé* oder im Plusquamperfekt, dann stehen die Objektpronomen vor dem konjugierten Hilfsverb.

La télé t'intéresse?	Oui, elle **m'**intéresse. Non, elle ne **m'**intéresse pas.
Est-ce que vous avez acheté les journaux?	Oui, nous **les** avons achetés. Non, nous ne **les** avons pas achetés.

2. Bei Verben, die einen Infinitiv bei sich haben, steht das direkte Objektpronomen **vor dem Infinitiv**.

Est-ce que tu vas écouter la radio?	Oui, je vais **l'**écouter. Non, je ne vais pas **l'**écouter.
Est-ce que tu peux ranger ta chambre?	Oui, je peux **la** ranger. Non, je ne peux pas **la** ranger.

3. Bei Imperativen wird das Objektpronomen **an den bejahten Imperativ** mit Hilfe eines Bindestrichs angehängt.

Maman, est-ce que je peux inviter mes amis?	Oui, invite-**les**.

5.4 Die indirekten Objektpronomen

Die Formen der indirekten Objektpronomen

Singular	1. Person	**me/m'**	(vor Vokal und stummem h)	*mir*
	2. Person	**te/t'**	(vor Vokal und stummem h)	*dir*
	3. Person	**lui**		*ihm, ihr*
Plural	1. Person	**nous**		*uns*
	2. Person	**vous**		*euch, Ihnen*
	3. Person	**leur**		*ihnen*

Der Gebrauch der indirekten Objektpronomen

Die indirekten Objektpronomen ersetzen Dativobjekte, die in der Zahl mit dem Dativobjekt übereinstimmen.

männlich	**weiblich**
Tu donnes ton adresse **à Jean**?	Tu vas répondre **à Sandra**?
Oui, je **lui** donne mon adresse.	Non, je ne vais pas **lui** répondre.
Vous écrivez **à vos amis**?	Vous pouvez téléphoner **à mes amies**?
Oui, nous **leur** écrivons.	Oui, nous pouvons **leur** téléphoner.

Die Stellung der indirekten Objektpronomen

1. Die indirekten Objektpronomen stehen **vor dem konjugierten Verb**. Wird der Satz verneint, so umschließt die Verneinung das Objektpronomen und das konjugierte Verb. Steht der Satz im *Passé composé* oder im Plusquamperfekt, dann steht das Objektpronomen vor dem konjugierten Hilfsverb.

Brigitte, tu téléphones à tes amies?	Oui, je **leur** téléphone. Non, je ne **leur** téléphone pas.
Est-ce que tu as montré les photos à ton copain?	Oui, je **lui** ai montré les photos. Non, je ne **lui** ai pas montré les photos.

2. Bei Verben, die einen Infinitiv bei sich haben, steht das indirekte Objektpronomen **vor dem Infinitiv**.

Est-ce que tu vas écrire à ta grand-mère?	Oui, je vais **lui** écrire. Non, je ne vais pas **lui** écrire.

5.5 Die Reflexivpronomen

Je	**m'**	appelle Annie.
Tu	**t'**	appelles Jean.
Il/Elle	**se**	promène en ville.
Nous	**nous**	lavons les mains.
Vous	**vous**	douchez ce soir.
Ils/Elles	**s'**	habillent.

5.6 Das Adverbialpronomen *en*

Der Gebrauch von *en*

1. ***En*** ist ein Pronomen, das bestimmte Ergänzungen, meist Mengen, vertritt und in diesem Zusammenhang oft mit *davon* übersetzt wird. Es vertritt

- *des* + Substantiv:

  Est-ce que tu achètes **des fruits**?
  Oui, j'**en** achète.

- den Teilungsartikel + Substantiv:

  Est-ce que tu prends **de la limonade**?
  Oui, j'**en** prends.

- Mengenangabe + Substantiv:

  Tu veux **une bouteille de coca**?
  Oui, j'**en** veux **une.**

- Zahlwort + Substantiv:

  Tu prends **dix pommes**?
  Non, j'**en** prends seulement **six.**

- *un/une* + Substantiv:

  Est-ce que tu prends **une pomme**?
  Oui, j'**en** prends **une**.

2. ***En*** vertritt auch andere Ergänzungen mit ***de***.
   In diesen Fällen wird ***en*** oft mit *davon, darüber, von dort* und *dorther* übersetzt.

   Tu es déjà rentré **du Portugal**? Oui, j'**en** suis rentré hier, mais j'**en** rêve encore.

Folgt jedoch auf die Präposition ***de*** ein Personensubstantiv, so übernehmen die betonten Personalpronomen seine Vertretung:

Tu te souviens **d'Annette**? Non, je ne me souviens pas **d'elle**.

Die Stellung von *en*

1. Das Pronomen ***en*** steht **vor dem konjugierten Verb**. Wird der Satz verneint, so umschließt die Verneinung ***en*** und das konjugierte Verb. Steht der Satz im *Passé composé* oder im Plusquamperfekt, dann steht ***en*** vor dem konjugierten Hilfsverb.

Est-ce que tu prends du beurre?	Oui, j'**en** prends.
Est-ce que Martin a acheté du beurre hier?	Oui, il **en** a acheté. Non, il n'en a pas acheté.

2. Bei Verben, die einen Infinitiv bei sich haben, steht ***en* vor dem Infinitiv**.

   Il me manque du café. Alors je vais **en** acheter tout de suite.

3. Bei Imperativen wird ***en* an den bejahten Imperativ** mit Hilfe eines Bindestrichs angehängt.

   Est-ce que je peux prendre du fromage? - Oui, prends-**en**.

5.7 Das Adverbialpronomen *y*

Der Gebrauch von *y*

Das Pronomen *y* vertritt

- Ortsbestimmungen, die durch Präpositionen wie *à, dans, en, chez, sur* und *sous* eingeleitet werden:

  Est-ce que vous habitez **à Paris**? - Oui, nous **y** habitons.

- Ergänzungen mit à + Sachsubstantiven:

  Est-ce que tu penses **à Noël**? - Oui, j'**y** pense toujours.

Die Stellung von *y*

1. Das Pronomen ***y*** steht **vor dem konjugierten Verb**. Wird der Satz verneint, so umschließt die Verneinung ***y*** und das konjugierte Verb. Steht der Satz im *Passé composé* oder im Plusquamperfekt, dann steht ***y*** vor dem konjugierten Hilfsverb.

Est-ce que vous allez en France?	Oui, nous **y** allons. Non, nous n'**y** allons pas.

2. Bei Verben, die einen Infinitiv bei sich haben, steht ***y* vor dem Infinitiv**.

   J'ai oublié mon porte-monnaie à la boulangerie. Alors je vais **y** aller tout de suite.

3. Bei Imperativen wird ***y* an den bejahten Imperativ** mit Hilfe eines Bindestrichs angehängt. Bei den Verben auf *-er* sowie bei dem unregelmäßigen Verb *aller* wird an den Imperativ Singular jedoch ein *-s* angehängt.

Vas-**y**!

5.8 Die Stellung der Pronomen bei mehreren Pronomen im Satz

me					
te	le				
		lui			
se	la		y	en	+ konjugierte Verbform oder Infinitiv
		leur			
nous	les				
vous					

Es können bis zu zwei Pronomen vor dem konjugierten Verb oder Infinitiv, wie folgt, stehen:

Maman, est-ce que tu me racontes l'histoire?	Oui, je **te la** raconte tout de suite.
Est-ce que vous lui avez donné le livre?	Non, je ne **le lui** ai pas encore donné.
Est-ce que tu peux nous parler des vacances?	Oui, je vais **vous en** parler tout de suite.
Il y a encore du café?	Oui, il **y en** a encore.

5.9 Die Demonstrativpronomen

Die Formen der Demonstrativpronomen

	vor Konsonant		vor Vokal		vor stummem h	
männlich						
Singular	**ce**	train	**cet**	arbre	**cet**	hôtel
Plural	**ces**	trains	**ces**	arbres	**ces**	hôtels
weiblich						
Singular	**cette**	ville	**cette**	information	**cette**	histoire
Plural	**ces**	villes	**ces**	informations	**ces**	histoires

Der Gebrauch der Demonstrativpronomen

Die Demonstrativpronomen werden benutzt, um auf bestimmte Gegenstände oder Personen hinzuweisen.

Il faut lire **ce** livre.	*Dieses Buch muss man lesen.*

Die Demonstrativpronomen gebraucht man auch in folgenden Wendungen:

ce matin	***heute*** *Morgen*
cet après-midi	***heute*** *Nachmittag*
ce soir	***heute*** *Abend*

5.10 Die Possessivpronomen

Die Formen der Possessivpronomen

	Singular		Plural
	männlich	weiblich	männlich + weiblich
Ein Besitzer			
1. Person	**mon** frère	**ma** sœur	**mes** frères/amis
	mon ami	**mon** amie	**mes** sœurs/amies
2. Person	**ton** frère	**ta** sœur	**tes** frères/amis
	ton ami	**ton** amie	**tes** sœurs/amies
3. Person	**son** frère	**sa** sœur	**ses** frères/amis
	son ami	**son** amie	**ses** sœurs/amies
Mehrere Besitzer			
1. Person	**notre** frère	**notre** sœur	**nos** frères/sœurs
2. Person	**votre** frère	**votre** sœur	**vos** frères/sœurs
3. Person	**leur** frère	**leur** sœur	**leurs** frères/sœurs

Der Gebrauch der Possessivpronomen

Die Possessivpronomen werden verwendet, um ein Besitz- oder ein Zugehörigkeitsverhältnis zum Ausdruck zu bringen.

Sur la table, il y a **mon** livre.	*Auf dem Tisch befindet sich mein Buch.*
Je vais passer les vacances avec **mes** parents.	*Ich werde die Ferien mit meinen Eltern verbringen.*

5.11 Die Indefinitpronomen

5.11.1 *aucun*

Aucun stimmt im Genus mit seinem Bezugselement überein. Es wird in **verneinten** Sätzen von der Negation ***ne*** begleitet und mit **kein** übersetzt:

Est-ce qu'il y a un problème?	*Gibt es ein Problem?*
Non, nous n'avons **aucun** problème.	*Nein, wir haben kein Problem.*

5.11.2 *certain*

certain als Begleiter des Substantivs

		männlich		weiblich	
Singular	Il y a	**un certain**	problème avec	**une certaine**	personne.
Plural	Il y a	**certains**	problèmes avec	**certaines**	personnes.

Wenn ***certain*** als Begleiter des Substantivs verwendet wird, so gleicht es sich in Zahl und Geschlecht dem Substantiv an, auf das es sich bezieht. Im Singular steht vor ***certain, certaine*** der unbestimmte Artikel ***un*** oder ***une***, der im Plural entfällt.

certains als Stellvertreter des Substantivs

Wenn ***certains*** als Stellvertreter des Substantivs gebraucht wird, ist es unveränderlich. Das Verb wird dann in der 3. Person Plural angeschlossen:

Tous mes amis veulent faire une fête, mais **certains** ne veulent pas m'aider à la préparer.

5.11.3 *chaque, chacun*

Chaque ist unveränderlicher Begleiter des Substantivs:

On a besoin de **chaque** client et de **chaque** cliente.	Wir brauchen jeden Kunden und jede Kundin.

Chacun und ***chacune*** ersetzen ein Substantiv. Sie werden nur im Singular gebraucht. ***Chacun*** steht für männliche Substantive. ***Chacune*** ersetzt weibliche Substantive:

Il dit bonjour à **chacun** et à **chacune**.	*Er sagt jedem und jeder guten Tag.*

5.11.4 Das unpersönliche *on*

On wird in der Umgangssprache häufig für ***nous*** verwendet und wird mit **wir** übersetzt:

Vous êtes où?	**Nous** sommes ici. **On** est ici.	*Wir sind hier.* *Wir sind hier.*

On kann auch für das deutsche **man** stehen:

On dit que ...	*Man sagt, dass ...*

5.11.5 *plusieurs*

Plusieurs in der Bedeutung von **mehrere** ist unveränderlich und steht als

- Begleiter des Substantivs:

  On a vendu **plusieurs** jupes et pantalons.

- Stellvertreter des Substantivs:

  Plusieurs sont bon marché.

5.11.6 *quelqu'un/quelque chose – personne/rien*

Quelqu'un est venu. *(Jemand ist gekommen.)* **Personne n'**est venu. *(Niemand ist gekommen.)*
Quelque chose me fait plaisir. *(Etwas macht mir Spaß.)* **Rien** ne me fait plaisir. *(Nichts macht mir Spaß.)*
J'ai vu **quelqu'un**. *(Ich habe jemanden gesehen.)* Je **n'**ai vu **personne**. *(Ich habe niemanden gesehen.)*
J'ai trouvé **quelque chose**. *(Ich habe etwas gefunden.)* Je **n'**ai **rien** trouvé. *(Ich habe nichts gefunden.)*

5.11.7 *quelque(s)*

Il me faut **quelque** temps pour terminer le livre. *Ich benötige einige Zeit, um das Buch zu beenden.*
Je vais acheter **quelques** livres. *Ich werde einige Bücher kaufen.*
Plus tard, je vais acheter aussi **quelques** pommes. *Später werde ich auch einige Äpfel kaufen.*

5.11.8 *tout*

Die Formen von *tout* als Begleiter des Substantivs

	männlich		weiblich	
Singular	**tout**	le monde	**toute**	la France
Plural	**tous**	les pays	**toutes**	les capitales

Der Gebrauch von *tout* als Begleiter des Substantivs

***Tout* + bestimmter Artikel** wird gebraucht, um **der/die/das ganze** oder **alle** zum Ausdruck zu bringen.

Das unveränderliche *tout*

Tout ist in der Bedeutung von **alles** unveränderlich:

Est-ce que tu as **tout** mangé?	Hast du alles gegessen?

6 Das Verb

6.1 Die Bildung der Verben auf *-er* im Präsens

Die regelmäßigen Verben auf *-er*

parler	je	parl**e**	nous	parl**ons**
	tu	parl**es**	vous	parl**ez**
	il/elle	parl**e**	ils/elles	parl**ent**

Die Verben auf *-er* mit Besonderheiten in der Schreibweise

commencer				**manger**			
je	commence	nous	commen**ç**ons	je	mange	nous	man**ge**ons
tu	commences	vous	commencez	tu	manges	vous	mangez
il/elle	commence	ils/elles	commencent	il/elle	mange	ils/elles	mangent

Damit die Aussprache des Stammes immer erhalten bleibt, wird bei den Verben:

- auf **-cer** in der 1. Person Plural **-c-** zu **-ç-**.
- auf **-ger** in der 1. Person Plural **-g-** zu **-ge-**.

Die Verben auf *-ayer, -oyer* und *-uyer*

payer	je	pa**i**e/pa**y**e	nous	pa**y**ons
	tu	pa**i**es/pa**y**es	vous	pa**y**ez
	il/elle	pa**i**e/pa**y**e	ils/elles	pa**i**ent/pa**y**ent

nettoyer				essuyer			
je	nettoie	nous	nettoyons	j'	essuie	nous	essuyons
tu	nettoies	vous	nettoyez	tu	essuies	vous	essuyez
il/elle	nettoie	ils/elles	nettoient	il/elle	essuie	ils/elles	essuient

Verben auf *-er* mit stamm- und endungsbetonten Formen

Bei Verben mit stammbetonten und endungsbetonten Formen sind immer die 1., 2. und 3. Person Singular sowie die 3. Person Plural stammbetont und die 1. und 2. Person Plural endungsbetont.

acheter				jeter			
j'	achète	nous	achetons	je	jette	nous	jetons
tu	achètes	vous	achetez	tu	jettes	vous	jetez
il/elle	achète	ils/elles	achètent	il/elle	jette	ils/elles	jettent

préférer	je	préfère	nous	préférons
	tu	préfères	vous	préférez
	il/elle	préfère	ils/elles	préfèrent

6.2 Die Bildung der Verben auf *-ir* im Präsens

ohne Stammerweiterung partir				mit Stammerweiterung finir			
je	pars	nous	partons	je	finis	nous	finissons
tu	pars	vous	partez	tu	finis	vous	finissez
il/elle	part	ils/elles	partent	il/elle	finit	ils/elles	finissent

6.3 Die Bildung der Verben auf *-re* im Präsens

lire	je	lis	nous	lisons
	tu	lis	vous	lisez
	il/elle	lit	ils/elles	lisent

Die Verben auf *-dre* im Präsens

attendre	j'	attends	nous	attendons
	tu	attends	vous	attendez
	il/elle	attend	ils/elles	attendent

6.4 Die Bildung der reflexiven Verben

s'habiller			se laver		
je	m'	habille	je	me	lave
tu	t'	habilles	tu	te	laves
il/elle	s'	habille	il/elle	se	lave
nous	nous	habillons	nous	nous	lavons
vous	vous	habillez	vous	vous	lavez
ils/elles	s'	habillent	ils/elles	se	lavent

6.5 Die Bildung des Imperfekts

regarder	je	regard**ais**	nous	regard**ions**
	tu	regard**ais**	vous	regard**iez**
	il/elle	regard**ait**	ils/elles	regard**aient**

Das Imperfekt wird gebildet, indem man an den Stamm der 1. Person Plural Präsens die Imperfektendungen ***-ais, -ais, -ait, -ions, -iez*** und ***-aient*** anhängt.

Im Imperfekt ist nur ***être*** unregelmäßig.

Damit die Aussprache des Stammes immer erhalten bleibt, wird bei den Verben:

- auf **-cer** bei *je, tu, il, elle, on, ils* und *elles* **-c-** zu **-ç-**.
- auf **-ger** bei *je, tu, il, elle, on, ils* und *elles* **-g-** zu **-ge-**.

6.6 Die Bildung des *Passé composé*

6.6.1 Die Formen des *Passé composé* mit *avoir* und *être*

parler	j'	**ai**	**parlé**	nous	**avons**	**parlé**
	tu	**as**	**parlé**	vous	**avez**	**parlé**
	il/elle	**a**	**parlé**	ils/elles	**ont**	**parlé**

arriver	je	**suis**	**arrivé(e)**	nous	**sommes**	**arrivé(e)s**
	tu	**es**	**arrivé(e)**	vous	**êtes**	**arrivé(e)s**
	il	**est**	**arrivé**	ils	**sont**	**arrivés**
	elle	**est**	**arrivée**	elles	**sont**	**arrivées**
	on	est	**arrivé(e)**(s)			

Bei der Bildung des *Passé composé* mit ***avoir*** bleibt das Partizip Perfekt in der Regel unveränderlich.

Wird das *Passé composé* jedoch mit ***être*** gebildet, so gleicht sich das Partizip Perfekt in Geschlecht und Zahl dem Subjekt des Satzes an. Bezieht sich das Partizip Perfekt auf ein Subjekt, das aus unterschiedlichem Genus besteht, so richtet es sich nach dem Männlichen:

Marc et Marie sont allé**s** à la piscine.

6.6.2 Die Bildung des *Passé composé* mit *avoir* oder *être*

Die meisten Verben bilden das *Passé composé* mit ***avoir:***

Hier, Pierre **a** préparé le repas. Puis, il **a** mangé.

Einige wenige Verben bilden das *Passé composé* mit ***être:*** dazu gehören einige Verben der Bewegungsrichtung oder des Verweilens, z. B. ***aller, arriver, entrer, partir, rester, rentrer, tomber, venir und revenir:***

Hier, je **suis** allé(e) à Paris. Je **suis** arrivé(e) vers dix heures.

Die Verben ***naître, devenir, mourir*** und ***décéder*** bilden das *Passé composé* mit ***être:***

Il **est** né en 1960.

Die **reflexiven Verben** bilden das *Passé composé* stets mit ***être***:

Elle s'**est** réveillée. Puis, elle s'**est** levée.

6.6.3 Besonderheiten beim Partizip Perfekt im *Passé composé* mit *avoir*

Geht dem *Passé composé* ein **direktes Objekt** voraus, so wird das Partizip Perfekt in Geschlecht und Zahl dem direkten Objekt angeglichen. Das direkte Objekt kann ein **direktes Objektpronomen**, z. B. ***me, te, le, la, nous, vous*** oder ***les*** sein. Es kann aber auch in Form des Relativpronomens ***que*** vorausgehen:

Est-ce que vous avez **vu Julie**? Oui, nous **l'**avons **vue**. C'est **Julie que** nous avons **vue.**

J'ai acheté **les** livres. Je **les** ai acheté**s**. Ce sont **les** livres que j'ai acheté**s**.

6.7 Die Bildung des Plusquamperfekts

lire			**rester**		
j'	**avais**	**lu**	j'	**étais**	**resté/restée**
tu	**avais**	**lu**	tu	**étais**	**resté/restée**
il elle on	**avait**	**lu**	il	**était**	**resté**
			elle	**était**	**restée**
			on	**était**	**resté(s)/restée(s)**
nous	**avions**	**lu**	nous	**étions**	**restés/restées**
vous	**aviez**	**lu**	vous	**étiez**	**restés/restées**
ils elles	**avaient**	**lu**	ils	**étaient**	**restés**
			elles	**étaient**	**restées**

6.8 Die Bildung des *Passé simple*

	parler	**attendre**	**choisir**	**croire**
je/j'	parl**ai**	attend**is**	chois**is**	cr**us**
tu	parl**as**	attend**is**	chois**is**	cr**us**
il/elle/on	parl**a**	attend**it**	chois**it**	cr**ut**
nous	parl**âmes**	attend**îmes**	chois**îmes**	cr**ûmes**
vous	parl**âtes**	attend**îtes**	chois**îtes**	cr**ûtes**
ils/elles	parl**èrent**	attend**irent**	chois**irent**	cr**urent**

6.9 Die Bildung des *Futur composé*

je	**vais**	**aller**	**nous**	**allons**	**rester**
tu	**vas**	**chercher**	**vous**	**allez**	**boire**
il/elle	**va**	**prendre**	**ils/elles**	**vont**	**faire**

6.10 Die Bildung des Futurs I

regarder		**attendre**		**écrire**	
je	regarder**ai**	j'	attendr**ai**	j'	écrir**ai**
tu	regarder**as**	tu	attendr**as**	tu	écrir**as**
il/elle/on	regarder**a**	il/elle/on	attendr**a**	il/elle/on	écrir**a**
nous	regarder**ons**	nous	attendr**ons**	nous	écrir**ons**
vous	regarder**ez**	vous	attendr**ez**	vous	écrir**ez**
ils/elles	regarder**ont**	ils/elles	attendr**ont**	ils/elles	écrir**ont**

6.11 Die Bildung des Futurs II

parler			arriver		
j'	aurai	parlé	je	serai	arrivé/arrivée
tu	auras	parlé	tu	seras	arrivé/arrivée
il elle on	aura	parlé	il	sera	arrivé
			elle	sera	arrivée
			on	sera	arrivé(s)/arrivée(s)
nous	aurons	parlé	nous	serons	arrivés/arrivées
vous	aurez	parlé	vous	serez	arrivés/arrivées
ils elles	auront	parlé	ils	seront	arrivés
			elles	seront	arrivées

6.12 Die Bildung des Konditionals I

regarder		attendre		écrire	
je	regarde**rais**	j'	attend**rais**	j'	écri**rais**
tu	regarde**rais**	tu	attend**rais**	tu	écri**rais**
ils/elle/on	regarde**rait**	ils/elle/on	attend**rait**	ils/elle/on	écri**rait**
nous	regarde**rions**	nous	attend**rions**	nous	écri**rions**
vous	regarde**riez**	vous	attend**riez**	vous	écri**riez**
ils/elles	regarde**raient**	ils/elles	attend**raient**	ils/elles	écri**raient**

6.13 Die Bildung des Konditionals II

parler			arriver		
j'	aurais	parlé	je	serais	arrivé/arrivée
tu	aurais	parlé	tu	serais	arrivé/arrivée
il elle on	aurait	parlé	il	serait	arrivé
			elle	serait	arrivée
			on	serait	arrivé(e)(s)
nous	aurions	parlé	nous	serions	arrivés/arrivées
vous	auriez	parlé	vous	seriez	arrivés/arrivées
ils elles	auraient	parlé	ils	seraient	arrivés
			elles	seraient	arrivées

6.14 Die Bildung des Partizips Perfekt

Das Partizip Perfekt der Verben auf *-er* wird gebildet, indem die Endung des Infinitivs, *-er*, durch *-é* ersetzt wird:

parl**er** – parl**é**

Das Partizip Perfekt der Verben auf *-ir* wird gebildet, indem die Endung des Infinitivs, *-ir*, durch *-i* ersetzt wird:

dorm**ir** – dorm**i**

chois**ir** – chois**i**

Das Partizip Perfekt der Verben auf -**re** wird gebildet, indem die Endung des Infinitivs, *-re*, durch *-u* ersetzt wird:

attend**re** – attend**u**

6.15 Die Bildung des Partizips Präsens

Infinitiv	1. Person Plural Präsens			Partizip Präsens
parler	nous	**parl**	ons	**parlant**
dormir	nous	**dorm**	ons	**dormant**
choisir	nous	**choisiss**	ons	**choisissant**
attendre	nous	**attend**	ons	**attendant**

Es gibt nur ganz wenige unregelmäßige Formen:

avoir - **ayant**
être - **étant**
savoir - **sachant**

6.16 Die Bildung des Gerundiums

Infinitiv	Gerundium	Infinitiv	Gerundium
être	**en étant**	attendre	**en attendant**
avoir	**en ayant**	dormir	**en dormant**
regarder	**en regardant**	finir	**en finissant**

6.17 Die Bildung des Imperativs

Infinitiv	Du-Form	Wir-Form	Sie-Form/Ihr-Form
parler	parle	parlons	parlez
descendre	descends	descendons	descendez
dormir	dors	dormons	dormez
choisir	choisis	choisissons	choisissez
faire	fais	faisons	faites

Der Imperativ verfügt nur über wenige unregelmäßige Formen:

Infinitiv	Du-Form	Wir-Form	Sie-Form/Ihr-Form
avoir	aie	ayons	ayez
être	sois	soyons	soyez
savoir	sache	sachons	sachez

6.18 Die Bildung des *Subjonctif*

Die *Subjonctif*-Endungen

Il veut que j'	attend**e**.	Il veut que nous	attend**ions**.
Il veut que tu	attend**es**.	Il veut que vous	attend**iez**.
Il veut qu'il/elle/on	attend**e**.	Il veut qu'ils/ elles	attend**ent**.

Die Ableitung des *Subjonctif*

Infinitiv	3. Person Plural Präsens			Subjonctif		
parler	ils	**parl**	ent	que je	**parl**	e
mettre	ils	**mett**	ent	que tu	**mett**	es
partir	ils	**part**	ent	qu'il/elle/on	**part**	e
connaître	ils	**connaiss**	ent	que nous	**connaiss**	ions
plaire	ils	**plais**	ent	que vous	**plais**	iez
vivre	ils	**viv**	ent	qu'ils/elles	**viv**	ent

6.19 Die Bildung des *Subjonctif passé*

	travailler			sortir	
Il faut	que j'/je	**aie**	**travaillé**.	**sois**	**sorti/sortie**.
	que tu	**aies**	**travaillé**.	**sois**	**sorti/sortie**.
	qu'il			**soit**	**sorti**.
	qu'elle	**ait**	**travaillé**.	**soit**	**sortie**.
	qu'on			**soit**	**sorti(s)/sortie(s)**.
	que nous	**ayons**	**travaillé**.	**soyons**	**sortis/sorties**.
	que vous	**ayez**	**travaillé**.	**soyez**	**sortis/sorties**.
	qu'ils/qu'elles	**aient**	**travaillé**.	**soient**	**sortis/sorties**.

6.20 Die Bildung des Passivs

Die Passivformen im Präsens

je	**suis**	**interrogé/interrogée**	nou-s	**sommes**	**interrogé(e)s**
tu	**es**	**interrogé/interrogée**	vous	**êtes**	**interrogé(e)s**
il	**est**	**interrogé**	ils	**sont**	**interrogés**
elle	**est**	**interrogée**	elles	**sont**	**interrogées**
on	**est**	**interrogé(s)/interrogée(s)**			

Das Passiv in anderen Zeiten und Modi

Il	**a été**	interrogé.	*Passé composé*	Il	**sera**	interrogé	Futur I
Il	**était**	interrogé.	Imperfekt	Il	**serait**	interrogé.	Konditional I
Il	**fut**	interrogé.	*Passé simple*	Il faut qu'il	**soit**	interrogé.	*Subjonctif*

Die Nennung des Urhebers im Passiv

Der **Urheber** der Handlung wird einfach mit der Präposition ***par*** als präpositionale Ergänzung angeschlossen:

Il sera interrogé **par** la police.	*Er wird von der Polizei verhört.*

7 Satzarten

7.1 Der Aussagesatz

Adverbiale Bestimmung Zeit/Ort	Subjekt	Prädikat	direktes Objekt	indirektes Objekt	Adverbiale Bestimmung Zeit/Ort
	J'	achète	un livre.		
	Je	donne	un livre	à Jean.	
Hier,	j'	ai donné	un livre	à Jean.	
Hier, à l'école,	j'	ai donné	un livre	à Jean.	
	Il	habite			en France.

7.2 Der Fragesatz

7.2.1 Die Intonationsfrage

Die Intonationsfrage wird im gesprochenen Französisch als Gesamtfrage häufig benutzt. Sie behält die Stellung der Satzglieder des Aussagesatzes bei, wird aber mit steigender Intonation gesprochen:

Luc va au bureau?	*Geht Luc ins Büro?*

7.2.2 Die Frage mit *est-ce que* als Gesamtfrage

Est-ce que	Aussagesatz	
Est-ce que	tu vas au bureau?	*Gehst du ins Büro?*
Est-ce qu'	on va au cinéma ce soir?	*Gehen wir heute Abend ins Kino?*

7.2.3 Die Frage mit Fragepronomen

Die Frage mit *est-ce que* + Fragepronomen

Fragewort	est-ce que	Subjekt	Prädikat	Objekte	Adverbiale Bestimmungen
Quand	**est-ce que**	tu	ranges	ta chambre?	
Où	**est-ce que**	tu	as trouvé	ton sac?	
Pourquoi	**est-ce que**	vous	étudiez	le français?	
Qu'	**est-ce qu'**	il	fait		demain?

Die Frage mit nachgestelltem Fragepronomen

Aussagesatz	Fragepronomen
Tu t'appelles	**comment?**
Tu pars	**quand?**
Tu arrives	**d'où?**

7.2.4 Die Frage mit *qui*

Die Frage nach dem Subjekt

Qui habite à Paris?	*Wer wohnt in Paris?*
Qui est-ce qui habite à Paris?	*Wer wohnt in Paris?*

Die Frage nach dem Objekt

À qui est-ce que tu donnes le livre?	*Wem gibst du das Buch?*

Die Frage

- nach dem direkten Objekt lautet: **Qui est-ce que** vous cherchez?
- nach dem indirekten Objekt lautet: **À qui est-ce que** tu penses?

7.2.5 Die Frage mit *que*

Die Frage nach dem Objekt

Que fait Paul?	*Was macht Paul?*

Mit ***que*** können Sachen erfragt werden. Wenn nach dem direkten Objekt gefragt werden soll, verwendet man ***que*** oder ***qu'est-ce que***:

Qu'est-ce que tu cherches?	*Was suchst du?*
Que cherches-tu?	*Was suchst du?*

Bei der Frage nach dem indirekten Objekt wird ***à quoi*** verwendet:

À quoi est-ce qu'il pense?	*Woran denkt er?*

7.2.6 Die Inversionsfrage

Die Inversionsfrage wird im gesprochenen Französisch nicht sehr häufig verwendet. Man trifft sie hauptsächlich in schriftlich fixierten Texten an, z. B. in Briefen usw.

Fragewort	Verb + Subjektpronomen	Ergänzungen
Quand	**pars-tu**	en vacances?
Comment	**vas-tu**	en vacances?
Comment	**va-t-il?**	
Où	**habite-t-elle?**	
	Veux-tu	prendre le train?

Bei der Inversionsfrage steht das **Subjektpronomen hinter dem Verb**. Zwischen Verb und Subjekt wird ein **Bindestrich** eingefügt. In der 3. Person Singular bei ***il, elle*** oder ***on*** tritt zwischen Verb und Subjektpronomen ein **-*t*-**, wenn die Verbform auf ***-e*** oder ***-a*** endet. Die **Fragewörter** stehen bei Inversionsfragen **vor dem Verb.**

7.3 Der Relativsatz

7.3.1 Der Relativsatz mit *qui*

Das Relativpronomen ***qui*** leitet einen Relativsatz ein, bei dem ***qui*** gleichzeitig **Subjekt** des Relativsatzes ist. ***Qui*** ist unveränderlich und kann sich im Singular und Plural

- auf Personen beziehen:

J'ai **une amie**	**qui**	m'aide toujours.

- auf Sachen beziehen:

J'ai reçu **un livre**	**qui**	me plaît beaucoup.

7.3.2 Der Relativsatz mit *que*

Das Relativpronomen ***que*** leitet einen Relativsatz ein, bei dem ***que*** gleichzeitig **direktes Objekt** des Relativsatzes ist.

Que, das sich vor Vokal und stummem h in ***qu'*** verwandelt, kann sich im Singular und Plural

- auf Personen beziehen:

J'ai **une amie**	**que**	j'aime beaucoup.

- auf Sachen beziehen:

J'ai reçu **un livre**	**que**	j'aime beaucoup.

7.3.3 Der Relativsatz mit *dont*

Das Relativpronomen ***dont*** vertritt **Ergänzungen mit *de*** in einem Relativsatz. ***Dont*** bezieht sich im Singular und Plural

- auf Personen:

C'est Paul	**dont**	Marie est amoureuse.

- auf Sachen:

Il cherche la maison	**dont**	il a besoin.

7.3.4 Der Relativsatz mit *lequel, laquelle, lesquels, lesquelles*

	männlich	weiblich
Singular	**lequel**	**laquelle**
Plural	**lesquels**	**lesquelles**

Der Gebrauch von *lequel* im Relativsatz

Die Relativpronomen *lequel, laquelle, lesquels* und *lesquelles* vertreten in der Regel in einem Relativsatz **Sachen** oder **Personen**, die nach

- Präpositionen stehen:

C'était un hiver **pendant lequel** il neigeait.
C'était la raison **pour laquelle** il y avait beaucoup d'accidents.

- präpositionalen Ausdrücken stehen:

Il a une maison **à côté de laquelle** se trouve la gare.

à + lequel	= **auquel**	de + lequel	= **duquel**
à + laquelle	= **à laquelle**	de + laquelle	= **de laquelle**
à + lesquels	= **auxquels**	de + lesquels	= **desquels**
à + lesquelles	= **auxquelles**	de + lesquelles	= **desquelles**

Die Formen ***duquel, de laquelle*** usw. finden nur dann Verwendung, wenn ihnen eine **Präposition**, z. B. *près de,* vorausgeht. Einfache **Ergänzungen mit *de*** werden im Relativsatz durch ***dont*** vertreten.

7.3.5 Der Relativsatz mit *où*

Das Relativpronomen ***où*** vertritt **Ortsbestimmungen** im Relativsatz:

Montpellier est la ville **où** Jean fait ses études.

7.3.6 Der Relativsatz mit *ce qui, ce que*

Die Relativpronomen ***ce qui*** und ***ce que*** haben kein direktes Bezugswort:

Ce qui ist Subjekt:

Je sais bien **ce qui** m'intéresse.

Ce que ist Objekt:

Je sais bien **ce que** Julien a dit.

7.4 Der Bedingungssatz

7.4.1 Der reale Bedingungssatz

Der Gebrauch des realen Bedingungssatzes

Der reale Bedingungssatz wird verwendet, wenn es sich um eine **Bedingung** handelt, die **tatsächlich** erfüllt werden kann:

Si j'ai le temps, je lirai un livre. *Wenn ich Zeit habe, lese ich ein Buch.*

Die Bildung des realen Bedingungssatzes

Si-Satz im Präsens	Hauptsatz im Futur I / Präsens
Si tu **as** le temps,	nous **ferons** les courses.
S'il **fait** beau,	je **vais** à la piscine.

7.4.2 Der irreale Bedingungssatz

Der Gebrauch des irrealen Bedingungssatzes

Der irreale Bedingungssatz wird verwendet, wenn eine Bedingung der Wirklichkeit nicht entspricht und ihre Erfüllung fraglich oder unmöglich ist:

Si j'étais riche, je ferais le tour du monde.
Wenn ich reich wäre, würde ich eine Weltreise machen.

Die Bildung des irrealen Bedingungssatzes

Im ***si*-Satz** darf **nie** der **Konditional** verwendet werden, sondern nur das **Imperfekt**.

Si-Satz im Imperfekt	Hauptsatz im Konditional
S'il **avait** plus d'argent,	il **achèterait** une maison.
Si je **faisais** le tour du monde,	je **ferais** beaucoup de connaissances.

7.5 Die indirekte Rede

7.5.1 Die Bildung der indirekten Rede/Frage

Die indirekte Rede

Die indirekte Rede wird durch ***que*** eingeleitet; vor Vokal wird ***que*** zu ***qu'***:

Elle dit	**que**	la jupe est bon marché.
Elle dit	**qu'**	il a raison.

Die indirekte Frage

Die indirekte Frage wird durch

- ***si*** eingeleitet:

Elle demande	**si**	Luc veut aller au cinéma.

- ***s'*** vor *i* eingeleitet:

Elle demande	**s'**	il veut aller au cinéma.

- das entsprechende **Fragewort** eingeleitet:

Paul veut savoir	**où**	son copain travaille.
Elle veut savoir	**pourquoi**	Nicole habite à Lyon.
Il me demande	**quand**	j'ai commencé à travailler.

7.5.2 Die Zeitenfolge in der indirekten Rede/Frage

Die Zeitenfolge in der Gegenwart

Steht das redeeinleitende Verb im **Präsens**, so steht das Verb im Nebensatz, d. h. in der indirekten Rede/Frage, in der gleichen Zeit wie in der direkten Rede/Frage.

Direkte Rede:	Marie dit: «Je **vais partir** en vacances.»
Indirekte Rede:	Marie dit qu'elle **va partir** en vacances.

Die Zeitenfolge in der Vergangenheit

Bei der indirekten Rede in der **Vergangenheit** gilt es einige Besonderheiten im Hinblick auf die Verwendung der Zeiten zu beachten.

1. Zeit in der	– direkten Rede:	Präsens		
	Il a dit:	«Elle	**va**	au cinéma.»
	– indirekten Rede:	Imperfekt		
	Il a dit	qu'elle	**allait**	au cinéma.
2. Zeit in der	– direkten Rede:	Perfekt		
	Il avait dit:	«Elle	**est allée**	au cinéma.»
	– indirekten Rede:	Plusquamperfekt		
	Il avait dit	qu'elle	**était allée**	au cinéma.
3. Zeit in der	– direkten Rede:	Imperfekt		
	Il disait:	«Elle	**allait**	au cinéma.»
	– indirekten Rede:	Imperfekt		
	Il disait	qu'elle	**allait**	au cinéma.
4. Zeit in der	– direkten Rede:	Plusquamperfekt		
	Il a dit:	«Elle	**était allée**	au cinéma.»
	– indirekten Rede:	Plusquamperfekt		
	Il a dit	qu'elle	**était allée**	au cinéma.
5. Zeit in der	– direkten Rede:	Futur I		
	Il disait:	«Elle	**ira**	au cinéma.»
	– indirekten Rede:	Konditional I		
	Il disait	qu'elle	**irait**	au cinéma.
6. Zeit in der	– direkten Rede:	Futur II		
	Il a dit:	«Elle	**sera allée**	au cinéma.»
	– indirekten Rede:	Konditional II		
	Il a dit	qu'elle	**serait allée**	au cinéma.
7. Zeit in der	– direkten Rede:	Konditional I		
	Il disait:	«Elle	**irait**	au cinéma.»
	– indirekten Rede:	Konditional I		
	Il disait	qu'elle	**irait**	au cinéma.
8. Zeit in der	– direkten Rede:	Konditional II		
	Il a dit:	«Elle	**serait allée**	au cinéma.»
	– indirekten Rede:	Konditional II		
	Il a dit	qu'elle	**serait allée**	au cinéma.

Diese Zeitenverschiebung gilt nicht nur in der indirekten Rede/Frage, sondern auch in anderen Nebensätzen:

Präsens	Je crois	que tu	**es**	en vacances.
Imperfekt	Je croyais	que tu	**étais**	en vacances.

Französische Verben

Verbes français

Innerhalb der Konjugationsmuster für die Verbendungen -**er**, -**ir** und -**re** gibt es wiederkehrende Besonderheiten, die im Folgenden an 14 Musterverben dargestellt werden. Aus Platzgründen wurden die Verben im Wörterbuchteil mit Ziffern in Spitzklammern versehen; diese Ziffern zeigen den Konjugationstyp des betreffenden Verbs an und verweisen auf diese Musterverben hier. Verben, die sehr viele Besonderheiten aufweisen, sind im Wörterbuchteil mit *<irr>* gekennzeichnet. Diese Verben sind im Anschluss an die 14 Musterverben in alphabetischer Reihenfolge aufgeführt.

La conjugaison des verbes terminés en -**er**, -**ir** et -**re** présente des particularités qui se répètent et qui vont être montrées ci-dessous à l'exemple de 14 verbes qui peuvent servir de référence. Pour des raisons d'économie de place dans la partie dictionnaire, les verbes sont suivis de chiffres indiqués entre chevrons; ces chiffres indiquent le type de conjugaison auquel le verbe se rapporte et renvoie à l'un des verbes de référence indiqués ici. Les verbes qui présentent de nombreuses irrégularités sont annotés dans le dictionnaire du symbole *<irr>*. Vous trouverez ces verbes ordonnés alphabétiquement dans une liste à la suite des 14 verbes exemples.

1 chanter

présent	imparfait	futur simple	passé simple
je chante	je chantais	je chanterai	je chantai
tu chantes	tu chantais	tu chanteras	tu chantas
il/elle chante	il/elle chantait	il/elle chantera	il/elle chanta
nous chantons	nous chantions	nous chanterons	nous chantâmes
vous chantez	vous chantiez	vous chanterez	vous chantâtes
ils/elles chantent	ils/elles chantaient	ils/elles chanteront	il/elles chantèrent

conditionnel présent	subjonctif présent	subjonctif imparfait
je chanterais	que je chante	que je chantasse
tu chanterais	que tu chantes	que tu chantasses
il/elle chanterait	qu'il/elle chante	qu'il/elle chantât
nous chanterions	que nous chantions	que nous chantassions
vous chanteriez	que vous chantiez	que vous chantassiez
ils/elles chanteraient	qu'ils/elles chantent	qu'ils/elles chantassent

participe présent	participe passé	impératif présent	impératif passé
chantant	chanté	chante	aie chanté
		chantons	ayons chanté
		chantez	ayez chanté

1a parier

présent	imparfait	futur simple	passé simple
je parie tu paries il/elle parie nous parions vous pariez ils/elles parient	je pariais tu pariais il/elle pariait nous pariions vous pariiez ils/elles pariaient	je parierai ...	je pariai tu parias il/elle paria nous pariâmes vous pariâtes ils/elles parièrent

conditionnel présent	subjonctif présent	subjonctif imparfait
je parierais ...	que je parie que tu paries qu'il/elle parie que nous pariions que vous pariiez qu'ils/elles parient	que je pariasse ...

participe présent	participe passé	impératif présent	impératif passé
pariant	parié	parie parions pariez	aie parié ayons parié ayez parié

2 commencer

présent	imparfait	futur simple	passé simple
je commence tu commences il/elle commence nous commençons vous commencez ils/elles commen-cent	je commençais tu commençais il/elle commençait nous commencions vous commenciez ils/elles commen-çaient	je commencerai ...	je commençai tu commenças il/elle commença nous commençâmes vous commençâtes ils/elles commen-cèrent

conditionnel présent	subjonctif présent	subjonctif imparfait
je commencerais ...	que je commence que tu commences qu'il/elle commence que nous commencions que vous commenciez qu'ils/elles commencent	que je commençasse que tu commençasses qu'il/elle commençât que nous commençassions que vous commençassiez qu'ils/elles commenças-sent

participe présent	participe passé	impératif présent	impératif passé
commençant	commencé	commence commençons commencez	aie commencé ayons commencé ayez commencé

2a changer

présent	imparfait	futur simple	passé simple
je change tu changes il/elle change nous changeons vous changez ils/elles changent	je changeais tu changeais il/elle changeait nous changions vous changiez ils/elles chan- geaient	je changerai ...	je changeai tu changeas il/elle changea nous changeâmes vous changeâtes ils/elles changè- rent

conditionnel présent	subjonctif présent	subjonctif imparfait
je changerais ...	que je change que tu changes qu'il/elle change que nous changions que vous changiez qu'ils/elles changent	que je changeasse que tu changeasses qu'il/elle changeât que nous changeassions que vous changeassiez qu'ils/elles changeassent

participe présent	participe passé	impératif présent	impératif passé
changeant	changé	change changeons changez	aie changé ayons changé ayez changé

3 rejeter

présent	imparfait	futur simple	passé simple
je rejette tu rejettes il/elle rejette nous rejetons vous rejetez ils/elles rejettent	je rejetais ...	je rejetterai ...	je rejetai ...

conditionnel présent	subjonctif présent	subjonctif imparfait
je rejetterais ...	que je rejette que tu rejettes qu'il/elle rejette que nous rejetions que vous rejetiez qu'ils/elles rejettent	que je rejetasse ...

participe présent	participe passé	impératif présent	impératif passé
rejetant	rejeté	rejette rejetons rejetez	aie rejeté ayons rejeté ayez rejeté

4 peler

présent	imparfait	futur simple	passé simple
je pèle tu pèles il/elle pèle nous pelons vous pelez ils/elles pèlent	je pelais ...	je pèlerai tu pèleras il/elle pèlera nous pèlerons vous pèlerez ils/elles pèleront	je pelai ...

conditionnel présent	subjonctif présent	subjonctif imparfait
je pèlerais tu pèlerais il/elle pèlerait nous pèlerions vous pèleriez ils/elles pèleraient	que je pèle que tu pèles qu'il/elle pèle que nous pelions que vous peliez qu'ils/elles pèlent	que je pelasse ...

participe présent	participe passé	impératif présent	impératif passé
pelant	pelé	pèle pelons pelez	aie pelé ayons pelé ayez pelé

5 préférer

présent	imparfait	futur simple	passé simple
je préfère tu préfères il/elle préfère nous préférons vous préférez ils/elles préfèrent	je préférais ...	je préférerai ...	je préférai ...

conditionnel présent	subjonctif présent	subjonctif imparfait
je préférerais ...	que je préfère que tu préfères qu'il/elle préfère que nous préférions que vous préfériez qu'ils/elles préfèrent	que je préférasse ...

participe présent	participe passé	impératif présent	impératif passé
préférant	préféré	préfère préférons préférez	aie préféré ayons préféré ayez préféré

6 appuyer

présent	imparfait	futur simple	passé simple
j'appuie tu appuies il/elle appuie nous appuyons vous appuyez ils/elles appuient	j'appuyais ...	j'appuierai ...	j'appuyai ...

conditionnel présent	subjonctif présent	subjonctif imparfait
j'appuierais ...	que j'appuie que tu appuies qu'il/elle appuie que nous appuyions que vous appuyiez qu'ils/elles appuient	que j'appuyasse ...

participe présent	participe passé	impératif présent	impératif passé
appuyant	appuyé	appuie appuyons appuyez	aie appuyé ayons appuyé ayez appuyé

7 essayer

présent	imparfait	futur simple	passé simple
j'essaie/essaye tu essaies/essayes il/elle essaie/ essaye nous essayons vous essayez ils/elles essaient/ essayent	j'essayais ...	j'essaierai/essaye-rai ...	j'essayai ...

conditionnel présent	subjonctif présent	subjonctif imparfait
j'essaierais/essayerais ...	que j'essaie/essaye que tu essaies/essayes qu'il/elle essaie/essaye que nous essayions que vous essayiez qu'ils/elles essaient/ essayent	que j'essayasse ...

participe présent	participe passé	impératif présent	impératif passé
essayant	essayé	essaie/essaye essayons essayez	aie essayé ayons essayé ayez essayé

8 agir

présent	imparfait	futur simple	passé simple
j'agis	j'agissais	j'agirai	j'agis
tu agis	tu agissais	tu agiras	tu agis
il/elle agit	il/elle agissait	il/elle agira	il/elle agit
nous agissons	nous agissions	nous agirons	nous agîmes
vous agissez	vous agissiez	vous agirez	vous agîtes
ils/elles agissent	ils/elles agissaient	ils/elles agiront	ils/elles agirent

conditionnel présent	subjonctif présent	subjonctif imparfait
j'agirais ...	que j'agisse	que j'agisse
	que tu agisses	que tu agisses
	qu'il/elle agisse	qu'il/elle agît
	que nous agissions	que nous agissions
	que vous agissiez	que vous agissiez
	qu'ils/elles agissent	qu'ils/elles agissent

participe présent	participe passé	impératif présent	impératif passé
agissant	agi	agis agissons agissez	aie agi ayons agi ayez agi

9 devenir

présent	imparfait	futur simple	passé simple
je deviens tu deviens il/elle devient nous devenons vous devenez ils/elles devien- nent	je devenais ...	je deviendrai tu deviendras il/elle deviendra nous deviendrons vous deviendrez ils/elles devien- dront	je devins tu devins il/elle devint nous devînmes vous devîntes ils/elles devinrent

conditionnel présent	subjonctif présent	subjonctif imparfait
je deviendrais ...	que je devienne que tu deviennes qu'il/elle devienne que nous devenions que vous deveniez qu'ils/elles deviennent	que je devinsse que tu devinsses qu'il/elle devînt que nous devinssions que vous devinssiez qu'ils/elles devinssent

participe présent	participe passé	impératif présent	impératif passé
devenant	devenu	deviens devenons devenez	sois devenu soyons devenus soyez devenus

10 sortir

présent	imparfait	futur simple	passé simple
je sors tu sors il/elle sort nous sortons vous sortez ils/elles sortent	je sortais ...	je sortirai ...	je sortis...

conditionnel présent	subjonctif présent	subjonctif imparfait
je sortirais ...	que je sorte que tu sortes qu'il/elle sorte que nous sortions que vous sortiez qu'ils/elles sortent	que je sortisse ...

participe présent	participe passé	impératif présent	impératif passé
sortant	sorti	sors sortons sortez	sois sorti soyons sortis soyez sortis

11 ouvrir

présent	imparfait	futur simple	passé simple
j'ouvre tu ouvres il/elle ouvre nous ouvrons vous ouvrez ils/elles ouvrent	j'ouvrais …	j'ouvrirai …	j'ouvris …

conditionnel présent	subjonctif présent	subjonctif imparfait
j'ouvrirais …	que j'ouvre que tu ouvres qu'il/elle ouvre que nous ouvrions que vous ouvriez qu'ils/elles ouvrent	que j'ouvrisse …

participe présent	participe passé	impératif présent	impératif passé
ouvrant	ouvert	ouvre ouvrons ouvrez	aie ouvert ayons ouvert ayez ouvert

12 apercevoir

présent	imparfait	futur simple	passé simple
j'aperçois tu aperçois il/elle aperçoit nous apercevons vous apercevez ils/elles aperçoi- vent	j'apercevais …	j'apercevrai …	j'aperçus tu aperçus il/elle aperçut nous aperçûmes vous aperçûtes ils/elles aperçurent

conditionnel présent	subjonctif présent	subjonctif imparfait
j'apercevrais …	que j'aperçoive que tu aperçoives qu'il/elle aperçoive que nous apercevions que vous aperceviez qu'ils/elles aperçoivent	que j'aperçusse que tu aperçusses qu'il/elle aperçût que nous aperçussions que vous aperçussiez qu'ils/elles aperçussent

participe présent	participe passé	impératif présent	impératif passé
apercevant	aperçu	aperçois apercevons apercevez	aie aperçu ayons aperçu ayez aperçu

13 comprendre

présent	imparfait	futur simple	passé simple
je comprends	je comprenais	je comprendrai	je compris
tu comprends	tu comprenais	tu comprendras	tu compris
il/elle comprend	il/elle comprenait	il/elle comprendra	il/elle comprit
nous comprenons	nous comprenions	nous comprendrons	nous comprîmes
vous comprenez	vous compreniez	vous comprendrez	vous comprîtes
ils/elles comprennent	ils/elles comprenaient	ils/elles comprendront	ils/elles comprirent

conditionnel présent	subjonctif présent	subjonctif imparfait
je comprendrais …	que je comprenne	que je comprisse
	que tu comprennes	que tu comprisses
	qu'il/elle comprenne	qu'il/elle comprît
	que nous comprenions	que nous comprissions
	que vous compreniez	que vous comprissiez
	qu'ils/elles comprennent	qu'ils/elles comprissent

participe présent	participe passé	impératif présent	impératif passé
comprenant	compris	comprends	aie compris
		comprenons	ayons compris
		comprenez	ayez compris

14 vendre

présent	imparfait	futur simple	passé simple
je vends	je vendais	je vendrai …	je vendis
tu vends	tu vendais		tu vendis
il/elle vend	il/elle vendait		il/elle vendit
nous vendons	nous vendions		nous vendîmes
vous vendez	vous vendiez		vous vendîtes
ils/elles vendent	ils/elles vendaient		ils/elles vendirent

conditionnel présent	subjonctif présent	subjonctif imparfait
je vendrais …	que je vende	que je vendisse …
	que tu vendes	
	qu'il/elle vende	
	que nous vendions	
	que vous vendiez	
	qu'ils/elles vendent	

participe présent	participe passé	impératif présent	impératif passé
vendant	vendu	vends	aie vendu
		vendons	ayons vendu
		vendez	ayez vendu

Unregelmäßige französische Verben

Verbes français irréguliers

Infinitif	Présent	Imparfait	Futur	Passé simple	Subjonctif présent	Subjonctif imparfait	Part. présent	Part. passé
abattre *siehe battre*								
absoudre	j'absous	j'absolvais	j'absoudrai	j'absolus	que j'absolve	que j'absolusse	absolvant	absous, -oute
	nous absolvons	nous absolvions	nous absoudrons	nous absolûmes	que nous absolvions	que nous absolussions		
	ils absolvent	ils absolvaient	ils absoudront	ils absolurent	qu'ils absolvent	qu'ils absolussent		
abstraire *siehe extraire*		**accourir** *siehe courir*						
accroître	j'accrois	j'accroissais	j'accroîtrai	j'accrus	que j'accroisse	que j'accrusse	accroissant	accru, e
	nous accroissons	nous accrois-sions	nous accroîtrons	nous accrûmes	que nous accrois-sions	que nous accrussions		
	ils accroissent	ils accroissaient	ils accroîtront	ils accrurent	qu'ils accroissent	qu'ils accrussent		
accueillir *siehe cueillir*								
acquérir	j'acquiers	j'acquérais	j'acquerrai	j'acquis	que j'acquière	que j'acquisse	acquérant	acquis, e
	il acquiert	il acquérait	il acquerra	il acquit	qu'il acquière	qu'il acquît		
	nous acquérons	nous acqué-rions	nous acquerrons	nous acquîmes	que nous acqué-rions	que nous acquissions		
	ils acquièrent	ils acquéraient	ils acquerront	ils acquirent	qu'ils acquièrent	qu'ils acquissent		

admettre *siehe mettre* **apparaître** *siehe paraître* **assaillir** *siehe défaillir*

Infinitif	Présent	Imparfait	Futur	Passé simple	Subjonctif présent	Subjonctif imparfait	Part. présent	Part. passé
aller	je vais	j'allais	j'irai	j'allai	que j'aille	que j'allasse	allant	allé, e
	tu vas	tu allais	tu iras	tu allas	que tu ailles	que tu allasses		
	il va	il allait	il ira	il alla	qu'il aille	qu'il allât		
	nous allons	nous allions	nous irons	nous allâmes	que nous allions	que nous allassions		
	vous allez	vous alliez	vous irez	vous allâtes	que vous alliez	que vous allassiez		
	ils vont	ils allaient	ils iront	ils allèrent	qu'ils aillent	qu'ils allassent		
asseoir	j'assieds	j'asseyais	j'assiérai	j'assis	que j'asseye	que j'assisse	asseyant *o* assoyant	assis, e
	il assied	il asseyait	il assiéra	il assit	qu'il asseye	qu'il assît		
	nous asseyons	nous asseyions	nous assiérons	nous assîmes	que nous asseyions	que nous assissions		
	ils asseyent	ils asseyaient	ils assiéront	ils assirent	qu'ils asseyent	qu'ils assissent		
	o j'assois	*o* j'assoyais	*o* j'assoirai		*o* que j'assoie			
	il assoit	il assoyait	il assoira		qu'il assoie			
	nous assoyons	nous assoyions	nous assoirons		que nous assoyions			
	ils assoient	ils assoyaient	ils assoiront		qu'ils assoient			

astreindre *siehe peindre* **atteindre** *siehe peindre*

Infinitif	Présent	Imparfait	Futur	Passé simple	Subjonctif présent	Subjonctif imparfait	Part. présent	Part. passé
avoir	j'ai	j'avais	j'aurai	j'eus	que j'aie	que j'eusse	ayant	eu, e
	tu as	tu avais	tu auras	tu eus	que tu aies	que tu eusses		
	il a	il avait	il aura	il eut	qu' il ait	qu'il eût		
	nous avons	nous avions	nous aurons	nous eûmes	que nous ayons	que nous eussions		
	vous avez	vous aviez	vous aurez	vous eûtes	que vous ayez	que vous eussiez		
	ils ont	ils avaient	ils auront	ils eurent	qu' ils aient	qu'ils eussent		

Infinitif	Présent	Imparfait	Futur	Passé simple	Subjonctif présent	Subjonctif imparfait	Part. présent	Part. passé
battre	je bats	je battais	je battrai	je battis	que je batte	que je battisse	battant	battu, e
	il bat	il battait	il battra	il battit	qu'il batte	qu'il battît		
	nous battons	nous battions	nous battrons	nous battîmes	que nous battions	que nous battissions		
	ils battent	ils battaient	ils battront	ils battirent	qu'ils battent	qu'ils battissent		
boire	je bois	je buvais	je boirai	je bus	que je boive	que je busse	buvant	bu, e
	il boit	il buvait	il boira	il but	qu'il boive	qu'il bût		
	nous buvons	nous buvions	nous boirons	nous bûmes	que nous buvions	que nous bussions		
	ils boivent	ils buvaient	ils boiront	ils burent	qu'ils boivent	qu'ils bussent		
bouillir	je bous	je bouillais	je bouillirai	je bouillis	que je bouille	que je bouillisse	bouillant	bouilli, e
	nous bouillons	nous bouillions	nous bouillirons	nous bouillîmes	que nous bouillions	que nous bouillissions		
	ils bouillent	ils bouillaient	ils bouilliront	ils bouillirent	qu'ils bouillent	qu'ils bouillissent		

braire *siehe extraire*

Infinitif	Présent	Imparfait	Futur	Passé simple	Subjonctif présent	Subjonctif imparfait	Part. présent	Part. passé
bruire	il bruit	il bruissait	*fehlt*	*fehlt*	qu'il bruisse	*fehlt*	bruissant	*fehlt*
	nous/vous fehlt							
	ils bruissent							

ceindre *siehe peindre*

Infinitif	Présent	Imparfait	Futur	Passé simple	Subjonctif présent	Subjonctif imparfait	Part. présent	Part. passé
choir	je chois	*fehlt*	je choirai *o* cherrai	je chus	*fehlt*	*nur:* qu'il chût	*fehlt*	chu, e
	il choit			il chut				
	nous/vous fehlt			nous chûmes				
	ils choient		ils choiront *o* cher-ront	ils churent				

circonscrire *siehe écrire*

Infinitif	Présent	Imparfait	Futur	Passé simple	Subjonctif présent	Subjonctif imparfait	Part. présent	Part. passé
clore	je clos	*fehlt*	je clorai	*fehlt*	que je close	*fehlt*	closant	clos, e
	il clôt		il clora		qu'il close			
	nous closons		nous clorons		que nous closions			
	ils closent		ils cloront		qu'ils closent			

comparaître *siehe paraître* **complaire** *siehe plaire* **compromettre** *siehe mettre*

Infinitif	Présent	Imparfait	Futur	Passé simple	Subjonctif présent	Subjonctif imparfait	Part. présent	Part. passé
conclure	je conclus	je concluais	je conclurai	je conclus	que je conclue	que je conclusse	concluant	conclu, e

concourir *siehe courir*

Infinitif	Présent	Imparfait	Futur	Passé simple	Subjonctif présent	Subjonctif imparfait	Part. présent	Part. passé
conduire	je conduis	je conduisais	je conduirai	je conduisis	que je conduise	que je conduisisse	conduisant	conduit, e

connaître *siehe paraître* **conquérir** *siehe acquérir* **construire** *siehe conduire* **contraindre** *siehe craindre*

contredire *siehe dire* (Ausnahme: vous contredisez) **contrefaire** *siehe faire* **convaincre** *siehe vaincre*

corrompre *siehe rompre*

Infinitif	Présent	Imparfait	Futur	Passé simple	Subjonctif présent	Subjonctif imparfait	Part. présent	Part. passé
coudre	je couds	je cousais	je coudrai	je cousis	que je couse	que je cousisse	cousant	cousu, e
	il coud	il cousait	il coudra	il cousit	qu'il couse	qu'il cousît		
	nous cousons	nous cousions	nous coudrons	nous cousîmes	que nous cousions	que nous cousissions		
	ils cousent	ils cousaient	ils coudront	ils cousirent	qu'ils cousent	qu'ils cousissent		
courir	je cours	je courais	je courrai	je courus	que je coure	que je courusse	courant	couru, e
	il court	il courait	il courra	il courut	qu'il coure	qu'il courût		
	nous courons	nous courions	nous courrons	nous courûmes	que nous courions	que nous courussions		
	ils courent	ils couraient	ils courront	ils coururent	qu'ils courent	qu'ils courussent		

Infinitif	Présent	Imparfait	Futur	Passé simple	Subjonctif présent	Subjonctif imparfait	Part. présent	Part. passé
craindre	je crains	je craignais	je craindrai	je craignis	que je craigne	que je craignisse	craignant	craint, e
	nous craignons	nous craignions	nous craindrons	nous craignîmes	que nous craignions	que nous craignissions		
	ils craignent	ils craignaient	ils craindront	ils craignirent	qu'ils craignent	qu'ils craignissent		
croire	je crois	je croyais	je croirai	je crus	que je croie	que je crusse	croyant	cru, e
	il croit	il croyait	il croira	il crut	qu'il croie	qu'il crût		
	nous croyons	nous croyions	nous croirons	nous crûmes	que nous croyions	que nous crussions		
	ils croient	ils croyaient	ils croiront	ils crurent	qu'ils croient	qu'ils crussent		
croître	je croîs	je croissais	je croîtrai	je crûs	que je croisse	que je crûsse	croissant	crû, crue, cru(e)s
	nous croissons	nous croissions	nous croîtrons	nous crûmes	que nous croissions	que nous crûssions		
	ils croissent	ils croissaient	ils croîtront	ils crûrent	qu'ils croissent	qu'ils crûssent		
cueillir	je cueille	je cueillais	je cueillerai	je cueillis	que je cueille	que je cueillisse	cueillant	cueilli, e
	il cueille	il cueillait	il cueillera	il cueillit	qu'il cueille	qu'il cueillît		
	nous cueillons	nous cueillions	nous cueillerons	nous cueillîmes	que nous cueillions	que nous cueillissions		
	ils cueillent	ils cueillaient	ils cueilleront	ils cueillirent	qu'ils cueillent	qu'ils cueillissent		
cuire *siehe conduire*		**débattre** *siehe battre*						
déchoir	je déchois	*fehlt*	je déchoirai	je déchus	que je déchoie	que je déchusse	*fehlt*	déchu, e
	nous déchoyons		nous déchoirons	nous déchûmes	que nous déchoyions	que nous déchussions		
	ils déchoient		ils déchoiront	ils déchurent	qu'ils déchoient	qu'ils déchussent		
découdre *siehe coudre*		**décrire** *siehe écrire*		**décroître** *siehe accroître*		**dédire** *siehe contredire*	**déduire** *siehe conduire*	
défaillir	je défaille	je défaillais	je défaillirai	je défaillis	que je défaille	que je défaillisse	défaillant	défailli

Infinitif	Présent	Imparfait	Futur	Passé simple	Subjonctif présent	Subjonctif imparfait	Part. présent	Part. passé
défaire *siehe faire*		**démettre** *siehe mettre*		**dépeindre** *siehe peindre*		**déplaire** *siehe plaire*		
desservir *siehe servir*		**déteindre** *siehe peindre*		**détruire** *siehe conduire*		**dévêtir** *siehe vêtir*		
devoir	je dois	je devais	je devrai	je dus	que je doive	que je dusse	devant	dû, due, du(e)s
	il doit	il devait	il devra	il dut	qu'il doive	qu'il dût		
	nous devons	nous devions	nous devrons	nous dûmes	que nous devions	que nous dussions		
	ils doivent	ils devaient	ils devront	ils durent	qu'ils doivent	qu'ils dussent		
dire	je dis	je disais	je dirai	je dis	que je dise	que je disse	disant	dit, e
	nous disons	nous disions	nous dirons	nous dîmes	que nous disions	que nous dissions		
	vous dites	vous disiez	vous direz	vous dîtes	que vous disiez	que vous dissiez		
	ils disent	ils disaient	ils diront	ils dirent	qu'ils disent	qu'ils dissent		
discourir *siehe courir*		**disjoindre** *siehe joindre*		**disparaître** *siehe paraître*		**dissoudre** *siehe absoudre*	**distraire** *siehe extraire*	
dormir	je dors	je dormais	je dormirai	je dormis	que je dorme	que je dormisse	dormant	dormi
	nous dormons	nous dormions	nous dormirons	nous dormîmes	que nous dormions	que nous dormissions		
	ils dorment	ils dormaient	ils dormiront	ils dormirent	qu'ils dorment	qu'ils dormissent		
ébattre *siehe battre*								
échoir	il échoit	il échoyait	il échoira *o* écherra	il échut	qu'il échoit	qu'il échût	échéant	échu, e
	ils échoient	ils échoyaient	ils échoiront *o* écherront	ils échurent	qu'ils échoient	qu'ils échussent		
éclore *siehe clore*								

Infinitif	Présent	Imparfait	Futur	Passé simple	Subjonctif présent	Subjonctif imparfait	Part. présent	Part. passé
écrire	j'écris	j'écrivais	j'écrirai	j'écrivis	que j'écrive	que j'écrivisse	écrivant	écrit, e
	il écrit	il écrivait	il écrira	il écrivit	qu'il écrive	qu'il écrivît		
	nous écrivons	nous écrivions	nous écrirons	nous écrivîmes	que nous écrivions	que nous écrivissions		
	ils écrivent	ils écrivaient	ils écriront	ils écrivirent	qu'ils écrivent	qu'ils écrivissent		

élire *siehe lire*

émettre *siehe mettre*

émouvoir *wie mouvoir* (Ausnahme: ému, e)

empreindre *siehe peindre*

enclore *siehe clore*

encourir *siehe courir*

endormir *siehe dormir*

enduire *siehe conduire*

enfreindre *siehe peindre*

enfuir *siehe fuir*

enjoindre *siehe joindre*

enquérir *siehe acquérir*

ensuivre *siehe suivre*

entremettre *siehe mettre*

entrevoir *siehe voir*

envoyer	j'envoie	j'envoyais	j'enverrai	j'envoyai	que j'envoie	que j'envoyasse	envoyant	envoyé, e
	nous envoyons	nous envoyions	nous enverrons	nous envoyâmes	que nous envoyions	que nous envoyassions		
	ils envoient	ils envoyaient	ils enverront	ils envoyèrent	qu'ils envoient	qu'ils envoyassent		

équivaloir *siehe valoir*

éteindre *siehe peindre*

être	je suis	j'étais	je serai	je fus	que je sois	que je fusse	étant	été
	tu es	tu étais	tu seras	tu fus	que tu sois	que tu fusses		
	il est	il était	il sera	il fut	qu'il soit	qu'il fût		
	nous sommes	nous étions	nous serons	nous fûmes	que nous soyons	que nous fussions		
	vous êtes	vous étiez	vous serez	vous fûtes	que vous soyez	que vous fussiez		
	ils sont	ils étaient	ils seront	ils furent	qu'ils soient	qu'ils fussent		

étreindre *siehe peindre*

Infinitif	Présent	Imparfait	Futur	Passé simple	Subjonctif présent	Subjonctif imparfait	Part. présent	Part. passé
exclure	j'exclus	j'excluais	j'exclurai	j'exclus	que j'exclue	que j'exclusse	excluant	exclu, e
	il exclut	il excluait	il exclura	il exclut	qu'il exclue	qu'il exclût		
	nous excluons	nous excluions	nous exclurons	nous exclûmes	que nous excluions	que nous exclussions		
	ils excluent	ils excluaient	ils excluront	ils exclurent	qu'ils excluent	qu'ils exclussent		
extraire	j'extrais	j'extrayais	j'extrairai	*fehlt*	que j'extraie	*fehlt*	extrayant	extrait, e
	nous extrayons	nous extrayions	nous extrairons		que nous extrayions			
	ils extraient	ils extrayaient	ils extrairont		qu'ils extraient			
faillir	je faillis	je faillissais	je faillirai	je faillis	que je faillisse	que je faillisse	faillissant *o* faillant	failli
	nous faillissons	nous faillissions	nous faillirons	nous faillîmes	que nous faillissions	que nous faillissions		
	ils faillissent	ils faillissaient	ils failliront	ils faillirent	qu'ils faillissent	qu'ils faillissent		
		o je faillais	*o* je faudrai		*o* que je faille			
		nous faillions	nous faudrons		que nous faillions			
		ils faillaient	ils faudront		qu'ils faillent			
faire	je fais	je faisais	je ferai	je fis	que je fasse	que je fisse	faisant	fait, e
	tu fais	tu faisais	tu feras	tu fis	que tu fasses	que tu fisses		
	il fait	il faisait	il fera	il fit	qu'il fasse	qu'il fît		
	nous faisons	nous faisions	nous ferons	nous fîmes	que nous fassions	que nous fissions		
	vous faites	vous faisiez	vous ferez	vous fîtes	que vous fassiez	que vous fissiez		
	ils font	ils faisaient	ils feront	ils firent	qu'ils fassent	qu'ils fissent		
falloir	il faut	il fallait	il faudra	il fallut	qu'il faille	qu'il fallût	*fehlt*	fallu

feindre *siehe peindre*

Infinitif	Présent	Imparfait	Futur	Passé simple	Subjonctif présent	Subjonctif imparfait	Part. présent	Part. passé
frire	je fris	*fehlt*	je frirai	*fehlt*	*fehlt*	*fehlt*	*fehlt*	frit, e
	nous/vous/ils *fehlt*		nous frirons					
			ils friront					
fuir	je fuis	je fuyais	je fuirai	je fuis	que je fuie	que je fuisse	fuyant	fui, e
	il fuit	il fuyait	il fuira	il fuit	qu'il fuie	qu'il fuît		
	nous fuyons	nous fuyions	nous fuirons	nous fuîmes	que nous fuyions	que nous fuissions		
	ils fuient	ils fuyaient	ils fuiront	ils fuirent	qu'ils fuient	qu'ils fuissent		

geindre *siehe peindre*

Infinitif	Présent	Imparfait	Futur	Passé simple	Subjonctif présent	Subjonctif imparfait	Part. présent	Part. passé
gésir	je gis	je gisais						
	tu gis	tu gisais						
	il gît	il gisait						
	nous gisons	nous gisions						
	vous gisez	vous gisiez						
	ils gisent	ils gisaient						
haïr	je hais	je haïssais	je haïrai	je haïs	que je haïsse	que je haïsse	haïssant	haï, e
	il hait	il haïssait	il haïra	il haït	qu'il haïsse	qu'il haït		
	nous haïssons	nous haïssions	nous haïrons	nous haïmes	que nous haïssions	que nous haïssions		
	ils haïssent	ils haïssaient	ils haïront	ils haïront	qu'ils haïssent	qu'ils haïssent		

inclure *siehe conclure* **induire** *siehe conduire* **inscrire** *siehe écrire* **instruire** *siehe conduire*

interdire *siehe dire* (Ausnahme: vous interdisez) **interrompre** *siehe rompre* **introduire** *siehe conduire*

Infinitif	Présent	Imparfait	Futur	Passé simple	Subjonctif présent	Subjonctif imparfait	Part. présent	Part. passé
joindre	je joins	je joignais	je joindrai	je joignis	que je joigne	que je joignisse	joignant	joint, e
	il joint	il joignait	il joindra	il joignit	qu'il joigne	qu'il joignît		
	nous joignons	nous joignions	nous joindrons	nous joignîmes	que nous joignions	que nous joignissions		
	ils joignent	ils joignaient	ils joindront	ils joignirent	qu'ils joignent	qu'ils joignissent		
lire	je lis	je lisais	je lirai	je lus	que je lise	que je lusse	lisant	lu, e
	il lit	il lisait	il lira	il lut	qu'il lise	qu'il lût		
	nous lisons	nous lisions	nous lirons	nous lûmes	que nous lisions	que nous lussions		
	ils lisent	ils lisaient	ils liront	ils lurent	qu'ils lisent	qu'ils lussent		

luire *siehe nuire* **méconnaître** *siehe paraître* **médire** *siehe contredire*

Infinitif	Présent	Imparfait	Futur	Passé simple	Subjonctif présent	Subjonctif imparfait	Part. présent	Part. passé
mettre	je mets	je mettais	je mettrai	je mis	que je mette	que je misse	mettant	mis, e
	il met	il mettait	il mettra	il mit	qu'il mette	qu'il mît		
	nous mettons	nous mettions	nous mettrons	nous mîmes	que nous mettions	que nous missions		
	ils mettent	ils mettaient	ils mettront	ils mirent	qu'ils mettent	qu'ils missent		
moudre	je mouds	je moulais	je moudrai	je moulus	que je moule	que je moulusse	moulant	moulu, e
	il moud	il moulait	il moudra	il moulut	qu'il moule	qu'il moulût		
	nous moulons	nous moulions	nous moudrons	nous moulûmes	que nous moulions	que nous moulussions		
	ils moulent	ils moulaient	ils moudront	ils moulurent	qu'ils moulent	qu'ils moulussent		
mourir	je meurs	je mourais	je mourrai	je mourus	que je meure	que je mourusse	mourant	mort, e
	il meurt	il mourait	il mourra	il mourut	qu'il meure	qu'il mourût		
	nous mourons	nous mourions	nous mourrons	nous mourûmes	que nous mourions	que nous mourussions		
	ils meurent	ils mouraient	ils mourront	ils moururent	qu'ils meurent	qu'ils mourussent		

Infinitif	Présent	Imparfait	Futur	Passé simple	Subjonctif présent	Subjonctif imparfait	Part. présent	Part. passé
mouvoir	je meus	je mouvais	je mouvrai	je mus	que je meuve	que je musse	mouvant	mû, mue, mu(e)s
	il meut	il mouvait	il mouvra	il mut	qu'il meuve	qu'il mût		
	nous mouvons	nous mouvions	nous mouvrons	nous mûmes	que nous mouvions	que nous mussions		
	ils meuvent	ils mouvaient	ils mouvront	ils murent	qu'ils meuvent	qu'ils mussent		
naître	je nais	je naissais	je naîtrai	je naquis	que je naisse	que je naquisse	naissant	né, e
	il naît	il naissait	il naîtra	il naquit	qu'il naisse	qu'il naquît		
	nous naissons	nous naissions	nous naîtrons	nous naquîmes	que nous naissions	que nous naquissions		
	ils naissent	ils naissaient	ils naîtront	ils naquirent	qu'ils naissent	qu'ils naquissent		
nuire	je nuis	je nuisais	je nuirai	je nuisis	que je nuise	que je nuisisse	nuisant	nui
	nous nuisons	nous nuisions	nous nuirons	nous nuisîmes	que nous nuisions	que nous nuisissions		
	ils nuisent	ils nuisaient	ils nuiront	ils nuisirent	qu'ils nuisent	qu'ils nuisissent		

occire *nur Infinitiv und Participe passé und zusammengesetzte Zeiten* occis, e

oindre *siehe joindre*

omettre *siehe mettre*

Infinitif	Présent	Imparfait	Futur	Passé simple	Subjonctif présent	Subjonctif imparfait	Part. présent	Part. passé
ouïr	j'ouïs	j'ouïssais	j'ouïrai	j'ouïs	que j'ouïsse	que j'ouïsse	oyant	ouï, e
	nous ouïssons	nous ouïssions	nous ouïrons	nous ouïmes	que nous ouïssions	que nous ouïssions		
	ils ouïssent	ils ouïssaient	ils ouïront	ils ouïrent	qu'ils ouïssent	qu'ils ouïssent		
	o j'ois	*o* j'oyais	*o* j'orrai		*o* que j'oie			
	nous oyons	nous oyions	nous orrons		que nous oyions			
	ils oient	ils oyaient	ils orront		qu'ils oient			

paître *siehe paraître*

Infinitif	Présent	Imparfait	Futur	Passé simple	Subjonctif présent	Subjonctif imparfait	Part. présent	Part. passé
paraître	je parais	je paraissais	je paraîtrai	je parus	que je paraisse	que je parusse	paraissant	paru, e
	il paraît	il paraissait	il paraîtra	il parut	qu'il paraisse	qu'il parût		
	nous paraissons	nous parais-sions	nous paraîtrons	nous parûmes	que nous parais-sions	que nous parussions		
	ils paraissent	ils paraissaient	ils paraîtront	ils parurent	qu'ils paraissent	qu'ils parussent		

parcourir *siehe courir*

parfaire *siehe faire*

Infinitif	Présent	Imparfait	Futur	Passé simple	Subjonctif présent	Subjonctif imparfait	Part. présent	Part. passé
peindre	je peins	je peignais	je peindrai	je peignis	que je peigne	que je peignisse	peignant	peint, e
	nous peignons	nous peignions	nous peindrons	nous peignîmes	que nous peignions	que nous peignissions		
	ils peignent	ils peignaient	ils peindront	ils peignirent	qu'ils peignent	qu'ils peignissent		

permettre *siehe mettre*

Infinitif	Présent	Imparfait	Futur	Passé simple	Subjonctif présent	Subjonctif imparfait	Part. présent	Part. passé
plaindre	je plains	je plaignais	je plaindrai	je plaignis	que je plaigne	que je plaignisse	plaignant	plaint, e
	il plaint	il plaignait	il plaindra	il plaignit	qu'il plaigne	qu'il plaignît		
	nous plaignons	nous plaignions	nous plaindrons	nous plaignîmes	que nous plaignions	que nous plaignissions		
	ils plaignent	ils plaignaient	ils plaindront	ils plaignirent	qu'ils plaignent	qu'ils plaignissent		
plaire	je plais	je plaisais	je plairai	je plus	que je plaise	que je plusse	plaisant	plu
	il plaît	il plaisait	il plaira	il plut	qu'il plaise	qu'il plût		
pleuvoir	il pleut	il pleuvait	il pleuvra	il plut	qu'il pleuve	qu'il plût	pleuvant	plu
fig	ils pleuvent	ils pleuvaient	ils pleuvront	ils plurent	qu'ils pleuvent	qu'ils plussent		

poursuivre *siehe suivre*

Infinitif	Présent	Imparfait	Futur	Passé simple	Subjonctif présent	Subjonctif imparfait	Part. présent	Part. passé
pourvoir	je pourvois	je pourvoyais	je pourvoirai	je pourvus	que je pourvoie	que je pourvusse	pourvoyant	pourvu, e
	il pourvoit	il pourvoyait	il pourvoira	il pourvut	qu'il pourvoie	qu'il pourvût		
	nous pourvoyons	nous pour-voyions	nous pourvoirons	nous pourvûmes	que nous pour-voyions	que nous pourvussions		
	ils pourvoient	ils pourvoyaient	ils pourvoiront	ils pourvurent	qu'ils pourvoient	qu'ils pourvussent		
pouvoir	je peux	je pouvais	je pourrai	je pus	que je puisse	que je pusse	pouvant	pu
	il peut	il pouvait	il pourra	il put	qu'il puisse	qu'il pût		
	nous pouvons	nous pouvions	nous pourrons	nous pûmes	que nous puissions	que nous pussions		
	ils peuvent	ils pouvaient	ils pourront	ils purent	qu'ils puissent	qu'ils pussent		
prédire	je prédis	je prédisais	je prédirai	je prédis	que je prédise	que je prédisse	prédisant	prédit, e
	il prédit	il prédisait	il prédira	il prédit	qu'il prédise	qu'il prédît		
	nous prédisons	nous prédisions	nous prédirons	nous prédîmes	que nous prédisions	que nous prédissions		

prescrire *siehe écrire*

prévaloir *wie valoir* (Ausnahme: que je prévale)

prévoir *wie voir* (Ausnahme: je prévoirai)

produire *siehe conduire*

promettre *siehe mettre*

promouvoir *wie mouvoir* (Ausnahme: promu, e)

proscrire *siehe écrire*

rabattre *siehe battre*

rasseoir *siehe asseoir*

réadmettre *siehe mettre*

réapparaître *siehe paraître*

recomparaître *siehe paraître*

reconduire *siehe conduire*

reconnaître *siehe paraître*

reconquérir *siehe acquérir*

reconstruire *siehe conduire*

recoudre *siehe coudre*

recourir *siehe courir*

Infinitif	Présent	Imparfait	Futur	Passé simple	Subjonctif présent	Subjonctif imparfait	Part. présent	Part. passé
récrire *siehe écrire*		**recueillir** *siehe cueillir*		**recuire** *siehe conduire*		**redéfaire** *siehe faire*		
redire *siehe dire*		**redormir** *siehe dormir*		**réduire** *siehe conduire*		**réécrire** *siehe écrire*		
réélire *siehe lire*		**réinscrire** *siehe écrire*		**réintroduire** *siehe conduire*		**rejoindre** *siehe joindre*		
relire *siehe lire*		**reluire** *siehe nuire*		**remettre** *siehe mettre*		**renaître** *siehe naître*		
rendormir *siehe dormir*		**reparaître** *siehe paraître*		**repeindre** *siehe peindre*		**reproduire** *siehe conduire*		
requérir *siehe acquérir*								
résoudre	je résous	je résolvais	je résoudrai	je résolus	que je résolve	que je résolusse	résolvant	résolu, e
	il résout	il résolvait	il résoudra	il résolut	qu'il résolve	qu'il résolût		
	nous résolvons	nous résolvions	nous résoudrons	nous résolûmes	que nous résolvions	que nous résolussions		
	ils résolvent	ils résolvaient	ils résoudront	ils résolurent	qu'ils résolvent	qu'ils résolussent		
restreindre *siehe peindre*		**retraduire** *siehe traduire*		**retranscrire** *siehe écrire*		**retransmettre** *siehe mettre*		
revaloir *siehe valoir*		**revêtir** *siehe vêtir*		**revivre** *siehe vivre*		**revoir** *siehe voir*		
revouloir *siehe vouloir*								
rire	je ris	je riais	je rirai	je ris	que je rie	que je risse	riant	ri
	il rit	il riait	il rira	il rit	qu'il rie	qu'il rît		
	nous rions	nous riions	nous rirons	nous rîmes	que nous riions	que nous rissions		
	ils rient	ils riaient	ils riront	ils rirent	qu'ils rient	qu'ils rissent		

Infinitif	Présent	Imparfait	Futur	Passé simple	Subjonctif présent	Subjonctif imparfait	Part. présent	Part. passé
rompre	je romps	je rompais	je romprai	je rompis	que je rompe	que je rompisse	rompant	rompu, e
	il rompt	il rompait	il rompra	il rompit	qu'il rompe	qu'il rompît		
	nous rompons	nous rompions	nous romprons	nous rompîmes	que nous rompions	que nous rompissions		
	ils rompent	ils rompaient	ils rompront	ils rompirent	qu'ils rompent	qu'ils rompissent		

Infinitif	Présent	Imparfait	Futur	Passé simple	Subjonctif présent	Subjonctif imparfait	Part. présent	Part. passé
saillir	il saille	il saillait	il saillera	il saillit	qu'il saille	qu'il saillît	saillant	sailli, e
= être en saillie	ils saillent	ils saillaient	ils sailleront	ils saillirent	qu'ils saillent	qu'ils saillissent		

satisfaire *siehe faire*

Infinitif	Présent	Imparfait	Futur	Passé simple	Subjonctif présent	Subjonctif imparfait	Part. présent	Part. passé
savoir	je sais	je savais	je saurai	je sus	que je sache	que je susse	sachant	su, e
	il sait	il savait	il saura	il sut	qu'il sache	qu'il sût		
	nous savons	nous savions	nous saurons	nous sûmes	que nous sachions	que nous sussions		
	ils savent	ils savaient	ils sauront	ils surent	qu'ils sachent	qu'ils sussent		

secourir *siehe courir*   **séduire** *siehe conduire*

Infinitif	Présent	Imparfait	Futur	Passé simple	Subjonctif présent	Subjonctif imparfait	Part. présent	Part. passé
seoir	il sied	il seyait	il siéra	*fehlt*	qu'il siée	*fehlt*	seyant	*fehlt*
	ils siéent	ils seyaient	ils siéront		qu'ils siéent			

Infinitif	Présent	Imparfait	Futur	Passé simple	Subjonctif présent	Subjonctif imparfait	Part. présent	Part. passé
servir	je sers	je servais	je servirai	je servis	que je serve	que je servisse	servant	servi, e
	il sert	il servait	il servira	il servit	qu'il serve	qu'il servît		
	nous servons	nous servions	nous servirons	nous servîmes	que nous servions	que nous servissions		
	ils servent	ils servaient	ils serviront	ils servirent	qu'ils servent	qu'ils servissent		

sourire *siehe rire*   **souscrire** *siehe écrire*   **soustraire** *siehe extraire*

Infinitif	Présent	Imparfait	Futur	Passé simple	Subjonctif présent	Subjonctif imparfait	Part. présent	Part. passé
suffire	je suffis	je suffisais	je suffirai	je suffis	que je suffise	que je suffisse	suffisant	suffi
	nous suffisons	nous suffisions	nous suffirons	nous suffîmes	que nous suffisions	que nous suffissions		
	ils suffisent	ils suffisaient	ils suffiront	ils suffirent	qu'ils suffisent	qu'ils suffissent		
suivre	je suis	je suivais	je suivrai	je suivis	que je suive	que je suivisse	suivant	suivi, e
	il suit	il suivait	il suivra	il suivit	qu'il suive	qu'il suivît		
	nous suivons	nous suivions	nous suivrons	nous suivîmes	que nous suivions	que nous suivissions		
	ils suivent	ils suivaient	ils suivront	ils suivirent	qu'ils suivent	qu'ils suivissent		
surseoir	je sursois	je sursoyais	je surseoirai	je sursis	que je sursoie	que je sursisse	sursoyant	sursis, e
	nous sursoyons	nous sursoyions	nous surseoirons	nous sursîmes	que nous sursoyions	que nous sursissions		
	ils sursoient	ils sursoyaient	ils surseoiront	ils sursirent	qu'ils sursoient	qu'ils sursissent		

survivre *siehe vivre*

Infinitif	Présent	Imparfait	Futur	Passé simple	Subjonctif présent	Subjonctif imparfait	Part. présent	Part. passé
taire	je tais	je taisais	je tairai	je tus	que je taise	que je tusse	taisant	tu, e
	il tait	il taisait	il taira	il tut	qu'il taise	qu'il tût		
	nous taisons	nous taisions	nous tairons	nous tûmes	que nous taisions	que nous tussions		
	ils taisent	ils taisaient	ils tairont	ils turent	qu'ils taisent	qu'ils tussent		
teindre	je teins	je teignais	je teindrai	je teignis	que je teigne	que je teignisse	teignant	teint, e
	il teint	il teignait	il teindra	il teignit	qu'il teigne	qu'il teignît		
	nous teignons	nous teignions	nous teindrons	nous teignîmes	que nous teignions	que nous teignissions		
	ils teignent	ils teignaient	ils teindront	ils teignirent	qu'ils teignent	qu'ils teignissent		

Infinitif	Présent	Imparfait	Futur	Passé simple	Subjonctif présent	Subjonctif imparfait	Part. présent	Part. passé
traduire	je traduis	je traduisais	je traduirai	je traduisis	que je traduise	que je traduisisse	traduisant	traduit, e
	il traduit	il traduisait	il traduira	il traduisit	qu'il traduise	qu'il traduisît		
	nous traduisons	nous tradui-sions	nous traduirons	nous traduisîmes	que nous tradui-sions	que nous traduisissions		
	ils traduisent	ils traduisaient	ils traduiront	ils traduisirent	qu'ils traduisent	qu'ils traduisissent		
traire	je trais	je trayais	je trairai	*fehlt*	que je traie	*fehlt*	trayant	trait, e
	il trait	il trayait	il traira		qu'il traie			
	nous trayons	nous trayions	nous trairons		que nous trayions			
	ils traient	ils trayaient	ils trairont		qu'ils traient			

transcrire *siehe écrire* **transmettre** *siehe mettre* **transparaître** *siehe paraître* **tressaillir** *siehe défaillir*

Infinitif	Présent	Imparfait	Futur	Passé simple	Subjonctif présent	Subjonctif imparfait	Part. présent	Part. passé
vaincre	je vaincs	je vainquais	je vaincrai	je vainquis	que je vainque	que je vainquisse	vaincant	vaincu, e
	il vainc	il vainquait	il vaincra	il vainquit	qu'il vainque	qu'il vainquît		
	nous vainquons	nous vainquions	nous vaincrons	nous vainquîmes	que nous vainquions	que nous vainquissions		
	ils vainquent	ils vainquaient	ils vaincront	ils vainquirent	qu'ils vainquent	qu'ils vainquissent		
valoir	je vaux	je valais	je vaudrai	je valus	que je vaille	que je valusse	valant	valu, e
	il vaut	il valait	il vaudra	il valut	qu'il vaille	qu'il valût		
	nous valons	nous valions	nous vaudrons	nous valûmes	que nous valions	que nous valussions		
	ils valent	ils valaient	ils vaudront	ils valurent	qu'ils vaillent	qu'ils valussent		
vêtir	je vêts	je vêtais	je vêtirai	je vêtis	que je vête	que je vêtisse	vêtant	vêtu, e
	il vêt	il vêtait	il vêtira	il vêtit	qu'il vête	qu'il vêtît		
	nous vêtons	nous vêtions	nous vêtirons	nous vêtîmes	que nous vêtions	que nous vêtissions		
	ils vêtent	ils vêtaient	ils vêtiront	ils vêtirent	qu'ils vêtent	qu'ils vêtissent		

Infinitif	Présent	Imparfait	Futur	Passé simple	Subjonctif présent	Subjonctif imparfait	Part. présent	Part. passé
vivre	je vis	je vivais	je vivrai	je vécus	que je vive	que je vécusse	vivant	vécu, e
	il vit	il vivait	il vivra	il vécut	qu'il vive	qu'il vécût		
	nous vivons	nous vivions	nous vivrons	nous vécûmes	que nous vivions	que nous vécussions		
	ils vivent	ils vivaient	ils vivront	ils vécurent	qu'ils vivent	qu'ils vécussent		
voir	je vois	je voyais	je verrai	je vis	que je voie	que je visse	voyant	vu, e
	il voit	il voyait	il verra	il vit	qu'il voie	qu'il vît		
	nous voyons	nous voyions	nous verrons	nous vîmes	que nous voyions	que nous vissions		
	ils voient	ils voyaient	ils verront	ils virent	qu'ils voient	qu'ils vissent		
vouloir	je veux	je voulais	je voudrai	je voulus	que je veuille	que je voulusse	voulant	voulu, e
	il veut	il voulait	il voudra	il voulut	qu'il veuille	qu'il voulût		
	nous voulons	nous voulions	nous voudrons	nous voulûmes	que nous voulions	que nous voulussions		
	ils veulent	ils voulaient	ils voudront	ils voulurent	qu'ils veuillent	qu'ils voulussent		

Deutsche Kurzgrammatik
Précis de grammaire allemande

L'article

Un substantif allemand peut être **mascu-lin**, **féminin** ou **neutre**.

C'est grâce aux articles suivants (*der*, *die* ou *das*) que l'on reconnaît le **genre** du substantif.

	article défini				**article indéfini**			
	m	**f**	**nt**	**pl**	**m**	**f**	**nt**	**pl**
nom.	der	die	das	die	ein	eine	ein	il n'existe pas de forme du pluriel en allemand
acc.	den	die	das	die	einen	eine	ein	
gén.	des	der	des	der	eines	einer	eines	
datif	dem	der	dem	den	einem	einer	einem	

Le substantif

Il existe en allemand trois types de déclinaison du substantif : la déclinaison faible, la déclinaison forte et la déclinaison mixte (voir aussi la déclinaison des adjectifs).

On reconnaît les substantifs forts à leur terminaison en *-s*, *-sch*, *-ß* et *-z*. Ils prennent au génitif singulier la terminaison *-es*.

Hals – Halses, Busch – Busches, Fuß – Fußes, Reiz – Reizes, Kuss – Kusses

1. Déclinaison forte : masculin et neutre

	pluriel en ~e	**pluriel en ¨e**	**pluriel en ~er**	**pluriel en ¨er**
singulier				
nom.	der Tag	der Traum	das Kind	das Dach
acc.	den Tag	den Traum	das Kind	das Dach
gén.	des Tag(e)s	des Traum(e)s	des Kind(e)s	des Dach(e)s
datif	dem Tag(e)	dem Traum(e)	dem Kind(e)	dem Dach(e)
pluriel				
nom.	die Tage	die Träume	die Kinder	die Dächer
acc.	die Tage	die Träume	die Kinder	die Dächer
gén.	der Tage	der Träume	der Kinder	der Dächer
datif	den Tagen	den Träumen	den Kindern	den Dächern

	pluriel en ~s	pluriel sans terminaison ¨	pluriel sans terminaison	pluriel sans terminaison
singulier				
nom.	das Auto	der Vogel	der Tischler	der Lappen
acc.	das Auto	den Vogel	den Tischler	den Lappen
gén.	des Autos	des Vogels	des Tischlers	des Lappens
datif	dem Auto	dem Vogel	dem Tischler	dem Lappen
pluriel				
nom.	die Autos	die Vögel	die Tischler	die Lappen
acc.	die Autos	die Vögel	die Tischler	die Lappen
gén.	der Autos	der Vögel	der Tischler	der Lappen
datif	den Autos	den Vögeln	den Tischlern	den Lappen

2. Déclinaison forte : féminin

	pluriel en ¨e	pluriel sans terminaison ¨	pluriel en ~s
singulier			
nom.	die Wand	die Mutter	die Bar
acc.	die Wand	die Mutter	die Bar
gén.	der Wand	der Mutter	der Bar
datif	der Wand	der Mutter	der Bar
pluriel			
nom.	die Wände	die Mütter	die Bars
acc.	die Wände	die Mütter	die Bars
gén.	der Wände	der Mütter	der Bars
datif	den Wänden	den Müttern	den Bars

3. Déclinaison faible : masculin

	pluriel en ~n	pluriel en ~en	pluriel en ~n
singulier			
nom.	der Bauer	der Bär	der Hase
acc.	den Bauern	den Bären	den Hasen
gén.	des Bauern	des Bären	des Hasen
datif	dem Bauern	dem Bären	dem Hasen
pluriel			
nom.	die Bauern	die Bären	die Hasen
acc.	die Bauern	die Bären	die Hasen
gén.	der Bauern	der Bären	der Hasen
datif	den Bauern	den Bären	den Hasen

4. Déclinaison faible : féminin

	pluriel en ~en	pluriel en ~n	pluriel en ~n	pluriel en ~nen
singulier				
nom.	die Uhr	die Feder	die Gabe	die Ärztin
acc.	die Uhr	die Feder	die Gabe	die Ärztin
gén.	der Uhr	der Feder	der Gabe	der Ärztin
datif	der Uhr	der Feder	der Gabe	der Ärztin
pluriel				
nom.	die Uhren	die Federn	die Gaben	die Ärztinnen
acc.	die Uhren	die Federn	die Gaben	die Ärztinnen
gén.	der Uhren	der Federn	der Gaben	der Ärztinnen
datif	den Uhren	den Federn	den Gaben	den Ärztinnen

5. Déclinaison mixte : masculin et féminin

Ils se déclinent au singulier comme des substantifs *forts,* au pluriel comme des substantifs *faibles*.

	pluriel en ~n	pluriel en ~en	pluriel en ~n	pluriel en ~en
singulier				
nom.	das Auge	das Ohr	der Name	das Herz
acc.	das Auge	das Ohr	den Namen	das Herz
gén.	des Auges	des Ohr(e)s	der Namens	des Herzens
datif	dem Auge	dem Ohr(e)	dem Namen	dem Herzen
pluriel				
nom.	die Augen	die Ohren	die Namen	die Herzen
acc.	die Augen	die Ohren	die Namen	die Herzen
gén.	der Augen	der Ohren	der Namen	der Herzen
datif	den Augen	den Ohren	den Namen	den Herzen

6. Déclinaison des adjectifs substantivés

	masculin	
singulier		
nom.	der Reisende	ein Reisender
acc.	den Reisenden	einen Reisenden
gén.	des Reisenden	eines Reisenden
datif	dem Reisenden	einem Reisenden
pluriel		
nom.	die Reisenden	Reisende
acc.	die Reisenden	Reisende
gén.	der Reisenden	Reisender
datif	den Reisenden	Reisenden

	féminin	
singulier		
nom.	die Reisende	eine Reisende
acc.	die Reisende	eine Reisende
gén.	der Reisenden	einer Reisenden
datif	der Reisenden	einer Reisenden
pluriel		
nom.	die Reisenden	Reisende
acc.	die Reisenden	Reisende
gén.	der Reisenden	Reisender
datif	den Reisenden	Reisenden

	neutre	
singulier		
nom.	das Neugeborene	ein Neugeborenes
acc.	das Neugeborene	ein Neugeborenes
gén.	des Neugeborenen	eines Neugeborenen
datif	dem Neugeborenen	einem Neugeborenen
pluriel		
nom.	die Neugeborenen	Neugeborene
acc.	die Neugeborenen	Neugeborene
gén.	der Neugeborenen	Neugeborener
datif	den Neugeborenen	Neugeborenen

7. Déclinaison des noms propres

Le génitif des noms propres se forme selon les règles suivantes :

nom propre avec article	nom propre sans article	nom propre qui se termine en *-s, -ß, -x, -z*	plusieurs noms propres qui se suivent	nom propre avec apposition
est invariable	**prend un *-s***	**prend une apostrophe**	**le dernier nom prend un *-s***	**est décliné comme un substantif**
des Aristoteles	Marias Auto	Aristoteles' (Schriften)	Johann Sebastian Bachs (Musik)	**nom. :** Karl der Große **acc. :** Karl den Großen **gén. :** Karls des Großen **datif :** Karl dem Großen
des (schönen) Berlin	die Straßen Berlins	die Straßen Calais'		

Les noms de famille prennent un *-s* au pluriel.

die Schneider**s**

S'ils se terminent par *-s*, *-ß*, *-x* ou *-z*, ils peuvent avoir un pluriel en *-ens*.

die Schmitz**ens**

Les noms propres de rues, d'édifices, d'entreprises, de bateaux, de journaux et d'organisations sont toujours déclinés.

Les adjectifs

Lorsqu'un adjectif est placé devant un substantif, il s'accorde en **cas**, en **genre** et en **nombre** avec ce substantif. Ainsi l'adjectif est décliné. Et comme pour le substantif, l'adjectif connaît une déclinaison *forte*, une déclinaison *faible* et une déclinaison *mixte*.

1. La déclinaison forte

- lorsque l'adjectif est relié à un substantif sans article,
- lorsque l'adjectif est précédé d'un mot qui ne donne aucune indication de genre,

mehrere liebe Kinder, manch guter Wein

- après les nombres cardinaux et après *ein paar, ein bisschen,*

Sie hörte zwei laute Schritte.
Wir machen eine Reise mit ein paar guten Freunden.
Mit einem bisschen guten Willen schaffst du das.

	m	f	nt
singulier			
nom.	guter Wein	schöne Frau	liebes Kind
acc.	guten Wein	schöne Frau	liebes Kind
gén.	guten Wein(e)s	schöner Frau	lieben Kindes
datif	gutem Wein(e)	schöner Frau	liebem Kind(e)
pluriel			
nom.	gute Weine	schöne Frauen	liebe Kinder
acc.	gute Weine	schöne Frauen	liebe Kinder
gén.	guter Weine	schöner Frauen	lieber Kinder
datif	guten Weinen	schönen Frauen	lieben Kindern

2. La déclinaison faible

- est employée lorsque l'adjectif est relié au substantif avec les articles définis *der, die, das,*
- avec des pronoms qui donnent une indication de genre du substantif, p.ex.

diese(r), folgende(r), jede(r), welche(r, s).

	m	f	nt
singulier			
nom.	der gute Wein	die schöne Frau	das liebe Kind
acc.	den guten Wein	die schöne Frau	das liebe Kind
gén.	des guten Wein(e)s	der schönen Frau	des lieben Kindes
datif	dem guten Wein	der schönen Frau	dem lieben Kind

	m	f	nt
pluriel			
nom.	die guten Weine	die schönen Frauen	die lieben Kinder
acc.	die guten Weine	die schönen Frauen	die lieben Kinder
gén.	der guten Weine	der schönen Frauen	der lieben Kinder
datif	den guten Weinen	den schönen Frauen	den lieben Kindern

3. La déclinaison mixte

- est employée lorsque l'adjectif est relié à un substantif avec les articles indéfinis *ein*, *kein* (au singulier pour les substantifs masculins et neutres),
- avec les pronoms possessifs *mein, dein, sein, unser, euer, ihr.*

	m	nt
singulier		
nom.	ein guter Wein	ein liebes Kind
acc.	einen guten Wein	ein liebes Kind
gén.	eines guten Wein(e)s	eines lieben Kindes
datif	einem guten Wein(e)	einem lieben Kind

4. Les adjectifs en *-abel, -ibel, -el*

Déclinés, ces adjectifs perdent le *-e* de la syllabe finale.

	miserabel	penibel	heikel
singulier			
nom.	ein miserabler Stil	eine penible Frau	ein heikles Problem
acc.	einen miserablen Stil	eine penible Frau	ein heikles Problem
gén.	eines miserablen Stils	einer peniblen Frau	eines heiklen Problems
datif	einem miserablen Stil	einer peniblen Frau	einem heiklen Problem
pluriel			
nom.	miserable Stile	penible Frauen	heikle Probleme
acc.	miserable Stile	penible Frauen	heikle Probleme
gén.	miserabler Stile	penibler Frauen	heikler Probleme
datif	miserablen Stilen	peniblen Frauen	heiklen Problemen

5. Les adjectifs en *-er, -en*

En règle générale, déclinés, ces adjectifs conservent le *-e* de la syllabe finale, sauf dans le style littéraire.

finster	seine finstren Züge

Cette exception s'applique également aux adjectifs d'origine étrangère.

makaber	eine makabre Geschichte
integer	ein integrer Beamter

6. Les adjectifs en *-auer, -euer*

En règle générale, déclinés, ils perdent le -*e* de la syllabe finale.

teuer	ein teures Geschenk
sauer	saure Gurken

7. Les degrés de l'adjectif

Les qualités peuvent être soumises à des comparaisons. On distingue alors trois formes ou trois degrés de comparaison :

	m	f	nt
positif	schön	schöne	schönes
comparatif	schöner	schönere	schöneres
superlatif	der schönste	die schönste	das schönste

Si l'on veut mettre l'une des formes de la comparaison au génitif, au datif ou à l'accusatif, alors on applique les mêmes règles de déclinaison que pour un adjectif positif accompagné d'un substantif.

Der Garten mit den schönsten Blumen. (datif, pluriel)

Particularités :

1. **Les adjectifs et les adverbes prennent un e devant la terminaison du superlatif.**

- lorsqu'ils sont monosyllabiques,
- si l'accent tombe sur la dernière syllabe,
- s'ils se terminent en -*s*, -*ß*, -*st*, -*x*, -*z* (toujours),
- s'ils se terminent en -*d*, -*t*, -*sch* (presque toujours).

spitz	adj.	spitze(r, s)
	adv.	am spitzesten
beliebt	adj.	beliebteste(r, s)
	adv.	am beliebtesten

Cette règle s'applique également aux adjectifs et adverbes composés et à ceux qui détiennent un préfixe, sans tenir compte de la syllabe sur laquelle l'accent tombe.

unsanft	adj.	unsanfteste(r, s)
	adv.	am unsanftesten

2. **Les adjectifs monosyllabiques qui ont un *a*, *o* ou *u* dans leur radical prennent une inflexion *(Umlaut)* au comparatif et au superlatif.**

arm	ärmer	ärmste(r, s)
groß	größer	größte(r, s)
klug	klüger	klügste(r, s)

3. Les catégories d'adjectifs suivantes ne prennent jamais d'inflexion (*Umlaut*) au superlatif et au comparatif.

- avec une **diphtongue** (p.ex. *au*),

faul	fauler	faulste(r, s)

- avec les **suffixes** *-bar, -haft, -ig, -lich, -sam*,

dankbar	dankbarer	dankbarste(r, s)
schwatzhaft	schwatzhafter	schwatzhafteste(r, s)
schattig	schattiger	schattigste(r, s)
stattlich	stattlicher	stattlichste(r, s)
sorgsam	sorgsamer	sorgsamste(r, s)

- lorsqu'ils sont employés comme des **participes**,

überrascht	überraschter	überraschteste(r, s)

- lorsqu'ils sont **d'origine étrangère**.

banal	banaler	banalste(r, s)
interessant	interessanter	interessanteste(r, s)
grandios	grandioser	grandioseste(r, s)

4. Formes irrégulières du comparatif et du superlatif de certains adjectifs et adverbes

gut	besser	beste(r, s)
viel	mehr	meiste(r, s)
gern	lieber	am liebsten
bald	eher	am ehesten

L'adverbe

Les adjectifs employés comme adverbes sont invariables.

Er singt gut.
Sie schreibt schön.
Er läuft schnell.

Les adverbes employés à la forme comparative suivent les mêmes règles que l'adjectif.

Er singt besser.
Sie schreibt schöner.
Er läuft schneller.

La plupart des adverbes forment leur superlatif selon la structure suivante : *am ... sten*.

Er singt am besten.
Sie schreibt am schönsten.
Er läuft am schnellsten.

Les verbes

Le présent

En allemand, le présent permet d'exprimer **une action qui est en train de se dérouler au moment de l'énonciation, un fait établi** ou **un déroulement à venir**.

Was machst du? Ich lese.
Die Erde dreht sich um die Sonne.
Morgen habe ich frei.

1. Les verbes réguliers (verbes faibles)

	machen	**legen**	**sagen**	**sammeln**
ich	mache	lege	sage	sammle
du	machst	legst	sagst	sammelst
er sie es	macht	legt	sagt	sammelt
wir	machen	legen	sagen	sammeln
ihr	macht	legt	sagt	sammelt
sie	machen	legen	sagen	sammeln

Les verbes dont le radical se termine en *-s*, *-ss*, *-ß* et *-z*.

	rasen	**passen**	**küssen**	**grüßen**	**reizen**
ich	rase	passe	küsse	grüße	reize
du	rast	passt	küsst	grüßt	reizt
er sie es	rast	passt	küsst	grüßt	reizt
wir	rasen	passen	küssen	grüßen	reizen
ihr	rast	passt	küsst	grüßt	reizt
sie	rasen	passen	küssen	grüßen	reizen

Les verbes dont le radical se termine en *-d* ou *-t*, avec une consonne + *m*, ou une consonne + *n*, prennent un *-e* à la deuxième personne du singulier.

	reden	**wetten**	**atmen**	**trocknen**
ich	rede	wette	atme	trockne
du	redest	wettest	atmest	trocknest
er sie es	redet	wettet	atmet	trocknet
wir	reden	wetten	atmen	trocknen
ihr	redet	wettet	atmet	trocknet
sie	reden	wetten	atmen	trocknen

Les verbes dont le radical se termine par *-e* ou *-er* atone perdent le *e* à la première personne du singulier.

angeln	ich angle
zittern	ich zittre

2. En ce qui concerne les verbes irréguliers (verbes forts), ils changent pour la plupart leur voyelle du radical.

	tragen	blasen	laufen	essen
ich	trage	blase	laufe	esse
du	trägst	bläst	läufst	isst
er sie es	trägt	bläst	läuft	isst
wir	tragen	blasen	laufen	essen
ihr	tragt	blast	lauft	esst
sie	tragen	blasen	laufen	essen

→ Se reporter dans le dictionnaire aux verbes irréguliers et à la liste page 1836.

Le prétérit

Le prétérit exprime une **action passée**.

Letztes Jahr reisten wir nach Spanien.

1. Les verbes réguliers

	machen	sammeln	küssen	grüßen	reizen
ich	machte	sammelte	küsste	grüßte	reizte
du	machtest	sammeltest	küsstest	grüßtest	reiztest
er sie es	machte	sammelte	küsste	grüßte	reizte
wir	machten	sammelten	küssten	grüßten	reizten
ihr	machtet	sammeltet	küsstet	grüßtet	reiztet
sie	machten	sammelten	küssten	grüßten	reizten

Les verbes dont le radical se termine par *-d*, *-t*, une consonne + *m* ou une consonne + *n*

	reden	wetten	atmen	trocknen
ich	redete	wettete	atmete	trocknete
du	redetest	wettetest	atmetest	trocknetest
er sie es	redete	wettete	atmete	trocknete
wir	redeten	wetteten	atmeten	trockneten
ihr	redetet	wettetet	atmetet	trocknetet
sie	redeten	wetteten	atmeten	trockneten

2. Les verbes irréguliers

	tragen	blasen	laufen	essen
ich	trug	blies	lief	aß
du	trugst	bliest	liefst	aßt
er sie es	trug	blies	lief	aß
wir	trugen	bliesen	liefen	aßen
ihr	trugt	bliest	lieft	aßt
sie	trugen	bliesen	liefen	aßen

→ Se reporter dans le dictionnaire aux verbes irréguliers et à la liste page 1836.

Le passé composé

Le passé composé exprime une **action totalement révolue** ou **un état**.

Der Zug ist abgefahren.
Heute Nacht hat es geregnet.

Le passé composé se forme à partir du présent des auxiliaires *haben* ou *sein* et du participe passé du verbe conjugué.

1. **Le passé composé des verbes qui expriment un mouvement ou un changement d'état se forme avec l'auxiliaire *sein*.**

	radeln	fahren	verstummen	sterben
ich	bin geradelt	bin gefahren	bin verstummt	bin gestorben
du	bist geradelt	bist gefahren	bist verstummt	bist gestorben
er sie es	ist geradelt	ist gefahren	ist verstummt	ist gestorben
wir	sind geradelt	sind gefahren	sind verstummt	sind gestorben
ihr	seid geradelt	seid gefahren	seid verstummt	seid gestorben
sie	sind geradelt	sind gefahren	sind verstummt	sind gestorben

2. **Le passé composé des verbes transitifs, réfléchis et impersonnels se forme avec l'auxiliaire *haben*, tandis que la plupart des verbes intransitifs exprimant un état qui dure se conjuguent avec l'auxiliaire *sein*.**

	legen	sich freuen	regnen	leben
ich	habe gelegt	habe mich gefreut		habe gelebt
du	hast gelegt	hast dich gefreut		hast gelebt
er sie es	hat gelegt	hat sich gefreut	es hat geregnet	hat gelebt
wir	haben gelegt	haben uns gefreut		haben gelebt
ihr	habt gelegt	habt euch gefreut		habt gelebt
sie	haben gelegt	haben sich gefreut		haben gelebt

Le passé composé des verbes auxiliaires se forme selon les mêmes règles.

Le plus-que-parfait

Le plus-que-parfait exprime **une action accomplie et antérieure à une autre action passée**.

Als er im Kino ankam, hatte der Film schon begonnen.

Il se forme à partir du prétérit des auxiliaires *haben* ou *sein* et du participe passé du verbe conjugué.

Les règles concernant l'emploi des auxiliaires sont les mêmes que pour le prétérit.

	fahren	sterben	legen	leben
ich	war gefahren	war gestorben	hatte gelegt	hatte gelebt
du	warst gefahren	warst gestorben	hattest gelegt	hattest gelebt
er sie es	war gefahren	war gestorben	hatte gelegt	hatte gelebt
wir	waren gefahren	waren gestorben	hatten gelegt	hatten gelebt
ihr	wart gefahren	wart gestorben	hattet gelegt	hattet gelebt
sie	waren gefahren	waren gestorben	hatten gelegt	hatten gelebt

Les verbes auxiliaires *haben, sein* et *werden*

On les appelle verbes auxiliaires car ils sont employés pour la conjugaison de certains temps (p.ex. le passé composé, le plus-que-parfait, le futur) ainsi que du passif.

Présent

	sein	haben	werden
ich	bin	habe	werde
du	bist	hast	wirst
er si es	ist	hat	wird
wir	sind	haben	werden
ihr	seid	habt	werdet
sie	sind	haben	werden

Prétérit et participe

	sein	haben	werden
ich	war	hatte	wurde
du	warst	hattest	wurdest
er sie es	war	hatte	wurde
wir	waren	hatten	wurden
ihr	wart	hattet	wurdet
sie	waren	hatten	wurden
Participe	gewesen	gehabt	geworden

Les verbes modaux

Présent

	können	dürfen	mögen	müssen	sollen	wollen
ich	kann	darf	mag	muss	soll	will
du	kannst	darfst	magst	musst	sollst	willst
er sie es	kann	darf	mag	muss	soll	will
wir	können	dürfen	mögen	müssen	sollen	wollen
ihr	könnt	dürft	mögt	müsst	sollt	wollt
sie	können	dürfen	mögen	müssen	sollen	wollen

Prétérit

	können	dürfen	mögen	müssen	sollen	wollen
ich	konnte	durfte	mochte	musste	sollte	wollte
du	konntest	durftest	mochtest	musstest	solltest	wolltest
er sie es	konnte	durfte	mochte	musste	sollte	wollte
wir	konnten	durften	mochten	mussten	sollten	wollten
ihr	konntet	durftet	mochtet	musstet	solltet	wolltet
sie	konnten	durften	mochten	mussten	sollten	wollten

Passé composé

können	ich habe gekonnt
dürfen	ich habe gedurft
mögen	ich habe gemocht
müssen	ich habe gemusst
sollen	ich habe gesollt
wollen	ich habe gewollt

Le participe passé des verbes modaux (p.ex. *gekonnt*) est remplacé par l'infinitif (*können*) s'il est précédé par un autre verbe à l'infinitif.

Ich habe gehen können.
Ich habe fragen dürfen.

Participe I (participe présent)

On forme le participe I ou participe présent en ajoutant un *-d* à l'infinitif du verbe.

singen**d**, lachen**d**, etc.

Il exprime de manière brève une proposition subordonnée.

Er saß in der Badewanne und sang.	Er saß singen**d** in der Badewanne.
Sie öffnete die Tür und lachte.	Sie öffnete lachen**d** die Tür.

Participe II (participe passé)

Le participe passé des verbes réguliers se forme selon les règles suivantes :

	préfixe	+ radical	+ terminaison
machen	ge	+ mach	+ t
legen	**ge**leg**t**		
sagen	**ge**sag**t**		
vierteln	**ge**viertel**t**		
rasen	**ge**ras**t**		
hassen	**ge**hass**t**		
küssen	**ge**küss**t**		
rußen	**ge**ruß**t**		
reizen	**ge**reiz**t**		
reden	**ge**rede**t**		
wetten	**ge**wette**t**		
trocknen	**ge**trockne**t**		

On ne rajoute pas le préfixe *ge-* aux verbes qui se terminent en *-ieren* ainsi qu'aux verbes qui commencent par *be-*, *em-*, *ent-*, *er-*, *ge-*, *miss*, *ver-*, et *zer-*.

Ces verbes sont marqués d'un * dans la partie allemand-français du dictionnaire. Ils sont conformes aux règles suivantes :

	radical	+ terminaison
manövrieren*	manövrier	+ t
empören*	empört	
entgiften*	entgiftet	
ersetzen*	ersetzt	
vertrösten*	vertröstet	
zerreden*	zerredet	

De même, le participe passé des verbes composés à particule inséparable se forme sans le préfixe *ge-*. Ces verbes sont aussi marqués d'un *.

übersetzen*	übersetzt
durchwaten*	durchwatet
unterlegen*	unterlegt
umarmen*	umarmt

Le participe passé des verbes composés à particule séparable (p.ex. *durchmachen*) se forme selon les règles suivantes :

préfixe verbe	+ préfixe pp II ge-	+ radical du verbe	+ terminaison *t*
durch	+ ge	+ mach	+ t
anbeten	angebetet		
überschnappen	übergeschnappt		
umdeuten	umgedeutet		

Tous les verbes composés à particule séparable sont marqués dans le dictionnaire du signe |. Les formes irrégulières sont données à l'infinitif. Les verbes composés dont les formes correspondent à celles du verbe de base irrégulier sont signalés par la mention *irr.* Les verbes irréguliers les plus importants sont à consulter dans la liste page 1836.

Futur

On emploie le futur pour exprimer **des états de choses qui se rapportent à l'avenir**, p.ex. des déclarations, des intentions, des suppositions ou des promesses.

Il se forme avec l'auxiliaire *werden* conjugué au présent et l'infinitif du verbe conjugué.

Morgen wird es schneien.	(indication de date)
Er wird noch im Urlaub sein.	(supposition)
Ich werde dich immer lieben.	(promesse, intention)

	legen	fahren	sein	haben	können
ich	werde legen	werde fahren	werde sein	werde haben	werde kön-nen
du	wirst legen	wirst fahren	wirst sein	wirst haben	wirst können
er sie es	wird legen	wird fahren	wird sein	wird haben	wird können
wir	werden legen	werden fahren	werden sein	werden haben	werden können
ihr	werdet legen	werdet fah-ren	werdet sein	werdet haben	werdet kön-nen
sie	werden legen	werden fahren	werden sein	werden haben	werden können

Le *Konjunktiv I* (mode du potentiel)

Le *Konjunktiv I* se forme à partir du radical du verbe au présent et auquel on ajoute les terminaisons *-e*, *-est*, *-e*, *-en*, *-et*, *-en*. Le *Konjunktiv I* s'emploie dans le **discours indirect**.

„Kannst du mir helfen?“	(discours direct)
Er tragt sie, ob sie ihm helfen könne.	(discours indirect)

Certains verbes irréguliers changent leur inflexion (*Umlaut*) ou leur voyelle à l'indicatif (mode du réel), mais pas au *Konjunktiv I*.

infinitif	présent de l'indicatif	Konjunktiv I
fallen	du fällst	du fallest
geben	du gibst	du gebest

Le *Konjunktiv I* est non seulement employé dans le discours indirect, mais aussi dans certaines locutions figées.

Er lebe hoch!
Gott sei Dank!
Man nehme Salz, Mehl und Butter...

	legen	hassen	küssen	reden
ich	lege	hasse	küsse	rede
du	legst	hassest	küssest	redest
er sie es	lege	hasse	küsse	rede
wir	legen	hassen	küssen	reden
ihr	leget	hasset	küsset	redet
sie	legen	hassen	küssen	reden

Le *Konjunktiv I* des auxiliaires *sein, haben* et *werden*

	sein	haben	werden
ich	sei	habe	werde
du	seist	habest	werdest
er sie es	sei	habe	werde
wir	seien	haben	werden
ihr	seiet	habet	werdet
sie	seien	haben	werden

Le *Konjunktiv I* des verbes modaux

	können	dürfen	mögen	müssen	sollen	wollen
ich	könne	dürfe	möge	müsse	solle	wolle
du	könnest	dürfest	mögest	müssest	sollest	wollest
er sie es	könne	dürfe	möge	müsse	solle	wolle
wir	können	dürfen	mögen	müssen	sollen	wollen
ihr	könn(e)t	dürf(e)t	mög(e)t	müss(e)t	soll(e)t	woll(e)t
sie	können	dürfen	mögen	müssen	sollen	wollen

Le *Konjunktiv II*

Le *Konjunktiv II* se forme à partir du radical du verbe au prétérit auquel on ajoute les terminaisons *-e, -(e)st, -e, -en, -(e)t, -en*. Pour les verbes réguliers, les formes du *Konjunktiv II* et du prétérit de l'indicatif sont identiques. Les verbes irréguliers qui prennent un *i* ou *ie* au prétérit conservent le *i* et *ie* au *Konjunktiv II*.

Le *Konjunktiv II* est le mode du **discours irréel**, il est aussi employé dans les **comparaisons et dans les formules de politesse**.

Wenn ich Zeit hätte, ginge ich heute mit dir ins Kino.	(irréel)
Die Leiter schwankte so, als fiele sie gleich um.	(comparaison)
Könnten Sie uns bitte eine Auskunft geben?	(politesse)

	gehen/ging	rufen/rief	greifen/griff
ich	ginge	riefe	griffe
du	ging(e)st	rief(e)st	griff(e)st
er sie es	ginge	riefe	griffe
wir	gingen	riefen	griffen
ihr	ging(e)t	rief(e)t	griff(e)t
sie	gingen	riefen	griffen

Les verbes dont le prétérit de l'indicatif se forme avec un *a*, *o* ou *u* prennent une inflexion (*Umlaut*) au *Konjunktiv II*.

	singen/ sang	**fliegen/ flog**	**fahren/ fuhr**	**sein/ war**	**haben/ hatte**	**werden/ wurde**
ich	sänge	flöge	führe	wäre	hätte	würde
du	säng(e)st	flög(e)st	führ(e)st	wär(e)st	hättest	würdest
er sie es	sänge	flöge	führe	wäre	hätte	würde
wir	sängen	flögen	führen	wären	hätten	würden
ihr	säng(e)t	flög(e)t	führ(e)t	wär(e)t	hättet	würdet
sie	sängen	flögen	führen	wären	hätten	würden

Les formes les plus importantes du *Konjunktiv II*

befehlen	- beföhle
beginnen	- begänne
bergen	- bärge
bersten	- bärste
bewegen	- bewöge
biegen	- böge
bieten	- böte
binden	- bände
bitten	- bäte
brechen	- bräche
brennen	- brennte
bringen	- brächte
denken	- dächte
dreschen	- drösche
dringen	- dränge
dürfen	- dürfte
empfehlen	- empföhle
empfinden	- empfände
essen	- äße
fahren	- führe
finden	- fände
flechten	- flöchte
fliegen	- flöge
fliehen	- flöhe
fließen	- flösse
fressen	- fräße
frieren	- fröre
gären	- gäre
gebären	- gebäre
geben	- gäbe
gelingen	- gelänge
gelten	- gälte
genießen	- genösse
geschehen	- geschähe
gewinnen	- gewönne
gießen	- gösse
glimmen	- glömme
graben	- grübe
haben	- hätte
heben	- höbe
helfen	- hülfe
klingen	- klänge
kommen	- käme
können	- könne
kriechen	- kröche
laden	- lüde
lesen	- läse
liegen	- läge
löschen	- lösche
lügen	- löge
melken	- mölke
messen	- mäße
misslingen	- misslänge
mögen	- möchte
müssen	- müsste
nehmen	- nähme
quellen	- quölle
riechen	- röche

ringen	- ränge
rinnen	- ränne
saufen	- söffe
schaffen	- schüfe
schelten	- schölte
scheren	- schöre
schieben	- schöbe
schießen	- schösse
schinden	- schünde
schlagen	- schlüge
schließen	- schlösse
schlingen	- schlänge
schmelzen	- schmölze
schwellen	- schwölle
schwimmen	- schwömme
schwinden	- schwände
schwingen	- schwänge
schwören	- schwüre
sehen	- sähe
sein	- wäre
singen	- sänge
sinken	- sänke
sinnen	- sänne
sitzen	- säße
spinnen	- spänne
sprechen	- spräche
sprießen	- sprösse
springen	- spränge
stechen	- stäche
stehen	- stände/stünde
stehlen	- stähle
sterben	- stürbe
stinken	- stänke
tragen	- trüge
treffen	- träfe
treten	- träte
trinken	- tränke
trügen	- tröge
tun	- täte
verderben	- verdürbe
vergessen	- vergäße
verlieren	- verlöre
wachsen	- wüchse
wiegen	- wöge
waschen	- wüsche
werben	- würbe
werden	- würde
werfen	- würfe
wiegen	- wöge
winden	- wände
wissen	- wüsste
ziehen	- zöge
zwingen	- zwänge

La phrase au conditionnel

Le *Konjunktiv II* de *werden* ajouté à l'*infinitif* du verbe conjugué exprime **un état de chose** subordonné à quelque condition ou éventualité. Il est donc le mode de l'hypothétique.

Wenn ihr uns einladen würdet, würden wir fahren (au lieu de : *führen*).

Certaines formes du *Konjunktiv II*, surtout inusitées ou vieillies, sont remplacées aujourd'hui par l'emploi de la structure suivante : *werden* au *Konjunktiv II* + infinitif du verbe.

Wenn Flugzeuge umweltfreundlicher fliegen würden (au lieu de : *flögen),*

würde es weniger Luftverschmutzung geben (au lieu de : *gäbe*).

	legen	fahren
ich	würde legen	würde fahren
du	würdest legen	würdest fahren
er sie es	würde legen	würde fahren
wir	würden legen	würden fahren
ihr	würdet legen	würdet fahren
sie	würden legen	würden fahren

L'impératif

L'impératif sert à exprimer **une sommation, une requête, un avertissement**, etc. ou une **interdiction**. Il ne connaît que deux formes : la deuxième personne du singulier et celle du pluriel.

1. **Le radical des verbes réguliers prend un -*e* au singulier et un -*t* au pluriel. La forme du pluriel de l'impératif est identique à la deuxième personne du pluriel de l'indicatif présent.**

L'inversion est requise pour la forme de politesse avec *Sie*, c'est-à-dire que le prédicat est placé avant le sujet. L'ordre normal des mots est inversé.

Sie schreiben einen Brief.	(constat/indicatif)
Schreiben Sie einen Brief!	(sommation/impératif)

infinitif	singulier	pluriel	forme de politesse
schreiben	schreibe	schreibt	schreiben Sie
singen	singe	singt	singen Sie
trinken	trinke	trinkt	trinken Sie
atmen	atme	atmet	atmen Sie
reden	rede	redet	reden Sie

Particularités :

Les verbes qui se terminent en -*eln*, -*ern* peuvent perdre le *e* au singulier.

infinitif	singulier	pluriel	forme de politesse
sammeln	samm(e)le	sammelt	sammeln Sie
fördern	förd(e)re	fördert	fördern Sie
handeln	hand(e)le	handelt	handeln Sie

Si le radical du verbe se termine en -*m* ou -*n* précédé *d'un m, n, r, l, h,* il peut perdre le -*e* final au singulier.

infinitif	singulier	pluriel	forme de politesse
kämmen	kämm(e)	kämmt	kämmen Sie
rennen	renn(e)	rennt	rennen Sie
lernen	lern(e)	lernt	lernen Sie
qualmen	qualm(e)	qualmt	qualmen Sie
rühmen	rühm(e)	rühmt	rühmen Sie

Exceptions :

Si on trouve une autre consonne devant le *-m* ou le *-n*, alors la terminaison *-e* doit absolument être conservée.

atme, rechne

2. **Les verbes irréguliers qui ne changent pas leur voyelle en *i* ou *ie* au présent suivent à l'impératif les mêmes règles que les verbes réguliers.**

→ Les formes de l'impératif sont indiquées dans la liste des verbes irréguliers page 1836.

Changement vocalique en *i* ou *ie*

infinitif	singulier	pluriel
lesen	lies	lest
werfen	wirf	werft
sterben	stirb	sterbt
essen	iss	esst
sehen	sieh	seht

Les auxiliaires *sein, haben* et *werden*

infinitif	singulier	pluriel
sein	sei	seid
haben	habe	habt
werden	werde	werdet

La voix active et la voix passive

La voix active **décrit un déroulement qui est considéré du point de vue du sujet agissant**. Au passif, **c'est le déroulement même qui est au centre de l'énoncé**, sans que le sujet agissant n'ait besoin d'être nommé.

Die Parlamentarier wählen den Präsidenten.	(voix active)
Der Präsident wird von den Parlamentariern gewählt.	(voix passive)

Le passif se forme avec l'auxiliaire *werden* et le participe passé du verbe conjugué.

	lieben	schlagen
présent	ich werde geliebt	ich werde geschlagen
prétérit	ich wurde geliebt	ich wurde geschlagen

Le pronom

En allemand, les pronoms se déclinent comme les articles, les substantifs, les adjectifs et les adverbes.

1. Le pronom personnel

Il désigne la personne qui parle ou dont il est question dans la phrase.

nom.	acc.	gén.	datif
ich	mich	meiner	mir
du	dich	deiner	dir
er	ihn	seiner	ihm
sie	sie	ihrer	ihr
es	es	seiner	ihm
wir	uns	unser	uns
ihr	euch	euer	euch
sie	sie	Ihrer	Ihnen

2. Le pronom réfléchi

Il se rapporte au sujet de la phrase et doit s'accorder en **personne** et en **nombre** avec lui.

Ich wasche mich.
Du wäschst dich.
Er/Sie/Es wäscht sich.
Wir waschen uns.
Ihr wascht euch.
Sie waschen sich.

3. Le pronom possessif

Il indique **une relation d'appartenance** ou un **rapport de possession** et s'accorde en **cas**, en **genre** et en **nombre** avec le substantif auquel il se rapporte.

Il peut se trouver comme un adjectif devant le substantif ou remplacer le substantif.

a) Emploi adjectival

	m	f	nt	pl
1. personne du singulier				
nom.	mein	meine	mein	meine
acc.	meinen	meine	mein	meine
gén.	meines	meiner	meines	meiner
datif	meinem	meiner	meinem	meinen
2. personne du singulier				
	dein	deine	dein	deine
	décliné comme *mein*			
3. personne du singulier (m)				
	sein	seine	sein	seine
	décliné comme *mein*			

	m	f	nt	pl
3. personne du singulier (f)				
	ihr	ihre	ihr	ihre
	décliné comme *mein*			
3. personne du singulier (nt)				
	sein	seine	sein	seine
	décliné comme *mein*			
1. personne du pluriel				
nom.	unser	uns(e)re	unser	uns(e)re
acc.	uns(e)ren	uns(e)re unsern	unser	unsre
gén.	uns(e)res	uns(e)rer	uns(e)res	uns(e)rer
datif	uns(e)rem	uns(e)rer unserm	uns(e)rem	uns(e)ren unserm
2. personne du pluriel				
nom.	euer	eure	euer	eure
acc.	euren	eure	euer	eure
gén.	eures	eurer	eures	eurer
datif	eurem	eurer	eurem	euren
3. personne du pluriel				
nom.	ihr	ihre	ihr	ihre
acc.	ihren	ihre	ihr	ihre
gén.	ihres	ihrer	ihres	ihrer
datif	ihrem	ihrer	ihrem	ihren

b) Employé à la place du substantif

se référant à	m	f	nt	pl
1. p. du sing.	meiner	meine	mein(e)s	meine
2. p. du sing.	deiner	deine	dein(e)s	deine
3. p. du sing. (m, nt)	seiner	seine	sein(e)s	seine
3. p. du sing. (f)	ihrer	ihre	ihr(e)s	ihre
1. p. du pl.	uns(e)rer	uns(e)re	uns(e)res	uns(e)re
2. p. du pl.	eurer	eure	eures, euers	eure
3. p. du pl.	ihrer	ihre	ihr(e)s	ihre

4. Le pronom démonstratif

Il reprend ou montre dans la phrase un élément dont il vient d'être question dans l'énoncé.

	m	f	nt	pl
nom.	dieser	diese	dieses	diese
acc.	diesen	diese	dieses	diese
gén.	dieses	dieser	dieses	dieser
datif	diesem	dieser	diesem	diesen
nom.	jener	jene	jenes	jene
acc.	jenen	jene	jenes	jene
gén.	jenes	jener	jenes	jener
datif	jenem	jener	jenem	jenen
nom.	derjenige	diejenige	dasjenige	diejenigen
acc.	denjenigen	diejenige	dasjenige	diejenigen
gén.	desjenigen	derjenigen	desjenigen	derjenigen
datif	demjenigen	derjenigen	demjenigen	denjenigen
nom.	derselbe	dieselbe	dasselbe	dieselben
acc.	denselben	dieselbe	dasselbe	dieselben
gén.	desselben	derselben	desselben	derselben
datif	demselben	derselben	demselben	denselben

Dieser renvoie à un élément **proche** ; *jener* à un élément **éloigné**.

Les articles définis *der, die, das* peuvent aussi être employés comme pronoms démonstratifs.

5. Le pronom relatif

Les pronoms relatifs les plus usités sont *der, die, das*, tandis que *welcher, welche, welches* sont moins courants. Tous introduisent une proposition subordonnée dans laquelle il est donné un nouvel énoncé qui complète celui de la phrase principale. Le pronom relatif s'accorde en **genre** et en **nombre** avec le mot de la principale auquel il se rapporte,

Er putzt sein neues Auto, das/welches er sich gekauft hat.

	m	f	nt	pl
nom.	welcher	welche	welches	welche
acc.	welchen	welche	welches	welche
gén.	dessen	deren	dessen	deren
datif	welchem	welcher	welchem	welchen

Wer et *was* peuvent aussi être employés comme des pronoms relatifs.

Wer das behauptet, lügt.

Mach doch, was du willst!

6. Le pronom interrogatif

Le pronom interrogatif se distingue selon qu'il se rapporte à une **personne** *(Wer?)* ou à une **chose** *(Was?)*. Il ne possède que des formes au singulier.

	personne	chose
nom.	*Wer* spielt mit?	*Was* ist das?
acc.	*Wen* liebst du?	*Was* höre ich da?
gén.	*Wessen* Haus ist das?	
datif	*Wem* gehört das Haus?	

Le génitif du pronom interrogatif *wessen* est de plus en plus remplacé par le datif *wem*.

Wem gehört das Haus?

Introduite par l'expression *was für ein(er)*, la question porte sur les caractéristiques d'une personne ou d'une chose,

Was für ein Mensch ist Peter eigentlich?
Was für einen Anzug möchten Sie?

Introduite par les pronoms interrogatifs *welcher*, *welche* et *welches*, la question porte sur une personne ou une chose concrètes parmi un ensemble ou groupe,

Welche Schuhe soll ich nehmen?	(Die braunen oder die schwarzen?)
Mit welchem Bus kommst du?	(Mit dem um 16 oder um 17 Uhr?)
Welches Eis schmeckt dir bes-ser?	(Erdbeer- oder Schokoladeneis?)

	m	f	nt	pl
nom.	welcher	welche	welches	welche
acc.	welchen	welche	welches	welche
gén.	welches	welcher	welches	welcher
datif	welchem	welcher	welchem	welchen

Les prépositions

Les prépositions suivies

– de l'**accusatif** :	bis	wider
	durch	für
	gegen	je
	ohne	pro
	um	
– du **datif** :	ab	aus
	außer	bei
	binnen	entgegen
	entsprechend	gegenüber
	gemäß	mit
	nach	nächst
	nahe	nebst
	samt	seit
	von	zu
	zufolge	zuwider
– de l'**accusatif** ou du **datif** *:	an	auf
	entlang	hinter
	in	neben
	über	unter
	vor	zwischen

* Lorsqu'elles décrivent un mouvement ou un changement de direction *(Wohin?)*, elles sont suivies de l'accusatif ; lorsqu'elles donnent une indication de lieu *(Wo?)*, elles sont suivies du datif.

Er hängt die Uhr an die Wand.	*(Wohin?)*
Die Uhr hängt an der Wand.	*(Wo?)*

→ Le cas de chaque préposition est indiqué dans le dictionnaire.

Certaines prépositions peuvent s'agglutiner à certaines formes grammaticales de l'article pour former un seul mot :

an/in	+ dem	devient	am/im
bei	+ dem		beim
von	+ dem		vom
zu	+ dem/der		zum/zur
an/in	+ das		ans/ins

Unregelmäßige deutsche Verben

Verbes allemands irréguliers

Die unregelmäßigen Formen der mit *auf-, ab-, be-, er-, zer-* usw. präfigierten Verben entsprechen denen ihrer Grundform. Neben dem Infinitiv wird zusätzlich die 2. Person Singular angegeben, wenn diese gegenüber der Grundform einen Umlaut aufweist oder eine Vokalveränderung erfährt. Ebenso wird zum Partizip Perfekt das Hilfsverb aufgeführt, mit welchem es gebildet wird.

La conjugaison des verbes dérivés à partir des préfixes *auf-, ab-, be-, er-, zer-* etc. correspond à celle du verbe de base. En plus de la forme infinitive, la liste suivante donne la 2e personne du singulier du verbe si celui-ci prend une inflexion *(Umlaut)* ou change de voyelle. La liste indique aussi pour chaque participe passé l'auxiliaire avec lequel il est formé.

1. Infinitiv **1. Infinitif**	**2. Imperfekt** **2. Prétérit**	**3. Partizip Perfekt** **3. Participe passé**	**4. Imperativ - Sing/Pl** **4. Impératif - sing/pl**
backen bäckst, backst	backte	hat gebacken	back[e]/backt
befehlen befiehlst	befahl	hat befohlen	befiehl/befehlt
beginnen	begann	hat begonnen	beginn[e]/beginnt
beißen	biss	hat gebissen	beiß[e]/beißt
bergen birgst	barg	hat geborgen	birg/bergt
bersten birst	barst	ist geborsten	birst/berstet
bewegen	bewog	hat bewogen	beweg[e]/bewegt
biegen	bog	hat/ist gebogen	bieg[e]/biegt
bieten	bot	hat geboten	biet[e]/bietet
binden	band	hat gebunden	bind[e]/bindet
bitten	bat	hat gebeten	bitt[e]/bittet
blasen bläst	blies	hat geblasen	blas[e]/blast
bleiben	blieb	ist geblieben	bleib[e]/bleibt
bleichen	bleichte blich	hat gebleicht hat geblichen	bleich[e]/bleicht
braten brätst	briet	hat gebraten	brat[e]/bratet
brechen brichst	brach	hat/ist gebrochen	brich/brecht
brennen	brannte	hat gebrannt	brenn[e]/brennt
bringen	brachte	hat gebracht	bring/bringt
denken	dachte	hat gedacht	denk[e]/denkt
dreschen drischst	drosch	hat/ist gedroschen	drisch/drescht
dringen	drang	ist gedrungen	dring[e]/dringt
dürfen darfst	durfte	hat gedurft	
empfangen empfängst	empfing	hat empfangen	empfang[e]/empfangt
empfehlen empfiehlst	empfahl	hat empfohlen	empfiehl/empfehlt

1. Infinitiv 1. Infinitif	2. Imperfekt 2. Prétérit	3. Partizip Perfekt 3. Participe passé	4. Imperativ – Sing/Pl 4. Impératif – sing/pl
empfinden	empfand	hat empfunden	empfind[e]/empfindet
erlöschen erlischst	erlosch	hat erloschen	erlisch/erlöscht
erschrecken erschrickst	erschrak	ist erschrocken	erschrick/erschreckt
essen isst	aß	hat gegessen	iss/esst
fahren fährst	fuhr	hat/ist gefahren	fahr[e]/fahrt
fallen fällst	fiel	ist gefallen	fall[e]/fallt
fangen fängst	fing	hat gefangen	fang[e]/fangt
fechten fichtst	focht	hat gefochten	ficht/fechtet
finden	fand	hat gefunden	find[e]/findet
flechten flichtst	flocht	hat geflochten	flicht/flechtet
fliegen	flog	hat/ist geflogen	flieg[e]/fliegt
fliehen	floh	ist geflohen	flieh[e]/flieht
fließen	floss	ist geflossen	fließ[e]/fließt
fressen frisst	fraß	hat gefressen	friss/fresst
frieren	fror	hat gefroren	frier[e]/friert
gären	gor gärte	hat/ist gegoren hat/ist gegärt	gär[e]/gärt
gebären gebierst	gebar	ist geboren	gebier[e]/gebärt
geben gibst	gab	hat gegeben	gib/gebt
gedeihen	gedieh	ist gediehen	gedeih[e]/gedeiht
gefallen gefällst	gefiel	hat gefallen	gefall[e]/gefallt
gehen	ging	ist gegangen	geh[e]/geht
gelingen	gelang	ist gelungen	geling[e]/gelingt
gelten giltst	galt	hat gegolten	gilt/geltet
genesen	genas	ist genesen	genese/genest
genießen	genoss	hat genossen	genieß[e]/genießt
geraten gerätst	geriet	ist geraten	gerat[e]/geratet
gerinnen	gerann	ist geronnen	gerinn[e]/gerinnt
geschehen geschieht	geschah	ist geschehen	geschieh/gescheht
gestehen	gestand	hat gestanden	gesteh[e]/gesteht
gewinnen	gewann	hat gewonnen	gewinn[e]/gewinnt
gießen	goss	hat gegossen	gieß[e]/gießt
gleichen	glich	hat geglichen	gleich[e]/gleicht
gleiten	glitt	ist geglitten	gleit[e]/gleitet
glimmen	glomm	hat geglommen	glimm[e]/glimmt
graben gräbst	grub	hat gegraben	grab[e]/grabt

1. Infinitiv 1. Infinitif	2. Imperfekt 2. Prétérit	3. Partizip Perfekt 3. Participe passé	4. Imperativ – Sing/Pl 4. Impératif – sing/pl
greifen	griff	hat gegriffen	greif[e]/greift
haben hast	hatte	hat gehabt	hab[e]/habt
halten hältst	hielt	hat gehalten	halt[e]/haltet
hängen	hing	hat gehangen	häng[e]/hängt
hauen	haute hieb	hat gehauen	hau[e]/haut
heben	hob	hat gehoben	heb[e]/hebt
heißen	hieß	hat geheißen	heiß[e]/heißt
helfen hilfst	half	hat geholfen	hilf/helft
kennen	kannte	hat gekannt	kenn[e]/kennt
klingen	klang	hat geklungen	kling[e]/klingt
kneifen	kniff	hat gekniffen	kneif[e]/kneift
kommen	kam	ist gekommen	komm[e]/kommt
können kannst	konnte	hat gekonnt	
kriechen	kroch	ist gekrochen	kriech[e]/kriecht
küren	kürte	hat gekürt	kür[e]/kürt
laden lädst	lud	hat geladen	lad[e]/ladet
lassen lässt	ließ	hat gelassen	lass/lasst
laufen läufst	lief	ist gelaufen	lauf[e]/lauft
leiden	litt	hat gelitten	leid[e]/leidet
leihen	lieh	hat geliehen	leih[e]/leiht
lesen liest	las	hat gelesen	lies/lest
liegen	lag	hat gelegen	lieg[e]/liegt
lügen	log	hat gelogen	lüg[e]/lügt
mahlen	mahlte	hat gemahlen	mahl[e]/mahlt
meiden	mied	hat gemieden	meid[e]/meidet
melken	molk melkte	hat gemolken hat gemelkt	melk[e], milk/melkt
messen misst	maß	hat gemessen	miss/messt
misslingen	misslang	ist misslungen	
mögen magst	mochte	hat gemocht	
müssen musst	musste	hat gemusst	
nehmen nimmst	nahm	hat genommen	nimm/nehmt
nennen	nannte	hat genannt	nenn[e]/nennt
pfeifen	pfiff	hat gepfiffen	pfeif[e]/pfeift
preisen	pries	hat gepriesen	preis[e]/preist
quellen quillst	quoll	ist gequollen	quill/quellt

1. Infinitiv 1. Infinitif	2. Imperfekt 2. Prétérit	3. Partizip Perfekt 3. Participe passé	4. Imperativ - Sing/Pl 4. Impératif - sing/pl
raten rätst	riet	hat geraten	rat[e]/ratet
reiben	rieb	hat gerieben	reib[e]/reibt
reißen	riss	hat/ist gerissen	reiß/reißt
reiten	ritt	hat/ist geritten	reit[e]/reitet
rennen	rannte	ist gerannt	renn[e]/rennt
riechen	roch	hat gerochen	riech[e]/riecht
ringen	rang	hat gerungen	ring[e]/ringt
rinnen	rann	ist geronnen	rinn[e]/rinnt
rufen	rief	hat gerufen	ruf[e]/ruft
salzen	salzte	hat gesalzen hat gesalzt	salz[e]/salzt
saufen säufst	soff	hat gesoffen	sauf[e]/sauft
schaffen	schuf	hat geschaffen	schaff[e]/schafft
schallen	schallte scholl	hat geschallt	schall[e]/schallt
scheiden	schied	hat/ist geschieden	scheid[e]/scheidet
scheinen	schien	hat geschienen	schein[e]/scheint
scheißen	schiss	hat geschissen	scheiß[e]/scheißt
schelten schiltst	schalt	hat gescholten	schilt/scheltet
scheren	schor	hat geschoren hat geschert	scher[e]/schert
schieben	schob	hat geschoben	schieb[e]/schiebt
schießen	schoss	hat geschossen	schieß[e]/schießt
schinden	schindete	hat geschunden	schind[e]/schindet
schlafen schläfst	schlief	hat geschlafen	schlaf[e]/schlaft
schlagen schlägst	schlug	hat geschlagen	schlag[e]/schlagt
schleichen	schlich	ist geschlichen	schleich[e]/schleicht
schleifen	schliff	hat geschliffen	schleif[e]/schleift
schließen	schloss	hat geschlossen	schließ[e]/schließt
schlingen	schlang	hat geschlungen	schling[e]/schlingt
schmeißen	schmiss	hat geschmissen	schmeiß[e]/schmeißt
schmelzen schmilzt	schmolz	ist geschmolzen	schmilz/schmelzt
schnauben	schnaubte schnob	hat geschnaubt hat geschnoben	schnaub[e]/schnaubt
schneiden	schnitt	hat geschnitten	schneid[e]/schneidet
schreiben	schrieb	hat geschrieben	schreib[e]/schreibt
schreien	schrie	hat geschrie[e]n	schrei[e]/schreit
schreiten	schritt	ist geschritten	schreit[e]/schreitet
schweigen	schwieg	hat geschwiegen	schweig[e]/schweigt
schwellen schwillst	schwoll	ist geschwollen	schwill/schwellt
schwimmen	schwamm	hat/ist geschwom- men	schwimm[e]/ schwimmt
schwinden	schwand	ist geschwunden	schwind[e]/schwindet

1. Infinitiv 1. Infinitif	2. Imperfekt 2. Prétérit	3. Partizip Perfekt 3. Participe passé	4. Imperativ – Sing/Pl 4. Impératif – sing/pl
schwingen	schwang	hat geschwungen	schwing[e]/schwingt
schwören	schwor	hat geschworen	schwör[e]/schwört
sehen siehst	sah	hat gesehen	sieh/seht
sein *1. Präs Sing* bin *2. Präs Sing* bist *3. Präs Sing* ist *1. Präs Pl* sind *2. Präs Pl* seid *3. Präs Pl* sind	war	ist gewesen	sei/seid
senden	sendete CH sandte	hat gesendet CH hat gesandt	send[e]/sendet
sieden	siedete sott	hat gesiedet hat gesotten	sied[e]/siedet
singen	sang	hat gesungen	sing[e]/singt
sinken	sank	ist gesunken	sink[e]/sinkt
sinnen	sann	hat gesonnen	sinn[e]/sinnt
sitzen	saß	hat gesessen	sitz[e]/sitzt
sollen	sollte	hat gesollt	
spalten	spaltete	hat gespalten hat gespaltet	spalt[e]/spaltet
speien	spie	hat gespie[e]n	spei[e]/speit
spinnen	spann	hat gesponnen	spinn[e]/spinnt
sprechen sprichst	sprach	hat gesprochen	sprich/sprecht
sprießen	spross sprießte	ist gesprossen ist gesprießt	sprieß[e]/sprießt
springen	sprang	ist gesprungen	spring[e]/springt
stechen stichst	stach	hat gestochen	stich/stecht
stecken	steckte stak	hat gesteckt	steck[e]/steckt
stehen	stand	hat gestanden	steh[e]/steht
stehlen stiehlst	stahl	hat gestohlen	stiehl/stehlt
steigen	stieg	ist gestiegen	steig[e]/steigt
sterben stirbst	starb	ist gestorben	stirb/sterbt
stinken	stank	hat gestunken	stink[e]/stinkt
stoßen stößt	stieß	hat gestoßen	stoß[e]/stoßt
streichen	strich	hat gestrichen	streich[e]/streicht
streiten	stritt	hat gestritten	streit[e]/streitet
tragen trägst	trug	hat getragen	trag[e]/tragt
treffen triffst	traf	hat getroffen	triff/trefft
treiben	trieb	hat getrieben	treib[e]/treibt
treten trittst	trat	hat getreten	tritt/tretet

1. Infinitiv 1. Infinitif	2. Imperfekt 2. Prétérit	3. Partizip Perfekt 3. Participe passé	4. Imperativ – Sing/Pl 4. Impératif – sing/pl
triefen	triefte troff	hat getrieft hat getroffen	trief[e]/trieft
trinken	trank	hat getrunken	trink[e]/trinkt
trügen	trog	hat getrogen	trüg[e]/trügt
tun *1. Präs Sing* tue *2. Präs Sing* tust *3. Präs Sing* tut	tat	hat getan	tu[e]/tut
überessen überisst	überaß	hat übergegessen	überiss/überisst
verbieten	verbot	hat verboten	verbiet[e]/verbietet
verbrechen verbrichst	verbrach	hat verbrochen	verbrich/verbrecht
verderben verdirbst	verdarb	hat verdorben	verdirb/verderbt
vergessen vergisst	vergaß	hat vergessen	vergiss/vergesst
verlieren	verlor	hat verloren	verlier[e]/verliert
verraten verrätst	verriet	hat verraten	verrat[e]/verratet
verschleißen	verschliss	hat verschlissen	verschleiß[e]/verschleißt
verstehen	verstand	hat verstanden	versteh[e]/versteht
verwenden	verwendete verwandt	hat verwendet hat verwandt	verwend[e]/verwendet
verzeihen	verzieh	hat verziehen	verzeih[e]/verzeiht
wachsen wächst	wuchs	ist gewachsen	wachs[e]/wachst
waschen wäschst	wusch	hat gewaschen	wasch[e]/wascht
weben	wob webte	hat gewoben hat gewebt	web[e]/webt
weichen	wich	ist gewichen	weich[e]/weicht
weisen	wies	hat gewiesen	weis[e]/weist
wenden	wendete wandte	hat gewendet hat gewandt	wend[e]/wendet
werben wirbst	warb	hat geworben	wirb/werbt
werden wirst	wurde ward	ist geworden	werd[e]/werdet
werfen wirfst	warf	hat geworfen	wirf/werft
wiegen	wog	hat gewogen	wieg[e]/wiegt
winden	wand	hat gewunden	wind[e]/windet
wissen weißt	wusste	hat gewusst	wiss[e]/wisset
wollen willst	wollte	hat gewollt	woll[e]/wollt
ziehen	zog	hat/ist gezogen	zieh[e]/zieht
zwingen	zwang	hat gezwungen	zwing[e]/zwingt

Die Zahlwörter
Les nombres

Die Grundzahlen
Les nombres cardinaux

null	0	zéro
einer, eine, eins; ein, eine, ein	1	un, une
zwei	2	deux
drei	3	trois
vier	4	quatre
fünf	5	cinq
sechs	6	six
sieben	7	sept
acht	8	huit
neun	9	neuf
zehn	10	dix
elf	11	onze
zwölf	12	douze
dreizehn	13	treize
vierzehn	14	quatorze
fünfzehn	15	quinze
sechzehn	16	seize
siebzehn	17	dix-sept
achtzehn	18	dix-huit
neunzehn	19	dix-neuf
zwanzig	20	vingt
einundzwanzig	21	vingt et un
zweiundzwanzig	22	vingt-deux
dreiundzwanzig	23	vingt-trois
vierundzwanzig	24	vingt-quatre
fünfundzwanzig	25	vingt-cinq
dreißig	30	trente
einunddreißig	31	trente et un
zweiunddreißig	32	trente-deux
dreiunddreißig	33	trente-trois
vierzig	40	quarante
einundvierzig	41	quarante et un
zweiundvierzig	42	quarante-deux
fünfzig	50	cinquante
einundfünfzig	51	cinquante et un
zweiundfünfzig	52	cinquante-deux
sechzig	60	soixante

einundsechzig	61	soixante et un
zweiundsechzig	62	soixante-deux
siebzig	70	soixante-dix
einundsiebzig	71	soixante et onze
zweiundsiebzig	72	soixante-douze
fünfundsiebzig	75	soixante-quinze
neunundsiebzig	79	soixante-dix-neuf
achtzig	80	quatre-vingt(s)
einundachtzig	81	quatre-vingt-un
zweiundachtzig	82	quatre-vingt-deux
fünfundachtzig	85	quatre-vingt-cinq
neunzig	90	quatre-vingt-dix
einundneunzig	91	quatre-vingt-onze
zweiundneunzig	92	quatre-vingt-douze
neunundneunzig	99	quatre-vingt-dix-neuf
hundert	100	cent
hundert(und)eins	101	cent un
hundert(und)zwei	102	cent deux
hundert(und)zehn	110	cent dix
hundert(und)zwanzig	120	cent vingt
hundert(und)neunundneunzig	199	cent quatre-vingt-dix-neuf
zweihundert	200	deux cents
zweihundert(und)eins	201	deux cent un
zweihundert(und)zweiund-zwanzig	222	deux cent vingt-deux
dreihundert	300	trois cents
vierhundert	400	quatre cents
fünfhundert	500	cinq cents
sechshundert	600	six cents
siebenhundert	700	sept cents
achthundert	800	huit cents
neunhundert	900	neuf cents
tausend	1000	mille
tausend(und) eins	1001	mille un
tausend(und) zehn	1010	mille dix
tausend(und) einhundert	1100	mille cent
zweitausend	2000	deux mille
zehntausend	10 000	dix mille
hunderttausend	100 000	cent mille
eine Million	1 000 000	un million
zwei Millionen	2 000 000	deux millions
zwei Millionen fünfhundert-tausend	2 500 000	deux millions cinq cent mille
eine Milliarde	1 000 000 000	un milliard
eine Billion	1 000 000 000 000	mille milliard

Ordnungszahlen

Les nombres ordinaux

(der, die, das)			
erste	1.	1er, 1ère	premier, ère
zweite	2.	2nd, 2nde, 2^{e}	second, e deuxième
dritte	3.	3^{e}	troisième
vierte	4.	4^{e}	quatrième
fünfte	5.	5^{e}	cinquième
sechste	6.	6^{e}	sixième
siebte	7.	7^{e}	septième
achte	8.	8^{e}	huitième
neunte	9.	9^{e}	neuvième
zehnte	10.	10^{e}	dixième
elfte	11.	11^{e}	onzième
zwölfte	12.	12^{e}	douzième
dreizehnte	13.	13^{e}	treizième
vierzehnte	14.	14^{e}	quatorzième
fünfzehnte	15.	15^{e}	quinzième
sechzehnte	16.	16^{e}	seizième
siebzehnte	17.	17^{e}	dix-septième
achtzehnte	18.	18^{e}	dix-huitième
neunzehnte	19.	19^{e}	dix-neuvième
zwanzigste	20.	20^{e}	vingtième
einundzwanzigste	21.	21^{e}	vingt et unième
zweiundzwanzigste	22.	22^{e}	vingt-deuxième
dreiundzwanzigste	23.	23^{e}	vingt-troisième
dreißigste	30.	30^{e}	trentième
einunddreißigste	31.	31^{e}	trente et unième
zweiunddreißigste	32.	32^{e}	trente-deuxième
vierzigste	40.	40^{e}	quarantième
fünfzigste	50.	50^{e}	cinquantième
sechzigste	60.	60^{e}	soixantième
siebzigste	70.	70^{e}	soixante-dixième
einundsiebzigste	71.	71^{e}	soixante et onzième
zweiundsiebzigste	72.	72^{e}	soixante-douzième
neunundsiebzigste	79.	79^{e}	soixante-dix-neuvième
achtzigste	80.	80^{e}	quatre-vingtième
einundachtzigste	81.	81^{e}	quatre-vingt-unième
zweiundachtzigste	82.	82^{e}	quatre-vingt-deuxième
neunzigste	90.	90^{e}	quatre-vingt-dixième
einundneunzigste	91.	91^{e}	quatre-vingt-onzième
neunundneunzigste	99.	99^{e}	quatre-vingt-dix-neuvième

hundertste	100.	100^{e}	centième
hundertunderste	101.	101^{e}	cent unième
hundertundzehnte	110.	110^{e}	cent dixième
hundertundfünfund-neunzigste	195.	195^{e}	cent quatre-vingt-quin-zième
zweihundertste	200.	200^{e}	deux(-)centième
dreihundertste	300.	300^{e}	trois(-)centième
fünfhundertste	500.	500^{e}	cinq(-)centième
tausendste	1000.	1000^{e}	millième
zweitausendste	2000.	2000^{e}	deux(-)millième
millionste	1000000.	1000000^{e}	millionième
zehnmillionste	10000000.	10000000^{e}	dix(-)millionième

Bruchzahlen

Les fractions

ein halb	$^{1}/_{2}$	un demi
ein drittel	$^{1}/_{3}$	un tiers
ein viertel	$^{1}/_{4}$	un quart
ein fünftel	$^{1}/_{5}$	un cinquième
ein zehntel	$^{1}/_{10}$	un dixième
ein hundertstel	$^{1}/_{100}$	un centième
ein tausendstel	$^{1}/_{1000}$	un millième
ein millionstel	$^{1}/_{1000000}$	un millionième
zwei drittel	$^{2}/_{3}$	deux tiers
drei viertel	$^{3}/_{4}$	trois quarts
zwei fünftel	$^{2}/_{5}$	deux cinquièmes
drei zehntel	$^{3}/_{10}$	trois dixièmes
anderthalb, ein(und)einhalb	$1^{1}/_{2}$	un et demi
zwei(und)einhalb	$2^{1}/_{2}$	deux et demi
fünf(und)dreiachtel	$5^{3}/_{8}$	cinq trois huitièmes
eins Komma eins	1,1	un virgule un

Maße und Gewichte

Poids et mesures

Dezimalsystem

système décimal

Mega	1000000	M	méga
Hektokilo	100000	hk	hectokilo
Myria	10000	ma	myria
Kilo	1000	k	kilo
Hekto	100	h	hecto
Deka	10	da	déca
Dezi	0,1	d	déci
Zenti	0,01	c	centi
Milli	0,001	m	milli
Dezimilli	0,0001	dm	décimilli
Zentimilli	0,00001	cm	centimilli
Mikro	0,000001	µ	micro

Längenmaße

mesures de longueur

Seemeile	1852 m	–	mille marin
Kilometer	1000 m	km	kilomètre
Hektometer	100 m	hm	hectomètre
Dekameter	10 m	dam	décamètre
Meter	1 m	m	mètre
Dezimeter	0,1 m	dm	décimètre
Zentimeter	0,01 m	cm	centimètre
Millimeter	0,001 m	mm	millimètre
Mikron, My	0,000001 m	µ	micron
Millimikron, -my	0,000000001 m	mµ	millimicron
Ångströmeinheit	0,0000000001 m	Å	Angstrœm

Flächenmaße

mesures de surface

Quadratkilometer	1 000 000 m^2	km^2	kilomètre carré
Quadrathektometer Hektar	10 000 m^2	hm^2 ha	hectomètre carré hectare
Quadratdekameter Ar	100 m^2	dam^2 a	décamètre carré are
Quadratmeter	1 m^2	m^2	mètre carré
Quadratdezimeter	0,01 m^2	dm^2	décimètre carré
Quadratzentimeter	0,0001 m^2	cm^2	centimètre carré
Quadratmillimeter	0,000 001 m^2	mm^2	millimètre carré

Kubik- und Hohlmaße

mesures de volume

Kubikkilometer	1 000 000 000 m^3	km^3	kilomètre cube
Kubikmeter	1 m^3	m^3	mètre cube
Ster		st	stère
Hektoliter	0,1 m^3	hl	hectolitre
Dekaliter	0,01 m^3	dal	décalitre
Kubikdezimeter	0,001 m^3	dm^3	décimètre cube
Liter		l	litre
Deziliter	0,0001 m^3	dl	décilitre
Zentiliter	0,000 01 m^3	cl	centilitre
Kubikzentimeter	0,000 001 m^3	cm^3	centimètre cube
Milliliter	0,000 001 m^3	ml	millilitre
Kubikmillimeter	0,000 000 001 m^3	mm^3	millimètre cube

Gewichte

poids

Tonne	1000 kg	t	tonne
Doppelzentner	100 kg	q	quintal
Kilogramm	1000 g	kg	kilogramme
Hektogramm	100 g	hg	hectogramme
Dekagramm	10 g	dag	décagramme
Gramm	1 g	g	gramme
Karat	0,2 g	–	carat
Dezigramm	0,1 g	dg	décigramme
Zentigramm	0,01 g	cg	centigramme
Milligramm	0,001 g	mg	milligramme
Mikrogramm	0,000 001 g	µg, γ	microgramme

Deutschland

L'Allemagne

Länder (und Hauptstädte)	Länder (et capitales)
Baden-Württemberg (Stuttgart)	le Bade-Wurtemberg (Stuttgart)
Bayern (München)	la Bavière (Munich)
Berlin (Berlin)	Berlin (Berlin)
Brandenburg (Potsdam)	le Brandebourg (Potsdam)
Bremen (Bremen)	l'Etat de Brême (Brême)
Hamburg (Hamburg)	l'Etat de Hambourg (Hambourg)
Hessen (Wiesbaden)	la Hesse (Wiesbaden)
Mecklenburg-Vorpommern (Schwerin)	le Mecklembourg-Poméranie-Antérieure (Schwerin)
Niedersachsen (Hannover)	la Basse-Saxe (Hanovre)
Nordrhein-Westfalen (Düsseldorf)	la Rhénanie-du-Nord-Westphalie (Düsseldorf)
Rheinland-Pfalz (Mainz)	la Rhénanie-Palatinat (Mayence)
Saarland (Saarbrücken)	la Sarre (Sarrebruck)
Sachsen (Dresden)	la Saxe (Dresde)
Sachsen-Anhalt (Magdeburg)	la Saxe-Anhalt (Magdebourg)
Schleswig-Holstein (Kiel)	le Schleswig-Holstein (Kiel)
Thüringen (Erfurt)	la Thuringe (Erfurt)

Österreich
L'Autriche

Bundesländer (und Hauptstädte)	provinces (et capitales)
Burgenland (Eisenstadt)	le Burgenland (Eisenstadt)
Kärnten (Klagenfurt)	la Carinthie (Klagenfurt)
Niederösterreich (St. Pölten)	la Basse-Autriche (St. Pölten)
Oberösterreich (Linz)	la Haute-Autriche (Linz)
Salzburg (Salzburg)	la province de Salzbourg (Salzbourg)
Steiermark (Graz)	la Styrie (Graz)
Tirol (Innsbruck)	le Tyrol (Innsbruck)
Vorarlberg (Bregenz)	le Vorarlberg (Bregenz)
Wien (Wien)	Vienne (Vienne)

Die Schweiz
La Suisse

Kantone (und Hauptorte)	cantons (et chefs-lieux)
Aargau (Aarau)	l'Argovie (Aarau)
Appenzell Außerrhoden (Herisau)	le demi-canton d'Appenzell Rhodes-Extérieures (Herisau)
Appenzell Innerrhoden (Appenzell)	le demi-canton d'Appenzell Rhodes-Intérieures (Appenzell)
Basel-Land (Liestal)	le demi-canton de Bâle-Campagne (Liestal)

Kantone (und Hauptorte)	cantons (et chefs-lieux)
Basel-Stadt (Basel)	le demi-canton de Bâle-Ville (Bâle)
Bern (Bern)	le canton de Berne (Berne)
Freiburg (Freiburg)	le canton de Fribourg (Fribourg)
Genf (Genf)	le canton de Genève (Genève)
Glarus (Glarus)	le canton de Glaris (Glaris)
Graubünden (Chur)	le canton des Grisons (Coire)
Jura (Delsberg)	le canton du Jura (Delémont)
Luzern (Luzern)	le canton de Lucerne (Lucerne)
Neuenburg (Neuenburg)	le canton de Neuchâtel (Neuchâtel)
Sankt Gallen (Sankt Gallen)	le canton de Saint-Gall (Saint-Gall)
Schaffhausen (Schaffhausen)	le canton de Schaffhouse (Schaffhouse)
Schwyz (Schwyz)	le canton de Schwyz (Schwyz)
Solothurn (Solothurn)	le canton de Soleure (Soleure)
Tessin (Bellinzona)	le Tessin (Bellinzona)
Thurgau (Frauenfeld)	la Thurgovie (Frauenfeld)
Nidwalden (Stans)	le demi-canton de Nidwald Unterwald (Stans)
Obwalden (Sarnen)	le demi-canton d'Obwald Unterwald (Sarnen)
Uri (Altdorf)	le canton d'Uri (Altdorf)
Waadt (Lausanne)	le canton de Vaud (Lausanne)
Wallis (Sitten)	le Valais (Sion)
Zug (Zug)	le canton de Zoug (Zoug)
Zürich (Zürich)	le canton de Zurich (Zurich)

Frankreich

La France

Regionen (und Regierungsstädte)	régions (et préfectures)
das Elsass (Straßburg)	l'Alsace (Strasbourg)
Aquitanien *nt* (Bordeaux)	l'Aquitaine (Bordeaux)
die Auvergne (Clermont-Ferrand)	l'Auvergne (Clermont-Ferrand)
Burgund *nt* (Dijon)	la Bourgogne (Dijon)
die Bretagne (Rennes)	la Bretagne (Rennes)
das Centre (Orleans)	le Centre (Orléans)
(die Region) Champagne-Ardennen (Châlons en Champagne)	la Champagne-Ardenne (Châlons-en-Champagne)
Korsika *nt* (Ajaccio)	la Corse (Ajaccio)
die Franche-Comté (Besançon)	la Franche-Comté (Besançon)
die Ile de France (Paris)	l'Île-de-France (Paris)
das Languedoc-Roussillon (Montpellier)	le Languedoc-Roussillon (Montpellier)
das Limousin (Limoges)	le Limousin (Limoges)
Lothringen *nt* (Metz)	la Lorraine (Metz)
(die Region) Midi-Pyrénées (Toulouse)	le Midi-Pyrénées (Toulouse)
der Nord-Pas de Calais (Lille)	le Nord-Pas-de-Calais (Lille)
die (westliche) Normandie (Caen)	la Basse-Normandie (Caen)
die (östliche) Normandie (Rouen)	la Haute-Normandie (Rouen)
(die Region) Pays de la Loire (Nantes)	les Pays de la Loire (Nantes)
die Picardie (Amiens)	la Picardie (Amiens)
(die Region) Poitou-Charentes (Poitiers)	le Poitou-Charentes (Poitiers)
(die Region) Provence-Alpes-Côte d'Azur (Marseille)	(la région) Provence-Alpes-Côte d'Azur (Marseille)
(die Region) Rhône-Alpes (Lyon)	(la région) Rhône-Alpes (Lyon)

Belgien

La Belgique

Regionen	**régions**
Flandern *nt*	la Flandre
Wallonien *nt*	la Wallonie

Provinzen (und Hauptstädte) in Flandern	**provinces (et chefs-lieux) en Flandre**
(die Provinz) Antwerpen (Antwerpen)	(la province d') Anvers (Anvers)
das flämische Brabant (Brüssel)	le Brabant flamand (Bruxelles)
Westflandern *nt* (Brügge)	la Flandre occidentale (Bruges)
Ostflandern *nt* (Gent)	la Flandre orientale (Gand)
(die Provinz) Limburg (Hasselt)	le Limbourg (Hasselt)

Provinzen (und Hauptstädte) in Wallonien	**provinces (et chefs-lieux) en Wallonie**
das wallonische Brabant (Brüssel)	le Brabant wallon (Bruxelles)
der Hennegau (Bergen)	le Hainaut (Mons)
(die Provinz) Lüttich (Lüttich)	(la province) de Liège (Liège)
(die Provinz) Luxemburg (Arlon)	(la province de) Luxembourg (Arlon)
(die Provinz) Namur (Namur)	(la province de) Namur (Namur)

Québec

Le Québec

Provinz (und Hauptstadt)	**province (et capitale)**
Québec *nt* (Québec)	le Québec (Québec)

Frankreich – Departements und Hauptstädte

La France – départements et chefs-lieux

01	l'Ain *m*	Bourg-en-Bresse
02	l'Aisne *f*	Laon
03	l'Allier *m*	Moulins
04	les Alpes-de-Haute-Provence *fpl*	Digne
05	les Hautes-Alpes *fpl*	Briançon
06	les Alpes-Maritimes *fpl*	Nice (Nizza)
07	l'Ardèche *f*	Privas
08	les Ardennes *fpl*	Charleville-Mézières
09	l'Ariège *f*	Foix
10	l'Aube *f*	Troyes
11	l'Aude *f*	Carcassonne
12	l'Aveyron *m*	Rodez
13	les Bouches-du-Rhône *fpl*	Marseille
14	le Calvados	Caen
15	le Cantal	Aurillac
16	la Charente	Angoulême
17	la Charente-Maritime	La Rochelle
18	le Cher	Bourges
19	la Corrèze	Tulle
20a	la Corse-du-Sud	Ajaccio
20b	la Haute-Corse	Bastia
21	la Côte-d'Or	Dijon
22	les Côtes-d'Armor *fpl*	Saint-Brieuc
23	la Creuse	Guéret
24	la Dordogne	Périgueux
25	le Doubs	Besançon
26	la Drôme	Montélimar
27	l'Eure *f*	Evreux
28	l'Eure-et-Loir *m*	Chartres
29	le Finistère	Quimper
30	le Gard	Nîmes
31	la Haute-Garonne	Toulouse
32	le Gers	Auch
33	la Gironde	Bordeaux
34	l'Hérault *m*	Montpellier
35	l'Ille-et-Vilaine *f*	Rennes
36	l'Indre *f*	Châteauroux
37	l'Indre-et-Loire *f*	Tours
38	l'Isère *f*	Grenoble
39	le Jura	Lons-le-Saunier
40	les Landes *fpl*	Mont-de-Marsan
41	le Loir-et-Cher	Blois
42	la Loire	Saint-Etienne
43	la Haute-Loire	Le Puy
44	la Loire-Atlantique	Nantes

45	le Loiret	Orléans
46	le Lot	Cahors
47	le Lot-et-Garonne	Agen
48	la Lozère	Mende
49	le Maine-et-Loire	Angers
50	la Manche	Saint-Lô
51	la Marne	Châlons-sur-Marne
52	la Haute-Marne	Chaumont
53	la Mayenne	Laval
54	la Meurthe-et-Moselle	Nancy
55	la Meuse	Bar-le-Duc
56	le Morbihan	Vannes
57	la Moselle	Metz
58	la Nièvre	Nevers
59	le Nord	Lille
60	l'Oise *f*	Beauvais
61	l'Orne *f*	Alençon
62	le Pas-de-Calais	Arras
63	le Puy-de-Dôme	Clermont-Ferrand
64	les Pyrénées-Atlantiques *fpl*	Pau
65	les Hautes-Pyrénées	Tarbes
66	les Pyrénées-Orientales	Perpignan
67	le Bas-Rhin	Strasbourg (Straßburg)
68	le Haut-Rhin	Colmar
69	le Rhône	Lyon
70	la Haute-Saône	Vesoul
71	la Saône-et-Loire	Mâcon
72	la Sarthe	Le Mans
73	la Savoie	Chambéry
74	la Haute-Savoie	Annecy
75	la Ville de Paris	Paris
76	la Seine-Maritime	Rouen
77	la Seine-et-Marne	Melun
78	les Yvelines *fpl*	Versailles
79	les Deux-Sèvres *fpl*	Niort
80	la Somme	Amiens
81	le Tarn	Albi
82	le Tarn-et-Garonne	Montauban
83	le Var	Toulon
84	le Vaucluse	Avignon
85	la Vendée	La-Roche-sur-Yon
86	la Vienne	Poitiers
87	la Haute-Vienne	Limoges
88	les Vosges *fpl*	Epinal
89	l'Yonne *f*	Auxerre
90	le Territoire de Belfort	Belfort
91	l'Essonne *f*	Evry
92	les Hauts-de-Seine *mpl*	Nanterre
93	la Seine-Saint-Denis	Bobigny
94	le Val-de-Marne	Créteil
95	le Val-d'oise	Pontoise

Überseedepartements

Départements d’outre-mer

971	la Guadeloupe	Basse-Terre
972	la Martinique	Fort-de-France
973	la Guyane	Cayenne
974	la Réunion	Saint-Denis
976	Mayotte	Mayotte

Notizen

Europa
Europe
0 250 500 750 1000 km
AND. ANDORRA ANDORRE
ARM. ARMENIEN ARMÉNIE
BELG. BELGIEN BELGIQUE
B.U.H. BOSNIEN UND HERZEGOWINA BOSNIE-HERZÉGOVINE
KRDAT. KROATIEN CROATIE
L. LIECHTENSTEIN
LUX. LUXEMBURG LUXEMBOURG
MAZED. MAZEDONIEN MACÉDOINE
MON. MONACO
NIED. NIEDERLANDE PAYS-BAS
S. M. SAN MARINO SAINT MARIN
SL. SLOWAKEI SLOVAQUIE
SLOW. SLOWENIEN SLOVÉNIE
SCHW. SCHWEIZ SUISSE
UNG. UNGARN HONGRIE
VAT. VATIKANSTADT CITÉ DU VATICAN
RUSSLAND RUSSIE
KASACHSTAN KAZAKHSTAN
USBEKISTAN OUZBÉKISTAN
TURKMENISTAN TURKMÉNISTAN
ISLAND ISLANDE
NORWEGEN NORVÈGE
SCHWEDEN SUÈDE
FINNLAND FINLANDE
ESTLAND ESTONIE
LETTLAND LETTONIE
LITAUEN LITUANIE
WEISSRUSSLAND BIÉLORUSSIE
IRLAND IRLANDE
VEREINIGTES KÖNIGREICH ROYAUME-UNI
DÄNEMARK DANEMARK
DEUTSCHLAND ALLEMAGNE
POLEN POLOGNE
UKRAINE
MOLDAU MOLDAVIE
FRANKREICH FRANCE
TSCHECH. REP. RÉP. TCHÈQUE
ÖSTERREICH AUTRICHE
RUMÄNIEN ROUMANIE
JUGOSLAWIEN YOUGOSLAVIE
BULGARIEN BULGARIE
ALBANIEN ALBANIE
GRIECHENLAND GRÈCE
ITALIEN ITALIE
SPANIEN ESPAGNE
PORTUGAL
TÜRKEI TURQUIE
GEORGIEN GÉORGIE
ASERBAIDSCHAN AZERBAÏDJAN
IRAN
IRAK
SYRIEN SYRIE
LIBANON LIBAN
ISRAEL
JORDANIEN JORDANIE
SAUDI-ARABIEN ARABIE SAOUDITE
KUWAIT KOWEÏT
ZYPERN CHYPRE
ÄGYPTEN ÉGYPTE
LIBYEN LIBYE
TUNESIEN TUNISIE
ALGERIEN ALGÉRIE
MAROKKO MAROC
Westsahara Sahara
Jan Mayen (Norw./Norv.)
Färöer (Dän.) Iles Féroé (Dan.)
Kolgujew I. Kolgouiev
Iles Lofoten
Reykjavík Reikjavik
Oslo
Stockholm
Helsinki
Tallinn
Riga
Vilnius
Minsk
Moskau Moscou
Kiev
Chişinău
Dublin
London Londres
Amsterdam
Brüssel Bruxelles
Luxemburg Luxembourg
Paris
Bern Berne
Berlin
Kopenhagen Copenhague
Warschau Varsovie
Prag Prague
Wien Vienne
Pressburg Bratislava
Budapest
Ljubljana
Zagreb
Sarajevo
Belgrad Belgrade
Bukarest Bucarest
Sofia
Skopje
Tirana
Athen Athènes
Rom Rome
Madrid
Lissabon Lisbonne
Rabat
Algier Alger
Tunis
Valletta La Valette
Tripolis Tripoli
Ankara
Nikosia Nikosie
Beirut Beyrouth
Damaskus Damas
Jerusalem
Amman
Bagdad
Teheran Téhéran
Tiflis Tbilissi
Eriwan Erevan
Baku Bakou
Kuwait Koweït
Dänemarkstraße Détroit de Danemark
Europäisches Nordmeer
Nördlicher Polarkreis Cercle polaire arctique
Mer de Norvège
Barentssee Mer de Barents
Britische Inseln Iles Britanniques
Nordsee Mer du Nord
Ostsee Mer Baltique
ATLANTISCHER OZEAN OCÉAN ATLANTIQUE
Kanal Manche
Golf von Biscaya Golfe de Gascogne
Balearen Iles Baléares
Korsika Corse
Sardinien Sardaigne
Sizilien Sicile
Kreta Crète
Madeira I. Madère (Port.)
Kanarische In. Is. Canaries (Sp./Esp.)
Straße von Gibraltar Détroit de Gibraltar
Mittelmeer Mer Méditerranée
Tyrrhenisches Meer Mer Tyrrhénienne
Ionisches Meer Mer Ionienne
Adria Mer Adriatique
Schwarzes Meer Mer Noire
Bosporus Bosphore
Kaspisches Meer Mer Caspienne
Donau Danube
Wolga Volga
Ob
Tigris Tigre
Euphrat Euphrate
Westl. Länge von Greenwich Ouest de Greenwich
Östl. Länge von Greenwich Est de Greenwich

Die französischsprachigen Länder der Erde
La francophonie dans le monde

0 1000 2000 3000 km

- Staaten, in denen Französisch Amts- und Muttersprache ist
  Pays où le français est langue officielle et maternelle
- Staaten, in denen Französisch Amts- oder Verwaltungssprache ist
  Pays où le français est langue officielle ou administrative

B. BELGIEN
BELGIQUE
B. F. BURKINA FASO
EK. ELFENBEINKÜSTE
CÔTE D'IVOIRE
K. KAMERUN
CAMEROUN
KO. KONGO
CONGO
KON. DEMOKRATISCHE REPUBLIK KONGO
RÉPUBLIQUE DÉMOCRATIQUE DU CONGO
L. LIBANON
LIBAN

LUX. LUXEMBURG
LUXEMBOURG
M. MONACO
N. Neukaledonien (Fr.)
Nouvelle-Calédonie (Fr.)
R. H. REPUBLIK HAITI
RÉPUBLIQUE D'HAÏTI
S. SENEGAL
SÉNÉGAL
SCH. SCHWEIZ
SUISSE
Z. ZENTRALAFRIKANISCHE REPUBLIK
RÉPUBLIQUE CENTRAFRICAINE

Staaten im Pazifischen Ozean:
Pays dans l'Océan Pacifique:

1. Französisch-Polynesien
Polynésie-Française
2. Wallis und Futuna (Fr.)
Wallis-et-Futuna (Fr.)

Frankreich
France

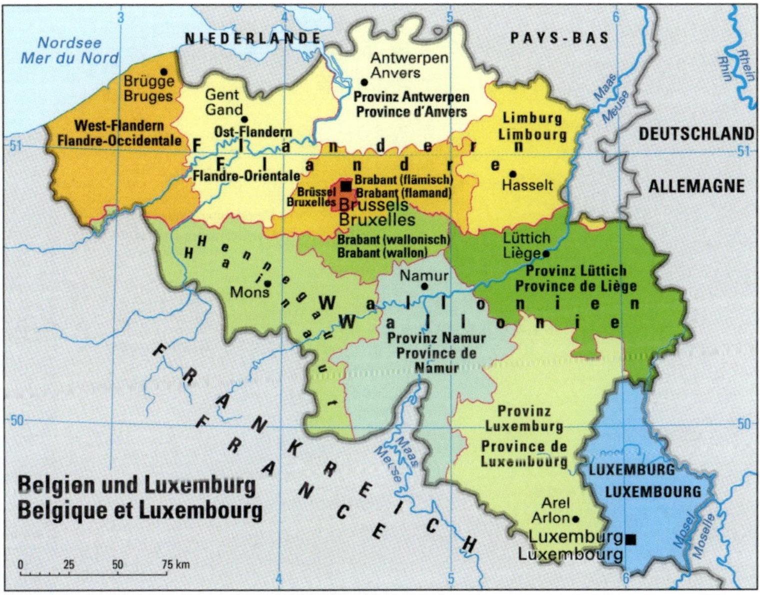
Belgien und Luxemburg
Belgique et Luxembourg
Nordsee
Mer du Nord
NIEDERLANDE
PAYS-BAS
DEUTSCHLAND
ALLEMAGNE
FRANKREICH
FRANCE
Brügge
Bruges
West-Flandern
Flandre-Occidentale
Gent
Gand
Ost-Flandern
Flandre-Orientale
Antwerpen
Anvers
Provinz Antwerpen
Province d'Anvers
Limburg
Limbourg
Hasselt
Flandern
Flandre
Brüssel
Bruxelles
Brabant (flämisch)
Brabant (flamand)
Brussels
Bruxelles
Brabant (wallonisch)
Brabant (wallon)
Hennegau
Hainaut
Mons
Namur
Lüttich
Liège
Provinz Lüttich
Province de Liège
Wallonien
Wallonie
Provinz Namur
Province de Namur
Provinz Luxemburg
Province de Luxembourg
LUXEMBURG
LUXEMBOURG
Arel
Arlon
Luxemburg
Luxembourg
Maas
Meuse
Rhein
Rhin
Mosel
Moselle
0 25 50 75 km

Kanada
Canada
RUSSLAND
RUSSIE
Nordpolarmeer
Océan Glacial Arctique
Grönland (Dän.)
Groenland (Dan.)
NB. Neubraunschweig Nouveau-Brunswick
NS. Neuschottland Nouvelle-Écosse
P.-E.-I. Prince-Edward-Insel Île du Prince-Édouard
St. P. St. Pierre und Miquelon (Fr.) St. Pierre-et-Miquelon (Fr.)
Beaufortsee
Mer de Beaufort
Baffin Bay
Mer de Baffin
Arctic Circle
Cercle polaire arctique
Alaska
(USA/É.-U.)
Yukon
Yukon-territorium
Territoire du Yukon
Whitehorse
Golf von Alaska
Golfe d'Alaska
Mackenzie
Großer Bärensee
Grand Lac de l'Ours
Nordwestterritorien
Territoires du Nord-Ouest
Yellowknife
Großer Sklavensee
Grand Lac des Esclaves
Nunavut-Territorium
Territoire du Nunavut
Iqaluit
Labradorsee
Mer de Labrador
Hudson Bay
Baie d'Hudson
Neufundland
Terre-Neuve
St. John's
British Columbia
Colombie-Britannique
Peace R.
Athabaska
L. Athabaska
Alberta
Edmonton
Saskat-chewan
Regina
Manitoba
Nelson
L. Winnipeg
Winnipeg
Ontario
Québec
Fredericton
Charlottetown
Halifax
St.-Lorenz-Str.
St-Laurent
Ottawa
PAZIFISCHER OZEAN
OCÉAN PACIFIQUE
Victoria
Columbia
Missouri
Mississippi
Oberer See
Supérieur
Huronsee
L. Huron
Michigansee
L. Michigan
Toronto
Ontariosee
L. Ontario
Eriesee
Lac Érié
ATLANTISCHER OZEAN
OCÉAN ATLANTIQUE
VEREINIGTE STAATEN
ÉTATS-UNIS
0 500 1000 1500 km

Deutschland
Allemagne

Österreich
Autriche
0 25 50 75 km
TSCHECHISCHE REP.
RÉPUBLIQUE TCHÈQUE
DEUTSCHLAND
ALLEMAGNE
Donau
Danube
Niederösterreich
Linz
St. Pölten
Wien
Vienne
Oberösterreich
Haute-Autriche
Basse-Autriche
Eisenstadt
Burgenland
SLOWAKEI
SLOVAQUIE
Inn
Salzburg
Salzbourg
Lech
Bregenz
Vorarlberg
L.
Innsbruck
Tirol
Tyrol
Salzburg
Salzbourg
Steiermark
Styrie
Mur
Graz
UNGARN
HONGRIE
Tirol
Tyrol
Kärnten
Carinthie
Drau
Drave
Klagenfurt
SCHWEIZ
SUISSE
ITALIEN
ITALIE
SLOWENIEN
SLOVÉNIE
KROATIEN
CROATIE
L. LIECHTENSTEIN

A. (A.-R.) Appenzell (Ausser-Rhoden)
Appenzell (Rhodes-Extérieures)
A. (I.-R.) Appenzell (Inner-Rhoden)
Appenzell (Rhodes-Intérieures)
B.-L. Basel-Landschaft
Bâle-Campagne
B.-St. Basel-Stadt
Bâle-Ville
N. Neuenburg
Neuchâtel
Nidw. Nidwalden
(Nidwald)
Obw. Obwalden
(Obwald)
S. Solothurn
Soleure
Sch. Schaffhausen
Schaffhouse
DEUTSCHLAND
ALLEMAGNE
Rhein
Rhin
Sch.
Schaffhausen
Schaffhouse
Bodensee
Lac de Constance
Basel
Bâle
B.-St.
Thurgau
Thurgovie
Frauenfeld
St. Gallen
Saint-Gall
Liestal
B.-L.
Aargau
Aarau
Argovie
Zürich
Zurich
Herisau
A. (A.-R.)
Appenzell
A. (I.-R.)
Jura
Delsberg
Delémont
S.
Doubs
Aare
Solothurn
Soleure
Luzern
Luzern
Lucerne
Lucerne
Zug
Zoug
Zug/Zoug
St. Gallen
Saint-Gall
ÖSTERREICH
AUTRICHE
LIECHTENSTEIN
Glarus
Glaris
Schwyz
Schwyz
Glarus
Glaris
N.
Neuenburg
Neuchâtel
FRANKREICH
FRANCE
Bern
Berne
Stans
Nidw.
Sarnen
Obw.
Obw.
Altdorf
Chur
Coire
Inn
Freiburg
Fribourg
Bern
Berne
Uri
Waadt
Vaud
Freiburg
Fribourg
Graubünden
Grisons
Lausanne
Genfer See
Lac Léman
Rhône
Genf
Genève
Genf
Genève
Sitten
Sion
Tessin
Bellinzona
Wallis
Valais
FRANKREICH
FRANCE
Lago Maggiore
Lac Majeur
Schweiz
Suisse
N. Neuenburger See
Lac de Neuchâtel
V. Vierwaldstätter See
Lac des Quatre Cantons
ITALIEN
ITALIE
0 25 50 75 km

Structure des articles allemand–français

Toutes les entrées sont présentées dans l'ordre alphabétique et imprimées en caractères gras.

Les exposants en chiffre arabe indiquent qu'il s'agit de mots identiques avec des sens différents (homonymes, homographes).

Le tilde remplace l'entrée dans les exemples et tournures idiomatiques.

L'ancienne orthographe est marquée par le signe ^{ALT}, la nouvelle par le signe ^{RR}.

Les formes irrégulières au pluriel sont indiquées entre chevrons.

On montre les terminaisons des substantifs au génitif singulier et au nominatif pluriel.

Les chiffres romains subdivisent une entrée en différentes catégories grammaticales.

Les chiffres arabes subdivisent une entrée en ses différents sens.

Le signe ► introduit le bloc des expressions figées. Les mots soulignés permettent une meilleure orientation.

De nombreuses balises sémantiques permettent de trouver la bonne traduction:

- indication du domaine
- définitions et synonymes, sujets et objets typiques et autres explications
- indication des régionalismes
- indication du niveau de langue